INCLUS : Profitez dès maintenant des versions numériques de votre Mémento

Sur tablette ou smartphone :
Téléchargez l'application
«iMemento»
sur l'Apple Store
(iPhone & iPad)
ou sur Google Play
(Androïd)

Sur votre ordinateur :
RDV sur abonnes.efl.fr

Les avantages des versions numériques :
> Un contenu actualisé en permanence à chaque connexion.
> Des fonctionnalités pratiques : moteur de recherche, copier-coller, marque-page, notes, favoris...

COMMENT ÇA MARCHE

Vous disposez déjà de votre login et mot de passe ?

Votre login et votre mot de passe restent identiques.

Si vous avez perdu vos codes d'accès, vous pouvez contacter notre Service Relation Clients au **01 83 10 10 10** (du lundi au vendredi, de 9h à 18h).

Vous n'avez pas d'identifiant ?

Rendez-vous sur :
www.efl.fr/activation

Et utilisez le code personnel d'activation ci-dessous :

15487851AUU

MCO24

INCLUS dans votre abonnement :
la **version numérique** de votre Mémento sur le web
ou sur tablette et mobile.

Votre code personnel d'activation est disponible
en première page de cet ouvrage.

Et aussi, chaque mois :

- Le **FRC** (Feuillet Rapide Comptable) : toute l'actualité pertinente pour votre activité, accompagnée de solutions concrètes pour une application réussie.

- Le **NAVIS Comptable Conso France/IFRS** : un outil unique pour maîtriser la comptabilité et ses évolutions tant sur les principes français qu'en normes IFRS.

Rendez-vous sur notre boutique en ligne pour en savoir plus :
www.efl.fr

Dossiers FRC
Arrêté des comptes 2023 (FRC 2/24)
et Échéanciers 2024 (FRC 3/24)

et

Hors-Séries FRC
Du résultat comptable au résultat fiscal 2023
(FRC 2/24)
et États financiers et Contrôle de vos annexes
(FRC 3/24)

ÉDITIONS FRANCIS LEFEBVRE
Tour Lefebvre Dalloz, 10 place des Vosges CS 80357, 92072 Paris La Défense Cedex

ISBN 978-2-36893-654-2 © Éditions Francis Lefebvre 2023

Il est interdit de reproduire intégralement ou partiellement sur quelque support que ce soit le présent ouvrage
(art. L 122-4 et L 122-5 du Code de la propriété intellectuelle) sans l'autorisation de l'éditeur
ou du Centre français d'exploitation du droit de copie (CFC), 20, rue des Grands-Augustins - 75006 Paris

MÉMENTO PRATIQUE

COMPTABLE
24

À jour au 1ᵉʳ septembre 2023

EDITIONS
FRANCIS LEFEBVRE

GAMME COMPTABLE

POUR VOUS DANS CETTE MATIÈRE

MÉMENTOS

- Comptable*
- Comptes consolidés*
- Fusions & Acquisitions*
- IFRS*
- Audit et commissariat aux comptes

OUVRAGES

- Code pratique Comptable*
- Lecture de bilan pour professionnels du droit
- Responsabilité civile des commissaires aux comptes
- Responsabilité civile des experts-comptables

ACTUALITÉS

- Feuillet Rapide Comptable et ses Hors-Séries* (mensuel)
- Feuillet rapide fiscal social (hebdomadaire)

THEMEXPRESS EN LIGNE

Des zooms précis sur des sujets de fond ou d'actualité bénéficiant d'une veille juridique permanente :

- Responsabilité civile des experts-comptables
- Responsabilité civile des commissaires aux comptes
- Lecture de bilan pour professionnels du droit

SOLUTIONS DOCUMENTAIRES EN LIGNE

- **NAVIS Comptable Conso France/IFRS***
  La plateforme documentaire de référence pour maîtriser la comptabilité et ses évolutions

- **NAVIS Fiscal**
  La plateforme documentaire de référence en fiscalité des personnes physiques et des entreprises

- **INNEO Cabinet comptable - Missions comptables et fiscales***
  Le portail documentaire pensé pour les missions quotidiennes des cabinets d'expertise comptable

- **INNEO Cabinet comptable - Mission Audit***
  Le portail documentaire opérationnel dédié aux missions d'audit des cabinets d'expertise comptable

- **INNEO Entreprise - Responsable comptable***
  Le portail documentaire conçu pour fiabiliser les différentes missions du comptable en entreprise

LOGICIELS

- **AUDITSOFT PREMIER**, le logiciel pour réussir vos missions d'audit légal

- **FEC-Expert**, un service complet d'analyse de la conformité du FEC pour anticiper un contrôle fiscal

- **AJi Sociétés** - *L'Assistant Juridique Intelligent*
  Le logiciel de gestion juridique des sociétés et des assemblées générales

*AUTEUR :

Lefebvre Dalloz

POUR COMMANDER OU VOUS INFORMER
01 83 10 10 10 du lundi au vendredi de 9h à 18h
ou sur notre site **www.efl.fr**

TOUS VOS MÉMENTOS
PRÉCIS, PRATIQUES, OPÉRATIONNELS

- **Agriculture**
  (juridique, fiscal, social, comptable)
- **Assemblées générales**
  (SARL, SAS, SA)
- **Associations, Fondations, Congrégations, Fonds de dotation**
  (juridique, fiscal, social, comptable)
- **Audit et commissariat aux comptes**
  (Guide de l'auditeur et de l'audité)
- **Baux commerciaux**
  (juridique, fiscal)
- **Cessions de parts et actions**
  (juridique, fiscal)
- **Comité social et économique et autres représentants du personnel**
- **Comptable***
- **Comptes consolidés***
- **Concurrence-Consommation**
- **Droit commercial**
  (fonds de commerce, contrat, biens de l'entreprise, crédit, garanties, recouvrement, entreprise en difficulté)
- **Droit de la famille**
  (juridique, fiscal, protection sociale, pénal)
- **Fiscal**
- **Fusions & Acquisitions***
- **Gestion immobilière**
  (achat, vente, location, copropriété)

- **IFRS***
- **Intégration fiscale**
  (résultat d'ensemble, restructurations, déclarations, conventions)
- **Paie**
  (social, fiscal, comptable)
- **Patrimoine**
  (juridique, fiscal, financier)
- **Procédure civile**
  (juridictions civiles et commerciales, conseil de prud'hommes)
- **Social**
  (droit du travail, sécurité sociale)
- **Sociétés civiles**
  (juridique, fiscal, social)
- **Sociétés commerciales**
- **Successions & Libéralités**
- **Transmission d'entreprise**
  (juridique, fiscal, patrimonial, financier, social)
- **TVA**
- **Urbanisme-Construction**
  (juridique, fiscal, comptable)
- **Vente immobilière**
  (juridique, fiscal)

*Auteur : **pwc**

VOS MÉMENTOS, PARTOUT, TOUT LE TEMPS
Jusqu'à 4 supports inclus dans le prix de votre Mémento

EDITIONS FRANCIS LEFEBVRE
Lefebvre Dalloz

POUR COMMANDER OU VOUS INFORMER
contactez notre **Service Relations Clients** au **01 83 10 10 10**
ou rendez-vous sur notre boutique en ligne **www.efl.fr**

Auteur

Département Technique Règles françaises de pwc

Marie-Jeanne MORVAN
Commissaire aux comptes, Expert-comptable, Associée PwC, Responsable Publications et Consultations France, Membre de la commission des normes comptables privées de l'ANC

Magali DOS SANTOS
Commissaire aux comptes, Expert-comptable, Directeur PwC Publications France

---

Coauteur du Mémento Comptable de 1988 à 2014
Claude LOPATER, ancien associé PwC et ancien membre du Collège de l'ANC

Créateurs du Mémento Comptable en 1978
Jean RAFFEGEAU, ancien président de Befec-Price Waterhouse
et Pierre DUFILS, ancien membre du Comité Exécutif de PwC
et du Conseil National de la Comptabilité

À Pierre Dufils, pionnier de la comptabilité française et co-créateur du Mémento Comptable dont les grandes qualités professionnelles et humaines laisseront une empreinte forte au sein de la profession comptable.

Introduction

L'entreprise et les personnes qui, à titre interne ou externe, contribuent à l'établissement ou au contrôle des documents comptables se trouvent confrontées, de manière permanente et de plus en plus rapide, à un grand nombre de textes dans lesquels la nature des obligations qui leur incombent et leur étendue sont fréquemment difficiles à déterminer.

C'est pour faciliter leur tâche que le Mémento Comptable expose le plus méthodiquement possible l'ensemble de ces textes, avec le souci constant d'une hiérarchisation précise des sources et d'une illustration par des exemples concrets. Chaque année, nous intégrons et enrichissons le Mémento Comptable des éléments nouveaux résultant de la réglementation, des recommandations, de la doctrine, de la jurisprudence, des réflexions et des commentaires récents et, le cas échéant, de notre avis et de ceux de nos experts (comptables, fiscaux et juridiques) (qu'il nous soit permis à cette occasion de remercier les lecteurs qui nous ont fait part de leurs observations). Cette **43ᵉ édition**, que nous vous proposons, intègre ainsi l'évolution de la doctrine comptable, ainsi que les impacts comptables des nouvelles règles fiscales et sociales de l'année.

Les **interférences** étroites et permanentes qui existent entre les aspects comptables et les aspects fiscaux – et les implications financières importantes qui s'attachent aux dispositions fiscales – **ont conduit** au fur et à mesure de l'exposé **à rappeler les** spécificités des **règles fiscales** chaque fois qu'il a paru utile ou important avec renvoi aux paragraphes du Mémento Fiscal. De même, dans la mesure où il réglemente la nature de certaines opérations (touchant particulièrement aux capitaux propres ou à la présentation des comptes), le **droit des sociétés** a été rappelé de manière plus détaillée – en correspondance avec le Mémento des Sociétés commerciales. Enfin, compte tenu de son importance, notamment au regard du contrôle externe des comptes, dans la mesure où il s'agit de textes comportant une référence comptable ou des implications comptables directes, le **droit pénal des affaires** a fait l'objet des rappels ou développements que la description des opérations nous paraissait appeler.

Dans le **titre I « Règles de base de la comptabilité »,** sont regroupés, outre les éléments techniques, les aspects réglementaires généraux en distinguant :
– la hiérarchisation, les caractéristiques et l'application des sources de la réglementation comptable ;
– les aspects matériels (en quelque sorte « opérationnels ») présentés en tant qu'obligations de forme de caractère permanent, s'imposant à la comptabilité de l'entreprise.

Le **titre II,** intitulé **« L'activité courante de l'entreprise »,** a pour objet l'étude des différents cycles d'opérations et les règles qui en régissent la comptabilisation. Chaque chapitre est, en principe, structuré de la manière suivante : rappel des notions usuelles et problèmes d'ensemble ; examen de la réglementation en matière d'enregistrement des opérations et/ou d'évaluation ; schémas usuels de comptabilisation et problèmes particuliers ; organisation matérielle et valeur probante de la comptabilité : réglementation de forme, aspects généraux des contrôles externes ; informations comptables : obligations et recommandations en matière de présentation. Le cas échéant, des compléments pratiques sont fournis à la fin de chaque chapitre.

Le dernier chapitre de ce titre est consacré aux documents de synthèse et notamment aux règles d'établissement des comptes annuels (bilan, compte de résultat, annexe) et des documents liés, dont le rapport de gestion (comprenant les informations extra-financières). Les autres informations à la charge de l'entreprise sont détaillées dans le titre IV.

Le **titre III « Extension et coopération »** place l'entreprise et sa comptabilité dans les perspectives particulières imposées par la complexité de la vie économique. Il s'agit aussi bien des problèmes d'organisation dans l'espace (établissements multiples) que des dispositions propres aux accords de coopération interentreprises. Les problématiques comptables et fiscales liées aux fusions, apports partiels d'actifs, scissions sont également présentées. Elles font l'objet d'un examen plus développé dans un Mémento spécifique « Fusions & Acquisitions ». Les obligations juridiques des sociétés en matière de consolidation ne sont pas traitées dans cet ouvrage, mais font en revanche l'objet de deux Mémentos dédiés : « Comptes Consolidés (en règles françaises) » et « IFRS ».

Le **titre IV** est intitulé **« Information et contrôle ».** La présentation du chapitre consacré à l'information comptable et financière par type d'entreprise (toutes entreprises, sociétés commerciales, sociétés dont les titres financiers sont admis aux négociations sur un marché réglementé) et les nombreux tableaux comparatifs lui confèrent un caractère très pratique. Dans un chapitre consacré au contrôle externe sont exposées les règles de désignation des commissaires aux comptes dans les sociétés commerciales. Tous les autres aspects du contrôle externe sont traités dans le FRC Hors-Série 12/23 auquel le Mémento Comptable fait de nombreux renvois.

L'ouvrage se termine par des **appendices** – de caractère pratique pour les entreprises – comprenant des modèles de bilans et de comptes de résultat (avec passage des comptes aux postes) et la liste des comptes du PCG. Enfin, une **table alphabétique** permet de faciliter la consultation de l'ensemble.

Cet ouvrage est un travail d'équipe **au sein du département « Publications et Consultations » de PwC** et nous souhaitons spécialement remercier pour cette édition :

- Alice Benhamou-Chocron, Stéphanie Berra, Inès Bouchhioua, Jean-Marie Detoc, Anna Gérard, Tatiana Ovsyannikova, Stéphan Viale, Axelle Vigne et Prisca Volololiaina pour l'étude et la préparation des textes comptables et fiscaux,
- Maître Lionel Flin, Avocat et Marie-Hélène Pinard-Fabro, PwC Société d'Avocats, pour leurs avis et conseils en matière fiscale,
- Bénédicte Le Maux, Expert-Comptable, Associée PwC Société d'Avocats et Hélène Ollivier, Directeur PwC, pour leurs avis et conseils en matière comptable,
- Catherine Gey, Associée PwC, responsable Normes d'audit, avec le concours d'Isabelle Marty, Directeur PwC pour le suivi de l'actualité en matière d'audit et de contrôle,
- Carole Angot, Directeur PwC pour l'information financière,
- Axelle Vigne, Senior Manager PwC pour l'information de durabilité,
- Muthoni Meyer pour la gestion administrative de l'ouvrage,
- Corinne Ouchebouq pour les supports administratifs,
- Charlotte de Zutter et Marie-Claude Canavaggio pour la veille et la gestion documentaires.

Rappelons, pour conclure, que le Mémento Comptable est avant tout un outil de travail qui, parce qu'il condense les dernières informations utiles aux métiers comptables, doit vous permettre de réserver l'essentiel de votre temps à votre pratique. C'est dans l'espoir de vous faire gagner en efficacité et en réactivité que nous vous proposons cette nouvelle édition.

1er septembre 2023

Marie-Jeanne MORVAN et Magali DOS SANTOS

Principales abréviations

AC	Avis de conformité du Conseil national de la comptabilité
ACPR	Autorité de contrôle prudentiel et de résolution
AGO	Assemblée générale ordinaire
AMF	Autorité des marchés financiers
AN	Journal officiel débats parlementaires Assemblée nationale
ANC/ CNC	Autorité des normes comptables / Conseil national de la comptabilité
Ansa	Association nationale des sociétés par actions
BCF	Bulletin Comptable et Financier
Bofip	Bulletin officiel des finances publiques
BOSS	Bulletin officiel de la sécurité sociale
Bull. CNC	Bulletin trimestriel du Conseil national de la comptabilité
Bull. CNCC	Bulletin de la Compagnie nationale des commissaires aux comptes
Bull. CNCC CEP, CNP	Bulletin de la CNCC – Chronique de la Commission d'éthique professionnelle et du Comité des normes professionnelles
Bull. CNCC EC, EJ	Bulletin de la CNCC – Chronique de la Commission des études comptables et de la Commission des études juridiques
Bull. COB	Bulletin de la Commission des opérations de bourse
Cass. civ.	Cour de cassation, chambre civile
Cass. com.	Cour de cassation, chambre (ou section) commerciale et financière
Cass. crim.	Cour de cassation, chambre criminelle
CA	Cour d'appel
CAA	Cour administrative d'appel
CCH	Code de la construction et de l'habitation
CCRCS	Comité de coordination du Registre du Commerce et des sociétés
CE	Conseil d'État
CE (na)	Conseil d'État (non-admission du pourvoi)
CE CAPC	Commission d'admission des pourvois en cassation devant le Conseil d'État
C. civ.	Code civil
CCLRF	Comité consultatif de la législation et de la réglementation financières
C. com. art. L ou R	Code de commerce (partie législative ou réglementaire)
C. ass.	Code des assurances
C. env.	Code de l'environnement
C. mon. fin.	Code monétaire et financier
CGI	Code général des impôts
CGI, A	Code général des impôts, Annexe
CIBS	Code des impositions sur les biens et les services
CSS	Code de la sécurité sociale
Circ.	Circulaire
CJUE	Cour de justice de l'Union européenne (anciennement CJCE)
CNCC	Compagnie nationale des commissaires aux comptes
Cnil	Commission nationale de l'informatique et des libertés
COB	Commission des opérations de bourse (devenue AMF)
Comm.	Communiqué
Cons. Const.	Conseil constitutionnel
CRBF	Comité de la réglementation bancaire et financière
CRC	Comité de la réglementation comptable
C. trav.	Code du travail
D. adm.	Documentation administrative
DGFiP	Direction générale des Finances Publiques
DLF	Direction de la législation fiscale
DSS	Direction de la sécurité sociale
EIP	Entités d'intérêt public
FR	Feuillet Rapide Fiscal
FRC	Feuillet Rapide Comptable (mise à jour mensuelle du Mémento Comptable)
FRS	Feuillet Rapide Social
H3C	Haut Conseil du commissariat aux comptes

PRINCIPALES ABRÉVIATIONS

IFRS	International Financial Reporting Standards
IR, IS	Impôt sur le revenu, impôt sur les sociétés
IR 1, 2, 3 ou 4	Commentaires infra-réglementaires sous les articles du PCG du Recueil de l'ANC
JO	Journal officiel
JOUE	Journal officiel de l'Union européenne (anciennement JOCE)
LPF	Livre des procédures fiscales
Mémento Fiscal	Mémento pratique fiscal
Mémento Social	Mémento pratique social
Mémento Sociétés commerciales	Mémento pratique des sociétés commerciales
NEP	Normes d'exercice professionnel
NI	Note d'information (exemples : NI CNC ; NI CNCC)
OEC	Ordre des experts-comptables
Ord.	Ordonnance
PCG art.	Plan comptable général (Règlement ANC n° 2014-03), article (numéro)
PCG 82 p.	Plan comptable général 1982 (4ᵉ édition), page (numérotation de l'Imprimerie nationale)
QPC	Question prioritaire de constitutionnalité
Questions-réponses CNCC Covid-19	Questions/Réponses de la CNCC relatives aux conséquences de la crise sanitaire et économique liée à l'épidémie de Covid-19, 8ᵉ édition du 11 juin 2021 (les précédentes éditions ont été rédigées en collaboration avec le CSOEC)
Rec.	Recommandation
Rec. ANC Covid-19	Recommandations et observations de l'ANC relatives à la prise en compte des conséquences de l'événement Covid-19 dans les comptes et situations établis à compter du 1ᵉʳ janvier 2020 du 18 mai 2020, mises à jour en dernier lieu le 9 juillet 2021
Règl.	Règlement (exemples : Règl. CRC, Règl. Cob, Règl. CBV)
Règl. AMF	Règlement général de l'AMF
Rép.	Réponse ministérielle
RFC	Revue française de comptabilité
RJF	Revue de jurisprudence fiscale
Sén.	Journal officiel débats parlementaires Sénat
TA	Tribunal administratif
TC	Tribunal de commerce
TGI	Tribunal de grande instance
Trib. cor.	Tribunal correctionnel

Plan général

Les chiffres renvoient aux paragraphes.

TITRE I
Règles de base de la comptabilité

CHAPITRE 1
Structures et problématique comptables

SECTION 1
L'ÉVOLUTION DU RÔLE DE LA COMPTABILITÉ ... 1020

SECTION 2
STRUCTURES COMPTABLES FONDAMENTALES ... 1120

CHAPITRE 2
La réglementation comptable

SECTION 1
ORIGINES DU DROIT DE LA COMPTABILITÉ ... 2605

SECTION 2
APPLICATION DES DIFFÉRENTES SOURCES DE RÉGLEMENTATION ... 2740

I. La hiérarchie des sources ... 2740

II. Conséquences de la hiérarchie des sources ... 2850

SECTION 3
PORTÉE GÉNÉRALE DE CHACUNE DES SOURCES DE DROIT COMPTABLE ... 2940

I. Les sources comptables législatives et réglementaires françaises ... 2940
  A. Le Code de commerce ... 2940
  B. Les règlements de l'Autorité des normes comptables (ANC) ... 2990

II. Les sources comptables jurisprudentielles et doctrinales françaises ... 3295
  A. La jurisprudence ... 3295
  B. La doctrine française ... 3315

III. Les sources comptables européennes ... 3405

IV. Les sources comptables internationales ... 3435

SECTION 4
LES PRINCIPES COMPTABLES ... 3535

CHAPITRE 3
Les obligations générales permanentes

SECTION 1
LES CONDITIONS DE FORME : LA TENUE DE LA COMPTABILITÉ ... 7010

I. Principes généraux ... 7010

II. Livres obligatoires ... 7080
  A. Contenu des livres obligatoires ... 7100
  B. Forme, authentification et tenue des livres obligatoires ... 7155
  C. Conservation des livres obligatoires ... 7225

  D. Sanctions et conséquences d'une tenue irrégulière ... 7280

III. Organisation de la comptabilité ... 7385
  A. Pièces justificatives de la comptabilité ... 7435
  B. Organisation d'une comptabilité dans un environnement informatique ... 7520
  C. Inventaire ... 7685
  D. Plan de comptes de l'entreprise ... 7745
  E. Document décrivant les procédures et l'organisation comptables ... 7840
  F. Durée des exercices comptables et date de clôture ... 7940

IV. Obligations comptables des petits commerçants soumis au régime fiscal simplifié ou au régime des micro-entreprises ... 8035
  A. Petits commerçants personnes morales ... 8055
  B. Petits commerçants personnes physiques ... 8110

V. Autres conditions ... 8220
  A. Commerçants membres d'un centre de gestion agréé ... 8220
  B. Sociétés membres d'un groupe international ... 8240

SECTION 2
LA QUALITÉ DES COMPTES ... 8245

I. Régularité, sincérité, image fidèle ... 8245
  A. Notions de régularité, de sincérité et d'image fidèle ... 8250
  B. Choix offerts par les règles, dérogations aux règles ... 8355
  C. Changements comptables ... 8455
  D. Changements de référentiel comptable ... 8590

II. Valeur probante de la comptabilité en matière fiscale ... 8640
  A. L'examen de conformité fiscale (ECF) ... 8645
  B. Rejet de la comptabilité ... 8670

III. Le contrôle interne ... 8745

SECTION 3
COMPLÉMENTS PRATIQUES ... 9095

TITRE II
L'activité courante de l'entreprise

CHAPITRE 4
Les produits et créances d'exploitation

SECTION 1
GÉNÉRALITÉS ET DÉFINITIONS ... 10005

A. Notion d'activité ... 10005
B. Notion de ventes ... 10065

C. Notion de produits d'exploitation	**10140**
D. Notion de chiffre d'affaires	**10195**
E. Notion de créances d'exploitation	**10245**

SECTION 2
RÈGLES D'ENREGISTREMENT
ET D'ÉVALUATION DES CRÉANCES
ET DES PRODUITS D'EXPLOITATION **10350**

I. Règles générales d'enregistrement **10350**

II. Règles d'évaluation des créances et des produits d'exploitation **10485**

III. Cas particuliers et difficultés d'application **10575**
- A. Prestations de services échelonnées sur plusieurs exercices **10575**
- B. Ventes à livrer **10695**
- C. Contrats à long terme **10760**
- D. Ventes comportant des conditions particulières **11020**
- E. Autres produits d'exploitation **11250**
- F. Créances d'exploitation **11340**
- G. Provisions liées aux ventes **11530**

SECTION 3
SCHÉMAS USUELS DE COMPTABILISATION **11740**

I. Régularisation des créances et produits en fin d'exercice **11740**

II. Produits d'exploitation **11825**
- A. Ventes et produits des activités annexes (compte 70) **11825**
- B. Production stockée : variation de l'exercice (compte 71) **11935**
- C. Production immobilisée (compte 72) **11995**
- D. Subventions d'exploitation (compte 74) **12045**
- E. Autres produits de gestion courante (compte 75) **12115**

III. Créances d'exploitation **12215**

SECTION 4
VALEUR PROBANTE DE LA COMPTABILITÉ **12365**

I. Pièces justificatives **12365**
- A. Établissement des factures **12365**
- B. Ventes au comptant **12480**

II. Obligations de forme **12555**

III. Tenue des comptes clients **12645**

IV. Contrôle externe **12715**

SECTION 5
PRÉSENTATION DES COMPTES ANNUELS
ET AUTRES INFORMATIONS **12825**

I. Présentation des comptes annuels **12830**
- A. Bilan et compte de résultat **12830**
- B. Annexe (développements particuliers) **12885**

II. Autres informations comptables et financières **13010**

CHAPITRE 5

Les charges et les dettes d'exploitation

SECTION 1
DÉFINITIONS ET ÉLÉMENTS CONSTITUTIFS **15005**
- A. Notion de charges d'exploitation **15010**
- B. Notion de dettes d'exploitation **15070**

SECTION 2
RÈGLES D'ENREGISTREMENT
ET D'ÉVALUATION DES CHARGES
ET DETTES D'EXPLOITATION **15075**

I. Règles d'enregistrement **15075**
- A. Règles générales **15080**
- B. Cas particuliers et difficultés d'application **15205**

II. Règles d'évaluation **15315**

SECTION 3
SCHÉMAS USUELS DE COMPTABILISATION **15430**

I. Régularisation des charges et dettes d'exploitation en fin d'exercice **15430**

II. Charges d'exploitation **15545**
- A. Achats (compte 60) **15545**
- B. Autres charges externes (compte 61/62) **15660**
- C. Impôts, taxes et versements assimilés (compte 63) **16225**
- D. Charges de personnel (compte 64) **16595**
- E. Autres charges de gestion courante (compte 65) **17275**

III. Provisions pour risques et provisions pour charges d'exploitation **17385**

IV. Dettes d'exploitation **17520**

V. Provision et évaluation des engagements de retraite et autres avantages postérieurs à l'emploi **17590**
- A. Provision ou évaluation en annexe des engagements (régimes à prestations définies) **17685**
- B. Informations en annexe (au titre des régimes de retraite) **17965**

SECTION 4
VALEUR PROBANTE DE LA COMPTABILITÉ **18085**

I. Pièces et documents justificatifs **18085**

II. Déclarations faites à partir de la comptabilité et de la paie **18165**

SECTION 5
PRÉSENTATION DES COMPTES ANNUELS
ET AUTRES INFORMATIONS **18295**

I. Présentation des comptes annuels **18305**
- A. Bilan et compte de résultat **18305**
- B. Annexe (développements particuliers) **18365**

II. Autres informations comptables et financières **18535**

SECTION 6
COMPLÉMENTS PRATIQUES **18740**

CHAPITRE 6

Les stocks et en-cours de production

SECTION 1
DÉFINITION ET ÉLÉMENTS CONSTITUTIFS
DES STOCKS ET EN-COURS DE PRODUCTION **20105**

I. Critères de définition et de comptabilisation des stocks et en-cours de production **20105**

II. Éléments constitutifs des stocks et en-cours de production **20195**
A. Principe général de comptabilisation des stocks **20195**
B. Conséquences pratiques sur la comptabilisation des stocks **20200**

III. Classement comptable des stocks et en-cours de production **20330**

IV. Critères de distinction entre stocks et immobilisations **20400**

V. Stocks particuliers **20560**

SECTION 2
RÈGLES D'ÉVALUATION DES STOCKS ET EN-COURS **20715**

I. Coût d'entrée dans le patrimoine **20720**
A. Règle générale d'évaluation du coût d'entrée **20720**
B. Modalités générales d'évaluation du coût d'entrée **20780**
C. Éléments constitutifs du coût d'acquisition des stocks (approvisionnements et marchandises) **20900**
D. Éléments constitutifs du coût de production des stocks (produits et en-cours de production) **21055**
E. Cas particuliers d'évaluation **21250**

II. Valeur d'inventaire **21415**
A. Règle générale d'évaluation **21415**
B. Modalités d'évaluation **21470**
C. Cas particuliers **21615**

III. Valeur à l'arrêté des comptes (valeur au bilan) **21705**
A. Règle générale d'évaluation et de comptabilisation des dépréciations **21705**
B. Modalités d'évaluation des dépréciations **21765**
C. Cas particuliers **21840**

IV. Opérations particulières **21945**
A. Provisions réglementées relatives aux stocks **21945**
B. Incidences des réévaluations sur les stocks et en-cours **22020**

SECTION 3
SCHÉMAS USUELS DE COMPTABILISATION **22120**
A. Comptabilisation des stocks et en-cours **22120**
B. Cas particuliers **22215**

SECTION 4
VALEUR PROBANTE DE LA COMPTABILITÉ ET CONTRÔLE DES STOCKS ET EN-COURS **22330**

I. Obligations en matière d'inventaire des stocks et en-cours **22330**

II. Détermination pratique des coûts Comptabilité analytique **22435**

III. Contrôle externe **22570**

SECTION 5
PRÉSENTATION DES COMPTES ANNUELS ET AUTRES INFORMATIONS **22685**

I. Présentation des comptes annuels **22690**
A. Bilan et compte de résultat **22690**
B. Annexe (développements particuliers) **22750**

II. Autres informations comptables et financières **22905**

CHAPITRE 7
Les immobilisations corporelles

SECTION 1
DÉFINITION ET ÉLÉMENTS CONSTITUTIFS DES IMMOBILISATIONS CORPORELLES **25105**

I. Critères de définition et de comptabilisation des immobilisations corporelles **25105**

II. Éléments constitutifs du patrimoine comptable **25240**
A. Principe général de comptabilisation des immobilisations corporelles **25240**
B. Conséquences pratiques sur la comptabilisation des immobilisations corporelles **25245**
C. Exceptions au principe général de comptabilisation des immobilisations corporelles **25395**

III. Classement comptable **25510**

IV. Critères de distinction entre immobilisations corporelles et stocks **25635**

V. Décomposition des immobilisations corporelles **25705**

VI. Traitement des dépenses ultérieures et des coûts de démantèlement et de remise en état **25885**
A. Dépenses ultérieures **25885**
B. Coûts de démantèlement et de remise en état de site **26030**

SECTION 2
RÈGLES D'ÉVALUATION DES IMMOBILISATIONS CORPORELLES **26170**

I. Coût d'entrée dans le patrimoine **26170**
A. Règle générale d'évaluation du coût d'entrée **26170**
B. Éléments constitutifs du coût d'acquisition des immobilisations corporelles **26175**
C. Éléments constitutifs du coût de production des immobilisations corporelles **26580**
D. Autres modalités d'évaluation des immobilisations corporelles **26710**

II. Valeur d'inventaire **26855**

III. Valeur à l'arrêté des comptes (valeur au bilan) **26985**
A. Amortissement des immobilisations **26990**

B. Dépréciations des immobilisations	27715
C. Provisions liées aux immobilisations	27875

IV. Évaluation lors de la sortie du patrimoine — 28100
A. Valeur nette comptable — 28120
B. Prix de cession — 28170
C. Cas particuliers — 28220

V. Réévaluations des immobilisations — 28445

SECTION 3
IMMOBILISATIONS ACQUISES EN APPLICATION D'UN CONTRAT DE LOCATION — 28450

I. Définition et comptabilisation du contrat de location — 28450

II. Traitement des dépenses engagées sur des immobilisations louées — 28650

III. Provisions liées aux immobilisations — 28735

IV. Présentation des comptes annuels et autres informations — 28805

SECTION 4
SCHÉMAS USUELS DE COMPTABILISATION — 28935

I. Acquisition et production d'immobilisations — 28935

II. Amortissements des immobilisations — 29035

III. Dépréciations des immobilisations — 29160

IV. Sortie d'immobilisations du patrimoine — 29290

SECTION 5
PRÉSENTATION DES COMPTES ANNUELS ET AUTRES INFORMATIONS — 29535

I. Présentation des comptes annuels — 29540
A. Bilan et compte de résultat — 29540
B. Annexe (développements particuliers) — 29600

II. Autres informations comptables et financières — 29765

CHAPITRE 8

Les immobilisations incorporelles

SECTION 1
DÉFINITION ET ÉLÉMENTS CONSTITUTIFS DES IMMOBILISATIONS INCORPORELLES — 30105

I. Critères de définition et de comptabilisation des immobilisations incorporelles — 30105

II. Éléments constitutifs du patrimoine comptable — 30255
A. Principe général de comptabilisation des immobilisations incorporelles — 30255
B. Logiciels — 30355
C. Acquisition d'un fonds de commerce — 30465
D. Éléments incorporels acquis séparément — 30550
E. Immobilisations incorporelles générées en interne (frais de développement) — 30840

III. Classement comptable — 31035

IV. Traitement des dépenses ultérieures — 31150

SECTION 2
RÈGLES D'ÉVALUATION DES IMMOBILISATIONS INCORPORELLES — 31270

I. Coût d'entrée dans le patrimoine — 31275
A. Règle générale d'évaluation du coût d'entrée — 31275
B. Éléments constitutifs du coût d'acquisition des immobilisations incorporelles acquises à titre onéreux — 31280
C. Éléments constitutifs du coût de production des immobilisations incorporelles créées en interne — 31420
D. Autres modalités d'évaluation des immobilisations incorporelles — 31600

II. Valeur d'inventaire — 31675

III. Valeur à l'arrêté des comptes (valeur au bilan) — 31745
A. Amortissement des immobilisations incorporelles — 31750
B. Dépréciation des immobilisations — 31825
C. Cas particuliers (amortissements et dépréciations) — 31885

IV. Évaluation lors de la sortie du patrimoine — 32140
A. Règle générale — 32140
B. Cas particuliers — 32145

SECTION 3
IMMOBILISATIONS ACQUISES EN APPLICATION D'UN CONTRAT DE CRÉDIT-BAIL — 32265

SECTION 4
SCHÉMAS USUELS DE COMPTABILISATION — 32375

I. Acquisition et production d'immobilisations — 32375

II. Amortissement des immobilisations incorporelles — 32465

III. Dépréciation des immobilisations — 32540

IV. Sortie d'immobilisations du patrimoine — 32610

SECTION 5
PRÉSENTATION DES COMPTES ANNUELS ET AUTRES INFORMATIONS — 32745

I. Présentation des comptes annuels — 32750
A. Bilan et compte de résultat — 32750
B. Annexe (développements particuliers) — 32810

II. Autres informations comptables et financières — 32965

CHAPITRE 9

Le portefeuille-titres

SECTION 1
DÉFINITION ET ÉLÉMENTS CONSTITUTIFS — 35010

I. Notions générales — 35010

II. Les 4 catégories de titres en comptabilité — 35150
- A. Titres de participation — 35155
- B. Titres immobilisés de l'activité de portefeuille (Tiap) — 35225
- C. Autres titres immobilisés — 35275
- D. Valeurs mobilières de placement — 35325
- E. Lien entre le classement comptable et fiscal des titres en portefeuille — 35385

III. Classement comptable du portefeuille-titres (PCG) — 35390

SECTION 2
RÈGLES D'ÉVALUATION — 35535

I. Coût d'entrée dans le patrimoine — 35540
- A. Dispositions générales relatives au coût d'entrée des titres — 35540
- B. Modalités de détermination du coût d'acquisition des titres acquis à titre onéreux — 35600

II. Valeur d'inventaire — 35695
- A. Titres de participation — 35700
- B. Titres immobilisés de l'activité de portefeuille (Tiap) — 35785
- C. Autres titres immobilisés et valeurs mobilières de placement — 35840

III. Valeur à l'arrêté des comptes (valeur au bilan) — 35925
- A. Titres de participation — 35980
- B. Titres immobilisés de l'activité de portefeuille (Tiap) — 36030
- C. Autres titres immobilisés — 36080
- D. Valeurs mobilières de placement — 36135
- E. Synthèse des règles d'évaluation à la clôture selon le classement des titres — 36205

IV. Cas particulier de l'évaluation par équivalence — 36210

V. Revenus des titres (dividendes, parts de résultat, intérêts) — 36300
- A. Dividendes et acomptes sur dividendes — 36315
- B. Cas particuliers de prise en compte de revenus de filiales soumises à l'IS — 36430
- C. Parts de résultat dans une société de personnes ou assimilée — 36480
- D. Intérêts des obligations et bons — 36580

VI. Évaluation lors de la sortie du patrimoine — 36700
- A. Cession de titres de sociétés de capitaux et de sociétés de personnes soumises à l'IS — 36700
- B. Cessions de parts de sociétés de personnes non soumises à l'IS — 36785

VII. Tableau comparatif des règles comptables générales — 36805

SECTION 3
SCHÉMAS USUELS ET PROBLÈMES DE COMPTABILISATION — 36810

I. Opérations courantes (généralités) — 36810
- A. Souscription ou acquisition de titres — 36810
- B. Dépréciation financière des titres — 36865
- C. Cession de titres — 36915

II. Éléments communs à plusieurs catégories de titres — 37025
- A. Titres présentant des caractéristiques particulières — 37025
- B. Opérations sur titres — 37130
- C. Portage et autres engagements sur titres de capital — 37355

III. Actions — 37455
- A. Actions présentant des caractéristiques particulières — 37455
- B. Parts ou actions d'organismes de placement collectif — 37460
- C. Opérations sur actions — 37560
- D. Opérations décidées par la société émettrice — 37755
- E. Événements particuliers survenant chez la société émettrice — 37855

IV. Obligations — 37945
- A. Obligations simples — 37945
- B. Opérations sur obligations — 38030

V. Titres participatifs — 38105

VI. Valeurs mobilières composées — 38175
- A. Valeurs mobilières composées donnant accès au capital — 38180
- B. Valeurs mobilières composées donnant droit à l'attribution de titres de créance — 38260

VII. Autres formes de participation — 38340

VIII. Créances rattachées aux participations — 38465

SECTION 4
VALEUR PROBANTE DE LA COMPTABILITÉ ET CONTRÔLE — 38595

I. Obligations concernant le portefeuille-titres — 38595

II. Contrôle externe — 38685

SECTION 5
PRÉSENTATION DES COMPTES ANNUELS ET AUTRES INFORMATIONS — 38690

I. Présentation des comptes annuels — 38700
- A. Bilan et compte de résultat — 38700
- B. Annexe (développements particuliers) — 38755

II. Autres informations comptables et financières — 38940
- A. Informations à la clôture de l'exercice — 38940
- B. Informations durant l'exercice — 39015

CHAPITRE 10
Les opérations financières

SECTION 1
DÉFINITIONS ET ÉLÉMENTS CONSTITUTIFS — 40005
- A. Généralités — 40005
- B. Classement comptable des opérations financières — 40075

SECTION 2
RÈGLES D'ENREGISTREMENT ET D'ÉVALUATION DES CRÉANCES ET DETTES 40080

- I. Règles d'enregistrement — 40080
- II. Règles d'évaluation des créances et dettes en monnaie nationale — 40085
  - A. Règles générales — 40085
  - B. Cas particuliers — 40165
- III. Règles d'évaluation des créances et dettes en monnaies étrangères — 40295
  - A. Valeur d'entrée dans le patrimoine — 40295
  - B. Valeur au bilan — 40370
  - C. Cas particuliers (valeur au bilan) — 40515
- IV. Règles d'évaluation des dettes remboursables en jetons ou indexées sur la valeur de jetons — 40600
  - A. Valeur d'entrée dans le patrimoine — 40605
  - B. Valeur au bilan — 40610

SECTION 3
SCHÉMAS USUELS DE COMPTABILISATION 40650

- I. Opérations courantes — 40650
- II. Emprunts et prêts — 40940
  - A. Règles générales de comptabilisation (et de décomptabilisation) — 40945
  - B. Emprunts obligataires simples — 41080
  - C. Emprunts obligataires perpétuels — 41195
  - D. Valeurs mobilières composées (donnant accès au capital ou à l'attribution de titres de créance) — 41255
  - E. Autres prêts et emprunts — 41390
- III. Instruments financiers à terme — 41430
- IV. Opérations de couverture (comptabilité de couverture) — 41565
  - A. Notion comptable de couverture (conditions de reconnaissance d'une couverture sur le plan comptable) — 41570
  - B. Notion fiscale de « positions symétriques » — 41665
  - C. Principes généraux de la comptabilité de couverture — 41730
  - D. Traitement spécifique à chaque stratégie de couverture — 41950
- V. Instruments financiers à terme en position ouverte isolée — 42115
- VI. Abandons de créances et renonciations à des recettes — 42220
- VII. Opérations Bpifrance Assurance Export — 42410
- VIII. Opérations concernant les associés et les sociétés apparentées — 42530
- IX. Émission de jetons ne présentant pas les caractéristiques de titres financiers, de contrats financiers ou de bons de caisse — 42600
- X. Autres placements de trésorerie — 42665
- XI. Opérations diverses — 42795
- XII. Charges et produits financiers — 42960

SECTION 4
VALEUR PROBANTE DE LA COMPTABILITÉ ET CONTRÔLE 43145

- I. Obligations en matière de trésorerie — 43145
- II. Contrôle externe — 43150

SECTION 5
PRÉSENTATION DES COMPTES ANNUELS ET AUTRES INFORMATIONS 43260

- I. Présentation des comptes annuels — 43260
  - A. Bilan et compte de résultat — 43260
  - B. Annexe (développements particuliers) — 43330
- II. Autres informations comptables et financières — 43495

CHAPITRE II
Opérations de régularisation, exceptionnelles et diverses

SECTION 1
OPÉRATIONS DE RÉGULARISATION 45005

- I. Dépenses pouvant être portées à l'actif — 45005
  - A. Nature des différentes options pour la comptabilisation des charges à l'actif — 45005
  - B. Définitions et conditions de comptabilisation des charges pouvant être portées à l'actif — 45060
  - C. Frais d'établissement — 45110
- II. Comptes de régularisation et d'attente — 45265
  - A. Comptes de rattachement — 45265
  - B. Comptes de régularisation — 45330
  - C. Comptes transitoires et d'attente — 45395
- III. Transferts de charges — 45500
- IV. Opérations relatives aux exercices antérieurs — 45600

SECTION 2
OPÉRATIONS EXCEPTIONNELLES 45725

- A. Définitions et éléments constitutifs — 45725
- B. Exemples et cas particuliers — 45780
- C. Information sur les opérations exceptionnelles — 46120

SECTION 3
EMBALLAGES 46225

- I. Définitions et éléments constitutifs — 46225
- II. Consignation des emballages — 46310

SECTION 4
TVA 46480

- I. Généralités — 46480
- II. Comptabilisation de la TVA — 46570
  - A. TVA afférente aux immobilisations — 46625
  - B. Opérations de gestion — 46675

C. Opérations intracommunautaires
portant sur des biens — 46845
D. Déclarations de chiffre d'affaires — 46975
E. Cas particuliers — 47000

CHAPITRE 12
Les provisions
Autres que provisions réglementées

SECTION 1
DÉFINITIONS ET ÉLÉMENTS CONSTITUTIFS
DES PROVISIONS — 48110

SECTION 2
RÈGLES DE CONSTITUTION ET D'ÉVALUATION
DES PROVISIONS — 48200

SECTION 3
RÈGLES D'ENREGISTREMENT
ET SCHÉMAS USUELS DE COMPTABILISATION
DES PROVISIONS — 48435

SECTION 4
CONTRÔLE EXTERNE — 48545

SECTION 5
PRÉSENTATION DES COMPTES ANNUELS — 48645
A. Bilan et compte de résultat — 48645
B. Annexe (développements particuliers) — 48700

CHAPITRE 13
Les engagements
et opérations « hors bilan »

SECTION 1
GÉNÉRALITÉS — 50005

A. Définitions et éléments constitutifs
des engagements — 50005
B. Distinction entre bilan
et engagements — 50110
C. Définition et éléments constitutifs
des opérations « hors bilan » — 50200

SECTION 2
RÉGLEMENTATION DES ENGAGEMENTS — 50305

A. Date de constatation
des engagements — 50305
B. Règles d'évaluation des engagements — 50310
C. Autorisation des engagements — 50360

SECTION 3
SCHÉMAS USUELS DE COMPTABILISATION
DES ENGAGEMENTS — 50475

SECTION 4
CONTRÔLE EXTERNE DES ENGAGEMENTS — 50580

SECTION 5
INFORMATION ET PRÉSENTATION EN ANNEXE — 50680

CHAPITRE 14
Les résultats

SECTION 1
GÉNÉRALITÉS — 52005

I. Définitions et éléments
constitutifs — 52005

II. Degrés de formation du résultat :
soldes intermédiaires de gestion — 52110

SECTION 2
RÈGLES DE DÉTERMINATION DU RÉSULTAT
DE L'EXERCICE — 52305

I. Événements postérieurs
à la clôture de l'exercice — 52310
A. Comptabilisation des événements
postérieurs dans les comptes annuels
et information — 52310
B. Information sur les événements
postérieurs dans le rapport de gestion — 52395

II. Éventualités — 52520

III. Résultat comptable
et résultat fiscal — 52590

SECTION 3
PROBLÈMES PARTICULIERS
SCHÉMAS DE COMPTABILISATION — 52595

I. Comptabilisation des impôts
sur les résultats — 52595
A. Impôts — 52595
B. Régime d'intégration fiscale
des groupes de sociétés — 52745

II. Situation fiscale différée
ou latente — 52890
A. Les différentes approches
d'impôts différés — 52890
B. Comptabilisation des impôts différés — 52950

III. Comptabilisation et contrôle
des rectifications fiscales
et des redressements Urssaf — 53090
A. Rectifications définitives acceptées — 53090
B. Rectifications contestées ou probables — 53230
C. Déduction en cascade — 53340

IV. Participation des salariés
aux résultats de l'entreprise — 53545
A. Calcul de la réserve spéciale
de participation — 53595
B. Comptabilisation de la participation
des salariés — 53790

V. Affectation et distribution
des résultats — 53950
A. Affectation et distribution
des résultats d'une société — 53955
B. Affectation et distribution
des résultats d'une entreprise
individuelle — 54100

SECTION 4
CONTRÔLE — 54180

I. Problèmes de forme — 54180

II. Contrôle externe — 54255

SECTION 5
PRÉSENTATION DES COMPTES ANNUELS
ET AUTRES INFORMATIONS — 54260

I. Présentation des comptes
annuels — 54260
A. Bilan et compte de résultat — 54260
B. Annexe (développements particuliers) — 54315

II. Autres informations comptables
et financières — 54440

CHAPITRE 15
Les fonds propres
(Capitaux propres et autres fonds propres)

SECTION 1
DÉFINITIONS ET ÉLÉMENTS CONSTITUTIFS — 55005

I. Fonds propres — 55005

II. Capitaux propres — 55025
A. Capitaux propres avant répartition — 55025
B. Capitaux propres après répartition (et situation nette) — 55095

III. Autres fonds propres — 55100

SECTION 2
RÉGLEMENTATION ET SCHÉMAS USUELS DE COMPTABILISATION — 55225

I. Capital et primes — 55225
A. Sociétés et groupements — 55225
B. Cas particulier de l'actionnariat salarié — 55745
C. Entreprises individuelles — 56005

II. Réserves et report à nouveau — 56080
A. Fonctionnement des comptes de réserves — 56080
B. Réserve spéciale des plus-values nettes à long terme (RSPVLT) — 56155
C. Autres réserves spéciales — 56225

III. Provisions réglementées — 56305

IV. Subventions d'investissement octroyées à l'entreprise — 56435

V. Provisions susceptibles d'avoir le caractère de réserves — 56595

VI. Réévaluations après 1983 : régime actuel — 56665

VII. Autres fonds propres — 56940

VIII. Dématérialisation des valeurs mobilières — 57040

SECTION 3
VALEUR PROBANTE ET CONTRÔLE — 57155

I. Conformité aux décisions des assemblées — 57155

II. Variations des capitaux propres — 57230
A. Variations régulières des capitaux propres — 57235
B. Variations irrégulières des capitaux propres — 57295

SECTION 4
PRÉSENTATION DES COMPTES ANNUELS ET AUTRES INFORMATIONS — 57585

I. Présentation des comptes annuels — 57585
A. Bilan — 57585
B. Annexe (développements particuliers) — 57590

II. Autres informations comptables et financières — 57710

CHAPITRE 16
Création, transformation et liquidation de l'entreprise

SECTION 1
CRÉATION DE L'ENTREPRISE — 60005

I. Principales formalités nécessaires à l'immatriculation — 60005

II. Création d'une société — 60120
A. Opérations de souscription et de libération du capital social — 60130
B. Opérations faites pour le compte de la société en formation — 60230

III. Création d'une entreprise individuelle — 60255
A. Principes généraux — 60255
B. Opérations de constitution du patrimoine de l'entreprise — 60265
C. Option de l'exploitant individuel pour son assimilation à une EURL assujettie à l'IS — 60330

SECTION 2
CHANGEMENT D'OBJET SOCIAL OU D'ACTIVITÉ — 60515

SECTION 3
TRANSFORMATION D'UNE SOCIÉTÉ — 60625
A. Aspects juridiques et de contrôle — 60630
B. Aspects fiscaux — 60725
C. Aspects comptables — 60800

SECTION 4
DIFFICULTÉS DES ENTREPRISES : PRÉVENTION ET INCERTITUDE SUR LA CONTINUITÉ DE L'EXPLOITATION — 60805

I. Les procédures d'alerte — 60805

II. Incertitude sur la continuité de l'exploitation — 61045

SECTION 5
RÈGLEMENT DES DIFFICULTÉS DES ENTREPRISES — 61190

I. Mandat ad hoc — 61195

II. Procédure de conciliation (ex-règlement amiable) — 61270

III. Procédures de sauvegarde — 61370
A. Procédure de sauvegarde de droit commun — 61380
B. Procédure de sauvegarde accélérée — 61475

IV. Redressement judiciaire — 61575

V. Rétablissement professionnel — 61685

SECTION 6
LIQUIDATION DE L'ENTREPRISE — 61805

I. Liquidation et partage d'une société — 61805
A. Généralités — 61805
B. Obligations comptables — 61895
C. Écritures de liquidation — 62020
D. Écritures de partage — 62090

II. Liquidation d'une entreprise individuelle — 62190

CHAPITRE 17
Les documents de synthèse
États financiers

SECTION 1
COMPTES ANNUELS — 64105

- I. Généralités (comptes annuels) — 64105
  - A. Définitions et éléments constitutifs — 64105
  - B. Obligations en matière d'établissement des comptes annuels — 64110
  - C. Présentation des comptes annuels — 64180
  - D. Approbation des comptes annuels et délais — 64280
  - E. Dépôt des comptes annuels — 64282
- II. Bilan et compte de résultat — 64285
  - A. Règles d'établissement et de présentation — 64285
  - B. Contenus obligatoires — 64340
  - C. Contrôle — 64450
- III. Annexe — 64525
  - A. Objectifs de l'annexe et conséquences — 64525
  - B. Liste des différentes informations à faire figurer dans l'annexe, prescrites par les règles comptables — 64605
  - C. Lien entre l'annexe et d'autres documents — 64690
  - D. Incidences d'une insuffisance/absence de l'annexe sur la certification des comptes — 64835

SECTION 2
DOCUMENTS LIÉS AUX COMPTES ANNUELS — 64940

- I. Rapport de gestion — 64960
- II. Bilan social — 65165
- III. Autres documents liés aux comptes annuels — 65245

SECTION 3
COMPTES INTERMÉDIAIRES ET PRÉVISIONNELS — 65385

- I. Comptes intermédiaires — 65385
- II. Comptes prévisionnels — 65475

SECTION 4
INFORMATIONS SEMESTRIELLES ET TRIMESTRIELLES — 65585

- I. Information semestrielle (rapport financier semestriel) — 65585
- II. Information trimestrielle ou intermédiaire des sociétés cotées sur Euronext — 65690

SECTION 5
DOCUMENTS LIÉS À LA PRÉVENTION DES DIFFICULTÉS DES ENTREPRISES — 65695

- I. Généralités (concernant l'ensemble des documents) — 65715
- II. Tableau de financement et rapport joint — 65855
  - A. Établissement, présentation et contrôle — 65855
  - B. Élaboration du tableau (tableau des emplois et des ressources) — 65925
  - C. Présentation du tableau des flux de trésorerie — 66075
- III. Situation de l'actif réalisable et disponible et du passif exigible et rapport joint — 66165
- IV. Compte de résultat prévisionnel et rapport joint — 66280
- V. Plan de financement prévisionnel et rapport joint — 66435

SECTION 6
SANCTIONS EN MATIÈRE D'INFORMATION COMPTABLE — 66500

TITRE III
Extension et coopération

CHAPITRE 18
Les établissements multiples

SECTION 1
ÉTABLISSEMENTS FRANÇAIS D'UNE ENTREPRISE FRANÇAISE — 70125

- I. Comptabilité tenue par l'établissement (comptabilité autonome) — 70130
- II. Comptabilité non autonome — 70265

SECTION 2
ÉTABLISSEMENTS ÉTRANGERS D'UNE ENTREPRISE FRANÇAISE — 70370

SECTION 3
ÉTABLISSEMENTS FRANÇAIS D'UNE ENTREPRISE ÉTRANGÈRE — 70580

SECTION 4
CONTRÔLE EXTERNE — 70710

CHAPITRE 19
Les opérations de coopération

SECTION 1
LA CONCESSION DE SERVICE PUBLIC — 72125

- I. Caractéristiques générales — 72125
- II. Immobilisations mises en concession (comptabilisation par le concessionnaire) — 72245
  - A. Immobilisations mises dans la concession par le concédant — 72250
  - B. Immobilisations mises dans la concession par le concessionnaire — 72355
- III. Autres opérations — 72495
- IV. Aspects complémentaires — 72670

SECTION 2
LES MARCHÉS DE PARTENARIAT — 72780

- I. Caractéristiques générales — 72780
- II. Schémas de comptabilisation (chez le titulaire) — 72860

SECTION 3
LE FRANCHISAGE — 72965

- I. Caractéristiques générales — 72965
- II. Schémas usuels de comptabilisation — 73050
  - A. Comptabilisation chez le franchiseur — 73050
  - B. Comptabilisation chez le franchisé — 73120
- III. Aspects complémentaires — 73195

SECTION 4
OPÉRATIONS FAITES POUR LE COMPTE DE TIERS — 73300

- I. L'intermédiaire agit en qualité de mandataire (au nom du tiers) — 73305
- II. L'intermédiaire agit en son nom seul — 73415

SECTION 5
LE GROUPEMENT D'INTÉRÊT ÉCONOMIQUE (GIE) À OBJET COMMERCIAL — 73570

- I. Caractéristiques générales — 73570
- II. Schémas usuels de comptabilisation — 73645
- III. Contrôle — 73770

SECTION 6
LA SOCIÉTÉ EN PARTICIPATION — 73775

- I. Caractéristiques générales — 73775
- II. Schémas usuels de comptabilisation — 73905
  - A. Apports — 73965
  - B. Acquisition ou création de biens dans le cadre de l'activité de la SEP — 74105
  - C. Opérations d'exploitation et partage du résultat — 74220
  - D. Documents de synthèse — 74290
  - E. Contrôle — 74350

SECTION 7
LA FIDUCIE — 74360

- I. Caractéristiques générales — 74360
- II. Schémas usuels de comptabilisation — 74450
  - A. Chez le constituant — 74470
  - B. Dans la fiducie — 74545

CHAPITRE 20
Fusions et opérations assimilées

SECTION 1
DES RÈGLES COMPTABLES ET FISCALES SPÉCIFIQUES — 75005

SECTION 2
VALORISATION DES APPORTS — 75120

- I. Lien entre rapport d'échange (parité) et valorisation des apports — 75120
- II. Principes de valorisation des apports — 75225
  - A. Principe général — 75225
  - B. Notion de contrôle — 75280
  - C. Sens de l'opération — 75335
  - D. Dérogations au principe général de valorisation des apports — 75385
- III. Détermination des valeurs d'apport — 75460
  - A. Apports à la valeur réelle — 75460
  - B. Apports en valeur comptable — 75465

SECTION 3
COMPTABILISATION DES OPÉRATIONS DE FUSION — 75470

- I. Comptabilisation de la fusion chez l'entité absorbée — 75475
- II. Comptabilisation de la fusion chez l'entité absorbante — 75540
- III. Comptabilisation du mali de fusion — 75625
  - A. Définitions — 75625
  - B. Comptabilisation du mali — 75685
  - C. Affectation du mali — 75740
  - D. Traitement du mali technique après la fusion — 75790
  - E. Comptabilisation du boni de fusion — 75855
- IV. Comptabilisation des titres reçus par les associés de l'entité absorbée — 75905

SECTION 4
COMPTABILISATION DES OPÉRATIONS DE SCISSION — 75910

SECTION 5
COMPTABILISATION DES OPÉRATIONS D'APPORT PARTIEL D'ACTIF — 76015

- I. Comptabilisation chez l'entité apporteuse — 76015
- II. Comptabilisation chez les actionnaires de l'entité apporteuse — 76050
- III. Comptabilisation chez l'entité bénéficiaire des apports — 76090

SECTION 6
INCIDENCES COMPTABLES ET FISCALES DE LA RÉTROACTIVITÉ — 76195

- I. Définition de la date d'effet comptable — 76195
- II. Conséquences pratiques d'une date d'effet rétroactif — 76200
  - A. Comptabilisation des opérations pendant la période intercalaire — 76200
  - B. Perte subie pendant la période intercalaire (perte de rétroactivité) — 76255

SECTION 7
CONTRÔLE EXTERNE : COMMISSAIRES À LA FUSION, AUX APPORTS — 76360

- I. Intervention du commissaire à la fusion et aux apports — 76360
- II. Contenu des missions du commissaire à la fusion et aux apports — 76435

SECTION 8
INFORMATION COMPTABLE ET FINANCIÈRE — 76440

TITRE IV

Information et contrôle

CHAPITRE 21

L'information comptable et financière à la charge de l'entreprise

SECTION 1
ÉLÉMENTS D'INFORMATION À LA CHARGE DE TOUTES LES ENTREPRISES — 80025

SECTION 2
ÉLÉMENTS D'INFORMATION COMPLÉMENTAIRE À LA CHARGE DES SOCIÉTÉS COMMERCIALES — 80135

   I. Information des associés — 80135

   II. Information du comité social et économique (CSE) — 80280

   III. Information des commissaires aux comptes — 80385

   IV. Information des administrateurs et des membres du conseil de surveillance — 80535

   V. Information à la disposition du public — 80605
     A. Statuts (SA) — 80605
     B. Dépôt au greffe — 80660

   VI. Informations particulières à la charge des sociétés émettant des titres de créances négociables — 80780

SECTION 3
SOCIÉTÉS COTÉES SUR UN MARCHÉ RÉGLEMENTÉ OU SUR UN SYSTÈME MULTILATÉRAL DE NÉGOCIATION : INFORMATIONS COMPLÉMENTAIRES — 80900

   II. L'offre au public de titres financiers — 81040

   III. Information réglementée — 81380

   IV. Information permanente — 81480

   V. Information périodique — 81680
     A. Récapitulatif des publications périodiques — 81680
     B. Publications annuelles des sociétés (françaises et étrangères) émettant des titres financiers sur un marché réglementé — 81745
     C. Publications annuelles des sociétés émettant des titres financiers sur Euronext Growth ou sur Euronext Access — 81950

   VI. Information à l'occasion d'opérations particulières — 82025
     A. Informations à fournir en cas d'admission et d'offre au public de titres financiers — 82025
     B. Informations à fournir à l'occasion d'autres opérations (autres que des admissions et émissions de titres financiers) — 82210

SECTION 4
SANCTIONS EN MATIÈRE D'INFORMATION FINANCIÈRE — 82500

   I. Manquements aux lois, règlements et règles professionnelles approuvées par l'AMF — 82500

   II. Délits boursiers — 82575

CHAPITRE 22

Audit et contrôles comptables et financiers — 85005

Appendices

APPENDICE 1

Modèles de bilan et de compte de résultat

   Système de base — 95505

   Système abrégé — 95605

APPENDICE 2

Liste des comptes du PCG — 96195

TITRE I

Règles de base de la comptabilité

CHAPITRE 1
STRUCTURES ET PROBLÉMATIQUE COMPTABLES

SOMMAIRE 1000

SECTION 1
L'ÉVOLUTION DU RÔLE DE LA COMPTABILITÉ 1020

SECTION 2
STRUCTURES COMPTABLES FONDAMENTALES 1120

SECTION 1
L'ÉVOLUTION DU RÔLE DE LA COMPTABILITÉ

L'histoire de la comptabilité et l'évolution de sa technique et de ses objectifs sont liées au développement du commerce et de l'industrie et aux besoins qui sont apparus successivement. **1020**

La comptabilité financière (ou générale) orientée vers l'information externe Longtemps, les comptes utilisés sont restés étroitement liés à la notion de **recettes** et de **dépenses** et la tenue des comptes ne s'écartait pas du domaine certain des **mouvements de valeurs**, revêtant un aspect purement mécanique (traduction descriptive du passé) pour l'établissement d'un état des actifs et des passifs (balance ou bilan).

Puis, le développement et la croissance des entreprises, avec l'apport des capitaux extérieurs, ont nécessité, en grande partie en vue des distributions, une **individualisation** correcte entre le **capital** et les **revenus** et des principes de **calcul des résultats** permettant de maintenir intégralement le capital (ou la force productive) et de le rémunérer.

Il était donc nécessaire qu'après les travaux d'enregistrement et de classement des faits de manière purement mécanique **(la tenue des comptes),** le chef d'entreprise intervienne dans la comptabilité pour y introduire, en vue de la détermination du résultat, les éléments nécessaires de prévision, d'appréciation et d'évaluation, par référence notamment à l'évolution de la valeur des biens, à la nécessité de les renouveler périodiquement, d'assurer la continuité de l'entreprise et de faire face aux risques (**opérations d'inventaire**, voir n° 1145).

Enfin, le développement des entreprises avec l'apport d'investisseurs nombreux a donné comme rôle complémentaire à la comptabilité de **fournir des informations** aux utilisateurs externes sur le résultat des opérations, les renseignements fournis (les **états financiers** devant être clairs et compréhensibles et, d'une manière générale, vérifiables), d'où la nécessité, pour la protection de ces utilisateurs, d'un **contrôle externe.**

Le rôle d'information de la comptabilité s'était donc tout d'abord confiné à répondre à des **besoins microéconomiques** (besoins internes du chef d'entreprise, besoins externes des apporteurs de capitaux ou des tiers traitant avec l'entreprise). Ce rôle d'information s'est trouvé élargi par les **besoins de l'État** pour lequel la comptabilité de l'entreprise est un instrument indispensable pour connaître l'économie de la Nation, orienter la politique économique et déterminer les différents impôts.

La comptabilité analytique orientée vers l'information interne Le **développement industriel** a accentué les **besoins internes** en matière de connaissance des **coûts** et des **prix de revient** et en matière de prévision et de vérification des réalisations. Une **comptabilité industrielle** (ou « analytique d'exploitation » ou « des coûts et prix de revient ») est venue compléter ou s'intégrer dans les enregistrements et a ainsi permis de rendre la comptabilité plus utile pour l'information et la prise de décision des dirigeants.

Pratiquement, ces **deux branches de la comptabilité** puisent leurs renseignements des mêmes enregistrements et des mêmes sources, mais :
– la **comptabilité financière** apparaît comme le procédé retenu pour la présentation des informations à l'usage des différents groupes extérieurs ; elle se réfère au passé et à la gestion des responsables ;
– la **comptabilité de gestion** apparaît comme le procédé retenu pour la présentation des informations à l'usage des responsables de la gestion et permettant, par référence au passé, de prévoir et d'orienter les décisions de gestion.

Prochaine étape dans l'évolution de la comptabilité financière : prendre en compte la performance sociale et environnementale des sociétés L'évolution et la conception du rôle de l'entreprise soulèvent des problèmes de plus en plus larges, tels que la comptabilisation des « ressources humaines », des « émissions carbone » et la prise en compte des enjeux environnementaux et sociaux par les entreprises et l'ensemble des parties prenantes. Sur l'établissement du bilan social, voir n° 65165. Sur la déclaration de performance extra-financière à fournir par certaines entreprises dans leur rapport de gestion, voir n° 65010.

La comptabilité financière se trouve de plus en plus en porte-à-faux avec l'évolution de la conception de l'entreprise de ces dernières années dont la responsabilité sociale et environnementale s'ajoute aujourd'hui à la responsabilité économique. La performance globale de l'entreprise, et plus uniquement économique, doit pouvoir être appréciée par l'ensemble des parties prenantes. C'est la raison pour laquelle différentes initiatives ont vu le jour pour proposer des modèles comptables destinés à intégrer dans les comptes de l'entreprise (compte de résultat et bilan) les éléments extra-financiers sociaux-environnementaux :
– soit dans une comptabilité totalement intégrée : « méthodologie CARE », « comptabilité universelle »… ;
– soit sous forme de données financières destinées à valoriser des données extra-financières sans toutefois produire d'états financiers : valorisation de l'entreprise élargie aux aspects humains, sociaux et environnementaux (« Capital Immatériel – Thesaurus Bercy », « International Integrated Reporting Council – IIRC », « Social Return on Investment – SROI », Compte de résultat environnemental – « EP&L »)…

Pour plus de détails sur la comptabilité socio-environnementale, voir FRC 10/21 inf. 5.

Sur les informations à fournir dans la déclaration de performance extra-financière permettant de déterminer la part des activités considérées comme durables en application du Règlement européen sur la taxonomie de juin 2020 (2020/852/UE) : part du chiffre d'affaires, des dépenses d'investissement (CapEx) et des dépenses d'exploitation (OpEx), associée à des activités économiques durables sur le plan environnemental, voir n° 65010.

SECTION 2 — STRUCTURES COMPTABLES FONDAMENTALES

1120 Pour une période donnée, les recettes procurées par les biens ou les services offerts à la clientèle, rapprochées des dépenses nécessaires à leur production, font ressortir le **résultat** de l'entreprise.

Toute acquisition de moyens de production **(emplois)** s'accompagne obligatoirement d'un financement mis à la disposition de l'entreprise **(ressources)**.

> **Précisions** **1.** **Les ressources** sont de trois sortes :
> – les ressources fournies par l'exploitant, les associés ou les actionnaires et qui sont normalement laissées de manière permanente dans l'entreprise ;
> – les ressources laissées dans l'entreprise de manière temporaire (crédits accordés par les fournisseurs, les créanciers, les banquiers, etc.). Ces ressources constituent des dettes à long, moyen ou court terme envers les tiers ;
> – et les profits réalisés par l'entreprise.

L'ensemble de ces ressources est appelé « Passif » ; il se décompose en capitaux propres (apports des associés ou de l'entrepreneur individuel) et capitaux empruntés (dettes de l'entreprise envers les tiers).
2. Les emplois de ces ressources forment l'« Actif » de l'entreprise. On distingue les emplois permanents (actif immobilisé : terrains, immeubles, titres de participation, brevets, etc.) des emplois temporaires (actif circulant : créances, valeurs mobilières de placement, disponibilités). Enfin, par opposition aux profits, les pertes constituent elles aussi un mode d'emploi des ressources financières.

1125 Le **bilan** est une représentation des ressources et des emplois dont dispose une entité comptable. Cette représentation se fait sous la forme d'une **égalité** qui **traduit l'équilibre des emplois et des ressources** et décrit le patrimoine de l'entreprise avec ses biens et ses dettes, ses éléments d'actif et de passif.

Le **classement** des emplois et des ressources se fait selon leur destination ou leur provenance, c'est-à-dire leur **fonction dans le processus d'activité économique** (le critère liquidité-exigibilité est secondaire). D'où la présentation suivante :

Actif (emplois)	Passif (ressources)
Actif immobilisé	Capitaux propres
Actif circulant	Provisions
Régularisations	Dettes

1130 **Le compte de résultat** récapitule les opérations qui ont permis de constituer le résultat final. Le résultat de l'exercice est égal :
– au bilan : en principe à la variation des capitaux propres de l'entreprise provenant de son activité ;
– au compte de résultat : à la différence entre les produits et les charges.
Cette relation et cette double égalité ressortent clairement de la balance des comptes établie à la clôture de chaque exercice (voir n° 7080).

1145 **Comptabilité et inventaire** Une distinction importante doit donc être faite entre la partie « **mécanique** » de la comptabilité (enregistrement au jour le jour des opérations selon le système de la partie double, voir n° 1220) et **l'arrêté des comptes** (les opérations d'inventaire), dans lequel interviennent diverses notions de **présentation, d'évaluation, d'appréciation** (dépréciation, risques et provisions).
Les besoins d'informations périodiques ont conduit à déterminer les résultats par tranche de vie de l'entreprise, c'est-à-dire par **exercice.** Pour déterminer le résultat à partir des éléments enregistrés au jour le jour, il faut procéder à des opérations d'inventaire. Celles-ci ont plusieurs objectifs.
a. Vérifier que **les enregistrements effectués au jour le jour** correspondent à la réalité des existants physiques (inventaire des biens possédés et des dettes).
b. Répartir les charges et les produits dans le temps (opérations de régularisation). Pour connaître le résultat d'un exercice, il faut y rattacher les charges et les produits le concernant, sans tenir compte du fait que les dettes et les créances correspondantes sont ou non enregistrées, payées ou encaissées.
Il est donc nécessaire, pour l'établissement de la situation financière, de corriger le bilan au moyen de comptes spéciaux et de corriger le compte de résultat en y incluant les charges et les produits relatifs à l'activité de l'exercice, et eux seulement. Tel est l'objet des comptes « Charges à payer », « Charges constatées d'avance », « Produits à recevoir » et « Produits constatés d'avance ».
Pour rattacher les charges à l'exercice concerné, il est également nécessaire de connaître le montant du stock initial et du stock final, ce qui permet de calculer les consommations de l'exercice. Les stocks sont obtenus par **l'inventaire physique,** qui est ensuite **valorisé.**
c. Apprécier, en fonction de l'évolution des faits économiques, les **augmentations de valeur ou les dépréciations subies.**
La perte de valeur subie par les immobilisations s'effectue par **leur amortissement** et la charge correspondante est enregistrée au compte de résultat par une dotation aux amortissements. D'autres postes d'actif peuvent subir des modifications de valeurs en baisse (stocks, créances, titres, etc.) ; elles sont traduites dans le bilan sous forme de « **Dépréciations ».**
d. Porter un jugement sur l'avenir, en constituant si nécessaire des **provisions** lorsque les événements en cours rendent probables certaines dépenses ou certaines pertes.

Ces opérations d'inventaire, qui sont liées au concept sous-jacent de la **continuité de l'entreprise**, n'ont pas pour but de dresser un état des valeurs de liquidation, mais uniquement de corriger l'enregistrement des transactions de chaque exercice ; le bilan n'est qu'une représentation (de la situation d'un patrimoine) qui repose sur des **conventions techniques**.

SUIVI DES OPÉRATIONS : LE COMPTE

1200 **Principe** Afin de suivre dans le détail les variations et les opérations affectant les biens, les dettes, les charges, les produits, les profits et les pertes, on utilise un **instrument de classement fonctionnel** appelé **« compte »**. Le compte permet de suivre l'évolution d'un élément particulier du patrimoine ou d'un élément de l'activité.

Le nombre de comptes n'est pas fixé et dépend du degré de détail souhaité. On peut, par exemple, vouloir suivre les charges par fonction (par exemple, « Charges de la direction commerciale ») ou par nature (par exemple, « Achats ») ou encore vouloir obtenir plus de détails et utiliser les comptes « Achats de marchandises », « Achats de matières premières », etc.

1205 Les augmentations sont constatées dans une colonne et les diminutions dans l'autre. Par convention, la partie gauche est appelée **« débit »** et la partie droite **« crédit »**.

Compte	
Débit	Crédit

FONCTIONNEMENT DES COMPTES

1220 Selon le principe de la partie double, toute opération de l'entreprise ayant une incidence financière est traduite par **une écriture affectant au moins deux comptes** dont l'un est débité et l'autre crédité d'une somme identique :
– les **comptes d'actif** (biens et créances) sont « mouvementés » au débit (gauche) pour constater les augmentations et au crédit (droite) pour constater les diminutions ;
– les **comptes de passif** (capitaux propres et dettes) sont mouvementés au crédit pour constater les augmentations et au débit pour constater les diminutions ;
– les **comptes de charges** enregistrent au débit les augmentations et, exceptionnellement, les diminutions sont créditées ;
– les **comptes de produits** sont crédités pour constater les augmentations et, exceptionnellement, débités pour constater les réductions de revenus.

Lorsqu'une opération comptable est enregistrée, le total des sommes inscrites au débit des comptes et le total des sommes inscrites au crédit des comptes doivent être égaux.

1225 Dans les développements suivants, les écritures sont schématisées par une présentation des comptes en T, la partie droite correspondant au crédit et la partie gauche au débit.

EXEMPLE
L'écriture suivante :

Compte	Libellé	Débit	Crédit
601	Achat matières premières à Durand............	1 000	
4456	TVA déductible	170	
401	à Fournisseurs (Durand).................................		1 170

est schématisée ainsi :

401 Fournisseurs	4456 TVA déductible	601 Achats matières
1170	170	1 000

SYSTÈMES COMPTABLES

1240 **Système classique : journal et grand-livre** Dans ce système, toutes les écritures sont enregistrées, dans un premier temps, sur un **journal unique** (voir n° 7100 s.), en indiquant la date de l'opération, le libellé, le compte débité, le compte crédité et les montants de l'opération.

EXEMPLE
Journal

Date	Libellé	Compte	Montant D	Montant C
1/1	Achats à Dupont....................................	601	1 000	
1/1	Facture Dupont n° 32..........................	401		1 000
2/1	Règlement à Dupont............................	401	1 000	
2/1	Chèque banque n° 013	512		1 000
3/1	Achats à Durand....................................	601	1 500	
3/1	Facture Durand n° 10..........................	401		1 500

Ces écritures sont ensuite reportées sur un **grand-livre** (voir n° 7105)

EXEMPLE
401 « Fournisseurs »

Date	Libellé	Montant D	Montant C	Totaux D	Totaux C	Solde D	Solde C
1/1	Facture Dupont n° 32.............		1 000		1 000		1 000
2/1	Règlement à Dupont chèque 013	1 000		1 000	1 000	–	–
3/1	Facture Durand n° 10.............		1 500	1 000	2 500	–	1 500

Système journal général – grand-livre Le système classique (voir n° 1240) peut être simplifié, lorsque le nombre d'écritures est peu important, par l'utilisation d'un **journal grand-livre unique** dans lequel des colonnes de ventilation sont prévues pour les différents comptes. **1245**

Date	Libellé	Fournisseurs D	Fournisseurs C	Achats D	Achats C	Banque D	Banque C
1/1	Facture Dupont n° 32........		1 000	1 000			
2/1	Règlement à Dupont..........	1 000					1 000
3/1	Facture Durand n° 10........		1 500	1 500			

Système centralisateur L'emploi du système classique est souvent limité par le nombre d'écritures, d'où l'utilisation de **« journaux auxiliaires »** (voir n° 7103) pour les différents types d'opérations du journal. **1250**

> **Précisions** Des comptes de nature technique, appelés **« comptes de liaison »**, sont requis pour l'enregistrement des opérations nécessitant l'utilisation de deux journaux (par exemple, journal de caisse et journal de banque) afin d'éviter ce double emploi.

L'utilisation de journaux auxiliaires conduit à une centralisation du résumé des opérations mensuelles sur un **« journal général »** (voir n° 7103) et à son report sur les **comptes du grand-livre**.

Balance carrée Le journal général, le grand-livre et la balance peuvent être établis en une seule fois, sur un même registre, par l'utilisation d'une balance carrée dont le tracé comporte : **1255**
– la liste des comptes (comme dans toute balance) ;
– des colonnes de centralisation des journaux auxiliaires (débits et crédits) ;
– les colonnes de la balance (totaux et soldes).

CHAPITRE 2 — LA RÉGLEMENTATION COMPTABLE

SOMMAIRE 2605

SECTION 1	
ORIGINES DU DROIT DE LA COMPTABILITÉ	2605
SECTION 2	
APPLICATION DES DIFFÉRENTES SOURCES DE RÉGLEMENTATION	2740
I. La hiérarchie des sources	2740
II. Conséquences de la hiérarchie des sources	2850
SECTION 3	
PORTÉE GÉNÉRALE DE CHACUNE DES SOURCES DE DROIT COMPTABLE	2940
I. Les sources comptables législatives et réglementaires françaises	2940
A. Le Code de commerce	2940
B. Les règlements de l'Autorité des normes comptables (ANC)	2990
II. Les sources comptables jurisprudentielles et doctrinales françaises	3295
A. La jurisprudence	3295
B. La doctrine française	3315
III. Les sources comptables européennes	3405
IV. Les sources comptables internationales	3435
SECTION 4	
LES PRINCIPES COMPTABLES	3535

SECTION 1 — ORIGINES DU DROIT DE LA COMPTABILITÉ

On peut imaginer que la comptabilité s'est tout d'abord développée **pour répondre uniquement aux besoins** de son utilisateur, le commerçant ou le chef d'entreprise, pour finalement s'étendre aux besoins et exigences de **toutes les parties prenantes**. L'organisation économique et sociale a conduit le législateur à intervenir progressivement dans ce domaine.

I. La comptabilité est un moyen de preuve entre commerçants En 1673, une ordonnance de Colbert a imposé aux commerçants la tenue de livres de comptes devant respecter des **règles de forme** conférant une valeur probante aux livres de commerce, instruments de preuve en cas de litige. Cette réglementation a été reprise par le Code de commerce (C. com. art. L 123-23). **2610**

II. La comptabilité est un moyen d'information des associés, des épargnants, des salariés et des tiers en général Le législateur est intervenu pour protéger leurs intérêts en imposant aux entreprises (en sus de l'obligation déjà prévue par le Code de commerce d'établir un inventaire, un bilan et un compte de résultat) soit la **présentation** (aux associés, aux salariés via leur comité social et économique), soit la **publication d'informations sur leur situation financière** (à tous les participants potentiels de l'entreprise et tous les participants à la vie économique du pays via notamment le dépôt au greffe du tribunal de commerce des comptes sociaux). **2615**

III. La comptabilité est également un moyen de calcul de l'assiette de différents impôts En effet, le bénéfice et le chiffre d'affaires (assiette des principaux impôts) sont tirés des documents comptables. Le droit fiscal, intéressé au premier chef par la détermination du bénéfice imposable, est donc intervenu progressivement dans le domaine comptable pour **2620**

fixer les règles que les commerçants doivent suivre pour la tenue de la comptabilité et les évaluations qui s'y attachent. Il en est résulté une **interpénétration croissante des problèmes fiscaux et des problèmes comptables.**

Le décret 65-968 du 28 octobre 1965 puis le décret 84-184 du 14 mars 1984 codifiés au CGI (ann. III art. 38 ter s.) ont institué des règles d'évaluation applicables à toutes les entreprises imposées au bénéfice réel. Il y est précisé que les inscriptions aux différents postes des états financiers doivent respecter les définitions édictées par le PCG (dans la mesure où elles ne sont pas incompatibles avec les règles applicables pour l'assiette de l'impôt).

2625 **IV. La comptabilité est réglementée** L'utilisation progressive de la comptabilité comme moyen de preuve, d'information et de calcul de l'assiette de l'impôt s'est heurtée à des difficultés, chaque commerçant pouvant organiser sa comptabilité et présenter ses résultats comme il l'entendait, en fonction de ses besoins, sous réserve de respecter des réglementations parcellaires de fond et de forme. L'amélioration de la connaissance de l'économie devait conduire à rechercher des renseignements homogènes. **La comptabilité devait donc être réglementée,** d'où l'élaboration d'un **Plan comptable général.**

Un décret de 1941 institua une Commission du Plan comptable qui en 1942 présenta le résultat de ses travaux. Le premier Plan comptable comprenait un cadre divisé en classes, une liste des comptes et des règles et définitions concernant le fonctionnement des comptes ; étant donné les circonstances, ce document ne fut pas officialisé, il permit cependant aux praticiens d'être sensibilisés aux problèmes de normalisation et d'apporter toutes les critiques nécessaires à son amélioration.

En 1946, une commission de normalisation des comptabilités fut créée par décret et rédigea un Plan comptable approuvé par l'arrêté ministériel du 18 septembre 1947. Le décret du 22 octobre 1947 et l'arrêté du 30 décembre 1947 prévoyaient son application obligatoire à partir du 1er janvier 1948 pour les sociétés nationalisées et les sociétés dans lesquelles l'État avait des intérêts. Cependant, le Plan devait être adapté à chaque secteur d'activité et un décret 47-188 du 16 janvier 1947 créa le Conseil supérieur de la comptabilité avec mission de procéder à cette adaptation.

Après la révision du **« Plan 1947 »,** un nouveau Plan comptable fut approuvé par arrêté ministériel le 11 mai 1957. Le Conseil supérieur de la comptabilité fut cette même année remplacé par le « Conseil national de la comptabilité ».

Le « Plan 1957 » a fait l'objet d'une révision à partir de 1971 dont l'aboutissement est un document (appelé dans l'ouvrage « Plan comptable général » ou « PCG 1982 ») applicable à partir du 1er janvier 1984.

En 1996 est créé le comité d'urgence du Conseil national de la comptabilité et en 1998 le Comité de la réglementation comptable. En 1999, la refonte du PCG démarrée en 1996 est adoptée le 29 avril par le Comité de la réglementation comptable sous la forme d'un règlement (99-03, le « PCG 1999 ») et homologuée par arrêté interministériel du 22 juin (JO du 21 septembre).

Ce règlement n° 99-03 a été remplacé en 2014 par le règlement ANC n° 2014-03 (sur le « PCG 2014 », voir n° 3075).

Le PCG constitue la **base générale du droit comptable** et est régulièrement modifié et complété par les règlements de l'ANC (voir n° 3070 s.).

2630 **V. La réglementation est complétée par de la doctrine** La formation d'un droit de la comptabilité n'est pas seulement le résultat de réglementations particulières. La **jurisprudence et la doctrine** ont également contribué à l'élaboration de **« principes comptables »** qui ont été intégrés, par la loi du 30 avril 1983, dans le Code de commerce, devenant ainsi des règles comptables.

En outre, les avis du **Conseil national de la comptabilité** (voir le « Code comptable ») ont longtemps contribué à créer les règles comptables. L'**Autorité des normes comptables** (ANC) a pris le relais avec, outre ses règlements, des recommandations et des positions (voir n° 2990).

L'**Autorité des marchés financiers** (AMF), créée en 2003 en remplacement du **Conseil des marchés financiers** (CMF), de la **Commission des opérations de bourse** (COB) et du **Conseil de discipline de la gestion financière** (CDGF) est chargée de contrôler les informations fournies par les sociétés cotées. Elle formule également des recommandations comptables et publie des règlements concernant l'information du public (pour plus de détails, voir Mémento Sociétés commerciales n° 63160 s.).

VI. Vers une internationalisation des règles ? Enfin, l'Europe s'est ouverte sur l'international. **2635**
– La **Commission européenne,** dans le cadre de l'harmonisation du droit des sociétés, a établi une directive concernant la structure et le contenu des comptes annuels des sociétés ainsi que le rapport de gestion, les modes d'évaluation et la publicité de ces documents (4ᵉ directive : Bilan et comptes) et une autre relative aux documents consolidés (7ᵉ directive : Comptes consolidés). Ces directives ont depuis été remplacées par une directive comptable unique (Dir. 2013/34/UE du 26-6-2013). Depuis 2001, la Commission européenne s'est résolument tournée vers l'unification des marchés financiers et l'harmonisation comptable internationale. Dernièrement, elle a publié la synthèse des résultats d'une consultation publique intitulée « Bilan de qualité » (« Fitness Check »), en vue de revoir le cadre législatif de l'Union européenne sur les informations à publier par les entreprises.
– Le **Comité des normes comptables internationales** (International Accounting Standards Board : IASB) a été créé en 1973, à la suite d'une initiative des professionnels, en vue d'établir de telles normes. Des travaux ont été entrepris pour réduire sensiblement les options figurant dans ces normes. L'harmonisation internationale des normes comptables (et de l'information financière), qui a abouti à l'application depuis le 1ᵉʳ janvier 2005 des normes IFRS, était devenue essentielle pour que les grandes entreprises puissent répondre aux attentes de leurs investisseurs et pour que l'Europe ait un langage commun. Les normes IFRS sont devenues obligatoires pour les comptes consolidés des sociétés cotées sur un marché réglementé en Europe depuis le 1ᵉʳ janvier 2005 (voir Mémento Comptes consolidés, n° 1012).
Le CNC s'en est inspiré largement pour faire évoluer le PCG dans un mouvement dit de « convergence » qui a trouvé son aboutissement avec l'entrée en vigueur des règles comptables sur les passifs en 2002, puis sur les actifs et sur les amortissements et dépréciations au 1ᵉʳ janvier 2005. Il a depuis été mis fin à ce mouvement dans un objectif de simplification de la vie des entreprises (voir Mémento Comptable édition 2014, n° 5790).

Prochaine étape dans l'évolution de la comptabilité : prendre en compte **2638**
la performance sociale et environnementale des sociétés La conception de l'entreprise dans notre société n'a eu de cesse d'évoluer ces dernières années avec la prise en compte croissante des enjeux sociaux et environnementaux par les entreprises et de manière plus large par toutes les parties prenantes. Cette évolution interroge de plus en plus sur le modèle de comptabilité actuel axé sur la performance financière des entreprises. La comptabilité se devant d'évoluer au rythme des besoins de ses utilisateurs, la prochaine étape de son évolution devrait concerner la **prise en compte de la performance sociale et environnementale des sociétés**. Sur les initiatives existantes pour faire évoluer la comptabilité, voir n° 1020.

SECTION 2
APPLICATION DES DIFFÉRENTES SOURCES DE RÉGLEMENTATION

I. LA HIÉRARCHIE DES SOURCES

La hiérarchie est la suivante : **2740**
– réglementation internationale (traités internationaux, règlements européens, directives et décisions européennes) ;
– textes législatifs (lois et ordonnances ayant fait l'objet d'une loi de ratification) ;
– textes réglementaires (décrets et arrêtés) ;
– jurisprudence nationale (décisions des tribunaux) ;
– doctrine (autres sources).

RÉGLEMENTATION INTERNATIONALE

Traités internationaux La suprématie des traités internationaux sur le droit interne **2760**
résulte de l'article 55 de la Constitution du 4 octobre 1958 : les traités ou accords régulièrement ratifiés ou approuvés ont, dès leur publication, une autorité supérieure à celle des lois,

sous réserve, pour chaque accord ou traité, de son application par l'autre partie. Il s'ensuit que les conventions internationales l'emportent sur le droit interne, c'est-à-dire sur les lois et, à plus forte raison, sur les décrets ou arrêtés.

Règlements européens Selon l'article 288 du Traité sur le fonctionnement de l'Union européenne, « le **règlement** a une portée générale. Il est obligatoire dans tous ses éléments et il est **directement applicable** dans tout État membre ».

Il existe deux sortes de règlements européens :
– les règlements adoptés par le Conseil seul ou conjointement avec le Parlement européen ;
– les règlements de la Commission.

Le règlement entre en vigueur à la date qu'il fixe ou, à défaut, le 20e jour suivant sa publication au JOUE.

La Cour de cassation, en application du principe de la sécurité juridique, considère qu'un règlement communautaire ne peut être appliqué rétroactivement à des faits antérieurs à ce règlement (Cass. com. 22-10-2002 n° 1692 FS-P).

Il existe un règlement européen majeur en matière comptable : le **règlement dit « IFRS 2005 »** (voir n° 3405).

Directives européennes « La **directive** lie tout État membre destinataire quant au résultat à atteindre, en laissant aux instances nationales la compétence quant à la forme et aux moyens » (Traité sur le fonctionnement de l'Union européenne, art. 288).

a. Transposition des directives Les États ont **obligation** de transposer les directives dans leur droit national. Ils peuvent procéder par voie législative, réglementaire ou par instructions administratives.

Selon le Conseil d'État (CE 3-2-1989 n° 74052) :
– les directives ont un caractère obligatoire seulement en ce qui concerne les objectifs assignés aux États ;
– le délai limite d'aménagement constitue un objectif ;
– après l'expiration des délais impartis par une directive, les autorités nationales ne peuvent ni laisser subsister des dispositions réglementaires qui ne seraient plus compatibles avec les objectifs définis ni édicter des dispositions réglementaires qui seraient contraires à ces objectifs ;
– la jurisprudence interprétant une réglementation doit être prise en considération pour apprécier si la « législation nationale » qu'elle interprète est compatible avec ou conforme aux objectifs d'une directive. En revanche, tel n'est pas le cas des instructions constitutives d'une doctrine administrative ou des circulaires administratives.

En outre, le Conseil d'État reconnaît la possibilité de se prévaloir, dans le cadre d'un recours contre une décision administrative individuelle non réglementaire, des dispositions précises et inconditionnelles d'une directive non transposée à temps par l'État (CE 30-10-2009 n° 298348).

L'ensemble des conclusions de ces arrêts paraît applicable aux règles et à la doctrine comptables en vigueur, au regard de la directive comptable unique n° 2013/34/UE du 26 juin 2013.

Sur les conséquences du défaut de transposition ou de la mauvaise transposition en droit interne des directives communautaires, voir Mémento Union européenne n° 555 à 590.

b. Conformité du droit interne avec les directives Le Conseil d'État se reconnaît compétent pour apprécier la conformité d'une loi interne française avec les dispositions du droit communautaire (CE 20-10-1989 n° 108243). En conséquence, compte tenu de la primauté du droit communautaire sur notre droit interne, en cas de conflit entre les deux sources de droit, les juridictions administratives doivent écarter le texte interne (loi, décret d'application ou même jurisprudence antérieure) et appliquer le texte communautaire (disposition du traité sur le fonctionnement de l'Union européenne ou d'une directive).

Cas particulier Opérations internes Les entreprises ne peuvent, en principe, invoquer la non-compatibilité d'une loi avec une directive que dans le cadre d'un litige impliquant une opération intracommunautaire et non pas une situation purement interne (CE 17-1-2007 n° 262967), sauf si :
– le législateur national a décidé, lors de sa transcription en droit interne, d'appliquer le même traitement aux situations internes et à celles régies par la directive (CJCE 17-7-1997, aff. C28/95 ; CE 17-6-2011 n° 324392) ;
– et que le droit national transposant la directive n'est pas clair (CE 30-1-2013 n° 346683 ; CAA Versailles 26-6-2012 n° 11VE01783).

En outre, lorsque l'incompatibilité d'une loi avec une directive aboutit à favoriser les opérations transfrontalières intracommunautaires par rapport aux opérations domestiques, cette différence de traitement (« discrimination à rebours ») peut être condamnée par le Conseil constitutionnel au motif qu'elle procède d'une méconnaissance injustifiée des principes constitutionnels d'égalité devant la loi et les charges publiques (Cons. const. QPC 3-2-2016 n° 2015-520).

Décisions européennes La décision est obligatoire dans tous ses éléments pour les destinataires qu'elle désigne. Elle impose à la fois le résultat à atteindre et les modalités d'exécution. Elle doit être motivée et notifiée à ses destinataires.

RÉGLEMENTATION FRANÇAISE
Textes législatifs et réglementaires　　　　　　　　　　　　　　　　　　2765

I. Lois et ordonnances Ne portent le nom de **lois** que les textes votés par le Parlement ; les lois ne statuent que sur des points importants et, depuis 1958, limités impérativement par la Constitution (art. 34).

Les **ordonnances** se situent au même niveau de la hiérarchie que les lois lorsqu'elles sont ratifiées par une loi. En l'absence de ratification elles ont, selon le Conseil d'État (notamment, CE 11-3-2011 n° 341658), une valeur réglementaire. Opérant un revirement de jurisprudence, le Conseil constitutionnel a toutefois jugé qu'une ordonnance, même non ratifiée, avait valeur législative une fois expiré le délai fixé par la loi d'habilitation pour la prendre (Cons. const. 28-5-2020 n° 2020-843 QPC).

Les **travaux préparatoires** (exposé des motifs, débats parlementaires) peuvent fournir des indications très utiles pour éclairer le sens de la loi lorsque celui-ci est ambigu. En revanche, lorsque le texte de la loi est clair, celui-ci doit être appliqué et ce, même si les travaux préparatoires sont contraires (CE 27-10-1999 n° 188685).

II. Décrets et arrêtés Les décrets adoptés par le Gouvernement comprennent soit des dispositions revêtant la forme de **règlements d'administration publique** (décrets préparés par le Conseil d'État, souvent même rédigés par lui), soit des dispositions revêtant la forme de **décrets en Conseil d'État** (décrets pris après consultation du Conseil d'État mais sans qu'il soit nécessaire que celui-ci se prononce en assemblée), soit enfin des **décrets simples** (préparés par les ministres).

Au-dessous des décrets se placent les arrêtés qui, en matière de **réglementation comptable,** ne sont que des **arrêtés interministériels.** Ces arrêtés ont pour objet d'homologuer des règlements établis par l'Autorité des normes comptables (voir n° 2990 s.).

III. À un même niveau, **les dispositions générales** des textes législatifs et réglementaires **ne peuvent prévaloir sur toutes dispositions particulières.**
C'est ainsi que :
– la réglementation spécifique aux sociétés commerciales prévaut sur la réglementation concernant l'ensemble des commerçants ;
– la réglementation spécifique aux établissements de crédit, par exemple, prévaut sur la réglementation concernant l'ensemble des sociétés commerciales.

Voir également nos commentaires sur l'application du PCG, n° 3125.

> **Précisions** **Date d'application** Sauf disposition contraire des textes, les lois et règlements, ainsi que certains actes administratifs lorsqu'ils sont publiés au Journal officiel (Décret 2004-617 du 29-6-2004 art. 1), entrent en vigueur sur tout le territoire national dès le lendemain de leur publication sous format numérique au Journal officiel (JO) (C. civ. art. 1ᵉʳ).

La jurisprudence Les tribunaux (tribunaux de l'ordre administratif ou de l'ordre judiciaire suivant le cas) ont pour mission de s'assurer, à l'occasion de l'examen des recours contentieux dont ils sont saisis, que les dispositions des lois ont été exactement appliquées. Si aucun texte n'habilite les juges à créer « le droit » (chaque arrêt ne statuant que pour l'espèce dans laquelle il intervient), les Cours suprêmes (Cour de cassation et Conseil d'État), qui ont vocation à trancher des points de droit, tendent en pratique à unifier la jurisprudence des juridictions inférieures et à garantir la sécurité juridique en limitant les revirements jurisprudentiels.　　　　　　　　　　　　　　　　　　2770

Les autres sources (exemples : réponses ministérielles, circulaires administratives, instructions, recommandations, notes ou présentations émanant d'organismes compétents…) sont constituées par des interprétations ou des avis sur des points que les textes législatifs et réglementaires n'ont pas précisés et forment la **doctrine.** Elle contribue à dégager des solutions mais ne présente en principe **pas de caractère obligatoire.** Sur le plan fiscal, voir n° 2870.　　2775

II. CONSÉQUENCES DE LA HIÉRARCHIE DES SOURCES

RÈGLES APPLICABLES POUR L'ÉTABLISSEMENT DES COMPTES ANNUELS

2850 Les règles comptables françaises, exposées ci-après, applicables aux comptes annuels, proviennent de la 4ᵉ directive européenne n° 78/660/CEE, transposée en 1982 et 1983 en France. Cette directive a été remplacée par la directive n° 2013/34/UE du 26 juin 2013 (transposée en France par l'ordonnance 2015-900 du 23-7-2015 et le décret 2015-903 du 23-7-2015).

> **Précisions** Les directives comptables européennes fixent les grands principes en matière de comptabilisation et de présentation des comptes mais ont toujours permis une assez grande souplesse de transposition, notamment du fait des options laissées aux États membres.

2855 **Règles comptables** Les règles proviennent des textes suivants :
– **le Code de commerce.** Il s'agit des articles L 123-12 à L 123-28-2 et des articles R 123-172 à D 123-208-1 ;

> **Précisions** Dans cet ouvrage, la **référence** aux dispositions législatives et réglementaires du Code de commerce est présentée de la manière suivante : **C. com. art. L xxx** et **C. com. art. R xxx** ou **D xxx** (selon que la disposition réglementaire est issue d'un décret en Conseil d'État ou d'un décret simple).

– **le Plan comptable général (PCG).** Le PCG est issu du règlement ANC n° 2014-03, homologué par l'arrêté ministériel du 8 septembre 2014 (JO du 15 octobre). Il s'impose à toutes les entreprises industrielles et commerciales (voir n° 3070 s.) et est régulièrement mis à jour par les règlements de l'ANC (voir le « Code comptable »).

> **Précisions** Dans cet ouvrage, la **référence** au PCG, à jour des règlements de l'ANC publiés depuis le règlement n° 2014-03, est présentée de la manière suivante : **PCG art. xxx**.

Ces textes forment un tout cohérent et regroupent l'ensemble des règles comptables d'établissement et de présentation des comptes annuels **auxquelles les commerçants doivent se conformer** (sauf à être soumis à une réglementation particulière, voir n° 2765).

> **Précisions** **1. Divergences avec les règles fiscales** Ces règles doivent être respectées, pour la tenue de la comptabilité et l'établissement des comptes annuels, même si elles ne sont pas obligatoires du point de vue fiscal et même si elles divergent des règles fiscales. Ainsi, si les règles de détermination du résultat fiscal sont différentes, les divergences donnent lieu soit à des déductions, soit à des réintégrations extra-comptables sur l'imprimé n° 2058-A de détermination du résultat fiscal (voir n° 2875).
> **2. Jurisprudence et doctrine comptables** Ces règles comptables sont susceptibles d'être **complétées** ou **interprétées** par la jurisprudence (voir n° 3295) et la doctrine (voir n° 3315 s.).

2860 **Influence de la fiscalité** Elle existe dans les situations (limitées) suivantes :

I. Lorsque l'entreprise souhaite bénéficier d'avantages fiscaux (amortissements ou provisions) déterminés uniquement en fonction des règles du CGI. Dans ce cas, les articles 39-1-2° et 39-1-5° du CGI imposant la constatation comptable de tous les amortissements et provisions pour pouvoir être déduits, il en résulte que même ceux ne traduisant pas une dépréciation ou un risque comptable doivent être comptabilisés, pour ne pas pénaliser l'entreprise sur le plan fiscal.

Afin de tenir compte de ces obligations et opportunités fiscales, le PCG a créé des **comptes spéciaux** tant au bilan (compte 14 « Provisions réglementées ») qu'au compte de résultat (comptes 687 et 787 : dotations et reprises concernant les provisions exceptionnelles). Ainsi, les utilisateurs des comptes peuvent reconnaître les incidences des règles fiscales dérogatoires des règles comptables au bilan (elles figurent dans les capitaux propres) et au compte de résultat (elles ne faussent pas le résultat courant).

Sur les amortissements dérogatoires, voir n° 27370 s. (immobilisations corporelles et incorporelles) et n° 35620 et 37635 (titres).

Sur les autres provisions réglementées, voir n° 56305 s.

II. Lorsque les textes comptables laissent sans ambiguïté un choix (voir n° 8375 s.) et s'il n'existe pas de texte spécifique prescrivant le traitement fiscal à retenir (voir n° 2875), l'entreprise pourra retenir la solution comptable la plus avantageuse sur le plan fiscal.

Sanctions Il n'existe pas de sanctions directement attachées au **non-respect d'une** **2865**
règle comptable. Néanmoins, ce non-respect peut entraîner les conséquences suivantes :
– délit de présentation ou publication de comptes annuels ne donnant pas une image fidèle (voir n° 66515) ;
– délit de fausse information (voir n° 82575) ;
– délit de distribution de dividendes fictifs (voir n° 66530) ;

> **Précisions** **Responsabilité pénale de la personne morale** Ces infractions sont susceptibles d'engager la responsabilité pénale des personnes morales si elles sont commises pour leur compte par leurs organes ou représentants (C. pén. art. 121-2). Sur les conditions de mise en cause de cette responsabilité pénale, voir Mémento Sociétés commerciales n° 4590 à 4720.

– certification avec réserves ou refus de certifier du (ou des) commissaire(s) aux comptes (voir FRC 12/23 Hors série inf. 117) ;
– information par le commissaire aux comptes au conseil d'administration et à l'assemblée, concernant les irrégularités (voir FRC 12/23 Hors série inf. 82) ;
– révélation des faits délictueux, par le commissaire aux comptes, au procureur de la République (voir FRC 12/23 Hors série inf. 86) ;
– sanctions pénales prévues par le CGI (voir n° 7295) ;
– sanction pénale pour non-respect d'un arrêté ministériel (amende de 38 € au plus applicable aux contraventions de 1re classe ; C. pén. art. 131-13 et R 610-5) ;
– rejet de comptabilité dans le cadre d'un contrôle de l'administration fiscale (voir n° 8645).
En outre, si l'entreprise venait à cesser ses paiements, une absence de toute comptabilité conforme aux dispositions légales ou encore une tenue de comptabilité manifestement incomplète ou irrégulière pourraient entraîner (voir n° 7305) :
– pour les dirigeants, la banqueroute (voir n° 7310) ;
– pour l'entreprise, sa condamnation en tant que personne morale.

RÈGLES APPLICABLES POUR L'ÉTABLISSEMENT DES DÉCLARATIONS ET DOCUMENTS FISCAUX

Les règles fiscales figurent dans le **Code général des impôts** (CGI) et ses **annexes** (décrets **2870** et arrêtés d'application) et dans le **Code des impositions sur les biens et les services** (CIBS).
Les règles fiscales sont susceptibles d'être **complétées** ou **interprétées** par :
a. La doctrine de l'administration fiscale (publications officielles : Bofip, réponses ministérielles…) : l'administration ne peut, en principe, pratiquer un redressement portant sur l'assiette de l'IS qui serait contraire à sa propre doctrine applicable au moment où il en a été fait application (LPF art. L 80 A ; BOI-SJ-RES-10-10-10 n° 110 à 140 ; voir Mémento Fiscal n° 79540 à 79550). Ainsi, une doctrine qui énonce une règle d'interprétation générale de la loi fiscale lui est opposable, même si elle laisse une marge d'appréciation à l'administration dans sa mise en œuvre (CE 14-10-2020 n° 421028). Au contraire, si ces commentaires ne sont pas conformes à la loi et sont susceptibles d'avoir un effet sur les contribuables en raison de leur caractère impératif, ceux-ci peuvent en demander l'annulation en exerçant un recours pour excès de pouvoir (CE 13-1-2010 n° 321416 ; CE 8-4-2022 n° 452668 concernant des questions-réponses émanant d'une autorité administrative ; CE 3-2-2023 n° 451052 concernant une foire aux questions publiée sur le site du ministère de l'économie et des finances) dans un délai de deux mois à compter de la publication de la doctrine concernée (C. just. adm. art. R 421-1 à R 421-7).

> **Précisions** **a. Bofip** La doctrine de l'administration fiscale est consolidée au sein du **Bulletin officiel des finances publiques – Impôts** (Bofip-Impôts, que nous appellerons Bofip dans le présent Mémento) accessible sur le site bofip.impots.gouv.fr.
> **b. Doctrine antérieure à la création du Bofip** L'ensemble des commentaires publiés par l'administration fiscale avant la création du Bofip, soit antérieurement au 12 septembre 2012, quel qu'en soit le support (documentation administrative de base, instructions, réponses ministérielles, réponses apportées dans le cadre du comité fiscal de la mission d'organisation administrative et rescrits de portée générale) est rapporté (BOI 13 A-2-12 n° 1, non repris dans Bofip ; RM. Gérard : AN 15-1-2013 n° 7246). Une doctrine antérieure au 12 septembre 2012, non reprise dans Bofip sous sa forme initiale ou sous une autre forme, est donc abrogée à compter de cette date (CE 27-2-2013 n° 357537 ; CE 30-12-2013 n° 356283).
> **c. Réponses ministérielles** Les réponses publiées au JO à compter du 12 septembre 2012 sont opposables dès cette publication (BOI 13-A-12 n° 2, non repris dans Bofip ; BOI-SJ-RES-10-10-10 n° 200).
> **d. Réponses écrites de l'administration aux organismes professionnels** Une réponse de l'administration à un organisme professionnel constitue une interprétation formelle du texte fiscal, qui lui est donc opposable (CE 2-6-1976 n° 89361).
> **e. Instructions de la comptabilité publique** Depuis janvier 2013, le Bulletin officiel des

finances publiques – Gestion comptable publique (Bofip-CGP) remplace le Bulletin officiel des finances publiques au sein duquel étaient publiées les **instructions de la comptabilité publique** (toujours en vigueur).

f. Formulaires de déclaration et notices explicatives Une interprétation formelle de la loi fiscale contenue dans une déclaration ou une notice explicative est opposable à l'administration (CE 20-6-2023 n° 462501).

b. La jurisprudence fiscale : les juridictions sont amenées à préciser les textes législatifs et réglementaires, et à confirmer ou infirmer des solutions retenues par la doctrine de l'administration fiscale.

> **Précisions** **Les différentes sources de la jurisprudence fiscale** Elle est constituée par l'ensemble des décisions rendues par :
> – les juridictions administratives (TA, CAA, CE) ;
> – les juridictions civiles (TGI et depuis le 1er janvier 2020 tribunaux judiciaires, cours d'appel, Cour de cassation) pour certains impôts (notamment droits d'enregistrement) ;
> – le Conseil constitutionnel en cas de questions prioritaires de constitutionnalité (QPC) ;
> – la CJUE sanctionnant un texte fiscal français.

2875 **Lien entre le résultat comptable et le résultat fiscal** Pour la détermination du résultat fiscal (CGI ann. III art. 38 quater), les entreprises doivent **respecter les définitions édictées par le PCG sous réserve** que celles-ci ne soient **pas incompatibles** avec les règles applicables pour l'assiette de l'impôt. Il en résulte que (BOI-BIC-DECLA-30-10-10-20 n° 170 à 400) :
– les **tableaux comptables** de la liasse fiscale (bilan, compte de résultat…), c'est-à-dire les tableaux n° 2050 à 2057, doivent être établis **conformément aux règles comptables** ;
– le **résultat fiscal** (imprimé n° 2058-A) est établi en fonction des **définitions et règles d'évaluation** édictées par le CGI (ann. III art. 38 ter à 38 undecies) ;
– pour les **éléments complémentaires** à joindre à la déclaration de résultat (Notice DGFiP n° 2032), les règles comptables s'appliquent, ces éléments devant être identiques à ceux fournis dans l'annexe comptable.

> **Précisions** **Conséquences fiscales d'une nouvelle règle comptable** Lorsqu'une entreprise de bonne foi a interrogé l'administration fiscale sur les conséquences fiscales d'une nouvelle règle comptable et n'a pas obtenu de réponse avant l'expiration du délai de déclaration, aucun intérêt de retard ne pourra lui être appliqué en cas de rehaussement ultérieur sur ce point (CGI art. 1727 II 2 bis ; BOI-CF-INF-10-10-10 n° 160).

Les conséquences en sont les suivantes :

I. En l'absence de dispositions fiscales contraires (loi et textes d'application), les **règles comptables** sont **applicables** (CGI ann. III art. 38 quater ; BOI-BIC-DECLA-30-10-10-20 n° 80).

D'une manière plus générale, dans ces situations, le Conseil d'État tend à harmoniser comptabilité et fiscalité en écartant toute interprétation différente de la norme comptable, notamment par voie de doctrine administrative (CE 25-2-2004 n° 222904, voir n° 35540 ; CE 6-5-2015 n° 376989, voir n° 27235).

Ainsi, en l'absence de disposition fiscale légale ou réglementaire contraire, il se réfère aux définitions comptables (CE 27-6-1994 n° 121748, voir n° 21150 ; CE 28-4-2006 n° 277572, voir n° 35705 ; CE 10-8-2007 n° 288271, voir n° 27585).

Il résulte de ce lien entre comptabilité et fiscalité que la prise en compte des arguments comptables est devenue indispensable dans le cadre d'un contrôle fiscal, notamment lorsque ce dernier porte sur la distinction charges/immobilisations. Tenir compte de la comptabilité peut, à notre avis, prendre différentes formes :
– il peut s'agir de l'utilisation d'un avis de l'ANC (ou antérieurement du CNC), d'un plan comptable professionnel lorsque le contrôle porte sur des faits durant lesquels les dispositions de ces plans étaient encore en vigueur (voir n° 3072), voire jusqu'à des interprétations données par les normes internationales lorsque les règles fiscales reposent sur des règles comptables issues de la convergence avec les normes IFRS ;
– l'ANC peut également être saisie par toutes les parties prenantes au contrôle fiscal (administration fiscale comme contribuables), mais aussi par le juge fiscal dans le cadre de la procédure dite « d'amicus curiae » prévue à l'article R 625-3 du Code de justice administrative (CE 8-11-2019 n° 422377) pour confirmer la correcte application d'un texte comptable.

II. En cas d'incompatibilité entre règles fiscales et règles comptables, les divergences sont susceptibles de donner lieu soit à des réintégrations, soit à des déductions extra-comptables sur l'**imprimé n° 2058-A** de détermination du résultat fiscal.

Sur cet imprimé, des éléments considérés comme partie intégrante du résultat fiscal de l'exercice sont réintégrés et des éléments compris dans le résultat comptable de l'exercice sont déduits. Ces différences sont soit permanentes (produits jamais imposables ou charges jamais déductibles) soit temporaires (existence d'une anticipation ou d'un différé de taxation). De telles différences peuvent également résulter de distinctions fiscales que la comptabilité ignore (plus ou moins-values à long et à court terme, par exemple).

> **Précisions** Nous publions chaque année une étude sur le passage du résultat comptable au résultat fiscal (voir FRC 2/24 Hors série « Du résultat comptable au résultat fiscal 2023 »). Cette étude dresse, sous forme de tableaux comparatifs, la liste des principales divergences entre les règles comptables applicables dans les comptes individuels et les règles fiscales.

SECTION 3 — PORTÉE GÉNÉRALE DE CHACUNE DES SOURCES DE DROIT COMPTABLE

I. LES SOURCES COMPTABLES LÉGISLATIVES ET RÉGLEMENTAIRES FRANÇAISES

A. Le Code de commerce

2940 Les articles L 123-12 à L 123-28-2 du **Code de commerce** et les dispositions prises pour son application (C. com. art. R 123-172 à D 123-208-1) constituent un **cadre unique des règles comptables générales, applicables à tous les commerçants, personnes physiques ou morales,** pour l'établissement de leurs comptes sociaux.

En ce qui concerne **les sociétés commerciales,** le Code de commerce (art. L 210-1 à L 252-12) et sa partie réglementaire (art. R 210-1 à R 252-1) comportent les dispositions relatives à la diffusion et au contrôle des comptes annuels, aux documents qui doivent les accompagner et aux autres informations comptables qui doivent être établies (et, le cas échéant, diffusées).

B. Les règlements de l'Autorité des normes comptables (ANC)

MISSION RÉGLEMENTAIRE DE L'ANC

2990 Créée par l'**ordonnance** du 22 janvier 2009, l'Autorité des normes comptables est devenue **LE** régulateur comptable français en remplacement du Conseil national de la comptabilité (CNC) et du Comité de la réglementation comptable (CRC).

Les modalités d'application de cette réforme ont été précisées par **décret** (Décret 2010-56 du 15-1-2010). Les règles de fonctionnement de l'ANC sont définies par son règlement intérieur, homologué par arrêté ministériel (Arrêté du 11-3-2010 : JO du 31).

L'ANC est investie d'une mission réglementaire (Ord. 2009-79 du 22-1-2009 art. 1er) : elle est chargée d'établir sous forme de **règlements** les prescriptions comptables générales et sectorielles que doivent respecter les personnes physiques ou morales soumises à l'obligation légale d'établir des documents comptables conformes aux normes de la comptabilité privée.

Sur les principes sous-jacents à l'élaboration par l'ANC des normes comptables françaises (comptes annuels et comptes consolidés), voir n° 3315.

Sur le rôle de l'ANC en matière d'interprétation et d'application des règles, voir n° 3315.

> **Précisions** **Normalisation comptable publique** La normalisation comptable du secteur public en France est confiée à un organe distinct de l'ANC, le Conseil de normalisation des comptes publics (CNOCP). Toutefois, la loi de finances rectificative pour 2009 prévoit un travail commun entre l'ANC et le CNOCP à travers la création d'un conseil composé paritairement de membres de ces deux organes de normalisation, chargé d'émettre des recommandations tendant à développer la convergence des normes comptables publiques et privées (Loi 2009-1674 du 30-12-2009 art. 108).

3010 Structure et fonctionnement de l'ANC L'ANC comprend un collège, des commissions spécialisées et un comité consultatif. Elle dispose de services dirigés par **un directeur général** (Ord. 2009-79 du 22-1-2009 art. 3).

Ses missions sont exercées par le collège, qui s'appuie sur les commissions spécialisées pour les réaliser (Ord. 2009-79 du 22-1-2009 art. 2).

Les commissions spécialisées comprennent chacune un président et un vice-président, désignés par le président du collège parmi les membres de celui-ci, et 7 membres désignés par le collège en raison de leur compétence comptable et économique.

En cas d'urgence constatée par leur président, le collège et les commissions spécialisées de l'ANC peuvent se prononcer au moyen d'une consultation écrite de leurs membres, y compris par voie électronique (Décret 2010-56 du 15-1-2010 art. 3).

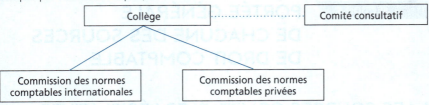

I. Le collège Le collège de l'ANC est l'**organe de décision** chargé d'adopter les règlements. Il arrête les orientations stratégiques de l'ANC et valide le programme de travail des commissions spécialisées sur lesquelles il s'appuie.

> **Précisions** Le collège de l'ANC comprend 16 membres (Ord. 2009-79 du 22-1-2009 art. 2) :
> – un président, désigné par décret, choisi en raison de ses compétences économiques et comptables ;
> – un conseiller d'État désigné par le vice-président du Conseil d'État ;
> – un conseiller à la Cour de cassation désigné par le premier président de celle-ci ;
> – un conseiller maître à la Cour des comptes désigné par le premier président de celle-ci ;
> – un représentant de l'AMF désigné par le président de celle-ci ;
> – deux représentants de l'ACPR désignés par le président de celle-ci ;
> – huit personnes nommées, en raison de leurs compétences économique et comptable, par le ministre chargé de l'économie après consultation des organisations représentatives des entreprises et des professionnels de la comptabilité ;
> – un représentant des organisations syndicales représentatives des salariés nommé par le ministre chargé de l'économie après consultation des organisations syndicales.

II. Les commissions

a. La Commission des normes comptables privées Cette commission est chargée d'examiner, préalablement à la délibération du collège :
– les **projets de règlements** relatifs aux prescriptions comptables générales et sectorielles que doivent respecter les personnes physiques ou morales soumises à l'obligation légale d'établir des documents comptables conformes aux normes de la comptabilité privée ;
– les **projets d'avis** sur toute disposition législative et réglementaire, élaborée par les autorités nationales, contenant des mesures de nature comptable applicables à ces personnes, voir n° 3315 ;
– et sous réserve des attributions de la Commission des études comptables internationales, les **projets d'études et de recommandations** en matière de coordination et de synthèse des travaux théoriques et méthodologiques conduits en matière comptable.

b. La Commission des normes comptables internationales Cette commission est chargée d'examiner, préalablement à la délibération du collège :
– les **projets d'avis et de prises de position** prévus dans le cadre de la procédure d'élaboration des normes comptables internationales, voir n° 3315 ;
– ainsi que, en matière de normes comptables internationales, les **projets d'études et de recommandations** en matière de coordination et de synthèse des travaux théoriques et méthodologiques conduits en matière comptable.

Chaque commission spécialisée se réunit valablement dès lors que sont présents 6 de ses membres, dont le président ou le vice-président (Décret 2010-56 du 15-1-2010 art. 1).

> **Précisions** **Groupes de travail** Ils sont constitués par les commissions des normes comptables internationales et privées pour traiter les sujets qui nécessitent une expertise spécifique approfondie. Ces groupes sont chargés d'analyser les problématiques, l'ensemble de la documentation produite sur le sujet, de confronter les analyses techniques et d'élaborer des positions

techniques avec pour objectif d'arrêter une position française acceptée par l'ensemble des parties prenantes (entreprises, professionnels du chiffre, régulateurs...). Leurs travaux font l'objet d'une note d'orientation validée par la commission spécialisée à laquelle ils se rattachent. La composition de ces groupes est arrêtée par le directeur général de l'ANC qui convoque leurs réunions. Chaque réunion fait l'objet d'un compte-rendu adressé aux membres de la commission concernée et aux membres du collège qui ont assisté à la réunion de ces groupes (art. 5 du règlement intérieur de l'ANC).

III. Les autres commissions spécialisées Le collège de l'ANC peut également constituer, pour une durée limitée qu'il fixe, d'autres commissions spécialisées dont il définit l'objet. Un comité sur l'information de durabilité a été créé en 2022 pour permettre à l'ANC de mener sa nouvelle mission consistant à coordonner la contribution française auprès de l'EFRAG et à participer aux débats internationaux en matière de normes d'information de durabilité des entreprises. Le rôle de l'ANC concernant l'information de durabilité sera précisé par l'ordonnance de transposition de la CSRD qui devrait être publiée d'ici la fin 2023. Pour plus de détails sur les nouveautés introduites par la CSRD, voir n° 65010.

IV. Le Comité consultatif Il est composé de 25 membres représentants du monde économique et social, dont 2 représentants des syndicats représentatifs de salariés, nommés pour une durée de trois ans renouvelable par arrêté du ministre chargé de l'économie après avis du président du collège de l'ANC. Présidé par le président du collège, il se réunit au moins une fois par an. Le président du collège présente un rapport d'activité et un programme de travail annuel sur lequel le comité peut formuler des observations.

Élaboration des règles comptables L'ANC est notamment chargée d'élaborer, sous forme de **règlements,** l'ensemble des règles comptables applicables aux entreprises tenues d'établir des documents comptables. Sur la faculté de l'ANC d'émettre des avis et des recommandations, voir n° 3315. 3015

> **Précisions** L'ANC ne peut toutefois pas **modifier les dispositions d'une loi** (par exemple les dispositions législatives du Code de commerce) **ou d'un décret** qui lui sont juridiquement supérieurs.

Le schéma habituel d'élaboration des règlements est le suivant :

Groupe de travail → Commission spécialisée → Collège → Homologation par arrêté interministériel

Le collège se réunit valablement dès lors que 10 de ses membres sont présents. À défaut, il se réunit dans un délai de 8 jours, sans condition de quorum. Il rend ses avis à la majorité des membres présents. En cas de partage égal des voix, la voix du président est prépondérante. Ces avis sont, en général, le fruit des travaux menés par un groupe de travail constitué à cet effet et validés par la commission spécialisée.
Les projets de règlements élaborés par le collège et les commissions spécialisées (voir n° 3010) sont préparés sous la direction du directeur général de l'ANC. Pour avoir force obligatoire, les règlements de l'ANC doivent être **homologués par arrêté interministériel** (Ord. 2009-79 du 22-1-2009 art. 4), voir n° 3020.

> **Précisions** Saisine de l'ANC L'ANC peut également être saisie par toute personne intéressée par les questions comptables (entreprises, structures de représentation de secteurs d'activité, commission des études comptables de la CNCC, experts-comptables et commissaires aux comptes...).

Pour la liste des règlements de l'ANC (et du CRC), voir le « Code comptable ».

Homologation et publication des règlements votés par le Collège de l'ANC Les règlements adoptés par l'ANC sont publiés au Journal officiel après homologation **par arrêté du ministre chargé de l'économie, pris après avis du garde des Sceaux, ministre de la justice, et du ministre chargé du budget** (Ord. 2009-79 du 22-1-2009 art. 4). 3020

> **Précisions** D'autres ministres peuvent également être concernés (voir n° 3125).

Dès leur homologation, ces règlements mettent à jour le PCG ou le règlement relatif aux comptes consolidés (ou d'autres règlements, le cas échéant) et s'imposent à l'entreprise (ou au groupe, le cas échéant). Ils sont **applicables** aux comptes afférents :
– aux exercices clos à compter d'un jour franc après la publication du règlement au JO, à notre avis, **si rien n'est précisé dans le règlement** ;
– ou aux exercices ouverts à compter de la **date précisée dans le règlement,** qui est forcément postérieure à celle précitée, un arrêté ne pouvant être rétroactif.

Ceci n'exclut pas que, pour favoriser une application anticipée des règlements, certains prévoient, de manière optionnelle, une application aux exercices en cours. La publication sous forme électronique au JO suffit en outre à assurer l'entrée en vigueur des règlements de l'ANC (Décret 2004-617 du 29-6-2004 art. 1, al. 5 ; voir n° 2765).

Conformément aux dispositions de l'avis du CNC n° 97-06 (intégré dans le PCG art. 122-1), les changements comptables ayant pour origine un règlement (homologué) émanant de l'ANC constituent des changements de réglementation à traiter comme tels. Voir n° 8455 s.

> **Précisions** **Note de présentation des règlements** La publication du règlement homologué sur le site de l'ANC est souvent accompagnée d'une note de présentation. Cette dernière comporte des commentaires et, le cas échéant, des exemples, permettant une correcte interprétation et application du règlement. En conséquence, elle constitue une source de doctrine au même titre que les avis antérieurement émis par le CNC en amont d'un règlement (voir n° 3315).

LE PLAN COMPTABLE GÉNÉRAL (PCG)

3070 **Caractère réglementaire du PCG** Homologués par arrêté ministériel, les **définitions, principes** et **éléments** fournis par le PCG (Règl. ANC 2014-03) et ne figurant pas dans le Code de commerce ont un caractère **obligatoire**. Des états financiers qui ne respecteraient pas cette réglementation ne pourraient être qualifiés de comptes et donc être présentés et publiés en tant que tels.

3072 **Pivot de la réglementation comptable** Applicable aux sociétés industrielles et commerciales, le PCG constitue un **socle commun** de règles applicables à toutes les entités soumises à l'obligation d'établir des comptes annuels et, le cas échéant, des comptes consolidés, sous réserve des adaptations propres à chaque secteur d'activité et aux comptes consolidés. Ainsi :
– si des particularités d'activité, de structure ou d'opérations le justifient, des **adaptations sectorielles** peuvent être apportées aux dispositions du PCG à l'occasion de la publication de **plans comptables particuliers** qui prennent la forme de règlements (par exemple pour les banques, assurances, associations et fondations). Sur ces plans comptables particuliers, voir n° 3125 s. ;
– les groupes doivent se reporter, pour l'établissement de leurs comptes consolidés, aux dispositions du règlement ANC n° 2014-03 relatif au PCG pour les opérations non visées par le règlement ANC n° 2020-01 relatif aux comptes consolidés (voir Mémento Comptes consolidés).

3075 **Le PCG actuel** Le PCG 2014, adopté par l'ANC le 5 juin 2014 (Règl. ANC 2014-03) et homologué par arrêté ministériel du 8 septembre 2014, JO du 15 octobre (voir n° 3070) :
a. **Annule et remplace le PCG 99** (Règl. CRC 99-03) depuis les exercices clos le 31 décembre 2014.
Élaboré à droit constant autour d'une nouvelle structure et d'une nouvelle numérotation, le PCG 2014 ne comporte ni modification de fond **par rapport au PCG 99** ni modification des numéros du plan de comptes proprement dit.

> **Précisions** **1. Le PCG 99 s'était substitué au PCG 82** Le PCG 99, entièrement refondu et réécrit à « droit quasi constant » sous la forme d'articles, avait été adopté par le CRC le 29 avril 1999 et s'était substitué au « PCG 82 ». Un certain nombre d'avis avaient également, à cette occasion, été intégrés dans le PCG. Ces avis, pour la partie reprise, ont désormais force réglementaire (voir le « Code comptable »).
> **2. Références au PCG 1982** Lors de la refonte du PCG en 1999, certaines précisions de niveau non réglementaire (définitions, recommandations, explications, exemples...) n'ont pas été reprises. Toutefois, le PCG ayant été réécrit à droit constant, c'est-à-dire sur la base des textes existants, sans ajout de règles nouvelles, les anciennes définitions du PCG 1982 sont restées valides.
> En conséquence, tant qu'elles ne deviennent pas en opposition avec une évolution du PCG, il est toujours possible de se référer (ce que nous faisons dans le Mémento Comptable) :
> – aux dispositions du PCG 1982 non reprises dans le PCG actuel, mais qui sont utiles au traitement comptable des opérations qu'elles visent ;
> – aux exemples qui figuraient dans le PCG 1982, ceux-ci n'étant pas, par définition, repris ;
> – aux dispositions du PCG 1982 relatives à la comptabilité analytique. En effet, il ne s'agit pas de règles proprement dites et ces dispositions n'ont pas été infirmées par un autre texte.
> D'ailleurs, certaines définitions (titres, subventions...) ont été reprises par l'ANC dans le recueil applicable aux entreprises industrielles et commerciales (voir n° 3315 V.).

b. **Intègre l'ensemble des règlements émis par le CRC et l'ANC depuis 1999.**

> **Précisions** Le règlement n° 99-03 ainsi que les règlements ultérieurs le complétant, ont été abrogés par l'arrêté du 8 septembre 2014 homologuant le règlement ANC n° 2014-03. Pour la liste de ces règlements, voir le « Code comptable ».

c. Est mis à jour par l'ANC à travers la publication et l'homologation de règlements (voir le « Code comptable » pour les Règl. ANC intégrés dans le PCG depuis l'homologation en 2014 du règl. ANC 2014-03).

LES RÈGLES COMPTABLES SECTORIELLES ET LES PRINCIPAUX PLANS COMPTABLES PARTICULIERS

Limites du champ d'application du PCG Dès lors qu'un texte comptable spécifique existe et a valeur réglementaire, le PCG n'est pas applicable aux entreprises concernées pour les dispositions spécifiques couvertes par ce texte (voir n° 3072). C'est le cas des **plans comptables particuliers** adaptés à certains secteurs (banques, assurances, associations et fondations…). Pour une liste complète des plans comptables particuliers, voir le « Code comptable ». 3125

> **Précisions** **Validité des plans comptables particuliers homologués par arrêté** Les plans comptables particuliers, homologués par arrêté ministériel, l'ont été sous l'égide du PCG en vigueur à cette date. Si, à ce jour, des règlements du CRC et de l'ANC sont venus modifier les dispositions générales du PCG et que le plan comptable particulier n'a pas donné lieu à une mise à jour en conséquence, les dispositions du plan comptable particulier restent valables, les plans comptables particuliers ayant une valeur réglementaire.

> **Fiscalement** En l'absence de règles fiscales incompatibles (CGI ann. III art. 38 quater), le Conseil d'État admet de prendre en compte les prescriptions d'un plan comptable particulier (CE 21-4-2000 n° 177412, rendu à propos du plan comptable particulier de l'établissement public Aéroports de Paris).

Il ne faut pas confondre les plans comptables particuliers et les anciens **plans comptables professionnels** (désormais caducs, voir n° 3315) qui n'avaient pas valeur réglementaire et constituaient de simples interprétations des dispositions générales du PCG, justifiées par les spécificités de certaines branches d'activité.

Établissements publics et industriels et sociétés d'économie mixte locales Les **établissements publics et industriels** (Epic) appliquent le Recueil des normes comptables adopté par l'arrêté du 1er juillet 2015 pour les établissements publics (modifié par arrêté du 13-2-2020), remplaçant l'instruction codificatrice n° 02-060-M95 du 18 juillet 2002 portant réglementation budgétaire, financière et comptable des établissements publics nationaux à caractère industriel et commercial. 3130

Les **sociétés d'économie mixte locales** (SEML) appliquent le PCG sous réserve des spécificités prévues dans le règlement CRC n° 99-05 (homologué par arrêté du 14-12-1999, voir le « Code comptable »).

Entreprises du secteur bancaire régies par le Code monétaire et financier Elles sont tenues d'appliquer le PCG, **sous réserve des adaptations prévues par le règlement ANC n° 2014-07** (modifié par règl. ANC 2020-10 homologué par arrêté du 29-12-2020) **et son annexe.** 3150

> **Précisions** **Recueil des normes comptables** L'ANC a publié un recueil regroupant l'ensemble des normes comptables françaises applicables au secteur bancaire, à savoir le règlement ANC n° 2014-07 (modifié par Règl. ANC 2020-10), complété des éléments de doctrine applicables. Sur la portée juridique de ce recueil, voir n° 3315.

Le règlement ANC n° 2014-07 s'applique aux :

I. Établissements de crédit et **sociétés de financement** (définis par C. mon. fin. art. L 511-1) et **caisses d'épargne et de prévoyance** agréées en tant qu'établissements de crédit (C. mon. fin. art. L 511-9) ;

Ils sont soumis aux dispositions des règlements CCLRF et des instructions de l'ACPR qui les complètent, aux règlements ANC/CRC et aux avis et recommandations de l'ANC/CNC qui les concernent.

Le site e-SURFI (esurfi-banque.banque-france.fr) présente les obligations de reporting des établissements de crédit.

II. Compagnies financières holding, entreprises mères des sociétés de financement (définies par C. mon. fin. art. L 517-1) et **compagnies financières holding mixtes** (définies par C. mon. fin. art. L 517-4) ;

Elles sont tenues, dans les mêmes conditions que les établissements de crédit, de respecter les ratios prudentiels et sont soumises à la surveillance de l'ACPR conformément aux dispositions du règlement CCLRF n° 2000-03 (art. 3).

III. Établissements de paiement (définis par C. mon. fin. art. L 522-1)
Les modalités d'établissement des comptes sociaux de ces établissements dépendent de leur nature :
– les comptes individuels des établissements de paiement « purs » sont établis selon les règles applicables aux établissements de crédit ;
– les comptes individuels des établissements de paiement « hybrides » sont établis selon les règles du PCG (Règl. ANC 2014-03), mais des informations complémentaires doivent être fournies en annexe.

IV. Établissements de monnaie électronique (EME) (définis par C. mon. fin. art. L 526-1)
Créés par la loi n° 2013-100 du 28 janvier 2013, les établissements de monnaie électronique sont des personnes morales émettant et gérant à titre de profession habituelle de la monnaie électronique telle que définie à l'article L 315-1 du Code monétaire et financier.
De la même manière que pour les établissements de paiement (voir III. ci-avant), il convient de distinguer les EME purs, dont les comptes sont établis selon les règles applicables aux établissements de crédit, des EME hybrides soumis au PCG (Règl. ANC 2014-03).

V. Entreprises d'investissement (définies par C. mon. fin. art. L 531-4) Elles sont définies comme des personnes morales, autres que les sociétés de gestion de portefeuille et les établissements de crédit, qui sont agréées pour fournir à titre de profession habituelle des services d'investissement.
Doivent être distinguées :
a. Les entreprises d'investissement autres que les SGP agréées avant le 6 juillet 1996 (date d'entrée en vigueur de la loi 96-597 du 2-7-1996 qui les avait créées), qui restent soumises aux règles comptables qu'elles appliquaient antérieurement.
b. Les entreprises d'investissement autres que les SGP agréées après le 6 juillet 1996 qui sont soumises aux dispositions comptables fixées par le CBV et Euronext Paris.
En revanche, les sociétés de gestion de portefeuille (SGP), définies à l'article L 532-9 du Code monétaire et financier (ne constituant plus des entreprises d'investissement depuis l'ord. 2017-1107 du 22-6-2017), appliquent les règles du PCG (C. mon. fin. art. L 611-3).

3155 Sociétés d'assurance et de réassurance, Institutions de prévoyance, Mutuelles

I. Entreprises d'assurance (**entreprises relevant du Code des assurances,** y compris **mutuelles** régies par le Code des assurances, **mutuelles et unions** relevant du livre II du Code de la mutualité, **institutions de prévoyance** relevant du Code de la sécurité sociale).
Les entreprises d'assurance, quelles que soient leur forme juridique et leur taille, sont tenues d'établir des comptes annuels (C. ass. art. L 341-1 ; C. mutualité art. L 114-46 ; CSS art. L 931-33) et d'appliquer le PCG **sous réserve des adaptations prévues par le règlement ANC n° 2015-11** (modifié en dernier lieu par règl. ANC 2020-11 homologué par arrêté du 29-12-2020).

> **Précisions** À défaut de dispositions spécifiques dans le règlement ANC n° 2015-11, les dispositions du règlement ANC n° 2018-06 (voir n° 3200) s'appliquent aux mutuelles assumant un risque d'assurance et relevant du Code de la mutualité, pour certaines opérations telles que les subventions d'investissement ou de fonctionnement.

II. Mutuelles relevant du Code de la mutualité et n'assumant aucun risque d'assurance ni de réassurance directement ou indirectement Elles sont tenues d'établir des comptes annuels (C. mutualité art. L 114-46) et d'appliquer le PCG **sous réserve des adaptations prévues par le règlement CRC n° 2002-07** du 12 décembre 2002, homologué par arrêté du 27 décembre 2002.

3160 Sociétés civiles

I. Sociétés civiles de placement immobilier (SCPI) Elles constituent des fonds d'investissement alternatifs (FIA) de la même manière que les organismes de titrisation, les OPCI (voir n° 3205), les SEF (voir IV. ci-après) et les sociétés d'investissement à capital fixe (C. mon. fin. art. L 214-1 et L 214-24).
Les SCPI, exclues du champ d'application du Code de commerce, sont tenues d'appliquer le PCG sous réserve des adaptations prévues par le règlement ANC n° 2016-03, homologué par l'arrêté du 7 juillet 2016 (C. mon. fin. art. L 214-109).

De plus, le règlement général de l'AMF prévoit, pour les SCPI faisant des offres au public, des obligations en matière d'expertise immobilière (art. 422-234 s. ; Bull. COB n° 295, octobre 1995, p. 45 s. et Bull. CNC n° 104, 3e trim. 1995) et en matière d'information financière (art. 422-192 s.).
Sur la possibilité de transformer les SCPI en OPCI, voir n° 3205.
Pour plus de détails, voir Mémento Sociétés civiles n° 38000 s.

II. Sociétés exerçant une activité économique et dépassant deux des trois seuils Voir n° 3180.

III. Autres sociétés civiles Elles n'entrent pas directement dans le champ d'application du PCG, sauf dispositions particulières réglementaires (voir Mémento Sociétés civiles n° 17500 s.) ou statutaires.
En effet, la plupart des statuts suppléent au silence du législateur en imposant la tenue d'une comptabilité qui résulte, outre la prescription des statuts, des obligations d'ordre général envers les associés, les tiers et l'administration fiscale. D'ailleurs, certaines sont amenées à appliquer le PCG du fait de la réglementation fiscale (notamment sociétés imposables à l'IS).

IV. Sociétés d'épargne forestière (SEF) Elles constituent des fonds d'investissement alternatifs (C. mon. fin. art. L 214-1 et L 214-24).
Les SEF sont soumises au PCG sous réserve des adaptations prévues par le règlement CRC n° 2002-11 du 27 décembre 2002 (plan comptable spécifique proche de celui applicable aux SCPI).

Agriculture Pour plus de détails, voir Mémento Agriculture, n° 64000 s. 3165

I. Activités agricoles Pour les **exercices ouverts depuis le 1er janvier 2021,** les **entités à activité agricole** doivent établir leurs comptes annuels conformément aux dispositions du PCG intégrant le règlement ANC n° 2020-03 relatif aux activités agricoles. Des dispositions spécifiques prévues par le règlement ANC n° 2020-04 (homologué par arrêté du 29-12-2020) s'appliquent pour les entités dont l'activité agricole est **l'activité principale.**

II. Sociétés coopératives agricoles et unions de coopératives agricoles
Elles doivent (C. rur. art. L 524-6), quelle que soit leur taille, tenir une **comptabilité conforme** aux principes et méthodes définis dans le **Code de commerce** aux articles L 123-12 à L 123-22.
Elles appliquent le PCG sous réserve des adaptations prévues par le règlement n° 2021-01 (7-5-2021) homologué par arrêté du 22 novembre 2021.

> **Précisions** Confidentialité des comptes annuels Les sociétés coopératives agricoles et leurs unions répondant à la définition des micro-entreprises (voir n° 64220), **peuvent demander la confidentialité de leurs comptes annuels** (C. rur. art. L 524-6-6). Les sociétés coopératives agricoles et leurs unions répondant à la définition des petites entreprises (voir n° 64220) peuvent demander dans les mêmes conditions la confidentialité de leur compte de résultat.

III. Organismes de mutualité sociale agricole Les organismes de mutualité sociale agricole sont soumis aux dispositions du **plan comptable unique des organismes de sécurité sociale** (Arrêté du 30-11-2001, voir n° 3225).

> **Fiscalement** Le bénéfice des **sociétés commerciales à activité agricole** doit être déterminé d'après les règles applicables aux BIC.

Professions libérales Si elles travaillent sous la forme d'une **société civile professionnelle,** voir n° 3180. 3170
Si elles travaillent sous la forme d'une **société d'exercice libéral (SEL),** société commerciale par la forme, elles doivent appliquer le PCG (Rép. Kerguéris : AN 12-2-2001 n° 40867). En ce sens, voir également bulletin CNCC (n° 186, juin 2017, EC 2017-13, p. 354) à propos d'une étude notariale exerçant sous la forme d'une Selarl.

I. Études de notaires Elles doivent être soumises au PCG, sous réserve des adaptations du plan comptable notarial (institué par arrêté du 22-7-1988 ; JO du 31-7-1988). Ce plan a fait l'objet d'un avis du CNC en date du 12 avril 1988.

> **Précisions** Depuis le 11 novembre 2016, les sociétés d'exercice professionnel de notaires, titulaires de plusieurs offices, doivent tenir une comptabilité distincte pour chaque office (Décret 2016-1509 du 9-11-2016).

II. Commissaires de justice Depuis le 1er juillet 2022, les deux professions d'huissier de justice et de commissaire-priseur ont fusionné au sein de la nouvelle profession de commissaire de justice (Ord. 2016-728 du 2-6-2016 et décret 2022-950 du 29-6-2022). Les commissaires de justice devraient être soumis au PCG, sous réserve de certaines adaptations. Un arrêté portant création d'un plan de comptes pour les commissaires de justice est attendu pour le second semestre 2023.

3175 Artisans N'ayant pas la qualité de commerçants, ils ne sont **pas obligatoirement** assujettis à l'application du **PCG**. Leurs seules obligations comptables résultent de dispositions fiscales. Le CGI leur impose les obligations suivantes (du fait que, selon l'article 34, les bénéfices réalisés par l'exercice d'une profession artisanale sont considérés comme des BIC) :

a. Régime du bénéfice réel (art. 54) : « Ils sont tenus de représenter à toute réquisition de l'administration tous documents comptables, inventaires, copies de lettres, pièces de recettes et de dépenses de nature à justifier l'exactitude des résultats indiqués dans leur déclaration… ».

b. Régime des micro-entreprises Les entreprises relevant de ce régime (voir n° 8150) doivent tenir et présenter, sur demande de l'administration, un livre-journal servi au jour le jour et présentant le détail de leurs recettes professionnelles, appuyées de factures et de toutes autres pièces justificatives ainsi qu'un registre récapitulé par année, présentant le détail de leurs achats lorsque leur commerce principal est la vente de marchandises, d'objets ou de logements (CGI art. 50-0).

c. En matière de TVA (art. 286) : « Toute personne assujettie à la TVA doit : … 3° Si elle ne tient pas habituellement une comptabilité permettant de déterminer son chiffre d'affaires tel qu'il est défini par le présent chapitre, avoir un livre aux pages numérotées sur lequel elle inscrit, jour par jour, sans blanc ni rature, le montant de chacune de ses opérations en distinguant, au besoin, ses opérations taxables et celles qui ne le sont pas… » (voir n° 12555).

Il en résulte notamment que les artisans :
– n'ont pas à établir d'annexe (au sens comptable du terme) ;
– doivent faire un inventaire, notamment des stocks (pour le régime du bénéfice réel) ;
– doivent tenir un livre-journal (ou registre) suivi au jour le jour, notamment s'ils sont assujettis à la TVA ;
– sont indirectement conduits à utiliser le PCG du fait de son emploi dans les imprimés fiscaux (Rép. Frêche : AN 6-5-1985 n° 63436).

Pour les artisans adhérents d'un centre de gestion agréé, voir aussi n° 8220.

3180 Personnes morales de droit privé non commerçantes exerçant une activité économique (y compris sociétés civiles) et dépassant deux des trois seuils fixés par l'article R 612-1 du Code de commerce (50 salariés, 3,1 M€ de chiffre d'affaires ou de ressources, 1 550 000 € de total de bilan).

> **Précisions** **1. Définition des seuils** (C. com. art. R 612-1) :
> – les salariés pris en compte sont ceux qui sont liés à la personne morale par un contrat de travail à durée indéterminée ; le nombre de salariés est égal à la moyenne arithmétique des effectifs à la fin de chaque trimestre de l'année civile ou de l'exercice comptable lorsque celui-ci ne coïncide pas avec l'année civile ; selon le bulletin CNCC (n° 96, décembre 1994, EJ 94-206, p. 751 s.), un salarié à temps partiel compte pour un salarié à temps plein dès lors qu'il a un contrat de travail à durée déterminée ;
> – le montant hors taxes du chiffre d'affaires est égal au montant des ventes de produits et services liés à l'activité courante. Le montant des ressources est égal au montant des cotisations, subventions et produits de toute nature liés à l'activité courante ;
> – le total du bilan est égal à la somme des montants nets des éléments d'actif.
>
> **2. Appréciation des seuils** Selon le bulletin CNCC (n° 81, mars 1991, EJ 91-10, p. 153), il convient de les examiner à partir de comptes annuels établis selon les règles comptables généralement admises. Ainsi, les produits financiers entrent logiquement dans le montant des ressources (Bull. CNCC n° 89, mars 1993, EJ 92-254, p. 134 s.).
>
> **3. Notion d'activité économique** Par « activité économique », il faut entendre, selon la réponse du garde des Sceaux (JO Déb. AN, 6-12-1983, p. 6016), « toute activité de production, de transformation ou de distribution de biens meubles ou immeubles et toute prestation de services en matière industrielle, commerciale, artisanale et agricole » ; il a également cité les **associations gestionnaires agissant dans le domaine de la santé et de la protection sociale** (cliniques, centres de soins, maisons de retraite, associations pour personnes handicapées, centres d'aides ménagères), des loisirs, du tourisme, de la formation et de l'éducation. En revanche, seraient exclus les organisations strictement professionnelles, les syndicats, les congrégations, les comités d'entreprise (Rép. Jacquat : AN 31-10-1988 n° 1143), etc.
> Pour la CNCC, l'activité économique s'entend de la production, de la transformation et de la circulation des biens et des richesses (NI CNCC IX « Le rapport spécial du commissaire aux comptes sur les conventions et engagements réglementés », § 1.211).

4. Exemples de personnes reconnues par des organismes compétents ou par la pratique :
— certaines associations (voir n° 3200), les associations cultuelles n'entrant pas dans cette catégorie (Bull. CNCC n° 160, décembre 2010, EJ 2010-22, p. 653) ;
— certaines fondations (Bull. CNCC n° 132, décembre 2003, EC 2003-123, p. 645), voir n° 3200 ;
— certaines sociétés civiles, telles que les sociétés civiles immobilières utilisées pour des opérations de construction, de commercialisation ou de gestion d'immeubles (Nl.IX précitée, § 1.214), les sociétés civiles coopératives à capital variable dont l'objet social est la construction d'un immeuble (Bull. CNCC n° 91, septembre 1993, EJ 93-132, p. 417) ;
— la caisse nationale de compensation de cotisations de sécurité sociale des VRP à cartes multiples (« CCVRP ») (Bull. CNCC n° 156, décembre 2009, EJ 2009-43, p. 691 s.) ou des sociétés civiles d'exploitation agricole (Bull. CNCC n° 116, décembre 1999, EJ 99-186, p. 696) ;
— les Carpa (Bull. CNCC n° 161, mars 2011, EJ 2010-68-A, p. 87) ;
— les centres de gestion agréés (Bull. CNCC n° 151, septembre 2008, EJ 2007-121, p. 552 s.).
Selon le bulletin CNCC (n° 92, décembre 1993, EC 93-03, p. 534), sont également concernées les personnes (associations notamment, voir n° 3200) ne dépassant pas ces seuils mais ayant désigné volontairement un commissaire aux comptes (voir n° 3200).

Ces personnes doivent :

a. Établir des comptes annuels selon les principes et les méthodes de droit commun définis aux articles L 123-12 et suivants du Code de commerce et conformément au PCG (en ce sens, Bull. CNCC n° 186, juin 2017, EC 2017-11, p. 374, à propos des SCI dépassant les seuils).

> **Précisions** Associations et fondations exerçant une activité économique Elles appliquent le PCG sous réserve des adaptations prévues par le règlement ANC n° 2018-06 relatif aux comptes annuels des personnes morales de droit privé à but non lucratif (voir n° 3200).

b. Établir les 4 documents liés à la prévention des difficultés des entreprises (C. com. art. L 612-2 et R 612-3), à condition d'atteindre soit un nombre de salariés égal ou supérieur à 300, soit un montant hors taxe du chiffre d'affaires ou des ressources égal ou supérieur à 18 millions € (voir n° 65695 s.). Ces seuils sont définis selon les dispositions de l'article R 612-1 du Code de commerce (voir ci-avant).

Entités du secteur non lucratif Elles sont tenues d'appliquer le PCG, sous réserve des adaptations prévues par les règlements qui leur sont applicables. **3200**

> **Précisions** Recueil des normes comptables L'ANC a publié un recueil regroupant l'ensemble des normes comptables françaises applicables au secteur non lucratif, à savoir :
> — le règlement ANC n° 2018-06 (tel que modifié par les règlements ultérieurs et en dernier lieu par règl. ANC 2023-01 en cours d'homologation), comportant des dispositions communes à l'ensemble des entités du secteur non lucratif et des dispositions particulières pour certaines entités (fonds de dotation…) ;
> — les règlements comportant des dispositions d'adaptation du règlement ANC n° 2018-06 pour certaines activités ou entités du secteur (activités sociales et médico-sociales, organismes paritaires de la formation professionnelle, mutuelles relevant du code des assurances et n'assumant aucun risque d'assurance ni de réassurance, directement ou indirectement…) ;
> — les règlements s'appliquant à certaines entités du secteur (organisations syndicales, CSE…) ;
> — complétés des éléments de doctrine applicables.
> Sur la portée juridique de ce recueil, voir n° 3315.

I. Personnes morales de droit privé non commerçantes à but non lucratif

a. Associations et fondations

1. Les modalités d'établissement des comptes des associations et fondations soumises à des obligations législatives ou réglementaires **d'établissement de comptes annuels** sont définies par le règlement de l'ANC n° 2018-06 précité.
Sont concernées (Règl. ANC 2018-06 art. 111-1) :
— les associations et les fondations ayant une activité économique (voir n° 3180, Précisions) et dépassant deux des trois seuils suivants : 50 salariés, 3 100 000 € de chiffre d'affaires hors taxe ou de ressources, 1 550 000 € de total bilan (C. com. art. L 612-1 et R 612-1) ;

> **Précisions** Associations professionnelles ou interprofessionnelles collectant la participation des employeurs à l'effort de construction (CIL) Pour ces dernières, l'obligation d'établir des comptes annuels s'applique, sans condition de seuils (C. com. art. L 612-1 sur renvoi de l'art. L 313-8 du CCH).

— les associations recevant annuellement plus de 153 000 € de subventions en numéraire (C. com. art. L 612-4) ;
— les associations et fondations recevant, pour un montant annuel supérieur à 153 000 €, des dons qui ouvrent droit à un avantage fiscal (Loi 87-571 du 23-7-1987 art. 4-1 et décret 2007-664 du 30-4-2007 art. 1er ; pour plus de détails voir communiqué de la CNCC, Bull. n° 146, juin 2007, p. 267) ;

3200 (suite)

– les associations et fondations faisant appel à la générosité du public (Loi 91-772 du 7-8-1991 art. 4 modifiée par loi 2021-875 du 1-7-2021) ;
– les associations qui émettent des obligations (C. mon. fin. art. L 213-15) ;
– les fondations reconnues d'utilité publique (Loi 87-571 du 23-7-1987 art. 5 sur renvoi de l'art. 18) ;

> **Fiscalement** Sur l'apport à titre gratuit et irrévocable de titres ou de parts sociales à une fondation actionnaire reconnue d'utilité publique, voir n° 36760.

– et de manière générale toutes les associations ou fondations qui sont soumises à des obligations législatives ou réglementaires d'établissement de comptes annuels.

> **Précisions** **Associations cultuelles et leurs unions** Elles ont l'obligation d'établir chaque année des comptes annuels sans condition de seuils (Loi du 9-12-1905 modifiée par loi 2018-727 du 10-8-2018).

2. Certaines associations ont des **obligations comptables supplémentaires** par rapport au règlement ANC n° 2018-06 et notamment :

– **les associations ayant une activité économique dont l'effectif est égal ou supérieur à 300 salariés ou dont le montant hors taxe du chiffre d'affaires ou des ressources est égal ou supérieur à 18 millions €** doivent communiquer les documents d'information financière et prévisionnelle liés à la prévention des difficultés (C. com. art. L 612-2). Il en est de même pour **les associations professionnelles ou interprofessionnelles collectant la participation des employeurs à l'effort de construction,** sans condition de seuils (l'article L 313-8 du CCH renvoyant à l'article L 612-2 du C. com.) ;

– **les associations et fondations faisant appel à la générosité du public,** collectant auprès du public **plus de 153 000 euros de ressources** (Loi 91-772 du 7-8-1991 art. 3 et 4 modifiée par loi 2021-875 du 1-7-2021 et décret 2019-504 du 22-5-2019) doivent en outre intégrer dans leur annexe (Règl. ANC 2018-06 art. 432-2) :
• un compte de résultat par origine et par destination (CROD),
• un compte d'emploi annuel des ressources collectées auprès du public (CER),
• un tableau de variation des fonds propres spécifique (si l'entité est en capacité ou prend la décision d'identifier dans ses fonds propres la quote-part des fonds propres issus de la générosité du public, à l'ouverture et à la clôture de l'exercice) ;

> **Précisions** De façon **facultative,** en complément des états ci-avant, le règlement ANC n° 2018-06 (art. 432-16 modifié par règl. ANC 2020-08 précité) prévoit, pour les organismes faisant appel à la générosité du public, la possibilité de présenter dans l'annexe les tableaux suivants :
> • une réconciliation entre le compte de résultat et le CROD ;
> • un tableau de rapprochement entre les contributions volontaires en nature du compte de résultat et du CROD (deux nouvelles colonnes présentent les valeurs nettes comptables des éléments d'actifs cédés).

– les **associations cultuelles** et les autres associations ayant des **activités en relation avec l'exercice public d'un culte,** ainsi que les associations mentionnées à l'article 4-1 (al. 2) de la loi n° 87-571 du 23 juillet 1987 sur le développement du mécénat, doivent faire figurer dans leur annexe un état séparé des avantages et des ressources provenant de l'étranger (Loi 2021-1109 du 24-8-2021 et règl. ANC 2022-04 homologué par arrêté du 13-12-2022, applicable aux exercices ouverts à compter du 1er janvier 2023).

3. La loi prévoit pour certaines associations et fondations des **obligations de publication** de leurs comptes annuels et du rapport du commissaire aux comptes.
Sont concernées :
– les associations subventionnées annuellement pour plus de 153 000 € (C. com. art. L 612-4 et D 612-5) ;
– les associations professionnelles ou interprofessionnelles collectant la participation des employeurs à l'effort de construction (CIL) sans condition de seuils (CCH art. R 313-24) ;
– les associations et fondations recevant, pour un montant annuel supérieur à 153 000 €, des dons qui ouvrent droit à un avantage fiscal (Loi 87-571 du 23-7-1987 art. 4-1 et décret 2007-664 du 30-4-2007 art. 1er).

b. Fonds de dotation

1. Les modalités d'établissement des comptes des fonds de dotation relèvent du règlement ANC n° 2018-06 précité.

2. Fonds de dotation faisant appel à la générosité du public Ils ont l'obligation d'intégrer dans leur annexe des comptes les mêmes états que ceux prévus pour les associations faisant appel à la générosité du public, dont notamment un **compte d'emploi des ressources (CER)** (Loi 2008-776 du 4-8-2008 art. 140 modifiée par loi 2021-875 du 1-7-2021 et règl. ANC 2018-06 art. 432-1). Voir ci-avant a. 2.

Pour plus de détails sur les obligations comptables des fonds de dotation, voir Mémento Associations n° 81500 s.

II. Syndicats professionnels, leurs unions, les associations de salariés ou d'employeurs (organisations syndicales et professionnelles)

Ils doivent établir des comptes annuels, et le cas échéant des comptes consolidés (C. trav. art. L 2135-1 et L 2135-2). Les comptes des organisations syndicales et professionnelles dont les ressources sont **supérieures ou égales à 230 000 €** à la clôture de l'exercice comportent un bilan, un compte de résultat et une annexe.

Les modalités d'établissement des comptes relèvent des dispositions du règlement ANC n° 2018-06 précité sous réserve de certaines adaptations prévues par le règlement CRC n° 2009-10 (C. trav. art. D 2135-2).

> **Précisions** **1. Comptes simplifiés** Les organisations syndicales et professionnelles dont les ressources sont **inférieures à 230 000 €** peuvent établir des comptes annuels simplifiés avec la possibilité de n'enregistrer leurs créances et leurs dettes qu'à la clôture de l'exercice. Lorsque leurs ressources sont **inférieures à 2 000 €**, les comptes annuels peuvent prendre la forme d'un livre mentionnant chronologiquement le montant et l'origine des ressources perçues et des dépenses effectuées, ainsi que les références aux pièces justificatives (C. trav. art. L 2135-1, D 2135-3 et D 2135-4).
> **2. Approbation des comptes** Les organisations syndicales et professionnelles ont l'obligation de faire approuver leurs comptes annuels par l'assemblée générale des adhérents, de les publier et, le cas échéant, de les faire certifier par un commissaire aux comptes (voir FRC 12/23 Hors série inf. 8.2). Voir la note de la CNCC relative aux obligations des organisations syndicales et professionnelles et à la mission légale des commissaires aux comptes de janvier 2019 (cncc.fr).
> **3. Organisations syndicales de la fonction publique** Les dispositions relatives à l'établissement, à la certification et à la publicité des comptes des syndicats professionnels de salariés ou d'employeurs et de leurs unions et des associations de salariés ou d'employeurs sont applicables aux organisations syndicales de la fonction publique (Courrier du Ministère de la fonction publique adressé à la CNCC du 8-11-2011, Bull. CNCC n° 164, décembre 2011, p. 672).

> **Fiscalement** Les syndicats professionnels peuvent bénéficier, sous certaines conditions, des exonérations d'impôt sur les sociétés et de CFE pour leurs activités portant sur l'étude et la défense des droits et des intérêts collectifs matériels ou moraux de leurs membres ou des personnes qu'ils représentent (CGI art. 207, 1-1° et 1461, 7° rétablis par loi 2019-1479 du 28-12-2019 art. 65).

III. Comités sociaux et économiques (CSE)

Ils ont l'obligation d'établir des comptes annuels, cette obligation variant en fonction de leur taille (C. trav. art. L 2315-64 s.).

> **Précisions** Obligations comptables des comités sociaux et économiques centraux et d'établissement Les obligations comptables des CSE décrites ci-après sont également applicables aux comités sociaux et économiques centraux et d'établissement (C. trav. art. L 2316-19 et L 2316-26).

a. Les **grands comités sociaux et économiques** doivent tenir des comptes selon les règles de droit commun prévues par l'article L 123-12 du Code de commerce et selon les modalités fixées par le règlement ANC n° 2018-06 précité, sous réserve des adaptations spécifiques prévues par le règlement n° 2021-05 de l'ANC (homologué par arrêté du 22-11-2021).

> **Précisions** **1. Seuils** Sont considérés comme de grands CSE les comités dépassant à la clôture d'un exercice au moins deux des trois seuils suivants (C. trav. art. D 2315-33) :
> — salariés : 50 ;
> — bilan : 1,55 M€ ;
> — ressources annuelles : 3,1 M€.
> **2. Obligation de nommer un commissaire aux comptes** Sur l'obligation pour ces grands CSE de nommer un commissaire aux comptes, voir FRC 12/23 Hors série inf. 8.2.

b. Les **comités sociaux et économiques de taille moyenne** (ne dépassant pas deux des trois seuils prévus au a. ci-avant et dépassant le seuil de 153 000 euros de ressources prévu au c. ci-après) peuvent adopter une **présentation simplifiée** de leurs comptes selon les modalités fixées par le règlement n° 2021-05 de l'ANC et n'enregistrer leurs créances et leurs dettes qu'à la clôture de l'exercice (C. trav. art. L 2312-64).

c. Les **petits comités sociaux et économiques** peuvent adopter une **comptabilité super simplifiée** consistant à (C. trav. art. L 2312-65) :
— tenir un livre de comptes retraçant chronologiquement les montants et l'origine des dépenses qu'ils réalisent et des recettes qu'ils perçoivent ;
— établir, une fois par an, un état de synthèse simplifié portant sur des informations complémentaires relatives à leur patrimoine et à leurs engagements en cours.

Le contenu et les modalités de présentation de cet état sont définis par le règlement n° 2021-06 de l'ANC (homologué par arrêté du 22-11-2021).

> **Précisions** Sont considérés comme petits les CSE dont les ressources annuelles ne dépassent pas 153 000 euros (C. trav. art. D 2315-35 renvoyant à C. com. art. D 612-5).

IV. Partis politiques Ils ont l'obligation de tenir une comptabilité et d'arrêter leurs comptes chaque année (Loi 88-227 du 11-3-1988 art. 11-7 modifié en dernier lieu par loi 2017-1339 du 15-9-2017). La comptabilité des partis ou groupements politiques comprend des comptes annuels et des comptes d'ensemble (Décret 90-606 du 9-7-1990 modifié par décret 2017-1795 du 28-12-2017).

> **Précisions 1. Comptes d'ensemble** Les comptes d'ensemble des partis ou groupements politiques incluent les comptes annuels du parti ou groupement et de ses organisations territoriales, ainsi que ceux de tous les organismes, sociétés ou entreprises dans lesquels le parti ou groupement détient la moitié du capital social ou des sièges de l'organe d'administration ou exerce un pouvoir prépondérant de décision ou de gestion (Décret 90-606 du 9-7-1990 modifié par décret 2017-1795 du 28-12-2017). Les partis politiques établissent leurs comptes d'ensemble conformément au PCG sous réserve des dispositions spécifiques prévues par le règlement ANC n° 2018-06 précité et le règlement ANC n° 2018-03 du 12 octobre 2018 (homologué par arrêté du 26-12-2018).
> **2. Commissaires aux comptes** Voir avis technique CNCC sur les partis et groupements politiques (avril 2019).

V. Organismes de formation professionnelle (C. trav. art. L 6352-6 et D 6352-16 à D 6352-17) Les dispensateurs de formation de droit privé doivent établir, chaque année, des comptes annuels. Lorsqu'ils sont à but non lucratif, ils appliquent le PCG, sous réserve des adaptations prévues par le règlement ANC n° 2018-06 précité.

> **Précisions 1. Les organismes à activités multiples** doivent, à notre avis, suivre d'une façon distincte en comptabilité leur activité au titre de la formation professionnelle continue.
> **2. Organismes à but lucratif** Les organismes de formation professionnelle à but lucratif appliquent le règlement ANC n° 2014-03 relatif au PCG.
> **3. Les centres de formation d'apprentis (CFA)** Les CFA de droit privé appliquent le règlement ANC n° 2014-03 ou le règlement ANC n° 2018-06 selon le cas.

3205 OPCVM, OPCI et Organismes de financement À défaut de dispositions spécifiques prévues aux règlements ci-après, les dispositions du PCG s'appliquent.

Organismes	Obligations et modalités d'établissement des comptes annuels
OPCVM (Sicav et FCP) régis par C. mon. fin. art. L 214-2 à L 214-41	Règl. ANC n° 2014-01 [1]
OPCI (Organismes de placement collectif immobilier) régis par C. mon. fin. art. L 214-33 s. et L 214-148 s. pour les fonds professionnels	Règl. ANC n° 2014-01, sous réserve des adaptations prévues par le règl. ANC n° 2014-06 [2]
Organismes de titrisation (fonds communs de titrisation et sociétés de titrisation) visés par C. mon. fin. art. L 214-168	Règl. ANC n° 2016-02 (modifié par règl. ANC 2017-06 et 2021-03)
OFS (Organismes de financement spécialisé) visés par C. mon. fin. art. L 214-190-2	Règl. ANC n° 2014-01, sous réserve des adaptations prévues par le règl. ANC n° 2018-04

[1] **Abrogation du règlement ANC n° 2014-01** Pour les exercices ouverts à compter du 1er octobre 2023, le règlement ANC n° 2020-07 du 4 décembre 2020 (homologué par arrêté du 29-12-2020), modifié par le règlement 2022-03 du 3 juin 2022, abrogera et remplacera le règlement ANC n° 2014-01.
[2] **Abrogation du règlement ANC n° 2014-06** Pour les exercices ouverts à compter du 1er octobre 2023, le règlement ANC n° 2021-09 du 5 novembre 2021 (homologué par arrêté du 13-12-2022) abrogera et remplacera le règlement ANC n° 2014-06. Il dispose que, sous réserve des adaptations prévues par le règlement, les OPCI appliquent les dispositions du règlement ANC n° 2020-07 relatif au plan comptable des OPCVM.

3225 Divers

I. Établissement en France de sociétés étrangères (voir n° 70580 s.) Elles ne sont **pas soumises aux obligations comptables** définies par la loi française, notamment le Code de commerce.

Leurs seules obligations comptables résultent des **dispositions fiscales** (CGI art. 54) qui exigent de tenir une comptabilité permettant de déterminer leur résultat imposable en France à l'IS (Rép. Ehrmann : AN 16-9-1991 n° 41415).

II. Collectivités territoriales Différentes comptabilités sont applicables au secteur public local selon le type de collectivités (communes, départements, régions) et selon la nature de l'activité exercée (service public administratif ou service public à caractère industriel et commercial). Ces différents types de comptabilités se déclinent par des instructions comptables : M. 14 pour les communes, M. 52 pour les départements, M. 71 pour les régions et M. 57 pour les collectivités territoriales uniques (issues de la fusion entre départements et régions) et les métropoles.

> **Précisions** **Unification des instructions** L'ensemble des collectivités locales peuvent choisir d'utiliser l'instruction comptable unifiée M. 57.

III. Syndicats de copropriétaires La loi 2000-1208 du 13 décembre 2000 (art. 75) leur impose des règles comptables spécifiques pour la tenue de leurs comptes (budget prévisionnel, charges et produits de l'exercice, situation de trésorerie et annexes au budget prévisionnel), fixées par le décret 2005-240 du 14 mars 2005 et l'arrêté ministériel de la même date. Elles prévoient que les comptes couvrant obligatoirement un exercice de 12 mois sont tenus, toutes taxes comprises, en partie double suivant la comptabilité d'engagement (et non de caisse) en distinguant les charges et les produits des opérations courantes et ceux relatifs aux travaux.

Les documents présentés aux copropriétaires comprennent un état financier mentionnant les créances, les dettes, la trésorerie et les emprunts ; un compte de gestion récapitulant les opérations courantes et les opérations exceptionnelles ou les travaux ; un budget à voter pour les charges et les produits sur opérations courantes ainsi qu'un état des travaux votés faisant apparaître le réalisé et le prévisionnel pour chaque opération.

L'arrêté précité précise (art. 8) que « les règles du PCG ne peuvent pas être appliquées » et fixe la nomenclature comptable et les règles qui doivent être obligatoirement utilisées.

IV. Organismes de sécurité sociale Ces organismes appliquent un plan comptable unique constitué des dispositions relatives aux comptes individuels du recueil des normes comptables pour les organismes de sécurité sociale (accessible sur le site : economie.gouv.fr/cnocp), ainsi que du plan de comptes annexé à l'arrêté du 1er août 2022 (C. séc. soc. art. L 114-5).

V. Fonds de pérennité Dotés de la personnalité morale, ils doivent établir des comptes annuels qui comprennent au moins un bilan et un compte de résultat (Loi 2019-486 du 22-5-2019 art. 177) et appliquer le PCG, sous réserve des adaptations prévues par le règlement ANC n° 2019-05 du 8 novembre 2019. Ce règlement précise les modalités de comptabilisation des apports gratuits et irrévocables des titres de capital ou de parts sociales constituant le capital du fonds de pérennité.

Sur l'obligation de nommer un commissaire aux comptes pour les fonds de pérennité dont les ressources dépassent un certain seuil, voir FRC 12/23 Hors série inf. 8.2.

> **Fiscalement** Sur la plus ou moins-value constatée lors de la transmission de titres ou de parts sociales au profit du fonds de pérennité, voir n° 36770.

II. LES SOURCES COMPTABLES JURISPRUDENTIELLES ET DOCTRINALES FRANÇAISES

A. La jurisprudence

I. Jurisprudence comptable Les tribunaux sont amenés à **préciser les règles comptables édictées par les textes législatifs et réglementaires,** plus spécialement lorsqu'ils ont à juger des délits de présentation ou de publication de bilan inexact (comptes annuels ne donnant pas une image fidèle de l'entreprise) ou de distribution de dividendes fictifs et **à confirmer ou infirmer des solutions retenues par la doctrine** (voir également n° 2770).

3295

Mais il ne s'agit que de l'application des grands principes (amortissements, provisions, tenue de comptabilité, etc.). Sur des points plus précis, la première et seule jurisprudence comptable date de 1994 et a trait au portage de titres (voir n° 37355 s.).

> **Juridiquement** La jurisprudence émane des juridictions du 1er degré (tribunaux judiciaires issus de la fusion des TGI et TI depuis le 1er janvier 2020, tribunaux de commerce, tribunaux de police…), des cours d'appel et de la Cour de cassation.

II. Jurisprudence fiscale Un certain nombre d'arrêts du Conseil d'État peuvent être considérés comme de la jurisprudence « comptable » dès lors qu'ils ne s'appuient pas sur un texte fiscal précis. En l'absence de règle fiscale dérogeant aux règles comptables, le juge peut se livrer à une interprétation de la norme comptable pour apprécier le bien-fondé des positions prises par l'entreprise (CE 3-2-2021 n° 429702 ; CE 19-6-2017 n° 391770). Il reconnaît à l'administration la faculté de tirer les conséquences fiscales des erreurs comptables commises par les entreprises, en matière d'IS (CE 11-6-1992 n° 24639), comme en matière de CVAE (CE 28-11-2018 n° 413121).

B. La doctrine française

L'AUTORITÉ DES NORMES COMPTABLES (ANC)

3315 **I. Missions doctrinales de l'ANC** Elles ont été définies par l'ordonnance n° 2009-79 du 22 janvier 2009 (art. 1). Outre sa mission réglementaire (voir n° 2990), l'ANC a pour mission d'émettre, dans le domaine comptable, des avis et recommandations concernant l'ensemble des secteurs économiques. Sur sa structure et son fonctionnement, voir n° 3010.

En liaison avec les services, associations ou organismes compétents, elle est chargée de :
– donner un **avis** sur toute disposition législative ou réglementaire contenant des mesures de nature comptable applicables aux personnes mentionnées ci-avant, élaborée par les autorités nationales ;

> **Précisions** À cet effet, le collège peut être saisi par le président ou par le rapporteur public de toute question relative à l'interprétation ou l'application d'une norme comptable nécessitant un avis urgent. Il doit alors statuer dans un délai maximum de 3 mois à compter de la date de la saisine (Décret 2010-56 du 15-1-2010 art. 8).

– émettre, de sa propre initiative ou à la demande du ministre chargé de l'économie, des **avis et prises de position** dans le cadre de la procédure d'élaboration des normes comptables internationales ;
– enfin, veiller à la **coordination** et la **synthèse des travaux théoriques et méthodologiques** conduits en matière comptable ; proposer toute mesure dans ces domaines, notamment sous forme d'**études** et de **recommandations**.

Dans le cadre de ses missions, elle peut consulter les organismes, sociétés ou personnes intéressés par ses travaux et être consultée par eux.

II. Avis de l'ANC
a. Les différents types d'avis L'ANC émet :
– des avis relatifs à toute disposition législative et réglementaire contenant des mesures de nature comptable élaborées par les autorités nationales (voir le « Code comptable ») ;
– des avis « interprétatifs » ou d'application des règles.

En outre, lorsqu'elle émet un règlement, l'ANC l'accompagne d'une **note de présentation** qui commente les dispositions du règlement (au même titre que les avis antérieurs du CNC préparatoires aux règlements du CRC).

> **Précisions** **1. Avis du CNC** Avant la création de l'ANC en 2009, le CNC, qui n'avait pas de pouvoir réglementaire, émettait deux types d'avis :
> – des avis ayant pour objet de créer de nouvelles règles ou de modifier les anciennes. Ces avis étaient en général destinés à être transmis au CRC afin qu'un règlement soit adopté par celui-ci puis homologué par arrêté interministériel.
> Seule la partie destinée à créer ou à modifier des règles était transmise au CRC afin d'être adoptée par celui-ci, puis homologuée par arrêtés interministériels (voir n° 2990 s.) ;
> – des avis destinés uniquement à interpréter les règles déjà existantes (comprenant les avis du comité d'urgence du CNC, voir le « Code comptable »).
>
> **2. Caducité des avis de conformité du CNC sur les plans comptables professionnels** Entre 1982 et 1984, le CNC a émis des avis de conformité ayant pour objet de valider des plans comptables professionnels. Après avoir intégré dans le PCG certaines dispositions issues de ces plans, l'ANC a finalement décidé (décision du Collège du 8-2-2019) la caducité de la totalité des avis de conformité pour les exercices ouverts depuis le 1er janvier 2020 ou depuis le 1er janvier 2021 pour certains plans comptables professionnels en cours d'analyse :

raffinage et distribution des hydrocarbures, recherche et production des hydrocarbures, cinéma et vidéocommunication.

Les entités concernées par la caducité de leur plan comptable professionnel ne peuvent donc plus s'y référer et doivent désormais appliquer le PCG avec toutefois la possibilité d'adapter le plan de comptes aux spécificités de leur secteur d'activité en application de l'article 933-1 du PCG (voir n° 7750).

L'abrogation des avis de conformité des plans comptables professionnels devrait entraîner, de fait, celle des Guides comptables professionnels publiés en application des plans comptables professionnels.

Pour une liste complète des plans comptables professionnels devenus caducs, voir le « Code comptable ».

> **Fiscalement** S'appuyant sur le principe de connexion fiscalité-comptabilité, le Conseil d'État comme l'administration ont déjà eu l'occasion de reconnaître la portée des mesures prévues dans les plans comptables professionnels. Les entreprises pouvaient d'ailleurs, dans certaines situations, faire état des dispositions incluses dans ces plans comptables professionnels dans leurs contentieux fiscaux. Tel n'est en principe plus le cas à compter de leur caducité, étant précisé que les indications qu'ils contiennent pourront néanmoins, à notre avis, continuer d'être invoquées pour attester d'usages professionnels susceptibles d'être appliqués, par exemple, pour la détermination des durées fiscales d'amortissement (voir n° 27100 s.).

b. La force de ces avis (et notes de présentation) Ne faisant pas l'objet d'un arrêté, les avis ou notes de présentation du CNC et de l'ANC **ne constituent pas, sur un plan juridique, des règles comptables** à part entière.

Toutefois, il s'agit d'**interprétations officielles des règles** existantes émises pas l'ANC par ailleurs dotée de pouvoirs réglementaires. C'est donc la même instance qui établit les règlements et qui ensuite les commente, avec les mêmes membres. Ce processus donne d'autant plus de **crédibilité et de légitimité** aux avis émis.

Ainsi, en pratique, dans la mesure où ces avis ne sont pas infirmés par la réglementation qu'ils ont précédée, ils sont considérés par les organismes chargés du contrôle des comptes comme des textes à appliquer de manière obligatoire :
– selon la CNCC (Bull. n° 79, septembre 1990, EC 90-05, p. 388), les avis doivent s'appliquer et il n'est **pas possible d'y déroger,** sauf s'il s'agit de cas exceptionnels visés à l'article L 123-14 du Code de commerce (voir n° 8405) ;
– selon l'AMF, la **régularité** doit s'apprécier notamment au regard des avis du CNC qui ont valeur interprétative des règles comptables en vigueur (Bull. COB n° 38, mai 1972).

Ces positions, prises du temps du CNC (avant que le CRC ne devienne opérationnel en février 1999, c'est-à-dire lorsque la vocation essentielle du CNC était d'émettre les « règles de bonne conduite » en matière comptable ; voir le « Code comptable »), nous paraissent plus que jamais valables depuis l'instauration de l'ANC qui émet à la fois les règles et leurs interprétations.
Sur la force des avis du CNC et de l'ANC sur le plan fiscal, voir n° 2875.

III. Recommandations de l'ANC Elles constituent un élément de doctrine qui, en l'absence de précisions des textes législatifs et réglementaires, indique une **bonne pratique** à appliquer par les entreprises. Elles ne sont donc pas obligatoires.

IV. Autres documents publiés par l'ANC Les communiqués, prises de position, délibérations, notes d'information, rapports et études publiés par l'ANC n'ont qu'une valeur doctrinale.

> **Précisions** **1. Principes sous-jacents à l'élaboration des normes comptables françaises**
L'ANC a publié, le 12 septembre 2022, un document interne ayant vocation à faire connaître les objectifs et les principes qui la guident, en tant que normalisateur comptable, lorsqu'elle élabore les règlements concernant les comptes annuels ou consolidés en règles françaises. Ce document complète la doctrine de l'ANC et est susceptible d'évoluer au fur et à mesure des travaux de normalisation et des premiers retours d'expérience.
2. Anciennes réponses du Secrétariat du CNC Les réponses publiées dans les bulletins CNC anciens ont également une valeur doctrinale, à condition de ne pas avoir été rendues caduques par un texte ultérieur.

V. Les recueils des normes comptables Plusieurs recueils des normes comptables françaises (comptes annuels) sont disponibles sur le site de l'ANC (anc.gouv.fr) :
– le recueil applicable à l'ensemble des **entreprises industrielles et commerciales** (dispositions générales) ;

> **Précisions** Ce recueil est constitué :
1. du PCG (Règl. ANC 2014-03 modifié). Il est applicable :
– à toutes les entités tenues d'établir des comptes annuels, quel que soit leur secteur d'activité ;
– sous réserve, le cas échéant, d'adaptations et/ou de dérogations faisant l'objet de règlements spécifiques (voir n° 3125 s.).

2. des règlements de l'ANC correspondant aux **adaptations du PCG à certains secteurs d'activité soumis à des contraintes réglementaires particulières** (voir n° 3125) :
— les organismes du logement social (Règl. ANC 2015-04 du 4-6-2015 modifié en dernier lieu par règl. ANC 2022-05 du 7-10-2022 en cours d'homologation) ;
— les organismes de gestion collective des droits d'auteur et droits voisins (Règl. ANC 2017-07 du 1-12-2017) ;
— les fonds de pérennité (Règl. ANC 2019-05 du 8-11-2019) ;
— les exploitations agricoles (Règl. ANC 2020-04 du 3-7-2020) ;
— les coopératives agricoles et leurs unions (Règl. ANC 2021-01 du 22-11-2021).
Certains règlements relatifs à des activités spécifiques sont repris dans des recueils spécifiques (voir ci-après). D'autres règlements relatifs à des activités spécifiques ne sont repris dans aucun recueil.

— des recueils dédiés à **quatre secteurs spécifiques.**

> **Précisions** L'ANC a ainsi élaboré un recueil des normes comptables pour :
> — le secteur bancaire mis à jour le 30 décembre 2020 (comprenant le règl. ANC 2014-07 ; voir n° 3150) ;
> — le secteur de la gestion d'actifs, mis à jour le 1er janvier 2023 (dans lequel ont été intégrés notamment le règl. ANC 2014-01 relatif au plan comptable des organismes de placement collectif à capital variable, le règl. ANC 2016-02 relatif aux organismes de titrisation et règl. ANC 2016-03 relatif aux SCPI) ;
> — le secteur non lucratif (comprenant notamment le règl. ANC 2018-06 ; voir n° 3200).
> Un recueil des normes comptables pour le secteur de l'assurance (Règl. ANC 2015-11) devrait voir le jour courant 2023. Ces entités sont malgré tout tenues de se référer au PCG pour les dispositions non couvertes par leur règlement sectoriel (voir n° 3125).

Ces recueils n'ont pas de force réglementaire mais rassemblent dans un document unique l'ensemble des textes comptables émis par l'institution en charge de la normalisation comptable (CNC/CRC et ANC depuis 2009).

Ils comprennent **deux niveaux de textes** :
— d'une part, les articles des **règlements** du CRC et de l'ANC applicables au secteur concerné. Ces articles ont une valeur réglementaire et ont donc une portée obligatoire ;
— d'autre part, des dispositions **infra-réglementaires** ayant valeur de doctrine (issus des **extraits pertinents** des recommandations, avis, positions, communiqués, notes de présentation publiés par le CNC et l'ANC, voir ci-avant) insérés en commentaires qui pourront être complétées au fur et à mesure par l'ANC lorsque les dispositions infra-réglementaires existantes seront jugées insuffisantes.

> **Précisions 1. Classement des dispositions infra-réglementaires** Le Collège de l'ANC a décidé de classer les dispositions infra-réglementaires selon les cinq catégories suivantes :
> — commentaires contextuels (IR1) qui présentent le contexte et les motifs ayant prévalu à l'élaboration de la norme ;
> — commentaires relatifs au champ d'application d'un article (IR2) pour indiquer si un type de transaction est concerné par un article ou pas ;
> — commentaires relatifs aux modalités de mise en œuvre d'un article (IR3) ;
> — commentaires illustratifs (IR4) : il s'agit d'exemples ;
> — recommandations relatives aux schémas d'écriture (IR5) : il s'agit de préciser le fonctionnement des comptes.
> Tous les éléments infra-réglementaires ne respectent pas ce classement et seront reclassés selon ces catégories au fur et à mesure des mises à jour du Recueil.
> **2. Références aux avis non repris dans le PCG ou dans les dispositions infra-réglementaires du Recueil** Lors des mises à jour du PCG, certains avis émis par le CNC ou l'ANC sont repris en tant que nouveaux articles du PCG ou en tant que dispositions infra-réglementaires dans le Recueil des normes comptables. Les dispositions non reprises de ces avis peuvent néanmoins, à notre avis, rester valides, sauf si elles sont en opposition avec les évolutions des textes ou s'il est expressément indiqué que l'avis est devenu caduc. Sauf dans ces cas, il est toujours possible de s'y référer (ce que nous faisons dans le Mémento Comptable).

L'ORDRE DES EXPERTS-COMPTABLES (OEC)

3320 Aucun texte n'a donné mission à l'Ordre des experts-comptables de définir et de fixer le contenu de la doctrine comptable ; c'est le rôle de l'ANC (voir n° 2990). Mais vis-à-vis de ses membres, l'OEC a été amené à préciser « les principes comptables généralement admis » et les règles figurant dans la loi et les usages, pour qu'une application juste en soit faite par les réviseurs.

Ces principes élaborés par le Conseil supérieur de l'OEC (CSOEC), désormais le Conseil national de l'OEC (CNOEC), sont diffusés sous forme notamment de recommandations et d'avis.

Pour une liste complète des textes publiés par le CSOEC et le CNOEC, voir Mémento Comptable édition 2023, n° 3320.

> **Précisions** **Mise à jour de la doctrine du CSOEC** La doctrine comptable de l'OEC n'a pas été mise à jour notamment lors de la révision du PCG en 1999. Néanmoins, nous avons maintenu dans cet ouvrage, aux différents paragraphes concernés par le problème traité, les éléments essentiels de cette doctrine qui constituent des éléments utiles et qui nous paraissent toujours d'actualité. Le Conseil supérieur s'est fixé comme objectif de reprendre les avis et recommandations pour les étudier et les refondre au regard de l'évolution du droit comptable français.

LA COMPAGNIE NATIONALE DES COMMISSAIRES AUX COMPTES (CNCC)

3325 Elle est instituée auprès du garde des Sceaux, ministre de la justice comme un **établissement d'utilité publique doté de la personnalité morale,** chargée de **représenter la profession de commissaire aux comptes auprès des pouvoirs publics.**

Elle concourt au **bon exercice de la profession,** à sa **surveillance** ainsi qu'à **la défense de l'honneur et de l'indépendance** de ses membres (C. com. art. L 821-6).

Sur le fonctionnement de la CNCC, voir également son rapport d'activité (cncc.fr).

La CNCC donne son avis, lorsqu'elle y est invitée par le garde des Sceaux, sur les questions entrant dans ses attributions et soumet aux pouvoirs publics toutes propositions utiles relatives à la mission des commissaires aux comptes.

Trois **commissions** sont chargées d'élaborer la doctrine professionnelle, notamment en réponse aux questions des commissaires aux comptes sur des points controversés : la commission des **études comptables** (**CEC**), la commission des **études juridiques** (**CEJ**) et la commission des **normes professionnelles** (**CNP**). Un grand nombre de ces questions concernent l'application des règles comptables et sont largement **reprises dans ce Mémento**.

> **Précisions** **1.** **Bulletin trimestriel de la CNCC** Les questions traitées par les commissions de la CNCC sont publiées dans le Bulletin trimestriel de la CNCC qui donne par ailleurs un panorama de la législation et de la réglementation, des réponses ministérielles, de la jurisprudence, des recommandations et avis du Conseil et du H3C.
> **2.** **Département EIP de la CNCC** Ce département dédié aux Entités d'intérêt public (EIP) prend en compte les spécificités des mandats dans les sociétés procédant à des offres au public ou dont les titres sont admis aux négociations sur un marché réglementé.

AUTORITÉ DES MARCHÉS FINANCIERS (AMF)

3335 L'AMF est souvent associée aux travaux d'**études** et de **préparation** des projets de **lois et des textes** d'application des **textes comptables** : en effet, un représentant de l'AMF désigné par le président de celle-ci est membre du collège de l'ANC (voir n° 3315). Inversement, le président de l'ANC est membre du collège de l'AMF.

L'AMF est également conduite à **préciser l'application de certaines règles comptables** dans le cadre de sa mission de surveillance de l'information lors de la délivrance de son visa sur les notes d'information. En outre, l'AMF délivre aux sociétés des informations et des précisions au travers de ses publications (amf-france.org).

L'autorité de l'AMF porte tant sur les sociétés cotées que sur leurs commissaires aux comptes, conférant à ses interventions une grande portée.

Enfin, l'AMF apporte son concours à la **normalisation** relative aux **marchés financiers** au niveau européen, notamment par le rôle qu'elle joue au sein de l'ESMA et au niveau international (par sa qualité de membre de l'OICV).

De ce fait, en poursuivant le travail effectué antérieurement par la COB et compte tenu de ses pouvoirs renforcés, l'AMF a nécessairement un rôle important dans la transparence des marchés financiers et dans la mise en application des IFRS par les sociétés cotées.

III. LES SOURCES COMPTABLES EUROPÉENNES

3405 Un grand nombre de textes législatifs et réglementaires français sont inspirés, voire directement issus, de la réglementation européenne (au travers notamment de la transposition obligatoire des directives européennes).

Les règles comptables françaises applicables aux comptes annuels et consolidés proviennent de la directive comptable unique n° 2013/34/UE du 26 juin 2013 (voir n° 2850).

Les normes IFRS applicables aux comptes consolidés des sociétés européennes cotées (et des sociétés non cotées sur option) proviennent du règlement européen « IFRS 2005 » adopté le 19 juillet 2002. Le texte intégral de ce règlement, traduit en français, figure dans le Navis Comptable Conso France/IFRS et sur le site europa.eu.

Sur le mécanisme européen d'adoption des normes IFRS (CE, ARC, EFRAG…), voir Mémento IFRS n° 11122 s.

Sur l'application des IFRS en France, voir n° 3435.

IV. LES SOURCES COMPTABLES INTERNATIONALES

UTILISATION DES NORMES IFRS EN FRANCE

3435 Les normes internationales d'information financière (International Financial Reporting Standards ou IFRS) sont élaborées par l'International Accounting Standards Board (IASB). Pour plus de détails sur l'IASB, voir Mémento IFRS n° 11022 s.

Les normes IFRS ont une utilisation multiple :

I. Dans les règles françaises Jusqu'en 2005, l'évolution du PCG a été entièrement inspirée par les normes IFRS, le but, clairement énoncé, étant la **convergence des règles françaises** vers les IFRS.

> **Précisions** Tel a été le cas pour les règlements CRC sur les passifs, les amortissements et les actifs et la recommandation du CNC sur les retraites.

II. À la place des règles françaises Depuis le 1er janvier 2005, les normes IFRS ont remplacé :

– **obligatoirement**, les règles françaises dans les comptes consolidés des sociétés cotées (voir Mémento Comptes consolidés n° 1012) ;

– sur **option**, les règles françaises dans les comptes consolidés des sociétés non cotées (voir Mémento Comptes consolidés n° 1014).

En revanche, cette substitution n'est **pas possible pour les comptes annuels** pour lesquels les règles françaises demeurent seules applicables (Ord. 2004-1382 du 20-12-2004).

	Tableau récapitulatif des obligations et options en France relatives aux IFRS			
	Règles françaises		**Normes IFRS**	
	Comptes sociaux	Comptes consolidés	Comptes sociaux	Comptes consolidés
Sociétés cotées (1)	obligatoire	interdiction	interdiction (3)	obligatoire
Sociétés non cotées (2)	obligatoire	obligatoire sauf option IFRS (4)	interdiction	possible sur l'option

(1) Sociétés dont les titres sont admis aux négociations sur un marché réglementé, pour plus de détails, voir Mémento Comptes consolidés n° 1012.
(2) Sociétés dont les titres ne sont pas admis aux négociations sur un marché réglementé, pour plus de détails, voir Mémento Comptes consolidés n° 1014.
(3) La possibilité ou l'obligation de préparer des comptes individuels conformes aux normes IFRS ouverte par le règlement « IFRS 2005 » n'a pas été retenue par l'ordonnance du 20 décembre 2004, transposant ledit règlement.
(4) Normes IFRS telles qu'adoptées par le règlement de la Commission européenne (C. com. art. L 233-24).

SECTION 4 — LES PRINCIPES COMPTABLES

GÉNÉRALITÉS

3535 Pour les comptables et les utilisateurs de l'information, la **communication** est un problème fondamental et la comptabilité montre aux tiers comment la direction d'une entreprise s'est acquittée de ses responsabilités.

Les informations transmises par l'intermédiaire de la comptabilité ne peuvent toutefois être pertinentes que dans la mesure où l'entreprise n'a pas la possibilité d'en infléchir le contenu et si l'entreprise a utilisé des **conceptions et des méthodes préalablement définies et acceptées par tous.**

La présentation des résultats issus de la comptabilité, technique d'information, se fonde donc sur des **conventions,** dénommées **« principes comptables »,** dont le respect est un des éléments de la sincérité des comptes.

Mais comme tout langage, elle a ses limites, voir n° 8280.

En France, le Code de commerce énonce les principes généraux (qui sont également repris dans le PCG).

LES PRINCIPES GÉNÉRAUX

3540 **Principe de continuité d'activité ou d'exploitation** « Pour l'établissement des comptes annuels, le commerçant, personne physique ou morale, est présumé poursuivre ses activités » (C. com. art. L 123-20).

En conséquence, d'une manière générale, on doit se placer dans la perspective d'une continuité de l'exploitation et non d'une liquidation, sauf, bien entendu, pour les éléments du patrimoine qu'il a été décidé de liquider ou si l'arrêt ou la réduction de l'activité est prévisible, qu'elle résulte d'un choix ou d'une obligation. Ce principe est à la base des règles d'évaluation figurant dans le Code de commerce.

La forme des états comptables serait fondamentalement différente si ce principe n'existait pas.

D'ailleurs, le PCG (art. 121-2) énonce ce principe dans une perspective de comparabilité, en préalable au principe de permanence des méthodes : « La comptabilité permet d'effectuer des comparaisons périodiques et d'apprécier l'évolution de l'entreprise dans une perspective de continuité d'activité ».

Pour une appréciation de la continuité de l'exploitation, l'examen des incidences sur les comptes de différentes situations et des événements post-clôture, la certification en cas d'incertitude sur la continuité d'exploitation et la présentation des éléments d'une évaluation en valeurs liquidatives, voir n° 61045 s.

3545 **Principe de spécialisation des exercices (ou d'autonomie ou d'indépendance des exercices)** Ce principe est en relation directe avec celui de la continuité. Les différents utilisateurs de l'information comptable (propriétaires, dirigeants, personnel, tiers et l'État) ayant besoin d'informations périodiques, il faut découper la vie continue des entreprises en périodes ou en **exercices comptables.**

Ce principe a été traduit dans le droit français par le Code de commerce (art. L 123-21). Les règles d'établissement des divers documents comptables ont posé le principe de la **durée d'un an des exercices comptables** (auquel il peut être dérogé exceptionnellement, voir n° 7940 s.). L'inventaire doit être fait chaque année ; les entreprises à caractère industriel et commercial doivent déposer chaque année une déclaration des résultats auprès de l'administration fiscale et les associés ou actionnaires d'une société commerciale doivent chaque année se réunir en assemblée générale pour approuver les **comptes annuels.**

Ainsi, le PCG (art. 511-3 et 512-4) précise que pour calculer le résultat par différence entre les produits et les charges de l'exercice, sont rattachés à l'exercice les **produits acquis** à cet exercice (voir n° 10350 et 10370 s.) et les **charges supportées** par l'exercice (voir n° 15075 et 15100 s.), auxquels s'ajoutent éventuellement les produits et les charges acquis à des exercices précédents mais qui, par erreur ou par omission, n'ont pas alors fait l'objet d'un enregistrement comptable. Sur les comptes de rattachement et de régularisation permettant d'assurer la spécialisation des exercices, voir n° 45265 s.

L'ANC rappelle à cet égard que les droits et obligations traduits au bilan sont ceux existant à la clôture même s'ils sont connus post-clôture ; en revanche, ceux nés post-clôture ne peuvent être pris en compte dans les états financiers clôturés, même s'ils sont connus avant l'arrêté des comptes (Document interne ANC « Principes sous-jacents à l'élaboration des normes comptables françaises » du 12-9-2022).

> **Précisions** L'ANC relève également qu'il conviendrait de préciser davantage les règles relatives à la prise en compte des événements post-clôture, notamment lorsque ces événements contribuent à l'évaluation d'une charge ou d'un produit ainsi que les informations à fournir à ce titre (voir n° 52310 s.).

> **Fiscalement a. Principe** Il en est de même (CGI art. 36 et 37), des règles particulières étant prévues afin de garantir l'imposition des bénéfices en l'absence de clôture d'un exercice pendant l'année civile (principe d'annualité de l'impôt, voir n° 7965). La jurisprudence fait application du principe d'indépendance (ou de spécificité) des exercices pour exclure d'un exercice les produits et les charges qui ne s'y rapportent pas (CE 22-10-1980 n° 6940). L'interprétation fiscale de ce principe est en outre plus stricte que la règle comptable en ce qui concerne notamment la prise en compte des événements post-clôture (voir n° 48240 s. et 52340).
b. Conséquences de l'effet rétroactif conféré à un contrat : conformément au principe de spécialité des exercices, l'effet rétroactif d'un contrat conclu avec un tiers dans le cadre d'une gestion commerciale normale :
– peut affecter les résultats de l'exercice au cours duquel le contrat est conclu ;
– mais ne peut conduire à rectifier ceux des exercices précédents (CE 12-7-1974 n° 81753 ; CE 3-11-1976 n° 95036 ; CE 6-5-2015 n° 375880).
Sur les limites de la rétroactivité des fusions et opérations assimilées, voir n° 76195.

3548 Principe de rattachement des charges aux produits Il ne faut pas confondre le principe de spécialisation des exercices avec un autre principe, « le rattachement des charges aux produits » par exercice, qui n'est pas clairement explicité par les textes.
Celui-ci consiste à analyser les charges de l'exercice (déterminées par application du principe de spécialisation des exercices) et à les rattacher à l'exercice ou à des exercices ultérieurs selon que les **produits correspondants** sont constatés dans l'exercice ou non.

> **Fiscalement** Aucune disposition du Code général des impôts ne prévoit un principe de rattachement des charges aux produits. Il n'est donc pas admis de différer la déductibilité d'une charge au motif qu'elle aurait pour contrepartie des produits rattachés au résultat d'exercices ultérieurs (CE 29-7-1998 n° 149517).
Les sommes engagées dans le cadre d'une opération triangulaire par une entreprise qui rémunère un tiers pour la réalisation d'une prestation de service au profit d'un client final peuvent, néanmoins, selon le Conseil d'État, être traitées en charges constatées d'avance en s'appuyant sur la qualification des prestations rendues en définitive, pour la part qui se rapporte à des prestations fournies au cours d'exercices ultérieurs (voir n° 15720).

De ce « principe » résultent par exemple :
– l'inscription en stocks tant que ceux-ci ne sont pas vendus ;
– la constitution d'une provision pour garantie dès l'inscription en produits des ventes qui la génèrent.

> **Précisions** Les limites à l'application du **principe de rattachement** L'application du principe de rattachement des charges aux produits ne doit pas conduire à comptabiliser au bilan des éléments ne répondant pas à la définition d'un actif ou d'un passif. Ainsi, les dépenses qui pouvaient antérieurement être comptabilisées sous les rubriques de « charges différées » et de « charges à étaler » doivent désormais être comptabilisées en charges si elles ne répondent pas aux conditions de définition et de comptabilisation des actifs (Avis CNC 2004-15 § 3.2). Tel est le cas, par exemple, des pertes d'exploitation initiales, c'est-à-dire les charges provenant d'une exploitation « anormale » pendant la phase de démarrage.

3550 Principe du nominalisme (ou des coûts historiques ou de stabilité de l'unité monétaire) Il consiste à respecter la **valeur nominale** de la monnaie sans tenir compte des variations de son pouvoir d'achat. Il suppose donc que l'unité monétaire est une unité de mesure stable et que l'on peut additionner les unités monétaires de différentes époques.

> **Précisions 1. Nominalisme et inflation**
En période d'**inflation,** ce principe a été très souvent critiqué par de nombreux auteurs qui ont fait remarquer que les changements survenus dans le pouvoir d'achat de la monnaie, dus aux variations du niveau général des prix des biens et services, réduisaient la fiabilité de la monnaie comme unité de mesure.
Sur la prise en compte de l'inflation dans la conversion des filiales à l'étranger dans les

comptes consolidés, voir Mémento Comptes consolidés n° 3926 s.

2. Nominalisme et valeur de marché Les réflexions comptables sur les instruments financiers ont par ailleurs mis en évidence que, dans certains cas, il pouvait être plus approprié de se référer à la **valeur de marché** et non au coût historique.

3. Directive comptable et juste valeur Sur le plan européen, afin d'être compatible avec les normes IFRS, la directive comptable unique (2013/34/UE du 26-6-2013) permet l'application de la juste valeur par tous les États membres. Cette option n'a cependant pas été retenue par la France.

Ce principe est toujours celui du droit français :
— le Code de commerce (art. L 123-18) et le PCG (art. 213-1) prévoient qu'« à leur date d'entrée dans le patrimoine, les biens acquis à titre onéreux sont enregistrés à leur coût d'acquisition… ».

> **Précisions 1. Coût d'acquisition à la valeur nominale ou actualisée ?** Le Code de commerce ne le précise pas. En conséquence, pour certains biens acquis au moyen de paiements échelonnés dans le temps, il serait possible de retenir comme coût d'entrée du bien la valeur des paiements actualisés. Telle est la position retenue en règles françaises dans le cadre, notamment :
> — des licences UMTS, voir avis CU CNC n° 2002-B (voir n° 30725) ;
> — des coûts de démantèlement, voir avis CU CNC n° 2005-H (voir n° 26415).
> Par ailleurs, les provisions à long terme devraient également faire l'objet d'une actualisation, voir n° 48310.
> **2. La réévaluation,** qui constitue une exception au principe du nominalisme, est évoquée de manière restrictive (voir n° 56665 s.) ; il en est de même de la possibilité de mise en équivalence de certains titres (voir n° 36210 s.) ;

— le Code civil (art. 1895) prévoit que : « L'obligation, qui résulte d'un prêt en argent, n'est toujours que de la **somme énoncée au contrat.** S'il y a eu augmentation ou diminution d'espèces avant l'époque du paiement, le débiteur doit rendre la somme prêtée, et ne doit rendre que cette somme **dans les espèces ayant cours au moment du paiement** ».

> **Fiscalement** S'il en est en principe de même (CE 29-7-1983 n° 39012, CE 13-7-2007 n° 289233 et 289261), il existe toutefois quelques exceptions fiscales d'origine légale au principe du nominalisme telles que la réévaluation légale, l'évaluation des OPCVM à la clôture à leur valeur liquidative (voir n° 37480 et 37500) et la prise en compte des écarts de change latents (voir n° 40390 et 40410).

Toutefois, des créances peuvent être comptabilisées à leur valeur actualisée (et non à leur valeur nominale) dès lors qu'elles ont été acquises pour cette valeur.

> **Fiscalement** Il en est en principe de même (voir CE 6-12-1978 n° 12561 ; CE 25-5-1983 n° 30061).

Principe de prudence Selon le Code de commerce (art. L 123-20), les comptes annuels doivent respecter le principe de prudence. Énoncé en tant que principe autonome, il est un des piliers de l'évaluation comptable (avec notamment le principe de continuité de l'activité, voir n° 3540). **3555**

a. Selon le PCG (art. 121-4), il doit être appliqué de façon à ne pas transférer sur des exercices futurs des incertitudes présentes susceptibles de grever le patrimoine et le résultat de l'entreprise.
Il en résulte un traitement comptable différent des charges et des produits :
— un **produit** ne doit être comptabilisé que s'il est **réalisé** (voir n° 10350) ;

> **Précisions** Le Code de commerce et le PCG précisent que :
> — seuls les bénéfices réalisés à la date de clôture d'un exercice peuvent être inscrits dans les comptes annuels (C. com. art. L 123-21 et PCG art. 513-3) ;
> — la plus-value latente constatée entre la valeur d'inventaire d'un bien et sa valeur d'entrée n'est pas comptabilisée, sous réserve des dispositions relatives aux opérations de couverture (C. com. art. L 123-18, al. 4 et PCG art. 214-20). Elle n'est prise en considération qu'au moment où le bien correspondant sortira de l'actif.

— alors qu'une **charge** doit être prise en compte dès lors que sa réalisation est **probable** (voir n° 48242). Ainsi, la correcte application du principe de prudence doit éviter la publication de comptes caractérisés par l'absence de provisions, de dépréciations ou d'informations relatives à des opérations importantes et significatives.

> **Précisions 1.** Le Code de commerce et le PCG précisent certaines applications de ce principe :
> — même en cas d'absence ou d'insuffisance du bénéfice, il doit être procédé aux amortissements, dépréciations et provisions nécessaires (C. com. art. L 123-20, al. 2 et PCG art. 214-7 et 322-3) ;
> — il doit être tenu compte des passifs qui ont pris naissance au cours de l'exercice ou d'un exercice antérieur, même s'ils sont connus entre la date de la clôture de l'exercice et celle de l'établissement des comptes (C. com. art. L 123-20, al. 3 et PCG art. 513-4) ;
> — si la valeur d'un élément de l'actif devient inférieure à sa valeur nette comptable, cette

dernière est ramenée à la valeur d'inventaire à la clôture de l'exercice, que la dépréciation soit définitive ou non (C. com. art. L 123-18, al. 2), sous réserve des dispositions relatives aux opérations de couverture.

2. Il ne faut toutefois pas confondre prudence **et excès de prudence.** Ainsi, les traitements comptables **« prudents à l'excès »** ont été **critiqués par l'AMF** (Rapport COB 1995) car ils donnent une image flatteuse des résultats des exercices futurs et peuvent défavoriser les actionnaires actuels par rapport aux futurs.

b. L'ANC rappelle que le principe de prudence est aussi un principe intrinsèque aux règles d'évaluation comptable (Document interne ANC « Principes sous-jacents à l'élaboration des normes comptables françaises ») du 12-9-2022). Ainsi, les estimations réalisées au titre de provisions doivent l'être sur la base d'appréciations prudentes (PCG art. 121-4).

3560 Principe de permanence des méthodes (ou de fixité) Selon le Code de commerce (art. L 123-17), les méthodes comptables retenues et la structure du bilan et du compte de résultat ne peuvent être modifiées d'un exercice à l'autre, sauf dans des **cas exceptionnels,** afin de donner une image fidèle du patrimoine, de la situation financière et du résultat de l'entreprise et dans les conditions prévues par un règlement de l'Autorité des normes comptables.

Le PCG (art. 121-5) précise que la cohérence et la comparabilité des informations comptables au cours des périodes successives reposent sur la permanence des méthodes comptables et de la structure du bilan et du compte de résultat, qu'elle doit appliquer de manière cohérente et permanente aux opérations et informations similaires.

Toutefois, des exceptions sont prévues. Ainsi, en dehors d'un changement de réglementation qui s'impose à l'entité (et qui n'a pas à être justifié), un changement de méthode à l'initiative de l'entreprise n'est possible lorsqu'il est motivé par la **recherche d'une meilleure information financière,** c'est-à-dire lorsque la nouvelle méthode reflète de façon plus adaptée et plus pertinente la performance ou le patrimoine de l'entité au regard de son activité, sa situation et son environnement (PCG art 122-1 et 122-2).

> **Précisions 1. Conditions d'un changement de méthode** L'adoption d'une **méthode de référence** conduit toujours, par définition, à une meilleure information. Sur les autres situations pouvant justifier un changement de méthodes, voir n° 8480.
> Le règlement ANC n° 2018-01 modifiant le PCG a assoupli les conditions d'un changement de méthode (en supprimant du PCG la condition relative à un changement exceptionnel dans la situation du commerçant).
> **2. Comparabilité** En cas de changement de méthode comptable ou de correction d'erreur, une information est donnée en annexe pour assurer la comparabilité (voir n° 8565).

Sur les modalités d'application du principe de permanence des méthodes, notamment les distinctions entre changements de méthodes, changement de réglementation, changements d'estimation et erreurs, voir n° 8455 s.

> **Fiscalement** Ce principe de permanence des méthodes n'existe pas, la comparabilité des résultats d'un exercice à l'autre n'étant pas recherchée. Ainsi, de nombreuses options fiscales sont annuelles (exemple : régime des sociétés mères, voir n° 36375). Cette liberté de changement d'option fiscale trouve toutefois mécaniquement ses limites lorsque l'option fiscale est adossée à une option comptable. Dans ce cas, le principe de permanence des méthodes s'applique de facto sur le plan fiscal (exemples : frais d'acquisition d'immobilisations, voir n° 26260 ; frais de développement, voir n° 30890).

3565 Principe d'importance relative (dit « de matérialité ») Ce principe d'importance relative a été introduit dans la directive comptable unique n° 2013/34/UE du 26 juin 2013.

Il existe en revanche dans le PCG depuis 1999. Ainsi, la régularité et la sincérité s'apprécient par rapport à la traduction de la connaissance que les dirigeants ont de la réalité et de l'importance relative des **événements enregistrés** (PCG art. 121-3).

À notre avis, par « événements enregistrés » il faut comprendre :
– **tous les événements susceptibles d'influencer les comptes de l'exercice** ;
Les règles françaises ne fournissent pas d'indicateurs permettant de définir l'importance significative d'une information.

> **Précisions** Selon la Directive précitée (art. 2) :
> – une information est significative lorsqu'il s'agit d'une information « dont on peut raisonnablement penser que l'omission ou l'inexactitude risque d'influencer les décisions que prennent les utilisateurs sur la base des états financiers de l'entreprise » ;
> – « l'importance significative de chaque élément est évaluée dans le contexte d'autres éléments similaires ».

Ainsi, selon le considérant 17 de la Directive, « alors qu'un élément pris individuellement peut être considéré comme non significatif, des éléments non significatifs de même nature, pris dans leur ensemble, pourraient être considérés comme étant significatifs ».

– **que ce soit le bilan, le compte de résultat ou l'annexe.**

Ce principe d'importance relative :
– est proche du concept « d'importance significative » qui gouverne dans le PCG les informations à fournir dans l'annexe, mais celui-ci non plus n'a pas donné lieu à une définition précise (voir nº 64555) ;
– sans qu'il soit limité aux seules informations à fournir en annexe.

Ainsi, le PCG laisse également, par exemple, la possibilité de tenir compte de l'importance relative dans l'application :
– des **règles de comptabilisation** (par exemple, il est possible de comptabiliser en charge des éléments de faible valeur répondant par ailleurs aux critères de comptabilisation d'un actif ; voir nº 25415) ;
– des **règles d'évaluation** (par exemple, il est possible d'utiliser certaines techniques d'évaluation du coût d'entrée en stock des éléments interchangeables lorsqu'elles donnent des résultats proches du coût ; voir nº 20795).

En revanche, l'application du principe d'importance relative ne remet en aucun cas en cause l'obligation des entreprises de comptabiliser l'exhaustivité de leurs opérations, opération par opération (C. com. art. R 123-174 ; voir nº 7100).

Principe de non-compensation   « Les éléments d'actif et de passif doivent être **évalués séparément**. Aucune **compensation** ne peut être opérée **entre les postes** d'actif et de passif du bilan ou entre les postes de charges et de produits du compte de résultat (sur la notion de « postes », voir nº 64185), sauf dans des **cas exceptionnels** prévus par un règlement de l'Autorité des normes comptables » (C. com. art. L 123-19 et PCG art. 112-2 et 112-3).

3570

Le PCG (art. 911-5) ajoute que toute **compensation** est interdite **entre les comptes,** sauf lorsqu'elle est explicitement prévue par les dispositions en vigueur. Ceci nous paraît être le cas, par exemple :
– pour le compte 609 « Rabais, remises et ristournes obtenus sur achats » qui vient en diminution des achats dans le plan comptable ;
– pour le produit de l'indemnisation de l'activité partielle présenté en diminution des charges de personnel (voir nº 16900) ;
– pour le résultat de la couverture présenté dans le même poste que le résultat de l'élément couvert (voir nº 41775).

> **Précisions**   L'ANC a précisé que la compensation peut être décidée par le normalisateur lorsqu'elle permet une meilleure information financière sous réserve qu'elle ne contrevienne pas au principe de prudence (voir nº 3555), c'est-à-dire qu'elle n'ait pas pour effet de masquer des incertitudes relatives à l'évaluation des actifs et passifs susceptibles de grever le patrimoine ou les résultats de l'entreprise. Cette compensation autorisée dans les états financiers peut éventuellement être accompagnée d'une information détaillée dans l'annexe afin d'en décomposer les différentes composantes (Document interne ANC « Principes sous-jacents à l'élaboration des normes comptables françaises » du 12-9-2022).

En revanche, il ne peut être effectué de compensation systématique entre **deux éléments comptables concernant un même tiers** (exemples : créance sur un client et dette à l'égard du même client, TVA déductible et TVA collectée par l'entreprise) ou entre **deux opérations distinctes** concernant le même élément (exemples : valeur d'origine d'une immobilisation et subvention d'équipement la concernant, valeur d'origine d'un bien et dépréciation le concernant, non-compensation entre plus-values et moins-values) (Bull. CNC nº 29, janvier 1977, p. 17). De même, il ne peut être effectué de compensation entre une provision pour risques et charges et un produit à recevoir lié à la dépense, telle une indemnité d'assurance ou une créance correspondant à un recours exercé contre un tiers (PCG art. 323-8).

Sur les cas prévus par le Code civil de compensations des créances et des dettes, voir nº 10410.

> **Fiscalement**   Ce principe de non-compensation est également applicable.

Principe de bonne information   Au-delà de la conformité aux règles et aux principes, le problème essentiel est d'apporter aux différents utilisateurs des documents financiers une information satisfaisante, c'est-à-dire une information suffisante et significative pour les comprendre. Ce principe correspond à l'idée de **« sincérité objective »** proche de

3575

la notion anglo-saxonne de **« fairness »**. Il souligne l'importance qui s'attache aux informations financières figurant dans les notes annexes ou les rapports de la direction par exemple. À cet égard, la publicité des méthodes comptables utilisées par l'entreprise est l'un des éléments de cette bonne information.

L'énoncé des conditions à remplir pour satisfaire à l'obligation de sincérité, dans le PCG 82, n'a pas été considéré comme étant d'essence normative et n'a par conséquent pas été repris dans le PCG actuel. Selon ce texte, « les informations comptables doivent donner à leurs utilisateurs une description adéquate, loyale, claire, précise et complète des opérations, événements et situations » désigné comme « principe de bonne information » (voir PCG 82 p. I.5). Désormais, ce principe est inclus dans les notions plus larges de sincérité et d'image fidèle (voir nº 8245 s.).

3580 **Principe de prédominance de la substance sur l'apparence** La directive comptable européenne nº 2013/34/UE du 26 juin 2013 retient le principe de comptabilisation selon la substance des opérations, tant dans les comptes individuels que consolidés. Elle ne définit pas cette notion mais attire l'attention sur le fait qu'elle repose sur une analyse individuelle de chaque contrat ou transaction.

La directive permet toutefois aux États membres qui le souhaitent de ne pas contraindre les entreprises à l'appliquer.

En France pour les **comptes individuels**, aucun principe de prédominance de la substance sur l'apparence n'est **formulé** en tant que tel dans les textes.

a. Selon l'ANC (« Principes sous-jacents à l'élaboration des normes comptables françaises » du 12-9-2022), la règle comptable doit permettre de refléter **tous les droits et toutes les obligations** sans s'arrêter à la transaction principale indiquée dans le contrat ou à son intitulé, et ainsi de traduire la **réalité économique et juridique** des transactions.

> **Précisions** Les droits et obligations considérés résultent des textes légaux et réglementaires et/ou des contrats auxquels l'entité est partie. Les droits sont les droits exécutoires qu'a l'entité et qu'elle peut revendiquer, notamment auprès d'un tribunal (Document interne de l'ANC précité).

Dès lors, c'est au normalisateur de prévoir les dispositions permettant :
– de tenir compte de clauses particulières ou de l'existence de contrats liés, qui emportent des droits et obligations particuliers, en prévoyant le cas échéant des écritures complémentaires ;
– d'ajuster l'évaluation des opérations juridiques lorsque la retranscription du contrat conduit, par exemple, à modifier à tort des droits.

Pour parvenir à cet objectif, le normalisateur prévoit, le cas échéant, des schémas comptables en deux temps :
– dans un premier temps, un **enregistrement des actes** tel que les règles juridiques et fiscales le requièrent ;
– et, dans un second temps, des **écritures d'ajustement** (voire de neutralisation) permettant de refléter les droits et obligations liés.

EXEMPLES

Cette notion de prédominance de la substance sur l'apparence a déjà été retenu par le normalisateur ou par la doctrine comptable :
– pour déterminer la date de comptabilisation des immobilisations corporelles et incorporelles, non plus à la date du transfert de propriété, mais à la date du transfert de contrôle (voir nº 25240 s.) ;
– pour certaines opérations complexes comme « in-substance defeasance » (voir nº 42875) ;
– pour classer certains instruments parmi les « Autres fonds propres » (voir nº 55100 s.).

> **Fiscalement** La jurisprudence du Conseil d'État tend à privilégier de plus en plus fréquemment la prise en compte d'une approche économique, sans s'en tenir à la traditionnelle approche juridique (voir par exemple sur la prise en compte de loyers inégaux nº 11295, ou sur le calcul des plus ou moins-values de cession de titres suite à un coup d'accordéon nº 37785).

b. Toutefois, tant que le normalisateur ne s'est pas expressément prononcé sur le traitement comptable à retenir pour une opération susceptible de ne pas être correctement traduite par le simple enregistrement des contrats, aucune écriture d'ajustement ne devrait être obligatoire.

EXEMPLE

Tel est le cas, par exemple, des opérations de financement structurées, comme une cession d'actif avec obligation ou option de rachat (voir nº 11075 et 11080).

Principe d'intangibilité du bilan d'ouverture   Le bilan d'ouverture d'un exercice **3585** doit correspondre au bilan de clôture avant répartition de l'exercice précédent (C. com. art. L 123-19, al. 3 et PCG art. 112-2).

> **Précisions**   En cas de modifications dans la structure des postes du bilan d'ouverture, pour aboutir à cette correspondance entre le bilan d'ouverture d'un exercice et le bilan de clôture de l'exercice précédent, le PCG 82 (p. II.62) demandait, le cas échéant, l'établissement d'un tableau de passage en cas de modifications dans la structure des postes du bilan d'ouverture. Tel est le cas, notamment, lors d'un changement de référentiels comptables (voir Mémento Comptes consolidés n° 8320 en cas d'abandon des normes IFRS telles qu'adoptées par la Commission européenne au profit du règl. ANC 2020-01 relatif aux comptes consolidés).

L'application de ce principe interdit de corriger les comptes clos de l'exercice précédent.

> **Fiscalement**   Le principe d'intangibilité du bilan d'ouverture ne s'applique qu'aux exercices prescrits et au premier exercice non prescrit (le bilan d'ouverture du 1er exercice non prescrit correspondant au bilan de clôture du dernier exercice prescrit, voir n° 45650 et 45655). Au-delà, à la différence de la comptabilité, les bilans peuvent être modifiés par l'administration (dans le délai de reprise, dans le cadre d'un contrôle fiscal) ou le contribuable (dans le délai de réclamation et sur réclamation en cas d'erreur non délibérée).

En revanche, il n'interdit pas d'imputer sur les capitaux propres d'ouverture les incidences des changements de méthode comptable.

> **Précisions**   **Changement de méthodes**   Depuis l'interprétation de l'avis CNC n° 97-06 relatif aux changements comptables intégré dans le PCG, ce principe n'est plus un obstacle à **l'imputation directe sur les capitaux propres** des incidences des changements de méthode comptable (PCG art. 122-3), une écriture comptabilisée dès l'ouverture de l'exercice ne modifiant nullement les comptes de l'exercice précédent ni le bilan d'ouverture (voir n° 8545). Il en est de même des corrections d'erreurs lorsqu'il s'agit de corriger une écriture ayant été directement imputée sur les capitaux propres (PCG art. 122-6). Voir n° 8505 s. et 45610.

CHAPITRE 3
LES OBLIGATIONS GÉNÉRALES PERMANENTES

SOMMAIRE 7000

SECTION 1
LES CONDITIONS DE FORME : LA TENUE DE LA COMPTABILITÉ 7010

I. Principes généraux 7010

II. Livres obligatoires 7080
- A. Contenu des livres obligatoires 7100
- B. Forme, authentification et tenue des livres obligatoires 7155
- C. Conservation des livres obligatoires 7225
- D. Sanctions et conséquences d'une tenue irrégulière 7280

III. Organisation de la comptabilité 7385
- A. Pièces justificatives de la comptabilité 7435
- B. Organisation d'une comptabilité dans un environnement informatique 7520
- C. Inventaire 7685
- D. Plan de comptes de l'entreprise 7745
- E. Document décrivant les procédures et l'organisation comptables 7840
- F. Durée des exercices comptables et date de clôture 7940

IV. Obligations comptables des petits commerçants soumis au régime fiscal simplifié ou au régime des micro-entreprises 8035

A. Petits commerçants personnes morales 8055
B. Petits commerçants personnes physiques 8110

V. Autres conditions 8220
- A. Commerçants membres d'un centre de gestion agréé 8220
- B. Sociétés membres d'un groupe international 8240

SECTION 2
LA QUALITÉ DES COMPTES 8245

I. Régularité, sincérité, image fidèle 8245
- A. Notions de régularité, de sincérité et d'image fidèle 8250
- B. Choix offerts par les règles, dérogations aux règles 8355
- C. Changements comptables 8455
- D. Changements de référentiel comptable 8590

II. Valeur probante de la comptabilité en matière fiscale 8640
- A. L'examen de conformité fiscale (ECF) 8645
- B. Rejet de la comptabilité 8670

III. Le contrôle interne 8745

SECTION 3
COMPLÉMENTS PRATIQUES 9095

SECTION 1

LES CONDITIONS DE FORME : LA TENUE DE LA COMPTABILITÉ

I. PRINCIPES GÉNÉRAUX

7010 Il convient de distinguer les **commerçants** personnes morales des commerçants personnes physiques.

Personnes morales Toute personne morale ayant la qualité de commerçant doit (C. com. art. L 123-12) :
a. Procéder chronologiquement à **l'enregistrement** comptable des mouvements affectant le patrimoine de son entreprise ;
Il en résulte l'obligation de tenir certains **livres,** les écritures comptables devant être appuyées de **pièces justificatives.**

> **Précisions** Exception Les personnes morales qui ne sont pas contrôlées par une société établissant des comptes consolidés et qui sont placées de plein droit ou sur option sous le régime réel simplifié d'imposition peuvent ne tenir qu'une comptabilité de trésorerie, c'est-à-dire n'enregistrer les créances et les dettes qu'à la clôture de l'exercice (C. com. art. L 123-25).
> Pour plus de détails, voir n° 8055.

b. **Contrôler l'existence et la valeur des éléments actifs et passifs du patrimoine par inventaire** au moins une fois tous les douze mois ;
c. **Établir des comptes annuels** (réguliers et sincères, donnant une image fidèle du patrimoine, de la situation financière et du résultat de son entreprise) à la clôture de l'exercice, au vu des enregistrements comptables et de l'inventaire.
Ces comptes annuels doivent comprendre un **bilan,** un **compte de résultat** et une **annexe** (sur leur présentation, voir n° 64185 s.). Sur la dispense pour les micro-entreprises d'établir une annexe, voir n° 64220.

Personnes physiques Les personnes physiques ayant la qualité de commerçant doivent suivre les **mêmes règles** que les personnes morales, **sauf** les **petits commerçants** pour lesquels les articles L 123-25 à L 123-28-1 du Code de commerce prévoient des allégements (voir n° 8110 s.).

II. LIVRES OBLIGATOIRES

QUELS SONT LES LIVRES COMPTABLES OBLIGATOIRES ?

7080 Selon l'article R 123-173 du Code de commerce (repris dans le PCG art. 912-1), tout **commerçant** tient obligatoirement :
– un **livre-journal** (voir n° 7100 s.) ;
– et un **grand livre** (voir n° 7105).

> **Précisions** **1. Suppression du livre d'inventaire** Pour les exercices ouverts depuis le 1ᵉʳ janvier 2016, les commerçants n'ont plus l'obligation de tenir un livre d'inventaire. Les opérations d'inventaire, au moins une fois tous les douze mois, doivent en revanche continuer à être réalisées (voir n° 7685).
> **2. Balance générale** L'ensemble des comptes, classés selon un plan conventionnel, peut être présenté dans un document faisant apparaître, pour chacun d'eux, les montants totaux des débits et des crédits et le solde. Ce document est appelé « balance ». La balance générale n'est **pas** un document **obligatoire** au regard de la réglementation comptable **mais,** dans la mesure où le total des soldes débiteurs est égal au total des soldes créditeurs, elle constitue (Bull. CNCC n° 67, septembre 1987, EC 87-34, p. 349) l'un des moyens de contrôle dont le commissaire aux comptes doit pouvoir disposer pour s'assurer qu'à tout débit enregistré correspond un crédit du même montant.
> **3. Comptabilité analytique** La tenue d'une comptabilité analytique ne figure **pas au rang des obligations comptables** requises par la loi et son absence ne peut donc être sanctionnée (voir n° 66500). Toutefois lorsqu'elle est établie, l'entreprise peut être dans l'obligation de la présenter à l'administration en cas de vérification de comptabilité (voir n° 22435).

Ces obligations s'imposent aux commerçants (à l'exception des petits commerçants personnes physiques, voir n° 8150) :
– **quel que soit le régime fiscal** applicable ;
– et **quel que soit le système comptable** utilisé.

> **Précisions** D'autres livres obligatoires **spéciaux** sont prévus pour certaines professions. Ces obligations résultent du Code de commerce, du droit fiscal, de la législation économique ou de la réglementation professionnelle. Bien que ces livres ne soient **pas spécifiquement comptables,** nous citerons notamment les registres ou livres suivants :
> – registre des exportations (CGI ann. III art. 74-1)
> et opérations assimilées (CGI ann. IV art. 41 bis à 41 quinquies) ;
> – registre des lotisseurs et marchands de biens (CGI ann. IV art. 50 sexies) ;
> – registre des fabricants et marchands d'or, d'argent et de platine (CGI art. 537) ;
> – registre d'entrée des malades dans les cliniques et établissements hospitaliers (Arrêté du 29-6-1978).

A. Contenu des livres obligatoires

CONTENU DU LIVRE-JOURNAL

En principe, sur le livre-journal (encore appelé « journal général »), doivent être enregistrés tous les mouvements affectant le patrimoine de l'entreprise (C. com. art. R 123-174, al. 1), c'est-à-dire toutes les écritures comptables. Le comptable y mentionne la date et les circonstances de chaque fait constaté, ainsi que les montants du débit et du crédit.

7100

Pour les petits commerçants personnes physiques, voir toutefois n° 8035 s. Pour les sociétés membres d'un groupe international, voir n° 8240.

Mais il est possible d'utiliser des journaux auxiliaires (C. com. art. R 123-176). En conséquence, **le contenu** du livre-journal **varie** selon que l'entreprise utilise ou non des journaux auxiliaires (voir n° 7103).

Entreprise n'utilisant pas de journal auxiliaire Le livre-journal doit comprendre tous les mouvements, enregistrés de manière chronologique (C. com. art. L 123-12).

7102

> **Précisions** La validation de l'écriture se fait dès inscription sur le livre-journal (sur la validation lorsque la comptabilité est informatisée, voir n° 7550).

Comment s'effectue en pratique cet enregistrement ?

I. « Au jour le jour » (C. com. art. R 123-174, al. 1 et PCG art. 921-2). Cette chronologie ne permet donc pas de reprendre plusieurs journées différentes (par exemple, de ventes) dans une seule écriture. Mais deux questions se posent :

a. De quel jour s'agit-il ? Selon la recommandation OEC n° 21-07, « plusieurs dates peuvent être associées à un même fait comptable. La date, dite date comptable, est en pratique celle de la pièce justificative » (c'est-à-dire date de la facture d'achat ou de vente, date de la remise du chèque ou de sa signature, etc.).

Mais, selon l'OEC (Rec. n° 21-07 précitée), le législateur n'a pas voulu imposer de délai entre la date comptable et celle de l'enregistrement.

Aussi nous paraît-il également possible (sous réserve de dispositifs complémentaires de contrôle interne) d'enregistrer, par exemple, des factures d'achat, non pas selon leur chronologie d'arrivée dans l'entreprise, mais au fur et à mesure que les factures sont acceptées et portent la mention « Bon à payer ».

b. Quel ordre d'enregistrement retenir à l'intérieur d'une même journée ? Selon le secrétariat du CNC (Bull. n° 40-02), il n'y a pas de chronologie des opérations entre elles ; en conséquence, l'enregistrement dans une journée est possible, par exemple :
– dans l'ordre où les opérations se sont déroulées ;
– ou par catégories d'opérations (achats, ventes, frais, etc.) ;
– ou dans l'ordre des numéros de comptes.

II. « Opération par opération » (C. com. art. R 123-174, al. 1 et PCG art. 921-2). Il n'est pas permis de globaliser les mouvements jour par jour sans que l'on puisse retrouver dans la comptabilité elle-même un enregistrement de chaque opération.

Toutefois (C. com. art. R 123-174, al. 3 et PCG art. 922-2), les **opérations de même nature** réalisées en un **même lieu** et au cours d'une **même journée** peuvent être récapitulées sur une pièce justificative unique.

Pour des développements concernant les pièces justificatives, voir n° 7435.

III. Conformément aux prescriptions du PCG

et notamment en français (voir n° 7180), en euro (voir n° 7185), selon le plan comptable (C. com. art. R 123-175), c'est-à-dire, à notre avis, selon le plan de comptes de l'entité (voir n° 7745 s.) et à l'appui de pièces justificatives (voir n° 7435 s.).

Les opérations sont enregistrées dans les comptes dont l'intitulé correspond à leur nature (PCG art. 911-5).

À notre avis, comme le précisait le PCG 82 :
– les écritures rappellent les numéros et/ou les intitulés des comptes (p. I.9) ;
– le numéro de code participe, avec l'intitulé du compte qui l'accompagne, à l'identification de l'opération enregistrée en comptabilité (p. I.55).

IV. Selon le système comptable retenu (voir n° 1240 s.)

7103 **Entreprise utilisant des journaux auxiliaires** Le livre-journal ne comprend que la centralisation mensuelle des écritures portées sur les journaux auxiliaires (C. com. art. R 123-176).

I. Enregistrements sur les journaux auxiliaires

Ils s'effectuent de la même manière que sur le livre-journal, lorsque l'entreprise n'utilise pas de journal auxiliaire (voir n° 7102), c'est-à-dire notamment :
– « au jour le jour » et « opération par opération » ;
– conformément aux prescriptions du PCG (en français, en euro, selon le plan de compte français et les règles comptables françaises et à l'appui de pièces justificatives).

Le livre-journal peut être détaillé en autant de journaux auxiliaires que l'importance et les besoins de l'entreprise l'exigent (PCG art. 912-2), c'est-à-dire journal d'achats (qui regroupe l'ensemble des factures reçues), de ventes (qui regroupe l'ensemble des facturations émises), de trésorerie (éventuellement réparti entre les journaux de banque, de compte-chèques postaux, de caisse, d'effets à recevoir, d'effets à payer), des opérations diverses, etc.

II. Centralisation mensuelle sur le livre-journal

La régularité des écritures s'apprécie à compter de la date de centralisation (voir n° 7550 lorsque la comptabilité est informatisée).

La récapitulation au livre-journal, au moins mensuelle, des totaux des opérations, ne peut être effectuée qu'à la condition de conserver tous les documents permettant de vérifier ces opérations jour par jour, opération par opération (PCG art. 921-2).

> **Précisions** **Modalités de centralisation** Le bulletin CNCC (n° 60, décembre 1985, EC 85-45, p. 509 et n° 65, mars 1987, EC 86-74, p. 110) estime que « cette centralisation peut consister simplement en un **report du total des journaux auxiliaires** sous la condition expresse cependant que ces totaux puissent être justifiés et que la centralisation ainsi effectuée constitue toujours un élément de fiabilité de la comptabilité commerciale ».
> Pour l'OEC (Rec. n° 21-07 précitée), le total des journaux auxiliaires doit être transcrit dans l'ordre chronologique sur le livre-journal, avec indication de la période et de la référence du journal auxiliaire d'origine.

> **Fiscalement** Le fichier des écritures comptables (FEC) doit comprendre toutes les écritures comptables hors écritures de centralisation et hors agrégation d'écritures. En effet, l'entreprise doit pouvoir garantir la permanence du chemin de révision comptable entre les pièces justificatives et les écritures comptables. En conséquence, les écritures de centralisation doivent être écartées au bénéfice du détail ligne à ligne de chaque opération comptable enregistrée dans les différents journaux du système informatisé (BOI-CF-IOR-60-40-20 n° 350).

CONTENU DU GRAND-LIVRE

7105 Sur le **grand-livre** sont portées les écritures du livre-journal (C. com. art. R 123-175), ventilées selon le plan de comptes de l'entreprise (PCG art. 912-2).

Le grand-livre est utilisé pour l'ouverture et le suivi des comptes de l'entreprise avec les totaux des écritures du livre-journal (précision du PCG 82, p. I.10). Il est constitué par l'ensemble des comptes servant de base à l'établissement de la balance.

Dans un ordre propre à chacun d'eux, le livre-journal et le grand-livre classent un même ensemble d'écritures. Il y a relation d'égalité entre les totaux des écritures du livre-journal et les totaux des écritures du grand-livre (précision du PCG 82, p. I.10).

En principe, des comptes sont matériellement représentés par un **folio** ou une **fiche** ou un **listing**. L'ensemble de ces comptes constitue le **« grand-livre »**. Sur la forme du grand-livre, voir n° 7155.

Comme pour le livre-journal, le grand-livre est détaillé en autant de **livres auxiliaires,** ou documents en tenant lieu, que l'importance et les besoins de l'entreprise l'exigent, par exemple le grand-livre des comptes « clients ». Dans ce cas, les écritures portées sur les livres auxiliaires sont **centralisées une fois par mois** au moins sur le grand-livre (C. com. art. R 123-176 et PCG art. 912-2).

> **Précisions** Selon le bulletin CNCC (n° 57, mars 1985, EC 84-55, p. 145) :
> — l'utilisation d'un livre-journal dit **« journal centralisateur »** ou **« balance carrée »** (voir n° 1255) paraît régulière dès lors que le nombre de lignes du registre est suffisamment détaillé pour que les normes comptables soient respectées ; en effet, l'inscription des centralisations mensuelles sur des lignes horizontales ne semble pas altérer le contenu et la signification des comptes ainsi présentés ;
> — par ailleurs, l'**enregistrement par centralisation en fin de mois** des éléments détaillés opération par opération et jour par jour sur des journaux auxiliaires semble également conforme aux dispositions légales. On obtiendra en effet non seulement le total, en bas de colonne, des différents journaux auxiliaires, mais également le détail des inscriptions par compte ;
> — enfin selon le Bull. CNCC précité et la Rec. OEC n° 21-07, la rédaction des dispositions réglementaires « ne semble pas exclure que le **même registre** constitue :
> • le **livre-journal** recevant la centralisation mensuelle des écritures journalières,
> • le **grand-livre** détaillant, par journal auxiliaire, le contenu des différents comptes présentés ligne par ligne ».

B. Forme, authentification et tenue des livres obligatoires

FORME DES LIVRES OBLIGATOIRES
La forme du **livre-journal** et du **grand-livre** n'est pas fixée de manière exhaustive par les textes. **7155**
Il pourra s'agir, nous semble-t-il, des formes suivantes (en respectant pour chacune d'elles les régimes d'authentification examinés ci-après au n° 7160) :
— **véritable registre** cousu et collé selon la technique de la reliure ;
— **registre à feuillets mobiles ;**
— **documents sous forme électronique,** s'ils sont identifiés et datés dès leur établissement par des moyens offrant toute garantie en matière de preuve (C. com. art. R 123-173, al. 3).
Les livres obligatoires, tenus sous format électronique, n'ont plus à être numérotés (C. com. art. R 123-173 modifié par décret 2014-1063 du 18-9-2014).

> **Précisions** Les associés ou actionnaires, les commissaires aux comptes et l'administration fiscale exerceront leur droit de communication sur ces livres dans la forme où ils sont tenus (Rép. Sapin : AN 16-1-1984 n° 38293).

AUTHENTIFICATION DES LIVRES OBLIGATOIRES
Deux régimes d'authentification sont prévus : l'utilisation de documents sous forme électronique (voir n° 7165), ou la cote et le paraphe (voir n° 7170). **7160**

Utilisation de documents sous forme électronique (à la place du livre-journal et du grand-livre cotés et paraphés). Sur l'organisation de la comptabilité en environnement informatisé, voir n° 7520 s. **7165**
L'utilisation de documents sous forme électronique est soumise aux **conditions** suivantes : ces documents doivent « être identifiés et datés dès leur établissement par des **moyens offrant toute garantie en matière de preuve** » (C. com. art. R 123-173, al. 3).
L'authentification de ces documents est, à notre avis, assurée par l'apposition d'une **signature électronique** fiable (en ce sens, BOI-BIC-DECLA-30-10-20-40 n° 630).

> **Précisions** La signature électronique est présumée fiable à condition (C. civ. art. 1367 ; décret 2017-1416 du 28-9-2017 ; BOI-BIC-DECLA-30-10-20-40 n° 630) :
> — qu'elle soit sécurisée ;
> — qu'elle soit établie grâce à un dispositif sécurisé de création de signature ;
> — que sa vérification repose sur l'utilisation d'un certificat électronique qualifié.

La cote et le paraphe Le livre-journal et le grand-livre **peuvent,** à la demande de l'entité, être cotés et paraphés, dans la forme ordinaire et sans frais, par le greffier du tribunal de commerce dans le ressort duquel le commerçant est immatriculé (C. com. art. R 123-173). **7170**
Il en est de même pour la plupart des livres spéciaux.

I. Définition La **cote** est **l'attestation du nombre de pages ou de folios** contenus dans chaque livre, chaque page ou folio étant numéroté. Le **paraphe certifie l'existence** du livre obligatoire et lui confère une **date certaine**. Ces formalités ont pour but d'éviter que des pages ne soient supprimées, remplacées ou ajoutées.

Dans le cas d'un **registre à feuillets mobiles,** chaque feuillet comporte dans ce cas, outre sa cote, le numéro d'identification de la liasse de feuillets, le visa étant apposé sur le premier feuillet où est mentionné le nombre total de feuillets ; les feuillets mobiles sont enliassés dès que les écritures y sont portées (solution confirmée par le ministre de la Justice – Rép. Sergheraert : AN 21-1-1985 n° 52944, chaque liasse délivrée par le greffier recevant un numéro d'identification répertorié sur un registre spécial de manière à permettre les contrôles nécessaires).

II. Date Les livres sont cotés et paraphés **avant qu'aucune écriture n'y soit portée.** Les commerçants devraient donc dès le début de leur activité se procurer les livres légaux et les faire coter et parapher. Lorsque des écritures sont portées a posteriori sur les livres (livres cotés et paraphés avec retard), ils perdent toute force probante.

III. Coût La formalité de la cote et du paraphe ne s'accompagne d'aucune taxation fiscale mais n'exclut pas pour autant la rémunération des personnes exécutant ladite formalité, en l'espèce, les greffiers des tribunaux de commerce et des tribunaux de grande instance statuant commercialement (Rép. Didier : Sén. 30-8-1984 n° 17042).

TENUE DES LIVRES OBLIGATOIRES

7175 L'article L 123-22 du Code de commerce et le PCG en fixent les caractéristiques :

Tenue sans blanc ni altération d'aucune sorte Les documents comptables relatifs à l'enregistrement des opérations et à l'inventaire sont établis et tenus sans blanc ni altération d'aucune sorte (C. com. art. L 123-22, al. 3), ce qui garantit leur caractère définitif (PCG art. 921-3).

Les livres obligatoires peuvent être tenus soit **manuellement,** soit avec un **logiciel informatique.**

> **Précisions** Lorsque la **comptabilité est informatisée,** cette obligation s'applique sous forme d'une **procédure de validation** interdisant toute modification ou suppression, voir n° 7550.
>
> Lorsqu'ils sont tenus **manuellement** :
> – la règle d'établissement sans blanc interdit d'effacer une opération en cas d'erreur matérielle par exemple. Le Conseil d'État (22-12-1958 n° 23350 et 23351) n'a pas admis la requête d'un contribuable dont la comptabilité présentait de graves lacunes : « Les documents comportaient des surcharges et des ratures ainsi que des traces montrant que des chiffres avaient été effacés par des procédés chimiques » ;
> – la règle d'établissement sans altération interdit l'utilisation d'un crayon comme procédé d'impression. Le Conseil d'État (13-11-1959 n° 43886) a d'ailleurs jugé que l'utilisation du crayon enlève à l'écrit la force probante qu'il tire précisément de sa permanence et de son inaltérabilité.

7180 **Tenue des livres dans une langue étrangère** Elle n'est pas possible, la comptabilité devant être tenue en français (C. com. art. L 123-22, al. 1). Selon la CNCC, le grand livre, les journaux auxiliaires et tous les documents nécessaires à une compréhension totale de la comptabilité doivent être établis en français (Bull. CNCC n° 52, décembre 1983, EC 83-38, p. 509).

On peut toutefois douter que cette obligation puisse s'appliquer systématiquement aux succursales à l'étranger (voir n° 70390).

À notre avis, à condition que les libellés d'écriture soient en français, le fait que les intitulés de colonnes à l'intérieur des journaux, soient libellés en langue étrangère n'est pas de nature à permettre de considérer que la comptabilité n'est pas tenue en langue française (voir n° 8240).

> **Fiscalement** Il en est de même (CGI art. 54) : si la comptabilité est tenue en langue étrangère, une traduction certifiée par un traducteur juré doit être présentée à toute réquisition de l'administration. Sur la langue dans laquelle doit être présenté le fichier des écritures comptables à produire, dans le cadre du contrôle des comptabilités informatisées, voir n° 7610. Sur les conséquences en cas de contrôle fiscal, voir n° 8670.

7185 **Tenue des livres en monnaie nationale (euro)** La comptabilité est tenue en monnaie nationale (C. com. art. L 123-22 et PCG art. 911-1).

Il est toutefois possible, si la nature de l'opération et l'activité de l'entreprise le justifient, de tenir certaines opérations en monnaies étrangères avec conversion du solde du ou des comptes enregistrant ces opérations en monnaie nationale à la date de clôture (PCG art. 911-1).

> **Précisions** **1. Comptabilité « plurimonétaire »** Certaines sociétés sont donc autorisées à tenir une comptabilité « plurimonétaire » en euros et en une autre devise pour les opérations réalisées en devises (notamment lorsqu'elles fabriquent des produits qu'elles commercialisent directement en devises). Selon la CNCC (Bull. n° 115, septembre 1999, p. 496) :
– l'article 911-1 du PCG ne vise pas la conversion des comptes de résultat ;
– la méthode du « cours historique » devrait être retenue (charges et produits au cours du jour des opérations, créances et dettes au cours de clôture avec écarts de conversion au bilan, disponibilités au cours de clôture avec écarts de conversion en résultat) ; pour plus de détails sur cette méthode, voir n° 70455.
2. Comptes d'un établissement situé à l'étranger Voir n° 70430 s.

Lieu de tenue de la comptabilité   Aucun texte n'oblige à ce que la comptabilité soit tenue en France. Il paraît donc possible de la tenir à l'étranger, à condition que cela ne fasse pas obstacle aux éventuels contrôles (administration fiscale, commissaire aux comptes, etc.). La délocalisation n'exonère pas des obligations comptables en matière de tenue (livres obligatoires, emploi de l'euro et de la langue française) et de respect du plan de comptes du PCG. En cas d'éloignement géographique du système ou des données comptables, la documentation comptable et informatique doit être accessible et compréhensible.
La comptabilité peut bien sûr être répartie entre plusieurs lieux (usines, établissements, etc.). **7190**

C. Conservation des livres obligatoires

Elle présente les caractéristiques suivantes : **7225**

Délai   Les documents comptables (donc les livres obligatoires) doivent être conservés **pendant 10 ans** (C. com. art. L 123-22, al. 2 ; voir n° 9095).

> **Précisions**   Ce délai est, en principe, supérieur à celui prévu par le droit fiscal (voir Fiscalement ci-dessous) et le Code de la sécurité sociale.

En ce qui concerne les **livres spéciaux** (voir n° 7080), leur délai de conservation lorsqu'il n'est pas précisé par un texte spécifique est, à notre avis, celui de dix ans prévu par l'article L 123-22, al. 2 du Code de commerce.

> **Fiscalement**   Selon l'article L 102 B du Livre des procédures fiscales (LPF), les livres, registres, documents ou pièces sur lesquels peuvent s'exercer les droits de communication, de contrôle et d'enquête dont dispose l'administration doivent être conservés pendant un délai de six ans à compter de la date de la dernière opération mentionnée sur les livres ou registres ou de la date à laquelle les documents ou pièces ont été établis.

Forme   Pendant ce délai :

I. Les **livres obligatoires** doivent être conservés sous la **forme originale** (voir n° 7155), ce qui exclut en principe la possibilité, lorsqu'ils sont établis manuellement, de les archiver sur supports informatiques (en ce sens, BOI-CF-COM-10-10-30-10 n° 80).
Sur l'assimilation toutefois de la copie fiable à l'original prévue par le Code civil, voir n° 7455.

> **Fiscalement**   Si l'original de chaque document obligatoire a été établi par un procédé informatique, ces documents informatiques immatériels doivent être conservés et pouvoir être présentés à l'administration sous cette forme pendant six ans lorsqu'ils ont été établis à compter du 31 décembre 2022 (LPF art. L 102 B, I modifié par loi 1726-2022 du 30-12-2022 art. 62 ; BOI-BIC-DECLA-30-10-20-40 n° 640 et 650). Les documents établis antérieurement peuvent, au-delà d'un délai de trois ans, être conservés sur ce même support ou sur support papier jusqu'à l'expiration du délai de six ans prévu à l'article L 102 B du LPF.

II. Les **autres documents comptables**, comme les journaux auxiliaires centralisés une fois par mois sur le livre-journal, peuvent, à notre avis, à défaut de précision des textes, être conservés autrement que sous la forme originale, comme les pièces justificatives, c'est-à-dire sous forme de photocopies, supports informatiques (voir n° 7455).

> **Fiscalement**   Il en est de même (en ce sens, Rép. Tibéri : AN 5-6-1989 n° 8609, non reprise dans Bofip). S'agissant des documents comptables établis de façon dématérialisée (cas des comptabilités informatisées), voir n° 7585.

Transformation ou cession d'entreprise   En cas de **transformation d'une société,** sans création d'une nouvelle personne morale, les livres de commerce (et les registres des procès-verbaux d'assemblée) peuvent continuer à être utilisés par la société issue de la transformation (en ce sens, Rép. Sergheraert : AN 13-11-1979 n° 19330). **7230**

En cas de **cession d'entreprise,** au jour de la cession, le vendeur et l'acquéreur visent un document présentant les chiffres d'affaires mensuels réalisés entre la clôture du dernier exercice comptable et le mois précédant celui de la vente. Le cédant doit par ailleurs mettre à la disposition de l'acquéreur tous les livres de comptabilité durant les trois exercices comptables précédant celui de la vente (C. com. art. L 141-2).

D. Sanctions et conséquences d'une tenue irrégulière

7280 Selon l'article L 123-23 du Code de commerce, la **comptabilité régulièrement tenue** peut être admise en justice pour faire **preuve entre commerçants** pour faits de commerce mais si elle a été irrégulièrement tenue, elle ne peut être invoquée par son auteur à son profit.

> **Précisions** Communication des documents comptables Elle ne peut être **ordonnée** en justice que dans les affaires de succession, communauté, partage de sociétés et en cas de procédures de sauvegarde, de redressement ou de liquidation judiciaires (C. com. art. L 123-23).
> Cette énumération est limitative, la communication des livres ne pouvant être ordonnée que dans les cas prévus par la loi (Cass. Req. 29-4-1897 DP 1897-1-288).

D'autres conséquences ou sanctions sont prévues par le Code de commerce (voir n° 7300 s.), le Code pénal (voir n° 7285 s.) et le CGI (voir n° 7295) en cas d'irrégularité (de forme ou de fond).

En outre, une tenue irrégulière peut avoir des conséquences sur l'attitude des contrôleurs (commissaires aux comptes et contrôleurs fiscaux ; voir n° 7310).

DÉLITS PRÉVUS PAR LE CODE PÉNAL

7285 Ils concernent notamment le **faux** et l'**usage de faux** qui sont punis de 3 ans d'emprisonnement et de 45 000 € d'amende (C. pén. art. 441-1).

Le coupable, **personne physique,** pourra être privé des droits mentionnés à l'article 441-10 du Code pénal soit à titre définitif, soit pour une durée de dix ans au plus (C. pén. art. 441-11) ; en outre, il encourt les interdictions d'ordre professionnel, notamment celle d'exercer le commerce si la condamnation est de trois mois au moins, sans sursis (Loi du 30-8-1947 art. 1-2°).

Les **personnes morales** peuvent être déclarées responsables pénalement et encourir les peines suivantes :
– une amende de 225 000 € (5 fois la peine prévue à l'art. 441-1 précité) ;
– les peines mentionnées à l'article 131-39 du Code pénal (sur ces peines, voir Mémento Sociétés commerciales n° 4705).

En outre, l'article 434-4 du Code pénal punit la **destruction volontaire ou la dissimulation** de documents qui seraient de nature à faciliter la découverte des preuves, de trois ans d'emprisonnement et de 45 000 € d'amende.

7290 Délits spécifiques aux comptabilités informatisées La **suppression ou** la **modification d'écritures comptables** dans une comptabilité informatisée est sanctionnée pénalement (C. pén. art. 323-2 ; Cass. crim. 8-12-1999 n° 98-84.752). Les sanctions encourues sont les suivantes :
– pour les **personnes physiques** : une peine de 5 ans d'emprisonnement et de 150 000 € d'amende (C. pén. art. 323-2 et 323-3), ainsi que les sanctions mentionnées à l'article 323-5 du Code pénal ;
– pour les **personnes morales** : une amende de 450 000 € (5 fois la peine prévue à l'art. 323-2 précité) et les peines mentionnées à l'article 131-39 du Code pénal (sur ces peines, voir Mémento Sociétés commerciales n° 4705 ; C. pén. art. 323-6).

DÉLITS PRÉVUS PAR LE CODE GÉNÉRAL DES IMPÔTS

7295 Indépendamment des sanctions fiscales (voir Mémento Fiscal n° 79850 à 80225), les infractions graves à la réglementation fiscale font l'objet de **sanctions pénales** :

I. Fraude fiscale L'article 1741 du CGI rend passible d'une amende de 500 000 € (pouvant être portée au double du produit tiré de l'infraction) et d'un emprisonnement de cinq ans, auxquels s'ajoute une peine complémentaire d'**affichage** et de **diffusion de la décision de condamnation,** quiconque s'est frauduleusement soustrait ou a tenté de se soustraire frauduleusement à l'établissement ou au paiement total ou partiel des impôts (CGI art. 1741). Pour les personnes morales, le montant de l'amende peut atteindre le quintuple de celui prévu pour les personnes physiques soit 2,5 M€ ou 15 M€ selon le cas (C. pén. art. 131-38). Les officiers publics ou ministériels ainsi que les experts-comptables encourent les mêmes sanctions s'ils se rendent complices de ces délits (CGI art. 1742). Des peines plus lourdes sont prévues en cas de fraude fiscale aggravée. Pour plus de détails, voir Mémento Fiscal nº 80260 à 80270.

> **Précisions** Dans certaines situations, l'administration fiscale est tenue (LPF art. 228) de transmettre au procureur de la République tous les faits qui ont abouti, sur des **droits** dépassant un **seuil de 100 000 €** (ou 50 000 € pour certains contribuables), à l'application des **pénalités** fiscales de 100 %, 80 % ou 40 %, voir Mémento Fiscal nº 80290.
> Sur la possibilité offerte aux entreprises d'engager auprès de l'administration, sous certaines conditions, une démarche de mise en **conformité fiscale** pour des opérations susceptibles d'entraîner notamment l'application d'une majoration de 80 %, voir Mémento Fiscal nº 79869.

II. Irrégularités dans la tenue du livre-journal

L'article 1743 du CGI prévoit une amende de 500 000 € et un emprisonnement de cinq ans à l'égard de toute personne qui commet sciemment l'un des faits suivants (délits assimilés à la fraude fiscale) :
– omission d'écritures ou passation d'écritures inexactes ou fictives au livre-journal, prévu par le Code de commerce, ou dans les documents qui en tiennent lieu ;
– entremise ou tentative d'entremise en vue de faire échapper à l'impôt tout ou partie de la fortune d'autrui ;
– fourniture de renseignements inexacts en vue de l'obtention des agréments ou de l'autorisation préalable prévus pour l'application de certains régimes fiscaux de faveur liés à des investissements outre-mer.

En application de l'article 1745 du CGI, tous ceux qui ont fait l'objet d'une condamnation définitive prononcée en application des articles 1741, 1742 ou 1743 peuvent être solidairement tenus, avec le redevable légal de l'impôt fraudé, au paiement de cet impôt ainsi qu'à celui des pénalités fiscales y afférentes.

III. Tenue d'une fausse comptabilité par les professionnels pour le compte de leurs clients

Tout agent d'affaires, expert et toute autre personne qui fait profession, soit pour son compte, soit comme dirigeant ou agent salarié de société, association, groupement ou entreprise quelconque, de tenir les écritures comptables de plusieurs clients et qui est convaincu d'avoir établi ou aidé à établir de faux bilans, inventaires, comptes et documents, de quelque nature qu'ils soient, produits pour la détermination des impôts dus par lesdits clients :
– est passible d'une amende de 4 500 € et d'un emprisonnement de cinq ans (CGI art. 1772-1-1º) ;
– est tenu solidairement avec ses clients au paiement des sommes, tant en principal qu'en pénalités et amendes, dont la constatation aurait été compromise par ses manœuvres (CGI art. 1772-2) ;
– en cas de récidive, encourt le doublement de ces peines (C. pén. art. 132-8 à 132-10) et peut être privé en tout ou partie, pendant dix ans au plus, des droits civiques, civils et de famille énumérés par l'article 131-26 du Code pénal (CGI art. 1774) ;
– en cas de récidive ou de délits constatés par un ou plusieurs jugements, la condamnation peut entraîner, sur décision expresse du juge, l'interdiction d'exercer les professions d'agent d'affaires, conseil fiscal, expert ou comptable, même à titre de dirigeant ou d'employé et, s'il y a lieu, la fermeture de l'établissement (CGI art. 1775).

IV. Irrégularités dans les inscriptions comptables

Est passible d'une amende de 4 500 € et/ou d'un emprisonnement de cinq ans quiconque est convaincu d'avoir opéré sciemment une inscription sous une rubrique inexacte des dépenses supportées par une entreprise, en vue de dissimuler des bénéfices ou revenus imposables au nom de l'entreprise elle-même ou d'un tiers (CGI art. 1772-3).

S'agissant des sanctions pénales applicables en cas de récidive aux amendes fiscales, voir Mémento Fiscal nº 80265 et 80280.

DÉLITS PRÉVUS PAR LE CODE DE COMMERCE

I. Les différents délits L'omission d'écritures ou la passation d'écritures inexactes ou fictives peut entraîner (de manière indirecte) les délits suivants :
– **omission d'établissement des documents comptables** (voir nº 66500) ;
– **présentation de comptes annuels ne donnant pas une image fidèle** (voir nº 66515) ;

7300

> **Précisions** **Pas de délit prévu pour les comptes consolidés** La Cour de cassation a jugé que les comptes consolidés n'étaient pas concernés par le délit de présentation de comptes infidèles (Cass. crim. 17-2-2021 n° 20-82068).

– **distribution de dividendes fictifs** (voir n° 66530).

> **Précisions** **Cumul d'infractions comptables** Un même fait peut être poursuivi sous plusieurs qualifications pénales dès lors que les infractions retenues sanctionnent la violation d'intérêts distincts et ont des éléments constitutifs différents. La Cour de cassation a notamment reconnu coupable de présentation de bilan inexact et de banqueroute par tenue d'une comptabilité manifestement incomplète ou irrégulière le dirigeant qui connaît les irrégularités affectant les comptes sociaux ainsi que la cessation des paiements de sa société (Cass. crim. 12-12-2007 n° 07-80.799 F-D).

II. Sanctions pénales Les personnes susceptibles d'être sanctionnées sont :
– les **dirigeants** (dans les conditions prévues par le Code de commerce. Pour plus de détails, voir développements sur chaque délit) ;
– la **personne morale,** y compris en l'absence de disposition expresse en ce sens (C. pén. art. 121-2).

Sur les conditions de mise en cause de cette responsabilité pénale, voir Mémento Sociétés commerciales n° 4590 à 4720.

7305 Délit relatif au redressement et à la liquidation judiciaires : la banqueroute

I. Causes du délit Seules sont traitées ici les causes résultant des conditions de **tenue de comptabilité.** Pour les autres actes constitutifs également de ce délit, voir Mémento Droit Commercial n° 64585.

Sont visés les personnes exerçant une activité commerciale ou artisanale, les agriculteurs, les personnes physiques exerçant une activité professionnelle indépendante et les dirigeants de droit ou de fait des personnes morales qui ont tenu (C. com. art. L 654-2) :
– une **comptabilité fictive** ou fait disparaître des documents comptables ou se sont abstenus de tenir toute comptabilité ;
– ou une **comptabilité manifestement incomplète ou irrégulière** au regard des dispositions légales.

> **Précisions** La tenue de comptabilité manifestement incomplète ou irrégulière va au-delà du simple fait de ne pas établir les comptes annuels à la clôture de l'exercice. Elle englobe également les manquements et irrégularités dans la tenue des livres comptables. Par exemple, sont constitutifs de banqueroute :
— l'absence d'enregistrement chronologique des opérations et d'établissement d'un inventaire périodique des éléments d'actifs et passifs du patrimoine (Cass. crim. 6-12-1993 n° F 93-81.475 PF et 22-6-2022 n° 21-83.036 F-B) ;
— des liasses informatiques produites sans l'appui du document décrivant les procédures et l'organisation comptables et sans aucun livre comptable obligatoire (CA Paris 28-6-1988 GP 14-10-1988, p. 14).
La tenue de comptabilité « manifestement » incomplète ou irrégulière s'apprécie par rapport à des critères tels que la gravité et l'évidence des irrégularités ou omissions constatées en tenant compte de leur caractère répétitif ou volontaire (Bull. CNCC n° 97, mars 1995, CD 94-29, p. 98 s.).

Pour plus de détails sur les faits constitutifs du délit de banqueroute, voir Mémento Sociétés commerciales n° 91980 à 91985.

II. Date à laquelle le délit est apprécié Ce délit n'est constitué qu'en cas d'ouverture d'une procédure de redressement judiciaire ou de liquidation judiciaire.

> **Précisions** Les procédures de conciliation et de sauvegarde (voir n° 61275 et 61380) ne sont pas concernées (C. com. art. L 654-2). Voir toutefois III. c. ci-après.

Est-ce à dire qu'il n'existe pas de risque avant cette date ? Selon le bulletin CNCC précité, la tenue de comptabilité manifestement incomplète et irrégulière ne constitue pas en elle-même un délit, mais peut être constitutive du délit de présentation de comptes ne donnant pas une image fidèle (voir n° 66515) en cas de refus de certification du commissaire aux comptes (voir n° 7310).

III. Sanctions
a. Dirigeants Ceux qui sont reconnus coupables de banqueroute sont punis d'un emprisonnement de cinq ans et de 75 000 € d'amende (C. com. art. L 654-3) et encourent les peines complémentaires prévues à l'article L 654-5 du Code de commerce (interdiction des droits civiques, exclusion des marchés publics…).

> **Précisions** Un dirigeant social peut être déclaré coupable de banqueroute même s'il n'est plus en fonction au moment de la clôture de l'exercice comptable (Cass. crim. 22-6-2022 n° 21-83.036 F-B).

b. Personnes morales Les personnes morales peuvent être déclarées responsables pénalement du délit de banqueroute (C. com. art. L 654-7 ; voir Mémento Sociétés commerciales n° 91985). Celles-ci encourent une amende maximum de 375 000 € (5 fois la peine prévue pour les personnes physiques) ainsi que l'une des peines prévues à l'article 131-39 du Code pénal (sur ces peines, voir Mémento Sociétés commerciales n° 4705).

c. Extension de la procédure collective (sauvegarde, redressement ou liquidation judiciaire) de la société à d'autres sociétés du même groupe. Pour plus de détails, voir Mémento Sociétés commerciales n° 81270 à 81289.

CONSÉQUENCES D'IRRÉGULARITÉS SUR L'ATTITUDE DES CONTRÔLEURS

7310 Outre les délits énoncés ci-avant, une tenue irrégulière des livres obligatoires entraîne les conséquences suivantes :

Le commissaire aux comptes doit :
– **informer le conseil d'administration et les dirigeants** des inexactitudes et irrégularités relevées lors de sa mission (voir FRC 12/23 Hors série inf. 83 s.) ;
– **révéler au procureur de la République** les faits délictueux dont il a eu connaissance au cours de sa mission (voir FRC 12/23 Hors série inf. 86 s.) ;
– **tirer les conséquences** des écritures irrégulières et inexactes **sur l'expression de son opinion** dans son rapport **(réserves ou refus)** (voir FRC 12/23 Hors série inf. 115 s.).

En cas de contrôle fiscal, l'administration fiscale (outre les sanctions pénales et fiscales évoquées ci-avant au n° 7285) ne manque pas d'invoquer les dispositions du Code de commerce consacrant le principe de l'inopposabilité aux tiers des livres de commerce qui ne sont pas conformes aux prescriptions légales.
Les inspecteurs des impôts peuvent **rejeter la comptabilité en utilisant la procédure contradictoire de redressement** (voir n° 8670).

SANCTIONS FISCALES DES INTERMÉDIAIRES

7315 Lorsque l'administration prononce à l'encontre d'un contribuable une majoration de 80 % de l'impôt éludé, les intermédiaires professionnels du chiffre et du droit qui ont apporté intentionnellement leur concours direct à des montages abusifs ou frauduleux (dissimulation d'identité ou d'activité, bénéfice d'un avantage fiscal indu par la délivrance irrégulière de documents ainsi que tout acte destiné à égarer l'administration) encourent une amende fixée à 50 % des revenus perçus en contrepartie de la prestation fournie, sans que son montant ne puisse être inférieur à 10 000 € (CGI art. 1740 A bis). Cette amende ne s'applique pas lorsque l'administration a intenté des poursuites pénales à l'encontre du professionnel pour complicité de fraude fiscale.

III. ORGANISATION DE LA COMPTABILITÉ

7385 La comptabilité a une dimension matérielle : elle résulte d'une série d'enregistrements qui représentent, au jour le jour, des opérations multiples. Pour obtenir une « bonne » comptabilité, il convient de tenir compte de cette problématique et de mettre en place une organisation adéquate.
Des diverses obligations du PCG (art. 911-1 à 912-3), il résulte que la comptabilité doit être organisée de telle sorte qu'elle permette :
– la saisie complète, l'enregistrement chronologique et la conservation des données de base ;
– la disponibilité des informations élémentaires et l'établissement, en temps opportun, d'états dont la production est prévue ou requise ;
– le contrôle de l'exactitude des données et des procédures de traitement.
Pour l'entreprise, l'organisation comptable se concrétise par l'adoption d'un **plan de comptes** (établi par référence à celui du PCG, voir n° 7750 s.) et par le choix des **supports et des procédures de traitement.**

> **Précisions 1. Supports** On appelle « supports » les pièces justificatives, documents, livres comptables et, d'une manière générale, tout ce qui permet, dans les conditions de conservation prescrites, d'enregistrer les données de base et de prendre connaissance des informations (voir n° 7435 s.).
> **2. Procédures de traitement** Les « procédures

de traitement » sont les méthodes et moyens utilisés par l'entreprise pour que les opérations nécessaires à la tenue des comptes et à l'obtention des états prévus ou requis soient effectuées dans les meilleures conditions d'efficacité et au moindre coût sans pour autant faire obstacle au respect par l'entreprise de ses obligations légales et réglementaires. Sur les procédures en milieu informatisé, voir n° 7520 s.

Sur le document décrivant les procédures, prévu par le Code de commerce, voir n° 7840.

La comptabilité doit aussi être organisée et tenue de telle façon qu'à tout moment toute personne habilitée puisse vérifier si le système comptable est pertinent et sûr. C'est une des composantes majeures du **contrôle interne**.

Le PCG (art. 911-3) précise en outre que l'**organisation du système** de traitement doit assurer la permanence du **chemin de révision**, c'est-à-dire permettre de « reconstituer, à partir des pièces justificatives appuyant les données entrées, les éléments des comptes, états et enregistrements, soumis à la vérification ou, à partir de ces comptes, états et renseignements, de retrouver ces données et les pièces justificatives ».

Sur l'organisation en milieu informatisé, voir n° 7520 s. Sur le document décrivant les procédures et l'organisation comptables, prévu par le Code de commerce, voir n° 7840.

A. Pièces justificatives de la comptabilité

NATURE DES PIÈCES JUSTIFICATIVES

7435 Tout enregistrement comptable précise l'origine, le contenu et l'imputation de chaque donnée ainsi que les références de la **pièce justificative** qui l'appuie (C. com. art. R 123-174, al. 2 et PCG art. 922-1).

> **Fiscalement** Il en est de même, les contribuables étant tenus de fournir à l'administration tous les documents comptables, et extra-comptables (inventaires, copies de lettres, pièces de recettes et de dépenses) permettant de justifier de l'exactitude des résultats indiqués dans leur déclaration (CGI art. 54). Sur les sanctions en cas d'insuffisance de pièces justificatives, voir n° 7465.

Toutefois, selon l'OEC (Rec. n° 21-07), la modicité du montant des opérations ou la qualité des tiers (non commerçants, agriculteurs, étrangers) peut justifier valablement l'absence de pièce justificative.

> **Fiscalement** Il en est de même (BOI-BIC-CHG-10-20-20 n° 40).

Chaque écriture s'appuie sur une pièce justificative datée, établie sur papier ou sur un support assurant la fiabilité, la conservation et la restitution en clair de son contenu pendant les délais requis (PCG art. 922-2) qui sont fonction des obligations comptables légales d'une part, et du Règlement Général sur la Protection des Données (RGPD), d'autre part. Pour l'application de cette règle en cas d'achat de matière, de marchandises et de prestations de services, voir n° 18085.

Une pièce justificative peut être (C. com. art. R 123-174, al. 2 et 3 et PCG art. 922-2) :
– une pièce de base justifiant une seule écriture comptable ;
– ou une pièce récapitulative d'un ensemble d'opérations, à condition que celles-ci soient de même nature, réalisées en un même lieu et au cours d'une même journée.

La pièce de base concerne une opération isolée.

I. Nature La pièce justificative de base peut émaner :
a. d'un tiers ;

> **EXEMPLE**
> Il s'agit, par exemple (C. com. art. L 110-3), des éléments suivants : actes publics, actes sous signature privée, bordereaux d'agent de change, factures acceptées (établies sur support papier ou électronique (voir n° 12365 s. et Bull. CNC n° 88, 3ᵉ trimestre 1991, p. 4 s.), correspondance, etc.

b. ou être d'origine interne.

> **EXEMPLE**
> Il s'agit, par exemple, des doubles des factures (justifiant les ventes), des doubles des bulletins de paie (justifiant les salaires).

Selon le CNC (Bull. précité), elles résultent d'**applications informatiques internes** situées en amont de la comptabilité proprement dite. À ce niveau, deux cas se présentent :
– ces traitements produisent des pièces justificatives classiques (double de facture envoyée à un client) ;

– les résultats de traitements en amont sont intégrés en comptabilité à l'aide d'écritures comptables générées automatiquement par le système, sans être accompagnées de l'émission de pièces justificatives classiques (exemple : le déroulement du calcul des agios effectué par les banques n'est généralement pas retracé sur support papier. Seul le résultat du traitement est viré au compte client. Dans le meilleur des cas, un listing est édité).

Outre ces deux origines, le CNC (Bull. précité) constate que les pièces justificatives peuvent découler, soit de l'enregistrement d'opérations retracées et récapitulées sur **différents supports** (bandes de caisse), soit d'un **calcul** (provisions, dépréciations, amortissements, congés payés, etc.).

En outre, le bulletin CNC précité ajoute qu'en matière de télétransmission, le caractère irréversible des informations est assuré, notamment, par le recoupement des informations émises et reçues, conservées chez l'émetteur et le récepteur.

II. Mentions obligatoires

La loi ne définit pas les mentions générales qui doivent figurer sur les pièces justificatives. Cependant, la date, la nature de l'opération, le tiers intervenant et le montant de l'opération (quantités et valeurs) sont nécessaires aux enregistrements comptables.

En outre, toute personne immatriculée (commerçants, sociétés commerciales et civiles, GIE, Epic, entrepreneurs individuels, autres personnes dont l'immatriculation est prévue par des dispositions législatives et réglementaires) au registre du commerce et des sociétés doit faire figurer certaines mentions sur ses **papiers d'affaires** (factures, notes de commande, tarifs et documents publicitaires, ainsi que toutes correspondances et tous récépissés concernant son activité et signés par elle ou en son nom).

> **Précisions** **Liste limitative de ces documents** La liste des documents sur lesquels doivent figurer ces mentions est limitative. Ne sont donc pas concernés par cette réglementation les étiquettes apposées sur les produits fabriqués ou commercialisés par l'entreprise, les enveloppes et emballages (Rép. Delfosse : AN 26-1-1981 n° 38214).

Pratiquement, outre les mentions obligatoires prévues sur certaines pièces (factures de ventes notamment, voir n° 12400), les papiers d'affaires de l'entreprise doivent comporter notamment les mentions suivantes :
– le **numéro unique d'identification** de l'entreprise ;

> **Précisions** Il s'agit (C. com. art. D 123-235 à R 123-237) du numéro Siren, complété par la mention RCS suivie du nom de la ville du greffe dans lequel l'entreprise est immatriculée (exemple : 408 903 212 RCS Paris). Pour les activités des entreprises intervenant sur le marché communautaire, le numéro unique d'identification est complété par l'indication du numéro de TVA intracommunautaire ;
> Le code APE d'activité principale est essentiellement statistique et n'a pas à être mentionné (excepté sur les fiches de paie).

– le **lieu du siège social** (pour les personnes morales uniquement), et le cas échéant **l'état de liquidation** et la **qualité de gérant-mandataire** (C. com. art. R 123-237) ;
– pour les personnes bénéficiant **d'un contrat d'appui au projet d'entreprise pour la création ou la reprise d'une activité économique,** la dénomination sociale de la personne morale responsable de l'appui, le lieu de son siège social, ainsi que son numéro unique d'identification (C. com. art. R 123-237).

> **Précisions** **1.** Le défaut de l'une de ces mentions est puni d'une amende de 750 euros (C. com. art. R 123-237).
> **2.** Certaines de ces mentions doivent également figurer sur le site de la personne immatriculée (C. com. art. R 123-237).

Les **sociétés** commerciales ou civiles doivent en outre indiquer sur tous les actes et documents destinés aux tiers, notamment les lettres, factures, annonces et publications diverses, les mentions suivantes :
– la **dénomination sociale** précédée ou suivie immédiatement de la **forme** de la société (C. com. art. R 123-238 ; voir Mémento Sociétés commerciales n° 1000 à 1002) ;
– le **montant** du capital qui peut être arrondi à la valeur entière inférieure (C. com. art. R 123-238), sauf s'il s'agit d'une société à capital variable, auquel cas les mots « à capital variable » doivent précéder ou suivre la dénomination sociale (C. com. art. L 231-2).

> **Précisions** **1. En cas de défaut de l'une de ces mentions** Toute personne intéressée peut demander en référé l'ajout de la mention sous astreinte (C. com. art. L 238-3), sauf lorsque la société est une société en nom collectif ou une société en commandite simple.

7435
(suite)

2. Documents dématérialisés Selon l'Ansa (CJ n° 04-050, 2-6-2004), tout document officiel, **quel que soit son support,** doit comporter les mentions obligatoires (y compris lorsqu'il s'agit d'un courriel). Toutefois, ne sont pas soumis à cette obligation les documents internes et ceux, même destinés aux tiers, qui sont d'ordre purement factuel.

La pièce récapitulative reprend un ensemble d'opérations traduites par une ou plusieurs écritures comptables. Il s'agit toujours de documents d'origine **interne,** tels que journaux auxiliaires, listings informatiques, etc. Ce type de document récapitulatif justifie une inscription mensuelle sur le livre-journal.

LIAISON ENTRE LES PIÈCES JUSTIFICATIVES ET LES LIVRES OBLIGATOIRES

7440 Les écritures (et par conséquent les documents comptables et les comptes annuels) doivent être appuyées par des pièces justificatives qui doivent être conservées (voir n° 7445). Les pièces comptables doivent être classées selon un ordre qui permette d'y accéder facilement à partir des indications accompagnant l'écriture comptable (en effet, selon l'article 911-3 du PCG, il doit être possible, à tout moment, de reconstituer les éléments des comptes, etc.).

Il faut qu'à tout moment, dans un sens comme dans l'autre, on puisse suivre l'insertion dans les comptes d'une opération donnée, et que l'on puisse connaître le détail et l'origine des éléments regroupés sous une même rubrique (Bull. CNCC n° 57, mars 1985, EC 84-61, p. 150).

Ainsi, grâce au chemin de révision, les dirigeants de l'entreprise et les vérificateurs de la comptabilité (inspecteur des impôts, expert-comptable, commissaire aux comptes) doivent pouvoir :
– examiner la validité d'un enregistrement élémentaire en le **comparant** à la pièce justificative de base ;
– contrôler la validité d'un enregistrement porté dans un compte, à l'aide de la (ou des) pièce(s) récapitulative(s) et **vérifier** la validité des pièces justificatives de base qui ont été utilisées pour la pièce récapitulative ;
– s'assurer de la **concordance** entre les opérations saisies par les journaux et par les comptes (égalité des mouvements des journaux avec ceux du grand-livre).

DÉLAIS ET FORMES DE CONSERVATION DES PIÈCES JUSTIFICATIVES

7445 Délai de conservation des pièces justificatives Les pièces justificatives doivent être conservées pendant dix ans (C. com. art. L 123-22 ; voir n° 9095). Les entreprises doivent être particulièrement attentives aux cas de prolongation du droit de reprise de l'administration qui peuvent notamment avoir pour conséquence d'aboutir à un **délai de conservation fiscal plus long que le délai comptable.** Voir également « Archivage », n° 7455.

> **Fiscalement** En effet, les pièces justificatives de la comptabilité, sur lesquelles peuvent s'exercer les droits de communication (voir n° 80025) et de contrôle de l'administration, doivent en principe être conservées pendant un délai de **six ans** à compter de la date de la dernière opération mentionnée sur les livres ou registres ou de la date à laquelle les documents ou pièces ont été établis (LPF art. L 102 B). Toutefois la durée de conservation de ces pièces est commandée par le **délai de reprise** de l'administration (délai de contrôle), la durée obligatoire de conservation d'un document étant bien souvent liée à la prescription au-delà de laquelle il ne peut plus y avoir de contestation.

Pour un **tableau de synthèse du délai de reprise de l'administration** selon les différents impôts, voir n° 53280. Pour plus de détails, voir également Mémento Fiscal n° 77710 à 77775 et 78065.

> **EXEMPLES**
> – Une facture d'immobilisation amortissable sur 8 ans doit être fiscalement conservée au moins jusqu'à l'expiration de la 11ᵉ année suivant celle de l'achat (voir n° 53280).
> – Par extension, il apparaît, à notre avis, indispensable de conserver, indépendamment du nombre d'exercices, les documents justifiant le bien-fondé de la déductibilité fiscale d'une provision jusqu'à l'exercice de sa reprise en résultat, ou inversement justifiant de la non-taxation d'une reprise de provision si celle-ci n'avait pas été déduite à l'origine, jusqu'à l'expiration du délai de vérification de l'exercice de la reprise.

Sur la conservation des pièces justificatives lorsque la comptabilité est informatisée, voir n° 7585. En ce qui concerne les factures transmises par l'entreprise par voie électronique, voir n° 12460.

7450 Classement des pièces justificatives Les pièces justificatives sont classées dans un **ordre** qui est **défini dans le document décrivant les procédures et l'organisation comptables** (C. com. art. R 123-174, al. 4 et PCG art. 922-2). Sur ce document, voir n° 7840.

Toutefois, aucune précision n'est fournie sur la **méthode de classement** à adopter, le PCG (art. 922-2) précisant seulement que **chaque pièce justificative** doit être **datée** (voir n° 7435).

À notre avis, tous les procédés courants peuvent être utilisés : ordre chronologique (a priori le mieux adapté compte tenu de l'obligation de datation résultant du PCG), alphabétique, numérique, par nature, etc. Au moment de la comptabilisation des pièces, il est recommandé d'y apposer un numéro d'ordre ou le numéro de folio du journal sur lequel elle est comptabilisée, afin de faciliter les recherches.

> **Fiscalement** En cas de tenue d'une comptabilité simplifiée, voir n° 8055.

7455 Archivage Le Code de commerce n'apporte pas de précision quant aux différents procédés d'archivage. Le PCG précise quant à lui (art. 922-2) que les pièces justificatives sont établies sur papier ou sur un **support assurant** la **fiabilité**, la **conservation** et la **restitution en clair** de son contenu **pendant les délais requis**.

I. Possibilité de produire des copies fiables Depuis le 1er octobre 2016, une **copie fiable** a la même force probante que l'original, que celui-ci subsiste ou non.

Une copie est présumée fiable si elle résulte d'une reproduction à l'identique de la forme et du contenu de l'acte et si son intégrité est garantie dans le temps par un procédé qui (C. civ. art. 1379 ; Décret 2016-1673 du 5-12-2016) :
– s'agissant d'une copie papier, entraîne une modification irréversible du support de la copie ;
– s'agissant d'une copie électronique, garantit notamment par une empreinte électronique que toute modification ultérieure de la copie est détectable. Si l'entreprise est à même de prouver que les copies numériques de ses écrits répondent à toutes les conditions prévues par le décret précité, elle n'est alors pas tenue de conserver les originaux papiers à titre de preuve.

> **Fiscalement** Les pièces justificatives relatives à des opérations ouvrant droit à déduction de la TVA (factures notamment) doivent être conservées (LPF art. L 102 B et L 102 C ; LPF art. A 102 B-2 ; BOI-CF-COM-10-10-30-10 n° 80 à 150) :
> – pour celles établies ou reçues sur support informatique, sur leur support originel pendant six ans s'agissant des documents établis à compter du 31 décembre 2022 (LPF art. L 102 B, I modifié par loi 1726-2022 du 30-12-2022 art. 62). Les documents établis antérieurement doivent être conservés sur leur support originel pendant trois ans, puis sur tout support au choix de l'entreprise durant les trois années suivantes ;
> – pour celles établies ou reçues sur support papier, sur support informatique ou papier. La numérisation des factures, notamment, doit respecter des exigences techniques strictes (BOI-CF-COM-10-10-30-10 n° 100 à 107).
> Pour plus de détails, voir Mémento Fiscal n° 78065.

II. Monnaie d'archivage À notre avis, conserver les pièces justificatives dans la monnaie de tenue de la comptabilité est la solution la plus prudente au regard des impératifs de conservation du droit commercial et fiscal, même si cette solution est génératrice de coûts supplémentaires (car entraînant parfois la duplication des fichiers historiques).

Sur les durées de conservation des documents et les sources légales, voir tableau de synthèse, n° 9095.

7460 Conservation des pièces justificatives dans une comptabilité informatisée
Voir n° 7585.

SANCTIONS EN CAS D'INSUFFISANCE DE PIÈCES JUSTIFICATIVES

7465 L'absence ou l'insuffisance de pièces justificatives peut **mettre en doute la valeur probante** de la comptabilité (voir n° 8670). En effet, ces pièces doivent justifier et permettre de vérifier tout enregistrement comptable.

> **Fiscalement** Le **droit de communication** (CGI art. 54 ; voir n° 7435) concerne non seulement les livres dont la tenue est prescrite par le Code de commerce, mais aussi tous les livres et **documents annexes**, pièces de recettes et de dépenses permettant de justifier de l'exactitude des résultats indiqués dans leur déclaration (LPF art. L 85).
> Toutefois (voir n° 8670), la charge de la preuve incombe à l'administration sauf notamment en cas de défaut de présentation de la comptabilité ou des pièces en tenant lieu.
> Ainsi, l'administration est en droit :
> – de refuser la déduction de certaines charges, la filiale française d'une société étrangère n'ayant fourni à l'administration, pour justifier l'existence et le montant de ses frais, que sa documentation sur les prix de transfert, ainsi que des explications sur les modalités de refacturation des frais entre les

différentes entités du groupe, sans avoir été en mesure de fournir les factures et contrats permettant d'apprécier l'étendue et le coût des services qui auraient été rendus (CAA Bordeaux 16-11-2021 n° 19BX02894) ;
– d'annuler le report des déficits lorsque l'entreprise a globalisé, dans ses écritures comptables, ses recettes sans avoir conservé les documents permettant d'en justifier le détail (CAA Nantes 16-12-1992 n° 91-75 ; CAA Paris 19-5-1994 n° 93-595 et 93-878) ou lorsque la filiale française d'une société étrangère n'a transmis que les liasses fiscales souscrites au titre des exercices déficitaires, sans présenter les justificatifs des écritures comptables qui ont été retranscrites sur les liasses fiscales à partir des seules balances fournies par sa société mère étrangère (CAA Bordeaux 16-11-2021 n° 19BX02894). En effet, une telle comptabilité ne permet pas à l'entreprise de prouver la réalité des déficits des exercices prescrits imputés en période non prescrite ;
– de réintégrer une dette de TVA à défaut de précisions sur la date et la nature des opérations auxquelles elle se rattache (CE 29-8-2008 n° 294352).

De même, les commissaires aux comptes ne peuvent s'assurer de la régularité et de la sincérité de la comptabilité lorsque les pièces justificatives sont insuffisantes.

Lorsqu'un comptable est conduit à **redresser une comptabilité** mal tenue afin d'assurer sa sincérité, **sans avoir** toujours **les pièces justificatives,** à notre avis :
– il doit pouvoir fournir les éléments de ses corrections (par exemple, par rapport à des éléments fournis par l'inventaire) ;
– il doit, le cas échéant, en avertir le commissaire aux comptes.

Dans ces conditions, l'objectif poursuivi de présenter des comptes fournissant une image fidèle permet de justifier l'absence de véritable pièce justificative.

7470 **Disparition ou destruction involontaire de documents comptables** Il convient, à notre avis, de distinguer deux cas :

I. Destruction à la fois de la comptabilité et des pièces justificatives (due à un vol, un incendie ou autre cas de force majeure) Le bulletin CNCC (n° 64, décembre 1986, EJ 86-136, p. 442) estime que :
– le commissaire aux comptes ne peut, en tout état de cause, imposer à la société la reconstitution de sa comptabilité mais doit, dans son rapport sur les comptes annuels, préciser qu'il est dans **l'impossibilité de certifier** ;
– l'absence de tenue de comptabilité ne constitue **pas un délit** puisqu'il s'agit d'un cas de force majeure, indépendant de la volonté des dirigeants ; le commissaire aux comptes n'a donc **aucune révélation** à faire au procureur de la République.

II. Destruction de la comptabilité mais pas des pièces justificatives (due, par exemple, à des incidents techniques ayant rendu des supports informatiques inutilisables) Il est nécessaire dans ce cas que la société refasse sa comptabilité ; ces circonstances nous semblent constituer une raison légitime pour demander au président du tribunal de commerce une prolongation du délai de convocation de l'assemblée annuelle (voir n° 64280).

> **Fiscalement** L'administration ne peut pas rectifier d'office, mais la charge de la preuve pour justifier de la comptabilité incombe, dans ces deux cas, nécessairement à l'entreprise (voir n° 8670). Par exemple, la preuve de l'existence de déficits reportables peut être apportée par la production de déclarations et pièces annexes souscrites au titre d'exercices antérieurs à la destruction de la comptabilité dès lors que l'administration ne fait valoir aucun élément susceptible de les remettre en cause et que la société, dont la comptabilité de l'exercice postérieur à celui de la catastrophe a été reconnue régulière par l'administration, peut ainsi se prévaloir de la présomption de sincérité et d'exactitude de ces déclarations (CAA Lyon 10-5-2000 n° 96-908).

B. Organisation d'une comptabilité dans un environnement informatique

7520 Le PCG impose aux comptabilités informatisées les principes obligatoires de tenue des comptabilités « manuelles », exposés aux n° 7010 s. (livres obligatoires) et 7385 s. (organisation de la comptabilité).

La mise en œuvre de ces principes implique de respecter certaines conditions de validité.

Voir également les commentaires du CNC (Rec. n° 3 ; Brochure « Études et documents 1975-1981 », p. 167 et 245 s.) et sur la prise en compte du système d'information par le commissaire aux comptes, voir la NEP 315 « Connaissance de l'entité et de son environnement et évaluation du risque d'anomalies significatives » (§ 14) et la note d'information NI.XV « Le commissaire aux comptes et l'approche d'audit par les risques » (§ 3.24 et annexe 4).

CONDITIONS DE VALIDITÉ

Le traitement d'une comptabilité par informatique se caractérise notamment par la raréfaction, voire l'absence, de trace matérielle justifiant les opérations. L'application des principes obligatoires relatifs à l'organisation de la comptabilité (voir n° 7385) implique que toute opération puisse être **suivie du document d'origine au total final ou inversement,** ce qui nécessite la mise en œuvre des processus suivants : système de traitement (voir n° 7530), force probante des supports (voir n° 7550), mentions minimales d'un enregistrement (voir n° 7555), chemin de révision (voir n° 7560), accès à la documentation (voir n° 7580), conservation des données (voir n° 7585) et contrôle (voir n° 7610). 7525

Sur les règles à respecter en matière d'authentification, voir n° 7160 s.

Système de traitement Selon la brochure CNC « Études et documents 1975-1981 » (p. 248), par **« système de traitement »,** il faut entendre l'ensemble devant permettre à la fois : 7530
– d'atteindre les objectifs fixés par les dirigeants de l'entreprise pour les besoins de la gestion interne (gestion des stocks, facturation, comptabilité analytique, statistiques…) ;
– d'obtenir les états et renseignements de la comptabilité générale dans le respect des dispositions légales et réglementaires en la matière.

> **Fiscalement** Selon l'administration (BOI-BIC-DECLA-30-10-20-40 n° 170), le système informatisé est une combinaison de ressources matérielles et informatiques qui permet :
> – l'acquisition d'informations, selon une forme conventionnelle ;
> – le traitement de ces informations ;
> – la restitution de données ou de résultats, sous différentes formes.

S'agissant de traitements automatisés, ce « système de traitement » est constitué :
– d'une part, des matériels (organes périphériques d'entrée et de sortie, mémoires auxiliaires…) connectés à l'organe central de traitement en fonctionnant sous son contrôle ;
– d'autre part, des logiciels utilisés pour la mise en œuvre de toutes les applications.

> **Fiscalement** En pratique, il peut s'agir de systèmes informatisés (BOI-BIC-DECLA-30-10-20-40 n° 190) :
> – développés en interne ou par des prestataires extérieurs ;
> – de grande consommation ou produits à l'unité ;
> – installés de façon isolée ou en réseau sur plusieurs postes ;
> – loués ou acquis.

Force probante des supports et des processus de traitement 7550
I. Données traitées par le système Toute **donnée comptable** entrée dans le système de traitement est enregistrée, sous une forme directement intelligible, sur papier ou éventuellement sur tout **support** offrant toute garantie en matière de preuve (PCG art. 911-4). Le PCG 82 (p. I.13) précisait que **le système de traitement doit établir sur papier,** ou éventuellement sur tout support offrant les conditions de garantie et de conservation définies en matière de preuve, **des états périodiques numérotés et datés récapitulant dans un ordre chronologique toutes les données** qui y sont entrées, sous une forme interdisant toute insertion intercalaire ainsi que toute suppression ou addition ultérieure (en ce sens également, Rép. Mauger : AN 29-8-1988 n° 861).

> **Fiscalement** A été jugée non probante une comptabilité établie à l'aide d'un logiciel comportant une fonction permettant de modifier a posteriori les données journalières initialement saisies pour les remplacer par de nouvelles écritures (CAA Marseille 13-4-2012 n° 09MA01619).

Selon l'administration fiscale (BOI-BIC-DECLA-30-10-20-40 n° 210 à 250), les données, dites élémentaires, sont des données immatérielles traitées par des procédés informatiques qui concourent, directement ou indirectement, à la constitution d'une écriture comptable, à la justification d'un événement ou d'une situation transcrite dans les livres, registres, documents, pièces et déclarations visés par le droit de contrôle de l'administration.

Selon la brochure CNC « Études et documents 1975-1981 », p. 249, ces données sont entrées dans le système de traitement soit par transcription d'informations relevées sur une pièce justificative, soit par lecture de support ou par transmission d'informations détenues par d'autres systèmes informatiques. Elles ne doivent pas être confondues avec celles qui n'ont pas d'incidence sur la valeur et la structure du patrimoine de l'entreprise, car les

7550 (suite) exigences éventuelles des contrôleurs comptables ou des vérificateurs sont de nature très différente, en particulier dans le domaine de la preuve.

Sur les besoins des auditeurs et sur les demandes des vérificateurs fiscaux en la matière, voir n° 7610.

> **Fiscalement** L'administration (BOI-BIC-DECLA-30-10-20-40 n° 230) fournit des exemples de données gérées par les systèmes informatisés de :
> – comptabilité générale : livre-journal, balance, etc. ;
> – comptabilité analytique ou budgétaire, lorsqu'elle existe : calcul des provisions, détermination de coûts de production, d'achat, de revient ou de transfert, des marges, etc. ;
> – gestion commerciale : articles, tarifs, factures, remises, clients, fournisseurs, etc. ;
> – systèmes de caisses et de recettes ;
> – gestion des stocks : quantités, valorisation, destructions, pertes, etc. ;
> – gestion de production : détermination des prix de revient industriels, etc. ;
> – gestion des immobilisations : validation des montants de dotations aux amortissements, etc. ;
> – gestion du personnel : temps de présence, rémunération, etc.
>
> Par ailleurs, constituent également des données concourant à la constitution d'une écriture comptable, les tables utilisées comme éléments de référence à titre de paramétrage ou de codification : codes prix, codes articles, codes TVA, codes mouvements de stocks (BOI-BIC-DECLA-30-10-20-40 n° 230). En revanche, le suivi des coefficients de déduction de TVA n'a pas à être assuré en comptabilité, sous réserve que l'entreprise puisse les justifier par un autre moyen (BOI-TVA-DED-20-10 n° 30).

Certaines peuvent concerner l'agrégation d'un ensemble d'opérations de même nature, si celles-ci ont été réalisées en une seule journée et si le détail peut en être justifié en dehors du système de traitement.

Le **support,** sur lequel sont enregistrés les états chronologiques périodiques des données entrées, doit, dans sa forme, exclure toute possibilité de modification de l'enregistrement initial et permettre de conserver et de retrouver ces données pendant toute la durée fixée par le prescripteur (voir Procédure de validation ci-après).

Pour un exemple concret de l'utilité de la force probante de la comptabilité (cas particulier des déclarations de créances dans le cadre d'une procédure collective), voir n° 11430.

II. Procédure de validation Le caractère définitif des enregistrements du livre-journal est assuré pour les comptabilités informatisées, par une procédure de validation, qui doit interdire toute modification ou suppression de l'enregistrement (PCG art. 921-3).

> **Fiscalement** Il en est de même (BOI-BIC-DECLA-30-10-20-40 n° 80 et 120).

Selon le bulletin CNCC (n° 79, septembre 1990, CD 90-05, EC 90-08, p. 376 et p. 390) et l'administration (BOI-BIC-DECLA-30-10-20-40 n° 80 à 110), il y a lieu de distinguer trois phases dans le processus de validation d'une écriture comptable :

a. Avant la validation comptable d'une écriture (saisie en mode dit « brouillard ») L'utilisateur peut modifier tout élément de l'écriture comptable. En effet, tant que la validation n'est pas demandée par l'utilisateur, **les écritures,** parfois conservées dans un fichier intermédiaire, **ne font** en fait **pas partie du système comptable.**

En conséquence, il n'y a **pas lieu d'apprécier la régularité** du système pendant cette phase.

> **Précisions** Les éditions faites à partir de ce fichier intermédiaire constituent seulement des listes de contrôle appelées couramment brouillard de saisie, procès-verbal d'entrée, accusé de réception de saisie, etc.

b. La validation comptable proprement dite Il s'agit d'une phase de traitement informatique volontaire, activé grâce à une fonction du logiciel, qui **consiste à figer les différents éléments de l'écriture** de façon telle que toute modification ultérieure de l'un de ses éléments soit impossible.

Dans la mesure où les écritures des journaux doivent être récapitulées au livre-journal au moins une fois par mois (PCG art. 921-2), il paraît nécessaire que la validation des écritures soit également **effectuée mensuellement.**

> **Précisions** Il en résulte que 12 validations (1 chaque mois) sont au minimum nécessaires dans un exercice, mais qu'à l'inverse il est possible de modifier les journaux auxiliaires à l'intérieur d'un mois tant que la validation mensuelle n'est pas faite.
>
> Pour les entreprises n'utilisant pas de journal auxiliaire et n'ayant donc pas de centralisation mensuelle, à notre avis, et par analogie avec la solution préconisée par le bulletin CNCC, la validation est effective **dès inscription** sur le livre-journal.

c. Après la validation comptable d'une écriture Le système comptable dont il convient d'apprécier **la régularité commence** ainsi véritablement avec l'édition du journal, laquelle ne peut être faite qu'après validation des écritures comptables.
Toute modification ultérieure est, selon les textes, impossible.

> **Précisions** C'est pourquoi le recours à un système comptable **ne garantissant pas l'absence d'altération** a pour effet de **remettre en cause la force probante de la comptabilité**, et par voie de conséquence celle des comptes annuels.
> Selon l'administration fiscale (BOI-BIC-DECLA-30-10-20-40 n° 110), l'utilisation de fonctions d'un logiciel comptable qui permettraient la suppression ou la modification d'une écriture validée est prohibée.
> Tel est le cas lorsque des possibilités d'annulation d'écritures sans trace sont introduites dans les programmes informatiques, sous prétexte qu'il est inutile de conserver la trace d'opérations annulées. Il en est ainsi, précise le bulletin CNCC, **même en l'absence de toute anomalie** effectivement constatée.
> **Pour le commissaire aux comptes,** une telle situation constitue **un facteur de risque** à intégrer dans son approche générale d'audit et dans son plan de mission. Il en tiendra **informés les dirigeants** ainsi que, le cas échéant, le comité d'audit (C. com. art. L 823-16 ; voir FRC 12/23 Hors série inf. 80 s.). En outre, si les insuffisances du système comptable sont de nature à enlever toute force probante à ses contrôles, une **réserve** sera formulée dans son rapport sur les comptes (voir FRC 12/23 Hors série inf. 115 s.).

III. Traçabilité des modifications Les éventuelles modifications intervenues après la validation doivent être retracées dans les écritures comptables par contrepassation et passation d'écritures.
La traçabilité pourrait être réalisée, par exemple, par la mise en évidence à l'écran des changements (surbrillance).

> **Fiscalement** Il en est de même, l'utilisation d'un fichier « log » étant également acceptée (BOI-BIC-DECLA-30-10-20-40 n° 610 et 620).

IV. Procédure de clôture Une procédure de clôture destinée à figer la chronologie et à garantir l'intangibilité des enregistrements est mise en œuvre au plus tard avant l'expiration de la période suivante. La procédure de clôture est appliquée au total des mouvements enregistrés.
La clôture peut intervenir à l'issue d'une période ou au terme de l'exercice.

> **Précisions 1. Période** On définit la période comme un intervalle de temps durant lequel des écritures sont enregistrées de manière chronologique, conformément aux articles 921-2 du PCG et L 123-12, al. 2 du Code de commerce, en vue de leur centralisation (mois ou trimestre, par exemple) afin d'établir des situations intermédiaires en cours d'exercice comptable.
> **2. Opération correspondant à une période figée** Pour les comptabilités informatisées, lorsque la date de l'opération correspond à une période déjà figée par la clôture, l'opération concernée est enregistrée à la date du premier jour de la période non encore clôturée, avec mention expresse de sa date de survenance (PCG art. 921-4).

La réouverture d'un exercice clôturé à des fins de modification ou de suppression des écritures comptables est interdite conformément aux articles 921-3 et 921-4 du PCG.

> **Fiscalement** Il en est de même (BOI-BIC-DECLA-30-10-20-40 n° 130).

En pratique, une telle procédure de clôture doit être appliquée de façon à respecter non seulement les exigences du Code de commerce et du PCG (voir les autres articles dans nos développements ci-avant) mais aussi de garantir la force probante de la comptabilité.
Sur les obligations en matière de date de clôture, voir n° 7940 s.

V. Conséquences d'une tenue irrégulière de la comptabilité Voir n° 7285 s.

Mentions minimales d'un enregistrement Tout enregistrement comptable précise l'origine, le contenu et l'imputation de chaque donnée, ainsi que les références de la pièce justificative qui l'appuie (PCG art. 922-1). **7555**

Chemin de révision L'organisation du système de traitement (en l'espèce, informatisé) doit permettre de reconstituer à partir des pièces justificatives appuyant les données entrées, les éléments des comptes, états et renseignements, soumis à la vérification, ou, à partir de ces comptes, états et renseignements, de retrouver ces données et les pièces justificatives (PCG art. 911-3). Sur l'archivage des données dans le cadre d'une comptabilité informatisée, voir n° 7585. **7560**

> **Précisions** Selon la brochure CNC « Études et documents 1975-1981 », p. 250, c'est ainsi que tout **solde de compte** doit pouvoir être justifié par un relevé des écritures dont il procède, à partir d'un autre solde de ce même compte. Chacune de ces écritures doit comporter une référence permettant l'identification des données correspondantes.

Les journaux et livres auxiliaires doivent contenir les références aux pièces justificatives et d'une manière générale toutes les informations donnant la possibilité aux personnes habilitées à effectuer des contrôles de disposer d'une **documentation** propre à leur **permettre de reconstituer le processus de justification**.

L'auditeur, le vérificateur et l'expert judiciaire doivent pouvoir retrouver une ou des opérations, soit à l'aide du système de traitement, soit hors système. Il ne semble pas nécessaire pour cela que, par avance, tous les états comptables traditionnels aient été imprimés, hormis ceux expressément prévus par la loi. Ceci suppose que les informations non imprimées soient conservées sur un support informatique approprié.

Or, du fait de l'évolution des techniques, certains programmes peuvent être modifiés et des matériels nouveaux ne pas être compatibles. Il ne serait donc pas réaliste de conserver, par exemple, en mémoire, tous les éléments permettant une impression ultérieure à la demande, car cela impliquerait pour l'entreprise, l'obligation, à chaque changement de matériel ou modification de programme, d'une transcription systématique de ces informations rendant possible leur reproduction de façon directement lisible pendant la période légale de conservation. Il appartient donc aux **concepteurs du système et à l'entreprise,** sous leur responsabilité, à défaut d'exigences formelles du prescripteur, de **décider** s'il est préférable d'**imprimer par avance certains documents** ou s'il y a lieu d'**attendre la demande.** Sur les besoins des auditeurs et sur les demandes des vérificateurs fiscaux en la matière, voir n° 7610.

Les systèmes devenant de plus en plus complexes, au fur et à mesure de l'intégration de traitements divers, des erreurs de logique, voire des oublis, sont presque inévitables dans l'analyse des problèmes et l'établissement des programmes. Il faut donc prévoir des contrôles qui les décèlent le plus rapidement possible.

L'un de ceux-ci, qui paraît très utile, sinon indispensable, est celui qui consiste à **comparer le journal chronologique des entrées** et les divers ensembles d'**états analytiques résultants.** Mais ce contrôle n'exige pas nécessairement la comparaison des cumuls depuis le début de l'exercice. Il peut être effectué, par exemple, en rapprochant les totaux mensuels qui correspondent aux données entrées et centralisées au livre-journal, au cours de cette période. Dans tous les cas, l'obligation de conserver les mentions minimales d'enregistrement (voir n° 7555) doit permettre d'obtenir en cas de besoin, l'édition de l'historique complet de toutes les opérations depuis le début de l'exercice.

> **Fiscalement** La reconstitution du chemin de révision peut nécessiter que l'administration accède aux versions archivées des programmes afin de réaliser les tests nécessaires à la validation ou à la compréhension des résultats produits ou de la documentation présentée (BOI-BIC-DECLA-30-10-20-40 n° 260).

7580 Accès à la documentation L'organisation de la comptabilité tenue au moyen de systèmes informatisés implique une **documentation comptable** écrite, complète, claire et précise. Cette documentation doit être constamment tenue à jour, en particulier en cas d'évolution ou de changement de l'environnement informatique. Elle décrit l'ensemble de l'organisation générale, des procédures et des traitements comptables et est complétée par une **documentation technique** relative aux analyses, à la programmation et à l'exécution des traitements, en vue, notamment, de procéder aux tests nécessaires à la vérification des conditions d'enregistrement et de conservation des écritures (PCG art. 911-4).

> **Fiscalement** Les entreprises doivent établir, conserver et présenter une documentation relative à l'ensemble des systèmes d'information concourant directement ou indirectement à la formation des résultats comptables ou fiscaux et à l'élaboration des déclarations fiscales obligatoires ainsi que sur la documentation relative aux analyses, à la programmation et à l'exécution des traitements (LPF art. 13 ; BOI-BIC-DECLA-30-10-20-40 n° 270).

En l'absence de précisions dans les textes comptables sur le contenu de la documentation (voir n° 7840), les précisions apportées par l'administration fiscale sont, à notre avis, à retenir en pratique.

I. Objectifs de la documentation
Selon l'administration fiscale, l'établissement de la documentation doit poursuivre deux objectifs complémentaires, l'un informatique, l'autre fiscal (BOI-BIC-DECLA-30-10-20-40 n° 280 à 320).

a. Objectif informatique La documentation doit permettre à l'auditeur de connaître et de comprendre le système d'information mis en œuvre au cours de la période soumise au contrôle, y compris l'ensemble des évolutions significatives. Elle inclut toujours la description générale de l'ensemble du système d'information, l'inventaire et la description des matériels et logiciels utilisés, le plan d'archivage et des durées de rétention, la description des données et de leur structure.

Il convient de distinguer selon que la documentation concerne des logiciels standards ou spécifiques :

1. Documentation des logiciels standards Il s'agit de la documentation utilisateur, présentant les principales fonctions et caractéristiques du logiciel. Elle est généralement fournie par l'éditeur ou son vendeur.

L'accès au code source est juridiquement limité. Néanmoins, les entreprises doivent prévoir les modalités d'accès de l'administration à l'intégralité des sources documentaires, notamment par la rédaction de clauses contractuelles adaptées avec les prestataires extérieurs ou le dépôt des codes sources auprès de tiers habilités (par exemple, organismes assurant la protection des programmes).

> **Précisions** **Logiciel standard adapté à l'entreprise** : dès lors qu'un logiciel standard nécessite un paramétrage pour l'adapter aux nécessités spécifiques de l'entreprise, une documentation complémentaire doit être produite. Il en est ainsi, par exemple, des logiciels de gestion dits intégrés ou des programmes d'interfaces entre les différents modules du système.

2. Documentation des logiciels spécifiques Il s'agit d'un ensemble documentaire retraçant les différentes phases d'un processus de conception, d'exploitation et de maintenance d'un système informatique.

Cela comprend notamment : le dossier de conception générale, le dossier des spécifications fonctionnelles, les dossiers technique, organisationnel et d'architecture, le dossier de maintenance, le dossier d'exploitation, le dossier utilisateur.

b. Objectif fiscal La documentation doit décrire de façon suffisamment précise et explicite les règles de gestion des données et des fichiers mises en œuvre dans les programmes informatiques qui ont des incidences directes ou indirectes sur la formation des résultats comptables et fiscaux et des déclarations fiscales obligatoires.

II. Organisation de la documentation (BOI-BIC-DECLA-30-10-20-40 n° 330) La composition et les formes de la documentation sont présentées librement selon l'organisation et les moyens informatiques disponibles. La présentation du code source peut constituer pour des systèmes assez simples une documentation suffisante, ou, pour des environnements plus complexes, la base de la documentation.

III. Support documentaire (BOI-BIC-DECLA-30-10-20-40 n° 340) La documentation n'est pas nécessairement présentée sur support papier. Elle peut être établie et conservée de façon dématérialisée, sous réserve de garantir sa pérennité et sa date précise et l'accès sans entrave à l'intégralité de son contenu.

IV. Langue (BOI-BIC-DECLA-30-10-20-40 n° 350) La documentation doit être tenue en français.

> **Précisions** À titre exceptionnel, il peut être admis que des langues courantes en informatique comme l'anglais soient utilisées mais dans ce cas, la traduction en français de tout ou partie de la documentation doit pouvoir être assurée rapidement (BOI-BIC-DECLA-30-10-20-40 n° 350).

V. Conservation de la documentation (BOI-BIC-DECLA-30-10-20-40 n° 520) Il appartient à l'entreprise de prendre toute mesure, pour conserver ou faire conserver la documentation éventuellement créée ou détenue par un tiers. Dans ce but, la rédaction de clauses contractuelles spécifiques avec les prestataires informatiques est essentielle pour que ces derniers conservent la documentation et puissent la mettre à disposition de l'administration fiscale, en cas de contrôle.

Sur les délais de conservation, voir n° 7585 et, sur les sanctions applicables en cas de non-respect de cette obligation documentaire, voir n° 7610.

Délais et forme de conservation des données La conservation des livres obligatoires et des pièces justificatives établis ou reçus dans le cadre d'une comptabilité informatisée est identique à l'obligation de conservation dans le cadre d'une comptabilité tenue manuellement.

7585

Sur la conservation des livres obligatoires, voir n° 7225 ; des pièces justificatives, voir n° 7445 ; des factures transmises par voie électronique, voir n° 12420 et 12460.

> **Fiscalement** **a. Documents visés par les droits de contrôle et de communication** Le délai général de conservation de six ans (voir n° 7445 ; LPF art. L 102 B) s'applique aux **livres, registres, documents ou pièces auxquels l'administration a accès** pour procéder au contrôle des déclarations et des comptabilités des contribuables astreints à tenir et à présenter des documents comptables (BOI-BIC-DECLA-30-10-20-40 n° 380 ; BOI-BIC-DECLA-30-10-20-40 n° 10).

Pendant ce délai, une modalité spécifique de conservation est prévue (LPF art. L 102 B, I-al. 2 ; BOI-BIC-DECLA-30-10-20-40 n° 380 ; BOI-BIC-DECLA-30-10-20-40 n° 10) pour les documents établis ou reçus sur **support informatique** qui doivent obligatoirement être conservés sur leur support originel pendant six ans s'agissant des documents établis à compter du 31 décembre 2022 (LPF art. L 102 B, I modifié par loi 1726-2022 du 30-12-2022 art. 62). Les documents établis antérieurement doivent être conservés sur leur support originel pendant trois ans, puis sur tout support au choix de l'entreprise durant les trois années suivantes.

b. Autres documents La **documentation** relative aux analyses, à la programmation et à l'exécution des traitements doit être conservée pendant ce même délai de 3 ans, sur le support sur lequel elle a été élaborée (LPF art. L 102 B, II et L 169 ; BOI-BIC-DECLA-30-10-20-40 n° 410). L'entreprise doit conserver ou faire conserver la documentation créée ou détenue par un tiers (BOI-BIC-DECLA-30-10-20-40 n° 410 et 520).

Sur la conservation des documents constitutifs de la piste d'audit fiable des factures, voir n° 12470.

> **Précisions** **Pas de conservation sur support papier** La conservation sur support papier de données immatérielles constituées ou reçues sur support informatique n'est pas une solution alternative à la conservation informatisée pendant le délai de 3 ans précité. Si une entreprise présente seulement sous forme papier des données originellement informatisées, elle ne remplit pas correctement son obligation de conservation et s'expose, le cas échéant, à un rejet de comptabilité (BOI-BIC-DECLA-30-10-20-40 n° 390).

7590 **Procédures d'archivage** Il est préconisé de mettre en place une procédure d'archivage pour figer l'ensemble des informations dont la conservation est obligatoire. L'archivage doit être effectué de préférence sur le support d'origine et sous un format standard, permettant de s'assurer de la lisibilité et de la restitution des données et traitements. Ces procédures doivent être mises en œuvre lors de la clôture de l'exercice ou de la période comptable.

> **Fiscalement** Il en est de même (BOI-BIC-DECLA-30-10-20-40 n° 540 et 580). Les modalités d'archivage des données élémentaires sont laissées à la libre appréciation de l'entreprise, mais la procédure suivie doit permettre de pratiquer des tests et de reconstituer ultérieurement les états comptables (BOI-BIC-DECLA-30-10-20-40 n° 480).

Sur la conservation des factures, voir n° 12420.

7610 **Contrôle des comptabilités tenues par systèmes informatisés**

I. Contrôle des commissaires aux comptes Voir la NEP 315 « Connaissance de l'entité et de son environnement et évaluation du risque d'anomalies significatives » (§ 14) et la note d'information NI.XV « Le commissaire aux comptes et l'approche d'audit par les risques » (§ 3.24 et annexe 4).

> **Précisions** **Travaux de vérification de la conformité du FEC** Selon la CNCC, les travaux de vérification de la conformité du **fichier des écritures comptables (FEC)** peuvent être réalisés par le commissaire aux comptes dans le cadre des services autres que la certification des comptes (SACC, voir FRC 12/23 Hors série inf. 73) pour le compte d'une entité non EIP, dans la mesure où ils ne semblent pas susceptibles de remettre en cause son indépendance (Bull. CNCC, CEP 2017-17 du 7-6-2018 ; cncc.fr). Cette réponse peut, à notre avis, s'appliquer à une EIP, le comité d'audit devant toutefois autoriser la prestation.

Pour plus de détails sur le FEC, voir ci-après II, a, 1.

Sur les incidences sur la mission du commissaire aux comptes du non-respect des dispositions fiscales concernant le contrôle des comptabilités informatisées, voir bulletin CNCC (n° 110, juin 1998, CNP 97-45, p. 239 s.).

II. Contrôle de l'administration fiscale Lorsque la **comptabilité** est **tenue au moyen de systèmes informatisés,** l'administration peut mettre en œuvre une procédure de vérification de comptabilité (a) ou un examen de comptabilité à distance (b). Pour plus de détails, voir Mémento Fiscal n° 78140 et 78190.

a. Procédure de vérification des comptabilités informatisées

1. Modalités de présentation des documents comptables sous forme dématérialisée Les entreprises qui tiennent leur comptabilité au moyen de systèmes informatisés doivent obligatoirement remettre au vérificateur, au début des opérations de contrôle, une copie du **fichier des écritures comptables** (**FEC** ; LPF art. L 47 A-I ; BOI-CF-IOR-60-40-10).

7610 (suite)

Ce fichier doit répondre aux normes prévues à l'article A 47 A-1 du LPF, c'est-à-dire :
– comprendre l'ensemble des écritures comptables, définies à l'article 921-1 du PCG, classées par ordre chronologique de validation ;
– contenir, pour chaque écriture, un minimum de dix-huit informations, parmi lesquelles figurent la date de comptabilisation de l'écriture comptable et sa date de validation ;
– respecter les normes comptables et la nomenclature du plan de comptes français ; en outre, les libellés en langue étrangère ne sont pas admis (BOI-CF-IOR-60-40-20 n° 350).

> **Précisions** **Sanctions** Le non-respect de cette obligation est sanctionné par une amende de 5 000 € ou, en cas de rectification et si le montant est plus élevé, par une majoration de 10 % des droits mis à la charge du contribuable (CGI art. 1729 D, I ; BOI-CF-IOR-60-40-10 n° 275 et 280) pour défaut de remise de la comptabilité sous format dématérialisée ou la remise de fichiers non conformes (LPF art. L 47 A). La sanction est applicable une seule fois par contrôle, quel que soit le nombre d'exercices contrôlés (BOI-CF-IOR-60-40-10 n° 290 ; CAA Lyon 9-7-2020 n° 18LY04074).
> S'agissant du respect de cette obligation par les succursales françaises d'entreprises étrangères, voir n° 70595.

Sur le contrôle possible du FEC par le CAC, voir ci-avant I.

2. Réalisation de traitements informatiques Lorsque l'administration entend disposer de traitements informatiques rétrospectifs, elle décrit au contribuable la nature des investigations souhaitées. La loi offre un **choix pour la réalisation des traitements** (LPF art. L 47 A-II ; BOI-CF-IOR-60-40-30 n° 150 à 320) :
– soit par les agents de l'administration sur le matériel de l'entreprise ;
– soit par le contribuable lui-même. L'administration doit alors lui communiquer la description technique des travaux informatiques à effectuer (CE 7-3-2019 n° 416341) et le délai demandé pour leur réalisation (BOI-CF-IOR-60-40-30 n° 217). Elle peut en outre demander qu'il lui communique, dans un délai de 15 jours (délai franc), une copie des documents, données et traitements soumis à contrôle (BOI-CF-IOR-60-40-30 n° 215) ;
– soit par la remise à l'administration sur support informatique des copies des documents, données et traitements soumis à contrôle. Celle-ci effectue alors les traitements sur son matériel informatique. Le contribuable dispose d'un délai de 15 jours (délai franc) à compter de son choix pour cette solution pour fournir les copies des documents demandés sur support informatique (BOI-CF-IOR-60-40-30 n° 255).

> **Précisions** **1. Formalisation de la demande de traitements informatiques** La procédure de contrôle est irrégulière si l'administration effectue des traitements informatiques sans avoir proposé au contribuable le choix décrit ci-dessus quant à leurs modalités de réalisation (CE 24-8-2011 n° 318144). Le contribuable doit exprimer son choix par écrit.
> **2. Sanctions** Le **défaut de présentation ou de mise à disposition des documents comptables** soumis à contrôle dans les délais et selon les normes prévues est sanctionné par une amende de 5 000 € ou, en cas de rectification et si le montant est plus élevé, par une majoration de 10 % des droits mis à la charge du contribuable (CGI art. 1729 H ; BOI-CF IOR-60-40-30 n° 550 et 560).
> **3. Comptabilité informatisée jugée irrégulière et/ou non probante** Le chiffre d'affaires est alors reconstitué par l'administration au moyen de différentes méthodes (calcul de coefficient, comptabilité matière, méthode statistique...) sachant que lorsque des données pertinentes pour cette reconstitution sont disponibles, en tout ou partie, sous forme informatisée, elles seront exploitées sous cette forme (BOI-CF-IOR-60-40-30 n° 380 à 430).

3. Opposition à contrôle fiscal Le contribuable qui s'oppose à la mise en œuvre de ce contrôle (voir Mémento Fiscal n° 78140) encourt :
– l'**évaluation d'office** de ses bases d'imposition (LPF art. L 74 al. 2). Il en est notamment ainsi :
• en cas de non-présentation des informations, données et traitements informatiques ou lorsque le contrôle informatique est de fait rendu impossible (voir exemples dans le BOI-CF-IOR-60-40-30 n° 520 et CE 23-11-2020 n° 427689),
• en cas de non-respect des délais prescrits par l'administration pour la réalisation des traitements rétrospectifs (généralement 30 jours) (BOI-CF-IOR-60-40-30 n° 520),
• en cas de défaut de présentation de la comptabilité sous forme dématérialisée (LPF art. L 74) ;
– la **majoration** au taux **de 100 %** prévue à l'article 1732 du CGI.

> **Précisions** Dans certaines situations, l'opposition à contrôle fiscal peut entraîner l'application des sanctions pénales prévues par l'article 1746 du CGI. Pour plus de détails, voir Mémento Fiscal n° 79100.

b. Procédure d'examen de comptabilité à distance L'administration peut contrôler une comptabilité tenue au moyen de systèmes informatisés en mettant en œuvre la procédure d'examen de comptabilité à distance. Le contrôle est alors réalisé dans les locaux de l'administration (LPF art. L 13 G ; BOI-CF-DG-40-20 n° 320 s.).

1. Modalités de transmission des documents comptables sous forme dématérialisée Dans un délai franc de quinze jours, débutant le lendemain de la réception de l'avis d'examen de comptabilité, l'entreprise doit adresser à l'administration une copie du fichier des écritures comptables répondant aux normes prévues à l'article A 47 A-1 du LPF (LPF art. L 47 AA, 1 ; BOI-CF-DG-40-20 n° 350 ; voir ci-avant a.1.).

Le **non-respect de cette obligation** est sanctionné par une amende de 5 000 € (CGI art. 1729 D, II), étant précisé que l'administration peut alors en outre annuler la procédure d'examen à distance de comptabilité et engager une procédure classique de vérification de comptabilité sur place (LPF art. L 47 AA, 2).

2. Réalisation de traitements informatiques L'administration peut effectuer des tris, classements et calculs à partir des données du fichier des écritures comptables et des traitements informatiques sur les autres fichiers transmis par l'entreprise (LPF art. L 47 AA, 3).

3. Issue de la procédure Dans un délai franc de six mois à compter de la réception du fichier des écritures comptables conforme aux normes exigées, l'administration adresse au contribuable soit une proposition de rectification soit un avis d'absence de rectification (BOI-CF-DG-40-20 n° 360).

C. Inventaire

7685 Tout commerçant, personne physique ou morale, contrôle l'existence et la valeur des éléments actifs et passifs du patrimoine par inventaire **au moins une fois tous les douze mois** et établit des comptes annuels au vu de l'inventaire (C. com. art. L 123-12 et R 123-177).

Toute entreprise contrôle au moins une fois tous les douze mois les données d'inventaire (PCG art. 912-3).

> **Précisions** Premier exercice de 18 mois
> Questionné sur la nécessité d'établir un inventaire au bout de douze mois pour une société anonyme constituée le 1er juillet N, les statuts prévoyant la clôture du premier exercice le 31 décembre N+1 (soit un **exercice de 18 mois**), le bulletin CNCC (n° 57, mars 1985, EC 84-57, p. 147) a estimé :
> – qu'en vertu de l'article L 123-12 du Code de commerce (« un inventaire au moins tous les 12 mois »), **un premier inventaire** doit être réalisé, soit le 31 décembre N, soit le 30 juin N+1 au plus tard ;
> – qu'en vertu de l'article L 232-1 al. 1 du Code de commerce (« à la clôture de chaque exercice, le conseil d'administration, le directoire ou les gérants dressent l'inventaire, les comptes annuels, conformément au Code de commerce »), un **deuxième inventaire** devra être réalisé le 31 décembre N+1, date d'établissement des comptes annuels.

7690 **Les opérations d'inventaire** consistent en un **contrôle annuel** de l'existence et de la valeur de tous les **éléments d'actif et de passif** à la date de clôture. Il s'agit (C. com. art. R 123-177 et PCG art. 912-3) :
– de recenser les quantités (soit par observation physique soit à partir des comptes ou par confirmation auprès des tiers) ;
– d'estimer les éléments d'actif et de passif selon la valeur d'inventaire, c'est-à-dire (C. com. art. R 123-178 4° et 5° et PCG art. 214-6) à la valeur actuelle qui est une valeur d'estimation s'appréciant en fonction du marché et de l'utilité du bien pour l'entreprise.

Ces opérations permettent d'établir le document d'inventaire (voir n° 7695), puis les comptes annuels.

7695 **Document d'inventaire**

I. Définition et éléments constitutifs L'inventaire est un **relevé de tous les éléments d'actif et de passif** au regard desquels sont mentionnées la **quantité** et la **valeur** de chacun d'eux à la date d'inventaire (PCG art. 912-3).

L'inventaire des stocks (traité aux n° 22330 s.) n'est qu'une partie de l'inventaire en général.

Sur la communication de l'inventaire aux actionnaires dans les sociétés autres que les SA et les SCA, voir n° 80155.

II. Présentation de l'inventaire Les données d'inventaire sont organisées de manière à justifier le contenu et le mode d'évaluation de chacun des postes du bilan (C. com. art. R 123-177). Selon l'AMF (Bull. COB n° 243, janvier 1991, p. 4), il convient de faire figurer **les valeurs comptables retenues et les valeurs d'inventaire** (l'écart laissant apparaître les plus-values latentes).

En effet, le document d'inventaire doit comporter la **preuve écrite** que l'entreprise a réellement **comparé** le **coût d'entrée avec** une **valeur actuelle** déterminée d'après des critères sérieux.

III. Conservation du document d'inventaire Les données d'inventaire sont conservées pendant 10 ans (C. com. art. R 123-177 ; voir n° 7445).

D. Plan de comptes de l'entreprise

> **Précisions** **Plan de comptes de l'entreprise ou plan comptable ?** Les termes « plan comptable » de l'article R 123-175 du Code de commerce doit s'entendre du « plan de comptes » de l'article 912-2 du PCG. C'est en pratique ce que les entreprises retiennent. C'est pourquoi, les termes « plan de comptes de l'entreprise » sont retenus dans les développements ci-après.

7745

GÉNÉRALITÉS

Le plan de comptes de l'entreprise est établi obligatoirement par **référence à celui du PCG** (sur la caducité des plans comptables professionnels, voir n° 3315) et doit être suffisamment détaillé pour permettre l'**enregistrement** des opérations **conformément aux normes comptables** (PCG art. 933-1).

7750

Le plan de comptes du PCG est commun à trois systèmes caractérisés par les documents de synthèse particuliers à chacun d'eux :
– **système de base** (voir liste des comptes n° 96200 s.) ;
– **système développé** (voir liste des comptes n° 96200 s.) ;
– **système abrégé** (voir liste des comptes n° 96200 s.).

> **Précisions** **Impacts du règlement ANC n° 2022-06 relatif à la modernisation des états financiers** Voir n° 95500.

Il est possible de passer d'un système à l'autre sans rupture de classification. Ce passage peut être global mais il peut n'être que partiel, par exemple lorsque l'entreprise a besoin d'un compte qui n'existe pas dans le système qu'elle applique.

> **Précisions** **Spécificités de l'entreprise** Si les comptes prévus par les normes comptables sont trop détaillés par rapport aux besoins de l'entreprise, elle **peut regrouper les comptes** dans un compte global de même niveau ou de niveau plus contracté, conformément aux possibilités ouvertes par le plan de comptes. Inversement, lorsque les comptes prévus par les normes comptables ne suffisent pas à l'entreprise pour enregistrer distinctement toutes ses opérations, elle **peut ouvrir** toutes **subdivisions nécessaires** (PCG art. 933-1). Cette faculté permet aux entreprises d'enregistrer leurs opérations en tenant compte des spécificités de leur secteur d'activité. Le Collège de l'ANC a d'ailleurs rappelé, suite à la décision de rendre caducs les plans comptables professionnels (voir n° 3315), que des plans de comptes sectoriels peuvent toutefois être mis en place par les fédérations professionnelles ou l'Ordre des experts-comptables.

ORGANISATION DU PLAN DE COMPTES DE L'ENTREPRISE

À notre avis, il résulte du PCG (art. 810-7, 911-5, 933-1 et 933-2) et dans la logique de la réécriture du PCG à droit constant (voir n° 3075) que les précisions du PCG 82 (p. I.59 s.) peuvent toujours être utilisées :
– les comptes sont ouverts pour autant que de besoin ;
– la codification et l'intitulé doivent être respectés pour les comptes du système de base (ou du système abrégé) ; lorsque des modifications leur sont apportées, elles doivent avoir un caractère exceptionnel et être approuvées en application des procédures en vigueur.

7755

En ce qui concerne le **système développé**, le PCG (art. 810-7) précise qu'il est facultatif mais qu'il implique le respect de l'ordonnancement général des rubriques et postes des documents de synthèse. Sur la proposition de l'ANC de supprimer le système développé, voir n° 7750 et 64400.

En outre, le PCG 82 (p. I. 59 s.) précisait que :
– la codification et l'intitulé des compléments du système développé sont indicatifs. Toutefois si des opérations qui concernent l'un de ces comptes doivent être classées dans une seule subdivision, indicative ou non, le numéro de code du niveau supérieur doit être maintenu mais l'intitulé retenu peut être celui qui couvre les opérations en cause (en rappelant brièvement, si nécessaire, la particularité attachée au compte de niveau supérieur) ;

> **EXEMPLE**
>
> Une entreprise qui constitue une provision pour hausse de prix (compte recommandé 1431) sans avoir recours à d'autres provisions réglementées relatives aux stocks (compte obligatoire 143) peut normalement ouvrir le compte 143 « Provisions réglementées pour hausse des prix ». Il en est de même pour les comptes recommandés 1674 « Avances conditionnées de l'État » ou 1675 « Emprunts participatifs » qui peuvent être codifiés 167 « Emprunts participatifs » ou 167 « Avances de l'État », à condition que ces deux catégories d'opérations ne coexistent pas dans la comptabilité de l'entreprise.

– les modifications d'intitulé, qui peuvent être nécessitées par une meilleure adaptation aux spécificités de l'entreprise, ne peuvent avoir pour effet d'entraîner sous le compte ainsi modifié l'enregistrement d'opérations qui ont normalement leur place sous d'autres intitulés du plan général ; à notre avis, de simples abréviations des intitulés des comptes paraissent tout à fait acceptables sur les journaux, grand-livre et balance ;

– une subdivision des comptes plus détaillée que dans le Plan général est autorisée à condition qu'elle respecte l'ordre de classification des comptes ;

– si certaines opérations ne peuvent être enregistrées dans aucun des comptes développés selon l'ordre du plan général, les nouveaux comptes à ouvrir sont approuvés en application des procédures en vigueur.

CLASSIFICATION DES COMPTES

7760 La classification des comptes dans le PCG se caractérise par le choix d'un mode de codification décimale et l'adoption de critères de classement des opérations dans les comptes ouverts à cet effet.

7765 Répartition des opérations dans les classes de comptes
I. Comptabilité générale :
a. Les opérations relatives au **bilan** sont réparties dans les cinq classes de comptes suivantes :
– classe 1 : comptes de capitaux (capitaux propres, autres fonds propres, emprunts et dettes assimilées) ;
– classe 2 : comptes d'immobilisations ;
– classe 3 : comptes de stocks et en-cours ;
– classe 4 : comptes de tiers ;
– classe 5 : comptes financiers.

b. Les opérations relatives au **résultat** sont réparties dans les deux classes de comptes suivantes :
– classe 6 : comptes de charges ;
– classe 7 : comptes de produits.

c. La classe 8 est affectée aux **comptes spéciaux**.

II. Comptabilité analytique Celle-ci étant exclue du PCG, il n'est plus fait référence aux comptes de la classe 9 prévue par le PCG 82.

> **Précisions** Cependant, à notre avis, dans la logique de la réécriture du PCG à droit quasi constant, ces comptes peuvent toujours être utilisés tant que des nouvelles règles n'auront pas été proposées par les organismes compétents. Lorsque l'entreprise a choisi de tenir sa comptabilité analytique en utilisant les comptes de la classe 9, les opérations sont enregistrées dans ces comptes selon les critères qui lui sont propres.

7785 **Structure décimale des comptes** Selon le PCG (art. 933-2), le numéro de chacune des classes 1 à 8 constitue le premier chiffre des numéros de tous les comptes de la classe considérée.

Chaque compte peut lui-même se subdiviser. Le numéro de chaque compte divisionnaire commence toujours par le numéro du compte ou sous-compte dont il constitue une subdivision.

En comptabilité générale, la position du chiffre, au-delà du premier, dans le numéro de code affecté au compte, a une valeur indicative pour l'analyse de l'opération enregistrée à ce compte.

> **Précisions** Les exemples de structure de comptes ci-après sont ceux du PCG 82 (p. I. 56 s.) qui nous paraissent toujours valables même s'ils ne figurent plus dans l'actuel PCG, celui-ci ayant maintenu la même structure de comptes.

I. Signification de la terminaison zéro (PCG art. 933-3) :

a. Dans les **comptes à deux chiffres,** le zéro terminal a une signification pour le classement des opérations en fonction des critères énoncés au n° 7790 ci-après :

> **EXEMPLE**
> Compte 10 « Capital et réserves » ;
> compte 70 « Ventes... ».

b. Dans les **comptes à trois chiffres** (et plus), le zéro terminal (ou la série terminale de zéros) a une signification de regroupement de comptes ou de compte global :
– le compte de terminaison zéro est utilisé comme compte de regroupement lorsque les opérations ont fait, pour des besoins d'analyse, l'objet d'un classement préalable dans des comptes de même niveau se terminant par les chiffres de 1 à 8.

> **EXEMPLE**
> 410 « Clients et comptes rattachés » utilisé pour regrouper les comptes 411 à 418 ;
> 630 « Impôts, taxes et versements assimilés » pour les comptes 631 et 638.

– le compte de terminaison zéro est utilisé comme compte global lorsqu'aucune analyse ne s'impose pour les opérations à classer dans le compte de niveau immédiatement supérieur. Les entreprises peuvent inscrire directement la totalité des opérations concernées dans le compte de niveau supérieur ou, dans un souci d'homogénéité du plan de comptes, ouvrir un compte de même intitulé en lui adjoignant un (ou plusieurs) zéro (0) à sa droite (cette possibilité a été utilisée dans le plan de comptes établi par les entreprises relevant du système abrégé).

> **EXEMPLE**
> 50 « Valeurs mobilières de placement » ou 500 « Valeurs mobilières de placement » ;
> 74 « Subventions d'exploitation » ou 740 « Subventions d'exploitation ».

Toutefois cette utilisation du zéro ne peut avoir pour effet de faire obstacle à la présentation normalisée des documents de synthèse. C'est ainsi que les amortissements et dépréciations qui s'appliquent aux postes d'actif ne peuvent pas être regroupés ou inscrits directement dans un seul compte (280, par exemple, pour les amortissements des immobilisations) quand ils doivent être indiqués séparément dans le bilan pour chacun des postes concernés.

II. Signification des terminaisons 1 à 8 (PCG art. 933-4) :

a. Dans les **comptes à deux chiffres,** les comptes de terminaison 1 à 8 ont une signification de regroupement (à l'exception du compte 28 « Amortissements des immobilisations » qui fonctionne comme un compte de sens contraire de celui des comptes de la classe concernée).

> **› Précisions 1. Liaison entre dépréciations au bilan et au compte de résultat** Comme le précisait le PCG 82 (p. I. 57), une liaison a été établie entre les comptes de dépréciation au bilan (28, 29, 39, 49, 59) et les comptes de dotations et de reprises correspondants du compte de résultat (68, 78).
> **2. Liaison entre charges et produits** Il en est également ainsi entre certains comptes de charges et de produits :
> – 65 « Autres charges de gestion courante » et 75 « Autres produits de gestion courante » ;
> – 66 « Charges financières » et 76 « Produits financiers » ;
> – 67 « Charges exceptionnelles » et 77 « Produits exceptionnels » ;
> – 68 « Dotations aux amortissements et aux provisions » et 78 « Reprises sur amortissements et provisions ».

Un intitulé d'ensemble « Autres charges externes » a été réservé aux comptes 61 et 62 qui recensent toutes les charges, autres que les achats, en provenance des tiers.
Les intitulés « Services extérieurs » et « Autres services extérieurs » permettent seulement de les différencier pour faciliter les traitements comptables.

b. Dans les **comptes à trois chiffres** (et plus), les terminaisons 1 à 8 enregistrent le détail des opérations normalement couvertes pour le compte de niveau immédiatement supérieur ou par le compte de même niveau de terminaison zéro.
Dans les comptes de la classe 4, la terminaison 8 est affectée à l'enregistrement des produits à recevoir et des charges à payer rattachés aux comptes qu'ils concernent.
Dans les comptes de gestion, la terminaison 8 est le plus généralement affectée à l'enregistrement des opérations autres que celles détaillées par ailleurs dans les comptes de même niveau se terminant par 1 à 7.

III. Signification de la terminaison 9 (PCG art. 933-5) :

a. Dans les **comptes à deux chiffres,** les comptes de bilan se terminant par 9 identifient les dépréciations de chaque classe correspondante.

b. Dans les **comptes à trois chiffres** (et plus), pour les comptes de bilan, la terminaison 9 permet d'identifier les opérations de sens contraire à celles normalement couvertes par le compte de niveau immédiatement supérieur et classées dans les subdivisions se terminant de 1 à 8.

> **EXEMPLE**
>
> 409 « Fournisseurs débiteurs » alors que le compte 40 « Fournisseurs et comptes rattachés » est normalement créditeur (ainsi que les comptes 401 à 408) ;
>
> 709 « Rabais, remises et ristournes accordés par l'entreprise », compte débiteur alors que le compte 70 « Ventes » est créditeur (ainsi que les comptes 701 à 708) ;
>
> 4419 « Avances sur subventions », compte créditeur alors que le compte 441 « État-Subventions à recevoir » est débiteur (ainsi que les comptes 4411 à 4418).

7790 **Critères de classement** Les opérations sont enregistrées dans les comptes dont l'intitulé correspond à leur nature (PCG art. 911-5). Ainsi, comme le précisait le PCG 82 (p. I. 57 s.), les critères successifs de classement des opérations retenus dans le plan de comptes assurent l'homogénéité interne des classes et des comptes à deux chiffres en fonction de catégories économiques d'opérations qu'ils sont destinés à regrouper.

C'est ainsi que la notion de « comptes rattachés » figurant dans le plan de comptes a pour but d'assurer le recensement de toutes les opérations se rapportant au même agent économique : par exemple, le compte 40 regroupe toutes les dettes envers les fournisseurs, qu'il s'agisse des factures en compte fournisseurs, des effets à payer, des factures non parvenues (charges à payer, y compris les intérêts courus éventuellement dus).

Indépendamment de cette cohérence interne du plan de comptes, l'établissement des documents de synthèse nécessite une répartition des opérations enregistrées en comptabilité selon des critères généraux de classement :
– au **bilan** : classement en fonction de la **destination des biens** dans l'entreprise (immobilisations, stocks, etc.) ;
– au **compte de résultat** : classement en fonction de la **nature des charges et des produits** constitutifs du résultat de l'exercice.

E. Document décrivant les procédures et l'organisation comptables

7840 Un document décrivant les procédures et l'organisation comptables est établi par le commerçant dès lors que ce document est **nécessaire à la compréhension du système de traitement et à la réalisation des contrôles** (C. com. art. R 123-172).

Selon le PCG (art. 911-2), une documentation décrivant les procédures et l'organisation comptables est établie en vue de permettre la compréhension et le contrôle du système de traitement.

La formulation du PCG met en avant une vision globale de l'utilité de la documentation puisque, au-delà de la compréhension du système, elle ne vise pas seulement la réalisation des contrôles mais le contrôle du système lui-même.

7845 **Commerçants concernés** Pour le bulletin CNCC (n° 60, décembre 1985, EC 85-45, p. 509 s.) : « Selon l'esprit du texte, tous les commerçants, personnes physiques ou morales, indépendamment de leur taille, doivent établir ce document ».

« Néanmoins, il semble pouvoir être précisé qu'un tel **document** ne soit **pas justifié dans le cadre d'organisations élémentaires de petites entreprises** à condition toutefois qu'aucune particularité inhabituelle ne le rende nécessaire (par exemple, existence de deux établissements ayant chacun leurs journaux auxiliaires)… Au contraire, on peut supposer qu'un tel **document** est généralement **nécessaire dans le cadre d'un traitement comptable informatisé** propre à l'entreprise ».

Pour l'OEC (Rec. n° 21.06 « Le document décrivant les procédures et l'organisation comptables », décembre 1987), le besoin de disposer d'un certain nombre d'informations permanentes (classement des pièces comptables, répertoire des livres comptables, plan de comptes, etc.), rend généralement son **établissement indispensable** et l'expert-comptable peut en conseiller l'établissement à tout commerçant.

Objet Il ne s'agit pas d'établir un manuel complet des procédures mais de fournir (notamment à un contrôleur externe) les éléments de compréhension du système, c'est-à-dire, à notre avis, les réponses aux principales questions suivantes :
– Quelle est l'organisation générale de l'entreprise ?
– Comment les informations de base sont-elles saisies ?
– Comment sont-elles traitées ? Cette question concerne :
• tant **l'aspect « mécanique » de la comptabilité** (enregistrement au jour le jour des opérations),
• que l'**arrêté des comptes** (opérations d'inventaire) dans lequel interviennent les diverses notions d'évaluation, d'appréciation (risques, provisions et dépréciations) et de présentation.
– Comment passe-t-on des informations de base (pièces justificatives) aux documents de synthèse et réciproquement ?
– Comment conserve-t-on la trace des informations de base ?
Pour l'OEC (Rec. n° 21.06 précitée), ce document doit permettre une meilleure compréhension des systèmes d'information et une amélioration de la gestion comptable et administrative.

7850

> **Précisions** **Lien avec le rapport de gestion** Ce document peut servir à fournir dans le rapport de gestion les principales caractéristiques des procédures de contrôle interne et de gestion des risques relatives à l'élaboration et au traitement de l'information comptable et financière requises pour les SA et les SCA dont les titres financiers sont admis aux négociations sur un marché réglementé (voir n° 65025 III.).

Contenu **Aucune précision réglementaire** n'est fournie, celui-ci devant permettre la compréhension du système de traitement et la réalisation des contrôles. Il est simplement indiqué (C. com. art. R 123-174, al. 4 et PCG art. 922-2) que les pièces justificatives sont classées dans un ordre défini dans ce document.
Pour l'OEC (Rec. n° 21.06 précitée), le contenu :
– peut être **succinct** dans les entreprises à structure légère ;
– doit être **mis à jour** lors de toute modification apportée à l'organisation et aux procédures comptables ;
– et doit **comprendre au minimum** les informations suivantes :
• organisation de la fonction comptable (répartition des tâches),
• intervenants extérieurs et rôle de chacun (expert-comptable, commissaire aux comptes, autres conseils),
• plan de comptes et liste des journaux utilisés,
• systèmes et moyens comptables : type de système (classique, centralisateur, etc.) ; moyens utilisés (manuel, informatique),
• informations comptables produites : documents obtenus (journaux, balance, comptes et autres états comptables) ; livres légaux (livre-journal, etc.),
• classement des pièces comptables : type de classement (numérique, alphanumérique, chronologique, etc.) ; lieu de classement.

7870

> **Précisions** **1. Entreprises possédant déjà une documentation de ce type** Un document récapitulatif faisant référence aux informations nécessaires (manuels, notes de service, etc.) nous paraît suffisant.
> **2. Rôle du commissaire aux comptes** Les procédures et l'organisation d'une entreprise (et d'une manière générale son contrôle interne) font l'objet d'analyses par les commissaires aux comptes dans le cadre de leur démarche d'audit.

À notre avis (et à titre indicatif), ce document pourrait s'organiser (par référence aux questions indiquées ci-avant) selon le plan suivant (ces éléments étant à apprécier selon la taille de l'entreprise, la complexité de ses opérations et l'existence d'une documentation déjà existante) :

I. Généralités sur l'entreprise Cette partie devrait permettre de connaître :
– les informations générales sur l'entreprise (forme, siège social, capital, etc.) ;
– l'activité (répartition du chiffre d'affaires, effectif, etc.) ;
– l'organigramme général de l'entreprise (les différents services et le nom de leurs responsables).
L'OEC recommande de mentionner les intervenants extérieurs et le rôle de chacun d'eux (expert-comptable, commissaire aux comptes, autres conseils).

II. Éléments généraux relatifs à la saisie des informations Cette partie pourrait comprendre les points suivants :
– **organigramme détaillé des services comptables (en indiquant pour chaque fonction les informations saisies)** : on entend par là non seulement les services comptables proprement

dits mais également les autres services de l'entreprise accomplissant des tâches de saisie d'information comptable (on indiquera alors les liens fonctionnels existant entre les services comptables et les autres services) ;
– **plan de comptes de référence** : il pourra être plus ou moins détaillé selon les circonstances et indiquer les modalités d'utilisation et les particularités ;
– **procédures internes d'élaboration et de saisie de l'information de base** : dans les entreprises dont l'organisation présente une certaine complexité, la description pourra comprendre des diagrammes de circulation de documents couramment utilisés en organisation ou en analyse de contrôle interne (avec mise en évidence des pouvoirs et des signatures) ;

> **Précisions** Ces procédures seront de préférence établies par cycle d'opérations : achats, ventes, immobilisations, etc. Par exemple, pour la fonction « Achats » sera décrite la procédure allant du bon de commande à la réception de la facture, à son contrôle et à son enregistrement (les procédures de paiement étant décrites ici ou dans la fonction « Trésorerie »).

– **classement et archivage des pièces justificatives relatives aux saisies de base** : indiquer, par exemple, critères de classement, modalités de classement (originaux, supports informatiques, etc.) et lieu de classement.

III. Éléments relatifs au traitement des informations de base
Cette partie pourrait comprendre les éléments suivants :
– **nature du système de traitement utilisé** (manuel, informatique interne, informatique en service extérieur) : cette description pourra être faite pour autant que de besoin par grandes fonctions (achats, ventes, investissements…) sans omettre la description des outils périphériques qui, bien que non intégrés dans un système automatisé de gestion d'informations, procèdent à la centralisation d'informations reprises en tant que telles dans les enregistrements comptables (ventes, inventaires permanents quantitatifs…). Le cas échéant, le document inclura (ou renverra à) la documentation relative aux analyses, à la programmation et à l'exécution des traitements (voir n° 7580) ;
– **modalités de contrôle** de l'application des procédures de traitement : indiquer, par exemple, les procédures de contrôle mises en place (Qui ? Périodicité ? Méthodes ?) ;
– **documents de sortie** :
• énumérer ces documents : journaux auxiliaires, balances, grand-livre, analyses statistiques, etc. Le cas échéant, éléments préparatoires à des déclarations (déclaration de TVA) ou à des enregistrements manuels ou automatiques (par exemple, amortissements),
• indiquer leur nature, leur périodicité et les délais,
• indiquer le cas échéant les particularités liées à leur établissement (relation entre les informations de base et l'obtention de ces documents).

IV. Éléments relatifs à l'établissement des comptes annuels
Cette partie pourrait, par exemple, comprendre :
a. **La description des procédures d'inventaire** (ce terme étant pris au sens large) et répondant notamment aux questions suivantes : Qui ? Comment ?
Notamment :
– travaux relatifs à la « coupure » ou « cut-off » ;
– inventaires physiques des stocks et en-cours (tournants ou en fin d'exercice) et valorisation (inventaire permanent, intermittent, etc.) ;
– calculs des amortissements ;
– appréciation des valeurs d'inventaire et constatation des dépréciations ;
– appréciation des risques et constatation des provisions (prise en compte des événements en cours ou des événements postérieurs à la clôture).

b. **La procédure de passage des comptes aux postes** du bilan et du compte de résultat. Par exemple, tableau de passage.

c. **Les règles d'évaluation et les options comptables retenues par l'entreprise.** On pourra se limiter aux éléments pour lesquels l'entreprise a un choix au regard de la réglementation.

d. **La procédure d'élaboration de l'annexe.** Qui fait quoi ? Qui centralise ? Qui supervise ? Qui décide ?

7875 **Élaboration du document** Pour l'OEC (Rec. n° 21.06 précitée), il peut être réalisé à partir d'une ou **plusieurs** des **approches** suivantes :
– une approche **par les circuits d'information,** les systèmes de traitement et les journaux tenus permet de mieux appréhender le cheminement de l'information comptable, de son origine aux états de synthèse ;

– une approche **par les personnes responsables des travaux** comptables présente l'avantage de mettre en valeur les fonctions et les responsabilités de chacun ;
– une approche **par les comptes** présente l'avantage de faciliter les contrôles, mais ne donne pas une vue d'ensemble de l'organisation et des procédures comptables.

Forme   Aucune précision n'est fournie sur la forme de ce document et sur sa forme de conservation. 7880

La tenue d'un dossier à feuillets mobiles est sans doute la mieux appropriée, car elle permet de suivre l'évolution de l'organisation. Pour ce faire il paraît en outre utile de mentionner sur les différentes feuilles du document sa date d'effet et sa date de péremption.

Délai de conservation   Il doit être conservé aussi longtemps qu'est exigée la présentation des documents comptables auxquels il se rapporte (C. com. art. R 123-172 et PCG art. 911-2), c'est-à-dire **dix ans**. 7885

> **Précisions**   **Évolution du document** En pratique, ce document est évolutif. Il conviendrait alors de garder pendant dix ans les descriptions remplacées par d'autres.

Sanctions   Aucune sanction comptable n'est spécifiquement prévue en cas de non-établissement de ce document. 7890

> **Fiscalement**   La non-présentation de ce document lorsqu'il est indispensable (Rép. Lorenzini : AN 11-5-1987 n° 16531, non reprise dans Bofip) :
> – est assimilée à un refus de communication (sanctionné par l'amende fiscale prévue par l'article 1734 du CGI ; voir Mémento Fiscal n° 78070) ;
> – conduit, en cas de vérification, à placer les agents des finances publiques dans l'impossibilité d'accomplir leurs fonctions (opposition à contrôle fiscal, voir n° 7610).

F. Durée des exercices comptables et date de clôture

Choix de la date de clôture   Le plus souvent, les exercices sociaux coïncident avec l'année civile. Mais ce n'est pas une obligation : nombre de sociétés, surtout celles ayant une activité saisonnière, clôturent leur exercice à une date autre que le 31 décembre. 7940

Il est possible de le faire à **n'importe quelle date, même en cours de mois.**

> **Précisions**   N'ont pas intérêt, par exemple, à arrêter leurs comptes le 31 décembre : les entreprises exerçant une activité saisonnière (ex. : établissements des stations de tourisme) ; les entreprises en pleine activité en fin d'année (ex. : industrie de la chocolaterie) ; les entreprises dont l'activité est liée à un cycle de production agricole (exemples : coopératives agricoles, distilleries, etc.).

Le fait d'être au sein d'un **groupe** peut également avoir une incidence :
– sur les comptes consolidés, voir Mémento Comptes consolidés n° 4001 s. ;
– dans le cadre de l'intégration fiscale, voir Mémento Fiscal n° 40295.

D'**autres éléments** sont également pris en compte comme les contraintes administratives, fiscales ou d'information (pour les sociétés cotées, voir n° 81380).

> **Précisions**   **Distinction entre date de clôture et date d'arrêté des comptes** Il convient de distinguer la date de clôture proprement dite et la date d'arrêté des comptes (sur cette notion, voir n° 52310). Sur les problèmes :
> – d'événements postérieurs à la date de clôture de l'exercice, voir n° 52310 s. ;
> – de dates de clôture légèrement différentes des dates d'inventaire des stocks, voir n° 22340.

Durée des exercices 7960
I. Durée normale de 12 mois   L'article L 123-12 du Code de commerce imposant que les **comptes** soient **arrêtés tous les ans** (comptes annuels), il en résulte que la durée normale de l'**exercice** est **de douze mois.**

II. Exceptions à cette durée normale   Le fait que l'article L 123-12 du Code de commerce impose l'établissement de « comptes annuels à la clôture de l'exercice » ne paraît pas interdire qu'**à titre exceptionnel** la durée d'un exercice soit inférieure ou supérieure à douze mois.

7960
(suite)

En effet, l'intention du législateur n'était pas d'écarter cette possibilité, qui reste exceptionnelle.

Cette durée peut notamment être différente de douze mois :
– pour le premier exercice social (voir n° 7965) ;
– au cours de la vie sociale, lorsque la date de clôture des exercices est modifiée (par exemple, en cas de restructuration, fusion).

> **Fiscalement** Si aucun bilan n'est dressé au cours d'une année quelconque, l'impôt dû au titre de cette année est établi sur les bénéfices de la période écoulée :
> – depuis la fin de la dernière période imposée ou, dans le cas d'entreprise nouvelle, depuis le commencement des opérations ;
> – jusqu'au 31 décembre de l'année considérée.
> Ces mêmes bénéfices viennent ensuite en déduction des résultats du bilan dans lesquels ils sont compris (CGI art. 37). Les deux périodes d'imposition successives revêtent le caractère d'exercices autonomes du point de vue fiscal (CE 28-7-2011 n° 314860), ce qui a des conséquences, notamment, en matière de prescription, de recouvrement, d'entrée en vigueur de nouvelles dispositions, etc. Sur les conséquences de ces dispositions à l'égard de la clause de rétroactivité conventionnelle d'une fusion, voir CE 13-9-2021 n° 451564 ; Mémento Fusions & Acquisitions n° 10515.
> Une entreprise ne peut pas se soustraire à l'imposition des bénéfices réalisés jusqu'au 31 décembre de l'année au motif que leur montant excède le résultat réalisé en définitive au cours de l'exercice (CAA Paris 8-7-2004 n° 00-3706). Pour plus de détails, voir Mémento Fiscal n° 7330.
> Voir n° 7965, la dérogation pour le premier exercice d'activité.

En revanche, selon la jurisprudence, les dispositions de l'article L 123-12 du Code de commerce ont pour finalité de permettre d'apprécier suivant une **périodicité fixe,** les résultats de l'activité, par la comparaison notamment des résultats financiers de chaque exercice. En conséquence, une société ne peut valablement fixer les dates de clôture et d'ouverture de ses exercices sociaux « à la fin du mois de mars et au début du mois d'avril » en raison de l'imprécision des termes choisis et du caractère permanent d'une telle périodicité, inférieure ou supérieure à 12 mois, qui serait fixée par les statuts (CA Paris 21-3-2000 n° 1999/24867 ; en ce sens également, Com. Ansa, n° 3091, juillet 2001).

> **Fiscalement** Dans le cadre de l'intégration fiscale, l'administration admet, à titre de règle pratique, l'application d'une date de clôture variable dans la mesure où la date retenue n'entraîne qu'une variation minime de la durée des exercices sociaux. Ainsi, la société mère d'un groupe fiscal peut décider que toutes les sociétés du groupe, y compris elle-même, clôturent leurs exercices sociaux à une date correspondant par exemple au dernier lundi du mois de décembre (BOI-IS-GPE-10-10-20 n° 140).

III. Conditions à respecter pour modifier la durée

a. AGO Selon le bulletin CNCC (n° 91, septembre 1993, EJ 93-134, p. 398), si une société désire modifier la date de clôture de son exercice social, elle devra veiller à tenir néanmoins une assemblée générale ordinaire **chaque année civile.** En effet, selon l'article L 225-100 du Code de commerce, l'AGO est réunie **au moins une fois par an dans les 6 mois de la clôture** de l'exercice, sous réserve de prolongation de ce délai par décision de justice (C. com. art. L 225-100 pour les SA, voir Mémento Sociétés commerciales n° 48110, et pour les SCA, par renvoi de l'art. L 226-1 ; C. com. art. L 223-26 pour les SARL ; C. com. art. L 221-7 pour les SNC et pour les SCS, sur renvoi de l'art. L 222-22).

> **Précisions** Exception pour les SAS Le Code de commerce n'impose pas pour les SAS une réunion annuelle de l'AGO au cours de laquelle les comptes annuels seraient approuvés (en l'absence de renvoi à l'art. L 225-100 du Code de commerce, voir Mémento Sociétés commerciales n° 60530).

Ainsi, en pratique :
– l'exercice ne pourra être supérieur à douze mois que si, compte tenu du délai de six mois accordé après la clôture de l'exercice pour réunir l'assemblée, celle-ci peut être réunie avant le 31 décembre. À défaut, il y aurait lieu au contraire de réduire la durée de l'exercice de transition ;
– la réunion de l'assemblée générale ordinaire doit être conforme à la loi, c'est-à-dire que l'assemblée doit avoir pour objet d'approuver les comptes de l'exercice écoulé (C. com. art. L 225-100) ; une assemblée, même appelée « ordinaire », qui aurait pour seul objet de recevoir communication d'une situation comptable arrêtée à une certaine date, ne pourrait répondre aux prescriptions légales ;
– dans le cas d'un exercice ouvert le 1er juillet N–1 et clos le 31 décembre N, l'absence de tenue d'AGO en N constitue une irrégularité en N que le commissaire aux comptes doit signaler aux dirigeants (ainsi que, le cas échéant, au comité d'audit) et, le cas échéant, à la plus prochaine assemblée (C. com. art. L 823-12 et L 823-16).

b. AGE La durée d'un exercice social ne peut être modifiée que par une décision de l'assemblée générale extraordinaire (et non de l'assemblée générale ordinaire ; Bull. CNCC n° 40, décembre 1980, p. 468) qui doit intervenir avant la date de clôture de l'exercice en cours (Bull. CNCC n° 88, décembre 1992, EJ 92-200, p. 633 s.).

7960 (suite)

> **Précisions Tenue de l'AGE après la nouvelle date de clôture** En ce qui concerne la possibilité de tenir l'AGE après la nouvelle date de clôture retenue (mais avant l'ancienne date), les avis sont partagés. En effet, selon le bulletin CNCC (n° 88, décembre 1992, précité), il ne paraît pas possible de donner un caractère rétroactif aux décisions des organes sociaux concernant le fonctionnement de la société.
> L'irrégularité constituée par la modification de l'exercice par une AGO après la date de clôture habituelle ne justifie pas en soi un refus par le commissaire aux comptes de certification des comptes mais nécessite une explication dans le rapport sur les comptes annuels (Bull. CNCC n° 55, septembre 1984, EJ 84-89, p. 363).
> En revanche, selon d'autres auteurs (voir Mémento Sociétés commerciales n° 76014), cet effet rétroactif ne paraît pas illicite mais la solution présente un certain nombre d'écueils qu'il est nécessaire d'anticiper. Pour plus de détails, voir Mémento Sociétés commerciales au numéro précité.

c. Caractère justifié et non abusif Les décisions de modifier la date de clôture de l'exercice social sont admises dès lors qu'elles sont justifiées. On considère généralement qu'un exercice social exceptionnellement supérieur à douze mois est régulier si l'allongement est motivé. En revanche, pourrait être considéré comme abusif l'allongement d'un exercice déficitaire ayant pour objectif unique de compenser les pertes par des profits réalisés peu après à la faveur de cessions d'actifs.

> **Fiscalement** Si aucun bilan n'est dressé au cours d'une année, voir ci-avant II.

d. Souci d'information et de comparabilité Une variation trop importante de la durée des exercices sociaux serait, à notre avis, contraire à l'esprit du Code de commerce ; elle risquerait d'ailleurs de nuire aux associés en rendant plus difficile la comparaison des résultats financiers de chaque exercice. D'ailleurs, en cas d'exercices successifs de durées différentes, il paraît à notre avis nécessaire de fournir dans l'annexe tous les éléments susceptibles d'améliorer la comparaison des deux exercices, les circonstances étant susceptibles de fausser la comparaison de certains chiffres du bilan et du compte de résultat (en ce sens, à notre avis, l'art. 121-2 du PCG ; voir n° 64525).

En pratique, pour les comptes sociaux et consolidés, une information devrait, à notre avis, être donnée en annexe sur les principaux agrégats comptables, sur une base comparable construite sur douze mois, en retenant la nouvelle date de clôture. L'impossibilité de produire cette information, le cas échéant, devrait, à notre avis, être justifiée dans l'annexe.

EXEMPLE
Si une société, clôturant ses comptes au 31 mars, décide de changer sa date de clôture pour la fixer au 31 décembre N, le nouvel exercice comptable aura une durée de 9 mois. Dans ce cas, l'information comparative sur les principaux agrégats devrait être établie au 31 décembre N sur une base de 12 mois (1er janvier-31 décembre N).

e. Formalités de publicité à accomplir Toute modification de la date de clôture des exercices sociaux doit faire l'objet d'un dépôt au greffe du tribunal de commerce du lieu du siège social (C. com. art. R 123-105) et, s'il s'agit d'une société tenue de publier ses comptes annuels, d'une inscription modificative au RCS (C. com. art. R 123-53 et R 123-66). À compter de cette publicité, la société peut se prévaloir du changement de date de clôture à l'encontre des tiers et des administrations publiques (C. com. art. L 123-9). Cependant, même si ce changement de date de clôture n'a pas fait l'objet des formalités requises, il est opposable aux tiers et aux administrations si la société prouve que ceux-ci en avaient personnellement connaissance (C. com. art. L 123-9, al. 3).

> **Fiscalement** Un changement de date de clôture décidé par AGE avant la date de clôture initiale (30 septembre) mais n'ayant fait l'objet d'un dépôt au greffe du tribunal de commerce que postérieurement à cette date et avant la nouvelle date de clôture (fixée au 31 décembre), est inopposable aux tiers avant la date de dépôt au greffe mais est opposable à l'administration à l'occasion d'un contrôle sur pièces effectué ultérieurement (CAA Marseille 13-12-2013 n° 11MA01233 et 11MA01235).

IV. Conséquences de la modification :
– sur la durée du mandat des commissaires aux comptes, voir FRC 12/23 Hors série inf. 25 s. ;
– sur les statuts, le renouvellement du mandat des administrateurs ou membres du conseil de surveillance et les obligations de publicité, voir Mémento Sociétés commerciales n° 76016 ;
– sur l'établissement des documents de gestion prévisionnelle, voir n° 65735 ;
– sur la date d'inventaire en cas d'exercice d'une durée supérieure à un an, voir n° 22335.

7965 **Cas particulier du 1er exercice** La date de clôture du premier exercice doit être fixée en tenant compte des critères de choix développés au n° 7940 et des conditions juridiques exposées au n° 7960. Sur l'ouverture de l'exercice antérieurement à l'engagement des dépenses pour le compte de la société en formation, voir n° 60230.

Selon le CCRCS, le fait de déclarer pour le premier exercice une date de clôture comprise entre 18 et 23 mois, n'expose pas le déclarant à un refus d'inscription pour non-conformité aux dispositions législatives et réglementaires à condition que cette date soit inscrite dans les statuts (Avis 2015-015 du 29-9-2015).

> **Fiscalement** Lorsqu'aucun bilan n'est établi au cours de l'année, deux dérogations sont prévues à l'obligation de déposer une liasse au 31 décembre de l'année de création (voir n° 7960) :
> – **sociétés soumises à l'IS** : l'IS est établi sur les bénéfices de la période écoulée depuis le commencement des opérations jusqu'à la date de la clôture du premier exercice et, au plus tard, jusqu'au 31 décembre de l'année suivant celle de la création (CGI art. 209-I, al. 2) ;
> – **sociétés soumises à l'impôt sur le revenu** : elles sont dispensées de déclaration provisoire au 31 décembre de l'année de leur création si tous leurs associés sont des personnes morales qui ont une date de clôture en cours d'année civile, identique ou postérieure à la date de clôture de la société de personnes (BOI-BIC-DECLA-30-50 n° 110).

IV. OBLIGATIONS COMPTABLES DES PETITS COMMERÇANTS SOUMIS AU RÉGIME FISCAL SIMPLIFIÉ OU AU RÉGIME DES MICRO-ENTREPRISES

8035 Le choix du **régime fiscal** applicable aux **petits commerçants** détermine largement leurs **obligations comptables.** Deux régimes leur sont applicables, en fonction de la nature de l'activité exercée et du montant du chiffre d'affaires annuel :
– le régime réel simplifié, accessible à la fois aux **personnes morales** et aux **personnes physiques** (CGI art. 302 septies A bis) ;
– le régime des micro-entreprises (ou micro-BIC), accessible **uniquement** aux **personnes physiques et à certaines EURL** (CGI art. 50-0).
Par ailleurs, les personnes physiques relevant du micro-BIC peuvent, sous certaines conditions, opter pour le régime de **l'auto-entrepreneur** (voir n° 8150).

> **Précisions** Distinction entre le régime fiscal des micro-entreprises (ou micro-BIC) et les obligations comptables simplifiées des micro-entreprises Il convient de ne pas confondre :
> – le régime fiscal des micro-entreprises (ou micro-BIC) applicable uniquement aux personnes physiques et à certaines EURL dont le chiffre d'affaires ne dépasse pas certains seuils (voir tableau ci-après) ;
> – et les simplifications comptables (notamment dispense d'annexe) dont bénéficient les micro-entreprises, personnes morales et personnes physiques (voir n° 64220 et 64225).

Ainsi, même si les petits commerçants relèvent d'un régime fiscal identique, leurs obligations comptables diffèrent selon qu'ils sont des personnes morales (sociétés) ou des personnes physiques (exploitants individuels).

Nature de l'activité exercée Les seuils d'application des régimes fiscaux, déterminés en fonction du chiffre d'affaires de l'entreprise, diffèrent selon que l'entreprise commercialise des marchandises (ou objets, fournitures, denrées à emporter ou consommer sur place ou fourniture de logement) ou des services.

En cas d'activités mixtes, un double seuil est généralement applicable : le chiffre d'affaires total de l'activité mixte doit être inférieur au seuil applicable aux marchandises et le chiffre d'affaires de l'activité de services doit être inférieur au seuil applicable aux services (BOI-BIC-DECLA-10-10-20 n° 130 ; voir Mémento Fiscal n° 11240 et 11245).

Montant du chiffre d'affaires Le montant à retenir est celui réalisé dans le cadre de l'activité courante au titre de l'année civile, éventuellement ajusté prorata temporis. Les produits exceptionnels (cessions d'immobilisations, cession de stocks en fin d'exploitation, subventions…) et les produits financiers (BOI-BIC-DECLA-10-10-20 n° 1) ne sont notamment pas à prendre en compte.

> **Précisions 1. Exclusions du régime des micro-BIC** Sont toutefois **exclus du régime des micro-BIC** (voir Mémento Fiscal n° 11210), même si leur chiffre d'affaires est inférieur au seuil applicable, les commerçants qui, notamment, exercent certaines activités immobilières (notamment marchands de biens et agents immobiliers) ou financières (notamment crédit-bail et vente sur marchés à terme).
2. Indépendance des seuils des régimes BIC et TVA Le régime micro-BIC est déconnecté du régime de la franchise en base de TVA. De même, l'entrée dans le régime du RSI en matière de BIC est déconnectée de celle du régime réel simplifié de déclaration en matière de TVA. Il est donc possible, par exemple, de relever d'un régime réel de TVA et de bénéficier du régime micro-BIC (CGI art. 50-0 ; voir Mémento Fiscal n° 53820). Sur les conditions dans lesquelles les entreprises relevant du régime micro-BIC peuvent bénéficier du régime de la franchise en base de TVA, voir n° 47085.

Compte tenu de la révision triennale dont font l'objet les seuils du régime fiscal des micro-BIC et du réel simplifié (pour plus de détails, voir Mémento Fiscal n° 11060, 11200 et 11370), le **tableau** ci-après récapitule les seuils applicables pour l'imposition des revenus des **années 2023 à 2025** (CGI art. 50-0 modifié par loi 2022-1726 du 30-12-2022 art. 2, pour les seuils du régime micro-BIC ; CGI art. 302 septies A bis et CIBS art. L 162-4 modifié par l'arrêté ECOE2237323A du 30-12-2022, pour les seuils du régime réel simplifié). La prochaine révision devrait intervenir le 1er janvier 2026.

> **Précisions**

Ventes de marchandises, objets, fournitures, et denrées à emporter ou à consommer sur place et fournitures de logements		Services	
CA HT annuel (€) [1]	Régime	CA HT annuel (€) [1]	Régime
≤ 840 000 [2] et > 188 700	Réel simplifié [4] et [5]	≤ 254 000 [2] et > 77 700	Réel simplifié [4] et [5]
≤ 188 700 [3]	Micro-BIC [5] et [6]	≤ 77 700 [3]	Micro-BIC [5] et [6]

[1] Le chiffre d'affaires pris en compte pour apprécier le régime d'imposition applicable est celui réalisé au cours de l'année précédente, soit N-1 (pour les régimes micro-BIC et réel simplifié) et la pénultième année, soit N-2 (pour le seul régime micro-BIC) (CGI art. 50-0 modifié par loi 2022-1726 du 30-12-2022 art. 2 et 302 septies A bis ; CIBS art. L 162-4 modifié par l'arrêté ECOE2237323A du 30-12-2022).
[2] Lorsque le chiffre d'affaires dépasse les limites du réel simplifié d'imposition, ce régime demeure applicable au titre de la première année suivant celle du dépassement, sauf en cas de changement d'activité (CGI art. 302 septies A bis ; CIBS art. L 162-4). Pour plus de détails, voir Mémento Fiscal n° 11080.
[3] Seuil applicable uniquement aux personnes physiques et à certaines EURL (qui seules peuvent bénéficier du régime des micro-BIC). L'application du régime micro-BIC est dissociée de celle de la franchise en base de TVA. Le franchissement des seuils d'application du régime des micro-BIC au cours de deux années consécutives entraîne l'application obligatoire du régime réel normal ou simplifié l'année suivante (CGI art. 50-0 ; voir Mémento Fiscal n° 11255).
[4] Possibilité d'option pour le régime réel normal jusqu'à la date limite de dépôt de la déclaration de résultats se rapportant à la période précédant l'application de l'option (CGI A II art. 267 septies A).
[5] Le seuil de chiffre d'affaires retenu pour l'application du régime du micro-BIC s'apprécie hors taxe (CGI art. 50-0 et 302 septies A bis ; voir Mémento Fiscal n° 11220).
[6] Possibilité d'option pour le régime réel (simplifié ou normal) jusqu'à la date limite de dépôt de la déclaration d'impôt sur le revenu de l'année précédant l'application de l'option (CGI art. 50-0 ; voir Mémento Fiscal n° 11090).

A. Petits commerçants personnes morales

RÉGIME FISCAL RÉEL SIMPLIFIÉ

Les obligations comptables des petits commerçants personnes morales soumis sur option ou de plein droit au régime fiscal simplifié diffèrent de celles des autres commerçants personnes morales (soumis au régime réel normal d'imposition, voir n° 7010 s.) sur trois points :

a. Possibilité de tenir une **comptabilité de trésorerie,** à condition de ne pas être contrôlé par une société établissant des comptes consolidés (C. com. art. L 123-25 ; CGI art. 302 septies A ter A).

8055

> **Précisions Comptabilité de trésorerie** Tenir une comptabilité de trésorerie ne signifie pas tenir une comptabilité en partie simple. La contrepartie des encaissements et des décaissements doit toujours être indiquée. Seules les créances et les dettes n'ont pas à être constatées.
En conséquence, en ce qui concerne l'enregistrement comptable, sont enregistrés **journellement, dans les livres de trésorerie,** les encaissements et les paiements en distinguant :
— le mode de règlement (« Caisse », « Banques », « Chèques postaux ») ;
— et la nature de l'opération réalisée : apports et prélèvements de l'exploitant, virements de fonds, prêts ou emprunts, acquisition ou cession d'immobilisations, charges, produits...
Les pièces de recettes et de dépenses doivent être classées et annotées de la nature, de la date et du montant des règlements effectués (BOI-BIC-DECLA-30-20-20 n° 160).
En pratique, il est possible de retenir comme date d'enregistrement comptable des encaissements et des paiements, la date de l'opération figurant sur le relevé adressé par un établissement de crédit (C. com. art. R 123-203).

b. Possibilité d'effectuer la centralisation des écritures de trésorerie **trimestriellement** et non mensuellement (C. com. art. R 123-176 et R 123-204).
c. Possibilité de présenter une **annexe abrégée** (C. com. art. L 123-25 ; voir n° 64645 s.).
Les micro-entreprises, à l'exception de celles dont l'activité consiste à gérer des titres de participations et de valeurs mobilières, sont par ailleurs dispensées d'établir une annexe (voir n° 64220).
Le tableau ci-après, établi par nos soins, présente les obligations comptables des personnes morales selon qu'il s'agit :
– de petits commerçants placés sur option ou de plein droit sous le régime réel simplifié ;
– ou des autres entreprises soumises au régime réel normal.

	Obligations comptables	Régime réel normal d'imposition	Régime réel simplifié d'imposition
En cours d'exercice	Enregistrement comptable des mouvements affectant le patrimoine	Chronologique (C. com. art. L 123-12) ; voir n° 7010	Comptabilité de trésorerie (C. com. art. L 123-25 ; CGI art. 302 septies A ter A) [1]
	Centralisation des journaux auxiliaires sur le livre-journal	Mensuellement	Trimestriellement
	Inscription au compte de résultat en fonction de leur paiement des charges dont la périodicité est < 1 an (à l'exception des achats)	Non	
	Dispense de justification des frais généraux accessoires payés en espèces dans la limite de 1 ‰ du CA avec un minimum de 150 €	Non	
À la clôture de l'exercice	Enregistrement des créances et des dettes	Oui	
	Évaluation des éléments actifs et passifs du patrimoine	Contrôle de l'existence et de la valeur par inventaire au moins tous les 12 mois (C. com. art. L 123-12) ; voir n° 7010	
	Présentation des comptes annuels	– Présentation complète (C. com. art. L 123-12) – Ou présentation simplifiée (C. com. art. L 123-16) [3] Voir n° 64220	
	Annexes	– Annexe de base (C. com. art. L 123-12) – Ou annexe simplifiée (C. com. art. L 123-16) – Ou dispense d'annexe [2] (C. com. art. L 123-16-1) ; voir n° 64220	– Annexe abrégée (C. com. art. L 123-25) ; voir n° 64220 et 64645 – Ou dispense d'annexe [2] (C. com. art. L 123-16-1) ; voir n° 64220

(1) À condition de ne pas être contrôlé par une société établissant des comptes consolidés.
(2) Pour les micro-entreprises, sauf pour celles dont l'activité consiste à gérer des titres de participations et de valeurs mobilières (C. com. art. L 123-16-1).
Remarque Sur la notion de société dont l'activité consiste à gérer des titres de participation et de valeurs mobilières, voir n° 64961.
(3) Sur la possibilité pour les micro-entreprises mises en sommeil de présenter un bilan et un compte de résultat abrégés, voir n° 64220.

RÉGIME FISCAL DES MICRO-BIC

8060 Le régime fiscal des micro-BIC (voir n° 8150) peut s'appliquer aux EURL dirigées par leur associé unique personne physique, sous réserve qu'elles n'aient pas opté pour leur assujettissement à l'impôt sur les sociétés (CGI art. 50-0).
Les obligations comptables prévues par le CGI dont relèvent ces EURL sont les mêmes que celles applicables aux personnes physiques placées sous le régime fiscal des micro-entreprises.
L'allègement des obligations comptables introduit dans le CGI pour les EURL dirigées par leur associé unique personne physique n'a toutefois pas encore été repris dans le Code de commerce dont l'article L 123-28 ne vise que les **commerçants personnes physiques**.

B. Petits commerçants personnes physiques

8110 Les personnes physiques commerçantes placées **« sur option ou de plein droit »** sous les régimes fiscaux d'imposition du réel simplifié ou des micro-entreprises au sens fiscal peuvent bénéficier d'allégements de leurs obligations comptables.

Sur les obligations comptables des commerçants personnes physiques soumis de plein droit ou sur option au régime fiscal du réel normal, voir n° 64225.

RÉGIME FISCAL RÉEL SIMPLIFIÉ

8130 Le tableau ci-après, établi par nos soins, présente les obligations comptables, prévues par le Code de commerce et le CGI, applicables aux commerçants personnes physiques placés sous le régime réel simplifié.

> **Fiscalement** Le bénéfice de la comptabilité super simplifiée requiert sur le plan fiscal l'exercice d'une option annuelle dans la déclaration de résultats (CGI ann. III art. 38 sexdecies-00 A ; BOI-BIC-DECLA-30-20-20 n° 60).

	Obligations comptables		Divergences
	Prévues par le Code de commerce	Prévues par le CGI	
En cours d'exercice	Comptabilité « super-simplifiée » – Comptabilité de trésorerie (C. com. art. L 123-25) [1] – Centralisation trimestrielle des journaux auxiliaires sur le livre-journal (C. com. art. R 123-176 et R 123-204) – Enregistrement forfaitaire des dépenses de carburant selon le barème annuel déterminé par l'administration (C. com. art. R 123-207) [3] – Dispense de justification des frais généraux accessoires payés en espèces dans la limite de 1 ‰ du CA avec un minimum de 150 € (C. com. art. R 123-207) [4]	Comptabilité « super simplifiée » Idem (CGI art. 302 septies A ter A)	Aucune [2]
À la clôture de l'exercice	Enregistrement des créances et dettes (C. com. art. L 123-25)	Idem (CGI art. 302 septies A ter A)	Aucune
	Dispense de compte de régularisation pour les charges (autres que les achats) dont la périodicité n'excède pas 1 an (C. com. art. L 123-26)	Idem [5] (CGI art. 302 septies A ter A et BOI-BIC-DECLA-30-20-20 n° 250)	Aucune
	Évaluation simplifiée des stocks et des productions en cours (C. com. art. L 123-27 et R 123-208) [6] : – Marchandises et produits : application sur le prix de vente à la clôture d'un abattement correspondant à la marge pratiquée sur chaque catégorie de biens [7] – Travaux en cours : acomptes réclamés aux clients	Idem [7] (CGI ann. IV art. 4 LA ; BOI-BIC-DECLA-30-20-20 n° 180)	Aucune [7]
	Bilan et compte de résultat simplifiés (si deux des seuils suivants ne sont pas dépassés) (C. com. art. L 123-16 et D 123-200) [9] : – total bilan : 6 M€ – total chiffre d'affaires : 12 M€ – nombre moyen de salariés : 50 Voir n° 64225	Idem (Formulaires 2033 A et 2033 B de la liasse fiscale)	Fiscalement (CGI art. 302 septies A bis-VI), dispense de bilan si CA ≤ 176 000 € (ou 61 000 €) [8]
	Dispense d'annexe (C. com. art. L 123-25)	Annexe non prévue par les textes fiscaux	Aucune

101

(1) Comptabilité de trésorerie ne signifie pas comptabilité en partie simple. La contrepartie des encaissements et des décaissements doit toujours être indiquée. Seules les créances et les dettes n'ont pas à être constatées.
Sont donc enregistrés **journellement, dans les livres de trésorerie,** les encaissements et les paiements en distinguant :
— le mode de règlement (« Caisse », « Banques », « Chèques postaux ») ;
— et la nature de l'opération réalisée : apports et prélèvements de l'exploitant, virements de fonds, prêts ou emprunts, acquisition ou cession d'immobilisations, charges, produits...
Les pièces de recettes et de dépenses doivent être classées et annotées de la nature, de la date et du montant des règlements effectués (BOI-BIC-DECLA-30-20-20 n° 160).
En pratique, il est possible de retenir comme date d'enregistrement comptable des encaissements et des paiements, la date de l'opération figurant sur le relevé adressé par un établissement de crédit (C. com. art. R 123-203).
(2) Sur la possibilité, toutefois, de **réévaluer les immobilisations** non amortissables **à la date de prise d'effet de l'option** pour ce régime, voir n° 56845.
(3) La **déduction forfaitaire des frais de carburant des véhicules à usage mixte** est subordonnée, pour chaque exercice, à une option sur un état annexe à la déclaration de résultats mentionnant le type de véhicules, l'affectation du kilométrage, le montant forfaitaire des frais et leur mode de comptabilisation (CGI ann. III art. 38 sexdecies-00 B ; BOI-BIC-DECLA-30-20-20 n° 360 et 370).
En pratique, lorsque l'option est exercée, l'exploitant (BOI-BIC-DECLA-30-20-20 n° 350 et 360) :
— soit retient systématiquement le forfait sans se préoccuper des dépenses réelles. Dans ce cas :
• durant l'année, aucune charge n'est constatée ; toutefois, si les dépenses sont prélevées sur la trésorerie de l'entreprise, le compte de l'exploitant est débité par le compte de trésorerie concerné,
• à la clôture, le forfait est enregistré en charges, avec pour contrepartie le compte de l'exploitant ;
— soit souhaite comparer le forfait aux dépenses réelles. Dans ce cas :
• durant l'année, les charges réelles sont comptabilisées au fur et à mesure des décaissements,
• à la clôture, si le forfait excède ces dépenses, le complément est enregistré en charges avec pour contrepartie le compte de l'exploitant.
Pour consulter le barème déterminé par l'administration, voir Mémento Fiscal n° 97165.
(4) Sont visées les **petites dépenses** payées en espèces et effectuées pour les besoins de l'entreprise dont elle a des difficultés à présenter les justificatifs : pourboires, menus frais de réception, parkings (BOI-BIC-DECLA-30-20-20 n° 400 s.).
(5) Les créances et les dettes relatives aux frais généraux (**charges constatées d'avance et charges à payer**) qui sont payées à échéances régulières et dont la périodicité n'excède pas un an sont donc déductibles au moment de leur paiement si l'entreprise a opté pour le régime super-simplifié (BOI-BIC-DECLA-30-20-20 n° 250).
Sont notamment concernés (BOI-BIC-DECLA-30-20-20 n° 250) les primes d'assurances et abonnements (revues, EDF...), contrats d'entretien, loyers, frais financiers, etc. Tel est également le cas des cotisations versées au titre des régimes obligatoires, de base et complémentaires, facultatif d'assurance vieillesse mis en place par les caisses de sécurité sociale, des contrats d'assurance de groupe « Loi Madelin » (BOI-BIC-CHG-40-50-40-40 n° 40).
(6) Ces règles présentent un caractère facultatif. Toutefois, une fois adoptées, elles ne peuvent être abandonnées tant que les conditions d'activité de l'entreprise ne connaissent pas de changement substantiel (BOI-BIC-DECLA-30-20-20 n° 240).
(7) Pour le calcul de l'abattement applicable au prix de vente des marchandises et des produits, bien que l'administration fasse référence à l'utilisation d'une marge moyenne, elle admet la méthode comptable qui, plus contraignante, impose une marge par catégorie de biens (BOI-BIC-DECLA-30-20-20 n° 210).
(8) Dispense de bilan En pratique, cette disposition fiscale demeure sans incidence compte tenu des obligations comptables prévues par le Code de commerce (BOI-ANNX-000124).
Les seuils fiscaux de 176 000 € HT et de 61 000 € HT s'appliquent respectivement aux ventes de marchandises et aux prestations de services pour les années 2023 à 2026.
(9) Sur la dispense pour les micro-entreprises, au sens comptable, mises en sommeil de produire un bilan et un compte de résultat, voir n° 64225.

RÉGIME FISCAL DES MICRO-BIC

8150 Le régime fiscal des micro-entreprises permet à l'entrepreneur de ne déclarer que son chiffre d'affaires, le bénéfice imposable (hors plus-value de cession d'actifs) étant déterminé par l'administration en appliquant au chiffre d'affaires déclaré un abattement forfaitaire réputé couvrir les charges d'exploitation (CGI art. 50-0).

> **Précisions** **Régime de l'auto-entrepreneur**
Les entrepreneurs individuels relevant du micro-BIC peuvent, sur option et sans obligations comptables supplémentaires, s'acquitter, auprès de leur caisse déléguée pour la sécurité sociale des travailleurs indépendants, de l'impôt sur le revenu (CGI art. 151-0 ; BOI-BIC-DECLA-10-40 ; voir Mémento Fiscal n° 85100 à 85255) et de l'ensemble de leurs cotisations et contributions sociales (régime du « micro-social » ; CSS art. L 613-7) par des versements forfaitaires libératoires, mensuels ou trimestriels, correspondant à un pourcentage du chiffre d'affaires ou des recettes réalisés le mois ou le trimestre précédent.

L'option pour ce prélèvement libératoire fiscal est réservée aux entrepreneurs personnes physiques qui :
— sont soumis au régime du micro-BIC ou micro-BNC ;
— dont le revenu du foyer fiscal de N-1 par part est inférieur ou égal à la limite supérieure de la deuxième tranche de l'impôt sur le revenu de N-1 (majorée de 50 % ou 25 % selon les parts supplémentaires) (CGI art. 151-0) ;
— et sont soumis au régime du « micro-social » prévu à l'art. L 613-7 du CSS.
Pour une étude d'ensemble du régime fiscal de l'auto-entrepreneur, voir Mémento Fiscal n° 85100 s.

Le tableau ci-après, établi par nos soins, présente les obligations comptables, prévues par le Code de commerce et le CGI, applicables aux commerçants personnes physiques placés sous le régime fiscal des micro-entreprises.

	Obligations comptables		Divergences
	Prévues par le Code de commerce	Prévues par le CGI	
En cours d'exercice	**Pour tous les commerçants quel que soit leur CA annuel** (C. com. art. L 123-28 et D 123-205-1) : – tenue d'un livre paginé mentionnant chronologiquement le montant et l'origine des recettes perçues en distinguant les règlements en espèces des autres règlements et en indiquant les références des pièces justificatives [1] ; – tenue d'un registre récapitulé par année, présentant chronologiquement le détail de leurs achats lorsque leur commerce principal est de vendre des marchandises, objets, fournitures et denrées à emporter ou à consommer sur place ou de fournir le logement en distinguant les règlements en espèces et en indiquant les références des pièces justificatives [2]. Le livre des recettes et le registre des achats peuvent être tenus sous format électronique [3].	Tenue d'un registre des achats et d'un livre-journal dans les mêmes conditions que celles prévues par le Code de commerce ; conservation de l'ensemble des pièces justificatives (CGI art. 50-0-5). En outre (BOI-BIC-DECLA-30-30 n° 30) : – les recettes correspondant à des ventes au détail et à des services rendus à des particuliers peuvent être inscrites globalement en fin de journée sur le livre des recettes lorsque leur montant unitaire est inférieur à 76 € ; – le livre des recettes est totalisé à la fin de chaque trimestre.	Aucune
À la clôture de l'exercice	Aucune obligation car dispense (C. com. art. L 123-28) : – de bilan et de compte de résultat ; – de livre-journal et de grand livre.	Aucune obligation. Le chiffre d'affaires et les plus et moins-values réalisés au cours de l'année sont portés directement sur la déclaration de revenus (CGI art. 50-0-3).	Aucune

(1) Il est possible de retenir comme date d'enregistrement des encaissements et des paiements la date d'opération figurant sur le relevé bancaire (C. com. art. R 123-203).
(2) En pratique, ce registre des achats reste obligatoire pour les prestataires de services réalisant des opérations soumises à TVA et entendant se placer sous la franchise en base de TVA (CGI art. 286 II).
(3) Dans ce cas, ils sont identifiés et datés dès leur établissement par des moyens offrant toute garantie de preuve (C. com. art. D 123-205-1).

V. AUTRES CONDITIONS

A. Commerçants membres d'un centre de gestion agréé

I. Les adhérents d'un centre de gestion agréé (CGA) bénéficient d'une assistance en matière de gestion et dans le domaine fiscal et, à certaines conditions, d'une réduction d'impôt, pour frais de tenue de comptabilité et d'adhésion (CGI art. 199 quater B ; voir Mémento Fiscal n° 87990 s.).

8220

> **Précisions   a. Adhérents d'un organisme mixte de gestion agréé** Ils bénéficient des mêmes avantages. Pour plus de détails, voir Mémento Fiscal n° 87920 et 87990 à 88010.
> **b. Dispense de majoration du bénéfice imposable** L'avantage accordé aux adhérents de CGA consistant en une dispense de majoration du bénéfice imposable est définitivement supprimé à compter de l'imposition des revenus de 2023 (CGI art. 158, 7-1° ; voir Mémento Fiscal n° 88020).

Pour un exposé détaillé des conditions d'adhésion, de l'organisation, du rôle et des prestations des centres (assistance en matière de gestion et de fiscalité, prévention des difficultés, examen de conformité fiscale) ainsi que des obligations des adhérents (voir BOI-DJC-OA-20-10 s. ; BOI-DJC-OA-20-30 s. ; décret 2021-1303 du 7-10-2021 et Mémento Fiscal n° 87765 à 87835).

II. En contrepartie, ces adhérents sont notamment tenus aux obligations comptables suivantes (CGI ann. II art. 371 E, 3° ; voir Mémento Fiscal n° 87820) :

a. Transmission des documents pour la tenue de la comptabilité Les adhérents s'engagent à fournir à l'organisme chargé de tenir et de présenter leurs documents comptables tous les éléments nécessaires à l'établissement d'une **comptabilité sincère** de leur exploitation.

b. Transmission des comptes Les adhérents communiquent au CGA le bilan et le compte de résultat de leur exploitation, tous documents annexes ainsi que tout document sollicité par le CGA dans le cadre des contrôles qu'il réalise.

> **Précisions** **Rôle des CGA** Ils doivent notamment :
> – procéder à un examen formel des documents comptables et des déclarations, à un examen de cohérence, de concordance et de vraisemblance de l'ensemble des déclarations reçues et à un examen périodique de sincérité des pièces justificatives en l'absence de recours de l'entreprise à l'examen de conformité fiscale (CGI art. 1649 quater E ; BOI-DJC-OA-20-10-30 ; arrêté ECOE2122040A du 22-7-2021) ;
> – adresser un compte-rendu de mission à l'administration fiscale (CGI art. 1649 quater E ; BOI-DJC-OA-20-10-30) ;
> – télétransmettre à l'administration fiscale les documents comptables et fiscaux (CGI art. 1649 quater E ; BOI-DJC-OA-20-10-40) ;
> – assister leurs adhérents dans la remise du FEC lors du contrôle de l'administration fiscale (CGI ann. II art. 371 E ; BOI-DJC-OA-20-10-10-30 n° 200) ;
> – remettre à leurs adhérents (ou clients) les dossiers de gestion et de prévention des difficultés des entreprises (CGI ann. II art. 371 A et 371 E ; BOI-DJC-OA-20-10-10-10).

B. Sociétés membres d'un groupe international

8240 Ces sociétés sont généralement obligées de tenir leur comptabilité en fonction des **besoins de la société mère étrangère.** Dans ces conditions, le problème est de savoir quels éléments doit comprendre cette comptabilité pour répondre également aux prescriptions des textes français. Ces éléments s'insèrent dans les développements faits précédemment que nous résumons ci-après en fonction de cette situation particulière.

I. Enregistrements

Conformément à la réglementation :

a. les **opérations** doivent être **enregistrées quotidiennement** opération par opération sur un **livre-journal** selon le principe de la partie double (C. com. art. R 123-174, al. 1 ; PCG art. 921-1 et 921-2 ; voir ci-après II.) ; chaque enregistrement est référencé par un numéro d'écriture séquentiel et chronologique (voir n° 7450) ;

b. pour chaque **écriture** sont fournis (PCG art. 911-1) : une **date,** un **libellé en français,** le **numéro de compte français** (voir ci-après) et des montants en **monnaie nationale** (voir n° 7185) ;

> **Précisions** **Plan de compte conforme au PCG** Le plan de comptes de l'entreprise doit être établi conformément aux dispositions du PCG (art. 933-1), ce qui paraît exclure la tenue de comptabilité suivant un système interne non conforme audit plan (Bull. CNCC n° 52, décembre 1983, EC 83-38, p. 509).
> Peu importe, nous semble-t-il qu'une opération affectée à un numéro de compte français soit éclatée en plusieurs éléments correspondant à plusieurs numéros de comptes étrangers si le libellé permet de voir qu'il s'agit de la même opération.
> En effet, chaque compte peut se subdiviser (PCG art. 933-2).

c. chaque écriture doit être conforme aux **règles comptables françaises.** S'agissant des comptes sociaux, la comptabilité doit être tenue selon les règles comptables françaises édictées par le Code de commerce (C. com. art. L 123-12 à L 123-28-2) et les prescriptions comptables générales (PCG) et sectorielles établies par l'ANC, à l'exception de tout autre cadre comptable.

En pratique :
– les écritures spécifiques enregistrées pour satisfaire les besoins étrangers (par exemple, impôts différés) doivent être annulées et les comptes correspondants soldés ;

– les écritures spécifiques de la comptabilité française (par rapport à la comptabilité étrangère) doivent être enregistrées (par exemple, écritures concernant les écarts de conversion, les provisions fiscales, etc.).

> **Fiscalement** Il en est de même. Le FEC doit inclure de façon détaillée les écritures d'ajustements permettant le passage de la comptabilité étrangère à la comptabilité française (voir n° 7610, à propos du FEC ; BOI-CF-IOR-60-40-20 n° 350). Sur les conséquences en cas de contrôle fiscal, voir n° 8670.

d. pour chaque écriture, le fait générateur est une **pièce comptable**. Certaines écritures peuvent toutefois être générées automatiquement (paie, immobilisations, etc.). Voir n° 7435. La concordance est ainsi assurée entre le total des montants des écritures sur les **journaux** et sur le **grand livre** (PCG art. 912-2). Voir n° 7440.

II. Documents comptables

a. Tous les mouvements affectant le patrimoine de l'entreprise doivent être enregistrés sur un **livre-journal** (C. com. art. R 123-174, al. 1) ou des journaux auxiliaires (C. com. art. R 123-176). Si l'entreprise utilise des livres auxiliaires, le livre-journal, coté et paraphé le cas échéant, peut se limiter (outre les écritures d'ouverture des comptes), au récapitulatif mensuel des mouvements débit et crédit de chaque journal auxiliaire (C. com. art. R 123-176 et PCG art. 912-2) à condition que les enregistrements aux livres auxiliaires s'effectuent de la même manière que sur le livre journal (voir n° 7103).
Les sociétés françaises apparentées à un groupe international et qui ont souvent des comptabilités tenues selon un système interne ne peuvent pas se contenter de ne produire une balance « plan français » qu'à l'occasion de l'établissement des états annuels. Elles doivent produire :
– un journal au minimum mensuel et un grand livre conformes aux prescriptions du PCG (Bull. CNCC n° 52, décembre 1983, EC 83-38, p. 509) ;
– le cas échéant, des journaux auxiliaires conformes aux prescriptions du PCG (voir n° 7103).

b. Un **grand-livre** reprenant pour chaque compte toutes les écritures doit être établi selon les principes généraux : libellé en français, numéro de compte français, monnaie nationale, solde des opérations correspondant au solde des opérations à enregistrer en comptabilité française (PCG art. 911-1, 912-1 et 912-2).
Les opérations étant enregistrées en permanence sur le journal, une édition annuelle du grand livre peut s'avérer suffisante.
La tenue des comptes clients ou fournisseurs individuels n'est pas obligatoire à condition, nous semble-t-il, qu'en fin d'exercice les créances et les dettes soient regroupées nominalement.

c. Une **balance** des comptes doit être éditée (établissement de l'inventaire pour établir les comptes annuels).

> **Fiscalement** Ces sociétés restent soumises à l'obligation de produire un FEC conforme dans toutes ses dimensions (conformité technique et comptable) et en cas de contrôle fiscal, le juge fiscal peut qualifier la comptabilité comme non probante si ces obligations ne sont pas respectées.

III. En pratique
D'un point de vue opérationnel, les sociétés dont la comptabilité est tenue selon un référentiel étranger doivent mettre en place dans leur système comptable les bonnes règles de gestion à travers un paramétrage adapté afin, notamment, d'être en mesure de produire un FEC opposable à l'administration en cas de contrôle fiscal, de telle sorte que le caractère probant de la comptabilité ne risque pas d'être remis en cause. Il est donc nécessaire de s'assurer que l'outil comptable est configurable et configuré :
– avec un double plan de compte, afin que chaque compte du référentiel étranger corresponde à un numéro de compte français (et inversement) ;
– pour une utilisation des journaux spécifiques, afin de comptabiliser les ajustements locaux liés aux normes comptables françaises de façon détaillée (ces écritures spécifiques d'ajustement doivent porter non seulement sur les mouvements de l'exercice mais également sur les écritures d'« à-nouveaux »).
Pour ces sociétés, il faut également insister sur **l'importance** du **« document décrivant les procédures et l'organisation comptable »** prévu par l'article R 123-172 du Code de commerce (voir n° 7840 s.) et le respect des règles générales en matière de durée de conservation des documents (voir n° 7445).

Dans ces conditions, **ne paraissent pas acceptables** :
– l'utilisation de « programmes passerelles » en fin d'exercice, sauf si les obligations ci-avant ont été satisfaites (dont un enregistrement quotidien de chacune des opérations selon le plan de compte français et une traduction en français de chaque libellé) ;
– la reconstitution en fin d'exercice des comptes français sur bande machine ou par tous procédés manuels (en ce sens, Bull. CNCC n° 57, mars 1985, EC 84-60, p. 149).

IV. Limites et contrôle Selon le bulletin CNCC (n° 105, mars 1997, EC 96-99, p. 105 s. et CNP 96-35, p. 106 s.), le commissaire aux comptes doit contrôler la conformité de la comptabilité aux règles en vigueur sans être appelé à se prononcer en tant que tel sur cette conformité. Ainsi :
– une **comptabilité tenue selon un plan de comptes anglo-saxon,** bien que non conforme au PCG, ne crée aucune obligation d'information pour le commissaire aux comptes dès lors que les comptes annuels peuvent être obtenus à partir d'un simple reclassement des comptes (sans qu'il soit nécessaire de procéder à l'analyse et à l'éclatement de certains comptes).

La CNCC a estimé, notamment s'il était procédé à la mise en place d'une double numérotation, qu'il convenait d'admettre le caractère non significatif des faits ;
– l'**absence de journaux auxiliaires, de grand livre de comptes et de document décrivant les procédures et l'organisation comptable,** doit conduire le commissaire aux comptes à émettre une réserve ou un refus de certifier pour limitation à l'étendue de ses travaux dès lors que les insuffisances rencontrées sont telles qu'elles compromettent l'application ou l'efficience de ses procédures de contrôle. En outre, il doit signaler cette irrégularité dans une communication à la plus prochaine assemblée générale dès lors qu'elle est significative du fait notamment des risques encourus par la société.

Il s'agit de cas où l'organisation administrative est limitée essentiellement à des besoins commerciaux, comme l'utilisation à des fins comptables d'un logiciel commercial, même très performant, mais qui ne permet pas de transférer automatiquement les mouvements saisis pour être traités avec un logiciel de comptabilité générale.

> **Précisions** Non-conformité de la comptabilité avec les règles en vigueur (point non abordé dans le Bull. CNCC précité) Dans ce cas, la société encourt le risque :
> – de voir sa comptabilité rejetée par l'administration pour absence de documents comptables (voir n° 8670) ;
> – de voir notamment la déductibilité de ses charges rejetée, si elle ne peut pas produire les pièces justificatives correspondantes (n° 7465) ;
> – d'une amende spécifique en cas de rectification (voir n° 7610) ;
> – de ne pouvoir utiliser en justice sa comptabilité (C. com. art. L 123-23) ;
> – d'être condamnée pour banqueroute pour tenue de comptabilité manifestement incomplète ou irrégulière ou absence de tenue de toute comptabilité (voir n° 7305).

SECTION 2 — LA QUALITÉ DES COMPTES

I. RÉGULARITÉ, SINCÉRITÉ, IMAGE FIDÈLE

8245 **Obligation de régularité, sincérité et image fidèle** Des comptes annuels **réguliers et sincères donnant une image fidèle** du patrimoine, de la situation financière et du résultat de l'entreprise doivent être établis (C. com. art. L 123-14, al. 1).

Le Code de commerce, sans créer de lien de cause à effet entre le respect des obligations de régularité et de sincérité et l'image fidèle, ajoute l'image fidèle à ses obligations.

Selon le PCG, la **comptabilité** :
– est un système d'organisation de l'information financière permettant de saisir, classer, enregistrer des données de base chiffrées et présenter des états reflétant **une image fidèle** du patrimoine, de la situation financière et du résultat de l'entité à la date de clôture (PCG art. 121-1) ;
– est **conforme aux règles** et procédures en vigueur qui sont **appliquées avec sincérité** afin de traduire la connaissance que les responsables de l'établissement des comptes ont de la réalité et de l'importance relative des événements enregistrés (PCG art. 121-3).

> **Précisions** **Sanctions** Le président, les administrateurs ou les directeurs généraux (unique et délégués) d'une société anonyme ou d'une SAS (ou les gérants d'une SARL) qui, même en l'absence de toute distribution de dividendes, auront sciemment publié ou présenté aux actionnaires (ou associés), en vue de dissimuler la véritable situation de la société, des **comptes annuels ne donnant pas,** pour chaque exercice, **une image fidèle** du résultat des opérations de l'exercice, de la situation financière et du patrimoine à l'expiration de cette période s'exposent à des sanctions pénales. Voir n° 66515.

A. Notions de régularité, de sincérité et d'image fidèle

8250 Le PCG fournit une définition de la régularité, de la sincérité, mais pas du concept d'image fidèle.

8255 **Régularité** Il s'agit d'être « conforme aux règles et procédures en vigueur » (PCG art. 121-3) ou, en son absence (voir n° 8455), aux principes généralement admis.

8260 **Sincérité** Il s'agit, selon le PCG (art. 121-3), « de traduire la connaissance que les responsables de l'établissement des comptes ont de la réalité et de l'importance relative des événements enregistrés ».

La sincérité est donc celle des **dirigeants** (voir n° 64130), naturellement considérés comme les plus aptes à apprécier l'ensemble des activités et opérations de l'entreprise.

En outre, le **principe d'importance relative** est clairement énoncé. Cette conception non seulement consacre la comptabilité à l'état de langage commun entre les responsables des entreprises qui produisent des comptes annuels et les destinataires et utilisateurs de ces comptes, mais surtout souligne le fait qu'il n'existe pas une perception unique de l'entreprise. Par extension, compte tenu de la définition de la comptabilité (voir n° 8245), il peut exister plusieurs conceptions de l'image fidèle de l'entreprise (voir n° 8280 s.).

Le caractère objectif de la notion de sincérité avait été affirmé par l'AMF dès 1969 : « La sincérité résultera de l'évaluation correcte des valeurs comptables, ainsi que d'une appréciation raisonnable des risques et des dépréciations de la part des dirigeants » (Rapport COB 1969).

> **Précisions** À notre avis, il en résulte une notion de « sincérité objective », selon laquelle sont sincères des documents financiers tels que les établirait un professionnel, indépendant, de bonne foi, placé devant les problèmes techniques et l'interprétation qui s'y attache. Pratiquement, les comptes sincères résultent d'une parfaite connaissance :
> — des règles et de leur application ;
> — de la situation de l'entreprise ;
> — de la perception extérieure des comptes ainsi présentés pour que le contenu ne soit pas perçu de manière déformée.

8280 **Image fidèle** Le PCG ne fournit pas de définition du concept d'image fidèle.
Sur le principe de l'image fidèle en normes IFRS, voir Mémento IFRS n° 53958.
Pour essayer de saisir cette notion (et ses conséquences) dans le cadre de l'application des règles françaises, il paraît nécessaire, après avoir rappelé les objectifs de l'information financière (voir n° 8285) et les limites de la comptabilité (voir n° 8290), d'examiner les différentes conceptions de l'image fidèle (voir n° 8300).

8285 **I. Objectifs de l'information financière** Selon le FASB (Financial Accounting Standards Board) dans son document « Tentative conclusions on the objectives of financial accounting », de 1978 :

L'information financière a pour but de fournir une information qui facilite la **prise des décisions économiques et financières,** pour faire un choix entre les différents usages de ressources rares.

Ses objectifs ne sont pas immuables : ils sont affectés par les besoins de ses utilisateurs qui **varient** avec le contexte économique, législatif, politique, social.

L'information financière doit :
— fournir des indications sur les ressources de l'entreprise, ses obligations et les droits des actionnaires ;
— avant tout, permettre aux investisseurs de se faire une opinion sur les résultats à attendre, sur les ressources de la société et sur les circonstances qui peuvent les altérer ;
— permettre également d'identifier et de préciser les circonstances, les transactions, les événements exceptionnels qui peuvent influencer la marche de l'entreprise ;

– donner aux investisseurs les moyens d'évaluer les résultats de la direction, d'estimer le potentiel de l'entreprise et l'intérêt qu'ils peuvent avoir à y investir ;
– fournir des renseignements sur la liquidité, la solvabilité et les mouvements de fonds ;
– enfin, comporter éventuellement les commentaires et explications permettant aux utilisateurs de mieux l'exploiter.

8290 II. Les limites de la comptabilité

a. La comptabilité est conventionnelle La comptabilité est un outil qui, par définition, va donner une certaine image. Cette image, du fait de la technique comptable et des règles et conventions qui sont appliquées, est de caractère conventionnel. Mais, compte tenu d'un accord général sur cette technique et sur ces conventions, on peut estimer que pour tout professionnel comptable, d'une part, et tout lecteur averti, d'autre part, cette image correspond à la réalité ou du moins qu'elle permet d'en percevoir les caractéristiques essentielles.

Pour la perception de cette image, il y a donc deux éléments principaux, d'une part, les **conventions** qui ont permis d'établir la comptabilité et les documents financiers et, d'autre part, la **compréhension du lecteur.**

En d'autres termes, la fidélité :
– est, en quelque sorte, mécanique (elle résulte de certaines conventions et de la technique) ;
– s'apprécie de la même manière dans le temps (permanence des conventions) ;
– s'apprécie dans le cadre d'une profession (les principes mis en œuvre par une branche professionnelle doivent être unifiés) ;
– suppose que le lecteur soit bien conscient des limites de l'outil (la comptabilité).

b. Elle est mal adaptée pour traiter certaines opérations En ce qui concerne ces limites, il faut bien reconnaître que la comptabilité (ou plutôt la technique comptable) est mal adaptée pour traiter des opérations commencées et dont l'évolution peut avoir un caractère aléatoire :
– opérations de nature conditionnelle ;
– traitement des engagements : la comptabilité ne les saisit qu'à partir d'un certain stade ;
– traitement de l'inflation ;
– actualisation dans le temps ;
– comptabilisation des dépenses d'innovations commerciales et industrielles ;
– échelonnement dans le temps de certaines opérations et problèmes de mise en perspective ;
– fluctuations d'unités monétaires ;
– contraintes liées au crédit-bail.

8300 Les différentes conceptions de l'image fidèle **a.** Il ne faut donc pas parler de l'image fidèle mais d'**une** image fidèle **compte tenu des principes et méthodes comptables retenus.** Il existe « une image fidèle » dans la méthode des coûts historiques, « une image fidèle » dans la méthode de la juste valeur, etc. D'ailleurs, l'idée selon laquelle l'image fidèle n'est autre que l'image du corps de règles qui est appliqué est déjà largement répandue.

Le bulletin CNCC (n° 73, mars 1989, EC 88-62, p. 128) rappelle ainsi que le concept d'image fidèle s'entend conformément aux principes et aux règles comptables en vigueur. En d'autres termes, « la fidélité » ne peut s'apprécier par rapport à une réalité qui n'a pas d'existence en soi : l'image fidèle résulte de l'application de bonne foi des règles comptables.

> **Précisions** **Principes et conventions comptables** L'information financière est établie selon des principes et des conventions comptables pouvant différer :
> – d'un secteur d'activité à un autre dans un même pays ; par exemple, le principe de prudence posé par les règles comptables françaises implique que les moins-values potentielles soient constatées mais pas les plus-values potentielles. Toutefois, dans les banques, il est possible pour certains titres (titres de transaction) de tenir compte non seulement des moins-values potentielles mais aussi des plus-values potentielles ;
> – d'un référentiel à l'autre dans un même pays ; ainsi, entre les règles relatives aux comptes individuels et celles relatives aux comptes consolidés (établis en règles françaises), une certaine autonomie existe (voir n° 8400) ;
> – mais aussi d'un pays à un autre ; pour une même opération, les traitements peuvent différer selon les référentiels utilisés (règles françaises, normes IFRS, US GAAP).

Il résulte, à notre avis, de l'article L 123-14 du Code de commerce et des articles 121-1 et 121-3 du PCG (voir n° 8245) que l'**image fidèle constitue le principe à respecter lorsque la règle n'existe pas ou lorsque la règle est insuffisante pour traduire la réalité.** En d'autres termes, la notion d'image fidèle ne jouerait que lorsque :
– il n'existe pas de règle fixée par la communauté financière pour résoudre tel problème, la loi ou les organismes compétents n'ayant pas défini le bon usage en la matière (on pourrait même dire le « fair play ») ;

– il existe plusieurs règles applicables, par exemple plusieurs méthodes d'évaluation ; un **choix** est donc nécessaire ;
– la règle existe mais son application stricte serait trompeuse (cas **exceptionnel**) ; il est en effet possible de déroger à une prescription comptable pour aboutir à l'image fidèle (voir n° 8405).

En d'autres termes, la notion d'image fidèle sert de référence à ceux qui établissent (et qui contrôlent) les comptes. Après avoir appliqué les règles, il leur conviendra de se demander si la solution adoptée est bien celle qui permet aux lecteurs d'avoir la vue la moins déformée possible de l'entreprise et de juger correctement l'entreprise par rapport au marché financier. Le concept d'image fidèle leur servira de test.

b. Dans ce contexte, l'**image fidèle est indissociable de l'annexe.** Les bilans et comptes de résultats ne peuvent remplir utilement l'objet d'information qui leur est assigné que s'ils sont accompagnés de notes annexes.

D'ailleurs, selon le Code de commerce, « lorsque l'application d'une prescription comptable ne suffit pas pour donner une image fidèle, des informations complémentaires doivent être fournies dans l'annexe » (voir n° 8405).

> **Précisions** **Absence d'annexe pour les micro-entreprises** La directive comptable européenne unique n° 2013/34/UE a toutefois affirmé que les comptes des micro-entreprises qui ne présentaient pas d'annexe sont considérés comme donnant une image fidèle. Sur l'obligation pour les micro-entreprises de fournir toutefois un certain nombre d'informations à la suite de leur bilan, voir n° 64220.

Toutefois, si l'annexe joue un rôle important pour la production d'une image fidèle de l'entreprise :
– elle n'est destinée qu'à compléter le bilan et le compte de résultat et ne peut pas s'y substituer ou justifier leurs insuffisances ;
– elle doit être synthétique et limitée aux aspects importants ;
– elle ne doit donc pas s'égarer dans le méandre d'explications sur les motifs de l'utilisation éventuelle, dans le bilan, de règles qui ne permettent pas d'en donner une image fidèle.

Pour plus de détails sur les objectifs de l'annexe, voir n° 64525 s.

B. Choix offerts par les règles, dérogations aux règles

8355 Le Code de commerce et le PCG ont donné aux principes et normes comptables la qualité de règles comptables que les entreprises doivent respecter pour l'établissement des comptes annuels.

Ces règles comptables appliquées de bonne foi fournissent une **présomption de fidélité** (image conventionnelle).

Toutefois, en pratique, les entreprises se trouvent confrontées à un certain nombre de questions et de situations particulières détaillées ci-après :
– En présence d'une **option**, comment choisir la méthode à appliquer ? voir n° 8375 s.
– En présence de **règles insuffisantes ou impropres à fournir une image fidèle,** peut-on y déroger ? voir n° 8405.
– À quelles conditions et comment peut-on **changer** une méthode comptable, une estimation ou les modalités d'application d'une méthode comptable ? voir n° 8455 s.
– Comment traiter une **erreur comptable** ? voir n° 8455 s.

CHOIX ENTRE PLUSIEURS MÉTHODES PRÉVUES PAR LES TEXTES

8375 **Liste des options** Il existe deux types d'options :
– celles offrant un choix entre plusieurs **méthodes comptables** (sur la définition d'une méthode comptable, voir n° 8480) et devant être appliquées **de manière cohérente et permanente,** sauf exception (sur les conditions d'un changement de méthode, voir n° 8480) : voir ci-après I. ;
– celles non soumises au principe de permanence des méthodes : voir ci-après II.

I. Choix de méthodes comptables soumis au principe de permanence des méthodes Les choix peuvent résulter (PCG art. 121-5 et 122-2) :
– d'une option **explicite** : les méthodes explicites sont celles résultant d'une disposition spécifique définie par l'ANC (voir a.) ;

8375
(suite)
– ou de l'existence de plusieurs méthodes **implicites** : en l'absence de texte, les méthodes implicites sont celles qui résultent d'une pratique conforme aux principes d'établissement des comptes annuels (voir b.).

a. Choix de méthodes comptables explicitement cités dans les textes (PCG et doctrine de l'ANC) :

1. L'article 121-5 du PCG et le commentaire IR 2 sous cet article (Recueil des normes comptables de l'ANC) dressent une liste des méthodes comptables explicitement **citées dans le PCG**. Certaines de ces méthodes sont qualifiées de **méthode de référence** car elles conduisent à une meilleure information. Sur ces méthodes, voir n° 8395 :

Options prévues par le PCG	Sources	Choix
Provision pour retraite	PCG art. 324-1 C. com. art. R 123-186 Voir n° 17705 s.	– comptabilisation d'une provision pour la totalité des engagements de retraite et avantages similaires (**méthode de référence,** voir n° 8395) ; – ou comptabilisation d'une provision partielle ; – ou mention de l'engagement en annexe
Contrats à long terme	PCG art. 622-2 Voir n° 10760 s.	– méthode à l'achèvement ; – ou méthode à l'avancement (**n'est plus une méthode de référence**)
Frais de développement et de création de sites internet	PCG art. 212-3 et 612-1 C. com. art. R 123-186 Voir n° 31425	– constatation en charges de l'exercice ; – ou inscription à l'actif (**méthode de référence,** voir n° 8395) sous certaines conditions
Frais de formation externes afférents à des formations nécessaires à la mise en service de l'immobilisation	PCG art. 213-8 et 213-22 modifiés par règl. ANC 2019-09	– constatation en charges de l'exercice ; – ou incorporation dans le coût d'acquisition de l'immobilisation corporelle ou incorporelle (voir n° 26262)
Coûts d'emprunt	PCG art. 213-9 C. com. art. R 123-178 Voir n° 26335 et 31330	– constatation en charges de l'exercice ; – ou inclusion (sous certaines conditions) des coûts d'emprunt engagés pour financer l'acquisition ou la production d'un actif éligible (immobilisation incorporelle, corporelle ou stock) dans le coût de l'actif
Évaluation des stocks	PCG art. 213-34 Voir n° 20780 s.	– coût moyen pondéré (CMP) ; – ou premier entré/premier sorti (Peps ou Fifo)
Évaluation des titres par équivalence sous certaines conditions	PCG art. 221-4 C. com. art. L 232-5 Voir n° 36210 s.	– évaluation des titres par équivalence ; – ou évaluation au coût d'acquisition
Frais d'émission d'un emprunt	PCG art. 212-11 Voir n° 41020	– charges de l'exercice ; – ou répartition sur la durée de l'emprunt
Subventions d'investissement	PCG art. 312-1 Voir n° 56440 s.	– prise en compte immédiatement en produit ; – ou étalement du produit sur plusieurs exercices
Frais d'acquisition (droits de mutation, honoraires, commissions et frais d'actes liés à l'acquisition d'immobilisations corporelles, incorporelles et de titres)	PCG art. 213-8, 213-22, 221-1 et 222-1 Voir n° 26185 s.	– constatation en charges de l'exercice ; – ou incorporation dans le coût d'entrée de l'actif (**méthode de référence,** voir n° 8395)
Frais de constitution, de transformation, de premier établissement	PCG art. 212-9 C. com. art. L 232-9 Voir n° 45130	– constatation en charges de l'exercice (**méthode de référence,** voir n° 8395) ; – ou inscription à l'actif comme frais d'établissement

Options prévues par le PCG	Sources	Choix
Frais d'augmentation de capital, de fusion, de scission, d'apport	PCG art. 212-9 Voir n° 45150	– constatation en charges de l'exercice ; – ou imputation sur les primes d'émission, de fusion et d'apport (**n'est plus une méthode de référence**) ; – ou inscription à l'actif en frais d'établissement
Charges de gros entretien et grandes visites	PCG art. 214-10 Voir n° 25750	– constitution d'une provision ; – ou comptabilisation sous la forme d'un composant (**n'est plus une méthode de référence**)
Amortissement des primes d'émission ou de remboursement d'emprunt	PCG art. 212-10 Voir n° 41120	– linéaire ; – ou actuariel
Primes d'option et report/déport	PCG art. 628-12 et 628-13 Voir n° 41800 à 41825	– étalés en résultat sur la période de couverture ; – ou différés et constatés en résultat symétriquement au résultat de l'élément couvert

2. Les méthodes comptables suivantes sont **citées dans la doctrine de l'ANC** :

Options prévues par la doctrine de l'ANC	Sources	Choix
Portage et autres engagements fermes sur titres de capital	Avis CNC 94-01 Voir n° 37360	– inscription à l'actif ; – ou mention en annexe
Évaluation et comptabilisation des engagements retraite	Rec. ANC 2013-03 Voir n° 17740	– méthode 1 fondée sur IAS 19 dans sa version antérieure à 2012 ; – ou méthode 2 fondée sur IAS 19 dans sa version révisée en juin 2012 ; – ou méthode simplifiée pour les entreprises de moins de 250 salariés
Écarts actuariels	Recueil des normes comptables ANC, commentaire IR 2 sous l'art. 324-1 du PCG Voir n° 17805	– méthode du corridor ; – ou méthode plus rapide de reconnaissance en résultat
Provisions et actifs de démantèlement	Avis CU CNC 2005-H Voir n° 26415 et 27945	actualisation ou non

b. Choix de méthodes implicites ou résultant de la pratique Le PCG (art. 121-5) reconnaît qu'en plus des options explicitement citées dans les textes, il existe également des choix de méthodes implicites ou résultant d'une pratique conforme aux principes d'établissement des comptes annuels (voir n° 3535 s.). Il ne dresse pas de liste de ces méthodes implicites. Il s'agit, par exemple, des choix de méthodes suivants (cités par nos soins) :
– actualisation ou non :
• des créances non productives d'intérêts (voir n° 40190 s.),
• des provisions (voir n° 48310 V) ;
– comptabilisation des frais de publicité en charges dès leur engagement ou en charges constatées d'avance jusqu'au lancement de la campagne publicitaire (Lettre du CNC à la CNCC du 9-11-2005, voir n° 15970) ;
– notions de résultat courant et résultat exceptionnel (voir n° 52030 s.) ;
– comptabilisation des impôts différés (voir n° 52955) ;
– étalement des franchises de loyers ou comptabilisation selon l'échéancier contractuel (voir n° 15740) ;
– comptabilisation de l'incitation financière versée par un fournisseur d'énergie dans le cadre de la loi POPE en subvention d'investissement ou produit de cession, chez le bénéficiaire (voir n° 26495).

II. Les options non soumises au principe de permanence des méthodes

a. Les options comptables ponctuelles pouvant être adoptées à tout moment de manière prospective :
— réévaluation libre des immobilisations corporelles et financières (C. com. art. L 128-18 ; PCG art. 214-27 ; voir n° 56665 s.) ;
— amortissement des immobilisations des PME (mesure de simplification ; PCG art. 214-13 ; voir n° 27150) : utilisation de la durée d'usage ou de la durée réelle d'utilisation ;
— amortissement des fonds commerciaux des PME sur 10 ans (mesure de simplification ; C. com. art. R 123-187 ; PCG art. 214-3 ; voir n° 31985).

> **Précisions** **Mesures de simplification** Ces mesures ne constituent pas des méthodes comptables, leur abandon (volontaire ou par perte d'éligibilité à ces mesures) ne constitue pas un changement de méthode comptable à traiter comme tel. L'impact de ce changement est, à notre avis, nécessairement prospectif.

b. Les options fiscales (provisions réglementées, voir n° 56305 s.) constituées en application de textes de niveau supérieur (PCG art. 313-1). Les conditions de comptabilisation, de reprise et d'évaluation de ces provisions sont définies par les textes qui les ont créées.

8395 Comment choisir les bonnes options ? Les bonnes options sont celles considérées par l'organisme normalisateur (l'ANC) comme des « **méthodes de référence** », c'est-à-dire conduisant à une **meilleure information** financière car répondant à la définition des actifs et des passifs (PCG art. 121-5 modifié par le Règl. ANC 2018-01 du 20-4-2018 homologué par arrêté du 8-10-2018 et sa note de présentation, § II.1).

C'est pourquoi le passage à une de ces méthodes n'a jamais à être justifié et est toujours **irréversible**.

Les méthodes de référence, dans les comptes individuels, sont les suivantes :

	Source	Méthode de référence	Alternative
1. Engagements de retraite et avantages similaires	PCG art. 324-1 C. com. art. L 123-13 Voir n° 17705 s.	Comptabiliser une **provision** pour la **totalité** des engagements de retraite et avantages similaires [1]	Donner le montant de l'engagement en annexe
2. Frais de développement et frais de création de sites internet (répondant à certaines conditions)	PCG art. 212-3 et 612-1 C. com. art. R 123-186 Voir n° 30285 et 30905 s.	Comptabiliser ces frais en **immobilisations incorporelles**	Comptabiliser ces frais en charges
3. Frais de constitution, de transformation et de premier établissement	PCG art. 212-9 C. com. art. R 123-186 Voir n° 45130	Comptabiliser ces frais en **charges**	Comptabiliser ces frais à l'actif
4. Droits de mutation, honoraires, commissions et frais d'actes liés à l'acquisition d'un actif	PCG art. 213-8 et 213-22 en application de l'art. 121-5 du PCG et art. 221-1 et 222-1 renvoyant au 213-8 Voir n° 26260 et 35620.	Incorporer ces frais au coût des **immobilisations** corporelles, incorporelles et titres [2]	Comptabiliser ces frais en charges

(1) Pour qu'une entreprise puisse dire qu'elle applique la méthode de référence (PCG art. 324-1) :
— la provision doit être **totale**, c'est-à-dire porter sur les actifs et les retraités ;
— la provision doit porter **non seulement sur les retraites** mais également sur les pensions, compléments de retraite, indemnités et allocations en raison du départ à la retraite ou avantages similaires des membres de son personnel et de ses associés et mandataires sociaux.
(2) Selon l'avis CU n° 2005-J du 6 décembre 2005 (relatif aux modalités d'exercice de l'option de comptabilisation des droits de mutation, honoraires, commissions et frais d'actes), l'option peut être exercée de manière différenciée, dans le respect du principe de permanence des méthodes :
— pour l'ensemble des immobilisations corporelles et incorporelles, d'une part (voir n° 26260) ;
— pour les titres immobilisés et les titres de placement, d'autre part (voir n° 35620 et 35625).

Faut-il faire le même choix dans les comptes individuels que dans les comptes consolidés ? La réponse à cette question est délicate puisqu'elle suppose de traiter de problèmes fondamentaux tels que :
– la déconnexion (ou l'autonomie) entre les comptes individuels et consolidés (Règl. ANC n° 2020-01 art. 271-2 à 271-5) ;
– et/ou celle entre les comptes individuels et la fiscalité.

8400

I. Au-delà de ces débats, les entreprises devraient, à notre avis, raisonner **en trois temps** :
a. choisir la méthode donnant la meilleure information financière (voir développements ci-avant n° 8395) ;
Cette méthode devrait être celle retenue dans les comptes consolidés dans la mesure où le référentiel le permet.
b. analyser en général et au cas particulier, les différentes conséquences (fiscales, juridiques, sociales, etc.) de l'application de la méthode ;
c. retenir pour les comptes individuels :
– s'il n'y a pas de conséquence préjudiciable à l'entreprise, la méthode qui donne la meilleure information financière ;
– s'il y a des conséquences préjudiciables, la méthode, acceptable sur le plan comptable, qui les réduit au maximum.

II. Sur un plan pratique, l'application des raisonnements exposés ci-avant au I. pourrait amener les entreprises qui souhaiteraient constituer une provision pour retraite ou comptabiliser à l'avancement leurs contrats à long terme en évitant les surcoûts fiscaux (voir n° 8545) :
– à ne pas les comptabiliser dans les comptes individuels (pour éviter des risques sociaux ou une base fiscale taxable supérieure) ;
– et à ne les comptabiliser que dans les comptes consolidés pour améliorer leur information financière.

PRÉSENCE DE RÈGLES INSUFFISANTES OU IMPROPRES À FOURNIR UNE IMAGE FIDÈLE

Lorsque l'application d'une **prescription comptable** ne permet pas d'obtenir une image fidèle du patrimoine, de la situation financière et du résultat de l'entreprise, le Code de commerce a prévu deux situations :
– si elle **ne suffit pas** pour donner l'image fidèle, des **informations** complémentaires **doivent** être fournies dans l'annexe (C. com. art. L 123-14, al. 2) ;
– si, **dans un cas exceptionnel,** elle se révèle **impropre** à donner une image fidèle, il **doit y être dérogé** (C. com. art. L 123-14, al. 3). Cette dérogation est mentionnée à l'annexe et dûment motivée, avec l'indication de son influence sur le patrimoine, la situation financière et le résultat de l'entreprise.

8405

> **Précisions** À notre avis, par prescription comptable – terme non défini – il faut entendre uniquement règles comptables (lois, décrets, arrêtés), terminologie retenue dans le PCG (art. 121-3) ; les recommandations de l'ensemble de la doctrine et les commentaires faits dans les guides comptables professionnels, n'ayant pas valeur de règle, ne sont donc pas visés, voir n° 3070. Pour tous les textes comptables de référence, voir le « Code Comptable ».

Pour savoir quand, en pratique, il faut utiliser l'alinéa 2 ou l'alinéa 3 de l'article L 123-14 du Code de commerce et comment distinguer une prescription impropre d'une prescription insuffisante à donner une image fidèle, il est indispensable de définir l'expression « dans un cas exceptionnel ». À notre avis :
– le terme **« exceptionnel »** se réfère à une **particularité propre à une entreprise** et non à celle d'un secteur d'activité (qui relève d'une réglementation professionnelle) ou de la législation ;
– les cas exceptionnels sont des **cas non prévus par le législateur** (en ce sens, M. Cormaille de Valbray, RFC n° 150, octobre 1984) ;
– ces cas ne peuvent être que des **cas d'espèce propres à l'entreprise** qui, traduits par les règles comptables, donneraient une **image tronquée ou trompeuse** du patrimoine, de la situation financière et du résultat de l'entreprise.
Selon le bulletin CNCC (n° 73, mars 1989, EC 88-62, p. 128), la dérogation aux prescriptions comptables par souci d'image fidèle ne peut être qu'exceptionnelle dans le temps et spécifique à une entreprise déterminée. **Une dérogation ne peut être appliquée de manière**

permanente par une entreprise pour satisfaire à une particularité propre en fait à son secteur d'activité et non visée par la réglementation comptable professionnelle du secteur concerné.

Il résulte de cette interprétation que, en pratique, la **dérogation** ne pourra s'effectuer que dans des **cas limites** et **particuliers**.

Il s'agit, nous semble-t-il, de cas où la réalité économique de l'opération serait totalement dénaturée par une traduction purement juridique.

Sans oublier toutefois les limites de la comptabilité, voir n° 8280.

> **Précisions** Pour des exemples fournis par la recommandation COB/CB de novembre 2002 et la CNCC (Communiqué du 10-1-2003 publié au bulletin n° 128, décembre 2002, p. 493 s.) en matière de sorties de bilan, notamment dans les comptes consolidés, voir Mémento Comptes consolidés n° 3046-1.

Dans ces conditions, **en pratique**, lorsque l'application des règles comptables ne permet pas d'obtenir une image fidèle du patrimoine, de la situation financière et du résultat de l'entreprise, cette dernière ne pourra **pas déroger** (sauf cas exceptionnels) à la règle **mais aura à fournir**, en revanche, des **informations en annexe**.

EXEMPLE

Il pourrait en être ainsi dans les cas suivants qui ne peuvent être considérés comme des cas particuliers :
— impossibilité de prendre en compte, dans la période d'arrêté de ses comptes, les bénéfices des sociétés en nom collectif et autres sociétés transparentes dans lesquelles la société est associée, les statuts de ces sociétés ne prévoyant pas explicitement cette possibilité, alors que la divergence entre les règles comptables et fiscales entraîne la prise en compte d'une charge d'impôt non compensée par un produit (voir n° 36485 s.) ;
— impossibilité de valoriser les stocks à la méthode Lifo, Nifo ou toute autre méthode différente du Fifo ou du CMP, alors que (par exemple) la méthode Lifo (eu égard au processus de fabrication) eût été plus adéquate (voir n° 20815) ;
— impossibilité pour les sociétés holdings, à défaut de plan comptable spécifique, de faire figurer leurs produits financiers dans leur résultat d'exploitation.

C. Changements comptables

8455 Les changements comptables sont constitués par les changements de méthodes comptables, les changements d'estimation et les corrections d'erreurs.

> **Précisions Disparition de la notion de « changement d'option fiscale »** Le règlement ANC n° 2018-01 du 20 avril 2018 (homologué par l'arrêté du 8-10-2018), relatif aux changements comptables :
— a limité les **« options fiscales »** aux traitements comptables dérogatoires prévus spécifiquement par un texte fiscal, à savoir les provisions réglementées (voir n° 56305 s. ; note de présentation du Règl. ANC 2018-01 § II.5) ; il n'est plus possible de considérer qu'une méthode comptable, adoptée à l'origine pour des raisons fiscales, est une option fiscale pouvant donner lieu à changement sans remplir les conditions d'un changement de méthode comptable (sur ces conditions, voir n° 8480) ;
— a supprimé la notion de **« changement d'option fiscale »** et précisé que les options fiscales ne sont pas soumises au principe de permanence des méthodes ; les conditions de leur changement sont définies par les textes qui les ont créées (voir n° 56305 s.).

Le PCG, modifié par le règlement n° 2018-01 relatif aux changements comptables, définit ces changements ainsi que le traitement applicable à chacun d'eux. Le PCG ainsi que la partie infra-réglementaire du Recueil de l'ANC relatif au PCG intègrent l'avis du CNC n° 97-06 du 18 juin 1997.

DÉFINITIONS, CONDITIONS, EXEMPLES DES DIFFÉRENTS CHANGEMENTS

8460 Importance des définitions La comptabilisation et le calcul des impacts sont différents selon la nature du changement comptable (voir n° 8505). D'où l'importance des définitions ci-après (voir aussi exemple récapitulatif n° 8550).

8480 Changements de méthodes comptables

I. Définition d'une méthode comptable (PCG art. 121-5) Les méthodes comptables sont les principes, règles et pratiques spécifiques appliqués par une entité lors de l'établissement de ses comptes annuels.

Les termes « méthode comptable » s'appliquent :
- aux méthodes d'évaluation et de comptabilisation ;
- aux méthodes de présentation des comptes.

Elles peuvent être explicites ou implicites (voir n° 8375).

II. Adoption initiale d'une méthode comptable (PCG art. 121-5)

L'adoption initiale d'une méthode comptable résulte d'une décision de l'entité qui **n'a pas à être justifiée** (PCG art. 121-5).

III. Deux causes possibles d'un changement de méthode comptable

Un changement de méthode comptable peut avoir pour origine :
- une décision de l'autorité compétente (ANC) qui s'impose alors à l'entreprise (**changement de réglementation**) ; le changement **n'a pas à être justifié** (PCG art. 122-1) ;
- une décision **de l'entreprise** (changement de méthode comptable stricto sensu) ; le changement **doit être justifié** (PCG art. 122-2 et 833-2 ; voir ci-après IV.), sauf en cas d'adoption d'une méthode de référence (PCG art. 121-5).

Sur les changements de référentiel comptable, voir n° 8590 s.

IV. Deux conditions à respecter pour effectuer un changement de méthode comptable à l'initiative de l'entreprise (PCG art. 122-2) :

- **1ᵉ condition** : un changement de méthode n'est possible que **s'il existe un choix entre plusieurs méthodes comptables** (explicites ou implicites) pour traduire un même type d'opérations ou d'informations. Pour une liste de ces choix de méthodes comptables ou « options », voir n° 8375.

La nouvelle méthode comptable envisagée doit être **conforme** aux dispositions du PCG ; ainsi, une méthode adoptée dans les comptes consolidés ne pourra pas faire l'objet d'une harmonisation dans les comptes sociaux si elle n'est pas applicable dans les comptes individuels (par exemple, l'inscription à l'actif des opérations de crédit-bail et assimilées).

- **2ᵉ condition** : un changement de méthode doit conduire à fournir une **meilleure information financière** (C. com. L 123-17). Tel est le cas lorsque la nouvelle méthode reflète de façon plus adaptée et plus pertinente la performance ou le patrimoine de l'entreprise au regard de son activité, sa situation et son environnement. Sur les causes possibles d'un changement de méthode comptable en normes IFRS, voir Mémento IFRS n° 12681.

> **Précisions** Suppression de la condition de changement exceptionnel dans la situation du commerçant Le règlement ANC n° 2018-01 modifiant le PCG a supprimé la condition d'un changement exceptionnel dans la situation du commerçant.

Dans tous les cas :
- le changement ne doit pas conduire l'entreprise à abandonner une méthode de référence dont l'adoption est **irréversible** (voir n° 8395) ;
- dans un même contexte et pour une même opération ou information, une méthode qui a été considérée par l'entité comme fournissant une meilleure information financière ne peut être ultérieurement remise en cause (PCG art. 122-2) ;
- l'adoption d'une méthode comptable pour des événements ou opérations qui **diffèrent sur le fond d'événements ou d'opérations survenus précédemment,** ou l'adoption d'une nouvelle méthode comptable pour des événements ou opérations qui étaient **jusqu'alors sans importance significative** ne constitue pas un changement de méthode comptable mais un changement d'estimation (PCG art. 122-2) ;
- lorsque l'entreprise a des **difficultés pour faire la distinction** entre un changement de méthode ou un changement d'estimation, il s'agit d'un changement d'estimation (voir n° 8500).

V. Exemples

a. Situations justifiant des changements de méthodes conduisant à une meilleure information

Selon les textes (PCG art. 121-5 ; Recueil des normes comptables ANC, commentaire IR 2 sous l'art. 122-2 du PCG) :
- l'entreprise adopte une **méthode de référence** (une telle méthode conduisant nécessairement à une meilleure information, voir n° 8395). Leur adoption est toujours possible et ne nécessite **aucune justification** (PCG art. 121-5) ;
- l'entreprise adopte **les méthodes comptables les plus généralement retenues dans le secteur d'activité** concerné ;

> **EXEMPLE**
> À l'occasion de l'admission de ses titres aux négociations sur un marché réglementé (voir n° 80900), une entreprise peut adopter les règles les plus généralement acceptées dans le secteur d'activité concerné. En revanche, l'admission des titres à la négociation ne justifie pas à elle seule le changement.

– l'entreprise **harmonise les méthodes comptables retenues dans ses comptes individuels et les méthodes comptables retenues dans ses comptes consolidés** (la réduction des divergences entre les principes retenus dans les comptes du groupe et dans les comptes individuels conduisant à une meilleure information) ; cette harmonisation peut se faire à tout moment (à l'occasion d'un changement d'actionnaire dû à une entrée dans un groupe mais aussi à toute date ultérieure dans le respect des deux conditions d'un changement de méthode précitées) ;
– l'entreprise adapte ses méthodes comptables aux **nouveaux modes de suivi** interne de gestion de la performance ou du patrimoine qu'elle a dû mettre en place afin de répondre à l'**évolution de son activité,** de sa situation ou de son environnement.

La **seule modification des outils de gestion** ne suffit pas à justifier d'un changement de méthode. Ce sont les changements rendus nécessaires par une modification de l'activité, de la situation ou de l'environnement de l'entreprise qui conduisent à modifier les outils de gestion et de suivi de la performance et par suite à l'adaptation des méthodes comptables.

En outre, en cas de **fusions et opérations assimilées,** au-delà des retraitements obligatoires (voir ci-après), les changements induits par l'harmonisation des méthodes comptables de la société absorbée avec celles de la société absorbante sont comptabilisés comme des changements de méthodes comptables (PCG art. 744-3).

> **Précisions** **Retraitements obligatoires** Lorsque, postérieurement à l'opération (réalisée à la valeur comptable), l'harmonisation des méthodes comptables de la société absorbée avec celles de la société absorbante est obligatoire (sur les situations visées, voir Mémento Fusions & Acquisitions n° 8605), le changement de méthode, effectué dans les comptes de la société absorbante (bénéficiaire des apports), est comptabilisé **en contrepartie du mali ou boni de fusion** (à défaut, il est imputé en report à nouveau conformément aux règles sur les changements de méthodes).

b. Situations ne justifiant pas à elles seules des changements de méthodes :
– un changement de dirigeant ou un changement d'intention (encore appelé en pratique changement de stratégie) peut conduire à modifier certaines évaluations. Un tel changement ne devrait pas s'analyser comme un changement de méthode mais comme un changement d'estimation (en ce sens, l'avis CNC 97-06 non repris dans le Recueil des normes comptables de l'ANC mais restant valable à notre avis ; voir n° 8500 III.) ;
– à droit fiscal constant, le bénéfice d'une méthode comptable favorable à l'entité d'un point de vue fiscal ne peut pas être la seule justification à un changement de méthode comptable (Recueil des normes comptables ANC, commentaire IR 2 sous l'art. 122-2 du PCG).

VI. Traitement comptable La comptabilisation des impacts des changements de méthodes comptables est prévue à l'article 122-3 du PCG (voir n° 8545).

8500 Changements d'estimations comptables

I. Définition d'une estimation comptable (PCG art. 122-4 ; Recueil des normes comptables ANC, commentaire IR 2 sous cet article)

Les estimations comptables sont **le résultat de l'exercice du jugement et de la mise en œuvre d'hypothèses dans l'application d'une méthode comptable.**

> **Précisions** En raison des **incertitudes** inhérentes à la vie des affaires, de nombreux éléments des états financiers ne peuvent être évalués avec précision. **L'entité doit alors recourir à des estimations comptables pour appliquer ses méthodes comptables.** Ces estimations nécessitent l'exercice du **jugement** et/ou l'utilisation d'hypothèses fondées sur les dernières informations disponibles. Le recours à des estimations raisonnables est une part essentielle de la préparation des comptes.

Sont qualifiées d'estimations comptables toutes les **modalités d'application d'une méthode comptable** dès lors que ces modalités :
– ne résultent pas d'un choix de méthodes comptables explicite ;

> **Précisions** Par exemple, la mesure de l'avancement par les jalons techniques est une modalité d'application de la méthode de comptabilisation du chiffre d'affaires des contrats à long terme à l'avancement (voir n° 10840). En revanche, la méthode du corridor pour la comptabilisation des écarts actuariels est une « méthode dans la méthode » et non une modalité d'application de la méthode du provisionnement des retraites (voir n° 17805).

– et permettent d'évaluer au mieux la transaction.

> EXEMPLE **Exemples d'estimations**
> (Recueil des normes comptables ANC, commentaire sous l'art. 122-4 du PCG) :
> – modalités pratiques mises en œuvre par l'entreprise pour calculer la valeur d'usage d'un actif ; ces modalités pratiques peuvent évoluer au cours du temps afin d'obtenir une meilleure évaluation en fonction des informations à sa disposition. Ces éléments de calcul sont des estimations ;
> – modalités de calcul de la dépréciation d'une créance, de titres… ;
> – modalités retenues pour mesurer l'avancement d'un contrat à long terme.

II. Les changements d'estimations comptables (PCG art. 122-5)
Les changements d'estimation résultent soit :
– d'un changement de circonstances sur lesquelles l'estimation était fondée ;
– de nouvelles informations ;
– ou d'une meilleure expérience.

> **Précisions** Précisions des textes Des précisions nouvelles apportées par les textes peuvent conduire à revoir les estimations. Ce fut le cas, par exemple, du changement des modalités de calcul de la part compensable de la dépréciation des titres en cas de baisse anormale et momentanée, suite à l'avis CU CNC du 3 avril 2002 (voir n° 36155 ; Lettre du 17-12-2002 du président du CNC au président de la CNCC).

III. Exemples
a. Situations justifiant un changement d'estimation :
– changement de dirigeant ou changement d'intention (changement de stratégie) pouvant conduire à modifier certaines évaluations ;
– une nouvelle estimation de la durée de vie d'une immobilisation conduit à revoir le plan d'amortissement futur (Recueil des normes comptables ANC, commentaire IR 3 sous l'art. 122-5 du PCG ; voir n° 27330) ;
– un actif précédemment comptabilisé à sa valeur d'usage sera déprécié, s'il y a lieu, à sa valeur de marché si l'entreprise a décidé de le vendre (changement de destination ; exemple de l'avis CNC 97-06 non repris dans le recueil des normes comptables de l'ANC mais restant valable, à notre avis) ;
– une marque précédemment non amortie peut commencer à être amortie sur sa durée d'utilisation résiduelle si l'entité a programmé l'arrêt de son exploitation (Recueil des normes comptables ANC, commentaire IR 3 sous l'art. 122-5 du PCG) : voir n° 31940 ;
– un nouvel outil de gestion permettant de suivre de manière plus fiable les coûts de garantie par produit peut conduire l'entité à changer les modalités d'évaluation de sa provision pour garantie antérieurement calculée sur une base forfaitaire (Recueil des normes comptables ANC, commentaire IR 3 sous l'art. 122-5 du PCG) ;
– sur les modalités retenues pour mesurer l'avancement d'un contrat à long terme, voir n° 10840.

b. Situations ne justifiant pas un changement d'estimation :
– si les estimations antérieures étaient fondées sur des données elles-mêmes manifestement erronées sur la base des informations disponibles à l'époque, le changement ne constitue pas un changement d'estimation ou de modalité mais une correction d'erreur (PCG art. 122-5) ;
– une modification des normes IFRS n'est pas de nature à justifier à elle seule un changement d'estimation (Bull. CNCC, EC 2017-32 publiée le 8-3-2018 ; cncc.fr). Toutefois, dans le cadre de la mise en œuvre d'une nouvelle norme IFRS dans ses comptes consolidés, une entité peut être amenée à procéder à une nouvelle analyse des contrats et de leur environnement, à utiliser de nouveaux outils de gestion, à changer le mode de gestion et de suivi interne de la performance des contrats… ces éléments pouvant être de nature à justifier d'un changement d'estimation ou de modalité d'application d'une méthode comptable dans les comptes sociaux (Bull. CNCC, EC 2017-32 publiée le 8-3-2018 à propos de la mesure de l'avancement d'un contrat de VEFA ; cncc.fr).

c. Situations dans lesquelles l'entreprise a des difficultés pour faire la distinction entre un changement de méthode ou un changement d'estimation, le PCG considère qu'il s'agit alors d'un changement d'estimation (PCG art. 122-5).

IV. Traitement comptable
La comptabilisation des impacts des changements d'estimation est prévue à l'article 122-5 du PCG (voir n° 8545).

Corrections d'erreur 8503
I. Définition et exemples (PCG art. 122-6) Les corrections d'erreurs résultent d'erreurs, d'omissions **matérielles** ou d'interprétations erronées.
Constitue également une erreur l'adoption par l'entreprise d'une méthode comptable non admise.

> **EXEMPLE**
> Constitue une correction d'erreur le changement de méthode comptable effectué après le premier exercice d'application des règles (en ce sens, Bull. CNCC n° 143, septembre 2006, EC 2006-32, p. 526 s.). Sur sa comptabilisation, voir n° 8545.

Les changements d'estimations ne constituent pas des corrections d'erreurs sauf si les estimations antérieures étaient fondées sur des données elles-mêmes **manifestement erronées,** sur la base des informations disponibles à l'époque (PCG art. 122-5). Par « manifestement erronées » il faut comprendre, à notre avis :
– significatives (la définition d'une erreur utilisant les termes « erreurs et omissions matérielles ») ;
– sur la base des informations disponibles à l'époque et non par rapport aux informations détenues aujourd'hui.

Voir également la distinction entre :
– les erreurs comptables volontaires, involontaires et celles résultant de décisions de gestion régulières : n° 45635 et 45640 ;
– une erreur comptable et une erreur fiscale : n° 53130.

II. Traitement comptable La comptabilisation des impacts des corrections d'erreurs est prévue par l'article 122-6 du PCG (voir n° 8545).

INCIDENCES DES CHANGEMENTS SUR LE BILAN ET LE COMPTE DE RÉSULTAT

8505 L'incidence de ces changements dépend, pour chaque type de changement :
– du calcul de leur impact (voir n° 8525) ;
– du traitement comptable de cet impact (voir n° 8545).
L'ensemble est explicité ensuite dans un exemple établi par nos soins (voir n° 8550).

CALCUL DE L'IMPACT DES CHANGEMENTS

8525

	Rétrospectif	Prospectif	Avec impôt	Sans impôt
Changements de méthodes comptables	OUI [1] (calcul à l'ouverture de l'exercice comme si la nouvelle méthode avait toujours été appliquée)	OUI en cas de difficulté d'estimation du calcul rétrospectif [1]	OUI [3] (dans les comptes consolidés) mais conditionnel dans les comptes individuels	
Changements d'estimations		OUI [2]		OUI
Corrections d'erreurs	OUI (car portent toujours sur des opérations passées)			OUI [4]

(1) **Caractère rétrospectif des changements de méthodes** Lors de changements de méthodes comptables, l'effet, après impôt, de la nouvelle méthode est calculé de façon rétrospective, comme si celle-ci avait toujours été appliquée. Il convient donc d'appliquer la nouvelle méthode aux comptes **antérieurs** à l'exercice du changement afin d'en calculer correctement l'effet à l'ouverture.

Dans les cas où l'estimation de l'effet à l'ouverture ne peut être faite de façon objective, en particulier lorsque la nouvelle méthode est caractérisée par la prise en compte d'hypothèses, le calcul de l'effet du changement sera fait de manière **prospective** (PCG art. 122-3).

Sur la divergence avec les normes IFRS, voir Mémento IFRS n° 69005.

> **Précisions 1. Calcul partiel impossible** L'application partielle d'une nouvelle méthode ou réglementation ne constitue pas un changement de méthode (Bull. CNCC n° 143, septembre 2006, EC 2006-32, p. 526 s.). En conséquence, l'impact du changement doit être calculé en tenant compte de l'ensemble des modifications apportées par la (les) nouvelle(s) méthode(s).

2. Mesures de simplification prospectives prévues dans le cadre de la première application de nouvelles règles Lors d'un changement de réglementation comptable, des modalités particulières de première application peuvent être prévues, notamment des méthodes de simplification prospectives au lieu de la méthode totalement rétrospective.

Dans le cas où un changement de méthode comptable serait effectué après le premier exercice d'application de nouvelles règles, et si des mesures de simplifications sont prévues à la date du changement de méthode comptable, ces dernières peuvent être appliquées lors du calcul de l'effet de la **correction d'erreur** (en ce sens, Bull. CNCC n° 146, juin 2007, EC 2006-103, p. 341 s. précisant que les entreprises appliquant, postérieurement à 2005, pour la première fois les nouvelles règles sur les actifs peuvent également choisir la méthode de simplification qui était prospective au lieu de la méthode totalement rétrospective).

8525 (suite)

(2) **Caractère prospectif des changements d'estimations** Selon le PCG (art. 122-5), ces changements n'ont qu'un effet sur l'exercice en cours et les exercices futurs.

(3) **L'impact du changement de méthode doit être calculé après impôt** (PCG art. 122-3).

a. L'impôt dont il est question est l'impôt exigible Compte tenu de la non-comptabilisation des impôts différés dans les comptes individuels, le bulletin CNCC (n° 132, décembre 2003, EC 2003-50, p. 678) a précisé que l'effet d'impôt dont il est question dans l'article 122-3 est l'effet d'impôt exigible et non l'effet d'impôt différé. Ainsi, si le changement de méthode ne donne pas lieu à un impôt exigible, l'effet d'impôt est nul sauf si l'entreprise décide de constater des impôts différés sur l'ensemble de ses différences temporaires (voir n° 52965).

> **Précisions** Tel est le cas pour les provisions pour indemnités de départ à la retraite (voir exemple ci-après).

Cette analyse a été confirmée par le CNC à l'occasion de la première application des règlements sur les actifs au 1er janvier 2005. Pour rappel, le texte fiscal prévoyait l'étalement sur 5 ans de l'impact fiscal résultant de la première application de l'approche par composants. L'avis CU CNC n° 2005-D du 1er janvier 2005 (§ 1.4) précise qu'en cas d'impact négatif du changement de méthode, aucune écriture relative à l'impôt sur les quatre exercices suivants n'est constatée, en l'absence de dispositions relatives à la comptabilisation des impôts différés dans les comptes individuels. En revanche, dans les comptes consolidés, l'impact du changement de méthode tient obligatoirement compte de l'effet d'impôt différé. Voir Mémento Comptes consolidés n° 3335.

> **Précisions** Extension du calcul à l'ensemble des différences temporaires Selon le bulletin CNCC précité, dès lors que la société comptabilise un impôt différé actif au titre d'un changement de méthode ne donnant pas lieu à un impôt exigible, elle doit étendre le calcul à l'ensemble des différences temporaires.

EXEMPLE

Première constitution d'une provision pour retraite, **provision non déductible** engendrant un impôt différé actif :

Comptabilisation dans les comptes consolidés :
– le compte « Report à nouveau » est débité du montant **net** d'impôt différé ;
Voir détails sur la comptabilisation en « Report à nouveau » n° 8545.
– l'impôt différé actif est débité ;
– et la provision pour retraite est créditée pour son montant brut.

Deux solutions envisageables dans les comptes individuels :

1re solution : les mêmes écritures que dans les comptes consolidés.

Cette solution présente l'avantage de la cohérence avec les comptes consolidés et étant sans incidence sur le résultat imposable (provision non déductible) elle ne présente plus le risque fiscal d'une éventuelle taxation de l'impôt différé actif (voir n° 52985).

Elle a cependant pour inconvénient d'obliger les entreprises à constater des impôts différés sur l'ensemble de ses différences temporaires.

Le bulletin CNCC (précité) précise, en outre, que si un actif différé peut être comptabilisé, il est inscrit à l'actif du bilan et non porté en déduction du montant de la provision pour risques.

2e solution : l'impact dans les comptes individuels calculé ne tient pas compte de l'impôt différé.
– le compte « Report à nouveau » est débité du montant **brut** de la provision (et non du montant net d'impôt différé) ;
– et la provision pour retraites est créditée pour son montant brut.

Cette solution :
– est conforme au principe général rappelé ci-avant au renvoi (3) et à celle retenue pour la première application des règlements relatifs aux actifs en 2005 ;
– mais présente l'inconvénient de minorer les capitaux propres dans les comptes individuels de manière plus importante que dans les comptes consolidés (avec, en outre, pour conséquence, une

éventuelle application de la règle de la perte de la moitié du capital) et de faire apparaître un produit net lors de la constatation de la charge (la provision étant reprise pour un montant brut alors que la charge est déductible).

b. Calcul de l'effet d'impôt (exigible) du changement de méthode (lorsque l'entité ne comptabilise pas d'impôts différés dans ses comptes individuels, ce qui est le cas général)
L'impôt à considérer est égal (Recueil des normes comptables ANC, commentaire IR 3 sous l'article 122-3 du PCG) :
– à la différence entre l'impôt exigible calculé sur le résultat de l'exercice après prise en compte du changement de méthode et celui calculé avant prise en compte du changement de méthode ;
– après déduction, le cas échéant, des déficits fiscaux reportables, l'effet du changement de méthode étant imputé prioritairement sur les déficits fiscaux reportables.

EXEMPLE

(repris du Recueil des normes comptables ANC, commentaire IR 4 sous l'article 122-3 du PCG)

Une entité A, dont l'exercice coïncide avec l'année civile, réalise au titre de l'année N un bénéfice fiscal de 400 K€ avant prise en compte du changement de méthode et de 500 K€ après prise en compte du changement de méthode, soit un impact de 100 K€ lié au changement de méthode. Elle a enregistré par ailleurs un déficit fiscal au titre de l'exercice N-1 s'élevant à 200 K€.

L'effet du changement de méthode, 100 K€, est imputé prioritairement sur les déficits fiscaux de 200 K€. En conséquence, l'entité ne comptabilisera aucun impôt exigible au titre du changement de méthode. L'effet du changement sera comptabilisé pour un montant de 100 K€.

(4) **L'impact de la correction d'erreur doit être calculé avant impôt** (PCG art. 122-6 modifié par règl. ANC 2018-01 du 20-4-2018 homologué par l'arrêté du 8-10-2018 et sa Note de présentation, § II.6).

> **Précisions** Précision sur le classement de l'effet d'impôt L'article 122-6 du PCG, modifié par le règlement ANC n° 2018-01, précise que l'impact d'une correction d'erreur est calculé brut d'impôt. L'effet d'impôt afférent doit donc rester comptabilisé sur la ligne « Impôts sur les bénéfices » et non sur la même ligne (séparée) du compte de résultat que la correction d'erreur. Pour un exemple, voir n° 8545.

COMPTABILISATION DES IMPACTS DES CHANGEMENTS AU BILAN ET AU COMPTE DE RÉSULTAT

8545 I. Sur l'exercice du changement Le PCG n'offre qu'**un seul traitement à chaque situation** ; d'où les deux colonnes du tableau ci-après avec le mot « obligatoirement ».
Sur le traitement à retenir en cas de **différé d'application,** voir II. ci-après.

	Obligatoirement en capitaux propres [2]	Obligatoirement en résultat
Changements de méthodes comptables (PCG art. 122-3)	**OUI** [1] dans les comptes consolidés dès l'ouverture de l'exercice [3] au compte « Report à nouveau » [4] (débiteur ou créditeur)	
	OUI dans les comptes individuels dès l'ouverture de l'exercice [3] au compte « Report à nouveau » [4] (débiteur ou créditeur) (**sauf exception** ; voir ci-contre)	**EXCEPTION** dans les comptes individuels (à présenter sur une ligne en dehors du résultat courant) [5]
Changements d'estimations (PCG art. 122-5)		**OUI** [6] [7] (effet possible sur différentes lignes)
Corrections d'erreurs (PCG art. 122-6)	**EXCEPTION** [8] si les conséquences de l'erreur étaient passées dans les capitaux propres	**OUI** [7] [8] si les conséquences de l'erreur étaient passées en résultat (à présenter sur une ligne distincte du compte de résultat en dehors du résultat courant)

(1) **Changements de méthodes** (qu'ils soient réglementaires ou à l'initiative de l'entreprise) : **imputation obligatoire** (sauf exception, voir renvoi 5) **sur les capitaux propres** (PCG art. 122-3).

> **Précisions** **Application partielle d'une nouvelle méthode** Ne constituant pas un changement de méthode (voir n° 8525), cette application ne peut donner lieu à imputation sur les capitaux propres (en ce sens, Bull. CNCC n° 143, septembre 2006, EC 2006-32, p. 526 s.).

8545 (suite)

(2) Le principe d'intangibilité du bilan d'ouverture n'empêche pas l'imputation sur les capitaux propres Si l'application de la nouvelle méthode ne peut avoir pour effet de modifier les comptes des exercices antérieurs, elle n'interdit pas que dès l'ouverture de l'exercice, l'impact du changement de méthode, déterminé à l'ouverture, soit imputé sur les capitaux propres dans le compte « Report à nouveau » [PCG art. 122-3 et ses commentaires donnés dans le Recueil des normes comptables de l'ANC ; voir renvoi (4)].

Cependant, une information comparative retraitée selon la nouvelle méthode des exercices antérieurs est exigée en annexe (voir n° 8555).

> **Précisions** **1. Respect du principe d'intangibilité du bilan d'ouverture** L'intangibilité du bilan de clôture de l'exercice précédent est donc bien respectée. Le bilan d'ouverture de l'exercice correspond bien au bilan de clôture de l'exercice précédent, le changement étant enregistré « dès l'ouverture de l'exercice », c'est-à-dire au premier jour de l'exercice au cours duquel a lieu le changement.
> **2. Autorisation de l'assemblée générale** L'imputation de l'impact des changements de méthodes comptables et de certaines corrections d'erreurs n'ont pas à donner lieu à la délibération d'une assemblée générale. En effet, cette comptabilisation étant obligatoire, l'autorisation préalable de l'assemblée est, en principe, sans objet. Toutefois, selon l'Ansa (Com. 06-009, CJ du 1-2-2006), lorsque le changement de méthode est à l'initiative de l'entreprise **et** conduit à une **diminution du report à nouveau,** une résolution spécifique à l'assemblée d'approbation des comptes est à prévoir.
> **3. Bénéfice distribuable antérieur à l'exercice de changement** Un changement de méthode comptable n'affecte pas la détermination, par l'assemblée générale des actionnaires, du bénéfice distribuable antérieur à la comptabilisation de l'effet du changement, constitué aux termes de l'article L 232-11 du Code de commerce (Recueil des normes comptables ANC, commentaire IR 3 sous l'article 122-3 du PCG).

(3) Le changement de méthode doit être imputé en « report à nouveau dès l'ouverture de l'exercice » La lecture littérale du PCG (art. 122-3) laisserait penser que la première écriture de l'exercice serait l'imputation sur les capitaux propres. Mais il est clair que, comme toutes les opérations, leur enregistrement ne peut s'effectuer qu'à la date de leur réalisation, c'est-à-dire en l'occurrence seulement au moment où le changement est décidé.

Il ne faut pas confondre date d'effet du changement de méthode (à l'ouverture) **et date de passation de l'écriture** (décision du changement).

(4) Comptabilisation en « Report à nouveau » Le PCG (art. 122-3) précise que l'impact des changements de méthodes (net d'impôt, le cas échéant) doit toujours être comptabilisé au compte « Report à nouveau » :
– au débit : en cas d'imputation ;
– au crédit : en cas d'impact positif.

L'effet d'impôt est constaté en contrepartie d'une dette ou d'une créance sur l'État.

> **Précisions** Cette imputation peut donc entraîner la présentation dans les comptes d'un compte « Report à nouveau débiteur ».

Ainsi, malgré l'imputation sur les capitaux propres, la **capacité de distribution de dividendes** de la société est **identique** à ce qu'elle aurait été si l'impact avait été comptabilisé en résultat, tant pour les distributions futures que passées.

Pour l'incidence sur « la perte de la moitié du capital », voir n° 55040.

(5) Comptes individuels : comptabilisation par exception des charges en résultat

a. Si le changement de méthode porte sur des **charges ou provisions déductibles** Par exception offerte par le PCG (art 122-3), pour des raisons fiscales (voir ci-après), si le changement de méthode porte sur des charges ou provisions immédiatement déductibles, l'impact de ce changement peut être comptabilisé dans le compte de résultat afin de préserver la déduction fiscale.

> **Fiscalement** **1. Pas de déduction possible d'une charge ou provision imputée sur les capitaux propres** Le montant correspondant à l'application rétrospective d'un changement de méthode comptable qui n'est pas comptabilisé en compte de résultat mais imputé sur les capitaux propres ne peut être déduit du résultat imposable de l'exercice (CAA Versailles 10-7-2018 n° 17VE00344). La cour de Versailles confirme ainsi une position qui a été publiée par l'administration fiscale (BOI 4 A-13-05 n° 167 non repris dans Bofip).

8545
(suite)

Cette règle comporte deux exceptions :
– **Frais d'augmentation de capital** Les frais d'augmentation de capital imputés sur une prime d'émission sont déductibles extra-comptablement (voir n° 55315).
– **1ʳᵉ application des règles comptables relatives aux actifs** L'administration fiscale a autorisé que les minorations d'actif net résultant de la 1ʳᵉ application de l'ensemble de ces règles soient considérées comme des charges déductibles au titre de l'exercice de 1ʳᵉ application, même si elles ont été imputées sur les capitaux propres (BOI 4 A-13-05 n° 167 non repris dans Bofip).

2. Imposition obligatoire d'un produit comptabilisé en capitaux propres En revanche, tout produit venant en augmentation des capitaux propres majore l'actif net et est donc immédiatement imposable en application de l'article 38, 2 du CGI (TA Montreuil 20-6-2013 n° 1108125). Il convient donc de le réintégrer extra-comptablement sur l'imprimé n° 2058-A (ligne WQ) pour son montant brut d'impôt.

L'impact du changement de méthode (net d'impôt) peut ainsi être comptabilisé :
– dans le compte de résultat ;
– **en dehors du résultat courant.**

La Note de présentation du règlement n° 2018-01 précité précise que l'impact est présenté « sur une ligne » en dehors du résultat courant. Sans autre précision des textes, l'impact du changement de méthode devrait pouvoir être présenté :
– soit en résultat exceptionnel (sur une ligne distincte si l'effet est significatif) ;
– soit en dehors du résultat exceptionnel, sur une ligne distincte sous le résultat courant.

> **Précisions** **Nouvelles règles** Avant l'actualisation du PCG par le règlement ANC n° 2018-01 (homologué par arrêté du 8-10-2018), aucune précision n'était donnée sur le classement en résultat de l'impact d'un changement de méthode.

L'effet d'impôt est constaté en contrepartie d'une dette ou d'une créance sur l'État.

> **Fiscalement** **Si les charges sont déductibles,** elles sont donc comptabilisées au compte de résultat et aucune correction extra-comptable n'est à effectuer.

> **Précisions** **Pas d'incidence sur les comptes consolidés en cas de comptabilisation par exception en résultat** La comptabilisation en résultat ne vaut que pour les comptes individuels et n'a donc aucune incidence sur les comptes consolidés, qu'ils soient établis :
— en règles françaises. En effet, s'agissant d'une écriture passée pour des raisons fiscales, il convient de l'éliminer pour les comptes consolidés conformément à l'article R 233-8-3° du Code de commerce (Recueil des normes comptables ANC, commentaire IR 3 sous l'art. 122-3 du PCG) ;
— ou en IFRS (voir Mémento IFRS n° 69005).
En conséquence, dans les comptes consolidés, l'impact des changements de méthodes sera toujours imputé sur les capitaux propres, quel que soit le traitement retenu dans les comptes individuels.

b. Si le changement de méthode porte sur des charges ou provisions non déductibles
Il n'est **pas possible** de comptabiliser l'impact du changement de méthode **dans le compte de résultat.** L'impact est obligatoirement comptabilisé en capitaux propres (voir ci-avant 1).

Tel est le cas des provisions pour retraites, non déductibles, selon le CGI (art. 39-1-5°, al. 1), qui doivent être imputées en « report à nouveau », en une seule fois (voir n° 8525 et 17730).

> **EXEMPLE**
> Pour un exemple d'application, voir n° 8550 I.

Sur la reprise des provisions comptabilisées en report à nouveau et non justifiées, voir II. a ci-après.

> **Fiscalement** Aucune correction extra-comptable n'a lieu d'être effectuée dans cette situation.

(6) Changements d'estimations Constatation obligatoire en résultat (PCG art. 122-5).

> **EXEMPLE**
> Pour un exemple d'application, voir n° 8550 II.

(7) Comparaison entre changements d'estimations et corrections d'erreurs Même si la comptabilisation des impacts sera en général identique (en résultat), rappelons que le calcul sera prospectif pour les changements d'estimations et rétrospectif pour les corrections d'erreurs.

En outre, les impacts seront visibles dans le compte de résultat pour les corrections d'erreurs significatives identifiées sur une ligne séparée en dehors du résultat courant, ce qui ne sera pas le cas pour les changements d'estimations.

(8) Corrections d'erreurs (PCG art. 122-6) :
a. Cas général Lorsqu'il s'agit de corriger une écriture ayant été comptabilisée en résultat à l'origine, correction obligatoire :
– dans le **résultat de l'exercice au cours duquel elle est constatée** ;
– sur une ligne séparée du compte de résultat présentée **en dehors du résultat courant**.

> **Précisions** Information en cas d'erreurs découvertes après la publication des comptes Le bulletin CNCC (n° 119, septembre 2000, EJ 2000-99, p. 385 et n° 158, juin 2010, EJ 2009-128, p. 428 s) rappelle que dès lors que les comptes d'un exercice sont publiés, **il n'est plus possible de les modifier et de les soumettre à une nouvelle approbation.** En conséquence, les erreurs découvertes postérieurement à la publication des comptes sont nécessairement corrigées dans les comptes de l'exercice suivant. Toutefois selon l'Ansa, les risques du défaut d'image fidèle, lorsque les erreurs dans les comptes ont un impact sur le résultat, imposent dans certains cas une information spécifique des actionnaires et des tiers :
> – lorsque la **société est cotée sur un marché réglementé**, l'information du public peut être mise en œuvre sans qu'il soit utile de réunir une assemblée générale, par la diffusion d'un communiqué annonçant la future correction des comptes ;
> – lorsque la **société n'est pas cotée**, l'Ansa estime que la Chancellerie devrait être saisie afin de rendre possible l'information des actionnaires et des tiers par mention au greffe, à la demande de la société, sans que les comptes soient modifiés (Ansa CJ n° 12-025, mars 2012).

Les textes ne précisent pas davantage où présenter l'impact de la correction d'erreur. À notre avis, il devrait pouvoir être présenté :
– soit en résultat exceptionnel (sur une ligne distincte si l'effet est significatif) ;
– soit en dehors du résultat exceptionnel, sur une ligne distincte sous le résultat courant.

EXEMPLE
À la clôture de l'exercice N, la société A commet une erreur sur la valorisation de son stock conduisant à le survaluer de 100 000 €. Le stock, qui aurait en principe dû s'élever à 1 M€, est comptabilisé pour 1,1 M€.
En N+1, après la publication des comptes N, la société A constate cette erreur et la corrige. Par hypothèse, la totalité du stock au 31/12/N est consommée au 31/12/N+1.

En N+1 (en milliers d'euros)	37 Stock de marchandises	6037 Variation de stock de marchandises	678 Autres charges exceptionnelles
À nouveau	1 100		
Stock consommé sur N+1		1 000 ...... 1 000	
Correction d'erreur		100	100

Sur la comptabilisation de l'effet d'impôt de la correction d'erreur, voir n° 8525.

b. Exception Lorsqu'il s'agit de corriger une écriture ayant été directement imputée sur les capitaux propres : correction obligatoire en **capitaux propres** (en application de la règle de symétrie prévue par l'art. 122-6 du PCG, voir II. a. ci-après).
Tel est le cas, notamment :
– d'une erreur constatée en N+1 dans le calcul de l'effet d'un **changement de méthode** effectué en N (en ce sens, Bull. CNCC n° 120, décembre 2000, EC 2000-59, p. 563) ;

> **Fiscalement** Voir n° 45635.

EXEMPLE
Pour un exemple d'application, voir 8550 III.

– y compris lorsque la société a omis purement et simplement de procéder à un changement de méthode comptable (l'application différée d'un changement de méthode comptable après l'exercice de première application obligatoire étant assimilée à une correction d'erreur, voir n° 8503) et n'a donc comptabilisé aucune écriture à l'origine dans les capitaux propres.

> **Précisions** **1. Conséquences de l'application différée d'un changement de réglementation** Dans le cas d'un changement de méthode réalisé en N+1 alors qu'il est applicable à compter du 1/1/N :
> – l'impact du changement au 1/1/N est comptabilisé en N+1 en capitaux propres (car il aurait dû être comptabilisé en capitaux propres) ;
> – les conséquences postérieures au 1/1/N sont inscrites en résultat en N+1 (car elles auraient dû être comptabilisées en résultat).
> **2. Conséquences pour le commissaire aux**

comptes L'ensemble de ces impacts, en fonction de leur caractère significatif, conduira le commissaire aux comptes à en tirer les conséquences appropriées sur l'expression de son opinion (Bull. CNCC n° 143, septembre 2006, EC 2006-32, p. 526 s.).

Pour un exemple d'application, voir FRC 1/20 inf. 9.

Sur la divergence avec les normes IFRS, voir Mémento IFRS n° 69005.

II. Lors des exercices ultérieurs

a. Reprise de provisions comptabilisées en report à nouveau et non justifiées Constituer une provision massive par imputation sur les capitaux propres, donc sans réduire le résultat, puis considérer ultérieurement qu'elle est sans objet et la reprendre alors par le résultat, semble abusif. Avant l'actualisation du PCG par le règlement ANC n° 2018-01 du 20 avril 2018, homologué par arrêté du 8-10-2018, le PCG (ancien art. 122-2) prévoyait explicitement que « lorsque les changements ont conduit à comptabiliser des provisions sans passer par le compte de résultat, la reprise de ces provisions se fait directement par les capitaux propres pour la partie de la reprise de ces provisions qui n'a pas trouvé sa justification ».

Toutefois l'application des règles sur les changements d'estimation et sur les corrections d'erreurs devrait permettre, à notre avis, d'éviter tout abus. En effet :

1. S'il s'agit d'un changement **d'estimation** (dû à de nouvelles informations ou à une meilleure expérience), la provision doit être reprise en résultat [comme tous les changements d'estimations, voir ci-avant I., renvoi (6)].

2. En revanche, si la reprise n'a pas trouvé sa justification et qu'il s'agit alors d'une « correction d'erreurs » (due à des erreurs, ou des omissions matérielles ou interprétations erronées), la provision doit alors être reprise directement par capitaux propres [comme toutes les corrections d'erreurs concernant des écritures ayant mouvementé les capitaux propres, voir ci-avant I., renvoi (8) b].

> **Fiscalement** L'administration a admis que la **reprise ultérieure** des provisions comptabilisées en report à nouveau n'est pas imposable (voir lettre du 14-12-1987 du SLF, devenu DLF, au CNPF, devenu Medef à propos de provisions pour retraite). Lors de la reprise de la provision, qui s'effectue – lorsque les charges qu'elle est destinée à couvrir apparaissent – par le compte de résultat, une déduction extra-comptable devrait donc être opérée sur l'imprimé n° 2058-A (ligne XG).
> Notons toutefois que le Conseil d'État a jugé que la reprise d'une provision imputée sur les capitaux propres était imposable, dans une situation où elle avait été réalisée un an après le prélèvement par l'entreprise qui cherchait à « améliorer la présentation des résultats de l'exercice » (CE 14-5-1986 n° 48358).

b. Différé d'application d'un changement de méthode, voir ci-avant I. renvoi (8) b.

EXEMPLE RÉCAPITULATIF DES CHANGEMENTS COMPTABLES (ÉTABLI PAR NOS SOINS)

8550   EXEMPLE

Pour bien illustrer la distinction entre les différents types de changements (ainsi que leurs conséquences comptables), prenons l'exemple d'une provision pour retraite (et autres avantages).

I. Exercice N :

a. Hypothèses La société décide de constituer pour la première fois une provision pour retraite, pour les actifs et les retraités.

b. Traitement comptable Il s'agit d'un changement de méthode justifié par l'application d'une méthode de référence.

Son impact à l'ouverture de l'exercice devra être imputé en totalité sur les capitaux propres au débit du compte « Report à nouveau ».

II. Exercice N+1 :

a. Hypothèses Les deux changements suivants interviennent dans le calcul de la provision :
– les chiffres de rotation du personnel ont pu, avec une année d'expérience en plus, être affinés ;
– compte tenu de la conjoncture, la société avait retenu un taux d'actualisation de 5,5 %. Ce taux est ramené à 5 % pour suivre son évolution.

b. Traitement comptable Les deux changements constituent un changement d'estimation.

Leurs impacts devront être constatés en résultat selon la méthode choisie par l'entreprise pour comptabiliser ses écarts actuariels (voir n° 17805).

III. Exercice N+2 :

a. Hypothèses Malgré le soin apporté aux calculs des engagements de retraite, il est constaté que, lors de la première constitution de la provision pour retraite :
— une division entière (ou un département entier) de la société a été oubliée ;
— les tables de mortalité retenues dataient de 1973 alors que de nouvelles tables ont été publiées depuis plusieurs années ;
— le taux de charges sociales retenu pour le calcul des indemnités de départ à la retraite a été estimé (sans avoir fait l'objet d'une attention particulière) sur la base du taux global des charges patronales appliqué habituellement pour le budget sur les salaires, soit 50 %, au lieu d'un taux réel constaté aux alentours de 39 %.

b. Traitement comptable Ces trois changements constituent des corrections d'erreurs « sur la base d'informations disponibles à l'époque de la constitution ».

Leurs impacts devraient être constatés en résultat. Mais la provision ayant été à l'origine prélevée sur les capitaux propres, les corrections de l'effet du changement de méthode qui avait été calculé en N n'auront pas d'incidence sur le résultat de l'exercice N+2 et viendront diminuer (pour les deux premières) et augmenter (pour la troisième) directement les capitaux propres, par le débit et le crédit du compte « Report à nouveau ». En revanche, l'impact de ces corrections sur les variations N+1 et N+2 des engagements de retraite est constaté en résultat.

INCIDENCES DES CHANGEMENTS COMPTABLES SUR L'INFORMATION FINANCIÈRE

8555 Les changements comptables (changements de méthodes, d'estimations ou corrections d'erreurs) ont plusieurs incidences sur les comptes annuels :
— un impact sur les bilans et comptes de résultat du seul exercice de changement comptable (voir n° 8560) ;
— un impact sur l'information à donner en annexe (voir n° 8565).

Sur l'information relative aux changements comptables dans les **comptes consolidés,** voir Mémento Comptes consolidés n° 7442.

8560 **Incidences des changements comptables sur les bilans et comptes de résultat** Il résulte du PCG (art. 122-3 à 122-6) que seul l'exercice d'application du changement comptable est impacté par les changements comptables (voir n° 8545). Les bilans et comptes de résultat du (ou des) exercice(s) antérieur(s) présenté(s) à titre comparatif ne sont donc en aucun cas modifiés suite à un changement comptable (Recueil des normes comptables ANC, commentaire IR 3 sous l'art. 122-3 du PCG, concernant les changements de méthodes comptables). En revanche, les informations pertinentes sur le ou les exercices comparatifs sont données, le cas échéant, en annexe (voir n° 8565).

8565 **Informations à fournir dans l'annexe** Le PCG impose de donner une information en annexe, notamment pour assurer la comparabilité (PCG art. 121-2).

Changements de méthodes comptables	Selon le Code de commerce, « Si des modifications interviennent, elles sont décrites et justifiées dans l'annexe. » (C. com. art. L 123-17). Le PCG précise l'information à donner en annexe en en distinguant le cas (PCG art. 833-2) : – d'un changement de réglementation comptable (I) ; – d'un changement de méthode à l'initiative de l'entreprise (II). **I. Changement de réglementation comptable** – **Impact** du changement : • calculé à l'ouverture (voir n° 8525), • en précisant les postes concernés (voir n° 8545). – Si le changement de réglementation est : • **rétrospectif** : présentation des principaux postes des exercices antérieurs présentés, retraités selon la nouvelle méthode (information comparative) [1] [2], • **prospectif,** indication de l'impact du changement sur les principaux postes concernés de l'exercice (sauf impraticabilité) [2]. **II. Changement de méthode à l'initiative de l'entité** – **Mention** et **justification** (voir n° 8480) du changement de méthode ; – **Impact** du changement : • calculé à l'ouverture (voir n° 8525), • en précisant les postes concernés (voir n° 8545). – Si le changement de méthode est : • **rétrospectif** : présentation des principaux postes des exercices antérieurs présentés, **retraités selon la nouvelle méthode** (information comparative) [1] [2], • **prospectif** [2] ; – indication des raisons de l'application prospective du changement ; – et impact du changement sur les principaux postes concernés de l'exercice (sauf impraticabilité). Sur les informations complémentaires à fournir en l'absence d'annexe pour les micro-entreprises, voir n° 64220. Sur l'information comparative dans les comptes consolidés, voir Mémento Comptes consolidés n° 7440 s.
Changements d'estimations	Selon le PCG (art. 833-2), sont fournies en annexe les informations suivantes : mention et justification des changements d'estimations. À notre avis, l'annexe peut faire mention de la nature et de l'incidence de ces changements sur les comptes de l'exercice en cours et/ou des exercices futurs.
Corrections d'erreurs	Selon le PCG doivent être indiqués dans l'annexe (art. 833-2) : – la **nature** de l'erreur corrigée ; – l'impact de la correction d'erreur sur les comptes de l'exercice ; – les principaux postes des exercices antérieurs présentés, **corrigés de l'erreur** (information comparative).

(1) Il n'est pas requis par le PCG de présenter des comptes comparatifs complets en annexe ou sur une colonne spécifique des bilans et comptes de résultat publiés (Bull. CNCC n° 141, mars 2006, EC 2005-95, p. 179 et n° 161, mars 2011, EC 2010-53, p. 145).
Si l'entreprise a l'habitude de présenter 3 exercices (N, N–1 et N–2), alors l'information comparative doit être établie et présentée pour N–1 et N–2.
(2) Cette information n'est pas requise pour les petites entreprises au sens de l'article L 123-16 du Code de commerce (PCG art. 832-2). Sur les seuils définissant les petites entreprises, voir n° 64220.

L'information comparative n'a, à notre avis, **pas** à être fournie si l'impact de la nouvelle méthode n'est **pas significatif,** la comparabilité n'est pas affectée, ce qui rend les informations comparatives retraitées inutiles. Mais une information dans l'annexe doit indiquer ce fait.

INCIDENCES DES CHANGEMENTS COMPTABLES SUR LE COMMISSARIAT AUX COMPTES

8585 **Travaux du commissaire aux comptes** Ils sont prévus par la NEP 730 « Changements comptables » et la Note d'information CNCC NI.X (juin 2011) ; voir FRC 12/23 Hors série inf. 91.

D. Changements de référentiel comptable

Transfert du siège social d'une société étrangère (sans dissolution) vers la France   Dans son règlement n° 2019-08 (homologué par l'arrêté du 26-12-2019), l'ANC a précisé les modalités d'établissement des comptes établis pour la première fois selon le PCG pour une société transférant son siège social vers la France depuis un pays étranger, sans création d'une nouvelle société (soit parce qu'il s'agit d'une société étrangère dont la forme juridique peut être transformée en une forme juridique de droit français, soit parce qu'il s'agit d'une société européenne).   **8590**

Selon le règlement ANC n° 2019-08 précité, le bilan d'ouverture est établi au premier jour de l'exercice comptable au cours duquel est réalisé le transfert de siège social en France :
– à partir des soldes du dernier bilan de clôture établi selon les règles comptables de l'État d'origine ;
– ces soldes étant retraités en appliquant les règles comptables françaises en matière de reconnaissance et d'évaluation des actifs et passifs ;
– et exprimés en euros au taux de change du premier jour de l'exercice comptable au cours duquel a lieu le transfert de siège.

L'impact du passage des règles comptables étrangères aux règles comptables françaises est inscrit pour son montant net d'impôt en report à nouveau qu'il soit positif ou négatif.

Sur l'information à fournir en annexe, voir n° 64625. Sur la présentation des états financiers, voir n° 8595.

Autres changements de référentiel comptable   Selon la Note d'information CNCC NI.X de juin 2011, un changement de référentiel comptable peut résulter notamment, par exemple :   **8595**
– de la perte du statut d'établissement de crédit ou d'entreprise d'investissement ;
– du passage du statut de SCPI à celui de SIIC ;
– du transfert d'Euronext vers Alternext (devenu Euronext Growth), pour les comptes consolidés.

Un changement de référentiel comptable ne constitue pas, à notre avis, un changement de méthode comptable. En effet, un changement de méthode comptable s'apprécie au sein d'un même référentiel comptable, celui qui est déjà appliqué par l'entreprise. En conséquence, la CNCC a saisi l'ANC pour connaître les conditions et les modalités d'un changement de référentiel (NI.X, juin 2011).

> **Précisions**   **Présentation des états financiers N** (exercice au cours duquel a lieu le changement de référentiel pour le PCG) Dans l'attente de la réponse de l'ANC, plusieurs options semblent possibles, à notre avis :

	Colonne N (PCG) [1]	Colonne N-1 retraitée (PCG) [2]	Colonne N-1 publiée (norme du précédent référentiel)
Option 1 [3]	X		X
Option 2 [4]	X	X	X
Option 3 [5]	X	X	

(1) En s'inspirant des modalités applicables aux changements de méthodes (application rétrospective du nouveau référentiel), comme l'a fait l'ANC pour le retour aux règles françaises de consolidation dans le cadre d'un transfert d'Euronext vers Alternext (voir Mémento Comptes consolidés n° 8320), **le bilan d'ouverture est établi selon les principes du PCG** au premier jour de l'exercice comptable au cours duquel est réalisé le changement de référentiel.
(2) Cette colonne présente le bilan et le compte de résultat N–1 retraités de façon rétrospective en appliquant les règles comptables du PCG en matière de reconnaissance, d'évaluation et de présentation des actifs, passifs, charges et produits.
(3) Option 1 : cette option présente l'inconvénient d'être difficilement lisible lorsque les modèles des deux référentiels ont peu de postes et rubriques en commun. Elle doit en outre, à notre avis, être complétée d'une information en annexe pour présenter le bilan N–1 retraité selon les règles comptables du PCG et expliquer les principaux impacts de l'application des nouvelles règles à l'ouverture N (clôture N–1).
(4) Option 2 : de même que pour l'option 1, cette option présente l'inconvénient d'être difficilement lisible lorsque les modèles des deux référentiels ont peu de postes et rubriques en commun. Elle a en revanche l'avantage de permettre une comparaison entre N et N–1 dans le nouveau référentiel (PCG) et de présenter sur un même feuillet les principaux impacts du changement de référentiel à l'ouverture N (clôture N–1).
(5) Option 3 : cette option a l'avantage de permettre une comparaison entre N et N–1 dans le nouveau référentiel (PCG). Elle s'inspire des modalités applicables dans le cadre d'un transfert d'Euronext vers Alternext (voir Mémento Comptes consolidés n° 8320) lorsque les formats de présentation du bilan et du compte de résultat ne sont pas suffisamment comparables. Elle doit, à notre avis, être complétée d'une information en annexe pour présenter le bilan et le compte de résultat N–1 publiés et expliquer les principaux impacts de l'application des nouvelles règles à l'ouverture N (clôture N–1).

Une information devra être donnée en annexe, au titre des faits caractéristiques de l'exercice, sur le changement de référentiel comptable et ses conséquences comptables (indication que le bilan et le compte de résultat N-1 ont été retraités selon les dispositions du PCG si l'option 3 a été retenue, nature des changements comptables significatifs et effets à l'ouverture, nouvelles méthodes, état de passage des capitaux propres déterminés conformément à l'ancien référentiel et figurant au dernier bilan de clôture établi selon ces normes aux capitaux propres figurant au premier bilan d'ouverture en PCG...).

II. VALEUR PROBANTE DE LA COMPTABILITÉ EN MATIÈRE FISCALE

8640 Lors de ses contrôles, l'administration s'appuie en grande partie sur la valeur probante des comptes.

L'examen de conformité fiscale permet à une entreprise, sur option, de s'assurer de la bonne application des **règles fiscales pour lesquelles il y a une forte connexion avec la comptabilité** par le recours à un tiers prestataire (voir n° 8645). Les sanctions encourues en cas de contrôle portant sur les points validés par le prestataire sont alors réduites.

Lorsque l'administration établit que la comptabilité de l'entreprise est dépourvue de toute valeur probante, elle est en droit de procéder à son **rejet** pour la détermination du résultat imposable (voir n° 8670).

Sur le déroulement des vérifications de comptabilité, les pouvoirs des vérificateurs et les garanties des contribuables, voir Mémento Fiscal n° 78110 à 78440 et 79280 à 79570.

> **Précisions** Dans le cadre des vérifications de comptabilité, il est possible pour l'administration, de demander au contribuable des informations et, pour certaines entreprises, une documentation spécifique sur les relations entretenues avec des entreprises étrangères liées et la méthode de détermination du prix des transactions (**prix de transfert**). Sur ces demandes, voir n° 80025.

A. L'examen de conformité fiscale (ECF)

8645 Une procédure d'examen de conformité fiscale (ECF) des comptes est instaurée dans le cadre d'une « nouvelle relation de confiance » entre l'administration et les entreprises. Les entreprises ont donc la possibilité (et non l'obligation) de demander à un prestataire (**commissaire aux comptes, expert-comptable, avocat, organisme de gestion agréé**...) de se prononcer sur la conformité aux règles fiscales d'un certain nombre de points fréquemment contrôlés par l'administration. À cet effet, un **contrat** conclu entre l'entreprise et le prestataire précise notamment la liste des sujets constituant le **chemin d'audit**, dans le respect d'un cahier des charges fixé par arrêté ministériel (Décret 2021-25 du 13-1-2021).

> **Précisions** Sont notamment analysés : la conformité et la qualité du fichier des écritures comptables (**FEC**) (voir n° 7610), les modalités de détermination des **amortissements**, des **provisions**, des **charges à payer** et leur traitement fiscal respectif, ainsi que la qualification et la déductibilité des **charges exceptionnelles**. Pour plus de détails sur l'ensemble des points à valider, voir FR 5/21 inf. 2.

Le **compte-rendu de mission** est adressé à l'administration fiscale par le prestataire pour le compte de l'entreprise au plus tard le 31 octobre ou dans les six mois du dépôt de la déclaration de résultats. Si le prestataire ne peut rendre aucune conclusion, il transmet un courrier en ce sens à l'entreprise, et l'ECF est considéré par l'administration comme n'ayant pas été effectué.

> **Précisions 1. Compte-rendu de mission** Il est réalisé par le prestataire, à l'issue de l'examen, conformément à un **modèle** fixé par arrêté ministériel (Arrêté CCPE2035569A du 13-1-2021). Il détaille les **appréciations** portées sur chacun des points à valider, la nature des **anomalies relevées** le cas échéant, et les méthodologies mises en œuvre par l'entreprise pour la détermination des amortissements, provisions et charges à payer. Les points pour lesquels le prestataire ne peut pas rendre ses conclusions sont mentionnés comme « **non validés** ». En conclusion générale, le prestataire précise :
> – s'il a constaté une absence d'anomalie, éventuellement après régularisation ;
> – et s'il a proposé à l'entreprise de souscrire une déclaration rectificative.
> **2. Secret professionnel** L'expert-comptable n'est pas levé de son secret professionnel vis-à-vis de l'administration lorsque celle-ci demande

des documents en se fondant sur l'arrêté du 13 janvier 2021 précité. En revanche, la transmission du compte-rendu de mission n'est pas considérée comme une violation du secret professionnel (CNOEC, Commission juridique du 24-2-2022). Il en est de même pour le **commissaire aux comptes** (Bull. CNCC n° 204, décembre 2021, CEP 2021-06 du 2-12-2021 ; cncc.fr). Pour les **avocats** au contraire, le compte-rendu de mission est couvert par le secret professionnel (résolution du Conseil National des Barreaux, 1-7-2022).
3. La réalisation d'un ECF ne crée **pas de risque d'autorévision ou sur l'indépendance** (CEP 2021-06 précitée) :
– du commissaire aux comptes, pour l'entité dont il certifie les comptes ;
– d'un commissaire aux comptes, pour une entité dont il ne certifie pas les comptes.

En cas de contrôle ultérieur sur l'un des points validés par le prestataire, **aucun intérêt de retard** ne sera appliqué si l'entreprise est de bonne foi, l'ECF produisant les conséquences d'une « mention expresse » sur les déclarations, exonératoire des intérêts de retards (CGI art. 1727 II-1 ; voir Mémento Fiscal n° 79865). L'administration a en outre indiqué que si l'entreprise de bonne foi a bien pris en compte les recommandations formulées par le prestataire, elle pourrait **ne pas exiger le paiement de pénalités** en cas de rehaussement ultérieur sur l'un des points visés par le chemin d'audit (Dossier de presse – Bilan de la relation de confiance 8 mai 2021).

> **Précisions** Dans l'hypothèse où un rappel d'impôt réalisé lors d'un contrôle fiscal porte sur un point validé dans le cadre de l'ECF, l'entreprise est en droit de demander au prestataire le **remboursement de la part d'honoraires** correspondante à la partie du contrat relative à ce point, sous réserve qu'elle lui ait communiqué tous les éléments nécessaires à son examen.

B. Rejet de la comptabilité

Dans le cadre d'un **contrôle fiscal,** l'administration peut dans certaines conditions procéder au rejet de la comptabilité en raison de son **absence de valeur probante,** et déterminer le bénéfice de l'entreprise à partir d'autres éléments.

8670

I. Ce rejet est possible dans deux cas (BOI-CF-IOR-10-20 n° 80 à 170) :

a. lorsque la **comptabilité est irrégulière** car incomplète ou incorrectement tenue (c'est-à-dire entachée de négligences, erreurs ou lacunes d'une gravité indiscutable telles que balances inexactes, erreurs répétées de report, enregistrement non chronologique des opérations, absence de pièces justificatives de recettes ou de dépenses, fausses factures, soldes de compte de caisse fréquemment créditeurs, enregistrement d'une partie des opérations réalisées) (BOI-CF-IOR-10-20 n° 80 à 110) ;

> **Précisions** La jurisprudence illustre l'application de ces principes, et qualifie de comptabilité irrégulière :
> – l'absence d'**enregistrement de la totalité des achats et des ventes** (CE 6-2-1985 n° 43328 et 43330), la minoration importante de recettes en l'absence de factures clients, bordereaux de livraison et carnets de clients correspondants (CE 18-4-1966 n° 63762), ou une comptabilité retraçant **non pas les créances acquises mais seulement les encaissements** et ne permettant pas de justifier l'évaluation des travaux en cours (CE 28-1-1987 n° 48571) ;
> – la **comptabilisation globale des recettes en fin de journée** sans conservation des justificatifs nécessaires (CE 16-11-2016 n° 385744), ou distinguant les modes de paiement mais pas les activités (CAA Lyon 6-10-2011 n° 11LY00176), l'absence de détail des recettes journalières (CE 31-12-2008 n° 296472) ;
> – l'établissement des comptes suivant des **normes comptables américaines** et dans une **langue étrangère,** présentant de plus de graves anomalies et incohérences (CAA Bordeaux 16-11-2021 n° 19BX02894) ;
> – l'absence de distinction entre les **règlements par chèques et ceux en espèces** (CE 24-9-2003 n° 237990) avec un **compte de caisse** présentant fréquemment des soldes créditeurs (CE 17-11-1997 n° 145295) ;
> – le **défaut de journaux de vente** (CE 25-4-2003 n° 234812) ou de **livres centralisateurs,** avec des inventaires incomplets (CE 8-8-1990 n° 75931-76782).

b. lorsque la **comptabilité est apparemment régulière mais que des présomptions sérieuses et concordantes** permettent d'en contester la sincérité et de considérer que le bénéfice déclaré est inférieur au bénéfice effectivement réalisé (BOI-CF-IOR-10-20 n° 120). Ces présomptions peuvent résulter d'une **insuffisance du taux de bénéfice brut** calculé à partir des données de la comptabilité ou d'une disproportion très importante entre **l'enrichissement de l'exploitant ou des associés** et le montant des bénéfices déclarés (BOI-CF-IOR-10-20 n° 130 à 170).

> **Précisions 1.** L'insuffisance du taux de **bénéfice brut** peut être retenue pour justifier l'irrégularité d'une comptabilité d'apparence régulière lorsque le taux résultant de la comptabilité est significativement différent de celui résultant de la **comparaison systématique entre**

les prix d'achat et de vente de marchandises par l'entreprise (CE 14-5-1975 n° 91518 ; BOI-CF-IOR-10-20 n° 140), notamment si cette comparaison met en lumière l'existence de recettes occultes (CE 24-2-2020 n° 420394).

En revanche, la seule constatation d'un écart entre le taux de bénéfice brut de l'entreprise et **le taux moyen constaté dans des entreprises similaires** (CE 5-6-1985 n° 45772) ou dans la branche considérée ne peut justifier un rejet de la comptabilité (BOI-CF-IOR-10-20 n° 130).

2. La disproportion importante entre l'enrichissement de l'exploitant et les bénéfices déclarés associée à d'autres circonstances, telles que des irrégularités comptables, permet de mettre en doute la valeur de la comptabilité (BOI-CF-IOR-10-20 n° 160 à 170 ; CE 27-10-1952 n° 12642). Mais l'administration ne peut reconstituer le bénéfice imposable en s'appuyant sur l'enrichissement des associés que **si la comptabilité est dépourvue de valeur probante et que les intéressés se comportent en « maîtres de l'affaire »**, ce qui suppose la détention d'une part prépondérante du capital et une confusion des patrimoines (CE 1-7-1985 n° 46123). Le caractère probant de la comptabilité ne peut être mis en cause dès lors qu'elle est régulière en la forme et qu'aucun fait propre au fonctionnement de l'entreprise ne permet de rattacher l'enrichissement du contribuable aux bénéfices de l'entreprise (CE 23-5-1984 n° 37081 et 37082).

II. Conséquences du rejet de la comptabilité L'administration peut substituer aux bases déclarées de nouvelles bases déterminées à partir d'un chiffre d'affaires reconstitué. Cette reconstitution est toutefois en principe effectuée dans le cadre d'une **procédure de rectification contradictoire** (voir Mémento Fiscal n° 78600 à 78890). En effet, la procédure d'imposition d'office ne peut être mise en œuvre que pour des irrégularités fiscales (voir Mémento Fiscal n° 78920 à 79140) et non comptables.

En outre, la **charge de la preuve incombe à l'administration. Toutefois, par exception** (LPF art. L 192 ; voir Mémento Fiscal n° 78815), elle incombe au contribuable lorsque le désaccord sur les redressements a été soumis à la commission des impôts directs et des taxes sur le chiffre d'affaires (nationale ou départementale), ou à la commission départementale de conciliation, dans les deux cas suivants :
– lorsque la comptabilité comporte de graves irrégularités et l'imposition a été établie conformément à l'avis de la commission ;
– lorsqu'il n'a pas été présenté de comptabilité ou de pièces en tenant lieu.

III. LE CONTRÔLE INTERNE

8745 À côté d'un cadre constitué de principes ou de règles comptables et de durabilité, il est essentiel de ne pas oublier que la fiabilité, la **sincérité** et la **valeur probante** des comptes et de l'information de durabilité, ainsi que la coïncidence entre les données comptables et extra-comptables et la réalité ne peuvent être assurées que si l'entreprise dispose d'une **organisation**, contrôle interne de l'entreprise) **suffisante.**

Ni le Code de commerce ni le PCG ne donnent de définition du contrôle interne. Des définitions sont proposées par le **Cadre de référence de l'AMF**. Il existe en outre un référentiel international qui fait autorité en la matière, le **Coso**. Enfin, le **Code Afep-Medef** (révisé en dernier lieu en décembre 2022) qui constitue un ensemble de recommandations sur le gouvernement d'entreprise des sociétés cotées sur un marché réglementé, peut être désigné par les sociétés cotées comme étant leur code de référence en application des articles L 22-10-10, L 225-10-20 et L 226-10-1 du Code de commerce.

> **Précisions 1. Sociétés cotées sur un marché réglementé** Sur l'information relative aux procédures de contrôle interne à fournir dans le rapport de gestion des SA et des SCA dont les titres financiers sont admis aux négociations sur un marché réglementé, voir n° 65025.
> **2. Conséquences de l'insuffisance du contrôle interne :**
> — en matière de contrôle du commissaire aux comptes, voir FRC 12/23 Hors série inf. 84 s. et 115 s. ;
> — en matière de contrôle fiscal, voir n° 8670 ;
> — sur la déductibilité de certaines charges, voir n° 46050 (charges résultant de détournements de fonds par des salariés) et n° 45640 (charges résultant d'opérations menées par un salarié et traduisant un risque excessif pour l'entreprise).
> **3. Externalisation de la fonction comptable** Les obligations légales en matière de documentation et d'évaluation du contrôle interne de l'entreprise (voir n° 65025) ne s'imposent pas automatiquement aux prestataires des services externalisés. Les entreprises doivent donc prévoir contractuellement que leurs prestataires prennent des dispositions adéquates en matière de contrôle interne et leur rendent compte périodiquement de leurs travaux. Les entreprises doivent également se laisser la possibilité de contrôler ou faire contrôler l'exactitude des informations remontées.

SECTION 3 — COMPLÉMENTS PRATIQUES

CONSERVATION DES DOCUMENTS AYANT UN LIEN AVEC LA COMPTABILITÉ

Sont présentées dans le tableau ci-après les **principales durées de conservation** (voir également n° 7445 s.).

9095

> **Précisions** En ce qui concerne les **sanctions** :
> — comptables, voir n° 7280 s. et 7465 ;
> — fiscales, voir en général n° 8670 et 80025 ; en matière de comptabilités informatisées, voir n° 7610 ;
> — pénales, voir n° 7285.

Par ailleurs, le délai de conservation des **principales déclarations fiscales** est commandé par le délai de reprise de l'administration, voir n° 53280.

	Textes de référence	Durée de conservation légale
Documents sociaux		
Statuts Traités de fusion et autres actes liés au fonctionnement de la société	Code civil (art. 2224)	5 ans à compter de la radiation de la société du RCS
Registre des procès-verbaux du conseil d'administration, du directoire, du conseil de surveillance et d'assemblées, de transfert et de mouvement de titres Rapports des gérants, du conseil d'administration ou de surveillance, du directoire, des commissaires aux comptes Feuilles de présence aux assemblées	LPF (art. L 102 B)	6 ans
Documents comptables		
Livres légaux (livre-journal, grand livre) et éditions comptables annexes (grands livres généraux et auxiliaires, journaux, balances, document d'inventaire)	Code de commerce (art. L 123-22)	10 ans [1]
Comptes annuels : bilan, compte de résultat et annexe	Code de commerce (art. L 123-22)	10 ans [2]
Document décrivant les procédures comptables	Code de commerce (art. R 123-172)	10 ans [2]
Pièces justificatives (factures clients, fournisseurs, bons de commande, bons de réception et de livraison, documents bancaires)	Code de commerce (art. L 123-22)	10 ans [2]
Documents civils et commerciaux		
Titres de propriété et actes de vente	Code civil (art. 2227)	30 ans
Dossiers de clients et correspondance commerciale	Code de commerce (art. L 110-4)	5 ans [3]
Contrats (conclus entre commerçants ou entre commerçants et non-commerçants)	Code de commerce (art. L 110-4)	5 ans [3]
Documents relatifs au personnel		
Double des bulletins de paie [4]	Code du travail (art. L 3243-4)	5 ans
Registre du personnel	Code du travail (art. R 1221-26)	5 ans (après départ du salarié)
Documents concernant les rémunérations (bulletins de paie, solde de tout compte, etc.)	Code du travail (art. L 3245-1)	5 ans

9095 (suite)

	Textes de référence	Durée de conservation légale
Fiches individuelles de répartition de la participation et de l'intéressement	Code du travail (art. R 3313-9)	5 ans
Déclarations sociales [5] :		
– Sécurité sociale	Code de la sécurité sociale (art. L 243-16)	6 ans [6]
– Pôle emploi	Code du travail (art. L 5422-18 et L 5422-19)	3 ans
– Retraite complémentaire	Code de commerce (art. L 110-4)	5 ans

(1) À compter de la clôture du livre.
(2) À compter de la clôture de l'exercice comptable.
(3) Pour plus de détails, voir n° 18745.
(4) Les bulletins de paie peuvent être délivrés aux salariés, sous réserve de recevoir leur accord, sous forme électronique (C. trav. art. L 3243-4). Pour plus de détails, voir n° 18095.
(5) Le livre de paie et les bulletins de salaires doivent être conservés au moins pendant 6 ans à compter de la dernière opération qui y est mentionnée (LPF art. L 102 B) et, à notre avis, pendant 10 ans s'agissant d'éléments comptables (voir n° 7225 et 7445). En outre, les caisses de retraite complémentaire font généralement obligation aux employeurs de délivrer à leurs salariés ou anciens salariés les certificats ou attestations leur permettant de déterminer et de justifier leurs droits à la retraite.
(6) La loi a institué l'obligation de conserver pendant au moins 6 ans les documents ou pièces justificatives nécessaires à l'établissement de l'assiette ou au contrôle des cotisations et contributions sociales (CSS art. L 243-16). Cette durée de conservation va au-delà du délai de prescription des cotisations Urssaf fixé à 3 ans à compter de l'expiration de l'année civile au titre de laquelle elles sont dues (CSS art. L 244-3).

TITRE II

L'activité courante de l'entreprise

CHAPITRE 4
LES PRODUITS ET CRÉANCES D'EXPLOITATION

SOMMAIRE 10000

SECTION 1
GÉNÉRALITÉS ET DÉFINITIONS 10005
A. Notion d'activité 10005
B. Notion de ventes 10065
C. Notion de produits d'exploitation 10140
D. Notion de chiffre d'affaires 10195
E. Notion de créances d'exploitation 10245

SECTION 2
RÈGLES D'ENREGISTREMENT ET D'ÉVALUATION DES CRÉANCES ET DES PRODUITS D'EXPLOITATION 10350
I. Règles générales d'enregistrement 10350
II. Règles d'évaluation des créances et des produits d'exploitation 10485
III. Cas particuliers et difficultés d'application 10575
  A. Prestations de services échelonnées sur plusieurs exercices 10575
  B. Ventes à livrer 10695
  C. Contrats à long terme 10760
  D. Ventes comportant des conditions particulières 11020
  E. Autres produits d'exploitation 11250
  F. Créances d'exploitation 11340
  G. Provisions liées aux ventes 11530

SECTION 3
SCHÉMAS USUELS DE COMPTABILISATION 11740
I. Régularisation des créances et produits en fin d'exercice 11740

II. Produits d'exploitation 11825
  A. Ventes et produits des activités annexes (compte 70) 11825
  B. Production stockée : variation de l'exercice (compte 71) 11935
  C. Production immobilisée (compte 72) 11995
  D. Subventions d'exploitation (compte 74) 12045
  E. Autres produits de gestion courante (compte 75) 12115
III. Créances d'exploitation 12215

SECTION 4
VALEUR PROBANTE DE LA COMPTABILITÉ 12365
I. Pièces justificatives 12365
  A. Établissement des factures 12365
  B. Ventes au comptant 12480
II. Obligations de forme 12555
III. Tenue des comptes clients 12645
IV. Contrôle externe 12715

SECTION 5
PRÉSENTATION DES COMPTES ANNUELS ET AUTRES INFORMATIONS 12825
I. Présentation des comptes annuels 12830
  A. Bilan et compte de résultat 12830
  B. Annexe (développements particuliers) 12885
II. Autres informations comptables et financières 13010

SECTION 1 — GÉNÉRALITÉS ET DÉFINITIONS

A. Notion d'activité

10005 L'exploitation d'une entreprise comporte de nombreuses fonctions : achat, transformation, fabrication, stockage, vente (ou prestation de services) et livraison qui se rattachent à une ou plusieurs **activité(s) principale(s)**, objet social principal de l'entreprise qui consiste dans la vente de biens ou de services en vue d'en tirer un revenu (produit).

Outre cette activité principale, l'entreprise peut se livrer à d'autres opérations, prévues également dans son objet social, qui procurent également un revenu mais qui ne présentent qu'un caractère complémentaire : ce sont les **activités accessoires** (par exemple, le placement de disponibilités et les prises de participations) et les **opérations occasionnelles** (par exemple, la vente d'immobilisations).

Sur la présentation du résultat, voir n° 52030.

10010 Le revenu (ou produit) correspond à la contrepartie reçue lors de la phase finale des activités principales, accessoires ou des opérations occasionnelles. Il faut le distinguer du **bénéfice** qui correspond à l'excédent du revenu sur les coûts qui s'y rattachent.

Le revenu des activités provient uniquement des opérations réalisées avec les tiers. Il ne comprend pas les augmentations de la valeur des éléments de l'actif (traduite par la réévaluation, par exemple) ou les diminutions du passif de l'entreprise qui ne sont pas liées directement à ces activités.

10015 La mesure de l'activité dépend de :
a. la définition de la **notion d'activité** ; elle pourrait être soit **restrictive**, et ne comprendrait que la ou les activités principales, soit **extensive**, et comprendrait alors, outre les activités principales, les activités accessoires et les opérations occasionnelles (voir notamment la notion de chiffre d'affaires au compte de résultat, n° 10195 et, dans l'annexe, n° 12900) ;
b. la **date d'enregistrement et de constatation du revenu** ; diverses solutions sont concevables. On pourrait retenir l'enregistrement des produits lors du règlement financier, ou encore lors de l'accord des parties sur les biens ou services à fournir et sur leurs prix, ou bien encore lors de la livraison ou du transfert de propriété et de la réalisation de la prestation, ou enfin estimer que le produit (et le profit qui en résulte) ne naît pas à un instant donné, mais résulte d'une longue période préparatoire au cours de laquelle il pourrait être comptabilisé progressivement.

Le problème de la définition et de la mesure de l'activité et, par conséquent, le schéma de comptabilisation ne constituent qu'un des éléments de la saisie des faits. En effet, celle-ci doit respecter par ailleurs **certaines obligations réglementaires de forme** (pièces justificatives, journaux, etc.) et certaines règles de contrôle interne propres à conférer à la comptabilité sa valeur probante.

B. Notion de ventes

10065 Définition de la vente Selon le Code civil, la vente est « une convention par laquelle l'un s'oblige à livrer une chose et l'autre à la payer » (C. civ. art. 1582).

10070 Différentes sortes de ventes Le Code civil distingue selon que la vente est faite purement et simplement, ou sous condition soit suspensive, soit résolutoire (C. civ. art. 1584).
a. Vente pure et simple :
– Vente **au comptant** Vente dans laquelle l'échange des consentements, le transfert de propriété et le paiement du prix sont concomitants.
– Vente **à crédit** Vente comportant transfert de propriété avant paiement du prix. La vente **à tempérament** est une modalité de vente à crédit dans laquelle le paiement est effectué à plusieurs échéances déterminées. Dans la pratique, ces deux notions sont confondues.
Sur la vente à tempérament, voir n° 11090.
– Vente (de marchandises) **à terme,** voir n° 11105.
b. Vente sous condition suspensive, voir n° 11040.
c. Vente sous condition résolutoire, voir n° 11045.

d. Ventes particulières :
– Vente **avec faculté de rachat (à réméré),** voir n° 28265 (immobilisations corporelles) et 37150 (titres).
– Vente **en l'état futur d'achèvement,** voir n° 11095.
– Vente **avec clause de réserve de propriété,** voir n° 11025.
– **Location-vente,** voir n° 11110.

NOTIONS LIÉES À LA VENTE

10075 **Promesse (ou compromis) de vente** Il s'agit d'un contrat par lequel une personne s'engage à vendre une chose à une autre personne qui, habituellement, accepte la promesse sans prendre l'engagement d'acheter (voir n° 28340). Elle peut être assortie d'une condition suspensive. Cet engagement ne donne pas lieu à comptabilisation.

10080 **Arrhes, avances et acomptes** La conclusion d'une vente s'accompagne parfois du versement d'une somme d'argent à valoir sur le prix. Mais, selon la nature du versement, les effets juridiques sont totalement différents :
– **les arrhes** (C. civ. art. 1590) permettent à l'acheteur de se dédire en abandonnant le montant versé au vendeur. Celui-ci peut également se dédire en versant le double des arrhes à l'acheteur. Pour leur comptabilisation, voir n° 12265 ;
– **les avances et acomptes** sont simplement des versements à valoir sur le prix stipulé au contrat, la vente étant définitivement conclue. **Les avances** sont versées avant tout commencement d'exécution de la commande ; **les acomptes** sont versés sur justification d'exécution partielle. Pour leur comptabilisation, voir n° 12255.

10085 **Facture pro forma** Devis établi par un fournisseur à son client pour lui donner, avec les mêmes éléments que ceux d'une véritable facture, des précisions devant lui servir à l'occasion de certaines procédures telles qu'importation, exportation, etc. Ce type de facture n'a **pas** à être **comptabilisé.**

10090 **Commande** « Ordre par lequel est déclenché un processus de mise à disposition de celui dont il émane de certains produits dans des conditions déterminées » (définition du PCG 82, p. I. 24). Une commande ne donne pas lieu à comptabilisation. Toutefois, si elle s'effectue avec un résultat estimé négatif, elle peut devoir donner lieu à provision (voir n° 11625 et, exemple des contrats à long terme, n° 10860).

C. Notion de produits d'exploitation

10140 Le PCG distingue (PCG art. 934-2 et 947) :
a. les **produits d'exploitation** (hors produits financiers) ou de gestion courante qui se rapportent à l'**exploitation normale et courante** de l'entité ;

> **Précisions** Il est la contre-valeur monétaire d'une marchandise ou d'un produit (bien ou service) créé par l'entreprise (en ce sens, PCG art. 512-1). Il s'exprime :
> – soit en **prix de vente** lorsqu'il correspond à une marchandise ou à un produit vendu à un tiers ;
> – soit en **coût,** calculé à un niveau approprié, s'il correspond à un produit créé par l'entreprise pour elle-même ou s'il entre dans la variation de la production stockée.

Sont concernés :
– les ventes de produits fabriqués, prestations de services, marchandises (comptes 70) ;
– la production stockée (ou déstockage) et production immobilisée (comptes 71 et 72) ;
– les produits nets partiels sur opérations à long terme (comptes 73) ;
– les subventions d'exploitation (comptes 74 ; voir n° 12045 s.) ;
– les autres produits de gestion courante (comptes 75).
Pour une utilisation détaillée des différents comptes, voir n° 11825 s.
Le classement comptable des produits d'exploitation est fonction de leur **nature économique,** selon l'**ordre** de la cascade des **soldes intermédiaires de gestion** susceptibles d'être tirés du compte de résultat (voir n° 52110 s.).
Constituent **également** des produits d'exploitation :
– les reprises sur amortissements, sur dépréciations et provisions d'exploitation : **compte 781** (voir n° 48440) ;
– les transferts de charges d'exploitation : **compte 791** (voir n° 45500 s.) ;
– certaines **opérations provenant d'exercices antérieurs,** dans la mesure où ils présentent un caractère courant (PCG art. 947-77 ; voir développements n° 45600).

La notion de produits d'exploitation est à distinguer de celle de **chiffre d'affaires** au compte de résultat (voir n° 10195) et dans l'annexe (voir n° 12900).
b. les **produits financiers** (voir n° 42960) ;
c. et les **produits exceptionnels.** Sur la distinction entre résultat courant et résultat exceptionnel (voir n° 52030).

D. Notion de chiffre d'affaires

10195 Selon le PCG (art. 512-2), le chiffre d'affaires est constitué des affaires réalisées avec les tiers dans l'exercice de **l'activité professionnelle normale et courante** de l'entreprise.
En l'absence de précision du PCG sur la notion d'activité, **la pratique** considère que cette définition du PCG renvoie à une **conception restrictive** de la notion de chiffre d'affaires qui est en général **égal** au montant du **compte 70 « Ventes hors taxe »**, à l'exclusion :
– des redevances pour concession, brevets, licences et autres produits de gestion courante (compte 75) ;
– des produits financiers (compte 76).
Toutefois, selon d'autres, l'activité professionnelle normale et courante de l'entreprise devrait pouvoir être définie plus largement, notamment au regard du modèle économique de l'entreprise, à l'instar de ce que propose l'ANC dans son projet de règlement relatif à la comptabilisation du chiffre d'affaires (voir ci-après).

> **Précisions** **Groupe de travail à l'ANC** Dans son projet de règlement relatif à la comptabilisation du chiffre d'affaires (voir n° 10375), l'ANC propose de considérer les autres produits de gestion courante (compte 75), tels que les redevances, comme du chiffre d'affaires au regard du modèle économique de l'entité (notion restant à définir).

> **Fiscalement** Se prononçant à propos de la **contribution sociale sur les bénéfices** due par une société holding ayant pour unique objet la détention de participations et l'octroi de prêts à ses filiales, le Conseil d'État a jugé que le chiffre d'affaires s'entend du montant des recettes tirées de l'ensemble des opérations réalisées par le contribuable dans le cadre de son **activité normale et courante**, y compris, eu égard à son modèle économique, les **produits financiers** (CE 26-7-2023 n° 466220). Pour l'application de ce régime, la doctrine administrative précise au contraire que les produits financiers ne sont pas compris dans le chiffre d'affaires (BOI-IS-AUT-10-10 n° 20).
D'autres textes fiscaux font référence au chiffre d'affaires, notamment pour le calcul de la valeur ajoutée à retenir pour l'établissement de la CVAE, pour le taux de l'IS applicable à certaines entreprises ainsi que pour le plafond de déduction des dépenses ouvrant droit au régime spécial du mécénat :
– pour la détermination de la **valeur ajoutée** à retenir pour l'assiette CVAE, l'article 1586 sexies du CGI comporte une **définition légale du chiffre d'affaires,** suivant laquelle il convient d'ajouter différents éléments aux sommes comptabilisées au compte 70 (voir n° 16430) ;
– pour la détermination du champ d'application du régime du **taux réduit d'IS** applicable aux **PME** (voir n° 52620), l'administration comme la jurisprudence retiennent une définition du chiffre d'affaires identique au chiffre d'affaires comptable (BOI-IS-LIQ-20-10 n° 40 ; CAA Lyon 5-1-2023 n° 21LY02526) ;
– pour l'application du plafond annuel des dépenses ouvrant droit à la réduction d'impôt en faveur du **mécénat,** il résulte des indications fournies par l'administration que le seuil de 5 pour mille du chiffre d'affaires est apprécié d'après le chiffre d'affaires comptable (BOI-BIC-RICI-20-30-20 n° 20).

Dans tous les cas, la notion de chiffre d'affaires retenue doit, à notre avis, être définie **dans l'annexe.** En effet, bien que le Code de commerce ne fasse pas mention de cette information, il paraît essentiel que les entreprises explicitent clairement dans l'annexe la conception retenue pour leur chiffre d'affaires (s'agissant d'un choix de méthode de présentation).
Peut également être fourni en annexe, pour l'information sur la ventilation du chiffre d'affaires, un montant différent : « Produits des activités courantes », correspondant à une conception extensive du chiffre d'affaires et adapté au secteur professionnel de l'entreprise (voir n° 12910 s.).

E. Notion de créances d'exploitation

10245 **Définition** À notre avis, les créances d'exploitation sont les créances nées à l'occasion du cycle d'exploitation et les créances assimilées (définition du PCG 82, p. I.28), c'est-à-dire toutes celles ayant **pour contrepartie des produits d'exploitation** (autres que financiers) et les comptes, sans incidence sur le compte de résultat, se rapportant à des opérations d'exploitation.

> **Précisions** Distinction « **Créances d'exploitation** » — « **Créances diverses** » : cette distinction n'existe pas dans la présentation du bilan en système de base (elle n'existe que dans le système développé ; voir n° 95505). Toutefois, elle est très proche de la distinction retenue : « Créances clients et comptes rattachés » — « Autres créances ».

Classement comptable Il se caractérise par deux éléments essentiels : 10250
– le **regroupement du compte « Clients » avec les « Comptes rattachés »**, c'est-à-dire les effets à recevoir concernant ces clients, les créances à venir se rapportant à l'exploitation de l'exercice (factures clients non encore établies) et les intérêts courus sur ces créances à la clôture de l'exercice, en application du critère principal de **classement** des créances par **agents économiques** ;
– le regroupement dans le compte « Clients » de toutes les créances **quel que soit leur terme** : court, moyen ou long.

L'ensemble des comptes (débiteurs et créditeurs) de créances liées à la vente de biens ou services rattachés au cycle d'exploitation de l'entreprise figure au **compte 41 « Clients et comptes rattachés »** (PCG art. 944-41 ; voir liste des comptes du PCG n° 96260).

Pour le détail des « Autres créances » du système de base, voir n° 95505 ou « Autres créances d'exploitation » et « Créances diverses » du système développé, voir le « Code comptable », l'article 823-1 du PCG.

> **Précisions** **Comptes 46 « Débiteurs divers »** Ces comptes n'enregistrent pas, à notre avis, de créances à caractère d'exploitation. D'ailleurs le système développé les rattache aux « Créances diverses ».

Les entreprises peuvent, **en fonction de leurs besoins, distinguer** entre (PCG art. 944) :
– les créances à encaisser à long, moyen et court terme ;

> **Précisions** Les entreprises ayant à fournir en annexe **un tableau des échéances de leurs créances et de leurs dettes** (voir n° 43405) et en bas du bilan la partie à plus d'un an de ces créances, des subdivisions de chaque compte permettent de suivre cette ventilation.

– les créances en France ou à l'étranger ;
– les créances sur les sociétés liées ou avec lesquelles elles ont un lien de participation ;
– les intérêts courus ;
– les créances avec clause de réserve de propriété (voir n° 11025).

Elles peuvent également, à notre avis, distinguer les créances selon les catégories de ventes à crédit (entreprises à commerces multiples).

> **Précisions** On opposera ainsi, par exemple, les **crédits financés par l'entreprise** (le montant de la créance demeure dans les comptes clients jusqu'au règlement) et les **crédits financés par un organisme extérieur** (la créance est immédiatement soldée en contrepartie d'un compte de trésorerie, par exemple le compte 5115 ; voir n° 43030).

SECTION 2

RÈGLES D'ENREGISTREMENT ET D'ÉVALUATION DES CRÉANCES ET DES PRODUITS D'EXPLOITATION

I. RÈGLES GÉNÉRALES D'ENREGISTREMENT

I. Principe Un produit est comptabilisé dans le résultat de l'exercice s'il est : 10350
– **réalisé** (C. com. art. L 123-21 ; PCG art. 513-3), c'est-à-dire qu'il est **certain** à la fois dans son principe à la clôture et dans son montant à la date d'arrêté des comptes (voir n° 10355 s. et, lorsque l'estimation du montant comporte une incertitude, voir n° 10505) ;
– **et acquis** à l'exercice à la clôture (PCG art. 512-4 ; voir n° 10370), c'est-à-dire que le produit a été livré ou la prestation réalisée.

10350 (suite) Peu importe que le recouvrement ne soit pas probable à la date de réalisation de l'opération. Sur la divergence avec les normes IFRS, voir Mémento IFRS n° 25010.

> **Fiscalement** Il en est de même bien que la terminologie retenue ne soit pas identique. Pour déterminer les créances à rattacher au résultat imposable, les deux conditions suivantes doivent être **successivement** remplies (CE 6-5-1996 n° 156015) :
> – la créance doit être acquise, c'est-à-dire certaine dans son principe et déterminée dans son montant (voir n° 10355) ;
> – **puis**, la créance doit être rattachable à l'exercice (voir n° 10375 et 10380), le caractère certain de la créance ne suffisant pas pour déterminer l'exercice de rattachement des produits correspondants (CE 2-2-2022 n° 438004). S'agissant en particulier des règles de rattachement de produits tirés de prestations de services échelonnées sur plusieurs exercices, voir n° 10575 s.

Un produit qui n'est pas certain dans son principe à la date de clôture peut cependant être probable. Les **produits probables**, à l'inverse des charges probables, **ne peuvent être comptabilisés**. En effet, ces produits n'étant pas certains à la date de clôture, ils ne sont pas réalisés au sens de l'article L 123-21 du Code de commerce (précité).

Cette **position** nous semble **applicable dans tous les cas**, même si des événements survenus entre la date de clôture et la date d'arrêté des comptes (sur cette notion, voir n° 52310) rendent le produit probable certain (voir n° 52315).

II. En pratique :

a. En cas de vente sous condition suspensive, aucun produit ne peut être comptabilisé avant la levée de la condition suspensive, même si la levée de cette condition intervient entre la date de clôture et la date d'arrêté des comptes (voir n° 11040), le produit n'étant **pas certain**.

> **Fiscalement** Il en est de même (voir ci-avant).

Ne doivent toutefois pas être considérés comme probables, mais comme certains à la clôture, les **produits acquis dépendant de conditions sous le contrôle de l'entreprise**.

EXEMPLES

– Aide conditionnée au dépôt d'un dossier, lorsque les conditions d'éligibilité sont remplies et que l'entreprise a pris la décision et est encore en mesure de déposer un dossier (voir n° 12055) ; voir n° 16900 (indemnisation de l'activité partielle aménagée dans le cadre de la pandémie de Covid-19 ; Rec. ANC) et n° 53120 (certains produits issus d'une demande de dégrèvement ; doctrine CNCC).
– Produit de la quote-part bénéficiaire des sociétés de personnes dans certaines situations (voir n° 36510).

Ne doivent pas non plus être considérés comme probables, mais comme certains à la clôture, à notre avis (en ce sens, IAS 37.53, toutefois non expressément repris par le PCG lors de sa convergence vers IAS 37), les **produits conditionnés à la seule survenance d'une dépense nécessaire à l'extinction d'une provision** si l'entité a la certitude de recevoir ces produits si elle éteint son obligation.

EXEMPLES

– Coûts de licenciement d'un PSE provisionnés dans les comptes de la filiale qui sont refacturables à la société mère, conformément à la politique de prix de transfert du groupe. Dans ce cas, le produit de refacturation devrait pouvoir être constaté en produits à recevoir s'il est prudent et correspond aux coûts provisionnés représentant la meilleure estimation réalisée par la société, à la clôture de l'exercice.

> **Fiscalement** Une créance ne peut être considérée comme acquise que si elle est certaine dans son principe et déterminée dans son montant (CE 4-8-2006 n° 245699 ; BOI-BIC-BASE-20 n° 1 ; BOI-BIC-BASE-20-10 n° 30 et 50). Tant que les coûts liés au PSE ne sont pas déterminés avec certitude, la filiale ne dispose pas sur sa société mère d'une créance certaine dans son montant. Le montant comptabilisé en produit à recevoir doit donc être extourné sur l'imprimé n° 2058 A (ligne XG) pour la détermination du résultat imposable.

– Produit issu de l'engagement de dépenses de mécénat, imputable sur les bénéfices futurs (voir n° 16055).

b. En cas de produit variable (fonction d'événements futurs incertains), à notre avis, le produit n'est **pas certain** à la date de clôture si l'événement n'est pas survenu à cette date.
Si une partie seulement du produit est incertaine, seule cette partie n'est pas comptabilisée.

EXEMPLE

Un brevet est cédé pour un prix variable calculé sur le chiffre d'affaires futur lié à l'utilisation du brevet par son acquéreur. Aucun montant n'est garanti par ailleurs. La partie variable ne peut être comptabilisée en produit qu'au fur et à mesure de la réalisation du chiffre d'affaires (voir n° 32155).

> **Fiscalement** Sur les retraitements extra-comptables à effectuer lorsque le prix de cession d'un brevet comporte une part variable, voir n° 32155.

c. En cas de produit acquis, mais dont le règlement est différé jusqu'à la survenance d'un événement futur, le produit est constaté à la clôture dès lors que l'entreprise est **quasi certaine** que cet événement se produira et à condition que le montant, même s'il n'a pas été arrêté définitivement à la clôture, puisse être estimé de façon fiable à la date d'arrêté des comptes (voir n° 10505).

> **EXEMPLES**
>
> **1.** Dans le cas d'une entreprise fournissant une prestation d'optimisation du taux d'accident du travail (AT) et ayant obtenu la modification de taux d'AT (la condition de la rémunération est donc levée à la clôture) : même s'il a été contractuellement convenu que la facturation ne peut être établie qu'une fois les économies de cotisations effectivement réalisées par le client dans les années à venir, un produit à recevoir est à comptabiliser si le montant de la rémunération est estimable de manière fiable (utilisation des données statistiques, par exemple) (Bull. CNCC n° 172, décembre 2013, EC 2013-32, p. 661). Il est quasi certain que le client devra des cotisations dans les exercices futurs au titre desquelles il pourra bénéficier du taux d'AT modifié.
>
> **2.** Dans le cas d'une société réalisant des prestations d'assistance à l'obtention de crédits d'impôt recherche et ayant déposé le Cerfa et finalisé le dossier technique (les conditions de la rémunération sont donc levées à la clôture) : dans la mesure où il a été contractuellement convenu que la facture ne serait établie qu'au moment de l'imputation ou du remboursement du CIR par l'administration fiscale, une facture à établir est à comptabiliser dès la fin de la réalisation des travaux, sans attendre l'imputation ou le remboursement du CIR (Bull. CNCC n° 201, mars 2021, EC 2020-08). Il est quasi certain que le client devra un IS dans les exercices futurs sur lequel il pourra imputer le CIR.
>
> **3.** Tel est également le cas du produit issu de la régularisation de TVA liée à la variation des stocks dans le cadre du régime de la TVA sur marge (Bull. CNCC n° 203, septembre 2021, EC 2021-13).
>
> Voir également :
> – n° 16045, le produit issu de la réduction d'impôt pour dépenses de mécénat, imputable sur les bénéfices futurs ;
> – n° 12062, le produit d'une aide calculée sur le montant des rémunérations et dont le versement dépend d'événements ultérieurs (existence de dettes sociales).

Sur la divergence avec les normes IFRS, voir Mémento IFRS n° 25200.

ENREGISTREMENT DES CRÉANCES CERTAINES

Définition d'une créance certaine La créance (comme la dette réciproque) **naît** lors de l'**échange des consentements** et devient **certaine** quant à son principe et son montant lors (voir n° 10350) : 10355
– du **transfert de propriété** pour les **ventes** (correspondant en général à la livraison et à la facturation ; voir n° 10360) ;
– de leur **réalisation pour les services** (voir n° 10365).
Généralement, naissance et certitude sont concomitantes, mais il n'en est pas toujours ainsi et cette règle soulève des difficultés d'application dans des cas particuliers (voir n° 10575 s.).

> **› Fiscalement**   Une créance est considérée comme acquise lorsqu'elle est certaine dans son principe et déterminée dans son montant (BOI-BIC-BASE-20-10 n° 1 et 10), la circonstance qu'elle n'ait pas encore été payée à la clôture de l'exercice (CE 28-7-2000 n° 194153, 24-6-2013 n° 350451 et 30-9-2015 n° 376514) ou qu'elle n'ait été payée qu'en partie (CAA Nancy 2-6-2016 n° 15NC02000) étant sans incidence sur le bénéfice imposable de la société. Sur l'exception des pénalités de retard sur créances commerciales, voir n° 46045.

Le caractère certain d'une créance ne suffit pas à déterminer l'exercice dans lequel le produit correspondant doit être comptabilisé et taxé, voir n° 10350.

Distinction entre créances « incertaines », « douteuses » et « litigieuses » : 10356
– les **créances « incertaines »** dans leur principe ne doivent **pas** être **comptabilisées** (voir n° 10350). Il peut en être de même, dans certains cas, lorsqu'elles sont certaines dans leur principe mais qu'une incertitude importante existe sur leur montant (voir n° 10505) ;
– les **« créances douteuses »** concernent **en général** des créances **certaines** dans leur principe, c'est-à-dire dont le montant n'est pas contesté par le débiteur, mais dont le recouvrement est douteux, compte tenu de la mauvaise situation du débiteur. En conséquence, les créances douteuses certaines dans leur principe doivent être **comptabilisées** quels que soient par ailleurs la date de leur exigibilité ou le moment de leur recouvrement ;

> **EXEMPLE**
>
> La cession d'une immobilisation réalisée avant la clôture de l'exercice doit donner lieu à la comptabilisation, le cas échéant, d'une plus-value et cela même si le recouvrement n'est pas probable à la date de réalisation de l'opération. Le risque de non-recouvrement donne lieu, le cas échéant, à dépréciation de la créance (en ce sens, Bull. CNCC n° 106, juin 1997, EC 96-23, p. 295 s.).
>
> **> Fiscalement** Le caractère douteux du recouvrement des créances autorise seulement la constitution d'une provision (CE 22-2-1989 n° 71-593 et CAA Nancy 6-8-1993 n° 92-995 ; BOI-BIC-BASE-20-10 n° 20).

— les créances « **litigieuses** » ne devraient pas, en principe, être comptabilisées pour la partie contestée, celle-ci n'étant pas certaine dans son principe (voir n° 10350). Toutefois, en pratique, le litige survenant après la comptabilisation de la facture, elles sont comptabilisées pour leur totalité, la partie contestée faisant l'objet, le cas échéant, d'une dépréciation (voir n° 12240).

10360 **Transfert de propriété pour les ventes de biens** La créance naît lors de l'échange des consentements et devient certaine quant à son principe et son montant lors du **transfert de propriété.**

Sur la divergence avec les normes IFRS, voir Mémento IFRS n° 25410.

I. En principe, le transfert de propriété d'un bien accompagne immédiatement l'échange des consentements des parties.

> **> Juridiquement** En effet, aux termes :
> – de l'article 1583 du Code civil, **la vente est parfaite entre les parties et la propriété est acquise** de droit à l'acheteur à l'égard du vendeur, dès qu'on est convenu de la chose et du prix, quoique la chose n'ait pas encore été livrée ni le prix payé ;
> – de l'article 1196 du Code civil, dans les contrats ayant pour objet l'aliénation de la propriété ou la cession d'un autre droit, **le transfert s'opère lors de la conclusion du contrat.**

II. Toutefois, le transfert de propriété peut être différé (C. civ. art. 1196).

Dans ces cas, la créance reste incertaine lors de l'échange des consentements, et ce jusqu'au transfert de propriété.

Le transfert de propriété peut être différé (C. civ. art. 1196) :

a. par la volonté des parties Il est toujours possible aux parties de différer la date du transfert de propriété. Ainsi, les « **conditions de vente** » des entreprises industrielles ou commerciales contiennent généralement des **stipulations à cet égard** ;

> **EXEMPLE**
>
> Tel est le cas, par exemple, lorsque les conditions de vente indiquent que le transfert de propriété a lieu à la date à laquelle une condition se trouve réalisée (cas des ventes sous condition suspensive ; voir n° 11040). En revanche, l'existence d'une clause résolutoire n'a pas pour effet de rendre incertaine la créance acquise lors de sa conclusion (voir n° 11045).

Sur les autres cas de ventes sous conditions, voir n° 11020 s.

b. par la nature des choses Ainsi, même en l'absence de stipulation particulière, le principe de l'article 1583 du Code civil ne trouve pas à s'appliquer :
– lorsque le bien n'existe pas encore (vente d'une « chose future » : bien à fabriquer ; voir n° 10695 s.) ;
– lorsque le bien existe déjà, mais qu'il n'est pas encore déterminé (choses de genre), c'est-à-dire identifié parmi d'autres biens similaires. Dans ce cas, la propriété n'est transférée à l'acheteur que lorsque la marchandise a été déterminée dans son individualité (Req. 24 avril 1929, DH 1929-283 ; Cass. civ. 17 et 30-6-1925 DP 1927-1-29 ; voir Bull. CNC n° 26, avril 1976, p. 10-11, et Bull. CNCC n° 156, décembre 2009, EC 2009-50, p. 729 s.). L'individualisation des choses de genre résulte soit de leur livraison, soit d'une opération de pesage, comptage ou mesurage opposable à l'acheteur (C. civ. art. 1585) ;

> **> Fiscalement** Selon l'administration, lorsque la vente porte sur un élément de série, désigné par un genre, une marque ou un type, le transfert de propriété n'intervient qu'au moment de l'individualisation de l'objet de la vente, c'est-à-dire, le plus souvent, au moment de la livraison effective de l'objet ou, tout au moins, de la remise des titres ou des documents représentatifs (BOI-BIC-AMT-20-20-20-20 n° 30 ; BOI-BIC-BASE-100 n° 80).

c. par la volonté du législateur lorsque des dispositions spécifiques définissent le moment précis du transfert de propriété.

> **EXEMPLE**
>
> L'article L 211-17 du Code monétaire et financier prévoit que le transfert de propriété de titres financiers résulte de l'inscription de ces titres au compte-titres de l'acquéreur (voir n° 36920).

III. En général, le transfert de propriété se produit lors de la livraison du bien qui, en pratique, correspond le plus souvent à la **facturation.** C'est pourquoi **les ventes sont enregistrées au vu des factures.**

Une régularisation peut éventuellement devoir être effectuée à la clôture de l'exercice ou de la période (voir n° 11745 s.) pour tenir compte d'un décalage entre facturation et livraison (voir n° 10375).

Sur la divergence avec les normes IFRS, voir Mémento IFRS n° 25410.

Prestations de services La notion de « transfert de propriété » ne peut être appliquée aux prestations de services (sauf cas particuliers, par exemple des études). « Dans la pratique la plus courante, les effets des conventions ne sont comptabilisés qu'à l'issue de l'**exécution** de **l'obligation génératrice de profits ou de pertes** » (Avis CNC, Bull. n° 25, janvier 1976, p. 15). Cette pratique découle du principe de prudence et de la jurisprudence : l'existence d'un gain ne peut être comptablement retenue comme profit d'un exercice qu'autant que ce gain a été effectivement réalisé par la naissance d'une créance incontestable en ses divers éléments (Gaz. Pal., 1964-1-293). **10365**

> **Précisions** Toutefois, la perte sur le contrat doit être constatée dès qu'elle devient probable, voir n° 10385.

Habituellement, une **facture** est établie à ce moment, et c'est cette facture qui est enregistrée en créance et en produit, les éventuels décalages entre facturation et exécution du service étant régularisés à la clôture de l'exercice ou de la période (voir ci-après et n° 11745).

Il importe de distinguer selon que la prestation de services correspond à une obligation de résultat ou à une obligation de moyens :
– lorsque le prestataire est tenu à une « **obligation de résultat** », il s'est engagé à procurer un résultat déterminé ; si cette obligation n'est pas encore satisfaite et que, de ce fait, le client ne peut être considéré comme ayant donné son accord sur la chose et sur le prix, la créance sur le client n'est pas définitive dans son principe et son montant et les acomptes ne peuvent être inscrits en produits au crédit de la classe 7 (voir toutefois le cas des opérations partiellement exécutées à la clôture n° 10760 s.) ;
– si l'entreprise a une « **obligation de moyens** », c'est-à-dire qu'elle s'est engagée à certaines diligences en vue d'un résultat qu'elle n'est cependant pas tenue d'atteindre, la facturation du service rendu constitue un produit d'exploitation même si le contrat n'est pas achevé (par exemple, contrat de recherches).

> **Précisions** **Clauses résolutoires** L'existence dans certains contrats de **clauses résolutoires** n'a **pas** pour **effet** de rendre incertaines les créances acquises lors de leur conclusion (voir n° 11045).

RATTACHEMENT DES PRODUITS À L'EXERCICE D'EXÉCUTION

Règle générale « Seuls les bénéfices réalisés à la date de clôture d'un exercice peuvent être inscrits dans les comptes annuels » (C. com. art. L 123-21). **10370**

Selon le PCG, sont rattachés à l'exercice (PCG art. 512-4) :
– les **produits acquis** à cet exercice ;
– auxquels s'ajoutent éventuellement les produits acquis normalement à des exercices précédents mais qui, par erreur ou omission, n'ont pas alors fait l'objet d'un enregistrement comptable.

Un produit est « acquis » lorsque :
– les **prestations** ont été **effectuées** (services, voir n° 10380) ;
– les **biens** ont été **livrés** (voir n° 10375).

En conséquence, à la clôture de chaque exercice :
– lorsqu'une créance comptabilisée concerne un bien non livré ou une prestation non encore effectuée, le produit comptabilisé d'avance est éliminé des produits d'exploitation par l'intermédiaire du **compte de régularisation** 487 « Produits constatés d'avance » (PCG art. 944-48 ; voir n° 11750) ;
– lorsqu'un bien livré ou une prestation effectuée n'a pas encore fait l'objet d'une facture (PCG art. 944-41), le produit est ajouté aux produits d'exploitation par l'intermédiaire du **compte de rattachement** 418 « Clients – Produits non encore facturés » (Subdivision 4181 « Factures à établir » ; voir n° 11745). Sur l'évaluation des produits à recevoir, voir n° 10505.

Ce rattachement à l'exercice est indépendant de la date d'encaissement du produit (voir PCG art. 112-3).

Pour la liaison avec les sorties de stocks, voir n° 20235.

Ventes de biens Les produits correspondants sont rattachés à **l'exercice au cours duquel les biens sont livrés** (voir n° 10370). Cette notion de « livraison » n'est toutefois pas définie dans le plan comptable. **10375**

Sauf cas particuliers, la livraison « au sens comptable » correspond en général à celle de « **délivrance** » du Code civil.

> **Juridiquement**   La délivrance est le transport de la chose vendue en la puissance et la possession de l'acheteur (C. civ. art. 1604).

En pratique, la délivrance intervient en général lorsque le vendeur s'est acquitté de toutes ses **obligations** de délivrance envers l'acheteur.

> **Précisions   Groupe de travail à l'ANC** L'ANC mène actuellement des travaux de refonte des dispositions du PCG concernant le cycle « vente ». Selon le projet de règlement soumis à consultation en novembre 2019, le principe de la reconnaissance du chiffre d'affaires demeure la **délivrance** des biens et services identifiés au contrat en tant que **livrables**, étant précisé les définitions suivantes :
> — un « livrable » est un (groupe de) bien(s) ou service(s) dont le client peut tirer avantage indépendamment des autres biens ou services prévus par l'accord conclu entre l'entité et son client ;
> — la « délivrance » est le transfert du ou des livrables dans la jouissance et la possession par le client (notion issue des art. 1604 s. du C. civ. comme actuellement), c'est-à-dire lorsque rien ne s'oppose plus du fait de l'entité, à ce que le client dispose et tire avantage du livrable.
> Les obligations de l'entité à l'égard de ses clients ne remettant pas en cause la délivrance du bien ou du service font l'objet d'une provision.

La délivrance n'est **pas nécessairement** concomitante avec la remise matérielle de la marchandise vendue :
— la délivrance s'opère pour les effets mobiliers (C. civ. art. 1606) ou par la remise de la chose, ou par la remise des clefs des bâtiments qui les contiennent ou par le seul consentement des parties, si le transport ne peut pas se faire au moment de la vente, ou si l'acheteur les avait déjà en son pouvoir à un autre titre. Sur les ventes avec Incoterm, voir n° 11020 ;
— en cas de vente avec condition suspensive, la remise matérielle de l'élément vendu peut ne pas être suffisante pour considérer que la délivrance est intervenue. Tel est le cas, par exemple, lorsque la vente est réalisée sous réserve de l'installation et de l'effectivité de la mise en route de l'élément livré (voir n° 11115), en cas de vente en consignation (voir n° 11060).

Dans la plupart des cas, la délivrance est concomitante avec le transfert de propriété, le transfert de contrôle et la facturation.

> **Précisions**   Toutefois, dans certains cas particuliers, il peut y avoir délivrance :
> — sans transfert de propriété. Tel est le cas, par exemple, de la location-vente (voir n° 11110). Dans ce cas, la vente n'intervient qu'à l'issue de la période de location, entraînant le transfert de propriété ;
> — sans transfert de contrôle. Tel est le cas, par exemple, d'une vente avec engagement ferme de rachat (voir n° 11070) ou d'une vente à réméré lorsque le rachat est probable (voir n° 11080). Ces ventes comportant une **condition résolutoire** (l'exercice de l'option de rachat), elles sont alors constatées et seule la marge liée à la vente est retraitée pour tenir compte du risque de résolution de la vente (voir n° 11045).

Pour déterminer la date d'une livraison « au sens comptable » devant entraîner la comptabilisation d'un produit, il faut donc analyser la situation et les contrats de manière attentive, se référer aux modalités de mise à disposition du bien prévues par les parties, aux conditions de ventes et, à défaut, aux usages de la profession.

> **Fiscalement**   Les produits correspondant à des créances sur la clientèle ou à des versements reçus à l'avance en paiement du prix sont rattachés à l'exercice au cours duquel intervient la **livraison** des biens pour les ventes ou opérations assimilées (CGI art. 38-2 bis). Cette livraison correspond (BOI-BIC-BASE-20-10 n° 90 ; CE 4-3-1991 n° 97595 et CAA Bordeaux 7-5-1991 ; n° 501 et 1506) à la notion de délivrance du Code civil (indiquée ci-avant), sauf à établir qu'il s'agit d'une vente sous condition suspensive, par exemple une vente à l'essai (CAA Nantes 21-2-1996 n° 93-282). Sur l'influence des modalités de délivrance (Incoterms), voir n° 11020.
> Pour les conséquences fiscales dans le cas où le transfert de propriété ne coïncide pas avec le transfert du contrôle, voir n° 20220.

Sur les cas d'application pratique, voir n° 10695 s. et 11020 s.

10380   **Prestations de services**   **En principe,** les produits rémunérant un service sont rattachés à l'exercice d'**achèvement** des prestations, c'est-à-dire au moment où le **service** est **rendu**.

> **Fiscalement**   Il en est, en principe, de même (CGI art. 38-2 bis ; BOI-BIC-BASE-20-10 n° 130).

> **Précisions**   Cette notion d'achèvement, comptable et fiscale, est une question de fait. Elle implique en pratique :
> — l'analyse préalable et minutieuse du contrat (CE 13-2-1995 n° 137490) ou de la situation juridique particulière de la société (ex. : société de bourse ; CAA Paris 9-4-1996 n° 95-187 et CAA Nancy 10-6-1999 n° 95-1037) ;
> — en cas d'imprécision du contrat, l'analyse des usages professionnels dans le secteur d'activité concerné (CE 6-7-1994 n° 116079 ; CE 6-5-1996 n° 156015 ; CE 28-7-2000 n° 180412 et CE 29-12-2000 n° 184527).

Lorsque la **prestation** est **en cours à la clôture,** aucun produit n'est donc à dégager (la prestation n'étant pas achevée) et les coûts déjà engagés sont comptabilisés en-cours de production (voir n° 20125 et 20260).
Toutefois, dans le cas particulier des **prestations continues** (voir n° 10625) ou **discontinues à échéances successives** (voir n° 10645), les produits sont comptabilisés **au fur et à mesure de l'avancement** de l'exécution de ces prestations.
Sur les règles spécifiques en matière de contrats à long terme, voir n° 10760 s.
Sur les travaux en cours de l'ANC, voir n° 10375.

CONSTATATION DES DETTES PROBABLES LIÉES AUX VENTES (PROVISIONS POUR RISQUES, CHARGES ET PERTES LIÉS AUX VENTES)

10385

Règle générale À la clôture de l'exercice, les risques, charges ou pertes liés aux ventes de l'exercice ou d'un exercice antérieur doivent donner lieu à la constitution de provisions dès lors qu'ils répondent aux conditions fixées par le PCG (existence d'une obligation à la date de clôture ; sortie de ressources probable sans contrepartie ; voir PCG art. 322-1 s.).

> **Précisions** En effet, à la clôture de l'exercice :
> — « il doit être tenu compte des passifs qui ont pris naissance **au cours de l'exercice ou d'un exercice antérieur,** même s'ils sont **connus entre** la **date de la clôture** de l'exercice et celle de l'**établissement des comptes** » (C. com. art. L 123-20, al. 3 et PCG art. 513-4). Sur les événements postérieurs à la clôture, voir n° 52315 s. ;
> — « les risques et charges, nettement précisés quant à leur objet et que des événements survenus ou en cours rendent probables, entraînent la constitution de provisions » (C. com. art. R 123-179, al. 4).

Pour des exemples pratiques, voir n° 11550 s.

EXTINCTION DES CRÉANCES

10390

Selon le ministre de la justice (Rép. Sergheraert : AN 28-4-1980 n° 24896) :
— le fait qu'une dette n'ait pas fait l'objet de réclamations de la part du créancier n'affecte pas le principe même de la dette qui doit être **maintenue en comptabilité tant que l'obligation n'est pas éteinte** ;

> **Précisions** Cette extinction peut résulter notamment de la prescription des obligations qui opère différemment selon la nature particulière de chaque droit et obligation (voir n° 18740 s.).

— inversement, l'absence de recouvrement de certaines créances ne peut être considérée comme affectant l'existence de la créance tant que celle-ci est exigible. « L'annulation » des comptes correspondants ne peut donc conduire à constater une **perte** ou un **produit** qu'en cas d'**extinction du droit ou de l'obligation.**

PRINCIPE DE NON-COMPENSATION DES CRÉANCES ET DES DETTES

10410

Toute compensation est interdite (voir n° 3570), sauf :
— dans des **cas exceptionnels** prévus par un règlement de l'ANC (C. com. art. L 123-19 ; PCG art. 112-2 et 911-5). Voir n° 3570 ;
— dans les cas de compensation admis par le Code civil s'appliquant aux **obligations réciproques** existant entre deux personnes et entraînant leur extinction simultanée (C. civ. art. 1347). Voir I. ci-après ;
— dans les cas de **compensation fiscale.** Voir II. ci-après.

> **Fiscalement** Il en est de même, l'interdiction d'appliquer la compensation s'impose (sauf exception, voir ci-après) à :
> — l'entreprise (CE 14-4-1986 n° 45884 et 15-4-1988 n° 58048) ;
> — l'administration (CE 22-6-1984 n° 38108 et 37368 et CE 9-11-1990 n° 88765).

I. Trois cas de compensation sont prévus par le Code civil :
Pour la traduction comptable de la compensation, voir n° 10415.
a. Compensation légale Elle s'opère de plein droit, sous réserve d'être invoquée, lorsque les créances et les dettes sont **simultanément** (C. civ. art. 1347 et 1347-1) :
— réciproques (chaque partie en présence devant être à la fois créancière et débitrice de l'autre) ;
— fongibles (les créances doivent consister l'une et l'autre en une somme d'argent, même en différentes devises pourvu qu'elles soient convertibles, ou en des choses fongibles de la même espèce) ;
— certaines, non contestées et liquides (déterminées dans leur montant) ;
— exigibles (dont le terme est échu).
Pour une définition de ces critères, voir Mémento Droit commercial n° 52900 à 52924.
En pratique, ce n'est que lorsqu'elle est **invoquée** (et sous réserve du respect des conditions précitées) que l'entreprise en tire les conséquences en termes de présentation du bilan, voir n° 10415.

> **Précisions** **Procédure judiciaire ou de sauvegarde** La compensation légale ne peut pas s'opérer lorsque l'une des parties fait l'objet d'une procédure de sauvegarde ou de redressement judiciaire, même si les quatre conditions précitées sont remplies, sauf :
> – connexité (voir ci-après c. et Mémento Droit commercial n° 52936) ;
> – ou s'il est établi et constaté par les juges que les conditions de la compensation légale sont remplies avant l'ouverture de la procédure collective (voir Mémento Droit commercial n° 61895).

S'agissant de la détermination de l'éventuelle dépréciation d'une créance obligatoirement compensée avec une dette, voir n° 10415.

b. Compensation conventionnelle Lorsque les conditions de la compensation légale ne sont pas satisfaites, notamment lorsque l'une des deux créances n'est pas exigible, **les parties peuvent convenir de compenser** leurs dettes réciproques, qu'elles soient ou non relatives à des opérations connexes, c'est-à-dire nées d'un même contrat (C. civ. art. 1348-2).
C'est le cas des conventions de **comptes courants.**
La compensation ainsi prévue par une convention **s'impose** aux deux parties et prend alors effet à la date de leur accord (C. civ. art. 1348-2).

> **Précisions** **Incidence d'un accord de compensation signé entre la date de clôture et la date d'arrêté des comptes avec un effet rétroactif** (rétroactivité à la clôture de l'exercice) Selon le bulletin CNCC (n° 164, décembre 2011, EC 2011-28, p. 730 s.), cet accord constitue un événement post-clôture qui ne modifie pas les droits et obligations existant à la clôture. En conséquence, aucune compensation entre les créances et les dettes ne peut être réalisée à cette date.

c. Compensation judiciaire La compensation peut être prononcée par le juge lorsque l'une des deux obligations, bien que certaine, n'est pas encore liquide ou exigible (C. civ. art. 1348).
La compensation produit alors ses effets à la **date de la décision** du juge, sauf décision contraire.

> **Précisions** **1. Dettes connexes** Les dettes connexes sont celles nées d'un même contrat ou d'un ensemble contractuel unique, voir Mémento Droit commercial n° 52936 et 61886 s. Le juge saisi ne peut pas refuser leur compensation (C. civ. art. 1348-1). Dans ce cas, la compensation est réputée s'être produite **au jour de l'exigibilité** de la première dette.
> **2. Procédure collective** À la différence de la compensation légale, la compensation entre créances et dettes connexes **reste possible** même dans le cas où l'une des parties fait l'objet d'une procédure collective (voir Mémento Droit commercial n° 52936 et 61880).

II. Compensation fiscale de recouvrement Lorsque le contribuable a droit à un remboursement, à un dégrèvement ou à une restitution d'impôts, droits, taxes, pénalités et intérêts de retard, le comptable public peut prendre l'initiative de conserver ces sommes et procéder à une **compensation d'office** en les affectant au paiement d'impôts, droits, taxes, pénalités et intérêts de retard dus par le contribuable, dès lors que ces créances sont liquides et exigibles. Le contribuable peut également demander au comptable public d'opérer une telle compensation afin d'apurer sa dette d'impôt (LPF art. L 257 B et BOI-REC-PREA-10-30 n° 10).
Sur la compensation fiscale d'assiette, voir n° 53120.

10415 **Enregistrement et présentation des créances et dettes pouvant ou devant faire l'objet d'une compensation** Sur les règles générales de présentation lorsque la compensation n'est pas possible, voir n° 12830 et 18305.
Lorsque la compensation est possible, il convient de distinguer les situations suivantes :

I. La compensation est possible et elle a été invoquée (compensation légale, conventionnelle ou judiciaire, voir n° 10410) :
a. Enregistrement et présentation des créances et des dettes À notre avis, deux solutions sont possibles pour traduire la compensation :
1ʳᵉ solution (en ce sens, Bull. CNCC n° 29, mars 1978, p. 90) :
– durant l'exercice, tenue des comptes « Client X à compenser » et « Fournisseur X à compenser » ;
– en fin d'exercice, ces deux comptes sont virés, selon le cas, au compte « Client X – Solde après compensation » ou « Fournisseur X – Solde après compensation ».
2ᵉ solution (prévue par Règl. ANC 2020-04 art. 132-1 relatif aux comptes annuels des exploitations agricoles, applicable notamment aux sociétés commerciales ayant une activité agricole et aux personnes morales de droit privé d'une certaine importance ayant une activité agricole) :

lorsqu'un tiers à la fois fournisseur et client de l'agriculteur contracte une convention de compte courant avec ce dernier :
– en cours d'exercice, les mouvements sont enregistrés au compte d'attente 472 « Opérations de compensation (conventions de compte courant) » ;
– en fin d'exercice, ce compte est soldé soit par le compte 402 « Fournisseurs – Solde après compensation », soit par le compte 412 « Clients – Soldes après compensation ».

> **Fiscalement** La compensation constituant un mode de règlement, elle n'entraîne pas la constatation d'un produit exceptionnel imposable résultant de l'annulation d'une dette (CE 22-5-2009 n° 299536) sous réserve que cette compensation soit effectivement traduite par les écritures comptables (CE 23-11-1987 n° 53550).

b. Incidence sur la détermination d'une éventuelle dépréciation À notre avis, une dépréciation ne peut être constituée que sur le **montant net** (après compensation), seul montant **figurant à l'actif** à la clôture de l'exercice.

> **Fiscalement** Il en est de même (CE 27-7-1979 n° 1624 et 2023 ; CE 22-2-2017 n° 387661).

> **Précisions** Si l'autre partie fait l'objet d'un redressement ou d'une liquidation judiciaire, il convient, à notre avis, à compter de la date du jugement déclaratif :
– de constituer, le cas échéant, une dépréciation sur la base du solde débiteur résultant de la compensation des créances et dettes nées avant le jugement ;
– de prévoir, si les affaires avec l'autre partie en redressement judiciaire se poursuivent, la création d'un compte client et d'un compte fournisseur distincts l'un de l'autre ;
– de déprécier à hauteur du risque encouru toute nouvelle créance qui ne pourra plus être compensée avec les nouvelles dettes tant que la situation de l'autre partie ne sera pas assainie.

II. La compensation est possible mais n'a pas été invoquée :

a. Enregistrement et présentation des créances et des dettes Les créances et les dettes sont, à notre avis, enregistrées dans deux comptes distincts 411 « Client X » et 401 « Fournisseur X ».

b. Incidence sur la détermination d'une éventuelle dépréciation L'entreprise doit, à notre avis :
– s'il est probable que la compensation légale sera invoquée ultérieurement, déprécier les créances à concurrence du **solde net** qui résulterait de la compensation ;
– sinon, déprécier les créances **en totalité.**
Tel est le cas, par exemple, si l'entreprise a décidé de ne pas invoquer la compensation pour ménager de bonnes relations avec un partenaire commercial essentiel.

> **Fiscalement** La renonciation à la compensation ne constitue pas en soi un acte anormal de gestion (CE 22-2-2017 n° 387661) et l'administration ne peut la réaliser d'office pour limiter le montant de la dépréciation déductible à hauteur du montant compensable (CE 9-11-1990 n° 88765). Une telle limitation est toutefois fondée si l'entreprise a connaissance des difficultés de son débiteur et sait que la renonciation à la compensation compromet le recouvrement de sa créance, cette renonciation étant alors anormale (CE 22-2-2017 n° 387661).

II. RÈGLES D'ÉVALUATION DES CRÉANCES ET DES PRODUITS D'EXPLOITATION

ÉVALUATION DES CRÉANCES D'EXPLOITATION
Il convient de distinguer la valeur d'inscription lors de l'entrée de la créance dans le patrimoine de l'entreprise et la valeur au bilan.

10485

I. Valeur lors de l'entrée dans le patrimoine   Voir n° 40090.

II. Valeur au bilan   Voir n° 40115.

ÉVALUATION DES PRODUITS À RECEVOIR
Selon la définition non reprise du PCG 82, p. I.38 (sur l'utilité de cette définition, voir n° 3075), les produits à recevoir constituent des produits acquis à l'entreprise mais dont le **montant, non définitivement arrêté,** n'a pas encore été inscrit aux comptes de tiers débiteurs.

10505

Sur les créances d'un montant non définitif, voir n° 11470.
Un produit à recevoir peut donc être comptabilisé si le produit est acquis à l'exercice et certain dans son principe à la date de clôture (voir n° 10350) :
– même s'il existe une incertitude sur son montant ;

EXEMPLE

Les honoraires d'administrateurs judiciaires réalisant leurs prestations dans le cadre d'un mandat sont basés sur des barèmes ou des taux horaires dépendant d'éléments disponibles postérieurement à la date de clôture (chiffre d'affaires réalisé par l'entreprise en observation pendant le mandat, nombre de revendications traitées pendant la totalité du mandat, prix de cession de l'entreprise en observation...). Le produit est à considérer comme certain dans son principe. En revanche, il existe des incertitudes à la clôture sur son montant.

– mais à certaines conditions.
Selon la CNCC (Bull. n° 205, mars 2022, EC 2021-28), plusieurs cas de figure sont en effet possibles.

I. Le produit (acquis) est certain dans son principe à la date de clôture et le montant peut en être estimé de manière suffisamment fiable Ce produit doit normalement être enregistré.

EXEMPLE

Si la rémunération des missions d'un administrateur judiciaire peut être estimée de manière suffisamment fiable en fonction des éléments disponibles (chiffre d'affaires de l'entreprise réalisé pendant la mission, nombre de revendications traitées...), ou en fonction de données statistiques historiques (notamment en comparant les produits à recevoir comptabilisés avec ceux effectivement reçus), un produit est à comptabiliser en résultat par la contrepartie d'un compte de factures à établir.

Le plus souvent, des informations obtenues entre la date de clôture et la date d'arrêté des comptes permettront soit d'affiner l'estimation, soit de mettre fin à la petite incertitude sur le montant.

> **Précisions** Le niveau d'incertitude doit, à notre avis, être déterminé par rapport au montant total du produit et, le cas échéant, par rapport au résultat de l'exercice.

II. Le produit (acquis) est certain dans son principe à la date de clôture, mais l'estimation du montant comporte une incertitude importante Il convient de distinguer selon que l'incertitude est levée ou non à la date d'arrêté des comptes :

a. Si l'incertitude est levée à la date d'arrêté des comptes, le produit à recevoir est alors estimé et pris en compte.

Ainsi, les informations existant à la clôture, mais connues uniquement après, sont prises en compte pour déterminer le montant d'un produit, dans la mesure où ce dernier est certain dans son principe à la clôture.

EXEMPLES

— Ristournes obtenues sur achats réalisés au cours de l'exercice (dans la mesure où le principe de la ristourne est contractualisé à la clôture).
— Indemnités obtenues au terme de négociations ou dossiers en cours à la clôture de l'exercice (en ce sens, Rec. OEC n° 1.12, à condition toutefois, à notre avis, que le principe de l'indemnisation soit déjà acquis à la clôture et que les négociations ne portent que sur le montant des indemnités).
— « Prime au succès » acquise à la clôture par une société de production cinématographique (la condition de performance, relative à la diffusion du film, étant satisfaite), mais dont le montant définitif ne lui est communiqué par la société de diffusion qu'après la clôture pour des raisons pratiques de traitement des données (Bull. CNCC n° 174, juin 2014, EC 2014-04, p. 268 s.).

Voir également n° 52315.

> **Fiscalement** En revanche, seuls les éléments de calcul disponibles à la date de clôture doivent être pris en compte pour apprécier si la créance est certaine dans son montant. Ainsi, une société titulaire de créances certaines dans leur principe à raison des opérations réalisées au cours des derniers mois de l'exercice n'a pas à constater dans ses résultats imposables les produits correspondants lorsque les éléments servant à leur calcul ne peuvent être réunis à la clôture de l'exercice (CE 18-3-1992 n° 94061 et 95794 ; BOI-BIC-BASE-20-10 n° 30). En raison de l'imprévisibilité du volume de son activité, une entreprise qui est dans l'impossibilité d'évaluer à la date de clôture le montant des produits correspondant aux deux derniers mois de l'exercice à raison des connexions à des services télématiques n'a pas à rattacher ces produits aux résultats de l'exercice alors même que leur méthode de calcul est déterminée et leur montant connu à la date d'arrêté des comptes (CE 4-8-2006 n° 245699).

b. Si l'incertitude demeure à la date d'arrêté des comptes, aucun produit ne doit être constaté. Toutefois, si une estimation sous forme de fourchette est possible, l'hypothèse la plus basse peut être retenue pour que seule la quote-part de produit certain soit comptabilisée. Pour un exemple d'application, voir n° 45790 (indemnités d'assurance).

Une information en annexe peut être alors nécessaire.

> **Précisions** Si cette estimation concerne une activité habituelle déjà pratiquée sur les mêmes bases que les exercices précédents, la moyenne des produits perçus les exercices précédents devrait, à notre avis, pouvoir être retenue pour estimer le produit acquis sur l'exercice. Au cas où cette moyenne ne serait pas significative, seule l'hypothèse la plus basse pourra être retenue.

> **Fiscalement** Il est des situations où « l'indétermination » du montant de la créance est telle qu'elle rend impossible toute prise en compte de celle-ci, pourtant certaine dans son principe. Tel est le cas d'une entreprise qui avait subi une expropriation sans accepter les offres amiables que lui avait faites l'autorité expropriante (CE 4-2-1972 n° 79751).

Sur la divergence avec les normes IFRS, voir Mémento IFRS n° 25200.

III. CAS PARTICULIERS ET DIFFICULTÉS D'APPLICATION

A. Prestations de services échelonnées sur plusieurs exercices

PRINCIPE

Le principe de constatation en produits des prestations est la date d'achèvement (voir n° 10380).

10575

Toutefois, en pratique, dans un certain nombre de situations, les prestations sont en cours à la clôture de l'exercice. En effet, les prestations de services échelonnées sur plusieurs exercices peuvent présenter des caractéristiques différentes tant dans leur nature, dans leurs modalités d'exécution que dans leurs modalités de paiement. Pour leur traitement comptable et fiscal, la principale difficulté réside dans la qualification de ces opérations.

Pour savoir quel résultat dégager à la clôture et comment, il convient, à notre avis, de **distinguer trois types de prestations** :
– les prestations continues (voir n° 10625) ;
– les prestations discontinues à échéances successives (voir n° 10645) ;
– les prestations déterminées dans un contrat global (contrats long terme ; voir n° 10760 s.).

Sur les travaux en cours de l'ANC, voir n° 10375.

DÉFINITIONS ET EXEMPLES DE PRESTATIONS

Critères permettant de distinguer les prestations

10595

> **Précisions** **Groupe de travail à l'ANC** Le projet de règlement de l'ANC relatif à la comptabilisation du chiffre d'affaires (voir n° 10375) définissant désormais plus précisément le principe de reconnaissance du chiffre d'affaires (voir n° 10375), les prestations ne devraient plus directement suivre la classification présentée ci-après (issue d'une analyse juridique et fiscale). Pour plus de détails, voir n° 10625 (prestations continues) et n° 10645 (prestations à échéances successives). Sur les règles spécifiques aux contrats à long terme, voir n° 10760 s.

I. Prestations continues

a. Cas général Il s'agit notamment des baux et des prêts, les prestations continues étant définies par le CGI (art. 38-2 bis) comme celles rémunérées notamment par des intérêts et des loyers.

EXEMPLES
– Loyers et redevances de crédit-bail (voir n° 11295).
– En revanche, les sommes en lien avec ces prestations, mais qui sont perçues en rémunération d'une prestation ayant un caractère spécifique et ponctuel, ne rémunèrent pas des prestations continues (CAA Nantes 29-5-2007 n° 06-887 définitif suite à CE (na) 13-10-2008 n° 308291 à propos de prestations d'installation d'un bien accessoire à une location).

b. Autres prestations En l'absence d'autres critères que ceux fournis par le CGI, constituent également des prestations continues, à notre avis et compte tenu des précisions apportées par la jurisprudence fiscale et la doctrine comptable, les prestations qui se caractérisent par une mise à disposition, sur toute la durée du contrat, de certains services, directement par le prestataire ou par un de ses sous-traitants. Une prestation peut être continue alors même

10595
(suite)

que les interventions matérielles du fournisseur sont aléatoires, voire épisodiques. Constituent ainsi des prestations continues :

1. Garantie et maintenance : contrats de garantie, indépendants de la vente des biens ou services auxquels ils se rapportent, conclus pour un prix forfaitaire sans limitation du nombre d'interventions.

> **EXEMPLES**
> — Contrat de garantie et d'entretien d'installations de chauffage (Bull. CNCC n° 160, décembre 2010, EC 2010-22, p. 702 s.) incluant, le cas échéant, leur renouvellement (CE 5-6-2002 n° 199431 et 21-6-1995 n° 144450), de véhicules (CAA Bordeaux 24-6-1997 n° 95-1604), de bouteilles de gaz dans lesquelles celui-ci est livré, alors même que les redevances annuelles cumulées ne sont dues que lors de la restitution des bouteilles (CAA Paris 30-12-1998 n° 96-55).
> — Contrat de service après-vente (garantie légale et conventionnelle) de matériels audiovisuels, informatiques et électroménagers assuré par une entreprise sous-traitante (CE 7-6-2000 n° 199344).
> — Contrat de maintenance prévoyant un nombre d'interventions illimité sur la durée du contrat pour un prix forfaitaire (logiciels, par exemple).
> — Contrat de garantie complémentaire (Bull. CNCC n° 160, décembre 2010, EC 2010-24, p. 708 s.), y compris lorsqu'il est souscrit séparément de la vente (CAA Paris 22-1-1998 n° 96-700).
> — Contrat de garantie de paiement de loyers accordé à un loueur d'avions contre le risque de défaillance des compagnies aériennes sous-locataires (CE 10-03-2021 n° 423983).

2. Services ininterrompus : services se poursuivant ou pouvant intervenir à tout moment sur la durée du contrat à l'initiative du client.

> **EXEMPLES**
> — Abonnement à des revues (voir n° 11150), dans des clubs sportifs, etc.
> — Abonnement de téléphonie mobile (Bull. CNCC n° 166, juin 2012, EC 2011-38, p. 440 s.).
> — Caution : en accordant sa caution, l'entreprise rend un service continu à l'emprunteur et à l'établissement prêteur sur la durée de l'emprunt consistant à se substituer à l'emprunteur en cas de défaillance (CE 8-3-2002 n° 199468 ; voir n° 11290).
> — Convention d'amodiation portant sur la mise à disposition de places de parking pour une durée de 30 ans (TA Montreuil 6-6-2017 n° 1507806).
> — Crédit gratuit offert par les sociétés de distribution à leurs clients : il s'agit d'un service continu rendu au client emprunteur par l'établissement financier mais rémunéré par le distributeur (CE 7-6-2000 n° 208935 ; voir n° 43020).
> — Gestion des sinistres par un courtier pour le compte d'une compagnie d'assurances (CE 11-4-2008 n° 279786).
> — Prestations de publicité réalisées sous la forme d'encarts publicitaires sur des supports (affiches, vitrines) dont l'entreprise s'engage à assurer l'exposition durant une période de deux à quatre ans (TA Strasbourg 7-10-2004 n° 00-1330 et 00-1331) ou sur des imprimés de commande distribués pendant un an par une entreprise de grande distribution à ses clients (CAA Nancy 31-3-2005 n° 01-104).
> — Aide financière accordée par un brasseur à ses débitants de boissons en contrepartie de la signature d'un engagement d'approvisionnement exclusif et d'achat d'une quantité minimale de bière : l'aide rémunère un service (l'exclusivité consentie au brasseur) qui est rendu sur toute la période d'exécution du contrat (CE 20-6-2006 n° 266796 ; voir n° 11305). Même solution s'agissant du versement d'une somme à une société du secteur automobile qui s'engage en contrepartie à acquérir auprès d'un fournisseur un volume minimum d'huile sur deux ans et à rembourser une partie de la somme reçue en cas de non-exécution de l'intégralité de cet engagement (CAA Nancy 10-7-2012 n° 11NC00537).
> — Diffusion d'offres de vente de biens immobiliers par l'intermédiaire de sites internet et de la presse (journaux d'annonces immobilières, etc.) (Bull. CNCC n° 160, décembre 2010, EC 2010-23, p. 694 s.).
> — Mise à disposition d'une plateforme informatique ou d'une base de données pendant la durée du contrat (ainsi, un support de formation ou e-learning, bull. CNCC n° 160, décembre 2010, EC 2010-33, p. 704).
> — Prestation globale de mise à disposition d'un ensemble de services informatiques dans le cadre d'un contrat SaaS (« Software as a service », voir n° 30380) ou ASP (« Application service provider ») (Bull. CNCC n° 171, septembre 2013, EC 2013-31, p. 545 s.).
> — Mise à disposition d'une carte accréditive, contre paiement d'une cotisation annuelle forfaitaire versée à la délivrance de la carte, permettant à son titulaire de bénéficier durant la durée de sa validité de prestations telles que le règlement d'achats auprès d'établissements fournisseurs membres du réseau (CE 7-6-2000 n° 196758).
> — Service de publication en ligne permettant aux clients de publier, sur une période donnée, un nombre illimité de communiqués de presse sur un site internet dédié (Bull. CNCC n° 181, mars 2016, EC 2015-30, p. 75).
> — Service de suivi du placement de titres, rémunéré par une commission variable dépendant de la durée de conservation des titres par les clients (CE 15-2-1999 n° 172643 ; CE 24-5-2000 n° 185647 et 193817).

3. Concessions et licences autorisant le bénéficiaire à disposer en continu d'un droit pendant la durée du contrat.

10595 (suite)

EXEMPLES
– Concession d'utilisation de marque (CAA Paris 25-2-1992 n° 89-1165).
– Contrats conclus entre l'organisateur d'une course nautique et les partenaires financiers de l'événement permettant à ces derniers d'utiliser les marques déposées pour la course (CE 28-12-2012 n° 339927).
– Licence d'exploitation de procédés.

II. Prestations discontinues à échéances successives Le contrat à exécution successive est celui dont les obligations d'au moins une partie s'exécutent en plusieurs prestations échelonnées dans le temps (C. civ. art. 1111-1). Entrent, à notre avis, dans cette catégorie les prestations rendues dans le cadre d'un contrat global :
– fractionnées dans le temps ;
– comportant plusieurs étapes successives et distinctes entre elles (les différentes étapes pouvant constituer des prestations de nature différente) ;
– et facturées (acomptes ou appels de charges) ou facturables en cours d'exécution.

EXEMPLES
– Contrats d'ingénierie (CE 19-6-1989 n° 58246 et 59828 ; BOI-BIC-BASE-20-10 n° 140), d'études (CAA Paris 21-11-1991 n° 89-2415), d'architecte (CAA Paris 21-10-2022 n° 21PA04156), de conseils (etc.) dont la réalisation s'exécute en plusieurs étapes parfaitement distinctes tant sur le plan technique que sur le plan financier (même s'il s'agit d'une même commande ou d'un même contrat).
– Travaux des entreprises d'expertise comptable (CE 10-1-2005 n° 253490 ; BOI-BIC-BASE-20-10 n° 160), leur exécution étant fractionnée dans le temps et comportant des étapes distinctes entre elles (arrêté des comptes, travaux récurrents, paie, etc.).
– Contrats d'entretien ou d'abonnement de services pour lesquels le nombre d'interventions est limité, toute intervention supplémentaire étant facturée au client en dehors du contrat.
– Contrats de publication en ligne d'un nombre défini de communiqués de presse, sur un site internet (Bull. CNCC n° 181, mars 2016, EC 2015-30, p. 75).
– Contrats conclus entre l'organisateur d'une course nautique et les partenaires financiers de l'événement permettant à ces derniers de bénéficier de prestations publicitaires ou promotionnelles individualisables (opérations de relations publiques, conférences de presse, encarts publicitaires...), facturées lors de leur survenance (CE 28-12-2012 n° 339927).
– Contrats de maîtrise d'ouvrage déléguée concernant des immeubles dont la réalisation comporte plusieurs types de prestations individualisables (CAA Paris 16-12-2015 n° 13PA00653).
– Contrats conclus dans le cadre de la commercialisation d'avions ayant pour objet de garantir à l'investisseur chargé de leur vente un prix fixé à l'avance dans l'hypothèse où le prix du marché serait inférieur à ce montant à l'issue de la période de location consentie (CE 10-03-2021 n° 423983).

III. Prestations déterminées dans un contrat global (contrats long terme) Il s'agit de prestations :
– uniques ;
– indissociables, donc non fractionnables en étapes ;
– en principe, non facturables avant leur achèvement.

EXEMPLES
– Contrat d'ingénierie dont l'exécution ne peut être considérée comme réalisée qu'à l'achèvement de la prestation.
– Contrat de maîtrise d'œuvre concernant la réalisation d'un réacteur nucléaire de recherche expérimentale (CAA Versailles 17-11-2016 n° 14VE02672), ou contrat d'ingénierie concernant la réalisation d'une partie des installations de centrales nucléaires (CAA Versailles 20-7-2017 n° 15VE01900), qui prévoit une réception unique et ne se décompose pas en phases distinctes correspondant à des prestations individualisables et effectivement exécutées.

Pour plus de détails, voir n° 10760 s.

Absence d'incidence des modalités de paiement sur la nature des prestations Cette absence d'incidence **s'applique à toutes les prestations.**
En effet :
– une prestation continue est par définition ininterrompue dans le temps sur toute la durée du contrat. Le fait qu'elle soit rémunérée par des loyers, intérêts, redevances, commissions perçus en un paiement unique (généralement d'avance) ou périodiquement (mensuellement, semestriellement, annuellement, biannuellement, etc.) n'a aucune influence sur la qualification de la prestation ;

> **Fiscalement** Il en est de même, y compris lorsque la rémunération est, par exemple, forfaitaire (CE 7-6-2000 n° 199344 et 208935) ou que son versement intervient au terme du contrat (CAA Paris 30-12-1998 n° 96-55).

– en ce qui concerne les prestations discontinues à échéances successives, leurs modalités de paiement (forfait payé en une seule fois, redevances périodiques, appels de charges, acomptes, etc.) n'ont aucune incidence sur la qualification de la prestation. C'est notamment le caractère fractionnable de la prestation dans le temps par étapes distinctes qui prévaut ;

> **Fiscalement** L'existence de paiements fractionnés constitue seulement un élément favorable, mais non indispensable, à la qualification de prestation discontinue à échéances successives (CE 10-1-2005 n° 253490 ; CE 28-12-2012 n° 339927).

– les règlements perçus éventuellement au cours de prestations déterminées dans un contrat global constituent des avances sans incidence sur la nature globale du contrat (voir n° 10840).

10600 COMPTABILISATION DES DIFFÉRENTES PRESTATIONS

Avant de présenter en détail le traitement comptable des différentes catégories de prestations, il nous a paru utile de présenter un tableau comparatif, établi par nos soins, résumant leurs principales caractéristiques.

10605 Tableau comparatif du traitement comptable et fiscal des 3 catégories de prestations

	Prestations continues (voir n° 10625)	Prestations discontinues à échéances successives (voir n° 10645)	Contrats à long terme (voir n° 10760 s.)
Méthode comptable	À l'avancement	À l'avancement	**Choix** entre (PCG art. 622-2, al. 1) : – à l'avancement ; – et à l'achèvement
Calcul de l'avancement de l'exécution de la prestation	Par les **produits,** qui sont fonction de l'écoulement du temps (période courue à la clôture)	Par les **charges,** qui sont fonction de l'avancement des travaux à la clôture, cet avancement permettant de déterminer les éléments facturables	– Si méthode à l'avancement, par les **charges,** qui sont fonction de l'avancement des travaux à la clôture. – Si méthode à l'achèvement, calcul de l'avancement non nécessaire
Comptabilisation des **charges** et des **produits**	I. **Prise en compte des produits** en fonction de l'avancement (tel que défini ci-avant) II. **Rattachement des charges aux produits** (ce qui peut engendrer, à notre avis, une comptabilisation en stock ou des provisions déterminées en fonction de la marge prévisionnelle globale du contrat)	I. **Prise en compte des produits** en fonction de l'avancement (tel que défini ci-avant), donc limité aux éléments facturables II. **Rattachement des charges aux produits** (ce qui revient à appliquer, de fait, la méthode à l'avancement sur la partie facturable dont la marge est dégagée en fonction de la marge prévisionnelle globale du contrat)	– Si méthode à l'avancement : I. **Prise en compte des produits** en fonction de l'avancement, l'ensemble des travaux réalisés à la clôture pouvant être dégagé en produits (et pas les seuls éléments facturables à la clôture) II. **Rattachement des charges aux produits** en fonction des travaux exécutés à la clôture – Si méthode à l'achèvement, constatation de la totalité des charges et produits à l'achèvement
Comptabilisation des **pertes sur contrat**	Provision dès que la perte devient probable	Provision dès que la perte devient probable	Provision dès que la perte devient probable
Comparaison avec la **fiscalité**	En pratique, **aucune divergence** sur la prise en compte à l'avancement. En revanche la provision pour perte n'est pas déductible (CGI art. 39-1-5°)	**Aucune** divergence sur la prise en compte à l'avancement (CGI art. 38-2 bis), **mais divergence** sur le calcul de la marge à l'avancement, l'administration retenant (à tort à notre avis) la marge par étape (comme si les étapes du contrat avaient été négociées dans des contrats distincts) au lieu d'une quote-part de la marge prévisionnelle globale du contrat. Par ailleurs, la provision pour perte n'est pas déductible (CGI art. 39-1-5°)	Possible **divergence** car la fiscalité admet en principe uniquement la méthode à l'achèvement (CGI art. 38-2 bis) (sous réserve de certaines décisions jurisprudentielles, voir n° 10795, et de tolérance administrative dans certains cas, voir n° 10955) et n'admet pas la déductibilité de la provision pour perte (CGI art. 39-1-5°)

Sur la divergence avec les normes IFRS, voir Mémento IFRS n° 25400.
Sur les travaux en cours de l'ANC, voir n° 10595, 10625 et 10645.

Comptabilisation des prestations continues Compte tenu de la définition des prestations continues (voir n° 10595), leur méthode de comptabilisation est, à notre avis, la méthode à l'avancement, c'est-à-dire **au fur et à mesure de l'avancement de l'exécution de la prestation.** 10625

Sur le cas spécifique des concessions de licences, brevets, marques… voir n° 12135.

À notre avis, cet **avancement** est **calculé par les produits** qui sont **généralement fonction de l'écoulement du temps.** D'où une comptabilisation en deux étapes :

> **Précisions** En ce sens également, voir avis CNC n° 2000-01 sur les passifs (§ 5.5) qui précise les modalités de prise en compte des revenus associés à un contrat de maintenance.

– prise en compte des produits en fonction de l'avancement ;
– puis rattachement des charges aux produits ainsi comptabilisés.

I. Prise en compte des produits en fonction de l'avancement (le plus souvent fonction du temps écoulé) Les loyers, intérêts, redevances et commissions, prestations de garantie et de maintenance (voir exemples n° 10595), sont comptabilisés de manière étalée.

Lorsqu'ils sont **perçus** :
– **périodiquement,** ils sont pris en compte lors de chaque échéance pour la **période courue,** l'éventuel décalage à la clôture de l'exercice ou de la période entre facturation et prestations exécutées étant régularisé (comptes 418 et 487) ;
– **en une seule fois** (généralement d'avance), ils sont pris en compte **de manière étalée** sur la durée du contrat (compte 487).

> **Fiscalement** Il en est de même. Les produits correspondant à des prestations continues sont pris en compte au fur et à mesure de leur exécution dès lors qu'ils sont certains dans leur principe et déterminés dans leur montant (CGI art. 38-2 bis ; BOI-BIC-BASE-20-10 n° 140 ; voir n° 10355).
> Lorsque les échéances contractuelles ne correspondent pas à la réalité économique des prestations fournies, le Conseil d'État (CE 29-11-2000 n° 192100 et 192109) a précisé que la prise en compte des produits à l'avancement telle que prévue à l'article 38-2 bis du CGI doit se faire en fonction de **l'évolution de l'intensité de la prestation** sur la période. Cette intensité se détermine en fonction de l'obligation pesant sur le prestataire et de l'avantage économique retiré par le preneur (CE 29-2-2008 n° 271799 et CE 18-5-2005 n° 261623). Selon un membre du Conseil d'État, interrogé par nos soins lors de notre journée « Arrêté des comptes et résultat fiscal 2011 », Les Échos Conférences – PwC, et s'exprimant à titre personnel, lorsque ces deux critères aboutissent à retenir deux méthodes contradictoires, l'**intensité de la prestation devrait, en principe, être appréciée en fonction de l'obligation qui pèse sur le prestataire** et non en fonction de l'utilisation du service par le preneur.

Comptablement, il ne peut y avoir, à notre avis, de différence de traitement, l'analyse économique des prestations étant retenue. En pratique, les principes dégagés par le Conseil d'État dans sa jurisprudence conduisent ainsi, sur le plan tant comptable que fiscal :
– en général, à suivre l'échéancier contractuel lorsque celui-ci reflète l'échéancier économique : locations, assurance, concessions et licences, etc. Ainsi, selon le Conseil d'État, lorsque les loyers stipulés dans un contrat de location sont inégaux de période en période, cette inégalité est réputée correspondre à une inégalité dans la valeur de la prestation fournie ;

> **Précisions** Tel est le cas de loyers progressifs reflétant l'intensité croissante de l'utilisation de rames de TGV et de l'augmentation corrélative des recettes de l'exploitant (CE précité du 18-5-2005).

– à ne pas suivre cet échéancier s'il ne correspond pas à l'intensité de la prestation ; dans ce cas, les produits seront rattachés aux exercices **en fonction de l'intensité des obligations** pesant sur le prestataire et de l'avantage économique retiré par le preneur.

En pratique, sauf clause spécifique (par exemple, loyers progressifs voir ci-avant, indexation), l'étalement est **en général linéaire,** y compris dans le cas de prestations prévoyant un nombre illimité d'interventions dans le temps (garantie, « hot line », etc.).

> **Précisions** Groupe de travail à l'ANC Le projet de règlement de l'ANC relatif à la comptabilisation du chiffre d'affaires ne devrait pas remettre en cause le traitement comptable d'une prestation continue si :
> – **un seul livrable** est identifié ;
> – la délivrance intervient avec une **intensité continue pour le client** sur la durée du contrat (la notion de délivrance ne se définissant plus en fonction des obligations pesant sur le prestataire mais des avantages tirés par le client).
> Dans ce cas le produit resterait comptabilisé linéairement (exemples : baux, entretien avec intervention illimitée…).
> Dans les autres cas, des changements sont possibles suite à la future nouvelle réglementation.

10625 (suite) Dans le cas d'un **contrat de maintenance comportant une visite d'entretien obligatoire**, réalisée en début de contrat et à l'issue de laquelle la facturation de la totalité de la prestation de maintenance est établie, la CNCC a indiqué que le chiffre d'affaires relatif à cette prestation peut être comptabilisé en produit (Bull. CNCC n° 160, décembre 2010, EC 2010-22, p. 702 s.) :
– soit au fur et à mesure de son exécution, c'est-à-dire linéairement sur la durée du contrat ;
– soit immédiatement au moment de la visite d'entretien à hauteur de la quote-part de chiffre d'affaires correspondant à la quote-part des prestations rendues (visite d'entretien), puis de manière étalée sur la durée résiduelle du contrat de maintenance pour le solde, en fonction de l'avancement des coûts ; cette approche n'est possible que si la société est en mesure d'évaluer de manière fiable les prestations rendues et les coûts correspondants.

Pour le cas particulier :
– des loyers avec franchise, voir n° 11295 ;
– des commissions sur cautions accordées, voir n° 11290 ;
– des prestations continues avec clause « satisfait ou remboursé », voir n° 11055.

Pour le traitement de la charge chez le preneur, voir n° 15740.

Sur la divergence avec les normes IFRS, voir Mémento IFRS n° 25420, 25720 et 25510.

II. Rattachement des charges aux produits
(tels que comptabilisés précédemment) Il résulte de l'article L 123-21 du Code de commerce que le dégagement d'un chiffre d'affaires implique la prise en compte des charges correspondantes sur le même exercice, ce qui revient à dégager une **marge au fur et à mesure de l'avancement du contrat**.

L'application de la méthode à l'achèvement ne nous paraît pas possible, la notion d'achèvement étant incompatible avec le caractère continu de la prestation.

Lorsque les charges suivent un rythme différent de celui de prise en compte du chiffre d'affaires, il est, à notre avis, selon le cas, nécessaire pour dégager la marge prévisionnelle de :
– constater le complément de charges à venir par une provision pour charges complémentaires (sur les modalités de calcul de cette provision, voir n° 11580) ;
– porter l'éventuel excédent de charges engagées à la clôture en stock.

> **Fiscalement** **a. Provision pour prestations à fournir** La jurisprudence admet la constitution d'une provision pour charges déductible dans la limite des produits déjà comptabilisés (et à condition que les règles générales de déduction des provisions soient respectées). Tel est le cas dans le cadre :
– d'un contrat bénéficiaire de garantie de longue durée, d'entretien et de réparation (CE 5-6-2002 n° 199431 et 21-6-1995 n° 144450 ; chronique G. Goulard, RJF 8-9/95, p. 558) ;
– d'une garantie contractuelle des progiciels commercialisés et d'un contrat de service après-vente concernant la maintenance de progiciels (CE 6-7-2016 n° 393033) ;
– d'un contrat de gestion des sinistres par un courtier d'assurances, dans la limite des commissions comptabilisées au titre de cette activité (CE 11-4-2008 n° 279786).

Cette provision peut être constituée sur la base de données statistiques, notamment pour déterminer son montant et la date de survenance des charges (voir n° 48310, II.). La provision peut inclure à la fois les coûts directs engendrés par les prestations de services restant à effectuer (coût de production et de main-d'œuvre) et des coûts indirects tels que les frais de gestion administrative ou financière ou les frais commerciaux de livraison-distribution (CE 15-11-1989 n° 90844 ; pour une position plus restrictive s'agissant de frais indirects supportés dans le cadre de la mise en œuvre de la garantie décennale, voir n° 15845). Les montants retenus doivent être justifiés avec une approximation suffisante (CE 6-7-2016 n° 393033).

b. Cas particulier : provision fiscale plus élevée que la provision comptable L'estimation de la provision fiscale :
– ne résulte pas de l'application de la méthode à l'avancement ;
– permet de retarder l'enregistrement de la marge sur la fin du contrat (si une provision maximum était constituée).

En conséquence, la provision fiscale peut potentiellement être constituée d'un montant plus élevé que la provision comptable.

En conclusion, en pratique, à notre avis :
– la provision déterminée de manière précise sur le plan comptable sera toujours déductible (elle devrait toujours l'être dans la limite des produits déjà comptabilisés sur la base de la jurisprudence du Conseil d'État mais également au-delà, en cas de contrat déficitaire, sur la base de l'article 39-1-5° du CGI) (voir ci-après III.). En revanche, la provision pour perte correspondant aux prestations non encore réalisées n'est pas déductible ;
– il nous paraît possible de constituer une provision fiscale supplémentaire (en provisions réglementées) égale à la différence entre la provision maximale « fiscale » qui a été autorisée par le Conseil d'État (jusqu'à la limite des produits déjà comptabilisés) et la provision comptabilisée. En effet, selon les informations recueillies auprès du Conseil d'État, dans le cadre de notre journée

« Arrêté des comptes et résultat fiscal 2008 » Les Échos Conférences – PwC, une provision réglementée peut être comptabilisée sur la base d'une jurisprudence du Conseil d'État lorsque celle-ci interprète un texte de loi (voir n° 21790). Or tel est bien le cas notamment de la décision précitée du 11 avril 2008 prise en application de l'article 39-1-5° du CGI.

EXEMPLE

Contrat de garantie de renouvellement d'installations sur une période de 5 ans :
— Redevances annuelles : 10
— Renouvellement probable en N+4 : 45
— Marge prévisionnelle globale : 5

Année	Produits comptabilisés	Degré d'avancement	Charge de renouvellement	Marge prévisionnelle	Provision comptable	Provision déductible
N	10	20 %	–	1	(9)	10 [1]
N+1	10	20 %	–	1	(9)	10 [1]
N+2	10	20 %	–	1	(9)	10 [1]
N+3	10	20 %	–	1	(9)	10 [1]
N+4	10	20 %	(45)	1	36	

(1) Le Conseil d'État (Arrêts du 5-6-2002 et du 21-6-1995) admettrait la déduction d'une provision pour charges de 10.

III. Cas particulier Contrats déficitaires
Dès qu'elle devient probable, une perte sur contrat doit être comptabilisée par constitution d'une provision (PCG art. 322-9 ; voir n° 11625).

En conséquence, il y a lieu de constater à la clôture (voir détails n° 10860) :
— une provision pour charges correspondant au total des charges prévisionnelles pondéré par le degré d'avancement à la clôture (rattachement des charges aux produits et constatation de la perte afférente à l'exercice, voir II. ci-avant) ;
— une provision pour pertes à hauteur du complément de perte non réalisée à la clôture de l'exercice (différence entre la perte globale prévisionnelle et le cumul des pertes déjà réalisées).

> **Fiscalement** Comme nous l'a confirmé Olivier Fouquet, Président de la section des finances du Conseil d'État, interrogé par nos soins lors de notre journée « Arrêté des comptes et résultat fiscal 2002 » Les Échos Conférences – PwC, la provision pour charges comptabilisée est déductible en totalité. En effet, elle se décompose sur le plan fiscal en :
— une provision pour charges déductible en application de la jurisprudence dans la limite des produits comptabilisés (voir II. ci-avant et n° 11580) ;
— une provision pour perte déductible en application de l'article 39-1-5° du CGI, dans la mesure où elle couvre des travaux exécutés à la clôture (voir n° 48290). En revanche, la provision pour perte qui couvre des travaux non exécutés à la clôture de l'exercice n'est pas déductible et doit être réintégrée sur l'imprimé n° 2058-A (ligne WI).

EXEMPLE

Contrat de prestations continues d'une durée de 10 ans dont le prix de vente total est de 100. Dès la première année, les charges prévisionnelles afférentes à ce contrat sont estimées à 120.
Comptablement, au titre du premier exercice, l'entreprise enregistre :
— un produit de 10 ;
— une provision pour charges de 12 ;
— une provision pour perte de 18 (20 − 2).

> **Fiscalement** La provision pour charges de 12 se décompose en :
— une provision pour charges de 10 déductible dans la limite des produits comptabilisés (voir II. ci-avant) ;
— une provision pour perte sur opérations en cours à la clôture de 2 déductible en application de l'article 39-1-5° du CGI car correspondant à l'excédent du coût de revient sur le prix de vente des travaux exécutés à la clôture.
La provision pour perte de 18 n'est pas déductible car elle couvre des travaux non exécutés à la clôture de l'exercice (CGI art. 39-1-5°).

Comptabilisation des prestations discontinues à échéances successives 10645
Compte tenu de la définition des prestations discontinues (voir n° 10595), leur méthode de comptabilisation est, à notre avis, la méthode à l'avancement, c'est-à-dire que les produits et les charges sont dégagés au fur et à mesure de l'avancement de l'exécution de la prestation.

10645
(suite)

À notre avis, cet **avancement** est **calculé par les charges** qui sont **fonction des travaux réalisés à la clôture** (précision du PCG 82, p. II.136). D'où une comptabilisation en deux étapes :
– prise en compte des produits en fonction de l'avancement facturable,
– puis rattachement des charges aux produits ainsi comptabilisés.

I. Prise en compte des produits À notre avis, les services rendus à la clôture et facturables à l'arrêté des comptes sont constatés en chiffre d'affaires (précision du PCG 82, p. II.136) avec comme contrepartie le compte « Clients » (ou « Produits à recevoir » s'ils n'ont pas été facturés). Les produits sont donc pris en compte au fur et à mesure de l'exécution de la prestation, c'est-à-dire **en fonction de l'avancement des travaux réalisés mais limités aux éléments facturables.**

> En effet, à notre avis, les contrats de longue durée, pour lesquels les services rendus à l'arrêté des comptes peuvent être facturés, sont exclus des règles particulières applicables aux contrats à long terme (précision du PCG 82, p. II.136). Sur les règles applicables aux contrats à long terme, voir n° 10770 s.

Le cas échéant, le décalage à la clôture de l'exercice ou de la période entre facturation et prestation exécutée fait l'objet d'une régularisation (comptes 418 et 487 ; voir également la comptabilisation des ventes par abonnement n° 11150).

> **Fiscalement** Il en est de même, les prestations étant imposables au fur et à mesure de leur exécution (CGI art. 38-2 bis). En effet, l'existence de paiements fractionnés ne constitue qu'un indice favorable, mais non indispensable, à la qualification des prestations comme des prestations discontinues à échéances successives. Pour cette qualification, il convient normalement de se référer aux échéances contractuellement convenues entre l'entreprise et les bénéficiaires des prestations, mais cette répartition contractuelle de la rémunération est écartée si elle ne rend pas compte correctement des **avantages économiques procurés aux bénéficiaires des prestations** au cours des différents exercices en cause (CE 28-12-2012 n° 339927).

II. Rattachement des charges aux produits (en fonction des travaux réalisés et facturables) Les charges sont constatées (sorties des « Stocks et en-cours ») dès que les travaux sont facturables du fait de l'avancement de la réalisation de chacune des étapes de la prestation. En conséquence, les services rendus à la clôture ne figurent plus en « Stocks et en-cours », la marge est dégagée et, le cas échéant, une provision pour compléments à faire est constituée (voir n° 11580), ce qui revient, de fait, à adopter la méthode à l'avancement.

En effet, comme pour la méthode à l'avancement (voir n° 10840), la marge dégagée correspond (Avis OEC n° 25) à une **quote-part de la marge prévisionnelle sur l'ensemble des étapes** du contrat, calculée au prorata de la prestation fournie par l'entreprise, **et non** à la marge effectivement réalisée sur les travaux correspondant à l'étape facturée.

> **Fiscalement** En revanche, pour l'administration (BOI-BIC-PROV-30-10-20 n° 60), le résultat de l'opération est dégagé à chaque échéance comme s'il s'agissait d'une succession de contrats distincts. Ainsi, la marge dégagée à chaque prestation est indépendante de la marge prévisionnelle globale du contrat.
>
> À notre avis, la position de l'administration est inexacte et revient à traiter ces prestations comme de simples prestations successives en oubliant qu'elles font partie d'un contrat global. C'est pourquoi, en l'absence de textes fiscaux spécifiques sur ce point, la marge dégagée sur le plan comptable (et calculée en fonction de la marge prévisionnelle globale du contrat, et non étape par étape) nous paraît imposable ou déductible.

Quant aux charges correspondant aux travaux déjà réalisés à la clôture mais ne pouvant être facturés (car non facturables compte tenu de l'avancement calculé), elles demeurent au bilan en « Stocks et en-cours ».

EXEMPLE

Mettant en évidence la distinction entre la comptabilité et l'approche de l'administration :

– marge prévisionnelle globale	10 %	du chiffre d'affaires global
– prestation fournie à la clôture de l'exercice	50 %	des prestations à fournir
– étape facturable	40 %	du chiffre d'affaires global
– marge réalisée sur les travaux correspondant à l'étape facturée	15 %	du chiffre d'affaires global
– le montant des travaux maintenu dans les en-cours à la clôture de l'exercice	10 %	(50 % réalisés – 40 % sortis car facturés ou facturables)

La marge à dégager est, à notre avis, égale à la marge prévisionnelle globale que multiplie l'avancement facturable, soit 4 % (= 10 % × 40 %) et non 15 %, solution de l'administration, qui correspond seulement à la marge de l'étape facturée.

Dégager 15 % reviendrait à constater par avance des bénéfices engendrant ainsi des bénéfices réduits, voire des pertes, sur les étapes ultérieures.

III. Cas particulier Contrats déficitaires Dès qu'elle devient probable, une perte sur contrat doit être comptabilisée par constitution d'une **provision** (PCG art. 322-9 ; voir n° 11625).

En conséquence, il y a lieu de constater (voir détails n° 10860) :
– outre la perte réalisée à la clôture et déjà constatée lors du dégagement du chiffre d'affaires (perte globale pondérée par le degré d'avancement, voir II. ci-avant) ;
– le complément de perte non réalisée à la clôture de l'exercice, égal à la différence entre la perte globale prévisionnelle et la perte déjà réalisée à la clôture de l'exercice, en provision pour risques.

> **Fiscalement** La provision pour perte n'est pas déductible dès lors qu'elle se rapporte à des prestations à effectuer (CGI art. 39-1-5 ; voir n° 11625).
> De son côté, l'administration estime que cette provision s'avère inutile dans la mesure où le résultat est dégagé à chaque échéance (BOI-BIC-PROV-30-10-20 n° 60). Seule la fraction des prestations effectuées depuis la dernière échéance intervenue avant la clôture de l'exercice peut, le cas échéant, donner lieu à la constatation d'une provision pour perte dans la limite des travaux exécutés à la date de cette clôture.

B. Ventes à livrer

Décalage entre créance, transfert de propriété et livraison 10695

a. La créance naît lors de l'échange des consentements En droit des contrats, la vente « est parfaite entre les parties, et la propriété est acquise de droit à l'acheteur à l'égard du vendeur, dès qu'on est convenu de la chose et du prix, quoique la chose n'ait pas encore été livrée ni le prix payé » (C. civ. art. 1583).

La vente d'une chose future ne fait pas obstacle au caractère parfait de l'opération, l'article 1163 du Code civil disposant que « l'obligation a pour objet une prestation présente ou future ». En d'autres termes, le vendeur d'une chose future est créancier du prix dès l'accord des parties sur un prix déterminé (ou déterminable suivant des éléments indépendants de la volonté des parties contractantes).

b. La créance devient certaine lors du transfert de propriété Dans cette hypothèse particulière (vente de biens qui n'existent pas encore ou qui existent déjà mais qui ne sont pas déterminés), le transfert de propriété est toutefois reporté par la nature des choses (C. civ. art. 1196) à la date à laquelle le bien est définitivement désigné (individualisé par un numéro, par exemple). Voir n° 10360.

c. Le produit est acquis à l'exercice au cours duquel les biens sont livrés (voir n° 10370 et 10375) La **facturation** coïncide habituellement avec la **livraison**.

Schématiquement, il en résulte la succession suivante d'opérations dans le temps :

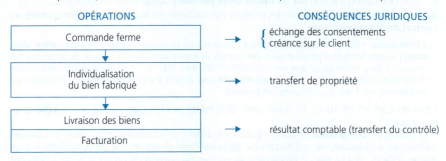

10700 Comptabilisation À notre avis :
En principe, il conviendrait de constater la créance lors du transfert de propriété (voir n° 10360), mais de ne dégager le résultat qu'au moment de la livraison. En conséquence, le prix des articles restant à livrer est à comptabiliser en produit constaté d'avance.

> **Fiscalement** Il en est de même (CGI art. 38-2 bis).

En pratique, toutefois, le compte « Clients » étant lié aux factures, la constatation de la créance est différée jusqu'au moment de la livraison qui coïncide en général avec l'émission de la facture.

Il peut être nécessaire de fournir une **information**, dans l'annexe, sur les créances non encore comptabilisées, chaque fois que cette information est significative.

C. Contrats à long terme

GÉNÉRALITÉS

10760 Définition Les contrats à long terme sont des opérations partiellement exécutées à la clôture, visées par l'article L 123-21 du Code de commerce qui prévoit la **possibilité** d'une **comptabilisation du bénéfice à l'avancement** (voir n° 10790).
Selon le PCG (art. 622-1), est appelé contrat à long terme un contrat :

a. d'une **durée généralement longue** ;

b. spécifiquement négocié dans le cadre d'un projet unique portant sur la construction, la réalisation ou, le cas échéant, la participation en qualité de sous-traitant à la réalisation d'un bien, d'un service ou d'un ensemble de **biens ou services fréquemment complexes** ;

> **Précisions** Selon le PCG (art. 622-1), la notion de négociation spécifique résulte du contrat dont l'objet définit le travail à réaliser sur la base de spécifications et de caractéristiques uniques requises par l'acheteur ou, au moins, substantiellement adaptées aux besoins de ce dernier.
> **Cette définition exclut :**
> – la vente de biens en série ;
> – et la vente de biens assortie de choix d'options dans le cadre d'une gamme à partir d'un modèle de base.

> EXEMPLES
> Sont ainsi, par exemple, exclus les contrats spécifiquement négociés portant sur la vente et la pose, sans conception, de cuisines et salles de bains et qui consistent uniquement à adapter les éléments de la gamme d'une enseigne nationale aux spécificités demandées par les clients (couleurs, matières, découpe sur mesure...). Sur leur traitement comptable, voir n° 11115.
> **En revanche, elle n'exclut pas,** à notre avis, notamment **les biens immobiliers**, qui, en particulier du fait de leur emplacement, leur étage ou leur orientation, sont toujours des biens uniques [en ce sens, voir § 2 de la Note de présentation du règl. ANC 2012-05 du 8-11-2012 (règl. abrogé et repris dans l'actuel PCG) relatif aux ventes en l'état futur d'achèvement et le Bull. CNCC n° 171, septembre 2013, EC 2013-36, p. 514 s. relatif aux ventes de maisons individuelles construites sur la base de modèles de plans fournis par un constructeur]. C'est pourquoi le PCG (art. 622-1) dispose que la vente en l'état futur d'achèvement est un contrat à long terme. Pour plus de détails sur ce type d'opération, voir n° 11095.

c. dont l'exécution s'étend **sur au moins deux périodes** comptables ou exercices ;

d. le droit de l'entité à percevoir les revenus contractuels est **fonction de la conformité au contrat de travail exécuté.**

> **Précisions** Les prestations de services exécutées en contrepartie d'une **rémunération aléatoire** (success fees), indépendamment des travaux exécutés, sont donc à exclure de la notion des contrats à long terme (en ce sens, voir Bull. CNCC n° 201, mars 2021, EC 2020-08, concernant une prestation d'assistance à l'obtention d'un crédit impôt recherche pour laquelle il n'est pas possible de revendiquer une rémunération avant que la prestation ne soit terminée).

L'avis du CNC n° 99-10 du 23 septembre 1999 relatif aux contrats à long terme indique en outre que :
– la notion de **complexité** recouvre la mise en œuvre, simultanément ou selon des phases techniques successives, de techniques ou de savoir-faire divers en vue de la réalisation d'un même objectif. Elle se traduit également en termes de gestion de projet et a généralement des conséquences sur la durée d'exécution du travail ;

– la **construction ou la réalisation d'un ensemble de biens ou de services complexes** vise les biens ou services dont la conception, la technologie, la fonction ou l'utilisation ultime s'inscrivent, de manière indissociable, dans un même projet.

> **Précisions**   À ce titre relèvent d'un même contrat les différents contrats, négociés globalement, exécutés de manière simultanée ou successive, et s'inscrivant dans le cadre d'un projet unique.
> A contrario, lorsqu'un contrat porte sur la réalisation de plusieurs biens ou services, que la réalisation de chacun de ces biens ou services pris individuellement a donné lieu à une négociation distincte et que le résultat attaché à chacun de ces biens ou services peut être identifié, chacun de ces biens ou services doit être traité dans le cadre d'un contrat distinct.

> **Fiscalement**   Les textes ne font aucune mention de cette notion de contrats à long terme. En revanche, des règles particulières de rattachement des produits sont prévues pour (voir n° 10955) :
> – les travaux d'entreprise donnant lieu à réception complète ou partielle ;
> – les prestations des entreprises du bâtiment, des travaux publics et de la construction navale.

Sur la divergence avec les normes IFRS, voir Mémento IFRS n° 25400.

EXEMPLE

À titre illustratif, la notion de contrat à long terme est fréquemment utilisée dans les secteurs du bâtiment, des travaux publics, de l'ingénierie (en particulier informatique), de l'électronique civile ou militaire, de la construction navale, de l'industrie aéronautique et spatiale.

Relèvent également des contrats à long terme les **marchés dits « clé en main »**.

> **Précisions**   Certains contrats d'études ou marchés de développements organisent la participation de tiers, notamment la puissance publique, à des études et développements conduits par l'entreprise. Cette participation peut prendre la forme de financements ou de prise en charge d'une quote-part ou de la totalité des coûts encourus. Si le résultat de ces études et développements demeure la propriété de l'entreprise, avec les droits et obligations qui s'y rattachent, ces contrats ou marchés ne constituent pas des contrats à long terme. Ainsi, par exemple, **les contrats de concession ne sont pas des contrats à long terme** au sens de l'avis CNC n° 99-10.

Les contrats à long terme recouvrent principalement les **contrats à forfait** pour lesquels l'entreprise accepte la réalisation d'un travail sur la base d'une rémunération fixe, arrêtée dès la conclusion du contrat et assortie, le cas échéant, d'une clause de révision ou d'intéressement.

Les contrats à forfait comportent des variantes parmi lesquelles figurent notamment les **contrats en bordereaux de prix.** Dans ce cas, l'entreprise accepte la réalisation d'un travail sur la base d'une rémunération fixée par référence à une estimation du nombre d'unités d'œuvre et à un prix unitaire fixe.

> **Précisions**   En revanche, les **contrats en régie** pour lesquels l'entreprise accepte la réalisation d'un travail sur la base d'une rémunération égale au remboursement de ses dépenses acceptées, majoré d'un pourcentage de ces dépenses ou d'une rémunération fixe, **ne constituent généralement pas des contrats à long terme.**

Durée de l'opération   Aucune durée précise n'est fournie, la seule condition étant que le contrat s'étale sur une **durée généralement longue,** dont **l'exécution s'étend sur au moins deux périodes** comptables ou exercices, et dont les dates de démarrage et d'achèvement des opérations se situent généralement dans deux périodes comptables ou deux exercices différents (voir PCG art. 622-1). **10765**

Traitement comptable   Indépendamment du résultat qu'il dégage, un contrat à long terme peut être comptabilisé selon **deux méthodes** que nous présentons ci-après : **10770**
– dans un tableau récapitulatif, établi par nos soins (voir n° 10790) ;
– de manière détaillée (voir n° 10795 s.).

Quelle que soit la méthode retenue, il est nécessaire de calculer la marge prévisionnelle dès la conclusion du contrat (voir n° 10910 s.) et, le cas échéant, de comptabiliser une provision pour perte dès que celle-ci devient probable (voir n° 10860 et 10890 s.).

Sur l'information à fournir dans l'annexe, voir n° 12890.

TABLEAU RÉCAPITULATIF DES DIFFÉRENTES MÉTHODES POSSIBLES (CONTRATS À LONG TERME)

10790

		Méthode à l'avancement (voir n° 10795 s.)	Méthode à l'achèvement (voir n° 10875 s.)
Dégagement du **résultat**		à l'avancement	à l'achèvement
Dégagement du **chiffre d'affaires**		à l'avancement	à l'achèvement
Conditions d'utilisation de la méthode (voir n° 10800 s.)		– Inventaire – Acceptation par le cocontractant – Documents comptables prévisionnels	
Comptabilisation [1]	Si le **résultat** est déterminable de façon **fiable** (voir n° 10840 et 10860)	Si bénéfice probable : Résultat à l'avancement = Résultat à terminaison X % avancement	
		Si perte probable [1] : constatation par voie de provision sous déduction de la perte à l'avancement déjà constatée	Si perte probable : constatation éclatée en dépréciation des travaux en cours et en provision pour risques
	Si le **résultat** n'est **pas** déterminable de façon **fiable** (voir n° 10865)	Si bénéfice probable : aucun profit dégagé : produits limités au montant des charges	
		Si perte probable estimable de façon raisonnable [1] : provisionnement de la plus probable ou à défaut de la plus faible estimation Mention du risque additionnel en annexe, voir n° 12890	
		Si perte probable non estimable de façon fiable (cas exceptionnel) : aucune provision Mention en annexe de l'existence et de la nature de l'incertitude, voir n° 12890	

(1) Quelle que soit la méthode retenue, il est nécessaire de **calculer la marge prévisionnelle** dès la conclusion du contrat (voir n° 10910 s.) et de constater une provision pour perte si cette marge est négative (voir n° 11625).

Sur la divergence avec les normes IFRS, voir Mémento IFRS n° 25400.

> **Précisions** **1. Choix de méthode** Ces deux méthodes peuvent être utilisées **au choix** par les entreprises, sans avoir à justifier de leur choix initial.
2. Permanence des méthodes La méthode initialement choisie ne devrait pas pouvoir être modifiée en cours d'exécution. Les entreprises sont en effet soumises au principe de permanence des méthodes. Toutefois, aucune de ces méthodes n'étant considérée comme une méthode de référence, tout **changement** de l'une de ces méthodes à une autre peut être effectué **dans le respect des conditions** fixées par le PCG (art. 122-2 ; voir n° 8480). Ainsi, notamment :
– si une entreprise a désormais la capacité d'estimer le résultat à terminaison (Avis CNC 99-10 § 2.6) en s'étant, par exemple, volontairement dotée de moyens (qu'elle n'avait pas) qui lui permettent de satisfaire aux conditions de l'article L 123-21 du Code de commerce explicitées au n° 10800, elle peut opter pour la méthode à l'avancement ;
– si une entreprise se trouve dans la situation d'avoir, puis de ne plus avoir, la capacité d'estimer le résultat à terminaison, elle adapte la méthode de constatation du résultat du contrat à la nouvelle situation (Avis CNC 99-10 § 2.6).
Sur l'impact du changement de méthode, voir n° 8525 et 10870.
3. Changement de réglementation La méthode à l'avancement n'est plus considérée comme **préférentielle** pour les exercices clos après le 8 octobre 2018. Sur les conditions à respecter pour changer de méthode pour ces exercices, voir Mémento Comptable, Édition 2018 n° 8480.
4. Homogénéité de traitement La même méthode doit être appliquée à **tous les contrats en cours** (PCG art. 622-7 ; voir n° 10870).

MÉTHODE À L'AVANCEMENT

10795 La technique classique de l'avancement consiste à comptabiliser le **résultat** et le **chiffre d'affaires à l'avancement** (PCG art. 622-2, al. 3).
Cette méthode s'applique que la marge prévisionnelle soit bénéficiaire ou déficitaire.

> **Fiscalement** Cette méthode est autorisée par l'administration fiscale pour les entreprises du BTP et les entreprises de construction navale (voir n° 10955). En outre, certains juges du fond ont, dans des affaires relatives à des secteurs d'activité autres que le BTP et la construction navale, considéré que l'option comptable pour la méthode à l'avancement produit ses effets au plan fiscal (CAA Lyon 17-3-2011 n° 09LY01717 ; CAA Versailles 17-11-2016 n° 14VE02672 ; voir n° 10955). En dernier lieu, la cour administrative de Versailles a jugé que la méthode à l'avancement est incompatible avec les dispositions de l'article 38-2 bis du CGI selon lesquelles le rattachement des produits perçus à raison d'un contrat à long terme constitutif d'une prestation unique suit la règle de l'achèvement (CAA Versailles 20-7-2017 n° 15VE01900). Il en résulte en pratique que lorsque les entreprises font application de la méthode à l'avancement dans les comptes (sauf dans les cas où cette méthode est autorisée par tolérance administrative, voir n° 10955), elles devraient par prudence, à notre avis, retraiter extra-comptablement ces résultats sur l'imprimé n° 2058-A :
– pendant l'exécution du contrat en déduisant les produits (ligne XG) ou réintégrant les pertes (ligne WQ) constatés au titre de chaque exercice ;
– lors du dernier exercice du contrat, en réintégrant ou en déduisant selon le cas (respectivement ligne WQ ou XG) la somme des résultats qui ont été retraités extra-comptablement tout au long du contrat.
Cette solution évite notamment le risque de remise en cause de la déduction des pertes qui serait pratiquée au cours du contrat si la méthode à l'avancement était retenue.

Pour un organigramme récapitulant l'arbre de décisions relatif aux modalités d'application de cette méthode, voir avis CNC n° 99-10, annexe.

Sur les modalités de sa première application, voir n° 10870.

Conditions d'utilisation de la méthode à l'avancement Bien que ces conditions ne soient pas reprises dans le PCG (art. 622-1 à 622-7), l'utilisation de cette méthode nécessite, à notre avis, le respect des conditions prévues à l'article L 123-21 du Code de commerce : « seuls les bénéfices réalisés à la date de clôture d'un exercice peuvent être inscrits dans les comptes annuels. Peut être inscrit, après **inventaire**, le bénéfice réalisé sur une opération partiellement exécutée et **acceptée par le cocontractant** lorsque sa réalisation est certaine et qu'il est possible, au moyen de **documents** comptables **prévisionnels,** d'évaluer avec une sécurité suffisante le bénéfice global de l'opération ». **10800**

Pour des conditions supplémentaires spécifiques aux entreprises de BTP, voir n° 10955.

Inventaire Cette condition implique une évaluation des biens et des travaux en cours à la clôture de l'exercice. La réalisation de cette condition paraît en effet indispensable pour rattacher aux travaux exécutés en fin d'exercice la part de résultat qui lui revient. **10805**

La méthode de l'**inventaire permanent** semble également très utile pour l'évaluation des en-cours à la clôture.

Acceptation par le cocontractant Selon le PCG, article 622-3 : « Par travaux et services exécutés et **acceptés,** il y a lieu d'entendre ceux qui peuvent être considérés comme entrant, avec une certitude raisonnable, dans les **conditions d'acceptation prévues par le contrat.** » Cette acceptation peut également s'apprécier en fonction des usages (Bull. CNCC n° 76, décembre 1989, EC 89-41, p. 490 s. ; avis OEC n° 25). **10810**

Documents comptables prévisionnels À notre avis, la tenue d'une **comptabilité analytique** est **nécessaire** pour utiliser la méthode à l'avancement, le système interne d'information budgétaire et financière devant être efficace. **10815**

> **Précisions** La méthode dérogatoire exceptionnelle prévue par le PCG (art. 214-24) consistant, pour les entreprises n'ayant pas de comptabilité analytique (ou de systèmes d'organisation proches), à pratiquer la méthode du prix de détail (pour plus de détails sur cette méthode, voir n° 20845) ne nous paraît pas applicable dans le cas des contrats à long terme.

En effet, elle peut se révéler **particulièrement dangereuse sur le plan de la gestion,** notamment en ce qui concerne l'impossibilité de contrôler les dérives éventuelles des coûts des différentes opérations.
En outre, l'utilisation de cette méthode dérogatoire présente des risques d'un point de vue fiscal (voir n° 8645).

Enfin, pour les **marchés privés,** la tenue d'une comptabilité analytique est une condition **nécessaire** pour l'obtention de la garantie du risque économique par Bpifrance Assurance Export (anciennement par la Coface).

Quel résultat dégager à l'avancement ? Il convient de distinguer selon que : **10820**
– le résultat à terminaison peut être estimé de façon fiable (voir n° 10840 et 10860) ;
– le résultat à terminaison ne peut être estimé de façon fiable (voir n° 10865).

10840 **Le résultat à terminaison peut être estimé de façon fiable**
I. Critères d'estimation de la fiabilité du résultat La capacité à estimer de façon fiable le résultat à terminaison repose sur les trois critères suivants (PCG art. 622-5).

a. La possibilité d'identifier clairement le montant total des **produits** du contrat (existence d'éléments contractuels précisant les droits et obligations des parties, le prix ainsi que les modalités de règlement).
Une liste des produits rattachés au contrat est donnée par l'avis CNC n° 99-10 ; voir n° 10915 et 10945.

b. La possibilité d'identifier clairement le montant total des **coûts** imputables au contrat (encourus et restant à encourir).
Une liste des charges imputables au contrat est donnée par l'avis CNC n° 99-10 ; voir n° 10920 et 10945.

> **Précisions** **1. Avancement suffisant nécessaire** Comme le précisait le PCG 82 (p. II. 136 s.), l'avancement dans la réalisation du contrat doit être suffisant pour que des prévisions raisonnables puissent être faites sur la totalité des coûts qui interviendront dans le coût de revient final du produit livré ou du service rendu.
> Le point à partir duquel cet avancement est considéré comme suffisant peut être déterminé par référence à des clefs techniques particulières à chaque secteur professionnel.
> **2. Contrats sur des ensembles de biens** L'estimation du bénéfice global peut être suffisamment sûre sans que celle du résultat à l'avancement le soit ; en effet l'affectation par bien peut se révéler difficile. Dans ces conditions, il ne paraît pas souhaitable de dégager un résultat sur les biens déjà livrés, sauf à considérer que la marge sur chaque bien est identique.

c. L'existence d'**outils de gestion,** de comptabilité analytique et de contrôle interne permettant de valider le pourcentage d'avancement et de réviser, au fur et à mesure de l'avancement, les estimations de charges, de produits et de résultat.

II. Calcul du résultat à l'avancement Le résultat est constaté en appliquant au résultat à terminaison le pourcentage d'avancement (PCG art. 622-3).

a. Le résultat à terminaison correspond à la **marge prévisionnelle sur coût de revient du contrat** (voir n° 10910 s.).

b. Le pourcentage d'avancement est déterminé en utilisant les modalités qui permettent de mesurer de façon fiable, selon leur nature, les travaux ou services **exécutés et acceptés** (sur cette notion, voir n° 10810).

> **Précisions** Le pourcentage d'avancement ne peut, en principe (Avis CNC 99-10 § 2.3), être mesuré à partir des seuls éléments indiqués issus des contrats (notamment réception partielle, transfert de propriété...), ou à partir des seuls éléments financiers (notamment facturations partielles, avances, acomptes...).

Peuvent être retenus (PCG art. 622-3) :
– **le rapport entre le coût des travaux et services exécutés à la date de clôture et le total prévisionnel des coûts d'exécution du contrat (mesure de l'avancement par les coûts),**
Le PCG ne précise pas explicitement le contenu du rapport :

Coût des travaux et services exécutés
Coût total estimé des travaux ou des services

Le dénominateur correspond, à notre avis, à la totalité du coût lié à l'exécution du contrat (voir n° 10920).
– **les mesures physiques ou études permettant d'évaluer le volume des travaux ou services exécutés (mesure de l'avancement par les jalons techniques).**

> **Précisions** **Contrats sur des ensembles de biens** À notre avis, dans le cadre d'un contrat global portant sur plusieurs machines expédiées chez le client au fur et à mesure de leur achèvement, il est possible de retenir un avancement évalué en fonction des livraisons si ces dernières mesurent de façon fiable l'avancement des travaux. Il s'agit bien d'une méthode à l'avancement (et non d'une méthode à l'achèvement par lot) car la marge dégagée est calculée en fonction de la marge globale du contrat et non des seules machines livrées.

> **Fiscalement** À notre avis, l'administration ne devrait pas être en mesure de contester le pourcentage d'avancement tel que déterminé par les principes comptables (CAA Versailles 20-7-2017 n° 15VE01900), sauf à appliquer les dispositions de l'article 38-2 bis du CGI et donc la méthode à l'achèvement (voir n° 10795).

Statuant sur le cas particulier d'un contrat de prestation de maîtrise d'œuvre, la cour administrative d'appel de Versailles a estimé que son avancement effectif avait pu être valablement apprécié d'après le rapport entre le nombre d'hommes/jours réels effectués et le nombre total de jours/hommes estimés nécessaires pour la réalisation complète du contrat, indépendamment de l'échéancier de règlement (CAA Versailles 17-11-2016 n° 14VE02672).

III. Révision du pourcentage d'avancement Les différentes mesures de l'avancement (selon les coûts ou jalons techniques) constituent des **modalités d'application** de la méthode à l'avancement (voir n° 8500). Il est nécessaire de modifier ces modalités de calcul lorsque les circonstances sur lesquelles elles étaient fondées sont modifiées à la suite de nouvelles informations ou d'une meilleure expérience (PCG art. 122-5 ; voir n° 8500).

> **EXEMPLES**
>
> Par exemple, selon le bulletin CNCC (n° 189, mars 2018, EC 2017-32), le passage d'une mesure de l'avancement par les jalons à une mesure par les coûts peut être justifié :
> — par la mise en place de nouveaux outils permettant de suivre de manière fiable et à tout moment les coûts engagés attribuables à un contrat spécifique ;
> — dans la mesure où il est par ailleurs démontré que les coûts engagés reflètent les travaux acceptés par le client.
>
> Sont également susceptibles de conduire à une révision du taux d'avancement :
> — une nouvelle analyse des contrats et de leur environnement ;
> — la refonte du mode de gestion et de suivi interne de la performance des contrats.

Sur le traitement comptable d'un changement d'estimation, voir n° 8525 s. et, sur l'information à donner en annexe, voir n° 8565.

Sur la divergence avec les normes IFRS, voir Mémento IFRS n° 25430.

> **Fiscalement** Lorsque les entreprises retraitent le résultat à l'avancement pour la détermination du résultat imposable en raison des distorsions fiscalo-comptables (voir n° 10795), le changement de la mesure de l'avancement est sans impact fiscal. Il en est de même en cas d'application de la méthode à l'avancement suivant les modalités admises par la doctrine administrative pour les entreprises du bâtiment et des travaux publics ou de la construction navale (voir n° 10955).

IV. Modalités de comptabilisation L'avis du CNC précité (§ 2.7) précise les modalités de comptabilisation suivantes lors d'un arrêté comptable :
— toutes les charges ayant concouru à l'exécution du contrat à la date d'arrêté sont comptabilisées (voir n° 15205) ;
— les charges qui ne correspondent pas à l'avancement et qui sont donc rattachables à une activité future sont à porter en stocks, travaux en cours ou comptes de régularisation ;
— les produits contractuels sont à comptabiliser en **chiffre d'affaires** (compte 70) et à régulariser à la hausse comme à la baisse. Cette régularisation a pour objet de comptabiliser un niveau de produit permettant, après déduction des charges ayant concouru à l'exécution du contrat, la constatation de la quote-part du résultat à terminaison correspondant au pourcentage d'avancement.

> **EXEMPLE**
>
> **Calcul** du résultat **et comptabilisation** (dans le cadre de la méthode à l'avancement) :
>
> **a.** Hypothèses :
>
> | Exercice | Produits et charges prévisionnels pour l'ensemble du contrat | | Résultat à terminaison estimé | Coûts des travaux déjà engagés à la clôture | Travaux acceptables par le co-contractant |
> |---|---|---|---|---|---|
> | | Produits | Coût des travaux | | | |
> | N [1] | 1 000 | 850 | 150 | 50 | 0 |
> | N+1 | 1 000 | 850 | 150 | 350 | 300 |
> | N+2 | 1 050 [3] | 950 [3] | 100 [3] | 750 | 600 |
> | N+3 [2] | 1 050 | 950 | 100 [4] | 950 | 950 |
>
> (1) Signature du contrat.
> (2) Fin du contrat.
> (3) Les ajustements ne nous paraissent pas remettre en cause la fiabilité de la comptabilité analytique et prévisionnelle de l'entreprise.
> (4) Marge réelle en fin de contrat.

10840
(suite)

b. Calcul du résultat à l'avancement à chaque clôture :

	Au compte de résultat		
	Charges comptabilisées	Résultat à l'avancement	Chiffre d'affaires
Exercice N	0 [1]	0 [1]	0 [1]
Exercice N+1	300 [2]	52 [5]	352 [8]
Exercice N+2	300 [3]	11 [6]	311 [9]
Exercice N+3	350 [4]	37 [7]	387 [10]
Total	950	100	1 050

(1) Les travaux ne rentrent pas dans les conditions d'acceptation prévues par le contrat.
(2) 300 = 300 − 0.
(3) 300 = 600 − 300.
(4) 350 = 950 − 600.
(5) Par hypothèse, les conditions prévues par l'article L 123-21 du Code de commerce sont respectées : 52 = 150 × (300 / 850).
(6) 11 = (100 × 600 / 950) − 52.
(7) 37 = (100 × 950 / 950) − 52 − 11.
(8) 352 = 300 + 52.
(9) 311 = 300 + 11.
(10) 387 = 350 + 37.

c. Incidences sur les comptes :

Cas 1 — La facturation au client n'est faite qu'à la fin du contrat

Pendant la durée du contrat, l'entreprise qui réalise les travaux :
— enregistre ses coûts (travaux réalisés à la clôture) ;
— comptabilise en stocks les coûts qui ne correspondent pas à l'avancement ;
— constate une facture à établir en contrepartie du chiffre d'affaires déterminé en fonction de l'avancement.

	35 Stocks produits	401 Fournis.	418 Client Facture à établir	Classe 6	701 Ventes	7135 Variation stocks produits
Exercice N	50	50		50		50
Exercice N+1						
Coût des travaux et stockage	300	300		300		300
Chiffre d'affaires et déstockage (1) (méthode à l'avancement)		300	352		352	300
Exercice N+2						
Coût des travaux et stockage	400	400		400		400
Chiffre d'affaires et déstockage (méthode à l'avancement)		300	311		311	300
Exercice N+3						
Coût des travaux et stockage	200	200		200		200
Chiffre d'affaires et déstockage (méthode à l'avancement)		350	387		387	350
Reprise de provision						
	950 | 950	950 | 1050	950	1050	950 | 950
	soldé		Bénéfice : 100			soldé

(1) La différence entre le chiffre d'affaires et le déstockage constitue le bénéfice partiel.

Cas 2 — Une facturation intermédiaire est faite en année N+1

Une facture intermédiaire de 400 est établie et comptabilisée en N+1. Cette facture étant supérieure au chiffre d'affaires de l'exercice calculé à l'avancement (352), un produit constaté d'avance de 48 (400 − 352) est constaté.

	35 Stocks produits	401 Fournis.	411 Clients	487 Produits constatés d'avance	Classe 6	701 Ventes	7135 Variation stocks produits
Exercice N+1							
Coût des travaux en stockage	300	300			300		300
Chiffre d'affaires et déstockage (1) (méthode à l'avancement)		300	400	48 (2)		48	400 300

(1) La différence entre le chiffre d'affaires et le déstockage constitue le bénéfice partiel.
(2) Différence entre le chiffre d'affaires facturé et le chiffre d'affaires de l'exercice (400 − 352) = 48.
Le bénéfice partiel en N+1 est inchangé (400 − 48 − 300 = 52).
En N+2, le produit cumulé facturable sera de 352 + 311 = 663. Les produits constatés d'avance en N+1 (48) seront repris (en contrepartie du chiffre d'affaires) et le montant de facture à établir à fin N+2 sera de 263 (663 − 400 ou 311 − 48).

V. Lorsque le résultat estimé à terminaison est négatif

10860

1. Obligation de constituer une provision indépendamment de l'avancement Dès qu'elle devient probable, **la perte globale probable** doit être comptabilisée par constitution d'une provision (PCG art. 322-9), que l'entité applique une méthode à l'achèvement ou une méthode à l'avancement (PCG art. 622-6).

Toute **perte de valeur survenue sur les actifs dédiés** à ce contrat (stocks d'encours...) doit être constatée avant d'établir si une provision pour contrat déficitaire doit être comptabilisée relativement à ce contrat (en ce sens, Questions-Réponses CNCC Covid-19, Question 7.1).

> **Précisions 1. Irrégularité en cas d'absence de provision** L'AMF (Bull. COB n° 178, février 1985, p. 8) attend des **commissaires aux comptes** qu'ils exercent une **vigilance particulière** chaque fois qu'il apparaîtra que la probabilité de pertes sur des marchés en cours est de nature à influer de façon significative sur les résultats des entreprises.
> En cas d'**absence de provision,** si l'incidence apparaît **significative,** l'irrégularité est mentionnée dans la première partie du rapport du commissaire aux comptes sur les comptes annuels et conduit, selon le cas, à la formulation **d'une réserve ou** d'un **refus de certifier.**
> **2. Sous activité** Les coûts liés à la sous-activité ne sont pas à prendre en compte pour évaluer une éventuelle provision pour contrat déficitaire (**pertes futures**). En revanche, si, à la suite de la période de sous-activité, l'entité doit encourir des **coûts additionnels** pour rattraper le retard (personnel additionnel, heures supplémentaires), ils sont pris en compte dans la détermination de la provision pour perte à terminaison (en ce sens, Questions-Réponses CNCC Covid-19, Question 7.1).

2. Application de cette règle dans le cadre de la méthode à l'avancement La perte à terminaison (telle que calculée aux n° 10910 s.), sous déduction de la perte déjà comptabilisée, est donc constatée immédiatement (PCG art. 322-9 ; avis CNC 99-10 § 2.2).
Toutefois, compte tenu de l'application de la méthode à l'avancement, la prise en compte de la perte globale se déroule en deux étapes :

a. La perte déjà réalisée à la clôture est constatée lors du dégagement du résultat partiel (application de la méthode à l'avancement). Elle est égale à la perte à terminaison prévisionnelle pondérée par le pourcentage d'avancement (sur le calcul du pourcentage d'avancement, voir n° 10840).
Le **chiffre d'affaires** comptabilisé déduction faite des charges ayant concouru à l'exécution du contrat doit correspondre à la quote-part de perte à terminaison correspondant au pourcentage d'avancement.

b. Le complément de perte non encore réalisée, obtenu par différence entre la perte globale prévisionnelle et la perte déjà réalisée (et dégagée) à la clôture de l'exercice, est à comptabiliser :
— en **dépréciation** comme dans la méthode à l'achèvement (voir n° 10895), lorsque, malgré l'utilisation de la méthode à l'avancement, **des coûts déjà réalisés figurent encore à l'actif** (cas de travaux ou prestations exécutés mais n'ayant pas encore fait l'objet d'une acceptation par le cocontractant) ;
— en **provision pour risques** pour le reste de la perte.

10860 (suite)   **> Fiscalement**   Lorsque le **résultat imposable est dégagé à l'avancement** (voir n° 10955), la provision pour pertes afférentes à des opérations en cours à la clôture d'un exercice est limitée à la perte qui correspond aux seuls travaux exécutés depuis la dernière situation ou la dernière échéance intervenue avant la clôture de l'exercice (BOI-BIC-PROV-30-10-20 n° 50 ; BOI-BIC-PDSTK-20-20-20 n° 50).
Lorsque le **résultat imposable est dégagé à l'achèvement**, la provision déductible est limitée à la perte qui se rapporte aux travaux exécutés à la clôture de l'exercice (voir n° 48290).
Ainsi, la **provision pour risques,** qui représente la perte prévisionnelle sur les travaux ou prestations restant à exécuter, n'est **pas déductible.**

Il n'est pas possible, à notre avis, de constituer une **provision** pour risques (ou provision pour perte à terminaison) **nette d'impôt,** l'impôt différé ne pouvant être rattaché à un seul poste et l'ensemble des impôts différés actifs et passifs devant être pris en compte (voir n° 52955).

EXEMPLE

Calcul et comptabilisation de la provision (dans le cadre de la méthode à l'avancement)

a. Hypothèses :

	Produits et charges prévisionnels pour l'ensemble du contrat		Marge prévisionnelle sur coût de revient	Coût de revient engagé à la clôture
	Produits	Coût de revient		
Exercice N (signature du contrat)	1 000	1 250	(250)	0
Exercice N+1	1 000	1 250	(250)	300
Exercice N+2	1 050 [1]	1 500 [2]	(450)	900
Exercice N+3 (fin du contrat)	1 050	1 500	(450)	1 500

(1) Acceptation d'une réclamation de 50.
(2) Le client vient d'indiquer que les délais sont dépassés et que les pénalités de retard prévues au contrat (250) doivent d'ores et déjà s'appliquer.

b. Incidences sur les comptes :

Exercice	Méthode à l'avancement			Complément de perte	
				Provision pour risques [1]	
	Chiffre d'affaires	Charges comptabilisées	Résultat partiel	Dotation (ou reprise)	Au bilan
N	0	0	0	250 [2]	250
N+1	240 [3]	300 [4]	(60) [5]	(60)	190 [6]
N+2	390 [7]	600 [8]	(210) [9]	(10)	180 [10]
N+3	420 [11]	600 [12]	(180) [13]	(180)	0 [14]
Total	1 050	1 050	(450)		

(1) Le montant de la dépréciation est toujours nul, le montant figurant en en-cours étant par hypothèse nul. Si tel n'est pas le cas (ce qui signifierait que tous les travaux exécutés n'ont pas été acceptés par le cocontractant), voir exemple méthode à l'achèvement n° 10895.
(2) Contrat considéré comme marginal : il a été décidé de faire abstraction des frais indirects au contrat.
(250) = Marge prévisionnelle sur coût de revient.
(3) 240 = 300 − 60.
(4) 300 = 300 − 0.
(5) 250 × 300 / 1 250 = 60.
(6) 190 = 250 − 60.
(7) 390 = 600 − 210.
(8) 600 = 900 − 300.
(9) 210 = (450) × 900 / 1 500 − 60.
(10) 180 = 450 − 60 − 210.
(11) 420 = 620 − 180.
(12) 600 = 1 500 − 900.
(13) 180 = 450 × 1 500 / 1 500 − 60 − 210.
(14) La totalité de la perte réalisée étant comptabilisée, la provision pour risques au bilan est nulle.

> Fiscalement   (voir b. ci-avant) :
– la perte déjà réalisée et la provision pour charges dotée à la clôture de chacun des exercices sont déductibles ;
– les dotations (et les reprises) aux provisions pour risques sont à réintégrer en ligne WI (et à déduire en ligne WU) sur l'imprimé n° 2058-A pour la détermination du résultat imposable.

Le résultat à terminaison ne peut être estimé de façon fiable Si les condi- 10865
tions permettant de s'assurer que le résultat à terminaison est estimé de façon fiable ne sont
pas remplies (sur ces conditions, voir n° 10840), les produits dégagés à l'avancement sont
normalement pris en compte **dans la limite des coûts correspondants** (PCG art. 622-4 ;
Avis CNC 99-10 § 2.7 et avis OEC n° 25).

Si, l'exercice suivant, le résultat à terminaison peut, cette fois, être estimé de façon fiable,
un résultat doit être dégagé conformément au n° 10840 (voir n° 10790).

Lorsque la situation à terminaison la plus probable est une perte, la constatation d'une provision dépend de la capacité ou non à estimer cette dernière de façon raisonnable, généralement à partir d'hypothèses (en ce sens, Rec. ANC Covid-19, Questions I2) :
– dans l'affirmative, en présence de plusieurs hypothèses de calcul, il y a lieu de provisionner
la perte correspondant à la plus probable d'entre elles. S'il n'est pas possible de déterminer l'hypothèse la plus probable, il y a lieu de provisionner la perte correspondant à la plus
faible d'entre elles (PCG art. 622-6) et de mentionner le risque additionnel éventuel en annexe
(PCG art. 833-20/4) ;
– dans la négative, la perte ne donne lieu à aucune provision mais l'existence et la nature
de l'incertitude sont mentionnées en annexe (PCG art. 622-6), voir n° 48705. En pratique,
l'absence de provision devrait être rare (PCG art. 322-4).

1re application de la méthode à l'avancement (selon l'article 622-7 du PCG) 10870
La décision d'adopter la méthode à l'avancement porte sur **tous les contrats, en cours** et **à
venir.**

L'effet du changement de méthode est calculé **de façon rétrospective** sur la base du pourcentage d'avancement et du résultat à terminaison estimés à l'**ouverture de l'exercice du
changement de méthode** (voir n° 8525).

> **Précisions** Ainsi, le chiffre d'affaires et le résultat à l'avancement à l'ouverture de l'exercice sur
> les contrats en cours sont à comptabiliser directement en « Report à nouveau » (voir n° 8545) et
> ne transiteront donc jamais par le compte de résultat.

Dans le cas où le résultat à terminaison n'est **pas déterminable de façon fiable au début de
l'exercice,** l'effet du changement de méthode à l'ouverture se mesure en prenant en compte
l'estimation du résultat à terminaison à la clôture de l'exercice du changement (PCG art. 622-7). En
effet, le PCG (art. 622-7) ne permet pas, dans ce cas, le calcul de l'impact du changement de
méthode de manière **prospective,** contrairement aux règles actuelles en la matière (PCG art. 122-3).
Une description appropriée de cette modalité de calcul est prévue dans l'annexe (PCG art. 833-20/4).

MÉTHODE À L'ACHÈVEMENT

Dans cette méthode, le résultat et le chiffre d'affaires provenant de l'opération ne sont 10875
acquis que lors de la livraison du bien ou à l'achèvement de la prestation (PCG art. 622-2 al. 2).
– **En cours d'exécution du contrat,** les en-cours le concernant sont valorisés et constatés à
la clôture de chaque exercice à hauteur des charges qui ont été enregistrées (PCG art. 622-2
al. 2) : aucune marge n'est prise en compte ni aucun chiffre d'affaires dégagé.

> **Précisions** Contrat global composé de plusieurs éléments (voir n° 10910 sur le re-
> groupement ou la division de contrats) Dans ce cas, si la livraison d'un des éléments est
> contractuellement prévue avant le terme du contrat, celle-ci entraîne, à notre avis, une sor-
> tie de stock intermédiaire, la comptabilisation de la créance et la neutralisation de la marge
> ainsi dégagée par le biais d'un produit constaté d'avance ; ce produit constaté d'avance sera sol-
> dé en fin de contrat. Tel pourrait être le cas, par exemple, d'un contrat de vente en l'état futur
> d'achèvement (VEFA) dans lequel la vente du terrain et de l'immeuble font partie d'un seul et
> même projet et le terrain est vendu en début de contrat.

– **En fin de contrat,** le produit en résultant est constaté lors de la livraison du bien ou à
l'achèvement de la prestation, en même temps que la totalité du chiffre d'affaires.
Dans le cas particulier des entreprises de BTP, voir n° 10955.
Sur la divergence avec les normes IFRS, voir Mémento IFRS n° 25400.

Conditions d'utilisation de la méthode à l'achèvement L'emploi de cette 10880
méthode n'est subordonné à **aucune** condition, le chiffre d'affaires et le résultat n'étant
dégagés qu'à l'achèvement de la prestation.

Quel résultat dégager ? 10885

I. 1er cas : un bénéfice à terminaison est à prévoir Dans ce cas, aucun résultat
n'est dégagé en cours d'exécution du contrat.

II. 2ᵉ cas : une perte à terminaison est à prévoir Dans ce cas, voir développements ci-après.

10890 **En cas de perte, obligation de constituer une provision indépendamment de l'avancement** Elle résulte des règles rappelées au nº 10860.

10895 **Application de cette règle dans le cadre de la méthode à l'achèvement**
La perte globale probable (telle que calculée aux nº 10910 s.) doit être déterminée contrat par contrat (Bull. CNCC nº 176, décembre 2014, EC 2014-34, p. 636) et provisionnée pour sa totalité (PCG art. 622-6). Selon le bulletin CNCC (nº 176 précité), cette perte est à comptabiliser en deux parties :
– en dépréciation des travaux en cours d'une part ;
– en provision (au passif) d'autre part, pour la différence entre la perte à terminaison et la dépréciation des en-cours (précitée).
Pour déterminer le montant à comptabiliser en dépréciation, deux solutions peuvent être retenues :
1ʳᵉ solution (Bull. CNCC nº 176 précité) : imputer la perte en priorité sur les travaux en cours et sans tenir compte du pourcentage d'avancement des travaux ;
2ᵉ solution (à notre avis) : déprécier les travaux en cours en tenant compte du pourcentage d'avancement des travaux.
Le montant de la dépréciation est déterminé ainsi :

$$\text{Perte à terminaison} \times \frac{\text{Montant des en-cours à la clôture}}{\text{Coût de revient total prévisionnel}}$$

Cette seconde solution conduit à ne déprécier l'en-cours qu'à hauteur de la perte qu'il a générée, le complément étant relatif à des travaux restant à réaliser et constituant donc une provision pour perte sur contrat (voir nº 11625).

> **Fiscalement** **a. Dépréciation** Seule la dépréciation calculée selon la seconde solution est entièrement déductible. En effet, le droit à déduction est limité à la provision pour perte correspondant à l'excédent du coût de revient des travaux exécutés à la clôture sur le prix de vente de ces travaux compte tenu des révisions contractuelles certaines à cette date (CGI art. 39-1-5º ; BOI-BIC-PDSTK-20-20-20 nº 140 ; BOI-BIC-PROV-30-10-20 nº 150).
> Il en résulte que si la première solution est retenue, une réintégration extra-comptable devra être opérée à hauteur du montant non admis en déduction (imprimé nº 2058-A, ligne WI) (BOI-BIC-PDSTK-20-20-20 nº 150 ; BOI-BIC-PROV-30-10-20 nº 170).
> **b. Provision** La provision pour risques relative aux travaux non encore exécutés à la clôture n'est pas déductible (BOI-BIC-PDSTK-20-20-20 nº 140). Elle doit être réintégrée extra-comptablement (imprimé nº 2058-A ligne WI) (BOI-BIC-PDSTK-20-20-20 nº 150 ; BOI-BIC-PROV-30-10-20 nº 170).

10900 **Exemple (2ᵉ solution présentée ci-avant)**

EXEMPLE

Calcul et **comptabilisation** de la provision (dans le cadre de la méthode à l'achèvement)
a. Hypothèses :

	Produits et charges prévisionnels pour l'ensemble du contrat		Résultat à terminaison	Travaux déjà exécutés (en cours)
	Produits	Coût de revient		
1. Exercice N (signature du contrat)	1 000	1 250	(250)	0
2. Exercice N+1	1 000	1 250	(250)	300
3. Exercice N+2	1 050 ⁽¹⁾	1 500 ⁽²⁾	(450)	900
4. Exercice N+3 (fin du contrat)	1 050	1 500	(450)	0

(1) Acceptation d'une réclamation de 50.
(2) Le client vient d'indiquer que les délais sont dépassés et que les pénalités de retard prévues au contrat (250) doivent d'ores et déjà s'appliquer.

b. Incidences sur les comptes :

	Dotation (ou reprise)		Au bilan : montant figurant en		Chiffre d'affaires	Δ stocks	Résultat
	aux dépréciations	aux provisions pour risques	dépréciation	provision pour risques			
1. Exercice N	0	250 [1]	0	250	0	0	(250)
2. Exercice N+1	60 [2]	(60)	60	190 [3]	0	300	0 [9]
3. Exercice N+2	210 [5]	(10) [7]	270 [4]	180 [6]	0	600	(200) [10]
4. Exercice N+3	(270)	(180)	0	0	1 050	(1 500) [8]	0

(1) Perte à terminaison totale.
(2) 60 = 250 × 300 / 1 250. Fiscalement, déductible.
(3) 190 = 250 − 60.
(4) 270 = 450 × 900 / 1 500. Fiscalement, déductible.
(5) 210 = 270 − 60.
(6) 180 = 450 − 270.
(7) (10) = 180 − 190.
(8) Sortie du stock = (1 500) (en cas d'inventaire permanent) = coût de revient.
(9) 0 = Dotation à la dépréciation (60) + Reprise d'une partie de la provision pour risques 60.
(10) (200) = Reprise à la provision pour risques 10 + Dotation à la dépréciation (210).

Incidence des reprises de dépréciations et provisions : sur l'exercice N+3, les reprises de provisions sont de 450 (= 270 + 180) et permettent de couvrir la marge sur coût de revient (450) = 1 050 − 1 500.

> **Fiscalement** La dépréciation est entièrement déductible (voir ci-avant). La provision pour risques relative aux travaux non encore exécutés à la clôture n'est pas déductible.

DÉTERMINATION DE LA MARGE PRÉVISIONNELLE
(CONTRAT À LONG TERME ET AUTRES OPÉRATIONS PARTIELLEMENT EXÉCUTÉES À LA CLÔTURE)

Calcul de la marge prévisionnelle La détermination de la marge prévisionnelle d'un contrat à long terme (ou d'une opération partiellement exécutée à la clôture) résulte du calcul général détaillé ci-après, quelle que soit l'une des deux méthodes de comptabilisation retenue (avancement ou achèvement, voir tableau récapitulatif n° 10790).

10910

En règle générale, la marge prévisionnelle doit être calculée **par contrat,** en respect du **principe** général **de non-compensation.** En effet, un calcul global pourrait conduire à compenser des pertes et des produits.

> **Fiscalement** Il en est en principe de même, même si les opérations concernées sont de nature identique (BOI-BIC-PROV-30-10-20 n° 80).
> En outre, le regroupement des contrats correspondant à la réalisation de produits identiques pour des clients différents n'est pas permis (BOI-BIC-PROV-30-10-20 n° 80).

Toutefois, il peut apparaître approprié à l'entreprise de **regrouper** plusieurs contrats **ou** au contraire de **diviser** un contrat en plusieurs sous-ensembles différenciés pour la détermination du résultat à terminaison.
Ainsi, relèvent d'un même contrat les différents contrats négociés globalement, exécutés de manière simultanée ou successive, et s'inscrivant dans le cadre d'un projet unique (Avis CNC 99-10).

> **Fiscalement** Le regroupement de contrats n'est possible que si (BOI-BIC-PROV-30-10-20 n° 80) :
> – les contrats ont été signés dans des circonstances économiques identiques ;
> – la durée entre la conclusion des différents contrats est brève ;
> – le regroupement est adopté avant le premier enregistrement comptable relatif à ces contrats ;
> – il existe un lien économique étroit entre les différents contrats considérés.

La **division d'un contrat** n'apparaît **possible,** à notre avis, que si :
– chaque partie du contrat a fait l'objet d'une offre différente au client ;
– le client avait la possibilité technique et commerciale d'accepter ou de refuser la conclusion de sous-contrats.

Ainsi, lorsqu'un contrat porte sur la réalisation de plusieurs biens ou services, que la réalisation de chacun de ces biens ou services pris individuellement a donné lieu à une négociation distincte et que le résultat attaché à chacun de ces biens ou services peut être identifié, chacun de ces biens ou services doit être traité dans le cadre d'un contrat distinct (Avis CNC 99-10 § 1.1).

> **Fiscalement** Il en est de même (BOI-BIC-PROV-30-10-20 n° 80).

La marge est égale à la différence entre les produits certains directement rattachables à l'opération (voir n° 10915) et le coût de revient du contrat (voir n° 10920).

Elle peut être réestimée à la clôture, voir n° 10930.

10915 Produits certains directement rattachables à l'opération L'avis du CNC (n° 99-10 § 3) donne la définition des produits relatifs aux contrats à long terme estimés à la juste valeur des contreparties reçues ou à recevoir. Ils comprennent :
– les produits initialement fixés par le contrat, y compris les révisions de prix ;

> **Précisions 1. Prix de vente libellé en devises** Le cours à retenir est, à notre avis, celui de la date à laquelle la détermination de la marge prévisionnelle est faite (aussi, ce cours sera différent à chaque estimation tout au long du contrat). En cas de couverture de change, c'est le cours à terme qui doit, à notre avis, être retenu.
>
> **2. Frais incombant à l'acquéreur et pris en charge par le promoteur** (tels que des frais d'actes authentiques ou des frais engagés pour trouver et mettre en place le financement de l'acquisition). Ils constituent une réduction du prix à prendre en compte en moins des produits et non dans les coûts (Bull. CNCC n° 189, mars 2018, EC 2017-25, p. 143 s.).

– les suppléments liés à des modifications dans les conditions d'exécution des contrats approuvées par le client ou dont il est raisonnablement certain qu'il les approuvera et dont il est possible d'évaluer de façon fiable le montant des produits correspondants ;
– les réclamations acceptées par le client ou pour lesquelles l'état d'avancement des négociations ou des procédures en cours rend raisonnablement certain leur règlement par le client et dont le montant accepté ou susceptible d'être accepté peut être évalué de façon fiable ;
– les primes incitatives dès lors que les niveaux de performance ont été atteints ou qu'il est raisonnablement certain qu'ils le seront et qu'il est possible d'évaluer de façon fiable le montant de ces primes ;
– et les produits financiers résultant de conditions financières contractuelles se traduisant par des excédents de trésorerie au cours du contrat, les différences de change et les résultats d'opérations de couverture (voir n° 10945).

> **Fiscalement** Le prix global de l'opération correspond également à la somme de ces produits, à l'exclusion toutefois des produits financiers, résultant du placement d'acomptes reçus dans le cadre de l'opération, qui sont imposables en fonction des règles qui leur sont propres (BOI-BIC-PROV-30-10-20 n° 110 ; voir n° 10945).

10920 Coût de revient de l'opération Pour la détermination du coût de production (en général), voir n° 21055 s.

En ce qui concerne l'incorporation de charges financières, voir n° 10945.

> **Fiscalement** Le coût de revient à prendre en compte est identique au prix de revient comptable sous réserve des corrections extra-comptables nécessaires afin d'être en conformité avec les règles fiscales d'évaluation (BOI-BIC-PROV-30-10-20 n° 90).

a. Coûts imputables au contrat à compter de la date de sa signature jusqu'à sa date d'achèvement définitif. Ils comprennent (Avis CNC 99-10 § 4) :
– les coûts directement imputables au contrat (main-d'œuvre, sous-traitance, matériaux, amortissement du matériel, coûts d'approche, de repliement et de remise en état, location des équipements, conception et assistance technique, impôts et taxes, honoraires, garantie…) ;

> **Précisions 1. Modification des coûts prévisionnels** À notre avis, les prévisions de prix tiennent compte, éventuellement, des **augmentations attendues** du coût de la main-d'œuvre, des achats et fournitures en vertu de clauses contractuelles. Le coût des **modifications** apportées aux contrats en cours d'exécution, les **réclamations** probables du client doivent, notamment, entrer dans les coûts directs.

2. Pénalités Les pénalités à encourir du fait des retards ou pour d'autres motifs doivent, à notre avis, entrer dans les coûts directs. Toutefois, l'évaluation des obligations contractuelles doit tenir compte de l'incidence des clauses de force majeure et de la loi, qui pourraient neutraliser ou suspendre l'application de pénalités (en ce sens, Questions-Réponses CNCC Covid-19, Question 7.1).
Sur les pénalités pour paiement tardif du prix d'acquisition du terrain dans le cadre d'un contrat de vente en l'état futur d'achèvement, voir n° 10945. Sur les pénalités dues pour paiement tardif de taxes, voir ci-après les coûts non imputables aux contrats.

3. Coûts nécessaires à la vente de l'opération Entre également dans les coûts directs l'indemnité dite « de bail » payée au futur gestionnaire d'une résidence destinée à être vendue (par lots) à des investisseurs, dès lors qu'elle rémunère la montée en charge progressive de l'exploitation (Bull. CNCC n° 189, mars 2018, EC 2017-27, p. 143 s.).

– les **coûts indirects rattachables aux contrats en général** pour la quote-part susceptible d'être affectée à ce contrat (assurance, conception et assistance technique générale, frais généraux d'exécution des contrats) ;

> **EXEMPLE**
>
> Tel est le cas :
> – des primes d'assurance liées aux garanties Bpifrance Assurance Export (anciennement Coface) des contrats à l'exportation, voir n° 42410 ;
> – d'une indemnité dite « de bail » payée au futur gestionnaire d'une résidence destinée à être vendue (par lots) à des investisseurs, dès lors qu'elle rémunère la conception et l'assistance à maîtrise d'ouvrage (Bull. CNCC n° 189, mars 2018, EC 2017-27, p. 143 s.).

> **Précisions Coûts engagés par une structure dédiée** Dans le cas d'opérations de promotion immobilière, il est courant que soit créée une structure juridique par programme (une société par immeuble). Cette société supporte alors tous les coûts liés à la production du programme pendant la période de construction, puis elle est dissoute lorsque l'opération est terminée. Une telle société immobilière répond à la définition d'une **structure dédiée à la production** (sur la notion de structure dédiée, voir n° 26220). Les frais généraux administratifs des structures dédiées étant inclus dans le coût de production des stocks (voir n° 21145), les frais généraux engagés par la société dédiée au programme sont **inclus** dans le coût de production du programme immobilier si (Bull. CNCC n° 146, juin 2007, EC 2007-09, p. 349) :
> – ils sont, par nature, directement engagés sur le programme ;
> – ils constituent des **frais généraux de production.**
>
> Selon le bulletin CNCC (précité), sont notamment inclus dans le coût de production du programme les frais de constitution, les frais de tenue de la comptabilité et la rémunération du promoteur. En revanche, si la rémunération consiste en la refacturation d'une partie des frais administratifs du promoteur (frais de siège...), celle-ci est **exclue** du coût de production, en tant que **frais généraux administratifs.**

– les **provisions pour risques et aléas** correspondant aux dépassements des charges directement prévisibles que l'expérience de l'entreprise, notamment statistique, rend probables.

> **EXEMPLE**
>
> Tel est le cas des provisions pour garanties données aux clients (compte 1512).

En revanche, ils **n'incluent pas les coûts** qui ne peuvent être imputés aux contrats en général ou à un contrat donné, notamment :
– les frais administratifs d'ordre général ;

> **EXEMPLE**
>
> Les pénalités fiscales dues pour paiement tardif (de la TVA et/ou des taxes d'urbanisme) constituent des frais généraux administratifs d'ordre général non incorporables au coût de production du programme dans le cadre d'une vente en l'état futur d'achèvement (Bull. CNCC n° 189, mars 2018, EC 2017-26, p. 143 s.).
> Sur les frais généraux d'une structure juridique dédiée à un programme immobilier, voir ci-avant.

– les coûts de développement ;
– les frais de commercialisation non imputables à un contrat donné.

> **Précisions Vente par lots (donc avec plusieurs contrats) d'un programme immobilier** Les frais de publicité ne pouvant pas être rattachés à un lot en particulier, ils ne devraient pas pouvoir entrer dans le coût de revient des différents lots du programme (Bull. CNCC n° 146, juin 2007, EC 2007-09, p. 349).

EXEMPLES

1. Tel est le cas, (en ce sens, voir § 2 de la Note de présentation du règl. ANC 2012-05 du 8-11-2012 sur les ventes en l'état futur d'achèvement, repris dans les commentaires infra-réglementaires sous l'article 622-1 du PCG) :
– des frais de publicité (bureau de vente, appartements témoins, fléchage et signalisation, plaquettes commerciales et maquettes...). Sur la comptabilisation de ces frais, voir n° 15970 ;
– des coûts fixes de la force interne de vente qui doivent être comptabilisés en charges dès leur engagement. Par exemple, le salaire d'un directeur commercial dont l'activité au cours de l'exercice n'a pas porté sur un contrat en particulier mais sur la commercialisation d'un modèle de plan qui sera vendu au cours des exercices suivants constitue une charge de l'exercice (Bull. CNCC n° 171, septembre 2013, EC 2013-36, p. 514 s.).

2. Tel est également le cas d'une indemnité dite « de bail » payée au futur gestionnaire d'une résidence destinée à être vendue par lots à des investisseurs, dès lors qu'elle rémunère le lancement commercial de l'opération avant l'ouverture de la résidence, les frais de commercialisation ne pouvant pas être rattachés à un lot en particulier (Bull. CNCC n° 189, mars 2018, EC 2017-27, p. 143 s.).

b. Coûts directement imputables à un contrat et qui sont engagés antérieurement à sa signature en vue de son obtention (frais de commercialisation) Ils sont également imputés au contrat (Avis CNC précité, § 4) :
– s'ils peuvent être **identifiables séparément** et **mesurables** de façon **fiable** ;
– et s'il est **probable** que le **contrat** sera **conclu**.

EXEMPLES

Ces frais comprennent, par exemple dans le cas des ventes en l'état futur d'achèvement (en ce sens, voir § 2 de la Note de présentation du règl. ANC 2012-05 du 8-11-2012 repris dans les commentaires infra-réglementaires sous l'article 622-1 du PCG) :
– les frais externes, tels que des honoraires versés à un intermédiaire ;
– les frais internes, tels que des commissions versées à des agents de la force de vente interne, dès lors qu'elles sont rattachables au contrat de vente signé et mesurables de façon fiable.

> **Précisions** **1.** En pratique, ils sont soit comptabilisés en charges constatées d'avance, soit comptabilisés à l'actif car pris en compte dans le calcul du résultat à l'achèvement ou à l'avancement (voir n° 10840 IV.).
> **2.** S'il existe des doutes à la clôture de l'exercice concernant la conclusion du contrat pour lequel des travaux en cours ont été comptabilisés, une dépréciation doit être constituée ; la probabilité de l'obtention de la commande est une condition déterminante pour la comptabilisation de ces coûts à l'actif du bilan, et son respect sera vérifié par le commissaire aux comptes sur la base de son jugement professionnel, en fonction des circonstances de fait et de l'expérience passée de la société (Bull. CNCC n° 142, juin 2006, EJ 2006-53, p. 384 s.).
> **3.** Lorsque les coûts engagés pour obtenir un contrat sont constatés en charges de l'exercice auquel ils se rattachent, ils ne peuvent pas postérieurement être imputés au contrat lorsque ce contrat est obtenu au cours d'un exercice ultérieur.

> **Fiscalement** En matière d'opérations de promotion immobilière, l'administration considère que les honoraires de commercialisation versés à des intermédiaires engagés dans le cadre des opérations de promotion immobilière ne peuvent pas être qualifiés de charges constatées d'avance et constituent des charges déductibles du résultat fiscal de l'exercice au cours duquel ils constituent une dette certaine dans son principe et dans son montant (BOI-BIC-CHG-10-30-10 n° 140), soit, par exemple, l'exercice de signature de la vente.

10930 **Changement d'estimation de la marge prévisionnelle** La définition des coûts et des produits entrant dans le calcul de la marge prévisionnelle constitue des **modalités d'application** de la méthode à l'avancement (en ce sens, Bull CNCC n° 190, juin 2018, EC 2017-32, à propos de l'inclusion ou non du terrain dans le calcul de l'avancement d'un contrat de Vefa).

Les modalités d'application d'une méthode comptable étant qualifiées d'**estimations comptables**, il est nécessaire de revoir l'estimation comptable des produits et des charges entrant dans le calcul de la marge prévisionnelle lorsque les circonstances, l'information disponible et l'expérience sont modifiées (PCG art. 122-5 ; voir n° 8500).

Sur le traitement comptable d'un changement d'estimation, voir n° 8525 s. et, sur l'information à donner en annexe, n° 8565.

PRISE EN COMPTE DU RÉSULTAT FINANCIER (CHARGES ET PRODUITS) RÉSULTANT D'UN CONTRAT À LONG TERME ET D'AUTRES OPÉRATIONS PARTIELLEMENT EXÉCUTÉES À LA CLÔTURE

10945 Il convient de distinguer les produits financiers des charges financières. Leur comptabilisation diffère selon que le solde entre les charges et les produits financiers est débiteur ou créditeur (voir n° 10950).

Produits financiers L'avis du CNC n° 99-10 (§ 4) précise qu'il convient d'inclure dans les produits relatifs à un contrat à long terme :
— les produits financiers directs ou indirects, **résultant de conditions financières contractuelles** se traduisant par des excédents significatifs de trésorerie pendant tout ou partie de la durée du contrat ;
— ainsi que les **différences de change** et **résultats d'opérations de couverture**.

Autrement dit, les produits financiers ne doivent pas être pris en compte immédiatement dans le résultat de l'exercice où ils sont comptabilisés mais **être différés** tant que le résultat de l'opération n'est pas dégagé.

> **Précisions**   **1. Dérogation** Bien qu'elle soit contraire à la règle générale de prise en compte des produits financiers (intérêts courus), cette position est, à notre avis, cohérente avec le fait que, pour la détermination du prix de vente (y compris les révisions de prix) lors de la négociation du contrat, les modalités de règlement sont prises en compte (en général le montant des révisions de prix est inversement proportionnel à celui des acomptes).
> **2. Les avances perçues** de la part des clients doivent être, à notre avis, prises en compte pour la détermination des coûts d'emprunt à capitaliser (voir ci-après les « Charges financières »).

Sur la comptabilisation des produits financiers selon que le solde entre les charges et les produits financiers est débiteur ou créditeur, voir n° 10950.

> **Fiscalement** Au contraire, les produits financiers résultant du placement d'acomptes reçus dans le cadre de l'opération **ne doivent pas être pris en compte** dans les produits certains entrant dans le calcul de la marge sur coût de revient (voir n° 10915), dans la mesure où ils sont immédiatement imposables en fonction des règles propres à l'acquisition des produits financiers (BOI-BIC-PROV-30-10-20 n° 110). Le Conseil d'État admet toutefois que le différé d'imposition des produits financiers est possible si une clause contractuelle permet de les assimiler à des suppléments d'acomptes (CE 11-10-1991 n° 112790).
> Sous réserve de cette dernière situation, sur l'imprimé n° 2058-A, les produits financiers dont la prise en compte a été comptablement différée sont réintégrés (ligne WQ). Corrélativement, une déduction extra-comptable est opérée (ligne XG) lorsque ces mêmes produits sont pris en compte en comptabilité.

Selon la recommandation OEC n° 1.19, « le **taux** des produits financiers à retenir correspond aux taux des placements qui n'ont pu être effectués que par l'encaissement de ces **avances** ».

Charges financières Selon le PCG, les coûts d'emprunt peuvent être (PCG art. 213-9) :
— **soit** comptabilisés en **charges** ;
— **soit** incorporés au **coût de l'actif**.

> **Fiscalement** Il en est de même (CGI ann. III art. 38 undecies), l'option comptable retenue déterminant les conditions de déductibilité fiscale des coûts d'emprunt (BOI-BIC-PVMV-10-20-20 n° 340). Pour plus de détails, voir n° 20945.

Aucune méthode de référence n'a été actée (voir Note de présentation de l'avis CNC 2004-15 § 4.3 ; PCG art. 121-5).

> **Précisions**   **1. Dépréciation** L'OEC (Rec. n° 1.19) précise également que l'incorporation des charges financières ne doit pas être interrompue du fait qu'elle rend le coût total de production supérieur à la valeur d'inventaire du stock en cause. Dans ce cas, une dépréciation doit être comptabilisée à concurrence de l'excédent du coût total par rapport à la valeur d'inventaire.
> **2. Vente en l'état futur d'achèvement** Lorsqu'ils choisissent d'incorporer les charges financières dans le coût de l'actif, les promoteurs immobiliers ont en pratique, à notre avis, le choix :
> — d'activer les coûts d'emprunt dans leurs programmes vendus sous forme de Vefa ;
> — ou de ne pas les activer (à l'instar des normes IFRS qui interdisent une telle activation).

Selon l'avis du CNC n° 99-10 (§ 4), peuvent en effet être incluses dans les charges relatives à un contrat à long terme et être ainsi différées :
— les **charges financières résultant de conditions financières contractuelles** se traduisant par des besoins de trésorerie pendant la durée du contrat ;

> **Précisions** **Pénalités pour paiement tardif du prix d'acquisition du terrain** Dans le cadre d'une vente en l'état futur d'achèvement, elles sont assimilables à des coûts financiers et peuvent donc, sur option, être incorporées au coût de production contrairement aux pénalités fiscales (voir n° 10915) qui constituent des frais généraux administratifs d'ordre général (Bull. CNCC n° 189, mars 2018, EC 2017-26, p. 143 s.)

– ainsi que les **différences de change et résultats des opérations de couverture.**

Les modalités d'application de cette option sont les **mêmes que celles applicables aux immobilisations** :

a. les stocks exigent une **longue période de préparation** ou de construction (voir n° 26340 la notion d'« actif éligible »). Sur le cas particulier des Vefa, voir n° 11095 ;

b. les **conditions d'activation** suivent les critères généraux de comptabilisation des actifs (voir n° 26345) ;

c. l'option retenue doit être **homogène** pour l'ensemble des actifs (voir n° 26335 II.) ;

d. le **montant** des coûts d'emprunt est fonction de :

– la **notion de coûts** retenue (voir n° 26365),

– la **période d'incorporation** des coûts (voir n° 26370),

– la nature **spécifique ou non** du financement (voir n° 26390) ;

e. en outre, les **paiements d'avance perçus de la part des clients** doivent être, à notre avis, pris en compte pour la détermination des coûts d'emprunt à capitaliser :

– en cas d'emprunts généraux, ces avances sont déduites du montant de l'encours, de sorte que le taux de capitalisation est appliqué à la position nette du contrat,

> **Précisions** Si le contrat de construction est en position nette créditrice (au bilan) durant toute la période de construction, aucun coût d'emprunt ne doit être capitalisé (la société n'a pas encouru de coûts d'emprunt puisque l'actif est financé par les avances clients). La position nette du contrat peut évoluer durant la période de construction. Dans ce cas, la capitalisation des coûts d'emprunt doit être effectuée sur les périodes où le contrat est en position nette débitrice.

– en cas d'emprunt spécifique, les coûts réellement encourus pour cet emprunt durant la période sont capitalisés, déduction faite des intérêts issus des placements de fonds non encore utilisés pour le financement de l'actif éligible (voir n° 26390 I. b.). Le montant des intérêts issus des placements de fonds est déterminé après prise en compte des paiements d'avance.

Sur la comptabilisation des charges financières selon que le solde entre les charges et les produits financiers est débiteur ou créditeur, voir n° 10950.

10950 **Comptabilisation des charges et produits financiers relatifs à un contrat à long terme** Trois situations peuvent se retrouver tout au long d'un contrat :

a. Charges financières incorporées sans produits financiers différés Il convient (Rec. OEC n° 1.19) « d'enregistrer les charges financières faisant partie intégrante du coût, **de la même manière que les autres éléments de coût** de production ».

Toutefois cette incorporation (qui est par nature significative), majorant les stocks, déséquilibre le résultat d'exploitation, les charges financières incorporées étant comptabilisées dans le résultat financier. Deux solutions semblent possibles pour pallier ce déséquilibre :

– soit ne pas changer le compte de résultat et expliquer ce déséquilibre dans l'annexe, en mettant en évidence l'augmentation (significative) du résultat d'exploitation (Bull. CNCC n° 93, mars 1994, EJ 94-27, p. 129) ;

– soit, solution qui a notre préférence, augmenter les charges d'exploitation d'un montant équivalent à l'incorporation des frais financiers dans le stock ; pour ce faire, il convient, à notre avis, de porter ces charges financières à un compte d'achats (par exemple, au compte 608 « Frais accessoires d'achat ») par le compte 796 « Transfert de charges financières » (sur la suppression des comptes 79 par le Règl. ANC n° 2022-06, voir n° 45500).

b. Produits financiers différés sans charges financières incorporées Selon la recommandation OEC n° 1.19, les produits financiers sont conservés en attente et inscrits au compte « **Produits constatés d'avance** ».

> **Précisions** Incidence du classement en « Produits constatés d'avance » :
– bien que le compte « Produits constatés d'avance » soit le seul prévu dans le poste « Compte de régularisation passif », force est de constater que l'utilisation qui en est faite ici ne correspond pas à la définition donnée par le PCG (art. 944-49) : « produits perçus ou comptabilisés avant que les prestations et fournitures les justifiant aient été effectuées ou fournies » ;
– une autre solution serait de porter ces produits financiers en moins des en-cours.

Les produits constatés d'avance sont **maintenus au bilan jusqu'au dégagement du résultat de l'opération,** c'est-à-dire jusqu'à l'achèvement des travaux (ou l'avancement pour les entreprises concernées).

> **Précisions** Lors du dégagement du résultat, on peut se demander s'il ne convient pas d'extourner les « Produits constatés d'avance » en les portant non pas en « Produits financiers » mais à un compte de ventes (par exemple, le compte 708 « Produits des activités annexes »).
> En effet, si, au lieu d'obtenir des avances, l'entreprise avait bénéficié de révisions de prix, ces dernières seraient venues augmenter le chiffre d'affaires.

c. Charges financières incorporables et produits financiers à différer La comptabilisation diffère selon que le solde, « Charges – produits financiers cumulés depuis le début de l'opération », est débiteur ou créditeur. Selon la Rec. OEC n° 1.19 :
– **si le solde est débiteur** (charges supérieures aux produits), les produits ne sont pas comptabilisés en produits constatés d'avance mais viennent en diminution des charges financières incorporées aux en-cours (voir ci-avant **a.**) ;
– **si le solde est créditeur** (produits supérieurs aux charges), les produits financiers correspondant à l'excédent (c'est-à-dire le solde) sont mis en attente en « Produits constatés d'avance » jusqu'à constatation du résultat de l'opération ou imputation sur les charges financières rattachables à la même opération lorsque ces charges apparaissent.

CAS PARTICULIERS (CONTRATS À LONG TERME)

Entreprises de BTP (travaux d'entreprise) Il existe deux méthodes de comptabilisation pour les travaux d'entreprise en cours (partie exécutée des contrats de construction non achevés à la date de l'inventaire pour l'arrêté des comptes) : la méthode à l'avancement et la méthode à l'achèvement (voir n° 10790). Lorsque la méthode à l'achèvement est choisie, le chiffre d'affaires est constaté lorsque le client entre en possession de l'ouvrage, c'est-à-dire lorsque le vendeur s'est acquitté de toutes ses obligations de délivrance envers l'acheteur (voir n° 10375). Ces travaux, donnant lieu à réception complète ou partielle, concernent les travaux du bâtiment, travaux publics, travaux de construction d'usines clefs en main.

10955

> **Précisions** Méthode à l'achèvement En pratique, deux notions d'achèvement sont observées par la jurisprudence relative au Code de la construction et de l'habitation :
> – l'achèvement ou parfait achèvement, constaté à la levée des potentielles réserves ;
> – l'achèvement relatif, constaté lors du procès-verbal de réception et la remise des clés, même en présence de défauts de conformité, dès lors que l'ouvrage n'est pas considéré comme impropre à sa destination.
> L'obligation de délivrance de l'ouvrage étant généralement (sauf cas exceptionnels) considérée comme réalisée au moment de l'achèvement relatif, le chiffre d'affaires est à comptabiliser à cette date. Les éventuels coûts des travaux complémentaires à mettre en œuvre pour atteindre le parfait achèvement sont à provisionner (Bull. CNCC n° 192, mars 2020, EC 2019-30).

> **Fiscalement a. Principe** Les produits des travaux d'entreprise donnant lieu à réception doivent en principe être rattachés à l'exercice au cours duquel intervient (CGI art. 38-2 bis) :
> – la réception complète ou partielle (CE 17-10-1984 n° 40917), même si elle est seulement provisoire (CE 24-5-1978 n° 1864) ou faite avec réserves ;
> – ou la mise à disposition du maître de l'ouvrage si elle est antérieure.
> Cette mise à disposition :
> – est présumée à la date de la facturation définitive des travaux, sauf si l'entreprise démontre que l'achèvement des prestations est postérieur à cette date (TA Lyon 12-5-1998 n° 89-12479 et 89-12480) ;
> – n'est pas établie par des situations de travaux décrivant précisément leur état d'avancement, soumises à l'approbation du maître d'œuvre et du maître de l'ouvrage avant leur paiement (CAA Versailles 29-9-2015 n° 13VE03890).
> **b. Exception** L'administration admet la méthode à l'avancement pour les entreprises de bâtiment et de travaux publics [BOI-BIC-PDSTK-10-10-10 n° 180 ; et non pour les sociétés de promotion immobilière (CAA Nancy 4-2-2010 n° 08NC00232 ; voir n° 11100)], ainsi que pour les entreprises de construction navale (BOI-BIC-PDSTK-20-10 n° 30). Les bénéfices dégagés par l'opération sont alors imposables au même rythme que leur comptabilisation. Lorsque l'entreprise a fait application de cette tolérance, l'administration ne peut pas valablement imposer les modalités de calcul de l'avancement prévues par sa doctrine (BOI-BIC-PDSTK-20-10 n° 30), suivant laquelle le niveau d'avancement de la prestation découle, sauf preuve contraire, des états de situation de travaux notifiés aux clients (CAA Lyon 27-4-2017 n° 15LY02950). Mais si elle conteste le calcul de l'avancement, elle est fondée à imposer à l'entreprise la règle légale de l'article 38-2 bis du CGI, soit, pour un contrat long terme, la règle de l'achèvement, ce qui aurait notamment pour effet, pour les contrats déficitaires, de reporter la déduction des pertes à l'exercice d'achèvement. Il est en

conséquence préférable, à notre avis, de suivre au plan fiscal les modalités de calcul de l'avancement fixées par la doctrine administrative, afin d'éviter la remise en cause de cette méthode de rattachement du résultat. Dans ce cas, il convient de réintégrer ou déduire, selon le cas (respectivement ligne WQ ou XG), la différence constatée entre le résultat comptable de l'avancement et celui déterminé en suivant la doctrine administrative.

Sur la définition du pourcentage d'avancement, voir n° 10840 II. b.

S'agissant par ailleurs des conséquences fiscales que certains juges du fond, dans d'autres secteurs que ceux du BTP et de la construction navale, ont tirées de l'option comptable pour la méthode à l'avancement, voir n° 10795.

Par ailleurs, selon le Conseil d'État (CE 13-1-2006 n° 259824), l'acceptation par l'administration de la méthode à l'avancement :
– permet de **déroger** à la condition posée par l'article 39-1-5° du CGI selon laquelle, pour être déductible, une provision doit, notamment, être constituée en vue de faire face à des pertes ou charges que des **événements en cours** à la clôture rendent probables ;
– et, en conséquence, autorise les entreprises qui appliquent cette méthode à **déduire les provisions** constituées en vue de faire face au coût résultant de la mise en jeu de leur responsabilité dans le cadre de la **garantie décennale** (en l'occurrence le coût de la franchise d'assurance) **dès leur comptabilisation, sans attendre la réception des travaux** (la réception des travaux constituant l'événement de nature à rendre probable la charge, étant donné que la responsabilité du constructeur ne peut être engagée qu'à compter de sa survenance).

10960 **Contrôle des commissaires aux comptes** Le bulletin CNCC (n° 60, décembre 1985, p. 410 s.) précise les **conditions de visite et de contrôle des chantiers à l'étranger**, compte tenu de leur importance, notamment pour l'appréciation des produits et travaux en cours et des risques et charges liés. « **L'impossibilité** pour le commissaire aux comptes de pouvoir effectuer la visite nécessaire de certains chantiers doit être considérée comme une limitation apportée à l'exercice de sa mission dont il appréciera l'incidence sur sa certification des comptes annuels et qu'il doit, en tout état de cause, **mentionner dans son rapport**. »

Dans le cas de sociétés en participation, voir n° 74350.

D. Ventes comportant des conditions particulières

11020 **Vente selon le transport** Les « Incoterms » (conditions de vente) :
– définissent la date du **transfert des risques** (et pas celle de propriété ; Cass. com. 23-6-1998 ; Bull. civ. IV n° 218) ;
– et répartissent la charge de transport, notamment, entre les cocontractants.

> **Précisions** Le terme « Incoterm » résulte de la contraction de l'anglais « International Commercial Terms », traduit en français par CIV, « conditions internationales de vente ». Ils ont été définis et codifiés par la Chambre internationale de commerce et sont régulièrement mis à jour (tous les 10 ans) ; la dernière mise à jour est intervenue le 11 octobre 2019 et est entrée en vigueur le 1er janvier 2020.

Lorsque les parties fixent elles-mêmes la date du **transfert de propriété** (cas exceptionnel), cette date doit être retenue pour comptabiliser la vente (en ce sens, CA Paris 14 avril 1982 ; voir également n° 10360).

En revanche, si le contrat ne prévoit pas la date exacte du transfert de propriété et **si la loi française s'applique** à la vente, il est en pratique raisonnable de considérer, à notre avis, que le transfert de propriété intervient au moment du **transfert des risques** et de retenir la date fixée par l'Incoterm pour comptabiliser la vente (c'est également la date de transfert des risques qu'il faut retenir pour comptabiliser l'entrée en stocks, voir n° 20225).

> **Juridiquement** En effet, le transfert de propriété emporte transfert immédiat des risques de la chose (C. civ. art. 1196). Donc, sauf clause contraire, la date de transfert des risques devrait correspondre à celle du transfert de propriété.

> **Précisions** **1. Contrat soumis à la législation d'un autre État** Dans ce cas, c'est cette législation qui devrait permettre de déterminer la date de transfert de propriété.
> **2. Groupe de travail à l'ANC** Selon le projet de règlement relatif à la comptabilisation du chiffre d'affaires (voir n° 10375), le principe de la reconnaissance du chiffre d'affaires à la date fixée par l'Incoterm utilisé dans l'accord considéré serait maintenu.

LES PRODUITS ET CRÉANCES D'EXPLOITATION

Le tableau suivant, établi par nos soins, présente, selon les **Incoterms**, le fait générateur de la comptabilisation de la vente :

11020 (suite)

Incoterm	Abréviation	Transfert des risques : fait générateur de l'enregistrement comptable de la vente [1]	Frais à la charge du vendeur
Incoterms multimodaux (utilisables pour tous les types de transport)			
Free carrier (franco transporteur)	FCA	Remis au transporteur	Après chargement	—
Carriage paid to (port payé jusqu'à…)	CPT [2]	Remis au transporteur	Avant chargement	Transport
Carriage insurance paid (port et assurance payés)	CIP [2]	Remis au transporteur	Avant chargement	Transport. Assurance couvrant l'acheteur en cas de perte ou de dommage
Ex works (à l'usine)	EXW	Mise à disposition de l'acheteur	Au lieu convenu (avec emballage)	—
Delivered at place unloaded (livré à l'adresse de déchargement)	DPU [4]	Mise à disposition de l'acheteur	Après déchargement à l'adresse convenue (terminal ou autre)	Transport
Delivered at place (rendu au lieu de destination)	DAP	Mise à disposition de l'acheteur	Avant déchargement au lieu de destination convenu	Transport
Delivered duty paid (rendu droits acquittés)	DDP	Mise à disposition de l'acheteur	Avant déchargement au lieu de destination convenu	Transport. Formalités douanières (droits et taxes)
Incoterms utilisables pour le transport maritime (ou voies fluviales) [3]			
Free alongside ship (franco le long du navire)	FAS	Remis au transporteur	**Le long du navire** au port d'embarquement convenu	—
Free on board (franco à bord)	FOB	Remis au transporteur	**À bord du navire** au port d'embarquement convenu	—
Cost and freight (coût et fret)	CFR [2]	Remis au transporteur	À bord du navire au port d'embarquement convenu	Transport
Cost, insurance and freight (coût, assurance, fret)	CIF [2]	Remis au transporteur	À bord du navire au port d'embarquement convenu	Transport. Assurance couvrant l'acheteur en cas de perte ou de dommage

(1) Hors clause particulière modifiant le transfert des risques et avantages.
(2) Cas particulier des Incoterms de la famille C :
– le transfert des risques à l'acheteur est bien effectué au moment où les marchandises sont remises au transporteur désigné au contrat (CPT, CIP), ou au moment où les marchandises sont livrées à bord du navire au port d'embarquement (CFR, CIF) (ou au lieu de destination convenu) ;
– mais le vendeur supporte les coûts de transport jusqu'à la livraison finale et l'absence de paiement de ces coûts est susceptible de remettre en cause la vente (voir ci-après).
(3) La notion de bastingage a été supprimée dans la codification 2010 pour les Incoterms maritimes et fluviaux. Désormais, le lieu de livraison pour les Incoterms concernés est **à bord du bateau.**
(4) La règle DPU remplace la règle DAT « Delivered at terminal » (rendu au terminal) pour les contrats conclus depuis le 1er janvier 2020.

> **Précisions 1. Incoterms de la famille C** Le paiement des coûts convenus jusqu'à la livraison effective ne devrait pas, à notre avis, être considéré comme une condition suspensive de la vente ne permettant pas de reconnaître cette dernière. En effet, il s'agit d'une condition purement « formelle » (dès lors qu'elle est totalement sous le contrôle du vendeur) qui, en l'absence de position de l'ANC, ne devrait pas empêcher de considérer le produit comme certain même en l'absence de paiement (voir n° 10350). En revanche, si le contrat de vente

prévoit une obligation à effectuer par le vendeur, cette obligation sera susceptible de remettre en cause l'enregistrement du chiffre d'affaires à la date de l'embarquement.

2. Incoterms utilisables pour le transport maritime La Cour de cassation distingue deux situations en cas de transport maritime :
— en cas d'émission d'un connaissement, le droit maritime s'applique et la possession du bien (et donc sa propriété) revient au porteur légitime de ce connaissement (Cass. com. 30-10-1989 n° 269) ;
— en l'absence de la délivrance du connaissement, le droit maritime n'a plus d'application et il résulte du droit commun que la date de chargement sur le navire est retenue comme date de transfert de propriété (Cass. com. 5-10-1993 n° 1445 P). Mais (cas de la vente FOB) il appartient à l'acquéreur d'organiser le transport maritime ; les frais supplémentaires du vendeur résultant de l'absence de prise en charge de la marchandise livrée le long du bord du navire doivent être remboursés par l'acheteur (Cass. com. 2-4-1996 n° 722 P).

> Fiscalement À notre connaissance, l'administration et le Conseil d'État ne se sont pas prononcés sur les modalités de prise en compte des **produits** en présence d'Incoterms. Une telle prise en compte intervient en principe lors de la « délivrance » de la marchandise au sens de l'article 1604 du Code Civil (BOI-BIC-BASE-20-10, n° 90 à 110 ; CE 4-3-1991 n° 97595 ; voir n° 10375), qui correspond au transfert de propriété. Elle intervient généralement lors de la remise physique du bien mais peut être anticipée ou différée selon la volonté des parties. En effet, la jurisprudence a déjà eu l'occasion de reconnaître un caractère déterminant aux stipulations contractuelles pour apprécier la date de prise en compte d'un produit en rattachant la créance d'un marché, qui subordonnait la livraison à une vérification préalable des produits vendus, à l'exercice au cours duquel l'acceptation des produits à livrer est intervenue (CAA Bordeaux 7-5-1991 n° 89-501 et 89-1506).

S'agissant de l'incidence des Incoterms à l'égard de la déductibilité des charges, voir n° 15940.

À notre avis, lorsque la date de transfert de propriété ne ressort pas du contrat, rien ne s'oppose à l'application au plan fiscal de la solution comptable consistant à se référer au transfert des risques défini par les Incoterms.

11025 Vente avec clause de réserve de propriété

> Juridiquement Le transfert de propriété n'a lieu qu'à l'issue du paiement complet du prix (C. civ. art. 2367).

Selon le PCG, toutefois :
— les transactions assorties d'une clause de réserve de propriété sont **comptabilisées à la date de la livraison** du bien (voir n° 10375) et non à celle du transfert de propriété (art. 512-3) ;
— sous réserve d'une **mention distincte** aux bilans du vendeur (voir n° 12830) et de l'acquéreur (voir n° 22695 et 29545).

> Précisions L'inscription de cette créance sur une ligne distincte du bilan du vendeur est facilitée par la création des comptes « Créances résultant de ventes avec clause de réserve de propriété » (à créditer des règlements partiels de l'acquéreur) et « Effets à recevoir résultant de ventes avec clause de réserve de propriété » (PCG art. 944).

À défaut d'existence de tels comptes dans le PCG, nous préconisons l'ouverture des comptes :
412. « Créances résultant de ventes avec clause de réserve de propriété »
4132. « Effets à recevoir résultant de ventes avec clause de réserve de propriété ».

En conséquence :
— le vendeur inscrit à son actif la créance résultant du bien vendu avec une telle clause ;
— le produit correspondant est enregistré à la livraison du bien, c'est-à-dire, en général, au moment de la remise matérielle du bien à l'acquéreur (voir n° 10375) ;

> Fiscalement Il en est de même, en cas de vente avec clause de réserve de propriété, les produits correspondant à des créances sur la clientèle sont rattachés à l'exercice au cours duquel les biens sont livrés, c'est-à-dire lors de leur remise matérielle (CGI art. 38-2 bis, b ; BOI-BIC-BASE-20-10 n° 120 et BOI-BIC-PDSTK-20-10 n° 100).

— le vendeur doit, conformément aux règles générales de constitution des dépréciations, **déprécier** cette **créance** lorsqu'il a connaissance de faits qui lui permettent de douter à la fois de l'aptitude de l'acquéreur à honorer ses engagements financiers et du succès de la revendication qu'une défaillance effective le conduirait à exercer (en ce sens également, avis OEC n° 25).

En cas de **résiliation de la vente**, il y a lieu, à notre avis, à la date de la résiliation :
— d'**annuler la vente** qui avait été comptabilisée lors de la livraison du bien ;
— de reprendre ce **bien en stock** pour son prix d'acquisition et de **le déprécier**, le cas échéant, pour ramener sa valeur nette à sa valeur actuelle (voir n° 21415 s.).

En outre, à notre avis, une **provision pour charges** correspondant aux frais de récupération (par exemple, démontage dans le cas d'une machine) doit être constatée dès lors que l'entreprise a averti son débiteur de son intention de récupérer le bien, ce qui en général est fait au moment de la résiliation.

Vente sous condition   Il existe de nombreuses ventes réalisées sous condition. Cette condition peut être suspensive (n° 11040) ou résolutoire (n° 11045). **11035**

Condition suspensive **11040**
I. Principe

> **Juridiquement**   Le transfert de propriété a lieu à la date à laquelle la condition suspensive se trouve réalisée (C. civ. art. 1304-6).

En conséquence, la vente n'est pas effective et le produit ne peut pas être comptabilisé tant que la condition n'est pas réalisée (Avis CU CNC 2005-E du 6-9-2005).

Une information doit toutefois être donnée en annexe sur les effets potentiels de l'accord intervenu entre les parties et la portée de la condition suspensive (Avis CU CNC précité).

> **Fiscalement**   Il en est de même, la créance devant être rattachée à l'exercice de réalisation de la condition (CE 20-12-1952 n° 77304 ; BOI-BIC-PDSTK-10-10-10 n° 60).

EXEMPLES

1. En cas de ventes d'immeubles, la **signature de l'acte authentique** constitue une condition suspensive de la vente qui :
— détermine la date de comptabilisation de la cession (voir n° 28340) ;
— et conduit généralement à comptabiliser la commission perçue sur la transaction à la date de signature de cet acte (Bull. CNCC n° 167, septembre 2012, EC 2012-20, p. 609-615, voir n° 20260), sauf interprétation contraire des termes du contrat prévoyant la commission (EJ 2020-34 et Bull. CNCC n° 205, mars 2022, EC 2020-37).

2. Conformément à l'article 1588 du Code civil, une **vente à l'essai** est toujours présumée réalisée sous condition suspensive.

3. En cas de **vente avec « success fees »**, voir n° 20260.

Si l'analyse des clauses du contrat démontre que l'essentiel des risques et avantages a été transféré lors de la signature du contrat et que, de ce fait, **la condition suspensive est dénaturée,** le produit de la vente est à comptabiliser lors de la signature du contrat et donc avant la réalisation de la condition.

Tel peut être le cas, par exemple, lorsque la vente est conclue avec une condition (suspensive) de paiement du prix.

> **Fiscalement**   La condition (suspensive) de paiement du prix ne fait pas obstacle à l'enregistrement de la vente sur l'exercice en cours à la date de livraison entraînant dépossession des marchandises vendues par le créancier (BOI-BIC-PDSTK-10-10-10 n° 100).

II. Sort des fruits perçus par le vendeur entre la date de la conclusion de la vente et celle de la réalisation de la condition suspensive
Ils restent, à notre avis, et sous réserve de l'appréciation souveraine des tribunaux, acquis au vendeur.

> **Juridiquement**   Il ne semble en effet pas possible de déroger à l'article 1304-6 du Code civil dont les dispositions prévoient que le vendeur « a droit aux fruits jusqu'à l'accomplissement de la condition » (et cela y compris dans le cas où les parties prévoient que l'accomplissement de la condition rétroagira à la date de la conclusion de la vente).

III. Levée de la condition entre la date de clôture et la date d'arrêté des comptes
(sur cette notion voir n° 52310) La **vente** sous condition suspensive conclue à la clôture **ne peut pas être comptabilisée** même si la condition est levée entre la date de clôture et la date d'arrêté des comptes (Avis CU CNC 2005-E) les effets de la condition suspensive devant être appréciés à la date de clôture.

> **Précisions**   La levée de la condition constitue un événement postérieur à la clôture, dont le traitement implique que les passifs résultant de la condition soient pris en compte à la clôture (mais pas les produits ; PCG art. 513-4 ; voir n° 10350 et 52315).

> **Fiscalement**   Il en est de même, en vertu du principe d'indépendance des exercices (voir n° 3545).

Une information doit toutefois être donnée en annexe sur la réalisation de la condition entre la date de clôture et la date d'arrêté des comptes (Avis CU CNC précité).

> **EXEMPLES**
>
> En conséquence, à notre avis, ne peuvent pas être dégagées les plus-values :
> – des ventes de titres signées avant la clôture et soumises à l'autorisation de la Commission européenne ;
> – des ventes d'immeubles assorties d'une déclaration d'intention d'aliéner (DIA).
>
> En outre, à notre avis, les ventes suivantes ne peuvent être comptabilisées même en cas de réalisation de la condition entre la date de clôture et la date d'arrêté des comptes :
> – ventes de titres avec service à règlement différé (SRD) dont l'ordre serait passé avant la clôture (voir nº 36920) ;
> – ventes de biens, par exemple FOB, prêts sur le quai à être embarqués avant la clôture, mais qui, pour diverses raisons indépendantes de la volonté des parties (comme des grèves de dockers ou un embargo), ne l'auraient été qu'au début de l'exercice suivant ;
> – promesses de vente et d'achat croisées avec levée après la clôture.

En revanche, la perte réalisée lors de la vente du bien entre la date de clôture et la date **d'arrêté des comptes** signifie que la valeur vénale du bien est inférieure à sa valeur nette comptable. En conséquence, une dépréciation doit être constatée à la clôture (voir nº 21705 s.).

11045 Condition résolutoire

> **Juridiquement** Le transfert de propriété afférent au bien vendu ayant lieu dès la conclusion du contrat, la vente est réalisée à cette date. Elle se trouve rétroactivement annulée si la condition se réalise (C. civ. art. 1304-7 ; voir nº 10070). Par exemple, vente avec un délai de rétractation (vente par correspondance…).

En conséquence, à notre avis :
– le produit est intégralement pris en compte à la date de la conclusion du contrat, comme si la condition résolutoire n'existait pas ;

> **Fiscalement** Le produit de cession doit être rattaché à l'exercice du transfert de propriété (dès la conclusion du contrat) (BOI-BIC-PDSTK-10-10-10 nº 50). En cas de vente sous condition résolutoire, le transfert de propriété est immédiat. Par suite, le produit doit être pris en compte dès la livraison du bien (BOI-BIC-PDSTK-10-10-10 nº 110 et CE 24-9-2003 nº 237115) ou dès l'achèvement de la prestation de services (CE 12-1-1983 nº 28542), et ce, dès lors qu'il n'est pas établi que la clause résolutoire a joué avant la date de clôture de l'exercice (CE 19-12-1984 nº 39133).

– une provision traduisant le risque lié à la probabilité de retour du bien (en cas de réalisation de la condition résolutoire) est à constater.

L'appréciation du risque de réalisation de la condition résolutoire doit se baser sur des éléments historiques fiables.

Si le risque lié à la probabilité du retour du bien n'est pas négligeable, la provision correspond :
– au résultat de cession ;
– complété, le cas échéant, s'il apparaît une décote de la valeur actuelle du bien cédé par rapport à sa valeur comptable à la date de cession (traitement retenu par le CNC, dans son avis sur les ventes à réméré de titres, ventes avec faculté de rachat, voir nº 37150).

11050 Vente avec droit de retour (illimité)
Selon l'avis OEC nº 25, la constatation des produits dans ce cas dépend de la nature de l'accord :

1. Dans le cas des ventes au détail courantes (les magasins à succursales offrent, par exemple, de rembourser le client si celui-ci n'est pas entièrement satisfait), on peut constater la vente, à condition de constituer, pour les retours de produits, une provision suffisante calculée d'après les statistiques des années passées (voir nº 11555).

> **Précisions** En cas de retour, à notre avis :
> – le chiffre d'affaires est annulé dans le compte de résultat ;
> – le bien est réintégré dans les stocks, pour la valeur nette comptable qu'il avait lors de sa sortie. Si une perte de valeur est identifiée lors du retour (bien défectueux, par exemple), une dépréciation est comptabilisée à la date du retour, pour porter le bien à sa valeur actuelle (c'est-à-dire la valeur vénale du bien en bon état, déduction faite des frais à engager pour le réparer, voir nº 21615).

2. Dans d'autres cas, la nature de l'accord correspond à une vente en consignation (voir nº 11060).

Prestations continues avec clause « satisfait ou remboursé »

11055 Lorsque la prestation continue peut faire l'objet d'un remboursement au terme du contrat si une condition n'est pas réalisée, deux traitements comptables sont envisageables selon que la société dispose ou non de statistiques suffisamment fiables pour identifier les contrats susceptibles de conduire à un remboursement (en ce sens, Bull. CNCC n° 165, mars 2012, EC 2011-16, p. 164 s.) :

– si la société **ne dispose pas de statistiques fiables,** le montant facturé au titre de ces contrats ne doit pas être comptabilisé en produits mais est enregistré dans sa totalité au passif, en **produits constatés d'avance.** Le produit sera reconnu en résultat à la date de réalisation de la condition ou sera annulé à la date de remboursement au client ;

– si la société dispose de **statistiques fiables** lui permettant d'estimer avec une sécurité suffisante le risque de remboursement, les **produits** sont reconnus au fur et à mesure de l'avancement de la prestation. À la clôture de chaque exercice, une **provision** est constatée pour prendre en compte le risque estimé de remboursement de ces contrats (voir n° 11555).

Dans tous les cas, une information est à fournir en **annexe** afin de détailler la méthode retenue pour la comptabilisation des produits.

Vente en consignation (ou en dépôt)

11060 Le déposant expédie la marchandise au dépositaire, lequel est chargé de la vendre au nom du premier.

Selon l'avis OEC n° 25, les produits ne doivent pas être constatés avant que la marchandise ne soit vendue à une tierce partie (voir n° 10375).

> **Fiscalement** La vente en dépôt (pratiquée notamment dans le secteur de l'édition) est caractérisée par le fait que les ouvrages en dépôt demeurent la propriété de l'éditeur et doivent donc figurer dans son stock jusqu'à la réalisation de la vente par le dépositaire. Dès lors, l'éditeur n'est tenu de comprendre les recettes correspondantes dans ses revenus imposables que lorsqu'il reçoit les comptes rendus de vente établis périodiquement par le diffuseur ou le libraire (BOI-BIC-PDSTK-20-10 n° 180 ; Lettre du SLF, devenu DLF, au Syndicat national de l'édition du 16-10-1978). La non-restitution des marchandises au déposant à l'expiration du délai de dépôt et l'absence de diligences pour en obtenir la restitution ne caractérisent pas la vente des marchandises à la clôture ; aucune créance acquise n'est donc à comptabiliser à cette date à ce titre (CAA Paris 20-11-2009 n° 07-3701).

Vente à des intermédiaires

11065 Le bien est vendu à des distributeurs, détaillants ou autres parties chargées de sa revente.

Selon l'avis OEC n° 25, les produits peuvent en général être constatés si les risques importants inhérents à la propriété ont été transférés. Toutefois, dans certains cas, l'acheteur peut n'être en fait qu'un mandataire ou un commissionnaire et l'opération doit être considérée comme une vente en consignation (voir n° 11060).

Sur la provision à constituer lorsque le contrat de vente aux intermédiaires comporte une possibilité de retour des invendus, voir n° 11555.

Vente avec accord de rachat (engagement ferme) constituant une modalité de financement (contrôle non transféré)

11070 Sont notamment concernées les cessions à titre de garantie.

> **EXEMPLE**
> Vente de marchandises à un établissement bancaire pour obtenir des liquidités à court terme avec un contrat de rachat, dans le cadre d'un accord de financement.

La propriété étant en général transférée à l'acheteur, la vente est juridiquement réalisée à la **signature du contrat** (ou à la date d'effet du contrat, le cas échéant, voir n° 10360) et le **chiffre d'affaires** comptabilisé en résultat (voir n° 10375).

> **Précisions** **Sortie de stock** Ces opérations constituant de véritables modalités de financement et le retour du bien étant certain, il n'y a pas perte de contrôle du bien cédé.
> Dans ces conditions, en application des règles sur les actifs, fondées sur le transfert de contrôle (voir n° 20195 s.), à notre avis :
> – le stock ne devrait pas être sorti de l'actif (absence de transfert de contrôle) ;
> – une dette devrait donc être comptabilisée à hauteur de la vente.
> **En pratique** toutefois, compte tenu des conséquences juridiques et fiscales de la cession juridique, le bien est souvent sorti de l'actif (voir n° 20220).

Toutefois, l'exercice de l'option de rachat constituant une condition résolutoire (certaine), une provision est comptabilisée (voir n° 11045) :
– à hauteur du résultat de cession ;

> **Fiscalement** Cette provision ne devrait pas être déductible, le résultat de cession étant imposable lors du transfert de propriété (voir n° 20220).

— complétée le cas échéant, s'il apparaît une décote de la valeur actuelle du bien cédé par rapport à son prix de rachat.

Sur la divergence avec les normes IFRS, voir Mémento IFRS n° 25410.

11075 **Vente avec accord ou option de rachat transférant le contrôle (« buy-back »)** **a. Lors de la vente des biens** La propriété étant transférée à l'acheteur, la vente est juridiquement réalisée à la signature du contrat (ou à la date d'effet du contrat, le cas échéant, voir n° 10360) et le **chiffre d'affaires comptabilisé en résultat.**

> **Précisions** Sortie de stock Le contrôle des biens étant transféré à l'acheteur, les biens sont sortis de l'actif du vendeur dès la signature du contrat.

Si le rachat est probable, la charge liée au rachat est, à notre avis, immédiatement prise en compte par le biais d'une provision constituée à hauteur de la perte probable égale, en général, à la différence entre le prix de rachat du bien et sa valeur vénale estimée à la date de rachat (voir n° 11570).

> **Fiscalement** Il en est de même, le Conseil d'État admettant la constatation d'une provision pour perte lorsque l'entreprise a inscrit en recettes la totalité des ventes de marchandises susceptibles de lui être retournées (CE 10-4-1991 n° 65346 ; 13-7-2007 n° 289233 et 289261). Sur le traitement fiscal de la provision pour engagement de rachat, voir n° 11570.

b. Lors du rachat des biens Les biens rachetés sont inscrits à l'actif du vendeur pour leur prix de rachat. La provision pour engagement de rachat comptabilisée (le cas échéant, voir a.) lors de la vente est reprise compensant ainsi la charge liée à la dépréciation du bien (prix de rachat supérieur à la valeur vénale).

EXEMPLE

Sont notamment concernées, à notre avis, les opérations de « **buy-back** » (notamment dans le secteur automobile, entre constructeurs et sociétés de location), dans lesquelles :
— le vendeur a l'obligation ou une probabilité forte de racheter le bien à l'issue d'une période d'utilisation par l'acheteur, pour un prix généralement déterminé dans le contrat ;
— la clause de rachat s'accompagne d'une clause de garantie prévoyant un dédommagement en cas de dégradation du bien.
Dans ce cas, en effet, le vendeur a transféré l'essentiel des risques et avantages attachés au bien vendu dès lors que l'acheteur :
— bénéficie de tous les avantages attachés au bien (y compris la plus-value incluse dans le prix de rachat) ;
— en assume tous les risques. Notamment, s'il rend le bien en mauvais état, la clause de garantie l'engage à dédommager le vendeur.

11080 **Vente avec faculté de rachat (réméré)** La propriété étant en général transférée à l'acheteur, la vente est juridiquement réalisée à la signature du contrat et le chiffre d'affaires comptabilisé en résultat (voir n° 10375).

> **Précisions** Sortie du bien de l'actif En application des règles sur les actifs fondées sur le transfert de contrôle (voir n° 20195 s.), le bien ne devrait être sorti de l'actif qu'en cas de transfert de contrôle (lorsque le rachat n'est pas probable).
En pratique toutefois, compte tenu des conséquences juridiques et fiscales de la cession juridique, le bien est sorti de l'actif dès la signature du contrat.

Toutefois, le rachat constituant une condition résolutoire (probable), une provision doit être comptabilisée à hauteur du résultat de cession lorsque le rachat devient probable (voir n° 11045) complétée, le cas échéant, s'il apparaît une décote de la valeur actuelle du bien cédé par rapport à son prix de rachat.

Sur le cas de la vente à réméré de titres, voir n° 37150, et d'immobilisations, voir n° 28265.

11085 **Cession-bail (lease-back)** La propriété étant transférée à l'acheteur (bailleur), la vente est juridiquement réalisée à la signature du contrat et le chiffre d'affaires comptabilisé en résultat. La marge est retraitée ou non en fonction de l'analyse du contrat de location. Voir n° 28320.

11090 **Vente à tempérament** La vente **à tempérament** est une modalité de vente à crédit dans laquelle le paiement est effectué à plusieurs échéances déterminées (voir n° 10070). Le transfert de propriété (et l'enregistrement de la vente) a lieu dès la conclusion du contrat.

> **Fiscalement** Il en est de même (BOI-BIC-PDSTK-10-10-10 n° 140).

Selon l'avis OEC n° 25, lorsque la contrepartie est payée en plusieurs termes, les produits correspondant au prix de vente net d'intérêt sont constatés à la date de la vente. L'intérêt est constaté comme un produit, proportionnellement au solde restant dû au vendeur.

Vente en l'état futur d'achèvement 11095

> **Juridiquement** Le transfert de propriété des ouvrages à venir a lieu au fur et à mesure de leur exécution ; l'acquéreur est tenu d'en payer le prix au fur et à mesure de l'avancement des travaux (C. civ. art. 1601-3 ; voir Bull. CNC n° 21, janvier 1975, p. 9).

Sur le plan comptable, la vente en l'état futur d'achèvement (VEFA) étant un contrat à long terme (voir n° 10760), elle est comptabilisée, au choix de l'entreprise (PCG art. 622-2) :
– soit à l'achèvement (voir n° 10875 s.) ;
– soit à l'avancement (voir n° 10795 s.).
Sur le cas des ventes par lots, voir n° 11100.

> **Fiscalement** En revanche, conformément à l'article 38-2 bis du CGI, les profits afférents à la vente d'immeuble ne sont taxés qu'au titre de l'exercice en cours à la date de sa livraison à l'acquéreur. Par livraison, il y a lieu d'entendre la délivrance au sens du Code civil, c'est-à-dire, s'agissant d'immeubles bâtis, la remise des clés à l'acquéreur (C. civ. art. 1605 et 1606).
> Selon l'administration, la même date est à retenir pour les ventes d'immeubles à construire, tels que ceux objet de vente en l'état futur d'achèvement (C. civ. art. 1601-3), que la remise des clés intervienne lors de la réception définitive ou de la réception provisoire (BOI-BIC-CHAMP-20-40-40 n° 1 à 50).

Sur la comptabilisation des immobilisations acquises en l'état futur d'achèvement, voir n° 25345.
Sur la comptabilisation des coûts d'emprunt, voir n° 10945.

Vente par lots dans la promotion immobilière 11100

> **Juridiquement** « L'obligation de délivrer les immeubles est remplie de la part du vendeur lorsqu'il a remis les clefs, s'il s'agit d'un bâtiment, ou lorsqu'il a remis les titres de propriété » (C. civ. art. 1605).

Le résultat de ces opérations vendues par fractions (immeubles collectifs, lotissements, maisons individuelles groupées) est dégagé :
– **lot par lot à l'achèvement** (ce que prévoyait l'ancien guide comptable professionnel des promoteurs, désormais caduc, voir n° 3315) ;

> **Fiscalement** Il résulte de l'article 1605 du Code civil que, même si les lotisseurs obtiennent l'autorisation de commercialiser les lots avant l'exécution des travaux, les produits résultant de ces ventes restent **sans effet sur le résultat** et ne doivent être rattachés qu'au résultat de l'exercice au cours duquel le bien est livré, donc dans le cas d'un terrain sans bâtiment lors de la **remise des titres de propriété à l'acquéreur** (Rép. Clément : AN 12-11-1984 n° 44072, non reprise dans Bofip ; BOI-BIC-CHAMP-20-30-40 n° 20).

– avec la possibilité, pour les ventes par lots constituant des **contrats à long terme** (voir n° 10760), de dégager le résultat **à l'avancement** (en ce sens, Bull. CNCC n° 146, juin 2007, EC 2007-09, p. 349).
Sur les ventes en l'état futur d'achèvement, voir n° 11095.
En pratique, l'avancement est dans ce cas estimé selon un double calcul :
– l'avancement des ventes pour que seules les ventes actées (passées devant notaire) puissent dégager un résultat ;

$$\frac{\text{Montant des ventes actées}}{\text{Montant total des ventes prévisionnelles actualisées}}$$

– l'avancement physique de l'opération généralement par les coûts ou par un indicateur de l'avancement physique des travaux.
Le résultat à l'avancement dégagé est donc le résultat prévisionnel à terminaison par le produit des deux pourcentages d'avancement déterminés précédemment.
Sur la comptabilisation des frais de commercialisation, voir n° 10920.

Vente à terme 11105

> **Juridiquement** L'obligation est à terme lorsque son exigibilité est différée jusqu'à la survenance d'un événement futur et certain, encore que la date en soit incertaine (C. civ. art. 1305).

Pour les **ventes à terme de marchandises**, à notre avis :

I. Comptabilisation du contrat de vente Dès lors que les contrats donnent lieu à livraison des marchandises et matières premières, le produit de la vente est comptabilisé au transfert de propriété (en général lorsque la marchandise a été déterminée dans son individualité).

> **Précisions** Le montant de l'**engagement** pris à la signature **ne doit pas être comptabilisé au bilan** dans la mesure où il constitue un engagement (voir n° 41440).
Sur l'information à donner en annexe au titre des **engagements,** voir n° 50695.

II. À la clôture Le **résultat latent** du contrat, éventuellement matérialisé par la perception de primes ou d'appels de marge, n'est pas constaté en résultat. Les sommes éventuellement reçues sont comptabilisées au bilan (voir n°s 41445 et 41450). En revanche, une **provision pour pertes latentes** doit être constituée lorsque l'opération laisse prévoir un risque de perte (voir n° 42125).

La prise en compte d'un bénéfice doit être différée aussi longtemps que ne sont pas complètement exécutées les obligations du contrat.

Sur le traitement en cas de couverture, voir ci-après III.

III. En cas de couverture Dans le cas où la société a conclu la vente à terme **pour couvrir ses ventes prévisionnelles,** les principes de la comptabilité de couverture sont applicables (voir n° 41765).

Le résultat latent sur la vente à terme doit donc être différé jusqu'à la réalisation de l'opération couverte, c'est-à-dire **la livraison des marchandises.**

En cas de hausse des cours, aucune provision n'est à constituer au titre de la moins-value latente.

> **Précisions 1. Lien avec la provision pour perte sur contrat** Le résultat latent est à prendre en compte dans le calcul de la marge prévisionnelle sur le contrat de vente de marchandises couvert, pour estimer la provision pour perte sur contrat (voir n° 41780).
2. Contrats à terme Dans la pratique, en général, les opérations de couverture se font par l'intermédiaire de contrats dérivés (dont le sous-jacent est la marchandise ou un produit de substitution) négociés sur le marché à terme et ne donnent pas lieu à la livraison des marchandises, qui sont achetées par ailleurs sur le marché au comptant.
Si le contrat est dénoué avant la vente des marchandises, le résultat de couverture est différé jusqu'à la vente des marchandises.

Pour les ventes à terme de titres (par exemple, service à règlement différé – SRD), voir n° 36920.

11110 **Location-vente** La convention consiste à prévoir qu'à l'expiration d'un contrat de louage de chose, la propriété du bien sera transférée au locataire (Cass. req. 27-10-1925 : S. 1927.1.334).

Dans ce cas, il y a délivrance des biens sans transfert de propriété, l'exécution du contrat se déroulant en deux phases :
– une première durant laquelle le propriétaire du bien le donne à bail à un locataire moyennant le paiement d'un loyer ;
– une seconde où le bailleur et le locataire deviennent réciproquement vendeur et acheteur.

Il y a donc **contrat de louage de chose suivi d'une vente** à l'occasion de laquelle a lieu le transfert de propriété (bilan) et l'acquisition du produit (résultat).

11115 **Vente sous réserve de l'installation, inspection, etc.** Selon l'avis OEC n° 25, les produits ne doivent normalement pas être constatés avant que le client n'accepte la livraison et que l'installation et l'inspection ne soient terminées (voir n° 10375).

> EXEMPLE
> Tel est le cas, par exemple, de la vente d'une machine complexe (machine-outil, matériel informatique) pour laquelle la constatation du produit intervient :
> – non pas à la livraison physique du matériel ;
> – mais dès que le vendeur a rempli son obligation de s'assurer de la mise au point effective du matériel complexe livré (qu'importe d'ailleurs que l'acheteur ait signé un procès-verbal de réception du matériel sans réserve) (Cass. com. 10-2-2015 n° 13-24.501 ; voir n° 10375).

A contrario, dans certains cas (Avis OEC précité) :
– l'installation n'est qu'une **simple formalité** et la vente peut être comptabilisée immédiatement ;

> EXEMPLE
> L'installation d'un poste de télévision vérifié à l'usine ne nécessite en général que le déballage et le raccordement de la prise de courant et de l'antenne.

– l'inspection n'a pour but que la détermination finale des prix contractuels et il peut être approprié de constater le montant estimatif des produits à la date de l'expédition ou à une autre date convenue.

> **EXEMPLE**
>
> L'expédition de minerai de fer, de sucre, de soja, etc.

Voir également n° 11040 (vente sous condition suspensive).

Prêt de consommation 11130

> **Juridiquement** « Le prêt de consommation est un contrat par lequel l'une des parties livre à l'autre une certaine quantité de choses qui se consomment par l'usage, à la charge pour cette dernière de lui en rendre autant de même espèce et qualité » (C. civ. art. 1892).
> « Par l'effet de ce prêt, l'emprunteur devient le propriétaire de la chose prêtée » (C. civ. art. 1893).

> **EXEMPLE**
>
> Tel est le cas d'un contrat de prêt d'or avec une banque pour les besoins de son activité.

I. Chez le prêteur La livraison de la marchandise, qui comporte donc transfert de propriété, devrait, à notre avis, entraîner, au point de vue comptable, la substitution à l'élément du stock sorti du patrimoine du prêteur de la créance née sur l'emprunteur de la marchandise. Mais en l'absence d'inventaire permanent et compte tenu de la position fiscale (voir ci-après), les entreprises sont, à notre avis, conduites à assimiler cette **livraison** à une **vente**, la **restitution** d'une marchandise identique constituant un **achat** d'égal montant.

> **Fiscalement** Les prêts de consommation sont assimilés à des ventes (BOI-BIC-BASE-20-10 n° 80).

Néanmoins, à notre avis, par analogie avec le traitement comptable des titres nantis dans le cadre de contrat de garantie financière (voir n° 37305) :
– **aucune plus-value** n'est constatée lors de cette livraison ;
– en revanche, une dépréciation est à comptabiliser si le bien perd de sa valeur entre le moment où le prêt est contracté et le retour du bien en fin de contrat.

> **Précisions** Une solution similaire a été préconisée :
> **1.** pour les **rétrocessions à prix coûtant** entre confrères dans l'industrie chimique qui doivent figurer dans le chiffre d'affaires et non être inscrites au crédit du compte « Achats » ; elles pourraient être comptabilisées (secrétariat général du CNC ; Bull. n° 30 avril 1977, p. 7) :
> – dans le sous-compte 7088, si elles sont courantes ;
> – dans le sous-compte 7738, si elles sont exceptionnelles.
> Les cessions à des confrères constituant des ventes de marchandises (revente en l'état), s'il s'agit d'approvisionnements, ils doivent être corrélativement virés du compte 601 au compte 607 (lors de leur rétrocession par le confrère la situation est rétablie).
> Il en résulte une altération du taux de marge commerciale ordinairement peu importante ; si elle est significative une information peut devoir être donnée dans l'annexe.
> **2.** pour la **transformation d'un dépôt d'or en un prêt** au profit du dépositaire (Bull. CNCC n° 41, mars 1981, EC 80-40, p. 112) : l'opération se traduit chez le prêteur en une sortie de stock que remplace une créance à terme représentant son droit à restitution, à l'échéance, d'un stock de même quantité et qualité ; mais l'impossibilité de comptabiliser cette sortie de stock en inventaire intermittent conduit à enregistrer le prêt à la valeur du stock par le crédit, à notre avis, du compte 701 ou 7088 selon l'activité exercée par le vendeur.
> À notre avis, à l'échéance :
> – si l'or est restitué, le prêt est annulé par le débit du compte 60 « Achats » ;
> – si l'emprunteur choisit de verser à sa place la somme contractuelle prévue, la différence avec le montant comptabilisé du prêt constitue un produit exceptionnel.

II. Chez l'emprunteur Selon le bulletin CNCC (n° 156, décembre 2009, EC 2009-32, p. 722 s.), l'emprunteur comptabilise un achat à son actif, en contrepartie d'un passif représentatif de son obligation de restituer (ou de racheter) le stock, objet du contrat de prêt.
Cette dette est alors comparable à une dette indexée sur le cours du bien. Sur l'absence de provision pour perte latente sur cette dette, en cas de hausse du cours du bien (comptabilité de couverture), voir n° 40185. Sur l'absence de dépréciation du stock (couvert par la dette indexée) en cas de chute du cours du bien (comptabilité de couverture), voir n° 21490 III.

Vente de vin, huile... 11140

En général, ces ventes font l'objet d'un agréage sur échantillon. Sous réserve que le vin soit individualisé, la vente sera parfaite dès que l'échantillon sera agréé.

> **Juridiquement** En effet : « À l'égard du vin, de l'huile, et des autres choses qu'il est d'usage de goûter avant d'en faire l'achat, il n'y a point de vente tant que l'acheteur ne les a pas goûtées et agréées » (C. civ. art. 1587).

Dans le cas où le vin fait l'objet d'un agréage, à notre avis, ces ventes ne peuvent être enregistrées en produit avant que la dégustation et l'agréage aient eu lieu (voir n° 10360).

En outre, selon le bulletin CNCC (n° 115, septembre 1999, EC 99-06, p. 528 s.), la vente de vin ne peut être comptabilisée **tant que les réservations ne sont pas individualisées.** Cette individualisation peut intervenir :
– soit à la mise en bouteille (ou à la mise en cuve en cas de réservation d'une cuve entière) ;
– soit à la retiraison lorsque l'individualisation ne peut être faite avant.

> **Fiscalement** Pour les vins conservés dans les chais du vendeur jusqu'à leur mise en bouteille, le produit de la vente est rattaché à l'exercice au cours duquel elle fait l'objet d'un bordereau d'achat à prix ferme et définitif et d'une facture pro forma (CE 26-7-1982 n° 26434).
> Dans une situation où l'agréage n'a pas été pratiqué, la jurisprudence a eu l'occasion de considérer que l'information donnée aux acheteurs de la possibilité de disposer du vin mis en bouteille (CE 4-3-1991 n° 97595 et 28-12-2012 n° 345841), permettait de considérer le produit comme imposable, à condition que l'étiquetage de ces bouteilles ait été effectué (CE 4-3-1991 n° 97595).

11145 **Vente de publications au numéro (entreprises de presse)** Lorsque la distribution est assurée par des sociétés de messagerie :
– le montant des **exemplaires remis en dépôt** à ces sociétés est immédiatement inscrit dans les produits de l'entreprise : débit du compte 4111 « Consignataires à la vente » par le crédit du compte 70121 « Fournitures » ;
– au terme d'un certain temps, variable selon la périodicité de chaque titre, les **exemplaires invendus** sont retirés de la vente et restitués par ces sociétés à l'éditeur : débit du compte 70129 « Invendus reconnus » par le crédit du compte 4111 ;
– à la clôture de l'exercice, il convient de déduire du montant des exemplaires remis en dépôt les **invendus non encore reconnus** (à estimer) : débit du compte 70125 « Variation des invendus à rentrer » par le crédit du compte 4119 « Variation des invendus à rentrer ».

> **Précisions** Si le calcul n'est pas suffisamment précis à la clôture, il y a lieu de constater une provision pour risques, à notre avis (voir n° 11555).

11150 **Vente par abonnement** En pratique :
a. Lors de la souscription, l'abonnement est enregistré au crédit d'un compte de « Produits constatés d'avance » (compte 4871 « Abonnements restant à servir ») par le débit d'un compte de trésorerie, la TVA collectée étant enregistrée au crédit du compte 4457.
b. À chaque arrêté périodique **des comptes** et notamment à la fin de l'exercice, il convient de déterminer le montant des abonnements servis et restant à servir :
– les abonnements servis sont comptabilisés au crédit du compte 701 « Ventes de produits finis » par le débit du compte 4871 ;
– les abonnements restant à servir, reçus ou facturés sont différés et reconnus soit sur une base linéaire par rapport au temps, soit, si la valeur des articles expédiés varie d'une période à l'autre, au prorata de la valeur de vente des articles expédiés par rapport à la valeur totale des articles couverts par la souscription de l'abonnement (Avis OEC n° 25 ; voir également n° 10595 et 10625).
c. Le montant de l'abonnement souscrit étant déterminé à partir de calculs prévisionnels, l'entreprise doit constituer une provision pour charges (compte 1512) **lorsque,** au fur et à mesure de l'exécution du contrat, des événements survenus ou en cours rendent probables soit une **perte sur les abonnements à servir** (voir n° 11625), soit une augmentation des charges relatives aux abonnements (voir n° 11580).
Cette pratique est issue de l'ancien plan comptable des entreprises de presse désormais caduc (voir n° 3315). Elle nous semble toujours valable dans l'attente d'un nouveau texte sur le revenu (voir n° 10375).

11155 **Vente de biens ou de logiciels assortie de prestations de services**

> **EXEMPLES**
> Tel est le cas, par exemple :
> – de la vente d'un logiciel assortie d'une prestation de maintenance (en ce sens, Bull. CNCC n° 131, septembre 2003, EC 2003-21, p. 497 s. et Bull. CNCC n° 191, septembre 2018, EC 2018-15, p. 410 s.) ou d'adaptations spécifiques (Bull. CNCC n° 134, juin 2004, EC 2004-25, p. 383 s.) ;
> – de la mise à disposition d'un logiciel avec accès via une connexion à distance (hébergement du logiciel), complétée de divers services (mise à jour, maintenance...) : cession d'un e-learning hébergé par la suite sur le serveur de l'entreprise cédante (Bull. CNCC n° 160, décembre 2010, EC 2010-33, p. 704 s.), contrat SaaS (« Software as a service », voir n° 30380) ou ASP (« Application service provider ») (Bull. CNCC n° 171, septembre 2013, EC 2013-31, p. 545 s. et Bull. CNCC n° 210, juin 2023, EC 2023-09).

En l'absence de précision dans le PCG, la CNCC a développé une doctrine relative aux revenus relatifs à ces contrats à éléments multiples. Leur comptabilisation dépend de l'analyse

des termes du contrat, et en particulier des **clauses relatives à la détermination du prix des prestations** (voir les références ci-avant aux bulletins CNCC).
Cette analyse peut conduire à trois situations :

a. Vente et prestations distinctes Lorsque les prestations sont indépendantes techniquement et financièrement de la vente du bien ou logiciel, chaque élément doit être reconnu en chiffre d'affaires pour son prix mentionné au contrat et à la date et au rythme de son fait générateur.

> **Précisions** L'indépendance financière est caractérisée lorsque les deux critères ci-après sont remplis :
> — les prestations (et vente de bien) sont valorisées individuellement dans le contrat ;
> — et le droit à percevoir la rémunération au titre de la réalisation de la première prestation (ou vente d'un bien) n'est pas susceptible d'être remis en cause en cas de défaillance dans la mise en œuvre de la seconde prestation.

b. Prestation globale avec un prix unique Si aucun des critères énoncés au a. n'est rempli, c'est-à-dire que les prestations sont valorisées globalement et que la bonne réalisation de chacune des prestations est une condition essentielle du contrat, le chiffre d'affaires est reconnu en totalité à la date du fait générateur de la prestation.

EXEMPLE
Tel pourrait être le cas :
— de la vente d'accès au contenu d'une bibliothèque numérique dès lors que l'abonnement est facturé pour un prix global et que l'hébergement constitue une condition essentielle à la réalisation de la prestation dans la mesure où la bibliothèque numérisée doit être mise à disposition sur toute la durée de l'abonnement, sans possibilité de télécharger ou d'imprimer son contenu (Bull. CNCC n° 205, mars 2022, EC 2021-30) ;
— de la mise à disposition d'une application en mode SaaS facturée pour un prix global accompagnée de prestations d'hébergement et de maintenance essentielles pour assurer l'accès des utilisateurs à cette application sur la durée du contrat (Bull. CNCC n° 210, juin 2023, EC 2023-09) ;
Dans ces deux cas, le chiffre d'affaires est à comptabiliser de manière étalée et linéaire sur la durée convenue de l'abonnement ;
— d'une prestation d'assistance à l'obtention d'un crédit d'impôt recherche consistant à remettre au client, d'une part, le CERFA à déposer auprès de l'administration et, d'autre part, le dossier technique qui sera nécessaire en cas de contrôle par l'administration (Bull. CNCC n° 201, mars 2021, EC 2020-08). Dans ce cas, le chiffre d'affaires doit être comptabilisé lorsque la prestation sera totalement réalisée, à la date de finalisation du dossier technique.

La prestation globale peut, le cas échéant, répondre à la définition d'un contrat à long terme.

> **Précisions** **1. Fait générateur :**
> — d'une concession de licence, voir n° 12135 ;
> — d'une prestation de services continue (et sur les modalités de rattachement des charges aux produits), voir n° 10625.
> **2. Contrat à long terme** Si la vente d'un **logiciel assorti d'adaptations spécifiques** constitue en réalité la vente d'une solution informatique globale (notamment, si les modalités de règlement du logiciel sont étroitement liées à la livraison des développements spécifiques et des adaptations et à la mise en production), elle est susceptible de répondre à la définition d'un contrat à long terme (voir n° 10760). Dans ce cas, le bulletin CNCC (n° 134, juin 2004 précité) préconise que l'entreprise constate son chiffre d'affaires et ses travaux en cours :
> — soit selon la méthode à l'avancement (voir n° 10795 s.) ;
> — soit selon la méthode à l'achèvement (voir n° 10875 s.).

c. Prestation (ou vente) « principale » complétée d'une prestation « accessoire » Si les prestations et la vente du bien ou logiciel ne sont pas valorisées de manière distincte au contrat mais que l'inexécution des prestations accessoires ne remet pas en cause le droit à rémunération de la prestation ou vente principale, le prix global du contrat est reconnu en résultat dès la réalisation de la prestation ou vente principale. Tel est le cas, en général, si l'absence de réalisation de la prestation accessoire n'empêche pas la réalisation de la prestation principale.

EXEMPLES
Le client peut utiliser le logiciel au-delà même de la durée convenue au contrat ou peut utiliser une version ancienne du logiciel sans nécessité de migrer vers sa version la plus actuelle, les mises à jour majeures n'étant pas d'une substance telle qu'elles conditionnent l'utilisation du logiciel. En revanche, l'absence de support technique du fournisseur peut entraver l'utilisation de la licence (cas d'anomalies nécessitant l'intervention du fournisseur).

En contrepartie, le coût des prestations accessoires est à provisionner (Bull. CNCC n° 131, septembre 2003, EC 2003-21, p. 497 s.).

> **Précisions** Le caractère accessoire des prestations peut, selon la CNCC (Bull. CNCC n° 191, septembre 2018, EC 2018-15, p. 410 s.), s'apprécier en fonction du caractère significatif des coûts induits par ces prestations par rapport au prix global du contrat.

> **EXEMPLE**
> Soit une vente de contrats d'abonnement incluant la fourniture :
> – d'une licence d'utilisation d'un logiciel ;
> – de services de maintenance (mises à jour substantielles ou marginales) et de support associés (en cas d'anomalies de fonctionnement).
> Si les coûts de maintenance et de développement sont significatifs par rapport au prix de la licence, aucune prestation accessoire ne peut être identifiée. Il s'agit alors d'une prestation globale (EC 2018-15 précitée).

Dans tous les cas, les modalités de reconnaissance du chiffre d'affaires doivent être explicitées en **annexe**.

> **Précisions** **Groupe de travail à l'ANC** L'ANC mène actuellement des travaux de refonte des dispositions du PCG concernant le cycle « vente ». Le critère de l'indépendance financière ne serait pas maintenu pour identifier les livrables (sur cette nouvelle notion, voir n° 10375).

11160 **Vente par listes de mariage** Les versements effectués sur les listes de mariage ne peuvent, à notre avis, être constatés en résultat qu'à la clôture de l'exercice au cours duquel la **livraison des biens** aux mariés intervient.

> **Juridiquement** En effet, les articles pouvant être substitués les uns aux autres, la vente ne peut au regard du Code civil (art. 1583) être considérée comme parfaite lors du versement, en l'absence d'« accord sur la chose ».

> **Fiscalement** Il en est de même (TA Paris 4-7-1988 n° 67635/1). Entre la date de versement et la date de livraison, ils constituent des versements reçus à l'avance (conformément à l'article 38-2 bis du CGI).

11165 **Vente à une société de troc** À notre avis, le vendeur constate une créance sur la société de troc à laquelle il a vendu ses produits. La créance du vendeur sera apurée lorsque la société de troc lui aura procuré la marchandise dont il a besoin.

Le vendeur constate une dépréciation de cette créance dès lors qu'il devient évident que la juste valeur de la créance est inférieure à la valeur de l'actif échangé ou qu'il est probable qu'il ne pourra pas utiliser ces crédits.

Sur la comptabilisation du troc publicitaire, voir n° 15990 et 16010.

11170 **Vente libellée en devises** Voir n° 40295.

11190 **Vente de chèques-cadeaux** Il est nécessaire de distinguer les différents types de « chèques-cadeaux » :

I. Chèques-cadeaux dont l'octroi est subordonné à une ou plusieurs ventes initiales Voir n° 11600.

II. Chèques-cadeaux vendus par des entreprises intermédiaires

> **Précisions** La remise et l'utilisation des chèques cadeaux se déroulent de la manière suivante :
> **1.** Émission : les chèques-cadeaux sont émis par des entreprises qui se font l'intermédiaire entre :
> – des magasins affiliés (grands magasins, magasins spécialisés, distributeurs de voyages, de loisirs, etc.)
> – et une clientèle de comités d'entreprise, de collectivités, d'associations et d'entreprises qui paient les chèques-cadeaux et les remettent aux bénéficiaires de leur choix (salariés, etc.).
> **2.** Utilisation : les bénéficiaires échangent les chèques-cadeaux contre des biens ou services auprès des magasins affiliés ; les chèques-cadeaux ont une durée de validité au-delà de laquelle ils ne peuvent plus être échangés.
> **3.** Règlement : les émetteurs de ces chèques-cadeaux règlent les magasins affiliés pour les biens et prestations fournis aux bénéficiaires.

Compte tenu de ce processus, le traitement comptable des chèques-cadeaux est différent selon que l'émetteur :
– s'engage auprès des acheteurs et des bénéficiaires des chèques sur la contrepartie à recevoir (voir ci-après a.) ;
– se fait l'intermédiaire entre les magasins affiliés et les bénéficiaires des chèques-cadeaux (voir ci-après b.).

a. L'émetteur s'engage auprès des acheteurs et des bénéficiaires des chèques sur la contrepartie à recevoir (prestation de services ou fourniture de bien). Qu'il réalise ou sous-traite à un partenaire (les magasins affiliés) les prestations auxquelles les chèques-cadeaux donnent droit, l'émetteur est, dans ce cas, **responsable des achats** réalisés par les bénéficiaires.

11190 (suite)

> **EXEMPLE**
>
> Tel est notamment le cas d'une entreprise commercialisant des **coffrets-séjours**, assimilée à un agent de voyages (C. tourisme art. L 211-1 et L 211-2) et donc responsable vis-à-vis de l'acheteur de la bonne exécution des obligations résultant du contrat (C. tourisme art. L 211-16).

Selon le bulletin CNCC (n° 126, juin 2002, EC 2002-09, p. 257 s.), la somme reçue par l'émetteur à l'émission des chèques-cadeaux a la nature de chiffre d'affaires. En effet, elle est la contrepartie de la fourniture des biens ou prestations offerts aux bénéficiaires.

En conséquence, la comptabilisation des chèques-cadeaux **chez l'émetteur** est la suivante (Bull. CNCC précité ; Bull. CNCC n° 160, décembre 2010, EC 2010-10, p. 696 s. concernant la vente de coffrets séjours ; Bull. CNCC n° 160, décembre 2010, EC 2010-50, p. 698 s. concernant l'émission de chèques camping) :

1. Lors de la vente de chèques-cadeaux par l'émetteur, les chèques émis constituent des produits constatés d'avance et sont à comptabiliser en contrepartie d'un compte de trésorerie.

> **▷ Précisions** L'émetteur étant responsable de la bonne exécution des prestations ou de la fourniture des biens, les chèques-cadeaux répondent bien à la définition des produits constatés d'avance selon le PCG (art. 944-48), étant des produits perçus avant que les prestations et fournitures les justifiant aient été fournies. Et ce, même si l'émetteur a sous-traité la réalisation de la prestation à un tiers (Bull. CNCC n° 160 précité, EC 2010-10, p. 696 s.).

2. Lors de l'utilisation des chèques-cadeaux par le bénéficiaire final, les chèques-cadeaux sont comptabilisés en produits et les achats (biens et services auxquels les chèques ont donné droit) sont comptabilisés en charges.

> **▷ Précisions** **Décalage entre l'utilisation des chèques et la fourniture des biens ou services** : la société intermédiaire règle aux magasins affiliés les biens ou services choisis par les bénéficiaires et dont ces derniers attendent la fourniture. Ces achats sont, à notre avis, comptabilisés en charges constatées d'avance jusqu'à ce que la fourniture soit effectuée auprès des bénéficiaires.
> Le suivi des chèques-cadeaux exige donc de mettre en place une comptabilité analytique adéquate afin d'être en mesure d'identifier les numéros de chèques au fur et à mesure de leur utilisation.

3. En fin de période de validité des chèques-cadeaux Les chèques-cadeaux non utilisés par leur bénéficiaire à la fin de leur période de validité doivent être annulés et comptabilisés en produits.

> **▷ Précisions** **Prolongation de la période de validité** Selon le bulletin CNCC précité (n° 126, juin 2002), certaines sociétés, même en l'absence d'obligation contractuelle, acceptent, pour des raisons commerciales, de prolonger la durée de validité des chèques-cadeaux. En conséquence, si, compte tenu des statistiques des exercices précédents, le pourcentage de demandes de prolongation peut être déterminé de façon suffisamment fiable, le nombre de chèques dont la période de validité sera probablement prolongée doit rester inscrit en produits constatés d'avance.

b. L'émetteur est un intermédiaire entre les magasins affiliés et les bénéficiaires des chèques-cadeaux Dans cette situation, contrairement au cas précédent (voir a.), l'émetteur n'est **pas responsable des achats** faits par les bénéficiaires. En outre, en général, il reçoit, en rémunération de sa prestation, une commission de la part à la fois des magasins affiliés et des acheteurs des chèques-cadeaux. Dans ce cas, l'entreprise intermédiaire ne joue qu'un rôle de mandataire.

Selon le bulletin CNCC (n° 140, décembre 2005, EC 2005-76, p. 719) :
– la somme reçue lors de la vente des chèques-cadeaux (valeur faciale des chèques-cadeaux) ne constitue pas du chiffre d'affaires. En effet, elle n'est pas, pour l'émetteur, la contrepartie de la fourniture de biens ou de prestations ;
– la valeur faciale des chèques-cadeaux est en fait encaissée par l'émetteur pour le compte de tiers (les magasins affiliés), cette valeur devant leur être restituée sur présentation ultérieure des chèques.

En conséquence, la comptabilisation des chèques-cadeaux **chez l'émetteur** est la suivante :

1. Lors de la vente de chèques-cadeaux par l'émetteur (Bull. CNCC précité) :
– les chèques émis sont à comptabiliser, à notre avis, au crédit d'un compte de tiers en contrepartie d'un compte de trésorerie ;
– la commission due par l'entreprise cliente est immédiatement enregistrée en produits, la prestation de services consistant en l'émission des chèques ayant bien été fournie.

2. Lors de la présentation par les magasins affiliés des chèques-cadeaux utilisés par leur bénéficiaire L'émetteur :
– rembourse la valeur faciale des chèques aux magasins affiliés (débit du compte de tiers en contrepartie d'un compte de trésorerie) ;

– constate en produit le montant de la commission due, le cas échéant, par les magasins affiliés (en rémunération de la prestation de services consistant en l'apport des clients). En effet, la prestation de services correspond à l'exécution du mandat.

Le suivi des chèques-cadeaux exige donc de mettre en place une comptabilité analytique adéquate afin d'être en mesure d'identifier les numéros de chèques au fur et à mesure de leur utilisation.

3. En fin de période de validité des chèques-cadeaux Les chèques-cadeaux non utilisés par leurs bénéficiaires doivent être comptabilisés en produits d'exploitation car ils constituent alors une prestation accessoire au contrat (Bull. CNCC précité).

> **Précisions** **Prolongation de la période de validité** En cas d'estimation fiable du pourcentage de demandes de prolongation de la durée de validité des chèques-cadeaux (voir ci-avant a. 3.), le nombre de chèques dont la période de validité sera probablement prolongée devrait, à notre avis, rester inscrit au crédit du compte de tiers.

III. Chèques-cadeaux vendus directement par l'entreprise Voir n° 11200

11200 **Vente de cartes de fidélité, cartes cadeaux, cartes prépayées...** Les cartes de fidélité payantes ouvrent généralement droit, pour leur détenteur, à des réductions sur des achats ultérieurs, immédiates ou après accumulation de points. Selon le bulletin CNCC (n° 142, juin 2006, EC 2006-01, p. 388 s.), la vente de ces cartes constitue, pour l'entreprise émettrice, un produit devant être étalé sur la durée estimée du service rendu, c'est-à-dire sur la durée de validité de la carte, qui est en général limitée dans le temps.

Des statistiques devront être réunies afin de déterminer la durée d'utilisation de la carte en cas de durée illimitée (Bull. CNCC précité) ou de risque de prolongation de la durée de validité. À défaut, il convient d'estimer la durée de vie du service rendu (Bull. CNCC précité).

À notre avis :
– une provision est également nécessaire si le produit constaté d'avance au bilan est insuffisant pour couvrir le coût des avantages restant à accorder, voir n° 11625 ;
– les cartes non utilisées à la fin de leur période de validité sont comptabilisées en produit. Ce produit n'est pas certain tant que la carte n'a pas expiré et ne peut donc pas être comptabilisé avant, même s'il est statistiquement reconnu qu'une partie des cartes ne seront jamais consommées. En revanche, l'éventuelle provision visée ci-avant peut tenir compte de la probabilité de ne pas avoir à fournir les services restant à rendre à la clôture.

> **Précisions** **1. Cartes prépayées** Ce traitement comptable est également applicable aux cartes prépayées qui permettent d'accéder à un service pendant une durée déterminée (par exemple, téléphone, jeux ou logiciels en ligne, base de données, etc.).
> **2. Cartes cadeaux** Le même traitement comptable s'applique. En outre, lorsque la carte est vendue à un prix inférieur à sa valeur faciale (par exemple, la carte d'une valeur faciale de 100 € est vendue 80 €), le produit de 80 est étalé au prorata des sommes consommées par rapport à la valeur faciale totale de la carte (par exemple, lorsque le bénéficiaire de la carte consomme 60 €, un produit de 48 est comptabilisé, soit 60 × 80/100).

11210 **Prestations réalisées ou biens livrés contre remise de jetons numériques** Voir n° 42640 s.

11220 **Vente d'un bien pour un prix inférieur à sa valeur vénale** Lorsqu'une entreprise cède un bien pour un prix inférieur à sa valeur vénale, le chiffre d'affaires est enregistré conformément au prix convenu. La dépréciation, le cas échéant constatée sur le stock, est reprise (voir n° 22160).

> **Fiscalement** Le cédant peut être tenu de réintégrer à son résultat imposable la différence entre la valeur vénale et le prix de cession du bien concerné si l'administration établit qu'il s'est délibérément appauvri à des fins étrangères à l'intérêt de l'exploitation (CE 4-6-2019 n° 418357). Toutefois, les sociétés membres d'un même groupe fiscal ont la faculté de facturer des ventes portant sur des éléments autres que des éléments d'actif immobilisé pour un prix inférieur à leur valeur réelle, dès lors qu'il est au moins égal à leur coût de revient (CGI art. 223 B).

E. Autres produits d'exploitation

11250 Selon qu'ils ont ou non le caractère de ventes (de biens ou de services), ils sont enregistrés au compte 70 « Ventes de produits fabriqués, prestations de services, marchandises » ou 75 « Autres produits de gestion courante ».

Refacturation de frais Dans ce cas, l'entreprise engage les **frais à son nom** et les récupère en demandant leur remboursement aux tiers concernés. 11265

Une refacturation présente donc les mêmes caractéristiques qu'une opération de **commissionnaire** (voir n° 73415 s.). Il en résulte que les opérations traitées sont comptabilisées selon leur nature dans les charges et les produits de l'entreprise. La **compensation** entre les **frais** engagés et les **refacturations** n'est donc **pas possible** :

a. Ces frais sont compris dans ses **charges,** en classe 6, et comptabilisés selon leur nature (tel est le cas, par exemple, des charges de personnel détaché, voir n° 16790, et des frais de transport sur ventes, voir n° 16080).

> **Précisions** Si les frais refacturés font partie d'un ensemble de prestations difficilement individualisables, ils nous paraissent pouvoir être comptabilisés dans une subdivision du compte 628 « Services extérieurs ».

b. En contrepartie, leur refacturation constitue un **produit,** à enregistrer, à notre avis, à une subdivision du compte 708 « Produits des activités annexes » (que la refacturation ait été effectuée euro pour euro ou avec une quote-part de bénéfice) :

> **Précisions** Les produits sont classés :
> – s'il s'agit de charges de personnel détaché ou prêt de main-d'œuvre (voir n° 16790), au compte 7084 « Mise à disposition de personnel facturée » ;
> – s'il s'agit de frais de transport refacturés, non inclus dans le prix de vente (voir n° 11855), au compte 7085 « Ports et frais accessoires facturés » ;
> – s'il s'agit d'autres charges, au compte 7088 « Autres produits d'activités annexes » ;
> – s'il s'agit d'un ensemble de prestations difficilement individualisables réparti forfaitairement entre différentes filiales, au compte 7088 « Autres produits d'activités annexes ».

Si les refacturations en cause sont significatives, une information en annexe devrait être fournie.

Refacturation de frais au sein d'un groupe Dans le cadre d'un groupe, afin d'éviter, dans les comptes individuels, les inconvénients liés à la refacturation de frais, euro pour euro, exposés par une filiale pour le compte d'une autre, il peut être utile de créer une entité juridique distincte comme un GIE, dont l'objet serait de centraliser ces frais communs. Sur les règles applicables en matière de TVA aux groupements de moyens, voir Mémento Fiscal n° 47280 à 47305. 11270

> **Précisions** **Méthode de refacturation** En cas de refacturation intégrant une marge, les méthodes suivantes permettent de **déterminer un prix de marché** :
> – la méthode du prix comparable sur marché libre ;
> – la méthode du prix de revient majoré, qui consiste à déterminer dans un premier temps les coûts supportés par la société prestataire puis dans un second temps à ajouter une marge de façon à réaliser un bénéfice semblable à celui qui aurait été dégagé dans les conditions de marché.

> **Fiscalement** **a.** En matière de **refacturation intragroupe entre sociétés françaises,** en application de la théorie de l'acte anormal de gestion, le prix des transactions intragroupe doit correspondre à un prix de pleine concurrence, c'est-à-dire au prix qui serait fixé entre sociétés indépendantes.
> En cas de refacturation à un prix inférieur au prix de marché, la subvention correspondante peut néanmoins être considérée comme déductible si les conditions des aides entre sociétés d'un même groupe sont remplies et si, notamment, la société qui facture peut démontrer un intérêt commercial propre à l'avantage accordé. Sur les conditions, voir Mémento Fiscal n° 8920 à 8962.
> En outre, il est admis par la jurisprudence qu'une société mère renonce à la réalisation de bénéfices en facturant des ventes de marchandises ou de prestations de services à ses filiales (CE 24-2-1978 n° 2372).
> **b.** En matière de **refacturation entre une société française et des sociétés appartenant au même groupe implantées à l'étranger** (prix de transfert), l'article 57 du CGI impose le même principe de pleine concurrence.
> Sur les méthodes de détermination des prix intragroupe, voir Mémento Fiscal n° 78265 à 78270 et 8965.
> Sur les obligations déclaratives et documentaires de la politique de prix de transfert des personnes morales établies en France, voir n° 80025.
> Sur le reporting pays par pays qui doit être adressé par certaines sociétés à l'administration, voir n° 80025.
> **c.** Dans le cadre de l'**intégration fiscale,** le fait de facturer entre sociétés du groupe des livraisons de biens, autres que ceux composant l'actif immobilisé, ou des prestations de services pour un prix inférieur à leur valeur réelle mais au moins égal à leur prix de revient, n'est pas pris en compte pour la détermination du bénéfice net d'ensemble du groupe et ne constitue pas un revenu distribué (CGI art. 223 B 5e al. ; Mémento Fiscal n° 40392).
> **d.** À propos des opérations de prêt de main-d'œuvre pouvant donner lieu, dans certaines conditions, à une refacturation à un prix inférieur aux coûts supportés, voir n° 16790.

11275 **Remboursements de débours** Les débours payés pour le compte des clients sont les sommes pour lesquelles, en cas de non-paiement, le client serait poursuivi, par exemple : droits de mutation, droits de douane acquittés pour le compte du propriétaire du bien (BOI-BNC-BASE-20-20 n° 1).

L'intermédiaire qui agit sur **mandat** préalable (qui peut être tacite) et rend compte exactement à son mandant de l'engagement et du montant de la dépense, effectue des opérations de mandat **au nom de son mandant**, opérations que le PCG impose de retracer dans le **compte financier du mandant** (voir n° 73335) en **classe 4** et non en classe 7.

Lorsque le débours, compris dans un ensemble de services, ne peut être enregistré à l'origine au compte du mandant, il est inscrit en classe 6, la charge étant compensée par un transfert de charges au compte du mandant (sur la suppression des comptes 79 par le Règl. ANC n° 2022-06, voir n° 45500).

> **Fiscalement** Sur le régime applicable en matière de TVA, voir Mémento Fiscal n° 52335 à 52355.

11280 **Droit d'entrée perçu par un bailleur** Versé par le locataire au propriétaire bailleur, il constitue pour ce dernier un produit, qui peut être analysé, à notre avis :

a. Dans la généralité des cas, comme la rémunération d'une prestation continue. Tel est le cas si le droit d'entrée constitue :
– un supplément de loyer : son versement constitue alors simplement une des conditions de la location et s'explique le plus souvent par une **sous-estimation des loyers** (toutefois, si le droit d'entrée est considéré comme le prix de cession d'un élément incorporel, le droit au bail, voir b. ci-après) ;
– ou, de façon plus générale, la contrepartie de **prestations économiques offertes** au locataire sur la durée du bail.

À notre avis, dans ce cas, le droit d'entrée est à répartir sur la durée du bail par l'intermédiaire du compte de régularisation 487 « **Produits constatés d'avance** ».

> **Fiscalement** Il en est de même (CE 17-6-1985 n° 44509 et CE 14-4-2008 n° 293577 ; BOI-BIC-PDSTK-10-30-20 n° 30). Dans la mesure où il constitue une prestation annexe de location, le droit d'entrée, même s'il est forfaitaire et définitif, doit, conformément à l'article 38-2 bis du CGI, être imposé de manière échelonnée sur la durée du bail.

Tel est le cas également, à notre avis, lorsque le droit d'entrée correspond à des **travaux d'aménagement** du local achevés à la date de conclusion du bail et qui ne sont pas liés aux besoins spécifiques du locataire (mais augmentent la valeur locative du bien loué). En effet, dans ce cas, les aménagements (même s'ils sont achevés avant la conclusion du bail) ont vocation à être utilisés par le preneur sur toute la durée du bail. Le droit d'entrée constitue donc une modalité de paiement de la mise à disposition des aménagements sur la durée du bail.

En revanche, lorsque les travaux sont spécifiques aux besoins du locataire, voir ci-après b.

> **Fiscalement** Selon la cour administrative d'appel de Lyon et l'administration, le droit d'entrée perçu en contrepartie de travaux d'aménagement du local avant prise à bail, rémunère une prestation ponctuelle au profit du preneur et est donc imposable immédiatement (CAA Lyon 3-12-2015 n° 13LY00026, décision non définitive ; BOI-BIC-PDSTK-10-30-20 n° 30). De même, lorsque les travaux sont réalisés de façon échelonnée sur plusieurs exercices, l'administration considère que le bailleur est imposé au titre de chaque exercice à hauteur des frais exposés par le locataire correspondant à l'avancement des travaux réalisés au cours de cet exercice (BOI-BIC-PDSTK-10-30-20 n° 30).

b. Dans des cas particuliers :
– **comme la rémunération de prestations ponctuelles au profit du locataire** (par exemple, prestation de nettoyage avant l'entrée du locataire dans les lieux). Dans ce cas, le produit est comptabilisé immédiatement ;

> **Fiscalement** Il en est de même (BOI-BIC-PDSTK-10-30-20 n° 30).

– **comme la cession d'un élément corporel** (agencements et aménagements), lorsque le bailleur a réalisé des travaux d'aménagement du local spécifiques aux besoins du locataire (chez le locataire, voir n° 28650) ;

> **Fiscalement** Il en est de même, que les travaux aient été achevés à la date de conclusion du contrat ou que leur réalisation soit échelonnée sur plusieurs exercices (voir ci-avant a.).

– **comme la cession d'un élément incorporel** (le droit au bail), lorsqu'il a pour contrepartie la dépréciation du patrimoine. Cette approche conduit à comptabiliser le droit d'entrée immédiatement et intégralement en produits et éventuellement à constater une dépréciation. Elle n'a néanmoins pas notre préférence.

> **Fiscalement** Il en est de même, le Conseil d'État (CE 29-9-1989 n° 68212) ayant admis que **la nature même du bail** – durée longue (40 ans) et impossibilité pour le propriétaire de résilier le bail – suffisait par elle-même à démontrer la dépréciation des locaux loués. Le droit d'entrée est alors imposable dans les conditions de droit commun. En contrepartie, une (provision pour) dépréciation devrait être fiscalement admise (CE 4-5-1979 n° 98253).

Sur le traitement de ce droit d'entrée chez le locataire, voir n° 30660 et 30665.

Troc publicitaire L'échange d'espaces publicitaires doit donner lieu, en principe, à la constatation d'un chiffre d'affaires et de charges d'égal montant correspondant à la valeur vénale de l'espace échangé. 11285
Pour plus de détails, voir n° 15990.

Commission sur cautions accordées Dans le cas général, cette commission, à comptabiliser, à notre avis, au compte 7082 « Commissions et courtages », couvre à la fois : 11290
– les frais administratifs liés à l'octroi du cautionnement (**service instantané**) ;
– et le **service continu**, qui est de se substituer au client en cas de défaillance.

> **Fiscalement** **a. Principe** La caution est rémunérée. En effet, la fourniture gratuite d'une caution au profit d'un tiers constitue un acte anormal de gestion justifiant la réintégration au résultat des commissions abandonnées, sauf si l'existence d'une contrepartie conforme à l'intérêt propre de la caution est établie (CE 17-2-1992 n° 74272).
> **b. Cas particulier : caution gratuite au profit d'une filiale relevant du régime des sociétés de personnes** L'avantage résultant de l'absence de commission de caution n'a, à hauteur du pourcentage de capital détenu par la société mère, aucun effet fiscal dès lors que cet avantage accroît le résultat de la filiale, lequel, en application de l'article 238 bis K du CGI, est imposable chez la société mère selon les règles applicables à ses propres résultats (voir n° 36480 à 36530). En conséquence, cet avantage anormal n'est imposable qu'à hauteur des parts détenues par les autres associés de la filiale (CAA Paris 29-3-2006 n° 01-3876).

Le **produit est à étaler** sur la durée sur laquelle porte la caution (voir n° 10595 s.).
À notre avis, l'obligation qui pèse sur la caution peut être traduite par un étalement soit linéaire, soit dégressif :

a. Étalement linéaire Juridiquement, l'obligation pesant sur la caution est de se substituer au débiteur pour le paiement de sa dette en cas de défaillance de celui-ci. Cette obligation étant constante sur toute la durée du contrat, on peut considérer que l'étalement linéaire est, dans tous les cas, approprié.

b. Étalement dégressif Sur un plan financier, le montant à rembourser par la caution en cas de défaillance du client diminue au cours du contrat au rythme de l'amortissement de l'emprunt. En conséquence, si l'emprunt est remboursable par annuités sur la durée du contrat, on peut considérer qu'un étalement dégressif conforme à l'échéancier de remboursement permet de mieux prendre en compte le risque financier pesant sur la caution.

> **Fiscalement** La commission versée par l'emprunteur à la caution rémunère un risque que celle-ci s'engage à couvrir **sur la durée du prêt** garanti. L'opération présente donc le caractère d'une **prestation continue** définie par l'article 38-2 bis du CGI (CE 8-3-2002 n° 199468).
> Les modalités d'étalement doivent refléter l'évolution de l'intensité de la prestation sur la période (CE 29-11-2000 n° 192100 et 192109 ; voir n° 10605).

Loyers et redevances de crédit-bail perçus Par analogie avec la comptabilisation des redevances de crédit-bail versées préconisée par le PCG (voir n° 15695), à notre avis : 11295
– les redevances ou loyers non constatés qui concernent la période écoulée sont inscrits au compte 411 « Clients » ou 418 « Clients – Factures à établir » (par le crédit du compte 7083 « Locations diverses ») ;
– le cas échéant, les redevances ou loyers qui concernent la période d'utilisation postérieure à la date de clôture du bilan font l'objet d'un rattachement à la période à laquelle ils se rapportent (compte 487 « Produits constatés d'avance »). Tel est le cas, notamment, à chaque fois que les redevances sont perçues en totalité au début du bail. Le produit doit être réparti sur la durée du bail et ne constitue pas un produit exceptionnel de l'exercice où il est perçu.
Lorsque le contrat stipule des redevances ou des loyers inégaux dans le temps, deux approches sont possibles (en ce sens, Questions-Réponses CNCC Covid-19, Question 9.2) :
– soit enregistrer les redevances et loyers selon les échéances contractuelles ; cette comptabilisation est notamment justifiée lorsque les redevances et loyers inégaux reflètent une inégalité dans la prestation fournie (par exemple, mise à disposition des locaux au fur et à mesure de la réalisation de travaux). En cas de franchise accordée, cette approche conduit à ne comptabiliser aucun produit pendant la période de franchise ;

— soit étaler les redevances et loyers (en général de manière linéaire) sur la durée du contrat, comme préconisé par l'avis OEC n° 29 ; cette comptabilisation est notamment justifiée dans le cas d'un contrat de crédit-bail qui prévoit une franchise constituant un simple report d'échéance (l'ensemble des redevances de crédit-bail correspondant bien in fine à la valeur de l'actif objet du contrat). Cette approche conduit à comptabiliser en produit une partie des loyers futurs pendant la période de franchise. Elle est applicable sous réserve que le produit soit juridiquement acquis.

> **Fiscalement** Lorsque les loyers stipulés dans un contrat de crédit-bail sont inégaux, cette inégalité est réputée, sauf preuve contraire, correspondre à une inégalité dans la valeur de la prestation fournie (CE 29-2-2008 n° 271799 et CE 18-5-2005 n° 261623 ; voir n° 10625). L'imposition des loyers intervient donc au rythme de leur répartition contractuelle, sauf si celle-ci ne rend pas compte correctement de l'évolution de la valeur de la prestation, qui est fonction de l'obligation qui pèse sur le prestataire et de l'avantage économique retiré par le preneur (CE 29-11-2000 n° 192100 et 192109, et 18-5-2005 précité). Dans ce cas, le rattachement des produits au fur et à mesure de l'exécution de la prestation implique que leur constatation s'écarte de l'échéancier contractuel, en retenant par exemple une répartition linéaire (CE 29-11-2000 précité).

En cas de **renégociations** entre locataires et bailleurs, voir FRC 2/21 inf. 2.

Lorsque des avantages sont consentis par le bailleur dans le cadre de la conclusion du bail sans autre contrepartie pour le bailleur que de trouver un locataire (pour des exemples, voir n° 15745), ils constituent, à notre avis, pour le bailleur, une **ristourne** sur loyers à comptabiliser en **charge constatée d'avance** et à reprendre linéairement en résultat sur la durée du bail. Toutefois, il est également possible de constater immédiatement en charge ces avantages accordés par le bailleur au preneur (Bull. CNCC n° 181, mars 2016, EC 2015-48, p. 78).

Concernant les locations simples, les coûts directs initiaux de négociation et de rédaction du contrat de location (commissions, honoraires des agents, droits légaux) peuvent, à notre avis (en l'absence de précisions), être :
— soit enregistrés en charges de l'exercice au cours duquel ils ont été supportés ;
— soit inscrits à l'actif et amortis sur la durée du bail (en ce sens, Bull. CNCC n° 140, décembre 2005, p. 550).

En revanche, concernant les locations-financements, ces frais sont obligatoirement inscrits à l'actif et amortis sur la durée du bail lorsque le bailleur applique le règlement ANC n° 2014-07 (art. 2131-5).

Sur le traitement des loyers versés par le crédit-preneur, voir n°s 15695 s.

11300 **Sommes reversées à un opérateur téléphonique pour utilisation d'un centre serveur** Elles résultent de la mise à disposition par l'entreprise d'un **centre serveur**, auquel les utilisateurs peuvent accéder par un numéro payant (audiotel). À notre avis, elles sont à enregistrer au compte 7088 « Autres produits d'activités annexes ».

11305 **Aides reçues du fournisseur lors de la signature d'un contrat de fourniture exclusive** En l'absence de précision des organismes compétents, les aides reçues du fournisseur sont, à notre avis, à prendre en compte parmi les produits d'exploitation (compte 7088) au fur et à mesure de l'exécution du contrat.

> **Précisions** En effet :
— elles rémunèrent un service (l'exclusivité consentie au fournisseur) qui n'est pas instantané mais rendu sur toute la période d'exécution du contrat de fourniture ;
— elles sont fonction des quantités totales qu'il est prévu de fournir jusqu'à la fin du contrat ainsi que de la durée de ce contrat ;
— et elles doivent généralement être reversées en cas de rupture du contrat.

À la clôture de l'exercice, la fraction des aides correspondant à la rémunération du service non encore rendu est à comptabiliser en produits constatés d'avance (voir n° 10370), selon le rythme résultant des dispositions contractuelles (solution conforme à celle retenue par le Conseil d'État sur le plan fiscal, voir ci-après).

> **Fiscalement** L'aide financière reçue par un débitant de boissons, dans le cadre d'un « contrat de bière », en contrepartie d'un engagement d'approvisionnement exclusif et d'achat d'une quantité minimale de bière rémunère une prestation continue et doit être rattachée à chaque exercice selon le rythme découlant des dispositions contractuelles, au prorata des achats effectués, conformément à l'article 38-2 bis du CGI (CE 20-6-2006 n° 266796).

11310 **Éco-contribution (ou « visible fee ») refacturée par les producteurs et distributeurs d'équipements électriques et électroniques** L'éco-contribution correspond aux coûts unitaires supportés pour la gestion des déchets d'équipements électriques et électroniques (DEEE) ménagers, facturés par les producteurs aux distributeurs et répercutés à l'identique jusqu'au client final.

> **Juridiquement** Toute personne qui fabrique, importe ou introduit sur le marché national à titre professionnel des équipements électriques ou électroniques ménagers, ainsi que leurs acheteurs successifs jusqu'à l'utilisateur final doivent mentionner l'éco-contribution (ou « visible fee ») en pied de facture de vente de tout nouvel équipement (C. envir. art. L 541-10-20).

Que l'entreprise soit producteur ou distributeur de l'équipement, l'éco-contribution refacturée est à comptabiliser en **chiffre d'affaires** au même titre que l'équipement électrique ou électronique vendu [Avis CU CNC 2007-A du 10-1-2007 § 2.2.4 (i)]. Les producteurs et distributeurs agissent en effet en leur nom et pour leur propre compte et non en qualité de mandataires pour le compte des éco-organismes (§ 2.2.3).

En effet, selon cet avis :

a. L'éco-contribution constitue un élément du prix de vente de l'équipement électrique ou électronique (§ 2.2.2). Ainsi, si les coûts unitaires supportés pour l'élimination des déchets ne faisaient pas l'objet d'une mention particulière au bas de la facture mais étaient inclus dans le prix de vente de l'équipement sans distinction, ils seraient considérés, sans discussion possible, comme un élément constitutif du prix de l'équipement.

> **Précisions** La mention sur la facture constitue uniquement une mesure de transparence et d'affichage afin de sensibiliser les consommateurs finals sur les coûts de collecte, d'enlèvement et de retraitement des équipements électriques et électroniques usagés. Elle ne change pas la substance de la transaction (§ 2.2.2).

b. Les producteurs et les distributeurs supportent le risque de crédit sur la partie du prix de vente correspondant à l'éco-contribution (§ 2.2.3). Le non-paiement de la vente ne libère pas le producteur de son obligation de verser la contribution financière à l'éco-organisme, cette dernière étant calculée sur la base de la mise sur le marché des équipements. En outre, en cas de non-paiement de la vente par le consommateur final, le distributeur ne peut obtenir remboursement de l'éco-contribution qu'il a acquittée au producteur (incluse dans le coût d'acquisition de l'équipement).

> **Fiscalement** Il en est de même. En effet, l'administration a indiqué, à propos de la base d'imposition à la TVA, que l'éco-contribution constitue un élément du chiffre d'affaires (BOI-TVA-BASE-10-10-20 n° 230).

Elle peut toutefois être **identifiée sur une ligne distincte.**

Sur l'attestation du commissaire aux comptes demandée par les éco-organismes au titre de la déclaration annuelle des EEE, voir FRC 12/22 Hors série inf. 75.5.

Sur la comptabilisation du coût de l'élimination des déchets, voir n° 15670 (producteurs : constatation d'une charge) et n° 21345 (distributeurs : inclusion dans le coût d'acquisition des stocks).

F. Créances d'exploitation

CRÉANCES DOUTEUSES

Constatation du caractère douteux de la créance La créance est transférée au compte 416 « Clients douteux ou litigieux » : **11340**
- lorsque la solvabilité du client apparaît douteuse ou qu'il existe un litige avec le client (PCG art. 944-41) ;
- pour son **montant total** (PCG art. 944-41) TVA comprise, son recouvrement étant poursuivi pour ce montant total (notamment s'il y a cessation des paiements).

a. Créances douteuses Un client apparaît douteux à la **survenance d'un événement défavorable** (à titre d'exemples, retards de paiement, impayés, ouverture d'une procédure collective) constituant le fait générateur à partir duquel il n'est plus possible de considérer la solvabilité d'un client comme certaine, et donc à partir duquel les créances doivent être analysées précisément en vue d'une dépréciation éventuelle (en ce sens, Rec. ANC Covid-19, Question G2). Selon l'ANC, le **risque** doit donc être **avéré.**

Aucune règle comptable précise ne permet toutefois de déterminer à quel moment exact il convient de classer une créance en clients douteux.

Sur le **plan pratique,** hormis le cas de l'ouverture d'une procédure amiable ou judiciaire qui donne une date exacte à l'événement justifiant le passage en clients douteux et la dépréciation (voir 11410 s.), il appartient aux entreprises, en fonction de leur activité et de leur historique, de déterminer des **critères de transfert en clients douteux**.

Un client peut apparaître douteux, à notre avis :
– lorsque l'entreprise a procédé à **plusieurs relances** restées sans effet ; le déclassement doit toutefois tenir compte des **caractéristiques propres** à chaque débiteur ;

> **Précisions 1. Systèmes de déclassement fondé sur les retards de paiement** Un simple retard de paiement peut, dans certains contextes (par exemple, celui de l'événement Covid-19), résulter de difficultés administratives du débiteur ou être lié à des difficultés de trésorerie faisant l'objet de mesures de soutien en cours de mise en œuvre. Il ne constitue pas à lui seul un critère de déclassement, celui-ci étant fondé sur les caractéristiques propres aux débiteurs concernés. En conséquence, les résultats obtenus au moyen de systèmes de déclassement fondés sur des critères de retard de paiement doivent être appréciés avec soin et, le cas échéant, ajustés en considération des caractéristiques propres aux débiteurs concernés et aux secteurs auxquels ils se rattachent afin d'éviter un automatisme préjudiciable (en ce sens, Rec. ANC précitées ; Questions G1 et G2).
> **2. Créances d'un volume important, de faible montant et présentant des caractéristiques communes** Voir n° 11350, fiscalement, et n° 11365, comptablement.

– et au plus tard à la date à laquelle le **dossier est transmis à une compagnie d'assurances** (voir n° 11460) ou à un tiers chargé du recouvrement.

b. Créances litigieuses Sur le virement des créances litigieuses en « créances douteuses », voir n° 12240.

11350 Conditions de constitution de la dépréciation Une dépréciation doit être constatée dès qu'apparaît une **perte probable** sur la créance (en ce sens, Bull. CNC n° 79 ; avis n° 38, octobre 1989 ; PCG art. 214-25), c'est-à-dire, en pratique, dès son transfert en **créances douteuses** (voir n° 11340). En général, pour éviter une distorsion avec le traitement fiscal, la **doctrine et la jurisprudence fiscales** peuvent constituer une bonne base à la méthode à retenir (voir ci-après).

Le fait générateur de la dépréciation peut apparaître post-clôture (voir n° 11370).

Sur la comptabilisation de la dépréciation, voir n° 12215 s.

> **Fiscalement** Cette (provision pour) dépréciation est déductible sous les trois conditions suivantes (BOI-BIC-PROV-40-20 n° 20 à 200 ; Mémento Fiscal n° 9815) :
> – la créance ne doit pas résulter d'un acte anormal de gestion (notamment CE 3-11-1978 n° 1116 ; CE 27-4-1988 n° 57048 ; 21-2-2005 n° 259083),
> – le risque de non-recouvrement doit être nettement précisé ; en principe, le risque de non-recouvrement doit être justifié **créance par créance** (BOI-BIC-PROV-40-20 n° 170) ;
> – les événements en cours à la date de clôture doivent **rendre probable la perte supputée** (CGI art. 39, 1-5° ; voir également n° 11370).
>
> Sur un **plan pratique** :
> **1. Les difficultés financières du débiteur doivent être avérées.** La provision doit être justifiée par la situation notoirement difficile du débiteur et le caractère improbable de son redressement (CE 20-6-1997 n° 99429 ; BOI-BIC-PROV-40-20 n° 140), qui peut résulter de diverses circonstances : importance des pertes accumulées (CAA Paris 11-6-1998 n° 95-1558), importance du passif et des capitaux propres négatifs l'ayant conduit à cesser ses activités (CAA Lyon 26-1-2006 n° 01-2206), ouverture d'une procédure de liquidation judiciaire à son encontre (CE 17-4-2015 n° 371467) ou envers la société qui s'est portée caution solidaire du débiteur défaillant, sans que puisse être opposée au créancier l'absence de déclaration de sa créance dans le délai légal prévu par la procédure collective (CAA Bordeaux 7-4-2022 n° 20BX02429).
>
> En revanche, l'entreprise ne peut se limiter à invoquer la perspective d'une crise économique (BOI-BIC-PROV-40-20 n° 150) ou le défaut de paiement des créances à l'échéance si elle n'est pas en mesure de documenter que ce défaut caractérise un risque probable de perte (CAA Paris 29-1-1991 n° 2662). De même, le retour d'effets impayés ou la demande de renouvellement d'effets parvenant à échéance par le débiteur (BOI-BIC-PROV-40-20 n° 150), les difficultés rencontrées par le débiteur ne faisant l'objet d'aucune précision (CE 24-7-1981 n° 17972 ; CE 28-2-2007 n° 283441), ou les difficultés précédemment rencontrées avec certains clients (CE 17-2-2016 n° 377415) ne sont pas non plus regardés comme des circonstances suffisantes pour justifier de difficultés du débiteur.
>
> Le Conseil d'État, faisant preuve de pragmatisme, atténue toutefois dans certaines situations l'exigence d'un examen individualisé des difficultés réellement rencontrées par le débiteur (voir ci-après 2. et 3.).
>
> **2. Une provision peut être constituée même si le créancier n'a pas engagé de poursuite à l'encontre de son débiteur,** dans les situations suivantes :
> – les créances sont anciennes et d'un montant relativement faible (CE 18-6-1975 n° 93550) ;
> – leurs montants sont modiques eu égard à l'importance du chiffre d'affaires réalisé avec le débiteur (CE 19-6-1989 n° 58984) ;

– la situation notoirement difficile du débiteur ne permet pas d'espérer qu'il puisse se libérer de sa dette (CE 25-5-1983 n° 28097 ; BOI-BIC-PROV-40-20 n° 140).

Une provision peut également être constituée en présence d'un **grand nombre de créances de faible montant** et présentant des caractéristiques communes lorsque le créancier a constaté un ou plusieurs retards de paiement non régularisés à la clôture de l'exercice malgré les relances multiples effectuées, dès lors que le constat de tels retards caractérise le caractère douteux des créances, ainsi que l'attestent les données historiques et statistiques mettant clairement en évidence le lien entre le retard enregistré et les pertes effectives constatées sur ces créances (CE 3-2-2021 n° 429702). Sur l'estimation de la (provision pour) dépréciation, voir n° 11365.

3. Le provisionnement n'est pas subordonné à l'abandon des relations commerciales avec le débiteur, notamment si le maintien de ces relations est justifié par l'intérêt commercial du créancier (CE 20-6-1997 n° 99429).

Montant de la dépréciation La dépréciation d'une créance est à apprécier compte tenu des circonstances et du principe de prudence, pour le montant constatant la **meilleure appréciation du risque** de non-recouvrement. Il est possible d'enregistrer des dépréciations ne représentant qu'une **quote-part de la créance.** 11355

Les dépréciations sont en principe calculées créance par créance (voir n° 11365).

> **Fiscalement** Pour être fiscalement déductible, une provision pour créances douteuses doit être évaluée avec une approximation suffisante (BOI-BIC-PROV-20-10-20 n° 70). Voir également n° 11365.
> Sur la possibilité, admise par la jurisprudence, de constituer une provision pour un montant moindre que celui qui aurait pu être pratiqué, puis d'augmenter le montant de la provision au cours d'un exercice suivant, voir n° 48200.

I. Montant hors TVA Le risque de perte est limité au montant hors TVA de la créance. 11360

> **Fiscalement** Il en est de même (CE 14-4-1982 n° 26386 ; BOI-BIC-PROV-40-20 n° 230). En effet, la TVA versée au titre d'opérations qui, par la suite, ont été résiliées, annulées, ou qui restent impayées partiellement ou totalement peut, mais en respectant certaines procédures (voir n° 11400), être imputée sur la taxe due ultérieurement ou restituée (CGI art. 272, 1). Et ce, même si l'entreprise renonce à demander la restitution de la TVA en raison du coût relatif d'établissement des factures rectificatives (CE 20-6-1997 n° 99429).

> **Précisions** Tant que la créance est seulement douteuse sans être irrécouvrable, la récupération de la TVA n'est pas possible (voir n° 11400) sauf en cas de liquidation judiciaire (voir n° 11430).

En pratique, dans les sociétés de distribution par exemple, il n'est parfois pas possible de connaître le montant de TVA ayant porté sur la vente notamment en cas de chèques impayés. Aussi peut-on appliquer, à notre avis, dans ce cas, un taux de TVA moyen.

II. Estimation forfaitaire Elle est admise par la doctrine comptable (Rec. OEC n° 1.18) à condition qu'elle procède d'une méthode appropriée et qu'elle soit faite avec une approximation suffisante. Il s'agit, en principe, d'une **estimation individuelle par créance.** 11365

Toutefois, la pratique admet, en présence d'un **grand nombre de créances**, une **estimation globale** permettant de raisonner :
– sur l'ensemble d'un ou plusieurs portefeuilles de **créances homogènes** en utilisant des **méthodes statistiques** fondées sur l'expérience passée de l'entreprise (Rec. ANC précitées ; Question G2) ;

> **Précisions** Méthodes statistiques envisageables Plusieurs méthodes peuvent être envisagées : pourcentage de pertes sur un montant global de créances douteuses, dépréciation des créances échues douteuses... Cependant, il apparaît que les méthodes basées sur la notion d'ancienneté des créances (créances douteuses échues depuis plus de x mois) sont les méthodes les plus fréquemment rencontrées. Ce sont les méthodes les plus simples à mettre en œuvre, un paramétrage adéquat de la balance âgée suffisant généralement à déterminer les montants à déprécier, sous réserve de justifier sur la base d'une **étude historique** la corrélation entre le retard enregistré et les pertes effectives constatées sur ces créances. Quelle que soit la méthode retenue, il convient de déterminer les critères de dépréciation.

– sous réserve de ce qui est dit ci-après en matière fiscale.

Sur l'incidence de la transmission des dossiers à l'assurance sur le calcul de la dépréciation par voie statistique, voir n° 11460.

> **Fiscalement** Il en est de même. Le risque de non-recouvrement doit être justifié créance par créance et ne peut pas être déterminé selon un mode forfaitaire (BOI-BIC-PROV-40-20 n° 170 à 200). Si ces principes excluent l'application d'un pourcentage forfaitaire et uniforme sur l'ensemble des créances non payées à la clôture (CE 26-3-2008 n° 296625), ils n'excluent pas, dans tous les

cas, le recours à des calculs statistiques en fonction de **catégories homogènes de créances** et fondées sur des données tirées de l'expérience de l'entreprise elle-même. Ainsi, la jurisprudence admet pour le calcul du montant de la (provision pour) dépréciation :
– la valeur d'un **calcul statistique** (CE 20-5-1985 n° 42581 et 11-12-1991 n° 70727 ; BOI-BIC-PROV-20-10-20 n° 100 ; voir également n° 48310 II.), à condition qu'il présente un caractère d'**approximation suffisante, qu'aucune autre méthode ne puisse être retenue et que celle** retenue apparaisse **appropriée** aux données du problème et fondée sur des données statistiquement tirées de l'expérience **passée** de l'entreprise (CAA Paris 11-5-1995 n° 94-248 définitif suite à CE (na) 20-11-1996 n° 170988) ;
– ou l'évaluation des (provisions pour) dépréciations effectuée de manière différenciée après un classement des créances en différentes **catégories homogènes** aussi précises que possible (CAA Paris 24-1-1991 n° 2783 ; CE 11-12-1991 n° 70727 ; 3-2-2021 n° 429702), en appliquant par exemple, à chaque catégorie de créances, un taux de dépréciation défini par une méthode fondée sur le comportement des clients sur une période de deux ans (CAA Douai 4-2-2014 n° 13DA00162, définitif suite à CE 17-2-2016 n° 377415). Le montant de la provision est ainsi jugé comme évalué avec une approximation suffisante pour chacune des catégories de créances, autorisant ainsi sa déduction fiscale.

En revanche, n'est pas admis :
– un calcul par application d'un coefficient forfaitaire déterminé d'après l'ancienneté des créances, en l'absence de tout examen de la situation particulière de chaque débiteur (CAA Bordeaux 16-11-1999 n° 97-201) ;
– ou l'emploi d'une méthode statistique fondée, non sur des données tirées de l'expérience, mais sur des techniques de calcul s'apparentant à celles de l'assurance (probabilité de survenance des événements) (CAA Lyon 27-9-1995 n° 93-1690 définitif suite à CE (na) 24-3-1997 n° 175735).

11370 **III. Prise en compte du futur** Elle ne peut être écartée sur le plan comptable :
a. en cas de révélation entre la date de clôture de l'exercice et la date d'arrêté des comptes de la situation compromise d'un client (pour des exemples, voir n° 52340).
Ainsi :
– concernant les **créances saines à la clôture** (aucun événement susceptible de compromettre leur recouvrement n'est connu à la clôture) : si le fait générateur du transfert en créances douteuses apparaît post-clôture (par exemple, l'ouverture d'une procédure), il est à retenir à la clôture s'il pouvait, après une analyse au cas par cas, être raisonnablement attendu à cette date (en ce sens, Questions-Réponses CNCC Covid-19, Question 1.2 ; voir n° 52340) ;
– concernant les **créances douteuses à la clôture** (un événement susceptible de compromettre leur recouvrement est déjà connu à la clôture) : à notre avis, lorsqu'une faillite est constatée postérieurement à la clôture, la dépréciation devrait pouvoir être ajustée pour refléter la perte réalisée à la date d'arrêté (en ce sens, Note d'information NI.II de la CNCC sur les événements postérieurs à la clôture, voir n° 52340). Il devrait en être de même lorsque la situation se dégrade (allongement des retards de paiement, ouverture de procédure, avoir…), l'évaluation de la dépréciation devant prendre en compte toutes les informations disponibles jusqu'à la date d'arrêté des comptes pour estimer les dépréciations.
Une information en annexe au titre des événements post-clôture est nécessaire en cas d'impact significatif (voir n° 52340).
b. si seule une approche prévisionnelle peut être considérée comme appropriée (cas, notamment, d'une société jeune, d'une **activité récemment lancée** ou venant de subir de profondes mutations).

> **Fiscalement** Seuls les événements en cours à la clôture de l'exercice sont susceptibles d'étayer la probabilité de la perte supputée (BOI-BIC-PROV-40-20 n° 100 s.). Ainsi, n'est pas déductible une (provision pour) dépréciation de créance qui, bien que devenue irrécouvrable avant la date de dépôt de la déclaration des bénéfices, n'était pas considérée comme douteuse à la clôture dudit exercice (CE 28-6-1963 n° 56569 ; BOI-BIC-PROV-20-10-40 n° 50).
> Pour l'estimation de la (provision pour) dépréciation sur la base d'informations post-clôture, voir n° 48310 IV.
> Pour un ensemble d'exemples, voir BIC-XII-12350 s.

11375 **IV. Cas particuliers** Lorsque la créance :
– doit ou peut faire l'objet d'une **compensation** avec une dette, voir n° 10415 ;
– est garantie par une hypothèque ou un contrat d'assurance, voir n° 11435 s. et 42415 (Bpifrance Assurance Export, anciennement Coface) ;
– résulte d'une vente à une **société de troc**, voir n° 11165 ;
– est **libellée en monnaies étrangères,** voir n° 40520 ;
– est **bloquée à l'étranger,** voir n° 11385.

CRÉANCES BLOQUÉES À L'ÉTRANGER

11385 Une dépréciation peut, à notre avis, être constituée lorsqu'une perte est probable, c'est-à-dire lorsque les fonds bloqués ne peuvent pas être utilisés sur place ou que l'entreprise n'a pas pris, à la clôture, la décision de les dépenser sur place ou de réaliser une opération lui permettant d'en obtenir indirectement la disposition dans une monnaie convertible avant l'ouverture de l'exercice suivant (opérations de troc, par exemple). Le blocage seul ne suffit pas. Les dépréciations seront rapportées aux résultats de l'exercice au cours duquel le rapatriement des fonds aura été effectué ou leur utilisation décidée.

> **Fiscalement** Il en est de même (CE 6-12-1996 n° 149923), sous réserve qu'il soit justifié au préalable d'un blocage effectif des créances susceptible d'en rendre le recouvrement douteux (BOI-BIC-PROV-40-20 n° 260). Sur le cas particulier des succursales étrangères dont les fonds sont bloqués à l'étranger, voir n° 70470.

CRÉANCES IRRÉCOUVRABLES

11390 L'irrécouvrabilité d'une créance résulte du caractère définitif de sa perte du fait du débiteur ; mais elle peut également naître de la prescription.

11395 **Caractère irrécouvrable de la créance** Il s'agit de **cas d'espèce,** sa perte pouvant résulter de la disparition du client, du résultat négatif des poursuites engagées, de l'action d'un contentieux ou de l'expiration du délai de prescription, ou simplement de la relance par l'entreprise lorsqu'il s'agit de petites factures ne justifiant pas le coût d'une procédure.

En l'absence de règle comptable précise et pour éviter une distorsion avec le traitement fiscal, la doctrine et la jurisprudence fiscales peuvent constituer une bonne base d'appréciation.

> **Fiscalement** Le montant hors taxe de la créance irrécouvrable est déductible des résultats de l'exercice au cours duquel la perte correspondante est devenue définitive (BOI-BIC-CHG-60-20-10 n° 110 ; CE 31-1-1928 n° 93373 bis). Le point de savoir si une créance peut être considérée comme perdue ou si cette perte apparaît seulement probable à la clôture d'un exercice est essentiellement une **question de fait** (BOI-BIC-PROV-40-20 n° 130). Il appartient au créancier de prouver par tout moyen le caractère irrécouvrable de sa créance (CE 1-6-2005 n° 260401). La jurisprudence s'est prononcée sur les critères suivants :
> **a. La situation du débiteur** Une perte pour créance irrécouvrable ne peut être justifiée ni par la seule circonstance que la créance n'a pas pu être recouvrée (CE 25-1-1984 n° 36755), ni par les difficultés financières du débiteur (CAA Nancy 9-3-1994 n° 93NC00323). De même, le fait que le débiteur fasse l'objet d'une procédure collective n'établit pas le caractère irrécouvrable de la créance (CE 11-12-1991 n° 71147), tant que la procédure n'est pas clôturée pour insuffisance d'actif (CE 11-12-1987 n° 46964). Toutefois, lorsque le plan d'apurement des dettes d'une société placée en liquidation judiciaire n'a prévu que le règlement d'une fraction de la créance, une perte peut être constatée par la société créancière à hauteur de la fraction non remboursée (CAA Nantes 23-3-2009 n° 07-846 ; voir n° 11430). Et le montant d'une créance qui n'est pas couvert par la vente de l'immeuble hypothéqué la garantissant (CE 17-6-1981 n° 13147 ; voir n° 11435), ou par une assurance-crédit (BOI-BIC-TVA-DED-40-10-20 n° 40) constitue une créance irrecouvrable. Une perte peut également être constatée en cas de disparition du débiteur sans laisser d'adresse (BOI-BIC-TVA-DED-40-10-20 n° 40).
> **b. Les actions engagées par le créancier** L'irrécouvrabilité de créances n'est pas démontrée par l'impossibilité de faire exécuter un jugement (CE 27-3-1991 n° 57777), ni par l'absence de moyens juridiques de les recouvrer, alors que l'entreprise ne justifie pas que ces créances ne seraient pas honorées à la clôture (CE 26-3-2008 n° 296625). La constatation d'une perte doit être justifiée par des démarches de recouvrement restées vaines, y compris lorsque le créancier est implanté à l'étranger dans un État affecté par des troubles politiques (CE 30-12-2002 n° 229072).
> **c. L'ancienneté des créances** En principe, l'ancienneté des créances ne suffit pas en elle-même à justifier leur caractère irrecouvrable (CE 14-5-1986 n° 45826), sauf, à titre exceptionnel, lorsque leur montant est modique (CE 20-7-1988 n° 51165), sous réserve toutefois que l'entreprise justifie avoir envoyé au moins une relance (CAA Nantes 7-6-1989 n° 89-87).
> **d. La situation comptable du créancier** La constatation d'écarts comptables injustifiés entre le compte collectif créances et les comptes individuels des débiteurs ne permet pas de constater des créances irrécouvrables (CE 10-3-1999 n° 154859 et 10-1-1992 n° 80158), sauf si l'entreprise peut démontrer l'origine et la réalité des erreurs (CE 16-3-1988 n° 59410), ou s'il s'agit d'erreurs de faibles montants (CE 13-2-1980 n° 11923).

11400 **Conséquences de la preuve de l'irrécouvrabilité de la créance** (démontrée au n° 11395) Il en résulte, sur le plan comptable, sa constatation en perte (et donc sa sortie de l'actif) pour son montant hors taxe (voir comptabilisation n° 12215 s.). La dépréciation constituée, le cas échéant, est reprise au même moment.

> **Fiscalement** Il en résulte :
– en matière d'**IS**, une perte, déductible du résultat de l'exercice au cours duquel la créance est devenue irrécouvrable (CE 12-3-1980 n° 7475 et 22-6-1988 n° 58968) ;
– la possibilité de récupérer la **TVA**, sous certaines conditions ; voir Mémento Fiscal n° 54400 à 54430.

La perte sur créance peut être confirmée par un événement intervenant entre **la date de clôture de l'exercice** et la **date d'arrêté des comptes** (pour des exemples, voir n° 52340). Dans ce cas, la perte est à comptabiliser à la clôture. Voir également n° 11370.

DÉBITEUR EN DIFFICULTÉ

11405 Il convient de distinguer les différents cas énumérés ci-après :

11410 **Procédure de conciliation,** ancien règlement amiable (C. com. art. L 611-4 s. ; voir n° 61275 s.) Selon le PCG et l'avis CNC n° 38 (Bull. n° 79, octobre 1989), relatif au règlement amiable mais applicable à notre avis à la procédure de conciliation :

I. Effets de l'ouverture de la procédure Les créanciers contactés dans le cadre de la conciliation ou devant, par décision du juge, accorder des délais de paiement à l'entreprise doivent constituer une « dépréciation des comptes de clients » dès lors qu'un **risque d'irrécouvrabilité** total ou partiel de la créance existe (Avis CNC précité). L'ouverture de la procédure justifie, dans tous les cas, la constitution d'une telle dépréciation.

> **Précisions** **Autres créanciers non parties prenantes à la conciliation** : l'ouverture de la procédure ne devrait pas avoir d'incidence sur les autres créanciers, la procédure étant, en principe, confidentielle à ce stade.

II. Conclusion de l'accord amiable Il convient de distinguer selon que l'entreprise détenant une créance est partie à l'accord ou non :
a. Créanciers ayant conclu l'accord Le respect par le débiteur de ses engagements constituant une condition résolutoire de l'accord, les **remises ou réductions** sont comptabilisées en charges dès l'accord des parties (PCG art. 626-1) et la dépréciation, devenue sans objet, est rapportée au résultat.
En matière d'information, le PCG (art. 833-20/8) requiert l'inscription dans l'**annexe** du créancier (et du débiteur, voir n° 46080) d'informations relatives :
– aux remises et/ou aux réductions obtenues ou accordées ;
– aux engagements financiers futurs donnés ou reçus.

> **Fiscalement** Sur les conditions de récupération de la TVA sur les créances abandonnées, voir Mémento Fiscal n° 54400 à 54430.

b. Autres créanciers (contactés ou non dans le cadre de la conciliation) En principe, la situation est régularisée (avec les conséquences qui en découlent), que l'accord amiable soit homologué par le tribunal ou non.
Toutefois, l'homologation de l'accord entraînant des mesures de publicité à l'égard des tiers (voir n° 61290), les autres créanciers non contactés dans le cadre de la conciliation sont alertés sur les difficultés rencontrées par la société et devraient, à notre avis, suivre l'évolution de ces créances.

III. Inexécution de l'accord Si l'accord n'est **pas respecté** (survenance de la condition résolutoire), la créance est reconstituée sous déduction des montants reçus. Une dépréciation pour créances douteuses est alors à comptabiliser.
Cette solution est également à retenir lorsque l'accord n'est pas respecté du fait de l'ouverture d'une procédure de sauvegarde, de redressement ou de liquidation judiciaires.

11430 **Procédure de sauvegarde, redressement ou liquidation judiciaire**
I. Déclaration de créances

> **Juridiquement** **1. Déclaration de créances** En cas de procédure collective d'un débiteur, les créances vis-à-vis de ce débiteur doivent faire l'objet d'une déclaration pour pouvoir être recouvrées. Sur les créances à déclarer (créances concernées, montant, pièces justificatives, etc.) ainsi que les modalités de déclaration (auteur, délai, forme, etc.), voir Mémento Droit commercial n° 62555 à 62646.
> **Les créances non déclarées** :
> – ne sont pas recouvrées, à moins de faire l'objet d'un relevé de forclusion (dans les conditions fixées par l'art. L 622-26 du C. com.) ;

– ne sont pas éteintes mais sont inopposables au débiteur pendant l'exécution du plan de sauvegarde ou de redressement et après cette exécution lorsque les engagements énoncés dans le plan ou décidés par le tribunal ont été tenus (C. com. art. L 622-26).

2. Attestation du commissaire aux comptes relative au visa de la déclaration de créances (C. com. art. L 622-25) Si la créance ne résulte pas d'un titre exécutoire, elle doit être certifiée sincère par le créancier et, si le juge-commissaire le demande, faire l'objet d'un **visa du commissaire aux comptes** (ou de l'expert-comptable) de celui-ci.

Cette vérification constitue un motif de retard justifiant d'être relevé de forclusion (Cass. com. 29-5-1990 n° 783 P).

Les diligences du commissaire aux comptes sont précisées par la Note d'information CNCC NI.III « Continuité d'exploitation de l'entité : prévention et traitement des difficultés – Alerte du commissaire aux comptes » (2e édition, avril 2022, § 2.31.2 D). À l'issue de ses contrôles, il détermine si les résultats de ses contrôles lui permettent de délivrer une attestation ou de motiver au contraire un refus de visa.

En cas de co-commissariat, l'attestation est signée par chaque commissaire aux comptes.

Pour des exemples d'attestation dans le cadre des procédures collectives, voir NI.III précitée, § 3.13 et site de la CNCC, partie documentaire Sidoni.

En conséquence, sur le **plan comptable** :

II. Effet de l'ouverture de la procédure
Elle justifie la constitution d'une **dépréciation** pour clients douteux.

> **Précisions 1. Procédure de sauvegarde**
> Une dépréciation pour créances douteuses devrait, en principe, être constituée, un risque d'irrécouvrabilité (partiel ou total) pesant, à notre avis, sur les créances.
> En effet, le débiteur ayant demandé l'ouverture d'une telle procédure ne se trouve certes pas en cessation des paiements mais néanmoins face à des difficultés :
> – qu'il n'est pas en mesure de surmonter ;
> – impliquant l'élaboration d'un plan de sauvegarde au cours duquel les créanciers pourront être amenés à consentir des remises de dettes.
> Sur cette procédure, voir n° 61380 s.
> **2. Procédure de redressement judiciaire** La cessation des paiements justifie la constitution d'une dépréciation pour clients douteux.

L'admission de la créance n'a pas d'incidence sur sa dépréciation.

III. Créances non produites ou rejetées
Compte tenu du traitement juridique de ces créances (voir ci-avant), il convient de distinguer trois situations :
– pendant l'exécution du plan : bien que les créances soient inopposables au débiteur défaillant pendant cette période, elles ne peuvent être comptabilisées en perte, leur caractère irrécouvrable n'étant pas définitif (en ce sens, Bull. CNCC n° 181, mars 2016, 2015-17 et 2015-72, p. 63), puisqu'elles redeviennent opposables en cas d'inexécution du plan, à condition qu'entre-temps elles n'aient pas été prescrites (voir ci-après) ;
– après l'exécution du plan lorsque le débiteur n'a pas exécuté l'ensemble des engagements souscrits dans le plan : dans ce cas, les créances demeurant opposables au débiteur, il n'est pas possible de les comptabiliser en perte sauf si leur caractère irrécouvrable est prouvé (notamment par le résultat négatif des poursuites engagées contre le débiteur défaillant ainsi que ses garanties et cautions ; voir n° 11395) ;
– après l'exécution du plan, que le débiteur a respecté : dans ce cas, les créances lui devenant inopposables, elles devraient être considérées comme éteintes et sont donc à comptabiliser en **perte**.

IV. Jugement de sauvegarde, de redressement ou de liquidation judiciaire
Selon le **jugement** prononcé (PCG art. 626-1 ; avis CNC n° 38, décembre 1989 expressément applicable au redressement judiciaire, mais pouvant, à notre avis, être également appliqué lors d'une procédure de sauvegarde) :

a. Jugement de sauvegarde ou **jugement de redressement judiciaire ayant prononcé la continuation de l'entreprise** :

1. Créanciers ayant consenti des remises de dettes Il convient de distinguer deux situations possibles, en fonction des modalités retenues pour l'apurement du passif (voir Mémento Droit commercial n° 63320 à 63324) :

– **1er cas** : le tribunal a donné acte des remises acceptées par les créanciers (C. com. art. L 626-18). Dans ce cas, à due concurrence, **l'extinction** de la **créance** est **instantanée** et la **perte définitive** (car l'engagement du débiteur constitue une **condition résolutoire**). Les remises ou les réductions doivent donc être comptabilisées dès la décision du tribunal arrêtant le plan de sauvegarde ou de redressement (PCG art. 626-1).

En cas de **résolution du plan** (survenance de la condition résolutoire), la créance est reconstituée sous déduction des montants reçus (C. com. art. L 626-27, I, al. 4). Une dépréciation pour créances douteuses est alors à comptabiliser.

– **2ᵉ cas** : les créanciers ont exercé le choix, prévu par le plan, d'un paiement dans un délai plus bref assorti d'une réduction proportionnelle du montant de leur créance. Dans ce cas, « la réduction de créance n'est définitivement acquise qu'après versement, au terme fixé, de la dernière échéance prévue pour le plan pour son paiement » (C. com. art. L 626-19).

> **Juridiquement** (Bull. CNCC n° 161, mars 2011, EJ 2010-141 & EC 2010-68, p. 122 s.) La rédaction du Code de commerce conduit à considérer la remise de dette comme étant acquise au débiteur :
> – dès le versement de la dernière échéance due au créancier ;
> – et sans attendre la constatation du règlement de la dernière échéance du plan.

En conséquence, sur le plan comptable, à notre avis, le créancier constate la perte totale ou partielle de la créance et la reprise de la dépréciation **dès que le paiement de la dernière échéance liée à sa créance** est intervenu, **sans attendre** le versement de la dernière échéance du plan par symétrie avec le traitement chez le débiteur, voir n° 46085.

> **Fiscalement** Il en est, à notre avis, de même (sur le traitement symétrique chez le débiteur, voir n° 46085). Par ailleurs, une créance ne peut être regardée comme devenue définitivement irrécouvrable à la clôture d'un exercice pour le seul motif qu'elle est détenue sur :
> – une société en liquidation judiciaire alors que son caractère douteux n'est pas établi à cette date, le syndic chargé de la liquidation n'ayant fait connaître que cinq années plus tard l'impossibilité de recouvrement (CE 11-12-1987 n° 46964) ;
> – une société en liquidation judiciaire ayant procédé à des licenciements alors qu'elle s'est vu accorder un plan de redressement et d'apurement de son passif prévoyant, notamment, le règlement intégral des créanciers sur une période de trois ans (CE 11-12-1991 n° 71147) ;
> – ou une société en redressement judiciaire, car cette situation n'exclut pas à cette date le retour à meilleure fortune (CE 25-9-1989 n° 55934).
>
> De même, le Conseil d'État (CE 27-3-1991 n° 57777) estime qu'une créance produite au règlement judiciaire du débiteur, ultérieurement converti en liquidation de biens, **ne peut être considérée comme irrécouvrable avant la clôture de la liquidation** pour insuffisance d'actif et ce, quelle que soit l'importance du passif privilégié.
>
> Sur le caractère déductible des abandons de créances commerciaux consentis dans le cadre d'un plan de sauvegarde ou de redressement, voir n° 42235.
>
> Sur les particularités en matière de récupération de la TVA, voir Mémento Fiscal n° 54420.

Sur l'information dans l'**annexe**, voir n° 11410.

La **résolution du plan** n'a aucune incidence comptable pour le créancier ayant accordé la remise et constaté la perte afférente.

> **Juridiquement** En effet, les remises accordées par les créanciers qui ont été remplis de leurs droits restent définitivement acquises à l'entreprise, et ne sont pas remises en cause dans l'hypothèse de la résolution ultérieure du plan (pour non-exécution, par exemple) (Bull. CNCC n° 161, mars 2011, EJ 2010-141 & EC 2010-68 précitée).

Pour l'incidence de la résolution du plan sur la déclaration de créances, voir Mémento Droit commercial n° 63436.

Sur le traitement des remises chez le débiteur, voir n° 46085.

2. Autres créanciers Il est (ou il a été) constitué une **dépréciation pour créances douteuses** ; celle-ci est ajustée en fonction des informations sur l'état de l'affaire.

b. Jugement de redressement judiciaire ayant prononcé la cession de l'entreprise ou de **liquidation pour insuffisance d'actif**, la perte sur créances résulte des termes du jugement et ne peut être constatée qu'après la date de ce jugement.

> **Fiscalement** Une entreprise peut constater la perte partielle d'une créance dès lors que son débiteur a été placé en liquidation judiciaire et qu'un plan d'apurement de créances prévoit le règlement d'une partie seulement de la créance en cause (CAA Nantes 23-3-2009 n° 07NA00846).

CRÉANCES GARANTIES

11435 Créance garantie par une hypothèque En cas de **défaillance du débiteur,** son recouvrement étant garanti par l'hypothèque, aucune dépréciation ne nous paraît devoir être constituée, sauf :
– si le montant de l'hypothèque se révèle insuffisant ;

> **Fiscalement** Il en est de même (CE 17-6-1981 n° 13147). Une créance garantie par une sûreté peut faire l'objet d'une provision pour un montant qui doit être minoré des sommes issues de la mise en œuvre de la garantie (CE 8-7-1977 n° 4158), sauf si le rang de l'hypothèque la rend sans utilité protectrice pour le créancier (CAA Nancy 8-4-1993 n° 92-5).

— ou si l'hypothèque a un rang la rendant sans utilité derrière les créances privilégiées des salariés et du Trésor.

> **Fiscalement** Il en est de même (CAA Nancy 8-4-1993 n° 92-5).

Créance faisant l'objet d'une assurance-crédit   11460

I. Créance douteuse À notre avis, la créance peut être considérée comme effectivement compromise, et donc à déprécier, au plus tard à la date à laquelle l'entreprise, n'ayant pu la recouvrer, **transmet le dossier à la compagnie d'assurances** qui se substitue alors à elle pour la poursuite de l'impayé, en son nom et en qualité de mandataire (par exemple, en cas de garantie Bpifrance Assurance Export, voir n° 42410).

a. Dépréciation individualisée par créance Le **montant de** dépréciation à constater doit correspondre à la **perte probable** restant, in fine, **à la charge de l'entreprise**.
Ainsi, la dépréciation pour créance douteuse doit être, au plus, égale :
— au **montant hors TVA** de la créance douteuse, le risque de perte étant limité au montant hors TVA de la créance (voir n° 11360) ;
— **diminué de la partie couverte** par l'assurance-crédit : il sera utile de se rapporter au contrat pour déterminer ce montant.

> **Précisions 1. Montant de la dépréciation** Il est déterminé compte tenu des conditions particulières pouvant exister dans chaque contrat, notamment :
> — la base de calcul : montant HT ou TTC de la créance garantie (retenir le montant TTC si telle est la base, le montant couvert étant plus important) ;
> — le montant garanti : montant maximum de l'en-cours autorisé ;
> — la quotité garantie : entre 50 et 80 % en général.
> **2. Compensation avec l'actif à recevoir** Déprécier la fraction de créance non garantie nous paraît préférable à la solution qui consiste à déprécier la totalité de l'impayé et à constater un produit à recevoir du montant de l'indemnité d'assurance prévisible (solution obligatoire en matière de provisions, voir n° 45785).
> **3. Créances garanties** Les créances garanties ne sont pas à déprécier à hauteur de la garantie :
> — si le contrat de garantie couvre les situations de pandémie (ce qui n'est pas toujours le cas) ;
> — et si la qualité de crédit des garants n'est pas remise en question par le contexte de crise économique et financière.

> **Fiscalement** Il en est de même (CAA Paris 28-5-1991 n° 89-1199).

b. En cas de dépréciation statistique Le fait de transmettre des dossiers à l'assurance-crédit sur des créances individualisées n'empêche pas la poursuite de la pratique selon laquelle les dépréciations peuvent être déterminées par voie statistique (voir n° 11365). Ainsi, le montant global de dépréciation déterminé de manière statistique doit être alors réduit du montant global couvert par l'assurance-crédit.

II. Créance irrécouvrable

> **Juridiquement** Une fois l'indemnité versée, du fait de la **subrogation** dont bénéficie la société d'assurance-crédit (Loi 72-650 du 11-7-1972 art. 22), la créance est « perdue » pour l'entreprise.

Sur le plan comptable, il résulte de cette subrogation que :
— **l'entreprise doit sortir la créance** indemnisée de l'actif et constater une perte comme si la créance était irrécouvrable pour son montant subrogé hors TVA (voir n° 11400) ; en cas de subrogation limitée au montant indemnisé par l'assurance, la fraction de la créance non visée par cette subrogation est maintenue à l'actif jusqu'à l'obtention du certificat d'irrécouvrabilité ;
— l'entreprise peut **récupérer la TVA** sous certaines conditions (voir n° 11400).

> **Fiscalement** Le versement d'une indemnité dans le cadre d'un contrat d'assurance-crédit atteste du caractère irrécouvrable de la créance dès lors que ce versement constate l'échec des actions de recouvrement appropriées engagées, qu'elles soient amiables ou contentieuses et dès lors que l'assuré constate par ailleurs dans ses écritures comptables l'extinction de la créance et l'enregistrement de la perte (BOI-TVA-DED-40-10-20 n° 40).

La TVA est à virer, à notre avis, au compte 4458 « État – Taxes sur le chiffre d'affaires à régulariser ou en attente », jusqu'à sa récupération effective ;
— **l'indemnité reçue** est à constater en **produits** au cours de l'exercice où elle est définitivement acquise. Sur son classement en résultat, voir n° 45785.

EXEMPLE

L'exemple examiné ci-après est celui d'une créance :
– **garantie en totalité**, c'est-à-dire que la limite d'en-cours fixée par l'assurance-crédit n'a pas été dépassée ;
Dans ce cas, si une partie de la créance est ultérieurement payée, c'est l'assurance-crédit qui, après l'indemnisation et du fait de la subrogation, bénéficiera en totalité du règlement.
Si la garantie n'est pas totale, en pratique, le règlement sera réparti proportionnellement entre l'entreprise et l'assurance-crédit.
– avec une **indemnisation calculée sur une base TTC** (cas le plus fréquent).
Le fait que l'indemnité soit calculée sur une base TTC ou HT est en fait sans incidence sur le mode de comptabilisation.

Hypothèses :

– Créance :

Montant HT	= 200 000
TVA 20 %	= 40 000
Montant TTC	= 240 000

– Couverture de 75 % sur le montant TTC, soit 75 % × 240 000 = 180 000
– Dépréciation pour créances douteuses :

Montant HT	= 200 000
Montant couvert	= (180 000)
Dépréciation à constituer	= 20 000

– Indemnisation versée par l'assurance-crédit : 75 % × 240 000 = 180 000
– Montant de TVA à récupérer = 40 000

(2)	411 Clients	416 Clients douteux	44571 TVA collectée	4458 TVA à régulariser	491 Dépréciation des cptes clients	512 Banque	654 Perte s/créance irrécouvrable	68174 Dotations aux dépréciations des créances	7817 Reprises s/provisions s/actifs circulants	791 Transfert de charge d'exploitation
Créance : (pour mémoire) 240										
Créance devenant douteuse :										
– Transfert du montant TTC en clients douteux	240	240								
– Constitution de la dépréciation pour créance douteuse					20			20		
– Transmission du dossier à l'assurance-crédit (pas d'écriture)										
Créance devenant irrécouvrable :										
– Versement de l'indemnité						180				180
– Constatation de la perte (effet de la subrogation)		240		40			200			
– Annulation de la dépréciation pour créance douteuse					20				20	
– Récupération de la TVA			40	40 (1)						
	240 | 240 soldé	240 | 240 soldé	40	40 | 40 soldé	20 | 20 soldé	180	200	20 | 20 soldé	20	180

(1) Indépendamment du fait que la couverture soit sur le montant TTC.
(2) En milliers.

ÉCARTS COMPTABLES INEXPLIQUÉS (COMPTES CLIENTS)

11462 Lorsqu'une entreprise découvre (à l'occasion d'un changement de son organisation comptable) une différence entre le compte collectif clients et la balance des comptes individuels et qu'elle n'est pas en mesure de retrouver l'origine de cette différence à partir des factures en sa possession, il nous paraît pouvoir constater une perte de même montant au titre des **créances irrécouvrables** si les moyens de recherche ont été épuisés et que, par ailleurs, l'organisation comptable est modifiée pour que de tels faits ne se reproduisent plus.

Cette perte est à comptabiliser à notre avis comme toutes les corrections d'erreur (voir n° 45605).

> **Fiscalement** Les erreurs de **faible montant** sont déductibles (CE 13-2-1980 n° 11923). En revanche, pour les erreurs d'un **montant élevé**, l'entreprise doit justifier de leur origine (en dernier lieu, CE 10-3-1999 n° 154859). La circonstance qu'un administrateur de biens a été contraint de reverser à des syndicats de copropriétaires des sommes représentant l'écart constaté entre le solde des comptes tenus pour ses mandants et le solde des comptes bancaires correspondants n'exonère pas l'intéressé de son obligation de justifier l'origine de cette discordance (CE 10-8-2005 n° 259852). Par ailleurs, l'écart injustifié entre le compte collectif clients et les comptes individuels n'est pas déductible sous forme de (provision pour) dépréciation (CE 5-3-1986 n° 47927). L'écart, lorsqu'il n'est pas déductible, doit être réintégré extra-comptablement sur l'imprimé n° 2058-A (ligne WQ).

CRÉANCES DE NATURE PARTICULIÈRE

Créance obtenue par saisie-attribution sur compte bancaire 11465

> **Juridiquement** La saisie-attribution est régie par le Code des procédures civiles d'exécution (art. L 211-1 à L 211-5 et R 211-1 à R 211-23).

Pour plus de détails, voir Mémento Droit commercial n° 59800 à 59837.

En l'absence de précision des organismes compétents, le traitement comptable à adopter par le créancier saisissant est, à notre avis, le suivant :
– **lors de la signification de l'exploit d'huissier** de saisie-attribution : constatation de la créance sur le banquier au sous-compte 467 « Autres débiteurs divers » par le crédit d'un compte d'attente 471 « Saisie-attribution sur compte bancaire » ;

> **Juridiquement** En effet, à compter de cette signification, la créance saisie est immédiatement attribuée au créancier saisissant, et le tiers saisi (le banquier) devient personnellement débiteur de la somme saisie dans la limite de son obligation (art. L 211-2 du Code précité).

– **lors du paiement par le banquier saisi** : solde du compte 467 « Autres débiteurs divers » par le débit du compte de trésorerie et solde du compte d'attente 471 « Saisie-attribution sur compte bancaire » par le crédit du compte de créance sur le débiteur initial.

> **Juridiquement** En effet, le paiement éteint l'obligation du débiteur et celle du tiers saisi (Code des procédures civiles d'exécution art. R 211-7).

Sur le traitement chez la société saisie, voir n° 40795.

Créances de montant non définitif 11470

Lorsqu'un bien ou un produit a été vendu ou qu'un service a été rendu au cours d'un exercice moyennant un **prix de base contractuellement fixé,** mais que ce prix présente un **caractère provisoire** en ce qu'il devra, en vertu du contrat, être majoré ou minoré en fonction d'événements qui ne surviendront qu'à une date postérieure à la clôture de l'exercice, à notre avis :
– cette incertitude, si elle n'est pas levée à la date d'arrêté des comptes, fait obstacle à ce que cette majoration ou cette minoration soit prise en compte dans le bilan de clôture de l'exercice (sauf par voie de dépréciation au cas où une minoration pouvait à cette date être tenue pour probable). Si l'incertitude est levée à la date d'arrêté des comptes, un produit à recevoir devrait en revanche pouvoir être comptabilisé (voir n° 10505) ;
– mais elle ne retire pas au **prix de base,** tel qu'il est connu et arrêté à la date de clôture du bilan, le caractère d'une **créance actuellement acquise** pour un montant déterminé. Celle-ci doit donc être prise en compte à ce titre et pour ce montant dans le bilan.

> **Fiscalement** Seules peuvent être prises en compte dans le résultat imposable les créances acquises dans leur principe et dans leur montant (BOI-BIC-BASE-20-10 n° 30 à 50). Quel que soit le degré d'incertitude, une majoration ou minoration du montant de la créance non certaine à la date de clôture de l'exercice ne peut être prise en compte dans le bilan de clôture de l'exercice autrement que par voie de provision, dans l'hypothèse où une minoration de prix pourrait être tenue pour probable (CE 29-11-1978 n° 8313 ; BOI-BIC-BASE-20-10 n° 40).

Créances placées sous séquestre 11475

Comptablement, les créances sont acquises et doivent être enregistrées en produits lors de la livraison des biens ou de l'achèvement des prestations de services (voir n° 10355 s.).

La mise sous séquestre est donc **sans effet** sur la prise en compte dans les résultats mais ouvre droit à la constitution d'une dépréciation en cas d'existence d'un litige (voir n° 12240).

> **Fiscalement** Il en est de même (CE 19-5-1999 n° 159136).

11480 **Autres créances :**
- Créances **libellées en devises,** voir n° 40295 s. (valeur d'entrée) et n° 40390 (valeur au bilan).
- Créances **ayant fait l'objet d'acomptes reçus en devises,** voir n° 40320.
- Créances **indexées,** voir n° 40185.
- Créances **dont le montant dépend d'une décision de justice,** voir n° 45950 s.
- Créances **comportant des conditions particulièrement avantageuses pour l'emprunteur,** voir n° 40190.
- **Acomptes reçus en devises sur créances non encore facturées,** voir n° 40315.
- Créances **rattachées à des participations,** voir n° 38465 s.

G. Provisions liées aux ventes

PROVISIONS COUVRANT LES RISQUES LIÉS AUX VENTES

11530 **Provision pour litiges** Voir n° 45910 s.

Provision pour perte à terminaison sur contrats à long terme Voir n° 10790.

11550 **Provision pour garantie donnée aux clients (produits défectueux)** Sur le cas particulier de la garantie décennale, voir n° 15845.

Conformément à l'article L 123-20, al. 3 du Code de commerce (« il doit être tenu compte des passifs qui ont pris naissance au cours de l'exercice ») et au PCG (art. 513-4), la charge prévisible résultant de l'octroi d'une garantie sur vente doit être comptabilisée dans l'exercice où les biens ont été vendus (les travaux exécutés ou les services rendus) et la garantie donnée. Cette charge est à comptabiliser par le biais d'une provision (compte 1512 « Provisions pour garanties données aux clients »).

En effet, les conditions suivantes liées à la constatation d'un passif sont remplies (Avis CNC 2000-01 § 5.4) :

I. Existence d'une obligation à la clôture L'obligation a pour origine la vente avant la date de clôture assortie d'une obligation de garantie, sans attendre la date de départ de la garantie (voir IV. ci-après). La charge de garantie constitue ainsi un élément du coût de revient de la vente à laquelle elle se rattache (en ce sens, C. civ. art. 1641).

Cette obligation peut être légale, contractuelle ou résulter de simples pratiques commerciales de l'entité qui créent une attente chez ses clients.

> **Précisions** Ainsi, **l'obligation de garantie peut également résulter d'une obligation implicite,** découlant des pratiques passées de l'entité, de sa politique affichée ou d'engagements publics suffisamment explicites qui créent une attente légitime des tiers concernés (PCG art. 321-1/2). Il s'agit, par exemple :
> – d'une entreprise qui accorde une garantie contractuelle de 2 ans mais l'étend dans les faits à 3 pour s'aligner sur la pratique du secteur. Cette obligation implicite résulte alors des usages de la profession ;
> – d'un constructeur automobile qui consent à ses concessionnaires une garantie contractuelle et qui assure, dans un document transmis aux concessionnaires, que cette garantie sera étendue pour certaines catégories d'avaries. Cette obligation implicite résulte alors d'un usage de l'entreprise.

II. Sortie de ressources probable à la date d'arrêté des comptes (sur cette notion, voir n° 52310) La sortie de ressources est rendue probable par l'existence d'un défaut dans le produit ou la prestation livré avant la clôture de l'exercice. Identifié par tout moyen, ce défaut peut être connu, soit de manière certaine à la date d'établissement des comptes, soit avec une certaine probabilité qui peut être déterminée par des **statistiques** reposant sur des données propres à l'entreprise, basées notamment sur le nombre de défauts, en particulier pour les productions de série (voir n° 48310 II.). Même si un défaut ne se révèle qu'après la date de clôture, il existait dans le produit au moment de sa livraison intervenue avant la date de clôture et il est donc probable, à cette date, que l'obligation de garantie se traduira par une sortie de ressources.

> **Précisions** La probabilité qu'une sortie de ressources soit nécessaire à l'extinction de ces obligations est déterminée en considérant l'ensemble d'obligations comme un tout (PCG art. 323-2/1). En conséquence, en pratique, même si la probabilité de retour d'un produit vendu est faible, une provision doit néanmoins être constituée si, pour l'ensemble des produits vendus durant l'exercice, la probabilité de sortie de ressources est significative.

Elle est sans contrepartie physique ou financière attendue du tiers acquéreur (la garantie étant comprise dans le prix de vente), l'entité ayant déjà comptabilisé le produit et le résultat sur la vente.

> **Fiscalement** Voir ci-après.

III. Montant D'un point de vue général, les dépenses à prendre en compte pour le calcul d'une provision sont celles qui concourent directement à l'extinction de l'obligation (PCG art. 323-3), c'est-à-dire les coûts directs qui n'auraient pas été engagés en l'absence de cette obligation (Avis 2000-01 § 2.1.2). Concernant les provisions pour garantie, il s'agit des coûts estimés de réparation, ainsi que les éventuels frais annexes liés aux contentieux (Avis CNC 2000-01 précité, § 5.4 et 5.8). L'évaluation de ces « coûts directs » à provisionner comprend, à notre avis, tous les coûts directs, indirects et autres frais généraux rattachables au service de la garantie (voir également n° 11580).

EXEMPLES

Sont à prendre en compte, par exemple :
— pour un produit réparé ou remplacé : les frais d'entretien et de réparation retenus habituellement pour le coût de production des stocks, les coûts d'enlèvement et de réinstallation du bien (C. consom. art. L 217-4 à L 217-12 et arrêt CJUE du 16-6-2011 aff. C 462/09 et CJUE 87/09 interprétant la directive européenne 1999/44/CE du 25-5-1999 abrogée par la directive 2019/771/UE du 20-5-2019), l'essence utilisée pour les dépannages des produits chez les clients ;
— en cas d'assurance : le montant estimé des franchises (en cas de garantie décennale, voir également n° 15845) ;
— dans tous les cas : une quote-part des charges indirectes et frais généraux administratifs correspondant au temps passé par les salariés des services de gestion des contentieux et du service juridique, nécessaire au bon fonctionnement du service après-vente et de la garantie (le cas échéant décennale), peu importe que ces frais soient fixes ou variables, marginaux ou récurrents.

À notre avis, cette définition de la nature des coûts à provisionner donnée dans l'avis CNC n° 2000-01 correspond à l'estimation la plus probable des dépenses à supporter. Ainsi, cette estimation tient compte des événements futurs dès lors qu'il existe des indications objectives que ces événements se produiront (par exemple, évolutions futures des rémunérations du personnel).

Il est même nécessaire d'en tenir compte avant l'enregistrement de la vente, dans l'évaluation des stocks pour la détermination d'une éventuelle dépréciation (voir n° 21490).

> **Fiscalement** Conformément à l'article 39, 1-5° du CGI, les provisions pour garantie sont déductibles lorsque les conditions suivantes sont réunies :
1. Mise en jeu probable de la garantie La charge résultant de sa mise en jeu est rendue probable par les **engagements** de l'entreprise à la clôture de l'exercice (BOI-BIC-PROV-30-10-10 n° 10). Ces engagements peuvent résulter d'un contrat, d'un usage de la profession (CE 28-5-1980 n° 15912) ou encore d'un usage propre à l'entreprise (CE 13-7-2007 n° 289233 et 289261).
La **probabilité** de la charge peut être établie :
— lorsque la clause de garantie s'applique à l'ensemble des biens vendus, même si sa mise en jeu ne peut être tenue pour probable pour chacun d'entre eux (CE 24-7-1981 n° 17904) ;
— lorsque les produits présentent des risques de détérioration importants liés aux circonstances particulières de leur utilisation par le client (vitraux soumis à d'importants écarts de température : CE 28-9-1990 n° 88764).
Sur la possibilité pour les entreprises du BTP qui comptabilisent « à l'avancement » le résultat des contrats à long terme, de déduire les provisions pour franchise de garantie décennale dès leur comptabilisation, sans attendre la réception des travaux, voir n° 10955.
2. Évaluation suffisamment précise des coûts Le montant de la provision doit résulter d'une évaluation précise, au plus près de la réalité, fondée sur le coût de revient des produits à livrer ou des services à fournir (CE 24-7-1981 n° 17904 ; BOI-BIC-PROV-30-10-10 n° 20 et 30). Elle ne peut être fixée de manière forfaitaire d'après le montant total de la garantie contractuelle (CE 26-7-1985 n° 45663). Comme sur le plan comptable, la provision peut prendre en compte les coûts directs et indirects des prestations à fournir (CAA Bordeaux 29-3-2007 n° 04-2148 ; en ce sens également, CE 15-11-1989 n° 90844 ; voir n° 11580).
L'entreprise peut s'appuyer sur des données statistiques tirées de son expérience pour l'évaluation de cette provision (CE 14-2-2001 n° 189776 ; CAA Bordeaux 29-3-2007 n° 04-2149), voir n° 48310 II.
Pour plus de détails sur ces questions, voir BIC-XII-22810 à 23235.
Sur le cas particulier de la garantie décennale, voir n° 15845.

En cas de garantie de longue durée et de garantie complémentaire dont la souscription est séparée de la vente, voir n° 10595 s.

Lorsqu'un litige est connu, une provision individuelle doit être constituée. Sur les conditions permettant de reconnaître un produit à recevoir, le cas échéant, en cas d'assurance, voir n° 45790.

Lorsque la période de garantie prend contractuellement fin avant la date d'arrêté des comptes et qu'aucune défaillance entraînant la mise en œuvre de cette garantie n'a été constatée post-clôture, aucune provision ne doit être comptabilisée à la clôture.

11550
(suite)

En effet :
– la date de fin de garantie contractuelle étant un événement connu à la clôture, l'estimation de la provision doit en tenir compte. Ainsi, à la clôture, seul le risque de mise en œuvre de la garantie entre la date de clôture et la date de fin de garantie doit être apprécié ;
– or, l'absence de défaillance constatée post-clôture permet d'évaluer la sortie de ressources probable liée à ce risque comme étant nulle à la clôture.

> **Fiscalement** Sur les conséquences de la reprise d'une provision à raison d'éléments postérieurs à la clôture, voir n° 48310 IV.

IV. Exemples

EXEMPLE 1

Garantie – obligation légale

Un fabricant vend des produits sous garantie (1 an de garantie légale). Il résulte de son expérience que la garantie est mise en jeu dans l'année suivant la vente dans 2 % des cas.

La vente des produits est le fait générateur de l'obligation car les produits sont vendus sous garantie.

L'expérience passée rend probable une sortie de ressources pour 2 % des produits vendus au cours de l'exercice. Elle est sans contrepartie pour l'entreprise.

À la clôture, une provision est constituée correspondant à la meilleure estimation, à la date d'arrêté des comptes, des coûts de réparation ou de remplacement des produits vendus sous garantie avant la clôture.

> **Fiscalement** La déductibilité de ce type de provision est admise dès lors que son montant est évalué avec une approximation suffisante.

EXEMPLE 2

Garantie – pratiques commerciales – obligation implicite

Un fabricant vend des produits garantis un an. Cependant, pour s'aligner sur son concurrent qui accorde une garantie contractuelle de 3 ans sur des produits équivalents, le fabricant assure gratuitement, lors de chaque demande, les réparations ou remplacements de produits défectueux pendant 3 ans. En conséquence, les clients s'attendent à une garantie de 3 ans.

Il résulte de son expérience que des défauts de fabrication sont constatés et font l'objet de réclamations dans les 3 ans suivant la vente dans 4 % des cas.

La vente des produits est le fait générateur des obligations contractuelles et implicites de réparer les produits pendant les trois années suivant la vente car ils sont vendus sous garantie et les consommateurs s'attendent, du fait de la pratique passée de l'entreprise, à ce qu'elle les répare sur une durée plus longue que celle de la garantie d'un an.

Compte tenu de l'expérience passée, il est probable que l'entreprise devra supporter une sortie de ressources pour 4 % des produits vendus au cours de l'exercice. Elle est sans contrepartie pour l'entreprise.

À la clôture, une provision est donc constituée correspondant à la meilleure estimation, à la date d'arrêté des comptes, des coûts de réparation des produits vendus avant la clôture.

> **Fiscalement** La déductibilité de ce type de provision est admise dès lors que son montant est évalué avec une approximation suffisante.

EXEMPLE 3

Garantie – décalage entre la vente et le départ de la garantie

Un constructeur vend des produits (qu'il garantit) à un concessionnaire assurant la distribution de ces produits auprès des clients finaux. La période de garantie constructeur débute à compter de la livraison au client final et non à partir de la vente du constructeur au concessionnaire.

Toutefois, dès la vente au concessionnaire, le constructeur est tenu de supporter les coûts qui seront générés, le cas échéant, par la mise en jeu de la garantie et ne peut plus se soustraire à cette obligation. En conséquence, une provision doit être constituée dès la vente au concessionnaire, sans attendre la livraison au client final (dès lors que cette livraison est probable).

> **Fiscalement** En revanche, selon certains juges du fond, la provision destinée à faire face à la mise en jeu de la garantie accordée par un constructeur de véhicules vendus par l'intermédiaire d'un concessionnaire n'est déductible qu'à compter de leur livraison au client final (CAA Paris 25-6-2003 n° 99PA01802 ; CAA Versailles 4-12-2013 n° 11VE04173). Cette position est, à notre avis, critiquable dès lors que le constructeur a souscrit dès la réalisation de sa vente un engagement irrévocable de garantie qui matérialise le fait générateur de la provision. Dans d'autres situations, telles que les ventes assorties de chèques-cadeaux, le Conseil d'État (notamment Avis CE 27-10-2009 n° 383197) a d'ailleurs considéré que la vente initiale entraînant l'engagement de l'entreprise d'accorder l'avantage constitue le fait générateur d'une provision déductible, alors même que, juridiquement, le bon cadeau ne peut pas encore être utilisé ; voir n° 11600.

Provision pour risque de remboursement, retour d'invendus ou remplacement de produits périmés À notre avis, cette provision s'apparente à la provision pour garantie (voir n° 11550) et nous paraît donc devoir être constituée (compte 1518 « Autres provisions pour risques ») si son montant est significatif et si les conditions suivantes sont remplies (voir PCG art. 322-1 s.) :

11555

I. Existence d'une obligation à la clôture À la clôture, l'entreprise a vendu des produits avec possibilité de retour, de remboursement ou de remplacement, ce qui crée pour elle une obligation. Cette obligation peut être légale, contractuelle ou résulter de simples pratiques commerciales de l'entité qui créent une attente chez ses clients.

II. Sortie de ressources probable à la date d'arrêté des comptes (sur cette notion voir n° 52310) La sortie de ressources est rendue probable s'il existe des statistiques dans l'entreprise sur les cas de retour, de remboursement ou de remplacement. Elle est sans contrepartie pour l'entreprise.

III. Montant Le montant provisionné doit correspondre à la meilleure estimation de résultat dégagé sur la vente et des coûts liés aux retours ou remboursements probables.

> **Fiscalement** La jurisprudence admet la déductibilité de telles provisions déterminées par voie statistique dès lors que la méthode retenue permet d'évaluer la charge avec une approximation suffisante (CE 10-4-1991 n° 65346, pour des jouets invendus au cours de la période précédant Noël ; CAA Paris 31-12-2003 n° 99PA03614 et TA Montreuil 4-11-2013 n° 1206901, pour des ouvrages invendus retournés par les librairies à une société d'édition), même lorsque l'obligation de l'entreprise (remboursement ou reprise de médicaments périmés) résulte des usages de la profession (et non d'une obligation légale ou contractuelle) (CE 28-5-1980 n° 15912 ; BOI-BIC-PROV-20-10-20 n° 120 et BOI-BIC-PROV-30-10-10 n° 80).

Néanmoins, dans le cas où le calcul et l'échéance du remboursement ou du remplacement gratuit des produits sont suffisamment précis, il y a lieu, à notre avis, de minorer le chiffre d'affaires du montant probable des invendus ou des produits périmés qui seront retournés au cours de l'exercice suivant, conformément aux accords conclus, et donc de comptabiliser une **dette (avoirs à établir)** et un retour de marchandises **plutôt qu'une provision** (PCG art. 321-4).

IV. Exemple

EXEMPLE

Provision pour retour d'invendus

Une entreprise (producteur) s'est engagée contractuellement à reprendre les invendus des distributeurs qui écoulent ses produits. Sur la base de son expérience passée, en moyenne 2 % des produits vendus aux distributeurs sont retournés à l'issue de la période contractuellement définie. À la clôture, le fait générateur de l'obligation est la vente du produit avec possibilité de retour qui crée une obligation juridique. La sortie de ressources est probable comme l'attestent les statistiques de l'entreprise. Elle est sans contrepartie. Une provision doit donc être constituée correspondant à la meilleure estimation des coûts liés aux retours probables (annulation de la marge seule ou de la totalité du chiffre d'affaires si les produits retournés sont invendables, augmentée des coûts liés aux retours).

Cette solution est également applicable au négociant intervenant en tant qu'intermédiaire entre le producteur et le distributeur, même s'il est symétriquement en droit de retourner ces invendus au producteur. La provision est alors calculée sur la base de la marge réalisée et non pas sur celle du prix de vente des produits (Bull. CNCC n° 173, mars 2014, EC 2013-12, p. 108).

Provision pour risques inhérents à l'obligation de résultat Les **ensembliers industriels** doivent tenir compte de la probabilité de charge résultant de leur **obligation contractuelle de résultat envers un tiers,** en constituant une provision, dès lors qu'ils sont en mesure d'apprécier le montant de tels **risques** à partir de **statistiques** établies dans le cadre de leur propre gestion (PCG art. 322-1 s.).

11560

À notre avis, cette provision s'apparente à la provision pour garantie définie dans l'avis CNC n° 2000-01 sur les passifs, § 5.4. Pour plus de détails, voir n° 11550.

> **Fiscalement** Il en est de même (BOI-BIC-PROV-30-10-10 n° 120 à 140 ; BIC-XII-23100 à 23110). En pratique (BOI-BIC-PROV-30-10-10 n° 120 à 140), cette provision est considérée comme fiscalement justifiée dans la mesure où, appréciée marché par marché, elle n'excède pas 2,5 % du prix hors taxe, diminution faite, le cas échéant, du montant des primes d'assurance souscrites afin de couvrir ces risques. Toutefois, elle ne peut être déduite (et donc comptabilisée) qu'**après la réception des travaux** (CE 4-12-1989 n° 70402 ; BOI-BIC-PROV-30-10-10 n° 120 à 140, sauf si le contrat est comptabilisé à l'avancement).

Dans la mesure où la provision n'est pas comptablement justifiée, l'excédent, alors **purement fiscal,** est à comptabiliser, à notre avis, en « **Provisions réglementées** ».

11565 **Provision pour dommages dus à des produits défectueux** Selon le Code civil (art. 1245), le producteur est responsable du dommage causé par un défaut de son produit, qu'il soit ou non lié par un contrat avec la victime.

À notre avis, cette provision s'apparente à la provision pour litiges, telle que définie dans l'avis CNC n° 2000-01 sur les passifs (§ 5.8 ; voir n° 45920 s.). Elle doit être constituée à la clôture de l'exercice si elle répond aux conditions suivantes :

1. Existence d'une obligation à la clôture L'obligation en matière de litige pour produits défectueux résulte d'un dommage probable (ou certain) causé à un tiers avant la clôture, du fait de la mise en circulation d'un produit défectueux (correspondant au dessaisissement volontaire du producteur du produit ; C. civ. art. 1245-4), même s'il a été découvert postérieurement.

2. Sortie de ressources probable à la date d'arrêté des comptes (sur cette notion, voir n° 52310) La probabilité de sortie de ressources dépend de la conjonction des probabilités de :
— l'existence d'un dommage causé à un tiers par le produit défectueux antérieurement à la date de clôture ;
— la responsabilité de l'entreprise dans ce dommage ;
— la mise en jeu de la responsabilité de l'entreprise.

Si aucun dommage n'a été signalé à la date d'arrêté des comptes, mais que l'entreprise a connaissance d'un défaut sur les produits qu'elle a mis en circulation, une provision doit, à notre avis, être constatée si elle estime probables à la fois l'existence d'un dommage commis à la date de clôture et la mise en jeu de sa responsabilité.

3. Montant Si la probabilité de la sortie de ressources est avérée, les coûts à prendre en compte dans l'estimation de la provision sont les suivants : indemnité à payer ou coût de la réparation du préjudice ainsi que les coûts annexes du procès (honoraires d'avocats et d'experts, frais de procédure).

En revanche, l'indemnité d'assurance éventuelle ne vient pas diminuer le montant à provisionner ; elle est comptabilisée distinctement à l'actif lorsqu'elle devient certaine (voir n° 45785). Il en est de même des actions intentées en recours contre un tiers (producteur, etc.) (PCG art. 323-8 ; voir n° 48310 VII.).

> **Fiscalement** La provision est déductible dès lors que le risque est probable et évalué avec une approximation suffisante à la clôture (CGI art. 39-1-5° ; CE 14-1-1983 n° 33536 ; BOI-BIC-PROV-20 n° 1 ; BOI-BIC-PROV-20-10 n° 1 et BOI-BIC-PROV-20-10-10 n° 1 à 70), ce qui implique qu'un litige soit né avant la clôture de l'exercice (et pas seulement avant l'arrêté des comptes) ou que la responsabilité de l'entreprise soit engagée avant cette date (voir n° 45920 et 48240 s.).

Sur la provision du produit défectueux en lui-même, voir n° 11550.

11570 **Provision pour engagement de rachat (ou « buy-back »)** Certaines entreprises réalisent des ventes avec une clause de rachat dite « de buy-back » aux termes de laquelle elles s'engagent à reprendre les biens vendus à l'issue d'une période et pour un prix généralement déterminés dans le contrat. Toutefois, l'entreprise cédante court le risque de devoir revendre à perte le bien repris, la valeur vénale de ce dernier, à la date de rachat, pouvant s'avérer inférieure au prix de rachat fixé dès la vente initiale. Cette pratique est courante, notamment dans le secteur automobile entre constructeurs et sociétés de location (voir n° 11075). Sur la comptabilisation du produit de la vente initiale, voir n° 11070 (opérations de financement) et 11075 (opérations transférant le contrôle du bien).

La charge liée au rachat des biens vendus est prise en compte dès l'exercice de réalisation de la vente : une provision est constituée au titre de l'engagement de rachat, à hauteur de la perte probable.

> **Précisions** En effet, les conditions suivantes liées à la constatation d'un passif sont remplies (PCG art. 322-1 s.) :
> — à la clôture, l'entreprise a vendu des biens avec un engagement de rachat, ce qui crée pour elle une obligation. Cette obligation peut être contractuelle ou résulter de simples pratiques commerciales de l'entité qui créent une attente chez ses clients ;
> — la sortie de ressources est rendue probable s'il existe des statistiques dans l'entreprise sur le taux de reprise des biens, ou certaine lorsque l'option de rachat est dite « fermée » (le retour du bien est certain). Elle est sans contrepartie pour l'entreprise ;
> — le montant provisionné doit correspondre à la meilleure estimation de la perte probable qui correspond, en général, à la différence entre le prix de rachat du bien et sa valeur vénale estimée à la date de rachat (voir ci-après).

Seuls les contrats pour lesquels une marge déficitaire est attendue sont, à notre avis, à provisionner. En effet :
– les pertes sur contrat sont identifiées contrat par contrat (en ce sens, l'avis CNC 00-01 repris en IR sous art. 322-9) ;
– en respect du principe de non-compensation, il n'est en aucun cas possible de compenser les pertes futures avec les gains futurs constatés sur les contrats en profits (PCG art. 323-7 et 323-8).

> **Fiscalement** La provision constituée au titre de l'engagement de rachat des biens vendus est déductible de l'exercice de réalisation de la vente, qu'il s'agisse d'une provision pour perte ou d'une provision pour charge, sous réserve qu'elle soit évaluée de manière suffisamment précise, la référence à la seule cote officielle de l'occasion (Argus, Simo…) n'étant pas suffisante (CE 13-7-2007 n° 289233 et 289261, décision rendue pour une opération vente avec engagement de buy-back dans le secteur automobile).
> Toutefois, contrairement à la position comptable, le Conseil d'État a jugé que la déduction d'une provision pour perte n'est possible que dans le cas et dans la mesure où le **bilan prévisionnel** du **plus grand des ensembles identifiables** d'opérations suffisamment homogènes au sein duquel gains et pertes peuvent être pertinemment calculés de manière agrégée fait apparaître un solde négatif. Or, les contrats reposant sur un modèle économique et juridique unique, quels que soient la catégorie de véhicules et les clients concernés, sont regardés comme formant un ensemble d'opérations suffisamment homogène au sein duquel gains et pertes devaient être calculés de manière agrégée pour la détermination du montant de la provision correspondante (CE 19-9-2020 n° 429100).
> Sur l'utilisation d'une cote officielle pour la valorisation des biens d'occasion, voir n° 21615. Sur la possibilité d'évaluer la provision sur la base de données statistiques, voir n° 48310 II.

Lors du rachat, les biens rachetés sont inscrits à l'actif du vendeur pour leur coût d'acquisition (leur prix de rachat). La différence entre ce prix de rachat et la valeur vénale des biens donne lieu à la comptabilisation d'une dépréciation (voir n° 21615). La provision pour engagement de rachat comptabilisée lors de la vente est reprise, cette reprise compensant ainsi la charge liée à la dépréciation.
Si les biens rachetés sont immédiatement revendus, la reprise de la provision pour engagement de rachat compense la moins-value réalisée sur la vente.

PROVISIONS COUVRANT LES CHARGES LIÉES AUX VENTES

Provision pour frais d'encaissement En cas de vente à crédit financée par un organisme, les frais d'encaissement se rattachant aux ventes déjà effectuées mais non encaissées à la date de clôture de l'exercice ne peuvent être provisionnés. **11575**
En effet, même si l'entreprise s'est engagée à céder les créances correspondantes à l'organisme financier, les frais qui seront réglés après la clôture de l'exercice auront pour contrepartie le règlement des créances cédées par l'organisme.
Sur la provision pour escompte, voir n° 40715.

Provision pour prestations à fournir Sont concernées les ventes de biens ou de services assorties de prestations de services, lorsque les prestations de services ne sont qu'un accessoire à la vente (voir n° 11155). **11580**

a. Conditions de constitution de la provision Il résulte de l'article L 123-20, al. 3 du Code de commerce que les services, consécutifs à une vente, que l'entreprise devra rendre pour respecter ses engagements doivent être provisionnés **dès l'exercice de comptabilisation de la vente** en chiffre d'affaires, lorsque leur montant peut être déterminé avec une approximation suffisante (position retenue par le Bull. CNCC n° 131, septembre 2003, EC 2003-21, p. 497 s. pour la comptabilisation de prestations de maintenance dans le cadre de contrats « composites », au cas particulier, des ventes de logiciels assorties d'une prestation de maintenance des produits vendus).

> **Précisions** En effet, les conditions liées à la constitution d'une provision (PCG art. 322-1 s.) sont remplies si :
> – l'obligation a pour origine la conclusion du contrat et la constatation en produits de sa rémunération en tout ou partie avant la date de clôture ;
> – la probabilité de sortie de ressources dépend en règle générale de la fréquence d'utilisation du service par le client sur la durée du contrat. Elle peut être déterminée par des statistiques. La sortie de ressources probable est sans contrepartie car l'entreprise a déjà comptabilisé en tout ou partie le produit lié à la prestation.

La provision est, à notre avis, à répartir, comme les produits, sur la durée du contrat.

b. Montant de la provision Le montant à provisionner correspond aux coûts estimés des prestations à fournir. En pratique, le prix de vente étant déterminé en tenant compte de l'ensemble des charges (et d'une marge supplémentaire) et la vente étant comptabilisée, c'est donc **l'ensemble des charges** correspondantes (directes, indirectes, variables ou de structure) qui doit être provisionné.

> **Fiscalement** Le Conseil d'État admet la déduction de provisions correspondant aux coûts directs (coût de production et de main-d'œuvre) et aux coûts indirects (frais de gestion administrative ou financière ou frais commerciaux de livraison-distribution) engendrés par les prestations de services restant à effectuer à raison de ventes ayant donné lieu à une prise en compte des produits dans les résultats de l'exercice (CE 15-11-1989 n° 90844 ; CE 21-1-2008 n° 292664). Voir également n° 11600.
> En cas de contrat déficitaire, la provision couvrant la quote-part des pertes se rapportant aux prestations effectuées à la clôture est déductible en application de l'article 39-1-5° du CGI, voir n° 10625 III.

Sur le cas particulier des garanties fournies avec la vente d'un bien, voir n° 11550 (provision pour garanties donnée aux clients, produits défectueux). Sur le cas particulier d'une garantie décennale, voir n° 15845.

Pour une application dans le cadre de prestations continues, voir n° 10625, et de prestations discontinues à échéances successives, voir n° 10645.

11600 **Provision pour bons de réduction, chèques-cadeaux, cartes de fidélité, bons de parrainage** Le traitement comptable **des droits à réduction ou avantages en nature (produits ou services) accordés par les entreprises à leurs clients et liés à une vente initiale** est prévu par l'avis n° 2004-E du Comité d'urgence du CNC du 13 octobre 2004.

I. Champ d'application Ce traitement s'applique à des droits ou avantages accordés à l'occasion d'une **vente initiale**.

Sont notamment visés (Avis CU CNC 2004-E) :
– les **réductions monétaires** correspondant à des droits accumulés accordés aux clients au titre des ventes passées et utilisables à l'occasion des ventes futures, sous forme de chèques-cadeaux, chèques-réduction, cartes de fidélité, réductions diverses… ;
– les **avantages en nature** restitués aux clients sous forme de produits prélevés sur les marchandises de l'entreprise ou acquis auprès de fournisseurs extérieurs, ou de services rendus par l'entreprise ou des prestataires externes (Bull. CNCC n° 198, juin 2020, EC 2020-01).

> **Précisions** Exclusions du champ d'application de l'avis :
> **1.** Cartes de fidélité payantes ouvrant droit à une réduction future non conditionnée à une première vente (Bull. CNCC n° 142, septembre 2006, EC 2006-01, p. 388 s. ; voir n° 11200). Sur la provision à constituer, voir n° 11625.
> **2.** Coupons distribués indépendamment d'une vente (mailings, coupons insérés dans la presse, etc.) Une provision est néanmoins à comptabiliser. Ainsi, les bons de réduction, accordés au client final par un producteur ayant déjà vendu à ses distributeurs les biens sur lesquels portent les bons, doivent faire l'objet d'une provision pour ristournes à accorder dans les comptes du producteur **dès leur distribution** (dans ce cas, voir n° 11835). A contrario, si le producteur vend lui-même ses biens auprès du client final, aucune provision n'est à constater au titre des bons distribués. Dans ce cas, en effet, ces bons représentent, pour le producteur, un manque à gagner qui ne peut être provisionné.

II. Traitement comptable Les droits et avantages accordés à l'occasion de la vente initiale donnent lieu :
– soit à la comptabilisation d'une provision (cas général) ;
– soit à la comptabilisation d'un produit constaté d'avance.

> **Précisions** Groupe de travail à l'ANC L'ANC mène actuellement des travaux de refonte des dispositions du PCG concernant le cycle « vente ». Le choix de méthode pourrait être remis en cause pour ne conserver que le traitement sous forme de produit constaté d'avance (voir ci-après b.).

a. Comptabilisation d'une provision :

1. Constitution d'une provision En général, **dès la vente initiale,** lors de l'octroi du droit à réduction ou avantage, **l'entreprise s'engage,** de manière explicite, par contrat ou remise de cartes de fidélité, ou de manière implicite, par des annonces ou des communications, à accorder à ses clients des réductions monétaires ou des avantages en nature. C'est la **vente ultérieure** qui permet ensuite d'utiliser ce droit.

Compte tenu des règles comptables sur les passifs, l'engagement de l'entreprise à l'égard de sa clientèle doit donner lieu à la **comptabilisation d'une provision** dès la vente initiale

(Avis CU CNC 2004-E § 2.3), à la fois dans les comptes individuels et consolidés (établis en règles françaises), les conditions suivantes étant remplies :
– **Existence d'une obligation de l'entreprise à la clôture** : cet engagement qui crée une attente légitime de la part des clients et qui peut se dénouer immédiatement ou à terme constitue une **obligation** au sens des dispositions de l'article 321-1/2 du PCG.
Il en est de même lorsque l'obligation est assortie d'un franchissement de seuil.
– **Sortie de ressources certaine ou probable sans contrepartie équivalente** : l'engagement de réduction ou l'avantage en nature consenti donnent lieu à sortie de ressources sans contrepartie pour l'entreprise.
S'agissant d'un grand nombre d'obligations similaires, la probabilité de sortie de ressources doit s'apprécier par rapport à l'ensemble des chèques ou autres avantages émis ou à émettre.

> **Fiscalement** La déduction de cette provision est admise par la jurisprudence dès la première vente, que la charge résulte :
> – de bons de réduction attachés à un produit et utilisables pour l'achat ultérieur d'un produit identique (CE 2-6-2006 n° 269997) ;
> – mais également de toutes les autres formes d'avantages accordés lors d'une première vente et utilisables lors d'une vente ultérieure qui produisent les mêmes effets économiques, notamment de programmes de fidélité, pour lesquels l'octroi d'un avantage au client est subordonné à la réalisation de plusieurs ventes et non d'une vente unique (Avis CE 27-10-2009 n° 383197). Tel est le cas, par exemple, des chèques-cadeaux (CE 1-10-2018 n° 412574) et bons de parrainage (CAA Versailles 14-5-2019 n° 17VE03555).
> Cette analyse permet le traitement uniforme comptable et fiscal de ces instruments promotionnels (Avis CE précité).

2. Évaluation de la provision Selon l'avis CU CNC n° 2004-E, pour estimer la sortie de ressources, les entreprises devraient être en mesure de déterminer de manière statistique et suffisamment fiable :
– le nombre et la valeur des droits **attribués** sous forme de points ;
– le pourcentage et la valeur des droits **transformés** en chèques-réduction, et cadeaux ou autres avantages ;
– le pourcentage et la valeur des chèques-réduction et cadeaux ou autres avantages effectivement **présentés.**
En pratique, les entreprises devraient disposer de statistiques qui leur sont propres (plutôt que des données sectorielles) et qui leur permettent d'estimer cette provision de façon suffisamment fiable. L'évaluation statistique devrait également se baser, à notre avis, sur des éléments historiques propres à chaque type de programme de fidélité et collectés sur plusieurs exercices.
Cette provision **est évaluée** (Avis CU CNC précité) sur la base :
– du coût de revient de l'avantage accordé non remboursable en espèces (en nature ou sous forme de réduction) ;
– de la valeur faciale de l'avantage lorsque ce dernier est remboursable en espèces. Pour un exemple de calcul de la provision sur la base du coût de revient, voir Exemple ci-après.

> **Fiscalement** Selon le Conseil d'État (Avis CE 27-10-2009 n° 383197), cette provision est déductible dès lors qu'elle est :
> – calculée avec une approximation suffisante,
> – évaluée sur la base des droits à récompense octroyés au client et non sur la base de la récompense promise, en fonction de la probabilité d'exercice de ces droits,
> – au fur et à mesure de l'attribution de ceux-ci et non pas seulement à compter de l'exercice au cours duquel le dernier achat permettant d'atteindre le nombre minimum de points requis pour l'utilisation de ces droits a été réalisé.
> En outre, il a été jugé que la provision constituée au titre d'un chèque-cadeau (réduction monétaire utilisable uniquement sur un second achat) ou d'un bon de parrainage (bon utilisable sur un prochain achat par un client qui en parraine un nouveau) doit être calculée sur la base du coût de revient de l'avantage accordé, et non de la valeur faciale du bon remis au client (CE 1-10-2018 n° 412574, à propos de chèques-cadeaux ; CAA Versailles 14-5-2019 n° 17VE03555, à propos de bons de parrainage).

3. Comptabilisation La provision est, à notre avis, comptabilisée dans une subdivision du compte 158 « Autres provisions pour charges » en contrepartie du compte 6815 « Dotations aux provisions pour risques et charges d'exploitation ».
Sur le traitement des bons de réduction lors de leur utilisation, voir n° 11840.
Sur le traitement en IFRS, voir Mémento IFRS n° 25810 et 25830.

11600
(suite)

b. Comptabilisation d'un produit constaté d'avance :
Les entreprises qui, avant la parution de l'avis CU CNC n° 2004-E, comptabilisaient déjà ces transactions dès la vente initiale, sous forme de produits constatés d'avance (réduction de chiffre d'affaires), doivent maintenir leur traitement antérieur si **le montant comptabilisé est au moins équivalent à celui de la provision visée dans l'avis.**
En pratique, ce mode de comptabilisation conduit :
– à différer une quote-part du chiffre d'affaires jusqu'à la 2e vente, et donc une quote-part de la marge attachée à cette 2e vente,
– contrairement à la comptabilisation d'une provision dont le montant est basé sur le coût de revient de l'avantage accordé (voir ci-avant a.), ce qui revient à constater la totalité de la marge dès la première vente.

> **Fiscalement** La comptabilisation des chèques-cadeaux et autres avantages en produits constatés d'avance a pour effet de minorer :
> – le bénéfice soumis à l'IS ;
> – l'assiette de la TVA et d'autres taxes assises sur le chiffre d'affaires (CVAE, contribution sociale de solidarité, etc.).
>
> **a. Impôt sur les sociétés** Selon le service juridique de la fiscalité à la DGFiP, interrogé par nos soins dans le cadre de notre journée « Arrêté des comptes et résultat fiscal 2010 », Les Échos Conférences – PwC, les entreprises peuvent comptabiliser ces bons sous forme de produits constatés d'avance, à condition que la marge ne soit pas fiscalement différée afin d'assurer une neutralité de traitement par rapport aux entreprises qui comptabilisent leurs bons de réduction sous forme de provisions.
> En conséquence, les entreprises qui comptabilisent des produits constatés d'avance devraient, à notre avis :
> – sur l'exercice de comptabilisation du produit constaté d'avance : réintégrer la marge sur l'imprimé n° 2058-A (ligne WQ) ;
> – sur les exercices de constatation de la marge : la déduire sur l'imprimé n° 2058-A (ligne XG).
> **b. Taxes assises sur le chiffre d'affaires** Il en est de même au regard des taxes assises sur le chiffre d'affaires. Interrogée par nos soins dans le cadre de notre journée « Arrêté des comptes et résultat fiscal 2004 », Les Échos Conférences – PwC, la DLF a indiqué qu'afin d'éviter tout risque de rehaussement fiscal, des retraitements doivent être effectués afin d'inclure les sommes comptabilisées en produits constatés d'avance dans la base de la TVA et des autres taxes assises sur le chiffre d'affaires.

EXEMPLE

Une entreprise réalise une première vente de 100 HT. Cette première vente donne au client droit à un bon de réduction de 15 à valoir sur un prochain achat d'un montant au moins équivalent.

Le bon n'est pas remboursable en espèces et, par souci de simplification, il est considéré que le taux d'utilisation des bons est de 100 %. Sur une vente de 100, le coût de revient pour l'entreprise du produit vendu est de 70 et la marge réalisée de 30.

Cas 1. L'entreprise provisionne ses bons de réduction sur la base du coût de revient de l'avantage accordé

– Lors de la vente initiale, les écritures suivantes sont à enregistrer :

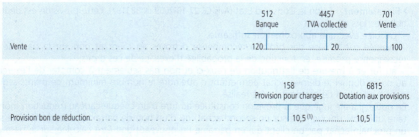

(1) La provision est calculée comme suit : 70 % (coût de revient) × 15 (valeur faciale de l'avantage) = 10,5.

> **Précisions** Lorsque l'avantage est **remboursable en espèces,** la provision doit être évaluée sur la base de la valeur faciale du bon, soit 15 au cas particulier.

– Lors de la seconde vente de 100, la provision de 10,5 est reprise et un chiffre d'affaires de 85 [100 (vente) – 15 (utilisation du coupon)] est constaté.

Cas 2. L'entreprise constate un produit constaté d'avance
— Lors de la vente initiale, les écritures suivantes sont à enregistrer :

	512 Banque	4457 TVA collectée	701 Vente
Vente	120	20	100

	487 PCA	701 Vente
Produit constaté d'avance	15	15

Le produit constaté d'avance (PCA) constitué correspond à la valeur faciale du bon de réduction (en tenant compte de la probabilité d'utilisation du bon estimée ici, par simplification, à 100 %).
— Lors de la seconde vente de 100, le chiffre d'affaires constaté est de 100 [100 (vente) − 15 (utilisation du coupon) + 15 (reprise du PCA)].

Provisions particulières aux entreprises de travaux publics et de bâtiment 11620

Leur ancien plan comptable professionnel (Avis de conformité n° 9 désormais caduc ; voir n° 3315) citait un certain nombre de provisions spécifiques à cette activité. Parmi celles-ci, compte tenu des règles sur les passifs applicables à tous les secteurs d'activité (voir n° 48005 s.), **peuvent toujours être constituées,** à notre avis, les provisions suivantes :
— **provisions pour garanties données aux clients** : risques supportés au titre des garanties décennale, triennale ou de bonne fin de chantier ainsi qu'obligations d'entretien pendant la période de garantie (Avis CNC 2000-01 § 5.4) ; sur le traitement fiscal des provisions pour garantie décennale constituées par les entreprises du BTP qui appliquent la méthode de comptabilisation à l'avancement, voir n° 10955 ;
— **provisions pour litiges** nés de la contestation des décomptes définitifs de travaux, d'interprétations jugées extensives des obligations de garantie ou de toutes autres causes (Avis CNC 2000-01 § 5.8) ;
— **provision pour contribution économique territoriale** non encore mise en recouvrement pour les chantiers de travaux publics d'une durée d'au moins trois mois ;
— **provision pour remise en état des sites** lorsque l'arrêté ou la convention impose le coût de la réhabilitation dans le paysage des sites exploités (Avis CNC 2000-01 § 5.9 ; voir également n° 27925 s.).

En revanche, pour les autres provisions il est, à notre avis, nécessaire d'effectuer une **analyse au cas par cas** pour vérifier qu'il existe bien à la clôture de l'exercice une obligation de l'entreprise dont il est probable ou certain qu'elle provoquera une sortie de ressources, conformément à ce que prévoit le PCG (art. 322-1 s.).

Sont notamment concernées, à notre avis, les provisions suivantes :
— **provisions pour risques** : risques et charges prévisibles relatifs aux chantiers réceptionnés (enregistrement des résultats à l'achèvement des travaux) ou non réceptionnés (enregistrement des résultats à l'avancement des travaux) ;
— **provision pour frais de fin de chantier** : terminaison, repliement, indemnités de licenciement.

PROVISIONS POUR PERTE

Provision pour perte sur contrat   Une perte sur un contrat doit être provisionnée 11625
dès qu'elle devient probable (PCG art. 322-9).

> **Précisions**   À notre avis, ces dispositions visent tous les contrats de ventes de biens ou de prestations de services signés avant la clôture de l'exercice. Il n'est pas nécessaire que leur exécution ait commencé avant cette date, l'obligation naissant lors de la signature du contrat.

Les conditions suivantes liées à la constitution d'une provision sont remplies (Avis CNC 2000-01 § 5.6) :

I. Existence d'une obligation à la clôture   L'obligation est constituée par l'existence d'un contrat signé avant la date de clôture. L'entreprise ne peut plus échapper à son obligation contractuelle de faire, sauf à verser une indemnité.

II. Sortie de ressources probable à la date d'arrêté des comptes (sur cette notion voir n° 52310) La perte identifiée sur le contrat constitue une sortie de ressources sans contrepartie.

La provision est constatée au compte 1516 « Provisions pour pertes sur contrats » sous déduction des pertes éventuellement déjà constatées.

III. Évaluation de la provision Le PCG ne donne pas de précisions sur l'évaluation de la provision. En pratique, il est possible, à notre avis, de se référer à la norme IAS 37 (qui est à l'origine des règles sur les passifs, voir n° 48005) et d'évaluer la provision au plus faible entre (voir Mémento IFRS n° 39979) :
– le coût d'exécution du contrat jusqu'à son terme, déterminé, à notre avis, comme une perte à terminaison dans le cadre d'un contrat à long terme (sur l'évaluation en résultant, voir n° 10910 s.) ;
– et le coût de toute indemnisation ou pénalité découlant du défaut d'exécution du contrat.

> **Précisions** **1.** **Pertes déjà constatées** Le montant de la provision ne comprendra pas les pertes déjà constatées.
> **2. Actualisation** S'agissant de contrats pouvant porter sur plusieurs exercices, l'utilisation de l'actualisation peut avoir une influence significative. Elle peut être utilisée, mais sans obligation (en ce sens, Rec. ANC Covid-19, Question 12 ; voir également n° 48310, V.).

Dans le cas exceptionnel où aucune évaluation fiable de la perte ne peut être réalisée, voir n° 10865.

> **Fiscalement** Sur les conditions de déduction des provisions pour pertes afférentes à des opérations en cours à la clôture, voir n° 48290.

IV. Provisions pour pertes fréquentes :
– provision pour perte à terminaison sur contrats à long terme, voir n° 10860 V. (contrats à l'avancement) et n° 10895 (contrats à l'achèvement) ;
– provision pour perte sur contrat de prestations de services, voir n° 10625 III. (prestations continues) et n° 10645 III. (prestations discontinues à échéances successives) ;
– provision pour perte sur achats de marchandises à terme, voir n° 15220.

SECTION 3 — SCHÉMAS USUELS DE COMPTABILISATION

I. RÉGULARISATION DES CRÉANCES ET PRODUITS EN FIN D'EXERCICE

RÉGULARISATION DES CRÉANCES EN FIN D'EXERCICE

11740 > **Précisions** pour les conséquences du décalage entre la facturation et le fait générateur de la TVA, voir n° 46680 s.

11745 **Constatation des factures à établir à la clôture de l'exercice** Le bien a été livré ou le service a été rendu mais la facture n'a pas été établie. Le produit correspondant est ajouté aux produits de l'exercice par l'intermédiaire du **compte rattaché** au compte « Clients » : **418 « Clients – Produits non encore facturés »** (PCG art. 944-41), à notre avis, subdivision possible 4181 « Factures à établir ». Sur l'évaluation des produits à recevoir, voir n° 10505.

À notre avis, si la facture est passible de la TVA et/ou d'une taxe assimilée, elle est enregistrée pour son montant total, ces taxes étant portées au compte 4458 « Taxes sur le chiffre d'affaires à régulariser » (subdivision 44587 « Factures à établir »).

> **Précisions** Toutefois, si l'exigibilité de la TVA est déjà intervenue, à notre avis, le compte 4457 « TVA collectée » doit être utilisé comme le précisait le PCG 82 (p. I.76).
> Dans ce cas, une attention toute particulière devra être portée à l'exercice de la facturation afin de ne pas payer une seconde fois la TVA.

À l'ouverture de l'exercice suivant, les écritures sont contre-passées ; toutefois, les entreprises peuvent également attendre l'**établissement de la facture**, le compte 418 étant dans ce cas crédité par le débit du compte 411 « Clients » et le compte 4458 débité par le crédit du compte 4457 « TVA collectée » (PCG art. 944-41).

Cette dernière solution est **préférable** car elle évite le risque éventuel que les comptes de produits deviennent débiteurs au cours du ou des premiers mois de l'exercice suivant.

> **Précisions** À notre avis, c'est le **seul cas** où il est possible, en cours d'exercice, de présenter un **compte de produits débiteur**.

EXEMPLE

Marchandise livrée avant la clôture de l'exercice N dont la facture d'un montant de 3 750 (+ TVA : 750) n'a été établie qu'au cours de l'exercice N+1.

Elle a été estimée à 3 700 (+ TVA : 740) à la clôture de l'exercice sur la base d'une facture précédente de la même marchandise.

a. Annulation du compte de régularisation à la réouverture des comptes

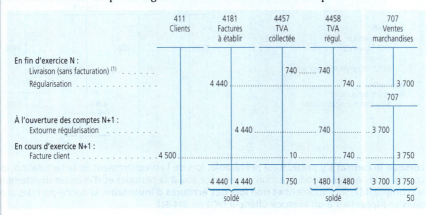

(1) Voir n° 46700.

b. Annulation du compte de régularisation lors de la facturation

	411 Clients	4181 Factures à établir	4457 TVA collectée	4458 TVA régul.	707 Ventes marchandises
En fin d'exercice N :					
Livraison (sans facturation)(1)			740 740		
Régularisation		4 440		740	3 700
					707
En cours d'exercice N+1 :					
Facture client	4 500	4 440	10		50
	4 440 ǀ 4 440		750	740 ǀ 740	
	soldé			soldé	

(1) Voir n° 46700.

L'éventuel **écart** entre le **produit à recevoir** et le montant de la **facture client** est habituellement laissé en **chiffre d'affaires** (en ce sens, Bull. CNCC n° 201, mars 2021, EC 2020-08).

RÉGULARISATION DES PRODUITS EN FIN D'EXERCICE

Produits constatés d'avance En contrepartie des créances certaines et des créances rattachées (factures à établir) a été constaté un produit d'exploitation. Mais si, pour les opérations concernées, le produit n'a pas été réalisé (voir n° 10370 s.), il convient de retrancher ces produits non réalisés des produits de l'exercice (voir n° 10370). À cet effet, le compte de produits intéressé (par exemple, 70 « Ventes ») est débité par le crédit d'un **compte de régularisation** : 487 « Produits constatés d'avance » (PCG art. 944-48) pour le montant du

11750

produit correspondant à la prestation restant à réaliser ou à la marchandise restant à livrer (PCG art. 323-9).

À notre avis, il n'y a **pas** lieu de tenir compte **de la TVA,** les produits constatés d'avance apparaissent donc « hors taxe » au bilan.

Le compte 487 est débité, à l'ouverture de l'exercice suivant, par le crédit du compte de produits initialement débité (PCG art. 944-48).

> **EXEMPLE**
>
> Loyer du 1/12/N au 28/02/N+1 : 7 200 (dont 1 200 de TVA) ; exigible d'avance du locataire.
> Étalement du produit :
> — exercice N : 6 000 × 1/3 = 2 000 ;
> — exercice N+1 : 6 000 × 2/3 = 4 000.

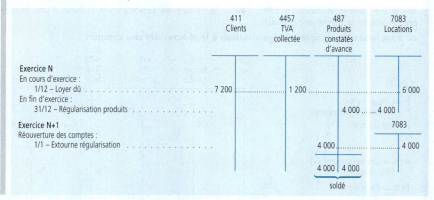

Lorsque le contrat s'y prête, il est **préférable,** lors de l'enregistrement de la facturation, de constater le véritable produit acquis à l'exercice (ou à la période) et d'affecter directement au compte 487, à ce moment **et non lors des écritures d'inventaire,** la quote-part des produits se rapportant à un exercice ultérieur (PCG art. 944-48).

11752 **Produits constatés d'avance sur jetons émis** Voir n° 42640 s.

11755 **Abonnement des produits** Selon le PCG (art. 944-48), les entreprises ont la faculté d'enregistrer au compte 4887 « Comptes de répartitions périodiques des produits » les produits dont le montant peut être connu ou fixé d'avance avec une précision suffisante et qu'on décide de répartir par fractions égales entre les périodes comptables de l'exercice (système de l'abonnement).

En cours d'exercice, l'abonnement est modifié, s'il y a lieu, en plus ou en moins, de manière que le total des sommes inscrites au crédit des comptes intéressés de la classe 7 soit égal, en fin d'exercice, au montant réel du produit.

Le compte 4887 est soldé à la fin de l'exercice.

II. PRODUITS D'EXPLOITATION

A. Ventes et produits des activités annexes (compte 70)

11825 **Adaptations de la liste des comptes du PCG à l'entreprise** Pour la liste des comptes, voir n° 96320.

a. Subdivisions à créer en fonction des besoins de l'entreprise Les comptes de ventes d'exploitation peuvent être subdivisés, en fonction des besoins de chaque entreprise, pour distinguer (en ce sens, PCG art. 947-70) :
— les groupes de produits (par exemple, 7011 « Produit fini A », 7012 « Produit fini B », etc.) ;
— les ventes en France et à l'exportation (par exemple, 70111 « Ventes du produit A – France », 70112 « Ventes du produit A – Étranger ») ;

> **Précisions** Cette différenciation est particulièrement utile pour les livraisons intracommunautaires de biens qui font l'objet d'une déclaration statistique mensuelle (déclaration d'échange de biens).

– les cessions à prix coûtant ;
– les ventes à des entreprises liées ou avec lesquelles elle a un lien de participation (voir définitions n° 35070).

> **Précisions** Selon le PCG (art. 947-70), les ventes peuvent être classées en fonction d'une **nomenclature** propre à l'entreprise compatible avec la nomenclature officielle des biens et services de l'Insee.

b. Regroupements possibles Les entreprises pour lesquelles la distinction des ventes de produits finis (compte 701) et de produits intermédiaires (voir définition n° 20120) (compte 702) n'est pas significative peuvent regrouper ces deux comptes au compte 701 « Ventes de produits finis et intermédiaires » (en ce sens, PCG art. 911-5).

c. Éclatement des produits des activités annexes (compte 708) Lorsque certains de ces produits constituent l'activité principale de l'entreprise, ils sont à constater aux comptes 701 à 706 en fonction de leur nature économique.

Réductions accordées sur ventes

11830

I. Rabais, remises et ristournes Leur traitement comptable est différent en cours d'exercice selon que leur montant figure sur la facture de vente ou n'est déterminé que postérieurement à l'enregistrement de la vente ; mais, à la clôture de l'exercice, le solde du compte de vente est identique dans les deux cas.

1. Si leur montant figure sur la facture, ils constituent, à notre avis, pour le vendeur une réduction du prix de vente, la vente étant inscrite au compte 70 pour son montant net, ristournes, rabais et remises déduits (précision du PCG 82, p. II.53).

2. Si leur montant ne figure pas sur la facture, ils sont portés au compte 709 « Rabais, remises et ristournes accordés par l'entreprise » qu'ils soient accordés hors facture ou qu'ils ne soient pas rattachables à une vente déterminée (PCG art. 944-41 et 947-70), par le crédit du compte clients concerné, la régularisation de la TVA collectée étant portée au débit du compte 4457.

À la clôture de l'exercice :
– le compte 709 est viré au compte de ventes correspondant ;
– les comptes clients créditeurs sont virés au compte 4197 « Clients – Autres avoirs », pour respecter la règle de non-compensation des éléments actifs et passifs dans les comptes annuels (voir n° 12830).

> **Précisions** À notre avis, comme le précisait le PCG 82 (p. I. 39), constituent des rabais, remises et ristournes **hors factures** :
> **1. Rabais** : réductions pratiquées exceptionnellement sur le prix de vente préalablement convenu pour tenir compte, par exemple, d'un défaut de qualité ou de conformité des objets vendus (elles sont connues et acquises lors de la facturation).
> **2. Remises** : réductions pratiquées habituellement sur le prix courant de vente en considération, par exemple, de l'importance de la vente ou de la profession du client et généralement calculées par application d'un pourcentage au prix courant de vente (elles sont également connues et acquises lors de la facturation).
> **3. Ristournes** : réductions de prix calculées sur l'ensemble des opérations faites avec le même tiers pour une période déterminée (il faut attendre l'expiration de cette période pour qu'elles soient connues et acquises ; juridiquement, cette analyse est confirmée par Cass. crim. 12-6-1997 n° 3628 PF ce qui exclut leur mention sur les factures).

Sur le passage en produits des ristournes non réclamées, voir règle générale d'extinction des dettes, n° 15090 (en ce sens également, Bull. CNCC n° 96, décembre 1994, EC 94-43, p. 764 s.).

Sur les frais de crédit pris en charge par le vendeur, n° 43025.

> **Fiscalement** Le montant des ventes à prendre en compte pour la détermination du résultat doit être diminué des rabais et remises accordés (BOI-BIC-PDSTK-10-10-10 n° 10).

II. Rachat de garantie après-vente La charge de garantie (légale) constituant un élément du coût de revient de la vente (en ce sens, C. civ. art. 1641), le rachat de cette garantie au producteur par un distributeur constitue une réduction du prix de vente, à comptabiliser en diminution du chiffre d'affaires chez le producteur (Bull. CNCC n° 173, mars 2014, EC 2013-65, p. 111).

Sur la provision pour garantie, voir n° 11550.

11835 **Réductions à accorder** Elles constituent des charges à payer à comptabiliser en fin d'exercice dans le compte 4198 « Rabais, remises et ristournes à accorder et autres avoirs à établir » (sur leur présentation au bilan, voir n° 12830).

À notre avis (PCG art. 322-1 s.), il y a lieu de distinguer les réductions contractuelles des réductions non contractuelles.

a. Réductions contractuelles Elles doivent être systématiquement constatées en fin d'exercice car l'entreprise a une obligation juridique de les accorder à la clôture de l'exercice ; en outre, la sortie de ressources est certaine et sans contrepartie pour l'entreprise puisque les réductions sont dépendantes d'un chiffre d'affaires déjà réalisé.

La charge à payer est évaluée en fonction des dispositions figurant au contrat.

> **Fiscalement** Il en est de même. Pour donner lieu à la constitution de provisions déductibles, les RRR accordés au titre des opérations réalisées au cours de l'exercice doivent être considérés comme probables, notamment par l'existence d'un engagement contractuel (CE 20-1-1989 n° 67400 et 69711) et leur montant doit être évalué avec une approximation suffisante (CE 15-12-1971 n° 75407 et BOI-BIC-PROV-20-10-20 n° 40 s.).

b. Réductions hors contrat À notre avis, une charge à payer ne peut être constatée (et doit l'être) que **si** l'entreprise a une **obligation implicite** à la clôture de l'exercice d'accorder les réductions, c'est-à-dire s'il existe :
– une pratique passée constante de l'entreprise dans des situations identiques ou très proches ;
– ou une annonce au client concerné avant la clôture de l'exercice qu'il bénéficiera de cette réduction exceptionnelle.

Il n'est donc pas possible de provisionner les remises, rabais, ristournes à accorder uniquement sur la base de ceux émis après la clôture de l'exercice. Il faut en effet s'assurer au préalable qu'il existait bien une obligation implicite à la clôture de l'exercice.

> **Fiscalement** Il en est de même. La décision unilatérale d'attribuer des avoirs aux clients ne peut justifier la déduction d'une provision à la clôture de l'exercice dès lors que cette décision n'a été portée à la connaissance de ces derniers qu'après la clôture de l'exercice (CE 13-7-2007 n° 289233 et 289261).

Sur les conditions de déduction des provisions liées à l'existence d'une obligation à la clôture, voir n° 48240 s.

EXEMPLE

Un fournisseur d'entreprises de la grande distribution accorde à celles-ci des ristournes de fin d'année calculées en fonction du volume des achats réalisés au cours de l'année écoulée. Les conditions de ristourne sont fixées dans les conditions générales de vente ou dans un barème annexé. Les clients principaux bénéficient de conditions contractuelles spécifiques et dans certains cas de remises ou ristournes exceptionnelles (ou de cadeaux) hors contrat négociées ponctuellement avec la direction commerciale pour récompenser, par exemple, une action promotionnelle réalisée au cours de l'année écoulée.

1. Ristournes contractuelles L'entreprise a une obligation d'accorder ces ristournes à la clôture de l'exercice. La sortie de ressources est certaine et sans contrepartie pour l'entreprise. Une charge à payer doit donc être constatée.

2. Ristournes hors contrat À la clôture de l'exercice, l'entreprise n'a pas l'obligation d'accorder ces remises, aucune charge à payer ne peut être constatée sauf si elles ont été annoncées aux clients avant la clôture ou ont déjà été octroyées par le passé dans des situations similaires.

11840 **Bons de réduction (et remboursement)** Lorsqu'un client achète un produit à l'aide d'un bon de réduction, le distributeur comptabilise cette réduction en moins de son chiffre d'affaires. Simultanément, le distributeur comptabilise les remboursements qu'il percevra des fabricants ou organismes en échange des bons de réduction ; leur comptabilisation suit, à notre avis, les solutions de la jurisprudence fournie en matière de TVA (voir Mémento Fiscal n° 52325) ; ainsi, les remboursements effectués :
– par les **fabricants** (ou leurs mandataires) sont à porter au compte 609 « Rabais, remises, ristournes obtenus sur achats » par le débit du compte fournisseur concerné ;
– par des **organismes** distincts des fabricants sont à enregistrer comme des ventes et donnent lieu à la comptabilisation de la TVA correspondante au compte 4457 « TVA collectée ».

Pour la constitution d'une provision pour bons de réduction chez l'émetteur, voir n° 11600.

Lorsque le distributeur a la qualité de mandataire du fabricant les opérations donnent lieu à comptabilisation d'écritures au bilan uniquement, voir n° 73305 s.

Sur la provision du bon de réduction, voir n° 11600.

LES PRODUITS ET CRÉANCES D'EXPLOITATION

Avoirs clients Ils sont enregistrés : **11845**
– au compte 709 si l'avoir correspond à une **remise** (voir n° 11830) ; tel devrait être le cas également, à notre avis, si l'avoir correspond à un **retour sur une vente** réalisée au cours d'un **exercice précédent** ;

> **Précisions** Retour sur vente d'un exercice antérieur Selon le bulletin CNC (n° 41-01, 4ᵉ trimestre 1979), ce mécanisme comptable n'influence nullement le compte de résultat de l'exercice de reprise des marchandises lorsque celles-ci sont revendues au même prix dans le courant de ce même exercice. Dans l'hypothèse d'un prix de vente inférieur ou supérieur, le résultat d'exploitation traduira la dépréciation ou le boni constaté sur la vente des marchandises puisqu'il s'agit d'une nouvelle donnée d'exploitation.

– au débit du compte de vente correspondant si l'avoir correspond à un **retour** (produits périmés ou impropres, remplacement de produits, etc.) sur une vente de l'exercice (PCG art. 944-41) ; tel devrait être le cas également, à notre avis, si l'avoir est destiné à corriger une **erreur de facturation**.

> **Fiscalement** L'avoir n'est déductible que s'il porte sur une créance existante, faute de quoi l'entreprise ne peut constituer un avoir mais doit s'abstenir de comptabiliser la créance (CE 7-5-2008 n° 289326).

Sur le cas particulier des ventes avec droit de retour, voir n° 11050.
Dans le cas d'une correction d'erreur comptable, voir n° 8545.

Escomptes de règlement accordés Voir n° 43025. **11850**

Ports facturés aux clients Leur nature comptable dépend, à notre avis, des clauses **11855** contractuelles de la vente :
a. Transport aux risques et périls du vendeur Lorsqu'ils sont refacturés aux clients, ils présentent le caractère d'**élément du prix de vente** des marchandises ou produits, que le transport ait été effectué par l'entreprise ou par un tiers, qu'il soit facturé dans ce deuxième cas à son coût pour l'entreprise ou non.

> EXEMPLE
> Tel est nécessairement le cas d'une vente par correspondance (CE 23-11-1988 n° 53554).

b. Transport aux risques et périls de l'acheteur S'ils sont refacturés aux clients, ils suivent le même traitement que toute refacturation de frais, voir n° 11265.

Montants compensatoires liés aux ventes (Union européenne) En pra- **11860** tique ils sont enregistrés :
– aux comptes 701 ou 707, dans le cas où ils sont reçus ;
– dans un sous-compte du compte 709, dans le cas où ils sont versés, venant ainsi en déduction du compte ventes.
Cette pratique est issue des anciens plans comptables des industries du commerce du bétail et de la viande ainsi que celui des sucreries, raffineries et distilleries, désormais caducs (voir n° 3315). Elle nous semble toujours valable dans l'attente d'un nouveau texte sur le revenu (voir n° 10375).

Détaxe à l'exportation Les exportations à caractère touristique sont, sous certaines **11865** conditions, exonérées de TVA (pour plus de détails, voir Mémento Fiscal n° 49725).
Le vendeur peut faire profiter son client de la franchise de TVA, soit en lui accordant la remise immédiate, soit en lui ristournant le montant après réception du bordereau de vente visé par la douane.
La détaxe à l'exportation à rembourser figure dans le compte 4198 « Rabais, remises et ristournes à accorder et autres avoirs à établir » (voir n° 11830).

Ventes avec retenue à la source Lorsqu'une société française fournit des presta- **11885** tions de services à une société étrangère, une **retenue à la source** peut être prélevée pour le compte de l'État de résidence de cette dernière.

> **Précisions** Tel est souvent le cas pour les **redevances**, les autres prestations de services n'étant qu'exceptionnellement concernées.
> En effet, certaines conventions donnent une interprétation très extensive des redevances, qui conduit exceptionnellement à y inclure certaines prestations de services (par exemple, les rémunérations d'études techniques ou économiques dans la convention entre la France et le Maroc).

11885
(suite)

La retenue à la source est calculée sur le montant brut facturé par l'entreprise française.
En outre, lorsqu'il existe une convention internationale, les retenues à la source sur redevances ouvrent généralement droit à **crédit d'impôt**.

Pour déterminer le traitement comptable de la retenue à la source, une analyse de sa nature doit au préalable être réalisée. En effet, en pratique, plusieurs situations peuvent se présenter.

a. Existence d'une convention fiscale entre la France et l'État d'établissement du client étranger permettant à l'entreprise française d'imputer la retenue à la source sur l'IS (via un crédit d'impôt) Dans ce cas, à notre avis, la retenue à la source a la nature d'un impôt sur les bénéfices. Elle est donc comptabilisée au compte 695.

> Fiscalement Les conventions fiscales internationales attribuent le plus souvent à la société française un crédit d'impôt imputable sur son IS. En revanche, si aucune imputation du crédit d'impôt ne peut être réalisée en France en raison de la situation déficitaire de la société et en l'absence d'IS dû au taux réduit, les impôts prélevés à l'étranger conformément aux stipulations d'une convention fiscale bilatérale conclue avec la France ne sont pas déductibles (CGI art. 39-1-4°). Par exception, peuvent être déduites en charge :
– les impositions établies par un État lié à la France par une convention fiscale bilatérale, en contradiction avec les règles fixées par cette convention (CE 12-10-2018 n° 407903). Dans ce cas, les impôts prélevés peuvent être déduits du résultat imposable mais ne donnent pas lieu à l'octroi d'un crédit d'impôt (CE 19-12-2018 n° 413033 ; BOI-BIC-CHG-40-30 n° 30) ;
– les impositions dues à l'étranger et qui ne sont pas couvertes par le mécanisme d'élimination des doubles impositions de la convention fiscale bilatérale.

Pour plus de détails sur les modalités de calcul et d'imputation du crédit d'impôt, voir INT-GEN-18600 à INT-GEN-18860.

EXEMPLE

Une entreprise française concède un brevet à une entreprise étrangère moyennant une redevance annuelle d'un montant de 120. Lors du règlement, elle ne perçoit toutefois que 108, car le client étranger doit verser une retenue à la source de 12 auprès de son administration fiscale. La convention fiscale liant la France et l'État étranger prévoit que cette retenue à la source est constitutive d'un crédit d'impôt imputable sur l'IS dû par l'entreprise française (12).

	411 Clients	444 État-IS	512 Banque	70X Chiffre d'affaires	695 Impôt sur les bénéfices
Concession de brevet à l'entreprise étrangère					
1. Prix de vente	120			120	
2. Retenue à la source		12			12
Règlement de la créance	108		108		
Fin de l'exercice : détermination de l'IS		18			18

L'impôt sur les sociétés avant imputation du crédit d'impôt s'élève, par hypothèse, à 30 (120 × 25 %). Après imputation du crédit d'impôt, l'impôt à verser s'élève donc à 18 (30 − 12).

Sur la possibilité, en pratique sur le plan comptable, d'enregistrer le chiffre d'affaires pour son montant net de la retenue à la source, voir n° 36415.

b. Absence de convention fiscale entre la France et l'État d'établissement du client étranger Dans ce cas, la retenue à la source constitue, à notre avis, une charge d'exploitation à inscrire dans le compte 6378 « Taxes diverses ».

En l'absence de position de l'ANC, deux approches sont acceptables pour comptabiliser la charge de cette taxe (voir n° 16240) :
– soit en charges de l'exercice au cours duquel a été réalisé le chiffre d'affaires sur lequel la retenue à la source est basée, sous forme de provision ;
– soit en charges de l'exercice au cours duquel le fait générateur fiscal entraînant leur exigibilité intervient (à déterminer au cas par cas).

> Fiscalement Cette charge est déductible du résultat fiscal de l'exercice au cours duquel la retenue a acquis le caractère de dette certaine dans son principe et son montant (CGI art. 39-1-4° ; BOI-BIC-CHG-40-30 n° 30 et 40).

B. Production stockée : variation de l'exercice (compte 71)

11935 Les stocks de produits fabriqués par l'entreprise ou en cours de fabrication (produits finis, produits intermédiaires, produits résiduels, en-cours) ne sont pas portés directement au compte de résultat. La **différence entre le stock de clôture et le stock d'ouverture** constitue la production stockée (ou le déstockage si le montant en est négatif). Cette variation de la production stockée, qu'elle soit positive ou négative, est comprise dans les produits de l'exercice (PCG art. 947-71).

Seul le compte 713 **« Variation des stocks » (en-cours de production, produits)** est prévu par le PCG (pour les sous-comptes du compte 713, voir n° 96320).

Ainsi (PCG art. 947-71), le solde de chacun des sous-comptes 713 « Productions de biens et de services, stocks de produits » concrétise la différence existant entre la valeur de la production stockée à la clôture de l'exercice et la valeur de la production stockée à la clôture de l'exercice précédent, **compte non tenu des dépréciations** (qui sont traitées à part, voir n° 22160).

Ce solde peut être créditeur ou débiteur (PCG art. 947-71).

> **EXEMPLE**
> Produits au coût de revient unitaire de 1
> Stock initial : 20
> Production de l'exercice : 100
> Stock final : 15
> La production de l'exercice se décompose en :
> – production vendue : 20 + 100 – 15 = + 105
> – production stockée : 15 – 20 = – 5

> **Précisions** Lien entre valeur et quantité : il s'agit d'une production stockée **en valeur** qui, si elle est positive, peut néanmoins correspondre à une diminution du stock **en quantité** si son coût de revient a augmenté durant l'exercice.

> **EXEMPLE**
> Stock initial : 80 articles × 100 = 8 000
> Stock final : 75 articles × 108 = 8 100
> Bien que le stock ait diminué en quantité, il en résulte une variation positive de la production stockée.

En fin d'exercice, le solde du compte 71 « Production stockée (ou déstockage) » est viré au compte 120 ou 129 (PCG art. 943).

Pour la comptabilisation des stocks de produits et en-cours, le PCG préconise la méthode de l'inventaire intermittent, l'inventaire permanent étant en principe pratiqué en comptabilité analytique. Les entreprises peuvent cependant tenir l'inventaire permanent des produits dans les comptes de la classe 3 (PCG art. 943).

À notre avis, par exception, les productions en cours ne peuvent faire l'objet de comptes d'inventaire permanent car leur montant résulte directement des comptes de coûts (précision du volet consacré à la comptabilité analytique du PCG 82, p. III. 53).

11940 **Inventaire intermittent** À la clôture de l'exercice (PCG art. 943 et 947-71) :
– le stock initial est annulé par le débit d'une subdivision du compte 71 « **Production stockée (ou déstockage)** » ;

> **Précisions** Pour le détail du compte 713 « Variation des stocks (en-cours de production, produits) », voir n° 96320.

– le stock final, déterminé par le récolement physique des existants, est constaté par le crédit des comptes 7133, 7134 et 7135.

Le **solde** du compte 71 est **toujours porté du côté des produits** dans le compte de résultat :
– produit positif s'il y a augmentation du stock en valeur ;
– produit négatif s'il y a déstockage.

LES PRODUITS ET CRÉANCES D'EXPLOITATION

> **EXEMPLE**
>
> Stock initial : en-cours de biens 300, produits finis 700
> Stock final : en-cours de biens 290, produits finis 740
> La variation de la production stockée (+ 30) à la clôture de l'exercice se décompose en :
> – stockage de produits : 40
> – déstockage d'en-cours de production : –10

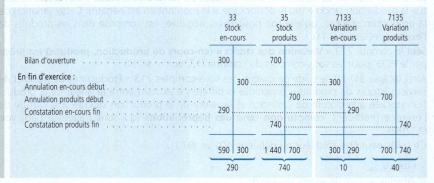

11945 **Inventaire permanent** **Au cours de l'exercice,** le compte 35 « Stocks de produits » fonctionne comme un compte de magasin : il est débité des entrées en stock par le crédit du compte 7135 « Stocks de produits (variation) » et crédité des sorties par le débit du compte 7135. Ces mouvements sont valorisés conformément aux méthodes de calcul des coûts utilisées par l'entreprise (PCG art. 943).

En fin d'exercice :
– le stock initial d'en-cours de production est annulé et le stock final constaté, la contre-partie étant portée au compte 7133/7134 « En-cours de production » (PCG art. 943) ;
– le solde du compte 35 « Stocks de produits » est comparé aux montants fournis par le récolement physique des existants, les éventuelles différences (boni et mali d'inventaire) étant régularisées pour ramener les stocks à leur montant réel.

> **EXEMPLE**
>
> Reprise de l'exemple précédent (voir n° 11940).
> Données complémentaires concernant les produits finis :
> – entrées en stock : 3 500
> – sorties de stock (ventes) : 3 430

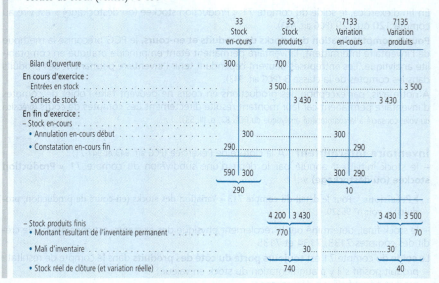

C. Production immobilisée (compte 72)

11995 La production de l'exercice conservée par l'entreprise en vue de son immobilisation constitue un **produit d'exploitation** enregistré à son coût de production (PCG art. 947-72) au compte 72 « Production immobilisée ».

Ce schéma concerne tant les immobilisations incorporelles que corporelles (voir frais d'établissement n° 45155 ; immobilisations incorporelles n° 32380 ; immobilisations corporelles n° 28960).

D. Subventions d'exploitation (compte 74)

12045 Avant d'examiner leur date d'enregistrement et leur comptabilisation, il est nécessaire de bien les différencier des subventions d'investissement (voir n° 56440 s.).

> **Précisions** **Travaux ANC à venir** L'ANC devrait prochainement travailler sur les aides et subventions de manière à fournir des principes robustes permettant à toutes les parties prenantes de déterminer le traitement comptable de manière homogène.

12050 **Définition** La définition du PCG 82 (p. I.42) n'a pas été reprise dans le PCG 1999. Néanmoins, en l'absence de nouvelle définition proposée par les organismes compétents et dans la logique de la réécriture du PCG à droit constant (voir n° 3075), il nous paraît toujours possible et utile de s'y référer : subvention dont bénéficie l'entreprise pour lui permettre de compenser l'insuffisance de certains produits d'exploitation ou de faire face à certaines charges d'exploitation.

Une subvention peut venir, à notre avis, de l'État ou d'un organisme public, mais aussi d'une entreprise ou d'un organisme privé.

> **EXEMPLES**
>
> **1. Aide versée par une entreprise** Peuvent, à notre avis, être portées en subvention d'exploitation les sommes versées par une société détentrice d'une licence d'exploitation et de commercialisation d'un produit à la société titulaire des droits pour compenser l'effort commercial que cette dernière réalise (situation à ne pas confondre avec des refacturations de frais ; voir n° 11265).
>
> **2. Aides d'urgence versées par l'État en période de crise** :
> – aides aux entreprises affectées par les conséquences économiques et financières de la guerre Russie/Ukraine : notamment l'aide aux entreprises grandes consommatrices d'énergie, destinée à compenser la hausse des coûts d'approvisionnement en gaz naturel et électricité de mars à décembre 2023 (Décrets 2022-967 du 1-7-2022 et 2022-1575 du 16-12-2022 ; sur cette aide et sur les modalités de calcul de l'EBE, voir avis CNOEC 2022-05 du 6-7-2022 et avis technique CNCC du 13-7-2022 relatif aux attestations des commissaires aux comptes prévues aux articles 6-II et 9-II du décret 2022-967 du 1-7-2022) ; bouclier tarifaire et amortisseur électrique (Décret 2022-1774 du 31-12-2022) ;
> – aides complémentaires aux entreprises exposées à un risque significatif de fuite de carbone en raison des coûts du système d'échange de quotas d'émission de CO_2 (Décret 2022-1591 du 20-12-2022) ; sur cette aide et sur les modalités de calcul de la valeur ajoutée brute « Compensation carbone », base de calcul de l'aide, voir avis CNOEC 2023-08 du 11 janvier 2023.

12055 **Date d'enregistrement de la subvention d'exploitation** Les aides octroyées pour une période antérieure à la clôture sont comptabilisées à la clôture si, à cette date (en ce sens, Rec. ANC Covid-19, Questions J2, J7 et J8) :
– l'entité a **décidé** d'en faire la demande ;
– et **respecte les conditions** de fond et de forme ouvrant droit à l'aide, telles que prévues par les **textes publiés à la date de clôture**.

Le produit devrait donc pouvoir être constaté, même si la demande n'a pas été faite à la clôture, dès lors que les autres conditions sont remplies. Ceci résulte de la règle d'enregistrement des créances dès qu'elles sont certaines et du fait que le PCG (art. 944-44) a prévu un compte de subventions à recevoir (compte 441).

> **Fiscalement** Une subvention d'exploitation est imposable au titre de l'exercice au cours duquel elle est définitivement acquise (BOI-BIC-PDSTK-10-30-10-10 n° 1).

> **Précisions** **1. Conditions d'octroi de la subvention résolutoires ou suspensives** Pour plus de détails sur la date d'enregistrement de la subvention selon le type de conditions (conditions cumulatives, successives, dépenses à engager de manière obligatoire...), voir n° 56450. Tant que les conditions suspensives ne sont pas réalisées, les avances reçues au titre de la subvention future sont à inscrire, à notre avis, au compte 4419 « État – Avances sur subventions ».

Si les conditions résolutoires d'octroi de la subvention ne sont pas remplies, une provision peut devoir être constatée (voir n° 56450).

2. Risque de restitution de l'aide à la clôture Lorsqu'une entité considère ou a des doutes sur le fait qu'elle a reçu des indemnités pour un montant supérieur à la somme à laquelle elle avait droit, elle peut devoir comptabiliser un passif (voir ci-après). Voir n° 12080.

3. Textes publiés post-clôture Dans le cas où les textes législatifs et réglementaires définissant les conditions d'octroi de l'aide pour une période antérieure à la clôture sont publiés après la clôture et avant l'arrêté des comptes :
– l'aide (le complément d'aide, le cas échéant, lorsqu'un texte post-clôture modifie les conditions d'octroi de l'aide pour une période antérieure) est à reconnaître sur l'exercice suivant (en ce sens, Bull. CNCC n° 204, décembre 2021, EC 2021-24) ;
– une information est donnée en annexe sur l'aide qui sera comptabilisée sur l'exercice suivant (descriptif du dispositif et montant de l'aide).

12060 Classement de la subvention d'exploitation Elle est enregistrée :
– au crédit du compte 74 « Subventions d'exploitation » par le débit du compte de tiers ou de trésorerie intéressé (PCG art. 947-74) ;
– et non en réduction du montant des charges qu'elle compense ou en plus des produits qu'elle complète.

> **Précisions 1. Aides à caractère social** (exonérations de charges, remboursements...) Voir n° 17120 s.
> **2. Subvention exceptionnelle** Si une subvention qualifiée d'« exploitation » présente un caractère exceptionnel pour l'entreprise, à notre avis, il s'agit d'un produit exceptionnel sur opérations de gestion (compte 771). Voir n° 45900.

CAS PARTICULIERS

12062 Aides ou primes à l'emploi a. Critères de classement du produit en subvention
Les aides ou primes à l'emploi sont acquises de droit et comptabilisées comme des subventions d'exploitation, compte tenu de leur **caractère global.**

> **EXEMPLES**
> À titre d'exemples, on peut citer l'octroi à l'entreprise de x euros pour l'année, par chômeur embauché (incluant les contrats d'apprentissage et de professionnalisation) ou par emploi créé.
> Sur les régimes concernés, voir Mémento Social n° 2500.

En revanche :
– sur les **exonérations** de charges sociales, voir n° 17120 ;
– sur les **remboursements** de l'État de charges de personnel, voir n° 17130 et 17135.

b. Fait générateur du produit Elles n'ont pas à être comptabilisées en fonction de leur date d'encaissement, mais en fonction de leur date d'acquisition (voir n° 12055). Ainsi :
– pour les aides acquises globalement à la signature du contrat de travail : lors de la signature du contrat sous réserve que l'entreprise effectue les formalités prévues pour leur octroi et que les conditions suspensives aient été levées ;
– pour les aides dont les conditions d'acquisition sont vérifiées mensuellement : chaque mois ;
– pour les aides attribuées en fonction des heures travaillées : au fur et à mesure des heures travaillées.

> **Fiscalement** Il en est de même (CGI art. 38). Toutefois, selon la jurisprudence [position contraire à la doctrine administrative (BOI-BIC-PDSTK-10-30-10-20 n° 190)], les primes régionales à l'emploi ont le caractère de subvention d'équipement et sont donc susceptibles d'être imposées de manière étalée, conformément à l'article 42 septies du CGI dès lors que le décret institutif les qualifie comme des subventions d'équipement (CE 30-7-2003 n° 236945).

> **Précisions 1. Aide calculée sur le montant des rémunérations et dont le versement dépend d'événements ultérieurs (existence de dettes sociales)** En pratique, à notre avis, une telle aide est à rattacher à l'exercice au cours duquel les rémunérations sur lesquelles elle se calcule ont été engagées (Rec. ANC Covid-19, Question J7 concernant l'aide au paiement des cotisations sociales) :
> – si l'entreprise a décidé de la demander et qu'elle est quasi certaine de respecter les conditions de fond (y compris les plafonnements) et de forme ouvrant droit à cette aide ;
> – même si elle n'a pas encore été déclarée dans la DSN à la date de clôture.
> Le produit est comptabilisé :
> – en contrepartie du débit du compte 43, jusqu'à concurrence de tous les montants déjà déclarés et non encore payés figurant dans ce compte ;
> – et du débit d'un compte de produit à recevoir pour le solde éventuel de l'aide, dès lors qu'il est possible et probable de le recouvrer sur les exercices suivants ; dans le cas inverse, le montant non recouvrable n'est pas comptabilisé en produit.
> **2. Risque de restitution de l'aide à la clôture** Voir n° 12080.
> **3. Textes publiés post-clôture** Voir n° 12055.

Sur la restitution d'aides à l'emploi ou à la formation, voir n° 17155.

Bonus écologique portant sur un véhicule loué Les véhicules peu polluants bénéficient d'un « bonus écologique » attribué par l'État et versé à l'utilisateur du véhicule, c'est-à-dire (C. énergie art. D 251-1) : 12065
- à l'acquéreur, voir n° 56445 ;
- ou au locataire (location d'au moins deux ans). Dans ce cas, le bonus écologique devrait, à notre avis, pouvoir être qualifié de subvention d'exploitation car il vient compenser en partie les loyers comptabilisés en charges d'exploitation (voir n° 12050).

En conséquence, le bonus portant sur un véhicule loué :
- est constaté en produit dès qu'il est acquis ;
- peut être constaté en partie en « Produits constatés d'avance » et étalé sur la durée du bail pour tenir compte du rythme des loyers versés (le versement des loyers pouvant être considéré comme une condition suspensive à l'octroi du bonus, voir n° 12055 et 56450).

Par simplification et afin d'éviter une divergence avec les règles fiscales (voir ci-après), il devrait être possible, à notre avis, d'étaler linéairement la prise en compte du bonus par parts égales sur la durée du contrat.

Sur le traitement :
- du bonus écologique portant sur un véhicule acquis, voir n° 56445 ;
- du malus écologique, voir n° 16120.

> **Fiscalement** Selon la DLF, interrogée par nos soins dans le cadre de notre journée « Arrêté des comptes et résultat fiscal 2008 », Les Échos Conférences – PwC :
1. lorsque le véhicule fait l'objet d'une **location en crédit-bail**, le bonus écologique peut être étalé par parts égales sur la durée du contrat (et non au rythme des loyers). La différence éventuelle entre l'amortissement comptable (s'il est constaté au rythme des loyers) et fiscal implique des retraitements extra-comptables (lignes WQ et XG) sur l'imprimé n° 2058-A ;
2. lorsque le véhicule est pris en **location simple,** le bonus est immédiatement imposable en totalité. En conséquence, lorsque la subvention est constatée en produit de manière étalée, les retraitements extra-comptables suivants doivent être effectués sur l'imprimé n° 2058-A :
– lors de l'exercice d'octroi du bonus : réintégration (ligne WQ) de la quote-part du bonus comptabilisée en « Produits constatés d'avance »,
– lors des exercices ultérieurs : déduction (ligne XG) de la quote-part du bonus reprise en produit sur l'exercice.

SOMMES INDÛMENT PERÇUES

Lorsqu'une entité considère qu'elle a reçu (ou qu'elle risque d'avoir reçu) des aides de manière indue, ou pour un montant supérieur à l'aide à laquelle elle avait droit, elle peut devoir comptabiliser un passif (en ce sens, Questions-Réponses CNCC Covid-19, Question 7.2) : 12080
a. L'entreprise doit constater une dette (en contrepartie du compte de produit auparavant crédité lorsque les sommes ont été perçues) :
– **lors de l'exercice d'octroi de l'aide** : s'il existe, à la clôture, une **incertitude sur le respect** de certaines conditions et/ou sur l'estimation du montant de l'aide **ou** une **certitude sur le remboursement** de tout ou partie de l'aide perçue. Dans ce cas, seule la partie de l'aide ou de la subvention jugée (quasi) certaine est comptabilisée en produit et une dette est comptabilisée à hauteur du montant considéré comme incertain ;

> **Précisions 1. Incertitude** Il peut s'agir d'une incertitude sur l'interprétation d'un texte (respect des conditions d'octroi et notamment des plafonds).
2. Certitude sur le fait de devoir rembourser Tel est le cas, à notre avis, d'un ajustement à la baisse de l'aide « coûts fixes », dès lors qu'il est constaté à partir de l'attestation du commissaire aux comptes sur le résultat net.

– **lors d'un exercice ultérieur** : dès lors qu'il est **certain** que les sommes reçues sont supérieures au montant auquel elle avait droit. L'entité doit corriger à due concurrence le montant du produit initialement comptabilisé.

> **Précisions** Classement en résultat Le résultat est corrigé :
– au débit du compte « autres charges de gestion courante » si la correction n'est pas qualifiée de correction d'erreur (apparition de nouveaux éléments d'appréciation des conditions de fond ouvrant droit à l'aide) ;
– en dehors du résultat courant si l'entité considère qu'il s'agit d'une correction d'erreur (tous les éléments d'appréciation du droit à l'aide étaient disponibles à la date de comptabilisation initiale mais l'entité en a fait une interprétation erronée).

Cette dette ne pourra être reprise en produit qu'à l'issue de son délai de prescription si les sommes indûment versées ne sont pas réclamées avant.

> **Fiscalement** La restitution de l'aide peut, à notre avis, donner lieu à une charge déductible dès lors que l'entreprise a reçu un document lui enjoignant de réaliser le reversement de telle sorte que la dette est certaine dans son principe et dans son montant.

b. L'entreprise peut, à la clôture d'un exercice suivant celui au cours duquel l'aide a été perçue, être amenée à constater une provision pour risques si elle a des doutes, au vu de faits et circonstances nouveaux, sur son **éligibilité au dispositif** d'aide et que les sommes perçues sont susceptibles, en cas de contrôle, d'être remises en cause par l'administration au regard de l'appréciation du respect des conditions d'attribution. Dans ce cas et sans attendre le contrôle, une provision peut devoir être constatée dans les mêmes conditions que la provision pour risques fiscaux (voir n° 53265).

EXEMPLE

La remise en cause par l'administration est probable ou certaine en cas, par exemple, de communication ultérieure de l'administration précisant les conditions du dispositif, de rapport d'un expert indépendant, de faits semblables dans une société du groupe ou au sein d'entreprises du même secteur ou rencontrant les mêmes problématiques.

Sur le cas particulier de la restitution d'aides à l'emploi ou à la formation, voir n° 17155.

E. Autres produits de gestion courante (compte 75)

12115 Sont considérés comme tels les produits d'exploitation qui ne sont **pas retenus dans** la production de l'exercice servant de base au **calcul de la valeur ajoutée** de l'entreprise.

> **Précisions** C'est la notion de « production » de la Comptabilité nationale qui a été retenue. Le système élargi de la Comptabilité nationale considère (dans ses paragraphes 5.57 s.) que constituent, non un élément de la production de l'entreprise, mais une opération de répartition du revenu :
> — les revenus des actifs incorporels (donc les redevances pour concession) ;
> — les revenus distribués des sociétés (qui comprennent les rémunérations allouées aux administrateurs).

L'ouverture d'un compte spécifique pour enregistrer ces opérations et la création d'une ligne spécifique dans le compte de résultat présentent peu d'intérêt pour le lecteur des documents financiers. En revanche, il en présente un pour la Comptabilité nationale en lui permettant d'obtenir la notion macro-économique de la valeur ajoutée.

Sur le contenu général du compte 75, voir liste du PCG n° 96320. En ce qui concerne les opérations réalisées par l'intermédiaire de sociétés en participation, voir n° 74220.

12135 **Produits de la propriété industrielle (licences, brevets, marques, logiciels...)**
I. Classement en résultat Quel que soit l'intitulé du contrat (cession ou concession), il convient, à notre avis, de distinguer :
— la véritable cession d'actif qui entraîne la comptabilisation immédiate des redevances, perçues et à percevoir, en produit exceptionnel (voir n° 32155) ;
— de la concession d'actif dans laquelle le concédant conserve des obligations, même implicites (par exemple, entretien de la marque concédée, maintien d'une technologie…). Voir ci-après.

Les redevances acquises sont comptabilisées au compte 751 « Redevances pour concessions, brevets, licences, marques, procédés, logiciels, droits et valeurs similaires » (PCG art. 947-75) dans l'**exercice** au cours duquel les **opérations** qui leur ont donné naissance ont été **réalisées**.

> **Précisions** Sur le classement des autres produits de gestion courante (compte 75) dans les postes « chiffre d'affaires » ou en « autres produits », voir n° 10195.

En revanche, les redevances de gérance libre et les locations de fonds de commerce sont à inscrire au compte 7083 « Locations diverses » (entreprises à commerces multiples).

> **Fiscalement** Certains produits de la propriété industrielle peuvent, sur option, bénéficier d'une imposition séparée au **taux réduit de 10 %** à hauteur d'une fraction d'un résultat net provenant de leur **concession ou sous-concession**, déterminé dans les conditions précisées ci-après (CGI art. 238 ; voir Mémento Fiscal n° 10420 s.). S'inscrivant dans la perspective de recommandations formulées par l'OCDE et l'Union européenne, les modalités d'application complexes de ce dispositif visent à conditionner l'application du régime de faveur à l'engagement par l'entreprise des **dépenses de recherche nécessaires au développement des actifs concernés**.

12135
(suite)

L'**option** pour le régime est formulée distinctement pour chaque actif, bien ou service ou famille de biens ou services sur la déclaration de résultat du premier exercice au titre duquel l'entreprise entend en bénéficier.

Sous certaines conditions, le régime s'applique en cas de **cession** des actifs concernés : voir n° 32155.

a. Actifs concernés Le régime de faveur s'applique principalement (CGI art. 238 I ; Mémento fiscal n° 10422) aux brevets, certificats d'utilité, certificats complémentaires de protection rattachés à un brevet, certificats d'obtention végétale ainsi qu'aux logiciels protégés par le droit d'auteur et sous certaines conditions aux procédés de fabrication industrielle, sous réserve que ces éléments d'actif incorporels soient susceptibles d'être inscrits à **l'actif immobilisé** (CGI art. 238 I ; Mémento fiscal n° 10422). L'administration n'exclut pas l'application du régime aux éléments qui ne sont pas effectivement comptabilisés à l'actif immobilisé (BOI-BIC-BASE-110-20 n° 1), par exemple dans l'hypothèse où les frais de développement, comme les frais de recherche, ont été comptabilisés en charges.

b. Détermination du résultat éligible au taux réduit de 10 % Le résultat ouvrant droit au régime de faveur correspond au **produit du résultat net** provenant de la concession ou sous-concession des éléments concernés par un **ratio dit « nexus »**. Le résultat net à retenir correspond à la différence entre (CGI art. 238 II, 1 ; Mémento Fiscal n° 10425) :
– les revenus procurés par les actifs éligibles ;
– et les dépenses de recherche et développement (R&D) afférentes à cet actif qui ont été engagées directement ou indirectement par l'entreprise au cours du même exercice (et au titre des exercices antérieurs, pour le premier exercice d'application du régime ; BOI-BIC-BASE-110-30 n° 140).

Le taux réduit d'imposition s'applique dans la proportion résultant du rapport (« ratio nexus ») entre (BOI-BIC-BASE-110-30 n° 170 s.) :
– 130 % des dépenses de R&D en lien direct avec la création et le développement de l'actif incorporel qui sont engagées par l'entreprise ou externalisées auprès d'entreprises non liées ;
– et le montant total des dépenses de R&D en lien avec cet actif qui sont réalisées directement ou indirectement par l'entreprise (CGI art. 238, III-1).

Pour ce calcul, il convient de prendre en compte le montant cumulé des dépenses de l'exercice en cours et des exercices antérieurs engagées pour chaque actif ou groupe d'actifs éligible (CGI art. 238, III-2, al. 2). S'agissant des obligations documentaires et déclaratives des entreprises, voir Mémento Fiscal n° 10425.

Afin de faciliter la détermination de ce « **résultat net** » pour les besoins fiscaux, il est, à notre avis, **possible de comptabiliser distinctement** les redevances de concessions ou sous-concessions ouvrant droit au régime spécial de celles soumises au régime de droit commun.

En revanche, pour les charges, cette distinction est impossible compte tenu de leur nombre et de leurs natures diverses ; un suivi extra-comptable ou la création de comptes analytiques est donc nécessaire.

Les **indemnités pour contrefaçon** perçues qui **se substituent aux redevances** pour la concession de brevets, procédés ou techniques industriels constituent, à notre avis, un produit d'exploitation (compte 751) de l'exercice au cours duquel la décision judiciaire est devenue définitive.

> **Fiscalement** Ces indemnités sont imposables dans les conditions et au taux de droit commun (Rép. de Robien : AN 16-9-1991 n° 45002, non reprise dans Bofip).

Pour les **redevances de source étrangère donnant lieu à retenue à la source,** voir n° 11885.

II. Fait générateur du produit
Dans le cas de la concession, le produit des redevances doit, **en principe**, être étalé sur la durée de la concession.

Sur le cas de la véritable cession d'actif, voir n° 32155.

> **Fiscalement** La redevance globale perçue d'avance sous forme d'actions privilégiées, pour une concession de licence d'exploitation d'une durée de 60 ans, constitue une recette d'exploitation (et non un apport d'actif) devant être répartie sur les exercices couverts par le contrat en tant que rémunération de prestations continues (voir n° 10595) au sens de l'article 38-2 bis du CGI (CAA Paris 25-2-1992 n° 1165).

Toutefois, l'analyse des engagements pris dans le contrat de concession peut conduire à constater le produit de la concession pour sa totalité (Bull. CNCC n° 190, juin 2018, EC 2018-18, p. 294 et Bull. CNCC n° 191, septembre 2018, EC 2018-15, p. 410) :
– **dès la mise à disposition** du bien exploité sans attendre la fin de la période de concession ;
– dès lors qu'il n'existe plus de prestation à rendre sur cette période et que le concédant n'a **plus obligations** envers son client.

EXEMPLE

Tel est le cas, par exemple (Bull. CNCC n° 190 précité), de la concession de droits de diffusion d'œuvres audiovisuelles sous support DVD ou sous format dématérialisé (avec remise d'un code d'activation), dès lors qu'une fois le support ou le code livré, la société n'a plus d'engagement envers son client qui dispose sans limitation de cette œuvre sur toute la période de concession.

Sur la divergence avec les normes IFRS, voir Mémento IFRS n° 25510.

12140 **Revenus des immeubles non affectés aux activités professionnelles**
Ils sont à comptabiliser au compte 752.
En effet, ils ne proviennent pas des activités ordinaires de l'entreprise et ne sont donc pas à inclure dans le chiffre d'affaires, d'où leur classement à ce poste.

> **Précisions** S'agissant des **exploitations individuelles soumises à l'impôt sur le revenu**, de tels biens ne figurent pas en principe au bilan, qui ne comprend que les biens utiles à l'activité (voir n° 60256).

12145 **Produits divers de gestion courante** À comptabiliser au compte 758, ils peuvent notamment comprendre :
– les **différences de caisse** positives (entreprises à commerces multiples), voir n° 17295, compte 658 ;
– les **chèques émis non encaissés,** voir n° 40695 ;
– les **différences de règlement** (positives) sur les créances et les dettes (à notre avis) ;
– les **remboursements d'un trop versé de cotisations sociales,** voir n° 17156 ;
– les restitutions à la production perçues dans le cadre de l'UE, voir n° 21280.
Dans certains secteurs ils peuvent comprendre :
– les **transactions sur les valeurs d'actif** (cessions d'immobilisations), lorsqu'une entreprise de location de ces matériels retient la conception du résultat courant selon une qualification de chaque opération (voir n° 52030) ;
– les **indemnités d'annulation** des agences de voyages (frais de dossier, de taxes prévues par les compagnies) réclamées aux clients (selon l'ancien guide comptable professionnel désormais caduc, voir n° 3315) ;
– les gains sur arbitrage des sucreries dans le cadre des opérations sur marchés internationaux (selon l'ancien Guide « Sucreries » désormais caduc, voir n° 3315).

III. CRÉANCES D'EXPLOITATION

CRÉANCES DOUTEUSES ET IRRÉCOUVRABLES

12215 **Classement comptable** Les **pertes sur créances irrécouvrables** (voir n° 11395) sont enregistrées :
– si elles présentent un **caractère habituel** eu égard notamment à la nature de l'activité ou au volume des affaires traitées au débit du compte 654 « Pertes sur créances irrécouvrables » (PCG art. 946-65) dans le **résultat d'exploitation** ;
– sinon, au débit du compte 6714 « Créances devenues irrécouvrables dans l'exercice » dans le **résultat exceptionnel.**

Sur la distinction entre le résultat courant et le résultat exceptionnel, voir n° 12220.

Les **dépréciations de créances douteuses** (voir n° 11350 s.) sont donc comptabilisées au crédit du compte 491 « dépréciation des comptes clients », par le débit :
– soit du compte 68174 « Dotations aux dépréciations des créances » en résultat **d'exploitation** ;
– soit du compte 6876 « Dotations pour dépréciations exceptionnelles » en résultat **exceptionnel.**

De même, les **reprises de dépréciations** peuvent être comptabilisées aux comptes 781 ou 787 (selon le caractère courant ou exceptionnel des dotations initiales).

> **Précisions** **1. Présentation des dotations et reprises** Les augmentations et diminutions des dépréciations de créances sont, en principe, déterminées client par client. En l'absence de précisions, il nous semble possible de présenter au compte de résultat :
– soit le solde net des augmentations et diminutions au compte 681 ou 781 ;
– soit l'ensemble des augmentations au compte 681 d'une part et l'ensemble des diminutions au compte 781 d'autre part (cette solution ayant notre préférence).

2. Augmentation du montant de la dépréciation d'un exercice sur l'autre Les dépréciations de créances figurant déjà dans les bilans antérieurs ne peuvent donner lieu, chaque exercice, à notre avis, à une reprise de la dépréciation antérieurement constituée et à une nouvelle dotation (supérieure). Voir toutefois les exceptions qui peuvent être admises pour des raisons fiscales, n° 48440.

Enfin, les **rentrées sur créances amorties** constituent, selon le PCG (liste des comptes), dans tous les cas, un produit exceptionnel (compte 7714).

Distinction résultat courant – résultat exceptionnel Selon le PCG, le **caractère habituel** est à qualifier eu égard (PCG art. 946-65) : 12220
– à la **nature** de l'activité ;
– **ou** au **volume** des affaires traitées.
Comment ces deux critères doivent-ils être mis en œuvre ?
Selon certaines pratiques :
– toutes les pertes (ou produits) liées aux « **Créances clients** » constituent des charges (ou des produits) d'**exploitation** ;
– et celles (ou ceux) liées aux « **Autres créances** » des charges (ou des produits) **exceptionnel(le)s**.
Cette solution, prévue par l'ancien Guide professionnel des industries et du commerce de bétail et de la viande, désormais caduc (voir n° 3315) mais toujours applicable à notre avis, rejoint la conception du résultat courant fondée sur une qualification de chaque opération exposée au n° 52030 I.
En effet, en rattachant au résultat d'exploitation **toutes les pertes (ou produits), importantes ou non, résultant de l'activité courante,** elle privilégie le lien avec l'activité courante plutôt que le caractère exceptionnel ou courant de la perte ou du produit. Cette solution rejoint la conception du résultat courant fondée sur une qualification de chaque opération (conception plus proche des normes internationales) exposée au n° 52030 I.
Selon cette conception, le dépôt de bilan d'un client ne constitue jamais un fait exceptionnel.
La CNCC a toutefois retenu une solution différente, davantage fondée sur le **volume** des affaires, en indiquant que la notion de ce qui est exceptionnel fait référence aussi bien à la nature de l'opération concernée qu'à son montant (Bull. CNCC n° 61, mars 1986, EC 85-80, p. 111). Cette solution rejoint la conception du résultat courant « selon le PCG » exposée au n° 52030 II. Selon cette conception, le dépôt de bilan d'un client peut constituer un fait exceptionnel lorsque la perte correspondante excède une charge moyenne habituelle par exercice.

> **Précisions** **Caractère financier** Les pertes sur créances liées à des participations ont un caractère financier (compte 661).

Sort de la TVA sur créances douteuses Comme indiqué au n° 11400, tant que la 12225 créance n'est pas irrécouvrable, elle demeure au bilan (au compte 416) et la TVA ne peut être récupérée.
Toutefois, en cas de **liquidation judiciaire**, la TVA, récupérable dès la date de la décision de justice (voir Mémento Fiscal n° 54420), est comptabilisée de la manière suivante : débit du compte 4457 « TVA collectée » par le crédit du compte 416 « Clients douteux ».
Sur les conditions de récupération de la TVA, voir Mémento Fiscal n° 54415 et 54420.

Créances irrécouvrables (commentaires particuliers) La perte étant limitée 12230 au montant hors TVA de la créance (ou du solde de la créance, voir n° 11400), la **créance irrécouvrable** est créditée au compte 416 « Clients douteux ou litigieux », ou 411 si elle n'avait pas été portée au compte 416 (ou 46), pour solde, par le débit :
– du compte 654 ou 6714 (voir n° 12215) pour son montant hors TVA ou, à notre avis, du compte 6714 si elle revêt un caractère exceptionnel ;
– selon le CNC (NI n° 19), du compte 4455 « TVA à décaisser » pour le montant de la TVA (il nous paraît préférable de l'inscrire au compte 4457 « TVA collectée », compte tenu du fait que sur la déclaration de chiffre d'affaires la TVA à décaisser constitue un solde représentant la différence entre la TVA collectée sur ventes et la TVA récupérable).
Corrélativement, si une **dépréciation pour créances douteuses** a été constituée, elle est débitée au compte 491, pour solde, par le crédit du compte 7817 « Reprises sur dépréciations des actifs circulants » ou 7876 « Reprises sur dépréciation exceptionnelle » (voir n° 12215).
En cas de versement d'une indemnité dans le cadre d'une assurance-crédit, voir n° 11460.

12235 EXEMPLES

a. Exemple général

Au début de l'exercice N, les clients douteux s'élèvent à 900 TTC et ont fait l'objet d'une dépréciation pour 400.

Dans le courant de l'exercice N, il a été recouvré définitivement 33 sur des créances d'un montant global TTC de 50 dépréciées pour 8.

À la fin de l'exercice N, des créances ont subi un complément de dépréciation de 60 et d'autres une réduction de 25.

	Charges	Produits	Net
Créances irrécouvrables...............................	14*	8	6
Dépréciations créances douteuses	60	25	35
Total	74	33	41

* = (50 − 33) − 3 (TVA) par hypothèse

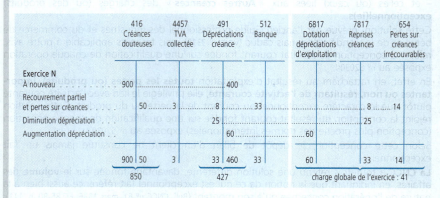

b. Exemple particulier en cas d'assurance-crédit Voir n° 11460.

CRÉANCES LITIGIEUSES

12240 En général la créance devient litigieuse après que le client a reçu la facture et l'a contestée. Elle a donc déjà été comptabilisée pour sa totalité, avant qu'une partie ne s'avère incertaine.

Le traitement comptable varie selon que le litige est ou non résolu.

Par « résolu », il faut comprendre litige définitivement tranché, c'est-à-dire après pourvoi en cassation (CE 12-10-1992 n° 76635). Voir n° 45910.

a. Au début du litige, aucune écriture n'est, à notre avis, à passer.

b. Si le litige a été résolu avant la clôture de l'exercice, il aura donné lieu en général à l'émission d'un avoir (soit pour la totalité de la facture avec émission d'une nouvelle facture, soit pour le montant litigieux) : débit du compte ventes concerné par le crédit du compte clients.

c. Si le litige a été résolu entre la date de clôture et la date d'arrêté des comptes (sur cette notion, voir n° 52310), la créance n'a pas, à notre avis, à être constatée au bilan comme une créance litigieuse.

En effet, il est nécessaire d'enregistrer un avoir à établir pour le montant à régulariser (débit du compte ventes concerné par le crédit du compte 4198 : « RRR à accorder et autres avoirs à établir »). Or, ce compte créditeur viendra, pour la présentation au bilan, diminuer le compte clients (voir n° 12830), et seule la partie non contestée apparaîtra à l'actif.

d. Si le litige n'est pas résolu à la date d'arrêté des comptes, la créance client est virée au compte 416 « Clients douteux et litigieux » et peut faire l'objet, selon les situations, d'une dépréciation (débit du compte 6817 par le crédit du compte 491) conformément au PCG (art. 944-41 et 944-49).

> **Fiscalement** Les conditions de déductibilité de cette (provision pour) dépréciation sont identiques à celles exigées pour les créances douteuses (voir n° 11350 s.).

CONSTATATION DES EFFETS À RECEVOIR

12245 Voir n° 40715 s.

© Éd. Francis Lefebvre   LES PRODUITS ET CRÉANCES D'EXPLOITATION

AVANCES, ACOMPTES ET ARRHES   **12250**
Pour leur définition, voir n° 10080.

Demandes d'acomptes sur commandes   Les demandes d'acomptes émises sur   **12255**
les commandes et non encore reçues par l'entreprise peuvent, éventuellement, être comptabilisées comme suit (pratique issue des anciens plans comptables professionnels de l'ingénierie et du BTP désormais caducs (voir n° 3315), mais toujours valables à notre avis) :
a. Appel de l'acompte : débit du compte 4112 « Clients – Demandes d'acomptes » par
crédit du compte 4192 « Clients – Demandes d'acomptes émises sur commandes » (ingénierie) ou 41913 « Clients – Demandes d'acomptes émises sur travaux en cours » (BTP).
b. Réception des fonds :
– **enregistrement du flux financier** : débit du compte 512 « Banques » par crédit du
compte 4112 (pour solde) ;
– **constatation de la réception des fonds** : débit du compte 4192 (pour solde) par crédit
du compte 4191 « Clients – Avances et acomptes reçus sur commandes » (ingénierie) ou
41912 « Clients – Acomptes reçus sur travaux en cours » (BTP).
Sur la comptabilisation de la TVA les concernant, voir n° 46740.

> **Fiscalement**   En application de l'article 38-2 bis du CGI, les acomptes reçus sur travaux en cours
doivent être rattachés à l'exercice d'achèvement de la prestation (CE 4-11-1988 n° 65903) ou du chantier
(CAA Lyon 19-12-1995 n° 94-412). Ces acomptes versés ne correspondent pas nécessairement à l'état
d'avancement des travaux. En conséquence, l'administration n'est pas fondée à rehausser le montant
des travaux en cours comptabilisés par une entreprise pour le faire coïncider avec celui des acomptes
versés par les clients dès lors qu'elle ne démontre pas que les sommes ainsi ajoutées correspondraient
à des charges directes ou indirectes de production (CAA Marseille 29-3-1999 n° 96-12468). À propos de
l'exigibilité de la TVA sur les acomptes, voir n° 46700.

Avances et acomptes reçus – Retenues de garantie accordées Pour les   **12260**
avances et acomptes reçus en monnaies étrangères, voir n° 40315.
Le compte 41 « Clients » est scindé afin de pouvoir suivre distinctement :
– d'une part, les versements du client, portés au compte 4191 « Clients – Avances et
acomptes reçus sur commandes » jusqu'à l'établissement de la facture (voir n° 12255) ;
– d'autre part, la retenue de garantie accordée au client lors de la livraison, inscrite au compte
4117 « Clients – Retenues de garantie » jusqu'à l'échéance du terme de garantie (PCG art. 944-41).

EXEMPLE
(Sur l'incidence de la TVA, voir n° 46680 s.)
– Arrhes reçues à la commande : 300
– Acomptes reçus durant la production du bien : 300
– Prix de vente : 900
– Retenue de garantie effectuée : 50

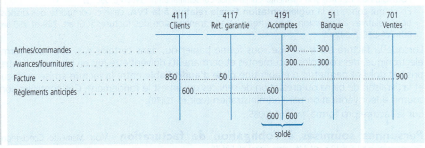

Se rattachant à une créance certaine (le prix), la **retenue de garantie** ne doit pas être
déduite des ventes dont le montant est constitué par l'ensemble de la facture.

> **Fiscalement**   Il en est de même : « Il y a lieu de prendre en considération les retenues de
garantie pour la détermination du résultat fiscal de l'exercice au cours duquel elles ont pris
naissance dès lors qu'elles correspondent à des créances certaines dans leur principe et dans
leur montant » (en ce sens, CE 12-5-1980 n° 11176 ; CE 8-7-1988 n° 65659 ; CAA Paris 20-5-2015
n° 13PA03610 ; BOI-BIC-PDSTK-10-10-10 n° 200 et 210).

Arrhes (acomptes conservés à titre de dédommagement)   Elles sont à enre-   **12265**
gistrer, à notre avis, dans une subdivision du compte 70 « Ventes » (ayant en général un

caractère courant), par le débit du compte 4191 « Acomptes reçus sur commandes ». Cet enregistrement ne doit être effectué que lorsque le **produit** (dédommagement) est devenu **certain** (accord du client, etc.).

> **Fiscalement** Il en est de même. La créance est considérée comme acquise à la date à laquelle l'acquéreur a fait connaître son intention de ne pas donner suite au contrat (CE 28-7-2000 n° 194153, décision relative à une promesse de vente de fonds de commerce applicable à notre avis aux opérations commerciales courantes).

PRISE EN CHARGE DU PAIEMENT D'UNE CRÉANCE PAR UN TIERS

12270 **Tiers payant** Certains clients (de prestations de services d'aides à la personne, par exemple) peuvent bénéficier de la prise en charge par un **tiers payant** (Caisses ou Conseils départementaux, par exemple) d'une partie des montants qu'ils doivent au titre des prestations qui leur ont été rendues. Lorsque cette prise en charge se matérialise par une aide financière versée directement au prestataire par le tiers payant, avec reddition de compte (EC 2020-29 du 16-7-2021 ; cncc.fr) :
– les prestations sont enregistrées en chiffre d'affaires chez le prestataire, pour leur montant total, dès l'achèvement de la prestation ;
– la prise en charge partielle entraîne la comptabilisation d'une créance vis-à-vis du tiers payant, à hauteur de la quote-part prise en charge.

SECTION 4 — VALEUR PROBANTE DE LA COMPTABILITÉ

I. PIÈCES JUSTIFICATIVES

A. Établissement des factures

12365 > **Juridiquement** La facture est un écrit papier ou électronique (sur la transmission électronique des factures, voir n° 12435 s.) dressé par un commerçant pour constater les conditions d'achat et de vente des produits, denrées ou marchandises et des services rendus (C. com. art. L 110-3). Les règles en matière d'établissement des factures sont fixées principalement par l'article L 441-9 du Code de commerce et par les articles 289 et 289 bis du CGI.
Pour plus de détails, voir Mémento Concurrence-Consommation n° 59000 à 59915.
En ce qui concerne la **réglementation fiscale relative à la TVA,** celle-ci comporte des dispositions relatives à l'émission, au contenu et à la transmission des factures (CGI art. 289 et 289 bis ; BOI-TVA-DECLA-30).

Lorsque la facture est transmise sous forme papier ou, dans certains cas, sous une forme électronique, des contrôles documentés et permanents doivent être mis en place par l'entreprise et doivent permettre d'établir une **piste d'audit fiable** entre la facture émise ou reçue et la livraison de biens ou prestation de services qui en est le fondement. Ces contrôles sont soumis à leur vérification par l'administration (voir n° 12470).
Sur la facture pro forma, voir n° 10085.

12370 **Personnes soumises à l'obligation de facturation** Voir Mémento Concurrence-Consommation n° 59010 s. et Mémento Fiscal n° 53575.

> **Précisions** En ce qui concerne les assujettis à la TVA, les factures sont en principe émises par l'assujetti lui-même (prestataire de services ou vendeur des biens), mais peuvent également être émises en son nom et pour son compte par le client (autofacturation) ou par un tiers (sous-traitance) (voir Mémento Fiscal n° 53575).
En ce qui concerne la réglementation fiscale, le recours à l'autofacturation ou à la sous-traitance est subordonné à un mandat. Sur les conditions de ce mandat, voir Mémento Fiscal n° 53575.
Sur les opérations dispensées de facture, voir Mémento Fiscal n° 53565, c.

12375 **Opérations soumises à facturation** Voir Mémento Concurrence-Consommation n° 59070 s. Pour les assujettis à la TVA, voir Mémento Fiscal n° 53565.

Sanctions Le non-respect des règles de facturation (ventes et achats sans factures ou factures irrégulières) est sanctionné à la fois par : **12380**
– la réglementation économique, voir Mémento Concurrence-Consommation n° 59590 s. ;
– la réglementation fiscale, voir Mémento Fiscal n° 80195.

> **Précisions** Selon le bulletin CNCC (n° 96, décembre 1994, EC 94-43, p. 764 s.), il en résulte que le **commissaire aux comptes** doit communiquer au conseil d'administration et à l'assemblée générale les éventuelles irrégularités relevées (voir FRC 12/23 Hors série inf. 83 s.).

Rédaction des factures Les factures émises par les personnes soumises à l'obligation de facturation (voir n° 12370) doivent comporter des **mentions obligatoires** issues, d'une part, de la réglementation économique et juridique et, d'autre part, de la réglementation fiscale applicable aux assujettis à la TVA (voir tableau ci-après). **12400**

> **Fiscalement** Les omissions ou erreurs entachant une facture ou une note d'avoir ne font pas obstacle à la récupération de la TVA lorsque les pièces produites par le redevable permettent d'établir le bien-fondé de sa demande (CE 12-7-2021 n° 433977 ; CE 26-3-2012 n° 326333).

> **Précisions** De nouvelles mentions obligatoires devront figurer sur les factures à compter de l'entrée en vigueur de l'obligation de facturation électronique (Décret 2022-1299 du 7-10-2022 ; voir n° 12420).

Elles doivent en principe être rédigées **en langue française** (Loi 94-665 du 4-8-1994 art. 2 ; voir Mémento Concurrence-Consommation n° 59460), en double exemplaire lorsqu'elles sont émises sous forme papier (C. com. art. L 441-9), le vendeur remettant l'original de la facture à l'acheteur tout en conservant le double.

> **Fiscalement** Lorsque les factures sont rédigées dans une langue étrangère, l'administration peut exiger une traduction certifiée par un traducteur juré (BOI-TVA-DECLA-30-20-20-10 n° 420).

Tableau récapitulatif des mentions générales obligatoires sur les factures **12405**

Mentions obligatoires sur toutes les factures [1] [10]	Opérations réalisées entre professionnels (voir Mémento Concurrence- Consommation n° 59260 s.)	Opérations réalisées par les assujettis à la TVA (voir Mémento Fiscal n° 53625 et 53630)
Nom (ou raison sociale) **du vendeur** ou du prestataire **Nom** (ou raison sociale) **du client** [2] **Leurs adresses** (ou lieu de leur siège social) [2] et leurs adresses de facturation si elles sont différentes	C. com. art. L 441-9	CGI A II art. 242 nonies A-I, 1
Mention, **pour le vendeur** ou le prestataire, de la **forme de la société** (SA, SARL, SAS, SNC, SCS…), précédant ou suivant la dénomination sociale **et** énonciation du **montant du capital social**. Sur le cas particulier des sociétés à capital variable, voir n° 7435	C. com. art. L 238-3 et R 123-238	
Immatriculation au RCS : numéro d'identification et mention RCS suivie du nom de la ville où se trouve le greffe d'immatriculation (voir n° 7435)	C. com. art. R 123-237	
Lieu du siège social	C. com. art. R 123-237	
L'« **état de liquidation** » si le vendeur fait l'objet d'une liquidation amiable ou judiciaire	C. com. art. R 123-237	
Location-gérance ou gérance-mandat si le vendeur est locataire-gérant ou gérant-mandataire d'un fonds de commerce	C. com. art. R 123-237	
Date de délivrance ou d'émission de la **facture**	C. com. art. L 441-9	CGI A II art. 242 nonies A-I, 6°
Date de la vente ou de la prestation [3]	C. com. art. L 441-9	CGI A II art. 242 nonies A-I, 10°
Numéro individuel d'identification à la TVA du fournisseur, sous lequel la livraison a été effectuée ou le service rendu. Dispense pour les factures d'un montant ≤ 150 € HT [4]		CGI A II art. 242 nonies A-I, 2° et 5°
Bénéficiaire d'un contrat d'appui	C. com. art. R 123-237	

12405 (suite)

Mentions obligatoires sur toutes les factures [1] [10]	Opérations réalisées entre professionnels (voir Mémento Concurrence-Consommation n° 59260 s.)	Opérations réalisées par les assujettis à la TVA (voir Mémento Fiscal n° 53625 et 53630)
Objet de l'activité professionnelle à laquelle le **patrimoine de l'EIRL** (voir n° 60255) est affecté et dénomination utilisée pour l'exercice de l'activité professionnelle incorporant le nom ou nom d'usage de la personne précédé ou suivi immédiatement des mots : « entrepreneur individuel à responsabilité limitée » ou des initiales : « EIRL »	C. com. art. R 123-237	
Dénomination utilisée pour l'exercice de l'activité professionnelle de l'entrepreneur individuel (voir n° 60255) incorporant son nom ou nom d'usage précédé ou suivi immédiatement des mots : « entrepreneur individuel » ou des initiales : « EI »	C. com. art. R 123-237	
Mention « **Membre d'un assujetti unique** » pour les factures émises par un membre d'un assujetti unique (CGI art. 256 C) ainsi que le nom complet, l'adresse et le numéro de TVA intracommunautaire de ce membre		CGI A II art. 242 nonies A-I, 5 bis
Numéro unique basé sur une séquence chronologique et continue [5]		CGI A II art. 242 nonies A-I, 7°
Pour chacun des biens livrés ou des services rendus : – **quantité et dénomination** précise des biens ou services fournis [6] ; – **prix unitaire HT** (hors RRR consentis, mais contributions environnementales incluses : contribution CITEO/ADELPHE sur les emballages et le papier, etc.) ; – tous **rabais, remises, ristournes (RRR)** ou **escomptes** acquis à la date de la vente ou de la prestation et chiffrables, directement liés à l'opération à laquelle ils se rapportent (ce qui, en pratique, exclut la plupart des ristournes de fin d'année, voir n° 11830).	C. com. art. L 441-9, Mémento Concurrence-Consommation n° 59360 à 59390	CGI A II art. 242 nonies A-I, 8° et 9°
Taux de TVA légalement applicable ou bénéfice d'une exonération [7]		CGI A II art. 242 nonies A-8° et 9°
Pour l'ensemble des opérations facturées (« pied de la facture ») : – **montant de la TVA à payer** déterminé en euros et, par taux d'imposition, total HT et TVA correspondante mentionnée distinctement [8] ; – **rabais, remises, ristournes ou escompte** qui ne peuvent être rattachés à des opérations particulières ; – référence à la disposition pertinente du CGI ou de la 6e directive ou à toute autre mention indiquant que l'opération bénéficie d'une **mesure d'exonération** [4].		CGI A II art. 242 nonies A-I, 11° et 12° BOI-TVA-DECLA-30-20-20-10 n° 300 BOI-TVA-DECLA-30-20-20-10 n° 480 et BOI-TVA-DECLA-30-20-20-10 n° 490
Pour les opérations bénéficiant d'un régime d'autoliquidation, mention « Autoliquidation » [9]		CGI A II art. 242 nonies A-I, 13
Pour les opérations bénéficiant du régime de la marge [10] : – « Régime particulier – Agence de voyages » en cas d'application du régime des agents de voyages ; – « Régime particulier – Biens d'occasion », « Régime particulier – Objets d'art », « Régime particulier – Objets de collection et d'antiquité » lorsqu'il est fait application des régimes des biens d'occasion, des objets d'art, de collection ou d'antiquité.		CGI A II art. 242 nonies A-I, 15 et 16

Mentions obligatoires sur toutes les factures (1) (10)	Opérations réalisées entre professionnels (voir Mémento Concurrence-Consommation n° 59260 s.)	Opérations réalisées par les assujettis à la TVA (voir Mémento Fiscal n° 53625 et 53630)
Mention « Autofacturation » lorsque la facture est établie par le destinataire de la marchandise ou de la prestation, à la place du fournisseur ou du prestataire (10).		CGI A II art. 242 nonies A-I, 14°
Date à laquelle le règlement doit intervenir (mention du quantième du mois, du mois et de l'année, voir n° 43025)	C. com. art. L 441-9	
Conditions d'escompte applicables en cas de paiement à une date antérieure à celle résultant de l'application des conditions générales de vente (voir n° 43025)	C. com. art. L 441-9	
Taux des pénalités de retard (voir n° 46045)	C. com. art. L 441-9	
Indemnité forfaitaire pour frais de recouvrement (voir n° 46045)	C. com. art. L 441-9	
Numéro du bon de commande lorsqu'il a été préalablement établi par l'acheteur	C. com. art. L 441-9	
Mentions spécifiques liées à certaines opérations (10) : notamment en cas d'exportation hors de la CE, d'acquisitions intracommunautaires réalisées dans le cadre d'opérations triangulaires, de livraisons et de transferts intracommunautaires, de certaines prestations de services		CGI A II art. 242 nonies A-I, 3°, 4° et 12° (RIE-IV-4670 s.)
Éco-contribution refacturée par les producteurs et distributeurs d'équipements électriques et électroniques ménagers (voir n° 11310)	C. envir. art. L 541-10-2	

Les notes ci-après concernent les entreprises assujetties à la TVA :
(1) Les factures délivrées à de simples particuliers, dans le cas où le fournisseur n'est pas tenu de délivrer une facture, peuvent ne pas comporter toutes les mentions obligatoires (BOI-TVA-DECLA-30-20-20 n° 10).
(2) Selon l'administration fiscale, les factures peuvent mentionner l'adresse de l'établissement principal ou d'un établissement secondaire de l'entreprise cliente, au lieu de son siège social, à condition que le nom ou la raison sociale figurant sur les factures adressées à ces établissements correspondent exactement au nom ou à la raison sociale de l'entreprise cliente (BOI-TVA-DECLA-30-20-20-10 n° 20). Sur la possibilité, pour un établissement stable établi en France qui participe à une opération effectuée par son siège étranger, de mentionner sur la facture qu'il émet à la fois l'adresse étrangère de son siège et son propre numéro d'identification à la TVA en France, voir BOI-TVA-DECLA-30-20-20-10 n° 300.
(3) Dans la mesure où une telle date est déterminée et qu'elle est différente de la date d'émission de la facture (par exemple, dans le cas de factures récapitulatives), le délai de facturation ne pouvant toutefois pas excéder un mois (BOI-TVA-DECLA-30-20-10-40 n° 70 à 110). Au regard des dispositions fiscales, il s'agit de la date de réalisation de la livraison ou de l'achèvement de la prestation de services.
(4) Dispense en cas d'exonération de TVA pour les factures d'un montant inférieur à 150 € HT, non applicable pour certaines opérations pour lesquelles la facture doit comporter des mentions spécifiques obligatoires (BOI-TVA-DECLA-30-20-20 n° 20 à 50 ; BOI-TVA-DECLA-30-20-20-30 n° 10 à 20). Lorsque la taxe est acquittée par un représentant fiscal, la facture doit comporter le numéro individuel d'identification qui a été attribué à la société et qui sera utilisé par son représentant pour déclarer les opérations qu'elle effectue (BOI-TVA-DECLA-20-30-40-10 n° 280). Les assujettis non redevables ou bénéficiant de la franchise de TVA prévue à l'article 293 B du CGI sont également tenus de demander un numéro d'identification à la TVA dès lors qu'ils réalisent des acquisitions intracommunautaires pour lesquelles ils deviennent redevables de la TVA ou des importations (BOI-TVA-DECLA-20-10-20 n° 20).
(5) Possibilité d'utiliser des séries distinctes lorsque les conditions d'exercice de l'activité le justifient (par exemple, existence de plusieurs sites de facturation, plusieurs catégories de clients pour lesquels les règles de facturation ne sont pas identiques, plusieurs modalités d'émission électronique, autofacturation, sous-traitance, facture papier) et à condition que deux factures émises la même année ne puissent porter le même numéro (BOI-TVA-DECLA-30-20-20-10 n° 100).
(6) Lorsque l'opération facturée concerne un service fourni par voie électronique, la dénomination du service est complétée de la mention « Service fourni par voie électronique » (BOI-TVA-DECLA-30-20-20-10 n° 200).
(7) Cette mention peut n'être indiquée qu'une seule fois sur la facture pour chaque rubrique de fournitures soumises au même taux d'imposition dès lors qu'il n'en résulte aucune ambiguïté (BOI-TVA-DECLA-30-20-20-10 n° 260).
(8) Si facturation d'une TVA étrangère, le préciser très clairement (BOI-TVA-DECLA-30-20-20-10 n° 360). Si facturation dans une monnaie autre que l'euro, TVA à payer déterminée en euros avec indications concernant le taux de change (BOI-TVA-DECLA-30-20-20-10 n° 380 s.).
(9) Les factures délivrées par des fournisseurs ou prestataires établis en France et relatives à des opérations soumises à autoliquidation en France ne doivent pas faire mention de la TVA exigible (BOI-TVA-DECLA 10-10-20 n° 290, 370, 440, 510 et 536). Les factures relatives aux opérations soumises à autoliquidation dans un autre État membre peuvent ne pas mentionner la TVA exigible (CGI ann. II art. 242 nonies A-II-c).
(10) Les mentions relatives à l'option pour le paiement de la TVA sur les débits et à l'option pour le paiement de la TVA sur les livraisons de travaux immobiliers ne sont pas obligatoires, mais seulement recommandées par l'administration (BOI-TVA-DECLA-30-20-20-30 n° 270 à 330).

12410 **Monnaie de facturation** Les factures doivent être **libellées en euros.** Cependant, il est possible de libeller des factures dans une **devise étrangère** s'il s'agit d'un règlement international ; voir Mémento Concurrence-Consommation n° 59480 à 59500.

> **Fiscalement** En matière de TVA, les montants figurant sur la facture peuvent être exprimés dans toute monnaie, mais la taxe à payer doit être convertie en euros en utilisant le mécanisme de conversion prévu par l'article 266-1 bis du CGI (BOI-TVA-DECLA-30-20-20-10 n° 380).

12415 **Date d'établissement de la facture** La facture doit être réclamée par l'acheteur, et le vendeur est tenu de la délivrer **dès la réalisation de la livraison ou de la prestation du service** au sens de l'article 289, I-3 du CGI (C. com. art. L 441-9 modifié par ord. 2019-359 du 24-4-2019). Voir Fiscalement ci-après.

Pour les exceptions à la règle de facturation immédiate, voir Mémento Concurrence-Consommation n° 59150 s.

> **Fiscalement** Il en est en principe de même. La facture doit être émise au plus tard le 15 du mois qui suit celui au cours duquel s'est produit le fait générateur afférent aux opérations suivantes (CGI art. 289, 1-3) :
> – acquisitions intracommunautaires ;
> – livraisons et transferts intracommunautaires exonérés de TVA ;
> – prestations de services pour lesquelles la taxe est due par le preneur.
> La **facture peut** toutefois **être établie de manière périodique** pour plusieurs livraisons de biens ou prestations de services distinctes réalisées entre l'assujetti et son client au titre du même mois civil, à condition qu'un bon de livraison ou de prestation soit émis à la date de l'opération. Cette facture est établie au plus tard à la fin de ce même mois (CGI art. 289, I-3), ou quelques jours après lorsque les nécessités de gestion administrative le justifient (BOI-TVA-DECLA-30-20-10-40 n° 100). Indépendamment de ces situations, l'administration fiscale admet un différé général de facturation de quelques jours pour les besoins de la gestion des entreprises et dans certains cas spécifiques (BOI-TVA-DECLA-30-20-10-40 n° 100).

12420 **Conservation des factures** Le vendeur et l'acheteur doivent conserver chacun un exemplaire de toute facture émise dans la **limite de durée prévue par le CGI** (C. com. art. L 441-9). La réglementation fiscale prévoit que les pièces justificatives de la comptabilité doivent être conservées pendant **6 ans** (LPF art. L 102 B, modifié par loi 2022-1726 du 30-12-2022 art. 62). On ne saurait toutefois s'en tenir à ce délai de six ans. En effet, les documents comptables et les pièces justificatives doivent être conservés pendant 10 ans et les **délais de reprise de l'administration** peuvent nécessiter des délais de conservation plus long encore, notamment pour faire face au contrôle des reports déficitaires ou des amortissements d'immobilisations (voir n° 7445 et 52590 II. a.).

12425 **Factures d'acomptes** Elles doivent en principe comporter l'ensemble des mentions obligatoires prévues à l'article 242 nonies A de l'annexe II du CGI (CGI art. 269 et 289 ; pour plus de détails, voir Mémento Fiscal n° 53565 et 53625). Cette exigence s'applique aux acomptes relatifs aux prestations de services, ainsi qu'à ceux encaissés depuis le 1er janvier 2023 pour des livraisons de biens désignés avec précision (BOI-TVA-BASE-20-10 n° 65) dont la livraison n'est pas incertaine (CJUE 13-3-2014 aff. 107/13), pour lesquels la TVA est alors exigible (voir n° 46700 s. ; pour plus de détails, voir Mémento Fiscal n° 52590).

Pour leur comptabilisation, voir n° 12255.

> **Fiscalement** Les factures d'acomptes peuvent ne pas comporter l'ensemble des mentions obligatoires lorsque certaines informations (date de l'opération, quantité ou prix exact des biens ou services à fournir lorsqu'ils dépendent d'éléments variables ou aléatoires) ne sont pas connues au moment de leur émission (BOI-TVA-DECLA-30-20-20-20 n° 160 et 170).

FACTURATION ÉLECTRONIQUE

12435 Une importante **réforme** prévoit de nouvelles obligations concernant la facturation électronique entre assujettis établis en France (e-invoicing) et la transmission à l'administration des données relatives à certaines opérations réalisées par des assujettis à la TVA, notamment avec des non-assujettis (e-reporting) (Lois 2019-1479 du 28-12-2019 art. 153 et 2022-1157 du 16-8-2022 art. 26). L'administration a indiqué que son **entrée en vigueur**, qui devait intervenir de manière progressive à compter du 1er juillet 2024, sera reportée dans le cadre de la loi de finances pour 2024 (Communiqué DGFiP du 28-7-2023 n° 1073).

Mise en œuvre du e-invoicing Le e-invoicing consiste en la transmission de factures électroniques à raison des opérations réalisées entre deux assujettis établis en France (**B to B domestique**) portant sur une livraison de biens ou une prestation de services non exonérée, ainsi que sur les acomptes émis au titre de ces opérations, pour lesquels une facture doit être émise en application des règles françaises de facturation prévues à l'article 289, I-1°, a et d du CGI. L'obligation de facturation électronique s'applique aux établissements stables situés en France d'entreprises établies hors de France pour des opérations au profit d'assujettis établis en France, ainsi qu'aux assujettis bénéficiant du régime de franchise en base. En revanche, l'administration admet que les opérations exonérées de TVA en application des articles 261 à 261 E du CGI ne sont pas soumises au e-invoicing (Foire aux questions de l'administration : impots.gouv.fr/facturation-electronique-entre-entreprises-et-transmission-de-donnees-de-facturation).

12440

En application de cette nouvelle réglementation, une facture électronique est émise, transmise et reçue sous forme dématérialisée et comporte nécessairement un **socle minimum de données sous forme structurée** (CGI art. 289 bis), conforme au format sémantique résultant de la réglementation européenne (norme EN 16931). Une facture de type image pdf (facture numérisée ou pdf avec un outil informatique) envoyée par mail n'est pas une facture électronique.

> **Précisions** La facture électronique est transmise au client par l'intermédiaire d'une **plateforme de dématérialisation** (le portail public de facturation ou une des plateformes de dématérialisation partenaire immatriculée par l'administration, dont les missions et obligations ont été définies (Décret 2022-1299 du 7-10-2022 et arrêté ECOE2218934A du 7-10-2022). Des opérateurs de dématérialisation non partenaires peuvent intervenir comme intermédiaires entre le vendeur (ou acheteur) et les plateformes de dématérialisation.

Mise en œuvre du e-reporting Le e-reporting consiste en la transmission dématérialisée à l'administration fiscale de certaines données relatives à des opérations commerciales (notamment le montant de la transaction, le montant de la TVA facturée, le numéro SIREN de l'assujetti, la date de la facture ou du paiement selon le cas…). Cette procédure s'applique aux opérations non soumises au e-invoicing et concerne principalement les opérations réalisées :
– par des **entreprises assujetties à la TVA** établies en France avec des particuliers (business to consumer, ou BtoC) ou avec des opérateurs étrangers, particuliers ou entreprises (CGI art. 290) ;
– par des **entreprises étrangères non établies en France** qui réalisent des opérations taxables en France avec une personne assujettie ou non à la TVA (Foire aux questions de l'administration : impots.gouv.fr/facturation-electronique-entre-entreprises-et-transmission-de-donnees-de-facturation).

12445

> **Précisions** Les données concernées par le e-reporting sont transmises sous format électronique par le biais du portail public de facturation ou par une des plateformes de dématérialisation partenaire immatriculée par l'administration. Les opérateurs de dématérialisation non partenaires peuvent agir comme intermédiaire entre l'entreprise et le portail public de facturation ou la plateforme de dématérialisation partenaire (Décret 2022-1299 du 7-10-2022 ; arrêté ECOE2218934A du 7-10-2022).

Modalités de facturation électronique antérieures à l'entrée en vigueur de la nouvelle réglementation Les assujettis à la TVA ont la possibilité, sous réserve de l'acceptation du destinataire, **de transmettre** leurs **factures par voie électronique,** sous certaines conditions. Une facture électronique s'entend d'une facture ou d'un flux de factures créé, transmis, reçu et archivé sous forme électronique (CGI art. 289, IV ; BOI-TVA-DECLA-30-20-30-10 n° 70 et 80). L'authenticité de son origine, l'intégrité de son contenu et sa lisibilité doivent être assurées à compter de son émission et jusqu'à la fin de sa période de conservation pour tenir lieu de facture d'origine (BOI-BIC-CHG-10-20-20 n° 100). Pour plus de détails, voir Mémento Fiscal n° 53595.

12455

Sur l'obligation pour les cocontractants de l'État, des collectivités territoriales et de leurs établissements publics de transmettre leurs factures par voie électronique, voir Mémento Concurrence-consommation n° 59850 s.

La télétransmission des factures peut être réalisée suivant quatre modalités permettant d'assurer l'authenticité, l'origine de la facture, l'intégrité de son contenu et sa lisibilité (CGI art. 289, V ; voir Mémento TVA n° 46600 s.). L'assujetti peut :

a. Recourir à la procédure de la **signature électronique qualifiée** (CGI art. 289, VII, 2°) dans les conditions précisées par l'article 96 F de l'annexe III au CGI (modifié par décret 2023-377 du

16-5-2023). La signature électronique est constituée d'un ensemble de données sous forme électronique, qui sont jointes ou associées à d'autres données électroniques et sert de méthode d'authentification du signataire, de garantie de l'intégrité du document signé et du consentement du signataire. Le signataire est obligatoirement une personne physique.

b. Mettre en œuvre un système de télétransmission des factures au moyen d'un **échange de données informatisées** (EDI) (CGI art. 289, VII-3° ; CGI ann. III art. 96 G). Les factures se présentent sous la forme d'un message structuré selon une norme convenue entre les parties, permettant une lecture par ordinateur et pouvant être traité automatiquement et de manière univoque.

c. Recourir **à toute solution technique autre** que la signature électronique ou l'EDI **dès lors que des contrôles documentés et permanents sont mis en place** par l'entreprise et permettent d'établir une **piste d'audit fiable** (PAF ; pour plus de détails, voir n° 12470) entre la facture émise ou reçue et la livraison de biens ou prestation de services qui en est le fondement (CGI art. 289, VII-1° ; CGI ann. III art. 96 I ; BOI-TVA-DECLA-30-20-30-20 n° 1 s.).

d. Recourir à la **procédure de cachet électronique qualifié** (CGI art. 289, VII-4° modifié par loi 2022-1726 du 30-12-2022 art. 62, I et IV) dans les conditions précisées par l'article 96 F ter de l'annexe III du CGI (issu du décret 2023-377 du 16-5-2023). Le cachet électronique consiste en des données sous forme électronique, qui sont jointes ou associées logiquement à d'autres données électroniques pour garantir l'origine et l'intégrité de ces dernières. Le créateur du cachet électronique est une personne morale.

Sur les possibilités de contrôle du système de télétransmission des factures par l'administration, voir Mémento Fiscal n° 53595.

12460 **Conservation des données** Les données doivent être conservées en suivant des règles différentes en fonction de leurs modalités d'émission (voir Mémento TVA n° 46760 s.).
– Les factures visées au n° 12455 a. et d. (sécurisées par la signature électronique ou le cachet électronique) doivent faire l'objet d'une conservation dans leur forme et contenu originels pendant le délai de 6 ans prévu à l'article L 102 B du LPF, de même que la signature électronique ou le cachet électronique eux-mêmes et le certificat électronique attaché à la signature ou au cachet (CGI ann. III art. 96 F bis, II et 96 F quater, II ; voir n° 12420). Cette obligation concerne aussi bien l'entreprise émettrice que l'entreprise destinataire des factures.
– Les informations émises et reçues visées au n° 12455 b. (en cas de recours à un échange de données informatisées) doivent être conservées dans leur contenu originel pendant ce même délai, séparément pour chaque société dématérialisant ces factures (CGI ann. III art. 96 G).
– Les informations, documents, données, traitements informatiques ou systèmes d'information constitutifs des contrôles internes visés au n° 12455 c. et la documentation décrivant leurs modalités de réalisation doivent également être conservés pendant un délai de 6 ans, cette conservation pouvant être effectuée, depuis le 1er janvier 2016, sur le support choisi par l'entreprise, quel que soit le format d'origine de ces éléments (LPF art. L 102 B, I bis).
– Les factures transmises par voie électronique doivent être stockées sur le territoire français ou dans un État membre de l'Union européenne ou dans un pays lié à la France par une convention prévoyant une assistance mutuelle. Les entreprises assujetties doivent assurer un accès en ligne permettant le téléchargement et l'utilisation des données stockées et déclarer le lieu de stockage de leurs factures lorsque ce lieu est situé hors de France (LPF art. L 102 C et R 102 C, I ; BOI-CF-COM-10-10-30-10 n° 320 à 340).

Sur l'archivage des pièces justificatives, voir n° 7455 et 7585.

PISTE D'AUDIT FIABLE

12470 Les assujettis à la TVA doivent mettre en place des contrôles établissant une piste d'audit fiable entre la facture émise ou reçue et la livraison de biens ou la prestation de services qui en est le fondement. Elle doit permettre (BOI-TVA-DECLA-30-20-30-20 n° 130) :
– de reconstituer, dans un ordre chronologique, la totalité du **processus de facturation,** depuis son origine (par exemple, le bon de commande) jusqu'à la facture, c'est-à-dire de reconstituer le processus documenté (bons de commande, bons de livraisons, extraits de compte…) d'une opération et de relier les différents documents de ce processus ;
– de garantir que la facture émise ou reçue reflète l'opération qui a eu lieu, en permettant d'établir un lien entre la facture et la livraison de biens ou la prestation de services qui la fonde ;

– de justifier toute opération par une pièce d'origine à partir de laquelle il doit être possible de remonter par un cheminement ininterrompu à la facture et réciproquement.
Pour plus de détails, voir Mémento Fiscal n° 53595.

B. Ventes au comptant

Tenue du livre de caisse **Commerçants détaillants** En principe, le **solde** du livre de caisse ne doit représenter que des **espèces.** Toutefois dans la pratique, certains commerçants détaillants simplifient leurs écritures en enregistrant sur ce livre les recettes effectuées tant en espèces que par chèques. Cette manière de procéder peut être admise sous réserve du respect des conditions suivantes (Rép. Francou : Sén. 19-1-1982 n° 1360) :
– à chaque remise de chèque en banque, le compte de caisse doit être crédité du montant des chèques remis ;
– une ventilation doit être effectuée entre les dépenses payées par chèque et celles qui sont payées en espèces ;
– tous les mouvements de fonds (retraits et apports) doivent faire l'objet d'un enregistrement distinct.
En cas de contrôle, il convient de fournir les brouillards de caisse, bandes enregistreuses, bordereaux de ventes, bordereaux de remises en banque ou tout autre document justificatif de recettes ou de dépenses permettant de distinguer les opérations effectuées en espèces de celles qui ont donné lieu à un encaissement ou à un paiement par chèque (Rép. précitée).

12480

> **Fiscalement**
> – La circonstance qu'une fraction notable des recettes (en l'espèce, un tiers) provienne de ventes enregistrées sous la **mention « divers » sur les brouillards de caisse** (sans désignation, même sommaire, des objets vendus) fait obstacle à la vérification de la concordance des ventes avec les achats comptabilisés et prive une comptabilité de sa valeur probante (CE 14-6-1989 n° 63667-72868).
> – Une comptabilité n'est pas probante lorsque le détaillant ne peut justifier du montant des recettes journalières qu'en présentant des **bandes** de caisse enregistreuse **ne comportant pas la désignation des articles** vendus (CE 8-8-1990 n° 70748).
> – Les bandes de caisse enregistreuse identifiant l'article et indiquant le prix de vente constituent des pièces justificatives suffisantes même si elles ne mentionnent pas le prix d'achat (CE 23-11-1992 n° 73793).

Justification des ventes au comptant Pour les entreprises dont les produits sont constitués essentiellement par des recettes au comptant, la **valeur probante de la comptabilité ne résulte pas uniquement** de l'existence **des pièces justificatives** (d'origine interne) mais des possibilités de recoupement qu'elles permettent de faire.
Sur la comptabilisation de telles ventes en l'absence de pièces justificatives, voir n° 12560.
Sur les **contrôles recommandés** aux commissaires aux comptes pour fonder leur conviction sur la valeur probante de la comptabilité, voir n° 12715.

12485

> **Précisions** Le bulletin CNCC (n° 21, mars 1976, p. 13 et 14) note que :
> – « l'inscription en fin de journée du total des recettes, bien que nécessaire, ne constitue pas à elle seule une justification ;
> – une simple bande d'additionneuse ou de caisse enregistreuse n'a pas une grande force probante ;
> – un état des encaissements aura plus de force probante s'il comporte des renseignements permettant des recoupements (références et quantités, nom du client) ;
> – un tel état en aura davantage s'il porte la signature du caissier et s'il est accompagné du calcul du solde de caisse en fin de journée et d'un inventaire des espèces ;
> – la valeur justificative de cette pièce sera encore plus grande si elle porte la signature des salariés dont la rémunération est en partie ou entièrement basée sur le chiffre d'affaires (guelte pour les vendeurs ou service pour les serveurs) ;
> – la sécurité sera augmentée si les inscriptions portées sur l'état sont justifiées par des pièces foliotées et tenues par duplication telles que bordereaux établis par les vendeurs ou bons de commande du maître d'hôtel. »

> **Fiscalement** Le seul fait que les commerçants détaillants enregistrent globalement, en fin de journée, leurs recettes journalières, ne permet pas à l'administration d'écarter la comptabilité présentée. Mais ils doivent être en mesure de produire tous documents propres à justifier de ces montants : bandes de caisse enregistreuse, fiches de caisse, livres brouillards, etc. (CE 8-7-1963 n° 43612 ; CE 29-10-1975 n° 93797 ; BOI-TVA-DECLA-30-10-10 n° 250). En particulier, conformément à l'article 286, I-4°, les assujettis à la TVA doivent être en mesure de justifier le montant des opérations imposables.

II. OBLIGATIONS DE FORME

MODALITÉS DE COMPTABILISATION

12555 **Ventes avec facture**   Lorsque les ventes ou autres produits sont justifiés par des factures émises par l'entreprise, celle-ci peut soit enregistrer les opérations individuellement au jour le jour, soit procéder à une récapitulation mensuelle de ces opérations et en reporter le montant total dans la comptabilité générale.

Cependant, **tout redevable de la TVA, s'il ne tient pas une comptabilité détaillée,** c'est-à-dire enregistrer opération par opération, doit tenir un **livre** spécial aux pages numérotées (sans qu'il soit nécessaire de le faire coter ou parapher par une autorité quelconque), sur lequel est inscrit, jour par jour, sans blanc ni rature, le montant de chacune des opérations qu'il réalise (CGI art. 286).

> **Fiscalement**   Ce livre, comme la comptabilité en tenant lieu, doit faire apparaître de manière distincte (CGI ann. IV. art. 37) :
> **a.** les opérations non soumises à la TVA et celles faites en suspension de la TVA ;
> Les opérations ne relevant pas de la TVA en sont soustraites à condition que leur montant puisse être déterminé avec une précision suffisante ; à cet effet, une **comptabilisation distincte des recettes,** selon qu'elles sont ou non de nature commerciale, est nécessaire (CE 6-6-1979 n° 9338).
> **b.** pour chaque opération ayant donné lieu à l'émission d'une facture ou d'un document en tenant lieu comportant mention de la TVA, le montant net de l'opération, le montant de la TVA au taux exigible facturé, ainsi que le nom et l'adresse du client.
> Il est admis que l'adresse ne figure pas sur les registres et que seul le montant de l'opération soit porté lorsque l'entreprise, par un classement adéquat de ses factures et par l'inscription de la référence aux factures sur le livre des ventes ou le livre spécial, met le service des impôts en mesure de procéder à la vérification de la sincérité des écritures et de la concordance de celles-ci avec les mentions portées sur les relevés de chiffre d'affaires (Rép. Liot : Sén. 2-10-1968 n° 7398, non reprise dans Bofip).

En pratique, les entreprises dont les ventes sont justifiées par des factures et qui sont redevables de la TVA doivent tenir un **journal (ou livre) de ventes** enregistrant **chaque opération** dans **l'ordre chronologique** des factures, en indiquant son **montant total** et la **référence de la facture.**

> **Fiscalement**   La comptabilité ou le livre spécial peut être tenu sur n'importe quel support, en l'occurrence au moyen d'un progiciel comptable (Rép. Tiberi : AN 5-6-1989 n° 8609, non reprise dans Bofip).
> Les pièces justificatives des opérations ouvrant droit à déduction doivent, en revanche, être d'origine (CGI art. 286-I-3°).
> Les assujettis à la TVA (à l'exclusion notamment de ceux bénéficiant de la franchise en base et de ceux exonérés de TVA) qui enregistrent le règlement de leurs clients au moyen d'un logiciel ou d'un système de caisse doivent utiliser un logiciel ou un système sécurisé certifié, garantissant l'inaltérabilité des données et la fiabilité des modalités de conservation et d'archivage (CGI art. 286, I-3 bis ; BOI-TVA-DECLA-30-10-30 ; BOI-CF-INF-20-10-20 n° 550 à 590). Cette obligation concerne les systèmes informatiques dotés d'une fonctionnalité de caisse qui consiste à mémoriser et à enregistrer extra-comptablement des paiements reçus en contrepartie d'une opération commerciale. L'administration admet qu'elle ne s'applique pas lorsque le logiciel ou le système déclenche obligatoirement, instantanément et automatiquement, sans intervention humaine, une écriture dans le système d'information comptable. Elle refuse toutefois l'application de cette tolérance lorsque la passation des écritures comptables n'est pas concomitante au paiement ni instantanée, même si elle est effectuée quotidiennement de manière automatique et sécurisée par le système lui-même, par batch quotidien (BOI-TVA-DECLA-30-10-30 n° 30).

12560 **Ventes sans facture**   Lorsque les ventes ou autres produits ne sont pas justifiés par des factures ou d'autres pièces justificatives (il s'agit pratiquement des **ventes au comptant**), elles doivent, en principe, être comptabilisées d'une manière détaillée, chaque opération faisant l'objet d'une inscription distincte.

Toutefois, en matière de **TVA,** par simplification, les opérations au comptant (correspondant à des ventes au détail ou des services rendus à des particuliers) pour des **valeurs inférieures à 76 €** TTC peuvent être inscrites globalement sur le livre **à la fin de chaque journée** et le montant des opérations inscrites sur le livre est totalisé à la fin du mois (CGI art. 286-I-3°). L'administration admet que cette mesure de simplification s'applique à l'ensemble des contribuables pour la détermination des revenus imposables (BOI-TVA-DECLA-30-10-10 n° 230).

> **Fiscalement** Ce chiffre limite (de 76 €) s'apprécie **par opération** de vente et non par article vendu à un même acheteur (BOI-TVA-DECLA-30-10-10 n° 240).

Pour les **commerçants détaillants,** l'administration admet que le seul fait d'enregistrer globalement les recettes journalières ne suffit pas à écarter la comptabilité, **dès lors qu'elle est tenue correctement** et que ses résultats sont en rapport avec l'importance et l'activité de l'entreprise (BOI-TVA-DECLA-30-10-10 n° 250).

Pour apprécier si cette condition est remplie, les agents de la DGI ne se réfèrent pas à des pourcentages de bénéfices uniformes pour toutes les entreprises appartenant à une même branche professionnelle, mais prennent en considération les circonstances propres à chaque affaire et examinent, s'il y a lieu, les incidences des conditions spéciales d'exploitation de l'entreprise, sous réserve que soient fournis des éléments suffisants d'appréciation (BOI-BIC-DECLA-30-10-20-50 n° 40), voir n° 7465.

La faculté de comptabiliser globalement les recettes quotidiennes **ne dispense pas** le contribuable de conserver à l'appui de sa comptabilité les **justifications nécessaires** (CE 1-3-1978 n° 2694 et 13-7-1979 n° 13374) : bandes de caisse enregistreuse, fiches de caisse, livres brouillards (BOI-BIC-DECLA-30-10-20-50 n° 1 et 20).

VENTILATION DES AFFAIRES PAR NATURE ET PAR TAUX D'IMPOSITION À LA TVA

Principe Les redevables de la TVA, à l'exception de ceux qui sont soumis au régime des micro-entreprises pour lesquels la réglementation prévoit des obligations simplifiées (voir n° 8150), doivent tenir une comptabilité leur permettant de **justifier les opérations,** imposables ou non. D'une manière générale, la comptabilité doit permettre à l'entreprise de fournir l'ensemble des renseignements demandés dont la mention figure dans les imprimés de déclaration ; à savoir : ventes de produits achetés ou fabriqués par l'entreprise, ventes à consommer sur place, prestations de services, fournitures de logement, travaux immobiliers, livraisons à soi-même, achats à des non-assujettis (BOI-TVA-DECLA-30-10-10 n° 1).

12565

Les entreprises qui commercialisent des produits soumis à la TVA à des taux différents, ou éventuellement exonérés de cette taxe, sont tenues de **répartir les recettes** qu'elles réalisent par **catégorie d'opérations et par taux d'imposition** (affaires non soumises à la TVA, affaires faites en suspension de taxe, affaires ventilées par taux d'imposition). Voir cependant cas particuliers ci-après n° 12570.

En pratique, les assujettis à la TVA peuvent obtenir la double ventilation nécessaire (par nature et par taux) de deux manières :
– ventilation par taux de taxe au journal des ventes ;
– subdivision des comptes de telle manière que l'imputation à un sous-compte définisse à la fois la nature du produit et le taux de taxe, par exemple :
   – Compte 7071 – Ventes de marchandises au taux réduit.
   – Compte 7072 – Ventes de marchandises au taux normal.

Exception : ventes au comptant Certaines entreprises dont les ventes faites ordinairement au comptant à des consommateurs **ne donnent pas lieu à facturation** (grands magasins, supermarchés, centres distributeurs, commerçants vendant des produits soumis à plusieurs taux) sont autorisées à **répartir leurs recettes** de manière empirique (BOI-TVA-DECLA-30-10-20 n° 140 et 150).

12570

Trois méthodes sont présentées par l'administration :
– méthode A : ventilation des achats par taux d'imposition ;
– méthode B : comptabilisation des achats en valeur de vente (par application d'une marge moyenne pondérée) ;
– méthode C : comptabilisation des achats en valeur de vente (par application au prix d'achat de chaque produit de la marge commerciale).

Toute autre méthode, mieux adaptée, peut être utilisée.

Pour plus de détails, voir RIE-IV-1780 à 2255.

Sur le plan comptable, les achats destinés à la revente sont donc enregistrés par taux d'imposition ; les recettes correspondantes peuvent être inscrites globalement (ou suivant des ventilations propres à la gestion de l'entreprise), un état extra-comptable permettant d'obtenir la ventilation des recettes selon l'une des trois méthodes préconisées.

RELEVÉ ANNUEL DES VENTES PAR CLIENT

Les commerçants, industriels et artisans sont tenus, sur **demande expresse** de l'administration, de **déclarer le montant total, par client, des ventes autres** que les **ventes au détail,** réalisées au cours de l'année civile ou de leur exercice comptable (CGI art. 1649 bis A). Le retard

12575

ou le défaut de production de ce relevé ainsi que les omissions ou inexactitudes dans les documents produits sont sanctionnés par des amendes forfaitaires (voir Mémento Fiscal n° 78375 et 80190).

III. TENUE DES COMPTES CLIENTS

COMPTES CLIENTS INDIVIDUELS

12645 **La réglementation n'impose pas la tenue de comptes individuels « Clients »** à condition qu'en fin d'exercice les créances soient regroupées nominativement par débiteur afin de pouvoir figurer dans l'inventaire.

> **Précisions** De même, **l'obligation fiscale** de communiquer le montant des ventes par client peut être satisfaite par d'autres moyens ou modes de classement.
> **En matière commerciale**, seule la facture constitue un mode de preuve et le défaut de tenue de ces comptes ne porte donc, a priori, aucun préjudice à l'entreprise.

Dans la mesure où la méthode de suivi des clients individuels, par un moyen autre que l'enregistrement en comptabilité auxiliaire, permet d'obtenir les mêmes renseignements (détail des opérations, analyse de la position comptable), elle peut être utilisée : comptes clients mensuels, comptes par échéance, classement des doubles des factures (dans ce dernier cas, il convient cependant de veiller plus particulièrement au contrôle interne).

> **Précisions** Un double de la facture doit être conservé (voir n° 12420).

IV. CONTRÔLE EXTERNE

12715 **Contrôle des comptes clients** Il fait l'objet de développements dans la norme d'exercice professionnel NEP 505 « Demande de confirmation des tiers » et dans la Note d'information CNCC NI.VII « Le commissaire aux comptes et les demandes de confirmation des tiers » (décembre 2010).

> **Précisions** **1. Confirmation directe** Cette technique de contrôle est généralement utilisée pour confirmer un solde de compte et les éléments le composant, mais elle peut aussi permettre de confirmer (NEP précitée, § 05) :
> – les termes d'un contrat ou l'absence d'accords particuliers susceptibles d'avoir une incidence sur la comptabilisation de produits ;
> – ou encore l'absence d'engagements hors bilan.
> Sur les demandes d'informations des commissaires aux comptes auprès des tiers, voir n° 80415.
> **2. Procédures complémentaires** L'ensemble des objectifs de contrôle ne peut être couvert par la confirmation directe. Des procédures complémentaires devront ainsi également être mises en œuvre pour vérifier :
> – la possibilité de recouvrement des créances : analyse des soldes anciens sur la base de balances âgées, examen des encaissements subséquents, demande d'informations auprès des avocats pour vérifier l'absence de litiges (voir n° 48545) ;
> – l'exhaustivité de l'enregistrement des créances : techniques de revue analytique avec l'analyse des ratios de règlements clients, vérification de l'enregistrement des créances sur la base des derniers bons de livraison...
> **3. Valeur probante de la comptabilité** Parmi les contrôles recommandés aux commissaires aux comptes, on note les éléments suivants (Bull. CNCC n° 21, mars 1976, p. 13 et 14) :
> – **l'examen de la comptabilité** ne fait pas apparaître des éléments qui constituent la présomption des détournements de recettes (écart de recettes journalières non expliqué, caisse régulièrement créditrice en cours de mois puis régularisée en fin de mois, enregistrement des opérations de caisse à mauvaise date, versements importants des dirigeants sociaux alors que leur rémunération dans l'entreprise ne justifie pas ces apports) ;
> – la **marge bénéficiaire brute** est compatible avec la marge brute théorique ou la marge dégagée par des entreprises similaires, ou les écarts significatifs par rapport à ces deux références sont expliqués ;
> – la **vitesse de rotation des stocks** est compatible avec celle des années précédentes, ou les écarts significatifs sont expliqués.

SECTION 5

PRÉSENTATION DES COMPTES ANNUELS ET AUTRES INFORMATIONS

Voir également les chapitres « Les documents de synthèse » (n° 64000 s.) et « L'information comptable et financière à la charge de l'entreprise » (n° 80025 s.)   **12825**

I. PRÉSENTATION DES COMPTES ANNUELS

A. Bilan et compte de résultat

PRÉSENTATION DES CRÉANCES AU BILAN

12830

a. Les créances « Clients » et les comptes rattachés sont compris dans **l'actif circulant,** même si leur échéance est à plus d'un an.

b. L'application du principe de **non-compensation** (voir n° 10415) entraîne les conséquences suivantes :

– il ne doit pas être opéré de compensation entre les comptes 411 « Clients » à 418 « Clients – Produits non encore facturés » et les comptes 4191 « Avances et acomptes reçus sur commandes » et 4196 « Dettes pour emballages et matériels consignés » ;

> **Précisions** À notre avis, si les comptes 4191 et 418 concernent la **même commande,** la véritable créance est constituée par le montant net et une compensation paraît devoir être opérée.

– pour la présentation au passif du bilan des clients **présentant un solde** créditeur **sur la balance** auxiliaire clients, il est nécessaire, à notre avis, à la clôture de chaque exercice, de passer l'écriture suivante : débit du compte 410 « Clients et comptes rattachés » par le crédit du compte 4197 « Autres avoirs – Clients » (voir n° 11830) ;

> **Précisions** **1. Extourne** Il s'agit d'une **écriture d'inventaire** à extourner au début de l'exercice suivant.
> **2. Origine de cette écriture** Cette écriture d'inventaire nécessaire au respect du principe de non-compensation des créances et des dettes n'a pas été reprise dans le PCG 1999 alors qu'elle figurait dans le PCG 82 (p. II 38). Il s'agit, à notre avis, d'un oubli, car celle relative aux fournisseurs débiteurs a bien été reprise (voir n° 18305).

– les rabais, remises, ristournes à accorder et autres avoirs à établir (compte 4198) n'étant **pas encore accordés ou établis** doivent figurer au passif (dans le cas contraire, ils seraient comptabilisés soit en moins du compte clients, soit au compte 4197 si le compte clients devenait créditeur) ;

> **Précisions** À notre avis, la véritable créance résultant des ventes et prestations de services est constituée par le **montant net** de la créance de l'entreprise sur ses clients. Une compensation nous paraît donc pouvoir être opérée entre la créance client non encore réglée (ou l'éventuelle facture à établir enregistrée au compte 418) correspondant à ces rabais et avoirs et ces réductions de vente afin de présenter la créance client pour son montant net à l'actif.

– le compte « **Dépréciation des comptes de clients** » ne peut être compensé par le compte « Clients » et doit apparaître en diminution de l'actif du bilan.

c. Par ailleurs, les **créances** correspondant à des **ventes avec clause de réserve de propriété** doivent figurer sur une ligne distincte à l'actif (Loi du 12-5-1980 art. 3). Cette prescription prend la forme d'une mention séparée : « dont… avec clause de réserve de propriété » (PCG art. 821-1 s. ; voir modèle n° 95500 s.). L'inscription de ces créances sur une ligne distincte est facilitée par leur suivi dans des comptes distincts (PCG art. 944 ; voir n° 11025).

Lorsque les comptes « Clients » font l'objet d'un **financement particulier,** voir n° 40760.

d. Système développé (facultatif) Pour la répartition des créances entre créances d'exploitation et créances diverses, voir le « Code comptable », PCG art. 823-1.

PRÉSENTATION DES PRODUITS D'EXPLOITATION AU COMPTE DE RÉSULTAT

12835 Le chiffre d'affaires doit apparaître dans le compte de résultat selon sa définition réglementaire (voir n° 12905) alors qu'il peut être aménagé dans l'annexe (voir n° 12910 s.), le montant à l'exportation faisant l'objet d'une information complémentaire (PCG art. 821-3 et 821-4).

a. Système de base (et système abrégé) Les différents comptes de produits sont regroupés sous **deux rubriques** : ventes de marchandises et production vendue (biens et services). D'où la nécessité d'éclater les **produits des activités annexes** (compte 708) entre ces deux rubriques.

> **Précisions** Ainsi, à notre avis :
> — les boni sur reprises d'emballages consignés sont rattachés aux marchandises ou à la production vendue selon que leur contenu est une marchandise ou un produit fini ;
> — les rabais, remises et ristournes obtenus des clients sont rattachés aux marchandises ou aux produits selon qu'ils concernent les ventes de marchandises ou de produits finis ;
> — les cessions d'approvisionnements (achat et vente) sont rattachées aux marchandises.

b. Système développé (facultatif) La production vendue est présentée sur **trois lignes** : ventes (de produits finis), travaux et prestations de services. D'où la nécessité d'éclater les **produits des activités annexes** (compte 708) ayant le caractère de production entre ces trois lignes.

B. Annexe (développements particuliers)

INFORMATIONS CONCERNANT LES PRODUITS ET CRÉANCES D'EXPLOITATION DÉVELOPPÉES DANS D'AUTRES CHAPITRES

12885 Information sur les produits à recevoir, voir n° 45280.
Information sur les produits constatés d'avance, voir n° 45345.
Information sur les produits et créances concernant les entreprises liées, voir n° 38845.
Information sur les provisions liées aux ventes, voir n° 48700 s.
État des échéances, voir n° 43405.
En ce qui concerne le **contenu général** de l'annexe, voir n° 64525 s.

INFORMATIONS SUR LES CONTRATS À LONG TERME

12890 Conformément au PCG (art. 833-20/4 et 832-2) et à l'avis du CNC n° 99-10, les informations suivantes sont à fournir.

a. Principes comptables L'annexe doit décrire :
— la méthode retenue par l'entité pour la comptabilisation de ses contrats (avancement ou achèvement) ;
— la modalité de calcul du pourcentage d'avancement ;
— si l'entreprise a choisi ou non d'imputer les charges financières dans les charges liées aux contrats et selon quelle méthode d'imputation.

b. Informations chiffrées L'annexe doit contenir :
— le montant des provisions pour pertes à terminaison ainsi que leur variation au cours de l'exercice ;

> **Précisions** « En particulier, l'incidence de l'incorporation éventuelle d'une quote-part de frais indirects dans le calcul de la provision est à signaler, avec indication de la manière dont ces frais indirects ont été pris en compte et de leur montant » (Rec. OEC, n° 1.11 et avis n° 25).
> L'AMF (Bull. COB n° 178, février 1985, p. 12) précise également que les compensations qui auraient conduit à ne pas constituer, pour certains contrats, de provisions pour les pertes prévisibles (voir n° 10790) doivent être indiquées avec leur justification.

— lorsqu'il n'est pas possible d'estimer la perte de façon raisonnable : la mention du risque additionnel mesuré par rapport à l'hypothèse de perte la plus faible ou la mention de l'existence et de la nature de l'incertitude.

c. Changements comptables L'annexe doit indiquer :
— les informations nécessaires à la compréhension des changements de méthode ou d'estimation ;
— la prise en compte éventuelle, pour la détermination de l'effet de changement de méthode, de l'estimation du résultat à terminaison à la clôture de l'exercice du changement.

VENTILATION DU CHIFFRE D'AFFAIRES

12895 Le PCG (art. 833-14/1) prescrit de fournir une **ventilation** du montant net du **chiffre d'affaires** par **catégories d'activités** et par **marchés géographiques** (dans la mesure où, précise le PCG, ces catégories ou marchés diffèrent entre eux de façon très importante).
Trois questions se posent :
– Quel est le montant net du chiffre d'affaires à retenir ? Voir ci-après n° 12900.
– Qu'est-ce qu'une catégorie d'activité ou un marché géographique ? Voir ci-après n° 12935.
– Dans quels cas peut-on omettre une information ? Voir ci-après n° 12940.

> **Précisions** **Ventilation du chiffre d'affaires** : celle-ci ne concerne que l'annexe de base et n'est pas requise dans l'annexe simplifiée (voir n° 64625).

12900 **Quel est le montant net du chiffre d'affaires à retenir dans l'annexe ?**
Deux possibilités s'offrent aux entreprises :
– retenir le chiffre d'affaires tel que défini de manière réglementaire (voir n° 12905) ;
– retenir une autre notion : les « Produits des activités courantes » correspondant à une conception extensive du chiffre d'affaires et adapté selon les secteurs professionnels (voir n° 12910 s.).

12905 **Définition réglementaire** Le chiffre d'affaires correspond en général au **montant du compte 70 « Ventes ».** Une définition plus large peut toutefois, dans certains cas, être retenue, à l'instar de ce que propose l'ANC dans son projet de règlement relatif à la comptabilisation du chiffre d'affaires (voir n° 10195).

12910 **Possibilité de retenir une autre notion : « Produits des activités courantes »** Le PCG (art. 833-14/1) admet, si besoin est, la **création** et la **mention dans l'annexe d'un autre indicateur économique** de nature comptable intitulé « Produits des activités courantes », à condition que cet indicateur soit accompagné d'un **tableau de rapprochement chiffré** avec le « montant net du chiffre d'affaires ». L'avis CNC n° 27 du 27 mars 1985 précise qu'il est présenté au niveau des postes du compte de résultat et des informations requises dans l'annexe.

En effet, le « montant net du chiffre d'affaires », résultant de la définition réglementaire, ne comprend pas l'ensemble des ressources courantes de certaines entreprises, en particulier, les subventions d'exploitation, certaines locations immobilières et les produits financiers. Or, selon l'AMF (Bull. COB n° 181, mai 1985, p. 5), un **montant** représentatif des produits résultant de l'exercice des « activités normales et courantes » d'une entreprise pendant la période considérée est **le plus utile** aux actionnaires et aux investisseurs potentiels pour permettre des comparaisons. En outre, il est celui qui **se prête le mieux à la ventilation** entre les diverses branches ou les diverses zones géographiques entre lesquelles se partage l'activité de l'entreprise.

Dans certains cas (Bull. COB précité), ce sont les caractères particuliers de l'activité d'une entreprise considérée isolément qui rendront le chiffre d'affaires officiel peu significatif de son activité, dans d'autres cas, c'est pour une catégorie d'entreprises dans son ensemble (par exemple, les sociétés immobilières d'investissement) qu'il sera approprié de dégager le montant des produits des activités courantes. L'industrie du bâtiment et des travaux publics constitue un des cas les plus complexes (voir n° 12930).

12930 **Adaptation du chiffre d'affaires selon les secteurs professionnels** À notre avis, toute adaptation du montant net du chiffre d'affaires par rapport à la notion générale de présentation doit être justifiée par référence à l'activité professionnelle normale et courante et à l'importance des affaires motivant l'adaptation. Mention doit être faite dans le compte de résultat, à notre avis, de la nature des affaires comprises dans le montant net du chiffre d'affaires comme le précisait le PCG 82 (p. II.123).
Nous présentons ci-après les principales particularités :

Entreprises du bâtiment et des travaux publics L'AMF (Bull. COB n° 181, mai 1985, p. 3 s.) recommande que le chiffre d'affaires des sociétés de ces secteurs, devant être publié au Balo ou mentionné dans l'annexe, comprenne :
– les « situations méritées ». Ces situations doivent correspondre à l'avancement technique du chantier. Elles représentent le total des situations de travaux facturées aux clients, augmenté des travaux effectués non encore passés en situations et, le cas échéant, diminué des travaux facturés non encore exécutés. Il appartiendra aux commissaires aux comptes de

vérifier qu'il en est bien ainsi, et qu'aucun risque sérieux n'existe quant à l'acceptation des montants en cause par les clients ;
– la quote-part de la société dans les situations méritées correspondant aux contrats gérés dans le cadre de sociétés en participation. Si la société est gérante, elle retiendra sa quote-part juridique du contrat. Si elle n'est pas gérante, elle retiendra sa quote-part juridique diminuée des prestations fournies au gérant au cours de l'exécution du contrat ;
– les dédits et pénalités sur marché dus par le client.
Au contraire, viennent en déduction les dédits et pénalités dus par la société au client.

> **Précisions** Le fait que ces dédits ou pénalités aient été constatés en résultat exceptionnel n'empêche pas de les retenir avec le chiffre d'affaires pour une mention dans l'annexe.

Ces sociétés doivent mentionner dans l'annexe le chiffre d'affaires tel que défini ci-avant en précisant qu'il s'agit du total des « **produits des activités courantes** » (voir n° 12910) et en expliquant pourquoi la ligne « Montant net du chiffre d'affaires » du compte de résultat n'a pas été servie.

En ce qui concerne la **ventilation** du chiffre d'affaires par **branches d'activité**, les sociétés devront se référer à la nomenclature professionnelle des activités de travaux publics et à la nomenclature Insee en ce qui concerne les sociétés du bâtiment. Selon les spécificités de leur activité propre, les sociétés pourront, sous réserve de respecter le principe de la constance des méthodes, procéder à des regroupements de rubriques de la nomenclature ou bien au contraire donner une information plus détaillée, de manière que la ventilation par branches d'activité aboutisse dans tous les cas à des chiffres significatifs.

Transports maritimes et transports routiers L'entreprise étant responsable vis-à-vis de son client de la totalité du transport, les Comités professionnels avaient obtenu l'accord du CNC (ancien avis de conformité n° 5 relatif au Plan comptable professionnel pour les entreprises de transports routiers de voyageurs, de marchandises et les activités auxiliaires du transport, désormais caduc ; voir n° 3315) sur les positions suivantes qui nous semblent, dans l'attente d'un nouveau texte sur le revenu (voir n° 10375), toujours valables :
– isolement des transports sous-traités dans un compte 61 « Transports sous-traités » ;
– établissement d'un compte de résultat spécifique à la profession où ces frais de sous-traitance apparaissent comme suit en diminution des produits :
Chiffre d'affaires brut (hors TVA) – transports sous-traités = chiffre d'affaires net (hors TVA).

Raffinage et distribution des hydrocarbures Étant donné l'importance des droits de douane et taxes sur les produits pétroliers compris dans leur chiffre d'affaires, les entreprises peuvent en indiquer le montant dans l'annexe. Elles peuvent également indiquer le montant de la TVA collectée.
La facturation des produits échangés ne constitue pas un élément du chiffre d'affaires (voir n° 11130).

Industries chimiques Le chiffre d'affaires doit englober, outre les produits figurant au compte 70, d'autres éléments qui sont à retenir :
– s'il s'agit d'éléments de l'activité principale (par exemple, compte 752 « Revenus des immeubles non affectés aux activités professionnelles » pour une société filiale immobilière) ;
– s'il s'agit d'éléments d'une activité complémentaire à l'activité principale et ayant un caractère normal et courant (par exemple, compte 751 « Redevances pour concessions, brevets, licences, etc. »).

Industrie des métaux non ferreux Le chiffre d'affaires est déterminé dans le temps en cas de fourniture de biens dont certains éléments de calcul de la facturation ne peuvent être connus au moment de la livraison. Le chiffre d'affaires prend en compte les écarts de change.

Opérations de coopération (tous secteurs : mandataires, commissionnaires, administrateurs, groupements, coopératives, transitaires, etc.). Sur l'intérêt de fournir le volume d'activité ou d'affaires de l'entreprise, voir n° 73335.

12935 **Qu'est-ce qu'une catégorie d'activité ou un marché géographique ?**
Les notions de catégorie d'activité ou de marché géographique ne sont pas définies par le PCG. Il appartient, à notre avis, à l'entreprise de l'apprécier compte tenu de ses particularités professionnelles.
Les sociétés peuvent s'inspirer, en matière d'information sectorielle :
– soit des normes internationales (IFRS 8, Secteurs opérationnels ; voir Mémento IFRS n° 57806 à 57895) ;
– soit des règles françaises de consolidation (Règl. ANC 2020-01).

> **Précisions** Selon le règlement ANC n° 2020-01 (art. 282-9), un secteur d'activité ou une zone géographique est un ensemble homogène de contrats, de produits, de services, de métiers ou pays individualisé au sein de l'entité, de ses filiales ou de ses divisions opérationnelles. La segmentation adoptée pour l'analyse sectorielle **devrait** être issue de celle qui prévaut en matière d'organisation interne de l'entreprise.
La rédaction conditionnelle du principe énoncé précédemment permet aux entreprises d'y déroger notamment dans le cas où leur organisation, c'est-à-dire par exemple leur reporting interne, n'est basée ni sur les produits ni sur les zones géographiques mais par exemple sur les entités juridiques.
Pour plus de détails sur l'information sectorielle dans les comptes consolidés établis en règles françaises, voir Mémento Comptes consolidés n° 7530 s.

Les entreprises peuvent, à notre avis, obtenir les informations à fournir par l'intermédiaire soit de leur comptabilité analytique, soit de la comptabilité générale en prévoyant les subdivisions de comptes nécessaires, soit enfin par estimation à partir de la comptabilité.

L'AMF (Bull. COB n° 330, décembre 1998, p. 44 s.) estime nécessaire que les informations sectorielles présentées puissent être recoupées avec les états financiers d'ensemble, permettent une comparaison avec l'année précédente et respectent le principe de permanence des méthodes dans les découpages sectoriels retenus (en cas de modification, les données précédemment publiées devraient être retraitées).

> **Précisions** **Contrôle par le commissaire aux comptes** Lorsque le commissaire aux comptes estime que les informations sectorielles sont significatives, il collecte des éléments destinés à apprécier l'information fournie dans l'annexe des comptes de l'entité. À cette fin, il met notamment en œuvre des procédures analytiques et s'entretient avec la direction sur des méthodes utilisées pour l'établissement de ces informations (NEP 501 « Caractère probant des éléments collectés [Applications spécifiques] », § 10).

Omission d'une indication concernant la ventilation du chiffre d'affaires dans l'annexe en raison d'un préjudice grave Il est possible de ne pas mentionner la ventilation du chiffre d'affaires dans l'annexe en raison d'un préjudice grave qui pourrait résulter de cette divulgation, à condition qu'il soit fait **mention du caractère incomplet** de cette information dans l'annexe (PCG art. 833-14/1). Selon l'AMF (Bull. COB n° 166, janvier 1984, p. 6), une telle omission devrait normalement avoir **un caractère exceptionnel** et relève de la pleine responsabilité des organes sociaux, sous le contrôle des commissaires aux comptes.

12940

> **Précisions** Le ministre de la justice (Rép. Gastines : AN 14-5-1984, p. 2260) a indiqué, à un parlementaire qui proposait de reconsidérer la composition du dossier à déposer au greffe en raison de la présence de certaines pièces susceptibles de donner à des tiers des informations qu'ils n'ont pas (selon lui) à connaître, qu'il apparaîtrait contraire à l'esprit de la loi française de priver les tiers, à la protection desquels elle prétend ainsi contribuer, des informations auxquelles les associés et les actionnaires ont accès pour guider leurs décisions en assemblée. Selon lui, la publicité de l'information financière, loin de nuire à la marche de l'entreprise, est de nature à renforcer la sécurité des transactions commerciales et à améliorer les relations de l'entreprise avec ses partenaires.

II. AUTRES INFORMATIONS COMPTABLES ET FINANCIÈRES

PUBLICATION DU CHIFFRE D'AFFAIRES

Les sociétés dont les titres financiers sont admis aux négociations sur un marché réglementé doivent fournir une information sur leur chiffre d'affaires :
– le chiffre d'affaires du 2e trimestre, dans le cadre de l'information périodique semestrielle (voir n° 65620) ;
– le chiffre d'affaires du 4e trimestre et de l'exercice écoulé, dans les deux mois suivant la clôture (Position-recommandation AMF 2016-05 – Guide de l'information périodique des sociétés cotées sur un marché réglementé).

13010

> **Précisions** **Information privilégiée** Selon l'AMF, la connaissance du chiffre d'affaires avant sa publication est de nature à constituer une information privilégiée (voir n° 81510). En conséquence, toute intervention sur les titres entre la connaissance de cette information et sa publication est interdite. Constitue donc un manquement d'initié le rachat par une société de ses propres actions sur le marché avant la publication de son chiffre d'affaires (Cass. com. 29-3-2011 n° 10-15.866). Sur la notion d'information privilégiée, voir n° 81510.

CHAPITRE 5
LES CHARGES ET LES DETTES D'EXPLOITATION

SOMMAIRE 15000

SECTION 1
DÉFINITIONS ET ÉLÉMENTS CONSTITUTIFS 15005
A. Notion de charges d'exploitation 15010
B. Notion de dettes d'exploitation 15070

SECTION 2
RÈGLES D'ENREGISTREMENT ET D'ÉVALUATION DES CHARGES ET DETTES D'EXPLOITATION 15075
I. Règles d'enregistrement 15075
 A. Règles générales 15080
 B. Cas particuliers et difficultés d'application 15205
II. Règles d'évaluation 15315

SECTION 3
SCHÉMAS USUELS DE COMPTABILISATION 15430
I. Régularisation des charges et dettes d'exploitation en fin d'exercice 15430
II. Charges d'exploitation 15545
 A. Achats (compte 60) 15545
 B. Autres charges externes (compte 61/62) 15660
 C. Impôts, taxes et versements assimilés (compte 63) 16225
  1. Taxes et contributions en matière de formation et d'alternance 16250
  2. Autres impôts et taxes sur rémunérations 16350
  3. Autres impôts et taxes 16415
 D. Charges de personnel (compte 64) 16595

 E. Autres charges de gestion courante (compte 65) 17275
III. Provisions pour risques et provisions pour charges d'exploitation 17385
IV. Dettes d'exploitation 17520
V. Provision et évaluation des engagements de retraite et autres avantages postérieurs à l'emploi 17590
 A. Provision ou évaluation en annexe des engagements (régimes à prestations définies) 17685
 B. Informations en annexe (au titre des régimes de retraite) 17965

SECTION 4
VALEUR PROBANTE DE LA COMPTABILITÉ 18085
I. Pièces et documents justificatifs 18085
II. Déclarations faites à partir de la comptabilité et de la paie 18165

SECTION 5
PRÉSENTATION DES COMPTES ANNUELS ET AUTRES INFORMATIONS 18295
I. Présentation des comptes annuels 18305
 A. Bilan et compte de résultat 18305
 B. Annexe (développements particuliers) 18365
II. Autres informations comptables et financières 18535

SECTION 6
COMPLÉMENTS PRATIQUES 18740

SECTION 1 — DÉFINITIONS ET ÉLÉMENTS CONSTITUTIFS

15005 L'activité de l'entreprise et les revenus qui s'en dégagent nécessitent la mise en œuvre de moyens et donc des **dépenses** qui sont de différentes natures :
– dépenses afférentes à l'acquisition de biens qui ne se dévalorisent pas avec le temps ;
– dépenses afférentes à l'acquisition de biens de production dont la durée de vie est supérieure à un an ;
– autres dépenses afférentes à d'autres biens ou services.

Le **résultat d'une opération** ou d'un ensemble d'opérations réalisées au cours d'un exercice est déterminé en comparant le revenu des opérations et les dépenses engagées correspondantes, tant au niveau des opérations elles-mêmes qu'au titre de la période, de manière à transcrire d'une part la **cause** (les **dépenses**) et d'autre part les **effets** (les **revenus**) de l'opération.

Le problème auquel est confrontée la comptabilité est de dégager parmi ces **dépenses** celles qui doivent être **rattachées aux revenus** pour déterminer le **résultat de chaque exercice comptable** :

a. Les dépenses afférentes à l'acquisition de **biens qui ne perdent pas de valeur avec le temps** – ne subissant pas de dépréciation, sauf situation exceptionnelle – n'influencent pas la détermination du résultat et ne sont pas retenues comme charges d'exploitation. Ces biens ne modifient le montant des revenus que lors de leur vente.

b. Les dépenses afférentes aux **biens de production** dont la **durée de vie** est **supérieure à un an** et **qui se déprécient avec le temps** doivent être rattachées rationnellement aux revenus procurés. Ce rattachement aux charges d'exploitation se fait par le processus de l'amortissement.

c. Pour les **autres dépenses** engagées au cours d'un exercice, il faut distinguer celles qui sont immédiatement utiles ou nécessaires pour dégager un revenu dans la période (frais de vente, frais d'administration, frais de fabrication) de celles qui seront utiles ou nécessaires pour dégager des revenus au cours des exercices suivants (dépenses payées d'avance, coûts dont les effets se répartissent sur plusieurs exercices).

La comptabilité doit donc reposer sur des critères ou des principes qui permettent :
– de distinguer les coûts à immobiliser des autres coûts ;
– de rattacher les charges aux revenus auxquels elles sont associées.

A. Notion de charges d'exploitation

DÉFINITIONS

15010 Les charges sont constituées par tous les biens et services consommés par l'entreprise au cours de son activité.

a. Charges d'exploitation et « frais généraux » Le PCG ne comporte pas la notion de « frais généraux », qui est de caractère fiscal ; en effet, l'article 39-1 du CGI les cite parmi les charges déductibles. En pratique, cette notion recouvre l'ensemble des dépenses qui n'ont pas pour contrepartie l'entrée d'un nouvel élément dans l'actif de l'entreprise.

b. Charges et « frais » Les **charges** comprennent (PCG art. 511-2) :
– les sommes ou valeurs versées ou à verser, soit en contrepartie de marchandises, approvisionnements, travaux et services consommés par l'entreprise ainsi que des avantages qui lui ont été consentis, soit en vertu d'une obligation légale que l'entreprise doit remplir, soit, exceptionnellement, sans contrepartie ;
– les dotations aux amortissements ;
– la valeur d'entrée diminuée des amortissements des éléments d'actifs cédés.

À notre avis, comme le précisait le PCG 82 (p. I. 31), le terme « **frais** » désigne soit des charges, soit un regroupement de charges.

c. Charges et dépenses budgétaires Les obligations budgétaires ne peuvent avoir d'incidence sur la comptabilité ; notamment, une charge budgétairement prévue ne peut être enregistrée tant qu'elle n'est pas née, même si l'entreprise n'a pas la possibilité de s'y soustraire (parce qu'elle y est contractuellement tenue, par exemple).

d. Distinction entre **charges et immobilisations** Voir les critères de définition et de comptabilisation, n° 25105 s. (immobilisations corporelles) et 30105 s. (immobilisations incorporelles) ; le traitement des dépenses ultérieures, n° 25885 s. (immobilisations corporelles) et 31150 s. (immobilisations incorporelles).

e. Notions de **coûts** (voir n° 20725).

Différentes sortes de charges Le PCG distingue les **charges d'exploitation** (autres que financières), les **charges financières** et les **charges exceptionnelles**. Ce chapitre est consacré uniquement aux charges d'exploitation autres que financières.   15015

a. Les « **charges d'exploitation** » ne font pas l'objet d'une définition expresse mais leur contenu est précisé.

b. En **comptabilité analytique,** une charge est un élément de coût introduit dans le réseau d'analyse d'exploitation (voir n° 22465).

c. Les « **charges calculées** » sont les charges dont le montant est évalué selon des critères appropriés ; elles comprennent, en comptabilité générale, les dotations aux amortissements, aux dépréciations et aux provisions.

CLASSEMENT DES CHARGES D'EXPLOITATION

Le PCG retient un classement des **charges par nature** pour la comptabilité générale. Ce classement est à la fois le plus simple et le plus général ; de plus il se prête aux agrégations macro-économiques (il facilite en particulier certaines comparaisons inter-entreprises).   15020

> **Précisions** En revanche, les classements par fonction et selon la variabilité des charges sont utilisés pour la comptabilité analytique d'exploitation (désormais exclue du PCG) mais qui conserve, à notre avis, toute son utilité (voir n° 3075).

Le classement des charges **d'exploitation** (et la numérotation qui en résulte, des comptes 60 aux comptes 65, voir liste du PCG n° 96300) a été établi pour permettre de tirer, de manière successive, des « soldes intermédiaires de gestion » du compte de résultat (voir n° 52110 s.) utiles à la fois pour la comptabilité nationale et pour la gestion de l'entreprise.

Elles comprennent les charges sur opérations **courantes** relatives aux **exercices antérieurs** (voir n° 45600 s.) ainsi que les dotations aux amortissements, aux dépréciations et aux provisions d'exploitation : compte 681 ; voir n° 29060 s. et 29180 s.

Tous les comptes de charges sont des **comptes débiteurs** (voir toutefois en cours d'exercice, n° 15455).

B. Notion de dettes d'exploitation

Définition Une dette est un passif certain dont l'échéance et le montant sont fixés de façon précise (PCG art. 321-4).   15070

Sur la définition d'un passif (PCG art. 322-1), voir n° 48110.

Les dettes d'exploitation sont, à notre avis, comme le précisait le PCG 82 (p. I.29), les dettes nées à l'occasion du cycle d'exploitation et les dettes assimilées, c'est-à-dire toutes les dettes ayant pour **contrepartie des charges d'exploitation.**

La **distinction « Dettes d'exploitation » – « Dettes diverses » n'existe pas** dans la présentation du bilan en système de base (elle n'existe que dans le système développé). Dans le système de base, les dettes sont classées par nature ; toutefois il nous paraît possible de faire le rapprochement suivant entre les différentes natures et caractères.

Nature	Caractère
Dettes fournisseurs et comptes rattachés	Exploitation
Dettes fiscales et sociales	Exploitation et diverses
Dettes sur immobilisations et comptes rattachés	Diverses
Autres dettes	Diverses

Pour des **applications pratiques** de cette notion au niveau de leur comptabilisation, voir n° 17520.

SECTION 2 — RÈGLES D'ENREGISTREMENT ET D'ÉVALUATION DES CHARGES ET DETTES D'EXPLOITATION

I. RÈGLES D'ENREGISTREMENT

15075 La **dette** contractée par l'entreprise (et la **charge** qui lui correspond) est la contrepartie chez l'acheteur de la créance (et du **produit** qui lui correspond) chez le vendeur. Les règles applicables aux produits d'exploitation (voir n° 10350) sont donc transposables aux charges d'exploitation, c'est-à-dire :
— enregistrement des **dettes certaines** (voir n° 15080 s.) ;
— enregistrement des **charges consommées durant l'exercice** (voir n° 15100 s.).

Toutefois, en application du **principe de prudence**, il convient d'enregistrer aussi à la clôture de l'exercice les dettes incertaines dans leur montant ou leur échéance (provisions pour risques d'exploitation, voir n° 17385 s.).

> **Précisions** La distinction entre dettes certaines et dettes incertaines est définie de la façon suivante par le PCG :
> — une dette est un passif certain dont l'échéance et le montant sont fixés de façon précise (art. 321-4) ;
> — une provision est un passif dont l'échéance ou le montant ne sont pas fixés de façon précise (art. 321-5).

A. Règles générales

ENREGISTREMENT DES DETTES CERTAINES

15080 Enregistrement lors de l'exécution du contrat

a. Principe L'achat d'un bien ou d'un service est juridiquement réalisé dès que les parties sont d'accord sur la chose et le prix (C. civ. art. 1583). Toutefois (PCG art. 322-7), l'acheteur ne devient redevable du prix et la **dette** ne devient **certaine** que lors du **transfert de propriété du bien** (voir n° 10360) ou de la **fourniture de la prestation** (voir n° 10365).

b. En pratique L'**exécution** de l'obligation de livrer ou de fournir détermine le moment de la comptabilisation de l'achat ou du service :
— soit lors de la **réception des marchandises** ou de la **constatation du service rendu** par l'écriture débitant le compte de charge concerné et créditant le compte 408 « Fournisseurs – Factures non parvenues » pour le montant des factures à recevoir ;
— soit, par simplification, par la comptabilisation à la **réception** de **la facture** établie par le fournisseur, la situation étant **régularisée à la clôture de l'exercice** lorsqu'un décalage existe entre les dates de facturation et de réception.

Toutefois, les factures fournisseurs reçues par l'acheteur avant la livraison des marchandises ne doivent pas être comptabilisées si elles ne correspondent à aucun bon de commande formel signé par ce dernier, alors que cet achat le nécessite. Dans ce cas, l'acheteur n'a, en effet, pas d'obligation vis-à-vis de ce fournisseur, conformément à l'article 322-7 du PCG (Bull. CNCC n° 169, mars 2013, EC 2012-66, p. 123 s.).

c. Organisation comptable :
— en l'absence de disposition explicite du Code de commerce, l'entreprise peut en fait comptabiliser comme elle l'entend durant l'exercice, en fonction d'une certaine date qu'elle aura choisie, mais de manière permanente ; toutefois, pour les besoins d'un arrêté comptable (fin de mois, de trimestre ou d'année), il peut être envisagé de comptabiliser sur la période close les factures datées de cette période, pour des livraisons ou des prestations de cette même période, alors même que ces factures **ont été reçues sur le début de la période postérieure** et ceci afin de **limiter le montant de charges à payer** (factures à recevoir). Cette procédure d'inventaire ne saurait cependant remettre en cause la date choisie pour la comptabilisation des factures ;

— il arrive fréquemment, notamment dans les entreprises d'une certaine taille, que l'enregistrement de la facture soit retardé du fait qu'elle n'a pas reçu l'aval du service technique intéressé.

Afin d'éviter les décalages dans la récupération de la TVA, les entreprises peuvent comptabiliser leurs factures :
— dans un premier temps, au compte 47 « Factures en attente de prise en charge » (à créer) et récupérer la TVA ;
— puis, après l'aval technique, créditer le fournisseur concerné par le débit du compte d'attente précité.

> **Fiscalement** Ne peuvent être rattachés à un exercice des achats non définitivement conclus ou livrés avant la clôture (CE 20-1-1992 n° 61235 ; voir n° 15120). En revanche, doivent être rattachés à un exercice des frais devenus certains, même facturés avec retard par le fournisseur, ou non encore acquittés (CE 24-6-2009 n° 298582) dès lors qu'ils sont déterminés dans leur montant (CE 12-2-1992 n° 64045).

CONSTATATION DES DETTES PROBABLES
La distinction entre « charges à payer » et « provisions » est importante. 15085
Sur la définition des provisions, voir n° 48110 s.
Sur la distinction comptable et fiscale entre les provisions et les charges à payer, voir n° 48130.

EXTINCTION DES DETTES
Une dette doit être maintenue en comptabilité tant que l'obligation correspondante n'est 15090
pas éteinte juridiquement (en ce sens, Rép. Sergheraert : AN 28-4-1980 n° 24896, non reprise dans Bofip ; Bull. CNCC n° 96, décembre 1994, EC 94-43, p. 764 s. et n° 164, décembre 2011, EC 2011-31, p. 741 s.).

> **Fiscalement** Il en est de même (en ce sens, CE 8-7-1985 n° 31755 et CAA Paris 4-10-1994 n° 92-1347). Ainsi, doit être maintenue au passif une dette non prescrite :
> — dont le paiement n'a pas été demandé par le créancier, l'absence d'action en recouvrement ne suffisant pas à réputer la créance abandonnée (CE 8-7-1985 précité), sauf si le créancier, sans être liquidé, a cessé toute activité depuis plusieurs années (CE 30-12-2009 n° 308513) ;
> — envers un débiteur qui a cessé son activité mais qui n'a pas déposé son bilan malgré l'envoi d'une mise en demeure (CAA Lyon 30-8-2016 n° 15LY00406) ;
> — que le créancier a « reclassée » dans ses comptes au nom d'une autre société du groupe, dès lors que le débiteur n'en a pas été informé (CAA Nancy 21-11-2013 n° 11NC01941) ;
> — réglée au moyen d'une lettre de change non encore encaissée (CAA Nancy 23-11-2006 n° 03-644).
> En revanche, une dette de TVA à l'égard du Trésor se rapportant à une créance prescrite ne peut être maintenue au passif du bilan dès lors qu'à défaut de paiement effectif par les clients, la TVA n'était pas exigible (CAA Paris 23-3-2018 n° 16PA03778).

« L'annulation » des comptes correspondants ne peut donc conduire à constater un **produit** qu'en cas d'**extinction de l'obligation.** Cette extinction peut résulter notamment de la prescription des obligations qui opère différemment selon la nature particulière de chacune (voir les différents tableaux de prescription n° 18740 s.).
Voir cependant n° 46355, emballages consignés.

> **Fiscalement** **1. Principe** La prescription d'une dette entraîne une **augmentation du bénéfice imposable.** Ainsi, dès lors que la dette est prescrite, le vérificateur est en droit de la réintégrer dans les bénéfices imposables (CE 14-11-1990 n° 67001), sauf si l'entreprise peut justifier d'un intérêt à renoncer à se prévaloir du bénéfice de la prescription à l'encontre de son créancier (CAA Bordeaux 13-10-2005 n° 01-2699 et CAA Lyon 15-6-2001 n° 97-1056), ou si elle établit son intention certaine et non équivoque de s'acquitter de sa dette (CAA Nancy 27-3-2014 n° 12NC01019).
> **2. Interruption de la prescription** En revanche, aucun profit imposable n'est dégagé en cas de survenance d'une **cause interruptive de prescription** qui peut dans certains cas résulter de la reconnaissance par le contribuable de sa dette envers le Trésor. Tel est notamment le cas de l'inscription au bilan :
> — d'une **dette fiscale** à condition que cette inscription comporte les précisions suffisantes : bénéficiaire, objet, année de rattachement et montant de la créance (CE 26-7-2007 n° 267594 ; CE 8-6-1990 n° 72156 ; CAA Bordeaux 15-5-2001 n° 99-2092) ;
> — d'une **dette de loyers** dès lors que cette inscription définit avec une précision suffisante la nature et l'objet de la dette ainsi que le titulaire de ces créances et alors que le créancier, étant gérant de la société, était nécessairement informé de cette reconnaissance de dette (TA Cergy-Pontoise 11-10-2011 n° 08013025).

> **Précisions** Sur le sort des provisions pour risque en cas de disparition du risque du fait de la prescription, voir n° 48210 l.

En pratique toutefois, certaines entreprises fixent des **règles internes** dont le terme est antérieur à l'extinction de l'obligation, ce qui permet une anticipation de la constatation de la dette en produits.

> **Précisions** Cette pratique est explicitement considérée comme **irrégulière** par le bulletin CNCC et peut constituer un fait délictueux à révéler par le commissaire aux comptes au procureur de la République (Bull. CNCC n° 96, décembre 1994, EC 94-43, p. 764 s. et n° 107, septembre 1997, EJ 97-130, p. 446 s.), sauf, à notre avis, à prévoir de manière contractuelle un délai plus court d'extinction de la dette.

ENREGISTREMENT DES CHARGES SELON LEUR NATURE

15095 C'est la **nature économique** de la charge qui est retenue dans le plan comptable.

RATTACHEMENT À L'EXERCICE DES CHARGES D'EXPLOITATION CONSOMMÉES

15100 Les dépenses doivent en principe être comptabilisées en charges sur l'exercice au cours duquel elles sont consommées (PCG art. 511-2). Il en résulte une double obligation :
– comptabiliser en charges constatées d'avance les dépenses facturées non consommées (voir n° 15120) ;
– et comptabiliser en charges à payer les dépenses consommées mais non facturées (voir n° 15140).

Sur les exceptions à ce principe, voir n° 15145.

15120 **Charges constatées d'avance** Ce sont des **actifs** qui correspondent à des achats de biens ou de services dont la fourniture ou la prestation interviendra ultérieurement (PCG art. 211-8).

> **Précisions** Constituant des actifs à part entière, les charges constatées d'avance doivent remplir l'ensemble des critères de définition d'un actif (voir n° 25140 s.). En conséquence, les charges constatées d'avance sont des éléments :
> – porteurs d'avantages économiques futurs, identifiables et contrôlés ;
> – qui ne répondent pas à la définition d'un stock (voir n° 20105) ou d'une immobilisation (voir n° 25105).

Les charges constatées d'avance concernent :

I. Obligatoirement, les biens ou services dont la fourniture interviendra ultérieurement Le fait d'avoir payé pour une fourniture de biens ou une prestation de services qui n'a pas encore été livrée est porteur d'avantages économiques futurs, l'entreprise disposant d'un droit à recevoir les biens ou la prestation.

Ces éléments doivent être soustraits des charges de l'exercice par l'intermédiaire d'un compte de régularisation (compte 486 ; voir PCG art. 944-48).

> **Fiscalement 1. Principe de spécialité des exercices** Les charges ne peuvent être déduites que des résultats de l'exercice auquel elles se rapportent et les charges constatées d'avance ne peuvent donc pas faire l'objet d'une déduction immédiate (BOI-BIC-CHG-10-30-10 n° 130 ; CE 22-10-1980 n° 6940 ; CAA Paris 16-3-1999 n° 96-1424).
> **2. Définition des charges constatées d'avance** Il n'existe pas de définition fiscale des charges constatées d'avance. Le Conseil d'État a jugé, à propos d'opérations triangulaires (fournisseur transférant son obligation à un sous-traitant), que les charges constatées d'avance chez le fournisseur sont définies par référence à la nature et à la **qualification des prestations rendues au client final** (CE 10-03-2021 n° 423983). En conséquence, elles comprennent les charges correspondant à la livraison d'un bien ou à la fourniture de services n'intervenant qu'au cours d'un exercice ultérieur, sur les résultats duquel il y aura lieu de les imputer, et elles sont donc définies indépendamment de l'échéancier de paiement de ces prestations (CE 5-12-2022 n° 462577). Il en résulte en particulier que les charges correspondant à des prestations continues ou discontinues à échéances successives, au sens des dispositions de l'article 38, 2 bis du CGI (voir n° 10595), sont déduites de manière échelonnée au fur et à mesure de l'exécution de ces prestations.
> Pour les entreprises ayant opté pour le régime super-simplifié, voir n° 8130 renvoi (5).

> **EXEMPLES**
> – Une assurance payée d'avance confère à l'entreprise le droit à une certaine protection (voir n° 15845).
> – Un loyer payé d'avance confère à l'entreprise le droit à l'occupation de locaux.
> – Une annonce (ou insertion) réglée en fin d'exercice et à paraître sur l'exercice suivant (voir n° 15970).
> – Les frais d'inscription à une foire qui n'a pas encore eu lieu (voir n° 15970).
> – Les salaires versés dans le cadre d'un accord d'aménagement du temps de travail alors que le nombre des heures réellement effectuées est inférieur aux heures payées (voir n° 16635).

— Les sommes versées aux centrales d'achat par les fournisseurs (producteurs) au titre d'un référencement annuel donnant à ces fournisseurs un droit de distribuer leurs produits (voir n° 15900).
— Le droit de raccordement dans le cadre d'un contrat de fourniture d'énergie (ou tout versement initial dans le cadre d'un contrat d'approvisionnement). Voir n° 25320.

> **Fiscalement** Au contraire, les frais supportés pour le raccordement aux réseaux sont des charges immédiatement déductibles, dès lors que les branchements réalisés sont la propriété des maîtres d'ouvrage (CE 25-5-1983 n° 33520).

— Dans le cadre d'opérations triangulaires (un fournisseur, un prestataire sous-traitant et un client final) : une somme versée par le fournisseur au prestataire, le rémunérant pour la réalisation d'une future prestation de services (continue ou discontinue à échéances successives) au bénéfice d'un client final, pour la part correspondant aux prestations fournies au cours d'exercices ultérieurs.

> **Fiscalement** Il en est de même (CE 10-03-2021 n° 423983 et CE 5-12-2022 n° 462577).
Sur les coûts d'acquisition de contrat, voir n° 30605.

II. De façon facultative, les biens ou services dont l'utilisation effective interviendra ultérieurement (à notre avis, selon une conception extensive de la définition des charges constatées d'avance) En effet, à notre avis, c'est la date ou période de livraison du bien **ou** celle de son utilisation effective qui est à prendre en compte pour déterminer si une dépense répond à la définition d'une charge constatée d'avance (en ce sens, la lettre du CNC à la CNCC datée du 9-11-2005, publiée au Bull. CNCC n° 140, décembre 2005, p. 567 s., à propos des frais de publicité et de promotion).

Ainsi, le fait d'avoir payé d'avance un bien ou un service que l'entreprise n'a pas encore utilisé est, à notre avis, porteur d'avantages économiques futurs.

> **Précisions** **1. Conception extensive de la définition des charges constatées d'avance** Cette interprétation n'est pas incompatible avec la définition d'une charge de l'article 511-2 du PCG, en l'absence de définition des termes « marchandises, approvisionnements, travaux et services **consommés** ».
En outre, cette possibilité est expressément prévue dans le cas des **imprimés et catalogues publicitaires** par le CNC (Lettre CNC précitée ; voir n° 15970) : si la fourniture d'un catalogue publicitaire est intervenue mais que l'utilisation sous forme de distribution au cours d'une campagne publicitaire n'est pas encore intervenue, l'élément peut être comptabilisé en charges constatées d'avance.
2. Position contestée Ces dépenses ne répondent pas strictement à la définition des charges constatées d'avance donnée par le PCG, la prestation ou la livraison ayant été reçue. En outre, depuis le 1er janvier 2009, l'IASB a indiqué que de telles dépenses sont obligatoirement comptabilisées en charges, même si l'utilisation effective intervient sur un exercice ultérieur (IAS 38.69A). De ce fait, certains, dont nous ne faisons pas partie, remettent en cause la possibilité de comptabiliser à l'actif des charges dont l'utilisation n'est pas encore intervenue.
3. Les dépenses internes ne sont pas concernées par la conception extensive Ne devraient être concernées, à notre avis, que les dépenses facturées par des prestataires externes. En effet, les dépenses internes pouvant difficilement être évaluées avec une fiabilité suffisante (voir n° 30165) et être porteuses d'avantages économiques futurs distincts de ceux liés au développement de l'activité dans son ensemble (voir n° 30965 s.), elles ne répondent pas à tous les critères de comptabilisation des actifs. En conséquence, elles ne peuvent être portées à l'actif et doivent être comptabilisées en charges.

En conséquence, pour un bien répondant aux critères généraux de comptabilisation d'un actif mais ne remplissant pas la définition d'un stock ou d'une immobilisation, le classement en charge constatée d'avance devrait pouvoir être retenu, selon cette conception extensive.

EXEMPLES

Sont principalement concernés :
a. selon le PCG (PCG art. 946-60) : les approvisionnements non stockés, non utilisés à la clôture (voir n° 15575) ;
b. selon le CNC (Lettre CNC précitée) :
— les dépenses de conception d'une campagne publicitaire (voir n° 15970) ;
— les dépenses d'échantillons de produits (voir n° 15930) ou de catalogues (voir n° 15970) ;
c. à notre avis :
— les articles destinés à être remis gracieusement et différents des produits vendus par l'entreprise (voir n° 15930) ;
— les frais de transport et de montage de stands dans le cadre de la participation à une foire, jusqu'à ce que la foire ait lieu (voir n° 15970) ;
— les frais de cession engagés préalablement à la cession elle-même (voir n° 28170) ;
— les frais accessoires à la mise en service d'un bien loué (voir n° 28655).

> **Fiscalement** Selon nos informations, l'administration ne serait pas favorable à la comptabilisation en charges constatées d'avance de charges correspondant à des services rendus mais non encore utilisés. Tel est le cas des frais de commercialisation exposés dans le cadre de ventes en l'état futur d'achèvement (voir n° 10920).

En revanche, dès lors que l'utilisation du bien ou de la prestation est intervenue, et même si l'élément a toujours une utilité du fait de sa rentabilité, il doit être comptabilisé immédiatement en **charges** (Lettre du CNC à la CNCC précitée). En effet :
– la référence à la rentabilité attendue de l'utilisation du bien n'apporte en général pas assez de certitude par rapport à l'obtention des avantages économiques futurs (voir n° 30145), et ne permet pas à l'élément de remplir tous les critères de définition d'un actif ;

EXEMPLE

Ainsi, les catalogues publicitaires comptabilisés en charges constatées d'avance, le cas échéant (voir ci-avant II.), doivent être comptabilisés en charges dès leur distribution ;

Sur les prestations de collecte de dons (envois de courriers, marketing de rue, marketing digital...), voir n° 30965.

> **Fiscalement** De même, une charge correspondant à des prestations effectivement réalisées au cours de l'exercice ne peut être enregistrée en charge constatée d'avance, et sa déduction ainsi différée, au seul motif que les produits correspondants n'ont pas encore été comptabilisés (CE 12-1-2004 n° 243273 ; CAA Lyon 17-3-2011 n° 10-1053).

– sauf s'il répond par ailleurs aux critères de comptabilisation d'une immobilisation ou d'un stock.

EXEMPLE

Sur les coûts d'acquisition de contrat, voir n° 30605. Sur le cas particulier des frais engagés pour obtenir un contrat à long terme, voir n° 10920.

15140 Charges à payer Elles résultent également de l'application du principe d'indépendance des exercices (voir définition au n° 3545). Son application implique que les consommations (ou les réceptions de marchandises) de l'exercice, non encore comptabilisées au cours de l'exercice pour des raisons diverses (en particulier, factures non reçues), constituent des charges à payer (ou plus précisément à constater) à comprendre dans les charges de l'exercice en contrepartie d'un compte rattaché à chaque compte de tiers concerné.

EXEMPLE

Droits acquis au personnel à la clôture de l'exercice, consommation d'électricité depuis le dernier relevé reçu, intérêts courus et non échus.

> **Fiscalement** Il en est de même. Les charges des entreprises ne peuvent pas être déduites des résultats imposables d'un exercice postérieur à celui au cours duquel elles sont devenues certaines dans leur principe et dans leur montant, quelle que soit la date de leur exigibilité ou de leur paiement. L'entreprise n'est pas en droit de les déplacer à son gré d'un exercice à l'autre (BOI-BIC-CHG-10-30-10 n° 1 et 10). En cas d'erreur de rattachement involontaire (ce qui exclut les charges non comptabilisées délibérément, qui ne peuvent jamais être déduites même si elles sont comptabilisées ultérieurement, voir n° 45630 et 45635), la déduction ne peut s'exercer, lorsque l'exercice de l'omission n'est pas prescrit, que par voie de réclamation régulière dans le délai légal ou de recours à la compensation dans le cas de rehaussements envisagés par le service (CE 15-5-1985 n° 43439 ; CE 10-7-1985 n° 44638 ; BOI-BIC-BASE-40-10 n° 100). En revanche, en application du principe d'intangibilité du bilan d'ouverture du premier exercice non prescrit (pour plus détails voir n° 45650), une charge effectivement supportée en N (non prescrit) peut être valablement déduite, même si elle est devenue certaine dans son principe et son montant en N–1 (prescrit), dès lors que la dette n'avait pas été portée en comptabilité dans le bilan de clôture de N–1 et que l'actif net de l'exercice prescrit était ainsi surévalué (CE 1-7-1992 n° 84938 ; CE 25-1-1984 n° 34642 et 36643). Une solution identique a été retenue dans le cas où la dette fournisseur a été comptabilisée mais non réglée en N (non prescrit) alors qu'elle aurait dû être comptabilisée en N–1 (prescrit) (CAA Lyon 8-6-2017 n° 15LY01912).

Selon l'avis CNC n° 2000-01 sur les passifs (§ 1.2), les charges à payer sont des passifs certains dont il est **parfois nécessaire d'estimer le montant ou l'échéance avec une incertitude moindre que pour les provisions.** En conséquence, ces charges à payer sont rattachées aux dettes.

> **Fiscalement** La définition des charges à payer est moins large que la définition comptable. Il s'agit des charges certaines dans leur principe **et** dans leur montant (voir n° 48130). Par exemple, la participation des employeurs à l'effort de construction constitue, comptablement une charge à payer, fiscalement une provision (voir n° 16370).

Pour régler cette divergence :
- les entreprises suivent, pour la présentation de leur bilan, la distinction comptable entre charges à payer et provisions ;
- l'administration admet la déduction des charges comptabilisées en charges à payer qui ont fiscalement le caractère de provisions. Cette faculté est subordonnée à la production sur papier libre, en annexe à la déclaration de résultats, d'un relevé détaillé de ces frais (BOI-BIC-PROV-10 n° 250).

> **Précisions** Cette liste détaillée est **indépendante des « informations détaillées »** (partie de l'annexe comptable) que les entreprises doivent obligatoirement joindre à leur déclaration, sur papier libre également, notamment en ce qui concerne les produits à recevoir et les charges à payer (voir n° 45280).

Sur les modalités d'application :
- aux achats et prestations de services (décalage entre exercices de facturation et de livraison du bien ou d'exécution du service), voir n° 15430 s. ;
- aux impôts (décalage entre exercices d'assiette et d'exigibilité), voir n° 16240 ;
- aux charges de personnel (décalage entre exercices d'activité et de paiement), voir n° 16620 s.
Pour la liaison avec les stocks, voir n° 20230.

Exceptions Certains rattachements résultent d'une décision de gestion de différer, reporter ou étaler les charges consommées de l'exercice afin de les rattacher aux produits pour lesquels elles ont été engagées, mais qui ne seront dégagés que lors d'exercices ultérieurs. Ces rattachements sont autorisés par des textes spécifiques. Tel est le cas (voir n° 45005 s.) :
- des frais d'établissement (voir n° 45110 s.) ;
- des frais d'émission des emprunts (voir n° 41020).

15145

> **Précisions** En revanche, **avant leur réalisation,** l'étalement par voie de provisions de charges futures n'est pas possible dès lors que ces charges ont une contrepartie future (PCG art. 322-1).

MODALITÉS DE RATTACHEMENT AU BILAN ET AU COMPTE DE RÉSULTAT
Elles sont schématiquement les suivantes, compte tenu des précédentes règles d'enregistrement **(tableau établi par nos soins)** :

15150

Dettes	Comptes de bilan	Comptes de résultat
Dettes nées durant l'exercice – Dettes certaines	**Créanciers** (fournisseurs, personnel, organismes sociaux, État)	Achats ou frais (selon nature) (1)
Dettes probables à la clôture de l'exercice – quasi-certitude quant au montant ou l'échéance – montant ou échéance non précis	**Charges à payer** (2) **Provisions** (3)	Achats ou frais (selon nature) Dotations aux provisions

(1) Dotation aux amortissements pour les frais d'établissement.
(2) À rattacher au compte de tiers concerné (« Dettes provisionnées », charges à payer).
(3) Pour des précisions et des exemples pratiques de distinction entre dettes provisionnées (charges à payer) et provisions, voir n° 48130.

NON-COMPENSATION
« Toute compensation est interdite, sauf lorsqu'elle est explicitement prévue par les dispositions en vigueur » (PCG art. 911-5).
Voir commentaires juridiques n° 10410 et conséquences comptables n° 10415.

15155

B. Cas particuliers et difficultés d'application

MODALITÉS PARTICULIÈRES DE RATTACHEMENT
Charges afférentes à des contrats à long terme Ces charges n'échappent pas à la règle de rattachement à l'exercice au cours duquel elles sont consommées.
a. Ainsi, les **charges à payer** sont à constater même si elles trouvent leur contrepartie dans les en-cours.

15205

Cependant, l'incidence de cette régularisation sur le résultat de l'exercice est, en général, nulle, sauf :
– si les charges concernent des contrats terminés et sortis des en-cours, ou des travaux déjà acceptés et sortis des en-cours du fait de l'application de la méthode à l'avancement (voir n° 10795) ;
– en cas de tenue des en-cours en coût standard et de non-retraitement des écarts constatés en fin d'exercice.
Elle n'a pas d'incidence sur la provision à constituer en cas de contrat déficitaire, cette provision étant indépendante de l'avancement des travaux (voir n° 10860).

b. De même, les **charges constatées d'avance** doivent figurer au compte de régularisation Actif.

15210 **Comptes d'abonnement** Les entreprises ont la faculté d'ouvrir le compte 4886 « Compte de répartition périodique des charges » (PCG art. 944-48) afin d'enregistrer les charges dont le montant peut être connu ou fixé d'avance avec une précision suffisante (impôts, loyers, primes d'assurances, contrats courants d'entretien, amortissements, congés payés, etc.) et qu'il y a intérêt à répartir par fractions égales entre les périodes comptables de l'exercice (système de l'abonnement) afin d'obtenir des résultats intermédiaires (par exemple, mensuels ou trimestriels).

Ce compte est subdivisé en fonction des besoins. Les sous-comptes sont :
– pour chaque période, crédités de la fraction de charges abonnées, par le débit du compte concerné de la classe 6 ;
– en cours d'exercice, débités des frais réels (dettes fournisseurs et autres) par le crédit du compte intéressé de la classe 4 ou 5 ;
– en fin d'exercice ou de période comptable, débités ou crédités de la différence entre les frais réels et abonnés par le crédit ou le débit du compte de bilan correspondant.

En cours d'exercice, l'abonnement est modifié, s'il y a lieu, en plus ou en moins, pour que le total des sommes inscrites au débit du compte intéressé de la classe 6 soit égal, en fin d'exercice, au montant effectif de la charge. Le compte 488 est soldé à la fin de l'exercice (PCG art. 944-48).

> **EXEMPLE**
>
> Une entreprise désire établir un résultat d'exploitation mensuel. À cet effet, elle abonne les frais portant sur l'exercice dont un impôt X :
> — montant annuel estimé : 120 000
> — abonnements mensuels : 120 000/12 = 10 000
> — montant définitif : 135 000
>
> | | 4886 Abonnement impôt X | 447 État impôts | 63 Impôts et taxes |
> |---|---|---|---|
> | Abonnements mensuels (10 × 12) | 120 | | 120 |
> | Constatation de la dette | 135 | 135 | |
> | Régularisation abonnement | 15 | | 15 |
> | | 135 \| 135 soldé | | 135 |

ACHATS COMPORTANT DES CONDITIONS PARTICULIÈRES

15220 **Achats de marchandises et de matières premières à terme**

I. Comptabilisation du contrat L'achat à terme de marchandises et de matières premières **ne doit pas être comptabilisé au bilan** dans la mesure où il constitue un **engagement,** mais présenté au pied du bilan lors de chaque arrêté des comptes (Bull. CNC n° 26, avril 1976, p. 10 s.).

Sur l'information à donner en annexe au titre des engagements, voir n° 50695.

Les marchandises ou matières premières objet du contrat sont comptabilisées en stocks au transfert de propriété (correspondant en général à la date de livraison).

II. À la clôture Le résultat latent du contrat, éventuellement matérialisé par la perception de primes ou d'appels de marge, n'est pas constaté en résultat. Les sommes éventuellement reçues sont comptabilisées au bilan (voir n° 41445 et 41450).

En revanche, une provision pour perte probable est constituée dès que le cours de clôture est inférieur au cours à terme (voir n° 42125).
Sur le traitement en cas de couverture, voir ci-après III.

> **Fiscalement** Le Conseil d'État admet la constitution des provisions pour pertes sur marchés à terme de matières premières dès lors que les entreprises sont en mesure d'établir, grâce à un **bilan prévisionnel,** que les engagements souscrits vont entraîner, compte tenu du niveau des cours à la clôture de l'exercice et pour l'ensemble des opérations portant sur un même produit (y compris les opérations de couverture), **non pas une simple réduction des gains escomptés mais une diminution de l'actif net** au cours des exercices suivants (CE 26-6-1987 n° 54757 ; CE 26-4-1985 n° 30077 et 34006).

III. Opérations de couverture des achats de marchandises   Dans le cas où une société a conclu, avant la clôture, un achat à terme de marchandises et de matières premières **pour faire face aux besoins normaux de sa production,** les principes de la comptabilité de couverture sont applicables (voir n° 41730 s.) :

a. Résultat latent sur le contrat d'achat à terme   Il doit être **différé** jusqu'à la réalisation de l'opération couverte, c'est-à-dire la livraison des marchandises et des matières premières. En cas de baisse des cours, aucune provision n'est à constituer au titre de la moins-value latente (voir n° 41765).

Dans la pratique, en général, les opérations de couverture se font par l'intermédiaire de contrats dérivés (dont le sous-jacent est la marchandise ou un produit de substitution) négociés sur le marché à terme et ne donnent pas lieu à la livraison des marchandises, qui sont achetées par ailleurs sur le marché au comptant.

Si le contrat est dénoué avant l'acquisition des marchandises sur le marché au comptant, le résultat de couverture est différé jusqu'à l'achat des marchandises, puis inclus dans le coût d'acquisition (voir n° 21005).

b. Provision pour perte sur ventes   En revanche, une provision pour perte peut devoir être constituée au titre des contrats de vente dans lesquels s'intègrent les marchandises et les matières premières couvertes.

En effet, tant que les marchandises et les matières premières ne sont pas acquises, leur coût d'acquisition est susceptible de générer une perte sur les contrats de vente dans lesquels elles s'intègrent (PCG art. 628-15, voir n° 41780 ; sur les pertes sur contrats, voir n° 11625 s.).

Cette provision correspond à la dépréciation que l'entreprise devra constater lorsque les marchandises auront été livrées et figureront en stocks (voir n° 21790).

Achats avec clause de réserve de propriété   Les transactions assorties d'une clause de réserve de propriété sont comptabilisées à la date de livraison du bien et non à celle du transfert de propriété (PCG art. 512-3). **15225**

Cette comptabilisation résulte de la loi n° 80-335 du 12 mai 1980 qui prévoit une mention distincte aux bilans du vendeur (voir n° 12830) et de l'acheteur (voir n° 22695 et 29545). En conséquence :
– l'**achat** se situe généralement au moment de la remise matérielle du bien à l'acquéreur ;
– les biens doivent figurer, le cas échéant, en tant que **stocks** (voir n° 21850) ou immobilisations (voir n° 25280) à l'actif de l'acquéreur ;
– leur éventuelle **dépréciation** entre le moment de la livraison et celui du transfert de propriété doit être constatée chez l'acquéreur (voir n° 27610).

> **Fiscalement** Il en est de même : c'est la livraison matérielle qui est retenue en matière de bénéfices (CGI art. 38-2 bis) et de TVA (CGI art. 256-II). Voir également Mémento Fiscal n° 7875 et 52615.

Achats libellés en devises   Voir n° 40295 pour la valeur d'entrée dans le patrimoine et n° 40390 pour la valeur au bilan. **15230**

Sommes reçues d'une caisse de stabilisation des cours   Il arrive que l'importateur négocie les conditions particulières de ses achats avec une caisse de stabilisation mais règle lesdits achats aux fournisseurs sur la base d'un prix réglementé puis reçoive de la caisse de stabilisation la différence entre les prix réglementés et les prix effectifs dont il est contractuellement convenu avec ladite caisse. Il est donc possible, à notre avis, d'analyser ces sommes comme des **rabais.** **15235**

> **Fiscalement** La même analyse a été faite en matière de TVA (TA Paris 30-10-1980 n° 139/77-4).

15240 **Dettes de montant non définitif** Lorsqu'un bien ou un produit a été acheté au cours d'un exercice moyennant un **prix de base contractuellement fixé,** ce prix présentant toutefois un **caractère provisoire** en ce qu'il devra, en vertu du contrat, être majoré ou minoré en fonction d'événements qui ne surviendront qu'à une date postérieure à la clôture de l'exercice, cette incertitude fait, à notre avis, obstacle à ce qu'une minoration probable soit prise en compte dans le bilan de clôture de l'exercice. Au contraire, une **provision** devrait être constatée au cas où une **majoration** serait probable.

> **Fiscalement** Il en est de même. Tel est le cas de provisions pour « ristournes fermiers » dotées par une société laitière à raison des compléments de prix qu'elle doit verser après la clôture de l'exercice sur les achats effectués au cours dudit exercice (CE 9-7-1982 n° 33033).

En revanche, s'il est possible de déterminer de façon précise le montant définitif à payer sur l'exercice suivant, le complément de prix à verser ultérieurement ou la réduction de prix à recevoir doit être répercuté sur les achats de l'exercice. Il en résulte, en contrepartie, une augmentation ou une diminution de la dette et des stocks (voir n° 20915).

En ce qui concerne les immobilisations, voir n° 26195 (immobilisations corporelles), 30165 (immobilisations incorporelles) et 37630 (titres).

CONTRATS À EXÉCUTION SUCCESSIVE OU CONTINUE

15245 L'application du principe de spécialisation des exercices à ces contrats conduit, dans l'hypothèse la plus courante où la date d'effet du contrat ne coïncide pas avec celle de l'exercice, à porter en **charges constatées d'avance,** à notre avis, le montant versé correspondant à la fraction des prestations qui ne seront exécutées qu'au cours d'un exercice ultérieur (voir n° 15100), et au compte 158 « **Autres provisions pour charges** » le complément de charges à venir correspondant aux prestations exécutées à la clôture.

> **Fiscalement** Il convient de distinguer :
> **1. Entreprises soumises au bénéfice réel** Il en est de même, seules les charges concernant l'exercice étant déductibles (BOI-BIC-CHG-10-30-10 n° 130).
> **2. Entreprises ayant opté pour le régime simplifié d'imposition** La totalité des charges versées durant l'exercice est déductible (voir n° 8110 s.).

II. RÈGLES D'ÉVALUATION

ÉVALUATION DES DETTES D'EXPLOITATION

15315 Les textes comptables n'apportent pas de précision sur la valeur d'inscription lors de l'entrée de la dette dans le patrimoine de l'entreprise ni sur sa valeur au bilan. Le PCG (art. 321-2) précise simplement, d'un point de vue général, que l'estimation d'un passif (et donc d'une dette) correspond au montant de la sortie de ressources que l'entité doit supporter pour éteindre son obligation.

15320 **Valeur lors de l'entrée dans le patrimoine** En l'absence de précisions explicites du Code de commerce et du PCG, il faut se référer aux principes généraux. En application du principe du nominalisme monétaire, les dettes sont enregistrées pour leur **valeur nominale de remboursement.**

15325 **Valeur au bilan** À notre avis, les variations des éléments du passif externe entre la date d'entrée et la date de clôture de l'exercice sont comptabilisées dans les conditions suivantes :
– l'augmentation de valeur d'un élément du passif externe est comptabilisée comme une dette si elle peut être déterminée de façon précise, sinon elle est constatée sous forme de provision ;
– la diminution de valeur d'un élément du passif externe est comptabilisée comme réduction de dette si elle peut être déterminée de façon précise, sinon elle n'est pas comptabilisée.
En ce qui concerne :
– les **dettes en monnaies étrangères,** voir n° 40390 s. ;
– les dettes réglées partiellement par des **acomptes versés en devises,** voir n° 40320 ;
– les **dettes indexées,** voir n° 40185.

ÉVALUATION DES CHARGES D'EXPLOITATION

15330 Les charges d'exploitation sont enregistrées **hors TVA,** lorsque celle-ci est déductible.

SECTION 3 — SCHÉMAS USUELS DE COMPTABILISATION

I. RÉGULARISATION DES CHARGES ET DETTES D'EXPLOITATION EN FIN D'EXERCICE

RÉGULARISATION DES DETTES D'EXPLOITATION EN FIN D'EXERCICE

15430 Durant l'exercice, les achats de biens ou services ont été enregistrés lors de la **réception des factures** qui coïncide habituellement avec la livraison. Toutefois, lorsqu'existe à la **date d'arrêté des comptes** (sur cette notion, voir n° 52310), pour un motif quelconque, un **décalage** entre **facturation, comptabilisation** et **livraison,** il convient de régulariser la situation à l'occasion des opérations d'inventaire.

Sur la date d'enregistrement de la dette, voir n° 15080.
Sur les charges constatées d'avance, voir n° 15120.

15435 **Facture comptabilisée, bien ou service non reçu** La charge constatée lors de la réception de la facture est annulée en créditant le compte de charges (par exemple, 60 « Achats ») par le débit du compte 486 « Charges constatées d'avance » (voir n° 15120). Cette écriture est extournée au début de l'exercice suivant (PCG art. 944-48).

> **Précisions** À notre avis, les charges constatées d'avance doivent apparaître **hors taxe** au bilan. Il n'en est pas de même des charges à payer (voir n° 15455) car celles-ci sont rattachées au compte « Fournisseurs » qui, lui, enregistre les dettes TTC.

EXEMPLE

Facture fournisseur de 300 (dont 50 de TVA), comptabilisée, relative à une marchandise non reçue à la clôture de l'exercice N.

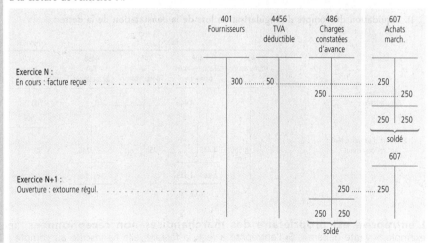

15455 **Facture non comptabilisée, bien ou service reçu** La charge est constatée au débit du compte de charges concerné par le crédit du compte de charges à payer rattaché au compte de tiers.

Par exemple, pour une charge à payer dont le montant peut être évalué avec une faible incertitude relative aux achats, le compte 408 « Fournisseurs – Factures non parvenues » est utilisé (PCG art. 946-60), de même que le compte 428 pour les charges à payer concernant le personnel (PCG art. 944-42), etc.

Lorsque la facture comporte de la **TVA,** c'est son **montant total** qui est à porter en charges à payer, la taxe, si elle est déductible, étant débitée au compte 4458 « Taxes sur le chiffre d'affaires à régulariser » (subdivision 44586 « Factures non parvenues »).

À l'ouverture de l'exercice suivant, la précédente écriture est **extournée.** Toutefois, les entreprises peuvent également débiter le compte 408 par le crédit du compte 401 « Fournisseurs » à **réception de la facture,** les ajustements éventuels étant enregistrés au compte de charge intéressé (PCG art. 944-40).

L'**éventuel écart entre** la **charge à payer et** le montant de la **facture** fournisseur est habituellement laissé dans les **charges d'exploitation,** ce qui ne saurait fausser de façon significative le résultat d'exploitation de l'exercice de régularisation, la faiblesse d'un tel écart étant une condition de la constatation d'une charge à payer et non d'une provision.

EXEMPLE

Marchandise reçue avant la clôture de l'exercice N dont la facture, d'un montant de 3 750 (+ TVA : 750), n'a été établie qu'au cours de l'exercice N+1.

Elle a été estimée à 3 700 (+ TVA : 740) à la clôture de l'exercice N, sur la base d'une précédente facture de la même marchandise.

I. Liquidation du compte de régularisation à la réouverture des comptes :

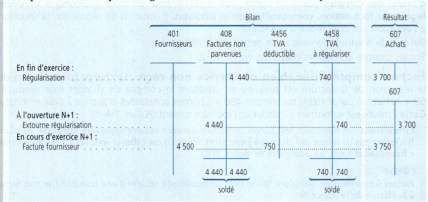

II. Liquidation du compte de régularisation lors de la constatation de la dette :

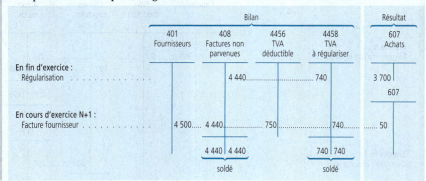

15460 **L'entreprise est propriétaire des marchandises non réceptionnées** (par exemple, « vente départ ») Si l'entreprise a reçu la facture, elle l'a inscrite au compte 60 « Achats » par le crédit du compte « Fournisseurs ». Aucune écriture n'est à enregistrer, mais les marchandises doivent figurer dans l'inventaire des stocks.

Si l'entreprise n'a pas reçu la facture, elle constate une charge à payer par le débit du compte « Achats » et les marchandises doivent figurer dans les stocks.

RÉGULARISATION DES CHARGES EN FIN D'EXERCICE

15465 **Constatation de la charge antérieure à sa consommation** Les dettes enregistrées durant l'exercice ont pour contrepartie une charge d'exploitation. Il convient de soustraire de ces charges celles qui n'ont pas été consommées durant l'exercice en les créditant aux comptes de charges concernés par le débit du compte **486 « Charges constatées d'avance »,** voir n° 15120.

L'exercice suivant, cette écriture est extournée lors de la réouverture des comptes (PCG art. 944-48). En ce qui concerne la TVA, voir n° 15435.

EXEMPLE

Loyer du 1/12/N au 28/2/N+1 : 6 000 – exigible d'avance.
— la dette envers le propriétaire est née le 1/12/N ;
— la charge est à étaler sur les exercices N (6 000 × 1/3 = 2 000) et N+1 (6 000 × 2/3 = 4 000).

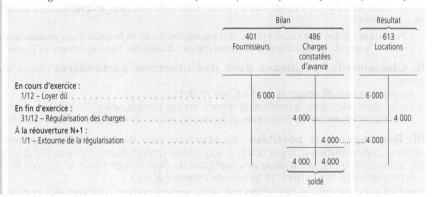

Lorsque le contrat s'y prête, il est possible et à notre avis préférable de constater la véritable charge de l'exercice (ou de la période) **dès la réception de la facture** fournisseur, le complément étant porté au compte 486 à ce moment **et non lors des écritures d'inventaire** (PCG art. 944-48).

Consommation de la charge antérieure à sa constatation (charges à payer)   15470
La fraction du contrat concernant l'exercice est incorporée dans les charges en débitant le compte par nature de la classe 6 par le crédit du compte de charges à payer concerné (par exemple, 408 « Fournisseurs – Factures non parvenues »).
L'exercice suivant, cette écriture est extournée lors de la réouverture des comptes.

EXEMPLE

L'entreprise enregistre le montant de sa consommation d'eau du dernier relevé reçu à la clôture de l'exercice N (2500).

	Bilan		Résultat
	408 Fournisseurs ch. à payer		606 Achats non stockés
Exercice N Régularisation d'inventaire		2 500	2 500
Exercice N+1 Extourne de la régularisation	2 500		2 500
	2 500	2 500	
	soldé		

CHARGES À RÉPARTIR SUR PLUSIEURS EXERCICES
Ce compte concerne uniquement les frais d'émission des emprunts (voir n° 41020).   15475

II. CHARGES D'EXPLOITATION

A. Achats (compte 60)

Adaptations de la liste des comptes du PCG à l'entreprise Pour la liste des   15545
comptes, voir n° 96300.

> **Précisions** Pour les **achats en devises étrangères,** voir n° 40295.

I. Subdivisions à créer en fonction des besoins de l'entreprise Les entreprises peuvent, en fonction de leurs besoins, créer des subdivisions des comptes d'achats permettant d'identifier (PCG art. 946-60) :
– les achats en France et à l'étranger ;
– les achats faits par l'entreprise auprès d'entreprises liées ou avec lesquelles elle a un lien de participation.

> **Précisions** Selon le PCG (art. 946-60), elles peuvent les classer en fonction d'une **nomenclature** propre à l'entreprise compatible avec la nomenclature officielle des biens et services de l'Insee.

II. Classements spécifiques dans des situations particulières En ce qui concerne :
– les biens identiques acquis et produits, voir n° 22125 ;
– les achats stockés dont la destination finale n'est pas connue, voir n° 22130 ;
– les achats d'équipements électriques et électroniques par les distributeurs, voir n° 21345.

III. Regroupements possibles Les entreprises pour lesquelles la distinction entre matières consommables (compte 6021) et fournitures consommables (compte 6022) n'est pas indispensable peuvent à notre avis regrouper les deux comptes sous le numéro 6021 « Achats de matières premières et fournitures consommables ».

Il ne faut pas confondre les fournitures premières, immédiatement consommées lors de leur introduction dans le processus de production (à comptabiliser au compte 6017) avec les fournitures consommables (à comptabiliser au compte 6022).

ENREGISTREMENT DES APPROVISIONNEMENTS ET MARCHANDISES ACHETÉS

15550 Selon le PCG (art. 946) :

Principe Les achats sont comptabilisés hors taxes récupérables c'est-à-dire au **prix d'achat** qui s'entend du prix facturé, net de taxes récupérables auquel s'ajoutent notamment les droits de douane afférents aux biens acquis (prix rendu frontière).

Les **frais accessoires d'achat externes** (payés à des tiers) sont, en principe, de par leur nature, inscrits :
– au compte 61/62 « Autres charges externes » (notamment : 616 « Primes d'assurances », 622 « Rémunérations d'intermédiaires et honoraires », 624 « Transports de biens ») ;
– voire, à notre avis, au compte 63 « Impôts, taxes et versements assimilés » (exemples : impôts indirects, taxes spécifiques).

Les achats de biens et de services sont comptabilisés « hors TVA déductible ».

> **Précisions Pas de correspondance entre prix d'achat et coût des stocks** En effet, le prix d'achat est composé uniquement de charges externes et le coût des stocks comprend également des charges internes (voir n° 20935 s.).

Toutefois :
– dans le **système de base,** les entreprises **peuvent** les **ajouter au prix d'achat** au compte 60 lorsqu'ils peuvent être affectés de façon certaine à telle ou telle catégorie de marchandises ou d'approvisionnements (PCG art. 946-60) ;
Si elles le souhaitent, les entreprises utilisant le **système abrégé** peuvent faire de même.
– dans le **système développé,** l'obtention de la marge commerciale implique que le coût d'achat des marchandises vendues durant l'exercice (prix d'achat + frais accessoires d'achat) soit porté au compte 60 « Achats ». Les frais accessoires d'achat sont donc **obligatoirement** compris **dans les sous-comptes d'achats** auxquels ils s'appliquent.
À cette fin, le **compte 608 « Frais accessoires d'achat »** peut être ventilé selon leur nature en marchandises et approvisionnements (PCG art. 946-60).

> **Fiscalement** Les frais accessoires d'achat tels que les frais de transport, assurances des marchandises et droits de douane peuvent être inclus dans le poste « Achats » s'ils peuvent être affectés de façon certaine aux achats correspondants (Notice DGFiP n° 2032-NOT-SD, pour remplir les imprimés n° 2050 à 2059-G ; BOI-BIC-CHG-40-10 n° 20).

Sur les informations à fournir dans l'annexe, voir n° 18370.

ENREGISTREMENT DES APPROVISIONNEMENTS ET DES MARCHANDISES CONSOMMÉS

15555 La véritable charge d'exploitation que constituent les achats consommés (approvisionnements) ou revendus (marchandises) est obtenue directement en pratiquant l'inventaire permanent. Néanmoins, dans le PCG, le système de l'inventaire intermittent reste préconisé en comptabilité générale, l'inventaire permanent, en principe, étant tenu en comptabilité analytique ; les entreprises peuvent cependant tenir cet inventaire permanent dans les comptes de la classe 3 (PCG art. 943).

Inventaire intermittent 15560

I. Au cours de l'exercice, les achats sont enregistrés au débit des comptes 601 « Achats stockés – Matières premières (et fournitures) », 602 « Achats stockés – Autres approvisionnements » (matières et fournitures consommables) ou 607 « Achats de marchandises » à leur prix d'achat par le crédit d'un compte de fournisseurs ou d'un compte de trésorerie.

Le compte 607 est à utiliser pour les achats de produits revendus en l'état et ne faisant pas l'objet d'une transformation ou mise en œuvre (voir commentaires nº 21305).

II. À la clôture de l'exercice, après avoir procédé à l'inventaire extra-comptable, c'est-à-dire au contrôle physique des existants en stocks, la variation des stocks (différence de la valeur du stock entre le début et la fin de l'exercice, compte non tenu des dépréciations) est obtenue par (PCG art. 943) :

a. L'annulation du stock initial au crédit des comptes 31 « Stocks de matières premières (et fournitures) », 32 « Stocks d'autres approvisionnements » ou 37 « Stocks de marchandises » par le débit des comptes 6031 « Variation des stocks de matières premières (et fournitures) », 6032 « Variation des stocks des autres approvisionnements » ou 6037 « Variation des stocks de marchandises » ;

> **Précisions** Des sous-comptes particuliers peuvent être ouverts pour faire apparaître distinctement, par exemple : la variation des stocks de combustibles, de produits d'entretien, etc.

b. La constatation du stock final au débit des comptes 31, 32 et 37 par le crédit des comptes 6031, 6032 et 6037.

EXEMPLE

Stocks d'ouverture..	60
Achats de l'exercice...	300
Stocks de clôture...	70

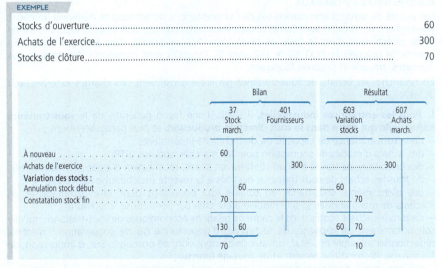

Le solde du **compte 603 « Variation des stocks »** peut être **débiteur ou créditeur**. Dans les deux cas, il figure dans le compte de résultat, comme compte correcteur, en plus ou moins des achats de l'exercice, **toujours du côté des charges** (PCG art. 946-603).

Inventaire permanent 15565

I. Au cours de l'exercice (PCG art. 943) :
– les achats à stocker sont débités aux comptes 601/602 « Approvisionnements » et 607 « Marchandises » ;
– les comptes de stocks 31, 32 et 37 fonctionnent comme des comptes de magasins : ils sont débités des entrées par le crédit des comptes 6031, 6032 et 6037 « Variation des stocks (approvisionnements et marchandises) » et crédités des sorties par le débit des comptes 6031, 6032 et 6037.

II. En fin d'exercice Les soldes des comptes de stocks sont comparés aux montants résultant du récolement physique des existants, les éventuelles différences **(boni et mali d'inventaire)** étant régularisées pour amener les stocks à leur montant réel.

EXEMPLE

(reprise de l'exemple précédent)

Ventes de l'exercice : 280

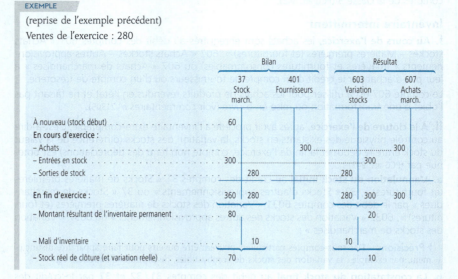

ACHATS D'ÉTUDES ET PRESTATIONS DE SERVICES, DE MATÉRIELS, ÉQUIPEMENTS ET TRAVAUX

15570 Les achats de services immatériels (études et prestations de services) et matériels (matériel, équipement et travaux) sont compris dans les achats (compte 604 et 605) lorsqu'ils s'intègrent directement dans le cycle de production (PCG art. 946-60), c'est-à-dire, à notre avis, comme le précisait le PCG 82 (p. I.82 renvoi 3), lorsqu'ils sont incorporés directement aux ouvrages, travaux et produits fabriqués.

En revanche, les achats de sous-traitance générale constituent des charges externes, voir nº 15670.

I. Pour les entreprises industrielles, il s'agit d'une façon générale, de la **sous-traitance industrielle qui entre dans le coût direct de production,** et plus particulièrement :
– de la sous-traitance de capacité ou de technicité (imprimerie) ;
– des achats d'études de soumission pour les marchés obtenus (BTP) ;
– des opérations de travail à façon : betteraves, sirops, rectification d'alcool, etc. (sucreries) ;
– de tous les achats de sous-traitance destinés à la revente (machinisme agricole) ;
– des biens même sous-traités en totalité (qui pourraient donc être comptabilisés en « achats de marchandises ») si le modèle a été créé par l'entreprise (chaussure) ;
– de tous les achats acquis dans le cadre de relations économiques de sous-traitance, qu'elle soit notamment de capacité, de technicité, d'opportunité ou de coopération : matériel rédactionnel utilisable en l'état, travaux de composition, de photogravure, d'impression, de façonnage, de conditionnement et de routage (presse) ;
– des honoraires d'œnologue engagés pour la production de stocks de vin (voir nº 21075).

II. Pour les entreprises de services, il s'agit, d'une façon générale, de la **sous-traitance de services refacturable,** la contrepartie étant le compte 704 « Travaux » (publicité, distributeurs, loueurs et réparateurs du matériel de bâtiment, TP et manutention).

ENREGISTREMENT DES APPROVISIONNEMENTS ET DES ACHATS NON STOCKÉS

15575 Selon le PCG (art. 946-60), les **approvisionnements non stockés** font l'objet du compte spécifique 606 « Achats non stockés de matières et fournitures », qui regroupe :
– les achats **non stockables** (eau, énergie), au sous-compte 6061 ;
– et les achats **non stockés** par l'entreprise tels ceux afférents à des fournitures qui ne passent pas par un compte de magasin, sur décision « volontariste » de l'entreprise, aux sous-comptes 6063/64/68.

> **EXEMPLE**
> Peuvent par exemple être enregistrés à ces comptes :
> – les **produits ou matériels d'usine, de laboratoire, de conditionnement ou d'entretien** jusqu'à leur utilisation effective (sur cette notion, voir n° 15120) ;
> – les **carburants et lubrifiants** utilisés par une entreprise pour ses véhicules (Bull. CNC n° 35, juillet 1978, n° 35-04) ;
> – les **fournitures diverses d'atelier et de magasin** : matières d'entretien, air liquide, vêtements de protection (Rép. Braconnier : Sén. 16-1-1980 n° 30534) ;
> – les **fournitures non refacturées à la clientèle** (Rép. Braconnier précitée, qui cite les emballages, les achats de verdure pour un fleuriste, c'est-à-dire des biens laissés gratuitement aux clients) ;
> – le **petit outillage** et le **petit matériel de bureau** non immobilisés (voir n° 25415) ;
> – les timbres-poste achetés et non encore utilisés à la clôture (voir n° 16315).

Selon le PCG (art. 946-60), les existants neufs, en fin d'exercice, sont inscrits au débit du compte 486 « Charges constatées d'avance », voir n° 15120 II.

PRÉLÈVEMENTS DE L'EXPLOITANT INDIVIDUEL

Lorsque l'exploitant prélève des matières, approvisionnements, fournitures ou marchandises pour son propre usage ou celui de sa famille, le montant des achats doit en principe faire l'objet, à chaque prélèvement, d'une écriture : le compte « Achats » concerné est crédité du prix des marchandises prélevées, par le débit du compte **108 « Compte de l'exploitant »**.
Par exemple, utilisation du compte 6079 « Prélèvement de marchandises » (boucherie).

15580

> **Fiscalement** Il en est de même (BOI-BIC-CHG-40-10 n° 40 et BOI-BIC-BASE-10-10 n° 310).

Mais ce compte peut faire l'objet de toute autre rectification extra-comptable (Rép. Cathala : AN 19-5-1960 n° 4424, non reprise dans Bofip). Il nous paraît donc pouvoir être servi globalement en fin d'exercice.

DIVERS (ACHATS)

Choix (laissé au client) entre un achat au comptant et un achat à crédit (comptabilisation chez l'acheteur) Que l'achat soit comptant ou à crédit, le prix comptant est porté dans le compte achat concerné (sur les frais de crédit sur dettes commerciales, voir n° 43035).

15585

Réductions obtenues sur achats – Rabais, remises et ristournes

15590

> **Précisions** À notre avis, les définitions suivantes qui figuraient dans le PCG 82 (p. I 39), peuvent être retenues :
> – **rabais** : réductions pratiquées exceptionnellement sur le prix d'achat préalablement convenu pour tenir compte, par exemple, d'un défaut de qualité ou de conformité des objets achetés ;
> – **remises** : réductions pratiquées habituellement sur le prix courant d'achat en considération, par exemple, de l'importance de l'achat ou de la profession de l'acheteur et généralement calculées par application d'un pourcentage au prix courant d'achat ;
> – **ristournes** : réductions de prix calculées sur l'ensemble des opérations faites avec le même tiers pour une période déterminée.

Leur traitement comptable est différent selon que leur montant figure sur la facture d'achat ou n'est déterminé que postérieurement à l'enregistrement de l'achat ; mais, à la clôture de l'exercice, le solde du compte d'achat concerné est identique dans les deux cas.

I. Si leur montant figure sur la facture, les achats sont à notre avis comptabilisés comme le précisait le PCG 82 (p. II 49), déduction faite des rabais et remises déduits du montant des factures.
Si les réductions ne peuvent être rattachées à un achat déterminé, elles sont comptabilisées comme des réductions hors facture (voir II.).
Sur les escomptes de règlement, voir n° 43035.

II. Si leur montant ne figure pas sur la facture, les réductions sont portées au compte 609 « Rabais, remises et ristournes obtenus sur achats » par le débit du compte fournisseur concerné (PCG art. 944-40 et 946-60).

À la clôture de l'exercice :
– le compte 609 est viré au compte d'achat correspondant ;
– les comptes fournisseurs débiteurs sont virés au compte 4097 « Fournisseurs – Autres avoirs ».
Ce compte permet de respecter la règle de non-compensation des éléments actifs et passifs dans les comptes annuels. Pour la présentation au bilan, voir n° 18305.

> **Précisions 1. Réduction hors facture** Même hors facture, les réductions peuvent venir diminuer le coût des stocks ; voir n° 20910.
> **2. Avoir correspondant à un retour sur un achat réalisé lors d'un exercice précédent** Il est, à notre avis, enregistré dans le compte 609 et non au crédit du compte d'achat correspondant (voir n° 15605).

15595 Arrhes, avances et acomptes versés – Retenues de garantie accordées à l'entreprise Pour les avances et acomptes versés en monnaies étrangères, voir n° 40315.
Pour les avances et acomptes sur commandes d'immobilisations, voir n° 28940.
Le compte 40 « Fournisseurs » peut être divisé afin de pouvoir suivre, d'une part les avances versées, d'autre part la retenue de garantie accordée lors de la livraison du produit fabriqué.
Le compte 4091 « Fournisseurs – Avances et acomptes versés sur commandes » est crédité par le débit du compte 401 et éventuellement du compte 404 après réception de la facture par l'entreprise. Il est débité, lors d'un paiement par l'entreprise d'avances sur commandes passées auprès des fournisseurs, par le crédit d'un compte de trésorerie (PCG art. 944-40).

EXEMPLE

(sur l'incidence de la TVA, voir n° 46750)

Arrhes versées à la commande...	300
Acomptes versés durant la production du bien..	300
Prix de vente...	1 000
Retenue de garantie effectuée (5 % du prix de vente)...	50

	40 Fournisseurs			512	607
	4011 Achats de biens	4017 Retenues garantie	4091 Avances acomptes	Banque	Achats
Arrhes/commande			300	300	
Avances/fournitures			300	300	
Facture	950	50			1 000
Règlements anticipés	600		600		
	600 | 950	50	600 | 600		
	350	50	soldé		
Reste dû au fournisseur	400				

> **Fiscalement** Les retenues de garantie pratiquées par le maître d'ouvrage sont déductibles dès que les travaux sont réceptionnés ou mis à disposition, même si leur décaissement n'intervient qu'ultérieurement (CAA Marseille 29-3-1999 n° 96-12468).

15600 Arrhes (acomptes conservés par le vendeur à titre de dédommagement) Elles sont à enregistrer, à notre avis, dans le compte 658 « Autres charges de gestion courante » par le crédit du compte 4091 « Avances et acomptes versés sur commandes », dès lors que la charge est devenue certaine (résiliation de la commande).

> **Fiscalement** Sur leur assujettissement ou non à la TVA, voir Mémento Fiscal n° 46980.

15605 Avoirs – Fournisseurs Ils sont enregistrés :
– au compte 609 si l'avoir correspond à une **remise** (PCG art. 944-40 et 946-60 ; voir n° 15590) ;
– au compte 609 également, à notre avis, en cas de **retour sur un achat** réalisé au cours d'un **exercice précédent** ;
– au crédit du compte d'achat correspondant si l'avoir correspond à un **retour sur un achat de l'exercice** (PCG art. 944-40) ; tel devrait également être le cas, à notre avis, si l'avoir est destiné à corriger une **erreur de facturation**.
Un avoir ne peut être comptabilisé que s'il est certain dans son principe à la clôture et dans son montant à la date d'arrêté des comptes (voir n° 10350). Ainsi, tant que la réalisation des conditions tenant à son octroi n'est pas certaine, une remise ne peut être constatée en résultat (Bull. CNCC n° 210, juin 2023, EC 2022-30 et EJ 2023-09).

Montants compensatoires liés aux achats En pratique, ils sont enregistrés : 15610
– dans un sous-compte des comptes 601 et 607, dans le cas où ils sont payés ;
– dans un sous-compte du compte 609, dans le cas où ils sont reçus, venant ainsi en déduction du compte achat ;
– dans un sous-compte du compte 75, lorsqu'il n'est pas possible de rattacher les restitutions aux achats (par exemple, celles perçues dans le cadre de la CE ; voir n° 21280).
Cette pratique, issue de l'ancien plan comptable des industries du commerce de bétail et de la viande, désormais caduc (voir n° 3315), reste à notre avis applicable.

B. Autres charges externes (compte 61/62)

Définition et classement comptable Sont comptabilisées dans les comptes 61/62 15660 les charges externes, autres que les achats, en provenance des tiers (PCG art. 946-61/62). Les **autres charges externes** sont donc des charges **directement consommées** par l'entreprise qui comprennent la sous-traitance générale et les services extérieurs.
Leur grand nombre conduit à l'utilisation de **deux comptes divisionnaires regroupés sur une même ligne au compte de résultat.**

SOUS-TRAITANCE

Définition de la sous-traitance L'article 1er de la loi n° 75-1334 du 31 décembre 1975 défi- 15665 nit ainsi la sous-traitance : « opération par laquelle un entrepreneur confie, par un sous-traité et sous sa responsabilité, à une autre personne appelée sous-traitant l'exécution de tout ou partie du contrat d'entreprise ou d'une partie du marché public conclu avec le maître de l'ouvrage ». En d'autres termes, c'est « l'opération par laquelle **une entreprise confie** à une autre **le soin d'exécuter** pour elle et selon un certain cahier des charges préétabli, une partie des actes de production et de services dont **elle conserve la responsabilité économique finale** » (définition Conseil économique et social – JO 26-4-1973, p. 305).
Il convient de distinguer, quant à leur nature comptable, les achats de sous-traitance compris dans le coût direct des ventes ou de la production immobilisée (voir n° 15570), la sous-traitance générale (voir n° 15670) et les autres services extérieurs (qui ne constituent pas de la sous-traitance générale, voir n° 16170).

Sous-traitance générale (compte 611) Selon le PCG (art. 946-61/62) sont retenus 15670 sous cette appellation les **achats de sous-traitance autres que ceux inscrits aux comptes 604 et 605** (voir n° 15570). En pratique, il s'agit, par exemple :
– des frais payés aux tiers chargés par l'entreprise d'effectuer pour son compte des opérations n'entrant pas dans le coût de production des produits ou d'assurer la fourniture de services ;
– de toute étude ou prestation destinée aux besoins internes de l'entreprise ;
– des coûts de structure ;
– des contributions financières à des éco-organismes auxquels les entreprises transfèrent leur obligation de collecte et de gestion des déchets (C. envir. art. L 541-10).

> **EXEMPLE**
> Tel est le cas des contributions concernant la gestion des déchets d'équipements électriques et électroniques (DEEE) issus des ménages [Avis CU CNC 2007-A du 10-1-2007 § 2.2.4 (i)] et, à notre avis, des contributions concernant la gestion notamment (C. envir. art. L 541-10-1) :
> – des DEEE issus des professionnels ;
> – des déchets d'emballages (éco-organismes CITEO/ADELPHE) ;
> – des papiers (éco-organisme CITEO) ;
> – des textiles ;
> – des éléments d'ameublement ;
> – des pneumatiques usagés ;
> – des navires de plaisance ou de sport.

›Fiscalement Il en est de même. En effet, le Conseil d'État a considéré que la contribution sur les emballages constitue la contrepartie du service rendu par l'éco-organisme et non un impôt (Avis CE 11-7-2011 n° 346698). Ce raisonnement est, à notre avis, à retenir pour les autres éco-contributions.

REDEVANCES DE CRÉDIT-BAIL (COMPTE 612)

15675 En ce qui concerne les redevances de crédit-bail sur fonds de commerce, voir n° 32275.

15695 **Location de biens en exécution de contrats de crédit-bail** Le crédit-bail, moyen de financement des immobilisations, donne à l'utilisateur du bien :
– d'une part, un droit de jouissance ;
– d'autre part, la possibilité d'acquérir le bien concerné soit en fin de contrat, soit au terme de périodes fixées à l'avance, moyennant le paiement du prix convenu.
Son traitement comptable est fourni par le PCG (art. 212-5 et 946-61/62) :

I. Au bilan, le **bien** ne doit **pas figurer** à l'actif de l'entreprise utilisatrice tant que l'utilisateur n'a pas levé l'option d'achat.

Lorsque l'utilisateur devient propriétaire du bien en **levant l'option d'achat** dont il est titulaire, il doit inscrire cette **immobilisation** à l'actif de son bilan, voir n° 28475.

Sur la divergence avec les normes IFRS, voir Mémento IFRS n° 69025.

II. Au compte de résultat, les sommes dues par l'utilisateur au titre de la période de jouissance constituent des **charges d'exploitation.** Les « redevances » ou « loyers » doivent être enregistrés au débit du compte 612 « Redevances de crédit-bail » (PCG art. 946-61/62).
La liste des comptes du PCG décompose ces redevances selon que le crédit-bail est **mobilier** (compte 6122) **ou immobilier** (compte 6125).

> **Fiscalement** **1. Déduction des redevances de crédit-bail mobilier** Les redevances de crédit-bail mobilier sont en principe **déductibles, sauf conventions abusives** disqualifiant le bail en une vente à tempérament ou permettant un transfert de bénéfices (BOI-BIC-AMT-20-40-50 n° 220 ; BOI-BIC-BASE-60-20 n° 1), sur la base d'un faisceau d'indices tels que, par exemple :
> – des délais de location anormalement brefs (BOI-BIC-AMT-20-40-50 n° 220 ; CAA Nancy 29-12-1989 n° 230) ;
> – un prix anormalement bas lors de la levée de l'option (BOI-BIC-AMT-20-40-50 n° 220) ;
> – un contrat prévoyant le transfert de la propriété d'un bien après paiement de toutes les mensualités (CE 21-6-2002 n° 219313 ; CE 7-10-1987 n° 49774) ;
> – l'exercice par le locataire, pendant le bail, des prérogatives du propriétaire, telles que l'inscription d'un gage dès l'origine et la revente des biens avant paiement intégral de leur prix (CE 20-5-1981 n° 21495) ou la prise en charge de réparations incombant en principe au bailleur (CAA Bordeaux 1-3-2012 n° 11BX01206).
> Sur les véhicules pris en crédit-bail, voir n° 15720.
>
> **2. Déduction des redevances de crédit-bail immobilier** Sur les conditions de déductibilité, voir n° 28505.

Le PCG ne distingue pas au sein de la redevance entre **la part « amortissement » et la part « frais financiers ».** Il est toutefois possible, à notre avis, de procéder à cet éclatement. Cette présentation (conseillée par certains anciens guides comptables professionnels tels que « Distributeurs, loueurs et réparateurs de matériel BTP » et « Transports routiers »), désormais caducs, voir n° 3315), permet de faciliter les retraitements fiscaux nécessités par la limitation de la déduction des redevances (voir Fiscalement ci-après).

> **Fiscalement** Les redevances de crédit-bail sont prises en compte pour l'application de la **limitation de déduction des charges financières nettes** exposée au n° 42985. Le montant à inclure dans l'assiette de ces charges financières nettes correspond en principe à la différence entre les redevances supportées, majorées des frais de prestations accessoires facturés au preneur, et l'amortissement annuel pratiqué par le bailleur. Lorsque le preneur d'un **contrat de crédit-bail mobilier** ne dispose pas des informations nécessaires à ce calcul, le montant à inclure au titre de chaque exercice dans l'assiette des charges financières nettes est égal au rapport entre :
> – la somme des loyers à verser au cours du contrat, majorée du prix de levée d'option et minorée du prix de revient du bien pour le bailleur ;
> – et la durée du contrat exprimée en mois (BOI-IS-BASE-35-40-10-10 n° 240 et 250).
> S'agissant du calcul alternatif qui peut être effectué par le preneur d'un contrat de **crédit-bail immobilier,** voir n° 28505.

Les redevances ou loyers non constatés concernant la période écoulée doivent, à notre avis, comme le précisait le PCG 82 (p. II.130), être inscrits au compte 401 « Fournisseurs – Achats de… prestations de services » ou 408 « Fournisseurs – Factures non parvenues ».

Les **redevances réglées avant la mise en exploitation du bien** pris en crédit-bail (mobilier ou immobilier) sont à comptabiliser :
– en charges au débit du compte 612 (sans possibilité, à notre avis, de les porter à l'actif) si elles constituent la contrepartie de services consommés par l'entreprise, ou d'avantages qui lui ont été consentis, dans le cadre du contrat (elles s'analysent fréquemment, dans ce type de contrat, comme des intérêts financiers) (Bull. CNCC n° 84, décembre 1991, EC 91-39, p. 570) ;

> **Fiscalement** Dans le cadre d'un contrat de crédit-bail immobilier, il a été jugé que les préloyers qui rémunèrent le service consistant pour le bailleur à **financer** l'édification de l'immeuble conformément aux spécifications du crédit-preneur sont immédiatement déductibles (CE 12-1-2004 n° 243273).

– à l'actif, s'il s'agit de redevances payées d'avance. Ainsi, les loyers versés d'avance ayant la nature d'un dépôt de garantie sont à comptabiliser en « Dépôts et cautionnements » (compte 275), ils ne constituent une charge que lorsqu'ils sont imputés sur la dette de loyer effectivement courue, soit en général lors de la dernière échéance de loyer.

> **Fiscalement** Il en est de même, les loyers versés d'avance n'étant déductibles qu'en fin de bail (immobilier ou mobilier) lors de leur imputation sur les loyers (CE 4-12-1991 n° 86382 et 16-12-1991 n° 75833 ; BOI-BIC-CHG-40-20-10 n° 160).

Les redevances ou loyers concernant une période d'utilisation postérieure à la date de clôture du bilan doivent, à notre avis, comme le précisait le PCG 82 (p. II.130) faire l'objet d'un rattachement à la période à laquelle ils se rapportent et être comptabilisés dans le compte 486 « Charges constatées d'avance » (voir n° 15120). Tel serait le cas d'une société qui verserait immédiatement la totalité des loyers du bail.

> **Fiscalement** Il en est de même. Dans le cas où un avenant avait engendré une majoration de loyer sur un mois, il convient (CAA Bordeaux 4-4-1995 n° 93-1466) de **procéder à une analyse économique** pour déterminer si cette majoration concerne le mois déjà couru (charges) ou bien constitue en réalité une avance sur les loyers futurs (charges constatées d'avance).

> **Précisions 1. Coûts de négociation** Selon le bulletin CNCC (n° 84, décembre 1991, EC 91-39, p. 570), les coûts directs initiaux engagés par le preneur à la mise en place d'un contrat de location-financement sont traités comme des frais d'émission d'emprunts, ceux-ci pouvant être soit étalés de manière systématique sur la durée de l'emprunt, soit immédiatement comptabilisés en charges (voir n° 41020).
> Sur la comptabilisation des coûts directs initiaux dans les contrats de location-financement en normes IFRS, voir Mémento IFRS n° 32982.
> **2. Coûts accessoires à la mise en service du bien loué** Voir n° 28655.

Sur la provision pour cessation de l'utilisation d'un bien en cours de contrat, voir n° 17450.
Sur la comptabilisation :
– des dépenses de renouvellement de bien appartenant à autrui, voir n° 28660 s. ;
– d'une provision pour remise en état de bien appartenant à autrui, voir n° 28735.
Sur l'assurance contractée pour garantir le paiement en cas de décès d'un dirigeant, voir n° 45815.
Sur l'information en annexe, voir n° 28805 s.
En ce qui concerne les comptes consolidés, voir Mémento Comptes consolidés n° 3378 s.

Redevances inégales dans le temps Si le contrat stipule des redevances inégales dans le temps, deux approches sont possibles, en l'absence de précisions de la part des organismes comptables compétents (Bull. CNCC n° 162, juin 2011, EC 2010-69, p. 277 s.) : **15700**
– soit enregistrer les redevances selon les échéances contractuelles (en ce sens également, Bull. CNCC n° 103, septembre 1996, EC 96-32, p. 509 et 510) ;
– soit étaler ces redevances sur la durée du contrat, de manière à traduire correctement les avantages économiques procurés par le bien de période en période (en ce sens également, avis OEC n° 29 sur la comptabilisation des contrats de location). À défaut de méthode plus pertinente, l'étalement est effectué de manière linéaire sur la durée du contrat. Cette méthode est, à notre avis, à privilégier dès lors que la variation des échéances contractuelles n'est pas justifiée techniquement ou économiquement.

> **Fiscalement** Lorsque les loyers stipulés dans un contrat sont inégaux, cette inégalité est présumée correspondre à une non-régularité dans la valeur de la prestation fournie, qui est fonction de l'obligation qui pèse sur le prestataire et de l'avantage économique retiré par le preneur. Toutefois, si la preuve est apportée que la répartition contractuelle des loyers ne rend pas correctement compte de cette valeur, la déduction des charges correspondantes doit être faite selon la méthode la plus appropriée (CE 16-2-2011 n° 315625 et CAA Versailles 15-11-2011 n° 10VE04057 rendus en matière de premier loyer majoré justifié par la dépréciation importante d'un véhicule pris en crédit-bail dès sa mise en circulation).

Sur le schéma de comptabilisation à retenir, voir n° 15740.
Sur le traitement des redevances de crédit-bail chez le crédit-bailleur, voir n° 11295 et 10625.

> **Précisions** **1. Renégociations/modifications des termes du contrat** conduisant le bailleur à consentir au locataire, en cours de contrat, un abandon de loyer ou une nouvelle période de franchise en contrepartie d'un nouvel avantage : les deux approches peuvent également être retenues (voir n° 15740).

2. Permanence des méthodes Le choix pour l'une ou l'autre de ces deux approches est à effectuer en respectant le principe de permanence des méthodes. Il n'est notamment pas possible de modifier la méthode de comptabilisation en cas de renégociation du contrat (Bull. CNCC n° 162 précité), sauf dans le respect des conditions fixées par le PCG (art. 122-2 ; voir n° 8480).

Sur le plafond du déficit reportable des entreprises non liées ayant bénéficié d'un abandon de loyers entre le 15 avril et le 31 décembre 2021, voir n° 52590.

LOCATIONS (COMPTE 613)

15715 **Montant des loyers** Le montant du loyer constitue une charge de l'exercice et est enregistré au compte 613 « Locations », que l'on peut subdiviser (voir sous-comptes n° 96300).

> **Fiscalement** **a. Dispositions générales** Les sommes versées en exécution d'un contrat de bail sont **déductibles** des résultats de l'exercice à concurrence seulement de la **valeur locative réelle** des immeubles loués augmentée, le cas échéant, du prix des prestations fournies par le bailleur et distinctes de la mise des lieux à la disposition du preneur (BOI-BIC-CHG-40-20-10 n° 130 ; CE 22-2-1989 n° 71181 ; voir Mémento Fiscal n° 8345).

En raison de leur caractère de fruits civils acquis au jour le jour par le bailleur (voir n° 10625), les loyers sont compris parmi les charges de l'entreprise à concurrence de la fraction courue au titre de chaque exercice (BOI-BIC-CHG-40-20-10 n° 140 et 150), indépendamment de leur date de paiement (CE 14-3-1938 n° 54678).

Les loyers versés pour une période antérieure à la signature du bail sont déductibles si la société a effectivement occupé l'immeuble (CE 9-7-1986 n° 44724).

En ce qui concerne les loyers et les charges des **locaux appartenant à l'exploitant individuel et utilisés pour les besoins de l'exploitation,** voir n° 60285.

b. Limitation de déduction des loyers entre entreprises liées La déduction des **loyers versés** au titre des **locations de biens mobiliers conclues entre entreprises liées** (sur cette notion, voir n° 35070) peut, pour une part, être soumise à la limitation de déduction des charges financières nettes des entreprises soumises à l'IS (voir n° 42985). Il convient en effet de prendre en compte dans les charges financières nettes soumises à cette limitation (CGI art. 212 bis, III, 2, e ; BOI-IS-BASE-35-40-10-10 n° 200) la différence existant entre :
– le montant des loyers versés à ces entreprises, minoré de l'amortissement annuel des biens loués et des frais et prestations accessoires facturés au preneur ;
– et le montant des loyers perçus de ces mêmes entreprises diminués des amortissements et frais accessoires.

En cas de location avec option d'achat, voir la méthode dérogatoire de calcul, commune aux contrats de crédit-bail mobilier, admise par l'administration (voir n° 15695 II.).

Le fait que le loyer soit fixé à partir d'un **pourcentage du chiffre d'affaires** (clause recettes) ne modifie pas sa comptabilisation. Il en est de même, à notre avis, en cas de clause d'**indexation**. En effet, à chaque échéance de loyer, il en résulte un supplément ou une diminution à enregistrer, à notre avis, au même compte (613). Les comptes prévus par le PCG « Bonis ou malis provenant de clauses d'indexation » (comptes 7781 ou 6781) ne nous paraissent pas devoir être utilisés dans ce cas.

Sur la comptabilisation :
– des loyers selon le système des comptes d'abonnement, voir n° 15210 ;
– des loyers versés d'avance à titre de garantie, voir n° 15695 ;
– des loyers inégaux, voir n° 15700 ; des loyers avec franchise, voir n° 15740 ; des autres avantages consentis par le bailleur lors de la conclusion du bail, voir n° 15745 ;
– des droits d'entrée, voir n° 30640 (droit au bail), 30660 (pas-de-porte), 30675 (contrat de location-gérance) et 73120 (contrat de franchise) ;
– de la participation financière du locataire à des travaux réalisés par le bailleur, voir n° 30660.

Sur la provision pour cessation de l'utilisation d'un bien en cours de contrat, voir n° 17450.

Sur la comptabilisation :
– des dépenses de renouvellement de bien appartenant à autrui, voir n° 28660 s. ;
– d'une provision pour remise en état de bien appartenant à autrui, voir n° 28735.

15720 **Bail emphytéotique** Selon le bulletin CNCC (Bull. CNCC n° 182, juin 2016, EC 2016-02, p. 388), deux traitements comptables peuvent être retenus :
– 1re approche : le bail emphytéotique est considéré comme un **contrat de location,** dans la mesure où il transfère au preneur le droit d'utiliser le bien pour une durée déterminée, en

échange d'un paiement. Dans ce cas, les redevances versées durant le bail sont constatées en charges en suivant leurs échéances contractuelles (compte 613 « locations », voir ci-avant). Les versements initiaux sont alors, à notre avis, assimilables à des loyers versés d'avance, à comptabiliser en charges constatées d'avance et à rapporter au résultat sur la durée du contrat ;
– 2e approche : le bail emphytéotique confère un droit réel immobilier au preneur (Code rural et de la pêche maritime art. L 451-1). Dans ce cas, une immobilisation incorporelle est enregistrée dès la signature du bail, à hauteur des redevances futures actualisées (Bull. CNCC n° 182, EC 2016-02 précitée). Elle est, à notre avis, à amortir sur la durée du bail, conformément aux règles applicables aux immobilisations incorporelles dont la durée d'utilisation est limitée (voir n° 31760).
Quelle que soit la méthode retenue, elle doit être appliquée de façon permanente et une information doit être donnée en annexe (Bull. CNCC n° 182, EC 2016-02 précitée).
Sur le risque fiscal associé à ce choix de méthode, voir n° 30785 III.

Loyers portant sur des véhicules de tourisme   15730

Les loyers portant sur des véhicules de tourisme sont soumis à plusieurs règles de limitation de déduction.

a. Limitation de déduction spécifique aux véhicules de tourisme (voir Mémento Fiscal n° 9035) En cas de location d'une durée supérieure à 3 mois (ou inférieure à 3 mois mais renouvelable) ou de crédit-bail, la part de loyer supportée par le locataire et correspondant à l'amortissement pratiqué par le bailleur pour la fraction du prix d'acquisition du véhicule supérieure à la limite applicable en cas d'acquisition de véhicule (soit 9 900 €, 18 300 €, 20 300 € ou 30 000 €, voir n° 27570) n'est pas déductible (CGI art. 39-4 ; BOI-BIC-AMT-20-40-50 n° 10). Le prix d'acquisition à retenir est le prix TTC, et non le prix HT figurant dans les comptes du bailleur (CE 29-7-1994 n° 125947).
La réintégration fiscale, limitée au prorata de la durée de location pendant l'exercice, est effectuée extra-comptablement sur l'imprimé n° 2058-A (ligne WF).
Sur la définition des véhicules de tourisme visés par la limitation et les modalités de calcul de l'amortissement excédentaire pour des entreprises propriétaires, voir n° 27570.

b. Limitation générale de déduction des loyers entre entreprises liées Les loyers de véhicules de tourisme peuvent, le cas échéant, être soumis à cette limitation (voir n° 15715 et 42985), une fraction de leur montant étant assimilée à des charges financières. Toutefois seule la part du loyer admise en déduction après application des dispositions de l'article 39-4 du CGI (voir a. ci-avant) est prise en compte pour déterminer sa composante financière (BOI-IS-BASE-35-40-10-10 n° 210).

c. Remplacement de composants incombant au locataire : dans ce cas, le propriétaire n'a pas à effectuer de décomposition de ses véhicules ; en revanche, le locataire doit identifier les composants lors de leur remplacement et les comptabiliser à son actif (voir n° 28665). Selon l'administration, ces remplacements ne sont pas soumis à la limitation de déduction des amortissements (BOI-BIC-AMT-20-40-50 n° 290).

Loyers inégaux dans le temps   15740

I. Franchise en début de contrat Par analogie avec les solutions applicables en matière de redevances de crédit-bail (voir n° 15700), deux approches peuvent, à notre avis, être retenues :
– soit enregistrer les loyers selon les échéances contractuelles ; ce traitement conduit à ne constater aucune charge de loyer pendant la période de franchise ;
– soit étaler les loyers sur la durée du contrat (en ce sens également, avis OEC n° 29 sur la comptabilisation des contrats de location), à compter de la prise d'effet du contrat.

> **Précisions** **Permanence des méthodes** Une fois la méthode choisie, elle doit être appliquée de manière permanente et à l'ensemble des contrats de location (en ce sens, Bull. CNCC n° 162, juin 2011, EC 2010-69, p. 277 s. ; voir n° 15700).

L'étalement est, à notre avis, à privilégier dès lors que la variation des échéances contractuelles n'est pas justifiée techniquement ou économiquement. Tel est notamment le cas :
– lorsqu'une franchise exceptionnelle par rapport aux conditions de marché est accordée ;
– et/ou lorsque le contrat prévoit le remboursement direct ou indirect de cette franchise en cas de sortie du locataire avant l'expiration du bail. Ce remboursement confirme en effet que le produit de la franchise est acquis au fur et à mesure de la location.

15740
(suite)

> **Fiscalement** Comme en matière de crédit-bail (voir n° 15700), la répartition contractuelle des loyers est présumée refléter la variation de l'intensité de la valeur de la location, sauf si la preuve est apportée que cette répartition ne correspond pas à la réalité économique de l'opération. Le locataire peut ainsi s'éloigner des dispositions contractuelles prévoyant une franchise en début de location et ainsi linéariser les charges locatives sur la durée du contrat en démontrant que la prestation fournie est identique sur toute cette période (CAA Marseille 3-11-2011 n° 09MA01878). S'il retient cette solution alors que les loyers sont comptabilisés en suivant les échéances contractuelles, il devra procéder à des retraitements extra-comptables :
– déduction extra-comptable des loyers durant la période de franchise (ligne XG de l'imprimé n° 2058 A) ;
– réintégration extra-comptable de l'excédent des loyers comptabilisés par rapport à la charge fiscalement linéarisée durant la période suivante (ligne WQ de l'imprimé n° 2058 A).

EXEMPLE

Le 1er janvier N, une entreprise a conclu un bail commercial pour un loyer mensuel de 1 000 avec une franchise de loyer de 9 mois consentie par le bailleur en contrepartie d'un engagement ferme de 6 ans pris par le preneur :
– charge de loyer annuelle N = 3 000 (12 000 − franchise de 9 000) ;
– charge de loyer annuelle à compter de N+1 = 12 000.

La franchise de loyer accordée par le bailleur peut, à notre avis, être comptabilisée selon les deux approches suivantes :

1e solution – Enregistrement des loyers selon les échéances contractuelles

Dans ce cas, la charge de loyer de l'exercice N est de 3 000 [(12 × 1 000) − 9 000 (de franchise)] et la charge de loyer annuelle est de 12 000 [12 × 1 000] à compter de l'exercice N+1.

2e solution – Linéarisation des loyers sur la durée du contrat

Dans ce cas, la charge annuelle est, à notre avis, à linéariser sur la période non résiliable du bail, soit 6 ans. La charge de loyer linéarisée s'élève alors à 10 500 [(1 000 × 12 mois) − (9 000 / 6 ans)] par an pour les exercices N à N+5.

Le loyer facturé au titre du contrat ne correspondant pas à la charge annuelle linéarisée de 10 500, une charge à payer de 7 500 (10 500 − 3 000) doit être constatée en N dans le compte 408 « Fournisseurs – Factures non parvenues », à reprendre de N+1 à N+5 à hauteur de 1 500 par an (12 000 − 10 500).

Sur la comptabilisation des franchises de loyers en normes IFRS, voir Mémento IFRS n° 69025.

II. Renégociations/modifications des termes du contrat

a. Lorsque la renégociation conduit le bailleur à consentir au locataire un abandon de loyer ou une nouvelle période de franchise **en contrepartie d'un nouvel avantage,** les deux approches peuvent également être retenues (en ce sens, Questions/Réponses CNCC Covid-19, ch. I., 2e partie, Question 9.2).

> **Précisions** **1. Avantages nouveaux** Ces avantages nouveaux pour le bailleur sont, par exemple, une augmentation des loyers futurs, un allongement de la durée du bail, un allongement de la durée non résiliable du contrat (par exemple, par l'introduction d'une clause de pénalités de résiliation anticipée du contrat portant sur cette nouvelle période non résiliable).
2. Permanence des méthodes C'est la méthode choisie par le preneur pour la comptabilisation des franchises en début de contrat qui doit s'appliquer. Tout changement de méthode doit être réalisé dans le respect des conditions fixées par le PCG (art. 122-2 ; voir n° 8480).

EXEMPLE

Une entreprise a conclu un bail commercial pour un loyer mensuel de 100. L'échéance de son bail est prévue le 31 août N+2. Fin N, son bailleur lui propose d'abandonner les loyers des mois d'octobre à décembre N déjà facturés et le futur loyer de janvier N+1 et de rééchelonner ces quatre mois sur la durée restante du bail. En pratique, il lui envoie un avoir de 300 (pour les loyers d'octobre à décembre N) et un nouvel échéancier prévoyant un mois de franchise (janvier N+1) et un nouveau loyer mensuel de 121 (au lieu de 100) à partir de février N+1, ce qui permet au bailleur de ne pas réduire globalement les loyers dus au titre du bail (initialement 100 × 23 mois = 2 300 et selon le nouveau bail 121 × 19 mois = 2 300).

1e solution – Le preneur n'étale jamais les franchises qu'il négocie avec ses bailleurs.

Il doit donc comptabiliser dans ses charges d'exploitation N, d'une part, les loyers d'octobre à décembre N (soit 3 × 100) au compte 613 et, d'autre part, l'« abandon » de 300 au crédit du compte 619, soit une charge nette de 0. À compter de février N+1, il comptabilisera les loyers de 121 mensuels en charges.

2ᵉ solution — **Le preneur étale habituellement les franchises qu'il négocie avec ses bailleurs.**
Les loyers « linéarisés » d'octobre N à janvier N+1 [soit 400 = 4 × (121 × 19 mois / 23 mois)] sont comptabilisés en charges en contrepartie d'une charge à payer. À compter de février N+1, le preneur comptabilisera en charges 121 de loyers mensuels pendant 19 mois et reprendra une partie de la charge à payer à hauteur de 21 par mois, portant ainsi la charge de loyer comptabilisée à 100 mensuel, comme dans le précédent contrat.

b. En revanche, lorsque l'abandon de loyer ou la franchise **ne permet pas de sécuriser le même montant de loyer que celui prévu dans le bail initial,** à notre avis :
— en cas d'abandon de loyers déjà facturés : il n'y a pas lieu d'étaler l'abandon qui est constaté en produit immédiatement, voir nº 42230 s. ;
— en cas d'abandon de loyer futur (nouvelle période de franchise) : il est à comptabiliser en produit lorsqu'il est acquis, c'est-à-dire au fur et à mesure que les loyers dus sont abandonnés.

> **EXEMPLE**
> Un bailleur propose à son locataire l'abandon des futurs loyers de janvier et février N+1 par le biais d'un avenant prévoyant l'équivalent d'une période de franchise de deux mois. Le nouveau contrat ne prévoit pas d'autres avantages pour le bailleur que de poursuivre le bail dans les mêmes termes que le bail initial. En pratique, les loyers de janvier et février N+1 que le bailleur s'est engagé à abandonner seront facturés avec un avoir émis concomitamment à la facture du loyer facial. Le locataire comptabilisera dans ses charges d'exploitation N+1 les loyers de janvier et février N+1 (soit 2 × 100) au compte 613 et l'abandon de 200 au crédit du compte 619.

Autres avantages consentis par le bailleur dans le cadre de la conclusion du bail   **15745**
Les avantages accordés par le bailleur au preneur et qui n'ont pas d'autre contrepartie pour le bailleur que de trouver un locataire constituent, à notre avis, pour le preneur, une ristourne sur loyers à constater linéairement en résultat sur la durée du bail, à compter de la prise d'effet du contrat.

> **EXEMPLE**
> Remboursement consenti par le bailleur (total ou partiel) :
> — des travaux d'aménagement spécifiques des locaux engagés par le preneur ;
> — de l'indemnité due par le preneur au titre de la résiliation anticipée de son précédent bail (en ce sens, Bull. CNCC nº 181, mars 2016, EC 2015-48, p. 78).

Toutefois, par cohérence avec les solutions retenues pour les franchises de loyer (voir nº 15740), il est également possible de constater immédiatement en produit ces avantages accordés par le bailleur (en ce sens, Bull. CNCC nº 181, mars 2016, EC 2015-48, p. 78). Cette solution n'a néanmoins pas notre préférence.

En tout état de cause, quel que soit le traitement retenu (étalement ou constatation immédiate en produit), il devra être appliqué de manière permanente à l'ensemble des contrats de location (en ce sens, Bull. CNCC nº 162, juin 2011, EC 2010-69, p. 277 s.) et il conviendra de s'assurer de l'homogénéité avec le traitement retenu pour la comptabilisation des franchises.

> **EXEMPLE**
> Le 30 juin N, une entreprise a conclu un bail commercial dont le loyer annuel est de 12 000 avec effet au 1ᵉʳ janvier N+1. Dans le cadre de la conclusion du bail, le bailleur consent à rembourser les frais de rupture de l'ancien bail et les frais de déménagement à hauteur de 9 000. En contrepartie le locataire prend un engagement ferme de non-résiliation du bail, pour une durée de six ans.
> Toutes les dépenses sont engagées le 30 septembre N, à cette date :
> — les indemnités dues à l'ancien bailleur et la facture du transporteur sont donc comptabilisées en charge pour 9 000 ;
> — le remboursement de 9 000 est reçu du bailleur et l'entreprise traite cet avantage comme une ristourne accordée sur les loyers qu'elle enregistre au crédit du compte 619 « Rabais, remises et ristournes » en contrepartie du compte fournisseur. Toutefois, tant que le bail n'est pas encore entré en vigueur (1/01/N+1), la ristourne doit être intégralement mise en attente et comptabilisée en produits constatés d'avance à la clôture. Les 9 000 seront repris à compter de N+1 sur la durée du bail à hauteur de 1 500 par an (9 000/6 ans), soit un loyer annuel de 10 500 (12 000 − 1 500).
>
> Si le locataire avait choisi de traiter l'avantage reçu comme un produit immédiat (dans le respect de la permanence des méthodes), celui-ci aurait dû être constaté en résultat dès le 30 septembre N (avant même la date d'entrée en vigueur du bail).

Ne constituent en revanche pas un avantage à étaler :
– les financements accordés par le bailleur et dont le remboursement est prévu dans le bail via, par exemple, des surloyers. Dans ce cas, il s'agira d'une dette financière dont le montant sera remboursé au fur et à mesure du paiement des surloyers ;
– les remboursements de coûts qui auraient dû être à la charge du bailleur, comme par exemple, le remboursement du coût de nettoyage des locaux. Dans ce cas, le remboursement constitue pour le locataire un produit immédiat, venant compenser les effets de la charge qu'il a comptabilisée.

CHARGES LOCATIVES ET DE COPROPRIÉTÉ (COMPTE 614)

15750 **Propriétaire** L'ensemble des charges étant facturé en son nom, celui-ci les enregistre dans ce compte.

Lorsque l'immeuble appartient à l'exploitant mais ne figure pas à l'actif, voir n° 60285.

En cas de location, la partie de charges pouvant être récupérée (remboursement par les locataires) ne doit pas être portée au crédit du compte 614 mais au compte 791 « Transfert de charges d'exploitation » en tant que correctif de charges supportées pour le compte d'un tiers (sur la suppression des comptes 79 par le Règl. ANC 2022-06, voir n° 45500).

À notre avis, comme le précisait le PCG 82 (p. I.83 renvoi 7), si une entreprise possède une part relativement peu importante dans un immeuble en copropriété, elle peut à la rigueur et par mesure de simplification, affecter à ce compte le montant total de sa quote-part de charges décomptées par le syndic, en en extrayant celles concernant l'**entretien** et les **réparations, toujours imputables au compte 615**. Les autres charges sont ainsi assimilées aux charges locatives et inscrites globalement à ce compte (elles ne sont pas décomposées selon leur nature entre les différents comptes de la classe 6).

15755 **Locataire** Les charges résultant du contrat de location, quelle que soit leur nature et notamment les taxes locatives et les impôts éventuellement remboursés au bailleur, sont à comptabiliser au compte 614.

> **Fiscalement** Concernant la valeur ajoutée retenue pour le calcul de la CET et CVAE, une distinction doit être effectuée entre (BOI-CVAE-BASE-20-20 n° 150 ; CE 7-12-2012 n° 349913 rendu en matière de taxe professionnelle ; voir également Mémento Fiscal n° 43850 s.) :
> – les charges locatives correspondant à des dépenses incombant au propriétaire et mises contractuellement à la charge du locataire, qui constituent des compléments de loyer et, à ce titre, sont non déductibles de la valeur ajoutée (en application de l'art. 1647 B sexies du CGI) ;
> – et les charges incombant effectivement au locataire, qui sont déductibles.

Les impôts acquittés par le locataire en son nom propre n'ont pas, à ce titre, la nature de charges locatives. Toutefois, par simplification, il nous paraît possible de les comptabiliser au compte 614 plutôt que dans un compte 63 « Impôts et taxes ».

> **Fiscalement** Les impôts, taxes et versements assimilés, autres que les impôts sur les bénéfices et autres impôts assimilés, ne sont, en principe, pas déductibles de la valeur ajoutée (BOI-CVAE-BASE-20-20 n° 180).

TRAVAUX D'ENTRETIEN ET DE RÉPARATIONS (COMPTE 615)

15760 Sur la comptabilisation des contrats d'entretien selon le système des comptes d'abonnement, voir n° 15210.

15765 **Entretien et réparations**

I. Dépenses encourues Lorsque les frais ont pour effet d'augmenter, sur une période supérieure à 12 mois, les avantages économiques futurs liés à l'immobilisation par rapport à ceux estimés au moment où ces dépenses sont encourues, ils sont comptabilisés en **immobilisation**.

EXEMPLE

L'**échange standard** d'un composant constitue une immobilisation (voir n° 25910).

Dans le cas contraire, ils constituent des charges d'exploitation.

EXEMPLE

L'**entretien général** d'ordre administratif (nettoyage, etc.) constitue une charge (voir n° 16170).

En ce qui concerne :
– les dépenses courantes d'entretien et de maintenance, voir n° 25900 ;
– les dépenses de gros entretien et de grandes visites, voir n° 25750 ;

- les dépenses de remplacement, voir n° 25730 ;
- les dépenses d'amélioration et additions d'éléments, voir n° 25905 ;
- les pièces détachées, voir n° 20445 ;
- les frais liés à une mise en conformité avec de nouvelles normes, voir n° 25925 s.

Pour plus de détails sur les critères de distinction entre immobilisations et charges et leurs conséquences pratiques, voir n° 25895 et 25900 s.

II. Dépenses probables **Les dépenses d'entretien et de réparation ne peuvent pas faire l'objet d'une provision** pour charges à la clôture, et ce, même si la décision d'engager les travaux a été prise avant la date de clôture ou a fait l'objet d'un contrat signé ou d'un devis accepté à cette date.

En effet, l'entreprise attend une contrepartie correspondant à la réalisation des travaux sur l'exercice suivant. Les conditions de comptabilisation d'un passif telles que définies par l'article 321-1/1 du PCG ne sont donc pas remplies (voir n° 48240 s.).

En revanche, une **dépréciation du matériel concerné** peut devoir être constituée, voir n° 27715 s. Sur le cas particulier du matériel mis en conformité, voir n° 25965 II.

> **EXEMPLE**
>
> Une entreprise a décidé d'effectuer des travaux de réparation non immobilisables et ne constituant pas des dépenses de gros entretien ou de grandes visites (2e catégorie), sur un matériel lui appartenant ayant subi des dommages au cours de l'exercice.
>
> **1er cas** – Elle n'a pas signé de devis à la clôture de l'exercice.
>
> L'entreprise n'a pas d'obligation à la clôture puisqu'elle ne s'est pas engagée à faire effectuer de réparation par un tiers. Aucune provision n'est constituée.
>
> **2e cas** – Elle a signé un devis avant la clôture de l'exercice.
>
> La signature du devis est le fait générateur d'une obligation de faire réaliser des travaux. La sortie de ressources est probable mais elle a une contrepartie pour l'entreprise correspondant à l'utilisation d'un matériel réparé sur les exercices suivants.
>
> Donc, aucune provision pour charges n'est constituée.
>
> En revanche, une dépréciation du matériel endommagé peut devoir être constituée.

Toutefois, sur le cas particulier des dépenses liées :
- aux **gros entretiens et grandes visites,** voir n° 27900 ;
- à la **remise en état** de sites, voir n° 27925 (sur le cas particulier des biens appartenant à autrui, voir n° 28735) ;
- au **désamiantage,** voir n° 28005.

Pièces de rechange utilisées pour l'entretien et la réparation de matériels. Voir n° 20445. **15770**

Travaux de dépollution Dans la mesure où des travaux de dépollution devant être engagés par l'entreprise concernent des **activités passées,** ceux-ci devraient, en principe, être comptabilisés en charges et provisionnés si l'entreprise a une obligation à la clôture. **15775**

Constituent en général des charges d'exploitation les frais de remise en état d'un site contaminé, les frais d'enlèvement des déchets ou de nettoyage de sites.

Sur la comptabilisation des primes d'assurance des risques d'atteintes à l'environnement, voir n° 15820.

Sur la comptabilisation de l'indemnité d'assurance reçue, voir n° 45785.

Sur l'obligation de constituer une provision pour dépollution, voir n° 27965 (dégradation progressive) et 28005 (désamiantage).

PRIMES D'ASSURANCES (COMPTE 616)
Voir sous-comptes n° 96300. **15780**

Sur leur comptabilisation selon le système des comptes d'abonnement, voir n° 15210.

Voir également fiscalement n° 15245.

Sur leur incorporation ou non dans les stocks, voir n° 21185.

Primes d'assurance-vie au profit de l'entreprise sur la tête de son personnel Les contrats d'assurance sur la vie peuvent présenter les caractéristiques différentes suivantes, récapitulées dans le tableau ci-après, établi par nos soins. **15800**

15800 (suite)

Type de contrat	Nature de l'indemnité versée	Traitement comptable	Régime fiscal des primes
I. Assurance en cas de vie	Capital	Placement	non déductible
II. Assurance décès	Perte d'exploitation subie	Couverture d'un risque	– déductible si « hommes-clefs » – sinon non déductible
III. Assurance mixte	Capital	– Placement (partie vie) et – couverture d'un risque (partie décès)	– non déductible – déductible

Nous les reprenons en détail ci-après.

I. Contrat d'assurance sur la vie prévoyant le versement d'un capital en cas de vie à une certaine date Dans ce cas, il s'agit d'une **opération de placement** pour l'entreprise, celle-ci n'encourant aucun risque.
Il en résulte, à notre avis, le traitement suivant :
a. En début de contrat, la prime versée ne peut constituer une charge et doit être comptabilisée dans un compte de prêt (subdivision à créer du compte 2748 « Autres prêts »).
b. En cours de contrat, la participation aux bénéfices perçue par l'entreprise au titre de ce contrat est à comptabiliser en produit financier, compte 768 « Autres produits financiers », au vu du relevé reçu chaque année (même si les versements n'interviennent qu'en fin de contrat).
c. En fin de contrat, le capital versé s'imputera sur les primes comptabilisées en prêt et le surplus en produit financier, compte 768 « Autres produits financiers ».

> **Fiscalement** Le régime général (BOI-BIC-CHG-40-20-20 n° 40) s'applique :
> – les primes versées ne sont pas déductibles ;
> – les participations aux bénéfices sont imposées au fur et à mesure de leur acquisition, selon la méthode du couru ;
> – le capital versé à l'expiration du contrat, sous déduction des primes précédemment versées, sera inclus dans le résultat imposable.

En conséquence, il n'existe, dans ce type de contrat, **aucune divergence** entre les traitements comptable et fiscal.

II. Contrat d'assurance sur la vie prévoyant le versement d'un capital en cas de décès d'un dirigeant ou d'un collaborateur Il couvre le risque de décès d'une ou de plusieurs personnes déterminées, en principe « **hommes-clefs** » de l'entreprise. L'indemnisation se fera, en général, sous la forme d'une indemnité de perte d'exploitation. Elle correspond à la couverture d'un risque réel. Il en résulte, à notre avis, le traitement comptable suivant :
a. La prime versée chaque année est comptabilisée en charge au compte 616 « Prime d'assurance », sous-compte à créer 6169 « Assurance décès ».

> **Fiscalement 1. Contrats « hommes-clefs »** Les « hommes-clefs » sont toutes les personnes jouant un rôle déterminant dans le fonctionnement de l'entreprise, telles que les personnes qui maîtrisent un art, une science ou une technique directement lié à l'objet social ou les dirigeants effectifs dans les petites et moyennes entreprises (BOI-BIC-CHG-40-20-20 n° 70). Selon le Conseil d'État, les primes d'assurances « hommes-clefs » versées par une entreprise constituent des **charges immédiatement déductibles,** dans la mesure où elles lui permettent de se prémunir contre le risque de pertes de recettes d'exploitation, sans qu'il y ait lieu de distinguer selon que l'indemnisation est fixée de façon forfaitaire ou dépend du montant des pertes effectivement subies (CE 29-7-1998 n° 108244 ; 31-3-2017 n° 387209).
> Relèvent donc d'**opérations de placement** les seuls contrats qui, **à l'expiration ou à défaut de réalisation du risque,** permettent à l'entreprise de percevoir un capital, une indemnité ou de disposer d'une possibilité de rachat.
> L'administration (BOI-BIC-CHG-40-20-20 n° 80) réserve en revanche la déduction des primes aux seules situations dans lesquelles l'indemnité est calculée en fonction des pertes effectivement subies. Elle estime alors (BOI-BIC-CHG-40-20-20 n° 100) que les primes constituent des charges de l'exercice en cours lors de leur échéance ; mais rien ne s'oppose en pratique, à notre avis, à l'application de la règle du couru, ce qui permet d'éviter une distorsion comptabilité-fiscalité.

2. Autres contrats d'assurance décès Les primes ne sont pas déductibles, l'assurance étant considérée comme une opération de placement (BOI-BIC-CHG-40-20-20 n° 110). Elles doivent donc être réintégrées extra-comptablement sur l'imprimé n° 2058-A (ligne WQ).
Pour plus de détails sur ces différents types de contrat, voir Mémento Fiscal n° 8390.

b. L'indemnité de perte d'exploitation versée en cas de décès est à comptabiliser en produit d'exploitation au compte 791 « Transfert de charges d'exploitation », comme les autres indemnités d'assurance couvrant des risques d'exploitation (sur la suppression des comptes 79 par le Règl. ANC 2022-06, voir n° 45500).

> **Fiscalement 1. Contrats « hommes-clefs »** L'imposition de l'indemnité peut être étalée sur l'année de réalisation du profit correspondant et sur les quatre années suivantes (CGI art. 38 quater).
> Lorsque l'option pour l'étalement est exercée, les retraitements extra-comptables suivants doivent être effectués sur l'imprimé n° 2058-A :
> – au titre de l'exercice de réalisation du profit : déduction extra-comptable (ligne XG) des 4/5e du produit ;
> – au titre des quatre exercices suivants : réintégration extra-comptable (ligne WQ) de 1/5e du produit.
> **2. Autres contrats d'assurance décès** (opérations de placement, voir I.) Le capital versé au moment du décès ou à l'expiration du contrat est imposable sous déduction des primes précédemment versées (BOI-BIC-CHG-40-20-20 n° 110). En conséquence, les primes précédemment réintégrées (voir ci-avant) sont déduites extra-comptablement sur l'imprimé n° 2058-1 A (ligne XG) de l'exercice de versement du capital.

III. Contrat d'assurance sur la vie dit « mixte » par lequel l'assureur s'engage à payer un capital, soit à une date déterminée si l'assuré est encore en vie, soit au jour de son décès
Il en résulte, à notre avis, que :
a. La **prime** constitue :
– un **prêt,** pour la quote-part correspondant à l'épargne réalisée jusqu'au jour du versement du capital et de la participation au bénéfice ;
– une **charge,** pour la quote-part couvrant la garantie en cas de décès.
Cette répartition pourra se faire en fonction d'une estimation de la probabilité que l'assuré soit encore en vie à la date fixée dans le contrat : plus cette probabilité est élevée, plus la quote-part de prime à comptabiliser en prêt sera importante.
b. La **participation aux bénéfices,** éventuellement perçue par l'entreprise au titre de ce contrat, est à comptabiliser en produit financier.
c. Le **capital** versé en fin de contrat se répartit selon les mêmes critères que la prime ; il sera imputé pour partie sur les primes comptabilisées en prêt et comptabilisé, pour le surplus, en produit financier, compte 768 « Autres produits financiers ».

> **Fiscalement** Selon le Conseil d'État, la fraction de la prime versée par une entreprise en vue de se prémunir contre le risque décès est immédiatement déductible, sous réserve qu'elle soit justifiée et puisse donc être distinguée de celle destinée à l'obtention d'un capital à l'échéance (CE 31-3-2017 n° 387209).
> L'administration considère au contraire que les contrats d'assurance mixtes constituent des opérations de placement, les primes correspondantes n'étant selon elle déductibles qu'au titre de l'exercice de réalisation du risque ou de l'expiration du contrat (BOI-BIC-CHG-40-20-20 n° 110).

Primes d'une assurance contractée au profit de l'entreprise sur la tête de tiers Une telle assurance a pour objectif, par exemple, en cas de décès d'un tiers effectuant un travail dans l'intérêt de l'entreprise, de couvrir les conséquences au niveau économique de l'abandon de projets en cours de réalisation. **15805**
Ces primes nous paraissent devoir être inscrites au compte **616 « Primes d'assurances »** ou 6169 (sous-compte à créer) « Assurance sur la vie ».
À notre avis :
– l'indemnité reçue en cas de décès constitue un profit exceptionnel, compte 7788 ;
– les éléments d'actif éventuellement affectés par la disparition du « spécialiste » – remise en cause du projet, voire impossibilité de le poursuivre – doivent être dépréciés sous forme d'une dépréciation ou de la sortie des éléments d'actif concernés.

> **Fiscalement** (Rép. Allainmat : AN 21-12-1977 n° 35549, non reprise dans Bofip), une telle assurance-vie peut être comprise dans les charges déductibles de l'exercice de l'échéance des primes s'il est établi que le décès du spécialiste entraînerait la **disparition des éléments d'actif** formant la contrepartie de ces dépenses. En cas de décès de l'intéressé, le capital versé serait regardé comme un profit.

15810 **Primes d'une assurance contractée au profit de la banque en vue de garantir le remboursement d'un prêt en cas de décès d'un dirigeant** Le tableau présenté ci-après résume de manière comparative les traitements comptables et fiscaux :

	Police imposée à l'entreprise par le prêteur	Police librement souscrite [4]
En cours de vie du contrat	– Primes comptabilisées en charges (compte 616 « Primes d'assurances ») [5] – Primes fiscalement déductibles [2]	– Primes fiscalement non déductibles [2] [3]
Décès [1] du dirigeant avant l'expiration du contrat	– Produit résultant de l'annulation de l'emprunt à comptabiliser sur l'exercice du décès (compte 77 « Produits exceptionnels ») – Étalement fiscal possible sur 5 ans [3] : • du produit	• du produit déduction faite des primes versées depuis l'origine du contrat
Expiration du contrat (survie du dirigeant)		– Déduction fiscale globale des primes versées depuis l'origine du contrat

(1) Sans que cela entraîne cession ou cessation de l'entreprise (entreprises autres qu'individuelles).
(2) BOI-BIC-CHG-40-20-20 n° 140. Lorsqu'elles sont déductibles, les primes le sont au fur et à mesure de leur échéance, par dérogation à la règle du couru.
Précisions Police souscrite au profit de tiers :
– les primes constituent des libéralités et ne sont donc jamais déductibles si le contrat d'assurance est souscrit au profit de l'exploitant, sa famille ou ses associés (CE 13-5-1985 n° 34202 ; BOI-BIC-CHG-40-20-20 n° 220 ; en dernier lieu, CAA Nancy 27-6-1989 n° 101) ;
– en revanche, la seule circonstance que les membres de la famille du dirigeant soient désignés comme bénéficiaires subsidiaires du capital décès n'est pas de nature à ôter aux primes versées par la société leur caractère de charge normale sous réserve que le prêteur soit contractuellement désigné comme le bénéficiaire premier de l'assurance (CE 10-7-1992 n° 110213).
(3) La possibilité d'étalement du produit offerte sur le plan fiscal (CGI art. 38 quater ; BOI-BIC-CHG-40-20-20 n° 150 à 210 ; BOI-BIC-PDSTK-10-30-20 n° 130) ne nous paraît pas possible sur le plan comptable. Ainsi, si l'entreprise opte pour l'étalement fiscal du produit, les retraitements extra-comptables suivants doivent être effectués :
– au titre de l'exercice de l'annulation de l'emprunt, déduction sur l'imprimé n° 2058-A (ligne XG) des 4/5 du produit ;
– au titre des 4 exercices suivants, réintégration sur l'imprimé n° 2058-A (ligne WQ) de 1/5 de l'indemnisation.
(4) Le traitement comptable applicable aux polices librement souscrites par l'entreprise étant différent de leur régime fiscal, les retraitements extra-comptables suivants sont à effectuer :
– au cours de la période couverte par le contrat, réintégration des primes non déductibles sur l'imprimé n° 2058-A (ligne WQ) ;
– à l'expiration du contrat, si le risque ne s'est pas réalisé (survie de la personne assurée), déduction sur l'imprimé n° 2058-A (ligne XG) de la totalité des primes non déduites au titre de ce contrat ;
– au titre de l'exercice de l'annulation de l'emprunt (suite au décès de la personne assurée) (BOI-BIC-CHG-40-20-20 n° 200) :
• si l'étalement du produit n'est pas demandé, déduction sur l'imprimé n° 2058-A (ligne XG) des primes non déduites versées au titre du contrat (aucun retraitement n'est à effectuer au titre du produit, celui-ci étant déjà inclus dans le résultat comptable de l'exercice),
• si l'étalement fiscal du produit est demandé (solution qui ne peut à notre avis être retenue sur le plan comptable), déduction sur l'imprimé n° 2058-A (ligne XG) des 4/5 du produit majoré de 1/5 des primes versées au titre de ce contrat et non déduites ;
– au titre des quatre exercices suivant l'annulation de l'emprunt, si le produit a été étalé, réintégration sur l'imprimé n° 2058-A (ligne WQ) de 1/5 de l'indemnisation sous déduction de 1/5 des primes.
Ces différentes situations peuvent engendrer des impôts différés (voir traitement n° 52985).
(5) **Cas particulier Primes d'assurance payées dans le cadre d'un contrat de crédit-bail** : elles sont rattachables à l'opération principale et donc à enregistrer avec les redevances au compte 612 ; pour la comptabilisation de l'indemnité reçue, voir n° 45815.

15815 **Primes d'une assurance-vie ou responsabilité civile contractée au profit du personnel de l'entreprise** Au point de vue comptable, il s'agit, par nature, de services extérieurs à porter au compte 616 « **Primes d'assurances** » et non de frais de personnel.

Il est possible, à notre avis, de créer une subdivision du compte 616, non prévue par le PCG : 6168 « Primes d'assurance responsabilité civile ».

Il en est de même pour les primes afférentes à la responsabilité civile des mandataires sociaux, quand cette option a été souscrite.

> **Fiscalement** (BOI-BIC-CHG-40-20-20 n° 240), les primes versées en exécution de contrats d'assurances souscrits au profit des membres du personnel de l'entreprise (personnel subalterne, cadres dirigeants) doivent être considérées comme un élément de la rémunération des bénéficiaires et, à ce titre, elles sont déductibles dans les conditions et limites prévues pour la déduction des rémunérations (BOI-BIC-CHG-40-40-30 n° 700 ; voir aussi n° 16680).
> Cette règle est également valable en cas de contrat d'assurance groupe souscrit au profit de l'ensemble ou d'une partie du personnel.
> Une société qui règle des primes correspondant à des assurances souscrites sur la tête de ses dirigeants au profit de leurs épouses leur consent ainsi des avantages en nature – voir n° 17165 – (CE 13-6-1980 n° 14026) qui, s'ils ne sont pas inscrits en comptabilité sous une forme explicite comme avantages en nature (CGI art. 54 bis), constituent des avantages occultes, regardés comme distribués aux bénéficiaires, et, par suite, non déductibles du bénéfice imposable (CE 24-7-1987 n° 51770).

15820 Primes d'assurance des risques d'atteinte à l'environnement

Cette assurance peut prendre la forme soit d'une extension de garantie de la police responsabilité civile, soit d'un contrat spécifique.

Les primes sont à comptabiliser, à notre avis, pour la période courue de l'exercice, au compte (à créer) 6167 « Assurance des risques de pollution ».

Sur la comptabilisation de l'indemnité d'assurance reçue, voir n° 45785.

15825 Primes d'assurance des pertes d'exploitation

a. Primes Elles constituent une charge d'exploitation, comptabilisée au compte 6164 « Primes d'assurances – risques d'exploitation », compte prévu par le PCG.

b. Charges sur sinistres Voir n° 15840.

c. Indemnité reçue Voir n° 45785.

15830 Assurance licenciement Voir n° 16945.

15835 Prime d'assurance contractée en couverture des régimes de retraite à prestations définies Voir n° 17875 s.

15840 Charges sur sinistres

Suite à un sinistre, l'entreprise enregistre en charges les coûts qui sont nécessaires à la sauvegarde ou au maintien de l'activité et qui seront ensuite, le cas échéant, couverts par l'indemnité d'assurance. Il s'agit :
– des **frais généraux et coût internes (coûts normaux de structure) qui auraient été supportés si le sinistre n'avait pas eu lieu** : frais de location d'immeubles ou de matériel (comptes 613), rémunérations du personnel (comptes 641), impôts et taxes (comptes 63), intérêts d'emprunt (comptes 66), dotation aux comptes d'amortissement (comptes 68) ;
– des **frais supplémentaires internes et externes engagés pour remettre l'outil de production en état normal de fonctionnement et qui n'auraient pas été supportés si le sinistre n'avait pas eu lieu** : frais de déplacement des biens non endommagés par le sinistre, honoraires d'experts, frais de location de locaux annexes en attente de la remise en état des locaux, frais de déblais des lieux du sinistre et de réparation de l'outil de production (fourniture, matériel, sous-traitance extérieure, main-d'œuvre intérimaire, paiement d'heures supplémentaires, primes ou autres avantages… indemnités versées à des clients ou autres tiers ayant subi des préjudices…).

> **Précisions** Sinistres couverts par une assurance responsabilité civile L'assureur va se substituer à l'entreprise pour réparer les dommages corporels, matériels et immatériels causés aux victimes. Il en résulte, dans le cas où **l'assurance couvre** l'ensemble des dommages, qu'**aucune écriture** n'est à passer.

I. Date de comptabilisation des charges Deux positions semblent possibles :
– selon la CNCC (Bull. n° 118, juin 2000, EC 2000-04, p. 248), seuls les frais internes et externes qui n'auraient pas été supportés si le sinistre n'avait pas eu lieu et qui n'ont pas été engagés à la clôture doivent être **provisionnés** s'ils peuvent faire l'objet d'une estimation fiable.

> **EXEMPLE**
>
> Un sinistre survient en N. Une entreprise dispose d'une équipe de personnel chargé de l'entretien et des réparations des immobilisations. Même si au début de l'exercice N+1 ce personnel effectue des travaux liés uniquement aux dégâts occasionnés par le sinistre, son coût ne peut faire l'objet d'une provision à la clôture N. En revanche, si ce personnel effectue des heures supplémentaires inhabituelles en N+1 au titre des réparations des dégâts subis, leur coût correspond à une charge supplémentaire qui doit être provisionnée en N dans la mesure où elle peut être estimée de manière fiable et est directement rattachable au sinistre.

– selon d'autres, la sortie de ressources trouve une contrepartie utile à l'activité future dans la réalisation des réparations sur l'exercice suivant. Conformément aux règles sur les passifs, aucune provision ne serait donc à constituer au titre des coûts non encore engagés à la date de clôture (voir n° 48242).

Sur la date de comptabilisation de l'indemnité d'assurance reçue, voir n° 45785.
Sur le cas particulier des travaux de dépollution suite à un sinistre environnemental, voir n° 15775.

II. Présentation au compte de résultat En principe :
– les frais engagés suite à un sinistre sont à comptabiliser en charges **selon leur nature**. **Toutefois**, s'agissant des **frais supplémentaires** engagés pour maintenir l'activité, ils peuvent, à notre avis, être comptabilisés en **charges exceptionnelles** car résultant d'un fait exceptionnel et venant en supplément des coûts normaux de structure ;

— et l'indemnité d'assurance perçue est à enregistrer, le cas échéant, au compte 79 « Transfert de charges » (sur la suppression des comptes 79 par le Règl. ANC 2022-06, voir n° 45500), comme les autres indemnités d'assurance couvrant des risques d'exploitation (voir n° 45785).

Toutefois, une solution plus simple, applicable en général pour les sinistres d'exploitation **fréquents,** consiste à créer un compte 6167 « Charges de propre assureur ». Ce compte :

a. est débité :
— du montant des factures de réparations, de pièces détachées et autres interventions extérieures, ainsi que de toute indemnité versée par l'entreprise au titre de sinistres par le crédit des comptes de tiers concernés ou des comptes financiers intéressés ;
— du montant forfaitaire des frais de main-d'œuvre et autres frais engagés par l'entreprise pour assurer la réparation des sinistres par le crédit du compte 791 « Transferts de charges d'exploitation » ;

b. est crédité :
— du montant des remboursements effectués par les compagnies d'assurances par le débit des comptes de tiers concernés ou des comptes financiers intéressés ;
— du montant des « provisions » constatées en fin d'exercice par le débit du compte 4687 « Produits à recevoir ». À notre avis, le **compte 478** paraît devoir être utilisé, comme pour toutes les indemnités d'assurance (voir n° 45410), et non un compte 46.

Sur les précisions concernant la date d'enregistrement de ce produit, voir n° 45785.

Cette pratique, issue de l'ancien guide comptable professionnel des transports routiers désormais caduc (voir n° 3315), reste à notre avis applicable (toutefois, sur la suppression des comptes 79 par le Règl. ANC 2022-06 et la création du compte 7587 « Indemnités d'assurance », voir n° 45500).

III. Cas particuliers de charges et pertes liées au sinistre

1. Destruction d'actifs corporels : voir n° 45800 (immobilisations) et 45805 (stocks).

2. Décote du fonds de commerce : l'assurance des pertes d'exploitation ne couvre pas la décote que peut subir le fonds de commerce de l'entreprise dans le cas où, par exemple :
— le permis de construire, suite au sinistre, n'est pas accordé ;
— le bail est rompu en application des articles 1722 et 1741 du Code civil ;
— la clientèle a été récupérée par un concurrent.

Ces risques peuvent être pris en compte par un **contrat séparé**, prévoyant l'indemnisation de la perte totale ou partielle de la valeur du fonds de commerce. En l'absence d'un tel contrat, il conviendrait, à notre avis, de constituer une dépréciation des éléments du fonds de commerce concernés par le sinistre, à caractère exceptionnel (compte 6876).

15845 **Assurance obligatoire – Dommages-construction** (C. ass. art. L 241-1) couvrant les constructeurs d'ouvrages contre le risque de mise en œuvre de la garantie décennale (C. civ. art. 1792 et 1792-4-1).

a. Comptabilisation de la prime La **prime unique** constitue :
— s'il s'agit d'un **immeuble classé en immobilisations**, une **charge** (compte 6162 « Assurances obligatoires – Dommages constructions »), à comptabiliser pour la partie concernant les exercices ultérieurs en « charges constatées d'avance » ;
— s'il s'agit d'un **immeuble construit en vue de la vente**, un **élément du coût de production.**

b. Comptabilisation d'une provision pour garantie décennale

1. Litiges probables À notre avis, compte tenu de cette assurance obligatoire, la **provision statistique** à constituer au titre de la garantie décennale donnée aux clients doit être limitée aux coûts restant à la charge du constructeur assuré, c'est-à-dire :
— ceux liés à la franchise ;

> **Fiscalement** Les provisions destinées à couvrir la franchise restant à la charge de la société assurée sont déductibles (CE 13-1-2006 n° 259824).

— ainsi que ceux attribuables au service de la garantie (frais de réparation, coût du personnel affecté à la gestion des contentieux… ; voir n° 11550).

> **Fiscalement** En revanche, une provision pour responsabilité décennale n'est pas admise en déduction (BOI-BIC-PROV-30-10-10 n° 60 ; CAA Marseille 11-2-2016 n° 14MA02281). Le Conseil d'État considère en outre que les provisions destinées à faire face aux charges de personnel gérant les contentieux liés à la mise en œuvre de la garantie décennale et non couvertes par l'assurance ne sont pas déductibles dès lors qu'elles résultent de l'exécution de contrats de travail déjà

signés et sont indépendantes de la survenance de litiges liés à la garantie au cours des exercices suivants (CE 12-10-2018 n° 404091). Cette position, qui crée une divergence fiscalo-comptable, est en retrait par rapport à d'autres décisions ayant admis la prise en compte des coûts indirects (frais de gestion administrative…) dans le cadre de la constitution de provisions pour prestations à fournir (voir n° 11580).

2. Litige connu Une **provision individuelle** doit être constituée dès lors qu'un litige est connu. Sur les conditions permettant de reconnaître, le cas échéant, le produit à recevoir de l'assurance, voir n° 45790.
S'agissant des entreprises de BTP qui appliquent la méthode à l'avancement, voir n° 10955.

Primes d'assurance couvrant les frais fixes d'exploitation en cas de maladie ou d'accident de l'entrepreneur individuel Voir n° 16710. **15850**

Primes d'assurance couvrant la responsabilité civile des dirigeants **15855**
Voir n° 15815.

ÉTUDES ET RECHERCHES (COMPTE 617)

Les frais d'études et de recherche constituent normalement des charges d'exploitation de l'exercice au cours duquel ils ont été engagés. Toutefois, si certaines conditions sont remplies : **15860**
– les **frais** d'études de **réorganisation ou** de **restructuration** de l'entreprise nous paraissent pouvoir être portés à l'actif (voir n° 30895), si certaines conditions sont respectées ;
– **certains frais de développement** peuvent être **immobilisés** (voir n° 30865 s.).
Pour les dépenses entrant dans la « gestion prévisionnelle de l'emploi » et remboursées en partie par l'État, voir n° 17115 s.

SERVICES EXTÉRIEURS DIVERS (COMPTE 618)

> **Précisions** Voir sous-comptes n° 96300. **15865**

Les « **frais de colloques, séminaires, conférences** » sont à comptabiliser au compte 6185. **15870**

> **Précisions** Certains estiment que, lorsqu'ils sont organisés par l'entreprise, ces frais ne sont pas à porter à ce compte mais sont à comptabiliser selon leur nature (loyers, frais de voyage, etc.). Cette solution, issue de l'ancien guide Entreprises à commerces multiples (désormais caduc, voir n° 3315), reste possible, bien qu'elle nous paraisse peu pratique.

Frais de documentation Ces frais constituent des charges à comptabiliser dans le compte 6181 « Documentation générale » ou 6183 « Documentation technique ». **15875**

> **Fiscalement** Il en est de même (BOI-BIC-CHG-40-20-40 n° 350 et CE 16-2-1996 n° 139789).

Est également concernée la documentation permanente destinée à être mise à jour périodiquement, tant pour le versement initial que pour les versements annuels ou mensuels ultérieurs effectués pour la mise à jour.

> **Fiscalement** En revanche, dans une décision restée isolée, le Conseil d'État a jugé que le versement initial devait être immobilisé (CE 13-1-1995 n° 100127). Toutefois, à notre avis, les frais de documentation devraient pouvoir être considérés « en bloc » comme des charges déductibles étant précisé que la doctrine administrative précitée qui qualifie ces frais comme des dépenses d'administration générale déductibles n'introduit aucune réserve à propos des fonds documentaires faisant l'objet de mises à jour.

PERSONNEL EXTÉRIEUR À L'ENTREPRISE (COMPTE 621)

Le personnel temporaire (généralement appelé dans le langage courant « personnel intérimaire ») est le personnel salarié d'un tiers, mis temporairement à la disposition de l'entreprise par : **15880**
– des entreprises de travail temporaire : est entrepreneur de travail temporaire toute personne physique ou morale dont l'activité exclusive est de mettre à la disposition provisoire d'utilisateurs, des salariés, qu'elle embauche et rémunère en fonction d'une qualification convenue ;
– d'autres entreprises appartenant la plupart du temps au même groupe (filiales, sociétés sœurs, etc.) ou encore par des fournisseurs (démonstratrices).
Sur le prêt de main-d'œuvre dans les groupes (licéité et modalités pratiques), voir Mémento Social n° 33035.
Le PCG distingue les comptes (subdivisions recommandées) :
– 6211 « Personnel **intérimaire** » fourni par des entreprises de location de personnel (la contrepartie est un compte 401 « Fournisseurs ») ;
– 6214 « Personnel **détaché** ou **prêté** à l'entreprise » (par une autre entreprise du groupe ou par une entreprise hors du groupe dont l'activité n'est pas la location de personnel) ;

en aucun cas, en l'absence de contrat de travail, l'entreprise qui utilise ce personnel ne peut inscrire les sommes versées au compte 64 « Charges de personnel » (Bull. CNC n° 22, avril 1975, p. 10).

Lorsque le personnel est fourni par une entreprise du groupe, la contrepartie est un compte 451 « Groupe ».

Si la refacturation du personnel fait partie d'un ensemble de prestations difficilement individualisables (assistance technique, administrative, et commerciale), elle nous paraît pouvoir être comptabilisée soit à ce compte, soit au compte 628 comme « Travaux et prestations d'ordre administratif et comptable » (voir n° 16170).

> **Fiscalement** Les **charges de personnel** détaché sont déductibles du résultat de la société qui l'accueille dès lors que la société est en mesure de justifier de la réalité des prestations et de leur montant, et ce, quelle que soit la licéité des prestations au regard du Code du travail (et en particulier au regard du délit de prêt illicite de main-d'œuvre ; CE 30-7-2003 n° 232004). Les **frais de gestion** refacturés sont également admis en déduction dès lors que leur montant est modéré et justifié. En contrepartie, ces frais sont imposables chez l'entreprise prêteuse (BOI-BIC-CHG-40-40-20 n° 160).

En ce qui concerne l'entreprise prêteuse, voir n° 16790.

Utilisation de personnel mis à disposition à titre gratuit À notre avis, la nature, la valorisation et les modalités de cette mise à disposition qui ne fait pas l'objet d'une refacturation (voir n° 16790) sont à faire figurer dans l'annexe de la société bénéficiaire.

RÉMUNÉRATIONS D'INTERMÉDIAIRES ET HONORAIRES (COMPTE 622)

15885 Ne sont pas inscrites à ce compte les commissions :
– dues au personnel, portées au compte 641 « Rémunérations du personnel » ;
– constituant la rémunération d'un service bancaire à comptabiliser au compte 627 « Services bancaires et assimilés ».

15890 **Honoraires de conseils (comptables, juridiques, fiscaux, en organisation, en gestion, audits divers, etc.)** Ils sont comptabilisés en charges au compte 6226 « Honoraires ». En ce qui concerne les frais de conseil en recrutement, voir n° 16170.

Les commissions et honoraires relatifs aux acquisitions d'immobilisations **peuvent toutefois être** portés à l'actif, dans le coût d'entrée de l'immobilisation (voir n° 26260). Tel est le cas de la part des honoraires d'une agence immobilière, rattachable au droit d'entrée payé lors de la signature d'un bail commercial et ayant le caractère d'un droit au bail (voir n° 30635 s.).

> **Fiscalement** Sous réserve de leur incorporation au prix de revient des stocks ou des immobilisations, les commissions, courtages, honoraires et autres rémunérations versées à des intermédiaires à l'occasion d'opérations commerciales sont déductibles des résultats imposables dans les conditions générales de déductibilité des charges (BOI-BIC-CHG-40-20-30 n° 120). Des honoraires de conseil sont déductibles dès lors que les prestations rendues sont dans l'intérêt de l'exploitation, même si elles répondent également à l'intérêt des actionnaires (TA Montreuil 27-12-2017).

Sur le cas spécifique des honoraires :
– de commissariat aux comptes et d'expertise comptable, voir n° 15892 ;
– de conseil fourni aux entreprises (après la clôture) pour établir leur déclaration de crédit d'impôt recherche, voir n° 15893.

15892 **Honoraires de commissariat aux comptes et d'expertise comptable**
Deux thèses s'affrontent sur le point de savoir s'il y a lieu de provisionner à la clôture de l'exercice l'intégralité des honoraires dus au titre de l'exercice clos (y compris ceux relatifs aux travaux non encore réalisés à la clôture) :
– certains privilégient le fait qu'une **contrepartie** est attendue de l'intervention des commissaires aux comptes et des experts-comptables. Conformément aux règles sur les passifs (PCG art. 322-2), aucune provision ne serait donc à constituer au titre des travaux non encore effectués à la date de clôture ;
– d'autres considèrent que les honoraires dus au titre de l'exercice clos doivent être provisionnés en totalité conformément à l'approche selon laquelle l'ensemble des obligations existantes à la clôture **relatives à l'exercice clos** (et n'étant donc plus utiles aux activités des exercices ultérieurs) sont des charges de cet exercice. Cette interprétation est celle qui est, en pratique, la plus couramment retenue.

Selon cette interprétation, tous les frais relatifs à la clôture des comptes devraient alors être provisionnés : frais d'assemblée, rémunérations fixes allouées aux administrateurs (anciens jetons de présence), voire salaires du personnel comptable préparant les comptes.

> **Fiscalement** Selon le tribunal administratif de Montreuil (TA Montreuil 2-12-2021 n° 1906873), une provision ne peut être admise dès lors que :
– l'obligation légale de l'entreprise de recourir à un commissaire aux comptes ne peut être regardée, à elle seule, comme le fait générateur de la constitution d'une provision au sens de l'article 39, 1, 5° du CGI ;
– et que les honoraires à verser aux commissaires aux comptes au titre de leur mission de certification des comptes de la société ne sont pas fixés en termes de montant, de vacation horaire et de nombre d'heures à effectuer.
Cette position est à notre avis discutable. Sous réserve de l'évaluation fiable des coûts à supporter, la déduction de ces provisions pourrait s'appuyer sur la jurisprudence du Conseil d'État qui a reconnu la déductibilité de provisions pour prestations à fournir (CE 15-11-1989 n° 90844 ; voir n° 11580). Il pourrait en outre être considéré que les honoraires dus au commissaire aux comptes pour la certification des comptes de l'exercice ont pour fait générateur l'activité de l'entreprise au titre dudit exercice et qu'ils peuvent, à ce titre, donner lieu à une provision déductible, conformément aux principes posés par le Conseil d'État à propos des provisions pour impôts (voir n° 16240). La circonstance que l'obligation de certification des comptes demeure même si l'entreprise venait à cesser son activité dès le premier jour de l'exercice suivant, est de nature à justifier le bien-fondé de cette analyse.

Doit figurer dans l'annexe des comptes (annuels) le montant total, pour chaque commissaire aux comptes, des honoraires figurant au compte de résultat de l'exercice, en séparant (PCG art. 833-14/4) :
– les honoraires afférents à la certification des comptes ;
– de ceux afférents, le cas échéant, aux autres services.

> **Précisions 1. Champ d'application** Ces informations ne sont pas requises dans les comptes annuels :
– des personnes morales présentant une annexe simplifiée (sur les personnes concernées, voir n° 64220) ;
– si la personne morale est incluse dans un périmètre de consolidation. Il n'est pas nécessaire que l'annexe des comptes consolidés mentionne expressément cette information pour que la filiale soit dispensée de la fournir.
2. Comptes consolidés Voir Mémento Comptes consolidés n° 7552.

Honoraires de conseil fournis aux entreprises (après la clôture) pour établir leur déclaration de crédit d'impôt recherche (CIR) Deux traitements peuvent, à notre avis, être envisagés : 15893
– soit provisionnement au titre du même exercice que celui au cours duquel le produit de CIR est comptabilisé (c'est-à-dire celui de réalisation des dépenses de recherche, voir n° 31505). En effet, le CIR correspondant à la contrepartie attendue des honoraires de conseil, dès lors que le CIR est constaté en produit, l'entreprise n'attend plus de contrepartie (au sens comptable) des prestations rendues ;
– soit constatation en charges au moment où la prestation de conseil est effectivement rendue. En effet, la prestation n'étant pas encore réalisée à la clôture, les dépenses ne sont pas sans contrepartie à cette date, peu importe la comptabilisation du produit. Ce dernier n'est d'ailleurs pas rattachable aux dépenses de conseil mais bien aux dépenses de recherche réalisées (voir n° 31505).

Commissions versées en vue de l'obtention d'un marché Les « commissions » versées à cet effet aux intermédiaires non salariés sont à inscrire au compte 622 (subdivision 6222 « Commissions et courtages sur ventes »). 15895

> **Fiscalement a. Déduction des commissions** Pour être déductibles, les commissions versées aux intermédiaires doivent satisfaire aux conditions générales de déduction des charges (CGI art. 39, 1), correspondre à une charge effective et être appuyées de justifications suffisantes (BOI-BIC-CHG-40-20-30 n° 120 à 150).
La jurisprudence admet ainsi la déduction des commissions ou pots-de-vin versés pour l'obtention de marchés, notamment à l'étranger, dès lors que :
– **la réalité du versement et des prestations est établie** (CE 18-6-1984 n° 30707). À défaut de justification écrite (ce qui est généralement le cas pour les commissions à l'exportation), la réalité des prestations peut être justifiée par le résultat de l'intervention de l'intermédiaire (le plus souvent augmentation du chiffre d'affaires, CE 31-7-1992 n° 79635 ; de la marge, CE 19-2-2003 n° 220732 ; ou conclusion de nouveaux contrats, CE 20-2-1985 n° 41598) ;
– **le montant des commissions est proportionné aux services rendus** (CE 15-4-1988 n° 58229). Pour l'appréciation de cette condition, la jurisprudence se réfère à la pratique habituellement suivie par les entreprises pour des opérations analogues ou, s'agissant des commissions à l'exportation,

aux pratiques en vigueur dans l'État concerné et aux taux de commissions admis par la Coface – désormais Bpifrance Assurance Export (CE 27-5-1988 n° 83020) ;
– **le montant des commissions versées est conforme au contrat** (CAA Douai 31-12-2013 n° 11DA01807).

Les **commissions non déductibles** sont réintégrées sur l'imprimé n° 2058-A (ligne WQ).

b. Déclaration des commissions L'entreprise doit mentionner les commissions versées **sur l'état annuel des honoraires** (CE 5-12-1983 n° 35697 ; BOI-BIC-CHG-40-20-30 n° 170), sous peine d'une amende en principe égale à 50 % des sommes non déclarées, sauf exceptions (CGI art. 1736-I-1 ; voir n° 18190).

c. Conditions supplémentaires pour les marchés publics et marchés à l'exportation :
– **marchés publics** : la régularité de la procédure d'attribution des marchés ne doit pas être remise en cause (Rép. Palméro : Sén. 18-10-1980 n° 35006, non reprise dans Bofip) ;
– **marchés à l'exportation** : l'article 39-2 bis du CGI interdit la déduction fiscale des commissions ou de tous les avantages versés (BOI-BIC-CHG-40-20-30 n° 30 à 110 ; voir Mémento Fiscal n° 8440) directement ou par des intermédiaires, au profit d'agents publics étrangers en vue d'obtenir ou de conserver un marché ou un autre avantage indu dans des transactions commerciales internationales.

La non-déduction s'applique même si :
• la société n'a pas eu l'intention de corrompre, les sommes ayant été versées à son insu (CE 4-2-2015 n° 364708),
• l'administration ne dispose pas de preuve matérielle du versement des sommes à des agents étrangers, dès lors qu'un faisceau d'indices concordants témoigne de la réalité d'un tel versement (CAA Nantes 26-2-2015 n° 13NT02541).

Ces commissions sont, dans certains cas, en pratique comptabilisées en **immobilisation incorporelle** (en tant que coût accessoire du droit contractuel qu'a l'entité de bénéficier des avantages liés au contrat obtenu) et amorties au rythme du chiffre d'affaires correspondant au contrat obtenu (voir n° 30605).

En revanche :
– selon le bulletin CNCC, la commission étant utilisée lorsque le marché est obtenu, elle ne peut plus être comptabilisée en charge constatée d'avance dès que le marché est obtenu (Bull. CNCC n° 153, mars 2009, EC 2008-47, p. 286 s.) ;
– s'agissant de frais de commercialisation, ces commissions ne peuvent pas être incorporées dans le coût de production des stocks (voir n° 21190) sauf lorsqu'elles sont engagées dans le cadre d'un contrat à long terme et qu'elles lui sont imputables (voir n° 10915 et 10920).

Sur le cas particulier des honoraires de commercialisation des VEFA, voir n° 10920.

15897 **Commission versée en vue de l'obtention d'une subvention d'investissement** Voir n° 56470.

15900 **Sommes versées par les producteurs aux centrales d'achat (ou directement aux distributeurs)** Leur traitement **chez le producteur** diffère selon qu'il peut être démontré ou non que la somme versée rémunère une prestation réalisée par la centrale d'achat et/ou le distributeur.

a. Contrats de référencement Selon le bulletin CNCC (n° 80, décembre 1990, EC 90-39, p. 527), les sommes versées aux centrales d'achat sont de nature différente selon l'intervention de cette dernière. Il s'agit :
– d'une **ristourne,** à porter en diminution du chiffre d'affaires correspondant, si la centrale d'achat se limite à recevoir l'offre faite par un producteur et à la transmettre à ses adhérents (distributeurs) ;
Ces sommes devraient, à notre avis, être classées en charges constatées d'avance jusqu'à l'obtention du chiffre d'affaires correspondant.
– d'une **charge** (à comptabiliser, à notre avis, au compte 6222 « Commissions et courtages sur ventes »), s'il s'agit d'un véritable « contrat » de référencement définissant les obligations de chacune des parties. En effet, dans ce cas, la centrale fournit au producteur un **réel service** qui peut être évalué de manière fiable.
Dans ce dernier cas, si ces frais sont engagés avant que la prestation commerciale n'ait été réalisée, ils doivent, à notre avis, être comptabilisés en charges constatées d'avance (voir n° 15120 I.).

b. Coopérations commerciales (prévues à C. com. art. L 441-3 III 2°) Le contrat entre le producteur et le distributeur peut prévoir des **prestations** à effectuer par le distributeur (promotions des produits tels tête de gondole, catalogue, etc.). Dans ce cadre, une facture est émise par le distributeur au titre de « coopérations commerciales ». **En pratique,** en l'absence de précisions des textes comptables, les sommes versées sont présumées rémunérer ces prestations et constituent donc une **charge externe** (et non pas une ristourne à déduire du prix de vente).

Toutefois, dès lors qu'une prestation ne peut pas être clairement identifiée à hauteur des sommes versées, un autre traitement est observé dans la pratique (méthode implicite) consistant, sur la base d'une analyse économique, à comptabiliser les sommes versées comme des **ristournes** à déduire du prix de vente.

> **Précisions** Si la somme versée a fait l'objet d'une facturation de la part du distributeur, un transfert de charges pourrait être utilisé pour transférer la facture en réduction des ventes (voir n° 45515) ; sur la suppression des comptes 79 par le règlement ANC n° 2022-06, voir n° 45500.

Concernant toutes les autres obligations du distributeur **destinées à favoriser la relation commerciale,** prévues à l'article L 441-3 III 3° du Code de commerce :
– **lorsqu'une facture est émise par le distributeur,** il en est de même que dans le cadre des prestations coopérations commerciales prévues à C. com. art. L 441-3, III 2° (voir ci-avant) ;
– **lorsqu'un avoir est émis par le fournisseur,** les sommes versées par le fournisseur sont présumées constituer des **ristournes** à déduire du prix de vente et à comptabiliser en réduction du chiffre d'affaires. Toutefois, **si une prestation est clairement identifiée à hauteur de la rémunération perçue,** les sommes versées sont à comptabiliser en **autres services extérieurs.**

Sur le traitement des coopérations commerciales côté distributeur, voir n° 20910.

15905 **Rémunération d'affacturage**   Voir n° 42795.

15910 **Frais de procès**   Voir n° 45910 s.

15915 **Frais d'actes**   Ils sont à comptabiliser selon la liste des comptes du PCG (art. 932-1) au compte 6227 « Frais d'actes et de contentieux ». Les frais d'hypothèques, d'inscription de privilège, etc., doivent, à notre avis, figurer à ce compte.
Sur la possibilité de porter certains de ces frais d'acte à l'actif :
– lorsqu'ils sont relatifs à des acquisitions d'immobilisations, voir n° 26260 ;
– lorsqu'ils sont relatifs à la constitution de la société, voir n° 45130.

PUBLICITÉ, PUBLICATIONS, RELATIONS PUBLIQUES (COMPTE 623)

15925 **Cadeaux d'entreprise, produits de l'entreprise remis à titre gratuit, échantillons, dégustation gratuite, etc.**   À notre avis, il est nécessaire de distinguer selon que les articles remis en cadeau sont, ou non, de même nature que les produits qui sont vendus par l'entreprise.
Sur la réglementation économique des cadeaux et primes, voir Mémento Concurrence-Consommation n° 69000 à 69170.

15930 **Articles différents des produits vendus par l'entreprise**   Il s'agit d'articles **spécifiquement destinés à être remis gracieusement,** soit achetés par l'entreprise, soit fabriqués par elle.

> EXEMPLE
> Échantillons de parfum, conditionnés dans des flacons différents des flacons produits et commercialisés dans le seul but d'être distribués gratuitement.

I. Lors de l'achat ou de la fabrication
a. Lorsqu'ils sont achetés, ces articles sont à enregistrer, à notre avis, au débit du compte 6234 « Cadeaux à la clientèle » ou 6232 « Échantillons ».

> **Précisions** **Autres bénéficiaires** : le fait que le compte 6234 s'intitule « Cadeaux à la clientèle » n'empêche pas, à notre avis, qu'y soient enregistrés des cadeaux offerts à d'autres bénéficiaires, notamment les fournisseurs.

b. Lorsqu'ils sont fabriqués par l'entreprise (il s'agit alors d'échantillons) leur coût de production est ventilé dans les différents comptes de charges par nature comme toute fabrication. Toutefois, le PCG ayant prévu un compte spécifique 6232 « Échantillons », il paraît possible d'isoler leur coût de production à ce compte en utilisant un compte de transfert de charges (compte 791). Sur la suppression des comptes 79 par le règlement ANC n° 2022-06, voir n° 45500.

> **Fiscalement** Les dépenses correspondant à la distribution d'échantillons ou de menus objets de caractère publicitaire constituent normalement des charges déductibles (BOI-BIC-CHG-40-20-40 n° 250). En ce qui concerne les cadeaux, seuls ceux donnés dans **l'intérêt de l'exploitation** et dont le montant n'est pas excessif sont déductibles (CGI art. 39, 5-e ; CE 17-5-1995 n° 157505 ; CE 25-4-2003 n° 236923). Adoptant une position plus stricte que l'administration (BOI-BIC-CHG-40-60-30 n° 30), le Conseil d'État juge que l'absence de preuve de son intérêt direct par

l'entreprise suffit à faire obstacle à leur non-déduction, même si le montant des dépenses n'est pas excessif (CE 11-2-2011 n° 316500). En revanche, le fait qu'un cadeau soit **illicite** au regard de la législation économique ne permet pas de le regarder comme non déductible car étranger à une gestion commerciale normale (CE 11-7-1983 n° 33942 ; pour la position contraire de l'administration, fondée sur la jurisprudence du Conseil d'État antérieure à 1983, voir BOI-BIC-CHG-40-20-40 n° 70).

Sur les conditions de déclaration de ces articles sur le relevé des frais généraux, voir n° 18195.

Sur le montant de la TVA récupérable, voir Mémento Fiscal n° 55980 à 55985.

II. À la clôture de l'exercice N'étant pas destinés à être vendus ou à entrer dans la fabrication, les articles achetés ou les échantillons ne peuvent être compris dans les stocks.

> **Fiscalement** Il en est de même (BOI-BIC-PDSTK-20-10 n° 280).

Si, à la clôture de l'exercice, des articles ou échantillons n'ont pas été distribués, leur coût peut, à notre avis, être considéré comme constituant des charges constatées d'avance (compte 486), à imputer sur les résultats du ou des exercices au cours desquels ils sont effectivement utilisés.

15935 **Produits (achetés ou fabriqués) normalement destinés à la vente, remis gratuitement aux bénéficiaires**

I. Lors de l'achat ou de la fabrication Les coûts de ces articles sont enregistrés :
– au compte 607 pour ceux qui sont achetés et destinés à être revendus en l'état ;
– aux différents comptes de charges par nature pour ceux fabriqués.

> **Fiscalement** Pour l'administration, rien ne s'oppose toutefois à ce que le coût des produits normalement destinés à la vente, qui sont remis gratuitement à la clientèle **et parfaitement individualisés au moment de leur achat**, soit **directement comptabilisé** au sous-compte approprié : cadeaux, frais de publicité… (Rép. Sergheraert : AN 25-10-1982 n° 4531, non reprise dans Bofip). Il n'est donc pas nécessaire, du point de vue fiscal, que les produits en cause transitent par un compte « Achats de marchandises ».

II. À la clôture de l'exercice N'étant pas identifiables et pouvant être vendus, ils font partie du stock.

> **Fiscalement** Si une entreprise utilise comme **cadeaux** publicitaires des **articles de même nature que ceux qu'elle fabrique** ou revend en l'état, ces articles doivent être **inclus dans les stocks,** à moins qu'ils ne comportent des caractéristiques ou marques permanentes les rendant impropres à la commercialisation (BOI-BIC-PDSTK-20-10 n° 280).

III. Lors de leur remise aux bénéficiaires Deux cas sont à notre avis à distinguer :

a. L'article est offert lors d'une vente Il peut être considéré :

1. Soit comme une **réduction du prix de vente** ; dans ce cas, sur la facture figurent, d'une part, le prix de vente du produit vendu minoré du montant de l'article offert et, d'autre part, le prix de vente de l'article offert.

> EXEMPLE
>
> Soit un produit A vendu habituellement 1 000 ; l'article B, offert, a une valeur de vente de 200. Sur la facture figureront (TVA mise à part) :
> – 1 produit A à 800
> – 1 article B à 200
> Total 1 000

Il en résulte, à notre avis, que le produit vendu est comptabilisé aux comptes 701 à 707 pour son prix réduit figurant sur la facture et l'article offert, considéré comme un produit accessoire au produit vendu, au compte 708 « Produits annexes » ;

> **Fiscalement** Les articles supplémentaires remis gracieusement par les concessionnaires automobiles à leurs clients constituent une réduction sur le prix du véhicule :
> – s'ils figurent sur la facture de vente (Rép. Larché : Sén. 28-5-1987 n° 4531, non reprise dans Bofip ; CAA Bordeaux 30-12-1994 n° 93-856) ;
> – si leur remise est prévue sur les bons de commande (CAA Nancy 20-10-1994 n° 92-548).
> Sur les modalités de récupération de la TVA, voir Mémento Fiscal n° 55975. Sur les conditions de la déclaration de ces cadeaux sur le relevé des frais généraux, voir n° 18195.

2. Soit comme un **article offert en plus du produit vendu** ; dans ce cas, seul le produit vendu figure sur la facture pour son montant total à comptabiliser aux comptes 701 à 707.

> EXEMPLE
>
> **Reprise de l'exemple** ci-avant : sur la facture, figurera uniquement : 1 produit A à .... 1 000.

En ce qui concerne l'article offert, selon le secrétariat général du CNC (Bull n° 34, avril 1978, p. 12), il n'est pas nécessaire de le transférer du (ou des) compte(s) où il a été enregistré lors de l'achat ou de la fabrication (voir I.) à un autre compte de charges ; il en résulte une incidence sur le taux de marge commerciale, qui est aisément explicable. Mais il nous paraît utile dans ce cas (notamment, pour des motifs fiscaux, voir fiscalement ci-après), de le virer au compte 6234 « Cadeaux à la clientèle ».

> **Fiscalement** Sur la non-déduction de la TVA sur les cadeaux d'entreprise, hors cas spécifiques des objets de nature publicitaire, des spécimens et des objets de faible valeur, voir Mémento Fiscal n° 55975 à 55985. Sur les conditions de la déclaration de ces cadeaux sur le relevé des frais généraux, voir n° 18195.

b. L'article offert n'est pas lié à une vente particulière Ne faisant l'objet d'aucune facturation, il nous paraît devoir être traité comme un « article offert en plus du produit vendu » (voir ci-avant).

Cadeaux prenant la forme de services   À notre avis, deux cas sont à distinguer :   **15940**
– le service est **réalisé par une personne extérieure** à l'entreprise (par exemple, loge à Roland-Garros) : il donne lieu à facturation, à comptabiliser (pour son montant TTC) selon sa nature (par exemple, compte 6257 « Réceptions ») ou au compte 6234 « Cadeaux à la clientèle » ;
– le service est **réalisé par l'entreprise** elle-même : son coût est ventilé dans les différents comptes de charges par nature ; si l'entreprise le souhaite (et en a les moyens), elle peut isoler son coût (TTC) au compte 6234 « Cadeaux à la clientèle » par le crédit du compte 791 (transfert de charges d'exploitation). Sur la suppression des comptes 79 par le règlement ANC n° 2022-06, voir n° 45500.

> **Fiscalement** Le service constitue une charge déductible dès lors qu'il est offert dans l'intérêt de l'entreprise (voir n° 15930). Mais le Conseil d'État a jugé que ne répond pas à l'intérêt de l'entreprise la prise en charge des frais de transport de marchandises incombant à l'acheteur (vente FOB) en l'absence de toute contrepartie (CE 12-2-1992 n° 67385).

Cadeaux offerts par les dirigeants   Voir n° 17050.   **15945**

Frais de chasse   Il convient de distinguer (Bull. CNCC n° 25, mars 1977, p. 151) :   **15950**
– les frais de chasse **conformes à l'intérêt social** (fournisseurs ou clients ayant une certaine importance pour le développement des affaires sociales) : s'agissant d'une dépense utile à la société, ils doivent figurer en **charge d'exploitation** (compte 6238, par exemple) ;
– les frais de chasse **non conformes à l'intérêt social** (dirigeants, famille, amis...) : ils doivent être portés directement au débit des chasseurs actionnaires, à l'exclusion des autres actionnaires ; les porter en charge constituerait un délit d'abus de biens sociaux ; les imputer directement sur les dividendes de tous les associés provoquerait la rupture de l'égalité entre les actionnaires (voir FRC 12/23 Hors série inf. 103 s.) que le commissaire aux comptes devrait révéler et un abus de pouvoir.

> **Fiscalement** Ils sont en principe exclus des charges déductibles (CGI art. 39-4 et 223 quater), sauf si l'entreprise justifie qu'ils sont nécessaires à son activité en raison même de son objet. Les frais non déductibles sont réintégrés sur l'imprimé n° 2058-A (ligne WF) (voir n° 18620).

Frais de publicité   **15970**
I. Dépenses encourues   Les dépenses de publicité sont, en général, à comptabiliser directement en charges, avec toutefois la possibilité d'une comptabilisation :
– en **charges constatées d'avance,** si leur utilisation n'est pas encore intervenue à la clôture (en ce sens, lettre du CNC à la CNCC datée du 9-11-2005 publiée au Bull. CNCC n° 140, décembre 2005, p. 567 s. ; voir n° 15120) ; Pour des exemples de dépenses, voir II. ci-après.
– en **frais d'établissement,** dans le cas particulier de frais liés à l'ouverture d'un premier établissement et à certaines conditions (voir n° 45110 s.).

> **Fiscalement** Il en est de même (BOI-BIC-CHG-40-20-40 n° 130) :
> – les frais de publicité constituent une charge de l'exercice au cours duquel ils ont été engagés et ne peuvent être provisionnés (CE 13-2-1939 n° 53649) ;
> – toutefois, dans le cas particulier où les frais de publicité engagés pour créer une marque de fabrique ou lui donner de l'extension sont hors de proportion avec les bénéfices annuels, ils peuvent être regardés comme des frais de premier établissement (BOI-BIC-CHG-20-30-20 n° 70 ; voir n° 45130).

15970
(suite)

En revanche, comme l'illustre le tableau ci-après, les dépenses de publicité **ne répondent pas à la définition d'une immobilisation,** qu'elles soient engagées au titre d'un produit, d'un établissement ou de l'activité en général :

	Frais de publicité		
	Liés à un produit ou à une gamme de produits ou de services (nouveaux ou non)	**Liés** à l'ouverture d'un premier établissement ou à une introduction en bourse (voir n° 45130 s.)	**De caractère général** (exemples : publicité sur le nom, les activités ou une marque de l'entreprise ; dépenses de parrainage ou de manifestations promotionnelles)
Comptabilisation	Charges [1] (même si la rentabilité commerciale des produits ou services concernés est démontrée)	Charges [1] ou frais d'établissement [2]	Charges [1] (même s'ils ont un impact bénéfique sur plusieurs exercices)
Explication	En effet, ces coûts : — ne répondent pas à la définition d'une immobilisation car ils ne sont pas identifiables (voir n° 30115) — ne répondent pas à la définition d'un coût de production car ils ne sont pas nécessaires à la fabrication des produits et pour les amener dans l'état et à l'endroit où ils se trouvent (voir n° 21110)	En effet, ces frais ne peuvent pas être distingués du coût de développement de l'activité dans son ensemble. Ils ne répondent donc pas à tous les critères de comptabilisation d'un actif (voir n° 30965 s.)	

(1) Si la campagne de publicité n'a pas encore été lancée à la clôture (par exemple, produit non lancé, point de vente non ouvert, campagne non démarrée), il est possible, à notre avis, de les comptabiliser en charges constatées d'avance.
(2) Sur la divergence existant avec les normes IFRS, voir Mémento IFRS n° 69035.

II. Exemples

a. Annonces et insertions (compte 6231) Leur coût constitue, à notre avis, une **charge d'exploitation** de l'exercice sur lequel la prestation (la publicité) a été réalisée (enregistrée au compte 623), que l'action publicitaire soit renouvelée chaque année ou qu'elle soit exceptionnelle.

Il est toutefois possible de les comptabiliser en **frais d'établissement** lorsqu'ils sont liés à l'ouverture d'un premier établissement (voir I. ci-avant).

Toutefois, les frais engagés à la clôture (payés ou facturés) alors que les annonces ne sont pas encore parues peuvent être comptabilisés en **charges constatées d'avance** (voir I. ci-avant).

> EXEMPLES
>
> — Achat d'un **espace publicitaire** dans un journal ou sur internet pour une annonce faite au début de l'exercice suivant.
> — Frais de conception d'un **film ou spot publicitaire** diffusé l'exercice suivant.
>
> **› Fiscalement** Les frais de réalisation du film sont immédiatement déduits des résultats de l'exercice au cours duquel ils sont engagés, le Conseil d'État considérant qu'ils constituent par nature des charges et non des immobilisations (CE 5-6-1996 n° 143819 et CE 24-12-1992 n° 90-846), même s'ils sont utilisés plus d'un an.

b. Imprimés et catalogues publicitaires (compte 6236) Les éléments encore détenus à la clôture de l'exercice peuvent être comptabilisés en **charges constatées d'avance** si la campagne de promotion ou de publicité n'a pas été lancée à la clôture (Lettre du CNC à la CNCC précitée ; voir n° 15120).

> EXEMPLES
>
> — **Catalogues publicitaires** dont les coûts de préparation (élaboration, fabrication, livraison, etc.) interviendraient au dernier trimestre de l'année N, pour une distribution au 1er trimestre de l'année N+1.

> **Fiscalement** Les frais de catalogues publicitaires sont immédiatement déductibles (CE 29-7-1998 n° 149517), même si un lot important de catalogues n'a pas encore été distribué à la clôture de l'exercice et est susceptible de générer du chiffre d'affaires sur l'exercice suivant (décision rendue avant l'entrée en vigueur de la réglementation qui a supprimé la possibilité de comptabiliser à l'actif des charges différées, voir Mémento Comptable 2019 n° 2302-2).

— **Frais de mailing annuels** (y compris les frais postaux ; voir n° 16135) concernant les nouveaux clients et permettant le maintien du taux de recommande dès lors que le mailing n'a pas encore été envoyé.

En revanche, les frais de conception de catalogues utilisés comme support de vente (catalogues « papier » de vente par correspondance, catalogues sur tablette numérique utilisée par les commerciaux en visites chez les prospects...) sont, à notre avis, à considérer comme des frais de développement (à l'instar des frais de création d'un site internet « actif », voir n° 30905). Les mises à jour sont en revanche à comptabiliser directement en charges.

c. Frais de foires, d'expositions et de congrès (frais d'inscription, frais de transport et de montage des stands) (compte 6233) Ils constituent des **charges d'exploitation** au titre de l'exercice au cours duquel l'événement s'est déroulé.

Ils ne peuvent faire l'objet d'une provision à la clôture de l'exercice au cours duquel l'événement a été décidé. En effet, malgré l'existence d'une obligation à la clôture de l'exercice (engagement formel avant la clôture), les conditions d'un passif ne sont pas réunies, une contrepartie étant attendue à la sortie de ressources, la tenue de l'événement (en ce sens, Bull. CNCC n° 192, décembre 2018, EC 2018-33, p. 640).

À notre avis, ces frais peuvent être comptabilisés en charges constatées d'avance si la manifestation ne s'est pas encore déroulée (voir I. ci-avant). Ils doivent alors être enregistrés en charges dès lors que l'événement a eu lieu, la prise en charge de ces coûts ne pouvant être différée au-delà de leur utilisation, jusqu'à la comptabilisation du chiffre d'affaires (Bull. CNCC n° 153, mars 2009, EC 2008-47, p. 286 s.).

d. Parrainage Voir n° 16030.

III. Dépenses probables Les frais de publicité concernant les prestations engagées mais non réalisées à la clôture ne peuvent donner lieu à provision. En effet, l'avis CNC n° 2000-01 sur les passifs (§ 5.2) précise qu'il y a bien obligation pour l'entreprise vis-à-vis d'un tiers lorsque l'engagement de l'entité est formalisé par un contrat conclu, avant la clôture de l'exercice, l'obligeant à payer pour la prestation prévue sans possibilité de s'y soustraire et générant donc une sortie de ressources à venir. Mais l'entreprise ne doit pas comptabiliser de passif à ce titre à la clôture de l'exercice car **une contrepartie est attendue de ce tiers** au travers de la prestation publicitaire qui interviendra sur l'exercice suivant.

Troc publicitaire Il s'agit de la transaction par laquelle deux sociétés procèdent à des échanges d'espaces publicitaires.

15990

Sur les particularités des échanges de publicité dans le cadre d'activité internet, voir n° 16010.
Le traitement comptable développé ci-après concerne l'échange d'un espace publicitaire :
– contre un autre espace publicitaire ;
– ou contre la remise d'une marchandise.

I. Principe La charge et le produit qui résultent de cette transaction doivent être comptabilisés :
– à la **valeur vénale** de celui des deux lots échangés dont l'estimation est la plus sûre, par analogie, à notre avis, avec la valorisation à retenir dans le cas d'échanges de publicité dans le cadre d'activité internet (voir n° 16010) ;
– **simultanément,** l'échange impliquant une obligation réciproque de réaliser les deux opérations (achat d'une part, vente d'autre part) (en ce sens, Bull. CNCC n° 142, juin 2006, EC 2005-90, p. 386 s. dans le cadre d'un échange de marchandises ou d'un échange de services ayant fait l'objet d'une facturation).

II. En cas de décalage dans la réalisation de l'échange à la clôture
Lorsqu'une clôture intervient entre les deux opérations d'achat et de vente ayant fait l'objet d'une facturation, il convient de respecter les règles de séparation des exercices.
Il en résulte, selon le bull. CNCC précité, le traitement suivant :
1. Lorsque l'entreprise n'a pas rempli son obligation alors que le coéchangiste a rempli la sienne : un **produit constaté d'avance** doit être comptabilisé par l'entreprise ; ce produit constaté d'avance représente **l'obligation résiduelle de l'entreprise** envers le coéchangiste (voir n° 10370).

2. Lorsque l'entreprise a rempli son obligation alors que le coéchangiste n'a pas rempli la sienne : une **charge constatée d'avance** est à comptabiliser par l'entreprise qui est en droit de recevoir la contrepartie prévue à l'échange (qui interviendra lors de la livraison du bien ou de la réalisation de la prestation) ; cette charge constatée d'avance représente **l'obligation résiduelle du coéchangiste** envers l'entreprise (voir n° 15120).

> **Fiscalement** Un échange se décompose en une opération de vente suivie d'un achat, la différence éventuelle entre la valeur réelle du bien reçu en échange et la valeur nette comptable résiduelle du bien cédé constituant une plus ou moins-value (ou un profit ou une perte) à prendre en compte pour la détermination du résultat imposable de l'exercice de l'échange (BOI-BIC-PVMV-10-10-20 n° 300). Le résultat d'échange doit, à notre avis, être constaté **lors de l'exercice au cours duquel l'échange est parfait,** c'est-à-dire lorsque chaque partie a rempli son obligation. En conséquence, les charges engagées ou produits reçus sur un exercice antérieur à la réalisation de l'échange ne doivent pas, à notre avis, être pris en compte. Dès lors, il convient de réaliser les retraitements extra-comptables suivants :
> **1. À la clôture de l'exercice antérieur à la réalisation de l'échange** :
> – **lorsque l'entreprise n'a pas rempli son obligation alors que le coéchangiste a rempli la sienne** : il convient, à notre avis, de réintégrer extra-comptablement la charge constatée en comptabilité, sur l'imprimé n° 2058-A, ligne WQ ;
> – **lorsque l'entreprise a rempli son obligation alors que le coéchangiste n'a pas rempli la sienne** : il convient, à notre avis, de déduire extra-comptablement le produit constaté en comptabilité, sur l'imprimé n° 2058-A, ligne XG.
> **2. À la clôture de l'exercice de réalisation de l'échange,** il convient, à notre avis, de procéder en fonction du retraitement précédemment pratiqué :
> – à la déduction (ligne XG) de la charge préalablement réintégrée ;
> – ou à la réintégration (ligne WQ) du produit préalablement déduit.

EXEMPLE

La société B échange des biens contre un espace publicitaire avec la société P. Les biens échangés ont une valeur vénale de 1000 et ils ont fait l'objet d'une facturation. Ils ont une valeur comptable en stocks de 800. La société B livre les biens à la société P le 30 septembre N. L'espace publicitaire pourra être utilisé au cours des deux ans à venir. À la clôture N, l'espace publicitaire n'a toujours pas été utilisé par la société B. Il sera utilisé au cours de l'exercice N+1.
Chez la société B, qui a livré les biens et n'a pas reçu la prestation de services en échange :
– l'achat et la vente sont comptabilisés à la date de facturation et les biens sont sortis des stocks à la livraison ;
– à la clôture, une charge constatée d'avance est comptabilisée.
Chez la société P, qui n'a pas fourni la prestation de services :
– l'achat et la vente sont comptabilisés à la date de facturation et les biens sont entrés en stocks à la date de livraison ;
– à la clôture, un produit constaté d'avance est comptabilisé.

> **Précisions** En pratique, l'approche préconisée par la CNCC n'est pas toujours retenue, notamment pour ne pas créer de divergence avec la fiscalité. Toutefois, l'approche fiscale a l'inconvénient de ne pas traiter l'incidence de la sortie de stock dans le cas où (comme dans l'exemple ci-avant) la contrepartie de l'échange est un bien livré et non une prestation.

16010 **Particularités des échanges de publicité dans le cadre d'activités internet**
La charge et le produit résultant de ces transactions sont à **comptabiliser** selon le principe général (voir n° 15990).
Sur le traitement comptable en cas de décalage dans la réalisation de l'échange, voir n° 15990.
En ce qui concerne leur valorisation, ces opérations doivent être évaluées (PCG art. 627-1) à la **valeur vénale** de celui des deux lots dont l'estimation est la plus fiable :
– augmentée ou diminuée de la soulte en espèces éventuellement versée ou reçue ;
– et des frais accessoires d'achat.

I. Opérations et entreprises concernées La règle comptable (PCG art. 627-1) vise **toutes les opérations d'échange** consistant en des ventes croisées de montant équivalent entre deux entreprises quel que soit leur secteur d'activité et quelles que soient les modalités de règlement de l'échange **dès lors qu'au moins un des lots échangés concerne une prestation publicitaire effectuée sur internet.**
Ainsi, dès lors qu'il implique **au moins une entreprise du secteur internet,** il peut s'agir d'un **échange de prestation publicitaire** contre :
– une autre prestation publicitaire ;

– un bien ou une prestation d'une autre nature ;
– avec ou sans le versement d'une soulte en espèces.
Cette règle comptable est applicable que **les biens ou services échangés soient semblables ou non.**

II. Traitement comptable (PCG art. 627-1) L'enregistrement des opérations doit suivre les étapes suivantes :

a. Comptabilisation à partir des factures : quelle que soit la difficulté d'estimation des lots échangés, chaque entreprise, partie prenante à l'opération, enregistre la transaction dans ses comptes sur la base des **montants portés sur les factures** établies pour l'occasion.

b. Évaluation de la valeur vénale par référence à des ventes normales : chacun des lots doit ensuite faire l'objet d'une évaluation de sa valeur vénale par référence à des ventes normales. Les **ventes normales** sont définies par le PCG (art. 627-1) comme des ventes équivalentes réalisées par la même entreprise payées en espèces ou contre remise d'autres actifs, monétaires ou non, dont la valeur vénale peut être déterminée de façon fiable. Les ventes doivent donc (Avis CNC 2003-06 § 1.3) :
– être de **même nature** (par exemple, une prestation de publicité), et avoir un **contenu comparable** ;
– **intervenir fréquemment**, c'est-à-dire représenter un nombre significatif en transactions et en montants par rapport à l'ensemble des transactions consistant à fournir un service similaire à celui rendu dans la transaction d'échange ;
– **ne pas faire intervenir la même contrepartie** ;

> **Précisions** Des ventes croisées de montants équivalents entre deux entreprises, dont l'une fait partie du secteur internet, ne constituent pas des ventes normales si des ventes similaires non croisées n'interviennent pas fréquemment avec des contreparties différentes, même si elles sont payées en espèces et si ces règlements se font dans le cadre d'un accord de compensation.

– **et continuer à intervenir après l'échange** dont la valeur vénale ne peut être appréciée de façon fiable.

Pour déterminer la **valeur vénale** à laquelle l'opération d'échange devra être comptabilisée, l'entreprise doit, à notre avis :
– examiner si le lot échangé correspond à des ventes normales dans le cadre de ses activités : dans l'affirmative, elle disposera par définition d'une **valeur vénale estimée de façon fiable** ;
– à défaut, se rapprocher de l'entreprise contrepartie de l'échange pour obtenir, le cas échéant, une valeur plus sûre.

c. Estimation fiable de la valeur vénale : dès que l'entreprise dispose d'une valeur vénale estimée de façon fiable, elle doit **ajuster la valeur comptable** de l'échange de façon à faire apparaître l'échange pour la valeur vénale du lot dont l'estimation est la plus sûre. La transaction ne peut, en effet, être inscrite à la valeur vénale dans le compte de résultat que si la valeur vénale d'au moins un des lots échangés peut être évaluée de façon fiable.

d. Estimation non fiable de la valeur vénale : si l'estimation de la valeur vénale ne peut être considérée comme fiable pour aucun des lots échangés, les achats et le chiffre d'affaires correspondant, enregistrés sur la base de la facture, sont annulés, sauf si un actif est remis en échange (éventuellement une soulte en espèces). Dans ce cas, l'opération est maintenue en résultat à hauteur de la valeur comptable de cet actif augmenté des frais accessoires.

En pratique, à notre avis :

1. Vente considérée comme normale : dans ce cas, les factures d'achats et de ventes sont maintenues pour leur montant nominal et aucune écriture correctrice n'est à enregistrer.

2. Vente non considérée comme normale : si la vente ne peut être considérée comme normale mais que l'achat peut être évalué de façon fiable, une écriture correctrice doit être comptabilisée pour ramener le montant des achats et des ventes comptabilisées à la juste valeur des achats.

Le montant définitif comptabilisé en chiffre d'affaires correspondra alors à la valeur vénale des achats augmentée des frais accessoires d'achats et augmentée (ou diminuée) de la soulte reçue (ou versée).

3. Aucune évaluation fiable : si ni la vente ni l'achat ne peuvent être évalués de façon fiable, les montants comptabilisés en achats et en ventes doivent être annulés à l'exception toutefois du montant correspondant à la soulte qui doit être maintenue en chiffre d'affaires (soulte reçue) ou en achats (soulte versée) et des frais accessoires d'achats qui restent comptabilisés en achats.

Ces traitements sont résumés dans le tableau ci-après.

Évaluation de la valeur vénale d'un des deux lots [1]	Échange	Enregistrement des ventes et des achats dans le compte de résultat
Fiable	Toute opération	**Juste valeur du bien remis en échange** + frais accessoires d'achat
Non fiable	Opération avec remise d'un actif (éventuellement la soulte)	**Valeur comptable** du bien remis en échange (éventuellement la soulte) + frais accessoires d'achat
	Opération sans remise d'un actif (ni soulte)	**Valeur nulle** (sauf frais accessoires d'achats qui restent comptabilisés en achat)

(1) Celui dont l'estimation apparaît la plus fiable.

III. Informations à fournir en annexe (PCG art. 833-20/5) Les entreprises doivent présenter en annexe les montants maintenus en produits et charges relatifs aux opérations d'échange de publicité pour chaque exercice présenté.

Pour les opérations d'échange dont la valeur vénale n'a pu être déterminée de façon fiable et pour lesquelles les impacts sur les comptes de résultat ont été éliminés, une information doit être fournie sur le volume et le type de publicité (ou autre) accordé et obtenu.

16030 Dépenses de parrainage

I. Définition Constituent des dépenses de parrainage celles engagées dans le cadre de manifestations de caractère philanthropique, éducatif, scientifique, social, humanitaire, sportif, familial, culturel ou concourant à la mise en valeur du patrimoine artistique, à la défense de l'environnement naturel ou à la diffusion de la culture, de la langue et des connaissances scientifiques françaises, ayant pour objet de **promouvoir l'image de marque de l'entreprise** (CGI art. 39-1-7° ; BOI-BIC-CHG-40-20-40 n° 180 et 190).

Elles comprennent notamment :
– les **versements** effectués **au profit des organisateurs des « manifestations »** parrainées par l'entreprise (qu'il s'agisse d'opérations ponctuelles ou à caractère pluriannuel ou continu) ;
– les **charges et frais** de toute nature supportés à l'occasion de ces manifestations (par exemple, mise à disposition de moyens techniques ou de personnel) ;
– les **rémunérations** ou **remboursements de frais** versés aux personnalités qui participent directement aux actions parrainées.

> **Fiscalement** Ces dépenses sont déductibles sans limitation à condition d'être exposées dans l'intérêt de l'entreprise (CGI art. 39-1-7°) ce qui implique, selon l'administration (BOI-BIC-CHG-40-20-40 n° 220) :
> – que l'identification de l'entreprise soit assurée (quel que soit le support) ;
> – et que les dépenses engagées soient en rapport avec l'avantage attendu par l'entreprise.
> Ainsi, sont, par exemple, déductibles au titre du parrainage des dépenses relatives à l'achat ou la location de bateaux spécialement équipés pour la course et utilisés exclusivement à des fins de promotion de l'entreprise ou de ses produits (BOI-BIC-CHG-40-20-40 n° 220), le reversement par une entreprise d'une fraction du prix de vente de ses produits à des associations humanitaires, dans le cadre d'une opération de « produit partage », dès lors que cette opération permet de maintenir ou d'augmenter le chiffre d'affaires (CE 15-2-2012 n° 340855), ou les frais de participation d'un véhicule à un rallye (même si celui-ci est piloté par le dirigeant ayant les capacités requises), dès lors que le véhicule est utilisé à des fins promotionnelles ou publicitaires (CE 21-1-1991 n° 75070 ; CAA Bordeaux 12-10-2006 n° 03-856 et 03-857).

Pour les obligations d'information et de contrôle, voir n° 18585.
Sur la distinction avec les dépenses de mécénat, voir n° 16032.

II. Comptabilisation des dépenses de parrainage Le PCG ne traite pas explicitement du parrainage.

À notre avis, elles constituent dans tous les cas des **charges d'exploitation** à comptabiliser en frais de « Publicité, publication, relations publiques ». Toutefois, lorsqu'il y a mise à disposition de moyens propres de l'entreprise (personnel, matériel, locaux, etc.), les charges restent imputées à leur compte d'origine.

En cas de versement ou mise à disposition de marchandises, de moyens techniques ou de personnel avant que la manifestation n'ait eu lieu, ces dépenses devraient pouvoir être comptabilisées en charges constatées d'avance (comme les dépenses de publicité, voir n° 15970).

Distinction entre mécénat et parrainage Les dépenses de parrainage (voir n° 16030) et les dépenses de mécénat (voir n° 16035 s.) étant soumises à des régimes fiscaux différents, il convient de les comptabiliser dans des subdivisions distinctes du compte 623 (« Publicité, publications, relations publiques »).

16032

Il peut toutefois être difficile de savoir si les dépenses engagées relèvent du parrainage ou du mécénat. L'administration et le Conseil d'État donnent des critères de distinction entre ces deux catégories de dépenses :
– l'entreprise retire une **contrepartie,** notamment en termes d'image, des dépenses de **parrainage,** en rapport avec le montant des charges engagées (BOI-BIC-CHG-40-20-40 n° 220) ;
– l'entreprise ne reçoit **pas de contrepartie** ou une contrepartie présentant une **disproportion marquée** avec la dépense de **mécénat** engagée (BOI-BIC-RICI-20-30-10-20 n° 120 ; CE 20-3-2020 n° 423664).

> EXEMPLES
>
> Les exemples suivants illustrent les différences entre ces deux régimes (BOI-BIC-RICI-20-30-10-20 n° 180) :
> — l'apposition du nom de l'entreprise sur les panneaux d'un stade local relève du mécénat, tandis que l'installation de panneaux publicitaires au nom de l'entreprise dans l'axe des caméras de télévision lors d'un tour de la coupe de France relève du parrainage ;
> — l'inscription du nom de l'entreprise dans une revue interne associative relève du mécénat, tandis que des pages entières de publicité appelant à la consommation des produits que l'entreprise donatrice vend relève du parrainage.

DÉPENSES DE MÉCÉNAT

Pour les obligations d'information et de contrôle, voir n° 18585.

16035

Au regard du CGI, constituent notamment des dépenses de mécénat :
– les dons au profit de certaines œuvres et organismes (voir n° 16040 s.), parmi lesquels figurent les fondations d'entreprises et les fonds de dotation (voir n° 16055 et 16060) ;
– les dons en faveur de l'État pour l'achat de trésors nationaux (voir n° 16065) ;
– l'acquisition par l'entreprise de trésors nationaux, d'œuvres d'artistes vivants ou d'instruments de musique (voir n° 27585).
Sur la distinction avec les dépenses de parrainage, voir n° 16032.

Dons aux œuvres et autres organismes Le PCG ne traite pas explicitement des dépenses de mécénat. De telles dépenses sont assimilables à des dons. Or, la liste des comptes du PCG prévoit l'enregistrement des dons :
– soit dans les charges d'exploitation (compte 6238 « Divers… dons courants », subdivision du compte « Publicité, publication, relations publiques »), lorsqu'elles ont un caractère récurrent ;
– soit dans les charges exceptionnelles (compte 6713 « Dons, libéralités »).

16040

> **˃ Fiscalement** Ces dons ne sont pas déductibles du résultat imposable mais ouvrent droit à une réduction d'impôt lorsqu'ils sont faits au profit de certains organismes définis à l'article 238 bis du CGI (voir n° 16045). Pour plus de détails, voir Mémento Fiscal n° 10695.
>
> Leur montant est déductible de la valeur ajoutée à prendre en compte pour le calcul de la CVAE lorsqu'il est comptabilisé en charges d'exploitation en raison notamment du caractère récurrent des dons, qui peuvent ainsi être regardés comme relevant de l'activité habituelle et ordinaire de l'entreprise (CE 9-5-2018 n° 388209 ; voir n° 16430).

Ces dépenses ne peuvent en aucun cas être comptabilisées à l'actif, car elles sont présumées être sans contrepartie pour l'entreprise (voir au n° 16055 le traitement des versements à une fondation d'entreprise) quand bien même elles contribueraient à l'image et à la notoriété de la société, voir n° 30965.
Sur la distinction en comptabilité entre les dépenses de parrainage et celles de mécénat, voir n° 16032.

Réduction d'impôt pour dépenses de mécénat Les dépenses de mécénat, retenues dans la limite de 20 000 € ou de **5 p. mille** du chiffre d'affaires réalisé par l'entreprise au cours de l'exercice lorsque ce dernier montant est plus élevé, ouvrent droit à une **réduction d'impôt** égale à **60 %** du montant des versements effectués, imputable sur l'IS dû au titre de l'exercice au cours duquel les dépenses ont été réalisées. Le taux de la réduction d'impôt est en principe ramené à **40 %** pour la fraction de leur montant excédant 2 M€ (CGI art. 238 bis ; Mémento Fiscal n° 10699). Pour plus de détails et pour l'application de ce dispositif aux entreprises relevant de l'IR, voir Mémento Fiscal n° 10695 et 11702.

16045

16045
(suite)

> **Précisions 1. Appréciation de la limite de chiffre d'affaires** Il convient en principe de prendre en compte le chiffre d'affaires comptable hors taxe réalisé par l'entreprise au titre de l'exercice au cours duquel les versements sont effectués, étant précisé que pour les holdings le chiffre d'affaires retenu comprend les dividendes et les produits financiers (BOI-BIC-RICI-20-30-20 n° 10).

2. Contrepartie admise à une opération de mécénat Le régime du mécénat peut s'appliquer à un don assorti de contreparties s'il existe une **disproportion marquée** entre les sommes données et la valorisation de la prestation rendue par l'organisme bénéficiaire. À défaut le régime du parrainage pourra s'appliquer (voir n° 16032).

La **fraction non imputée de la réduction d'impôt** peut être utilisée pour le paiement de l'IS dû au titre des cinq exercices suivant celui au titre duquel elle est constatée (CGI art. 220 E ; BOI-BIC-RICI-20-30-30 n° 1 à 30). À défaut, l'excédent non imputé n'est pas restituable. Le taux de la réduction d'impôt applicable aux dons excédentaires placés en report est celui auquel ils ont ouvert droit, soit 60 % ou 40 % selon les cas (CGI art. 238 bis-3).

Lorsque les dons versés excèdent le plafond de 20 000 € ou 5 p. mille du chiffre d'affaires, l'excédent peut être reporté sur les cinq exercices suivants, et ouvre droit à la réduction d'impôt dans les mêmes conditions, après prise en compte des versements effectués au titre de chacun de ces exercices, sans qu'il puisse en résulter un dépassement de cette même limite. Le taux de réduction d'impôt applicable à cet excédent de versement est le taux de réduction d'impôt auquel il a ouvert droit (CGI art. 238 bis-3 ; Mémento Fiscal n° 10699).

Sur la justification des dépenses de mécénat, voir Mémento Fiscal n° 10701.

> **Fiscalement** Ces dépenses ne sont pas déductibles du résultat imposable (CGI art. 238 bis-1) : elles doivent être réintégrées extra-comptablement sur l'imprimé n° 2058-A (ligne WQ).

Sur le plan comptable :

a. Constatation d'un produit à la clôture de l'exercice de versement des dépenses de mécénat La réduction d'impôt liée devrait, à notre avis, pouvoir être comptabilisée en produit de l'exercice au cours duquel les dépenses sont versées :
– pour la totalité de l'avantage fiscal obtenu (c'est-à-dire, 60 ou 40 % des fonds versés dans la limite [commune à l'ensemble des dons aux œuvres] de 20 000 € ou de 5 p. mille du chiffre d'affaires si ce montant est supérieur) ;
– **et** des avantages restant à obtenir des dépenses versées au cours de l'exercice et reportées sur les exercices suivants et ce, même si la créance d'impôt n'est pas juridiquement née à la clôture (en ce sens, à notre avis, la doctrine de la CNCC retenue dans le cadre des crédits d'impôt recherche pouvant être constatés en produit à recevoir, alors même que la demande n'a pas encore été faite auprès de l'administration fiscale à la clôture, le produit s'acquérant au fur et à mesure des dépenses engagées ouvrant droit à la réduction d'impôt ; EC 2013-48, cncc.fr ; voir n° 31505) ;
– **à la condition que** l'entreprise soit quasi certaine d'une part, de bénéficier d'une réduction d'impôt au titre du report de l'excédent de versement sur l'un des cinq exercices suivants et d'autre part, de réaliser un bénéfice imposable suffisant au titre de l'un de ces exercices pour pouvoir imputer cette réduction d'impôt sur l'IS dû (en ce sens, à notre avis, la doctrine de l'ANC retenue dans le cadre des aides « pour le paiement des cotisations et contributions sociales » imputables sur les dettes futures ; Rec. ANC Covid Question J7, voir n° 12062).

> **Précisions** La quasi-certitude d'une part, d'obtenir une réduction d'impôt au titre du report de l'excédent de versement sur un exercice postérieur et d'autre part, de réaliser un bénéfice imposable dans les cinq exercices doit être documentée en procédant, par exemple, à un tax planning.

La réduction d'impôt est, en effet, une aide accordée par l'État au titre des dépenses de mécénat engagées par les entreprises. En conséquence, la constatation d'un produit à recevoir permet de rattacher l'aide fiscale à l'exercice au cours duquel les dépenses ont été engagées.

Ce produit est à comptabiliser au crédit du compte 695 « Impôts sur les bénéfices » par le débit du compte 444 « État – Impôts sur les bénéfices ».

> **Fiscalement** La réduction d'impôt constituant un produit non imposable, ce montant doit faire l'objet d'une déduction extra-comptable sur l'imprimé n° 2058-A (ligne XG).

Excédents de versements donnant droit à la réduction d'impôt au titre des cinq exercices suivants (versements excédant la limite de 20 000 € ou de 5 p. mille). Lorsque les dépenses versées au titre d'un exercice excèdent le plafond légal, le produit à recevoir constaté (voir a. ci-avant) est apuré au fur et à mesure de l'ouverture du droit à réduction d'impôt à raison du report de cet excédent.

Le produit à recevoir comptabilisé dans le compte 4448 « Impôts sur les bénéfices à régulariser » est alors créditée par le débit du compte 444 « État – Impôts sur les bénéfices ».

Imputation de la réduction d'impôt Lorsque la réduction d'impôt n'a pas été imputée en totalité sur l'impôt dû au titre de l'exercice au cours duquel les dépenses ont été engagées, la créance constatée (voir a. ci-avant) est apurée au fur et à mesure de l'imputation de la réduction sur l'impôt dû.

Dans tous les cas, s'il existe un risque ne pas bénéficier de la réduction d'impôt et/ou de ne pas pouvoir l'imputer sur les bénéfices futurs, une dépréciation de la créance est constatée.

b. En cas d'engagement de verser les fonds à la clôture, voir n° 16055.

Suivi extra-comptable des dépenses de mécénat Ce suivi est nécessaire, en pratique, afin de permettre : **16050**
– la **distinction** en comptabilité des dépenses de parrainage (voir n° 16032) et de mécénat compte tenu de leurs régimes fiscaux différents (en pratique, dans des subdivisions du compte 623) ;
– l'**identification des dépenses utilisables** au titre de l'exercice : dépenses de l'exercice soumises à la limitation de 5 p. mille du chiffre d'affaires et dépenses excédentaires des exercices antérieurs (voir n° 16045) ;
En effet, seuls sont soumis à la limitation de 5 p. mille les dons aux œuvres et autres organismes, en nature ou en numéraire (voir n° 16035), ainsi que les déductions au titre de l'achat d'œuvres d'artistes vivants et d'instruments de musique (voir n° 27585).
Ne sont en revanche pas soumis à ce plafond les dons en faveur de l'achat de trésors nationaux par l'État (voir n° 16065).
– l'**identification des dépenses** utilisées au titre de l'exercice sachant que l'ordre d'imputation des dépenses ouvrant droit à la réduction d'impôt est le suivant (BOI-BIC-RICI-20-30-20 n° 40 s.) :
• dons aux œuvres de l'exercice,
• déduction au titre de rachat d'œuvres d'artistes vivants et d'instruments de musique,
• excédents de dons aux œuvres reportables au titre des exercices précédents.
– **le suivi des dépenses excédant** (éventuellement) 5 p. mille du chiffre d'affaires de l'exercice et ouvrant droit à réduction d'impôt au titre des exercices suivants ;
– **le suivi des dons en nature.**

> **Précisions** Ils sont valorisés au **coût de revient** du bien donné ou de la prestation de services donnée (CGI art. 238 bis, 1 ; BOI-BIC-RICI-20-30-10-20 n° 30 à 70). Les biens inscrits dans un compte d'immobilisation sont valorisés à leur valeur vénale appréciée à la date du don qui est retenue pour le calcul de la plus ou moins-value imposable (BOI-BIC-RICI-20-30-10-20 n° 60). L'administration considère en effet que le don d'une **immobilisation** entraîne la constatation d'une plus ou moins-value (BOI-BIC-RICI-20-30-10-20 n° 110) qui :
> – est prise en compte dans le résultat imposable de droit commun (voir n° 28100) lorsque l'entreprise donatrice est soumise à l'IS ;
> – relève du régime du court ou long terme selon que le don porte sur un bien amortissable ou non et selon sa durée de détention lorsque l'entreprise donatrice est soumise à l'IR (voir n° 28100).

Participation à une fondation d'entreprise En l'absence de précisions de la part des organismes comptables compétents, les modalités de comptabilisation des versements par la (ou les) entreprise(s) fondatrice(s) sont, à notre avis, les suivantes : **16055**

I. Engagement de verser les fonds à la fondation La pratique diverge sur le traitement des engagements de verser les fonds

a. Première approche (ayant notre préférence) Cet engagement devrait, à notre avis, donner lieu à la constatation d'une charge et d'une dette :
– à la clôture de l'exercice au cours duquel l'entreprise a un engagement irrévocable envers la fondation (a priori à la création de celle-ci) ;
– pour l'intégralité des fonds qui seront versés, même si les statuts de la fondation prévoient le versement fractionné de ces fonds.
En effet, à cette date, les conditions de constitution d'un passif (PCG art. 321-1/1 ; voir n° 48110) sont remplies :
– obligation envers la fondation : l'obligation de verser les fonds est matérialisée dans les statuts ;
– sortie de ressources probable ou certaine à la date d'arrêté des comptes : l'engagement de versement est irrévocable et même assorti d'une caution bancaire pour l'intégralité de son montant (voir Mémento Associations n° 79725) ;
– sortie de ressources **sans contrepartie** équivalente pour l'entreprise : les fondations étant créées afin de réaliser une œuvre d'intérêt général d'une part, et sans but lucratif d'autre

part, aucune contrepartie équivalente aux versements effectués à la fondation ne devrait pouvoir être reconnue par l'entreprise.

En outre, pour accorder la réduction d'impôts liée aux versements (voir n° 16045), les règles fiscales imposent l'absence de contrepartie directe ou indirecte pour l'entreprise ou une contrepartie présentant une disproportion marquée avec la dépense de mécénat engagée (voir n° 16032).

Par ailleurs, le calendrier de versement étant prévu dans les statuts de la fondation (voir Mémento Associations n° 79725), l'entreprise connaît de manière précise à la fois le montant et l'échéance de l'intégralité de ces versements. En conséquence, l'engagement doit être comptabilisé en dette (en application de l'art. 321-4 du PCG définissant la notion de dette ; voir n° 48130).

b. Seconde approche Selon certains, les bénéfices en termes d'image et de notoriété obtenus par l'entreprise à travers sa fondation pourrait répondre à la notion de **contrepartie** à l'engagement de l'entreprise telle que prévue par le PCG (art. 321-1/1). Dans cette conception, la charge de mécénat est comptabilisée au fur et à mesure des versements effectués à la fondation (et non en totalité dès l'engagement de l'entreprise).

Sur les obligations comptables des fondations d'entreprise, voir n° 3225.

Sur le régime juridique et fiscal des fondations d'entreprise, voir Mémento Associations n° 79600 à 80200.

II. Comptabilisation de la réduction d'impôt Lorsque l'engagement de verser des fonds à une fondation est comptabilisé en totalité au passif (voir I. a. ci-avant), la réduction d'impôt attendue devrait, à notre avis, donner lieu à la comptabilisation d'un produit dès cet engagement (sous réserve qu'il soit quasi certain que l'entreprise pourra bénéficier de la réduction d'impôt et que cette réduction pourra s'imputer sur l'impôt à payer). Cette quasi-certitude doit être documentée, par exemple, en procédant à un tax planning. Elle ne devrait pas pouvoir être remise en cause par l'éventualité (cette hypothèse étant peu probable) que le dispositif fiscal de réduction d'impôt mécénat soit modifié pour des programmes de versement en cours.

> **Précisions** Cette position repose sur le principe selon lequel lorsqu'il est attendu qu'une partie des dépenses nécessaires à l'extinction d'une provision sera remboursée, le produit de ce remboursement devrait être comptabilisé si l'entité a la quasi-certitude de le recevoir si elle éteint son obligation (voir n° 10350).
>
> Selon une autre conception de ce produit, les réductions d'impôt étant définies comme des impôts différés actifs par le règlement ANC n° 2020-01 (art. 272-7), il devrait en être de même dans les comptes sociaux et à ce titre, les produits d'IDA au titre des réductions d'impôt mécénat ne pourraient pas être comptabilisés (sauf si l'entreprise a fait le choix de comptabiliser la totalité de ses impôts différés actifs et passifs). À notre avis, en l'absence de définition dans le PCG, celle des comptes consolidés ne devrait pas pouvoir s'imposer dans les comptes sociaux. Une position de l'ANC serait toutefois souhaitable sur cette question.

16060 Dons à un fonds de dotation Les fonds de dotation constituent une forme d'organisme sans but lucratif. Sur leur régime juridique, voir Mémento Associations n° 80510 à 80925.

Le traitement comptable des fonds versés devrait suivre, à notre avis, celui des dépenses de mécénat, c'est-à-dire une inscription en charges lorsqu'ils sont engagés (voir n° 16040).

> **Précisions** Contrairement aux fondations d'entreprises (voir n° 16055), les fondateurs ne sont pas engagés sur un plan pluriannuel ; le total des sommes qui seront probablement versées au fonds ne donne donc pas lieu à la comptabilisation d'une dette dès la création du fonds.

Sur la comptabilisation de la réduction d'impôt, voir n° 16045.

> **Fiscalement** Les dons effectués aux fonds de dotation peuvent, sous certaines conditions, ouvrir droit à la réduction d'impôt pour dépenses de mécénat (voir n° 16045 ; CGI art. 238 bis, 1-g ; BOI-BIC-RICI-20-30-10-15 n° 130 à 250) :
> – soit lorsque ces fonds constituent eux-mêmes un organisme d'intérêt général ;
> – soit lorsque ces dons sont reversés à un tel organisme.
> Pour plus de détails sur le régime fiscal des fonds de dotation, voir Mémento Associations n° 81000 à 81190.

Sur le *contrôle* des fonds de dotation par les commissaires aux comptes, voir FRC 12/23 Hors série inf. 8.2.

16065 Financement de l'acquisition par l'État de trésors nationaux (CGI art. 238 bis-0 A ; BOI-IS-RICI-20-20 ; voir Mémento Fiscal n° 10710). Les sociétés soumises à l'impôt sur les sociétés peuvent bénéficier d'une **réduction d'impôt égale à 90 %** des versements,

effectués pour contribuer à l'acquisition par l'État et acceptés par les ministres chargés de la culture et du budget :
– de trésors nationaux, qui ont fait l'objet d'un refus d'exportation et pour lesquels l'État a fait une offre d'acquisition ;
– des biens culturels situés en France ou à l'étranger dont l'achat présente un intérêt majeur pour le patrimoine national au point de vue de l'histoire, de l'art ou de l'archéologie.
Cette réduction est imputée sur l'impôt sur les sociétés dû au titre de l'exercice d'acceptation des versements, dans la limite de **50 %** du montant total dû, au taux normal ou au taux réduit, avant imputation des crédits d'impôt non remboursables.
L'excédent n'est ni reportable ni remboursable.
L'entreprise n'étant pas propriétaire des biens acquis, l'engagement d'une telle dépense procède, à notre avis, d'une opération de mécénat, à l'instar des donations. Le montant des versements effectués par l'entreprise est donc à comptabiliser en charges de l'exercice du versement.

> **Fiscalement** Cette charge n'est pas déductible, même pour la fraction (10 %) restant à la charge de l'entreprise (CGI art. 238 bis-0 A). Elle doit être réintégrée sur l'imprimé n° 2058-A (ligne WQ).

TRANSPORTS DE BIENS ET TRANSPORTS COLLECTIFS DU PERSONNEL (COMPTE 624)

16080

Les transports **sur achats** (compte 6241) constituent des frais accessoires d'achats. Ils demeurent dans ce compte, sauf en cas d'utilisation du système développé (voir n° 15550).
Les transports **sur achats d'immobilisations** ne sont pas inscrits à ce compte, puisqu'ils sont incorporés au coût d'acquisition de celles-ci (voir n° 26220 I. a.).
Les transports **sur ventes** (compte 6242) sont toujours débités à ce compte, même s'ils sont refacturés aux clients euro pour euro (voir n° 11855 et 11265).

DÉPLACEMENTS, MISSIONS ET RÉCEPTIONS (COMPTE 625)

16100

Le PCG comporte les subdivisions recommandées suivantes :

I. Compte 6251 **« Voyages et déplacements »** : frais de transport lorsque le déplacement du personnel ne comporte pas d'autres frais (Bull. CNC n° 49, 4ᵉ trimestre 1981, p. 14).
Ce compte ne limitant pas les frais inscrits à ceux engagés par les salariés de l'entreprise, sont également à y inscrire, à notre avis, les frais de déplacement des membres du conseil de surveillance et des administrateurs.

> **Fiscalement 1. Frais de déplacement des salariés** Les frais de déplacement engagés directement par l'entreprise ou remboursés aux salariés ou dirigeants (CE 29-11-2021 n° 452705) sont déductibles dans la mesure où ils correspondent à des dépenses d'ordre professionnel engagées dans l'intérêt de l'exploitation, eu égard à l'importance et la nature de l'activité (BOI-BIC-CHG-40-20-40 n° 50), et sont assortis de justifications suffisantes. Tel est le cas, par exemple, pour des frais exposés par un gérant de société pour se déplacer en France et à l'étranger pour visiter des clients, prospecter de nouveaux marchés et conclure des contrats, dès lors que leur montant n'est pas disproportionné par rapport à l'activité de l'entreprise (CE 16-7-2008 n° 291400). Si des frais ont à la fois un caractère professionnel et personnel, il y a lieu d'opérer une ventilation entre les dépenses engagées dans l'intérêt personnel des bénéficiaires et celles ayant pour objet exclusif le fonctionnement de l'entreprise, ces dernières seules présentant le caractère de charges d'exploitation déductibles (BOI-BIC-CHG-40-20-40 n° 50).
> Les remboursements de frais accordés aux dirigeants et salariés les mieux rémunérés doivent figurer sur le relevé des frais généraux (voir n° 18195).
> Sur le remboursement des frais de déplacement domicile-travail supportés par un salarié ou dirigeant, voir n° 17060.
> **2. Frais de déplacement des membres du conseil de surveillance et du conseil d'administration** Ces frais ne sont pas déductibles tant que leur remboursement n'a pas été autorisé, en tout ou partie, par une délibération du conseil de surveillance ou d'administration en application des articles R 225-60 et R 225-33 du Code de commerce (CE 20-6-2012 n° 342753, à propos des membres du conseil de surveillance d'une SA, transposable, à notre avis, aux frais de déplacement exposés par les administrateurs). Les frais non autorisés par une délibération du conseil doivent être réintégrés de manière extra-comptable sur l'imprimé n° 2058-A (ligne WQ à notre avis).
> **3. Voyages de stimulation des salariés** Les dépenses correspondant aux voyages de stimulation qui constituent des frais de promotion commerciale (et n'entrent pas dans la catégorie des cadeaux ou des commissions, gratifications et autres rémunérations faisant l'objet de déclarations spécifiques), sont également déductibles s'ils sont engagés dans l'intérêt de l'entreprise (CE plén. 31-7-1992 n° 114895). Il en est ainsi, par exemple, pour des frais de voyages offerts aux lauréats d'un concours ouvert aux membres d'un réseau commercial et à leurs accompagnateurs CE plén. 31-7-1992 n° 82802). Ne sont en revanche pas déductibles les frais engagés pour les voyages des conjoints des salariés chargés d'accompagner les lauréats (CE 13-7-2007 n° 289233 et 289261).

16100 (suite) **II. Compte 6255 « Frais de déménagement »** À notre avis, il peut s'agir, notamment, des frais de déménagement :
- d'un établissement ou de l'entreprise (voir n° 26295) ;
- d'un collaborateur pour des motifs professionnels (voir n° 17055).

Lorsqu'une entreprise décide de déménager pour des motifs économiques ou financiers, ou y est contrainte par une mesure d'expropriation ou un congé en fin de bail par son bailleur, **une provision doit être constituée si les conditions suivantes sont remplies** (Avis CNC 2000-01 § 5.3) :

a. Existence d'une obligation à la clôture Elle est formalisée par la rupture d'un bail ou son non-renouvellement résultant soit de la volonté du bailleur, soit de celle de l'entreprise. L'entreprise a alors une obligation à la clôture envers son bailleur. Si le déménagement est une donnée d'un plan global de restructuration, l'obligation naît de l'annonce du plan si celle-ci est antérieure à la résiliation du bail (voir n° 17420).
Sur le cas particulier de locaux inoccupés sans que le bail soit résilié, voir n° 17450.

> **Fiscalement** Le fait générateur devrait être, à notre avis, dans tous les cas, la résiliation du bail, y compris lorsque l'annonce du plan est antérieure.

b. Sortie de ressources probable à la date d'arrêté des comptes (sur cette notion voir n° 52310) La sortie de ressources, au profit du bailleur, est constituée :
– du dédit et des loyers à verser pour les locaux inoccupés ;

> **Fiscalement** Sur la provision pour loyers de locaux inoccupés, voir n° 17420.

– des coûts de remise en état des locaux laissés, comprenant les coûts de déménagement si les biens déménagés ne sont plus réutilisés.

> **Précisions** **Immobilisations non réutilisées** Les immobilisations qui ne seront plus utilisées doivent, le cas échéant, faire l'objet d'un amortissement exceptionnel, voir n° 27760 (ou d'un changement du plan d'amortissement si le déménagement n'intervient qu'au cours de l'exercice suivant).

Sur la comptabilisation de la perte résultant de la remise gratuite au bailleur d'agencements non totalement amortis, voir n° 27515.

Ces **coûts étant sans contrepartie attendue du bailleur, ils doivent être provisionnés.**

> **Fiscalement** Cette provision, répondant aux conditions fixées par l'article 39-1-5° du CGI, est déductible si elle est justifiée de manière suffisante. Ainsi, une provision a été admise :
> – pour faire face aux frais de déménagement découlant du fait que, le bail de son usine étant venu à expiration, une entreprise industrielle était appelée à transférer ses installations dans un autre local (CE 6-3-1959 n° 84260 ; BOI-BIC-PROV-20-10-30 n° 30) ;
> – parce que le déménagement a été consécutif à une expropriation (CE 17-6-1946 n° 81015 ; BOI-BIC-PROV-50 n° 110).

En revanche, les coûts probables de déménagement des biens qui seront réutilisés n'étant pas engagés au profit du bailleur, **ils ne peuvent donner lieu à la constitution d'une provision.** Ils ne seront comptabilisés en passif que lorsque la prestation de déménagement sera effectuée (Avis CNC précité, § 5.3). Il en est de même, à notre avis, d'une indemnité versée au propriétaire au titre de l'occupation des locaux après la fin du bail, en cas de déménagement progressif.

EXEMPLES

Une entreprise décide de déménager pour des motifs économiques ou financiers, ou y est contrainte par une mesure d'expropriation ou un congé donné en fin de bail par son bailleur. La décision est prise avant la clôture.

1er cas – Elle est locataire et le congé est notifié au bailleur après la clôture

L'entreprise n'a pas d'obligation à la clôture puisqu'elle ne s'est pas engagée vis-à-vis de son bailleur à cette date à lui libérer les locaux. Aucune provision ne peut être constituée.

2e cas – Elle est locataire et le congé est notifié au bailleur avant la clôture

L'obligation est formalisée à la clôture par la rupture d'un bail ou son non-renouvellement résultant soit de la volonté du bailleur, soit de celle de l'entreprise. L'entreprise a alors une obligation envers son bailleur de lui libérer les locaux (Avis CNC 2000-01 § 5.3).

La sortie de ressources, au profit du bailleur, est constituée (Avis CNC précité, § 5.3) :
– du dédit et des loyers à verser pour les locaux inoccupés ;
– des coûts de remise en état des locaux laissés, comprenant les coûts de déménagement si les biens déménagés ne sont plus réutilisés.

Pour ces dépenses, **aucune contrepartie n'est attendue du bailleur ; un passif doit donc être comptabilisé.**
Sur les frais de remise en état, voir n° 28735.

> **Fiscalement** La provision comptabilisée est déductible dans les conditions de droit commun (voir II. b. ci-avant).

3ᵉ cas — Elle est propriétaire de l'immeuble et projette de le vendre

À la clôture, l'entreprise n'a aucune obligation de libérer les locaux vis-à-vis d'un tiers. Les coûts de remise en état des lieux et les coûts de déménagement des biens qui ne seront plus utilisés ne peuvent donc pas être provisionnés. Ils pourront l'être lorsque l'entreprise aura signé à la date de clôture un accord irrévocable de vente (promesse de vente) ou de location (en ce sens, Avis CNC précité, § 1.3.3).

III. Compte 6256 **« Missions »** : frais de mission du personnel, c'est-à-dire l'**ensemble des frais** supportés lors des missions : frais de transport, nourriture, logement… (Bull. CNC précité).

IV. Compte 6257 **« Réceptions »** : voir également n° 15940 « Cadeaux prenant la forme de services ».

Frais de mission payés en devises Selon le secrétariat du CNC (Bull. n° 36-01) : **16105**
– les **devises acquises** en vue des envois en mission à l'étranger des membres du personnel sont portées au compte 5314 « Caisse en devises » pour leur valeur en euros à cette date ; puis elles sont virées au compte 425 « Personnel – Acomptes » lors de leur remise au personnel ;
– à la date de remise des justificatifs de frais par le personnel et de la restitution du solde de devises, le compte 425 est soldé par le débit des comptes 6256 « Missions » pour le montant des devises utilisées et 5314 « Caisse en devises » pour leur reliquat et ce, toujours **pour la valeur en euros des devises à la date de leur acquisition.**
Néanmoins, une différence de change devra éventuellement être constatée à la clôture de l'exercice et lors du reversement des devises à la banque.

Frais de stationnement (et plus particulièrement de parking) Ils sont **16110** inscrits :
– au compte 6135 « Locations mobilières » lorsqu'ils se rapportent à des locaux ou emplacements pris à bail ;
– au compte 6251 « Voyages et déplacements » lorsqu'ils résultent de l'occupation occasionnelle d'un emplacement de stationnement et sont engagés à l'occasion de déplacements professionnels.

> **Fiscalement** Il a toujours été recommandé aux services des impôts de ne pas exclure systématiquement les dépenses qui ne peuvent être justifiées par des documents formant preuve certaine dès lors qu'elles sont en rapport avec la nature et l'importance des obligations professionnelles (Rép. Kaspereit : AN 7-4-1980 n° 22952, non reprise dans Bofip).
> Néanmoins, dans le cas particulier des **redevances** payées par les entreprises pour faire stationner régulièrement les véhicules à usage professionnel, la **production de tickets** délivrés par les parcmètres, si elle apporte la preuve de la réalité des dépenses de stationnement n'est **pas** à elle seule **suffisante** pour établir de manière indiscutable que celles-ci ont répondu à une obligation professionnelle (Rép. Martin : AN 1-9-1980 n° 23880, non reprise dans Bofip).

Frais de voiture En principe, que le véhicule soit inscrit ou non à l'actif, les frais liés à **16120** son utilisation sont à **enregistrer en fonction de leur nature.** Ainsi :
– la prime d'assurance est à comptabiliser au compte 6163 « Assurance-transport » ;
– la taxe sur les voitures des sociétés au compte 63514 « Taxe sur les voitures des sociétés » (voir n° 16485).

> **Fiscalement** En dehors des limitations apportées par l'article 39-4 du CGI à la déduction des amortissements (voir n° 27570), ou des loyers en cas de location de plus de 3 mois ou de crédit-bail (voir n° 15720) afférents aux voitures particulières utilisées dans le cadre de l'exploitation, les autres charges afférentes à ces véhicules (entretien, réparation, assurance…) sont déductibles en totalité dès lors qu'elles satisfont aux conditions générales de déductibilité des charges. Il en est de même des charges financières occasionnées par l'acquisition de véhicules s'ils figurent à l'actif (Rép. Frédéric-Dupont : AN 2-4-1990 n° 20465 non reprise dans Bofip).

Les frais de carte grise constituent, à notre avis, des frais d'acquisition du véhicule pouvant, selon l'option retenue par l'entreprise, être comptabilisés **soit en charges, soit en immobilisation** (PCG art. 213-8).

> **Précisions** **Frais de carte grise** Ces frais, dus au titre de la délivrance du certificat d'immatriculation, comprennent une taxe fixe et, le cas échéant, une taxe régionale à laquelle s'ajoute une majoration pour les véhicules de transport routier, ainsi qu'un malus CO_2 et un malus au poids. Pour plus de détails sur ces différentes taxes, voir Mémento Fiscal n° 76035 à 76046.

> **Fiscalement** Les frais de carte grise constituent par nature une charge immédiatement déductible (voir, en ce sens, BOI-BIC-AMT-10-30-30-10 n° 20). Ils font donc l'objet d'une déduction immédiate quelle que soit l'option retenue en comptabilité. S'ils sont comptabilisés en immobilisation, il y a lieu d'effectuer les retraitements extra-comptables suivants sur l'imprimé n° 2058-A :
– déduction (ligne XG) des frais au cours de l'exercice de leur engagement ;
– réintégration (ligne WE) de la quote-part d'amortissement assise sur la fraction correspondante du prix d'acquisition du véhicule.

Sur le traitement du bonus écologique :
– portant sur un véhicule loué, voir n° 12065 ;
– portant sur un véhicule acquis, voir n° 56445.

Pour le détail des frais susceptibles d'être incorporés dans le coût d'entrée des véhicules acquis, voir n° 26455.

16125 **Véhicules de tourisme appartenant à l'exploitant non inscrits à l'actif**
La quote-part de frais afférente à l'utilisation professionnelle d'un véhicule de tourisme appartenant à l'exploitant non inscrit à l'actif (prime d'assurance, entretien et réparations, carburants…) est déductible du résultat (Rép. Liot : Sén. 12-2-1974 n° 12733, non reprise dans Bofip). La part des frais incombant à l'entreprise peut être déterminée en partageant les frais réels proportionnellement au nombre de kilomètres parcourus à titre professionnel (Rép. Liot : Sén. 20-8-1974 n° 13488, non reprise dans Bofip ; CE 27-7-1988 n° 82541) :
– si les dépenses ont été engagées par l'entreprise, la réintégration peut être effectuée globalement, chaque mois ou exercice, en débitant le compte 108 « Compte de l'exploitant » (exploitant individuel) ou 648 « Avantages en nature » (personnel de l'entreprise) par le crédit du compte de transfert de charges 791 (subdivision « Prestations fournies sous forme d'avantages en nature ») ; sur la suppression des comptes 79 par le règlement ANC n° 022-06, voir n° 45500 ;
– si elles l'ont été par les utilisateurs du véhicule, leur remboursement partiel par l'entreprise est porté au compte 6251 « Voyages et déplacements » (voir n° 16100).

FRAIS POSTAUX ET FRAIS DE TÉLÉCOMMUNICATION (COMPTE 626)

16135 Ce compte regroupe les frais tels que timbres, télex, recommandés, téléphone, télégrammes, etc.
À notre avis :
– les **timbres-poste achetés et non encore utilisés à la clôture** peuvent, soit être laissés en « Caisse », soit être portés en « Charges constatées d'avance » comme un achat non stocké (voir n° 15575) ;
– le **coût de la location des machines à affranchir** est à enregistrer à ce compte (plutôt qu'au compte 613 « Locations ») ;
– les **frais postaux** relatifs à des **mailings** publicitaires ne sont pas à comptabiliser dans ce compte mais en frais de publicité (voir n° 15970).

SERVICES BANCAIRES ET ASSIMILÉS (COMPTE 627)

16145 Le PCG (art. 932-1) prévoit deux comptes pour comptabiliser les frais et commissions bancaires, sans toutefois expliciter les modalités pratiques d'utilisation de ces comptes. À notre avis (fondé sur les libellés de comptes), ces frais et commissions sont à inscrire :
– soit en charges financières : compte 661 « Charges d'intérêts », lorsqu'ils constituent une rémunération de l'argent mis à disposition (voir n° 42960 s.) ;
– soit en charges d'exploitation : compte 627 « Services bancaires et assimilés », lorsqu'ils rémunèrent un service fourni par la banque, autre qu'une rémunération de l'argent prêté.
Ainsi, dans le cadre de l'octroi d'un crédit, sont à notre avis considérées comme des frais ou commissions bancaires à comptabiliser en compte 627 :
– les commissions rémunérant la banque pour les conseils et diligences effectués pour la mise en place du crédit (montage et structuration du crédit, ou commission d'arrangement) ;
– les commissions rémunérant un droit de tirage sur une ligne de crédit (ou commission d'engagement).

> **Fiscalement** La déduction fiscale de ces charges n'est pas directement liée à leur mode de comptabilisation (voir n° 42985).

Sur les commissions d'affacturage, voir n° 42795.

Sur la comptabilisation des swaps de taux d'intérêt, voir n° 42020 (couverture) et 42145 (position ouverte isolée).

Sur la possibilité d'étaler les frais d'émission d'emprunt, voir n° 41020.

Commission de caution allouée à un dirigeant ayant garanti un emprunt de la société Elle constitue, à notre avis, une **charge** d'exploitation : service bancaire à enregistrer au compte 6278 « Autres frais et commissions sur prestations de services ». 16150

> **Précisions** Par prudence, ces services seraient à indiquer sur la déclaration des honoraires (voir n° 18190).

> **Fiscalement** Elle est déductible si elle représente la rétribution normale du service rendu et non l'attribution d'une partie des bénéfices sociaux (Rép. Bonhomme : Sén. 7-4-2016 n° 14485 ; Rép. de Maigret : AN 8-6-1979 n° 11607 et 15990, non reprise dans Bofip).

DIVERS (AUTRES CHARGES EXTERNES) (COMPTE 628)
Ce compte comporte, d'après la liste des comptes du PCG, les subdivisions facultatives suivantes : 16170

I. 6281. Concours divers (cotisations...)
a. Y sont notamment enregistrés, à notre avis :
– les cotisations professionnelles (nous paraissent assimilables à ces cotisations, les redevances et commissions versées à l'AMF ou à Euronext Paris [par les sociétés cotées]) ;
– les cotisations à un centre de gestion ;
– les cotisations aux groupements professionnels chargés de la restructuration du secteur d'activité de l'entreprise ;

> **Fiscalement** Les cotisations versées aux groupements professionnels sont déductibles dès lors qu'elles sont versées dans l'intérêt de l'entreprise (BOI-BIC-CHG-40-20-40 n° 350).
> Les dépenses liées à l'activité syndicale de l'exploitant peuvent être admises en déduction lorsqu'elles sont appuyées de justifications suffisantes et qu'elles n'apparaissent pas excessives eu égard à l'importance de l'entreprise (BOI-BIC-CHG-10-10-10 n° 20).
> Il en est ainsi des cotisations versées dans la limite des tarifs appliqués à l'ensemble des adhérents (Rép. Ducoloné : AN 9-9-1985 n° 72761, non reprise dans Bofip).

– la prise en charge par l'employeur des frais de gestion de l'organe de placement gérant les fonds déposés dans le cadre de la participation des salariés (PCG art. 944-42) ou des plans d'épargne d'entreprise (PEE, PEI, Perco ou Pereco) ; voir n° 53810 ;
– les frais de sécurité, le cas échéant ;
– les redevances pour services rendus : audiovisuel, etc.

> **Précisions 1.** Les **redevances dues à l'État** ont le caractère d'impôts (compte 637) : redevances des agences de bassin (en ce sens, l'ancien Guide comptable des sucreries, désormais caduc ; voir n° 3315), redevances sur ventes de matériel objet d'une aide à l'innovation (à notre avis).
> **2.** Les **cotisations versées à un GIE** en fonction des services rendus à l'entreprise constituent, à notre avis, des charges d'exploitation à débiter aux comptes de sous-traitance intéressés (précision du PCG 82, p. II.135).

b. Constituent également des **services extérieurs** et non de la sous-traitance générale :
– les **travaux et prestations d'ordre administratif** et comptable, comme par exemple : la sous-traitance de la tenue ou du traitement de la comptabilité, l'entretien général, le nettoyage des locaux et l'archivage de pièces justificatives (en ce sens, l'ancien Guide comptable des sucreries, désormais caduc ; voir n° 3315) ;
– y compris, à notre avis, lorsque ces charges sont **refacturées par la société mère** (refacturation de frais communs de la société mère à ses filiales) de manière forfaitaire (voir également n° 15880 concernant le personnel détaché ou prêté). Sur le produit de refacturation chez la société mère, voir n° 11270 ;

> **Fiscalement** Les charges facturées par une société liée sont déductibles sous réserve :
> – d'être engagées dans l'**intérêt propre** de la société ;
> – de correspondre à des prestations **effectivement** réalisées (CE 22-6-1983 n° 26240) ;
> – d'être **justifiées** dans leur montant (CE 2-3-1988 n° 45625 et 71877) ;

16170
(suite)

– de **ne pas être versées** à une société localisée dans un État ou Territoire à fiscalité privilégiée ou Non Coopératif (« **ETNC** » ; voir n° 36725), sauf exceptions (CGI art. 238 A ; sur les exceptions à la non-déductibilité, voir Mémento Fiscal n° 78295).

1. Intérêt propre L'entreprise doit justifier d'une contrepartie traduisant son intérêt propre pour déduire ces charges (CE 11-4-2008 n° 284274). L'existence de cet intérêt propre ne se déduit pas de l'intérêt du groupe, qu'il soit intégré ou non (CE 6-3-2006 n° 281034 ; CE 28-4-2006 n° 278738). Néanmoins, l'appartenance d'une société à un groupe est parfois prise en considération pour apprécier son intérêt propre à engager une dépense en raison d'une interdépendance économique et financière (CE 21-11-2012 n° 348864 et 348865). Une prestation peut donc répondre conjointement à l'intérêt d'une société et à celui du groupe. Ainsi, une filiale française peut déduire les coûts de prestations d'audit effectuées à l'initiative de la société mère américaine dans le cadre de la réglementation Sarbanes-Oxley, afin de maintenir sa cotation aux États-Unis, dès lors que l'intérêt de la filiale française est justifié par le renforcement de ses propres procédures de contrôle qui découlent de l'opération (CAA Versailles 8-7-2015 n° 13VE02781, n° 13VE02783, n° 13VE02785, n° 13VE02786, n° 13VE02788). Dans une autre situation proche, où des prestations de même nature n'ont pas été diligentées en vue d'être utilisées par la filiale française de la société mère américaine, le Conseil d'État a rejeté la déduction des charges correspondantes au motif que la filiale n'établissait pas qu'elle en avait retiré une contrepartie (CE 13-12-2017 n° 387975).

Dans la même logique, le fait que des dépenses, répondant à l'intérêt d'une société, aient été engagées **également, voire principalement (mais pas exclusivement), dans l'intérêt des actionnaires** ne peut faire obstacle, même partiellement, à leur déductibilité (CE 29-3-1978 n° 4062 et 13-12-1978 n° 9831 pour les frais de révision comptable).

Sur les conditions de déduction des frais d'audit d'acquisition, voir n° 35620.

2. Détermination du juste prix Pour les prestations normales et courantes fournies par une société mère à ses filiales soumises à l'impôt sur les sociétés, le Conseil d'État admet une refacturation limitée au coût de revient (CE 24-2-1978 n° 2372). D'une manière plus générale, entre sociétés **membres d'un même groupe fiscal,** les livraisons de biens (autres que ceux composant l'actif immobilisé) et les prestations de services peuvent être facturées pour un prix compris entre leur prix de revient et leur valeur réelle (CGI art. 223 B, al. 5).

En revanche, la refacturation entre une société française et des sociétés appartenant au même groupe **implantées à l'étranger** (prix de transfert) doit impérativement être réalisée moyennant un prix de pleine concurrence. Sur les méthodes de détermination des prix de transfert, voir Mémento Fiscal n° 78260 à 78270. Sur les obligations déclaratives et documentaires de la politique de prix de transfert des personnes morales établies en France, voir n° 80025.

3. Facturation des « management fees » La Commission européenne préconise la détermination de leur montant suivant une méthode fondée sur les coûts de revient supportés majorés d'une marge comprise dans une fourchette de 3 à 10 % tournant le plus souvent autour de 5 % (Forum conjoint des prix de transfert, COM(2011)16 final du 25-1-2011). L'OCDE recommande, quant à elle, un taux de marge fixé à 5 % (Principes OCDE 2017 applicables en matière de prix de transfert).

Le Conseil d'État a accepté la répartition des frais supportés par la société mère à raison des prestations rendues à ses filiales en fonction du chiffre d'affaires de chaque filiale rapporté au chiffre d'affaires global du groupe, la réalité des services rendus ayant été par ailleurs établie (CE 6-1-1986 n° 42795).

– les travaux de gardiennage à inscrire dans d'autres subdivisions du compte 628 ;

> **Fiscalement** Les dépenses exposées pour assurer la sécurité des locaux professionnels sont déductibles dès lors qu'elles se rattachent à l'activité normale de l'entreprise (Rép. Bourdouleix : AN 11-8-2015 n° 68064).

– les frais de conseil et d'assemblée, y compris ceux relatifs aux élections des administrateurs ; ils constituent des charges de l'exercice au cours duquel le conseil ou l'assemblée est tenu et ne peuvent être anticipés à la clôture précédente par le biais d'une provision dans la mesure où ces prestations seront fournies à l'entreprise en contrepartie de ces frais sur l'exercice suivant (PCG art. 322-2 s.).

Pour la distinction entre ces services et la sous-traitance, voir n° 15665.

II. 6284. Frais de recrutement de personnel

Il s'agit de frais dus à des tiers et non de frais internes. Sur l'impossibilité d'activer des frais de recrutement, voir n° 30775 et 31320 III.

À notre avis, ces frais peuvent être comptabilisés avec les autres honoraires de conseil au compte 6226 (voir n° 15890).

> **Précisions** **Charges d'embauche futures** Il n'est pas possible de constituer une provision destinée à couvrir des charges d'embauche futures, du fait de la contrepartie attendue du tiers au travers de la prestation de recrutement qui interviendra sur l'exercice suivant (voir PCG art. 322-2 et Avis CNC 2000-01 § 5.2).

C. Impôts, taxes et versements assimilés (compte 63)

Sur la comptabilisation de la TVA, voir n° 46485 s.   16225

LOGIQUE RETENUE PAR LE PCG POUR LE COMPTE 63
Sont inscrites à ce compte les charges correspondant (PCG art. 514-1 et 946-63) :   16230

I. d'une part, à des **versements obligatoires** à l'État et aux collectivités locales pour subvenir aux dépenses publiques ;
À l'exception :
– des impôts sur les bénéfices (compte 695) ;
– des impôts de caractère exceptionnel, des rappels d'impôts concernant les exercices antérieurs et des pénalités et amendes fiscales qui sont des charges exceptionnelles (compte 67) ;
– des impôts versés pour le compte de tiers sur lesquels ils sont récupérés qui ne constituent pas une charge pour l'entreprise (compte 442 pour les impôts autres que la TVA et 445 pour la TVA et les taxes assimilées ; PCG art. 944-44).

II. d'autre part, à des **versements institués par l'autorité publique,** notamment pour le financement d'actions d'intérêt économique ou social telles que la participation à l'apprentissage (voir n° 16280 s.), l'effort de construction (voir n° 16365 s.), la contribution à la formation professionnelle (voir n° 16300 s.)…
Les impôts, taxes et versements assimilés sont distingués selon :
– la **base de calcul** : sur rémunérations ou sur autres bases ;
– la **destination du paiement** : à l'administration des impôts ou aux autres organismes.
Il en résulte les subdivisions à trois chiffres suivantes (voir sous-comptes n° 96300) :
631. Impôts, taxes et versements assimilés sur **rémunérations** (**administration** des impôts).
633. Impôts, taxes et versements assimilés sur **rémunérations (autres organismes).**
635. Autres impôts, taxes et versements assimilés (**administration** des impôts).
637. Autres impôts, taxes et versements assimilés **(autres organismes).**
En pratique, le libellé d'un chèque « Trésor public » (autre que concernant l'IS et les impôts payés pour le compte de tiers, notamment la TVA) devrait impliquer une comptabilisation dans le compte 631 ou 635.

**Contributions ayant la nature de taxe et recouvrées par des organismes   16235
sociaux** Certaines contributions sont assises sur des versements faits au profit des salariés (rémunérations, cotisations, allocations de préretraite, etc.) et sont recouvrées par des organismes sociaux. À notre avis, elles constituent pourtant bien des **taxes** et non des charges de personnel et devraient donc être comptabilisées, conformément aux principes énoncés en I. et II., dans des subdivisions du compte 63 « Impôts, taxes et versements assimilés ».
Les principales contributions pouvant prêter à confusion sont reprises dans le tableau ci-après établi par nos soins.

Contribution	Caisse	Bénéficiaire	Compte	Renvois
Contribution sur les abondements	Urssaf	Fonds de réserve pour les retraites	6378	n° 16815
Contribution spécifique dans le cadre des régimes « chapeaux »			6378	n° 16535
Contribution sur les indemnités de mise à la retraite			6378	n° 16540
Contribution spécifique sur les avantages de préretraite d'entreprise (majoration)		Fonds de solidarité vieillesse	6378	n° 16545
Contribution solidarité autonomie		Caisse nationale de solidarité pour l'autonomie	6338	n° 16390
Contribution au dialogue social		Fonds paritaire syndical pour les salariés et les employeurs	6338	n° 16410

EXERCICE DE PRISE EN CHARGE DES IMPÔTS, TAXES, ETC.

16240 **I. En l'absence d'indications précises dans le PCG** sur la date de comptabilisation des prélèvements obligatoires de toutes natures (notamment les impôts, taxes, contributions…) à la charge de l'entreprise, ils constituent, à notre avis, des **charges** de l'exercice au cours duquel **le fait générateur entraînant leur exigibilité** est intervenu.

> **Fiscalement** **1. Caractère déductible de l'impôt** Sont déductibles tous les impôts, droits ou taxes dont la déduction n'est pas expressément interdite par la loi. Pour une liste récapitulative des impôts déductibles ou non, voir Mémento Fiscal n° 8527.
>
> **2. Exercice de déduction de la charge fiscale** Sous réserve des exclusions légales, les impôts ont la nature d'une charge fiscalement déductible du résultat de l'exercice au cours duquel ils sont **mis en recouvrement** (CGI art. 39, 1-4°). Les **impôts qui ne font pas l'objet d'un rôle** ou d'un avis de mise en recouvrement, tels que les droits d'enregistrement, doivent être rattachés à l'exercice au cours duquel ils revêtent le caractère d'une dette certaine, même s'ils ne doivent être payés que durant l'exercice suivant (CE 20-4-1984 n° 33194 ; CE 28-5-2003 n° 237967 ; BOI-BIC-CHG-40-30 n° 40). Il s'agit en pratique de l'exercice de leur **exigibilité** (CE 25-10-1972 n° 80122 ; CE 13-12-1972 n° 81107 et 81108 ; CE 18-5-1983 n° 29524 ; BOI-BIC-PROV-30-20-20 n° 10). Ces déductions peuvent porter sur des impôts comptabilisés en **charges** (ayant fait l'objet d'un versement) **ou en charges à payer** (impôt non versé).

II. Toutefois, lorsqu'il existe un décalage entre l'exercice retenu pour la base de calcul de l'impôt et l'exercice au cours duquel son exigibilité est légalement déclenchée, ce principe ne permet alors pas de rattacher la charge d'impôt ou taxe à la base de calcul.

a. En principe, les impôts exigibles au cours de l'exercice suivant peuvent être constatés en charges de l'exercice dès lors que le **fait générateur de l'obligation de payer la taxe**, telle que légalement définie, est intervenu à la clôture.
Ainsi, si le fait générateur est étalé dans le temps (par exemple, génération du chiffre d'affaires ou paiement des salaires), un passif est constaté au fur et à mesure.

> **Fiscalement** Il en est de même. Les impôts exigibles ou mis en recouvrement au cours de l'exercice suivant peuvent faire l'objet d'une provision fiscalement déductible dès lors que les impôts sont eux-mêmes déductibles (voir ci-avant I.) et qu'ils se rattachent à des **opérations déjà effectuées** à la clôture (CE 25-10-1972 n° 80122 ; CE 2-6-1986 n° 56143 ; CE 18-5-1983 n° 29524 ; BOI-BIC-PROV-30-20-20 n° 10 et 50). Ainsi, toute imposition dont le **fait générateur est constitué par l'activité déployée par l'entreprise au cours de l'exercice** (réalisation d'un chiffre d'affaires, versement de salaires…) et qui est exigible au cours de l'exercice suivant peut valablement donner lieu à la constitution d'une provision à la clôture.

> **EXEMPLE**
>
> Tel est le cas, par exemple :
> — de la taxe sur les salaires due sur le montant des rémunérations correspondant au travail accompli au cours de l'exercice et pour lesquelles l'entreprise a pris un engagement ferme (voir n° 16350) ;
> — de la participation des employeurs à l'effort de construction due sur le montant des salaires versés au cours de l'exercice, à certaines conditions (voir n° 16370 s.) ;
> — des impôts recouvrés par voie de rôle (par exemple, les taxes locales) dus à l'émission du rôle et exigibles (date limite de paiement) au cours de l'exercice suivant ;
> — de la taxe sur les surfaces commerciales (voir n° 16495).

Dès lors qu'il n'existe qu'une incertitude faible sur l'échéance ou le montant de la taxe, celle-ci peut donner lieu à la comptabilisation d'une **charge à payer**. Dans les autres cas, il s'agit d'une **provision**.

> **Fiscalement** La notion comptable de charges à payer est plus large que la notion fiscale (voir n° 15140). Il en résulte que certains impôts sont fiscalement déductibles par la constatation d'une « provision » alors qu'en comptabilité ils constituent une charge à payer à la clôture de l'exercice. Tel est le cas de la participation des employeurs à l'effort de construction (voir n° 16365). La déduction fiscale est alors admise sous réserve de la production d'un relevé détaillé, en **annexe à la déclaration de résultats,** mentionnant la charge à payer constatée en comptabilité ayant le caractère d'une provision fiscale tant que la mise en recouvrement ou l'exigibilité de l'imposition n'est pas intervenue (voir n° 48130).

b. Une **difficulté** concerne les situations dans lesquelles la **loi fiscale décale le fait générateur** de l'obligation de payer la taxe à une date ultérieure.

EXEMPLES

Tel est le cas pour la **contribution sociale de solidarité des sociétés** (C3S, voir n° 16500), qui est calculée sur la base du chiffre d'affaires réalisé en N, mais dont le fait générateur est fixé par l'article L 137-32 du code de la sécurité sociale au 1er janvier N+1.

> **Précisions** La même difficulté concerne les **impôts à caractère exceptionnel** pour lesquels l'**administration** s'oppose à la constitution d'une provision à la clôture de l'exercice d'intervention du fait générateur en vertu d'une doctrine contestable au regard des principes issus de la jurisprudence du Conseil d'État (BOI-BIC-PROV-30-20-20 n° 40).

En cas de décalage, la question est alors de savoir si la charge doit être comptabilisée :
– dans l'exercice de constitution de la base de calcul (sous la forme d'un passif) ;
– ou dans l'exercice au cours duquel le fait générateur de l'obligation de payer la taxe intervient.

EXEMPLE

Ainsi, pour la C3S (voir n° 16500), la question est de savoir si elle doit être provisionnée en N ou comptabilisée en N+1.

Dans les comptes consolidés établis selon les normes IFRS, la question a été tranchée par l'interprétation IFRIC 21, qui retient le fait générateur de l'obligation de payer la taxe. Ce qui, en pratique, décale la prise en compte de la taxe et n'en permet a priori pas l'étalement (notamment pour les clôtures décalées). Pour plus de détails, voir Mémento IFRS n° 40385.

En revanche, dans les comptes sociaux, les entreprises n'ont pas l'obligation d'appliquer l'interprétation IFRIC 21 tant que l'ANC n'a pas pris position sur le traitement des taxes dans les règles françaises. En pratique, en l'absence de position de l'ANC, coexistent, à notre avis **deux traitements comptables** (en ce sens, EC 2023-05 à propos de la C3S ; cncc.fr) :
– l'un consistant à comptabiliser les impôts et taxes en charges de l'exercice au cours duquel le fait générateur de l'obligation de payer la taxe est intervenu ;
– l'autre consistant à provisionner les impôts et taxes dès que la base sur laquelle ils sont assis est constatée en résultat, ce qui permet (mécaniquement) d'étaler la charge d'impôt, contrairement à la première solution.

> **Fiscalement** La provision constituée sur le plan comptable, le cas échéant, n'est pas déductible.

c. Une autre **difficulté** concerne les clôtures décalées, pour les taxes dont la base de calcul repose sur le chiffre d'affaires N mais dont le fait générateur de l'obligation de payer la taxe nécessite :
– l'exercice d'une activité au 31 décembre N ;
– ou bien l'atteinte d'un seuil minimum d'activité au cours d'une période non achevée à la clôture.
Dans ces cas, la même question se pose de savoir s'il faut constater une provision au fur et à mesure de l'activité ou s'il faut comptabiliser la charge uniquement au 31 décembre N (dans le premier cas) ou lorsque le seuil est atteint (dans le second cas).
À notre avis, le choix de méthode indiqué plus haut (voir b.) est applicable.

1. TAXES ET CONTRIBUTIONS EN MATIÈRE DE FORMATION ET D'ALTERNANCE

16250 Les employeurs participent au financement de la formation professionnelle et de l'alternance, d'une part, en finançant directement des actions de formation de leurs salariés, notamment dans le cadre du plan de développement des compétences (voir n° 16315) et, d'autre part, en versant :
– une contribution unique à la formation professionnelle et à l'alternance (Cufpa), voir n° 16260 s. ;
– une contribution supplémentaire à l'apprentissage, voir n° 16320 ;
– une contribution dédiée au financement du compte personnel de formation des titulaires d'un contrat de travail à durée déterminée, voir n° 16330.

CONTRIBUTION UNIQUE À LA FORMATION PROFESSIONNELLE ET À L'ALTERNANCE (CUFPA)

16260 La contribution unique à la formation professionnelle et à l'alternance (Cufpa) détermine les modalités de la participation financière des entreprises au financement de la formation professionnelle et de l'alternance (C. trav. art. L 6131-2). Cette contribution comprend deux éléments correspondant à deux régimes distincts : la taxe d'apprentissage (voir n° 16280 s.) et la contribution à la formation professionnelle (voir n° 16300 s.).

16265 > **Précisions 1. Versement de la Cufpa** Le versement est effectué :
– pour la **part principale de la taxe d'apprentissage** et la contribution à la **formation professionnelle**, mensuellement via la DSN au plus tard le 5 de chaque mois suivant pour les employeurs dont l'effectif est d'au moins 50 salariés et qui ne pratiquent pas le décalage de la paie ou le 15 de chaque mois suivant dans les autres cas (ou trimestriellement pour les entreprises de moins de 11 salariés ayant opté pour le paiement trimestriel de leurs cotisations) ;
– pour le **solde de la taxe d'apprentissage**, annuellement via la DSN établie au titre de la période d'activité du mois d'avril de l'année suivant celle au titre de laquelle elle est due, au plus tard le 5 mai pour les employeurs dont l'effectif est d'au moins 50 salariés et qui ne pratiquent pas le décalage de la paie (ou le 15 dans les autres cas).

Pour plus de détails sur les modalités de versement de la Cufpa, voir Mémento Social n° 39015.
2. Recouvrement de la Cufpa La Cufpa est recouvrée par les organismes de sécurité sociale, soit en principe par les Urssaf. Le recouvrement des contributions conventionnelles à la formation (prévues par un accord de branche) pourra être confié aux Urssaf par les branches professionnelles à compter du 1er janvier 2024 (Ord. 2021-797 du 23-6-2021 ; C. trav. art. L 6332-1-2 dans sa rédaction en vigueur au 1-1-2024). Pour plus de détails, voir Mémento Social n° 39010 s.
3. Majoration pour défaut ou insuffisance de versement Le recouvrement des contributions à la formation professionnelle et à l'alternance s'effectue selon les règles et sous les garanties et sanctions (majoration) applicables en matière de cotisations et de contributions de sécurité sociale : voir Mémento Social n° 24050 s. (sanctions) et n° 24600 s. (recouvrement contentieux).

TAXE D'APPRENTISSAGE

16280 Caractéristiques principales de la taxe La taxe d'apprentissage est une des composantes de la Cufpa (voir n° 16260 s.). La taxe d'apprentissage due au titre de l'année N est calculée au taux de 0,68 % sur la masse salariale de l'année N.
Le montant de la taxe d'apprentissage est décomposé en deux fractions (C. trav. art. L 6241-2) :
– la part principale de la taxe d'apprentissage, due au taux de 0,59 % de la masse salariale, pour laquelle certaines **dépenses « déductibles »** peuvent être imputées sur le versement à réaliser dans la limite de 10 % de son montant (pour plus de détails, voir Mémento Social n° 38690) ;
– le solde de la taxe d'apprentissage, calculé au taux de 0,09 % de la masse salariale, sur lequel des **dépenses « libératoires »** peuvent s'imputer (pour plus de détails, voir Mémento Social n° 38700).
Sur le versement et le recouvrement de la taxe d'apprentissage, voir n° 16265.

> **Précisions 1. Dépenses déductibles de la part principale** Les entreprises disposant d'un service de formation accueillant des apprentis peuvent déduire sous certaines conditions notamment des dépenses relatives aux formations délivrées par ce service et effectivement payées par l'entreprise au cours de l'année précédant la déduction (C. trav. art. D 6241-32). Ces dépenses, dont la déduction doit être affectée et déclarée mensuellement, ne peuvent donner lieu ni à report ni à restitution. Pour plus de détails, voir Mémento Social n° 38690.
2. Dépenses libératoires du solde de la taxe d'apprentissage Les entreprises peuvent s'acquitter du solde de la taxe d'apprentissage (C. trav. art. L 6241-4) due en imputant, notamment :
– certaines subventions versées aux centres de formation des apprentis (CFA) au cours de l'année au titre de laquelle la taxe est due (C. trav. art. L 6241-2, II-2° ; Décret 2021-1916 du 30-12-2021 art. 4, II) ;
– la créance accordée aux entreprises assujetties à la contribution supplémentaire à l'apprentissage employant plus de 5 % d'alternants (n° 16320), constatée au titre de l'année précédente (C. trav. art. L 6241-2, II-2°) ;
Pour plus de détails sur les dépenses considérées comme libératoires, voir Mémento Social n° 38710.

16285 Principe de comptabilisation La taxe d'apprentissage constitue une **charge de la période** au cours de laquelle les **salaires** servant de base à son calcul **sont dus**.

I. Versement mensuel de la part principale de la taxe Il est comptabilisé dans le compte 6333 « Contribution unique des employeurs à la formation professionnelle » (IR3, Recueil des normes comptables de l'ANC, Livre II, Titre VI, Chapitre I, section 4, sous-section 1 issu du règlement 2022-01 de l'ANC homologué par l'arrêté du 13-12-2022).

Pour plus de détails sur les dépenses **déductibles** (part principale) **et les versements libératoires** (solde), voir n° 16290.

II. À la clôture Il convient, à la clôture de l'exercice N, de constater :
– un passif égal au montant mensuel de la part principale de la taxe (après imputation des dépenses déductibles, voir n° 16290) à verser aux Urssaf le mois suivant la clôture (débit d'un compte 6333, par le crédit du compte 431 « Sécurité sociale ») ;

– un passif égal au montant du solde de la taxe incombant à l'employeur au titre des salaires versés en N (après imputation des dépenses libératoires déjà acquittées, voir n° 16290) qui fera l'objet d'un versement annuel unique l'exercice suivant aux Urssaf au débit du compte 6335 « Versements libératoires ouvrant droit à l'exonération de la taxe d'apprentissage », par le crédit du compte 438 « Organismes sociaux – charges à payer » (pour plus de détails sur les dates de versements, voir n° 16280).

> **Fiscalement** Il en est de même.

III. Majoration pour défaut ou insuffisance de versement (voir n° 16265)
Recouvrée par les Urssaf, elle est enregistrée, à notre avis, au compte 6338 « Autres ».

> **Précisions** **Versement au Trésor** (au titre de la régularisation des taxes dues avant 2022) Il est enregistré au compte 6312 « Taxe d'apprentissage », subdivision du compte « Impôts, taxes et versements assimilés sur rémunérations (administration des impôts) ».

Constatation des dépenses Ces dépenses peuvent être de nature différente et sont enregistrées de la manière suivante (PCG art. 946-63) : **16290**
– **les dépenses déductibles** (de la part principale de la taxe d'apprentissage, voir n° 16280) ayant le caractère de charges, elles figurent, à notre avis, dans les comptes de charges selon leur nature ;

> **Précisions** Pour des exemples de nature de frais engagés au titre du service de formation interne, voir n° 16315.
> Les versements à des organismes devraient pouvoir, à notre avis, être comptabilisés au compte 6228 « Rémunérations d'intermédiaires et honoraires », les formations dispensées aux apprentis de l'entreprise ayant bien une contrepartie pour l'entreprise.

– **les dépenses libératoires** (du solde de la taxe d'apprentissage, voir n° 16280) étant sans contrepartie pour l'entreprise, elles sont enregistrées au compte 6335 « Versements libératoires ouvrant droit à l'exonération de la taxe d'apprentissage ».

CONTRIBUTION À LA FORMATION PROFESSIONNELLE
Tous les employeurs sont tenus de concourir au développement de la formation professionnelle en participant chaque année au financement d'actions de formation. Ce financement est assuré notamment par (C. trav. art. L 6131-1) : **16300**
– le financement direct par l'employeur d'actions de formation (le cas échéant dans le cadre du plan de développement des compétences, voir n° 16315) ;
– le versement d'une contribution aux Urssaf (voir n° 16305).
La contribution à la formation professionnelle est une des composantes de la Cufpa (voir n° 16260 s.).

Caractéristiques principales de la contribution Cette contribution, due par tous les employeurs, a pour caractéristiques : **16305**
– une **assiette** identique à celle des cotisations de sécurité sociale (voir Mémento Social n° 22320 s.) ;
– une **période de référence** qui est l'année civile au titre de laquelle la contribution est due (C. trav. art. R 6331-9) ;
– un **taux** qui varie selon que l'entreprise compte moins de 11 salariés ou au moins 11 salariés ;
– un **recouvrement par les Urssaf** via la DSN (pour plus de détails, voir n° 16265).
Pour une étude d'ensemble, et notamment sur les entreprises redevables ainsi que les taux applicables et les modalités pour s'acquitter de cette contribution, voir Mémento Social n° 38750 à 38760.

> **Fiscalement** En l'absence de disposition contraire, la contribution à la formation professionnelle est, à notre avis, déductible.

Comptabilisation de la contribution versée Elle constitue une charge de la période au cours de laquelle les salaires servant de base à son calcul sont dus. **16310**

I. Versement mensuel de la part principale de la contribution
Elle est comptabilisée au compte 6333 « Contribution unique des employeurs à la formation professionnelle ».
Pour plus de détails sur les dépenses de formation engagées directement par l'entreprise, voir n° 16315.

II. À la clôture Il convient, à la clôture de l'exercice N, de constater un passif égal au montant mensuel de la contribution à la formation professionnelle qui sera versée aux Urssaf le mois suivant la clôture (débit du compte 6333 par le crédit du compte 431 « Sécurité sociale »).

> **Fiscalement** Il s'agit, à notre avis, d'une charge à payer déductible.

III. Majoration pour défaut ou insuffisance de versement Voir n° 16285

16315 **Comptabilisation des dépenses de formation engagées directement par l'entreprise** Les dépenses de formation directement engagées par l'entreprise sont à comptabiliser **selon leur nature** dans les comptes prévus par le PCG.

> **EXEMPLES**
> – Les amortissements du matériel et des locaux spéciaux jusqu'à ce qu'ils cessent d'être affectés à la formation professionnelle continue sont comptabilisés au compte 681 « Dotations aux amortissements d'exploitation ».
> – Les dépenses d'entretien du mobilier et des locaux affectés à la formation sont comptabilisées aux comptes 6152 et 6155 « Entretien et réparation sur biens immobiliers et mobiliers ».
> – Les loyers de ces locaux sont comptabilisés au compte 6132 « Locations immobilières ».
> – Les frais de déplacement et d'hébergement pour stages à l'extérieur de l'entreprise sont comptabilisés au compte 6251 « Voyages et déplacements ».
> – Les frais des formations du personnel réalisées par un organisme formateur extérieur sont comptabilisés au compte 6228 « Rémunérations d'intermédiaires et honoraires » (sur la possibilité d'activer certains frais de formation nécessaires à la mise en service d'une immobilisation, voir n° 26262).
> – Les salaires et les charges sociales des formateurs internes à l'entreprise sont comptabilisés en charges du personnel (au compte 641 « Rémunération du personnel » pour les salaires et au compte 645 « charges de sécurité sociale et de prévoyance » pour les cotisations sociales).

En cas de **remboursement** par l'Opco des frais de formation engagés dans le cadre du plan de développement des compétences (réservé aux entreprises de moins de 50 salariés, voir Mémento Social n° 38170), voir n° 17135.

En cas de remboursement forfaitaire, voir n° 17130.

CONTRIBUTION SUPPLÉMENTAIRE À L'APPRENTISSAGE

16320 **Caractéristiques principales de la contribution** Les redevables de la taxe d'apprentissage employant au moins 250 salariés sont également susceptibles d'être assujettis à la contribution supplémentaire à l'apprentissage (CSA), destinée à favoriser la formation en alternance. Elle est due lorsque **moins de 5 % de l'effectif** (seuil ramené à 3 % dans certaines conditions) est composé de salariés en contrat de professionnalisation ou d'apprentissage ou par des jeunes accomplissant un volontariat en entreprise ou bénéficiant d'une convention industrielle de formation pour la recherche (C. trav. art. L 6242-1 ; BOI-TPS-TA-50 ; voir Mémento Social n° 38800 à 38810).

Cette contribution est assise sur les rémunérations servant d'assiette à la taxe d'apprentissage et doit être versée (Décret 2020-1739 du 29-12-2020 art. 3) :
– aux Urssaf (pour plus de détails, voir Mémento Social n° 39010) ;
– par un versement annuel unique effectué, au titre de la période d'activité du mois de mars N+1 via la DSN, soit au plus tard le 5 avril N+1 (C. trav. art. L 6242-1, VIII ; voir Mémento Social n° 39015).

> **Précisions** **1.** Majoration pour défaut ou insuffisance de versement Voir Mémento Social n° 24050.
> **2. Dépassement du seuil de 5 %** Les entreprises qui dépassent le seuil de 5 % bénéficient d'une créance imputable sur le solde de la taxe d'apprentissage versée l'année suivante (voir n° 16280). Pour plus de détails sur la créance, voir Mémento Social n° 38820.

16325 **Principe de comptabilisation** Comme la taxe d'apprentissage, cette contribution constitue une **charge de la période** au cours de laquelle les salaires servant de base à son calcul sont dus.

I. À la clôture Il en résulte qu'un passif, égal au montant de la contribution incombant à l'employeur au titre des salaires versés en N et qui fera l'objet d'un versement annuel unique en N+1, doit être enregistré :
– au crédit du compte 438 « Organismes sociaux – Charges à payer » ;
– par le débit d'un compte 6337 « Contribution supplémentaire à l'apprentissage », à créer.

> **Fiscalement** Il en est de même.

II. Majoration pour défaut ou insuffisance de versement Voir n° 16285

CONTRIBUTION 1 % CPF-CDD

16330 Dans le cadre de leur obligation de formation, les employeurs ayant occupé des salariés sous contrat à durée déterminée (CDD) au cours d'une année civile sont redevables, quel que soit l'effectif de l'entreprise, d'un versement spécifique destiné au financement du compte personnel de formation des intéressés. Sur les contrats non soumis à cette contribution, voir Mémento Fiscal n° 73900.

Le montant de la contribution CPF-CDD est égal à 1 % des rémunérations payées à ces salariés durant l'année considérée.

> **Précisions** **1. Assiette** La base de calcul est identique à celle des cotisations de sécurité sociale (voir Mémento Social n° 22320 s.).
> **2. Versement et recouvrement** Au titre des rémunérations versées à compter de janvier 2022, la contribution CPF-CDD est déclarée et acquittée en DSN, selon les mêmes modalités de versement et de recouvrement que pour la Cufpa (voir n° 16265).

Cette contribution est une des composantes de la Cufpa (voir n° 16260 s.). Elle constitue une charge de la période au cours de laquelle les salaires servant de base à son calcul sont dus. Sa comptabilisation suit celle de la part principale de la taxe d'apprentissage (voir n° 16310).

> **Fiscalement** En l'absence de dispositions contraires, cette contribution, ainsi que les charges à payer éventuellement comptabilisées, sont, à notre avis, déductibles (CGI art. 39-1-1°).

COMPTE PERSONNEL DE FORMATION

Caractéristiques principales du CPF Le compte personnel de formation (CPF), **16340** comptabilisé en euros, a pour objet de permettre à tout salarié de se constituer un capital de temps de formation qu'il pourra utiliser à son initiative avec ou sans l'accord de son employeur selon que la formation a lieu ou non sur le temps de travail.

> **Précisions** **Compte personnel d'activité** Le compte personnel d'activité se compose (C. trav. art. L 5151-5) :
> – du compte personnel de formation (voir ci-après) ;
> – du compte professionnel de prévention ou « C2P » (voir Mémento Social n° 71340 à 71370) ;
> – du compte d'engagement citoyen (voir Mémento social n° 38290).

Le CPF est **attaché à la personne** (et non pas au contrat de travail) et le suit tout au long de sa vie professionnelle. La **portabilité du CPF** permet au salarié quittant l'entreprise de bénéficier d'un budget formation acquis au titre du CPF et non encore utilisé. Ainsi, le budget formation du CPF reste acquis, même en cas de changement de situation professionnelle (changement d'employeur, de contrat de travail…) ou de perte d'emploi (C. trav. art. L 6323-3). Pour plus de détails sur ce dispositif, voir Mémento Social n° 38200 à 38265.

Principes de comptabilisation du CPF Bien que l'employeur verse une contribu- **16345** tion au titre de la formation (voir n° 16300 s.), certains coûts des formations réalisées dans le cadre du CPF ne sont pas pris en charge par les organismes compétents (notamment la rémunération du salarié lorsqu'il effectue la formation sur son temps de travail, voire l'ensemble des frais de formation lorsque l'employeur a signé un accord de gestion interne du CPF).

En l'absence de texte précisant le traitement comptable du CPF, il est possible, à notre avis, de retenir les mêmes principes que ceux prescrits pour le traitement du DIF (droit individuel de formation, auquel s'est substitué le CPF et dont le traitement comptable avait été défini par l'avis CU CNC 2004-F du 13-10-2004).

I. En général, aucune provision ne devrait être constituée au titre des droits inscrits au CPF, le coût de la formation ayant une contrepartie pour l'entreprise. En effet, l'entreprise a bien une obligation envers son salarié de lui donner accès à une formation. Toutefois cette obligation n'est en général pas sans contrepartie pour l'entreprise en raison de l'utilité des formations suivies par les salariés pour l'activité future de l'entreprise (de même que le DIF ; Avis CU CNC 2004-F précité, art. 2.4).

> **Précisions** **1. Abondement conventionnel** Il ne donne lieu à aucune provision.
> **2. Abondement correctif donnant lieu au versement d'une somme à la Caisse des dépôts et consignations** Voir n° 16348.

II. Toutefois, lorsque le coût de la formation n'a pas de contrepartie pour l'employeur, une provision devrait, à notre avis, être comptabilisée. Tel est le cas, notamment, en cas de **démission ou de licenciement, si le salarié demande à utiliser le CPF pendant la période de préavis** et sur son temps de travail (comme pour le DIF, Avis CU CNC 2004-F précité, art. 2.4.a).

Dans ces cas, un **passif doit être constaté,** dès la demande du salarié sous la forme d'une charge à payer :
– en l'absence d'accord de gestion interne du CPF : pour la rémunération du salarié restant à la charge de l'entreprise lorsque celui-ci utilise son CPF sur son temps de travail ;
– en cas d'accord de gestion interne du CPF : pour le coût total supporté par l'entreprise (frais de formation et rémunération du salarié versée pendant la formation, le cas échéant). Dans ce cas, un produit à recevoir (limité aux frais de formation) devra être constaté au titre du remboursement demandé à la Caisse des dépôts et consignations (CDC) à hauteur des droits acquis par le salarié dans le cadre de son CPF, celui-ci étant certain dans son montant et son principe dès la demande du salarié (la prise en charge des frais de formation par la CDC étant prévue par la loi).

> **Précisions** **Droits résiduels** S'il reste au salarié **démissionnaire** des **droits non utilisés** au terme de son préavis, **aucune provision** n'est à constater à ce titre dans les comptes de l'employeur auprès duquel les droits ont été acquis, ce dernier n'ayant pas de coût supplémentaire à supporter lors du transfert des droits vers le nouvel employeur.

16348 **Abondement correctif au CPF** Si l'employeur ne satisfait pas à ses obligations de formation (voir Précisions ci-après) et si l'employé est **encore dans l'effectif** à la date de l'entretien « bilan », l'employeur d'au moins **50 salariés** (sur l'appréciation de ce seuil, voir FRC 6/22 inf. 18) doit accorder au salarié un abondement de 3 000 € (C. trav. art. L 6323-13 et R 6323-3) et verser cette somme à la Caisse des dépôts et consignations (CDC) sous forme d'un complément de contribution à la formation professionnelle.

> **Précisions** **Obligations de formation** Dans les entreprises d'au moins 50 salariés, l'employeur doit faire bénéficier chaque salarié d'un entretien professionnel (distinct de l'entretien d'évaluation) tous les 2 ans, et d'un entretien « bilan » (visant à vérifier que le salarié a bénéficié de tous les entretiens biannuels et suivi au moins une action de formation autre qu'obligatoire pour son activité ou sa fonction) tous les 6 ans (pour plus de détails sur les obligations de l'employeur relatives à l'entretien professionnel, voir Mémento Social n° 17010).

À la clôture (Bull. CNCC EC 2021-34 du 24-5-2022 ; cncc.fr) :
a. Pour un salarié dont la période de 6 ans s'est achevée au cours de l'exercice et vis-à-vis duquel l'employeur a manqué à au moins une de ses obligations de formation, une **dette** est à comptabiliser au titre de l'abondement correctif dont l'employeur est redevable et qu'il n'aurait pas encore autoliquidé.
b. Pour un salarié dont la période de 6 ans n'est pas achevée à la clôture, mais vis-à-vis duquel un manquement a d'ores et déjà été constaté (par exemple, défaut d'entretien biennal), une **provision** devrait être constatée avant la date d'exigibilité du complément de contribution, s'il est probable que le seuil de 50 salariés sera atteint ou dépassé pendant la période requise et que le salarié sera toujours présent au terme de la période de 6 ans (à estimer de manière statistique par catégorie de salariés). Deux approches sont possibles pour évaluer la provision :
– soit provisionner la totalité de l'abondement dès le premier manquement constaté (approche consistant à considérer l'abondement comme un complément de contribution à la formation continue, sans contrepartie pour l'employeur) ;
– soit étaler la provision sur la période résiduelle à compter de la date à laquelle le manquement a été constaté et jusqu'au terme de la période de 6 ans (approche consistant à considérer l'abondement comme un avantage octroyé au salarié contre service et conditionné à sa présence).
Selon l'approche retenue par l'entreprise, la charge devrait être classée, à notre avis :
– soit dans un compte 6333 « Contribution unique des employeurs à la formation professionnelle » (première approche) ;
– soit dans un compte 6414 « Indemnités et avantages divers » (deuxième approche).

> **Fiscalement** La déduction de cette provision devrait, à notre avis, être admise, dès lors que :
> – le premier manquement de l'employeur à ses obligations d'entretien ou de formation peut être considéré comme constitutif d'un **événement survenu à la clôture** de l'exercice, au sens de l'article 39, 1-5° du CGI, justifiant une provision destinée à faire face à la charge probable en découlant ;
> – et que le calcul du **montant de la provision** s'appuie sur un **calcul statistique fiable** fondé sur l'expérience de l'entreprise permettant d'apprécier le taux de rotation des différentes catégories de salariés (voir, en ce sens, la jurisprudence rendue à propos de provisions destinées à faire face aux charges liées à l'attribution de médaille du travail, n° 16805).

2. AUTRES IMPÔTS ET TAXES SUR RÉMUNÉRATIONS

TAXE SUR LES SALAIRES

16350 La base de la taxe sur les salaires correspond à l'assiette de la CSG applicable aux salaires et assimilés (CGI art. 231 ; BOI-TPS-TS-20-10 n° 10). Certaines rémunérations bénéficient d'une exonération spécifique (celles des apprentis notamment). Acquittée mensuellement, trimestriellement ou trimestriellement selon le montant de la taxe payée l'année précédente, sa régularisation annuelle s'effectue en principe lors de l'établissement de la déclaration annuelle de liquidation et de régularisation de la taxe sur les salaires ; voir Mémento Fiscal n° 73350 à 73555.

Elle est enregistrée au débit du compte 6311 « Taxe sur les salaires » par le crédit du compte 447 « Autres impôts, taxes et versements assimilés » (PCG art. 944-44 et 946-63).

À la clôture de l'exercice, la taxe restant à payer sur les salaires inscrits en charge sur l'exercice est inscrite soit au crédit du compte 447 précité, soit au crédit du compte 448 « État-charges à payer » par le débit du compte 631 (PCG art. 946-63).

> **Fiscalement** Cette taxe est déductible l'exercice de sa comptabilisation en tant que charges à payer lorsqu'elle se rapporte à des rémunérations payées en fin d'exercice. La taxe afférente aux salaires restants dus à la clôture pour lesquels l'entreprise a pris un engagement ferme (prime de bilan, par exemple) est déductible sous la forme d'une provision fiscale (BOI-BIC-PROV-30-20-20 n° 110 ; CE 25-10-1972 n° 80122) dont le montant doit figurer sur le relevé à joindre à la déclaration de résultat (voir n° 48130).
> Pour la détermination du rapport d'assujettissement à la taxe sur les salaires, voir Mémento Fiscal n° 73385.

CONTRIBUTION DES EMPLOYEURS DUE AU TITRE DE LA REVITALISATION DU BASSIN D'EMPLOI

16355 Cette contribution, due sous certaines conditions par les entreprises d'au moins 1 000 salariés procédant à un licenciement collectif ou par les entreprises ayant recours à la rupture conventionnelle collective (C. trav. art. L 1233-84 à L 1233-87 et D 1233-38 à D 1233-44 ; voir Mémento Social n° 48480 à 48485), est versée à l'État (Trésorerie générale).

En conséquence, elle constitue, à notre avis, une taxe à comptabiliser au compte 6318 « Impôts, taxes et versements assimilés sur rémunérations (administration des impôts) – Autres ».

Cette charge étant sans contrepartie pour l'entreprise, elle doit entrer dans le calcul de la **provision pour licenciement**, voir n° 16925 s.

VERSEMENT MOBILITÉ (ANCIEN VERSEMENT DE TRANSPORT)

16360 Le versement destiné au financement des services de mobilité, dit « versement mobilité » (ancien versement de transport) est dû par les entreprises d'au moins 11 salariés (CGCT art. L 2333-64 ; voir Mémento Social n° 84000 à 84140).

Il est enregistré au compte 6331 « Versement de transport » (Impôts, taxes et versements assimilés sur rémunérations – autres organismes) dans l'exercice au cours duquel les salaires servant de base au calcul de la taxe sont dus.

Certains employeurs, en particulier ceux qui justifient avoir assuré le logement permanent sur les lieux du travail ou effectué intégralement le transport collectif de tous leurs salariés ou de certains d'entre eux, peuvent ultérieurement obtenir le remboursement de la taxe (voir Mémento Social n° 84115 à 84120). Dans ce cas, à notre avis, le compte 6331 est crédité lors de son remboursement dans l'exercice ; mais s'il n'a lieu que l'exercice suivant, il convient, si son montant est significatif, de l'estimer et de créditer le compte 6331 par le débit du compte 4387 « Organismes sociaux – Produits à recevoir » (et non 4687 « Débiteurs divers », voir Précision n° 17520).

> **Fiscalement** Ce versement est déductible (CGI art. 39-1-4° ; BOI-ANNX-000120).
> Sur le remboursement des dépenses de transport domicile-travail, voir n° 17060.

PARTICIPATION À L'EFFORT DE CONSTRUCTION

16365 Conformément aux dispositions de l'article L 313-1 du Code de la construction et de l'habitation, les employeurs qui occupent au moins 50 salariés doivent consacrer chaque année une somme égale à 0,45 % des salaires payés, au cours de l'année précédente, au financement d'actions dans le domaine du logement, en particulier du logement des salariés.

Pour plus de détails sur le dispositif, voir Mémento Fiscal n° 74300 à 74400.

16370 **Constatation de la charge** Le fait générateur de la participation à l'effort de construction étant le **paiement des salaires,** la participation relative aux salaires de l'année écoulée est une charge à comptabiliser au débit du compte 6334 « Participation des employeurs à l'effort de construction » (PCG art. 946-63) par le crédit du compte 4386 « Organismes sociaux – Charges à payer ». Une **charge à payer** pour le montant total de la participation doit être constatée s'il apparaît probable que l'entreprise ne se libérera pas de ses obligations par des investissements (en ce sens, Bull. CNCC n° 43, septembre 1981, EC 81-27, p. 395).

> **Fiscalement** La déduction d'une provision fiscale n'est possible que si, à la clôture de l'exercice, l'entreprise a pris un **engagement irrévocable** de verser une subvention qui a été porté à la connaissance de la personne ou de l'organisme bénéficiaire (BOI-BIC-PROV-30-20-20 n° 150). À notre avis, cet engagement peut être justifié par une décision du conseil d'administration et par une confirmation de l'organisme collecteur.
> La fraction déductible de la « provision » doit figurer sur le relevé à joindre à la déclaration de résultat (voir n° 48130).

Si l'entreprise n'a **pas pris de décision sur la forme de son versement,** il convient, à notre avis, de prendre en compte la politique suivie habituellement par l'entreprise pour se libérer de son obligation.

> **Fiscalement** Selon l'administration, dans la mesure où le choix reste offert à l'entreprise à la clôture de l'exercice de réaliser ses investissements sous une autre forme, non constitutive de charges au sens de l'article 39-1 du CGI, cette charge demeure purement éventuelle à cette date et ne peut donc être provisionnée (BOI-BIC-PROV-30-20-20 n° 160).

Aucune écriture n'est à passer pour la fraction que l'entreprise sait devoir **investir** sous forme de prêts ou de construction de logements.

16375 **Comptabilisation des versements** L'employeur se libère de son obligation de participation à l'effort de construction par le versement effectif de sa contribution sous forme de dépenses libératoires, au plus tard au 31 décembre de l'année suivant celle du versement des rémunérations (CCH art. L 313-5).

Le tableau suivant, établi par nos soins, indique les comptes à débiter l'année du versement en fonction des modalités libératoires retenues (CNC – NI n° 4 adaptée au PCG) :

Modalités de réalisation de la participation à l'effort de construction (1)	Comptes à débiter
Versement à un organisme collecteur agréé (CCH art. R 313-6)	
Prêts sans intérêts (2)	compte 2748 « Autres prêts »
Subventions (3)	compte 4386 « Organismes sociaux – Charges à payer » (4)
Investissements directs (CCH art. R 313-7)	
Prêts aux salariés	compte 2743 « Prêts au personnel »
Construction directe de logements	compte 213188 « Constructions – Autres ensembles affectés à des opérations non professionnelles » (5)
Amélioration de logements locatifs	compte 2135 « Installations générales, agencements, aménagements des constructions »

(1) En dehors de la subvention accordée à un organisme collecteur agréé, toutes les autres formes de réalisation (prêts accordés à l'organisme collecteur ou aux salariés et autres investissements directs) de la participation à l'effort de construction doivent toujours être accordées pour une durée de vingt ans (CCH art. R 313-9).
(2) Sur la constitution d'une dépréciation pour actualisation de ces prêts (d'une durée de 20 ans avec un intérêt faible), voir n° 40195. Si l'entreprise souhaite constituer une dépréciation sur ces prêts, elle peut avoir intérêt, compte tenu du caractère aléatoire de sa déductibilité, à verser des subventions (qui sont elles assurément déductibles), à condition d'être bénéficiaire.
Si une dépréciation est constituée, elle ne peut l'être, à notre avis, que sur les prêts effectivement versés à la clôture.
Fiscalement Le Conseil d'État s'est prononcé contre la déduction de cette (provision pour) dépréciation (voir n° 40215).
(3) Le fait que ces subventions puissent donner droit à la réservation de logements locatifs par l'organisme collecteur ne change pas, à notre avis, leur caractère de charge. Elles ne peuvent être considérées comme correspondant à un droit incorporel.
(4) Le versement de la subvention permet de solder la charge à payer comptabilisée dans le compte 6334, lors de l'exercice précédent (voir n° 16370). Toutefois, si la charge provisionnée en N–1 était insuffisante (en raison, par exemple, d'investissements finalement non réalisés), la subvention versée non provisionnée est constatée en N au compte 6334 « Participation des employeurs à l'effort de construction ».
(5) Par le crédit du compte 72 « Production immobilisée ».

> **Précisions** Depuis mai 2012, l'investissement sous forme de titres n'est plus possible. Néanmoins, les titres acquis avant cette date peuvent être conservés. Sur la conséquence du fait que ces titres n'ont pas toujours ultérieurement une valeur correspondant à leur coût d'acquisition, voir n° 37075.

Régularisations à la fin de l'exercice À la fin de l'exercice du versement de la participation, **trois situations** peuvent se rencontrer. **16380**

I. Les dépenses libératoires correspondent à la participation obligatoire de l'exercice Dans ce cas, aucune régularisation n'est nécessaire.

II. Les dépenses libératoires sont excédentaires par rapport à la participation obligatoire de l'exercice Cet excédent, habituellement reporté de façon extra-comptable sur l'imprimé de la déclaration, constitue, sur le plan comptable, une charge de l'exercice, même s'il est reportable (en ce sens, Bull. CNC n° 71, 2ᵉ trimestre 1987). Il ne peut donc être constaté en charges constatées d'avance.

III. L'employeur a effectué des dépenses libératoires insuffisantes L'employeur qui a insuffisamment participé à l'effort de construction est redevable d'une cotisation de 2 %, calculée sur les salaires versés au cours de l'année précédente (CCH art. L 313-4 ; CGI art. 235 bis ; voir Mémento Fiscal n° 74370).

> **Fiscalement** La cotisation de 2 % ne constitue pas une sanction ayant le caractère d'une punition mais une imposition (Cons. const. QPC 13-1-2011 n° 2010-84 ; BOI-TPS-PEEC-40 n° 110) qui est intégralement déductible du bénéfice imposable (BOI-ANNX-000120).

Cette cotisation de 2 % est comptabilisée différemment selon que la charge relative à la participation à l'effort de construction a été provisionnée ou non en N–1 (dans le compte 6334, voir n° 16370) :

1ᵉʳ cas : la charge a été comptabilisée en N–1 (voir n° 16370) La cotisation de 2 % est comptabilisée au 31/12/N :
– au débit du compte 4386 « Organismes sociaux – Charges à payer », pour 0,45 % du montant des rémunérations versées ;
– au débit du compte 6314 « Cotisation pour défaut d'investissement obligatoire dans la construction », pour le surplus ;
– par le crédit du compte 4486 « État – Charges à payer ».

2ᵉ cas : la charge n'a pas été constatée en N–1 La cotisation de 2 % est comptabilisée au 31/12/N :
– au débit du compte 6334 « Participation à l'effort de construction », pour 0,45 % du montant des rémunérations versées ;
– au débit du compte 6314 « Cotisation pour défaut d'investissement obligatoire dans la construction », pour le surplus ;
– par le crédit du compte 4486 « État – Charges à payer ».

> **Fiscalement** Cette charge à payer (comptable) constitue une « provision » (BOI-BIC-PROV-30-20-20 n° 170) :
> – non déductible pour les sociétés avec un exercice décalé, le délai pour réaliser les investissements expirant le 31 décembre ;
> – déductible immédiatement pour les sociétés qui clôturent leur exercice avec l'année civile, la cotisation ayant un caractère probable à cette date du fait de l'expiration du délai imparti pour réaliser l'investissement.
> Elle doit en outre figurer sur le relevé à joindre à la déclaration de résultat (voir n° 48130).

EXEMPLE

Une entreprise a versé au cours de l'année N–1 des rémunérations pour un montant de 1,5 M. Elle doit donc participer à l'effort de construction, au plus tard le 31 décembre N, pour 6 750 (soit 1,5 M × 0,45 %).

1ᵉʳ cas : l'entreprise compte se libérer de son obligation en versant une subvention à un organisme collecteur. Au 31 décembre N–1, elle comptabilise donc une charge à hauteur du montant total dû (voir n° 16370).
La subvention réellement versée en N s'élève à 5 000. Au 31 décembre N, une insuffisance de participation apparaît donc pour 1 750 (6 750 – 5 000).

2ᵉ cas : l'entreprise compte se libérer de son obligation en consentant des prêts à ses salariés à hauteur de 6 750. Au 31 décembre N–1, aucune charge n'est donc comptabilisée (voir n° 16370). Néanmoins, l'entreprise n'accorde effectivement que 5 000 de prêts. D'où une insuffisance de participation pour 1 750.

Dans les deux cas, l'entreprise est donc passible de la cotisation de 2 % pour un montant de 7 778 [1 750 × (10 000/45) × 2 %].
Les écritures comptables en N–1 et N sont les suivantes :

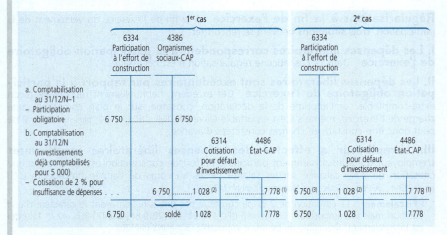

(1) Charge totale = 7 778 (cotisation de 2 %)
(2) « Surplus » par rapport à la cotisation de 0,45 %
(3) 1,5 M × 0,45 %

16385 **Changement d'affectation des versements effectués lors des exercices antérieurs** Il s'agit du cas de **transformation d'un prêt en subvention** (CGI art. 39 quinquies) : le compte 6334 est débité par le crédit du compte initialement débité (2743 ou 2748).

Même si cette charge est d'un montant significatif, elle revêt, à notre avis, un caractère d'exploitation. Il s'agit en fait d'un élément exceptionnel des activités ordinaires à mentionner de ce fait en **annexe**.

> **Fiscalement** Cette charge est déductible des résultats de l'exercice au cours duquel la décision de transformation est intervenue (CE 12-2-1992 n° 70671 ; CE 13-7-2006 n° 271205).

CONTRIBUTION SOLIDARITÉ AUTONOMIE

16390 Les entreprises qui sont redevables d'une cotisation patronale d'assurance maladie destinée au financement d'un régime français de base d'assurance maladie sont soumises à la contribution solidarité autonomie (C. trav. art. L 3133-7 ; Circ. DSS 622 du 22-12-2004 : BOSS 42-04).

Pour plus de détails sur les entreprises redevables, le mode de calcul et le taux applicable, voir Mémento Social n° 31290 à 31305.

La contribution solidarité autonomie est un impôt (Circ. DSS 307 du 1-7-2004). Étant recouvrée par l'Urssaf, elle est comptabilisée, à notre avis, au débit du compte 6338 « Impôts, taxes et versements assimilés sur rémunération (autres organismes) – Autres », voir n° 16230. Comme les cotisations patronales d'assurance maladie, elle constitue une charge de la période au cours de laquelle les rémunérations assujetties ont été versées.

> **Fiscalement** Cette contribution est déductible (Bulletin officiel du ministère chargé de la sécurité sociale n° 2005-1 ; CGI art. 39, 1-4°).

ALLOCATION LOGEMENT

16395 Le PCG la classe au compte 6332 « Allocation logement » en tant qu'impôts, taxes et versements assimilés sur rémunérations (autres organismes).

PÉNALITÉS POUR DÉFAUT D'ACCORD D'ENTREPRISE (OU DE PLAN D'ACTION)

16400 Parmi ces pénalités figurent :
– la pénalité pour défaut d'accord d'entreprise ou de plan d'action en faveur de **l'égalité hommes-femmes** (C. trav. art. L 2242-8 ; voir Mémento Social n° 51993) ;
– la pénalité pour défaut d'accord ou de plan d'action relatif à la prévention des effets de l'exposition aux facteurs de risques professionnels (C. trav. art. L 4162-4 ; voir Mémento Social n° 71337).

Comptablement, ces pénalités constituent des charges à inscrire, à notre avis :
– soit au débit du compte 6712 « Pénalités, amendes fiscales et pénales » (conformément au classement prévu par l'article 932-1 du PCG pour les pénalités ; voir n° 96300) ;
– soit au débit du compte 6338 « Impôts, taxes et versements assimilés sur rémunérations (autres organismes) ».

> **Fiscalement** Ces pénalités, sanctionnant le non-respect d'une obligation légale, ne sont pas déductibles (CGI art. 39-2), voir n° 45995. Elles doivent donc être réintégrées extra-comptablement sur l'imprimé n° 2058-A (ligne WJ).

CONTRIBUTION AU FINANCEMENT DE L'ALLOCATION DE SÉCURISATION PROFESSIONNELLE (ASP) VERSÉE DANS LE CADRE D'UN CONTRAT DE SÉCURISATION PROFESSIONNELLE (CSP)

16405

Cette contribution, due à Pôle emploi, correspond au montant de l'indemnité de préavis que le salarié aurait perçue s'il n'avait pas adhéré au CSP (C. trav. art. L 1233-66 ; voir n° 16985).

Elle est enregistrée, à notre avis :
– en charges dans le compte 6338 « Impôts, taxes et versements assimilés sur rémunérations (autres organismes) – Autres » ;
– sauf, dans le cadre d'un plan, s'il peut être démontré qu'il n'est pas lié à l'exploitation courante de l'entreprise (voir n° 52030). Dans ce cas elle peut être enregistrée au compte 6788 « Charges exceptionnelles diverses ».

Ces charges étant sans contrepartie pour l'entreprise, elles doivent entrer dans le calcul de la **provision pour licenciement,** voir n° 16925 s. Dans le cadre d'un plan de restructuration, voir n° 17420 et 17425.

CONTRIBUTION AU DIALOGUE SOCIAL

16410

Cette contribution, due à l'Urssaf, couvre le financement d'un fonds paritaire incluant à la fois (C. trav. art. L 2135-9 ; voir Mémento Social n° 84400 à 84415) :
– des organisations syndicales de salariés ;
– des organisations professionnelles d'employeurs. Ce fonds paritaire permet notamment de financer le maintien du salaire des salariés absents pour cause de congés formation économique, sociale, environnementale et syndicale (voir Mémento Social n° 12340 à 12360).

Elle devrait, à notre avis, être comptabilisée au débit du compte 6338 « Impôts, taxes et versements assimilés sur rémunérations (autres organismes) – Autres » (voir n° 16235), en charge de la période au cours de laquelle les rémunérations assujetties ont été versées.

3. AUTRES IMPÔTS ET TAXES

TAXE SUR CERTAINES DÉPENSES DE PUBLICITÉ

16415

La taxe due au titre de l'année N est assise sur certaines dépenses de publicité engagées au cours de l'année civile précédente. En cas de cessation d'activité en N, la taxe due sur les dépenses engagées en N–1 reste due. Pour plus de détails sur le champ et les modalités d'application, voir Mémento Fiscal n° 75905.

Cette taxe constitue, à notre avis, une **charge de l'exercice au cours duquel ont été réalisées les dépenses de publicité** sur lesquelles elle est assise (réalisation et distribution d'imprimés publicitaires et annonces et insertions dans les journaux gratuits engagées au titre de l'année civile précédente).

Pour les entreprises clôturant en cours d'année, cette taxe devrait, à notre avis, être enregistrée prorata temporis.

La charge est débitée au compte 635 « Autres impôts, taxes et versements assimilés » (administration des impôts) par le crédit du compte 4486 « État – Autres charges à payer ».

> **Fiscalement** Cette charge à payer est, à notre avis, immédiatement déductible. En effet, en l'absence de disposition contraire, il convient de s'appuyer sur la jurisprudence du Conseil d'État (CE 18-5-1983 n° 29524 repris dans BOI-BIC-PROV-30-20-20 n° 10) qui prévoit qu'une provision pour impôt est déductible si le fait générateur de l'impôt est survenu avant la clôture de l'exercice (ce qui est le cas de cette taxe – CGI art. 302 bis MA ; BOI-TCA-CDP n° 200).

CONTRIBUTION ÉCONOMIQUE TERRITORIALE

16420

Pour une étude d'ensemble de la contribution économique territoriale (CET), voir Mémento Fiscal n° 43500 à 44130.

16425 CFE et CVAE La CET est constituée de deux composantes qui s'additionnent :
– la **Cotisation Foncière des Entreprises (CFE)** : assise sur les valeurs locatives foncières des immeubles situés en France, cette cotisation est calculée par établissement (CGI art. 1467 ; BOI-IF-CFE). La CFE peut bénéficier d'un plafonnement en fonction de la valeur ajoutée (voir n° 16445).
– la **Cotisation sur la Valeur Ajoutée des Entreprises (CVAE)** : cette cotisation n'est due que par les entreprises exerçant une activité imposable à la CFE et dont le chiffre d'affaires hors taxes est supérieur à 152 500 €. Elle s'élève, en principe, à 0,75 % (0,375 % pour la CVAE due au titre de 2023) de la valeur ajoutée de l'entreprise produite au cours de l'année (CGI art. 1586 ter modifié par loi 2022-1726 du 30-12-2022 art. 55 ; voir n° 16430 sur la définition de la valeur ajoutée). Toutefois, en pratique, les entreprises dont le CA de référence est inférieur à 50 M€ bénéficient d'un taux réduit en fonction d'un barème progressif, voire d'une exonération totale lorsque le CA est inférieur à 500 K€ (sur les spécificités applicables aux sociétés qui remplissent les conditions de détention pour être membres d'un groupe fiscal, voir Mémento Fiscal n° 44003).

> **Précisions** Réduction de la CVAE La cotisation de CVAE est diminuée de moitié en 2023 (Loi 2022-1726 du 30-12-2022 art. 55).

Les **périodes de référence** pour ces deux contributions sont différentes (pour plus de détails sur le calcul, voir Mémento Fiscal n° 43910 à 43916) :
– pour la CFE (voir Mémento Fiscal n° 43665) : la période de référence retenue pour déterminer la base d'imposition est l'avant-dernière année précédant celle de l'imposition (N–2) ou le dernier exercice de douze mois clos au cours de cette même année lorsque cet exercice ne correspond pas à l'année civile (CGI art. 1467 A). La contribution est due pour l'année entière par le redevable qui exerce l'activité le 1er janvier. Toutefois, en cas d'arrêt de l'activité en cours d'exercice, la contribution n'est pas due pour les mois restant à courir (sauf cession ou transfert d'activité).
– pour la CVAE (voir Mémento Fiscal n° 43900) : l'assiette est la valeur ajoutée produite au cours de l'année d'imposition ou au cours de l'exercice de douze mois clos au cours de l'année d'imposition (CGI art. 1586 quinquies). Ainsi, par exemple, pour une clôture au 31 mars N, l'assiette de la CVAE de N est la valeur ajoutée calculée du 1er avril N–1 au 31 mars N. Elle est due par le redevable qui exerce l'activité au 1er janvier de l'année d'imposition ou par le bénéficiaire d'un transfert d'activités intervenu au cours de l'année (CGI art. 1586 octies).

16430 Lien entre les règles comptables et la valeur ajoutée retenue pour le calcul de la CVAE

I. Définition de la valeur ajoutée fiscale La valeur ajoutée retenue pour le calcul de la CVAE (et pour le plafonnement de la CET, voir n° 16445) est définie à l'article 1586 sexies, I du CGI. Elle ne correspond pas à la valeur ajoutée comptable (BOI-CVAE-BASE-20 ; voir n° 52165), même si sa détermination **s'appuie directement sur la comptabilité** (BOI-CVAE-BASE-20 n° 1 et 20 à 350).

La valeur ajoutée fiscale est ainsi égale à la **différence** entre (CGI art. 1586 sexies, I-4 ; Mémento Fiscal n° 43916) :
– d'une part, le **chiffre d'affaires** défini comme la somme des produits suivants : ventes de produits fabriqués, prestations de services et marchandises ; redevances pour concessions, brevets, licences, marques, procédés, logiciels, droits et valeurs similaires ; plus-values de cession d'immobilisations corporelles et incorporelles qui se rapportent à une activité normale et courante ; refacturations de frais inscrites au compte de transfert de charges ;
– **majoré** principalement des éléments suivants : autres produits de gestion courante ; production immobilisée (à hauteur des seules charges qui ont concouru à sa formation et sont déductibles de la valeur ajoutée) ; subventions d'exploitation ; variation positive des stocks ; transferts de charges déductibles de la valeur ajoutée (autres que ceux déjà pris en compte dans le chiffre d'affaires) ; rentrées sur créances amorties lorsqu'elles se rapportent au résultat d'exploitation ;
– et d'autre part, les **charges** suivantes : achats ; variation négative des stocks ; services extérieurs à l'exception des loyers afférents aux biens pris en location pour plus de six mois et redevances de crédit-bail ; taxes sur le chiffre d'affaires et assimilées ; autres charges de gestion courante ; amortissements afférents à des biens donnés en location plus de six mois ou en crédit-bail ou faisant l'objet d'un contrat de location-gérance ; moins-values de cession d'immobilisations corporelles et incorporelles se rapportant à une activité normale et courante.

Dans ses commentaires visant à définir les sommes à porter aux différents postes énumérés ci-dessus, l'administration indique qu'il convient de se référer aux montants inscrits dans les

comptes comptables correspondants (BOI-CVAE-BASE-20 n° 1 s.). La jurisprudence a également posé le principe suivant lequel :
– il convient de **se référer aux règles fixées par le PCG** (CE 26-7-1991 n° 81975 et 95802 ; CE 4-8-2006 n° 267150) en vigueur au titre de l'année d'imposition (CE 30-12-2002 n° 238030) et non à celles applicables aux comptes consolidés (CE 20-4-2021 n° 431224). Toutefois, le juge se reconnaît fondé à porter une appréciation sur la **pertinence du rattachement comptable** opéré par l'entreprise (CE 6-12-2006 n° 280800 et CE 6-12-2017 n° 401533) ;
– **en l'absence de règle impérative fixée par le PCG,** il convient de rechercher quel est le classement comptable le plus adéquat compte tenu des normes comptables applicables.

> **EXEMPLE**
> Le Conseil d'État s'est notamment prononcé :
> — sur les dépenses de participation des employeurs à la formation professionnelle continue : les sommes versées par une entreprise dans le cadre de son plan de formation sont déductibles de la valeur ajoutée en vertu des normes comptables dans la mesure où elles sont la contrepartie directe d'un service de formation de ses salariés, alors même qu'elles présentent un caractère libératoire d'une imposition (CE 30-12-2015 n° 366716) ;
> — sur les intérêts supportés par une entreprise pour l'octroi d'un crédit gratuit à son acheteur (CE 2-4-2021 n° 430364 ; voir n° 43020) ;
> — sur les redevances versées par une société pour l'exploitation de brevets qu'elle sous-concède de manière pérenne à des tiers : mettant en œuvre les critères fixés par la jurisprudence en matière d'impôt sur les sociétés (n° 30785), le Conseil d'État a jugé que le contrat constituant une source régulière de profits, les redevances doivent être regardées comme rémunérant l'acquisition d'un élément incorporel de l'actif immobilisé et sont exclues, à ce titre, de la valeur ajoutée (CE 29-11-2021 n° 451521).

II. Distinction entre le résultat courant et exceptionnel pour la CVAE

La qualification de produits ou charges comme appartenant au résultat courant ou exceptionnel a un impact direct sur le calcul de la valeur ajoutée fiscale puisque seuls les éléments du résultat courant sont retenus.

Pour déterminer si des éléments doivent être pris en compte pour le calcul de la CVAE, en tant qu'ils constituent un élément du résultat courant, la jurisprudence fait application des principes généraux rappelés ci-avant I. Il en résulte qu'une connexion fiscalo-comptable est normalement assurée pour distinguer entre le résultat courant et le résultat exceptionnel lorsque la réglementation comptable ne laisse pas de choix pour le rattachement de charges ou de produits (CE 20-10-2021 n° 450268), ce qui n'est pas toujours le cas, les entreprises ayant actuellement le choix entre une approche fondée sur la liste des comptes du PCG et une approche plus économique fondée sur l'analyse des faits et des circonstances propres à l'entreprise pour définir leur résultat exceptionnel (voir n° 52030 s.). Lorsque le rattachement comptable laisse place au jugement, la jurisprudence privilégie souvent l'approche économique (voir, par exemple, CE 6-12-2017 n° 401533 ; CE 25-9-2020 n° 433942 et 436049).

> **EXEMPLE**
> Le Conseil d'État s'est notamment prononcé :
> — sur le classement des **pénalités** sur marchés (voir n° 52030) ;
> — sur le classement des dons et dépenses de **mécénat** (voir n° 16040) ;
> — sur le classement des **produits de cessions d'immobilisations** (voir n° 52030) ;
> — sur le classement des subventions (voir n° 31485).

Exercice de rattachement de la charge de CET Les deux composantes de la CET (CFE et CVAE) sont comptabilisées, dans les comptes sociaux : **16435**
– en **charges d'exploitation** (Règl. ANC 2010-11 du 5-11-2010), au débit du compte 63511 (PCG art. 932-1) ; la comptabilisation de la CVAE dans le compte 695 est interdite dans les comptes sociaux ;

> **› Précisions** **Comptabilisation distincte** Une comptabilisation distincte des deux composantes de la CET pourrait être utile dans les comptes sociaux pour faciliter l'imputation des dégrèvements (voir ci-après) ainsi que pour l'éventuelle incorporation de la CFE dans les stocks (voir n° 21175).

– à notre avis, dans l'exercice en cours au 1er janvier de l'année d'exigibilité (sur la date de comptabilisation des impôts et taxes, voir n° 16240).

> **› Fiscalement** Il devrait en être de même. En effet, le fait générateur de la CET étant constitué, en principe, par l'exercice de l'activité au 1er janvier de l'année d'imposition, cette taxe, comme la taxe professionnelle, est, à notre avis, une charge déductible de l'exercice en cours à cette date et ne peut faire l'objet d'une provision déductible au titre d'un exercice antérieur (CE 30-6-2004 n° 253513 rendu en matière de taxe professionnelle).

En cas de clôture décalée (exercice incluant le 1er janvier N), les pratiques divergent (voir nº 16240) :
– soit la CET (CFE comme CVAE) due au titre de l'année N est comptabilisée en charge de l'exercice en totalité, le fait générateur étant l'existence de l'entreprise au 1er janvier N ;
– soit la charge de CET (CFE comme CVAE) due au titre de l'année N est comptabilisée au prorata des mois écoulés entre le début de l'année N et la date de clôture. En effet, la taxe peut être considérée comme une taxe annuelle à rattacher à l'activité de l'année N (traitement qui était retenu antérieurement pour la taxe professionnelle).

Sur la problématique de l'incorporation de la CET dans le coût de production des stocks, voir nº 21175.

Le traitement est identique dans les **comptes consolidés établis en règles françaises** (Règl. ANC précité).

Sur le traitement de la CFE et de la CVAE en normes IFRS, voir Mémento IFRS nº 27901 à 27920.

16445 **Dégrèvement lié au plafonnement de la CET** Ce dégrèvement est calculé sur le montant global de la CET (c'est-à-dire le total de la CFE et de la CVAE), lequel prend notamment en compte les taux additionnels appliqués pour la taxe additionnelle spéciale perçue au profit de la région Île-de-France (voir nº 16475 ; BOI-IF-AUT-130 nº 220). Son montant correspond à la différence entre la CET calculée sur les bases de l'entreprise et 1,625 % de la valeur ajoutée pour les impositions établies au titre de 2023. Il s'impute exclusivement sur la CFE et non sur la CVAE (CGI art. 1647 B sexies modifié par loi 2022-1726 du 30-12-2022 art. 55 ; BOI-IF-CFE-40-30-20-30 ; pour plus de détails, voir Mémento Fiscal nº 44100 à 44130).

En l'absence de précision des organismes compétents, le **produit** (ou la créance) résultant du plafonnement de la CET en fonction de la valeur ajoutée est, à notre avis, **à rattacher à l'exercice** au cours duquel la CFE est comptabilisée en **charge.**

En effet, le dégrèvement est acquis de droit à l'entreprise dès l'année où la CFE devient exigible, la condition de forme (demande du dégrèvement sur un imprimé spécial) à laquelle doivent se plier les entreprises s'analysant, à notre avis, comme une condition résolutoire (voir nº 53120).

> **Précisions** La demande de dégrèvement doit être déposée **jusqu'au 31 décembre de l'année suivant celle de la mise en recouvrement de la CFE** dont le plafonnement est sollicité (LPF art. R 196-2), y compris lorsque la société n'a pas encore arrêté à cette date les comptes des exercices permettant de calculer la valeur ajoutée de l'année civile N, par exemple en cas d'exercices décalés (CE 23-12-2011 nº 334918 rendu en matière de taxe professionnelle mais à notre avis transposable en matière de CET). Le calcul de la valeur ajoutée doit alors être établi sur la base des comptes provisoires au 31 décembre N+1.

Les modalités de détermination du montant de dégrèvement à comptabiliser en produit dépendent de la date de clôture de l'exercice :

I. Cas des entreprises clôturant leur exercice avant le paiement du solde de la CFE Ces entreprises connaissent en général avec précision le montant du dégrèvement auquel elles ont droit, le plafonnement étant calculé sur la base de la valeur ajoutée du dernier exercice clos. Elles ont donc le choix entre :
– régler la totalité du solde de la CFE (en général le 15 décembre au plus tard) et constater une créance sur l'État à hauteur du dégrèvement attendu ;
– ou déduire, sous leur responsabilité, du solde de la CFE mise en recouvrement le montant du dégrèvement qu'elles ont calculé en utilisant la faculté offerte à l'article 1679 quinquies du CGI.

II. Cas des entreprises clôturant leur exercice avec l'année civile À la date de paiement du solde de la CFE, la valeur ajoutée de l'exercice peut ne pas être déterminée avec précision. Les entreprises ont donc le choix entre :
– régler la totalité du solde et constater une créance sur l'État à hauteur du dégrèvement attendu ;
– ou déduire, sous leur responsabilité, le montant du dégrèvement évalué provisoirement (CGI art. 1679 quinquies).

> **Précisions** Dans le cas où l'entreprise surestime son dégrèvement, une majoration de 5 % (CGI art. 1731 B) et une pénalité de retard (CGI art. 1727) sont dues.

Le dégrèvement imputé sur la CFE payée le 15 décembre au plus tard n'étant que provisoire mais **étant connu à la date d'arrêté des comptes** (sur cette notion, voir nº 52310), il y a lieu, à notre avis, de constater à la clôture de l'exercice au cours duquel le dégrèvement provisoire a été imputé, le complément ou la réduction de dégrèvement.

> **Fiscalement** (valable pour le I. et le II.) En pratique, deux situations doivent être distinguées (CGI art. 39-1-4°) :

a. La société **n'a pas minoré le solde de la CFE** qu'elle a réglé **du montant du dégrèvement attendu au titre du plafonnement** et perçoit ultérieurement le produit du dégrèvement. Dans ce cas, le produit correspondant au dégrèvement de CET n'est imposable que lorsqu'il est acquis, c'est-à-dire au titre de l'exercice de dépôt de la demande de plafonnement (BOI 4 A-4-09 non repris dans Bofip). La demande ne pouvant être déposée qu'après la clôture, les retraitements extra-comptables suivants peuvent devoir être pratiqués sur l'imprimé n° 2058-A :
– déduction (ligne XG) du dégrèvement comptabilisé en produit ;
– réintégration (ligne WQ) au titre de l'exercice de dépôt de la demande du dégrèvement précédemment déduit.

b. La société **a minoré le solde de la CFE** qu'elle a réglé **du montant du dégrèvement attendu au titre du plafonnement** (CGI art. 1679 quinquies). Dans ce cas :
– le montant de la CET déductible au titre de cet exercice est minoré du montant du dégrèvement imputé ;
– et corrélativement, le dégrèvement ne constitue pas un produit imposable de l'exercice de son ordonnancement.
En conséquence, aucun retraitement extra-comptable n'est à effectuer.

Principe de comptabilisation du dégrèvement lié au plafonnement de la CET 16450
La question est de savoir s'il y a lieu de comptabiliser la CFE au compte 63511 pour son montant net du dégrèvement, ou bien pour son montant brut, le dégrèvement étant alors comptabilisé en produit.

En pratique, la quasi-totalité des entreprises devrait retenir une comptabilisation de la CFE nette du dégrèvement (comme pour la taxe professionnelle auparavant).

Or le PCG (voir liste des comptes, art. 932-1) prévoit une **comptabilisation séparée** :
– de la CET, à ce compte, pour son montant brut (comme la taxe professionnelle auparavant) ;
– et du dégrèvement au compte 7717 « Dégrèvement d'impôts autres qu'impôts sur les bénéfices ».

En conséquence, et compte tenu des développements fiscaux mentionnés ci-avant :

I. Si l'entreprise a déduit le dégrèvement attendu du solde de sa CFE, elle a intérêt, par simplification, à continuer à retenir la solution pratique du **montant net** ;

II. Si l'entreprise n'a pas déduit le dégrèvement attendu du solde de sa CFE et souhaite décaler l'imposition de ce dégrèvement par rapport à l'exercice de déduction de la taxe, la **déconnexion** comptable prévue par le PCG (montant brut et produit) simplifierait le traitement fiscal (également déconnecté). Toutefois, afin de respecter l'idée du PCG et d'assurer continuité et comparabilité des résultats d'exploitation, le dégrèvement pourrait être comptabilisé, à notre avis, au **compte 758** « Produits de gestion courante » tout en veillant, à notre avis, à extourner ce produit pour le calcul de la VA de l'année suivante.

Cas pratique : entreprise bénéficiant du plafonnement en fonction de la valeur ajoutée 16455
Dans ce cas pratique, par mesure de simplification, l'entreprise bénéficie uniquement du plafonnement en fonction de la valeur ajoutée, mais pas d'un dégrèvement exceptionnel.

I. Versement des acomptes de CFE et CVAE Ils sont débités dans un sous-compte du compte 447 « Autres impôts, taxes et versements assimilés » (PCG art. 944-44) par le crédit du compte de trésorerie intéressé.

II. Paiement de l'avis d'imposition de la CFE Sa comptabilisation s'effectue en deux étapes :

a. Comptabilisation de la taxe Le montant à payer au 15 décembre est porté (PCG art. 944-44) :
– au débit du compte 63511 « Contribution économique territoriale », le cas échéant, dans un sous-compte dédié à la CFE (ou éclaté au débit du compte 63511 pour le montant brut de la taxe, le dégrèvement provisoire étant constaté en produit au compte 758),
– par le crédit du sous-compte concerné du 447 « Autres impôts, taxes et versements assimilés ».

b. Comptabilisation du paiement Le solde à payer, qui est minoré de l'acompte déjà versé, est débité au sous-compte concerné du 447 par le crédit du compte de trésorerie concerné.

III. À la clôture de l'exercice

a. Comptabilisation de la CVAE Le montant définitif étant nécessairement connu à la date d'arrêté des comptes (sur cette notion voir n° 52310), le solde de la taxe (qui est minoré des acomptes déjà comptabilisés) est à comptabiliser à la clôture de l'exercice. Il est inscrit :
– au débit du compte 63511 « Contribution économique territoriale » (le cas échéant, dans un sous-compte dédié à la CVAE) ;
– par le crédit du sous-compte concerné du 447 « Autres impôts, taxes et versements assimilés ».

b. Comptabilisation du dégrèvement lié au plafonnement de la CET en fonction de la VA
Il y a lieu de comptabiliser, selon que le dégrèvement définitif s'avère supérieur ou inférieur au dégrèvement provisoire, un complément ou une réduction de CFE, de la manière suivante :

1. Si la taxe est comptabilisée pour son montant net (de dégrèvement) au compte 63511 :
– si le dégrèvement définitif est supérieur au provisoire : débit du compte 4487 « État-produit à recevoir » par le crédit du compte 63511, réduisant ainsi la charge de taxe de l'exercice ;
– si le dégrèvement définitif est inférieur au provisoire : débit du compte 63511 par le crédit du compte 4486 « État – charges à payer », augmentant ainsi la charge de taxe de l'exercice.

> **Fiscalement** (Hypothèse d'imposition du dégrèvement le même exercice que celui de la déduction de la taxe ce qui suppose que ce dégrèvement a été déduit du solde effectivement payé). Le montant net de l'exercice, figurant au **compte 63511**, est **déductible**. Il n'y a donc, pour la détermination du résultat fiscal, aucune réintégration, ni déduction extra-comptable à effectuer.

2. Si la taxe est comptabilisée pour son montant brut au compte 63511 et le dégrèvement en produit :
– si le dégrèvement définitif est supérieur au provisoire : débit du compte 4487 « État-produit à recevoir » par le crédit du compte 758 « Dégrèvement de CET », augmentant ainsi le produit correspondant au dégrèvement de l'exercice ;
– si le dégrèvement définitif est inférieur au provisoire : débit du compte 758 « Dégrèvement de CET » par le crédit du compte 4486 « État – charges à payer », réduisant ainsi le produit correspondant au dégrèvement de l'exercice.

> **Fiscalement** Dans l'hypothèse où le dégrèvement est imposable en N+1 (ce qui suppose que ce dégrèvement n'a pas été déduit du solde payé en N), il y a lieu, pour la détermination du résultat fiscal, d'effectuer les retraitements extra-comptables mentionnés ci-avant.

IV. Paiement de l'avis d'imposition de la CVAE
Le solde à payer au 1er mai de l'année suivante est débité au sous-compte concerné du 447 par le crédit du compte de trésorerie concerné.

TAXES FONCIÈRES ET D'HABITATION

16460 Elles sont fondées sur la valeur locative cadastrale actualisée et dues par le propriétaire (taxe foncière) ou l'occupant (taxe d'habitation) au 1er janvier de l'année d'imposition.

En cas de changement en cours d'année, le débiteur de la taxe ne peut en obtenir la réduction au prorata du nombre de mois restant à courir.

Assises sur la situation existant le **1er janvier,** elles constituent, à notre avis, une **charge de l'exercice comprenant cette date.**

> **Fiscalement** Il en est, à notre avis, de même. La taxe foncière est déductible (CGI art. 39-1-4° ; BOI-ANNX-000120).
> Sur l'actualisation des valeurs locatives des locaux professionnels et sur la révision des valeurs locatives des locaux d'habitation, voir respectivement Mémento Fiscal n° 42240 s. et 42090.

La taxe foncière est à comptabiliser au compte 63512 (PCG art. 932-1) et la taxe d'habitation (due dans des cas exceptionnels par les sociétés non soumises à la CFE) est, à notre avis, à comptabiliser au compte 63513 « Autres impôts locaux ».

Sur la date de comptabilisation des impôts et taxes, voir n° 16240.

Pour son incorporation dans les stocks, voir n° 21180.

16465 Taxe annuelle sur les bureaux en Île-de-France et en Provence-Côte d'Azur Une taxe annuelle est due par les personnes qui, au 1er janvier, sont propriétaires, usufruitiers, preneurs à bail à construction, emphytéotiques ou titulaires d'une occupation temporaire de locaux à usage de bureaux, de locaux commerciaux, de locaux de stockage et de certaines surfaces de stationnement qui font l'objet d'une exploitation commerciale ou sont annexées à des locaux taxables, lorsqu'ils sont situés dans la région Île-de-France. (CGI art. 231 ter ; BOI-IF-AUT-50 s. ; voir Mémento Fiscal n° 31380 à 31410). À compter de 2023, la taxe est due, dans les mêmes conditions, sur les bureaux, locaux commerciaux, locaux de stockage et

surfaces de stationnement implantés dans les départements des Bouches-du-Rhône, du Var et des Alpes-Maritimes (CGI art. 231 quater créé par loi 2022-1726 du 30-12-2022 art. 75).
À notre avis, cette taxe est à comptabiliser :
– au compte 6358 « Autres droits » ;
En effet, elle ne fait pas partie des taxes foncières pour le propriétaire ; en outre, étant perçue au profit de l'État sans l'être par les collectivités locales, elle ne constitue pas non plus un « Autre impôt local ».
– dans l'exercice en cours au 1er janvier de l'année d'exigibilité (comme la taxe foncière et d'habitation, voir n° 16460).
Sur la date de comptabilisation des impôts et taxes, voir n° 16240.

> **Fiscalement** Cette taxe n'est pas déductible (CGI art. 39-1-4° et 231 ter ; BOI-IF-AUT-50 n° 30 ; BOI-ANNX-000121). Elle doit donc être réintégrée extra-comptablement sur l'imprimé 2058-A (ligne WQ, à notre avis).
> Elle ne doit pas être confondue avec la taxe ou redevance pour création de bureaux, locaux commerciaux et de stockage qui, elle, est incorporée au coût d'entrée de l'ensemble immobilier (voir n° 26660).

Taxe additionnelle sur les surfaces de stationnement en Île-de-France   16470
Les personnes qui, au titre des emplacements de stationnement, ont acquitté la taxe annuelle sur les bureaux en Île-de-France (voir n° 16465), sont redevables d'une taxe additionnelle annuelle (CGI art. 1599 quater C ; voir Mémento Fiscal n° 31420).
Cette taxe additionnelle est, à notre avis, à traiter comme la taxe principale à laquelle elle s'ajoute. Elle est à comptabiliser :
– au compte 6358 « Autres droits » ;
– dans l'exercice en cours au 1er janvier de l'année d'exigibilité (comme la taxe annuelle sur les bureaux en Île-de-France, voir n° 16465).
Sur la date de comptabilisation des impôts et taxes, voir n° 16240.

> **Fiscalement** En l'absence de disposition contraire, cette taxe est déductible (CGI art. 39-1-4° ; BOI-IF-AUT-140 n° 20). Elle est à différencier de la taxe annuelle sur les bureaux en Île-de-France qui, elle, n'est pas déductible (voir n° 16465).

Taxe additionnelle à la taxe foncière et à la CFE en Île-de-France   16475
Cette taxe additionnelle est due par toutes les personnes assujetties à la taxe foncière ou à la CFE dans les communes de la région Île-de-France (CGI art. 1599 quater D ; BOI-IF-AUT-130 ; voir Mémento Fiscal n° 45517). Elle est composée de deux taxes spéciales additionnelles, l'une à la taxe foncière et l'autre à la CFE, chacune ayant sa propre assiette (BOI-IF-AUT-130 n° 70 à 90) et son propre taux d'imposition déterminé annuellement (BOI-IF-AUT-130 n° 100 à 190).
Cette taxe additionnelle est, à notre avis, à traiter comme la taxe principale à laquelle elle s'ajoute. Elle est donc à comptabiliser :
– au compte 63511 « Contribution économique et territoriale » ou au compte 63512 « Taxes foncières » selon le cas ;
– dans l'exercice en cours au 1er janvier de l'année d'exigibilité (comme la taxe foncière, voir n° 16460 et la CFE, voir n° 16435 s.).
Sur la date de comptabilisation des impôts et taxes, voir n° 16240.

> **Fiscalement** En l'absence de disposition contraire, cette taxe est, à notre avis, déductible (CGI art. 39-1-4° ; BOI-ANNX-000120).

DROITS DE DOUANE
Ils constituent un **élément du prix d'achat** de l'immobilisation (compte 21), de l'achat (compte 60) ou du service (compte 61/62) qui y est assujetti.   16480
Ne doivent être inscrits au compte 6353 « Impôts indirects » que les seuls droits de douane à la charge de l'entreprise, qui ne peuvent être affectés à tel ou tel bien lors de son achat (transports routiers).
Les droits de douane acquittés pour le compte des clients constituent des débours (transports routiers). Voir n° 11275.

> **Fiscalement** Il en est de même (BOI-ANNX-000120). Dès lors :
> – en pratique, les droits de douane acquittés à l'occasion de l'acquisition d'une immobilisation et incorporés au prix de revient ne peuvent faire l'objet d'un amortissement (voir n° 26220) ;
> – les autres droits de douane constituent des charges déductibles (BOI-ANNX-000120) de l'exercice au cours duquel ils sont devenus certains dans leur principe et leur montant (CAA Marseille 29-9-2016 n° 15MA00567).

TAXES SUR LES VÉHICULES DE TOURISME AFFECTÉS À DES FINS ÉCONOMIQUES

16485 Les véhicules de tourisme définis à l'article L 421-2 du CIBS sont soumis à deux taxes annuelles, l'une fondée sur leurs émissions de dioxyde de carbone et l'autre sur leur ancienneté (CIBS art. L 421-94 s ; Mémento Fiscal n° 75100 à 75175). Ces taxes sont dues par les entreprises à raison des véhicules de tourisme immatriculés en France affectés à des fins économiques, qu'elles détiennent, louent dans le cadre de contrats d'une durée au moins égale à un mois ou encore dont elles prennent totalement ou partiellement en charge les frais d'acquisition ou d'utilisation (CIBS art. L 421-95 à L 421-98). Pour plus de détails, voir Mémento Fiscal n° 75112 à 75155.

Les taxes dues au titre des véhicules affectées à des fins économiques durant une année N sont à acquitter en N+1.

Les taxes constituent une charge de l'exercice au cours duquel a été utilisé le véhicule. Elles sont enregistrées au compte 63514 « Taxes sur les voitures des sociétés » par le crédit du compte 447 « Autres impôts, taxes et versements assimilés ».

> **Fiscalement** Pour les **entreprises soumises à l'IS,** ces taxes ne sont pas déductibles (CGI art. 213 ; CIBS art. L 421-94) et doivent être réintégrées extra-comptablement sur l'imprimé n° 2058-A (ligne WG).
>
> Pour les **entreprises non soumises à l'IS,** conformément à la doctrine administrative énoncée à propos de la taxe sur les véhicules de sociétés (BOI-TFP-TVS-50 n° 20), elles sont, à notre avis, déductibles pour la détermination du bénéfice soumis à l'IR au nom de chacun de leurs membres. Au 31 décembre de chaque année, la charge à payer comptabilisée sera déductible du résultat imposable. Toutefois, aucune déduction ne peut être pratiquée pour la détermination de la part de résultat revenant à un associé soumis à l'IS (CAA Paris 5-1-2004 n° 00-238 ; pour la part revenant aux commanditaires d'une SCS, BOI-TFP-TVS-50 n° 20).

DROITS D'ENREGISTREMENT COMPLÉMENTAIRES

16490 Ils sont dus en cas de **non-respect de l'engagement de revendre dans le délai prévu** à l'article 1115 du CGI ou de l'engagement de construire dans le délai prévu à l'article 1594-0 G du CGI et sont exigibles dès le dépassement de ces délais, sans mise en recouvrement (CGI art. 1840 G ter ; pour plus de détails, voir Mémento Fiscal n° 66275 à 66305).

Il est donc nécessaire, à notre avis, de constater **un passif (charge à payer)** dès le dépassement de délai car les droits d'enregistrement constituent alors un passif certain dont l'échéance et le montant peuvent être déterminés avec une faible incertitude.

La contrepartie de ce passif est comptabilisée (voir n° 21325) :
– dans les stocks si l'actif est et reste un stock ;
– dans le coût de l'immobilisation ou en charges, selon l'option prise par l'entreprise pour comptabiliser les frais d'acquisition d'immobilisations, si l'actif reste ou est reclassé en immobilisations.

Pour plus de détails sur les conséquences comptables et fiscales de la régularisation qui doit alors être pratiquée, voir n° 21325 II.

TAXE SUR LES SURFACES COMMERCIALES (TASCOM)

16495 Cette taxe, à laquelle sont soumis les magasins de commerce de détail dépassant certains seuils, est due par les établissements (Loi du 13-7-1972 n° 72-657 art. 6 ; BOI-TFP-TSC) :
– existants au 1er janvier N et elle est alors calculée en fonction du chiffre d'affaires de l'année N–1 ;
– mais également ceux qui cessent définitivement leur exploitation en cours d'année N–1 ; dans ce cas, elle est calculée en fonction du chiffre d'affaires réalisé au cours de l'année de cessation d'exploitation.

Les redevables de la Tascom qui exploitent plus de 2 500 m^2 de surfaces commerciales doivent déclarer et payer avant le 15 juin de chaque année un acompte qui s'impute sur le montant de la taxe exigible l'année suivante ou sur la taxe due l'année du versement de l'acompte en cas de cessation définitive de l'exploitation au cours de cette même année, l'éventuel excédent étant restitué (Loi du 13-7-1972 n° 72-657 art. 4 modifié par loi 2016-1917 art. 21 ; BOI-TFP-TSC n° 560 et 565).

Pour plus de détails sur le champ et les modalités d'application de la Tascom, voir Mémento Fiscal n° 75900 à 75902.

I. Comptabilisation de la taxe La taxe sur les surfaces commerciales (ainsi que la taxe additionnelle due par certains distributeurs ; CGI art. 302 bis ZA ; BOI-TFP-TASC) constitue, à notre avis, une **charge de l'exercice au cours duquel a été réalisé le chiffre d'affaires** sur lequel elle est basée (dès qu'il est probable que celui-ci, annualisé au prorata de la durée d'exploitation, atteigne le seuil d'assujettissement).

En effet, la Tascom est due, en pratique, dès que l'exploitant réalise un chiffre d'affaires, peu importe son existence ou non au 1er janvier de l'année suivant la réalisation de ce chiffre d'affaires. En conséquence, elle est **à provisionner au fur et à mesure de la réalisation du chiffre d'affaires** à partir duquel elle est déterminée.

Toutefois, en cas de clôture décalée, voir n° 16240.

La taxe sur les surfaces commerciales (ainsi que la taxe additionnelle due par certains distributeurs ; CGI art. 302 bis ZA ; voir Mémento Fiscal n° 75903) est constatée, à notre avis, au débit du compte 6358 « Autres droits », par le crédit du compte 447 « Autres impôts, taxes et versements assimilés ».

> **Fiscalement** Cette taxe étant déductible (CGI art. 39-1-6°) et due indépendamment de l'existence de l'établissement au 1er janvier (voir ci-avant), la provision devrait, à notre avis, être admise en déduction. Toutefois, l'administration n'a pas modifié le Bofip refusant la déductibilité de la provision (BOI-BIC-PROV-30-20-20 n° 280 et 290).

II. Versement de l'acompte L'acompte est débité dans le compte 447 « Autres impôts, taxes et versements assimilés » (PCG art. 944-44) par le crédit du compte de trésorerie intéressé.

CONTRIBUTION SOCIALE DE SOLIDARITÉ DES SOCIÉTÉS (C3S, ANCIENNEMENT « ORGANIC »)

16500

La contribution sociale de solidarité des sociétés est assise sur le chiffre d'affaires de l'année N et est due par les entreprises existant au 1er janvier N+1. Elle est exigible le 15 mai N+1 (CSS art. L 137-32) ou immédiatement en cas de cessation d'activité entre le 1er janvier N+1 le 15 mai N+1.

Sur les entreprises redevables, le mode de calcul, le taux de la contribution et l'abattement d'assiette applicable voir Mémento Fiscal n° 75000 à 75050.

En l'absence de position de l'ANC sur la définition du fait générateur comptable des taxes (voir n° 16240), deux traitements comptables sont possibles (EC 2023-05 ; cncc.fr). La contribution sociale de solidarité des sociétés constitue :

– soit une **charge de l'exercice en cours au 1er janvier de l'année d'exigibilité de l'imposition** (année + 1) ;

En effet, le **fait générateur fiscal** de l'obligation est constitué par l'existence de l'entreprise au 1er janvier de l'année au titre de laquelle la contribution est due (CSS art. L 137-32).

– soit une **charge de l'exercice au cours duquel a été réalisé le chiffre d'affaires** sur lequel elle est basée (en ce sens, Bull. CNC n° 26, avril 1976 p. 14).

Cette charge est débitée au compte 6371 « Contribution sociale de solidarité » par le crédit du compte rattaché 4386 « Organismes sociaux – **Charges à payer** ».

> **Fiscalement** La contribution constitue une charge déductible (CGI art. 39, 1-6°) des résultats de l'**exercice en cours** au **premier jour de l'année civile** au titre de laquelle elle est effectivement **due** (BOI-BIC-PROV-30-20-20 n° 250).

Si la contribution est comptabilisée en charge de l'exercice de réalisation du chiffre d'affaires sur lequel elle est assise (deuxième solution ci-dessus), il en résulte une divergence fiscale :

1. les entreprises clôturant au **31 décembre N** doivent réintégrer en totalité au résultat fiscal de l'exercice clos (imprimé n° 2058-A, ligne WI) la charge à payer comptabilisée au titre de la contribution assise sur le chiffre d'affaires de l'année N. Cette charge sera déduite du résultat de l'exercice suivant sur l'imprimé n° 2058-A (ligne WU) ;

2. les entreprises arrêtant leurs comptes à une **date différente du 31 décembre** (exercice décalé) ne peuvent déduire de leur résultat imposable de l'exercice (N/N+1) que la contribution due au titre de l'année N+1 et calculée sur le chiffre d'affaires réalisé entre le 1er janvier N et le 31 décembre N (contribution versée ou provisionnée selon que la date de clôture se situe après ou avant la date de paiement).

> **EXEMPLE**
> Une entreprise clôturant au **31 mars** peut déduire de son résultat imposable au 31 mars N+1 la contribution calculée sur le chiffre d'affaires réalisé entre le 1er janvier N et le 31 décembre N.
> Sur l'imprimé de détermination du résultat fiscal n° 2058-A, il conviendra :
> – de réintégrer (ligne WI) la contribution calculée sur le chiffre d'affaires réalisé entre le 1er janvier N+1 et le 31 mars N+1 ;
> – de déduire (ligne WU) la contribution calculée sur le chiffre d'affaires réalisé entre le 1er janvier N et le 31 mars N et qui avait été réintégrée à la clôture de l'exercice précédent.

Sur les conséquences en matière d'impôts différés, voir n° 52985.

CONTRIBUTION À L'OBLIGATION D'EMPLOI DES TRAVAILLEURS HANDICAPÉS (OETH)

16505 Les entités (désormais tous établissements confondus) d'au moins 20 salariés, assujetties **à l'obligation d'emploi** de travailleurs handicapés (sur les modalités d'exécution de cette obligation d'emploi, voir Mémento Social n° 40030 s.), qui n'auraient pas satisfait à cette obligation peuvent se libérer, en tout ou partie, de leur obligation (C. trav. art. L 5212-9 ; voir Mémento Social n° 40065) :
– en versant au titre d'une année **une contribution au fonds spécial Agefiph** (Association pour la gestion de fonds pour l'insertion professionnelle des handicapés) au plus tard lors de la déclaration sociale nominative (DSN) du mois de février de l'année suivante ;
– ou en engageant directement certaines dépenses imputables sur la contribution due au fonds Agefiph.

a. La contribution versée, le cas échéant, à l'Agefiph est, à notre avis, à comptabiliser dans une subdivision du compte 637 « Autres impôts, taxes et versements assimilés (autres organismes) », n'étant ni calculée sur des rémunérations versées par l'entreprise ni versée à l'administration des impôts.

> **Fiscalement** En l'absence de disposition fiscale contraire, la contribution Agefiph est, à notre avis, déductible (CGI art. 39-1-4°).

b. En revanche, les charges résultant des **dépenses engagées imputables sur la contribution** Agefiph sont, à notre avis, à classer par nature lorsqu'elles ont une contrepartie pour l'entreprise (exemples : fournitures, prestations de services, etc.).

CONTRIBUTION SUR LA RENTE INFRA-MARGINALE DE LA PRODUCTION D'ÉLECTRICITÉ

16510 Cette contribution concerne les producteurs d'électricité qui ont renoncé au droit de céder à EDF l'électricité produite pour pouvoir vendre leur production au prix de marché et non au prix convenu avec EDF (Loi 2022-1726 du 30 décembre 2022 de finances pour 2023, publiée au Journal officiel du 31 décembre 2022, art. 54). La contribution est égale à 90 % de la fraction des revenus de marché de l'exploitant de l'installation excédant un seuil forfaitaire.

I. Fait générateur de l'obligation de payer la contribution La loi précise que le fait générateur de la contribution :
– est constitué par la production d'électricité pendant l'une des périodes de taxation suivantes : entre le 1er juillet et le 30 novembre 2022 ; entre le 1er décembre 2022 et le 30 juin 2023 ; entre le 1er juillet et le 31 décembre 2023 ;
– intervient, pour chacune de ces périodes, à l'achèvement de l'année civile au cours de laquelle intervient son terme.

La CNCC (EC 2023-05 du 9-6-2023 ; cncc.fr) relève que cette rédaction de la loi présente une imprécision sur la définition du fait générateur et indique que **deux interprétations** sont possibles, dans l'attente d'une clarification de ce point par l'administration fiscale :
– soit le fait générateur est constitué par la production d'électricité ;

> **EXEMPLE**
> Selon cette première interprétation, un exploitant qui cesserait son activité début février 2023 serait redevable de la contribution :
> – à hauteur de la marge forfaitaire calculée sur l'intégralité de la première période (du 1er juillet au 30 novembre 2022),
> – ainsi qu'au titre des mois de décembre 2022 et janvier 2023 pour la deuxième période inachevée.

– soit il intervient à une date ultérieure (en l'occurrence, à l'achèvement de l'année civile au cours de laquelle intervient le terme de la période taxée).

> **EXEMPLE**
> Selon cette seconde interprétation, un exploitant qui cesserait son activité début février 2023 :
> – serait redevable de la contribution à hauteur de la marge forfaitaire calculée au titre de l'intégralité de la première période achevée le 30 novembre 2022 (puisque la cessation d'activité intervient après l'achèvement de l'année civile 2022),
> – mais en serait exempté au titre des mois de décembre 2022 et janvier 2023 de la deuxième période (puisque l'année civile 2023 qui inclut le terme de cette deuxième période n'est pas achevée au moment de la cessation d'activité).

L'annexe doit dans tous les cas préciser le choix effectué par la direction de l'entité au titre du fait générateur de la contribution.

II. Date de comptabilisation de l'obligation de payer la contribution

a. Si l'entité retient l'interprétation selon laquelle le fait générateur de la contribution est constitué par la production d'électricité, il n'existe pas de décalage entre la période retenue pour la base de calcul de la contribution et la date à laquelle le fait générateur fiscal intervient. En conséquence, la contribution doit être provisionnée au fur et à mesure de la réalisation desdites ventes.

La contribution est à comptabiliser dans la rubrique « Impôts, taxes et versements assimilés » en contrepartie (EC 2023-05 précitée) :
– du compte 447 « Autres impôts, taxes et versements assimilés », pour la partie exigible à la clôture ;
– du compte 448 « État – Charges à payer et produits à recevoir », pour la partie due mais non encore exigible à la clôture.

> **Fiscalement** Si l'administration fiscale se ralliait à cette interprétation du fait générateur fiscal, cette charge à payer serait entièrement déductible.

EXEMPLE

(suite de l'exemple) Selon cette première interprétation du fait générateur de l'obligation, à la clôture de l'exercice 2022, le passif est calculé sur la base du cumul des marges forfaitaires nettes mensuelles réalisées durant la première période (1er juillet au 30 novembre 2022), à comptabiliser au compte 447, auxquelles s'ajoute la marge bénéficiaire réalisée courant décembre 2022, à comptabiliser au compte 448.

b. Si l'entité retient l'interprétation selon laquelle le fait générateur fiscal de la contribution correspond à l'achèvement de l'année civile au cours de laquelle intervient le terme de la période taxée, il existe un décalage entre la période retenue pour la base de calcul de l'impôt et la date à laquelle elle est légalement due.

Dans ce cas, la CNCC indique qu'en l'absence de texte légal ou réglementaire suffisamment explicite sur le traitement des impôts et taxes (voir n° 16240) et par analogie avec le cas de la C3S (voir n° 16500) deux approches sont acceptables :
– soit comptabiliser la contribution en charge au fur et à mesure de la production de l'électricité, sous la forme d'un passif,
– soit la comptabiliser uniquement lorsqu'elle est légalement due (à l'achèvement de l'année civile au cours de laquelle intervient le terme de la période taxée), donc postérieurement à la production d'électricité.

EXEMPLE

(suite de l'exemple) Selon cette seconde interprétation du fait générateur de l'obligation, à la clôture 2022 :
– selon la première approche, voir ci-avant a. ;
– selon la seconde approche, le passif est calculé uniquement sur la base du cumul des marges forfaitaires mensuelles nettes de la première période (1er juillet au 30 novembre 2022) et comptabilisé au compte 447.

L'annexe doit, en plus de l'interprétation retenue pour le fait générateur de l'obligation (voir ci-avant I.), préciser le choix effectué par la direction de l'entité pour comptabiliser la charge.

CONTRIBUTIONS (NON EXHAUSTIVES) SPÉCIFIQUES AUX INDUSTRIES PHARMACEUTIQUES

16525

a. Contribution sur le chiffre d'affaires des entreprises exploitant une ou plusieurs spécialités pharmaceutiques Cette contribution est assise sur le chiffre d'affaires HT réalisé en France et dans les DOM au cours de l'année civile au titre des médicaments bénéficiant d'un enregistrement, d'une AMM ou d'une autorisation parallèle, à l'exception des spécialités génériques, des médicaments orphelins et des médicaments dérivés du sang (CSS art. L 245-6 ; voir TD-XX-1010 s.).

Une contribution additionnelle assise sur le chiffre d'affaires réalisé au titre des spécialités pharmaceutiques remboursables ou des spécialités inscrites sur la liste des médicaments agréés à l'usage des collectivités est également due (CSS art. L 245-6 ; voir TD-XX-1010 s.).

Étant recouvrées par les Urssaf (CSS art. L 138-20) au profit de la Caisse nationale de l'assurance maladie, ces contributions sont, à notre avis, à comptabiliser au débit du compte 637 « Autres impôts, taxes et versements assimilés (autres organismes) ».

> **Fiscalement** Ces contributions ne sont pas déductibles de l'assiette du résultat imposable (CSS art. L 245-6, IX ; CGI art. 238 bis GC). En conséquence, elles doivent être réintégrées extra-comptablement sur l'imprimé n° 2058-A (ligne WQ).

b. Contributions dues par les laboratoires pharmaceutiques au titre de leurs dépenses promotionnelles et d'information à l'intention des prescripteurs Il s'agit de la contribution des entreprises de préparation de médicaments (CSS art. L 245-1 à L 245-5-1 A) et de la contribution à la charge des fabricants ou distributeurs de dispositifs médicaux, tissus et cellules, produits de santé autres que les médicaments (CSS art. L 245-5-1 à L 245-5-6).

Étant recouvrées par les Urssaf (CSS art. L 138-20) au profit de la Caisse nationale de l'assurance maladie, ces contributions sont, à notre avis, comptabilisées au débit du compte 637 « Autres impôts, taxes et versements assimilés (autres organismes) ».

> **Fiscalement** Ces contributions ne sont pas déductibles de l'assiette du résultat imposable (CSS art. L 245-5 et L 245-5-4 ; CGI art. 238 bis GB et 238 bis GD). En conséquence, elles sont réintégrées extra-comptablement sur l'imprimé n° 2058-A (ligne WQ).

c. Remises « conventionnelles » Le Code de la sécurité sociale (art. L 138-10) prévoit que les entreprises assurant l'exploitation de certaines spécialités pharmaceutiques sont redevables de contributions, dites « clauses de sauvegarde », lorsque les dépenses de médicaments remboursables excèdent le taux de progression de l'objectif national de dépenses d'assurance maladie (ONDAM) assigné annuellement par le Parlement, sauf signature d'une convention spécifique (CSS art. L 138-13).

Les **contributions** dites « clauses de sauvegarde » répondent, à notre avis, à la définition des taxes donnée par l'article 514-1 du PCG (voir n° 16230). En conséquence, elles sont à comptabiliser dans le compte 637 « Autres impôts, taxes et versements assimilés (autres organismes) ».

En revanche, lorsqu'en application d'une convention, l'entreprise est amenée à verser **une remise** au lieu et place de ces contributions, cette remise est comptabilisée dès qu'il est probable que l'entreprise devra la payer et que son montant peut être estimé avec une fiabilité suffisante (Bull. CNCC n° 175, septembre 2014, EC 2014-25, p. 411 s.). Selon ce même bulletin, elle est inscrite, au choix de l'entreprise :
– soit **en impôts et taxes** dans le compte 637 « Autres impôts, taxes et versements assimilés (autres organismes) » dans la mesure où elle répond à la définition des « Impôts et taxes » prévue par le PCG (art. 514-1 ; voir n° 16230) ;
– soit **en moins du chiffre d'affaires** s'agissant d'un ajustement du prix de vente des médicaments ; le fait que depuis 2015, les remises dues ont un caractère libératoire (voir loi de financement de la sécurité sociale pour 2015 2015-1554) ne remet pas en cause, à notre avis, la possibilité de comptabiliser ces remises en moins du chiffre d'affaires.

Toutefois, la Cour de cassation estime pour sa part que la remise versée par une entreprise pharmaceutique en raison du non-respect des engagements de la convention souscrite ne revêt pas le caractère d'une remise accordée par l'entreprise, mais **d'une sanction financière** (Cass. civ. 6-11-2014 n° 13-26.568).

> **Précisions** **Nécessaire arbitrage de l'ANC** Face à ce choix, le bulletin CNCC (précité) souhaite que l'ANC puisse se prononcer sur la qualification et le traitement comptable dans les comptes annuels de ces remises dues par les entreprises pharmaceutiques. Suite à la position retenue par la Cour de cassation (arrêt précité), cet arbitrage nous semble d'autant plus nécessaire.

TAXE CONCERNANT LE RECRUTEMENT DES ÉTRANGERS

16530 Cette taxe forfaitaire versée à l'État et recouvrée par l'Office français de l'immigration et de l'intégration (Ofii ; voir Mémento Social n° 35720) est, à notre avis, à comptabiliser au compte 637 « Autres impôts, taxes et versements assimilés (autres organismes) ». Elle n'a pas le caractère de charges sociales et ne peut être assimilée à des frais de recrutement.

CONTRIBUTION DES EMPLOYEURS DANS LE CADRE DES RÉGIMES DE RETRAITE SUPPLÉMENTAIRE À PRESTATIONS DÉFINIES

16535 Les sommes versées dans le cadre des régimes de retraite supplémentaire à prestations définies à droits certains (dits régimes « additifs », « différentiels » ou « chapeaux » ; voir n° 17630) bénéficient, sous réserve de certaines conditions, d'une exonération de cotisations de sécurité sociale, de CSG, de CRDS, et de forfait social (CSS art. L 136-1-1 et L 242-1). Elles sont en revanche soumises en contrepartie à une **contribution spécifique** patronale (CSS art. L 137-11-2 ; voir Mémento Social n° 23010 à 23015).

> **Précisions** **Interdiction des régimes à « droits aléatoires »** Depuis le 4 juillet 2019, la création de régimes conditionnant le versement de la retraite supplémentaire à l'achèvement de la carrière du bénéficiaire dans l'entreprise, régimes dits à « droits aléatoires », est interdite.

S'agissant des régimes à « droits aléatoires » existant à cette date, les entreprises ont le choix entre :
– les maintenir tout en les fermant à de nouvelles adhésions et en gelant les droits conditionnels ;
– transférer, sous certaines conditions, les droits afférents à ces régimes à un nouveau régime respectant le nouveau cadre légal.
Sur les contributions dues dans le cadre de ces régimes à droits aléatoires, voir Mémento Social n° 23012 et 23015.

Cette contribution étant versée directement à l'**Urssaf** par le biais de la déclaration sociale nominative, elle est, à notre avis, comptabilisée dans le débit du compte 6378 « Autres impôts, taxes et versements assimilés (autres organismes) – Taxes diverses », voir n° 16235.

À la clôture de l'exercice, la contribution spécifique est comptabilisée en charges à payer au compte 447 « Autres impôts, taxes et versements assimilés ».

La **contribution spécifique** est assise sur les **sommes** versées par l'employeur au titre du financement des contrats de retraite à droits certains (CSS art. L 137-11-2).

> **Précisions** Régimes créés avant le 1ᵉʳ janvier 2012 gérés en interne Dans ce cas, la contribution peut, sur option, être assise sur la partie de la dotation aux provisions (ou du montant mentionné en annexe au bilan) correspondant au coût des services rendus au cours de l'exercice. Lorsque les engagements ne sont pas provisionnés mais inscrits en engagements hors bilan (voir n° 17705), l'éventuelle option sur l'assujettissement **des dotations aux provisions** peut conduire à comptabiliser la contribution alors que la dotation elle-même n'est pas comptabilisée ou partiellement. L'assiette (le coût des services passés) doit, dans cette situation, être calculée conformément à la méthode de référence de la recommandation de l'ANC n° 2013-02 (en ce sens, circulaire 105/2004 du 8-3-2004 renvoyant expressément à l'ancienne recommandation du CNC n° 2003-R.01, désormais abrogée et remplacée par la recommandation ANC précitée). La définition du coût des services passés n'ayant pas été modifiée dans la nouvelle recommandation, ce changement de réglementation est neutre sur le montant de la contribution).

CONTRIBUTION SUR LES INDEMNITÉS DE MISE À LA RETRAITE

16540

Les indemnités de mise à la retraite versées aux salariés, quel que soit l'âge de la mise à la retraite, sont assujetties à une contribution à la charge de l'employeur (voir Mémento Social n° 69050).

Cette contribution est comptabilisée de la manière suivante :
– à la clôture de l'exercice, elle est prise en compte dans l'évaluation des indemnités de départ à la retraite qui font l'objet soit d'une provision, soit d'une mention dans l'annexe (voir n° 17590 s.) ;
– lors de son versement, elle est inscrite, à notre avis, au débit du compte 6378 « Autres impôts, taxes et versements assimilés – Autres organismes ».

> **Fiscalement** Cette contribution est déductible du résultat imposable (CGI art. 39-1-1°).

CONTRIBUTION SPÉCIFIQUE SUR LES AVANTAGES DE CERTAINS RÉGIMES DE PRÉRETRAITE D'ENTREPRISE EN CAS DE RUPTURE DU CONTRAT DE TRAVAIL

16545

Cette contribution est due à l'Urssaf, en cas de rupture du contrat de travail par licenciement ou démission (voir Mémento Social n° 57290).

Elle doit être enregistrée, à notre avis :
– dans le compte 6378 « Autres impôts, taxes et versements assimilés (autres organismes) – Taxes diverses » ;
– sauf dans le cadre d'un plan, s'il peut être démontré qu'il n'est pas lié à l'exploitation courante de l'entreprise (voir n° 52030). Dans ce cas elle peut être enregistrée au compte 6788 « Charges exceptionnelles diverses ».

> **Précisions** Ces contributions ne doivent pas être confondues avec les autres versements que les employeurs peuvent être amenés à effectuer dans le cadre de ces dispositifs :
> – **versement de l'indemnité de licenciement ou de préretraite à la rupture du contrat** Pour le traitement comptable de ces charges et de l'éventuelle provision, voir n° 16925 et 17020 I. Dans le cadre d'un plan de restructuration, voir n° 17420.
> – **versement des avantages de préretraite dans le cadre des préretraites d'entreprise** Pour le traitement comptable de ces charges et de l'éventuelle provision, voir n° 17020 II. Dans le cadre d'un plan de restructuration, voir n° 17420.

Ces charges entrent dans le calcul de la **provision pour licenciement,** voir n° 16925 s. Dans le cadre d'un plan de restructuration, voir n° 17420.

D. Charges de personnel (compte 64)

16595 **Les charges de personnel** sont constituées :
– par l'ensemble des rémunérations en monnaie et parfois en nature du personnel de l'entreprise en contrepartie du travail fourni ;
– par des charges, liées à ces rémunérations : cotisations de sécurité sociale, cotisations aux mutuelles, aux caisses de retraite, etc.

> **Précisions** Voir les sous-comptes dans la liste du PCG n° 96300.

RÉMUNÉRATIONS DU PERSONNEL (ET DES DIRIGEANTS)

16620 **Principe** Les charges de personnel et les cotisations sociales obligatoires à la charge de l'entreprise constituent (Bull. CNC n° 49, 4ᵉ trimestre 1981, p. 14) des charges de l'**exercice** au cours duquel l'**activité** a été **génératrice des faits ou situations entraînant l'exigibilité** (immédiate ou différée) de ces prélèvements.

> **Fiscalement** Il en est de même : seules les rémunérations dont l'entreprise est devenue débitrice au cours de l'exercice sont susceptibles d'être portées en déduction du résultat fiscal de cet exercice (BOI-BIC-CHG-40-40-10 n° 170). En pratique, la déductibilité des charges de personnel ne peut résulter que des conventions existant entre l'employeur et son personnel ou d'engagements fermes et irrévocables pris en faveur du personnel avant la clôture de l'exercice.
> Dans le cas particulier des rappels de salaires, la jurisprudence (CE 15-1-1975 n° 89992 et CE 28-7-1999 n° 172200) considère que, dès lors qu'ils sont destinés à rémunérer des services rendus au cours des années précédentes, ils sont déductibles de l'exercice au cours duquel ils ont été décidés.

Écritures de paie **Toutes les rémunérations** du personnel, y compris celles allouées aux gérants majoritaires et aux administrateurs de sociétés, sont inscrites au compte **641 « Rémunérations du personnel »** (PCG art. 946-64).
Les charges annexes aux salaires sont comprises dans les indemnités et avantages divers (compte 6414).
Les salaires rémunérant la durée des stages de formation professionnelle et les heures de délégations diverses (délégués syndicaux) sont inscrits au compte 6411 (Bull. CNC n° 32, octobre 1977, p. 4).
Selon le PCG (art. 932-1, 944-42 et 944-44), le compte **421 « Rémunérations dues au personnel »** est crédité des rémunérations **brutes** à payer au personnel par le débit des comptes de charges intéressés. Il est par ailleurs débité :
– du montant des avances et acomptes versés au personnel par le crédit du compte 425 « Personnel-Avances et acomptes » (ce compte ayant été débité au moment du versement des avances, par le crédit d'un compte de trésorerie) ;
– du montant des oppositions notifiées à l'entreprise à l'encontre de membres de son personnel par le crédit du compte 427 « Personnel – Oppositions » ;
– de la quote-part des charges sociales incombant au personnel par le crédit du compte 43 « Sécurité sociale et autres organismes sociaux » (voir n° 17520), y compris la contribution sociale généralisée (CSG) et la contribution au remboursement de la dette sociale (CRDS) ;
– du montant de prélèvement à la source par le crédit du compte 4421 « Prélèvements à la source (impôts sur le revenu) » ;
– du montant des règlements effectués au personnel par le crédit d'un compte de trésorerie.
Toutefois, à notre avis (schéma de comptabilisation préconisé également par l'ancien plan comptable professionnel de la fonderie-mécanique désormais caduc, voir n° 3315), **par simplification,** les entreprises peuvent également enregistrer directement le montant **net** à payer « après PAS » (et non le brut), au vu des bulletins de paye, le compte 641 « Rémunérations du personnel » (montant brut) étant débité par le crédit des comptes ouverts à chacun des tiers bénéficiaires :
421. Rémunérations du personnel (montant net à payer).
425. Avances et acomptes au personnel.
427. Oppositions (éventuellement).
431. sécurité sociale (y compris CSG et CRDS).
4421. État – Prélèvements à la source (IR).
437. Autres organismes sociaux (à ventiler par organisme).

16620
(suite)

Il en est de même, à notre avis, de la comptabilisation des éléments de paie obtenus de l'administration, dans le cadre de l'utilisation du titre emploi-service entreprises ou du TESE (voir Mémento Social n° 24030).

> **EXEMPLE**
>
> Le livre de paie d'une entreprise fournit pour un mois les éléments suivants (les montants de l'impôt et des charges salariales et patronales sont donnés par hypothèse) :
>
> **Rémunérations brutes :**
>
> | | |
> |---|---:|
> | Salaires, appointements et commissions de base | 210 000 |
> | Heures supplémentaires sur salaires | 10 000 |
> | Primes sur appointements | 11 000 |
> | Gratifications sur salaires | 2 000 |
> | Indemnités | 12 000 |
> | **Total des rémunérations brutes** | **245 000** |
>
> **Charges salariales :**
>
> | | |
> |---|---:|
> | Retenues sécurité sociale sur salaires et appointements | – 24 500 |
> | Pôle emploi | – 5 000 |
> | Retraite | – 8 500 |
> | Retraite complémentaire | – 6 000 |
> | Complémentaire santé / Mutuelle | – 400 |
> | Contribution sociale généralisée (CSG) (245 000 × 98,25 % × 9,2 %) | – 22 146 |
> | Contribution au remboursement de la dette sociale (CRDS) (245 000 × 98,25 % × 0,5 %) | – 1 203 |
> | Saisie-arrêt | – 300 |
> | Déductions d'acomptes versés | – 30 000 |
> | **Net à payer avant prélèvement à la source** | **146 951** |
> | Prélèvement à la source de l'IR | – 20 000 |
> | **Net à payer après prélèvement à la source** | **126 951** |
>
> **Charges patronales :**
>
> | | |
> |---|---:|
> | Sécurité sociale salaires et appointements | 42 000 |
> | Pôle emploi | 10 000 |
> | Retraite | 14 700 |
> | Retraite complémentaire | 6 000 |
> | Complémentaire santé / Mutuelle | 400 |
> | | **73 100** |
>
> Écritures de paie :
>
> | | | D | C |
> |---|---|---:|---:|
> | 6411 | Salaires, appointements et commissions de base | 210 000 | |
> | 6411 | Heures supplémentaires sur salaires | 10 000 | |
> | 6413 | Primes sur appointements | 11 000 | |
> | 6413 | Gratifications sur salaires | 2 000 | |
> | 6414 | Indemnités | 12 000 | |
> | 431 | Urssaf [1] | | 52 849 |
> | 4372 | Caisse de retraite | | 8 500 |
> | 4373 | Caisse de retraite complémentaire | | 6 000 |
> | 4374 | Complémentaire santé / Mutuelle | | 400 |
> | 427 | Oppositions | | 300 |
> | 425 | Avances et acomptes au personnel | | 30 000 |
> | 421 | Rémunérations dues (selon livre de paie folio x) | | 126 951 |
> | 4421 | Prélèvement à la source de l'IR | | 20 000 |
>
> (1) 52 849 = 24 500 (retenues SS) + 22 146 (CSG) + 1 203 (CRDS) + 5 000 (Pôle emploi).

		D	C
6451	Charges de sécurité sociale sur salaires et appointements ..	42 000	
6453	Caisse de retraite	14 700	
6453	Caisse de retraite complémentaire	6 000	
6454	Pôle emploi..	10 000	
6452	Complémentaire santé / Mutuelle	400	
431	Urssaf		52 000
4372	Caisse de retraite		14 700
4373	Caisse de retraite complémentaire (suivant calcul des charges sociales)..		6 000
4374	Complémentaire santé / Mutuelle		400

RÉMUNÉRATIONS DUES À LA CLÔTURE DE L'EXERCICE

16625 **Principe** Ces rémunérations, telles que gratifications de fin d'année (primes de bilan notamment) et primes de vacances, sont, pour le montant des **droits acquis à la clôture**, des charges d'exploitation de l'exercice clos.

À la clôture de l'exercice, elles doivent être constatées en **charges à payer** au compte rattaché au personnel 428 « Charges à payer » (PCG art. 944-42) et au compte 4386 « Organismes sociaux – Autres charges à payer » (voir n° 16640) **si les conditions suivantes sont remplies** (PCG art. 321-1/1 s. et 322-1 s.) :

a. Existence d'une obligation à la clôture L'obligation à la clôture résulte, à notre avis :
– soit du contrat de travail (obligation juridique), lorsque celui-ci prévoit le versement d'un treizième mois, d'une prime de fin d'année, prime de bilan, prime de vacances, etc. ;
– soit d'un accord signé à la clôture lorsque celui-ci prévoit, par exemple, une gratification à l'occasion de la médaille du travail, un lissage des rémunérations en période de modulation ou encore une variation de la durée du travail au cours de la période pluriannuelle de préretraite ;
– soit des pratiques passées de l'entreprise (obligation implicite) qui ont créé une attente fondée chez les salariés quant au versement de primes liées à l'exercice écoulé ;
– soit de l'annonce aux salariés (ou à leurs représentants) avant la clôture qu'une prime exceptionnelle sera versée, dès lors que cette annonce est suffisamment explicitée pour faire naître une attente chez les salariés concernés (obligation implicite) [en ce sens, Communiqué de la commission commune de doctrine comptable de la CNCC et du CSOEC du 21-3-2019 à propos de la prime exceptionnelle de pouvoir d'achat (Pepa, voir n° 16795) Bull. CNCC n° 193, mars 2019, EC 2019-08, p. 132].

> **Précisions** À notre avis, l'annonce (par mail ou via le site RH...) doit comporter les détails permettant aux salariés concernés de comprendre qu'ils sont visés et d'avoir une idée des dépenses qui seront engagées. Une simple annonce ne donnant pas d'éléments quantitatifs pourrait, dans certains cas, ne pas être suffisante à la reconnaissance d'une obligation.

b. Sortie de ressources probable à la date d'arrêté des comptes (sur cette notion, voir n° 52310) La sortie de ressources est en général certaine. Elle est sans contrepartie pour l'entreprise dès lors qu'elle constitue un élément de rémunération du ou des exercice(s) écoulé(s). Elle est estimée en fonction des informations connues à la date d'arrêté des comptes (PCG art. 322-2).

> **Fiscalement a. Conditions de déduction** Les rémunérations dues à la clôture sont déductibles dès lors qu'elles correspondent :
– à un travail effectif et ne sont pas excessives eu égard au service rendu (voir n° 16680) ;
– à une créance du personnel sur l'entreprise et à une dette de cette dernière, certaine dans son principe et déterminée dans son montant. Elles représentent dans ce cas des **charges à payer** (CE 1-4-1987 n° 51831 ; BOI-BIC-CHG-40-40-10 n° 190 ; BOI-BIC-PROV-30-20-10 n° 1).
En outre, lorsque les éléments nécessaires au calcul des rémunérations ne sont pas encore connus avec précision, les **provisions** pour rémunérations dues à la clôture sont admises en déduction à condition que l'entreprise ait pris avant la clôture de l'exercice un engagement ferme et irrévocable quant au principe et au mode de calcul des sommes en cause, de telle sorte qu'elle ait une dette certaine et nettement précisée (CE 18-6-1971 n° 80167 ; BOI-BIC-PROV-30-20-10 n° 1 et BOI-BIC-PROV-30-20-10-20 n° 1 à 70). Sur la distinction entre charges à payer et provisions, voir n° 48130. Sur les modalités de déduction des charges à payer comptables ayant fiscalement la nature de provisions, voir n° 15140.
Selon l'administration, cet engagement peut résulter des statuts, d'une convention ou d'une décision des dirigeants portée à la connaissance du personnel avant la clôture de l'exercice (BOI-BIC-PROV-30-20-10-20 n° 60). Selon la jurisprudence, il pourrait également résulter d'un usage

constant (CE 28-4-1982 n° 20330) ou d'un accord tacite résultant de l'approbation par l'assemblée générale des comptes mentionnant le versement de primes décidées par le gérant (CE 8-7-2011 n° 316824), sous réserve que le mode de calcul des versements effectués pendant plusieurs exercices soit suffisamment précis (CAA Bordeaux 15-11-1994 n° 93-1495 et BOI-BIC-PROV-30-20-10-20 n° 70).

b. **Cas particulier des primes versées aux dirigeants :**
– dans les SARL, les suppléments de rémunération versés aux gérants sont déductibles même s'ils n'ont pas fait l'objet d'une décision en assemblée générale avant la clôture de l'exercice, dès lors que l'assemblée générale qui a régulièrement approuvé les comptes de l'exercice a ratifié les conventions passées au cours du même exercice (CE 5-6-1991 n° 68103 ; en sens contraire toutefois, CAA Nancy 14-2-2002 n° 97-1161) sous réserve que le versement de la rémunération ne soit pas soumis à condition, telle que, par exemple, l'existence d'un fonds de roulement suffisant à la clôture (CE 8-7-2011 n° 316824) ;
– dans les SA, les compléments de rémunération versés au président et au directeur général en N ne sont déductibles des résultats de l'exercice que s'ils ont été approuvés préalablement par une délibération du conseil d'administration (CE 6-4-2001 n° 198233 ; CAA Bordeaux 10-4-2001 n° 98-407). La validation des versements par une délibération du conseil d'administration postérieure à la clôture ou par l'assemblée générale approuvant les comptes ne peut être retenue comme justificatif (CAA Bordeaux précitée). Il en est de même à notre avis des provisions dotées en N pour des versements effectués en N+1.

c. **Le montant de l'obligation de l'entreprise doit pouvoir être évalué avec une fiabilité suffisante** à la date d'arrêté des comptes, ce qui est en général le cas (PCG art. 322-4).
Sur l'estimation des charges sociales et fiscales, voir n° 16640.
Sur le cas particulier des :
– primes et gratifications de fin d'année, voir n° 16630 ;
– rémunérations lissées dans le cadre des accords d'aménagement du temps de travail, voir n° 16635.
Sur le classement en résultat des rémunérations de caractère exceptionnel, voir n° 16795.

Primes et gratifications de fin d'exercice Lors de leur versement, ces primes sont comptabilisées, à notre avis, au compte 6413 « Primes et gratifications ». **16630**
À la clôture de l'exercice, et compte tenu de la faible incertitude pesant en général sur l'échéance et le montant des **primes à payer**, celles-ci devraient, à notre avis, le plus souvent être constatées en charges à payer (voir n° 48130) et non en provisions (Avis CNC 2000-01 § 1.2). Le compte « Provisions » nous semble toutefois devoir être utilisé pour certains bonus dont le versement et/ou le montant ne sont pas certains.

> **Précisions** **1. Bonus de montant variable** Tel est le cas, par exemple, des bonus alloués aux dirigeants dont le montant est fonction du cours de bourse de la société dans 3 ans. La provision est à évaluer au cours de clôture.
> **2. Bonus conditionné à la survenance d'un événement futur** À notre avis, si le paiement d'une prime est suspendu à la réalisation d'un événement futur, il n'y a pas lieu de constituer une provision tant que le versement n'est pas probable à la date d'arrêté des comptes, mais l'annexe doit mentionner ce passif éventuel (voir n° 52520). Tel est le cas, par exemple :
> – du versement d'un treizième mois suspendu en raison d'un accord particulier négocié avec les organisations syndicales, un rattrapage étant prévu au cours des exercices suivants dans le cas où la société serait à nouveau bénéficiaire ;
> – d'un bonus conditionné à l'obtention d'un financement encore de négociation à la clôture.
> **3. Bonus conditionné à la présence du salarié au terme d'une période** Dès lors qu'il est probable que le salarié sera présent au terme de la période (à estimer de manière statistique par catégorie de salariés, si le bonus concerne un grand nombre de salariés), la provision est à étaler sur la période d'acquisition du bonus (voir n° 48242 II. b.).

Sur le classement en résultat des rémunérations de caractère exceptionnel, voir n° 16795.

Rémunérations lissées dans le cadre du régime d'aménagement du temps de travail Dans le cadre du régime d'aménagement conventionnel du temps de travail, un accord peut organiser la répartition de la durée du travail sur une période supérieure à la semaine et au plus égale à 3 ans. Il peut également prévoir des jours de réduction du temps de travail, et aménager le temps partiel sur plusieurs semaines. **16635**
Pour plus de détails sur ce dispositif, voir Mémento Social n° 30100 à 30380.
Lorsque l'accord d'aménagement du temps de travail prévoit une rémunération mensuelle « lissée », la **rémunération** versée chaque mois n'est **pas calculée** sur la base de l'**horaire réellement effectué** mais sur la base de la durée hebdomadaire moyenne prévue par l'accord sur la période de référence (C. trav. art. L 3121-44 ; Mémento Social n° 30135). Lorsque les

heures supplémentaires sont accomplies au-delà des limites prévues par l'accord, les rémunérations correspondantes sont payées mensuellement aux salariés en plus de la rémunération « lissée », avec le salaire du mois considéré.

À la clôture de l'exercice, dans le cas où la période de référence ne coïncide pas avec l'exercice social (ou en cas de rupture ou suspension du contrat de travail), deux cas de figure peuvent être envisagés :

1. Le nombre des heures réellement effectuées est **supérieur** aux heures payées : les droits acquis au cours de la période de référence constituent une charge de l'exercice et doivent être comptabilisés en **charges à payer** pour le surplus des heures effectuées, valorisées, à notre avis, au taux horaire calculé sur la base du dernier salaire (ainsi que pour le montant des charges patronales correspondantes).

> **Précisions** Suspension ou rupture de contrat de travail au cours de la période de référence Une charge à payer est également à constater. C'est, dans ce cas, l'accord qui fixe le droit à rémunération et à repos compensateur dû au salarié.

2. Le nombre des heures réellement effectuées est **inférieur** aux heures payées : à notre avis, une **charge constatée d'avance** devrait pouvoir être comptabilisée pour le supplément de rémunération perçue par le salarié ainsi que pour les charges patronales.

16640 **Charges sociales et fiscales sur rémunérations dues à la clôture de l'exercice** Toutes les charges sociales et fiscales relatives aux rémunérations dues à la clôture doivent être comptabilisées en charges à payer (application des règles sur les passifs ; PCG art. 322-1 s.).

Les taux à retenir pour évaluer ces provisions à la clôture sont ceux applicables à la date à laquelle les rémunérations seront effectivement versées, sous réserve que la loi fixant ces taux soit **votée avant l'arrêté des comptes.** En effet, les provisions doivent tenir compte des événements futurs pouvant avoir un effet sur le montant des dépenses nécessaires à l'extinction de l'obligation, à condition qu'il existe des indications objectives (à notre avis, à la date d'arrêté des comptes) qu'ils se produiront (PCG art. 323-6 et Avis CNC 2000-01). Parmi ces événements l'évolution attendue de la législation (plafond de Sécurité sociale, nouveaux taux, etc.) ou encore l'évolution attendue d'un taux calculé sur une période de référence.

Sur la conséquence d'une hausse des cotisations (accident du travail), voir n° 16645.

Pour **le lien entre la comptabilisation** de la rémunération **et l'exigibilité** des cotisations de sécurité sociale pour la société et de l'impôt sur le revenu pour le bénéficiaire, voir n° 17190.

16645 **Majoration de la cotisation due au titre des accidents du travail** Dans le **régime général de sécurité sociale,** pour les entreprises d'au moins 150 salariés, la cotisation due au titre des accidents du travail tient compte du risque propre à l'entreprise (nombre et gravité des accidents) pour les 3 dernières années connues (années N–4 à N–2 ; voir Mémento Social n° 23540). Ainsi, si le risque de l'entreprise a augmenté au titre de l'année N, le taux de cotisation pour les années N+2 à N+4 est majoré. Comptablement, une hausse attendue des cotisations de sécurité sociale résultant d'une augmentation du risque au cours de l'année N ne doit cependant pas être provisionnée à la clôture de l'exercice N (Bull. CNCC n° 168, décembre 2012, EC 2012-44, p. 747 s.). En effet, les obligations au titre des accidents du travail ne constituent pas un régime à prestations définies mais un **régime à cotisations définies** (sur ces notions, voir n° 17630). En conséquence :

– l'entreprise n'a aucune obligation juridique ou implicite à la clôture de l'exercice N de payer les indemnités aux salariés victimes postérieurement à N ;
– sa seule obligation est d'acquitter les cotisations quand elles seront dues, c'est-à-dire avec la fourniture d'un travail effectif par les salariés au titre des exercices N+2 à N+4 ;
– le versement des cotisations libère définitivement l'entreprise de son obligation vis-à-vis de ses salariés.

La majoration du taux ne sera donc comptabilisée qu'au fur et à mesure des appels à cotisations, de N+2 à N+4, sans pouvoir faire l'objet d'une provision.

> **Fiscalement** Il en est de même. L'augmentation attendue des cotisations sur les exercices ultérieurs ne peut pas faire l'objet d'une provision déductible (CE 22-1-2020 n° 422501).

En revanche, une provision est nécessaire lorsque les indemnisations des accidents du travail sont gérées dans le cadre d'un **régime à prestations définies** comme c'est le cas, par exemple, dans l'industrie électrique et gazière. Dans ce cas, l'employeur a l'engagement, dès l'exercice N de survenance du sinistre, de verser une indemnité au salarié.

> **Fiscalement** Ces provisions sont déductibles dès lors qu'elles sont évaluées avec une précision suffisante sur la base de calculs statistiques (CE 22-11-2017 n° 393619 et 400914). Pour plus de détails sur le calcul statistique des provisions, voir n° 48310.

Bonus-malus pour la contribution chômage patronale Depuis le 1er septembre 2022, pour chaque entreprise d'au moins 11 salariés appartenant à certains des secteurs d'activité dont la liste est fixée tous les trois ans par arrêté, le taux de la contribution chômage est modulé chaque année, à la hausse ou à la baisse dans des limites (plafond et plancher) également fixées tous les trois ans par arrêté, en appliquant une formule dépendant de son **taux de séparation** (Règlement d'assurance chômage annexé au décret 2019-797 du 26-7-2019 modifié par décret 2021-346 du 30-03-2021).

16650

> **Précisions** **Taux de séparation** Le taux de séparation correspond au nombre de fins de contrat imputables à l'employeur rapporté à l'effectif de l'entreprise. La comparaison de ce taux avec le taux de séparation médian observé dans certains secteurs d'activité sur la période de référence (voir ci-après) permettra de déterminer le taux modulé de la contribution. Les modalités d'application de cette modulation sont définies aux articles 50-2 à 50-15 du règlement d'assurance chômage, annexé au décret du 26 juillet 2019 précité. Pour plus de détails, voir Mémento Social n° 6360.
Pour le décompte de l'effectif, voir n° 18375.

Le taux de séparation est calculé sur une **période de référence de 3 ans** correspondant à la période comprise entre le 1er janvier de l'année N–3 et le 31 décembre de l'année N–1 (art. 50-7-I du règlement d'assurance chômage annexé au décret du 26-7-2019 précité).

> **Précisions** **Période de transition** Les périodes de référence correspondent (Guide du déclarant, version 3 – octobre 2022) :
— à une année glissante (01/07/N–1 au 30/06/N) au titre des deux premières modulations notifiées en septembre 2022 et septembre 2023 ;
— à deux années civiles (2022 et 2023) pour la troisième modulation notifiée en mars 2024.

Ainsi, l'augmentation du taux de séparation de l'entreprise au cours de l'exercice N aura potentiellement un impact sur le taux des contributions dues en N+3. Comptablement, en cas d'anticipation de hausse du taux de cotisation chômage au cours de l'année N, l'entreprise n'a toutefois pas de provision à comptabiliser à la clôture N. En effet :
— le régime de l'assurance chômage est un régime à cotisations définies (sur cette notion, voir n° 17630), l'entreprise n'a donc aucune obligation à la clôture de l'exercice N de payer des cotisations ;
— c'est la fourniture d'un travail effectif par les salariés au titre de l'exercice N+3 qui constituera le fait générateur de l'obligation de payer les cotisations en N+3.

> **Précisions** **Provisions à caractère social** En revanche, les provisions à caractère social à plus long terme doivent tenir compte de l'évolution possible du taux (retraites dans le cas de départs volontaires, gratifications relatives aux médailles du travail pour la fraction soumise à cotisations sociales…). Voir n° 16640.
Concernant les engagements de retraite, la variation de provision devrait, à notre avis, être qualifiée de changement d'hypothèses actuarielles (voir n° 17805).

RÉMUNÉRATIONS DES DIRIGEANTS ET ADMINISTRATEURS DE SOCIÉTÉS

Mandataires sociaux Ont juridiquement la qualité de mandataire social :
— le PDG, le directeur général, les directeurs généraux délégués d'une société anonyme à conseil d'administration ;
— les membres du directoire ainsi que **le président et le vice-président** du conseil de surveillance d'une SA à directoire ;
— le (ou les) **dirigeant(s)** d'une SAS ;
— **le gérant** d'une SARL, d'une société de personnes ou d'une société civile.

16680

Les mandataires peuvent recevoir une rémunération au titre de leur **mandat** social ou d'une **mission** exceptionnelle qui leur est confiée. Ils peuvent également être liés à l'entreprise par un contrat de travail pour l'exercice de fonctions techniques.

> **Précisions** **1. Président du conseil d'administration « dissocié »** Selon l'Ansa (CJ du 6-3-2002, n° 3133), contrairement au président du conseil de surveillance, le président du conseil d'administration qui n'assume pas en même temps la fonction de directeur général (C. com. art. L 225-51-1) peut être lié à l'entreprise par un contrat de travail et être soumis de ce fait au régime fiscal et social des salariés.

2. Lorsqu'ils sont administrateurs ou membres du conseil de surveillance, ils peuvent par ailleurs recevoir des jetons de présence, voir n° 17285. Lorsque la rémunération est perçue pour des prestations de services fournies qui relèvent de l'exercice d'une véritable profession libérale, indépendante des fonctions d'administrateur, voir n° 16685.

I. Prise et exercice des fonctions de dirigeant Quels que soient leurs régimes fiscal et social, les rémunérations des dirigeants constituent des charges de personnel à inscrire au compte **641 « Rémunérations du personnel »** (PCG art. 946-64).

> **Fiscalement** 1. **Sociétés soumises à l'IS** « Les rémunérations ne sont admises en déduction des résultats des **sociétés soumises à l'IS** que dans la mesure où elles correspondent à un travail effectif et ne sont pas excessives eu égard à l'importance du service rendu. Cette disposition s'applique à toutes les rémunérations directes ou indirectes, y compris les indemnités, allocations, avantages en nature et remboursements de frais » (CGI art. 39-1-1°).
> Pour l'appréciation du caractère normal des rémunérations et la liste des critères habituellement retenus par le Conseil d'État, voir Mémento Fiscal n° 23700.
> En ce qui concerne les rémunérations des dirigeants dues à la clôture, voir n° 16625. Pour ce qui est des remboursements et allocations pour frais professionnels, voir n° 17050.
> 2. **Sociétés soumises à l'IR** Les rémunérations allouées aux membres, dirigeants ou gérants des **sociétés de personnes** et assimilées n'ayant **pas opté pour l'IS** ainsi qu'aux gérants associés de SARL de caractère familial ayant opté pour le régime fiscal des sociétés de personnes n'ont pas la nature d'une charge d'exploitation et ne sont en conséquence pas déductibles du résultat fiscal (voir Mémento Fiscal n° 23605 et 23645). Il convient donc de les réintégrer extra-comptablement (ligne WB de l'imprimé n° 2058-A).

Sur le régime social des dirigeants de sociétés, voir Mémento Social n° 28430 à 28665.

II. Changement ou cessation des fonctions de dirigeant Les indemnités versées aux dirigeants à l'occasion de la cessation de leurs fonctions sont, à notre avis, enregistrées :
– en charges de personnel lorsque ces dirigeants disposent d'un contrat de travail ;
– dans les « autres charges de gestion courante » dans le cas contraire.

Sont notamment visés les éléments tels qu'indemnités de départ, indemnités de non-concurrence, parachutes dorés, indemnités de retraite, etc.

> **Fiscalement** **a. Principe** Les indemnités de congédiement, notamment en cas de révocation abusive, sont en principe déductibles, sous réserve qu'elles ne constituent pas un acte anormal de gestion ou la contrepartie d'un abandon des droits sociaux (BOI-IS-BASE-30-20-30 n° 1 à 20 citant la jurisprudence du Conseil d'État).
> **b. SA cotées** La déductibilité des rémunérations différées (indemnité de départ, indemnité de non-concurrence, indemnité de retraite) versées par une SA dont les actions sont admises aux négociations sur un marché réglementé à l'un de ses mandataires sociaux à l'occasion de la cessation ou du changement de ses fonctions est limitée à 3 fois le plafond de la sécurité sociale par bénéficiaire (CGI art. 39, 5 bis ; voir Mémento Fiscal n° 8585). Le surplus est non déductible quel que soit l'exercice de son versement et doit donc être réintégré sur l'imprimé n° 2058-A (ligne WQ).

Sur l'assujettissement aux cotisations sociales des indemnités de rupture versées aux dirigeants, voir n° 16925.
Sur les informations à fournir dans le rapport sur le gouvernement d'entreprise concernant les engagements pris au bénéfice des dirigeants et correspondant à des éléments de rémunération, des indemnités ou des avantages dus à la cessation des fonctions, voir n° 65101.

16685 **Les administrateurs et membres du conseil de surveillance** ne peuvent recevoir de la société au titre de ces fonctions aucune rémunération permanente ou non, autre que (C. com. art. L 225-45, L 225-46, L 22-10-14 et L 22-10-15) :
– des rémunérations fixes annuelles (anciens **jetons de présence**) ; sur leur traitement comptable, voir n° 17285 ;
– et des rémunérations **exceptionnelles** pour les missions qui leur sont confiées.

Ils peuvent en outre, le cas échéant, recevoir des rémunérations :
– pour les **mandats** de PDG ou de DG qui leur sont confiés, voir n° 16680 ;
– au titre d'un **contrat de travail** au sein de la société (sur cette possibilité, voir Mémento Sociétés commerciales n° 39210).

Les rémunérations autres que les jetons de présence sont à inscrire au compte 641 (voir PCG art. 946-64) par le crédit du compte 455 « Associés – comptes courants ».
Sur la comptabilisation des frais de déplacements des administrateurs, voir n° 16100.

> **Précisions** La rémunération versée au **conseil de surveillance** dans une SCA (voir Mémento Sociétés commerciales n° 57230) nous paraît avoir un caractère plus proche des rémunérations fixes visées par les articles L 225-45 et L 22-10-14 du Code de commerce (anciens jetons de présence) que des rémunérations classiques ; elle est donc, à notre avis, à comptabiliser au compte 653 (voir n° 17285).

Sur les informations à fournir dans le rapport sur le gouvernement d'entreprise, voir n° 65101.

EXPLOITANT INDIVIDUEL
Rémunération de l'exploitant

16690

I. Lorsque l'exploitant n'a **pas opté pour son assimilation à une EURL soumise à l'impôt sur les sociétés,** son bénéfice rémunère à la fois son travail et les capitaux qu'il a engagés dans l'affaire. La distinction peut être effectuée en comptabilité analytique.

Néanmoins, la tendance à la reconnaissance d'une charge de rémunération se développant (avec pour contrepartie le compte 108 « Compte de l'exploitant »), l'exploitant peut enregistrer au compte 644 « Rémunération du travail de l'exploitant » ses rémunérations et celles de sa famille **lorsqu'aucune autre rémunération ne constitue la contrepartie du travail fourni** (PCG art. 946-64).

En fin d'exercice (Bull. CNC n° 73, 4ᵉ trimestre 1987, p. 3), le total de la rémunération calculée est débité au compte 108 par le crédit du compte 797 « Transfert de charges exceptionnelles ».

> **Précisions** Les transferts de charges vont être supprimés (voir n° 45500). La solution envisagée par le bulletin CNC n° 73 précité ne va plus pouvoir s'appliquer, l'ANC devrait se saisir du sujet.

Cette présentation permet d'annuler la prise en compte de ce montant lors de la détermination du résultat final de l'exercice tout en maintenant l'effet dans le calcul du résultat d'exploitation. Le résultat net comptable est donc identique à ce qu'il aurait été en l'absence de comptabilisation des rémunérations.

> **Fiscalement** La rémunération de l'exploitant n'étant pas déductible (voir n° 52040), aucune correction extra-comptable n'est à effectuer.

II. Lorsque l'exploitant a **opté pour son assimilation à une EURL soumise à l'impôt sur les sociétés** (voir n° 60261), sa rémunération est enregistrée dans le compte 644 « Rémunération du travail de l'exploitant » avec pour contrepartie le compte 512 « Banque » ou le compte 108 « Compte de l'exploitant » (de manière périodique ou annuelle), celui-ci devant être impérativement soldé à la fin de l'exercice (Avis CNOEC 2023-07 du 2-2-2023 ; voir n° 56010).

> **Fiscalement** La rémunération de l'exploitant est déductible sous réserve qu'elle soit comptabilisée en charge et ne présente pas un caractère exagéré eu égard aux services rendus.

III. Dans tous les cas, l'entreprise indique en annexe des comptes annuels ou dans une note complémentaire au compte de résultat le montant de la rémunération de l'exploitant, son mode de calcul, et le montant du résultat comptable avant déduction de cette rémunération.

Sur les avantages en nature de l'exploitant, voir n° 17165 s.

Cotisations sociales personnelles (entreprises individuelles)

16710

Leur comptabilisation dépend d'une part de leur nature (caractère personnel ou d'exploitation) et d'autre part des règles d'assiette et de paiement propres à chaque cotisation.

I. Assurance vieillesse et allocations familiales – Assurance maladie et maternité Les cotisations dues au titre de ces deux régimes ont un caractère obligatoire et constituent donc des charges d'exploitation. Étant assises sur le revenu professionnel de l'année au titre de laquelle elles sont versées (voir Mémento Social n° 80340 à 80600), elles sont enregistrées de la façon suivante :
– **en cours d'exercice,** les versements provisionnels sont calculés à partir du revenu de l'année N–2 ou à partir du revenu estimé de l'année en cours. Ils sont à enregistrer au débit du compte 431 « sécurité sociale » par le crédit du compte de trésorerie concerné ;
– **en fin d'exercice,** une fois le montant du revenu connu, le montant exact des cotisations dues au titre de l'exercice est déterminé. La charge correspondante est alors enregistrée au débit du compte 646 « Cotisations sociales personnelles de l'exploitant » par le crédit du compte 431.

> **Fiscalement** Ces cotisations (acomptes provisionnels et versements complémentaires de régularisation provisionnés) sont déductibles du résultat de l'exercice auquel elles se rapportent, indépendamment de leurs modalités de paiement (BOI-BIC-CHG-40-50-40-40 n° 20 ; voir Mémento Fiscal n° 8715).

II. Assurance chômage N'étant pas obligatoires, les cotisations versées au titre de ce régime constituent une charge d'ordre personnel ; elles ne sont donc généralement pas comptabilisées. Toutefois, le mode de comptabilisation préconisé pour la rémunération de l'exploitant (voir n° 16690) pourrait fort bien leur être appliqué ; elles seraient alors constatées en charges d'exploitation au compte 645 « Charges de sécurité sociale et de prévoyance ».

> **Fiscalement** Les cotisations et les primes versées au titre de régimes facultatifs de perte d'emploi subie mis en place par les organismes de sécurité sociale ou dans le cadre de contrats d'assurance de groupe sont déductibles dans les limites d'un certain plafond (voir Mémento Fiscal n° 8685 à 8715).

III. Assurances complémentaires maladie ou invalidité, décès ou retraite
Deux cas sont à distinguer :
– elles ne sont **pas obligatoires** (car souscrites dans le but de garantir soit le paiement d'indemnités journalières en cas d'arrêt de travail consécutif à une maladie, soit le paiement de prestations supplémentaires à celles résultant d'un régime obligatoire, soit le versement d'un capital « décès » ou « invalidité permanente », soit le paiement de capitaux, retraites ou avantages viagers) ; les développements du II. ci-avant leur sont donc applicables ;

> **Fiscalement** Les cotisations et les primes versées au titre des régimes facultatifs complémentaires de prévoyance (maladie, invalidité, décès) ou de retraite mis en place par les organismes de sécurité sociale (y compris les cotisations facultatives à l'assurance volontaire contre les accidents du travail et les maladies professionnelles, Rép. Cardo : AN 16-1-2007 n° 10540 non reprise dans Bofip) ou dans le cadre de contrats d'assurance de groupe (maladie, décès, invalidité, perte d'emploi, retraite complémentaire) sont déductibles sous certaines conditions et dans certaines limites (voir Mémento Fiscal n° 8685 à 8695).

– elles sont **destinées à couvrir uniquement des risques spécifiquement professionnels,** comme un engagement de rembourser un prêt ou de payer les redevances d'un contrat de crédit-bail ; elles constituent alors des charges d'exploitation, voir n° 15810.

> **Fiscalement** Les cotisations sont déductibles (Rép. Cardo : AN 16-1-2007 n° 10540 non reprise dans Bofip). Voir toutefois n° 15810 en ce qui concerne l'étalement de ces dernières.

IV. CSG et CRDS
L'Urssaf fait des appels de cotisations regroupant la cotisation personnelle d'allocations familiales (à ne pas confondre avec la cotisation d'allocations familiales, voir Mémento Social n° 80590 à 80730), la CSG et la CRDS dues sur les revenus professionnels de l'exploitant. Les écritures sont les suivantes :
– en cours d'exercice, lors des versements provisionnels : débit des comptes 108 « Compte de l'exploitant » pour le montant de la CSG non déductible et de la CRDS qui sont à la charge de l'exploitant et 637 « Autres impôts, taxes et versements assimilés », pour le montant de la CSG déductible par le crédit du compte 431 « Sécurité sociale Urssaf » (ce compte étant immédiatement soldé par le crédit d'un compte de trésorerie) ;
En pratique, par mesure de simplification, il paraît possible, à notre avis, en cours d'exercice, de comptabiliser la totalité de la CSG au compte 646 « Cotisations sociales personnelles de l'exploitant », comme la cotisation personnelle relative aux allocations familiales avec laquelle elle est payée. Dans ce cas, en fin d'exercice, les écritures de régularisation suivantes sont comptabilisées :
• débit du compte 637 « Autres impôts, taxes et versements assimilés » par le crédit du compte 646 « Cotisations sociales personnelles de l'exploitant » pour le montant de la CSG déductible,
• débit du compte 108 « Compte de l'exploitant » par le crédit du compte 646 « Cotisations sociales personnelles de l'exploitant » pour le montant de la CRDS et de la CSG non déductible ;
– en fin d'exercice, lorsque le montant exact de la CSG et de la CRDS est connu, un ajustement est effectué et les mêmes comptes sont utilisés.

16715 **Rémunération du conjoint de l'exploitant et charges sociales** La situation est différente selon que le conjoint de l'exploitant individuel a la qualité de conjoint collaborateur, salarié ou associé (voir Mémento Fiscal n° 8660 ; Mémento Social n° 79820 à 79860).

> **Précisions** Obligation de déclaration L'exploitant doit déclarer l'activité professionnelle régulière de son conjoint et le statut choisi par ce dernier (C. com. art. L 121-4). À défaut de déclaration d'activité professionnelle ou du statut choisi, l'exploitant est réputé avoir déclaré que ce statut est celui de conjoint salarié (voir II. ci-après).

I. Conjoint collaborateur Inscrit au registre du commerce ou au répertoire des métiers, il n'est pas rémunéré (le résultat de l'entreprise soumise à l'IR rémunérant à la fois le travail de l'exploitant et de son conjoint et les capitaux propres qu'ils ont engagés dans l'affaire ; voir n° 16690).
Il est affilié à titre personnel et obligatoire aux mêmes régimes assurance vieillesse, invalidité et décès que son conjoint (CSS art. L 661-1). Les cotisations sociales ont le caractère de charges

d'exploitation à inscrire au compte 646 « Cotisations sociales personnelles de l'exploitant » (et, par extension, de son conjoint).

> **Fiscalement** Les cotisations du conjoint collaborateur aux régimes obligatoires d'assurance vieillesse et d'invalidité-décès des travailleurs non salariés ainsi que celles versées à son nom dans le cadre d'un contrat d'assurance de groupe sont déductibles (CGI art. 154 bis ; voir Mémento Fiscal n° 8685 et 8690). Il en est de même des cotisations versées par les conjoints collaborateurs en application des facultés de rachat de cotisations (BOI-BIC-CHG-40-50-20 n° 120).

Il en est de même pour le conjoint collaborateur d'une entreprise ayant opté pour son assimilation à une EURL soumise à l'IS. En ce qui concerne les sociétés, ce statut est limité au conjoint de gérant associé unique ou associé majoritaire d'une SARL ou d'une société d'exercice libéral à responsabilité limitée (C. com. art. L 121-4).

II. Conjoint salarié Salarié par le chef d'entreprise sous l'autorité duquel il est censé exercer son activité, dès lors qu'il participe effectivement à l'entreprise, il perçoit un salaire correspondant au salaire normal de sa catégorie professionnelle ; s'il exerce au sein de l'entreprise des activités diverses ou une activité qui n'est pas définie par une convention collective, sa rémunération horaire minimale est égale au Smic.

Sa rémunération et les charges sociales qui en découlent sont à comprendre dans les frais de personnel (comptes 641 et 645).

> **Fiscalement** Le salaire du conjoint ainsi que les cotisations sociales y afférentes sont déductibles en totalité (CGI art. 154-I), sous réserve qu'il participe effectivement à l'exploitation et que les cotisations sociales soient acquittées.
> Les salaires versés à un concubin sont également déductibles sans limitation (Rép. Authié : Sén. 17-3-1988 n° 9006, non reprise dans Bofip).
> Toutefois, la déduction du salaire du conjoint (ou du concubin) de l'exploitant individuel peut être refusée s'il est établi qu'il existe une société de fait entre les intéressés.

III. Conjoint associé dans une SARL familiale à l'activité de laquelle il participe Il est affilié personnellement aux différents régimes sociaux des travailleurs indépendants (CSS art. L 661-1).

Sa rémunération et les charges sociales sont des **charges de personnel** (comptes 641 et 645).

> **Fiscalement** À défaut de disposition particulière le concernant, le régime général des associés lui est applicable.

IV. Conjoint associé dans une société de personnes Sa rémunération et les charges sociales sont des **charges de personnel**.

> **Fiscalement** Le régime des associés des sociétés de personnes s'applique (voir Mémento Fiscal n° 23645 à 23660).

Rémunération des autres membres de la famille de l'exploitant L'usage du compte 644 peut être étendu à la rémunération de la famille de l'exploitant, lorsqu'aucune autre rémunération ne constitue la contrepartie du travail fourni (PCG art. 944-46), c'est-à-dire lorsque ces membres n'ont pas la qualité de **salarié.** 16720

Certains anciens guides comptables professionnels (transports routiers, entreprises à commerces multiples), désormais caducs (voir n° 3315), font les recommandations suivantes qui restent, à notre avis, valables :
– subdiviser le compte 644 en :
• 6441 « Rémunération de l'exploitant »,
• 6442 « Rémunérations des autres membres de la famille de l'exploitant non salariés » ;
– évaluer le coût du travail assuré par le dirigeant et les membres de sa famille non salariés, en fonction des activités qu'ils exercent réellement, du temps effectif consacré à ces activités, du niveau des salaires correspondants habituellement appliqués dans la région.

Bien que fiscalement sans effet, cette procédure permet une approche plus rigoureuse de la réalité économique du compte de résultat.

CONGÉS PAYÉS ET JOURS DE REPOS SUPPLÉMENTAIRES

Généralités La loi reconnaît à tout salarié ou assimilé le droit à un congé payé annuel à la charge de l'employeur. Ce droit s'acquiert dès le 1er jour de travail (C. trav. art. L 3141-3 ; voir Mémento Social n° 13100 à 13845). 16725

À défaut d'accord, la période **de référence** de ce droit va du 1er juin de l'année précédente au 31 mai de l'année en cours.

La **période d'utilisation des droits** à congés payés comprend obligatoirement la période du 1er mai au 31 octobre de chaque année. Un report est possible dans les cas prévus par la loi, notamment dans le cadre d'un compte épargne-temps (voir n° 16775), ou par accord des parties (voir Mémento Social n° 13410).

> **Précisions** **Dons de jours de repos** Les congés peuvent, dans certaines conditions, être abandonnés au profit d'autres salariés (voir n° 16777).

La période de congés payés est rémunérée par une **indemnité** (de congés payés) dont le calcul (prévu par l'art. L 3141-24 du C. com.) peut s'effectuer selon deux modes, le plus favorable au salarié étant à retenir :
– **calcul en fonction de la rémunération annuelle** : l'indemnité afférente au congé est égale (sur la base d'un congé légal de cinq semaines) au **dixième de la rémunération totale** perçue par le salarié au cours de la période de référence ayant déterminé le droit et la durée des congés (voir Mémento Social n° 13310 et 13620) ;
– **calcul en fonction du salaire qui aurait été perçu pendant le congé** : l'indemnité est calculée à partir des rémunérations perçues par les salariés pendant la période précédant le congé. L'application de cette méthode (pour du personnel mensuel) conduit l'employeur à continuer à verser au salarié en congé son salaire normal (voir Mémento Social n° 13655). Pour un exemple de calcul, voir Mémento Social n° 13670.

> **Précisions** En pratique, le **deuxième mode de calcul est généralement plus favorable** au salarié lorsque celui-ci a bénéficié d'augmentations de salaire **au cours de la période de référence**.

16730 **Principe de constatation de la charge afférente aux congés payés** Les comptes d'un exercice doivent comporter le montant des indemnités de congés payés qui sont déjà acquises au jour le jour par chaque salarié ainsi que les charges sociales et fiscales correspondantes. En effet (PCG art. 321-1/1 s. et 322-1 s. ; Avis CNC 2000-01 § 1.3), les congés payés répondent aux conditions de comptabilisation d'un passif :

a. Existence d'une obligation à la clôture À la clôture de l'exercice, l'entreprise a l'obligation de payer aux salariés les indemnités de congés payés qu'ils ont acquis pendant l'exercice ou un exercice antérieur et aux organismes sociaux et fiscaux les charges y afférentes.

b. Sortie de ressources probable à la date d'arrêté des comptes (sur cette notion voir n° 52310) La sortie de ressources est certaine et est sans contrepartie future pour l'entreprise dans la mesure où elle correspond à la rémunération d'un service passé rendu par les salariés.

Selon le bulletin CNCC (n° 63, septembre 1986, EJ 86-70, p. 319 s.), **s'abstenir** de les comptabiliser peut aboutir à établir des comptes annuels ne donnant pas une image fidèle (délit défini à l'article L 242-6-2° du Code de commerce), mais seulement si la dette est substantielle (son caractère significatif s'apprécie par exemple – critère retenu par le bulletin CNCC – en fonction de l'effectif de l'entreprise). Si tel était le cas, il y aurait **délit** à révéler par le commissaire aux comptes au procureur de la République.

> **Fiscalement** (CGI art. 39-1-1° bis ; Mémento Fiscal n° 9885), les indemnités de congés à payer comptabilisées ainsi que les charges fiscales et sociales y afférentes :
> **a. Régime général** : sont **déductibles immédiatement** sur l'exercice de leur comptabilisation. En conséquence, **aucune correction extra-comptable** ne doit être effectuée.
> **b. Régime dérogatoire** (réservé aux entreprises créées avant 1987 et ayant opté pour ce régime dérogatoire) : ne peuvent être déduites qu'au titre de l'exercice au cours duquel elles sont **effectivement versées** ; elles sont considérées comme revêtant le caractère d'un salaire de substitution qui constitue une charge normale de l'exercice au cours duquel le salarié prend le congé correspondant. Il en résulte une **réintégration** (ligne WI) sur l'imprimé de détermination du résultat fiscal n° 2058-A et une déduction (ligne WU) correspondant généralement à la réintégration effectuée l'exercice précédent (sur les conséquences en matière d'impôts différés, voir n° 52985).
> **Toutefois** (régime sur option), lorsque dans une entreprise, la période légale d'utilisation des droits à congés payés (1er mai au 31 octobre de chaque année) a été prolongée jusqu'à une date postérieure à celle du bilan, les indemnités restant dues à la clôture de l'exercice sont déductibles (à titre de charges à payer) comme celles versées aux salariés qui ont pris leur congé pendant l'exercice (BOI-BIC-PROV-30-20-10-10 n° 120). Cette règle n'est pas applicable lorsque l'exercice est clos durant la période légale des congés.

16750 **Calcul de la charge de congés à payer à la clôture de l'exercice** (ce calcul peut être effectué tous les mois).

Il résulte du principe de constatation de la charge afférente aux congés payés (voir n° 16730) l'obligation de constater à la **clôture de l'exercice** :
– les droits acquis de l'exercice ;

> **Fiscalement** Ils sont immédiatement déductibles sauf option contraire (voir n° 16730).

— les droits acquis afférents aux exercices antérieurs.

> **Fiscalement** Ils sont déductibles (voir n° 16730).

I. Calcul des droits acquis de l'exercice

a. Règle générale : en principe, à notre avis, les droits acquis doivent être **estimés sur la base de l'indemnité qui sera probablement versée** au moment de la prise de congés, l'estimation d'un passif correspondant au montant de la sortie de ressources que l'entité doit supporter pour éteindre son obligation envers le salarié (PCG art. 321-2 et 323-6).

En conséquence, compte tenu du mode de calcul de l'indemnité de congés payés rappelé ci-avant (voir n° 16725), **doit être retenu à la clôture de l'exercice le plus élevé des deux montants suivants** (le calcul doit en principe être fait salarié par salarié) :
– 10 % des rémunérations augmentées des charges sociales et fiscales sur la période de référence (1er juin N–3 – mai N+1) ramenée au nombre de jours de congés acquis depuis le début de la période de référence (1er juin N) et jusqu'à la date de clôture de l'exercice (déduction faite, le cas échéant, de congés déjà pris, abandonnés ou monétisés) ;
– le salaire, augmenté des charges sociales et fiscales, qui serait versé pendant la période de congés en cas d'application de la règle du maintien de salaire et ramené au nombre de jours de congés acquis depuis le début de la période de référence (1er juin N) et jusqu'à la date de clôture de l'exercice (déduction faite, le cas échéant, des congés déjà pris, abandonnés ou monétisés).

Sur les salaires et taux à retenir, voir ci-après b.
Sur les éléments à inclure dans l'assiette de l'indemnité, voir Mémento Social n° 13630 à 13650.

b. Règle de calcul : en principe, le salaire et les charges futures à retenir sont ceux estimés à la date de prise des congés, sous réserve que la loi fixant ce taux soit **votée avant l'arrêté des comptes** (voir n° 16640).

> **Fiscalement** Selon l'administration, l'évaluation de l'indemnité de congés payés peut tenir compte des augmentations qui interviendront après la clôture de l'exercice mais avant la prise des congés, à condition qu'elles aient fait l'objet de décisions concrètes et irrévocables à la clôture de l'exercice ; à cet égard, la prise en compte d'une simple évolution des salaires liée, par exemple, à l'évolution du taux d'inflation n'est pas suffisante (BOI-BIC-PROV-30-20-10-10 n° 30).

Toutefois, en pratique, selon l'activité et les habitudes de l'entreprise, celle-ci saura quel est le montant le plus élevé et pourra adopter une des méthodes approximatives d'évaluation utilisées en pratique jusqu'à présent et basées uniquement sur les rémunérations passées si elles aboutissent à un résultat proche (ce qui sera le cas notamment lorsqu'aucune augmentation significative des salaires ou des charges liées n'est prévue sur l'exercice suivant) :
– **calcul individu par individu** Les congés sont calculés bénéficiaire par bénéficiaire, ainsi que les charges sociales et fiscales correspondant à la catégorie de chaque bénéficiaire ;
– **calcul approximatif mensuel** Chaque mois, il est retenu 1/10 des rémunérations de chaque mois de la période de référence et 1/10 des charges sociales et fiscales correspondantes ;
Il s'agit des mêmes charges que pour le calcul exact.
Par ailleurs, les congés effectivement payés sous forme d'indemnités compensatrices lors des départs avant la clôture de l'exercice doivent être déduits.
– **calcul approximatif à la fin de l'exercice** La formule à appliquer dans ce cas est la suivante :

> Masse salariale globale du mois de clôture de l'exercice [1] × (N/10 [2]) × (Effectif au 1er jour de l'exercice suivant / Effectif correspondant à la paie du dernier mois de l'exercice [3])
>
> (1) Cette masse correspond aux rémunérations du dernier mois de l'exercice (déduction faite, le cas échéant, des primes et gratifications annuelles) auxquelles est appliqué le coefficient des charges sociales et fiscales de l'entreprise calculé par le rapport : charges sociales et fiscales de l'exercice/frais de personnel de l'exercice.
> En cas d'augmentation de rémunérations en cours d'exercice, cette méthode donnera un montant supérieur.
> Les charges sociales et fiscales sont, à notre avis, des charges moyennes et non pas des charges marginales.
> (2) N représente le nombre de mois écoulés entre le début de la période de référence (1er juin) et la date de clôture de l'exercice.
> – Pour un exercice coïncidant avec l'année civile : N = 7.
> – Pour une entreprise clôturant par exemple au 31 mars : N = 10 ; au 31 juillet : N = 2.
> Pour les entreprises clôturant après le 1er mai, il y a lieu de déduire les congés déjà pris.
> Pour toutes les entreprises, il y a lieu de déduire les congés monétisés, le cas échéant.
> (3) Ce rapport permet de tenir compte d'une manière globale du solde des mouvements d'effectifs intervenus sur l'exercice (départs et nouveaux embauchés).
> Cette méthode ne peut donc s'appliquer que si la rotation du personnel est faible.

> **EXEMPLE**
>
> Soit une entreprise clôturant ses comptes avec l'année civile. Un de ses salariés perçoit un salaire mensuel de 1 600 €. En vertu d'une décision prise par la direction après la clôture mais avant la date d'arrêté des comptes, son salaire passera à 1 800 € à compter du 1er janvier N+1. Le taux de charges sociales et fiscales s'appliquant à ce salaire est de 50 % ; à la date d'arrêté des comptes, aucune évolution de ce taux n'est attendue. À la date de clôture, compte tenu des congés de la période déjà pris sur l'exercice, le salarié a acquis 10 jours ouvrables de congés payés.
>
> **1. Application de la règle du dixième de la rémunération** Le salarié a perçu au cours de l'exercice écoulé depuis le début de la période de référence (1er juin) : 1 600 × 7 = 11 200 € et percevra au cours de l'exercice suivant, jusqu'à la fin de la période de référence (31 mai) : 1 800 × 5 = 9 000 €. Sa rémunération totale sur la période de référence s'élève donc à : 11 200 + 9 000 = 20 200 €. L'indemnité qu'il percevra lorsqu'il prendra ses congés s'élève ainsi à : 20 200 × 10 % = 2 020 €. Augmentée des charges sociales et fiscales, la charge s'élève pour l'entreprise à : 2 020 × 1,5 = 3 030 € soit 3 030/30 = 101 € par jour ouvrable de congé.
>
> **2. Application de la règle du maintien du salaire** Le salarié percevra un salaire de 1 800 € ; augmenté des charges sociales et fiscales, celui-ci correspond à une charge pour l'entreprise de : 1 800 × 1,5 = 2 700 € soit : 2 700/26 = 103,85 € par jour ouvrable de congé.
>
> La règle du maintien du salaire étant plus favorable au salarié que la règle du dixième de la rémunération, c'est celle-ci qui doit être retenue. Il en résulte une charge pour l'entreprise estimée à : 103,85 × 10 jours = 1 038,5 €.

Sur le nombre de jours à retenir selon que le calcul s'effectue en jours ouvrables ou ouvrés, voir Mémento Social n° 13470 à 13485.

Sur la durée du congé payé, voir Mémento Social n° 13300 à 13350.

> **Précisions** Rémunération de la période de congé du président-directeur général et des directeurs généraux (unique et délégués) non liés par ailleurs par un contrat de travail avec l'entreprise Ils ont la qualité de mandataires et leur rémunération est fixée en général sur une base annuelle par le conseil d'administration. À notre avis, si, en fait, pour la ou les période(s) de congés ils perçoivent leur rémunération normale – que l'on qualifie à tort d'indemnités de congés payés – c'est uniquement la conséquence d'une répartition (par douzième) de leur rémunération globale. Il en résulte qu'à la clôture d'un exercice ils ont perçu les 12/12e de ce à quoi ils avaient droit (peu importe la qualification donnée) et il n'y a pas lieu de constater une charge à payer.

II. Calcul des droits acquis afférents aux exercices antérieurs Ils correspondent au nombre de jours non utilisés au titre des droits légaux (période de référence antérieure à l'exercice), augmenté, le cas échéant, des congés payés d'ancienneté et de fractionnement.

> **EXEMPLE**
>
> Pour les exercices coïncidant avec l'année civile (exercice N), il s'agit des droits acquis pendant la période de référence du 1er juin (N–1) au 31 mai N et non encore utilisés.

Ce reliquat doit être valorisé suivant la même méthode que celle applicable aux droits de l'exercice (voir I.).

16755 **Comptabilisation de la charge afférente aux congés payés** Elle peut être opérée soit chaque mois, soit au moment de la prise des congés et à la clôture de l'exercice.

> **Précisions** Rapprochement entre total de la déclaration annuelle des salaires (ex-DADS) et montant des salaires payés au cours de l'année civile : pour faciliter ce rapprochement, il est conseillé d'utiliser un compte spécial pour l'enregistrement des provisions pour indemnités de congés payés. À notre avis, une subdivision du compte 6412 (6412X) pourrait être utilisée pour enregistrer les congés provisionnés.

I. Comptabilisation de la charge de congés payés :

a. Comptabilisation mensuelle Les droits acquis sont comptabilisés par le biais de comptes d'abonnement (voir principe n° 15210).

1. À la fin de chaque mois, les droits acquis sont comptabilisés :
– au débit du compte 6412X « Congés payés provisionnés » (subdivision du 6412) ;
– au crédit d'une subdivision du compte 4886 « Compte de répartition périodique des charges ».

2. Lors de la prise des congés L'écriture générale mensuelle de la paie enregistre le montant de l'indemnité des congés payés :
– au débit du compte d'abonnement 4886 qui se substitue au compte 6412 « Congés payés » ;
– au crédit du compte 421 « Rémunérations dues au personnel ».

3. À la clôture de l'exercice Les indemnités de congés restant à payer sont provisionnées en fonction du salaire qui sera perçu par le salarié (voir n° 16750), c'est-à-dire compte tenu des informations connues (prévisions d'augmentation par exemple ou modification du salaire du bénéficiaire du droit en cas de don de jours de congés, voir n° 16777) à la date d'arrêté des comptes (les charges sociales doivent également tenir compte des évolutions connues : augmentations de taux, de plafond de sécurité sociale…).

Le compte 4886 est alors soldé :
– par le crédit du compte 4282 « Dettes provisionnées pour congés à payer » ;
– et éventuellement par le débit du compte 6412X « Congés payés provisionnés » pour tenir compte de l'évolution prévisible des rémunérations non incluse dans le montant de l'abonnement mensuel.

En début d'exercice suivant, le compte 4282 est soldé par le crédit du compte 4886.

b. Comptabilisation non mensuelle Elle est opérée, d'une part, lors de la prise des congés et, d'autre part, à la clôture de l'exercice.

1. Lors de la prise des congés, la substitution de l'indemnité de congés payés au salaire se traduit à la fin du mois concerné, lors de l'écriture générale mensuelle de la paie (voir n° 16620), par une décomposition entre les rémunérations correspondant à des salaires (compte 6411) et celles correspondant aux indemnités de congés payés (compte 6412).

2. À la clôture de l'exercice, les indemnités de congés sont provisionnées comme indiqué ci-avant. Elles sont comptabilisées (PCG art. 944-42) :
– au débit du compte 6412X « Congés payés provisionnés » ;
– par le crédit du compte 4282 « Dettes provisionnées pour congés à payer » (compte tenu de la faible incertitude relative à son échéance et son montant ; Avis CNC 2000-01 § 1.2).

Celles supplémentaires dues pour **fractionnement** du congé (voir Mémento Social n° 13435 et 13445) sont comptabilisées de la même manière.

Celles virées au **compte épargne-temps** sont créditées, à notre avis, dans une subdivision du compte 428 « Personnel – Charges à payer » (voir n° 16775).

Sur la prise en compte des charges de congés à payer dans le coût de production des stocks, voir n° 21085.

II. Comptabilisation des charges sociales et fiscales Le montant des charges fiscales et sociales est débité dans chacun des comptes de charges concernés : comptes 645, 631 et 633 par le crédit des comptes 4382 et 4482.

III. Régularisation des indemnités et charges sur exercice suivant Au cours de l'exercice N+1, les charges constatées lors de l'exercice N sont portées respectivement au crédit des comptes où elles avaient été débitées et au débit des comptes où elles avaient été créditées.

Compte épargne-temps (CET) Le CET peut être mis en place par convention ou accord d'entreprise ou d'établissement ou, à défaut, par convention ou accord de branche.

16775

I. Principes du CET Le compte épargne-temps (CET) a pour objet de permettre aux salariés d'accumuler des **droits à congé** rémunéré ou de se constituer une **épargne** (C. trav. art. L 3151-1). Pour une présentation détaillée du dispositif (champ d'application, modalités d'alimentation et utilisation du compte, etc.), voir Mémento Social n° 30800 à 30830.

Le CET peut être **alimenté** :
– **en jours de congés** (congés payés, repos compensateur de remplacement, etc.), dans certaines limites ;
– ou à l'aide **d'éléments monétaires** [les primes et indemnités, une fraction de l'augmentation individuelle de salaire, l'abondement de l'employeur (voir n° 16820), les sommes issues de la participation ou de plans d'épargne entreprise à l'issue de leur période d'indisponibilité, de l'intéressement (C. trav. art. L 3343-1), etc.].

La convention ou l'accord définit aussi les **modalités de gestion** du compte, notamment de conversion monétaire et de revalorisation des droits.

Les éléments affectés au compte épargne-temps, qu'ils soient monétaires ou temporels, peuvent être **utilisés** :
– soit sous forme de **congés** rémunérés par une **indemnité de congés** ;
– soit sous forme d'une **monétisation des droits (complément de rémunération)** ;
– soit sous forme d'**épargne-retraite**.

16775 (suite)

II. Comptablement, à notre avis, il est nécessaire de **suivre extra-comptablement** les éléments affectés au compte épargne-temps, salarié par salarié, dans leur unité d'origine (jour pour les congés, montant pour les éléments monétaires) et dans leur unité d'affectation.

1. Lors de l'alimentation du compte Le montant des congés (à leur dernière valeur d'indemnisation, voir n° 16725) et des sommes (à leur valeur nominale sans revalorisation) affectées au CET est crédité dans un sous-compte 4286X « Personnel – Charges à payer – Compte épargne-temps » par le transfert des dettes de personnel servant à l'alimentation du CET et définies par l'accord.

> **Fiscalement** Il en est en principe de même. Toutefois, lorsque le **CET est alimenté sous forme de congés,** les entreprises ayant opté pour l'application du régime dérogatoire de déduction des indemnités de congés payés au titre de l'exercice de leur versement (CGI art. 39, 1-1° bis ; voir n° 16730) ne peuvent, à notre avis, déduire les charges afférentes aux jours affectés au CET qu'au titre de l'exercice de leur utilisation, sans distinguer suivant que celle-ci est sous forme temporelle (congés), d'épargne-retraite ou d'une monétisation des droits.
> L'administration a en outre précisé qu'aucune déduction immédiate ne peut être pratiquée à raison des journées affectées à un CET qui ne peuvent être utilisées que pour un congé de fin de carrière (Rép. Gantier : AN 19-2-2001 n° 52401, non reprise dans Bofip). Au titre de l'exercice d'alimentation du CET, ces droits à congés font l'objet d'une réintégration sur l'imprimé n° 2058-A (ligne WI).

2. Au cours de la gestion du compte **(en congés ou sous forme d'épargne)** Selon les modalités de l'accord (et éventuellement le choix effectué par le salarié), les éléments du sous-compte précédent sont ventilés dans des subdivisions du compte 4286XX « Personnel – Charges à payer – Compte épargne-temps valorisé en congé » et 4286XX « Personnel – Charges à payer – Compte épargne-temps valorisé sous forme d'épargne ».

> **Précisions** L'accord peut imposer ou donner le choix aux salariés entre une gestion de leur compte en congés ou sous forme monétaire. Il doit, dans ce cas, prévoir à la fois les modes de conversion des congés en épargne et ceux des sommes épargnées en congés.

Sur la liquidation obligatoire des droits excédant le plafond légal, voir 5. ci-après.

3. À la clôture de chaque exercice :

a. Réévaluation des droits stockés Les sommes intégrées dans le CET sont éventuellement réévaluées selon les modalités de revalorisation fixées dans l'accord, l'augmentation en résultant étant enregistrée dans un compte de **charges de personnel.**

> **Fiscalement 1. CET alimenté sous forme de congés** Il en est de même lorsque l'entreprise applique le régime général de déduction des congés payés au titre de l'exercice d'acquisition des droits (CGI art. 39, 1-1° bis). En revanche, si elle relève du régime dérogatoire de déduction des indemnités de congés payés au titre de l'exercice de leur versement (voir n° 16730), l'augmentation résultant de la réévaluation doit faire l'objet d'un retraitement extra-comptable sur l'imprimé n° 2058-A par la réintégration de ce montant (ligne WI) à la clôture.
> **2. CET alimenté sous forme d'éléments monétaires** La revalorisation des droits est fiscalement déductible.

b. Comptabilisation des charges sociales Dans la mesure où ces sommes sont soumises à charges sociales (sauf exceptions, voir Mémento Social n° 30825 et 30830), elles donnent lieu à un complément de charges à payer.

> **Précisions** La charge à payer reste comptabilisée tant que l'entreprise a une obligation envers son salarié. Sur le délai d'utilisation du CET, voir ci-avant.
> En cas de rupture du contrat de travail ou de renonciation au CET, une charge à payer doit également être constatée, l'accord devant prévoir les modalités de calcul de l'indemnité compensatrice de congés.

4. Au moment de l'utilisation du compte épargne-temps :

a. Prise du congé Le compte 4286XX « Personnel – Charges à payer – Compte épargne-temps valorisé en congés » est débité du montant de l'indemnisation du congé par le crédit du compte 421 « Rémunérations dues au personnel » et du compte 431 « sécurité sociale » (pour les retenues de sécurité sociale, la CSG et la CRDS).

> **Précisions Valorisation de l'indemnité compensatrice de congé** Le montant de l'indemnisation du congé est égal au nombre de jours pris multiplié par le taux de salaire journalier calculé sur la base du salaire au moment de la prise de congé. Le solde du compte, résultant de la différence entre l'indemnité au moment de sa (re)valorisation (voir 1. et 3. ci-avant) et l'indemnité valorisée au moment de la prise du congé, est à comptabiliser en **charge de personnel.**

b. Versement de l'épargne Le compte 4286XX « Personnel – Charges à payer – Compte épargne-temps valorisé sous forme d'épargne » est débité du montant de l'épargne revalorisée par le crédit d'un compte de trésorerie.

> **Précisions** **Valorisation de l'épargne versée** L'accord doit prévoir les modes de revalorisation de cette épargne. Le solde du compte, résultant de la différence entre l'épargne au moment de sa (re)valorisation et l'épargne au moment de son versement, est à comptabiliser en **charge de personnel**.

> **Fiscalement** Cet écart constitue également une charge de personnel. Si le CET a été alimenté par des jours de congés et que l'entreprise applique le régime dérogatoire de déduction des indemnités de congés payés au titre de l'exercice de leur versement (voir n° 16730), elle déduit le montant total de l'indemnité versée au titre de l'exercice d'utilisation du CET. Cette déduction est pratiquée de manière extra-comptable sur l'imprimé n° 2058-A (ligne WU), à hauteur du montant de l'indemnité versée diminué du montant comptabilisé en charge de personnel au titre de l'exercice.

5. Lors de la liquidation obligatoire des droits acquis excédant le plafond légal (en l'absence de dispositif garantissant la couverture des sommes supplémentaires épargnées, voir ci-avant) Les droits acquis qui excèdent le plafond légal étant liquidés dès le franchissement de ce plafond, le compte 4286XX « Personnel – Charges à payer – Compte épargne-temps » n'est pas mouvementé du fait de l'acquisition de ces droits. L'indemnité résultant de leur conversion monétaire est comptabilisée en charges de personnel par le crédit du compte de trésorerie.

Dons de jours de repos Le don de jours de repos est un dispositif permettant à tout salarié de renoncer anonymement et sans contrepartie, à tout ou partie de ses jours de repos non pris, au profit d'un autre salarié dans certaines circonstances prévues par la loi (C. trav. art. L 1225-65-1 et L 1225-65-2 ainsi que L 3142-16 à L 3142-25-1). **16777**

> **Précisions** **Dons à des salariés de l'entreprise** Peuvent être cédés les jours de congés payés pour leur durée excédant 24 jours ouvrables, les jours de RTT ou de récupération, à condition qu'ils soient disponibles, affectés ou non sur un compte épargne-temps. Le salarié qui bénéficie du don de jours de repos conserve sa rémunération pendant son absence.

À notre avis, il est nécessaire de **suivre extra-comptablement** les jours transférés, salarié par salarié, en cours d'exercice.

À la clôture de l'exercice, les droits acquis non utilisés sont en principe provisionnés **sur la base de l'indemnité qui sera probablement versée** au moment de la prise de congés, salarié par salarié (voir n° 16750). Ainsi, en cas de don de jours de repos d'un salarié à un autre, l'indemnité correspondant aux jours cédés qui n'ont pas été utilisés à la clôture de l'exercice est provisionnée en fonction du salaire qui devrait être perçu par le salarié bénéficiaire (et non celui du cédant).

> **Fiscalement** Les entreprises soumises au régime général de déduction des indemnités de congés payés (voir n° 16730) peuvent, à notre avis, déduire le montant correspondant aux droits acquis par le bénéficiaire du don. Celles relevant du régime dérogatoire déduisent les indemnités au titre de l'exercice de leur versement à ce bénéficiaire.

RÉDUCTION DU TEMPS DE TRAVAIL (RTT)
Octroi aux salariés de jours de repos supplémentaires (jours de RTT, voir Mémento Social n° 30350 à 30380) Comme la charge afférente aux congés payés (voir n° 16730), une charge à payer, correspondant aux droits acquis et non utilisés à la clôture, et aux charges sociales afférentes (voir n° 16755) doit être comptabilisée, y compris : **16780**
– lorsque les droits sont portés sur un compte épargne-temps (voir n° 16775) ;
– lorsque les droits sont monétisés (cas des jours de RTT acquis entre le 1-1-2022 et le 31-12-2025 faisant l'objet d'une demande de rachat ; loi de finances rectificative 2022-1157 du 16-8-2022, voir Mémento Social n° 30130).

> **Fiscalement** Cette charge est, à notre avis, déductible sous la forme d'une provision fiscale. Le montant de cette « provision » doit figurer sur le relevé à joindre à la déclaration de résultat (voir n° 48130).

> **Précisions** **1. Maintien de la rémunération** Sur le « complément différentiel de salaire » destiné à maintenir la rémunération lors de la réduction légale du temps de travail, voir n° 16870.
2. Coût des stocks Comme la charge afférente aux congés à payer, la charge résultant des jours de repos supplémentaires est à incorporer dans le coût de production des stocks (voir n° 21085).

16785 **Repos compensateur** Les droits acquis par les salariés qui ont effectué des heures supplémentaires, qu'il s'agisse de la contrepartie obligatoire en repos (voir Mémento Social n° 41180 à 41240) ou du repos compensateur de remplacement (voir Mémento Social n° 41150 et 41155) sont, à notre avis, de même nature que l'indemnité de congés payés.

a. Ils constituent une charge de l'exercice.

b. Ils doivent être provisionnés à la clôture de l'exercice au cours duquel sont nés ces droits. L'indemnisation est calculée selon les mêmes modalités que celle des congés payés (voir n° 16750).

> **Fiscalement** L'indemnité de repos compensateur est, à notre avis, déductible indépendamment du régime retenu pour les charges de congés payés.

> **Socialement** L'indemnité de repos compensateur a le caractère de salaire (voir Mémento Social n° 41230) et est donc soumise à toutes les cotisations de sécurité sociale, de chômage, de retraite et prévoyance ainsi qu'à la CSG et la CRDS.

En cas d'indemnisation versée en espèces (en cas de rupture du contrat de travail ou d'empêchement du fait de l'employeur), celle-ci est calculée suivant les mêmes modalités que l'indemnisation en cas de prise du congé. Cette indemnité est considérée comme :
– un élément de salaire, lorsqu'elle résulte de la rupture du contrat de travail (voir Mémento Social n° 41235). Dans ce cas, elle est à comptabiliser au débit du compte 6411 « Salaires » ;
– ayant le caractère de dommages et intérêts rémunérant le préjudice subi, lorsque le salarié a été privé de son repos du fait de l'employeur (voir Mémento Social n° 41240). Dans cette situation, l'indemnité est à comptabiliser au débit du compte 6414 « Indemnités diverses ».
Elle est alors exonérée de cotisations sociales (voir Mémento Social n° 41240).

> **Précisions** **Compte épargne-temps** Les heures acquises au titre du repos compensateur de remplacement peuvent également être affectées à un compte épargne-temps. Sur leur valorisation, voir n° 16775.

RÉMUNÉRATIONS DIVERSES

16790 **Rémunération du personnel détaché**

I. Personnel détaché au sein d'un groupe À l'intérieur d'un groupe, certaines sociétés peuvent être amenées à détacher du personnel auprès des sociétés mères, sœurs et filiales. Sur la licéité de ce détachement et les modalités de sa mise en œuvre, voir Mémento Social n° 33035.

La société qui est liée contractuellement avec les salariés concernés enregistre les rémunérations correspondantes dans le compte 64 « Charges de personnel ».

Pour l'enregistrement du produit né de la **refacturation** de ces rémunérations, voir n° 11270.

Pour l'enregistrement de la charge par l'entreprise qui utilise le personnel, voir n° 15880.

> **Précisions** **Prêt de main-d'œuvre réalisé à titre gratuit** La mise à disposition faite à titre gratuit ne donne pas lieu à refacturation mais devrait, à notre avis, donner lieu à une information dans l'annexe.

II. Personnel détaché en dehors du groupe

a. Prêt de main-d'œuvre facturé pour un prix inférieur à son coût Les entreprises peuvent recourir à un prêt de main-d'œuvre à but non lucratif (C. trav. art. L 8241-3) qui permet, sous certaines conditions, de ne facturer à l'entreprise utilisatrice qu'une partie des coûts correspondant aux personnels prêtés (pour plus de détails, voir Mémento Social n° 33035).

> **Fiscalement** Une société prêteuse d'au moins 5 000 salariés, ou membre d'un groupe respectant cette condition d'effectif, peut déduire sans risque l'intégralité des coûts qu'elle supporte à raison d'un salarié mis à disposition, dans le cadre fixé par l'article L 8241-3 du Code du travail au profit d'une entreprise tierce ayant moins de huit ans d'existence ou d'une PME de 250 salariés maximum, y compris lorsque le montant refacturé, non nul, est inférieur aux coûts supportés (CGI art. 39, 1-1° ; pour plus de détails, voir Mémento Fiscal n° 8575).

b. Autres situations En dehors de ce cadre (voir ci-avant a.), une opération de prêt de main-d'œuvre ne poursuit pas de but lucratif (et n'est donc pas considérée comme illicite) lorsque l'entreprise prêteuse ne facture à l'entreprise utilisatrice, pendant la mise à disposition, que les salaires versés au salarié, les charges sociales afférentes et les frais professionnels remboursés à l'intéressé au titre de la mise à disposition (C. trav. art. L 8241-1).

> **Fiscalement** L'administration a indiqué que des frais de gestion peuvent être refacturés à l'entreprise utilisatrice sous réserve qu'ils demeurent **modérés et justifiés** sans pour autant remettre en cause le caractère non lucratif du prêt. Ces frais de gestion ainsi que les salaires et

charges sociales refacturés sont déductibles du résultat imposable de l'entreprise utilisatrice (voir n° 15880). L'entreprise prêteuse déduit de son côté les versements effectués au titre des salaires et charges sociales, et prend en compte les montants refacturés dans ses produits imposables (BOI-BIC-CHG-40-40-20 n° 160). L'opération est soumise à TVA par application des règles de droit commun, ainsi que le rappelle le ministère du travail dans le modèle de convention de mise à disposition qu'il a mis en ligne.

La société prêteuse étant liée contractuellement avec les salariés détachés, elle continue d'enregistrer ses charges, notamment :
– les rémunérations correspondantes dans le compte 641 « Rémunérations du personnel » ;
– les charges sociales afférentes dans le compte 645 « Charges de sécurité sociale et de prévoyance » ;
– les frais de transport, dans le compte 6247 « Transports collectifs du personnel » ;
– le remboursement des dépenses de transport domicile-travail dans le compte 647 « Autres charges sociales » (voir n° 17060).

Sur la comptabilisation des frais professionnels et autres frais inhérents à la fonction remboursés au salarié, voir n° 17050 s.

En contrepartie, leur **refacturation** constitue un produit. Si les refacturations sont significatives, une information en annexe devrait être fournie. Pour l'enregistrement de ce produit, voir n° 11265.

Pour l'enregistrement de la charge par l'entreprise qui utilise le personnel, voir n° 15880.

Rémunérations de caractère exceptionnel Elles ne constituent pas, à notre avis, des charges exceptionnelles puisqu'elles sont, par définition, utilisées **dans le cadre de l'objet social**. Aucune distinction n'est donc à effectuer et elles sont à classer au compte 641 « Rémunérations du personnel ». **16795**

Tel est notamment le cas de la prime de partage de valeur (voir Mémento Social n° 70490).

Sur les indemnités de licenciement, voir n° 16925.

Rémunérations occultes Ces rémunérations (sommes comptabilisées versées à des personnes dont l'entreprise refuse de révéler l'identité) paraissent devoir être enregistrées au compte 622 « Rémunérations d'intermédiaires et honoraires » et la pénalité fiscale dont elles sont passibles, à notre avis, au compte 6358 « Autres droits », le terme « pénalité » retenu dans le CGI ne lui retirant pas son caractère d'impôt forfaitaire sur un revenu mobilier (CGI art. 111-c) de caractère courant. **16800**

> **Précisions** Elles n'ont pas à être ni communiquées ni publiées (voir n° 18620).

Médailles du travail La médaille du travail est destinée à récompenser certains salariés de l'ancienneté de leurs services ou de la qualité de leur travail (Décret 84-591 du 4-7-1984 ; voir Mémento Social n° 17150). **16805**

Lorsque l'accord ou la convention prévoit que l'employeur verse une gratification au salarié concerné et prend à sa charge les frais de médaille, l'ensemble est comptabilisé lors du versement au compte 647 « Autres charges sociales ».

> **Fiscalement** Cette gratification est déductible, en application des principes généraux. Telle est également la position du Conseil d'État (CE 24-5-2000 n° 201685) qui a reconnu le caractère déductible de la provision correspondante, sous réserve de la fiabilité de son calcul (voir ci-après et n° 48240 s.).

À la clôture de l'exercice, dans le cadre des règles sur les passifs (PCG art. 321-2 s.), une provision correspondant aux versements probables liés aux salariés présents dans l'entreprise doit être constituée au crédit du compte 158 « Autres provisions pour charges ». En effet, l'accord ou la convention crée à la charge de l'entreprise une obligation de verser aux salariés présents à la clôture de l'exercice les gratifications prévues. En outre, ce versement est sans contrepartie future pour l'entreprise dans la mesure où il correspond à la rémunération d'un service passé rendu par les salariés.

> **Précisions** **Textes applicables** La définition de la notion d'engagement de retraite et avantages similaires exclut de façon explicite les médailles du travail (sur cette définition, voir n° 17590). C'est la raison pour laquelle les entreprises doivent suivre, pour la comptabilisation des médailles du travail, les règles générales sur les passifs et non celles relatives aux engagements de retraite et avantages similaires et doivent donc les provisionner, à la fois dans les comptes individuels et consolidés et ce, quelle que soit la méthode retenue pour la constatation de leurs engagements de retraite (provisionnement ou non dans les comptes).

En pratique, la provision est calculée :
- sur la base des **salariés présents** dans l'entreprise à la date du calcul ;
- au fur et à mesure du **temps de présence** des salariés, en fonction de la probabilité que les salariés atteignent l'ancienneté requise pour l'octroi d'une médaille (probabilité qui dépend notamment de la rotation du personnel et des tables de mortalité) ;
- en **prenant en compte les gratifications** qui risquent d'être versées pour l'ensemble des médailles du travail, c'est-à-dire celles correspondant aux **4 échelons,** et pas seulement à l'échelon à venir ;
- en tenant compte de la **probabilité** que les **salariés demandent** la médaille du travail ;
- de préférence, en **actualisant les montants** (mais ce n'est pas obligatoire) ;
- en tenant compte, le cas échéant (voir Mémento Social n° 22390), des cotisations de sécurité sociale auxquelles les versements sont soumis.

> **Fiscalement** Cette provision est déductible dès lors qu'elle est déterminée de façon précise, sur le fondement d'une méthode statistique appropriée prenant en compte le pourcentage de départs et de décès au sein du personnel (CE 24-5-2000 n° 201685).

COMPLÉMENTS DE SALAIRE

16810 **Cotisations sociales personnelles (sociétés)** Elles sont en principe à la charge des intéressés. Toutefois, lorsque la **société les prend à sa charge,** elles peuvent être retranchées du résultat comptable en tant que **supplément de rémunération.** Il en est ainsi pour, notamment :
- les cotisations d'allocations familiales et vieillesse des **gérants majoritaires des SARL** (Rép. Temple : AN 12-6-1954 n° 11451, non reprise dans Bofip), ainsi que les contributions et cotisations sociales dues sur les dividendes qui leur sont versés (Rép. Frassa : Sén. 3-9-2020 n° 12909) ;
- les cotisations d'**assurance chômage** résultant d'un contrat souscrit au profit d'un mandataire social non couvert par le régime de l'Unédic (Rép. Delfosse : AN 8-9-1980 n° 27428, non reprise dans Bofip).

Lorsqu'une **société en nom collectif non soumise à l'IS** prend à sa charge les cotisations sociales personnelles d'un associé, cette opération constitue une modalité particulière de répartition des bénéfices sociaux entre les associés (en ce sens, CE 31-3-1978 n° 2233) et les sommes correspondantes ne sont pas déductibles de son résultat. Elles majorent la quote-part des bénéfices imposables au nom de l'associé concerné et peuvent faire l'objet d'une déduction de sa quote-part imposable s'il exerce son activité professionnelle au sein de la société (CGI art. 151 nonies ; Rép. Sallé : AN 11-5-1981 n° 37000, non reprise dans Bofip).

> **Fiscalement** Si la société est soumise à l'IS, les cotisations sont **déductibles** dès lors que les rémunérations ne sont pas excessives.

16815 **Abondement en numéraire à un plan d'épargne** Le plan d'épargne salariale est prévu par les articles L 3332-1 à L 3335-1 et R 3332-1 à R 3335-3 du Code du travail (voir Mémento Social n° 34400 à 34590).

La **contribution de l'employeur** (abondement) à la constitution, pour les salariés, d'un portefeuille de valeurs mobilières peut s'effectuer dans le cadre d'un :
- **PEE** : plan constitué au niveau d'une entreprise ou d'un groupe d'entreprises (voir Mémento Social n° 34430 à 34490) ;
- **PEI** : plan commun à plusieurs entreprises ne constituant pas un groupe (voir Mémento Social n° 34520 à 34535) ;
- **Perco** : plan épargne pour la retraite collective d'entreprise ou interentreprises mis en place avant le 1er octobre 2020 (voir Mémento Social n° 34560 à 34590) ;
- **Pereco** : plan d'épargne retraite d'entreprise collectif (voir Mémento Social n° 34600 à 34647).
Sur la transformation d'un Perco en Pereco, voir Mémento Social n° 34595.
Sur le transfert collectif des avoirs d'un Perco vers un Pereco, voir Mémento Social n° 34597.

Peuvent notamment donner lieu à un abondement de l'employeur sur contribution du salarié :
- les versements volontaires des salariés ;
- les sommes issues de l'intéressement ;
- les sommes transférées d'un PEE ou PEI à un Perco ou à un Pereco (voir Mémento Social n° 34470) ;
- les sommes issues de la participation et versées sur un PEE ou un PEI, lorsque le versement de la participation au titre de la dernière période d'activité du salarié intervient après son départ de l'entreprise, ou sur un Perco ou Pereco (voir Mémento Social n° 34470) ;

— les sommes transférées d'un PEE ou d'un PEI à un PEE ou PEI à condition que le nouveau plan ait une durée de blocage aussi longue et que les sommes soient transférées à l'expiration de la période d'indisponibilité (voir Mémento Social n° 34470).

Peuvent notamment donner lieu à un abondement « unilatéral » de l'employeur (même en l'absence de contribution du salarié) :
— les versements unilatéraux de l'employeur sur le PEE pour l'acquisition d'actions ou de certificats d'investissement émis par l'entreprise ou par une entreprise incluse dans le même périmètre de consolidation ou de combinaison des comptes (voir Mémento Social n° 34467) ;

> **Précisions** Ces versements peuvent prendre la forme d'une **somme d'argent** ou d'une **attribution gratuite d'actions** (Inst. intermin. 2019-252 du 19-12-2019 n° 44). Lorsque l'abondement prend la forme :
> — d'une somme d'argent, voir n° 16825 ;
> — d'une attribution gratuite d'actions, celui-ci devrait, à notre avis, être traité selon les mêmes principes que les plans d'attribution gratuite d'actions, voir n° 55895.
> Sur le régime social et fiscal de ces versements unilatéraux, voir Mémento Social n° 34485.

— les versements unilatéraux de l'employeur sur le Pereco.

> **Précisions** Ces versements peuvent prendre la forme d'un versement initial et/ou de versement périodiques (C. mon. fin. art. L 224-2 ; voir Mémento Social n° 34620).

Lorsque l'abondement est accordé dans le cadre d'une augmentation de capital, voir n° 16825.
Lorsque l'abondement unilatéral de l'employeur est accordé dans le cadre d'un contrat de partage de la plus-value de cession de titres avec les salariés, voir n° 16830.

I. Contribution de l'employeur

Cette contribution constitue (PCG art. 944-42) une **charge de personnel** :

a. À débiter au compte **647 « Autres charges sociales »** pour le montant de l'abondement et au compte 645 « Charges de sécurité sociale » pour le forfait social (voir n° 16855) ;

> **Précisions** Ce classement est à retenir, à notre avis, quelles que soient la forme du plan d'épargne et ses modalités de gestion (compagnie d'assurance, organisme de retraite professionnelle, établissement de crédit...).
> En outre, cette charge n'a pas, à notre avis, le même caractère que la participation des salariés car elle est indépendante des résultats de l'entreprise, n'est pas la contrepartie d'un travail et ne bénéficie qu'aux salariés qui décident de souscrire au plan.

b. Par le crédit :
— d'une part, du compte **431 « Sécurité sociale Urssaf »** pour le montant de la CSG et de la CRDS précomptées par l'employeur lors du versement de l'abondement, ainsi que pour le montant du forfait social ;
— et, d'autre part, du compte 421 « Rémunérations dues » pour le montant de l'abondement diminué de la CSG et de la CRDS.

> **Socialement** En effet, l'abondement est exonéré de cotisations sociales (voir Mémento Social n° 34485) mais est soumis à CSG, CRDS et en principe au forfait social (les entreprises de moins de 50 salariés sont exonérées du forfait social), qu'il bénéficie aux salariés comme aux dirigeants (voir Mémento Social n° 25120 et 84305). La CSG et la CRDS sont prélevées sur le montant de l'abondement versé par l'entreprise soit sur le plan d'épargne d'entreprise, soit lors de la souscription ou l'acquisition d'actions de sociétés par leurs salariés.

> **Fiscalement** Ces sommes sont déductibles des bénéfices imposables (CGI art. 237 ter ; BOI-BIC-PTP-20-30 n° 360).

c. Lors du versement des abondements nets à la société teneur de comptes, le compte 421 et le compte 431 qui enregistrent le montant de la CSG, de la CRDS et du forfait social exigibles sont débités par le crédit du compte de trésorerie concerné.

En général, l'abondement est versé dès que le salarié a lui-même procédé à son versement ou au transfert des sommes sur le plan d'épargne. Si tel n'était pas le cas ou si la clôture de l'exercice survenait entre le versement du salarié au plan d'épargne et le versement de l'abondement, ce dernier donnerait lieu, à notre avis, à une comptabilisation en **charges à payer** compte tenu de l'obligation de l'entreprise de procéder à l'abondement des sommes déjà versées ou transférées sur le plan d'épargne.

> **Précisions** Traitement à la clôture :
> **1. Principe** Aucune provision ne peut, à notre avis, être constatée au titre de sommes qui n'ont pas été affectées par les salariés au plan d'épargne à la date de clôture.
>
> **2. Abondement lié à l'intéressement** L'abondement de l'employeur résultant du versement, par un salarié, de son intéressement sur un plan d'épargne salariale devrait, à notre avis, être provisionné en même temps que l'intéressement en

fonction de la probabilité que le salarié effectue un tel versement. En effet, l'accessoire (l'abondement) suit le principal (l'intéressement) qui, lui-même, fait l'objet d'une provision (voir n° 16845).

3. Abondement lié à la participation Les sommes provenant de la participation et affectées au PEE (ou au PEI) peuvent ouvrir droit à l'abondement de l'entreprise (C. trav. art. L 3332-11 ; voir Mémento Social n° 34455 à 34470). Dès lors que l'entreprise s'est engagée à procéder à l'abondement des sommes déjà versées ou transférées sur le plan, l'abondement devrait, à notre avis, être provisionné en même temps que la participation (voir n° 53840).

II. Frais de gestion Les frais de gestion dus sur les sommes versées sur le plan (qui sont en général à la charge de l'entreprise) sont, à notre avis, à comptabiliser au compte 628 « Charges externes diverses » (voir n° 16170).

16820 **Abondement à un compte épargne-temps** (voir n° 16775) Le complément versé par l'entreprise au compte épargne-temps du salarié dans les conditions prévues par la convention ou l'accord collectif est, à notre avis, une charge de personnel à traiter comme l'abondement dans le cadre des plans d'épargne d'entreprise.

> **Fiscalement** Il en est, à notre avis, de même.

16825 **Abondement en numéraire accordé dans le cadre d'une augmentation de capital** L'abondement complétant l'investissement des salariés qui souscrivent à l'augmentation de capital de l'entreprise constitue une **charge de personnel** (Bull. CNCC n° 138, juin 2005, EJ 2005-16, p. 303 s.).

En effet, selon le bulletin CNCC précité, le coût de l'abondement ne peut pas être considéré comme un coût externe directement lié à l'opération (qui bénéficierait, à ce titre, de la possibilité d'être imputé sur la prime d'émission, voir n° 45150).

Ce traitement est à retenir à la fois dans les comptes individuels et consolidés.

> **Précisions** Bien que ce mécanisme d'abondement procure les mêmes avantages aux salariés que le mécanisme d'attribution d'actions gratuites, la CNCC ne retient pas le même traitement (charge de dilution non comptabilisée en cas d'émission d'actions nouvelles, voir n° 55875), car étant spécifique aux plans d'options d'achat ou de souscription d'actions et plans d'attribution d'actions gratuites aux salariés, il ne peut pas, à notre avis, être étendu à d'autres dispositifs de règlement en instruments de capitaux propres.
> Sur le traitement de l'émission ou la cession de titres réservés aux adhérents d'un PEE, voir n° 55950 s.

16830 **Abondement accordé dans le cadre d'un contrat de partage des plus-values de cession de titres avec les salariés** Un contrat de partage des plus-values de cession ou de rachat de titres peut être conclu entre une société et l'un de ses associés, personne physique ou morale. Selon ce contrat (C. com. art. L 23-11-1 à L 23-11-4) :
– l'associé s'engage à partager avec les salariés de la société dont les titres sont cédés ou rachetés une partie de la plus-value réalisée lors de la cession ou du rachat (dans la limite de 10 % de la plus-value) en versant le montant prévu par l'engagement à la société dont les titres sont cédés ou rachetés ;
– la société dont les titres sont cédés ou rachetés s'engage à transférer à ses salariés dans un délai de 90 jours le montant résultant de l'engagement de partage en le versant sur leur PEE, dont elle déduit les charges fiscales et sociales que ce transfert engendre.

> **Précisions** **1. Régimes fiscal et social** Ce versement sur le PEE est soumis au même régime fiscal et social que les abondements « classiques » de l'employeur (C. trav. art. L 3332-11). Voir n° 16815 I. b.
> **2. Majorations** Le dépassement du délai de versement de 90 jours est sanctionné par la majoration des versements dus à chaque bénéficiaire au taux d'intérêt légal à compter de la date de dépassement. Cette majoration reste à la charge de la société (C. com. art. L 23-11-4). Elle constitue une charge pour la société.

Pour plus de détails, voir Mémento Sociétés commerciales n° 16810 s.

Comptablement, la société dont les titres sont cédés ou rachetés étant, à notre avis, mandatée par l'associé cédant pour répartir et attribuer les sommes à allouer à ses salariés, il convient de retenir le mode de comptabilisation prévu pour les opérations faites en qualité de mandataire (voir n° 73305 s.). L'abondement est donc comptabilisé, chez la société dont les titres sont cédés ou rachetés, dans un compte de tiers sans impact sur le résultat.

> **Fiscalement** La plus-value imposable au nom de l'entreprise cédante est minorée du montant résultant de l'engagement de partage (CGI art. 39 duodecies, 11).

Intéressement (C. trav. art. L 3311-1 à L 3315-5) Voir Mémento Social n° 34100 à 34295. **16845**
Le système d'intéressement des salariés à l'entreprise est **facultatif et indépendant** du régime des plans d'épargne et de la participation (voir n° 53545 s.).
À notre avis, à défaut de précisions des organismes compétents :

I. À la clôture de l'exercice, les sommes dues constituent des **charges à payer** à créditer au compte 4286 « Autres charges (de personnel) à payer » par le débit :
– soit, si l'on privilégie leur **nature comptable,** d'un compte de **charges de personnel** : 6414 « Indemnités et avantages divers » ou 648 « Autres charges de personnel » ;
En effet, s'agissant de la **contrepartie d'un travail,** les sommes versées n'ont pas le même caractère que la participation des salariés. L'intéressement, qui résulte d'une décision de l'entreprise et qui peut être indépendant de ses résultats, est limité en fonction du montant des salaires et peut ne concerner qu'une partie des salariés (établissements, unités de travail, etc.). À l'inverse, la participation des salariés aux résultats, qui résulte d'une obligation légale, concerne, y compris en cas d'accords dérogatoires, tous les salariés et est fonction uniquement des résultats de l'entreprise (voir n° 53545 s.).
– soit, si l'on privilégie leur **nature économique,** d'une subdivision à créer du **compte 69** à présenter après le résultat exceptionnel sur une **ligne spécifique** (comme la participation des salariés).
En effet (C. trav. art. L 3314-2), l'intéressement doit être collectif, présenter un caractère aléatoire et résulter d'une formule de calcul liée aux résultats ou aux performances de l'entreprise.

> **Fiscalement**
– Le montant des participations versées aux salariés en application d'un accord d'intéressement est déductible (CGI art. 237 ter A). À la différence de la participation, l'intéressement ne s'analyse pas comme une affectation du résultat de l'entreprise. Les sommes dues au titre de l'intéressement sont donc déductibles du résultat de l'exercice au titre duquel elles sont attribuées, le cas échéant sous forme de charge à payer lorsque leur versement effectif n'est pas encore intervenu (BOI-BIC-PTP-20-10 n° 290). La déductibilité de l'intéressement versé aux travailleurs non salariés (notamment entrepreneurs individuels et mandataires sociaux de sociétés soumises à l'IR) est soumise à certaines conditions et limites (C. trav. art. L 3315-3 ; BOI-BIC-PTP-20-10 n° 300) ;
– Comme on l'a vu à propos des rémunérations dues à la clôture de l'exercice (voir n° 16630), ne sont **pas déductibles** les sommes versées au titre d'un **projet** de convention d'intéressement qui, même s'il a été présenté aux salariés avant la clôture, n'était pas formalisé à cette date (CAA Nancy 15-2-1996 n° 93-550).
Sur les conséquences d'une rectification fiscale, voir n° 53170.

> **Socialement** L'intéressement est exonéré de cotisations de sécurité sociale sous réserve de son dépôt auprès de l'administration (voir Mémento social n° 34155 s.). En revanche, il est soumis à la CSG, à la CRDS (voir Mémento Social n° 25120), au forfait social (voir Mémento Social N° 84305) et, le cas échéant, à la taxe sur les salaires (CGI art. 231 ; voir Mémento Social n° 34295). Sur la comptabilisation du forfait social et de la taxe sur les salaires, voir respectivement n° 16855 et 16350. L'intéressement est exonéré de forfait social dans les entreprises de moins de 250 salariés (voir Mémento Social n° 34295).

Lorsque la **période de calcul de l'intéressement est différente de celle de l'exercice comptable** (C. trav. art. L 3314-2 ; circ. interministérielle du 22-11-2001, fiche 4), tel est le cas lorsque pour une clôture au 31 décembre, la période de calcul de l'intéressement est 1er décembre-30 novembre. Comptablement, une provision pour charge au titre du mois de décembre nous paraît alors pouvoir être constituée si l'intéressement sur la période suivante peut être estimé avec une fiabilité suffisante (PCG art. 322-1 et 322-4).
Sur l'intéressement versé dans un compte épargne-temps, voir n° 16775.

II. Lorsque le **montant de l'intéressement** a été **définitivement fixé** par l'organe chargé d'approuver les comptes, la dette envers les salariés est constatée au crédit du compte 431 « sécurité sociale – Urssaf » pour le montant de la CSG, de la CRDS exigibles et d'un sous-compte de 421 « Personnel – Rémunérations dues » pour le montant de l'intéressement à verser par le débit du compte 4286 « Autres charges à payer ».

> **Précisions 1. Supplément d'intéressement** La direction de l'entreprise (conseil d'administration ou directoire) a la possibilité de décider de verser un supplément d'intéressement au titre de l'exercice clos (C. trav. art. L 3314-10 ; voir Mémento Social n° 34190).
2. Reliquat d'intéressement L'accord d'intéressement peut prévoir que les reliquats d'intéressement non distribués (en raison des mécanismes de plafonnement) soient reversés aux bénéficiaires n'ayant pas déjà atteint le plafond individuel, selon les mêmes modalités que pour la répartition initiale (C. trav. art. L 3314-11).

III. Lors du **versement** de la somme, soit au salarié directement, soit au plan d'épargne (PEE, PEI, Perco), le compte 421 sera débité par le crédit du compte de trésorerie concerné.

> **Précisions** Lorsqu'un salarié qui a quitté l'entreprise ne peut être atteint à la dernière adresse qu'il a indiquée (voir n° 53810), l'entreprise ne peut pas constater la dette en profit ; en effet (C. trav. art. D 3313-11), elle devra conserver cette somme à sa disposition pendant un an à compter de la date limite de versement de l'intéressement (dernier jour du cinquième mois qui suit la clôture de l'exercice ; C. trav. art. L 3314-9) puis la verser à la Caisse des Dépôts auprès de laquelle l'intéressé pourra la réclamer pendant vingt ans (ou vingt-sept ans en cas de décès du bénéficiaire).

> **Socialement** voir Mémento Social n° 34260.

Sur la provision à constituer au titre de l'abondement de l'entreprise, en cas de versement de l'intéressement sur un plan épargne, voir n° 16815.

IV. En cas de **retard dans le versement** de l'intéressement, les intérêts dus aux salariés sont à porter, à notre avis, au débit d'un compte de charges financières 668 « Autres charges financières » par le crédit du compte 4286 « Autres charges à payer » où la dette d'intéressement est enregistrée. Ces intérêts sont versés aux salariés en même temps que le principal.

> **Socialement** voir Mémento Social n° 34260.

16850 **Avances sur intéressement** Il est possible de verser en cours d'exercice des **avances** à valoir sur le montant définitif de l'intéressement à condition que les données retenues pour leur calcul soient suffisamment fiables (Circ. interministérielle du 3-1-1992, n° 2.5). Ces avances sont à comptabiliser à notre avis au débit du compte 425 « Personnel – Avances et acomptes » par le crédit du compte de trésorerie concerné.

> **Précisions** Ce compte sera soldé lors de la constatation de la dette d'intéressement définitive pour l'exercice, ou, si l'enveloppe totale de l'intéressement est inférieure au montant des avances versées en cours d'exercice, lors du reversement par les salariés des éventuels **trop-perçus** (reversement obligatoire ; circ. interministérielle du 22-11-2001, dossier intéressement, fiche 5). À défaut, le trop-perçu est soumis à cotisations de sécurité sociale (voir Mémento Social n° 34260).

16855 **Forfait social** Cette contribution patronale concerne les revenus d'activité assujettis à la CSG et exonérés de cotisations patronales (CSS art. L 137-15 et L 137-16).

Sur les sommes soumises au forfait social, voir Mémento Social n° 84300 à 84320.

Comptablement, le forfait social constitue une charge de l'exercice au cours duquel les sommes auxquelles il s'applique sont comptabilisées (en ce sens, Bull. CNCC n° 153, mars 2009, EC 2008-81, p. 288). Il donne lieu à la comptabilisation d'une charge à payer au crédit du compte 4386 « Organismes sociaux – Autres charges à payer », par le débit du compte 6451 « Cotisations à l'Urssaf », étant versé à cet organisme.

Le taux à prendre en compte pour le calcul de la charge à payer à la clôture est celui applicable à la date à laquelle les sommes soumises au forfait social seront effectivement versées, sous réserve que la loi fixant ce taux soit **votée avant l'arrêté des comptes** (voir n° 16640).

> **Fiscalement** Cette cotisation sociale est déductible du résultat imposable de l'exercice au titre duquel sont dus les rémunérations et gains qui y sont soumis (BOI-BIC-CHG-40-40-40 n° 1 et 10).

Sur le cas du forfait social dû au titre de la participation, voir n° 53810.

16860 **Contribution patronale sur stock-options et actions attribuées gratuitement** (CSS art. L 137-13)

> **Socialement** Les entreprises employant des salariés auxquels des stock-options ou des actions gratuites ont été attribuées sont redevables d'une contribution patronale dont l'exigibilité diffère selon qu'il s'agit de stock-options ou d'AGA (voir Mémento Social n° 34680 et 34750).

Pour le traitement comptable de cette contribution dans le cadre de plans de stock-options, voir n° 55770 V.

Pour le traitement comptable de cette contribution dans le cadre de plans d'attributions gratuites d'actions, voir n° 55875 V.

INDEMNITÉS COMPENSATRICES ET DIVERSES

16865 **Indemnité de repos compensateur** Voir n° 16785.

Indemnités compensatrices de réduction du temps de travail   16870

La compensation salariale d'une perte de rémunération induite par une mesure de réduction du temps de travail est considérée comme un revenu d'activité (CSS art. L 136-1-1). En conséquence, ces indemnités compensatrices constituent, sur le plan comptable, des éléments de salaire à comptabiliser au débit du compte 6411 « Salaires ».

> **Socialement** Sur l'assujettissement de ces sommes aux cotisations de sécurité sociale, voir Mémento Social n° 22385.

À la **clôture de l'exercice**, aucune provision n'est à constater pour les compensations salariales à verser, en dehors de celle concernant la période de travail déjà effectuée (voir n° 16620).

Indemnités compensatrices de modification du contrat de travail   16875

En dehors du cadre de la réduction de la durée collective de travail (voir n° 16870), la jurisprudence a reconnu le caractère de **dommages et intérêts, exonérés des cotisations,** à des indemnités versées en réparation du préjudice subi par des salariés ayant accepté la modification de leur contrat de travail. Pour des exemples, voir Mémento Social n° 22380.

> **EXEMPLE**
>
> C'est le cas, par exemple, de la mise en place de certains **dispositifs ponctuels** de préretraite « maison » prévoyant une suspension du contrat de travail (voir Mémento Social n° 57285).

Pour la provision à constituer à la **clôture de l'exercice,** voir n° 17420.

À **la clôture de l'exercice,** la contribution spécifique doit donc être comptabilisée en charges à payer au compte 4286 « Personnel – Autres charges à payer » dès l'instant, à notre avis, où le salarié a accepté la modification de son contrat de travail.

Le traitement et l'évaluation de la provision sont cependant différents lorsque le dispositif de préretraite est assimilé à un régime de retraite (voir n° 17020 I.).

Maintien du salaire en cas de maladie (accident, maternité ou paternité)   16895

En cas de maintien de son salaire, il est fréquent :
– que le salarié renonce à percevoir directement les indemnités de sécurité sociale, l'employeur étant alors subrogé dans les droits du salarié vis-à-vis des organismes sociaux ;
– que l'employeur fasse l'avance au salarié des indemnités journalières (Mémento Social n° 49810).

En pratique, ce système entraîne pour l'employeur un **décalage** entre le moment où il fait l'**avance des frais** et le moment où il les **récupère**, ce décalage concernant à la fois les indemnités journalières et les charges sociales (acquittées normalement sur le salaire maintenu puis récupérées du fait de l'exonération des indemnités).

Sur le plan comptable, ces opérations se traduisent de la façon suivante :

I. En cours d'exercice :

a. Indemnités journalières À notre avis, comme le précisait le PCG 82 (p. II.39), il convient de constater **immédiatement** dès le mois où le salarié est absent, la **créance** que l'entreprise détient envers les organismes sociaux et correspondant aux indemnités avancées au salarié. Celles-ci sont débitées au compte 4387 « Organismes sociaux – Produits à recevoir » par le crédit du compte 641 « Rémunérations du personnel » (PCG art. 944-43). Cette écriture permet de supprimer le décalage entre charge et produit signalé ci-avant et facilite en outre le suivi de l'encaissement des prestations.

Lors du remboursement des indemnités, le compte 4387 est crédité par le débit d'un compte de trésorerie.

b. Cotisations sociales Il ne nous paraît **pas utile de régulariser** lors de chaque paie l'avance de cotisations sociales sur les indemnités journalières. En effet, celles-ci ne donneront pas lieu à indemnisation mais se trouveront régularisées par la minoration des charges sociales lors du paiement des indemnités journalières (qui en sont exonérées sauf en ce qui concerne la CSG et la CRDS, voir Mémento Social n° 25125).

II. En fin d'exercice :

a. Indemnités journalières S'il subsiste à cette date des indemnités journalières avancées aux salariés et non encore perçues des organismes sociaux, **aucune régularisation** n'est à effectuer car les décalages ont déjà été neutralisés lors des écritures de paie.

b. Cotisations sociales Il nous semble souhaitable, en application du principe d'indépendance des exercices, d'opérer une **régularisation des charges à récupérer,** dans la mesure où les sommes concernées sont **significatives.** Une évaluation peut, à notre avis, être aisément faite en appliquant un pourcentage estimé de charges patronales au montant des indemnités journalières figurant à la clôture au compte 4387.

> **Précisions** Réduction du plafond annuel des cotisations En pratique, le bénéfice de l'exonération de cotisations sur les indemnités journalières peut être en partie annulé si le maintien du salaire a eu pour effet de réduire le plafond annuel des cotisations de sécurité sociale. Dans ce cas, en effet, un complément de cotisation est exigé lors des opérations de régularisation des cotisations plafonnées (voir Mémento Social n° 23570).

Le montant des cotisations sociales à régulariser est débité au compte 486 « Charges constatées d'avance » par le crédit des comptes de charges concernés.

Cette écriture est extournée soit à l'ouverture de l'exercice suivant, soit lors du versement des indemnités journalières.

EXEMPLE

Soit une entreprise clôturant ses comptes avec l'année civile. Un de ses salariés est absent pour maladie une partie du mois de décembre de l'année N.

Les données concernant ce salarié sont les suivantes :

Salaire brut de décembre N, jours de carence déduits..	2 000
Charges patronales	500
Charges salariales	300
Indemnités journalières estimées	1 000
Indemnités journalières effectivement perçues en janvier N+1	950
Salaire brut de janvier N+1..	2 400
Charges patronales (en tenant compte de l'exonération des indemnités journalières de 950 en base)...	362
Charges salariales (sur le salaire brut)...	360

	421 Salaires à payer	431 Sécurité sociale	4387 Org. soc. Produits à recevoir	486 Charges constatées d'avance	512 Banque	641 Salaires	645 Charges
1. En cours d'exercice (exemple en décembre N) Selon journal des salaires*	1 700 (1)	800 (2)				2 000	500
Indemnités à recevoir*			1 000			1 000	
2. Clôture de l'exercice (Régularisation des charges patronales incluses dans les indemnités non encore reçues à cette date)				250			250 (3)
3. Janvier N+1							
– Selon journal des salaires	2 040	722				2 400	362
– Perception des indemnités			1 000		950	50	
– Extourne de la régularisation sur les charges patronales**				250			250

* Écritures à passer simultanément.
** Cette extourne vient compenser l'économie de charges provenant de l'exonération des indemnités journalières. Elle peut avoir déjà été effectuée à l'ouverture de l'exercice N+1.
(1) 1 700 = 2 000 (salaire brut) – 300 (charges salariales).
(2) 800 = 500 (charges patronales) + 300 (charges salariales).
(3) 250 = 500/2 (500 de charges patronales pour 2 000 de salaires, donc la moitié pour 1 000 correspondant aux indemnités journalières ; cette règle de trois est inexacte si le salarié est cadre).

16900 **Activité partielle (remplaçant le chômage partiel)** Ce dispositif d'indemnisation permet, sous certaines conditions et après autorisation administrative, de compenser partiellement la perte de salaire résultant de la fermeture temporaire de l'établissement ou d'une réduction de l'horaire habituel de travail en deçà de la durée légale du travail. Pour plus de détails sur ce dispositif, voir Mémento Social n° 1400 s.

I. L'indemnité versée au salarié par l'entreprise au titre de l'activité partielle constitue une charge à comptabiliser, à notre avis, dans le compte 6414 « Indemnités et avantages divers ».

> **Précisions** Absence de provision à la clôture Lorsque les mesures de mise en activité partielle sont annoncées avant la clôture de l'exercice, aucune provision ne devrait être comptabilisée à ce titre (Questions/Réponses CNCC Covid-19, ch. I, 2e partie, Question 5.1) et ce, même si la sortie de ressources qui sera subie par l'entreprise lors du versement de l'indemnité n'aura pas la contrepartie « travail » attendue. En effet :
> — la mise en activité partielle permettant à l'entreprise de conserver son personnel et donc sa capacité productive, elle comporte une contrepartie pour l'entreprise, la possibilité de redémarrer son activité avec du personnel à la fois disponible et formé lorsque les conditions économiques le permettront. L'existence de cette contrepartie empêche la constitution d'une provision (PCG art. 322 s. ; voir n° 48242) ;
> — à la clôture de l'exercice, les salariés n'ont acquis aucun droit à être payés sans travail effectif (contrairement aux jours de RTT ou de congés payés ; voir n° 16730 et 16780).

II. L'allocation d'activité partielle versée par l'État à l'employeur en compensation de cette indemnité versée au salarié est comptabilisée :
— au débit du compte 443 « Opérations particulières avec l'État » par le crédit du compte de charges 6414 (en ce sens, Rec. ANC Covid-19, Question J1) ;
— dès que la prise en charge par l'État est acquise, c'est-à-dire dès qu'elle en a obtenu l'autorisation (sauf aménagement du dispositif en cas de circonstances à caractère exceptionnel, voir ci-après Précision 1). Il n'y a pas lieu d'attendre le remboursement effectif par l'État.

Sur la provision pour risques ou la dette à constater en cas de sommes indûment perçues, voir n° 12080.

> **Précisions 1. Circonstances à caractère exceptionnel** Dans ces circonstances (exemples : Covid-19, conséquences économiques de la guerre en Ukraine), les démarches de l'employeur sont facilitées. Toute entreprise souhaitant recourir au dispositif d'activité partielle pour un tel motif dispose d'un délai de 30 jours à compter de la mise en activité partielle de ses salariés pour adresser sa demande à l'administration et peut ainsi mettre en place l'activité partielle sans avoir obtenu l'autorisation. Le silence de l'administration à l'expiration d'un délai de 15 jours vaut acceptation implicite de la demande. Comptablement, l'allocation est inscrite en comptabilité dès que l'entité en a fait la demande et estime respecter les conditions d'octroi de cette aide (en ce sens, Rec. ANC précitées, Question J1), voire avant le dépôt du dossier dès que l'entreprise est en mesure de présenter une demande de compensation respectant les conditions de fond et de forme (en ce sens, Questions/Réponses CNCC Covid-19, ch. I, 2e partie, Question 10.2).
> **2. Activité partielle de longue durée (APLD)** Depuis le 1er février 2023, il n'est plus possible d'entrer dans ce dispositif. Toutefois, les accords et décisions unilatérales dûment validés à cette date s'appliquent jusqu'à leur terme tout en pouvant être modifiés par avenant transmis à l'administration pour validation ou homologation. En outre, l'autorisation d'APLD peut faire l'objet d'une demande de renouvellement par période de 6 mois maximum sous conditions (Décret 2020-926 du 28-7-2020 modifié par décret 2022-1665 du 27-12-2022).
> Ce dispositif est à comptabiliser selon les mêmes modalités que l'activité partielle de droit commun (voir ci-avant).

Indemnités compensatrices versées en cas d'annulation d'un plan de stock-options Voir n° 55830. **16905**

INDEMNITÉS DE RUPTURE

Indemnités de licenciement (hors plans de restructuration ; sur ces derniers, voir n° 17395 s.) Pour des détails sur la détermination des indemnités de licenciement, voir Mémento Social n° 48900 à 48950. **16925**

Sur le plan comptable, trois cas de figure sont à distinguer :

I. Compression probable de personnel (non annoncée à la clôture) Aucune provision ne peut être constituée à la clôture car l'entreprise ne s'est pas engagée à cette date à mettre fin aux contrats de travail des salariés concernés (en ce sens, PCG art. 322-10).
Sur l'information qui peut devoir être fournie dans l'annexe au titre des passifs éventuels, voir n° 52520.

II. Licenciement annoncé avant la clôture de l'exercice

16925 (suite)

a. Une **provision pour licenciement** (individuel ou économique) doit être constituée à la clôture de l'exercice (compte 158 « Autres provisions pour charges ») si les **conditions suivantes** sont remplies (PCG art. 322-10 ; avis CNC 2000-01, § 5.12.5) :

1. Existence d'une obligation à la clôture À la date de clôture, il doit exister une obligation de l'entreprise vis-à-vis du salarié. Cette obligation est matérialisée par :
– la prise de décision, avant la date de clôture, par l'organe compétent lorsque celui-ci comporte des membres du comité social et économique (CSE) ;
– ou l'annonce, **avant la date de clôture,** aux personnes concernées ou à leurs représentants, de la décision prise par l'organe compétent.

En pratique, il en résulte, à notre avis, qu'il existe une obligation implicite de l'entreprise :
– dans le **cas d'un licenciement individuel** (pour motif personnel ou économique), dès lors que la lettre de convocation du salarié à l'entretien préalable a été envoyée en recommandé avant la date de clôture ; en effet, une fois la lettre envoyée il ne pourrait y avoir remise en cause du licenciement que de la part du salarié ;
– dans le **cas d'un licenciement collectif**, dès lors que la lettre de convocation du salarié à l'entretien préalable a été envoyée le cas échéant (voir Mémento Social nº 48075 à 48345) ou que le CSE a été informé du projet de compression (voir Mémento Social nº 48135) avant la date de clôture et à condition qu'il existe un plan formalisé et qu'il n'y ait pas de délai important avant le début du licenciement (voir nº 17415).

> **Fiscalement** Le licenciement peut être considéré comme probable à la clôture de l'exercice si une décision formelle a été prise avant cette date (convocation à l'entretien préalable, information et convocation des délégués du personnel ou du comité social et économique, établissement d'un plan de sauvegarde de l'emploi) (BOI-BIC-PROV-30-20-10-20 nº 130 et 140).

2. Sortie probable de ressources à la date d'arrêté des comptes (sur cette notion voir nº 52310) sans contrepartie Cette condition est généralement toujours remplie, la décision finale de licenciement étant prise par l'employeur et ne conférant pas d'avantages économiques futurs à l'entreprise.

> **Précisions** Le fait que des négociations puissent survenir ne remet pas en cause l'engagement de l'entreprise (voir nº 17415).

b. La **provision** doit être constituée pour le **montant des indemnités légales et conventionnelles** à verser (et des cotisations sociales afférentes), et des autres coûts liés au licenciement sans contrepartie pour l'entreprise :
– préavis non effectué (voir nº 16985) ;
– contribution spécifique dans le cadre de certains régimes de préretraite d'entreprise (voir nº 16545) ;
– autres contributions dues au titre de la rupture du contrat de travail (contrat de sécurisation professionnelle) (voir nº 16405) ;
– contribution des employeurs due au titre de la revitalisation du bassin d'emploi (voir nº 16355) ;
– subventions versées aux entreprises acceptant d'embaucher les salariés licenciés (voir nº 16945 I.) ;
– sommes versées à un cabinet d'outplacement (voir nº 16945 VI.) ;
– indemnité de clientèle (voir nº 16945 VII.) ;
– indemnité d'incitation au départ volontaire (voir nº 16980) ;
– indemnités compensatrices (voir nº 16870 et 16875) ;
– contribution de l'employeur au maintien de la couverture santé ou prévoyance du salarié licencié au-delà de la durée légale (voir nº 16990).

> **Fiscalement** Les provisions pour indemnités de licenciement sont en principe déductibles sauf les provisions :
> **a. pour indemnités de licenciement économique** (dont les plans de sauvegarde de l'emploi) destinées à être versées hors procédure de redressement ou de liquidation judiciaire (CGI art. 39-1-5º ; voir Mémento Fiscal nº 9890).
> Le tableau ci-après, établi par nos soins, distingue parmi les diverses dépenses celles qui sont exclues, ou pas, du droit à déduction de la provision.

16925
(suite)

Provision non déductible [1]	Provision déductible [1]
Indemnité légale de licenciement (C. trav. art. L 1234-9)	Autres versements, dès lors qu'ils ne sont pas directement liés au licenciement économique (BOI-BIC-PROV-30-20-10-20 nº 230 et 240), tels que :
Toute autre indemnité de licenciement, quel que soit son fondement, lorsqu'elle est supérieure à l'indemnité légale (BOI-BIC-PROV-30-20-10-20 nº 230 et 240), soit les indemnités prévues notamment par : – la convention collective ; – le contrat de travail ; – les usages.	– les indemnités de préavis ou de congés payés ; – les indemnités de rupture irrégulière ou abusive de contrat de travail ; – les indemnités compensatrices versées dans le cadre d'une clause de non-concurrence ; – les indemnités versées dans le cadre d'une transaction dès lors que cette opération ne constitue pas un licenciement au sens strict ;
Indemnités additionnelles versées dans le cadre d'**un plan de sauvegarde de l'emploi (PSE)** tel que défini par l'article L 1233-61 du Code du travail	– les dépenses liées à la reconversion du personnel ; – les diverses mesures d'accompagnement (reclassement, actions de formation, etc.).

(1) Selon les informations recueillies auprès du Conseil d'État, dans le cadre de notre journée « Arrêté des comptes et résultat fiscal 2012 », Les Échos Conférences – PwC, l'article 39-1-5º du CGI s'oppose à la déduction fiscale des provisions visant les seules indemnités de licenciement économique, et non l'ensemble des charges liées au licenciement économique.

b. dans le cas particulier des licenciements en fin de carrière : dans certains cas de licenciements prononcés en fin de carrière, le licenciement peut être analysé comme un départ en préretraite et la provision exclue du droit à déduction (voir nº 17020).
Dans ces deux cas, il en résulte les retraitements extra-comptables suivants sur l'imprimé nº 2058-A :
– réintégration (ligne WI) des dotations non déductibles ;
– et déduction (ligne WU) des reprises de provisions précédemment réintégrées.

> Socialement Les indemnités de licenciement sont, en principe, exonérées de cotisations sociales : voir Mémento Social nº 49040.
Pour des détails sur la détermination des indemnités de licenciement, voir Mémento Social nº 48900 à 48960.
Pour les indemnités de licenciement versées en dehors d'un plan de sauvegarde de l'emploi : voir Mémento Social nº 22845.
Pour les indemnités versées dans le cadre d'un plan de sauvegarde de l'emploi, voir Mémento Social nº 22850.
Pour les indemnités de rupture du contrat de travail et de cessation forcée des fonctions de dirigeants mandataires sociaux, voir Mémento Social nº 28535.

EXEMPLES

Une entreprise a décidé de licencier un salarié pour insuffisance professionnelle.
1ᵉʳ cas – À la date de clôture, le salarié n'a pas encore été convoqué à l'entretien préalable mais le sera avant l'arrêté des comptes.
À la date de clôture, il n'existe pas d'obligation de l'entreprise vis-à-vis du salarié, celui-ci n'ayant pas été averti du licenciement probable à cette date. Aucune provision ne peut être comptabilisée.
2ᵉ cas – À la date de clôture, le salarié a été convoqué à l'entretien préalable.
À la date de clôture, il existe une obligation de l'entreprise vis-à-vis du salarié, le salarié ayant reçu avant cette date la lettre le convoquant à l'entretien préalable. La sortie de ressources est probable et sans contrepartie. Une provision doit donc être comptabilisée.

> **Fiscalement** La convocation à l'entretien préalable étant intervenue avant la clôture, la provision constituée sera en principe déductible s'agissant d'un licenciement pour motif personnel.

> Précisions **Non-compensation avec un actif à recevoir en contrepartie** Lorsque l'entreprise a contracté une **assurance** ayant pour objet le **remboursement de l'indemnité de licenciement** payée, les droits à remboursement ne peuvent minorer le montant de la provision, en application du principe de non-compensation (voir nº 48310 VII.). En effet, l'entreprise n'est pas dégagée de son obligation de régler les indemnités de licenciement pour lesquelles elle s'est assurée. Elle doit donc provisionner le montant total des sommes à verser pour éteindre son obligation. Pour la comptabilisation des droits à remboursement, se reporter au nº 10505.

Sur l'information à communiquer en annexe, voir nº 48700 s.

III. Licenciement notifié avant la clôture de l'exercice Conformément à l'article 322-10 du PCG (et à l'avis CNC 2000-01 § 5.12.5), il en résulte une **charge de l'exercice** au cours duquel le licenciement a été notifié, même si la prime de licenciement n'est versée que l'exercice suivant, à l'expiration du délai de préavis (en ce qui concerne l'indemnité de préavis, voir n° 16985).

> **Précisions** Sur les conditions à remplir pour bénéficier de l'exonération des **cotisations de sécurité sociale**, voir Mémento Social n° 22840 à 22865. Sur l'assujettissement à la CRDS et à la CSG, voir Mémento Social n° 25135.

À l'arrêté des comptes, cette charge, comptabilisée au compte 6414, présente le caractère d'une **charge à payer**. En effet, une fois le licenciement notifié, l'entreprise connaît le montant exact de la prime de licenciement, ce qui rend la dette certaine et précise dans son montant.

> **Fiscalement** Il en est de même (BOI-BIC-PROV-30-20-10-20 n° 90). Il en résulte que la limitation de la déduction des provisions pour licenciement économique prévue à l'article 39-1-5° du CGI ne s'applique pas.
> Sur la divergence qui peut exister sur la notion de charge à payer sur le plan comptable et sur le plan fiscal, voir n° 15140.

Sur sa non-incorporation dans les stocks, voir n° 21080.
Sur la contribution ASP, voir n° 16405. Sur la contribution due dans le cadre de certains régimes de préretraite, voir n° 16545.

IV. Classement de la charge de licenciement En ce qui concerne le classement de cette charge, à notre avis :
– si le **licenciement** est **isolé,** elle constitue une **charge d'exploitation** ;
– si le **licenciement** est **collectif** (ou tout au moins significatif par rapport, par exemple, à une unité de production), elle devrait constituer **également,** dans la majorité des cas, **une charge d'exploitation** :
• l'objectif d'un plan de licenciement étant d'adapter les effectifs aux besoins de l'activité,
• sauf s'il peut être démontré que ce plan n'est pas lié à l'exploitation courante de l'entreprise (voir n° 52030) ; dans ce cas elle devrait pouvoir être comptabilisée en résultat exceptionnel (compte 6788 « Charges exceptionnelles diverses »).

16945 **Autres questions liées aux licenciements**

I. Subventions complémentaires versées à des entreprises de la même région qui accepteront d'embaucher les salariés licenciés Ces subventions, qui, dans la pratique, revêtent fréquemment un caractère obligatoire et qui sont versées en plus des indemnités conventionnelles, constituent à notre avis des charges exceptionnelles.

À notre avis, ces dépenses devraient pouvoir donner lieu à la constitution d'une provision en même temps que les autres charges et indemnités liées au licenciement. En effet, elles sont liées à un **engagement pris** par l'entreprise vis-à-vis des salariés dans le cadre du licenciement et sont **sans contrepartie** pour l'entreprise.

II. Prêt consenti à l'entreprise réembauchant les salariés licenciés Si le prêt est destiné à se transformer à terme en une subvention, et à condition qu'à cette date le réembauchage apparaisse durable, le prêt nous paraît devoir être **provisionné en totalité** (charge exceptionnelle) dès son octroi pour tenir compte de cette transformation probable.

Lorsque le prêt est transformé en subvention, il est soldé par un compte de charges exceptionnelles et la provision reprise en résultat (exceptionnel).

III. Sommes versées à un fonds pour couvrir les indemnités de licenciement Le traitement comptable de ces sommes est déterminé par **l'analyse du contrat** (Bull. CNCC n° 140, décembre 2005, EC 2005-62, p. 713) :

a. Charges d'exploitation Les sommes versées constituent des charges d'exploitation à comptabiliser au compte 616 « Primes d'assurance » lorsqu'elles ne sont récupérées par l'entreprise qu'en cas de survenance du risque couvert (licenciement).

Dans ce cas, les versements effectués, constituant des cotisations d'assurance, sont destinés uniquement à couvrir le risque de paiement des indemnités de licenciement. Or, les fonds sont versés en contrepartie d'un service (droit à remboursement en cas de versement d'indemnités de licenciement) consommé par l'entité, que le licenciement ait lieu ou non par la suite. En conséquence, les versements constituent des charges.

> **Fiscalement** Les primes d'assurance groupe garantissant le paiement (par les entreprises) d'indemnités de congédiement versées au personnel sont déductibles lorsque les indemnités attribuées au personnel en cas de licenciement sont prévues par les conventions collectives ou par un accord inscrit dans le règlement intérieur de l'entreprise et entrant dans le cadre d'une convention collective conforme aux dispositions du Code du travail (BOI-BIC-CHG-40-40-20 n° 100 ; BOI-BIC-PROV-30-20-10-20 n° 240). Le versement des primes doit se traduire par une diminution de l'actif net de l'entreprise versante (Rép. Pons : AN 21-8-1993 n° 12039, non reprise sur ce point dans Bofip), ce qui suppose que cette entreprise perde la libre disposition des primes (CE 6-11-1991 n° 68654).

16945 (suite)

Sur les conditions de comptabilisation de l'**indemnité d'assurance** en **produits à recevoir,** en cas de survenance d'un licenciement, voir n° 45785.

b. Actifs financiers Les sommes versées constituent des actifs financiers lorsqu'en l'absence de licenciement elles peuvent être récupérées par l'entreprise sans aucune autre condition.

En effet, dans ce cas, les sommes versées correspondent au placement réalisé par l'entreprise, dans un fonds de garantie destiné à couvrir les indemnités de licenciement dues aux membres du personnel, lors de la survenance de mesures de restructuration individuelles ou collectives.

> **Précisions** Il en est de même, à notre avis, dès lors que l'entreprise conserve la propriété et la disposition des sommes versées (Rép. Hamelin : AN 4-2-1978 n° 35481, non reprise dans Bofip).
> En revanche, lorsque le contrat d'assurance prévoit le reversement à l'entreprise du montant des provisions mathématiques constituées par l'assureur au cas où le risque de verser les indemnités disparaît, les primes versées conservent leur caractère de charges déductibles (CE 6-11-1991 n° 68654).

En outre, une information complète sur cet actif financier et sur le sous-jacent correspondant doit être donnée en annexe (Bull. CNCC précité).

> **Précisions 1. Droits à remboursement** Selon le bulletin CNCC précité, les remboursements effectués par le fonds viennent diminuer le montant de l'actif financier comptabilisé.
> **2. Produits financiers** Selon le bulletin CNCC précité, les produits financiers attachés aux versements effectués par l'entreprise doivent être comptabilisés en résultat financier selon les modalités de restitution prévues au contrat.

IV. Subventions versées à une association ayant pour but d'aider les industriels de la profession dans leurs efforts de reconversion À notre avis, si elles sont récurrentes, elles ont le caractère de charges d'exploitation (« Primes d'assurance » – compte 616, ou « Concours divers » – compte 628).

Sinon, elles constituent une charge exceptionnelle.

> **Fiscalement** Ces subventions sont déductibles (CE 3-7-1985 n° 45543).

V. Restructuration Les licenciements prévus dans le cadre d'une restructuration font partie intégrante de son coût (voir n° 17420 s.) ; il n'y a donc pas lieu de les distinguer en constituant une provision spécifique pour licenciement (sauf éventuellement pour isoler la provision pour licenciement non déductible, voir n° 16925).

VI. Sommes versées à un cabinet de conseil en réinsertion professionnelle (Outplacement)

À notre avis (voir n° 16925), ces dépenses liées à un engagement pris par l'entreprise vis-à-vis des salariés dans le cadre du licenciement devraient donner lieu à la constitution d'une provision en même temps que les autres charges et indemnités liées au licenciement. En effet, elles sont sans contrepartie pour l'entreprise.

> **Fiscalement** Les dépenses correspondant aux prix des prestations des cabinet d'outplacement sont déductibles (BOI-BIC-CHG-40-40-20 n° 110). Les provisions constituées comptablement pour ces dépenses seraient alors déductibles si le licenciement est annoncé avant la clôture de l'exercice (voir n° 16925).

VII. Indemnité de clientèle versée à un VRP licencié Il s'agit d'une indemnité légale (C. trav. art. L 7313-13) non cumulable avec les indemnités légales et conventionnelles de licenciement et suivant le régime social des indemnités de licenciement (voir Mémento Social n° 61395).

Se substituant aux charges habituelles de licenciement, elle constitue, à notre avis, une charge d'exploitation à porter au compte 6414 « Indemnités et avantages divers ». À notre avis, ces dépenses devraient donner lieu à la constitution d'une **provision** en même temps que les autres indemnités liées au licenciement. En effet, elles sont sans contrepartie pour l'entreprise.

Sur les conditions de constitution d'une provision à la clôture, voir n° 16925.

Toutefois, à notre avis, si le montant de l'indemnité :
– est exceptionnel par rapport à l'activité de l'entreprise, il convient de la comptabiliser parmi les charges exceptionnelles et de fournir une information en annexe ;
– rémunère un autre élément que le préjudice subi par le représentant, elle peut constituer un droit d'exclusivité de vente (voir n° 30580), et dans ce cas aucune provision ne peut être constituée à la clôture pour faire face à son versement.

> **Fiscalement** L'indemnité légale présentant le caractère de dommages et intérêts, elle constitue une charge déductible (BOI-BIC-CHG-40-40-20 n° 120).

VIII. Indemnité de non-concurrence (voir Mémento Social n° 69625 s.) La comptabilisation des indemnités de non-concurrence n'est pas traitée par les textes.

> **Fiscalement** L'indemnité de non-concurrence versée à un salarié quittant l'entreprise est déductible dès lors qu'elle a pour seul effet de la protéger pendant une durée limitée contre un risque de diminution de sa clientèle et n'a donc pas pour contrepartie l'acquisition d'un élément incorporel de l'actif immobilisé (CE 3-11-2003 n° 232393). Les provisions destinées à faire face à de telles indemnités sont déductibles dans les conditions de droit commun, même si elles sont versées dans le cadre d'un licenciement pour motif économique car elles sont juridiquement distinctes des indemnités de licenciement (BOI-BIC-PROV-30-20-10-20 n° 240 ; voir n° 16925 II.).

Sur le plan comptable, à notre avis, comme sur le plan fiscal l'indemnité de non-concurrence est à constater en **charges,** dès lors qu'elle permet uniquement de protéger ou de maintenir un actif existant (voir n° 30575).

Toutefois, l'indemnité ayant un effet sur une période post-licenciement, la question se pose de déterminer si elle doit être constatée en charges en totalité au moment du licenciement (et dans ce cas, provisionnée lorsqu'elle est versée de manière étalée) ou si elle peut être étalée sur la période de non-concurrence qu'elle couvre par le biais d'une charge constatée d'avance.

La réponse à cette question dépend de l'analyse qui est faite de l'indemnité. Le point essentiel est de savoir s'il peut être considéré qu'un service est rendu à l'entreprise pendant la période de non-concurrence alors même que le salarié n'effectue pas, à proprement parler, de prestation pour l'entreprise :
– certains estiment que l'absence d'action positive de la part du salarié interdit de reconnaître un service rendu. Dans ce cas, l'indemnité de non-concurrence est un accessoire à l'indemnité de licenciement et est provisionnée en totalité dès le licenciement, peu importent ses modalités de versement ;
– d'autres considèrent, au contraire, que l'entreprise bénéficie d'un service de « non-concurrence » durant la période couverte par l'indemnité qui permet de justifier sa prise en charge de manière étalée.

> **Précisions** Cette seconde analyse est confortée notamment par le fait que :
> – sur le plan social, l'indemnité de non-concurrence est considérée comme un salaire et soumise à cotisations sociales (voir Mémento Social n° 69665) ;
> – elle peut faire l'objet d'un remboursement en cas de non-respect de la clause de non-concurrence par le salarié ;
> – elle est en général versée de manière étalée sur toute la période de non-concurrence (et non en une seule fois au moment du licenciement).

16965 **Indemnités de rupture conventionnelle**

I. Indemnités de rupture conventionnelle individuelle Le Code du travail (art. L 1237-11 à L 1237-16) autorise l'employeur et le salarié à rompre le contrat de travail d'un commun accord, les conditions de la rupture étant définies dans une convention de rupture. Le salarié perçoit alors une indemnité spécifique de rupture conventionnelle. Sur la prescription de l'action en paiement de cette indemnité, voir n° 18750.

Pour plus de détails concernant ce mode de rupture, voir Mémento Social n° 69100 à 69145.

> **Socialement** Voir Mémento Social n° 22885 et 84310.

Sur le plan comptable, les indemnités de rupture conventionnelle individuelle sont, à notre avis, à provisionner **dès la date de signature de la convention** par les parties, sans attendre la fin du délai de rétractation de 15 jours ni l'homologation administrative (validation par la Dreets remplaçant la Direccte depuis le 1-4-2021).

En effet :
- la faculté qu'ont l'employeur et le salarié de se rétracter et d'annuler la rupture du contrat de travail avant ce délai ne permet pas, à notre avis, de considérer que l'obligation n'est que conditionnelle entre la signature de la convention et la fin du délai de rétractation (ce qui interdirait de constituer une provision dès la signature de la convention) ;
- avant la fin du délai de rétractation de l'employeur, celui-ci a une obligation plus que probable de verser l'indemnité, la convention matérialisant en principe l'accord des parties sur les conditions de la rupture, sur lequel l'employeur ne devrait pas revenir. L'employeur doit donc être considéré comme engagé envers le salarié.

> **Fiscalement** Cette provision est à notre avis déductible en application des conditions générales de déduction des provisions (CGI art. 39-1-5°). Sur le cas particulier du départ des dirigeants de SA cotées, voir n° 16680.

Dès l'homologation de la convention, l'indemnité constitue une dette pour l'entreprise, à comptabiliser dans un sous-compte du compte 428 « Personnel – Charges à payer », l'obligation de l'entreprise à l'égard du salarié devenant certaine dans son échéance et son montant.

En l'absence d'homologation, la provision doit être reprise.

> **Fiscalement** L'indemnité de rupture conventionnelle est déductible sauf, s'agissant des versements réalisés à un dirigeant salarié de SA dont les actions sont admises aux négociations sur un marché réglementé, pour la part des rémunérations différées qui lui sont versées à l'occasion de la rupture excédant 3 fois le plafond annuel de la sécurité sociale (CGI art. 39, 5 bis ; voir n° 16680).

II. Indemnités de rupture conventionnelle collective (RCC)
Selon le Code du travail (C. trav. art. L 1237-19 à L 1237-19-14), un accord collectif validé par la Dreets (remplaçant la Direccte depuis le 1er avril 2021) peut déterminer le contenu d'une RCC encadrant les modalités de suppressions d'emplois de **salariés volontaires.** Ce dispositif est exclusif d'éventuels licenciements pour motif économique (sur ces derniers, voir n° 17395). Pour plus de détails concernant ce mode de rupture et sur l'aspect social, voir Mémento Social n° 69147 à 69149, 22887 et 84310.

> **Précisions** L'accord portant RCC doit être dissocié du cas d'un PSE :
> - le contenu d'un PSE peut être fixé par un accord collectif ou un document établi unilatéralement par l'employeur, alors qu'une RCC est nécessairement négociée avec les représentants du personnel et ne peut donc résulter que d'un accord collectif ;
> - le PSE, même lorsqu'il prévoit un plan de départs volontaires, aboutit nécessairement à des licenciements si les objectifs en termes de suppression d'emploi ne sont finalement pas atteints ; au contraire, un accord de RCC ne peut pas être mis en place en même temps qu'un PSE, l'accord de RCC devant prévoir une clause précisant la durée pendant laquelle l'employeur s'engage à ne pas procéder à des licenciements économiques (voir Mémento Social n° 69147) ; ce délai passé, l'accord de RCC ne fait toutefois pas obstacle à ce que l'employeur établisse un PSE (CAA Paris 14-03-2022 n° 21PA06607).

Sur le plan comptable, en principe, l'entreprise devrait traduire dans ses comptes le fait que la RCC donnera lieu, à la date d'acceptation par les salariés volontaires, à une sortie de ressources sans contrepartie équivalente attendue, **au plus tard à la date de validation de l'accord collectif par la Dreets.** C'est en effet à cette date que l'employeur est engagé à mettre en œuvre le plan négocié et ne peut plus retirer son offre.

Toutefois, en pratique, à notre avis, la provision devrait pouvoir être constituée :
- **dès la signature de l'accord** et sans attendre la validation par la Dreets, notamment s'il n'existe aucun risque que l'accord soit refusé (obligation contractuelle) ;

> **Précisions** Contrôle limité de la Dreets La Dreets devant se borner à s'assurer de la régularité de la procédure au regard des dispositions du Code du travail et n'étant pas tenue de contrôler le contenu des clauses de l'accord (CAA Versailles 14-3-2019 n° 18VE04158, Fédération Sud Activités postales et de télécommunications). En outre, l'accord a obligatoirement été **négocié en amont avec les syndicats.**

- voire **avant la signature de l'accord s'il existe une restriction** (légale, contractuelle, réglementaire ou autre) **limitant la capacité de l'entité à retirer son offre** (obligation implicite).

> **Précisions** Annonce du plan L'annonce du plan n'est **en général pas suffisante** pour faire naître le fait générateur d'une obligation implicite. Les départs étant basés sur le volontariat des salariés et non sur la seule décision de l'employeur, l'annonce du plan ne suffit pas à créer une attente légitime de la part des salariés sur le fait que leur contrat de travail prendra fin. **Toutefois,** dans tous les cas, une analyse des faits et circonstances doit être

menée pour apprécier si, dans **certains cas particuliers,** l'entreprise a une obligation implicite envers ses salariés dès l'annonce d'un plan détaillant suffisamment ses principales caractéristiques, et dont la mise en œuvre est programmée pour s'achever dans un délai rendant improbable sa modification (voir n° 17415).

La provision à constituer comprenant un grand nombre d'éléments (plusieurs salariés sont susceptibles d'accepter l'offre), son montant est déterminé en affectant aux montants nécessaires à l'extinction de l'obligation la probabilité de leur survenance (qui peut donc varier selon les personnes susceptibles d'accepter).

> **Fiscalement** Cette provision est à notre avis déductible en application des conditions générales de déduction des provisions sous réserve que le montant des indemnités à verser soit déterminé avec une précision suffisante (CGI art. 39-1-5°). Sur la prise en compte des événements post-clôture, voir n° 17425 II.

En cas de refus de validation par la Dreets, la provision doit être reprise si aucun nouvel accord n'est négocié ou plan de licenciement annoncé.

Dès l'acceptation par l'employeur de la candidature du salarié, l'indemnité constitue une dette pour l'entreprise, à comptabiliser dans un sous-compte du compte 428 « Personnel – Charges à payer ».

En effet, l'obligation de l'entreprise à l'égard du salarié devient certaine dans son échéance et son montant, l'acceptation par l'employeur emportant rupture du contrat de travail d'un commun accord (C. trav. art. L 1237-19-2).

> **Fiscalement** L'indemnité de rupture conventionnelle est déductible sauf, s'agissant des versements réalisés à un dirigeant salarié de SA dont les actions sont admises aux négociations sur un marché réglementé, pour la part des rémunérations différées qui lui sont versées à l'occasion de la rupture excédant 3 fois le plafond annuel de la sécurité sociale (CGI art. 39, 5 bis ; voir n° 16680).

Sur la contribution due par l'employeur sous certaines conditions au titre de la revitalisation du bassin d'emploi, voir n° 16355.

16970 **Indemnité forfaitaire de conciliation** En cas de contestation d'un licenciement, l'article L 1235-1 du Code du travail autorise l'employeur et le salarié à mettre fin au litige pendant la phase de conciliation prud'homale moyennant le versement par l'employeur d'une indemnité forfaitaire au profit du salarié.

> **Précisions** Le barème indemnitaire est fixé à l'article D 1235-21 du Code du travail. Pour plus de détails, voir Mémento Social n° 14753 et 24350.

Sur le plan comptable, les indemnités forfaitaires de conciliation sont, à notre avis, à comptabiliser au débit du compte 6414 « Indemnités et avantages divers » par le crédit du compte 428 « Personnel – Charges à payer » dès l'accord entre le salarié et l'entreprise.

Selon l'article L 1235-1 du Code du travail (précité), cet accord vaut renonciation des parties à toutes réclamations et indemnités se rapportant au caractère réel et sérieux d'un licenciement et aux irrégularités de procédure (notamment aux indemnités pour licenciement irrégulier ou abusif). En revanche, l'indemnité forfaitaire ne se substituant pas aux indemnités légales, conventionnelles ou contractuelles dues, le cas échéant, aux salariés (C. trav. art. L 1235-1), ces dernières doivent être maintenues en provisions ou en charges à payer selon le cas.

16975 **Indemnité de rupture de la période d'essai** La rupture de la période d'essai par l'employeur, sans respect du délai de préavis, donne droit à une indemnité pour le salarié, à comptabiliser au débit du compte 6414 « indemnités et avantages divers ».

> **Socialement** Elle est soumise à cotisations sociales, voir Mémento Social n° 22900.

16980 **Indemnité d'incitation au départ volontaire** Sur les règles de comptabilisation et d'évaluation des engagements de retraite, voir n° 17590 s.

Sur les indemnités liées à un départ en retraite, voir n° 17745.

a. Dépenses encourues Elles sont, à notre avis, comptabilisées au débit du compte 6414 « Indemnités et avantages divers » par le crédit du compte 428 « Personnel – Charges à payer » dès la démission volontaire du salarié.

> **Fiscalement** Ces indemnités devraient à notre avis être admises en déduction dès lors qu'elles sont engagées dans l'intérêt de l'entreprise. Toutefois (CAA Paris 30-11-1999 n° 96-1663), l'indemnité versée au PDG lors de son départ volontaire à la retraite n'est pas déductible dès

lors qu'elle ne résulte pas d'une obligation légale ou contractuelle et que la société ne justifie d'aucun intérêt à accorder un tel avantage à un mandataire social révocable ad nutum. Sur le cas particulier du départ des dirigeants de SA cotées, voir n° 16680.

> **Socialement** Sur l'exonération de cotisations sociales des indemnités de départ volontaire, voir Mémento Social n° 22865. Sur l'assujettissement à la CSG et à la CRDS, voir Mémento Social n° 25145.

b. Dépenses probables Il résulte de l'avis CNC n° 2000-01 sur les passifs (§ 5.12.5) qu'une **provision** doit être constituée à la clôture :
– pour les **indemnités à verser à un salarié isolé** dès lors que l'offre de départ volontaire lui a été transmise avant la clôture de l'exercice et que son caractère attractif rend probable son acceptation par le salarié ;
– pour les **indemnités à verser dans le cadre d'un licenciement collectif,** en même temps que les autres charges et indemnités liées au licenciement, dès lors que le plan a été annoncé aux personnes concernées ou à leurs représentants (voir n° 16925).

> **Fiscalement** Ni l'administration ni la jurisprudence ne se sont prononcées sur le régime d'une telle provision. Elle devrait, à notre avis, être déductible si les conditions de l'article 39-1-5° du CGI sont remplies et sous réserve qu'elle ne puisse être qualifiée de provision pour charges de retraite.

> **Précisions** **Évaluation de la provision** La recommandation CNC n° 2003-R.01 (§ 822) précise que le montant de la provision doit être déterminé en prenant en compte le **nombre attendu de personnes qui accepteront l'offre.** Lorsqu'il y a incertitude sur le nombre de personnes qui accepteront l'offre, il existe un passif éventuel qui doit faire l'objet d'une information en annexe à moins que l'éventualité de la perte ne soit lointaine.
En outre (Rec. précitée, § 821) si les indemnités sont versées sur une période supérieure à 12 mois, le montant de la provision doit faire l'objet d'une **actualisation** dont le taux est déterminé selon les mêmes modalités que dans le cadre de la provision pour retraites (voir n° 17740).

En ce qui concerne les indemnités à verser **dans le cadre d'une restructuration,** voir n° 17395 s.

Indemnité compensatrice de préavis Elle est due en cas d'inexécution du préavis à la demande de l'employeur. Qu'il s'agisse de licenciement ou de démission, cette indemnité se substitue au salaire durant la période du préavis. **16985**

En cas de départ d'un salarié, **à la clôture d'un exercice,** à notre avis, deux situations sont possibles (le préavis étant par hypothèse sur l'exercice N+1) :
– il est **prévu d'effectuer** le préavis : aucune indemnité compensatrice n'est due. Aucune écriture n'est alors à passer ;
– le préavis ne sera **pas effectué** : l'indemnité constitue alors un passif (PCG art. 322-1) à constater en charges à payer (elle n'aura en effet aucune contrepartie, aucun travail effectif, en N+1).
Ce qui sera le cas pour partie en cas de congé de reclassement, les absences du salarié ayant lieu pendant le préavis (voir Mémento Social n° 48465). Tel sera le cas également en cas d'adhésion du salarié licencié à un contrat de sécurisation professionnelle (CSP). En effet, dans ce cas, le salarié n'effectue pas son préavis. Néanmoins, pour financer le CSP, l'employeur est tenu de verser à Pôle emploi une somme correspondant à l'indemnité de préavis que le salarié aurait perçue s'il n'avait pas adhéré au CSP (C. trav. art. L 1233-69 ; voir Mémento Social n° 48410).

> **Fiscalement** Cette charge à payer est déductible.

Maintien de la couverture santé et prévoyance en cas de rupture du contrat de travail Les salariés garantis collectivement en matière de remboursement de frais de santé et de prévoyance bénéficient du maintien temporaire de leur couverture (dispositif dit « de portabilité ») en cas de rupture du contrat de travail due à un licenciement (sauf faute lourde), une rupture conventionnelle, une démission pour un motif légitime ou la fin d'un contrat à durée déterminée. **16990**

Le maintien temporaire de la couverture sociale est totalement gratuit pour les anciens salariés bénéficiaires (CSS art. L 911-8), ce qui signifie, en pratique, que le financement est intégralement assuré par mutualisation et intégré au coût des contributions payées sur les rémunérations versées aux salariés en activité.

Pour plus de détails (champ d'application, régime social des cotisations, etc.), voir Mémento Social n° 59230 à 59300.

La rupture du contrat de travail ne devrait pas entraîner d'obligation, pour l'employeur, de constituer une provision au titre du coût du maintien de la couverture sociale pour les anciens salariés. En effet, si le régime assurant ces garanties (la mutuelle) est un régime à cotisations définies (sur cette notion, voir n° 17630) du fait du système de mutualisation générale, l'employeur n'a pas d'autre obligation que celle de payer les cotisations aux mutuelles (intégrant le coût du maintien de la couverture sociale), obligation qui ne naît qu'avec la fourniture d'un travail effectif par les salariés **en poste,** lors des exercices ultérieurs.

En revanche, lorsque le régime de mutuelle est un régime à prestations définies (cas de certains régimes multi-employeurs, plus rares en pratique) ou lorsque l'employeur s'est engagé à maintenir la couverture au-delà du délai légal, une provision est à constater dès la rupture du contrat de travail. Dans ce cas, en effet, le paiement des cotisations ne libère pas l'entreprise de son obligation à l'égard des anciens salariés.

16995 **Indemnité de précarité (ou indemnité de fin de contrat)** Les salariés sous contrat à durée déterminée ont droit, à l'issue de leur contrat de travail, à une indemnité de fin de contrat, également appelée « indemnité de précarité », correspondant à 10 % de la rémunération brute versée pendant la durée du contrat de travail. Toutefois, cette indemnité n'est légalement pas due dans certains cas et notamment lorsque le CDD est suivi par un CDI.

Pour plus de détails sur les CDD ouvrant droit à cette indemnité et sur les situations particulières dans lesquelles elle n'est pas due, voir Mémento Social n° 20170.

I. Versement de l'indemnité L'indemnité est comptabilisée, à notre avis, au compte 6414 « Indemnités et avantages divers ».

> **Fiscalement** Elle est, à notre avis, déductible.

II. À la clôture de l'exercice Dès qu'il est probable que l'employeur aura à verser l'indemnité de précarité, une provision doit être constituée (PCG art. 322-2). En pratique, une provision sera, à notre avis, à comptabiliser dans la majorité des cas, dès le début du contrat à durée déterminée. Elle est alors constituée mensuellement, sur la base de 10 % de la rémunération perçue par le salarié.

En effet, les conditions de constitution d'une provision sont alors remplies :

a. Existence d'une obligation à la clôture Elle découle des dispositions légales régissant les contrats à durée déterminée qui prévoient que la signature d'un CDD engage l'employeur à verser une indemnité de précarité à condition qu'un CDI ne soit pas proposé au salarié en fin de contrat (C. trav. art. L 1243-8 s.). Cette obligation conditionnelle doit néanmoins donner lieu à constatation d'une provision dès lors que la réalisation de la condition est probable (voir ci-après b.) et sous réserve que les autres critères de comptabilisation soient remplis (voir ci-après c. et d.).

b. Sortie de ressource probable à la date d'arrêté Le caractère probable s'apprécie, en principe, à la date d'arrêté des comptes. Néanmoins, pour la plupart des CDD, il est probable, à notre avis, **dès leur signature,** que l'employeur aura à verser l'indemnité de précarité. En effet, l'objet initial d'un CDD est l'exécution d'une tâche précise et temporaire, par exemple en remplacement d'une personne absente ou d'un salarié passé provisoirement à temps partiel ou dont le contrat est suspendu ou dans les cas d'accroissement temporaire d'activité de l'entreprise (C. trav. art. L 1242-2, 1° et 2°). Il ne constitue pas, en principe, une étape pour obtenir un CDI.

c. Absence de contrepartie au moins équivalente L'indemnité de précarité trouve sa contrepartie dans la prestation réalisée par le salarié durant le CDD. Au fur et à mesure de l'exécution du contrat, la quote-part d'indemnité de précarité acquise par le salarié n'a donc plus de contrepartie pour l'employeur.

d. Montant de la provision La provision est estimée en tenant compte de la probabilité d'avoir à verser l'indemnité. En effet, la probabilité qu'un CDD se poursuive en CDI est, en principe, à apprécier au cas par cas (c'est-à-dire contrat par contrat) en fonction des faits et circonstances. Toutefois, dans certaines entreprises, le recours au CDD est récurrent pour une même activité et une même cause ; ces CDD constituent alors un ensemble homogène (PCG art. 323-2 ; voir n° 48242). Dans ce cas, la probabilité d'avoir à verser des indemnités en fin de contrat peut être estimée de manière statistique. La provision est alors calculée en appliquant la probabilité d'avoir à verser l'indemnité à l'ensemble des CDD.

> **Fiscalement** En revanche, la cour administrative d'appel de Versailles, par une décision à notre avis contestable (voir FRC 10/14 inf. 7) a refusé la déduction de cette provision au motif que le versement de l'indemnité n'était qu'éventuel tant que les contrats n'étaient pas achevés (CAA Versailles 22-1-2013 n° 11VE02776).

Indemnité de départ à la retraite (ou indemnité de fin de carrière) 17000
Sur l'évaluation et la comptabilisation des indemnités de départ à la retraite (ou indemnités de fin de carrière) voir n° 17745.
Sur la comptabilisation générale des engagements de retraite, voir n° 17590 s.

Dispositifs de préretraite 17020
I. Indemnités de départ en préretraite Les dispositifs de préretraite que les entreprises peuvent instituer en dehors des régimes légaux (**« régimes maison »**, voir Mémento Social n° 57285) comportent fréquemment des **indemnités** spécifiques versées aux salariés lors de leur **entrée dans le dispositif**, en sus des allocations servies tout au long de la période de préretraite (voir III.).

a. Lors du versement Les indemnités de départ en préretraite sont à comptabiliser, à notre avis, au compte 6414 « Indemnités et avantages divers », que le régime conventionnel entraîne la rupture du contrat de travail par démission, par licenciement ou une simple suspension de contrat.

> **Précisions** Calcul de l'indemnité L'indemnité de départ en préretraite sera calculée différemment selon que la convention prévoit une rupture du contrat de travail par licenciement (indemnité de licenciement) (voir n° 16925), par démission (indemnité de départ volontaire à la retraite) (voir n° 16980) ou une suspension du contrat de travail (indemnité dans le cadre de la modification du contrat de travail) (voir n° 16875).

> **Socialement** Voir Mémento Social n° 23055.

b. À la clôture de l'exercice À notre avis, le traitement comptable de ces indemnités est identique à celui des allocations de congés de fin de carrière, voir III.

> **Fiscalement** Ces indemnités sont déductibles de l'exercice au cours duquel elles sont effectivement engagées (voir n° 17785). Sur le caractère non déductible de leur provision, voir III. Sur le cas particulier du départ des dirigeants de SA cotées, voir n° 16680.

II. Allocations de préretraite Dans le cadre des régimes de cessation anticipée d'activité (type plan **CATS/CASA**) de préretraite publique (voir Mémento Social n° 57100) ainsi que dans celui des « régimes maison » de préretraite privée (voir Mémento Social n° 57285), tout ou partie du versement des allocations aux préretraités est assuré par l'entreprise.

a. Lors de leur versement Ces allocations sont à comptabiliser, à notre avis, au compte 6414 « Indemnités et avantages divers ». De même, le versement trimestriel reçu de l'État, au titre de la prise en charge partielle des allocations du régime CATS/CASA, est à comptabiliser au crédit du compte 6414 à son encaissement (voir n° 17135).

b. À la clôture de l'exercice Le traitement comptable des plans de préretraite n'est pas figé. Deux approches pourraient être retenues :
1. Ces plans sont assimilables à des **régimes de retraite**.

> **Précisions** Le plan revient à avancer l'âge de la retraite pour le salarié qui s'engage à n'exercer aucune activité professionnelle pendant la période couverte par le régime de cessation d'activité.

Les allocations constituent des **avantages** postérieurs à l'emploi qui suivent la comptabilisation des engagements de retraite : inscription au passif en **provision** constituée au fur et à mesure de l'acquisition des droits à l'adhésion au plan **ou engagements hors bilan**, voir n° 17705 s.

2. Ces plans ne sont pas assimilables à un régime de retraite et sont analysés comme des **plans de restructuration**. Dans ce cas, les règles de droit commun sur les passifs (PCG art. 321-1/1 s. et 322-1 s.) trouvent à s'appliquer (voir n° 17395 s.).
En pratique, la solution à privilégier devrait dépendre, à notre avis, des **caractéristiques du plan** :
– régime de retraite : plan ouvert sur une période longue ou systématiquement renouvelé ;
– plan de restructuration : plan ponctuel, ouvert sur une période courte sans renouvellement possible.

17020 (suite)

> **Précisions** **1. Information en annexe** Quelle que soit l'approche retenue, il convient de fournir une information adéquate **en annexe si les montants sont significatifs**.
> **2. Montant de l'engagement** L'engagement doit prendre en compte le fait qu'une partie des allocations versées par l'entreprise est prise en charge par l'État (sous certaines conditions définies aux articles R 5123-22 à R 5123-29 du C. trav.). L'**engagement** constaté à la clôture (en provision ou en hors bilan) doit par conséquent être net du financement de l'État.
> **3. Non-respect par l'entreprise des dispositions de l'accord** Dans ce cas, le versement de la participation financière de l'État est suspendu ou définitivement interrompu et l'entreprise doit rembourser les sommes indûment reçues. À la clôture de l'exercice, ce remboursement (s'il est notifié ou notoirement attendu) doit être comptabilisé en **charge à payer** (voir n° 17155). Si le remboursement est significatif, une mention en annexe est en outre, à notre avis, souhaitable.

> **Socialement** Voir Mémento Social n° 23055.
> Sur la contribution spécifique à payer par l'employeur dans le cadre de certains régimes de préretraite d'entreprise, voir n° 16545.

III. Congés de fin de carrière
Certaines entreprises accordent des congés de fin de carrière dont l'octroi et la durée sont fonction de l'ancienneté des salariés. Pendant un congé de fin de carrière, le salarié **fait toujours partie du personnel** et est donc rémunéré normalement **mais il ne rend plus de services** à l'entreprise.

a. Lorsque l'indemnité est versée La charge correspondante est comptabilisée dans les comptes de personnel, à notre avis au débit du compte 6414 « Indemnités et avantages divers ».

b. À la clôture de l'exercice de mise en place du plan La rédaction de la recommandation ANC n° 2013-02 relative aux règles de comptabilisation des engagements de retraite et avantages similaires ne permet pas de déduire clairement si les congés de fin de carrière sont assimilables à des régimes de retraite ou pas. En effet :
– la section 3 de cette recommandation n'exclut pas explicitement les congés de fin de carrière des avantages similaires aux retraites (contrairement aux médailles du travail, voir n° 16805) ;
– toutefois, les congés de fin de carrière sont définis comme « des régimes dont la finalité est la réduction partielle ou totale d'activité du salarié avant l'âge normal de la retraite ».

En pratique actuellement, deux solutions sont retenues pour comptabiliser les congés de fin de carrière. Afin de clarifier la situation, il serait à notre avis souhaitable que les organismes compétents se prononcent, à la fois sur le plan comptable et fiscal.

1re approche Les congés de fin de carrière sont **assimilables à des régimes de retraite**. À ce titre, ils devraient suivre un traitement analogue à celui retenu par l'entreprise pour ses engagements de retraite (voir n° 17705). En effet, même si les bénéficiaires restent salariés de l'entreprise, en substance, ils ne rendent plus de services à l'entreprise. Le régime permet simplement de partir à la retraite avant l'âge normal de départ.

En conséquence :
– si l'entreprise ne provisionne pas ses engagements de retraite, elle ne peut constituer une première provision au titre du plan de congés de fin de carrière que dans le cadre de la première constitution d'une provision pour retraite ou du passage d'une provision pour retraite partielle à une provision totale. En effet, la méthode de référence qui incite à constituer ces provisions en globale (voir n° 17730) ;
– si l'entreprise provisionne ses engagements de retraite, elle doit constituer une provision au titre du plan de congés de fin de carrière. La provision, calculée sur la base du nombre de salariés qui demanderont à bénéficier du plan, est étalée sur la période d'acquisition des droits.

2e approche Ces congés **ne sont pas assimilables à un régime de retraite,** les bénéficiaires restant salariés de l'entreprise, mais constituent des restructurations (en ce sens, Cass. soc. 19-12-1991 n° 89-16.324). Dans ce cas, les indemnités à verser font donc l'objet d'une provision dès lors que le CSE a été informé de la mise en place du plan, sur la base du nombre estimé de salariés qui demanderont à en bénéficier.

> **Précisions** **Choix de la solution comptable** Pour déterminer la solution comptable la plus adaptée, il convient d'examiner les caractéristiques du plan :
> – si le plan est **récurrent** ou ouvert sur une longue période, il est possible de considérer qu'il s'agit plutôt d'avantages assimilables aux retraites ;
> – en revanche, si le plan est **ponctuel**, la deuxième approche (provision pour restructuration) semble la plus pertinente.

> **Fiscalement** L'administration refuse la déduction de ces provisions, les assimilant à des provisions pour retraite (position prise dans le cadre du compte épargne-temps ; voir n° 16775 : Rép. Gantier : AN 19-2-2001 n° 52401, non reprise dans Bofip).

AUTRES INDEMNITÉS VERSÉES

Stagiaires À notre avis, les indemnités dues aux stagiaires (étudiants et élèves des écoles techniques) par l'entreprise semblent pouvoir être enregistrées au débit du compte 64 « Charges de personnel », même si ceux-ci ne sont pas titulaires d'un contrat de travail ou d'un contrat de gérance (et non au débit du compte 621 « Personnel extérieur à l'entreprise ») (en ce sens également, Bull. CNC n° 72, 3ᵉ trimestre 1987).

17025

En ce qui concerne les cotisations sociales, voir Mémento Social n° 46060 à 46070.

> **Fiscalement** Ces indemnités sont déductibles dans les conditions de droit commun (CGI art. 39-1-1°).

Volontariat international en entreprise (VIE) Le VIE est une des formes du service civique régie par les articles L 122-1 s. du Code du service national et dans le cadre duquel :
– le volontaire est placé sous la tutelle professionnelle de l'entreprise ayant recours à ses services,
– mais dépend de Business France (anciennement Ubifrance), à qui il est lié par une convention.

17030

Pour sa gestion administrative et juridique Business France facture mensuellement à l'entreprise française le coût de la mission : indemnité forfaitaire mensuelle, frais de gestion et de protection sociale du volontaire (voir Mémento Social n° 46110 s.).

À notre avis, les coûts de la mission facturés par Business France à l'entreprise française ayant recours aux services du volontaire semblent pouvoir être enregistrés au débit du compte 621 « Personnel extérieur à l'entreprise » (en ce sens, Bull. CNC, n° 72, 3ᵉ trimestre 1987 ; voir n° 15880).

En effet, le volontaire n'étant ni salarié ni stagiaire de l'entreprise française, les sommes qui lui sont refacturées au titre du VIE ne peuvent pas être comptabilisées au compte 64 (en ce sens, voir n° 16595).

> **Fiscalement** Les indemnités versées aux VIE placés auprès d'une filiale ou d'une succursale située à l'étranger sont déductibles du résultat imposable de l'entreprise française dans la limite du montant légal qui leur est applicable (BOI-BIC-CHG-40-20-30 n° 20).

Indemnité d'intempérie (entreprises du bâtiment, voir Mémento Social n° 82630) Alors que les cotisations versées par les employeurs sont assimilées à des charges sociales (compte 645 « Charges de sécurité sociale et de prévoyance »), les **avances** et les **remboursements** correspondant aux risques assurés s'enregistrent à un compte de tiers ouvert au nom de la caisse de congés payés habilitée à couvrir directement les risques d'intempéries (compte 437 « Autres organismes sociaux »). Toutefois, dans la mesure où l'entreprise conserverait définitivement à sa charge une quote-part d'avances, elle serait à comprendre parmi les **salaires** (compte 6414 « Indemnités et avantages divers ») (Rép. Liot : Sén. 17-9-1969 n° 8644, non reprise dans Bofip).

17035

> **Fiscalement et Socialement** Cette indemnité :
> – échappe aux cotisations sociales applicables aux salaires (voir Mémento Social n° 23070) ;
> – est assimilée, pour le bénéficiaire, à un salaire imposable à l'impôt sur le revenu ;
> – n'est pas soumise aux taxes et participations sur les salaires.
>
> D'où la **nécessité de la suivre isolément en comptabilité.**

Indemnité de fin de contrat de location-gérance

17040

> **EXEMPLE**
>
> Sont visés, par exemple, certains accords collectifs (stations-service, maisons d'alimentation à succursales multiples) qui prévoient, pour le départ des locataires-gérants de ces établissements, des primes pour services rendus ou des indemnités de départ à la retraite, variables selon l'ancienneté et différentes situations particulières.

a. Cas général Chez le **bailleur**, l'indemnité versée au locataire-gérant constitue en général, une **charge**, l'indemnité rémunérant des services rendus.

En outre, si l'accord confère des **droits acquis en fonction d'une condition d'ancienneté** ou de toute autre condition, une **provision** doit être constituée pour en tenir compte dès lors que la réalisation de la condition est estimée **probable**.

En présence d'un grand nombre de contrats comportant une même obligation de versement de cette indemnité, la probabilité que la condition se réalise et que la prime soit versée est estimée en considérant cet ensemble d'obligations comme un tout (PCG art. 323-2 ; voir n° 48242). En pratique, le montant de la provision est ainsi calculé en tenant compte du taux moyen de versement (constaté au moyen de statistiques historiques).

Cette provision est constituée **de manière progressive** en fonction du rythme d'acquisition des droits.

Ainsi, à la clôture de l'exercice N, une prime dont le montant est fonction du chiffre d'affaires réalisé sur la durée du contrat est provisionnée sur la base du chiffre d'affaires réalisé à la clôture de l'exercice.

> **⟩ Fiscalement** Les indemnités de fin de contrat peuvent donner lieu à la constitution d'une provision déductible sous réserve qu'elles soient calculées avec une précision suffisante, en recourant si besoin à un calcul statistique (CE 12-2-1990 n° 88375 ; CE 4-5-1979 n° 10727). En présence d'une clause contractuelle prévoyant que le droit à indemnité n'est acquis que si une **condition d'ancienneté** est satisfaite, c'est l'expiration de ce délai qui constitue l'événement rendant la charge probable et la provision ne peut pas prendre en compte les contrats de gérance n'ayant pas atteint cette ancienneté, même s'il est établi qu'un certain pourcentage d'entre eux se poursuivra au-delà de ce délai (CE 31-5-2000 n° 179552). Lorsque l'indemnité n'est due qu'aux **locataires-gérants ne renouvelant pas leur contrat**, une provision est admise en déduction si l'entreprise détermine de façon suffisamment précise, au besoin par un calcul statistique ou une estimation raisonnable en l'absence d'historique, le montant probable des cocontractants susceptibles de ne pas procéder à cette reconduction (CAA Versailles 1-4-2014 n° 13VE01286 définitif à la suite de CE (na) 27-2-2015 n° 380836).

Pour plus de détails sur le calcul statistique des provisions, voir n° 48310.

b. Cas particuliers Toutefois, dans certains cas, le versement de l'indemnité est destiné à acquérir :
– un fonds nouveau distinct du fonds loué ;
– une extension du fonds loué (si le locataire a augmenté dans de fortes proportions sa rentabilité) ;
– ou un élément nouveau apporté au fonds et appartenant personnellement au locataire (par exemple, un site internet).

Dans ces cas, l'indemnité constitue une **immobilisation incorporelle**.

> **⟩ Fiscalement** Lorsque l'indemnité versée a pour contrepartie l'acquisition par le bailleur d'une clientèle nouvelle ou d'un élément incorporel du fonds de commerce, elle n'est pas admise en déduction de son résultat imposable (CE 19-2-1986 n° 46347 ; CE 9-10-2015 n° 373654).

Pour le **locataire-gérant**, voir n° 45885.

17045 **Indemnité d'expatriation** Elle nous paraît devoir être enregistrée dans les salaires.
En ce qui concerne les cotisations de sécurité sociale, voir Mémento Social n° 78695.

REMBOURSEMENTS DE FRAIS INHÉRENTS À LA FONCTION OU À L'EMPLOI

17050 **Frais professionnels (déplacements, missions, réceptions, cadeaux...)**
Les frais professionnels s'entendent des dépenses de caractère spécial :
– inhérentes à la fonction ou à l'emploi du salarié que celui-ci supporte au titre de l'accomplissement de ses missions ;

> **EXEMPLES**
>
> Repas au restaurant, lorsque le salarié est en déplacement professionnel et empêché de regagner sa résidence, dépenses inhérentes à l'installation dans le nouveau logement, engagées dans le cadre de la mobilité professionnelle (voir n° 17055), trajet domicile/lieu de travail (voir n° 17060)...

– ou engagées à titre exceptionnel et dans l'intérêt de l'employeur en dehors de l'exercice normal de l'activité du salarié (ancienne catégorie des « frais d'entreprise » désormais disparue de la doctrine administrative).

> **EXEMPLES**
>
> Dépenses justifiées par l'accomplissement des obligations légales ou conventionnelles de l'entreprise, le développement de sa politique commerciale : achat de matériel ou fournitures pour le compte de l'entreprise, achat de cadeaux offerts par la suite à la clientèle, en vue de la promotion de l'entreprise (voir n° 15930).

L'employeur a le choix d'indemniser son salarié au titre des frais professionnels soit sous forme de remboursement des dépenses réellement engagées, soit sous forme d'allocations forfaitaires.

> **Socialement** Le remboursement de ces frais par l'employeur peut être exonéré de cotisations sociales si les dépenses que les allocations forfaitaires indemnisent, revêtent bien un caractère professionnel et si elles correspondent aux frais réellement exposés par les salariés. Il incombe à l'employeur de justifier de l'utilisation des indemnités pour frais professionnels conformément à leur objet. Pour plus de détails sur les conditions d'exonération, voir Mémento Social n° 22600 à 22795. Sur l'exonération de cotisations sur le remboursement des frais professionnels liés au télétravail, voir Mémento Social n° 73965.

Les remboursements de ces frais professionnels au personnel n'étant pas des sommes versées en contrepartie d'un travail fourni par le salarié, ils sont, à notre avis, enregistrés :
– dans les différents comptes de la classe 6 selon leur nature (PCG art. 911-5), et non selon leur destination (indemnités versées au personnel) : par exemple, aux comptes 6251 « Voyages et déplacements », 6256 « Missions »… ;
– que les sommes remboursées soient déterminées d'après les dépenses réellement supportées par les intéressés ou en application d'un barème forfaitaire.

Toutefois, à notre avis, peuvent être inscrits au compte 6414 « Indemnités et avantages divers » les allocations et remboursements assimilés à des **compléments de rémunération** et soumis à cotisations sociales, seule la fraction (forfaitaire ou réelle) exonérée de ces cotisations étant alors portée dans les comptes de charges par nature.

> **Fiscalement** Les allocations, indemnités et remboursements de frais sont en principe déductibles du résultat de l'entreprise dès lors qu'ils correspondent à des dépenses effectives et justifiées (CGI art. 39-1-1° ; voir Mémento Fiscal n° 23710 à 23730). Toutefois :
– les allocations forfaitaires attribuées aux cadres (toutes entreprises) et à certains dirigeants et associés de SARL et de sociétés de personnes ne sont pas déductibles, lorsque l'entreprise a déjà inscrit en charges des remboursements de frais versés à ces personnes qui sont couverts par ces allocations ;
Cette règle, dite « du non-cumul », ne concerne pas les dirigeants salariés qui sont imposés sur ces allocations dans la catégorie des salaires (voir Mémento Fiscal n° 23730) ;
– les remboursements et allocations forfaitaires portant sur des charges somptuaires ne sont pas déductibles (CGI art. 39-4 ; voir n° 18620).
Les remboursements de frais accordés aux dirigeants et salariés les mieux rémunérés doivent figurer sur le relevé des frais généraux (voir n° 18195).

Sur le remboursement des frais de déplacement des membres du conseil de surveillance et du conseil d'administration, voir n° 16100.

Frais de déménagement d'un collaborateur

17055

a. Dépenses encourues Si le collaborateur a été mis dans l'obligation de déménager pour des **motifs professionnels**, à la suite, par exemple, d'une réforme des structures de l'entreprise (ouverture d'un nouvel établissement, décentralisation), l'intéressé n'a nullement bénéficié d'un avantage et il convient de passer le montant de la facture au débit du compte 6255 « Frais de déménagement ».

Si le collaborateur a déménagé pour **convenances personnelles** et si le montant de la facture de déménagement a fait l'objet d'une retenue sur son salaire, l'entreprise n'a, en définitive, subi aucune charge. En revanche, si le montant de la facture n'a pas été déduit du salaire versé au collaborateur, le compte 6414 « Indemnités et avantages divers » peut être utilisé.

b. Dépenses probables À notre avis, même si l'entreprise s'est engagée à la clôture à prendre en charge des frais de déménagement qui seront supportés sur l'exercice suivant, elle ne peut pas constituer une provision à ce titre à la clôture de l'exercice. En effet, la sortie de ressources est probable mais elle a une contrepartie car elle bénéficiera à l'activité future de l'entreprise (voir avis CNC 2000-01, § 5.12.6).

En ce qui concerne les frais de déménagement d'un collaborateur **dans le cadre d'une restructuration,** voir n° 17420.

> **EXEMPLE**
>
> Une entreprise prend en charge les coûts de déménagement de ses collaborateurs qui sont expatriés. À la clôture de l'exercice, 5 d'entre eux ont accepté leur mutation à l'étranger, 3 autres l'ont également acceptée avant la date d'arrêté des comptes et les 2 postes restant encore à pourvoir le seront probablement dans un futur proche.
>
> Le **fait générateur** de l'obligation de supporter les coûts de déménagement est la transmission de l'offre de mutation par l'entreprise aux salariés, créant ainsi une attente légitime de ceux-ci (obligation implicite).
>
> La **sortie de ressources** (coûts des 10 collaborateurs) est **probable** mais elle **a une contrepartie** car elle bénéficiera à l'activité future de l'entreprise.
>
> Aucune provision n'est donc constituée.

17060 Remboursement des dépenses de transport domicile-travail Plusieurs modalités de prise en charge des frais de déplacement domicile-travail sont prévues :

a. La prise en charge, **de manière obligatoire,** d'une fraction du coût des **titres d'abonnement** de transport en commun ou de services publics de location de vélos souscrits par les salariés. Sur la réduction d'impôt pour mise à disposition par une entreprise d'une flotte de vélos à ses salariés, voir Mémento Fiscal nº 10715.

b. La prise en charge, **de manière facultative,** dans certaines conditions et limites, de tout ou partie des frais engagés par les salariés pour leurs **trajets domicile-lieu de travail** (voir Mémento Social nº 22704) :
– sous la forme de remboursement de frais, appelé « prime transport » (C. trav. art. L 3261-3) ;
– sous la forme d'une allocation forfaitaire appelée « forfait mobilités durables » (C. trav. art. L 3261-3-1, R 3261-13-1 et R 3261-13-2) ;
– sous la forme d'une indemnité kilométrique pour voiture ou deux-roues à moteur (BOSS-FP-820º).

> **Socialement** Le « forfait mobilités durables » et la « prime transport » sont exonérés de cotisations et de CSG/CRDS, dans une limite majorée pour les années 2022 et 2023 (CGI art. 81, 19º ter b ; CSS art. L 136-1-1 et L 242-1 ; Loi 2022-1157 du 16-8-2022 art. 2 et 3). Pour plus de détails, voir Mémento Social nº 22705.

Ces prises en charge constituent, à notre avis, une charge sociale à porter au débit du compte 647 « Autres charges sociales ».

> **Précisions 1. Titres de transport acquis par l'employeur** Si l'accord prévoit que le chef d'entreprise acquiert les titres de transport, à notre avis, il les comptabilise comme des titres-restaurant (voir nº 17085).
2. Titres-mobilité Il en est de même en cas d'acquisition de « titre-mobilité » par l'employeur. Sur la réglementation du dispositif des titres-mobilité (C. trav. art. L 3261-5 et R 3261-13-5 créé par décret 2021-1663 du 16-12-2021), voir Mémento Social nº 22705.

Pour des raisons fiscales (voir ci-après), elles devraient toutefois pouvoir être comptabilisées comme des avantages en nature (voir nº 17160 s.).

> **Fiscalement** La prise en charge par l'employeur des frais de déplacement domicile-travail d'un salarié ou d'un dirigeant est admise, sous réserve qu'elle ne porte pas la rémunération à un niveau excessif. Les dépenses correspondantes constituent alors des charges déductibles à condition, selon le Conseil d'État, qu'elles soient explicitement inscrites comme un **avantage en nature** en comptabilité (voir nº 17160 s.), conformément à l'article 54 bis du CGI (CE 29-11-2021 nº 452705).
Cas particulier Exploitants individuels Les frais de trajet domicile-lieu de travail exposés par les exploitants individuels soumis à l'IR sont déductibles du résultat imposable lorsque la distance séparant le domicile du lieu de travail n'excède pas 40 kilomètres, la déduction des frais correspondant à une distance supérieure nécessitant en revanche de pouvoir justifier un tel éloignement par des circonstances particulières (BOI-BIC-CHG-40-20-40 nº 60).
Sur la réduction d'impôt dont bénéficient les entreprises qui mettent à la disposition de leurs salariés une flotte de vélos pour leurs déplacements domicile-lieu de travail, voir Mémento Fiscal nº 10715.

17065 Remboursement des frais de défense du salarié L'employeur a l'obligation de garantir au salarié une protection juridique par la prise en charge des frais de défense (Cass. soc. 5-7-2017 nº 15-13.702) :
– pour les actes accomplis en exécution du contrat de travail ;
– et en l'absence d'abus de fonctions.

Les remboursements de ces frais de défense aux salariés sont, à notre avis, enregistrés au compte 6227 « Frais d'acte et de contentieux », s'agissant de frais de procès (PCG art. 911-5).

17070 Vêtements de travail Ils nous paraissent devoir être, selon les circonstances, soit enregistrés au compte 6022 s'ils sont stockés, ou 606 s'ils ne le sont pas (voir nº 15575), soit immobilisés (voir nº 20450).

DÉPENSES DIVERSES BÉNÉFICIANT AU PERSONNEL

17080 Fonds versés au comité social et économique (CSE)
I. Calcul des budgets Sont inclus dans la masse salariale servant d'assiette pour le calcul des subventions que l'employeur doit verser au CSE dans les entreprises d'au moins 50 salariés (C. trav. art. L 2315-61 et L 2312-83) :
– **l'ensemble des gains et rémunérations** soumis à cotisations en application de l'article L 242-1 du Code de la sécurité sociale ;

> **Précisions** Éléments visés :
— les salaires et gains, les primes et gratifications, les avantages en nature, les indemnités de congés payés et de préavis, les cotisations salariales ;
— le rabais « excédentaire » consenti aux bénéficiaires de stock-options, ainsi que la plus-value d'acquisition et le gain d'acquisition réalisés dans le cadre, respectivement, du dispositif des stock-options et de celui des attributions gratuites d'actions si l'employeur n'a pas respecté son obligation de notification à l'Urssaf de certains éléments d'information ;
— les indemnités de départ à la retraite.
Les sommes distribuées en application d'un accord d'intéressement ou de participation ne sont pas incluses.

— **à l'exception des indemnités versées à l'occasion de la rupture du contrat de travail à durée indéterminée.** Sont notamment concernées par cette exclusion les indemnités de mise à la retraite, ainsi que toutes les indemnités de licenciement ou de cessation forcée des fonctions de mandataire social.

En revanche, à notre avis, les indemnités de préavis ou compensatrices de préavis et compensatrices de congés payés entrent dans l'assiette de la subvention.

Pour plus de détails, voir Mémento Social n° 9120.

II. En cours d'exercice Les sommes versées par un employeur à son comité social et économique et destinées à financer des œuvres sociales instituées dans l'intérêt direct du personnel de l'entreprise sont à enregistrer au débit du compte 6472 « Versements aux comités d'entreprise et d'établissement » par le crédit d'un compte de trésorerie (PCG art. 944-42).

En revanche, l'imputation sur la subvention de fonctionnement devant être versée au comité d'entreprise de **moyens en personnel mis à disposition** de ce dernier (imputation qui est licite ; Cass. crim. 11-2-1992 n° T 90-87.500 PF) n'entraîne, à notre avis, **aucune écriture** particulière, les charges correspondantes étant classées par nature en « Frais de personnel ».

Seul un **calcul extra-comptable** permet de calculer la réduction de subvention de fonctionnement.

III. En fin d'exercice Il convient de régulariser le montant de cette charge lorsque les sommes déjà versées (ainsi que les moyens mis à la disposition) sont inférieures au montant des contributions et subventions calculé pour l'exercice selon une formule légale ou contractuelle. La charge restant à payer est débitée au compte 6472 par le crédit du compte 422 « Comités d'entreprise, d'établissement… ».

> **Fiscalement** Les sommes versées, qui cessent normalement d'être à la disposition de l'entreprise, sont considérées dans leur intégralité comme des charges déductibles même lorsqu'elles excèdent le montant de la cotisation minimum obligatoire (BOI-BIC-CHG-40-40-60 n° 30).

17085 Titres-restaurant Sur la réglementation des titres-restaurant, voir Mémento Social n° 22630 à 22640.

Aucun compte n'a été prévu pour l'enregistrement des titres-restaurant. Il nous paraît pouvoir être opéré ainsi :
— lors de leur achat, les titres sont débités au compte 437 « Autres organismes sociaux » (et non 467 « Débiteurs divers », voir Précision n° 17520) par le crédit d'un compte financier ;
— lors de leur remise au personnel, le compte 437 est crédité par le débit, selon le cas, du compte 421 « Rémunérations dues au personnel » ou d'un compte financier pour la part à la charge du personnel et du compte 647 « Autres charges sociales » pour la part restant à la charge de l'entreprise.

> **Fiscalement** La part contributive des employeurs au prix des titres-restaurant est déductible du bénéfice imposable (BOI-BIC-CHG-40-40-30 n° 680).

Si les prestations concernant la fabrication des tickets sont facturées, elles sont à comptabiliser, à notre avis, dans le même compte 647.

EXEMPLE

Achat de 1 000 titres de 36 dont 18 à la charge du personnel :

	437 Autres organismes sociaux	512 Banque	647 Charges sociales (Titres-restaurant)
Achat des titres	36	36	
Remise au personnel	36	18	18

17100 **Chèques-vacances** Sur la **réglementation** des chèques-vacances, voir Mémento Social n° 13755 à 13770.

Cette contribution de l'employeur constitue, à notre avis, une charge sociale (au même titre que les titres-restaurant : voir n° 17085) à porter au débit du compte 647.

Toutefois, à la différence des titres-restaurant, des charges sociales sont également dues. Celles-ci nous paraissent devoir être comptabilisées dans le même compte (647) et non avec les autres charges sociales.

17105 **Création et financement de crèches** Aucun compte spécifique n'a été prévu pour l'enregistrement des dépenses relatives à la création et au fonctionnement de crèches d'entreprises. Les dépenses doivent, à notre avis, être enregistrées en résultat par nature et donner lieu à l'inscription au bilan d'immobilisations, le cas échéant. En revanche, s'agissant de versements à une crèche collective commune à plusieurs entreprises, la charge est à constater, à notre avis, au compte 647 « Autres charges sociales ».

Il en est de même, à notre avis, pour les primes de crèches versées par l'employeur.

> **Fiscalement** Les dépenses à caractère social supportées par l'entreprise dans l'intérêt de son personnel constituent des charges déductibles. Tel est le cas des dépenses relatives à la création et au fonctionnement d'une crèche (BIC-RICI-10-130-10 n° 80 et 260), ainsi qu'à notre avis des versements à une crèche collective dès lors qu'ils ont pour contrepartie l'octroi d'un avantage au personnel de l'entreprise versante. La déduction de ces dépenses peut être cumulée avec le bénéfice du crédit d'impôt famille (BIC-RICI-10-130-10 n° 80) présenté ci-après (voir n° 17145).

17110 **Aides financières aux services à la personne versées par les entreprises**
Les entreprises peuvent faire bénéficier leurs salariés et, dans certains cas, leurs mandataires sociaux (BOI-BIC-CHG-40-50-10 n° 10 et 20), d'une aide financière au titre des services à la personne :
– sous la forme d'un versement au salarié (C. trav. art. L 7233-4 et L 7233-5) ou de la remise d'un chèque emploi-service universel (« Cesu ») (C. trav. art. L 1271-12 à L 1271-14) ;
– exonérée, notamment, de cotisations sociales dans la limite d'un certain plafond. Pour plus de détails sur le régime social de ces aides, voir Mémento Social n° 22416.

Ces aides financières sont, à notre avis, à comptabiliser dans le compte 647 « Autres charges sociales » l'exercice au cours duquel elles ont été accordées, c'est-à-dire, selon le cas, l'exercice du versement de l'aide ou de la remise du « Cesu » au personnel.

Cas particulier « Cesu » préfinancé : lorsque l'aide financière est versée au salarié sous la forme d'un « Cesu » préfinancé, ce dernier suit, à notre avis, le traitement comptable des titres-restaurant (voir n° 17085).

> **Fiscalement** Les aides financières, y compris le « Cesu » préfinancé, attribuées par une personne morale à ses salariés comme à ses mandataires sociaux (BOI-BIC-CHG-40-50-10 n° 80) :
– constituent des charges déductibles, dans la limite du plafond fixé pour l'exonération de charges sociales (voir ci-avant) ;
– ouvrent droit au crédit d'impôt famille (voir n° 17145 et Mémento Fiscal n° 10555).

En outre, le produit correspondant à l'aide financière qu'un exploitant individuel s'attribue est exonéré dans une limite fixée à 2 265 € depuis le 1er janvier 2022 pour le calcul de son bénéfice imposable (Arrêté SPRS2217306A du 9-8-2022).

RÉMUNÉRATIONS ET COTISATIONS SOCIALES PATRONALES PRISES EN CHARGE PAR L'ÉTAT (AIDES À L'EMPLOI OU À LA FORMATION)

17115 La prise en charge par l'État de certaines rémunérations et charges sociales en tout ou partie s'exerce dans le cadre de nombreux régimes, sous des formes différentes se traduisant pour chacune d'elles par un, voire plusieurs schémas de comptabilisation différents.

On peut néanmoins distinguer les catégories suivantes :
– exonération ou réduction de charges patronales (voir n° 17120) ;
– subventions (aides) (voir n° 12062) ;
– remboursements forfaitaires (voir n° 17130) ;
– remboursements de sommes précises (voir n° 17135).

Sur l'incorporation éventuelle de cette prise en charge dans les stocks, voir n° 21147.
Sur les autres aides accordées sous forme de crédits d'impôt, voir n° 52685.
Pour un tableau récapitulatif des aides à l'emploi, voir Mémento Social n° 2500.
Sur la restitution de ces aides, voir n° 17155.

Exonération ou réduction de charges patronales En cas d'exonération, l'entreprise n'effectue, **en général,** aucune avance de trésorerie. **17120**

Sur les régimes concernés, voir Mémento Social n° 2500.

Les exonérations ou les réductions de charges patronales ne donnent lieu à **aucun enregistrement** comptable dans l'entreprise. Les charges sociales qui sont comptabilisées mensuellement par l'entreprise doivent correspondre aux charges qui seront effectivement supportées par elle.

Toutefois, l'exonération peut devoir conduire à comptabiliser un **produit** en débitant les comptes 43 « Sécurité sociale et autres organismes sociaux » concernés, par le crédit du compte 645 « Charges de sécurité sociale et de prévoyance » dans le cas où les charges sociales ont déjà été déclarées lorsque l'exonération est accordée, du fait de la publication ultérieure d'un texte de loi permettant d'en bénéficier ou de conditions d'éligibilité à satisfaire sur une période postérieure à celle sur laquelle porte l'exonération.

Si les exonérations de charges patronales ont une **incidence significative** sur le résultat, une **information** pourrait, à notre avis, être utilement fournie **dans l'annexe.**

> **Précisions** **1. Fait générateur du produit** L'exonération est acquise et inscrite en produit (en ce sens, Rec. ANC Covid-19, Question J7 à propos des dispositifs exceptionnels d'exonération pour les PME) :
> — dès que l'entreprise a décidé de la demander et respecte les conditions de fond et de forme ouvrant droit à l'exonération, telles que prévues par les textes publiés à la date de clôture ;
> — même si elle n'a pas encore été déclarée dans la DSN à la date de clôture.
> Son montant est évalué au regard de l'ensemble des règles de détermination du dispositif, y compris les éventuels plafonnements globaux.
> **2. Exercice social ne coïncidant pas avec l'année civile** Dès lors que la réduction de cotisations est déterminée par année civile mais calculée mensuellement par anticipation (cas de la réduction générale de cotisations, voir Mémento Social n° 1880 à 1955), l'entreprise doit, à la clôture de l'exercice, apprécier tous les éléments de rémunération (jusqu'à la fin de l'année civile) pouvant venir impacter l'évaluation de la réduction de charges patronales. La régularisation à la baisse en résultant doit faire l'objet d'une provision ou d'une charge à payer dès lors que son montant peut être déterminé de façon fiable (Bull. CNCC n° 169, mars 2013, EC 2012-64, p. 125 s.).
> **3. Exonération pluriannuelle dégressive** Il n'y a pas lieu, à notre avis, de lisser l'exonération sur les différents exercices sur lesquels elle est accordée même si son montant est dégressif.
> **4. Textes publiés post-clôture** Dans le cas où des textes législatifs et réglementaires, modifiant les conditions d'octroi de l'exonération pour une période antérieure à la clôture, sont publiés après la clôture et avant l'arrêté des comptes, l'entité donne, dans l'annexe de ses comptes relatifs à l'exercice clos, une information sur l'aide (descriptif du dispositif et montant de l'exonération) qu'elle reconnaîtra sur l'exercice suivant.
> **5. Risque de restitution de l'aide à la clôture** Sur la constatation d'un passif en cas de sommes indûment perçues, voir n° 12080.
> **6. Création d'un compte 649 « Remboursement de charges de personnel »** (PCG art. 1221-64) Pour les exercices ouverts à compter du 1er janvier 2025, le compte 649 devrait être crédité à la place du compte 645.

Remboursements forfaitaires **17130**

EXEMPLE

Versement à l'entreprise de x euros par heure de formation et/ou un pourcentage d'une somme de frais.

Sur les régimes concernés, voir Mémento Social n° 2500.

Par référence à la solution préconisée par le bulletin CNC (n° 41-02, 4e trim. 1979, solution qui concernait la rémunération des stagiaires au titre du 3e pacte pour l'emploi), les remboursements forfaitaires par l'État de charges de personnel supportées par l'entreprise sont à comptabiliser par celle-ci au crédit du **compte 791 « Transfert de charges d'exploitation »** (sur la suppression des comptes 79 par le Règl. ANC 2022-06, voir n° 45500) par le débit du compte 443 « Opérations particulières avec l'État » ou d'un compte de trésorerie.

> **Précisions** Ces remboursements, bien que forfaitaires, n'ont pas le caractère d'une subvention. En effet, ils ne couvrent que des charges de personnel (ou éventuellement des charges de fonctionnement) alors que les subventions couvrent globalement des charges d'exploitation.

> **Fiscalement** Les remboursements forfaitaires reçus doivent être rattachés aux résultats imposables de l'exercice au titre duquel ils ont été acquis à l'entreprise (Rép. Paecht : AN 21-6-1979 n° 14575, non reprise dans Bofip).

Dans l'hypothèse où (CNC précité), à la clôture de l'exercice, l'entreprise n'aurait pas reçu de l'État la confirmation formelle de l'engagement de remboursement, mais que le remboursement peut néanmoins être considéré comme certain (toutes les conditions d'obtention étant réunies), le compte 4487 « État – Produits à recevoir » serait débité.

Inversement, s'il a été attribué par anticipation, le remboursement forfaitaire sera enregistré pour partie en produits constatés d'avance à la clôture de l'exercice.

Cas particulier Embauche des handicapés Lorsque les dépenses d'adaptation du poste constituent pour l'entreprise des immobilisations, le remboursement de l'État ne peut venir à notre avis en moins de ces dépenses à l'actif ; il constitue, sur le plan comptable, une « subvention d'investissement » qui peut donc être soit comptabilisée immédiatement en produit exceptionnel, soit étalée comme l'immobilisation (voir n° 56440 s.).

Sur la contribution incombant à l'employeur en matière d'emploi des handicapés, voir n° 16505.

17135 **Remboursements de sommes précises** (partiellement ou en totalité) L'État (ou un organisme paritaire) rembourse à l'entreprise, en totalité ou partie, une **charge** qu'elle a supportée dans le cadre de l'emploi ou de la formation.

Sur les régimes concernés, voir Mémento Social n° 2500.

Dans ce cas, l'État prend à sa charge les allocations, participations et autres charges versées par l'entreprise et inscrites au compte 6414 « Indemnités et avantages divers » (ou bien les dépenses dues au conseil extérieur comptabilisées au compte 617 « Études et recherches », ou, le cas échéant, au compte 6226 « Honoraires » ; pour des exemples de dépenses en matière de formation, voir n° 16315).

Dès lors que la prise en charge par l'État est acquise, il convient de constater, sans attendre un remboursement, la créance sur l'État au débit du compte 443 « Opérations particulières avec l'État » **par le crédit du compte de charges concerné** (6414, 617 ou 6226), et non 791 « Transferts de charges d'exploitation » comme dans le cas d'un remboursement forfaitaire (voir n° 17130).

En effet, par rapport aux remboursements forfaitaires qui sont, par hypothèse, indépendants du montant des charges de personnel supportées par l'entreprise, ce remboursement porte sur une charge précise qu'il est possible de créditer.

À la clôture de l'exercice, par analogie avec le traitement applicable en cas de remboursement forfaitaire (voir n° 17130), dans l'hypothèse où l'entreprise n'aurait pas reçu de l'État la confirmation formelle de l'engagement de remboursement mais que le remboursement peut néanmoins être considéré comme certain, le compte 4487 « État – Produits à recevoir » est à débiter par le crédit du compte de charges concerné.

> **Précisions** Inversement, s'il a été attribué par anticipation, le remboursement forfaitaire sera enregistré pour partie en produits constatés d'avance à la clôture de l'exercice.

Les **avances** reçues le cas échéant de l'État sont à comptabiliser au crédit de ce compte 443 par le débit du compte de trésorerie concerné.

Sur le traitement comptable de l'allocation d'activité partielle, voir n° 16900.

17145 **Crédit d'impôt famille** Les dépenses engagées par les entreprises afin de permettre à leurs salariés ayant des enfants à charge de mieux concilier leur vie professionnelle et leur vie familiale ouvrent droit à un crédit d'impôt famille (CGI art. 244 quater F et ann. III art. 49 septies Y à 49 septies YC ; BOI-BIC-RICI-10-130), correspondant à un pourcentage des dépenses éligibles engagées au cours de l'année civile. Le crédit d'impôt est plafonné à 500 000 € par an.

Pour plus de détails, voir Mémento Fiscal n° 10555.

L'existence du crédit d'impôt **ne modifie pas la comptabilisation des dépenses** y ouvrant droit, qui doivent être classées par nature.

I. Entreprises clôturant le 31 décembre Le crédit d'impôt s'impute sur l'impôt dû **sur les résultats de l'exercice au cours duquel les dépenses sont engagées.** La fraction excédant l'impôt dû est remboursable à l'entreprise (CGI art. 199 ter E).

Sur l'absence d'incidence du crédit d'impôt famille sur le calcul de la participation des salariés, voir n° 53640.

Dans tous les cas, il constitue pour l'exercice concerné un **produit de l'exercice** à comptabiliser **en diminution de l'impôt sur les bénéfices** (Information de l'ANC sur l'avancement des travaux du groupe « Impôts, taxes et versements assimilés » pour l'établissement des comptes individuels et consolidés selon les règles françaises, publiée le 11-1-2011 sur le site de l'ANC, autoritecomptable.fr) :

– s'il est imputé immédiatement, au crédit du compte 695 ;

– s'il n'est pas imputé (ou partiellement), au compte 699 dans une subdivision intitulée par exemple « Produits – Crédit d'impôt famille » par le débit d'une subdivision du compte 444, s'intitulant par exemple, « État – Crédit d'impôt restituable » (cette subdivision étant soldée lors de l'obtention du remboursement).

Et ce, par analogie avec la position retenue pour le report en arrière des déficits par le PCG d'une part (voir n° 52650) et avec le traitement appliqué pour le crédit d'impôt recherche d'autre part (voir n° 31505).

Il en est de même dans les comptes consolidés établis en règles françaises (voir n° 31505).

> **Fiscalement**
– Le crédit d'impôt imputé sur l'IS de l'exercice diminue le montant de l'impôt à réintégrer extra-comptablement sur l'imprimé n° 2058-A (ligne I7).
– Le crédit d'impôt (ou la fraction de crédit d'impôt) non imputable mais remboursable et comptabilisé en produit est à déduire extra-comptablement sur l'imprimé n° 2058-A (ligne XG).

II. Exercice social ne coïncidant pas avec l'année civile

Dans cette hypothèse, le calcul du crédit d'impôt s'effectue néanmoins sur l'année civile (CGI ann. III art. 49 septies YA). Il en résulte que l'**imputation** du crédit d'impôt famille se fait sur l'impôt dû au titre de l'**exercice clos au cours de l'année civile suivant celle de l'engagement des dépenses.**

Conformément au principe de rattachement des produits à l'exercice, énoncé à l'article L 123-21 du Code de commerce (voir n° 10370), un prorata de crédit d'impôt devrait, à notre avis, être comptabilisé en **produit à recevoir** à la clôture de l'exercice, le crédit d'impôt étant acquis à cette date.

Ce prorata est calculé sur la base des dépenses engagées entre le 1er janvier et la date de clôture uniquement.

En effet, il n'est pas possible, à notre avis, de tenir également compte des dépenses prévisionnelles à effectuer entre la clôture de l'exercice et la fin de l'année, même si celles-ci s'avèrent inéluctables (salaires, par exemple) et de constater le crédit d'impôt à recevoir prorata temporis, ces dépenses prévisionnelles ne pouvant donner lieu à provisions et le crédit d'impôt n'étant pas encore acquis.

> **Fiscalement** Le produit à recevoir comptabilisé doit être déduit extra-comptablement (imprimé n° 2058-A, ligne XG).

Restitution des aides (à l'emploi ou à la formation) de l'État L'entreprise peut être amenée à reverser les aides dont elle a bénéficié, notamment si le contrat de travail est rompu à l'initiative de l'employeur ou si ce dernier ne satisfaisait pas aux conditions d'embauche. 17155

> EXEMPLES
> Tel peut être également le cas :
> – lorsqu'une entreprise envisageant la fermeture d'un établissement, qui a pour conséquence un licenciement pour motif économique, n'a pas respecté son obligation de recherche d'un repreneur (C. trav. art. L 1233-57-21) ;
> – ou lorsqu'une entreprise bénéficiant de certains allègements de cotisations patronales n'a pas respecté son obligation de négocier tous les quatre ans les salaires effectifs (C. trav. art. L 2242-7). Au cas particulier, bien que ces restitutions soient qualifiées de pénalités (Loi 2015-1702 du 21-12-2015 art. 17), elles conservent, à notre avis, leur nature de cotisations.

Toutefois, lorsque le contrat est rompu pour faute grave (ou lourde) ou pour cas de force majeure, le reversement des aides peut ne pas être dû.

a. Paiement des **charges sociales initialement exonérées.** Dès la notification de la rupture du contrat de travail ou le constat de non-respect des conditions d'embauche, l'entreprise constate le montant des cotisations qui seront à reverser en débitant le compte 6451 « Cotisations à l'Urssaf » par le crédit du compte 431 « sécurité sociale ».

En cas de travail dissimulé, le paiement des charges sociales donne lieu, à notre avis, à la constatation d'une provision dès l'établissement du procès-verbal de travail dissimulé (sur cette procédure, voir Mémento Social n° 79540 et C. trav. art. L 8272-1).

b. Reversement des **subventions.** Dès la notification de la rupture du contrat et lorsqu'elle doit reverser l'aide octroyée, l'entreprise doit constater la restitution de l'aide acquise :
– en contrepassant l'écriture initiale si l'aide a été obtenue au cours de l'exercice ;
– en constatant, à notre avis, une « autre charge de gestion courante » (compte 658) si l'aide a été obtenue lors d'un exercice antérieur.

Lorsqu'il apparaît, en cours d'exécution du contrat, que ce dernier ne sera pas exécuté et que l'employeur devra, à ce titre, restituer les aides obtenues, une provision devrait être constituée.

> **Fiscalement** La subvention est imposable lorsqu'elle est définitivement acquise (BOI-BIC-PDSTK-10-30-10-10 n° 1 et 10). Corrélativement, sa restitution est déductible dès qu'elle est certaine dans son principe et dans son montant.

Cas particuliers Restitution des aides sur décision de la Commission européenne les jugeant illégales Tant que l'État français, qui s'est vu notifier cette décision par la Commission européenne et a fait appel de cette décision auprès de la CJCE, n'a pas expressément fait connaître aux entreprises les modalités de restitution de ces aides jugées illégales, aucune provision n'est à constituer à ce titre ; mais une information détaillée sur le risque lié à la décision de la Commission européenne est à fournir dans l'annexe (Bureau du Conseil national de la CNCC, 23-2-1998, 20-1-1999 ; Revue SIC n° 161, mars 1998, p. 31). Cette position, prise dans le cadre du Plan textile, paraît, à notre avis, extrapolable à toute aide jugée illégale, d'autant qu'elle a été confirmée en 1999 (Télex Commissaires CNCC n° 82, mai-juin 1999 et bureau du Conseil national de la CNCC, 7-7-1999) par l'obligation de constituer une provision dès lors qu'un accord était finalement intervenu. Une même position a été prise en 2005 dans le cadre du remboursement des exonérations fiscales octroyées aux entreprises au titre de l'article 44 septies du CGI (Bull. CNCC n° 138, juin 2005, p. 178 s.).

REMBOURSEMENT D'UN TROP VERSÉ DE COTISATIONS SOCIALES ET REMISE GRACIEUSE

17156 L'État peut être amené à rembourser à l'entreprise un trop versé de cotisations sociales ou à accorder une remise à titre gracieux.

> **EXEMPLE**
>
> Cette situation peut notamment être rencontrée lors de la mise à jour du taux de cotisation Accidents du travail (AT) / Maladies professionnelles (MP) consécutive à l'intervention d'un cabinet spécialisé dans l'optimisation du taux AT/MP.

Le remboursement ou la remise est à inscrire, à notre avis, selon le mode de comptabilisation habituellement retenu par l'entreprise lorsqu'elle a eu à bénéficier de tels remboursement ou remises par le passé :
– soit en exceptionnel, au crédit du compte 7718 « Autres produits exceptionnels sur opérations de gestion » (par analogie avec le PCG qui classe les dégrèvements d'impôts autres qu'IS au compte 7717) ;
– soit en exploitation, au crédit du compte 645 « Charges de sécurité sociale et de prévoyance » si le remboursement ou la remise est obtenu au cours de l'exercice au titre duquel les cotisations ont été comptabilisées en charges ou du compte 758 – « Produits divers de gestion courante » si le remboursement ou la remise a été obtenu au cours d'un exercice ultérieur, en régularisation de manière rétrospective d'un montant de cotisations payées au cours d'exercices antérieurs.

> **Précisions** **Covid-19 et remises partielles de dettes** de cotisations et contributions patronales obtenues dans le cadre d'un plan d'apurement de dettes (Loi 2020-235 du 30-7-2020 art. 65, VII ; Décret 2021-316 du 25-3-2021 art. 2, III). Le bénéfice de cette remise partielle étant conditionné au remboursement de la totalité des cotisations et contributions salariales (nettes de la remise partielle accordée) incluses dans le plan d'apurement (condition résolutoire), une provision doit être constituée dès que la résolution du plan devient probable.

REPORT OU ÉTALEMENT DES COTISATIONS

17157 **I. Régimes concernés** Il s'agit notamment du report et de l'étalement du paiement des cotisations de sécurité sociale dues en début d'activité en faveur de certains créateurs et repreneurs d'entreprise (voir Mémento Social n° 80790).

II. Comptabilisation Les cotisations constituent des charges de l'entreprise dès le début d'activité et doivent être inscrites au débit des comptes 645 « Charges de sécurité sociale et de prévoyance » par le crédit du compte 43 « Sécurité sociale et autres organismes sociaux », même si leur paiement intervient ultérieurement (Rec. ANC Covid-19, Question H3).

AVANTAGES EN NATURE

17160 Les avantages en nature sont des prestations (biens ou services) fournies par l'employeur au salarié pour son usage privé, à titre gratuit ou moyennant une participation du salarié inférieure à leur valeur.

© Éd. Francis Lefebvre — LES CHARGES ET LES DETTES D'EXPLOITATION

> **Fiscalement** L'administration a indiqué que les avantages en nature constituent normalement un élément de la rémunération allouée au bénéficiaire au même titre que les avantages en espèces et sont donc en principe à comprendre parmi les charges déductibles (BOI-IS-BASE-30-20-10 n° 80), sous réserve que ladite rémunération corresponde à un travail effectif et ne soit pas excessive eu égard à l'importance des services rendus (BOI-BIC-CHG-40-40-10 n° 20).

Non-obligation de comptabilisation Bien qu'en principe les entreprises doivent les inscrire en comptabilité (CGI art. 54 bis), l'administration admet, en l'absence de rubrique distincte au compte de résultat, qu'elles puissent **s'abstenir de les comptabiliser** (BOI-BIC-CHG-40-40-30 n° 660 ; BOI-BIC-DECLA-30-10-20-10 n° 270 à 290). **Mais** cette dérogation est subordonnée à l'établissement, en **annexe à la comptabilité**, d'un état comportant l'indication de leur montant par catégorie, soit pour chaque bénéficiaire s'il s'agit d'avantages particuliers, soit globalement s'il s'agit d'avantages collectifs. **17165**

Cet état n'a pas à être joint à la déclaration de résultat mais doit seulement être tenu à la disposition du service des impôts (BOI-BIC-CHG-40-40-30 n° 660).

À défaut d'inscription explicite en comptabilité, l'entreprise risque de se voir refuser la déduction des avantages en nature considérés alors comme des avantages occultes (en dernier lieu, CE 24-3-2006 n° 260787), dans le cas où l'entreprise ne se conforme pas aux conditions posées ci-avant par la tolérance administrative. Voir Mémento Fiscal n° 10950 c.

En ce qui concerne les dirigeants, voir Mémento Fiscal n° 23740.

> **Précisions 1. Déclaration sur l'état des salaires** Les avantages en nature doivent également être déclarés avec la déclaration des salaires (DSN remplaçant la DADS) (voir n° 18185).
> **2. Types d'avantages et évaluation** En ce qui concerne les différents avantages en nature (nourriture, logement, téléphone, automobile, etc.) et leur évaluation, voir Mémento Social n° 22480 à 22595.

Méthodes de comptabilisation Les charges étant comptabilisées selon leur nature (loyer, entretien, amortissements, etc.) et non selon leur destination (personnel bénéficiaire), il n'existe pas de compte spécifique regroupant l'ensemble des avantages en nature. **17170**

À notre avis, plusieurs méthodes sont possibles pour suivre les avantages en comptabilité :

I. Méthode du dédoublement des comptes Les charges qui ont le caractère d'avantages en nature sont enregistrées selon leur classement comptable normal et une écriture complémentaire saisit, pour mémoire, l'avantage en nature :

EXEMPLE

Un loyer de 6 000 est payé et constitue un avantage en nature. Il est enregistré aux comptes (par exemple) 6417 et 6418.

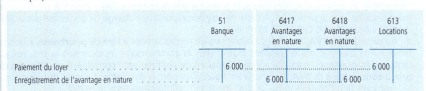

	51 Banque	6417 Avantages en nature	6418 Avantages en nature	613 Locations
Paiement du loyer	6 000			6 000
Enregistrement de l'avantage en nature		6 000	6 000	

II. Dans les secteurs où les avantages en nature sont importants, il peut être intéressant de les faire figurer au compte de résultat en les enregistrant au **compte 64 « Charges de personnel »**. Ayant déjà été portés en charges, selon leur nature, lorsque les dépenses ont été engagées ou par l'intermédiaire des amortissements, il en résulte une double inscription parmi les charges qui nécessite en contrepartie la création du compte correcteur de charges 791 « Transferts de charges d'exploitation » (sur la suppression des comptes 79 par le Règl. ANC 2022-06, voir n° 45500).

> **Fiscalement** Il appartient aux entreprises relevant du régime simplifié d'utiliser le compte de produits « Travaux et charges engagés par l'entreprise pour elle-même » (Rép. Sergheraert : AN 7-2-1983 n° 15613, non reprise dans Bofip).

III. Pour sa part, le secrétariat du CNC (Bull. n° 36-02) avait préconisé les solutions suivantes (sauf pour les entreprises hôtelières) :
– le montant de l'avantage est enregistré au débit d'un sous-compte de « Charges de personnel » correspondant aux fonctions exercées dans l'entreprise par le personnel bénéficiaire, par exemple, pour le personnel salarié, le sous-compte 6417 **« Avantages en nature »** ;

– en contrepartie, il est possible de créditer : soit les **comptes de charges** qui ont déjà été normalement débités et, pour les avantages qui n'ont pas ou qui n'ont que partiellement donné lieu à un enregistrement en charge (cas du logement gratuit), le compte « Produits des activités annexes » (708) ; soit le compte de la classe 7 **« Prestations fournies sous forme d'avantages en nature au personnel (et à l'exploitant) »**, en créant une subdivision du compte 791 « Transferts de charges d'exploitation » (sur la suppression des comptes 79 par le Règl. ANC 2022-06, voir n° 45500).

> **Précisions** Pour l'hôtellerie, compte 726 « Production consommée ».

À notre avis, l'entreprise a intérêt à comptabiliser les avantages en nature dans certains cas :
a. Logement du personnel L'employeur peut :
– soit réclamer un loyer qui vient en diminution de la rémunération à verser : il constitue un **produit des activités annexes** (7083 « Locations diverses ») ;
– soit ne rien leur réclamer ou une somme inférieure au loyer : il en résulte un **avantage en nature** qui nous paraît devoir également être enregistré (au compte 708, une des solutions préconisées par le CNC), en contrepartie du fait que l'immeuble est amorti dans sa totalité.

b. Avantages en nature des dirigeants Si le bénéficiaire a la qualité de salarié, ils constituent un supplément de rémunération. Mais s'il n'a pas cette qualité, ils s'imputent (Rép. Sergheraert : AN 10-5-1979 n° 12776, non reprise dans Bofip) :
– sur les rémunérations fixes annuelles (anciens jetons de présence) allouées ;
– sur le compte courant de l'intéressé pour l'éventuelle partie excédant le montant de ces rémunérations.
Ceci implique, à notre avis, leur comptabilisation au crédit du compte 791 (sur la suppression des comptes 79 par le Règl. ANC 2022-06, voir n° 45500).

c. Avantages en nature de l'exploitant individuel L'utilisation privative d'un **immeuble** porté **à l'actif** de l'entreprise peut, à notre avis, être enregistrée au débit du compte 108 « Compte de l'exploitant » par le crédit du compte 791.
Les **prélèvements** en nature (nourriture, chauffage, carburants, etc.) sont également débités au compte 108 par le crédit des comptes de charges concernés ou, à défaut, du compte 791.
Sur la suppression des comptes 79 par le règlement ANC n° 2022-06, voir n° 45500.

POURBOIRES DU PERSONNEL (« SERVICE »)

17175 Leur comptabilisation s'impose dans tous les cas pour des raisons fiscales.

> **Fiscalement** En effet :
> **1.** Au regard de **l'impôt sur les bénéfices,** les pourboires sont à inclure dans les **recettes** de l'entreprise. Ils doivent d'ailleurs **toujours transiter par la comptabilité** même s'ils sont directement encaissés par le personnel. À cette recette correspond une **charge** de personnel déductible d'égale valeur (BOI-BIC-CHG-10-20-20 n° 90).
> **2.** Au regard de la **TVA,** toutes les majorations de prix réclamées à titre de **pourboires** « obligatoires » à la clientèle des entreprises industrielles et commerciales (notamment hôtels, restaurants, cafés, brasseries, bars, salons de thé, salons de coiffure, etc.) constituent un **élément du prix à soumettre à la TVA,** y compris les pourboires perçus directement auprès des clients par les employés (BOI-TVA-BASE-10-20-40-20 n° 100 et 130 ; voir Mémento Fiscal n° 52290).

Il convient de distinguer deux cas :

I. Pourboires encaissés et répartis par l'employeur Lors de l'enregistrement des recettes par l'employeur, celui-ci constate les pourboires à répartir au débit d'un compte de trésorerie par le crédit du compte à créer 4261 « Service au pourcentage à répartir » et du compte 4457 « TVA collectée », celle-ci étant calculée sur l'ensemble des recettes, pourboires compris.
Lors de la répartition des montants bruts de pourboires, ceux-ci sont virés du compte 4261 au compte 4213 « Rémunérations dues au personnel ».
En pratique (issue de l'ancien Plan comptable professionnel de l'industrie hôtelière, désormais caduc, voir n° 3315), les pourboires sont réincorporés aux frais de personnel en débitant le compte 643 « Service au pourcentage réparti » et, simultanément, au chiffre d'affaires en créditant le compte 7068 « Service au pourcentage revenant au personnel ».

II. Pourboires encaissés directement par le personnel L'employeur doit dans ce cas évaluer les pourboires et les enregistrer au débit du compte 643 par le crédit du compte 7068 et 4457 « TVA collectée », chaque employé conservant ceux qu'il a reçus de la clientèle.

> **Précisions** **Pourboires versés au personnel en 2023** Leur comptabilisation s'impose y compris lorsqu'ils bénéficient exceptionnellement d'une exonération de cotisations et contributions sociales (Loi 2021-1900 du 30-12-2021 art. 5 ; voir Mémento Social n° 22442 et Mémento Fiscal n° 21735).

CRÉANCES ET DETTES DU PERSONNEL

Reconnaissance de dettes suite à un détournement Voir n° 46050. **17180**

Prêts au personnel Quelle que soit leur échéance, ils sont comptabilisés au compte 2743, même s'ils sont effectués dans le cadre de l'effort à la construction (voir n° 16375). **17185**

> **Précisions** Ces prêts sont possibles même pour un administrateur (voir n° 42540).

Importance de la comptabilisation des rémunérations sur l'exigibilité des impôts et cotisations La comptabilisation des rémunérations emporte des conséquences importantes à l'égard de l'exigibilité de l'impôt sur le revenu et des cotisations sociales. En effet, c'est la mise à disposition effective des rémunérations, par inscription à un compte personnel, qui entraîne leur assujettissement aux cotisations sociales et à l'impôt sur le revenu (voir ci-après). C'est pourquoi il est important de comptabiliser les sommes non mises à disposition dans un compte de **charges à payer** et non pas dans un compte ouvert au nom du bénéficiaire. **17190**

I. Exigibilité de l'impôt sur le revenu Selon une jurisprudence constante du Conseil d'État, l'inscription de salaires au compte courant du bénéficiaire (ou au compte ouvert au nom du salarié) équivaut à une mise à disposition pour l'assiette de l'impôt dont celui-ci est redevable (arrêts cités dans BOI-IR-BASE-10-10-10-40 n° 1 à 50 et 100 à 150), à moins qu'il ne soit établi qu'il ne pouvait pas disposer de ces sommes en raison de la situation nette négative et de la situation de trésorerie de la société (CE 3-5-1993 n° 81447).

> **Précisions** **Présentation comptable correspondant à la réalité** Encore faut-il que la présentation comptable soit corroborée par les faits. Ainsi, si le créancier a la qualité de dirigeant et a joué un rôle déterminant dans le maintien des rémunérations au compte de charges à payer, le Conseil d'État considère qu'il doit être regardé comme ayant eu en réalité la disposition de ces sommes et qu'elles sont en conséquence imposables (CE 6-7-1983 n° 37122 ; CE 9-12-1992 n° 96232 ; BOI-IR-BASE-10-10-10-40 ; IRPP-I-13200 à 13490).

II. Exigibilité des cotisations de sécurité sociale Dans le dernier état de sa jurisprudence, la Cour de cassation (Cass. soc. 8-2-1990 n° 87-12.238 et 3-10-1991 n° 89-16.175) considère que c'est la mise à la disposition effective des rémunérations, par **inscription à un compte personnel** ou tout autre moyen, qui entraîne l'**exigibilité** des cotisations de sécurité sociale, même si ces rémunérations sont restituées ultérieurement (Cass. soc. 8-2-1990 n° 87-12.238 ; Cass. civ. 25-4-2013 n° 12-19.144).

> **Précisions** La Cour de cassation ne précise pas à quelles **rubriques comptables** correspond l'expression « inscription à un compte personnel » qu'elle considère dans son arrêt du 8 février 1990 comme valant mise à disposition. Cette expression recouvre certainement le compte **421** « **Personnel – Rémunérations dues** », sans pouvoir s'étendre, à notre avis, au compte 428 « Personnel – Charges à payer », les sommes comptabilisées en charges à payer ne pouvant, en principe, être considérées comme mises à la disposition des bénéficiaires, compte tenu de leur définition comptable (sur cette définition, voir n° 15140).

Opposition sur salaires et cession de salaires (voir Mémento Social n° 70940 à 70950) La fraction du salaire qui fait l'objet de saisie ou de cession est comptabilisée au crédit du compte 427 « Personnel – Oppositions » (PCG art. 944-42) par le débit des comptes 64 concernés, ou du compte 421 « Rémunérations dues au personnel » selon que les rémunérations dues sont enregistrées pour leur montant brut ou net (voir n° 16620). **17195**

Compensation des rémunérations avec des créances de l'employeur La loi limitant les possibilités, pour l'employeur créancier du salarié, d'effectuer des retenues sur la rémunération de celui-ci, il convient, avant d'opérer une telle compensation en comptabilité, de tenir compte des limites légales (voir Mémento Social n° 70955 à 70975). **17200**

Rémunérations non réclamées L'action en paiement des **salaires** se prescrit par **trois ans** (C. trav. art. L 3245-1). **17205**

> **Précisions** La prescription joue, quelle que soit la forme de la rémunération, pour toutes les sommes qui ont leur cause dans la prestation de travail et présentent le caractère d'un salaire.

En revanche, la prescription de trois ans ne vise pas les créances n'ayant pas le caractère de salaire, c'est-à-dire les sommes ayant la **nature d'indemnités** (indemnité de licenciement ou de rupture abusive de contrat) pour lesquelles une prescription de **12 mois,** sauf exceptions, s'applique (C. trav. art. L 1471-1 ; voir n° 18750).

a. Début Le délai de prescription de 3 ans applicable aux indemnités ayant le caractère de salaire (indemnités compensatrices de congés payés ou de préavis, indemnité de non-concurrence, indemnité de départ à la retraite) commence à courir à compter de la date à laquelle le salarié a connu ou aurait dû connaître les faits lui permettant d'agir (C. trav. art. L 3245-1).

Le délai de prescription de 12 mois applicable aux sommes de nature indemnitaire commence à courir à compter de la notification de la rupture du contrat de travail (C. trav. art. L 1471-1 modifié).

b. Interruption La prescription peut être interrompue par une reconnaissance de dette, une demande en justice, un acte d'exécution forcée (C. civ. art. 2240, 2241 et 2244).

Pour plus de détails, voir Mémento Social n° 70815.

Il résulte de ces délais de prescription que les rémunérations non réclamées dans le délai de trois ans ou de douze mois (selon la nature de la rémunération réclamée) à compter de la date à laquelle le salarié a connu ou aurait dû connaître les faits lui permettant d'agir, ou à compter de la notification de la rupture du contrat de travail, constituent pour l'entreprise un produit à classer (selon la conception retenue du résultat courant ; voir n° 52030) :
– soit en résultat exceptionnel, à créditer au compte 77 « Produits exceptionnels sur opérations de gestion » (subdivision 7718 « Autres produits exceptionnels sur opérations de gestion ») par le débit du compte 421 « Personnel – Rémunérations dues » ;
– soit en résultat d'exploitation.

17225 **Transfert de passifs sociaux associé à un transfert de salariés** Lors des opérations de restructuration entraînant un transfert d'activité (notamment lors des cessions de fonds de commerce), il est fréquent que :
– le repreneur soit tenu, contractuellement ou légalement, de reprendre les obligations qui incombaient à l'ancien employeur envers les salariés transférés dont les contrats de travail subsistent (notamment en vertu de l'article L 1224-2 du C. trav.) ;
– l'apporteur indemnise le repreneur à hauteur des passifs sociaux transférés, c'est-à-dire de toutes les sommes dues aux salariés à la date de transfert (augmentées, le cas échéant, des charges sociales afférentes).

En l'absence de dispositions spécifiques dans le PCG sur les modalités de sortie des passifs sociaux transférés dans ce contexte les règles générales s'appliquent.

I. Chez l'apporteur Le transfert des salariés entraîne :
– le transfert au repreneur des engagements de retraite qui incombaient à l'apporteur (ancien employeur) et, par suite, l'extinction de l'obligation pour l'ancien employeur ;
– en contrepartie du transfert de l'engagement, l'apporteur doit indemniser le repreneur à hauteur du passif transféré.

L'apporteur se libérant de son obligation en versant l'indemnité, la provision doit, conformément aux dispositions générales applicables aux provisions (PCG art. 941-15 ; C. com. art. R 123-179 ; voir n° 48445), être reprise par le résultat.

L'apporteur doit alors comptabiliser une charge au titre de l'indemnisation accordée au repreneur.

II. Chez le repreneur Dès lors que le repreneur est indemnisé à hauteur des passifs qu'il assume, aucune charge n'est constatée dans ses comptes, y compris pour les provisions reprises. En effet, le repreneur étant intégralement indemnisé, son obligation se limite à assurer le paiement des engagements repris, ce qui ne donne lieu à aucune écriture en résultat.

Sur la comptabilisation de la reprise des passifs sociaux dans le cadre de la reprise d'actifs d'une société en liquidation judiciaire, voir n° 26530.

17225
(suite)

> **EXEMPLE**
> Le 1er janvier N, le groupe F décide, dans le cadre d'une réorganisation, de transférer de la société F1 à la société F2 son activité maintenance et les 200 salariés se rapportant à cette activité.
> Il est convenu que F1, l'apporteur, indemnise F2, le repreneur, à hauteur des passifs sociaux attachés aux salariés transférés. L'indemnité est calculée sur la base de la valeur nette comptable des passifs transférés, à savoir 1 168 qui se décomposent comme suit :
>
> – Provision pour engagements de retraite : 335
> – Charges à payer (CAP) :
>   CAP – RTT   : 125
>   CAP – Congés payés   : 430
>   Charges sociales liées aux CAP : 278
>
> **a. Dans les comptes de F1 (apporteur)**
> **1.** Les provisions transférées, ainsi que l'indemnité versée en contrepartie, transitent par le résultat de l'apporteur comme suit :

	153 Provision pour engagements de retraite	46x Dette envers le repreneur	512 Banque	7815 Reprise de provisions pour engagements de retraite	65x Autres charges – Transfert de l'engagement
À nouveau					
Provision pour engagements de retraite	335				
1/01/N – Transfert de la provision pour engagements de retraite					
Reprise de la provision pour engagements de retraite	335			335	
Transfert au repreneur		335			335
X/XX/N – Paiement					
Paiement de la dette au repreneur		335	335		
Solde bilan			335		
Impact résultat					0

> À notre avis, un classement en résultat exceptionnel de ces opérations pourrait, selon les circonstances, être retenu (sous réserve d'expliciter en annexe la composition du résultat exceptionnel), voir n° 52030.
>
> **2.** Les dettes et les charges à payer transférées, ainsi que l'indemnité versée en contrepartie, transitent exclusivement par le bilan comme suit :

	4286x Charges à payer – RTT	4282 Dettes provisionnées pour congés à payer	438x Charges sociales sur charges à payer	46x Dette envers le repreneur	512 Banque
À nouveau					
RTT	125		63		
Congés payés		430	215		
1/01/N – Transfert des passifs sociaux					
Transfert au repreneur	125	430	278	833	
X/XX/N – Paiement					
Paiement de la dette au repreneur				833	833
Solde bilan					833

b. Dans les comptes de F2 (repreneur)

	1553 Provision pour engagements de retraite	4286x Charges à payer – RTT	4282 Dettes provisionnées pour congés à payer	438x Charges sociales sur charges à payer	46x Créances à recevoir	512 Banque
1/01/N – Reprise des passifs sociaux	335	125	430	278	1 168	
X/XX/N – Encaissement					1 168	1 168

> **Précisions** **Le repreneur mentionne ses engagements de retraite en annexe** Dans ce cas, à notre avis, l'indemnisation portant sur les engagements de retraite des salariés transférés est également comptabilisée au crédit du compte 153 « Provisions pour pensions et obligations similaires » du repreneur. Cette provision est alors reprise en résultat au fur et à mesure de son utilisation effective (départ des salariés transférés). En revanche, aucun nouveau droit acquis par ces salariés postérieurement à leur transfert ne devra être provisionné.
> Cette solution est celle préconisée en matière de fusion mais devrait, à notre avis, pouvoir être appliquée aux autres opérations impliquant le transfert de contrats de travail (voir Mémento Fusions & Acquisitions n° 8150). Néanmoins, il est à notre avis possible d'actualiser ultérieurement cette provision (voir Mémento Fusions & Acquisitions n° 8600).

E. Autres charges de gestion courante (compte 65)

17275 **Les autres charges de gestion courante comprennent :**

I. Les charges d'exploitation qui ne sont pas considérées comme des consommations intermédiaires pour le calcul de la valeur ajoutée de l'entreprise ;
C'est la notion de « production » de la Comptabilité nationale qui a été retenue. Le système élargi de comptabilité nationale considère en effet que :
– les redevances pour concessions… sont des opérations en capital ;
– les rémunérations fixes annuelles des administrateurs (anciens jetons de présence) et les rémunérations des gérants majoritaires de SARL sont des revenus distribués par les sociétés.
Y sont incluses les pertes sur créances « Clients » irrécouvrables (voir n° 12215 s.) ;

II. Les opérations d'exploitation réalisées par l'intermédiaire de sociétés en participation (voir n° 74220) ;

III. Éventuellement diverses autres charges de gestion courante.

Sur le contenu général du compte 65, voir liste des comptes du PCG, n° 96300.

> **Précisions** **Réduction des charges** : le compte 65 ne comporte pas de compte de réduction des charges ; le cas échéant, le compte 659 nous paraît pouvoir être utilisé.

17280 **Redevances pour concessions, brevets, licences, marques, procédés, logiciels, droits et valeurs similaires** Le compte 651 (PCG art. 946-61/62) est uniquement utilisé à l'inscription de frais pour l'exploitation d'**actifs incorporels** qui, pour la Comptabilité nationale (Système élargi, Insee, p. 139), constituent des opérations de répartition.
Sur leur incorporation ou non dans les stocks, voir n° 21195.

I. Y sont donc enregistrées, notamment, à notre avis :
– les redevances **Sacem** ;
À la clôture de l'exercice, les redevances à payer sont à apprécier en fonction des taux conventionnellement définis entre la Sacem et les représentants des exploitants (Eco. et Compta. n° 171, juin 1990, p. 60).
– les redevances sur chiffre d'affaires versées pour la **concession** d'une licence d'exploitation ou de production d'une marque ou d'un brevet, qui devraient constituer à notre avis, dans la quasi-totalité des cas, des charges et exceptionnellement des immobilisations incorporelles (voir n° 30785).

> **Fiscalement** **1. Conditions de déductibilité des redevances versées** Ces redevances sont immédiatement déductibles dès lors qu'elles :
- ne sont pas immobilisées (voir n° 30785) ou incorporées dans les stocks (voir n° 21195) ;
- ne sont pas excessives (BOI-BIC-CHG-40-20-10 n° 10). La jurisprudence (voir BIC-IX-22400 s.) apprécie le montant normal ou non des redevances versées en fonction notamment de l'influence du droit concédé sur l'évolution du chiffre d'affaires ;
- et ont une contrepartie réelle. Tel n'est pas le cas d'un brevet tombé dans le domaine public (CAA Nancy 26-3-1992 n° 90-433) sauf si la concession accorde une autre contrepartie comme l'utilisation d'une marque de forte notoriété (CAA Paris 15-6-1999 n° 98-54). Les redevances versées au titre d'une licence de marque que le concédant a négligé de renouveler ont été jugées justifiées dès lors que le concessionnaire a commercialisé les produits de la marque et bénéficiait d'une garantie d'éviction le mettant à l'abri de tout préjudice découlant de l'absence de renouvellement du dépôt (CAA Nancy 30-1-2020 n° 18NC02414). En revanche, les redevances versées à un inventeur pour l'exploitation de son brevet, qui n'était plus protégé et dont la société n'a vendu aucun produit issu de son exploitation lors des exercices vérifiés, sont sans aucune contrepartie (CE 30-9-2002 n° 221030).

Sur les conditions supplémentaires de déductibilité en cas de versement à une société localisée dans un État ou territoire à fiscalité privilégiée ou non coopératif (« ETNC », voir n° 36725), voir Mémento Fiscal n° 78295.

2. Régime spécial des redevances versées à une entreprise liée Une fraction des redevances versées à une entreprise liée doit être réintégrée au résultat imposable lorsque leur bénéficiaire effectif (CGI art. 39, 12 ter) :
- est établi dans un État qui n'est ni membre de l'UE, ni partie à l'Espace économique européen ;
- et bénéficie d'un régime fiscal considéré comme dommageable par l'OCDE.

La fraction à rapporter au résultat imposable est déterminée d'après la différence entre 25 % et le taux d'imposition effectif auquel ces redevances ont été soumises (pour plus de détails, voir Mémento Fiscal n° 10435).

En revanche, les redevances sur chiffre d'affaires versées pour l'**acquisition** d'un fonds de commerce, d'un brevet ou d'une marque constituent des immobilisations (voir n° 30185) et ne sont donc pas enregistrées au compte 65.
- les redevances de **franchisage** (voir n° 73125) ;
- **les droits d'auteur et de reproduction** (compte 6516 ; liste du PCG, art. 932-1). La TVA retenue à la source due sur les droits passibles de la TVA est à enregistrer, à notre avis, dans une subdivision à créer du compte 4455 « Taxes sur le chiffre d'affaires à décaisser », par exemple 44552 « TVA – retenue à la source ».

EXEMPLE

Un éditeur reçoit une facture de droits d'auteur de 1 100 TTC qui s'analyse comme suit :
- droits dus (HT) par l'éditeur : 1 000 ;
- taxe déductible par l'éditeur : 100 ;
- montant de la TVA retenue à la source par l'éditeur et à acquitter au Trésor (droits à déduction fixés forfaitairement à 0,8 % des droits) : 100 − 8 = 92 ;
- versement de l'éditeur à l'auteur : 1 100 − 92 = 1 008.

	401 Fournisseurs	512 Banques	44522 TVA retenue à la source	44566 TVA déductible s/services	6516 Droits d'auteur
Facture reçue	1 100			100	1 000
Facture réglée	1 100	1 008	92		

Pour plus de détails sur le régime de TVA et de déduction forfaitaire, voir Mémento Fiscal n° 61705.

II. N'y sont pas portées, notamment, à notre avis :
- les redevances pour construction sur sol d'autrui versées par le propriétaire de l'immeuble au propriétaire du terrain (compte 613 « Locations ») ;
- la taxe ou redevance pour création de bureaux, de locaux commerciaux et de stockage en Île-de-France (élément du coût de revient du terrain, voir n° 26660) ;
- la redevance sur les alcools « libres » perçue au profit du service des alcools (compte 6358 « Autres droits » ou compte 60 si elle est rattachée aux achats) ;

– les redevances dues à l'État sur les ventes de matériels objets d'une aide à l'innovation (à notre avis, compte 628 « Divers (autres charges externes) ») ;
– les redevances de gérance libre ou de locations de fonds de commerce (compte 613 « Locations »), voir n° 15715 ;
– les redevances de crédit-bail mobilier et immobilier (compte 612).

17285 Rémunérations fixes annuelles allouées aux administrateurs ou membres du conseil de surveillance (anciens « jetons de présence »)

> **Socialement** Constituent des revenus d'activité soumis à la CSG les rémunérations fixes annuelles (anciens jetons de présence) versées aux dirigeants (président du conseil d'administration, directeur général, directeurs généraux délégués, membres du directoire, dirigeants de SAS) qui sont, en ces qualités, obligatoirement affiliés aux assurances sociales (CSS art. L 136-1-1 I).

Tel n'est en revanche pas le cas pour les rémunérations fixes annuelles versées aux membres du conseil d'administration ou de surveillance (CSS art. L 136-1-1 III). Ces dernières sont donc assujetties au forfait social (CSS art. L 137-15), à l'exception toutefois des sommes versées aux président du conseil d'administration, directeur général et directeur général délégué (voir Mémento Social n° 28435).

I. Classement comptable Sur le plan comptable, le PCG (liste des comptes) a prévu leur enregistrement au débit du compte 653 (distinct des comptes de charges de personnel) par le crédit des comptes 431 « Sécurité sociale » (y compris pour le montant de la CSG, de la CRDS et, le cas échéant, du forfait social), 437 « Autres organismes sociaux » et 402 « Dettes d'exploitation diverses ».

En ce qui concerne le compte de contrepartie « Dettes », s'agissant d'une dette d'exploitation, les rémunérations fixes annuelles allouées aux administrateurs ou membres du conseil de surveillance (anciens jetons de présence) pourraient être enregistrées au compte 402 « Dettes d'exploitation diverses » (voir n° 17520).

Sur les autres rémunérations versées aux administrateurs ou membres du conseil de surveillance, voir n° 16685.

II. Exercice de prise en charge En fonction de la décision de l'assemblée générale (C. com. art. L 225-45 et L 22-10-14), les rémunérations fixes annuelles (anciens jetons de présence) allouées aux administrateurs concernent soit l'exercice clos, soit l'exercice en cours. Selon la CNCC (Bull. n° 37, mars 1980, EJ 80-04, p. 84 s.) :
– lorsqu'elles le sont au titre de l'**exercice clos**, elles devraient avoir été constatées en charge à payer à la fin de cet exercice, suivant la proposition du conseil d'administration ;
– lorsqu'elles le sont au titre de l'**exercice en cours**, elles sont une charge de cet exercice.

Les avantages en nature des dirigeants non salariés s'imputent sur les rémunérations fixes qui leur sont allouées (voir n° 17165 s.).

> **Fiscalement** **a. Exercice de déduction** C'est celui au cours duquel la décision d'attribution des rémunérations fixes (anciens jetons de présence) est prise.
> **b. Montant déductible** La déduction de ces rémunérations allouées au titre d'un exercice est :
> – subordonnée à l'exercice, par le bénéficiaire, d'un travail effectif (BOI-IS-BASE-30-20-20 n° 20 ; CAA Versailles 15-7-2010 n° 09-1944 rendue définitive par CE (na) 14-12-2011 n° 344158) ;
> – et limitée à 5 % de la somme obtenue en multipliant par le nombre d'administrateurs (ou de membres du conseil de surveillance) la rémunération moyenne déductible attribuée au cours de l'exercice aux dix ou cinq salariés les mieux rétribués, selon que l'effectif de l'entreprise excède ou non 200 salariés. Si la société emploie moins de cinq personnes, la déduction est limitée à 457 € par membre du Conseil (CGI art. 210 sexies). Pour plus de détails, voir Mémento Fiscal n° 23580 et 23585.
>
> **c. Retraitements extra-comptables** En conséquence, pour la détermination du résultat fiscal, la correction extra-comptable suivante doit être effectuée sur l'imprimé n° 2058-A : réintégration (ligne WQ) des rémunérations fixes (anciens jetons de présence) constituant fiscalement une charge de l'exercice, mais qui excède les limites de déduction précédemment définies.
> Si les rémunérations versées aux administrateurs ont été comptabilisées en charges à payer :
> – l'exercice de comptabilisation de la charge à payer : réintégration (ligne WI) du montant des rémunérations comptabilisées en charges à payer ;
> – l'exercice suivant : déduction extra-comptable (ligne WU) de la reprise de la charge à payer précédemment réintégrée et réintégration (ligne WQ) de la quote-part des rémunérations constatées en charges non déductibles car excédant les limites définies ci-avant.
> Sur les obligations déclaratives, voir n° 18190.

Pertes et gains de change sur créances et dettes commerciales Les résultats de change sur les dettes et créances commerciales sont enregistrés en résultat d'exploitation dans les comptes (PCG art. 946-65 et 947-75) : 17290
– 656 « Pertes de change sur créances et dettes commerciales » ;
– 756 « Gains de change sur créances et dettes commerciales ».
En effet, le risque de change sur ces éléments est lié à l'exploitation au même titre, par exemple, que les dépréciations de créances commerciales déjà enregistrées en résultat d'exploitation (Note de présentation du règl. ANC 2015-05 § 3.1.3).
Lorsque les dettes et créances sont couvertes, les résultats de couverture des créances et dettes sont également classés en résultat d'exploitation (PCG art. 628-11).
Pour plus de détails, voir n° 41775 et 43045.
Lorsque le résultat de change est lié à une opération ayant un caractère financier (emprunt bancaire en devises, liquidités en devises…), voir n° 43045.

Diverses autres charges de gestion courante À comptabiliser au compte 658, elles peuvent, par exemple, comprendre : 17295
– les **différences de caisse** négatives (comme le recommandait l'ancien Guide comptable des entreprises à commerces multiples, désormais caduc, voir n° 3315). Dans le **courant de l'exercice,** il est préférable de porter à ce compte **toutes les différences** de caisse qu'elles soient positives ou négatives. Ce n'est qu'en fin d'exercice que le solde, s'il est créditeur (cas rare), est viré au compte 758 « Différences de caisse – positives ». Cette comptabilisation ne nous paraît pas aller à l'encontre du principe de non-compensation ;
– la **démarque inconnue** (voir n° 46060) ;
– la **remise de faux billets** (voir n° 46065) ;
– les **différences de règlement** (négatives) sur les créances et les dettes (à notre avis) ;
– certaines **indemnités d'éviction ou de résiliation de bail** (voir n° 45860).
Dans certains secteurs, elles peuvent comprendre :
– les **pénalités sur marchés** lorsqu'une entreprise du secteur de la construction retient la conception du résultat courant selon une qualification de chaque opération (voir n° 52030) ;
– les **transactions sur les valeurs d'actif** (cessions d'immobilisations), lorsqu'une entreprise de location de ces matériels retient la conception du résultat courant selon une qualification de chaque opération (voir n° 52030) ;
– les **pertes sur arbitrage** des sucreries dans le cadre des opérations sur marchés internationaux (selon l'ancien Guide « Sucreries » désormais caduc, voir n° 3315).

Redevances de fortage Le contrat de fortage est un contrat de droit privé par lequel un propriétaire foncier accorde à un exploitant de carrière le droit exclusif d'exploiter le sous-sol d'un terrain et d'en extraire les granulats pendant une certaine durée et moyennant un prix généralement versé sous la forme de redevances annuelles. 17315
Deux éléments d'inégale importance caractérisent le contrat de fortage (Note de présentation du règl. ANC 2014-05 relatif à la comptabilisation des terrains de carrières et des redevances de fortage) :
– l'élément principal est constitué par l'acquisition des matériaux extraits ;
– l'élément accessoire, indissociable de l'acquisition des matériaux, est le droit exclusif d'exploiter le sous-sol et d'occuper les lieux.

> **Précisions** Les règles énoncées ci-après s'appliquent :
> – aux exploitants de carrières ;
> – à l'exclusion des exploitants de substances de mines.

a. Redevances variables en fonction du tonnage extrait Les redevances de fortage constituent des **charges d'exploitation,** à comptabiliser de la manière suivante (PCG art. 617-4 et 617-5) :
– **au fur et à mesure de l'extraction des matériaux,** les redevances à verser sont comptabilisées en charges, à notre avis, en contrepartie d'un compte de tiers (à solder au moment du paiement de la redevance correspondante) ;
À notre avis, elles sont comptabilisées dans un sous-compte du compte 651 « Redevances ».
– **à la clôture de l'exercice,** les redevances versées relatives aux matériaux extraits non encore utilisés dans le cours de la production de l'exercice sont comptabilisées en stocks, en tant qu'élément du coût d'acquisition des matériaux extraits sur le sol d'autrui.

17315
(suite)

> **Précisions** **1. Acquisition de matériaux** En effet (Note de présentation du Règl. ANC 2014-05 § 4.1), s'appuyant sur une jurisprudence constante de la Cour de cassation qui définit le contrat de fortage comme une vente de meubles par anticipation (Cass. civ. 23-6-1952, Bull. civ. 1952, I, n° 207 et Cass. com. 4-2-1963), l'ANC a considéré que le contrat de fortage est assimilable à un contrat d'approvisionnement exclusif dans lequel la redevance rémunère l'acquisition des matériaux extraits dont le prix, qui ne sera dû qu'au moment de l'achat effectif des matériaux (l'extraction au cas particulier), est néanmoins fixé à l'avance dans le contrat. Les redevances ne peuvent donc pas être considérées comme le coût d'un droit incorporel acquis lors de la signature du contrat de fortage.
S'agissant de matériaux destinés à être incorporés dans la production ou à être vendus, ils répondent à la définition d'un stock.
2. Droit incorporel L'ANC prévoit cependant qu'un droit incorporel soit comptabilisé en cas de rachat du contrat de fortage à un autre exploitant. Le droit est alors comptabilisé à l'actif à hauteur du prix d'achat du contrat augmenté des coûts directement attribuables à l'acquisition de ce droit (frais d'exploration, notamment) (Note de présentation précitée, § 4.3).

b. Redevances minimales garanties et redevances forfaitaires prévues au contrat (PCG art. 617-5 et Note de présentation précitée, § 4.2.2) :

1. Lorsque l'extraction annuelle est suffisante pour couvrir leur montant, elles sont imputées sur les redevances variables de l'exercice et comptabilisées comme les redevances variables (voir ci-avant).

2. En revanche, lorsque l'extraction annuelle est insuffisante pour couvrir leur montant (elles ne sont donc pas imputables sur les redevances variables de l'exercice) :
– les redevances non imputées au cours de l'exercice sont comptabilisées **en charges constatées d'avance** si le contrat prévoit leur report sur les extractions futures et s'il est quasiment certain que l'extraction future sera suffisante pour les absorber ;

> **Précisions** Cette quasi-certitude est justifiée lorsque l'exploitant est en mesure de démontrer que les redevances sont dimensionnées en fonction du potentiel de la carrière et de ses prévisions d'extraction.

Dans ce cas, les charges constatées d'avance seront reprises en résultat au fur et à mesure de l'extraction des matériaux.
– dans le cas inverse, les redevances non imputées au cours de l'exercice sont comptabilisées en **charges**.

EXEMPLE

Un exploitant de carrière (titulaire d'une autorisation administrative d'exploitation de la carrière) verse au propriétaire d'un terrain, à la fin de chaque semestre, des redevances afin d'exploiter le sous-sol du terrain. Ces redevances sont variables en fonction des volumes extraits (10 €/T). Toutefois, le paiement d'un minimum de 100 K€ (soit 10 000 T), reportable sur les années suivantes, est prévu en cas d'extraction inférieure à 10 000 T.

Au terme de la première année, suite à des difficultés techniques, l'exploitant n'a pu extraire que 4 000 T de matériaux, dont le quart seulement a été transformé et vendu. Le gisement est toutefois commercialement exploitable et devrait s'avérer rentable dès la 2e année d'exploitation (il est prévu d'extraire plus de 20 000 T de matériaux au cours de cette 2e année).

L'exploitant verse 100 K€ à la fin du 1er semestre, puis rien à la fin du 2e semestre, le volume minimum de 10 000 T n'ayant pas été atteint.

À la clôture de la 1re année, l'exploitant doit donc comptabiliser la redevance minimum garantie de la façon suivante :
— 10 K€ en charges ;
— 30 K€ en stocks ;
— 60 K€ en charges constatées d'avance (les 6 000 T versées par avance devant être imputées sur l'exercice suivant).

> **Fiscalement** Il en est de même pour les **redevances versées depuis 2005** (BOI-BIC-CHG-20-10-20 n° 175 ; CAA Nancy 19-4-2012 n° 10NC00201), et, à notre avis, pour les **redevances versées avant 2005** (CE 30-5-2012 n° 323004), le Conseil d'État ayant adopté la qualification juridique sur laquelle repose la position comptable dans une affaire visant la qualification de l'indemnisation perçue par un exploitant de carrière.

III. PROVISIONS POUR RISQUES ET PROVISIONS POUR CHARGES D'EXPLOITATION (AUTRES QUE CELLES LIÉES AUX VENTES)

17385 Selon leur objet et l'activité de l'entreprise, elles peuvent présenter un caractère courant ou exceptionnel.

Sur les éléments de synthèse concernant la définition, les règles de constitution et l'évaluation des provisions, en général, voir n° 48005 s.

PROVISION POUR RESTRUCTURATION

17395 **Les différents types de restructuration**   Le terme « restructuration » recouvre des situations variées dont les objectifs peuvent être les suivants :
– l'amélioration de la productivité pouvant se traduire par des mesures de modernisation à court terme comme à moyen ou long terme ;
– l'apurement de situations défavorables ou l'abandon d'un secteur d'activité ;
– la mise en conformité avec une décision réglementaire (nouvelles normes d'environnement, de sécurité, de production, etc.) ;
– la réorganisation suite aux opérations de rapprochement avec d'autres sociétés.

En pratique, une restructuration peut se traduire, par exemple, par (Avis CNC 2000-01) :
– la vente ou l'arrêt d'une branche d'activité ;
– la fermeture d'un site d'activité ;
– la délocalisation d'une activité d'un site à un autre ;
– un changement apporté à la structure d'encadrement tel que la suppression d'un niveau hiérarchique.

Les réductions d'effectifs peuvent se faire par le biais de licenciements, préretraites, contrats de conversion, départs volontaires…

L'avis CNC n° 2000-01 sur les passifs définit une restructuration comme « toute réorganisation ayant un effet significatif sur la nature ou les activités de l'entité » et prévoit des règles précises et restrictives de comptabilisation.

Sont traités successivement :
– le fait générateur des provisions pour restructuration (**existence d'une « obligation »** de l'entreprise), voir n° 17415 ;
– les coûts **devant être provisionnés** (« sortie de ressources probable »), voir n° 17420 s. ;
– la **comptabilisation** des provisions pour restructuration, voir n° 17440.

> **Précisions**   Restructurations lentes   Notons que ces différents types de restructuration ne concernent pas ce que l'on pourrait appeler des restructurations lentes, consistant, dans l'attente de nouveaux marchés ou de lancement de nouvelles productions, à **poursuivre** durant quelques années l'**exploitation d'investissements bien que** celle-ci doive, d'après les plans prévisionnels, s'avérer **déficitaire**. Dans ce cas, à notre avis, il n'y a pas lieu de constater une provision pour restructuration mais d'apprécier si la valeur actuelle des investissements concernés (calculée en actualisant les cash-flows futurs, par analogie à une évaluation de fonds de commerce) ne se trouve pas affectée de manière telle qu'une provision doive être constituée au-delà de la valeur nette comptable résultant du plan d'amortissement (voir n° 27715 s.).

17415 **Existence d'une obligation à la clôture**   Le PCG (art. 322-10) précise les modalités de constitution des provisions pour restructuration. Selon ce texte, les coûts de restructuration constituent un passif s'ils résultent d'une obligation (implicite) de l'entreprise vis-à-vis de tiers, ayant pour origine la **décision prise par l'organe compétent, matérialisée avant la date de clôture par l'annonce** de cette décision **aux tiers concernés**, et à condition que l'entreprise n'attende plus de contrepartie de ceux-ci.

Les provisions qui répondent à ces conditions doivent être enregistrées dans le compte 154 « Provisions pour restructuration » (PCG art. 941-15).

Il ressort de cet article qu'une provision pour restructuration ne peut (et ne doit) être constituée que si l'entreprise s'est **manifestement engagée à la mettre en œuvre et qu'elle ne peut plus retirer son offre.** Pour cela, il faut que les conditions suivantes soient remplies :

> **Précisions**   Fait générateur unique   Le PCG (art. 322-10) et l'avis CNC n° 2000-01 définissent un fait générateur unique pour la constitution des provisions pour restructuration : l'annonce à la clôture de la décision de restructurer. En conséquence, à notre avis, ce fait générateur **doit être**

17415
(suite)

systématiquement retenu même si le PCG prévoit d'autres faits générateurs pour certains éléments constituant la provision. Ainsi, par exemple, lorsque la restructuration implique un déménagement, la provision correspondante doit être constituée dès l'annonce du plan sans attendre la résiliation du bail.

I. Existence d'un plan de restructuration formalisé
(Avis précité, § 5.12.3) Le plan formalisé et détaillé doit préciser au moins :
– l'activité ou la partie d'activité concernée ;
– les principaux sites affectés ;
– la localisation, la fonction et le nombre approximatif de membres du personnel qui seront indemnisés au titre de la fin de leur contrat de travail ;
– les dépenses qui seront engagées ;
– et la date à laquelle le plan sera mis en œuvre.

L'article L 1233-57-1 du Code du travail requiert que les entreprises d'au moins 50 salariés licenciant au moins 10 salariés sur 30 jours (qui, à ce titre, doivent établir un plan de sauvegarde de l'emploi – PSE ; voir Mémento Social n° 48170) fixent le contenu du PSE soit par un accord collectif négocié avec les syndicats, soit par un document établi unilatéralement par l'employeur (voir Mémento Social n° 48150).

II. Existence d'un plan connu des tiers concernés à la date de clôture
(Avis précité, § 5.12.4) Pour que la société soit engagée à la clôture, il faut que les tiers soient fondés à cette date à anticiper la mise en œuvre par celle-ci de la restructuration, ce qui est vérifié si, à la date de clôture il y a eu :

a. Soit un commencement d'exécution du plan ;
Par exemple, démantèlement d'une usine ou vente d'actifs (exemples fournis par l'avis), conclusion d'un ou plusieurs accords parmi un ensemble de mesures comprises dans le plan de restructuration, à notre avis.

> **Précisions** L'employeur peut mettre en œuvre une réorganisation alors que le PSE qui l'accompagne n'a pas encore été homologué, dès lors que le CSE a été saisi en temps utile des projets de restructuration et de compression des effectifs (Cass. soc. 23-3-2022 n° 20-15.370 FS-B).

b. Soit l'annonce publique de ses principales caractéristiques.
Une annonce publique avant la clôture ne constitue une obligation que si :
– elle comporte suffisamment de détails sur les principales caractéristiques du plan, permettant aux salariés concernés de comprendre qu'ils sont visés par le plan (localisation, fonction, nombre approximatif de membres du personnel qui seront indemnisés au titre de la fin de leur contrat de travail et date de réalisation prévue) ;
– celui-ci est communiqué à toutes les personnes concernées ;
– et sa mise en œuvre est programmée pour s'achever dans un **délai rendant improbable sa modification.**

> **Précisions 1. Engagement sur la mise en œuvre des étapes suivantes** Un engagement écrit de la direction sur cette mise en œuvre n'est pas de nature, à notre avis, à créer une obligation implicite et n'autorise donc pas la constitution d'une provision couvrant l'intégralité des différentes étapes.
> **2. Délai de mise en œuvre** L'avis du CNC ne précise pas ce qu'est « un délai rendant improbable la modification du plan par l'entreprise ».

Sur les conséquences d'une modification du plan post-clôture, voir n° 17425.

L'annonce aux tiers concernés n'est pas nécessairement individuelle.
En pratique :
1. S'agissant des salariés, une annonce à leurs représentants est suffisante.
En effet, l'avis (§ 5.12.5) précise que l'obligation vis-à-vis des salariés est matérialisée par :
– la **prise de décision,** avant la date de clôture, par l'organe compétent lorsque celui-ci comporte des membres du CSE ;
– ou dans les autres cas, **l'annonce,** avant la date de clôture, aux personnes concernées ou à leurs représentants, de la décision prise par l'organe compétent.

> **Précisions 1.** L'annonce aux salariés est réputée réalisée à notre avis :
> – soit lors de la réunion préalable d'information du comité social et économique (« R0 ») : le projet de licenciement économique est présenté au CSE sous la forme du « Livre I » (PSE) accompagné du « Livre II » (projet de restructuration et de réorganisation) dans le cadre des articles L 1233-1 s. du Code du travail (voir Mémento Social n° 48190). En effet, à ce stade de la procédure, le projet comporte déjà, à notre avis, les détails requis par l'avis et il ne nous semble donc pas nécessaire d'attendre, le cas échéant, la rédaction du plan de sauvegarde de l'emploi ;
> – soit lors de **l'ouverture des négociations** avec les organisations syndicales (dans le cadre

de l'élaboration de l'accord collectif prévu par l'article L 1233-24-1 du C. trav. ; voir Mémento Social n° 48150) si les informations mises à leur disposition sont suffisamment détaillées pour constituer une annonce aux salariés au sens de l'avis du CNC précité.

Si l'entreprise n'est pas dotée d'institution représentative du personnel, l'annonce est réputée réalisée lorsque le plan de sauvegarde de l'emploi est porté à la connaissance des salariés sur les lieux de travail (conformément à l'art. L 1233-49 du C. trav. ; voir Mémento Social n° 48140).

2. Incidence du contrôle administratif (Direccte remplacée par la Dreets depuis le 1ᵉʳ avril 2021) a posteriori Le contenu de l'accord collectif et du document unilatéral (selon le cas) fixant le contenu du PSE est contrôlé a posteriori par l'administration. Toutefois les entreprises ne doivent pas attendre la validation administrative pour provisionner la restructuration. En effet :

– le contrôle administratif ne porte pas sur le motif des licenciements, mais sur la régularité de la procédure, qui n'est pas un élément à prendre en compte pour déterminer le fait générateur de la provision ;

– le refus de validation de l'accord collectif ou d'homologation du document unilatéral de l'employeur (selon le cas) empêche la notification des licenciements mais n'a pas nécessairement d'incidence sur la décision de l'entreprise de procéder à la restructuration. En effet si elle le souhaite, elle peut présenter une nouvelle demande.

En revanche, les modifications apportées au PSE suite aux commentaires de l'administration peuvent entraîner, le cas échéant, des ajustements du montant de la provision.

2. En revanche (à notre avis) :

– **en cas d'annonce publique à la presse** faite préalablement à cette consultation du comité social et économique (ex-comité d'entreprise), il n'est pas certain que l'annonce soit suffisamment détaillée pour constituer une annonce aux salariés au sens de l'avis ;

– **en cas de dépôt d'OPA ou d'OPE,** même si les orientations en matière d'emploi figurent dans la note d'information transmise par l'auteur de l'offre au comité social et économique (ex-comité d'entreprise) de la cible, cette information du comité ne permettra pas le cas échéant la constitution d'une provision. En effet, les règles s'opposent à la constitution d'une provision dès lors qu'il n'existe pas d'engagement irrévocable tant que l'opération n'est pas conclue (voir ci-après III. Condition supplémentaire) ;

– **en cas d'information du comité d'entreprise européen (CEE)** : aucune disposition légale ou réglementaire ne prévoit d'obligation concernant l'information du comité d'entreprise européen sur les plans de restructuration. Le contenu de l'annonce au comité européen n'étant pas réglementé, il convient de retenir une approche au cas par cas, selon les informations figurant dans l'annonce, pour déterminer si cette annonce est suffisante pour constater une provision au niveau des comptes sociaux d'une filiale. Si le plan annoncé au CEE est d'une précision suffisante par pays (du niveau de détail exigé au niveau local pour que les salariés des filiales se sentent concernés, voir ci-avant), une provision doit être constatée dans les comptes sociaux des filiales, à notre avis, sans attendre la réunion du comité d'entreprise local (sous réserve que les autres conditions de constitution de la provision soient respectées) (voir également CJCE 10-9-2009 aff. C-44/08). Le Code du travail n'établissant aucune priorité d'information du CEE par rapport au comité d'entreprise français (remplacé désormais par le CSE) (TGI Paris 27-4-2007 n° 07-52509), cette « anticipation » grâce aux informations fournies au CEE peut trouver son utilité dans les groupes et filiales qui souhaitent provisionner dès la prise de décision de restructurer, sans attendre que toutes les formalités locales soient effectuées, notamment si la restructuration est décidée à une date proche de la clôture.

Sur le lien entre les provisions constituées au niveau consolidé et dans les comptes sociaux des filiales, voir n° 17440 II.

III. Condition supplémentaire pour les restructurations conditionnées par une opération financière (cession, acquisition, etc.)

a. Cas général Le PCG (art. 322-11) précise que si l'entreprise n'est pas engagée par un **accord irrévocable** à la clôture, aucune provision ne peut être constituée.

C'est le cas :

– de la décision de **vendre une activité** qui a fait l'objet d'une annonce publique mais pour laquelle l'entreprise n'a pas signé d'accord de vente à la clôture : tant qu'un accord de vente irrévocable n'est pas conclu, l'entreprise n'a pas d'obligation de restructurer (Avis précité, § 1.3.3.) ;

– si une restructuration est liée à la **réussite d'une OPA ou d'une OPE** et que l'OPA ou l'OPE n'est pas achevée avant la clôture de l'exercice. Pour ces opérations, toutefois, l'exercice du contrôle des concentrations ne fait pas obstacle au lancement et à l'achèvement de l'opération mais uniquement à l'exercice du droit de vote et du droit au dividende des titres transférés

17415
(suite)

(C. com. art. L 430-4, al. 2 et décret 2002-869 art. 6). En conséquence, à notre avis, une provision peut être constituée (et doit l'être si les conditions ci-avant sont respectées) même en l'absence d'autorisation dès lors qu'il y a eu un **commencement d'exécution du plan** (voir II. a.).

> **Fiscalement** **1. Fait générateur** L'événement fiscalement constitutif du fait générateur de cette provision n'a pas été précisément défini ni par la jurisprudence ni par l'administration. Toutefois, l'administration précise dans sa documentation que les licenciements collectifs sont rendus probables par (BOI-BIC-PROV-30-20-10-20 n° 140) :
> – la convocation à l'entretien préalable par lettre recommandée avec accusé de réception dans les entreprises de moins de 50 salariés sans représentation du personnel ;
> – l'information et la convocation du comité social et économique et l'information de l'administration dans les entreprises de moins de 50 salariés où il existe un comité social et économique ;
> – l'établissement d'un plan de sauvegarde de l'emploi et l'information et la convocation du comité social et économique dans les entreprises d'au moins 50 salariés.
> Les restructurations s'accompagnant souvent de réduction d'effectifs dans les activités ou établissements concernés, c'est en pratique ce fait générateur qui est le plus souvent également retenu en matière de provision pour restructuration.
> Toutefois, il convient, à notre avis, de rechercher si un autre fait générateur plus pertinent ne doit pas être retenu pour la fraction de la provision couvrant des charges autres que salariales. Pour un exemple en matière de déménagement, voir n° 16100.
> **2. Évaluation du montant de la provision** Sur les charges fiscalement provisionnables, voir n° 17420 s.

b. Cas particulier d'un accord sous condition suspensive conclu à la clôture de l'exercice (par exemple, autorisation nécessaire d'une opération de concentration par le ministre de l'Économie ou la Commission européenne). L'accord ne sera considéré comme irrévocable à la clôture que si la condition est **levée avant la date d'arrêté des comptes** (Avis précité, § 1.3.3.). Aucune provision ne devrait donc pouvoir être constituée si la condition n'est pas levée à la date d'arrêté des comptes.

> **Fiscalement** Dans le cas particulier où la restructuration est subordonnée à la réalisation d'une condition suspensive, le fait générateur de la provision est, en principe, constitué par la levée de la condition suspensive qui doit intervenir **avant la clôture** de l'exercice, et non avant la date d'arrêté des comptes (en ce sens, CE 31-5-2000 n° 179552).

Toutefois, à notre avis, une provision pourrait devoir être constituée, même en l'absence de levée de la condition si les autres conditions sont respectées (existence d'un plan formalisé et annoncé aux salariés concernés) et si les **faits et circonstances** propres à l'opération permettent de démontrer que la condition suspensive est plutôt de **nature formelle** (exemples : situation économique très dégradée de la société, avancement des discussions avec les autorités, début de mise en œuvre du PSE intervenu avant la clôture).

> **Fiscalement** Au contraire, la cour administrative d'appel de Versailles a jugé que dans l'hypothèse d'une restructuration liée à une cession conclue sous la condition suspensive d'une autorisation d'autorités publiques étrangères, seule la réalisation de cette condition peut caractériser l'existence d'un événement en cours à la clôture de l'exercice constituant le fait générateur de la provision déductible au sens de l'article 39, 1-5° du CGI. Elle refuse ainsi la déduction de la provision comptabilisée en dépit notamment de la situation économique très dégradée de la société, et du fait que le plan social avait été annoncé aux salariés et avait reçu un début de mise en œuvre à la clôture de l'exercice (CAA Paris 10-5-2023 n° 21PA02447).

IV. Exemples
a. Décision de restructuration prise par la direction

EXEMPLE

Une entreprise a décidé avant la clôture de l'exercice de mettre en œuvre sur le prochain exercice un plan de restructuration. Il est motivé par une volonté de délocalisation ne devant plus être remise en cause.

1er cas – À la date d'arrêté des comptes, le plan détaillé n'était pas annoncé.

L'entreprise n'a aucune obligation à la date de clôture puisque le plan n'est pas connu des tiers à cette date : il n'y a pas eu de commencement d'exécution du plan, ni d'annonce de ses principales caractéristiques. **Aucune provision ne peut donc être constituée.**

2e cas – La restructuration a été annoncée entre la date de clôture et la date d'arrêté des comptes.

L'entreprise n'a aucune obligation à la date de clôture puisque le plan n'est pas connu des tiers à cette date (l'annonce après la clôture n'a pas à être prise en compte) : il n'y a pas eu de commencement d'exécution du plan, ni d'annonce de ses principales caractéristiques. **Aucune provision ne peut donc être constituée.**

3ᵉ cas — La restructuration et son plan détaillé ont été annoncés avant la clôture.

Il est prévu que la restructuration s'achève au cours du prochain exercice. L'annonce d'un plan formalisé et détaillé est le fait générateur de l'obligation implicite de restructurer. La restructuration devant s'achever sur le prochain exercice, ce qui rend improbable toute modification importante du plan, la société s'est engagée à restructurer vis-à-vis des tiers à la clôture. **Une provision doit donc être constituée.**

> **Fiscalement** En matière de provision pour licenciement, le fait générateur de la provision, constitué par l'annonce du plan, étant intervenu avant la clôture de l'exercice, la provision est, en principe, à notre avis, déductible, à l'exclusion de la fraction correspondant aux indemnités de licenciement économique (CGI art. 39-1-5°), dès lors que son montant est évalué avec une approximation suffisante.

4ᵉ cas — La restructuration et son plan détaillé ont été annoncés avant la clôture. Le contenu du plan doit être adapté pour tenir compte des modifications imposées à l'entreprise par une autorité administrative ou judiciaire.

Les délais imposés à l'entreprise par les lois ou les règlements ainsi que les modifications imposées par des procédures légales ou administratives (modifications imposées suite à une assignation de l'entreprise devant le tribunal judiciaire, par exemple) ne remettent pas en cause, à notre avis, le principe de la provision dans la mesure où ces contrôles judiciaires ou administratifs portent **sur la procédure sans remettre en cause l'obligation de l'entreprise** vis-à-vis des salariés (en ce sens, Bull. CNCC n° 125, mars 2002, p. 120).

> **Fiscalement** En matière de provision pour licenciement, le fait générateur de la provision, constitué par l'annonce du plan, étant intervenu avant la clôture de l'exercice, la provision est, en principe, à notre avis, déductible, à l'exclusion de la fraction correspondant aux indemnités de licenciement économique (CGI art. 39-1-5°), dès lors que son montant est évalué avec une approximation suffisante. Cette condition peut être en pratique plus difficile à respecter lorsque l'achèvement du plan n'est prévu qu'à moyen terme.

b. Restructuration sous condition de réalisation d'une opération financière en cours à la clôture

EXEMPLE

À la clôture de l'exercice, une entreprise a lancé une OPE sur une autre entreprise et a annoncé le plan détaillé de la restructuration qu'elle mettra en œuvre si cette opération réussit. À la date d'arrêté des comptes, l'offre n'est pas clôturée mais il est très probable qu'elle réussisse.

La restructuration est conditionnée par une opération financière qui n'est pas réalisée à la clôture : à la clôture, l'entreprise n'a donc pas d'obligation de restructurer et **aucune provision ne peut être constatée.**

Il en serait de même en cas d'offre achevée entre la clôture et l'arrêté des comptes.

c. Restructuration sous condition suspensive à la clôture

EXEMPLE

Avant la clôture de l'exercice, une entreprise a signé un accord d'acquisition d'une entreprise de son secteur et a annoncé un plan détaillé de restructuration lié à ce rapprochement. La réalisation définitive de l'accord est soumise à l'accord de la commission de la concurrence. À la date d'arrêté des comptes, la commission de la concurrence n'a pas encore donné son accord mais celui-ci paraît probable.

À la date d'arrêté des comptes, la condition suspensive dont dépend le rapprochement (accord de la commission de la concurrence) n'est pas levée. L'annonce du plan de restructuration ne crée donc pas d'obligation à la clôture. **Aucune provision ne doit être constituée.**

Si l'accord avait été obtenu avant la date d'arrêté des comptes, une provision aurait dû être constituée comme le précise l'avis du CNC précité.

> **Fiscalement** Voir ci-avant III. a.

Sortie de ressources probable à la date d'arrêté des comptes

17420 Selon le PCG (art. 323-5), une provision pour restructuration ne doit inclure que les dépenses nécessairement entraînées par celle-ci et qui ne sont pas liées aux activités futures. En pratique :
– différentes **catégories de coûts** peuvent être provisionnées selon les choix qui seront faits par les salariés concernés entre les différentes options de départs prévues par le plan (voir ci-après I.) ;
– l'estimation de la sortie de ressources implique que la direction établisse des **hypothèses** de répartition quant aux **choix probables** qu'effectueront les salariés.

17420
(suite)

> **Précisions** **1. Données externes** Une entreprise devrait, à notre avis, pouvoir évaluer les différentes catégories de charges provisionnées en s'appuyant sur des **données statistiques** issues du plan de restructuration de sa **société mère** pour déterminer le comportement prévisible des salariés au regard des possibilités de reclassement externe, de formation, de maintien de salaire ou de démission, dès lors que l'entreprise exerce une activité semblable à celle de la société mère, que les catégories professionnelles concernées sont comparables et que les possibilités offertes aux salariés sont les mêmes.

> **Fiscalement** Sur les possibilités de recourir à des données externes à l'entreprise pour fonder le calcul d'une provision, voir n° 48310 II., Fiscalement (et notamment l'arrêt CE 14-2-2001 n° 189776).

2. Restructuration au sein d'un groupe La probabilité de sortie de ressources est, à notre avis, à apprécier au niveau de l'entité qui présente les comptes. En conséquence, le coût lié aux salariés quittant l'entreprise mais restant dans le groupe doit être pris en compte dans la provision pour restructuration comptabilisée par l'entreprise. En revanche, ce coût sera exclu de la provision comptabilisée au niveau du groupe.

I. Coûts pouvant faire l'objet d'une provision pour restructuration
Il s'agit, par exemple, des coûts suivants :

> **Fiscalement** Les pertes ou les charges couvertes par la provision pour restructuration doivent être nettement précisées. L'entreprise doit donc détailler cette provision et appliquer le régime fiscal applicable à chaque type de coûts identifié. La part de la provision pour restructuration correspondant notamment aux **indemnités de licenciement économique légales et conventionnelles** ou aux allocations versées en raison du départ en préretraite n'est pas déductible (CGI art. 39-1-5° ; voir n° 16925 et 17705).

a. Indemnités pour cessation du contrat de travail versées au personnel dont l'entreprise n'attend plus de contrepartie dans le futur (Avis CNC 2000-01 sur les passifs, § 5.12.5).
Sont concernées notamment :
– la rémunération versée au salarié pendant un congé de reclassement ou de mobilité (voir Mémento Social n° 48450 à 48470 et 69146) ;
– la fraction de l'indemnité de préavis supérieure à la contribution au financement de l'allocation versée dans le cadre d'un contrat de sécurisation professionnelle (voir Mémento Social n° 48390 à 48425) ;
– à notre avis, les indemnités de préavis non effectué (voir n° 16985) ;
– à notre avis, les allocations de préretraite qui seront versées aux salariés jusqu'à la date de leur mise en retraite effective, ainsi que les indemnités de départ en préretraite à verser, dès lors que le plan de préretraite est analysé comme un plan de restructuration, et qui doivent alors faire l'objet d'une provision pour restructuration dès l'annonce du plan, pour la totalité de l'engagement et sur la base des adhésions probables au plan (si le régime est au contraire assimilé à un régime de retraite). Pour plus de détails, voir n° 17020 ;
– à notre avis, les **contributions** dues au titre de la rupture du contrat de travail du personnel licencié dont l'entreprise n'attend plus de contrepartie dans le futur (voir n° 16405).

> **Précisions** **1. Versement d'indemnité conditionné à la présence du salarié licencié** Voir au contraire II. ci-après.
2. Indemnités versées dans le cadre d'un plan de départ volontaire.

> **Fiscalement** Ces départs non contraints se matérialisent généralement par une convention de rupture amiable du contrat de travail et sont soumis aux dispositions de l'article 1193 du Code civil (Cass. Soc. 2-12-2003 n° 01-46.540 FP-PBRI). Ils ne sont pas régis par le Code du travail comme le licenciement économique. Ni l'administration ni la jurisprudence ne se sont prononcées. G. Bachelier, Président de chambre honoraire au Conseil d'État a indiqué, à l'occasion d'une conférence « Panorama des redressements fiscaux » organisée le 7 avril 2022 par Lefebvre-Dalloz et animée par PwC Société d'Avocats, qu'un redressement notifié par l'administration consistant à appliquer à cette situation le régime d'interdiction de déduction des provisions pour indemnités de licenciement économique, aurait quelques fragilités.

b. Indemnités de modification du contrat de travail, lorsque cette modification porte sur la réduction du temps de travail (voir n° 16875) ;

c. Coûts de déménagement, à l'exception de ceux liés aux biens qui seront réutilisés (Avis précité, § 5.3) ;
Les coûts de déménagement, comme les indemnités de rupture de contrat (voir ci-après), peuvent, à notre avis, être provisionnés dès l'annonce du plan, sans attendre la résiliation effective du bail ou du contrat, voir Précision n° 17415.

17420
(suite)

d. Indemnités de rupture de contrat versées aux fournisseurs (Avis précité, § 5.12.6) ;

> **Précisions** En revanche, les coûts de renégociation d'un contrat ne constituent pas un coût de restructuration car ils bénéficient aux activités qui se poursuivent.

e. Coûts encourus après l'arrêt de l'activité d'un site, dont :
– les coûts de **maintien du personnel** après **l'arrêt de l'activité d'un site** et jusqu'à sa fermeture (à notre avis) ;
– les **loyers restant à courir** après l'arrêt de l'activité :
• jusqu'à l'échéance du contrat de location de biens en cas de non résiliation de bail (voir toutefois nº 17450 sur les conditions à respecter),
• ou jusqu'à la résiliation effective du bail, y compris lorsque le plan de restructuration prévoit la **résiliation** du bail mais que celui-ci n'a pas encore été résilié à la clôture. Dans ce cas, la provision comptabilisée à cette date inclut les loyers des locaux inoccupés restant à la charge de l'entreprise, les indemnités de résiliation et les coûts de remise en état des locaux laissés.

> **Fiscalement** Voir nº 17450.

II. Coûts ne pouvant pas faire l'objet d'une provision

a. Coûts relatifs à des activités qui se poursuivent au cours des périodes futures :
– dépenses d'harmonisation des systèmes d'information (Avis précité, § 5.12.6) ;

> **Précisions** Néanmoins, la décision de restructuration peut entraîner la dépréciation ou l'accélération de l'amortissement des actifs qui ne seront plus utilisés dans les mêmes conditions à terme.

– dépenses de marketing (Avis précité, § 5.12.6) ; y compris, à notre avis, les dépenses de changements d'enseignes ;
– dépenses de formation et de déménagement des employés conservés (Avis précité, § 5.12.6) ;
– dépenses d'harmonisation des réseaux de distribution (Avis précité, § 5.12.6) ;
– coûts de déménagement des biens (ou des stocks) qui seront réutilisés (Avis précité, § 5.3) ;
– coûts fixes non absorbés en raison de la diminution des quantités fabriquées (à notre avis) ;
– RRR accordés aux clients au titre de ventes postérieures à la date d'engagement du plan compte tenu des perturbations liées à ce plan (à notre avis) ;
– coûts de reclassement dans d'autres sites de l'entité.

EXEMPLE

Une entreprise a décidé avant la clôture de l'exercice de mettre en œuvre un plan de restructuration. Il est motivé par une volonté de délocalisation ne devant plus être remise en cause. Le plan a été annoncé avant la clôture. Le plan prévoit la fermeture d'une usine et le reclassement de certains salariés sur d'autres sites de production de l'entreprise.
La provision est limitée aux coûts de fermeture car les coûts de reclassement ont une contrepartie future.

b. Pertes d'exploitation futures de l'activité arrêtée entre la date d'engagement du plan et la date de restructuration effective En effet, ces pertes ne répondent pas à la définition d'un passif dans la mesure où elles ne résultent pas d'une obligation envers un tiers (PCG art. 322-12 ; Avis précité, § 5.12.6). Toutefois, les actifs affectés à l'activité concernée devraient, le cas échéant, être dépréciés conformément aux règles générales de dépréciation des actifs (Avis précité, § 1.3.3).

c. Gains attendus des mesures de restructuration, notamment plus-values de cession d'actifs Le PCG (art. 323-7) énonce en effet, le principe de non-compensation d'une provision avec un actif à recevoir en contrepartie.

d. Amortissements exceptionnels ou dépréciations ramenant les actifs de l'activité cédée ou arrêtée à leur valeur actuelle à la date de cessation de l'activité Il résulte, à notre avis, du texte (Avis précité, § 1.3.3) que ces actifs (immobilisations, créances, stocks) doivent être dépréciés conformément aux règles de dépréciation des actifs et ne peuvent pas être inclus dans la provision pour restructuration. Voir également nº 27330.
Sur le provisionnement des loyers restant à courir, voir nº 17450.

e. Indemnités de licenciement dont le versement est conditionné à la présence du salarié licencié En effet, ces indemnités dites « de rétention » trouvent une contrepartie dans le travail effectif du salarié qui reste en poste jusqu'à la fin de la période de restructuration. En conséquence, à notre avis, elles sont exclues de la provision pour restructuration et elles sont provisionnées de manière étalée sur la période d'acquisition des droits par le salarié (la période de présence).

17425 Impact des événements post-clôture sur le montant de la provision pour restructuration Conformément aux règles sur la prise en compte des événements post-clôture (PCG art. 513-4 et 323-6 ; voir n° 48310), la provision est évaluée en tenant compte des événements permettant de préciser les hypothèses initiales.

I. Baisse post-clôture du nombre de personnes concernées par la restructuration

EXEMPLE

Au 30 novembre N, une entreprise annonce au comité social et économique (ex-comité d'entreprise) un **plan de restructuration** détaillé et formalisé de 100 licenciements. Après la clôture, les représentants du personnel contestent le plan de sauvegarde de l'emploi et négocient avec les dirigeants. Suite à ces discussions, l'entreprise réduit le nombre de licenciements et décide de n'effectuer que 80 licenciements.

Selon le bulletin CNCC (n° 125, mars 2002, EC 2001-81-11, p. 120 s.) :
– l'annonce du plan formalisé et détaillé est le fait générateur de l'obligation de restructurer (voir n° 17415) ;
– et le fait que l'entreprise soit conduite, après la clôture, à modifier le plan qu'elle a annoncé, en raison des négociations qu'elle a engagées avec le personnel post-clôture, n'est pas de nature à remettre en cause la décision de restructurer. Il s'agit d'une modification de l'estimation de la provision.

À l'arrêté des comptes, la provision comptabilisée dans les comptes n'est donc évaluée que sur la base de ces 80 départs. Il en est de même, à notre avis, de modifications imposées à l'entreprise suite à un contrôle post-clôture de la procédure par le tribunal judiciaire (issu de la fusion entre le TGI et le TI depuis le 1er janvier 2020) ou toute autre autorité administrative (voir ci-avant n° 17415 IV.).

> Fiscalement Le fait générateur de la provision, constitué par l'annonce du plan, est intervenu avant la clôture de l'exercice. En matière de provision pour licenciement, la provision est en principe, à notre avis, déductible, à l'exclusion de la fraction correspondant aux indemnités de licenciement économique (CGI art. 39-1-5°), dès lors que son montant est évalué avec une approximation suffisante.
Toutefois, ce montant doit, à notre avis, tenir compte des informations obtenues postérieurement à la clôture, dès lors que celles-ci aboutissent à une diminution de la provision.

II. Hausse post-clôture du nombre de personnes concernées par la restructuration

EXEMPLE

Au 30 novembre N, une entreprise annonce un plan de **départs volontaires** et prévoit 100 licenciements. Or, lors de la mise en œuvre du plan post-clôture, il apparaît que le nombre de salariés qui décident de quitter l'entreprise est plus élevé que prévu, les conditions de départ proposées étant particulièrement intéressantes.

À la date d'arrêté des comptes, le nombre de salariés quittant l'entreprise n'est donc plus de 100, mais de 120.

La provision comptabilisée doit être basée sur ce nombre de 120 départs, le changement d'hypothèse résultant de l'obligation que l'entreprise avait à la clôture. Cette obligation étant constituée par les conditions de départ proposées, il s'agit d'un changement d'évaluation de la provision.

> Fiscalement Le fait générateur de la provision, constitué par l'annonce du plan, est intervenu avant la clôture de l'exercice. En matière de provision pour licenciement, la provision est en principe, à notre avis, déductible, à l'exclusion de la fraction correspondant aux indemnités de licenciement économique (CGI art. 39-1-5°), sous réserve que son montant soit évalué avec une approximation suffisante.
Toutefois, les ajustements apportés au montant de la provision comptable pour tenir compte de la décision prise par 20 salariés supplémentaires de souscrire au plan de sauvegarde de l'emploi ne pourraient pas donner lieu à une déduction fiscale dès lors que l'on considère qu'ils résultent d'événements survenus postérieurement à la clôture de l'exercice (pour plus de détails, voir n° 48310 IV.).

17440 Comptabilisation des provisions pour restructuration a. Au compte de résultat En France, il n'existe **aucune position** spécifique des organismes compétents sur cette question. Les règles sur les passifs ne fournissent aucune précision sur ce point. Ces provisions peuvent donc continuer à être comptabilisées soit en résultat d'exploitation, soit en résultat exceptionnel.

Sur le classement de la charge de restructuration en résultat courant ou exceptionnel, voir n° 16925.

b. Au bilan Le PCG et l'avis CNC n° 2000-01 sur les passifs précisent que :
– la provision doit être enregistrée dans le compte 154 « Provisions pour restructuration » (PCG art. 941-15) ;
– les pertes liées aux actifs doivent faire l'objet de dépréciations conformément aux règles de dépréciation des actifs (Avis précité, § 1.3.3).
Pour plus de détails sur la dépréciation à comptabiliser, voir n° 27715 s.
Sur la distinction entre provisions, charges à payer et dettes, voir n° 15150 et 48130.
Sur le lien entre provision pour restructuration et provision pour retraite, voir n° 17845.

> **Précisions** **Lien entre comptes individuels et comptes consolidés** Selon l'ancien règlement CRC n° 99-02 (précision non reprise expressément par le règlement ANC n° 2020-01 mais restant, à notre avis, toujours valable) le groupe ne peut pas, dans une situation donnée et à partir de faits identiques, apprécier les risques et charges de manière différente au niveau des comptes consolidés et des comptes individuels, sauf si des faits peuvent devoir être pris en compte au niveau du groupe alors qu'ils ne peuvent pas l'être au niveau des comptes individuels d'une filiale (sur les reclassements de salariés au sein d'un groupe, voir n° 17420 l. a.).
> Aussi, si une provision pour restructuration est constatée au niveau des comptes consolidés, elle devrait l'être également dans les comptes sociaux des filiales concernées.

PROVISION POUR SOUS-ACTIVITÉ FUTURE OU PERTE D'EXPLOITATION FUTURE

17445 Il arrive qu'à la clôture de l'exercice, l'entreprise sache qu'il y aura au cours de l'exercice suivant une sous-activité (eu égard aux carnets de commandes, ou à un événement postérieur à la clôture ou encore liée au démarrage d'une activité nouvelle) entraînant des pertes d'exploitation.

I. Le PCG (art. 322-12) précise que **les pertes d'exploitation futures, ne répondant pas à la définition d'un passif, ne sont pas provisionnées.** En effet, une perte d'exploitation future ne résulte pas d'une obligation envers un tiers : elle ne peut donc pas faire l'objet d'une provision.

> **EXEMPLES**
> – **Acquisition avec obligation de conserver le personnel** : une entreprise ayant acquis une autre entreprise avec l'obligation de conserver le personnel de l'entreprise acquise et qui savait pertinemment qu'elle ne pourrait utiliser le personnel repris qu'en partie seulement ne peut pas constater de provision pour sous-activité ou perte d'exploitation future.
> – **Recours à de la sous-traitance rendant le personnel de l'entreprise inactif** : une entreprise ayant recours à de la sous-traitance afin de pallier les défaillances de son propre personnel pour servir un contrat complexe à long terme ne peut pas constater de provision pour sous-activité au titre de son personnel devenu inactif (ce dernier restant disponible pour servir d'autres contrats).

En revanche, sur l'obligation de provisionner un contrat en perte, voir n° 11625.
Si la sous-activité est significative, il y a lieu de la mentionner dans le **rapport de gestion** (voir n° 64980 s.) du fait qu'elle résulte d'un événement postérieur à la clôture de l'exercice.
Sur l'absence de provision en cas de décision d'activité partielle à la clôture, voir n° 16900.
Sur la définition de la sous-activité et l'information à donner à ce titre, voir n° 18380 s.

> **Fiscalement** Il en est de même (Rép. Meylan : AN 3-8-1992 n° 39422 non reprise dans Bofip, relative à une provision constituée en raison de la « Guerre du Golfe » et CAA Nantes 4-5-1995 n° 93-531).

II. En revanche, les **actifs relatifs à l'activité déficitaire sont dépréciés conformément aux règles de dépréciation des actifs.**
Pour plus de détails sur la dépréciation à comptabiliser, voir n° 27715 s.
Des provisions spécifiques doivent donc être constituées (Avis CNC 2000-01 § 1.3.3), notamment :
– lorsque des décisions de gestion interne (restructurations en particulier) ont été prises et annoncées pour pallier ces difficultés économiques (voir n° 17395) ;
– pour l'évaluation des titres de participation, où les perspectives de rentabilité ainsi que la conjoncture économique ont une incidence sur la valeur d'utilité des titres ;
– pour l'évaluation des immobilisations incorporelles assimilables à des fonds commerciaux dans les comptes individuels comme dans les comptes consolidés.

PROVISION POUR CESSATION DE L'UTILISATION D'UN BIEN EN COURS DE CONTRAT

17450 Lorsqu'une société n'utilise plus le bien dont elle est locataire, elle peut demander un accord de résiliation anticipé ou choisir de poursuivre le bail malgré sa non-utilisation. Plusieurs situations sont possibles.

I. Accord de résiliation anticipée signé à la clôture Le montant de l'indemnité doit être comptabilisé en dette (voir n° 45865).

II. Accord de résiliation anticipée probable à la clôture S'il est probable que la négociation aboutisse et qu'une indemnité soit versée, l'estimation de son coût doit donner lieu à une provision pour risques et charges.

III. Accord de résiliation anticipée non probable à la clôture (ou décision de poursuivre le bail malgré sa non-utilisation) L'entreprise ne peut plus échapper à son obligation de payer les loyers restant dus au titre de la période de vacance. Toutefois, selon la CNCC, ces loyers ne peuvent être provisionnés (Bull. CNCC n° 210, juin 2023, EC 2023-01) :
– que s'ils sont **sans contrepartie future** équivalente pour l'entreprise (PCG art. 322-2), c'est-à-dire qu'il est clairement établi que l'entité n'utilisera plus les locaux pour ses propres besoins et qu'elle ne peut pas en tirer d'autres avantages, notamment au travers d'une sous-location ;
– en tenant compte, le cas échéant, du caractère progressif du déménagement, celui-ci pouvant ne pas se réaliser en une seule fois (espaces/étages libérés progressivement).

En conséquence, à notre avis :
– si le bail vacant **ne peut pas être réutilisé** dans le cadre des activités de l'entreprise d'ici le terme du bail, une **provision** est justifiée. Dans ce cas, s'il peut néanmoins être **sous-loué**, la provision est limitée à l'éventuelle marge négative issue du contrat de sous-location calculée dans les conditions de marché ;

> **Précisions** Sous-location à des conditions inférieures à celles de marché S'il peut être démontré que la location apporte un avantage à l'entité au-delà des seuls loyers (action dans sa communication, soutient financier une filiale...), la provision sera réduite des revenus de sous-location estimés sur la base des loyers de marché sur la période.

> **Fiscalement** La déduction d'une provision relative aux loyers restant dus au titre des locaux inoccupés est refusée tant sur le terrain de la provision pour perte que sur celui de la provision pour charges, au motif, notamment, qu'il s'agit d'une charge future ne trouvant pas son origine dans un fait générateur intervenu à la clôture de l'exercice (CAA Versailles 19-12-2013 n° 11VE03390). La provision comptabilisée devrait donc, à notre avis, être réintégrée extra-comptablement sur l'imprimé n° 2058-A (ligne WI).

– en revanche, si les locaux sont **susceptibles d'être réutilisés par le locataire dans le cadre de ses activités** actuelles ou futures (ils doivent rester disponibles à tout moment), **aucune provision** ne peut être comptabilisée au seul motif des engagements de loyers restant à verser.

> **Précisions** Le coût des contrats faisant partie des coûts nécessaires à l'activité à laquelle ils sont rattachés, ils sont à intégrer dans le test de dépréciation au niveau de cette activité (et non pas dans une logique de passif). Ainsi, une perte de valeur sera constatée en dépréciation du groupe d'actifs auquel est affecté le contrat, le cas échéant :
> – si la cessation d'utilisation du bien se révèle constituer un **indice de perte de valeur** pour ce groupe d'actifs ;
> – et si les futurs loyers dus (réduits des éventuels produits issus de la sous-location du local pendant la période de vacance) rendent la valeur d'utilité du groupe d'actifs inférieure à leur valeur comptable.
> Au-delà de la valeur des actifs, aucune provision ne peut être constatée, les pertes étant à considérer comme des pertes d'exploitation futures.

IV. DETTES D'EXPLOITATION

17520 Le **classement comptable** des dettes d'exploitation se caractérise par deux éléments :
– le **rattachement** au compte de tiers de **chaque agent économique** de toutes les opérations le concernant : effets à payer, factures à recevoir à la clôture de l'exercice, intérêts courus à la clôture de l'exercice, dans des **comptes rattachés** ;
– le **regroupement** en **classe 4** de toutes les dettes d'exploitation **même si leur échéance est à plus d'un an à la date du bilan.**

Les entreprises peuvent, en fonction de leurs besoins, retenir les mêmes subdivisions de comptes que celles retenues pour les créances (PCG art. 944 ; voir n° 10250).

De la notion de dettes d'exploitation développée au n° 15070, il résulte que les dettes d'exploitation sont à comptabiliser à notre avis aux comptes suivants :

I. Compte 40. Fournisseurs et comptes rattachés Figurent sous ce compte les dettes et avances de fonds liées à l'acquisition de biens ou de services (PCG art. 944-40).

Le compte 4011 « Fournisseurs – Achats de biens ou de prestations de services » enregistre à son crédit le montant des factures d'achats de biens ou de prestations de services par le débit des comptes concernés de la classe 6… (PCG art. 944-40), soit les comptes 60 et 61/62.
Il inclut donc notamment les dettes sur commissions, honoraires, primes d'assurance, etc. On pourrait toutefois estimer que ces dettes sont accessoires à l'exploitation, dettes que l'on pourrait qualifier de **dettes d'exploitation « diverses »** par opposition aux fournisseurs « de l'activité ». Aussi, paraît-il possible d'ouvrir le **compte 402** (laissé libre dans le plan de comptes – plutôt que de les comptabiliser dans des comptes 46 « Créditeurs divers », voir ci-après), pour enregistrer les dettes en contrepartie de ces charges inscrites aux comptes 61/62 et, éventuellement, 65.

II. Compte 42. Personnel et comptes rattachés
Sont portées à ce compte toutes les dettes et avances liées à la gestion du personnel à l'exception de la partie sociale.

III. Compte 43. Sécurité sociale et autres organismes sociaux
Sont enregistrées à ce compte (PCG art. 944-43) :
– les sommes dues par l'entreprise à la sécurité sociale ainsi qu'aux différents organismes sociaux au titre des cotisations patronales d'assurances sociales, d'allocations familiales, d'accidents de travail, de retraites du personnel… ;
– les sommes à régler à ces organismes pour le compte du personnel.

> **Précisions** **Éléments à prendre en compte** : Le terme « sociaux » (comptes 437 et 438) nous paraît devoir être compris comme « en faveur des salariés » et comprendre par exemple les éléments suivants : dépenses libératoires pour la taxe d'apprentissage, versement mobilité (ancien versement de transport), titres-restaurant, chèques-vacances, etc.
> Les **comptes 46** ne peuvent, à notre avis, être utilisés. En effet, selon nous, ils n'enregistrent **pas de dettes de caractère d'exploitation.** D'ailleurs le système développé les rattache aux « Dettes diverses ».

IV. Comptes 44. État et autres collectivités publiques
Sont considérés comme des dettes d'exploitation, les comptes suivants : 445, 446, 447 et 4486.

V. PROVISION ET ÉVALUATION DES ENGAGEMENTS DE RETRAITE ET AUTRES AVANTAGES POSTÉRIEURS À L'EMPLOI

GÉNÉRALITÉS

Que faut-il comprendre par engagements de retraite et avantages similaires ? Aux termes de la recommandation ANC n° 2013-02 du 7 novembre 2013 relative aux règles de comptabilisation et d'évaluation des engagements de retraite et avantages similaires (sections 2 et 3), les définitions à retenir sont les suivantes :

17590

a. Les engagements de retraite désignent les **avantages postérieurs à l'emploi** – autres que les indemnités de rupture du contrat de travail (voir n° 16925) et les avantages sur capitaux propres (voir n° 55665) – qui sont payables postérieurement à la cessation de l'emploi.

> **EXEMPLES**
> Les systèmes de retraite et avantages similaires les plus couramment rencontrés dans les entreprises en France sont :
> – les indemnités de fin de carrière (ou indemnités de départ à la retraite) ;
> – les retraites facultatives, dites « retraites chapeaux », généralement réservées aux cadres dirigeants ;
> – les cotisations aux régimes de base de la sécurité sociale et au régime Agirc-Arrco. Sur les cotisations finançant le régime Agirc-Arrco, voir Mémento Social n° 67980 à 67985.
> Sur le traitement particulier des régimes de préretraite, voir n° 17020.

b. Les avantages similaires désignent les **avantages postérieurs à l'emploi** versés aux salariés **autres que les retraites.** Cette définition exclut toutes les prestations versées pendant la durée de vie active du salarié comme les médailles du travail (voir n° 16805), ainsi que les avantages en nature (exclus aussi bien pour les salariés actifs que pour les retraités).

17590
(suite)

> **EXEMPLE**
>
> Garanties de prévoyance s'appliquant après la date de départ en retraite, de **l'assurance-vie** postérieure à l'emploi, ou de **la couverture médicale** postérieure à l'emploi.

Ces avantages peuvent résulter :
- de régimes ou autres accords formalisés, de dispositions légales, d'accords sectoriels ;
- ou encore d'usages qui donnent lieu à une obligation implicite (Rec. ANC 2013-02 § 6111).

> **Précisions** Les usages donnent lieu à une obligation implicite lorsque l'entreprise n'a pas d'autre solution réaliste que de payer les avantages du personnel. Par exemple, une obligation implicite existe lorsqu'un changement des usages de l'entreprise entraînerait une dégradation inacceptable de ses relations avec le personnel (Rec. précitée, § 12).

c. Les engagements de retraite et avantages similaires sont à distinguer des **autres types d'avantages du personnel** selon le classement repris ci-après (catégories définies par IAS 19 « Avantages du personnel ») :

Catégories d'avantages du personnel	En pratique	Pour plus de détails
Les avantages à court terme	– les salaires et cotisations sociales ; – les congés payés et les congés de maladie ; – l'intéressement, les primes versées **dans les 12 mois** suivant la clôture ; – et les avantages non monétaires comme la couverture médicale, le logement, la voiture dont bénéficient **les salariés en activité.**	voir n° 16595 s.
Les engagements de retraite et avantages similaires (= avantages postérieurs à l'emploi)	– les pensions et autres prestations de retraite ; – les indemnités de fin de carrière (ou indemnités de départ en retraite) ; – l'assurance-vie postérieure à l'emploi ; – les garanties de prévoyance postérieure à l'emploi ; – et la couverture médicale **postérieure à l'emploi.**	voir n° 17610 s.
Les autres avantages à long terme	– les congés liés à l'ancienneté ou congés sabbatiques ; – les jubilés et autres avantages liés à l'ancienneté ; – les indemnités pour invalidité de longue durée ; – et, s'ils sont **payables douze mois ou plus après la fin de l'exercice,** l'intéressement, les primes et les rémunérations différées.	voir n° 16595 s.
Les indemnités de rupture de contrat de travail	– les indemnités de licenciement conventionnelles ou légales ; – les indemnités transactionnelles.	voir n° 16925 s. et 17395 s.
Les avantages sur capitaux propres	– les attributions gratuites d'actions.	voir n° 55745 s.

Tableau de synthèse des principaux systèmes de retraite rencontrés en France et impacts comptables   17610

> **Précisions** Ce tableau n'est pas exhaustif de tous les engagements de retraite et avantages similaires existant en France ou de toutes les situations qui peuvent être rencontrées en pratique.

	Source	Qualification	Évaluation de l'engagement	Comptabilisation [1]	Information en annexe
Indemnités de fin de carrière (ou indemnités de départ à la retraite)	Les IFC (ou IDR) sont : – **obligatoires** pour la partie légale ou conventionnelle ; – et **facultatives** pour les suppléments résultant d'accords d'entreprise ou contractuels. Le Code du travail prévoit que : – tout salarié : • qui part volontairement, • ou qui est mis à la retraite par l'employeur ; – a droit au versement : • d'une indemnité de départ à la retraite, • ou d'une indemnité de mise à la retraite, (C. trav. art. L 1237-9 et L 1237-7). Le versement de l'indemnité se fait en une seule fois (versement **sous forme d'un capital**). Sur le montant de l'indemnité, voir n° 17745.	Régime à **prestations définies**	La recommandation ANC n° 2013-02 propose une méthode d'évaluation (voir n° 17745) qui est : – une **méthode d'évaluation actuarielle rétrospective ;** – avec salaire de fin de carrière ; – permettant une prise en charge des engagements relatifs aux indemnités de fin de carrière **progressive** au fur et à mesure de l'acquisition des droits, tout **en probabilisant** les risques que le salarié quitte l'entreprise avant son départ en retraite.	La **constatation d'une provision** à hauteur de l'engagement existant à la clôture n'est pas obligatoire mais constitue la méthode de référence. Le cas échéant, les engagements sont provisionnés : – au compte 153 « Provision pour pensions et obligations similaires » ; – en contrepartie du compte 6815 « Dotations aux provisions pour risques et charges d'exploitation » (voir n° 17765).	Voir n° 17970 s.
Retraites chapeaux	Les « retraites chapeaux » sont facultatives, elles découlent généralement **d'accords formalisés** avec les cadres dirigeants. Résultant d'accords contractuels, il existe une très grande diversité de mise en œuvre de ces plans. Le versement de l'avantage se fait généralement **sous forme de rente, voir** n° 17630	A priori régime à **prestations définies** [2] à « droits certains » (seul régime autorisé depuis l'ordonnance 2019-697 du 3-7-2019 supprimant le régime « à droits aléatoires » [3])	Les 2 méthodes proposées par l'ANC sont des méthodes d'évaluation actuarielles rétrospectives permettant une répartition progressive.		Voir n° 17970 s.

	Source	Qualification	Évaluation de l'engagement	Comptabilisation (1)	Information en annexe
Régimes de base de la sécurité sociale et régime Agirc-Arcco	Les cotisations aux régimes de base **sont obligatoires**. Les régimes de retraite de base de la sécurité sociale et le régimes Agirc-Arcco sont des régimes nationaux financés par répartition pour lesquels l'entreprise n'a aucune obligation de payer des prestations futures. Sa seule obligation est de s'acquitter des cotisations quand elles sont dues. Le versement de l'avantage se fait **sous forme de rente**.	Régimes à **cotisations définies**.	Ces régimes n'entraînent pas d'engagement pour l'entreprise, celle-ci se libérant de son obligation par le paiement des cotisations.	**Absence de provision.** Les cotisations d'une période étant liées au travail fourni et rémunérations correspondantes, elles constituent **des charges d'exploitation** de la période, à comptabiliser au compte 645 « Charges de sécurité sociale et de prévoyance » (voir n° 17630).	Voir n° 17985

(1) Sur la comptabilisation des actifs des régimes dits « financés », voir n° 17875 s.
(2) Plus rarement à cotisations définies.
(3) Aucun nouveau régime à droits aléatoires ne peut être institué depuis le 4 juillet 2019. Certains régimes de ce type restent ouverts, mais :
– aucun nouveau bénéficiaire ne peut être affilié depuis le 4 juillet 2019 ;
– aucun droit supplémentaire conditionnel ne peut être acquis au titre des périodes d'emploi postérieures au 1er janvier 2020 pour les bénéficiaires déjà affiliés.

17630 **Quels sont les régimes de retraite et avantages similaires devant donner lieu à la constatation d'une provision ou à une information en annexe ?** Le traitement comptable des régimes de retraite dépend de leur classification qui doit se faire selon la réalité économique ressortant de leurs termes et conditions (Rec. ANC 2013-02 § 42 ; sur cette recommandation, voir n° 17735).

I. Absence de provision ou d'évaluation en annexe des régimes à cotisations définies

a. Définition Ces régimes sont ceux par lesquels l'employeur **s'engage à verser des cotisations** régulières à une entité distincte (organisme gestionnaire). Augmentées du revenu de leur placement, ces cotisations seront reversées sous forme de **rentes aux salariés retraités**. Le montant de cette rente résulte de la gestion du régime toujours assurée par un organisme extérieur. L'employeur n'apporte pas de garantie sur le niveau des rentes versées (**engagement dit « de moyens »**) (Rec. ANC 2013-02 § 5 s.). Il n'a aucune obligation, juridique ou implicite, de payer des cotisations supplémentaires en cas d'insuffisance d'actifs (Rec. ANC 2013-02 § 21 et 5 s.). En pratique en France, ces régimes peuvent être :
– **obligatoires** comme le régime de base de la sécurité sociale ou le régime complémentaire Agirc-Arrco ;
– **facultatifs** comme des régimes de retraite supplémentaire à l'initiative de l'entreprise, qui procurent aux intéressés un complément de retraite sous forme de rente à partir de la cessation d'activité (par exemple, les plans d'épargne retraite obligatoire Pero créés par la loi Pacte du 22 mai 2019 remplaçant les régimes dits « article 83 »).

b. Comptabilisation des cotisations versées Dans ce type de régime, l'engagement de l'employeur se trouve limité au versement des cotisations prévues. Aucune provision ou évaluation de l'engagement n'est donc à constater ou à fournir. Les **cotisations** d'une période, étant liées au travail fourni et à des rémunérations correspondantes, constituent des **charges d'exploitation** de cette période (Rec. ANC 2013-02 § 511), à comptabiliser, à notre avis, au compte 645 « Charges de sécurité sociale et de prévoyance » (voir n° 16620).

Toutefois, la recommandation ANC n° 2013-02 (§ 51) précise que les **cotisations dont l'échéance est supérieure à 12 mois** suivant la fin de l'exercice au cours duquel les services ont été rendus par les salariés doivent donner lieu à une **actualisation**.

> **Fiscalement** La part patronale des cotisations de sécurité sociale et des cotisations versées à des caisses de retraite est déductible du bénéfice pendant l'exercice de son versement. Il en est de même des primes versées aux compagnies d'assurance dès lors que le contrat écarte toute possibilité de restitution au profit de l'entreprise des capitaux qu'elle a confiés à la compagnie (BOI-BIC-PROV-30-20-10-20 n° 320 et 330).

> **Socialement** En ce qui concerne les charges de sécurité sociale sur les complémentaires de retraite à cotisations définies, voir Mémento Social n° 22925, 22930 à 22970.

Sur les informations à donner en annexe, voir n° 17985.

II. Provision ou évaluation en annexe des régimes à prestations définies
Voir n° 17705 s.

a. Définition Ces régimes sont ceux par lesquels **l'employeur s'engage sur le montant ou garantit le niveau de prestations** définies par la convention, le plus souvent en fonction du salaire et de l'ancienneté du salarié : **engagement dit « de résultat »**. Ils désignent tous les régimes d'avantages postérieurs à l'emploi autres que les régimes à cotisations définies (Rec. ANC 2013-02, section 2 et § 44).

Dans ces régimes, le **risque actuariel** (c'est-à-dire le risque que le coût des prestations soit supérieur au coût prévisionnel) et le **risque de placement** (c'est-à-dire le risque que les actifs investis soient insuffisants pour assurer le paiement des prestations attendues) **sont assumés par l'entreprise**. En conséquence, l'obligation de l'entreprise peut s'en trouver majorée (Rec. ANC 2013-02 § 44).

Seul ce type de régime donne lieu à la **constatation d'une provision** ou à l'**évaluation de l'engagement en annexe** (voir n° 17705 s.).

> **Précisions** Le facteur déterminant permettant de différencier un régime à prestations définies d'un régime à cotisations définies est de savoir si l'entreprise est (ou n'est pas) tenue, par les clauses d'une convention ou par les usages, d'assurer les prestations de retraite convenues. Tout régime qui ne répond pas aux critères de qualification d'un régime à cotisations définies est, par définition, un régime à prestations définies.

Parmi les différents régimes à prestations définies, on peut distinguer :

1. Les régimes additifs Ce sont des régimes qui versent des prestations indépendantes de ce que le retraité peut recevoir par ailleurs.

> **EXEMPLE**
> Par exemple, un régime accordant une rente annuelle de 0,2 % du salaire de référence par année d'ancienneté, soit un complément de salaire de 8 % pour une carrière de 40 ans.

2. Les régimes différentiels ou « chapeaux » Ces régimes (obligatoirement gérés par un organisme extérieur : société d'assurances, institution de prévoyance ou mutuelle) garantissent un certain niveau de ressources de retraite et versent la différence entre cette garantie et tout ou partie des prestations versées par d'autres régimes dont peut bénéficier un retraité (régime général de la sécurité sociale et régime complémentaire Agirc-Arrco).

> **EXEMPLE**
> Par exemple, pour une carrière de 40 ans, un régime qui accorde 1,6 % du salaire de fin de carrière par année d'ancienneté assure au bénéficiaire 64 % de son salaire de fin de carrière.

Sur la contribution patronale spécifique due dans le cadre de ces régimes, voir n° 16535.

Sur les diligences à mettre en œuvre par le commissaire aux comptes afin de certifier l'exactitude du montant des engagements et des garanties figurant sur l'état communiqué par l'entité à l'Urssaf, voir FRC 12/23 Hors série inf. 72 s.

3. Les régimes mixtes Ces régimes constituent une combinaison entre un régime additif et un régime différentiel ou « chapeau ».

> **EXEMPLE**
> Par exemple, un régime accordant 1 % du dernier salaire d'activité par année d'ancienneté avec un maximum de 15 %, le niveau global de la retraite tous régimes confondus ne pourra pas dépasser 75 % du dernier salaire.

b. Comptabilisation Ces régimes créent une **obligation pour l'entreprise,** ils doivent faire l'objet d'une provision ou, a minima, d'une évaluation de l'engagement en annexe, voir n° 17705 s.

Sur le traitement comptable en cas d'externalisation du régime, voir n° 17875 s.

17635 **Régimes de retraite demandant une analyse particulière**
I. Les régimes interentreprises (multi-employeurs) Ce sont des régimes autres que les régimes généraux et obligatoires, qui :
– d'une part, **mettent en commun les actifs apportés** par différentes entreprises qui ne sont pas sous contrôle commun ;
– et, d'autre part, **utilisent ces actifs pour accorder des avantages au personnel** de plusieurs entreprises, en partant du principe que les niveaux de cotisations et d'avantages sont calculés sans tenir compte de l'identité de l'entreprise qui emploie les membres du personnel en question.
Ces régimes peuvent être classés soit en régimes **à cotisations définies,** soit en régimes **à prestations définies** en fonction de leurs termes et en tenant compte de toutes les obligations implicites allant au-delà des termes formels du régime (Rec. ANC 2013-02 § 4.2).

II. Les régimes ayant fait l'objet d'un contrat d'assurance (on parle également de régimes financés ou gérés en externe) Une entreprise peut décider de payer des primes d'assurance pour financer un régime d'avantages postérieurs à l'emploi (Rec. ANC 2013-02 § 4.3). Elle doit alors comptabiliser le régime :
– comme un régime **à cotisations définies,** si l'assureur **s'engage et garantit** les prestations (voir n° 17885) ;
– comme un régime **à prestations définies,** si l'assureur **ne s'engage qu'à hauteur des fonds investis et des rendements de ces fonds** (voir n° 17885).

A. Provision ou évaluation en annexe des engagements (régimes à prestations définies)

17685 Sur la définition générale des engagements de retraite, voir n° 17590.
Sur la définition des régimes à prestations définies, voir n° 17630.

LA CONSTITUTION D'UNE PROVISION N'EST PAS OBLIGATOIRE, MAIS REPRÉSENTE LA MÉTHODE DE RÉFÉRENCE

17705 **Principe général de comptabilisation des engagements de retraite et avantages similaires** Le **Code de commerce laisse le choix** aux entreprises d'**inscrire ou non au bilan,** sous forme de provision, le montant correspondant à tout ou partie de leurs engagements de retraite (C. com. art. L 123-13).
Sur l'obligation de donner, a minima, une évaluation en annexe des engagements de retraite, voir n° 17970 s.
Sur l'obligation de fournir dans le rapport sur le gouvernement d'entreprise une information sur une estimation du montant des rentes qui seraient potentiellement versées au titre des engagements de retraite pris au bénéfice des dirigeants, voir n° 65101.
Toutefois, **la constatation de provisions pour la totalité des engagements** (à l'égard des membres du personnel actif et retraité), conduisant à une meilleure information financière, **est considérée comme une méthode de référence** par le PCG (art. 324-1 modifié par règl. ANC 2018-01 du 20-4-2018, homologué par arrêté du 8-10-2018).

> **Précisions 1. Une méthode de référence si elle est appliquée en totalité** Voir n° 17725.
2. Une provision en principe obligatoire : plus qu'une méthode de référence, la comptabilisation des engagements de retraite devrait être obligatoire. En effet, les conditions liées à la constitution d'une provision sont remplies (voir PCG art. 322-1 s.) :
– **Existence d'une obligation à la clôture** Il existe, à la clôture de l'exercice, une obligation pour l'entreprise de devoir verser les indemnités de départ à la retraite, les compléments de retraite et autres engagements, qui trouve son origine dans la présence actuelle ou passée de salariés au sein de l'entité.
– **Sortie probable de ressources sans contrepartie** Il est probable pour les actifs (cette probabilité est déterminée en fonction de l'âge, de l'ancienneté et de la rotation des effectifs au sein de l'entreprise) et certain pour les retraités que cette obligation de versement entraînera une sortie de ressources sans contrepartie attendue, soit parce que le salarié aura cessé son activité, soit parce qu'il s'agit d'avantages par définition sans contrepartie future.
Cependant, les **dispositions du Code de commerce** laissant aux entreprises le choix de constituer ou non une provision, **ces règles ne peuvent avoir pour effet de rendre obligatoire la constitution de provisions pour retraite et autres avantages.** En effet, dans la hiérarchie des textes, les dispositions du Code de commerce sont supérieures à celles du PCG (voir n° 2740).

LES CHARGES ET LES DETTES D'EXPLOITATION

> **Fiscalement** **1. Portée du principe de non-déductibilité des provisions** L'article 39-1-5° du CGI interdit la déduction des provisions constituées en vue de faire face aux versements d'allocations en raison du départ à la retraite ou préretraite des membres ou anciens membres de son personnel, ou de ses mandataires sociaux.

Sont donc concernées par cette interdiction de déduction (BOI-BIC-PROV-30-20-10-20 n° 300 ; Rép. Gantier : AN 19-2-2001 n° 52401, non reprise dans Bofip) les provisions couvrant notamment :
– les indemnités fixes ou variables de départ à la retraite ;
– les allocations de préretraite ;
– les pensions et compléments de retraite versés lors du départ à la retraite ou pendant la durée de celle-ci (CAA Nantes 23-6-1993 n° 91-883) ;
– les indemnités de congés de fin de carrière (voir n° 17020) ;
– les sommes affectées à un compte épargne-temps et qui ne peuvent être utilisées que pour un congé de fin de carrière (voir n° 16775) ;
– l'indemnité transactionnelle versée sous forme de rente mensuelle jusqu'à l'âge de la retraite en contrepartie de la renonciation par les salariés à la perception immédiate d'indemnité de licenciement (CE 5-3-1997 n° 126166) ;
– les cotisations de mutuelle complémentaire santé des salariés de l'entreprise partis en retraite (TA Cergy-Pontoise 29-10-2010 n° 07-10782).

Sont également exclues des charges déductibles les provisions pour charges sociales afférentes aux allocations de départ en retraite (CE 24-3-2006 n° 257330).

Sont, en revanche, déductibles les provisions pour risque de mise en paiement des sommes dues au Fonds national pour l'emploi, qui ne constituent pas des allocations versées en raison du départ à la retraite ou préretraite, dès lors que l'exigibilité de ces contributions n'est pas subordonnée au versement des allocations aux salariés (CE 1-10-2013 n° 351852).

2. Retraitements extra-comptables Sur l'imprimé n° 2058-A de la liasse fiscale, il convient donc :
– de réintégrer les dotations (ligne WI) ;
– de déduire les reprises (ligne WU).

Sur le cas où les provisions ont été constituées par prélèvement sur les réserves, voir n° 8545.
En ce qui concerne l'impôt différé qui résulte de cette divergence, voir n° 52985.

CONSÉQUENCES PRATIQUES DU CHOIX DE MÉTHODE

17710 Les entreprises n'ayant pas l'obligation de comptabiliser leurs engagements de retraite et avantages similaires en règles françaises (voir n° 17705), plusieurs situations peuvent se présenter en fonction de leur pratique antérieure et du choix comptable qu'elles vont effectuer.

17715 **Entreprises qui ne provisionnent pas leurs engagements de retraite et avantages similaires** Les entreprises qui ne provisionnent pas leurs engagements de retraite et avantages similaires conformément à l'option qui leur est laissée par l'article L 123-13 du Code de commerce (voir n° 17705) doivent **fournir les informations appropriées en annexe** (voir n° 17970).

Pour évaluer leurs engagements mentionnés en annexe, les entreprises peuvent choisir d'appliquer la recommandation ANC n° 2013-02 (voir n° 17735).

> **Précisions** **Changement de méthode** Si elles souhaitent constituer pour la première fois une provision pour engagements de retraite et avantages similaires, elles devront **obligatoirement** appliquer la **méthode de référence,** à savoir une provision pour la **totalité des engagements** (voir n° 17725). Sur la première application de la méthode de référence, voir n° 17730.
> Depuis l'avis CU CNC n° 2000-A, **il n'est plus possible de changer de méthode** afin de se rapprocher de la méthode de référence sans toutefois l'appliquer intégralement, voir n° 17720.
> Sur le retraitement possible dans les comptes consolidés, voir également n° 8400.

17720 **Entreprises provisionnant partiellement leurs engagements de retraite et avantages similaires** Une provision est considérée comme partielle lorsqu'elle ne porte pas sur l'ensemble des engagements ou sur l'ensemble du personnel qui y a droit. En revanche, la non-reconnaissance totale des écarts actuariels conformément à la méthode du corridor (voir n° 17805) ne constitue pas un provisionnement partiel.

Les entreprises qui **provisionnent partiellement** leurs engagements de retraite et avantages similaires peuvent à notre avis :
– maintenir leur situation inchangée ;

> **Précisions** **1.** Maintenir la situation inchangée, pour une entreprise qui provisionnait les droits des salariés à partir de l'âge de 50 ans seulement (par exemple), signifie **ne pas modifier le champ d'application de sa provision,** par exemple en l'étendant progressivement à

d'autres catégories de salariés, mais **continuer à la « faire vivre »** en prenant en compte les écarts actuariels et les entrées et sorties dans le montant de la provision.
2. Information en annexe (Avis CNC 2000-01 du 20-4-2000 relatif aux passifs) en cas de provision partielle, une information est portée en annexe sur l'engagement résiduel non couvert par une provision pour risques et charges, avec une mention particulière des engagements contractés au profit des dirigeants.

– **ou** provisionner l'intégralité de leurs engagements, c'est-à-dire appliquer la **méthode de référence** (voir n° 17725).
En revanche, depuis l'avis CU CNC n° 2000-A du 6 juillet 2000 relatif à la comptabilisation des changements de méthode portant sur les engagements de retraite et assimilés (voir conséquences n° 17730), **il n'est plus possible de constituer de nouvelles provisions partielles.**

> **Précisions** Une société peut exceptionnellement comptabiliser une nouvelle provision partielle lorsqu'elle reprend la provision d'une société :
> – dans le cadre d'opérations de fusion et d'opérations assimilées, celle de la société absorbée, voir Mémento Fusions & Acquisitions n° 8150 ;
> – dans le cadre d'un transfert de salariés, voir n° 17225.

17725 **Entreprises provisionnant leurs engagements de retraite et avantages similaires en appliquant la méthode de référence** Pour qu'une entreprise puisse dire qu'elle applique la méthode de référence, **la provision doit être totale**, c'est-à-dire porter sur (PCG art. 324-1) :
– **tous** les engagements relatifs (pour les définitions précises des notions d'engagements de retraite et avantages similaires fournies par la recommandation ANC n° 2013-02 et facilitant leur identification, voir n° 17590 s.) ;
– aussi bien aux actifs qu'aux retraités.
En revanche, l'entreprise peut ne pas provisionner en totalité ses écarts actuariels en appliquant la méthode du corridor (voir n° 17805).
Pour plus de détails sur le traitement comptable de la provision, voir n° 17735 s.
Sur la méthode de référence dans les comptes consolidés, voir Mémento Comptes consolidés n° 3504.

17730 **Première comptabilisation des engagements de retraite et avantages similaires** La première provision comptabilisée (correspondant à la méthode de référence, voir n° 17725) doit être calculée à l'ouverture de l'exercice du changement de méthode et être **imputée, après effet d'impôt, en « report à nouveau »** (voir n° 8505 s.) pour sa totalité.
Pour une première application de la méthode de référence dans le cadre de la recommandation ANC n° 2013-02, voir n° 17735.
Les **provisions fiscalement non déductibles** (provisions pour retraite…) doivent être imputées **en totalité** sur le « report à nouveau ». Voir n° 8525, renvoi (3).

> **Précisions** Le transfert à une compagnie d'assurance, au cours de l'exercice du changement de méthode, de la gestion de l'engagement ainsi provisionné n'a pas d'incidence, à notre avis, sur la comptabilisation du changement de méthode (à effectuer en capitaux propres), voir n° 17890.

En revanche, dans les comptes individuels, pour des raisons fiscales, les **provisions déductibles** doivent être comptabilisées au compte de résultat afin d'éviter une perte de déductibilité fiscale. Voir n° 8545, renvoi (5).

> **Précisions** Passage d'une provision partielle à une provision totale Les entreprises qui constituent cette première provision alors que jusqu'à présent elles **provisionnaient partiellement leurs engagements** de retraite (voir n° 17720), peuvent bénéficier des mêmes dispositions de première application (imputation sur les capitaux propres) pour le complément de provisions (Avis CU CNC 2000-A, § I-5).
> Ces conditions souples permettent aux entreprises de **compléter leurs provisions partielles antérieures sans grever leurs résultats de l'exercice du changement** (l'impact du changement étant prélevé directement sur les capitaux propres) et sans grever non plus leurs résultats futurs (les charges étant couvertes lors de leur survenance par la reprise des provisions ainsi constatées).
> Les seules charges supportées postérieurement au changement, c'est-à-dire sur l'exercice du changement et sur les exercices ultérieurs, sont celles relatives à la remise à niveau de ces provisions pour tenir compte de l'augmentation des droits intervenue depuis cette date et des ajustements actuariels sur les hypothèses initialement retenues.

TEXTES APPLICABLES À LA COMPTABILISATION OU À L'ÉVALUATION EN ANNEXE DE LA PROVISION POUR ENGAGEMENTS DE RETRAITE

Application possible de la recommandation ANC n° 2013-02

17735

I. Portée de la Rec. ANC n° 2013-02 Les développements repris ici font largement état des dispositions de la **recommandation ANC n° 2013-02 émise le 7 novembre 2013** qui propose les méthodes d'évaluation et, le cas échéant, de comptabilisation des engagements de retraite les plus adaptées aux différents besoins des entreprises, tout en fixant un cadre commun de référence.

> **Précisions** **1. Recommandation non obligatoire** Cette recommandation, largement inspirée de la norme IAS 19, vise à la fois les régimes à cotisations définies et les régimes à prestations définies. Elle n'est pas d'application obligatoire. Les entreprises peuvent à tout moment adopter la recommandation ANC n° 2013-02 (voir ci-après III.). Les entreprises qui **souhaitent** l'appliquer, dans le cadre de la méthode de référence sur les provisions ou pour le calcul des informations à fournir en annexe, **doivent l'appliquer en totalité.**
>
> Pour plus de détails sur la norme IAS 19, voir Mémento IFRS n° 27970 s.
>
> **2. Abrogation de la Rec. CNC n° 2003-R.01** La recommandation ANC n° 2013-02 a abrogé la recommandation CNC n° 2003-R.01 du 1er avril 2003 à l'exception des sections 7 et 8 de son annexe portant respectivement sur les autres avantages à long terme et sur les indemnités de rupture de contrat de travail, qui ne sont pas traités par la recommandation ANC n° 2013-02. Sur les éléments visés, voir n° 17590.

Toutefois, les entreprises qui le souhaitent peuvent évaluer leurs engagements de retraite et avantages similaires **selon toute autre méthode d'évaluation** que celles figurant dans la recommandation ANC précitée, comme les normes américaines (FAS 87, 88, 132 ou ACS 715, 720…) ou la recommandation OEC n° 1.23 de décembre 1989 (voir n° 17740).

Sur l'information à fournir par les petites entreprises n'ayant pas les moyens d'effectuer une évaluation actuarielle de leurs engagements de retraite, voir n° 17975.

II. Deux méthodes possibles L'ANC recommande deux méthodes d'évaluation et, le cas échéant, de comptabilisation, des engagements de retraite et avantages similaires :
– **méthode 1** : méthode d'évaluation conforme aux dispositions de l'ancienne recommandation CNC n° 2003-R.01 fondée sur IAS 19 version de mai 2002 ;
– **méthode 2** : méthode d'évaluation en tout point conforme à IAS 19 révisée publiée en juin 2011 (la recommandation fait directement et simplement référence à la norme sans même la traduire contrairement à ce qui avait été fait pour la recommandation CNC de 2003).

Sur la méthode simplifiée réservée aux entreprises ou groupes de moins de 250 salariés, voir n° 17740.

Une entreprise qui décide d'appliquer la recommandation ANC n° 2013-02 doit :
– opter pour **l'une ou l'autre** des deux méthodes définies ;
– et appliquer **toutes** les dispositions (aussi bien en matière d'évaluation que de comptabilisation) de la méthode retenue dans le respect des règles relatives à la permanence des méthodes, le choix de l'entreprise pour l'une ou l'autre des méthodes s'assimilant à un **choix de méthode comptable.**

Les différences entre les deux méthodes sont détaillées, le cas échéant, tout au long des développements ci-après.

Pour une synthèse des différences d'évaluation et de comptabilisation entre ces deux méthodes, voir n° 17915.

III. Première application de la Rec. ANC n° 2013-02 Une entreprise peut choisir d'appliquer pour la première fois la recommandation ANC n° 2013-02 à tout moment :
– soit au titre de la première provision correspondant à la méthode de référence (voir n° 17725) ;
– soit en remplacement d'une méthode de provision précédemment retenue.

La recommandation ANC n° 2013-02 permet, lors de sa première application et quelles que soient les méthodes d'évaluation et de comptabilisation retenues par le groupe avant et après son adoption :
– de changer de méthode de comptabilisation des écarts actuariels (sur ces méthodes de comptabilisation, voir n° 17805), y compris de revenir au corridor si l'entreprise constatait antérieurement ses écarts actuariels immédiatement en résultat ;
– à l'ouverture de l'exercice d'adoption, de comptabiliser par capitaux propres les écarts actuariels et le coût des services passés non comptabilisés antérieurement. Cette possibilité est ouverte y compris aux entreprises qui restent au corridor avant et après l'application de cette recommandation.

IV. Changements entre les méthodes (hors première application) Lorsqu'une entité applique l'une des deux méthodes 1 et 2, tout changement entre l'une de ces méthodes constitue un changement de méthode comptable au sens de l'article 122-2 du PCG (voir n° 8480).

ÉVALUATION DES ENGAGEMENTS DE RETRAITE (RECOMMANDATION ANC)

17740 **Méthode d'évaluation de l'engagement**

I. Principe général La recommandation ANC n° 2013-02 (§ 6211) **impose** la méthode des **unités de crédit projetées** qui est une **méthode actuarielle** dite « **rétrospective** » avec **salaires de fin de carrière**.

En pratique, la recommandation propose deux méthodes d'évaluation (voir n° 17735 II.) qui aboutissent à la même valeur actuelle de l'obligation (dette actuarielle), sauf cas spécifiques des frais de gestion dans les régimes financés (voir n° 17875 s.).

Pour une synthèse des différences d'évaluation entre ces deux méthodes, voir n° 17915.

> **Précisions** **1. Méthodes des unités de crédit projetées (rétrospectives)** Elles peuvent être fondées :
> — sur les droits accumulés. La méthode considère l'ensemble des droits accumulés à date en tenant compte des paliers d'acquisition des droits jusqu'au départ à la retraite, calculé de manière actualisée, puis pondéré par la probabilité de présence des salariés à cette date ;
> — ou sur le prorata temporis. La méthode considère tout de suite l'ensemble des droits qui seraient acquis lors du départ à la retraite, calculé de manière actualisée puis pondéré par la probabilité de présence des salariés à cette date et enfin réparti cet ensemble de manière linéaire.
> **2. Portée de la Rec. ANC n° 2013-02 et choix de la méthode retenue** Sur la portée de la recommandation ANC n° 2013-02 et sur la possibilité de choisir une autre méthode d'évaluation que celles qu'elle propose, voir n° 17735.
> Par exemple, la recommandation OEC n° 1.23 de décembre 1989, « Méthode d'évaluation actuarielle des engagements de retraite », autorise l'application aussi bien d'une méthode issue :
> — de la famille des **méthodes d'évaluation rétrospectives** (méthodes des unités de crédit projetées ci-avant, toutes deux également autorisées par FAS 87 et ACS 715) ;
> — que de la famille des **méthodes d'évaluation prospectives**.
> **3. Exception pour les entreprises dont l'effectif est inférieur à 250 salariés** Selon la recommandation ANC n° 2013-02, ces entreprises ne sont pas tenues d'appliquer la méthode actuarielle prévue par cette recommandation sous réserve d'expliciter leur méthode en annexe (Rec. ANC précitée, § 2 et 3). En pratique, ces entreprises peuvent, par exemple, faire abstraction de la probabilité de départ à la retraite ou de décès avant l'âge du départ. Elles peuvent également négliger les hypothèses tenant à la croissance des rémunérations à condition d'en tenir compte dans le choix du taux d'actualisation (exemples donnés par la Rec. CNC 2003-R.01, § 122, non repris par la Rec. ANC 2013-02).
> **4. Différence induite par le choix du corridor** Pour les entreprises qui ont des régimes financés (voir n° 17875 s.), l'évaluation des produits générés par les actifs du régime selon le taux de rendement attendu dans la méthode 1 ou selon le taux d'actualisation dans la méthode 2 ne génère pas de différence sur la dette actuarielle nette sauf si l'entreprise opte pour la méthode du corridor, voir n° 17915.

Le montant de la provision est déterminé en fonction d'hypothèses actuarielles et donne lieu à des calculs complexes. De ce fait :
— il n'y a pas lieu de suivre les provisions individu par individu, mais plutôt d'intégrer dans le cadre d'une méthode globale et statistique de calcul, les entrées, les démissions, les décès, les départs en retraite, les retraités en vie au-delà de l'espérance de vie moyenne, etc. ;
— il n'y a pas lieu de reprendre les provisions en fonction des versements effectués aux retraités au cours de l'exercice, les calculs statistiques des provisions étant indépendants de ces derniers (voir n° 17785).

II. Les hypothèses actuarielles Les hypothèses sont déterminées sur la base de la meilleure estimation faite par l'entreprise et doivent être objectives et mutuellement compatibles. Les hypothèses actuarielles comprennent (Rec. ANC 2013-02 § 6231) :
— **les hypothèses démographiques** relatives aux bénéficiaires : la mortalité, la rotation du personnel et les taux de demandes d'indemnisation pour les régimes médicaux ;

> **Précisions** **1. Taux de rotation** (Bull. CNCC n° 192, décembre 2018, EC 2018-17, p. 669) Les entreprises doivent évaluer leurs engagements en tenant compte des seules prévisions de démission à l'exclusion de toute autre hypothèse de départ avant l'âge de la retraite (notamment licenciements et ruptures conventionnelles, individuels ou collectifs).
> **2. Décès, démission... post-clôture** Lorsqu'un événement postérieur à la clôture survient et qu'aucune indication objective n'existait à la date de clôture pour démontrer que cet événement était raisonnablement attendu à cette date, cet événement ne doit pas venir impacter la valeur de l'engagement provisionné à la clôture (PCG art. 323-6).

– **les hypothèses financières** portant sur : **le taux d'actualisation,** le niveau futur des salaires et des avantages (évolution des salaires et revalorisation des prestations), le taux de rendement attendu des actifs du régime et les coûts médicaux (cas des prestations médicales).

> **Précisions** **Taux d'actualisation** Les normes comptables laissent peu de liberté dans le choix de ce taux. Ainsi, selon la recommandation ANC n° 2013-02, le taux à appliquer doit être déterminé par référence à un taux de marché **à la date de clôture** fondé sur des obligations d'entreprise de première catégorie. Dans les pays où ce type de marché n'est pas actif, il faut prendre le taux (à la clôture) des obligations d'État (Annexe 1, § 6241 ou IAS 19 révisée publiée en juin 2011, § 83).
> En pratique, ce taux traduit la valeur temps de l'argent et doit être déterminé avec prudence en raisonnant sur le long terme et sur un taux nominal, en chiffrant de manière distincte l'hypothèse relative à l'inflation.

> **EXEMPLE**
>
> Taux nominal d'actualisation :   2,25 %
> Inflation : ....   (2,0 %)
> Taux net : ....   0,25 %

Sur le traitement du taux d'actualisation dans les comptes consolidés établis selon les normes IFRS, voir Mémento IFRS n° 28369 et 28370.

III. Méthode de répartition des droits à prestation (Rec. ANC 2013-02 modifiée le 5-11-2021)

a. Cas général L'entreprise évalue progressivement les droits probables conférés aux bénéficiaires sur toute la **période d'emploi** du salarié.

> **Précisions** Les méthodes précitées (voir ci-avant I.) des droits accumulés (tenant compte des paliers d'acquisition des droits) et celle fondée sur le prorata temporis (répartition linéaire des droits) sont en principe toutes deux autorisées. Toutefois, si la méthode des droits accumulés aboutit à une répartition qui s'écarte de manière trop significative d'une répartition linéaire, c'est la méthode du prorata temporis qui doit s'appliquer (Rec. ANC 2013-02 précitée, Annexe 1. 6221 et IAS 19.70).

b. Cas particulier des régimes à prestations définies conditionnant l'octroi d'une prestation à la fois en fonction de l'ancienneté, pour un montant maximal plafonné et au fait qu'un membre du personnel soit employé par l'entité lorsqu'il atteint l'âge de la retraite
L'entreprise a le choix entre une répartition **linéaire** des droits à prestation à partir :
– soit de la date de prise de service du membre du personnel (date d'embauche) ;
– soit de la date à partir de laquelle chaque année de service est retenue pour l'acquisition des droits à prestation, c'est-à-dire la date avant laquelle les services rendus par le membre du personnel n'affectent ni le montant ni l'échéance des prestations.
Le terme de la période de répartition est identique et correspond à la date à laquelle les services additionnels rendus cessent de générer des droits à prestations additionnelles significatives en vertu du régime, autres que ceux qui pourraient résulter d'augmentations de salaire futures.
En pratique, les droits sont donc répartis, au choix de l'entreprise :
– sur toute la **période d'emploi** du salarié ;
– **ou** sur la **période précédant l'âge de départ en retraite permettant d'atteindre le plafond.**
Pour un exemple d'application aux indemnités de fin de carrière, voir n° 17745.

> **Précisions** **1. Répartition linéaire des droits** La recommandation ANC n° 2013-02 préconise, pour les régimes visés au b. ci-avant, que l'entreprise comptabilise **linéairement** les engagements. Autrement dit, parmi les méthodes des unités de crédit projetées (voir ci-avant I.), celle fondée sur les droits accumulés n'est pas autorisée. Seule celle fondée sur le prorata temporis est autorisée.
> **2. Première application du nouveau choix de méthode de répartition des droits** Pour une entreprise clôturant au 31 décembre, le premier exercice d'application possible était l'exercice clos au 31 décembre 2021. En pratique, pour une entreprise clôturant au 31 décembre :
> – un changement réalisé au cours de l'exercice clos au 31 décembre 2021 devrait être considéré comme un changement de réglementation n'ayant pas besoin d'être justifié (voir n° 8480) ;
> – un changement réalisé au cours d'un exercice ultérieur devrait être considéré comme un changement de méthode et être justifié dans les conditions de l'article 122-2 du PCG (voir n° 8480).
> Dans tous les cas, l'effet du changement (reprise de provision) est à comptabiliser en capitaux propres (voir n° 8545).

> **Fiscalement** La reprise d'une partie de l'engagement réalisée par les capitaux propres au titre du premier exercice d'application de la nouvelle méthode est sans incidence fiscale car elle n'entraîne aucune augmentation d'actif net imposable. En effet, la provision pour retraite étant non déductible fiscalement en application de l'article 39, 1-5° du CGI, sa constitution et sa reprise sont sans incidence sur l'évolution de l'actif net fiscal à prendre en compte pour l'application de l'article 38-2 du CGI (CE 26-2-2003 n° 222748).

17745 Application pratique aux indemnités de fin de carrière (IFC ou IDR)

I. Évaluation de l'engagement Le départ à la retraite donne droit respectivement :
– pour les mises à la retraite (à l'initiative de l'employeur), soit à l'indemnité minimum légale de licenciement, soit à une indemnité conventionnelle ou contractuelle de départ à la retraite si elle est plus favorable ;
– pour les départs volontaires à la retraite (à l'initiative du salarié), à une indemnité de départ en retraite, légale ou conventionnelle.

Cette qualification a des conséquences à la fois :
– sur le montant de l'indemnité de départ à la retraite, voir Mémento Social n° 69050 (mise à la retraite) et n° 69065 (départ volontaire).
– sur son régime fiscal et social, voir n° 16540 et Mémento Social n° 22870.

Quelle que soit la nature de l'indemnité versée, la charge est à comptabiliser au compte 6414 « Indemnités et avantages divers » lors de son versement.

II. Répartition des droits

a. Cas général L'entreprise évalue progressivement les droits conférés aux bénéficiaires.

> **Précisions** La recommandation ANC n° 2013-02, telle que modifiée en 2021, ne préconise plus, pour évaluer l'engagement lié aux indemnités de fin de carrière (sauf cas particulier, voir ci-après b.), que l'entreprise comptabilise linéairement les engagements. Autrement dit, il ne semble pas interdit de retenir, parmi les méthodes des unités de crédit projetées (voir n° 17740), celle fondée sur les droits accumulés et donc de tenir compte des paliers d'acquisition des droits jusqu'au départ à la retraite. Notons toutefois que selon le § 6221 de l'annexe 1 de la recommandation (méthode 1) et selon IAS 19.70 (méthode 2), si les services rendus au cours d'exercices ultérieurs aboutissent à un **niveau de droits à prestations supérieur de façon significative** à celui des exercices antérieurs, l'entreprise doit affecter les droits à prestations sur une base **linéaire**.

EXEMPLE

Calcul de la dette actuarielle pour un salarié (évaluation d'indemnités de fin de carrière selon la méthode rétrospective) – barème non plafonné

1. Méthode des unités de crédit projetées fondée sur les droits accumulés :

Une convention collective accorde une indemnité de fin de carrière dont le rythme d'accumulation des droits est le suivant : 1/10ᵉ de mois de salaire par année d'ancienneté. L'âge de départ à la retraite est fixé à 65 ans, par convention.

Un salarié de 40 ans, ayant 12 ans d'ancienneté à la date du calcul, partira à la retraite à l'âge de 65 ans (soit dans 25 ans). À la date de l'évaluation, les droits accumulés par ce salarié représentent 1,2 mois de salaire, soit 12 ans × 1/10.

– Salaire mensuel 2 000
– Hypothèse d'augmentation des salaires .... 3 % par an
– Taux d'actualisation .... 1 %
– Probabilité d'être présent dans l'entreprise à la date de départ à la retraite (expérience passée) .... 40 %
– Probabilité d'être en vie à l'âge de départ à la retraite (table de mortalité) .... 82,7 %

Au 31 décembre N, le montant total de la dette actuarielle s'élève à 1 296, déterminé comme suit :

Dette actuarielle = Droits accumulés × Probabilité de verser les droits × Facteur d'actualisation

= (1,2 mois de salaire × facteur de revalorisation) × (probabilité d'être présent dans l'entreprise à l'âge de la retraite × taux de survie) × facteur d'actualisation

= (1,2 × 2 000) × $(1,03)^{25}$ × (40 % × 82,7 %) × $(1,01)^{-25}$ = 1 296.

2. Méthode des unités de crédit projetées fondée sur le prorata temporis :

Selon cette méthode, le montant total de la **dette actuarielle** s'élève à 1 296, déterminé comme suit au 31 décembre N :

Dette actuarielle = Droits au terme × Probabilité de verser les droits × Facteur d'actualisation × Prorata

= (1,2 mois de salaire × facteur de revalorisation) × (probabilité d'être présent dans l'entreprise à l'âge de la retraite × taux de survie) × facteur d'actualisation × Prorata
= (3,7 × 2 000) × (1,03)^{25} × (40 % × 82,7 %) × (1,01)$^{-25}$ × (12/37) = 1 296.
Le fait que les 2 méthodes conduisent au même résultat est lié au barème illustrant l'exemple.

b. Cas particulier des régimes à prestations définies conditionnant l'octroi d'une prestation à la fois en fonction de l'ancienneté, pour un montant maximal plafonné et au fait qu'un membre du personnel soit employé par l'entité lorsqu'il atteint l'âge de la retraite
L'engagement lié aux indemnités de fin de carrière (à déterminer de manière actuarielle, voir n° 17740) est évalué **linéairement,** au choix de l'entreprise (voir n° 17740) :
– soit sur toute la période d'emploi du salarié (de sa date d'embauche jusqu'à sa date de départ en retraite) ;
– soit uniquement sur la période précédant l'âge de départ en retraite permettant d'atteindre le plafond.

> **EXEMPLE**
>
> **Régime 1** Lorsque le salarié quitte l'entreprise à son initiative pour partir à la retraite, il perçoit une indemnité égale à 3/10e de mois de salaire par année d'ancienneté, dès lors qu'il a plus de trois ans d'ancienneté ; l'indemnité est plafonnée à 9 mois de salaire (ce qui correspond à 30 ans d'ancienneté). L'entreprise a le choix entre deux modes de répartition des droits :
> **1.** Soit une répartition linéaire sur toute la période d'emploi du salarié. Dans tous les cas, il convient alors de répartir linéairement le coût de l'engagement sur toute la carrière du salarié, depuis sa date d'embauche, sous réserve qu'il atteigne 3 ans d'ancienneté à sa date de départ en retraite.
> **2.** Soit une répartition linéaire uniquement sur la période précédant l'âge de départ en retraite permettant d'atteindre le plafond. Dans ce cas :
> – pour un salarié ayant entre 3 ans et 30 ans d'ancienneté à la retraite, il convient de répartir linéairement le coût de l'engagement sur toute la carrière du salarié, depuis sa date d'embauche, sous réserve qu'il atteigne 3 ans d'ancienneté à sa date de départ en retraite ;
> – pour un salarié ayant plus de 30 ans d'ancienneté à la retraite, seules les 30 dernières années de service précédant le départ en retraite génèrent un droit à l'avantage. Il convient donc d'étaler le coût de l'engagement sur les 30 années précédant le départ en retraite (au cours des premières années de service, avant qu'il atteigne les 30 dernières années, aucun engagement n'est constitué pour ce salarié).
>
> **Régime 2** Lorsque le salarié quitte l'entreprise à son initiative pour partir à la retraite, il perçoit une indemnité égale à :
> – 0,5 mois de salaire, s'il a plus de 2 ans et moins de 5 ans d'ancienneté (A) à la retraite ;
> – 1 mois de salaire, si 5 ans ≤ A < 10 ans ;
> – 2 mois de salaire, si 10 ans ≤ A < 20 ans ;
> – 3 mois de salaire, si 20 ans ≤ A < 30 ans ;
> – 4 mois de salaire, si 30 ans ≤ A < 35 ans ;
> – 5 mois de salaire, si 35 ans ≤ A < 40 ans ;
> – 6 mois de salaire, au-delà de 40 ans d'ancienneté à la retraite.
>
> L'entreprise a le choix entre deux modes de répartition des droits :
> **1.** Soit une répartition sur toute la période d'emploi du salarié. La répartition devant être linéaire, il convient de ne pas tenir compte des paliers d'acquisition des droits jusqu'au départ à la retraite, mais au contraire, de considérer tout de suite l'ensemble des droits qui seraient acquis lors du départ à la retraite, calculé de manière actualisée, puis de le pondérer par la probabilité de présence des salariés à cette date, et enfin de répartir cet ensemble de manière linéaire sur toute la carrière du salarié, depuis sa date d'embauche.
> **2.** Soit une répartition uniquement sur la période précédant l'âge de départ en retraite permettant d'atteindre le plafond. Dans ce cas, pour un salarié ayant 19 ans d'ancienneté à la retraite, seules les 10 années de service précédant le départ à la retraite génèrent un droit à l'avantage. Il convient donc pour ce salarié d'étaler le coût de l'engagement sur les 10 années précédant le départ à la retraite. Au cours des 9 premières années de service, avant qu'il atteigne les 10 dernières années, aucun engagement n'est constitué pour ce salarié.

COMPTABILISATION DES ENGAGEMENTS DE RETRAITE (RECOMMANDATION ANC)
Comptabilisation et éléments constitutifs de la charge et de la provision   17765
I. Comptabilisation de la provision Les engagements de retraite et avantages similaires relatifs aux prestations qui seront versées aux bénéficiaires (actifs et retraités) sous la forme de rentes ou de capital sont à comptabiliser au compte 153 « Provision pour

17765
(suite)

pensions et obligations similaires » (PCG art. 941-15) en contrepartie du compte 6815 « Dotations aux provisions pour risques et charges d'exploitation » ou, le cas échéant, du compte 7815 « Reprise sur provisions pour risques et charges d'exploitation ».

> **Précisions** **1. Comptabilisation de l'engagement relatif aux bénéficiaires retraités** Bien que le compte 153 ne vise, selon le PCG (art. 941-15), que le personnel de l'entreprise, il est également possible, à notre avis, d'enregistrer dans ce compte les engagements relatifs aux bénéficiaires retraités (qui ne font plus partie du personnel). Une distinction pourrait, à notre avis, utilement être effectuée entre les deux catégories en créant deux sous-comptes, l'un pour les bénéficiaires salariés, l'autre pour les bénéficiaires retraités.
> **2. Présentation de la dotation aux provisions en résultat** Sur la possibilité de décomposer la dotation aux provisions pour risques et charges entre le résultat d'exploitation, le résultat financier et, le cas échéant, le résultat exceptionnel, voir III. ci-après.

Sur la première comptabilisation de la provision pour retraite dans le cadre de la méthode de référence, voir n° 17730.

Sur la comptabilisation de la contribution patronale spécifique due sur le montant des engagements de retraite provisionnés, voir n° 16535.

> **Fiscalement** Sur la non-déductibilité des provisions pour engagements de retraite, voir n° 17705.

II. Éléments constitutifs de la provision enregistrée au bilan Dans le cadre de la recommandation ANC n° 2013-02 (§ 6121), le **montant total des engagements à faire figurer au bilan** correspond à :
– l'évaluation actuarielle des prestations accordées, c'est-à-dire la **valeur actualisée** de **l'obligation** au titre des prestations définies (ou « Defined Benefit Obligation » – DBO) à la date de clôture (voir n° 17740) ;
Pour un exemple de calcul des indemnités de départ en retraite, voir n° 17745.
– **majorée des profits actuariels** (minorée des pertes actuarielles) non encore comptabilisé(e)s, le cas échéant, en raison du traitement spécifique des écarts actuariels (voir n° 17805) ;
– **diminuée (ou majorée) du coût des services passés** non encore comptabilisés (en cas d'utilisation de la méthode 1), le cas échéant, au titre d'un amendement ou d'une mise en place d'un nouveau régime (voir n° 17825) ;
– **et diminuée de la juste valeur** à la date de clôture **des actifs du régime** (voir n° 17875) qui seront utilisés directement pour éteindre les obligations.
Sur le cas particulier des régimes excédentaires, voir n° 17910.

> **Précisions** **Différence entre évaluation actuarielle de l'engagement et montant de la provision à faire figurer au bilan** Selon la méthode de comptabilisation choisie (méthode 1 ou méthode 2 proposées par la Rec. ANC 2013-02 ; voir n° 17735) et selon l'option retenue pour la reconnaissance des écarts actuariels (voir n° 17805), tout ou partie des écarts actuariels et du coût des services passés peuvent ne pas être reconnus immédiatement au bilan et au compte de résultat, ce qui explique qu'il puisse y avoir une différence entre la provision figurant au bilan et l'évaluation de l'engagement (appelée valeur actualisée de l'obligation, voir ci-avant).

III. Éléments constitutifs de la charge enregistrée au compte de résultat
Dans le cadre de la recommandation ANC n° 2013-02 (voir n° 17735), le montant à comptabiliser **en résultat de la période** correspond donc au montant net des éléments suivants :
– le coût des services rendus sur la période, c'est-à-dire **l'accroissement de l'obligation** pesant sur l'entreprise au titre des services rendus au cours de l'exercice ;
– le **coût financier**, qui résulte du rapprochement de la date de règlement des prestations (voir n° 17740) ;
– le **rendement** attendu de tous les **actifs du régime et droits à remboursement** (voir n° 17885) ;
– les **écarts actuariels** dans la mesure où ils sont comptabilisés (selon la méthode appliquée, voir n° 17805) ;
– le **coût des services passés** dans la mesure où ils sont comptabilisés (valeur actuarielle des droits accordés a posteriori lors de la mise en place ou de l'amendement du régime). Il est positif, si de nouveaux avantages sont accordés, négatif, si des avantages existants sont supprimés ou réduits (voir n° 17825) ;
– les effets de toute réduction ou liquidation de régime (voir n° 17845) ;
– dans le cas (rare en pratique) d'un régime surfinancé, l'effet du plafonnement de « l'actif net » (« asset ceiling ») (voir n° 17910).

Sur les conséquences de la première application de la Recommandation ANC n° 2013-02, voir n° 17735.

Sur le traitement de la charge liée à un régime à prestations définies dans les comptes consolidés établis selon les normes IFRS, voir Mémento IFRS n° 28320.

> **Précisions** **Présentation de la charge au compte de résultat** En l'absence de précision dans la recommandation ANC n° 2013-02 (§ 661 s.) il est possible, à notre avis, de décomposer la dotation comptabilisée au compte de résultat (voir I. ci-avant) afin de traduire les différents éléments constitutifs de cette charge. En pratique, la dotation aux provisions pour retraite pourrait donc être comptabilisée en charge de personnel à l'exception du coût financier et du rendement estimé des actifs du régime, qui pourraient être dotés en résultat financier (ou en résultat exceptionnel si la situation le justifie, voir n° 17805).

Versements des retraites aux salariés et lien avec la provision Selon la recommandation ANC n° 2013-02, les versements devraient être imputés directement en réduction de la provision inscrite au passif. Toutefois en pratique, ces versements sont comptabilisés : **17785**

– en charge au compte 6414 « Indemnités et avantages divers » par le crédit d'un compte de trésorerie ou par le crédit d'un compte de dette envers les salariés ;

> **Précisions** Dès que le montant et l'échéance d'un engagement certain sont connus (qu'il soit versé sous forme de rente ou de capital), l'engagement devrait être comptabilisé en dette envers le salarié. Dans le cas particulier des indemnités de fin de carrière, ces conditions sont réunies dès que la date de départ à la retraite du salarié est connue (en pratique dès lors que le salarié en a fait la demande) puisque, dès cette date, l'engagement est :
> – certain (les droits sont irrémédiablement acquis),
> – et le montant et l'échéance peuvent en être estimés de façon relativement précise.

– en contrepartie d'une reprise de la provision pour retraite.

Il n'y a, en réalité, **pas de lien** direct entre le montant des versements effectués au cours d'un exercice et la reprise de provision pour retraite effectuée sur le même exercice (celle-ci étant calculée de manière statistique, voir n° 17740). Néanmoins, toutes choses égales par ailleurs, l'estimation de la provision sera revue à la baisse pour tenir compte des départs, ce qui entraînera une reprise de la provision compensant la charge constatée lors du versement.

> **Fiscalement** **1. Indemnités de départ en retraite** Les versements sont **déductibles lorsqu'ils sont effectifs.** Sur le cas particulier du départ des dirigeants de SA cotées, voir n° 16680.
> **2. Compléments de retraite** La jurisprudence et l'administration (BOI-BIC-CHG-40-40-50 n° 10 s.) acceptent la déductibilité des pensions au fur et à mesure des versements à la double condition suivante (voir Mémento Fiscal n° 8615) :
> – **l'existence d'un véritable engagement juridique opposable à l'employeur** : il peut résulter d'un texte écrit (convention collective ou acte unilatéral tel qu'une délibération du conseil d'administration) ou d'un usage au sens du droit social (CE 9-11-1990 n° 88765) ;
> – le **caractère général et impersonnel de cet engagement** : dans l'appréciation de ce critère, en principe, le nombre de bénéficiaires importe peu puisqu'il s'agit de savoir si le régime s'applique à une catégorie objectivement identifiée du personnel (CE 9-11-1990 précité). Tel est le cas :
> • des catégories de personnel retenues pour l'application du droit du travail (ouvriers, employés, agents de maîtrise, ingénieurs et cadres) et de celles déterminées à partir de critères objectifs, non restrictifs, clairement définis, conformément aux usages et aux accords collectifs en vigueur dans la profession (BOI-BIC-CHG-40-40-50 n° 20 s.),
> • de mandataires sociaux et de salariés dont la rémunération globale dépasse le double du plafond du régime de retraite des cadres prévu par la convention collective (CAA Paris 21-5-1991 n° 542),
> • des cadres de direction, même si une seule personne est susceptible de bénéficier du régime (CE 8-7-2005 n° 259251 ; CAA Bordeaux 4-6-2008 n° 04-1836),
> • des cadres ayant au moins cinq ans d'ancienneté et des cadres administratifs (CAA Nancy 23-11-2006 n° 03-654, 03-655 et 03-931).
> En revanche, tel n'est pas le cas d'un ensemble de salariés, dont la seule caractéristique commune est d'avoir fait l'objet d'une mutation en provenance d'une autre société du même groupe (Rép. Lambert : Sén. 7-12-2000 n° 22317, non reprise dans Bofip).

> **Précisions** **1. Bénéficiaires uniques** Sauf abus de droit, ces catégories peuvent ne correspondre en fait qu'à un petit nombre de personnes, à l'exclusion toutefois du seul président-directeur général (CAA Bordeaux 17-6-1993 n° 92-472) ou du gérant salarié d'une société (CAA Lyon 9-6-1999 n° 96-446). Toutefois, la déduction des compléments de retraite peut être refusée, alors même que le contrat s'applique à une catégorie de salariés, lorsque le contexte de l'opération

permet d'établir que l'objectivité apparente du critère de détermination des bénéficiaires dissimule en réalité un avantage particulier pour le seul dirigeant. Ont ainsi été jugées non déductibles les cotisations qui ne bénéficiaient qu'aux cadres présents depuis plus de 15 ans, soit en l'espèce le PDG et le DG (CE 3-2-2003 n° 231506) ou lorsque le seul cadre de direction était le PDG dans un cas où le taux de cotisation choisi excluait en pratique la prise en charge pour d'autres cadres (CE 21-12-2007 n° 284629).

2. Anciens salariés ou dirigeants
a. Les pensions ou allocations de secours **qui leur sont versées, en dehors de tout engagement juridique général et impersonnel,** ne sont déductibles que dans des cas exceptionnels, notamment lorsqu'elles ont pour objet d'accorder aux intéressés ou à leurs ayants droit une aide correspondant à leurs besoins (CE 15-2-2002 n° 215323), compte tenu des pensions perçues par ailleurs par les intéressés au titre des régimes collectifs de retraite (notamment CE 31-10-1975 n° 94157).
b. La déductibilité d'une **indemnité de départ en retraite** et de pensions surcomplémentaires de retraite ne peut être refusée au seul motif que son bénéficiaire a repris une **activité chez son ancien employeur,** comme l'y autorise la loi (CSS art. L 161-22), six mois au moins après la date d'entrée en jouissance de sa pension (CE 15-2-2016 n° 367753).

En ce qui concerne la contribution spécifique dans le cadre des régimes de retraite supplémentaires (ou « additifs » ou « chapeaux »), voir n° 16535.

REVUE DE L'ESTIMATION DES ENGAGEMENTS DE RETRAITE

17805 **Traitement des modifications d'hypothèses actuarielles**

I. Définition des écarts actuariels Les pertes et les gains actuariels (encore appelés « écarts actuariels ») **proviennent** :
– soit des **changements d'hypothèses actuarielles** décidés par la société ;
– soit des **ajustements d'expérience** lorsque les variables ou données démographiques et salariales retenues en début de période n'ont pas évolué pendant l'exercice selon le scénario prévu (par exemple, la différence entre le rendement attendu des actifs du régime, calculé en début de période, et le rendement réel constaté en fin de période sur ces actifs du régime).
Sur les hypothèses d'évaluation, sources d'écarts actuariels, voir n° 17740.

II. Fréquence des révisions des hypothèses actuarielles Selon la recommandation ANC n° 2013-02, les évaluations actuarielles doivent être effectuées avec **suffisamment de régularité** (§ 6123) pour que les montants comptabilisés ne diffèrent pas de façon importante de ceux qui auraient été calculés à la clôture.

III. Traitement des écarts actuariels Les écarts actuariels constituent des « changements d'estimation » d'une même méthode comptable (voir n° 8500). En conséquence, les **écarts en résultant** constituent un élément du **résultat d'exploitation** (charge ou produit) (voir n° 8545).

> **Précisions** **Présentation des écarts actuariels en résultat financier ou exceptionnel** Les écarts actuariels résultant d'une variation du taux d'actualisation peuvent également, à notre avis, être comptabilisés en résultat financier, par analogie avec le traitement comptable de la charge de désactualisation d'une provision (voir n° 27945).
> En outre, toute variation jugée exceptionnelle des écarts actuariels devrait, à notre avis, pouvoir être comptabilisée dans le résultat exceptionnel.

La recommandation ANC n° 2013-02 (§ 6262) précise que les écarts actuariels sont pris en compte en résultat :
– **soit immédiatement ;**
– soit de manière étalée **selon la méthode dite du « corridor » ;**

> **Précisions** La méthode du corridor (Rec. ANC 2013-02 § 6261-62), qui est souvent retenue en pratique :
> – permet de ne pas enregistrer les pertes et les gains actuariels qui n'excèdent pas 10 % de la valeur la plus élevée, en début d'exercice, entre le montant de l'engagement (DBO) et la juste valeur des actifs du régime ;
> – impose d'enregistrer en résultat l'éventuel excédent, de manière étalée sur la durée d'activité moyenne résiduelle attendue des bénéficiaires du régime de l'entreprise (avec un décalage d'un an comme l'illustre l'exemple ci-après). Précisons que cette **durée d'étalement est différente** de **celle à retenir pour l'étalement des services passés** dans le cadre de la mise en place d'un nouveau régime ou d'un amendement de régime (voir n° 17825).

– soit de manière plus rapide (mais systématique) que le corridor.

> **Précisions** **Permanence des méthodes** La méthode de reconnaissance des écarts actuariels est soumise au principe de permanence des méthodes (Rec. ANC 2013-02 § 6262 et Recueil des normes comptables ANC, commentaire sous l'art. 324-1 du PCG ; voir n° 8375). Tout changement entre ces deux possibilités constitue un changement de méthode comptable au sens de l'article 122-2 du PCG.

LES CHARGES ET LES DETTES D'EXPLOITATION

> **EXEMPLE**
>
> **Exemple d'application de la méthode du corridor** L'entité Y a un régime d'avantages postérieurs à l'emploi à prestations définies.
>
> Au 31 décembre N, l'entité Y dispose des informations suivantes :
> — valeur actualisée de l'obligation au titre des prestations définies : 5 000 ;
> — juste valeur des actifs du régime : 4 500 ;
> — montant des gains actuariels non comptabilisés : 750 ;
> — durée de vie active moyenne résiduelle attendue des membres du personnel bénéficiant de ce régime : 10 ans.
>
> Au 31 décembre N+1, l'entité Y dispose des informations suivantes :
> — valeur actualisée de l'obligation au titre des prestations définies : 5 500 ;
> — juste valeur des actifs du régime : 4 750 ;
> — gain actuariel net de l'exercice : 100 ;
> — durée de vie active moyenne résiduelle attendue des membres du personnel bénéficiant de ce régime : 10 ans.
>
> Dans ce cas, le calcul des écarts actuariels à comptabiliser en résultat sur les exercices N+1 et N+2 s'effectue comme suit :
>
> **a. Au 31 décembre N, les limites du corridor** sont les suivantes :
> — 10 % de la juste valeur des actifs du régime, soit 450 = 10 % × 4 500 ;
> — ou 10 % de la valeur actualisée de l'obligation, soit 500 = 10 % × 5 000.
>
> Le montant des gains actuariels non comptabilisés est, par hypothèse, de 750.
>
> L'excédent des écarts actuariels non comptabilisés est la différence entre les gains actuariels non comptabilisés et la limite supérieure du corridor, soit 250 = 750 − 500.
>
> Le gain actuariel comptabilisé en produit sur l'exercice N+1 est le montant de l'excédent au 31 décembre N divisé par la durée de vie active moyenne résiduelle des employés bénéficiant de ce régime, soit 25 = 250/10 ans.
>
> **b. Au 31 décembre N+1, les limites du corridor** sont les suivantes :
> — 10 % de la juste valeur des actifs du régime, soit 475 = 10 % × 4 750 ;
> — ou 10 % de la valeur actualisée de l'obligation, soit 550 = 10 % × 5 500.
>
> **Le montant des gains actuariels non comptabilisés** au 31 décembre N+1 est égal au montant des gains actuariels non comptabilisés au 31 décembre N (750), augmenté des gains actuariels nets de l'exercice N+1 (100) et diminué des gains comptabilisés sur N+1 (25), soit 825 = (750 + 100 − 25).
>
> **L'excédent des écarts actuariels non comptabilisés** est la différence entre les gains actuariels non comptabilisés et la limite supérieure du corridor, soit : 275 = 825 − 550.
>
> Le gain actuariel comptabilisé en produit sur l'exercice N+2 est le montant de l'excédent divisé par la durée de vie active moyenne résiduelle des employés bénéficiant de ce régime, soit 27,5 = 275/10 ans.

Sur le traitement des écarts actuariels dans les comptes consolidés établis selon les normes IFRS, voir Mémento IFRS nº 28400 à 28402.

Mise en place d'un nouveau régime ou d'un avenant (modification ou amendement de régime)   17825

I. Sans caractère rétroactif   Dans ce cas, seules les charges de retraite de l'exercice et des exercices futurs sont concernées.

II. Avec caractère rétroactif   Dans ce cas, il est nécessaire de distinguer les droits à prestations liés aux services passés de ceux liés aux services futurs rendus après la mise en place du nouveau régime ou son amendement.

a. Droits à prestations au titre des services rendus après la mise en place du nouveau régime (ou de l'avenant) Ils sont pris en compte dans les charges de retraite de l'exercice et des exercices futurs.

b. Droits à prestations au titre des services passés ou coûts des services passés (rendus avant la mise en place du nouveau régime ou de l'avenant).

La recommandation ANC nº 2013-02 distingue :
— les entreprises ayant opté pour la **méthode 1** (Rec. ANC 2013-02 § 6271 ; sur cette méthode, voir nº 17735) :

• pour les droits à prestations au titre des services passés non encore acquis, un étalement du coût est **obligatoire** selon un **mode linéaire** et sur la période moyenne restant à courir jusqu'à ce que **les droits correspondants soient définitivement acquis** aux salariés,

• pour les droits à prestations au titre des services passés déjà acquis (par exemple, ceux relatifs aux **salariés retraités**), pas d'étalement possible : les entreprises doivent constater la charge de retraite pour sa **totalité,** les droits étant définitivement acquis ;
– les entreprises ayant opté pour la **méthode 2** (Rec. ANC 2013-02 renvoyant au traitement en normes IFRS) : que les droits soient déjà acquis ou non encore acquis, les entreprises doivent **constater en charge la totalité des droits à prestations au titre des services passés.**
Sur le traitement des modifications de régimes dans les comptes consolidés établis selon les normes IFRS, voir Mémento IFRS n° 28511.

> **EXEMPLE**
>
> Modification de régime dont les effets sont rétroactifs
>
> Une entité a un régime de retraite à prestations définies prévoyant le versement d'une pension égale à 1 % du salaire de fin de carrière pour chaque année de service. Les droits à prestations sont acquis au bout de 7 ans de service.
>
> Le 1er janvier N l'entité améliore son régime et porte le montant de la pension à 2 % du salaire de fin de carrière pour chaque année de service, à compter du 1er janvier N–3. À la date de l'amélioration, la valeur actualisée des prestations complémentaires pour la période de service allant du 1er janvier N–3 au 1er janvier N est la suivante :
> – 380 pour les personnes ayant plus de 7 ans de service au 1er janvier N ;
> – 120 pour les personnes ayant moins de 7 ans de service au 1er janvier N.
>
> Pour les droits accumulés, la durée moyenne résiduelle d'acquisition des droits par les salariés est de 3 ans.
>
> **Les conséquences comptables de la modification de régime diffèrent selon la méthode retenue :**
>
> **1. Pour une entreprise ayant retenu la méthode 1 de la recommandation ANC n° 2013-02 :** la modification des prestations à payer au titre du régime à prestations définies a généré un coût global des services passés de 500. Ce coût doit être comptabilisé en fonction du degré d'acquisition des droits à prestations :
> – pour les salariés ayant plus de 7 ans d'ancienneté au 1er janvier N : les droits à prestations sont déjà acquis. Le coût des services passés de 380, lié à ces salariés, doit donc être comptabilisé immédiatement en charges ;
> – pour les salariés ayant moins de 7 ans d'ancienneté au 1er janvier N : les droits à prestations sont en cours d'acquisition. Le coût des services passés de 120 doit donc être comptabilisé en charges, selon un mode linéaire sur la durée moyenne résiduelle d'acquisition des droits, soit 3 ans. Ainsi, l'entité doit comptabiliser une charge de 40 (120 / 3 ans) sur les exercices N, N+1 et N+2.
>
> **2. Pour une entreprise ayant retenu la méthode 2 de la recommandation ANC n° 2013-02 :** la modification des prestations à payer au titre du régime à prestations définies a généré un coût global des services passés de 500. Ce coût doit être comptabilisé en charge immédiatement.

17845 Impact des liquidations ou réductions de régime

I. Généralités **Les liquidations** de régime visent les situations où l'entreprise conclut une transaction éliminant toute obligation juridique ou implicite ultérieure pour tout ou partie des prestations prévues par un régime à prestations définies (par exemple, la résiliation ou la suspension d'un régime) (Rec. ANC 2013-02 § 654).

a. Les réductions de régime visent notamment les situations suivantes :
– **réduction significative du nombre de bénéficiaires d'un régime** (suite à des licenciements, à la fermeture d'une usine ou à l'abandon d'une activité, par exemple).
Du fait des modifications apportées lors de la révision de la norme IAS 19 publiée en juin 2011, cette situation est désormais la seule caractérisant une réduction de régime en IFRS (voir Mémento IFRS n° 28511). C'est donc également la seule situation à laquelle doivent se référer les entreprises ayant adopté la méthode 2 de la recommandation ANC n° 2013-02 ;
– **modification significative des contrats de régime à prestations définies aboutissant à une suppression ou une réduction des droits** qui seront acquis par les salariés lors de leur service futur.

b. Sur le plan comptable, selon la recommandation ANC n° 2013-02 (§ 651 à 657), les profits et pertes résultant de la réduction ou de la liquidation d'un régime doivent être inscrits en produits ou en charges de l'exercice au cours duquel est intervenue cette réduction ou liquidation.

Une fois qualifiées de réduction ou de liquidation, le traitement comptable est identique que l'entreprise ait opté pour la méthode 1 ou la méthode 2 de la recommandation ANC n° 2013-02.

c. Exemple

EXEMPLE

Une entité a un régime de retraite à prestations définies prévoyant le versement d'une pension égale à 2 % du salaire de fin de carrière pour chaque année de service. Le 1/01/N, l'entité amende son régime, portant le montant de la pension à 2 % du salaire moyen des cinq dernières années.

Dans ce cas, la modification de régime porte sur les salaires futurs à retenir pour le calcul de la pension au titre des services passés et futurs, salaires futurs qui dépendent des services futurs rendus par les salariés. L'impact sur l'obligation au titre des prestations définies doit donc être comptabilisé en tant que :
– réduction de régime, pour les entreprises ayant adopté la méthode 1 de la Rec. ANC n° 2013-02, voir ci-avant b. ;
– modification de régime pour les entreprises ayant adopté la méthode 2 de la Rec. ANC n° 2013-02. Sur le traitement comptable en résultant, voir n° 17825.

II. Impact d'une restructuration (voir n° 17395 s.)

Un plan de restructuration entraîne une réduction des engagements de retraite lorsque :
– la réduction d'effectifs porte sur un nombre important de bénéficiaires d'un régime,

EXEMPLE

La fermeture d'un site de production et la mutation de la moitié des salariés de ce site.

– ou (pour une entreprise ayant opté pour la méthode 1) les amendements de régime sont tels qu'une part importante des services futurs qui seront rendus par les bénéficiaires du régime ne leur donneront plus droit ou donneront peu de droits à de nouveaux avantages dans le cadre de ce régime.

EXEMPLE

Un accord selon lequel, en échange d'actions de formation, les droits à prestations des salariés mutés sont gelés et les nouveaux salariés ne sont pas couverts par le régime.

L'impact de la réduction de régime est alors comptabilisé en totalité en résultat, en même temps que la provision pour restructuration correspondante (Rec. ANC 2013-02 § 653).

> **Précisions** L'évaluation des engagements de retraite ne peut pas être revue à la baisse pour tenir compte d'un plan de restructuration non provisionné, même si la restructuration est probable (sur les critères à respecter pour provisionner une restructuration, voir n° 17395 s.).

Le gain ou la perte résultant de la réduction du régime de retraite inclut :
– tout changement de la dette actuarielle au titre des prestations définies en résultant ;
– un prorata, le cas échéant, des écarts actuariels et des coûts des services passés non encore comptabilisés (voir n° 17805 et 17825) ;
– la variation, le cas échéant, de la juste valeur des actifs du régime (voir n° 17875).

EXEMPLE

Une entreprise ayant adopté la méthode 1 décide, dans le cadre d'une restructuration, de réduire son régime de retraite à prestations définies de telle sorte que les services futurs d'une partie des salariés ne leur donneront plus de droits complémentaires dans le cadre du régime. Cette modification génère une diminution de la dette actuarielle de 100 à 90. Le coût des services passés non encore comptabilisés est de 20 et les pertes actuarielles non encore comptabilisées de 10, avant la réduction de régime.

Le gain/perte de réduction inclut un prorata du coût des services passés et des écarts actuariels non encore comptabilisés lorsque la réduction touche seulement certains bénéficiaires du régime. Le prorata est déterminé sur la base de la dette actuarielle avant et après la réduction.

	Avant la réduction de régime	Variation	Gain lié à la réduction du régime	Après la réduction de régime
Valeur actuelle de l'obligation au titre des prestations définies	100	10 %	10	90
Coût des services passés non encore comptabilisés	(20)	10 % × (20)	(2)	(18)
Perte actuarielle non encore comptabilisée	(10)	10 % × (10)	(1)	(9)
Provision comptabilisée	**70**		**7**	**63**

17850 Impact de la fermeture d'un régime La fermeture d'un régime à prestations définies aux nouveaux salariés d'une entité ne constitue pas une réduction de régime (voir n° 17845) et n'a pas d'impact sur les comptes. En effet, si une entité décide de ne pas faire bénéficier ses nouveaux salariés d'un régime à prestations définies existant :
— le nombre de personnes bénéficiant de ce régime diminuera progressivement à travers le taux de rotation du personnel, plutôt que du fait de l'entité ;
— et la fermeture du régime ne modifiera en rien les droits à prestations des bénéficiaires existants de ce régime.

17855 Impact des changements de la réglementation sociale ou fiscale Les conséquences de ces modifications sur l'évaluation des engagements de retraite **sont à analyser au cas par cas** en cohérence avec des analyses faites lors de changements antérieurs de même nature (en ce sens, Bull. CNCC n° 150, juin 2008, EC 2008-13, p. 332 s.), tout l'enjeu étant de savoir si ces modifications constituent :
— une **modification de régime** à comptabiliser conformément à la méthode retenue pour le traitement des coûts des services passés (voir n° 17825) ;
— ou un **changement d'hypothèses actuarielles** à comptabiliser conformément à la méthode retenue pour le traitement des écarts actuariels (voir n° 17805).

> **Précisions** **Réforme des retraites 2023** La loi de financement rectificative de la sécurité sociale pour 2023 n° 2023-270 du 14 avril 2023 institue notamment le recul progressif de l'âge légal de départ à la retraite (de 62 à 64 ans) et l'augmentation de la durée de cotisation. Selon la CNCC (Bull. CNCC n° 210, juin 2023, EC 2023-15), ce changement doit être pris en compte dans le calcul des engagements qu'ils soient provisionnés ou mentionnés dans les engagements hors bilan dans l'annexe (voir n° 17705) et ce, dès la date de publication au Journal Officiel de la loi (15-4-2023) sans attendre l'entrée en vigueur de la loi ni la publication des décrets d'application.
>
> En outre, la CNCC considère que ce changement constitue, à la fois pour les régimes d'indemnités de fin de carrière et les plans de préretraite/départs anticipés :
> — pour les entreprises qui appliquent les dispositions de la recommandation ANC n° 2013-02, une modification de régime, avec un coût des services passés (voir n° 17825 II.) au même titre que les modifications apportées par la loi Fillon n° 2003-775 du 21 août 2003 portant réforme des retraites (Avis CU n° 2004-A du 21-4-2004) ;
> — pour les autres, un changement d'estimation (voir n° 8500).

GESTION EXTERNE DES RÉGIMES DE RETRAITE À PRESTATIONS DÉFINIES (RÉGIMES DITS FINANCÉS)

17875 Modalités de gestion externe Le financement (encore appelé « gestion externe » ou « couverture ») d'un régime à prestations définies peut s'effectuer de différentes manières :
— soit par un **contrat d'assurance** (contracté auprès d'une société d'assurance, une mutuelle ou une institution de prévoyance) ;
— soit par une **caisse de retraite dite « d'entreprise »** (une institution de gestion de retraite supplémentaire – IGRS).

Des fonds de pension ne peuvent pas encore être créés en France.

La gestion externe se traduit par le versement de **primes** ou de **cotisations** destinées à couvrir tout ou partie des engagements de retraite de l'entreprise.

Sur la portée de l'engagement des compagnies d'assurance ou des caisses de retraite, voir n° 17885.

Les versements effectués à l'organisme extérieur sont destinés (après déduction des frais de gestion de l'organisme) à couvrir tout ou partie de l'engagement de l'entreprise vis-à-vis de ses salariés. Ils sont qualifiés (Rec. ANC 2013-02, section 2 et § 632 s.) soit d'actifs du régime, soit de droits à remboursement. Cette qualification détermine leur mode de comptabilisation :

I. Les primes et cotisations sont comptabilisées en charges si elles constituent des actifs du régime

a. Définition Les actifs du régime incluent (Rec. ANC 2013-02, section 2) :

1. Les actifs détenus par un fonds conférant des avantages à long terme, c'est-à-dire, les actifs (autres que des instruments financiers non transférables émis par l'entreprise présentant les états financiers) qui répondent aux conditions suivantes :
— ils sont **détenus par une entité** (un fonds) juridiquement distincte de l'entreprise présentant ses états financiers et qui n'existe que pour payer ou financer les avantages du personnel ;

– ils ne peuvent être utilisés que pour payer ou financer les obligations au titre des avantages du personnel, les **créanciers de l'entreprise ne peuvent pas en disposer** et ils ne peuvent pas être restitués à l'entreprise, sauf si :
• les actifs restants sont suffisants pour permettre de faire face à toutes les obligations du régime (régime excédentaire),
• ou si les actifs sont restitués à l'entreprise pour couvrir les paiements que celle-ci a déjà effectués au titre des avantages du personnel.

2. Les contrats d'assurance éligibles Ce sont des contrats d'assurance émis par une compagnie d'assurances (qui n'est pas une partie liée de l'entreprise présentant ses états financiers) dont les produits répondent aux conditions suivantes :
– ils ne peuvent être **utilisés** que pour **payer** ou **financer** les **prestations** du régime ;
– et ils ne sont **pas disponibles pour les créanciers de l'entreprise** (en cas de faillite) et ne peuvent être restitués à l'entreprise que dans l'une ou l'autre des deux conditions énoncées précédemment (voir a.1 ci-avant).

b. Comptabilisation Selon la recommandation ANC n° 2013-02 (§ 6121 ; voir n° 17765 II.), les fonds de retraite qualifiés d'actifs du régime sont comptabilisés directement **en réduction de la provision** inscrite au bilan. Néanmoins en pratique, afin d'assurer la déductibilité fiscale des cotisations et des primes versées au fonds de retraite (voir Fiscalement ci-après), les entreprises sont amenées à les comptabiliser **en charges,** dans une subdivision du compte 647 « Autres charges sociales – régimes financés sans garantie ». Ce classement est à retenir, à notre avis, quelles que soient les modalités de gestion externe du régime (caisse de retraite ou contrat d'assurance).

> **Précisions**   Concernant la présentation au compte de résultat, ce compte est à classer, à notre avis, dans le poste « Salaires et traitement ». En effet, il ne devrait pas exister de différence avec les entreprises n'externalisant pas la gestion de leurs IFC (voir n° 17765). En effet, en l'absence de précision des textes, la dotation aux provisions devrait pouvoir, à notre avis, être présentée parmi les charges de personnel (voir n° 17785).

En contrepartie, la provision pour retraite est reprise pour ne faire apparaître au bilan que le montant de l'engagement non couvert, voir n° 17885.

> **Précisions**   Pour les sociétés qui appliquent la recommandation ANC précitée, **tous les actifs détenus qui ne remplissent pas les conditions** précitées, notamment lorsque ces actifs sont hors de portée des créanciers en cas de faillite, **ne peuvent venir en déduction de leurs engagements** (Rec. ANC 2013-02, section 2) ; voir II. ci-après.

Les **versements exceptionnels** effectués lors de **l'entrée dans le régime** pour rattraper les droits déjà acquis par les salariés à cette date peuvent, à notre avis, être comptabilisés au compte 671 « Charges exceptionnelles sur opérations de gestion ».

> **Fiscalement**   **a. Déduction des cotisations** Selon l'administration et la jurisprudence (notamment CE 15-6-1942 n° 65834 ; BOI-BIC-CHG-40-40-50 n° 50), les cotisations versées à une compagnie d'assurances sont déductibles sous quatre conditions :
– la caisse de retraite ou la compagnie d'assurances a une personnalité distincte de l'entreprise cotisante (CE 21-3-1975 n° 84955) ;
– l'entreprise ne conserve pas la propriété et la pleine disposition des sommes versées (absence de clause de restitution au profit de l'entreprise des capitaux confiés). La présence d'une clause prévoyant notamment la restitution des fonds dans le cas particulier **où l'entreprise cesserait d'être assujettie** à l'obligation de verser les indemnités (notamment, à notre avis, en cas de cessation totale ou partielle de l'activité) n'est pas susceptible de remettre en cause cette déductibilité (CE 6-11-1991 n° 68654 et CAA Bordeaux 1-12-1992 n° 90-763). Dans ce cas, les fonds récupérés auprès de l'assureur sont réintégrables dans les résultats imposables de l'exercice de reversement (CAA Bordeaux précité) ;
– existence d'un véritable engagement juridique opposable à l'employeur ;
– caractère général et impersonnel de cet engagement.
Ces deux dernières conditions s'appliquent également pour la déduction des compléments de retraite versés directement par l'entreprise, en cas de gestion interne (voir n° 17785).
b. Conséquences du versement des cotisations sur l'assiette de la CVAE En l'absence de règle comptable impérative concernant leur classement, les versements effectués par une société auprès d'une compagnie d'assurances à laquelle elle confie la couverture, le préfinancement et la gestion de ses engagements conventionnels de retraite correspondent en réalité à des avantages octroyés aux salariés qui conservent, quelles que soient leurs modalités de gestion, la nature de charges de personnel. Ces dépenses ne peuvent donc pas être déduites de la valeur ajoutée pour la détermination de l'assiette de la CVAE (CE 28-11-2018 n° 413121 ; pour plus de détails sur cette imposition, voir n° 16420 s.).

> **Socialement** En ce qui concerne les **charges de sécurité sociale** et **la contribution patronale spécifique** dans le cadre des régimes de retraite supplémentaire à prestations définies (ou « additifs » ou « chapeaux »), voir n° 16535, Mémento Social n° 23010 à 23015.

II. Les primes sont comptabilisées à l'actif du bilan si elles confèrent un droit à remboursement

a. Définition Les actifs non éligibles, qui ne peuvent répondre à la définition d'un actif du régime, peuvent néanmoins constituer **des droits à remboursement** lorsqu'il est quasiment certain qu'un tiers remboursera tout ou partie de la dépense nécessaire pour régler l'obligation (Rec. ANC précitée, § 632).

b. Comptabilisation Selon la recommandation ANC n° 2013-02 (§ 632 s.), les fonds de retraite qualifiés de droits à remboursement doivent être comptabilisés **à l'actif du bilan** et non en diminution de l'engagement au passif. Pour tous les autres aspects, ils sont traités de la même façon que les actifs du régime.

17885 Conséquences de l'externalisation de la gestion sur l'évaluation de la provision (ou de l'engagement)

I. L'entreprise reste en général seule responsable de ses engagements

En cas de défaillance de l'assurance ou d'insuffisance de financement du fonds, l'entreprise reste responsable du paiement des prestations pour la part non couverte. **En effet, les compagnies d'assurance ou caisses de retraite chargées de la gestion des fonds** ne se substituent pas à l'entreprise pour l'extinction de son obligation envers ses salariés. Dès lors, elles n'ont qu'une obligation de moyens : elles ne sont responsables que de la gestion des fonds (faire fructifier les sommes versées) sans aucune garantie quant au paiement effectif des prestations.

> **Précisions** Dans le cas plus rare d'une responsabilité totale de la compagnie d'assurances ou de la caisse de retraite (engagement de résultat), le régime entre alors dans la catégorie des régimes à cotisations définies (voir n° 17630).

En conséquence, les entreprises ne peuvent **en aucun cas se sentir libérées** de l'obligation **de suivre leur engagement** de retraite sous prétexte qu'elles le font gérer de manière externe. Comme pour les régimes à prestations définies, elles doivent, le cas échéant (si les actifs du régime ne sont pas suffisants, voir ci-après III.), constituer une provision ou mentionner leur engagement dans l'annexe.

II. Les primes ou cotisations qualifiées de droit à remboursement n'ont pas d'impact sur la provision
Le versement de ce type de cotisations est sans conséquence sur le montant de la provision, le fonds ainsi constitué étant présenté à l'actif du bilan (et en aucun cas en réduction de la provision), voir n° 17875 II.

III. Les primes ou cotisations qualifiées d'actif du régime
ont un double impact puisqu'elles permettent :
– de diminuer le montant brut de l'**engagement** figurant au bilan pour ne faire apparaître que le **montant de l'engagement non couvert** (« engagement net »), la **juste valeur** des actifs du régime entraînant une reprise **du montant brut** de l'engagement (voir n° 17875) (Rec. ANC 2013-02 § 63 s.). Ainsi, l'entreprise constate la différence entre les engagements pris envers ses salariés et ceux transférés auprès des organismes extérieurs (engagement couvert) ;

> **Précisions 1. Engagement couvert** L'engagement transféré auprès :
> – de la compagnie d'assurances représente le montant de la provision technique figurant au bilan de la compagnie pour la part correspondant au contrat groupe de l'entreprise ;
> – de la caisse de retraite peut être calculé à partir de l'inventaire technique qui doit être établi tous les 5 ans (CSS art. R 731-4).
> **2. Juste valeur des actifs du régime** Les entreprises se doivent d'obtenir, dans le cadre d'un bon contrôle interne, un **justificatif de l'organisme extérieur précisant la valeur vénale** à la date de clôture du fonds constitué.
> **3. Régime surfinancé** En cas de couverture excédant le montant de l'engagement, voir n° 17910.
> Sur les modalités de reprise de la provision pour la ramener à hauteur du montant de l'engagement non couvert, voir n° 17885.

– et de diminuer **la charge de l'exercice** : le rendement estimé des actifs (plus-values et produits financiers) venant réduire l'impact des coûts financiers (actualisation de l'engagement).

> **Précisions 1. Détermination du rendement estimé** Le rendement estimé est toujours calculé au début de la période mais l'estimation est différente selon que l'entreprise opte pour la méthode 1 ou la méthode 2 de la recommandation ANC n° 2013-02, voir n° 17735 II. :
> – **méthode 1** : le rendement est calculé sur le rendement **attendu à long terme** des actifs du

régime, c'est-à-dire sur la base **des attentes du marché** ;
— **méthode 2** : le rendement est calculé sur la base du taux d'actualisation retenu pour le calcul de la dette.
2. L'écart entre rendement estimé et réalisé constitue un écart actuariel La différence entre le rendement estimé (déterminé en début d'exercice) et le rendement effectif constaté sur l'exercice constitue un écart actuariel comptabilisé selon la méthode retenue par l'entreprise (voir n° 17805).

Sur le traitement du rendement des actifs du régime dans les comptes consolidés établis selon les normes IFRS, voir Mémento IFRS n° 28480.

Exemple de l'impact sur la provision de la mise en place d'une externalisation Lors de **la mise en place de l'externalisation,** l'entreprise peut procéder à un ou plusieurs versements exceptionnels destinés à rattraper tout ou partie des droits déjà acquis par les salariés à cette date. **17890**

a. Comptabilisation des versements Ces versements sont comptabilisés en **charges** (voir n° 17875) et ils permettent de constituer un fonds de retraite qui réduit d'autant le montant de la provision comptabilisée au titre des engagements de retraite (sous réserve de respecter les conditions mentionnées au n° 17875).

b. Reprise de la provision retraite En application des règles comptables, la **reprise de provision,** partielle ou totale, est à comptabiliser en **résultat** et ce, même si à l'origine, tout ou partie de la provision a été comptabilisé par capitaux propres en application des règles sur les changements de méthode (Bull. CNCC n° 182, juin 2016, EC 2016-22, p. 396 s. ; voir n° 8545).
Sur le cas particulier d'une externalisation intervenant sur l'exercice de changement de méthode, voir Précisions ci-dessous.
Ce produit viendra compenser le montant de la prime payée à la compagnie d'assurances ou à la caisse de retraite, comptabilisé en charges. Si, par hypothèse, l'évaluation des engagements de retraite est toujours identique, alors :
— dans le cas où la prime versée couvre la totalité de l'engagement de l'entreprise, **la reprise de la provision doit être totale** ;

> **Précisions** Il en résulte un impact sur le résultat de l'exercice correspondant à l'économie d'impôt liée au montant des primes versées.

— dans le cas où la prime versée ne couvre pas la totalité de l'engagement pris par la société envers ses salariés, **la reprise doit être partielle,** la société restant responsable du paiement des prestations pour la part non couverte par la compagnie d'assurances ou la caisse de retraite.

> **Précisions** Changement de méthode et externalisation dans le même exercice Lorsque la première comptabilisation de la provision est constatée durant l'exercice où l'entreprise décide de transférer ses engagements à l'extérieur, la constatation en capitaux propres de l'effet du changement de méthode n'est, à notre avis, pas remise en cause.
Tel est le cas :
— lorsqu'une société décide, dans un premier temps, de provisionner pour la première fois les indemnités de fin de carrière de l'ensemble de ses collaborateurs. Précédemment, cet engagement était présenté en hors bilan dans l'annexe ;
— et lorsqu'au cours du même exercice la société décide de couvrir son engagement par le versement d'une prime fiscalement déductible. Toutefois, à notre avis, le produit d'impôt constaté sur l'exercice devrait, dans ce cas, être également imputé sur les capitaux propres, conformément à la règle selon laquelle l'effet de changement de méthode est imputé net d'impôt **exigible** sur les capitaux propres (voir n° 8525). En effet, au cas particulier, l'externalisation de la gestion des retraites a pour effet de transformer l'impôt différé sur la provision retraite en impôt exigible sur l'exercice même du changement.
Au contraire, la CNCC (Bull. CNCC n° 113, mars 1999, EC 98-83, p. 167 s. et n° 182, juin 2016, EC 2016-22, p. 396 s.) a considéré que, compte tenu de la décision de la société de souscrire une assurance dans l'exercice même du changement comptable, la seule solution satisfaisante, sur le plan de l'image fidèle, consiste à comptabiliser « l'impact du changement » en résultat dans les comptes individuels et à retraiter cette écriture dans les comptes consolidés.

Cas particulier des régimes excédentaires (ou surfinancés) – Plafonnement des actifs du régime **a.** La recommandation ANC n° 2013-02 (§ 6125 s.) **impose,** pour les entreprises provisionnant leurs engagements de retraite, de **comptabiliser à l'actif du bilan l'excédent** éventuel du régime (notamment en cas d'engagement surfinancé) mais **limite le montant de cet actif** (plafonnement de l'actif ou « asset ceiling ») : **17910**

> **Précisions** Le classement de l'actif de régime dépendra de la nature de l'actif de couverture (dans le cas, par exemple, d'un contrat d'assurance en unités de compte, voir n° 37510).

17910
(suite)

1. Le montant maximal à comptabiliser à l'actif doit être évalué en retenant le plus faible :
– de la valeur actualisée de l'obligation à la date de clôture, majorée des profits actuariels (minorée des pertes actuarielles) non comptabilisés, diminuée du coût des services passés non encore comptabilisé et diminuée de la juste valeur à la date de clôture des actifs du régime ;
– et de la somme des pertes actuarielles nettes non comptabilisées, du coût des services passés non encore comptabilisé et de la valeur actualisée de tout avantage économique du régime disponible sous la forme de remboursements par le fonds de couverture ou sous la forme d'une diminution des cotisations futures à ce fonds.

2. La comptabilisation d'un actif dans les limites précitées ne doit pas aboutir à la comptabilisation :
– de profits qui ne sont que la conséquence de pertes actuarielles ou de coûts de services passés ;
– ou de pertes qui ne sont que la conséquence de gains actuariels.

Selon la recommandation OEC n° 1.23, l'excédent éventuel de cotisations versées par rapport à la charge annuelle déterminée selon la méthode actuarielle retenue devait être inscrit en **charges constatées d'avance** (excédent de versement).

> **Fiscalement** La cotisation versée est certes déductible, mais à condition d'être comptabilisée en charges. En conséquence, la quote-part de cotisation portée en « charges constatées d'avance » n'est, à notre avis, **pas déductible**.

b. Les effets de ce plafonnement de l'actif (c'est-à-dire tout excédent du régime qui dépasse ces limites) **sont comptabilisés immédiatement dans le résultat de la période** (voir n° 17765 III.).

EXEMPLE

Régime surfinancé

Le montant de l'engagement (DBO) s'élève à 1 100 et la juste valeur des actifs du régime à 1 190. Le régime de retraite fait donc apparaître un surplus de 90.

Il existe par ailleurs un différé de pertes actuarielles de 110 et de coût des services passés de 70.

La valeur actualisée des remboursements futurs du fonds est de 60.

1. L'entreprise devrait donc faire apparaître à l'actif de son bilan un excédent de financement de 270 qui se décompose comme suit :

Engagement brut	(1 100)
Actifs du régime	1 190
= Surplus	**90**
+ Écart restant à étaler :	
Écart actuariel	110
Coût des services passés différé	70
Excédent de financement	**270**

2. Mais en vertu du plafonnement des actifs, la limite est la suivante :

Écarts actuariels différés	110
Coût des services passés différé	70
Valeur actualisée des remboursements	60
Plafond	**240**

L'entreprise ne pourra comptabiliser un actif que de 240 au lieu de 270, ce qui donne lieu à la constatation d'une charge dans le résultat de l'exercice afin de réduire le montant de l'actif comptabilisé au bilan.

c. Non-compensation entre régimes sous-capitalisés et régimes surcapitalisés Les régimes sous-capitalisés (c'est-à-dire présentant une insuffisance de financement) ne peuvent pas faire l'objet d'une compensation avec les régimes surcapitalisés (c'est-à-dire présentant un excédent de financement) lors de leur enregistrement comptable, sauf à prouver les droits juridiquement exécutoires permettant d'utiliser l'excédent d'un régime pour éteindre les obligations d'un autre régime (Rec. ANC 2013-02 § 612 et 6611).

SYNTHÈSE DES DIFFÉRENCES ENTRE LES DEUX MÉTHODES D'ÉVALUATION ET DE COMPTABILISATION PROPOSÉES PAR LA REC. ANC N° 2013-02

17915 Pour une présentation des modalités d'évaluation et de comptabilisation prévues par la recommandation ANC n° 2013-02, voir n° 17735 s.

Le tableau ci-après, établi par nos soins, présente les principales différences existantes entre les deux méthodes proposées par la recommandation ANC n° 2013-02 :

	Méthode 1 [1] (fondée sur IAS 19 publiée en mai 2002)	Méthode 2 [2] (fondée sur IAS 19 révisée publiée en juin 2011)
A – Évaluation (voir n° 17740)		
Dette actuarielle ou valeur actuelle de l'obligation (montant de l'engagement ou Defined Benefit Obligation « DBO »)	Fondée sur **IAS 19** publiée en 2002 Évaluation selon la méthode des unités de crédit projetées	Conforme à **IAS 19 révisée** publiée en 2011 Évaluation selon la méthode des unités de crédit projetées
	Sauf cas spécifique des frais de gestion dans les régimes financés les deux méthodes de la Rec. ANC n° 2013-02 aboutissent, en pratique, à la même dette actuarielle	
B – Comptabilisation (voir n° 17765)		
Modification des hypothèses actuarielles (voir n° 17805)		
1. Écarts actuariels	Les écarts actuariels sont inscrits au compte de résultat : – soit de manière étalée selon la méthode du corridor ; – soit de manière plus rapide (immédiatement et en totalité en résultat en particulier)	
Modifications (ou amendements) de régimes (voir n° 17825)		
2. Coût des services passés (droits non encore acquis)	En résultat de manière **étalée**	**Immédiatement** en résultat
Régimes financés par des actifs (voir n° 17875)		
3. Produit financier généré par les actifs	Produit valorisé avec **le taux de rendement attendu** [3]	Produit valorisé **avec le taux d'actualisation** retenu pour la dette actuarielle
4. Écart par rapport au rendement réel	Traité **comme un écart actuariel** (voir ci-avant, en pratique étalé selon le corridor ou directement en résultat) L'actif comptabilisé (et par conséquent la dette nette) sera différent entre les méthodes 1 et 2 uniquement pour les entreprises qui optent pour le corridor (l'application du corridor permettant d'étaler les écarts actuariels correspondant à la différence entre le taux de rendement réel et le taux de rendement estimé)	
5. Variation de l'effet du plafonnement des actifs du régime	Les effets du plafonnement de l'actif, en cas de régimes surfinancés, sont **comptabilisés immédiatement en résultat** de la période. **Le calcul** du plafonnement tenant compte des écarts actuariels non comptabilisés (voir n° 17910), toute différence entre les deux méthodes portant sur ces écarts actuariels différés peut induire une différence dans le calcul des effets du plafonnement.	

(1) En pratique, la méthode 1 consiste en une reprise de la Rec. CNC n° 2003-R.01 et de son annexe.
(2) Pour plus de détails, voir Mémento IFRS n° 27970 s.
(3) Pour plus de détails sur le rendement des actifs du régime, voir n° 17885.

> **Précisions** **Entreprises ou groupes de moins de 250 salariés** La recommandation prévoit la possibilité, pour ces entreprises ou groupes, de définir leurs propres modalités d'évaluation des engagements de retraite et avantages similaires (modalités qualifiées de « modalités simplifiées »), voir n° 17740.

Sur les conséquences de la première application de la recommandation ANC n° 2013-02, voir n° 17735.

B. Informations en annexe (au titre des régimes de retraite)

17965 Pour une définition et une présentation des différents régimes de retraite et avantages similaires (IDR, régimes spéciaux…), voir tableaux de synthèse n° 17590 s.

INFORMATIONS MINIMALES OBLIGATOIRES

17970 **A minima pour toutes les entreprises** (qu'elles provisionnent, même partiellement, leurs engagements de retraite et avantages similaires ou qu'elles les évaluent en annexe) l'information à fournir en annexe porte sur :

I. Le montant des engagements de l'entreprise vis-à-vis des membres ou associés de son personnel ainsi que de ses mandataires sociaux, en ce **qui concerne l'ensemble des engagements** de retraite : pensions, compléments de retraite, indemnités et allocations en raison du départ à la retraite ou avantages similaires (C. com. art. L 123-13, al. 3 et PCG art. 833-18/1).

En pratique, pour les petites entreprises ne disposant pas d'une évaluation actuarielle de leur engagement, voir n° 17975.

> **Précisions** **1. Régimes à cotisations définies** Il n'existe pas d'obligation de fournir des informations en annexe au titre de ces régimes. En effet, en l'absence d'engagements sur les exercices futurs, l'article L 123-13, al. 3 du Code de commerce ne semble pas leur être applicable.
> **2. Entreprises ayant souscrit un contrat avec un organisme extérieur** Le fait que l'entreprise ait choisi d'externaliser la gestion de ses régimes (voir n° 17875 s.) ne remet pas en cause l'engagement qu'elle a pris envers ses salariés. En conséquence, l'information à fournir en annexe est identique à celle requise pour les régimes à prestations définies à gestion interne, avec une mention complémentaire informant du caractère externe de la gestion.
> **3. Provision partielle** (voir n° 17970) Une information est portée en annexe sur l'engagement résiduel non couvert par une provision pour risques et charges, avec une mention particulière des engagements contractés au profit des dirigeants (Avis CNC 2000-01 du 20-4-2000 relatif aux passifs).

II. Le montant des engagements contractés au profit des seuls dirigeants
L'annexe doit mentionner les **engagements pris en matière de pensions,** compléments de retraite et indemnités assimilées. Cette information doit être **fournie de manière globale** par **catégorie d'organes** d'administration, de direction et de surveillance (C. com. art. L 123-13 ; PCG art. 833-17).

Sur la notion « d'organes d'administration, de direction et de surveillance », voir n° 18455.

Il convient, à notre avis, de distinguer :
– les **engagements** de retraite pris **au profit des seuls dirigeants** : ils doivent faire l'objet d'une information en annexe ;
– les **engagements** de retraite **collectifs** (contrats groupe) dont peuvent bénéficier à la fois les dirigeants et les salariés : à notre avis, l'information n'est alors pas à fournir, l'engagement n'étant pas pris au profit des seuls dirigeants. D'ailleurs, en pratique, la détermination du montant des engagements au profit des seuls dirigeants sera rarement possible du fait que les provisions sont calculées sur des bases statistiques.

Sur les informations à fournir dans le rapport sur le gouvernement d'entreprise, voir n° 65101.

17975 **Conséquences de l'absence de mention sur les engagements de retraite dans l'annexe** Pour la CNCC (Bull. n° 64, décembre 1986, EC 86-54, p. 448 s.), l'omission du montant des engagements de retraite dans l'annexe (obligatoire d'après l'article L 123-13 du Code de commerce) est « de nature à porter **atteinte à la régularité** des comptes annuels et il appartient alors au commissaire aux comptes d'en apprécier l'incidence sur sa certification ».

Pour l'AMF (Bull. COB n° 180, avril 1985, p. 3 s.), « l'absence d'information complémentaire dans l'annexe ne permettrait pas aux comptes, dont l'annexe est partie intégrante, d'atteindre l'objectif de l'image fidèle fixé aux comptes annuels par l'article L 123-13 du Code de commerce […]. Il appartient aux commissaires aux comptes de vérifier que les sociétés fournissent les informations nécessaires… ».

À notre avis, **quelle que soit la taille de l'entreprise,** une **information sur les engagements de retraite** et avantages similaires dans l'annexe est **nécessaire,** celle-ci ayant un **caractère significatif par nature.**

L'annexe doit permettre au lecteur des états financiers **au minimum** :
– de savoir si la convention collective de l'entreprise prévoit des indemnités de fin de carrière et si l'entreprise a signé un **accord particulier ou non** (indemnités de fin de carrière, compléments de retraite ou préretraite) ;
– de savoir si elle a **constaté ou non** ses engagements sous forme de **provision** : il s'agit en effet d'un choix laissé par la réglementation (voir n° 17705) et toute **option** doit être indiquée ;
– d'avoir un élément chiffré fixant un ordre de grandeur de l'engagement. À défaut d'une évaluation actuarielle, les petites entreprises pourraient, à notre avis, au moins mentionner en annexe **les sorties de trésorerie prévues pour les cinq ou dix prochaines années.**

INFORMATIONS SUPPLÉMENTAIRES À FOURNIR EN CAS D'APPLICATION DE LA RECOMMANDATION ANC N° 2013-02

Informations à fournir au titre des régimes de retraite à prestations définies (voir n° 17630) L'ANC (Rec. ANC 2013-02) recommande de fournir, au titre des régimes de retraite à prestations définies, les informations listées ci-après dès lors qu'elles sont significatives :

17980

> **Précisions** **1.** **L'adoption de la Rec. ANC n° 2013-02 implique de donner en annexe les informations requises par ladite recommandation** Une entreprise qui souhaite se référer à la recommandation ANC n° 2013-02 doit l'appliquer intégralement et doit, à ce titre, fournir dans l'annexe de ses comptes l'ensemble des informations prévues par ladite recommandation.
> **2. Information chiffrée donnée globalement** Les informations chiffrées peuvent être présentées globalement pour l'ensemble des régimes.

I. Que les engagements soient provisionnés (méthode de référence) ou seulement mentionnés en annexe, doivent être fournies dans l'annexe les informations suivantes :
– indication que les engagements sont évalués en application de la Rec. ANC n° 2013-02, voir n° 17735 ;
– **indication de la méthode retenue** parmi les méthodes 1 et 2 proposées par la Rec. ANC n° 2013-02, voir n° 17735 ;

> **Précisions** Par exception, les entreprises de moins de 250 salariés ayant recours à la troisième méthode dite « méthode simplifiée » doivent décrire les modalités simplifiées d'évaluation retenues.

– indication de la méthode comptable retenue pour les modalités de répartition des droits à prestation (voir n° 17740) ;
– indication, le cas échéant, du changement entre les méthodes 1 et 2 de comptabilisation des engagements de retraite et avantages similaires et du changement de méthode relatif à la répartition des droits à prestation ;
– description générale **des types de régime** (les indemnités de départ à la retraite, les régimes de couverture médicale post-emploi…), voir n° 17630 ;
– le cas échéant, descriptif de **la composition des actifs** du régime et/ou des droits à remboursement, voir n° 17875 ;
– indication de **la valeur des principales hypothèses actuarielles** (taux d'actualisation, taux d'augmentation des salaires, taux de rendement des actifs du régime, et/ou des droits à remboursement, taux d'évolution des coûts médicaux…), voir n° 17805 ;
– description **des principaux événements de l'exercice** (modifications, réduction, liquidation…) et de leurs impacts sur le bilan et le compte de résultat, voir n° 17825 à 17855.

II. Lorsque les engagements sont provisionnés, doivent également être fournies dans l'annexe les informations suivantes :
– indication que **les engagements sont comptabilisés** en application de la Rec. ANC n° 2013-02, voir n° 17735 ;
– indication de la méthode comptable retenue pour **la comptabilisation des écarts actuariels,** voir n° 17805 ;
– indication, le cas échéant, du changement de méthode relatif à la comptabilisation des écarts actuariels ;
– **impacts sur le bilan et le compte de résultat** des principaux événements de l'exercice (modifications, réduction, liquidation…), voir n° 17765 et 17825 à 17855 ;
– **un rapprochement** à l'ouverture et à la clôture entre les montants comptabilisés (à l'actif et au passif) et la valeur actuelle de l'obligation des régimes à prestations définies en faisant ressortir, le cas échéant :
• les écarts actuariels non comptabilisés, voir n° 17805,

- les coûts des services passés non comptabilisés au bilan, voir n° 17825 ;
- le montant des actifs du régime et l'effet de leur plafonnement, voir n° 17875 s. ;
– **pour chaque catégorie de provisions** comptabilisée (PCG art. 833-12/1) :
  - la valeur comptable à l'ouverture et à la clôture de l'exercice,
  - le montant des provisions constituées au cours de l'exercice,
  - les montants utilisés au cours de l'exercice,
  - et les montants non utilisés repris au cours de l'exercice.

III. Lorsque les engagements ne sont pas provisionnés Indication du montant de l'engagement à la clôture de l'exercice et de l'exercice précédent (C. com. art. L 123-13).

IV. Autres informations Une entreprise doit également fournir une information sur les passifs éventuels qui pourraient résulter de ses obligations au titre des avantages postérieurs à l'emploi et plus particulièrement des régimes interentreprises (Rec. ANC 2013-02 § 427 et PCG art. 833-12/2).

17985 Informations à fournir au titre des régimes de retraite à cotisations définies (voir n° 17630) Les entreprises qui appliquent la recommandation ANC n° 2013-02 doivent obligatoirement mentionner en annexe le montant total comptabilisé en charges au titre des régimes à cotisations définies (Rec. ANC 2013-02 § 521).

SECTION 4 — VALEUR PROBANTE DE LA COMPTABILITÉ

I. PIÈCES ET DOCUMENTS JUSTIFICATIFS

18085 Importance et nature **Chaque écriture** est, sauf exception valable, appuyée par une pièce **justificative** (C. com. art. R 123-174), datée et susceptible d'être présentée à toute demande. En particulier, les **achats** de matières et marchandises et les prestations de services effectués pour les besoins d'une exploitation industrielle ou commerciale font l'objet d'une **facture**.

> **Fiscalement** **1. Justification des frais et charges** Les achats doivent en principe être justifiés par des **factures régulières** (BOI-BIC-CHG-10-20-20 n° 1 s. et CE 3-6-1988 n° 57990).
> **2. Présomption de régularité favorable au contribuable** Lorsqu'une facture régulière est produite, c'est à l'administration de **prouver** le caractère non déductible de la charge correspondante (CE 21-5-2007 n° 284719), notamment dans les cas où compte tenu du caractère confidentiel et immatériel de la prestation, l'entreprise ne pouvait disposer d'autres documents justificatifs (CE 6-10-2008 n° 283014). Il appartient donc, par exemple, à l'**administration** de prouver que la marchandise ou la **prestation de services facturée** n'a pas été réellement livrée ou exécutée (CE 13-1-2006 n° 267684). Toutefois, la **présomption** de régularité de la charge que fait naître la présentation d'une facture ne joue qu'entre tiers et non dans les relations entre **sociétés liées** (CE 16-5-2008 n° 288101). Dans ce dernier cas comme en l'absence de présentation de factures, la régularité de l'écriture comptable, notamment la nature de la charge et son montant, ainsi que l'existence et la valeur de la contrepartie retirée doivent être établies par tous **éléments suffisamment précis** (CE 20-6-2003 n° 232832 et 30-3-2011 n° 334152).
> **3. Absence de factures** Il est admis que les menues acquisitions de produits consommables peuvent ne pas être assorties des factures correspondantes (BOI-BIC-CHG-10-20-20 n° 40). En outre, lorsque les **fournisseurs** du contribuable sont **dispensés d'établir des factures**, ce dernier doit néanmoins pouvoir justifier ses achats comptabilisés, notamment en indiquant les dates, le détail et le prix de chaque achat à chaque fournisseur. Les commerçants peuvent, à défaut de factures, fournir « **tous documents susceptibles d'y suppléer** » ou « d'autres justifications suffisantes », telles que « fiches de poids, fiches de sortie délivrées dans les marchés », récépissés d'expédition par chemin de fer, etc. (CE 3-6-1988 n° 57990).
> De même (Rép. Pelchat : AN 19-10-1987 n° 24758, non reprise dans Bofip, s'agissant du négoce de produits de la cueillette), les entreprises peuvent fournir tout autre moyen de preuve tels que bons ou registres d'achat.

Les entreprises qui établissent elles-mêmes les factures de certains de leurs fournisseurs ont intérêt, pour éviter une éventuelle contestation de leur droit à déduction de la TVA, à ce que ces documents comportent une **véritable authentification** par le fournisseur des mentions portées en son nom (CE 19-3-1986 n° 49678).

La valeur probante de la comptabilité repose essentiellement sur le fait que les **écritures** portées dans les livres comptables sont **corroborées par des pièces justificatives** (voir n° 7435 s.).

Ces pièces justificatives, constituées par des originaux, sont numérotées et portent en général la référence à leur comptabilisation ; ce qui permet de retrouver l'écriture à partir de la pièce et inversement.

Outre les pièces justificatives qui émanent des tiers (factures, notes, relevés), l'entreprise doit constituer des **pièces justificatives internes** en matière de charges et de frais de personnel : journal des achats, livre de paie et bulletins de paie (voir n° 7435).

En ce qui concerne les factures établies par télétransmission ou adressées par courrier électronique, voir n° 12435 s.

TENUE D'UN JOURNAL DES ACHATS ET DES CHARGES

Tenue des comptes fournisseurs La tenue d'une **comptabilité auxiliaire des fournisseurs** n'est pas obligatoire à condition qu'en fin d'exercice, les dettes et les créances envers les fournisseurs soient regroupées nominalement par créanciers et débiteurs pour figurer dans l'inventaire. 18090

> **Précisions 1. La tenue de comptes « Fournisseurs individuels »** s'avère toutefois souvent nécessaire, sauf dans les entreprises de petite taille où le suivi du compte global « Fournisseurs » est relativement simple, notamment à l'aide d'un système de classement des factures enregistrées et non payées.
> **2. La tenue d'un journal des achats** est pratiquement indispensable, sauf dans les entreprises de petite taille, comme subdivision du journal général.

PIÈCES ET DOCUMENTS PROPRES AU PERSONNEL

Sur les durées de conservation et les modalités d'archivage, voir n° 9095. 18095
Il s'agit des éléments suivants :

I. Bulletins de paie À l'occasion du paiement des rémunérations, l'**employeur doit remettre** aux salariés une pièce justificative « bulletin de paie » (C. trav. art. L 3243-2) qu'il convient de conserver pendant 5 ans (durée de conservation légale ; C. trav. art. L 3243-4).

> **Précisions 1. Remise aux salariés** Sauf opposition du salarié les entreprises peuvent procéder à la remise des bulletins de paie sous forme électronique (C. trav. art. L 3243-2 ; voir Mémento Social n° 70780).
> **2. Durée de conservation** Elle est en pratique plus longue que la durée légale mentionnée ci-avant, notamment du fait de l'obligation, pour les sociétés commerciales, de conserver les pièces justificatives comptables pendant au moins 10 ans (voir n° 7445) et du fait de l'obligation de garantir la disponibilité des bulletins de paie sous forme électronique soit pendant 50 ans, soit jusqu'aux 75 ans du salarié (C. trav. art. D 3243-8). Pour plus de détails, voir Mémento Social n° 70805.
> **3. Modalités de conservation** Les informations mentionnées sur les bulletins de paie peuvent être conservées non pas sur support papier mais sur support informatique (C. trav. art. L 8113-6 ; voir Mémento Social n° 70805). En conséquence, les entreprises qui utilisaient un support informatique pour la tenue du livre de paie le conserveront probablement en pratique aux fins de conservation des informations mentionnées sur les bulletins de paie.
> **4. Présentation lors d'un contrôle** Les bulletins de paie doivent pouvoir être présentés à tout moment dans l'entreprise lors d'un contrôle (Circ. DRT n° 98/9 du 2-11-1998).

Pour plus de détails : voir Mémento Social n° 70780 (forme), n° 70785 à 70795 (contenu), n° 70800 (effets), n° 70805 (conservation et communication) et n° 70810 et 70812 (sanctions).

II. Autres registres obligatoires Il s'agit notamment du registre unique du personnel et du registre des observations et mises en demeure de l'inspection du travail (pour la liste exhaustive des autres registres obligatoires, voir Mémento Social n° 43940 et 43945).

III. Autres documents Il s'agit notamment des fiches individuelles de répartition de l'intéressement et du livret d'épargne salariale (C. trav. art. L 3341-7).

II. DÉCLARATIONS FAITES À PARTIR DE LA COMPTABILITÉ ET DE LA PAIE

18165 Pour un tableau comparatif des différentes déclarations liées aux rémunérations, voir n° 18765.

DÉCLARATION DES TRAITEMENTS ET SALAIRES

18185 **I. Le rôle de la DSN** Souscrite par voie électronique, la **déclaration sociale nominative** (DSN ; CSS art. L 133-5-3, R 133-13 et R 133-14) est une déclaration **mensuelle** réalisée par établissement d'affectation du salarié qui permet aux employeurs de transmettre de façon dématérialisée, en une seule fois et en un lieu unique, **les données relatives** :
– à la **rémunération de chacun de leurs salariés** (ou plus généralement de toute personne pour qui un bulletin de salaire a été émis), ainsi que celles nécessaires à l'exercice par ces derniers de leurs droits en matière de protection sociale (maladie, retraite, chômage) adressées aux organismes sociaux (CPAM, Pôle emploi, Urssaf…), aux organismes de retraite et de préretraite, etc. (voir Mémento Social n° 24005 à 24015) ;
– au compte personnel de formation, au compte professionnel de prévention et aux caisses de congés payés ;
– mais également certaines données prévues par le **Code général des impôts** telles que notamment le net imposable (CGI art. 87, 87 A et 89 ; voir Mémento Fiscal n° 22200), les bases imposables à la taxe d'apprentissage, à la participation-formation, la participation-construction, les données relatives à la taxe sur les salaires (voir Mémento Fiscal n° 73550) et le statut de travailleur handicapé des salariés de l'entreprise pour le calcul de la contribution due au titre de l'obligation d'emploi des travailleurs handicapés.
Le fichier déposé comprend les DSN mensuelles de l'ensemble des établissements d'une entreprise.

> **Précisions** **1. Organisation de la paie** Pour satisfaire aux obligations déclaratives qui incombent aux entreprises via la DSN, l'organisation de la paie est devenue « pivot ». Elle doit prévoir, notamment, l'obtention (par des moyens informatiques) de données **individuelles par salarié**, qui récapitulent l'ensemble des informations portées sur les différents bulletins de paie, à savoir notamment :
> – le total de la rémunération brute, ventilée en éléments, d'une part, **imposables** à l'impôt sur le revenu et non exonérés de taxe sur les salaires et, d'autre part, **non imposables** (voir Mémento Fiscal n° 21350 à 21735) ;
> – le montant des avantages en nature ;
> – la rémunération nette après déduction des cotisations sociales ;
> – le montant du salaire net imposable avant prélèvement à la source (PAS), le montant du PAS, la nature du taux et le montant du salaire net du PAS.
> **2. Prélèvement à la source (PAS)** Les employeurs assurent un rôle de collecteur de l'impôt sur le revenu dû par leurs salariés. À ce titre, ils doivent déclarer mensuellement les prélèvements à la source réalisés et assurer leur versement via les DSN déposées au plus tard le 5 du mois suivant pour les entreprises de plus de 50 salariés ou le 15 du mois suivant pour les entreprises de moins de 50 salariés. Sur option, les entreprises de moins de onze salariés peuvent réaliser ces reversements au plus tard le 15 du premier mois du trimestre suivant la réalisation des prélèvements à la source. Pour les entreprises pratiquant le décalage de paye, le versement a lieu le mois du prélèvement (CGI art. 204 A ; BOI-IR-PAS-30-10).

II. Un rapprochement annuel entre la comptabilité, la paie et les déclarations mensuelles Un rapprochement est, à notre avis, nécessaire **entre la comptabilité et les structures « base brute »** et **« frais professionnels »**, de la déclaration :

6411	Salaires, appointements, commissions de base	S21.G00.51
6412	Congés payés pris (indemnité de congés payés)	S21.G00.52
6413	Primes et gratifications	
6414x	Indemnités et avantages divers imposables à l'IR (et non exonérés de taxe sur les salaires) dont avantage en nature	S21.G00.54
6415	Supplément familial	
6414x	Indemnités pour frais d'emploi et de services exonérés d'IR	
625	Déplacements, missions et réceptions (frais d'emploi remboursés)	

1. Intérêt de ce rapprochement Les éléments issus de la paie alimentent la comptabilité et sont sources de calcul des cotisations sociales. En outre, les déclarations peuvent être vérifiées par les contrôleurs fiscaux, les contrôleurs de l'Urssaf, les commissaires aux comptes, principalement à partir des données de paie. Il est donc nécessaire que l'entreprise s'assure elle-même de la concordance entre la paie, les déclarations et la comptabilité.

Le rapprochement doit tenir compte des éléments suivants :
– toutes les rémunérations portées dans les charges de personnel n'ont pas nécessairement à figurer sur les déclarations qui distinguent notamment (pour les besoins fiscaux) les rémunérations imposables et non imposables à l'impôt sur le revenu et soumises ou non à la taxe sur les salaires ;
– certains éléments à porter dans les déclarations figurent en comptabilité dans des comptes autres que les charges de personnel.

2. Préparation comptable du rapprochement Ce rapprochement en fin d'exercice est facilité par l'ouverture de certains comptes.

> **Précisions** Les comptes suivants peuvent être ouverts :
– dans le compte 6414 « Indemnités et avantages divers », des sous-comptes regroupant séparément les éléments imposables, les éléments non imposables et les éléments à porter dans la colonne « Indemnités et remboursements pour frais d'emploi » ;
– dans les subdivisions du compte 625 « Déplacements, missions et réceptions », des sous-comptes correspondant aux frais d'emploi remboursés au personnel ;
– éventuellement, dans le compte 431 « sécurité sociale », un sous-compte destiné à suivre les éléments particuliers imposables – notamment les indemnités journalières de maladie (Mémento Social n° 23045) ;
– des comptes spécifiques enregistrant les rémunérations des salariés détachés à l'étranger lorsqu'elles ne sont pas imposables (voir Mémento Fiscal n° 4695 à 4705) ;
– des sous-comptes isolant les éléments provisionnés (par exemple, les congés acquis au personnel mais non encore pris pourront être enregistrés dans le compte 64126 « Congés payés provisionnés »).

Le montant des avantages en nature peut éventuellement être recoupé directement avec la comptabilité (voir n° 17165).

3. Rapprochement en cas de décalage dans le temps :
– lorsque l'**exercice social** couvre une **période différente de l'année civile,** par exemple du 1er avril au 31 mars, le rapprochement s'effectue de la même manière mais porte sur les éléments comptables des périodes concernées de chacun des deux exercices comprenant l'année civile ; on retient alors les éléments comptables du dernier trimestre du précédent exercice et des neuf premiers mois de l'exercice en cours ;
– lorsque l'entreprise applique le « **décalage de la paie** » (voir Mémento Social n° 24015), elle doit normalement déclarer les rémunérations **effectivement** payées au cours de l'année civile. Ainsi, une entreprise qui verse chaque mois des acomptes sur salaires qu'elle régularise le mois suivant doit inclure dans la rémunération imposable de l'année les acomptes versés en décembre, mais pas le solde versé en janvier. Pour effectuer le rapprochement entre la comptabilité – qui enregistre les charges – et la déclaration, il convient alors de retenir dans le précédent rapprochement, les charges de décembre de l'année précédente à novembre de l'année, moins les acomptes versés en décembre de l'année précédente, plus les acomptes de décembre de l'année.

> **Précisions** Suppression de la pratique du décalage de paie à l'horizon 2021 Avec l'adoption de la DSN, toutes les entreprises doivent régler leurs cotisations le mois suivant la période de travail considérée. Par dérogation, les employeurs qui, au 23 novembre 2016, pratiquaient un grand décalage de paie bénéficient d'un calendrier transitoire fixé par arrêté les ramenant progressivement vers le droit commun.

DÉCLARATION DES HONORAIRES ET AUTRES RÉMUNÉRATIONS

18190

Pour un tableau comparatif des différentes déclarations liées aux rémunérations, voir n° 18765.

Les personnes physiques ou morales qui, à l'occasion de l'exercice de leur profession, versent à des tiers faisant ou non partie de leur personnel salarié, des commissions, courtages, ristournes rémunérant un service, vacations, honoraires, gratifications, doivent déclarer ces sommes, même non imposables en France (CGI art. 240), lorsqu'elles excèdent 1 200 € par bénéficiaire (BOI-BIC-DECLA-30-70-20 n° 140), en principe en janvier de l'année civile suivant celle de leur versement ou en même temps que la déclaration de résultats (voir n° 64125 ; CGI art. 240).

a. Sanctions À défaut, des sanctions sont en principe applicables (voir Mémento fiscal n° 78360). Toutefois, celles-ci ne sont pas mises en œuvre lors de la présentation d'une première demande de régularisation (spontanée ou en cours de contrôle) des déclarations afférentes aux trois années précédentes, sous réserve de justifier de la déclaration des sommes correspondantes par les bénéficiaires (CGI art. 1736, I-1).

b. Éléments à déclarer Les **honoraires** s'entendent essentiellement des sommes versées en rémunération relevant d'une **profession libérale.** Ne sont pas à déclarer les sommes versées pour des services à caractère intrinsèquement commercial. Il est donc nécessaire de subdiviser le compte 6226.

Les **commissions** et **courtages** sont les rétributions des commissionnaires et courtiers proprement dits, des représentants de commerce non salariés, des démarcheurs.

> **Précisions** **En revanche,** ne sont pas à déclarer les versements au titre de prix de transports, prix de façon, courtages de banque et sous certaines conditions les commissions versées à des commissionnaires en douane. Ne sont donc à retenir que les commissions et courtages enregistrés aux comptes 6221 et suivants. Les commissions bancaires inscrites au compte 627 (voir n° 16145), n'étant pas des courtages, semblent devoir être déclarées.

Les **ristournes** commerciales ou autres se limitent aux remises hors facture autres que celles qui constituent une simple diminution de prix calculée en fonction des ventes au client. Elles correspondent à un service particulier (pour des exemples, voir BOI-BIC-DECLA-30-70-20 n° 220).

> **Précisions** **En revanche,** ne sont à déclarer ni les ristournes déduites des comptes 70 ni celles inscrites au compte 709.

Les **autres rémunérations** figurent normalement en comptabilité au compte 65.

Les **rémunérations fixes annuelles (anciens jetons de présence) versées aux administrateurs,** qu'elles soient soumises ou non à cotisations sociales, doivent notamment être déclarées. Les **indemnités et remboursements de frais** ne sont à déclarer que dans certains cas. Sur leur comptabilisation, voir n° 17050.

Les frais liés au **personnel détaché ou prêté** et refacturés à l'entreprise doivent être déclarés.

Sur la publicité relative aux **honoraires des commissaires aux comptes,** voir FRC 12/23 Hors série inf. 27.7.

> **Précisions** Les éléments de cette déclaration (voir Mémento Fiscal n° 78355 et 78360) peuvent, mis à part les avantages en nature, être suivis dans des comptes distincts. Cependant, la comptabilité enregistrant les **charges** d'un exercice **(hors taxes)** et l'administration demandant le montant des **sommes versées** (donc **taxes comprises),** il est souhaitable d'ouvrir un **compte de tiers** par **bénéficiaire** (taxes comprises).
> En ce qui concerne les avantages en nature, voir n° 17170.

RELEVÉ DE CERTAINS FRAIS GÉNÉRAUX

18195 À l'appui de leur déclaration fiscale de résultats, les entreprises et sociétés sont tenues de fournir un relevé détaillé (état n° 2067) de cinq catégories de frais généraux (CGI art. 39-5 et 54 quater) lorsque, pour une ou plusieurs catégories, ces frais excèdent certains seuils (voir n° 18765 et Mémento Fiscal n° 9050 à 9055).

> **Précisions** Les **entreprises individuelles** sont dispensées de la production du relevé et doivent seulement mentionner les cadeaux et frais de réception dans un cadre spécial de l'annexe 2031 ter à la déclaration de résultats.

La tenue de la comptabilité doit être organisée en conséquence ; par exemple de la manière suivante :

I. Rémunérations (comptabilisées) directes ou indirectes versées aux personnes les mieux rémunérées
Les éléments nécessaires peuvent être obtenus sur la fiche individuelle récapitulative par salarié.

> **Précisions** Toutefois, les indemnités servies à l'occasion du départ d'un collaborateur de l'entreprise sous forme d'indemnité de congédiement, de prime de mise à la retraite, d'indemnité de non-concurrence ou pour rupture de contrat ne sont pas à prendre en considération (BOI-BIC-CHG-40-60-10 n° 50).

Pour les différences avec les rémunérations à porter sur l'état des 5 ou 10 personnes les mieux rémunérées, voir n° 18560.

II. Frais de voyages et de déplacements exposés par ces personnes
L'ouverture de comptes nominatifs pour ce type de frais permet d'obtenir directement les éléments nécessaires.

III. Dépenses et charges afférentes aux véhicules et autres biens dont ces personnes peuvent disposer en dehors des locaux professionnels L'ouverture de comptes nominatifs peut permettre également d'obtenir directement les éléments nécessaires ; mais, le plus souvent, ils figurent dans de nombreux comptes (exemples : « Entretien et réparations », « Primes d'assurances », « Dotations aux amortissements », etc.) et ils ne peuvent être repris en fin d'année que de manière extra-comptable ; en outre les **dépenses et charges de toute nature afférentes aux immeubles qui ne sont pas affectés à l'exploitation,** ne pouvant être obtenues directement en comptabilité, doivent faire l'objet d'un état extra-comptable obtenu à partir des éléments figurant dans les comptes de dotations aux amortissements, assurances, entretien, EDF, etc.

> **Précisions** En sont exclues les dépenses qui, « incombant à ces mêmes personnes, ont été prises en charge par l'entreprise sous forme de rémunérations indirectes » (CGI ann. IV art. 4 K-c), c'est-à-dire l'avantage en nature correspondant à l'usage gratuit du bien pour les besoins privés de l'utilisateur.

IV. Cadeaux de toute nature à l'exception des objets de faible valeur conçus spécialement pour la publicité et dont la valeur unitaire n'excède pas 73 € TTC par (CGI ann. IV art. 4 J, 4° ; voir Mémento Fiscal n° 9050). Ils peuvent être isolés dans un compte unique (subdivision du compte 6234).

V. Frais de réception, y compris les frais de restaurant et de spectacles Ils peuvent être également isolés dans le compte 6257.

En ce qui concerne l'**information** à communiquer sur ces frais, voir n° 18620.

SECTION 5 — PRÉSENTATION DES COMPTES ANNUELS ET AUTRES INFORMATIONS

18295 Voir également les chapitres « Les documents de synthèse » (n° 64000 s.) et « L'information comptable et financière à la charge de l'entreprise » (n° 80025 s.).

I. PRÉSENTATION DES COMPTES ANNUELS

A. Bilan et compte de résultat

PRÉSENTATION DES DETTES D'EXPLOITATION AU BILAN

18305 Les dettes d'exploitation sont réunies sous un seul poste au passif, sans qu'il soit tenu compte de la durée du crédit obtenu (plus ou moins d'un an).

I. Système de base Il ne différencie pas les dettes d'exploitation des dettes diverses. Pour connaître leur nature, voir système développé dans le « Code comptable », à l'article 823-1 du PCG.

L'application du principe de non-compensation (voir n° 10410 et, sur sa traduction comptable, n° 10415) appelle les conséquences et commentaires suivants :

a. Comptes 4091 et 4096 Il ne doit pas, en principe, être opéré de compensation entre les comptes 401 et 408 et les comptes 4091 « Avances et acomptes versés sur commandes » et 4096 « Créances pour emballages et matériels à rendre ».

> **Précisions 1. Comptes 401 et 409** En principe, dès la réception d'une facture, les comptes 4091 correspondant à des avances ou acomptes versés sur cette facture sont soldés. Les comptes 4091 correspondent donc nécessairement à des factures non encore reçues à la clôture de l'exercice.

2. Comptes 408 et 409 À notre avis, **si** les comptes 4091 et 408 concernent la **même commande**, la véritable dette est constituée par le montant net et une compensation paraît devoir être opérée.

b. Compte 4097 Pour la présentation de ces fournisseurs débiteurs à l'actif du bilan, il est nécessaire, à la clôture de chaque exercice, de passer l'écriture suivante : crédit du compte 400 « Fournisseurs et comptes rattachés » par le débit du compte 4097 « Fournisseurs – Autres avoirs » (voir n° 15590) pour un montant correspondant à l'**ensemble des comptes fournisseurs** (autres que 4091, 4096 et 4098) **présentant un solde débiteur** sur la balance auxiliaire fournisseurs (PCG art. 944-40).

Il s'agit d'une **écriture d'inventaire** à extourner au début de l'exercice suivant.

c. Compte 4098 Les rabais, remises et ristournes à obtenir et autres avoirs non encore **reçus** (compte 4098) ne sont pas encore obtenus ou reçus.

> **Précisions** **1. Comptes 401/408 et 4098** À notre avis, la véritable dette sur achats et prestations de services est constituée par le **montant net** de la dette de l'entreprise envers ses fournisseurs. Il nous paraîtrait donc préférable de fournir ce montant net au passif et non de comprendre les réductions sur achats parmi les autres créances, à condition qu'il reste des dettes non encore payées correspondant à ces rabais et avoirs ou qu'il existe des factures à recevoir (charges à payer) du même fournisseur enregistrées au compte 408.
> **2. Rabais, remises et ristournes déjà obtenus** Ils sont comptabilisés soit en moins du compte fournisseurs (voir ci-avant a.), soit au compte 4097 si le compte fournisseur devenait débiteur (voir ci-avant b.).

d. Par ailleurs, lorsqu'il est impossible d'identifier les biens **acquis avec clause de réserve de propriété** (pour les regrouper sur une ligne distincte du bilan), un renvoi au pied du bilan indique le **montant restant à payer** sur ces biens. Le montant à payer comprend celui des effets non échus (PCG art. 821-1).

> **Précisions** L'inscription de cette dette sur une ligne distincte du bilan de l'acquéreur est facilitée par la création des comptes « Dettes résultant d'achats avec clause de réserve de propriété » et « Effets à payer résultant d'achats avec clause de réserve de propriété » (PCG art. 944). À défaut d'existence de tels comptes dans le PCG, nous préconisons l'ouverture des comptes : 402 « Dettes résultant d'achats avec clause de réserve de propriété » 4032 « Effets à payer résultant d'achats avec clause de réserve de propriété ».

II. Système développé Il est distingué (ce qui n'est pas le cas dans le système de base) entre les éléments d'**exploitation** et **hors exploitation.** En conséquence :
– les autres dettes sont scindées entre la ligne « Dettes d'exploitation – Autres » (comptes 441 à 443, 4486 et 458) et la ligne « Dettes diverses – Autres » (voir le « Code comptable », PCG art. 823-1) ;
– les autres créances sont scindées entre la ligne « Créances d'exploitation – Autres » et la ligne « Créances diverses – Autres » (voir le « Code comptable », PCG art. 823-1).

III. Système abrégé Voir n° 95605.

PRÉSENTATION DES CHARGES D'EXPLOITATION AU COMPTE DE RÉSULTAT

18310 Les charges d'exploitation sont présentées hors TVA déductible dans l'ordre des soldes intermédiaires de gestion.

Les rabais, remises et ristournes sur achats viennent en déduction des achats concernés.

I. Système de base Voir n° 95530 s.

II. Système développé Il comporte des **développements** complémentaires par rapport au système de base. Voir le « Code comptable », l'article 823-2 du PCG.

En outre, le contenu des rubriques comprend une **différence** avec le système de base : afin de pouvoir déterminer la marge commerciale et les approvisionnements consommés durant l'exercice, les **frais accessoires d'achat** sont regroupés dans les achats de marchandises et d'approvisionnements.

III. Système abrégé La seule différence avec le système de base consiste en un regroupement des matières premières et des approvisionnements. Voir n° 95610.

B. Annexe (développements particuliers)

INFORMATIONS CONCERNANT LES CHARGES ET DETTES D'EXPLOITATION DÉVELOPPÉES SOIT À L'INTÉRIEUR DU CHAPITRE, SOIT DANS D'AUTRES CHAPITRES   **18365**
- Information sur les charges à répartir (voir n° 41020).
- Information sur les charges constatées d'avance (voir n° 45345).
- Information sur les charges à payer (voir n° 45280).
- Information en matière de crédit-bail (voir n° 28805 à 28835).
- Information sur les engagements de retraite (voir n° 17970 s.).
- Information sur les honoraires des commissaires aux comptes (voir FRC 12/23 Hors série inf. 27.7).
- Information sur l'état des échéances des dettes (voir n° 43405).

INFORMATION EN MATIÈRE DE FRAIS ACCESSOIRES D'ACHAT   **18370**
Le PCG (art. 833-14/2) indique de mentionner en annexe le **montant détaillé** des frais accessoires d'achat lorsqu'ils n'ont pas été enregistrés dans les comptes de charges par nature prévus à cet effet mais incorporés aux achats de marchandises ou d'approvisionnements de l'exercice (PCG art. 946-60 ; voir n° 15550).

En outre, s'agissant d'une **méthode particulière** appliquée au poste « Achats », le **principe de cette affectation** nous paraît être à signaler (PCG art. 833-2/2).

> **Précisions**   La connaissance des montants peut être obtenue soit par la création d'une subdivision des comptes 607 et 601/602, soit par l'ouverture d'un compte 608 « Frais accessoires d'achat » (prévu par l'art. 946-60 du PCG) ventilé selon leur nature en marchandises et approvisionnements.

INFORMATION EN MATIÈRE D'EFFECTIF   **18375**
Le PCG (art. 833-19) prescrit, en tant qu'information significative nécessaire à l'obtention d'une image fidèle, de fournir en annexe **l'effectif moyen employé** pendant l'exercice **par catégorie.**

> **Précisions**   Pour les personnes morales pouvant présenter une annexe simplifiée, seule la mention de l'effectif moyen doit être donnée sans que soit fournie la ventilation par catégorie (PCG art. 832-19).

a. L'effectif moyen à retenir est celui défini à l'article D 123-200 du Code de commerce (PCG art. 833-19).

Les **salariés à prendre en compte** sont (C. com. art. D 123-200 renvoyant à CSS art. L 130-1 I et R 130-1) :
- ceux titulaires d'un contrat de travail à durée indéterminée ou déterminée (sauf lorsqu'ils remplacent un salarié absent ou dont le contrat de travail est suspendu) ;
- employés à temps plein ou temps partiel.

Les salariés mis à disposition, y compris les salariés temporaires sont donc **exclus.** Il en est de même pour les apprentis, les salariés en contrat unique d'insertion ou en contrat de professionnalisation (CSS art. R 130-1).

> **Précisions**   Exclusion des mandataires sociaux Les mandataires sociaux relevant du régime général (gérants minoritaires de SARL, présidents et dirigeants de sociétés anonymes et de sociétés par actions simplifiées, notamment), dépourvus d'un contrat de travail, sont désormais exclus du décompte des effectifs (CSS art. R 130-1).

Selon l'article L 130-1 du CSS, l'effectif moyen de salariés correspond :
- à la moyenne du nombre de personnes employées au cours de chaque mois ;

> **Précisions**   Le CSS précise qu'il s'agit de chacun des mois de l'année civile précédente ou du dernier exercice comptable lorsque celui-ci ne correspond pas à l'année civile précédente. Toutefois, à notre avis, s'agissant d'une information à donner en annexe au titre de l'exercice arrêté, c'est aux mois de l'exercice comptable arrêté qu'il faut se référer.

- étant précisé que les mois au cours desquels aucun salarié n'est employé ne sont pas pris en compte pour établir cette moyenne.

> **Précisions**   **1. Salariés à temps partiel** Ils sont décomptés selon les modalités prévues par le Code du travail, c'est-à-dire en divisant la somme totale des horaires inscrits dans leur contrat de travail par la durée légale ou la durée conventionnelle du travail (CSS art. R 130-1).
> **2. Mois incomplet (entrées/sorties)** Les personnes prises en compte sont décomptées dans l'effectif de l'entreprise à due proportion du nombre de jours du mois pendant lequel elles ont été employées (CSS art. R 130-1).
> Pour plus de détails sur les modalités de calcul de l'effectif moyen (établissements à prendre en compte, transferts d'entreprises, forfaits jours inférieurs à 218 jours...), voir Mémento Social n° 31550 s.

EXEMPLE

(clôture au 31 décembre N) :
– 150 salariés à temps complet pendant tout l'exercice ;
– 66 salariés à temps partiel pendant tout l'exercice et travaillant 26 h par semaine (durée légale : 35 h) ;
– 10 salariés ayant quitté l'entreprise le 30 juin (et ayant travaillé à temps complet depuis janvier) ;
– 20 salariés nouveaux à temps complet embauchés le 1er septembre ;
– 30 salariés intérimaires uniquement du 1er juillet au 30 septembre ;
– 5 salariés détachés par l'entreprise actionnaire à temps complet pendant tout l'exercice.

Effectif moyen de l'exercice :

mois 1 : 150 + 49 (66 × 26/35) + 10 = 209
mois 2 : 150 + 49 + 10 = 209
mois 3 : 150 + 49 + 10 = 209
mois 4 : 150 + 49 + 10 = 209
mois 5 : 150 + 49 + 10 = 209
mois 6 : 150 + 49 + 10 = 209
mois 7 : 150 + 49 = 199
mois 8 : 150 + 49 = 199
mois 9 : 150 + 49 + 20 = 219
mois 10 : 150 + 49 + 20 = 219
mois 11 : 150 + 49 + 20 = 219
mois 12 : 150 + 49 + 20 = 219

Effectif moyen annuel pour l'exercice N+1 : (209 + 209 + 209 + 209 + 209 + 209 + 199 + 199 + 219 + 219 + 219 + 219) / 12 = 210,66.

> **Précisions** La mention des chiffres de l'exercice précédent n'est pas obligatoire puisque pas explicitement prévue. En effet, cette mention n'est prévue que pour les postes du bilan et du compte de résultat (C. com. art. L 123-15). Toutefois, selon l'AMF (Bull. COB n° 166, janvier 1984, p. 4) : « En ce qui concerne certains éléments chiffrés de l'annexe qui constituent des compléments d'information tels que les effectifs de salariés, la présentation du chiffre correspondant de l'exercice précédent semble également requise. »

b. L'information est donnée par catégorie À notre avis (en ce sens, précision du PCG 82, p. II.82), les catégories retenues pourraient être subdivisées en éléments identiques ou compatibles avec les postes de la nomenclature des professions et catégories **socioprofessionnelles** des emplois salariés d'entreprise 2003 utilisée par l'Insee.

> **Précisions** Au niveau le plus agrégé, il s'agit des catégories suivantes :
> – cadres et professions intellectuelles supérieures ;
> – professions intermédiaires ;
> – employés ;
> – ouvriers.

Dans tous les cas, elles doivent, à notre avis, être **cohérentes avec** celles fournies dans le **bilan social**. Voir n° 65165 s.

INFORMATION EN MATIÈRE DE SOUS-ACTIVITÉ

18380 **Textes** Une information est recommandée par le bulletin CNCC (n° 112, décembre 1998, EC 98-75, p. 627 s.).

À notre avis, devraient être à fournir en annexe, si elles présentent un caractère significatif, des informations sur les éléments suivants :
– méthode de quantification de la charge globale de sous-activité de l'exercice (voir n° 18400) ;
– montant de la charge globale et classement en résultat courant (voir n° 18405) ;
– montant des charges de sous-activité exclues des stocks et des immobilisations produites (voir n° 18410).

> **Précisions** **Aucune information n'est prévue expressément** par le Code de commerce (il en est de même pour la liste des informations à fournir selon le PCG). Toutefois, le calcul des charges de sous-activité constituant (CNC, NI n° 35) une **méthode d'évaluation** appliquée aux charges, aux stocks (PCG art. 213-32) et aux immobilisations (PCG art. 213-18), une information nous paraît nécessaire dans l'annexe. En outre, les informations en la matière peuvent avoir un **caractère significatif** (au regard de l'image fidèle et pour la comparaison des comptes d'un exercice sur l'autre ; C. com. art. R 123-195 et PCG art. 833-1).

Définition de la charge globale de sous-activité Elle représente, compte tenu des différents niveaux d'analyse, unités d'œuvre et charges fixes correspondantes, la **somme de toutes les charges de sous-activité** de l'entreprise incluses dans toutes les charges concourant à la détermination du résultat de l'exercice et figurant au compte de résultat, **indépendamment** du fait que ces charges :
– soient incorporables ou non dans le coût de production des stocks et des immobilisations produites ;
– concernent des biens ayant été ou non vendus.

18400

> **Précisions** Sous-activité visée par le PCG Le PCG (art. 213-32) ne parle pas de la charge globale de sous-activité. Il ne traite de la sous-activité qu'en ce qui concerne le coût de production des stocks et des immobilisations (c'est-à-dire uniquement en ce qui concerne les charges incorporables et les biens non encore vendus, voir n° 18410). Il en est de même du CNC (NI n° 35 dans Doc. n° 45).

Quantification de la charge globale de sous-activité (méthode de l'imputation rationnelle) À notre avis (précision du PCG 82, p. III.101), par **comparaison**, en fin d'exercice entre **l'activité réelle** et **l'activité normale**, un taux de sous-activité est déterminé (méthode de l'imputation rationnelle).

Le taux de sous-activité ne concerne que les **charges fixes**, les charges variables étant fonction de l'activité de l'entreprise. Son calcul s'avère délicat dans la pratique. En effet, il fait intervenir trois éléments subjectifs :

I. Champ d'application du calcul La sous-activité pouvant concerner toutes les charges, il n'y a pas lieu, à notre avis, de se limiter aux centres de production. Elle peut également être recherchée dans les points de vente, services administratifs…
Limiter la sous-activité aux centres de production reviendrait à ne la traiter que dans les entreprises industrielles.

II. Niveau de détail du calcul Il n'existe pas de règle en la matière, le calcul pouvant être opéré par secteur d'activité, bâtiment, usine, centre d'analyse, de travail, section, etc.
Une analyse fine ne signifie pas systématiquement un calcul meilleur, l'important étant le caractère significatif de la sous-activité.

III. Détermination de l'activité (ou capacité) normale Selon le PCG (art. 213-32), la capacité normale est la production moyenne que l'entreprise s'attend à réaliser sur un certain nombre d'exercices ou de saisons dans des circonstances normales, en tenant compte de la perte de capacité résultant de l'entretien planifié (méthode de l'imputation rationnelle).

Pour le CNC (NI n° 35), l'activité normale correspond à l'activité théorique maximale diminuée des déperditions incompressibles de l'activité liées aux temps de congés, d'arrêts de travail, de réparations (entretien, pannes, réglage) statistiquement normales et aux contraintes structurelles de l'organisation (changements d'équipes, goulots d'étranglement…).

Pour la CNCC (Bull. n° 57, mars 1985, EC 84-66, p. 152 s.), la mesure de la sous-activité doit se faire sur la base de l'activité programmée, incluant les temps d'arrêt d'activité (pour entretien ou révision, par exemple).

Pour certains (C. Pérochon, Guide d'application du PCG 82, p. 211), l'activité normale est celle susceptible d'assurer la rentabilité de l'investissement, notion économique correspondant au seuil de rentabilité.

Schéma récapitulatif des différents niveaux de sous-activité (selon le CNC)

18400
(suite)

Selon le CNC (NI n° 35), le **calcul pratique** de l'activité normale (à chaque niveau d'analyse) varie, selon le secteur d'activité de l'entreprise, sa dimension, ses structures, etc. :

a. Pour les **entreprises industrielles,** l'activité normale s'appelle souvent capacité normale de production.
Cette capacité nous paraît devoir être exprimée **en heures** et non en unités d'œuvre physiques (le CNC, NI n° 35, retient les deux solutions).

> **Précisions** En effet, si l'unité d'œuvre retenue est le nombre d'unités produites, les calculs effectués peuvent être faussés par la non-prise en compte des écarts de rendement. Notamment, en période de sous-activité, il semble bien difficile de maintenir le rendement à un niveau constant ; dans ce cas, la sous-activité exprimée en unités produites risquerait d'être réduite, de façon purement fictive, par une baisse de rendement.

EXEMPLE

Exemple de calcul de capacité normale (en heures)

(CNC, NI n° 35) :

– Nombre de jours travaillés	250
– Nombre d'équipes	× 2
– Nombre d'heures	× 8
– Nombre d'installations d'unités de fabrication d'atelier	× 4
	16 000 h
Chiffres statistiques	
– Arrêts de travail	– 200
– Réparations	– 400
– Interruptions de réglage	– 200
– Changements d'équipes	– 300
	– 1 100 h
Capacité normale	14 900 h

Dans la pratique, cette capacité peut fluctuer d'un exercice à l'autre, voire d'une saison à l'autre au sein d'un exercice. Or, l'intérêt du calcul réside dans son caractère significatif ; c'est pourquoi, au lieu d'exprimer la capacité normale par un chiffre précis, une **fourchette** par exemple de l'ordre de 20 % nous paraît pouvoir être utilisée. Dans ce cas, la charge de sous-activité est, à notre avis, déterminée à partir de la borne inférieure de la fourchette retenue.

> **Précisions 1. Plans comptables professionnels** Un certain nombre de plans comptables professionnels fournissaient des exemples particuliers compte tenu de leurs contraintes spécifiques (ind. chimiques, ind. textiles, etc.).
> Bien que ces plans comptables professionnels soient désormais caducs (voir n° 3315), ces exemples nous semblent toujours pertinents.
> **2. Dans les entreprises à activité saisonnière,** en l'absence de position des organismes compétents, il paraît possible, à notre avis, de calculer la sous-activité :
> – soit par rapport à la capacité totale de l'exercice ;
> – soit par rapport à une capacité qui prendrait en compte les baisses structurelles hors saison.
> Si la première **solution** est plus prudente et se rapproche davantage d'une conception de l'activité normale : « seuil de rentabilité » (voir ci-avant ouvrage de C. Pérochon), la seconde assimile la baisse d'activité hors saison à un goulot d'étranglement lié à l'activité de l'entreprise.

Sur la permanence des méthodes voir ci-après.

b. Dans les **autres entreprises,** l'activité normale nous paraît pouvoir être exprimée aussi bien en nombre d'heures qu'en d'autres unités d'œuvre (chiffre d'affaires, nombre de commandes, etc.). Les remarques faites précédemment pour l'utilisation d'une fourchette semblent également applicables.

Méthode de quantification de la charge globale de sous-activité
En ce qui concerne la méthode de quantification de la charge globale, les éléments suivants peuvent être **mentionnés dans l'annexe** :
– définition de l'activité normale avec indication, le cas échéant, de la fourchette retenue ;
– comparaison entre l'activité normale et l'activité réelle (par exemple, méthode de l'imputation rationnelle) ;

– champ d'application du calcul (exemples : centres de production, points de vente, services administratifs) ;
– niveau de détail du calcul (exemples : secteur d'activité, bâtiment, usine, centre d'analyse, de travail, section, etc.).

> **Précisions** **Permanence des méthodes** Les règles les plus importantes en la matière sont, à notre avis, le principe de permanence des méthodes et l'information dans l'annexe.
> À notre avis, **une fois fixé le processus de détermination** de la sous-activité pour une entreprise donnée, celui-ci **doit être maintenu** sauf à justifier des corrections apportées. Dans ce cas, il en résulterait un changement de méthode.
> Pour le CNC (NI n° 35), « la détermination de la capacité normale d'une entreprise, pour une période donnée, est une question de fait qui relève de l'appréciation et de la **compétence du chef d'entreprise** et de ses différents responsables. Elle peut être modifiée dans le temps du fait de l'évolution des moyens dont dispose l'unité de production, de nouveaux objectifs qui lui sont assignés ou encore à la suite de modifications durables de l'environnement sur le plan politique, économique ou social notamment (d'où une nouvelle mesure de la capacité normale) ».

Classement des charges de sous-activité en résultat courant Même si certaines causes de la sous-activité constituent des accidents par rapport aux hypothèses retenues pour la détermination de l'activité normale à chaque stade de la vie de l'entreprise, **toute sous-activité concerne,** à notre avis, **l'activité courante** de l'entreprise : 18405
– qu'elle soit due à une cause interne à l'entreprise (exemples : arrêt technique non programmé, casse de matériel, rupture d'approvisionnements provenant de problèmes d'organisation interne, grèves, mauvais dimensionnement de l'entreprise par rapport à son marché),
– ou à un événement majeur et inhabituel dont l'entreprise n'a pas la maîtrise (sinistre, arrêts ou limitations de la production et de la distribution imposés par les autorités, rupture d'approvisionnements provenant d'une crise politique internationale, événements climatiques ou catastrophes naturelles entraînant une baisse importante et subite de la production et/ou du chiffre d'affaires…).
En effet, même en l'absence de ces événements, les charges concernées sont habituellement engagées par l'entreprise (salaires, loyers, amortissements…) et ne sont donc pas directement liées à l'événement ayant causé de la sous-activité.
Une comptabilisation distincte au sein du résultat courant ne paraît pas utile, une information étant fournie en annexe.

> **Précisions** **1. Sous-activité** La sous-absorption des coûts de fonctionnement liée à une baisse importante de l'activité observée sur la période ne justifie pas de présenter les coûts qui y sont attachés en résultat exceptionnel (en ce sens, Questions/Réponses CNCC Covid-19, ch. I, 2e partie, Question 11.5).
> **2. Nouvelle définition du résultat exceptionnel** Applicable obligatoirement en 2025 (voir n° 52030), elle remet en question la doctrine antérieure de la CNCC qui consistait à classer les charges de la sous-activité en résultat courant ou exceptionnel selon la nature de ses causes.

Montant des charges de sous-activité exclues des stocks et en-cours et des immobilisations produites Par rapport aux développements précédents, l'exclusion de charges de sous-activité des stocks et en-cours et des immobilisations produites existant à la clôture de l'exercice ne concerne que les **charges incorporables** (et non toutes les charges). 18410

La non-prise en compte des charges de sous-activité dans l'évaluation des stocks et des immobilisations produites a une **incidence sur le résultat net de l'exercice.**

Bien que ces charges de sous-activité soient incluses dans la charge globale de sous-activité, leur montant nous paraît devoir être fourni en **annexe,** compte tenu de son incidence, d'une part, sur le montant des stocks et en-cours et des immobilisations produites à la clôture de l'exercice et, d'autre part, sur le résultat de l'exercice.

> **Fiscalement** Voir n° 21150.

EXEMPLE RÉCAPITULATIF DU TRAITEMENT DES CHARGES DE SOUS-ACTIVITÉ DANS LES COMPTES ANNUELS (ENTREPRISES INDUSTRIELLES)

Le cas ci-après ne concerne que les entreprises industrielles, mais nous rappelons que la sous-activité peut également exister dans les entreprises de négoce. 18430

I. Hypothèses

EXEMPLE

a. Soit un produit dont la rentabilité peut s'analyser schématiquement de la façon suivante (les coûts retenus sont des **coûts unitaires correspondant à l'activité normale** définie au b.) :

- Chiffre d'affaires... = 1,0
- Coût de production (valorisation du stock)........................... = – 0,6
  - coût variable .... = 0,4
  - coût fixe direct .... = 0,02
  - coût fixe indirect .... = 0,18
- Autres charges (de distribution).. = – 0,1
  - variables (3/8).. = 0,0375
  - fixes (5/8).. = 0,0625

Résultat net (soit 30 % du chiffre d'affaires)............................... = 0,3

b. L'entreprise a prévu, lors de l'élaboration de ses coûts standards au début de l'exercice, une **activité prévisionnelle** de production de 8 000 **sur la base de laquelle elle a incorporé les coûts** dans les stocks.

Le coût de production unitaire incorporé est donc égal à 0,65, qui se décompose en :

- coût variable   = 0,4
- coût fixe direct   = 0,025 (= 0,02 × 10 000/8 000)
- coût fixe indirect   = 0,225 (= 0,18 × 10 000/8 000)

c. La **comparaison** entre l'**activité normale** budgétaire et l'**activité réelle** de l'entreprise appelle les commentaires suivants :

	Activité normale	Activité réelle
Production (en unités)	10 000	7 000
Chiffre d'affaires (en unités)	8 000	6 000

– la réduction de la production a, après analyse de l'écart, deux causes majeures :
- des inondations importantes ayant paralysé l'usine :   2 000 unités
- des raisons diverses liées à l'exploitation :   1 000 unités

– la baisse du chiffre d'affaires provient de l'augmentation des parts de marché réalisée par les concurrents.

d. L'analyse des **écarts d'activité** indique donc :
– pour la production, une sous-activité de 3 000 unités, soit de 30 %, dont 20 % suite à des causes exceptionnelles ;
– pour le chiffre d'affaires, une chute de 2 000 unités, soit 25 % ne portant que sur des éléments courants.

II. Charges totales et charges de sous-activité de l'exercice

EXEMPLE

	Activité normale	Activité réelle
Charges variables		
– liées à la production	4 000 [1]	2 800 [1]
– liées au chiffre d'affaires	300 [2]	225 [2]
Charges fixes		
– liées à la production [5]	2 000 [3]	2 000 [3]
– liées au chiffre d'affaires	500 [4]	500 [4]
TOTAL CHARGES	6 800	5 525

(1) 0,4 × 10 000 ou 0,4 × 7 000.
(2) 0,0375 × 8 000 ou 0,0375 × 6 000.
(3) 0,2 × 10 000.
(4) 0,0625 × 8 000.
(5) Dont directes 200 et indirectes 1 800.

	Activité normale	Activité réelle
Charges de sous-activité courantes		
– liées à la production (1)	0	200
– liées au chiffre d'affaires (2)	0	125
Charges de sous-activité exceptionnelles		
– liées à la production (1)	0	400
– liées au chiffre d'affaires (2)	0	0
CHARGE GLOBALE DE SOUS-ACTIVITÉ	0	725
(1) Charges de sous-activité liées à la production : 2 000 × 30 % = 600 (dont 1/3 courantes : 200 et 2/3 exceptionnelles : 400). (2) Charges de sous-activité liées au chiffre d'affaires : 500 × 25 % = 125 en totalité à caractère courant.		

III. Correction de la production stockée

EXEMPLE

L'entreprise valorisant son stock en coût standard et celui-ci prenant en compte une certaine sous-activité par le biais de l'activité prévisionnelle, il est nécessaire de corriger la production stockée (1 000 unités) en fonction de l'activité normale (cette correction est donc indépendante de l'activité réelle de l'exercice).

Cette correction est indépendante du caractère courant ou exceptionnel des charges de sous-activité.

Production stockée en coût standard (= 0,65 × 1 000)	650
Production stockée en fonction de l'activité normale **(devant figurer au bilan)** (= 0,60 × 1 000)	**600**
Correction de la production stockée (correspondant au retraitement de la sous-activité incluse dans les coûts standards de la production stockée)	**50**

IV. Compte de résultat (sous forme de liste)

EXEMPLE

Production vendue	6 000
Production stockée (voir III.)	600
TOTAL PRODUCTION	6 600
Charges engagées durant l'exercice (voir II.)	– 5 525
Résultat courant (avant correction de la charge globale de sous-activité)	1 075
Transfert de la charge exceptionnelle de sous-activité (voir II.)	400
RÉSULTAT COURANT (après correction de la charge globale de sous-activité)	1 475 (1)
RÉSULTAT EXCEPTIONNEL	– 400
(1) Soit une marge de 30 % sur 6 000 de chiffre d'affaires, selon l'hypothèse de base de rentabilité, diminuée de la charge courante de sous-activité : 1 800 – 325.	

V. Informations à fournir dans l'annexe

EXEMPLE

Ne sont indiqués ici que les éléments chiffrés.
– Charge globale de sous-activité de l'exercice = 725 :
• charge courante = 325,
• charge exceptionnelle = 400.
– Correction globale de la production stockée = 50.

INFORMATION SUR LES HONORAIRES DES COMMISSAIRES AUX COMPTES
Voir FRC 12/23 Hors série inf. 27.7.

18435

INFORMATION EN MATIÈRE DE RÉMUNÉRATIONS

18455 ❯ **Précisions** Pour un tableau comparatif des différentes déclarations liées aux rémunérations, voir n° 18765.

Le PCG (art. 833-17) prescrit, pour les personnes morales commerçantes non admises à présenter une annexe simplifiée, d'indiquer en annexe pour les **membres des organes d'administration, de direction et de surveillance** :
– le montant global ;

❯ **Précisions** Le détail par administrateur, directeur, membre du directoire ou gérant n'est pas à fournir.

– pour chaque catégorie (voir ci-après) ;
– des rémunérations qui leur sont allouées.

La mention des chiffres de l'exercice précédent n'est pas obligatoire puisque pas explicitement prévue. Toutefois, selon l'AMF (Bull. COB n° 166, janvier 1984, p. 4) : « En ce qui concerne certains éléments chiffrés de l'annexe qui constituent des compléments d'information tels que le montant des rémunérations… la présentation du chiffre correspondant de l'exercice précédent semble également requise… »

❯ **Précisions** **Informations à fournir dans le rapport sur le gouvernement d'entreprise** Les sociétés (SA et SCA) dont les actions sont admises aux négociations sur un marché réglementé doivent fournir d'autres informations dans leur rapport sur le gouvernement d'entreprise, notamment le détail des rémunérations par mandataire (C. com. art. L 22-10-9). Sur ces informations, voir n° 65101. Voir également FRC 12/23 Hors série inf. 134 s. sur le rapport du commissaire aux comptes sur le rapport sur le gouvernement d'entreprise.

Sur la possibilité de s'abstenir de fournir cette information, voir n° 18465.
Sur les engagements contractés au profit des dirigeants, voir n° 17970.

Principales catégories de personnes concernées

Catégories	Principales formes de sociétés				
	SA à conseil d'administration	SA à directoire	SAS	SARL/SNC	SCA
Organes d'administration	Administrateurs, y compris PCA (a) (e)				
Organes de direction (d)	– PDG (a) – Dir. général (b) – Dir. généraux délégués (b) – Ad. délégué – Ad. provisoire (f)	Membres du directoire (f)	– Président – Autres dirigeants sociaux (c) (g)	Gérants (g)	Gérants (g)
Organes de surveillance		Membres du conseil de surveillance (e)			Membres du conseil de surveillance (g)

1. Personnes concernées :
(a) Le directeur général constitue, avec les directeurs généraux délégués nommés le cas échéant, l'organe de direction des SA à conseil d'administration. Le rôle du président du conseil d'administration se limite à la représentation, l'organisation et la direction des travaux du conseil d'administration. Le président du conseil d'administration peut toutefois assumer la direction générale de la société, en qualité de directeur général (mais pas de directeur général délégué, Bull. RCS 21-22/2003, p. 47), si le conseil d'administration a choisi le cumul des deux fonctions (dans ce cas, il prend le titre de « président-directeur général »). Le conseil d'administration quant à lui détermine les orientations de l'activité de la société et veille à leur mise en œuvre conformément à son intérêt social, en prenant en considération les enjeux sociaux et environnementaux de son activité (C. com. art. L 225-35, art. L 225-51, L 225-51-1 et L 225-53).
(b) Qu'ils soient administrateurs ou non (Bull. CNCC n° 57, mars 1985, EC 84-54, p. 143 s.).
(c) Les SAS dans leurs statuts peuvent nommer plusieurs dirigeants portant le titre de directeurs généraux ou de directeurs généraux délégués (C. com. art. L 227-6).
(d) L'AMF (Bull. COB n° 278, mars 1994, p. 20) propose une **interprétation plus large** de la notion d'organes de direction en englobant les « **dirigeants effectifs** ». Bien que cette extension ne concerne en principe que l'information à donner dans les prospectus soumis au visa de l'AMF, cette dernière, contactée par nos soins, nous a indiqué que, pour pouvoir servir de documents de référence lors de l'émission de valeurs mobilières, l'information relative à la rémunération des dirigeants doit être fournie dans les rapports annuels conformément à ses préconisations.

2. Rémunérations (voir détails n° 18460 ci-après) :
(e) Rémunérations fixes annuelles (anciens jetons de présence).
(f) Déterminées par le conseil d'administration ou de surveillance.
(g) Fixées par les statuts ou par décision collective des associés.

Rémunérations visées Il s'agit, à notre avis, des rémunérations : 18460

I. Allouées au titre de l'exercice À notre avis, comme pour la déclaration des salaires (DSN remplaçant la DADS), seules sont à inclure les sommes réellement mises à disposition, c'est-à-dire soit **versées** effectivement, soit portées en **compte courant**.

> **Précisions** **1. Provisions** Mais ne sont pas à comprendre les sommes portées dans un compte de provision, un compte d'attente ou un compte de régularisation – Passif.
> **2. Frais de siège** Le texte ne précise pas si doivent être ou non fournies les rémunérations versées par une autre société du groupe et facturées à l'entreprise par exemple sous forme de frais de siège. L'équivalence des informations à fournir par toutes les entreprises inciterait à les fournir.
> À notre avis, les solutions retenues dans le cadre de l'état des 5 ou 10 personnes les mieux rémunérées paraissent devoir être retenues (voir n° 18560).
> Toutefois une estimation n'est pas toujours possible, notamment lorsque les « frais de siège » sont globaux. Il conviendrait alors de mentionner que l'information ne peut être fournie et les raisons de cette omission.

Concernant les **sociétés dont les actions sont admises aux négociations sur un marché réglementé,** davantage d'informations doivent être fournies dans le rapport sur le gouvernement d'entreprise. Pour plus de détails, voir n° 65101.

II. À raison de leurs fonctions

> **Précisions** La précision selon laquelle les rémunérations s'entendent de celles versées « à raison de leurs fonctions de dirigeant au titre de l'exercice » a été supprimée du Code de commerce (Décret 2015-903 du 23-7-2015 supprimant l'article R 123-198, 1° du Code de commerce) et n'a pas été reprise par le PCG. À notre avis, cette précision nous paraît néanmoins pouvoir continuer à s'appliquer.

Elles correspondent, à notre avis :

a. Pour les membres des organes d'administration, aux rémunérations fixes annuelles (anciens jetons de présence) ainsi qu'aux sommes versées au titre du mandat social (exclusivement).

> **Précisions** En revanche, les rémunérations du président-directeur général et des directeurs généraux, au titre de leurs **fonctions de direction,** ne sont pas à fournir ici mais ci-après (voir b.).
> Les sommes allouées aux administrateurs au titre d'un contrat de travail (cumul des fonctions d'administrateur avec un emploi salarié) ou des rémunérations exceptionnelles versées pour des missions ou des mandats particuliers (C. com. art. L 225-46 et L 22-10-15) ne sont pas, à notre avis, à fournir.

b. Pour les membres des organes de direction :
– pour les SA à conseil d'administration, aux rémunérations déterminées par le conseil d'administration (C. com. art. L 225-47, L 225-53, L 22-10-16 et L 22-10-17) ;
– pour les SA à directoire, aux rémunérations déterminées par le conseil de surveillance (C. com. art. L 225-63 et L 22-10-19) ;
– pour les SARL et SNC, aux rémunérations fixées par les statuts ou par une décision collective des associés (C. com. art. L 223-18 et L 221-6).

> **Précisions** Concernant tous les organes de direction :
> – le montant à fournir est indépendant de l'état des cinq ou dix personnes les mieux rémunérées (voir n° 18560) ;
> – selon une réponse ministérielle (Rép. Lebas : AN 4-4-1969 n° 3574) relative à la communication aux actionnaires du montant global des rémunérations versées aux cinq ou dix personnes les mieux rémunérées, mais transposable à notre avis, cette notion de rémunération doit être entendue largement et comprendre notamment les avantages en nature dont bénéficient les intéressés (BOI-BIC-CHG-40-60-10 n° 40 à 60) ;
> – les rémunérations perçues au titre d'un contrat de travail (en cas de cumul des fonctions de direction avec celles des directions techniques) ne sont pas, à notre avis, à fournir.
> L'AMF considère (Bull. COB n° 278, mars 1994, p. 20), pour les prospectus, qu'il y a lieu de tenir compte de toutes les rémunérations quelles qu'elles soient (salaires, participation des salariés, intéressement, honoraires, etc.).

c. Pour les membres du conseil de surveillance (de SA), aux rémunérations fixes annuelles (anciens jetons de présence).

> **Précisions** Les rémunérations exceptionnelles versées pour des missions ou des mandats particuliers (C. com. art. L 225-84 et L 22-10-28) ne sont pas, à notre avis, à fournir.

18465 **Rémunérations non indiquées par exception** L'information sur le montant des rémunérations allouées aux dirigeants (voir ci-avant) peut ne pas être donnée dans l'annexe des comptes sociaux lorsqu'elle permet d'identifier la situation d'un membre déterminé des organes de direction (PCG art. 833-17).

> **EXEMPLE**
> Tel est le cas, lorsqu'il n'y a qu'un seul dirigeant dans la société ou lorsqu'une catégorie ne comprend qu'une seule personne.

II. AUTRES INFORMATIONS COMPTABLES ET FINANCIÈRES

INFORMATION EN MATIÈRE DE BILAN SOCIAL (HUMAIN)

18535 Voir n° 65165.

ÉTAT DES 5 OU 10 PERSONNES LES MIEUX RÉMUNÉRÉES

18540 ➤ **Précisions** Pour un tableau comparatif des différentes déclarations liées aux rémunérations, voir n° 18765.

18545 **Texte** Dans les **sociétés par actions** (C. com. art. L 225-115-4°), **sauf dans les SAS** (C. com. art. L 227-1, al. 3) sous réserve toutefois de dispositions contraires dans les statuts de cette dernière, tout actionnaire a le droit d'obtenir communication « du montant global, certifié exact par les commissaires aux comptes, s'il en existe, des rémunérations versées aux personnes les mieux rémunérées, le nombre de ces personnes étant de 10 ou 5 selon que l'effectif du personnel est ou non d'au moins 250 salariés ». Cette information est établie, en principe, par l'organe compétent de l'entité qui arrête les comptes (conseil d'administration ou directoire, gérant pour une SCA).

> ➤ **Précisions** **1.** Lorsque l'effectif moyen du personnel n'est pas supérieur à cinq, la société n'est pas tenue d'établir le montant global des rémunérations (Note d'information CNCC NI.XVI « Le commissaire aux comptes et les attestations », décembre 2012, § 6.81.3, non repris dans la 2ᵉ édition d'avril 2023, mais ayant valeur de doctrine). Voir également n° 18565.
> **2.** Cette information est distincte de celles relatives :
> — au montant des rémunérations allouées aux membres des organes d'administration, de direction et de surveillance, à fournir dans l'**annexe** (voir n° 18455) ;
> — aux rémunérations des mandataires sociaux indiquées dans le **rapport sur le gouvernement d'entreprise** des sociétés dont les actions sont admises aux négociations sur un marché réglementé (voir n° 65101) ;
> — aux rémunérations figurant sur le **relevé fiscal** des frais généraux (CGI art. 39-5 et 54 quater ; voir n° 18195) ; les différences sont mises en évidence ci-après.

18550 **Qu'entend-on par effectif du personnel ?** L'effectif du personnel est déterminé selon les dispositions du dernier alinéa de l'article D 123-200 du Code de commerce (C. com. art. D 210-21). Le seuil de l'effectif salarié doit être apprécié à la date de la clôture du dernier exercice (C. com. art. D 225-104-2). Sur les salariés visés, voir n° 18375.

18555 **Quelles peuvent être les personnes les mieux rémunérées ?** Il s'agit :
a. Des salariés compris dans l'« **effectif du personnel** » (voir n° 18550).
b. D'autres personnes (à notre avis, physiques ou morales, en l'absence de distinction opérée par la loi entre ces deux catégories de personne) ne faisant pas partie de l'effectif du personnel, **mais rémunérées** par l'entreprise, à savoir :
1. des membres d'une **profession libérale** ou de **toute personne non salariée** travaillant de **façon exclusive et permanente** pour la société et ne recevant de rémunération que de cette société (NI.XVI précitée, § 6.81.4) ;

> ➤ **Précisions** Il s'agit notamment des dirigeants n'ayant pas la qualité de salariés (gérants majoritaires de SARL, etc.), de toute personne exerçant des activités non commerciales (avocats-conseils, conseillers techniques, etc.) et prêtant un concours exclusif et permanent à l'entreprise (BOI-BIC-CHG-40-60-10 n° 60).

2. des **personnes** recevant des **commissions, rémunérations fixes annuelles (anciens jetons de présence)** (NI.XVI précitée, § 6.81.4) ;

3. des **personnes** dont les salaires sont **refacturés par une entreprise** dans le cadre d'un groupe de sociétés : dirigeants communs (Inst. de l'administration du 22-3-1967 sur les frais généraux, n° 13) et autres personnes.

> **Précisions** Ainsi, dans un groupe de sociétés, une même personne peut être considérée **2 fois** (ou plus) comme « personne rémunérée », une fois dans la société qui paie le salarié (elle fait partie de l'effectif du personnel) et une fois dans la (ou les) société(s) qui utilise(nt) ses services (elle fait partie des personnes rémunérées).

Que faut-il entendre par « rémunérations versées » ?

18560

> **Précisions** Pour un tableau comparatif des différentes déclarations liées aux rémunérations, voir n° 18765.

a. Par « **rémunérations** », il faut comprendre **toutes les sommes et avantages perçus**, quelles que soient la forme et la qualification données à ces rémunérations (Rép. Lebas : AN 4-4-1969 n° 3574).

Sont ainsi visées (NI.XVI précitée, § 6.81.4) les **rémunérations brutes** incluant tous les avantages et indemnités perçus, quelles que soient leur forme et leur qualification.

> **Précisions 1. Rémunérations visées** Les avantages en nature, les indemnités et les allocations diverses sont donc visés (Rép. Lebas : AN 4-4-1969 n° 3574 ; BOI-BIC-CHG-40-60-10 n° 40 à 60). Le montant des remboursements de dépenses à caractère personnel doit également être pris en compte (Rép. Perrin : AN 21-12-1966 n° 21356).
> Sont également visées les indemnités assimilables à un complément de la rémunération de base qui sont à prendre en compte pour le calcul des rémunérations versées (Bull. CNCC précité).
> **2. Refacturations** En cas de refacturation de rémunération au sein d'un groupe, il faut retenir (NI.XVI précitée, § 6.81.4) :
> – dans la société utilisatrice (refacturée), les sommes versées à l'entité qui rémunère la personne concernée ;
> Le montant refacturé par une filiale étrangère au titre de la rémunération d'un dirigeant commun exerçant dans la société mère française et rémunéré exclusivement par la filiale doit être pris en compte par la société mère française pour l'établissement de son attestation (Bull. CNCC n° 173, mars 2014, EJ 2013-29, p. 90 s.).
> À notre avis, la société utilisatrice pourrait également retenir les salaires refacturés au titre de l'exercice qu'ils soient payés ou non à la société prêteuse.
> – dans la société qui refacture, celles restant à la charge de cette société.
> Il est par ailleurs recommandé que chaque société précise ce qu'elle a retenu dans son calcul.
> **3. En revanche, en sont exclus** :
> – les remboursements de frais non forfaitaires ;
> – les dépenses et charges afférentes aux véhicules et autres biens, aux immeubles non affectés à l'exploitation ;
> – les indemnités de rupture de contrat, de licenciement ou de fin de carrière (Bull. CNCC n° 88, décembre 1992, EJ 92-150, p. 640 s.). Ces montants sont également exclus du relevé des frais généraux (voir n° 18195).
> Jusqu'à présent, en pratique, les stock-options et les actions gratuites consenties à certains dirigeants sont en général exclues.

b. Parmi les rémunérations indiquées ci-avant, **seules** les rémunérations **versées** doivent être retenues, c'est-à-dire (comme pour la déclaration annuelle des salaires, voir n° 18185), les **sommes** réellement mises à disposition en étant soit **versées** effectivement, soit **portées en compte courant**.

> **Précisions 1. Provisions** Sont donc exclues les sommes portées dans un compte de provision, un compte d'attente ou un compte de régularisation (NI.XVI précitée, § 6.81.4).
> **2. Rémunérations payées en devises étrangères** Dans ce cas, « le cours du change doit être celui appliqué à la société par l'intermédiaire agréé chargé de procéder au transfert pour chacun des versements effectués au titre de l'exercice » (Rép. Lebas : AN 4-4-1969 n° 3574).

Quel état établir ? Si l'effectif est :

18565

– **d'au moins 250,** l'entreprise doit établir l'**état des 10** personnes les mieux rémunérées ;
– **inférieur à 250,** l'entreprise doit, en principe (voir cas particulier ci-après), établir l'**état des 5** personnes les mieux rémunérées.

Quel montant indiquer ? Seul le montant global des rémunérations versées aux

18570

5 et 10 personnes les mieux rémunérées est à indiquer. Les sociétés ne sont pas tenues de fournir le montant des sommes perçues par chaque personne individuellement (Rép. Beucler : AN 29-1-1972 n° 21584).

Il convient donc de déterminer parmi les personnes rémunérées (voir n° 18555) les 5 ou 10 plus hautes rémunérations (voir notion n° 18560) et d'en indiquer le montant global sur l'état.

18575 **Contrôles du commissaire aux comptes** Voir NI.XVI précitée (§ 6.82.2) et FRC 12/23 Hors série inf. 72 s.

Si le montant est communiqué aux actionnaires sans l'attestation, ou s'il ne leur est pas communiqué, le commissaire aux comptes en tire les conséquences appropriées au regard de ses obligations de communication des irrégularités et inexactitudes, voir FRC 12/23 Hors série inf. 83 s.

Pour des exemples **d'attestation** et de **lettre de mission**, voir la base documentaire Sidoni de la CNCC (cncc.fr).

18580 **Modalités de l'information** Voir n° 80155 s.

INFORMATION SUR LES ACTIONS DE PARRAINAGE ET DE MÉCÉNAT

18585 **Sociétés visées** L'information et son contrôle sont prévus explicitement par l'article L 225-115-5° du Code de commerce, qui concerne les **sociétés par actions, hors SAS** (C. com. art. L 227-1, al. 3).

> **Précisions** Ces dispositions ne visent donc pas les SAS, les SARL, les SNC, les SCS, les personnes morales de droit privé non commerçantes ayant une activité économique et les GIE (Note d'information CNCC NI.XVI « Le commissaire aux comptes et les attestations », décembre 2012, § 6.91.1, §, non repris dans la 2e édition d'avril 2023 mais ayant valeur de doctrine).

L'établissement de cette information est de la responsabilité de la direction de l'entité (NI.XVI précitée, § 6.91.2).

18590 **Contenu de l'information** L'article L 225-115-5° du Code de commerce dispose que tout actionnaire a le droit d'obtenir communication :

a. du **montant global** (certifié par les commissaires aux comptes, s'il en existe) des versements effectués en application de l'article 238 bis, 1° et 4° du CGI, c'est-à-dire les dons de mécénat (voir n° 16035 s.) ;

> **Précisions** Le montant des versements correspond à un montant global et non au montant par nature de versement (NI.XVI précitée, § 6.91.3).
> Il s'agit, à notre avis, en l'absence de précisions des organismes compétents, des **sommes comptabilisées** dans l'exercice **ouvrant droit** aux avantages fiscaux, car ainsi l'information est plus complète, et non des seules sommes ayant effectivement donné lieu à un avantage fiscal. Sur cet avantage fiscal, voir n° 16045.
> Pour la CNCC (Bull. n° 77, mars 1990, EJ 89-196, p. 121 s. ; NI.XVI précitée, § 6.91.3), les dépenses de **parrainage** (voir n° 16030) , n'étant pas visées par l'article précité (puisque déductibles dans les conditions visées à l'article 39-1-7° du CGI), n'entrent pas dans ce montant global. Le montant des dépenses de parrainage n'a donc **pas** à être communiqué aux actionnaires ni **certifié**.

b. de la **liste des actions nominatives de parrainage et de mécénat.**

> **Précisions** À notre avis, devraient y figurer :
> — pour les actions de parrainage, le nom officiel de la manifestation (et éventuellement la date) ;
> — pour les actions de mécénat, le nom des organismes auxquels les sommes sont versées et, si nécessaire, l'objectif de cette action.
> Les conditions et délais de mise à disposition de cette liste doivent être fixés par décret (NI.XVI précitée, § 6.91.1).
> La liste nominative ne comprend **pas d'informations chiffrées** (NI.XVI précitée, § 6.91.1).
> Une information spécifique concernant les dépenses de mécénat et de parrainage n'a **pas à être fournie** dans l'annexe (**sauf** dans le cas particulier où les dépenses de l'exercice ne permettraient pas la comparaison du poste « Autres charges externes » avec l'exercice N−1).

Il n'est **pas prescrit** de fournir une information consolidée.

En l'absence de dons visés à l'article 238 bis, 1° et 4° du CGI, la société n'a pas à établir et à communiquer à ses actionnaires un document faisant état d'un montant nul (Bull. CNCC n° 107, septembre 1997, CNP 97-04, p. 456 ; NI.XVI précitée, § 6.91.2). **En revanche,** si le montant des versements concernés est **peu significatif,** le document doit être établi et soumis à la certification du commissaire aux comptes (NI.XVI précitée, § 6.91.1).

18595 **Modalités de l'information** Voir n° 80155 s.

18600 **Contrôle de l'information par le commissaire aux comptes** Le commissaire aux comptes, s'il en existe (C. com. art. L 225-115-5°) :

a. **doit certifier le montant global des sommes** ouvrant droit à la réduction d'impôt visée à l'article 238 bis, 1° et 4° du CGI.

Lorsque le montant des versements concernés est nul, la société n'a pas à établir de document et le commissaire aux comptes n'a pas à établir d'attestation (NI.XVI précitée, § 6.91.1).
Sur les contrôles du commissaire aux comptes, voir NI.XVI précitée (§ 6.92.2) et FRC 12/23 Hors série inf. 72 s.

b. n'a **pas,** en revanche, de par la loi, **à certifier la liste des actions** nominatives de parrainage, de mécénat.
Si cette liste n'est pas établie ou si elle contient des informations manifestement incohérentes, il lui appartient d'en tirer les conséquences appropriées au regard de ses obligations de communication des irrégularités et inexactitudes ; voir FRC 12/23 Hors série inf. 83 s.

Pour des exemples **d'attestation** et de **lettre de mission,** voir la base documentaire Sidoni de la CNCC (cncc.fr).

INFORMATION SUR LES CHARGES NON DÉDUCTIBLES FISCALEMENT

18620

Toutes les personnes morales passibles de l'IS doivent fournir aux **assemblées générales** les informations concernant les dépenses suivantes :

I. Charges de caractère somptuaire, ainsi que l'impôt supporté à raison de leur engagement (CGI art. 223 quater).

> **Fiscalement** Les dépenses somptuaires au sens de l'article 39, 4 du CGI sont réintégrées sur l'imprimé n° 2058-A, sur deux lignes distinctes (WE pour les amortissements et WF pour les charges).

Elles doivent **apparaître distinctement dans leur comptabilisation.**

> **Précisions** Étant classé par nature, cet engagement distinct ne peut être obtenu que par un second classement en fonction des destinations objet de ces restrictions fiscales. L'approbation de ces charges doit faire l'objet d'une résolution spéciale portant sur leur montant chiffré.

Les charges somptuaires, qui sont notamment énumérées ci-après, sont, sauf exceptions (voir Mémento Fiscal n° 9010), **exclues des charges déductibles,** qu'elles aient été supportées directement par les entreprises ou sous forme d'allocations forfaitaires ou de remboursement de frais (CGI art. 39-4) :

a. Dépenses et charges de toute nature (y compris l'amortissement, voir n° 27630) ayant trait à l'exercice de la **chasse** (voir n° 15950) ainsi qu'à l'exercice non professionnel de la **pêche** ;

b. Charges (y compris l'amortissement, voir n° 27630) résultant de l'achat, de la location ou de toute autre opération exposée, fût-ce dans le cadre d'une gestion normale, pour la disposition et l'entretien de **résidences utilisées effectivement à des fins de plaisance ou d'agrément** sans faire l'objet d'une exploitation lucrative spécifique (CE 24-3-2006 n° 257330 ; CE 27-7-2005 n° 259009 ; CE 1-4-2005 n° 254319) ;

> **EXEMPLE**
>
> **Charges non déductibles** Le château d'un domaine viticole utilisé à des fins de relations publiques conserve son caractère de résidence d'agrément dès lors qu'il n'est pas converti en bâtiment d'exploitation ou en immeuble commercial (CE 23-2-2000 n° 178745 ; CE 28-12-2012 n° 345841). Sur le cas où le château est classé, voir ci-après.

En revanche sont déductibles les charges afférentes :
– aux résidences de plaisance ou d'agrément qu'une entreprise donne en location à un tiers ou un dirigeant moyennant un loyer normal (CE 25-11-1981 n° 11383) ;
– à une propriété qui n'a fait l'objet d'aucun usage entre la date de son acquisition et celle de sa mise en location à un tiers (CAA Paris 18-2-2004 n° 99-1838) ;
– à une résidence qui constitue le siège social de l'entreprise, ou bien fait partie intégrante de l'exploitation et sert à l'accueil de la clientèle (CGI art. 39-4). Toutefois, l'administration limite cette mesure aux établissements industriels, ateliers de production et exploitations agricoles (BOI-BIC-CHG-30-20 n° 50) ;
– aux **demeures historiques classées,** inscrites à l'inventaire supplémentaire des monuments historiques ou agréées lorsqu'elles sont exposées pour les besoins de l'exploitation (usage de bureaux, accueil de clients, séminaires…) (CGI art. 39-4, dernier al.) ;
– aux résidences de plaisance ou d'agrément lorsqu'elles sont exposées dans le cadre de la gestion des services sociaux de l'entreprise et en faveur de l'ensemble du personnel (BOI-BIC-CHG-30-20 n° 20 ; CE 28-11-1986 n° 66295).

18620
(suite)

c. Amortissements des **véhicules de tourisme,** pour la fraction de leur prix d'acquisition qui excède un certain plafond, **ou loyer correspondant** (voir n° 15720 et 27570) ;

d. Dépenses de toute nature (y compris l'amortissement) résultant de l'achat, de la location ou de toute autre opération faite en vue d'obtenir la disposition de **yacht** ou de **bateau de plaisance** à voile ou à moteur, ainsi que de leur entretien.

> **EXEMPLE**
>
> **Charges non déductibles** Il en est ainsi des frais de location (CE 20-11-2013 n° 338170) ou d'entretien (CAA Paris 11-4-2003 n° 98-312 et 98-313) d'un voilier de plaisance utilisé par une entreprise à des fins commerciales et publicitaires dans le cadre d'une gestion commerciale normale.
>
> **En revanche sont déductibles** les dépenses afférentes :
> – à l'entretien de bateaux de plaisance et de yachts par une entreprise ayant pour objet social la location, la vente ou l'organisation de croisières dans un but lucratif (BOI-BIC-CHG-30-20 n° 120) ;
> – aux yachts ou bateaux de plaisance engagées par une entreprise en vue d'assurer le fonctionnement de clubs d'aviron, de canoë ou de voile créés au profit de l'ensemble de son personnel (BOI-BIC-CHG-30-20 n° 120) ;
> – à l'entretien d'un Zodiac nécessaire à une société exploitant un restaurant pour y acheminer la clientèle venant de la mer (CAA Marseille 20-1-2015 n° 13MA02150) ;
> – à la location, à l'entretien et à l'amortissement d'un yacht restant à quai, aménagé en bureaux (CE 8-11-1978 n° 4237 et 4995).
> Pour plus de détails, voir Mémento Fiscal n° 9000 s.
> Pour l'amortissement des biens somptuaires de façon générale, voir n° 27630.

II. Dépenses du relevé des frais généraux Les dépenses devant figurer sur le relevé des frais généraux ne sont pas déductibles dans la mesure où elles sont excessives et ou que la preuve n'a pas été apportée qu'elles ont été engagées dans l'intérêt direct de l'entreprise (CGI art. 39-5 et 223 quinquies). Il s'agit des dépenses énumérées au n° 18195 dont le montant réintégré doit être fourni globalement par catégorie.

Lorsque l'absence de toute mention est simplement la conséquence de **l'inexistence de ces charges,** afin qu'aucun doute ne subsiste dans l'esprit des actionnaires, l'AMF recommande de publier cette information dans l'annexe ou dans le rapport du conseil d'administration (Bull. COB n° 62, juillet 1974, p. 3 et 4).

> **> Précisions   1. SARL** La communication des réintégrations dans les bénéfices imposables de certains frais généraux (art. CGI précité) n'est, à notre avis, pas requise dans les SARL, l'article 223 quinquies du CGI ne prévoyant une telle communication qu'à l'assemblée générale des actionnaires (voir Mémento Sociétés commerciales n° 32400).
>
> **2. Cas particulier des rémunérations occultes** Selon le bulletin CNCC (n° 82, juin 1991, EJ 91-65, P. 265), le montant des rémunérations occultes (voir n° 16800) n'a pas à être communiqué ou approuvé par l'assemblée et n'exige pas de mention particulière dans le rapport de gestion (sur la mention des rémunérations des dirigeants dans le rapport sur le gouvernement d'entreprise, voir n° 65101).

III. Rémunération des administrateurs (anciens jetons de présence)
L'assemblée générale doit être informée du risque de dépassement de leur plafond fiscal (voir n° 17285). En effet « les actionnaires ne peuvent à l'évidence mesurer le caractère éventuellement excessif du rajustement qu'il leur est demandé d'approuver que s'ils ont connaissance de la charge fiscale supplémentaire que serait susceptible de comporter ledit rajustement » (Rapport COB 1976, p. 39).

Pour un tableau comparatif des différentes déclarations liées aux rémunérations, voir n° 18765.

Contrôle de l'information par le commissaire aux comptes La CNCC (ancienne NI n° 9 « Vérifications spécifiques ») précise l'attitude que devrait avoir le commissaire aux comptes lorsque les dirigeants prennent une position différente de celle prévue par les textes. Ces précisions sont résumées dans le tableau ci-après : **18625**

Nature des charges et traitement normal	Textes du CGI	Position divergente possible des dirigeants de la société	Position du commissaire aux comptes dans le rapport sur les comptes annuels
Dépenses somptuaires – doivent être réintégrées	art. 39.4	Pas de réintégration	**Réserve** [1] si le risque fiscal est important ou **Observation** [2] – irrégularités
– doivent être approuvées par l'AG	art. 223 quater	Pas d'information de l'AG, mais dépenses réintégrées	**Observation** [2] – irrégularités
Charges non déductibles réintégrées par l'administration fiscale Peuvent être réintégrées si montant excessif (non engagées dans l'intérêt de la société) ou non-déclaration	art. 39.5	Acceptation d'un risque certain de réintégration	**Réserve** [1] si le risque fiscal est important [3]
Information de l'AG après proposition de rehaussement	art. 223 quinquies	Pas d'information ou information incomplète de l'AG	**Observation** [2] – irrégularités [3]

(1) Rapport sur les comptes annuels (opinion sur les comptes).
(2) Rapport sur les comptes annuels (dans les vérifications spécifiques).
(3) Pour le ministre de la Justice (Rép. Valbrun : AN 26-3-1977 n° 34420) : « L'obligation imposée au commissaire aux comptes vis-à-vis des actionnaires est limitée à la vérification des chiffres globaux fournis par le conseil d'administration. Toutefois, si le commissaire estimait probable une charge fiscale supplémentaire résultant de la réintégration au résultat imposable des dépenses estimées excessives ou injustifiées, il devrait demander au conseil d'administration de constituer la provision nécessaire. En cas de refus du conseil, il lui appartiendrait alors de relever cette absence de provision dans son rapport à l'assemblée. »

ÉTAT DE RÉPARTITION FONCTIONNELLE DES CHARGES D'EXPLOITATION
Ce tableau annexé au compte de résultat de l'exercice selon le PCG 82 (p. II.189) permettait aux entreprises de classer, **si elles le désirent,** les charges d'exploitation par fonctions, à partir de la comptabilité générale, sans avoir à recourir à la tenue d'une comptabilité analytique complète. Elles peuvent, à notre avis, continuer à l'utiliser et à le présenter. **18630**

INFORMATION SUR LES DETTES FOURNISSEURS ET LES CRÉANCES CLIENTS DANS LE RAPPORT DE GESTION
Contenu de l'information Les sociétés dont les comptes sont certifiés par un commissaire aux comptes doivent publier, dans leur rapport de gestion, le nombre et le montant total des factures reçues de leurs fournisseurs non réglées à la date de clôture, ainsi que le nombre et le montant total des factures qu'elles ont émises et que leurs clients n'ont pas réglées (C. com. art. L 441-14 et D 441-6 ; voir n° 64980 II.). **18635**

SECTION 6 — COMPLÉMENTS PRATIQUES

DÉLAIS DE PRESCRIPTION DES CRÉANCES ET DES DETTES
Ces délais revêtent une grande importance sur le plan comptable car, en principe, les dettes impayées ne peuvent être reprises en résultat (en produits donc) avant leur prescription (voir n° 15090). **18740**

18745 **Dettes et créances commerciales** Le tableau ci-après, établi par nos soins, récapitule les délais de prescription applicables aux dettes et créances commerciales.

Nature des opérations concernées par la prescription	Délai de prescription	Point de départ du délai de prescription	Renvois n°	Renvois n° MDC [1]
Ventes ou achats entre commerçants et entre commerçants et non-commerçants	5 ans (sauf si prescriptions spéciales plus courtes, voir ci-après ou durée conventionnellement réduite ou allongée par les parties) (C. com. art. L 110-4) [2]	Jour où le titulaire d'un droit a connu ou aurait dû connaître les faits lui permettant de l'exercer	15090 45920 10390	MDC 71731
Fourniture de biens ou de services par des professionnels aux consommateurs	2 ans (C. consom. art. L 218-2)			MDC 71734
Revenus ou charges périodiques : loyers, intérêts des sommes prêtées, et tout ce qui est payable par année ou à des échéances périodiques plus courtes	5 ans (C. civ. art. 2224)	Jour où le titulaire d'un droit a connu ou aurait dû connaître les faits lui permettant de l'exercer		MDC 71737
Produits ou charges relatifs à un contrat international	Prescription soumise à la loi applicable au contrat international			MDC 71703
Produits liés aux contrats conclus avec les collectivités publiques	4 ans (Loi 68-1250 du 31-12-1968 art. 1er)	1er janvier de l'année suivant celle de la naissance de la créance		MDC 60020 à 60030
Paiement d'intérêts moratoires prévus au contrat	5 ans (C. civ. art. 2224)	Jour où le titulaire d'un droit a connu ou aurait dû connaître les faits lui permettant de l'exercer	42960 s.	MDC 53827

Précisions Aménagements conventionnels possibles Les délais de prescription peuvent être conventionnellement réduits ou allongés par les parties sans qu'ils puissent être inférieurs à 1 an ou supérieurs à 10 ans (C. civ. art. 2254). Ces aménagements ne sont toutefois pas possibles pour les actions en paiement ou en répétition des créances périodiques (loyers, charges locatives, intérêts de sommes prêtées...) et pour les contrats conclus entre un professionnel et un consommateur et les contrats d'assurance.

(1) MDC : Mémento Droit commercial.
(2) Les règles de prescription visent non seulement les créances et dettes commerciales mais également les créances et dettes d'exploitation non commerciales, telles que les honoraires d'un avocat (Cass. civ. 4-1-2006 n° 20 FS-PB ; décision rendue avant 2008 en matière de prescription décennale, mais transposable à notre avis au régime de la prescription quinquennale introduit par la loi 2008-561 du 17-6-2008).

Dettes à l'égard des salariés et des actionnaires ou associés Le tableau ci-après, établi par nos soins, récapitule les délais de prescription applicables pour les dettes à l'égard des salariés et des actionnaires ou associés.

18750

Nature des opérations concernées par la prescription	Délai de prescription	Point de départ du délai de prescription	Renvois n°	Renvois n° MS (3)
Salaires et, plus généralement, tout ce qui est payable par année ou à des termes périodiques plus courts (1)	3 ans (C. trav. art. L 3245-1) (2)	Jour où le salarié a connu ou aurait dû connaître les faits lui permettant d'agir	17180 s.	MS 70815
Dommages et intérêts versés aux salariés : – indemnités de licenciement – indemnités de rupture abusive	12 mois (C. trav. art. L 1471-1)	Jour de la notification de la rupture du contrat de travail		MS 14745
Indemnité de rupture conventionnelle individuelle (4)	12 mois (C. trav. art. L 1237-14)	Jour de la date d'homologation de la convention	16965	
Dommages et intérêts versés aux salariés victimes de discriminations ou d'actes de harcèlement	5 ans (C. civ. art. 2224 et C. trav. art. L 1134-5)	Jour de la révélation de la discrimination ou jour où le salarié victime de harcèlement a connu ou aurait dû connaître les faits lui permettant d'exercer son action		MS 17085 et 32270
Réserve spéciale de participation (5)	2 ans (C. trav. art. L 1471-1)	Jour où le salarié a connu ou aurait dû connaître les faits lui permettant d'agir	53810	
Intéressement des salariés			16845	
Dividendes non réclamés (6)	5 ans (7)	Jour où l'actionnaire ou l'associé a connu ou aurait dû connaître les faits lui permettant d'agir	54037	MS 33895

Précisions Aménagements conventionnels Les délais de prescription peuvent être réduits ou allongés contractuellement par les parties, sans qu'ils puissent être inférieurs à 1 an ou supérieurs à 10 ans (C. civ. art. 2254). Ces aménagements ne sont toutefois pas possibles pour les actions en paiement ou en répétition des créances périodiques (notamment les salaires) et pour les actions en réparation d'un préjudice résultant d'une discrimination.

(1) Selon la jurisprudence, la notion d'action en paiement des salaires s'entend de toute action concernant les sommes liées à l'exécution d'un travail salarié (Cass. com. 12-7-2006 n° 04-48.687).
(2) La loi n° 2013-504 du 14 juin 2013 relative à la sécurisation de l'emploi a réduit de 5 à 3 ans le délai de prescription des salaires. L'article L 3245-1 modifié du Code du travail précise que la demande en paiement des salaires peut porter :
– si l'action est engagée alors que le **contrat de travail est toujours en cours**, sur les sommes dues au titre des trois dernières années ;
– si le **contrat de travail a été rompu**, sur les sommes dues au titre des trois années précédant la rupture.
(3) MS : Mémento Social.
(4) En ce sens, Cass. soc. 20-11-2019 n° 18-10.499.
(5) Les actions des salariés en paiement de la participation sont soumises à la prescription biennale (Cass. soc. 13-4-2023 n° 21-22.455 FS). Cette solution est, à notre avis, transposable à l'intéressement.
(6) Les dividendes non réclamés afférents à des **actions** sont versés au service des impôts dans les 20 premiers jours de janvier de chaque année suivant celle de la prescription (CGPPP art. L 1126-1-1° et L 1126-2-1°). Lorsque la prescription est acquise, le compte 457 « Associés – Dividendes à payer » est débité par le crédit du compte 447 « Autres impôts, taxes et versements assimilés ».
(7) Pour les dividendes afférents aux actions, obligations ou autres valeurs mobilières négociables (CGPPP art. L 1126-1-1°) et aux parts sociales (prescription civile de droit commun ou prescription commerciale) la prescription est de 5 ans.

18755 **Dettes et créances à l'égard des organismes sociaux**

Nature des opérations concernées par la prescription	Délai de prescription	Point de départ du délai de prescription	Dispositions applicables	Renvois	
				n°	n° MS, MF ou MP [1]
Cotisations de sécurité sociale	3 ans en l'absence d'avertissement/ mise en demeure durant cette période [2] et [3]	Fin de l'année civile au titre de laquelle les cotisations sont dues [2]	CSS art. L 244-3	16640	MS 24270 et MP 21535
	3 ans en cas d'avertissement/ mise en demeure [2] et [4]	Expiration du délai imparti à l'employeur par l'avertissement/ mise en demeure [2]	CSS art. L 244-8-1 et L 244-2		MS 24630 et MP 21535
CSG et CRDS			CSS art. L 136-5 et Ord. 96-50 du 24-1-1996 art. 14		MS 25030
Contribution sociale de solidarité	Mêmes délais que pour les cotisations de sécurité sociale (voir ci-avant)		CSS art. L 137-34	16500	MF 75050
Cotisations de chômage			C. trav. art. L 5422-15 et L 5422-16	16640	MS 6400 et MP 29600
Cotisations de retraite complémentaire	5 ans [5]	Date limite de versement des cotisations	C. civ. art. 2224 et C. com. art. L 110-4	17630	MS 68010

(1) MS : Mémento Social ; MF : Mémento Fiscal ; MP : Mémento Paie.
(2) Ces délais de prescription et leurs points de départ respectifs sont applicables aux cotisations au titre desquelles une mise en demeure est notifiée à compter du 1er janvier 2017. S'ils réduisent la prescription, ils s'appliquent également à compter du 1er janvier 2017 aux cotisations ayant fait l'objet de mises en demeure notifiées avant cette même date, sans que la durée totale puisse excéder la durée prévue par la loi antérieure (Loi 2016-1827 art. 24). Pour les délais prévus par la loi antérieure, voir édition 2016 du Mémento Social n° 24270 et 24630.
(3) Prescription du droit de reprise.
(4) Prescription de l'action civile en recouvrement.
(5) Ce délai s'applique aux commerçants et aux non-commerçants.

18760 **Dettes et créances fiscales** La prescription des dettes envers l'État et des créances sur l'État est de 4 ans. Toutefois, le point de départ diffère selon qu'il s'agit d'une créance ou d'une dette.
a. Prescription des créances sur l'État Le délai de prescription des créances fiscales sur l'État court à compter du premier jour de l'année suivant celle au cours de laquelle les droits ont été acquis (Loi 68-1250 du 31-12-1968 art. 1 ; CAA Nancy 8-10-1998 n° 94-652).
Ce délai ne s'applique qu'aux créances déjà acquises. Sur les délais pour former des réclamations pour obtenir le remboursement d'un impôt, voir Mémento Fiscal n° 81825 à 81845.
b. Prescription des dettes envers l'État Le tableau ci-après, établi par nos soins, récapitule les différents points de départ des délais de prescription, qui varient en fonction de la nature de l'impôt.

18760 (suite)

LES CHARGES ET LES DETTES D'EXPLOITATION

Nature des opérations concernées par la prescription de l'action en recouvrement de l'administration	Délai de prescription	Point de départ du délai de prescription	Renvois n°	Renvois n° MF [1]
Impôts et taxes recouvrés par voie de rôle :	4 ans [2]	Date de mise en recouvrement du rôle		MF 76950 s.
– impôt sur le revenu			52595	
– impôts directs locaux, notamment :				
• CFE			16420 s.	
• taxe d'habitation			16460	
• taxe foncière			16460	
Impôts et taxes recouvrés sans émission d'un rôle :	4 ans [2]	Date d'envoi de l'avis de mise en recouvrement		MF 76950 s.
– impôt sur les sociétés			52620 s.	
– TVA			46485 s.	
– CVAE			16420 s.	
– taxe sur les salaires			16350	
– droit d'enregistrement et droit de timbre				
– autres impôts directs recouvrés sans émission de rôle :				
• retenue à la source			11885, 36400	
• taxe d'apprentissage			16280 s.	
• participation à l'effort de construction			16365 s.	
• contribution à la formation professionnelle			16300 s.	
Intérêts de retard, pénalités et amendes fiscales sanctionnant les contraventions aux règles d'assiette et de recouvrement des impôts [3]	Prescription dans le même délai et dans les mêmes conditions que la prescription de l'impôt correspondant		45995	MF 79700
Intérêts moratoires [4]	4 ans	Expiration du sursis de paiement (date de notification du jugement de première instance ou expiration des délais pour saisir le juge)	53125	CONT-III-27040

(1) MF : Mémento Fiscal.
(2) Le délai de prescription de l'action en recouvrement est porté à six ans lorsque l'impôt est dû par un redevable établi dans un État non membre de l'UE avec lequel la France ne dispose pas d'accord d'assistance mutuelle en matière de recouvrement des créances fiscales. Pour plus de détails, voir Mémento Fiscal n° 76950.
(3) Tel est le cas des intérêts de retard, amendes, majorations, droits en sus, etc.
(4) Ils sont dus en cas de contestations d'impôts directs (assorties d'une demande de sursis de paiement) rejetées par le tribunal administratif ou dont le contribuable s'est désisté (LPF art. L 209 et L 274).

INFORMATIONS RELATIVES AUX RÉMUNÉRATIONS

18765 **(Tableau comparatif, par document, non exhaustif)**

	Informations			
	Rapport sur le gouvernement d'entreprise [5]	État des 5 ou 10 personnes les mieux rémunérées	Tableau des résultats des 5 derniers exercices	Annexe [1]
ÉLÉMENTS PAYÉS				
– Salaires, commissions [4], rémunérations des dirigeants (y compris allocations forfaitaires de frais), indemnités de congés payés…	oui	oui	oui	oui [4]
– Avantages en nature	oui	oui	oui	oui
– Primes diverses (ancienneté, assiduité, atelier, bilan, blanchissage, chantier, exceptionnelle, 13ᵉ mois, fin d'année, naissance, panier, vacances…)	oui	oui	oui	non applicable [4]
– Indemnités et avantages divers :				
• départ volontaire en retraite	oui	non	oui	oui
• mise à la retraite par l'employeur	oui	non	oui	oui
• compléments retraite	oui	non	oui	oui
• licenciement	oui	non	oui	oui
• supplément expatriation	oui	oui	oui	oui
• autres	oui	oui [3]	oui	oui
– Frais de déplacement (réels)	non	non	non	non
– Missions	oui	non	non	non
– Frais liés au personnel détaché ou prêté et refacturés à l'entreprise	non	oui	non	oui
– Jetons de présence				
• soumis à cotisations sociales	oui	oui	non	oui
• non soumis à cotisations sociales	oui	oui [2]	non	oui
– Rémunération des stagiaires (stage d'étude obligatoire de plus de 2 mois)	non applicable	non	oui	non
ÉLÉMENTS PROVISIONNÉS				
– Salaires, appointements, commissions de base	non	non	oui	non
– Congés payés	non	non	oui	non
– Primes de gratification	non	non	oui	non
– Indemnités et avantages divers	non	non	oui	non

(1) Les informations liées aux rémunérations doivent être ventilées entre les organes d'administration, de direction et de surveillance (voir nº 18355).
(2) Y compris la fraction non déductible (voir Mémento Fiscal nº 23665).
(3) À l'exclusion de l'indemnité de non-concurrence et de rupture de contrat.
(4) Les rémunérations perçues au titre d'un contrat de travail (en cas de cumul avec des fonctions de direction) ne sont pas à fournir (voir nº 18455).
(5) Vise les rémunérations totales et avantages de toute nature versés aux mandataires sociaux. Pour plus de détails, voir nº 65101 (sociétés dont les actions sont admises aux négociations sur un marché réglementé et leurs filiales).

Sur les procédures de contrôle de la rémunération octroyée aux dirigeants, voir nº 17970.

CHAPITRE 6

LES STOCKS ET EN-COURS DE PRODUCTION

20000

SOMMAIRE

SECTION 1
DÉFINITION ET ÉLÉMENTS CONSTITUTIFS DES STOCKS ET EN-COURS DE PRODUCTION 20105

I. Critères de définition et de comptabilisation des stocks et en-cours de production 20105

II. Éléments constitutifs des stocks et en-cours de production 20195
   A. Principe général de comptabilisation des stocks 20195
   B. Conséquences pratiques sur la comptabilisation des stocks 20200

III. Classement comptable des stocks et en-cours de production 20330

IV. Critères de distinction entre stocks et immobilisations 20400

V. Stocks particuliers 20560

SECTION 2
RÈGLES D'ÉVALUATION DES STOCKS ET EN-COURS 20715

I. Coût d'entrée dans le patrimoine 20720
   A. Règle générale d'évaluation du coût d'entrée 20720
   B. Modalités générales d'évaluation du coût d'entrée 20780
   C. Éléments constitutifs du coût d'acquisition des stocks (approvisionnements et marchandises) 20900
   D. Éléments constitutifs du coût de production des stocks (produits et en-cours de production) 21055
   E. Cas particuliers d'évaluation 21250

II. Valeur d'inventaire 21415
   A. Règle générale d'évaluation 21415
   B. Modalités d'évaluation 21470

   C. Cas particuliers 21615

III. Valeur à l'arrêté des comptes (valeur au bilan) 21705
   A. Règle générale d'évaluation et de comptabilisation des dépréciations 21705
   B. Modalités d'évaluation des dépréciations 21765
   C. Cas particuliers 21840

IV. Opérations particulières 21945
   A. Provisions réglementées relatives aux stocks 21945
   B. Incidences des réévaluations sur les stocks et en-cours 22020

SECTION 3
SCHÉMAS USUELS DE COMPTABILISATION 22120
   A. Comptabilisation des stocks et en-cours 22120
   B. Cas particuliers 22215

SECTION 4
VALEUR PROBANTE DE LA COMPTABILITÉ ET CONTRÔLE DES STOCKS ET EN-COURS 22330

I. Obligations en matière d'inventaire des stocks et en-cours 22330

II. Détermination pratique des coûts Comptabilité analytique 22435

III. Contrôle externe 22570

SECTION 5
PRÉSENTATION DES COMPTES ANNUELS ET AUTRES INFORMATIONS 22685

I. Présentation des comptes annuels 22690
   A. Bilan et compte de résultat 22690
   B. Annexe (développements particuliers) 22750

II. Autres informations comptables et financières 22905

TEXTES APPLICABLES PROCHES DES IFRS

20005 Dans le cadre de la convergence des règles françaises vers les normes IFRS, les règles relatives à la **définition, la comptabilisation et l'évaluation** des stocks sont, depuis le 1er janvier 2005, largement inspirées des normes IAS 2 (stocks) et IAS 23 (coûts d'emprunt).

> **Fiscalement** Les conséquences de ces règles comptables sont présentées pour les stocks essentiellement au BOI-BIC-PDSTK-20.

SECTION 1 — DÉFINITION ET ÉLÉMENTS CONSTITUTIFS DES STOCKS ET EN-COURS DE PRODUCTION

I. CRITÈRES DE DÉFINITION ET DE COMPTABILISATION DES STOCKS ET EN-COURS DE PRODUCTION

DÉFINITION DES STOCKS

20105 **Principe général** Selon le Code de commerce et le PCG, un stock est :
a. Un actif (PCG art. 211-7) ; en tant qu'actif, un stock est un élément qui doit respecter les critères cumulatifs suivants :
– il s'agit d'un **élément identifiable,** voir n° 25140 ;
– il est **porteur d'avantages économiques futurs,** voir n° 25145 s. ;
– il est **contrôlé,** voir n° 25155 s. ;
– son **coût** est évalué avec une **fiabilité suffisante,** voir n° 25165.
b. Destiné (PCG art. 211-7) :
– soit à être **vendu** dans le cours normal de l'activité (ou en-cours de production pour une telle vente) ;
– soit à être **consommé dans le processus de production** ou de prestation de services, sous forme de matières premières ou de fournitures.

> **Fiscalement** Le critère d'inscription à l'actif des stocks demeure le critère de propriété et n'est pas, comme en comptabilité, le critère de contrôle (CGI ann. III art. 38 ter ; BOI-BIC-PDSTK-20-10 n° 10 et 90). Sur les retraitements extra-comptables à effectuer dans les cas où le transfert de propriété et le transfert du contrôle ne sont pas concomitants (par exemple, les biens acquis avec clause de réserve de propriété), voir n° 20220.

Pour un arbre de décision présentant en synthèse les différentes conditions de définition et de comptabilisation d'un stock, voir n° 25170.
Sur les conséquences pratiques de cette définition, voir n° 20200 s.
Sur la distinction avec les immobilisations, voir n° 20400 s.

20110 **Stocks traités selon des règles spécifiques** Certains actifs restent définis selon des règles spécifiques, différentes des règles générales de définition, de comptabilisation et d'évaluation des actifs retenues par le règlement CRC n° 2004-06 (abrogé et repris dans le règl. ANC 2014-03 relatif au PCG).
Sur le champ d'application du règlement CRC n° 2004-06 sur les actifs, voir n° 25110 s.
Sur l'évaluation des stocks de produits finis et en-cours de production nés des activités agricoles telles que définies à l'alinéa 1 de l'article L 311-1 du Code rural et de la pêche maritime, ainsi que des façons culturales des avances aux cultures, voir PCG art. 618-10 et 618-14 (sur les dispositions particulières applicables aux activités agricoles, voir n° 3165).

DISTINCTION ENTRE STOCKS ET EN-COURS DE PRODUCTION

20115 Le PCG 82 distingue les stocks proprement dits (voir n° 20120) et les en-cours de production (voir n° 20125). Cette distinction, non reprise dans l'actuel PCG, est toujours valable.

> **Précisions** Les **emballages** (remarque du PCG 82) sont classés, suivant leur degré d'élaboration et leur origine, sous l'une ou l'autre des catégories énumérées ci-après (voir n° 46225 s.).

Stocks proprement dits
Ils comprennent, selon le PCG 82 : **20120**

> **Fiscalement** La définition des stocks et de leurs éléments constitutifs est identique à celle retenue sur le plan comptable (CGI ann. III art. 38 ter).

I. Les **marchandises,** c'est-à-dire tout ce que l'entreprise achète pour revendre en l'état (PCG 82 p. I.34).
Sur l'interprétation de cette définition et son importance sur le coût d'entrée, voir n° 21305.
Sur l'évaluation des stocks acquis, voir n° 20780 s.

II. Les **approvisionnements** :
– **matières** (et fournitures) **premières,** c'est-à-dire les objets et substances plus ou moins élaborés destinés à entrer dans la composition des produits traités ou fabriqués (PCG 82 p. I.35) ;

> **Précisions** Les fournitures (premières) entrent dans la fabrication du produit et sont à distinguer des fournitures consommables (voir ci-après).

– **autres** approvisionnements : **matières consommables** et **fournitures consommables,** c'est-à-dire les objets et substances plus ou moins élaborés, consommés au premier usage ou rapidement, et qui concourent au traitement, à la fabrication ou à l'exploitation, sans entrer dans la composition des produits traités ou fabriqués (PCG 82 p. I.35).
Sur l'évaluation des stocks acquis, voir n° 20780 s.
Sur la différence d'évaluation comptable et fiscale à la clôture, voir n° 21520.

III. Les **produits** :
Sur l'évaluation des stocks produits, voir n° 21055 s.
– produits **intermédiaires,** c'est-à-dire les produits qui ont atteint un stade d'achèvement mais destinés à entrer dans une nouvelle phase du circuit de production (PCG 82 p. I.38) ;
L'avancement dans un processus général de production ne suffit pas à déterminer la nature du stock. Son origine (achat externe ou production interne) a une grande importance.

> **Fiscalement** Il en est de même, le Conseil d'État les définissant comme des produits parvenus à un stade intermédiaire du cycle de production qui se déroule au sein de l'entreprise (CE 15-10-1997 n° 161620). Ainsi, des concentrés de jus de fruits utilisés par un fabricant de boissons constituent des matières premières s'ils sont achetés tels quels à un fournisseur alors qu'il s'agirait de produits intermédiaires s'ils étaient fabriqués par l'entreprise elle-même. De même, constituent des produits intermédiaires les « boîtes blanches » (pleines mais non étiquetées) qu'une entreprise exerçant l'activité de préparation de légumes conditionnés dans des boîtes de conserve fabrique au cours de son cycle de production (CE 30-12-2009 n° 304516).

Sur la différence d'évaluation comptable et fiscale à la clôture, voir n° 21510.
– produits **finis,** c'est-à-dire les produits qui ont atteint un stade d'achèvement définitif dans le cycle de production (PCG 82 p. I.38) ;
– produits **résiduels (ou matières de récupération),** c'est-à-dire les produits constitués par les déchets et rebuts de fabrication.

Cas particuliers :
– stocks provenant d'immobilisations (voir n° 22220) ;
– stocks en voie d'acheminement, mis en dépôt ou donnés en consignation (voir n° 22225).

Productions en cours (ou en-cours de production)
Ce sont des biens (ou des services) en cours de formation au travers d'un processus de production. **20125**

> **Fiscalement** Les productions en cours sont également un élément constitutif des stocks (CGI ann. III art. 38 ter). Pour un exemple illustrant les critères de classement parmi les productions en cours, voir n° 22120.

I. Les productions **de biens** sont des produits ou des travaux en cours (constructions…).

II. Les productions **de services** sont des études ou des prestations de services en cours (projets informatiques, études de marché…).
Sur la comptabilisation des prestations en cours à la clôture, voir n° 20260.
Sur l'évaluation des en-cours de production à la clôture, voir n° 21055 s.
Sur la différence d'évaluation comptable et fiscale à la clôture, voir n° 21515. D'où l'importance de la date de transfert de stocks à en-cours de production, voir n° 22120.
Les biens et services créés par l'entreprise et dont l'exécution totale ou partielle est confiée à un **sous-traitant** constituent – au même titre que les produits fabriqués par l'entreprise – une production de biens et services (Bull. CNCC n° 87, septembre 1992, EC 92-04, p. 507).

En revanche, les frais engagés au titre des travaux qu'un **mandataire** fait exécuter pour le compte de ses mandants ne constituent pas des travaux en cours pour le mandataire (agent d'affaires, par exemple, voir n° 73335).

> **Fiscalement** Il en est de même (CE 3-5-2000 n° 144497).

20130 Date de comptabilisation d'un en-cours de production   Voir n° 22120.

II. ÉLÉMENTS CONSTITUTIFS DES STOCKS ET EN-COURS DE PRODUCTION

A. Principe général de comptabilisation des stocks

20195 En principe, les stocks portés à l'actif du bilan sont **tous** (et uniquement) **les biens** qui respectent les **critères cumulés de définition et de comptabilisation** d'un stock, introduits par le règlement CRC n° 2004-06 sur les actifs (abrogé et repris dans le règl. ANC 2014-03 relatif au PCG). Notamment, ils doivent être contrôlés par l'entité qui les porte à son actif (voir n° 20105).

> **Précisions** Il existe des éléments exclus du champ d'application des règles sur les actifs. Pour une liste complète de ces éléments et pour le renvoi aux règles comptables applicables, voir n° 25135.

La date d'entrée ou de sortie d'un stock intervient donc non pas au transfert de propriété, mais au **transfert de contrôle** des avantages économiques futurs, c'est-à-dire à la date à laquelle l'essentiel des **risques et avantages** afférents aux biens sont transférés (voir n° 25160).

Toutefois, en pratique, pour des raisons juridiques et fiscales (voir ci-dessous), les stocks sont, dans certains cas, sortis dès le transfert de propriété, bien que le contrôle n'ait pas été transféré (voir n° 20200 s.)

> **Fiscalement** Les stocks sont constituées des éléments dont l'entreprise est **propriétaire** à la date de l'inventaire (CGI ann. III art. 38 ter et BOI-BIC-PDSTK-20-10 n° 10 et 90). En conséquence, en cas de sortie de l'actif d'un stock dont l'entreprise est encore propriétaire mais qu'elle ne contrôle plus, il convient de neutraliser l'impact fiscal de cette sortie anticipée (BOI-BIC-PDSTK-20-10 n° 90). Sur le cas particulier des ventes avec clause de réserve de propriété, voir n° 20220.

B. Conséquences pratiques sur la comptabilisation des stocks

20200 **Le patrimoine comptable diffère du patrimoine juridique**   D'un point de vue juridique, c'est le **transfert de propriété** qui détermine l'entrée ou la sortie d'un bien dans le patrimoine. En effet, le transfert de propriété (voir n° 10360) emporte juridiquement **transfert immédiat des risques** de la chose (C. civ. art. 1196).

D'un point de vue comptable, c'est au contraire le **transfert de contrôle** qui est retenu. La date de transfert de contrôle est déterminée au regard d'une analyse minutieuse des clauses du contrat de vente et des contrats liés (risques conservés après transfert de propriété, engagement de rachat…) afin de **déterminer la date à laquelle l'essentiel des risques est réellement transféré et il est probable que les avantages économiques futurs iront bien à l'entité.**

En pratique, la date de transfert de propriété coïncide en général avec celle de transfert de contrôle et avec celle de la livraison physique. Toutefois, dans certains cas, le transfert de contrôle comptable peut être déconnecté :
– du transfert de propriété (voir n° 20220) ;
– de la livraison physique (voir n° 20225).

> **Fiscalement** En revanche, les stocks doivent être la propriété de l'entreprise (BOI-BIC-PDSTK-20-10 n° 90).

APPRÉCIATION DE LA DATE DE TRANSFERT DU CONTRÔLE

Ventes dans lesquelles le transfert de contrôle ne coïncide pas avec le transfert de propriété Tel est le cas lorsque le transfert de propriété n'emporte pas effectivement le transfert des risques et avantages (voir également n° 10360) :
– le vendeur n'est alors plus juridiquement propriétaire de biens qu'il contrôle toujours dans les faits (par exemple, les ventes à livrer ou certains cas de ventes avec accord de rachat) ;
– ou, inversement, il est toujours propriétaire de biens qu'il ne contrôle plus (par exemple, les ventes avec clause de réserve de propriété).
Dans ces cas :

I. Soit des règles comptables ou fiscales spécifiques prévoient que ces stocks sont comptabilisés à (ou sortis de) l'actif de l'entité au transfert de contrôle, même si celui-ci ne coïncide pas avec le transfert de propriété.

a. Les biens **vendus avec clause de réserve de propriété** Ces biens restent la propriété du vendeur jusqu'au paiement intégral du prix (C. civ. art. 2367). Toutefois, ils doivent être sortis de l'actif du vendeur, sans attendre le transfert juridique de propriété :
– en pratique, à la date de livraison (PCG art. 512-3) ;

> **Fiscalement** Il en est de même, l'administration acceptant, dans le cas des ventes avec clause de réserve de propriété (BOI-BIC-PDSTK-20-10 n° 100), que les stocks dont l'entreprise est toujours propriétaire, mais qui ont été livrés à l'acquéreur, soient sortis de l'actif.

– à notre avis, dès la date de transfert de contrôle qui peut intervenir avant la livraison physique (dans le cas d'une vente sous incoterm, par exemple, voir n° 11020).
Pour la comptabilisation du produit côté vendeur, voir n° 11025.
Pour leur évaluation à la clôture, voir n° 21850.
Pour la présentation au bilan, voir n° 22695.

b. Les biens **acquis sous condition portant sur le paiement du prix** Ces biens doivent être compris dans les stocks de l'acheteur, en général, dès la livraison du bien et non à la date de transfert de propriété qui n'a lieu qu'à l'issue du paiement intégral du prix. En effet, le transfert de contrôle intervient dès que l'essentiel des risques et avantages afférents au bien a été transféré à l'acheteur. Or, le complet paiement n'est pas considéré comme un risque essentiel attaché au bien cédé (voir n° 11040).

> **Fiscalement** Il en est de même (BOI-BIC-PDSTK-10-10-10 n° 100), voir n° 11040.

Lorsque la condition suspensive porte sur l'essentiel des risques et avantages, voir n° 20225.

c. Les **ventes à livrer** Elles ne doivent pas être sorties de l'actif du vendeur au moment du transfert de propriété (lorsque le bien est individualisé) mais au moment de la livraison (transfert de contrôle), voir n° 10695. En effet, d'un point de vue comptable, l'obligation de livrer issue du consentement des parties et l'individualisation du bien ne suffisent pas à considérer que les risques sont transférés.

> **Fiscalement** Il en est de même (CGI art. 38-2 bis), voir n° 10700.

II. Soit il n'existe pas de règle comptable spécifique prévoyant la comptabilisation du stock (ou sa sortie) à la date du transfert de contrôle, comme c'est le cas des **ventes avec accord de rachat.**
Dans ces cas, en application des critères de comptabilisation des actifs, ces biens ne devraient pas être sortis des stocks au moment du transfert de propriété si le transfert de contrôle n'est pas encore intervenu.

> **Fiscalement** Les biens sortant de l'actif au moment du transfert de propriété, il devrait en résulter des retraitements extra-comptables (BOI-BIC-PDSTK-20-10 n° 90).

Toutefois, en pratique, compte tenu des conséquences juridiques incertaines d'une telle comptabilisation (en cas de procédure collective notamment) et des retraitements fiscaux (voir fiscalement ci-après) :
– le **stock est souvent sorti du bilan** au transfert de propriété (bien que le transfert de contrôle ne soit pas intervenu) ;
– et seul **le résultat est retraité** pour tenir compte de la substance économique de l'opération (avec constatation d'une provision, le cas échéant, à hauteur de la marge constatée).

> **Fiscalement** Dès lors que l'entreprise n'est plus propriétaire de ces biens qui sortent de son stock, le résultat de cession doit être imposé. En conséquence, si une provision a été comptabilisée pour neutraliser la marge, cette provision ne devrait pas, à notre avis, être déductible.

20220

Sur les ventes avec accord de rachat constituant de véritables modalités de financement, voir n° 11070.
Sur les biens vendus sous condition résolutoire, lorsque la réalisation de la condition est probable, voir n° 11045.

20225 **Ventes dans lesquelles le transfert de contrôle ne coïncide pas avec la livraison physique** Il s'agit notamment des biens suivants (liste non exhaustive) :

a. Biens vendus en consignation (ou **en dépôt**) chez un destinataire (mandataire ou commissionnaire) qui s'engage à vendre les biens au nom du vendeur.
Les biens livrés chez le destinataire restent comptabilisés chez le vendeur jusqu'à ce que les biens soient vendus par le destinataire à une tierce partie. En effet, la vente en consignation s'accompagne d'une condition suspensive de revente. En conséquence, le transfert de propriété ainsi que le transfert de contrôle n'interviennent que lorsque l'obligation de revente est remplie par le destinataire. Jusqu'à cette date, la propriété et l'essentiel des risques et avantages attachés au bien restent au vendeur.
Pour plus de détails sur le produit de la vente, voir n° 11060.

b. Biens vendus sous condition suspensive (vente à l'essai, vente sous réserve d'installation et d'inspection…).
Ces biens restent la propriété du vendeur, ainsi que sous son contrôle, jusqu'à ce que soit levée la condition suspensive.
En revanche, si la condition suspensive ne porte que sur le paiement du prix, voir n° 20220.
Pour plus de détails sur le produit de la vente, voir n° 11040.

c. Ventes selon le transport.
Sauf conditions contractuelles spécifiques, lorsque la vente se réfère à un « **Incoterm** » qui définit le moment du transfert des risques (Bull. CNCC n° 190, juin 2018, EC 2018-13) :
– c'est cette date de transfert des risques qu'il faut retenir pour comptabiliser l'achat en stocks (et non pas la date de livraison physique chez l'acheteur) ;
– peu importe la répartition des frais (transport, assurance…) entre le vendeur et l'acheteur.

> **Fiscalement** Il en serait de même, à notre avis, dans l'hypothèse où la date de transfert de propriété ne serait pas précisée dans le contrat et en l'absence de clause de réserve de propriété (voir ci-avant n° 20220). En effet, dans ce cas, rien ne s'oppose, à notre avis, à la prise en compte sur le plan fiscal, comme en comptabilité, du transfert du contrôle tel qu'il résulte des incoterms pour déterminer la date de sortie des stocks.

Pour plus de détails sur les principaux Incoterms et sur le produit de la vente, voir n° 11020.

d. Biens mis en gage avec dépossession par un débiteur en garantie d'une dette envers son créancier (C. civ. art. 2333 et C. com. art. L 527-1 s. ; voir n° 50045).
En cas de gage avec dépossession, les stocks, objet du gage, sont livrés au créancier qui doit en assurer la conservation. Juridiquement, ces biens restent toutefois la propriété du débiteur pendant toute la durée du gage. En outre, ces biens restent effectivement sous le contrôle du propriétaire puisque celui-ci est assuré de bénéficier de l'avantage économique lié à leur vente (même en cas de défaut de paiement et de cession de l'actif gagé, les risques et avantages sont assumés par le débiteur à qui revient la différence positive ou négative entre le prix de vente et le montant de la dette garantie). Les stocks gagés, même s'ils sont livrés au créancier bénéficiaire du gage, doivent donc rester comptabilisés au bilan du débiteur jusqu'à leur vente.
Il en est de même des biens faisant l'objet d'un **droit de rétention (gage sans dépossession)**.
Une information est obligatoirement fournie sur les biens gagés, notamment au travers de l'état des sûretés consenties inséré en **annexe** (C. com. art. L 232-1 et PCG art. 833-13/1 ; voir n° 50705). Voir également n° 22820.

> **Précisions** En cas de défaut de paiement de la dette, le créancier peut demander en justice soit la vente, soit l'attribution du bien pour une valeur déterminée, à la date du transfert, au regard de sa cotation officielle sur une plate-forme de négociation ou par un expert (C. civ. art. 2346 à 2348 et C. com. art. L 527-8). Dans ce cas, le bien est **sorti** du bilan du débiteur :
– soit **à la date de la vente** du bien ; la dette peut alors être compensée avec la créance ;
– soit **à la date d'attribution** des stocks au créancier ; à notre avis, une créance est alors comptabilisée pour le montant de la valeur vénale des stocks transférés au bénéficiaire du gage (voir n° 50145), et la dette est compensée avec la créance.

20230 **Décalage entre achat et réception**
I. Marchandises ou approvisionnements achetés, non encore réceptionnés à la clôture Lorsque des biens dont l'acheteur a le contrôle n'ont pas encore été réceptionnés à la clôture de l'exercice (par exemple, lorsque l'« incoterm » définit le

transfert des risques avant la livraison, voir n° 20225), ils doivent faire l'objet d'une régularisation. Ainsi :
– les stocks sont débités de ces entrées par le crédit d'un compte 603 de variation de stocks ;
– si la facture n'a pas encore été reçue, il convient de débiter le compte 60 « Achats » du prix de la commande par le crédit du compte 408 « Fournisseurs – Factures non parvenues » (PCG art. 944-40).

II. Marchandises ou approvisionnements réceptionnés dont l'acheteur n'a pas la propriété ou le contrôle à la clôture Lorsque des biens dont l'acheteur n'a ni le contrôle ni la propriété (voir n° 20200 s.) ont été réceptionnés à la clôture de l'exercice (par exemple, des biens achetés en consignation, voir n° 20225), ils doivent faire l'objet d'une régularisation. Ainsi :
– si l'inventaire a été réalisé et comptabilisé, le compte de stock est ajusté par le débit d'un compte 603 de variation de stocks ;
– si une facture a été reçue, il convient de créditer le compte 60 « Achats » du prix de la facture par le débit du compte adéquat (charge constatée d'avance).

Décalage entre vente et livraison 20235

I. Produits vendus, non encore livrés à la clôture Lorsque des biens qui ne doivent plus figurer dans les stocks (voir n° 20200 s.) n'ont pas encore été livrés à l'acheteur à la clôture, ils doivent faire l'objet d'une régularisation. Ainsi :
– les stocks sont crédités de ces sorties par le débit d'un compte 603 de variation de stocks ;
– si la facture n'a pas encore été envoyée, il convient de débiter le compte 418 « Clients – Produits non encore facturés » par le crédit du compte 70 « Ventes » (voir PCG art. 944-41).

Tel est le cas, par exemple, des ventes avec condition de livraison « départ » ou « ex-works » (voir n° 11020) : les biens vendus doivent être sortis du stock du vendeur dès leur mise à disposition dans l'établissement du vendeur (atelier, entrepôt, usine, etc.).

> **Fiscalement** Les produits qui, ayant été fabriqués en exécution d'un marché ou d'une commande spéciale, ont, antérieurement à l'inventaire, été réceptionnés en usine ou en magasin et sont en instance de livraison doivent être exclus du stock (BOI-BIC-PDSTK-20-10 n° 160).

II. Produits livrés, dont le vendeur a toujours la propriété à la clôture Lorsque des biens qui doivent continuer à figurer dans les stocks (voir n° 20200 s.) ont été livrés à la clôture de l'exercice, ils doivent faire l'objet d'une régularisation :
– si l'inventaire a été réalisé et comptabilisé, le compte de stock est ajusté par le crédit d'un compte 603 de variation de stocks ;
– si une facture a été envoyée, il convient de débiter le compte 70 « Ventes » du prix de la facture par le crédit du compte adéquat (produit constaté d'avance).

Stocks appartenant à l'entreprise mais en cours de transformation chez un sous-traitant 20240
Ces stocks doivent figurer à l'actif de l'entreprise propriétaire, dès lors qu'elle assure la responsabilité du processus de fabrication dont seule l'exécution matérielle est confiée à un tiers (voir n° 21065).

En effet, c'est bien l'entreprise propriétaire qui contrôle le stock :
– le sous-traitant peut en disposer uniquement dans les conditions indiquées par le donneur d'ordre ; il ne contrôle donc pas les avantages économiques futurs liés au stock ;
– le donneur d'ordre en assume tous les risques (vol, dégradation, prix).

En revanche, les en-cours de transformation du sous-traitant n'ont pas à être comptabilisés tant qu'il n'y a pas eu accord sur les travaux correspondants à facturer.

Ainsi, tout se passe comme si ces stocks constituaient des matières premières ou des produits finis de l'entreprise.

APPRÉCIATION DU CARACTÈRE PROBABLE DES AVANTAGES ÉCONOMIQUES FUTURS
Prestations de services en cours à la clôture Les prestations de services exécutées à la clôture et n'ayant pas encore donné lieu à facturation doivent être comptabilisées à l'actif, au compte 34 « En-cours de production de services », lorsqu'elles remplissent les critères de comptabilisation d'un stock (Bull. CNCC n° 205, mars 2022, EC 2021-28 ; voir ci-après). 20260

> **Fiscalement** Il en est de même (CE 19-5-2000 n° 207063) :
> – les dispositions de l'article 38-2 du CGI suivant lesquelles les travaux en cours doivent figurer au bilan pour leur prix de revient sont applicables aux prestations de services ;
> – l'article 38-2 bis du CGI, qui prévoit que les produits correspondant aux prestations de services sont en principe rattachés à l'exercice de leur achèvement, n'a pas pour objet et ne saurait avoir pour effet de soustraire ces prestations à la comptabilisation des travaux en cours.

20260
(suite)

L'appréciation du caractère probable des avantages économiques futurs procurés par des prestations de services en cours diffère, à notre avis, selon que la rémunération attendue en contrepartie de ces prestations présente un caractère certain (voir ci-après I.) ou conditionnel (voir ci-après II.).

I. Prestations de services exécutées en contrepartie d'une rémunération certaine

EXEMPLE

Tel est le cas, par exemple, des prestations exécutées en réponse à des appels d'offres ou consultations pour lesquelles une rémunération est prévue en contrepartie, quelle que soit l'issue de l'opération (voir n° 21295).

Tant que la prestation n'est pas achevée (et donc le produit n'est pas comptabilisé en résultat, voir n° 10380), il y a lieu, à l'inventaire, à notre avis, de comptabiliser le montant des dépenses exposées, sans qu'il excède la rémunération conventionnelle, dans les stocks, au débit du compte 34 « En-cours de production de services », par le crédit du compte 7134 « Variation des en-cours de production de services ».

> **Fiscalement** Il en est de même (CGI ann. III art. 38 ter).

L'exercice suivant, cette écriture est extournée, puis :
– si le projet n'est pas retenu, la rémunération acquise est débitée au compte 411 « Clients » par le crédit du compte 706 « Prestations de services » ;
– si le projet est retenu, la rémunération conventionnelle est virée au compte 4191 « Clients – Avances reçues sur commandes », sauf à tenir compte de stipulations contractuelles conduisant à un enregistrement comptable différent.

II. Prestations de services exécutées en contrepartie d'une rémunération conditionnelle (« success fees »)

EXEMPLE

Tel est le cas, par exemple :
– d'une société de recouvrement de créances qui conclut avec ses clients des contrats prévoyant une rémunération subordonnée au succès du recouvrement, l'échec de ce recouvrement privant la société de toute rémunération ;
– d'une société réalisant des études pour proposer des solutions de restructuration d'immeuble et qui n'est rémunérée que si le projet est finalement retenu (ces études n'étant pas vendables par ailleurs) ;
– d'un agent immobilier qui organise la promotion d'immeubles et n'est rémunéré qu'en cas de signature d'un acte chez le notaire (Bull. CNCC n° 167, septembre 2012, EC 2012-20, p. 609) ;
– d'une société réalisant des prestations d'assistance à l'obtention de crédits d'impôt recherche, rémunérée en cas de dépôt du Cerfa auprès de l'administration (EC 2020-08 ; cncc.fr).

Deux conditions doivent être remplies **simultanément** pour justifier de l'activation desdites prestations (EC 2012-20 et 2020-08 précitées) :

a. Il est probable que l'entité bénéficiera des avantages économiques futurs correspondants à cette prestation. Lorsqu'à la clôture, les prestations ont été partiellement exécutées (ou achevées) mais qu'il existe, à cette date, une **probabilité raisonnable** qu'elles soient effectivement rémunérées, les prestations sont comptabilisées **pour leur coût de production en stock** (prestation de services en cours).

La probabilité de recevoir une rémunération devra être appréciée selon le type de prestation :
– soit prestation par prestation, lorsque la nature, la durée et l'étendue des prestations rendues sont propres à chaque dossier (prestations non homogènes) ;

EXEMPLES

Dans le cas des prestations d'agents immobiliers rémunérées uniquement en cas de signature de l'acte, la probabilité de toucher une commission doit être appréciée au cas par cas, les ventes immobilières n'étant, en général, pas homogènes de par la nature, la durée et l'étendue des prestations, propres à chaque mandat (EC 2012-20 précitée). Cette probabilité sera d'autant plus forte que le mandat de vente est exclusif, le bien est liquide et le compromis est signé.

Dans le cadre d'une prestation d'assistance à l'obtention de crédits d'impôt recherche, rémunérée en cas de dépôt du Cerfa auprès de l'administration, la nature, la durée et l'étendue des prestations rendues par le prestataire sont propres à chaque dossier et il convient donc de raisonner dossier par dossier (EC 2020-08 précitée).

– soit, lorsque les prestations peuvent être considérées comme homogènes, sur la base d'un portefeuille de contrats, à notre avis, en fonction de statistiques historiques.

b. Le coût d'entrée des stocks doit pouvoir être évalué avec une fiabilité suffisante. L'activation de coûts de production nécessite que l'entreprise soit **en mesure d'identifier et de mesurer de manière fiable les coûts** spécifiquement engagés pour la réalisation de la prestation en cours. La fiabilité doit reposer sur l'existence d'outils de gestion, de comptabilité analytique et de contrôle interne donnant la possibilité d'identifier clairement les coûts imputables (Bulletin CNCC précité).

En conséquence :
– en cas de prestations non homogènes, la société devra disposer d'un suivi individualisé des coûts spécifiques à chaque prestation (Bull. CNCC précité) ;
– en cas de prestations homogènes, il est possible, à notre avis, d'appliquer le pourcentage de réussite à l'ensemble des coûts engagés (ce montant représentant en réalité 100 % des coûts des prestations dont la rémunération est probable).

En l'absence d'identification ou de mesure fiable des coûts de production, la prestation en cours ne peut donner lieu à la constatation d'un stock (Bull. CNCC précité).

> **Précisions**   **1. Coûts engagés antérieurement à la date à laquelle les deux conditions sont remplies** Ils doivent être comptabilisés en charges.
> **2. Dépréciation des stocks** Si la rémunération convenue au contrat devient inférieure à leur valeur d'entrée, les prestations en cours doivent être dépréciées (voir n° 21470 et 21515).
> **3. Chiffre d'affaires** La condition relative à la rémunération n'étant pas levée à la clôture des comptes, aucun chiffre d'affaires ne peut être constaté à cette date.

> **Fiscalement**   Les travaux en cours relatifs à une activité de recouvrement de créances (CE 26-7-2011 n° 316081 et 328556) ou d'agent immobilier (CAA Nancy 14-4-2011 n° 10NC00273) doivent être activés pour leur prix de revient en application de l'article 38, 3 du CGI, nonobstant le fait que leur rémunération est aléatoire (pour le recouvrement de créances, la rémunération est subordonnée au succès du recouvrement ; pour l'activité d'agent immobilier, la rémunération est subordonnée à la signature de l'acte de vente). Il n'est pas certain, à notre avis, que cette solution soit transposable à des prestations non homogènes pour lesquelles la probabilité d'avantages économiques futurs doit être démontrée pour chaque prestation sur le plan comptable.

Sur la comptabilisation d'une vente sous condition suspensive, voir n° 11040.

III. CLASSEMENT COMPTABLE DES STOCKS ET EN-COURS DE PRODUCTION

20330

Deux critères de classement ont été retenus dans le PCG (art. 934-1) :
– la nature physique du bien ou la nature du service, notamment lorsqu'ils sont acquis à l'extérieur et nécessaires à l'activité ;
– l'ordre chronologique du cycle de production (approvisionnement, production en cours, production, revente en l'état).

La classe 3 est utilisée pour l'enregistrement des stocks et en-cours ; voir contenu général dans la liste des comptes du PCG n° 96240 (voir aussi schémas de comptabilisation n° 22120 s.).

> **Précisions**   L'entreprise établit son fichier des stocks en fonction de la nomenclature qui correspond le mieux à ses besoins de gestion. Le PCG (art. 943) recommande de se référer à la nomenclature officielle des biens et services de l'Insee (ce qui facilite l'élaboration des enquêtes statistiques).

IV. CRITÈRES DE DISTINCTION ENTRE STOCKS ET IMMOBILISATIONS

20400

Les biens sont affectés aux immobilisations (voir n° 25105) ou classés en stocks (voir n° 20105) en fonction des critères de distinction suivants :

I. Critère lié à la destination de l'élément   Une **immobilisation** est un actif destiné (PCG art. 211-6) :
– soit à être **utilisé** par l'entreprise dans la production ou la fourniture de biens ou de services ;
– soit à être **loué** à des tiers ;
– soit à des fins de **gestion interne.**

Au contraire, un **stock** est destiné (PCG art. 211-7) :
– soit à être **vendu** dans le cours normal de l'activité ;
– soit à être **consommé** dans le processus de production ou de prestation de services.

Il est possible qu'un bien soit classé en immobilisation, alors même qu'il est destiné à être revendu au terme de son exploitation, dès lors que sa **destination principale** est l'utilisation comme moyen de production de biens ou services ou la location. Lorsque tel est le cas, peu importe sa durée d'utilisation (voir ci-après II.).

> **Fiscalement** Il en est de même : seuls peuvent être considérés comme des stocks les biens qui, eu égard à l'objet de l'entreprise, sont destinés à être revendus en l'état ou après exécution d'opérations de fabrication ou de transformation, et dont la vente permet la réalisation d'un bénéfice d'exploitation (CGI ann. III art. 38 ter ; BOI-BIC-PDSTK-20-10 n° 190). La jurisprudence apprécie la qualification à donner au bien en fonction tant de l'**objet social** de l'entreprise que de l'**intention** de revendre le bien **lors de son acquisition** (CE 14-11-1990 n° 57363).
>
> **a. Biens à inscrire en stocks** Tel est le cas, par exemple, des :
> – biens dont l'entreprise fait le négoce, qui sont achetés en vue de la revente ;
> – terrains, immeubles (et les droits mobiliers ou immobiliers qui s'y rapportent), fonds de commerce et parts ou actions de sociétés immobilières, pour les marchands de biens (CGI art. 35), voir n° 20470 (immeuble destiné à la revente dès son acquisition) et 21325 (coût d'entrée du stock) ;
> – immeubles et terrains, pour les promoteurs (voir BIC-IV-8750 à 9040) ;
> – valeurs mobilières, pour les entreprises faisant le commerce des titres (voir BIC-VII-42060 à 42090) ;
> – lingots de métaux précieux et pièces d'or faisant l'objet du négoce de l'entreprise (voir BIC-IV-10090 s. ; voir n° 20475).
>
> **b. Biens à inscrire en immobilisation** Doivent être compris dans les immobilisations (et non dans les stocks) les matériels d'une durée de vie moyenne supérieure à un an qui sont non pas vendus mais mis à la disposition d'un client par un fabricant (par voie de prêt ou de dépôt) pour faciliter la distribution de ses produits, lorsque ce dernier en reste propriétaire, en assume la maîtrise et le remplacement et peut en exiger le retour (CE 26-3-2008 n° 296625).
> Sur les biens donnés en location, voir n° 20430.

II. Critère lié à la durée d'utilisation de l'élément

Une **immobilisation** est un actif destiné à **servir de façon durable** à l'activité de l'entreprise (C. com. art. R 123-181), c'est-à-dire dont l'entreprise attend qu'il soit utilisé **au-delà de l'exercice en cours** (PCG art. 211-6).

> **Fiscalement** D'une manière générale, les biens utilisés pour la production ou la fourniture de biens ou services font partie de l'actif immobilisé, mais l'administration comme la jurisprudence considèrent que les biens dont la durée d'utilisation est inférieure à douze mois peuvent être passés en charges (BOI-BIC-CHG-20-10-10 n° 60 ; CE 27-3-1991 n° 57777 ; CE 18-5-1998 n° 132260).

Au contraire, un **stock** est consommé, à notre avis, au premier usage ou **rapidement.**
Selon l'avis du Comité d'urgence du CNC n° 2005-D du 1er juin 2005 (§ 2.2), une utilisation « au-delà de l'exercice en cours » doit être interprétée comme une utilisation supérieure à 12 mois (en général, celle d'un exercice social). Toutefois, à notre avis, la durée de 12 mois n'est qu'un **indice** et il devrait être possible de comptabiliser en immobilisations des actifs dont l'utilisation est inférieure à 12 mois, dès lors :
– qu'ils répondent aux critères du I. ci-avant ;
– et qu'ils doivent être utilisés au cours d'un exercice suivant.

Ainsi doivent notamment être classés en immobilisations, compte tenu de leur destination principale (voir ci-avant I.) et quelle que soit leur durée d'utilisation, les biens dont l'utilisation constitue l'**objet même de l'activité** (voir, par exemple, les véhicules acquis par une entreprise spécialisée dans leur location, n° 20430), bien qu'ils soient revendus dans un délai inférieur à 12 mois.

> **Fiscalement** Il en est de même, un bien peut avoir la nature d'immobilisation alors même qu'il est utilisé pendant moins de 12 mois (voir, par exemple, les matériels de démonstration et d'essais, n° 20425).

> **Précisions** Enjeux comptable et fiscal de la distinction entre stocks et immobilisations Contrairement aux stocks, les immobilisations peuvent faire normalement l'objet d'amortissements lorsque leur dépréciation, qui n'a pas à être démontrée, résulte de l'usage ou du temps.

CONSÉQUENCES PRATIQUES DE LA DISTINCTION ENTRE STOCKS ET IMMOBILISATIONS

20410 **Transfert entre stocks et immobilisations** Ce traitement ne concerne que les biens dont la **destination,** certaine lors de leur acquisition, est **modifiée post-acquisition.**

a. Transfert de stocks à immobilisations Le transfert est, à notre avis, obligatoire quand la destination du bien n'est plus sa vente mais son utilisation interne ou sa location (pour un exemple dans le cas d'un marchand de biens, voir n° 21325).
Sur la comptabilisation d'un transfert de stocks à immobilisation, voir n° 20420 (biens à destination polyvalente).

> **Fiscalement** Si une entreprise acquiert un immeuble en vue de le revendre puis établit le **changement de son intention initiale** par un ensemble de circonstances factuelles, elle peut procéder à son amortissement en tant qu'actif immobilisé (CE 9-4-2014 n° 358278). De même, une **SCI qui transforme son activité** de construction-vente en activité de gestion et de location d'immeubles doit transférer, à l'occasion de ce changement d'activité, les immeubles détenus d'un compte de stock à un compte d'immobilisations (CAA Bordeaux 5-7-2007 n° 06-376).

b. Transfert d'immobilisations à stocks Il est en principe interdit, même en cas de mise en vente du bien (PCG art. 946-60).
Sur l'exception prévue par le PCG (art. 943-36), pour le matériel récupéré suite au démontage d'une installation, voir n° 22220.

Biens à destination polyvalente (biens destinés à être soit vendus, soit donnés en location, soit utilisés par l'entreprise) Ce traitement ne concerne que les biens dont la **destination est incertaine** lors de leur acquisition.

20420

Pour les biens destinés à être vendus mais dont la destination change après acquisition, voir n° 20470.
Ils sont **initialement** compris dans les **stocks** avant leur éventuelle affectation ultérieure en immobilisations qui sera irréversible (PCG art. 946-60).

I. Conditions d'enregistrement du transfert En l'absence de précisions complémentaires, ce transfert ne doit s'effectuer, à notre avis, que si le bien vient à répondre aux conditions d'**immobilisation,** c'est-à-dire (C. com. art. R 123-181) si « le bien est destiné à servir de façon durable à l'activité de l'entreprise ».
Tel est le cas, à notre avis, lorsque l'entreprise décide de **retirer un bien de la vente** :
– pour le louer à un tiers (sur les véhicules destinés à la location, voir n° 20430) ;
– pour l'utiliser comme moyen de production ou d'exploitation.
En revanche, une fois classé en immobilisations, son transfert est **irréversible** (PCG art. 946-60 ; voir n° 20410), et ce, même si le bien est destiné à être vendu.

II. Comptabilisation du transfert En pratique, que le stock transféré ait été acquis en l'état ou ait subi ou non une modification, le **transfert stocks-immobilisations** se comptabilise (PCG art. 946-60) de la manière suivante :
– débit du compte d'immobilisation concerné et du compte TVA à récupérer (voir Fiscalement ci-après) ;
– par le crédit d'un sous-compte 72x : « Production immobilisée – Variation des transferts stocks-immobilisations » et, le cas échéant, du compte « TVA à payer ».

> **Fiscalement** En effet, en matière de **TVA,** il y a livraison à soi-même, car il y a affectation en tant qu'immobilisation d'un bien qui n'a pas été acquis en tant que tel. Toutefois la livraison à soi-même n'est imposable que si le bien est affecté à une activité n'ouvrant pas droit à une déduction complète de la TVA (BOI-TVA-CHAMP-10-20-20 n° 320 à 340).
> Sur les spécificités du régime de la TVA immobilière, voir Mémento Fiscal n° 58700 à 59125.

a. Coût d'entrée de l'immobilisation
1. Transfert à la valeur nette comptable Le bulletin CNCC précise que le transfert se fait à la valeur nette comptable du bien figurant en stocks à la date du changement de destination (Bull. CNCC n° 157, mars 2010, EC 2009-71, p. 240 s. et n° 160, décembre 2010, EC 2010-55, p. 681).
En pratique, cela implique que :
– si le bien à transférer est fongible et évalué au coût moyen pondéré, le transfert s'effectue à ce coût moyen pondéré ;
– si le stock était préalablement déprécié, il devrait être transféré à sa valeur nette de la dépréciation préalablement constatée. Toutefois, pour des raisons fiscales (voir ci-après), il est préférable, à notre avis, de **conserver au bilan la valeur brute** des biens transférés **et les dépréciations** antérieurement comptabilisées.

> **Fiscalement** La valeur à retenir est le coût d'acquisition et non pas la valeur nette comptable à la date du changement d'affectation (CGI ann. III art. 38 quinquies ; BOI-BIC-CHG-20-20-10 n° 10). Sur les conséquences en termes d'amortissement, voir ci-après c.

2. Frais engagés à l'occasion du transfert Ces frais doivent être inclus dans le coût d'entrée de l'immobilisation, dès lors qu'il s'agit de coûts :
– directement engagés pour mettre l'actif en place et en état de fonctionner selon l'utilisation prévue par la direction ;
– marginaux (c'est-à-dire qui n'auraient pas été engagés si le projet n'existait pas).

> **EXEMPLE**
>
> Tel est le cas, par exemple, des frais d'études et de travaux de mise en conformité engagés dans le but d'exploiter un immeuble (antérieurement destiné à être vendu) conformément à la nouvelle utilisation prévue par la direction. Sur les frais de recherche d'un locataire si cet immeuble est destiné à la location, voir n° 11295, cas particulier 3.
>
> Sur le cas particulier des immeubles acquis sous le régime des marchands de biens et traitement des droits d'enregistrement initialement compris dans le coût d'entrée, voir n° 21325.

b. Conséquence du transfert sur la valeur actuelle de l'immobilisation Le changement d'affectation constituant un **indice de perte de valeur,** ce transfert devrait, à notre avis, s'accompagner de la mise en œuvre d'un **test de dépréciation de l'immobilisation** et, le cas échéant, de la comptabilisation d'une dépréciation de l'immobilisation si sa valeur actuelle s'avère inférieure à sa valeur nette comptable (coût d'acquisition dans ce cas).

c. Conséquence des dépréciations sur le plan d'amortissement de l'immobilisation Si une dépréciation a été comptabilisée avant le transfert en immobilisations et qu'elle est conservée lors du transfert (voir ci-avant a.) ou si une nouvelle dépréciation s'avère nécessaire suite au transfert (voir ci-avant b.), la **base amortissable** doit, conformément aux règles d'amortissement, être **diminuée du montant de ces dépréciations** comptabilisées (voir n° 27765 s.).

> **Fiscalement** Au contraire, la base amortissable s'entend du prix de revient de l'immobilisation, lequel ne doit pas en principe être minoré des (provisions pour) dépréciations constatées sur cette immobilisation (CGI ann. II art. 15 ; voir n° 27765).

En conséquence, afin d'assurer la déductibilité fiscale de la dépréciation des biens, une quote-part de cette dépréciation doit être transférée annuellement en compte d'amortissement. Cette quote-part est calculée sur la base de la différence entre :
– la dotation aux amortissements comptabilisée (et donc calculée sur une base minorée de la dépréciation) ;
– et la dotation théorique qui aurait été comptabilisée en l'absence de dépréciation.
Pour plus de détails sur cette écriture de transfert (en résultat exceptionnel) et pour des exemples d'application, voir n° 27785 et 27805.
En ce qui concerne **la date de début de l'amortissement,** le point de départ devrait correspondre, à notre avis, à la date du transfert.

> **Fiscalement** Il devrait, à notre avis, en être de même.

d. Information en annexe Si le bien polyvalent s'avère significatif dans les comptes individuels de la société, une information sur son changement de destination doit, à notre avis, être fournie dans l'annexe.

20425 **Matériels de démonstration et d'essais** Les matériels destinés à être utilisés d'une manière durable comme **instruments de travail** constituent des **immobilisations** :
– lorsque leur durée d'utilisation est supérieure à la durée de l'exercice (Bull. CNC n° 29-4, janvier 1977) ;

> **Fiscalement** Il en est de même. Ainsi, les éléments et matériels de démonstration utilisés par une société pendant une période dépassant largement la durée annuelle de son exercice constituent des immobilisations, nonobstant le fait que ces biens ont été mis en vente après leur utilisation, quelles que soient les spécificités de leur durée de vie ou de leurs conditions de négoce (CE 12-3-2012 n° 341879).

– à notre avis, lorsqu'ils sont revendus dans un délai supérieur au cycle normal de vente (même si ce délai ne dépasse pas 12 mois) et avec une décote significative, leur vente n'étant qu'accessoire.
Constituent ainsi des immobilisations, par exemple, les matériels de démonstration affectés à une activité de promotion d'une marque, même s'ils sont cédés moins de 12 mois après leur acquisition, dès lors que l'activité de vente de véhicules d'occasion représente moins de 10 % du chiffre d'affaires total de l'entreprise et que les ventes des véhicules de démonstration sont systématiquement génératrices de moins-values.

> **Fiscalement** Il en est de même (CE 22-11-2022 n° 456405).

En revanche, ceux **destinés à être revendus** dans un court délai constituent des **stocks** si les bénéfices attendus du bien sont principalement constitués par la plus-value escomptée lors de la revente.

> **Fiscalement** Les véhicules de démonstration utilisés dans le cadre d'une activité de négoce constituent normalement des éléments du **stock** et non de l'actif immobilisé (BOI-BIC-PDSTK-20-10 n° 270) dans la mesure où ils sont (CE 4-12-1985 n° 63962) :
> – de même nature que ceux faisant l'objet du **négoce** ;
> – étroitement liés à l'activité de vente ;
> – vendus après une courte période d'utilisation inférieure à 12 mois (s'inscrivant, à notre avis, dans le cycle normal de vente).
> Ces principes s'appliquent, à notre avis, à tous les matériels de démonstration et d'essais (en ce sens, voir les conclusions du rapporteur public sous l'arrêt CE 12-3-2012 n° 341879), qui sont **uniquement** utilisés dans le but de promouvoir des ventes (CAA Lyon 6-12-1995 n° 93-1214).

Voir également le traitement des biens à destination polyvalente, n° 20420.

Biens donnés en location Les biens acquis par des entreprises spécialisées dans leur location (véhicules notamment) et revendus dans un délai inférieur à 12 mois sont comptabilisés en immobilisations et non en stocks (en ce sens, la réponse du CNC à la CNCC du 19-1-2006, concernant les entreprises de location de véhicules).   **20430**

En effet :
– ces biens n'ont pas la nature de stocks dès lors qu'ils ne sont pas acquis pour être consommés ou vendus mais pour être donnés en location à des tiers (voir n° 20400 I.) et que la revente des biens après leur utilisation n'est qu'accessoire à la location ;
– l'utilisation par des clients successifs donne bien lieu à une consommation des avantages économiques correspondant à l'amortissement des véhicules.

Sur le cas des véhicules acquis auprès d'un concessionnaire ou constructeur, avec une clause de rachat, voir n° 25325.

> **Fiscalement** Selon l'administration, les biens loués constituent des immobilisations, quelle que soit la durée de mise en location (BOI-BIC-CHG-20-10-10 n° 60). Plusieurs décisions de cours administratives d'appel ont retenu la même position en s'appuyant sur la circonstance que l'activité de location n'était ni accessoire, ni exceptionnelle (CAA Lyon 17-4-1996 n° 94-1257 ; CAA Bordeaux 28-6-1994 n° 92-1240, à propos de loueurs de cassettes vidéo). Pour qualifier les biens loués comme des immobilisations, d'autres décisions ont relevé en outre que les périodes de location excédaient un an (CE 20-6-1984 n° 37667 et 37668 ; CAA Nancy 28-1-1993 n° 91-467 ; CAA Paris 26-9-2013 n° 11PA03675).

Pièces de rechange Selon le PCG, les pièces de rechange et le matériel d'entretien sont **en règle générale** comptabilisés en **stocks** (que l'utilisation soit immédiate ou différée et quel que soit le rythme de consommation), sauf dans les **cas particuliers suivants** (PCG art. 213-21) :   **20445**

a. Les éléments spécifiques ne pouvant être utilisés qu'avec une immobilisation (pièces de rechange, pièces de sécurité et matériel d'entretien) constituent toujours des **immobilisations.**

> **Fiscalement** Il en est de même (CAA Nantes 12-6-2014 n° 13NT01648 ; BOI-BIC-AMT-10-20 n° 200 ; BOI-BIC-PVMV-10-10-10 n° 80).

Ils sont à amortir, à notre avis, dès leur acquisition, sur la durée de l'immobilisation à laquelle ils sont rattachés, sans attendre leur utilisation effective.

b. Les pièces de sécurité et les pièces de rechange principales que l'entité compte utiliser sur une **durée supérieure à 12 mois** (en général, un exercice social) constituent toujours des **immobilisations**.

> **Fiscalement** Il en est de même (BOI-BIC-AMT-10-20 n° 200 ; BOI-BIC-PVMV-10-10-10 n° 80).

1. Les pièces de rechange principales sont, selon le Comité d'urgence du CNC n° 2005-D du 1er juin 2005 (§ 2.2), **destinées à remplacer** ou à être intégrées à un composant de l'immobilisation principale.

Leur **remplacement** est donc **planifié**. En conséquence, elles ne sont **amorties qu'à compter du remplacement effectif** de la pièce (c'est-à-dire lors de son montage), selon les mêmes modalités (durée, mode) que celles du composant lié : en effet, les avantages économiques liés à cet actif ne seront obtenus qu'à partir de l'utilisation effective de la pièce, après le remplacement.

> **Fiscalement** Il en est de même (BOI-BIC-AMT-10-20 n° 210).

2. Les pièces de sécurité sont des pièces principales d'une installation, acquises pour être utilisées en cas de panne ou de casse accidentelle afin d'éviter une interruption longue du cycle de production ou un risque en matière de sécurité. Leur **remplacement** n'est **pas planifié**.

En conséquence, elles sont **à amortir dès l'acquisition** (sans attendre leur utilisation effective), sur la durée initiale de l'immobilisation principale : en effet, les avantages économiques liés à cet actif résultent de sa disponibilité immédiate au cours de l'utilisation de l'immobilisation principale.

Lors du remplacement effectif, la durée d'amortissement de ces pièces est ramenée à leur durée d'utilisation (conformément aux règles relatives à l'amortissement, voir n° 27120 s.).

> **Fiscalement** Il en est de même (BOI-BIC-AMT-10-20 n° 210).

Ainsi, ces pièces sont **amorties sur la double durée** : d'assurance (durée pendant laquelle elles ne sont pas utilisées, mais sont disponibles en cas de réparation) et d'utilisation (durée pendant laquelle elles sont effectivement utilisées sur l'immobilisation principale). Ces durées seront évaluées selon des statistiques.

Lors du remplacement, la valeur nette de la pièce est à amortir sur la durée résiduelle restant à courir.

Le tableau ci-après, élaboré par nos soins, présente de manière synthétique le traitement à retenir selon la nature et la destination des pièces de rechange.

Nature des pièces de rechange	Traitement comptable	
Pièces de rechange et matériel d'entretien spécifique [1]	Immobilisation	Amortissement dès l'acquisition sur la durée de l'immobilisation à laquelle elles sont rattachées
Pièces de rechange principales [2]	Immobilisation si l'entité compte l'utiliser sur plus de 12 mois	Amortissement à compter du remplacement sur la durée du composant lié
	sinon stock	N/A
Pièces de sécurité [2]	Immobilisation si l'entité compte l'utiliser sur plus de 12 mois	Amortissement dès l'acquisition sur la durée initiale de l'immobilisation
	sinon stock	N/A
Autres pièces de rechange et matériel d'entretien [3]	Stock	N/A

[1] Cylindre de remplacement spécifique à une presse, masse de frappe spécifique à un pilon, etc.
[2] Radiateur d'un moteur, tapis roulant d'une chaîne de production, bâches d'un camion de transport, roues d'un véhicule de manège forain, etc.
[3] Vis et boulons, des outils à main, etc.

20450 **Linge et vêtements de travail** Lorsqu'ils sont acquis, non pour être vendus, mais pour être loués, ils constituent les instruments de travail de l'entreprise et répondent ainsi à la définition des immobilisations affectées aux opérations professionnelles. Représentant le moyen essentiel pour l'entreprise de réaliser son objet, ils ne peuvent bénéficier de la tolérance administrative selon laquelle le prix d'acquisition des matériels et outillages de faible valeur peut être passé en charge (voir n° 25415).

Sur leur amortissement, voir n° 27590.

20455 **Animaux (« biens vivants »)** L'article 618-10 du PCG, applicable aux biens vivants utilisés dans le cadre des activités agricoles, devrait pouvoir s'appliquer aux entreprises industrielles et commerciales possédant occasionnellement des animaux. Ainsi, à notre avis :
– les animaux sont inscrits en **immobilisations corporelles** lorsqu'il devient certain ou quasi certain que ces biens seront destinés à rester durablement dans l'entité pour y être utilisés comme moyen de production ;

> **EXEMPLE**
> Par exemple, sont immobilisés (Règl. ANC 2020-04 relatif aux exploitations agricoles, applicable aux entités dont l'activité principale est l'activité agricole, art. 121-2 ; voir n° 3165) : les animaux de service (animaux de trait adultes, chiens de garde...) et les animaux reproducteurs.

Ces immobilisations sont, à notre avis, à comptabiliser dans le compte 2185 « Cheptel », le PCG ne prévoyant pas d'autre compte pour les animaux.
– les animaux achetés ou élevés pour être commercialisés sont classés en **stocks** ;

> **EXEMPLE**
>
> Par exemple, constituent des stocks les jeunes chevaux achetés par une entreprise exerçant l'activité de négoce de chevaux de concours, pour les intégrer dans un processus d'entraînement permettant de les valoriser en tant que chevaux de compétition (CAA Nancy 20-12-2016 n° 15NC00665).

– lorsque la destination dans l'entité d'un animal est incertaine, il est classé en stocks.

Domaines forestiers   Selon le règlement CRC n° 2002-11 du 12 décembre 2002 relatif aux règles comptables applicables aux sociétés d'épargne forestière (§ 111) constitue :   **20460**
– un **stock** (et non une immobilisation) l'ensemble du **boisement d'une forêt,** qu'il s'agisse des bois arrivés à maturité ou de ceux en cours de croissance, dès lors qu'ils sont destinés à être coupés et vendus (sur le coût d'entrée des stocks de bois, voir n° 21335) ;

> **Fiscalement**   Il en est de même (CE 30-12-1998 n° 136430 ; BOI-BIC-PDSTK-20-30 n° 120 s.).

– une **immobilisation corporelle non amortissable** à porter au compte 211 « Terrains » le **sol d'un domaine forestier** non acquis en vue de la revente.

> **Fiscalement**   Il en est de même (BOI-BIC-PDSTK-20-30 n° 120 s.).

Selon le règlement précité, les **éléments attachés au domaine forestier** (bâtiments, infrastructures, matériel de sylviculture et d'exploitation forestière, terrains à vocation pastorale ou chasse, étangs…) sont, selon les conditions d'acquisition, à comptabiliser :
– **soit en immobilisations non amortissables** avec le sol ;
– **soit séparément du sol en immobilisations non amortissables** (terrains à vocation pastorale ou chasse et étangs) **ou en immobilisations corporelles amortissables** (bâtiments, infrastructures et matériels).
À notre avis, dès lors qu'ils sont identifiables, les éléments attachés au domaine forestier devraient faire l'objet d'une comptabilisation séparée.

> **Fiscalement**   Il devrait à notre avis en être de même. Sur la majoration temporaire du taux d'amortissement dégressif de certains matériels utilisés par les entreprises de première transformation du bois, voir n° 27290.

Plantations (« biens vivants »)   L'article 618-10 du PCG, applicable aux biens vivants utilisés dans le cadre des activités agricoles, devrait pouvoir s'appliquer aux entreprises industrielles et commerciales possédant occasionnellement des plantations. Ainsi, à notre avis :   **20465**
– les **plantations pérennes,** c'est-à-dire les plantations destinées à rester en place pendant plusieurs années, sont **immobilisées** (Règl. ANC 2020-04 relatif aux exploitations agricoles, applicable aux entités dont l'activité principale est l'activité agricole, art. 121-2 ; voir n° 3165) ;

> **Fiscalement**   Elles doivent être obligatoirement inscrites à l'actif, quelle que soit l'option prise pour les terres qui les supportent (CE 25-7-1980 n° 15122 à 15124 ; BOI-BA-BASE-20-10-20 n° 190).

– les **plantations annuelles** sont en revanche classées en **stocks** ;

> **EXEMPLE**
>
> Par exemple, sont comptabilisées en stocks :
> – les plantations destinées à être vendues (les « avances aux cultures » ; Règl. ANC 2020-04 relatif aux exploitations agricoles, applicable aux entités dont l'activité principale est l'activité agricole, art. 121-2 ; voir n° 3165) ;
> – les plantations destinées à entrer dans le processus d'alimentation des animaux présents dans la même entreprise agricole.

– lorsque la destination dans l'entité d'une plantation est incertaine, elle est classée en stocks.
Sur le cas particulier des domaines forestiers, voir n° 20460.

Immeuble destiné à la revente dès son acquisition (dont les marchands de biens)   Afin de déterminer si l'immeuble doit être classé en stock ou en immobilisation, il convient, à notre avis, d'analyser si **l'engagement de revente constitue sa destination principale** et donc **l'intention initiale** de l'acquéreur, compte tenu notamment de son activité et du cycle d'exploitation de l'immeuble :   **20470**

a. **Le bien est destiné à être revendu dans un court délai** : si les bénéfices attendus du bien sont principalement constitués par la plus-value escomptée lors de la revente, l'immeuble devrait, à notre avis, être comptabilisé en stock.

Tel est le cas, notamment :
- des professionnels **marchands de biens** pour lesquels, même en l'absence d'engagement de revendre, il existe une présomption de revente à court terme, compte tenu de l'activité même (sur les critères de la définition des marchands de biens, voir Mémento Fiscal n° 30305) ;
- de toute autre société qui acquiert un bien et prend l'engagement auprès de l'administration fiscale de le revendre dans un délai de cinq ans (CGI art. 1115).

> **Fiscalement** Dans des décisions rendues à propos de **marchands de biens**, le Conseil d'État a jugé qu'un immeuble acquis à l'origine dans une perspective de revente constitue un stock (pour un terrain, CE 4-7-1979 n° 5511 ; pour un immeuble bâti, CE 14-11-1990 n° 57363), même si, dans l'attente de sa revente, il est donné en location (CE 6-11-1985 n° 45989 ; CE 9-4-2014 n° 358278).

> **Précisions 1. Coût d'entrée en stock** (marchands de biens) Il comprend, notamment, des droits d'enregistrement à taux réduit et, le cas échéant, des droits complémentaires (voir n° 21325).
2. Changement de destination du bien Dès que l'acquéreur sait que le bien ne sera finalement pas revendu à court terme mais qu'il sera exploité en propre (pour le louer ou l'utiliser), l'immeuble doit être reclassé en immobilisation. Pour plus de détails sur :
- le reclassement et ses conséquences comptables et fiscales, voir n° 20410 ;
- la comptabilisation des droits complémentaires, voir n° 21325 (marchands de biens).

b. Le bien est destiné à être exploité en propre avant sa cession : la comptabilisation en immobilisation est, à notre avis, justifiée si, à la date d'acquisition du bien, l'intention de l'entreprise est de le mettre en location pour des revenus nets significatifs par rapport au gain espéré lors de la revente.

> **Fiscalement** Il en est, à notre avis, de même.

20475 **Stocks de matières et marchandises pouvant être détenus à des fins de placement (or, autres métaux et pierres précieuses, vin, gaz, pétrole...)** Il s'agit, en général, de matières et marchandises cotées sur un marché.
Leur traitement diffère selon l'objet de leur détention. Il faut donc que les entreprises puissent **expliciter** les objectifs de détention de leurs stocks en **annexe**.
Lorsque plusieurs des objectifs ci-après coexistent, il est fortement recommandé de suivre les différents stocks au moyen d'outils de contrôle interne appropriés.
À notre avis :

I. Ces matières sont comptabilisées en stocks (voir n° 21470 s.) si elles sont détenues dans le but d'être :
- **transformées** ; ainsi, l'or détenu par un fabricant de bijoux devrait, à notre avis, toujours être comptabilisé en stock ;
- **ou revendues dans le cadre normal de l'activité de l'entreprise (négoce).**

> **Précisions** La difficulté est de distinguer une activité de négoce (qui peut être accessoire à l'activité principale) d'un simple placement (voir ci-après II.). À notre avis, cette distinction est une question de fait. Le volume significatif des achats/ventes, la détention physique de la matière et sa gestion sont, à notre avis, des indices d'une activité de négoce.
Ainsi, selon le bulletin CNCC (n° 167, septembre 2012, EC 2012-06, p. 619), une entreprise qui réalise des achats/ventes de vin, même à des fins de placement, doit suivre le traitement comptable d'un négociant dès lors qu'elle a :
- le même objectif qu'un négociant en vins (revente des vins achetés aux conditions du marché dans les 3 à 5 ans) ;
- les mêmes contraintes (recherche des vins à acheter, conservation des vins dans de bonnes conditions, recherche d'acquéreurs sur le marché...).

Sur leur coût d'entrée, voir n° 21330.
Sur leur dépréciation, voir n° 21870.

II. Si elles sont détenues à des fins de placement sans qu'une activité de négoce ne soit identifiée (voir I. ci-avant, Précisions), leur comptabilisation à l'actif dépend, à notre avis, de l'horizon de cession des matières et marchandises achetées :
- si l'entreprise souhaite **revendre son placement dans un bref délai,** celui-ci est à comptabiliser dans un compte financier 55 (à créer), puisqu'il ne s'agit ni de valeurs mobilières de placement ni de dépôts en banque ;
- si l'entreprise ne souhaite pas le **revendre dans un bref délai,** il est à comptabiliser dans les « Autres immobilisations financières », par exemple au compte 270 (à créer).

> **Fiscalement** Les pièces d'or et les lingots de métaux précieux constituent un actif immobilisé dès lors que l'activité de l'entreprise n'est pas le commerce ou la transformation de ces biens (BOI-BIC-PVMV-10-10-10 n° 150).

Divers En ce qui concerne :
- les installations et matériels démontés, voir n° 22220 ;
- les prototypes, voir n° 31050 ;
- les logiciels autonomes à usage commercial (acquis ou créés), voir n° 30415 ;
- les emballages récupérables, voir n° 46230.

20480

V. STOCKS PARTICULIERS

QUOTAS D'ÉMISSION DE GAZ À EFFET DE SERRE ET UNITÉS ASSIMILÉES (URE, REC...)

Sont concernés par le traitement comptable décrit ci-après (PCG art. 615) :

20560

a. les quotas d'émission de gaz à effet de serre (C. envir. art. L 229-7) ;

> **Juridiquement** Le dispositif juridique de ce système d'échange de quotas est défini par le Code de l'environnement (C. envir. art. L 229-5 à L 229-24), transposant en droit français la directive européenne 2003/87/CE, modifiée en dernier lieu par la directive 2018/410/UE. Dans le cadre de ce dispositif, les entreprises concernées se voient **attribuer** des quotas par l'État, **gratuitement ou par mise aux enchères sous réserve de leur restitution** à l'État.

Ainsi, au 30 avril de chaque année, les exploitants doivent restituer à l'État un nombre de quotas égal au total des émissions de gaz à effet de serre réalisées par leurs installations au cours de l'année précédente. Les entreprises peuvent, dans certaines limites, s'acquitter de leurs obligations en **restituant d'autres unités** telles que les URE (unité de réduction d'émission) ou REC (réductions d'émissions certifiées) en lieu et place des quotas (voir ci-après b.).

b. d'autres « crédits carbone » dont les caractéristiques sont proches des quotas d'émission de gaz à effet de serre.

> **Juridiquement** Il s'agit :
> – des **unités de réduction des émissions (URE) et unités de réduction d'émission certifiées (REC)** (C. envir. art. L 229-7 et L 229-22) et autres unités listées à l'article L 229-7 du Code de l'environnement. Ces unités peuvent être restituées en lieu et place des quotas (voir ci-avant a.) ;
> – des unités de quantité attribuée et des unités d'absorption (C. envir. art. L 229-24).

Le règlement ANC n° 2012-03 du 4 octobre 2012 intégré au PCG (Règl. ANC 2014-03) et sa Note de présentation fournissent les modalités de comptabilisation des quotas d'émission et unités assimilées.

Deux modes de comptabilisation Les quotas et unités assimilées sont comptabilisés différemment selon qu'ils sont détenus :
– pour se conformer aux exigences de la réglementation ; dans ce cas ils sont comptabilisés selon le **modèle économique « Production »** (voir n° 20580) ;
– à des fins de négoce ; dans ce cas ils sont comptabilisés selon le **modèle économique « Négoce »** (voir n° 20600).

> **Précisions** Seules les unités pouvant être utilisées par la société pour s'acquitter des obligations liées à ses émissions de gaz à effet de serre sont comptabilisées selon le modèle économique « Production ». Les autres unités sont obligatoirement comptabilisées selon le modèle économique « Négoce » (Note de présentation précitée, § 6.2). Les quotas alloués par l'État étant attribués à raison des émissions de gaz à effet de serre, ils sont réputés être utilisés exclusivement dans le cadre du modèle économique « Production » (Note de présentation précitée, § 4.2.1).

Chaque modèle économique a sa propre logique. Le tableau ci-dessous, établi par l'ANC, compare les caractéristiques propres aux deux modèles (Note de présentation du règl. précité, § 3.2) :

	Modèle « Production »	Modèle « Négoce »
Achat	Imposé Lié à l'activité de production	Volontaire Distinct de l'activité de production
Finalité de l'achat	Remplir les obligations liées aux émissions	Réaliser des plus-values
Effet de l'achat	Fige le coût de production Assure la conformité	Ne fige pas le coût de production Dégage une marge

> **Précisions** **1. Coexistence des modèles économiques** (Note de présentation précitée, § 8) Les deux modèles économiques peuvent coexister au sein d'une même entreprise. Si tel est le cas, il est recommandé de ventiler les quotas et unités assimilées utilisés selon chaque modèle au moyen de la gestion de portefeuilles distincts, ou au moyen d'outils appropriés de contrôle interne. Dans le modèle économique « Production », la cession des quotas acquis précédemment est possible sans qu'il soit requalifié de « négoce » si ces cessions sont réalisées, à la marge :
– pour résorber des excédents de quotas, lorsque les prévisions d'émissions sont revues à la baisse ;
– ou dans le cadre de l'optimisation des coûts de production ; les mouvements (hors ceux liés aux opérations de couverture) doivent alors être limités.
2. Documentation du modèle économique de l'entité (Note de présentation précitée, § 8) La comptabilisation et l'évaluation des quotas et unités assimilées étant distinctes selon le modèle retenu, il appartient à cette dernière de le documenter.
Le modèle économique « Production » peut notamment être documenté au moyen des éléments suivants (liste non exhaustive) :
– description de la stratégie et de la politique d'achat de quotas et unités assimilées ;
– documentation des contrats d'achat (au comptant, à terme, et dérivés sur quotas) ;
– adossement des contrats d'achat aux émissions passées et aux émissions futures hautement probables ; allocation des achats à des périodes précises de production ;
– justification des cessions occasionnelles (voir ci-avant).
En outre, des changements importants intervenus dans la gestion des quotas et unités assimilées doivent être justifiés par des événements de nature particulière (par exemple, baisse de production liée à un arrêt imprévu et prolongé des installations, pertes de parts de marché).

Nature des quotas et unités assimilées Les quotas et unités assimilées constituent une matière première de nature « administrative » et sont comptabilisés dans des comptes de **stocks**.

20580 **Comptabilisation dans le cadre du modèle économique « Production »**
I. À l'actif
a. À leur acquisition Les quotas et unités assimilées sont comptabilisés au débit d'un compte d'achats stockés 601x à créer « Achats stockés – Quotas de gaz à effet de serre » (Note de présentation précitée).

Les **quotas et unités assimilées acquis** (sur le marché ou par mise aux enchères) sont enregistrés au **coût d'acquisition** selon les principes généraux (voir n° 31285 s.).

Les **quotas alloués gratuitement** par l'État sont enregistrés en stocks pour une **valeur nulle** de manière à traduire l'absence de coûts de production supplémentaires à hauteur d'un certain plafond d'émissions (Note de présentation précitée).

Les **unités assimilées allouées** en contrepartie d'activités de l'entité (programmes volontaires de réduction d'émissions ou de destruction de gaz à effet de serre) ont, contrairement aux quotas gratuits, un coût pour l'entreprise. Elles sont donc comptabilisées à leur **coût de production**, selon les règles générales applicables aux autres stocks (voir n° 21055 s.).

> **Précisions** Travaux ANC en cours L'ANC, saisie sur les modalités d'appréciation du coût de production des CEE dans le cas où l'entreprise réalise elle-même un investissement sur ses propres installations (voir n° 20610), devrait également se prononcer sur les modalités d'appréciation du coût de production des quotas et unités assimilées.

b. À la clôture :
1. Si les quotas et unités assimilées détenus en portefeuille sont inférieurs aux émissions de gaz, aucun stock n'est comptabilisé à la clôture.
En effet, dans ce cas, les quotas en portefeuille ne sont plus disponibles pour couvrir de futures émissions de gaz à effet de serre. Ils ne sont donc plus porteurs d'avantages économiques futurs pour l'entité et ne répondent donc plus à la définition d'un actif. Les unités conservées postérieurement à l'émission de gaz à effet de serre pour être restituées à l'État restent néanmoins suivies hors bilan, dans une comptabilité matière (voir ci-après IV.).
Sur la dette à comptabiliser, voir ci-après II.

2. Si les quotas et unités assimilées détenus en portefeuille sont supérieurs aux émissions de gaz, les quotas en excédent (dits « non consommés », voir ci-après c.) sont comptabilisés en **stock** au compte 321x à créer « Matières consommables – Quotas de gaz à effet de serre » par le crédit de compte de variation de stocks (Note de présentation précitée).
En effet, dans ce cas, ces quotas sont encore disponibles pour couvrir une émission future et sont donc porteurs d'avantages économiques futurs pour l'entité.

3. Évaluation postérieurement à la date d'entrée À la date de clôture de l'exercice, les quotas et unités assimilées en stocks sont évalués suivant les mêmes règles que les autres matières premières (voir n° 21520 et 21790). Ainsi, la valeur actuelle à retenir pour apprécier la nécessité d'une dépréciation est différente selon leur destination :
– s'ils sont destinés à être revendus (ce qui est possible dans le modèle « Production », à condition de rester marginal, voir n° 20560) : c'est la **valeur de marché**, diminuée des frais de cession, qui est à retenir ;
– s'ils sont détenus à des fins de restitution : c'est la valeur d'usage qui doit être retenue. Une dépréciation n'est en conséquence à constater que si le coût de production des produits finis dans lesquels le coût des quotas et unités assimilées est incorporé est supérieur à la **valeur** actuelle de ces mêmes produits finis (Note de présentation précitée), c'est-à-dire si le coût des stocks de quotas augmenté des frais d'achèvement et de commercialisation est supérieur au prix de vente probable des produits finis.

20580 (suite)

c. Sortie des quotas et unités assimilées Les quotas et unités assimilées sont sortis des stocks :
– au fur et à mesure de l'émission de gaz à effet de serre ; dans ce cas, les quotas et unités assimilées sortant du stock sont dits « consommés » par les émissions ;

> **Précisions** Ces unités consommées, conservées pour être restituées à l'État, sont suivies hors bilan, dans une comptabilité matière (voir ci-après IV.).

– ou en cas de cession. Les plus-values et moins-values de cession sont comptabilisées en résultat d'exploitation.

> **Fiscalement** Il en est de même (CAA Versailles 4-3-2014 n° 12VE01061 ; TA Montreuil 4-10-2011 n° 1005709 et 1005710 ; décisions rendues en matière de taxe professionnelle et en application du règlement CRC 2004-08 abrogé depuis mais applicables, à notre avis, dans le régime actuel et transposables en matière d'IS).

Sur l'impact d'une cession sur la dette de quotas à acquérir, voir ci-dessous II.
Les quotas d'émission sont des articles interchangeables dont les règles d'évaluation suivent les méthodes Fifo (voir n° 20810) ou CUMP (voir n° 20800 s.). Il en est de même pour chacune des autres catégories d'unités assimilées (REC, URE…).

II. Au passif

a. Dès que les émissions de gaz deviennent supérieures aux quotas et unités assimilées détenus en portefeuille, une dette de quotas à acquérir est comptabilisée au passif.
En effet, dans ce cas, les unités en portefeuille sont insuffisantes pour couvrir les émissions. Il existe donc une obligation, pour l'entité, d'acquérir des quotas ou autres unités assimilées pour pouvoir restituer le nombre de quotas requis.

> **Précisions** En revanche, tant que les émissions restent inférieures aux quotas et unités assimilées en portefeuille, aucune dette n'est à constater au passif.

Cette dette est comptabilisée au crédit du **compte 449** « État – Quotas d'émission à acquérir » (PCG art. 932-1 rubrique 44), par la contrepartie d'un compte d'achats stockés 601x à créer « Achats stockés – Quotas de gaz à effet de serre à acquérir » (Note de présentation précitée).
Elle est constituée, à notre avis :
– sur la base de la **valeur de marché** des quotas ou unités assimilées puisqu'elle correspond au coût des quotas qu'il est nécessaire d'acquérir au titre des émissions de gaz à effet de serre réalisées ;
– sauf si l'obligé a déjà signé un contrat de couverture (contrat de valorisation, promesse d'achat…) ; dans ce cas, le passif est estimé en tenant compte du coût de ces contrats fermes.

> **Précisions** **1. Estimation du passif pour les entités bénéficiant de quotas d'émission alloués gratuitement par l'État** (Note de présentation précitée) Si, à la clôture, l'entité dispose de prévisions fiables permettant de justifier, sur la durée résiduelle du plan, de la génération de futurs excédents de quotas alloués (qui viendront compenser le déficit), la dette peut être limitée de manière à ce que le déficit constaté à la clôture ne dépasse pas le montant global du déficit attendu en fin de période.
> La détermination des excédents de quotas alloués par rapport aux prévisions d'émissions de gaz à effet de serre sur la durée résiduelle du plan doit toutefois être documentée et fondée sur des éléments vérifiables, par exemple :
> – les arrêts d'activité prévus dans le cadre de programmes pluriannuels de maintenance, ou ;
> – le résultat d'actions techniques de réduction des émissions dès lors que ce résultat peut être raisonnablement estimé (faisabilité technique et technologies éprouvées).
> **2. Conséquence d'une cession de quota ou unité assimilée** La cession d'un quota ou d'une unité assimilée sur le marché, alors que ce quota était destiné à couvrir une émission

passée (suivi hors-bilan, voir ci-dessous IV.), entraîne la reconstitution d'une dette. En effet, cette vente entraîne une nouvelle obligation d'acheter des quotas ou unités assimilées pour être en conformité.

3. Conséquence d'une variation des cours post-clôture La dette s'évalue au cours du jour de la clôture (Règl. précité, § 4.2.4). Les variations des cours postérieurement à la clôture ne sont pas considérées comme des événements liés à des conditions existant à la clôture (voir n° 52345 et 21490 III.).

b. Extinction de la dette La dette est éteinte par l'**achat des quotas ou unités assimilées**, sans attendre leur restitution.

En effet, dès lors que le quota (ou l'unité assimilée) est acquis, l'entreprise n'attend plus de sortie de ressource supplémentaire.

Ainsi, à l'achat des quotas, le compte 601y « Achats stockés – Quotas de gaz à effet de serre à acquérir » est crédité par le débit du compte 449 « État – Quotas d'émission à acquérir » (Note de présentation précitée).

III. Informations en annexe Les entreprises doivent mentionner en annexe les informations suivantes (PCG art. 833-8/1 et 833-20/6) :
– la valeur comptable des stocks de quotas et unités assimilées ;
– la méthode comptable adoptée pour évaluer les stocks de quotas et unités assimilées ;
– la méthode utilisée pour le calcul des dépréciations et montants des dépréciations ;
– la description du ou des modèles économiques retenus pour gérer et comptabiliser les quotas et unités assimilées (modèle « Production », modèle « Négoce ») ;
– l'estimation des émissions réalisées de gaz à effet de serre ;
– les hypothèses prises en compte pour l'évaluation du passif « Quotas d'émission à acquérir » ;

> **Précisions** Lorsque l'entreprise tient compte des futurs excédents pour l'évaluation de leur passif de « quotas à restituer » (voir ci-avant II. a), elle doit indiquer les hypothèses de détermination de ces excédents et notamment les faits et circonstances (par exemple, les actions techniques planifiées de réduction des émissions ou les arrêts d'activité programmés) pris en considération pour estimer les émissions futures de gaz à effet de serre.

– toute information pertinente sur la gestion du risque CO_2 ;
– le nombre de quotas restant à recevoir de l'État au titre de la période pluriannuelle d'allocation gratuite de quotas en cours dans les « engagements reçus ».

IV. Suivi des quotas et unités assimilées en comptabilité matière (hors bilan) Les entreprises ayant retenu le modèle « Production » doivent suivre les quotas d'émission et autres unités dans une comptabilité matière tenue hors bilan. Cette comptabilité matière fait apparaître les quantités de quotas et unités assimilées détenues, en distinguant (par catégorie d'unité) (PCG art. 615-21) :
– les unités gérées selon le modèle économique « Production » et, en cas de coexistence des deux modèles, celles gérées selon le modèle économique « Négoce » ;
– et, au sein du modèle économique « Production », les unités destinées à couvrir les émissions de gaz à effet de serre réalisées de celles destinées à couvrir les émissions futures.

> **Précisions** Les quotas destinés à couvrir les émissions futures sont néanmoins toujours comptabilisés au bilan, contrairement aux quotas destinés à couvrir des émissions réalisées.

Le tableau ci-après, établi par nos soins, est un exemple de suivi qui peut, à notre avis, être retenu par les entreprises :

Quotas en porte-feuille	Quotas à restituer à l'État			Quotas non consommés	CER en porte-feuille	CER à restituer			CER non consommés
	Le 30/04/ N+1	Le 30/04/ N+2	...			Le 30/04/ N+1	Le 30/04/ N+2	...	

V. Amende versée pour non-respect des obligations Elle est comptabilisée en charge.

20600 Comptabilisation dans le cadre du modèle économique « Négoce »
Les quotas et unités assimilées acquis en vue d'être revendus sont comptabilisés en **stocks** dès leur acquisition, pour leur **coût d'acquisition**.

À la clôture de l'exercice, ils sont évalués à leur **valeur vénale**. Si cette dernière est inférieure au coût d'entrée, le stock est déprécié.

> **Précisions** Les quotas d'émission gérés selon le modèle « Production » et ceux gérés selon le modèle « Négoce » font l'objet d'une évaluation distincte. En conséquence, lorsqu'une entité gère les quotas selon les deux modèles, la dépréciation constatée sur les quotas « Négoce » ne peut être compensée par les plus-values latentes sur les quotas « Production » et inversement.

Les quotas et unités assimilées sont **sortis uniquement lors de leur cession.** Le résultat de cession est comptabilisé en résultat d'exploitation.

> **Précisions** Leur détention n'étant pas liée au modèle « Production », ils ne sont pas consommés par l'émission de gaz à effet de serre, même lorsqu'ils sont détenus par une entreprise soumise à cette réglementation. Leur acquisition ne peut éteindre le passif lié aux émissions.

CERTIFICATS D'ÉCONOMIE D'ÉNERGIE (CEE)

20605 Sont concernées par le traitement comptable décrit ci-après **les entreprises autorisées à déposer un dossier** en vue d'obtenir des CEE auprès du Pôle national des CEE (Note de présentation du règl. ANC 2012-04 du 4-10-2012, § 1 et 3) :

a. les « obligés » (fournisseurs d'énergie), soumis, en fonction de leurs ventes d'énergie, à une obligation pluriannuelle de réaliser ou d'inciter les consommateurs finaux (ménages, entreprises, collectivités publiques…) à réaliser des économies d'énergie (voir n° 20610) ;

> **Juridiquement** Ce dispositif est défini par le **Code de l'énergie** (art. L 221-1 à L 221-11) et le décret 2009-803 du 26 juin 2009, art. 2. En contrepartie des actions menées, les entreprises « obligées » reçoivent des certificats d'économie d'énergie (CEE). À l'issue de la période pluriannuelle, pour se libérer de leur obligation d'économies d'énergie, les entités doivent :
> – soit restituer à l'État le nombre de certificats correspondant à leurs obligations ;
> – soit acquitter un versement libératoire à hauteur des certificats manquants ainsi qu'une pénalité de 10 % pour chaque semestre de retard.
> Pour obtenir les CEE à hauteur de leurs obligations, les « obligés » peuvent (C. énergie art. L 221-1 et R 221-14) :
> – soit réaliser eux-mêmes des actions d'économies d'énergie leur permettant de constituer un dossier en vue d'obtenir des CEE auprès du PNCEE ;
> – soit inciter les consommateurs finaux à investir dans des équipements économes en énergie en leur versant une prime en échange de droits à CEE ; dans ce cadre, ils peuvent conclure des accords de partenariat avec des « fournisseurs référencés » ;
> – soit investir financièrement dans des programmes éligibles (qui contribuent indirectement à l'objectif, par exemple en formant des artisans, ou qui luttent contre la précarité énergétique) ;
> – soit acheter des CEE sur un marché de gré à gré ;
> – soit déléguer leur obligation à un tiers.

> **Précisions** **Sociétés délégataires** Les sociétés ayant conclu des accords de délégation avec les « obligés » sont soumises aux mêmes obligations que l'obligé et disposent des mêmes voies pour obtenir des CEE à l'exception de la délégation (C. énergie art. R 221-5 et R 221-6). Les projets d'économies d'énergie ainsi menés permettent au délégataire de constituer un dossier en vue d'obtenir des CEE en son nom propre auprès du Pôle national des CEE.

b. les autres entreprises « autorisées » à produire et/ou détenir des certificats d'économie d'énergie dans le cadre d'une **activité de négoce** sont les sociétés dites « éligibles » (collectivités locales, bailleurs sociaux…) (voir n° 20615).

C'est le règlement ANC n° 2012-04 du 4 octobre 2012 intégré au PCG (Règl. ANC 2014-03) et sa Note de présentation qui fournissent les modalités de comptabilisation des certificats d'économie d'énergie.

Ne sont en revanche **pas concernées** par le traitement comptable décrit ci-après les **entreprises recevant des primes** au titre de projets éligibles au dispositif CEE, c'est-à-dire :
– les consommateurs finaux (voir n° 26495) ;
– et fournisseurs de biens et services référencés.
Ces dernières n'enregistrent pas de CEE dans leurs comptes.

Deux modes de comptabilisation sont prévus par les articles 616-2 s. du PCG pour les exercices ouverts depuis le 1er janvier 2015 :
– les CEE détenus pour se conformer aux exigences de la réglementation sont comptabilisés selon le **modèle économique « Économies d'énergie »** (voir n° 20610) ;
– les CEE détenus à des fins de négoce sont comptabilisés selon le **modèle économique « Négoce »** (voir n° 20615).

Chaque modèle économique a sa propre logique. Le tableau ci-après, établi par l'ANC, compare les caractéristiques propres aux deux modèles (PCG art. 616-10) :

	Modèle « Économies d'énergie »	Modèle « Négoce »
Obtention ou achat	Imposé Lié à l'activité de vente d'énergie	Volontaire Distinct de l'activité de vente d'énergie
Finalité de l'obtention ou de l'achat	Mise en conformité	Réaliser des plus-values

> Précisions **Coexistence des modèles économiques et documentation du modèle économique de l'entité** (PCG art. 616-10) Voir n° 20560, Précisions 1 et 2. En l'occurrence les cessions de CEE doivent être justifiées dans le modèle « Économie d'énergie », par exemple ;
– pour résorber des excédents de CEE, lorsque les prévisions d'économies d'énergie sont revues à la hausse ;
– ou dans le cadre de l'optimisation des coûts de production ; les mouvements doivent alors être limités.
En outre, des changements importants intervenus dans la gestion des CEE doivent être justifiés par des événements de nature particulière (par exemple, baisse notable et prolongée des ventes d'énergie, pertes de parts de marché).

Nature des CEE Les CEE constituent une fourniture de nature « administrative » et sont comptabilisés dans des comptes de **stocks** (PCG art. 616-9).

20610 **Comptabilisation dans le cadre du modèle économique « Économies d'énergie »** Le traitement des CEE dans le cadre du modèle économique « Économies d'énergie » est identique à celui des quotas de gaz à effet de serre dans le cadre du modèle économique « Production » (voir n° 20560). En conséquence :

I. À l'actif À leur achat, les CEE sont comptabilisés au débit d'un compte d'achats stockés 601x à créer « Achats stockés – Certificats d'économie d'énergie » (par analogie avec le dispositif des quotas de gaz à effet de serre, voir n° 20580).

À la clôture, si les économies d'énergie réalisées sont supérieures aux obligations d'économies d'énergie, les CEE sont comptabilisés en **stock** (PCG art. 616-8 et 616-9) pour leur **coût d'acquisition** lorsqu'ils sont acquis. Lorsqu'ils sont obtenus en contrepartie de la réalisation d'actions directes ou indirectes d'économies d'énergie, ils sont comptabilisés pour leur **coût de production** (PCG art. 616-11) qui comprend notamment, parmi les coûts directs (Note de présentation précitée, § 6.1) :
– la main-d'œuvre directe affectée aux actions d'économies d'énergie ;
– ainsi que les versements sous forme d'incitation financière aux économies d'énergie au consommateur final « bénéficiaire », ou à des programmes.

> Précisions **1. Réalisation d'actions directes** L'ANC a été saisie sur les modalités d'appréciation du coût de production des CEE dans le cas où une entreprise « obligée » réalise elle-même un investissement sur ses propres installations pour obtenir des CEE.
2. Réalisation d'actions indirectes Tout versement d'incitation financière avant que les conditions lui permettant de déposer une demande de CEE ne soient remplies (finalisation des travaux et fourniture des éléments du dossier par le bénéficiaire), est, à notre avis, à comptabiliser en « Avances versées » (en ce sens, Bull. CNCC n° 201, mars 2021, EC 2020-09 chez le délégataire).
3. Chez le délégataire (voir n° 20605) Le coût de production est estimé de la même façon que chez l'obligé (Bull. CNCC n° 201 précité).

Les CEE sont sortis des stocks (pour plus de détails, voir n° 20560 sur le cas similaire des quotas de gaz à effet de serre) :
– au fur et à mesure de la réalisation de l'activité de vente d'énergie générant les obligations d'économies d'énergie ;
– ou lors de leur cession (PCG art. 616-15).

À la date de clôture de l'exercice, les CEE en stocks sont évalués suivant les mêmes règles que les quotas de gaz à effet de serre (voir n° 20560 et PCG art. 616-14 renvoyant vers 214-22 et 214-23).

II. Au passif
a. Dès que les **obligations d'économies d'énergie** (au titre des ventes d'énergie réalisées) **deviennent supérieures à la réalisation des économies d'énergie,** un passif est comptabilisé (PCG art. 616-18).
Le passif correspond au coût des actions restant à engager pour éteindre les obligations liées aux ventes d'énergie réalisées (PCG art. 616-4 et 616-18).

À notre avis, il s'agit d'une dette à évaluer sur la base du prix du CEE à la clôture, sauf si l'obligé a déjà signé un contrat de couverture (contrat de valorisation, promesse d'achat…). Dans ce dernier cas, le passif est estimé en tenant compte du coût de ces contrats fermes.

Lorsque l'entité estime qu'elle n'aura pas d'autre choix réaliste que d'acquitter le versement au Trésor public pour se libérer de l'obligation, la dette est à évaluer en fonction du versement libératoire et des pénalités dues le cas échéant (PCG art. 616-5 et 616-18).

Sur les conséquences de la vente d'un CEE, voir le cas similaire des quotas au n° 20560.

b. Extinction de la dette La dette est éteinte par :
– la **réalisation effective** des dépenses d'économies d'énergie ayant la nature de charges permettant l'obtention des certificats ;
– l'**achat** des certificats ;
– ou le **versement libératoire de la pénalité** au Trésor public (C. énergie art. L 221-4 ; PCG art. 616-5).

> **Fiscalement** Ce versement libératoire n'est pas déductible (CGI art. 39-2). Il doit être réintégré extra-comptablement sur l'imprimé 2058-A (ligne WJ, à notre avis).

III. Informations en annexe Les entreprises doivent mentionner en annexe les informations suivantes (PCG art. 833-8/1, 833-20/7 et Note de présentation précitée, § 11) :
– la valeur comptable globale des stocks de CEE et valeurs comptables par catégories appropriées à l'entité ;
– les méthodes comptables adoptées pour évaluer les stocks de CEE, y compris les méthodes de détermination du coût ;
– la méthode utilisée pour le calcul des dépréciations et montants des dépréciations par catégorie ;
– la description du ou des modèles économiques retenus pour gérer et comptabiliser les CEE (modèle « Économies d'énergie », modèle « Négoce »).

IV. Suivi des CEE en comptabilité matière (hors bilan) Les entreprises ayant retenu le modèle « Économies d'énergie » doivent suivre les CEE dans une comptabilité matière tenue hors bilan. Cette comptabilité matière fait apparaître les quantités de CEE détenues, en distinguant (PCG art. 616-23) :
– les CEE gérés selon le modèle économique « Économies d'énergie » et, en cas de coexistence des deux modèles, celles gérées selon le modèle économique « Négoce » ;
– et, au sein du modèle économique « Économies d'énergie », les CEE destinés à couvrir les obligations passées de ceux destinés à couvrir les obligations futures.

> **Précisions** Les CEE destinés à couvrir les obligations futures sont néanmoins toujours comptabilisés au bilan, contrairement aux CEE destinés à couvrir des obligations réalisées.

Le tableau ci-après, établi par nos soins, est un exemple de suivi qui peut, à notre avis, être retenu par les entreprises :

CEE en portefeuille	CEE à restituer à l'État			CEE non consommés	CEE destinés au négoce
	En N+1	En N+2	…		

Comptabilisation dans le cadre du modèle économique « Négoce »   20615

Les CEE détenus par les entreprises « non obligées » sont nécessairement comptabilisés selon le modèle « Négoce », ces entités n'ayant pas d'obligations d'économies d'énergie (Note de présentation précitée, § 7).

Les CEE acquis sont comptabilisés en **stocks** pour leur **coût d'acquisition.** Les CEE obtenus de l'État ou en cours d'obtention en contrepartie des actions d'économies d'énergie sont enregistrés à leur **coût de production** (Note de présentation précitée, § 7.1).

> **Précisions** Travaux ANC en cours L'ANC a été saisie sur les modalités d'appréciation du coût de production des CEE dans le cas où une entreprise « autorisée » réalise des actions d'économie d'énergie pour obtenir des CEE.

À la clôture de l'exercice, ils sont évalués à leur **valeur actuelle** (PCG art. 616-21 renvoyant vers art. 214-22 et 214-6), à notre avis, la valeur vénale. Si cette dernière est inférieure à leur coût d'entrée, le stock est déprécié (PCG art. 616-21 renvoyant vers 214-22 et 214-6).

> **Précisions** Les CEE gérés selon le modèle économique « Économies d'énergie » et les CEE gérés selon le modèle économique « Négoce » font l'objet d'une évaluation distincte. En conséquence, lorsqu'une entité gère les CEE selon les deux modèles, la dépréciation constatée sur les CEE « Négoce » ne peut être compensée par les plus-values latentes sur les CEE « Économies d'énergie » et inversement.

Les CEE sont **sortis uniquement lors de leur cession.** Le résultat de cession est comptabilisé en résultat d'exploitation (PCG art. 616-22).

> **Précisions** Leur détention n'étant pas liée au modèle « Économies d'énergie », ils ne sont pas consommés par les ventes d'énergie, même lorsqu'ils sont détenus par une entreprise soumise à cette réglementation.

Les CEE obtenus et acquis sont considérés comme des articles interchangeables et les règles d'évaluation selon la méthode Fifo ou CUMP leur sont donc applicables (PCG art. 616-20).

AUTRES CERTIFICATS À RESTITUER À UNE AUTORITÉ

20620 **Certificats d'incorporation de biocarburants durables** Sont concernées par le traitement comptable décrit ci-après les entreprises soumises à la TIRUERT (taxe incitative relative à l'utilisation d'énergie renouvelable dans le transport).

> **Précisions** Afin de respecter leurs obligations fiscales, les entités redevables sont tenues d'incorporer des substances végétales « bio » dans leur production de carburants soit en les intégrant physiquement à leurs produits finis, soit en achetant des « certificats bio ». Dans ce dernier cas, les certificats peuvent être acquis :
— soit **avec le biocarburant**, celui-ci étant assorti d'un « certificat » préalablement validé par l'administration des douanes et pouvant être « détaché » ;
— soit **sans le biocarburant**, directement sur le marché auprès d'autres pétroliers.

I. À la date d'entrée Selon la CNCC (Bull. n° 209, mars 2023, EC 2022-16), le biocarburant est composé de deux actifs distincts à comptabiliser séparément :
— d'une part, la substance végétale en tant que matière première qui sera physiquement consommée dans la production du carburant mélangé ; son coût d'entrée peut être établi sur la base du prix d'achat du carburant fossile brut à la date d'acquisition ;
— et, d'autre part, les « certificats bio » attachés à cette substance, en tant que fourniture de nature « administrative », qui seront considérés comme consommés dans la production lorsqu'ils seront utilisés pour remplir l'obligation légale d'incorporation (par analogie avec le dispositif des certificats d'économie d'énergie, voir n° 20605) ; leur coût d'entrée est obtenu par différence entre le prix d'achat du biocarburant et la valeur attribuée à la substance végétale (PCG art. 213-7 ; voir n° 31605).

II. À la clôture Si l'entreprise constate un **excédent** de certificats bio non consommés, un stock subsiste à l'actif. Il est évalué à la valeur de marché, selon la CNCC. À notre avis, toutefois, si les certificats sont destinés à être consommés dans le cadre des obligations de l'entreprise, ils devraient être évalués à leur valeur d'usage, à l'instar des règles applicables aux CEE (voir n° 20610).

> **Précisions** Le stock de substance végétale est à évaluer à sa valeur d'usage, comme toute matière première (voir n° 21790). Une dépréciation n'est en conséquence à constater que si le coût de revient des produits finis dans lesquels le coût des substances végétales est incorporé (coût des stocks de substances végétales augmenté des frais d'achèvement, dont les certificats bio et des frais de commercialisation) est supérieur au prix de vente probable des produits finis.

En cas d'**insuffisance** d'incorporation de biocarburant à la clôture, une charge à payer est comptabilisée à hauteur de la TIRUERT calculée sur la base du nombre de mètre cube de biocarburant manquants.

À notre avis, une information est à donner en annexe si celle-ci s'avère significative, sur le modèle des informations à donner au titre des certificats d'économie d'énergie (voir n° 20610).

20650 **Autres certificats à restituer** À notre avis, le traitement comptable applicable aux quotas d'émission de gaz à effet de serre (voir n° 20560) et certificats d'énergie (voir n° 20605) devrait pouvoir s'appliquer à tout autre certificat :
— qu'il est obligatoire d'acquérir pour être autorisé à réaliser certaines opérations ;
— et destiné à être restitué ou détruit au terme d'une période pluriannuelle.

LES STOCKS ET EN-COURS DE PRODUCTION

EXEMPLES

Les fournisseurs d'électricité ont l'obligation d'acquérir des certificats de garantie de capacité dans le cadre du mécanisme de capacité instauré en 2017 en France métropolitaine par les articles L 335-1 s. et R 335-1 s. du Code de l'Énergie. Il en est de même pour les fournisseurs de gaz naturel dont les livraisons aux consommateurs finaux ou consommations annuelles sont supérieures à un seuil défini par décret, qui sont soumis à une obligation de restitution à l'État de certificats de production de biogaz (C. énergie art. L 446-42 à L 446-46).

SECTION 2 — RÈGLES D'ÉVALUATION DES STOCKS ET EN-COURS

20715

Il convient de distinguer :
– le coût d'entrée dans le patrimoine de l'entreprise (voir n° 20720 s.) ;
– la valeur d'inventaire (voir n° 21415 s.) ;
– la valeur au bilan ou valeur à l'arrêté des comptes (voir n° 21705 s.).

Par ailleurs, certaines opérations particulières sont à prendre en compte dans l'évaluation des stocks, notamment :
– les provisions réglementées relatives aux stocks (voir n° 21945 s.) ;
– les réévaluations (voir n° 22020).

I. COÛT D'ENTRÉE DANS LE PATRIMOINE

A. Règle générale d'évaluation du coût d'entrée

ÉVALUATION AU COÛT D'ENTRÉE

20720

À leur date d'entrée dans le patrimoine de l'entreprise, les stocks et en-cours sont enregistrés (C. com. art. L 123-18 ; PCG art. 213-1 et 213-2 al. 2) :
– à leur **coût d'acquisition**, pour les biens acquis à titre onéreux dans des conditions ordinaires (approvisionnements et marchandises), voir n° 20900 s. ;

> **Fiscalement** Il en est de même (CGI ann. III art. 38 nonies ; BOI-BIC-PDSTK-20-20-10-10 n° 30 et 40).

– à leur **coût de production,** pour les biens produits (produits et en-cours), voir n° 21055 s. ;

> **Fiscalement** Il en est de même (CGI ann. III art. 38 nonies ; BOI-BIC-PDSTK-20-20-10-10 n° 110).

– à leur **valeur vénale,** pour les biens acquis à titre gratuit (voir n° 21265), par voie d'échange (voir n° 21260) et reçus à titre d'apport en nature ne constituant pas une branche complète d'activité (voir n° 21270).

> **Fiscalement** Il en est de même pour les biens acquis à titre gratuit (CE 9-12-2009 n° 302059). Pour les biens acquis par voie d'échange ou reçus à titre d'apport en nature, par symétrie avec les immobilisations (CGI ann. III art. 38 quinquies ; voir n° 26170), il devrait également en être de même.

Sur les **modalités** générales d'évaluation du coût d'entrée des stocks (coût réel d'entrée, Fifo, CMP...), voir n° 20780 s.

Sur les modalités d'évaluation des stocks entrés dans le patrimoine de la société dans le cadre d'opérations de fusion, scission, apport partiel d'actif, dissolution par confusion de patrimoine, voir Mémento Fusions & Acquisitions n° 7600 s.

Sur les principes de détermination du coût d'entrée des stocks en normes IFRS, voir Mémento IFRS n° 34985.

NOTION DE COÛTS

20725 Le coût des stocks doit comprendre tous les coûts d'acquisition, de transformation et autres coûts encourus pour amener les stocks à l'endroit et dans l'état où ils se trouvent (PCG art. 213-30).

Ainsi, selon le stade d'élaboration des stocks, divers coûts (et non « prix ») peuvent être déterminés, par exemple :
– après approvisionnement : **coût d'acquisition** (voir n° 20900 s.) ;
– après fabrication : **coût de production** (voir n° 21055 s.) ;
– après distribution : **coût de revient**.

En ce qui concerne la comptabilité analytique (non reprise dans le PCG), voir n° 22435 s.

TABLEAU RÉCAPITULATIF

20730

N° de compte	Nature des stocks	Coût d'acquisition = Prix d'achat + Frais accessoires d'achat (voir n° 20900 s.)	Coût de production = Coût d'acquisition des matières consommées + Charges directes et indirectes de production (voir n° 21055 s.)
31	Matières premières	x	
32	Autres approvisionnements	x	
33, 34	En-cours de production		x
35	Stocks de produits (produits intermédiaires, finis, résiduels)		x
37	Stocks de marchandises revendues en l'état [1]	x	

(1) Sur la distinction entre marchandises « revendues en l'état » et « transformées en produits finis », voir n° 21305.

> **Précisions** **Date d'inscription en comptabilité** Dans le cas particulier des stocks et en-cours, cette date est différente selon que l'entreprise pratique l'inventaire permanent (date d'entrée dans le patrimoine en cours d'exercice, voir n° 22345) ou intermittent (date de clôture de l'exercice). À notre avis, cette date doit être **sans incidence sur l'évaluation** du coût d'entrée.

B. Modalités générales d'évaluation du coût d'entrée

20780 Les coûts sont déterminés :
– par la comptabilité analytique (voir n° 22435 s.) qui, même si elle n'est pas rattachée au PCG (voir n° 3070 s.), reste souvent indispensable à l'évaluation des stocks et des productions des entreprises. Ainsi, en la matière, tant que les organismes compétents ne se seront pas prononcés sur son sort, il convient, à notre avis, de continuer à se référer au PCG 82 ;
– à défaut, par des calculs ou évaluations statistiques ;
– à défaut, dans des cas exceptionnels, par d'autres méthodes.

I. La comptabilité analytique sert à établir les coûts d'acquisition et de production (PCG 82 p. III.13 et Bull. CNC n° 27, juillet 1976).

En effet, il résulte de la définition du coût d'acquisition et du coût de production du Code de commerce (art. R 123-178) que leur détermination nécessite de calculer le prix d'achat et ses frais accessoires et de différencier les charges de production des autres charges, les charges directes de production des charges indirectes de production, et, dans celles-ci, les pertes et gaspillages, les charges de sous-activité par la méthode de l'imputation rationnelle, etc.

> **Fiscalement** Il en est de même (CGI ann. III art. 38 nonies ; BOI-BIC-PDSTK-20-20-10-10 n° 20 ; CE 27-6-1994 n° 121748 ; CE 20-10-2000 n° 180798).

II. À défaut de comptabilité analytique, il nous paraît toutefois possible, bien que le PCG n'en fasse pas mention, d'évaluer les coûts par des **calculs ou évaluations statistiques,** c'est-à-dire de manière extra-comptable, à l'aide des éléments disponibles : dossier technique, factures d'achat, heures de travail, prix de vente, marge brute, etc. Il ne s'agit pas d'une comptabilité analytique complète au sens de la définition donnée par le PCG 82 (voir n° 22440), mais d'une organisation proche, tout au moins pour la détermination des coûts.

> **Fiscalement** Il en est de même (CGI ann. III art. 38 nonies ; BOI-BIC-PDSTK-20-20-10-10 n° 20).

III. Dans d'autres cas exceptionnels où, à la date de clôture de l'exercice, il n'est pas possible de déterminer les coûts d'acquisition ou de production de biens en stock par application des règles générales d'évaluation (rappelées ci-avant), le PCG admet que d'autres **méthodes** puissent être appliquées (voir n° 20850).

Sur le cas particulier des contrats à long terme, voir n° 10815.

DISTINCTION ENTRE ÉLÉMENTS IDENTIFIABLES ET INTERCHANGEABLES

20785

Selon le PCG (art. 213-33 et 213-34), une distinction doit être opérée selon que les articles en stock (matières premières, marchandises, produits finis…) peuvent être suivis individuellement (articles identifiables, voir n° 20790) ou non (articles interchangeables, voir n° 20795).

Le tableau suivant, élaboré par nos soins, récapitule les différentes méthodes pouvant être retenues pour déterminer le coût d'entrée des stocks, selon cette distinction.

Éléments visés	Méthode d'évaluation du coût des stocks	n°	Techniques pouvant être utilisées pour évaluer le coût des stocks	n°
Éléments identifiables	Coût réel d'entrée	20790	– Coût standard [1] ou	20835 s.
			– Prix du détail [1] ou	20845
Éléments interchangeables	Coût estimé d'entrée selon l'une des méthodes suivantes :		– Coût d'acquisition ou de production de biens équivalents, constaté ou estimé à la date la plus proche de l'acquisition ou de la production [2]	20850
	– Fifo	20810 s.		
	– CMP	20800 s.	ou	
			– Valeur actuelle à la date de clôture [2]	20850

[1] À condition que cette méthode donne un résultat proche du coût réel.
[2] Méthode exceptionnelle.

Sur les méthodes de valorisation des stocks en normes IFRS, voir Mémento IFRS n° 34987.

Les éléments identifiables (c'est-à-dire les éléments qui ne sont pas habituellement fongibles, ainsi que les biens ou services produits et affectés à des projets spécifiques)

20790

a. Méthode d'évaluation du coût Ils sont évalués à leur **coût réel d'entrée,** c'est-à-dire en procédant à une identification spécifique de leurs coûts individuels (PCG art. 213-33).

> **Précisions** À défaut de définition expresse, sont identifiables, selon différents commentaires administratifs, les produits portant un numéro de série ou les produits que l'on peut différencier selon leur date d'acquisition ou de fabrication.

Sur l'évaluation de leur coût d'acquisition, voir n° 20900 s.
Sur l'évaluation de leur coût de production, voir n° 21055 s.

> **Fiscalement** Il en est de même (CGI ann. III art. 38 nonies ; BOI-BIC-PDSTK-20-20-10-10 n° 20).

b. Techniques pouvant être utilisées pour évaluer le coût Voir n° 20795 c.

Les éléments interchangeables (c'est-à-dire les articles interchangeables qui, à l'intérieur de chaque catégorie, ne peuvent être unitairement identifiés après leur entrée en magasin).

20795

a. Méthodes d'évaluation du coût Ils sont évalués à leur **coût estimé d'entrée,** considéré comme égal au total formé par :
– le coût des stocks à l'arrêté du précédent exercice, considéré comme un coût d'entrée dans les comptes de l'exercice ;
– le coût d'entrée des achats et des productions de l'exercice.

Ce total est réparti entre les articles consommés dans l'exercice et les articles existant en stock par application (PCG art. 213-34) :
– soit d'une **méthode de coût moyen pondéré** (CMP), voir n° 20800 s. ;
– soit de la **méthode « premier entré/premier sorti »** (en anglais Fifo), voir n° 20810.
Ces deux méthodes sont les **seules admises** par le Code de commerce pour l'établissement des comptes annuels (C. com. art. L 123-18, al. 3). Voir n° 20815 s.

> **Fiscalement** Il en est de même (BOI-BIC-PDSTK-20-20-10-10 n° 20).

> **Précisions** Lorsqu'il n'existe pas d'inventaire permanent (voir n° 22345), l'entreprise rétablit, d'une manière extra-comptable (à partir des dernières factures d'achat pour le coût d'acquisition ou des dossiers techniques pour le coût de production), le montant de ses stocks à la clôture de l'exercice.

b. Homogénéité de la méthode choisie Une entité doit obligatoirement utiliser la même méthode pour tous les stocks de même nature et d'usage similaire (PCG art. 213-35).

> **Précisions** La notion d'usage similaire est, à notre avis, propre à chaque entité. En conséquence, un usage similaire pour une entité ne l'est pas nécessairement pour une autre entité ou un autre utilisateur des biens produits. Une différence dans l'implantation géographique des stocks ne suffit pas à justifier des choix de méthodes différentes.

EXEMPLES

(élaborés par nos soins)

Peuvent être valorisées selon les méthodes différentes :
– dans la construction automobile, les matières premières telles que les tôles, d'une part, et les portières de voitures constitutives de produits intermédiaires, d'autre part (nature et usage différents) ;
– les bobines de tissu uni utilisées pour recouvrir des murs, d'une part, et les bobines de tissu imprimé utilisées pour la confection de vêtements, d'autre part (usage différent).

En revanche, la même méthode de valorisation des stocks doit être retenue :
– pour les bouteilles en plastique destinées à contenir des liquides non identiques mais de même nature, quel que soit le contenu des bouteilles (même nature et usage similaire) ;
– les produits de peinture pour carrosserie de voiture à partir des mêmes composants, quels que soient le procédé de fabrication et notamment le type de conditionnement de ses produits (même nature).

c. Techniques pouvant être utilisées pour évaluer le coût Les techniques d'évaluation du coût des stocks, telles que la méthode du coût standard (voir n° 20835 s.) ou la méthode du prix de détail (voir n° 20845), peuvent être utilisées pour des raisons pratiques, si ces méthodes donnent des résultats proches du coût (PCG art. 213-35).

d. Impossibilité d'évaluer le coût Dans des cas exceptionnels, lorsque le coût d'entrée ne peut être déterminé par application des règles générales d'évaluation, le PCG prévoit également des méthodes dérogatoires d'évaluation du coût d'entrée, voir n° 20850.

MÉTHODE DU COÛT MOYEN PONDÉRÉ (ÉLÉMENTS INTERCHANGEABLES)

20800 **Définition générale du coût moyen pondéré** Le coût moyen pondéré est égal au rapport entre le **total des coûts** d'acquisition (ou de production) et les **quantités acquises** (ou produites).

EXEMPLE

Achat de 10 articles A à 15 le 1/1
Achat de 20 articles A à 16 le 2/1
Achat de 30 articles A à 17 le 3/1
Le coût moyen pondéré est égal à :
[(10 × 15) + (20 × 16) + (30 × 17)] / [10 + 20 + 30] = 16,33

20805 **Calcul du coût moyen pondéré** Il **diffère selon la période retenue** pour sa détermination.
Selon le PCG (art. 213-34), il est calculé :
– à **chaque entrée ;**
– ou sur une période n'excédant pas, en principe, la **durée moyenne de stockage.**

> **Précisions** À notre avis, la première méthode est appropriée à la pratique de l'inventaire permanent (voir n° 22345) et la seconde à celle de l'inventaire intermittent.

Selon le bulletin CNCC (n° 57, mars 1985, EC 84-66, p. 152), il résulte de la définition du PCG l'impossibilité d'évaluer les stocks sur la base du coût moyen pondéré annuel si la rotation des articles concernés est inférieur à douze mois. Il est de la compétence et de la responsabilité du commissaire aux comptes d'apprécier, si une autre période de référence que celle de la durée moyenne de stockage est utilisée, les conséquences de l'application de cette méthode sur les résultats et d'en faire éventuellement état dans son rapport général.

> Fiscalement La méthode du coût moyen pondéré est admise pour les éléments interchangeables (BOI-BIC-PDSTK-20-20-10-10 n° 20). L'administration a précisé (Rép. Raynal : AN 19-10-1987 n° 24238, non reprise dans Bofip) que les deux méthodes de calcul (énoncées par le PCG) ne peuvent être appliquées simultanément. Elle admet ainsi l'application de l'une ou de l'autre pour l'évaluation de produits non identifiables (voir BIC-VI-6800 à 6815).

EXEMPLE

Exemple de calcul de coût moyen pondéré

Date	Nature de l'opération	Quantité	Prix unitaire	Total
1/1	Stock initial	100	10	1 000
2/4	Sortie pour ventes	− 20		
3/8	Sortie pour ventes	− 10		
4/9	Achats	100	15	1 500
5/10	Sortie pour ventes	− 110		
7/10	Sortie pour ventes	− 30		
6/11	Achats	200	20	4 000
10/12	Sortie pour ventes	− 130		
31/12	Stock final	100		

a. Calcul d'un nouveau coût moyen pondéré lors de chaque entrée : les sorties des stocks sont valorisées au coût moyen pondéré calculé lors de la dernière entrée. Ce coût moyen pondéré est obtenu par la formule suivante :
(Valeur du stock précédent (à l'ancien coût unitaire moyen pondéré) + Prix des achats) / Quantités totales en stock
Q = quantités. P = prix. V = valeur.
(Chiffres arrondis par commodité de présentation)

Opérations	Mouvements + entrées, () sorties			Stock		
	Q	P	V	Q	P	V
1/1				100	10	1 000,00
2/4	(20)	10	200	80	10	800,00
3/8	(10)	10	100	70	10	700,00
4/9	+ 100	15	1 500	170	12,94	2 199,80
5/10	(110)	12,94	1 423,40	60	12,94	776,40
7/10	(30)	12,94	388,20	30	12,94	388,20
6/11	+ 200	20	4 000,00	230	19,08	4 388,40
10/12	(130)	19,08	2 480,50	100	19,08	1 908,00

b. Calcul du coût moyen pondéré sur la durée moyenne de stockage : la durée de rotation (en quantités) est obtenue par la formule suivante :
sorties pour ventes / stock moyen (1) = 300 / 100 = 3 fois, soit 4 mois.
(1) Le stock moyen est égal, en l'absence d'inventaire permanent, à la moyenne du stock initial et du stock final.
Le coût unitaire moyen pondéré des achats de septembre à décembre est égal à 18,33, soit : 5 500 / 300 = 18,33.
Les stocks sont donc valorisés à 1 833.

MÉTHODE FIFO (PREMIER ENTRÉ, PREMIER SORTI EN FRANÇAIS) – ÉLÉMENTS INTERCHANGEABLES

Les sorties sont valorisées au coût de l'article le plus ancien dans les stocks. Ainsi, les stocks sont évalués aux derniers coûts d'acquisition ou de production.

20810

> Fiscalement La méthode Fifo est admise pour les éléments interchangeables (BOI-BIC-PDSTK-20-20-10-10 n° 20).

> EXEMPLE

Exemple Fifo

(mêmes données qu'au n° 20805) :

Opérations	Mouvements + entrées, () sorties			Stock		
	Q	P	V	Q	P	V
1/1 Stock initial				100	10	1 000
2/4 Sorties pour ventes	(20)	10	(200)	80	10	800
3/8 Sorties pour ventes	(10)	10	(100)	70	10	700
4/9 Achats	+ 100	15	+ 1 500	170	70 / 100	10 / 15	2 200
5/10 Sorties	(110)	70 / 40	10 / 15	(700) / (600)	60	15	900
7/10 Sorties	(30)	15	(450)	30	15	450
6/11 Achats	+ 200	20	+ 4 000	230	30 / 200	15 / 20	4 450
10/12 Sorties	(130)	30 / 100	15 / 20	(450) / (2 000)	100	20	2 000

MÉTHODES LIFO, VALEUR DE REMPLACEMENT (NIFO) ET AUTRES

20815 La meilleure traduction du flux des articles n'est pas toujours donnée par la méthode du coût moyen pondéré (voir n° 20800 s.) ou celle du Fifo (voir n° 20810).

> EXEMPLE

Ainsi, lorsqu'un silo de blé se remplit par le haut et se vide par le bas, le flux correspond à la méthode Fifo (premier entré, premier sorti) ; si, au contraire, il se remplit par le haut et se vide par le haut, le flux correspond à la méthode Lifo.

Par ailleurs, **en période d'inflation,** les méthodes Lifo et de la valeur de remplacement (ou Nifo) sont considérées comme plus appropriées pour la détermination du résultat de l'exercice que les méthodes Fifo et du coût moyen pondéré. En effet, ces dernières augmentent « artificiellement » le résultat puisque les sorties de stocks sont valorisées sur la base d'un coût ne tenant pas compte de l'inflation, tandis que le prix des ventes prend potentiellement en compte l'inflation.

Pourtant, les méthodes Lifo (voir n° 20820) et Nifo (voir n° 20825) ne sont **pas admises par les règles comptables françaises** pour l'établissement des comptes annuels.

> **Fiscalement** Il en est en principe de même (CGI ann. III art. 38 nonies) sauf, semble indiquer l'administration, si l'entreprise peut justifier l'application de cette méthode (BOI-BIC-PDSTK-20-20-10-10 n° 140).

Une information peut toutefois être donnée, notamment en période d'inflation, pour expliquer l'effet positif sur le résultat de l'application des seules méthodes autorisées. Une provision pour hausse de prix est en outre possible pour réduire l'effet positif de l'inflation sur le résultat (voir n° 21965 s.).

Sur la possibilité d'avoir recours à la méthode Lifo dans les comptes consolidés, voir l'article L 233-23 1° du Code de commerce et le Mémento Comptes consolidés n° 3473. Sur les méthodes de valorisation des stocks en normes IFRS, voir Mémento IFRS n° 34987.

20820 **Méthode Lifo** (de l'anglais « last in, first out » – c'est-à-dire « dernier entré, premier sorti ») Les sorties sont valorisées au prix de l'article le plus récent des stocks, c'est-à-dire sur la base des derniers coûts d'achat ou de production. Le principe de base de la méthode Lifo est que le résultat est mieux déterminé lorsqu'on associe aux ventes de l'exercice le coût de remplacement des marchandises vendues.

EXEMPLE

(mêmes données qu'aux n° 20805 et 20810) :

Opérations	Mouvements + entrées, () sorties			Stock		
	Q	P	V	Q	P	V
1/1 Stock initial				100	10	1 000
2/4 Sorties pour ventes	(20)	10	(200)	80	10	800
3/8 Sorties pour ventes	(10)	10	(100)	70	10	700
4/9 Achats	+ 100	15	+ 1 500	170	70 / 100	10 / 15	2 200
5/10 Sorties	(110)	(100) / (10)	15 / 10	(1 600)	60	10	600
7/10 Sorties	(30)	10	(300)	30	10	300
6/11 Achats	+ 200	20	+ 4 000	230	30 / 200	10 / 20	4 300
10/12 Sorties	(130)	20	(2 600)	100	70 / 30	20 / 10	1 700

Méthode Nifo (valeur de remplacement) (de l'anglais, « next in, first out », c'est-à-dire « prochain entré, premier sorti ») Elle est proche dans sa conception de la méthode Lifo (voir n° 20820). Les entreprises évaluent leurs sorties de stocks à leur valeur de remplacement, montant que le chef d'entreprise aurait accepté de payer pour acquérir un bien de substitution permettant d'assurer un flux identique de biens et services dans les mêmes conditions d'exploitation. En pratique, les sorties sont évaluées au prix de la dernière facture (ou d'une estimation de la prochaine) ou au prix de la dernière production (ou d'une estimation de la prochaine).

20825

EXEMPLE

Une entreprise qui a acheté un produit 10, mais devra payer 15 pour le renouveler, **associe au prix de sa vente** un coût de 15 (et non de 10).

En conséquence, les sorties étant évaluées à leur valeur de remplacement, il est nécessaire, pour ne pas obtenir un stock négatif, de réévaluer le stock restant ; le **stock** est donc réévalué de manière permanente (l'écart de réévaluation étant neutralisé).

TECHNIQUES D'ÉVALUATION PRATIQUES DU COÛT DES STOCKS

Selon le PCG (art. 213-35), les techniques d'évaluation du coût des stocks, telles que la méthode du coût standard ou la méthode du prix de détail, peuvent être utilisées pour des raisons pratiques si elles donnent des résultats proches du coût.

20830

Utilisation de coûts standards prévisionnels Les coûts standards retiennent les **niveaux normaux d'utilisation** de matières premières et de fournitures, de main-d'œuvre, d'efficience et de capacité.

20835

En fin d'exercice, une **comparaison avec les coûts réels** doit alors permettre de réintégrer globalement dans la valeur des stocks les **écarts** entre coûts réels et coûts standards.

> **Fiscalement** Il en est de même (BOI-BIC-PDSTK-20-20-10-10 n° 20).

À notre avis, comme le précisait le PCG 1982 (p. III.98) dans le volet consacré à la comptabilité de gestion, les entreprises qui tiennent une comptabilité analytique comportant une évaluation des coûts de revient par la méthode des « coûts standards prévisionnels » doivent donc prendre toutes les mesures, comptables ou autres, nécessaires pour incorporer les « **écarts sur coûts préétablis** » dans le coût de revient des stocks, de sorte que ce coût, déterminé à la clôture de chaque exercice, puisse être regardé comme représentant le coût de production moyen pondéré.

EXEMPLE

Coût standard prévisionnel 100, l'écart sur coût standard à la fin de l'exercice est de 5 ; les stocks doivent être valorisés au coût réel de 95.

L'écriture ci-après nous paraît devoir être enregistrée :

crédit du compte de stock concerné (classe 3), **débit** du compte « Variation de stocks » (603 ou 713).

Toutefois, **seule la fraction jugée significative** des écarts doit être incorporée.

> **Précisions** **Analyse des écarts** L'entreprise ne doit pas se borner à incorporer ou non les écarts ; elle doit, avant tout, les analyser et en retrouver les causes, ne serait-ce que pour améliorer la fiabilité des coûts standards prévisionnels ultérieurs. En effet, selon le PCG (art. 213-35), les coûts standards sont **régulièrement réexaminés** et, le cas échéant, révisés **à la lumière des conditions récentes de production**.

> **Fiscalement** Il en est de même (réponse de l'administration au comité fiscal de la mission « Entreprises – Administration » 1973, non reprise dans Bofip).

20840 **Calcul des écarts sur coûts standards (positifs ou négatifs)** Il s'effectue en deux étapes :

I. Détermination de l'écart global sur l'exercice Il correspond à la **différence** entre le coût préétabli de l'exercice et le coût réel total de l'exercice.

II. Calcul de l'écart concernant le stock final L'écart à incorporer dans le stock final est égal à **l'écart total** de l'exercice (déterminé ci-avant) **multiplié par un rapport.**

Plusieurs rapports peuvent être utilisés selon le degré de précision des éléments fournis par la comptabilité analytique et la durée de rotation des stocks et en-cours.

À notre avis, une bonne approche, **quelle que soit la durée de rotation,** est fournie par le rapport suivant :

nombre d'unités d'œuvre standard de l'exercice restant en stocks / nombre d'unités d'œuvre standard imputées dans l'exercice.

20845 **Utilisation du prix de détail** Le coût des stocks est déterminé en **déduisant de la valeur de vente des stocks** le pourcentage approprié :

– de **marge brute** ; celui-ci prend en considération les stocks qui ont été démarqués au-dessous de leur prix de vente initial. Un pourcentage moyen pour chaque catégorie d'articles est le cas échéant appliqué (PCG art. 213-35) ;

– et de **frais de commercialisation** correspondant, à notre avis, aux coûts directement attribuables à la vente (par exemple, les commissions sur vente).

> **Fiscalement** **1.** L'administration accepte que la méthode du prix de détail puisse également être utilisée **de façon exceptionnelle** lorsqu'il n'est pas possible d'effectuer une évaluation précise du coût de revient des stocks par une autre méthode [BOI-BIC-PDSTK-20-20-10-20 n° 50, sous réserve de la restriction relative aux frais de commercialisation restant à engager (voir n° 21490)].
> **2.** Les exploitants individuels et les sociétés civiles de moyens placés sous le régime réel simplifié peuvent opter pour une **comptabilité « super simplifiée »** (voir n° 8130) qui permet notamment de déterminer le coût de revient des stocks de produits et marchandises en appliquant à leur prix de vente à la clôture de l'exercice un abattement correspondant à la marge pratiquée (CGI art. 302 septies A ter A et ann. IV art. 4 LA ; BOI-BIC-PDSTK-20-20-10-10 n° 100), voir n° 21275.

En pratique, et comme le précise l'avis CNC n° 2004-15 (§ 4.4.3), cette méthode devrait viser les stocks de **grandes quantités** d'articles à **rotation rapide,** qui ont des **marges similaires** et pour lesquels il n'est pas possible d'utiliser d'autres méthodes de coûts, notamment :

– les produits d'un magasin de **grande distribution,** lorsque les systèmes d'information en place ne permettent pas de déterminer les coûts réels des produits en stocks de manière automatique ;

> **Précisions** Selon le comité de contact des 4e et 7e directives européennes (Bull. CNC n° 76 3e trim. 1988 p. 7), l'utilisation de cette méthode est possible. Elle est parfois employée par des entreprises de négoce pour lesquelles le nombre et la diversité des éléments stockés sont tels que la mise en place d'une comptabilité analytique par produit est peu utile et par ailleurs coûteuse. Cependant, ces entreprises doivent **s'assurer périodiquement que les marges** utilisées pour reconstituer la valeur des stocks à partir des prix de vente **correspondent** effectivement à la relation entre leur chiffre d'affaires et les coûts engagés au cours d'une période donnée.
> En pratique, pour les **entreprises à commerces multiples,** ces dérogations aux règles générales ne visent que des cas exceptionnels, c'est-à-dire ceux pour lesquels la gestion à l'unité n'est pas

possible. Pour les biens gérés à l'unité (certains secteurs le sont dans la distribution et notamment dans la distribution informatique), il y a lieu d'appliquer les règles générales. Les deux systèmes d'évaluation (règle générale et prix de vente moins marge) peuvent donc trouver à s'appliquer concomitamment dans une même entreprise. Pour les **sociétés coopératives de consommation,** cette méthode est le plus souvent utilisée (voir n° 70195).

– les stocks de **petites pièces de faible valeur** pour lesquelles la détermination du coût réel est pratiquement impossible à l'unité (boulons, joints, écrous, courroies, etc.).

BIENS DONT LE COÛT D'ENTRÉE NE PEUT PAS ÊTRE DÉTERMINÉ PAR APPLICATION DES RÈGLES GÉNÉRALES D'ÉVALUATION

Selon le PCG (art. 214-24), dans les cas **exceptionnels** où, à la date de clôture de l'exercice, il n'est pas possible de déterminer le coût d'acquisition ou de production par application des règles générales d'évaluation (voir n° 20800 s.), les stocks sont évalués selon l'une des méthodes d'évaluation exceptionnelles suivantes. Ces méthodes préconisées par le PCG ont pour objet de conduire les entreprises à rechercher un coût d'entrée dans la mesure du possible :

20850

– **1re méthode** : « Les stocks sont évalués au **coût** d'acquisition ou de production de **biens équivalents** constaté ou estimé à la **date la plus proche** de l'**acquisition** ou de la **production** desdits biens ».

Si cette évaluation est supérieure à la valeur d'inventaire des biens à la date du bilan, une dépréciation doit être constituée (voir n° 21705 s.).

> **Précisions** **Distinction avec la méthode du coût de remplacement** Cette méthode ne doit pas être confondue avec la méthode du coût de remplacement. En effet, selon la méthode retenue, la valorisation n'est pas effectuée à la même date :
> – la méthode du coût d'acquisition ou de production de biens équivalents permet d'évaluer le stock à son entrée dans le patrimoine ;
> – la méthode du coût de remplacement permet d'évaluer le stock à la clôture (voir n° 20825).

EXEMPLE
Un **négociant en métaux non ferreux** conserve en stock un lot d'un certain métal dont la majeure partie provient d'achats et de démolitions à une époque connue : c'est le cours d'achat à cette époque qui est retenu comme coût d'entrée.

> **Fiscalement** Dans le cas où l'identification des prix de revient détaillés des éléments en stock s'avère impossible, il convient d'admettre les résultats d'une évaluation approchée obtenue en appliquant aux quantités en stock les prix unitaires moyens pondérés déterminés d'après les achats effectués au cours d'une certaine période, la durée de cette période étant fixée en fonction de la rapidité avec laquelle le stock se renouvelle (BOI-BIC-PDSTK-20-20-10-10 n° 120).

– **2nde méthode** : « Si la méthode précédente n'est pas praticable, les biens en stock sont évalués à leur **valeur actuelle** à la date de clôture de l'exercice. »
Sont visés notamment les déchets et produits fatals du secteur des métaux précieux.

C. Éléments constitutifs du coût d'acquisition des stocks (approvisionnements et marchandises)

Sont évalués à leur **coût d'acquisition** les stocks acquis à titre onéreux :
– dans des **conditions ordinaires** (voir n° 20905 s.) ;
– acquis à l'aide d'une **subvention** (voir n° 21285) ;
– en **devises** (voir n° 40295 et 21005).

20900

Sur les **cas particuliers** d'évaluation du coût d'entrée des stocks et sur les activités particulières, voir n° 21250 s.

Le coût d'acquisition est déterminé par l'**addition des éléments suivants** (C. com. art. R 123-178-1° et PCG art. 213-31) :
– prix d'achat, voir n° 20910 s. ;
– coûts directement attribuables à l'acquisition (frais accessoires d'achat), voir n° 20935 s.

20905

C'est un **coût réel** de caractère **définitif** (sur le prix déterminé de manière prévisionnelle, voir n° 20915).

Sur la possibilité d'inclure les **frais financiers** dans le coût d'acquisition (PCG art. 213-30), voir n° 20945 s.

Sur l'obligation d'inclure le résultat de couverture dans le coût d'acquisition (PCG art. 420-1 et 628-11), voir n° 21005.

> **Fiscalement** Il en est de même (CGI ann. III art. 38 nonies), aucune divergence n'existant, selon l'administration, entre l'évaluation comptable et l'évaluation fiscale (BOI-BIC-PDSTK-20-20-10-10 n° 40). Toutefois, sur les divergences résultant de l'incorporation des frais de commercialisation ultérieure, voir n° 21490 et 21765.

PRIX D'ACHAT

20910 C'est le montant résultant de l'accord des parties à la date de l'opération.

Sur la possibilité de déterminer le prix de manière prévisionnelle, voir n° 20915.

Sur la conversion monétaire lorsque les achats ont été effectués en devises, voir n° 40295.

I. En sont déduits (PCG art. 213-31) :

a. Les **taxes légalement récupérables** : TVA et taxes assimilées.

> **Fiscalement** Il en est de même (BOI-BIC-CHG-20-20-10 n° 30).

b. Les **rabais, remises et ristournes** sur factures d'achats et déduits directement des comptes d'achats correspondants.

Les rabais, remises et ristournes non facturés doivent être comptabilisés, dès lors qu'ils sont identifiables et rattachables à des achats déterminés et même s'ils sont obtenus au cours de l'exercice suivant celui de l'acquisition du stock (Bull. CNCC n° 97, mars 1995, EC 94-85, p. 126).

> **Fiscalement** Il en est de même (BOI-BIC-PDSTK-10-10-20 n° 30).

Ainsi, lorsque le montant des ristournes à recevoir n'est pas connu, une **estimation** doit en être réalisée. Il est alors possible de procéder à une évaluation statistique sur la base des éléments historiques connus, avec une vision prospective, c'est-à-dire adaptée à l'exercice en cours (Bull. CNCC précité).

En revanche, les écarts apparaissant entre les estimations faites lors d'un exercice précédent et les sommes effectivement perçues sont un élément du résultat de l'exercice au cours duquel ils apparaissent et ne sont donc pas incorporables dans le coût des stocks (Bull. CNCC n° 146, juin 2007, EC 2007-33, p. 344 s.), sauf, à notre avis, s'ils apparaissent avant la date d'arrêté des comptes.

> **Précisions** **1. Remise accordée à la revente** Si la remise n'est accordée que lorsque le produit est vendu, elle ne doit être comptabilisée en résultat qu'au moment de la vente et ne peut donc être prise en compte dans le coût de production des stocks (voir n° 12055).
> **2. Remises globales accordées sur un ensemble d'achats** Quand des ristournes concernent plusieurs familles de produits stockés, elles doivent être incorporées dans le coût d'acquisition du stock de chaque famille au prorata de la valeur de chacun des stocks sur le total acheté (Bull. CNCC n° 172, décembre 2013, EC 2013-44).

c. Les **escomptes** de règlement obtenus immédiatement (voir n° 43035).

> **Fiscalement** Il en est de même (CGI ann. III art. 38 nonies ; BOI-BIC-PDSTK-20-20-10-10 n° 40 ; BOI-BIC-CHG-20-20-10 n° 20 ; voir n° 43035).

Les **escomptes** de règlement obtenus **ultérieurement** sont, à notre avis, également à inclure dans le coût de revient.

> **Fiscalement** Il en est, à notre avis, de même.

> **Précisions** Les escomptes de règlement obtenus constituent une exception au principe d'indépendance du coût d'acquisition par rapport au mode de financement des stocks (voir n° 26195). Cette approche permet de rétablir l'actif à son véritable prix lorsque celui-ci est versé avant échéance.

d. Lorsque le contrat entre un distributeur (ou un grossiste) et son fournisseur prévoit des obligations :

1. Concernant les prestations de coopération commerciale (prévues à C. com. art. L 441-3, III-2° et L 441-3-1, III-2°) à effectuer par le distributeur et visant à favoriser la commercialisation des produits du fournisseur (tête de gondole, catalogue…), une **facture est émise par le distributeur. En pratique,** en l'absence de précisions des textes comptables, les sommes versées par le fournisseur au titre de ces prestations sont présumées être un élément du **chiffre d'affaires du distributeur.** Elles ne constituent donc pas des ristournes à déduire du prix d'achat.

> **Fiscalement** Il en est de même y compris dans le cas où les sommes versées par le fournisseur au distributeur sont calculées en fonction du montant des achats (CE 4-2-2015 n° 365815).

Toutefois, **dès lors qu'une prestation ne peut pas être clairement identifiée à hauteur de la rémunération perçue,** un autre traitement est observé dans la pratique (méthode comptable implicite) consistant, sur la base d'une analyse économique, à comptabiliser les sommes reçues comme des **ristournes** à déduire du prix d'achat.

> **Précisions** Un transfert de produits pourrait être utilisé pour transférer la facture en réduction des achats (voir n° 45515).

2. Concernant les autres obligations du distributeur destinées à favoriser la relation commerciale prévues aux articles L 441-3, III-3° et L 441-3-1, III-3° du Code de commerce :
– **lorsqu'une facture est émise par le distributeur,** il en est de même que dans le cadre des prestations de coopérations commerciales prévues à C. com. art. L 441-3, III-2° (voir ci-avant) ;
– **lorsqu'un avoir est émis par le fournisseur,** les sommes versées par le fournisseur sont présumées constituer des **ristournes** à déduire du prix d'achat et à comptabiliser en réduction du coût d'acquisition. Toutefois, **si une prestation est clairement identifiée à hauteur de la rémunération perçue,** les sommes versées sont à comptabiliser en **chiffre d'affaires.**
Sur le traitement de cette somme chez le fournisseur, voir n° 15900.
Sur le traitement similaire appliqué dans le cadre de contrats avec des franchisés, voir n° 73065.

II. Éléments exclus du coût d'acquisition Il **n'est pas tenu compte** dans le prix d'achat des stocks :
– des **subventions** obtenues qui sont sans incidence sur le calcul du coût des biens financés (PCG art. 213-6 ; voir n° 21285) ;
– des **modalités de règlement** (voir n° 26195).

Prix déterminé de manière prévisionnelle Lorsqu'un bien a été acheté au cours d'un exercice moyennant un prix déterminé de manière prévisionnelle, le prix définitif n'étant fixé qu'au bout d'une certaine période (selon des critères arrêtés en commun entre l'acheteur et le vendeur), la société est en droit de rectifier directement dans ses écritures comptables le prix théorique d'achat pour le faire correspondre avec le prix réel effectivement versé au fournisseur, conformément au principe de l'évaluation des actifs à leur valeur historique (voir n° 30165), d'où une augmentation ou une diminution des stocks. **20915**

> **Fiscalement** Il en est de même (TA Besançon 6-6-1996 n° 91-739 ; BOI-BIC-PDSTK-20-20-10-10 n° 40).

Sur l'incidence sur le montant de la dette, voir n° 15240.

FRAIS ACCESSOIRES D'ACHAT

Principe Ce sont toutes les charges **directement attribuables** à l'acquisition des produits finis, des matières premières et des services. En outre, le coût d'acquisition inclut tous les coûts encourus pour **amener les stocks à l'endroit et dans l'état où ils se trouvent** (PCG art. 213-30 et 213-31). **20935**

> **Fiscalement** Il en est de même (CGI ann. III art. 38 nonies). En effet, par frais directement attribuables à l'acquisition, il faut comprendre tous les coûts qui peuvent être considérés comme directement engagés pour la réalisation de l'acquisition des biens (BOI-BIC-PDSTK-20-20-10-10 n° 40).

> **Précisions** **Absence d'option** Contrairement aux frais d'acquisition des immobilisations (voir n° 26260), les frais accessoires d'achat de stocks ne bénéficient d'aucune option pour une comptabilisation immédiate en charges.

En conséquence, à notre avis :

I. Constituent des frais accessoires, à inclure dans le **coût d'entrée** du stock acquis :
a. Les frais variables ou présentant un certain degré de variabilité. Il s'agit, par exemple, des **coûts externes** tels que :
– les commissions et courtages sur achats, sauf ceux versés aux organismes d'achat, s'ils ne sont pas directement affectables aux achats concernés (Bull. CNC n° 61, 4e trim. 1984 p. 7) ;

20935
(suite)

> **Fiscalement** Constituent des frais accessoires à comprendre dans le prix de revient des marchandises en stock, les commissions calculées en pourcentage des achats versées par :
> – un grand magasin à une société qui effectue des achats pour son compte en application d'un contrat de fournitures générales (CE 27-7-1984 n° 34580 ; BOI-BIC-PDSTK-20-20-10-10 n° 40) ;
> – une société à une centrale d'achats (CAA Nancy 21-4-1994 n° 92-149 définitif suite à CE (na) 26-1-1996 n° 160242).

– les frais de transport (PCG art. 213-31) ;

> **Fiscalement** Il en est en principe de même (CGI ann. III art. 38 nonies et BOI-BIC-PDSTK-20-20-10-10 n° 40). Voir toutefois les commentaires ci-après b.

– les frais de manutention (PCG art. 213-31 et CGI ann. III art. 38 nonies) ;

> **Fiscalement** Il en est de même (CGI ann. III art. 38 nonies ; BOI-BIC-PDSTK-20-20-10-10 n° 40).

– les assurances-transport (voir n° 21185) ;
– les droits de douane à l'importation (PCG art. 213-31) ;

> **Fiscalement** Il en est de même (BOI-BIC-PDSTK-20-20-10-10 n° 40).

– les impôts indirects spécifiques restant à la charge de l'entreprise (droits sur les vins et les alcools, droit de circulation sur les boissons, droit de garantie sur les métaux précieux, redevances sur les produits pétroliers, les droits de douane) ;
– la TVA et les taxes assimilées non récupérables (PCG art. 213-31) ;
– les coûts de la « fonction approvisionnement » lorsque celle-ci est externalisée.

b. Certains frais fixes Les frais fixes sont, **en général, exclus** du coût d'acquisition des stocks (voir ci-après II.). Toutefois, peuvent être attribués **directement** à l'acquisition et constituer des frais accessoires :
– les frais fixes qui sont **par nature directement attribuables** à l'acquisition.
Il s'agit, par exemple, à notre avis (liste non exhaustive) :
• des frais de transport par l'entreprise (manutention), dès lors qu'il s'agit de l'acheminement des marchandises achetées vers le lieu de vente de l'entreprise (magasin de vente ou zone de mise à disposition au client), et non des déplacements d'un local de vente à l'autre. Dans ce dernier cas, les frais ne seront pas inclus dans le coût d'acquisition,

> **Fiscalement** Il en est de même (voir n° 21305).

• des frais de réception (déchargement), sauf si le coût du magasinier et du matériel de manutention ne peut pas être imputé directement, sans calcul (sur la base de feuilles de temps, par exemple), aux achats de l'exercice. Dans ce cas, ces frais sont exclus du coût d'acquisition des stocks (voir ci-après II.a.) ;

> **Fiscalement** L'administration n'établit pas une telle différence et exclut du coût d'acquisition tous les coûts indirects (BOI-BIC-PDSTK-20-20-10-10 n° 40). Mais dès lors qu'elle précise par ailleurs qu'aucune divergence n'existe entre l'évaluation comptable et l'évaluation fiscale des stocks (BOI-BIC-PDSTK-20-20-10-10 n° 40), un alignement de la position fiscale sur la position comptable est, à notre avis, envisageable.

– les frais administratifs des **structures dédiées** à 100 % à l'acquisition.

> **Fiscalement** Il en est de même (BOI-BIC-PDSTK-20-20-10-10 n° 110).

Ces frais concernent essentiellement les frais généraux et administratifs qui, par nature, ne sont pas directement attribuables à l'acquisition d'un stock de produits (il est généralement difficile d'imputer, par exemple, les frais liés à la fonction approvisionnement à l'acquisition d'un seul stock de produits) mais qui, de fait, le deviennent, dès lors qu'il s'agit des frais **généraux et administratifs d'une structure dédiée** à l'acquisition de ce stock (Avis CNC 2004-15 § 4.2.1.2.). La structure doit être dédiée exclusivement à **une seule gamme de produits** et non plusieurs.
Par « gamme de produits », il convient d'entendre, à notre avis :
– gamme de produits finis ;
– gamme de services ;
– type de matières premières achetées…

c. Sur la possibilité d'inclure les **frais financiers** dans le coût d'acquisition (PCG art. 213-30), voir n° 20945 s.

II. Ne constituent pas des frais accessoires et sont donc à comptabiliser directement en charges les **autres coûts administratifs et frais généraux** (frais fixes).

Il s'agit, par exemple :

a. Des frais internes de la « fonction approvisionnement » qui comprennent notamment (Bull. CNC n° 61 4e trim. 1984 p. 7) :
– les frais générés par la sélection des fournisseurs, l'étude des offres, la rédaction des contrats, la passation des commandes ;
– le transport et la manutention non affectés ou imputés aux achats de l'exercice (tels que la rémunération du magasinier et l'amortissement du matériel de manutention) ;
– les contrôles de réception en qualité, quantité et prix facturé.

> **Fiscalement** Il en est de même, même si le coût du service interne est déterminable par la comptabilité analytique (CAA Paris 21-11-1996 n° 95-3463).

En revanche :
– ces frais peuvent être retenus dans le coût de production (Bull. CNCC n° 87, septembre 1992, EC 92-04, p. 507), voir n° 21115 (frais de manutention) et 21140 (frais administratifs) ;
– si la « fonction approvisionnement » était externalisée, elle devrait, à notre avis, être incluse en tant que frais accessoires d'achat (voir ci-avant I. a.) ;

> **Fiscalement** Il devrait en être de même (en ce sens, CAA Paris précité).

– si cette fonction est exclusivement dédiée à une gamme de produits, les coûts sont directement attribuables à l'acquisition des stocks de cette gamme de produits, et doivent donc être inclus dans le coût d'acquisition (voir ci-avant I.b.). Ce cas est cependant rare en pratique.

b. Des frais de réception avec les fournisseurs dans le cadre de la négociation des prix.
c. Des frais de distribution engagés avant la production (voir n° 21190).
d. Des redevances techniques dues lors de la vente qui sont, à notre avis, des frais de distribution (voir n° 21195).
e. Des frais ultérieurs de stockage (voir n° 20940).

> **Précisions** **Inclusion possible dans le coût de production** Un certain nombre des frais cités ci-avant ne pouvant être retenus dans le coût d'acquisition peuvent (voire doivent) être incorporés dans les charges directes ou indirectes de production (voir n° 21055 s.).

III. Exemples (élaborés par nos soins)

EXEMPLES

– Dans une société fabriquant des fenêtres à partir de plaques de verre, l'amortissement du matériel de manutention ainsi que le coût des manutentionnaires exclusivement affectés au déchargement des livraisons des plaques de verre sont inclus dans le coût d'acquisition des plaques de verre.
– Dans la même société, le matériel de manutention servant à décharger les plaques de verre, puis à les transporter jusqu'à la chaîne de production est exclu du coût d'acquisition des plaques de verre si les temps alloués à ces deux tâches ne peuvent être répartis de façon suffisamment fiable (en revanche, ce coût sera inclus dans le coût de production, voir n° 21115).
– Dans une société de transformation de métaux tels que l'aluminium, l'acier et le titane, l'amortissement du matériel de manutention commun au déchargement de ces 3 types de métaux ne sera pas inclus dans le coût d'acquisition des matières premières (en revanche, ce coût sera inclus dans le coût de production, voir n° 21115).

Les frais ultérieurs de stockage

20940

EXEMPLE

Il s'agit principalement des frais suivants : location d'entrepôts, frais de stockage chez le transporteur, transports entre magasins, frais généraux concernant le magasin (entretien des locaux, consommation d'énergie de la fonction « magasin », frais d'assurance portant sur le stock de matières premières, etc.).

Ces frais sont exclus du coût d'acquisition, sauf lorsque les **conditions spécifiques d'exploitation** justifient leur inclusion (Avis CNC 2004-15 § 4.4.1), ce qui, à notre avis, est rare en pratique.

> **Fiscalement** Il en est de même (BOI-BIC-PDSTK-20-20-10-10 n° 40). Ces frais constituent en principe des charges de l'exercice au cours duquel intervient le stockage (CE 29-4-2002 n° 224979 ; CE 1-10-2001 n° 209035 ; CAA Paris 16-3-1999 n° 96-1424). Les frais de stockage de vins vieux d'un

négociant en vins et spiritueux ne peuvent être compris dans le coût d'acquisition, ces frais ne présentant pas un caractère accessoire par rapport à l'achat de ces marchandises (CAA Nantes 4-4-1990 n° 509).

Toutefois, dans la plupart des cas, les frais de stockage des matières premières exclus du coût d'acquisition seront inclus dans le coût de production (voir n° 21160).

Pour les frais financiers ayant le caractère de charges de stockage, voir n° 21165.

COÛTS D'EMPRUNT

20945 **Principe** Les intérêts des capitaux empruntés sont en principe comptabilisés en charges de la période au cours de laquelle ils ont couru (voir n° 42990).

> **Précisions** Toutefois, sur la possibilité ou l'obligation de porter certains de ces frais financiers à l'actif, voir n° 41120 (primes de remboursement) et n° 41020 (frais d'émission d'emprunt).

Leur éventuelle incorporation dans le coût des stocks résulte du Code de commerce et du PCG, selon lesquels les coûts d'emprunt peuvent être (C. com. art. R 123-178-2° et PCG art. 213-9.1) :
– soit comptabilisés en **charges** ;
– soit incorporés au **coût du stock**, selon des **modalités définies** par les textes (voir ci-après).

Aucune méthode de référence n'a été actée (Recueil des normes comptables ANC, commentaire IR 2 sous l'article 121-5 du PCG).

> **Fiscalement** **a.** Il en est de même (CGI ann. III art. 38 undecies), l'option comptable retenue déterminant les conditions de déductibilité fiscale des coûts d'emprunt (BOI-BIC-CHG-20-20-10 n° 160).
> **b.** Les intérêts incorporés au coût des actifs qu'ils ont financés ne sont pas à retenir pour l'application de la limitation de déduction des **charges financières nettes** (exposée n° 42975) au titre de l'exercice de leur engagement. Ils sont retenus pour leur montant total dans l'assiette des charges financières nettes de l'exercice de cession ou de mise au rebut du bien concerné (BOI-IS-BASE-35-40-10-10 n° 130).

Sur la divergence avec les normes IFRS, voir Mémento IFRS n° 69020.

20965 **Modalités d'application** Ce sont les mêmes que celles applicables aux immobilisations (voir n° 26335 s.). Elles sont applicables tant pour les stocks acquis que pour les stocks produits (voir n° 21200).

> **Fiscalement** Sur les modalités d'application de l'option pour l'incorporation des coûts d'emprunt dans le coût des stocks et des immobilisations, voir n° 26335 s.

Sur le traitement comptable des coûts d'emprunt en normes IFRS, voir Mémento IFRS n° 37982 s. et 38050 s.

I. Notion d'actifs éligibles

a. Les stocks exigent une longue période de préparation ou de construction.
Le CNC (Bull. n° 21, janvier 1975, p. 9) fournit les exemples suivants repris dans la recommandation OEC n° 1.19 : vieillissement des vins, construction d'immeubles chez les promoteurs, construction ou rénovation de logements, contrats à long terme (production de machines-outils, construction de navires...).

Pour plus de détails sur la nature d'actifs pouvant donner lieu à incorporation des coûts d'emprunt : « actifs éligibles », voir n° 26340.

> **Précisions** **Durée minimum de 12 mois** : l'incorporation des coûts d'emprunt dans le coût de production des stocks ne pourra être effectuée que lorsque le cycle de production sera supérieur à 12 mois. Cette période minimum de 12 mois prévue par le Code de commerce (C. com. art. R 123-178-2°) n'existe pas pour l'incorporation des charges financières dans le coût de production des immobilisations (voir n° 26340) et n'est pas prévue par la directive comptable européenne.
> Un vœu avait été émis dans l'avis du CNC n° 2004-15 afin de supprimer cette disposition. Toutefois, cette disposition et donc la durée minimale de 12 mois pour l'incorporation des coûts d'emprunt dans le coût de production des stocks ont bien été maintenues dans le Code de commerce modifié en 2015.

b. Il peut s'agir de stocks acquis ou produits. Pour plus de détails, voir n° 26340.

c. Les conditions d'activation suivent les critères généraux de comptabilisation des actifs. Pour plus de détails sur ces conditions, voir n° 26345.

II. Principe d'homogénéité dans le traitement des coûts d'emprunt

Retenir l'option pour l'incorporation au coût d'entrée pour une catégorie d'actifs éligibles implique de l'appliquer à l'ensemble des actifs éligibles de l'entreprise (c'est-à-dire les immobilisations et stocks, acquis et produits).

Rappelons toutefois qu'en pratique le coût d'acquisition des stocks ne devrait que rarement inclure les coûts d'emprunt (voir ci-avant c.).

Pour plus de détails sur l'homogénéité dans l'application de l'option, voir n° 26335 II.

III. Montant des charges financières incorporables
Il est fonction :
a. de la **notion de coûts** retenue (voir n° 26365).
Sur le cas particulier des contrats à long terme, voir n° 10945 ;
b. de la **période d'incorporation** des coûts ;

> **Précisions 1. Date de fin de la période d'incorporation** La période d'incorporation cesse non pas lorsque le niveau d'utilisation prévu par la direction est atteint, comme c'est le cas pour une immobilisation (voir n° 26370), mais lorsque le stock est prêt à être vendu.
> **2. Dépréciation** L'incorporation des charges financières ne doit pas être interrompue du fait qu'elle rend le coût total de production supérieur à la valeur d'inventaire du stock en cause ; dans ce cas, une dépréciation doit être comptabilisée à concurrence de l'excédent du coût total par rapport à la valeur d'inventaire (Rec. OEC n° 1.19 ; Avis CNC 2004-15 § 4.1.3.2).
> Pour plus de détails sur la dépréciation des stocks, voir n° 21705 s.
> **3. Frais financiers ayant le caractère de charges de stockage** En général, ils ne sont pas encourus dans la période de production, sauf si les frais de stockage s'avèrent nécessaires au processus de production préalablement à une nouvelle étape de la production. Voir n° 21165.

c. de la nature **spécifique ou non** du financement (voir n° 26390).
Pour un exemple d'application lorsque l'opération n'est pas financée totalement par des emprunts spécifiques, voir n° 20985 ;
d. de l'existence ou non de **produits financiers.**

> **Précisions** Les stocks et en-cours peuvent engendrer des produits financiers notamment du fait d'avances ou d'acomptes rémunérés (pour plus de détails, voir n° 26390 sur le traitement de ce type de produits dans le coût de production d'une immobilisation).

IV. Comptabilisation des charges financières incorporées
Voir n° 10950.

V. Information en annexe
Voir n° 29690.

Exemple d'application Lorsque l'opération n'est pas financée totalement par des emprunts spécifiques. **20985**

EXEMPLE

Pour financer la production de plusieurs voiliers dont le cycle de production est d'environ 12 mois, une société a recours à des emprunts.

Par hypothèse, l'entreprise ne procède à aucun remboursement d'emprunt tant que la production n'est pas vendue.

Comme présenté dans le tableau ci-après, il n'y a pas d'affectation directe de ces emprunts à la production de chaque voilier.

Emprunt	Montant	Taux	Intérêts annuels
A	100 000	7 %	7 000
B	200 000	6 %	12 000
C	70 000	5 %	3 500
D	70 000	5 %	3 500
Total	440 000	5,9 % [1]	26 000

(1) Moyenne pondérée des coûts d'emprunt (26 000 / 440 000 = 5,9 %).

Le plan de financement de la production est géré pour l'ensemble de la fabrication en tenant compte des budgets de dépenses et des acomptes versés par les clients.

La production du voilier X a débuté le 15/12/N–1 et s'est achevée le 31/12/N.

20985
(suite)

Pour ce voilier, le plan de financement des achats à payer, diminués des acomptes reçus du client, est le suivant :

Dépenses engagées dans le processus de production	
Mois	Presse n° 1
Janvier	10 000
Février	
Mars	
Avril	20 000
Mai	
Juin	50 000
Juillet	30 000
Août	
Septembre	30 000
Octobre	
Novembre	30 000
Décembre	
Total	**170 000**

Les emprunts n'étant pas spécifiques à la production du voilier X, le taux d'intérêt à retenir est la moyenne pondérée des coûts d'emprunt, soit 5,9 %.

Pour déterminer le montant à incorporer dans le coût de production du voilier, il convient d'appliquer ce taux d'intérêt aux dépenses engagées dans le cadre de la production de l'actif.

Par hypothèse et par simplification, il est considéré que les dépenses sont engagées de manière linéaire au cours de chaque mois. Ainsi, le mois d'engagement des dépenses compte pour un demi-mois d'emprunt.

Dépenses engagées dans le processus de production		Coût d'emprunt à incorporer
Mois	Montant (a)	(b) = (a) × 5,9 % × nombre de mois d'emprunt pendant la période de fabrication / 12
Janvier	10 000	565 [1]
Février	0	0
Mars	0	0
Avril	20 000	836
Mai	0	0
Juin	50 000	1 598
Juillet	30 000	811
Août	0	0
Septembre	30 000	516
Octobre	0	0
Novembre	30 000	221
Décembre	0	0
Total	**170 000**	**4 547**

(1) 565 = [10 000 (dépenses engagées au cours du mois de janvier) × 5,9 % (taux moyen pondéré) × 11,5 (nombre de mois d'emprunt jusqu'au 31/12)] / 12.

RÉSULTAT (ET FRAIS) DE COUVERTURE

Principe En cas de couverture d'un achat stocké, le résultat de couverture (latent ou réalisé) est reconnu au compte de résultat de manière symétrique au mode de comptabilisation des produits et charges sur l'élément couvert, conformément aux principes de la comptabilité de couverture (PCG art. 628-11 ; voir n° 41765). **21005**

a. Couvertures d'achats libellés en devises (pour un exemple d'application, voir n° 41995) :
1. L'effet de la couverture doit obligatoirement être intégré dans la valeur d'entrée du stock, en complément du prix d'achat (PCG art. 420-1). Sur le prix d'achat, voir n° 40295. Ainsi :
– les variations de valeur de l'instrument de couverture, entre la date où l'instrument a été affecté à la relation de couverture et la date d'achat, sont comptabilisées en plus ou en moins du coût d'entrée des stocks couverts (qu'il s'agisse d'un résultat latent ou réalisé) ;
– si l'instrument de couverture n'est pas dénoué à la date de l'achat (cas le plus fréquent car l'achat est en général couvert jusqu'à son règlement), les variations de valeur entre la date d'achat et la date de règlement ne peuvent être incluses dans le coût des stocks. Elles sont comptabilisées dans un compte d'attente et conservées au bilan jusqu'au règlement de la dette.

> **Fiscalement** Les entreprises qui couvrent le risque de change découlant d'un achat à terme de marchandises ou de matières premières payables en devises étrangères en achetant simultanément au même terme les devises correspondantes peuvent fixer le prix de revient de ces achats à terme à une valeur en euros obtenue en appliquant le taux de change retenu pour l'acquisition à terme des moyens de paiement en monnaie étrangère. Dans ce cas, aucune différence de change n'affectera le résultat imposable des exercices compris dans la période d'exécution des contrats à terme (BOI-BIC-PDSTK-20-20-10-10 n° 90).

En cas de couverture d'un stock détenu à l'étranger, voir n° 21865.
2. Les frais engagés pour mettre en place les couvertures (notamment les primes d'option et report/déport) peuvent, au choix de l'entreprise (PCG art. 420-1, 628-12 et 628-13 ; voir n° 41800 et 41820) :
– soit être étalés sur la durée de la couverture ;
– soit être différés dans le coût du stock.
Les autres frais de mise en place des couvertures peuvent également être différés dans le coût du stock (PCG art. 420-1). En l'absence de précision de textes, ces frais devraient également pouvoir, à notre avis, être étalés sur la durée de la couverture (voir n° 41830).

b. Couverture d'un achat de marchandises ou de matières premières (or, blé, pétrole...) dont le cours fluctue sur le marché (pour un exemple d'application, voir n° 41995).
Par analogie avec le traitement d'une couverture en devises (voir ci-avant a.) :
1. L'effet de la couverture devrait, à notre avis, être intégré au coût d'entrée des stocks, en complément du prix d'achat (sur le prix d'achat des stocks de marchandises et de matières premières, voir n° 15550).
Ainsi :
– les variations de valeur de l'instrument de couverture, entre la date où l'instrument a été affecté à la relation de couverture et la date d'achat, sont comptabilisées en plus ou en moins du coût d'entrée des stocks couverts ;
– en revanche, si la couverture n'est pas dénouée au moment de la livraison (notamment lorsque l'entreprise choisit de couvrir son stock jusqu'à sa sortie du bilan), les variations de valeur à compter de la date d'achat sont comptabilisées dans un compte d'attente (478601 « Différence d'évaluation sur instruments financiers à terme – Actif » ou 478701 si « Passif ») et conservées au bilan jusqu'à la sortie du stock. Elles ne sont donc pas incluses dans le coût d'entrée des stocks. En revanche, elles sont prises en compte dans le calcul de sa dépréciation, le cas échéant (voir n° 21870).
2. Les frais engagés pour mettre en place les couvertures ne suivent pas tous le même traitement comptable :
– les primes d'option et autres frais de dossier peuvent être soit étalés sur la durée de la couverture, soit différés dans le coût du stock (voir n° 41800 et 41830) ;
– le report/déport est obligatoirement constaté en résultat symétriquement au résultat de l'élément couvert (voir n° 41825).

D. Éléments constitutifs du coût de production des stocks (produits et en-cours de production)

21055 Les stocks produits par l'entreprise sont évalués à leur **coût de production** (voir n° 20720).

Sur les **cas particuliers** d'évaluation du coût d'entrée des stocks et sur les activités particulières, voir n° 21250 s.

Le coût de production Selon le PCG (art. 213-30), le coût de production est constitué du coût des approvisionnements augmenté des autres coûts engagés par l'entreprise au cours des opérations de production, pour amener le bien dans l'état et à l'endroit où il se trouve. Il est donc déterminé par l'addition des éléments suivants (C. com. art. R 123-178-2° et PCG art. 213-32) :
– le **coût d'acquisition des matières consommées** pour sa production, évalué comme indiqué aux n° 20910 s. (prix d'achat) et n° 20935 s. (frais accessoires) ;
– les **charges directes** de production (voir n° 21075 s.) ;
– les **charges indirectes** de production (voir n° 21110 s.).

Sur la possibilité d'inclure les **frais financiers** dans le coût de production des stocks (PCG art. 213-30), voir n° 21200.

> **Fiscalement** Il en est de même, les produits (en cours et finis) en stocks étant évalués au coût de production, qui comprend les coûts directement engagés pour la production ainsi que les frais indirects de production variables ou fixes et, sur option et à certaines conditions, les coûts des emprunts (voir n° 21200 ; CGI ann. III art. 38 nonies). Cette définition fiscale correspond à celle du coût de production du PCG (BOI-BIC-PDSTK-20-20-10-10 n° 110).

C'est un **coût réel**, de caractère **définitif**.

21060 Tableau synthétique des éléments constitutifs du coût de production
Le tableau ci-après, élaboré par nos soins, présente une synthèse des charges incorporables ou non dans le coût d'entrée d'un stock produit.

	Renvois n°	Exemples	Coût de production (Règl. CRC 2004-06, abrogé et repris dans le règl. ANC 2014-03 relatif au PCG)
Charges directes	21075 s.	Main-d'œuvre directe	**Incluses** systématiquement
Charges indirectes – Frais variables de production	21110 s. 21115	Main-d'œuvre indirecte, énergie	**Inclus** systématiquement
– Frais généraux fixes de production	21115 s.	Amortissement des machines, entretien, structures administratives propres à l'unité de production	
– Amortissement des coûts de développement « non spécifiques » à une commande [1]	21130		**Inclus** à notre avis lorsque les travaux correspondants sont utilisés dans le processus de production [2]
– Amortissement des autres immobilisations incorporelles	21135	Logiciels autonomes, brevets et dessins acquis	**Inclus** à notre avis lorsque les travaux correspondants sont utilisés dans le processus de production
– Frais généraux administratifs (ou frais d'administration générale)	21145	Frais de siège	**Exclus** en général
Frais de distribution	21190 s.	Frais commerciaux, redevances	**Exclus**

(1) Les coûts de développement spécifiques à une commande constituent des charges directement attribuables incorporées dans le coût d'entrée par le biais de l'amortissement, ou en tant que charges directes, selon que l'option pour l'incorporation des coûts de développement en immobilisations incorporelles a été choisie ou non (voir n° 21130).
(2) Si l'entreprise a opté pour l'incorporation de ces coûts en immobilisations incorporelles. À défaut, les coûts de développement ne peuvent pas être incorporés aux stocks (voir n° 21130).

Production sous-traitée Les coûts de sous-traitance (Bull. CNCC n° 87, septembre 1992, EC 92-04, p. 507) peuvent être retenus dans le coût de production si l'entreprise assure la responsabilité du processus de fabrication dont seule l'exécution matérielle est confiée à un tiers. La responsabilité du processus de production sera établie dès lors que l'entreprise effectue notamment les achats de matières premières et maîtrise le développement des programmes de fabrication, en termes tant de quantité que de qualité des produits. 21065
Pour plus de détails sur les charges de sous-traitance, voir n° 15570.

Charges intervenues avant le début de la production Les règles françaises ne fournissent aucune précision sur ce point, sauf en ce qui concerne les travaux en cours liés aux contrats de construction. L'avis CNC n° 99-10 précise en effet (voir n° 10920) que les coûts d'un contrat de construction comprennent tous les coûts qui lui sont imputables pendant la période qui s'étend de la date de signature du contrat à la date d'achèvement définitif de celui-ci. 21070
En cas d'appel d'offres, si une rémunération est prévue, voir n° 21295.

CHARGES DIRECTES DE PRODUCTION

Selon le PCG, il s'agit des charges qui sont **directement liées à la production** (PCG art. 213-32), c'est-à-dire, à notre avis, qui peuvent être affectées à la production sans calcul. Elles peuvent être variables ou fixes. Selon la CNCC (Questions/Réponses Covid-19 ; Question 4.1.1), leur variation, à la hausse ou à la baisse, est à intégrer au coût de production, sauf dans les cas où l'augmentation correspond à des montants anormaux (voir ci-après). 21075

> **Fiscalement** Il en est en pratique, à notre avis, de même, les coûts directs de production s'entendant, selon l'administration, des coûts directement liés aux unités produites : la main-d'œuvre, les coûts des matières premières et fournitures consommées (BOI-BIC-PDSTK-20-20-10-10 n° 110).

Il s'agit, notamment :
– de la rémunération de la main-d'œuvre directe de production (PCG art. 213-32). Sur la notion de rémunération, voir ci-après n° 21080 s. ;
– des matières premières consommées (y compris les quotas de gaz à effet de serre et autres crédits carbone, voir n° 20560) ;
– des prestations de services directement liées à la production ;

> **EXEMPLES**
> Tel est le cas, par exemple :
> – du personnel intérimaire affecté aux opérations de production ;
> – de la sous-traitance industrielle si l'entreprise assure la responsabilité du processus de fabrication dont seule l'exécution matérielle est confiée à un tiers (comme les opérations de travail à façon dans le textile, les opérations d'usinage dans la métallurgie...), voir n° 15570 et 21065 ;
> – des redevances d'utilisation d'un brevet, dès lors qu'elles sont calculées sur la base des unités produites (voir n° 21195) ;
> – de conseils techniques apportés à la production d'un stock en particulier...

> **Fiscalement** Il en est de même, dès lors qu'ils correspondent à des prestations de services et de conseils techniques ayant une incidence directe sur la qualité des produits (CAA Bordeaux 1-7-2013 n° 11BX02428, à propos des honoraires d'un œnologue consulté au cours du processus de fabrication de vins).

– des charges engagées exclusivement à l'occasion d'une commande d'un client telles que les frais d'utilisation ou d'industrialisation (études, gammes de fabrication et outillages spécialisés, sous certaines conditions (voir n° 21130).
En revanche, sont **exclus** du coût de production les **montants anormaux** de déchets de fabrication, de main-d'œuvre ou d'autres coûts de production (en ce sens, Questions/Réponses CNCC précitées ; Question 4.1.1). Voir n° 21170.

Coût de la main-d'œuvre Il comprend tous les frais et charges que l'entreprise assume en raison de l'emploi de ses salariés (et du personnel intérimaire) affectés aux opérations de production, dès lors que ces frais et charges peuvent être rattachés directement aux opérations de production. 21080

> **Fiscalement** Il en est de même (BOI-BIC-PDSTK-20-20-10-10 n° 130 ; CE 20-12-1972 n° 75318).

Sur la régularisation de charges effectuée à la clôture de l'exercice, en cas d'existence d'accords collectifs d'aménagement du temps de travail, voir n° 16635.

Il recouvre notamment :
– les **salaires et avantages au personnel à court et à long terme**, dès lors qu'ils sont versés aux **actifs participant à la production** : congés (voir n° 21085), avantages en nature, primes, gratifications, intéressement (voir n° 21090), salaires versés dans le cadre des préretraites progressives… ;
– les **cotisations et les taxes assises sur ces rémunérations** : cotisations sociales patronales, taxe d'apprentissage, formation continue, effort construction… ;
– certaines **charges de retraite**, pour la partie correspondant aux **actifs participant à la production** (voir n° 21095 a. et b.) ;
– à notre avis, les **produits à caractère social** (voir n° 21147) ;
– le coût du **personnel intérimaire**.

En revanche, les éléments suivants **ne devraient pas**, à notre avis, figurer dans les **charges incorporables** au coût de production des stocks :
– les charges à caractère social obligatoires destinées à garantir un minimum de ressources aux salariés, par analogie avec la solution adoptée pour les **charges de sous-activité** (voir n° 21150) ;

> **EXEMPLES**
> Sont notamment concernés, à notre avis :
> – les salaires versés en cas d'**activité partielle** ; sur les aides perçues, voir n° 21147 ;
> – les avantages postérieurs à l'emploi : il s'agit, par exemple, du versement des **indemnités de licenciement**, de retraite (voir n° 21095 c.), de préretraite, des **allocations de retraite et préretraite…** ;
> – les **contributions** dues en cas de **rupture du contrat de travail**, de **préretraites** progressives…

– les sommes versées dans le cadre de la **participation des salariés**.
À notre avis, ces sommes ne sont pas incorporables car la formule de calcul de la participation dépend toujours, même dans le cadre d'un accord dérogatoire, du résultat global de l'entreprise.

> **Fiscalement** Il devrait en être de même. Toutefois, dans le cas particulier d'une prime destinée à compenser la perte par les salariés d'une société absorbée de la participation dont ils bénéficiaient antérieurement, le Conseil d'État (CE 20-10-2000 n° 180798) a estimé que celle-ci constituait une charge incorporable aux stocks, conformément aux règles de la comptabilité analytique pour la partie concernant le personnel de production, une telle prime ayant le caractère d'un complément de salaire et non de la nature d'une participation.

21085 **Charges de congés à payer** Elles représentent une charge de l'exercice au titre duquel les **droits** sont **acquis aux salariés** du fait de leur participation à l'activité de l'entreprise (voir n° 16725 s.). Elles sont donc, à notre avis, incorporables dans le coût des stocks.

> **Fiscalement** Il en est de même, y compris lorsque l'entreprise a opté pour l'ancien régime des « provisions pour congés payés » interdisant leur déduction fiscale immédiate (CE 20-12-1972 n° 75318, CE 20-5-1985 n° 42581 et 42582 ; BOI-BIC-PDSTK-20-20-10-10 n° 130). En conséquence, les droits acquis doivent être **incorporés aux stocks, indépendamment de l'option retenue** depuis le 31 décembre 1987 concernant leur régime fiscal (déductible ou non, voir n° 16730).

Il en est de même, à notre avis, pour les charges afférentes à la réduction du temps de travail (voir n° 16780) et au repos compensateur (voir n° 16785).

21090 **Sommes versées dans le cadre de l'intéressement** À notre avis, l'incorporation de ces sommes, qui constituent des charges de personnel (voir n° 16845), dépend – **pour le personnel affecté à la production** – de la base sur laquelle est calculé l'intéressement :
– si elle est fonction du chiffre d'affaires total ou du résultat global (de l'unité de travail ou de l'établissement) ou de tout autre mode indépendant de la production, ces charges ne sont pas incorporables ;

> **Fiscalement** Il en est de même (TA Lyon 1-2-1995 n° 90-829).

– si l'objectif fixé dans le cadre de l'intéressement est atteint au stade de la production, ces charges sont dès lors acquises aux salariés et doivent alors être incorporées dans les stocks.

> **Fiscalement** La prime versée aux salariés doit être incluse dans le prix de revient des stocks lorsque son attribution est liée à une amélioration de la productivité (CAA Nantes 12-5-1993 n° 91-787).

21095 **Charges de retraite** L'article L 123-13, al. 3 du Code de commerce laisse aux entreprises le choix de provisionner ou non les charges liées à leurs engagements de retraite (voir n° 17705). Par ailleurs, les entreprises peuvent s'acquitter de leurs engagements soit sous forme de versements directs aux bénéficiaires (retraités), soit sous forme de cotisations versées, par exemple, à des compagnies d'assurance. D'où, pour le traitement de l'incorporation des charges de retraite dans les stocks, la nécessité, à notre avis, de distinguer les différents cas suivants.

a. Si ces charges sont des dotations aux provisions (ou des charges à payer), elles devraient, en principe, pour la partie correspondant aux salariés dont la rémunération est prise en compte dans le coût des stocks directement ou indirectement, être incorporées au coût de production, leur calcul ayant pour but la meilleure répartition des services rendus sur la période d'activité des salariés dans l'entreprise.

Toutefois, ces provisions n'étant pas fiscalement déductibles (voir n° 17705), leur incorporation dans les stocks entraînerait un paiement d'impôt (si la société est bénéficiaire fiscalement).

> **Fiscalement** L'administration n'a pas pris officiellement position. Toutefois, s'agissant d'une décision de gestion comptable, l'entreprise s'en trouverait, semble-t-il, nécessairement liée.

b. Si elles représentent des cotisations versées, par exemple à des compagnies d'assurance, elles peuvent être incorporées dans le coût de production, pour la partie correspondant aux salariés dont la rémunération est prise en compte dans le coût des stocks directement ou indirectement.

c. En revanche, si les charges de l'exercice correspondent aux **versements de l'exercice aux retraités,** elles ne peuvent être incorporées, les retraités ne participant plus à la production.

De même, à notre avis, la contribution spécifique due par les employeurs dans le cadre des régimes de retraite à prestations définies (voir n° 16535) serait :
– incorporable si elle est assise sur les primes versées aux organismes ou les dotations aux provisions (coût des salariés qui travaillent) ;
– non incorporable si elle est assise sur les versements de rentes aux retraités (coût des retraités) dans le cadre des régimes de retraite à prestations définies dits « aléatoires » (sur leur interdiction depuis 2019, voir n° 16535).

Rémunération du travail de l'exploitant individuel À notre avis, l'incorporation ou non de la rémunération du travail de **l'exploitant individuel soumis à l'impôt sur le revenu** est liée à son traitement comptable (examiné au n° 16690) :
– si cette rémunération n'est pas comptabilisée en charges, elle n'a pas à être incorporée dans le coût des stocks ;
– si cette rémunération est comptabilisée en charges, elle devrait, pour la part correspondant à la production, être incorporée.

Dans ce cas, de même que le total de la rémunération de l'exploitant est, en fin d'exercice, débité au compte 108 par le crédit du compte 797 « Transfert de charges exceptionnelles » (voir n° 16690), il sera nécessaire de constater un transfert de produits exceptionnels (compte 799) par le crédit du compte de l'exploitant (compte 108), pour le montant de la rémunération compris dans le coût de production.

21105

> **Précisions** Les transferts de charges vont être supprimés (voir n° 45500). Cette solution ne va donc plus pouvoir s'appliquer et l'ANC devra se saisir du sujet.

> **Fiscalement** La rémunération de l'exploitant soumis à l'impôt sur le revenu n'a pas la nature d'une charge fiscalement déductible et n'est, à notre avis, pas incorporable au coût de production des stocks (voir les décisions rendues à propos du coût de production des immobilisations n° 26595, I). Aucune correction extra-comptable n'est donc à effectuer.

Lorsque l'exploitant opte pour son **assimilation à une EURL soumise à l'impôt sur les sociétés** (voir n° 60261), sa rémunération comptabilisée au compte 644 doit, à notre avis, être incorporée au coût de revient des stocks, au même titre que les frais et charges supportés par l'entreprise en raison de l'emploi de ses salariés (voir n° 21080).

> **Fiscalement** Il en est de même dès lors que la rémunération de l'exploitant suit alors le régime fiscal des rémunérations de gérants majoritaires (CGI art. 62), identique au régime des salariés.

CHARGES INDIRECTES DE PRODUCTION

Principe Il s'agit, d'une part, des **frais généraux de production** qui sont encourus pour transformer les matières premières en produits finis et, d'autre part, des **autres coûts encourus pour amener les stocks à l'endroit et dans l'état où ils se trouvent** (PCG art. 213-30 et 213-32).

21110

Il n'existe pas de liste exhaustive des charges devant entrer dans les coûts de production. Sur la possibilité d'inclure les **frais financiers** dans le coût de production (PCG art. 213-30), voir n° 21200.

Selon le Code de commerce (art. R 123-178-2°), le coût de production n'inclut qu'une **fraction des charges indirectes.** Le terme « fraction » signifie, à notre avis que :
a. Sont inclus dans le coût de production des stocks :
– les **frais généraux de production** (voir n° 21115 s.) ;
– les **frais d'administration et de gestion des sites** de production (voir n° 21140).
b. Sont exclus, en principe, du coût de production :
– les frais **généraux administratifs** (voir n° 21145) ;
– les **frais de stockage** (voir n° 21160 s.) ;
– les **pertes et gaspillages** (voir n° 21170) ;
– la quote-part de charges correspondant à la **sous-activité** (voir n° 21150) ;
– les **frais de commercialisation** (voir n° 21190 s.).

> **Fiscalement** Les définitions comptables et fiscales des charges indirectes de production étant identiques, aucun retraitement extra-comptable ne devrait être effectué, sauf en cas d'incorporation d'une quote-part d'amortissement des frais de développement ou de conception de logiciels, voir n° 21130 et 21135 (BOI-BIC-PDSTK-20-20-10-10 n° 140).

21115 **Les frais généraux de production** Selon le PCG, les frais généraux de production, inclus dans le coût de production des stocks, peuvent être **variables** ou **fixes** (PCG art. 213-32) :
a. Les frais de production variables. Il s'agit des coûts indirects de production, encourus pour transformer les matières premières en produits finis, qui **varient directement ou presque directement,** en fonction du volume de production.
Tel est le cas pour (PCG art. 213-32) :
– les matières premières indirectes consommées ;
– la main-d'œuvre indirecte de production (sur la notion de rémunération, voir n° 21080 s. ; sur les aides à caractère social, voir n° 21147).
Tel est également le cas, à notre avis :
– de certaines prestations de services ;

> **EXEMPLE**
> Sont notamment concernés :
> – l'entretien des machines de production en fonction du volume produit ;
> – la redevance versée au titre de l'utilisation d'un matériel pris en crédit-bail (voir n° 21125) ;
> – les études menées dans le cadre de la fabrication d'un outillage spécialisé et exclusivement lié à une production donnée (par le biais d'un amortissement, lorsque ces études sont immobilisées ; voir n° 21130)...

– de la consommation en énergie (eau, électricité, gaz…).
b. Les frais généraux de production fixes. Il s'agit des coûts indirects de production, encourus pour transformer les matières premières en produits finis, qui demeurent relativement **constants** indépendamment du volume de production.
Tel est le cas pour (PCG art. 213-32) :
– l'amortissement des bâtiments, de l'équipement industriel et des machines (voir n° 21120) ;

> **Précisions** Il en est de même, à notre avis, pour les charges de location ou redevances de crédit-bail (voir n° 21125).

– l'amortissement des coûts de démantèlement (voir n° 26055) ;
– le traitement des déchets industriels et autres coûts de remise en état liés à l'exploitation passée (voir n° 26060) ;
– l'entretien des bâtiments, de l'équipement industriel et des machines ;
– la quote-part d'amortissement des frais de développement portés à l'actif (voir n° 21130) ;
– la quote-part d'amortissement d'autres immobilisations incorporelles telles que les logiciels, les brevets, procédés, dessins, modèles (voir n° 21135).

> **Fiscalement** Il en est de même (BOI-BIC-PDSTK-20-20-10-10 n° 140 et 150), sous réserve des précisions données par l'administration en ce qui concerne l'incorporation d'une quote-part d'amortissement des frais de développement (voir n° 21130) ou de conception de logiciels (voir n° 21135).

Il en est de même, à notre avis, pour :
– la rémunération de la main-d'œuvre qualifiée (chef d'atelier, contre-maître…) et autre main-d'œuvre indirecte (balayeurs, manœuvre, magasinier…) ; sur la notion de rémunération, voir n° 21080 s. ;
– les coûts de stockage des matières premières consommées (voir n° 21160) ;
– les coûts de reconditionnement (voir n° 21305).

Amortissements des immobilisations corporelles À notre avis, en principe, les amortissements à retenir dans les coûts doivent être les **amortissements pour dépréciation** constatés, car seuls ces amortissements ont la nature de charges d'exploitation. 21120

> **Fiscalement** Il en est de même, les **amortissements dérogatoires** ne doivent **pas** être retenus pour la détermination du coût de revient des stocks (BOI-BIC-PDSTK-20-20-10-10 n° 140), qu'ils soient liés à la valeur résiduelle des biens (voir n° 27400) ou à la différence de durée d'amortissement pouvant exister entre la durée comptable et la durée fiscale d'amortissement (voir n° 27390).

> **Précisions** **1. Amortissement interne** Si une entreprise utilise tout au long de l'exercice un amortissement « interne » pour la valorisation des stocks en coût standard, il est nécessaire de retraiter l'éventuel écart « amortissement interne – amortissement pour dépréciation » de la même manière que les écarts sur coûts préétablis (voir n° 20835 s.).
> **2. Amortissements dus aux réévaluations** Voir n° 22020.

Redevances de crédit-bail Elles sont, le cas échéant, à incorporer au même titre que le seraient les dotations aux amortissements des matériels utilisés pour la fabrication si l'entreprise en était propriétaire (voir n° 21120). 21125

En ce qui concerne la prise en compte ou non des **quotes-parts de frais financiers** incluses dans les redevances, deux solutions (à indiquer dans l'annexe) paraissent, à notre avis (en ce sens également, Bull. CNCC n° 94, juin 1994, p. 304, EC 94-01), possibles :
– incorporation aux stocks : cette solution est cohérente avec le traitement des redevances par le PCG, qui les considère globalement comme des charges d'exploitation ;
– non-incorporation aux stocks : cette solution est cohérente avec le traitement des amortissements d'un même bien acquis à crédit comme si la société en était propriétaire.

> **Précisions** Cette seconde solution serait également cohérente avec le traitement applicable dans les comptes consolidés établis en normes françaises, les biens pris en contrat de crédit-bail ou contrat assimilé étant obligatoirement inscrits à l'actif du preneur (voir Mémento Comptes consolidés n° 3379 s.).

Frais de recherche et développement Sur l'option pour la comptabilisation des coûts de développement en charges ou en immobilisation, voir n° 30285. 21130

I. Frais de recherche Ces frais sont obligatoirement comptabilisés en charges (voir n° 30870) et ne sont **pas incorporables** dans le coût d'entrée des stocks.

> **Fiscalement** Il en est de même (BOI-BIC-PDSTK-20-20-10-10 n° 140).

II. Frais de développement comptabilisés en immobilisation Lorsque les développements sont utilisés dans le processus de production des stocks, ils sont **systématiquement inclus** dans leur coût de production par le biais de la quote-part de l'amortissement annuel de ces frais (PCG art. 213-32).

> **Fiscalement** Il en est de même (BOI-BIC-PDSTK-20-20-10-10 n° 140). Toutefois, le coût des logiciels faisant partie d'un projet de développement que l'entreprise a choisi, sur le plan fiscal, de déduire immédiatement en charges, bien qu'il soit comptabilisé à l'actif sur le plan comptable (CGI art. 236-I ; voir n° 30960), ne peut être pris en compte dans l'évaluation du coût des stocks (CGI art. 236-I). Pour plus de détails, voir n° 21135.
> Sur la distinction entre logiciel faisant partie d'un projet de développement et logiciel autonome, voir n° 30355.

III. Frais de développement comptabilisés en charges L'option pour la comptabilisation immédiate en charges des frais de développement ne doit pas être remise en cause par une incorporation de cette charge dans le coût des stocks. Toutefois, **la quote-part de frais qui se rapporte à la production de l'exercice** au cours duquel les frais de développement ont été engagés est, à notre avis, **incorporée** au coût des stocks à la clôture.

> **Fiscalement** Si l'entreprise a opté pour la comptabilisation des frais de développement en charges, ces frais ne peuvent être pris en compte dans l'évaluation du coût des stocks (CGI art. 236-I ; BOI-BIC-PDSTK-20-20-10-10 n° 140). Sur les coûts de développement engagés pour la réalisation de commandes de tiers, voir ci-après IV.

En l'absence de commande ferme (voir ci-après IV.), les frais ne se rapportant pas à la production de l'exercice ne répondent pas à la définition d'un stock et ne peuvent donc pas être comptabilisés en en-cours de production dans l'attente de leur affectation à la production à venir.

IV. Frais destinés à être vendus dans le cadre d'une commande ferme (frais ayant une « contrepartie spécifique ») Ces frais répondent à la définition d'un **stock** et sont donc obligatoirement comptabilisés en **en-cours de production**. La totalité des frais de développement ainsi stockés peut ensuite être incorporée dans le coût de production des pièces **au rythme de leur production et donc sur plusieurs exercices** (Annexe I de la note de présentation de l'avis CNC 2004-15, exemples § 3.1).

L'existence d'une commande ferme permet, en effet, d'assurer une contrepartie spécifique aux stocks, condition requise par les règles comptables antérieures à 2005 pour la comptabilisation des frais de développement en stock (Doc. CNC n° 2, janvier 1974, commentant la note d'information CNC n° 23 de novembre 1971).

> **Précisions** Les **commandes fermes** sont celles qui **garantissent le paiement des coûts de développement**. Tel est le cas, à notre avis, lorsque :
> – la commande du client prévoit spécifiquement le financement par ce dernier de la totalité des travaux de développement ;
> – les coûts de développement sont refacturés dans le prix des pièces, le nombre de pièces est **garanti** à la commande et ce nombre permet de couvrir le coût des développements nécessaires. En revanche, **ne constituent pas des commandes fermes** et ne sont donc pas considérées comme des opérations de développement avec contrepartie spécifique (Doc. CNC précité) :
> – la partie non couverte par le client des travaux de recherche et développement faisant l'objet d'une commande de participation ;
> – les travaux entrepris en fonction de clients potentiels ;
> – les travaux de recherche et développement effectués à l'initiative de l'industriel pour maintenir ou développer le potentiel « recherche » de la firme.

> **Fiscalement** Les dépenses ayant une contrepartie spécifique doivent s'incorporer au coût de revient des commandes qui figurent dans les comptes de stocks ou travaux en cours (BOI-BIC-CHG-20-30-30 n° 1 ; BOI-BIC-PDSTK-20-20-10-10 n° 140 et 230). Cette doctrine n'est pas contraire à l'article 236-I du CGI dans la mesure où les dépenses ayant une contrepartie spécifique, c'est-à-dire qui sont engagées pour la réalisation de commandes de tiers (par exemple, en sous-traitance), sont par leur nature exclues de l'option offerte par cet article (CE 11-7-2011 n° 340202).

Sur l'incorporation, dans le coût de production des contrats à **long terme**, des frais engagés **avant la signature du contrat**, voir n° 10920.

21135 **Amortissement des autres immobilisations incorporelles** La quote-part d'amortissement des immobilisations incorporelles est systématiquement incluse dans le coût de production des stocks (PCG art. 213-32) dès lors, à notre avis, qu'elles sont utilisées dans le processus de production de ces stocks. Sont expressément visés par le PCG les **logiciels** immobilisés.

> **Fiscalement** Il en est de même, à la condition que l'entreprise n'ait pas exercé l'option prévue à l'article 236-I du CGI lui permettant de déduire immédiatement, sur le plan fiscal, les dépenses de création de logiciels en charges (bien qu'ils soient comptabilisés à l'actif sur le plan comptable, voir n° 30400). Dans ce cas, les dépenses de création de logiciels ne peuvent pas être prises en compte dans l'évaluation du coût des stocks (CGI art. 236-I). En conséquence, les retraitements extra-comptables suivants doivent être effectués sur l'imprimé n° 2058-A :
> – le cas échéant, lors de la comptabilisation d'une dépréciation du stock sous-jacent : réintégration (ligne WI) de la fraction de la (provision pour) dépréciation à hauteur de l'amortissement des logiciels inclus dans le coût de production (déduction extra-comptable, ligne WU, de la reprise de provision correspondante) ;
> – lors de la cession du stock sous-jacent : réintégration (ligne WQ), au résultat de l'exercice de cession, de l'amortissement des logiciels inclus dans le coût de production.

Sont également concernées, à notre avis, d'autres immobilisations incorporelles, telles que les **brevets, procédés industriels, dessins et modèles** acquis. Les modalités d'incorporation sont, à notre avis, les mêmes que pour les coûts de développement (voir n° 21130).

En revanche, est, à notre avis, **exclu** du coût de production des stocks l'amortissement des immobilisations incorporelles suivantes : **sites internet ou marques acquises.**

En effet, ces frais immobilisés ne répondent pas aux conditions d'incorporation (PCG art. 213-32 ; voir n° 21110) : ils ne sont encourus ni pour transformer les matières premières en produits finis ni pour amener les stocks à l'endroit et dans l'état où ils se trouvent. Ils constituent, à notre avis, des frais de commercialisation (voir n° 21190 s.).

> **Fiscalement** Il devrait, à notre avis, en être de même, les définitions comptable et fiscale des charges indirectes de production étant identiques (BOI 4 A-13-05, n° 153, non reprise dans Bofip), sous réserve du cas particulier de l'incorporation de l'amortissement des frais de développement (voir n° 21130).

Frais de gestion et d'administration des sites de production Ils sont, à notre **21140**
avis, systématiquement inclus dans le coût de production des stocks. En effet, à la différence
des frais généraux engagés par les sièges administratifs (voir n° 21145), les **frais généraux
engagés sur les sites de production** sont encourus pour amener les stocks à l'endroit et
dans l'état où ils se trouvent.

> **Fiscalement** Il en est de même (BOI-BIC-PDSTK-20-20-10-10 n° 130).

Il s'agit par exemple :
– de la rémunération (sur la notion de rémunération, voir n° 21080 s.), des fournitures et de
la consommation d'énergie des centres administratifs de l'usine.

EXEMPLE

Sont notamment concernés :
– le « service d'achats et de suivi de fabrication » (qualité, gestion des flux, approvisionnements...)
(Bull. CNCC n° 87, septembre 1992, EC 92-04, p. 507) ;
– le bureau d'étude chargé de définir les caractéristiques des produits fabriqués et de préparer les
achats, à hauteur de leur participation au processus de fabrication ;

> **Fiscalement** Il en est de même (CAA Douai 6-4-2000 n° 97-616).

– la direction du site, la comptabilité, le contrôle de gestion, les ressources humaines, l'informatique, la qualité...

En revanche ne devaient pas pouvoir être inclus, à notre avis, les **frais de siège refacturés** par
la société mère de l'entité ou le siège social de l'entité (voir n° 21145).

– de l'entretien des bâtiments administratifs du site de production ;
– de l'amortissement des bâtiments administratifs du site de production (sur la notion
d'amortissement, voir n° 21120) ainsi que les charges de location ou redevances de crédit-bail ;
– de l'assurance du site de production (voir n° 21185).

Frais généraux administratifs Les frais généraux administratifs qui ne contribuent **21145**
pas à mettre les stocks à l'endroit et dans l'état où ils se trouvent sont **systématiquement
exclus** du coût de production des stocks (Avis CNC 2004-15 § 4.4.2).
Les frais généraux administratifs sont essentiellement constitués :
– des frais de la direction générale, financière, industrielle, commerciale, etc. ;
– des frais de siège (qu'ils soient refacturés par la société mère de l'entité ou par le siège
social de l'entité) : rémunérations allouées aux administrateurs (anciens jetons de présence),
assurances et entretien des locaux du siège social...

> **Fiscalement** Il en est de même (CGI ann. III art. 38 nonies ; BOI-BIC-PDSTK-20-20-10-10 n° 110 ;
> CE 10-12-1990 n° 61347).

Ne peuvent être inclus dans le coût des stocks, par **exception, uniquement les frais généraux administratifs des structures dédiées** à la production (PCG art. 213-31). En effet, dès lors
qu'ils concernent une structure dédiée à la production, ils contribuent à mettre les stocks à
l'endroit et dans l'état où ils se trouvent.

> **Fiscalement** Il en est de même (CGI ann. III art. 38 nonies ; BOI-BIC-PDSTK-20-20-10-10 n° 110).

De telles structures dédiées sont, par exemple :
– un site industriel dédié à la production des stocks (voir n° 21140) ;
– une société civile immobilière créée pour être dédiée à la construction d'un programme
immobilier unique (voir n° 10920).
Sur la notion de structure dédiée, voir n° 26220.

PRODUITS À CARACTÈRE SOCIAL

L'incorporation (négative) des **produits** à caractère social provenant des aides de l'État (voir **21147**
n° 17115 s.) doit, à notre avis, être effectuée afin de ne pas créer une distorsion entre le coût
du stock et les charges nettes des aides constatés en produit. Ainsi, seules les aides portant
sur les coûts salariaux eux-mêmes **inclus dans le coût de production** sont à incorporer (en
moins) dans le coût de production.

En pratique, en l'absence de sous-activité, les aides sociales perçues sont incluses dans le
coût des stocks lorsqu'elles conduisent à :
– une réduction du coût de la **main-d'œuvre directe productive** incorporé dans le coût de
production ;

> **EXEMPLE**
>
> Doivent donc venir en déduction du coût de production les **exonérations de charges sociales sur le salaire de la main-d'œuvre directe productive** incorporée au coût de production (Questions/Réponses CNCC Covid-19, Question 4.1.2).
>
> **En revanche**, à notre avis, sont à constater directement en **produits** les **allocations d'activité partielle** perçues au titre de la main-d'œuvre directe dans la mesure où le coût de la main-d'œuvre (les indemnités d'activité partielle) n'a pas lui-même été incorporé dans le coût des stocks (voir n° 21080).

– une réduction du coût de la **main-d'œuvre indirecte** non productive incorporé dans le coût de production, **en l'absence de sous-activité**.

En revanche, **en cas de sous-activité**, les aides sociales perçues conduisant à une réduction du coût de la main-d'œuvre indirecte sont à comptabiliser en **produit** :
– en principe, à hauteur de la quote-part de frais fixes affectée à la sous-activité ;

> **EXEMPLE**
>
> Sont concernés les dispositifs d'exonération de charges sociales mis en place dans le cadre des aides à l'emploi (voir n° 17120).

– en totalité si l'aide est destinée à soutenir l'entreprise en période d'activité ralentie ou arrêtée (en ce sens, Questions/Réponses CNCC Covid-19 précitées).

> **EXEMPLE**
>
> Sont concernés :
> – les allocations de chômage partiel ;
> – le dispositif exceptionnel « Covid-19 » d'exonération pour les PME (voir n° 17120) ; dans ce cas, le produit de l'exonération est à constater immédiatement et non pas à hauteur de la seule quote-part de frais fixes affectée à la sous-activité (Questions/Réponses CNCC Covid-19 précitées).

Le produit (ou l'économie des charges) incorporé ne se fera donc ressentir qu'à la sortie de stock, c'est-à-dire seulement lorsque le produit sera réalisé. Une mention dans l'annexe est toutefois souhaitable.

SOUS ET SURACTIVITÉ

21150 **Sous-activité**

I. Principe Selon le PCG :
– la quote-part de charges correspondant à la sous-activité n'est pas incorporable au coût de production (PCG art. 213-18) ; il s'agit des **charges fixes** ;
– l'appréciation de la sous-activité doit être effectuée par référence à la **capacité normale** des installations de production (PCG art. 213-32).

> **Fiscalement** Il en est de même (CGI ann. III art. 38 nonies ; BOI-BIC-PDSTK-20-20-10-10 n° 110 et 240), la charge de sous-activité exclue du stock étant déductible (CE 27-6-1994 n° 121748).

> **Précisions** **1. Capacité normale** Selon le PCG, la capacité normale est la production moyenne que l'entreprise s'attend à réaliser sur un certain nombre d'exercices ou de saisons dans des **circonstances normales**, en tenant compte de la **perte de capacité résultant de l'entretien planifié**. Toutefois le **niveau réel de production peut être retenu** s'il est **proche de la capacité de production normale** (art. 213-32).
> Selon la doctrine (NI CNC n° 35), l'activité normale correspond à l'activité théorique maximale diminuée des déperditions incompressibles de l'activité liées aux temps de congés, d'arrêts de travail, de réparations (entretien, pannes, réglage) statistiquement normales et aux contraintes structurelles de l'organisation (changements d'équipes, goulets d'étranglement...). Pour d'autres interprétations, voir n° 18400.
> **2. Grève** Les coûts engendrés par une **grève** sont, à notre avis, de nature similaire aux coûts de sous-activité. Ils sont donc **exclus** du coût de production des stocks.

C'est la méthode de l'imputation rationnelle qui permet de mettre en évidence les coûts de sous-activité. La part de **charges fixes** non imputée se trouve ainsi rattachée à l'exercice dans lequel est constatée la sous-activité et reste donc en charge.

> **Précisions** **1. Méthode de l'imputation rationnelle** Pour chaque stade de production et de distribution, le montant de charges fixes retenu en vue de l'incorporation dans les coûts est égal à leur montant réel multiplié par le rapport : Niveau réel d'activité/Niveau normal d'activité (précision du PCG 82, p. III.101).
> **2. Activité partielle** Sur l'incidence de l'activité partielle sur le calcul de la charge de sous-activité, voir n° 21080 (indemnités versées) et 21147 (allocations reçues).
> **3. Quotas européens** Ils n'ont aucune incidence sur le calcul.

> **Fiscalement** La règle générale de déductibilité de la charge de sous-activité s'applique. Pour une entreprise dont la production est soumise aux quotas européens, la capacité de production n'est pas définie par référence à ces quotas, mais uniquement par rapport à sa propre capacité de production (CAA Nancy 18-12-1997 n° 93-835).

Sur la présentation de la charge de sous-activité dans le compte de résultat, voir n° 18405.

Pour l'information à fournir dans l'**annexe,** voir n° 18380 s.

II. Sur le plan pratique Le traitement de la sous-activité incluse dans les charges incorporables **diffère selon que l'entreprise valorise ses stocks au coût réel ou au coût standard.**

a. Coût réel Par la méthode de l'imputation rationnelle, la quotité incorporable de charges fixes (directes et indirectes) est corrigée du montant des charges de sous-activité avant son imputation dans la production stockée.

b. Coût standard, voir n° 20835 s.

– **Charges variables** : elles sont imputées dans les stocks pour le volume d'activité réalisé. Ainsi, la méthode de l'imputation rationnelle se fait d'elle-même, la non-imputation reflétant la sous-activité.

Toutefois, en fin d'exercice, cette non-imputation représente une **différence d'incorporation.** Cette différence n'est **pas réincorporable** à la production stockée, selon le principe de prudence.

– **Charges fixes** : le coût standard ayant été imputé durant l'exercice en fonction de l'activité prévisionnelle de l'exercice, il est nécessaire de corriger la production stockée par la méthode de l'imputation rationnelle afin de réduire la production stockée à ce qu'elle aurait été si l'activité avait été normale.

La somme de toutes les corrections apportées à chaque stade de l'évaluation des stocks représente **la charge globale de sous-activité à exclure de la production stockée** (voir n° 18380 s.).

Pour un exemple de calcul, voir n° 18430.

Suractivité En l'absence de précisions du PCG, à notre avis, les stocks doivent être évalués selon la règle générale, c'est-à-dire à leur coût réel de production, qui tient compte de la suractivité et minore donc les frais fixes par rapport à une activité normale. **21155**

Sur la définition de la capacité normale attendue, voir n° 21150.

> **EXEMPLE**
>
> Le **coût de production unitaire** d'un article sur la base d'une capacité normale de 1 000 articles se décompose de la manière suivante :
> – charges variables : 300 ;
> – charges fixes : 100.
> La production réelle de l'exercice s'élève à 1 250 articles, soit une suractivité de 25 %.
> Le stock final se compose de 50 articles.
> Le **coût réel unitaire de production** à retenir pour la valorisation des 50 articles en stocks à la clôture de l'exercice s'élèverait à : 380 (soit 300 de charges variables + (100 × 1 000 / 1 250) = **80 de charges fixes**).

Cette solution nous paraît **préférable à un raisonnement marginal** dans lequel aucune charge fixe ne serait retenue pour la détermination du stock de clôture au-delà de l'activité normale (le raisonnement marginal reporte sur l'exercice de la vente la prise en compte du gain lié à la suractivité).

> **EXEMPLE**
>
> (reprise de l'exemple précédent)
> Le **coût marginal** de production serait égal à : **300.**
> (soit 300 de charges variables et **0 de charges fixes**). En effet, au-delà du 1 000e article, les charges fixes sont « amorties ». Les 50 articles restant en stocks sont valorisés sans charge fixe, la suractivité de l'exercice portant sur 250 articles.

En outre, le raisonnement marginal pourrait entraîner une fluctuation importante de l'évaluation des stocks d'un exercice si les quantités en stocks sont importantes.

> **Fiscalement** À notre avis, seule la solution faisant apparaître le coût réel paraît acceptable (voir également, dans ce sens, les conclusions du commissaire du gouvernement sous CAA Nancy 18-12-1997 n° 93-835).

AUTRES COÛTS

21160 **Frais de stockage** Ils sont, en général, exclus du coût de production (comptabilisés directement en charges) à moins qu'ils ne soient nécessaires au processus de production préalablement à une nouvelle étape de la production (Avis CNC 2004-15 § 4.4.2). En effet, dans ce dernier cas, ils sont bien nécessaires pour amener les stocks à l'endroit et dans l'état où ils se trouvent.

> **Fiscalement** Il en est de même (BOI-BIC-PDSTK-20-20-10-10 n° 190).

À notre avis, il convient dans ce cas particulier de tenir compte pour ces frais de la date effective de stockage (précision du PCG 1982, p. II.10). La **justification** d'une telle **incorporation** devrait, à notre avis, être indiquée dans **l'annexe**.

En conséquence, en pratique :
– les frais de **stockage des matières premières, des marchandises « à transformer en produits finis »** (voir n° 21305) **et des en-cours** de fabrication sont **inclus** dans le coût de production des produits finis (ceux-ci étant en effet nécessaires pour amener les stocks à l'endroit et dans l'état où ils se trouvent) ;
– les frais de **stockage des produits finis et des marchandises « à revendre en l'état »** sont **exclus** (ceux-ci n'étant en général pas nécessaires pour amener les stocks à l'endroit et dans l'état où ils se trouvent).

> **EXEMPLES**
>
> Il s'agit notamment des frais suivants :
> – amortissements ou loyers d'entrepôts, frais de stockage de produits finis chez le transporteur ;
> – frais de réception dans le lieu de stockage ;
> – mise en œuvre de procédés de conservation en l'état en attendant la mise en vente : par exemple, à notre avis, l'arrosage de stocks de bois, le traitement anti-germinatif de pommes de terre. En revanche, les traitements avant expédition et nécessaires à la vente constituent, à notre avis, un élément du coût de production, dès lors que le client a commandé un produit traité ;
> – frais d'assurance portant sur le stock de produits finis (voir n° 21185).

Sur les frais de conditionnement et d'expédition, voir n° 21190.
Pour les frais financiers ayant le caractère de charges de stockage et les conditions de leur inclusion dans le coût de production des stocks, voir n° 21165.
Sur le coût d'une « marchandise », voir n° 21305.

21165 **Frais financiers ayant le caractère de charges de stockage** À notre avis, ces frais peuvent être inclus dans le coût de production des stocks, si les conditions suivantes sont simultanément remplies :
– l'entreprise a opté pour l'intégration des coûts d'emprunt dans le coût d'entrée de ses actifs (voir n° 20945 s.), ce qui implique de retenir cette même option pour tous les actifs éligibles de l'entreprise ;

> **Précisions** La nature des frais financiers engagés pour le stockage doit être compatible avec la notion de coûts d'emprunt définie par le PCG (voir n° 20965 III. a.).

– le stockage est nécessaire au processus de production préalablement à une nouvelle étape de la production (voir n° 21160) et doit dépasser l'exercice (voir n° 20965 I. a.).
L'incorporation doit cesser dès que le stockage n'est plus nécessaire au processus de production (voir n° 20965 III. b.).

21170 **Pertes et gaspillages** Ils sont exclus du coût de production (PCG art. 213-30). En pratique, les entreprises doivent donc **exclure** du coût d'entrée des stocks les **écarts de rendement** (dus à une mauvaise qualité, un mauvais ordonnancement, etc.).

> **Précisions** **1. Écarts de rendement** Selon l'avis du CNC n° 2004-15, les « pertes et gaspillages » concernent (§ 4.4.2) :
> – d'une part, les **montants anormaux** de déchets de fabrication, c'est-à-dire les écarts de rendement sur **matière** tels que les rebuts, les erreurs dans les poids mis en œuvre… ;
> – et d'autre part, les montants anormaux de main-d'œuvre et autres coûts de production, c'est-à-dire les écarts de rendement sur **main-d'œuvre, consommables, énergie, etc.** (par rapport aux prévisions, aux normes de fabrication ou aux coûts préétablis).
>
> **2. Montants anormaux** Les « montants anormaux » sont définis par la CNCC (Questions-Réponses CNCC Covid-19, Question 4.1.1) comme des dépenses **manifestement excessives** par rapport aux moyens normalement mis en œuvre pour obtenir la production considérée (seraient donc exclus, par exemple, les coûts résultant d'un incident de production). Ne sont pas concernés les surcoûts imposés par la mise en place de **mesures réglementaires**, par exemple d'ordre sanitaire ou politique (en ce sens, Questions/Réponses CNCC précitées ; Question 4.1.1 sur les surcoûts supportés en lien avec les mesures sanitaires).

Ainsi, à notre avis :
– seuls les pertes et gaspillages **exceptionnels** sont exclus ;
– en revanche, si pour produire un bien il y a nécessairement des « chutes » ou déchets, ceux-ci constituent bien des **charges incorporables** (et donc n'ont pas à être exclus). Dans ce cas, si ces chutes ont une valeur de revente, c'est le coût de la chute net de son prix de revente qui est inclus dans le coût de production (le stock de déchets étant en effet valorisé à sa valeur probable de revente, voir n° 21255).

> **Fiscalement** Il en est de même (BOI-BIC-PDSTK-20-20-10-10 n° 190). Selon la jurisprudence se prononçant sur des faits antérieurs à 2005 mais à notre avis toujours applicable, seules les pertes accidentelles, à l'exclusion de celles inhérentes au procédé de fabrication, doivent être exclues du coût de revient des stocks (CE 23-6-1958 n° 41493 ; CE 31-10-1990 n° 97720 ; BOI-BIC-PDSTK-20-20-10-10 n° 50 et 60).

Contribution économique territoriale (CET) Il convient, à notre avis, de distinguer le traitement de la CVAE et de la CFE (qui sont les deux composantes de la CET ; pour plus de détails, voir n° 16425) : **21175**

a. La cotisation sur la valeur ajoutée des entreprises (CVAE) étant uniquement calculée sur la valeur ajoutée, qui est un agrégat général de l'entreprise non rattachable directement à la production, elle constitue, à notre avis, un impôt non incorporable au coût de production des stocks, à l'instar de l'ancienne taxe professionnelle que le Conseil d'État avait qualifiée d'impôt à caractère général (voir ci-après Fiscalement).

b. Deux approches sont, à notre avis, possibles pour **la cotisation foncière des entreprises (CFE)** :
1. Première approche : la CFE est incorporable au coût des stocks, pour la quote-part affectée aux bâtiments et équipements industriels.

> **Précisions** En effet, cette taxe étant fondée sur les valeurs locatives des immobilisations passibles de la taxe foncière et utilisées pour les besoins de l'exploitation, une quote-part devrait, tout comme les charges liées aux bâtiments et installations de production (amortissement, entretien...), être directement rattachable au coût de production des stocks, et ce, même s'il existe un décalage de 2 ans entre son exigibilité et les bases sur lesquelles elle est assise.

En revanche, la quote-part de la CFE attribuable aux sièges sociaux et aux bâtiments administratifs, non rattachable à la production, est exclue du coût de production et est directement comptabilisée en charges, en tant que frais généraux administratifs (voir n° 21145).

2. Seconde approche : la CFE est à considérer, à l'instar de la CVAE, comme un impôt à caractère général non incorporable. En effet, étant susceptible d'être plafonné en fonction de la valeur ajoutée, son montant peut fluctuer en fonction de cet agrégat général.

> **Fiscalement** La CET ne devrait pas, à notre avis, être incluse dans le coût de revient des stocks compte tenu des arguments qui ont conduit le Conseil d'État à considérer l'ancienne taxe professionnelle comme un **impôt général** (CE 3-11-2003 n° 248888). En effet, comme pour l'ancienne taxe professionnelle :
> – la CVAE est exclusivement calculée sur la valeur ajoutée, qui n'est pas directement reliée à l'outil de production ;
> – il existe pour la CFE un décalage de 2 ans entre l'année de prise en compte des éléments de calcul et l'année d'imposition ;
> – l'assiette d'imposition à la CET est fréquemment déconnectée du montant de l'impôt, compte tenu des corrections pouvant être apportées, comme le plafonnement en fonction de la valeur ajoutée (voir n° 16420 s.).

Taxe foncière À notre avis et en l'absence de précision des organismes compétents, elle devrait être incorporable au coût des stocks, pour la quote-part rattachable à la production. **21180**

> **Précisions** En effet, la taxe foncière est assise sur les valeurs locatives des immobilisations et, contrairement à la CFE (voir n° 21175), elle n'est pas susceptible d'être plafonnée en fonction de la valeur ajoutée. À l'instar de toutes les charges liées aux bâtiments et installations de production (amortissements, entretien...), il devrait être possible de déterminer la quote-part de taxe rattachable à l'outil de production et ainsi de déterminer la part de la taxe foncière incorporable au coût des stocks.

Toutefois, la jurisprudence fiscale considérant la taxe foncière comme un impôt de caractère général (voir ci-après), beaucoup d'entreprises ne l'incorporent pas, à ce jour, dans leurs stocks.

> **Fiscalement** Le Conseil d'État ne s'est jamais prononcé sur cette question mais la jurisprudence des cours inférieures considère que la taxe foncière est un impôt général qui ne fait pas partie des charges de production à prendre en compte dans le coût de revient des stocks (CAA Paris 11-7-2003 n° 98-1676).

21185 **Frais d'assurance** Leur incorporation ou non dans les stocks dépend de la nature des biens couverts. À notre avis, les frais d'assurance couvrant :
– le **transport** des matières premières et marchandises, en provenance du fournisseur, entrent dans le coût d'acquisition des biens (voir n° 20935 I. a.) ;
– le **site de production** entrent généralement dans le coût de production des biens, en tant que frais d'administration et de gestion des sites de production (sur les conditions d'incorporation, voir n° 21140) ;
– les **stocks de matières premières, marchandises « à transformer en produits finis » et en-cours de production** (qu'il s'agisse de stocks spécifiques ou d'un montant global) sont incorporés dans le coût de production de ces biens ;
En effet, ils permettent, à notre avis, d'amener les stocks à l'endroit et dans l'état où ils se trouvent (voir n° 21110) ;

> **Précisions** Assurances « dommages construction », sur ce cas particulier voir n° 15845.

– les **stocks de produits finis et de marchandises « revendues en l'état »** ne peuvent généralement pas être incorporés au coût de production, celle-ci étant achevée ;

> **Précisions** Ces frais, constituant des charges de stockage, peuvent toutefois, dans des cas particuliers, être inclus dans le coût de production (voir n° 21160).

– le **recouvrement des créances** [Sfac, Bpifrance Assurance Export (anciennement Coface)…] sont exclus (voir n° 21190).

21190 **Frais commerciaux** Selon l'avis du CNC n° 2004-15 (§ 4.4.2) ces frais constituent une **charge de l'exercice** au cours duquel ils sont engagés et ne sont pas à comprendre dans l'évaluation des stocks, n'ayant pas la nature de « charges de production ». En effet, ces frais ne répondent pas aux conditions d'incorporation (PCG art. 213-32 ; voir n° 21110) : ils ne sont ni encourus pour transformer les matières premières en produits finis ni encourus pour amener les stocks à l'endroit et dans l'état où ils se trouvent.

> **Fiscalement** Il en est de même, ces frais étant exclus du coût de production des stocks (BOI-BIC-PDSTK-20-20-10-10 n° 190 ; CE 10-12-1990 n° 61347 et 12-1-1977, n° 396).

Sur le cas particulier
– des contrats à long terme, voir n° 10920 ;
– des ventes en l'état futur d'achèvement, voir n° 10920 ;
– des coûts d'acquisition de contrat, voir n° 30605.

EXEMPLES

Les frais de commercialisation sont notamment les suivants :
– frais de publicité (voir n° 15970), dont par exemple les imprimés et catalogues publicitaires ou encore les frais de foires et d'expositions (frais d'inscription, frais de transport et de montage des stands ; voir n° 15970) ;
– frais de transport supportés pour amener les produits finis et marchandises chez le client ;
– frais de transport d'un local de vente à un autre de la société ;
En revanche, à notre avis, si les produits finis (ou marchandises) sont stockés dans un entrepôt général (ne constituant pas un lieu de vente) avant d'être expédiés sur leur lieu de vente (magasin de l'entreprise ou zone de mise à disposition au client), les frais de transport entre cet entrepôt général et le lieu de vente sont bien inclus dans leur coût de production (voir n° 20935 I. b.) dès lors qu'il ne s'écoule pas un délai inutile entre les deux zones de stockage. Tel est le cas, notamment dans l'activité de distribution, des frais de transport entre les lieux de production et l'entrepôt général, puis de l'entrepôt général jusque dans les magasins de la société ;
– coût du service des expéditions (salaires, emballages réalisés au départ de l'usine dans le seul but de faciliter le transport), qui devrait suivre, dans la plupart des cas, à notre avis, le traitement des frais de transport ;
En revanche, l'emballage réalisé en bout de chaîne de production, ou encore l'emballage permettant de respecter le conditionnement commandé par le client font, à notre avis, partie du coût de production (voir n° 21305). En effet, ils sont nécessaires pour amener les stocks à l'endroit et dans l'état où ils se trouvent.
– commissions versées aux commerciaux salariés ;
– commissions versées à des non-salariés (représentants ou intermédiaires) en vue de l'obtention d'un marché (voir n° 15895) ;
– frais de l'équipe marketing ;
– redevances techniques dues (à la société mère) lors de la vente (voir n° 21195) ;
– redevances de marques (voir n° 21195) ;
– amortissement des marques acquises ;
– amortissement des sites internet ;

— assurances couvrant le recouvrement des créances [Bpifrance Assurance Export (anciennement Coface, Sfac), etc.] ; sur les autres frais d'assurance, voir n° 21185 ;
— taxes assises sur le chiffre d'affaires ;
— coûts supportés pour l'élimination des déchets d'équipements électriques et électroniques (DEEE) : la cotisation versée par les producteurs à un éco-organisme au titre de leur participation financière à la filière de collecte et de valorisation des DEEE ménagers et professionnels (voir n° 15670), à notre avis, celle-ci étant due à la vente ; de même la provision pour élimination des déchets issus des DEEE (voir n° 27985). Pour plus de détails sur la réglementation sur les DEEE, voir n° 27985 ;
— impôt sur les sociétés, calculé sur la base du résultat et donc directement attribuable au résultat et non à la production.

Redevances Il convient de distinguer les redevances sur ventes des redevances de fabrication ou de production. **21195**

I. Redevances sur ventes (par exemple, redevances de marques)
En général, elles sont dues et versées après la vente du produit correspondant. À la clôture de l'exercice :
— pour les **produits vendus** n'ayant pas encore fait l'objet d'un versement de redevance, il est nécessaire de constituer une charge à payer, le vendeur ayant l'obligation de verser la redevance liée aux produits vendus et celle-ci étant sans contrepartie future (PCG art. 322-1 s.) (les produits vendus n'étant plus en stock, cette charge n'est pas incorporable dans les stocks) ;

> **Fiscalement** Cette charge est, à notre avis, déductible.

— pour les **produits encore en stocks,** la vente n'étant pas encore réalisée, l'entreprise n'a pas encore l'obligation (PCG art. 322-1 s.) de verser la redevance et aucune charge n'est donc à constater en charges à payer (et donc aucune charge n'est incorporable à ce titre dans les stocks). Toutefois, les redevances doivent être prises en compte pour la détermination d'une éventuelle dépréciation, s'agissant d'une charge prévisionnelle liée à la vente (voir n° 21490).

> **Fiscalement** La fraction de la (provision pour) dépréciation correspondant à ces redevances n'est pas déductible, dès lors qu'elles constituent des frais de commercialisation restant à supporter jusqu'à la vente (CGI art. 39-1-5°). Voir n° 21490.

II. Redevances sur des moyens de production (brevets de production, droit de fabrication...)

a. Si elles sont évaluées sur la base des unités produites, ces redevances doivent être comptabilisées en charges au fur et à mesure de la production, avec pour contrepartie une dette vis-à-vis du concédant (PCG art. 322-1 s.), et incorporées au coût de production des stocks.

> **Fiscalement** Il en est de même, le coût de production devant inclure l'ensemble des charges directes ou indirectes de production (CGI ann. III art. 38 nonies).

b. Si elles sont évaluées sur la base des unités vendues (c'est-à-dire versées lors de l'enregistrement du chiffre d'affaires), à notre avis, deux interprétations sont possibles :
— soit on considère qu'elles se rapportent, par nature, à la production (le chiffre d'affaires n'intervenant qu'au niveau des modalités de leur calcul) ; elles doivent, en conséquence, être incorporées aux stocks ;

> **Précisions** Lorsque cette interprétation est retenue, deux pratiques sont observées :
> — soit les entreprises incorporent dans leurs stocks les redevances qu'elles estiment devoir sur les produits en stocks (mais qui ne seront payées que lors de la vente de ces produits). Dans ce cas, une charge à payer est comptabilisée en contrepartie de l'accroissement des stocks (en ce sens, Bull. CNCC n° 53, mars 1984, p. 112, Étude CNCC). Cette écriture n'a toutefois pas d'impact sur le résultat ;
> — soit les entreprises incorporent dans leurs stocks une quote-part des redevances constatées en charges de l'exercice. Dans cette approche, peu importe que ces redevances soient calculées sur les produits vendus (et donc plus en stocks à la clôture), elles constituent le coût annuel du brevet ou du droit nécessaire à la production de l'exercice et, à ce titre, elles sont considérées comme incorporables aux stocks (cette approche ne fait cependant pas le lien entre les stocks produits et les redevances qui seront payées sur ces stocks).

— soit on considère qu'elles se rapportent à la commercialisation des produits du fait qu'elles sont générées par leur vente : dans ce cas, les redevances ne sont pas incorporables au coût de production.

> **Fiscalement** Lorsque le fait générateur est constitué par la vente des produits, les redevances constituent des charges de l'exercice de réalisation des ventes et ne peuvent être incorporées au coût de revient des stocks (CE 5-2-1992 n° 84569 ; CE 10-11-1993 n° 89415 ; CAA Paris, 9-4-2002 n° 97-3619 et 00-457).

COÛTS D'EMPRUNT

21200 Le traitement des coûts d'emprunt dans le coût de production des stocks est le même que celui applicable aux stocks acquis à titre onéreux. En conséquence, les intérêts des capitaux empruntés peuvent être (C. com. art. R 123-178-2° et PCG art. 213-9.1) :
- soit comptabilisés en **charges** de la période au cours de laquelle ils ont couru ;
- soit incorporés, sous certaines conditions, dans le **coût du stock produit**.

Les stocks et en-cours concernés sont ceux produits ou sous-traités.
Pour plus de détails sur les conditions de comptabilisation des coûts d'emprunt dans le coût d'entrée des stocks, voir n° 20945 s.

> **Fiscalement** Il en est de même, voir n° 20945 s.

Sur l'obligation d'activer les coûts d'emprunt en normes IFRS, voir Mémento IFRS n° 37986.

E. Cas particuliers d'évaluation

LES AUTRES MODALITÉS D'ÉVALUATION

21250 Biens acquis ou produits conjointement pour un coût global

I. Biens acquis conjointement Lorsque les biens sont acquis conjointement pour un coût global d'acquisition, le coût d'entrée de chacun des biens est ventilé à proportion de la valeur attribuable à chacun d'eux (PCG art. 213-7).

> **Précisions** 1. **Secteurs concernés** À notre avis, il peut en être ainsi, notamment, dans les branches de la **brocante** et de la **récupération des** métaux ou encore de l'**exploitation forestière** (achat conjoint des troncs et de leur souche, dans l'exploitation d'une parcelle forestière).
> 2. **Annexe** Mention doit en être faite, à notre avis, dans l'annexe, au titre des informations sur les méthodes d'évaluation (voir n° 22775).

EXEMPLE 1

Un brocanteur débarrasse un grenier pour un prix forfaitaire de 4 000. Il y récupère le mobilier et les bibelots revendables suivants :

	Valeur de vente estimée		Coût d'entrée estimé [1]
meuble 1	6 000	× 4/16	= 1 500
meuble 2	5 000	× 4/16	= 1 250
bibelot 1	3 000	× 4/16	= 750
bibelot 2	2 000	× 4/16	= 500
Total	16 000		4 000

(1) Hors frais de récupération.

EXEMPLE 2

Un ferrailleur achète un matériel hors d'usage pour 4 000. Il y récupère les métaux suivants :

	Prix du marché		Coût d'entrée [1]
cuivre	10 000	× 4/16	= 2 500
plomb	4 000	× 4/16	= 1 000
ferraille	2 000	× 4/16	= 500
Total	16 000		4 000

(1) Hors frais de récupération.

II. Biens produits conjointement Il en est de même lorsque les biens sont produits de façon conjointe et indissociable, pour un coût global de production (PCG art. 213-7).

> **Précisions** 1. **Produits résiduels et produits liés** Selon l'avis du CNC n° 2004-15 (§ 4.4.2), il peut en être ainsi à l'occasion de la production de produits résiduels (voir n° 21255) et de produits liés.
> 2. **Annexe** Mention doit en être faite, à notre avis, dans l'annexe, au titre des informations sur les méthodes d'évaluation (voir n° 22775).

À défaut de pouvoir évaluer directement chacun d'eux, le coût d'un ou plusieurs des biens acquis ou produits est évalué par référence à un **prix de marché**, ou forfaitairement s'il n'en existe pas. Le coût des autres biens s'établira par différence entre le coût d'entrée global et le coût déjà attribué (PCG art. 213-7).

Selon l'avis du CNC n° 2004-15 (§ 4.4.2), lorsque les coûts de transformation de chaque produit ne sont pas identifiables séparément, ils sont répartis entre les produits sur une base rationnelle et cohérente. Cette répartition peut être opérée, par exemple, sur la base de la valeur de vente relative de chaque produit, soit au stade du processus de production où les produits deviennent identifiables séparément, soit à l'achèvement de la production.

> **Fiscalement** Selon l'administration, les précisions comptables données dans l'avis du CNC précité sur les coûts de production des stocks peuvent également s'appliquer en matière fiscale (BOI-BIC-PDSTK-20-20-10-10 n° 20).

> **EXEMPLE**
> La production d'un produit a coûté 100 000 et il en est résulté un sous-produit dont le prix du marché de vente est de 4 000 ; les frais de distribution pour ce sous-produit sont estimés à 60.
> Coût du sous-produit : 4 000 − 60 = 3 940 ;
> Coût du produit principal : 100 000 − 3 940 = 96 060.

Produits résiduels (déchets et rebuts) En l'absence de coût de production, sont retenus le cours du jour du marché ou, à défaut, la valeur probable de réalisation, nets des frais de distribution (coût d'entrée et valeur d'inventaire se trouvent confondus). **21255**

Cette méthode, préconisée par l'OEC (Rec. révision contractuelle n° 22.02, mise en révision), ressort de la comptabilité analytique du PCG et de celle qui a été préconisée pour les produits liés (PCG art. 213-7 ; voir n° 21250 II.).

> **Fiscalement** Il en est de même (BOI-BIC-PDSTK-20-20-10-10 n° 160) sous réserve des frais de distribution qui ne peuvent être retenus (voir n° 21490).

Stocks acquis par voie d'échange **21260**

> **EXEMPLE**
> Tel est le cas, par exemple, d'une société d'exploitation forestière rémunérée du nettoyage de parcelles forestières par l'attribution des souches enlevées. Ces souches sont alors comptabilisées en stock pour leur valeur vénale en contrepartie d'un compte de produits d'exploitation.

Les stocks suivent le même principe d'évaluation que les immobilisations. Ils sont donc comptabilisés à leur valeur vénale (PCG art. 213-1 et 213-3), sous réserve de deux exceptions propres aux échanges. Pour plus de détails, voir n° 26740.

> **Fiscalement** Par symétrie avec les immobilisations, il devrait, à notre avis, en être de même (voir n° 26740).

Stocks acquis à titre gratuit Comme les immobilisations, ils sont évalués à leur valeur vénale (PCG art. 213-4). Pour plus de détails, voir n° 26765. **21265**

> **Fiscalement** Il en est de même (CE 9-12-2009 n° 302059).

Stocks acquis à titre d'apport en nature ne constituant pas une branche complète d'activité Comme les immobilisations, ils sont évalués à la valeur figurant dans le traité d'apport. Le traité d'apport doit refléter la valeur vénale, sous réserve de deux exceptions. **21270**

En effet, les apports en nature isolés figurant dans le traité d'apport étant assimilés à des échanges (PCG art. 213-2), les règles relatives aux échanges leur sont appliquées.

> **Fiscalement** Par symétrie avec les immobilisations, il devrait en être de même (CGI ann. II art. 38 quinquies ; voir n° 26715).

Pour plus de détails, voir n° 26715.

> **Précisions** Opérations de fusions et assimilées Ne sont pas visés par ces règles d'évaluation les stocks apportés dans le cadre d'une opération de fusion, scission, apport partiel d'actif ou dissolution par confusion de patrimoine. Sur les modalités d'évaluation des stocks entrés dans le patrimoine de la société dans le cadre de ces opérations, voir Mémento Fusions & Acquisitions n° 7600 s.

CAS PARTICULIER LIÉ À LA FISCALITÉ

21275 **Entreprises relevant du régime fiscal du bénéfice réel simplifié** Stocks et en-cours sont évalués à leur coût. Toutefois, ce coût **peut** être déterminé **forfaitairement** comme suit (C. com. art. L 123-27 et R 123-208 ; CGI ann. IV art. 4 LA ; BOI-BIC-PDSTK-20-20-10-10 nº 100 ; BOI-BIC-DECLA-30-20-20 nº 190) :
– **produits et marchandises** : application à leur prix de vente à la clôture de l'exercice d'un abattement correspondant à la marge pratiquée sur chaque catégorie de biens (voir nº 20845) ;

> **Fiscalement** L'administration (BOI-BIC-DECLA-30-20-20 nº 190 ; BOI-BIC-PDSTK-20-20-10-10 nº 100) fait référence, pour les entreprises qui recourent à la comptabilité super-simplifiée, à l'utilisation d'une marge moyenne mais admet la méthode comptable imposant une marge par catégorie de biens, voir nº 8130 (7).

– **travaux en cours** : leur montant est réputé égal à celui des acomptes réclamés aux clients avant facturation.

RÉGLEMENTATION COMMUNAUTAIRE

21280 **Système de prélèvements et de restitutions de l'UE** Il a une incidence directe sur l'évaluation des stocks (CNC, NI nº 12) :
– le **prélèvement,** considéré comme un supplément d'achat, constitue un élément du coût d'entrée des stocks ;
– la **restitution à la production,** lorsqu'elle est concomitante aux achats, permet la valorisation des stocks de produits de base au coût réel d'achat (restitution déduite) et des produits transformés au coût de production réel (restitution déduite). Dans le cas où les conditions d'exploitation ne permettent pas le rapprochement entre les restitutions et les achats les concernant, la restitution à la production est comptabilisée en classe 7, dans une subdivision du compte 75 « Restitutions perçues dans le cadre de l'Union européenne ». Les stocks sont évalués en fonction du coût d'achat au producteur. Les stocks de produits transformés sont donc majorés du montant de la restitution afférente aux produits de base y ouvrant droit ;
– la **restitution à l'exportation,** acquise à la date de la vente, ne doit pas avoir d'incidence sur le coût d'entrée des stocks, même si ces derniers sont placés en entrepôt d'exportation ou préfinancés ;
– les **primes de stockage,** qui ne dépendent pas directement de l'achat ou de la vente de produits agricoles, ont le caractère de subventions d'exploitation.

STOCKS SUBVENTIONNÉS

21285 Les subventions obtenues sont sans incidence sur le calcul du coût des biens financés (PCG art. 213-6), ce qui signifie que celles-ci doivent être prises en résultat lorsqu'elles sont acquises (voir nº 12045 s.).
Sur le traitement comptable des stocks subventionnés en normes IFRS, voir Mémento IFRS nº 39518.

STOCKS ET ACTIVITÉS SPÉCIFIQUES

21290 **Biens produits en série dans le cadre de contrats fermes** Selon l'avis du CNC nº 2004-15 (§ 4.4.2), en cas de séries livrées à l'unité, le coût d'entrée des stocks produits dans le cadre de contrats fermes peut comprendre :
– l'amortissement des coûts non récurrents (dessins, frais de développement et frais de création d'outillages spécifiques), voir nº 21130 (frais de développement) et 21135 (autres immobilisations incorporelles) ;
– les coûts générés par la courbe d'apprentissage (baisse attendue des coûts sur la série, liée à l'expérience).

> **Fiscalement** Il en est de même (BOI-BIC-PDSTK-20-20-10-10 nº 20).

Sur la valeur à retenir à l'arrêté des comptes, voir nº 21840.

21295 **Offres en cours** Il s'agit de prestations en cours exécutées en réponse à des appels d'offres ou consultations pour lesquelles, en contrepartie, est prévue une **rémunération quelle que soit l'issue de l'opération.** À notre avis, les solutions données par le plan professionnel de l'ingénierie restent applicables :
– à l'**inventaire,** il y a lieu de valoriser le montant des dépenses exposées, sans qu'il excède la rémunération conventionnelle : débit du compte 348 « Offres en cours » par le crédit du compte 71348 « Offres en cours » ;
– l'**exercice suivant,** cette écriture est extournée.

Puis :
– si le **projet** n'est **pas retenu,** la rémunération acquise est débitée au compte 411 « Clients » par le crédit du compte 706 « Prestations de services » ;
– si le **projet** est **retenu,** la rémunération conventionnelle est virée au compte 4191 « Clients – Avances reçues sur commandes », sauf à tenir compte de stipulations contractuelles conduisant à un enregistrement comptable différent.

Biens produits dans des lieux différents À notre avis, les produits doivent être évalués au coût de production de leur lieu de fabrication. À défaut (cas qui devrait être exceptionnel), un coût moyen (tous lieux confondus) pourrait être utilisé. 21300

Coût d'une « marchandise » 21305

> **Précisions** La **distinction** entre marchandises et produits finis est **essentielle.** En effet, les marchandises sont évaluées au coût d'acquisition qui comprend le prix d'achat et les frais accessoires d'achat alors que les produits finis sont évalués au coût de production qui, lui, comprend, outre le coût d'acquisition, les charges directes et indirectes de production.

a. Les marchandises acquises peuvent être modifiées et ainsi **transformées en « produits finis ».** À notre avis, en l'absence de précisions des textes et des organismes compétents, les marchandises sont transformées en produits finis :
– quel que soit le niveau de **modification,** que celle-ci augmente par exemple de 0,5 % ou de 15 % le coût d'acquisition de la « marchandise », transformant cette dernière en un produit fini valorisé à un coût de production égal au coût d'acquisition de la « marchandise » majoré (dans l'exemple) de 0,5 % ou de 15 % ;

> **Fiscalement** Il en est, à notre avis, de même. Par exemple, les dépenses de ravalement réalisées par un marchand de biens sur un immeuble destiné à la revente ont pour effet de faire passer celui-ci du stade de « marchandise » à celui de « produit fini » (CAA Paris 10-2-2000 n° 97-3383 définitif suite à CE (na) 14-3-2001 n° 220274).

– y compris en cas de **reconditionnement** ; dans ce cas, les frais correspondants devant être incorporés au coût de production sont non seulement le coût de l'emballage lui-même (le PCG – liste des comptes – classe les emballages achetés et non immobilisés dans les « Autres approvisionnements »), mais aussi les frais de main-d'œuvre et l'amortissement des machines utilisées. Sur les notions de rémunération, voir n° 21080 s. et d'amortissement, voir n° 21120 ;

> **Fiscalement** Il en est de même. Une opération de remembrement (de terrains) consiste au minimum à effectuer un conditionnement et un simple reconditionnement transforme une marchandise en produit fini (CE 10-12-1990 n° 61347) ;

– y compris en cas de **stockage** des marchandises lorsque celui-ci est nécessaire à leur transformation en produits finis (voir n° 21160) ;

> **EXEMPLES**
> Si le stockage de bouteilles de vins acquises permet le vieillissement de leur contenu, la marchandise est modifiée et transformée en « produit fini » durant cette phase de stockage et les frais de stockage sont donc incorporés au coût de production des bouteilles.

> **Fiscalement** Voir n° 20940.

– y compris en cas de **transport** des marchandises vers un entrepôt qui assurerait une fonction qui s'étendrait, au-delà du stockage, à la modification des marchandises.

> **Fiscalement** Il en est de même (en ce sens, CAA Douai 13-10-2022 n° 20DA01377).
> Sur la date de comptabilisation d'un en-cours de production, voir n° 22120.

b. En revanche, les marchandises demeurent, à notre avis, des « **marchandises** revendues en l'état » :
– en cas de **contrôle à la réception** des marchandises ; les frais de contrôle faisant partie de la fonction « Approvisionnements » (au sens « fonction Achat ») n'entrent donc à ce titre (Bull. CNC n° 61 p. 7) ni dans le coût d'acquisition ni dans le coût de production ;
– en cas de **stockage,** les frais de stockage n'étant pas compris dans le coût d'acquisition (voir n° 20940), sauf lorsque la phase de stockage transforme les marchandises en produits finis (voir ci-avant) ;
En outre, sont incorporables au coût d'entrée des marchandises en tant que frais accessoires, les frais de **transport** entre l'entrepôt général (lorsqu'il ne s'agit pas d'un lieu de vente) et le magasin de vente (voir n° 20935 I. b.) ;

> **Fiscalement** Présentent le caractère de frais accessoires d'achat, les dépenses qui ont pour objet l'acheminement des marchandises achetées vers l'un des magasins de l'entreprise (CE 20-12-1972 n° 83877 ; BOI-BIC-PDSTK-20-20-10-10 n° 40). Ne présentent pas, en revanche, le caractère de frais accessoires d'achat les dépenses afférentes à des déplacements d'un local à l'autre de la même entreprise (tant qu'il n'est pas établi qu'un entrepôt assurerait une fonction allant au-delà du stockage, qui s'étendrait à la préparation des marchandises ; CAA Douai 13-10-2022 n° 20DA01377, voir ci-avant).

Il s'ensuit qu'une entreprise commerciale à succursales multiples, pour l'évaluation de son stock de marchandises, n'a pas à tenir compte des frais de transport desdites marchandises entre ses entrepôts et ses magasins de vente ou d'un magasin à un autre (CE 20-12-1972 n° 83877 ; BOI-BIC-PDSTK-20-20-10-10 n° 40).

Sur le stockage de vins vieux par un négociant, voir n° 20940.

— en cas de simple **adaptation** des marchandises, **lors de la vente**, aux besoins des clients (cas, notamment, de la distribution).

21325 **Immeuble acquis (par un marchand de biens) en vue d'une revente immédiate ou à court terme après travaux de restructuration** Les immeubles acquis par des marchands de biens étant destinés à la revente, ils sont en principe comptabilisés en **stocks** (voir n° 20470).

Sur la distinction entre stock et immobilisation pour un immeuble acquis avec engagement de revente, voir n° 20470.

I. Coût d'entrée en stock En l'absence de règles spécifiques, le **coût d'entrée** des immeubles ou appartements en stocks doit être évalué selon les **règles générales** (voir n° 20900 s. pour le coût d'acquisition et n° 21055 s. pour le coût de production).

L'application de ces règles appelle toutefois, à notre avis, les remarques suivantes :

a. Coût d'acquisition Les frais d'acquisition des immeubles stockés font obligatoirement partie du coût d'acquisition (contrairement aux « frais d'acquisition d'immobilisations » qui peuvent être comptabilisés en charges sur option, voir n° 20935). Il s'agit :
— de la **TVA non déductible** ;

> **Fiscalement** Il en est de même (TA Lyon 24-4-2001 n° 96-4167).

— des **honoraires** ;
— des commissions sur achats ;
— de la participation pour la non-réalisation d'aires de stationnement ;

> **Fiscalement** Il en est de même (CAA Nantes 2-3-2005 n° 01-1764 ; Rép. Fosset : Sénat 21-1-1988 n° 7710, non reprise dans Bofip).

— des **frais d'acte** ;
— des **droits de mutation** à taux réduit lorsque l'acquéreur de l'immeuble prend l'engagement auprès de l'administration fiscale de revendre ce bien dans un délai de cinq ans (CGI art. 1115) ou de le transformer à neuf (« production d'un immeuble neuf » au sens fiscal) dans un délai de quatre ans, prorogeable d'un an sur demande (CGI art. 1594-0 G). Sur la régularisation éventuelle des droits, voir II. ci-après.

b. Coût de production Les modifications effectuées sur l'immeuble changent sa nature et le font passer du stade de « marchandise » à celui d'« en-cours » ou de « produit fini » (voir n° 21305). Sur la date de comptabilisation d'un en-cours de production, voir n° 22120.

À notre avis, doivent être incorporées au coût d'entrée toutes les charges de production, notamment :
— toutes les charges de **remise en état** spécifiques au bien (dépenses de ravalement notamment) ;

> **Fiscalement** Il en est de même [CE (napc) 14-3-2001 n° 220274].

— les **frais de démolition** destinés à rendre un terrain nu (pour le revendre tel quel ou pourvu d'une nouvelle construction) ;
— les **indemnités d'éviction** versées, le cas échéant, dès lors qu'elles ont pour objectif de revaloriser l'immeuble avant sa vente ;

> **Fiscalement** Il en est de même (CE 28-3-2012 n° 318830).

— les **frais financiers** engagés pendant la période de rénovation et correspondant aux capitaux empruntés pour financer le bien (prix d'acquisition et coût de la rénovation), si la société a retenu cette option (voir n° 20945) et dès lors que :
• les travaux réalisés sont nécessaires pour amener le stock dans l'état où il sera prêt à être vendu,

21325
(suite)

• et la durée des travaux (et non celle de détention du bien pour la revente) dépasse douze mois, des travaux de rénovation légère ne pouvant donc être concernés (en ce sens, Bull. CNCC n° 86, juin 1992, EC 91-89, p. 362 s.).
Pour plus de détails sur les modalités d'application de cette option, voir n° 20945 s.
Sur les autres frais à inclure dans le coût de production des constructions, voir n° 26660.

> **Fiscalement** Il devrait en être de même, dans la mesure où les coûts d'emprunt incorporables dans les stocks sont les mêmes que ceux retenus sur le plan comptable (BOI-BIC-PVMV-10-20-20 n° 270 et 280).

c. Charges de copropriété En revanche, les charges de copropriété courantes (entretien, nettoyage, gardien, etc.), nous paraissent dans tous les cas constituer des charges immédiatement déductibles.
Sur l'évaluation à la clôture, voir n° 21635.

II. En cas d'absence de cession ou de non-respect de l'engagement de construire dans le délai fiscal imparti

> **Fiscalement** L'acquisition d'immeubles en vue de leur revente ou de leur construction bénéficie de droits d'enregistrement réduits. Ce taux réduit est cependant régularisé en cas de non-respect de l'engagement dans le délai prévu aux articles 1115 du CGI pour l'engagement de revendre et 1594-0 G du CGI pour l'engagement de construire (BOI-TVA-IMM-10-10-10 ; BOI-ENR-DMTOI-10-50 ; voir n° 16490).

En cas de régularisation :
a. Si le marchand de biens a toujours l'intention de revendre/construire, et même si cette régularisation intervient plusieurs années après l'acquisition, les droits de mutation complémentaires constituent des frais accessoires d'achat à inclure dans le **coût de revient des stocks** (en ce sens, Bull. CNCC n° 167, septembre 2012, EC 2012-21, p. 623).

> **Précisions** En effet, la jurisprudence précise clairement que le fait générateur des droits d'enregistrement rétroactivement dus est l'acte de mutation et non le non-respect de l'engagement de construire ou de revendre (Cass. com. 6-10-1998 n° 1487 P rendu sous l'empire de l'ancienne législation mais, à notre avis, encore applicable). D'ailleurs, si la société n'avait pas placé cette opération à l'origine sous le régime de droits d'enregistrement réduits et avait dès l'acquisition acquitté les droits de mutation au taux plein, ces droits auraient été inclus dans le coût d'acquisition.

b. Si l'intention est désormais d'exploiter le bien en propre (Bull. n° 157, mars 2010, EC 2009-71, p. 240 s.) :
– le stock est reclassé en immobilisation (voir n° 20420) ;
Les droits de mutation à taux réduit et autres frais d'acquisition initialement compris dans le coût d'entrée du stock sont maintenus dans le coût d'entrée de l'immeuble, qu'il soit reclassé ou non en immobilisation.

> **Précisions** L'**intérêt de retard** dû à l'occasion de cette régularisation doit être comptabilisé en charges exceptionnelles au compte 6712 « Pénalités, amendes fiscales et pénales ».

– les droits de mutation complémentaires constituent des **frais d'acquisition de l'immobilisation** et sont soit immobilisés, soit comptabilisés en charges, selon **l'option** retenue par le marchand de biens pour ses autres frais d'acquisition d'immobilisations (voir n° 26260) ;

> **Fiscalement** Si le droit complémentaire est comptabilisé en charge, celle-ci est déductible (CAA Paris 10-7-1990 n° 89-762 et 89-763 ; CAA Nantes 26-12-2003 n° 00-969). S'il est immobilisé, il devrait suivre, à notre avis, le traitement comptable.

– si l'entreprise a opté pour la comptabilisation en charges de ses frais d'acquisition, elle doit provisionner les droits d'enregistrement complémentaires dès son intention d'exploiter le bien en propre.

> **Fiscalement** La **provision** pour impôt est déductible dès lors que la décision de l'entreprise de ne pas revendre les immeubles sous le régime des marchands de biens, matérialisée par leur inscription à un compte d'immobilisation, constitue un événement en cours à la clôture, de nature à rendre probable l'imposition future des droits d'enregistrement (CE 25-3-2013 n° 355608) :
– les demandes présentées par l'entreprise auprès de l'administration tendant à la mise en recouvrement des droits dont elle avait été exonérée ;
– et l'inscription des biens dans un compte d'immobilisations.

> **Précisions** **Indice de perte de valeur** Dans les deux cas (a. et b. ci-avant), un test de dépréciation doit être réalisé et une dépréciation constatée, le cas échéant.

Sur les autres frais à inclure dans le coût d'acquisition des terrains et immeubles, voir n° 26420 s.

21330 **Fabricants de bijoux** Le **coût d'entrée** des bijoux fabriqués doit être évalué en tenant compte (voir n° 21055 s.) :
- du prix des matières premières ;
- du coût de fabrication.

En conséquence, il n'est pas possible d'évaluer un stock de produits façonnés à partir d'or et autres métaux et pierres précieuses au seul prix des matières premières, sans prendre en compte le coût de fabrication.

> Fiscalement Il en est de même (CE 9-1-1959 n° 42464).

21335 **Forêts : stocks de bois** Selon l'avis CNC n° 2002-15 du 22 octobre 2002 relatif aux règles comptables applicables aux sociétés d'épargne forestière :
- les bois sur pied mûrs ou en cours de croissance sont comptabilisés pour leur prix d'achat (valeur d'expertise à l'entrée dans la société d'épargne forestière), majoré, à notre avis, des frais accessoires (§ 2.2.1.1) ;

> Fiscalement Il en est de même (BOI-BIC-PDSTK-20-30 n° 120 à 160).

- les bois sur pied en cours de croissance sont impactés de tous les travaux qui participent à la création et la valorisation des peuplements (de la préparation des sols avant plantation jusqu'à l'élagage inclus) (§ 2.2.2.1).

> Fiscalement En application de l'article 38 nonies de l'annexe III au CGI (BOI-BIC-PDSTK-20-30 n° 130 à 160), le coût de production des stocks doit inclure les coûts entraînés par :
- la préparation des sols ;
- la plantation et la replantation ;
- la mise en place des générations.
Pour plus de détails, voir BIC-VI-16400 à 17040.

Sur la distinction entre stock et immobilisation, voir n° 20460.

21340 **Entreprises dont l'activité dégrade de manière progressive l'environnement ou un bien appartenant à autrui (exploitation de carrières...)** Sur la prise en compte des coûts de remise en état d'un bien ou d'un site dans les coûts de production, voir n° 26060.

21345 **Équipements électriques et électroniques ménagers acquis par les distributeurs** L'éco-contribution facturée par le producteur de l'équipement (voir n° 11310) constitue un élément du coût d'acquisition de cet équipement pour le distributeur [Avis CU CNC 2007-1 du 10-1-2007 § 2.2.4 (i)]. Elle est donc prise en compte dans le coût des stocks.
Selon l'avis CU CNC précité, elle peut être inscrite dans un sous-compte spécifique des achats de marchandises (voir n° 15545).

> Fiscalement Il devrait, à notre avis, en être de même.

Pour plus de détails sur la réglementation sur les DEEE et les différentes obligations des producteurs, distributeurs et utilisateurs, voir n° 27985.

II. VALEUR D'INVENTAIRE

A. Règle générale d'évaluation

ÉVALUATION À LA VALEUR D'INVENTAIRE

21415 La valeur d'inventaire est égale à la **valeur actuelle** (C. com. art. R 123-178-5°). Voir n° 21470.

> Fiscalement C'est le **cours du jour** qui est retenu (CGI art. 38-3). Sur la définition jurisprudentielle du cours du jour, voir n° 21490, 21510 et 21520.

ÉVALUATION PAR UNITÉ OU CATÉGORIE

21420 Les stocks et en-cours sont évalués unité par unité ou catégorie par catégorie, l'unité d'inventaire étant la plus petite partie qui peut être inventoriée sous chaque article (PCG art. 214-22).

> **Précisions** Il s'agit, selon nous :
> – pour les articles ou catégories individualisables, de l'article ou de la catégorie d'articles ;
> – pour les articles interchangeables, de la catégorie d'articles.

Toutefois, en cas de difficulté d'application, les produits ou travaux en cours peuvent faire l'objet d'évaluations globales (industries du verre, par exemple).

B. Modalités d'évaluation

DÉTERMINATION DE LA VALEUR ACTUELLE

Selon le PCG, la valeur actuelle est **la plus élevée de la valeur vénale ou de la valeur d'usage** (PCG art. 214-22). 21470

Toutefois, en pratique, cette valeur actuelle devrait, à notre avis, ne correspondre qu'à **une seule valeur** (soit la valeur vénale, soit la valeur d'usage), **selon la destination du stock**. En effet, selon le PCG (art. 214-22), les perspectives de vente sont à prendre en considération pour juger des éventuelles dépréciations des stocks.

Ainsi, devrait être retenue :

a. La **valeur vénale,** si le stock est destiné à être **vendu en l'état.**
C'est le montant qui pourrait être obtenu, à la date de clôture, de la vente des produits finis ou des marchandises lors d'une transaction conclue à des conditions normales de marché, net des coûts de sortie (PCG art. 214-6).

> **Précisions** Contexte de crise L'existence d'un niveau d'incertitude élevé, tel que celui qui résulte d'une crise financière, peut rendre délicate la détermination de la valeur vénale. L'étendue des travaux est à mettre en cohérence avec les facteurs d'intensité du risque identifiés. En effet, certains éléments sont susceptibles de réduire la probabilité de déprécier un stock. À titre d'exemples, il en est ainsi lorsque (en ce sens, Rec. ANC Covid-19, Question F2) :
> – la dernière valeur actuelle d'un stock est significativement supérieure à sa valeur comptable ;
> – il existe des perspectives raisonnables de retour à des conditions de ventes proches de celles connues antérieurement.

b. La **valeur d'usage,** si le stock doit entrer dans un **processus de production.** Dans la généralité des cas, elle est déterminée en fonction des flux nets de trésorerie attendus.

Dans le cas particulier des stocks, les flux nets de trésorerie futurs devraient tenir compte, à notre avis :
– non seulement du prix de vente estimé de ces stocks ; il s'agit, à notre avis, en l'absence de précisions dans les textes et conformément aux IFRS (IAS 2.6), du prix de vente estimé dans le cours normal de l'activité de l'entreprise ;
– mais également des coûts nécessaires à leur achèvement et à leur distribution.

> **Précisions** Contexte de crise L'existence d'un niveau d'incertitude élevé tel que celui qui résulte d'une crise financière peut rendre délicate la détermination de la valeur d'usage. Les projections de flux de trésorerie seront fondées sur des hypothèses raisonnables et cohérentes entre elles et représenteront la meilleure estimation faite par la direction de l'ensemble des conditions d'utilisation des stocks dans le contexte (en ce sens, Rec. ANC précitées ; Question F2).

À notre avis, la valeur actuelle peut être appréciée de la manière suivante :

Nature du stock	Valeur vénale	Valeur d'usage
Matières premières/Approvisionnements (voir n° 21520) [(1)]		
– destinés à être utilisés dans la production		x
– destinés à être vendus en l'état	x	
Produits intermédiaires/ En-cours de production (voir n° 21510 et 21515) [(1)]		
– destinés à être utilisés dans la production		x
– destinés à être vendus en l'état	x	
Produits finis (voir n° 21490)	x	
Marchandises revendues en l'état (voir n° 21490)	x	

(1) **Différentes destinations pour une même catégorie de stock** Pour une même catégorie de stock, il n'existe pas nécessairement une seule destination. Ainsi, certains produits intermédiaires peuvent être soit vendus en l'état, soit incorporés dans le processus de production à venir (voir n° 21510).

> **Précisions** Contexte de crise Dans la circonstance rare où ni la valeur d'usage ni la valeur vénale ne peuvent être déterminées, une information est donnée en annexe (voir n° 22760).

21490 **Produits finis et marchandises revendues en l'état** À notre avis, elle est déterminée en fonction de leur valeur actuelle qui devrait être égale à la **valeur vénale** (voir n° 21470). Celle-ci correspond au **prix de vente estimé** de l'entreprise, **déduction faite** de la totalité des **frais restant à supporter** pour parvenir à la vente.

Sur le cas particulier des stocks ayant fait l'objet d'un contrat de vente ferme, voir n° 21840.
Sur le cas des marchandises cotées, voir n° 21870.

I. Prix de vente estimé En l'absence de disposition comptable, les précisions apportées sur la définition fiscale du cours du jour nous paraissent applicables sur le plan comptable, sous réserve de la prise en compte des événements postérieurs à la clôture (voir n° 21490, III).

> **Fiscalement** Le cours du jour visé par l'article 38-3 du CGI s'entend de la valeur que l'entreprise **retirerait de la vente,** effectuée dans les **conditions normales** à la **date de l'inventaire,** des produits pour lesquels ce mode d'évaluation est retenu (BOI-BIC-PDSTK-20-20-10-20 n° 1).
> **a. Prix de vente** : il s'agit du prix de vente estimé du stock, et non de son coût de remplacement (prix que l'entreprise devrait payer pour acquérir ces mêmes stocks) (CE 20-1-1984 n° 34784 ; BOI-BIC-PDSTK-20-20-10-20 n° 1). Aucune (provision pour) dépréciation ne peut être admise si les produits sont **revendus à des prix supérieurs au prix d'acquisition** (référence au prix de marché), quelle que soit la durée de leur détention en stocks (CE 12-1-1983 n° 37363) et même si elle est calculée selon les données d'un barème professionnel (CE 17-2-1982 n° 11190 ; BOI-BIC-PDSTK-20-20-10-20 n° 1 ; CE 26-1-1990 n° 66092). Toutefois, le fait qu'une pièce faisant partie d'un lot en stock ait été vendue à un prix supérieur à son prix de revient ne fait pas obstacle à la constitution d'une (provision pour) dépréciation de ce lot s'il apparaît que la valeur **globale** du lot au cours du jour est inférieure à son prix de revient (CE 20-1-1984 n° 34784 ; BOI-BIC-PDSTK-20-20-10-20 n° 70).
> Sur l'utilisation des mercuriales, voir d. ci-après.
> **b. Conditions normales** : la jurisprudence (CE 3-2-1989 n° 57456 ; CE 10-2-1989 n° 73281 et CE 28-6-1991 n° 79339) définit le cours du jour à la clôture, s'agissant des marchandises dont une entreprise fait le commerce, comme le prix auquel, à cette date, cette entreprise peut, dans les conditions de son exploitation à cette même date, normalement escompter vendre les biens qu'elle possède en stock. Le cours à retenir ne peut être appliqué à un ensemble de produits que si ceux-ci présentent des caractéristiques analogues (CE 2-4-1990 n° 88285-88763 et CAA Bordeaux 25-2-1992 n° 91-42). Une dépréciation peut ainsi être calculée d'après les prix pratiqués lors des dernières ventes de l'exercice portant sur des quantités et qualités de stocks suffisamment significatives (CE 21-11-2007 n° 274912) ou bien en appliquant à leur coût de revient un abattement forfaitaire fondé sur les prix pratiqués, sous réserve que le taux retenu soit déterminé d'après un calcul fiable tenant compte des conditions de commercialisation par l'entreprise des éléments concernés (CE 26-10-1983 n° 33457 ; BOI-BIC-PDSTK-20-20-10-20 n° 90).
> **c. Date de l'inventaire** : le cours du jour résulte en général des tarifs ou mercuriales publiés à la date de l'inventaire ou à la date la plus rapprochée (BOI-BIC-PDSTK-20-20-10-20 n° 1 ; voir toutefois d. ci-après). Le Conseil d'État admet l'utilisation de cours constatés aux environs de la clôture si aucun cours n'est disponible à cette date ou si ce cours n'est pas pertinent. Il refuse en revanche l'utilisation de cours largement antérieurs ou postérieurs à la clôture, tels qu'une moyenne des cours constatés entre la clôture et l'arrêté des comptes (CE 21-5-2012 n° 332090). En l'absence de mercuriales fiables, le cours du jour à retenir à la clôture du 31 décembre peut être calculé à partir des ventes réalisées entre le 15 décembre et le 15 janvier dès lors que ces ventes ont porté sur des quantités importantes et variées, suffisamment représentatives des différents produits en stock à la clôture ; une période de 2 mois (1er décembre – 31 janvier) a en revanche été écartée car trop longue (CAA Bordeaux 21-3-1995 n° 93-1430).
> **d. Précisions sur l'utilisation de mercuriales** : la référence à des cotations professionnelles peut être admise sous réserve que la situation propre de l'entreprise soit prise en compte (notamment CAA Lyon 2-6-2005 n° 99-2311 ; voir n° 21615). En revanche, les cours du jour résultant d'une cote officielle, même agréée par l'administration, ne peuvent être retenus dès lors que l'entreprise pratique habituellement d'autres prix. De même (CAA Bordeaux 22-7-1996 n° 93-549), le cours du jour à retenir est celui qui correspond au prix que l'entreprise est en mesure de tirer effectivement sur le marché de la vente de son stock, et non un prix théorique (tel un prix de catalogue).
> **e. Calcul statistique d'une dépréciation forfaitaire** : voir n° 21565.
> **f. Stocks subventionnés lors de la vente** : voir n° 21845.

Le **bénéfice à prévoir** (c'est-à-dire en fait la marge habituelle faite sur ces produits) n'est **pas à déduire du prix du marché.** En effet, une perte de marge qui sera constatée l'exercice suivant ne constitue pas une charge probable mais une diminution de produit probable, le produit étant quand même vendu à un prix supérieur à son coût de revient.

De même, le **risque de non-recouvrement** du prix de la vente n'est pas un élément à déduire du prix de marché.

II. Frais restant à supporter jusqu'à la vente (coûts de sortie) Il s'agit des coûts directement attribuables à la vente, à l'exclusion des charges financières et de la charge d'impôt sur le résultat. Les coûts de sortie peuvent être des **coûts externes et internes** à l'entité nécessaires pour réaliser la vente (Note de présentation du Règl. ANC 2015-06, § 2.3 ; voir n° 26895).

EXEMPLES

Pour les produits finis et des marchandises revendues en l'état, ces frais (ou coûts) – prévisionnels – correspondent en pratique :
— aux frais d'acte, frais de timbre et taxes similaires liées à la transaction ;
— aux frais de distribution directs : notamment frais de transport, frais de commissionnaires et de courtage ;
— au coût de la garantie accordée après la vente (coût de réparation ou de remplacement), celui-ci étant déterminé de la même manière que la provision pour charges à constituer lors de la vente (voir n° 11550) ;
— le cas échéant, s'il s'agit d'un bien d'occasion, au coût des réparations restant à effectuer (voir n° 21615).

> Précisions 1. Coûts externes et internes Les coûts de sortie sont tous les coûts externes ou internes à l'entité, permettant de mettre le stock en état d'être vendu (pour plus de détails sur la définition de ces frais, voir n° 26895), toutefois, en pratique, seuls les coûts marginaux directement engagés pour mettre l'actif en état d'être vendu étant compris dans la définition des coûts de sortie (Note de présentation du Règl. ANC 2015-06, § 2.3) :
— les frais internes devraient rarement être visés ;
— les commissions versées aux vendeurs de l'entreprise pourraient néanmoins être comprises dans ces coûts, celles-ci constituant bien des coûts marginaux spécifiques à la vente.

2. Ristournes sur le chiffre d'affaires Les coûts de sortie peuvent, à l'inverse, être minorés, le cas échéant, de ristournes sur chiffre d'affaires (hors facture) dès lors que celles-ci sont directement rattachables et fortement probables.

> Fiscalement Les dépenses nécessaires à la commercialisation ultérieure des stocks non encore engagées à la clôture sont **exclues**, tant pour l'évaluation des stocks que pour la constitution d'une provision pour perte (CGI art. 39-1-5°, al. 1). Ces frais correspondent à toutes les dépenses, incorporables ou non incorporables aux stocks, non engagées à la clôture, qu'il s'agisse des frais de commercialisation proprement dits, tels que frais de publicité et de démarchage, ou par exemple des frais de remise en état d'un stock de matériels d'occasion (BOI-BIC-PDSTK-20-20-10-10 n° 210 ; BOI-BIC-PROV-30-10-20 n° 190 ; CAA Lyon 2-6-2005 n° 99-2311).
Sur les retraitements extra-comptables nécessaires en cas de dépréciation, voir n° 21765.

III. Évolution du prix de marché (ou du prix de vente) post-clôture
Les prix de vente étant à prendre en considération pour juger des éventuelles dépréciations à effectuer (PCG art. 214-22), leur évolution post-clôture peut avoir des impacts sur l'évaluation des stocks. Plusieurs situations sont possibles :

a. Lorsque l'évolution de prix post-clôture confirme les conditions existant à la fin de la période (en ce sens également, Rec. OEC n° 1-12 ; voir n° 52340), c'est-à-dire, à notre avis, **lorsque ces événements peuvent être anticipés** à la date de clôture, l'évolution du prix doit être **prise en compte**.

Tel est le cas, par exemple, lorsque les produits sont (de façon récurrente ou tel que décidé dès la clôture) vendus après la clôture à des prix inférieurs à ceux pratiqués à la date de clôture, à l'occasion :
— d'une **braderie** annuelle ;

> Précisions Dans ce cas, il convient de **déduire les frais de commercialisation du prix de vente bradé** (et non du prix de vente normal).

— d'un changement annuel de tarifs ;
— de remises habituellement pratiquées en début d'année.
En pratique, pour les industries textiles, une décote est réalisée pour les produits de collection saisonniers ou soumis aux aléas de la mode ainsi qu'aux stocks non encore démodés représentant des quantités significatives sensiblement supérieures aux commandes. Cette pratique, issue de l'ancien plan comptable des industries textiles désormais caduc (voir n° 3315), reste à notre avis applicable.

EXEMPLE

(à notre avis)

Un stock d'un coût d'achat de 1 000 comprend des articles destinés à être bradés (à 80 % du prix normal) ; en pratique, 90 % le seront (soit, pour le stock bradé, un coût d'achat de 900) et les frais de distribution à prévoir s'élèvent à 270.

Prix de vente normal (correspondant aux 900)	1 300
Prix de vente bradé (80 % du prix normal)	1 040
Frais de distribution	270
Valeur d'inventaire	770

D'où, pour un coût d'achat de 900, une dépréciation de 130 (900 − 770).

> **Fiscalement** De telles dépréciations pourraient, à notre avis, être admises en déduction si l'entreprise peut justifier de leur montant en s'appuyant sur les données tirées de son expérience, en raison du caractère habituel de ces braderies ou changements annuels de tarifs en début d'exercice (CE 18-11-1985 n° 43321). De même, la dépréciation comptabilisée devrait être déductible dès lors que la braderie est décidée à la date de clôture et que les prix de vente estimés correspondent aux prix que l'entreprise peut escompter dans les conditions normales de son exploitation (CE 28-6-1991 n° 79339).

b. En revanche, lorsque l'évolution de prix post-clôture indique une situation apparue postérieurement à la date de clôture, celle-ci **ne doit pas être prise en compte** dans l'évaluation des stocks à la clôture (voir n° 52345).

Tel est le cas, par exemple, lorsque les produits sont vendus après la clôture à des prix inférieurs à ceux pratiqués à la date de clôture du fait :
– d'une dégradation des produits suite à un dégât des eaux encourue postérieurement à la clôture ;
– d'une **baisse des cours de bourse** des produits en stocks, lorsque ceux-ci sont **cotés sur un marché reconnu** (type LME – London Metal Exchange). Dans ce cas, ils doivent être évalués au **cours observé à la date de clôture** :
• même si ce cours continue de chuter après la clôture,
• même si la vente du stock coté est intervenue entre la date de clôture et la date d'arrêté des comptes, pour un prix inférieur au cours au 31 décembre.

> **Précisions** **1. Événement non lié à des conditions existant à la clôture** En effet, la cotation sur un marché reconnu et liquide d'un actif à une date donnée est censée tenir compte de toutes les données disponibles à cette date. Aussi, toute baisse ultérieure est réputée résulter d'événements nouveaux qui doivent être pris en compte au moment où ils surviennent (voir n° 40450).
> **2. Annexe** Toutefois, si l'impact de la baisse des cours post-clôture est significatif sur la situation économique et financière de l'entreprise, une information en annexe doit être fournie au titre des événements post-clôture (voir n° 52345).

Il en est de même, à notre avis, pour les produits finis dont le prix est indexé sur le cours de matières premières cotées sur un marché reconnu.

> **Fiscalement** Il en est de même (BOI-BIC-PDSTK-20-20-10-20 n° 1 ; CE 18-7-1930 Dupont 1931, p. 157 ; CAA Bordeaux 17-10-2013 n° 11BX03266). La dépréciation des stocks doit être calculée d'après le cours du jour à la date de clôture de l'exercice en application de l'article 38, 3 du CGI, ce qui exclut la prise en compte des événements survenus postérieurement à la clôture.

21510 **Produits intermédiaires** Ils sont évalués à la valeur actuelle (voir n° 21470), qui devrait, à notre avis, dépendre de l'existence ou non d'un marché pour ce produit intermédiaire et de la destination que l'entreprise prévoit pour ces biens.

En effet, selon le PCG (art. 214-22), les perspectives de vente sont à prendre en considération pour juger des éventuelles dépréciations des stocks.

> **Fiscalement** En revanche, la jurisprudence s'organise autour de l'existence ou non d'un marché, quelle que soit la destination finale du stock, comme précisé par Emmanuel Glaser, rapporteur public, dans ses conclusions sous l'arrêt CE 30 décembre 2009, n° 304516.

I. S'ils ne peuvent être vendus que finis (c'est-à-dire en l'absence de marché pour les produits intermédiaires), c'est la **valeur d'usage**, c'est-à-dire le prix de vente du produit fini diminué des frais de commercialisation et des coûts d'achèvement, qui devrait être retenue (la valeur vénale n'étant pas déterminable).

Sur les conséquences, sur le calcul de la dépréciation, de l'utilisation de la valeur d'usage, voir n° 21785.

> **Fiscalement** L'approche est identique (CE 21-5-2012 n° 332090 ; CE 30-12-2009 n° 304516 ; BOI-BIC-PDSTK-20-20-10-20 n° 30). En effet, en l'absence de marché pour les produits intermédiaires :
– aucune autre méthode de valorisation des produits intermédiaires non susceptibles d'être vendus en l'état n'est possible, dès lors que ces produits n'ont de valeur qu'en tant que composants des futurs produits finis dans lesquels ils ont vocation à s'incorporer, comme l'a souligné Stéphane Verclytte, maître des requêtes au Conseil d'État dans une chronique commentant l'arrêt du Conseil d'État du 15 octobre 1997, n° 161620 (voir n° 21520) ;
– même s'il existe des ventes en l'état ponctuelles et effectuées à titre exceptionnel (par exemple, dans le cadre de « dépannage concurrence »), ces ventes ne sont pas suffisantes pour qualifier l'existence d'un marché, et donc d'un prix de marché auquel ces produits devraient être évalués (CE 30-12-2009 précité).

Toutefois, contrairement à la règle comptable, le prix de vente à retenir doit être minoré des seuls coûts d'achèvement, les **frais de commercialisation** non encore engagés à la clôture étant **exclus,** tant pour l'évaluation des stocks que pour la constitution d'une provision pour perte (sur les retraitements extra-comptables à effectuer, voir n° 21765).

II. S'ils peuvent être vendus tels quels (avant leur entrée dans une nouvelle phase du circuit de production), la valeur actuelle à retenir sera, à notre avis, différente selon la destination des stocks (voir n° 21470).

> **Précisions** En pratique, sauf cas particulier (commande spécifique à honorer, par exemple), la décision de l'entreprise quant à la destination de ces stocks intermédiaires devrait être guidée par la plus forte rentabilité du débouché à la clôture.
Par exemple, un produit intermédiaire destiné initialement à la production pourrait finalement être vendu tel quel :
– si sa valeur vénale est telle que la marge sur ce produit intermédiaire est supérieure à la marge prévue sur le produit fini ;
– en cas de surproduction ou de changement de production, pour écouler les produits intermédiaires devenus inutiles.
La valeur actuelle des produits intermédiaires pouvant être vendus tels quels devrait donc, à notre avis, bien correspondre in fine à la plus élevée de la valeur vénale ou de la valeur d'usage.

a. Les produits intermédiaires sont destinés à être vendus en l'état Dans ce cas :
– ils doivent être reclassés, à la clôture, en produits finis (lorsqu'ils sont produits par l'entreprise) ou en marchandises revendues en l'état (lorsqu'ils ont été achetés) ;
– c'est la **valeur vénale,** c'est-à-dire le prix de vente du produit intermédiaire diminué des frais de commercialisation, qui est à retenir (voir n° 21490) pour apprécier la nécessité d'une dépréciation.

b. Les produits intermédiaires sont destinés à être intégrés dans le processus de production d'un produit fini Dans ce cas, seule la **valeur d'usage,** c'est-à-dire le prix de vente du produit fini diminué des charges de production à venir et des frais de commercialisation, devrait être retenue.
Sur le calcul de la dépréciation, voir n° 21785.

> **Fiscalement** Dès lors que les produits intermédiaires sont susceptibles d'être vendus en l'état, leur cours du jour doit s'entendre de leur prix de vente en l'état à la clôture (CE 17-10-2007 n° 284054). Peu importe, donc, que ces produits soient effectivement destinés à être vendus en l'état ou à être incorporés à des produits finis (sur les retraitements extra-comptables nécessaires en cas de dépréciation, voir n° 21785). En outre, comme indiqué ci-avant I., le prix de vente ne doit pas être minoré des frais de commercialisation (CGI art. 39-1-5°).

En-cours de production Pour les évaluer, la méthode à utiliser est fonction notamment des composants de la production et des différents stades d'avancement. En pratique, c'est la **valeur d'usage** qui devrait être retenue en tant que valeur d'inventaire, c'est-à-dire :
– le prix de vente du produit fini ;
– diminué des frais de distribution et des coûts d'achèvement.
Sur les travaux en cours de contrats à long terme, voir n° 10920.

21515

> **Précisions Cas particulier d'un ensemble immobilier acquis en vue de sa transformation mais sans visibilité sur l'obtention du permis de construire** Dans certains cas, la valeur d'usage devrait pouvoir s'entendre du prix de vente en l'état du bien. Tel est le cas, par exemple, lorsqu'il existe des incertitudes sur les perspectives d'un projet immobilier en cours (en l'absence de permis de construire purgé de tout recours sans visibilité sur son obtention) et tant que le projet n'est pas abandonné (voir PCG art. 214-22 sur la prise en compte des perspectives de vente dans la valeur actuelle).
Toute **moins-value latente** doit alors être immédiatement dépréciée en totalité.
Pour un exemple d'application pratique, voir n° 21788.

> **Fiscalement** Les biens qualifiés de productions en cours sont **dans tous les cas** évalués à leur prix de revient. Ils ne peuvent faire l'objet de provisions pour dépréciation (voir n° 21788).

21520 **Matières premières, approvisionnements** La valeur actuelle devrait, à notre avis, dépendre de l'existence ou non d'un marché pour cette matière première et de la destination que l'entreprise prévoit pour ces biens (ces éléments n'étant pas nécessairement destinés à être incorporés dans les produits finis, notamment en cas de négoce).

En effet, selon le PCG (art. 214-22), les perspectives de vente sont à prendre en considération pour juger des éventuelles dépréciations des stocks.

I. Si elles ne peuvent être vendues qu'une fois intégrées dans un produit fini (c'est-à-dire en l'absence de marché pour les matières premières), c'est la **valeur d'usage**, c'est-à-dire le prix de vente du produit fini diminué des frais de commercialisation et des coûts d'achèvement, qui devrait être retenue (la valeur vénale n'étant pas déterminable).

Sur le calcul de la dépréciation, voir n° 21790.

> **Fiscalement** Il devrait, à notre avis, en être de même (CE 30-12-2009 n° 304516 rendu en matière de produits intermédiaires mais, à notre avis, applicable également aux matières premières), sauf à hauteur des frais de commercialisation. Sur les retraitements extra-comptables correspondants, voir n° 21765.

II. Si elles peuvent être vendues telles quelles (avant leur entrée dans une nouvelle phase du circuit de production), la valeur actuelle à retenir pour apprécier la nécessité d'une dépréciation est différente selon la destination des stocks :
– la valeur vénale (prix de vente en l'état diminué des frais de commercialisation) est à retenir si le stock est destiné à être revendu en l'état (voir n° 21490) ;
– la valeur d'usage (prix de vente du produit fini dans lequel sont incorporées les matières premières, diminué des frais d'achèvement et des frais de commercialisation) est à retenir si le stock est destiné à être intégré dans un produit fini.

Sur les conséquences, sur le calcul de la dépréciation, de l'utilisation de la valeur d'usage, voir n° 21790.

> **Fiscalement** L'administration (BOI-BIC-PDSTK-20-20-10-20 n° 1) et le Conseil d'État (CE 21-6-2002 n° 222622 et CE 15-10-1997 n° 161620) ont une approche fiscale plus libérale que l'approche comptable (voir étude de Stéphane Verclytte, maître des requêtes au Conseil d'État, RJF 1/98, p. 2 s.). En effet, peu importe que les matières soient ou non destinées à être incorporées dans un produit fini, le cours du jour des matières premières correspond au prix auquel s'effectue normalement leur commerce à la date de l'inventaire, c'est-à-dire à leur prix de marché non diminué des frais de commercialisation. Sur les conséquences de cette divergence, identiques à celles existant pour les produits intermédiaires, voir n° 21785.

PERSPECTIVES DE VENTE

21565 **Écoulement des produits et calcul statistique d'une dépréciation forfaitaire**
L'écoulement de certains produits stockés peut être réduit (rotation faible), traduisant soit une baisse de la demande, soit une obsolescence, soit une évolution des normes de fabrication.

> **EXEMPLES**
> Tel est le cas, par exemple, des articles défraîchis, démodés ou détériorés ; des pièces détachées ou de rechange, relatives à des matériels qui ne sont plus produits ou dont la production a dû être considérablement ralentie...

Les perspectives de vente, et notamment les **taux de rotation** des marchandises (qui mesurent le nombre de fois que le stock a été renouvelé – vendu et remplacé – au cours de l'année et qui s'obtiennent en divisant le chiffre d'affaires par le stock moyen de l'exercice), constituent alors des **indices de perte de valeur** pouvant déclencher :
– le classement des stocks en stocks à rotation lente ou dormants ;
– et la réalisation d'un test de dépréciation et donc un calcul de la valeur actuelle des stocks (PCG art. 214-22).

> **Précisions** Le réapprovisionnement de certaines pièces classées en stocks à rotation lente ou dormants n'est en principe pas suffisant pour remettre en cause une dépréciation basée sur l'observation des taux de rotation, dans la mesure où il reste très limité (en ce sens, CAA Douai 16-6-2022 n° 20DA00878).

En revanche, les taux de rotation ne doivent pas, en principe, être utilisés directement dans le calcul statistique d'une dépréciation forfaitaire, une dépréciation sur stocks ne devant être constatée que si le coût d'entrée est supérieur à sa valeur actuelle. Une **dépréciation calculée à partir d'un taux de rotation observé** ne pourra être justifiée qu'à la condition qu'elle conduise à ramener le coût d'entrée des stocks à leur valeur actuelle selon une **approximation suffisante**.

Tel est le cas si le taux moyen de dépréciation est établi :
– **par catégorie homogène** (et non un pourcentage forfaitaire général, les stocks étant évalués catégorie par catégorie, voir n° 21420) ;
– et par référence à des **statistiques fiables** tirées de l'expérience de l'entreprise mettant clairement en évidence le lien entre ces catégories, le taux de dépréciation et les pertes effectives constatées lors de la vente de ces stocks.
Dans ce cas, la société devrait à notre avis :
– indiquer dans **l'annexe** les modalités de détermination de ces dépréciations ;
– et mentionner dans le **rapport de gestion** les difficultés rencontrées dans l'écoulement de ses marchandises et les évolutions prévisibles de son activité.

> **Fiscalement** Selon la jurisprudence, le principe de cette (provision pour) dépréciation est admis à condition que le **calcul statistique soit fondé sur des données précises tirées de l'expérience de l'entreprise.**
L'utilisation de statistiques est admise sous réserve qu'elle permette d'évaluer la dépréciation avec une **approximation suffisante** (CE 7-11-1975 n° 86136 ; BOI-BIC-PDSTK-20-20-10-20 n° 90 ; voir n° 48310). La **méthodologie du calcul** doit être fondée sur les **critères précis tenant à la nature des biens et à leurs conditions d'exploitation,** la seule référence au critère de la durée de rotation étant insuffisante. Les décisions favorables rendues par la jurisprudence portent, sous réserve d'une exception, sur des situations ou des calculs qui ont été effectués par l'entreprise en distinguant le niveau de dépréciation par **catégories homogènes** de produits. Ainsi, par exemple, les stocks à la clôture peuvent être évalués :
– en tenant compte de leur détérioration matérielle, de leur obsolescence ou de changements de modes, sous réserve que leur dépréciation ne soit pas déterminée exclusivement d'après leur ancienneté et qu'elle soit justifiée distinctement **pour chaque catégorie** d'éléments en cause, compte tenu des conditions d'exploitation de l'entreprise (notamment CE 8-7-2015 n° 367767 ; CE 8-7-2009 n° 305776 ; CE 17-11-2000 n° 181458 ; CE 3-2-1989 n° 57456 ; BOI-BIC-PDSTK-20-20-10-20 n° 80) ;
– par application d'une décote calculée en fonction de l'ancienneté des produits dans les stocks regroupés en différentes **catégories homogènes,** dont le niveau est déterminé avec une précision suffisante fondée sur des données tirées de l'expérience de l'entreprise et ajusté, le cas échéant, en fonction de l'utilisation effective des éléments concernés (CAA Douai 17-10-2019 n° 17DA02219). En revanche, une dépréciation globale et forfaitaire d'un stock de vêtement reposant sur l'application d'un taux unique à toutes les marchandises et ne s'appuyant sur aucun critère précis tenant à la nature des marchandises et leur ancienneté dans les stocks n'est pas déductible (CE 6-3-1989 n° 58335) ;
– par application au coût de revient de vêtements en stock de taux d'abattement différents **selon les catégories** « hommes, dames, enfants » et variant en fonction du temps écoulé depuis leur entrée dans les stocks (CE 7-11-1975 n° 86136 ; BOI-BIC-PDSTK-20-20-10-20 n° 90). Les taux de décotes retenus doivent être justifiés par des données propres à l'activité de l'entreprise (CE 3-2-1989 n° 57456), pouvant en outre tenir compte de l'évolution de la mode et des usages commerciaux de la profession (CE 18-11-1985 n° 43321).
Dans une affaire portant sur la dépréciation de stocks à rotation lente de pièces détachées détenus par une entreprise de maintenance industrielle, qui ne subissent pas d'altération physique mais une diminution de leur valeur d'usage en raison d'une obsolescence technique ou de l'évolution des besoins de la clientèle, l'entreprise a toutefois pu valablement effectuer un calcul s'appuyant sur une méthode statistique **sans avoir à distinguer les différentes catégories** de produits en raison de leur dépréciation homogène résultant de l'obsolescence technique (CAA Douai 16-6-2022 n° 20DA00878) ; à notre avis, une telle position ne peut être retenue que dans les situations où la nature des biens et leurs conditions d'exploitation sont homogènes pour l'ensemble des stocks.
Pour les entreprises de petite taille, l'administration admet qu'il ne soit pas procédé à des calculs poussés pour déterminer le montant des provisions. En revanche, elle exige des entreprises de taille importante que ce montant soit déterminé avec le maximum de précision et de fiabilité à partir des éléments réels en leur possession, dès lors qu'elles disposent d'importants moyens techniques de gestion (BOI-BIC-PDSTK-20-20-10-20 n° 90).
Pour plus de détails et d'autres exemples de (provisions pour) dépréciation de stocks admises ou non en déduction, voir BIC-VI-9450 à 10545.

C. Cas particuliers

BIENS D'OCCASION
À défaut d'indications dans le PCG, leur valeur d'inventaire nous paraît être constituée par le prix du marché net de frais de distribution et des coûts de réparation (voir n° 21490).

21615

> **Fiscalement** Les **cotations publiées** par les organismes professionnels ou les publications spécialisées dont la notoriété est établie au plan national peuvent constituer un élément d'appréciation important ; mais s'agissant de cotations moyennes, on ne saurait leur attribuer une valeur absolue,

cette seule référence étant jugée insuffisante par l'administration (BOI-BIC-PDSTK-20-20-10-20 n° 20) et la jurisprudence (pour la cote « Argus » : CE 13-7-2007 n° 289233 et 289261 ; CE 31-5-2000 n° 170118 et CE 8-1-1997 n° 153394 ; pour la cote dite « SIMO » : CE 10-2-1989 n° 73281 et CAA Lyon 2-6-2005 n° 99-2311).

Il appartient au contraire à l'entreprise de tenir compte éventuellement des circonstances de nature à conférer aux matériels à évaluer une valeur probable de réalisation supérieure à celle résultant des cotations, par exemple :
– l'état du matériel : lorsque le matériel usagé est dans un état particulièrement bon – et d'autant plus si cet état était « confirmé » par un prix d'acquisition déjà supérieur à la norme générale – ou encore lorsqu'il a fait l'objet d'importants travaux (BOI-BIC-PDSTK-20-20-10-20 n° 20) ;
– pour un revendeur de matériels d'occasion, à notre avis, les facteurs influençant les performances commerciales de l'entreprise, tels que son implantation géographique ou sa situation concurrentielle (par exemple, pour un distributeur de véhicules exerçant son activité dans une région montagneuse, le marché de l'occasion est moins porteur pour les petites voitures de ville que pour les véhicules tout terrain, type 4 × 4).

Sur la possibilité d'évaluer la provision sur la base de **données statistiques**, voir n° 48310.

Sont en revanche exclus de l'évaluation de la valeur d'inventaire les frais de commercialisation restant à engager jusqu'à la vente (voir n° 21490).

ACTIVITÉ DE MARCHAND DE BIENS

21635 Sur la distinction entre stock et immobilisation d'un immeuble acquis avec engagement de revente, voir n° 20470.

Sur l'évaluation du coût d'entrée, voir n° 21325.

À notre avis, la valeur actuelle des immeubles ou appartements doit être estimée différemment selon que l'immeuble est disponible à la vente (voir I.) ou selon que des frais restent à engager avant sa mise en vente (voir II.) :

I. L'immeuble est disponible à la vente La valeur actuelle correspond, à notre avis, à **sa valeur vénale** (voir n° 21490). C'est-à-dire, pour le marchand de biens :
– la **valeur de marché** qu'il peut espérer retirer du bien ;

> **Précisions** Dans certains cas, la **référence** aux prix pratiqués sur le marché sera difficile compte tenu de la spécificité du bien immobilier. À notre avis, pour les biens disponibles à la vente, il conviendra au moins de tenir compte du délai déjà couru avant la date d'arrêté des comptes depuis la mise en vente, ainsi que des propositions d'achat déjà reçues (mais non retenues).
> À défaut de solution satisfaisante, une **diminution forfaitaire** égale à la baisse générale du lieu (arrondissement, par exemple) où le bien est situé nous paraît préférable à la non-constitution d'une dépréciation.

> **Fiscalement** Un marchand de biens ne justifie pas avec une approximation suffisante la (provision pour) dépréciation de son stock immobilier qui est évaluée :
> – d'après une valeur locative forfaitaire, dès lors que les immeubles en cause n'ont connu, depuis leur achat, de **modification** ni **dans leur environnement** ni dans leurs **modalités d'occupation** (CE 15-5-1992 n° 66446) ;
> – d'après une valeur locative et un taux de rentabilité sans démontrer la pertinence de ces paramètres (CAA Paris 17-3-1998 n° 96-69).

– diminuée des **coûts de sortie**, à savoir :
• les coûts **directement attribuables à l'acte de vente** (frais d'actes, frais de timbre et taxes similaires…),
• **les frais de commercialisation** (honoraires des agents, commissions sur vente…).

> **Précisions** En revanche, les frais financiers de portage de l'immeuble en attendant sa vente et la charge d'impôt sur le bénéfice liée à la cession sont exclus des coûts de sortie pouvant être déduits de la valeur vénale (voir n° 26895).

II. L'immeuble est en cours de transformation La valeur actuelle correspond, à notre avis, à **sa valeur d'usage** (voir n° 21515).

a. En principe, la valeur d'usage est égale à :
– la valeur vénale de l'immeuble s'il était fini (voir I. ci-avant) ;
– diminuée des coûts d'achèvement, c'est-à-dire les coûts **restant à supporter pour pouvoir mettre l'immeuble en état d'être présenté à la vente**, à savoir :
• les **travaux de remise en état ou de rénovation** qui seront incorporables au coût de production du stock, ainsi que les éventuels frais financiers incorporables à ces coûts (dépenses de ravalement, de peinture…),
• et, **pour les biens en cours de construction ou de restructuration,** les coûts des travaux restant à effectuer, ainsi que les éventuels frais financiers afférents s'ils sont incorporables au coût de ces travaux (voir n° 21200).

Pour plus de détails sur les coûts incorporables au coût de production des stocks, voir n° 21055 s.
S'il résulte de la comparaison entre la valeur actuelle et le coût du stock **une moins-value latente,** celle-ci doit être immédiatement **dépréciée en totalité,** y compris en cas de rénovation ou de construction.

b. Toutefois, la valeur d'usage devrait pouvoir s'entendre, à notre avis, dans des cas plus rares, du **prix de vente en l'état** du bien (voir n° 21515 et 21788).

III. VALEUR À L'ARRÊTÉ DES COMPTES (VALEUR AU BILAN)

A. Règle générale d'évaluation et de comptabilisation des dépréciations

Conditions de constitution d'une dépréciation À la clôture de l'exercice, comme pour chaque actif, l'entité doit apprécier s'il existe un **indice** montrant qu'il a pu perdre de sa valeur (PCG art. 214-22 renvoyant sur art. 214-15). **21705**

> **Précisions** La probabilité de réalisation du risque lié à la perte de valeur d'usage doit s'apprécier à la clôture de chaque exercice. En conséquence, peu importe que les références ayant fait l'objet d'une provision pour dépréciation à la clôture d'un exercice ne fassent plus l'objet d'une telle provision au titre de l'exercice suivant (en ce sens, CAA Douai 16-6-2022 n° 20DA00878). Les dépréciations sont rapportées au résultat quand les raisons qui les ont motivées ont cessé d'exister (voir n° 21715).

Sur les **taux de rotation faible** constituant des indices de perte de valeur, voir n° 21565.

> **Fiscalement** Une dépréciation ne peut être fiscalement déductible que si elle présente un caractère **probable et non éventuel.** Ainsi n'est **pas admise en déduction** une (provision pour) dépréciation :
> – correspondant au risque de mévente des stocks, dès lors qu'il n'est fait état d'aucune circonstance permettant de regarder comme probables, à la clôture de l'exercice, des difficultés d'écoulement des produits fabriqués et non encore livrés (CE 3-3-1982 n° 24513 ; BOI-BIC-PROV-20-10-30 n° 60) ;
> – de pièces destinées à des véhicules dont la fabrication devait être arrêtée, dès lors qu'aucun arrêt de fabrication n'était prévu à sa date de constitution (CE 30-4-1969 n° 74863 ; BOI-BIC-PROV-20-10-30 n° 60) ;
> – uniquement fondée sur une interdiction **temporaire** de vente, qui n'affecterait ni la valeur intrinsèque des produits ni leur valeur probable de réalisation (CAA Nancy 20-1-2000 n° 97-2467).
> **Ont,** en revanche, **été jugées déductibles** des (provisions pour) dépréciations :
> – étayées par des statistiques issues des données comptables de l'entreprise attestant de l'obsolescence de semences agricoles en raison de l'apparition de nouvelles variétés plus performantes (CE 21-12-2007 n° 288099) ;
> – justifiées par la défaillance du client quasi exclusif d'un article spécifique (CE 4-11-1985 n° 46003), par un refus du client des stocks commandés ou un changement des normes obligatoires édictées par la personne morale de droit public cliente (CE 18-3-1983 n° 27832) ;
> – résultant de changements de normes européennes (fabrication, qualité, etc.) à condition que la directive ait été transposée ou que le délai de transposition accordé à l'État ait expiré (CE 9-1-1995 n° 136535).

Règle générale d'évaluation des dépréciations Lorsqu'il existe un indice de perte de valeur, un test de dépréciation est effectué : la valeur nette comptable de l'actif est comparée à sa valeur actuelle (PCG art. 214-22 renvoyant sur art. 214-15). Si la valeur actuelle (valeur d'inventaire) d'un élément de stock devient inférieure à sa valeur nette comptable, cette dernière est ramenée à la valeur actuelle par application d'une **dépréciation** (C. com. art. L 123-18, al. 2 et R 123-178-5° ; PCG art. 214-22 renvoyant à l'art. 214-5). **21707**

Sur la détermination de la valeur actuelle, voir n° 21415 s.

> **Fiscalement** **1.** Les **stocks** sont évalués au prix de revient ou au **cours du jour** de la clôture de l'exercice, si ce cours est inférieur au prix de revient (CGI art. 38-3). Sur les stocks de produits finis et marchandises, voir n° 21490 ; de produits intermédiaires, voir n° 21510 ; de matières premières et approvisionnement, voir n° 21520. Dans ce cas, l'entreprise doit constituer, à due concurrence, une (provision pour) **dépréciation** (CGI ann. III art. 38 decies ; BOI-BIC-PDSTK-20-20-10-20 n° 60). Cette provision est déductible dans les conditions prévues à l'article 39-1-5° du CGI.
> **2.** Les **productions en cours** sont évaluées à leur **prix de revient** (voir n° 21515). Elles ne peuvent donc pas faire l'objet de provisions pour dépréciation. Seule une **provision pour perte** peut être constituée, voir n° 21788.

> **Précisions** La distinction entre stocks (de marchandises, de matières premières ou d'approvisionnement) et en-cours de production est donc importante car elle permet de déterminer dans quelle mesure il est possible de déduire la perte future. D'où l'importance également de la date de transfert de stocks à en-cours de production, voir n° 22120.

21710 **Classement comptable** La **dépréciation** des stocks **ne peut être enregistrée** directement en **réduction du coût d'entrée** (principe de non-compensation). Le coût d'entrée doit être maintenu et la perte de valeur fait l'objet d'une dépréciation.

> **Précisions** Les entreprises qui ne respecteraient pas cette règle commettraient une irrégularité pour la présentation de leur bilan (Rép. Longuet : AN 21-4-1980 n° 21900, non reprise dans Bofip ; BOI-BIC-PDSTK-20-20-10-20 n° 60).

> **Fiscalement** En revanche, la possibilité de déprécier directement les stocks est admise en dépit de son irrégularité comptable (BOI-BIC-PDSTK-20-20-10-20 n° 60). Ainsi (CE 23-2-1977 n° 98252 ; CE 6-1-1984 n° 36432 et CAA Paris 22-7-1993 n° 92-485), une entreprise qui a omis d'user de la faculté de constituer une (provision pour) dépréciation de son stock ne doit pas, du seul fait de cette omission, être privée du droit, qu'elle tient de l'article 38-3 du CGI, d'évaluer son stock au cours du jour de la clôture de l'exercice, si ce cours est inférieur au prix de revient. En outre, cette dépréciation directe n'a pas à être mentionnée sur le tableau de provisions, mention dont l'omission est en principe sanctionnée par une pénalité de 5 % (TA Cergy-Pontoise 10-2-2009 n° 04-207 ; voir n° 48230). Cette faculté de constater la dépréciation par **décote directe** n'est toutefois pas admise pour les travaux en cours (BOI-BIC-PDSTK-20-20-20 n° 1).
Par ailleurs, une surévaluation des stocks due à l'utilisation d'une méthode d'évaluation irrégulière ne peut être compensée par la constitution d'une (provision pour) dépréciation des stocks, celle-ci ne répondant à aucune des conditions de déduction posées par l'article 39-1-5° du CGI (CE 20-1-1984 n° 34784).
Sur les conditions formelles de déductibilité des (provisions pour) dépréciations, voir n° 48230.

Sur le schéma de comptabilisation des dépréciations, voir n° 22160.

Sur le caractère **courant** ou **exceptionnel** de la dotation pour dépréciation, voir n° 22165.

Sur le classement comptable de la perte de valeur dans le coût d'entrée des stocks en normes IFRS, voir Mémento IFRS n° 34989.

21715 **Obligations en matière de dépréciations** Sur les sanctions en matière de (non-) constitution de dépréciations, voir n° 48220.

I. Constatation obligatoire des dépréciations Même en cas d'absence ou d'insuffisance du bénéfice, il doit être procédé aux dépréciations (et amortissements) nécessaires pour que les comptes annuels donnent une image fidèle du patrimoine, de la situation financière et du résultat de l'entreprise (C. com. art. L 123-20, al. 2 et PCG art. 214-7).

Les provisions nécessaires doivent être constituées indépendamment de leur **déductibilité fiscale**.

II. Reprise obligatoire par le résultat des dépréciations devenues sans objet Les dépréciations sont rapportées au résultat quand les raisons qui les ont motivées ont cessé d'exister (C. com. art. R 123-179, al. 6 et PCG art. 214-19).

> **Fiscalement** La provision (pour dépréciation) qui devient sans objet au cours d'un exercice doit être rapportée aux bénéfices imposables dudit exercice, sauf s'il s'agit d'une provision (pour dépréciation) dont la dotation n'a pas été déduite antérieurement.

B. Modalités d'évaluation des dépréciations

21765 **Produits finis et marchandises revendues en l'état** Une dépréciation doit être comptabilisée si la valeur actuelle (c'est-à-dire le prix de vente diminué des frais restant à supporter jusqu'à la vente, voir n° 21490) est **inférieure au coût** de production (ou d'acquisition).

> **Fiscalement** Il en est de même, selon l'article 38 decies de l'annexe III au CGI, lorsque le cours du jour à la date d'inventaire est inférieur au coût de revient à cette date. Toutefois, selon le Conseil d'État et l'administration, la dépréciation du stock peut également être constatée par décote directe (voir n° 21710). Contrairement à la comptabilité, les frais futurs de commercialisation ne minorent pas le cours du jour à retenir sur le plan fiscal (voir n° 21490). En conséquence, il y a lieu, pour la détermination du résultat, de **réintégrer** (imprimé n° 2058-A, ligne WI) tout ou partie de la (provision pour) dépréciation comptable à **concurrence** des frais de commercialisation restant à supporter à la clôture. Une déduction extra-comptable correspondante (imprimé n° 2058-A, ligne WU) doit être effectuée lors de la reprise de la (provision pour) dépréciation.

EXEMPLE

– Soit un article dont le coût de production (réalisé) est de :	100
– Les frais de distribution et de remise en état, non encore engagés à la clôture, sont de :	30

Le prix du marché à la clôture de l'exercice est de :

1er cas :	110
2e cas :	90

Il en résulte les conséquences suivantes :
– dans le **1er cas,** la dépréciation comptable est égale à : (110 – 30) – 100 = 20 ;
   > **Fiscalement** Les 20 sont à réintégrer sur l'imprimé n° 2058-A (ligne WI), les frais de commercialisation non encore engagés à la clôture étant de 30. La (provision pour) dépréciation n'est donc pas déductible.
– dans le **2e cas,** la dépréciation comptable est égale à : (90 – 30) – 100 = 40.
   > **Fiscalement** La (provision pour) dépréciation n'est déductible qu'à hauteur de 10 (= 90 – 100). Les frais de commercialisation non encore engagés à la clôture (30) doivent donc être réintégrés en totalité sur l'imprimé n° 2058-A (ligne WI).

Produits intermédiaires a. **Principe** Une dépréciation doit être comptabilisée si la valeur actuelle est **inférieure au coût** de production (ou d'acquisition). Cette valeur actuelle est différente selon la destination des produits (voir n° 21510) : 21785
– lorsqu'ils sont destinés à être vendus, ils sont évalués à la valeur vénale ;
– lorsqu'ils sont destinés à être intégrés dans le processus de production d'un produit fini, ils sont évalués à la valeur d'usage. Dans ce cas, une **dépréciation** des produits intermédiaires n'est possible que **si les produits finis auxquels ils sont incorporés sont eux-mêmes dépréciés,** c'est-à-dire si le coût de revient du produit fini (coût des stocks de produits intermédiaires augmenté des coûts d'achèvement et de commercialisation) est supérieur à son prix de vente probable.
En effet, à notre avis, la position du bulletin CNCC (n° 110, juin 1998, EC 98-13, p. 217 s.) concernant l'évaluation des matières premières (voir n° 21790) peut être étendue à l'évaluation des produits intermédiaires.

> **Fiscalement** Les modalités d'évaluation de la valeur actuelle ne suivent pas le même principe. Le tableau suivant, établi par nos soins, présente une comparaison des valeurs comptable et fiscale à retenir pour le calcul de la dépréciation, selon la destination des produits intermédiaires :

Situation	Modalités d'évaluation à la clôture	
	Sur le plan comptable	Sur le plan fiscal
Les produits intermédiaires ne peuvent être vendus en l'état (ou qu'exceptionnellement)	Valeur d'usage du produit intermédiaire : Prix de vente du produit fini diminué des frais de commercialisation et des coûts d'achèvement	Prix de vente du produit fini diminué des coûts d'achèvement mais pas des frais de commercialisation (CE 30-12-2009 n° 304516)
Les produits intermédiaires peuvent être vendus en l'état (existence d'un prix de marché)	**a. Stocks destinés à être vendus en l'état :** Valeur vénale du produit intermédiaire : Prix de vente en l'état diminué des frais de commercialisation	Prix de vente en l'état du produit intermédiaire, non diminué des frais de commercialisation (CE 17-10-2007 n° 284054)
	b. Stocks destinés à être incorporés dans le processus de production d'un produit fini : Valeur d'usage du produit intermédiaire : Prix de vente du produit fini diminué des frais de commercialisation et des coûts d'achèvement	

21785
(suite)

Le tableau ci-après, établi par nos soins, présente les conséquences des divergences entre les solutions comptable et fiscale :

Situation	Dépréciation à la clôture		Divergences
	Sur le plan comptable	Sur le plan fiscal	
Les produits intermédiaires ne peuvent être vendus en l'état (ou qu'exceptionnellement)	Dépréciation si valeur d'usage du produit intermédiaire < valeur comptable du produit intermédiaire Dépréciation = prix de vente du produit fini diminué des frais de commercialisation et des coûts d'achèvement – valeur comptable du produit intermédiaire	Dépréciation si prix de vente du produit fini diminué des coûts d'achèvement < valeur comptable du produit intermédiaire Dépréciation = prix de vente du produit fini diminué des seuls coûts d'achèvement – valeur comptable du produit intermédiaire	Réintégration (imprimé n° 2058-A, ligne WI) de la dépréciation à concurrence des frais de commercialisation restant à supporter à la clôture [1]
Il existe un prix de marché pour les produits intermédiaires et l'entreprise a l'intention de les vendre en l'état	Dépréciation si valeur vénale du produit intermédiaire < valeur comptable du produit intermédiaire Dépréciation = prix de vente du produit intermédiaire diminué des frais de commercialisation – valeur comptable du produit intermédiaire	Dépréciation si valeur vénale du produit intermédiaire (hors frais de commercialisation) < valeur comptable du produit intermédiaire Dépréciation = prix de vente du produit intermédiaire – valeur comptable du produit intermédiaire	Réintégration (imprimé n° 2058-A, ligne WI) de la dépréciation à concurrence des frais de commercialisation restant à supporter à la clôture [1]
Les produits intermédiaires peuvent être vendus en l'état mais l'intention de l'entreprise est de les intégrer dans le processus de production d'un produit fini	Dépréciation si valeur d'usage du produit intermédiaire < valeur comptable du produit intermédiaire Dépréciation = prix de vente du produit fini diminué des frais de commercialisation et des coûts d'achèvement – valeur comptable du produit intermédiaire	Dépréciation si valeur vénale du produit intermédiaire (hors frais de commercialisation) < valeur comptable du produit intermédiaire Dépréciation = prix de vente du produit intermédiaire diminué des seuls coûts d'achèvement – valeur comptable du produit intermédiaire	Si dépréciation comptable < dépréciation fiscale alors provision réglementée possible (voir ci-après) Si dépréciation comptable > dépréciation fiscale alors réintégration de la différence [1]

(1) Et déduction (ligne WU) de la reprise correspondante lors de sa comptabilisation.

b. Provision réglementée En application de la jurisprudence, la dépréciation déductible fiscalement est susceptible d'être supérieure à la dépréciation admise sur le plan comptable lorsque les produits intermédiaires sont susceptibles d'être vendus en l'état mais qu'ils sont destinés à être intégrés dans un processus de production d'un produit fini (voir tableau ci-avant). La déduction fiscale de cette dépréciation complémentaire n'est toutefois possible que si cette dernière est comptabilisée (CGI art. 39, 1-5°).

Pour ne pas perdre l'avantage conféré par la solution fiscale plus avantageuse, une dépréciation complémentaire devrait pouvoir être constituée sous la forme d'une **provision réglementée** égale à la différence entre le cours du jour à la date d'inventaire et le coût de revient des produits intermédiaires.

> **Précisions** La dépréciation fiscale complémentaire répond, à notre avis, à la définition des provisions réglementées qui s'entendent, selon le PCG, comme des provisions ne correspondant « pas à la définition d'une provision telle que définie à l'article 321-5 » du PCG mais « constituées en application de textes particuliers de niveau supérieur » (PCG art. 313-1 modifié par Règl. ANC 2018-01 du 20-4-2018 homologué par arrêté du 8-10-2018 et art. 941-14 ; voir n° 56305). Une telle provision réglementée doit bien, à notre avis, être considérée comme étant constituée en application d'une disposition légale, à savoir l'article 38, 3 du CGI.

EXEMPLE

Un négociant en vins dispose d'un stock de 100 litres de vin en fûts qu'il compte vendre en bouteilles. Au 31 décembre :
– le prix de vente des vins en bouteilles est de 50 €/litre, sachant que le coût d'embouteillage est de 4 €/litre ;
– le prix de vente des vins en vrac est de 30 €/litre ;
– le coût de revient des stocks de vins en comptabilité est de 40 €/litre.

Valeur nette comptable de ce stock	4 000 [1]
Valeur actuelle du stock	4 600 [2]
Dépréciation	–

(1) 100 litres × 40 = 4 000
(2) 100 litres × (50 – 4) = 4 600

> Fiscalement Au contraire, le stock de vin peut être évalué sur la base du vin en vrac, soit à 3 000 € (100 litres × 30 €). Une dépréciation de 1 000 € est alors fiscalement admise. Cette dépréciation exclusivement fiscale peut faire l'objet d'une provision réglementée.

En-cours de production Une dépréciation doit être comptabilisée si la valeur actuelle (voir n° 21515) est **inférieure au coût** de production. 21788

> Fiscalement Les biens qualifiés de productions en cours étant évalués au prix de revient (voir n° 21515), ils ne peuvent pas faire l'objet de provisions pour dépréciation.

En outre, en cas de marge prévisionnelle déficitaire, une provision pour contrat en perte doit être constatée pour la totalité de la perte attendue, voir n° 48290 I.

> Fiscalement La provision pour perte n'est admise en déduction qu'à concurrence de l'excédent du coût de revient des travaux exécutés sur leur prix de vente (CGI art. 39, 1-5°). Pour plus de détails, voir n° 48290 I.

EXEMPLE

Un promoteur achète un bien 100. Il compte transformer ce bien pour le revendre 250. Les coûts de production attendus s'élèveraient à 200.

À la clôture N, aucun contrat de vente n'est signé et il existe une forte présomption que les permis de construire demandés ne seront jamais obtenus (les riverains s'y opposant). Le promoteur n'a toutefois pas encore formellement pris sa décision d'abandonner le projet et souhaite mener à leur terme les actions judiciaires en cours.

À la clôture N, le coût de production comptabilisé en travaux en cours est de 160, dont :
– 100, le prix du bien immobilier à transformer ;
– 60, les coûts d'emprunt.
Le prix de revente du bien en l'état est de 100.

Sur le plan comptable, les en-cours doivent être dépréciés à hauteur de 60, soit la différence entre la VNC des stocks (160) et leur valeur actuelle qui correspond, étant donné les incertitudes sur les perspectives du projet (voir n° 21515), à la valeur vénale du bien à la clôture N (100).

Sur le plan fiscal, les en-cours ne peuvent pas être dépréciés. Une provision pour perte est déductible, à notre avis, à hauteur de 40, soit l'excédent du coût de revient des travaux réalisés (160) sur leur prix de vente (200 = 250 × 160/200).

Sur les critères à retenir pour définir la date d'enregistrement en en-cours de production, voir n° 22120.

Matières premières, approvisionnements Une dépréciation doit être comptabilisée si la valeur actuelle est **inférieure au coût** de production (ou d'acquisition). Cette valeur actuelle est différente selon la destination des produits (voir n° 21520) : 21790
– lorsqu'elles sont destinées à être vendues, elles sont évaluées à la valeur vénale ;
– lorsqu'elles sont destinées à être intégrées dans le processus de production d'un produit fini, elles sont évaluées à la valeur d'usage. Dans ce cas, selon le bulletin CNCC (n° 110, juin 1998, EC 93-13, p. 217), les matières premières ne doivent être dépréciées à la clôture de l'exercice que s'il s'avère que le coût de revient du produit fini auquel ces matières sont incorporées (coût des stocks de matières premières augmenté des coûts d'achèvement et des frais de commercialisation) est supérieur à son prix de vente probable.

> **Précisions** En effet, selon le bulletin CNCC précité :
– cette solution résulte du PCG (art. 214-22) qui prévoit que les perspectives de vente sont à prendre en considération pour juger des éventuelles dépréciations à effectuer (voir n° 21490, III) ;
– la constitution d'une dépréciation sur la base du cours du jour des matières premières alors que les produits finis ne sont pas dépréciés traduirait la comptabilisation d'un manque à gagner, ce qui n'est pas conforme aux principes comptables en vigueur.

> **Fiscalement** Les modalités d'évaluation de la valeur actuelle ne sont pas identiques (voir n° 21520). Ainsi, en application de la jurisprudence fiscale, la dépréciation déductible fiscalement peut s'avérer supérieure à la dépréciation admise sur le plan comptable lorsque les matières premières sont susceptibles d'être vendues telles quelles mais qu'elles sont destinées à être intégrées dans le processus de production d'un produit fini. Sur les solutions envisageables pour ne pas perdre l'avantage conféré par la solution fiscale plus avantageuse, voir n° 21785.

C. Cas particuliers

21840 **Contrats de vente ferme** Selon le PCG (art. 214-23), à la date de clôture de l'exercice, la valeur d'entrée est toujours retenue pour les **stocks** et **productions en cours** qui ont fait l'objet d'un contrat de vente ferme dont l'exécution interviendra ultérieurement, dès lors que le **prix de vente stipulé** couvre à la fois cette valeur et la totalité des frais restant à supporter pour la bonne exécution du contrat.

Il en est de même pour la fixation de la valeur des **approvisionnements** entrant dans la fabrication de produits qui ont fait l'objet d'un contrat de vente ferme dès lors que ces stocks d'approvisionnement ont été individualisés et que le prix de vente stipulé couvre à la fois le coût d'entrée de ces approvisionnements, les coûts de transformation et la totalité des frais restant à supporter pour la bonne exécution du contrat.

EXEMPLE
– Coût d'entrée : 100.
– Valeur de marché du stock : 98.
– Prix résultant du contrat de vente ferme : 102.
– Frais prévisionnels de vente : 1.

Bien que la valeur de marché soit inférieure au coût d'entrée, aucune dépréciation n'est à constituer, le prix « ferme » (102) étant supérieur au coût d'entrée (100) majoré des frais de vente (1).

En ce qui concerne les contrats à long terme, voir n° 10760 s.

21845 **Produits subventionnés lors de la revente**

EXEMPLE
Tel est le cas, par exemple, d'un grossiste achetant à un opérateur un téléphone mobile (livré avec les programmes spécifiques à l'opérateur) pour 200 € afin de le revendre à un prix public conseillé par l'opérateur de 50 €, et recevant une commission de 150 € au moment de la revente.

Le PCG (art. 213-6) ne traite que des subventions obtenues pour l'acquisition ou la production d'un bien, précisant qu'il n'est pas possible de réduire le coût d'achat des stocks du montant de cette subvention (voir n° 21285).
À notre avis :
– la subvention (ou commission sur vente) n'est comptabilisée au compte 75 en « Autres produits de gestion courante » qu'au moment de la revente du produit (voir n° 12055) et ne peut venir réduire le coût d'achat des stocks ;
– néanmoins, pour les besoins du calcul de la dépréciation des stocks, la valeur vénale du stock devrait être augmentée de la subvention à recevoir en cas de vente. La dépréciation constatée le cas échéant correspond ainsi uniquement à la perte réelle que devrait supporter l'entreprise en cas de vente.

> **Fiscalement** Il en est de même à notre avis si le montant de la subvention, directement liée à la commercialisation des produits stockés, peut être évalué avec précision à la date de clôture (CAA Nancy 30-4-1998 n° 94-246, arrêt rendu à propos d'aides communautaires).

21850 **Stocks acquis avec clause de réserve de propriété** Les transactions assorties d'une telle clause étant comptabilisées à la date de livraison des biens et non à celle du transfert de propriété (PCG art. 512-3), la perte de valeur constatée entre la date d'acquisition et celle de transfert de propriété doit être comptabilisée chez l'acquéreur par voie de **dépréciation** dont le montant est déterminé suivant les règles communément admises.

En effet (NI CNC n° 33, doc. n° 24), c'est l'acquéreur qui supportera l'éventuelle dépréciation des biens entre la livraison et le transfert de propriété sans diminution du prix à payer.

> **Fiscalement** La clause de réserve de propriété **est sans effet** sur les modalités de comptabilisation et d'évaluation des stocks (BOI-BIC-PDSTK-20-10 n° 100).

Vols et destructions portant sur des biens en stocks   21855

Sur la comptabilisation de la charge en résultant, voir n° 46055 et, de la démarque inconnue, voir n° 46060.
Sur la comptabilisation de l'indemnité d'assurance, voir n° 45805.

Stocks de produits contenant de l'amiante   21860

Il résulte des interdictions frappant les produits contenant de l'amiante (Décret 96-1133 du 24-12-1996) qu'ils doivent être considérés comme déchets contenant de l'amiante depuis le 1er janvier 1997 (notamment Rép. Gengenwin : AN 11-12-1996 n° 1223, non reprise dans Bofip et Rép. Bouvard : AN 20-1-1997 n° 45785).

En conséquence, une dépréciation doit être constituée sur la totalité de ces stocks encore dans l'entreprise.

> **Fiscalement** Cette (provision pour) dépréciation est déductible (Rép. précitées).

Sur la constitution d'une provision pour charges d'élimination des produits, voir n° 27965.

Stocks détenus à l'étranger (libellés en devises)   21865

I. Stocks non couverts Selon le PCG (art. 420-4) :
– la valeur en devises étrangères de stocks détenus à l'étranger est convertie en euros, en fin d'exercice, à un cours égal, pour chaque nature de marchandises, matières et produits en stocks, à la **moyenne pondérée** des **cours** pratiqués à la **date d'achat** ou d'entrée en magasin des éléments considérés. En cas de difficulté d'application de cette méthode de calcul, l'entreprise peut utiliser une autre méthode dans la mesure où elle n'est pas susceptible d'affecter sensiblement les résultats ;
– des **dépréciations** sont constituées si la valeur au jour de l'inventaire, compte tenu du cours du change de ce jour, est inférieure à la valeur d'entrée en compte.

La constitution d'une telle dépréciation entraîne une compensation entre les différences de change (contenues dans la valeur d'inventaire) et la dépréciation proprement dite des stocks.

II. Stocks couverts Il s'agit ici de la **couverture de la valeur d'inventaire d'un stock détenu à l'étranger** (couverture d'investissement net à l'étranger). Cette couverture vise à réduire l'exposition des flux futurs de trésorerie en devises liés à ce stock (prix de cession), au risque de variation de change. Dans ce cas, la valeur d'inventaire est calculée en tenant compte des variations de valeur de la couverture depuis sa qualification, que ces dernières soient enregistrées en compte d'attente ou non comptabilisées (PCG art. 628-15). Pour plus de détails, voir n° 41770.

Il ne faut pas confondre cette stratégie de couverture avec la **couverture du coût d'acquisition d'un stock acquis en devises (mais détenu en France).** Cette couverture vise à réduire l'exposition du coût d'acquisition en devises des stocks, au risque de variation de change (sur son traitement, voir n° 21005).

Stocks de matières et marchandises dont le cours fluctue   (or, blé, pétrole…)   21870

I. Stocks non couverts Lorsque la **valeur actuelle** des stocks (voir n° 21490 pour les marchandises et n° 21520 pour les matières) devient **inférieure à leur valeur comptable,** une **dépréciation** doit être comptabilisée. C'est notamment le cas si les **cours baissent** à la clôture.

En revanche, lorsque la **valeur actuelle** des stocks devient **supérieure à leur valeur comptable,** notamment en cas de hausse des cours, il n'est pas possible de revaloriser le stock (C. com. art. L 123-18).

II. Stocks couverts En cas de couverture de la valeur d'inventaire des stocks, celle-ci est calculée en tenant compte des variations de valeur de la couverture depuis sa qualification, que ces dernières soient enregistrées en compte d'attente ou non comptabilisées (PCG art. 628-15). Pour plus de détails, voir n° 41780.

Si la couverture a, dans un premier temps, été affectée à l'acquisition du stock (voir n° 21005), les variations de valeur de la couverture jusqu'à la date d'achat des stocks sont comprises dans le coût d'entrée des stocks (voir n° 21005). Seules les variations postérieures à la date d'achat sont à prendre en compte dans le calcul de dépréciation.

POSITION GLOBALE SUR MATIÈRES PREMIÈRES ET MARCHANDISES

21875 Selon le PCG, l'éventuelle dépréciation d'un stock peut être estimée sur la base d'une position globale sur matières premières ou marchandises.

En effet, la constatation d'une provision pour risque de perte latente sur certains contrats ou dérivés sur matières premières en position ouverte isolée (par exemple, en cas de couverture excédentaire, voir n° 42120) est requise uniquement lorsque l'entité est exposée à un **risque net global de perte** (PCG art. 214-22).

La position globale devrait être élaborée **matière par matière** (les « proxy » devant pouvoir, à notre avis, être inclus dans la même position).

a. Éléments retenus dans la position Elle comprend notamment (PCG art. 214-22) :
– les stocks ;
– les transactions futures matérialisées par un engagement ferme (commandes fermes) ;
– les instruments financiers à terme en position ouverte isolée.

En revanche, elle **ne comprend pas** les opérations de couverture et les éléments couverts à hauteur de la partie couverte (PCG art. 214-22).

À notre avis, sont également concernées les dettes et créances indexées sur le cours d'une matière première.

Les termes des éléments inclus dans cette position globale doivent être **compris dans le même exercice** (PCG art. 214-22).

b. Comptabilisation Une fois la perte nette globale calculée, celle-ci est provisionnée sous forme (PCG art. 214-22) :
– de dépréciation des éléments d'actifs en perte latente ;
– d'une provision pour risque pour le solde.

c. Documentation Les modalités retenues pour la détermination des dépréciations et provisions basées sur une position globale sur marchandises ou matières premières doivent être documentées (PCG art. 214-22) et données en annexe (voir n° 43335).

IV. OPÉRATIONS PARTICULIÈRES

A. Provisions réglementées relatives aux stocks

21945 En matière de stocks, le CGI (art. 39-1-5°) a prévu la possibilité de constituer des provisions destinées au renouvellement des stocks :
– la **provision pour hausse des prix** (voir n° 21965 s.) ;
– la **provision pour fluctuation des cours**, supprimée depuis 1998, a pu, dans la limite d'un certain montant, être transférée à une réserve spéciale (voir n° 56235).

D'autres provisions réglementées devraient également pouvoir être constatées **en application de la jurisprudence du Conseil d'État** (voir n° 56305).

> **EXEMPLE**
> Tel est le cas, par exemple, des provisions réglementées constituées pour permettre la déduction fiscale des dépréciations de stocks de matières premières (et produits intermédiaires) sur la base de leur prix de vente en l'état, même si les matières (ou produits intermédiaires) sont en réalité incorporées dans un produit fini largement bénéficiaire. Pour plus de détails sur cette provision réglementée, voir n° 21785 et 21790.

Ces provisions réglementées ne correspondent pas à la définition d'une provision telle que définie par le PCG (art. 321-5), mais sont comptabilisées en application d'un texte de loi de niveau supérieur. En effet, pour être admises en déduction des bases de l'impôt, ces provisions doivent avoir été effectivement constatées dans les écritures de l'exercice (CGI art. 39-1-5°). Ainsi, selon le PCG (art. 313-1 et 941-14), les provisions pour hausse de prix sont comptabilisées dans une subdivision du compte 143 « Provisions réglementées relatives aux stocks » (le compte 1431 « Hausse des prix »).

Les dotations et reprises de provisions sont portées respectivement au débit et au crédit des comptes 6873 et 7873 « Dotations aux – ou Reprises sur – provisions réglementées (stocks) ».

> **Précisions** Les provisions réglementées étant intégrées dans les capitaux propres, elles n'ont pas d'impact négatif sur les ratios liés au niveau de la situation nette (perte de la moitié du capital social, ratio d'endettement...).
> Les dotations et reprises étant classées en résultat exceptionnel, elles n'ont pas non plus d'incidence sur l'analyse des performances de l'entreprise effectuée au niveau du résultat d'exploitation ou du résultat courant.

S'agissant de **provisions purement fiscales** :
– elles ne sont **pas soumises à la règle de permanence des méthodes** comptables (prévue par C. com. art. L 123-17 et PCG art. 122-2). La provision pour hausse des prix peut donc être dotée et reprise dans le respect des textes fiscaux qui l'ont créée (PCG art. 313-1). Les changements constituent des modifications d'opportunité à indiquer dans l'annexe (voir n° 56320) ;

> **Fiscalement** L'administration ne s'est jamais prononcée sur cette faculté.

– elles doivent être **reprises pour l'établissement des comptes consolidés** (voir Mémento Comptes consolidés n° 3329 s.). Sur les conséquences en matière d'**impôts différés,** voir n° 53010 et 53015.

PROVISION POUR HAUSSE DES PRIX

Principe Lorsque, pour une matière ou un produit donné, il est constaté, au cours d'une période ne pouvant excéder deux exercices successifs, une hausse des prix supérieure à 10 %, l'entreprise est fondée à déduire une provision correspondant à la fraction de cette hausse supérieure à 10 % (CGI art. 39-1-5°, al. 11 à 14 ; pour plus de détails, voir Mémento Fiscal n° 10000 et 10005). **21965**

> **Précisions** **1. Stocks concernés** Seuls les stocks peuvent donner lieu à la constitution de PHP, à l'exclusion, par conséquent, des travaux en cours (BOI-BIC-PROV-60-30-10 n° 30).
> **2. Impact sur le résultat** La provision pour hausse de prix a pour effet de réduire l'impact positif de l'inflation sur le résultat taxable (voir n° 20815). Elle a par conséquent un impact défavorable sur le bénéfice distribuable et entraîne une diminution temporaire de la participation des salariés (la provision réduisant le résultat fiscal, la base de calcul de la participation se trouve mécaniquement diminuée).

Calcul Le montant maximal de la dotation est déterminé à la clôture de l'exercice, pour chaque matière, produit ou approvisionnement (voir n° 21985), en multipliant les quantités en stocks effectivement inventoriées à la date de la clôture (CGI ann. III art. 10 nonies, 1) par la différence entre : **21970**
– la valeur unitaire d'inventaire de la matière, du produit ou de l'approvisionnement à cette date, c'est-à-dire le prix de revient, diminué, le cas échéant, du montant de la dépréciation qui a pu être constatée par voie de provision (BOI-BIC-PROV-60-30-10 n° 180) ;
– et une somme égale à 110 % de sa valeur unitaire d'inventaire à l'ouverture de l'exercice précédent ou, si elle est inférieure, de sa valeur unitaire d'inventaire à l'ouverture de l'exercice considéré (voir n° 21980).

Lorsqu'elle est déterminée en partant de la valeur unitaire à l'ouverture de l'exercice précédent, la dotation ainsi obtenue est, le cas échéant, diminuée du montant de la dotation effectivement pratiquée à la clôture dudit exercice (CGI ann. III art. 10 nonies).

En pratique, sachant que « VN » est la valeur d'inventaire (voir n° 21415 s.) à la clôture de l'exercice N, une provision pour hausse de prix peut être constituée dans les deux cas suivants.

a. Si **VN–2 < VN–1 et VN > 110 % × VN–2,** alors la dotation de l'exercice N est au plus égale à : Quantités en stock à fin N × (VN – 110 % × VN–2) – dotation (N–1).
b. Si **VN–1 < VN–2 et VN > 110 % × VN–1,** alors la dotation de l'exercice N est au plus égale à : Quantités en stock à fin N × (VN – 110 % × VN–1).

Il n'est pas possible de choisir la solution la plus avantageuse, le critère déterminant étant la comparaison entre VN–2 et VN–1.

Plafonnement Le montant de la dotation annuelle de la provision est **plafonné à 15 millions d'euros** par période de douze mois, majoré, le cas échéant, d'une fraction égale à 10 % de la provision avant plafonnement. **21975**

> **Précisions** Pour les entreprises dont la durée moyenne de rotation des stocks, pondérée par matières et produits, est supérieure à un an, le plafond majoré dans les conditions décrites ci-avant est multiplié par cette durée moyenne exprimée en mois divisée par douze.

21980 Exemple pratique

EXEMPLE

Les modalités de calcul peuvent se résumer comme suit (pour la valeur d'inventaire d'un produit) en fonction des différentes hypothèses suivantes :

Clôture Hypothèses	N-2	N-1	N	Coefficient à retenir pour le calcul de la provision à constituer en N [1]
1	100	105	130	$130 - (100 \times 1,1) = 20$
2	100	115	130	$130 - (100 \times 1,1) = 20$
3	105	100	115	$115 - (100 \times 1,1) = 5$
4	95	105	100	Pas de provision [2]
5	100	105	110	Pas de provision [3]

[1] Le montant de la provision (avant plafonnement, voir n° 21975) s'obtient en multipliant le coefficient ainsi obtenu par la quantité de produits en stock à la clôture de l'exercice. Le montant ainsi obtenu est réduit du montant de la PHP constituée à la clôture de l'exercice précédent pour le même produit, même si les quantités étaient différentes.
[2] Pas de provision en N (car critère de hausse des prix supérieure à 10 % non rempli en N versus N-1 ou N-2).
[3] Il n'y a pas de provision à constituer : on a bien V N-2 < V N-1, mais le critère de hausse des prix supérieure à 10 % n'est pas rempli (VN = 110 % × VN-2).

21985 Détermination de la provision par matière ou par produit La provision doit en principe être déterminée par matière, produit ou approvisionnement de même nature (BOI-BIC-PROV-60-30-10 n° 90).

Toutefois, l'administration admet la constitution d'une provision pour des produits qui, **bien que quelque peu différents par nature** de ceux existant à l'ouverture de l'exercice considéré ou de l'exercice précédent, **ont des valeurs d'inventaire comparables** à celles conférées à ces derniers produits, la différence de prix constatée provenant essentiellement d'une hausse des prix (BOI-BIC-PROV-60-30-10 n° 100 s.).

> **Précisions** L'administration et la jurisprudence ont apporté des précisions sur les conditions dans lesquelles des regroupements de produits peuvent être opérés notamment pour les entreprises du secteur de la viticulture particulièrement concernées par la provision pour hausse des prix.
1. Les vins Des vins de qualités et de prix différents issus d'une même appellation d'origine, dont la part respective varie d'une année à l'autre, ne peuvent être regroupés pour la détermination de la provision (CE 24-4-2012 n° 326979). Il en est de même des vins en bouteille, obtenus notamment après assemblages, et des vins en vrac produits par un même domaine (CAA Bordeaux 3-11-2015 n° 14BX00052). En revanche, il a été admis qu'un négociant en vins regroupe différents millésimes et détermine la provision en distinguant entre vins rouges et vins blancs, selon les crus (grands crus, villages réputés, appellations contrôlées supérieures et appellations contrôlées les plus courantes) et l'origine des vins (mousseux et champagne, d'appellation d'origine contrôlée et de consommation courante) (BOI-BIC-PROV-60-30-10 n° 90 ; CAA Bordeaux 4-5-2004 n° 01-2818).
2. Les alcools Les alcools de crus ou de classes d'âge différents constituent des produits distincts pour le calcul de la provision pour hausse des prix (CAA Bordeaux 21-11-1991 n° 1440 ; CAA Nantes, 29-3-2006 n° 04-951 ; BOI-BIC-PROV-60-30-10 n° 90). Toutefois, en cas de fabrication d'une eau-de-vie résultant de l'assemblage d'eaux-de-vie de différentes classes d'âge, seul le produit final commercialisé constitue un « produit » susceptible de faire l'objet de la provision pour hausse des prix (CAA Nantes 8-6-2005 n° 02-1335).

21990 Comptabilisation de la provision S'agissant d'une provision purement fiscale, non soumise à la réglementation comptable (voir n° 21945), l'entreprise n'est pas tenue par le principe de permanence des méthodes (voir n° 8375). Les conditions de comptabilisation, de reprise et d'évaluation de la provision résultent des textes fiscaux (PCG art. 313-1 ; voir n° 56320).

> **Précisions** La PHP doit être inscrite au passif du bilan de l'entreprise sous une rubrique spéciale faisant ressortir séparément le montant des dotations de chaque exercice (CGI ann. III art. 10 decies). Cette obligation se justifie par le fait que l'époque du rapport de la provision aux

bénéfices imposables est différente pour chaque dotation. Mais, en pratique, l'administration admet qu'elle peut être satisfaite par la production d'un document annexé à la liasse fiscale détaillant le montant de la provision selon l'année de sa constitution (BOI-BIC-PROV-60-30-20 n° 20).

21995 a. Dotation L'entreprise n'est pas tenue de doter la provision maximale à laquelle elle a droit et peut même s'abstenir de la pratiquer (BOI-BIC-PROV-60-30-20 n° 30 ; voir n° 21945).

> **Précisions** En cas de **dotation partielle,** par exemple limitée à certains produits ou références, le calcul doit toutefois porter sur l'intégralité des quantités de chaque matière, produit ou approvisionnement que l'entreprise a en stock et la dotation doit être répartie entre les différents produits ou matières pour lesquels la provision a été comptabilisée (BOI-BIC-PROV-60-30-10 n° 290).

La doctrine administrative précise que, aucune disposition ne la limitant au bénéfice de chaque exercice, la PHP peut notamment :
– être opérée ou constituée, même lorsque les résultats de l'exercice avant ou après déduction, s'il y a lieu, des déficits antérieurs sont déficitaires ;
– rendre déficitaire un exercice qui, sans elle, eût été bénéficiaire (BOI-BIC-PROV-60-30-20 n° 40).

22000 b. Reprise En principe, la reprise doit intervenir au plus tard à l'expiration de la sixième année suivant la clôture de l'exercice au cours duquel la provision a été constituée sauf dans les secteurs professionnels où la durée normale de rotation des stocks est supérieure à trois ans qui sont autorisés à réintégrer leurs provisions dans un délai double de celui de la rotation normale des stocks (CGI art. 39-1-5°).

> **Précisions** Toutefois, s'agissant d'une provision purement fiscale, la provision pour hausse des prix peut être reprise de façon anticipée avant la fin de ce délai, pour quelque motif que ce soit (BOI-BIC-PROV-60-30-30 n° 10).

Le fait que la provision soit devenue sans objet (la société ayant cessé l'activité de production concernée, seule la commercialisation des produits s'étant poursuivie) n'implique pas obligatoirement sa réintégration anticipée (CE 30-12-1996 n° 160480).
En revanche, la provision pour hausse des prix doit faire l'objet d'une réintégration anticipée en cas de cession ou de cessation d'entreprise (à l'exclusion de certaines opérations de restructuration bénéficiant d'un régime de faveur), ou de cession de la totalité du stock accompagnée d'un changement d'objet ou de mode d'exploitation (CGI ann. III art. 10 duodecies). Cette reprise de provision est imposable (BOI-BIC-PROV-60-30-30 n° 10 et 20).

22005 Selon le PCG, les montants à l'ouverture et à la clôture de l'exercice ainsi que les montants dotés et repris des provisions réglementées sont détaillés par catégorie de provisions (PCG art. 833-12/1 et 841-4), ce qui signifie, en pratique, que l'information est donnée en annexe des comptes annuels :
– pour l'ensemble des provisions réglementées relatives aux stocks (compte 143) ;
– voire au niveau de la PHP si celle-ci est significative (voir n° 48700 sur la notion de « catégorie de provisions »).
Ainsi, tout changement que ce soient des reprises ou des dotations significatives au regard de l'entité doit être précisé dans l'**annexe** (voir n° 22780 et 54325).

> **Fiscalement** La PHP doit figurer sur le tableau des provisions joint à la déclaration des résultats de chaque exercice (BOI-BIC-PROV-60-30-20 n° 10).
> En outre, les entreprises ayant comptabilisé une PHP doivent fournir au service des impôts, à l'appui de la déclaration des résultats de chaque exercice, tous renseignements utiles sur son calcul (CGI ann.III art.10 terdecies, 1).

B. Incidences des réévaluations sur les stocks et en-cours

RÉÉVALUATIONS À PARTIR DE 1984

22020 En ce qui concerne les conditions générales de ces réévaluations, voir n° 56665.
En l'absence de précisions de la loi du 30 avril 1983 et du Code de commerce, à notre avis, les dotations aux amortissements (d'exploitation) sont calculées sur la base des valeurs réévaluées sans reprise concomitante de l'écart de réévaluation (voir n° 29085). En conséquence, il convient d'intégrer dans le coût des stocks le complément d'amortissement (d'exploitation) provenant de la réévaluation (à condition bien sûr que les amortissements eux-mêmes soient incorporés dans les stocks, voir n° 21120).

SECTION 3

SCHÉMAS USUELS DE COMPTABILISATION

A. Comptabilisation des stocks et en-cours

ENREGISTREMENT DES STOCKS ET EN-COURS

22120 Les stocks sont traités différemment selon que le compte « Stocks » est suivi ou non en cours d'exercice. Le PCG ne prescrit pas son suivi en comptabilité générale (intermittence de l'inventaire) mais fournit une méthode qui le permet (permanence de l'inventaire).

Enregistrement des achats consommés et de la production de l'exercice

La comptabilisation des stocks est la conséquence de celle des achats consommés de l'exercice (voir n° 15555 s.) et de la production stockée de l'exercice comprise dans les produits d'exploitation (voir n° 11935 s.). La production stockée de l'exercice est la différence entre les entrées et les sorties de stocks de l'exercice.

> **Précisions** Les entrées et sorties de stocks sont en général suivies en comptabilité (inventaire permanent, voir n° 22345). À défaut, les achats sont provisoirement considérés comme des charges de l'exercice et les stocks sont déterminés – d'une manière extra-comptable – à la clôture de l'exercice.

a. Les achats de biens d'exploitation Ils sont en principe entrés en stocks lors de leur entrée dans le patrimoine de l'entreprise (voir n° 20195 s.). Ils en sortent lors :
– de leur consommation pour la production (approvisionnements) ;

> **Précisions** Ainsi, les matières premières destinées à entrer dans la composition des produits finis, bien que la seule intention de l'entreprise à leur acquisition soit de les transformer, sont comptabilisées dans un premier temps en stocks (matières premières ou autres approvisionnements) avant d'être comptabilisées en « production en cours » lors de leur utilisation.
Sur l'entrée en en-cours de production, voir ci-après b.

– ou de leur vente (marchandises).

b. Les produits fabriqués par l'entreprise Le PCG ne fixe pas de critère précis permettant de déterminer la date d'entrée en en-cours de production (date de sortie des stocks de matières premières et/ou approvisionnements).

> **Précisions** Le classement en stocks proprement dits ou en en-cours de production a son importance car il a des conséquences sur l'évaluation fiscale à la clôture (voir n° 21515 et 21520).

À notre avis, les matières premières et approvisionnements, acquis par une société pour être transformés :
– sont transférés en productions en cours dès que la société a engagé des actions matérialisant le début du processus de production ;
– sont transférés en stocks de produits finis lorsque le processus de production est terminé ; ou en stock de matières premières ou autres approvisionnements si la société renonce à son projet de transformation.

EXEMPLE
Les immeubles acquis par une société de promotion immobilière pour être transformés ont la nature de productions en cours :
– dès lors que des demandes de permis de construire et de démolir ont été déposées et sans attendre que les autorisations aient été obtenues, que les locaux aient été libérés ou que la destruction de l'immeuble ait commencé ;
– tant que la société n'a pas renoncé à l'opération pour laquelle elle a été constituée et ce même s'il existe des incertitudes sur le projet.

> **Fiscalement** Il en est de même (CE 1-10-2018 n° 408594).

22125 Biens identiques acquis et produits Selon le PCG (art. 943), lorsqu'une entreprise « utilise concurremment et indistinctement une matière (achetée) et un produit intermédiaire ou fini (fabriqué par elle) en tous points semblables et ne se distinguant que par leur origine, elle peut n'ouvrir qu'un seul compte pour cette matière ou ce produit. Il en est de même lorsqu'une marchandise et un produit fini en tous points semblables sont destinés à la vente ».

À notre avis, en pratique, il est nécessaire de distinguer selon que l'activité de négoce ou de production est ou non marginale par rapport à l'autre.

I. Une activité (de négoce ou de production) **est marginale par rapport à l'autre** (de production ou de négoce) : la solution préconisée par le PCG peut s'appliquer.

Il est possible de regrouper les achats, ventes et stocks dans les comptes de marchandises (si l'activité de production est marginale), dans les comptes de production (si l'activité de négoce est marginale).

> **Précisions** Cette solution est utilisée, en pratique :
> — dans les sociétés coopératives de consommation : regroupement aux comptes 37, 6037, 607 et 707 pour les entreprises dont l'activité de transformation est marginale par rapport à celle de négoce ;
> — dans l'industrie laitière et de la chaussure : même si l'activité de production est prépondérante, les entreprises peuvent comptabiliser les achats de produits identiques à ceux fabriqués par l'entreprise et les achats de produits fabriqués à l'extérieur pour être commercialisés sous les marques de l'entreprise au compte 604 « Sous-traitance production » et les suivre dans les comptes de stocks respectifs.
> Ces pratiques sont issues des anciens plans comptables et guides professionnels de ces industries, désormais caducs (voir n° 3315). Elles restent toutefois, à notre avis, applicables.

II. Aucune des deux activités (négoce et production) **n'est marginale** Dans ce cas, à notre avis, il ne paraît pas souhaitable d'utiliser des comptes d'achats et de ventes identiques, la solution pouvant être la suivante :

a. Les achats sont comptabilisés dans leurs comptes respectifs.

b. La répartition du chiffre d'affaires entre « Production vendue » et « Ventes de marchandises » peut être effectuée de la manière suivante :
— déterminer la marge moyenne réalisée sur l'ensemble du produit vendu ;
— appliquer cette marge au compte « Achats de marchandises » (qui est connu) afin de déterminer le montant des « Ventes de marchandises » ;
— calculer la « Production vendue » par différence entre le total du chiffre d'affaires et les « Ventes de marchandises » préalablement déterminées.

En ce qui concerne les stocks :
— ceux figurant au bilan sont ventilés selon qu'il s'agit de matières premières, etc., ou de produits finis ;
— les « Variations de stock » du compte de résultat, en revanche, sauf si elles sont significatives, peuvent ne pas être ventilées. En effet, l'imprécision qui en résulte ne porte que sur une variation et non sur des données brutes.

> **EXEMPLE**
>
> Stock initial : 150 ; stock final : 200 ; achats de marchandises : 100 (qui, eux, sont connus) ; chiffre d'affaires : 400.
>
> La marge appliquée aux achats de marchandises nous semble pouvoir être estimée par l'entreprise (par exemple, 50 %).
>
> Le chiffre d'affaires peut donc être décomposé :
>
> | | | |
> |---|---|---|
> | — en ventes de marchandises | = 150 | (100 × 1,5) |
> | — en production vendue (par différence) | = 250 | (400 − 150) |
> | Total | = 400 | |
>
> La variation de stock (50) peut être considérée comme représentant intégralement une variation de la production stockée.

Biens stockés dont la destination finale (marchandise ou matière première) n'est pas connue

22130

Lorsque la destination finale d'un achat n'est pas connue, le classement est effectué selon l'activité principale (négoce ou production) de l'entreprise. Les changements ultérieurs d'affectation font l'objet d'un virement de compte à compte sans utilisation des comptes de produits. Dès lors, les comptes de stocks suivent les mêmes affectations.

> **Précisions** Cette solution est utilisée, en pratique, dans l'industrie et le commerce du bétail et de la viande, désormais caducs (voir n° 3315). Elle reste toutefois, à notre avis, applicable.

Il ne faut pas confondre ces biens (qui sont toujours stockés) avec des biens à destination polyvalente (qui peuvent être soit stockés, soit immobilisés, voir n° 20420).

LES STOCKS ET EN-COURS DE PRODUCTION

22135 **Distinction entre marchandises et produits finis** Voir n° 21305.

22140 **Prise en considération de la sous-activité** L'élimination de la sous-activité des stocks dépend de la méthode d'inventaire appliquée :
– en cas d'**inventaire intermittent,** la correction de la production stockée est faite lors de la valorisation de l'inventaire. Elle ne donne donc pas lieu à écritures complémentaires ;
– en cas d'**inventaire permanent** (voir n° 22345), il est nécessaire de corriger la production stockée (débit du compte 71) par le crédit des comptes de stocks ou d'en-cours concernés (comptes 33 à 35).

Sur la sous-activité en général, voir n° 18380 s.

Sur l'exclusion du coût de production de la quote-part de charges correspondant à la sous-activité, voir n° 21150.

COMPTABILISATION DES DÉPRÉCIATIONS DES STOCKS ET EN-COURS

22160 **Constatation de la dépréciation** Les dépréciations des stocks et en-cours suivent la méthode générale de constatation des dépréciations (PCG art. 943-39) :
– la **dépréciation initiale** et les **augmentations** sont inscrites au compte 6817 « Dotations aux dépréciations des actifs circulants (autres que les valeurs mobilières de placement) » par le crédit de la subdivision concernée du compte 39 ; si elles présentent un caractère exceptionnel, il est possible d'utiliser le compte 6873 « Dotations aux dépréciations » (voir n° 22165) ;
– les **diminutions** et les **annulations** sont enregistrées au compte 7817 « Reprises sur dépréciations des actifs circulants (autres que les valeurs mobilières de placement) » par le débit de la subdivision concernée du compte 39. Si elles présentent un caractère exceptionnel, il est possible d'utiliser le compte 7876 « Reprises sur dépréciations exceptionnelles » (voir n° 22165).

> **Fiscalement** La possibilité de déprécier les stocks en réduisant directement le coût d'entrée est au contraire admise en dépit de son irrégularité comptable. Pour plus de détails, voir n° 21710.

Sur la règle générale de constitution et d'évaluation de stocks à l'arrêté des comptes, voir également n° 21705 s.

Sur le classement comptable de la perte de valeur dans le coût d'entrée des stocks en normes IFRS, voir Mémento IFRS n° 34989.

Diverses méthodes de comptabilisation sont concevables, selon l'analyse qui est faite de la situation. **À notre avis** (en ce sens également, Bull. CNCC n° 61, mars 1986, EC 86-05, p. 110 s.) :
– lorsque le **stock final comprend certains éléments déjà compris dans le stock initial** (et dépréciés), la **méthode I.** ci-après (par catégories de stock) est plus logique ;
– lorsque le **stock final ne comprend pas les mêmes éléments que le stock initial,** il est plus logique de procéder selon la **méthode II.** ci-après.

> **Précisions** Le cas échéant, les deux méthodes peuvent donc être simultanément employées.

Méthode I. Suivre la méthode générale du PCG (art. 943-39) pour les dépréciations, c'est-à-dire :
– constater par voie de reprise les diminutions de dépréciation ;
– constater par voie de dotation les augmentations de dépréciation.

Cette méthode peut se concevoir par catégorie de stocks ou pour son ensemble.

EXEMPLE

Dépréciation sur :	Stock initial	Stock final	Variation
– approvisionnements	30	90	+ 60
– en-cours	10	0	– 10
– produits finis	40	30	– 10
– produits intermédiaires	20	30	+ 10
	100	150	+ 50

a. par catégorie de stocks :

	Bilan	Résultat	
	39 Dépréciations	681 Dotation exploitation	781 Reprise exploitation
À nouveau	100		
Approvisionnements	60	60	
En-cours	10		10
Produits finis	10		10
Produits intermédiaires	10	10	
	20 | 170	70	20
Solde	150		

b. pour l'ensemble des stocks :

	39 Dépréciations	681 Dotation exploitation
À nouveau	100	
Complément de dotation	50	50

Méthode II. Procéder à une annulation globale de la dépréciation sur le stock initial (par reprise de la dépréciation au compte 7817 « Reprises sur dépréciations des actifs circulants ») et constater la dépréciation du stock final (par dotation au compte 6817 « Dotations aux dépréciations des actifs circulants »).

EXEMPLE

(reprise de l'exemple précédent)	39 Dépréciations	6817 Dotation exploitation	7817 Reprise exploitation
À nouveau	100		
Annulation (stock initial)	100		100
Constatation (stock final)	150	150	
Solde	100 | 250	150	100

Caractère courant ou exceptionnel de la dotation pour dépréciation et de la reprise de dépréciation Le PCG ne fournit pas de critère à ce sujet. En général, les dépréciations ont un caractère courant. 22165

EXEMPLE

Par exemple, dépréciation résultant de variations de cours, de comparaison avec le prix du marché, des perspectives de vente, etc.

Toutefois, si l'on retient la conception du résultat courant selon le PCG (voir n° 52030 II), les dépréciations ayant une cause accidentelle (suite à incendie, inondation, pollution, etc.) devraient pouvoir être classées en résultat exceptionnel (dans un compte 687 ou 787), notamment si leur montant devient anormal par rapport aux exercices précédents. Sur les autres conceptions du résultat courant fondées sur une qualification de chaque opération, voir n° 52030 I.

B. Cas particuliers

Produits vendus par l'entreprise, remis gratuitement Voir n° 15935. 22215

Installations et matériels démontés, matières récupérées à la suite de la mise hors service de certaines immobilisations Selon le PCG (art. 212-8), le procédé de comptabilisation à adopter dépend des conditions dans lesquelles les éléments 22220 démontés ou récupérés à la suite de la mise hors service des immobilisations doivent être utilisés à nouveau.

Lorsqu'ils sont **destinés à être réutilisés** pour de nouvelles installations (par exemple : lignes électriques, canalisations, etc.), ils peuvent être simplement transférés dans un compte spécial d'**immobilisations** (PCG art. 212-8).

Dans les autres cas (vente, pièce de rechange…), les **éléments récupérés** peuvent être repris dans les stocks par le débit du compte **36 « Stocks provenant d'immobilisations »** qui fait apparaître, en cours d'exercice, les entrées en stock des éléments qui figuraient au compte 21 « Immobilisations » au début de l'exercice. En fin d'exercice, le compte 36 est soldé par le débit du compte 603 « Variation des stocks (approvisionnements et marchandises) ». Si des éléments de ce stock subsistent à cette date, ils sont inscrits dans les comptes appropriés de la classe 3 par le crédit du compte 603 (PCG art. 943-36).

> **Précisions** Bien que le PCG préconise le compte 603, l'ancien plan comptable professionnel des transports routiers (désormais caduc, voir n° 3315) proposait le compte 7135 « Variation des stocks de produits ». Ce compte nous paraît pouvoir continuer à être utilisé, notamment si l'entreprise a procédé à une remise en état des pièces récupérées.

EXEMPLES

1. Un matériel acheté 100 000 et amorti pour 80 000 est démonté. Les pièces récupérées sont vendues ou conservées pour un usage interne. Stock de ces pièces à la clôture de l'exercice : 9 000. Inventaire intermittent.

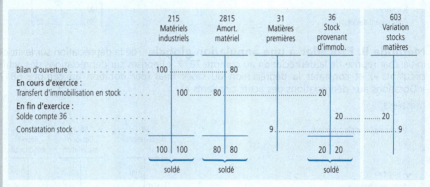

2. Une construction immobilisée initialement destinée à la location est détruite et le terrain sur lequel elle était édifiée est conservé pour accueillir un nouvel immeuble destiné à la vente. Le terrain est transféré dans un compte de stock provenant d'immobilisations.

22225 **Stocks hors magasins** En ce qui concerne les stocks dont l'entreprise est déjà propriétaire mais qui sont **en voie d'acheminement** (non encore réceptionnés) ou ont été mis **en dépôt ou en consignation,** le compte 38 peut être utilisé, dans le cadre du système de **l'inventaire permanent** (voir n° 22345) pour comptabiliser les stocks jusqu'à réception dans les magasins de l'entreprise ou dans ceux du dépositaire ou consignataire (PCG art. 943/38).

Le PCG ne donne pas d'intitulé au compte 38. Nous préconisons de l'appeler « Stocks hors magasins ».

Dès réception ils sont ventilés dans les comptes de stocks correspondant à leur nature. En fin de période, si le compte 38 n'est pas soldé, les entreprises doivent donner le détail des stocks ainsi comptabilisés (PCG art. 943/38).

22230 **Rectification du stock** Dans la pratique, la rectification du stock d'ouverture consécutive à la constatation d'une erreur commise lors de l'inventaire physique entraîne en contrepartie une charge ou un produit **non courant** (sur la présentation du compte de résultat, voir n° 8545), une information devant être fournie en annexe si son montant est significatif.

> **Précisions** Ainsi, la variation des stocks de l'exercice est calculée sur des bases homogènes.

SECTION 4 — VALEUR PROBANTE DE LA COMPTABILITÉ ET CONTRÔLE DES STOCKS ET EN-COURS

I. OBLIGATIONS EN MATIÈRE D'INVENTAIRE DES STOCKS ET EN-COURS

EN QUOI CONSISTE L'INVENTAIRE DES STOCKS ?
L'inventaire des stocks est un **état détaillé et estimatif** des stocks et en-cours permettant de rapprocher les soldes comptables des stocks de leur réalité physique.
La législation commerciale ne fournit aucune précision sur les modalités de l'inventaire des stocks. Cet inventaire **extra-comptable** comporte les deux opérations suivantes :
– l'établissement de la **liste complète,** par groupe de marchandises, matières et produits correspondant à la classification des comptes, des divers éléments composant les stocks ;
– l'**évaluation des existants réels** ainsi constatés.

22330

> **Fiscalement**   Il en est de même : l'inventaire matériel consiste en un recensement et une évaluation des éléments en stock à la clôture de l'exercice (BOI-BIC-PDSTK-20-10 n° 310).

En pratique, la liste des stocks peut comporter le **lieu géographique,** la **référence,** la **quantité** et le **prix de valorisation.** En revanche, les entreprises ne sont pas tenues d'indiquer sur ces documents d'inventaire les noms des fournisseurs ou les références aux factures d'achat correspondantes.

> **Fiscalement**   Ce document doit énumérer autant d'articles qu'il existe de produits de caractéristiques différentes en raison de leur nature, de leurs dimensions, de leur marque, de leur prix unitaire (BOI-BIC-PDSTK-20-10 n° 310).
> L'inventaire doit être présenté à toute réquisition de l'administration (CGI art. 54).

En ce qui concerne la **conservation** de cet état détaillé, elle suit, à notre avis, le même traitement que les autres pièces justificatives, voir n° 7445 s.
Sur les **instructions d'inventaire,** voir n° 22365.

MODALITÉS PRATIQUES D'INVENTAIRE
Il n'existe aucune prescription formelle concernant les méthodes selon lesquelles stocks et productions en cours doivent être suivis. La tenue d'un inventaire permanent n'est pas obligatoire, seul l'établissement d'un **inventaire** annuel est imposé (C. com. art. L 123-12, al. 2). « Toute personne physique ou morale ayant la qualité de commerçant doit contrôler par inventaire, **au moins une fois tous les douze mois, l'existence** et la **valeur** des éléments actifs et passifs du patrimoine de l'entreprise ».
En conséquence, dans le cas particulier où un **exercice dure plus de 12 mois,** il convient d'effectuer deux inventaires, l'un au cours des 12 premiers mois, l'autre à la date de clôture de l'exercice (Bull. CNCC n° 57, mars 1985, EC 84-57, p. 147 s.).
Les méthodes d'inventaire à retenir sont celles détaillées aux n° 22335 s. mais elles doivent être appliquées deux fois, l'une sur une période de 12 mois et l'autre sur la période complémentaire.
En pratique, il convient de distinguer selon que l'entreprise s'est dotée d'un inventaire permanent (voir n° 22345) ou non (voir n° 22340).

22335

En l'absence d'inventaire permanent   Dans ce cas, un **inventaire physique** annuel doit impérativement être réalisé à la **date de clôture** de l'exercice.
Toutefois, les usages ont admis que l'inventaire puisse être fait **quelques jours avant ou après,** dans la mesure où l'inventaire à **la date de clôture** peut être rétabli à partir de celui qui a été effectué.

22340

> **Fiscalement** Il en est de même. L'administration a précisé que l'inventaire doit normalement être réalisé à la clôture de l'exercice. Elle admet toutefois, pour les entreprises qui arrêtent leur exercice le 31 décembre et qui éprouvent de sérieuses difficultés pour recenser les stocks existant à cette date en raison de la grande activité commerciale de fin d'année, que l'inventaire soit établi à une date antérieure au 31 décembre, sous réserve que cette date soit relativement proche de la clôture de l'exercice. L'entreprise doit alors corriger quotidiennement, jusqu'à la date de clôture, les quantités recensées, en les diminuant des marchandises vendues et en les augmentant des marchandises achetées (BOI-BIC-PDSTK-20-10 n° 310).

22345 S'il existe un inventaire permanent Selon le bulletin CNCC (n° 83, septembre 1991, CD 91-03, p. 395 s.), un inventaire comptable permanent :

I. Constitue un inventaire En effet, chaque année, les entreprises doivent (voir n° 7695) effectuer un inventaire, c'est-à-dire un relevé de tous les éléments d'actif et de passif au regard desquels sont mentionnées la quantité et la valeur de chacun d'eux à la date d'inventaire.

Le PCG 1982 (p. I.34) définissait l'inventaire comptable permanent comme une « organisation des comptes de stocks qui, par l'enregistrement des mouvements, permet de connaître de façon constante, en cours d'exercice, les existants chiffrés en quantités et en valeurs ».

Le bulletin CNCC en a donc déduit que l'inventaire comptable permanent constitue ce relevé d'inventaire, à condition, bien entendu, qu'il soit fiable.

Même si la définition de l'inventaire permanent n'a pas été reprise dans le PCG en l'absence de nouvelle définition proposée par les organismes compétents et dans la logique de la réécriture du PCG à droit constant (voir n° 3075), il nous paraît toujours possible et utile de continuer à se référer au PCG 1982.

II. Est considéré comme fiable (Bull. précité) **s'il permet** notamment :
– d'une part, de s'assurer de l'existence et de l'appartenance des stocks ;
– d'autre part, de détecter leur qualité et leur degré de rotation.

III. S'il est fiable, permet de choisir une (ou plusieurs) date(s) d'inventaire physique En effet l'entreprise peut alors effectuer :
– soit un **inventaire physique annuel complet,** au choix, à la date de clôture ou à une date antérieure. Toutefois (Bull. CNCC, n° 68, décembre 1987, EC 87-59, p. 489), un écart maximum de 2 à 3 mois est souhaitable entre la prise d'inventaire et la clôture pour que l'inventaire soit fiable en fin d'exercice ;

> **Fiscalement** Le Conseil d'État (CE 26-7-1991 n° 112906) a **aligné les solutions fiscales sur les règles comptables, ainsi que sur la pratique,** en acceptant qu'un grand magasin, tenant un inventaire permanent, réalise son inventaire physique annuel deux mois avant la clôture de l'exercice, **dès lors que l'organisation comptable assure la fiabilité du stock** de fin d'exercice.

– soit des **inventaires physiques tournants** qui consistent à confronter pendant l'exercice des quantités d'un certain nombre d'articles figurant sur les fiches de stocks avec les quantités réelles, de manière à ce que chaque type d'articles soit contrôlé au moins une fois par année.

IV. S'il est fiable, permet de ne pas inventorier la totalité des articles au cours d'un exercice à condition d'utiliser des méthodes statistiques fiables Cette réduction de l'inventaire physique n'est possible (Bull. CNCC n° 83 précité) qu'en cas d'utilisation d'une méthode rigoureuse et fiable permettant, notamment, au moyen des lois de probabilité utilisées en statistiques, de mesurer le risque d'échantillonnage.

> **Précisions** Le bulletin CNCC précité souligne qu'il appartient au **commissaire aux comptes** d'apprécier non seulement le fonctionnement de l'inventaire permanent, mais également les modalités d'application de cette méthode d'échantillonnage statistique, notamment pour ce qui concerne :
> – la définition de la (ou des) population(s) (fichier de référence exhaustif) ;
> – la détermination de la taille de l'échantillon ;
> – la définition de l'erreur comptable, sur un plan à la fois quantitatif et monétaire ;
> – le degré de confiance requis.

22365 Instructions d'inventaire Des mesures préalables doivent être prises pour assurer une **prise d'inventaire physique correcte.**

Les **instructions d'inventaire** (établies notamment à l'aide de la Rec. OEC, Révision contractuelle n° 22.02, mise en révision) précisent en particulier :
– le but de l'inventaire physique, son importance, sa date ;

– la désignation des départements où l'inventaire aura lieu ;
– les stocks à inventorier et ceux qui ne le seront pas ; parmi ces derniers figurent, par exemple, les articles qui ont fait l'objet des comptages tournants pendant l'exercice, les articles de faible valeur qui sont imputés aux comptes de frais lors de leur acquisition ;

> **Précisions**   En outre, la **réglementation fiscale** impose un recensement effectif de tous les articles en fin d'exercice (voir n° 22330).

– les noms des personnes affectées à l'inventaire et leurs responsabilités respectives ;
– la nature des imprimés et leur utilisation (il est particulièrement recommandé de procéder à une prénumérotation des imprimés afin de s'assurer que tous seront restitués) ;
– les méthodes de comptage et d'enregistrement des quantités (un double comptage, effectué par des personnes différentes et vérifié en cas de divergence, est particulièrement utile ; en outre une progression géographique permet d'éviter les risques d'oubli d'une partie des stocks) ;
– les vérifications à opérer pour détecter les omissions et déterminer si tous les articles inventoriés ont bien été collationnés sur les listes d'inventaire ;
– les précautions à prendre pour maintenir immédiatement, avant et après l'inventaire, la correspondance entre les entrées et les sorties et la comptabilisation des mouvements ;
– la nécessité d'indiquer, sur les imprimés d'inventaire, les articles qui paraissent usagés, anciens ou à rotation lente, en précisant, par exemple, la date d'entrée ou de fabrication.

> **Précisions**   **Méthode du double comptage à l'aide de tickets** Parmi les procédures d'inventaire qui peuvent être recommandées, citons la **méthode du double comptage à l'aide de tickets**. La préparation de l'inventaire se fait en disposant sur chaque type de produits un ticket prénuméroté à trois volets (chaque volet étant prénuméroté). Une première équipe de comptage inscrit sur le volet 2 le numéro de l'article, sa description et son emplacement et, sur le volet 3, la quantité comptée ; elle détache le volet 3.
> La seconde équipe de comptage vérifie les indications portées sur le volet 2, inscrit la quantité comptée et le détache. Le volet 1 reste avec le stock.
> Tous les tickets émis ayant été restitués, les volets 3 et 2 sont comparés ; si des différences apparaissent, il est procédé à un comptage de contrôle.

EXEMPLE

Exemple de ticket à trois volets :

1		
		n° 1214

2		
	Deuxième comptage	n° 1214
Produit :		
Référence :		
Désignation :		
Quantité :		
Équipe de comptage :		

3		
	Premier comptage	n° 1214
Quantité :		
Équipe de comptage :		

D'autres précautions nous paraissent importantes pour la **préparation de l'inventaire** :
– les services de réception ou de livraison doivent, dans la mesure du possible, ne plus détenir de marchandises ; les documents d'expédition et de réception élaborés dans les jours qui suivent ou précèdent la prise d'inventaire doivent permettre à la comptabilité d'assurer une bonne séparation des exercices au niveau des opérations ;
– lorsque les activités de production se poursuivent pendant l'inventaire, des précautions particulières sont prises afin de ne pas compter deux fois ou d'omettre de compter un produit.
Après la prise d'inventaire, il faut s'assurer que toutes les feuilles d'inventaire distribuées ont été renvoyées.

Si des documents d'**inventaire permanent** sont tenus, les principales différences doivent être soigneusement examinées et expliquées. Les ajustements apportés à l'inventaire permanent doivent faire l'objet d'une autorisation par un responsable habilité.

II. DÉTERMINATION PRATIQUE DES COÛTS COMPTABILITÉ ANALYTIQUE

UTILITÉ DE LA COMPTABILITÉ ANALYTIQUE

22435 **Absence de réglementation** Il n'existe pas de texte d'application générale rendant obligatoire la tenue d'une comptabilité analytique. En effet, le Code de commerce ne fait aucune référence à la comptabilité analytique. En outre, le PCG n'a pas retenu les dispositions du PCG 82 consacrées à la comptabilité analytique en raison de son caractère facultatif (l'arrêté du 27-4-1982 portant approbation du PCG 82 ne se référant qu'à la comptabilité générale).

Cependant, la comptabilité analytique reste souvent indispensable à la détermination pratique des coûts.

Selon le PCG 82 (p. III.7), elle constitue la technique normale de détermination des coûts.

Ainsi, tant que les organismes compétents ne se seront pas prononcés sur son sort, il convient, à notre avis, de continuer à se référer au PCG 82 (voir nº 3075).

> **Fiscalement** Aucune disposition du CGI n'oblige les entreprises à tenir une comptabilité analytique. Ainsi, le caractère incomplet d'une comptabilité analytique ne suffit pas à démontrer le défaut de sincérité de la comptabilité (CE 27-5-1988 nº 47504). Toutefois, en cas de vérification de comptabilité, les entreprises qui tiennent une comptabilité analytique et qui répondent à certains critères financiers ont l'obligation de la présenter aux agents de l'administration (LPF art. L 13), sous peine d'une amende de 20 000 € (CGI art. 1729 E). Pour plus de détails, voir Mémento Fiscal nº 78138.

Mais l'absence de tenue d'une comptabilité analytique ou de systèmes d'organisation proches **n'est pas sans conséquences comptables et fiscales** (indépendamment de son incidence sur la gestion de l'entreprise).

I. Conséquences communes à toutes les entreprises Cette absence :

a. Implique, pour l'évaluation des **stocks, l'utilisation de méthodes exceptionnelles** (voir nº 20780).

b. Rend **impossible** l'inscription à l'actif de certaines dépenses, qui n'est possible que sous certaines conditions. Tel est le cas pour :
– les coûts de développement (lorsque l'entreprise opte pour leur comptabilisation à l'actif, voir nº 30840 s.) ;
– les logiciels créés par l'entreprise (voir nº 30400).

c. Peut entraîner des **risques de redressement fiscal,** en cas d'utilisation de la comptabilité analytique à titre de pièces justificatives (voir nº 20780).

d. Peut, en matière de **TVA, empêcher** de bénéficier de **certaines opportunités** :
– régime de la démarque inconnue pour les entreprises du « commerce organisé » ; impossibilité pour l'administration de remettre en cause le taux de démarque retenu (voir nº 46060) ;
– création de secteurs distincts d'activité : tenue d'une comptabilité séparée (CE 4-1-1974 nº 87555 et 28-4-1976 nº 94471).

II. Conséquences sur la réalisation de certaines opérations Elles concernent :

a. Les contrats à long terme (voir nº 10815).

b. Les marchés publics Selon l'article L 2196-6 du Code de la commande publique, les entreprises titulaires de marchés publics peuvent être assujetties à présenter une **comptabilité analytique d'exploitation** et tous documents de nature à permettre l'établissement des coûts de revient.

> **Précisions** Dans le domaine aéronautique et spatial et les domaines des télécommunications (Arrêté du 20-12-2000 ; JO du 29-12-2000, p. 20806), **l'entreprise atteste par écrit** de l'exactitude du descriptif, de l'unicité du système comptable de l'entreprise et de ses méthodes d'enregistrement des coûts et de suivi comptable des affaires vis-à-vis de tous ses clients, de leur utilisation effective et de leur fiabilité.

Dans le cas d'utilisation d'éléments de coûts

préétablis, l'arrêté (art. 4) prévoit que le système adopté doit permettre d'analyser les écarts et de les réincorporer, s'ils sont jugés significatifs **par un avis des commissaires aux comptes**, en vue de déterminer les coûts de revient constatés.

NOTIONS SOMMAIRES DE COMPTABILITÉ ANALYTIQUE (PCG 82)

Définition « La comptabilité analytique d'exploitation est un mode de traitement des données dont les objectifs essentiels sont : 22440

a. d'une part :
– **connaître les coûts des différentes fonctions** assumées par l'entreprise,
– **déterminer les bases d'évaluation de certains éléments du bilan,**
– **expliquer les résultats** en calculant les coûts des produits (biens et services) pour les comparer aux prix de vente correspondants ;

b. d'autre part :
– **établir des prévisions** de charges et de produits (coûts préétablis et budgets d'exploitation, par exemple),
– **en constater la réalisation** et expliquer les écarts qui en résultent (contrôle des coûts et budgets).

D'une manière générale, elle doit **fournir tous les éléments de nature à éclairer les prises de décision.** Elle apporte son concours dans l'application de méthodes mathématiques telles que la recherche opérationnelle ».

Esprit du « plan comptable analytique » Ses dispositions sont constituées par « un **éventail de solutions** entre lesquelles l'entreprise peut opérer des choix et des combinaisons en fonction de ses particularités. Pour faciliter ces choix, l'éventail des solutions est présenté dans un **cadre général**, adaptable à toutes les entreprises quels que soient leur dimension, leur dispersion géographique, leur structure organique, leur branche professionnelle et leur degré d'intégration. Ce cadre général est donc un système ouvert à partir duquel peut être établi un **plan de comptabilité analytique** en retenant les solutions les mieux appropriées pour répondre aux besoins d'information exprimés par les responsables de l'entreprise ». 22445

Cet éventail de solutions concerne tout particulièrement :
– les différentes liaisons possibles entre la comptabilité analytique et la comptabilité générale (voir n° 22490) ;
– le choix entre comptabilité analytique intégrée et comptabilité analytique autonome ;
– le choix entre les coûts à calculer (voir n° 22470 s.) ;
– le choix dans la manière d'exercer le contrôle de gestion ;
– le choix entre les éléments d'analyse économique.

Terminologie Parmi les nombreux termes utilisés dans le PCG, les principaux à retenir nous paraissent être les suivants : 22465

a. Le prix est l'expression monétaire de la valeur d'une transaction ; ce terme s'applique uniquement aux relations de l'entreprise avec le milieu extérieur (prix de vente, prix d'achat) (PCG 82 p. III.8).

b. L'expression « produit courant » caractérise à l'issue du cycle d'exploitation la contrevaleur monétaire des biens et services créés par l'entreprise (ou des marchandises revendues en l'état) : « prix de vente » des biens et services vendus aux clients, valeur appropriée pour les biens et les services créés par l'entreprise elle-même (PCG 82 p. III.8).

c. Le terme « produit » désigne les biens et services créés par l'entreprise, le qualificatif ajouté précisant les stades d'élaboration ; par exemple « produits intermédiaires » (achevés en attente d'un stade ultérieur), produits finis (à vendre), produits vendus, etc. (PCG 82 p. III.8).

d. Le « coût » est l'accumulation des charges sur un produit. Il peut être déterminé aux différents stades de l'élaboration du produit : coût du produit approvisionné, coût du produit fabriqué, coût du produit distribué (ce dernier étant appelé **coût de revient** » et non plus par le terme traditionnel « prix de revient ») (PCG 82 p. III.8).

> **Précisions** D'une façon générale, chaque type de coût se caractérise par trois caractéristiques indépendantes les unes des autres (PCG 82 p. III.9) :
– son **champ d'application** : coût par fonction économique (production, distribution, administration), coût par moyen d'exploitation (magasin, usine), coût par activité d'exploitation (famille de produits), coût par responsabilité (directeur commercial, directeur technique, etc.) ;
– son **contenu** : « coût complet traditionnel » incorporant sans modification toutes les charges de la comptabilité générale, « coût complet économique » (après ajustement de certaines charges

22465
(suite)

en vue d'une meilleure expression économique), « coût variable » (incorporant les charges qui varient avec la production et la vente), « coût direct » (incorporant seulement les charges directes) ;
– le **moment du calcul** : « coûts constatés » (encore appelés « coûts réels » ou « coûts historiques »), « coûts préétablis » (désignés selon les cas par les termes : « coûts standards », « devis », « budget de charges », « coûts prévisionnels »). La comparaison entre coûts préétablis et coûts constatés fait apparaître des écarts.

Le choix des coûts à calculer résulte de plusieurs contraintes : nature de l'activité, mode de gestion, contraintes contractuelles, réglementaires ou budgétaires, etc.

e. Une « **charge** » est un élément de coût introduit dans le réseau d'analyse d'exploitation (PCG 82 p. I.22). En fonction des objectifs de gestion, on distingue :
– les « charges **incorporables** » et les « charges **non incorporables** », selon que leur incorporation aux coûts est, ou non, jugée raisonnable par le chef d'entreprise (PCG 82 p. I.23) ;
– les « charges **directes** », qu'il est possible d'affecter immédiatement, sans calcul intermédiaire, au coût d'un produit déterminé, et les « charges **indirectes** », qui nécessitent un calcul intermédiaire pour être imputées au coût d'un produit déterminé (PCG 82 p. I.23) ;
– les « charges de **structure** », liées à l'existence de l'entreprise et correspondant, pour chaque période de calcul, à une capacité de production donnée (elles sont relativement « **fixes** » lorsque le niveau d'activité évolue peu), et les « charges **opérationnelles** », liées au fonctionnement de l'entreprise (elles sont, le plus généralement, « **variables** » avec le volume d'activité, sans que cette variation lui soit nécessairement proportionnelle) (PCG 82 p. I.23 et I.24) ;
– les « charges **calculées** ».

> **Précisions** Leur montant est évalué selon des critères appropriés :
> **1.** Charges de « substitution » dont le critère d'évaluation peut être différent des charges correspondantes de comptabilité générale :
> – « valeur de remplacement matière » lorsqu'elle se substitue à « prix d'achat matières »,
> – « charges d'usage » lorsqu'elles se substituent à « amortissements »,
> – « charges étalées » lorsqu'elles se substituent à « provisions ».
> **2.** Charges « supplétives » qui ne figurent pas en comptabilité générale :
> – « rémunération conventionnelle du travail non rémunéré en tant que tel »,
> – « rémunération conventionnelle des capitaux propres » (PCG 82 p. I.22).

f. Le **centre d'analyse** est une division de l'unité comptable (ensemble ou division de l'entreprise) où sont analysés des éléments de charges « indirectes » préalablement à leur imputation aux comptes de coûts des produits intéressés. Les opérations d'analyse comprennent :
– l'affectation des charges qui peuvent être directement rattachées au centre ;
– la répartition entre les centres des autres charges qu'ils doivent prendre en compte ;
– la cession de prestations entre centres.
Au terme de ces opérations, le coût de chaque centre d'analyse peut être imputé au compte du coût à l'aide d'une « unité d'œuvre ». Les centres d'analyse comprennent les centres de travail et les sections (PCG 82 p. I.21).
La comptabilité analytique du PCG 82 propose – à titre indicatif – un classement fonctionnel des centres d'analyse.

g. Le **centre de travail** est un « centre d'analyse correspondant à une division de l'organigramme de l'entreprise telle que bureau, service, atelier, magasin. On classe généralement du point de vue comptable les centres de travail en « centres opérationnels » et « centres de structure » ».
« Les centres opérationnels peuvent eux-mêmes être distingués en « centres principaux » et « centres auxiliaires ». Un centre de travail peut comprendre plusieurs sections » (PCG 82 p. I.22).

h. Une **section** est une « subdivision ouverte à l'intérieur d'un centre de travail lorsque la précision recherchée dans le calcul des coûts de produits conduit à effectuer l'imputation d'un coût d'un centre de travail au moyen de plusieurs unités d'œuvre (et non d'une seule) ».
« Une section ouverte en dehors des centres de travail avec pour seul objectif de faciliter des opérations de répartition, de cession entre centres d'analyse ou d'imputation est dite « fictive » ou de « calcul » ».
« Les sections sont couramment appelées « homogènes » du fait de l'homogénéité des charges qui les constituent par rapport au mode d'imputation choisi » (PCG 82 p. I.40).

i. L'**unité d'œuvre** est l'« unité d'imputation du coût d'un centre d'analyse aux comptes de coûts de produits » (PCG 82 p. I.43).

Choix entre les coûts à calculer La comptabilité analytique du PCG 82 ne présente pas de conceptions nouvelles mais **recense l'ensemble des conceptions possibles** : coûts complets ou partiels, coûts constatés ou préétablis. La méthode des coûts complets n'est plus présentée comme la méthode de base, mais comme l'une des méthodes susceptibles d'être appliquées par l'entreprise en fonction de la nature de son activité et de son mode de gestion.

22470

Le calcul des coûts est indispensable au contrôle de gestion et à l'analyse économique. Selon les buts poursuivis dans ces deux domaines, les coûts seront :
– des **coûts complets** : l'analyse comptable de l'ensemble des charges est poursuivie jusque dans ses détails, notamment dans le calcul des coûts des produits vendus ou des commandes exécutées (voir n° 22475) ;
– des **coûts partiels** : l'analyse comptable de l'ensemble des charges n'est menée en détail qu'au niveau jugé utile et le reste des charges est traité en sous-ensembles (voir n° 22480).

> **Précisions** Dans chacune de ces méthodes, les valeurs numériques qui constituent l'information peuvent être :
> – **constatées** par des inscriptions comptables et des calculs effectués postérieurement aux faits qui leur ont donné naissance ;
> – **préétablies** par des calculs fondés sur des hypothèses, en utilisant un mode de calcul identique à celui qui permettra ultérieurement la constatation d'écarts (les différences entre valeurs préétablies et valeurs constatées constituant des écarts).

Coûts complets (constatés ou préétablis) Ils peuvent être obtenus :
– en incorporant, sans modification, toutes les charges de la comptabilité générale : c'est le **coût complet** traditionnel ;
– en incorporant les mêmes charges, mais après ajustement de certaines d'entre elles ou ajout en vue d'une meilleure expression économique : c'est le **coût complet avec différences d'incorporation,** ou **coût complet économique.**

22475

Dans le calcul d'un coût « complet », la totalité des charges indirectes est analysée :
– celles qui ne sont pas affectées directement aux centres d'analyse sont « réparties » entre ces centres selon une « **clé de répartition** » ;
– puis, après cession éventuelle de prestations entre centres dont certaines font l'objet d'une répartition, elles sont « imputées » aux coûts recherchés selon une **clé d'imputation**.

Coûts partiels (constatés ou préétablis) La comptabilité analytique du PCG 82 (p. III.9) présente deux catégories de coûts partiels : le coût variable et le coût direct.

22480

La comparaison entre un prix de vente et un coût partiel ne peut aboutir à un « résultat » (perte ou profit) puisqu'une partie des charges n'a pas été prise en considération, mais à une « **marge** ».

a. Coût variable Un coût variable (de produit, de commande, d'activité) est constitué par les seules charges qui varient avec le volume d'activité de l'entreprise, sans qu'il y ait nécessairement exacte proportionnalité entre variation des charges et variation du volume des produits obtenus (méthode du direct costing).

La différence entre le total des charges de l'entreprise et les charges variables forme une masse constituant les « charges de structure », souvent considérées comme « fixes » pour une période de temps relativement courte, un exercice comptable par exemple (il va de soi que, sur une longue période, toutes les charges sont variables).

Dans cette méthode, le coût est formé des seules charges qui varient avec les quantités produites. On ne recherche pas la rentabilité nette des différents produits ou activités, se contentant de dégager une marge quelles que soient les charges de structure qui pourraient être effectivement appliquées au coût des produits.

Cette marge est toutefois d'une grande utilité pour le calcul du seuil de rentabilité (point mort).

b. Coût direct Un coût « direct » est constitué :
– des charges qui lui sont directement affectées ; ce sont le plus généralement des charges « opérationnelles » (ou « variables ») ;
– des charges qui peuvent être rattachées à ce coût sans ambiguïté, même si elles transitent par les centres d'analyse ; certaines sont « opérationnelles » (ou « variables »), d'autres sont « de structure » (ou « fixes »).

Dans cette méthode, on incorpore au coût les charges opérationnelles et de structure le concernant. La marge dégagée contribue à couvrir les charges et les coûts communs à toutes les activités de l'entreprise.

22485 Liste des comptes analytiques d'exploitation (classe 9) Le PCG 82 distingue :

- 90. **Comptes réfléchis**
    - 903. Stocks et provisions pour dépréciation des stocks réfléchis
    - 904. Achats réfléchis
    - 905. Charges réfléchies
    - 906. Dotations réfléchies
    - 907. Produits réfléchis
- 91. **Reclassement préalable des charges et des produits de la comptabilité générale**
    - 910 à 918. Reclassement préalable des charges de la comptabilité générale (pour attribution selon les besoins de l'entreprise)
    - 919. Reclassement préalable des produits d'exploitation : Produits de la comptabilité générale reclassés
- 92. **Centres d'analyse** (centres de travail et sections)
    - 920. Centres d'administration
    - 921. Centres de financement
    - 922. Centres de gestion du personnel
    - 923. Centres de gestion des moyens matériels
    - 924. Centres de prestations connexes
    - 925. Centres d'approvisionnement
    - 926. Centres d'étude technique et de recherche
    - 927. Centres de production
    - 928. Centres de distribution
    - 929. Autres frais à couvrir
- 93. **Coûts des produits stockés**
    - 930 à 939. (pour attribution selon les besoins de l'entreprise)
- 94. **Stocks**
    - 940. Marchandises
    - 941. Matières premières (et fournitures)
    - 942. Autres approvisionnements (matières et fournitures consommables, emballages commerciaux)
    - 943. Production de biens en cours
    - 944. Production de services en cours
    - 945. Produits (intermédiaires, finis)
    - 949. Provisions pour dépréciation des stocks et des en-cours
- 95. **Coûts des produits vendus**
    - 951 à 959. (pour attribution selon les besoins de l'entreprise)
- 96. **Écarts sur coûts préétablis**
- 97. **Différences de traitement comptable**
    - **Différences d'incorporation**
    - 970. Différences d'incorporation sur matières
    - 971. Différences d'incorporation sur amortissements et provisions
    - 972. Différences d'incorporation pour éléments supplétifs
    - 973. Différences d'incorporation sur autres charges de la comptabilité générale
    - 977. Différences d'incorporation sur produits de la comptabilité générale
    - **Différences d'inventaire, de cession et d'imputation**
    - 974. Différences d'inventaire constatées
    - 975. Différences sur coûts et taux de cession
    - 976. Différences sur niveau d'activité
    - 978 et 979. (à utiliser suivant les besoins de l'entreprise)
- 98. **Résultats de la comptabilité analytique**
    - 980 à 989. (pour attribution selon les besoins de l'entreprise)
- 99. **Liaisons internes**
    - 991. Liaisons internes propres à un même établissement
    - 996. Cessions reçues d'autres établissements
    - 997. Cessions fournies à d'autres établissements

Liaison comptabilité analytique – comptabilité générale La comptabilité analytique permet le calcul d'un certain nombre d'éléments d'actif (stocks, production en cours…) qui interviennent dans la détermination du résultat. La sécurité du calcul repose sur le rattachement entre les éléments inscrits respectivement en comptabilité générale et en comptabilité analytique, rapprochement qui peut être assuré par des procédures comptables ou para-comptables.

22490

> **Précisions** Ainsi, le coût retenu en comptabilité générale pour l'évaluation des stocks et en-cours correspond aux charges incorporables de la comptabilité analytique (qu'elles soient directes ou indirectes, variables ou fixes).

Procédures comptables

22495

– Emploi de **comptes réfléchis** : il répond à des raisons méthodologiques (clarté de l'exposé) et de principe (mise en évidence de l'autonomie de la tenue de la comptabilité analytique par rapport à celle de la comptabilité générale).
– Possibilité d'**intégration des deux comptabilités** sans altérer pour autant les règles de la comptabilité générale.

a. Comptabilité analytique à comptes réfléchis Cette procédure permet d'effectuer l'analyse des valeurs du compte de résultat de la comptabilité générale dans un cadre de comptabilité analytique autonome, tout en assurant le raccordement rigoureux des comptabilités générale et analytique. Celles-ci, tenues l'une et l'autre en partie double, peuvent être confiées à des services différents, utilisant des moyens mécanographiques différents et arrêtant leurs comptes selon une périodicité propre.

Cette procédure utilise les comptes du groupe 90 « **Comptes réfléchis** » de la nomenclature des comptes de classe 9. Ces comptes permettent d'inscrire en comptabilité analytique les stocks, les charges, les produits et les résultats de la comptabilité générale. Ces valeurs sont inscrites de façon symétrique dans les comptes des deux comptabilités comme si elles étaient « réfléchies » dans un miroir plan.

EXEMPLE

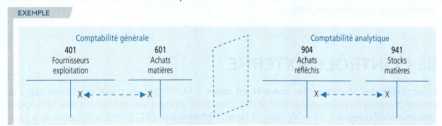

b. Comptabilité analytique intégrée Il n'y a pas de comptes réfléchis, différentes modalités étant envisagées :
– le support matériel des écritures de comptabilité analytique est constitué par des comptes ou des tableaux de calculs. L'exactitude des opérations d'affectation, de répartition et de cession inter-centres est vérifiée par contrôle carré ;
– les comptes des classes 6 et 7 servent de comptes de passage et enregistrent les « charges d'exploitation à analyser » et les « produits d'exploitation à analyser » ;
– les comptes des classes 6 et 7 ne sont servis qu'en fin d'exercice, les charges et produits étant enregistrés directement dans les comptes appropriés de la classe 3 ou dans les comptes de la classe 9, ces inscriptions étant accompagnées d'un code nature permettant de regrouper (au moins en fin d'exercice) les charges et les produits d'exploitation selon la présentation obligatoire.

Procédures para-comptables

22500

– Tableaux de rapprochement plus ou moins détaillés.
– Utilisation directe des mêmes renseignements en comptabilité générale et en comptabilité analytique grâce, par exemple, à une codification double, voire multiple.
– Utilisation d'un système comptable unique cohérent appelé « système croisé ».

Selon la nature de l'activité ou les besoins de l'analyse, les rapprochements peuvent être partiels (fournitures, main-d'œuvre, énergie…) ou complets s'il s'agit de déterminer des coûts de revient (ou coûts complets). Aussi toutes ces procédures nécessitent-elles des niveaux de rapprochement appropriés.

a. Tableau de rapprochement Le support matériel des écritures de comptabilité analytique peut être constitué par des comptes ou bien par des tableaux de calculs. Le tableau principal est celui de l'analyse des charges ; son tracé est à l'image du schéma de réseau comptable. L'exactitude des opérations d'affectation, de répartition et de cession intercentres est vérifiée par « contrôle carré ».

L'exactitude de la prise en compte des valeurs de comptabilité générale, notamment celles des charges de la classe 6 et des produits de la classe 7, est vérifiée par la comparaison des sous-totaux et totaux correspondants de la balance des comptes de gestion de la comptabilité générale.

b. Codification multiple Deux ou plusieurs codifications sont attribuées, selon des critères différents, à chaque donnée dès son entrée et dans la mesure où celle-ci est apte, en l'état, à l'analyse. La procédure de « codification multiple » peut assouplir le système de la partie double de la comptabilité générale dont l'utilisation se retrouve, en comptabilité analytique, dans la méthode des comptes réfléchis.

Ce procédé de classement direct et simultané des données permet l'utilisation de différentes chaînes d'analyse pour répondre à des besoins diversifiés : analyse par fonction, par activité, par zone géographique, etc.

Le recours aux moyens modernes de traitement de l'information procure la permanence du rapprochement et, par là même, l'automaticité du contrôle.

c. « Système croisé » Dans un numéro spécial (juin 1989) de 47 pages, intitulé « Normalisation comptable et gestion de l'entreprise : l'intégration par le système croisé », le CNC propose une nouvelle conception systématique de l'information comptable selon laquelle « les informations de l'entreprise sont réorganisées à partir d'un **système comptable unique cohérent.** L'opposition apparente entre comptabilité générale et comptabilité analytique disparaît et les informations habituellement obtenues par des traitements ou retraitements extra-comptables sont désormais fournies par la comptabilité ». « Il s'agit d'un **outil intégré d'enregistrement et de mesure** au service de la gestion, utilisable à tous les niveaux de responsabilité tant opérationnelle que fonctionnelle, tout en permettant de satisfaire les besoins d'information des tiers ».

III. CONTRÔLE EXTERNE

22570 Le **contrôle des stocks** et des **travaux en cours** a fait l'objet de développements dans la norme d'exercice professionnel NEP 501 « Caractère probant des éléments collectés (Applications spécifiques) » § 03 à 06, dans la Note d'information CNCC n° 5 « Observations physiques » (septembre 1992) et dans une recommandation de l'OEC (Révision contractuelle, n° 22.02 « Contrôle des stocks et des travaux en cours »).

Selon la NI CNCC n° 5 précitée, il faut considérer que, sauf cas très particuliers, **« l'observation physique est un des moyens les plus efficaces pour s'assurer de l'existence d'un actif ».**

Toutefois, « le contrôle physique est insuffisant pour cerner tous les aspects permettant de justifier un poste d'actif. À titre d'exemple, l'examen physique des stocks donne un niveau de force probante élevé concernant l'existence des stocks à la date de l'examen. Il doit être complété par des contrôles portant sur la propriété, le coût d'acquisition ou de production, la nécessité de constituer des dépréciations. »

En cas d'impossibilité d'assister à l'inventaire, la Note d'information CNCC NI.I (décembre 2021, § 12.21.1 et 12.22.2) fournit des modèles de rapports sur les comptes annuels (voir également FRC 12/23 Hors série inf. 123).

22585 **Difficultés liées à l'observation des inventaires**

I. Problèmes liés à la mesure Certains produits ou articles peuvent poser des problèmes de mesure qui sont généralement bien maîtrisés par les professions concernées.

Par exemple :
– les produits pondéreux (charbon en tas, minerais, etc.), qui nécessitent des techniques de conversion de volume ;
– le comptage de quantités importantes de petites pièces (vis, écrous, rondelles, etc.) qui s'effectue par comptage d'un étalon après pesage et application au poids de l'ensemble de la population. Il existe pour ce type de comptage des balances spécialisées.

II. Problèmes liés à la qualité L'identification de la nature de certains produits ou de l'usure et de la dépréciation des articles inventoriés peut parfois poser des problèmes techniques qui pourront être résolus en faisant appel à un technicien ou en faisant procéder à des analyses sur des échantillons prélevés lors de l'inventaire physique.

III. Contrôle des en-cours Le commissaire aux comptes sera souvent confronté à des problèmes particuliers d'identification des produits et de leur stade d'avancement, lors de l'observation des travaux en cours.
Pour plus de détails, voir NI CNCC n° 5, § 3.6.

SECTION 5 — PRÉSENTATION DES COMPTES ANNUELS ET AUTRES INFORMATIONS

Voir également n° 64005 s. sur « Les documents de synthèse (états financiers) » et n° 80025 s. sur « L'information comptable et financière à la charge de l'entreprise ».   22685

I. PRÉSENTATION DES COMPTES ANNUELS

A. Bilan et compte de résultat

PRÉSENTATION AU BILAN

Présentation générale (selon le système utilisé)   22690
a. **Système de base** : les stocks et en-cours y sont ventilés en :
– matières premières et autres approvisionnements ;
– en-cours de production (biens et services) ;
  > **Précisions** À ventiler, le cas échéant, entre biens, d'une part, et services, d'autre part.
– produits intermédiaires et finis ;
– marchandises.
b. **Système développé** : mêmes rubriques que dans le système de base.
c. **Système abrégé** : regroupement sur une seule ligne : stocks et en-cours.
Pour les modèles de bilan et de compte de résultat, leur évolution à venir, ainsi que le plan de comptes de chacun des systèmes, voir n° 95500 s.
Voir également le Code comptable.

Cas particulier des stocks acquis avec clause de réserve de propriété   22695
Ils doivent figurer sur une **ligne distincte à l'actif** (Loi du 12-5-1980 art. 3). Les actifs avec clause de réserve de propriété sont regroupés sur une ligne distincte portant la mention « dont... avec clause de réserve de propriété ». En cas d'impossibilité d'identifier les biens, un renvoi au pied du bilan indique le montant restant à payer sur ces biens (PCG art 821-1 ; voir n° 18305).
Voir modèle au n° 95500 s.
> **Fiscalement** Il en est de même, le coût de revient de ces produits doit être mentionné à la dernière ligne du tableau 2050 qui doit être joint à la liasse fiscale.

PRÉSENTATION AU COMPTE DE RÉSULTAT

Quel que soit le système suivi, les **stocks et en-cours** n'y figurent pas, leur incidence sur le résultat étant constituée par leurs **variations** qui figurent sur deux lignes spéciales.   22700
Les dotations aux dépréciations des stocks et en-cours et leurs reprises sont comprises dans les dotations et reprises-exploitation sur actifs circulants (ou, le cas échéant, dans les dotations et reprises exceptionnelles).
Pour les modèles de bilan et de compte de résultat ainsi que le plan de comptes de chacun des systèmes, voir n° 95500 s.

B. Annexe (développements particuliers)

22750 En ce qui concerne le contenu général de l'annexe, voir n° 64525 s.

22755 Les **tableaux récapitulatifs** suivants, établis par nos soins, listent l'intégralité des informations concernant **les stocks** :
– informations expressément prescrites par le Code de commerce et le PCG (liste complète, voir n° 64625) ;
– informations non expressément prescrites par les règles comptables.

> **Précisions** **Contenu des informations prescrites** : il varie selon la taille des personnes morales commerçantes, leur nature (personne morale ou physique) et leur régime d'imposition (voir n° 64195).
> Les tableaux ci-après détaillent les informations requises par l'annexe de base (personnes morales de grande taille), généralement requises également pour les annexes simplifiées. Toutefois, lorsque les personnes morales d'une petite taille et/ou les personnes physiques sont dispensées de l'information prescrite pour l'annexe de base, les renvois en bas des tableaux l'indiquent.

22760 Les **informations** à faire figurer dans l'annexe concernant les stocks sont relatives à quatre thèmes :
– les principes, règles et méthodes comptables (voir n° 22770 s.) ;
– les montants se rapportant aux stocks et en-cours (voir n° 22795 s.) ;
– les engagements (voir n° 22820) ;
– les autres informations requises (voir n° 22825 s.).

> **Précisions** **Contexte de crise et dépréciation des stocks** L'entité indiquera clairement dans l'annexe les éléments qu'elle retient justifiant sa décision de déprécier ou non et, le cas échéant, le montant de la dépréciation comptabilisée. Elle indiquera également le niveau d'incertitude qui subsiste et le résultat des analyses de sensibilité dont elle peut disposer. Lorsque ni la valeur d'usage ni la valeur vénale ne peuvent être déterminées (cas rares ; sur ces valeurs, voir n° 21470), il est fourni dans l'annexe une description des faits rendant peu fiable leur détermination (en ce sens, Rec. ANC Covid-19, Question F2).
> Sur les autres informations à donner en annexe, voir n° 64635.

22765 **Seuil de signification** Le Code de commerce et le PCG prescrivent un certain nombre d'informations qui ne sont à fournir que si elles sont significatives (voir n° 64555).
Sur les objectifs de l'annexe et les conséquences, voir n° 64525 s.
Sur les précisions apportées sur le caractère significatif, voir la NEP 320 « Application de la notion de caractère significatif lors de la planification et la réalisation d'un audit », la NEP 450 « Évaluation des anomalies relevées au cours de l'audit » et la NEP 315 « Connaissance de l'entité et de son environnement et évaluation du risque d'anomalies significatives dans les comptes ».

PRINCIPES, RÈGLES ET MÉTHODES COMPTABLES

22770 Pour plus de détails sur les informations à fournir concernant les principes, règles et méthodes comptables appliqués aux divers postes du bilan et du compte du résultat, voir n° 64625.
Doivent être fournis en annexe, s'ils sont significatifs :
– les modes et méthodes d'évaluation appliqués aux stocks (C. com. art. R 123-195 ; PCG art. 833-1, 833-2 et 833-8/1), voir n° 22775 ;
– les modalités de calcul des dépréciations et des provisions fiscales (PCG art. 833-3/3 et 833-8/1), voir n° 22780 ;
– les informations nécessaires à l'obtention d'une image fidèle que ce soit :
• les informations prescrites par les règles comptables (en cas de changement de méthode, lorsque l'application d'une prescription comptable ne permet pas d'obtenir une image fidèle…), voir n° 22785,
• ou les informations non expressément prescrites par les règles comptables, voir n° 22790.

Modes et méthodes d'évaluation appliqués aux postes de stocks 22775

Réf.		Détail des informations requises
C. com. art.	PCG art.	

	833-8/1	**1.** Une information est fournie sur :
		– les **méthodes comptables adoptées pour évaluer** les stocks ;
		   Par exemple, les modalités générales d'évaluation du coût d'entrée des stocks :
		   • acquis à titre onéreux (voir n° 20900 s.) ;
		   • produits (voir n° 21055 s.) ;
		   • acquis ou produits conjointement pour un coût global (voir n° 21250) ;
		   • acquis par voie d'échange (voir n° 21260) ;
		   • acquis à titre gratuit (voir n° 21265) ;
		   • reçus à titre d'apport en nature (voir n° 21270) ;
		   • relatifs aux contrats à long terme (voir n° 10760 s.) ;
		   • acquis en devises (voir n° 40295 et 21005 en cas de couverture) ;
		   • libellés en devises (voir n° 21865) ;
		   • dont le coût d'acquisition est couvert (voir n° 21005).
		– les **méthodes de détermination du coût.**
		   Par exemple :
		   • coût réel pour les éléments identifiables (voir n° 20790) ;
		   • Fifo ou CUMP pour les éléments interchangeables (voir n° 20795) ;
		   • méthode du coût standard (voir n° 20835 s.) ;
		   • méthode du prix de détail (voir n° 20845).

	833-2	**2.** Lorsqu'il existe un choix de méthode comptable, les informations suivantes doivent également être fournies :
		– mention de la méthode retenue ;
		– justification de cette méthode, si nécessaire.
		   Par exemple :
		   • incorporation des coûts d'emprunt dans le coût d'acquisition ou de production (voir n° 20945 s.) ;
		   • détermination des stocks selon la méthode du coût moyen pondéré ou du premier entré-premier sorti (voir n° 20800 s.) ;
		   • méthode à l'avancement ou à l'achèvement pour les contrats à long terme (voir n° 10770) ;
		   • incorporation des coûts de couverture dans le coût d'acquisition (voir n° 21005).

	833-20/4	**3.** Cas particulier des **contrats à long terme** : voir n° 10865 et 12890.

Méthodes utilisées pour le calcul des dépréciations et des provisions réglementées 22780

Réf.		Détail des informations requises
C. com. art.	PCG art.	
	833-8/1	**1. Dépréciations** : méthodes utilisées pour le calcul des dépréciations par catégories (sur la notion de catégorie, voir n° 22800). Sur l'impact d'une crise financière, voir n° 22760.

	833-8/3 et 833-15	**2. Dépréciations, corrections exceptionnelles et évaluations dérogatoires** de nature fiscale :
		– détail et justification des dépréciations et des corrections exceptionnelles de valeurs liées à la législation fiscale ;
		– indication, même approximative, de l'impact sur le résultat des évaluations dérogatoires.
		   Par exemple : provision pour hausse de prix (voir n° 21990 s.). En pratique, sont notamment données les informations suivantes (voir n° 54360) :
		   • dotations de l'exercice [1] ;
		   • reprises de l'exercice (voir n° 54325) ;
		   • impact des impôts résultant des dotations et reprises de provisions réglementées.

(1) **Option fiscale non utilisée** À notre avis, les possibilités fiscales non utilisées (provisions incomplètes, absence de dotation, aide fiscale non utilisée…) ne nous semblent pas devoir être fournies systématiquement, sauf si elles constituent une modification de l'exercice (voir n° 54325).

22785 **Informations nécessaires à l'obtention d'une image fidèle** En outre, une information est expressément prescrite :
– lorsque l'application d'une prescription comptable ne permet pas de donner une image fidèle ;
– en cas de changement de méthodes comptables, d'estimation comptable ou en cas de correction d'erreur.
Sur la définition :
– d'un changement de méthodes comptables, voir n° 8480 ;
– d'un changement d'estimation, voir n° 8500 ;
– d'une correction d'erreur, voir n° 8503.

Réf.		Détail des informations requises
C. com. art.	PCG art.	

L 123-14		**1. Lorsque l'application d'une prescription comptable ne permet pas de donner une image fidèle :**
		a. Si elle ne suffit pas pour donner une image fidèle, des informations complémentaires doivent être fournies dans l'annexe ;
		  Par exemple :
		  • obligation de comptabiliser les reprises de stocks d'une société en liquidation à leur coût d'acquisition, nonobstant leur valeur vénale (voir n° 26530) ;
		  • interdiction de valoriser les stocks à la méthode Lifo, Nifo ou toute autre méthode différente du Fifo ou du CMP (uniquement pour les comptes individuels, voir n° 20795).

	121-3 et 833-2	**b. Si, dans un cas exceptionnel, elle se révèle impropre à donner une image fidèle,** l'entreprise doit déroger à la règle. Cette dérogation est mentionnée dans l'annexe et dûment motivée, avec l'indication de son influence sur le patrimoine, la situation financière et le résultat de l'entreprise.
L 123-17	833-2	**2. En cas de changements comptables.** Sur l'information à fournir en cas : – de changement de méthodes comptables, voir n° 29655, point 2 du tableau ; – de changement d'estimation, voir n° 29655, point 3 du tableau ; – de correction d'erreur, voir n° 29655, point 4 du tableau. Par exemple : rectification du stock d'ouverture suite à une erreur commise lors de l'inventaire physique (voir n° 22230).

22790 **Informations non expressément prescrites par les règles comptables (liste non exhaustive)** Outre les informations précédentes, l'entreprise doit fournir toutes celles qu'elle estime significatives et nécessaires à l'obtention d'une image fidèle (C. com. art. R 123-195).

Réf.		Détail des informations requises
C. com. art.	PCG art.	
		– Prise en considération du niveau normal d'activité et appréciation de la sous-activité (voir n° 21150). Pour plus de détails, voir n° 18380 s. – Incorporation ou non des quotes-parts de frais financiers incluses dans les redevances de crédit-bail (voir n° 21125). – Incorporation ou non des produits à caractère social provenant des aides de l'État (voir n° 21147).

MONTANTS SE RAPPORTANT AUX STOCKS ET EN-COURS

22795 Outre les méthodes utilisées pour le calcul des dépréciations (voir n° 22780), doivent être fournis dans l'annexe les montants de valeurs brutes et de dépréciations, à l'ouverture et à la clôture de l'exercice (PCG art. 833-8/1 et 841-3).

Informations obligatoires 22800

Réf.		Détail des informations requises
C. com. art.	PCG art.	
	833-8/1	1. **Valeur comptable** des stocks : – globale ; – par catégories appropriées à l'entité [1].
	833-8/4	2. Pour chaque poste du bilan concernant les **éléments fongibles** de l'actif circulant, indication de la **différence entre** [2] : – l'**évaluation figurant au bilan** ; – et celle qui résulterait des **derniers prix du marché** connus à la clôture des comptes (voir n° 22805).
	841-3	3. **Rapprochement entre les dépréciations** à l'ouverture et à la clôture de l'exercice, pour **chaque catégorie** de stocks, en indiquant : – montant des dépréciations à l'ouverture ; sur l'impact d'une crise financière, voir n° 22760 ; – dotations et reprises de l'exercice ; – montant à la clôture.
	833-8/3 et 833-15	4. Détail et justification des dépréciations et corrections exceptionnelles de valeurs liées à la **législation fiscale** et concernant les stocks.

(1) **Catégorie de stocks** Les textes ne donnent pas de précision sur la notion de « catégorie de stocks ». À notre avis, il s'agit, s'ils sont significatifs, des postes apparaissant dans le bilan « en tableau » (prévu à l'article 821-1 du PCG) :
– les stocks de matières premières et autres approvisionnements ;
– les en-cours de production ;
– les stocks de produits intermédiaires et finis ;
– les stocks de marchandises.
D'autres catégories, spécifiques à l'entreprise, peuvent être ajoutées, dès lors qu'elles ont un caractère significatif, par exemple :
– les déchets ;
– les outillages (non immobilisés) ;
– les produits intermédiaires ;
– les fournitures de production ;
– les pièces de rechange (non immobilisées).
(2) **Éléments fongibles** Les personnes physiques et les personnes morales présentant une annexe simplifiée ne sont pas tenues de fournir cette information.

Évaluation sur la base du dernier prix de marché 22805

Le PCG (art. 833-8/4) prescrit, en tant qu'information significative nécessaire à l'obtention d'une image fidèle, de fournir l'indication de la **différence** entre :
– d'une part, l'évaluation des stocks selon la méthode comptable pratiquée ;
– et, d'autre part, leur évaluation sur la base du **dernier prix du marché** connu à la clôture des comptes.

> Précisions Cette information permet, à notre avis :
– en indiquant le dernier prix du marché, de fournir une idée de la **valeur de remplacement** à la clôture de l'exercice : par exemple, le coût moyen pondéré d'un article acheté au début de chaque mois du dernier trimestre 100, 110 et 120 est de 110, le cours du marché à la date de clôture des comptes pouvant être de 130 ;
– également, d'informer des changements intervenus entre la date d'arrêté des comptes et la date de clôture effective du bilan.

En tout état de cause, ceci nous **paraît s'appliquer à des stocks de caractère particulier, soumis à des variations importantes** comme les matières premières.

> Précisions Par ailleurs, il convient de tenir compte du fait que cette information peut être utile par son caractère global mais présente peu d'intérêt produit par produit (même s'il est possible de l'obtenir, ce qui n'est pas toujours le cas).

Informations non expressément prescrites par les règles comptables 22810

Outre les informations précédentes, l'entreprise doit fournir toutes celles qu'elle estime significatives et nécessaires à l'obtention d'une image fidèle (C. com. art. R 123-195).

ENGAGEMENTS

Pour plus de détails sur les informations à fournir concernant les engagements, voir n° 50680 s. 22815
Le PCG (art. 833-18/1) prescrit une information obligatoire sur le montant des engagements financiers.

En outre, l'entreprise doit fournir toutes celles qu'elle estime **significatives** et dont leur **connaissance est nécessaire à l'appréciation de la situation financière** de l'entité (voir n° 22820).

22820 **Informations non expressément prescrites par les règles comptables (liste non exhaustive)**

Réf.		Détail des informations requises
C. com. art.	PCG art.	
		Engagements donnés Par exemple : gage d'une dette portant sur un stock.
		Engagements réciproques Par exemple : – marchandises détenues pour le compte de tiers (marchandises en dépôt) [1] ; – achats de marchandises à terme (voir n° 50695) ; – ventes à terme ; – commandes importantes de clients (voir n° 50695).

[1] L'entreprise détentrice n'en étant pas propriétaire, elles ne peuvent figurer à son bilan (voir n° 20225). Il est possible de les faire figurer en annexe dans les engagements réciproques.

AUTRES INFORMATIONS

22825 Outre les informations sur les principes, règles et méthodes comptables (voir n° 22770 s.), les montants se rapportant aux stocks et en-cours (voir n° 22795 s.) et les engagements (voir n° 22820), d'autres informations doivent être fournies si elles sont significatives et nécessaires à l'obtention d'une image fidèle.

22830 **Informations obligatoires**

Réf.		Détail des informations requises
C. com. art.	PCG art.	
R 123-178-2°	833-8/2	L'information sur les coûts d'emprunt est prescrite pour les immobilisations et les stocks (voir n° 29690, point 1 du tableau)

22835 **Informations non expressément prescrites par les règles comptables (liste non exhaustive)**

Réf.		Détail des informations requises
C. com. art.	PCG art.	
		Existence et nécessité de stocks de sécurité. Durée de rotation des stocks (amélioration, détérioration). En cas d'incorporation des coûts d'emprunts dans le coût d'entrée des stocks : durée d'éligibilité, c'est-à-dire, à notre avis, durée pendant laquelle les intérêts ont été inclus dans le coût de l'actif.

II. AUTRES INFORMATIONS COMPTABLES ET FINANCIÈRES

22905 Le PCG 82 (p. II.186) proposait un modèle de **tableau de la variation détaillée des stocks et en-cours** pouvant être joint au compte de résultat. S'agissant d'une disposition facultative, elle n'a pas été reprise dans le PCG, mais, à notre avis, rien n'empêche de continuer à l'appliquer si elle conduit à améliorer l'information financière de l'entreprise.

CHAPITRE 7 — LES IMMOBILISATIONS CORPORELLES

SOMMAIRE 25000

SECTION 1
CRITÈRES DE DÉFINITION ET DE COMPTABILISATION DES IMMOBILISATIONS CORPORELLES 25105

- I. Critères de définition et de comptabilisation des immobilisations corporelles 25105
- II. Éléments constitutifs du patrimoine comptable 25240
  - A. Principe général de comptabilisation des immobilisations corporelles 25240
  - B. Conséquences pratiques sur la comptabilisation des immobilisations corporelles 25245
  - C. Exceptions au principe général de comptabilisation des immobilisations corporelles 25395
- III. Classement comptable 25510
- IV. Critères de distinction entre immobilisations corporelles et stocks 25635
- V. Décomposition des immobilisations corporelles 25705
- VI. Traitement des dépenses ultérieures et des coûts de démantèlement et de remise en état 25885
  - A. Dépenses ultérieures 25885
  - B. Coûts de démantèlement et de remise en état de site 26030

SECTION 2
RÈGLES D'ÉVALUATION DES IMMOBILISATIONS CORPORELLES 26170

- I. Coût d'entrée dans le patrimoine 26170
  - A. Règle générale d'évaluation du coût d'entrée 26170
  - B. Éléments constitutifs du coût d'acquisition des immobilisations corporelles 26175
  - C. Éléments constitutifs du coût de production des immobilisations corporelles 26580
  - D. Autres modalités d'évaluation des immobilisations corporelles 26710
- II. Valeur d'inventaire 26855
- III. Valeur à l'arrêté des comptes (valeur au bilan) 26985
  - A. Amortissement des immobilisations 26990
  - B. Dépréciations des immobilisations 27715
  - C. Provisions liées aux immobilisations 27875
- IV. Évaluation lors de la sortie du patrimoine 28100
  - A. Valeur nette comptable 28120
  - B. Prix de cession 28170
  - C. Cas particuliers 28220
- V. Réévaluations des immobilisations 28445

SECTION 3
IMMOBILISATIONS ACQUISES EN APPLICATION D'UN CONTRAT DE LOCATION 28450

- I. Définition et comptabilisation du contrat de location 28450
- II. Traitement des dépenses engagées sur des immobilisations louées 28650
- III. Provisions liées aux immobilisations 28735
- IV. Présentation des comptes annuels et autres informations 28805

SECTION 4
SCHÉMAS USUELS DE COMPTABILISATION 28935

- I. Acquisition et production d'immobilisations 28935
- II. Amortissements des immobilisations 29035
- III. Dépréciations des immobilisations 29160
- IV. Sortie d'immobilisations du patrimoine 29290

SECTION 5
PRÉSENTATION DES COMPTES ANNUELS ET AUTRES INFORMATIONS 29535

- I. Présentation des comptes annuels 29540
  - A. Bilan et compte de résultat 29540
  - B. Annexe (développements particuliers) 29600
- II. Autres informations comptables et financières 29765

TEXTES APPLICABLES PROCHES DES IFRS

25005 Dans le cadre de la convergence des règles françaises vers les normes IFRS, les règles concernant la définition, **la comptabilisation, l'évaluation, l'amortissement et la dépréciation** des immobilisations corporelles sont, **depuis le 1ᵉʳ janvier 2005,** largement inspirées des normes IAS 16, immobilisations corporelles, IAS 36, dépréciation d'actifs et IAS 23, coûts d'emprunt.

Ainsi, les précisions données dans les développements ci-après sur les modalités d'application des règles comptables sont souvent inspirées des normes IFRS, en général plus complètes et précises que le PCG.

Le tableau ci-après, établi par nos soins, présente de manière synthétique :
– les textes élaborés au CNC et à l'ANC ainsi que les thèmes et les principaux sujets qu'ils abordent ;
– les normes IFRS vers lesquelles la convergence du PCG a été réalisée.

Textes	Thèmes	Normes IFRS concernées	Commentaires	n°
– Règl. CRC 2002-10 – Règl. CRC 2005-09 – Avis CNC 2002-07 – Avis CU CNC 2005-D – Règl. ANC 2015-06	Amortissement des actifs immobilisés [1]	IAS 16 (Immo. corporelles)	– Durée d'amortissement – Valeur résiduelle	27010 s.
	Dépréciation des actifs immobilisés	IAS 36 (Dépréciation d'actifs)	– Valeur réelle – Valeur d'usage – Regroupement d'actifs	27715 s.
– Règl. CRC 2002-10 – Règl. CRC 2003-07 – Avis CU CNC 2003-E	Composants et PGR/PGE [2]	– IAS 16 (Immo. corporelles) – IAS 37 (Provisions, passifs éventuels et actifs éventuels)	– Définition des composants – Calcul des composants – Choix entre composants et PGR/PGE	25705 s.
– Règl. CRC 2004-06 – Avis CNC 2004-15 – Avis CU CNC 2005-D – Avis CU CNC 2005-H – Communiqué CNC du 2-9-2005	Définition, comptabilisation et évaluation des actifs	– IAS 16 (Immo. corporelles) – IAS 23 (Coûts d'emprunt)	– Patrimoine comptable – Charges différées et à étaler – Coûts incorporables dans le coût d'entrée – Coûts de démantèlement et de remise en état	25105 s. 45005 26170 s. 26035 s.

(1) Sur les mesures de simplification prévues pour les PME, voir n° 27150.
(2) PGR : provision pour grosses réparations ; PGE : provision pour gros entretien.

> **Fiscalement** Cette évolution comptable a nécessité une adaptation des textes fiscaux applicables aux immobilisations corporelles (notamment CGI art. 39 ter C et 237 septies ; CGI ann. II art. 15 bis ; CGI ann. III art. 38 quinquies et 38 undecies), que l'administration a engagée selon trois axes principaux : le maintien de la connexion de la fiscalité avec la comptabilité, la préservation (dans la mesure du possible) de la neutralité fiscale tant pour les entreprises que pour l'État et la simplicité des retraitements fiscaux. Pour l'adaptation des textes fiscaux applicables aux stocks, voir n° 20005.

SECTION 1 — DÉFINITION ET ÉLÉMENTS CONSTITUTIFS DES IMMOBILISATIONS CORPORELLES

I. CRITÈRES DE DÉFINITION ET DE COMPTABILISATION DES IMMOBILISATIONS CORPORELLES

DÉFINITION D'UNE IMMOBILISATION CORPORELLE

Principe général Les critères de définition et de comptabilisation sont régis par le règlement CRC n° 2004-06 sur les actifs, abrogé et repris dans le règlement ANC n° 2014-03 relatif au PCG (voir n° 25005). Sur le **champ d'application** du règlement CRC n° 2004-06 sur les actifs, voir n° 25110 s. 25105

Selon le Code de commerce et le PCG, une immobilisation corporelle est :

a. Un actif physique (PCG art. 211-1).

En tant qu'actif, une immobilisation corporelle est un élément qui doit respecter les critères cumulatifs suivants :
– il s'agit d'un **élément identifiable,** voir n° 25140 ;
– il est **porteur d'avantages économiques futurs,** voir n° 25145 s. ;
– il **génère une ressource que l'entité contrôle,** voir n° 25155 s. ;
– son **coût** est évalué avec une **fiabilité suffisante,** voir n° 25165.

b. Dont l'entité attend qu'il soit utilisé au-delà de l'exercice en cours (C. com. art. R 123-181 ; PCG art. 211-6), c'est-à-dire sur plus de 12 mois (voir n° 20400 I.).

c. Destiné (PCG art. 211-6 ; voir n° 20400 II.) :
– soit à être **utilisé** par l'entreprise dans la production ou la fourniture de biens ou de services ;
– soit à être **loué** à des tiers ;
– soit à des fins de **gestion interne.**

> **Fiscalement** Selon l'administration, il en est en principe de même (BOI-BIC-CHG-20-10-10 n° 30 à 60).

Pour un arbre de décision présentant en synthèse les différentes conditions de définition et de comptabilisation d'une immobilisation corporelle, voir n° 25170. Et plus précisément sur la distinction avec les stocks, voir n° 20400 s.

Sur les conséquences pratiques de cette définition, voir n° 25245 s.

Champ d'application des règles générales de définition et de comptabilisation des immobilisations Les immobilisations sont définies selon les critères généraux de définition et de comptabilisation des actifs introduits par le règlement CRC n° 2004-06, abrogé et repris dans le règlement ANC n° 2014-03 relatif au PCG (voir n° 25005). Toutefois, certains actifs ne sont pas visés par ces règles générales. 25110

Sur les actifs traités selon les règles générales de définition et de comptabilisation des actifs, voir n° 25115.

Sur les actifs traités selon des règles spécifiques, voir n° 25135.

Actifs traités selon les règles générales Les critères de définition et de comptabilisation définis par le règlement CRC n° 2004-06 sur les actifs (abrogé et repris dans le règl. ANC 2014-03 relatif au PCG) sont applicables depuis le 1er janvier 2005, aux actifs suivants : 25115
– les **immobilisations** corporelles et incorporelles (coûts initiaux et coûts ultérieurs). Pour plus de détails sur les critères de définition et de comptabilisation d'une immobilisation :
• corporelle, voir n° 25140 s. (coûts initiaux) et 25885 s. (coûts ultérieurs) ;
• incorporelle, voir n° 30105 s. (coûts initiaux) et 31150 (coûts ultérieurs).
– les **stocks** (pour plus de détails sur les critères de définition et de comptabilisation d'un stock, voir n° 20105 s.) ;
– les **charges constatées d'avance** (pour plus de détails sur les critères de définition d'une charge constatée d'avance, voir n° 15120).

25135 **Actifs traités selon des règles spécifiques** Certains actifs sont définis selon des **règles spécifiques,** différentes des règles générales de définition, de comptabilisation et d'évaluation des actifs, retenues par le règlement CRC n° 2004-06 (abrogé et repris dans le règl. ANC 2014-03 relatif au PCG), en raison :
– de l'exclusion du champ d'application du règlement CRC précité de certains actifs, voir ci-après I. ;
– du statut indéterminé de certains éléments, voir ci-après II. ;
– de l'existence de textes de hiérarchie supérieure, voir ci-après III.
Les tableaux récapitulatifs ci-après, établis par nos soins, présentent de manière synthétique les éléments non visés par les règles générales sur les actifs et renvoient aux traitements comptables prescrits par les textes actuels.

I. Certains actifs sont exclus du champ d'application du règlement CRC n° 2004-06 sur les actifs (abrogé et repris dans le règl. ANC 2014-03 relatif au PCG) :
– selon l'avis CNC n° 2004-15 (voir ci-après a.) ;
– à notre avis (voir ci-après b.).

Actifs exclus du champ d'application du Règl. CRC 2004-06 (abrogé et repris dans le règl. ANC 2014-03 relatif au PCG)	Norme IFRS concernée	n°
a. Exclusions du champ d'application des règles sur les actifs, selon l'avis CNC n° 2004-15 (Avis § 1)		
1. Les actifs acquis dans le cadre d'opérations de regroupement		
– Comptes individuels : les actifs acquis dans le cadre d'opérations de fusion, scission, apport partiel d'actif, dissolution par confusion de patrimoine Le traitement comptable de ces actifs, à leur entrée dans les comptes individuels, a été précisé par le règlement CRC n° 2004-01, modifié par les règlements n° 2015-06 et 2017-01, dont les dispositions ont été intégrées dans le règlement ANC n° 2014-03 relatif au PCG.	IFRS 3, Regroupements d'entreprises	Mémento Fusions & Acquisitions n° 7605 s.
– Comptes consolidés : les actifs acquis dans le cadre d'un regroupement d'entités Le traitement comptable de ces actifs, à leur entrée dans les comptes consolidés établis en règles françaises (première consolidation), a été précisé par le règlement ANC relatif aux comptes consolidés (Règl. ANC 2020-01). Pour plus de détails, voir Mémento Comptes consolidés n° 5070 s.		Mémento Comptes consolidés n° 1005
2. Les contrats de location		
– Les immobilisations prises en location Les contrats de location ont été exclus du champ d'application du règlement CRC n° 2004-06 pour des raisons juridiques et fiscales. En effet, la notion de contrôle de ces actifs (voir n° 25155 s.) impliquerait, dans certains cas, leur comptabilisation à l'actif (comme en normes IFRS), créant des problèmes juridiques (notamment en cas de faillite du locataire) et fiscaux. Il s'agit notamment, à notre avis : – des immobilisations prises en **crédit-bail** ou en **location simple** ; – des fonds de commerce pris en **location-gérance** ; – des biens faisant l'objet de **cession-bail** (lease back) avec accord de rachat ; – des contrats de **location cachée** tels que les contrats comportant une clause de buy-back. **Précisions Preneurs** : en revanche, sont à notre avis concernées par les règles générales de comptabilisation des actifs, les dépenses engagées par le locataire sur les biens pris en location, telles que les dépenses de remplacement (voir n° 28660 s.) et les dépenses de remise en état (voir n° 28735).	IFRS 16 contrats de location	28460 s., 15695 à 15745 32270 28320 28265

Actifs exclus du champ d'application du Règl. CRC 2004-06 (abrogé et repris dans le règl. ANC 2014-03 relatif au PCG)	Norme IFRS concernée	n°
− Les concessions de marques et brevets (contrats de louage) Les contrats de louage de brevets et de marques ont été exclus du champ d'application du règlement CRC n° 2004-06 essentiellement pour des raisons fiscales, afin de maintenir, dans certains cas, la déductibilité immédiate des redevances versées sur des actifs non amortissables.	IAS 38, Immobilisations incorporelles	17280, 30785
3. Les actifs financiers		
− Les instruments financiers Tels que les valeurs mobilières de placement, titres immobilisés, créances, prêts, etc. Toutefois, le règlement CRC n° 2004-06 a étendu aux titres immobilisés les nouvelles règles générales d'évaluation des actifs (voir n° 35600 s.).	IAS 32, IAS 39 et IFRS 9, Instruments financiers	40005 s.
− Les frais d'émission des emprunts Du fait de leur exclusion du champ d'application du règlement CRC n° 2004-06, les frais d'émission d'emprunts peuvent donc être maintenus en charges à répartir (PCG art. 212-11). Sur l'incorporation de l'amortissement des frais d'émission dans le coût d'entrée des actifs, voir n° 26365-II.		41020
− Les primes d'émission et de remboursement d'emprunts Sur l'incorporation de l'amortissement des primes d'émission et de remboursement d'emprunts dans le coût d'entrée des actifs, voir n° 26365 II.		41100 s.
4. Les actifs d'impôt différé	IAS 12, Impôts sur le résultat	52890 s.
5. Les contrats de concession (dont les contrats de délégation de service public) et les marchés partenariat (anciens PPP) [1]. L'exclusion concernant les contrats de concession de service public vise uniquement les dispositions spécifiques afférentes à la comptabilisation des immobilisations exploitées dans le cadre de contrats de concession, c'est-à-dire : − les conditions de comptabilisation des immobilisations mises en concession ; − la provision pour renouvellement ; − l'amortissement de caducité. En revanche, la méthode par composants peut être appliquée aux immobilisations mises en concession (réponse du CNC à la CNCC du 4-1-2006) [2].	IFRIC 12, Accords de concession de services	72125 s. (concessions) 72780 s. (marchés de partenariat)
b. Autres exclusions du champ d'application des règles sur les actifs, à notre avis		
1. Les actifs résultant des avantages du personnel		
Ces actifs ont fait l'objet d'une recommandation spécifique de l'ANC (Rec. ANC 2013-02 du 7-11-2013) relative aux règles de comptabilisation et d'évaluation des engagements de retraite et avantages similaires.	IAS 19, Avantages du personnel	17875
2. Les contrats de construction		
Il s'agit des travaux en cours générés par des **contrats de construction** (contrats à long terme), y compris les **contrats directement connexes de fourniture de services** (PCG art. 622-1).	IFRS 15, Produit des activités ordinaires tiré des contrats conclus avec des clients	10760 s.

(1) Sont également concernés les autorisations d'occupation temporaire (AOT), locations avec option d'achat (LOA), baux emphytéotiques administratifs (BEA)... Voir n° 72790.
(2) Selon le CNC, l'application de la méthode par composants nécessite cependant une analyse des provisions relatives aux immobilisations mises en concession (provision pour renouvellement en particulier) afin de ne pas risquer de comptabiliser deux fois la charge de renouvellement (réponse à la CNCC du 4-1-2006).

II. Le statut de certains éléments n'est pas encore déterminé Il s'agit principalement des éléments dont l'inclusion ou non dans le champ d'application des contrats de location n'est pas déterminée, et qui, à l'heure actuelle, n'ont fait l'objet d'aucune position définitive, ni en règles françaises ni en normes IFRS, de la part des organismes comptables compétents.

En l'absence de définition de la nature de ces actifs (immobilisation ou location), l'**ancien traitement comptable reste applicable**.

Éléments dont le statut n'est pas encore déterminé	n°
– **Droits d'occupation du domaine public**	30700 et 30725
– **Immobilisations faisant l'objet d'un démembrement** (usufruit, nue-propriété)	25440 et 32035

III. Certains textes de hiérarchie supérieure au règlement CRC n° 2004-06 sur les actifs (abrogé et repris dans le règl. ANC 2014-03 relatif au PCG) en limitent la portée pratique Il s'agit des éléments qui, bien que ne répondant pas aux conditions générales de définition des actifs introduites par le règlement précité, sont maintenus à l'actif, ce traitement comptable étant prévu par des textes (Code de commerce) de niveau hiérarchique supérieur au règlement CRC n° 2004-06 (qui relève d'un arrêté).

> **Précisions** Toutefois, des vœux sont émis dans l'avis du CNC n° 2004-15 afin de supprimer ces textes de niveau hiérarchique supérieur. Ces textes ont cependant été maintenus dans le Code de commerce modifié en 2015 suite à la transposition de la directive comptable européenne unique n° 2013/34/UE du 26 juin 2013.

Actifs maintenus par exception (textes de niveau hiérarchique supérieur)	n°
– **Les frais d'établissement**	45110 s.
– **Les frais d'augmentation de capital**	45110 s. et 55315 III.
– **Les « écarts de conversion – Actif »**	40390 II.

NOTION D'ÉLÉMENT IDENTIFIABLE

25140 Pour être comptabilisé à l'actif, l'élément doit être **identifiable** (PCG art. 211-1).

Il doit **également remplir les 3 autres critères** de définition et de comptabilisation, voir n° 25105.

À défaut, l'élément est comptabilisé en charges, même si les autres critères de définition et de comptabilisation sont remplis.

> **Précisions** Selon l'avis CNC n° 2004-15 (§ 2.3), par essence, le caractère identifiable d'une immobilisation corporelle ne soulève généralement pas de difficulté. À notre avis, il est possible d'utiliser, pour les comptes individuels, la définition du règlement ANC n° 2020-01 relatif aux comptes consolidés (art. 231-7), selon laquelle un actif identifiable est un actif susceptible d'être **évalué séparément** dans des conditions permettant un **suivi de sa valeur**.

En pratique, une immobilisation corporelle est donc identifiable si :
– elle est **acquise séparément** ;
– ou elle peut être **individualisée** par son numéro de série, sa date d'acquisition ou de production ;
– ou elle fait partie d'un lot identifiable.

> **Fiscalement** Il en est de même (BOI-BIC-CHG-20-10-10 n° 20).

Sur le caractère identifiable des immobilisations incorporelles, voir n° 30115.

NOTION D'ÉLÉMENT PORTEUR D'AVANTAGES ÉCONOMIQUES FUTURS

25145 Pour être comptabilisé à l'actif, l'élément doit être **porteur d'avantages économiques futurs** (PCG art. 211-1).

Il doit **également remplir les 3 autres critères** de définition et de comptabilisation, voir n° 25105.

À défaut, l'élément est comptabilisé en charges, même si les autres critères de définition et de comptabilisation sont remplis.

> **Fiscalement** Il en est de même (BOI-BIC-CHG-20-10-10 n° 20).

Sur la définition d'avantages économiques futurs, voir n° 25150.

Définition d'un avantage économique futur L'avantage économique futur représentatif d'un actif est le **potentiel** qu'a cet actif de contribuer, **directement ou indirectement**, à des **flux nets de trésorerie** au bénéfice de l'entité (PCG art. 211-2).

Il en résulte les remarques suivantes :

I. Les avantages économiques futurs sont en principe associés aux flux nets de trésorerie attendus
C'est notamment le cas pour les entreprises industrielles et commerciales.

Toutefois, si les flux de trésorerie attendus ne sont pas pertinents pour l'entité, d'autres critères devront être retenus pour évaluer les avantages futurs attendus (PCG art. 214-6).

> **Précisions** Personnes morales de droit privé à but non lucratif (associations et fondations notamment) Les avantages économiques futurs peuvent également être associés au **potentiel que représente la faculté pour l'entité de fournir des biens ou des services à des tiers,** si les flux de trésorerie ne sont pas pertinents pour l'entité. C'est notamment le cas pour les associations et les fondations pour leur partie d'activité autre qu'industrielle et commerciale (PCG art. 212-1). Pour ces organismes, l'avantage économique futur représentatif des actifs utilisés pour la partie d'activité autre qu'industrielle et commerciale :
> — n'est pas le potentiel qu'ont ces actifs de contribuer à des flux nets de trésorerie au bénéfice de l'entité ;
> — mais le potentiel dont l'entité bénéficiera lui permettant de fournir des biens ou des services à des tiers conformément à sa mission ou à son objet (PCG art. 212-1).

II. La notion de « potentiel pour contribuer à des flux nets de trésorerie » n'est pas précisée par les textes français
Le PCG ne fournit pas de précision sur cette notion. Toutefois, selon les normes IFRS, le potentiel peut être (Cadre de l'IASB.53 à .55) :
— le potentiel de **production** ;
Il s'agit, par exemple, de l'acquisition d'une **nouvelle machine.** Ainsi, l'acquisition d'une nouvelle machine d'embouteillage d'eau permettant l'accroissement de la cadence de mise en bouteilles et donc la production, permettra d'augmenter les ventes et les flux de trésorerie liés. En conséquence, les avantages économiques futurs seront également augmentés.
— la possibilité de **conversion en trésorerie** ;
Il s'agit, par exemple, du **stock de produits finis.** Ces biens pourront être vendus en contrepartie d'un flux de trésorerie, ce qui représente des avantages économiques futurs.
— la capacité à **réduire les sorties de trésorerie.**
Par exemple, le **remplacement d'un moteur** entraînant une réduction de la consommation d'énergie permettra de diminuer les flux de trésorerie négatifs et donc d'augmenter les avantages économiques futurs.
Pour un exemple concernant les immobilisations incorporelles, voir n° 30120.

III. La contribution aux flux nets de trésorerie peut être directe ou indirecte :
— **directe** dans le cas, notamment, de la conversion de l'actif en trésorerie (par exemple, la vente d'un matériel) ;
— **indirecte** dans le cas, par exemple, de sièges sociaux.

NOTION DE RESSOURCE CONTRÔLÉE
Pour être comptabilisé à l'actif, l'élément doit générer une ressource contrôlée par l'entité du fait d'événements passés (PCG art. 211-1).

Il doit **également remplir les 3 autres critères** de définition et de comptabilisation, n° 25105. À défaut, l'élément est comptabilisé en charges, même si les autres critères de définition et de comptabilisation sont remplis.

> **Fiscalement** Il en est de même (BOI-BIC-CHG-20-10-10 n° 1 à 50).

En conséquence, l'entrée dans le patrimoine intervient, dans **tous les cas,** à la date de **transfert du contrôle** (sur la notion de transfert de contrôle, voir n° 25160).

> **Précisions** Certains actifs qui ne sont pas visés par les règles générales de définition et de comptabilisation des immobilisations (voir n° 25135) peuvent suivre d'autres principes, tels :
> — les contrats de crédit-bail, voir n° 28460 s. ;
> — les contrats de cession-bail, voir n° 28320.

Il en résulte que pour comptabiliser une immobilisation à l'actif, **ce n'est pas le critère de propriété qui est essentiel mais celui de contrôle.** Il existe donc une **différence** fondamentale entre le **patrimoine juridique,** essentiellement fondé sur le transfert de propriété, et le **patrimoine comptable.** Sur les conséquences pratiques de cette différence, voir n° 25255 s.

25160 **Le transfert de contrôle** Il intervient dès qu'il est **probable que les avantages économiques futurs iront à l'entité** (PCG art. 212-1), ce qui implique, comme en IFRS, que l'entité ait le **pouvoir** :
– **d'obtenir les avantages économiques futurs** découlant de la ressource sous-jacente ;
– **de restreindre l'accès des tiers à ces avantages.**

En conséquence, un élément générant des avantages économiques futurs ne pourra être porté à l'actif d'une entité que s'il existe une **certitude suffisante** que ces avantages économiques futurs bénéficieront à l'entité (Avis CNC 2004-15 § 3.1) et qu'ils pourront être **estimés de façon suffisamment fiable.**

> **Fiscalement** Il en est de même (BOI-BIC-CHG-20-10-10 n° 40 à 50).

En pratique, en général :

a. il existe une certitude suffisante que ces avantages économiques futurs bénéficieront à l'entité lorsque les risques et avantages ont été transférés à l'entité (Avis CNC précité, § 3.1).

Tel est le cas lorsque l'entité est titulaire d'un droit qu'elle peut faire appliquer par un tribunal, qu'il s'agisse d'un **droit de propriété** ou d'un **droit contractuel.**

En effet, la détention de ce droit constitue en principe une présomption de contrôle suffisante dans la mesure où il est opposable aux tiers, et peut ainsi leur restreindre l'accès aux avantages générés par l'élément.

> **Précisions** Toutefois, dans certains cas, la possibilité de se prévaloir d'un droit ne constitue pas une condition suffisante pour démontrer le contrôle, notamment lorsqu'il ne permet pas de restreindre l'accès des tiers aux avantages économiques futurs afférents à l'immobilisation. Il convient alors d'analyser la situation et les clauses des contrats de manière attentive afin de s'assurer que tous les critères sont remplis. Pour un exemple d'application, voir n° 25320.

b. le pouvoir d'obtenir les avantages économiques futurs implique également que l'entité assume les risques significatifs liés à l'actif (Avis CNC précité, § 3.1).

> **Fiscalement** Il en est de même (BOI-BIC-CHG-20-10-10 n° 40 à 50).

C'est généralement le cas :
– lorsque le droit de propriété a été transféré ;
– lorsque le cédant conserve uniquement des risques non significatifs.

EXEMPLE

Constituent, à notre avis, des **risques significatifs** (liste non exhaustive) :
– une obligation essentielle attachée à l'immobilisation et non couverte par une garantie à la charge du cédant ;
– l'installation lorsque celle-ci représente une part importante du contrat qui n'a pas encore été achevée par le cédant ;
– la perte de valeur sur le marché ;
– l'annulation de la vente.

À l'inverse, ne sont, à notre avis, **pas considérés comme significatifs,** les risques (liste non exhaustive) :
– de non-recouvrabilité ou de remboursement ;
– d'inspection lorsqu'il s'agit d'une simple formalité ou d'installation lorsqu'elle n'a pour but que la détermination finale des prix contractuels (sauf s'il s'agit de conditions suspensives, voir n° 11040).

> **Précisions** Critères de sortie d'actifs du patrimoine En principe, ces critères devraient, à notre avis, être les mêmes que ceux définis pour l'entrée dans le patrimoine. Les immobilisations devraient ainsi être sorties du patrimoine à la date du transfert de contrôle. Toutefois, en pratique, compte tenu des conséquences juridiques et fiscales de la cession juridique :
– le bien est souvent sorti de l'actif à la date du transfert de propriété, en même temps que la vente est comptabilisée, y compris lorsqu'il est encore contrôlé par le vendeur ;
– seule la marge liée à la vente est retraitée. Voir n° 11020 (Incoterms), 11070 (vente avec engagement ferme de rachat), 28265 (vente à réméré) et 28320 (lease-back).

NOTION DE FIABILITÉ DU COÛT D'ENTRÉE

25165 Un élément est comptabilisé à l'actif lorsque son coût ou sa valeur peut être évalué avec une **fiabilité suffisante** (PCG art. 212-1).

Il doit **également remplir les 3 autres critères** de définition, voir n° 25105.

À défaut, l'élément est comptabilisé en charges, même si les autres critères de définition et de comptabilisation sont remplis.

> **Fiscalement** Il en est de même (BOI-BIC-CHG-20-20-10 n° 10).

© Éd. Francis Lefebvre   **LES IMMOBILISATIONS CORPORELLES**

En général, ce critère devrait être aisément satisfait. En effet, l'évaluation du coût est considérée comme fiable (Avis CNC 2004-15 § 3.1) :
– **pour les biens acquis,** lorsqu'il existe une transaction permettant d'identifier le coût d'entrée du bien dans le patrimoine de l'entreprise ;
Il s'agit, par exemple, d'actes d'acquisition de terrains, de factures d'achats de matériel, etc.
– **pour les biens produits,** lorsque l'entreprise peut déterminer leur coût de production sur la base de transactions conclues avec les tiers ayant contribué à la production de l'actif.
Il s'agit, par exemple, de factures d'achats de matières premières, de factures d'honoraires, de bulletins de paie des salariés, etc.
Sur l'application de ce critère aux immobilisations incorporelles, voir n° 30165.
Sur les règles d'évaluation du coût d'entrée des immobilisations corporelles, voir n° 26170 s.

SYNTHÈSE

L'approche méthodologique permettant de définir les éléments susceptibles d'être portés à l'actif peut être schématisée par l'arbre de décision suivant, élaboré par nos soins :   **25170**

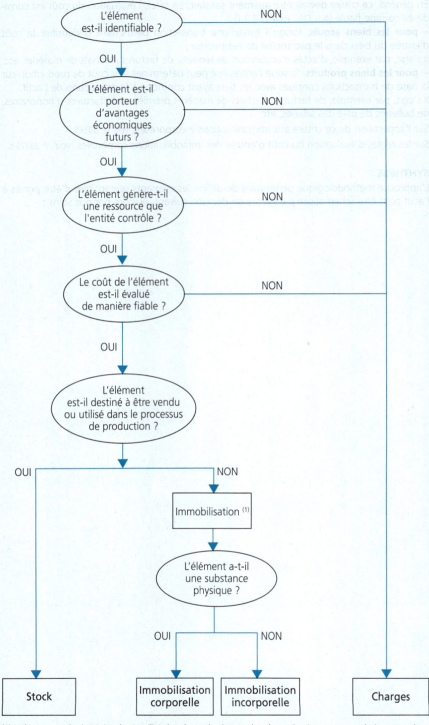

(1) L'élément est destiné à être loué, utilisé dans la production ou dans la gestion interne et sur plusieurs exercices.

II. ÉLÉMENTS CONSTITUTIFS DU PATRIMOINE COMPTABLE

A. Principe général de comptabilisation des immobilisations corporelles

25240 En principe, les immobilisations corporelles portées à l'actif du bilan sont **tous** (et uniquement) **les biens** qui respectent les **critères cumulés de définition et de comptabilisation** d'une immobilisation corporelle (voir n° 25105 s.), introduits par le règlement CRC n° 2004-06 sur les actifs (abrogé et repris dans le règl. ANC 2014-03 relatif au PCG). La date de comptabilisation d'une immobilisation corporelle intervient donc en principe non pas au transfert de propriété (comme sur le plan juridique, voir n° 25255) mais au **transfert de contrôle** (voir n° 25160).

> **Fiscalement** Il en est de même (BOI-BIC-CHG-20-10-10 n° 20 et 30 ; CAA Bordeaux 10-4-2018 n° 16BX00576).

En pratique :
– une analyse des contrats est souvent nécessaire pour déterminer la date de transfert de contrôle (voir n° 25250) ;
– le patrimoine juridique peut être différent du patrimoine comptable (voir n° 25255).

Sur l'application pratique des critères de définition et de comptabilisation des immobilisations corporelles, voir n° 25260 s.

Toutefois, **certains actifs ne suivent pas ce principe général** (voir n° 25395 s.). En effet :
a. certains éléments peuvent, sur **option,** ne pas être comptabilisés à l'actif alors même qu'ils répondent aux critères généraux de définition et de comptabilisation d'une immobilisation corporelle (voir n° 25415 s.) ;
b. certains actifs sont définis et comptabilisés selon des **règles propres spécifiques,** en raison :
– de leur exclusion du champ d'application des règles générales sur les actifs (tels que les immobilisations prises en crédit-bail, voir n° 28460 s.) ;
– de l'absence de position définitive de la part des organismes comptables compétents sur leur statut et leur traitement comptable (tel est le cas des biens acquis en nue-propriété ou en usufruit, voir n° 25440, ou des opérations de cession-bail, voir n° 28320).

B. Conséquences pratiques sur la comptabilisation des immobilisations corporelles

25245 Il résulte de l'application des critères de définition et de comptabilisation des immobilisations corporelles (voir n° 25105 s.) les conséquences suivantes :

25250 **Une analyse des contrats est nécessaire** Afin de s'assurer que les critères de définition et de comptabilisation sont remplis, il convient de procéder à une analyse minutieuse des clauses des contrats.
En pratique, est notamment recherchée la date de transfert de contrôle (sur la notion de transfert de contrôle, voir n° 25160). C'est cette date qui permet de comptabiliser l'entrée et la sortie de l'immobilisation (voir n° 25240).
Pour un exemple d'analyse d'un contrat (fabrication d'un moule industriel), voir n° 25320.

25255 **Le patrimoine comptable peut différer du patrimoine juridique** En général, le patrimoine comptable et le patrimoine juridique sont en pratique **identiques,** le transfert de contrôle (fait générateur de l'entrée d'une immobilisation dans le patrimoine comptable, voir n° 25240) étant dans la plupart des cas concomitant au transfert de propriété (fait générateur de l'entrée dans le patrimoine juridique).

Tel est le cas, par exemple :
– des biens vendus sans condition particulière ;
– des biens vendus sous condition suspensive (voir n° 11040).

Toutefois, en principe, le patrimoine comptable **peut différer** du patrimoine juridique, la date de transfert de contrôle et celle de transfert de propriété n'étant pas nécessairement concomitantes.

Tel est le cas :

a. lorsque l'acquéreur est propriétaire de biens dont il **ne contrôle pas encore la ressource.**

EXEMPLES
— Certains biens vendus sous condition résolutoire (voir n° 11045).
— Certains biens vendus avec accord de rachat (voir n° 11070).

En principe, dans ce cas, en application des critères de comptabilisation des actifs, ces biens ne devraient pas être systématiquement comptabilisés au bilan de l'acquéreur au moment du transfert de propriété, le transfert de contrôle n'étant pas nécessairement encore intervenu. **En pratique,** toutefois, pour des raisons juridiques et fiscales (voir ci-après), l'actif est comptabilisé en immobilisation chez l'acquéreur au transfert de propriété, bien que le transfert de contrôle ne soit pas intervenu.

> **Fiscalement** L'administration admet l'utilisation du critère de contrôle. Elle reconnaît ainsi que la simple détention d'un droit de propriété peut, dans certains cas, ne pas être suffisante pour considérer qu'il y a contrôle, sans toutefois en préciser les conséquences (BOI-BIC-CHG-20-10-10 n° 40). À notre avis, le juge fiscal devrait en principe s'aligner sur la réglementation comptable en application de l'article 38 quater de l'annexe III au CGI et en l'absence de définition fiscale autonome du concept de patrimoine comptable (en ce sens, CAA Bordeaux 10-4-2018 n° 16BX00576).

> **Juridiquement** Les conséquences juridiques, notamment en cas de procédure collective, de la comptabilisation des actifs sur la base d'un patrimoine économique distinct du patrimoine juridique ont été mises en évidence dans un rapport présenté en 2005 par le groupe de travail « IAS et droit » du CNC.

En outre, selon les règles actuelles de prise en compte du chiffre d'affaires, l'immobilisation doit bien être sortie du bilan à la date du transfert de propriété. En conséquence, en pratique, seul le résultat est retraité pour tenir compte de la substance économique de l'opération.

b. lorsque l'acquéreur n'est pas encore propriétaire de biens dont il **contrôle déjà la ressource.** Dans certains cas particuliers, des règles spécifiques prévoient que ces immobilisations sont comptabilisées à l'actif de l'entité alors même qu'elle n'en est pas propriétaire (PCG art. 512-3).

Tel est le cas, par exemple :
– des biens acquis avec clause de réserve de propriété (voir n° 25280 et 11025) ;
– des biens acquis sous condition suspensive portant sur le paiement du prix (voir n° 11040) ;
– des biens acquis à la barre du tribunal de commerce, lorsque le tribunal décide de confier au cessionnaire (à sa demande et sous sa responsabilité) la gestion et donc la jouissance de l'entreprise cédée. Dans ce cas, les biens sont inscrits à l'actif du repreneur dès la date d'entrée en jouissance décidée par le tribunal, sans attendre la signature de l'acte de cession (Bull. CNCC n° 172, décembre 2013, EC 2013-53, p. 674 s. ; Bull. CNCC n° 203, septembre 2021, EC 2021-05, cncc.fr). De même les passifs repris doivent être comptabilisés au bilan dès cette date (EC 2021-05 précitée).

En revanche, sur le cas particulier des biens pris en crédit-bail, qui restent comptabilisés au bilan du propriétaire bien qu'il n'en ait plus le contrôle, voir n° 28460 s. ;
– d'un véhicule, dont une société a pris en charge le prix d'achat, les frais d'entretien et qui a encaissé le prix de revente bien que la carte grise ait été établie au nom de l'un de ses associés (CE 24-11-1967 n° 69114 et 69115 ; BOI-BIC-AMT-10-20 n° 300).

25260 **Constructions sur sol d'autrui** Toutes constructions, plantations et ouvrages sur un terrain ou dans l'intérieur, sont présumés faits par le propriétaire à ses frais et lui appartenir si le contraire n'est pas prouvé, la propriété du sol emportant la propriété du dessus et du dessous (C. civ. art. 552 et 553). Par le jeu de l'accession, le propriétaire du sol devient donc le propriétaire des constructions et aménagements édifiés par le locataire. Toutefois, selon la jurisprudence de la Cour de cassation et du Conseil d'État, l'accession ne joue, sauf clause contraire, qu'à l'expiration du contrat de bail (notamment Cass. civ. 1-12-1964 n° 58-11.561 ; CE 24 février 2017 n° 387972).

Jusqu'à l'expiration du bail, c'est le **locataire** qui est temporairement le **propriétaire des constructions** et qui est donc en droit de les enlever ou même de les vendre ou de les hypothéquer.

À l'expiration du bail, il est de règle générale que le propriétaire du sol a le droit, soit de retenir les constructions qui ont été édifiées par un tiers, soit d'obliger celui-ci à les supprimer à ses frais (C. civ. art. 555).
Sur l'obligation de remise en état de bien appartenant à autrui, voir n° 28735.
Le droit d'accession ainsi reconnu au propriétaire du terrain s'applique dans ses rapports avec un locataire, mais sous les réserves suivantes, qui découlent de la jurisprudence :
– s'il existe une convention entre le propriétaire et le locataire au sujet des constructions, c'est cette convention qui en règle souverainement le sort ;
– à défaut de convention, le propriétaire peut exercer son droit d'accession.

> **Précisions** **1. Renouvellement de bail** Dans ce cas, il a été jugé que le bailleur ne devenait propriétaire des travaux réalisés par le locataire qu'à l'issue du dernier renouvellement de bail (C. cass. 4-4-2002 n° 697 FS-PIB).
> **2. Différence avec la copropriété** Lorsque les locaux sont construits dans le cadre de la copropriété, nonobstant la limitation de fait du droit de chaque copropriétaire sur le terrain, il y a construction sur sol propre (et non sur sol d'autrui).
>
> **3. Travaux réalisés dans des locaux que l'entreprise s'est engagée à acheter** Lorsque des travaux d'agencement sont réalisés dans des locaux dont l'entreprise n'est pas propriétaire mais qu'elle s'est engagée à acheter, les travaux sont considérés comme des « agencements sur sol d'autrui » (Bull. CNCC n° 186, juin 2017, EC 2017-15, p. 344 s.).
> Sur l'amortissement des constructions et aménagements sur sol d'autrui, voir n° 27515.

Il en résulte les conséquences suivantes :

I. Chez le locataire Les constructions doivent être comptabilisées en immobilisations dans le compte 214 « Constructions sur sol d'autrui », prévu par le PCG (art. 942-21) à cet effet.
Les aménagements et installations réalisés par le locataire pendant le bail doivent être également immobilisés et comptabilisés, à notre avis, dans le même compte, même s'ils doivent revenir gratuitement au bailleur en fin de contrat.

> **Fiscalement** Il en est de même (conséquence de l'art. 39 D du CGI et, notamment, CE 24-7-1987 n° 47321, CAA Lyon 16-2-2006 n° 98-1861 et CAA Paris 20-6-2014 n° 12PA03534 et 13PA01226 ; Rép. Villaumé : AN 30-6-2015 n° 51475). Le locataire étant, sauf clause contraire, propriétaire des constructions jusqu'à l'expiration du bail, il est en conséquence redevable de la taxe foncière jusqu'à cette date (CE 24-2-2017 n° 387972).

Sur l'évaluation du coût d'entrée, voir n° 26450 I.
Sur les préloyers, loyers et indemnités versés pour la location du terrain pendant la phase de construction, voir n° 26220 I. b.
Sur leur amortissement, voir n° 27515.
Sur la sortie de l'actif, à l'expiration du bail, voir n° 28275.

II. Chez le propriétaire du terrain (bailleur)
a. Pendant la durée du bail Seul le terrain figure à l'actif du bailleur. Ni les constructions ni les agencements et installations réalisés par le locataire ne peuvent figurer en immobilisations, même s'ils lui sont remis gratuitement à l'expiration du bail.

> **Précisions** En effet l'avantage résultant de la remise gratuite des constructions en fin de bail au propriétaire ne peut être regardé comme lui étant acquis lors de la signature du bail, mais seulement au moment de l'expiration de celui-ci (C. civ. art. 555 et CE 27-2-1984 n° 19461 ; voir b.), soit le jour où le propriétaire a recouvré la disposition des locaux loués (CE 17-6-1985 n° 45478).

b. À l'expiration du bail Les constructions et les aménagements constituent, à notre avis, une **immobilisation** pour le propriétaire. Si elles sont reçues à titre gratuit, la contrepartie de leur entrée dans le patrimoine est un produit exceptionnel (voir n° 26765).

> **Fiscalement** Il en est de même (CE 10-7-1981 n° 12865 et 24983 et CE 16-11-1981 n° 16111 ; CE 5-12-2005 n° 263505 ; Rép. Villaumé : AN 30-6-2015 n° 51475 ; BOI-BIC-PDSTK-10-10-20 n° 260). En cas de baux successifs, l'immeuble est acquis au bailleur au terme du premier bail qui règle la destination du bien (CAA Lyon 25-9-1996 n° 94-768 définitif suite à CE (na) 24-10-1997 n° 183966).

Sur l'évaluation du coût d'entrée, voir n° 26450 II.
Sur leur amortissement, voir n° 27515, Précision 2.

Bail à construction Un bail à construction est un contrat à titre onéreux d'une durée comprise entre 18 et 99 ans par lequel le propriétaire d'un terrain en cède l'usage à un locataire qui s'engage à y édifier des constructions (en règle générale gratuitement, sauf si une convention intervenue entre les parties définit différemment leurs droits respectifs sur ces biens). En fin de contrat, ces constructions reviennent au bailleur (CCH art. L 251-1 et L 251-2). **25265**

1. Pendant la durée du bail Sur le plan comptable, le **bailleur** comptabilise, sur toute la période de location (Bull. CNCC n° 121, mars 2001, EC 2000-57, p. 126 s.) :
– d'une part, les loyers perçus, le cas échéant ;

> **Fiscalement** Les loyers payés en espèces et courus au titre de l'exercice sont immédiatement imposables. En revanche, lorsque les loyers sont versés, pour tout ou partie, en nature, le revenu, représenté par la valeur des biens remis (immeubles ou titres), calculée d'après leur prix de revient, peut être étalé sur l'exercice de remise des biens et les 14 exercices suivants (CGI art. 33 ter ; BOI-BIC-PDSTK-10-10-20 n° 330).

– d'autre part, un produit correspondant à la remise gratuite des constructions par le locataire en fin de bail, en contrepartie d'un compte de **produits à recevoir**.
En effet, selon le bulletin précité, dans le cadre d'un tel bail, la remise de l'immeuble au bailleur ne peut être analysée comme une acquisition à titre gratuit. Elle correspond à la rémunération en nature perçue en contrepartie de la mise à disposition du terrain. Cette rémunération, in fine, complète les loyers reçus pendant la durée du bail. Ainsi, la réalité économique de la transaction peut s'analyser en substance comme un échange entre, d'une part, la location du terrain et, d'autre part, les versements de loyers et la remise de la construction en fin de bail.
Sur l'évaluation du produit à recevoir/du coût d'entrée de l'immeuble chez le bailleur en fin de bail, voir n° 26452.

> **Fiscalement** Sur les modalités d'évaluation et d'imposition de ce produit, voir n° 26452.

2. À l'expiration du bail En fin de bail, la construction remise au bailleur est donc enregistrée en immobilisations par le crédit du compte « produits à recevoir » ainsi constitué.

3. En cas de rachat d'un bail à construction Voir n° 26452.

25280 **Immobilisations acquises avec clause de réserve de propriété** Selon le PCG (art. 512-3), les immobilisations, objets de cette clause, doivent figurer au **bilan** de l'**acquéreur** dès la date de livraison et non à celle du transfert de propriété.
En effet, si le vendeur a transféré les risques et avantages significatifs afférents au bien, mais a conservé le titre de propriété des biens uniquement pour protéger sa possibilité de recouvrement du montant dû, il y a bien, à notre avis, transfert de contrôle (sur la notion de transfert de contrôle, voir n° 25160) et l'acquéreur doit comptabiliser le bien à son actif à la date de livraison (et non à celle de transfert de propriété). Leur éventuelle dépréciation est constatée par l'acquéreur dès cette date.

> **Fiscalement** Il en est, en principe, de même (BOI-BIC-AMT-10-20 n° 110).

Sur la manière de les déprécier, voir n° 27510.

25300 **Participation à des dépenses d'équipement (public) d'un terrain ou d'une construction** En l'absence de précisions des organismes compétents et afin de s'assurer que les critères de définition et de comptabilisation sont remplis, il convient de procéder à une analyse des clauses contractuelles de l'accord passé entre l'entreprise et la collectivité publique.
Le traitement comptable de ces dépenses est, à notre avis, fonction de la finalité des travaux. Il existe, à notre avis, **deux finalités possibles** :
– l'acquisition d'un terrain ou d'une construction, voir ci-après I. ;
– ou l'exploitation d'un terrain ou d'une construction, voir ci-après II.

I. La participation versée est liée à l'acquisition d'un terrain ou d'une construction C'est le cas lorsque l'entreprise souhaite devenir propriétaire du terrain ou de la construction (même si elle n'est pas propriétaire du terrain).
La participation constitue, à notre avis, des **frais accessoires d'achat** à intégrer dans le coût **d'entrée** du terrain ou de la construction que l'entreprise cherche à acquérir :
– si elle est **nécessaire et directement liée à l'acquisition** (pour plus de détails sur la nature des frais accessoires d'achat, voir n° 26200 s.) ;
– et si elle est engagée dans la **période d'acquisition** (pour plus de détails sur la période d'acquisition, voir n° 26265 s.).
Toutefois, si l'entreprise souhaite devenir propriétaire du terrain pour édifier une construction, il y a lieu d'apprécier, au cas par cas, si les travaux :
– valorisent le terrain (incorporation au coût de revient du terrain) ;
– ou sont nécessaires à l'activité de l'acquéreur (incorporation au coût de revient de la construction).

>Fiscalement En fonction des modalités contractuelles retenues et de la propriété des travaux réalisés, ces participations s'incorporent au prix de revient du terrain ou au prix de revient des constructions suivant la jurisprudence rendue avant l'entrée en vigueur des règles comptables sur les actifs applicables depuis 2005 : voir Exemples ci-après.
Selon l'administration, les dépenses faites au titre de la participation à des travaux effectués au profit de tiers devraient être intégrées aux coûts de l'immobilisation, dès lors qu'elles sont directement liées à son acquisition ou sa production (BOI-BIC-CHG-20-20-10 n° 30).

EXEMPLES

(issus de la jurisprudence rendue sous les anciennes règles comptables mais, à notre avis, toujours applicable) :
1. **Incorporation au prix de revient du terrain** La participation aux dépenses d'équipement public (aménagement d'une zone industrielle) s'incorpore au prix de revient du terrain lorsqu'elle est **contractuellement prévue comme un élément de son prix d'acquisition** (CE 3-10-1973 n° 84265 ; BOI-BIC-CHG-20-10-20 n° 190).
2. **Incorporation au prix de revient de la construction** La participation constitue un élément du prix de revient :
— d'une usine, lorsqu'elle finance des travaux de consolidation des berges d'une rivière nécessités par l'agrandissement de cette usine et prescrits **par le permis de construire** (CE 7-7-1982 n° 24514) ;
— de la construction, lorsque son versement conditionne l'obtention d'**un permis de construire** (CE 17-2-1992 n° 81690-82782), ou s'il se substitue à une taxe d'urbanisme elle-même incluse dans le prix de revient (CE 17-2-1992 n° 74272) ;
— de la construction, lorsque les équipements (nouvelle voie d'accès à des terrains appartenant à la société) s'incorporent à son patrimoine et sont nécessaires à son activité (CE 16-6-1993 n° 67760). En ce sens, la Note de présentation de l'avis CNC n° 2004-15 sur les actifs (Avis CNC 2004-15 Annexe 1, § 2.3) considérant que les travaux effectués à proximité de sites concédés tels que les raccordements aux réseaux (aménagement de bretelles d'accès à une voie rapide, aménagement de carrefours...) à l'occasion d'un chantier, sont directement attribuables au coût d'acquisition ou de production et doivent être intégrés au coût global du chantier.

II. La participation versée est liée à l'exploitation d'un terrain ou d'une construction
Elle constitue, à notre avis, une immobilisation corporelle amortissable (bien que l'équipement reste la propriété de la collectivité publique) si ces dépenses sont **nécessaires** pour que la société puisse :
— obtenir des avantages économiques supplémentaires ;
— ou continuer à obtenir des avantages économiques de ses autres actifs.

EXEMPLE

Tel est le cas des dépenses de construction d'un tunnel sur le domaine public pour des raisons de sécurité, sans lequel une société d'extraction de matériaux n'aurait pas été autorisée à exploiter une carrière (Bull. CNCC n° 162, juin 2011, EC 2011-01, p. 281 s.).

Constituent également, à notre avis, des immobilisations corporelles et à condition qu'un lien direct soit établi entre les travaux et l'exploitation de la société, les participations ayant financé :
— les raccords aux réseaux publics d'égout, d'eau, de gaz, d'électricité et de téléphone devenant immédiatement la propriété des maîtres d'ouvrage publics ;
— les dépenses d'embranchement ferroviaire particulier situé sur le domaine public ;
— les travaux d'amélioration de la desserte routière d'une zone industrielle décidés après l'installation de l'entreprise dans cette zone.

>Fiscalement La jurisprudence ne s'est pas prononcée sur le régime de ces dépenses depuis l'entrée en vigueur des règles comptables applicables depuis 2005. Il résulte de décisions rendues pour la période antérieure que la participation aux dépenses d'équipement public constitue une charge déductible lorsque ces dépenses financent des biens dont l'entreprise n'a pas la propriété (CE 16-5-1990 n° 68479, à propos de travaux d'amélioration de la desserte routière d'une zone industrielle dans laquelle l'entreprise exerce son activité ; CE 3-6-1987 n° 53551, à propos de travaux exécutés dans le cadre d'une convention d'embranchement ferroviaire).
Il n'est pas certain que ces solutions seraient confirmées dans le cadre de la réglementation comptable actuelle.

L'actif ainsi comptabilisé suit alors le même traitement que celui réservé aux aménagements et installations réalisés par le locataire sur une construction appartenant à autrui (Bull. CNCC précité) :
— sur sa comptabilisation, voir n° 25260 ;
— sur son amortissement, voir n° 27515.

> **Fiscalement** Voir n° 25300 I., ci-avant.

Sur le droit réel sur les ouvrages, constructions et installations de caractère immobilier édifiés sur le domaine public, voir n° 30700.

25320 **Participation au financement de biens dans le cadre d'un contrat de prestation de services ou de fourniture de biens** Certains de ces contrats, sans avoir la forme juridique d'un contrat de location, peuvent conférer au client un **droit d'utilisation d'un actif appartenant au fournisseur,** en échange du financement (en un ou plusieurs paiements) de l'actif concerné.

> EXEMPLES
>
> Dans le cadre d'un accord de sous-traitance pour la fabrication de pièces, le sous-traitant peut avoir à fabriquer un moule pour satisfaire aux exigences techniques du donneur d'ordre. Il est fréquent que le donneur d'ordre prenne alors en charge son financement, soit directement, soit par l'intermédiaire du prix des pièces.
>
> Dans le cadre d'un contrat de fourniture d'énergie, il est fréquent que le client verse un droit de raccordement, non remboursable.

> **Précisions** Sur le traitement comptable de ces contrats en norme IFRS, voir Mémento IFRS n° 25140 et 32978 s. (IFRS 16).

Dans de tels contrats, il convient de rechercher qui contrôle le bien financé pour déterminer le traitement comptable approprié :

I. Traitement comptable des frais de fabrication d'un moule industriel

Selon l'analyse des clauses du contrat de sous-traitance, le moule sera comptabilisé en immobilisation chez le donneur d'ordre ou chez le sous-traitant :

1. lorsque le donneur d'ordre (financeur) contrôle le moule fabriqué par le sous-traitant :

> EXEMPLE
>
> Un donneur d'ordre et son sous-traitant concluent un contrat d'exécution de pièces sur 5 ans. La fabrication d'un moule industriel est nécessaire, celui-ci devant être utilisé par le sous-traitant. La fabrication du moule incombe au sous-traitant, mais son financement incombe au donneur d'ordre (par hypothèse, ce financement est assuré par l'intermédiaire du prix de vente des produits fabriqués). La propriété juridique du moule est attribuée au sous-traitant, mais elle est transférée au donneur d'ordre au terme du contrat.
>
> Ce moule génère une **ressource contrôlée par le donneur d'ordre** (au sens des articles 211-1 et 212-1 du PCG ; voir n° 25160) dans la mesure où, même si le droit de propriété ne lui est transféré qu'au terme du contrat, l'analyse du contrat permet de démontrer que :
> – **l'essentiel des risques a été transféré au donneur d'ordre** : le contrat prévoit qu'une facturation complémentaire sera émise par le donneur d'ordre au profit du sous-traitant si le nombre de pièces est insuffisant pour couvrir le coût de fabrication du moule. Cette obligation constitue, à notre avis, dans cet exemple, un risque significatif attaché au moule ;
> – **il est probable que les avantages économiques futurs iront au donneur d'ordre** : seul le donneur d'ordre bénéficiera des avantages économiques futurs liés à la production de pièces à partir du moule, ce dernier ne pouvant être utilisé par le sous-traitant que pour fabriquer les pièces prévues au contrat (protection vis-à-vis des tiers).

> **Fiscalement** Il en est de même (BOI-BIC-CHG-20-10-10 n° 50).

Lorsque les caractéristiques du contrat permettent de conclure que le moule industriel, fabriqué par le sous-traitant, est contrôlé par le donneur d'ordre (voir Exemple ci-avant), à notre avis :

– chez le donneur d'ordre, le moule est à comptabiliser en immobilisations ;
Si le financement est compris dans le prix des pièces (voir Exemple ci-avant), l'immobilisation a pour contrepartie une dette vis-à-vis du sous-traitant. Cette dette sera apurée au fur et à mesure de la facturation des pièces.

– chez le sous-traitant, les frais de fabrication du moule sont comptabilisés à l'actif du sous-traitant, dans un compte d'avance financière, qui sera également apuré au fur et à mesure de la facturation des pièces.
Si le financement du moule est réalisé en totalité dès le début du contrat, le compte d'avance est apuré immédiatement.

2. lorsque le donneur d'ordre (financeur) ne contrôle pas le moule fabriqué par le sous-traitant :

> **EXEMPLE**
>
> Tel est le cas, par exemple (critères non exhaustifs et non cumulatifs) :
> – si le moule peut être utilisé pour une autre production ;
> – s'il est conservé par le sous-traitant en fin de contrat afin d'être réutilisé ;
> – si, dans le cas où le nombre de pièces fabriquées serait insuffisant pour financer la totalité du moule, le donneur d'ordre n'est pas facturé pour le complément.

Dans ce cas, à notre avis :
– les frais de fabrication du moule sont à comptabiliser en immobilisations dans les comptes du sous-traitant ;
– la participation au financement est comptabilisée chez le donneur d'ordre au fur et à mesure des versements (par le biais de l'augmentation du prix des pièces).

Si le financement du moule est réalisé en totalité dès le début du contrat (avec condition de rétrocession en cas d'insuffisance des volumes produits), la somme reçue du donneur d'ordre est comptabilisée :
– chez le sous-traitant : en produits constatés d'avance, à reconnaître en résultat au fur et à mesure des volumes facturés ;
– chez le donneur d'ordre : en charges constatées d'avance, à reconnaître en résultat au même rythme.

II. Traitement comptable du droit de raccordement dans un contrat de fourniture d'énergie

En général, les sommes versées sont comptabilisées en contrepartie d'une charge constatée d'avance à étaler sur la durée du contrat (Bull. CNCC n° 173, mars 2014, EC 2013-63, p. 116 s. ; voir n° 15120).

En effet, ces paiements ne sont pas constitutifs d'une immobilisation, dès lors que l'installation reste sous le contrôle du fournisseur (il est responsable de son entretien et de son exploitation et il n'est prévu aucune option d'achat par le client au terme du contrat).

Vente de biens avec faculté de rachat (à réméré) Pour le traitement de ces opérations, voir n° 28265. — **25325**

Construction en cours d'édification La vente d'immeubles à construire, par laquelle le vendeur s'oblige à édifier un immeuble dans un délai déterminé par le contrat (C. civ. art. 1601-1), peut être conclue en l'état futur d'achèvement (voir ci-après I.) ou à terme (voir ci-après II.). — **25345**

I. Vente en l'état futur d'achèvement

(C. civ. art. 1601-3) Le vendeur transfère immédiatement à l'acquéreur ses droits sur le sol ainsi que la propriété des constructions existantes. Les ouvrages à venir deviennent la propriété de l'acquéreur au fur et à mesure de leur exécution et celui-ci est tenu d'en payer le prix au fur et à mesure de l'avancement des travaux.

Dans ce cas, à notre avis, transfert de contrôle (date à laquelle les immobilisations acquises doivent être comptabilisées à l'actif, voir n° 25240) et transfert de propriété sont concomitants.

Rappelant ces éléments, le secrétariat général du CNC (Bull. n° 21, janvier 1975, p. 9) a estimé que le transfert de propriété au fur et à mesure de l'exécution de l'ouvrage est juridiquement un meilleur critère de comptabilisation que l'acte constatant la vente.

En conséquence, doivent être enregistrés (en ce sens, bull. précité) :
– dans le compte 2313 « Constructions en cours », les sommes versées en contrepartie des travaux effectués – l'excédent de versement étant comptabilisé en « Avances et acomptes sur commandes d'immobilisations corporelles » (compte 238) – et le coût des travaux réalisés et non encore réglés ;
– dans les engagements réciproques, la différence entre le prix convenu dans l'acte et le montant du compte 2313.

Le secrétariat du CNC n'indique pas à quel compte doit être crédité le coût des travaux réalisés et non encore réglés ; le compte 4084 « Fournisseurs d'immobilisations – Factures non parvenues » nous paraît pouvoir être utilisé. Le coût de l'immobilisation est viré du compte 23 au compte 21 lorsqu'elle est terminée.

> **Précisions** **1. Amortissements** Les constructions ne peuvent être amorties, conformément aux principes généraux, qu'à partir de la fin de la période d'incorporation des frais dans le coût d'entrée (voir n° 27095) qui ne peut intervenir avant la date de l'achèvement des travaux. Le transfert de propriété pouvant s'effectuer par tranche de mise en service, l'amortissement peut débuter sur les parties d'ores et déjà mises en service, sans attendre l'achèvement des travaux sur les autres tranches en cours de construction.
> **2. Frais financiers** Sur la possibilité d'inclure les coûts d'emprunt dans le coût d'entrée de telles constructions, voir n° 26340 II.

II. Vente à terme
(C. civ. art. 1601-2) Le transfert de propriété, constaté par acte authentique lors de l'achèvement de la construction, produit ses effets rétroactivement au jour de la vente.

Selon le bulletin CNCC (n° 87, septembre 1992, EC 91-46, p. 489 s.), tant que l'immeuble n'est pas achevé, l'acquéreur doit :
– porter les versements effectués pour son acquisition dans un compte d'avances et acomptes sur immobilisations (compte 23) ;
– constater la charge d'intérêts en cas d'emprunt (sur la possibilité d'immobiliser cette charge, voir n° 26335 s.) ;
– indiquer dans l'annexe le montant des engagements pris à la signature du contrat (de prendre livraison et de payer le prix à la date de livraison ; voir n° 29680).

> **Précisions** **Amortissements** Les constructions ne peuvent être amorties, conformément aux principes généraux, qu'à partir de la fin de la période d'incorporation des frais dans le coût d'entrée (voir n° 27095). Voir Précision 1 ci-avant au I.

C. Exceptions au principe général de comptabilisation des immobilisations corporelles

25395 Certains éléments ne suivent pas le principe général de comptabilisation des immobilisations corporelles (sur ce principe général, voir n° 25240) :

I. Les options offertes par le PCG Certains éléments peuvent, sur option, ne pas être comptabilisés à l'actif, alors même qu'ils répondent aux critères généraux de définition et de comptabilisation d'une immobilisation corporelle (voir n° 25415 s.).

II. Les actifs traités selon des règles spécifiques Certains éléments corporels restent définis et comptabilisés selon des règles spécifiques.
Pour une liste des éléments traités selon des règles spécifiques, voir n° 25135.

LES OPTIONS OFFERTES PAR LE PCG

25415 **Éléments d'actifs non significatifs** Selon le PCG, certains « éléments d'actifs non significatifs » peuvent être considérés comme entièrement consommés dans l'exercice de leur mise en service et, dès lors, être comptabilisés immédiatement en charges et non en immobilisations (PCG art. 212-6).
Le PCG n'apporte, toutefois, aucune précision sur :
– la notion d'« éléments d'actifs non significatifs » ;
– la nature des biens concernés.
En l'absence de précision sur cette option offerte par le PCG, il est possible, à notre avis de s'inspirer de la **tolérance fiscale,** exposée ci-après.

> **Fiscalement** Par mesure de simplification, les entreprises peuvent comprendre parmi leurs charges les **matériels et mobiliers détaillés dans le tableau ci-après dont la valeur unitaire n'excède pas 500 € HT** (BOI-BIC-CHG-20-30-10). Le tableau ci-après, établi par nos soins, fournit une synthèse du champ d'application de cette tolérance fiscale.

Sur l'application de cette tolérance en matière d'incorporels, tant sur le plan comptable que fiscal, voir n° 30290.

LES IMMOBILISATIONS CORPORELLES

Champ d'application de la tolérance	Admis	Exclus
Nature du bien	Bien ne constituant pas l'objet même de l'activité de l'entreprise	Bien objet de l'activité de l'entreprise, notamment les biens donnés en location [1]
– Petits matériels et outillages	Bien répondant à la définition du PCG pour les comptes 2154 et 2155 [2]	Petit matériel dont l'inscription comptable est prévue dans un autre compte [2]
– Matériels et mobiliers de bureau	Petit matériel de bureau [3]	
	Meubles meublants en cas de renouvellement courant [4]	Meubles meublants lors de l'aménagement initial de l'immeuble ou de leur renouvellement complet [4]
Valeur du bien [5]	Valeur unitaire $\leq$ 500 € HT	Valeur > 500 € HT

(1) Sont notamment exclus : les biens donnés en location dans le cadre de l'activité de l'entreprise, tels que les bicyclettes, pédalos, skis (BOI-BIC-CHG-20-10-20 n° 280) et les cassettes vidéo (BOI-BIC-AMT-20-40-60-30 n° 100 ; CAA Nancy 28-1-1993 n° 91-467), ainsi que, pour un opérateur de téléphonie mobile, les cartes SIM insérées dans les téléphones portables (CAA Versailles 18-11-2014 n° 11VE02931).
En revanche, la tolérance s'applique aux matériels qui ne sont que des **vecteurs de commercialisation** des produits distribués par la société tels que les « caddies », utilisés par les clients des magasins en libre-service (BOI-BIC-CHG-20-30-10 n° 20) ou les distributeurs de savon mis à la disposition de ses clients par une société de vente de produits d'hygiène (CE 23-12-2011 n° 324236).
(2) La tolérance concerne le matériel répondant à la définition du matériel et de l'outillage à inscrire aux **comptes 2154** « Matériel et outillage » et 2155 « Outillage industriel » du PCG 82 (BOI-BIC-CHG-20-30-10 n° 20 ; voir n° 25555). Il s'agit de l'ensemble des objets, instruments et machines avec lesquels (voir n° 25555) :
– on extrait, transforme ou façonne les matériaux et fournitures ou ;
– on fournit les services qui sont l'objet de la profession exercée.
Sont ainsi visés, par exemple, les extincteurs. Sont, en revanche, exclus les matériels qui doivent être inscrits dans un autre compte, tels les matériels de transport (BOI-BIC-CHG-20-30-10 n° 20 ; CE 21-10-1987 n° 46797).
(3) Tels que les menus **équipements de bureau** (corbeilles à papier, à correspondance, agrafeuses, pèse-lettres, timbres-dateurs, petites machines à calculer, etc.) (BOI-BIC-CHG-20-30-10 n° 30), mais aussi, à notre avis, des matériels immobilisables au compte 2183 « **Matériel de bureau et matériel informatique** » (il ne s'agit que du matériel et non du mobilier de bureau ; voir Exemples au n° 25565).
(4) Il est possible, à notre avis, et bien que la doctrine ne le précise pas, de retenir les biens comptabilisés en principe au compte 2184 « **Mobilier** ». Toutefois, la tolérance concerne uniquement le **renouvellement courant** d'une valeur inférieure à 500 € HT des meubles « meublants » de bureau et de mobilier de magasins commerciaux, dont les achats au cours d'un même exercice sont limités, pour un bien déterminé, à un petit nombre d'unités. La tolérance n'est pas applicable à l'équipement initial en mobilier d'un immeuble de bureaux, d'un restaurant ou d'un magasin commercial, ni au renouvellement complet de ce mobilier, même si la valeur unitaire de chaque meuble est inférieure à 500 € HT. La tolérance demeure cependant applicable si l'équipement initial ou le renouvellement complet n'excède pas cette limite (BOI-BIC-CHG-20-30-10 n° 30 ; CAA Versailles 21-11-2013 n° 11VE03082).
(5) Dans certains cas, la limite de 500 € s'apprécie en considération du **prix global** du bien (BOI-BIC-CHG-20-30-10 n° 20 et 30). Par exemple (BOI-BIC-CHG-20-30-10 n° 20 et 30) :
– pour un système antivol, le prix à retenir correspond au prix global des portiques de détection, des étiquettes attachées aux produits vendus et des détacheurs dès lors que les étiquettes participent indissociablement avec les portiques et les détacheurs au même système antivol ;
– pour un meuble de rangement modulable, le prix à retenir correspond au prix global des éléments le composant, même s'ils peuvent être achetés séparément.

En conséquence, en l'absence de précisions du PCG, les matériels et mobiliers dont la valeur est inférieure à 500 € HT nous paraissent pouvoir être comptabilisés en charges dans les conditions prévues par la doctrine fiscale. Ces éléments sont comptabilisés dans un sous-compte du **compte 606 « Achats non stockés de matériels et fournitures »** ; par exemple, le compte 6063 (prévu par le PCG) « Fournitures d'entretien et de petit équipement », ou, à notre avis, s'agissant d'éléments non stockables (voir n° 15575), au compte 6068 « Autres matières et fournitures ».

> **Précisions** Une **autre solution** serait d'immobiliser ces biens et de les amortir en totalité lors de l'exercice de leur acquisition. **Mais, fiscalement** (BOI 4 D-1-88, non repris dans Bofip), pour bénéficier de la déductibilité immédiate, les entreprises doivent **inscrire** les biens concernés à un **compte de frais généraux**.

Création d'une entreprise individuelle par affectation de certains biens 25420
Dans les **entreprises individuelles,** le chef d'entreprise **peut choisir de ne pas faire figurer** à son bilan **un bien** lui appartenant. Il s'agit d'une décision de gestion dont il doit tirer les conséquences comptables et fiscales (voir n° 60257).

TRAITEMENT COMPTABLE DES ÉLÉMENTS DONT LE STATUT N'EST PAS ENCORE DÉTERMINÉ

25440 **Biens acquis en nue-propriété ou en usufruit** À l'heure actuelle, le statut des immobilisations faisant l'objet d'un démembrement n'est pas précisé par les textes comptables.

En particulier, la question se pose de savoir si ces éléments entrent ou non dans le champ d'application des contrats de location.

Sur le cas particulier du démembrement de la propriété d'actions, voir n° 37705 (cessions d'usufruit et de nue-propriété) et 37615 (acquisition d'usufruit).

En pratique, en l'absence de dispositions explicites des textes :

I. Les biens acquis en nue-propriété sont inscrits au bilan du nu-propriétaire en **immobilisations corporelles** pour leur valeur d'acquisition.

L'immobilisation est, le cas échéant, amortissable sur cette base.

> **Fiscalement** En ce sens, CE 5 octobre 1977, n° 04718 ; BOI-BIC-AMT-10-20 n° 260. En revanche, dans le cas d'un élément incorporel (une marque), la cour administrative d'appel de Bordeaux a jugé, à notre avis de façon contestable, que les droits attachés à la nue-propriété ne peuvent pas être immobilisés au motif qu'ils ne constituent pas une source régulière de profits (CAA Bordeaux 1-12-2014 n° 13BX01780).

> **Précisions** Dépenses ultérieures à la charge du nu-propriétaire (C. civ. art. 605 et 606) Elles sont à comptabiliser selon les critères généraux de distinction entre charges et immobilisations (voir n° 25885 s.) : s'il est probable que l'entité bénéficiera des avantages économiques futurs associés à la dépense et que son coût peut être évalué avec une fiabilité suffisante, la dépense est comptabilisée à l'actif (par exemple, le remplacement d'un composant, une dépense d'amélioration…). Dans le cas contraire, elle est comptabilisée en charges (par exemple, dépense d'entretien annuel).

II. Les biens acquis en usufruit ne peuvent donc **pas** figurer en **immobilisations corporelles** même s'ils sont utilisés pour les besoins de l'exploitation.

> **Fiscalement** Il en est de même, les éléments mobiliers ou immobiliers dont une entreprise industrielle ou commerciale a la jouissance en qualité d'usufruitier ne faisant pas partie de son actif (CE 8-11-1965 n° 63472 ; BOI-BIC-AMT-10-20 n° 260).

Selon le bulletin CNCC (n° 158, juin 2010, EC 2009-72, p. 440), deux traitements comptables sont possibles, selon l'analyse (juridique ou en substance) de l'usufruit :

a. Selon une analyse juridique (à privilégier selon le bulletin CNCC précité et à notre avis), l'usufruit confère un droit réel sur le bien (art. 578 s.), à enregistrer en **immobilisation incorporelle** pour sa valeur d'entrée.

> **Fiscalement** C'est la solution retenue par la jurisprudence (en ce sens, CE 19-2-2003 n° 229373 rendu en matière de bénéfices agricoles mais transposable, à notre avis, en BIC ; TA Poitiers 21-11-1996 n° 95-1701 portant sur un bien mobilier et TA Paris 6-7-2009 n° 04-19716, à propos d'usufruits temporaires ; TA Strasbourg 14-3-2017 n° 1602812, à propos d'un usufruit viager).

Sur son amortissement, voir n° 32035.

b. Selon une analyse en substance (approche non recommandée notamment du fait du risque fiscal encouru, voir ci-après), la somme versée pour obtenir un bien en usufruit constitue un loyer versé à l'avance, à comptabiliser en **charges constatées d'avance** et à rapporter au résultat sur la durée du contrat.

En effet, l'usufruit conférant à l'usufruitier un « droit d'utilisation » du bien sur une certaine période, il peut être considéré en substance comme un contrat de location (exclu du champ d'application des règles sur les actifs). Dans ce cas, comme pour tout contrat de location, la somme versée à l'entrée est à comptabiliser en charges constatées d'avance (voir n° 15715).

> **Fiscalement** L'usufruit étant constitutif d'une immobilisation incorporelle amortissable (voir ci-avant a. et n° 32035) sa comptabilisation en charges constatées d'avance pourrait, à notre avis, exposer l'entreprise au risque de refus de déduction des amortissements, à défaut de leur comptabilisation (voir n° 27010).

> **Précisions** Dépenses d'entretien Les dépenses d'entretien à la charge de l'usufruitier (C. civ. art. 605) sont à comptabiliser en charges, sauf si elles répondent à la définition d'un actif. Elles suivent alors le traitement des dépenses ultérieures sur les biens loués (voir n° 28650 s.).

III. Remembrement des biens acquis en nue-propriété ou en usufruit

a. Acquisition de la nue-propriété par l'usufruitier Dans ce cas, à notre avis, la nue-propriété est inscrite au bilan pour sa valeur d'acquisition et l'usufruit est transféré, pour sa valeur nette comptable (voir n° 32035), en immobilisation corporelle.

b. Acquisition de l'usufruit par le nu-propriétaire

1. Extinction naturelle de l'usufruit Lorsqu'il est acquis à l'issue de la période de démembrement, aucune écriture n'est à comptabiliser (le bien ainsi remembré n'a pas à être réévalué). En effet, la nue-propriété ayant été valorisée, au moment du démembrement (voir n° 37705), en tenant compte du retour futur de l'usufruit, le coût est nul lorsque l'usufruit revient au nu-propriétaire à l'issue de la période de démembrement

2. Acquisition de l'usufruit avant son extinction naturelle Dans ce cas, à notre avis, le coût d'acquisition de l'usufruit devrait pouvoir être comptabilisé en immobilisation corporelle, en complément de la nue-propriété.

3. Acquisition à titre gratuit (renonciation de l'usufruitier à ses droits avant leur terme) Lorsque l'usufruitier renonce prématurément et sans contrepartie à ses prérogatives, la valeur vénale des droits auxquels il a renoncé majore le coût d'entrée du bien remembré comptabilisé au bilan, en contrepartie d'un produit.

> **Fiscalement** Il en est de même (CE 14-10-2019 n° 417095). L'acquisition de droits nouveaux par le nu-propriétaire résultant de la renonciation sans contrepartie de l'usufruitier à ses droits entraîne un accroissement de l'actif net de la société nue-propriétaire qui est imposable en application de l'article 38, 2 du CGI.

4. Amortissement En cas de remembrement de biens amortissables, c'est le nouvel ensemble (nue-propriété et usufruit) qui devient amortissable sur la durée d'utilisation du bien ainsi remembré. Le seul fait de recouvrer l'usufruit ne modifie en général pas la durée d'amortissement de la nue-propriété. La base d'amortissement étant majorée de la valeur de l'usufruit, le plan d'amortissement est revu de façon prospective.

III. CLASSEMENT COMPTABLE

25510 Le PCG distingue (outre les immobilisations financières, voir n° 35010 s., et les immobilisations incorporelles, voir n° 30005 s.) :
– les immobilisations corporelles ; voir ci-après n° 25535 s. ;
– les immobilisations mises en concession ; voir n° 72125 s. ;
– les avances et acomptes sur immobilisations en cours ; voir n° 28940 ;
– les immobilisations produites ; voir n° 28960.

IMMOBILISATIONS CORPORELLES (COMPTE 21)

25515 Sur le **contenu général** de ce compte, voir liste des comptes du PCG, n° 96220.

En ce qui concerne les schémas usuels de **comptabilisation** des acquisitions et productions, voir n° 28935 s. ; des amortissements, voir n° 29040 s. ; des dépréciations, voir n° 29180 s. ; des cessions ou destructions, voir n° 29295 s.

Compte 211. Terrains   2111. Terrains nus.
25535

2112. Terrains aménagés
c'est-à-dire viabilisés (PCG art. 942-21).

2113. Sous-sol et sur-sol
Ce compte est utilisé lorsque l'entreprise n'est pas propriétaire des trois éléments attachés à une même parcelle de terrain : sol, sous-sol, sur-sol. Ainsi le compte sur-sol enregistre la valeur du droit de construction ou d'utilisation de l'espace situé au-dessus d'un sol dont l'entreprise n'est pas propriétaire (PCG art. 942-21) ; c'est, par exemple, le cas des droits de construction d'une passerelle entre deux magasins (entreprises à commerces multiples).

2114. Terrains de carrières (Tréfonds)
À notre avis, comme le précisait le PCG 82 (p. I.42), il s'agit des terrains d'extraction des matières destinées soit aux besoins de l'entreprise, soit à être revendues en l'état ou après transformation.

> **Précisions** Le terrain de carrières se compose de deux éléments distincts (PCG art. 617-2) :
— les matériaux à extraire (**Gisement**), qui répondent à la définition d'un stock et doivent être comptabilisés dans un compte 31 « Matières premières (et fournitures) » ; sur le classement comptable des différents états du gisement (pré-exploitation, exploitation), voir la Note de présentation du règlement ANC n° 2014-05 du 4 octobre 2014 relatif à la comptabilisation des terrains de carrières et des redevances de fortage ;
— le terrain de carrières résiduel (**Tréfonds**), qui répond à la définition d'une immobilisation corporelle et doit être comptabilisé dans le compte 2114 « Terrains de carrières (Tréfonds) ». Sur la ventilation du coût entre tréfonds et gisement : voir la Note de présentation du règlement ANC précitée.

2115. Terrains bâtis
En cas de difficulté de classement des terrains selon leur destination exacte (exemples industriels, commerciaux, administratifs, à usage professionnel ou non) en raison d'un usage diversifié, l'entreprise tient compte de la **destination principale** du terrain (Entreprises à commerces multiples).

Sur la ventilation du coût entre terrain et construction, voir n° 26420.

25540 **Compte 212. Agencements et aménagements de terrains** Travaux destinés à mettre le terrain en état d'utilisation (PCG art. 942-21). Il s'agit, par exemple, des clôtures, mouvements de terre, drainage, défrichement…
À notre avis, sont également concernés :
— les travaux de viabilité ;
— les travaux de création d'espaces verts ;
— les travaux d'aménagement de parkings à ciel ouvert ;

> **Fiscalement** Il en est de même (BOI-BIC-CHG-20-10-10 n° 1 à 10 ; CE 19-3-1969 n° 64119 et 72313 pour des travaux d'aménagement d'un parking ; CE 6-6-1984 n° 38619 pour des travaux d'aménagement d'un camping ; CAA Nancy 14-2-2002 n° 97-1161 pour des travaux d'aménagement d'espaces verts).

— les travaux d'aménagement et d'engazonnement d'un parcours de golf.

Sur les conséquences en matière d'**amortissement**, voir n° 27470.

Sur le cas particulier :
— des participations à des dépenses d'équipement liées à l'exploitation d'un terrain, voir n° 25300 II. ;
— des travaux effectués par le vendeur d'un terrain avant la vente, voir n° 28170.

25545 **Compte 213. Constructions** Elles comprennent essentiellement les bâtiments, les installations, agencements, aménagements et les ouvrages d'infrastructure (PCG art. 942-21). Selon le principe général de l'approche par les composants, les constructions doivent faire l'objet d'une décomposition si certains éléments ont des utilisations différentes ou procurent des avantages économiques selon un rythme différent (voir n° 25705 s.).

Les composants et la structure doivent être comptabilisés dans les sous-comptes recommandés suivants, selon la définition qui leur correspond.

Sur la ventilation du coût entre terrain et construction, voir n° 26420.

2131. Bâtiments
À notre avis, il s'agit de la structure de la construction, c'est-à-dire (Bull. CNCC n° 140, décembre 2005, p. 542 s., « Modalités d'application de la norme IAS 16 et du Règl. CRC 2002-10 ») :
— des éléments concernant sa stabilité tels les fondations et leurs appuis, les murs, les planchers, les toitures ;
— ainsi que des aménagements ne répondant pas à la définition d'un composant (dans le cas contraire, ils sont comptabilisés en 2135, voir ci-après).
Ces éléments peuvent faire l'objet d'une décomposition, dès lors qu'ils comportent des éléments ayant des utilisations différentes ou procurent des avantages économiques selon un rythme différent.

2135. Installations générales, agencements, aménagements des constructions
À notre avis, il s'agit des aménagements ayant des utilisations différentes ou procurant des avantages économiques selon un rythme différent du bâtiment. Dans ces conditions :
a. **les installations générales,** comme le précisait le PCG 82 (p. I.34), sont des ensembles d'éléments dont la liaison organique est la condition nécessaire de leur utilisation et qui sont distincts des unités techniques annexées à des installations d'exploitation ou de transport par canalisation ; il en est ainsi, par exemple, s'ils répondent à la définition d'un composant de la construction principale :
— des installations téléphoniques dont la mise en place incombe à l'entreprise ;

– des installations de chauffage du siège des bureaux administratifs ;
– des installations de douche pour le personnel, etc.

> **Fiscalement** Il en est de même : installations téléphoniques (CE 31-3-1971 n° 73813), installations de chauffage (CE 10-3-1965 n° 62426).

Rentrent dans cette catégorie, à notre avis, les groupes électrogènes.

b. les agencements et **aménagements** de construction sont les travaux destinés à mettre les bâtiments en état d'utilisation.

> **Fiscalement** Lorsque des travaux affectent substantiellement le gros-œuvre, ils constituent, non pas de simples aménagements des agencements intérieurs, mais des travaux assimilables à une construction (CE 1-7-1987 n° 52982).

Lorsque l'entreprise n'est pas propriétaire des immobilisations dans lesquelles ils sont incorporés, voir n° 25565.

2138. Ouvrages d'infrastructure
À notre avis, comme le précisait le PCG 82 (p. I.35), il s'agit des ouvrages destinés à assurer les communications sur terre, sous terre, par fer et par eau, ainsi que les barrages pour la retenue des eaux et les pistes d'aérodromes.
Voir sous-comptes n° 96220.

Compte 214. Constructions sur sol d'autrui   Voir comptabilisation n° 25260, évaluation n° 26450, amortissements n° 27515, provision pour remise en état du site n° 28735 et cession n° 28275.

25550

Compte 215. Installations techniques, matériels et outillages industriels et commerciaux
25555

Le terme « industriel » représente, à notre avis, **tout ce qui se rattache directement à l'activité** de l'entreprise que celle-ci soit **industrielle ou commerciale**.

2151. Installations complexes spécialisées (ICS)
Voir n° 25815.

2153. Installations à caractère spécifique
À notre avis, comme le précisait le PCG 82 (p. I.33), il s'agit d'installations qui, dans une profession, sont affectées à un usage spécifique et dont l'importance justifie une gestion comptable distincte.

> **Précisions** En pratique, ces installations sont celles dont l'utilisation est autre que la production normale et ne concourt pas directement à rendre la production de l'entreprise apte à la commercialisation ou à la consommation. Cette pratique est issue des anciens plans comptables des industries chimiques et Guide comptable professionnel des hydrocarbures (Recherche et production), désormais caducs (voir n° 3315).

2154. Matériels industriels
À notre avis, comme le précisait le PCG 82 (p. I.34), il s'agit de l'ensemble des équipements et machines utilisés pour :
– l'extraction, la transformation, le façonnage, le conditionnement des matières ou fournitures ;
– ou les prestations de services.

2155. Outillages industriels
À notre avis, comme le précisait le PCG 82 (p. I.35), il s'agit d'instruments (outils, machines, matrices, etc.) dont l'utilisation, concurremment avec un matériel, spécialise ce matériel dans un emploi déterminé.

> **Précisions** Ils sont comptabilisés en immobilisations corporelles lorsqu'ils sont utilisés au-delà de l'exercice en cours, sauf quand ils sont destinés à une commande spécifique ou sont utilisés en une seule fois (Bull. CNCC n° 173, mars 2014, EC 2013-13, p. 113 s.).
> Pour les outillages comptabilisés en stocks destinés à une commande spécifique, voir n° 21075.
> Pour les outillages consommés sur un cycle de production et qui sont en général de faible valeur, voir n° 25415.

2157. Agencements et aménagements des matériels et outillages industriels
Sont enregistrées à ce compte les dépenses présentant des difficultés pratiques de ventilation entre les éléments de l'ensemble concerné (hydrocarbures : raffinage et distribution).

Les entreprises pour lesquelles la distinction entre les comptes 2154, 2155 et 2157 n'est pas indispensable peuvent regrouper ces comptes sous le numéro 2154 dont l'intitulé est complété en conséquence (exemples : imprimerie, industries du verre).

25560 **Compte 217. Spécificités** Ce compte supplémentaire a été créé par un certain nombre de plans comptables professionnels, afin d'y inscrire notamment :
– les matériels d'un parc de location (distributeurs, loueurs et réparateurs de matériels de BTP et de manutention) ;
– le matériel de transport spécifique (hydrocarbures : raffinage et distribution) ;
– le matériel de transport d'exploitation (transports routiers) ;
– le matériel de fixation sonore (phonogrammes).

> **Précisions** Pour la présentation au bilan, ce compte est rattaché, selon les plans comptables professionnels :
> – soit à la ligne « Installations techniques, matériel et outillage industriels et commerciaux » du bilan ;
> – soit à la ligne « Autres immobilisations corporelles ».
> Quelle que soit la ligne retenue, une information est à fournir dans l'annexe si les montants en cause sont significatifs.

Ces plans comptables professionnels sont désormais caducs (voir n° 3315). Toutefois, sur la possibilité d'adapter le plan de comptes prévu par le PCG aux spécificités sectorielles en ouvrant toutes subdivisions nécessaires pour enregistrer distinctement toutes leurs opérations, voir n° 7750.

25565 **Compte 218. Autres immobilisations corporelles** **2181. Installations générales, agencements, aménagements divers**
Compte utilisé lorsque l'entreprise n'est **pas propriétaire** de ces éléments, c'est-à-dire lorsqu'ils sont incorporés dans des immobilisations dont elle n'est pas propriétaire ou sur lesquelles elle ne dispose d'aucun autre droit réel (PCG art. 942-21).
Tel est le cas pour les immobilisations prises en location (ou en crédit-bail).
Ceux réalisés dans des constructions dont l'entreprise est propriétaire sont comptabilisés soit au compte 2135 (voir n° 25545), soit au compte 2145 s'il s'agit de constructions sur sol d'autrui (voir n° 25550).

2182. Matériel de transport

2183. Matériels de bureau et informatique
Le matériel de bureau inclut tous les matériels destinés à faciliter les travaux administratifs et utilisés à cette fin, par exemple : machines à calculer, postes téléphoniques, ordinateurs, matériels de consultation (lecteurs), appareils annexes (photocopieurs, fax, offset, etc.), appareils de prise de vues, de projection, matériels audiovisuels (caméra, magnétoscopes, téléviseurs, vidéoprojecteurs), appareils sonores (magnétophones, appareils radio…).
En ce qui concerne le petit matériel de bureau, voir n° 25415.
Sur la définition et la comptabilisation des logiciels indissociés (administratifs ou de production), voir n° 30355 et 31060.

2184. Mobilier
Le mobilier comprend les meubles et objets assimilés, utilisés tant par le service administratif que par les autres services, soit à vocation de rangement permanent, soit destinés à faciliter les commodités (dans le travail comme dans le repos) du personnel, par exemple : bureaux, coffres-forts, meubles de classement, armoires-vestiaires, meubles de magasin, mobilier de restaurant, tables, chaises, armoires, casiers.
Sur les œuvres d'art, voir n° 27585.

2186. Emballages récupérables
Sur le contenu de ce compte, voir n° 46230.

2187. Mali de fusion sur actifs corporels
Sur le traitement du mali technique après la fusion (amortissement, dépréciation, sortie, information en annexe), voir n° 75790 à 75800.

2188. « Autres matériels » (subdivisée si besoin). Cette subdivision du compte 218 était prévue par l'ancien Guide comptable professionnel des hydrocarbures (recherche et production), selon lequel le caractère limitatif des natures prévues dans les subdivisions du compte 218 prévues par le PCG rendait difficile l'enregistrement de natures différentes de celles énoncées (matériels de laboratoire, de formation professionnelle, de cantine, d'infirmerie, etc.).

Ce plan est désormais caduc (voir n° 3315). Toutefois, sur la possibilité d'adapter le plan de comptes prévu par le PCG aux spécificités sectorielles en ouvrant toutes subdivisions nécessaires pour enregistrer distinctement toutes leurs opérations, voir n° 7750.

IV. CRITÈRES DE DISTINCTION ENTRE IMMOBILISATIONS CORPORELLES ET STOCKS

Sur les critères de distinction entre immobilisations corporelles et stocks, voir n° 20400 s.   25635

V. DÉCOMPOSITION DES IMMOBILISATIONS CORPORELLES

LA DÉCOMPOSITION DES IMMOBILISATIONS EST LA RÈGLE
L'approche par composants a été introduite par le règlement CRC n° 2002-10 sur l'amortissement et la dépréciation des actifs (voir n° 25005).   25705
Sur le principe de décomposition des immobilisations, voir n° 25710.
Sur les dépenses concernées par l'approche par composants, voir n° 25715.
Sur l'intérêt de l'approche par composants, voir n° 25720.

Principe   Si un ou plusieurs éléments constitutifs d'un actif ont chacun des **utilisations différentes,** ou procurent des avantages économiques à l'entreprise selon un **rythme différent,** chaque élément est **comptabilisé séparément** et un **plan d'amortissement propre** à chacun de ces éléments est retenu (PCG art. 214-9).   25710
Dans le cas contraire, l'immobilisation reste un bien non décomposable.
En conséquence :
– les différents composants significatifs de l'actif doivent être identifiés **dès l'acquisition de l'actif** (sur les modalités d'identification, voir n° 25775 s.), le prix d'acquisition faisant l'objet d'une répartition du coût d'acquisition entre l'actif principal et les différents composants (voir n° 25800) ;
– chaque composant doit être **comptabilisé de manière séparée** à l'actif (voir n° 25725 s.) et **amorti** sur sa propre durée d'utilisation (voir n° 27200) ;
– les coûts de remplacement d'un composant doivent être comptabilisés à l'actif et la valeur nette comptable du composant remplacé sortie de l'actif (voir n° 25755) ;
– à défaut d'identification à l'origine, les différents composants significatifs de l'actif doivent être comptabilisés de manière séparée **dès qu'ils sont identifiés ou lorsque la dépense de renouvellement ou de remplacement survient** (voir n° 25760).

Dépenses concernées   L'approche par composants vise deux types de **dépenses** :   25715
– les dépenses de **remplacement** (voir ci-après I.) ;
– les dépenses de **gros entretien** ou de **grandes visites** (voir ci-après II.).

> **Précisions**   Terminologie   Depuis l'entrée en vigueur du règlement CRC n° 2002-10, le terme « grosses réparations » utilisé par le Code civil (art. 606) est remplacé, en comptabilité, par les termes « remplacement » (dépenses de 1re catégorie) et « gros entretien et grandes visites » (dépenses de 2e catégorie) et le règlement CRC précité en a modifié le traitement comptable.

I. Les dépenses de remplacement, dites « de 1e catégorie »   Les composants à identifier correspondent aux **éléments destinés à être remplacés à intervalle régulier** et ayant des utilisations différentes de celle de l'immobilisation à laquelle ils se rattachent ou procurant des avantages économiques à l'entité selon un **rythme différent** (nécessitant l'utilisation de taux ou de modes d'amortissement propres).

> **Fiscalement**   Il en est de même (CGI ann. II art. 15 bis ; BOI-BIC-CHG-20-10-10 n° 80 à 160), la définition fiscale d'un composant n'étant toutefois pas identique à sa définition comptable (voir n° 25775 s.). L'imprimé n° 2054 de la liasse fiscale fait apparaître les composants.

Il s'agit, par exemple, s'ils répondent à cette définition (voir ci-avant) et s'ils sont significatifs (voir n° 25795) : de la toiture ou de la chaudière d'un bâtiment, des sièges d'un avion, des pneus ou du moteur d'un camion, des tapis d'avancement d'une chaîne de production, des couches de cuivre apposées sur des rouleaux d'impression de papiers peints (CAA Douai 19-11-2020 n° 08DA02282), des lames d'un four…

Sur la comptabilisation des composants de 1re catégorie, voir n° 25730.

II. Les dépenses de gros entretien ou de grandes visites, dites « de 2e catégorie » (visites de conformité, grandes visites) Les composants à identifier correspondent aux **dépenses d'entretien faisant l'objet de programmes pluriannuels** de gros entretien ou de grandes visites en application de lois, règlements ou de pratiques constantes de l'entité.

Il s'agit, par exemple, des dépenses de révision résultant :
– de pratiques constantes de l'entreprise (ravalement…) ;
– d'une obligation légale, réglementaire ou contractuelle (avions, wagons, matériel naval, certaines industries lourdes comme la chimie, la sidérurgie, l'industrie pétrolière) telle que les charges de carénage, nécessaires à l'obtention d'un Certificat de navigabilité.

> **Fiscalement** L'inscription à l'actif, sous forme de composants, des dépenses de gros entretien et grandes visites n'est pas reconnue (CGI ann. II art. 15 bis ; BOI-BIC-CHG-20-20-20 n° 280). Sur les retraitements extra-comptables en résultant, voir n° 25750.

Sur la comptabilisation des composants de 2e catégorie, voir n° 25750.
Sur la possibilité de provisionner les dépenses de 2e catégorie, voir n° 27900.

III. La structure L'élément principal (ou résiduel) qui **ne fait pas l'objet de remplacement (I.) ou de gros entretien (II.)** pendant sa durée d'utilisation devrait constituer, à notre avis, la **structure**. Il ne constitue pas en lui-même des dépenses de gros entretien (remplacement ou gros entretien), mais il fait néanmoins partie des composants à traiter comme tel, notamment en matière d'amortissement.

> **Fiscalement** Il en est de même (BOI-BIC-CHG-20-10-10 n° 80).

Il s'agit, par exemple, sous réserve de l'identification des autres éléments de ces immobilisations en tant que composants, de la carlingue d'un avion, de la caisse d'un camion, du gros œuvre d'un immeuble, du four en lui-même…

IV. Cas particulier des immeubles S'agissant de la structure d'un **immeuble**, celle-ci peut s'apparenter, selon le bulletin CNCC (n° 140, décembre 2005, p. 542 s., « Modalités d'application de la norme IAS 16 et du Règl. CRC 2002-10 ») aux éléments concernant la stabilité de l'ouvrage, à savoir : fondations, murs, planchers et charpente, plus tous les éléments de la construction non identifiés séparément en composants.

25720 **Intérêt de la décomposition** La décomposition peut être un **outil de gestion**.

L'identification des composants au sein des immobilisations corporelles, correspondant aux éléments remplacés au cours de l'utilisation de l'immobilisation principale, ne devrait pas être considérée uniquement comme une contrainte comptable, car elle présente également un grand intérêt pour la gestion des immobilisations et des dépenses, élément souvent essentiel dans la maîtrise des coûts.

En effet, cette identification permet :
– de faire l'inventaire des immobilisations nécessitant des remplacements réguliers et importants ;
– de mieux maîtriser les coûts d'entretien et de remplacement des immobilisations ;
– d'optimiser éventuellement la politique de gestion des immobilisations de l'entreprise.

La décomposition peut ainsi :
– mettre en évidence qu'une immobilisation nécessite des remplacements fréquents ou d'un coût élevé. L'entreprise pourrait alors préférer acquérir une nouvelle immobilisation plutôt que de poursuivre une politique d'entretien trop coûteuse ;
– permettre de mieux négocier avec les fournisseurs, lors des achats initiaux, voire d'en changer au vu d'un coût complet très supérieur au seul prix d'achat.

DÉCOMPOSITION À L'ORIGINE

25725 Le tableau ci-après, élaboré par nos soins, présente une synthèse des traitements comptables à appliquer selon les dépenses concernées :

Catégorie de dépenses	Méthodes à appliquer	voir n°
1re catégorie : Dépenses de remplacement	Composants obligatoires	25730
2e catégorie : Dépenses de gros entretien	Composant ou PGE (mais PGE à notre avis pour des raisons fiscales) [1]	25750

(1) Pour des raisons fiscales, les entreprises ont intérêt, à notre avis, à opter dans leurs comptes individuels pour la constatation d'une provision pour gros entretien (PGE) ou grandes visites et à ne pas retenir l'approche par composants (voir n° 25750).

> **Précisions 1. Comptes consolidés** (règles françaises) Le même choix entre composants ou PGE existe également dans les comptes consolidés établis en règles françaises. Il existe une exception à l'autonomie des comptes consolidés par rapport aux comptes individuels. En effet, les entreprises peuvent appliquer la méthode de comptabilisation par composants dans les comptes consolidés et conserver ou constituer des provisions pour grosses réparations dans les comptes individuels, mais pas l'inverse (Avis CU CNC 2003-E du 9-7-2003 § 4).
> **2. Principe d'homogénéité** Le traitement doit être identique pour toutes les immobilisations (Avis CU CNC 2003-E § 4).
> **3. Décomposition ultérieure** La décomposition se fait « à l'intérieur du prix d'acquisition », dès l'origine. Toutefois, elle n'est pas irrévocable, une décomposition ultérieure pouvant également se faire, voir n° 25760.

25730 **Dépenses de remplacement (1re catégorie)** Les dépenses de remplacement identifiées dès l'origine doivent être inscrites à l'actif de manière séparée (en tant que composant) et amorties sur leur durée d'utilisation propre (PCG art. 214-9).

> **Fiscalement** Il en est de même (CGI ann. II art. 15 bis), ce qui ne signifie toutefois pas que la définition fiscale d'un composant est identique à sa définition comptable (voir n° 25775 s.). Sur les modalités d'identification des composants, voir n° 25775 s.

Sur la définition des dépenses de remplacement (1re catégorie), voir n° 25715.
Sur les modalités d'identification des composants, voir n° 25775 s.
Sur l'amortissement de ces composants, voir n° 27200 (durée).
Sur le traitement de la dépense de remplacement lorsqu'elle survient, voir n° 25755.

25750 **Dépenses de gros entretien et grandes visites (2e catégorie)** Les dépenses de gros entretien et grandes visites identifiées dès l'origine peuvent, **au choix de l'entreprise**, être constatées (PCG art. 214-10) :
– soit sous forme de **composants**, voir ci-après I. ;
– soit sous forme de **provision pour gros entretien**, voir ci-après II. et n° 27900.
Le traitement doit être identique pour toutes les immobilisations (Avis CU CNC 2003-E § 4).
L'option pour la méthode par composants n'est pas méthode de référence (voir n° 8375). Tout changement de l'une à l'autre méthode est effectué dans le respect des conditions fixées par le PCG (voir n° 8480).
Pour des **raisons fiscales** et de **simplification**, les entreprises ont intérêt, à notre avis, à opter pour la constatation d'une provision pour gros entretien, voir ci-après II.
Sur la définition des dépenses de gros entretien et de grandes visites (2e catégorie), voir n° 25715.
Pour plus de détails sur la « provision pour gros entretien ou grandes visites », voir n° 27900.
Pour une comparaison entre l'approche par composants et la provision pour gros entretien, voir ci-après II.
Sur la divergence existant avec les normes IFRS, voir Mémento IFRS n° 69025.

I. Approche par composants Si l'approche par composants est choisie pour les dépenses de gros entretien et de grandes visites, il en résulte les conséquences suivantes (PCG art. 214-10) :
– les **dépenses d'entretien futures** (estimées à la date de l'acquisition) doivent figurer distinctement à l'actif en tant que composant. Ces composants ne viennent pas augmenter le coût d'entrée mais sont, comme les composants de 1re catégorie, identifiés « à l'intérieur du prix d'acquisition » ;
– le composant (dépenses d'entretien) est **amorti sur la période séparant deux révisions** ;
– il n'est, dans ce cas, pas possible de constituer une provision pour gros entretien au titre de ces dépenses.

25750
(suite)

> **Précisions** **Ventilation du coût d'entrée** Il s'agit d'une simple ventilation du coût d'entrée, la somme de la structure, des composants de remplacement (1re catégorie) et des composants de gros entretien (2e catégorie) devant correspondre au prix d'acquisition (coût d'entrée) de l'actif.

Sur les modalités d'identification des composants, voir n° 25775 s.
Sur l'amortissement de ces composants, voir n° 27200 (durée).
Sur le traitement de la dépense de remplacement lorsqu'elle survient, voir n° 25755.

> **Fiscalement** L'inscription à l'actif, sous forme de composants, des dépenses de gros entretien et grandes visites n'est pas reconnue (CGI ann. II art. 15 bis ; BOI-BIC-CHG-20-20-20 n° 280). En effet, selon l'administration, ces dépenses ne constituent pas des immobilisations mais des charges. La durée d'amortissement des composants de 2e catégorie identifiés sur le plan comptable, lors de l'acquisition ou de la création de l'immobilisation (structure ou composant de 1re catégorie) à laquelle ils se rattachent ne doit donc pas être différente de celle de cette immobilisation. En conséquence, si l'option pour l'approche par composants est retenue sur le plan comptable pour les dépenses de gros entretien ou de grandes révisions, les corrections extra-comptables suivantes doivent être effectuées sur l'imprimé n° 2058-A :

– **sur la durée séparant l'identification à l'origine** (en comptabilité) du composant de 2e catégorie **et son 1er renouvellement** (lors de la 1re dépense de gros entretien) : réintégration (ligne WE) de la quote-part d'amortissement correspondant à la différence entre la durée d'amortissement comptable du composant de 2e catégorie identifié à l'origine et la durée d'amortissement de l'immobilisation (structure ou composant de 1re catégorie) à laquelle il se rattache ;

– **lors de chaque renouvellement** (lorsque la dépense de gros entretien survient) :
• déduction (ligne XG) des dépenses de gros entretien au titre de l'exercice au cours duquel elles sont engagées,
• réintégration (ligne WE) de la VNC du composant comptabilisé en charge si le renouvellement intervient avant la fin de la période d'amortissement comptable du composant ;

– **sur la durée résiduelle de l'immobilisation restant à courir après le 1er renouvellement** :
• réintégration (ligne WE) des dotations aux amortissements du composant renouvelé,
• déduction (ligne XG) des dotations excédentaires aux amortissements non admises en déduction sur le composant d'origine au rythme d'amortissement de la structure (voir ci-avant).

En cas de cession de l'immobilisation principale, voir n° 28120, Précisions.

EXEMPLE

Une entreprise acquiert le 1er janvier N une immobilisation corporelle pour un prix d'acquisition de 1 500 K€, réparti en :
– une structure pour 1 300 K€, amortie comptablement sur 10 ans (par hypothèse, la durée d'usage est également de 10 ans) ;
– un composant de 2e catégorie (gros entretien) pour 200 K€, amorti comptablement sur 4 ans, le composant devant être renouvelé après cette période.

Par hypothèse :
– l'entreprise a opté pour la comptabilisation des dépenses de 2e catégorie sous forme de composants et non sous forme de provisions pour gros entretien ;
– le composant est rattaché à la structure du bien décomposé ;
– il est remplacé le 1er janvier N+4 pour un montant de 360 K€ correspondant aux dépenses engagées lors du gros entretien, amortissable sur 6 ans (durée résiduelle de vie de la structure).

	Dotation aux amortissements		Dotation fiscalement déductible		Réintégration/ Déduction extra-comptable
	Structure	Composant	Structure	Composant	
N	130 [1]	50 [2]	130 [1]	20 [3]	30 [4]
N+1	130	50	130	20	30
N+2	130	50	130	20	30
N+3	130	50	130	20	30
N+4	130	60 [2]	130	20	− 320 [5]
N+5	130	60 [2]	130	20	40 [6]
N+6	130	60	130	20	40
N+7	130	60	130	20	40
N+8	130	60	130	20	40
N+9	130	60	130	20	40
Total	1 300	560	1 300	200	0

(1) **La structure** est amortie comptablement et fiscalement sur sa durée réelle d'utilisation, soit 1 300 / 10 = 130.
(2) **Le composant** est amorti sur la durée le séparant de la prochaine dépense de gros entretien à engager, soit 200 / 4 = 50 pour le composant de 1re génération et 360 / 6 = 60 pour le composant de 2e génération.
(3) **Fiscalement**, la dépense d'entretien n'est pas reconnue en tant que composant. Le composant identifié à l'origine sur le plan comptable doit donc être amorti au même rythme que la structure à laquelle il est rattaché, soit 200 / 10 = 20. Des corrections extra-comptables doivent donc être effectuées sur l'imprimé n° 2058-A, voir ci-après 4 à 6.
(4) De N à N+4 (jusqu'à l'engagement de la dépense de gros entretien) : réintégration, chaque année, de la quote-part d'amortissement correspondant à la différence entre la durée d'amortissement comptable du composant (4 ans) et la durée d'amortissement de la structure à laquelle il est rattaché (10 ans), soit 50 − 20 = 30.
(5) En N+4 (lors de l'engagement de la dépense de gros entretien) :
– déduction de la dépense de gros entretien, soit − 360 ;
– réintégration de l'amortissement pratiqué sur le composant de 2e génération, soit + 60 ;
– déduction de l'amortissement du composant de 1re génération (amorti fiscalement sur 10 ans, voir ci-avant 4), soit − 20.
(6) De N+5 à N+9 :
– réintégration, chaque année, de l'amortissement du composant de 2e génération, soit + 60 ;
– déduction de l'amortissement du composant de 1re génération (amorti fiscalement sur 10 ans, voir ci-avant 4), soit − 20.

II. Comparaison Approche par composants – Provision pour gros entretien
Pour plus de détails sur la « provision pour gros entretien ou grandes visites », voir n° 27900.

> **Fiscalement** L'inscription à l'actif, sous forme de composant, des dépenses de gros entretien et de grandes visites n'est pas reconnue (voir ci-avant I.) alors que les provisions pour gros entretien sont déductibles dès lors qu'elles respectent les conditions de déductibilité fixées à l'article 39, 1-5° du CGI (voir n° 27900).

C'est la raison pour laquelle le CNC n'a pas souhaité retenir, dans le cadre de la convergence vers les IFRS, l'interdiction de provisionner prescrite par les normes IFRS.

a. La répartition de la charge dans le temps est différente En effet, la charge globale (couvrant les amortissements et les dépenses d'entretien) est identique mais :
– la comptabilisation d'un composant permet un étalement parfait des charges de révision et d'amortissement sur toute la durée de vie de l'actif ;
– alors que dans le cas de la constitution d'une provision pour gros entretien, les dépenses sont davantage concentrées sur les premières périodes de révision.

EXEMPLE

Un bien d'une valeur de 100, amorti sur 10 ans, nécessitant une dépense de gros entretien de 20 au bout de 5 ans, doit être inscrit à l'actif pour :
– actif principal : 80 (100 − 20), amorti sur 10 ans ;
– composant (dépenses d'entretien) : 20, amorti sur 5 ans et renouvelé au bout de 5 ans.

Le tableau ci-après, établi par nos soins, présente la comparaison du traitement selon que la dépense est comptabilisée comme un composant de l'actif principal ou qu'elle ait fait l'objet d'une provision pour gros entretien :

	1er cas : comptabilisation d'un composant			
	Dotation annuelle		Total période	
	Amortissement actif principal (a)	Amortissement composant (b)	Total (a) + (b) = (c)	(d) = (c) × 5
1re période (5 ans)	8 (1)	4 (1)	12	60
2e période (5 ans)	8 (1)	4 (2)	12	60
Total	80	40		120
	2e cas : constitution d'une provision pour gros entretien			
	Dotation annuelle		Total période	
	Amortissement actif principal (e)	Provision pour gros entretien (f)	Total (e) + (f) = (g)	(h) = (g) × 5
1re période (5 ans)	10 (3)	4 (4)	14	70
2e période (5 ans)	10 (3)	0 (5)	10	50
Total	100	20		120

(1) 80 (base amortissable de l'actif principal) /10 (durée de vie de l'actif).
(2) 20 (base amortissable du composant correspondant au montant des dépenses d'entretien) / 5 (durée de vie du composant).
(3) 100 (coût d'entrée de l'actif) / 10 (durée de vie de l'actif).
(4) 20 (dépenses d'entretien ou de révision à engager à la fin de l'année 5) / 5 (étalement sur la période séparant l'acquisition de la révision).
(5) Aucune PGE n'est comptabilisée au titre d'une 2e dépense d'entretien, le bien cessant d'être utilisé au terme de la 10e année.

b. La date d'évaluation des coûts est différente Le montant des coûts à comptabiliser dans le cadre de l'approche par composants est évalué à une date antérieure à celle retenue pour le calcul de la provision :
– les composants sont déterminés en fonction de la valeur des dépenses probables telles qu'estimées lors de l'acquisition de l'immobilisation ;
– alors que les provisions sont calculées en évaluant les coûts prévisionnels devant survenir à la date effective du remplacement ou de l'entretien.

c. L'impact fiscal est défavorable à l'approche par composants :
– les amortissements du composant ne sont pas déductibles de l'IS alors que la dotation aux provisions l'est (voir Fiscalement ci-avant) ;
– ils ne sont pas non plus déductibles de la valeur ajoutée servant de base au calcul de la CVAE.

Ainsi, en pratique, dans le cadre du choix qui leur est offert pour la constatation des dépenses de gros entretien et de grandes visites, les entreprises ont intérêt à opter dans leurs comptes individuels pour la constatation d'une provision pour gros entretien et à ne pas retenir l'approche par composants.

En revanche, dans les comptes consolidés établis en règles françaises, les entreprises **peuvent** retenir l'approche par composants pour cette catégorie de dépenses. En effet, selon l'avis CU CNC n° 2003-E (Avis § 4), il est possible de déconnecter le traitement retenu dans les comptes individuels, et dans les comptes consolidés.

RENOUVELLEMENT OU REMPLACEMENT D'UN COMPOSANT

25755 Lorsque la dépense de remplacement ou de gros entretien survient (PCG art. 213-20) :
– elle est **immobilisée** pour le montant des dépenses (de remplacement ou de gros entretien) engagées ;

> **Précisions** En pratique, les dépenses de remplacement concernées sont :
> – l'échange standard (par exemple, remplacement des pièces usagées d'une machine, réfection de toiture), voir n° 25910 ;

— l'échange introduisant une amélioration (par exemple, remplacement d'une installation de chauffage par une autre plus moderne ou remplacement de l'unité centrale d'un ordinateur prolongeant la durée d'utilisation), voir n° 25905.

25755 (suite)

Lorsque la dépense est inférieure ou égale à 500 €, le composant est comptabilisé en charges (voir n° 25415).

> **Fiscalement** Par parallélisme avec la tolérance relative aux immobilisations de faible valeur (voir n° 25415), il est admis, sous certaines conditions, qu'un composant ayant une valeur unitaire inférieure à 500 € HT ne soit pas identifié en tant que tel mais immédiatement enregistré en charges (BOI-BIC-CHG-20-10-10 n° 90 à 110).

— la **valeur nette comptable du composant remplacé est obligatoirement sortie** de l'actif et comptabilisée en charges (voir n° 28230).

> **Fiscalement** Il en est de même pour les dépenses de **1re catégorie** (CGI ann. II art. 15 bis ; BOI-BIC-CHG-20-10-10 n° 150 et 260) : la valeur du composant de remplacement est comptabilisée à l'actif immobilisé comme l'acquisition d'un actif séparé, au coût d'acquisition ou au coût de production tels que définis pour l'ensemble des immobilisations (CGI ann. III art. 38 quinquies). En outre, il est précisé qu'en cas d'acquisition conjointe de plusieurs éléments d'actif dont un composant, il est admis d'avoir recours à une méthode de répartition du prix global (voir n° 25800).

En revanche, pour les dépenses de **2e catégorie** :
— la dépense de renouvellement est immédiatement déductible ;
— la VNC du composant identifié à l'origine sur le plan comptable n'est pas sortie de l'actif et doit donc être réintégrée extra-comptablement. Elle continue d'être amortie sur la durée d'utilisation de l'immobilisation (structure ou composant de 1re catégorie) à laquelle le composant se rattache.
Pour plus de détails sur les retraitements extra-comptables à effectuer et un exemple d'application, voir n° 25750.

Ainsi, après le remplacement, le **total cumulé** brut de l'ensemble des composants (y compris la structure) peut se révéler **supérieur au prix d'acquisition d'origine**.

EXEMPLE

Une entreprise acquiert une immobilisation pour 160 000 en début d'exercice 1. Cette immobilisation est composée :
— d'un actif principal pour 140 000, dont la durée d'utilisation est de 16 ans ;
— d'un composant pour 20 000. Ce composant devant être changé tous les 8 ans, sa durée d'utilisation est donc de 8 ans. Le composant est remplacé pour 30 000 dans 8 ans.
La durée d'usage de l'immobilisation est de 13 ans.

Pendant les 8 premiers exercices :

	Actif principal	Composant n° 1	Total	Impact total sur le résultat Période 1
Base amortissable	140 000	20 000	160 000	
Durée d'amortissement	16 ans	8 ans		
Dotation annuelle	8 750	2 500	11 250	**(90 000)**

Pendant les 8 exercices suivants :

	Actif principal	Composant n° 1	Composant n° 2	Total	Impact total sur le résultat Période 2
Base amortissable	140 000	–	30 000	170 000	
Durée d'amortissement	16 ans	–	8 ans		
Dotation annuelle	8 750	–	3 750	12 500	**(100 000)**

Si l'identification du composant se fait au moment du renouvellement (aucun composant n'ayant été identifié à l'origine), voir n° 25760.
Sur les dépenses de remplacement d'un matériel financées par le locataire, c'est-à-dire quand le matériel n'est pas à son bilan, voir n° 28660 s.
Lorsque la **durée d'utilisation est inférieure ou égale à 12 mois,** voir n° 25795 II. b. (Précision 1).

DÉCOMPOSITION ULTÉRIEURE

25760 Le fait qu'un composant n'ait pas été identifié à l'origine **n'interdit pas** qu'il le soit ultérieurement. Au contraire, une entreprise peut être amenée à identifier un composant non identifié à l'origine :

> **Fiscalement** Il en est de même (BOI-BIC-CHG-20-10-10 n° 150).

a. si une **dépense importante survient au cours de l'utilisation de l'actif,** celle-ci peut alors devoir être considérée comme un composant (PCG art. 213-20). Voir n° 25765 ;

> **EXEMPLES**
>
> Ce sera le cas, par exemple :
> – du remplacement d'un élément qui ne remplissait pas, à l'origine, les critères d'identification d'un composant ;
> – du remplacement d'un élément suite à un accident, aucun composant n'ayant été identifié à l'origine ;
> – d'un élément supplémentaire par rapport à l'immobilisation initiale.
>
> Sur l'évaluation de la valeur nette comptable du composant remplacé, voir n° 28250.

b. en cas de **modification de la durée d'utilisation d'un élément** dont la durée d'amortissement n'était pas significativement différente de celle de l'immobilisation principale à l'origine. Voir n° 25770.

> **Précisions** Ce sera le cas, par exemple, si une nouvelle technique de production conduit à utiliser davantage l'une des pièces d'une machine.

Sur les additions d'éléments, voir n° 25905.

Sur les agencements et aménagements, voir n° 25915.

25765 **Remplacement d'un composant non identifié à l'origine** En cas de remplacement d'un composant non identifié à l'origine, la décomposition ultérieure de l'immobilisation corporelle impose :
– d'identifier le composant qui n'a pas été identifié à l'origine et qui va être remplacé (voir ci-après I.) ;
– de sortir sa VNC de l'actif (voir ci-après II.).

I. Identification d'un composant lors de la dépense de renouvellement ou de remplacement Les dépenses ultérieures de remplacement et de gros entretien sont à identifier en tant que composants de l'actif principal au moment de leur engagement :
– **même si** elles **n'ont pas été identifiées** en tant que telles **à l'origine** ;
– dès lors qu'elles répondent aux **conditions de comptabilisation d'un composant** (voir n° 25710) et qu'elles sont **significatives** (voir n° 25795).

Sont concernées à la fois :
– les dépenses de remplacement (1re catégorie, voir n° 25715 I.) ;
– et les dépenses de gros entretien ou grandes visites (2e catégorie, voir n° 25715 II.), lorsque l'approche par composants a été retenue et qu'aucune provision pour gros entretien n'a été corrélativement constituée (voir n° 25750).

> **Fiscalement** Il en est de même pour les dépenses de **1re catégorie** (CGI ann. II art. 15 bis ; BOI-BIC-CHG-20-10-10 n° 150 ; BOI-BIC-CHG-20-20-20 n° 150).
>
> En revanche, les dépenses de **2e catégorie** ne sont pas reconnues en tant que composant sur le plan fiscal (voir n° 25750).

En revanche, si la dépense engagée n'est pas constitutive d'un composant, elle est comptabilisée en charges.

> **Fiscalement** Selon l'administration (BOI-BIC-CHG-20-20-20 n° 150), lorsque le composant de remplacement ne revêt pas un caractère significatif et que ce remplacement n'a pas été considéré en tant que composant sur le plan comptable, la méthode par composants n'est pas appliquée au remplacement proprement dit. En conséquence :
> – le coût du remplacement n'est pas inscrit à l'actif, mais peut être immédiatement comptabilisé en charges ;
> – la valeur nette comptable de l'élément remplacé n'est pas comptabilisée en charges.

II. Sortie du composant non identifié à l'origine et qui va être remplacé
Lorsque la dépense survient :
– elle est immobilisée pour le montant des dépenses (de remplacement ou de gros entretien) engagées ;

> **Fiscalement** Il en est de même (BOI-BIC-CHG-20-20-10 n° 260). Pour plus de détails sur la valeur du composant de remplacement, voir n° 25755.

– la valeur nette comptable du composant remplacé est sortie de l'actif.
Le composant remplacé n'ayant pas été identifié à l'origine, sa sortie entraînera automatiquement une charge. En effet, ce composant aura été amorti depuis l'origine sur la durée de l'utilisation de la structure, plus longue que la sienne.
Sur l'évaluation de la valeur nette comptable du composant remplacé, voir n° 28250.

> **Fiscalement** Il en est de même (BOI-BIC-CHG-20-10-10 n° 150 ; BOI-BIC-CHG-20-20-20 n° 150). En outre, selon l'administration (BOI-BIC-AMT-10-40-10 n° 100), il ne doit pas être considéré, sauf cas manifestement abusifs, que l'entreprise a irrégulièrement différé la fraction non comptabilisée de l'amortissement du composant non identifié, en contravention avec les dispositions de l'article 39 B (voir n° 27010). Dans ces conditions, la valeur nette comptable correspondant à l'élément d'origine est intégralement déductible. Sur l'évaluation de la VNC du composant remplacé et sur la mesure de simplification prévue à ce titre pour les PME, voir n° 28250.

Modification de la durée d'utilisation de certains éléments La modification de la durée d'utilisation d'un élément d'une immobilisation corporelle peut conduire l'entreprise à réviser la durée d'amortissement de cet élément qui, de ce fait, devient différente de la durée d'utilisation de l'immobilisation principale. **Si ce différentiel est significatif** (voir n° 25795), il impose l'**identification d'un nouveau composant**. 25770

En pratique, il s'agit d'éléments dont le remplacement n'est pas encore intervenu, mais dont l'entreprise constate qu'ils devront l'être, à plus ou moins court terme, selon des informations dont elle ne disposait pas à l'origine ou qu'elle avait méconnues par erreur.

> **Fiscalement** Il en est de même pour les dépenses de 1ʳᵉ catégorie (BOI-BIC-CHG-20-10-10 n° 150).

EXEMPLE
Une machine acquise au 1/01/N n'a pas été décomposée, aucun élément ne répondant, à la date d'acquisition, aux critères d'identification d'un composant (voir n° 25795). Elle est amortie sur 10 ans.
En N+1, une nouvelle technique de production conduit l'entreprise à utiliser davantage l'une des pièces d'une machine. Alors que la durée d'utilisation de la machine est de 10 ans, cette pièce est désormais à remplacer tous les 5 ans.

Il en résulte une modification des durées d'amortissement et l'identification de la pièce en tant que composant (dès lors que l'impact sur le résultat de cette modification de la durée d'amortissement est significatif, voir n° 25795). La décomposition ultérieure de l'immobilisation corporelle impose alors :
– la décomposition de la valeur nette comptable de l'immobilisation pour distinguer la valeur nette comptable du composant de celle de l'immobilisation principale (voir n° 28250) ;
– l'amortissement de la valeur nette comptable du composant nouvellement identifié sur sa durée résiduelle d'utilisation. Cette modification du plan d'amortissement est toutefois prospective (voir n° 27330).

> **Fiscalement** Il en est de même. Sauf cas manifestement abusifs, il ne doit pas être considéré que l'entreprise a irrégulièrement différé la fraction non comptabilisée de l'amortissement du composant non identifié à l'origine et la quote-part de la valeur nette comptable correspondant au composant nouvellement identifié est intégralement déductible (BOI-BIC-AMT-10-40-10 n° 100 et 110 ; voir n° 25765).

MODALITÉS DE DÉCOMPOSITION DÈS L'ORIGINE

Appliquer l'approche par composants à un actif impose de **décomposer le bien dès l'origine entre l'actif principal et ses différents composants** lorsqu'ils sont **significatifs** (voir n° 25705 s.). 25775

En conséquence, il est nécessaire, à notre avis :
– d'**identifier les composants** au sein de l'actif principal (voir n° 25795) ;
– d'**affecter le coût d'entrée** global de ce bien entre ces différents éléments (voir n° 25800) ;
– de **regrouper les composants** par échéance de renouvellement (voir n° 25805).

En principe, la décomposition à l'origine est le plus souvent **possible** à réaliser (voir n° 25795 s.), sauf dans certains **cas particuliers** (voir n° 25810).

Identification des composants au sein de l'actif principal Afin d'identifier les différents composants de l'actif, l'avis CU CNC n° 2003-E (ann. 2) a proposé les éléments de **méthodologie** suivants, complétés de notre expérience pratique : 25795

25795
(suite)

> **Précisions** L'avis CU CNC 2003-E s'est prononcé dans le cadre de la première application de l'approche par composants. Toutefois, la méthode explicitée dans cet avis peut, à notre avis, être retenue également en période « de croisière ».

I. Première étape : technique Cette première étape peut être réalisée de différentes manières selon les entreprises (selon leur taille, leur organisation…) :

a. Étude par les services techniques Selon l'avis CU CNC n° 2003-E, annexe 2, § 1.1, une étude préalable doit être faite par les services techniques sur les possibilités de ventilation des éléments principaux en composants et sur les fréquences de renouvellement.

En pratique, à notre avis, l'identification des composants devrait être confiée aux gestionnaires d'immobilisations qui sont les mieux placés pour la réaliser, grâce au suivi qu'ils peuvent faire des remplacements affectant les immobilisations (nature et coût).

b. Analyse à partir de l'historique En pratique, à notre avis, en l'absence de services techniques ou de gestionnaires d'immobilisations, ce qui sera généralement le cas dans les PME, l'identification des éventuels composants pourrait être effectuée grâce à l'analyse, sur les dernières années :
– des factures d'entretien ;
– des renouvellements ou remplacements effectifs.

Cette analyse permet en effet d'identifier les éléments d'actif, sources d'entretien ou de renouvellement important.

c. Recours à des éléments sectoriels Dans le cadre de cette analyse technique, l'entreprise peut également :
– collecter l'information nécessaire dans son environnement économique (ou concurrentiel) ;
– avoir recours à des données sectorielles ;

> **EXEMPLE**
>
> Dans le secteur immobilier, plusieurs travaux ont été déjà effectués sur la base d'analyses techniques, notamment sur les sociétés foncières, dans le but de proposer aux acteurs du marché un guide d'application ou une grille de détermination des composants et de leurs durées de vie attachées.
>
> Ainsi :
> – l'avis du CNC n° 2004-11 du 23 juin 2004 expose les modalités d'application de l'approche par composants et des provisions pour gros entretien dans les organismes de logement social ;
> – des fédérations de sociétés (FSIF, Fédération des sociétés immobilières et foncières ; FFSA, Fédération française des sociétés d'assurance) ont élaboré des grilles indiquant les catégories de composants et, pour chaque type de construction (immeubles de bureaux, immeubles de logements, locaux d'activité), les fourchettes de répartition en pourcentage du prix entre les composants et les fourchettes de durée de vie.
>
> > **Fiscalement** Selon l'administration, il convient de relativiser la portée de ces études sectorielles pour des entreprises dont l'objet n'est pas la location d'immeubles. En effet, l'identification de composants peut différer d'une entreprise à une autre, y compris dans un même secteur d'activité, en raison de critères purement individuels : mode d'utilisation des actifs, niveaux de qualité ou de performance attendus, politique d'entretien, politique de cession… même si à terme des décompositions types pourront voir le jour (BOI-BIC-CHG-20-10-10 n° 160).

– consulter ses fournisseurs afin d'obtenir les données techniques et connaître les historiques de renouvellement sur l'immobilisation acquise.

> **EXEMPLE**
>
> Tel est le cas notamment lorsque l'entreprise acquiert une immobilisation dans le cadre du développement d'une nouvelle activité, ou qui constitue un nouveau modèle, situation dans laquelle elle ne dispose d'aucune donnée historique.

d. Comparaison sectorielle a posteriori Le recours a posteriori à du « benchmarking » sectoriel ou à des experts, dans le cadre d'immobilisations spécifiques à un secteur donné, peut, à notre avis, également permettre de valider la décomposition retenue par l'entreprise en fonction de son propre planning de renouvellement. Cette justification peut s'avérer utile, compte tenu notamment du souhait de l'administration fiscale de voir émerger une homogénéité sectorielle (voir ci-avant).

II. Deuxième étape : comptable Ces données techniques ne suffisent pas. Elles doivent ensuite être rapprochées des **règles de comptabilisation des actifs.** Les propositions techniques, confrontées aux données historiques de remplacement, seront le plus souvent revues pour arrêter un nombre plus réduit de composants (Avis CU CNC 2003-E, annexe 2, § 1.1).

> **Précisions** En effet, il est préférable à notre avis d'éviter une trop grande multiplication des composants, ce qui engendrerait un coût élevé de recherche et de maintien de l'information par rapport aux avantages retirés.

Ainsi, dans le cadre de cette deuxième étape, il convient de vérifier que les composants identifiés, lors de la première étape technique, sont, d'une part, adaptés à l'entreprise et, d'autre part, significatifs.

À défaut, ces éléments ne constituent pas des composants à comptabiliser et à amortir de manière séparée.

a. La décomposition est adaptée à l'entreprise et à sa politique de gestion des immobilisations Dans ce cadre, l'entreprise devrait s'assurer que les composants identifiés lors de l'étape technique correspondent :
– à des **dépenses planifiées** ou raisonnablement attendues par l'entreprise ;

> **Précisions** Ainsi, un élément spécifique ne constitue un composant que s'il doit faire l'objet de remplacements ultérieurement. À défaut, il s'ajoute au composant auquel il se rattache.

EXEMPLE

Une entreprise aménage une rampe d'accès pour handicapés. Cette rampe est un élément spécifique pouvant être aisément isolé de l'immobilisation principale. Toutefois, son remplacement avant la fin de l'utilisation de l'immobilisation principale n'étant pas prévu par la direction, elle ne constitue pas un composant à identifier comme tel. Le coût de cet élément vient donc s'ajouter à l'immobilisation principale (structure).

– à la propre politique de l'entreprise.

> **Précisions** Suivant la nature de l'activité et son importance, un élément pourra être considéré comme un composant par une entreprise ou un groupe et pas pour une autre compte tenu de l'utilisation de l'immobilisation (activité principale, activité annexe ou autre...) (Avis CU CNC 2003-E, annexe 2, § 1.1).

EXEMPLES

Par application de données sectorielles, la première étape technique a conduit une entreprise à identifier un composant « toiture » au sein de l'immeuble qu'elle a acquis. L'entreprise a suivi en cela les recommandations d'un guide sectoriel pour l'application de l'approche par composants.

1er cas – La politique de l'entreprise est telle que la toiture, faisant l'objet d'un entretien régulier et courant, ne sera jamais remplacée. Dans ce cas, au terme de la deuxième étape comptable, l'élément « toiture » ne constitue plus un composant à identifier séparément, mais est à réintégrer dans l'immobilisation principale (structure).

2e cas – La politique de l'entreprise est telle que la toiture est remplacée de manière régulière, mais partielle (remplacement d'un quart de la toiture tous les 4 ans). Dans ce cas, l'entreprise doit identifier 4 composants au titre de la toiture (et non pas un seul, comme les règles sectorielles le préconisent).

b. Les composants identifiés sont significatifs Selon l'avis CU CNC n° 2003-E (annexe 2, § 1.1), le composant doit être **significatif** et doit conserver ce caractère au moment du remplacement et de la décomptabilisation.

Il convient donc, à notre avis, de concentrer l'analyse :
– non seulement sur les éléments **à forte valeur unitaire** ;
– mais également sur ceux ayant des **durées d'amortissement sensiblement différentes** de la durée de l'immobilisation principale.

La durée d'amortissement de l'immobilisation principale à prendre en compte est sa durée réelle d'utilisation (sur cette durée, voir n° 27205) et non sa durée d'usage fiscale (Avis CU CNC n° 2005-D du 1-6-2005, § 1.1.1). En effet, l'identification des composants par référence à la durée d'usage de la structure conduirait à réduire le nombre de composants comptabilisés à l'origine. Ainsi, l'entreprise n'identifierait pas les composants dont la durée d'utilisation serait supérieure à la durée d'usage de la structure (mais inférieure à sa durée d'utilisation). Cette pratique serait contraire aux dispositions du PCG (art. 214-9 et 213-20). En conséquence, des composants doivent être identifiés alors même que leur durée d'utilisation est supérieure à la durée d'usage de l'immobilisation principale. Voir également n° 27200.

Le caractère sera donc jugé significatif en fonction de son **impact sur le résultat,** qui dépend de la valeur du composant et de l'écart entre la durée de l'immobilisation et la durée du composant.

Le caractère significatif devrait, à notre avis, s'apprécier pour chaque élément pris de manière individuelle ou pour un groupe d'éléments présentant les mêmes caractéristiques de durée et de mode d'amortissement.

25795
(suite)

En pratique, la ventilation en composants devrait être relativement limitée pour les PME, même si elle peut s'avérer utile en termes de gestion (voir n° 25720).

> **Précisions** **1. Durées d'utilisation inférieures à 12 mois** Les éléments ayant une durée d'utilisation inférieure à 12 mois ne sont pas, par définition, des composants, mais constituent des charges d'entretien (voir n° 25900).
2. Importance du composant eu égard à l'activité de l'entreprise Lorsque les éléments pris individuellement ne sont pas considérés comme principaux selon les critères définis ci-avant mais que l'entreprise dispose d'un grand nombre de ces éléments, elle peut considérer nécessaire d'identifier un composant à raison de l'élément concerné. Ce dernier critère devrait être particulièrement opérant pour les immobilisations qui sont l'objet même de l'activité de l'entreprise, telles que les biens donnés en location par une entreprise spécialisée dans cette activité.

> **Fiscalement** La **définition des composants** prévue à l'article 15 bis de l'annexe II au CGI **retient les mêmes critères** d'identification des composants **que** la définition prévue par **le PCG** (voir n° 25715). Dans ces conditions, selon l'administration, il doit y avoir identité entre les éléments considérés comme des composants sur le plan comptable et sur le plan fiscal et, en conséquence (BOI-BIC-CHG-20-10-10 n° 160) :
– la méthodologie décrite par le CU CNC précité peut être transposée pour identifier des composants sur le plan fiscal ;
– il est admis que le degré de décomposition retenu en matière comptable ne soit pas remis en cause sur le plan fiscal, sauf cas manifestement abusif (manquements exclusifs de bonne foi, erreurs répétées ou graves).
Toutefois, l'administration se réserve le droit de demander la justification de l'absence de décomposition des éléments suivants (BOI-BIC-CHG-20-10-10 n° 90 à 130) :
– élément dont la valeur unitaire est supérieure ou égale à 500 € HT ou supérieure ou égale à 15 % du prix de revient de l'immobilisation dans son ensemble pour des biens meubles (et 1 % pour les immeubles) ;
– élément dont la durée réelle d'utilisation est inférieure à 80 % de la durée réelle d'utilisation de l'immobilisation prise dans son ensemble ;
– élément identifié en tant que composant d'une immobilisation de même nature au sein de l'entreprise.
Enfin, en cas de non-inscription à l'actif de composants, par erreur (sauf dans les cas manifestement abusifs), les dispositions de l'article 39 B (règle de l'amortissement minimal, voir n° 27010) ne seront pas opposées à l'entreprise (BOI-BIC-CHG-20-10-10 n° 160). En conséquence, l'amortissement non comptabilisé ne sera pas considéré comme irrégulièrement différé.

Le tableau suivant, établi par nos soins, présente une **comparaison de la définition comptable et fiscale** des composants significatifs :

	Composant significatif	
Textes	Avis CU CNC 2003-E	CGI A II, art. 15 bis
Éléments concernés	**À notre avis :** – forte valeur unitaire **et** – durée d'amortissement sensiblement différente de celle de l'immobilisation principale	**Selon l'instruction fiscale** (BOI-BIC-CHG-20-10-10 n° 90 à 130) : – forte valeur unitaire ($\geq$ à 500 € ou $\geq$ à 15 % du coût de revient de l'immobilisation pour les biens meubles ou 1 % pour les immeubles) **ou** – durée d'amortissement sensiblement différente (– 20 % par rapport à la structure)

Les seuils proposés par l'administration pour déterminer le niveau de décomposition ne représentent qu'une **sécurité** juridique pour les entreprises, qui ne seront plus tenues de justifier de l'absence de décomposition des éléments inférieurs aux seuils de signification (BOI-BIC-CHG-20-10-10 n° 90 ; voir Fiscalement ci-avant).

En conséquence, à notre avis, une entreprise **peut retenir les seuils de l'administration pour identifier ses composants, tant sur le plan comptable que fiscal,** leur utilisation lui évitant de devoir justifier l'absence de décomposition des éléments inférieurs aux seuils de significativité fiscaux. En revanche, elle **ne sera jamais contrainte d'utiliser ces seuils sur le plan comptable.**

En effet, un élément supérieur à 500 € ne devrait pas nécessairement être considéré comme un composant : il devrait s'agir d'un composant uniquement si sa durée d'**utilisation est**

sensiblement différente de celle de la structure et que l'impact de sa comptabilisation en tant que composant est significatif en termes de résultat. Tel devrait également être le cas :
– d'un élément dont la valeur est supérieure ou égale à 15 % du prix de revient de l'immobilisation dans son ensemble pour des biens meubles (et 1 % pour les immeubles) ;
– d'un élément dont la durée d'utilisation est différente de + de 20 % par rapport à celle de la structure.

> **Précisions** **Niveau de décomposition attendu par l'administration fiscale** Selon l'administration (BOI-BIC-CHG-20-10-10 n° 160), pour les entreprises établissant des **comptes consolidés,** le niveau de décomposition retenu pour l'établissement des comptes sociaux devrait, dans la plupart des cas, être identique à celui adopté pour l'établissement des comptes consolidés.
> À notre avis, cette position de l'administration est contestable. En effet, l'identification des composants repose sur un critère d'importance relative par rapport au résultat (voir ci-avant). Le caractère significatif d'un composant est donc propre à chaque entité et ne peut pas s'apprécier de la même manière dans un groupe consolidé et dans les comptes individuels de ses filiales. Autrement dit, si un composant a été identifié comme significatif dans les comptes individuels, il ne le sera pas nécessairement dans les comptes consolidés. Inversement, si un composant n'a pas été identifié dans les comptes consolidés, il peut l'être dans les comptes individuels.

Affectation du coût d'entrée global initial Les composants identifiés préalablement étant **au sein** de l'actif principal (et non au-delà), la décomposition requiert l'affectation du coût d'entrée entre les différents composants et la structure. Le coût d'entrée global n'est donc pas modifié par cette décomposition, il doit être réparti.

25800

Deux situations peuvent, à notre avis, se présenter, selon que l'entreprise dispose directement ou non des éléments permettant cette décomposition :

I. 1er cas, la décomposition est validée par des pièces justificatives C'est le cas :
– pour les **immobilisations acquises neuves à titre onéreux** (voir n° 26185 s.), si les factures liées à l'achat des immobilisations font figurer de manière suffisamment détaillée le coût des différents éléments composant l'actif ;
– pour les **immobilisations produites par l'entreprise** (voir n° 26585 s.), ce sera également le cas si le décompte de production isole précisément les coûts engagés pour produire chaque élément de l'actif (actif principal et composants significatifs).
Dans cette situation, l'actif principal et chacun des composants est enregistré pour le **coût** figurant **sur ces pièces justificatives.**

> **Fiscalement** Il en est de même (BOI-BIC-CHG-20-10-20 n° 250).

II. 2e cas, la décomposition n'est pas validée par des pièces justificatives
Cette situation se présente, par exemple :
– lors de l'acquisition d'un **bien d'occasion ;**
– en cas d'**apport** de biens ;
– pour les **immobilisations acquises neuves à titre onéreux,** lorsque les factures liées à l'achat des immobilisations ne font pas figurer le coût des différents éléments composant l'actif.
Dans ce cas, il est possible, à notre avis :
– de décomposer les valeurs brutes de l'immobilisation acquise, **selon la répartition du coût actuel à neuf,** en fonction des données techniques ;
– d'appliquer au coût d'acquisition le pourcentage de ventilation des catégories de composants, constaté sur des immobilisations récentes ou rénovées, pondéré le cas échéant par les variations des conditions économiques et des évolutions techniques (en ce sens, avis CU CNC 2003-E § 3.1) ;
– de chercher à obtenir les informations nécessaires auprès de ses fournisseurs.

> **Fiscalement** Il en est de même (BOI-BIC-CHG-20-10-20 n° 250).

Il est également possible, à notre avis, d'utiliser les pièces justificatives des dépenses effectives de renouvellement ou de gros entretien.

> **Précisions** Néanmoins, cette solution pourrait avoir comme conséquence de surévaluer la valeur des composants souvent inclus pour une valeur moindre dans le coût d'entrée global de l'immobilisation et même parfois d'aboutir à une « structure » de l'immobilisation principale de valeur nulle. Des correctifs de valeur des composants sont, dans ce cas, nécessaires.

Frais accessoires Le coût actuel à neuf devrait, à notre avis, comprendre le coût de l'installation du composant lorsque celui-ci est significatif. En revanche, le coût de démontage devrait, à notre avis, être exclu (sur l'affectation aux différents composants et à la structure des frais accessoires d'acquisition et des coûts d'emprunts, voir n° 26240).

Immobilisation acquise d'occasion Il convient, pour déterminer le coût du composant, de tenir compte de la vétusté.

Apport ou opérations assimilées réalisées à la valeur nette comptable Il appartient à la société bénéficiaire de l'apport de procéder à la décomposition des biens apportés. Celle-ci peut se référer à la ventilation des éléments chez la société apporteuse, sauf si la société bénéficiaire des apports justifie d'une décomposition différente de l'immobilisation du fait d'une utilisation différente notamment (BOI-BIC-CHG-20-20-10 n° 250 sur les situations d'apport à la valeur comptable). Pour plus de détails, voir Mémento Fusions & Acquisitions n° 8620.

25805 **Regroupement possible** Bien que les règles ne le précisent pas, il est à notre avis possible, et même souhaitable, de regrouper les éléments ainsi décomposés au sein d'une même immobilisation corporelle, par échéance de renouvellement.

> **Précisions** En effet, ce regroupement permet de faciliter la détermination de la dotation aux amortissements.

En ce sens, l'avis CNC n° 2004-11 du 23 juin 2004, pour le cas particulier des logements sociaux.

25810 **En cas de décomposition à l'origine impossible** (l'entreprise n'est pas capable de procéder à la décomposition) En principe, il devrait toujours être possible d'identifier à l'origine les composants au sein de l'immobilisation principale.

> **Précisions** En pratique, toutefois, cette décomposition peut se révéler impossible, généralement dans les deux cas suivants :
> — l'entreprise a identifié des éléments susceptibles d'être remplacés mais **ne connaît pas l'échéance** à laquelle ce remplacement devrait avoir lieu ;
> — l'entreprise ne dispose d'**aucune information** lui permettant de conclure à l'obligation d'effectuer des remplacements d'éléments au sein de l'immobilisation.
> Tel est le cas, notamment, des installations complexes spécialisées. Pour plus de détails, voir n° 25815.

Toutefois, même si les composants ne sont pas identifiables à l'origine, **ils le deviennent en principe lors de la survenance de la dépense** de remplacement (voir n° 25760), sauf si la dépense, même significative, est accidentelle, et donc, que l'échéance de la prochaine dépense demeure toujours inconnue.

CAS PARTICULIERS DE DÉCOMPOSITION

25815 **Installations complexes spécialisées (ICS)** Ces immobilisations étaient définies par le PCG 82 (p. I.33) comme des unités complexes fixes, d'usage spécialisé, pouvant comprendre constructions, matériels ou pièces, qui, même séparables par nature, sont techniquement liés pour leur fonctionnement, cette incorporation de caractère irréversible les rendant passibles du même rythme d'amortissement.

> **Précisions** Ce type d'installations existe notamment dans les industries des hydrocarbures (unités de raffinage), de l'énergie (centrales nucléaires), pharmaceutiques (ensembles de fabrication d'antibiotiques), etc.

Selon l'avis CU CNC n° 2005-D du 1er juin 2005 (§ 1.3), la notion d'installation complexe spécialisée (ICS) n'a pas de valeur réglementaire, n'ayant pas été reprise explicitement dans le PCG (Règl. 2014-03).

Toutefois, à notre avis :

I. Comptabilisation à l'origine

a. **Si aucun remplacement n'est prévu ni prévisible** lors de la comptabilisation initiale de l'immobilisation (les éléments sont alors exploités de façon indissociable), les textes actuels ne s'opposent pas, a priori, à un amortissement sur la **même durée et un mode unique** pour l'ensemble de l'installation (PCG art. 214-9).

> **Fiscalement** Il en est de même (BOI-BIC-AMT-20-40-60-30 n° 110 à 130). En pratique, l'ensemble des éléments (biens meubles ou immeubles) composant ces installations est amorti selon un plan unique, c'est-à-dire sur la même durée et selon le même régime que les matériels qui en constituent l'élément prédominant (y compris le régime de l'amortissement dégressif lorsque l'élément prédominant est éligible à ce système d'amortissement).

Toutefois, cette situation devrait être exceptionnelle.

b. Si des remplacements sont prévisibles dès l'origine, en revanche, les éléments concernés doivent, en application de l'**approche par composants** (voir n° 25705 s.), être comptabilisés et donc amortis séparément. Il ne pourra donc pas y avoir de plan d'amortissement unique pour l'ensemble.

> **Fiscalement** Il en est de même (BOI-BIC-AMT-20-40-60-30 n° 110 à 130).

II. Comptabilisation des dépenses ultérieures En application de l'article 214-9 du PCG, en cas de remplacement non prévisible à l'origine, le nouvel élément doit toutefois être comptabilisé séparément et amorti sur sa durée propre ou la durée résiduelle restant à courir de l'immobilisation principale, et l'élément renouvelé doit être sorti de l'actif. Le reste de l'immobilisation continue d'être amorti sur sa durée propre (Avis CU CNC 2005-D § 1.3).

> **Fiscalement** Il en est de même (BOI-BIC-AMT-20-40-60-30 n° 110 à 130). En outre, la comptabilisation de ces remplacements sous forme de composants ne remet pas en cause l'application du régime des ICS aux autres éléments formant l'installation complexe spécialisée.

Pour plus de détails sur le remplacement de composants identifiés ultérieurement, voir n° 25760.

VI. TRAITEMENT DES DÉPENSES ULTÉRIEURES ET DES COÛTS DE DÉMANTÈLEMENT ET DE REMISE EN ÉTAT

A. Dépenses ultérieures

Les dépenses ultérieures concernent les remplacements de composants, les pièces détachées, les mises en conformité et autres dépenses d'amélioration.
Sur les exceptions au principe général de comptabilisation des dépenses ultérieures, voir n° 25980.

25885

PRINCIPE GÉNÉRAL DE COMPTABILISATION DES DÉPENSES ULTÉRIEURES
Selon le PCG (art. 212-2) :

25895

I. Les **critères de distinction** entre charges et immobilisations, pour la comptabilisation des **dépenses ultérieures,** sont les **mêmes que lors de l'acquisition initiale** de l'immobilisation existante.
Ces critères sont les suivants :
– il est probable que l'entité bénéficiera des avantages économiques futurs associés à l'immobilisation (voir n° 25160 s.) ;
– le coût ou la valeur de cette immobilisation peut être évalué avec une fiabilité suffisante (voir n° 25165).

> **EXEMPLE**
> Constituent, à notre avis, des immobilisations, les dépenses qui permettent :
> – d'augmenter la durée probable d'utilisation du bien (par exemple, la modification d'un outil de presse spécifique permettant son utilisation pour la production d'un nouveau véhicule et permettant ainsi de porter sa durée d'utilisation de 8 à 10 ans) ;
> – de réduire ses coûts de fonctionnement (par exemple, la mise en place d'appareils de mesures électroniques permettant le montage correct des pièces et permettant ainsi d'éviter les mises au rebut) ;
> – d'atteindre une capacité de production supérieure (par exemple, la modification des convoyeurs d'une chaîne d'assemblage permettant d'en accélérer la vitesse) ;
> – d'améliorer substantiellement la qualité de la production (par exemple, la modification des processus des entrées d'injection plastique des moules, évitant ainsi les bavures).

> **Fiscalement** Il en est de même (BOI-BIC-CHG-20-20-20 n° 1).

II. Ces critères sont appréciés **au moment de l'engagement de ces dépenses par rapport à l'état de l'immobilisation à cette date** et non pas par rapport à l'état d'origine de l'immobilisation existante.
En effet, l'**augmentation des avantages économiques futurs** liés à l'immobilisation doit être appréciée par rapport aux avantages futurs estimés **au moment où ces dépenses sont**

encourues et non par rapport à ceux estimés à la date de comptabilisation initiale de l'immobilisation existante.

> **Fiscalement** Il en est de même. Selon l'administration, les dépenses réalisées sur des immobilisations existantes doivent être immobilisées si elles ont pour objet de prolonger la durée probable d'utilisation, **non à la date d'acquisition ou de création de l'immobilisation, mais à la date à laquelle intervient la dépense en cause.** Il en est de même en cas d'augmentation de la valeur de l'immobilisation (BOI-BIC-CHG-20-20-20 n° 140).

En pratique, devraient donc constituer des immobilisations, notamment (sur les autres conséquences pratiques, voir n° 25900 s.) :

– les remplacements de composants non identifiés à l'origine (pour plus de détails sur les dépenses de remplacement non identifiées à l'origine, voir n° 25760) ;

EXEMPLE

Une entreprise achète en janvier de l'année N une nouvelle machine dont elle s'attend à recevoir les avantages économiques pendant 10 ans.

Au moment de l'acquisition, aucun composant n'a été identifié.

En décembre de l'année N+4, le moteur de cette machine tombe en panne et ne peut être réparé. Le moteur doit alors être remplacé.

Pour apprécier si le moteur répond aux critères de comptabilisation d'une immobilisation, l'entreprise doit estimer les avantages économiques futurs de la machine compte tenu de la dépense de remplacement engagée. Cette estimation est réalisée par rapport à l'état de la machine au moment où cette dépense est encourue, c'est-à-dire par rapport à une machine ne fonctionnant plus sans l'engagement de la dépense. Le tableau suivant présente le traitement comptable résultant de cette analyse :

	Traitement comptable de la dépense
Principe	Distinction immobilisation/charge par rapport à l'état de l'immobilisation à la date à laquelle les dépenses sont engagées
Application	La dépense de remplacement permet d'augmenter les avantages économiques futurs de la machine par rapport aux avantages déterminés juste avant la dépense. Ces derniers sont nuls, la machine ne pouvant plus fonctionner sans le remplacement du moteur.
Solution	Immobilisation (composant)

– certaines dépenses de mise en conformité, dans le cas où l'absence de mise en conformité entraînerait l'arrêt obligatoire de l'utilisation de l'actif (voir n° 25965).

CONSÉQUENCES PRATIQUES SUR LA COMPTABILISATION DES DÉPENSES ULTÉRIEURES

25900 **Dépenses courantes d'entretien et de maintenance** Selon le PCG, les dépenses qui ne répondent pas aux critères de comptabilisation des actifs (voir n° 25895) constituent des charges d'exploitation (PCG art. 213-19).

Les dépenses d'entretien à comptabiliser en charges au moment où elles sont encourues sont les **dépenses récurrentes** engagées pour **maintenir les avantages économiques futurs** que l'entreprise attend de ses immobilisations (tels qu'évalués juste avant l'engagement de la dépense).

EXEMPLES

– Le démontage de cylindres de compression pour remplacement des huiles.
– Le contrôle d'appareils de dosage des conservateurs incorporés dans les réservoirs à lait.
– Les frais de révision des installations et de l'équipement (en revanche, sur les dépenses de grande révision, voir n° 25750).
– Toutes les dépenses de remplacement ou d'entretien annuel (moins de 12 mois).

Voir également n° 25915 (les agencements et aménagements).

> **Fiscalement** Il en est de même (BOI-BIC-CHG-20-20-20 n° 140). Constituent des charges déductibles les dépenses qui n'ont d'autre objet que de maintenir un élément de l'actif en état tel que son utilisation puisse être poursuivie jusqu'à la fin de la période d'amortissement restant à courir (BOI-BIC-CHG-20-20-20 n° 140 et 170 à 210). Pour des exemples issus de la jurisprudence, voir n° 25915.

Il ne peut pas s'agir des dépenses suivantes :

– de remplacement des composants identifiés à l'origine (voir n° 25730 s.) ou au moment de la dépense (voir n° 25760) ;

– faisant l'objet d'un programme pluriannuel de gros entretien ou grandes visites, sauf lorsque l'entreprise a opté pour leur comptabilisation sous forme de provisions (voir n° 25750 s. et 25760) ;
– résultant d'une mise en conformité pour des raisons de sécurité des personnes ou liées à l'environnement dont le non-respect entraînerait l'arrêt de l'activité ou de l'installation de l'entreprise (voir n° 25925) ;
– constituant des pièces de rechange que l'entreprise compte utiliser sur plus d'une période ou qui sont spécifiques à une immobilisation (voir n° 20445).

Dépenses d'amélioration et additions d'éléments Si elles remplissent les critères de comptabilisation des immobilisations (voir n° 25895), ces dépenses sont immobilisées en tant que composant de l'immobilisation principale. **25905**
Sur le cas particulier des dépenses de mise en conformité, voir n° 25925 s.

I. Les **améliorations** peuvent provenir :
– soit de la **substitution** d'un élément neuf ou rénové apportant une amélioration, à un élément usagé ;
Si l'élément remplace un composant (identifié à l'origine ou au moment du remplacement), il est immobilisé et la VNC du composant remplacé est sortie de l'actif. Pour plus de détails sur le traitement comptable et fiscal de cette dépense de remplacement, voir n° 25755 (composant identifié à l'origine) ou 25760 (composant non identifié à l'origine).
– soit de la **transformation** d'un élément pour le perfectionner (voir ci-après II., les additions d'éléments).

II. Les **additions** entraînent normalement un accroissement de la valeur des immobilisations. Toutefois, elles ne doivent être comprises dans l'actif du bilan que si elles répondent aux conditions de comptabilisation à l'actif des dépenses ultérieures.
C'est-à-dire si (voir n° 25895) :
– il est probable que l'entité bénéficiera des avantages économiques futurs associés à l'immobilisation par rapport aux avantages déterminés juste avant la dépense ;
– le coût ou la valeur de cette immobilisation peut être évalué avec une fiabilité suffisante.

> **Fiscalement** Il en est de même (BOI-BIC-CHG-20-20-20 n° 1 et 90 à 110).

De même, elles ne constituent un nouveau composant que si elles répondent aux conditions de comptabilisation d'un composant (voir n° 25710).
Toutefois, sur la possibilité de comptabiliser en charges les éléments d'actifs non significatifs, voir n° 25415.
Sur l'amortissement des dépenses d'amélioration, voir n° 27600.

Échange standard Le simple remplacement ou échange standard d'un élément indispensable au fonctionnement d'un matériel entraîne l'immobilisation de la dépense dès lors qu'il s'agit du remplacement d'un composant (identifié à l'origine ou au moment du remplacement). **25910**
La VNC du composant remplacé est alors obligatoirement sortie de l'actif.
Pour plus de détails sur le traitement comptable et fiscal de cette dépense de remplacement, voir n° 25755 (composant identifié à l'origine) ou 25760 (composant non identifié à l'origine).

> **Fiscalement** Il en est de même (BOI-BIC-CHG-20-20-20 n° 1, 150 et 160).

Agencements et aménagements S'agissant, à notre avis, comme le précisait le PCG 82 (p. I.19), des travaux destinés à mettre en état d'utilisation les diverses immobilisations de l'entreprise, essentiellement les terrains et les bâtiments, ils sont, **en principe,** eux-mêmes des **immobilisations.** **25915**
Sur les aménagements et installations réalisés par le locataire, voir n° 25260.
Sur les participations aux dépenses d'équipement, voir n° 25300.

I. Les **agencements et aménagements de construction** constituent, à notre avis, des dépenses à **immobiliser en tant que nouveau composant** (ou remplacement de composant identifié à l'origine ou au moment de la dépense) :
a. Les **additions** d'éléments (voir n° 25905 II.). Tel est le cas, par exemple :
– des modifications et transformations de locaux : travaux de menuiserie, maçonnerie, aménagement général, création de cloisons fixes (mais pas de cloisons mobiles ayant le caractère de mobilier), transformation des locaux en vue d'un autre usage ;

> **Fiscalement** Il en est de même (CE 31-7-1992 n° 42280 et CAA Bordeaux 16-2-2006 n° 02-729).

– des adjonctions d'installations : installations téléphoniques, chauffage central, équipement électrique, air conditionné, ascenseurs.

> **Fiscalement** Il en est de même (CE 31-3-1971 n° 73813 ; CE 3-12-1975 n° 89412).

b. Les dépenses d'**amélioration** (voir n° 25905 I.). Tel est le cas, par exemple :
– du remplacement d'une installation de chauffage par une autre plus moderne ;
– de l'amélioration de standing (décoration).

c. Les **remplacements de composants** :
– **remplacement de composants de 1ᵉ catégorie** (voir n° 25755, pour les composants identifiés à l'origine, et n° 25760, pour les composants non identifiés à l'origine) : les réfections de toitures (par exemple, lorsque la politique de l'entreprise est telle que la toiture est remplacée de manière régulière, mais partielle ; voir n° 25795) ;

> **Fiscalement** Il en est, à notre avis, de même, la définition fiscale des composants de 1ᵉ catégorie retenant les mêmes critères que sur le plan comptable (voir n° 25795). Les nouvelles règles comptables sont contraires à la jurisprudence antérieure du Conseil d'État, qui admettait en déduction les dépenses de réfection partielle de toiture quelle que soit la politique d'entretien de l'entreprise (CE 4-3-1992 n° 80797).

– **remplacement de composants de 2ᵉ catégorie** (voir n° 25750) : les travaux de ravalement d'un immeuble, même s'ils sont réalisés immédiatement après l'acquisition du bien à l'occasion de sa mise en service (sauf si une provision a été constatée à ce titre, voir n° 27900).

> **Fiscalement** Les dépenses de 2ᵉ catégorie n'étant pas admises en tant que composant sur le plan fiscal, leur renouvellement est immédiatement déductible l'année de leur engagement. Pour plus de détails ainsi que sur les autres retraitements extra-comptables issus de cette divergence fiscalo-comptable, voir n° 25750. La jurisprudence avait admis antérieurement à l'entrée en vigueur des nouvelles règles comptables sur les actifs que les dépenses de ravalement constituaient des charges déductibles (CAA Bordeaux 7-5-1991 n° 89-501).

Toutefois, sont en général considérés comme des dépenses courantes d'entretien et de réparation à comptabiliser en **charges** (voir n° 25900), **sauf si un composant a été identifié à l'origine** (voir n° 25730 s.) **ou peut être identifié au moment de la dépense** (voir n° 25760) :
– les peintures extérieures et intérieures (sauf si elles entraînent un accroissement de la valeur de l'immeuble) ;
– les travaux de peinture, vitrerie, nettoyage et réfection partielle de réseaux électriques et de plomberie (CE 8-7-1987 n° 72701 et 72702 ; CE 6-5-1985 n° 43391) ;
– le remplacement d'une moquette (CE 13-5-1991 n° 74729).

Voir également le cas des **installations complexes spécialisées**, n° 25815.

II. Les agencements et aménagements de terrains constituent, à notre avis, des dépenses à **immobiliser en tant** qu'immobilisation à part entière au compte 212. Pour des exemples, voir n° 25540.

Sur le cas particulier :
– des participations à des dépenses d'équipement liées à l'exploitation d'un terrain, voir n° 25300 ;
– des travaux effectués par le vendeur d'un terrain avant la vente, voir n° 28170.

25920 **Frais de réhabilitation ou de reconstruction d'un immeuble** Ces frais sont à traiter de la façon suivante :

a. Les **travaux d'addition ou d'amélioration** ayant pour objet de modifier ou de prolonger la durée de vie viennent en augmentation du coût de la structure et des composants de l'immeuble (Avis CNC 2004-11 relatif aux organismes de logement social, applicables, à notre avis, à toute entreprise ; Bull. CNCC n° 149, mars 2008, EC 2007-94, p. 126 s. ; voir n° 25905).

En revanche, les frais répondant aux critères de comptabilisation d'une immobilisation distincte sont comptabilisés comme l'acquisition d'un actif séparé (par exemple, l'acquisition d'une structure modulaire provisoire pour accueillir le personnel) (Bull. CNCC n° 183, septembre 2016, EC 2016-14, p. 509).

b. Les **coûts de remplacement d'un composant** (par exemple, des aménagements) sont comptabilisés comme l'acquisition d'un actif séparé, et le composant détruit doit être complètement amorti avant d'être sorti de l'actif (Avis CNC 2004-11 précité) en résultat exceptionnel (EC 2007-94 précité ; voir n° 28120).

> **Fiscalement** La destruction d'une immobilisation justifie la constatation d'un amortissement exceptionnel au titre de l'exercice de sa réalisation (CE 28-7-1941 n° 62961).

Si, à la date à laquelle la décision est prise de le détruire, le composant doit encore être utilisé pendant une certaine période, il est amorti sur leur durée d'utilisation résiduelle (PCG art. 214-14), à notre avis, en résultat d'exploitation (EC 2007-94 précité ; voir n° 29060).

> **Fiscalement** Il est à craindre que l'administration, qui refuse de prendre en considération les perspectives de cession des immobilisations pour la détermination des durées d'amortissement (voir n° 27200), refuse le raccourcissement de la durée d'amortissement d'un composant avant sa destruction effective. Les conditions de fond exigées pour la déduction fiscale d'une provision pour dépréciation devraient toutefois, dans certaines situations, être réunies en raison de l'abaissement de la valeur actuelle du composant.

Les coûts correspondant au remplacement d'un **composant qui n'avait pas été identifié à l'origine** sont également comptabilisés séparément ; un pourcentage de la structure correspondant à la VNC de l'élément remplacé de la structure est alors sorti et comptabilisé en charges (Avis CNC 2004-11 précité ; EC 2007-94 précité ; voir n° 28250).

> **Précisions** **Amortissement des composants d'origine conservés et intégrés dans l'immeuble rénové** (par exemple, les fondations, les murs, les planchers...). Selon la CNCC (Bull. n° 203, septembre 2021, EC 2021-20), ces composants doivent continuer d'être amortis pendant les travaux, le cas échéant sur une nouvelle durée d'utilisation du fait de leur réutilisation dans le cadre du nouvel immeuble (voir n° 27330).
> Les charges d'amortissement durant la période de construction doivent être intégrées dans le coût de production de ce dernier (PCG art. 213-15).

c. Les **autres dépenses** sont comptabilisées en **charges** (Avis CNC 2004-11 précité).
Les frais engagés à l'occasion de la réhabilitation de locaux, pour permettre à l'entreprise de poursuivre son activité, ne constituent pas des coûts de production des nouveaux locaux (voir n° 26295).

> **Fiscalement** Il devrait, à notre avis, en être de même, les critères comptables et fiscaux d'identification des composants de 1re catégorie étant identiques (CGI ann. II art. 15 bis). L'administration précise toutefois que les entreprises dont l'objet n'est pas la location d'immeubles peuvent adopter des critères plus souples que ceux retenus par l'avis CNC n° 2004-11 précité applicable aux organismes de logements sociaux. En effet, l'identification des composants peut différer d'une entreprise à une autre, y compris dans le même secteur d'activité, en raison de critères purement individuels : mode d'utilisation des actifs, niveaux de qualité ou de performance attendus, politique d'entretien et de cession… (BOI-BIC-CHG-20-10-10 n° 160).

Sur l'amortissement des coûts de réhabilitation, voir n° 27200.

Frais destinés à rendre un terrain nu (frais de démolition, frais d'éviction…) 25922

Lorsqu'une entreprise prend la décision de démolir un immeuble (postérieurement à son acquisition), les frais destinés à rendre le terrain nu sont, à notre avis, comptabilisés de la manière suivante :

1. En cas de **poursuite de l'exploitation du terrain** :
– dans le **coût d'aménagement du terrain si des avantages économiques sont attendus de ces aménagements** et si l'entreprise décide de ne pas reconstruire ;
Sur l'amortissement des frais d'aménagement de terrains, voir n° 27470.

> **Fiscalement** Il en est de même, y compris lorsque ces avantages économiques sont indirects, l'exploitation étant confiée à un tiers (CE 6-11-1985 n° 47800).

– dans le coût **de la nouvelle construction,** en tant que coûts accessoires, si l'entreprise décide d'édifier une nouvelle construction à la place de celle démolie.
En effet, si l'entreprise décide d'édifier un nouvel immeuble, les frais de démolition sont, à notre avis, nécessaires et directement attribuables à la production de ce nouvel immeuble.

> **Fiscalement** Il en est de même (CE 24-6-1963 n° 55376 ; BOI-BIC-CHG-20-10-20 n° 230).

Toutefois, dans les deux cas, si la comptabilisation à l'actif de ces coûts rend le coût d'entrée de l'immobilisation supérieur à sa valeur actuelle estimée, une **dépréciation** doit être comptabilisée immédiatement (ce qui revient à passer en charge les frais de démolition).

2. En cas de **revente du terrain** :
– **nu** : dans le **coût du terrain** si ces frais ont été engagés dans le but de la cession et en augmentent donc la valeur (voir n° 28170) ;
Ce traitement s'applique à la condition que l'intention de céder soit matérialisée par des éléments probants : décision du conseil d'administration, signature d'un mandat de vente, signature d'une lettre d'intention… Dans le cas inverse, voir ci-après 3. le cas des abandons d'activité.
Si la cession n'est pas réalisée à la clôture et la décision de vendre le terrain nu constituant un indice de perte de valeur, c'est la valeur nette du terrain y compris les frais engagés pour rendre le terrain nu qui doit être comparée au prix de cession pour réaliser le test de dépréciation.

> **Fiscalement** Les **frais de démolition** augmentent le prix de revient du terrain vendu (CE 14-5-1975 n° 93314 ; BOI-BIC-CHG-60-20-10 n° 20). Il en est de même des **indemnités d'éviction** (CE 12-2-1973 n° 83572), étant précisé que l'incorporation au prix de revient est réservée, dans certaines décisions, aux situations dans lesquelles leur versement augmente la valeur de l'élément d'actif (voir n° 45860).

En revanche, si ces frais n'ont pas été engagés à la clôture, que l'entreprise ne peut pas s'exonérer de les engager et que le prix de cession ne couvre pas leur montant (contrat en perte), ils doivent, à notre avis, être provisionnés.
– avec une **nouvelle construction** : les frais sont immobilisés dans le coût de la nouvelle construction (voir ci-avant 1.).

3. En cas d'**abandon d'activité** ou de site : en **charges**. Tel est le cas :
– de la démolition d'une usine suite au déplacement de la production sur un autre site ;
En effet, dans ce cas, les frais de démolition s'analysent comme des coûts de redéploiement engagés en dehors de la période d'acquisition ou de production du terrain (voir n° 26220). Ils doivent alors être provisionnés dès que l'entreprise s'est engagée à démolir ;
– du démantèlement de l'immeuble résultant d'une obligation conditionnée à la fin d'activité. Sur la comptabilisation des provisions pour démantèlement et de remise en état des sites, voir n° 27945.

> **Précisions** Traitement de la VNC de la construction démolie :
– si l'immeuble cesse d'être exploité jusqu'à sa démolition, il doit faire l'objet d'un amortissement exceptionnel ;
– si l'immeuble continue d'être exploité jusqu'à sa démolition, son plan d'amortissement devrait, à notre avis, être révisé (prospectivement, voir n° 27330) pour tenir compte de la nouvelle durée d'utilisation (période sur laquelle l'entreprise a décidé de continuer à exploiter l'immeuble jusqu'à sa démolition), sauf à démontrer qu'une partie de l'ancienne construction est utilisée dans la nouvelle construction (par exemple, les fondations).
Il en est de même pour le **droit au bail et des servitudes** (mitoyenneté, indemnités versées à l'occasion d'une convention de cour commune...) acquis avec les locaux destinés à être démolis.

> **Fiscalement** La jurisprudence comme l'administration considèrent que lorsque l'immeuble démoli était inscrit précédemment à l'actif de l'entreprise, la valeur comptable résiduelle du bâtiment détruit constitue une perte comptable sauf si ce dernier a été acquis dans le seul but d'édifier une nouvelle construction (CE 16-6-1999 n° 177954 ; BOI-BIC-CHG-60-20-10 n° 20). Dans ce dernier cas, voir n° 26440.
De même, la démolition d'un bâtiment devenu sans utilité pour les besoins de l'exploitation, qui est réalisée en vue d'augmenter la valeur vénale du terrain, génère une perte comptable correspondant à la valeur résiduelle du bâtiment détruit dès lors qu'elle n'a eu aucune contrepartie dans un accroissement de l'actif (CE 14-5-1975 n° 93314 ; BOI-BIC-CHG-60-20-10 n° 20).
Lorsque l'ensemble immobilier a été acquis dans le but de détruire l'immeuble, voir n° 26440.

25925 **Mises en conformité avec de nouvelles normes (sécurité, environnement, etc.)** Une entreprise peut, du fait d'une loi, d'un règlement, ou de sa volonté propre (certifications ISO, politique environnementale ou sociale affichée...) devoir mettre en conformité ses machines ou installations avec de nouvelles normes (hygiène, sécurité, pollution, qualité...). La question se pose de l'activation des coûts de mise en conformité, de la possibilité de les provisionner et de leur déductibilité fiscale :
– lorsque la mise en conformité d'une immobilisation génère directement des avantages économiques futurs (augmentation de son rendement, par exemple), ce sont les règles générales d'activation qui s'appliquent, voir n° 25945 ;
– lorsque la mise en conformité ne génère pas directement des avantages économiques futurs, le PCG prévoit un traitement dérogatoire, voir n° 25965.
Sur leur amortissement, voir n° 27600.
Sur le cas particulier des dépenses de remise en état de site, voir n° 26035 s. ; des dépenses Reach, voir n° 30770.
Sur les amendes pour infraction à la réglementation, voir n° 25970.
Sur les conditions de comptabilisation à l'actif des dépenses de mise en conformité en normes IFRS, voir Mémento IFRS n° 31065 s.

25945 **Dépenses de mises en conformité générant directement des avantages économiques futurs** Les dépenses génèrent directement des avantages économiques futurs supplémentaires pour l'entreprise lorsqu'elles permettent :
– d'augmenter le rendement ou la productivité, de réduire les coûts de production, de réduire les coûts liés aux risques de dysfonctionnement ou d'arrêt d'activité liés à des accidents du travail, de prévenir ou de réduire les coûts liés aux risques de pollution... ;

— ou concernant les actifs de support (sièges sociaux, centres de recherche, logiciels notamment), lorsqu'elles permettent d'augmenter leur utilité en interne.

> **Précisions** **Dépenses générant indirectement des avantages économiques** Les dépenses génèrent indirectement des avantages économiques futurs lorsqu'elles ne sont pas directement porteuses d'avantages économiques futurs mais qu'elles sont **porteuses d'avantages économiques futurs au niveau d'un ensemble d'éléments d'actifs liés.** Dans ce cas, voir n° 25965.

Les dépenses de mise en conformité concernent :
— la création d'immobilisations nouvelles ;
— les améliorations apportées à des installations existantes qui donneront lieu à la comptabilisation d'une immobilisation distincte ;
— les dépenses ultérieures à réaliser sur les immobilisations existantes acquises ou créées.

Elles sont comptabilisées en immobilisations si elles respectent toutes les conditions de comptabilisation à l'actif. Sinon, elles doivent être constatées en charges.

En pratique, à notre avis :

I. Les dépenses concernant la création ou l'acquisition de logiciels, de biens ou d'équipements

a. Elles sont à comptabiliser en immobilisations si elles remplissent tous les critères de définition et de comptabilisation d'une immobilisation (voir n° 25105 s.). Notamment elles doivent être (PCG art. 211-1 et 212-1) :
— constitutives d'un **élément identifiable** du patrimoine ;
— **porteuses d'avantages économiques futurs** dont il est probable que l'entité bénéficiera et qui sont évaluables de façon fiable.

> **Fiscalement** Les dépenses qui aboutissent à la création et à l'intégration de nouveaux équipements constituent de nouveaux éléments de l'actif immobilisé (CAA Lyon 17-3-2016 n° 13LY03536).

EXEMPLES

Sont par exemple à immobiliser les dépenses suivantes :
— machine de filtrage des gaz sortant de ses cheminées, lorsqu'une entreprise est soumise aux quotas d'émission de gaz à effet de serre. En effet, cette dépense permet de réduire les dépenses liées aux émissions supérieures aux quotas alloués (voir n° 20560) ;
— processus de manipulation de produits chimiques ou d'un système de récupération des huiles usagées permettant de réduire les futurs coûts d'enlèvement de déchets ;
— dépenses engagées pour limiter la quantité de déchets, dans la mesure où elles permettent de réduire les coûts d'enlèvement de déchets (voir n° 28010) ;
— système d'alarme permettant de réduire le risque avéré de vol ;
— détecteurs d'incendie réduisant le risque de perte des actifs et les coûts futurs de remise en état du site et d'enlèvement de déchets ;
— logiciel de consolidation, utile en interne pour la gestion et l'administration de l'entreprise ;
— logiciel de gestion de production, utile en interne pour améliorer la productivité et la qualité ;
— programme informatique dans le cadre du RGPD (règlement général sur la protection des données personnelles exigeant certaines normes en termes de sécurisation des données, de traçabilité, d'archivage...).

b. En revanche, elles sont comptabilisées en charges si elles ne sont **pas identifiables.**

EXEMPLES

Dépenses améliorant l'image de la société et permettant de gagner la confiance des clients. Il s'agit notamment des dépenses liées :
— aux certifications ISO (9000, 9001, 9002, etc.), attestées par les organismes ad hoc ;
— à la protection des données personnelles des clients (dans le cadre de la mise en œuvre du RGPD ; Règl. UE 2016/679 et loi 2018-493 du 20-6-2018).
Elles constituent en principe des charges, à comptabiliser selon leur nature (études, honoraires, personnel...). En effet, il s'agit de frais de communication constituant un véritable label. En conséquence, ces frais sont à traiter, à notre avis, comme les fonds de commerce ou les marques créés en interne (voir n° 30965 s.) : ne pouvant être distingués du coût de développement de l'activité dans son ensemble, ils ne remplissent donc pas tous les critères de comptabilisation d'une immobilisation incorporelle.
Toutefois, à notre avis, ces dépenses :
— sont à immobiliser, lorsqu'elles ont pour contrepartie l'acquisition de nouveaux matériels, aménagements ou logiciels ;
— peuvent être portées en coûts de développement à l'actif, si telle est l'option retenue par l'entreprise, lorsqu'elles aboutissent à des innovations réelles dans la conception des produits (et si

toutes les conditions propres aux immobilisations incorporelles générées en interne sont remplies, notamment, les avantages économiques futurs doivent pouvoir être évalués de manière suffisamment fiable). Pour plus de détails, voir n° 30895.

> **Fiscalement** Il devrait, à notre avis, en être de même (voir n° 30965).

II. Les dépenses concernant la mise en conformité d'une installation ou d'un matériel déjà existant Elles sont à comptabiliser en **immobilisations si** elles remplissent les critères de comptabilisation à l'actif des dépenses ultérieures (voir n° 25895). Notamment, elles doivent (PCG art. 212-1 et 212-2) :
– générer des **avantages économiques futurs supplémentaires** pour l'entreprise (voir ci-avant I.) par rapport aux avantages déterminés juste avant la dépense ;
– et être **évaluables** de façon fiable.

Dans cette hypothèse, elles sont comptabilisées à l'actif :
– en tant que nouvelle immobilisation, si les améliorations apportées aux installations existantes donnent lieu à la comptabilisation d'une immobilisation distincte ;
– sinon, en tant que **composant**, ce qui impliquera la sortie de l'actif (et donc l'inscription en charges) de la VNC du composant remplacé (voir n° 25755).

EXEMPLE

Sont comptabilisés en **immobilisations**, à notre avis :
– les dépenses de blindage des portes permettant de lutter contre le risque avéré de vol ;
– les dépenses de désamiantage engagées à l'occasion de l'acquisition d'une immobilisation ou du remplacement d'un composant (Délibération du collège de l'ANC du 26-11-2014). Sont concernés les frais d'enlèvement de l'amiante, mais également les frais de transport des déchets et éventuellement de recyclage à la charge de l'entreprise ;
– les nouveaux modules sur un système d'information existant afin de répondre à une nouvelle réglementation (telle que la loi 2018-493 du 20-6-2018 relative à la protection des données personnelles prise en application du RGPD), les nouvelles fonctionnalités augmentent l'utilité du système d'information ;
– les dépenses de mise en conformité et d'adaptation des systèmes de paiement des entreprises (dans le cadre de l'application du règl. 260/212 du 30-3-2012) ;
– les dépenses de mise en accessibilité des locaux aux personnes handicapées, ces travaux ayant pour contrepartie la possibilité de continuer à louer les locaux à des établissements recevant du public et donc à percevoir des loyers futurs.

> **Fiscalement** À propos de dépenses relatives à un système informatique, il a été jugé qu'elles doivent être immobilisées lorsque les performances ou les fonctionnalités du système informatique sont étendues de façon significative (CAA Versailles 18-11-2014 n° 11VE02931).
Sur la position de l'administration sur les dépenses de mise aux normes, voir n° 25965 I. b.

III. En général, absence de provision Voir n° 28030.

Les dépenses immobilisées ne sont jamais provisionnées.
Les dépenses à comptabiliser en charges sont provisionnées lorsqu'elles n'ont pas de contrepartie future pour l'entreprise, c'est-à-dire lorsqu'elles ne sont pas utiles à l'activité future de l'entreprise, notamment parce qu'elles réparent une situation passée.

EXEMPLE

Les dépenses de désamiantage non immobilisables sont provisionnées car elles ne font que réparer une situation passée (voir n° 28005).

En revanche, les dépenses améliorant l'image de la société (liées aux certifications ISO) ne sont pas provisionnées car bien qu'elles soient porteuses d'avantages économiques futurs pour l'entreprise, elles ne sont pas identifiables (voir ci-avant).

Si le délai de mise en conformité est déjà expiré, le montant des pénalités doit faire l'objet d'une provision si le paiement effectif est probable (voir n° 46020).

IV. Dépréciation et amortissement exceptionnel Voir n° 25965 II.

25965 **Cas particulier des dépenses de mise en conformité ne procurant pas directement des avantages économiques futurs** Lorsque les dépenses de mise en conformité ne procurent pas directement des avantages économiques futurs, elles sont néanmoins activées s'il est démontrable qu'elles sont **indirectement porteuses d'avantages économiques futurs au niveau d'un ensemble d'éléments d'actifs liés**.

I. Conditions de comptabilisation en immobilisation des dépenses ne procurant pas directement des avantages économiques futurs

25965 (suite)

a. Dépenses engagées pour des raisons de sécurité physique des personnes ou liées à l'environnement (Avis CU CNC 2005-D) Les règles françaises prévoient expressément que les immobilisations corporelles acquises pour des raisons de sécurité ou liées à l'environnement, bien que n'augmentant pas directement les avantages économiques futurs de l'actif auxquels elles se rattachent, sont immobilisées si elles sont **nécessaires pour que l'entité puisse obtenir les avantages économiques futurs de ses autres actifs** (PCG art. 212-4).

> **Précisions** **Conditions de comptabilisation dérogatoires** Ces dépenses de mise en conformité n'augmentent pas directement les avantages économiques futurs des immobilisations auxquelles elles se rattachent mais, au moment de leur engagement, elles permettent à l'entité de continuer à bénéficier des avantages économiques futurs des immobilisations liées (Avis CU CNC 2005-D § 2.1). Autrement dit, si ces dépenses n'étaient pas réalisées, les immobilisations liées qui bénéficiaient, avant ces nouvelles obligations, d'avantages économiques futurs, en seraient automatiquement privées. L'engagement de ces dépenses augmente donc les avantages économiques futurs, par rapport à l'état des immobilisations au moment de ces nouvelles obligations.
> L'analyse n'est donc pas limitée au niveau de l'actif existant mais étendue au groupe d'éléments d'actifs liés.

> **Fiscalement** Il en est de même (BOI-BIC-CHG-20-20-20 n° 220 à 250).

1. Destination des dépenses Sont visées par cet article dérogatoire du PCG les seules dépenses de mise en conformité engagées pour des raisons liées à (Avis CU CNC 2005-D § 2.1) :
– **la sécurité des personnes** ;
– **l'environnement**.

2. Obligations visées L'avis CU CNC n° 2005-D précité restreint ce traitement dérogatoire :
– aux seules dépenses imposées par des **obligations légales ou réglementaires** ;
– et dont **le non-respect entraînerait l'arrêt immédiat ou différé de l'activité ou de l'installation** de l'entreprise.

EXEMPLES

1. Obligations légales et réglementaires liées à la sécurité des personnes et susceptibles d'entraîner des dépenses de mise en conformité dont l'inobservation peut entraîner l'arrêt de l'activité ou d'une partie de l'activité :
– lorsqu'un risque sérieux d'atteinte à **l'intégrité physique d'un travailleur** résulte de l'inobservation des dispositions de la réglementation du travail en matière de sécurité, l'inspecteur du travail peut demander la mise hors service, l'immobilisation, la saisie des matériels, des machines, des dispositifs, des produits et autres. Il peut également demander la fermeture temporaire d'un atelier ou chantier (C. trav. art. L 4372-1) ; les dépenses de sécurité, engagées à la demande de l'inspecteur du travail concernent, par exemple :
• l'acquisition et la pose de détecteurs d'incendie dans toutes les pièces de l'usine ;
• l'installation de barrières de sécurité et de passerelles pour contourner un endroit dangereux ;
– lorsque les **salariés** se trouvent dans une situation dangereuse résultant d'une **exposition à des substances chimiques** cancérogènes, mutagènes ou toxiques pour la reproduction, l'inspecteur du travail peut demander l'arrêt temporaire de la partie des travaux en cause (C. trav. art. L 4731-2) ; les dépenses de sécurité concernent, par exemple :
• l'installation de centralisation des poussières de bois ;
• l'installation d'aspiration des vapeurs de substances chimiques toxiques :
– dans le secteur du BTP, l'inspecteur du travail peut demander l'arrêt temporaire de la partie des travaux en cause (C. trav. art. L 4731-1) lorsqu'il existe une cause de danger grave et imminent résultant :
• d'un défaut de **protection contre les chutes** de hauteur ;
• ou en l'absence de dispositifs de protection de nature à éviter les risques liés aux opérations de **désamiantage.** Les dépenses de sécurité concernent, par exemple, les dépenses faites sur les échafaudages (garde-corps, sous-lisse, réparation des supports, etc.) ;
– dans un hôpital, l'ouverture de l'établissement est conditionnée à l'installation d'une rampe d'accès pour **handicapés** ;
– dans l'activité d'organisation de spectacles l'autorisation préalable de l'autorité administrative compétente peut être refusée en cas de non-respect de la **sécurité publique** (salles non conformes, par exemple).

2. Obligations et dépenses liées à l'environnement : l'autorisation d'installer une activité industrielle peut être conditionnée à la construction d'une station d'épuration.

25965
(suite)

3. Dépenses comptabilisées en charges Si les deux conditions (voir ci-avant 2.) ne sont pas remplies, les dépenses sont comptabilisées en **charges**. Ne devraient pas être visées par cette disposition, à notre avis :
– les **obligations contractuelles et implicites** (pour une définition de la notion d'obligation implicite, voir n° 48241) qui n'entraînent pas l'arrêt de l'activité en cas de non-réalisation ;
– les obligations légales ou réglementaires dont le non-respect est susceptible de ne donner lieu qu'à des **sanctions pécuniaires,** sans arrêt de l'activité.

> EXEMPLE
>
> **Dépenses de désamiantage** Sur l'activation des dépenses de désamiantage engagées à l'occasion de l'acquisition d'une immobilisation ou du remplacement d'un composant, voir n° 25945.
>
> En revanche, les dépenses de diagnostic, de confinement, de nettoyage et d'assainissement engagées en dehors d'un remplacement d'immobilisation ou de composant doivent être comptabilisées en charges (Avis CU CNC 2005-D § 2.1). En effet, lorsque l'obligation de désamianter n'est pas respectée, la non-exécution de l'obligation de désamiantage n'entraîne que des sanctions pécuniaires ou pénales (Décret 96-97 du 7-2-1996), sauf décision d'arrêt de l'activité par l'inspection du travail. Ainsi, les dépenses de diagnostic, de confinement, de nettoyage et d'assainissement n'entraînant pas le remplacement d'une immobilisation ou d'un composant (voir ci-après dans le cas inverse) doivent être comptabilisées en charges (Avis CU CNC 2005-D § 2.1). Sur la provision à comptabiliser dans ce cas, voir n° 28005.
>
> ❯ **Fiscalement** Il en est de même : les dépenses de désamiantage de locaux ne doivent pas être inscrites à l'actif du bilan dès lors que les opérations de désamiantage ne requièrent pas l'arrêt total de l'activité de l'entreprise en cas d'absence d'engagement desdites dépenses (BOI-BIC-CHG-20-20-20 n° 230).

b. Dépenses engagées pour d'autres raisons que la sécurité physique des personnes ou l'environnement Actuellement, le PCG limite aux dépenses de mise en conformité liées à la sécurité physique des personnes et à l'environnement la comptabilisation dérogatoire en immobilisation des dépenses augmentant indirectement les avantages des immobilisations sur lesquels elles portent (voir ci-avant a.).

Toutefois, à notre avis, cette dérogation devrait pouvoir s'appliquer :
– à toutes les autres dépenses de mise en conformité susceptible de provoquer l'arrêt de l'activité ou de l'installation en cas de non-réalisation ;
– dans les mêmes conditions que celles posées par l'avis CU CNC n° 2005-D (voir ci-avant a. 2.).

❯ **Fiscalement** L'administration semble considérer (BOI-BIC-CHG-20-20-20 n° 250) que les dépenses de mise aux normes doivent être immobilisées lorsqu'elles résultent d'obligations d'ordre légal ou réglementaire et que leur non-réalisation entraînerait l'arrêt immédiat ou différé de l'activité ou de l'installation de l'entreprise (conditions réservées, sur le plan comptable, aux dépenses liées à l'environnement et à la sécurité, voir n° 25965).

II. Dépréciation et amortissement exceptionnel Les mises en conformité peuvent s'accompagner d'un délai permettant à l'entité d'adapter son immobilisation sans arrêter immédiatement son utilisation.

a. Application immédiate de l'obligation Si l'obligation entraîne la mise au rebut immédiate et obligatoire de biens immobilisés antérieurement, un **amortissement exceptionnel** de ces biens doit être constaté, voir n° 27760.

b. Application différée de l'obligation Si l'entreprise a décidé de ne pas engager de dépenses de mise en conformité, une révision du plan d'amortissement des biens concernés pourrait s'avérer nécessaire, voir n° 27330.

Si l'entreprise a décidé d'engager des dépenses de mise en conformité, les immobilisations devant faire l'objet d'une mise en conformité peuvent devoir être dépréciées (PCG art. 212-4) :
1. Dépréciation avant même que cette mise en conformité ne soit réalisée, dès que l'entreprise en a connaissance.

> EXEMPLE
>
> À la suite d'un contrôle de l'inspection du travail, une entreprise de menuiserie est mise en demeure, sous peine de voir ordonner l'arrêt temporaire de son activité, d'améliorer ses installations de centralisation de la poussière de bois au niveau de ses ponceuses. À la clôture, l'entreprise effectue un test de dépréciation sur ses ponceuses. Pour plus de détails sur le déclenchement du test de dépréciation, voir n° 27720 s.
>
> À cette date, par hypothèse :
> – les ponceuses sont inscrites à l'actif pour une valeur nette comptable de 1 000 ;
> – la valeur vénale des ponceuses est estimée à 600 ;

— les coûts de sortie sont nuls (par hypothèse) ;
— les coûts liés à la future dépense de sécurité sont estimés à 500 ; les flux de trésorerie futurs relatifs aux ponceuses sont estimés à 1 300 ; la valeur d'usage, correspondant aux flux de trésorerie futurs, est donc égale à 800 (1 300 − 500).

Compte tenu des règles relatives à la détermination de la dépréciation (voir n° 27715 s.), une dépréciation doit être comptabilisée pour 200 [valeur nette comptable (1 000) − valeur d'usage (800)].

> **Fiscalement** Sur la déductibilité fiscale des dépréciations calculées sur la valeur d'usage, voir n° 27741.

2. Dépréciation à maintenir après l'engagement des dépenses de ce type de mise en conformité.

EXEMPLE

(suite) Lorsque la dépense est engagée (500) :
— elle est automatiquement immobilisée : la valeur nette comptable des ponceuses à l'actif passe donc de 1 000 à 1 500 ;
— le montant des flux de trésorerie futurs à retenir pour le calcul de la dépréciation (valeur d'usage) repasse à 1 300 ;
— la dépréciation reste donc à 200 (= 1 500 − 1 300).

III. Provision Voir n° 25945 III.

Amendes pour infraction à la réglementation (sécurité, protection de l'environnement, etc.). Elles constituent des **charges** (voir n° 45980 s.). 25970
Sur la nécessité de provisionner les amendes et pénalités, voir n° 46020.

EXCEPTIONS AU PRINCIPE GÉNÉRAL DE COMPTABILISATION
DES DÉPENSES ULTÉRIEURES

Immobilisations d'importance secondaire constamment renouvelées 25980
Certaines immobilisations corporelles qui sont constamment renouvelées et dont la valeur globale est d'importance secondaire pour l'entreprise peuvent être **conservées à l'actif** pour une **quantité** et une **valeur fixe,** si leur quantité, leur valeur et leur composition ne varient pas sensiblement d'un exercice à l'autre (PCG art. 212-7) (par exemple, le linge dans un hôtel).
Cette disposition permet (il s'agit d'une possibilité et non d'une obligation) notamment de porter au bilan, lorsque leur **importance globale** est **significative,** les petits « matériel et outillage » que l'entreprise a la possibilité de porter directement en charges (voir n° 25415).
À notre avis, à défaut de précision du PCG :
— la valeur d'achat de l'équipement initial est immobilisée sans être amortie ;
— les renouvellements d'équipement sont enregistrés au compte 606 « Achats non stockés de matières et fournitures » ;

> **Précisions** Ces dépenses étant porteuses d'avantages économiques pour l'entreprise, leur comptabilisation en charge constitue une dérogation aux critères de comptabilisation des dépenses ultérieures.

— les compléments d'équipement sont, comme l'équipement initial, immobilisés sans être amortis.

B. Coûts de démantèlement et de remise en état de site

Sur les dépenses de mise en conformité avec de nouvelles normes liées à l'environnement, voir n° 25925 s. 26030

Les coûts de démantèlement et de remise en état de site visés par l'avis CU CNC n° 2005-H sont les coûts que l'entreprise devra engager **à l'issue de l'utilisation de l'installation ou du site.** 26035

> **Fiscalement** Les coûts de démantèlement, d'enlèvement et de remise en état de site sont identiques à ceux définis sur le plan comptable (BOI-BIC-PROV-60-100-10 n° 50).

Ils résultent :
a. soit d'une dégradation immédiate, nécessaire à l'exploitation future, voir n° 26055 ;
Une dégradation de l'environnement est considérée comme immédiate si elle est constatée **dès la construction de l'installation.** Elle est donc **indépendante du niveau d'activité** de l'installation après sa mise en service.

EXEMPLES
— Construction d'une plate-forme pétrolière.
— Construction d'une centrale nucléaire ou d'une installation de stockage de déchets radioactifs.

Ces constructions constituent des dégradations immédiates car indépendantes de l'utilisation ultérieure des installations et sont donc réalisées alors même que les installations ne seraient pas mises en service.

> **Fiscalement** Il en est de même (BOI-BIC-PROV-60-100-10 n° 220 et 230).

Champ d'application de l'avis CU CNC n° 2005-H : les dégradations immédiates visées par l'avis CU CNC n° 2005-H sont celles qui sont **nécessaires à l'exploitation future**. Ne sont donc pas visées les dégradations immédiates non nécessaires à l'exploitation future, telles que :
— les pollutions accidentelles, suite à un accident non prévisible, dans la mesure où elles ne résultent pas de l'exploitation normale de l'immobilisation corporelle, mais d'un événement non prévisible. Les coûts de remise en état résultant de pollutions accidentelles doivent donc donner lieu à une provision comptabilisée en contrepartie d'une charge, selon les dispositions générales du PCG relatives aux provisions ;

> **Fiscalement** Il en est de même (BOI-BIC-PROV-60-100-10 n° 70).

— la présence d'amiante.
Sur le traitement des coûts de désamiantage, voir n° 25965 et, sur la provision à constituer, voir n° 28005.

b. soit d'une dégradation progressive, due à l'exploitation passée, voir n° 26060.
Une dégradation progressive naît **au fur et à mesure de l'utilisation de l'installation.** Elle est donc nécessairement **due à l'exploitation passée** et **dépendante du niveau d'activité** de l'installation, contrairement à une dégradation immédiate (voir ci-avant).

EXEMPLES
— Remise en état des sites d'extraction de ressources naturelles (carrières, mines et gravières) après exploitation. En effet, la dégradation (creusements, galeries...) naît progressivement au fur et à mesure de l'exploitation.
— Décontamination des sites suite au stockage de produits toxiques produits par les usines de fabrication de produits chimiques. En effet, les déchets à enlever résultent directement du fonctionnement de l'usine et la dégradation (volume de déchets à enlever) s'accroît au rythme de la production.

> **Fiscalement** Il en est de même (BOI-BIC-PROV-60-100-10 n° 240).

DÉGRADATION IMMÉDIATE NÉCESSAIRE À L'EXPLOITATION FUTURE

26055 En cas de dégradation immédiate (sur la définition d'une dégradation immédiate, voir n° 26035) et en présence d'une obligation de remise en état, la constitution de provisions pour coûts de démantèlement et pour remise en état est obligatoire (PCG art. 322-1 s. et Avis CNC 2000-01 § 5.9).
Pour plus de détails sur les conditions de constitution de ces provisions, voir n° 27925 et 27945.

I. Conditions de comptabilisation à l'actif La provision, constituée au titre de l'obligation de démantèlement de sites, doit avoir comme contrepartie le **coût d'acquisition de l'immobilisation** concernée, dès lors qu'il s'agit d'une **dégradation immédiate** (PCG art. 213-8).
La provision liée à la dégradation couvre l'intégralité des coûts de démantèlement et de remise en état qui seront engagés à l'issue du cycle d'exploitation (voir n° 27945). Or, la dégradation immédiate du site est nécessaire pour permettre son exploitation future et bénéficier d'avantages économiques tout au long du cycle d'exploitation. En conséquence, un actif, **porteur d'avantages économiques futurs,** doit être comptabilisé en contrepartie de la provision.
Cet actif est constaté **en plus du coût d'entrée de l'immobilisation** (venant en augmentation du coût d'entrée de l'immobilisation principale, il ne constitue pas un composant de cette immobilisation). Ainsi, l'étalement des coûts de démantèlement et de remise en état s'effectue par le biais de l'amortissement, au même rythme que la production (voir n° 27665 s.).

> **Fiscalement** Cet actif de démantèlement est reconnu sur le plan fiscal (CGI art. 39 ter C et BOI-BIC-PROV-60-100-10 n° 3 et 4 et BOI-BIC-PROV-60-100-20 n° 160), même s'il n'entre pas dans le coût de revient de l'immobilisation (CGI ann. III art. 38 quinquies et BOI-BIC-PROV-60-100-20 n° 180).

26055
(suite)

Sur les conditions de déductibilité de :
– l'amortissement de cet actif, voir n° 27665 s. ;
– la provision pour coûts de démantèlement et de remise en état, voir n° 27945 (évaluation initiale) et 26415 II. (changement d'estimation).

Distinction dégradations immédiates/dégradations progressives : dans certaines situations, il peut être nécessaire de distinguer pour une même installation l'obligation résultant d'une dégradation immédiate de celle résultant d'une dégradation progressive (voir n° 26060). Dans ce cas, le traitement des coûts de démantèlement de la dégradation immédiate d'une part, et des coûts liés à la dégradation progressive d'autre part, doivent être traités de manière différente.

Tel est le cas, par exemple, d'une exploitation pétrolière, source à la fois d'une dégradation immédiate au titre de la construction de derricks, oléoducs… qui devront être démantelés, et d'une dégradation progressive au titre du creusement des puits au fur et à mesure de l'exploitation.

> **Fiscalement** Il en est de même (BOI-BIC-PROV-60-100-10 n° 250).

II. Date de constatation Les coûts de démantèlement et de remise en état doivent être comptabilisés à l'actif simultanément avec la provision, soit lors de l'acquisition de l'immobilisation, soit en cours d'utilisation de l'immobilisation (à condition que l'utilisation soit à des fins autres que la production de stocks ; PCG art. 213-8).

> **Fiscalement** Il en est de même (BOI-BIC-PROV-60-100-10 n° 200).

Sur la date de comptabilisation de la provision, voir n° 27945.

III. Schéma comptable L'actif « Coûts de démantèlement et de remise en état » ainsi constaté est présenté, au bilan, avec les coûts d'acquisition ou de production de l'actif sous-jacent (Avis CU CNC 2005-H § 5).

À notre avis, pour des raisons pratiques (et notamment fiscales, voir ci-après), il peut toutefois faire l'objet d'une comptabilisation séparée dans un sous-compte de l'immobilisation principale.

> **Fiscalement** En effet, l'administration est favorable à l'inscription des coûts de démantèlement en sous-compte (BOI-BIC-PROV-60-100-20 n° 140).

Pour un exemple d'application, voir n° 26415.

IV. Évaluation (initiale et ultérieure) Voir n° 26415.

V. Prise en charge totale ou partielle par des tiers des coûts de démantèlement et de remise en état Les entreprises ayant des obligations liées à la fermeture ou à la réhabilitation de leurs sites peuvent cotiser à un **fonds de gestion** ou à un **organisme d'assurance,** afin que ce dernier rembourse, à terme, les coûts de mise hors service et de remise en état lorsqu'ils seront encourus. Les **collectivités locales** ou certains **clients** peuvent également prendre en charge tout ou partie de ces coûts. Dans tous les cas, l'entreprise n'est pas dégagée (même partiellement) de son obligation.

Dans ce cas, selon l'avis CU CNC n° 2005-H (§ 3.2 et 4) :
– la **provision** pour coûts de démantèlement et de remise en état doit être comptabilisée en **totalité au passif ;**
En effet, en application du principe de non-compensation des actifs et des passifs, le montant de la provision ne peut pas être compensé avec le montant d'un remboursement attendu (PCG art. 323-8 ; voir n° 48310 VII.).
– l'**actif de démantèlement** est constaté à concurrence de la **quote-part de démantèlement qui incombe à l'entreprise ;**
La charge d'amortissement porte sur la quote-part de démantèlement restant à la charge de l'entreprise.
– une créance est comptabilisée distinctement à l'actif pour la **quote-part prise en charge par le tiers,** dès que le remboursement est certain dans son principe et dans son montant (Avis CU CNC précité, § 5.1) ;

> **Fiscalement** Il en est de même (BOI-BIC-PROV-60-100-30 n° 1 à 30).

La créance n'est comptabilisée que lorsque le remboursement de la part du tiers est certain dans son principe et dans son montant. Elle est évaluée selon les modalités du contrat mais ne peut excéder le montant de la provision (Avis CU CNC 2005-H, § 3.2 et 4).

En cas d'actualisation de la provision et de la créance (§ 4), l'avis précité a rendu obligatoire l'actualisation de la provision pour coûts de démantèlement et de remise en état. Toutefois,

dans l'attente de mesures fiscales transitoires permettant notamment l'étalement de l'écart de première application de l'actualisation, le CNC a reporté cette disposition. À la date de parution de cet ouvrage, l'actualisation reste donc optionnelle (sur le cas particulier des installations nucléaires, voir n° 27945 II. b.). En conséquence, en cas de prise en charge par un tiers d'une quote-part des coûts de démantèlement et si l'entreprise opte pour l'actualisation de sa provision pour démantèlement :
– la charge financière de désactualisation de la provision porte sur la totalité du passif comptabilisé ;
– la créance doit être actualisée dès lors que l'effet de l'actualisation est significatif ; les produits financiers générés par l'actualisation de la créance sont enregistrés en résultat financier (Avis CU CNC précité, § 5.2).

> **Fiscalement**   Il en est de même (BOI-BIC-PROV-60-100-30 n° 40). Sur la déductibilité de la charge de désactualisation de la provision, voir n° 27945.

> **Précisions**   **Comptabilisation chez le tiers prenant en charge les coûts de démantèlement** Corrélativement à la comptabilisation de la créance chez l'entreprise ayant l'obligation de démanteler son installation, un passif doit être comptabilisé chez le tiers ayant pris à sa charge tout ou partie des coûts de démantèlement.

DÉGRADATION PROGRESSIVE DUE À L'EXPLOITATION PASSÉE

26060 En cas de dégradation progressive (sur la définition d'une dégradation progressive, voir n° 26035) et en présence d'une obligation de remise en état, la constitution de provisions pour coûts de remise en état est obligatoire (PCG art. 322-1 s. et Avis CNC 2000-01 § 5.9).

Pour plus de détails sur les conditions de constitution de ces provisions, voir n° 27925 et 27965.

Contrairement à la provision constituée au titre d'une obligation immédiate (voir n° 26055), la provision constituée au titre de l'obligation de remise en état du site **ne doit pas avoir comme contrepartie le coût d'acquisition de l'immobilisation** (Avis CU CNC 2005-H § 2.1).

En effet, ces coûts sont liés à l'apurement d'une situation passée et ont déjà permis à l'entreprise de bénéficier des avantages économiques liés à l'exploitation.

Sur la distinction entre dégradations immédiates et dégradations progressives, voir n° 26055.

> **Fiscalement**   Sur les conditions de déductibilité de ces provisions, voir n° 27965.

Toutefois, les coûts de remise en état encourus pour **produire des stocks** pendant la période doivent être incorporés au **coût des stocks** produits au fur et à mesure de l'utilisation de l'immobilisation (Avis CNC 2004-15 § 4.2.1.1 et Avis CU CNC 2005-H § 2.1).

RETRAITEMENT DES DÉCHETS D'ÉQUIPEMENTS ÉLECTRIQUES ET ÉLECTRONIQUES (DEEE)

26065 La charge de retraitement des déchets professionnels revient aux utilisateurs pour les EEE mis sur le marché avant le 13 août 2005 (C. envir. art. R 543-195). Pour les EEE mis sur le marché après le 13 août 2005, cette charge revient aux producteurs.

Les coûts du retraitement des DEEE, à la charge des utilisateurs ou des producteurs selon le cas, doivent, à notre avis, être provisionnés (pour plus de détails sur la provision à constituer, voir n° 27985).

Cette provision a pour contrepartie un actif assimilable à un actif de démantèlement (voir n° 26055). En conséquence :
– l'actif de démantèlement enregistré en contrepartie de la provision est évalué de la même manière que le passif (sur l'évaluation initiale et les variations ultérieures, voir n° 26415) ;
– l'actif est amorti sur la durée d'utilisation résiduelle de l'actif sous-jacent (pour plus de détails sur l'amortissement des coûts de démantèlement, voir n° 27665 s., et plus particulièrement sur la déductibilité fiscale, voir n° 27690).

Sur l'attestation du commissaire aux comptes demandée par les éco-organismes au titre de la déclaration annuelle des EEE, voir FRC 12/23 Hors série inf. 75 s.

SECTION 2
RÈGLES D'ÉVALUATION DES IMMOBILISATIONS CORPORELLES

I. COÛT D'ENTRÉE DANS LE PATRIMOINE

A. Règle générale d'évaluation du coût d'entrée

26170 Lors de leur entrée dans le patrimoine de l'entreprise, les immobilisations corporelles sont enregistrées (C. com. art. L 123-18 ; PCG art. 213-1 et 213-2 al. 2) :
– à leur **coût d'acquisition,** pour celles acquises à titre onéreux, dans des conditions ordinaires (voir n° 26175 s.) ;
– à leur **coût de production,** pour celles produites par l'entreprise (voir n° 26585 s.) ;
– à leur **valeur vénale,** pour celles acquises à titre gratuit (voir n° 26765), par voie d'échange (voir n° 26740) et reçues à titre d'apport en nature (voir n° 26715).

Ces règles générales d'évaluation ne concernent pas les immobilisations :
– acquises dans le cadre de **fusions** ou d'opérations assimilées, voir Mémento Fusions & Acquisitions n° 7605 s. ;
– faisant l'objet de contrats de **délégation de service public,** voir n° 72125 s.

> **Fiscalement** Il en est de même (CGI ann. III art. 38 quinquies ; BOI-BIC-CHG-20-20-10 n° 1, 270, 290, et 310). Toutefois, le coût d'entrée d'une immobilisation peut être remis en cause par l'administration sur le plan fiscal lorsque l'inscription à l'actif de l'immobilisation est effectuée dans des conditions qui ne se rattachent pas à une gestion normale. Pour plus de détails, voir Mémento Fiscal n° 7625.
> Sur le cas particulier des immobilisations reçues à titre d'apport, voir n° 26715.

B. Éléments constitutifs du coût d'acquisition des immobilisations corporelles

26175 Sont évaluées à leur coût d'acquisition :
a. les immobilisations corporelles acquises à titre onéreux :
– dans des **conditions ordinaires,** voir n° 26185 s. ;
– en **devises,** voir n° 26510 ;
– à l'aide d'une **subvention,** voir n° 26490.
Sur les autres modalités d'évaluation des immobilisations acquises à titre onéreux (non évaluées au coût d'acquisition mais à la valeur vénale) :
– immobilisations acquises par voie d'**échange,** voir n° 26740 ;
– immobilisations acquises contre versement de **rentes viagères,** voir n° 26760.
b. les **reprises d'actifs d'une société en liquidation** (reprise pour l'euro symbolique et reprise pour une valeur inférieure à sa valeur réelle), voir n° 26530.

1. ACQUISITIONS À TITRE ONÉREUX DANS DES CONDITIONS ORDINAIRES

DÉTERMINATION DU COÛT D'ACQUISITION
26185 Le coût d'acquisition d'une immobilisation corporelle est constitué des éléments suivants (C. com. art. R 123-178-1° et PCG art. 213-8) :
– son **prix d'achat** (voir n° 26190 s.) ;
– tous les **coûts directement attribuables (frais accessoires)** engagés pour mettre l'actif en place et en état de fonctionner selon l'utilisation prévue par la direction (voir n° 26200 s.) ;
– l'estimation initiale **des coûts de démantèlement,** d'enlèvement et de remise en état du site sur lequel elle est située, dès lors qu'il s'agit d'une dégradation immédiate (voir n° 26055 et 26415 s.).

Sur la possibilité d'inclure les **frais financiers** dans le coût d'acquisition (PCG art. 213-8) et sur les conséquences fiscales, voir n° 26335 s.

> **Fiscalement** Il en est de même (CGI ann. III art. 38 quinquies et BOI-BIC-CHG-20-20-10 n° 1). En revanche, les coûts de démantèlement ne sont pas inclus dans le coût d'acquisition de l'immobilisation sur le plan fiscal mais constituent un composant. Sur les conséquences pratiques de cette divergence fiscalo-comptable en cas de changement d'estimation des coûts de démantèlement, voir n° 26415 II. b.

PRIX D'ACHAT

26190 Le prix d'achat est le **montant** résultant de l'accord des parties à la date de l'opération, y compris les taxes non récupérables, **diminué** (PCG art. 213-8) :

a. des **taxes** légalement récupérables (TVA et taxes assimilées) ;

Sur les variations du montant de TVA déductible et leur incidence sur le coût d'entrée, voir n° 26785.

b. des **rabais, remises ou ristournes** obtenus ;

Les rabais, remises et ristournes obtenus sur le prix initialement fixé doivent être pris en compte dans le calcul du prix d'achat, même si ceux-ci ne sont obtenus qu'au cours de l'exercice suivant celui de l'acquisition de l'immobilisation (Bull. CNCC n° 44, décembre 1981, EJ 81-123, p. 507), dès lors qu'ils ont été **estimés avant la fin de la période d'acquisition** sur la base des informations disponibles sur cette période.

> **Fiscalement** Il en est de même (CGI ann. III art. 38 quinquies ; BOI-BIC-CHG-20-20-10 n° 10 et 30).

Sur les remises (indemnités) reçues du fournisseur mais **non prévisibles à l'origine** (compensant une perte de valeur ou des coûts engagés du fait du fournisseur…), voir n° 45830.

c. des **escomptes** obtenus lors du **règlement** (voir n° 43035).

En effet, il est considéré qu'une quote-part du prix initial affiché du bien rémunère le coût du financement du délai de paiement généralement accordé par le fournisseur. En conséquence, en cas de paiement comptant, le prix net d'escompte est effectivement représentatif de la valeur intrinsèque du bien acquis.

> **Fiscalement** Il en est de même pour les escomptes obtenus lors du règlement (CGI ann. III art. 38 quinquies et BOI-BIC-CHG-20-20-10 n° 30). Dans ce cas, l'immobilisation a déjà été comptabilisée mais sans prendre en compte le montant du futur escompte.

Les escomptes obtenus ultérieurement devraient également, à notre avis, venir en déduction du prix d'achat pour la détermination du coût d'acquisition de l'immobilisation.

> **Fiscalement** Il devrait, à notre avis, en être de même.

En revanche, en cas de paiement différé, le prix d'achat n'est en général pas actualisé.

> **Précisions** Sans être interdite, l'actualisation est en effet rare, sauf dans le cas particulier :
> – des immobilisations acquises moyennant le paiement de redevances annuelles, voir n° 30185 ;
> – et des licences UMTS, voir n° 31300.

Sur le caractère définitif du coût d'entrée, quelles que soient les **modalités de règlement,** voir n° 26195.

> **Précisions** **1. Reprise d'un ancien matériel par un fournisseur** En cas de reprise par le fournisseur d'un ancien matériel totalement amorti, à notre avis :
> – l'ancien matériel doit être sorti de l'actif, le prix de cession correspondant au montant de la reprise ;
> – et le prix d'achat du matériel nouveau doit être comptabilisé au prix réel, c'est-à-dire déduction faite du montant de la reprise.
> **2. Indemnités (d'acquisition d'immobilisation) versées aux fournisseurs** Voir n° 45825.

26195 **Caractère définitif du coût d'entrée** Le montant porté en comptabilité lors de l'entrée dans le patrimoine est le prix définitif convenu, **quelles que soient les modalités de règlement.**

Ce caractère définitif n'est pas explicitement précisé dans le PCG. Il résulte du fait que le coût et son financement sont deux notions différentes.

Sur l'exception que constitue la comptabilisation des escomptes de règlement obtenus, voir n° 26190.

> **Fiscalement** Il en est de même (BOI-BIC-CHG-20-20-10 n° 20).

Il en résulte, à notre avis, les conséquences suivantes :

I. Le prix n'est pas définitivement fixé Les modifications de prix des immobilisations survenues avant ou après leur acquisition doivent être prises en compte à l'actif, que ce soit une augmentation ou une diminution du prix, dès lors que le prix peut être estimé de façon suffisamment fiable lors de l'acquisition (voir n° 30165).

II. Le prix est définitivement fixé, mais la dette varie En application du principe d'indépendance du coût d'acquisition par rapport au mode de financement des immobilisations, les modalités de règlement n'ont aucune incidence sur le coût d'entrée des immobilisations, sur le plan comptable comme sur le plan fiscal (BOI-BIC-CHG-20-20-10 n° 10). En conséquence, les éléments suivants sont exclus du coût d'entrée des immobilisations :

a. La **différence entre le coût d'acquisition et le prix effectivement payé**, constituant un changement du montant de la dette et non un changement de prix de l'immobilisation, est à comptabiliser en **charge** ou en **produit** exceptionnel (ou financier).

> **Fiscalement** Il en est de même (BOI-BIC-AMT-10-30-30-10 n° 180 à 260 et 290 à 300).

Tel est le cas :
– du versement du prix par annuités indexées (voir n° 40185), à ne pas confondre avec le cas où le prix d'acquisition est constitué par une redevance (voir ci-avant I.) ;

> **Fiscalement** L'administration comme la jurisprudence considèrent que les immobilisations acquises moyennant un prix indexé sont inscrites au bilan pour le prix stipulé dans l'acte d'acquisition. Les écarts éventuels entre ce prix et les sommes effectivement payées constituent une charge financière déductible ou un produit financier imposable (CE 28-6-1991 n° 47656 ; BOI-BIC-AMT-10-30-30-10 n° 250).

– de l'acquisition d'une immobilisation contre versement de rentes viagères (voir n° 26760) ;
– de l'acquisition d'une immobilisation libellée en devises (voir n° 26510).

b. Les **pénalités pour paiement tardif** sont à comptabiliser immédiatement en charges (voir n° 46045).

> **Fiscalement** Sur les retraitements extra-comptables à effectuer, voir n° 46045.

c. Les **coûts d'emprunt engagés au-delà de la période d'acquisition** sont à comptabiliser obligatoirement en charges financières.
Pour plus de détails sur la détermination de la période d'acquisition, voir n° 26270.
Sur l'option pour comptabilisation des coûts d'emprunt dans le coût d'entrée des actifs, voir n° 26335 s.

> **Fiscalement** Il en est de même, voir n° 26370.

III. Le prix est définitivement fixé mais est ultérieurement corrigé Lorsque **l'acte fixant le prix est modifié** par une procédure judiciaire (dans l'hypothèse, par exemple, où le contrat comprend une clause de complément de prix ou une clause de détermination du prix avec formule donnant lieu à contentieux), le coût d'acquisition de l'immobilisation doit être corrigé. En revanche, le coût d'acquisition doit être maintenu si les actes initiaux ne sont pas rectifiés (tel est le cas, par exemple, dans l'hypothèse d'une rectification fiscale concernant l'évaluation de la valeur vénale du bien pour l'assiette des droits d'enregistrement, voir n° 53145).
De même, le coût de l'immobilisation est à corriger en cas de variation :
– du pourcentage de TVA déductible (pour plus de détails, voir n° 26785) ;
– des **coûts accessoires** (notamment taxes et redevances). Tel est le cas, par exemple, des droits d'enregistrement des marchands de biens (voir n° 21325).

FRAIS ACCESSOIRES

26200

Les frais accessoires sont constitués par toutes les dépenses (PCG art. 213-8) :
– **directement attribuables** à l'acquisition ou à la mise en place du bien (voir n° 26220 I.) ;

> **Précisions** Les frais indirectement attribuables à l'acquisition sont non incorporables, voir n° 26220 II. b.

– **engagées pour mettre l'actif en place** et **en état** de fonctionner ;

> **Précisions** Les frais non nécessaires à la mise en place de l'actif sont non incorporables, voir n° 26220 II. a.

– **selon l'utilisation prévue par la direction.** Les frais engagés sont incorporables pendant la période d'acquisition, c'est-à-dire tant que le niveau d'utilisation prévue par la direction n'est pas atteint. Pour plus de détails, voir n° 26265 s.

Ils sont **obligatoirement** comptabilisés dans le **coût d'entrée** de l'immobilisation acquise, sauf dans le cas particulier :
– des **frais d'acquisition d'immobilisations,** incorporables dans le coût d'entrée sur **option** (voir n° 26260) ;
– des **frais de formation nécessaires à leur mise en service,** voir n° 26262.
Sur la possibilité d'inclure les **frais financiers** dans le coût d'acquisition des immobilisations acquises, voir n° 26335 s.

> **Fiscalement** Il en est de même (CGI ann. III art. 38 quinquies et BOI-BIC-CHG-20-20-10 n° 30 à 50).

26220 **Nature des frais accessoires** Ne doivent être incorporés au coût d'acquisition des immobilisations corporelles que les coûts **directement attribuables** à l'acquisition ou à la mise en état de fonctionnement du bien (PCG art. 213-8), même lorsqu'ils n'augmentent pas la valeur vénale de l'immobilisation acquise.

> **Fiscalement** Il en est de même (CE 7-8-2008 n° 290555) : les coûts directement engagés pour l'acquisition du bien doivent être incorporés au coût d'acquisition (CGI ann. III art. 38 quinquies). Même si la terminologie retenue sur le plan fiscal (coûts directement engagés pour l'acquisition) diffère de la terminologie comptable, ces deux notions sont en pratique identiques (en ce sens, BOI-BIC-CHG-20-20-10 n° 30).

En conséquence, à notre avis, ne devraient être incorporés au coût d'acquisition des immobilisations corporelles que :
– les frais qui, **par nature,** sont **directement attribuables** à l'acquisition (au sens physique du terme) ;
Ces frais peuvent être externes ou internes.

> **Précisions** Lorsqu'ils sont engagés en interne :
> – ces frais, qu'ils soient fixes ou variables, marginaux ou récurrents, doivent être directement attribuables **en fonction des temps passés** (par feuille de temps ou d'imputation, par exemple). Il est alors nécessaire de s'assurer de la **fiabilité de la répartition** de ces charges ;
> – il en résulte, à notre avis, un acte de production accessoire à incorporer au coût d'acquisition par le crédit du compte 72 « Production immobilisée » (voir n° 28960).

– les frais qui, par nature, ne sont pas directement attribuables, mais qui le sont **de fait.**
Ces frais concernent essentiellement les frais généraux et administratifs qui, par nature, ne sont en général pas directement attribuables à une acquisition (il est généralement difficile d'imputer par exemple les frais du personnel administratif à l'acquisition d'une immobilisation) mais qui, de fait, le deviennent, dès lors qu'il s'agit des frais **généraux et administratifs d'une structure dédiée** à l'acquisition (Avis CNC 2004-15 § 4.2.1.2).

> **Précisions** En l'absence de précisions complémentaires, le coût d'une telle structure n'est, à notre avis, incorporé au coût d'acquisition que si cette structure est **dédiée à 100 % à un seul projet.** Selon cette interprétation stricte de la notion de « coût des structures dédiées », les coûts ne doivent concerner qu'un seul projet et non plusieurs, même si le nombre de ces projets est faible et même si les coûts peuvent être attribués à chaque projet. En outre, la structure dédiée doit être dimensionnée pour le projet.

En pratique, à notre avis (pour un exemple d'application, voir ci-après III.) :

I. Constituent des frais accessoires, à inclure dans le **coût d'entrée** de l'immobilisation acquise, les frais marginaux et engagés pour acquérir l'immobilisation, c'est-à-dire :
a. les frais variables ou présentant un certain degré de variabilité (à condition d'être engagés **dans la période d'acquisition,** voir n° 26270).
Il s'agit, par exemple (liste non exhaustive) :
– des droits de mutation, honoraires (agences, notaires, etc.) ou commissions (courtages et autres coûts de transaction liés à l'acquisition) et frais d'actes (frais légaux, frais de transfert de propriété, etc.). Ces frais sont qualifiés de « frais d'acquisition d'immobilisation » et peuvent être comptabilisés, sur option, directement en charges (pour plus de détails sur cette option, voir n° 26260).

> **Fiscalement** Les modalités de déduction fiscale de ces frais d'acquisition d'immobilisations dépendent du traitement comptable retenu, l'option fiscale ne pouvant différer de l'option comptable (voir n° 26260).

– des droits de douane à l'importation ;

> **Fiscalement** Il en est de même (BOI-BIC-CHG-20-20-10 n° 30).

– de la TVA et des taxes assimilées non récupérables par l'entreprise ;

La TVA et les taxes assimilées récupérables par l'entreprise ne sont pas des frais accessoires et constituent une créance sur le Trésor public.

> **Fiscalement** Il en est de même (BOI-BIC-CHG-20-20-10 n° 30 ; BOI-BIC-CHG-40-30 n° 60 à 80 ; BOI-BIC-AMT-10-30-30-10 n° 60 à 120).
> Lorsqu'une entreprise a calculé à tort l'amortissement de l'immobilisation sur une base hors taxe (alors que la TVA n'était en l'espèce pas récupérable), la quote-part correspondante d'amortissements non comptabilisés est en principe considérée comme irrégulièrement différée en application de l'article 39 B du CGI (voir n° 27010).

– des frais de livraison et de manutention initiaux (Avis CNC 2004-15 § 4.2.1.1), tels, par exemple, ceux refacturés par le fournisseur ou engagés spécialement pour l'acquisition ;
Sur les frais fixes de manutention effectuée par l'entreprise elle-même, voir ci-après b.

> **Fiscalement** Il en est de même (BOI-BIC-CHG-20-20-10 n° 30).

– des frais de transport, d'installation et de montage nécessaires à la mise en état d'utilisation des immobilisations par l'entreprise (Avis CNC 2004-15 § 4.2.1.1) ;
Il s'agit notamment, à notre avis :
• de la rémunération de la main-d'œuvre directe utilisée pour installer le bien (Avis CNC 2004-15 § 4.2.1.1 ; sur la notion de rémunération, voir n° 21080 s.),
• des fournitures,
• des honoraires de professionnels réalisant les premiers réglages des machines,
Sur les frais fixes de transport effectué par l'entreprise elle-même, voir ci-après b.

> **Fiscalement** Il en est de même (BOI-BIC-CHG-20-20-10 n° 30 ; BOI-BIC-AMT-10-30-30-10 n° 20).
> Cette solution est confirmée pour :
> – des frais de dépose et de remontage d'une toiture ainsi que d'installation d'un plancher mobile dans un bâtiment devant abriter de nouveaux équipements (CE 2-4-1990 n° 88285 et 88763) ;
> – des frais de transport d'une machine-outil jusque dans les locaux de l'entreprise (CE 2-3-1990 n° 67828).
> En revanche, les frais de transport postérieurs à la première utilisation d'une immobilisation, tels que les frais de déménagement de machines d'une usine à une autre, constituent des frais généraux immédiatement déductibles (CE 1-6-1983 n° 24427).

• des cartes électroniques nécessaires au fonctionnement d'équipement,

> **Fiscalement** Il en est de même (CAA Nantes 17-12-1996 n° 94-918).

• des frais d'assurances-transport.
– les coûts liés aux essais de bon fonctionnement, déduction faite des revenus nets provenant de la vente des produits obtenus durant la mise en service (tels que des échantillons) (Avis CNC n° 2004-15, § 4.2.1.1 ; voir n° 26295 ; sur la divergence existant avec les normes IFRS, voir Mémento IFRS n° 31126 ;
Sur les frais de démarrage ou les dépenses de préexploitation, voir n° 26295.
– les honoraires de professionnels comme les architectes, géomètres, experts, évaluateurs, conseils (Avis CNC 2004-15 § 4.2.1.1).

> **Fiscalement** Il en est de même (BOI-BIC-CHG-20-20-10 n° 30).
> Les redevances d'assistance technique rendue à l'occasion de l'acquisition d'une immobilisation, qui ont permis sa mise en utilisation constituent non pas des charges déductibles immédiatement, mais des frais accessoires à inclure dans sa valeur d'origine (CAA Paris 27-5-2005 n° 01-2070).
> Sur le cas particulier des honoraires d'architecte, voir également n° 26660.

b. certains frais fixes (à condition d'être engagés **dans la période d'acquisition,** voir n° 26270) :
– les **frais fixes** qui sont **par nature directement attribuables à l'acquisition** sont inclus dans le coût de l'immobilisation ;
Il s'agit, par exemple, à notre avis (liste non exhaustive) :
• des frais de réception (déchargement) et de transport effectués par l'entreprise (manutention) comprenant la rémunération du magasinier et l'amortissement du matériel de manutention, si ceux-ci peuvent être imputés directement (sur la base de feuilles de temps) à l'opération d'acquisition. Dans le cas contraire, voir ci-après II. b.,

> **Fiscalement** Les frais de livraison et de manutention initiaux sont à inclure dans le coût d'acquisition (BOI-BIC-CHG-20-20-10 n° 30).

• de la rémunération du chef d'atelier ou du personnel d'entretien lorsque ceux-ci installent le bien et que leurs temps peuvent être imputés (sur la base de feuilles de temps) à l'opération d'acquisition,

26220 (suite)

> **Fiscalement** Le coût des rémunérations et autres avantages au personnel résultant directement de l'acquisition de l'immobilisation sont à inclure dans son coût d'entrée (BOI-BIC-CHG-20-20-10 n° 30).

- des préloyers, loyers ou indemnisation versés pour la location d'un terrain pendant la période de construction d'une installation, dans la mesure où les loyers sont nécessaires à la construction en cours,
- du coût d'une garantie autonome ou d'un cautionnement souscrit auprès d'un établissement financier par l'acquéreur dans la mesure où, sans le recours à cette prestation de garantie bancaire, le fournisseur refusera de démarrer la construction de l'immobilisation.
- les **frais fixes** qui ne sont pas par nature directement attribuables mais qui **se rapportent à une structure dédiée à 100 %** à l'acquisition de l'immobilisation sont inclus dans le coût d'acquisition de l'immobilisation (voir ci-avant la notion de structure dédiée).

Sont concernés, essentiellement, les coûts administratifs et frais généraux d'une structure dédiée (Avis CNC 2004-15 § 4.2.1.2.). Tel est le cas, par exemple, à notre avis :
- du coût d'une équipe (acheteur, ingénieur…) dédiée exclusivement et jusqu'à la fin de la période d'acquisition, à l'acquisition d'une nouvelle structure de production (installation, machine),
- des honoraires de commissariat aux comptes et frais de secrétariat juridique externes d'une société dite « véhicule » ayant pour seule et unique activité la création d'une immobilisation (avant son exploitation) ; ces frais de structure cessent d'être activés lorsque la production de l'immobilisation est terminée et que la société commence à l'exploiter.

> **Fiscalement** Le coût des structures dédiées est inclus dans le coût d'acquisition de l'immobilisation (BOI-BIC-CHG-20-20-10 n° 50).

c. les frais financiers Sur la possibilité d'inclure les frais financiers dans le coût d'acquisition (PCG art. 213-8), voir n° 26335 s.

II. Ne constituent pas des frais accessoires et sont donc à comptabiliser directement en **charges** :

a. les dépenses qui ne sont pas nécessaires à la mise en place et en état de fonctionner de l'immobilisation conformément à l'utilisation prévue par la direction.
Même si :
- elles sont engagées à l'occasion de l'acquisition du bien ;
- elles interviennent pendant la période d'acquisition (voir n° 26265 s.).

> **Fiscalement** Il en est de même (BOI-BIC-CHG-20-20-10 n° 50).

Ces opérations (charges ou produits) sont comptabilisées immédiatement en **résultat** (PCG art. 213-13), sauf si elles répondent par ailleurs à la définition d'un actif.
Il s'agit (liste non exhaustive) :
- du coût des réunions internes tenues pour la bonne gouvernance afin de sélectionner le meilleur choix de projets ;
- de la plupart des frais de formation du personnel (Avis CNC 2004-15 § 4.3.1.2) ; sur la possibilité, toutefois, d'activer certains frais de formation, voir n° 26262 ;
- des frais de transport et d'installation exposés pour donner en location une immobilisation ;

> **Fiscalement** Il en est de même. Ainsi, le coût d'acquisition d'ordinateurs destinés à la location ne comprend ni les frais de transport des ordinateurs du siège de la société chez les clients utilisateurs, ni les frais d'installation chez ces clients ; l'ensemble de ces dépenses constituant des charges déductibles de l'exercice de location (TA Paris 13-10-1999 n° 95-1729).

- des frais engagés à l'occasion de la réparation d'une machine de production ou d'une installation, pour permettre à l'entreprise de poursuivre son activité pendant les travaux (en ce sens, Bull. CNCC n° 183, septembre 2016, EC 2016-14, p. 509 concernant les frais engagés à l'occasion de la réhabilitation de locaux) ; il peut s'agir, par exemple, de la location d'une nouvelle machine ou d'un local provisoire pour accueillir le personnel ;

> **Fiscalement** Il en est de même, à notre avis :

- des produits accessoires générés avant que l'immobilisation corporelle ne soit en état d'utilisation ; par exemple, les loyers perçus pour la location d'un terrain utilisé comme parc de stationnement jusqu'à ce que la construction commence (Avis CNC 2004-15 § 4.2.1.2) ;
- des commissions versées au titre de la prestation de recherche et d'obtention de subventions d'investissement (Bull. CNCC n° 205, mars 2022, EC 2022-02).

LES IMMOBILISATIONS CORPORELLES

b. les frais indirectement attribuables à l'acquisition. Les charges qui ne peuvent pas être rattachées directement aux coûts rendus nécessaires pour mettre l'immobilisation en état de fonctionner sont comptabilisées en **charges** (PCG art. 213-11).

26220
(suite)

> **Fiscalement** Il en est de même (BOI-BIC-CHG-20-20-10 n° 50).

Il s'agit notamment des coûts administratifs et des frais généraux qui ne peuvent pas (Avis CNC 2004-15 § 4.2.1.2) :
– être directement attribués à l'acquisition sur une base rationnelle (feuilles de temps, par exemple) ;
– être rattachés à des « structures dédiées ». Sur la **notion de structure dédiée**, voir ci-avant I. b.
Tel est le cas :
• des coûts du service achats, du siège social, de l'exploitant... qui ne sont pas, en général, des structures dédiées à 100 % à l'opération d'acquisition ;
• du coût de l'abonnement aux réseaux d'énergie ;
• des assurances (exploitation, incendie, bris de machines, etc.) ;
• des frais de réception (déchargement) et de transport par l'entreprise (manutention) comprenant la rémunération du magasinier et l'amortissement du matériel de manutention ;

> **Précisions** Sauf si les temps du magasinier et le matériel peuvent être imputés directement (sur la base de feuilles de temps) à l'opération d'acquisition. Dans ce cas, les frais sont incorporables au coût d'entrée de l'immobilisation (voir ci-avant I. b.).

• de l'entretien et de l'amortissement des bâtiments industriels ;
• de la rémunération du chef d'atelier ou du personnel d'entretien qui installent le bien.

> **Précisions** Sauf si leurs temps peuvent être imputés à l'opération d'acquisition. Dans ce cas, les frais sont incorporables au coût d'entrée de l'immobilisation (voir ci-avant I. b.).

III. Exemple

EXEMPLE

Une entreprise de transformation des métaux, travaillant pour l'activité hydraulique, a pris la décision, en conseil d'administration, d'acquérir un ensemble de machines destinées à un nouvel atelier spécialisé dans la fabrication de roues hydrauliques. Le site qui accueillera ces nouvelles machines n'est pas encore connu.

Début N, la direction désigne, en interne, une **équipe administrative** de 5 personnes (un acheteur, un ingénieur, un agent commercial, un contrôleur de gestion et une secrétaire), chargée, à l'exclusion de toute autre tâche, d'étudier et de présenter plusieurs projets de mise en place de cet atelier.
Pour chaque projet, l'équipe est notamment chargée de présenter :
– la faisabilité technique du projet (types de machines, capacités) ;
– la disponibilité des ressources (techniques, financières, local adapté, etc.) ;
– la façon dont l'atelier générera des avantages économiques futurs (taille du marché, état de la concurrence, possibilités de conquérir de nouvelles parts de marché).

Fin N, le **projet définitif** est retenu, et notamment :
– la localisation du nouvel atelier est décidée ;
– les fournisseurs sont identifiés ;
– le plan de financement est négocié avec les partenaires financiers ;
– un plan d'affaires définitif est arrêté.

Début N+1, les machines sont achetées et livrées sur le lieu du nouvel atelier.
Une **équipe technique** (1 ingénieur, 1 chef d'atelier et 3 ouvriers) est désignée pour installer les machines et effectuer les tests de fonctionnement :
– le chef d'atelier ainsi que les ouvriers sont astreints à la mise en place et en état de fonctionner de l'atelier, à l'exclusion de toute autre tâche ;
– l'ingénieur est chargé, en plus de son travail habituel, de vérifier l'état d'avancement du projet, de faire des points réguliers à la direction et d'accepter les commandes de matériels et fournitures dont l'équipe a besoin pour installer et tester les machines.

Fin N+1, les machines sont installées et l'atelier peut fonctionner selon l'utilisation prévue par la direction. Les produits fabriqués pendant la période de test sont vendus.

Le coût des machines acquises est déterminé fin N+1 en tenant compte des éléments suivants :

Dépenses engagées		Incorporation dans le coût d'acquisition des machines
Salaires et frais de fonctionnement de l'**équipe administrative**	Oui	Toutefois, l'incorporation est limitée : – à la partie des frais relatifs au projet retenu, d'une part ; – inhérents à l'immobilisation, d'autre part. Pour plus de détails sur l'inclusion des frais de sélection de projets dans le coût d'acquisition, voir n° 26315 I.
Salaires et frais de fonctionnement de l'**équipe technique** :		
– salaires des ouvriers	Oui	Ces frais variables sont directement attribuables au coût d'acquisition.
– fournitures nécessaires à l'installation et aux tests de fonctionnement des machines	Oui	De même que pour les salaires, ces frais variables sont directement attribuables au coût d'acquisition. Pour plus de détails sur les frais de fonctionnement, voir ci-avant I. a.
– salaire de l'ingénieur	Non	Ces frais fixes ne sont pas directement attribuables. En effet, l'ingénieur n'est pas dédié de manière exclusive à l'opération. **Précisions** En cas de production et de mise en route d'un nouvel atelier, et non d'acquisition de plusieurs machines à installer dans un atelier préexistant, une quote-part du salaire de l'ingénieur serait, à notre avis, incluse dans le coût de production de l'atelier en tant que frais généraux de production. Pour plus de détails sur la détermination du coût de production, voir n° 26585 s.
– salaire du chef d'atelier	Oui	Ces frais fixes sont directement attribuables au coût d'acquisition par nature (établissement de feuilles de temps). **Précisions** En cas d'acquisition simultanée de plusieurs machines, destinées à des ateliers différents (par exemple, en cas de renouvellement) et si les temps du chef d'atelier ne pouvaient être alloués aux différentes acquisitions (par l'établissement de feuilles de temps), le salaire du chef d'atelier serait exclu du coût d'acquisition des machines.
Prix de vente des produits fabriqués lors des tests de fonctionnement	Oui	Les revenus nets provenant de la vente des produits obtenus durant la mise en service d'une immobilisation, en particulier lors des essais de bon fonctionnement, sont déduits du coût d'entrée de l'immobilisation (voir n° 26295).

26240 **Cas des immobilisations décomposables** En l'absence de précision de l'ANC, à notre avis, lorsque les immobilisations sont décomposables (voir n° 25705 s.), les frais accessoires d'acquisition (par exemple, les frais d'installation d'un composant) sont traités de la manière suivante, selon leur affectation directe ou indirecte à certains composants :
– si les frais concernent spécifiquement un composant ou la structure, ils sont attribués au coût de ce composant ou de la structure (en ce sens, Bull. CNCC n° 140, décembre 2005, p. 542 s., « Modalités d'application de la norme IAS 16 et du Règl. CRC 2002-10 » traitant du cas particulier de la comptabilisation des frais accessoires d'un immeuble) ;
– si les frais concernent l'immobilisation dans son ensemble, ils sont attribués au coût d'entrée des composants et de la structure au prorata ;
– à défaut, par simplification et si les incidences sont estimées non significatives, les frais sont attribués à la structure. Ce sera notamment le cas si ces frais ne sont pas d'un montant significatif.

> **Fiscalement** Il en est à notre avis de même. L'administration accepte, par simplification, que les frais soient affectés à proportion de la valeur de chaque élément (BOI-BIC-CHG-20-20-10 n° 250).

« **Frais d'acquisition d'immobilisations** » Ils constituent des coûts directement attribuables à l'acquisition du bien et devraient en principe, à ce titre, être obligatoirement comptabilisés dans le coût d'entrée des immobilisations concernées (voir n° 26200). Toutefois, les frais d'acquisition d'immobilisations peuvent, **au choix de l'entreprise** (PCG art. 213-8) :
– soit être inclus dans le **coût d'acquisition** de l'immobilisation (méthode de référence) ;
– soit comptabilisés directement en **charges.**

26260

I. Éléments constitutifs

Il s'agit des droits de mutation, honoraires (agences, notaires, etc.) ou commissions (courtages et autres coûts de transaction liés à l'acquisition) et frais d'actes (frais légaux, frais de transfert de propriété, etc.) liés à l'acquisition de l'immobilisation (PCG art. 213-8).

Cette liste est **limitative.**

Sur les droits de mutation dus par les marchands de biens, voir n° 21325.

Les **honoraires versés à des professionnels,** pour constituer des frais d'acquisition, doivent être directement liés à la signature de la transaction (par exemple, frais d'agence). Si tel n'est pas le cas, mais qu'ils sont néanmoins directement attribuables à l'acquisition ou à la mise en place du bien (par exemple, honoraires d'architecte ou d'évaluateur du bien), ils sont obligatoirement incorporés dans le coût d'entrée (voir n° 26220) et ne peuvent pas bénéficier de l'option pour la comptabilisation en charges.

Sur les honoraires versés à une agence immobilière dans le cas d'un bail commercial, voir n° 15890.

Les **honoraires internes** (par exemple, service juridique propre à l'entreprise) ne constituent pas des frais d'acquisition d'immobilisations, ces frais n'étant, en général, pas directement attribuables à l'immobilisation.

> **Fiscalement** Il en est de même (CGI ann. III art. 38 quinquies). Selon l'administration, il s'agit plus précisément des droits de mutation et d'enregistrement, des honoraires de notaire, des frais d'insertion et d'affiches, des frais d'adjudication, des commissions versées à un intermédiaire, des droits de succession ou de donation et honoraires versés au notaire à l'occasion de la transmission à titre gratuit (succession, donation ou donation-partage) comprenant le fonds de commerce ou un immeuble affecté à l'exploitation du fonds (BOI-BIC-CHG-20-20-10 n° 150).

II. Traitement comptable

1. Comptabilisation optionnelle Bien que les frais d'acquisition d'immobilisation constituent des coûts directement attribuables à l'acquisition de l'immobilisation, les textes prévoient une **option** à la fois **comptable et fiscale.**

En effet, un traitement comptable identique aux autres frais accessoires aurait entraîné des conséquences fiscales rigoureuses pour les entreprises, l'administration n'envisageant pas d'accorder la déduction extra-comptable de ces frais afin d'en préserver leur déductibilité fiscale immédiate.

Ainsi, afin d'éviter des conséquences fiscales sévères (puisque la déduction fiscale des frais immobilisés n'est pas immédiate), le PCG prévoit que ces frais puissent être comptabilisés en **charges** (selon leur nature).

Cette faculté restant une option, ces frais peuvent toujours être compris dans le **coût d'entrée** de l'immobilisation (PCG art. 213-8).

Dans ce cas :
– s'il s'agit d'immobilisations amortissables, ces frais sont amortis sur la durée de l'immobilisation concernée ;
– s'il s'agit d'immobilisations non amortissables, ces frais ne pourront être comptabilisés en charges que lors de la sortie de l'actif de l'immobilisation concernée.

> **Fiscalement** Il en est de même (CGI ann. III art. 38 quinquies ; BOI-BIC-CHG-20-20-10 n° 140 à 170). En conséquence, le mode de déduction fiscale des frais d'acquisition d'immobilisations dépend du traitement comptable retenu, l'option fiscale ne pouvant différer de l'option comptable :
> – si les frais sont comptabilisés en charges, leur déduction est immédiate ;
> – si les frais sont incorporés au coût d'entrée de l'immobilisation, leur déduction est étalée au même rythme que l'amortissement de l'immobilisation sous-jacente, voire différée jusqu'à sa sortie de l'actif si celle-ci n'est pas amortissable.

En cas d'option pour l'inscription de ces frais en charges, il existera donc un retraitement dans les **comptes consolidés,** l'immobilisation de ces frais étant obligatoire ; voir Mémento Comptes consolidés n° 3418.

Sur la divergence existant avec les normes IFRS, voir Mémento IFRS n° 69020.

2. Homogénéité du traitement des frais d'acquisition d'immobilisations L'option s'applique à toutes les immobilisations corporelles et incorporelles acquises. En revanche, selon le CU CNC n° 2005-J, l'option peut être exercée de manière dissociée, dans le respect du principe de permanence des méthodes :
– aux immobilisations corporelles et incorporelles, d'une part ;
– et aux immobilisations financières (voir n° 35620) et VMP (voir n° 35625), d'autre part.

> **Fiscalement** Il en est de même (CGI ann. III art. 38 quinquies). Toutefois, sur l'incorporation fiscale obligatoire des frais d'acquisition au coût de revient des titres de participation (au sens fiscal), voir n° 35620.

3. Immobilisations décomposables Lorsque les immobilisations sont **décomposables** (voir n° 25705 s.), si l'entreprise choisit d'immobiliser ses frais d'acquisition, ceux-ci devraient, à notre avis, par simplification, être affectés à la structure (voir n° 26240).

4. Cas particulier Prise en charge des frais d'acquisition par le vendeur (vente « contrat en main ») : dans ce cas, les frais d'acquisition sont compris dans le prix d'achat. En conséquence, lorsque l'option pour la comptabilisation en charges des frais d'acquisition a été retenue, le coût d'acquisition devrait, à notre avis, être minoré du montant des frais afin qu'ils soient comptabilisés en charges, car ils constituent des frais d'acquisition d'immobilisations.

> **Fiscalement** Au contraire, selon le Conseil d'État (CE 26-7-1985 n° 40065), les frais d'acquisition pris en charge par le vendeur font partie du coût d'acquisition de l'actif.

26262 **Frais de formation nécessaires à la mise en service de l'immobilisation**
Certains frais de formation peuvent, **au choix de l'entreprise** (PCG art. 213-8) :
– soit être inclus dans le coût d'acquisition de l'immobilisation visée ;
– soit être comptabilisés en charges.

I. Éléments constitutifs Sont concernés par cette option :
– les **frais externes** ;
– afférents à des formations **nécessaires à la mise en service** d'une immobilisation acquise.

> **Précisions 1.** La « mise en service » correspond, à notre avis, à la « mise en état de fonctionner selon l'utilisation prévue par la direction » (voir n° 27095). Les critères d'activation des frais de formation devraient donc suivre les critères généraux applicables à tous les frais accessoires (voir n° 26200 s.).
> **2.** Les frais afférents à des formations nécessaires à la mise en service d'une immobilisation **produite** en interne ne sont pas visés par cette option.

En pratique, l'ANC destine cette nouvelle option à des cas d'application multiples, mais le PCG et la doctrine ne donnent pas d'exemples d'application pratique. À notre avis, elle vise notamment les cas où la formation est proposée et facturée par le fournisseur même de l'immobilisation (comme c'est souvent le cas de logiciels, par exemple). Elle devrait pouvoir s'appliquer aux acquisitions d'immobilisations plutôt très complexes, spécifiques ou encore innovantes, pour lesquelles le personnel ne serait pas en mesure de mettre l'immobilisation en état de fonctionner conformément au niveau d'utilisation prévu par la direction sans que le fournisseur n'enseigne les modalités d'utilisation et/ou d'entretien de l'immobilisation. Ne devraient donc être visés que des **cas rares** d'immobilisations très spécifiques et complexes (pour un exemple d'application, voir n° 32060).

Les autres frais de formation non nécessaires pour mettre l'immobilisation en état de fonctionner conformément à l'utilisation prévue par la direction ne constituent pas des coûts directement attribuables à l'acquisition du bien et sont, à ce titre, obligatoirement comptabilisés en charges (sur ce cas général, voir n° 26220).

II. Traitement comptable Bien que les frais de formation « nécessaires pour mettre l'immobilisation en état de fonctionner conformément à l'utilisation prévue par la direction » répondent à la définition des coûts directement attribuables à l'acquisition de l'immobilisation, les textes prévoient une **option comptable**.

> **Fiscalement** Les frais de formation externes constituent en principe des charges déductibles au sens de l'article 39 du CGI. Selon la DLF, interrogée par nos soins dans le cadre de notre journée « Arrêté des comptes et résultat fiscal 2020 », Les Échos Conférences – PwC, l'exercice de l'option comptable pour immobiliser certains frais de formation introduit une déconnexion fiscalo-comptable en l'état actuel des textes fiscaux. Compte tenu de cette position de l'administration et en l'absence de précision des textes fiscaux concernant les conséquences de l'option comptable, la déduction fiscale immédiate des frais de formation est, à notre avis, préférable.

Lorsque l'entreprise exerce l'option pour leur incorporation au coût d'acquisition de l'immobilisation, il est donc nécessaire de procéder à des retraitements extra-comptables :
– au titre de l'exercice de leur engagement : déduction extra-comptable du montant total des frais de formation (ligne XG) ;
– au cours du plan d'amortissement de l'immobilisation acquise : réintégration de la fraction de la dotation d'amortissement comptabilisée correspondant aux frais de formation incorporés dans le coût d'entrée de l'immobilisation (ligne WQ) ;
– en cas de dépréciation : réintégration de la dépréciation à hauteur des frais de formation incorporés dans le coût d'entrée de l'immobilisation (ligne WI) et déduction de ce montant lors de la reprise de la dépréciation (ligne WU) ;
– au titre de l'exercice de cession de l'immobilisation : réintégration (ligne WQ) de l'écart entre la plus-value imposable et la plus-value comptable, cet écart correspondant à la fraction des frais de formation non encore amortis en comptabilité.

Ainsi, le PCG prévoit que ces frais puissent être comptabilisés en **charges.** Cette faculté restant une option, ces frais peuvent toujours être compris dans le **coût d'entrée** de l'immobilisation. Dans ce cas :
– s'il s'agit d'immobilisations amortissables, ces frais sont amortis sur la durée de l'immobilisation concernée ;
– s'il s'agit d'immobilisations non amortissables, ces frais ne pourront être comptabilisés en charges que lors de la sortie de l'actif de l'immobilisation concernée.

> **Précisions** **1. Comptes consolidés** La même option existe dans les comptes consolidés établis en règles françaises. Toutefois, le choix de méthode retenu pour l'établissement des comptes individuels est indépendant de celui retenu par le groupe dans ses comptes consolidés. En effet, le règlement ANC n° 2020-01 (art. 271-2 à 271-5) assure une certaine autonomie entre les comptes consolidés et les comptes individuels, voir n° 8400.
> **2. Homogénéité du traitement des frais de formation** L'option s'applique, à notre avis, à toutes les immobilisations corporelles et incorporelles acquises. Elle est indépendante de l'option pour l'activation des frais d'acquisition d'immobilisation (voir n° 26260).
> **3. Immobilisations décomposables** Lorsque les immobilisations sont décomposables (voir n° 25705 s.), si l'entreprise choisit d'immobiliser ses frais de formation, ceux-ci devraient, à notre avis, par simplification, être affectés à la structure (voir n° 26240).

III. Annexe
Sur l'information à donner en annexe (sur option) au titre de la formation professionnelle, voir n° 64625.

Période d'incorporation des frais accessoires Le PCG définit de manière précise la période pendant laquelle les coûts engagés peuvent être incorporés au coût d'acquisition (ou de production) de l'immobilisation. Ainsi, pour être **inclus** dans le coût d'entrée d'une immobilisation, les coûts doivent être engagés **durant la phase d'acquisition (ou de production)** uniquement (PCG art. 213-10 et 213-12). 26265

> **Fiscalement** Il en est de même (CGI ann. III art. 38 quinquies ; BOI-BIC-CHG-20-20-10 n° 40).

Pour plus de détails sur :
– la définition de la période d'acquisition (et de production), voir n° 26270 ;
– le traitement comptable des frais accessoires selon la phase au cours de laquelle ils ont été engagés, voir n° 26275.
Pour des exemples de frais incorporables ou non au coût d'acquisition selon la phase au cours de laquelle ils ont été engagés, voir n° 26295 et 26315.
Pour les conséquences sur la date de début des amortissements, voir n° 27095.

Définition de la période d'acquisition La période d'acquisition est la suivante (il en est de même pour la **période de production**) : 26270

I. Date de début Il s'agit de la date à laquelle la direction a pris (et justifié au plan technique et financier) la décision d'acquérir l'immobilisation (pour l'utiliser ou la vendre) et démontré qu'elle génèrera des avantages économiques futurs (PCG art. 213-10).

La décision d'acquérir l'immobilisation et la justification sur le plan technique et financier devront, à notre avis, être formalisées, le degré de formalisation dépendant du caractère significatif ou non de l'acquisition.

En effet, en cas d'acquisition significative d'immobilisations, cette décision pourrait être prise dans le cadre d'un conseil d'administration.

> **Fiscalement** Il en est de même (BOI-BIC-CHG-20-20-10 n° 40).

II. Date de fin   La période d'acquisition s'achève lorsque le niveau d'utilisation prévu par la direction, c'est-à-dire le **rendement initial attendu** (et non celui de plein régime) est atteint (PCG art. 213-10 et 213-12).

Atteindre le rendement initial attendu implique d'attendre que l'immobilisation soit en état d'atteindre le rendement normal prévu, sans pour autant attendre qu'elle produise effectivement ce rendement.

> **Précisions**   **En pratique**, à notre avis, la période d'acquisition devrait s'achever lorsque les tests de fonctionnement de l'immobilisation démontrent que la capacité de production de cette immobilisation correspond à celle fixée au préalable avec le fournisseur ou l'installateur (dans un cahier des charges, par exemple).

Les entreprises doivent pouvoir justifier cette date de fin, notamment auprès de leurs commissaires aux comptes. Une certaine formalisation nous semble donc également nécessaire.

> **Fiscalement**   Il en est de même (BOI-BIC-CHG-20-20-10 n° 40). La période d'acquisition s'entend, pour des vignes nouvellement plantées, de la période durant laquelle le vin provenant des parcelles concernées n'est pas commercialisé (CE 5-10-2016 n° 384475). La justification de la renonciation à la vinification des récoltes doit être apportée pour toute la période écoulée depuis la plantation des vignes, même si elles ont changé de propriétaire (CE 3-7-2019 n° 412662). Sur les conséquences de cette période d'acquisition sur l'incorporation des dépenses d'entretien aux coûts des plantations, voir n° 26315-IV.

26275   **Traitement comptable suivant la période d'engagement des coûts**   Le traitement des coûts diffère selon la phase pendant laquelle ils sont engagés :
– les dépenses engagées **avant la période d'acquisition** ou de production (voir n° 26270) sont comptabilisées en **charges** (phase préliminaire) ;
– les dépenses engagées pendant la période d'acquisition ou de production sont **incluses dans le coût** d'acquisition de l'immobilisation si elles sont directement attribuables (voir n° 26220 ; à défaut, elles sont comptabilisées en charges) ;

> **Précisions**   Tant que la période d'acquisition n'est pas achevée, les dépenses sont à comptabiliser en immobilisation en cours.

– les dépenses engagées **après la période d'acquisition** ou de production sont comptabilisées en **charges** (phase de **démarrage** et phase de **plein régime**).

Sauf si elles remplissent les critères de définition et de comptabilisation des immobilisations (voir n° 25105 s. pour les coûts initiaux et n° 25885 s. pour les coûts ultérieurs). Tel est le cas, notamment, des dépenses de remplacement (voir n° 25730) ou, si l'approche par composants est retenue, des dépenses de gros entretien (voir n° 25750).

Sur les conséquences pratiques de ce traitement comptable, voir n° 26295 s.

Les différentes **phases d'une opération d'acquisition** (ou de production) ainsi que le traitement comptable des dépenses engagées pendant ces différentes phases sont présentés dans le schéma suivant, élaboré par nos soins :

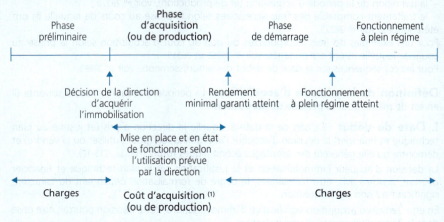

(1) Si les coûts sont **directement attribuables** (voir n° 26220 s.).

> **Fiscalement**   Il en est de même (BOI-BIC-CHG-20-20-10 n° 40 et 50).

Conséquences pratiques Le tableau ci-après, élaboré par nos soins, présente les exemples les plus fréquents de frais accessoires à inclure ou exclure du coût d'acquisition (ou de production) des immobilisations corporelles, **selon la phase au cours de laquelle ils sont engagés.**

Sur les frais non incorporés dans le coût de l'immobilisation du fait qu'ils ne répondent pas à la nature des frais accessoires, voir n° 26220.

26295

Exemples de dépenses engagées lors de l'acquisition (ou de la production) d'un bien	Frais engagés pendant la :			
	Phase préliminaire	Phase d'acquisition	Phase de démarrage	Fonctionnement à plein régime
	Exclus du coût d'entrée	Inclus dans le coût d'entrée	Exclus du coût d'entrée	
1. Dépenses d'**études préliminaires** de projet (Note de présentation de l'avis CNC 2004-15, Annexe 2)	x (1)			
2. Frais d'étude pour le **choix d'une implantation nouvelle** (Note de présentation de l'avis CNC 2004-15, Annexe 1, § 18)		x s'il s'agit de frais relatifs au projet retenu et inhérents à l'emplacement retenu (1)		
3. Dépenses de **sélection de projets** (Note de présentation de l'avis CNC 2004-15, Annexe 2)		x s'il s'agit de frais inhérents à l'immobilisation et relatifs au projet retenu (1)		
4. Coûts de **préparation du site** et frais de démolition (Avis CNC 2004-15 § 4.2.1.1) (2)		x		
5. **Frais préparatoires** à la mise en service (Note de présentation de l'avis CNC 2004-15, Annexe 1, § 2.1.1 et § 2.1.2) tels que : – nettoyage initial ; – épreuves hydrauliques ; – raccordement ; – installations provisoires (maisons de chantier type Algeco, branchements, etc.)		x sauf s'il s'agit de coûts non nécessaires		
6. **Servitudes** (de passage de canalisation, par exemple ; Note de présentation de l'avis CNC 2004-15, Annexe 1, § 2.2)		x (3)		
7. Frais de **mise en route** d'un atelier ou de « pré-exploitation » (Note de présentation de l'avis CNC 2004-15, Annexe 1, § 1.1.1 et 1.2)		x sauf s'il s'agit de coûts non nécessaires tels que les frais généraux	x (4)	

26295 (suite)

Exemples de dépenses engagées lors de l'acquisition (ou de la production) d'un bien	Frais engagés pendant la :			
	Phase préliminaire	Phase d'acquisition	Phase de démarrage	Fonctionnement à plein régime
	Exclus du coût d'entrée	Inclus dans le coût d'entrée	Exclus du coût d'entrée	
8. Coûts de réalisation des **tests de fonctionnement** (Avis CNC 2004-15 § 4.2.1.1)		x déduction faite des produits perçus de la vente des produits obtenus durant la mise en service, tels que des échantillons[5]		
9. Frais d'**industrialisation** ou d'**utilisation** (à l'exclusion des frais de commercialisation ; Note de présentation de l'avis CNC 2004-15, Annexe 1, § 3.1)		x s'il s'agit d'une première fabrication et si la nouvelle fabrication a nécessité une nouvelle installation [6]		
10. Coûts encourus lorsque l'actif, en état de fonctionner conformément à l'utilisation prévue par la direction, n'est pas encore mis en production ou **fonctionne en dessous de sa pleine capacité** (Avis CNC 2004-15 § 4.2.1.2)			x	
11. Pertes d'exploitation initiales (Avis CNC 2004-15 § 4.2.1.2). C'est-à-dire charges provenant d'une exploitation « anormale » pendant la phase de démarrage			x	
12. Inefficiences clairement identifiées (Avis CNC 2004-15 § 4.2.1.2)				x
13. Coûts d'**ouverture d'une nouvelle installation** (Avis CNC 2004-15 § 4.2.1.2) tels que : – publicité ; – salaires ; – stockage des produits				x
14. Coûts d'**introduction d'un nouveau produit ou service** (Avis CNC 2004-15 § 4.2.1.2) tels que les frais de publicité et de promotion				x [5]

26295
(suite)

Exemples de dépenses engagées lors de l'acquisition (ou de la production) d'un bien	Frais engagés pendant la :			
	Phase préliminaire	Phase d'acquisition	Phase de démarrage	Fonctionnement à plein régime
	Exclus du coût d'entrée	Inclus dans le coût d'entrée	Exclus du coût d'entrée	
15. Coûts de relocalisation d'une affaire dans un **nouvel emplacement** (Avis CNC 2004-15 § 4.2.1.2) tels que : – frais de transport supportés après l'acheminement du bien sur les lieux de sa première utilisation ; – frais de déplacement et de réinstallation exposés lors du déménagement de machines d'une usine à l'autre [6]				X
16. Coûts de relocalisation d'une affaire avec une **nouvelle catégorie de clients** (Avis CNC 2004-15 § 4.2.1.2)				X [9]
17. Coûts de **redéploiement** (réinstallation, réorganisation) d'une partie ou de la totalité des activités de l'entité (Avis CNC 2004-15 § 4.2.1.2)				X [10]
18. Dépenses courantes d'**entretien** et de maintenance (Note de présentation de l'avis CNC 2004-15, Annexe 2)				X
19. Frais externes afférents à des **formations nécessaires à la mise en service** d'une immobilisation (PCG art. 213-8)	X [11]	X	X	

(1) Pour plus de détails, voir n° 26315 I.
(2) Sur les frais d'exploration minière, voir n° 32065.
(3) Le coût doit être évalué de manière suffisamment fiable : par exemple, en cas de versements périodiques sous forme de redevances non déterminées dans le temps, celles-ci sont comptabilisées en charges (voir n° 30165).
(4) Pour plus de détails, voir n° 26315 II.
(5) Il s'agit d'une exception au principe suivant lequel les produits accessoires générés avant qu'une immobilisation corporelle soit en état d'utilisation ne sont en principe pas pris en compte (en déduction) pour la détermination du coût de cette immobilisation (voir n° 26220 II.). Sur la divergence existant avec les normes IFRS, voir Mémento IFRS n° 31126.
(6) Pour plus de détails, voir n° 26315 III.
(5) Sur la possibilité de comptabiliser ces frais de publicité en charges constatées d'avance, voir n° 15970.
(6) Voir n° 26220 I. a. sur les frais de transport, d'installation et de montage.
(9) Les coûts opérationnels non nécessaires à la mise en état d'utilisation de la nouvelle installation ou de sa relocalisation ne sont pas activables car ils auraient été engagés si l'installation existait déjà (par exemple, les frais de formation du personnel, de stockage des produits, de promotion). En revanche, les coûts liés à la construction, à la rénovation ou au réaménagement de l'installation, sans lesquels celle-ci ne peut pas fonctionner, sont activables.
(10) Toutefois, s'ils répondent aux critères de comptabilisation d'un actif (logiciels ou plus rarement frais de développement), ils sont activables séparément (voir n° 30895).
(11) Voir n° 26262.

26315 **Cas particuliers**

I. Frais de sélection de projets Les coûts sont incorporables au coût de l'immobilisation à partir de la date à laquelle la direction a pris la décision d'acquérir l'immobilisation (voir n° 26270 et 26275), c'est-à-dire, à notre avis, dès que la direction a pris la décision d'investir dans un type d'immobilisation mais qu'elle doit encore sélectionner un projet parmi d'autres.

En conséquence, à notre avis :

1. les frais engagés pendant la période de sélection de projets sont incorporés au coût d'entrée s'ils remplissent les critères de définition des frais accessoires (voir n° 26220), notamment s'ils sont **nécessaires à l'immobilisation.** Ainsi :

a. Frais incorporables Devraient être incorporés dans le coût de l'immobilisation, à notre avis :
– les frais accessoires **relatifs au projet retenu** engagés avant l'acquisition ou le début des travaux ;

> **Précisions** Il s'agit des frais **inévitables** qui auraient dû être engagés après l'opération pour mettre l'immobilisation en place. Tel est le cas, notamment :
> – des frais engagés au titre du permis de construire ;
> – des honoraires du ou des architectes consultés sur le projet retenu (voir n° 26660 III.).

> **Fiscalement** Il en est de même (voir n° 26660).

– les frais relatifs aux **projets non retenus** si ces frais s'avèrent **nécessaires au projet final.** Par exemple, les indemnités versées aux architectes consultés à l'occasion d'un concours d'attribution d'un marché public de maîtrise d'œuvre, dont les projets ne sont finalement pas retenus, constituent des frais incorporables dans la mesure où la réglementation rend obligatoire l'organisation d'un tel concours. Les indemnités sont donc nécessaires à l'acquisition ou la production de l'immobilisation.

Toutefois, un test de dépréciation doit être mis en place afin de s'assurer que la comptabilisation à l'actif de ces coûts ne rend pas le coût d'entrée de l'immobilisation supérieur à sa valeur actuelle estimée.

> **Fiscalement** Les honoraires versés à un architecte dont les travaux ont été utiles à la réalisation de la construction constituent un élément de son prix de revient même si elle a en définitive été édifiée en suivant d'autres plans (CE 21-12-1983 n° 41613 ; BOI-BIC-AMT-10-30-30-10 n° 20).

b. Frais non incorporables Les frais qui ne sont pas nécessaires à l'immobilisation, mais qui sont engagés pour la **bonne gouvernance** de l'entreprise afin d'effectuer le meilleur choix possible, ne devraient pas pouvoir, à notre avis, être incorporés au coût d'entrée de l'immobilisation.

2. les dépenses engagées avant la prise de décision d'investir, c'est-à-dire les dépenses d'études préliminaires, sont obligatoirement comptabilisées en charges (voir n° 26275). Il s'agit, par exemple, des frais d'une étude de marché destinée à déterminer si l'implantation d'une usine dans un nouveau pays serait ou non rentable.

Sur le cas particulier des frais d'exploration minière engagés pour rechercher de nouveaux gisements, voir n° 32065.

II. Frais de mise en route d'un atelier Ils font partie intégrante du coût d'acquisition (ou de production) de l'atelier, s'ils sont engagés au cours de la période d'acquisition (ou de production).

En phase de **démarrage,** ces frais sont tous comptabilisés en **charges,** voir n° 26275.

Ainsi, en général (Note de présentation de l'avis CNC 2004-15, Annexe 1, § 1.1) :
– les **matières premières** font **partie** du **coût d'entrée** de l'immobilisation ;
– les **frais de formation** sont **exclus** du **coût d'entrée** et comptabilisés en charges. Toutefois, sur les frais de formation nécessaires à la mise en service de l'immobilisation, voir n° 26262.
– les **frais administratifs et généraux** sont **exclus** du coût d'acquisition.

En effet, ils ne sont pas, par nature, directement attribuables à l'acquisition (voir n° 26220 II. b.), sauf s'ils se rapportent à une structure dédiée à 100 % à l'acquisition de l'atelier (voir n° 26220 I. b.).

III. Frais d'utilisation (ou d'industrialisation) Il s'agit notamment des frais d'études et de réalisation des gammes de fabrication, des frais d'études des outillages spécialisés, et des frais de démarrage d'une fabrication.

Ils sont comptabilisés dans l'ordre suivant (Annexe I de la Note de présentation de l'avis CNC 2004-15, § 3.1) :
– si ces frais sont directement **attribuables à une commande,** ils sont comptabilisés en **en-cours de production** (puis répartis sur le coût de production des pièces, voir n° 21130 III.) ;

> **Précisions** À notre avis, ce sera le cas si les frais sont engagés et si la commande est réalisée sur un seul exercice.

– s'il s'agit d'une première fabrication ayant nécessité la mise en service d'une nouvelle installation, les **frais de démarrage** sont inclus dans le **coût d'entrée de la nouvelle installation** ;
– s'il s'agit de **frais d'études** et de réalisation des gammes de fabrication ou de frais d'études des outillages spécialisés et qu'ils répondent aux conditions de comptabilisation des coûts de développement (voir n° 30890), ils sont comptabilisés en **immobilisations incorporelles** (à condition, à notre avis, que l'entreprise ait opté en ce sens) ;
Dans ce cas, bien que l'annexe I précitée ne l'indique pas, la **quote-part d'amortissement** des coûts de développement immobilisés est à inclure dans le coût de production des stocks (conformément aux règles de détermination du coût de production des stocks, voir n° 21130 II.).
– **à défaut,** ils sont comptabilisés en **charges**.
Notamment lorsqu'il s'agit :
– des frais de commercialisation, voir n° 21190 ;
– des coûts de lancement d'un nouveau produit ou service (publicité et promotion), voir n° 26295.

IV. Installations nécessitant une longue période de préparation

Certaines installations nécessitent une longue période avant d'atteindre le niveau d'utilisation prévu par la direction (voir n° 26270). Dans ce cas, à notre avis, les frais afférents à l'entretien de l'installation pendant cette période étant nécessaires pour mettre l'actif en place et en état de fonctionner selon l'utilisation prévue par la direction (PCG art. 213-8), ils devraient être inclus dans son coût d'entrée.

> **Fiscalement** En application de l'article 38 quinquies de l'annexe III au CGI, doivent être ajoutés au coût des plantations initiales les frais afférents à l'entretien d'une vigne nouvelle pendant toute la période durant laquelle le vin provenant des parcelles concernées n'est pas commercialisé (CE 5-10-2016 n° 384475 ; voir n° 26270).

COÛTS D'EMPRUNT

Option pour la comptabilisation des coûts d'emprunt dans le coût d'entrée des immobilisations 26335

I. Nature de l'option Les intérêts des capitaux empruntés sont, en principe, comptabilisés en charges de la période au cours de laquelle ils ont couru (voir n° 42990).

Toutefois, sur la possibilité ou l'obligation de porter certains de ces frais financiers à l'actif, voir n° 41120 (primes de remboursement) et 41020 (frais d'émission d'emprunt).

Leur éventuelle incorporation dans le coût d'un actif résulte de l'article R 123-178-2° du Code de commerce et de l'article 213-9.1 du PCG selon lesquels les coûts d'emprunt **peuvent** être (aucune méthode de référence n'ayant été actée, voir la Note de présentation de l'avis CNC, § 4.3) :
– soit comptabilisés en **charges** ;
– soit incorporés au **coût de l'actif,** selon des **modalités définies** par les textes (voir n° 26340 s.).

> **Fiscalement a. Connexion fiscalité-comptabilité** Il en est de même, l'option comptable retenue valant option fiscale et déterminant les conditions de déductibilité fiscale des coûts d'emprunt (CGI ann. III art. 38 undecies et BOI-BIC-CHG-20-20-10 n° 70).
> Le traitement fiscal des frais financiers est donc le suivant :

Traitement comptable	Traitement fiscal
Charges	Déduction immédiate
Incorporation au coût d'entrée de l'immobilisation	– Augmentation de la base de CFE lorsque l'immobilisation en est passible et qu'elle est évaluée selon la méthode comptable – Immobilisation **amortissable** : déduction des frais au fur et à mesure de l'amortissement – Immobilisation **non amortissable** : déduction des frais lors de la sortie de l'immobilisation

> **b. Coûts d'emprunt incorporés au coût d'entrée avant le 31 décembre 2005** L'option fiscale pour l'incorporation des coûts d'emprunt dans le coût d'entrée des immobilisations est issue de l'alignement du traitement fiscal sur le traitement comptable applicable depuis le 1er janvier 2005 (voir n° 25005). Cette modification s'applique à notre avis **aux coûts d'emprunt incorporés au coût d'entrée des immobilisations au cours d'un exercice clos depuis le 31 décembre 2005.** Auparavant, lorsque les coûts d'emprunt étaient inclus, sur le plan comptable, dans le coût d'entrée des immobilisations, cette incorporation n'était pas reconnue sur le plan fiscal. Ils

devaient donc faire l'objet d'une déduction extra-comptable au titre de l'exercice au cours duquel ils avaient couru. En conséquence, pour les exercices suivants, les frais d'emprunt qui ont été maintenus à l'actif lors de la première application de la règle comptable entraînent les corrections extra-comptables suivantes sur l'imprimé n° 2058-A :
– lors de l'**amortissement** : réintégration (ligne WE) de la quote-part d'amortissement afférente aux frais financiers incorporés dans le coût d'entrée des immobilisations ;
– en cas de **dépréciation** :
• réintégration (ligne WI) de la dépréciation à hauteur des frais financiers incorporés dans le coût d'entrée des immobilisations,
• déduction (ligne WU) de ce montant lors de la reprise des (provisions pour) dépréciation correspondantes ;
– lors de la **cession** des immobilisations : réintégration (ligne WQ) de la différence entre les frais financiers déduits extra-comptablement lors de leur inscription à l'actif et les quotes-parts d'amortissement réintégrées jusqu'à la cession.

Sur l'information à donner en annexe, voir n° 29690, point 1 du tableau.
Sur la divergence avec les normes IFRS (obligation et non option), voir Mémento IFRS n° 69020.
Sur les modalités d'application des coûts d'emprunt en normes IFRS, voir Mémento IFRS n° 37982 s. et 38050 s.

II. Homogénéité du traitement Lorsque l'option pour l'incorporation des coûts d'emprunt au coût des actifs est retenue, elle doit être appliquée à **tous les actifs éligibles** (sur cette notion, voir n° 26340) c'est-à-dire (PCG art. 213-9.1, al. 4) :
– aux immobilisations (qu'elles soient corporelles ou incorporelles, produites ou acquises) ;
– et aux stocks.

> **Fiscalement** Il en est de même (BOI-BIC-CHG-20-20-10 n° 130). Les entreprises doivent donc apprécier les conséquences fiscales de l'option comptable en tenant compte de l'ensemble des actifs concernés, c'est-à-dire non seulement toutes les immobilisations mais également les stocks.

26340 **Notion d'actif éligible** Le PCG définit un actif « éligible » (à l'incorporation des coûts d'emprunt) comme un actif qui exige une **longue période de préparation ou de construction avant de pouvoir être utilisé ou vendu** (PCG art. 213-9.1, al. 3).

I. La notion de « longue période » de préparation ou de construction n'est pas précisée À notre avis, cette notion devrait être inhérente à la nature même de l'actif, afin d'exclure de la notion d'actif éligible les actifs dont la période de préparation importante résulterait d'une inefficacité dans la préparation ou de délais inhabituels dans les travaux.

> **EXEMPLE**
> Sont notamment concernées l'acquisition ou la production (contrats long terme) de navires, d'usines, d'autoroutes, d'installations de production d'énergie, d'ensembles immobiliers...
> En revanche, ne sont pas concernées, à notre avis, les immobilisations qui sont prêtes pour leur utilisation ou leur vente (prévue au moment de leur acquisition) et qui sont financées par un emprunt.

Les critères utilisés pour définir les actifs éligibles et la nature des actifs concernés devraient, à notre avis, faire l'objet d'une information en annexe, le cas échéant.

> **Fiscalement** Une période de préparation ou de construction d'une durée supérieure à douze mois est considérée comme une longue période pour l'application de cette disposition (CGI ann. III art. 38 undecies). Toutefois, selon l'administration, il peut être dérogé à cette durée d'un an lorsque la période de préparation ou de construction requise est considérée comme longue au regard des usages habituels de la profession, sans tenir compte des délais inhabituels qui pourraient être occasionnés par un dysfonctionnement temporaire dans la préparation ou la construction (BOI-BIC-CHG-20-20-10 n° 80). Ainsi, les actifs visés sont identiques à ceux éligibles sur le plan comptable, même si le PCG ne prévoit pas de durée minimale.

II. L'option est ouverte aux acquisitions et aux productions d'actif En effet, selon le CNC, l'activation, sur option, des coûts d'emprunt peut également trouver à s'appliquer à des acquisitions dont la mise en place et en état de fonctionnement peut s'étaler sur une certaine période, quand des crédits sont sollicités.

> **Fiscalement** Il en est de même (CGI ann. III art. 38 decies). En ce qui concerne les immobilisations acquises, l'administration considère que seules sont concernées les acquisitions de biens dont la préparation est financée en tout ou partie par l'acquéreur. Tel est le cas d'immeubles, de navires ou d'avions donnant lieu, pendant leur construction et avant leur réception, au versement d'acomptes de la part de l'acquéreur (BOI-BIC-CHG-20-20-10 n° 70).

LES IMMOBILISATIONS CORPORELLES

> **EXEMPLE**
>
> Une entreprise acquiert auprès d'un promoteur immobilier des logements en l'état futur d'achèvement qu'elle destine à certains de ses salariés et qui font partie d'un ensemble immobilier plus large dont le promoteur immobilier est le maître d'œuvre.
>
> L'entreprise verse à ce promoteur des avances en trésorerie pendant la période de construction.
>
> L'acquisition commençant dès la signature du contrat ou de la commande, elle nécessitera une longue période de préparation jusqu'à l'achèvement des logements. Les logements ne sont donc pas prêts pour leur utilisation future au moment de l'acquisition et constituent alors des actifs « éligibles » au coût desquels les coûts d'emprunt liés à ces avances peuvent être incorporés.
>
> Les coûts d'emprunt inclus dans le coût d'entrée des logements seront ceux engagés :
> – depuis la date à laquelle la direction a pris la décision d'acquérir les logements ;
> – jusqu'à la date d'achèvement des logements.

Pour plus de détails sur :
– la période d'incorporation des coûts d'emprunt, voir n° 26370 ;
– la comptabilisation des actifs acquis en « vente en l'état futur d'achèvement », voir n° 25345.

Critères de comptabilisation Les critères de comptabilisation des coûts d'emprunt **26345**
à l'actif sont les mêmes que ceux applicables à tous les autres coûts entrant dans le coût d'entrée des actifs (PCG art. 213-9.3, al. 1). En conséquence, les conditions de comptabilisation des coûts d'emprunt sont les suivantes :
– il doit être **probable** que les coûts d'emprunt **génèreront des avantages économiques futurs** (voir n° 26370, les conséquences sur la période d'incorporation) ;
– ces **coûts** doivent pouvoir être **évalués de façon fiable** (voir n° 26390).

Nature des coûts d'emprunt incorporables Les coûts d'emprunt pouvant être **26365**
incorporés au coût d'entrée :
– doivent être directement attribuables à l'acquisition ou à la production de l'actif (PCG art. 213-9.1) ;
– peuvent inclure tous les intérêts et autres coûts supportés par l'entreprise en liaison avec l'emprunt de fonds.

> **Fiscalement** Il en est de même (BOI-BIC-CHG-20-20-10 n° 90 et 110).

I. Coûts directement attribuables Ils correspondent aux coûts d'emprunt qui auraient pu être évités si la dépense relative à l'actif éligible n'avait pas été engagée.
Selon le PCG, peuvent être incorporés dans le coût de l'actif (PCG art. 213-9.3) :
a. les coûts d'emprunt provenant d'un **financement spécifique** affecté à l'opération d'acquisition ou de production de l'actif concerné ;
b. les coûts d'emprunt provenant d'un **financement non spécifique** (emprunts dits « généraux »).
Il s'agit notamment :
– des titres participatifs, des emprunts obligataires… ;
– des emprunts contractés par une entité ou un groupe dont l'activité de financement fait l'objet d'une **coordination centrale**. Dans ce cas, des instruments d'emprunts à des **taux d'intérêt différents** sont utilisés et ces fonds sont prêtés sur des bases diverses aux autres entités du groupe (Avis CNC 2004-15 § 4.1.3.2).

> **Précisions 1. Relation directe entre des emprunts particuliers et un actif éligible** Selon l'avis CNC n° 2004-15, il peut toutefois être difficile d'identifier cette relation directe et de déterminer les emprunts qui n'auraient pas été engagés en cas d'autofinancement.
> Sauf situations spécifiques, il doit être présumé que les emprunts généraux contribuent en tout ou partie au financement des actifs éligibles, et ce :
> – quand bien même la trésorerie issue de l'activité courante est suffisante pour financer les dépenses relatives aux actifs éligibles ;
> – quelles que soient les intentions du management (financement uniquement partiel des actifs éligibles, financement de l'activité courante, croissance externe ou encore location-financement…).
>
> **2. Autofinancement** En cas d'utilisation de fonds propres pour financer l'acquisition, la construction ou la production d'un actif éligible (absence de recours à tout emprunt), aucun coût ne peut être capitalisé. En effet, seuls les coûts réellement supportés par la société peuvent, selon le PCG, être capitalisés.

II. Exemples de coûts d'emprunt Selon l'avis du CNC n° 2004-15 (§ 4.1.3), les coûts d'emprunt peuvent inclure :

a. les **intérêts** sur découverts bancaires et emprunts à court terme et à long terme ;
Y compris, le cas échéant, l'effet de couverture de l'emprunt (voir n° 41775) ainsi que les frais de couverture de l'emprunt, dès lors qu'ils sont étalés sur la durée de la couverture (voir n° 41800 et 41820) ;

b. l'amortissement des **primes d'émission ou de remboursement** relatives aux emprunts ;
Sur le principe d'amortissement des primes d'émission ou de remboursement, voir n° 41120.

c. l'amortissement des **frais d'émission d'emprunt** (coûts accessoires encourus pour la mise en place des emprunts) si l'option pour les inscrire à l'actif a été retenue (sur l'option ouverte aux entreprises pour la comptabilisation des frais d'émission d'emprunt soit à l'actif, avec amortissement sur la durée de l'emprunt, soit en charges, voir n° 41020).
Lorsque l'entreprise a opté pour l'inscription directe en charges des frais d'émission d'emprunt, l'avis du CNC ne précise pas s'il est ou non possible de les incorporer ensuite dans le coût d'entrée de l'actif.

> **Fiscalement** L'incorporation des frais d'émission dans les coûts d'emprunt n'est pas autorisée lorsqu'ils sont inscrits directement en charges (BOI-BIC-CHG-20-20-10 n° 90).
> En conséquence, par simplification et afin d'éviter des retraitements extra-comptables lourds (lors de l'inscription à l'actif, lors de la dépréciation ou de l'amortissement de l'actif sous-jacent et lors de la cession de l'actif) et de ne pas remettre en cause l'option pour la déduction immédiate des frais d'émission, il convient, à notre avis, de retenir le traitement fiscal sur le plan comptable : l'incorporation dans le coût d'entrée (au titre de l'option pour l'incorporation des coûts d'emprunt dans le coût d'entrée des actifs) des seules charges résultant des dotations aux amortissements des frais d'émission inscrits à l'actif.

26370 **Période d'incorporation** Elle est la même que celle applicable à tous les autres coûts compris dans le coût d'entrée des immobilisations. Ainsi, l'incorporation des coûts est limitée à la période d'acquisition ou de production définie pour les immobilisations (PCG art. 213-9.1, al. 1).
Pour plus de détails sur la définition de la période d'acquisition et de production, voir n° 26270.

> **Fiscalement** Il en est de même (BOI-BIC-CHG-20-20-10 n° 100).

En pratique :

I. Date de début d'incorporation dans le coût d'un actif La date de début de capitalisation est la date à laquelle les trois conditions suivantes sont remplies pour la première fois :
– des dépenses relatives au bien ont été réalisées ;
– des coûts d'emprunt sont encourus ;
– les activités indispensables à la préparation de l'actif, préalablement à son utilisation ou à sa vente, sont en cours.

II. Arrêt de l'incorporation dans le coût d'un actif À notre avis, l'incorporation des coûts d'emprunt dans le coût d'un actif doit cesser lorsque les activités indispensables à la préparation de l'actif préalablement à son utilisation ou à sa vente prévue sont **pratiquement toutes terminées.** En pratique, même si des modifications mineures (telles que la décoration d'une propriété selon les spécifications de l'acheteur ou de l'utilisateur) ou des travaux administratifs « de routine » se poursuivent, l'incorporation doit cesser.
En outre, selon l'OEC (Rec. 1.19, § 19 à 24 et 33) :

a. si la construction d'un bien est partiellement terminée :
– dès lors que chaque partie constitutive est utilisable tandis que la construction des autres se poursuit, les charges financières afférentes aux parties terminées n'y sont plus rattachables ;
– a contrario, s'il faut que toutes les parties constitutives soient terminées avant que l'une d'entre elles puisse être utilisée, l'incorporation des charges financières continue normalement jusqu'à ce que la construction du bien soit terminée.

> **EXEMPLE**
> Un complexe immobilier comprenant plusieurs immeubles, dont chacun peut être utilisé individuellement, est un exemple d'actif pour lequel chaque partie est en mesure d'être utilisée pendant que la construction se poursuit sur d'autres parties.

En revanche, constitue un actif nécessitant d'être achevé avant que chaque partie puisse être utilisée, un établissement industriel mettant en œuvre plusieurs processus de manière consécutive en différents points de cet établissement à l'intérieur du même site (par exemple, une aciérie).

b. si la production des biens est interrompue pendant une longue période, l'incorporation est suspendue jusqu'à ce que la production reprenne.
Toutefois cette incorporation n'est pas suspendue pendant :
– la durée au cours de laquelle des travaux techniques et administratifs importants sont en cours ;
– les interruptions inhérentes au processus de fabrication de l'actif en vue de son utilisation prévue ou de sa vente prévue.

> **EXEMPLES**
>
> **1.** Une entreprise a acheté un terrain agricole sur lequel elle compte construire une usine. L'incorporation au coût de l'actif se poursuit pendant la longue période (6 mois) au cours de laquelle les démarches administratives auprès des autorités locales pour que le terrain agricole soit classé comme terrain industriel sont bloquées (du fait de l'opposition des résidents), dès lors :
> – qu'il s'agit d'activités temporaires, courantes, indispensables à la préparation et à l'utilisation du terrain ;
> – que l'entreprise reste convaincue qu'elle parviendra à faire classer ce terrain en terrain industriel, la nouvelle usine devant créer des emplois dans la région.
>
> **2.** Une entreprise doit construire un pont pendant une période où le niveau de l'eau est élevé et provoque l'interruption des travaux. L'incorporation au coût de l'actif se poursuit pendant la longue période au cours de laquelle le niveau élevé des eaux retarde la construction d'un pont, dès lors que ce niveau élevé est habituel pendant la période de construction dans la région géographique concernée.

Montant des charges financières incorporables   26390

> **▶ Précisions** Lorsque la valeur comptable ou le coût final attendu de l'actif éligible sont supérieurs à sa valeur actuelle, cette valeur comptable est **dépréciée** ou sortie du bilan selon les dispositions prévues aux articles 214-15 s. du PCG (Avis CNC 2004-15 § 4.1.3.2).
> Pour plus de détails sur la dépréciation, voir n° 27715 s.

I. Financement spécifique (voir n° 26365 I. a.) Le montant des charges financières incorporables doit correspondre (Avis CNC 2004-15 § 4.1.3.2) :
– aux coûts réellement encourus sur ces emprunts durant la période de capitalisation (voir ci-après a.),
– diminués de tout produit obtenu du placement temporaire des fonds empruntés (voir ci-après b.).

> **▶ Fiscalement** Il en est de même (BOI-BIC-CHG-20-20-10 n° 110).

a. Les coûts réellement encourus durant la période de capitalisation sont ceux obtenus en appliquant le **taux contractuel** du ou des emprunts aux seules **dépenses effectives**.
Sur l'application d'un taux d'intérêt effectif (TIE) et non contractuel en normes IFRS, voir Mémento IFRS n° 46770 s.
À notre avis, tant qu'aucune dépense n'a été réellement effectuée, les charges financières relatives à l'emprunt ne peuvent pas être incorporées. Sont donc normalement **exclues** (Rec. OEC n° 1.19) les charges correspondant à des charges à payer, à des dettes fournisseurs ne portant pas intérêt.

> **EXEMPLE**
>
> | Dépenses effectuées | | Période comprise entre la date de la dépense et la date de clôture de l'exercice | Dépenses moyennes |
> | --- | --- | --- | --- |
> | 1er janvier : | 225 000 | 12 mois | 225 000 |
> | 1er mars : | 360 000 | 10 mois | 300 000 |
> | 1er novembre : | 180 000 | 2 mois | 30 000 |
> | | 765 000 | | 555 000 |
>
> Cet exemple a uniquement pour objet d'illustrer la méthode ; en pratique, ce calcul sera effectué plus fréquemment, chaque mois par exemple.

26390
(suite)

b. Le montant des frais est diminué des produits de placement temporaire de ces fonds empruntés.

En effet, les modes de financement pour un actif éligible peuvent avoir pour conséquence qu'une entreprise obtienne les fonds empruntés et supporte les coûts d'emprunt correspondants avant que tout ou partie des fonds soient utilisés pour les dépenses relatives à l'actif éligible. Dans un tel cas, les fonds sont souvent placés de façon temporaire, en attendant d'être dépensés pour l'actif éligible.

II. Financement non spécifique
(voir n° 26365 I. b.) Dans ce cas, le PCG dispose que le montant des coûts d'emprunt incorporables au coût de l'actif doit être déterminé en appliquant (PCG art. 213-9.3, al. 2) :
– un **taux de capitalisation** (voir ci-après) ;
– aux **dépenses relatives à l'actif** (voir ci-avant I. a.).

Le taux de capitalisation correspond au **taux moyen pondéré** des emprunts non affectés au financement spécifique (c'est-à-dire **à l'exception** des emprunts spécifiquement contractés pour l'obtention de l'actif concerné) en cours au titre de l'exercice.

Il convient alors de veiller à ce que le montant des coûts d'emprunt incorporés au coût de l'actif au cours d'un exercice donné n'excède pas le montant total des coûts d'emprunt supportés au cours de ce même exercice (Avis CNC 2004-15, § 4.1.3.2).

> **Fiscalement** Il en est de même (BOI-BIC-CHG-20-20-10 n° 110).

> **Précisions 1. Dans un groupe de sociétés** (norme IAS 23) Lorsque l'activité de financement d'une entreprise fait l'objet d'une coordination centrale, divers problèmes peuvent rendre difficile la détermination du montant des emprunts à partir desquels le taux de capitalisation est calculé. Des difficultés existent, par exemple :
— lorsque l'argent est emprunté dans plusieurs pays à des taux d'intérêt différents et prêté dans le groupe à des conditions diverses ;
— lorsque les emprunts sont libellés en devises étrangères ou indexés sur une monnaie étrangère et que des opérations du groupe se déroulent dans un contexte économique hautement inflationniste, ou lorsque les taux de change sont flottants. Dans certaines circonstances, il peut donc être approprié d'inclure dans ce montant tous les emprunts de la société mère et ses filiales consolidées (dans la limite des coûts réellement supportés par la société au niveau de ses comptes individuels) ; dans d'autres cas, il peut être indiqué, pour chaque filiale étrangère, d'utiliser la moyenne des taux applicables à ses propres emprunts. Le choix d'un taux de capitalisation est **affaire de jugement** pour déterminer de façon raisonnable le coût d'emprunt défini en termes de coûts supportés qui auraient pu, autrement, être évités.
2. Produits de placement À notre avis, le taux de capitalisation ne doit pas prendre en compte les intérêts issus du placement temporaire de ces fonds.

EXEMPLE

Afin de lancer une nouvelle production, une entreprise fabriquant des embrayages doit utiliser deux nouvelles presses. Ces machines-outils étant très spécifiques, l'entreprise ne peut les acquérir sur le marché et doit les produire elle-même. La durée de production est d'environ 11 mois. Pour financer cette production, l'entreprise a recours à des emprunts. Comme présenté dans le tableau ci-après, il n'y a pas d'affectation directe de ces emprunts à la production de chaque presse :

Emprunt	Montant	Taux	Intérêts annuels
A	200 000	6,5 %	13 000
B	100 000	6,7 %	6 700
C	90 000	6,9 %	6 210
D	60 000	7 %	4 200
Total	450 000	6,69 % (1)	30 110
(1) Moyenne pondérée des coûts d'emprunt (30 110 / 450 000 = 6,69 %).			

Le plan de financement de la production est géré pour l'ensemble de la fabrication en tenant compte des budgets de dépenses.

Les remboursements d'emprunts sont effectués à partir du 1/01/N+1.

Les presses ont commencé à être fabriquées le 1/01/N et ont été mises en service le 1/12/N.

Pour cette fabrication, le plan de financement des achats à payer est le suivant :

26390
(suite)

Dépenses engagées dans le processus de production		
Mois	Presse n° 1	Presse n° 2
Janvier	150 000	50 000
Février	0	0
Mars	0	0
Avril	30 000	20 000
Mai	0	0
Juin	70 000	60 000
Juillet	30 000	0
Août	0	0
Septembre	30 000	0
Octobre	0	0
Novembre	10 000	0
Décembre	0	0
Total	320 000	130 000

Les emprunts n'étant pas spécifiques à la production de chaque presse prise individuellement, le taux d'intérêt à retenir est la moyenne pondérée des coûts d'emprunt, soit 6,69 %.

Pour déterminer le montant à incorporer dans le coût de production de chaque presse, il convient d'appliquer ce taux d'intérêt aux dépenses engagées dans le cadre de la fabrication.

Par hypothèse et par simplification, il est considéré que les dépenses sont engagées de manière linéaire au cours de chaque mois. Ainsi, le mois d'engagement des dépenses compte pour un demi-mois d'emprunt.

	Presse n° 1		Presse n° 2	
Mois	Dépenses engagées dans le processus de production Montant (a)	Coût d'emprunt à incorporer (b) = (a) × 6,69 % × nombre de mois d'emprunt pendant la période de fabrication / 12	Dépenses engagées dans le processus de production Montant (a)	Coût d'emprunt à incorporer (b) = (a) × 6,69 % × nombre de mois d'emprunt / 12
Janvier	150 000	8 780 [1]	50 000	2 927
Février	0	0	0	0
Mars	0	0	0	0
Avril	30 000	1 254	20 000	836
Mai	0	0	0	0
Juin	70 000	2 146	60 000	1 840
Juillet	30 000	753	0	0
Août	0	0	0	0
Septembre	30 000	418	0	0
Octobre	0	0	0	0
Novembre	10 000	28	0	0
Décembre	0	0	0	0
Total	320 000	13 379	130 000	5 603

[1] 8 780 = 150 000 (dépenses engagées au cours du mois de janvier) × 6,69 % (taux moyen pondéré) × 10,5 (nombre de mois d'emprunt jusqu'au 30/11) / 12.

26390 **III. Financement mixte (emprunts spécifiques et non spécifiques)** Dans
(suite) la mesure où un emprunt spécifique est également contracté, les dépenses doivent être en
priorité affectées à l'emprunt spécifique.

> **EXEMPLE**
>
> Au 1er janvier N, la société A signe un contrat pour la construction d'un immeuble sur un terrain précédemment acquis (montant de l'opération : 2 000 K€). L'immeuble est terminé en décembre N. Durant cette période, les paiements suivants sont effectués :
>
> | Dépenses engagées dans le processus de production | |
> |---|---|
> | | Immeuble |
> | 1er janvier N | 200 000 |
> | 31 mars N | 600 000 |
> | 30 septembre N | 1 000 000 |
> | 31 décembre N | 200 000 |
> | Total | 2 000 000 |
>
> Au 31 décembre N, les emprunts suivants sont en cours :
> – un emprunt contracté spécifiquement pour la construction de l'immeuble. L'emprunt est effectué pour 700 000 € sur 4 ans et est débloqué entièrement dès le début de la construction. Les intérêts supportés au cours de l'exercice sont de 65 000 € et les intérêts reçus des fonds débloqués qui n'ont pas été immédiatement investis dans la construction sont de 25 000 € ;
> – deux emprunts non spécifiques :
>
> | Emprunt | Montant | Taux | Intérêts annuels |
> |---|---|---|---|
> | Emprunt 1 | 1 000 000 | 12,5 % | 125 000 |
> | Emprunt 2 | 1 500 000 | 10 % | 150 000 |
> | Total | 2 500 000 | 11 % (1) | 275 000 |
>
> (1) Moyenne pondérée des coûts d'emprunt (275 000 / 2 500 000 = 11 %).
>
> Le montant des intérêts à capitaliser en cas d'emprunts généraux doit être déterminé en appliquant le taux de capitalisation aux dépenses engagées. Dans la mesure où un emprunt spécifique est également contracté, les dépenses doivent être en priorité affectées à l'emprunt spécifique :
>
> | | Dépenses engagées dans le processus de production | Allocation des dépenses à l'emprunt spécifique | Allocation des dépenses aux emprunts généraux | Moyenne pondérée des dépenses de la période allouées aux emprunts généraux |
> |---|---|---|---|---|
> | | | | | (b) = (a) × nombre de mois d'emprunt pendant la période de fabrication / 12 |
> | | Montant | Montant | Montant (a) | Montant (b) |
> | 1er janvier N | 200 000 | 200 000 | 0 | 0 |
> | 31 mars N | 600 000 | 500 000 (1) | 100 000 | 75 000 (2) |
> | 30 septembre N | 1 000 000 | 0 | 1 000 000 | 250 000 (3) |
> | 31 décembre N | 200 000 | 0 | 200 000 | 0 (4) |
> | Total | 2 000 000 | 700 000 | 1 300 000 | 325 000 |
>
> (1) L'emprunt spécifique est à ce stade totalement utilisé.
> (2) 100 000 × 9 / 12.
> (3) 1 000 000 × 3 / 12.
> (4) 200 000 × 0 / 12.

Détermination du montant des coûts d'emprunt à capitaliser :

	Total moyenne pondérée de l'emprunt	Coût d'emprunt à incorporer
Emprunt spécifique	N/A	40 000 [1]
Emprunts généraux	325 000	35 750 [2]
Total coûts d'emprunt à capitaliser		75 750

(1) Donné dans l'énoncé, charges d'intérêts nettes des produits, soit 65 000 − 25 000, voir I. b.
(2) 325 000 × 11 % (taux moyen calculé ci-avant)

Comptabilisation Sur l'information à donner en annexe, voir n° 29690 point 1 du tableau. **26395**
a. Le principe de non-incorporation est retenu : lors de leur engagement, les charges financières sont enregistrées normalement au compte 66.
b. La possibilité d'incorporation est retenue :
– **lors de leur engagement,** les charges financières sont enregistrées normalement au compte 66 ;
– **lors de la décision d'incorporer,** « les charges financières, faisant partie intégrante du coût, sont enregistrées de la même manière que les autres éléments de coût » (Rec. OEC n° 1.19), c'est-à-dire en principe en créditant un compte 72 (voir n° 28960).
Toutefois, l'utilisation du compte 72 majorant de façon fictive le résultat d'exploitation, il est, à notre avis, préférable de créditer le **compte 796 « Transfert de charges financières »** (sur la suppression des comptes 79 par le Règl. ANC 2022-06, voir n° 45500).

COÛTS DE DÉMANTÈLEMENT, D'ENLÈVEMENT ET DE REMISE EN ÉTAT DE SITE

L'obligation d'inclure les coûts de démantèlement, d'enlèvement et de remise en état dans le coût d'acquisition des immobilisations corporelles, en contrepartie de la provision pour coûts de démantèlement et de remise en état, est expressément prévue par le PCG (art. 213-8) dès lors qu'il s'agit d'une dégradation immédiate. **26415**
Sur les règles de définition et de comptabilisation des coûts de démantèlement et de remise en état à l'actif, voir n° 26055.
Sur la provision à constater au titre des coûts de démantèlement et de remise en état, voir n° 27925 et 27945.
Sur le cas des coûts de démantèlement et de remise en état de site ou d'actif appartenant à autrui, voir n° 28735.

I. Estimation initiale des coûts de démantèlement, d'enlèvement et de remise en état L'actif enregistré en contrepartie de la provision pour coûts de démantèlement et de remise en état est évalué de la même manière que le passif (pour plus de détails sur l'évaluation initiale du passif de démantèlement, voir n° 27945 II. a.) :
– **soit** à la **valeur nominale** ;
– **soit** à la **valeur actualisée,** compte tenu du caractère à long terme de ces éléments.

> **Précisions** L'avis CU CNC n° 2005-H a rendu obligatoire l'actualisation de la provision pour coûts de démantèlement et de remise en état. Toutefois, dans l'attente de mesures fiscales transitoires permettant notamment l'étalement de l'écart de première application de l'actualisation, le CNC a reporté cette disposition. À la date de parution de cet ouvrage, l'actualisation reste donc optionnelle (voir n° 27945 II. b.).

> **Fiscalement** Il en est de même (BOI-BIC-PROV-60-100-20 n° 150).

Sur le cas particulier des installations nucléaires, voir n° 27945.
Sur l'actualisation obligatoire des coûts de démantèlement en normes IFRS, voir Mémento IFRS n° 31070.

II. Évolution ultérieure des coûts de démantèlement, d'enlèvement et de remise en état Le montant de la provision pour coûts de démantèlement, d'enlèvement et de remise en état constitue une estimation qui peut être revue tant que l'obligation de démantèlement ou de remise en état n'a pas été remplie (éléments du coût, taux d'actualisation le cas échéant).

26415
(suite)

Pour plus de détails sur l'évaluation ultérieure du passif de démantèlement, voir n° 27945 II. c. Selon le CU CNC n° 2005-H, la variation du montant estimé du passif de démantèlement a pour contrepartie une variation identique du montant de l'actif concerné (actif de démantèlement en priorité et actif sous-jacent pour le surplus).

En conséquence :

a. lorsque le changement d'estimation conduit à augmenter la provision pour coûts de démantèlement, d'enlèvement et de remise en état, cette variation conduit à une **augmentation de la valeur nette comptable de l'actif de démantèlement**.

Ces opérations de dotation de la provision et de réestimation à la hausse de l'actif étant des écritures de bilan à bilan, aucun compte de charge ou de produit ne doit être mouvementé.

> **Fiscalement** Il en est de même (CGI art. 39 ter C et BOI-BIC-AMT-10-30-20 n° 50). La modification symétrique des montants au passif et à l'actif n'entraîne donc en principe aucune conséquence sur le résultat imposable (BOI-BIC-PROV-60-100-30 n° 100).

Un tel changement d'estimation peut constituer un indice de perte de valeur, devant donner lieu à la réalisation d'un test de dépréciation. Si la valeur actuelle s'avère inférieure à la valeur comptable, l'entreprise doit alors constater une dépréciation (voir n° 27715 s.).

> **Précisions** En cas de dépréciation de l'actif sous-jacent du fait de la réestimation du passif de démantèlement En principe, le plan d'amortissement de l'actif sous-jacent est modifié de manière prospective (voir n° 27765). En conséquence, la dotation aux amortissements est minorée par rapport à une situation sans dépréciation. La dotation aux amortissements correspondant à la quote-part dépréciée de l'actif sous-jacent n'étant pas comptabilisée, elle ne peut pas être déduite fiscalement. Pour permettre la déduction fiscale de cette quote-part dépréciée de l'actif sous-jacent, des écritures comptables de reprise de dépréciation au rythme des amortissements doivent être constatées (Avis CU CNC 2006-12). Sur ces écritures, voir n° 27765 et 27825. Sur le traitement des changements d'estimation des coûts de démantèlement en normes IFRS, voir Mémento IFRS n° 31070.

b. lorsque le changement d'estimation conduit à diminuer la provision pour coûts de démantèlement, d'enlèvement et de remise en état, la variation négative doit être **déduite du coût de l'actif de démantèlement par le biais d'une dépréciation**.

Dans ces conditions, il convient de débiter le compte 1581 « Provision pour remise en état » par le crédit d'un sous-compte 291x « Dépréciation des immobilisations corporelles – Actif de démantèlement ». Aucun compte de charge ou de produit ne doit donc être mouvementé (voir ci-après III. notre exemple d'application).

> **Fiscalement** Il en est de même (CGI art. 39 ter C et BOI-BIC-AMT-10-30-20 n° 50). La modification symétrique des montants au passif et à l'actif n'entraîne donc en principe aucune conséquence sur le résultat imposable (BOI-BIC-PROV-60-100-30 n° 100), dès lors que la reprise de provision n'excède pas la valeur nette comptable de l'actif de démantèlement. Dans le cas inverse, voir ci-après.

En outre :

– **si la réduction de la provision s'avère supérieure à la valeur nette comptable de l'actif de démantèlement** (ce qui pourra être fréquemment le cas en fin d'amortissement), **l'immobilisation sous-jacente est dépréciée**. Dans ces conditions, il convient de débiter le compte 1581 « Provision pour remise en état », pour la partie excédant le VNC de l'actif de démantèlement, par le crédit du compte 291 « Dépréciation des immobilisations corporelles » ;

> **Fiscalement** En revanche, l'excédent de reprise de provision par rapport à la valeur nette comptable de l'actif de démantèlement constitue immédiatement, et dans tous les cas, un **produit imposable** (CGI art. 39 ter C ; BOI-BIC-AMT-10-30-20 n° 50 et BOI-BIC-PROV-60-100-30 n° 130). En conséquence, la comptabilisation d'une dépréciation de l'actif sous-jacent constitue fiscalement un produit imposable qui doit être réintégré extra-comptablement sur l'imprimé n° 2058-A, ligne WQ.

– **au-delà de la valeur nette comptable de l'actif sous-jacent,** un **produit d'exploitation** est constaté.

> **Fiscalement** Ce produit étant immédiatement imposable (CGI art. 39 ter C ; BOI-BIC-PROV-60-100-30 n° 130), aucun retraitement extra-comptable n'est à effectuer.

Au-delà de la durée d'utilisation effective du site ou de l'installation devant être démantelée, toute modification ultérieure de la provision a pour contrepartie une dotation ou une reprise de provision au compte de résultat. En effet, au-delà de la durée d'utilisation du site ou de l'installation, ces coûts sont liés à l'apurement d'une situation passée et ne sont plus porteurs d'avantages économiques futurs pour l'entreprise.

> Fiscalement   Il en est de même (BOI-BIC-PROV-60-100-30 n° 100).

c. Modification du plan d'amortissement Le montant amortissable de l'actif ainsi modifié (à la hausse ou à la baisse) est amorti de manière prospective en fonction de sa durée d'utilisation (voir n° 27330). En conséquence, seules les dotations d'amortissement ultérieures seront impactées par ces variations.

> Fiscalement   Il en est de même (CGI art. 39 ter C et BOI-BIC-PROV-60-100-30 n° 90).

d. Désactualisation de la provision et effet de change Les incidences de la désactualisation du passif (et des variations du taux de change lorsque les montants doivent être décaissés en devises) sont, à notre avis, comptabilisées directement en charges financières (voir n° 27945 II. b.). L'actif n'est donc pas modifié.

e. En cas de prise en charge d'une partie des coûts par un tiers (voir n° 26055 V.) Dans ce cas, à notre avis, la révision de l'estimation des coûts doit être répartie, selon ce qui a été convenu contractuellement avec le tiers, sur le montant de l'actif « Coûts de démantèlement et de remise en état » et sur la créance comptabilisée au titre de la prise en charge.

> Fiscalement   Il en est de même (BOI-BIC-PROV-60-100-30 n° 100).

III. Exemple d'application

EXEMPLE

Une entreprise met en service, le 1er janvier N, une usine pour laquelle elle a, dès la date de mise en service, une obligation de démantèlement des installations industrielles et de remise en état du site au terme de leur utilisation. La période d'utilisation est estimée à 40 ans.

Au 1er janvier N, l'entreprise procède à une estimation des coûts de démantèlement et de remise en état du site à 50 M€. Elle choisit de ne pas actualiser cette valeur.

Exercice N :	215 Installations techniques	2815 Amortissements	1581 Provision remise en état	68112 Dotations exploitation
Coût d'entrée de l'installation à démanteler	1 000			
Estimation des coûts de démantèlement	50		50	
Amortissement de l'installation		25		25
Amortissement de l'actif de démantèlement		1,3		1,3

En N+27 l'entreprise procède à une révision des coûts et constate une surévaluation de la provision d'un montant de 21 M€.
Au 31 décembre N+27, la VNC de l'actif de démantèlement s'établissant à 15 M€ [50 M€ − (1,25 M€ × 28 ans)], la révision du montant estimé des coûts doit être imputée :
— sur cette VNC, à hauteur de 15 M€ (la valeur rectifiée est donc nulle et aucun amortissement ne peut plus être comptabilisé sur cet actif) ;

> Fiscalement   La modification symétrique des montants du passif de démantèlement et de l'actif de démantèlement n'entraîne aucune conséquence sur le résultat imposable (voir ci-avant).

— sur l'actif sous-jacent à hauteur du solde (soit 6 M€), sous la forme d'une dépréciation (par le biais d'un transfert du compte de la provision pour démantèlement vers un compte de dépréciation).

> Fiscalement   Cette (provision pour) dépréciation n'est pas déductible et doit être assimilée sur le plan fiscal à une reprise imposable de la provision pour coûts de démantèlement à hauteur de 5 M€. L'entreprise doit donc procéder à une réintégration extra-comptable du montant de cette (provision pour) dépréciation (voir ci-avant).

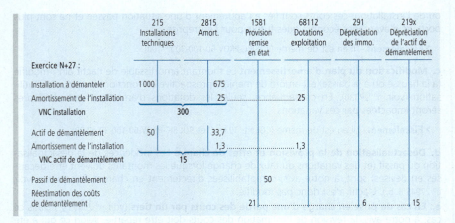

CAS PARTICULIERS

26420 **Ensembles immobiliers** Un ensemble immobilier doit être **ventilé entre le terrain et la construction.**

> **Précisions** Même si elle s'avère difficile, notamment dans le cas de la copropriété, elle est nécessaire... En effet, le terrain n'est pas amortissable, contrairement à la construction. En cas de contestation de la répartition, l'administration fiscale peut réintégrer l'amortissement pratiqué sur la construction pour la part du coût d'acquisition qui aurait dû être allouée au terrain (notamment, CE 18-1-1989 n° 56752 ; BOI-BIC-AMT-10-20 n° 230).

Selon le bulletin CNCC (n° 140, décembre 2005, EC 2005-93-1, p. 542 s.), la répartition doit être déterminée en fonction des montants portés dans l'acte notarié. Toutefois, lorsque l'acte d'achat n'indique qu'un prix global pour le terrain et la construction, il doit faire l'objet d'une ventilation entre ces deux rubriques, en fonction d'éléments probants tels que des valeurs d'expert (voir n° 26770).

Dans ce dernier cas, la démarche pour déterminer la part du foncier dans le prix d'acquisition d'un ensemble immobilier est différente selon la localisation et la demande :
– dans les zones où le foncier est rare et la demande forte, le prix de marché d'un terrain nu est difficile à connaître en l'absence de transactions ou de situations comparables, chaque terrain étant particulier. Le prix du foncier peut alors être estimé par différence entre le prix de marché de l'ensemble immobilier (d'après une valeur d'expertise, par exemple, tenant compte de la vétusté de l'immeuble) et le coût de la construction (y compris les frais annexes, voir n° 26445) ;
– dans les autres zones, le prix du terrain peut en général être connu à partir de transactions comparables.

Les **frais accessoires** à l'acquisition sont ensuite alloués, à notre avis, au prorata entre le terrain et la construction.

Si la ventilation du prix de revient de l'ensemble immobilier entre le terrain et la construction n'est pas effectuée à la date d'entrée de l'actif, ou si elle est manifestement erronée :
– il s'agit d'une **erreur comptable** (Courrier de la Chancellerie à la CNCC du 10-11-2005 ; Bull. CNCC n° 140, décembre 2005, p. 568) ;

> **Fiscalement** En cas de remise en cause de la ventilation retenue par l'entreprise, le Conseil d'État a défini la méthodologie à mettre en œuvre (CE 15-2-2016 n° 367467 et 380400 ; CE 21-7-2017 n° 395457) :
> **1.** L'administration doit se fonder :
> – prioritairement, sur des acquisitions de terrains nus comparables ;
> – à défaut, sur la reconstitution de la valeur de la construction ;
> – à titre subsidiaire, sur la ventilation opérée par d'autres entreprises pour des ensembles immobiliers comparables s'agissant de la localisation, du type de construction, de l'état d'entretien et des possibilités éventuelles d'agrandissement, seuls pouvant être retenus les immeubles acquis à des dates proches de celle pour laquelle la ventilation est remise en cause.
> **2.** C'est ensuite au contribuable de démontrer soit que le choix de la méthode retenue par l'administration ou sa mise en œuvre sont erronés, soit de justifier son évaluation en se référant à d'autres données.

3. Quelle que soit la méthode retenue, la valeur du terrain doit être déterminée à la date d'entrée du bien au bilan, y compris si l'immeuble a été acquis à des fins de démolition-reconstruction ou de transformation.

– y compris s'il a été acquis en vue d'une démolition partielle suivie d'une reconstruction.

> **Fiscalement** Il en est de même (CE 15-2-2016 n° 367467 et 380400).

Si l'ensemble immobilier a été acquis dans le but de détruire l'immeuble et de conserver le terrain, voir n° 26440.

Sur le cas particulier des biens immobiliers acquis avec engagement de revente, voir n° 20470.

Sur le cas particulier des immeubles stockés (cas des marchands de biens), voir n° 21325.

Terrain (compte 211) 26440

I. Prix d'achat (hors TVA déductible ; voir règles générales n° 26190 s.), augmenté, le cas échéant, du prix d'acquisition :
– d'une promesse de vente ;
– d'un droit d'option (CE 6-7-1936 n° 46376 ; BOI-BIC-CHG-20-10-20 n° 190) ;
– du droit de commercialité nécessaire en cas de transformation d'un immeuble destiné initialement à l'habitation en immeuble de commerces (Bull. CNCC n° 171, septembre 2013, EC 2012-40, p. 581 s.).

Ce droit permettant à l'entreprise d'utiliser son bien conformément à la destination qu'elle lui a attribuée.

> **Fiscalement** La somme versée pour acquérir le droit de commercialité constitue un élément du coût d'acquisition du bien auquel elle se rattache et non une charge immédiatement déductible (CE 21-7-2017 n° 395457). Le Conseil d'État n'a pas pris parti sur le point de savoir si le versement effectué, qui confère un droit attaché au local en application de l'article L 631-7-1 du Code de la construction et de l'habitation, doit être incorporé au prix de revient du terrain ou de la construction.

En cas d'acquisition conjointe d'un ensemble de terrains pour un prix global, la répartition doit être déterminée en fonction des montants portés dans l'acte notarié. Toutefois, lorsque l'acte d'achat n'indique qu'un prix global, celui-ci doit être ventilé entre les terrains à proportion de la valeur attribuable à chacun d'eux (voir n° 26770). En pratique, selon la CNCC (EC 2019-22 du 30-1-2020 ; cncc.fr) :

– **si les terrains acquis sont de nature hétérogène** (exemples : constructibles, non constructibles, bâtis…) cette ventilation doit être réalisée **dès l'origine** en fonction d'éléments probants tels que des **valeurs d'experts** et dans **les conditions rencontrées à la date de l'acquisition** ;

> **Précisions** Si cette ventilation n'a pas été réalisée à l'origine, elle doit, à notre avis, être réalisée au plus tard dès qu'apparaît un indice de perte de valeur sur l'un des terrains (de manière à éviter toute compensation des plus-values et des moins-values latentes sur les différents terrains) ou lors de la cession d'un des terrains.
> Sur l'erreur que constitue l'absence de ventilation, voir n° 26420.

> **Fiscalement** Cette ventilation est à notre avis nécessaire pour la détermination des plus-values imposables ou des moins-values déductibles lors de la cession ultérieure d'un ou plusieurs des terrains acquis.

– **si les terrains constituent un ensemble homogène,** aucune ventilation n'est nécessaire à l'origine. En cas de cession, le résultat de cession des terrains est déterminé sur la base d'une répartition du coût d'origine **au prorata de la surface** cédée.

> **Fiscalement** Cette répartition devrait être également admise à notre avis.

Sur la ventilation des frais accessoires, voir n° 26420.

En cas d'acquisition d'un terrain grevé d'un bail à construction, voir n° 26452.

Sur la ventilation du coût entre terrain et construction, voir n° 26420.

II. Certaines redevances et participations (à immobiliser) :

Sur les règles générales concernant les frais accessoires (ainsi que les « frais d'acquisition d'immobilisation », qui bénéficient d'une option pour une comptabilisation en charge), voir n° 26200 s. Il s'agit :

– de la participation aux travaux de voirie effectués par la commune s'il existe un lien direct entre les travaux et l'achat du terrain (pour plus de détails sur les conditions dans lesquelles cette participation doit être immobilisée, voir n° 25300 I.) ;

26440
(suite)

– des droits d'enregistrement dus en cas de non-respect de l'engagement de revendre ou de construire, sauf si l'entreprise a opté pour la comptabilisation en charge de ses frais d'acquisition d'immobilisation (Bull. n° 157, mars 2010, EC 2009-71, p. 240 s. ; pour plus de détails, voir n° 21325).

Sur la taxe ou redevance pour création de bureaux, locaux commerciaux et de stockage en Île-de-France, voir n° 26660.

III. Frais destinés à rendre le terrain libre et nu lorsque l'ensemble immobilier a été acquis dans le but de détruire l'immeuble
Sont notamment concernés :
– les frais de démolition et de déblaiement de la construction ;
– l'indemnité d'éviction ou de résiliation de bail payée aux locataires et occupants, le cas échéant, pour obtenir la libération des locaux situés sur le terrain (voir n° 45860).

Les frais destinés à rendre le terrain nu sont comptabilisés à l'actif :
– dans le **coût d'acquisition du terrain**, si l'objectif de la démolition est d'**exploiter le terrain nu** ;

> **Fiscalement** Il en est de même :
> – pour les **frais de démolition** (CE 6-11-1985 n° 47800) ;
> – à notre avis, pour les **indemnités d'éviction** versées aux occupants des immeubles implantés sur des terrains acquis par l'entreprise pour les besoins de son exploitation. Celles-ci trouvant leur contrepartie dans l'accroissement de la valeur des immobilisations figurant à l'actif du bilan, elles ne constituent pas des charges déductibles des résultats de l'entreprise.

– dans le **coût de production du nouvel immeuble**, si l'objectif est d'**édifier un nouvel immeuble pour l'exploiter**.

> **Fiscalement** Il en est de même :
> – pour les **frais de démolition** (CE 19-12-1966 n° 61352 ; BOI-BIC-CHG-20-10-20 n° 220) ;
> – pour les **indemnités d'éviction** (en ce sens, BOI-BIC-CHG-20-10-20 n° 240). La déductibilité immédiate de l'indemnité d'éviction a toutefois été reconnue dans une situation où son versement avait pour seul but d'avancer la date d'entrée en jouissance des locaux (CE 12-2-1990 n° 60557) : voir n° 45860.

Si l'objectif est de revendre le terrain (nu ou pourvu d'un nouvel immeuble), ces frais sont comptabilisés en stocks (et non en immobilisations), dans le coût de production du nouveau produit immobilier (voir n° 20470).

En général, les constructions étant des **immobilisations décomposables**, la valeur des frais de démolition et les indemnités d'éviction devraient, à notre avis, faire partie de la structure de l'immeuble. Pour plus de détails sur l'amortissement de la structure des immeubles, voir le bulletin CNCC n° 140 (décembre 2005, p. 542 s., « Modalités d'application de la norme IAS 16 et du Règl. CRC 2002-10 »).

IV. VNC de la construction à démolir
Lorsque l'ensemble immobilier a été acquis dans le but de détruire l'immeuble, la construction étant destinée à être détruite, elle n'a pas, en général, de valeur pour l'acquéreur.

a. Si l'acte de vente prévoit la répartition du prix d'achat de l'ensemble immobilier entre le terrain et la construction (à démolir), cette répartition doit être reflétée au bilan (voir n° 26420) ; dans ce cas, lors de la démolition, la valeur de la construction à démolir suit le même traitement que les autres frais destinés à rendre le terrain nu (voir ci-avant III.) :
– elle est incluse dans le coût d'acquisition du **terrain**, si l'objectif de la démolition est d'exploiter le terrain nu ;
– ou bien incluse dans le coût de production du **nouvel immeuble**, si l'objectif est d'édifier un nouvel immeuble pour l'exploiter.

> **Fiscalement** La valeur résiduelle de l'immeuble qu'une entreprise démolit constitue en principe une perte de l'exercice (voir n° 25922) sauf si son acquisition a été réalisée dans le seul but d'édifier une nouvelle construction (BOI-BIC-CHG-60-20-10 n° 20 ; CE 16-6-1999 n° 177954). Dans ce dernier cas, la valeur nette comptable de l'ancienne construction entre dans le coût de revient de la nouvelle construction (CE 4-5-1977 n° 2137 ; BOI-BIC-CHG-20-10-20 n° 230).
> Lorsque la VNC de l'ancienne construction constitue fiscalement une perte alors qu'elle est incorporée en comptabilité au coût de revient du terrain, la perte doit être déduite extra-comptablement sur l'imprimé n° 2058-A (ligne XG).

b. Si la ventilation entre le terrain et la construction n'est pas fixée dans l'acte, la valeur de la construction est nulle, sauf si elle continue d'être exploitée en l'état jusqu'à sa démolition.

> **Fiscalement** La valeur de la construction ancienne peut, à notre avis, être déterminée par l'entreprise acheteuse en suivant les critères fixés par le Conseil d'État pour la ventilation du prix d'un ensemble immobilier entre le terrain et la construction (CE 15-2-2016 n° 367467 ; voir n° 26420). Si l'objectif de l'acquéreur est d'édifier une nouvelle construction, cette valeur entre dans son coût de revient (voir ci-avant).

c. Si la décision de démolition est prise dès l'acquisition, mais que sa mise en œuvre n'est pas immédiate, la construction à démolir est, en l'absence de répartition dans l'acte, à inscrire au bilan pour la valeur des revenus estimés (loyers notamment) jusqu'à sa démolition prévue. Cette valeur sera amortie sur la durée résiduelle de la construction.

> **Fiscalement** Selon la jurisprudence rendue sur des faits antérieurs à 2005, si l'objectif est d'édifier une nouvelle construction, la VNC de l'ancienne construction entre dans le coût de revient de la nouvelle construction (CE 4-5-1977 n° 2137 ; CE 16-6-1999 n° 177954 ; BOI-BIC-CHG-20-10-20 n° 230), même si l'ancienne construction a été exploitée en l'état sur une période supérieure à un an avant sa démolition, dès lors qu'il est démontré que le terrain a été acquis dans le but de réaliser une opération de restructuration des bâtiments le composant (CE 5-5-2008 n° 290383).

Le droit au bail et les servitudes (mitoyenneté, indemnités versées à l'occasion d'une convention de cour commune...) **acquis avec les locaux destinés à être démolis** suivent, à notre avis, le même traitement que la VNC des locaux à démolir (voir ci-avant).

> **Fiscalement** En revanche, une décision ancienne du Conseil d'État a jugé que le droit au bail des locaux destinés à être détruits est toujours inclus dans le coût d'acquisition du terrain et non du nouvel immeuble, l'acquisition du droit au bail n'ayant été poursuivie qu'en vue d'obtenir la libération du terrain d'assiette du futur immeuble (CE 25-5-1977 n° 99470 ; BOI-BIC-CHG-20-10-20 n° 200). En conséquence, il ne peut jamais être amorti.

Lorsque la décision de démolir l'immeuble est prise postérieurement à son acquisition, voir n° 25922.

Construction achetée (compte 213) Sur le cas particulier des constructions acquises dans le but d'être démolies, voir n° 26440 III. **26445**

Sur le cas particulier des constructions sur sol d'autrui, voir n° 26450.

Sur le coût d'entrée d'une construction produite, voir n° 26660.

Sur la ventilation du coût entre terrain et construction, voir n° 26420.

I. Prix d'achat (hors TVA déductible ; voir règles générales n° 26190 s.)

a. augmenté le cas échéant :
– du prix d'acquisition d'une promesse de vente (CE 24-7-1937 n° 56632 ; BOI-BIC-AMT-10-30-30-10 n° 20) ;
– des intérêts appliqués au prix convenu entre la date de la signature de la promesse de vente et celle de la conclusion de la vente (CE 10-3-1999 n° 169342 ; voir n° 26195) ;
– du prix d'acquisition d'un droit d'option (CE précité et BOI-BIC-AMT-10-30-30-10 n° 20).

> **Précisions** En revanche, le **dédit** versé pour résiliation de l'option prise mais finalement abandonnée constitue une **charge** exceptionnelle (compte 678) sur le plan comptable, déductible fiscalement (CE 28-12-1988 n° 57390).

b. diminué des **droits incorporels**, à comptabiliser à l'actif indépendamment de la construction, lorsqu'ils remplissent les critères de définition et de comptabilisation d'une **immobilisation incorporelle** (voir n° 30105 s.).

> **Précisions** Il s'agit, par exemple, des droits incorporels garantissant une exclusivité, à condition que celle-ci soit justifiée à l'aide de documents précis :
– voir n° 30575 pour les droits de vente et de distribution ;
– voir n° 30785 et 30790 pour les droits d'utilisation d'une immobilisation incorporelle.

II. Dépenses exposées lors de l'acquisition (hors TVA déductible) à immobiliser :
Sur les règles générales concernant les frais accessoires, ainsi que les « frais d'acquisition d'immobilisation » (qui bénéficient d'une option pour une comptabilisation en charge), voir n° 26200 s.
– travaux d'aménagement et d'installation réalisés lors de l'acquisition ;
– droit au bail de l'immeuble acheté (BOI-BIC-AMT-10-20 n° 100).

> **Précisions** De même, l'entreprise qui, à la suite de l'absorption de deux sociétés, recueille à la fois la propriété et le droit au bail d'un même immeuble, est fondée à amortir cet élément d'actif sur une base englobant la valeur d'apport du droit au bail (BOI-BIC-AMT-10-30-20 n° 80).

Le droit au bail inclus dans la valeur de l'immeuble est donc amorti dans les mêmes conditions que l'immeuble (BOI-BIC-AMT-10-20 n° 100). Toutefois (C. com. art. L 123-18, al. 2), si la valeur comptable de l'immeuble devient, de ce fait, supérieure à sa valeur actuelle, une dépréciation doit être comptabilisée immédiatement (ce qui revient à comptabiliser le droit au bail directement en charges).

– indemnité d'éviction ou de résiliation du bail en vue d'obtenir la libre disposition des locaux achetés (voir n° 45860 I. a.) ;
– sommes versées afin de restituer à usage d'habitation des immeubles de bureau (anciennement, charges à étaler selon le bull. CNCC précité).
Sur les participations aux dépenses d'équipements publics, voir n° 25300 I.

26450 **Construction sur sol d'autrui**
I. Chez le locataire Son évaluation obéit à la règle générale tant pour les immobilisations acquises (voir n° 26445) que pour celles produites par l'entreprise (voir n° 26660).
Sur les conditions de comptabilisation de la construction dans le patrimoine du locataire, voir n° 25260 I.

II. Chez le propriétaire du terrain (bailleur) À son entrée dans le patrimoine du bailleur, à l'expiration du bail, la construction est évaluée :
– soit pour le montant de l'indemnité ;
– soit, si elle est reçue à titre gratuit (voir n° 26765), pour sa valeur vénale.

> **Fiscalement** Il en est de même (Rép. Villaumé : AN 30-6-2015 n° 51475 ; voir n° 25260).

Sur les conditions de comptabilisation de la construction dans le patrimoine du bailleur, voir n° 25260 II.
Sur l'amortissement de ces constructions, voir n° 27515.

26452 **Bail à construction** **Chez le bailleur** :
1. Le bail à construction s'analyse comme un échange (voir n° 25265). Ainsi, la **valeur de la construction en fin de bail** (Bull. CNCC n° 121, mars 2001, EC 2000-57, p. 126 s.) :
– résulte soit directement de sa valeur vénale en fin de bail telle qu'elle aurait pu être estimée au moment de la signature du bail, soit indirectement de la valeur de marché des loyers du terrain pendant la durée du bail ;
– à défaut de pouvoir déterminer de telles valeurs, elle peut correspondre à sa valeur résiduelle en fin de bail estimée à la date de signature du bail, c'est-à-dire à son **coût de construction** minoré des amortissements qui auraient été constatés par le bailleur si l'immeuble avait été inscrit à son actif durant le bail.

> **Fiscalement** (CGI art. 33 ter ; CGI ann. III art. 2 sexies)
> **a. Évaluation du produit** Le produit imposable correspondant à la remise gratuite de la construction en fin de bail est calculé d'après le **prix de revient** de la construction chez le preneur.
> Toutefois, lorsque la durée du bail est :
> – comprise entre 18 et 30 ans, il peut être réduit d'un abattement de 8 % par an au-delà de la 18e année ;
> – supérieure à 30 ans, ce produit est totalement exonéré. Toutefois, dans le cas particulier où une plus-value serait constatée au motif que la construction a été comptabilisée chez le bailleur pour sa valeur vénale, cette exonération n'est applicable qu'à hauteur du prix de revient de la construction (CE 5-11-2014 n° 366231).
> **b. Imposition du produit** L'imposition du produit calculé d'après le prix de revient de la construction (lorsque celui-ci est imposable, voir a. ci-avant) peut être étalée sur l'année de remise de la construction et les 14 années suivantes, sous réserve que l'entreprise ait formulé expressément une option en ce sens dans sa déclaration de résultat de l'exercice de remise de l'immeuble, ou ait présenté une réclamation dans le délai de droit commun (CE 22-11-2022 n° 453168). En revanche, l'imposition du produit correspondant à la différence entre la valeur vénale et le prix de revient, qui doit être établie lorsque la construction a été comptabilisée chez le bailleur pour sa valeur vénale, est immédiate (CE 5-11-2014 n° 366231). En cas de démembrement de propriété, cette imposition est établie au nom de l'usufruitier (CE 19-5-2021 n° 429332).

2. En cas d'acquisition d'un terrain grevé d'un bail à construction, l'acquéreur **nouveau bailleur** acquiert, d'une part un terrain (loué), d'autre part, un **droit incorporel** (voir n° 30680) lui permettant de devenir propriétaire des constructions édifiées sur le terrain à la fin du bail à construction.
En fin de bail, la construction remise au bailleur sera donc enregistrée en immobilisations par le crédit du droit incorporel, pour sa valeur nette (Bull. CNCC n° 188, décembre 2017, EC 2016-50, p. 552).

En l'absence de distinction dans l'acte de cession entre la valeur du terrain et la valeur du droit incorporel (qui sera transféré dans le coût de la construction en fin de bail), le coût d'entrée de chacun des éléments est ventilé à proportion de la valeur attribuable à chacun d'eux (Bull. CNCC n° 188, décembre 2017, EC 2016-50, p. 552). Voir n° 26770 et 31605.

> **Fiscalement** L'administration a indiqué que l'acquéreur réalise sous sa responsabilité la ventilation du prix payé entre le prix de revient du terrain et le prix de revient du droit incorporel (réunion du comité fiscal de la mission d'organisation administrative du 30-11-2000 non reprise dans Bofip).

Véhicules de tourisme Le **coût d'entrée** de ces véhicules comprend (CE 2-3-1990 n° 67828 et BOI-BIC-AMT-10-30-30-10 n° 20) : 26455
– le prix d'achat TTC et les frais de mise à disposition figurant sur la facture d'achat ;
– les équipements et accessoires TTC intégrés dans le véhicule, que ceux-ci soient fournis avec le véhicule ou qu'ils fassent l'objet d'une livraison distincte ;

> **Précisions** En revanche, les équipements ou accessoires autonomes constituent un élément d'actif distinct du véhicule (BOI-BIC-AMT-20-40-50 n° 130) à comptabiliser, à notre avis, dans un sous-compte du compte 2182 « Matériels de transport ».

– les frais de peinture exposés pour mettre les véhicules aux couleurs de la société, avant leur mise en service, en vue d'un effet publicitaire, s'agissant de frais accessoires d'achat (CE 10-12-1990 n° 68459) ;
– les frais de transport (sauf s'il résulte des conditions de vente que l'acquéreur a le droit de prendre livraison du véhicule à la sortie des chaînes de fabrication sans que de tels frais lui soient facturés).
Sur le traitement des frais de carte grise, voir n° 16120.
Sur le traitement du bonus écologique :
  – portant sur un véhicule loué, voir n° 12065 ;
  – portant sur un véhicule acquis, voir n° 56445.
Sur les autres taxes (vignette, taxe sur les voitures des sociétés…) ainsi que sur les primes d'assurance, voir n° 16120.
Sur la déduction des amortissements des véhicules de tourisme, voir n° 27570.

2. LES AUTRES MODALITÉS D'ACQUISITION À TITRE ONÉREUX

Sur les autres acquisitions à titre onéreux (non évaluées au coût d'acquisition mais à la valeur 26485
vénale) notamment les immobilisations acquises :
– par voie d'échange, voir n° 26740 ;
– contre versement de rentes viagères, voir n° 26760.

Immobilisations acquises à l'aide d'une subvention Elles sont comptabilisées 26490
à leur coût d'acquisition ou de production, les subventions obtenues étant **sans incidence sur le calcul du coût d'entrée** des biens financés (C. com. art. R 123-190 et R 123-191 ; PCG art. 213-6).

> **EXEMPLE**
> (exemples de subventions reçues)
> – Bonus écologique attribué par l'État aux acquéreurs de véhicules peu polluants : voir n° 56445 (lorsque le bonus est attribué aux utilisateurs de véhicules loués, voir n° 12065 ; sur le traitement du malus écologique, voir n° 16120).
> – Subventions finançant des dépenses de recherche et de développement : voir n° 31485.

Sur le traitement comptable des subventions d'équipement, voir n° 56470 s.
Lorsque la participation reçue constitue une subvention d'exploitation, à comptabiliser directement en résultat, voir n° 12055.
Sur la divergence existant avec les normes IFRS, voir Mémento IFRS n° 69085.

Immobilisations acquises dans le cadre du dispositif CEE (certificats 26495
d'économie d'énergie) Dans le cadre de la loi n° 2005-781 sur l'énergie du 13 juillet 2005, les fournisseurs d'énergie (« les obligés ») sont soumis à l'obligation de réaliser des économies d'énergie ou d'inciter les **consommateurs finaux** (ménages, entreprises, collectivités publiques…) à réaliser des économies d'énergie (voir n° 20605 s.). Dans ce dernier cas, ils versent une prime aux consommateurs finaux en échange du droit de déposer un dossier en leur nom propre auprès du Pôle national des CEE (PNCEE), en vue d'obtenir des CEE correspondant aux volumes d'énergie économisés par les consommateurs finaux.

Ainsi, lorsqu'une entreprise (« consommateur final ») investit dans une immobilisation permettant des économies d'énergie, elle peut bénéficier d'une prime versée :
– directement par un « obligé » ou son délégataire ;
– ou indirectement par l'intermédiaire d'un fournisseur référencé lié à l'obligé ou à son délégataire. Dans ce cas, le fournisseur fournit au consommateur final des biens ou services éligibles au dispositif CEE (et, le cas échéant, instruit et contrôle le dossier CEE pour le compte de l'obligé ou de son délégataire). Il reçoit la prime de l'obligé ou de son délégataire et la rétrocède au consommateur final sous forme d'un **avoir** sur la facture ou d'une **prime** versée distinctement.

Dans tous les cas, en l'absence d'un texte comptable existant, la CNCC considère que l'incitation financière reçue par l'entreprise peut être qualifiée, au choix de l'entreprise (Bull. CNCC n° 203, septembre 2021, EC 2020-35) :
– soit de **subvention d'investissement** : dans ce cas, elle est soit comptabilisée immédiatement en produit exceptionnel, soit étalée en capitaux propres sur la durée d'amortissement des biens acquis (voir n° 56470) ;

> **Précisions** Le cas échéant, l'excédent de la subvention par rapport à la valeur nette comptable des biens acquis ne peut pas être étalé et représente un produit immédiat (Bull. CNCC n° 206, juin 2021, EC 2022-04).

– soit d'**opération de cession,** dans le cadre de la cession par le bénéficiaire de la prime, du dossier permettant à l'entreprise « obligée » d'obtenir les CEE : dans ce cas, le produit de cession est immédiatement comptabilisé au compte de résultat.

> **Fiscalement** Sur le plan fiscal, ces aides constituent des subventions d'investissement qui peuvent bénéficier, à compter de la date de signature du contrat qui rend l'attribution de la somme certaine dans son principe et dans son montant (BOI-BIC-PDSTK-10-30-10-20 n° 90), du régime d'imposition échelonnée prévu à l'article 42 septies du CGI (pour plus de détails, voir n° 56470 ; CGI art. 42 septies modifié par loi 2022-1726 du 30-12-2022 art. 65, I-A), quelle que soit la qualité de la partie versante, y compris s'il s'agit d'un mandataire du fournisseur d'énergie (BOI-BIC-PDSTK-10-30-10-20 n° 45).

Quelle que soit la vue retenue (EC 2020-35 précitée) :
– le produit n'est comptabilisé qu'une fois remplies les obligations en termes de documentation à fournir et levées les éventuelles conditions suspensives à l'octroi de l'incitation ;

> **Précisions** **Conditions résolutoires et suspensives** Selon le contrat, le client final peut être amené à devoir rembourser tout ou partie de la prime reçue :
> – si une partie des CEE n'est pas délivrée par le PNCEE après instruction du dossier déposé par l'« obligé » ; à notre avis, cette condition devrait être considérée comme suspensive et empêcher la constatation du produit jusqu'à instruction du dossier par le PNCEE ;
> – si tout ou partie des CEE délivrés par le PNCEE doivent être remboursés à l'issue d'un contrôle ; à notre avis, cette condition devrait pouvoir être considérée comme résolutoire et ne devrait pas empêcher la constatation du produit chez le bénéficiaire. En revanche, une provision doit être constituée dès qu'il devient probable qu'une restitution de la prime sera demandée.

– l'immobilisation doit être comptabilisée à son coût d'acquisition, c'est-à-dire à son montant facturé, brut de l'incitation financière.

Le traitement comptable de la prime (si elle est significative) devra, à notre avis, être indiqué en annexe.

> **Précisions** **Travaux ANC en cours** L'ANC a été saisie de cette question et devrait prochainement indiquer le traitement comptable du produit de la prime.

26510 Immobilisations libellées en devises (acquises à l'étranger ou situées à l'étranger) Le traitement comptable des immobilisations libellées en devises diffère selon que l'acquisition a fait l'objet d'une couverture ou non.

I. L'acquisition ne fait pas l'objet d'une couverture Selon le PCG (art. 420-1), le **coût d'entrée** de ces immobilisations est **converti** en euros **à la date d'entrée** de l'immobilisation à l'actif (voir n° 40295).

Les amortissements et, s'il y a lieu, les dépréciations, sont calculés sur cette valeur. Ils n'ont pas à être recalculés en fonction de l'évolution du cours de la devise, même si l'immobilisation est détenue à l'étranger (voir n° 27625).

L'écart entre le cours du jour de l'acquisition et le cours effectif de paiement constitue donc une **perte ou un produit,** à notre avis à caractère **financier,** à comptabiliser au compte 666 « Pertes de change financières » ou 766 « Gains de change financiers ».

> **Précisions** Toutefois, un classement en résultat d'exploitation, au compte 656 « Pertes de change sur créances et dettes commerciales » ou 756 « Gains de change sur créances et dettes commerciales » nous paraît possible, par analogie avec le traitement du résultat de change sur les dettes et créances d'exploitation, voir n° 17290.

> **Fiscalement** La valeur d'inscription du bien à l'actif du bilan en fonction du cours de la devise au jour de l'opération présente un caractère définitif. L'écart ultérieurement constaté entre cette valeur et les versements effectués est immédiatement déductible ou taxable en tant que charges ou produits financiers (BOI-BIC-CHG-20-20-10 n° 220 ; BOI-BIC-AMT-10-30-30-10 n° 190, 200 et 280 à 330).

II. L'acquisition fait l'objet d'une couverture
Dans ce cas, l'**effet de la couverture doit** obligatoirement être **intégré** dans la valeur d'entrée de l'immobilisation, en complément du prix d'achat (PCG art. 420-1). Sur le prix d'achat, voir ci-avant I.
Ainsi :
– les variations de valeur de l'instrument de couverture, entre la date où l'instrument a été affecté à la relation de couverture et la date d'achat, sont comptabilisées en plus ou en moins du coût d'entrée de l'immobilisation couverte (qu'il s'agisse d'un résultat latent ou réalisé) ;

> **Précisions** En cas de couverture globale visant toutes les opérations réalisées par l'entreprise hors de la zone euro Sauf si la relation de couverture peut être documentée (voir n° 41745), il n'est, à notre avis, pas envisageable d'intégrer ces frais en les répartissant dans le coût des immobilisations acquises.

– si l'instrument de couverture n'est pas dénoué à la date de l'acquisition (cas le plus fréquent car l'acquisition est en général couverte jusqu'à son règlement), les variations de valeur entre la date d'acquisition et la date de règlement ne peuvent être incluses dans le coût de l'immobilisation. Elles sont comptabilisées dans un compte d'attente et conservées au bilan jusqu'au règlement de la dette.

> **Précisions** **1. TVA récupérable en devises** Si une couverture est mise en place au titre de la créance de TVA, le coût de la couverture ne fait, à notre avis, pas partie du coût d'entrée de l'immobilisation.
> **2. Couverture de la valeur d'utilité d'une immobilisation détenue à l'étranger** Voir n° 37045.

En outre, les **frais engagés** pour mettre en place une telle couverture (notamment les primes d'option et report/déport) peuvent, au choix de l'entreprise (PCG art. 420-1, 628-12 et 628-13) :
– soit être étalés sur la durée de la couverture ;
– soit être différés et intégrés au **coût d'entrée** de l'immobilisation (PCG art. 420-1).
Sur ces options, voir n° 41800 (primes d'option) et 41820 (report/déport).
Les autres frais de mise en place des couvertures (de dossier, commissions…) peuvent également être différés dans le coût de l'immobilisation (PCG art. 420-1). En l'absence de précision de textes, ces frais devraient également pouvoir, à notre avis, être étalés sur la durée de la couverture.
Sur le traitement comptable de la couverture d'une commande contre le risque de change en normes IFRS, voir Mémento IFRS n° 50350.

Actifs acquis pour un prix (parfois symbolique) inférieur à leur valeur réelle Le PCG ne prévoit pas le cas spécifique des actifs acquis pour un prix symbolique lorsque ce prix est notoirement inférieur à la valeur des biens. 26530
Il faut, à notre avis, distinguer les deux cas suivants :

I. Reprise d'actifs d'une société en liquidation
En l'absence de règles spécifiques au cas des actifs repris d'une société en liquidation, les principes généraux s'appliquent. Ainsi, les actifs repris étant acquis à titre onéreux (même si le prix est symbolique), ils doivent être enregistrés :
– à leur **coût d'acquisition** (C. com. art. L 123-18 et PCG art. 213-1 ; voir n° 26170) ;
– au prorata des valeurs qui leur sont attribuables.
Selon le bulletin CNCC (n° 171, septembre 2013, EC 2013-03, p. 512 s. ; n° 176, décembre 2014, EC 2014-22, p. 630 s. ; n° 181, mars 2016, EC 2015-44 ; EC 2021-05, cncc.fr) :
a. Comptabilisation des actifs au coût d'acquisition Le coût global d'acquisition des actifs repris comprend :
– le **prix d'achat** figurant dans l'acte de reprise ;
– ainsi que le **coût des passifs** de l'entreprise cédée, **pris en charge par le repreneur**.

26530
(suite)

b. Identification des passifs repris Les passifs repris, qui doivent être comptabilisés et inclus dans le coût global d'acquisition, sont :
– **ceux de la société acquise** (Bull. CNCC n° 181 précité), tels que des engagements sociaux (provisions pour congés payés, engagements de retraite et autres charges du personnel), des reprises de dettes bancaires, des bonifications de fin d'année à verser aux clients…

> **Précisions** **Engagements propres à l'acquéreur** Seuls les engagements de la société acquise et repris par l'acquéreur sont inclus dans le coût d'acquisition des actifs. Les engagements propres à l'acquéreur sont des charges. Tel est le cas, par exemple :
> – des coûts de la cellule de reclassement de l'effectif non conservé ;
> – des efforts commerciaux à consentir par le repreneur auprès de certains fournisseurs habituels afin de reprendre les relations commerciales (EC 2015-44 précitée).

– **qu'ils soient ou non identifiés** et valorisés individuellement dans le plan de cession (EC 2021-05 précitée confirmant le Bull. CNCC n° 181 précité).

Sur la comptabilisation des transferts de passifs lorsqu'ils sont indemnisés par l'apporteur, voir n° 17225.

> **Précisions** **1. Acompte sur commande réputé versé mais non récupérable (mentionné ou non dans l'acte)** Un tel acompte ne constitue pas, à notre avis, un passif identifié et devrait être exclu du coût d'acquisition global des actifs repris. Une provision doit cependant être constituée en cas d'engagement résiduel.
>
> **2. Contrats clients en cours repris par l'acquéreur et facturés par le cédant avant la reprise** Lorsque le repreneur doit encore engager des coûts au titre de ces contrats, un passif doit être constaté (sur la contrepartie à l'actif, voir ci-après c.) :
> – si les créances figurent encore à l'actif et sont recouvrables, c'est un produit constaté d'avance qui devrait, à notre avis, être comptabilisé au passif ; il sera repris en chiffre d'affaires au fur et à mesure de l'exécution du contrat ;
> – si le prix des contrats a déjà été encaissé par le cédant, deux solutions sont possibles selon la CNCC (EC 2020-05) :
> • soit le passif a la nature d'un produit constaté d'avance (comprenant les coûts nécessaires pour terminer les prestations en cours ainsi que la marge correspondante) à reprendre en chiffre d'affaires au fur et à mesure de l'exécution du contrat ; cette première approche s'appuie sur l'hypothèse selon laquelle le prix du fonds de commerce repris intègre la marge future qui sera réalisée par le cessionnaire sur les contrats en cours ; cette marge attendue devrait donc être reconnue en produit,
> • soit le passif a la nature d'une provision (à hauteur des seuls coûts nécessaires pour terminer les prestations en cours, voir n° 11580).
>
> **3. Engagements (valorisés ou non dans l'acte) ayant un caractère de passif éventuel** Ils ne peuvent pas être comptabilisés mais doivent être mentionnés en annexe (voir n° 52520).

Toutefois, s'agissant des **indemnités de retraite** et des engagements similaires du personnel repris, le repreneur doit leur appliquer la même méthode que celle qu'il applique à l'ensemble de son personnel dans ses comptes annuels (EC 2021-05 précitée confirmant le Bull. CNCC n° 166, juin 2012, EC 2011-45, p. 427).

> **Précisions** **1. Engagements de retraite et engagements similaires non identifiés dans l'acte** (EC 2011-45 et EC 2021-05 précitées) :
> – si le repreneur a retenu la méthode de référence, une provision doit être comptabilisée au titre des engagements de retraite relatifs aux salariés repris (et être comprise dans le coût global de l'opération d'acquisition) ;
> – s'il a choisi de présenter les engagements de l'ensemble de son personnel en annexe et même si ces engagements faisaient l'objet d'une provision dans les comptes de la société reprise, il n'a pas à les comptabiliser dans ses provisions (il doit néanmoins distinguer, dans les engagements indiqués en annexe, le montant de ceux concernant le personnel de la société reprise).
>
> **2. Engagements de retraite et engagements similaires identifiés dans l'acte** Contribuant à la détermination du prix de cession, ils sont, à notre avis, comptabilisés chez le repreneur, quelle que soit la méthode retenue. Sur la reprise de la provision et son éventuel réajustement, voir Mémento Comptes consolidés n° 5153.

c. Affectation du coût d'acquisition aux différents actifs repris Le coût d'acquisition est à ventiler entre chaque actif repris à proportion de la valeur attribuée à chacun d'eux dès lors qu'elle peut être déterminée de manière fiable (PCG art. 213-7 ; EC 2021-05 précitée).

> **Précisions** **Valeurs vénales** Les valeurs vénales peuvent être estimées d'après une valeur d'expertise (à titre d'exemple, la valeur d'un ensemble immobilier peut se fonder sur une valeur d'expertise immobilière, la valeur d'un stock, sur la base de la valeur donnée par le commissaire-priseur).

Si l'évaluation de l'ensemble des actifs excède le coût global d'acquisition, le montant total affectable aux actifs sera plafonné au coût global d'acquisition et ventilé sur les actifs au prorata des valeurs attribuables à chacun d'eux (EC 2021-05 précitée ; pour un exemple d'application, voir ci-après).

En revanche, si l'évaluation de l'ensemble des actifs n'excède pas le coût global d'acquisition, le reliquat non affecté aux actifs repris sera comptabilisé au poste « Fonds commercial » (EC 2021-05 précitée).

Dans tous les cas, il convient, à la clôture de l'exercice, d'apprécier la valeur des actifs repris et de comptabiliser, si nécessaire, une dépréciation (EC 2021-05 précitée).

L'annexe aux comptes annuels devra fournir toutes les informations utiles relatives à l'opération et à son traitement comptable, en indiquant également que la signature de l'acte de cession interviendra après la date de clôture (EC 2021-05 précitée).

EXEMPLE 1

Une société reprend un magasin de matériels et de fournitures de bureau d'une société déclarée en liquidation judiciaire pour un montant de 300. Le jugement du Tribunal énumère ainsi les éléments repris par la société (certains actifs ont des valeurs vénales bien supérieures) :

	Montants indiqués dans l'acte	Valeurs vénales fiables	Plus-values fiables
Licence	50	50	–
Terrain	80	200	120
Immobilisations corporelles	50	50	–
Stocks	120	200	80
Total	**300**	**500**	**200**

Le jugement précise que :
— les contrats de travail des salariés seront repris (le repreneur a retenu la méthode de référence prévue par l'article 324-1 du PCG et provisionne ses engagements de retraite) ;
— et que le repreneur prendra également à sa charge les montants restants dus au titre des emprunts :

Charge à payer liée aux congés payés	25
Provision pour indemnités de retraite	25
Passifs liés aux emprunts	50
Total	**100**

Le coût global d'acquisition intégrant les passifs repris, il en résulte que les valeurs individuelles attribuées aux actifs et qui devront être comptabilisées par le repreneur, ne correspondent pas aux valeurs spécifiées dans le plan de cession arrêté par le tribunal de commerce. Une affectation pourrait être la suivante, à notre avis :

	Montants indiqués dans l'acte	Plus-values fiables	Affectation des passifs	Montants à comptabiliser
Licence	50	–		50
Terrain	80	120	60 [1]	140 [2]
Immobilisations corporelles	50	–		50
Stocks	120	80	40	160
Total	**300**	**200**	**100**	**400**

[1] $100/200 \times 120 = 60$
[2] $80 + 60 = 140$

Une autre méthode de calcul pourrait toutefois être retenue si elle reflète mieux les valeurs attendues.

Les valeurs comptabilisées à l'actif auront pour contrepartie la trésorerie (300) et les passifs repris (100).

	164 Emprunts auprès des établissements de crédit	205 Licences	211 Terrains	213 Constructions	371 Stock de marchandises	421 Personnel – Rémunérations dues	512 Trésorerie
Montants indiqués dans l'acte		50	80	50	120		300
Affectation des passifs	50		60		40	50	

EXEMPLE 2

Dans le cadre d'un plan de sauvegarde arrêté par le tribunal de commerce, une société A, holding financier, reprend des titres auprès d'une société holding B (en redressement judiciaire) pour un montant de 150 M€. La société B a par ailleurs émis une dette obligataire pour un montant de 50 M€. Cette dette est entièrement reprise par la société A. La juste valeur des titres repris est largement supérieure à 200 M€.

Les titres sont comptabilisés pour 200 (Bull. CNCC n° 171 précité) :
— 150 en contrepartie de la trésorerie ;
— 50 en contrepartie de la dette obligataire comptabilisée au passif.

II. Biens acquis pour un prix subventionné Tel est le cas, par exemple, de l'acquisition d'un terrain auprès d'une collectivité locale, dans un but de création ou de préservation des emplois.

Dès lors que l'acte mentionne la valeur brute du bien ainsi que le **rabais accordé par la collectivité locale,** il convient, à notre avis :
— de comptabiliser l'immobilisation pour le montant brut stipulé dans l'acte ;
— en contrepartie d'une subvention au passif, à traiter comme une subvention d'investissement (voir n° 56440 s.).

En effet, dans ce cas, à notre avis, il devrait être considéré (comme sur le plan fiscal, voir ci-après) que l'actif a été acquis à l'aide d'une subvention publique :
— d'une part, parce que la valeur vénale de l'actif ainsi que le rabais figurent bien dans l'acte ;
— d'autre part, parce que le rabais répond à la définition d'une subvention d'investissement (voir n° 56440), celui-ci étant accordé par une entité publique en contrepartie d'engagements de la part du bénéficiaire (par exemple, de maintenir ou de créer des emplois).

> **Fiscalement** Les biens cédés par une collectivité territoriale pour un prix symbolique, lorsque l'acquéreur s'est engagé en contrepartie à maintenir ou à créer des emplois, doivent être inscrits au bilan pour leur valeur réelle (et non pour le prix payé). En effet, pour l'administration comme pour la jurisprudence, la prise en charge par la commune cédante de la différence entre la valeur vénale et le prix effectivement payé n'est pas une réduction de prix mais une subvention indirecte (CE 9-7-2009 n° 296048 ; CE 5-2-2009 n° 291627 et 307658, en matière de taxe foncière).
>
> Cette subvention doit être incluse dans le résultat imposable de la société bénéficiaire. Corrélativement, cette dernière est autorisée à :
> — l'inclure dans la base amortissable de l'immobilisation ;
> — étaler son imposition en application de l'article 42 septies du CGI (BOI-BIC-PDSTK-10-30-10-20 n° 190 ; voir n° 56495 et 56500).

C. Éléments constitutifs du coût de production des immobilisations corporelles

26580 Les immobilisations corporelles produites par l'entreprise sont évaluées à leur **coût de production** (voir n° 26170).

26585 **Définition des immobilisations produites** Par immobilisations produites, il faut comprendre à notre avis celles :
— créées uniquement par l'entreprise ;
— sous-traitées en partie par l'entreprise ;
— sous-traitées en totalité, l'entreprise restant le maître d'œuvre.

> **Précisions** L'assimilation des immobilisations sous-traitées aux immobilisations produites est notamment faite par le bulletin CNCC (n° 87, septembre 1992, EC 92-04, p. 507), dès lors que l'entreprise est maître d'œuvre des éléments sous-traités (voir n° 21065).

DÉTERMINATION DU COÛT DE PRODUCTION

26590 Selon le PCG, le coût de production d'une immobilisation corporelle est constitué du coût des approvisionnements augmenté des autres coûts engagés par l'entreprise au cours des

opérations de production (PCG art. 213-15 et C. com. art. R 123-178). Il est donc constitué des éléments suivants :
– le **coût d'acquisition des matières consommées,** évalué comme indiqué aux n° 26185 s. ;
– les **charges directes** de production (voir n° 26595) ;
– les **charges indirectes** (voir n° 26600) ;
– l'estimation initiale **des coûts de démantèlement,** d'enlèvement et de remise en état du site sur lequel l'immobilisation produite est située (voir n° 26415 s.).

> **Fiscalement** Il en est de même (CGI ann. III art. 38 quinquies et BOI-BIC-CHG-20-20-10 n° 320), à l'exception des coûts de démantèlement qui ne doivent pas être incorporés au coût de production de l'immobilisation mais qui constituent un composant (voir n° 26055). Par ailleurs, selon l'administration (BOI-BIC-AMT-10-30-30-20 n° 30), la valeur amortissable des immobilisations créées pour elle-même est déterminée sous la responsabilité de l'entreprise qui doit se ménager les moyens d'en **justifier l'exactitude,** les devis estimatifs et les expertises éventuellement présentés par l'entreprise n'ayant à cet égard qu'une valeur indicative.

Le coût de production des immobilisations corporelles est très proche de celui applicable aux stocks (voir n° 21055 s.).

Par ailleurs, si l'entreprise produit des biens pour la vente similaires à des biens destinés à l'utilisation en interne, le coût de production de ces immobilisations peut être déterminé par référence au coût des stocks (voir n° 21055 s.).

> **Fiscalement** Il en est de même (BOI-BIC-CHG-20-20-10 n° 320).

Sur la possibilité d'inclure les **frais financiers** dans le coût de production des immobilisations (PCG art. 213-16), voir n° 26630.

26595 **Charges directes** Selon le PCG, le coût de production d'une immobilisation corporelle est déterminé en utilisant les mêmes principes que ceux applicables pour une immobilisation acquise (PCG art. 213-14). Il en résulte les conséquences suivantes :

I. Nature des charges directes Les charges directes à inclure dans le coût de production des immobilisations corporelles sont des charges :
– **nécessaires** à la mise en place et en état de fonctionner du bien ;
Sur les coûts **non nécessaires** à la mise en place et en état d'utilisation du bien, non incorporables au coût de production des immobilisations, voir n° 26220.
– **directement attribuables** à la production ou à la mise en place et en état de fonctionner du bien.

En outre :
– il s'agit uniquement des charges **qu'il est possible d'affecter** au coût d'un bien ou d'un service déterminé **sans calcul intermédiaire** (PCG art. 213-15), par opposition aux charges indirectes, voir n° 26600 ;
– elles peuvent être **variables** ou **fixes.**

> **Fiscalement** Il en est de même (CGI ann III art. 38 quinquies ; BOI-BIC-CHG-20-20-10 n° 320).

En pratique, il ne devrait pas y avoir de différence entre le coût de production d'une immobilisation et celui d'un stock. Pour plus de détails, voir n° 21075 s.

II. Période d'incorporation des charges directes Le PCG définit de manière précise la période pendant laquelle les coûts engagés peuvent être incorporés au coût de production de l'immobilisation. Ainsi, pour être attribuables au coût d'entrée d'une immobilisation, les coûts directs doivent être engagés durant la **phase de production** uniquement (PCG art. 213-15 et 213-12).

Pour plus de détails sur :
– la définition de la période de production, voir n° 26270 ;
– le traitement comptable des frais selon la phase au cours de laquelle ils ont été engagés, voir n° 26275.
Pour des exemples de frais incorporables ou non au coût de production selon la phase au cours de laquelle ils ont été engagés, voir n° 26295 et 26315.
Sur le lien avec la date de début des amortissements, voir n° 27095.

26600 **Charges indirectes** Le coût de production des immobilisations corporelles comprend les charges indirectes de production dans la mesure où elles peuvent être **raisonnablement rattachées à la production** du bien (PCG art. 213-15) ou une « **fraction des charges indirectes de production** » selon le Code de commerce (art. R 123-178-2°).

> **Fiscalement** Il en est de même (BOI-BIC-CHG-20-20-10 n° 320).

Le coût de production des immobilisations étant déterminé en utilisant les mêmes principes que ceux applicables pour une immobilisation acquise (PCG art. 213-14), il est possible, à notre avis, de définir les charges indirectes de production en fonction :
– de leur nature (voir n° 26620) ;
– de la date à laquelle elles sont encourues (voir n° 26625).

26620 **Nature des charges indirectes** Les charges indirectes à inclure dans le coût de production des immobilisations corporelles sont les charges :
– **nécessaires** à la mise en place et en état de fonctionner du bien ;

> **Précisions** En revanche, les coûts **non nécessaires** à la mise en place et en état d'utilisation du bien, ne sont pas incorporables au coût de production des immobilisations, voir n° 26220.

– **directement attribuables** à la production ou à la mise en place et en état de fonctionner du bien, et **qu'il n'est pas possible d'affecter** au coût d'un bien ou d'un service déterminé **sans calcul intermédiaire** (par opposition aux charges directes, voir n° 26595).

Les frais directement attribuables à incorporer au coût de production des immobilisations corporelles sont, à notre avis :
– les frais (fixes ou variables) qui **par nature** sont directement attribuables à la production (au sens physique du terme) ;

Ces frais qu'ils soient fixes ou variables, marginaux ou récurrents, doivent être directement attribuables **en fonction des temps passés** (par feuille de temps ou d'imputation, par exemple). Il est alors nécessaire de s'assurer de la **fiabilité de la répartition** de ces charges. En conséquence, pour les charges fixes qui par nature sont bien directement liées à la production, il est possible, à notre avis, d'utiliser une clef de répartition.

> **Précisions** Ce sera le cas, par exemple, de l'amortissement du matériel habituel de production (utilisé, par exemple, lors d'une période de sous-activité, pour produire une immobilisation) qui sera directement attribuable à la construction en fonction des temps passés.

– les frais (fixes ou variables) qui par nature ne sont pas directement attribuables, mais qui le sont **de fait**.

Ces frais concernent essentiellement les frais généraux et administratifs qui, par nature, ne sont en général pas directement attribuables à la production d'une immobilisation (il est généralement difficile d'imputer par exemple les frais du service comptabilité à la construction d'une immobilisation), mais qui, de fait, le deviennent, dès lors qu'il s'agit des frais **généraux et administratifs d'une structure dédiée** exclusivement à la production de cette immobilisation.

Sur la notion de structure dédiée, voir n° 26220.
Pour des exemples, voir ci-après II. b.

> **Fiscalement** Il en est de même (BOI-BIC-CHG-20-20-10 n° 320).

En pratique, **il n'existe pas de liste exhaustive des charges** devant entrer dans les coûts de production. Toutefois, il devrait y avoir peu de différences entre le coût de production d'une immobilisation et celui d'un stock :

I. Frais variables Il s'agit des frais variables ou présentant un certain degré de variabilité.

Tels que :
– la rémunération de la main-d'œuvre indirecte de production (sur la notion de rémunération, voir n° 21080 s.) ;

> **Précisions** **Cas de l'exploitant individuel soumis à l'impôt sur le revenu** Il ne peut incorporer une estimation de son **travail personnel** au prix de revient des immobilisations créées par l'entreprise dès lors que la rémunération de ce travail n'entre pas dans le coût réel de production des immobilisations défini à l'article 38 quinquies de l'annexe III au CGI (CAA Bordeaux 6-4-1994 n° 92-839). Voir également n° 21105 s'agissant du coût de production des stocks.

– les matières premières indirectes consommées ;
– la consommation en énergie (eau, électricité, gaz, etc.).

II. Frais fixes

a. Les frais fixes qui sont par nature directement attribuables à la production sont **inclus** dans le coût de production de l'immobilisation.

Il s'agit, comme pour les stocks, des **frais généraux fixes de production,** tels que :
– l'amortissement (ou, à notre avis, les charges de location ou redevances de crédit-bail) des bâtiments, de l'équipement industriel et des machines ;

– l'entretien des bâtiments, de l'équipement industriel et des machines ;
– la quote-part d'amortissement des frais de développement portés à l'actif (voir n° 21130) ;
– la quote-part d'amortissement d'autres immobilisations incorporelles telles que logiciels, brevets, procédés, dessins, modèles (voir n° 21135) ;
– les coûts de démantèlement et de remise en état de sites (voir n° 26060) ;
– les frais de manutention des matières après leur réception : rémunération du magasinier (sur la notion de rémunération, voir n° 21080 s.) et amortissement du matériel de transport (sur la notion d'amortissement, voir n° 21120) ;
– les coûts de stockage des matières premières consommées (voir n° 21160) ;
– la rémunération du chef d'atelier dès lors que son temps peut être imputé sur une base rationnelle (feuilles de temps, par exemple) à l'opération de construction de l'immobilisation ;
– les coûts d'assistance à maîtrise d'ouvrage (suivi et coordination des marchés, assistance à la conduite de projets, maîtrise des risques industriels : TA Montreuil 24-11-2011 n° 1102031) ;
– le coût du service de maîtrise d'ouvrage d'une entreprise de BTP, dès lors que les temps passés peuvent être directement affectés à la construction de l'immobilisation (sur la base de feuilles de temps, par exemple).

b. Les frais fixes qui ne sont pas par nature directement attribuables mais **qui se rapportent à une structure dédiée à 100 %** à la production de l'immobilisation **restent inclus** dans le coût de production de l'immobilisation.

> **Précisions**   La structure dédiée doit toutefois être **dimensionnée pour le projet.** Pour plus de détails sur la notion de structure dédiée, voir n° 26220.

Par exemple, lorsqu'une immobilisation est produite dans une usine habituellement utilisée pour produire des stocks, les **frais d'administration et de gestion d'une usine** sont incorporables :
– si la construction de l'immobilisation est un projet unique au sein de l'usine (qui ne produit alors plus de stock dans le même moment) : en totalité ;
– si l'usine continue de produire des stocks dans le même temps qu'elle construit l'immobilisation : le cas échéant, à hauteur des coûts d'un service de maîtrise d'ouvrage spécialement constitué au sein de l'usine pour suivre le projet de construction de l'immobilisation.

c. Les autres frais fixes qui ne sont pas par nature directement attribuables à la production sont **exclus** du coût de production.
Il s'agit :
– comme pour les stocks, des **frais d'administration générale** (voir n° 21145) ;
– contrairement aux stocks (voir n° 21140), des **frais d'administration et de gestion des sites de production,** sauf si le site est dédié exclusivement à la construction de l'immobilisation ou si un service d'ouvrage a été spécialement et exclusivement constitué pour suivre la construction de l'immobilisation (voir ci-avant II. b., Exemple).
Sont également exclus, comme pour le coût de production des stocks :
– la quote-part de sous-activité (voir n° 21150) ;
– les frais de recherche ;
– les taxes de caractère général, telles que CVAE (voir n° 21175), taxe foncière (voir n° 21180) ;
– les pertes et gaspillages : montants anormaux de déchets de fabrication, de main-d'œuvre ou d'autres coûts de production (voir n° 21170).

d. Sur la possibilité d'inclure les **frais financiers** dans le coût de production (PCG art. 213-16), voir n° 26630.

Période d'incorporation des charges indirectes   Pour être attribuables au coût d'entrée d'une immobilisation, les coûts indirects doivent être engagés durant la **phase de production** uniquement (PCG art. 213-15 renvoyant aux art. 213-10 et 213-12). **26625**
Pour plus de détails sur la définition de la période de production, voir n° 26270.
Sur le traitement comptable des frais selon la phase au cours de laquelle ils ont été engagés, voir n° 26275.
Pour des exemples de frais incorporables ou non au coût de production selon la phase au cours de laquelle ils ont été engagés, voir n° 26295 et 26315.
Sur le lien avec la date de début des amortissements, voir n° 27095.

Coûts d'emprunt   Le traitement de l'incorporation des coûts d'emprunt dans le coût de production des immobilisations corporelles est le même que celui applicable aux immobilisations corporelles acquises à titre onéreux (voir n° 26335 s.). **26630**

En conséquence, les intérêts des capitaux empruntés peuvent être (C. com. art. R 123-178-2° et PCG art. 213-9.1) :
– soit comptabilisés en **charges** de la période au cours de laquelle ils ont couru ;
– soit incorporés, sous certaines conditions, dans le **coût de l'immobilisation corporelle produite**.

Pour plus de détails sur les conditions de comptabilisation des coûts d'emprunt dans le coût d'entrée des immobilisations, voir n° 26335 s.

> **Fiscalement** Il en est de même, le traitement fiscal dépendant de l'option comptable retenue (CGI ann. III art. 38 undecies et BOI-BIC-CHG-20-20-10 n° 70 et 320). Pour plus de détails, voir n° 26335 s.

Sur la divergence existant avec les normes IFRS, voir Mémento IFRS n° 69020.

CAS PARTICULIERS D'ÉVALUATION DU COÛT DE PRODUCTION

26635 Sur les immobilisations produites financées par une subvention, voir n° 26490.

26640 **Ensembles immobiliers** Un ensemble immobilier doit être ventilé entre le **terrain** et la **construction** (voir n° 26420). Le coût d'entrée d'un ensemble immobilier est déterminé comme suit :
– sur l'évaluation du terrain, voir n° 26440 ;
– sur l'évaluation de la construction, voir n° 26660 (et 26445 si la construction est achetée) ;
– sur le cas particulier des constructions sur sol d'autrui, voir n° 26450.

26660 **Construction produite par l'entreprise (compte 213)**

I. Coût de production (hors TVA déductible ; voir règles générales n° 26590 s.), augmenté de :

II. Certaines redevances (à immobiliser) :
– la taxe d'aménagement (C. urb. art. L 331-1 ; voir Mémento Fiscal n° 31100 à 31160) qui constitue un élément du prix de revient fiscal de l'ensemble immobilier (CGI art. 302 septies B-II) ;
– la taxe ou redevance pour création de bureaux, locaux commerciaux et de stockage en Île-de-France due, lors de la construction par le propriétaire (en ce sens, Bull. CNCC n° 8, décembre 1972, p. 506 s.) ;

> **Fiscalement** En revanche, la taxe ou redevance pour création de bureaux, locaux commerciaux et de stockage en Île-de-France constitue un élément du coût de revient du terrain (CGI art. 302 septies B-I ; Mémento Fiscal n° 31315 ; pour l'ancienne redevance, voir IMMO-V-28910). Étant comptablement incluse dans le prix de revient des constructions, il convient d'effectuer les retraitements extra-comptables suivants sur l'imprimé 2058-A :
> – réintégration (ligne WE) de la quote-part d'amortissement correspondant à la redevance ;
> – lors de l'exercice de cession, déduction (ligne XG à notre avis) des amortissements précédemment réintégrés.

– la redevance d'archéologie préventive (RAP ; C. patr. art. L 524-2 à L 524-16).

> **Fiscalement** Il en est, à notre avis, de même.

III. Frais destinés à permettre la construction (à immobiliser) :
– frais **d'études** ;

> **Précisions** Dès lors :
> – qu'ils ont pour contrepartie une augmentation de l'actif de l'entreprise, ce qui n'est pas le cas si le projet a été abandonné (Rép. Joxe : AN 22-11-1982 n° 18088, non reprise dans Bofip) ;
> – qu'ils sont engagés durant la phase d'acquisition (et non la phase « préliminaire » ; voir n° 26315).

– **honoraires d'architecte** (CE 13-2-1974 n° 81058 ; CAA Paris 23-1-2015 n° 11PA02626 définitif suite à CE (na) 4-5-2016 n° 389032 ; BOI-BIC-AMT-10-30-30-10 n° 20) ; il en est de même, à notre avis, des honoraires dus à une société d'ingénierie ;

> **Précisions** Ces honoraires peuvent également concerner, à notre avis :
> – les « intérieurs » ; dans ce cas, ils sont à incorporer dans le coût des agencements et des installations ;
> – les honoraires de contrôle de sécurité.

> **Fiscalement** 1. **Si le projet n'est pas poursuivi,** à notre avis :
> – tant que les travaux ne sont pas arrêtés, les honoraires doivent être immobilisés même si l'ouvrage reste par la suite inachevé (CE 11-12-1991 n° 71147). Toutefois, dès qu'un indice de perte de valeur apparaît, un test de dépréciation est à réaliser sur le coût d'entrée du projet ;

– dès que l'entreprise sait qu'elle ne commencera pas l'exécution de l'ouvrage ou qu'elle ne l'achèvera pas, les coûts qui ont été immobilisés doivent immédiatement être comptabilisés en charges (mise aux rebuts ; en ce sens, Rép. Joxe : AN 22-11-1982 n° 18088 non reprise dans Bofip).

2. Si le projet est poursuivi mais que la construction est finalement édifiée selon d'autres plans : les honoraires correspondant au projet abandonné constituent un élément du prix de revient de la construction, dès lors que les études et projets correspondants ont été utiles à cette construction, ces honoraires ayant été imputés sur le montant de ceux versés à l'architecte dont le projet a été retenu (CE 21-12-1983 n° 41613 ; BOI-BIC-AMT-10-30-30-10 n° 20).

3. Sur les frais d'architecte engagés dans le cadre de la sélection d'un projet, voir n° 26315.

– **travaux de terrassement** et **d'assainissement** d'un **terrain** dans le but de permettre d'y construire, qui constituent des aménagements de génie civil indissociables des travaux de fondation (voir n° 27470) ;
– **études ou opérations archéologiques** précédant des opérations d'aménagement ;

> **Fiscalement** Ces dépenses peuvent être déduites immédiatement même si elles sont immobilisées sur le plan comptable (CGI art. 236 ter). Dans ce cas, il y a lieu d'effectuer les retraitements extra-comptables suivants sur l'imprimé n° 2058-A :
> – déduction (ligne XG) des dépenses au cours de l'exercice de leur engagement ;
> – lors des exercices ultérieurs, réintégration (ligne WE) de la quote-part d'amortissement assise sur les dépenses incluses dans le coût de production (immobilisations sous-jacentes amortissables) ;
> – lors de l'exercice de cession, réintégration (ligne WQ) des dépenses non encore rapportées au résultat.

– **participation aux dépenses d'équipement d'une commune** (fraction représentative des frais de viabilité) exigée des entreprises s'installant dans une zone industrielle (voir n° 25300 I.) ;
– **frais de démolition** et de **déblaiement** d'un immeuble, **indemnité d'éviction ou de résiliation de bail** versée pour obtenir la libre disposition des locaux à démolir, **VNC de l'immeuble démoli** : voir n° 26440 III. et IV. lorsque l'immeuble a été acquis uniquement en vue d'être démoli pour édifier une nouvelle construction ; voir n° 25922 lorsque la décision de démolir est prise postérieurement à l'acquisition de l'ensemble immobilier.

IV. Amortissement des composants d'origine d'une construction à réhabiliter, conservés et intégrés dans le nouvel immeuble Voir n° 25920.

V. Frais directs engagés pour louer le bien Selon le bulletin CNCC (n° 140, décembre 2005, p. 542 s., « Modalités d'application de la norme IAS 16 et du Règl. CRC n° 2002-10 »), dans le cas d'un **immeuble de placement** destiné à être loué, les frais de rédaction et de négociation engagés par le bailleur peuvent, à l'instar des normes IFRS, être inclus dans le coût de revient de l'actif (voir Mémento IFRS n° 31985 s.).

Tel est, par exemple, le cas, à notre avis, de la rémunération versée dans le cadre d'un contrat de coordination de commercialisation locative d'un immeuble.

Sur le caractère immobilisable des frais financiers relatifs à la période de construction, voir n° 26335 s.

Sur les primes d'assurance-dommage, qui ont le caractère d'une charge et non d'un élément du coût de revient, voir n° 15845.

Sur les participations aux dépenses d'équipements publics, voir n° 25300.

D. Autres modalités d'évaluation des immobilisations corporelles

26710

Sur les immobilisations :
– reçues à titre d'**apports en nature,** voir n° 26715 ;
– acquises par voie d'**échange,** voir n° 26740 ;
– acquises contre versement de **rentes viagères,** voir n° 26760 ;
– reçues à titre **gratuit,** voir n° 26765 ;
– acquises pour un **prix global,** voir n° 26770 ;
– acquises en exécution d'un **contrat de crédit-bail,** voir n° 28455 s. ;
– des **entreprises concessionnaires,** voir n° 72125 s.

IMMOBILISATIONS REÇUES À TITRE D'APPORTS EN NATURE

26715 **Apports en nature d'actifs corporels ou incorporels isolés** Il s'agit des apports ne constituant pas une branche complète d'activité.

> **Précisions** Ne sont donc pas concernés les apports réalisés dans le cadre de fusions, les apports partiels d'actif constituant une branche d'activité et les scissions. Sur ces opérations, voir n° 75540.

Les immobilisations reçues à titre d'apports en nature et de manière isolée sont comptabilisées :
a. aux **valeurs respectives figurant dans le traité d'apport** (PCG art. 213-2).

Les apports en nature d'actifs étant assimilés à des échanges, ces valeurs doivent obligatoirement refléter la **valeur vénale** des biens apportés, sous réserve de **deux exceptions** (si l'échange n'a pas de substance commerciale ou si la valeur vénale ne peut être estimée de manière fiable) (PCG art. 213-2 renvoyant à l'art. 213-3).

> **Fiscalement** C'est la valeur d'apport qui est retenue (CGI ann. III art. 38 quinquies et BOI-BIC-CHG-20-20-10 n° 280), celle-ci devant correspondre à la valeur vénale (voir n° 26740).
> **1. Apport à prix minoré** Lorsqu'une société bénéficie d'un apport pour une valeur délibérément minorée par rapport à sa valeur vénale, l'écart peut entraîner la réévaluation de la valeur d'inscription à l'actif chez la société bénéficiaire et donc augmenter son résultat. Dans une telle hypothèse, cet écart est en principe considéré comme une libéralité imposable qui doit être soumise à l'impôt chez l'apporteuse (CE 9-5-2018 n° 387071). Mais tel n'est pas le cas, s'il est justifié par l'intérêt de l'apporteur à consentir un apport dans de telles conditions (CE 21-10-2020 n° 434512).
> **2. Apport à prix majoré** Si au contraire la valeur de l'apport est volontairement majorée par rapport à sa valeur vénale, l'administration est fondée, à notre avis, à corriger le résultat de la société bénéficiaire pour la fraction correspondant à l'excédent de valeur (par transposition de la jurisprudence relative aux ventes à prix majoré, voir n° 28170). L'avantage accordé sans contrepartie n'est toutefois pas constitutif d'une libéralité consentie à l'apporteuse, dès lors que l'opération ne caractérise aucun appauvrissement de la société bénéficiaire de l'apport au profit de l'apporteur (CE 20-10-2021 n° 445685). Suivant les conclusions du rapporteur public R. Victor sous cet arrêt, l'avantage, le cas échéant octroyé, devrait s'apprécier dans les relations entre associés, en fonction de l'impact de l'opération à prix majoré sur la répartition du capital entre ces derniers.

Pour plus de détails, voir n° 26740.
Sur la définition de la valeur vénale, voir n° 26895.

b. augmentées, à notre avis, des **coûts directement attribuables** engagés pour mettre ces actifs en place et en état de fonctionner selon l'utilisation prévue par la direction (frais de transport, de douane, d'installation…), s'agissant d'actifs acquis à titre onéreux (voir n° 26200 s.).

> **Fiscalement** Il en est de même (CGI ann. III art. 38 quinquies ; CE 26-12-2008 n° 295943 et 296462 traitant de dépenses de transport et de montage de ces équipements, nécessaires à leur utilisation).

En revanche, la comptabilisation des **frais d'augmentation de capital** (droits d'enregistrement, honoraires et autres frais liés à l'opération d'apport) devrait, à notre avis, suivre l'option retenue par l'entreprise pour ses frais d'établissement (voir n° 45110 s.) de la même manière que les frais d'augmentation de capital dans le cadre d'une acquisition de titres financée par augmentation de capital (Avis CU CNC 2000-D).

> **Précisions** En effet, à notre avis, l'exclusion des frais d'augmentation de capital du coût d'entrée des actifs apportés, prévue par l'avis CU CNC 2000-D dans le cadre d'une acquisition de titres financée par augmentation de capital (voir n° 35620) devrait également s'appliquer aux autres actifs acquis par voie d'apport.

Sur la valeur à l'arrêté des comptes des biens reçus en apport, voir n° 27605.
Sur les modalités d'évaluation des immobilisations entrées dans le patrimoine de la société dans le cadre d'opérations de fusion, scission, apport partiel d'actif, dissolution par confusion de patrimoine, voir Mémento Fusions & Acquisitions n° 7600 s.

26720 **Immobilisations apportées dans le cadre de fusions et opérations assimilées entre sociétés** (apports partiels d'actifs, TUP…) Voir Mémento Fusions & Acquisitions n° 8130 s.

IMMOBILISATIONS ACQUISES PAR VOIE D'ÉCHANGE

26740 **I. Principe** Elles sont comptabilisées à leur **valeur vénale** (PCG art. 213-1), sous réserve de **deux exceptions** (voir II.).

> Précisions **1. Échange d'actifs monétaires et non monétaires** Cette règle est applicable qu'il s'agisse de l'échange d'un ou plusieurs actifs non monétaires, ou d'une combinaison d'actifs monétaires (soulte) et non monétaires.
2. Définition de la valeur vénale Voir n° 26895.

L'opération d'échange s'analyse en une **opération de vente** suivie d'une **opération d'achat,** la différence entre la valeur vénale de l'actif reçu (augmentée, le cas échéant, de la soulte reçue) et la valeur comptable de l'actif cédé (augmentée, le cas échéant, de la soulte versée) constitue donc un **résultat de cession** (voir ci-après Exemple 1).

> **Fiscalement** L'opération se décompose en une **opération de vente** suivie d'une **opération d'achat,** et la différence éventuelle entre la valeur vénale du bien reçu en échange et la valeur comptable résiduelle du bien cédé constitue une plus ou moins-value à prendre en compte pour la détermination du résultat imposable de l'exercice de l'échange (CGI ann. III art. 38 quinquies ; BOI-BIC-CHG-20-20-10 n° 290).
Sur la divergence fiscalo-comptable concernant la définition de la valeur vénale, voir n° 26895.
Sur le différé d'imposition de la plus-value en cas d'**échange d'un bien immobilier avec l'État ou une collectivité territoriale,** voir n° 29425.

II. Exceptions Le PCG a prévu deux exceptions pour lesquelles la **valeur nette comptable** de l'actif cédé doit être retenue (PCG art. 213-3) :
a. Absence de substance commerciale de la transaction. C'est le cas si l'échange ne modifie pas de manière significative les flux de trésorerie futurs.
L'avis du CNC n° 2004-15 précise les critères permettant d'apprécier s'il y a **modification des flux de trésorerie futurs** résultant de la transaction (§ 4.1.4) :

> **Précisions** Le caractère significatif s'apprécie par rapport à la valeur vénale des actifs échangés.
– la configuration des flux de trésorerie (risque, calendrier et montants) de l'actif reçu, diffère de la configuration des flux de trésorerie de l'actif transféré ;
– la valeur des flux de trésorerie attendus de l'échange est modifiée à l'issue de l'opération.
Le résultat de ces analyses peut confirmer (ou infirmer) de manière explicite la substance commerciale sans que l'entité ait à effectuer des calculs détaillés.

> **Fiscalement** En revanche (BOI-BIC-CHG-20-20-10 n° 290), le caractère commercial de la substance de la transaction n'emporte aucune conséquence pour la détermination de la valeur du bien acquis par voie d'échange qui reste évalué à la valeur vénale (voir ci-avant I. et Mémento Fusions & Acquisitions n° 8725).

b. Absence d'évaluation fiable de la valeur vénale de l'immobilisation reçue ou donnée. Cette situation peut se produire lorsqu'il n'existe pas de transactions de marché comparables.
Dans ce cas, à notre avis, il est toutefois possible, en se référant à la méthode donnée par les normes IFRS (IAS 16.26), de déterminer la valeur vénale de façon fiable lorsque :
– les différences entre les estimations raisonnables de la valeur vénale de l'actif pouvant être réalisées ne sont pas significatives pour cet actif ;
– ou les probabilités des différentes estimations dans l'intervalle peuvent être raisonnablement appréciées ou utilisées pour estimer la valeur vénale.

III. Traitement de la soulte Dans tous les cas (I. et II.), la différence entre la valeur vénale de l'actif reçu et la valeur vénale de l'actif cédé constitue la soulte versée ou reçue. Elle est comptabilisée dans un compte de trésorerie (voir ci-après Exemple 2).

IV. Exemple

EXEMPLES

(élaborés par nos soins)
1er cas : évaluation d'un échange ayant une substance commerciale (cas général).
L'entreprise A échange avec l'entreprise B un distributeur de produits contre une machine réfrigérante.
L'entreprise A reçoit, en plus de la machine réfrigérante, une somme de 325. Les valeurs comptable et vénale des deux machines sont les suivantes à la date de l'échange :

	Valeur comptable	Valeur vénale
Distributeur de produits (A)	1 300	1 325
Machine réfrigérante (B)	1 150	1 000

L'entreprise A estime que ses flux de trésorerie futurs augmenteront à la suite de la transaction. En conséquence, l'échange a bien une substance commerciale. La machine réfrigérante (immobilisation reçue en échange) est donc à inscrire à l'actif de A pour sa valeur vénale. En contrepartie, le distributeur donné en échange doit être sorti de l'actif de A pour sa valeur nette comptable.

Le coût de la machine réfrigérante correspond à sa valeur vénale à la date de l'échange, soit 1 000. L'entreprise A doit constater un produit exceptionnel sur l'échange du distributeur de produits de 25 = [valeur vénale du bien reçu en échange (1 000) + soulte (325) − VNC du bien donné en échange et sorti de l'actif de A (1 300)].

Les écritures à constater chez A sont les suivantes :

| 675 VNC Immobilisations corporelles – Distributeur de produits | 1 300 | |
| 215 X Immobilisations corporelles – Distributeur de produits | | 1 300 |

215 X Immobilisations corporelles – Machine réfrigérante	1 000	
512 Banque (soulte)	325	
775 Produit de cession d'immobilisation corporelle – Distributeur de produits		1 325

2ᵉ cas : évaluation d'un échange en cas d'absence de substance commerciale.

L'entreprise A échange une voiture avec l'entreprise B et reçoit en plus une somme de 150. Les valeurs comptable et vénale des deux voitures sont les suivantes à la date de l'échange :

	Valeur comptable	Valeur vénale
Voiture de A	13 000	13 250
Voiture de B	11 150	13 100

Les flux de trésorerie futurs que l'entreprise A obtiendra de l'utilisation de la voiture reçue en échange ne devraient pas différer de ceux qu'elle aurait obtenus de l'utilisation de la voiture qu'elle détenait avant l'échange. L'échange ne générant pas d'augmentation des flux de trésorerie futurs, la transaction n'est donc pas considérée comme ayant une substance commerciale.

En conséquence, le coût initial de la voiture B (reçue en échange) à inscrire à l'actif de A correspond à la valeur nette comptable de l'actif échangé, à la date de l'échange, après déduction de toute somme d'argent versée, soit 13 000 − 150 = 12 850.

La transaction n'ayant pas de substance commerciale, aucun résultat de cession ne doit être dégagé.

Les écritures à constater chez A sont les suivantes :

| 675 VNC Immobilisations corporelles – Voiture A | 13 000 | |
| 218 X Immobilisations corporelles – Voiture A | | 13 000 |

218 X Immobilisations corporelles – Voiture B	12 850	
512 Banque (soulte)	150	
775 Produit de cession d'immobilisation corporelle – Voiture A		13 000

IMMOBILISATIONS ACQUISES CONTRE VERSEMENT DE RENTES VIAGÈRES

26760 Le contrat de rente viagère (C. civ. art. 1968 à 1983) entre dans la catégorie des **contrats aléatoires** (C. civ. art. 1108).
La comptabilisation d'un tel contrat par le débirentier pose trois types de problèmes :
– à quelle **valeur** enregistrer le bien concerné **à l'actif** du bilan ?
– comment **estimer la dette** à faire figurer au passif du bilan ?
– comment enregistrer les **effets** du contrat lors **de la réalisation de l'événement incertain** ?
Sur le cas particulier de biens transmis à une entreprise individuelle, voir nº 60306.

I. À la date d'entrée du bien

a. À l'actif. Selon le PCG (art. 213-5), les immobilisations acquises moyennant le paiement de rentes viagères sont comptabilisées pour le montant qui résulte d'une stipulation de prix ou, à défaut, d'une estimation.
En pratique, selon le cas, l'une des solutions suivantes est à retenir pour l'entrée du bien dans l'actif de l'acquéreur :
– **prix stipulé dans l'acte** correspondant à la valeur vénale du bien immobilier diminuée de la valeur du droit d'usage et d'habitation réservé au crédirentier (Bull. CNCC nº 186, juin 2017, EC 2016-49, p. 340 s.) ;

– à défaut, prix indiqué comme **base de calcul des droits d'enregistrement,** lequel exclut la valeur du droit d'usage et d'habitation (en ce sens, BOI-ENR-DMTOI-10-10-20-10 n° 60) ;
– lorsqu'aucune indication de prix ne peut être dégagée du contrat ou de son enregistrement, la valeur à retenir est la **valeur vénale** du bien libre (déduction faite, le cas échéant, de l'estimation de l'usufruit réservé au crédirentier sur la période pendant laquelle l'acquéreur versera les rentes viagères) (Bull. CNCC précité).
L'enregistrement du bien à l'actif du bilan se fait donc en tenant compte de l'espérance de vie du crédirentier à la signature du contrat.

> **Fiscalement** Le prix d'achat s'entend du prix stipulé ou à défaut de la valeur réelle du bien estimée au jour de l'acquisition (CGI ann. III art. 38 quinquies ; BOI-BIC-AMT-10-30-30-10 n° 230, 290 et 300).

b. Au passif. La contrepartie est portée au passif du bilan, pour la même valeur, dans le compte 1685 « Rentes viagères capitalisées » (PCG art. 941-16). En cas de sortie immédiate de trésorerie à la date d'acquisition (le « bouquet »), celle-ci est comptabilisée au compte 512 « Banques » et vient donc en déduction de la dette (EC 2016-49 précitée).

II. Postérieurement à la date d'entrée du bien

a. À l'actif. Après inscription de la valeur du bien au bilan, le coût d'acquisition est définitif, quel que soit le montant des rentes viagères finalement payé. Le traitement de l'immobilisation est totalement indépendant de la réalisation ou non d'un événement incertain (EC 2016-49 précitée).
Le traitement comptable de l'immobilisation est donc celui normalement applicable aux biens de même nature. En particulier :
– les amortissements (voir n° 27010 s.) ;
– et le résultat comptable de cession (voir n° 28100 s.) sont calculés de la même manière que si le bien avait été acquis selon d'autres modalités.
Les intérêts sont comptabilisés normalement en charges (compte 661).
Si la **rente** est **indexée,** il peut y avoir un malus ou un bonus d'indexation qui est, à notre avis, à comprendre dans ces charges (voir n° 26195).

b. Au passif. Le paiement de la rente s'impute au compte 1685 « Rentes viagères capitalisées » qui se trouve donc apuré au fur et à mesure des règlements (PCG art. 941-16).
À chaque clôture, une **nouvelle estimation** de la dette viagère est réalisée pour tenir compte des événements venant modifier profondément les éléments constitutifs du contrat (augmentation de l'espérance de vie moyenne d'une population, par exemple). Ainsi, le compte 1685 « Rentes viagères capitalisées » est ajusté par le débit du compte 678 « Autres charges exceptionnelles » ou le crédit du compte 778 « Autres produits exceptionnels ».
Le caractère exceptionnel résulte de la position du PCG. Toutefois, à notre avis, l'évaluation de la dette initiale étant fonction de la valeur vénale du bien, tout écart par rapport à celle-ci traduit le résultat du risque financier pris par l'acheteur sur la vie du cédant et devrait donc plutôt constituer du résultat financier.

En cas de décès « prématuré » du crédirentier, deux situations doivent être distinguées :
– soit l'acte authentique ne prévoit pas que la rente soit réversible : le compte 1685 « Rentes viagères capitalisées » est soldé par le crédit du compte 778 « Autres produits exceptionnels » (PCG art. 941-16) ;
– soit il prévoit que la rente est réversible en tout ou partie au profit d'un tiers. Dans ce cas, la dette de rente viagère ainsi que l'obligation née du droit d'usage et d'habitation réservé au crédirentier (usufruit) ne s'éteignent pas de plein droit : une nouvelle estimation de la dette est donc à réaliser pour tenir compte des nouvelles conditions définies dans l'acte authentique, avec impact dans le résultat (EC 2016-49 précitée).

> **Fiscalement** Les écarts éventuels entre le coût d'entrée et les sommes effectivement payées constituent une charge financière (ou un produit financier) immédiatement déductible (imposable) sans incidence sur le calcul des plus ou moins-values de cession (en ce sens, à propos des acquisitions à titre onéreux, CE 23-11-1983 n° 41631 et BOI-BIC-AMT-10-30-30-10 n° 220, 330 et 340 ; à propos des acquisitions à titre gratuit, CE 2-2-1998 n° 133844 et 133845 et CE 10-1-2005 n° 257127).

III. À la date de sortie du bien La cession est comptabilisée comme toute cession d'immobilisation (voir n° 28100 s.).

> **Précisions** Même lorsque le modèle économique prévoit que l'opération d'acquisition d'un bien en viager ne sera rentable qu'in fine grâce à la plus-value de cession de ce bien, il n'est pas possible de constater un produit de cession latent avant la réalisation de la cession (Bull. CNCC n° 209, mars 2023, EC 2022-26).

IMMOBILISATIONS REÇUES À TITRE GRATUIT

26765 Les biens acquis à titre gratuit (succession, donation, legs) sont enregistrés à leur **valeur vénale** (C. com. art. L 123-18 et PCG art. 213-1).

Sur la **définition** de la **valeur vénale**, voir n° 26895.

> **Fiscalement** Les immobilisations sont également inscrites au bilan pour leur valeur vénale (CGI ann. III art. 38 quinquies ; BOI-BIC-CHG-20-20-10 n° 270 ; CAA Nancy 30-3-2006 n° 01-94 ; CAA Marseille 19-5-2015 n° 13MA01107), la définition de la valeur vénale n'étant toutefois pas identique en comptabilité et en fiscalité (voir n° 26895).
>
> Pour l'administration, dans le cas de biens reçus dans le cadre de la transmission d'une entreprise individuelle (voir n° 60306), la valeur vénale s'entend de l'estimation retenue pour le paiement des droits de mutation par décès (BOI-BIC-AMT-10-30-30-20 n° 20). En outre, l'administration considère que les droits de donation sont à inclure dans les frais à incorporer au coût d'acquisition (BOI-BIC-CHG-20-20-10 n° 150) (position contraire à la règle comptable), ce qui est à notre avis **contestable**, le coût d'entrée des immobilisations acquises à titre gratuit étant leur valeur vénale.

La contrepartie constitue un produit (Avis CNC 2004-15 § 4.1.5). À notre avis, il s'agit d'un produit exceptionnel, à moins d'avoir le caractère de subvention d'investissement.

> **Fiscalement** La contrepartie constitue un bénéfice imposable (BOI-BIC-PDSTK-10-30-30 n° 10), à moins d'avoir le caractère de subvention d'investissement.
>
> Sur la transmission à titre gratuit d'une entreprise individuelle, voir n° 60306.

Cas particulier Lorsque le bénéficiaire est une **personne physique** (voir n° 60306), elle reçoit juridiquement le bien dans son patrimoine civil et éventuellement le transfère comptablement dans le bilan de son entreprise individuelle. À notre avis, ce transfert à l'intérieur de son propre patrimoine constitue un **apport en capital** (compte 108 « Compte de l'exploitant »).

IMMOBILISATIONS ACQUISES POUR UN PRIX GLOBAL

26770 Selon le PCG (art. 213-7), lorsque des biens sont **acquis conjointement** pour un coût global, le **coût d'entrée** de chacun des biens est **ventilé** à proportion de la valeur attribuable à chacun d'eux.

Cette ventilation est nécessaire (comptablement et fiscalement) pour déterminer :
– les bases amortissables, lorsqu'un ou plusieurs des actifs acquis sont amortissables ;
– les dépréciations, le cas échéant ;
– les plus-values de cession.

> **EXEMPLE**
>
> Il en est ainsi, notamment, lors de l'acquisition :
> – d'un ensemble immobilier (voir n° 26420) ;
> – d'un terrain grevé d'un bail à construction (voir n° 26452) ;
> – d'un ensemble de terrains pour un prix global (voir n° 26440).

Une mention sur le traitement retenu est à indiquer, à notre avis, en annexe.

ASPECTS PARTICULIERS LIÉS À LA TVA

26785 Immobilisations utilisées pour les besoins d'opérations ouvrant droit ou non à déduction Le pourcentage de TVA déductible grevant le coût d'entrée d'une immobilisation dépend de la proportion de son affectation à :
– des opérations non imposables (c'est-à-dire hors du champ d'application de la TVA) et/ou ;
– des opérations imposables et effectivement soumises à la TVA (ou assimilées telles que les opérations intracommunautaires) et/ou ;
– des opérations imposables mais exonérées de TVA.

Ce pourcentage est déterminé par application à chaque immobilisation d'un **coefficient de déduction** (CGI ann. II art. 205).

Ce coefficient, qui couvre toutes les situations possibles, est égal au produit de trois coefficients :
– coefficient d'assujettissement (proportion d'affectation à des opérations imposables/non imposables) ;
– coefficient de taxation (proportion d'affectation à des opérations imposables taxées/exonérées) et ;
– coefficient d'admission (exclusion ou restriction du droit à déduction selon la législation en vigueur).

Il est donc lié à la nature et à l'affectation de l'immobilisation et peut varier d'un bien à l'autre (CGI ann. II art. 206 ; BOI-TVA-DED-20-10 n° 30).

Pour plus de détails sur ces conditions, voir Mémento Fiscal n° 55500 à 56005.

Les entreprises peuvent être amenées à effectuer des régularisations de TVA, dont le traitement comptable et fiscal diffère selon le type de régularisation. Le tableau ci-après présente une synthèse de ces traitements selon les différents types de régularisation de TVA :

Type de régularisation	Traitement fiscal (CGI ann. II art. 209 II)		Traitement comptable	Divergence
Régularisation entre coefficient provisoire et coefficient définitif (voir ci-après I.)	< 5 %	Résultat	Résultat (non significatif)	Non
	....	....	....	....
	> 5 %	Modification du coût d'entrée	Modification du coût d'entrée	Non
Régularisation annuelle (voir ci-après II.)	Principe	Modification du coût d'entrée	Résultat	Non (en pratique)
	....	....		
	Tolérance	Résultat		
Régularisation globale (voir ci-après III.)	Modification du coût d'entrée		Modification du coût d'entrée	Non

I. Incidence de la variation entre le coefficient provisoire et le coefficient définitif de référence Les coefficients sont d'abord déterminés de façon provisoire lors de l'acquisition du bien. Ils doivent ensuite être définitivement arrêtés avant le 25 avril de l'année suivante ou pour ceux qui deviennent redevables de la TVA avant le 31 décembre de l'année suivante (CGI ann. II art. 206 V-2 ; BOI-TVA-DED-20-10-40 n° 10).

Pour plus de détails sur cette régularisation, voir Mémento Fiscal n° 55365 et 55370.

La différence constatée entre le montant définitif de la taxe déductible et le montant de la déduction, opérée au titre de l'année, fait l'objet, quelle que soit son ampleur, d'une déduction complémentaire ou d'un reversement selon que cette différence est positive ou négative.

En conséquence, à notre avis :

a. Lors de l'acquisition de l'immobilisation Cette dernière est provisoirement comptabilisée à son **coût d'achat** ou de production augmenté du montant de la TVA non déductible calculé **sur la base du coefficient provisoire**.

b. À la clôture Le coût de l'immobilisation est **à corriger** par le débit ou le crédit du compte 4455 « TVA à décaisser », défini à partir du **coefficient** de TVA déductible **de référence**, à condition toutefois que le montant de la régularisation soit **significatif**.

> **Précisions** **Exercice ne coïncidant pas avec l'année civile** : les entreprises ne pouvant procéder à cette régularisation dans leur bilan, il en résulte, à notre avis, que ce dernier comporte un coût provisoire à corriger au cours de l'exercice suivant. Dans ce cas, la dotation aux amortissements de l'année suivant celle de l'acquisition tient compte de la correction du coût de l'immobilisation.

> **Fiscalement** Il en est de même (CGI ann. II art. 209 II). Toutefois, il est admis, comme sur le plan comptable, que l'écart de TVA déductible qui en résulte soit porté directement en perte ou profit exceptionnel lorsqu'il n'excède pas cinq points (BOI-TVA-DED-20-10-40 n° 10).

II. Régularisations annuelles : incidence de la variation du coefficient durant la période de régularisation Chaque année durant la période de régularisation, les entreprises doivent opérer une régularisation annuelle lorsque le produit des coefficients d'assujettissement et de taxation de l'année varie de plus d'un dixième, à la hausse ou à la baisse, par rapport à la situation exprimée par le biais du coefficient de référence. Ces régularisations peuvent intervenir pendant un délai de cinq années pour les biens meubles immobilisés et de vingt ans pour les immeubles immobilisés (CGI ann. II art. 207 II). Le montant de la TVA initialement déduite/non déduite impacté par la régularisation annuelle est limité à $1/20^e$ pour les immeubles et à $1/5^e$ pour les autres immobilisations.

> **Précisions** **Absence de régularisation** Quand des immobilisations auparavant affectées à des opérations non imposables deviennent utilisées pour des opérations imposables ouvrant droit à déduction, alors aucune régularisation n'est possible. Pour plus de détails, voir Mémento Fiscal n° 57205 à 57245.

Cette variation **ne devrait pas, à notre avis, avoir d'incidence sur le coût d'entrée.**

26785
(suite)

En effet, le coût d'acquisition comptable est définitivement fixé dès la détermination du coefficient définitif.
En conséquence :
– si la variation du coefficient de déduction est positive, la **déduction complémentaire** constitue un **produit exceptionnel**, crédité au compte 7788 « Produits exceptionnels divers » par le débit du compte 4456 « TVA déductible » ;
– si elle est négative, le **reversement au Trésor public** constitue une **charge exceptionnelle** débitée au compte 6788 « Charges exceptionnelles diverses » par le crédit – à notre avis, pour des raisons pratiques – du compte 4457 « TVA collectée ».

> **Fiscalement** Les régularisations de TVA sont, en principe, à enregistrer en modification du coût d'entrée de l'immobilisation (CGI ann. II art. 209 II). Toutefois, les valeurs comptables ne sont pas remises en cause en cas d'application d'une régularisation annuelle, à condition que les reversements ou déductions de taxe complémentaires soient portés en résultat (BOI-TVA-DED-60-10 n° 1 ; BOI-BIC-CHG-40-30 n° 190 et 210).

III. Régularisations globales : survenance de certains événements durant la période de régularisation
Lorsque certains événements limitativement énumérés interviennent avant l'expiration de la période de régularisation, conduisant à ce que le bien soit finalement utilisé différemment de ce que la situation initiale laissait présager, la taxe initialement déduite/non déduite sur les biens immobilisés doit faire l'objet d'une régularisation (CGI ann. II art. 207-III).

> **Fiscalement** Comme pour les régularisations annuelles (voir ci-avant II.), ces régularisations globales entraînent une **rectification du prix de revient à inscrire en comptabilité** (CGI ann. II art. 209-II).
> Pour plus de détails sur cette régularisation, voir Mémento Fiscal n° 57270 à 57455.

En l'absence de position des organes compétents et du fait de l'absence de tolérance fiscale pour une comptabilisation en résultat (voir Fiscalement ci-avant), la règle énoncée par le CGI devrait, à notre avis, être retenue sur le plan comptable, afin de ne pas créer de divergence entre la comptabilité et la fiscalité, en particulier sur le calcul des amortissements (voir n° 27525).
En outre, contrairement aux régularisations annuelles, l'ajustement du coût d'acquisition est ici justifié par un changement dans les conditions d'exploitation de l'actif.
Les cas de régularisation globale sont au nombre de cinq :

a. Cessions (ou apports) non soumises à la TVA sur leur valeur totale (ou transfert entre secteurs d'activités) (voir Mémento Fiscal n° 57295 à 57330). Une quote-part de la TVA antérieurement déduite doit alors être **reversée**.

> **Précisions** Chez le nouveau détenteur du bien : le montant à immobiliser doit être retenu déduction faite de la TVA récupérée par le biais de la facture ou de l'attestation fournie par le cédant (CGI ann. II art. 207 III-3 ; voir Mémento Fiscal n° 57305) affectée du coefficient de déduction du nouveau détenteur.

En pratique, sont visés :
– les immeubles vendus plus de cinq ans après l'achèvement (sur le traitement comptable de la régularisation de TVA, voir n° 29400) ;
– les biens usagés dont la cession n'est pas imposable à la TVA (cette situation est toutefois devenue exceptionnelle ; voir n° 29320).

b. Cessions (ou apports) soumises à la TVA (voir Mémento Fiscal n° 57335 à 57345). Cette régularisation concerne les biens qui, lors de leur acquisition, ont fait l'objet d'une déduction uniquement partielle, voire n'ont fait l'objet d'aucune déduction. La TVA antérieurement non déduite doit alors faire l'objet d'une **déduction complémentaire**.
Sont notamment visés :
– les immeubles vendus dans les cinq ans de leur achèvement et soumis à la TVA ;
– les biens usagés dont la cession est imposable à la TVA, dès lors qu'ils ont antérieurement donné lieu, lors de leur acquisition, à une déduction, même partielle.

c. Biens désormais utilisés à des opérations ouvrant droit à déduction alors qu'ils étaient jusqu'alors utilisés, en tout ou partie, pour la réalisation d'opérations imposables n'ouvrant pas droit à déduction (voir Mémento Fiscal n° 57365 à 57380). La TVA antérieurement non déduite doit alors faire l'objet d'une **déduction complémentaire**.
En revanche, lorsqu'un bien est utilisé initialement pour la réalisation d'opérations non imposables, aucune régularisation ne peut être opérée sur ces biens en cours d'utilisation

lorsqu'ils sont ensuite utilisés pour la réalisation d'opérations imposables ouvrant droit à déduction.

d. Biens cessant d'être utilisés à des opérations ouvrant droit à déduction (voir Mémento Fiscal n° 57390 à 57410).

> **Précisions** Cessation d'assujettissement à la TVA de biens mobiliers d'investissement immobilisés (Cas de l'affectation de l'immobilisation à une activité non assujettie à la TVA, de cessation d'activité ou d'utilisation personnelle du bien par un exploitant individuel) : sur ce cas particulier, qui ne donne pas lieu à régularisation mais à la taxation d'une livraison à soi-même lorsque le bien a ouvert droit à une déduction totale ou partielle, voir n° 29405.

e. Modifications législatives ou réglementaires des règles d'exclusion du droit à déduction (voir Mémento Fiscal n° 57350 à 57360) :
En revanche, les régularisations globales ne s'appliquent notamment pas en cas de :
– transmission universelle totale ou partielle de biens (CGI art. 257 bis) ;
– vols ou destructions justifiés (voir Mémento Fiscal n° 57430).

II. VALEUR D'INVENTAIRE

RÈGLE GÉNÉRALE
Le Code de commerce (C. com. art. L 123-12, al. 2) prescrit à tout commerçant de faire au moins une fois tous les douze mois un inventaire de ses biens – dont ses immobilisations. À cette occasion, il procède à leur **recensement** et à leur **évaluation**. 26855

Recensement des immobilisations Des **procédures** doivent permettre de suivre les acquisitions et les retraits d'immobilisations et d'obtenir constamment la concordance entre les immobilisations figurant au bilan et les existants réels. Cette concordance doit être réalisée : 26860
– **en quantité** (même nombre d'éléments réels et d'éléments figurant en comptabilité) ;
– et **en valeur** (comptabilisation correcte des amortissements).
En pratique, les **documents** produits par la comptabilité sont considérés comme **probants** lorsque (sur l'importance et la nature des pièces justificatives, voir n° 7435 s.) :
– le montant de chaque compte d'immobilisations est confirmé par un **état donnant la liste des biens possédés,** accompagnée des pièces justificatives ;
– cette liste est elle-même confirmée par un **inventaire physique périodique** permettant de s'assurer que tous les biens y figurant existent encore dans l'entreprise et que tous les biens inventoriés y sont portés ;
– les **amortissements** nécessaires ont été pratiqués sur tous les éléments de cette liste et le montant récapitulatif des amortissements ainsi pratiqués est égal au montant porté au bilan.
En outre, il est utile de disposer d'une évaluation périodique de ces biens.

> **Précisions 1. Suivi des immobilisations existantes** Le service comptable doit pouvoir suivre les immobilisations **élément par élément** (y compris les composants). À cet effet, il est particulièrement utile que chaque immobilisation soit **identifiée** (éventuellement par une description ou un numéro d'identification) et **localisée**.

EXEMPLE
Un des procédés les plus satisfaisants consiste à créer pour chaque élément immobilisé une **fiche** comprenant :
– le nom du fournisseur ;
– la référence de la facture ;
– la date d'acquisition ;
– le montant HT et le montant TTC (éventuellement le montant immobilisé lorsque celui-ci n'est pas le montant HT) ;
– la localisation du bien dans l'entreprise ;
– le taux et la méthode d'amortissement retenus ;
– le montant des amortissements pratiqués chaque année ;
– le total des amortissements cumulés ;
– la valeur résiduelle comptable ;
– l'immobilisation principale (s'il s'agit d'un composant).

Les totaux récapitulatifs de ces fiches (total des montants immobilisés, total des amortissements pratiqués, total des amortissements de l'exercice) doivent correspondre, pour chaque rubrique d'immobilisation, à ceux portés en comptabilité.

Les immobilisations corporelles, en particulier celles exposées au vol, sont physiquement identifiées par des plaques portant leur numéro d'identification, le nom du propriétaire, leur localisation.

2. Inventaire permanent Il résulte du Code de commerce qu'un inventaire physique annuel est, en principe, nécessaire pour s'assurer de la concordance entre les immobilisations figurant au bilan et les existants réels.
Toutefois, en pratique, la plupart des entreprises se limitent à la tenue d'un inventaire permanent (fichier).
Cette position paraît défendable, tout au moins dans les entreprises ayant un **bon contrôle interne** des immobilisations **et** chez lesquelles (cas général) la **rotation** de celles-ci est **faible**.

> **Fiscalement** Il n'existe aucune obligation spécifique concernant cet inventaire.

26865 **Évaluation de la valeur d'inventaire** La valeur d'inventaire est égale à la valeur actuelle (voir n° 26875). Toutefois, lorsque la valeur actuelle n'est pas jugée notablement inférieure à sa valeur nette comptable (voir n° 26870), cette dernière est retenue comme valeur d'inventaire (C. com. art. R 123-178-5°).

> **Précisions** **Valeur d'inventaire estimée quelques mois avant la clôture** La valeur d'inventaire n'étant pas estimée nécessairement à la date de clôture (voir n° 26855), une entreprise a donc la possibilité de réaliser le test de dépréciation d'une immobilisation sur la base d'une valeur d'inventaire estimée quelques mois avant la clôture. À notre avis, si cette valeur a été estimée avant la survenance d'un événement important de l'exercice et qu'un indice de perte de valeur survient à la clôture, le calcul de la valeur d'inventaire doit être ajusté pour tenir compte de cet événement.

DÉTERMINATION DE LA VALEUR NETTE COMPTABLE

26870 La valeur nette comptable d'une immobilisation correspond à sa **valeur brute diminuée**, pour les immobilisations amortissables, **des amortissements** cumulés **et des dépréciations** (C. com. art. L 123-18 et PCG art. 214-6).
La valeur brute des biens (PCG art. 214-6) correspond à leur valeur d'entrée dans le patrimoine (voir n° 26170 s.) ou à sa valeur de réévaluation (voir n° 56665 s.).
Un actif amortissable est un actif dont la durée d'utilisation est limitée (PCG art. 214-1). Voir n° 27055.
L'amortissement d'un actif amortissable est la répartition systématique de son montant amortissable en fonction de son utilisation (PCG art. 214-13).

> **Précisions** La valeur nette comptable d'un actif est calculée en référence à des amortissements comptables liés à l'utilisation du bien et non pas en référence à des amortissements fiscaux (voir n° 27010 s.).

La dépréciation d'un actif est la constatation que sa valeur actuelle est devenue inférieure à sa valeur nette comptable (PCG art. 214-5). Voir n° 27715 s.

DÉTERMINATION DE LA VALEUR ACTUELLE

26875 **Définition de la valeur actuelle** La valeur actuelle est une valeur d'estimation qui s'apprécie en fonction du marché et de l'utilité du bien pour l'entreprise (C. com. art. R 123-178-4°). C'est en principe la valeur la plus élevée (PCG art. 214-6) :
– de la **valeur vénale** (voir n° 26895) ;
– ou de la **valeur d'usage** (voir n° 26915 s.).
En pratique :
– s'il n'est pas possible de déterminer la valeur actuelle d'un actif pris isolément, il convient de déterminer la valeur actuelle du **groupe d'actifs** auquel il appartient (PCG art. 214-15). Sur les principes de regroupement des actifs, voir n° 27730 ;
– si l'une ou l'autre des deux valeurs est supérieure à la valeur comptable, aucune dépréciation n'est à constater, voir n° 27720 ;
– si l'une des deux valeurs (ou aucune des deux) ne peut être estimée de façon fiable, notamment en période de forte incertitude (crise), voir n° 26920.
Sur la possibilité de ne pas avoir à procéder à un nouveau calcul de la valeur actuelle, voir n° 27742.

26895 **Valeur vénale d'un actif ou d'un groupe d'actifs** Cette valeur correspond (PCG art. 214-6) :
a. au montant qui pourrait être obtenu, à la date de clôture, **de la vente de l'actif,** lors d'une transaction conclue à des conditions normales de marché ;

> **Précisions** **1.** Selon la Note de présentation du règlement ANC n° 2015-06 (§ 2.2), les **conditions normales de marché** sont celles des transactions intervenant entre des parties bien informées, indépendantes et consentantes. **2.** La Note de présentation précitée précise

également la **hiérarchie des éléments à prendre en compte pour établir la valeur vénale** :
– en premier, le prix figurant dans un accord de vente irrévocable signé à l'occasion d'une transaction dans des conditions de concurrence normale ;
– à défaut, le prix résultant d'un marché actif ;
– et s'il n'existe ni accord de vente irrévocable ni marché actif pour l'actif considéré : estimation à partir de la meilleure information disponible en tenant compte des transactions récentes portant sur des actifs similaires dans le même secteur d'activité.

3. Dans le cas des actifs immobiliers, il n'est pas exigé d'une entreprise qu'elle fasse procéder, à la clôture de chaque exercice, à une expertise de ses immobilisations. Toutefois :
– le règlement général de l'AMF (art. 422-44 s.) prévoit des obligations en matière d'expertise immobilière pour les SCPI et les OPCI (voir n° 3160) ;
– pour les autres sociétés immobilières, l'AMF a fait plusieurs recommandations :
• dans le rapport annuel COB 1999 (p. 59 s.), elle encourage les sociétés cotées (pour lesquelles le recours à un expert indépendant est préconisé lors de missions d'expertise effectuées à l'occasion d'appels au marché ou lors de l'arrêté des comptes annuels) à recourir à des experts indépendants. Elle recommande en outre à toutes ces sociétés de suivre les recommandations émises dans le rapport du groupe de travail sur l'expertise immobilière du patrimoine des sociétés faisant appel public à l'épargne publié le 3 février 2000 sur son site. Enfin, elle recommande d'indiquer en annexe les méthodes d'évaluation retenues et, le cas échéant, les raisons ayant conduit à ne pas respecter les préconisations du rapport ;
• dans la position – recommandation AMF n° 2010-18 (publication du 8-2-2010 modifiée le 1-8-2012) sur la présentation des éléments d'évaluation et des risques du patrimoine immobilier des sociétés cotées, elle aborde les points suivants de l'information à donner : synthèse de l'expertise, description du patrimoine et facteurs de risques ;
– l'OEC et la FNAIM ont rédigé un guide méthodologique sur l'évaluation des actifs immobiliers des entreprises (RFC n° 245, mai 1993). Ce guide a été revu et complété puis intégré dans la charte de l'expertise en évaluation immobilière (3e édition juin 2006).

4. Période de crise En période d'incertitudes économiques, les valeurs pré-crise ne sont en général plus représentatives de la valeur intrinsèque des actifs sous-jacents et doivent faire l'objet d'analyses complémentaires. Dans l'approche par les multiples, les multiples doivent être analysés sur de longues périodes pour avoir une idée du multiple normatif davantage représentatif de la valeur intrinsèque de l'activité. Dans tous les cas, le multiple doit être appliqué à un agrégat financier (chiffre d'affaires, résultat d'exploitation, EBE...) construit dans une vision normative. Il convient donc de s'assurer que, sur la période nécessaire pour atteindre ce niveau normatif, la société n'ait pas à assumer trop de pertes.

5. Conflit Russie/Ukraine La valeur de marché n'est plus une référence satisfaisante : les références de marché en dehors de la Russie ne sont plus pertinentes et la référence directe au marché russe non plus dans la mesure où la liquidité des actions cotées sur le marché russe ou l'accès aux transactions russes peuvent être très limités pour un participant étranger.

6. Période d'inflation Dans l'approche par les multiples, les multiples des sociétés cotées reflétant des valeurs intégrant la vision du marché, dont l'inflation, les agrégats financiers auxquels ils s'appliquent n'ont pas à être retraités des impacts de l'inflation. Concernant l'approche par les multiples de transactions, il peut être pertinent d'ajuster le multiple par référence à l'évolution des multiples du secteur, sur la base d'observations d'actifs comparables cotés.

b. net des coûts de sortie, c'est-à-dire des coûts directement attribuables à la sortie d'un actif, à l'exclusion des charges financières et de la charge d'impôt sur le résultat.

Les coûts directement attribuables à la sortie d'un actif peuvent être des **coûts externes et internes** à l'entité, permettant de mettre l'actif en état d'être vendu. Il en est ainsi, par exemple, des frais d'acte, des frais de timbre et taxes similaires liées à la transaction des coûts d'enlèvement de l'actif et des coûts marginaux directement engagés pour mettre l'actif en état d'être vendu (Note de présentation précitée, § 2.3).

> **Fiscalement** L'administration considère que la valeur vénale ne doit pas être minorée des coûts de sortie (BOI-BIC-PROV-40-10-10 n° 50).

> **Précisions** **Conséquence sur les amortissements** Cette divergence entre les règles comptables et fiscales est susceptible d'entraîner des conséquences défavorables pour les immobilisations amortissables. En effet, les amortissements non pratiqués du fait de la minoration de la base amortissable à raison des coûts de sortie pourraient être regardés comme irrégulièrement différés en application des articles 39 B du CGI (voir n° 27010) et 15 de l'annexe II au CGI (voir n° 27070). Sur la déductibilité des dépréciations calculées sur la base de la valeur vénale, voir n° 27741.

Cette notion de valeur vénale est similaire à celle de juste valeur en IFRS. Sur l'évaluation de la juste valeur en normes IFRS, voir Mémento IFRS n° 35963 (dans le cadre de l'évaluation de la valeur recouvrable selon IAS 36) et 13310 s. (dans le cadre plus large d'IFRS 13).

26915 **Valeur d'usage d'un actif ou d'un groupe d'actifs** Le PCG (art. 214-6) indique qu'il s'agit de la valeur d'estimation des avantages économiques futurs attendus de l'utilisation de l'actif et de sa sortie, c'est-à-dire de la **valeur actualisée des flux nets de trésorerie** attendus de l'actif ou du groupe d'actifs.

Sur les principes de regroupement des actifs pour calculer leur valeur d'usage, voir n° 27730.

> **EXEMPLE**
> La société X a fait construire un immeuble dédié à un secteur d'activité spécifique et loue cet immeuble à la société Y. Les flux nets de trésorerie attendus peuvent être déterminés en prenant comme hypothèse la valeur actualisée des loyers les plus probables (en prenant en compte, dans le taux d'actualisation, le risque inhérent au bailleur, voir ci-après I. a.), compte tenu des perspectives économiques de la société Y, des négociations éventuelles entre la société X et la société Y et de la probabilité de trouver un nouveau locataire (Bull. CNCC n° 162, juin 2011, EC 2011-05, p. 287 s.). Pour plus de détails sur la méthode de calcul des flux de trésorerie, voir ci-après I.

Dans le cadre d'une **entité industrielle et commerciale,** le critère des flux nets de trésorerie est le plus pertinent. En conséquence, même les actifs de support (sièges sociaux, centres de recherche, équipements informatiques...), qui ne génèrent pas de flux de trésorerie de façon indépendante des autres actifs, mais qui ont pour objet principal d'être utilisés en interne, ne doivent pas être évalués en fonction de leur potentiel de services attendus, mais en fonction des flux nets de trésorerie attendus (voir n° 27735).

En revanche, pour les activités où les flux de trésorerie attendus ne reflètent pas à eux seuls les avantages économiques futurs attendus, les éléments additionnels pertinents sont pris en considération. Ainsi, pour les entités du **secteur associatif ou public,** il convient de tenir compte de la notion de **potentiel de services** attendus (voir n° 25150) pour déterminer la valeur d'usage des actifs (Note de présentation du règl. ANC 2015-06, § 2.3).

> **Fiscalement** Sur la déductibilité des dépréciations calculées sur la base de la valeur d'usage, voir n° 27741.

I. Méthode de calcul des flux de trésorerie futurs actualisés Le PCG (art. 214-6) apporte des précisions concernant la méthode de calcul de ces flux :

a. Actualisation des flux Les flux de trésorerie doivent être actualisés pour refléter l'effet de la **valeur temps** de l'argent. Selon la Note de présentation précitée (§ 2.3), le taux d'actualisation doit refléter les **risques spécifiques à l'actif dans la perspective de son utilisation** par l'entité.

En revanche, il ne doit pas refléter les risques et avantages déjà pris en compte dans les estimations de flux de trésorerie (voir ci-après b.).

En pratique, les flux de trésorerie sont actualisés à partir du WACC (« Weighted average cost of capital » ou Coût moyen pondéré du capital) qui correspond au coût moyen pondéré des différentes sources de financement de l'entreprise (capital et dette). Ce taux tient compte :
– du taux de l'IS (compte tenu du plafonnement de la déductibilité des charges d'intérêts, voir n° 42985) ;
– ainsi que des taux sans risques, corrigés des risques spécifiques à l'actif dans la perspective de son utilisation dans le groupe d'actifs (risque de marché ajusté du « beta sectoriel » et de la prime de risque propre à l'entreprise), sauf si les projections de flux de trésorerie ont déjà été ajustées pour en tenir compte.

> **Précisions** **1. En période de forte inflation,** il est préférable d'utiliser un WACC nominal unique intégrant les anticipations d'inflation dans sa composante Taux sans risque/Prime de marché. L'inflation unique (moyenne à moyen terme) incluse dans le WACC peut créer des écarts sur les premières années du plan, mais elle est préférable à l'utilisation d'un WACC évolutif complexe et source d'erreurs.
>
> L'utilisation d'un WACC hors inflation est possible s'il s'applique à des flux eux-mêmes retraités des effets de l'inflation, mais cette approche a l'inconvénient de ne pas tenir compte des impacts de l'inflation sur la marge (la capacité à répercuter la hausse des coûts dans le prix de vente sans altérer les volumes).
>
> **2. Période de forte incertitude** (crise, conflit...) Voir n° 26920.

b. Projection des flux de trésorerie Selon la Note de présentation précitée (§ 2.3), les projections de flux de trésorerie utilisées pour déterminer la valeur d'usage distinguent généralement :
– une période couverte par des documents prévisionnels pluriannuels (voir ci-après 1.) ;
– une période couverte par les flux extrapolés (voir ci-après 2.) ;
– et, le cas échéant, une estimation d'une valeur de sortie (voir ci-après 3.).

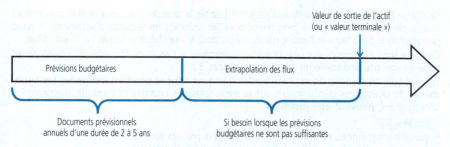

1. Prévisions budgétaires
Les projections de flux de trésorerie de cette période :
– sont fondées sur des hypothèses raisonnables et cohérentes entre elles, reprises dans les **documents prévisionnels** pluriannuels les plus récents et élaborés par le niveau approprié de la direction ;
Les hypothèses retenues pour l'élaboration des prévisions de flux de trésorerie (notamment les hypothèses de croissance et de marge) doivent être documentées, par exemple par une analyse des écarts entre les budgets et les réalisations.
– représentent la meilleure estimation faite par la direction de l'ensemble des conditions d'utilisation de l'actif **dans son état actuel.**
À notre avis, cela implique que **ne doivent être pris en compte ni les investissements de croissance** (en revanche, les investissements de maintenance doivent bien être pris en compte) **ni les restructurations.**
Sauf si l'entité peut démontrer sa capacité à établir des prévisions fiables sur une période plus longue, les projections de flux ne devraient pas couvrir une période supérieure à **5 ans.**

EXEMPLE

Une entreprise possède un actif dont elle doit calculer la valeur d'usage. Ses prévisions budgétaires sur les trois prochaines années sont les suivantes :

	N1	N2	N3
(+) Chiffre d'affaires	1 000	1 050	1 070
(–) Charges	–900	–1 000	–1 010
(–) IS	–33	–16	–20
(+) Dotations aux amortissements et dépréciations [1]	300	300	300
(–) Variation du besoin en fonds de roulement	–10	–9	–4
(–) Investissement de maintien	–50	–30	–20

[1] Ne correspondant pas à des sorties de trésorerie effectives, les dotations aux amortissements et les dépréciations ne doivent pas être prises en compte dans le calcul des cash flows actualisés et doivent donc être retraitées du montant global des charges.

Le taux d'actualisation retenu est, par hypothèse, de 5 % (appliqué en fin d'exercice, par simplification). Les flux projetés actualisés sur la période de prévisions budgétaires s'établissent à 833, calculé comme suit sur 3 ans :

	N1	N2	N3
Cash flows nets	307	295	316
Cash flows actualisés	**292** [1]	**268** [2]	**273** [3]

[1] $292 = 307 / 1{,}05$.
[2] $268 = 295 / 1{,}05^2$.
[3] $273 = 316 / 1{,}05^3$.

2. Extrapolation des flux
Au-delà de la période de prévisions budgétaires, lorsque cette dernière est insuffisante par rapport à la durée d'utilisation de l'actif, les projections de flux de trésorerie sont extrapolées sur la base des données budgétaires, en leur appliquant un **taux de croissance** qui doit être stable ou décroissant en fonction des perspectives économiques.

26915
(suite)

Sauf si un taux de croissance différent peut être justifié, le taux de croissance ne doit pas excéder le taux de croissance moyen à long terme pour les produits, les secteurs d'activité ou la zone géographique dans laquelle l'entreprise opère ou pour le marché pour lequel l'actif est utilisé.
Ces flux sont extrapolés sur une période déterminée à l'issue de laquelle est envisagée et prise en compte une sortie de l'actif (voir ci-après 3.).
En pratique, l'extrapolation est faite sur les quelques **années pendant lesquelles les hypothèses** de croissance, d'inflation et autres évolutions des charges et produits, intégrant les anticipations, **peuvent être justifiées**.

> EXEMPLE
>
> (suite) Les hypothèses retenues pour évaluer les flux projetés sont les suivantes :
> — taux de croissance du chiffre d'affaires : 2 % (dont 1 % en volume) ;
> — inflation : 1 %.
>
> Les flux projetés actualisés s'établissent à un montant total de 1 232, calculé comme suit sur 5 ans :
>
> | | N4 | N5 | N6 | N7 | N8 |
> |---|---|---|---|---|---|
> | Chiffre d'affaires | 1 091 (1) | 1 113 (1) | 1 135 | 1 158 | 1 181 |
> | Charges (hors amortissements et dépréciations) | −724 (2) | −739 | −754 | −769 | −784 |
> | Amortissements / dépréciations | −300 | −300 | −300 | −300 | −300 |
> | IS | −22 | −25 | −27 | −29 | −32 |
> | Variation du besoin en fonds de roulement | −4 (3) | −4 | −4 | −4 | −4 |
> | Dépenses en capital | −20 (4) | −20 | −21 | −21 | −21 |
> | Cash flows nets | 321 (5) | 325 | 329 | 335 | 340 |
> | **Cash flows actualisés** | 264 (6) | 255 | 246 | 238 | 230 |
>
> (1) 1 091 = 1 070 × 1,02 (au titre de la croissance)
> (2) 724 = 710 × 1,02 (1 % au titre de l'inflation + 1 % au titre de l'augmentation des volumes)
> (3) Variations du BFR suivent l'augmentation régulière du chiffre d'affaires
> (4) Dépenses en capital restent quasiment stables en l'absence d'une inflation significative
> (5) 321 = 1 091 − 724 − 4 − 20 (les amortissements ne constituant pas des cash flows)
> (6) 264 = 321 / $1,05^4$

3. Valeur de sortie de l'actif La valeur de sortie de l'actif représente tous les flux de trésorerie attendus de l'actif après la dernière année d'extrapolation des flux (voir ci-avant 2.). Elle est estimée :
— soit à une **valeur nulle**, si la fin de la période d'extrapolation des flux correspond à la fin de la durée de vie de l'actif ;
En l'absence de cession probable, l'extrapolation d'un **flux normatif est réalisée sur la durée résiduelle d'utilisation de l'actif** (qui peut être infinie s'agissant notamment d'une immobilisation non amortissable).
— soit à la **valeur de cession** de l'actif, nette des coûts de cession si la vente de l'actif est envisagée à la fin de la période d'extrapolation des flux.
En général, cette valeur est estimée à l'aide d'un multiple appliqué au dernier résultat normatif actualisé.

> EXEMPLE
>
> (suite) La valeur terminale est estimée, avec un taux de croissance net de 1 %, à 8 585, soit :
> — le dernier exercice de la période d'extrapolation des flux (N = 340) ;
> — actualisé selon la formule suivante : [N × (1 + taux de croissance)] / (taux d'actualisation − taux de croissance).
> Au final, la valeur d'usage de l'actif est donc estimée à 10 650, qui représente la somme de :
> + 833 (flux de trésorerie estimés pendant la période budgétaire, voir ci-avant 1.) ;
> + 1 232 (flux de trésorerie estimés pendant la période d'extrapolation, voir ci-avant 2.) ;
> + 8 459 (valeur terminale).

La CNCC a publié un guide professionnel mettant l'accent sur les questions pratiques liées à la mise en œuvre de la méthode des flux nets de trésorerie actualisés (Guide professionnel CNCC « L'évaluation financière expliquée : principes et démarches », novembre 2011).

4. Projections nettes d'impôt Les flux de trésorerie à retenir dans le calcul sont, à notre avis, ceux **après impôts** (étant actualisés par un taux tenant compte de l'impôt, voir ci-avant a.). Ils doivent être déterminés en tenant compte des flux prévisionnels effectifs d'impôt pour chaque période de projection, ce qui nécessite en pratique de déterminer le montant et le calendrier prévisionnel de reversement des effets d'impôts différés significatifs.

5. Période de forte incertitude (crise, conflit…) Voir n° 26920.

II. Permanence des méthodes

a. Principe Les critères et la méthode de calcul des avantages économiques futurs retenus pour un actif sont appliqués de façon permanente à chaque évaluation de la valeur d'usage de cet actif (Note de présentation précitée, § 2.3).

b. Changement de méthode Toutefois, s'il apparaît au cours d'un exercice que les hypothèses retenues pour calculer les flux de trésorerie ne sont plus pertinentes, un **changement d'estimation** devient nécessaire (voir n° 8455 s.). Tel est notamment le cas en période de crise (voir n° 26920).

III. Information en annexe
Quelle que soit la méthode retenue, elle doit être indiquée en annexe au titre des méthodes utilisées pour le calcul des dépréciations (PCG art. 832-3/3).

Valeur d'usage en période de forte incertitude (crise) 26920
En période d'incertitudes économiques, il convient d'adapter la méthode d'estimation de la valeur d'usage des immobilisations.
Sur la possibilité de ne pas avoir à procéder à un nouveau calcul de la valeur d'usage, voir n° 27742.

I. Revue des hypothèses

a. Adapter les projections de flux de trésorerie pour intégrer les conséquences de la crise :
– à court, moyen et long terme ;
– **jusqu'à la date d'arrêté des comptes**, dès lors que ces conséquences pouvaient être **raisonnablement attendues** à la date de clôture (voir n° 52320).

> **Précisions 1. Projections de flux de trésorerie** En pratique (en ce sens, Questions-Réponses CNCC Covid-19 ; Question 2.3) :
– les **budgets et plans d'affaires** établis avant l'épidémie devraient être mis à jour pour refléter les effets économiques raisonnablement attendus de l'événement à l'origine de la crise (dégradation de la performance opérationnelle, sous-activité, arrêt temporaire, aides gouvernementales, reports ou allègements d'échéances fiscales, désordres géographiques, politiques, économiques et sociaux, nouveaux comportements de consommation à la sortie de la crise sanitaire…) ;
– les **prévisions de flux de trésorerie à court terme** devraient être cohérentes avec les prévisions internes de trésorerie ainsi que les objectifs externes annoncés au marché ;
– il convient d'apprécier s'il faut intégrer des effets économiques raisonnablement attendus à plus long terme qui peuvent affecter la détermination de la **valeur terminale**.
Dans tous les cas, il est nécessaire de privilégier les sources d'information externes récentes lorsqu'elles sont disponibles comme les prévisions des analystes financiers, les banques centrales…
2. Aides et indemnisations prévisibles Les plans d'affaires peuvent, à notre avis, tenir compte des aides d'État, des aides du groupe ou encore des indemnités d'assurance pour autant qu'elles soient certaines dans leur principe. Cela suppose :
– pour les **aides d'État,** qu'une loi soit votée à la date d'arrêté des comptes et que l'entreprise soit en mesure de démontrer qu'elle peut bénéficier de cette aide ;
– pour les aides attendues du groupe, qu'une **lettre de confort** soit signée à la date d'arrêté des comptes et que la mère ait les moyens d'aider sa filiale (voir n° 35980) ;
– pour les **indemnités d'assurance,** que le contrat prévoit expressément le cas d'indemnisation sans exclusion aucune, notamment les situations de crise sanitaire type pandémie ou autres.
3. Exposition aux pays émergents En cas de forte dégradation des notes des pays émergents pendant la crise, il convient de mettre à jour les analyses de risque pays et de risque de devise.
4. Durée des prévisions Elle doit être revue, si nécessaire, pour atteindre un niveau normal d'activité. Par exemple, une entité qui retenait des prévisions sur 3 ans peut envisager de passer à des prévisions sur 5 ans.

En pratique, deux approches peuvent être retenues pour revoir les projections de flux de trésorerie en période de forte incertitude et volatilité :
– renforcer les analyses de sensibilité sur les paramètres du plan d'affaires (taux de croissance du chiffre d'affaires, marges…) en prenant en compte les changements dans les perspectives d'exploitation et de croissance à long terme ;
– utiliser une approche probabiliste (issue d'IAS 36 Appendix A7) consistant à modéliser les risques et incertitudes (date de la reprise d'activité, intensité de l'impact de la crise, capacité

à revenir aux tendances antérieures à la crise…) en identifiant, pour chaque incertitude, des scenarii alternatifs au plan d'affaires (qui devront être calibrés sur la base d'estimations et d'hypothèses raisonnables, documentées et réalistes), puis à attribuer à chacun des scenarii des probabilités d'occurrence. Ces projections devront être cohérentes avec les éventuelles annonces de changements de plans stratégiques (en ce sens, « public statement » de l'ESMA relatif aux implications de la guerre en Ukraine sur la préparation des comptes semestriels en IFRS).

> **Précisions** **Conflit Russie/Ukraine** Il convient de prendre en compte le risque d'une cession forcée de l'activité à court/moyen terme et d'estimer, si possible, le prix de cession afférent dans un des scénarios du test de dépréciation.

b. Adapter le taux d'actualisation Les différentes composantes du taux d'actualisation (voir n° 26915) peuvent devoir être revues.

La prime spécifique peut devoir être ajustée pour refléter les incertitudes sur les prévisions de flux de trésorerie si les projections ne reflètent pas suffisamment les risques, notamment lorsque l'entreprise ne peut pas intégrer plusieurs scénarios dans le modèle, voire ne peut pas ajuster ses projections (Rec. ANC précitées, Question C2 et « public statement » de l'ESMA relatif aux implications de la guerre en Ukraine sur la préparation des comptes semestriels en IFRS).

II. Information en annexe   Voir n° 29610.

L'AMF a émis depuis 2007 des recommandations concernant l'information à fournir en annexe sur l'évaluation des actifs en période de crise financière (Rec. AMF des 4-12-2007, 29-10-2008 et 4-11-2009).

III. VALEUR À L'ARRÊTÉ DES COMPTES (VALEUR AU BILAN)

RÈGLE GÉNÉRALE

26985 Pour l'arrêté des comptes, la valeur comptable est déterminée de la façon suivante :

I. La valeur nette comptable d'une immobilisation correspond à sa valeur brute diminuée des **amortissements** (voir n° 27010 s.).

II. À la date de clôture, la valeur nette comptable (voir n° 26870) est comparée à la valeur actuelle (voir n° 26875) à la même date (C. com. art. L 123-18 al. 2) :
Sur les conditions de réalisation du test de dépréciation, voir n° 27715 s.

a. Si la valeur actuelle est supérieure à la valeur nette comptable, la **plus-value** latente constatée entre lesdites valeurs n'est **pas comptabilisée** (PCG art. 214-20).
Aucune dérogation à cette règle ne saurait être admise (voir n° 8405), si ce n'est dans le cadre d'une réévaluation. En effet, par **dérogation** aux règles ci-avant, les entreprises peuvent procéder à des **ajustements** de valeur dans le cadre d'une **réévaluation** de toutes leurs immobilisations corporelles et financières (C. com. art. L 123-18, al. 4 et PCG art. 214-27). Pour plus de détails, voir n° 56665 s.

b. Si la valeur actuelle devient inférieure à la valeur nette comptable, les **moins-values** latentes entre lesdites valeurs sont prises en compte par la constitution (PCG art. 214-17) :
– soit d'une **dépréciation** (voir n° 27715 s.) ;
– soit d'un **amortissement exceptionnel** (voir n° 27760).

Les moins-values ne peuvent être compensées avec des plus-values latentes existant sur d'autres biens. Il en va différemment pour les biens compris dans un groupe d'actifs au niveau duquel le test de dépréciation est réalisé (voir n° 27730).

III. En outre, lorsque des textes particuliers de niveau supérieur prescrivent ou autorisent la comptabilisation d'**amortissements dérogatoires** (voir n° 27370 s.) ou de provisions répondant à la définition de **provisions réglementées** (voir n° 56305 s.), ces amortissements, bien que ne correspondant pas à l'objet normal d'un amortissement ou d'une dépréciation, sont comptabilisés (PCG art. 214-8).

A. Amortissement des immobilisations

Sur les biens totalement amortis, voir n° 29090 (présentation au bilan) et 29660 (annexe). **26990**

CONSTATATION OBLIGATOIRE DES AMORTISSEMENTS

Même en cas d'absence ou d'insuffisance de bénéfice, il est procédé aux amortissements (et dépréciations) nécessaires (C. com. art. L 123-20, al. 2 et PCG art. 214-7 et 214-11). **27010**

L'absence d'amortissement constitue un des éléments constitutifs du délit de présentation de comptes annuels ne donnant pas une image fidèle de l'entreprise (Cass. crim. 26-6-1978 n° 77-92.833).

> **Précisions** Toutefois (Revue Eco. et Compt. n° 178, mars 1992, p. 46), le commissaire aux comptes ne doit refuser de certifier ou faire une réserve que si la dotation omise est significative. En revanche, l'irrégularité doit être portée à l'attention des dirigeants et, le cas échéant, du comité d'audit dans le cadre de la procédure de l'article L 823-16 du Code de commerce (voir FRC 12/23 Hors série inf. 83 s.). Il en résulte que l'absence d'amortissement ne constitue un fait délictueux que si elle a une incidence significative sur les comptes et si les dirigeants n'y ont pas remédié.

> **Fiscalement** Les entreprises sont tenues d'effectuer réellement l'amortissement, en respectant un montant minimal :
> **a. Obligation de comptabilisation des amortissements** Le bénéfice net est établi sous déduction de toutes les charges, notamment des amortissements réellement effectués par l'entreprise (CGI art. 39-1-2°). Pour être admis en déduction, les amortissements de l'exercice doivent donc être effectivement comptabilisés (BOI-BIC-AMT-10-10 n° 170) avant l'expiration du délai de déclaration des résultats (CE 14-3-1979 n° 7360 ; CAA Nancy 3-2-2015 n° 13NC01825 ; BOI-BIC-AMT-10-50-10 n° 60), cette condition n'étant pas considérée comme satisfaite par la production d'écritures comptables dépourvues de date certaine (CE 10-11-2000 n° 197903).
> Respecte l'obligation de comptabiliser les amortissements une société qui les a inscrits au débit du compte d'exploitation générale et à l'actif du bilan en déduction des immobilisations et a, préalablement à la déclaration de ses résultats, porté ces écritures au livre d'inventaire coté et paraphé, même si les écritures correspondantes ne figurent pas au journal des opérations diverses et au journal centralisateur (CE 24-7-1981 n° 16598 ; BOI-BIC-AMT-10-50-10 n° 60).
> Sur la suppression du livre d'inventaire, voir n° 7080.
> En revanche, les modes de comptabilisation suivants ne peuvent pas être regardés comme satisfaisant à cette exigence :
> – l'inscription du bien en frais généraux, solution qui ne peut être assimilée à la dotation à un compte d'amortissement (CE 27-10-1982 n° 24741 ; CE 29-1-2003 n° 230961 ; BOI-BIC-AMT-10-50-10 n° 120) ;
> – l'inscription des sommes dans un compte intitulé « provisions pour amortissements » (CE 10-2-1965 n° 57996 ; CE 28-10-1966 n° 68628 ; BOI-BIC-AMT-10-50-10 n° 60) ;
> – des amortissements non individualisés et pratiqués sur une masse indifférenciée d'immobilisations dont le nombre, le coût unitaire et la date d'achat ne peuvent être déterminés (CAA Nantes 30-5-2000 n° 98-2329) ;
> – une inscription en charges à payer (CE 6-2-1981 n° 18252).
> **b. Date de comptabilisation** Ne sont pas déductibles les amortissements **non comptabilisés à l'expiration du délai de déclaration,** alors même que :
> – ils sont mentionnés sur le relevé des amortissements produit à l'appui des déclarations de bénéfices (CE 20-2-1981 n° 14317 et 19384) ;
> – ils sont mentionnés dans la déclaration de résultats et dans le bilan y annexé (CE 9-12-1957 n° 33989 ; BOI-BIC-AMT-10-50-10 n° 60) ;
> – ils ont été portés dans les comptes soumis à l'approbation de l'assemblée générale des associés postérieurement à l'expiration du délai de déclaration (CE 1-7-1966 n° 60980 ; BOI-BIC-AMT-10-50-10 n° 60) ;
> – ils apparaissent dans la comptabilité reconstituée que la société a présentée lors d'un contrôle fiscal postérieur (CE 1-2-1984 n° 37960 ; BOI-BIC-AMT-10-50-10 n° 60) ;
> – ils ont été comptabilisés après la date limite de déclaration, à la suite d'une décision de l'assemblée générale, et ont donné lieu au dépôt d'une liasse rectificative (CE 19-12-1980 n° 16414) ;
> – la nature commerciale de l'activité, qui entraîne l'obligation de comptabiliser les amortissements, n'a été révélée que lors d'un contrôle fiscal ultérieur (CE 11-12-2009 n° 301504) ;
> – l'omission de leur déduction résulte de l'inscription d'un élément d'actif pour une valeur insuffisante (CE 19-4-1989 n° 42488 ; CAA Nancy 1-10-2015 n° 14NC02139 ; BOI-BIC-AMT-10-50-10 n° 130).
> En revanche, les amortissements inscrits en comptabilité à la date d'expiration du délai de déclaration sont déductibles, même si la déclaration est produite hors délai (Rép. Dehaine : AN 26-1-1987 n° 11985, non reprise dans Bofip).

c. Obligation de comptabilisation d'un montant minimum d'amortissements cumulés À la clôture de chaque exercice, la somme des amortissements effectivement pratiqués depuis l'acquisition ou la création d'un élément donné ne peut être inférieure au montant cumulé des amortissements calculés (CGI art. 39 B) :
– sur le prix d'achat ou le coût de revient de l'immobilisation (voir n° 27070) ;
– suivant le **mode linéaire** (BOI-BIC-AMT-10-50-30 n° 70) ;
– répartis sur la **durée normale d'utilisation.** Cette notion de durée normale d'utilisation n'a pas été précisée par l'administration fiscale suite à la réforme des règles comptables sur les actifs de 2005. Toutefois, à notre avis, elle devrait, depuis 2005, s'entendre comme la « durée d'amortissement fiscalement admise », c'est-à-dire dans son principe :
• pour les composants et la structure des immeubles de placement : la durée réelle d'utilisation,
• pour la structure (hors immeubles de placement) et les immobilisations non décomposées : la durée d'usage.
Sur ces durées, voir n° 27120 s. (immobilisations non décomposables), n° 27205 et 27495 (structure d'immobilisations décomposables) et n° 27200 (composants d'immobilisations décomposables).
Dans le cas contraire, l'entreprise **perd définitivement le droit de déduire la fraction d'amortissement irrégulièrement différée.** En effet, ces amortissements :
– ne sont pas déductibles lors de leur dotation ;
– et doivent cependant être pris en compte pour le calcul des plus-values ou moins-values de cession, majorant ainsi le résultat de cession (CGI art. 39 duodecies 2 et 4 b ; voir Mémento Fiscal n° 9455).
Pour les biens amortis selon le **mode dégressif,** les entreprises peuvent, bien entendu, sans contrevenir à l'article 39 B, non seulement différer la fraction de l'annuité dégressive excédant l'annuité linéaire, mais encore se dispenser de pratiquer l'annuité linéaire elle-même lorsque l'amortissement global comptabilisé au cours des exercices précédents excède le montant cumulé de l'amortissement linéaire calculé à la clôture de l'exercice en cause (BOI-BIC-AMT-10-50-30 n° 130).
Par exception, l'administration a indiqué que les dispositions de l'article 39 B du CGI relatives à l'amortissement minimum linéaire cumulé ne seraient pas opposées aux entreprises, sauf cas manifestement abusifs, dans les situations suivantes :
– inscription à l'actif, suite à un contrôle fiscal, d'une immobilisation comptabilisée à tort en charges (BOI-BIC-AMT-10-50-30 n° 40 ; voir n° 53145) ;
– amortissement sur une durée plus longue, du fait de la non-identification, par erreur, d'un composant (BOI-BIC-CHG-20-10-10 n° 100 et 160 ; voir n° 25760 II.) ;
– amortissement d'une immobilisation non décomposable sur une durée réelle d'utilisation plus longue que la durée d'usage fiscalement admise (BOI-BIC-AMT-10-40-10 n° 30 ; voir n° 27120).

DISTINCTION ENTRE AMORTISSEMENTS POUR DÉPRÉCIATION ET AMORTISSEMENTS DÉROGATOIRES

27015 Selon le PCG (art. 214-8 et 214-13), il existe deux catégories d'amortissements :

I. Les **amortissements pour dépréciation,** qui traduisent (sauf en cas de simplification pour les entités ne dépassant pas certains seuils, voir n° 27150) la répartition systématique de la valeur amortissable d'un actif, selon le rythme de consommation des avantages économiques attendus, en fonction de son utilisation probable.

En pratique, ils consistent généralement à étaler, sur la durée réelle d'utilisation, la valeur des biens, suivant un **plan d'amortissement préétabli.**

Selon le PCG (art. 942-28 et 946-68), ils sont comptabilisés au bilan, **en moins de l'actif,** et au compte de résultat, en **charges d'exploitation** (voir n° 29060 s.).

> **Précisions** Les termes « amortissements pour dépréciation » ne figurent pas dans le PCG, seul le terme d'« amortissements » étant mentionné (PCG art. 214-13). Toutefois, nous emploierons ces termes afin de bien distinguer l'amortissement, lié à l'utilisation du bien, traduisant les règles comptables (amortissement pour dépréciation) de l'amortissement dérogatoire (comptabilisé pour des raisons fiscales, voir ci-après II.).

II. Les **amortissements dérogatoires,** qui représentent la fraction d'amortissements ne correspondant pas à l'objet normal des amortissements pour dépréciation, c'est-à-dire, en pratique, la quote-part d'amortissements pratiqués uniquement afin de bénéficier d'avantages fiscaux. Ils peuvent résulter :
– de la base amortissable (voir n° 27400) ;
– des durées d'amortissement (voir n° 27390 s.) ;
– des modes d'amortissement (voir n° 27405 s.).

Ils sont comptabilisés au **passif du bilan** (en « provisions réglementées » – incluses dans les capitaux propres) et au compte de résultat en **charges exceptionnelles** (PCG art. 313-1, 941-14 et 946-68).

Pour plus de détails sur les amortissements dérogatoires, voir n° 27370 s.

> **Fiscalement** L'obligation de comptabiliser l'amortissement, prévue à l'article 39-1-2° du CGI (voir n° 27010), est réputée satisfaite dès lors que celui-ci est **constaté en charges** par le débit soit du compte « Dotations aux amortissements », soit du compte « Dotations aux amortissements dérogatoires » (BOI-BIC-AMT-10-50-10 n° 70).

> **Précisions** **Mesure de simplification réservée à certaines PME** Dans le cas particulier des entités qui, remplissant certains critères, peuvent choisir d'appliquer la **mesure de simplification** liée aux amortissements des immobilisations, **il n'est pas nécessairement fait de distinction**, pour ces immobilisations, entre les amortissements pour dépréciation et les amortissements dérogatoires. Pour plus de détails, voir n° 27150.

1. AMORTISSEMENTS POUR DÉPRÉCIATION

Sur les cas particuliers d'amortissement, voir n° 27465 s.   27045

CONCEPTION LÉGALE DE L'AMORTISSEMENT POUR DÉPRÉCIATION

Il existe diverses conceptions de la nature et des effets de l'amortissement, mais une seule est retenue légalement.   27050

Les différentes conceptions de l'amortissement Elles sont au nombre de trois :
a. Processus de correction de l'évaluation des actifs Il est la constatation comptable de la consommation des avantages économiques attendus des actifs, c'est-à-dire de la perte de la valeur des immobilisations se dépréciant du fait de leur utilisation ; il a pour but de faire figurer les immobilisations au bilan pour une valeur s'approchant de la valeur vénale.
b. Processus de répartition des coûts Il a pour objet de répartir le coût d'un élément d'actif immobilisé corporel, diminué de sa valeur de récupération, au rythme de son utilisation.
c. Technique de renouvellement des immobilisations Elle a pour but d'assurer le renouvellement des immobilisations ; il s'agit donc d'une affectation du bénéfice à la reconstitution du capital.

La conception légale Le Code de commerce et le PCG (art. 214-1 et 214-13) tiennent l'amortissement des immobilisations pour un **processus de correction de l'évaluation des immobilisations** dont le potentiel des services attendus s'amoindrit, normalement d'une manière irréversible, du fait de la **consommation des avantages économiques attendus** de l'immobilisation (sur cette notion de consommation des avantages économiques, voir n° 27055).
Ainsi :
a. **la durée d'amortissement doit correspondre à la durée réelle d'utilisation** de l'immobilisation par l'entreprise (voir n° 27120 s.) ;
Cette durée réelle d'utilisation :
– a pour point de départ la date de début de consommation des avantages économiques attendus (voir n° 27095) ;
– est différente de la durée d'usage (fiscalement admise) ;
– tient compte des habitudes de conservation de l'immobilisation par l'entreprise.
b. **le mode d'amortissement doit correspondre à l'utilisation effective** du bien (voir n° 27230 s.).
Il n'est donc pas nécessairement linéaire et peut être fondé, par exemple, sur des unités d'œuvre (voir n° 27255).
En outre, le plan d'amortissement peut être modifié en cours de vie en cas de dépréciation (voir n° 27765 s.) ou en cas de modification significative de l'utilisation du bien (voir n° 27330 s.).

IMMOBILISATIONS AMORTISSABLES ET NON AMORTISSABLES

Principe Selon le PCG, un actif immobilisé dont la **durée d'utilisation est limitée** fait l'objet d'un **amortissement** (PCG art. 214-1).   27055

> **Fiscalement** Il en est de même : les biens amortissables sont les éléments de l'actif immobilisé soumis à dépréciation du fait de l'usage ou du temps (BOI-BIC-AMT-10-10 n° 130 et 140).

En revanche, lorsqu'il n'y a **pas de limite prévisible** à la durée durant laquelle il est attendu qu'un actif immobilisé procurera des avantages économiques à l'entité, la durée d'utilisation de cet actif est non limitée et l'actif concerné ne fait **pas** l'objet **d'amortissement** (PCG art. 214-2). Le cas échéant, une dépréciation peut devoir être constituée (voir n° 27715 s.).

Le caractère limité ou non de la durée d'utilisation d'un actif est déterminé (PCG art. 214-1 et 214-2 et Note de présentation du règl. ANC 2015-06, § 2) :

a. Au regard des critères inhérents à l'utilisation par l'entité de l'actif considéré.
L'usage est limité dès lors que l'un des critères suivants est applicable :

> **Précisions** Ces critères ne sont pas exhaustifs. D'autres critères peuvent également être pris en compte.

– **physique** : l'actif subit une usure physique par l'usage qu'en fait l'entité ou par le passage du temps ;
– **technique** : il est attendu que l'évolution technique impliquera l'obsolescence de l'actif, son utilisation devenant inférieure à celle qui serait fondée sur sa seule usure physique. Il en est notamment ainsi en cas d'obligation de mise en conformité à de nouvelles normes ;
– **juridique** : l'utilisation est limitée dans le temps par une période de protection légale ou contractuelle notamment en raison de l'expiration d'une protection ;
– **économique** : l'utilisation est limitée dans le temps en raison du cycle de vie des produits générés par cet actif.

Sur la détermination de la durée d'usage d'une immobilisation, voir n° 27140.

b. Dès l'origine (lors de l'acquisition de l'actif) ou **en cours d'utilisation.**
Ainsi, lorsque la durée d'utilisation, estimée lors de l'acquisition de l'actif comme non limitée, devient, en cours d'utilisation, limitée au regard d'un des critères, l'immobilisation devient amortissable. Sur les conséquences, en termes de dépréciation et d'amortissement du bien, voir n° 27330.

27060 **En pratique** Les actifs corporels, physiques par essence, ont généralement une durée d'utilisation limitée. Les terrains faisant, en général, exception à cette règle (Note de présentation du règl. ANC 2015-06, § 2.1).

En conséquence, sont amortissables, notamment :
– les constructions (ensembles immobiliers, ouvrages d'infrastructure…), voir n° 27515 s. ;
– les installations techniques ;
– les matériels et outillages industriels ;
– les matériels de transport (voir n° 27570), de bureau et informatique…

> **Fiscalement** Il en est de même. Pour ces éléments, l'entreprise n'est pas tenue d'apporter la preuve matérielle de la dépréciation subie au cours de l'exercice (D. adm. 4 D-121, n° 3, non reprise dans Bofip).

Ne sont pas amortissables, les terrains (voir n° 27465 s.) et, à notre avis, les œuvres d'art (voir n° 27585).

> **Fiscalement** Il en est de même (CGI ann. III art. 38 sexies ; BOI-BIC-AMT-10-10 n° 200 ; BOI-BIC-AMT-10-20 n° 160).

Sur les cas particuliers d'amortissement, voir n° 27465 s.

PLAN D'AMORTISSEMENT

27065 **I. Définition** Le plan d'amortissement consiste à répartir la valeur amortissable d'un actif en fonction de son utilisation probable. Il est établi en fonction de la durée et du mode d'amortissement propres à chaque actif amortissable, tels qu'ils sont déterminés par l'entité (PCG art. 214-13).

La valeur amortissable de l'actif est sa valeur brute sous déduction de sa valeur résiduelle (PCG art. 214-4). Pour plus de détails sur le montant amortissable, voir n° 27070 s.

> **Précisions 1. Champ d'application** Il s'applique aussi bien aux immobilisations incorporelles qu'aux immobilisations corporelles (Bull. COB n° 168, mars 1984, p. 3 s.). Il ne concerne que les **amortissements pour dépréciation** conformes aux principes comptables par opposition aux amortissements dérogatoires, pris en application de règles particulières (notamment fiscales). Le champ d'application exclut donc les **amortissements dérogatoires** (sur la distinction entre les deux types d'amortissements, voir n° 27015 ; sur les amortissements dérogatoires, voir n° 27370 s.).
>
> **2. Forme du plan d'amortissement** À notre avis, comme le précisait le PCG 82 (p. I.36), le plan est un tableau prévisionnel de réduction des valeurs inscrites au bilan, sur une période déterminée et par tranches successives.
> Ce plan fait apparaître, à notre avis, la valeur brute, le montant des amortissements annuels pratiqués ainsi que la valeur résiduelle de l'élément considéré, et ce exercice par exercice.

II. Date d'établissement du plan d'amortissement L'amortissement d'un actif commence en principe à la date de **mise en service** de l'actif (PCG art. 214-12).

Pour plus de détails sur la date de début des amortissements, voir n° 27095 (corporels) et 31780 (incorporels).

III. Modalités d'établissement du plan d'amortissement
À notre avis, il peut être établi, comme le précisait le PCG 82 (p. I.36) **par élément ou par catégorie d'éléments.** En cas d'immobilisation décomposable, chaque composant identifié au sein du bien (voir n° 25705 s.) fait l'objet d'un plan d'amortissement distinct. Il en est de même pour la structure.

> **Fiscalement** Il en est de même (BOI-BIC-AMT-10-40-10 n° 70).

Le plan d'amortissement est établi en tenant compte des **caractéristiques propres** à l'entreprise. Ces caractéristiques concernent à la fois :
– la valeur résiduelle (voir n° 27070 s.) ;
– la durée (voir n° 27120 s. les corporels et 31785 les incorporels) ;
– et le mode d'amortissement (voir n° 27230 s. les corporels et 31790 les incorporels).

IV. Interruption impossible du plan d'amortissement
Seules les entités ayant choisi le mode d'amortissement selon les unités d'œuvre (voir n° 27255) ne constatent pas d'amortissement pendant une période de non-utilisation de l'actif. Lorsqu'il est amorti linéairement, il n'y a pas lieu d'interrompre l'amortissement de l'actif.

> **Précisions** **1. Conséquences d'un arrêt d'activité** Il est possible d'arrêter ou de réduire l'amortissement (jusqu'ici linéaire) pendant une période d'arrêt ou de réduction d'activité en passant, à certaines conditions, à **un mode selon les unités d'œuvre** afin de mieux traduire la réalité de l'utilisation de certains actifs pendant les périodes d'arrêt ou de réduction d'activité (voir n° 27330).
> **2. Composants d'origine d'une construction à réhabiliter** Voir n° 25920.

V. Modifications du plan d'amortissement
Elles peuvent résulter de plusieurs causes :
– changement significatif dans l'utilisation du bien (changement de condition d'exploitation, fin d'utilisation), voir n° 27330 ;
– comptabilisation d'une dépréciation, voir n° 27765 s. ;
– redressements fiscaux, voir n° 27340.

BASE AMORTISSABLE

27070

Définition Selon le PCG (art. 214-4), le montant amortissable d'un actif est :
– **sa valeur brute** (voir n° 26870) ;
– **sous déduction de sa valeur résiduelle,** cette dernière représentant la valeur vénale de l'actif à la fin de son utilisation, diminuée des coûts de sortie attendus (voir n° 27090).

Il en est de même pour tous les biens, décomposables et non décomposables.

Pour un exemple chiffré mettant en évidence les conséquences pratiques comptables et fiscales de la prise en compte de la valeur résiduelle (et notamment sur la constatation d'amortissements dérogatoires résultant de la base), voir n° 27170.

En cas de comptabilisation d'une dépréciation, celle-ci vient diminuer la base amortissable de manière prospective (PCG art. 214-17 ; voir n° 27765 s.).

> **Fiscalement** En revanche, la base de calcul de l'amortissement est en principe le prix d'achat ou de revient du bien (CGI ann. II art. 15 ; BOI-BIC-AMT-10-30-20 n° 20 et 70), sans prise en compte de la valeur résiduelle.
> En conséquence :
> **1. si l'amortissement comptable est inférieur à l'amortissement fiscalement déductible** Les entreprises doivent obligatoirement constater un amortissement dérogatoire au titre de la fraction du prix de revient qui n'est pas amortie comptablement, mais doit l'être du point de vue fiscal. À défaut, les amortissements non comptabilisés seraient fiscalement réputés irrégulièrement différés (CGI art. 39 B ; voir n° 27010). Pour plus de détails sur cet amortissement dérogatoire, voir n° 27400. Pour un exemple d'application, voir n° 27170, 1er cas ;
> **2. si l'amortissement comptable est supérieur à l'amortissement fiscalement déductible** (dans la situation, qui devrait être exceptionnelle, où les durées d'amortissement retenues sur le plan comptable sont plus courtes que les durées fiscalement admises et ne sont pas compensées par la prise en compte, sur le plan comptable, de la valeur résiduelle, voir n° 27120.), cet amortissement dérogatoire sur la base ne doit pas être comptabilisé. Sur les retraitements à effectuer dans ce cas, voir n° 27120 (immobilisations non décomposables). Pour un exemple d'application, n° 27170, 2e cas.

27090 Modalités de détermination et conditions de prise en compte de la valeur résiduelle dans la base amortissable

I. Détermination de la valeur résiduelle La valeur résiduelle est le montant, net des coûts de sortie attendus (voir n° 26895), qu'une entité obtiendrait de la cession de l'actif sur le marché à la fin de son utilisation. Pour être déduite de la valeur amortissable, la valeur résiduelle doit être (PCG art. 214-4) :

a. significative. En pratique, tel est le cas lorsque la durée d'utilisation (de détention) de l'actif par l'entité est nettement inférieure à sa durée de vie ;

> **Précisions** Par exemple, selon le bulletin CNCC (n° 106, juin 1997, EC 96-113, p. 281 s.), dans le cadre d'un contrat de « buy back » (contrats aux termes desquels le fournisseur s'engage à reprendre le bien pour une valeur déterminée à l'avance, à l'issue de sa période d'utilisation), ces biens étant utilisés sur une durée nettement inférieure à leur durée de vie probable et leur valeur de reprise étant garantie.

b. et **mesurable**, c'est-à-dire s'il est possible de déterminer de manière fiable, dès l'origine, la valeur de marché à la revente du bien en fin de période d'utilisation : contrat de vente ferme, option de vente, catalogue de prix d'occasions (Note de présentation du règl. ANC 2015-06).

Il ne s'agit pas d'apprécier la valeur résiduelle de manière prévisionnelle à l'issue de la période d'utilisation par l'entreprise, mais de l'apprécier à la date de l'acquisition pour un actif similaire qui aurait déjà été utilisé sur cette même période.

> **Précisions** En ce sens :
> — le bulletin CNCC (n° 140, décembre 2005, p. 542 s., « Modalités d'application de la norme IAS 16 et du Règl. CRC 2002-10 ») qui précise, à propos des immeubles, que sont exclus de l'estimation de la valeur résiduelle les facteurs de variation future attendue tels que l'évolution du marché de l'immobilier, l'inflation... ;
> — la norme IAS 16, selon laquelle la valeur résiduelle à prendre en compte correspond au montant que l'entité obtiendrait si cette immobilisation avait déjà l'âge et se trouvait dans l'état prévu à la fin de sa durée d'utilisation, net des coûts de sortie (voir n° 26895) et tel qu'estimé à la date d'inscription à l'actif de l'immobilisation.

EXEMPLE

Une entreprise acquiert un véhicule neuf pour 1 000 le 1/01/N. La durée économique de ce véhicule est de 7 ans, mais sa durée d'utilisation par l'entreprise sera de 4 ans.

La valeur résiduelle de ce véhicule au 1/01/N est donc celle qu'aurait un véhicule similaire ayant 4 ans de plus.

En pratique, il pourrait s'agir dans ce cas de la valeur d'occasion au 1/01/N, d'un véhicule de même type, utilisé depuis 4 ans.

> **Précisions** **Immobilisations incorporelles** En pratique, la valeur résiduelle pour une immobilisation incorporelle ne devrait pas, en général, être mesurable, sauf :
> — si un tiers s'est engagé à racheter l'immobilisation incorporelle à la fin de sa durée d'utilisation par l'entreprise ;
> — ou s'il existe un marché permettant de déterminer cette valeur de manière fiable. En général, pour les immobilisations incorporelles, un tel marché ne devrait pas exister.

Pour un exemple chiffré mettant en évidence les conséquences pratiques comptables et fiscales de la prise en compte de la valeur résiduelle (et notamment sur la constatation d'amortissements dérogatoires résultant de la base), voir n° 27170.

Cas particulier de l'immobilier Compte tenu de la complexité de la détermination de la valeur résiduelle d'un immeuble, il est généralement préférable de faire appel à des experts. Sur la possibilité, rare en pratique, d'aboutir à une base amortissable nulle, voir n° 27495.

II. Affectation de la valeur résiduelle à la structure et aux composants

Dans la plupart des cas, la valeur résiduelle devrait être **affectée, à l'origine, à la structure.**

En effet, les composants ayant une durée d'utilisation inférieure à la durée d'utilisation de la structure, ils ont nécessairement une valeur résiduelle nulle (ou non significative) à l'expiration de la durée d'utilisation de la structure.

Toutefois, en cas de **cession** de l'immobilisation, les composants (renouvelés ou d'origine) dont la durée de vie (durée séparant 2 remplacements, voir n° 27200) s'avère supérieure à la durée résiduelle d'utilisation de la structure, sont amortis :
— sur cette dernière durée ;
— sur une base désormais minorée d'une valeur résiduelle, dès lors que l'immobilisation devant être cédée a une valeur résiduelle dont une partie est réaffectable au composant.

Cas particulier de l'immobilier À l'approche de la date de fin de la durée d'utilisation de l'immeuble (projet de cession notamment), les composants renouvelés peuvent avoir une durée de vie plus longue que la durée d'utilisation résiduelle de la structure de l'immeuble. La valeur résiduelle affectée à l'origine à la structure doit alors être réestimée et, le cas échéant, réaffectée à chaque composant de l'immeuble (Bull. CNCC précité).

III. Réestimation de la valeur résiduelle

Les valeurs résiduelles, telles que définies à l'origine, peuvent être révisées (voir n° 27330).

La révision des durées d'utilisation devrait, à notre avis, généralement conduire à celle de la valeur résiduelle, ces deux éléments étant liés.

> **Précisions** **1. Cas particulier de l'immobilier** La CNCC (Bull. précité) précise qu'il convient d'être prudent et d'apprécier les causes de la revalorisation de la valeur résiduelle de l'ensemble immobilier. En effet, de manière générale la revalorisation ne résulte pas d'une augmentation de la valeur des constructions, mais est plutôt due à l'appréciation du foncier (localisation, évolution de la demande...). En conséquence, sauf cas particulier, il n'y a pas lieu de réestimer la valeur résiduelle de la construction.
> **2. Immobilisation dont la VNC est inférieure à la valeur résiduelle réévaluée** Les amortissements ne pouvant pas être repris (sauf en cas d'erreur, voir n° 27340), aucun produit ne peut être comptabilisé pour le montant excédant la VNC.

Sur les conséquences de la révision de la valeur résiduelle sur le plan d'amortissement, voir n° 27330.

DATE DE DÉBUT DES AMORTISSEMENTS

27095

L'amortissement d'un actif commence à la date de **début de consommation des avantages économiques** qui lui sont attachés. Cette date correspond généralement à la **mise en service** de l'actif (PCG art. 214-12).

> **Précisions** Il en est de même pour tous les biens non décomposables et décomposables, un composant ne pouvant, à notre avis, commencer à être amorti que lorsque l'immobilisation dans son ensemble est mise en service.

À notre avis, cette date correspond à la date à laquelle l'immobilisation est en état de fonctionner selon l'utilisation prévue par la direction, c'est-à-dire à la fin de la période d'incorporation des coûts dans le coût d'entrée, voir n° 26270.

> **Fiscalement** Il en est de même en cas d'amortissement linéaire (voir n° 27235) mais pas en cas d'amortissement dégressif fiscal (voir n° 27290).

En effet, si les entreprises retenaient la seule mise en état de fonctionner sans tenir compte de l'utilisation prévue par la direction, les amortissements débuteraient sur un coût d'entrée non définitivement arrêté. Ce qui poserait des difficultés en pratique : nécessité de réajuster les amortissements de manière rétrospective jusqu'au moment où le coût devient définitif. Retenir la date à laquelle l'immobilisation est en état de fonctionner selon l'utilisation prévue par la direction permet de faire coïncider la fin de la période d'incorporation des coûts et le début des amortissements.

> **Précisions** **1. Au cours de la période d'acquisition**, c'est-à-dire avant le début de consommation des avantages économiques :
> – les immobilisations sont classées en **immobilisation en cours** (compte 231) ;
> – elles ne peuvent être amorties, sauf si l'entreprise décide finalement, de manière définitive, de ne pas utiliser l'immobilisation (dans ce dernier cas il s'agit d'un amortissement exceptionnel, voir n° 27760) ;
> – la dépréciation de l'immobilisation est possible si sa valeur actuelle s'avère inférieure à sa valeur comptable (voir n° 27645).

> **Fiscalement** Il en est, à notre avis, de même (BOI-BIC-AMT-20-10 n° 140). En conséquence, si une perte de valeur est identifiée sur une immobilisation non encore mise en service, celle-ci doit donner lieu à une dépréciation et non à un amortissement (comme l'autorisait la jurisprudence avant l'entrée en vigueur des nouvelles règles sur les amortissements et les dépréciations des actifs ; CE 6-12-1985 n° 53001). Sur les conditions de déductibilité des dépréciations, voir n° 27741 s.

> **2. Immobilisations acquises pour le compte d'une société en formation (avant son immatriculation au RCS)** Dès lors qu'un acte établit formellement que l'acquisition a été réalisée au nom et pour le compte de la société en formation et si l'utilisation de l'immobilisation a commencé avant la date d'immatriculation au RCS, il convient, à notre avis, de tenir compte de cette période d'utilisation pour le calcul de la dotation aux amortissements du premier exercice. Pour plus de détails sur les actes passés pour le compte d'une société avant la signature des statuts, voir n° 60230.

> **Fiscalement** La date de l'acquisition d'un bien réalisée au nom et pour le compte d'une société en cours de formation peut, à notre avis, être retenue pour la fixation du point de départ de l'amortissement (CAA Lyon 5-10-1995 n° 93-1108 définitif suite à CE (napc) 30-12-1996 n° 175829).

TAUX OU DURÉE DES AMORTISSEMENTS POUR DÉPRÉCIATION DES BIENS NON DÉCOMPOSABLES

27100 Pour les biens décomposables, voir n° 27180 s.

27120 **Principe** **a. En principe,** pour amortir leurs immobilisations non décomposées, les entreprises doivent retenir, sur le plan comptable, leurs **durées propres d'utilisation** telles qu'elles sont déterminées par l'entreprise (PCG art. 214-13). Sur les principes de détermination de la durée d'utilisation, voir n° 27140 I.

> **EXEMPLE**
> Une entreprise acquiert un bien dont la durée de vie réelle est de 10 ans et sa durée d'usage fiscale de 8 ans. Elle compte l'utiliser :
> — **1ᵉʳ cas** : pendant toute sa durée de vie réelle. La durée d'amortissement à retenir sur le plan comptable est donc de 10 ans ;
> — **2ᵉ cas** : pendant 6 ans et le revendre à l'issue de cette période. La durée d'amortissement à retenir, sur le plan comptable, est de 6 ans. Toutefois, il conviendra, dans ce cas, de tenir compte de la valeur résiduelle pour la détermination de la base amortissable, voir n° 27070.

L'amortissement d'une immobilisation n'est donc **pas mesuré en fonction de la durée d'usage,** la différence entre la durée d'usage admise au plan fiscal et la durée d'utilisation donnant lieu à la comptabilisation d'un **amortissement dérogatoire** (Avis CU 2005-D du 1-6-2005). Pour plus de détails sur l'amortissement dérogatoire résultant des durées, voir n° 27390.

> **Fiscalement** Les **immobilisations non décomposables** peuvent être amorties, au choix de l'entreprise :
> **a. Soit sur leur durée d'usage** appliquée par la profession (CGI art. 39-1-2 ; BOI-BIC-AMT-10-40-10 n° 20), qui peut alors être différente de la durée retenue en comptabilité (BOI-BIC-AMT-10-40-10 n° 30). Sur les taux les plus couramment admis et les principes retenus par l'administration, voir 27140 II. et 27145.
> **b. Soit sur la durée retenue sur le plan comptable** lorsque celle-ci est plus longue que la durée d'usage (BOI-BIC-AMT-10-40-10 n° 30), sous réserve qu'elle ne tienne pas compte de la politique de cession de l'entreprise **(durée réelle d'utilisation « fiscale »).** En effet, l'administration admet que, dans l'hypothèse où l'entreprise retient une durée d'amortissement comptable plus longue que la durée d'usage, elle puisse retenir la même durée sur le plan fiscal, sans risque que les amortissements soient considérés comme irrégulièrement différés au sens de l'article 39 B du CGI (voir n° 27010).
> **c. Soit sur des durées inférieures aux durées d'usage à la condition** de justifier de circonstances particulières d'utilisation des biens concernés. L'administration s'abstient toutefois de remettre en cause les durées retenues en raison de ces circonstances particulières lorsqu'elles ne s'écartent pas de plus de 20 % des usages professionnels (voir n° 27140 II.). Selon l'administration (BOI-BIC-AMT-10-40-10 n° 80) et la jurisprudence (CE 24-11-2010 n° 324205), la politique de cession de l'entreprise ne constitue pas des circonstances particulières d'exploitation des immobilisations.
> Dès lors qu'elles sont justifiées par les circonstances d'utilisation des biens et non par la politique de cession, ces durées inférieures aux usages sont celles qui sont retenues au plan comptable.

En conséquence, le tableau ci-après, établi par nos soins, présente une synthèse des cas où des divergences requièrent une écriture ou un retraitement extra-comptable :

27120 (suite)

Amortissement pour dépréciation	Amortissement fiscalement admis	Écritures ou retraitements extra-comptables
Cas 1 – durée réelle d'utilisation durée d'usage (cas général, sauf mesure de simplification pour les petites entreprises, voir n° 27150).	Choix entre : – Durée réelle d'utilisation (voir ci-avant b.) – Durée d'usage (voir ci-avant a.)	Aucun **Amortissement dérogatoire** pour la différence entre la durée réelle d'utilisation et la durée d'usage [1]
Cas 2 – durée réelle d'utilisation < durée d'usage (cette situation concerne notamment les biens dont la cession est envisagée à court terme)	Application de : – la durée d'usage (voir ci-avant a.) – ou de la durée réelle d'utilisation « fiscale » si elle est plus courte en raison de circonstances particulières d'utilisation	– En cours d'amortissement : **réintégration extra-comptable** (ligne WE) de la fraction de l'amortissement comptabilisé qui excède l'amortissement fiscalement déductible [2] – Lors de la cession, de la mise au rebut de l'immobilisation ou linéairement sur la durée résiduelle d'usage : **déduction extra-comptable** (ligne XG) des amortissements antérieurement réintégrés [3] Pour un exemple d'application, voir n° 27170, 2ᵉ cas
Cas 2.a – amortissement comptable > amortissement fiscalement déductible, i.e. lorsque la prise en compte de la valeur résiduelle dans la diminution de la base amortissable (voir n° 27070) ne compense pas le raccourcissement de la durée d'amortissement		
Cas 2.b – amortissement comptable < amortissement fiscalement déductible, i.e. lorsque la prise en compte de la valeur résiduelle dans la diminution de la base amortissable compense et dépasse le raccourcissement de la durée d'amortissement retenue sur le plan comptable		**Amortissement dérogatoire** pour la différence entre la durée réelle d'utilisation comptable et la durée d'amortissement fiscal (durée d'usage ou durée réelle d'utilisation « fiscale » du bien si elle est inférieure en raison de circonstances particulières d'utilisation) [4] Pour un exemple d'application, voir n° 27170, 1ᵉʳ cas

(1) Cet **amortissement dérogatoire n'est pas obligatoire** (sauf dans le cas particulier des véhicules de tourisme, voir n° 27570, et autres biens somptuaires visés à l'art. 39-4 du CGI, voir n° 27630). Toutefois, si les entreprises veulent appliquer les durées d'usage, elles ne peuvent comptabiliser le complément d'amortissement directement en amortissements pour dépréciation, mais doivent obligatoirement le comptabiliser en amortissements dérogatoires. Pour plus de détails sur cet amortissement dérogatoire, voir n° 27390.
(2) Sur le cas particulier des biens donnés en location, voir n° 27515.
(3) BOI-BIC-AMT-10-40-10 n° 40.
(4) Cet amortissement dérogatoire est obligatoire à hauteur de la durée d'usage (pour se conformer à l'art. 39 B du CGI, voir n° 27400).

d. En l'**absence d'usage référencé à la date d'acquisition d'un bien unique dans sa catégorie**, l'amortissement fiscal doit être pratiqué sur la durée retenue en comptabilité (**CE 24-4-2019 n° 411242**).
e. Sur la possibilité de constater pour certains biens un amortissement exceptionnel fiscal indépendant des usages, voir n° 27425.
f. Sur les cas particuliers suivants :
– véhicules de tourisme, voir n° 27570 (amortissement) ;
– biens somptuaires, voir n° 27630 (amortissement) et 28365 (cession).

Dans les **comptes consolidés**, la séparation entre les amortissements comptables et les suppléments d'amortissements fiscaux est également obligatoire (il en est de même pour les filiales intégrées dans les comptes consolidés), les amortissements purement fiscaux devant être retraités dans les comptes consolidés.

b. Toutefois, par mesure de simplification, certaines petites entreprises sont autorisées à appliquer les durées d'usage fiscalement admises (PCG art. 214-13 ; voir n° 27150).

27140 Détermination des durées d'amortissement

I. Durées réelles d'utilisation Sauf mesure de simplification pour les PME (voir n° 27150), chaque entreprise doit déterminer elle-même ses taux ou durée d'amortissement en tenant compte, notamment :
– de l'**obsolescence** de certaines immobilisations (changements résultant des techniques ou de besoins nouveaux) ;
– des **caractéristiques propres à l'entreprise** reflétant l'**utilisation réelle** qu'elle fait de l'immobilisation, c'est-à-dire les critères physiques, juridiques et économiques inhérents à l'utilisation pour l'entité de l'actif ; voir n° 27055.

Il est tenu compte notamment :
– du degré d'utilisation des éléments à amortir (usure) ;
– de leurs conditions d'utilisation (par exemple, leur utilisation à simple, à double ou à triple équipe) ;
– de la politique de renouvellement des immobilisations de l'entreprise ;
– de la politique de cession de l'entreprise ;
– des circonstances particulières pouvant influer sur cette durée. Par exemple, l'utilisation de l'immobilisation peut être liée à des contrats (locations, concessions…) ou à des actifs dont la durée est inférieure.

Si plusieurs critères sont pertinents, il convient de retenir la durée d'utilisation la plus courte résultant de l'application de ces critères (PCG art. 214-1).

En conséquence, deux immobilisations de même nature :
– détenues par deux entreprises différentes peuvent être amorties sur des durées différentes ;
– détenues par une même entreprise peuvent être amorties sur des durées différentes, en fonction de leurs conditions d'utilisation propres (PCG art. 214-13).

Les durées d'utilisation, telles que définies à l'origine, **peuvent être révisées** (voir n° 27330).

> **Fiscalement** Il en est, en principe, de même (BOI-BIC-AMT-10-40-10 n° 30 et 80), sans qu'il soit toutefois possible de tenir compte de la politique de cession de l'entreprise (notion de « durée réelle d'utilisation fiscale »).

Les durées réelles sont, en principe, identiques à celles retenues dans les **comptes consolidés.**

II. Durées d'usage Elles sont en général plus courtes que les durées réelles (BOI-BIC-AMT-10-40-10 n° 30 ; CAA Paris 17-2-1998 n° 96-896), sauf cas particulier, par exemple d'une cession envisagée à court terme (voir n° 27170).

Ceci ne signifie pas que les durées réelles ne peuvent jamais être identiques aux durées d'usage, mais qu'il faut s'en assurer.

> **Fiscalement** Conformément à l'article 39-1-2° du CGI, le bénéfice net est établi sous déduction, notamment, des « amortissements réellement effectués » par l'entreprise dans la limite de ceux qui sont généralement admis d'après les usages de chaque nature d'industrie, de commerce et d'exploitation (sur la possibilité dans certaines circonstances, de retenir la durée d'utilisation « fiscale », voir n° 27120).
> Les usages s'entendent des pratiques qui, en raison notamment de leur ancienneté, de leur fréquence ou de leur généralité, sont regardées comme normales pour le bien à amortir à la date de son acquisition (CE 11-3-1988 n° 50774).
> Il n'est guère possible de définir, a priori, des normes permettant de résoudre tous les problèmes particuliers susceptibles de se présenter concernant les durées d'usage admises (Rép. Allainmat : AN 27-3-1976 n° 25400, non reprise dans Bofip). Pour une application pratique des durées d'usage sur le plan fiscal, voir n° 27145.

Afin de limiter les litiges et les contestations, l'administration fiscale a précisé plusieurs points :
a. Liste des taux les plus couramment admis L'administration propose, **à titre indicatif,** une liste des taux ou fourchettes de taux les plus couramment admis, considérés comme conformes aux usages dans des conditions d'exploitation courantes (voir notamment BOI-BIC-AMT-10-40-30 n° 1 et 10) :

Bâtiments commerciaux	2 à 5 %
Bâtiments industriels (non compris la valeur du sol)	5 %
Maisons d'habitation ordinaires [1]	1 à 2 %
Immeubles à usage de bureaux	4 %
Matériel	10 à 15 %
Outillage	10 à 20 %
Petit matériel et outillage de faible valeur (voir n° 25415)	Charges
Automobiles et matériel roulant	20 à 25 %
Mobilier	10 %
Matériel de bureau	10 à 20 %
Petit matériel de bureau (voir n° 25415)	Charges
Agencements et installations	5 à 10 %
Micro-ordinateurs [2]	33,33 %
Autorisations de mise sur le marché (AMM) (voir n° 31935)	10 %
Brevets, certificats d'obtention végétale	20 %

(1) La jurisprudence a accepté un taux de 2,5 % pour des immeubles d'habitation de bonne catégorie (CE 31-7-1992 n° 42280) et de 2,8 % pour les hôtels (CE 5-5-2008 n° 290382 ; en l'espèce le taux admis est même de 3,5 % compte tenu des particularités de l'hôtel.
(2) Toute durée inférieure à 3 ans est considérée comme contraire aux usages professionnels (Rép. Hamel : 20-8-1998 n° 6769, non reprise dans Bofip).

b. Nature des biens et des activités L'administration précise (BOI-BIC-AMT-10-40-10 n° 290 et 300) que les **taux** d'amortissement susceptibles d'être retenus peuvent évidemment **varier suivant la nature des activités.** Elle admet d'ailleurs des **solutions spécifiques pour certains secteurs** (industries aéronautiques et mécaniques, hôtellerie, textiles artificiels, livres…) et pour certaines immobilisations (matériel naval, films…) (BOI-BIC-AMT-20-40-60-10 et BOI-BIC-AMT-20-40-60-20 ; voir Mémento Fiscal n° 9225). Dans ce cas, la tolérance de 20 % énoncée ci-après au d. ne s'applique pas (BOI-BIC-AMT-10-40-10 n° 250).
De plus, à l'intérieur de chacune d'elles, ils sont susceptibles de différer selon la nature des biens et leurs conditions d'exploitation.
c. Circonstances particulières L'administration reconnaît (BOI-BIC-AMT-10-40-10 n° 240 et 330 ; BOI-BIC-AMT-10-40-30 n° 20 et 30) que la **durée** d'amortissement, qui correspond normalement aux usages professionnels, peut être **influencée par des circonstances particulières** (conditions d'utilisation spécifiques, rapidité du progrès technique ou évolution des marchés), que l'entreprise doit être en mesure de justifier. Ainsi, une utilisation intensive des immobilisations justifie une durée d'amortissement inférieure à la durée d'usage (CE 10-1-1992 n° 62229 et CAA Lyon 27-9-1995 n° 94-213).
Mais la jurisprudence refuse de tenir compte de la durée, inférieure aux usages, issue du taux de renouvellement réel constaté sur un matériel (véhicules d'un loueur), lorsque celle-ci résulte d'une politique de cession et non des conditions effectives d'exploitation et d'usure du matériel (CAA Lyon 19-3-1992 n° 297 et 19-1-2000 n° 96-362 ; CE 24-11-2010 n° 324205).
d. Tolérance de 20 % L'administration s'abstient de remettre en cause les durées d'amortissement retenues par les entreprises en raison de ces circonstances particulières, lorsqu'elles ne s'écartent **pas** de **plus de 20 %** des usages professionnels (BOI-BIC-AMT-10-40-10 n° 240), mais à la condition que **l'existence** de ces **circonstances particulières** soit dans tous les cas **établie**.

Application pratique des durées d'usage sur le plan fiscal

27145

Elle implique des réponses aux questions suivantes :

I. Quelles sont les modalités d'appréciation des usages ?

Pour déterminer les usages, le Conseil d'État (CE 11-3-1988 n° 50774) retient **trois critères** : ancienneté, fréquence et généralité des pratiques suivies. Il laisse aux entreprises la faculté de les établir par tous moyens appropriés.

> **Précisions** **1. Documents attestant des usages** Certains arrêts se réfèrent **au plan ou au guide comptable professionnel** de l'industrie en cause (CE 9-12-1992 n° 85794 et 24-2-1988 n° 81761 et n° 81762). Bien que les plans comptables professionnels soient désormais caducs (voir n° 3315), les indications qu'ils contiennent peuvent néanmoins, à notre avis, continuer d'être invoquées devant le juge pour attester de l'existence d'usages professionnels.
> Dans les autres affaires, le Conseil d'État se borne à indiquer « qu'il résulte de l'instruction » tel ou

27145
(suite)

tel usage, sans plus de précision. Dans ses conclusions sous un arrêt du Conseil d'État (CE 11-3-1988 n° 46415, 50774 et 80363), le commissaire du gouvernement, Mme de Saint-Pulgent, invoquait toutefois les taux d'amortissement figurant dans un **rapport de l'OCDE** édité en 1975, sur le thème « Comparaison internationale des méthodes d'amortissement » (rapport cité également par CAA Bordeaux 17-6-1997 n° 95-1477) et il est vraisemblable que le juge en a tenu compte. Leur existence ne peut, en revanche, pas être établie uniquement par des documents purement internes (tels qu'un rapport d'audit interne, CAA Nantes 3-2-2011 n° 10-349) ou par des documents contractuels organisant un réseau de distribution (CAA Nantes 7-4-2011 n° 10-13).

2. **Situation de monopole** La circonstance que l'entreprise appartienne à un secteur oligopolistique ou monopolistique ne constitue pas un obstacle à l'existence d'un usage dans ledit secteur (CE 24-2-1988 n° 81761 et 81762).

3. Biens nouveaux La durée d'amortissement qu'une entreprise a appliquée à une immobilisation, pour laquelle aucun usage n'est référencé à sa date d'acquisition (voir ci-après III.) compte tenu de sa **singularité**, n'est pas constitutive d'un usage opposable à elle-même par la suite pour ce même bien (CE 24-4-2019 n° 411242). Cette position ne s'applique toutefois qu'à la première génération de biens nouveaux. En effet, le Conseil d'État a jugé que l'amortissement de matériels identiques à ceux qui étaient nouveaux lors de leurs acquisition huit ans auparavant doit être échelonné sur la même durée que celle retenue pour ces premiers biens, qui a créé un usage opposable à l'entreprise (CE 18-5-2015 n° 261623, à propos de l'amortissement des rames de TGV atlantique).

En pratique, l'usage reflète très souvent une durée inférieure à la durée de vie réelle des équipements.

II. À quelle date faut-il prendre en compte les usages ? Il ne peut s'agir (BOI-BIC-AMT-10-40-10 n° 300) que des usages **en vigueur au moment de l'acquisition** du bien. Un changement ultérieur dans les usages ne peut justifier, à lui seul, une modification du plan d'amortissement initialement retenu.

III. L'entreprise, comme l'administration, peut-elle déroger aux usages ?
Il ressort de la jurisprudence que les usages, en vigueur dans la branche professionnelle à laquelle appartient l'entreprise, s'imposent tant au contribuable (sous réserve du choix possible, dans certaines circonstances, de retenir la durée d'amortissement comptable plus longue que la durée d'usage, voir n° 27120) qu'à l'administration. L'application d'un taux conforme aux usages est une obligation légale. Toutefois, des circonstances particulières propres à l'entreprise peuvent justifier qu'il soit dérogé aux usages. Il appartient alors à celle des parties qui se prévaut de telles circonstances d'en établir l'existence (voir n° 27140).

> **EXEMPLE**
>
> Un bien a, selon les usages de la profession, une durée normale d'utilisation de 10 ans.
>
> **1er cas : L'entreprise retient les usages,** soit une durée de 10 ans : l'administration ne peut pas légalement procéder à des redressements fondés sur une durée d'amortissement supérieure à celle résultant des usages, alors qu'elle ne se prévaut pas de circonstances propres à l'entreprise qui justifieraient une dérogation aux usages.
>
> **> Précisions** À cet égard, l'administration n'est pas en droit de fixer le taux d'amortissement d'un matériel en se fondant sur l'analyse du taux de son renouvellement effectif, sans référence aux usages de la profession ni aux particularités de la situation de l'entreprise (CE 4-10-1989 n° 61676). Si la pratique issue d'un guide comptable professionnel (CE 9-12-1992 n° 85864 et 85794) prévoit une fourchette d'usages (durée entre 2 et 5 ans), l'administration ne peut faire grief à l'entreprise de choisir la durée la plus courte, sauf si elle établit que des circonstances spécifiques justifient l'utilisation de la durée la plus longue de la fourchette (CAA Nancy 14-2-2002 n° 97-1161).
>
> **2e cas : L'entreprise déroge aux usages sans pouvoir justifier de circonstances particulières** : l'administration peut procéder à des redressements même si la durée retenue est d'au moins 8 ans.
>
> **> Précisions** Ne peut se prévaloir de circonstances particulières l'entreprise qui se borne à aligner la durée d'amortissement des immobilisations sur celle des prêts contractés pour leur réalisation (Rép. Maujouän du Gasset : AN 20-12-1982 n° 17638, non reprise dans Bofip) ou sur celle de la durée du bail en cas de location, voir n° 27505.
>
> **3e cas : L'entreprise déroge aux usages, compte tenu de circonstances particulières, mais cette dérogation est inférieure à 20 %,** soit une durée comprise entre 8 et 12 ans : l'administration ne peut remettre en cause la durée retenue, dès lors qu'elle reconnaît l'existence de la circonstance particulière.
>
> **4e cas : L'entreprise déroge aux usages, compte tenu de circonstances particulières, et cette dérogation est supérieure à 20 %,** soit une durée inférieure à 8 ans (ou supérieure à 12 ans) : l'administration est en droit d'apprécier si les circonstances particulières invoquées entraînent bien une telle réduction de la durée de vie du bien.

> **Précisions** Par exemple, utilisation en continu de matériels de fabrication d'emballages justifiant une durée de 6 ans au lieu de 10 ans selon l'usage de la profession (CE 10-1-1992 n° 62229) ou de presses d'imprimerie [justifiant une durée de 5 ans au lieu de 8 ans selon les usages (CAA Lyon 27-9-1995 n° 94-213)]. Pour un bâtiment industriel, l'appréciation dépend d'un ensemble d'éléments de fait tels que la nature et la résistance des matériaux utilisés, les conditions climatiques propres à chaque région, l'affectation donnée à la construction qu'ils ont servi à édifier (Rép. Allainmat : AN 27-3-1976 n° 25400, non reprise dans Bofip).

Mesure de simplification (réservée aux petites entreprises remplissant certains critères uniquement) Pour ne pas imposer aux petites entreprises les contraintes de détermination des durées et rythmes réels d'utilisation de leurs actifs, une mesure de simplification est possible pour certaines depuis les exercices ouverts à compter du 1er janvier 2016 (PCG art. 214-13).

27150

En effet, l'application stricte des principes de détermination des durées d'amortissement (voir n° 27120 s.) aboutit à déterminer pour chaque actif les durées réelles d'amortissement indépendamment des durées d'usage fiscales. Il en est de même pour le mode d'amortissement, qui est indépendant du mode dégressif éventuellement retenu sur le plan fiscal (voir n° 27230 s.).

Ces obligations comptables, ajoutées aux contraintes fiscales de comptabilisation en amortissements dérogatoires pour bénéficier d'une déduction (voir n° 27370 s.), créent des contraintes d'organisation et de systèmes d'information pour l'ensemble des entreprises.

Ainsi, les **petites entreprises remplissant certains critères** peuvent, dans les comptes individuels, retenir la durée d'usage fiscale pour déterminer le plan d'amortissement des immobilisations (PCG art. 214-13), ainsi que, à notre avis, les modes d'amortissement dégressifs ou exceptionnels, même si la Note de présentation du règlement ANC n° 2015-06 ne fait référence qu'aux durées d'usage.

Cette mesure de simplification concerne les entités ne dépassant pas, à la clôture de l'exercice, les seuils pour deux des trois critères fixés pour la présentation simplifiée des comptes annuels (sur ces seuils, voir n° 64220 II.).

En conséquence, ces entreprises ne sont pas tenues :
– de rechercher les durées réelles d'utilisation ;
– d'effectuer la séparation entre amortissements comptables et suppléments d'amortissement fiscaux liés au bénéfice des avantages fiscaux.

L'amortissement fait alors l'objet d'une **dotation unique** en compte d'exploitation. Le supplément d'amortissement n'est pas comptabilisé en amortissements dérogatoires.

> **Précisions** **1. Valeur résiduelle** Elle n'est pas visée par la simplification. Ainsi, les PME doivent obligatoirement constater des amortissements dérogatoires lorsque l'immobilisation a une valeur résiduelle significative (voir n° 27070).
> **2. Perte de la qualité de petite entreprise en cours de plan** (PCG art. 214-13) Lorsque l'entité dépasse les seuils définis à l'article L 123-16 du Code de commerce, elle **peut, pour les actifs inscrits à son bilan à la date de dépassement** des seuils :
> – soit maintenir le plan d'amortissement antérieur basé sur les durées fiscales ;
> – soit retenir les durées et rythmes réels d'utilisation des actifs. Dans ce cas, à notre avis, ne s'agissant pas d'un changement de méthode comptable (mais de la perte d'éligibilité des mesures de simplification), l'impact du changement n'est pas rétrospectif et les immobilisations devraient donc être amorties **prospectivement** sur leur durée d'utilisation résiduelle.
> En revanche, le plan d'amortissement des actifs inscrits au bilan de l'entité postérieurement à la date de dépassement des seuils est nécessairement défini selon la durée et le rythme réels d'utilisation des actifs conformément aux dispositions générales du PCG.
> Il en est de même, à notre avis, lorsque l'entreprise décide volontairement d'abandonner les mesures de simplification pour adopter les dispositions générales d'amortissement pour dépréciation.
> **3. Comptes consolidés** (en règles françaises et en IFRS) Le supplément d'amortissement fiscal lié à la durée d'usage et/ou au mode dégressif ou exceptionnel doit être annulé en consolidation (voir Mémento Comptes consolidés n° 3327).
> **4. Information en annexe** Voir n° 29650.

Exemples d'application : immobilisations non décomposables dont la cession est envisagée à court terme Lorsqu'une entreprise acquiert une immobilisation non décomposable qu'elle prévoit de céder avant l'achèvement de sa durée de vie et dont la valeur résiduelle est significative :
– sa durée d'amortissement est réduite par rapport à sa durée de vie (voir n° 27120 s.) ;
– sa base amortissable doit prendre en compte la valeur résiduelle, nette des coûts de sortie si elle est significative (voir n° 27070 s.).

27170

27170
(suite)

> **Fiscalement** L'administration a indiqué que :
– la base de calcul de l'amortissement retenue au plan fiscal demeure le prix de revient du bien (CGI ann. II art. 15). En conséquence, cette base ne peut pas être diminuée de la valeur résiduelle du bien (voir n° 27070) ;
– la durée d'amortissement est la durée d'usage ou la durée de vie réelle si elle est inférieure en raison de circonstances particulières d'utilisation du bien (voir n° 27120 s.).
En conséquence, en pratique, il n'est tenu compte fiscalement de l'intention de céder l'actif, ni dans la base amortissable, ni dans la durée d'amortissement.

Les entreprises sont donc conduites :
– soit à constater **des amortissements dérogatoires** lorsque les dotations aux amortissements comptables sont inférieures aux dotations fiscales minimum (voir ci-après 1er cas) ;
Cette situation peut notamment se rencontrer lorsque la prise en compte de la valeur résiduelle compense et dépasse le raccourcissement de la durée d'amortissement retenue sur le plan comptable.
– soit à procéder à des **corrections extra-comptables** lorsque l'amortissement comptabilisé est supérieur à celui fiscalement admis (voir ci-après 2e cas).
Cette situation peut notamment se rencontrer lorsque la prise en compte de la valeur résiduelle ne compense pas le raccourcissement de la durée d'amortissement retenue sur le plan comptable, c'est-à-dire lorsque l'entreprise envisage de réaliser une perte à terme lors de la sortie de l'immobilisation.
En pratique, cette divergence entre les règles comptables et les règles fiscales contraint les entreprises à établir **deux plans d'amortissement** différents pour les immobilisations amortissables dont la valeur résiduelle est significative.

> **EXEMPLES**
>
> La politique d'investissement d'une entité dont l'activité est la livraison de colis est telle que les véhicules de livraison sont acquis puis cédés à l'issue de 5 ans pour un certain pourcentage de leur prix d'achat, alors que leur durée de vie économique (durée réelle d'utilisation fiscale) est de 7 ans (égale à la durée d'usage, par mesure de simplification pour l'exemple). Les coûts engagés par l'entité pour céder ces biens (essentiellement les commissions versées au concessionnaire chargé de placer les véhicules) représentent 10 % du prix de vente des véhicules.
>
> Un véhicule est acquis 70 000 en début d'exercice 1 et cédé à la fin de l'exercice 5.
>
> L'entreprise ne bénéficie pas de la mesure de simplification réservée à certaines PME, leur permettant d'amortir comptablement les immobilisations sur les durées d'usage (voir n° 27150).
>
> **1er cas – L'amortissement comptable est inférieur à l'amortissement fiscal** Le prix de cession à l'issue des 5 ans représente 35 % du prix d'achat (soit 24 500).
> – **Détermination du plan d'amortissement** La base amortissable du véhicule est sa valeur brute déduction faite de la valeur résiduelle (35 % du prix d'achat). Le véhicule est amorti sur sa durée d'utilisation dans l'entreprise (et non d'un point de vue général), soit 5 ans (et non 7 ans).
>
> | Ex. | Base amortissable | Dotation aux amortissements | Amortissements cumulés | Valeur brute | VNC au 31/12/N |
> |-----|-------------------|----------------------------|------------------------|--------------|----------------|
> | 1 | 47 950 (1) | 9 590 (2) | 9 590 | 70 000 | 60 410 |
> | 2 | 47 950 | 9 590 | 19 180 | 70 000 | 50 820 |
> | 3 | 47 950 | 9 590 | 28 770 | 70 000 | 41 230 |
> | 4 | 47 950 | 9 590 | 38 360 | 70 000 | 31 640 |
> | 5 | 47 950 | 9 590 | 47 950 | 70 000 | 22 050 |
> | 6 | – | – | – | – | – |
> | 7 | – | – | – | – | – |
>
> (1) Montant de la base amortissable : 70 000 (valeur brute) – 22 050 [24 500 (valeur résiduelle) – 2 450 (coûts de sortie égaux à 10 % du prix de vente)]. Sur la définition de la base amortissable, voir n° 27070.
> (2) Le véhicule est amorti sur la durée d'utilisation (voir n° 27120 s.), soit 47 950 / 5 = 9 590.

– **Impact de ce traitement sur le résultat comptable de l'année de cession du véhicule**
L'entité ne constate aucune plus ou moins-value, la valeur nette comptable de cet actif étant égale, à l'issue de l'exercice 5, au prix de cession net des coûts de sortie, soit 22 050 [une plus ou moins-value pourrait survenir si le prix de cession constaté s'avérait inférieur (moins-value) ou supérieur (plus-value) au prix de cession prévu au départ].

27170 (suite)

> **Fiscalement** Les entreprises doivent constater un amortissement dérogatoire à hauteur de la différence entre l'amortissement comptable et l'amortissement fiscal (voir n° 27400). En effet, les amortissements comptables sont inférieurs aux amortissements fiscalement admis du fait de la prise en compte, sur le plan comptable, de la valeur résiduelle dans la détermination de la base amortissable, et ce malgré une durée d'utilisation fiscale plus longue que la durée d'utilisation comptable.

Les amortissements dérogatoires sont déterminés par différence entre les amortissements comptables (calculés sur la base nette de la valeur résiduelle et sur la durée d'utilisation, voir ci-avant) et les amortissements fiscaux (calculés sur la base brute et sur la durée d'usage de 7 ans égale par simplification pour l'exemple à la durée réelle d'utilisation fiscale) :

Ex.	Dotation aux amortissements comptables (a)	Dotation aux amortissements fiscaux (b)	Dotation/(reprise) aux amortissements dérogatoires (b) − (a)
1	− 9 590 [1]	− 10 000 [2]	410
2	− 9 590	− 10 000	410
3	− 9 590	− 10 000	410
4	− 9 590	− 10 000	410
5	− 9 590	− 10 000	410
Total	− 47 950	− 50 000	2 050

(1) Pour le calcul de l'amortissement comptable, voir ci-avant.
(2) Dotation fiscalement admise : 70 000 (prix de revient du bien) / 7 (durée réelle d'utilisation fiscale).

Lors de la cession du bien, la totalité des amortissements dérogatoires constatés (soit 2 050) doit être reprise.

2ᵉ cas — **L'amortissement comptable est supérieur à l'amortissement fiscal** Le prix de cession à l'issue des 5 ans représente 15 % du prix d'achat (soit 10 500).
— **Détermination du plan d'amortissement** Le véhicule est amorti sur sa base amortissable (valeur brute moins valeur résiduelle) et sur sa durée d'utilisation dans l'entreprise, soit 5 ans.

Ex.	Base amortissable	Dotation aux amortissements	Amortissements cumulés	Valeur brute	VNC au 31/12/N
1	60 550 [1]	12 110 [2]	12 110	70 000	57 890
2	60 550	12 110	24 220	70 000	45 780
3	60 550	12 110	36 330	70 000	33 670
4	60 550	12 110	48 440	70 000	21 560
5	60 550	12 110	60 550	70 000	9 450
6	−	−	−	−	−
7	−	−	−	−	−

(1) Montant de la base amortissable : 70 000 (valeur brute) − 9 450 [10 500 (valeur résiduelle) − 1 050 (coûts de sortie égaux à 10 % du prix de vente)]. Sur la définition de la base amortissable, voir n° 27070.
(2) Le véhicule est amorti sur la durée d'utilisation (voir n° 27120 s.), soit 60 550 / 5 = 12 110.

— **Impact de ce traitement sur le résultat comptable de l'année de cession du véhicule** L'entité ne constate aucune plus ou moins-value, la valeur nette comptable de cet actif, à la fin de l'exercice 5, étant égale au prix de cession net des coûts de sortie, soit 9 450.

> **Fiscalement** Si la prise en compte de la valeur résiduelle sur le plan comptable n'est pas suffisante pour compenser la durée d'amortissement plus courte que la durée d'usage, et conduit à comptabiliser un montant d'amortissement comptable supérieur au montant admis sur le plan fiscal, cet amortissement excédentaire n'est fiscalement pas déductible et doit donc être réintégré extra-comptablement sur l'imprimé n° 2058-A (ligne WE).
Toutefois, afin de ne pas définitivement priver les entreprises de la déduction de ces amortissements excédentaires, l'administration accepte leur déduction extra-comptable l'année de la sortie de l'actif (voir n° 27120).
En pratique, ces retraitements extra-comptables ont pour objet d'empêcher la déduction anticipée de la moins-value (fiscalement constatée lors de la sortie de l'immobilisation) par le biais d'une majoration des dotations annuelles aux amortissements.

La dotation fiscalement admise, et correspondant, dans cette hypothèse, au prix de revient du bien divisé par sa durée réelle d'utilisation fiscale (par hypothèse égale à la durée d'usage), est inférieure à la dotation comptabilisée. En conséquence, les retraitements extra-comptables suivants doivent être effectués :

Ex.	Impact sur le résultat comptable (a)	Impact sur le résultat fiscal (b)	Réintégration/(Déduction) extra-comptable (b) – (a)
1	– 12 110 (1)	– 10 000 (2)	2 110
2	– 12 110	– 10 000	2 110
3	– 12 110	– 10 000	2 110
4	– 12 110	– 10 000	2 110
5	– 12 110	– 20 550 (3)	– 8 440
Total	– 60 550	– 60 550	–

(1) Voir ci-avant.
(2) Dotation fiscalement admise : 70 000 (prix de revient du bien) / 7 (durée réelle d'utilisation fiscale).
(3) Dotation fiscalement admise (– 10 000) + moins-value de cession : (– 10 550 = 10 500 – 10 % de commission – 20 000 de VNC).

Sur le cas où la durée d'usage est inférieure à la durée réelle d'utilisation fiscale, voir tableau au n° 27120.

TAUX OU DURÉE DES AMORTISSEMENTS POUR DÉPRÉCIATION DES BIENS DÉCOMPOSABLES

27175 Pour les biens non décomposables, voir n° 27120 s.

27180 Approche par composants et principe d'amortissement Selon cette approche, le traitement comptable à retenir pour chaque composant significatif d'une immobilisation corporelle, destiné à être remplacé au terme d'une durée prédéterminée plus courte que la durée de l'immobilisation prise dans son ensemble, est le suivant :

1. Inscription du composant distinctement à l'actif
Sont concernées :
– les dépenses de remplacement de manière obligatoire (dépenses de 1re catégorie) ;
– les dépenses de gros entretien ou grandes visites si l'entreprise opte pour cette méthode (dépenses de 2e catégorie).
Pour plus de détails sur les dépenses concernées, voir n° 25715.
Sur l'identification des composants dès l'origine, voir n° 25725 s. ou à défaut, lorsque la dépense est encourue, voir n° 25760.

2. Amortissement de la structure et de chaque composant sur leurs durées propres d'utilisation telles qu'elles sont déterminées par l'entreprise (PCG art. 214-13). Pour déterminer la durée d'amortissement à retenir, il convient de distinguer entre :
– les composants d'une part (voir n° 27200) ;
– la structure d'autre part (voir n° 27205).
Pour un tableau de synthèse des durées d'amortissement, voir n° 27225.
Sur le calcul du suramortissement exceptionnel de 40 % en cas d'immobilisation décomposée, voir n° 27425.
Sur la possibilité d'amortir la structure sur la durée d'usage fiscale pour les petites entreprises, voir n° 27150.

27200 Amortissement des composants Conformément aux articles 214-9 et 214-10 du PCG, les composants d'une immobilisation corporelle identifiés à l'actif sont amortis en fonction de leurs propres **durée et rythme réels d'utilisation** par l'entreprise (sauf mesure de simplification, voir n° 27150), qu'ils correspondent :
– aux éléments faisant l'objet de remplacements (**dépenses de 1re catégorie** obligatoirement comptabilisées en immobilisation, voir n° 25730) ;
– ou aux dépenses de gros entretien et grandes visites (**dépenses de 2e catégorie** comptabilisées en immobilisation ou par le biais de provisions, voir n° 25750) si l'entreprise opte pour leur comptabilisation en immobilisation.
La durée réelle d'utilisation correspond, en principe, à celle séparant deux remplacements ou deux gros entretiens (voir ci-après I.), mais peut, toutefois, être plus courte (voir ci-après II.).

I. En principe, la durée réelle est celle séparant deux remplacements ou deux gros entretiens
En pratique, à notre avis, cette durée aura été déterminée lors de l'identification du composant, grâce aux informations fournies par les services techniques en charge de la gestion des immobilisations (voir n° 25795).

Cette durée réelle (Avis CU CNC 2005-D, § 1.1.1) :
– ne peut pas dépasser celle retenue pour la structure (voir n° 27205) ;
Toutefois, selon le bulletin CNCC prenant position dans le secteur du logement social (n° 149, mars 2008, EC 2007-94, p. 126 s.), lorsque les travaux de réhabilitation correspondent à des remplacements de composants, la durée réelle d'amortissement n'est pas limitée par la durée d'amortissement résiduelle de la structure (avant remplacement du composant). Le fait que la structure soit totalement amortie est donc sans incidence. En revanche, le remplacement du composant peut avoir pour effet d'allonger la durée résiduelle d'amortissement de la structure (voir n° 27330). À notre avis, cette position est applicable à toutes les entreprises.
– est indépendante de la durée d'usage fiscale (voir ci-après).
Ainsi, par exemple, si la durée réelle de la structure est de 15 ans et la durée d'usage de 8 ans, il sera possible d'identifier des composants ayant des durées inférieures à 8 ans (ex. : 3 ou 5 ans), mais également supérieures à 8 ans (ex. : 10 ans).

> **Fiscalement** 1. **Dépenses de 1re catégorie** identifiées à l'origine (BOI-BIC-AMT-10-40-10 n° 80 et 90) ou ultérieurement (BOI-BIC-AMT-10-40-10 n° 100) :
a. Lorsqu'il n'existe pas de durée d'usage connue pour le composant, la durée d'amortissement est la durée de vie (CE 18-5-2005 n° 261623 et n° 261794 ; BOI-BIC-AMT-10-40-10 n° 80), c'est-à-dire celle **séparant deux remplacements** qui devrait donc, dans la plupart des cas, correspondre à la durée comptable (sauf intention de céder l'immobilisation avant la fin de la durée de vie du composant).
Dans le cas particulier où la durée réelle d'utilisation de l'immobilisation sous-jacente est plus courte que celle séparant deux remplacements, voir ci-après II.
b. Dans le cas où il existe une durée d'usage (agencements et installations, par exemple), la durée d'amortissement des composants constatés au titre des dépenses de remplacement (1e catégorie) est en principe cette **durée d'usage** (CGI art. 39-1-2).
c. Lorsque la durée d'usage (le cas échéant résiduelle) de la structure est plus courte que **la durée d'amortissement ci-avant définie (a. et b.) du premier composant identifié à l'origine (ou à la suite d'un accident),** l'administration admet que cette durée d'usage (le cas échéant résiduelle) de la structure puisse être retenue sur le plan fiscal. Dans ce cas, les entreprises doivent comptabiliser un **amortissement dérogatoire** sur la durée (pour plus de détails, voir n° 27390).
Par exemple, une immobilisation a une durée réelle d'utilisation de 20 ans, mais la durée d'usage admise pour le calcul de l'amortissement fiscal est de 10 ans. Un composant est identifié, d'une durée d'utilisation de 15 ans :
– sur le plan comptable, ce composant est amorti sur la durée de 15 ans ;
– fiscalement, il est admis qu'il puisse être amorti sur la même durée d'usage que l'immobilisation prise dans son ensemble, soit 10 ans.
Pour un tableau de synthèse des durées comptables et fiscales applicables aux composants, ainsi que les conséquences en termes d'amortissements dérogatoires, voir n° 27225.
2. Dépenses de 2e catégorie Les dépenses de gros entretien et grandes visites (2e catégorie) ne constituent pas des immobilisations sur le plan fiscal mais des charges susceptibles de donner lieu à provision (voir n° 25750). En conséquence, l'amortissement qui serait comptabilisé au titre de ces dépenses ne serait pas fiscalement déductible alors que la provision devrait l'être sous certaines conditions (voir n° 27900). Sur les retraitements extra-comptables à effectuer au titre de l'amortissement de ces dépenses de 2e catégorie, voir n° 25750.

> **Précisions** **Comparaison entre les solutions comptable et fiscale** Afin d'éviter de retarder la déductibilité fiscale de ces dépenses jusqu'à la date de leur engagement effectif et afin de limiter les suivis extra-comptables, les entreprises ont intérêt à ne pas les immobiliser mais à les constater sous forme de provisions pour gros entretien, conformément à la possibilité offerte par les règles comptables (voir n° 25750).

II. Lorsque la durée réelle d'utilisation est plus courte que celle séparant deux remplacements ou deux gros entretiens,
la durée d'amortissement du composant est limitée à la durée résiduelle d'utilisation de l'immobilisation sous-jacente.

> **Fiscalement** Selon l'administration (BOI-BIC-AMT-10-40-10 n° 90), il en est de même :
– que le composant soit amorti sur sa durée réelle d'utilisation ou sur une durée d'usage ;
– et que, à la date d'inscription à l'actif de ce composant, la structure soit fiscalement totalement amortie (durée d'usage plus courte que la durée réelle) ou non.
S'agissant du cas particulier où l'entreprise a l'intention de céder l'immobilisation, voir ci-après.

En revanche, la base amortissable du composant doit, le cas échéant, être réduite de sa valeur résiduelle (voir n° 27070).

Tel est le cas si :
– le composant peut être réutilisé sur une autre immobilisation ;
– le composant peut être cédé indépendamment de l'immobilisation ;
– l'immobilisation est cédée et a une valeur résiduelle dont une partie est affectable au composant.

> **Fiscalement** Selon l'administration, lorsque l'entreprise a l'intention de céder l'immobilisation, il n'en est pas tenu compte sur le plan fiscal. Ainsi (BOI-BIC-AMT-10-40-10 n° 80) :
> – la **durée d'amortissement** sur le plan fiscal reste en principe (voir ci-avant I.) :
> • la durée d'usage, s'il en existe une (voir ci-avant I. 1. b.),
> • sinon, la durée de vie du composant définie ci-avant I. 1. a., qui ne tient pas compte de la cession devant intervenir avant le remplacement ou le gros entretien, c'est-à-dire la durée séparant deux remplacements, dans l'hypothèse où l'immobilisation ne serait pas cédée ;
> – ou la **base de calcul** de l'amortissement demeure le prix de revient du composant (non diminué de la valeur résiduelle).
>
> En conséquence, en pratique, il n'est tenu compte fiscalement de l'intention de céder l'actif ni dans la base amortissable, ni dans la durée d'amortissement. L'amortissement fiscalement admis est celui résultant du calcul suivant : prix de revient du composant × taux d'amortissement résultant de la durée fiscalement admise :
>
> **a. Si l'amortissement comptable est supérieur à l'amortissement fiscalement déductible** [lorsque la prise en compte de la valeur résiduelle dans la diminution de la base amortissable (voir n° 27070) ne compense pas le raccourcissement de la durée d'amortissement] Les entreprises doivent effectuer les corrections extra-comptables suivantes sur l'imprimé n° 2058-A :
> – en cours d'amortissement : réintégration (ligne WE) de la fraction de l'amortissement comptabilisé qui excède l'amortissement fiscalement déductible ;
> – lors de la cession ou de la mise au rebut de l'immobilisation : déduction (ligne XG) des amortissements antérieurement réintégrés.
>
> Sur le cas particulier des biens donnés en location, voir n° 27515.
>
> **b. Si l'amortissement comptable est inférieur à l'amortissement fiscalement déductible** [lorsque la prise en compte de la valeur résiduelle dans la diminution de la base amortissable (voir n° 27070) compense et dépasse le raccourcissement de la durée d'amortissement retenue sur le plan comptable] Les entreprises doivent comptabiliser un amortissement dérogatoire sur la base (voir n° 27070).

Pour un tableau de synthèse des durées comptables et fiscales applicables aux composants, ainsi que les conséquences en termes d'amortissements dérogatoires, voir n° 27225.

27205 **Amortissement de la structure** Conformément aux règles relatives à l'amortissement des immobilisations non décomposables (voir n° 27120 s.), la structure (définition, voir n° 25715) doit être amortie sur sa **durée réelle d'utilisation**, c'est-à-dire en tenant notamment compte de la **politique de cession** de l'entreprise. Cette obligation a été confirmée par l'avis CU CNC n° 2005-D (§ 1.1.1).

> **Fiscalement** L'administration pose pour principe qu'en l'absence d'usage pour les structures, la structure d'une immobilisation décomposable est amortie sur sa **durée de vie** (BOI-BIC-AMT-10-40-10 n° 130), sans tenir compte de la politique de cession. Toutefois, elle admet que la structure d'une immobilisation décomposable puisse être amortie sur la **durée d'usage applicable à l'immobilisation corporelle prise dans son ensemble** (BOI-BIC-AMT-10-40-10 n° 130), celle-ci correspondant à la durée d'usage applicable à l'immobilisation non décomposable (voir n° 27140 II. et 27145). Cette solution ne s'applique pas aux immeubles de placement, voir n° 27495.

Sur le cas particulier des immeubles de placement, voir n° 27495.

Sur la possibilité d'amortir la structure sur la durée d'usage fiscale pour les petites entreprises, voir n° 27150.

Pour bénéficier de l'avantage fiscal lié aux durées d'usage, les entreprises doivent comptabiliser un **amortissement dérogatoire** (Avis CU 2005-D § 1.1). Cet amortissement dérogatoire est obligatoire dans le cas particulier des véhicules de tourisme (voir n° 27570) et autres biens somptuaires visés à l'article 39 B du CGI (voir n° 27630).

Pour plus de détails sur cet amortissement dérogatoire, voir n° 27390.

Pour un tableau de synthèse des durées comptables et fiscales applicables à la structure d'une immobilisation, ainsi que les conséquences en termes d'amortissements dérogatoires, voir n° 27225.

Tableau de synthèse   Le tableau ci-après, établi par nos soins, présente une synthèse des durées d'amortissement pour dépréciation des biens décomposables et des distorsions fiscalo-comptables découlant de la réglementation fiscale (pour plus de détails, voir n° 27200 et 27205).

27225

	Amortissements pour dépréciation	Amortissements fiscalement admis	Écritures ou retraitements extra-comptables
Structure	– Durée réelle d'utilisation (tenant compte, le cas échéant, de l'intention de cession) – Base amortissable diminuée de la valeur résiduelle, le cas échéant	– Durée à retenir : • durée d'usage applicable à l'immobilisation dans son ensemble • ou, durée d'utilisation (égale à la durée comptable si elle n'est pas influencée par l'intention de cession) Sur le cas particulier des immeubles de placement, voir n° 27495 – Base amortissable : non diminuée de la valeur résiduelle	– Si l'amortissement comptable est supérieur à l'amortissement fiscalement déductible (notamment en cas d'intention de cession lorsque la prise en compte de la valeur résiduelle dans la diminution de la base amortissable ne compense pas le raccourcissement de la durée d'amortissement) : réintégration de la fraction de la dotation non déductible fiscalement – Si l'amortissement comptable est inférieur à l'amortissement fiscalement déductible (notamment en cas d'amortissement fiscal sur la durée d'usage) : amortissement dérogatoire
Composant	*Composant identifié à l'origine*		
	– Durée réelle d'utilisation du composant, plafonnée à la durée résiduelle d'utilisation de l'immobilisation sous-jacente (notamment en cas d'intention de cession) – Base amortissable diminuée de la valeur résiduelle le cas échéant	– Durée à retenir : • durée séparant deux remplacements (mais obligation d'appliquer la durée d'usage du composant s'il en existe une (1)) • ou, pour le **premier composant identifié à l'origine**, durée d'usage de la structure si elle est plus courte • ou, pour les **composants acquis en renouvellement**, durée résiduelle d'utilisation de la structure si elle est plus courte – Base amortissable : non diminuée de la valeur résiduelle	
	Dépenses de gros entretien et grandes visites		
	Choix entre : – comptabilisation à l'actif des dépenses de gros entretien et grandes visites. Dans ce cas, amortissement sur la durée réelle d'utilisation du composant, plafonnée à la durée résiduelle d'utilisation de l'immobilisation sous-jacente (notamment en cas d'intention de cession) – comptabilisation des dépenses en charges à provisionner (PGR)	Obligation de constater des provisions (voir n° 27900)	Pour les retraitements extra-comptables en cas de comptabilisation des dépenses à l'actif, voir n° 25750

(1) BOI-BIC-AMT-10-40-10 n° 80 et 90.

MÉTHODES D'AMORTISSEMENTS

27230 Règle générale Selon le PCG, le mode d'amortissement (PCG art. 214-13) :

a. doit traduire au mieux le rythme de consommation des avantages économiques attendus de l'actif par l'entité.

Ainsi, à notre avis, aucune méthode ne peut être considérée, a priori, comme l'expression de l'amortissement pour dépréciation.

Elle doit être appliquée de manière constante pour tous les actifs de même nature ayant des conditions d'utilisation identiques. Toutefois, les modes d'amortissement, tels que définis à l'origine, peuvent être révisés (voir n° 27330).

b. est défini, soit en termes d'unités de temps, soit en termes d'unités d'œuvre.

Selon les cas, il s'agira d'un amortissement **linéaire** (voir n° 27235), **variable** sur la base des unités d'œuvre (voir n° 27255), **croissant** (voir n° 27260) ou **dégressif à taux décroissant** (voir n° 27265).

> **Fiscalement** L'amortissement est calculé :
> – **soit de manière linéaire** en appliquant à la valeur d'origine des immobilisations un taux constant déterminé en fonction de la durée normale d'utilisation des éléments à amortir (sur cette durée, voir n° 27010) ; dans des cas très limités (BOI-BIC-AMT-10-40-10 n° 260), un amortissement variable peut être utilisé (il s'agit néanmoins des modalités particulières du système linéaire) ;
> – soit en appliquant les dispositions spécifiques du CGI relatives aux régimes d'**amortissements dégressifs** (voir n° 27270 s. et Mémento Fiscal n° 9320 à 9380), **exceptionnels** (voir n° 27405 et Mémento Fiscal n° 9500 à 9530), ainsi que, dans certains cas, les solutions particulières admises par la doctrine administrative (BOI-BIC-AMT-10-40-10 n° 260 à 280 ; BOI-BIC-AMT-20-40-60-10 ; BOI-BIC-AMT-20-40-60-20).

En revanche, bien que l'utilisation d'un actif concoure à la création de flux de trésorerie au bénéfice de l'entité, le mode d'amortissement en fonction des produits tirés de l'activité dans laquelle l'immobilisation corporelle est utilisée n'est pas approprié, car il ne reflète pas le rythme attendu de consommation des avantages économiques de l'immobilisation.

27235 L'amortissement linéaire (ou constant) Il répartit de manière égale les dépréciations sur la durée de vie du bien.

> **Précisions** **1. Utilisation par défaut** Le mode linéaire est appliqué à défaut de mode mieux adapté (PCG art. 214-13).
> **2. Utilisation par simplification** Il peut également être appliqué, par simplification, lorsque la consommation des avantages économiques est variable et devrait s'établir sur la base des unités d'œuvre (voir n° 27255), à condition que le mode linéaire conduise à une annuité d'amortissement similaire à celle obtenue selon la méthode des unités d'œuvre. En principe, ce n'est pas le cas si l'utilisation du matériel est discontinue, sauf si les circonstances le permettent. Ainsi, par exemple, si un fournisseur de matériel garantit un nombre d'heures d'utilisation de 25 000 heures, l'annuité d'amortissement devrait être calculée sur la base du rapport entre le nombre d'heures d'utilisation réelle sur l'exercice et le total de 25 000 heures de durabilité garanties par le fournisseur (voir n° 27255). Toutefois, si le matériel est utilisé en continu pendant 2 trimestres sur 4 chaque année (et en l'absence de toute clôture intermédiaire ou exercice inférieur ou supérieur à 12 mois), la durée d'amortissement définie lors de la comptabilisation initiale peut être calculée sur la base du rapport entre le total de 25 000 heures et le nombre d'heures fixe d'utilisation attendu chaque année (EC 2022-08 ; cncc.fr).

I. Taux Le taux d'amortissement linéaire s'entend du chiffre, exprimé par rapport à 100, obtenu en divisant 100 par le nombre d'années de la durée de vie utile du bien.

> **Fiscalement** Il constitue le mode normal d'amortissement (BOI-BIC-AMT-20 n° 10). En outre, ce mode constitue la référence de calcul pour l'application de la règle de l'amortissement minimal prévue à l'article 39 B (voir n° 27010).

II. Date de départ La date de départ de l'amortissement est la date de début de consommation des avantages économiques qui lui sont attachés, c'est-à-dire, généralement la date de **mise en service** du bien. Voir n° 27095.

> **Fiscalement** Il en est de même (BOI-BIC-AMT-20-10 n° 120 ; CE 6-5-2015 n° 376989), la date de mise en service à retenir étant celle de l'immobilisation et non celle de ses différents composants en cas de mise en service antérieure de certains de ces derniers (CAA Versailles 16-12-2014 n° 14VE00348 ayant refusé la possibilité de constater dès l'exercice N des amortissements relatifs à des composants de terrassement et gros-œuvre considérés par la société comme indispensables à l'élaboration des composants immobiliers suivants, alors que l'immeuble auquel

ils s'incorporent n'était pas encore loué ou exploité commercialement). En cas de contrôle, l'entreprise doit être en mesure de prouver la date de mise en service. À défaut, et à titre d'exemple, la date de mise en service d'un immeuble pourra être réputée être la date de délivrance du certificat de conformité au permis de construire (CE 4-6-2008 n° 299309).

À noter que cette définition fiscale de la date de départ de l'amortissement linéaire n'est pas cohérente avec l'article 39 B du CGI qui calcule l'amortissement minimum obligatoire par rapport à la date d'acquisition de l'immobilisation et non de sa mise en service (voir n° 27010).

En conséquence, dans le cas général, la **première annuité** d'amortissement doit être réduite **« prorata temporis »** pour tenir compte de la période écoulée entre le début de l'exercice et la date de mise en service. Le prorata temporis s'apprécie **en jours** (BOI-BIC-AMT-20-10 n° 240).

> **Fiscalement** Il en est de même (CGI ann. II art. 23). Il n'est donc pas possible, quelle que soit la date de mise en service du bien, de pratiquer par simplification un amortissement forfaitaire égal à la moitié de ce qu'aurait été la dotation normale sur l'exercice entier (CE 6-11-1996 n° 151686).

III. Dernière annuité Symétriquement, si le plan d'amortissement n'est pas révisé, la dernière annuité d'amortissement est réduite, par rapport à la dotation complète, du montant de l'annuité « prorata temporis » pratiquée l'exercice d'acquisition.

> **EXEMPLE**
>
> **Exemple de calcul d'amortissement linéaire**
> Une installation technique achetée 100 000 le 15 avril de l'exercice 1 (année civile) est amortie économiquement selon le mode linéaire en 4 ans (soit un taux de 100/4 = 25 %).
> Le montant des amortissements par exercice s'élève à :
> — exercice 1 : 25 000 × 260* j / 360** j = 18 056 ;
> — exercices 2 à 4 : 25 000 ;
> — exercice 5 : 25 000 − 18 056 = 6 944.
> * 260 = 15 + 31 + 30 + 31 + 31 + 30 + 31 + 30 + 31
> ** 360 et non 365 j ; c'est la manière retenue par l'administration (voir ci-après Précision 1).

> **Précisions 1. Calcul du prorata temporis**
> L'administration (BOI-BIC-AMT-20-20-30 n° 220) fixe, dans ses exemples, à 360 jours, et non pas 365 jours, la durée d'un exercice de 12 mois. Cette solution simplificatrice n'empêche pas de calculer l'amortissement sur 365 jours sans risque fiscal.
> **2. En cas de cession** Sur l'obligation ou non de constater un amortissement en cas de **cession d'un bien non encore amorti**, voir n° 28120.
>
> **3. Si un exercice est inférieur ou supérieur à 12 mois,** l'ajustement de l'amortissement linéaire se fait en appliquant à l'annuité le rapport par douze de la durée en mois de l'exercice. S'il s'agit de la première annuité d'amortissement, cette dotation est ensuite réduite « prorata temporis » (BOI-BIC-AMT-20-20-30 n° 420).
> La durée totale d'amortissement, quant à elle, reste inchangée.

L'amortissement variable (sur la base des unités d'œuvre) Cette méthode peut permettre, selon les conditions d'exploitation, une meilleure approche de la dépréciation réelle que la méthode linéaire. **27255**

En effet, l'utilisation par une entité se mesure par la consommation des avantages économiques attendus de l'actif (voir n° 27055). Elle peut donc être déterminable en termes d'unités de temps (voir n° 27235 l'amortissement linéaire) mais également d'autres **unités d'œuvre,** lorsque ces dernières reflètent plus correctement le rythme de consommation des avantages économiques attendus de l'actif (PCG art. 214-13).

> **EXEMPLE**
>
> La dépréciation subie peut dépendre du nombre d'heures de fonctionnement d'une machine (EC 2022-08 ; cncc.fr), du nombre de kilomètres parcourus, du nombre de pièces fabriquées, du nombre de nuitées ou de chambres louées dans un hôtel, du nombre de couverts servis/vendus dans un restaurant, des volumes de carburant ou d'électricité consommés, etc.

Sur la possibilité d'appliquer le mode linéaire par simplification, voir n° 27235.

> **Fiscalement** En revanche, l'administration considère que le mode d'amortissement par unités d'œuvre revêt un caractère exceptionnel, qui ne trouve à s'appliquer que dans des cas limités (BOI-BIC-AMT-10-40-10 n° 260 à 280). Il est ainsi admis pour les biens et équipements pour lesquels la consommation d'avantages mesurée par des unités d'œuvres reflète une dépréciation effective et définitive, et dont le rythme de consommation des avantages économiques mesurée en unités d'œuvres est connu de manière fiable dès l'origine et ne varie pas de manière aléatoire (Inst. 30-12-2005, 4 A-13-05 n° 102, non reprise dans Bofip).

27255
(suite)

À titre d'exemple, l'administration admet expressément ce mode d'amortissement pour (BOI-BIC-AMT-10-40-10 n° 270) :
– les moules spécialement conçus en vue de l'exécution d'un marché (BOI-BIC-AMT-20-40-60-20 n° 180) ;
– les matériels spéciaux pour l'exécution de commandes « off shore ».

En pratique, les conditions étant, sur le plan fiscal, plus strictes qu'en comptabilité, un amortissement variable sur le plan comptable peut ne pas être autorisé fiscalement. Dans ces conditions, une entreprise amortissant ses immobilisations sur un mode variable non autorisé fiscalement doit en tirer les conséquences sur le plan fiscal, l'annuité d'amortissement comptabilisée qui en résulte pouvant en effet être :
– inférieure à l'amortissement minimum linéaire cumulé (voir n° 27010) ;
– ou supérieure à celle qui est fiscalement autorisée.

En conséquence, si les immobilisations concernées ne sont **pas éligibles fiscalement à ce mode d'amortissement** :
– si l'amortissement calculé sur la base des unités d'œuvre est inférieur à l'amortissement minimum linéaire cumulé, un amortissement dérogatoire doit être comptabilisé (voir n° 27405 et ci-après Exemple) ;
– si l'amortissement calculé sur la base des unités d'œuvre est supérieur à l'amortissement fiscalement autorisé, la quote-part d'amortissement excédentaire doit être réintégrée extra-comptablement (voir ci-après Exemple).

Sur les retraitements extra-comptables, en cas de cession de l'immobilisation, lorsque les dotations aux amortissements n'ont pas été totalement admises en déduction, voir n° 28120.

Sur les conséquences fiscales du passage d'un mode d'amortissement linéaire à un amortissement à l'unité d'œuvre en cas d'arrêt d'activité, voir n° 27330.

EXEMPLE

Dans le cadre d'un contrat de sous-traitance, une entreprise acquiert un outillage le 1/01/N pour 100 000. Le contrat s'étend sur une durée de 7 ans, pour un total de 100 000 pièces à fabriquer (sans échéancier précis des pièces à fabriquer sur la période globale de 7 ans).

Par hypothèse, le donneur d'ordre ne contrôle pas l'outillage.
– Aucun composant n'est identifié.
– Durée réelle d'utilisation : 7 ans, durée du contrat (ce qui correspond à 100 000 pièces fabriquées, prévues au contrat). Toutefois, l'utilisation de cet outillage par l'entreprise n'est pas linéaire. En effet, il est peu utilisé en période de démarrage puis monte en puissance jusqu'à atteindre son plein régime. En conséquence, l'entreprise décide de calculer l'amortissement en fonction du nombre de pièces fabriquées.
Lorsque les 100 000 pièces ont été fabriquées, l'entreprise cède son outillage, pour 5 % de sa valeur d'origine.
– Durée d'usage : 5 ans.
– Durée de vie économique : 10 ans.

Année	Nombre de pièces fabriquées
1	5 000
2	15 000
3	20 000
4	20 000
5	20 000
6	15 000
7	5 000
Total	100 000

Le calcul des amortissements est le suivant :

Année	Dotation aux amortissements comptables (a)	Dotation aux amortissements fiscaux (b)	Dotation (Reprise) aux amortissements dérogatoires (b) − (a) = (c)	Retraitements extra-comptables (d)	Cumul amortissements déduits (a) + (c) + (d)
1	4 750 (1)	10 000 (2)	5 250		10 000
2	14 250	10 000	(4 250)		20 000
3	19 000	10 000	(1 000)	8 000 (3)	30 000
4	19 000	10 000	–	9 000	40 000
5	19 000	10 000	–	9 000	50 000
6	14 250	10 000	–	4 250	60 000
7	4 750	10 000	–	(5 250) (4)	70 000
Total	95 000	70 000	0 (3)	25 000	

(1) La base amortissable comptable doit tenir compte de la valeur résiduelle (voir n° 27070), soit 95 000 (100 000 − 5 000).
Dotation de l'année 1 : 4 750 = 95 000 × 5 000 (nombre de pièces fabriquées au cours de l'année) / 100 000 (nombre de pièces qui seront fabriquées au total).
(2) Base amortissable fiscale = 100 000 (voir n° 27070).
Dotation minimale de l'année 1 : 10 000 = 100 000 / 10 (durée de vie, à notre avis, l'administration acceptant que les immobilisations non décomposables soient amorties sur leur durée de vie économique, sans tenir compte de la politique de cession de l'entreprise − et non leur durée d'usage − sans contrevenir à la règle de l'amortissement minimum linéaire cumulé, voir n° 27120).
(3) La dotation comptable est supérieure à la dotation fiscale, calculée en fonction de la durée de vie économique de l'outillage.
Fiscalement, l'excédent de la dotation comptable sur la dotation fiscale doit être réintégré extra-comptablement sur l'imprimé 2058-A (ligne WE).
(4) À notre avis, déduction extra-comptable à effectuer au titre de l'exercice de sortie de l'outillage sur l'imprimé 2058-A (ligne XG).

L'amortissement croissant L'annuité d'amortissement est de plus en plus élevée, au fur et à mesure que l'on se rapproche de la fin de l'utilisation du bien. 27260

EXEMPLE

Pour un bien dont la durée de vie est de 10 ans, la somme du nombre d'années est égale à 1 + 2 + 3 + ... + 10 = 55, l'amortissement est de 1/55 la première année, 6/55 la sixième année et 10/55 la dernière année.

Cet amortissement peut être utilisé, en comptabilité, uniquement s'il correspond à la consommation réelle des avantages économiques attendus du bien (voir n° 27230).

L'amortissement dégressif à taux décroissant appliqué à une valeur constante (encore appelé système « Softy », abréviation de l'anglais « sum of the years digits » = somme des chiffres des années) 27265
Il se calcule en faisant le rapport du numéro d'ordre de l'année considérée et de la somme des numéros d'ordre de l'ensemble des années.

EXEMPLE

Pour un bien dont la durée de vie est de 10 ans, la somme du nombre d'années est égale à 1 + 2 + 3 + ... + 10 = 55, l'amortissement sera de 10/55 la première année, 5/55 la sixième année et 1/55 la dernière année.

Cet amortissement peut être utilisé, en comptabilité, uniquement s'il correspond à la consommation réelle des avantages économiques attendus du bien (voir n° 27230).

L'amortissement dégressif fiscal Les règles comptables n'interdisent pas de comptabiliser un amortissement correspondant à un mode dégressif fiscal si ce mode correspond à l'utilisation réelle de l'immobilisation (voir n° 27230). Toutefois, ce cas devrait être marginal, ce mode correspondant en réalité à un avantage fiscal accordé aux entreprises. En conséquence, lorsque ce mode dégressif ne correspond pas à l'utilisation réelle de l'immobilisation (cas général), le complément d'amortissement résultant de l'application du mode 27270 dégressif doit obligatoirement être comptabilisé en **amortissements dérogatoires** (BOI-BIC-AMT-20-20 n° 10 ; voir n° 27405) sauf lorsque l'entreprise choisit d'appliquer la mesure de simplification réservée à certaines petites entreprises (voir n° 27150).

Dès que l'annuité dégressive devient inférieure à l'annuité linéaire, les amortissements dérogatoires sont repris pour la différence.

Sur les modalités pratiques d'application du mode dégressif, voir n° 27290 (coefficients fiscaux, biens éligibles…).

Pour un exemple d'application, voir n° 27310.

Par mesure de simplification, toutefois, certaines PME sont autorisées à ne pas effectuer l'éclatement entre amortissements comptables (durée réelle d'utilisation) et suppléments d'amortissement fiscaux liés au mode dégressif, l'amortissement faisant l'objet d'une dotation unique (voir n° 27150).

> **Fiscalement** **a. Entreprises concernées** (voir Mémento Fiscal n° 9320) Bien que la loi réserve en principe le bénéfice de l'amortissement dégressif aux seules entreprises industrielles, les entreprises commerciales et artisanales peuvent également en bénéficier pour celles de leurs immobilisations qui sont (BOI-BIC-AMT-20-20-10 n° 1 à 20 ; CE 15-11-1985 n° 47748 et n° 47749 ; CE 26-2-2001 n° 219333 ; CE 19-6-2002 n° 194476 et 207414) :
> – identiques à celles normalement utilisées par les entreprises industrielles pour leur activité de production (CE 28-12-2001 n° 215941) ;
> – effectivement utilisées pour une activité de production ou de transformation (CE 8-11-2000 n° 212316) ou qui pourraient l'être compte tenu de leur caractère polyvalent (CAA Lyon 29-5-2008 n° 05-1456).
>
> **b. Biens concernés** Les entreprises peuvent amortir dégressivement les biens d'équipement acquis ou fabriqués limitativement énumérés à l'article 22 de l'annexe II au CGI, ainsi que les bâtiments industriels dont la durée d'utilisation n'excède pas 15 ans, les satellites de communication, les immeubles et équipements acquis ou créés à compter du 1er janvier 2007 exclusivement destinés à accueillir des expositions et des congrès et les investissements hôteliers, mobiliers ou immobiliers (CGI art. 39 A), dès lors que ces biens (CGI ann. II art. 22) :
> – ne sont pas usagés au moment de leur acquisition. Sont toutefois éligibles sous certaines conditions les matériels rénovés par le fabricant (BOI-BIC-AMT-20-20-30 n° 10), les navires achetés d'occasion (BOI-BIC-AMT-20-40-60-10 n° 40 à 60) ainsi que les biens usagés acquis à l'occasion d'une opération de fusion placée sous le régime de faveur (voir Mémento Fusions & Acquisitions n° 8615) ;
> – ont une durée normale d'utilisation d'au moins 3 ans.
>
> Pour plus de détails sur les biens éligibles, voir Mémento Fiscal n° 9340.
>
> **c. Conséquences de la méthode d'amortissement par composants** Les biens non décomposés peuvent être amortis suivant le mode dégressif dès lors qu'ils entrent dans l'une des catégories définies ci-dessus.
>
> L'administration a précisé (BOI-BIC-AMT-20-20-40 n° 10 et 20) que **les composants des biens décomposables** peuvent bénéficier du régime de l'amortissement dégressif si l'immobilisation dans son ensemble elle-même, ou le composant lui-même, est éligible au régime de l'amortissement dégressif (CGI ann. II art. 15 bis) (y compris lorsqu'ils sont remplacés, à condition que ce ne soit pas par un composant d'occasion).
>
> **La structure des biens décomposables** peut bénéficier du régime de l'amortissement dégressif si l'immobilisation dans son ensemble est elle-même éligible au régime de l'amortissement dégressif (BOI-BIC-AMT-20-20-40 n° 10 et 20).
>
> **d. Décision de gestion** La décision d'amortir une immobilisation selon le mode linéaire ou dégressif fiscal étant une décision de gestion prise à la clôture de l'exercice d'acquisition de l'immobilisation, le passage ultérieur du mode linéaire au mode dégressif fiscal n'est pas admis (CE 2-3-1994 n° 118710).
>
> En revanche, dès lors qu'elles ont choisi le mode d'amortissement dégressif, les entreprises peuvent, sans contrevenir à l'article 39 B, différer la fraction de l'annuité dégressive excédant le minimum linéaire cumulé (voir n° 27010).

27290 **Modalités d'application du dégressif fiscal** Ce système est caractérisé par l'*application d'un taux constant à une valeur dégressive* : d'abord le prix de revient initial, puis, à partir du deuxième exercice, la valeur résiduelle du bien. Le « taux constant » est égal au produit du taux linéaire par un coefficient qui varie suivant la durée de vie du bien.

I. Coefficients fiscaux Ils s'appliquent au taux de l'amortissement linéaire pour fournir le taux de l'amortissement dégressif.

Le tableau ci-après, établi par nos soins, indique la **durée d'amortissement à retenir, selon l'administration fiscale, pour déterminer le coefficient dégressif fiscal** en fonction de la nature de l'élément concerné :

27290
(suite)

Biens non décomposables	Biens décomposables [1]	
	Composants	Structure
Durée normale d'utilisation [2] [3]	Durée réelle d'utilisation [4]	Durée d'usage [5]

(1) Pour un bien décomposable, les composants et la structure peuvent bénéficier du mode dégressif avec des coefficients différents.
(2) Sur cette durée voir n° 27010.
(3) Il ne faut pas retenir la durée réelle d'utilisation de l'immobilisation (BOI-BIC-AMT-20-20-30 n° 90).
(4) Toutefois, lorsque le composant est amorti sur une durée fiscale plus courte (voir n° 27120), le coefficient d'amortissement dégressif applicable est celui correspondant à cette durée d'amortissement fiscale (BOI-BIC-AMT-20-20-40 n° 20).
(5) La durée d'usage est celle correspondant à celle de l'immobilisation non décomposable (BOI-BIC-AMT-20-20-40 n° 10).

Pour les entreprises désirant bénéficier de l'avantage fiscal du calcul dégressif, un amortissement dérogatoire résultant de la méthode doit obligatoirement être comptabilisé pour la différence de taux (voir n° 27405), sauf pour les **biens des entités bénéficiant de la mesure de simplification pour les PME** (voir n° 27150).

Coefficients dégressifs des biens acquis ou fabriqués [1]	Durées d'amortissement [2]
1,25	3 et 4 ans
1,75	5 et 6 ans
2,25	> 6 ans

(1) Sur les cas particuliers des biens pouvant donner lieu à un régime d'amortissement dégressif fiscal majoré, voir Mémento Fiscal n° 9360.
(2) Sur la **durée d'amortissement** à retenir pour déterminer le coefficient dégressif fiscal de l'immobilisation, selon qu'il s'agit d'une immobilisation non décomposable, d'un composant ou de la structure d'une immobilisation décomposable, voir ci-avant.

EXEMPLE

Pour un bien acquis ou fabriqué depuis le 1er janvier 2010 d'une durée de vie de 4 ans, le taux de l'amortissement dégressif est de : 100 / 4 × 1,25 = 31,25 %.

II. Modalités pratiques

a. La date de départ de l'amortissement est la date de début de consommation des avantages économiques qui lui sont attachés, c'est-à-dire, généralement, la date **de mise en service** du bien (voir n° 27095).

> Fiscalement   **a. Calcul de la première annuité** En cas d'acquisition du bien en cours d'année, le « prorata temporis » s'apprécie **en mois** et non – comme pour l'amortissement linéaire – en jours (BOI-BIC-AMT-20-20-30 n° 210). La première annuité dégressive (**valeur brute** du bien × taux d'amortissement dégressif) est calculée comme si le bien avait été acquis au premier jour du mois de son acquisition (CGI ann. II art. 23 ; BOI-BIC-AMT-20-20-30 n° 10) et non à partir de la date de mise en service. En conséquence, en cas d'option pour le mode dégressif fiscal, un **amortissement dérogatoire** devrait être comptabilisé à raison de l'amortissement de l'immobilisation entre sa date d'acquisition et sa date de mise en service (voir n° 27390). Il est donc comptabilisé alors même qu'aucun amortissement (pour dépréciation) n'a encore été comptabilisé.
> **b. Computation de la durée d'amortissement** Pour le calcul de la durée totale d'amortissement, l'exercice d'acquisition est décompté pour une **année entière,** même lorsque l'acquisition se situe en cours d'exercice et que la première annuité est réduite en conséquence. La durée effective d'amortissement est donc réduite par rapport au système linéaire (par exemple, pour un bien amortissable sur 5 ans acquis en cours d'année, l'amortissement dégressif s'achève normalement à la clôture du quatrième exercice suivant celui de l'acquisition, alors que l'amortissement linéaire de ce même bien s'achèverait au cours du cinquième exercice, soit une durée totale d'amortissement étalée sur 6 ans).

Lorsqu'une entreprise bénéficie de la **mesure de simplification pour les petites entreprises** (voir n° 27150), cet amortissement n'est pas à pratiquer sous la forme d'un amortissement dérogatoire, l'amortissement dégressif étant comptabilisé en moins de l'actif.

b. Les exercices suivants, les annuités dégressives se calculent en gardant le même taux d'amortissement dégressif mais en prenant comme base la **valeur nette comptable** du bien à la clôture de l'exercice précédent. Toutefois, lorsque l'annuité dégressive devient inférieure à l'annuité correspondant au quotient de la valeur résiduelle par le nombre d'années restant

à courir à compter de l'ouverture de l'exercice, l'entreprise applique un amortissement égal à cette dernière annuité linéaire.
Pour un exemple d'application, voir n° 27310.
Sur la constatation de **l'amortissement sur l'exercice de cession,** voir n° 28120.

> **Précisions** **1. Si un exercice est inférieur à 12 mois,** l'ajustement de l'amortissement dégressif se fait en appliquant à l'annuité le rapport par douze de la durée en mois de l'exercice. S'il s'agit de la première annuité d'amortissement, cette dotation est ensuite réduite « prorata temporis ».
En cas de cession, le changement de durée de l'exercice n'a pas d'incidence sur la dotation.
En revanche, la **durée totale de l'amortissement** est **augmentée d'un exercice** car il n'est pas possible d'étaler l'amortissement sur une durée inférieure à sa durée d'utilisation (BOI-BIC-AMT-20-20-30 n° 440).

2. Si un exercice est supérieur à 12 mois, l'ajustement de l'amortissement dégressif se fait en appliquant à l'annuité le rapport par douze de la durée en mois de l'exercice. S'il s'agit de la première annuité d'amortissement, cette dotation est ensuite réduite « prorata temporis » ; il en est de même en cas de cession si celle-ci intervient entre le 13e mois et la fin de l'exercice.
En cas de fin d'amortissement, la dotation est identique à celle pratiquée pour un exercice de douze mois. L'allongement de la durée de l'exercice reste **sans** effet sur la durée totale d'amortissement (BOI-BIC-AMT-20-20-30 n° 440).

27310 Exemple d'application du dégressif fiscal

EXEMPLE

Une entreprise acquiert le 1/01/N un outillage utilisé à des opérations de recherche scientifique ou technique pour 100 000, éligible au régime de l'amortissement dégressif. La durée d'usage (fiscale) de cet outillage est de 6 ans, mais l'entreprise envisage de l'utiliser pendant 12 ans.
Lors de l'acquisition, l'entreprise identifie qu'elle devra remplacer un élément de cet outillage tous les 4 ans. Cet élément constitue donc un composant, qui doit être amorti sur sa durée réelle d'utilisation, soit 4 ans. Sa valeur à l'origine est de 10 000, puis est de 12 000 en N+4 et de 16 000 en N+8.
Les modalités d'amortissement à retenir sont les suivantes :

	Comptablement	Fiscalement
Structure	12 ans (durée réelle)	6 ans (durée d'usage) dégressif fiscal (coefficient de 1,75 calculé sur 6 ans)
Composant	4 ans (durée réelle)	4 ans (durée réelle) dégressif fiscal (coefficient de 1,25 calculé sur 4 ans)

a. Amortissement de la structure

Année	Dotation aux amortissements comptables (a)	Dotation aux amortissements fiscaux (b)	Dotation (Reprise) aux amortissements dérogatoires (b) − (a)
1	7 500 (1)	26 250 (2)	18 750
2	7 500	18 594	11 094
3	7 500	13 170	5 670
4	7 500	10 662	3 162
5	7 500	10 662	3 162
6	7 500	10 662	3 162
7	7 500	–	(7 500)
8	7 500	–	(7 500)
9	7 500	–	(7 500)
10	7 500	–	(7 500)
11	7 500	–	(7 500)
12	7 500	–	(7 500)
Total	90 000	90 000	0

(1) 7 500 = 90 000 (base amortissable) / 12 (durée réelle d'utilisation).
(2) 26 250 = 90 000 (base amortissable) / 6 (durée d'usage) × 1,75 (coefficient fiscal de droit commun).
Le coefficient fiscal de 1,75 correspond à celui qui doit être appliqué à une immobilisation amortissable fiscalement sur une durée de 6 ans (durée d'usage) et non de 12 ans (durée réelle d'utilisation).

b. Amortissement du composant

Année	Dotation aux amortissements comptables (a)	Dotation aux amortissements fiscaux (b)	Dotation (Reprise) aux amortissements dérogatoires (b) − (a)
1	2 500 [1]	3 125 [2]	625
2	2 500	2 292	(208)
3	2 500	2 292	(208)
4	2 500	2 291	(209)
Total 1re période	10 000	10 000	0
5	3 000	3 750	750
6	3 000	2 750	(250)
7	3 000	2 750	(250)
8	3 000	2 750	(250)
Total 2e période	12 000	12 000	0
9	4 000	5 000	1 000
10	4 000	3 667	(333)
11	4 000	3 667	(333)
12	4 000	3 666	(334)
Total 3e période	16 000	16 000	0

[1] 2 500 = 10 000 (base amortissable) / 4 (durée réelle d'utilisation).
[2] 3 125 = 10 000 (base amortissable) / 4 (durée réelle d'utilisation) × 1,25 (coefficient fiscal de droit commun).
Le coefficient fiscal de 1,25 correspond à celui qui doit être appliqué à une immobilisation amortissable fiscalement sur une durée de 4 ans (durée réelle d'utilisation) et non de 6 ans (durée d'usage applicable à l'immobilisation non décomposable).

RÉVISION PROSPECTIVE D'UN PLAN D'AMORTISSEMENT EN COURS D'UTILISATION

Modification résultant d'un changement significatif dans l'utilisation du bien Il est explicitement prévu par les textes que toute **modification significative** de l'utilisation prévue d'un bien (durée ou rythme de consommation des avantages économiques attendus de l'actif) entraîne la **révision** (C. com. art. R 123-179, al. 1) **prospective de son plan d'amortissement** (PCG art. 214-14). **27330**

Cette révision du plan d'amortissement peut porter sur (PCG art. 214-14 et 832-3) :
– les **durées d'utilisation** (voir n° 27140) ;
– les **modes d'amortissement** (voir n° 27230) ;
– la **valeur résiduelle** (voir n° 27090).

Il en est de même pour tous les biens décomposables et non décomposables.

Cette révision constitue une **obligation** sur le plan comptable afin de fournir des comptes sincères et donnant une image fidèle du patrimoine.

Les textes n'imposent **aucune périodicité de révision** des plans d'amortissement. Toutefois, les entreprises doivent se poser régulièrement la question de savoir si leurs plans d'amortissement reflètent toujours le réel rythme de consommation des avantages attendus de leurs actifs. La révision du plan d'amortissement peut ne concerner, sur le plan comptable, que certaines immobilisations en s'appuyant sur des dossiers techniques (voir ci-après I.).

I. Précisions sur les causes de changements dans l'utilisation du bien

L'ANC a précisé les causes de changement qui peuvent, par exemple, être les suivantes (Note de présentation du règl. ANC 2015-06) :
– dépenses ultérieures sur l'actif qui améliorent son état au-delà de son niveau de performance (et donc conduisent à allonger l'utilisation) ;

> **EXEMPLE**
> Selon le bulletin CNCC (n° 149, mars 2008, EC n° 2007-94, p. 126 s. et EC 2021-20), la réhabilitation d'un immeuble constitue un facteur susceptible de remettre en cause la durée résiduelle d'utilisation de la structure de l'immeuble.

27330 (suite) – changements techniques ou évolutions du marché qui peuvent conduire à réduire l'utilisation de l'actif.

> **EXEMPLES**
> La modification de l'utilisation d'une marque acquise pourra résulter de l'ouverture du marché à la concurrence ou de l'apparition de nouveaux acteurs.
> L'apparition de nouvelles technologies peut conduire à réduire les avantages économiques futurs qu'une entreprise pourrait obtenir de l'utilisation d'un brevet.

La modification de l'utilisation du bien peut également résulter, à notre avis :
– d'une décision de l'entreprise (exemples : cadence d'utilisation accrue ou réduction du niveau de production, décision de ne pas mettre en conformité un matériel, décision de vendre un matériel à court terme…) ;
– de mesures de restructuration (Bull. CNCC n° 165, mars 2012 ; Communiqué CNCC « Conséquences de la crise pour l'audit des comptes 2011 »).

> **Précisions** Conséquence d'un arrêt d'activité En cas d'interruptions ou de réductions d'activité, une entreprise peut être amenée à revoir le plan d'amortissement de ses immobilisations dans les cas suivants (en ce sens, Rec. ANC Covid-19, Question D 1 ; Questions/Réponses Covid-19 CNCC ; Questions 4.2.1, 4.3 et 4.4) :
> **1. Modification de l'utilisation prévue de l'immobilisation, sans remise en cause du mode d'amortissement linéaire** Par exemple :
> – la durée d'utilité peut être rallongée si la période d'inutilisation augmente la durée de vie de l'actif (sont notamment visés les agencements de bureaux ou d'espaces événementiels, susceptibles de s'user moins vite en l'absence de fréquentation) ;
> – la valeur résiduelle peut se trouver changée du fait d'une usure moindre de l'actif sur une durée d'utilité identique ou rallongée.
> Pour un exemple d'application, voir FRC 7/21 inf. 10.
> **2. Passage du mode d'amortissement linéaire à celui sur la base d'unités d'œuvre** Il est possible, lorsque le mode d'amortissement linéaire avait jusqu'alors été utilisé « par simplification », car il donnait un résultat proche d'un amortissement selon les unités d'œuvre, de considérer l'arrêt de l'utilisation ou l'utilisation réduite d'une immobilisation comme une circonstance exceptionnelle justifiant la révision du plan d'amortissement. En pratique, il est donc possible d'arrêter ou de réduire l'amortissement (jusqu'ici linéaire) pendant la période d'arrêt ou de réduction d'activité, conformément au rythme réel de consommation des avantages sur cette période.
> Cette disposition ne peut s'appliquer qu'à des immobilisations pour lesquelles la consommation des avantages économiques est fonction de leur utilisation effective en fonction d'unités d'œuvre (voir n° 27255) : installations techniques, matériels et outillages, véhicules utilitaires…
> Lorsqu'un tel changement de mode d'amortissement est pratiqué, l'amortissement futur de l'immobilisation doit continuer sur la base des unités d'œuvre jusqu'au terme du plan. En outre, la décision de réviser les plans d'amortissement s'applique à l'ensemble des immobilisations du même type et subissant les mêmes conditions d'exploitation.
> Pour un exemple d'application, voir FRC 7/21 inf. 10.

En revanche :
– une baisse de production due à une mauvaise récolte ne peut justifier, à elle seule, l'allongement de la durée de la vie des immobilisations et donc la révision de leur plan d'amortissement (Bull. CNCC n° 113, mars 1999, EC 98-90, p. 153) ; en revanche, sur la possibilité, pour certaines immobilisations, de modifier le mode d'amortissement en passant du mode linéaire au mode selon les unités d'œuvre, voir Précisions ci-avant sur l'arrêt ou la réduction d'activité ;
– un changement d'actionnaire ne justifie pas à lui seul une modification du plan d'amortissement. Cela peut être l'occasion d'un changement dans l'utilisation des biens mais il convient de le démontrer pour modifier le plan d'amortissement (Bull. CNCC n° 187, septembre 2017, EC 2017-20, p. 482) ;
– lorsque des biens **ne sont plus utilisés** parce qu'une fabrication a été définitivement arrêtée et sont inutilisables pour d'autres usages ou invendables, l'entreprise doit constater intégralement la dépréciation subie, par un **amortissement exceptionnel** (voir n° 27760).

> **Fiscalement** **a. Principe** Des changements intervenus dans le mode d'utilisation de l'actif, dans l'accélération de son obsolescence ou de sa dégradation physique ayant pour conséquence une perte de valeur définitive peuvent justifier une modification du plan d'amortissement (BOI-BIC-PROV-40-10-10 n° 40). Tel est le cas, par exemple, d'un passage à un régime de trois-huit (BOI-BIC-AMT-10-30-40 n° 130). Toutefois, il n'est pas admis, sauf circonstances tout à fait exceptionnelles, que l'entreprise modifie trop fréquemment la durée d'après laquelle elle calcule ses amortissements (BOI-BIC-AMT-10-40-10 n° 300).

La modification de la durée d'amortissement ne saurait :
– ni permettre indirectement la déduction d'amortissements irrégulièrement différés (sur cette notion, voir Mémento Fiscal n° 9470) ;
– ni avoir de répercussions sur les amortissements compris dans les charges déductibles des exercices antérieurs (voir ci-après II.).
En ce qui concerne le rattrapage d'amortissements dégressifs, voir Mémento Fiscal n° 9470.

b. Conséquences d'une réduction du plan d'amortissement comptable Lorsque les circonstances auxquelles l'entreprise est confrontée la conduisent à raccourcir le plan d'amortissement comptable en deçà des durées issues des usages, cette même durée pourrait, à notre avis, être appliquée au plan fiscal (sur la nature des circonstances particulières susceptibles de justifier une modification du plan d'amortissement voir n° 27140 II.). Une révision du plan d'amortissement dérogatoire sera opérée en conséquence.

c. Allongement du plan d'amortissement comptable en présence d'usages Si l'entreprise s'est référée aux usages pour la détermination de la durée d'amortissement fiscal de ses immobilisations, l'administration ne peut pas contester la durée retenue en s'appuyant exclusivement sur leur durée réelle d'utilisation (CE 9-12-1992 n° 85864 et 85874). Néanmoins, des circonstances propres à l'entreprise justifiant une dérogation aux usages (voir n° 27140 II.) pourraient s'accompagner d'une révision prospective du plan d'amortissement et d'une révision corrélative du plan d'amortissement dérogatoire.

d. Allongement du plan d'amortissement comptable en l'absence d'usages La durée d'amortissement fiscale étant fixée d'après la durée réelle d'utilisation des équipements retenue en comptabilité (voir n° 27120), la modification d'appréciation de cette durée au plan comptable produit tous ses effets au plan fiscal (CE 24-4-2019 n° 411242).

e. Passage du mode d'amortissement linéaire à celui sur la base d'unités d'œuvre Lorsque le mode d'amortissement linéaire prévu à l'origine est modifié par référence à une unité d'œuvre sous-jacente dans des situations non visées par la doctrine administrative (voir n° 27255), les entreprises doivent veiller au respect de l'obligation de constater un amortissement minimal (voir n° 27010). S'il n'est pas atteint, un amortissement dérogatoire doit être comptabilisé pour compléter l'amortissement constaté sur le plan comptable (en résultat exceptionnel) (Rép. Allizard : Sén. 29-4-2021 n° 21571). À défaut, les amortissements non comptabilisés seraient considérés comme irrégulièrement différés.

II. Précisions sur la modification prospective du plan d'amortissement

Cette révision conduit à une augmentation ou une diminution des dotations aux amortissements d'**exploitation dès l'exercice de la modification et sur les exercices ultérieurs**.

Sur l'exercice de la modification, il n'en résulte aucune charge ni produit exceptionnel, la modification (nécessairement prospective) n'ayant pas d'incidence sur les amortissements antérieurement pratiqués.

En effet, il s'agit d'un changement d'estimation et, en aucun cas :
– d'un changement de méthode (PCG art. 832-3) ;
Voir également n° 8500 s.
– ou d'une correction d'erreur (voir n° 27340).

> **Fiscalement** L'administration a également précisé qu'une modification du plan d'amortissement ne saurait entraîner la modification des résultats des exercices antérieurs (BOI-BIC-AMT-10-40-10 n° 300).

Les textes ne précisent pas la date à laquelle doit être recalculé le plan d'amortissement. À notre avis, le plan devrait être revu à **compter de la date du changement dans l'utilisation du bien ou de la décision** de l'entreprise de ne plus utiliser l'actif dans les mêmes conditions.

En outre, un tel changement constituant un indice interne de perte de valeur, un test de dépréciation est réalisé à cette date et une dépréciation, le cas échéant, constatée (PCG art. 214-16 ; voir n° 27725).

> **Précisions** Tel pourrait être le cas, s'il est décidé de sortir l'actif avant la date prévue préalablement (absence de mise aux normes du bien, abandon ou restructuration du secteur d'activité auquel le bien appartient…).

En pratique, la dotation aux amortissements de l'exercice au cours duquel intervient ce changement devrait, à notre avis, être calculée :
– jusqu'à la date de changement dans l'utilisation : conformément à l'ancien plan d'amortissement ;
– à compter de cette date : conformément au nouveau plan d'amortissement (sur la base de la VNC à cette date, le cas échéant dépréciée, et de la durée résiduelle d'utilisation de l'actif à cette date ; PCG art. 214-2).

III. Informations en annexe Le changement de circonstances est mentionné et justifié en annexe (PCG art. 833-2).

> **Précisions** **Arrêt d'activité** En cas de modification du plan d'amortissement, l'entité précise :
> – le nouveau rythme d'amortissement retenu (allongement de la durée, révision de la valeur résiduelle, unités d'œuvre choisies...) ;
> – l'impact de la crise sanitaire sur la charge d'amortissement.
> Pour les petites entreprises appliquant la mesure de simplification pour le report des amortissements, le changement doit faire l'objet d'une mention particulière en annexe. Voir FRC 7/21 inf. 10.

27332 **Modification résultant d'une meilleure expérience ou d'une nouvelle information** En dehors d'une modification significative dans l'utilisation du bien (voir n° 27330), un changement prospectif du plan d'amortissement d'une immobilisation peut résulter, à notre avis :
– de nouvelles informations ou d'une meilleure expérience (PCG art. 122-5) ;

> **EXEMPLE**
> Tel peut être le cas d'un matériel utilisant une technologie complexe, si la société considère qu'elle a pu améliorer son appréciation de cette technologie grâce à une meilleure expérience (EC 2022-08 ; cncc.fr).

> **Fiscalement** Voir n° 27330.

– de nouveaux textes relatifs aux modalités d'amortissement des immobilisations (voir n° 8500).

27335 **Comptabilisation d'une dépréciation** Selon le PCG (art. 214-14 et 214-17), la comptabilisation d'une dépréciation modifie, de manière prospective, la base amortissable de l'actif déprécié.
Pour plus de détails, voir n° 27765 s.
La dépréciation conduit également à des écritures de régularisation des amortissements au cours des exercices ultérieurs (voir n° 27785 s.).

RÉVISION RÉTROSPECTIVE D'UN PLAN D'AMORTISSEMENT

27340 Ce type de révision peut résulter :
– d'une correction d'erreur (EC 2022-08 ; cncc.fr) révélée, par exemple, par un redressement fiscal (voir n° 53130) ;
– à notre avis, d'un ajustement de prix lorsque l'entité dispose, à la date d'acquisition, des éléments de calcul lui permettant d'estimer provisoirement ce coût (par exemple, voir n° 30185 sur les immobilisations acquises moyennant le paiement de redevances annuelles).
En revanche, ceci n'exclut pas que, si la valeur actuelle d'un bien est notablement inférieure à la valeur nette comptable résultant du plan d'amortissement, un amortissement exceptionnel ou une dépréciation soit constitué (voir n° 27715 s.).

2. AMORTISSEMENTS DÉROGATOIRES

RAISON D'ÊTRE ET DÉFINITION DES AMORTISSEMENTS DÉROGATOIRES

27370 Le PCG (art. 214-8) définit les amortissements dérogatoires comme les amortissements ou la fraction d'amortissements ne correspondant pas à l'objet normal d'un amortissement ou d'une dépréciation et comptabilisés en application des textes particuliers de niveau supérieur, c'est-à-dire en pratique les textes fiscaux.
En effet, selon la législation fiscale (CGI art. 39-1-2° ; BOI-BIC-AMT-10-10 n° 110), seuls sont déductibles du bénéfice imposable les amortissements dûment constatés en comptabilité (voir n° 27010). Or la fiscalité étant utilisée quelquefois à des fins de politique économique notamment pour l'incitation à l'investissement (amortissements exceptionnels, possibilité d'utilisation d'un mode dégressif, etc.), les entreprises ont la possibilité de constater des amortissements non nécessaires sur le plan comptable. Par ailleurs, certains textes fiscaux étant en divergence avec des règles comptables (par exemple, prise en compte de la valeur résiduelle dans la base amortissable ; voir n° 27070) des amortissements dérogatoires doivent obligatoirement être comptabilisés pour ne pas contrevenir à la règle de l'amortissement minimum linéaire cumulé (voir n° 27010).

Lorsque l'octroi d'un avantage fiscal est subordonné à sa comptabilisation sous la forme d'un « amortissement » ne correspondant pas à une dépréciation, l'**« amortissement dérogatoire »** qui en résulte (c'est-à-dire le **complément fiscal** par rapport à la dépréciation) est porté au passif dans les provisions réglementées (C. com. art. R 123-190), plus précisément dans le **compte** dérogatoire **145 « Amortissements dérogatoires »,** poste inclus dans les capitaux propres (Note de présentation du règl. ANC 2015-06).

Les amortissements dérogatoires ne sont ni définis ni cités dans la loi du 30 avril 1983 ou dans le Code de commerce.

Ainsi apparaissent clairement au bilan les amortissements comptables (pour dépréciation) en moins de l'actif et le supplément d'amortissements pratiqués pour bénéficier d'avantages fiscaux (amortissements dérogatoires) au passif.

Les amortissements dérogatoires peuvent résulter :
– de la **durée** d'amortissement (voir n° 27390 s.) ;
– de la **base** amortissable (voir n° 27400) ;
– du **mode** d'amortissement (voir n° 27405 s.).

Dans les comptes consolidés (en règles françaises ou en IFRS), les amortissements dérogatoires, constitués pour bénéficier d'avantages fiscaux, doivent être annulés en consolidation (voir Mémento Comptes consolidés n° 3327 s.).

AMORTISSEMENTS DÉROGATOIRES RÉSULTANT DE LA DURÉE

Principe La constitution d'amortissements dérogatoires résultant de la durée est en principe **facultative** dans les comptes individuels. Toutefois, elle est notamment requise pour des raisons fiscales (voir n° 27010) : **27390**
– si les entreprises souhaitent bénéficier de l'avantage fiscal lié aux durées d'usage (généralement plus courtes que les durées réelles d'utilisation appliquées sur le plan comptable, voir n° 27140) ;
– lorsque l'entreprise a l'intention de céder le bien à condition que la diminution des amortissements comptables, du fait de la prise en compte de la valeur résiduelle, soit plus importante que leur augmentation du fait d'une durée d'utilisation (comptable) plus courte que la durée d'usage (fiscale), voir n° 27400 ;
– dans certains cas particuliers (amortissement des véhicules de tourisme et autres biens somptuaires visés à l'article 39-4 du CGI, ainsi que coûts de développement, voir ci-après le tableau de synthèse).

Le tableau ci-après, élaboré par nos soins, présente en synthèse les différents amortissements dérogatoires à pratiquer pour se conformer aux obligations (ou possibilités) fiscales, selon que :
– les biens sont décomposables (structure et composants, sur leur définition respective voir n° 25715) ou non décomposables (sur la distinction entre ces deux types de biens, voir n° 25710) ;
– les entreprises bénéficient ou non de mesures de simplification (sur la mesure de simplification offerte aux PME, voir n° 27150).

27390
(suite)

Amortissement pour dépréciation	Amortissement dérogatoire	Immobilisations concernées	Entités concernées	Renvois
En fonction de la **durée réelle** d'utilisation (1), à partir de la date de mise en service (2)	– Pour la différence entre la durée réelle d'utilisation et la **durée d'usage** (amortissement dérogatoire **possible**) (3)	– Immobilisations non décomposables (4)	Toutes les entreprises, **sauf** celles bénéficiant de la **mesure de simplification** (6)	n° 27120 s.
		– Structure (**sauf immeubles de placement**) (5)		n° 27205
		– Composants bénéficiant d'une durée d'usage (7)	Toutes les entreprises	
		– Composants d'origine (7) dont la durée réelle d'utilisation (ou d'usage lorsqu'elle existe) est supérieure à la durée d'usage de la structure		n° 27200
	– Entre la **date d'acquisition** et **la date de mise en service** (en cas d'amortissement sur le mode dégressif) (8)	– Immobilisations non décomposables	Toutes les entreprises, **sauf** celles bénéficiant de la **mesure de simplification** (6)	n° 27290
		– Immobilisations décomposables	Toutes les entreprises	
	– Sur la période écoulée entre l'inscription des dépenses à l'actif et la date d'achèvement du projet	**Coûts de développement engagés au cours d'exercices clos avant le 1ᵉʳ décembre 2014**	Toutes les entreprises	n° 31910

(1) **Durée réelle d'utilisation** Elle tient compte des caractéristiques propres à l'entreprise reflétant l'utilisation réelle que l'entreprise fait de l'immobilisation (voir n° 27140).
(2) **Date de début des amortissements** C'est en général la date de mise en service. Toutefois, en principe, il s'agit de la date de début de consommation des avantages économiques, qui peut être plus tardive que la date de mise en service (voir n° 27095).
(3) **Amortissement dérogatoire facultatif sur le plan fiscal** (sans risque d'amortissement irrégulièrement différé) Il ne constitue une obligation que si l'entreprise souhaite bénéficier immédiatement d'une déduction complémentaire. Toutefois, selon l'administration (BOI-BIC-AMT-10-40-10 n° 50), dans le cas des **véhicules de tourisme** et autres biens somptuaires visés à l'article 39-4 du CGI, **l'amortissement dérogatoire sur la durée est obligatoire** (quand bien même une fraction de l'amortissement n'est pas déductible ; voir n° 27570 pour les véhicules de tourisme et 27630 pour les autres biens somptuaires) ; à défaut, les amortissements non comptabilisés seraient considérés comme irrégulièrement différés.
(4) **Cas particulier des brevets** Voir n° 31915.
(5) **Structures d'immeubles de placement** Pour ces structures, les amortissements dérogatoires résultant de la durée sont impossibles, les durées comptables et fiscales devant être identiques (voir n° 27495).
(6) **Mesure de simplification pour les petites entreprises** Au titre de cette mesure de simplification, les entreprises peuvent continuer à amortir, dans les comptes individuels, les immobilisations à l'origine sur les durées d'usage, sans rechercher les durées réelles d'utilisation. L'amortissement ainsi calculé est comptabilisé sous la forme d'une dotation unique (sans éclatement entre amortissement pour dépréciation et amortissement dérogatoire). Pour plus de détails, voir n° 27150.
(7) **Composants ayant une durée d'usage connue** (agencements et installations principalement). Pour plus de détails sur la durée d'amortissement fiscale des composants, voir n° 27200.
(8) **Différences de durée entre le calcul des amortissements linéaire et dégressif** (pour plus de détails sur l'amortissement dégressif, voir n° 27270 s.). En principe, la durée est identique. Toutefois, en pratique, il existe trois divergences (voir n° 27290 II. a.) :
– date de démarrage : acquisition (en fiscalité) ou mise en service (en comptabilité) ;
– prorata temporis : en mois (en fiscalité) ou en jours (en comptabilité) ;
– période d'amortissement : en exercices (en comptabilité) ou en années (en fiscalité).

Cas particuliers Dans les cas spécifiques d'une **durée** d'utilisation **admise expressément par l'administration** fiscale en faveur de branches professionnelles (BOI-BIC-AMT-10-40-30 n° 20 à 60 et n° 170 à 190 ; voir Mémento Fiscal n° 9210 et 9225) et jugée non conforme à la durée d'utilisation normale (plus longue), il est nécessaire, à notre avis, de constater des amortissements dérogatoires (solution retenue également par le Bull. CNCC n° 57, mars 1985, p. 140 s., « Amortissement des immobilisations corporelles – Durée de l'amortissement »), l'administration admettant (BOI-BIC-AMT-10-30-30-10 n° 370) ces durées plus courtes que les durées normales d'utilisation.

27395

> EXEMPLES
>
> L'administration propose notamment :
> – pour le secteur de l'industrie mécanique : amortissement des matériels d'usine, y compris les machines-outils en appliquant des taux de 15 %, 20 % ou 30 % suivant qu'ils sont utilisés de 2 000 à 2 500 heures par an à simple équipe, de 4 000 à 5 000 heures par an à double équipe ou plus de 6 000 heures par an à triple équipe (BOI-BIC-AMT-20-40-60-10 n° 1) ;
> – dans le secteur du transport maritime, une durée minimale d'utilisation de 8 ans pour l'amortissement des navires (BOI-BIC-AMT-20-40-60-10 n° 10).

Par ailleurs, des dispositifs d'amortissements exceptionnels fiscaux offrent aux entreprises la possibilité d'amortir certains de leurs investissements sur des durées forfaitaires courtes (robots industriels, imprimantes 3D…) ; voir n° 27425.

AMORTISSEMENTS DÉROGATOIRES RÉSULTANT DE LA BASE AMORTISSABLE

Ce type d'amortissement dérogatoire résulte de la différence entre (voir n° 27070) :
– la base amortissable comptable, déterminée en tenant compte de la **valeur résiduelle** ;
– la base fiscale, égale, sauf exception (voir n° 27765), au **prix de revient** du bien.

27400

Cet amortissement dérogatoire ne constitue pas une faculté fiscale mais une **obligation,** sa non-comptabilisation entraînant un **risque d'amortissements irrégulièrement différés.** Toutefois, il n'est comptabilisé que si l'amortissement comptable, du fait de la diminution de la base amortissable, est inférieur à l'amortissement autorisé fiscalement.

En pratique, ce sera le cas si la diminution des amortissements comptables, du fait de la prise en compte de la valeur résiduelle, est plus importante que leur augmentation du fait d'une durée d'utilisation (comptable) plus courte que la durée d'usage (fiscale). Pour un exemple, voir n° 27170, 1er cas.

Amortissement pour dépréciation	Amortissement dérogatoire	Immobilisations concernées	Entités concernées	Renvois
Sur coût d'entrée diminué de la valeur résiduelle	Sur **valeur résiduelle** (amortissement dérogatoire **obligatoire**)	– Immobilisations non décomposables (1) – Immobilisations décomposables (1)	Toutes les entreprises (2)	n° 27070

(1) Sur la distinction entre biens décomposables et non décomposables, voir n° 25710.
(2) La mesure de simplification réservée aux PME ne s'applique pas à ce type d'amortissement dérogatoire, voir n° 27150.

En revanche, si l'amortissement comptable s'avère supérieur à l'amortissement fiscalement déductible, l'amortissement dérogatoire n'est pas comptabilisé.
Cette situation correspond notamment au cas où, l'entreprise prévoyant de céder l'immobilisation à court terme, la prise en compte de la valeur résiduelle en diminution de la base amortissable ne compense pas le raccourcissement de la durée d'amortissement (voir n° 27170, 2e cas).

AMORTISSEMENTS DÉROGATOIRES RÉSULTANT DE LA MÉTHODE

Il existe plusieurs types d'amortissements dérogatoires résultant du mode d'amortissement, certains étant obligatoires, d'autres facultatifs. Le tableau suivant, élaboré par nos soins, présente en synthèse les différents amortissements dérogatoires à comptabiliser pour se conformer aux obligations (ou possibilités) fiscales, selon que :
– les biens sont décomposables (structure et composants, sur leur définition respective voir n° 25715) ou non décomposables (sur la distinction entre ces deux types de biens, voir n° 25710) ;

27405

– les entreprises bénéficient ou non de mesures de simplification (sur la mesure de simplification offerte aux PME, voir n° 27150) :

Amortissement pour dépréciation	Amortissement dérogatoire	Immobilisations concernées	Entités concernées
Amortissement linéaire	– Pour la **différence entre le linéaire et le dégressif fiscal** (si l'entreprise souhaite pratiquer fiscalement ce mode d'amortissement) (amortissement dérogatoire **possible**) (1) (2)	– Immobilisations non décomposables (3)	Toutes les entreprises, **sauf** celles bénéficiant de la **mesure de simplification** (4)
	– Pour la différence entre le linéaire et l'**amortissement exceptionnel** (si l'entreprise souhaite pratiquer fiscalement un des modes d'amortissements exceptionnels) (amortissement dérogatoire **possible**) (1)	– Composants (3)	
		– Structure (3)	
Amortissement sur la base des unités d'œuvre (ou croissant)	– Pour la différence entre l'amortissement sur les unités d'œuvre et le minimum linéaire cumulé (amortissement dérogatoire **obligatoire**) (5)	– Immobilisations non éligibles fiscalement à l'amortissement sur la base des unités d'œuvre (6)	Toutes les entreprises

(1) Cet amortissement dérogatoire est **facultatif** sur le plan fiscal (sans risque d'amortissements irrégulièrement différés). Il ne constitue une **obligation** que **si l'entreprise souhaite bénéficier immédiatement d'une déduction complémentaire**. Pour plus de détails sur l'amortissement dégressif, voir n° 27270. Sur les amortissements exceptionnels, voir n° 27425.
(2) Sur la date de début de l'amortissement dégressif, voir n° 27290.
(3) Sur les **conditions d'éligibilité** des immobilisations décomposables et non décomposables **au régime dégressif fiscal**, voir n° 27270 s.
(4) Pour plus de détails sur les entités visées par la mesure de simplification PME, voir n° 27150.
(5) Lorsque les immobilisations concernées ne sont pas éligibles fiscalement à ce mode d'amortissement, et **si l'amortissement calculé sur la base des unités d'œuvre est inférieur à l'amortissement minimum linéaire cumulé**, les entreprises **doivent** comptabiliser cet amortissement dérogatoire afin de ne pas s'exposer au risque de le différer irrégulièrement (voir n° 27255).
(6) Sur les immobilisations éligibles **fiscalement à l'amortissement sur la base des unités d'œuvre**, voir n° 27255.

AMORTISSEMENTS EXCEPTIONNELS FISCAUX ET DÉDUCTIONS EXCEPTIONNELLES FISCALES

27425 Pour **favoriser le développement de certains investissements,** des dispositifs d'amortissements exceptionnels, prenant souvent la forme, pour les mesures les plus récentes, d'une **déduction fiscale exceptionnelle** d'une fraction de la valeur d'origine des biens éligibles, ont été mis en place. Ces mesures s'appliquent à certaines immobilisations (corporelles et incorporelles, voir ci-après) et à certains titres de placement (voir n° 37640).
Ces amortissements sont :
– soit non comptabilisés (voir ci-après I.) ;
– soit comptabilisés (voir ci-après II.). Dans ce cas, ces méthodes exceptionnelles ne pouvant refléter la dépréciation économique d'une immobilisation, le complément d'amortissement résultant de l'application du mode exceptionnel est comptabilisé en **amortissement dérogatoire**.
Pour plus de détails sur la distinction entre amortissement (pour dépréciation) et amortissements dérogatoires, voir n° 27015.

> **Fiscalement** Il en est de même (BOI-BIC-AMT-20-30 n° 40).

> **Précisions 1.** Il ne faut pas confondre **amortissements exceptionnels comptables et amortissements exceptionnels fiscaux** Lorsqu'un amortissement exceptionnel est :
– motivé par la non-utilisation définitive d'un actif, il doit être considéré comme un amortissement (pour dépréciation) exceptionnel : il est inscrit, en totalité, dans les charges exceptionnelles en tant que tel (compte 6871) et vient à l'actif du bilan en diminution de la valeur brute

de l'immobilisation concernée (voir n° 27760) ;
– pratiqué dans le seul but de bénéficier d'une déduction temporaire d'impôt, il appartient à la catégorie des amortissements dérogatoires : il est inscrit, pour la partie non économiquement justifiée, dans les charges exceptionnelles sous forme de dotation aux provisions réglementées (compte 6872) et vient au passif du bilan en augmentation de ces provisions (compte 14).

2. Amortissements facultatifs Ces amortissements sont facultatifs sur le plan fiscal (sans risque d'amortissements irrégulièrement différés). Ils ne constituent une obligation que si l'entreprise souhaite bénéficier d'un mode d'amortissement exceptionnel.

27425 (suite)

I. Amortissements exceptionnels fiscaux et déductions exceptionnelles fiscales non comptabilisés
Les régimes suivants ne donnent **pas lieu** à la constatation d'amortissements dérogatoires :
– **suramortissement des immobilisations financées au moyen de certaines primes d'équipement** ;
– **déduction fiscale exceptionnelle** égale à une **fraction du coût de revient de certains investissements**, pratiquée de manière extra-comptable à partir du premier jour du mois d'acquisition ou de fabrication du bien et répartie de manière linéaire sur sa durée normale d'utilisation ;

> **Précisions** **1.** Le taux de la déduction exceptionnelle dépend de la **date d'acquisition** et des **caractéristiques techniques** en ce qui concerne :
> – les **véhicules peu polluants** acquis entre le 1er janvier 2016 et le 31 décembre 2030 (CGI art. 39 decies A ; voir Mémento Fiscal n° 9620) ;
> – certains **matériels de réfrigération peu polluants** acquis entre le 1er janvier 2019 et le 31 décembre 2022 (CGI art. 39 decies D ; voir Mémento Fiscal n° 9625) ;
> – certains **engins non routiers peu polluants** acquis entre le 1er janvier 2020 et le 31 décembre 2022 (CGI art. 39 decies F ; voir Mémento Fiscal n° 9635) ;
> – certains **matériels de manutention et de distribution du gazole** inscrits à l'actif immobilisé acquis entre le 1er janvier 2020 et le 31 décembre 2022 (CGI art. 39 decies G ; voir Mémento Fiscal n° 9640) ;
> – certains coûts supplémentaires immobilisés supportés pour l'installation d'équipements nécessaires à l'utilisation de **sources d'énergie propre** par les **navires et bateaux** pour les biens acquis du 1er janvier 2020 au 31 décembre 2024 (CGI art. 39 decies C ; voir Mémento Fiscal n° 9630).
> **2.** Le taux de déduction exceptionnelle est fixé à **40 %** pour :
> – l'**investissement productif** concernant certains biens d'équipement industriels acquis, fabriqués ou pris en crédit-bail entre le 15 avril 2015 et le 14 avril 2017 (CGI art. 39 decies ; voir BIC-X BIS-3000 s.) ;
> – certains investissements dans la **robotique et la transformation numérique** réalisés par des PME répondant aux conditions précisées n° 52620 qui ont été acquis ou fabriqués entre le 1er janvier 2019 et le 31 décembre 2020 sous réserve d'avoir été commandés à compter du 18 septembre 2018, étant précisé que les biens commandés en 2019 et 2020 qui sont acquis à compter du 1er janvier 2021 peuvent également bénéficier du régime dans certaines conditions (CGI art. 39 decies B ; voir Mémento Fiscal n° 9605 à 9615) ;
> – les **simulateurs d'apprentissage de la conduite** dotés d'un poste de conduite acquis ou pris en crédit-bail ou en location avec option d'achat à compter du 9 mai 2019 et jusqu'au 8 mai 2021 au cours d'exercices clos à compter du 27 décembre 2019. (CGI art. 39 decies E ; voir BIC-X bis-8000 s.).
> **3.** Ces déductions fiscales exceptionnelles, qui n'ont pas la nature d'amortissement sur le plan comptable, minorent l'**Ebitda fiscal** à retenir pour le calcul du **plafond de déduction des charges financières nettes** (voir n° 42975).

– **déduction fiscale pour investissement dans les DOM et TOM** (CGI art. 217 undecies ; CGI art. 244 quater Y ; pour le champ et les modalités d'application, voir Mémento Fiscal n° 91930 à 91985), qui est opérée de manière **extra-comptable** sur l'imprimé n° 2058-A (ligne ZY) (BOI-IS-GEO-10-30-20-20 n° 250) ;
– **déduction fiscale pour l'acquisition d'œuvres d'artistes vivants** (CGI art. 238 bis AB ; voir n° 27585).

II. Amortissements exceptionnels fiscaux comptabilisés en amortissements dérogatoires
Il s'agit notamment de l'**amortissement sur cinq ans** du prix de souscription des **parts de PME innovantes** (voir n° 37640).
Pour plus de détails, voir Mémento Fiscal n° 9500 à 9530.

> **Précisions** Immobilisations décomposables : lorsqu'un dispositif d'amortissement exceptionnel s'applique à une **immobilisation dans son ensemble** (par exemple, immeubles anti-pollution), l'amortissement s'applique à l'ensemble de la structure et des composants.
> En revanche, l'incorporation de **travaux** éligibles à un dispositif d'amortissement exceptionnel à un immeuble existant ne rend pas l'immeuble dans son ensemble éligible à ce dispositif. En conséquence, le régime d'amortissement exceptionnel devrait pouvoir s'appliquer dans certains cas à certains composants d'immobilisations corporelles à l'exclusion de la structure ou d'autres composants (BOI-BIC-AMT-20-30 n° 40).

CALCUL PRATIQUE DES AMORTISSEMENTS DÉROGATOIRES

27430 Le PCG ne fournit pas de précision particulière. En revanche, la doctrine administrative (BOI-BIC-AMT-10-50-10 n° 20 à 40) considère comme « règle comptable », le texte indiqué ci-après :
– lorsque l'annuité d'amortissement fiscal excède l'annuité d'amortissement pour dépréciation, la différence est comptabilisée au compte de provision pour amortissement dérogatoire ;
– ultérieurement, lorsque l'annuité d'amortissement pour dépréciation devient supérieure à l'annuité fiscale, la différence est compensée par une reprise de même montant opérée sur la provision pour amortissement dérogatoire initialement constituée.

Les amortissements dérogatoires, inscrits au compte 145, ne peuvent présenter qu'un solde créditeur ou nul. Ils **ne peuvent jamais être débiteurs** (en ce sens, bull. CNCC n° 67, septembre 1987, EC 87-36, p. 351 s.). En effet, selon le PCG (art. 313-1 et 941-14), ils sont assimilés, du point de vue du fonctionnement comptable, à des provisions réglementées ; or il n'existe pas de compte de provision débiteur. En outre, il n'est pas possible d'effectuer une « reprise » (d'amortissements) sur quelque chose qui n'a pas encore été doté.

Pour la comptabilisation en général et pour un exemple de calcul d'amortissements dérogatoires où l'amortissement pour dépréciation est l'amortissement linéaire et l'amortissement fiscal pratiqué, l'amortissement dégressif, voir n° 29060.

AMORTISSEMENTS DÉROGATOIRES ET CHANGEMENTS DE MÉTHODE

27435 Les amortissements dérogatoires n'obéissant pas à des règles comptables (voir n° 27370), ils ne sont pas soumis au principe de permanence des méthodes (voir n° 8375). Les conditions de comptabilisation, de reprise et d'évaluation de ces amortissements sont donc définies par les textes qui les ont créées (PCG art. 313-1 ; voir n° 56320).

> **Fiscalement** L'administration ne s'est pas prononcée sur les conditions dans lesquelles les amortissements dérogatoires pourraient être repris par anticipation.

Tout changement que ce soit des reprises ou des dotations significatives au regard de l'entité doit être précisé dans l'**annexe** (voir n° 29650, point 3).

3. CAS PARTICULIERS (AMORTISSEMENTS ET DÉPRÉCIATIONS)

TERRAINS

27465 **Règles générales** Étant considérés comme ayant une utilisation non limitée (il n'existe pas de limite prévisible à la durée durant laquelle il est attendu que cette immobilisation procurera des avantages économiques à l'entité, voir n° 27055), ils ne sont pas amortissables (sauf les terrains de gisement, voir n° 25535), mais peuvent seulement donner lieu à dépréciation.

> **Fiscalement** Il en est de même (CGI ann. III art. 38 sexies ; CE 18-1-1989 n° 56752).

Sur les critères généraux de dépréciation, voir n° 27715 s.

> **Précisions 1. Terrain devant contractuellement être transféré à un tiers au terme d'une période définie** Dans ce cas, la durée d'utilisation étant limitée, le terrain est amortissable sur la période définie au contrat. La base amortissable devra toutefois tenir compte d'une éventuelle valeur résiduelle.
> **2. Terrain de carrière** Sur la distinction entre tréfonds (immobilisation non amortissable) et gisement (stock), voir n° 25535.
> Sur l'obligation de **remise en état des sols** de carrières après exploitation qui justifie la constitution d'une provision pour remise en état, voir n° 27925.
> Cette provision ne doit ni faire double emploi ni se substituer à la dépréciation des actifs lorsque celle-ci peut être correctement appréciée.

27470 **Frais d'aménagement de terrains** Ils sont amortissables :
– lorsqu'ils sont indissociables des travaux de fondation d'une construction ;
Tel est le cas, par exemple, des travaux de terrassement préalables à l'édification d'un bâtiment industriel ;

> **Fiscalement** Il en est de même (CE 30-4-1975 n° 93770 ; BOI-BIC-AMT-10-20 n° 230, à propos des travaux de terrassement et d'aménagement pour une construction). En revanche, en ce qui concerne les travaux de terrassement et d'aménagement effectués pour la réalisation d'un terrain de golf, la jurisprudence accepte leur amortissement (TA Montpellier 10-5-2007 n° 04-4296) alors que l'administration s'y oppose (BOI-BIC-AMT-10-20 n° 240).

– ou lorsque l'usage attendu de ces aménagements est limité dans le temps.

Tel est le cas, par exemple :
- des travaux d'aménagement, d'engazonnement et de ceux relatifs à la pépinière gazon d'un parcours de golf (ayant une durée d'utilisation plus rapide que les autres parties du parcours du fait d'une utilisation intensive et de l'évolution des règles, du matériel…),
- des travaux d'aménagement de pistes de ski,
- des travaux d'aménagement de parkings et d'espaces verts.

> **Fiscalement** Il en est de même (CAA Lyon 16-2-2006 n° 98-1861, à propos de travaux d'aménagement de pistes de ski ; TA Montpellier 10-5-2007 n° 04-4296 ; BOI-BIC-AMT-10-20 n° 240, à propos des travaux de réalisation d'un terrain de golf ; CAA Nancy, 14-2-2002 n° 97-1161, à propos de travaux d'aménagement de parkings et d'espaces verts).

Si les travaux ont été effectués avant l'acquisition du terrain et qu'ils ont été différenciés du prix de vente du terrain, les aménagements peuvent, à notre avis, être dissociés de la partie terrain afin de faire l'objet d'un plan d'amortissement sur leur durée d'utilisation.

> **Fiscalement** Des travaux d'aménagement effectués avant l'acquisition du terrain par le vendeur, en vue de transformer un terrain à usage agricole en terrain à usage industriel font partie du coût d'acquisition du terrain et ne peuvent donc pas donner lieu à amortissement (CAA Bordeaux 11-6-1992 n° 446).

> **Précisions** (comptable et fiscale) À notre avis, il ressort de l'arrêt CAA précité que, chaque fois que la chose est possible, les entreprises ont intérêt à acquérir un terrain nu et à effectuer elles-mêmes les travaux de transformation, au lieu de laisser le vendeur les réaliser. Dans ce cas, ces travaux seront effectués « en vue de l'édification d'un bâtiment industriel » et pourront donc être amortis et déduits (CE 30-4-1975 n° 93770 précité).

Dépréciation du terrain suite à une réglementation de l'urbanisme 27475

Un plan d'occupation des sols (POS) peut avoir pour effet de restreindre le droit de construire dont un terrain pouvait être doté avant sa publication. Cette nouvelle réglementation constitue un indice de perte de valeur du terrain obligeant l'entreprise à procéder à l'évaluation de la valeur actuelle du terrain (voir n° 27720).

Si, selon cette évaluation, la valeur actuelle devient inférieure à la valeur comptable du terrain, le terrain doit faire l'objet d'une **dépréciation**.

> **Fiscalement** Il en est de même (CGI ann. III art. 38 sexies) sous réserve du respect des conditions générales de déduction des provisions définies à l'article 39-1-5° du CGI (voir n° 48240 s.). Toutefois, si le terrain entre dans la définition des immeubles de placement, la déduction de la (provision pour) dépréciation peut être limitée (voir n° 27745).

IMMEUBLES DE PLACEMENT

I. Amortissement Il n'existe pas, dans le PCG, de règles spécifiques aux immeubles de placement. Conformément aux règles générales d'amortissement des immobilisations décomposables, les immeubles de placement doivent donc obligatoirement faire l'objet (Bull. CNCC n° 166, juin 2012, EC 2011-41, p. 461 s.) : 27495
- d'une **décomposition par composant** (sauf si le remplacement des composants est à la charge du locataire, voir n° 28665 II.) ;
- d'un **plan d'amortissement**. Conformément aux règles relatives à l'amortissement des immobilisations décomposables (voir n° 27180 s.), les différents composants et les structures des immeubles de placement (sur la notion de structure d'un immeuble, voir n° 25715 IV.) sont amortis sur leurs **durées réelles d'utilisation.**

En pratique, la durée réelle d'utilisation de la structure d'un immeuble :
- n'est pas fondée uniquement sur des données physiques, mais également sur l'obsolescence commerciale, technique et réglementaire (Bull. CNCC n° 140, décembre 2005 p. 542 s., « Modalités d'application de la norme IAS 16 et du Règl. CRC 2002-10 ») ;
- doit tenir compte de la politique de cession ; la base amortissable doit alors tenir compte d'une valeur résiduelle à déterminer lorsque celle-ci est à la fois significative et déterminable (voir n° 27070 s.).

Selon le bulletin CNCC, lorsque la **valeur résiduelle** est significative, elle peut aboutir à un montant amortissable nul (Bull. CNCC précité). Néanmoins il convient d'être prudent sur ce point. En effet, sauf cas particulier, la valeur de marché d'un ensemble immobilier est davantage liée à la valeur des éléments rattachés au terrain et moins à celle de la construction (voir n° 27090 II.). L'absence d'amortissement d'un immeuble devrait donc être très rare en pratique.

27495 (suite) ▸ **Fiscalement a. Définition des immeubles de placement** Les immeubles de placement font l'objet d'une définition commune pour l'application des règles particulières d'amortissement et le plafonnement de la déduction des (provisions pour) dépréciation (BOI-BIC-AMT-10-40-10 n° 140 ; pour plus de détails, voir II. ci-après). Constituent des immeubles de placement (CGI art. 39-1-5°, al. 34) :
− les biens immobiliers inscrits à l'actif immobilisé qui ne sont pas affectés par l'entreprise à sa propre exploitation ;
− à l'exclusion des biens mis à la disposition ou donnés en location **à titre principal** à des **entreprises liées** (au sens de l'article 39-12 du CGI ; voir n° 35070) qui les affectent à leur propre exploitation.
Le caractère principal de l'occupation de l'immeuble par des entreprises liées s'apprécie (BOI-BIC-PROV-40-10-20-10 n° 200) :
− immeuble par immeuble ;
− par référence à la proportion des superficies louées aux entreprises liées par rapport à la superficie totale de l'immeuble. Les surfaces vacantes ne sont pas considérées comme mises à disposition d'entreprises liées. Elles doivent donc être prises en compte dans la superficie totale de l'immeuble à retenir pour apprécier le pourcentage d'occupation.

b. Exclusion de la durée d'usage pour l'amortissement de la structure des immeubles de placement Les structures des immeubles de placement sont amorties sur leur **durée de vie**, c'est-à-dire, la durée retenue en comptabilité, mais sans prise en compte de la politique de cession de l'entreprise. L'administration a indiqué que ces structures ne sont pas **amortissables sur la durée d'usage de l'immobilisation prise dans son ensemble** (BOI-BIC-AMT-10-40-10 n° 130 et 140), contrairement à la solution admise pour la généralité des biens (voir n° 27205).

Compte tenu de la définition des immeubles de placement retenue par l'administration (voir ci-avant a.), les immeubles occupés à plus de 50 % de leur superficie par des entreprises liées peuvent faire l'objet d'un amortissement de leur structure sur la **durée d'usage**.

c. Conséquence de la non-prise en compte de l'intention de cession En cas d'amortissement comptable sur une durée d'utilisation inférieure à la durée de vie réelle de la structure avec prise en compte d'une valeur résiduelle (intention de céder l'immeuble) :
− la durée d'amortissement reste sur le plan fiscal la durée de vie réelle de la structure, qui ne tient pas compte de l'intention de cession ;
− la base de calcul de l'amortissement demeure le prix de revient de la structure (non diminué de la valeur résiduelle).

En conséquence, l'amortissement fiscalement admis est celui résultant du calcul suivant : prix de revient de la structure × taux d'amortissement résultant de la durée de vie réelle. Pour un exemple en matière d'immobilisation non décomposable, voir n° 27170.

Sur la divergence existant avec les normes IFRS concernant l'évaluation des immeubles de placement, voir Mémento IFRS n° 69030.

II. Dépréciation Sur le plan comptable, les immeubles de placement suivent les mêmes règles de dépréciation que les autres immobilisations (voir n° 27715 s.).

▸ **Fiscalement 1. Principe de limitation de la déduction des provisions** Les (provisions pour) dépréciation des immeubles de placement ne sont déductibles qu'à hauteur des moins-values latentes nettes afférentes à l'ensemble des immeubles de placement détenus par l'entreprise, c'est-à-dire à hauteur de **l'excédent des moins-values latentes sur les plus-values latentes**.

Cette restriction est donc sans effet pratique à l'égard des **entreprises qui ne détiennent qu'un seul immeuble de placement**.

2. Détermination du montant non déductible des provisions Le calcul de la provision non déductible est réalisé en suivant plusieurs étapes :
− l'entreprise doit, dans un premier temps, déterminer le montant des plus-values latentes afférentes à l'ensemble de ses immeubles de placement. Elles s'entendent de la différence entre la valeur réelle des immeubles de placement à la clôture de l'exercice et leur prix de revient fiscal, c'est-à-dire leur prix de revient corrigé des plus ou moins-values se rapportant à des terrains d'assiette de ces immeubles qui ont été placées en sursis d'imposition (CGI art. 39-1-5°, al. 34 ; BOI-BIC-PROV-40-10-20-30 n° 10 à 60) ;
− il convient ensuite de comparer le montant global des (provisions) pour dépréciation comptabilisées au titre de l'exercice au montant de ces plus-values latentes, qui sont diminuées du montant des dotations non déduites (et non encore reprises) au titre des exercices précédents en application de la présente mesure (CGI art. 39-1-5°, al. 34 ; BOI-BIC-PROV-40-10-20-30 n° 60). Cette dernière correction permet de ne pas « utiliser » deux fois une même plus-value latente pour limiter le montant des dépréciations déductibles constatées au titre d'exercices successifs. Pour plus de détails, voir Mémento Fiscal n° 9805.

Lorsque le montant de la dépréciation comptabilisée au titre de l'exercice excède le montant des plus-values latentes ainsi corrigées, cet écart est réintégré extra-comptablement sur l'imprimé n° 2058-A (ligne WI). Les provisions non déduites en application du présent dispositif sont suivies sur l'état spécial n° 2027 H-SD (BOI-BIC-PROV-40-10-20-30 n° 60). La (provision pour) dépréciation qui excède le montant de la plus-value latente corrigée est déduite dans les conditions générales (voir n° 27741).

3. Reprise ultérieure des provisions La reprise ultérieure des (provisions pour) dépréciation est réputée porter en priorité sur la fraction des dotations non déduites fiscalement (BOI-BIC-PROV-40-10-20-30 n° 80). À due concurrence, la reprise est non imposable (CGI art. 39-1-5°, al. 35) et doit donc être déduite extra-comptablement sur l'imprimé n° 2058-A, ligne WU.

BIENS D'OCCASION

Ils sont amortis sur leur **durée probable d'utilisation,** appréciée à la date de l'achat.   27500

> **Fiscalement** Selon l'administration, le taux d'amortissement des biens acquis d'occasion n'est pas calculé sur la base des durées d'usage mais est fonction de la durée probable d'utilisation appréciée à la date de rachat (Rép. Braconnier : Sén. 16-7-1980 n° 32269, non reprise dans Bofip). Toutefois, en pratique, selon nos informations, l'administration accepterait que la durée d'usage puisse être retenue lorsqu'elle est sensiblement plus courte que la durée réelle d'utilisation (par exemple, pour les immeubles d'exploitation). Dans ce cas, la durée d'usage serait retenue en totalité, quelle que soit la date de création de l'immobilisation.

Ils ne peuvent bénéficier de l'amortissement dégressif, en tant que biens usagés (BOI-BIC-AMT-20-20-20 n° 1 ; voir n° 27270). Il en est de même des composants achetés d'occasion (BOI-BIC-AMT-20-20-40 n° 10 et 20).

Ces règles s'appliquent également aux biens acquis par voie de crédit-bail (voir n° 28475).

BIENS DONNÉS EN LOCATION

Règles générales d'amortissement Ils sont amortis (chez le propriétaire) sur leur   27505
durée réelle d'utilisation (voir n° 27120 s.), quelle que soit la durée de la location :
– en tenant compte, le cas échéant, de l'intention de revendre le bien (voir n° 27140) ;
– sur une base réduite, le cas échéant, de la valeur résiduelle (voir n° 27070).

> **Précisions** Bail commercial 3-6-9 L'ANC a publié le 3 juillet 2020 la mise à jour du relevé de conclusions relatif aux baux commerciaux en France dans le cadre de l'application de la norme IFRS 16 « Contrats de location ». Dans ce relevé de conclusions, l'ANC indique que les hypothèses retenues pour déterminer la durée du bail (voir n° 28735) et celles retenues pour la durée de l'amortissement des agencements non réutilisables sont mises en cohérence.

En cas de contrat de location avec option d'achat, s'il est probable que l'option sera levée au terme de la location (engagement réciproque, statistiques…), la durée d'amortissement à retenir devrait être, à notre avis, la **durée de la location.** Dans ce cas, la base amortissable doit être réduite du prix de levée de l'option (voir n° 27070).

L'amortissement « financier » prévu par l'avis CU CNC n° 2006-C n'est pas applicable aux sociétés industrielles et commerciales, même si elles effectuent des opérations qui, économiquement, sont proches de la location longue durée. L'avis CU précité est en effet réservé aux établissements de crédit et crédit-bailleurs (C. mon. fin. art. L 313-7).

> **Fiscalement** **a. Durées fiscalement admises** : les biens donnés en location sont amortis sur leur **durée normale d'utilisation** (CGI art. 39 C). À notre avis, cette notion devrait, depuis 2005, s'entendre comme la « durée d'amortissement fiscalement admise », c'est-à-dire en principe :
– pour les composants et la structure des immeubles de placement : la durée réelle d'utilisation ;
– pour la structure (hors immeubles de placement) et les immobilisations non décomposées : la durée d'usage.
Sur ces durées, voir n° 27120 s. (immobilisations non décomposables), n° 27205 et 27495 (structure d'immobilisations décomposables) et n° 27200 (composants d'immobilisations décomposables).
L'administration considère que les durées d'usage sont à apprécier d'après les usages de la branche d'activité de l'entreprise utilisatrice (BOI-BIC-AMT-20-40-10-10 n° 10), mais le Conseil d'État n'exclut pas l'application des usages de la branche de l'entreprise bailleresse (CE 25-1-1984 n° 34642).
b. Base fiscalement admise : la base amortissable est, sur le plan fiscal, obligatoirement égale au prix de revient du bien (non diminué de la valeur résiduelle, voir n° 27070).

Le tableau suivant, établi par nos soins, présente une synthèse des traitements comptable et fiscal :

	Amortissement comptable	Amortissement fiscal
Cas général	– Durée réelle d'utilisation du bien – Coût d'entrée diminué, le cas échéant (en cas de cession), de la valeur de revente	– Durée normale d'utilisation (CGI art. 39 C) correspondant à la durée fiscalement admise – Coût de revient
En cas de location avec option d'achat	– Durée du contrat de location – Coût d'entrée diminué de la valeur de revente	

c. Mode fiscalement admis : les entreprises bailleresses peuvent utiliser le système dégressif pour l'amortissement des biens d'équipement qui ouvrent droit à ce régime (BOI-BIC-AMT-20-40-10-10 n° 10).

d. Conséquences Retraitements extra-comptables et amortissements dérogatoires L'amortissement déductible est celui résultant du calcul suivant : prix de revient du bien × taux d'amortissement résultant de la durée fiscalement admise. En conséquence :
– si **l'amortissement comptable est supérieur à l'amortissement fiscalement déductible** (lorsque la prise en compte de la valeur résiduelle dans la base amortissable ne compense pas le raccourcissement de la durée d'amortissement), les retraitements extra-comptables suivants sont à effectuer sur l'imprimé n° 2058-A :
• en cours d'amortissement : réintégration (ligne WE) de la fraction de l'amortissement comptabilisé qui excède l'amortissement fiscalement déductible,
• lors de la cession ou de la mise au rebut de l'immobilisation : déduction (ligne XG) des amortissements antérieurement réintégrés ;
– si **l'amortissement comptable est inférieur à l'amortissement fiscalement déductible** (lorsque la prise en compte de la valeur résiduelle dans la base amortissable compense et dépasse le raccourcissement de la durée d'amortissement), un **amortissement dérogatoire** sur la base doit être comptabilisé. À défaut, les amortissements non comptabilisés seraient fiscalement réputés irrégulièrement différés (CGI art. 39 B ; voir n° 27010). Voir n° 27400.

27510 **Cas particuliers** Sur la limitation de la déduction de l'amortissement des biens donnés en location par une société de personnes ou un GIE, voir n° 38380.

I. Amortissement des biens loués ou mis à la disposition d'un dirigeant ou du personnel Il est constaté en totalité dans la comptabilité.

> **Fiscalement** À proportion de l'utilisation non professionnelle, il n'est déductible qu'à concurrence de la **différence** entre :
– le montant du **loyer** versé par le dirigeant ou le salarié pendant l'exercice, augmenté s'il y a lieu de la valeur de l'avantage en nature déclaré à l'administration qui lui est accordé ;
– et le montant des autres dépenses et **charges** (hors amortissements) **supportées** par l'entreprise pour ce bien (CGI ann. II art. 32).
La fraction non déductible fiscalement est réintégrée sur l'imprimé n° 2058-A (ligne WE) mais peut être déduite extra-comptablement ultérieurement, soit en sus des annuités normales dans la limite prévue ci-dessus, soit après la durée normale d'utilisation (D. adm. 4 D-262 n° 31 non reprise dans Bofip). Les charges supportées par l'entreprise doivent notamment inclure celles afférentes aux emprunts contractés pour l'acquisition du bien (CAA Paris 12-6-2001 n° 97-2734).

> **Précisions** **Portée de la limitation** : cette limitation ne doit pas être opposée aux entreprises pour l'amortissement des immeubles qu'elles mettent à la disposition de leur personnel dont le salaire est inférieur ou égal au salaire plafond servant de base au calcul des cotisations de sécurité sociale (D. adm. 4 D-262, n° 30, non reprise dans Bofip).
En cas de mise à disposition gratuite auprès d'un dirigeant et d'absence de déclaration de l'avantage en nature correspondant, aucun amortissement n'est déductible (CE 24-7-1987 n° 54301).

II. Biens de faible valeur donnés en location Doivent être immobilisés et non passés en charges, contrairement à la règle générale (voir n° 25415), le petit matériel et outillage loué, ainsi que les cassettes vidéo destinées exclusivement à la location (BOI-BIC-CHG-20-10-10 n° 60), dès lors qu'ils constituent l'objet même de l'activité. L'entreprise doit alors les amortir sur leur durée réelle d'utilisation. Si celle-ci est inférieure ou égale à un an, l'amortissement peut être effectué intégralement dès la première année d'utilisation.

> **Fiscalement** L'administration a indiqué que lorsqu'ils sont destinés à la location, les DVD, les cassettes vidéo, ainsi que les fichiers dématérialisés susceptibles d'accueillir une œuvre, peuvent être amortis selon le mode linéaire sur une période de deux ans (BOI-BIC-AMT-20-40-60-30 n° 100).

LES IMMOBILISATIONS CORPORELLES

CONSTRUCTIONS ET AMÉNAGEMENTS SUR SOL D'AUTRUI

27515

Chaque élément est amorti :
- à compter de la date de mise en service (voir n° 27095) ;
- sur sa **durée réelle d'utilisation** (voir n° 27120 s.), c'est-à-dire, à notre avis, sur la durée la plus courte entre la durée du bail (y compris le renouvellement probable du bail et des périodes de renouvellement raisonnablement assurées) et la durée de vie de la construction ;

> **Précisions** **1. Location simple** S'il s'agit d'un contrat de location simple, cette durée est limitée à la durée du bail (qui tient compte des périodes de renouvellement raisonnablement assurées).
2. Baux commerciaux 3-6-9 La législation favorable au preneur d'un bail commercial (il est en droit de percevoir une indemnité en cas de refus de la part du bailleur de renouveler le bail à l'issue de la période de 9 ans) devrait permettre, à notre avis, de tenir compte de périodes de renouvellement raisonnablement assurées même au-delà des 9 ans.
3. Crédit-bail S'il s'agit d'un contrat de crédit-bail avec option d'achat, la durée d'utilisation doit tenir compte de la probabilité de lever l'option d'achat sur la construction.
4. Lorsque la fin définitive du bail est connue (si la durée de renouvellement est définitivement connue ou bien si l'entreprise sait que le bail ne sera pas renouvelé) Le plan d'amortissement des constructions doit être revu prospectivement sur la nouvelle durée résiduelle du bail (voir n° 27330).
5. Dans le cas d'un déménagement en cours de bail, décidé au cours de l'exercice mais qui n'interviendrait qu'au cours de l'exercice suivant, la perte correspondant à la remise gratuite au bailleur d'immobilisations non totalement amorties étant certaine à la date où le déménagement est décidé, elle doit, à notre avis, être constatée, dès cette date, par le biais d'une modification du plan d'amortissement des immobilisations concernées (voir n° 27330 s.). Sur les frais de déménagement qui ne peuvent faire l'objet d'une provision, voir n° 48242 II.

> **Fiscalement** À notre avis, il devrait en être de même, s'agissant d'une perte certaine. Cependant, le tribunal administratif de Toulouse (TA Toulouse 12-5-1998 n° 94-2233) a jugé que la perte ne peut être déduite fiscalement qu'au titre de l'exercice au cours duquel les immobilisations concernées cessent d'être utilisées, par la constatation d'une moins-value (position que nous ne partageons pas).

- sur une base réduite, le cas échéant, de l'indemnité que devra verser le propriétaire à l'expiration du bail (voir n° 26450).

> **Fiscalement** L'amortissement doit être réparti sur la **durée normale d'utilisation** de chaque élément (CGI art. 39 D ; BOI-BIC-AMT-20-40-30 n° 20 ; Rép. Villaumé : AN 30-6-2015 n° 51475), c'est-à-dire jusqu'en 2005 (entrée en vigueur des règles comptables sur les actifs), la durée d'usage de la construction ou de l'aménagement au sens de l'article 39-1-2° du CGI (BOI-BIC-AMT-20-40-10-10 n° 10 ; BOI-BIC-AMT-20-40-30 n° 20). La notion de « durée normale d'utilisation » devrait, selon nos informations depuis 2005, s'entendre de la durée d'amortissement fiscalement admise (voir n° 27010 et 27505). Sur ces durées, voir n° 27120 s. (immobilisations non décomposables), n° 27205 et 27495 (structure d'immobilisations décomposables) et n° 27200 (composants d'immobilisations décomposables). En conséquence, si la durée d'amortissement retenue sur le plan fiscal est :
- plus courte que la durée du bail, le complément d'amortissement doit être comptabilisé par le biais d'un amortissement dérogatoire (voir n° 27390) ;
- plus longue que la durée du bail, les entreprises devraient réintégrer extra-comptablement la fraction de l'amortissement comptable qui excède le montant de l'amortissement fiscalement déductible. Cette fraction serait admise en déduction lors de la cession du bien (BOI-BIC-AMT-10-40-10 n° 40).
Concernant la base amortissable, celle-ci est, sur le plan fiscal, obligatoirement égale au prix de revient du bien. Sur l'amortissement dérogatoire à pratiquer, le cas échéant (en cas d'indemnité versée par le propriétaire à l'expiration du bail) lorsque les bases amortissables sont différentes sur les plans comptable et fiscal, voir n° 27400.

À l'expiration du bail, lorsque ces constructions ou aménagements sont destinés à être restitués au bailleur (voir n° 25260) :
- ils ne peuvent plus figurer au bilan du locataire (voir n° 25260) ;
- ils doivent, dans les comptes du bailleur, être amortis, à notre avis, sur leur durée réelle d'utilisation appréciée au moment de leur entrée dans le patrimoine du bailleur.

Constructions édifiées par le preneur d'un bail à construction Sur leur amortissement comptable, voir n° 27515.

27517

> **Fiscalement** Par dérogation à la règle de droit commun exposée ci-avant (CGI art. 39 D, al. 2), les constructions édifiées dans le cadre d'un bail à construction sont amorties (BOI-BIC-AMT-20-40-30 n° 20) :
- sur la **durée du bail** lorsque les constructions sont **transférées gratuitement** au propriétaire des terrains (comme c'est le cas le plus fréquent) ;

– sur la **durée normale d'utilisation** lorsque le transfert a lieu **contre indemnités** ;
– et peuvent l'être sur la **durée normale d'utilisation** lorsque la **durée du bail est supérieure** à cette durée.
Pour les amortissements dérogatoires ou les écritures extra-comptables à constater dans ce cas, voir n° 27515.

27518 **Travaux réalisés par le futur propriétaire de locaux** Lorsque des agencements sont réalisés dans des locaux dont l'entreprise n'est pas propriétaire, mais qu'elle s'est engagée à acheter (voir n° 25260), ils sont amortis à la date de mise en service (en général la date d'emménagement dans les locaux), sans attendre la pleine propriété des locaux si elle est postérieure (Bull. CNCC n° 186, juin 2017, EC 2017-15, p. 344 s.).

> **Fiscalement** À notre avis, il devrait en être de même, l'administration ayant indiqué que le point de départ de l'amortissement linéaire s'entend de la date de mise en service (BOI-BIC-AMT-20-10 n° 120).

27520 **Constructions érigées sur le domaine public** Elles sont **immobilisées** et amorties :
– sur leur durée réelle d'utilisation, c'est-à-dire, à notre avis, la durée la plus courte entre la durée de vie des constructions et la durée d'exploitation (Bull. CNCC n° 162, juin 2011, EC 2011-01, p. 281 s) ;
La durée d'exploitation doit tenir compte du droit à renouvellement de l'autorisation et des périodes de renouvellement raisonnablement assurées (voir Précisions ci-après).

> **Fiscalement** Les aménagements réalisés sur un emplacement de marché par un forain doivent être immobilisés et amortis sur leur durée prévisible d'utilisation, même si le droit d'occupation sur cet emplacement est précaire et révocable (CE 13-11-2013 n° 340349). Pour plus de détails sur le droit d'occupation du domaine public, voir n° 30700.

– sur une base réduite, le cas échéant, de l'indemnité versée par l'État.

> **Précisions** **Modification du plan d'amortissement** L'entreprise a l'obligation, dès que la durée de renouvellement est définitivement connue (ou que l'entreprise sait que l'autorisation ne sera pas renouvelée, ou qu'elle est abrogée), de revoir prospectivement le plan d'amortissement des constructions sur la nouvelle durée résiduelle de l'autorisation d'occuper le domaine public (voir n° 27330).
> Sur les contrats de concession (dont les contrats de délégation de service public de concession), voir n° 72360 ; sur les marchés de partenariat (anciens PPP), voir n° 72780.

Sur les provisions pour remise en état de biens appartenant à autrui, voir n° 28735.
Sur les dépenses engagées dans le but de pouvoir exploiter, voir n° 25300 II.

DIVERS

27525 **Amortissement des immobilisations en cas de régularisation globale du montant de TVA antérieurement déduit** Lors de la survenance de certains événements, le coût des immobilisations peut être modifié à hauteur de la TVA déductible à régulariser (voir n° 26785 III.).
Le plan d'amortissement est revu prospectivement, à compter de la date de régularisation, sur la nouvelle base amortissable, c'est-à-dire :
– **en cas d'augmentation du coût d'entrée** : la valeur nette comptable au moment de la régularisation, augmentée du montant de TVA reversé ;
– **en cas de diminution du coût d'entrée** : la valeur d'origine diminuée de la TVA récupérable (BOI-BIC-AMT-10-30-30-10 n° 110) des amortissements déjà pratiqués et, le cas échéant, de la valeur résiduelle (voir n° 27070 s.).
La révision d'un plan d'amortissement passé n'étant pas autorisée (en dehors des corrections d'erreur, voir n° 27340), la modification du plan d'amortissement est nécessairement prospective (voir n° 27330). En effet, à notre avis, la modification du plan d'amortissement résultant de l'assujettissement à la TVA en cours d'utilisation de l'immobilisation n'est pas une correction d'erreur mais un changement d'estimation, les circonstances sur lesquelles la base amortissable était fondée à l'origine étant modifiées par suite d'un changement dans l'utilisation du bien.

> **Fiscalement** Il en est, à notre avis, de même.

Si la valeur nette comptable, au moment de l'assujettissement, est inférieure au crédit de TVA récupérable, un produit est constaté à hauteur de l'excédent de crédit de TVA reçu par rapport à la VNC.

Amortissement des immeubles appartenant à l'exploitant mais ne figurant pas au bilan (entreprises individuelles) Pour sa comptabilisation, voir n° 60285.   27550

> **Fiscalement** Sur sa non-déductibilité, voir n° 60285.

Véhicules de tourisme   Les **véhicules de tourisme** sont amortis :   27570
– sur la base de leur coût d'entrée (voir n° 26455), minoré le cas échéant de la valeur résiduelle (voir n° 27070 s.) ;
– sur leur durée réelle d'utilisation (voir n° 27120 s.).

Les **équipements intégrés dans le véhicule** constituent des frais accessoires à l'acquisition du véhicule (voir n° 26455).

En pratique, pour des raisons fiscales, un **amortissement dérogatoire** doit, le cas échéant, obligatoirement être comptabilisé en plus de l'amortissement pour dépréciation (voir Fiscalement ci-après).

> **Fiscalement   1. Véhicules concernés par la limitation de déduction des amortissements**
> L'amortissement comptabilisé (pour dépréciation et dérogatoire) à raison des véhicules de tourisme au sens de l'article L 421-2 du CIBS n'est pas déductible pour la fraction de leur prix d'acquisition, taxes comprises, excédant un plafond qui varie suivant leur date d'acquisition et leur caractère plus ou moins polluant (CGI art 39-4 ; BOI-BIC-AMT-20-40-50 ; voir Mémento Fiscal n° 9020 s.). Cette fraction non déductible de l'amortissement fait l'objet d'une réintégration extra-comptable sur l'imprimé n° 2058-A (ligne WE).
>
> Ne sont pas concernés par cette règle les véhicules qui sont nécessaires à l'entreprise en raison de **l'objet même de son activité** (entreprises de location de véhicules, y compris sociétés de crédit-bail, exploitants de taxis, ambulanciers, auto-écoles, entreprises proposant des stages de conduite sportive ; BOI-BIC-AMT-20-40-50 n° 50 ; entreprise de pompes funèbres : TA Rouen 10-11-1998 n° 95667). Mais cette exception ne s'applique pas à une société dont l'activité de location de véhicules au profit d'un des associés revêt un caractère marginal au regard de l'activité principale (CAA Lyon 27-9-2018 n° 17LY00997).
>
> Sur la limitation de déduction des loyers des véhicules loués, voir n° 15730.
>
> **2. Limite applicable** Les amortissements déductibles sont calculés d'après un coût de revient plafonné. Le plafond est fixé à 9 900 € TTC, 18 300 € TTC, 20 300 € TTC ou 30 000 € TTC du prix d'acquisition, selon la quantité de dioxyde de carbone émise, et pour ceux acquis avant le 1er janvier 2017 à 18 300 € TTC ou à 9 900 € TTC.
>
> Selon l'administration, la limite de déductibilité des amortissements s'apprécie par rapport au prix d'acquisition du véhicule majoré du prix des équipements et accessoires, que ceux-ci soient fournis avec le véhicule ou qu'ils fassent l'objet d'une livraison distincte, à l'exception toutefois de ceux qui fonctionnent de façon autonome (BOI-BIC-AMT-20-40-50 n° 130). Elle admet également qu'il ne soit pas tenu compte des accumulateurs des véhicules électriques et des équipements spécifiques « GPL » ou « GNV » s'ils ont fait l'objet d'une facturation séparée ou d'une mention distincte qui permet de les identifier lors de l'acquisition du véhicule (BOI-BIC-AMT-20-30-10 n° 660).
>
> **3. Calcul de l'amortissement non déductible** Le calcul de la fraction non déductible de l'amortissement est effectué en appliquant à l'annuité comptable pratiquée le rapport existant entre la fraction du prix d'acquisition du véhicule excédant le plafond de déductibilité et ce même prix d'acquisition (BOI-BIC-AMT-20-40-50 n° 120).
>
> Sur l'incidence de la limitation de déduction des amortissements en cas de cession, voir n° 28365.
>
> **4. Conséquences des divergences fiscalo-comptable sur la base et la durée d'amortissement** Selon l'administration (BOI-BIC-AMT-10-40-10 n° 50), les véhicules de tourisme doivent être amortis d'après leur prix de revient (**non minoré de la valeur résiduelle**), en fonction de la **durée d'usage** (et non sur leur durée d'utilisation). En conséquence, il peut être nécessaire de comptabiliser un amortissement dérogatoire :
> – sur la base (le cas échéant, voir n° 27400) ;
> – et sur la durée (voir n° 27390).
>
> L'administration précise que le différentiel entre la dotation comptable et fiscale doit être comptabilisé en amortissements dérogatoires quand bien même une fraction de cet amortissement dérogatoire ne serait pas déductible (BOI-BIC-AMT-10-40-10 n° 50). À défaut, les amortissements non comptabilisés seraient considérés comme irrégulièrement différés (voir n° 27010).
>
> **5. Cas particulier : décomposition d'un véhicule** Aucun composant ne devrait, dans la plupart des cas, être identifié sur les véhicules de tourisme. Toutefois, en cas de décomposition, l'administration admet que le plafond de déductibilité s'applique au prix d'acquisition du véhicule dans son ensemble, et que les remplacements d'éléments qui interviendraient par la suite (qui feraient l'objet d'une inscription à l'actif à titre exceptionnel en tant que composants) ne soient pas soumis à la limitation de déduction des amortissements (BOI-BIC-AMT-20-40-50 n° 20 et 30).

27572 EXEMPLES

1ᵉʳ cas Une entreprise acquiert le 1/1/2022 une voiture pour un prix de 35 000 €, qu'elle amortit comptablement sur sa durée d'utilisation, soit 7 ans :
— la durée d'usage est de 4 ans ;
— les émissions de CO_2 du véhicule plafonnent son amortissement fiscal à 18 300 € ;
— l'amortissement pour dépréciation comptabilisé au titre de chacun des exercices 2022 à 2028 s'élève à : 35 000 / 7 = 5 000 ;
— un amortissement dérogatoire est obligatoirement comptabilisé pour un montant de 3 750 (35 000 / 4 − 5 000) au titre de chacun des 4 premiers exercices (il est repris sur les 3 derniers exercices) ;
— l'amortissement fiscalement déductible est limité, sur chaque exercice, à : 18 300 / 4 (durée d'usage) = 4 575.

La quote-part d'amortissement à réintégrer au titre de chacun des exercices 2022 à 2025 s'élève donc à : 8 750 (amortissements pour dépréciation + dérogatoire comptabilisés) − 4 575 (amortissement fiscal théorique) = 4 175.

2ᵉ cas (prise en compte de la valeur résiduelle) Une entreprise acquiert le 1/1/2022 une voiture pour un prix de 20 000, qu'elle a l'intention de céder le 1/1/2025 pour un prix de 4 000 :
— l'amortissement pour dépréciation comptabilisé au titre de chacun des exercices 2022 à 2024 s'élève à : [(20 000 − 4 000 (valeur résiduelle)] / 3 (durée réelle d'utilisation compte tenu de l'intention de céder le véhicule) = 5 333 ;
— l'amortissement fiscalement déductible est limité à : 18 300 / 4 (durée d'usage) = 4 575.

La quote-part d'amortissement à réintégrer au titre de chacun des exercices 2022 à 2024 s'élève donc à : 5 333 (amortissement comptabilisé) − 4 575 (amortissement fiscal théorique) = 758.

27585 **Œuvres d'art**

I. Acquisition À notre avis, les œuvres d'art (ou les instruments) sont portées à l'actif (pour leur coût d'acquisition, voir nᵒ 26185 s.) dans les immobilisations dans la rubrique « Autres immobilisations corporelles » (dans un sous-compte du compte 218).

> Fiscalement Il en est de même (BOI-BIC-CHG-70-10 nᵒ 40).

Sur le financement de l'acquisition par l'État de trésors nationaux, voir nᵒ 16065.

Si les conditions liées à l'obtention de l'économie d'impôt ne sont plus respectées à la clôture (par exemple, bien cédé avant l'expiration du délai de 10 ans ou bien qui cesse d'être placé en dépôt auprès d'un « musée de France », d'un service public d'archives ou d'une bibliothèque relevant de l'État), une **provision pour risque** de reversement de l'économie d'impôt nous paraît devoir être constituée si le reversement est probable.

II. Amortissement Étant considérées comme ayant une utilisation non limitée (il n'existe pas de limite prévisible à la durée durant laquelle il est attendu que ces immobilisations procureront des avantages économiques à l'entité, voir nᵒ 27055), elles ne doivent, en général, pas être amorties. Néanmoins, des conditions spécifiques d'exploitation ou une usure irrémédiable avec le temps peuvent justifier un amortissement. En outre, les œuvres peuvent être dépréciées, voir ci-après III.

> Fiscalement Il en est en principe de même, sous réserve de la déduction spéciale susceptible d'être pratiquée en cas d'acquisition d'œuvres d'artistes vivants ou d'instruments de musique (BOI-BIC-AMT-10-20 nᵒ 160).

a. Amortissement conditionné à la preuve d'une dépréciation Des œuvres utilisées pour les besoins de l'activité ne peuvent être amorties que s'il est établi qu'elles subissent une dépréciation du fait de cet usage (CAA Bordeaux 6-11-2001 nᵒ 98-399, à propos de meubles anciens ; CE 10-8-2007 nᵒ 288271, à propos d'objets de collection et de documentation).

b. Cas particulier : déduction spéciale en cas d'acquisition d'œuvres d'artistes vivants et instruments de musique Pour les achats réalisés avant le 31 décembre 2025, les sociétés peuvent déduire de leur résultat imposable le coût d'acquisition (CGI art. 238 bis AB modifié par loi 2022-1726 du 30-12-2022 art. 41 ; BOI-BIC-CHG-70-10 ; voir Mémento Fiscal nᵒ 10705) :
— d'œuvres originales d'artistes vivants inscrites à l'actif immobilisé, à l'exclusion des créations reproduites par un procédé photomécanique (Rép. min. nᵒ 22584 : JOAN 12 janv. 2021), à condition qu'elles soient exposées dans un lieu accessible au public ou aux salariés (à l'exception de leurs bureaux), pendant les exercices au titre desquels la déduction est pratiquée ;
— d'instruments de musique que la société s'engage à prêter à titre gratuit aux artistes-interprètes qui en font la demande.

La déduction s'effectue par fractions égales (donc sans prorata temporis) sur les résultats de l'exercice d'acquisition et des quatre exercices suivants. Elle est limitée à la différence entre la limite de 5 p. mille du chiffre d'affaires (voir nᵒ 16045) et le montant des versements effectués au titre du mécénat et ouvrant droit à la réduction d'impôt. Cette déduction est effectuée de manière extra-comptable sur l'imprimé n° 2058-A (ligne XG). Toute déduction non pratiquée au titre d'un exercice est définitivement perdue (BOI-BIC-CHG-70-10 n° 190).

L'entreprise doit affecter son résultat **à une réserve spéciale** au passif du bilan pour une somme égale à la déduction opérée (CGI art. 238 bis AB, 5ᵉ al.). En cas de perte comptable, l'administration admet que l'entreprise dote la réserve spéciale par le débit d'un compte de report à nouveau débiteur, si elle a épuisé toutes autres possibilités d'imputation.

En cas de **changement d'affectation ou** de **cession de l'œuvre** (ou de l'instrument), l'entreprise réintègre extra-comptablement (imprimé n° 2058-A, ligne WQ) le montant de la réserve spéciale (CGI art. 238 bis AB, al. 5), qui est viré à une réserve ordinaire.

III. Dépréciation Lorsque la valeur vénale de l'œuvre devient inférieure à sa valeur comptable, il n'y a pas lieu non plus de la déprécier sur le plan comptable si son utilité d'origine reste inchangée pour l'entreprise (la valeur d'utilité étant toujours égale au coût d'acquisition). En revanche, une dépréciation serait à constituer si la valeur d'utilité devenait inférieure à la valeur nette comptable ou en cas d'intention de céder l'œuvre (matérialisée par des éléments tangibles) (voir n° 27720 s.).

> **Fiscalement** Pour être déductible, la dépréciation doit être constatée par un expert agréé auprès des tribunaux lorsque le coût d'acquisition de l'œuvre est supérieur à 7 600 € (CGI art. 39-1-5°, al. 2 ; BOI-BIC-PROV-40-10-10 n° 190 à 220).
> Concernant le cas particulier des **œuvres d'artistes vivants et instruments de musique**, la dépréciation n'est déductible que pour la fraction qui excède la déduction fiscale pratiquée au titre du mécénat (CGI art. 238 bis AB, al. 6 ; BOI-BIC-CHG-70-10 n° 290 à 330). En conséquence, il convient d'effectuer les retraitements extra-comptables suivants sur l'imprimé n° 2058-A :
> – réintégration (ligne WI) de la fraction de la (provision pour) dépréciation correspondant au montant déjà admis en déduction au titre du mécénat (voir ci-avant II.) ;
> – déduction (ligne WU) de la reprise ultérieure de cette fraction de dépréciation.

Pour une synthèse des différents régimes de mécénat d'entreprise, voir n° 16065.

27590 **Linge et vêtements professionnels loués** Selon l'administration (BOI-BIC-AMT-20-40-60-20 n° 140), leur amortissement peut être pratiqué en 18 mois à partir de l'achat dans la limite des taux mensuels ci-après : 40 % le 1ᵉʳ mois, 12 % le 2ᵉ et 3 % les 16 mois suivants.

27600 **Dépenses de mise en conformité d'une installation existante** Si elles répondent aux critères d'immobilisations (voir n° 25925 s.), ces dépenses doivent être amorties sur leur durée réelle d'utilisation (prenant, le cas échéant, en compte le prolongement prévisible de l'utilisation de l'installation grâce à cette mise en conformité).

Si la durée d'utilisation de l'immobilisation existante est modifiée du fait de sa mise en conformité, le plan d'amortissement doit être revu de manière prospective (voir n° 27330 s.).

Ces principes peuvent s'appliquer, à notre avis, d'une manière générale **à toute dépense d'amélioration** d'une installation existante (voir n° 25905).

> **Fiscalement** Les dépenses de mise aux normes, si elles répondent aux critères d'immobilisations, doivent être amorties sur la durée probable d'utilisation (durée d'usage) des équipements de sécurité. Il faut cependant distinguer selon que le bien auquel elles s'incorporent (BOI-BIC-CHG-20-20-20 n° 220 à 250) :
> – est complètement amorti, auquel cas elles peuvent être amorties sur une durée d'utilisation propre, sans excéder celle du bien auquel elles s'incorporent ;
> – est en cours d'amortissement, auquel cas elles doivent être amorties sur la durée d'utilisation résiduelle du bien auquel elles s'incorporent.

27605 **Biens reçus en apport** La comptabilisation des biens reçus en apport s'effectue à leur coût d'acquisition qui figure sur le **traité d'apport** (voir n° 26715). Selon l'AMF (Bull. COB n° 170, mai 1984, p. 5 s.), ce coût ne peut être ramené à la valeur actuelle, déterminée lors de l'inventaire annuel, par d'autres moyens que l'amortissement ou la dépréciation, qui ont leur contrepartie au débit du compte de résultat. Ainsi les autres procédés, comme le prélèvement sur primes d'apports ou de fusion, ne sont pas conformes aux règles de droit comptable.

27610 **Immobilisations acquises avec clause de réserve de propriété** Selon le CNC (NI n° 33 ; Doc. n° 24), dans la mesure où l'acquéreur est appelé à supporter l'éventuelle dépréciation des biens entre le moment de la livraison et celui du transfert de propriété sans que le prix qu'il doit payer puisse en être diminué, la dépréciation des biens doit être constatée chez l'acquéreur par voie d'amortissement ou de dépréciation dont le montant est déterminé suivant les **règles communément admises,** c'est-à-dire **comme en l'absence de clause.**

> **Fiscalement** Il en est de même (BOI-BIC-AMT-10-20 n° 110).

27615 **Immobilisations ne servant plus mais ayant une valeur comptable** Ces biens cessant d'être utilisés, ils doivent faire l'objet d'un amortissement exceptionnel (voir n° 27760) et être sortis du bilan si aucun profit n'est attendu d'une éventuelle cession.

> **Fiscalement** Il en est, à notre avis, de même.

27620 **Immobilisations complexes spécialisées** Voir n° 25815.

27625 **Immobilisations achetées en devises** Les amortissements (et les éventuelles dépréciations) sont calculés (PCG art. 420-1) sur la base du coût de l'immobilisation converti en monnaie nationale au cours du jour de l'opération (achat ou livraison à soi-même) ou, dans le cas où l'acquisition est couverte, évaluée au taux de couverture (voir n° 26510).

En revanche, si ces immobilisations sont **détenues à l'étranger** et que leur **valeur d'utilité est couverte** (couverture d'investissement net à l'étranger), la dépréciation est calculée en tenant compte des variations de valeur de la couverture, que ces dernières soient enregistrées en compte d'attente ou non comptabilisées (PCG art. 628-15 ; voir n° 41430). Pour plus de détails, voir n° 41780.

Cette couverture vise à réduire l'exposition des flux futurs de trésorerie en devises liés à l'immobilisation au risque de variation de change. Il ne faut pas confondre :
– cette stratégie de couverture (pour un exemple d'application, voir n° 42040) ;
– avec la **couverture du coût d'acquisition d'une immobilisation acquise en devises (mais détenue en France)** qui vise à réduire uniquement l'exposition du coût d'acquisition en devises de l'immobilisation (sur son traitement, voir n° 26510).

Si l'immobilisation est **financée par un emprunt,** voir n° 40440.

27630 **Biens somptuaires autres que les véhicules de tourisme** Sur les véhicules de tourisme, voir n° 27570.

Cette qualification fiscale de biens « somptuaires » (CGI art. 39, 4), applicable par exemple aux résidences de plaisance ou d'agrément (voir n° 18620), n'a **aucune incidence** sur l'amortissement comptable à pratiquer (en dehors des amortissements dérogatoires). Comme tous les autres biens, ils sont amortis sur leur durée réelle d'utilisation (voir n° 27120 s.) et sur une base réduite, le cas échéant, de leur valeur résiduelle (voir n° 27070).

> **Fiscalement** Selon l'administration, **en principe,** ces biens doivent obligatoirement être amortis sur leur prix de revient (non minoré de la valeur résiduelle), en fonction de leur durée d'usage (BOI-BIC-AMT-10-40-10 n° 50). Il en résulte donc un **amortissement dérogatoire obligatoire** sur la base, le cas échéant (voir n° 27400) et sur la durée (voir n° 27390).
> À défaut, les amortissements non comptabilisés seraient considérés comme irrégulièrement différés (voir n° 27010).
> **En pratique,** pendant la période d'amortissement, l'obligation de comptabiliser un amortissement dérogatoire n'a pas de portée, l'**amortissement** de ces biens, autres que les véhicules de tourisme (voir n° 27570), étant **non déductible en totalité** (CGI art. 39-4).
> L'amortissement non déductible est réintégré sur l'imprimé n° 2058-A (ligne WE).
> Pour les conséquences de l'amortissement des biens somptuaires lors de leur cession, voir n° 28365.

27635 **Pièces de rechange** Voir n° 20445.

27640 **Immobilisations d'importance secondaire constamment renouvelées** Voir n° 25980.

27645 **Dépréciation d'une immobilisation en cours** Selon le Bulletin CNCC (n° 91, septembre 1993, EC 93-39, p. 407 s.), un matériel acquis peut être maintenu en immobilisation en cours, donc sans être amorti, dès lors que les coûts de mise en place de ce matériel :
– sont significatifs par rapport à son coût d'acquisition ;
Dans le cas cité par le bulletin, le rapport coût d'installation/coût d'acquisition était de 2 000 pour 2 700.
– n'ont pas encore été engagés ;
– et apparaissent techniquement liés au fonctionnement du matériel.

En effet, dans ce cas, la période d'acquisition (ou de production) n'est pas encore achevée. Or, dans la plupart des cas, la date de mise en service correspond à la date de fin de la période d'acquisition (ou de production), voir n° 27095.

Toutefois (Bull. précité), si à la clôture de l'exercice la valeur d'inventaire de ce matériel est inférieure à son coût d'acquisition, une **dépréciation doit être constatée** (C. com. art. R 123-179). Cette dépréciation temporaire peut notamment résulter d'une incertitude sur la destination finale du matériel, et donc sur son utilité même pour l'entreprise.

> **Fiscalement** Voir n° 27095.

COÛTS DE DÉMANTÈLEMENT ET DE REMISE EN ÉTAT

27665

Sur les règles de comptabilisation de ces coûts à l'actif, voir n° 26055.
Sur l'évaluation de ces coûts, voir n° 26415.

L'obligation d'inclure les coûts de démantèlement et de remise en état dans le coût d'acquisition des immobilisations corporelles, en contrepartie de la provision pour coûts de démantèlement et de remise en état, est expressément prévue par le PCG (art. 213-8 ; voir n° 27945).

Le PCG (art. 213-8) indique que l'actif de démantèlement fait l'objet d'un plan d'amortissement propre tant pour la durée que pour le mode. Précisant l'article 213-8 du PCG, l'assemblée plénière du CNC, réunie le 27 octobre 2004, a indiqué que l'actif de démantèlement est à amortir selon l'une des deux modalités suivantes :
– sur la durée de production, voir n° 27670 ;
– linéairement, voir n° 27675.

Amortissement sur la durée de production (ou d'utilisation) de l'immobilisation corporelle au titre de laquelle la provision pour coûts de démantèlement et de remise en état est constituée.

27670

> **Fiscalement** Il en est de même (CGI art. 39 ter C ; BOI-BIC-AMT-10-40-10 n° 10 ; BOI-BIC-PROV-60-100-20 n° 250). **Aucun amortissement dérogatoire** ne peut être comptabilisé **au titre de la durée de production.** En effet, même si un amortissement dérogatoire par rapport à la durée d'usage est possible sur le bien lui-même (voir n° 27390), il n'est pas accepté pour les coûts de démantèlement et de remise en état (BOI-BIC-PROV-60-100-20 n° 260).

L'actif de démantèlement ne peut être amorti sur la durée de l'obligation si elle excède la **durée de production.** En effet, aucun avantage économique futur n'existe entre la date de fin de production et l'extinction de l'obligation. En conséquence, dans l'hypothèse où un délai sépare la date de fin d'utilisation de l'installation et la date d'engagement des dépenses de démantèlement et de remise en état, ce délai ne vient pas majorer la durée d'amortissement.

> **Fiscalement** Il en est de même (CGI art. 39 ter C ; BOI-BIC-PROV-60-100-20 n° 250 ; BOI-BIC-AMT-10-30-20 n° 50).

Lorsque le coût du terrain inclut le coût de démantèlement, d'enlèvement et de remise en état du site, cette partie de l'actif incorporée au terrain (l'actif de démantèlement) doit être amortie sur la durée des avantages obtenus en encourant ces coûts.

> **Fiscalement** Il en est de même (CGI art. 39 ter C ; BOI-BIC-PROV-60-100-20 n° 260).

Amortissement sur le mode linéaire Toutefois, selon le CU CNC n° 2005-H, quand l'actif sous-jacent est amorti selon le **mode des unités de production,** ce dernier peut être retenu pour l'actif de démantèlement.

27675

> **Fiscalement** Il en est de même. En effet, si l'article 39 ter C du CGI impose l'amortissement linéaire comme seul mode d'amortissement de l'actif de démantèlement, l'administration admet toutefois (BOI-BIC-PROV-60-100-20 n° 280) qu'un amortissement selon les unités d'œuvre puisse être retenu dès lors qu'il l'est sur le plan comptable et qu'il répond aux conditions définies par l'instruction (BOI-BIC-AMT-10-40-10 n° 260 et 270 ; sur ces conditions, voir n° 27255). En revanche, l'actif de démantèlement ne peut être amorti dégressivement ou sur un mode d'amortissement exceptionnel, même si l'immobilisation sous-jacente est éligible à ces modes d'amortissement (CGI art. 39 ter C et BOI-BIC-PROV-60-100-20 n° 270 ; voir n° 27340).

> **Précisions** Remise en état d'une installation complexe spécialisée (voir n° 25815) : l'actif de démantèlement doit suivre un plan d'amortissement distinct de celui de l'immobilisation corporelle sous-jacente, même si cette immobilisation bénéficie du régime des installations complexes spécialisées (Note de présentation de l'avis CU CNC 2005-H).

> **Fiscalement** Il devrait, à notre avis, en être de même.

> **EXEMPLE**
> Une immobilisation corporelle, construite au 1/01/N doit être démantelée 50 ans plus tard.
> Les différentes durées concernant cette immobilisation sont les suivantes :
>
> Naissance de l'obligation (dégradation) — 30 ans — 40 ans — Extinction de l'obligation (démantèlement) — 50 ans
>
> Durée d'usage
> Durée de production
> Durée de l'obligation
>
> Les durées d'amortissement à retenir sont les suivantes :
>
> | Immobilisation concernée | Durée d'amortissement |
> |---|---|
> | – Immobilisation corporelle liée à l'obligation de démantèlement | Durée de production (40 ans) + Amortissement dérogatoire sur durée d'usage (30 ans) |
> | – Actif de démantèlement | Durée de production (40 ans) |

27680 **Date de début des amortissements** Elle coïncide avec la date de comptabilisation de la provision comptabilisée en contrepartie, c'est-à-dire à la date de naissance de l'obligation (voir n° 27945 I.) :
– **dès la réalisation de l'installation** ;
– ou **postérieurement à la date de mise en service de l'installation** en cas de changement de réglementation ou de politique de l'entreprise.
Dans ce cas, l'actif de démantèlement est amorti à partir de la date de naissance de la nouvelle obligation, de manière prospective (Avis CU CNC 2005-H § 2.2).

> **Fiscalement** Il en est, à notre avis, de même.

27685 **Changement d'estimation :**

> **Précisions** Il y a changement d'estimation lorsque :
> – une nouvelle obligation de remise en état apparaît postérieurement à la date de mise en service de l'installation (voir n° 27945) ;
> – le montant estimé du passif relatif au démantèlement varie (voir n° 27945 II. c.).

Dans ce cas, le complément de coût comptabilisé en contrepartie à l'actif est amorti de manière prospective (Avis CU CNC 2005-H § 2.2).
Pour plus de détails sur la révision d'un plan d'amortissement pour le futur, voir n° 27330.

> **Fiscalement** Il en est de même (CGI art. 39 ter C ; BOI-BIC-PROV-60-100-30 n° 90 ; BOI-BIC-AMT-10-40-10 n° 10).

27687 **Dépréciation** Lorsqu'un test de dépréciation est réalisé sur l'actif sous-jacent (ou du groupe d'actifs auquel il appartient), la valeur nette comptable de l'actif (ou du groupe d'actifs) à prendre en compte pour le calcul de la dépréciation devrait être minorée de la provision pour démantèlement correspondante.

> **Fiscalement** L'actif de démantèlement ne peut pas donner lieu à la déduction d'une provision pour dépréciation sur le fondement de l'article 39, 1-5° du CGI (CAA Marseille 26-1-2023 n° 20MA00321). En revanche, il peut être amorti (voir n° 27675). Sur la dépréciation de l'actif de démantèlement en cas de changement d'estimation de la provision pour démantèlement, voir n° 26415.

Cas particulier : coûts d'élimination des déchets issus des EEE (équipements électriques et électroniques, voir n° 26065, et détail sur la provision à constituer au passif, voir n° 27985). 27690

> **Fiscalement** À notre avis, l'amortissement de cet actif devrait être déductible.

B. Dépréciations des immobilisations

OBLIGATIONS EN MATIÈRE DE DÉPRÉCIATION

I. Constatation obligatoire des dépréciations Même en cas d'absence ou d'insuffisance du bénéfice, il doit être procédé aux dépréciations (et amortissements) nécessaires pour que les comptes annuels donnent une image fidèle du patrimoine, de la situation financière et du résultat de l'entreprise (C. com. art. L 123-20, al. 2 et PCG art. 214-7). 27715

> **Précisions** Il existe des sanctions en matière de (non-)constitution de dépréciations, voir n° 48220.

Sur le calcul des dépréciations, voir n° 27720 s.
Sur le schéma de comptabilisation des dépréciations, voir n° 29180.
Sur les conséquences de la dépréciation d'une immobilisation sur son plan d'amortissement, voir n° 27765 s.
Sur le cas particulier des fonds commerciaux dont la dépréciation ne peut être reprise, voir n° 32010.

> **Fiscalement** Sur la déductibilité des dépréciations, voir n° 27741.

II. Reprise obligatoire par le résultat des dépréciations devenues sans objet Alors que les amortissements ne peuvent être repris en résultat que dans des cas exceptionnels justifiés dans l'annexe (voir n° 27340), les dépréciations sont rapportées au résultat quand les raisons qui les ont motivées ont cessé d'exister (C. com. art. R 123-179, al. 5 et PCG art. 214-19).

Ainsi :
– lorsque l'indice montrant que l'actif avait pu perdre de la valeur (voir n° 27725) a diminué, la valeur actuelle est réestimée et la dépréciation est ajustée (Avis CNC 2002-07 n° 2.2.3) ;
– dès lors que l'indice de perte de valeur disparaît, la dépréciation doit être totalement reprise.

> **Fiscalement** Il en est de même. Lorsque l'objet d'une (provision pour) dépréciation ou d'une provision pour risques change, elle doit être rapportée au résultat puis reconstituée pour être déductible (CAA Paris 23-1-2019 n° 17PA03871 ; CE 8-6-1983 n° 29494). En revanche, il faut distinguer l'objet d'une provision des motifs ou justifications qui ont conduit à la constituer. Ainsi, lorsqu'une provision conserve son objet mais que les motifs qui la justifient évoluent, il appartient à l'entreprise de prendre en compte ces nouvelles motivations pour ajuster son montant, mais elle n'a pas à opérer une réintégration suivie d'une nouvelle dotation pour que la provision soit déductible (CE 30-6-2016 n° 380916). Sur les conséquences d'une modification du traitement fiscal d'une provision, voir toutefois n° 48440.

Sur les conséquences de la reprise de dépréciation sur le plan d'amortissement de l'immobilisation, voir n° 27825.
Sur l'écriture de transfert de la dépréciation en amortissement, voir n° 27785.
Sur le schéma de comptabilisation des reprises de dépréciations, voir n° 29180.

RÈGLES DE CONSTITUTION ET D'ÉVALUATION DES DÉPRÉCIATIONS

Démarche d'identification et de calcul des dépréciations Une démarche pour identifier les éventuelles dépréciations à constater est explicitement prévue par le PCG à l'article 214-15. 27720

a. Les actifs corporels sont testés s'il existe un indice de perte de valeur à la clôture (voir n° 27725).

> **Précisions** **Fonds commerciaux non amortis** Par exception, les fonds commerciaux qui ne sont pas amortis doivent être testés systématiquement au moins une fois par exercice, qu'il existe ou non un indice de perte de valeur, voir n° 27755 et 32010.

b. Dès lors qu'il existe un indice de perte de valeur, **la valeur nette comptable de l'actif est comparée à sa valeur actuelle** (PCG art. 214-15).

Il convient de déterminer la valeur actuelle de cet actif en procédant en deux étapes (Note de présentation du Règl. ANC 2015-06 reprise dans le Recueil des normes comptables de l'ANC, sous art. 214-15 et Bull. CNCC n° 203, septembre 2021, EC 2021-04) :
– dans un premier temps, déterminer la valeur vénale de l'actif à tester (voir n° 26895). Si la valeur vénale est supérieure à la valeur comptable, aucune dépréciation n'est comptabilisée ;
– puis, si la valeur vénale est inférieure à la valeur comptable, il convient de déterminer la valeur d'usage (voir n° 26915) :
• soit la valeur vénale est supérieure à la valeur d'usage et, dans ce cas, la valeur vénale est retenue comme base de calcul du montant de la dépréciation,
• soit la valeur d'usage est supérieure à la valeur vénale et, dans ce cas, la valeur d'usage est retenue comme base de calcul du montant de la dépréciation si elle est inférieure à la valeur comptable.

> **Précisions** Si la valeur vénale ne peut pas être déterminée, c'est la valeur d'usage qui est retenue.

c. **Lorsqu'il n'est pas possible de déterminer la valeur d'usage de l'actif pris isolément,** c'est-à-dire qu'un actif pris individuellement ne génère pas d'entrées de trésorerie indépendamment des entrées de trésorerie générées par d'autres actifs, il convient de déterminer la valeur d'usage du **groupe d'actifs** auquel il appartient (voir n° 27730).

d. À l'issue de ce test de dépréciation, si la valeur actuelle est notablement inférieure à la valeur nette comptable, les entreprises doivent, en plus de l'amortissement, **constater une dépréciation** pour ramener leurs immobilisations corporelles à leur valeur actuelle (voir n° 27755).

> **Précisions** L'expression « **notablement inférieure** » doit, à notre avis, être rapprochée du principe comptable général d'importance relative (PCG art. 121-3 ; voir n° 3565).

27725 **Identification d'un actif qui a pu perdre de la valeur** L'entité doit apprécier, à **chaque clôture** des comptes, s'il existe un indice montrant qu'un actif (ou un groupe d'actifs) a pu perdre de sa valeur (PCG art. 214-15). Cette identification doit tenir compte des événements postérieurs à la clôture lorsqu'ils éclairent sur les conditions existantes à la date de clôture (voir n° 52320 s.).

Dès lors qu'il existe **un indice de perte de valeur,** la réalisation du test de dépréciation est **obligatoire.** En revanche, s'il n'existe aucun indice de perte de valeur, il n'y a pas lieu de déclencher le test de dépréciation.

> **Précisions** **1. Fonds commerciaux non amortis** Par exception, les fonds commerciaux qui ne sont pas amortis doivent en revanche être testés systématiquement au moins une fois par exercice, qu'il existe ou non un indice de perte de valeur, voir n° 31985 et 32010.
> **2. Niveau d'actif(s) auquel l'indice s'applique** S'il est conclu à l'existence d'un indice de perte de valeur, il convient de déterminer le niveau auquel cet indice s'applique (l'actif pris isolément, le groupe d'actifs, ou le regroupement de groupes d'actifs), afin d'en tirer les conséquences en matière de tests de dépréciation (Bull. CNCC n° 203, septembre 2021, EC 2021-04). En effet, il est nécessaire de respecter un ordre spécifique dans la réalisation des tests de dépréciation, en s'appuyant sur une approche dite « de bas en haut » (« bottom-up », voir n° 27727).
>
> La CNCC ajoute que l'existence d'un indice de perte de valeur au niveau d'un actif pris isolément devrait conduire à s'interroger sur l'existence d'un indice au niveau du groupe d'actifs auquel l'actif est rattaché.
> **3. Crise et indices de perte de valeur** Selon l'ANC (en ce sens, Rec. ANC Covid-19 ; Question C1) l'événement à l'origine d'une crise ne constitue pas à lui seul un indice de perte de valeur. Ce sont ses conséquences, propres à chaque entité, qui sont susceptibles de constituer un indice de perte de valeur (voir ci-dessous les exemples d'indices à rechercher). Selon la CNCC (Questions-Réponses CNCC Covid-19 ; Question 2.1), ces indices peuvent survenir post-clôture et seront à retenir à la clôture s'ils pouvaient raisonnablement être attendus à la clôture (voir n° 52320).

Pour apprécier s'il existe un quelconque indice qu'un actif a pu perdre de la valeur, une entreprise doit au minimum considérer les indices suivants (PCG art. 214-16 et extrait de l'avis CNC 2002-07 § 2.2.1), cette liste n'étant pas exhaustive.

a. Indices externes :
– valeur de marché ;
Durant l'exercice, la valeur de marché d'un actif a diminué (même à titre temporaire) de façon plus importante que du seul effet attendu du passage du temps ou de l'utilisation normale de l'actif.
– changements importants ;

Des changements importants, ayant un effet négatif sur l'entité, sont intervenus au cours de l'exercice ou surviendront dans un proche avenir, dans l'environnement technique, économique ou juridique ou sur le marché dans lequel l'entreprise opère ou auquel l'actif est dévolu.

> **EXEMPLE**
>
> **1. Changement de réglementation** Une entreprise exploite une salle de cinéma de 300 places, dont la valeur brute est de 1 000. Pour se conformer à un changement de réglementation fixant à 150 le nombre maximal de spectateurs, l'entreprise doit réduire cette salle de moitié.
>
> Le changement de réglementation constitue bien un indice de perte de valeur pour la salle de cinéma. L'entreprise doit a priori constater une dépréciation, sauf à démontrer que les flux de trésorerie peuvent être maintenus, c'est-à-dire, au cas particulier, si le prix des places peut être augmenté de manière à conserver une valeur d'usage de la salle de cinéma supérieure à sa valeur comptable et ainsi éviter la perte de valeur.
>
> **2. Période de forte inflation** Selon l'AMF (Rec. AMF 2022-06 du 28-10-2022) la volatilité des taux d'inflation et des taux d'intérêt est un élément devant être pris en compte dans la détermination de l'existence d'un indice de dépréciation d'un actif, dans la mesure où la hausse des taux d'intérêt affecte en général le taux d'actualisation utilisé dans le calcul de la valeur d'usage et où l'inflation peut avoir un effet sur les coûts et le volume des ventes. Cela sera d'autant plus le cas lorsque les analyses de sensibilité de l'exercice précédent montraient un risque de dépréciation en cas de variation raisonnablement possible de ces hypothèses clés.

— taux d'intérêt ou de rendement.
Les taux d'intérêt du marché ou autres taux de rendement du marché ont augmenté durant l'exercice et il est probable que ces augmentations diminuent de façon significative les valeurs vénales et/ou d'usage.

b. Indices internes :
— obsolescence ou dégradation physique ;
— changements importants dans le mode d'utilisation ;
Des changements importants, ayant un effet négatif sur l'entité, sont intervenus au cours de l'exercice ou sont susceptibles de survenir dans un proche avenir, dans le degré ou le mode d'utilisation d'un actif tel qu'il est utilisé ou qu'on s'attend à l'utiliser. Ces changements incluent les plans d'abandon ou de restructuration du secteur d'activité auquel un actif appartient (voir n° 17395 s.) et les plans de sortie d'un actif avant la date prévue préalablement.

> **EXEMPLE**
>
> Tel est le cas :
> — lorsqu'un immeuble est frappé d'alignement en vue de sa destruction ;
> — pour les immobilisations d'une succursale à l'étranger sous le coup d'une mesure de nationalisation ou ayant dû cesser provisoirement son activité ;
> — d'une modification du plan d'occupation des sols (voir n° 27475).

— performances inférieures aux prévisions (voir n° 17445).

> **EXEMPLE**
>
> Une baisse du chiffre d'affaires d'un magasin de plus de 10 % sur les trois derniers exercices peut constituer un indice de perte de valeur pouvant être retenu pour un droit au bail (Bull. CNCC n° 203, septembre 2021, EC 2021-04).

Des indications provenant d'un système d'information interne montrent que la performance économique d'un actif est ou sera moins bonne que celle attendue (voir n° 17445).

Ordre dans lequel tester les actifs ayant pu perdre de la valeur En présence d'un indice de perte de valeur, il convient de déterminer le niveau auquel cet indice s'applique. **27727**

En effet, en l'absence de précision des textes et à l'instar des normes IFRS (IAS 36.97 et .98), il est nécessaire de respecter un ordre spécifique dans la réalisation des tests de dépréciation, en s'appuyant sur une approche dite **« de bas en haut »** (ou « bottom-up »). Cette approche consiste à tester les actifs sur lesquels il existe un indice de perte de valeur avant de tester le fonds commercial (Bull. CNCC n° 203, septembre 2021, EC 2021-04).

En pratique, il convient ainsi de tester les actifs présentant un indice de perte de valeur dans l'ordre suivant :
— en premier lieu : chaque immobilisation (incorporelle ou corporelle) prise isolément présentant un indice de perte de valeur est testée à son niveau ; des dépréciations sont constatées, le cas échéant, à ce niveau ;

– ensuite, lorsque les dépréciations au niveau des actifs testés isolément ont été constatées : chaque groupe d'actifs présentant un indice de perte de valeur est testé à son niveau ; des dépréciations sont constatées, le cas échéant, à ce niveau ; sur l'affectation de la perte, le cas échéant, voir n° 27755 ;

> **Précisions** **Fonds commercial non amorti affecté à groupe d'actifs** Si le fonds commercial a pu être affecté à un (plusieurs) groupe(s) d'actifs (voir n° 32010) et qu'il s'agit d'un fonds commercial non amorti, le test à ce niveau est systématiquement réalisé, y compris en l'absence d'indice de perte de valeur, au niveau du ou des groupe(s) d'actifs au(x)quel(s) il a été affecté.

– en dernier lieu, lorsque les dépréciations au niveau des actifs pris isolément et des groupes d'actifs ont été constatées : le regroupement de groupes d'actifs auquel le fonds commercial a été affecté présentant un indice de perte de valeur est testé à son niveau (parfois au niveau de la société même) ; sur l'affectation de la perte, le cas échéant, voir n° 27755.

> **Précisions** **1. Fonds commercial non amorti affecté à un regroupement de groupes d'actifs** Si le fonds commercial n'est pas amorti, le test à ce niveau est systématiquement réalisé, y compris en l'absence d'indice de perte de valeur au niveau du regroupement de groupes d'actifs auquel il a été affecté.
> **2. Importance de la démarche** Cette démarche est nécessaire dans la détermination du montant de la dépréciation et de sa correcte affectation. Dans le cas où elle ne serait pas appliquée, une sous-évaluation ou une affectation erronée de la dépréciation globale pourrait être constatée (Bull. CNCC précité).

27730 **Niveau auquel l'actif ayant pu perdre de la valeur doit être testé**
I. Détermination du niveau auquel l'actif sur lequel il existe un indice de perte de valeur doit être testé En pratique, à notre avis :
a. Cas dans lesquels le test peut devoir être réalisé au niveau de l'actif seul Lorsqu'un actif sur lequel il existe un indice de perte de valeur génère des entrées de trésorerie indépendantes des entrées de trésorerie générées par d'autres actifs, il est testé à son niveau, sur la base de sa valeur actuelle. Tel est le cas :
– lorsque l'actif est **destiné à être vendu** : dans ce cas, la valeur vénale de l'actif pris individuellement représente sa valeur actuelle ;
– lorsque l'actif **n'a plus aucun potentiel de service,** à la suite par exemple d'un dommage physique : dans ce cas, la valeur recouvrable de l'actif est nulle et sa valeur comptable doit être dépréciée immédiatement, même si les flux de trésorerie du groupe d'actifs auquel l'actif appartient étaient suffisants pour couvrir sa valeur comptable ;
– lorsque l'actif a une **valeur vénale déterminable supérieure à sa valeur comptable** : dans ce cas, la valeur vénale de l'actif pris individuellement représente sa valeur actuelle et ce dernier n'est pas déprécié (voir n° 27740). C'est souvent le cas des immeubles de placement, des voitures, de certains mobiliers et équipements de bureau... Lorsqu'ils font partie d'un groupe d'actifs à déprécier, leur valeur ne peut être réduite en deçà de leur valeur vénale (voir n° 27755).

Pour un arbre de décision présentant l'approche méthodologique quand l'actif peut être testé à son seul niveau, voir n° 27740 (arbre 1).

b. Dans les autres cas, l'actif sur lequel il existe un indice de perte de valeur doit être testé au niveau du groupe d'actifs auquel il appartient Il est en effet très fréquent qu'un actif pris individuellement ne génère pas d'entrées de trésorerie largement indépendantes des entrées de trésorerie générées par d'autres actifs.

> **EXEMPLE**
> C'est le cas, notamment :
> – de la plupart des fonds commerciaux, marques, listes de clients, droits au bail et éléments équivalents (voir n° 31985 s. ; Bull. CNCC n° 203, septembre 2021, EC 2021-04) ;
> – des actifs de support (sièges sociaux, centres de recherche, équipements informatiques, etc.), sauf si leur valeur vénale s'avère supérieure à leur valeur comptable, voir ci-avant a. ; voir n° 27735 ;
> – des équipements (publics) nécessaires à l'exploitation (notamment des mines et carrières, tels qu'une desserte ferroviaire privée ou un tunnel construit sur le domaine public ; en ce sens, bull. CNCC n° 162, juin 2011, EC 2011-01, p. 281 s.) ;
> – des immobilisations décomposables. La comparaison entre valeur actuelle et valeur nette comptable n'est pas effectuée pour chacun des composants et pour la structure, ceux-ci n'ayant pas de flux de trésorerie directs. Il convient donc de les regrouper pour procéder à l'évaluation globale de l'immobilisation.

Dans ce cas, lorsqu'un indice de perte de valeur est identifié sur un actif (voir n° 27725), s'il n'est pas possible de déterminer la valeur actuelle de cet actif pris isolément, il convient de déterminer la valeur actuelle du **groupe d'actifs** auquel il appartient (PCG art. 214-15).

Pour un arbre de décision présentant l'approche méthodologique à retenir pour déterminer à quel niveau l'actif doit être testé, voir n° 27740 (arbre 2).

Selon la Note de présentation du règlement ANC n° 2015-06, le groupe d'actifs au niveau duquel est réalisé le test de dépréciation est déterminé en fonction du **mode de gestion et de suivi des activités** de l'entité.

> **Précisions** **1. Comptes consolidés en normes IFRS** Dans les comptes consolidés en normes IFRS, le groupe d'actifs au niveau duquel est réalisé le test de dépréciation est obligatoirement le plus petit groupe identifiable d'actifs générant des entrées de trésorerie largement indépendantes de celles générées par d'autres actifs (c'est-à-dire les **UGT** « Unités génératrices de trésorerie »). Ce niveau n'est pas requis en règles françaises. Deux UGT peuvent être regroupées sans être testées à leur niveau si ce regroupement correspond au mode de gestion et de suivi des activités de l'entité.
> **2. Mode de gestion et de suivi des activités** La Note de présentation du règlement ANC n° 2015-06 donne comme exemples une ligne de produits, un secteur d'activité, une implantation géographique... L'analyse sera à mener en fonction des faits et circonstances.

En pratique, un regroupement d'actifs devrait pouvoir être opéré :
– s'il existe des synergies entre les actifs du groupe ; par exemple, si le reporting de performance est suivi de manière globale pour un groupe d'actifs et que la rémunération variable du personnel est calculée sur la base de la performance du groupe d'actifs (en cas de fonds de commerce commun, de synergies...), ce groupe d'actifs est celui au niveau duquel le test de dépréciation devrait être réalisé, en cas d'existence d'un indice de perte de valeur ;
– si la vente d'un des actifs du groupe d'actifs n'est envisageable par le management de la société qu'au niveau du groupe d'actifs et non au seul niveau d'un des actifs du groupe.

3. Affectation des actifs de support et du fonds commercial aux groupes et regroupements d'actifs Voir n° 27735 (actifs de support) et 32010 (fonds commercial).

> **Fiscalement** Sur les incidences d'un calcul de valeur au niveau d'un groupe d'actifs, voir n° 27741.

EXEMPLE

Une société possède plusieurs sites industriels en Europe. Chacun des sites génère des flux de trésorerie indépendants. La direction gère et suit ses activités par zones géographiques : la zone Nord et la zone Sud. Notamment, le directeur de chaque zone est rémunéré sur la base de l'ensemble du résultat de sa zone. À la clôture N, l'arrivée d'un concurrent dans la zone Nord constitue un indice de perte de valeur qui conduit la société à réaliser un test de dépréciation des sites de cette zone.

Le test de dépréciation peut être réalisé :
– soit au niveau du groupe de sites de la zone Nord, l'ensemble des activités de cette zone étant suivi globalement. Dans ce cas, les plus et moins-values latentes identifiées sur chaque site peuvent se compenser ;
– soit au niveau de chaque site représentant un groupe d'actifs. Dans ce cas, les moins-values identifiées sur chaque site font l'objet d'une dépréciation, sans compensation avec les plus-values éventuelles sur d'autres sites.

II. Permanence des méthodes et informations en annexe
Les regroupements au niveau desquels sont réalisés les tests de dépréciation sont déterminés de façon permanente à chaque évaluation de la valeur actuelle (voir n° 3560).

En outre, s'il apparaît au cours d'un exercice que les hypothèses retenues pour déterminer le niveau auquel le test de dépréciation doit être réalisé ne sont plus pertinentes, un changement d'estimation s'avère nécessaire (voir n° 8455 s.).

Par exemple, si une entité réorganise son suivi d'une façon qui modifie la composition d'un ou plusieurs groupes d'actifs auxquels le fonds commercial ou les actifs de support ont été affectés, ceux-ci doivent être réaffectés aux groupes d'actifs concernés.

Une information doit être portée en **annexe** concernant la méthode de regroupement des actifs pour déterminer le niveau auquel est réalisé le test de dépréciation (PCG art. 832-3/3).

Affectation des actifs de support aux groupes d'actifs et incidence sur le test de dépréciation
Les actifs de support incluent les actifs tels que l'immeuble du siège social, les équipements informatiques, les centres de recherche... Ce type d'actifs ne génère pas d'entrées de trésorerie de façon indépendante des autres actifs ou groupes d'actifs de l'entité. Il n'est donc en général pas possible de déterminer la valeur actuelle de

27735 (suite) l'actif de support pris isolément (sauf dans des cas particuliers de cession de l'actif de support, par exemple ; voir n° 27730 I. a.). Il convient alors de déterminer la valeur actuelle du groupe d'actifs ou du regroupement de groupes d'actifs auquel il appartient (PCG art. 214-15). Sur la définition de la valeur actuelle, voir n° 26875.

I. Affectation de l'actif de support aux groupes d'actifs Selon la Note de présentation du règlement ANC n° 2015-06, les actifs de support sont affectés aux groupes d'actifs sur une base raisonnable et cohérente. En l'absence de précisions sur les modalités d'affectation des actifs de support aux différents groupes d'actifs, les indications de la norme IAS 36 nous paraissent applicables. À notre avis, les actifs de support peuvent être :
– affectés à un groupe d'actifs lorsqu'ils sont dédiés à ce groupe d'actifs (sur la détermination du groupe d'actifs, voir n° 27730) ;
– affectés à plusieurs groupes d'actifs, si une répartition est possible sur une base raisonnable, cohérente et permanente ;
– affectés à un regroupement de groupes d'actifs lorsqu'ils ne peuvent pas être répartis sur chacun des groupes d'actifs de façon raisonnable et cohérente.

> **EXEMPLE**
>
> (repris de la norme IAS 36, Exemple 8)
>
> Une société dispose de trois groupes d'actifs (A, B et C), chacun lié à une de ses trois activités principales. Elle teste distinctement chacun de ses groupes d'actifs. La société dispose d'un siège social comprenant un immeuble et un centre de recherche.
>
> Il y a des changements défavorables dans l'environnement technologique dans lequel la société opère. Par conséquent, la société effectue des tests de dépréciation sur chacun de ses groupes d'actifs.
>
> Au 31 décembre N, les VNC et durées d'amortissement résiduelles s'établissent comme suit :
>
> | | A | B | C | Immeuble | Centre de recherche |
> |---|---|---|---|---|---|
> | VNC | 100 | 150 | 200 | 150 | 50 |
> | Durée d'amortissement résiduelle | 10 ans | 20 ans | 20 ans | 20 ans | 20 ans |
>
> Par hypothèse :
> – les VNC relatives à chaque groupe d'actifs sont une indication raisonnable de la proportion de l'immeuble du siège social consacrée à chaque activité ;
> – en revanche, la VNC du centre de recherche ne peut pas être attribuée sur une base raisonnable à chacun des groupes d'actifs.
>
> En conséquence :
> – la VNC de l'immeuble du siège peut être allouée sur une base raisonnable et cohérente aux groupes d'actifs A, B et C. Elle est attribuée à la VNC de chaque groupe d'actifs, sur la base de leur VNC, pondérée en fonction des durées de vie résiduelles :
>
> | | A | B | C | Total |
> |---|---|---|---|---|
> | VNC | 100 | 150 | 200 | 450 |
> | VNC après pondération [1] | 100 | 300 | 400 | 800 |
> | Allocation pondérée de la VNC de l'immeuble [2] | 19 | 56 | 75 | 150 |
> | **Valeur comptable après affectation de l'immeuble** | **119** | **206** | **275** | **600** |
>
> (1) VNC après pondération basée sur la durée d'utilisation : A = 100 × 1, B = 150 × 2 et C = 200 × 2
> (2) Allocations de la VNC de l'immeuble à :
> – A = 150 × (100 / 800)
> – B = 150 × (300 / 800)
> – C = 150 × (400 / 800)
>
> **La VNC de l'immeuble du siège est donc testée au niveau de chaque groupe d'actifs** (voir ci-après III.) ;

– en revanche, **la VNC du centre de recherche** ne peut pas être attribuée sur une base raisonnable et cohérente aux groupes d'actifs. Elle **est donc testée au niveau du regroupement de groupes d'actifs A, B et C** (voir ci-après III.).

II. Existence d'un indice de perte de valeur sur l'actif de support En l'absence de précision sur les modalités de réalisation du test de dépréciation des actifs de support, les indications de la norme IAS 36 nous paraissent applicables. Ainsi, lorsqu'il existe un indice de perte de valeur sur un actif de support (voir n° 27725), **le test peut devoir être pratiqué à différents niveaux** selon le mode d'affectation de l'actif de support aux différents groupes d'actifs retenu (voir ci-avant I.) :

a. Si l'actif de support a pu être affecté à différents groupes d'actifs (sur une base raisonnable, cohérente et permanente) : il est testé au niveau de chaque groupe d'actifs.

La valeur comptable de chacun des groupes d'actifs (y compris la quote-part de l'actif de support qui lui a été affectée) est comparée à sa valeur actuelle.

b. Si l'actif de support n'a pu être affecté qu'à un regroupement de groupes d'actifs (le cas échéant, l'entité elle-même). Dans ce cas :

1. dans un premier temps : chaque groupe d'actifs utilisant l'actif de support est testé à son niveau.

La valeur comptable du groupe d'actifs (qui ne contient pas de valeur au titre de l'actif de support) est comparée à sa valeur actuelle.

2. dans un second temps : un test de dépréciation est réalisé au niveau du regroupement de groupes d'actifs auquel appartient l'actif de support ayant pu perdre de la valeur.

À ce niveau, la valeur comptable du regroupement de groupes d'actifs (y compris l'actif de support et après déduction des pertes de valeur éventuellement comptabilisées au titre du test précédent) est comparée à sa valeur actuelle.

III. Existence d'un indice de perte de valeur sur un groupe d'actifs utilisant l'actif de support En l'absence de précision sur les modalités de réalisation du test de dépréciation d'un actif lorsqu'il existe des actifs de support, les indications de la norme IAS 36 nous paraissent applicables. Ainsi, lorsqu'il existe un indice de perte de valeur sur un groupe d'actifs :

a. si l'actif de support a pu être affecté à différents groupes d'actifs (sur une base raisonnable, cohérente et permanente) : le test de dépréciation est réalisé au **seul niveau du groupe d'actifs** ayant pu perdre de la valeur ;

La valeur comptable du groupe d'actifs (y compris la quote-part de l'actif de support qui lui a été affectée) est comparée à sa valeur actuelle.

b. si l'actif de support n'a pu être affecté qu'à un regroupement de groupes d'actifs (le cas échéant l'entité elle-même). Dans ce cas :

1. dans un premier temps : le groupe d'actifs ayant pu perdre de la valeur est testé à son niveau ;

La valeur comptable du groupe d'actifs (qui ne contient pas de valeur au titre de l'actif de support) est comparée à sa valeur actuelle.

2. dans un second temps : un test de dépréciation est réalisé au niveau du regroupement de groupes d'actifs auquel appartient l'actif de support utilisé par le groupe d'actifs ayant pu perdre de la valeur.

À ce niveau, la valeur comptable du regroupement de groupes d'actifs (y compris l'actif de support et après déduction des pertes de valeur éventuellement comptabilisées au titre du test précédent) est comparée à sa valeur actuelle.

EXEMPLE

(suite)

La valeur actuelle de chaque groupe d'actifs et de l'entité s'établit, par hypothèse, comme suit :

	A	B	C	Entité
Valeur d'usage	199	164	271	720 [1]

[1] On suppose que le centre de recherche génère des flux supplémentaires de trésorerie pour l'entité dans son ensemble. Par conséquent, la somme de la valeur d'usage de chaque groupe d'actifs est inférieure à la valeur d'usage de l'entreprise dans son ensemble. Les flux de trésorerie supplémentaires ne sont pas imputables à l'immeuble du siège social.

Dans un premier temps : la valeur actuelle de chaque groupe d'actifs utilisant l'immeuble est comparée à sa VNC, y compris la partie de la quote-part de la VNC de l'immeuble affectée au groupe d'actifs. Il en résulte une perte de valeur totale de 46, identifiée sur les groupes d'actifs B et C (sur la répartition de cette perte de valeur aux différents actifs, voir n° 27755) :

	A	B	C
Valeur comptable après affectation de l'immeuble	119	206	275
Valeur d'usage	199	164	271
Perte de valeur	–	(42)	(4)

Dans un second temps : la valeur actuelle de l'entité (regroupement A, B et C) utilisant le centre de recherche est comparée à sa VNC, y compris la VNC de l'immeuble et du centre de recherche :

	Entité
Valeur comptable	650
Perte identifiée au titre du test précédent	(46)
Valeur d'usage	720
Perte de valeur complémentaire	–

Après prise en compte de la perte de valeur constatée au titre du test précédent, la valeur nette comptable de l'entité est inférieure à sa valeur actuelle. Aucune perte de valeur complémentaire n'est à constater au titre du test de dépréciation réalisé au niveau de l'entité dans son ensemble.

IV. Permanence des méthodes et informations en annexe   Voir n° 27730 II.

27740 **Détermination du montant des dépréciations**   **Approche méthodologique** Les arbres de décision suivants, élaborés par nos soins, présentent l'approche méthodologique à suivre pour déterminer le niveau auquel un actif doit être testé et sur quelle valeur.

Arbre 1 : Actifs pouvant être testés à leur seul niveau :

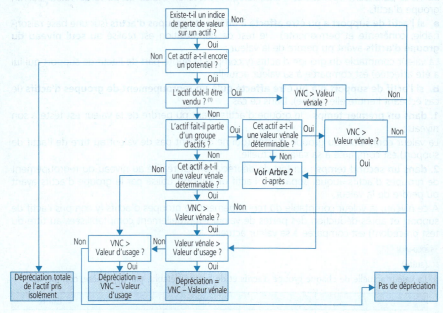

(1) Lorsque l'entreprise a l'intention de céder l'actif Contrairement aux IFRS, il n'existe pas de texte spécifique concernant les immobilisations détenues en vue de leur vente. À notre avis :
1. si l'entreprise n'a pas d'engagement de cession, le principe général s'applique et la valeur actuelle est la plus élevée de la valeur vénale ou de la valeur d'usage ;
2. si l'entreprise s'est engagée à la date de clôture à céder le bien (promesse de vente…), l'évaluation devrait se faire, à notre avis, par rapport à la valeur vénale (prix indiqué dans le

protocole ou, en l'absence de protocole, valeur de marché). S'il existe un délai entre la décision de céder le bien et la cession effective, la valeur actuelle des actifs détenus en vue de la vente tient également compte, le cas échéant, des cash flows futurs liés à la poursuite de l'exploitation du bien jusqu'à la date de cession effective. Dans ces conditions, la valeur actuelle sera la plus élevée :
– de la valeur vénale ;
– et de la valeur d'usage, c'est-à-dire la valeur vénale ajustée des cash flows futurs liés à la poursuite de l'exploitation. En pratique, lorsque ces derniers sont positifs, ils réduisent le montant de la perte de valeur à comptabiliser. En revanche, lorsqu'ils sont négatifs, ils n'ont pas d'incidence sur le montant des pertes à comptabiliser, la valeur vénale étant supérieure à la valeur d'usage.

En outre, à notre avis, un passif devrait être comptabilisé dans les conditions de l'article 322-9 du PCG (voir n° 11625) à hauteur de toute perte qui n'aura pas pu être imputée sur l'actif à céder, notamment :
– les **frais de cession** attendus ;
– tout **versement** au cessionnaire prévu par le contrat de cession, dès qu'il devient probable qu'il aura lieu.

> **Précisions** En l'absence d'obligation (légale, contractuelle ou implicite) aucun passif ne peut être constaté. Par exemple, la perte non répartie correspondant à des pertes futures d'activité courante (cash flows négatifs) ne donne pas lieu à la comptabilisation d'un passif (voir n° 48290).

Sur les principes et l'application de la norme IFRS 5 (Actifs immobilisés – ou groupes d'actifs – détenus en vue de la vente et abandons d'activités), voir Mémento IFRS n° 36951 s.

Arbre 2 : Actifs devant être testés au niveau d'un groupe d'actifs (ou d'un regroupement de groupes d'actifs) :

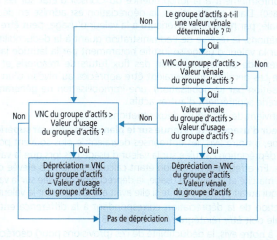

(2) Selon le mode d'affectation des actifs de support et du fonds commercial aux différents groupes d'actifs de l'entité juridique, le test peut devoir être pratiqué à différents niveaux. Sur l'ordre dans lequel doit être pratiqué le test, voir n° 27730.

Déductibilité des dépréciations Fiscalement (CGI art. 39-1-5° et CGI ann. III art. 38 sexies), une dépréciation peut être déduite, en supplément de l'amortissement, et ce même si l'entreprise n'a pas l'intention de céder l'immobilisation, lorsque la valeur probable de réalisation du bien à la clôture de l'exercice est inférieure à sa valeur nette comptable (BOI-BIC-PROV-40-10-10 n° 40 et BOI-BIC-PROV-40-10-10 n° 440 ; CE 12-1-2005 n° 253865 et CE 10-12-2004 n° 236706) et à la condition qu'elle ait été constatée dans les écritures conformément aux prescriptions comptables (CE 22-11-2022 n° 454766). Selon l'administration, le caractère probable de la perte doit être étayé par l'existence d'une dépréciation effective, par référence soit à des événements particuliers ayant affecté la valeur de l'immobilisation, soit à une valeur de marché s'il en existe une, soit à une valeur d'expertise indépendante (BOI-BIC-PROV-40-10-10 n° 50). D'une manière générale, l'administration n'admet pas comme seule justification d'une perte probable (en particulier si la dépréciation porte sur des actifs isolés) :
– la simple baisse de performance ;

27741
(suite)

- la baisse de valeur liée à une évolution purement financière (taux d'intérêt ou de rendement) ;
- une évolution défavorable de l'environnement économique général (en ce sens, TA Cergy-Pontoise 7-4-2011 n° 0806065 concernant la dépréciation d'un terrain suite à l'abandon d'un projet de construction d'une implantation commerciale) ;
- des anticipations de marché de l'entreprise (mauvaise appréciation des cash-flows futurs).

Ces données peuvent seulement être prises en compte en tant qu'éléments d'un faisceau d'indices justifiant la dépréciation.

En pratique, la déductibilité de la (provision pour) dépréciation dépend de ses modalités de calcul.

1. Dépréciations calculées sur la base de la valeur vénale À notre avis, elles devraient en principe être déductibles, cette valeur étant très proche de la valeur probable de réalisation retenue sur le plan fiscal (voir ci-avant), sous réserve qu'elles soient régulières sur le plan comptable et notamment que l'entreprise soit en mesure d'établir que la valeur d'usage est inférieure (CE 22-11-2022 n° 454766). Toutefois, selon l'administration, la valeur vénale ne devant pas tenir compte des coûts de sortie, la fraction de la dépréciation correspondant à ces coûts n'est pas déductible (BOI-BIC-PROV-40-10-10 n° 50). En conséquence, les entreprises doivent :
- réintégrer (ligne WI) la dépréciation à hauteur des coûts de sortie ;
- déduire (ligne WU) la reprise ultérieure correspondante.

En outre, en pratique, la déductibilité de ces dépréciations dépendra, à notre avis, de la capacité de l'entreprise à justifier la valeur vénale retenue auprès de l'administration fiscale.

2. Dépréciations calculées sur la base de la valeur d'usage Selon l'administration (BOI-BIC-PROV-40-10-10 n° 50), la dépréciation des actifs fondée sur la seule diminution des flux futurs de trésorerie liés à l'actif s'apparente dans certaines situations à la constitution d'une provision pour manque à gagner (ou diminution de recettes) qui ne peut en principe être admise en déduction, conformément à la jurisprudence du Conseil d'État sur les provisions pour pertes (voir n° 10860). Dans ces situations, la dépréciation est admise en déduction dès lors que la valeur vénale, par hypothèse inférieure à la valeur d'usage, peut être justifiée.

Selon nos informations, la réserve de l'administration quant à la déductibilité des dépréciations calculées sur la valeur d'usage se justifie notamment par la latitude laissée aux entreprises dans la méthode de détermination des flux futurs de trésorerie et dans le niveau d'appréciation de ces derniers qui devraient être appréciés au niveau d'un groupe d'actifs (et non immobilisation par immobilisation), une immobilisation ne générant que rarement des flux de trésorerie séparément d'autres actifs.

En pratique, il convient de distinguer deux situations :

a. Lorsque la valeur d'usage a été retenue sur le plan comptable car supérieure à la valeur vénale En principe, à notre avis, les entreprises devraient le plus souvent pouvoir justifier la déduction d'une dépréciation calculée sur la valeur d'usage dès lors que la valeur vénale peut être documentée. En effet, la dépréciation étant calculée sur la plus élevée des deux valeurs entre la valeur de marché et la valeur d'usage, la dépréciation calculée sur la valeur d'usage est inférieure à celle qui aurait pu être déduite si elle avait été calculée sur la valeur vénale.

Toutefois, la fraction de la dépréciation correspondant à la différence entre la VNC et la valeur nette fiscale doit être réintégrée (voir ci-après 3.).

En conséquence, à notre avis, la déductibilité de ces (provisions pour) dépréciation est essentiellement une question d'appréciation et de justification de la valeur vénale à retenir sur le plan fiscal (voir ci-avant 1.).

b. En l'absence d'une valeur de marché déterminable D'après la doctrine administrative, la (provision pour) dépréciation devrait le plus souvent être non déductible lorsque la valeur d'usage a été retenue sur le plan comptable. En conséquence, si l'entreprise souhaite éviter tout risque de redressement, elle doit :
- réintégrer (ligne WI) la dépréciation ;
- déduire (ligne WU) la reprise ultérieure.

Toutefois, la jurisprudence qui impose de déterminer la valeur d'usage pour pouvoir déduire une dépréciation (CE 22-11-2022 n° 454766) pourrait être invoquée pour soutenir la déductibilité d'une (provision pour) dépréciation calculée d'après cette valeur, d'autant que les juges semblent s'accorder à porter un regard de plus en plus pragmatique sur les méthodes d'évaluation de nature économique (voir n° 42270 ; CE 21-6-2022 n° 447084, à propos de la déduction d'un abandon de créance à caractère financier consenti à une filiale en difficulté). S'agissant de l'évaluation des titres non cotés, la jurisprudence admet d'ailleurs la prise en compte d'éléments prévisionnels (CE 30-9-2019 n° 419855), tels que notamment la valeur de rendement ou la capitalisation des bénéfices moyens (CE 14-11-2000 n° 229446 ; voir n° 35855).

3. Partie dans tous les cas non déductible Selon l'administration (BOI-BIC-PROV-40-10-10 n° 60), la déduction d'une dépréciation est limitée, en tout état de cause, à la valeur nette fiscale de l'immobilisation dépréciée. En conséquence, quelle que soit la valeur actuelle retenue pour le calcul de la dépréciation (valeur vénale ou valeur d'usage), lorsque la valeur nette comptable de l'immobilisation à déprécier (servant de base au calcul de la dépréciation) est supérieure à sa valeur nette fiscale (c'est-à-dire nette des amortissements pour dépréciation mais également dérogatoires), la dépréciation comptabilisée n'est pas déductible à hauteur de cette différence. Tel sera notamment le cas des immobilisations fiscalement amortissables sur une durée d'usage plus courte que la durée réelle retenue sur le plan comptable (pour un exemple, voir n° 27805, Exemple 2). Dans ce cas, les entreprises doivent :
– réintégrer (ligne WI) la dépréciation à hauteur de la différence ;
– déduire (ligne WU) la reprise ultérieure correspondante.

Par ailleurs, selon nos informations, la quote-part de dépréciation non déduite devrait devenir progressivement déductible au fur et à mesure de l'amoindrissement du décalage entre la valeur nette comptable et la valeur nette fiscale de l'immobilisation (voir n° 27805, Exemple 2).

4. Lorsque la (provision pour) dépréciation porte sur une immobilisation non amortissable dont le prix de revient est inférieur au coût de revient comptable Cette provision n'est susceptible d'être admise en déduction que si la valeur réelle de l'immobilisation est inférieure à son coût de revient fiscal et dans la limite de la différence entre ces deux montants (CGI art. 39-1-5°). Tel peut notamment être le cas des immobilisations reçues dans le cadre de fusions et opérations assimilées réalisées à la valeur réelle (voir Mémento Fusions & Acquisitions n° 8630).

5. Sur le cas particulier de la dépréciation des immeubles de placement, voir n° 27745.

L'exemple ci-après, élaboré par nos soins, présente une synthèse des différents cas.

EXEMPLE

	VNC	Valeur vénale	Valeur d'usage	Dépréciation comptable	Dépréciation admise fiscalement
1er cas : valeur vénale > VNC	100	150	Calcul non nécessaire	Pas de dépréciation [1]	N/A
2e cas : valeur vénale < VNC et valeur vénale > valeur d'usage	100	80	50	Dépréciation de 20 [2]	Dépréciation comptable minorée des coûts de sortie [5]
3e cas : valeur vénale < VNC et valeur vénale < valeur d'usage	100	80	85	Dépréciation de 15 [3]	Dépréciation comptable en pratique déductible (car < provision admise fiscalement) [5]
4e cas : valeur vénale non déterminable	100	–	85	Dépréciation de 15 [3]	Non déductible
5e cas : valeur vénale < VNC mais VNC < valeur d'usage	100	80	110	Pas de dépréciation [4]	N/A

[1] Car valeur vénale VNC.
[2] Dépréciation calculée par rapport à la valeur vénale = 100 (VNC) – 80 (valeur vénale).
[3] Dépréciation calculée par rapport à la valeur d'usage = 100 (VNC) – 85 (valeur d'usage).
[4] Car valeur d'usage > VNC.
[5] Sous réserve des différences entre VNC et valeur nette fiscale (voir Fiscalement ci-avant et n° 28120).

Détermination du montant des dépréciations en période de forte incertitude (crise) En période de forte incertitude, la méthodologie du test de dépréciation devrait être **adaptée au niveau de risque de dépréciation** identifié (en ce sens, Rec. ANC Covid-19 ; Question C2).

a. Détermination du niveau de risque de dépréciation L'ANC propose d'utiliser les analyses de sensibilité. Par exemple :
– une analyse qui peut consister à comparer la valeur comptable et la dernière valeur actuelle calculée lors de la clôture précédente, puis à apprécier s'il existe une différence significative octroyant une marge de manœuvre et si cette marge est maintenue au regard des **tests de sensibilités** « déjà disponibles » ;

> **Précisions** Le test proposé par l'ANC semble consister à reprendre les projections ayant permis de calculer la dernière valeur d'inventaire et à faire varier les hypothèses critiques (par exemple, le chiffre d'affaires) jusqu'au « point de rupture », c'est-à-dire le point où il n'y a plus de marge par rapport à la valeur comptable. Puis regarder si le scénario de rupture (par exemple, 70 % de baisse) est un scénario raisonnablement possible, c'est-à-dire cohérent avec les différents scénarios de poursuite et de sortie de la crise considérés par la direction comme possibles.
>
> À l'issue de ces tests, le scénario de rupture jugé improbable lors de la clôture précédente peut en revanche être jugé probable lors de la nouvelle clôture, à la suite des nouveaux événements de l'exercice et à la révision des plans d'affaires.
>
> À notre avis, reprendre ces tests nous semble comporter des limites, notamment lorsque la structure des coûts a significativement évolué par rapport à l'exercice précédent.

– une analyse qui peut porter sur la valeur terminale dernièrement calculée, lorsque celle-ci représente une part très importante de la valeur d'usage.

b. Si le risque est jugé faible, la poursuite du test ne nécessite pas le calcul d'une nouvelle valeur actuelle. La VNC est comparée à la valeur actuelle de la clôture précédente.

c. Si le risque est jugé fort, les travaux continuent pour déterminer une nouvelle valeur actuelle (voir n° 26875 s.).

Sur l'information à donner en annexe au titre des analyses de sensibilité, voir n° 29610.

Si l'une des deux valeurs ne peut être estimée de façon fiable, la valeur actuelle est déterminée sur la seule des deux valeurs disponibles. Sur l'information à donner en annexe, voir n° 29610.

Si aucune des deux valeurs ne peut être estimée de façon fiable (cas rare), la valeur actuelle est déterminée sur la base d'autres éléments. Sur l'information à donner en annexe, voir n° 29610.

27745 **Dépréciation des immobilisations faisant l'objet de couvertures** Le PCG précise que lorsqu'un calcul de dépréciation doit être réalisé sur une immobilisation bénéficiant d'une couverture, **il est tenu compte des effets de la couverture** dans le calcul de l'éventuelle dépréciation (PCG art. 628-15 ; voir n° 41780).

27750 **Dépréciation des immobilisations subventionnées** Lorsqu'un calcul de dépréciation est réalisé sur une immobilisation subventionnée, la valeur nette comptable de l'actif à prendre en compte pour le calcul de la dépréciation devrait être minorée de la subvention d'investissement reçue et non encore reprise en produit (Bull. CNCC n° 162, juin 2011, EC 2011-05, p. 287 s.).

> **Précisions** Une autre solution, également proposée par le bulletin CNCC précité, consiste à reprendre en résultat la subvention à hauteur de la dépréciation. Toutefois, cette dernière solution n'est, à notre avis, acceptable que lorsque la dépréciation est inhérente à l'actif subventionné et est donc quasi définitive. Tel est le cas d'un immeuble construit spécifiquement pour les besoins d'une collectivité locale, qui ne peut être loué qu'à cette collectivité et dont le loyer est établi sur la base du coût de revient minoré de la subvention (exemple analysé par la CNCC dans le bulletin précité).

RÈGLES DE COMPTABILISATION DES DÉPRÉCIATIONS

27755 **Comptabilisation des dépréciations** Les dépréciations sont inscrites distinctement à l'actif en diminution de la valeur des éléments correspondants (C. com. art. R 123-179, al. 3).

Selon le niveau auquel le test de dépréciation aura été réalisé (voir n° 27730), le montant de la dépréciation sera affecté différemment aux actifs :

a. si l'actif a été testé à son seul niveau, la dépréciation est comptabilisée en totalité en réduction de sa valeur comptable ;

b. si l'actif a été testé au niveau d'un groupe d'actifs, la dépréciation est comptabilisée :
1. en priorité en réduction de la valeur comptable du fonds commercial, s'il fait partie du groupe d'actifs testé (Note de présentation du règl. ANC 2015-06) ;
2. puis, lorsque la perte de valeur s'avère supérieure au montant du fonds commercial, aux autres actifs du groupe d'actifs, à notre avis (en conformité avec IAS 36 ; voir Mémento IFRS n° 35981) :
– au prorata de leur valeur comptable dans le groupe d'actifs ;
– sans réduire la valeur de chaque actif en dessous de sa valeur vénale (Bull. CNCC n° 203, septembre 2021, EC 2021-04).

Sur le passif à comptabiliser, le cas échéant, pour toute perte attendue non répartie sur le ou les actifs, voir n° 27740.

Concernant les **immobilisations décomposées,** en l'absence de disposition spécifique, la position fiscale ci-après nous paraît applicable.

> **Fiscalement** La dépréciation devrait en principe, et à défaut de règle comptable, porter en priorité sur la seule structure, l'excédent éventuel du montant de la dépréciation par rapport à la valeur de la structure pouvant être réparti sur les composants selon une méthode rationnelle et cohérente, par exemple au prorata de la valeur des composants (BOI-BIC-AMT-10-30-20 n° 80).

EXEMPLE

(suite de l'exemple au n° 27735)

Une société dispose de trois groupes d'actifs (A, B et C), chacun lié à une de ses trois activités principales.

La valeur comptable de ces groupes d'actifs ne comprend pas de fonds commercial. La société dispose d'un siège social comprenant un immeuble (affecté aux trois groupes d'actifs).

À la suite de changements défavorables dans l'environnement technologique dans lequel la société opère, elle teste chacun de ses groupes d'actifs. À l'issue du test de dépréciation réalisé au niveau de chaque groupe d'actifs, une perte de valeur totale de 46 est identifiée sur les groupes d'actifs B et C :

	A	B	C	Immeuble
Valeur comptable	100	150	200	150
Perte de valeur identifiée	–	**(42)**	**(4)**	NA

La perte de valeur de 46 est répartie entre les actifs des groupes d'actifs et l'immeuble du siège :

	A	B	C
Allocation pondérée de la VNC de l'immeuble [1]	19	56	75
Valeur comptable des groupes d'actifs après affectation de l'immeuble [1]	119	206	275
Perte de valeur affectée à l'immeuble [2]	–	(12)	(1)
Perte de valeur affectée aux actifs des groupes d'actifs [3]	–	(30)	(3)

[1] Sur l'affectation de l'immeuble aux groupes d'actifs, voir n° 27735.
[2] Perte de valeur affectée à l'immeuble :
– perte de valeur identifiée sur B : 42 × 56 / 206
– perte de valeur identifiée sur C : 4 × 75 / 275
– perte de valeur identifiée sur C : 4 × 75 / 275
[3] Perte de valeur affectée aux actifs des groupes d'actifs :
– perte de valeur identifiée sur B : 42 – 12
– perte de valeur identifiée sur C : 4 – 1

Pour plus de détails sur le classement au bilan et au compte de résultat, voir n° 29180.

Distinction entre dépréciation et amortissement exceptionnel Alors que les amortissements constatent des dépréciations continues et de caractère définitif, les dépréciations sont généralement occasionnelles et ne sont pas jugées irréversibles (C. com. art. R 123-179 ; PCG art. 214-19 et 942-29).

27760

En conséquence, à notre avis, si la valeur actuelle d'un actif immobilisé devient inférieure à sa valeur nette comptable, il est procédé à la constitution :
– soit d'une **dépréciation,** si la perte de valeur n'est pas jugée irréversible (sur l'incidence sur le plan d'amortissement, voir n° 27765 s.) ;

> **Fiscalement** Sur la déductibilité de la dépréciation, voir n° 27741.

— soit d'un **amortissement exceptionnel** ne pouvant pas être repris, si la perte de valeur est jugée irréversible (le reliquat du plan d'amortissement étant modifié en conséquence ; voir n° 27330 et 16100 II. b.).

> **EXEMPLE**
>
> Tel est le cas, notamment :
> — si l'immobilisation ne sert plus (voir n° 27615) ;
> — si l'entreprise décide de démolir un immeuble afin de revendre ou d'exploiter son terrain nu (voir n° 25922, 27330 et 25922) ;
> — si une obligation de mise en conformité entraîne la mise au rebut immédiate et obligatoire d'un matériel (voir n° 25965 II.) ;
> — si l'actif a été endommagé mais reste utilisable (voir n° 29430).

> **Fiscalement** Il en est de même (BOI-BIC-PROV-40-10-10 n° 40) que l'immobilisation soit ou non amortissable (pour une position en matière d'immobilisation non amortissable, CAA Paris 10-7-2003 n° 00-3421).

CONSÉQUENCES DE LA DÉPRÉCIATION D'UN ACTIF SUR SON AMORTISSEMENT

27765 Modification de la base amortissable En cas de comptabilisation d'une dépréciation ou d'une reprise de dépréciation, le **plan d'amortissement** est **modifié pour l'avenir** de la manière suivante (PCG art. 214-14 et 214-17) :
— en cas de dotation d'une dépréciation :
• l'exercice de la comptabilisation de la dépréciation, celle-ci vient diminuer la base amortissable (perte de valeur),
• l'exercice suivant cette diminution, les amortissements sont recalculés sur la nouvelle base (réduite du montant de la dépréciation comptabilisée à la clôture de l'exercice précédent). Ainsi, les amortissements comptables constatés à compter de la dépréciation seront inférieurs à ce qu'ils auraient été en l'absence de dépréciation et de modification de la base amortissable.
Si, à la fin de l'exercice, la dépréciation est toujours justifiée, aucune reprise de dépréciation n'est constatée (voir n° 27715). La dépréciation ne peut donc pas, en principe, être reprise au fur et à mesure des amortissements.

> **Précisions** Toutefois, sur la reprise « automatique » de la dépréciation, en fonction des amortissements pratiqués (pour des raisons fiscales), voir n° 27785.

— inversement, en cas de reprise de la dépréciation, les amortissements comptables seront majorés (voir n° 27825).

> **Fiscalement** La base amortissable s'entend en principe du prix de revient de l'immobilisation (CGI ann. II art. 15), lequel ne doit pas être minoré des (provisions pour) dépréciations constatées sur cette immobilisation. Toutefois, la base d'amortissement fiscale devrait, compte tenu des nouvelles règles comptables, pouvoir être modifiée de manière prospective (BOI-BIC-AMT-10-30-20 n° 40).
> Cette solution est issue de l'instruction 4 A-13-05 commentant les nouvelles règles comptables sur les actifs (BOI 4 A-13-05, n° 93). Dans l'attente des précisions comptables sur l'articulation entre les dépréciations par voie de provisions et les modifications du plan d'amortissement, l'administration avait alors indiqué que les modalités d'application du plan d'amortissement fiscal seraient commentées ultérieurement. Mais, bien que le régulateur comptable se soit depuis prononcé (voir n° 27785), l'administration continue à indiquer que la base d'amortissement fiscale « devrait » pouvoir être modifiée de manière prospective, sans autre précision. À défaut d'une position plus affirmative, il est, à notre avis, prudent d'appliquer les écritures de transfert exposées au n° 27785.

27785 Écriture de transfert de la dépréciation en amortissement (à des fins fiscales) Selon l'avis CNC n° 2006-12, afin d'assurer la déductibilité fiscale des dépréciations de leurs immobilisations amortissables, les entreprises doivent, depuis le 1er janvier 2006, **transférer annuellement une quote-part de la dépréciation en compte d'amortissement**, à hauteur de la différence entre les deux montants suivants :
— **la dotation aux amortissements calculée sur la nouvelle base amortissable** (c'est-à-dire minorée de la dépréciation comptabilisée, voir n° 27765) ;
— **la dotation aux amortissements qui aurait été comptabilisée en l'absence de dépréciation** ;

> **Précisions Intérêt pour les entreprises** Outre qu'elle évite toute discussion en cas de contrôle fiscal (voir n° 27765), cette solution permet également de transformer progressivement une dépréciation non déductible en amortissement déductible. En effet, **en l'absence d'une telle écriture,** les règles sur l'amortissement **seraient pénalisantes** pour les entreprises en cas de **dépréciation non déductible,** c'est-à-dire dans les deux cas suivants :

— lorsque la dépréciation est calculée sur la valeur d'usage, en l'absence de valeur de marché (voir n° 27741 et, pour un exemple d'application, voir n° 27805, Exemple 1) ;
— lorsque le rythme d'amortissement est plus rapide sur le plan fiscal que sur le plan comptable (amortissement dérogatoire) ; en effet, dans ce cas, la VNC de l'immobilisation à déprécier (servant de base au calcul de la dépréciation) est supérieure à sa valeur nette fiscale (correspondant à la différence entre le coût de revient du bien et les amortissements fiscalement déduits, amortissements dérogatoires compris) et la dépréciation comptabilisée n'est alors pas admise en déduction à hauteur de cette différence (BOI-BIC-PROV-40-10-10 n° 60).

Pour un exemple d'application, voir n° 27805, Exemple 2.

Dans ces deux hypothèses, la dotation aux amortissements correspondant à la quote-part du coût d'entrée faisant l'objet de la dépréciation non déductible ne pourrait pas être déduite fiscalement (avant la sortie de l'immobilisation) puisqu'elle n'est pas constatée comptablement (voir n° 27765).

L'avis CNC n° 2006-12 préconise, pour les exercices ouverts depuis le 1er janvier 2006 :
— **une écriture de reprise de dépréciation** au rythme des amortissements qui auraient été comptabilisés en l'absence de dépréciation ;
— cette reprise de dépréciation étant **compensée par une dotation aux amortissements** de même montant.

Ces écritures ayant un caractère fiscal, elles sont comptabilisées en **résultat exceptionnel** à la fois pour la dotation aux amortissements et la reprise de dépréciation, et ce même si la dotation correspondante a été comptabilisée en résultat d'exploitation.

En effet, ni la reprise ni la dotation ne sont calculées selon les règles comptables mais uniquement selon des **considérations fiscales**.

De ce fait, cette solution ne permet pas de reprendre, par le résultat d'exploitation, les dépréciations comptabilisées sur les immobilisations (sauf disparition ou diminution de l'indice de perte de valeur, voir n° 27715).

> **Fiscalement**
— la dotation aux amortissements dérogatoires est déductible (voir n° 27370) ;
— lorsque la (provision pour) dépréciation n'a pas été admise en déduction (sur les retraitements qui ont dû être effectués lors de la dotation, voir n° 27741), sa reprise en résultat exceptionnel doit être déduite de manière extra-comptable sur l'imprimé n° 2058-A (ligne WU). Pour des exemples d'application, voir n° 27805.

> **Précisions 1. Neutralité de l'écriture** Ces écritures n'ont pas d'incidence :
— sur le compte de résultat (la dotation et la reprise passant toutes deux par le résultat exceptionnel) ;
— sur la présentation du bilan (amortissement et dépréciation étant cumulés dans une même colonne) ;
— sur la base d'amortissement (qui reste diminuée de la dépréciation comptabilisée jusqu'à la disparition, ou diminution, de l'indice de perte de valeur).
2. Comptes consolidés (en règles françaises et en IFRS) Ces écritures doivent être éliminées (au compte de résultat et au bilan) du fait de leur caractère fiscal. Voir Mémento Comptes consolidés n° 3327 et Mémento IFRS n° 27451 s.

Exemples d'application Les exemples ci-après sont ceux exposés dans les annexes 1 et 2 de la Note de présentation de l'avis CNC n° 2006-12 :
— Exemple 1 : la totalité de la dépréciation, calculée sur la valeur d'usage, n'est pas déductible fiscalement.
— Exemple 2 : une quote-part de la dépréciation n'est pas déductible fiscalement, en raison d'un rythme d'amortissement plus rapide sur le plan fiscal que sur le plan comptable.

27805

EXEMPLE 1

Dépréciation non déductible calculée sur la valeur d'usage

Un matériel industriel (non décomposable) est acquis le 1er janvier N pour une valeur de 1 000 K€, amorti sur 10 ans selon le mode linéaire.

En N+4, une dépréciation de 200 K€ est constatée sur le plan comptable. Elle reste justifiée, dans son principe et à ce montant, au cours des exercices suivants.

Par hypothèse :
— le bien est fiscalement amorti sur la même durée de 10 ans ;
— aucune valeur résiduelle n'a été prise en compte (celle-ci n'étant pas mesurable) ;
— la dépréciation comptabilisée en N+4, calculée sur la base de la valeur d'usage du matériel, n'est pas fiscalement déductible.

27805 (suite) Depuis le 1er janvier 2006 (après l'avis CNC 2006-12), les montants d'amortissements et de dépréciations pour chaque exercice sont les suivants :

Année	Base amortissable	Dotation aux amortissements (b)	Dotation exceptionnelle aux amortissements	Amortissements cumulés au 31/12/N	VNC avant nouvelle dépréciation et écriture de transfert (c) = a (N–1) – b	Valeur actuelle	Dotation aux dépréciations	Reprises exceptionnelles de dépréciations	Dépréciation	VNC au 31/12/N (après dépréciation) (a)
N	1 000	(100)		(100)	900					900
N+1	1 000	(100)		(200)	800					800
N+2	1 000	(100)		(300)	700					700
N+3	1 000	(100)		(400)	600					600
N+4	1 000	(100)		(500)	500	300	(200) (2)		(200)	300 (1)
N+5	300 (1)	(60) (1)	**(40)** (3)	(600)	240 (1)	240		**40** (3)	(160)	240 (1)
N+6	300 (1)	(60) (1)	**(40)** (3)	(700)	180 (1)	180		**40** (3)	(120)	180 (1)
N+7	300 (1)	(60) (1)	**(40)** (3)	(800)	120 (1)	120		**40** (3)	(80)	120 (1)
N+8	300 (1)	(60) (1)	**(40)** (3)	(900)	60 (1)	60		**40** (3)	(40)	60 (1)
N+9	300 (1)	(60) (1)	**(40)** (3)	(1 000) (4)	0 (1)	0		**40** (3)	0	0 (1)

(1) L'avis CNC n° 2006-12 ne modifie pas la règle comptable consistant à :
– considérer la dépréciation comme une perte de valeur venant minorer la base amortissable ;
– corriger de manière prospective la base amortissable du montant des dépréciations comptabilisées.
(2) Par hypothèse, la dépréciation calculée sur la valeur d'usage n'est fiscalement pas déductible et sa dotation doit donc être réintégrée extra-comptablement (voir tableau ci-après).
(3) En application de l'avis CNC précité, une quote-part de la dépréciation comptabilisée est transférée en compte d'amortissements (voir n° 27785). Sur le traitement fiscal de ce transfert, voir ci-après note (4).
(4) **Fiscalement**, au terme du plan d'amortissement, la déduction de la totalité du coût de revient de l'immobilisation (1 000) est assurée par la déduction des dotations aux amortissements, les dotations exceptionnelles étant fiscalement déductibles (voir tableau ci-après).

Année	Dotations aux amortissements (exploitation + exceptionnelle)	Dotation aux dépréciations	Reprise exceptionnelle de dépréciations	Impact sur le résultat comptable (cumulé)	Réintégrations extra-comptables	Déductions extra-comptables	Impact sur le résultat fiscal (cumulé)
N	(100)			(100)			(100)
N+1	(100)			(200)			(200)
N+2	(100)			(300)			(300)
N+3	(100)			(400)			(400)
N+4	(100)	(200)		(700)	200 (1)		(500)
N+5	(100)		40	(760)		(40) (2)	(600)
N+6	(100)		40	(820)		(40)	(700)
N+7	(100)		40	(880)		(40)	(800)
N+8	(100)		40	(940)		(40)	(900)
N+9	(100)		40	(1 000)		(40)	(1 000)

(1) Par hypothèse, la dépréciation calculée sur la valeur d'usage n'est fiscalement pas déductible ; sa dotation doit donc être réintégrée extra-comptablement (tableau n° 2058-A, ligne WI ; voir n° 27741).
(2) La dotation aux dépréciations n'ayant pas été déduite, la reprise de dépréciation est déduite extra-comptablement (tableau n° 2058-A, ligne WU).

27805
(suite)

Les écritures à comptabiliser au titre des exercices N+5 à N+9 sont les suivantes :

	218 Autres immobilisations corporelles	281 Amortissements des immobilisations corporelles	291 Dépréciations des immobilisations corporelles	404 Fournisseurs d'immobilisations	681 Dotations aux amortissements et dépréciations	687 Dotations aux amortissements exceptionnels	707 Reprises sur dépréciations exceptionnelles
AN des exercices N à N+4							
Acquisition de l'immobilisation	1 000		500	1 000			
Dotations aux amortissements			200				
Dépréciation							
Exercice N+5							
Dotation aux amortissements			60		60		
Reprise de dépréciation			40				40
Dotation aux amortissements		40				40	
Exercice N+6							
Dotation aux amortissements			60		60		
Reprise de dépréciation			40				40
Dotation aux amortissements		40				40	
Exercice N+7							
Dotation aux amortissements			60		60		
Reprise de dépréciation			40				40
Dotation aux amortissements		40				40	
Exercice N+8							
Dotation aux amortissements			60		60		
Reprise de dépréciation			40				40
Dotation aux amortissements		40				40	
Exercice N+9							
Dotation aux amortissements			60		60		
Reprise de dépréciation			40				40
Dotation aux amortissements		40				40	

soldé

EXEMPLE 2

Dépréciation dont une quote-part est non déductible en raison du rythme d'amortissement plus rapide sur le plan fiscal que sur le plan comptable

Un bien (non décomposable) est acquis le 1er janvier N pour une valeur de 2 000 K€ et amorti linéairement sur 10 ans.

En N+4, une dépréciation calculée sur la valeur vénale de 400 K€ est constatée sur le plan comptable.

Par hypothèse :
— le bien est fiscalement amorti linéairement sur 8 ans (durée d'usage) ;
— aucune valeur résiduelle n'a été prise en compte (celle-ci n'étant pas mesurable) ;
— à la clôture de chaque exercice, la valeur vénale est estimée à :
• N+4 : 400,
• N+5 : 320,
• N+6 : 240,
• N+7 : 160,
• N+8 : 80,
• N+9 : 0.

27805 (suite)

Depuis le 1er janvier 2006 (après l'avis CNC 2006-12), les montants d'amortissements et de dépréciations pour chaque exercice sont les suivants :

Année	Base amortissable	Dotation aux amortissements (b)	Dotation exceptionnelle aux amortissements	Amortissements cumulés au 31/12/N	VNC avant nouvelle dépréciation et écriture de transfert (c) = a (N-1) - b	Amortissements dérogatoires	Valeur nette fiscale avant dépréciation	Valeur actuelle	Dotation aux dépréciations	Reprises exceptionnelles de dépréciations	Dépréciation	VNC au 31/12/N (après dépréciation) (a)
N	2 000	(200)		(200)	1 800	(50)	1 750					1 800
N+1	2 000	(200)		(400)	1 600	(50)	1 500					1 600
N+2	2 000	(200)		(600)	1 400	(50)	1 250					1 400
N+3	2 000	(200)		(800)	1 200	(50)	1 000					1 200
N+4	2 000	(200)		(1 000)	1 000	(50)	750	400	(600)		(600) (3)	400 (1)
N+5	400 (1)	(80) (1)	(120) (2)	(1 200)	320	(50)	500	320		120 (2)	(480) (3)	320 (1)
N+6	400 (1)	(80) (1)	(120) (2)	(1 400)	240	(50)	250	240		120 (2)	(360) (3)	240 (1)
N+7	400 (1)	(80) (1)	(120) (2)	(1 600)	160	(50)	0	160		120 (2)	(240) (3)	160 (1)
N+8	400 (1)	(80) (1)	(120) (2)	(1 800)	80	200	0	80		120 (2)	(120) (3)	80 (1)
N+9	400 (1)	(80) (1)	(120) (2)	(2 000) (4)	0	200	0	0		120 (2)	0 (3)	0 (1)

(1) L'avis CNC n° 2006-12 ne modifie pas la nouvelle règle comptable consistant à :
– considérer la dépréciation comme une perte de valeur venant minorer la base amortissable ;
– corriger de manière prospective la base amortissable du montant des dépréciations comptabilisées.
(2) En application de l'avis CNC précité, une quote-part de la dépréciation comptabilisée est transférée en compte d'amortissements (voir n° 27785). Sur le traitement fiscal de ce transfert, voir ci-après note (4).
(3) La dépréciation n'est déductible qu'à hauteur de la différence entre la valeur nette fiscale et la valeur vénale et, selon nos informations, la quote-part de dépréciation initialement réintégrée deviendrait progressivement déductible au fur et à mesure de l'amoindrissement du décalage entre la valeur nette comptable et la valeur nette fiscale de l'immobilisation (voir tableau ci-après).
(4) **Fiscalement**, au terme du plan d'amortissement, la déduction du coût de revient de l'immobilisation (2 000) est assurée par la déduction des dotations aux amortissements et sur la même durée (8 ans) (voir tableau ci-après).

Année	Dotations aux amortissements (exploitation + exceptionnelles)	Dotation aux dépréciations	Reprise exceptionnelle de dépréciations	Impact sur le résultat comptable (cumulé)	Réintégrations extra-comptables	Déductions extra-comptables	Impact sur le résultat fiscal (cumulé)
N	(250)			(250)			(250)
N+1	(250)			(500)			(500)
N+2	(250)			(750)			(750)
N+3	(250)			(1 000)			(1 000)
N+4	(250)	(600)		(1 850)	250 (1)		(1 600)
N+5	(250)		120	(1 980)	50 (1)		(1 680)
N+6	(250)		120	(2 110)	50 (1)		(1 760)
N+7	(250)		120	(2 240)		(110) (1)	(2 000)
N+8	0		120	(2 120)		(120) (1)	(2 000)
N+9	0		120	(2 000)		(120) (1)	(2 000)

(1) Voir (3) ci-avant (années N+7 à N+9, dernière colonne du tableau). La quote-part de la (provision pour) dépréciation non admise en déduction sur le plan fiscal doit être réintégrée extra-comptablement sur le tableau n° 2058-A (ligne WI ; voir n° 27741).
En revanche, selon nos informations, la quote-part de (provision pour) dépréciation devenant déductible devrait pouvoir être déduite extra-comptablement sur le tableau n° 2058-A (ligne WU).

Suivi des dépréciations Toute modification ultérieure (dotation ou reprise) du montant de la dépréciation (sauf cas des reprises automatiques de dépréciation pour des raisons fiscales, voir n° 27785 ; Avis CNC 2006-12 § 1.1) entraîne une modification de la base amortissable et donc des amortissements à comptabiliser (PCG art. 214-14 et 214-18 et Avis CNC 2002-07 § 2.2.2).

27825

Toutefois, **en cas de reprise de dépréciation** (voir n° 27715), il convient de s'assurer qu'après la constatation de cette reprise, la valeur nette comptable reste **inférieure ou égale** à celle qui aurait été comptabilisée si aucune dépréciation n'avait été constatée (Note de présentation du règl. ANC 2015-06, § 1.1).

Ce qui nécessite en permanence de pouvoir faire le double calcul d'amortissement : avec et sans dépréciation [voir ci-après notre exemple renvoi (4)].

Les conséquences de l'ajustement du montant des dépréciations constatées sont illustrées par l'exemple suivant.

> **EXEMPLE**
>
> Un matériel industriel acquis 100 000 au début de l'exercice 1 est amorti selon le mode linéaire en 10 ans (par hypothèse, la durée réelle d'utilisation, comptable, est égale à la durée d'usage, fiscale).
>
> À la fin de l'exercice 3, la direction décide de supprimer une activité constituant un débouché pour les éléments produits par ce matériel. La valeur d'usage (pour l'entreprise) de ce matériel est désormais de 20 000, puis de 15 000 en fin d'exercice 4.
>
> À noter que :
> — l'actif continuant d'être utilisé, cette suppression n'entraîne pas la constitution d'un amortissement exceptionnel (voir n° 27760) ;
> — la valeur d'usage étant, par hypothèse, supérieure à la valeur vénale, la dépréciation devrait être totalement déductible (voir n° 27741 2. a.).
>
> En fin d'exercice 5, la progression du portefeuille de clients permet, à partir du début de l'exercice 6, d'augmenter le volume de production du matériel industriel concerné, et d'ajuster en conséquence sa valeur d'usage. Elle est alors estimée à 60 000. Puis cette valeur diminue régulièrement jusqu'à la fin de l'utilisation du bien.
>
> Le montant des amortissements et dépréciations pour chaque exercice s'élève à :

Année	Base amortissable	Dotation aux amortissements (b)	Dotation exceptionnelle aux amortissements	Amortissements cumulés au 31/12/N	VNC (avant nouvelle dépréciation et écriture de transfert) (c) = a (N–1) – b	Valeur actuelle	Dotation/Reprise de dépréciations	Reprises exceptionnelles de dépréciations	Dépréciation	VNC au 31/12/N (après dépréciation) (a)
1	100 000	(10 000)		(10 000)	90 000					90 000
2	100 000	(10 000)		(20 000)	80 000					80 000
3	100 000	(10 000)		(30 000)	70 000	20 000	(50 000)		(50 000)	20 000
4	20 000	(2 857)	(7 143) (1)	(40 000)	17 143	15 000	(2 143)	7 143 (1)	(45 000)	15 000
5	15 000	(2 500)	(7 500) (1)	(50 000)	12 500	60 000	37 500 (2)	7 500 (1)	0	50 000 (2)
6	50 000 (3)	(10 000)		(60 000)	40 000	40 000			0	40 000
7	50 000 (4)	(10 000)		(70 000)	30 000	30 000			0	30 000
8	50 000	(10 000)		(80 000)	20 000	20 000			0	20 000
9	50 000	(10 000)		(90 000)	10 000	10 000			0	10 000
10	50 000	(10 000)		(100 000) (4)	0	0			0	0

(1) Sur les écritures de transfert entre amortissement et dépréciation, voir n° 27785.
(2) La valeur actuelle étant augmentée à 60 000, la dépréciation devrait être reprise à concurrence de la différence entre la VNC (12 500) et la valeur actuelle (60 000), soit 47 500. Toutefois, la VNC ne pouvant excéder celle qui aurait été calculée en l'absence de dépréciation, en fin d'exercice 5 (50 000), la reprise de dépréciation est limitée à 37 500.

> **Précisions** **Schéma de comptabilisation de la reprise de dépréciation** La reprise de dépréciation (37 500) est à comptabiliser au débit du compte 291 « Dépréciation des immobilisations corporelles », par le crédit du compte 781 ou 787 « Reprise de dépréciation » (voir n° 29180).

Cette reprise de dépréciation, due à l'augmentation de la valeur actuelle, ne doit pas être confondue avec la reprise « automatique » de dépréciation, comptabilisée pour des raisons purement fiscales sans impact sur le résultat (sur cette écriture de transfert, voir n° 27785).

(3) La modification du montant de la dépréciation entraîne celle du montant de la base amortissable. Comme dans le cas précédent, ce montant est alors égal à la valeur nette comptable après comptabilisation de la variation de la dépréciation.

(4) En l'absence d'une nouvelle dépréciation, la base amortissable n'est pas modifiée.

> **Précisions** **Reprise de dépréciation** Une dépréciation ne peut être reprise ou ajustée que si l'indice montrant que l'actif avait pu perdre de la valeur a disparu ou diminué (Avis CNC précité, § 2.2.2 ; voir n° 27715). En conséquence, le seul fait que la valeur nette comptable diminue au rythme de l'amortissement pour finalement retrouver le niveau de la valeur actuelle ayant été à l'origine de la constatation de la dépréciation, ne justifie pas la reprise de cette dépréciation, dès lors que la valeur actuelle n'a pas augmenté depuis.

C. Provisions liées aux immobilisations

27875 **Principe** Certaines obligations liées aux immobilisations peuvent nécessiter la constitution de provisions destinées à couvrir de futures charges (gros entretien, démantèlement…) liées à ces immobilisations, même lorsque celles-ci ne figurent pas au bilan (pour cette situation, voir n° 28735).

En principe, selon le PCG (PCG art. 322-2 s.), lorsqu'une obligation existe à la clôture, et que l'extinction de cette obligation nécessite une sortie de ressource sans contrepartie pour l'entreprise, une provision doit être constatée (voir n° 48240 s.).

En pratique, dans le cas particulier des charges liées à une immobilisation :

a. soit ces futurs coûts ont pour objet de remplacer une composante du coût d'acquisition initial Dans ce cas, même s'il existe une obligation d'effectuer la dépense, la sortie de ressource n'est pas sans contrepartie pour l'entreprise qui peut continuer à utiliser le bien dans des conditions normales. L'obligation ne doit donc **pas donner lieu à** la constatation d'une **provision** au passif.

Tel est le cas :
– des dépenses de **remplacement** (voir n° 25730) ;
– des dépenses de **gros entretien et de grandes visites** si l'approche par composants a été retenue (voir n° 25750).

Sur le **cas particulier des dépenses de gros entretien et grandes visites,** qui peuvent donner lieu à la constitution d'une provision, bien que ne répondant pas aux critères de comptabilisation d'un passif (provision pour des raisons fiscales), voir n° 27900.

b. soit il s'agit de coûts supplémentaires par rapport au coût d'acquisition initial Dans ce cas :

1. soit ils répondent, lors de leur engagement, aux critères de comptabilisation d'un actif La sortie de ressource n'étant pas sans contrepartie pour l'entreprise (comptabilisation d'un actif), l'obligation ne doit **pas donner lieu à** la constatation d'une **provision** au passif.

Tel est le cas :
– des dépenses d'**amélioration** (voir n° 25905) ;
– des dépenses de mise en conformité (voir n° 25925 s.).

2. soit ils ne répondent pas, lors de leur engagement, aux critères de comptabilisation d'un actif mais trouvent en contrepartie la possibilité d'utiliser le matériel au-delà de la date butoir de mise en application d'une nouvelle norme L'obligation ne doit **pas donner lieu à** la constatation d'une **provision** au passif.

Tel est le cas, notamment, de certaines dépenses de mise en conformité avec de nouvelles normes (voir n° 28030).

3. soit ils n'ont pas, lors de leur engagement, de contrepartie future pour l'entreprise mais soldent une situation passée Dans ce cas, l'obligation doit donner lieu à une **provision** au passif.

Sont visés :
– les coûts de remise en état d'une **dégradation immédiate** (démantèlement, voir n° 27945 ; élimination des DEEE par les utilisateurs, voir n° 27985 II.) ;

– les dépenses liées à la remise en état d'une **dégradation progressive** (dépollution... voir n° 27965 ; élimination des DEEE par les producteurs, voir n° 27985 I.) ;
– les dépenses liées au **désamiantage** (voir n° 28005).

PROVISIONS POUR GROS ENTRETIEN ET GRANDES VISITES

Sur les provisions pour renouvellement spécifiques aux concessions, voir n° 72245 s. **27880**

Selon le PCG (art. 214-10), les dépenses de gros entretien et de grandes visites (dépenses de 2ᵉ catégorie) peuvent être constatées, au choix de l'entreprise : **27900**
– soit sous forme de **provisions** pour gros entretien et grandes visites ;
– soit sous forme de **composants** (même si elles n'ont pas été identifiées dès l'origine, mais ultérieurement lors de la dépense).
Pour plus de détails sur cette option (réversibilité, homogénéité, comparaison des deux méthodes), voir n° 25750.

> **Fiscalement** L'inscription à l'actif des dépenses de gros entretien et grandes visites sous forme de composants n'est pas reconnue (CGI ann. II art. 15 bis ; BOI-BIC-CHG-20-20-20 n° 280). En effet, selon l'administration, ces dépenses ne constituent pas des immobilisations mais des charges. Pour plus de détails et sur les retraitements extra-comptables à effectuer, voir n° 25750. Pour les entreprises ayant opté pour la comptabilisation de ces dépenses sous la forme de provisions pour gros entretien, celles-ci sont déductibles dans les mêmes conditions que les anciennes provisions pour grosses réparations, c'est-à-dire dès lors qu'elles respectent les conditions de déductibilité fixées à l'article 39-1-5° du CGI et précisées par BOI-BIC-PROV-30-20-40 n° 130 à 200 ; BOI-BIC-CHG-20-20-20 n° 280 (voir ci-après III.).

En pratique, les entreprises auront le plus souvent intérêt, pour des raisons fiscales, à comptabiliser les dépenses de gros entretien et de grandes visites, dans les comptes individuels, sous forme de provision pour charges.
Sur la divergence existant avec les normes IFRS, voir Mémento IFRS n° 69025.

I. Nature des dépenses pouvant faire l'objet d'une provision pour gros entretien et grandes visites
Les dépenses concernées par ces provisions de gros entretien et de grandes visites (dépenses dites « de 2ᵉ catégorie ») sont les dépenses d'entretien (PCG art. 214-10 et Avis CNC 2000-01 § 5.10) :

a. s'inscrivant dans un programme pluriannuel en application de **lois, règlements ou de pratiques constantes** de l'entité ; par « programme pluriannuel », il convient d'entendre, à notre avis, la planification de travaux ponctuels, à l'issue d'une période définie sur plusieurs années :
– en principe, dès l'acquisition du bien ;
– à notre avis, en cours d'utilisation du bien, le cas échéant (notamment en cas de modification des conditions d'utilisation du bien, des pratiques de l'entreprise ou de la réglementation).

> **Fiscalement** Il en est en principe de même (CE 1-7-1985 n° 49711). L'administration comme la jurisprudence admettent que l'absence de programmation et de calendrier de travaux ne constitue pas un obstacle à la constitution de provisions, dès lors que ceux-ci sont effectués dans un délai raisonnable et que l'état de l'immobilisation à la clôture de l'exercice rendait nécessaire leur réalisation (CE 27-7-2005 n° 259009 et 259678). La circonstance que la provision ait été constituée postérieurement à l'entrée de bien à l'actif de la société n'est donc pas un obstacle à sa déduction dans cette situation (Rép. Grau : AN 22-12-2020 n° 28370).

b. et qui ont pour seul but de vérifier le bon état de fonctionnement des installations (par exemple, révisions d'avions pour motif de sécurité) et d'y apporter un entretien (par exemple, carénage de la coque des navires) **sans prolonger leur durée de vie** au-delà de celle prévue initialement.

En revanche, n'entrent pas dans la catégorie des dépenses de gros entretien et de grandes réparations (et ne peuvent donc faire l'objet de telles provisions), les dépenses pluriannuelles suivantes :
– les dépenses ayant pour objet de modifier des installations ou de prolonger leur durée de vie (qui ont le caractère d'immobilisations, voir n° 25895) ;
– les remplacements de composants (qui ont le caractère d'immobilisations).
Sur l'identification des composants, voir n° 25730 (identification initiale) et 25760 (identification ultérieure).

27900 (suite) II. Exemples de provisions pour gros entretien et grandes visites

> **EXEMPLES**
> – Ravalement d'un immeuble (pour plus de détails sur les provisions concernant les immeubles, voir ci-après V. Cas particulier des SA d'HLM).
> – Révisions d'avions pour motif de sécurité.
> – Carénage de la coque des navires (BOI-BIC-PROV-30-20-40 n° 130).
> – Révision triennale des wagons imposée par la SNCF (CE 8-7-1987 n° 49158 ; BOI-BIC-PROV-30-20-40 n° 180).
> – Remise en état des fours (industries du verre).
> – Arrêt périodique et révision générale dans certaines industries lourdes, telles que la chimie, la sidérurgie, le pétrole.
> – Remise en état des semi-remorques frigorifiques (Arrêté du 20-7-1998 fixant les conditions techniques et hygiéniques applicables au transport des aliments art. 48 et 49).
> – Contrôle des citernes hydrocarbures (Arrêté du 1-6-2001 relatif au transport des marchandises dangereuses art. 49).

III. Comptabilisation Si l'entreprise choisit de comptabiliser ses dépenses de gros entretien et de grandes visites sous forme de provisions (et non sous forme de composants), la provision doit être constatée dans le compte 1572 « Provision pour gros entretien ou grandes révisions » à la clôture de l'exercice.

En effet, les conditions de constitution d'un passif sont remplies :

a. Existence d'une obligation à la clôture de l'exercice Une entreprise peut, du fait de la loi, de règlements ou de pratiques constantes de l'entreprise en la matière (obligation implicite), devoir effectuer des dépenses de gros entretien ou de grandes visites (pour des exemples, voir ci-avant II.).

b. Sortie de ressources Dès lors que l'entreprise choisit de ne pas retenir l'approche par composants, l'obligation d'entretien n'est pas « couverte » par l'amortissement de la quote-part du prix d'acquisition correspondant au composant non identifié, celui-ci est effectué au rythme de la structure et donc plus lentement que la dégradation. Une provision est donc nécessaire.

c. Évaluation de la provision La probabilité de sortie de ressources est directement liée à l'usage passé de l'installation. En conséquence, si l'entreprise choisit de comptabiliser ses dépenses de gros entretien et de grandes visites sous forme de provisions pour gros entretien et grandes visites (et non sous forme de composants) la provision doit être constituée **à hauteur de la quote-part des dépenses futures d'entretien rapportée linéairement à l'usage passé** (Avis CNC 2000-01 § 5.10).

La constitution linéaire de la provision, préconisée par l'avis du CNC, n'avait pour seul objectif que de refléter l'usage passé qui, en général, se mesure au temps qui passe. Si l'usage passé se mesure en fonction d'unités d'œuvre (sur cette notion, voir n° 27255), la provision devrait, à notre avis, être constituée au rythme de consommation de ces unités d'œuvre. Par exemple, dans le cas des grandes révisions pour un avion programmées en fonction d'un nombre d'heures de vol, la provision devrait être calculée en fonction des heures de vol déjà effectuées.

> **Fiscalement** En revanche, la cour administrative d'appel de Marseille a jugé que l'étalement de la provision pour grosses réparations est nécessairement linéaire et a ainsi refusé la déduction d'une provision calculée en fonction des heures de vol d'hélicoptères de location (CAA Marseille 24-4-2012 n° 09MA00808, décision définitive).

> **Précisions** Si l'entreprise opte pour la comptabilisation de provisions (et non pour l'approche par composants) :
> **1. Bien acquis usagé** Si le bien acquis n'est pas neuf et que son prix reflète déjà l'obligation de l'entreprise d'encourir à l'avenir des dépenses qui seront nécessaires pour mettre l'actif en condition de fonctionnement (prix réduit pour tenir compte des futures dépenses), la provision devrait, à notre avis, être **constituée en totalité** lors de l'acquisition ; cette provision aurait, à notre avis, pour contrepartie une **augmentation du coût d'entrée** de ce bien et non pas une charge. Cette position est identique à celle prise :
> – en matière de coûts de démantèlement et de remise en état (voir n° 26035) ;
> – en cas d'obligation de réaliser des **travaux préalablement à l'entrée dans une concession** (voir n° 72500).
> **2. Parc d'immobilisation** Les entreprises gérant un parc d'immobilisations doivent provisionner ces dépenses même si, globalement, elles ont un caractère constant et donc courant. En effet, c'est l'obligation de l'entreprise liée à l'usage passé de **chaque bien** qui est à l'origine de la constitution de la provision (Bull. CNCC n° 125, mars 2002, EC 2001-81-8, p. 108 s.).

Traitement fiscal des provisions pour gros entretiens et de grandes visites 27905

▶ Fiscalement Pour être fiscalement déductibles, les provisions pour gros entretien et grande visite doivent :

a. ne pas se traduire par une augmentation des valeurs d'actif (CE 27-10-1965 n° 61815 ; CE 21-1-1972 n° 80309) ;

b. excéder par leur nature et leur importance les travaux courants d'entretien et de réparation et représenter une charge excessive pour un seul exercice (CE 24-7-1981 n° 17974 ; CE 8-7-1987 n° 49158 ; BOI-BIC-PROV-30-20-40 n° 130) ;

c. être probables ;

Sont considérés comme probables les travaux résultant d'une obligation légale, réglementaire ou contractuelle. Tel est le cas des dépenses engagées dans le cadre de la révision triennale de wagons imposée par la SNCF (CE 8-7-1987 n° 49158), des dépenses de révision du matériel naval (BOI-BIC-PROV-30-20-40 n° 130) et des dépenses de révision des avions (CAA Marseille 24-4-2012 n° 09MA00808).

Lorsque les travaux résultent d'une décision de l'entreprise, la probabilité de la dépense doit, en principe, être justifiée par une décision d'un organe exécutif (CE 6-7-1990 n° 73078). Le Conseil d'État admet toutefois qu'en l'absence de décision des organes de direction, la probabilité des travaux puisse résulter de nécessités liées aux circonstances constatées à la date de clôture, comme l'état de dégradation d'une propriété (CE 27-7-2005 n° 259009).

d. être définies avec précision à la clôture de l'exercice, ce qui suppose une **estimation précise** de leur coût (BOI-BIC-PROV-30-20-40 n° 140 et CE 1-7-1985 n° 49711). Ainsi, une société détermine avec une précision suffisante les provisions pour faire face au remplacement périodique de certaines pièces de machines en établissant pour chacune d'elles une fiche de calcul individuelle mentionnant notamment ses conditions d'utilisation, le délai au terme duquel elle doit être changée compte tenu des usages habituellement pratiqués, l'estimation de son coût ainsi que le rapport entre la valeur totale du bien et le coût de la pièce (TA Dijon 31-12-2002 n° 01-3421). En revanche, il a été jugé que la provision constituée pour faire face à des travaux de gros entretien ayant fait l'objet de multiples devis modifiés n'est pas déductible, son montant ne pouvant être évalué avec précision (CAA Nancy 4-4-2002 n° 97-1540).

Sur les provisions pour désamiantage, voir n° 28005.

Exemples de situations à l'appui d'une provision pour gros entretiens et grandes visites 27910

EXEMPLE 1

Vérification du bon état de fonctionnement des installations Une compagnie aérienne est tenue, de par la loi, de procéder à la révision de ses avions une fois tous les trois ans. Elle acquiert début février 2004 un nouvel appareil.

Les dépenses sont effectuées dans le cadre d'un programme pluriannuel de réparation et ont pour seul but de vérifier le bon état de fonctionnement des installations et d'y apporter un entretien sans prolonger leur durée de vie.

Une provision doit être constituée si l'approche par composants n'a pas été retenue par l'entreprise (PCG art. 214-10). En effet, il existe une obligation légale de réviser les avions tous les trois ans.

▶ Fiscalement S'agissant d'une obligation légale, cette provision pour grosses réparations est fiscalement déductible.

EXEMPLE 2

Caractère courant des travaux de gros entretien Une société immobilière détient des immeubles de placement. Elle réalise à intervalles réguliers des travaux importants sur ses immeubles, tels que les ravalements, les contrôles des réseaux d'eaux, etc.

Globalement, le flux annuel de ces travaux, tous immeubles confondus, est constant d'une année à l'autre.

Une provision doit être constituée si l'approche par composants n'a pas été retenue par l'entreprise (PCG art. 214-10). En effet, la pratique de l'entreprise étant de réaliser des travaux importants de vérification du bon état de fonctionnement des immeubles qu'elle détient et d'y apporter un entretien sans prolonger leur durée de vie, selon des programmes pluriannuels, elle a par conséquent une obligation implicite d'effectuer des travaux dès l'acquisition de l'immeuble.

▶ Fiscalement S'agissant de travaux que l'entreprise n'est juridiquement pas tenue de réaliser, cette provision est, à notre avis, fiscalement déductible dès lors que la probabilité des travaux résulte de faits précis et concordants (condition en pratique remplie sur le plan comptable), sans qu'une décision des organes de direction soit nécessaire (voir Fiscalement b. ci-avant III.).

27915 **Cas particulier : organismes de logement social** (SA, fondations et coopératives d'HLM, offices publics de l'habitat soumis aux règles de la comptabilité de commerce et sociétés d'économie mixte immobilières de logement) Le CNC a précisé les points suivants (Avis CNC 2004-11 du 23-6-2004 § 5) :
– lorsque les organismes de logement social optent pour la méthode de comptabilisation des dépenses d'entretien faisant l'objet de programmes pluriannuels de gros entretien sous forme de provisions pour gros entretien, celles-ci ne peuvent plus être constituées de manière forfaitaire mais doivent être déterminées sur la base des coûts des programmes pluriannuels ;
En effet, selon le bulletin CNCC (n° 125, mars 2002, EC 2001-34, p. 117 s.), le simple respect des règles mécaniques de dotation et de reprise de provision à hauteur du pourcentage prévues par le Code de la construction n'est pas un critère suffisant pour constituer des provisions pour grosses réparations. Celles-ci doivent être étayées par une estimation des besoins d'intervention sur le patrimoine.

> **Précisions** Sur ce point, la Fédération Nationale des SA d'HLM a engagé ses adhérents à généraliser l'élaboration des « plans de patrimoines » consistant en une estimation programmée et chiffrée des interventions à réaliser, fondée sur un diagnostic technique de l'état du patrimoine.

– les dépenses qui ne font pas l'objet de programmes pluriannuels de gros entretien en application de lois, règlements, ou pratiques de l'organisme, sont comptabilisées en charges au fur et à mesure de leur réalisation. Tel est le cas généralement des contrats d'entretien ;
En effet, selon le bulletin CNCC précité, les dépenses anticipées par voie de provision doivent se limiter aux dépenses de gros entretien (travaux programmables destinés au maintien ou à la remise à neuf d'éléments non essentiels d'un immeuble, détériorés par l'usure). Elles ne peuvent inclure des grosses réparations ayant pour objet de remplacer une partie substantielle des immobilisations (toitures, ascenseurs, chaufferies, etc.) et qui in fine doivent être immobilisées.
– la Note de présentation de l'avis CNC précité (ann. B) fournit, à titre indicatif, une liste des travaux de gros entretien pouvant donner lieu à une provision : entretien des couvertures et traitement des charpentes, descentes d'eaux usées et pluviales, peinture, traitement et nettoyage des façades (hors ravalement avec amélioration), réparation des menuiseries, peinture des parties communes et menuiseries, entretien des aménagements extérieurs, curage des égouts, élagage.
La CNCC précise que, dès lors qu'aucune provision pour gros entretien n'a par ailleurs été constituée, il est nécessaire d'identifier un composant « gros entretien », quand bien même le plan comptable spécifique à ces organismes ne prévoit pas de numéro de compte pour ce type de composant. Elle recommande l'utilisation du sous-compte de composant pour les bâtiments 2131118 « autres » (Bull. CNCC n° 158, juin 2010, EC 2010-18, p. 448 s.).

PROVISION POUR COÛTS DE DÉMANTÈLEMENT, DE REMISE EN ÉTAT D'UN SITE ET DE DÉPOLLUTION (DOMMAGES AVÉRÉS)

27920 Sur le cas particulier des provisions pour remise en état :
– du matériel à l'autorité concédante par les concessionnaires, voir n° 72245 s. ;
– des biens appartenant à autrui, voir n° 28735.
Sur les dépenses engagées au titre de la prévention et de la réduction des dommages environnementaux, voir n° 28010.

27925 **Conditions de constitution de la provision** En cas de coûts futurs de démantèlement et de remise en état de site, une provision doit être constituée dès lors que les conditions suivantes sont remplies (Avis CNC 2000-01 § 5.9 et CU CNC 2005-H, § 2.1 et 2.2) :

I. Existence d'une obligation à la clôture

a. Existence d'un engagement envers un tiers L'obligation peut être :
1. légale ou réglementaire Elle peut résulter d'une loi ou d'un règlement, national ou communautaire, relatif à la protection de l'environnement, et qui oblige l'entreprise ayant causé, à la clôture, une dégradation à réparer sous peine de sanctions.

> **Fiscalement** Il en est de même (CGI art. 39 ter C et BOI-BIC-PROV-60-100-10 n° 100 à 120).

En conséquence, il appartient à l'entreprise :
– d'analyser le **cadre juridique** dans lequel elle exerce son activité et d'identifier si des obligations lui incombent en matière de démantèlement ou de remise en état de site ;
– de prendre également en compte les obligations de même nature nées de **décisions administratives** spécifiques à l'entreprise concernée.

> **Précisions** **1. Obligations issues du principe pollueur-payeur** (même en l'absence de mise en jeu de la responsabilité de la société) En application du principe pollueur-payeur, les entreprises ayant une activité risquée ont **l'obligation légale de réparer** tout dommage environnemental, même en l'absence de faute de leur part, c'est-à-dire même si aucune décision administrative ou aucune remise en cause par un tiers ne les oblige à remettre en état (C. envir. art. L 160-1 à L 165-2).
2. Obligations de réparation du préjudice écologique (mise en jeu de la responsabilité civile de la société) Une société peut être **condamnée à réparer** un préjudice écologique suite à une **action devant les tribunaux** exercée par un tiers (État, collectivités territoriales, associations...) pour mettre en jeu la responsabilité de la société (C. civ. art. 1246 s.).
3. Obligations des sociétés mères a. Elles sont exclues du dispositif pollueur-payeur (sur ce dispositif, voir ci-avant 1.). En conséquence, la défaillance d'une filiale ne doit pas entraîner la constatation d'une provision au titre de la réparation du dommage dans les comptes de la société mère, cette dernière n'ayant aucune obligation légale de réparer le dommage environnemental causé par sa filiale (en ce sens également, Cass. com. 26-3-2008 n° 420 F-D). Toutefois, si la société mère s'est engagée de manière contractuelle ou implicite à réparer le dommage, elle doit comptabiliser une provision à ce titre.
b. Sociétés mères de filiales exploitant des sites classés pour la protection de l'environnement (au sens de C. envir. art. L 512-1, L 512-7 et L 512-8) Lorsqu'une filiale détenue à plus de 50 % est en **procédure de liquidation judiciaire** et s'il est établi l'existence d'une **faute caractérisée commise par la société mère ayant contribué à une insuffisance d'actif de la filiale,** cette société mère peut être condamnée à financer tout ou partie de la réhabilitation du ou des sites en fin d'activité. De même, si la société mère n'est pas en mesure de financer la réhabilitation incombant à sa filiale, sa propre société mère ou grand-mère peut être condamnée à son tour, aux mêmes conditions, au financement de la réhabilitation du ou des sites en fin d'activité (C. envir. art. L 512-16-1). En conséquence, la défaillance d'une filiale peut entraîner la constatation d'une **provision** au titre de la réparation du dommage dans les comptes de la société mère dès lors que cette dernière est responsable de la défaillance de sa filiale. Une disposition similaire existe pour les sociétés mères de filiales exploitant ou explorant une mine : dans les mêmes conditions que décrites précédemment, la société mère peut être condamnée à financer les mesures d'arrêt des travaux des sites en fin d'activité ou les mesures nécessaires à la réparation des dommages causés par l'activité minière (C. minier art. 171-3 créé par loi 2021-1104 du 22-8-2021). En dehors de tels cas prévus par la loi, une société mère n'a pas à constater de provision au titre des dommages causés à l'environnement par sa filiale (sauf si elle s'est engagée de manière contractuelle ou implicite à réparer le dommage, voir Précision 2).

EXEMPLE

Obligations d'ordre légal ou réglementaire :
– obligation de réhabilitation mise à la charge des entreprises « Seveso » exploitant au moins une installation soumise à autorisation du préfet ou à déclaration (C. envir. art. L 512-16-1) ;
– obligation de démantèlement des centrales nucléaires (C. envir. art. L 593-25 s.) ;
– obligation de démantèlement incombant aux propriétaires d'éoliennes (C. envir. art. L 515-46).

Sur l'obligation d'élimination des déchets issus des équipements électriques et électroniques, voir n° 27985.

2. implicite L'obligation peut résulter des pratiques passées de l'entité, de sa politique affichée ou d'engagements publics suffisamment explicites qui ont créé une attente légitime des tiers concernés sur le fait qu'elle assumera certaines responsabilités (PCG art. 321-1/2). À notre avis, cet engagement doit être suffisamment précis et détaillé pour qu'il puisse s'appliquer à un site ou une installation en particulier.

La recommandation CNC n° 2003-R-02 du 21 octobre 2003 précise qu'en dehors de tout engagement explicite (public) de la part de l'entreprise, les pratiques passées ou présentes du secteur ne peuvent à elles seules créer une obligation implicite pour l'entreprise que dans la mesure où sa direction n'a pas la possibilité de s'abstenir d'agir. De même, une simple décision du Conseil d'Administration, assortie d'aucune publicité ou communication externe, ne suffit pas à créer une obligation implicite.

> **Fiscalement** Il en est de même (CGI art. 39 ter C et BOI-BIC-PROV-60-100-10 n° 30 et 140 à 160).

EXEMPLE

Obligation implicite liée à une politique affichée de dépollution systématique (entreprises certifiées ISO 14001 ou engagées dans une démarche de certification en matière environnementale) : annonce publique de la dépollution faite à des tiers, collectivités locales, institutions de protection de l'environnement, etc.

Lorsqu'une pratique devient courante, la comptabilisation d'une nouvelle provision suit le traitement des changements d'estimation (impact prospectif, voir n° 8525).

27925
(suite)

3. contractuelle L'obligation peut également naître d'un contrat.
Tel est le cas, par exemple, d'une obligation mise à la charge de l'entreprise au titre des immobilisations corporelles construites sur le sol d'autrui, dans le cadre de contrats de location (voir n° 28735) ou dans le cadre d'un contrat de concession (voir n° 72245 s.).

> **Fiscalement** Il en est de même (CGI art. 39 ter C et BOI-BIC-PROV-60-100-10 n° 30, 130 et 190).

b. Existence d'une obligation probable à la date de clôture L'obligation de remise en état peut être **conditionnée à la survenance d'un événement futur.** Cette obligation conditionnelle doit donner lieu, à notre avis, à constatation d'une provision **dès lors qu'à la clôture, la réalisation de la condition est probable** et sous réserve que les autres critères de comptabilisation soient remplis (voir ci-après).

Il convient alors, à notre avis, de prendre en compte toutes les **informations disponibles à la date de clôture** pour apprécier la probabilité de réalisation de cette condition.

En revanche, l'obligation n'est **ni certaine ni probable à la clôture,** il s'agit d'une obligation **potentielle.** Il en résulte non pas une provision, mais un **passif éventuel** (PCG art. 321-6) à mentionner dans l'annexe (PCG art. 322-5), voir n° 52520.

> **EXEMPLE**
> **Obligations potentielles :**
> — la remise en état obligatoire d'un site peut être conditionnée à l'arrêt de l'activité ou à la cession du site. Dans ce cas, les coûts de remise en état ne sont pas provisionnés tant que l'arrêt ou la cession ne sont pas probables ;
> — la remise en état d'un site loué peut n'être obligatoire que lorsque le bail prendra fin. Dans ce cas, tant qu'il n'est pas probable à la clôture que le bail prendra fin, aucune provision ne doit être comptabilisée (voir n° 28735).

II. Sortie de ressources probable à la date d'arrêté des comptes et sans contrepartie
Dès la réalisation de la dégradation, la sortie de ressources est inéluctable et sans contrepartie pour l'entreprise.

> **Fiscalement** Il en est de même (BOI-BIC-PROV-60-100-10 n° 170 et 180).

III. Possibilité d'estimation avec une fiabilité suffisante
La provision est constituée pour le montant des travaux correspondant à la **dégradation effective** du site ou du bien **à la date de clôture** de l'exercice, que la dégradation soit immédiate ou progressive. Ce montant doit correspondre à la meilleure estimation, à la date de clôture de l'exercice, de la sortie de ressources nécessaires à l'extinction de l'obligation.

> **Fiscalement** Il en est de même (BOI-BIC-PROV-60-100 n° 40 et 50).

Dans les cas exceptionnels où le montant de l'obligation **ne peut être estimé de manière fiable,** aucune provision n'est comptabilisée. Toutefois, l'obligation donnera lieu à une information obligatoire en annexe, au titre des **passifs éventuels** (PCG art. 321-6 ; Avis CU CNC 2005-H § 2.2 ; voir n° 52520). Ce cas ne devrait concerner, à notre avis, que les obligations conditionnelles (voir ci-avant).

> **Fiscalement** Il en est de même (BOI-BIC-PROV-60-100 n° 60).

Pour plus de détails sur les conditions de comptabilisation d'un passif, voir n° 48240 s.

IV. Contrepartie de la provision
La **contrepartie** de cette provision dépend de la dégradation subie :
— **en cas de dégradation immédiate** constatée dès la réalisation de l'installation, la contrepartie de la provision est un **actif** (voir n° 27945) ;

> **EXEMPLE**
> Démantèlement d'une plate-forme pétrolière ou d'une centrale nucléaire.

— **en cas de dégradation progressive,** c'est-à-dire constatée au fur et à mesure de l'exploitation, la contrepartie de la provision est une charge (voir n° 27965).

> **EXEMPLES**
> — Remise en état des carrières, gravières après exploitation (BTP ; sucreries).
> — Élimination des déchets produits par l'entreprise au fur et à mesure de son activité.

En cas de dégradation immédiate (sur la définition d'une dégradation immédiate, voir n° 26035).

27945

La provision (voir n° 27925) doit être constituée immédiatement pour le **montant total** du coût de la remise en état, **dès que les conditions de constitution sont réunies** (Avis CNC 2000-01 § 5.9 ; CU CNC 2005-H § 2.1 et 2.2) :
– soit **dès la réalisation de l'installation** ;
– soit en cours d'utilisation de l'installation, **en cas de changement de réglementation ou de politique de l'entreprise** (à condition que l'utilisation soit à des fins autres que la production de stocks).

> **Fiscalement** Il en est de même (BOI-BIC-PROV-60-100-10 n° 200 ; BOI-BIC-PROV-60-100-30 n° 60).

En cas de nouvelle réglementation postérieure à la date de mise en service de l'installation, l'obligation nouvelle doit être prise en compte dès qu'elle répond aux conditions de comptabilisation d'une provision (Avis CU CNC 2005-H § 2.2) de manière **prospective** (c'est-à-dire que la provision est évaluée à la date de naissance de la nouvelle obligation).

Il n'est donc **pas possible de répartir** dans le temps la constitution de telles provisions au passif.

> **Fiscalement** Il en est de même (BOI-BIC-PROV-60-100-10 n° 40 ; BOI-BIC-PROV-60-100-20 n° 30). Sur la non-déductibilité de la provision, voir ci-après I.

I. Contrepartie de la provision La contrepartie de cette provision est un « actif de démantèlement ». En effet, conformément aux règles de comptabilisation des actifs, les coûts de démantèlement doivent être inclus dans le **coût de l'actif** lié, concerné par l'obligation de démantèlement (la dégradation subie étant **nécessaire à l'exploitation ultérieure**, voir n° 26055).

Ainsi, l'étalement du coût de la dégradation immédiate s'effectue par le biais de l'amortissement de cet « actif de démantèlement » (voir n° 27665 s.).

Tel est le cas, notamment, des coûts :
– de démantèlement d'une plate-forme pétrolière ou d'une centrale nucléaire ;
– d'élimination des déchets issus des équipements électriques et électroniques (DEEE) par les utilisateurs (pour plus de détails sur cette provision, voir n° 27985 II.).

> **Fiscalement** **a.** La provision pour coûts de démantèlement et de remise en état n'est pas déductible (CGI art. 39 ter C ; BOI-BIC-PROV-60-100-20 n° 120 et 160 ; BOI-BIC-PROV-60-100-10 n° 20), dès lors qu'elle n'est pas dotée par le compte de résultat et ne génère pas de diminution d'actif net. Toutefois, aucun retraitement extra-comptable n'est à effectuer puisqu'aucune charge n'est comptabilisée. Sur la déduction de l'amortissement de l'actif de contrepartie, voir n° 27665 s.
> Selon l'administration, le caractère non déductible de cette provision n'exonère pas les entreprises de l'obligation de pouvoir justifier l'estimation au regard de l'article 39-1-5° du CGI (voir n° 48240 s.), le montant déductible de l'amortissement des coûts de démantèlement dépendant de cette estimation (BOI-BIC-PROV-60-100-20 n° 120). Toutefois, à l'occasion de la conférence « Panorama des redressements fiscaux » tenue le 27 juin 2023, organisée par Lefebvre-Dalloz et animée par PwC Société d'Avocats membre du réseau international PwC, un membre du Conseil d'État, s'exprimant à titre personnel, a indiqué que l'article 39 ter C institue une base autonome par rapport aux dispositions générales relatives aux provisions de l'article 39, 1-5° du CGI. Sur l'estimation de la provision, voir ci-après II.
> **b. Obligation déclarative** Les entreprises qui comptabilisent de telles provisions doivent joindre en annexe à leur déclaration de résultat la copie de la partie de l'annexe comptable mentionnant les informations relatives aux coûts de démantèlement et à leurs modalités de comptabilisation (voir n° 29665, l'état des amortissements ; voir n° 48700, l'état des provisions ; et ci-après V., les informations complémentaires requises par l'avis CU CNC précité) (BOI-BIC-PROV-60-100-20 n° 310 et 320).

II. Évaluation de la provision Le montant de la provision pour coûts de démantèlement et de remise en état est déterminé selon les modalités générales d'estimation des provisions (voir n° 48310). Toutefois, dans le cas particulier des provisions pour remise en état suite à une dégradation immédiate (Avis CU CNC 2005-H § 3) :

a. Évaluation initiale Selon l'avis CU CNC précité (§ 3.1) :
– la provision doit comprendre les **coûts directement attribuables** aux opérations de remise en état de site, qu'elles soient réalisées par l'entreprise elle-même ou par des prestataires externes, y compris les études préalables d'estimation de faisabilité et de préparation ;
En pratique, l'évaluation peut être fondée soit sur des **données internes** (si des opérations de démantèlement ou de remise en état d'installation ou de site ont déjà été engagées par

l'entreprise par le passé), soit sur la base de **devis** estimatifs réalisés par l'entreprise ou des prestataires tiers.

> **Fiscalement** Il en est de même (BOI-BIC-PROV-60-100-20 n° 100 et 110).

EXEMPLE

Exemples de coûts de remise en état directement liés aux opérations de démantèlement :
— démantèlement proprement dit des constructions, au terme de leur utilisation, pour rendre le site dans l'état fixé par la réglementation ;
— enlèvement ou transfert hors du site des installations et constructions ainsi démantelées ;
— opérations consistant à redonner au site son aspect initial ou un aspect naturel ;
— sécurisation du site.

— il convient de prendre en compte les **événements futurs** qui pourraient avoir un effet sur le montant des coûts nécessaires à l'extinction de l'obligation (par exemple, évolution prévisible de la technologie ou des coûts) lorsqu'il existe des indications objectives que ces événements se produiront ;

> **Fiscalement** Il en est de même (BOI-BIC-PROV-60-100 n° 40 et 50).

— lorsque le démantèlement d'une installation **nécessite des équipements lourds** qui devront également être démantelés, les coûts d'entrée et de démantèlement de ces équipements doivent être intégrés dans la provision pour démantèlement, dès lors que ces derniers ne peuvent être utilisés à d'autres fins que le démantèlement de l'installation et ont une valeur résiduelle non significative à l'issue des opérations de démantèlement ;
— lorsque plusieurs méthodes sont possibles, l'entreprise doit retenir l'estimation résultant du **scénario le plus probable** ;

> **Précisions** À ce propos, l'article 2 du décret 2007-243 du 23 février 2007 précise, dans le cadre de l'évaluation des charges de démantèlement spécifiques aux installations nucléaires, que l'évaluation des charges de démantèlement est effectuée au moyen d'une méthode reposant sur :
— une analyse des différentes options raisonnablement envisageables pour conduire l'opération ;
— sur cette base, le choix prudent d'une stratégie différente ;
— la prise en compte des incertitudes techniques résiduelles au sein de la stratégie de référence retenue ;
— la prise en compte des aléas de réalisation ;
— la prise en compte du retour d'expérience, notamment pour les opérations en cours de réalisation.

— lorsque des indices objectifs suffisants existent, que la promulgation d'une **nouvelle législation est quasiment certaine**, son effet est pris en compte dans l'évaluation de l'obligation existante.

> **Précisions 1. Prise en charge totale ou partielle par un tiers des coûts de remise en état** La provision est comptabilisée en totalité au passif (Avis précité, § 3.2). Sur la créance à comptabiliser au titre du remboursement attendu, voir n° 26055 V.
2. Garanties collectives données Dans certains cas, l'entreprise peut avoir l'obligation réglementaire de constituer des garanties financières pour couvrir son risque de défaillance financière (cas notamment des sites classés).
Dans le cadre d'une demande de garantie collective, l'entreprise peut, par exemple, être amenée :
— à constituer un dépôt de garantie (voir n° 42810) ;
— à mettre en place une caution bancaire devant figurer en engagement hors-bilan (voir n° 50690) ;
— à mettre des actifs sous séquestre (voir n° 11475).
Ces garanties ne changent pas la nature et la probabilité de mise en jeu des obligations sous-jacentes. Elles sont donc sans incidence sur le montant à provisionner au titre de ces obligations (en ce sens, Courrier ANC du 12-5-2016 portant sur les modalités de comptabilisation des garanties financières prévues à l'article L 516-1 du Code de l'environnement constituées sous forme d'une consignation auprès de la Caisse des Dépôts et Consignations).

b. Actualisation Contrairement aux autres provisions (voir n° 48290 V.), son **actualisation devrait être obligatoire** (Avis CU CNC 2005-H). En effet, l'échéance de décaissements de ressources étant en général à long terme, l'effet de l'actualisation est significatif.

La **désactualisation**, correspondant à la prise en compte de l'actualisation sur le passif de démantèlement au titre de la période écoulée, est comptabilisée en **charges financières**.

> **Fiscalement** Selon l'administration, les entreprises ont le choix de procéder ou non à cette actualisation (BOI-BIC-PROV-60-100-20 n° 100 et 110). Celles qui réalisent cette actualisation doivent en tirer toutes les conséquences fiscales que ce soit sur l'estimation de la provision (voir ci-avant) ou sur la valorisation de l'actif de contrepartie (voir n° 26415). La charge de désactualisation sera admise en déduction du bénéfice imposable (BOI-BIC-PROV-60-100-20 n° 120) sans être soumise à la limitation de déduction des charges financières nettes (BOI-IS-BASE-35-40-10-10 n° 300).

En pratique, lorsque l'entreprise choisit d'actualiser sa provision, **le taux d'actualisation** à retenir est un taux :
– avant impôts ;
– sans risque (type obligation de l'État) ;
– majoré des risques inhérents au passif (sauf s'ils ont été pris en compte pour estimer le montant des décaissements futurs) ;
– sur la durée séparant la date de mise en service de l'actif de son démantèlement.

27945 (suite)

> **Précisions** **1. Installations nucléaires** En outre, dans le cadre de l'actualisation obligatoire à compter du 29 juin 2007 des provisions de démantèlement spécifiques aux installations nucléaires, l'article 3 du décret 2007-243 précise que le taux d'actualisation, déterminé par l'exploitant dans le respect des normes comptables :
> – doit être issu d'une méthode précise et permanente ;
> – ne peut excéder un plafond fixé par arrêté ministériel, compatible avec les normes comptables.
> **2. Actualisation optionnelle** Cette option est distincte de celle applicable aux autres provisions. En pratique, s'agissant de deux options différentes, une entreprise peut donc décider d'actualiser ses provisions pour démantèlement et remise en état, sans être tenue d'actualiser l'ensemble de ses autres provisions pour risques.
> Toutefois, le comité d'urgence du CNC a indiqué, dans son avis n° 2005-H précité, que la date d'application obligatoire de l'actualisation des coûts de démantèlement dans les comptes sociaux était reportée (compte tenu de la complexité des modalités de mise en œuvre et de l'impact de première application). Ainsi, dans l'attente de précisions et d'une position de l'administration fiscale sur l'étalement possible de l'écart de première application de l'actualisation, celle-ci **reste optionnelle** (sauf dans le cas particulier des installations nucléaires, pour lesquelles l'actualisation des provisions pour démantèlement est expressément prévue par décret 2007-243 du 23-2-2007 art. 3).

Le montant des décaissements futurs (tels qu'ils auront lieu au terme de l'utilisation ou de la durée de vie de l'actif) doit prendre en compte les **risques inhérents** au passif (sauf s'ils ont été pris en compte dans le taux d'actualisation), par exemple en **probabilisant différents scénarios** de prix et/ou d'échéanciers de décaissement. En outre, l'effet de l'inflation est à prendre en compte dans l'estimation du coût de démantèlement à terme afin de traduire l'augmentation du coût dans le futur (d'autant plus que le taux d'actualisation aura, quant à lui, tendance à augmenter sous effet de l'inflation).

Sur l'actualisation obligatoire des coûts de démantèlement en normes IFRS, voir Mémento IFRS n° 31070.

c. Changements d'estimation Ainsi, à chaque clôture, l'estimation initiale du montant de la provision pour coûts de démantèlement et de remise en état (voir ci-avant a.) peut être revue tant que l'obligation de démantèlement ou de remise en état n'a pas été remplie (éléments du coût, taux d'actualisation le cas échéant). En cas de révision de l'estimation initiale des coûts, le montant de la provision inscrite au passif doit être modifié.

> **Fiscalement** Il en est de même (CGI art. 39 ter C ; BOI-BIC-PROV-60-100-30 n° 60 et n° 80).

Sur la contrepartie (à l'actif ou en charges) de ces variations, voir n° 26415 II.
Ces variations peuvent notamment résulter (Avis CU CNC précité, § 3.4) :
– de l'évolution de la législation, des technologies ;
– d'une réestimation de la durée d'utilisation de l'immobilisation ;
– d'une réestimation des ressources nécessaires pour éteindre l'obligation (coûts de la main-d'œuvre et des matières utilisées) y compris les effets d'un changement d'estimation de l'augmentation des prix (taux d'inflation…) ;
– d'un changement de taux d'actualisation (si la provision est actualisée).

> **Précisions** **1. Modification du taux d'actualisation et désactualisation** Il faut distinguer les conséquences de la **modification du taux d'actualisation** qui entraîne une **révision des coûts** comptabilisés au passif et à l'actif, et les conséquences de la seule désactualisation qui, ne constituant pas un changement d'estimation, n'entraîne **pas de modification** du montant de l'actif de contrepartie (voir ci-avant b.).
> **2. Effet de change** Lorsqu'il est attendu que les montants à décaisser le seront en devises, les variations de taux de change ne constituent pas, à notre avis, un changement d'estimation de l'immobilisation et sont comptabilisées directement en résultat financier.
> En effet, le montant porté en comptabilité lors de l'entrée dans le patrimoine d'une immobilisation n'est pas impacté par les modalités de règlement (voir n° 26195). L'actif de démantèlement n'est donc pas modifié du fait des variations du taux de change.

III. Exemple voir n° 27965.

IV. Schéma comptable La provision pour coûts de démantèlement et de remise en état s'enregistre au crédit du compte 1581 « Provision pour remise en état » par le débit du compte d'immobilisation correspondant au bien soumis à l'obligation de remise en état.

27945
(suite)

Pour un exemple d'application, voir n° 26415.

Sur le schéma de comptabilisation de la reprise de provision, au moment de l'engagement des dépenses de démantèlement, voir n° 29180.

V. Information en annexe Sur les informations requises en général pour les provisions, voir n° 48700 s., et sur les passifs éventuels, voir n° 52520.

Sont requis, dans le cas particulier des provisions pour coûts de démantèlement et de remise en état (Avis CU CNC précité, § 5.3) :
– l'augmentation, au cours de l'exercice, du montant actualisé résultant de l'écoulement du temps et de l'effet de toute modification du taux d'actualisation ;
– une brève description de la nature de l'obligation et de l'échéance attendue des sorties d'avantages économiques en résultant ;
– l'indication des incertitudes relatives au montant ou à l'échéance de ces sorties ;
– les principales hypothèses retenues concernant les événements futurs ;
– en cas d'actualisation des provisions, mention de l'hypothèse retenue en matière de taux d'actualisation ;
– le montant de tout remboursement attendu, en indiquant le montant de la créance qui a été comptabilisée pour ce remboursement attendu.

VI. Cession de l'immobilisation sous-jacente

a. Du côté du vendeur En cas de cession d'une immobilisation soumise à une obligation de remise en état, le vendeur transfère en général son obligation à l'acheteur. Le vendeur **n'ayant plus d'obligation,** la **provision** pour coûts de démantèlement doit alors être **reprise** (PCG art. 323-12) par le crédit du compte 7815 « Reprise sur provisions d'exploitation ».

> **Fiscalement** Il en est de même, le transfert du passif représentatif de l'obligation transférée lors de la cession constituant un produit immédiatement imposable. En effet, selon l'administration, en cas de cession, le traitement fiscal de la provision pour coûts de démantèlement aboutit en pratique à constater un résultat identique à celui dégagé sur le plan comptable (BOI-BIC-PROV-60-100-20 n° 180).

Les coûts de démantèlement étant inclus dans le coût d'entrée de l'immobilisation sous-jacente (voir ci-avant), l'actif de démantèlement (constitué à l'origine en contrepartie de la provision pour coûts de démantèlement) suit les règles générales de comptabilisation d'une cession. En conséquence, la cession de l'immobilisation sous-jacente entraîne son retrait du bilan par comptabilisation de sa **VNC en résultat,** celle-ci incluant la VNC de l'actif de démantèlement.

> **Fiscalement** La valeur d'origine de l'actif sous-jacent ne comprend pas l'actif de démantèlement (voir n° 26055). Toutefois, selon l'administration (BOI-BIC-PROV-60-100-20 n° 180), la cession d'une immobilisation corporelle à laquelle sont attachés des coûts de démantèlement doit être assortie non seulement du transfert du passif représentatif de l'obligation (voir ci-avant), mais également du transfert de l'actif de contrepartie net des amortissements déjà effectués. Dans ces conditions, la valeur nette comptable de l'actif de démantèlement constitue, comme sur le plan comptable, une charge immédiatement déductible et aucun retraitement extra-comptable n'a à être effectué.

b. Du côté de l'acquéreur En cas d'acquisition d'une immobilisation soumise à une obligation de remise en état, dès lors que cette **obligation est transmise à l'acquéreur,** celui-ci doit constituer, à la date d'acquisition de l'immobilisation, une **provision** pour coûts de démantèlement, en contrepartie d'un **actif** de démantèlement.

> **Fiscalement** Il en est de même (BOI-BIC-PROV-60-100-20 n° 180).

Pour plus de détails sur :
– la constitution du passif de démantèlement, voir ci-avant ;
– la constitution de l'actif de démantèlement, voir n° 26055.

VII. Engagement des coûts Au terme de la durée de l'obligation de démantèlement, d'enlèvement et de remise en état, l'entreprise doit engager les coûts nécessaires à son extinction. Lors de l'engagement effectif de ces coûts :
– la charge intervenue est inscrite au compte intéressé de la classe 6 afin de faire apparaître l'ensemble des flux intervenus au cours de l'exercice (PCG art. 941-15 et 946) ;
– la provision pour coûts de démantèlement ayant rempli son objet, elle doit alors être reprise par le crédit du compte 7815 « Reprise sur provisions d'exploitation » (PCG art. 941-15).

Pour plus de détails, notamment lorsque la charge effective est inférieure à la provision, voir n° 48445.

> **Fiscalement** Ce produit est immédiatement imposable (CGI art. 39 ter C et BOI-BIC-PROV-60-100-20 n° 300).

En cas de dégradation progressive (Sur la définition d'une dégradation progressive, voir n° 26035).

27965

La provision (voir n° 27925) doit être constatée **au fur et à mesure de cette dégradation**, c'est-à-dire à hauteur du montant des travaux correspondant à la dégradation effective du site à la date de clôture de l'exercice. Aucune provision ne peut donc être constatée pour la partie du site qui n'a pas encore été exploitée, et qui n'est donc pas encore dégradée (Avis CNC 2000-01 § 5.9).

> **Fiscalement** Il en est de même (BOI-BIC-PROV-60-100-20 n° 20).

I. Contrepartie de la provision La contrepartie de cette provision est une **charge**, la dégradation ayant été nécessaire à l'**exploitation passée.**

En conséquence, contrairement aux dégradations immédiates nécessaires à l'exploitation ultérieure (voir n° 27945), ces dépenses de remise en état ne sont pas porteuses d'avantages économiques futurs ; la provision ne peut donc pas avoir pour contrepartie une immobilisation.

> **Fiscalement** Il en est de même, le dispositif de l'article 39 ter C du CGI (provision en contrepartie d'un actif, voir n° 27945) ne s'appliquant pas aux dégradations progressives qui font l'objet de provisions déduites au fur et à mesure de l'utilisation du bien, de manière similaire aux autres provisions pour risques et charges, dans les conditions fixées à l'article 39, 1-5° du CGI (BOI-BIC-PROV-60-100-10 n° 210 ; BOI-BIC-PROV-60-100-20 n° 20).

Toutefois, ces coûts sont incorporables au **coût des stocks** produits au cours de la dégradation du site (voir n° 26060).

Tel est le cas, notamment, des coûts :

a. **de remise en état** des carrières, gravières après exploitation (BTP, sucreries…) ;

> **Fiscalement** Les travaux de remise en état d'une carrière peuvent faire l'objet d'une provision déductible, dès lors qu'ils sont évalués avec une approximation suffisante, qu'ils font l'objet d'un plan d'étalement si les travaux doivent être effectués sur plus d'un exercice et qu'ils ne confèrent pas au terrain réhabilité une valeur supérieure à celle qui aurait été la sienne si la carrière n'avait pas été ouverte (BOI-BIC-PROV-20-10-30 n° 1 à 70 ; BOI-BIC-PROV-30-20-40 n° 210 à 220 ; CE 18-12-1974 n° 84875).

b. **de dépollution** :
– enlèvement des déchets produits par l'entreprise au fur et à mesure de son activité,
– élimination des déchets issus des équipements électriques et électroniques (DEEE) par les producteurs (pour plus de détails sur cette provision, voir n° 27985 I.).

> **Fiscalement** Cette provision est déductible dans les conditions posées à l'article 39-1-5° du CGI (BOI-BIC-PROV-60-100-20 n° 20 ; voir n° 48240 s.).

> **Précisions** En cas de nouvelle obligation (nouvelle réglementation) : la provision doit être réestimée et comptabilisée (Avis CU CNC 2005-H § 2.2) :
> – **immédiatement** (avec contrepartie immédiate en résultat) au titre des **dégradations passées** (par exemple, au titre des déchets produits dans le passé et pour lesquels le retraitement intervient à une date ultérieure ; voir n° 27965) ;
> – **progressivement** (au fur et à mesure des dotations aux provisions) pour les **dégradations futures.**

II. Évaluation de la provision Le montant de cette provision est déterminé selon les modalités générales d'estimation des provisions (voir n° 48310).

> **Précisions** En cas de **remboursements attendus de tiers** : le montant de la provision ne doit pas tenir compte des indemnités d'assurance à recevoir qui doivent être comptabilisées séparément à l'actif (PCG art. 323-8). Pour plus de détails, voir n° 48290 VII.

III. Exemples

EXEMPLE 1

Remise en état d'un site – dégradation progressive – obligation légale Une entreprise exploite une carrière. Sa licence d'exploitation lui impose de réhabiliter le site au terme de l'extraction des matériaux.

L'extraction des matériaux est le fait générateur de l'obligation de réhabilitation.

La sortie de ressources est probable pour la partie du site qui a déjà été dégradée. Elle est sans contrepartie pour l'entreprise.

Une provision pour remise en état doit donc être constituée à hauteur des coûts nécessaires à la réhabilitation du sol et correspondant à la dégradation causée à la date de clôture de l'exercice.

> **Fiscalement** Les provisions constituées en vue de faire face à la réhabilitation d'une carrière sont déductibles dès lors que les travaux sont évalués avec une approximation suffisante et font l'objet d'un étalement (voir ci-avant I. a.).

EXEMPLE 2

Remise en état d'un site – dégradations immédiate et progressive – obligation légale Une entreprise exploite une plate-forme pétrolière sur 15 ans. Sa licence d'exploitation lui impose de démonter la plate-forme à la fin de l'exploitation et de remettre en état les fonds marins.

1er cas – À la clôture, la plate-forme est construite mais l'extraction du pétrole n'a pas commencé (dégradation immédiate).

La construction de la plate-forme est le fait générateur de l'obligation de démanteler la plate-forme.

La sortie de ressources est probable. Elle est sans contrepartie pour l'entreprise.

L'entreprise doit donc comptabiliser une provision pour la totalité des coûts de démantèlement de la plate-forme. En contrepartie, le coût d'entrée de la plate-forme doit inclure le coût total de la remise en état. Cet actif fera l'objet d'un amortissement selon le plan défini.

En revanche, il n'existe à la clôture aucune obligation de remédier aux dommages qui seront causés par l'extraction du pétrole, le site n'ayant pas encore été dégradé : aucune provision ne peut donc être constituée à ce titre.

> **Fiscalement** La provision n'est pas déductible, celle-ci n'étant pas dotée par le compte de résultat (voir n° 27945 I.). En revanche, l'amortissement des coûts de démantèlement est déductible (voir n° 27665 s.).

2e cas – À la clôture, le pétrole est extrait depuis 5 ans (dégradation progressive).

La **dégradation** des fonds liée à leur exploitation est le fait générateur de l'obligation de les remettre en état.

La sortie de **ressources** est probable. Elle est sans contrepartie pour l'entreprise.

L'entreprise doit **provisionner** les coûts nécessaires à la remise en état des fonds dégradés à la clôture de l'exercice par l'extraction du pétrole.

> **Fiscalement** La provision pour remise en état des fonds dégradés est, à notre avis, déductible dans les conditions de droit commun (voir ci-avant I.).

Les coûts de démantèlement, correspondant à la dégradation immédiate lors de l'installation de la plate-forme, ont déjà été provisionnés en totalité lors de l'installation de la plate-forme avec pour contrepartie la constatation d'un actif, voir 1er cas. À chaque exercice, l'entreprise amortit cet actif pour 1/15e de son montant.

> **Fiscalement** Sur la déduction de la provision pour coûts de démantèlement et de l'amortissement de l'actif de contrepartie, voir 1er cas.

EXEMPLE 3

Remise en état d'un site (dépollution) – dégradation progressive – obligation implicite L'activité d'une entreprise, bien que non classée parmi les activités polluantes, dégrade le sol. L'entreprise a pour politique de remettre en état les sites qu'elle détériore et s'est engagée publiquement à le faire.

La pollution est le fait générateur de l'obligation. Une obligation implicite existe du fait de la politique environnementale de l'entreprise qui a créé une attente légitime chez les tiers que l'entreprise procédera à la dépollution. La sortie de ressources est probable pour la partie du site qui a déjà été dégradée. Elle est sans contrepartie pour l'entreprise.

La provision ne comprend que les coûts nécessaires à la remise en état du sol et correspondant à la dégradation causée à la date de clôture de l'exercice.

IV. Schéma comptable La provision pour coûts de démantèlement et de remise en état s'enregistre au crédit du compte 1581 « Provision pour remise en état » par le débit du compte de dotation aux provisions.

27985 **Provision pour élimination des déchets issus des équipements électriques et électroniques (DEEE)** Le Code de l'environnement prévoit de faire supporter la charge de retraitement des équipements électriques et électroniques aux producteurs et aux utilisateurs.

> **Précisions**   **Notion de producteur** Sont considérés comme producteurs les professionnels qui réalisent la première mise sur le marché national d'équipements électriques et électroniques (C. envir. art. R 543-174).

I. Obligations des producteurs et utilisateurs d'équipements électriques et électroniques :
a. les producteurs d'équipements électriques et électroniques :
– **ménagers** sont tenus d'enlever (ou faire enlever) et de traiter (ou faire traiter) les DEEE ménagers collectés quelle que soit la date à laquelle ces équipements ont été mis sur le marché (C. envir. art. R 543-188) ;
– **professionnels** sont tenus d'enlever (ou faire enlever) et de traiter (ou faire traiter) les DEEE professionnels pour les produits mis sur le marché **depuis le 13 août 2005,** ainsi que les DEEE mis sur le marché avant le 13 août 2005 lorsqu'ils les remplacent par des équipements équivalents ou assurant la même fonction (C. envir. art. R 543-195).

b. les utilisateurs d'équipements électriques et électroniques professionnels sont tenus d'enlever et de traiter à leurs frais les DEEE **professionnels** pour les produits mis sur le marché **avant le 13 août 2005,** sauf si le producteur les remplace par des équipements équivalents ou assurant la même fonction (C. envir. art. R 543-195).

> **Précisions**   Sur la définition des « équipements électriques et électroniques », voir l'article R 543-172 du Code de l'environnement. Sur l'attestation du commissaire aux comptes demandée par les éco-organismes au titre de la déclaration annuelle des EEE, voir FRC 12/23 Hors série inf. 75 s.

II. Constitution d'une provision
Une provision pour enlèvement et retraitement doit, à notre avis, être constatée pour les déchets **professionnels** par les producteurs ou les utilisateurs, selon leurs obligations (voir ci-avant I.).

En revanche, le système de collecte des DEEE **ménagers** est tel que les producteurs ne devraient, à notre avis, rien provisionner.
En effet :
– d'une part, l'obligation de collecte, d'enlèvement et de traitement des DEEE est annuelle ;
– d'autre part, les producteurs versent leur contribution aux éco-organismes trimestriellement d'avance.

a. Provision chez les producteurs
Une provision doit, à notre avis, être constatée, dès lors que les conditions de comptabilisation prévues par le PCG (art. 322-1 s.) sont remplies :
– les producteurs ont une obligation de retraiter les déchets issus des EEE professionnels (voir ci-avant I.) ;
– la sortie de ressources est probable à la date d'arrêté des comptes et sans contrepartie pour l'entreprise ;
– il est possible d'estimer avec une fiabilité suffisante les coûts de retraitement, soit en fonction des coûts réels, soit en fonction de prix à la tonne de produits retraités donnés par des organismes agréés.

Le montant de la provision est le suivant : ventes des EEE de l'exercice concernés par l'obligation (voir ci-avant I.) × coût de retraitement. Il peut ou non être actualisé (voir n° 48310 V.). Le montant provisionné peut tenir compte, à notre avis, si l'entreprise dispose de données statistiques fiables sur les retours, d'un coefficient de retours probables sur le nombre d'équipements vendus.

La provision a pour **contrepartie une charge.**
Sur l'exclusion de cette charge du coût de production de ces équipements, voir n° 21190.
Elle est **reprise** lors de l'engagement des coûts de retraitement des produits.
Les équipements n'étant pas nécessairement systématiquement retournés, la provision peut être ajustée chaque année en fonction des retours réels selon la durée de vie estimée des équipements.

> **Fiscalement**   À notre avis, cette provision devrait être déductible (sous réserve de respecter les conditions fixées par l'article 39-1-5° du CGI, voir n° 48240 s.).

> **Précisions**   **Producteurs n'ayant pas mis en place une filière individuelle de collecte et de traitement** Les producteurs peuvent s'acquitter de leurs obligations (C. envir. art. R 543-196) :
— soit en mettant en place un système individuel approuvé ;
— soit en adhérant à un organisme agréé. Dans ce cas, ils doivent acquitter une cotisation annuelle à un éco-organisme qui les libère de toute obligation. Aucune provision ne doit alors être constituée au titre du traitement des déchets des équipements. Sur la comptabilisation de la contribution aux éco-organismes, voir n° 15670.

b. Provision chez les utilisateurs (professionnels) Une provision doit, à notre avis, être constatée, dès lors que les conditions de comptabilisation prévues par le PCG (art. 322-1 s.) sont remplies :
– les utilisateurs ont une obligation de retraiter les déchets issus des EEE professionnels (voir ci-avant I.) ;
– la sortie de ressources est probable à la date d'arrêté des comptes et sans contrepartie pour l'entreprise ;
– il est possible d'estimer avec une fiabilité suffisante les coûts de retraitement.
Le montant de la provision est le suivant : Parc des EEE concernés par l'obligation (voir ci-avant I.) × coût de retraitement. Il devrait être actualisé (voir n° 26415 I.).
La provision a pour **contrepartie un actif** assimilable à un actif de démantèlement et amorti selon la durée de vie du bien.
Pour plus de détails :
– sur l'actif de contrepartie et son amortissement, voir n° 26065 ;
– sur son évaluation, voir n° 26415.
La provision est **reprise** lorsque les coûts de retraitement sont supportés par l'entreprise.
Toutefois, dans certains cas (reprise par le producteur, cession avec transfert de l'obligation), aucune charge ne sera constatée et la provision sera alors reprise sans objet.

> **Fiscalement** À notre avis, par analogie avec le traitement fiscal applicable aux coûts de démantèlement (voir n° 27945), la provision ne devrait pas être déductible car comptabilisée en contrepartie d'un compte d'actif.

28005 **Provision pour désamiantage** Le Code de la santé publique (art. L 1334-12-1 et R 1334-4 à R 1334-18) oblige les propriétaires (ou exploitants) :
– à rechercher la présence d'amiante dans les locaux ;
– et, si celle-ci est détectée, à effectuer un diagnostic de l'état de conservation de ce matériau ;
– et, selon la concentration en amiante détectée, à effectuer, le cas échéant, les travaux de désamiantage.
Le préfet peut prendre des mesures nécessaires en cas de carence du propriétaire (ou exploitant) ou en cas d'urgence (CSP art. L 1334-15 et L 1334-16).

> **Précisions** Les règles suivantes s'appliquent également, à notre avis, aux provisions pour désamiantage dans des locaux loués.

I. Lorsque les dépenses amiante n'améliorent pas l'immobilisation ou ne concourent pas au remplacement d'un de ses composants, une provision doit en général être constituée.
Il s'agit principalement :
– des dépenses liées au diagnostic de l'état de conservation de l'amiante ;
– des travaux de confinement et de nettoyage de l'amiante présent dans les immobilisations conservées en l'état.
La provision est à constituer (en contrepartie d'une charge) :
a. immédiatement, **dès que la pollution a été détectée**.
En effet, les futurs coûts de dépollution répondent, dès cette date, aux conditions de comptabilisation d'un passif (voir n° 27925) :
– **existence d'une obligation à la clôture** : si, à la clôture, l'entreprise détecte de l'amiante, la dégradation causée par l'entreprise est immédiate. L'entreprise est responsable de ce type de contamination et la loi l'oblige à réparer ;
– **sortie de ressources probable à la date d'arrêté des comptes** : dès la réalisation de la dégradation, la sortie de ressources est inéluctable pour l'entreprise qui ne peut se soustraire à cette obligation ;
– **sans contrepartie pour l'entreprise** : les dépenses n'ayant aucune utilité pour l'activité future mais soldant une situation passée.

> **Précisions** Ces dépenses, bien qu'elles soient liées à l'environnement, ne sont pas activables. En effet, le non-respect de l'obligation de désamiantage n'entraîne pas l'arrêt immédiat ou différé de l'activité ou de l'installation de l'entreprise, condition nécessaire à leur immobilisation selon l'avis CU CNC n° 2005-D (voir n° 25965).

b. pour le montant correspondant à la **meilleure estimation,** à la date de clôture de l'exercice, de la sortie de ressources nécessaires à l'extinction de l'obligation.

› **Fiscalement** La provision est, à notre avis, déductible, sous réserve du respect des conditions de droit commun posées par l'article 39, 1-5° du CGI (en ce sens, Rép. Nayrou : AN 26-9-2006 n° 99449, rendue pour les exploitants agricoles et non reprise dans Bofip).

En cas de décision de vendre un bien amianté, l'obligation se limite à l'établissement d'un diagnostic dont le coût n'a pas, à notre avis, à être provisionné, celui-ci étant engagé avec la perspective d'avantages économiques futurs (sauf moins-value de cession attendue). S'il est prévu que ce diagnostic soit annexé à l'acte de vente (obligation ou demande expresse de l'acquéreur), voir n° 28170 (frais inhérents à la vente).

II. En revanche, lorsque des surcoûts de désamiantage sont engagés lors de l'acquisition ou du remplacement d'une immobilisation ou d'un de ses composants, ils sont comptabilisés à l'actif (Délibération du Collège de l'ANC du 26-11-2014).

Sont concernés les frais d'enlèvement de l'amiante, mais également les frais de transport des déchets et éventuellement de recyclage s'ils sont à la charge de l'entreprise.

Sur la comptabilisation en charge quand la dépense de désamiantage ne s'inscrit pas dans un projet d'acquisition ou de remplacement d'une immobilisation, voir n° 25965.

EXEMPLE

Dépollution – dégradation immédiate (désamiantage) – obligation légale Une entreprise est propriétaire d'un immeuble contenant de l'amiante. Compte tenu de l'état de conservation des matériaux et du niveau d'empoussièrement mesuré, la loi lui impose de retirer l'amiante existant dans l'immeuble.

La détection de la présence d'amiante est le fait générateur de l'obligation juridique de procéder aux travaux de désamiantage. La sortie de ressources est inéluctable. Elle est sans contrepartie pour l'entreprise.

Si l'entreprise n'entreprend aucune rénovation à l'occasion de l'opération de désamiantage, l'ensemble des coûts liés aux travaux de confinement, de nettoyage et d'assainissement sont à provisionner.

› **Fiscalement** Cette provision est déductible (voir ci-avant).

En revanche, si l'entreprise entreprend des travaux de rénovation (acquisition d'une immobilisation ou remplacement d'un composant) :
— les travaux de rénovation sont immobilisés, y compris les dépenses de désamiantage engagées à l'occasion de cette rénovation ;
— les loyers à engager au titre de la location d'autres bureaux pendant la période de travaux ainsi que le coût du déménagement du contenu des locaux dans des bureaux provisoires sont comptabilisés en charges au fur et à mesure qu'ils sont courus dès lors qu'ils ont une contrepartie pour l'entreprise (en ce sens, voir bull. CNCC n° 125, mars 2002, EC 2002-06, p. 126 s.).

PRÉVENTION ET RÉDUCTION DES DOMMAGES ENVIRONNEMENTAUX

› **Précisions** Ce paragraphe ne concerne pas les dépenses de remise en état des dommages déjà commis (pour ces dépenses, voir n° 27925 s.) mais uniquement les dépenses engagées au titre de la prévention et de la réduction des risques environnementaux.

28010

En général, les obligations portant sur la **prévention ou la réduction des dommages environnementaux** provoqués par l'activité de l'entreprise ne devraient pas donner lieu à la comptabilisation de provisions. En effet, les conditions de comptabilisation d'un passif ne nous semblent pas remplies :
a. les entreprises ont certes l'**obligation** de prévenir certains risques environnementaux ;
— **obligations légales, réglementaires (ou contractuelles)** : le champ des obligations légales s'est étoffé depuis la transposition dans le droit français (Loi 2008-757 du 1-8-2008 et décret 2009-468 du 23-4-2009) de la directive européenne n° 2004-35 du 21 avril 2004 sur la responsabilité environnementale qui vise la prévention et la réparation des dommages environnementaux. En effet, cette directive met à la charge des entreprises, quel que soit leur secteur d'activité, une obligation de prendre des mesures afin de prévenir ou de limiter au maximum certains dommages environnementaux dont la probabilité de survenance est suffisante. Si l'exploitant n'a pas respecté cette obligation, sa responsabilité environnementale peut être engagée ;
— **obligations implicites** : c'est le cas si l'entreprise a une politique de protection de l'environnement claire et affichée, qu'elle a toujours respectée par le passé. Il s'agit, par exemple, des entreprises qui sont certifiées ISO 14001 ou engagées dans une démarche de certification en matière environnementale.

Pour plus de détails sur l'absence de provision liée à la mise en conformité avec de nouvelles normes, voir n° 28030.

En outre, depuis le 1er août 2008, en application du principe **pollueur-payeur**, la **responsabilité** des entreprises ayant une activité risquée peut être engagée en cas de risque imminent de dommage environnemental **même en l'absence de règlement, décision administrative ou remise en cause par un tiers** les obligeant à prévenir ce risque (C. envir. art. L 160-1 à L 165-2). Pour plus de détails sur les activités et dommages visés, voir n° 27925.

b. mais la **sortie de ressources,** même si elle est probable à la date d'arrêté des comptes, n'est en général **pas sans contrepartie** pour l'entreprise.

> **Précisions** Par exemple, les dépenses engagées pour limiter la quantité de déchets sont porteuses d'avantages économiques futurs pour l'entreprise dans la mesure où elles lui permettent de réduire ses coûts d'enlèvement de déchets. Dans ces conditions, lorsque l'obligation d'engager ces dépenses apparaît, aucune provision n'est à comptabiliser ; les dépenses devront être immobilisées lors de leur engagement (voir n° 25925 s.).

Pour un exemple d'application, voir n° 28030 (mise en conformité à de nouvelles normes).

MISE EN CONFORMITÉ AVEC DE NOUVELLES NORMES

28030 *EXEMPLE*

Exemples de mise en conformité avec de nouvelles normes :
— mise en conformité de machines ou d'installations avec de nouvelles normes (hygiène, sécurité, pollution) ;
— mise en conformité liée à une impossibilité matérielle de continuer à utiliser le bien sans l'adapter (passage à Bâle II) ;
— mise en conformité avec le règlement Reach (voir n° 30770).

> **Précisions** Cette partie traite des mises en conformité de matériel pour une utilisation future du matériel. En revanche, elle ne traite pas des mises en conformité avec une loi ou un règlement qui obligent à réparer une situation passée, telles que les obligations de dépollution suivantes :
> — le désamiantage (voir n° 28005) ;
> — l'élimination des DEEE (voir n° 27985) ;
> — l'élimination des déchets dus à l'exploitation (voir n° 27965).

Selon l'avis CNC n° 2000-01 sur les passifs (§ 5.11), une entreprise **ne peut pas constituer** une **provision** pour mise en conformité avec de nouvelles normes car une telle provision ne répond pas aux conditions fixées par le PCG (PCG art. 322-1 s.) :

I. Existence d'une obligation à la clôture Une entreprise peut, du fait d'une loi ou d'un règlement, devoir mettre en conformité ses machines ou installations avec de nouvelles normes (hygiène, sécurité, pollution). La modification des textes en vigueur lui impose donc une obligation nouvelle, qui s'accompagne généralement d'un délai permettant à l'entité d'adapter son immobilisation sans arrêter immédiatement son utilisation.

> **Précisions** Pourraient être visées également, à notre avis, les mises en conformité liées à une impossibilité matérielle de continuer à utiliser le bien sans l'adapter, du type de celles qui avaient été constatées lors du passage à l'euro ou du passage à l'an 2000.

II. Sortie probable de ressources à la date d'arrêté des comptes Mais cette obligation n'entraîne pas la constitution d'une provision, quelle que soit la solution choisie par l'entreprise :

a. Arrêt de l'utilisation du matériel non conforme. Dans ce cas, l'entreprise sera conduite non pas à constater une provision mais à **changer le plan d'amortissement** du matériel et à amortir sa valeur nette comptable sur sa durée d'utilisation résiduelle (réduite par l'entrée en application de la nouvelle norme ou par la mise en service du matériel de remplacement).

b. Adaptation du matériel non conforme pour continuer à l'utiliser conformément aux prévisions antérieures à la nouvelle norme. Dans ce cas, la sortie de ressources constituée par les dépenses d'adaptation trouve en contrepartie la possibilité d'utiliser le matériel au-delà de la date butoir de mise en application de la norme et aucune provision pour charges ne peut donc être constatée.

> **Fiscalement** Il en est de même (BOI-BIC-CHG-20-20-20 n° 220 à 250).

En revanche :
— à notre avis, une dépréciation devrait être constatée si la valeur actuelle des biens devient inférieure à leur valeur nette comptable (voir n° 25965 II.) ;
— si le délai de mise en conformité est déjà expiré, le montant des pénalités doit faire l'objet d'une provision si le paiement effectif est probable (voir n° 46020).

Sur le traitement de la dépense de mise en conformité en charge ou en immobilisation, voir n° 25925 s.

› **Précisions** **1. Traitement comptable de la dépense** Lorsqu'elle sera réalisée, cette dépense sera comptabilisée :
— en immobilisation si elle répond aux critères de comptabilisation à l'actif (voir n° 25885 s.) ;
— ou, à défaut, en charge de la période.
2. Sur les provisions pour amendes et pénalités qui peuvent devoir être constituées en cas de défaut de mise en conformité dès lors que la date butoir pour se conformer à la nouvelle législation est passée, voir n° 46020.

EXEMPLE

Une nouvelle loi publiée en N impose à une entreprise (qui ne l'a pas encore fait) de s'équiper de filtres à fumée au plus tard le 30 juin N+2. À défaut, elle encourt des pénalités.

1ᵉʳ cas — Au 31 décembre N, l'entreprise décide de remplacer le matériel non conforme.

Aucune provision n'est constituée car le coût de remplacement du matériel est immobilisé. En revanche, le plan d'amortissement est revu pour ramener la VNC à zéro à la date de mise en service du matériel de remplacement.

2ᵉ cas — Au 31 décembre N+1, l'entreprise décide d'adapter le matériel non conforme pour continuer à utiliser le matériel sans payer de pénalités.

L'entreprise ayant choisi de continuer à utiliser le matériel non conforme, elle a l'obligation de l'adapter.

La sortie de ressources est probable mais les dépenses d'adaptation ont pour contrepartie la possibilité de continuer à utiliser le matériel.

Aucune provision pour charges n'est donc constituée. Le cas échéant, une dépréciation du matériel non conforme est constituée.

3ᵉ cas — Au 31 décembre N+2, l'entreprise qui a décidé d'adapter le matériel non conforme ne l'a toujours pas fait mais continue de l'utiliser.

L'entreprise ne peut pas constater une provision pour couvrir les dépenses d'adaptation car ces dépenses ont une contrepartie (voir 2ᵉ cas). Le cas échéant, une provision pour dépréciation du matériel non conforme est constituée.

En revanche, le fait de ne pas avoir adapté le matériel au 31 décembre N+2 est le fait générateur de l'obligation légale de payer des amendes et pénalités pour non-respect de la réglementation en vigueur. Elle est sans contrepartie au moins équivalente pour l'entreprise.

Si la sortie de ressources est probable, ce qui dépend notamment de la probabilité que l'entreprise soit poursuivie en paiement des amendes (voir n° 45900), une provision est constituée, correspondant à la meilleure estimation des amendes et pénalités qui seront à payer.

› **Fiscalement** La provision pour amendes et pénalités n'est fiscalement pas déductible (CGI art. 39-2 ; voir n° 46020).

IV. ÉVALUATION LORS DE LA SORTIE DU PATRIMOINE

La sortie d'une immobilisation du patrimoine de l'entreprise, qu'elle résulte d'une cession à un tiers, volontaire (vente, donation) ou forcée (expropriation, expulsion, confiscation…) ou d'un simple retrait d'actif volontaire (destruction, mise au rebut, achat d'une immobilisation neuve avec reprise du matériel usagé…) ou forcé (incendie, vol…) entraîne :
— d'une part, son **retrait du bilan** par annulation de sa valeur nette comptable à la date de l'opération (voir n° 28120) ;
Il en est de même pour les remplacements de composants, voir n° 28225 s.
— d'autre part, en cas de cession à un tiers, une **créance** sur celui-ci du montant du prix de cession (voir n° 28170).

La différence entre le **prix de cession** (voir n° 28170) et la **valeur nette comptable** (voir n° 28120) constitue la **plus-value ou moins-value de cession.**

28100

› **Fiscalement** **1.** Il faut entendre par « **cession** » toute opération ou tout événement ayant pour résultat de faire sortir un élément de l'actif : vente volontaire ou forcée, échange, apport, retrait d'actif (BOI-BIC-PVMV-10-10-20 n° 90 à 600).
2. Taux applicables Les plus et moins-values de cession d'immobilisations corporelles réalisées par les sociétés soumises à l'IS relèvent du régime fiscal de droit commun (CGI art. 219-I-a quater ; voir Mémento Fiscal n° 18650 à 18685).

En revanche, pour les entreprises soumises à l'IR, ces plus et moins-values relèvent du régime du court et long terme (voir Mémento Fiscal n° 18000 s.) à l'exception de la fraction revenant à leurs associés ou membres qui relèvent de l'IS (CGI art. 238 bis K-I ; voir Mémento Fiscal n° 18650). C'est la raison pour laquelle nous continuons à préciser dans cet ouvrage, dans les paragraphes où cela semble utile, la distinction entre plus-value à court terme et à long terme. Les plus-values nettes à long terme sont taxées au taux unique fixé à 12,8 % (CGI art. 39 quindecies I-1), auquel s'ajoutent les prélèvements sociaux (voir Mémento Fiscal n° 18100). Sur le cas particulier de la première cession à titre onéreux d'un usufruit temporaire (CGI art. 13-5 ; voir Mémento Fiscal n° 4780 s.).

3. Toutefois, selon la nature des biens cédés, la nature des opérations ou les parties à l'opération, certaines plus-values bénéficient d'**exonération, d'imposition à taux réduit,** de **report d'imposition ou d'un étalement** (voir notamment n° 28375).

Sur la date d'enregistrement de la sortie, voir n° 29295.
Sur le schéma de comptabilisation d'une cession, voir n° 29320 s.
Sur les cas particuliers de sortie, voir n° 28225 s.

A. Valeur nette comptable

28120 Selon le PCG, la valeur nette comptable des immobilisations amortissables est égale à la différence entre la valeur brute et les amortissements cumulés ainsi que les dépréciations (PCG art. 214-6).

Toutefois, en pratique, elle ne tient pas compte des dépréciations.

En effet, la définition énoncée par le PCG a été introduite par le règlement CRC n° 2002-10 dans le cadre des nouvelles règles sur les amortissements et dépréciations des actifs. Elle signifie notamment que la dépréciation constitue désormais une perte de valeur à imputer sur la base amortissable pour le calcul des dépréciations et des amortissements (voir n° 27765 s.).

Toutefois, ceci ne doit pas conduire, à notre avis, à compenser, lors de la cession de l'immobilisation, la dépréciation comptabilisée sur cette immobilisation avec son montant brut (comme c'est le cas pour les amortissements).

En conséquence, lors de la cession d'une immobilisation :
– le montant de la valeur brute de l'immobilisation, diminué des amortissements, est comptabilisé (en général) au débit du compte 675X « Valeurs comptables des éléments d'actif cédés » ;

Sur la possibilité, dans certaines situations et à certaines conditions, de comptabiliser la cession dans le résultat d'exploitation, voir n° 52030.

> **Fiscalement** Il en est de même. Il convient donc de retenir les amortissements déduits des bénéfices imposables et ceux réputés l'avoir été, tels que, notamment :
> – les amortissements irrégulièrement différés (voir n° 27010) ;
> – les amortissements pratiqués sur des biens « somptuaires » et exclus des charges déductibles (voir n° 28365).
>
> Sur la prise en compte des amortissements dérogatoires dans la valeur nette fiscale de l'actif, voir ci-après II.

> **Précisions 1. Lorsque des dotations aux amortissements n'ont pas été totalement admises en déduction** La quote-part d'amortissement non encore déduite fiscalement majore le plus souvent la valeur nette comptable de l'immobilisation cédée, ce qui revient à la déduire massivement sur l'exercice de cession. Tel est le cas des dotations aux amortissements :
> – des dépenses de 2ᵉ catégorie (BOI-BIC-CHG-20-20-20 n° 280 ; voir n° 25750) ;
> – des biens amortis sur une durée d'utilisation plus courte que la durée d'usage (BOI-BIC-AMT-10-40-10 n° 40 ; voir n° 27120) ;
> – des biens amortis selon le mode des unités d'œuvre (à notre avis ; voir n° 27255) ;
> – des biens loués ou mis à disposition d'un dirigeant ou du personnel (voir n° 27510).
>
> En revanche, restent non admises en déduction les dotations aux amortissements :
> – des véhicules de tourisme non déductibles pour la fraction excédant le plafond de déduction prévu à l'article 39-4 du CGI (voir n° 27570 et 28365) ;
> – des biens somptuaires (voir n° 28365).
>
> **2. Immobilisation grevée d'un sursis d'imposition** Le résultat fiscal de cession est, dans ce cas, calculé par rapport à la valeur nette fiscale et non par rapport à la valeur nette comptable. Tel peut être le cas des immobilisations reçues dans le cadre de fusions ou opérations assimilées réalisées à la valeur réelle et placées sous le régime de faveur (voir Mémento Fusions & Acquisitions n° 8640).

— les éventuelles dépréciations, devenues sans objet, sont rapportées au résultat. Elles constituent une « reprise sur dépréciations » à comptabiliser au crédit du compte 78X « Reprise sur amortissement, dépréciations et provisions » (voir n° 29330). La valeur nette comptable n'en est donc pas affectée.

> **Fiscalement** Il en est de même. Toutefois, si la dépréciation ainsi reprise n'a pas donné lieu à déduction lors de sa dotation, le produit correspondant doit être déduit extra-comptablement sur l'imprimé n° 2058-A (ligne WU).

Ce traitement comptable appelle les précisions suivantes :

I. Amortissement de l'exercice de la cession Il convient, **en principe**, et **si l'impact est significatif,** de tenir compte de la dotation aux amortissements relative à la période courue depuis le début de l'exercice au cours duquel la cession a lieu jusqu'à la date de cette cession.

Les deux solutions qui consisteraient, au titre de l'exercice de la cession, soit à ne pas amortir du tout le bien, soit au contraire à comptabiliser une dotation entière sont à notre avis à rejeter. En effet, en principe :
— à la clôture de chaque exercice, il doit (C. com. art. L 123-20 al. 2 et PCG art. 214-11) être procédé aux amortissements nécessaires ;
— ne pas constater d'amortissement revient à transférer une charge d'exploitation en une charge exceptionnelle, et constater une annuité entière (sans prorata temporis) aboutit au résultat inverse ;

Ces incidences peuvent, si elles sont significatives, nuire aux comparaisons du résultat courant sur plusieurs exercices. En outre, cet impact peut être éventuellement accentué si les amortissements concernés sont incorporés dans les stocks.

> **Fiscalement** **a. Faculté de ne pas pratiquer l'amortissement au titre de l'exercice de cession** Selon le Conseil d'État, l'entreprise cédante doit comptabiliser l'amortissement au titre de l'exercice de cession (CE 23-8-2006 n° 264228), mais la doctrine administrative laisse le choix aux entreprises sur ce point, sauf pour les biens somptuaires (notamment les véhicules de tourisme, voir n° 27570) visés à l'article 39-4 du CGI (BOI-BIC-AMT-20-10 n° 240).
> Toutefois, en pratique, l'amortissement devrait être le plus souvent constaté. En effet :
> — d'une part, un tel amortissement est obligatoire sur le plan comptable (dès lors qu'il est significatif) ;
> — d'autre part, le choix de constater ou non cet amortissement n'a en général pas d'incidence sur l'impôt (lorsque la plus-value est imposée au taux de droit commun) sauf pour les entreprises soumises à l'IR qui ont intérêt à comptabiliser un tel amortissement, celui-ci venant majorer la plus-value à court terme dont l'imposition peut être étalée sur trois ans (voir n° 29425).
> **b. Calcul du prorata temporis** Si l'entreprise choisit de pratiquer l'amortissement, celui-ci doit, en principe, être effectué – indépendamment du régime d'amortissement applicable – au prorata du temps écoulé depuis le début de l'exercice en cours jusqu'à la date de cession. Toutefois, s'agissant d'un bien amortissable selon le mode dégressif, l'administration admet par mesure de simplification que l'entreprise calcule l'amortissement en fonction d'une période d'utilisation résiduelle courant depuis la date d'ouverture de l'exercice en cours jusqu'au début du mois au cours duquel est intervenue la cession (BOI-BIC-AMT-20-20-30 n° 270).

— les immobilisations **mises au rebut** doivent être complètement amorties avant d'être sorties de l'actif : le compte d'amortissement est alors crédité par le débit du compte 687 « Dotations aux amortissements, aux dépréciations et aux provisions – Charges exceptionnelles » (PCG art. 942-28). Voir également n° 28255.

II. Amortissements dérogatoires et déductions fiscales exceptionnelles
La valeur nette comptable ne tient pas compte des amortissements dérogatoires. En conséquence, ils sont annulés, lors de la cession, par le compte 787 « Reprises sur dépréciations et provisions (à inscrire dans les produits exceptionnels) » (subdivision 7872 « Reprises sur provisions réglementées – Immobilisations » ou 78725 « Amortissements dérogatoires »).

> **Fiscalement** Les incidences de l'amortissement dérogatoire sur le régime des plus ou moins-values sont les suivantes (BOI-BIC-PVMV-20-10 n° 180 à 200) :
> — pour le calcul du montant de la plus-value ou de la moins-value, la valeur résiduelle comptable doit être diminuée du montant de la provision pour amortissement dérogatoire éventuellement constituée et non encore apurée à la date de cession du bien ;
> — pour la détermination du montant de la plus-value à court terme (**entreprises soumises à l'IR**) consécutive à la cession d'éléments acquis ou créés depuis au moins deux ans, les amortissements déduits pour l'assiette de l'impôt au sens de l'article 39 duodecies-2 b du CGI s'entendent du montant cumulé des dotations pour amortissement technique majoré de la provision pour

amortissement dérogatoire éventuellement constituée et non encore apurée à la date de cession du bien. Il convient, bien entendu, d'en tirer les conséquences pour la détermination du montant de la plus-value à long terme (CGI art. 39 duodecies-3).

Pour un exemple d'application, voir n° 29335.

La valeur nette comptable ne tient pas non plus compte des déductions fiscales exceptionnelles constatées de manière extra-comptable (et non via des amortissements dérogatoires) (voir n° 27425).

> **Fiscalement** Tel est notamment le cas de la déduction fiscale exceptionnelle accordée en faveur de certains investissements peu polluants (voir n° 27425).

III. Reversement de TVA (cas des immeubles) Lorsque la cession donne lieu à reversement d'une fraction de la TVA acquittée lors de l'acquisition du bien, le montant à reverser augmente le prix d'achat ou de revient du bien (CGI ann. II art. 209) par le crédit du compte 4457 « TVA collectée » (voir n° 29400).

IV. Immobilisations réévaluées La valeur nette comptable est la différence entre le coût d'entrée réévalué et les amortissements réévalués (voir n° 29355 s.).

V. Immobilisations financées à l'aide de subventions Voir n° 56510.

B. Prix de cession

28170 Le prix de cession est le **prix indiqué dans l'acte** (ou facture de vente), indépendamment des modalités de son règlement.

Toutefois, en cas de paiement différé, le prix de cession n'est pas actualisé.

> **Précisions 1. Prix hors taxe** En l'absence de précisions relatives à la TVA, le prix figurant dans un contrat conclu entre commerçants est un prix hors taxe (Cass. com. 9-1-2001 n° 46 FP-P).
> **2. Reprise d'un ancien matériel par un fournisseur** La reprise par un fournisseur d'un ancien matériel pour l'achat d'un matériel neuf correspond, à notre avis, au prix de cession de l'ancien matériel et non à une réduction du prix d'achat du nouveau matériel (voir n° 26190).

Il est (en général) comptabilisé au crédit du compte 775X « Produits des cessions d'éléments d'actif ».

Sur la possibilité, dans certaines situations et à certaines conditions, de comptabiliser la cession dans le résultat d'exploitation, voir n° 52030.

> **Fiscalement 1. Prix à retenir** Le prix de cession est en principe retenu. Toutefois, lorsque le **prix** est **payable à terme,** il est nécessaire de distinguer selon que la perte financière liée à ce différé de paiement est compensée ou non par des intérêts (suffisants) ou une clause d'indexation (appropriée) (CE 6-12-1978 n° 12561 ; Rép. Liot : Sén. 11-12-1969 n° 8352, non reprise dans Bofip et Piot : AN 25-3-1978 n° 40098, non reprise dans Bofip) :
> – s'il y a **compensation,** le **prix de cession** doit être retenu ;
> – s'il n'y a **pas de compensation,** c'est la **valeur actualisée** du prix de cession qui doit être retenue.
> En cas de versement d'une **rente viagère,** le prix à retenir est le capital représentatif de la rente à la date de la cession (BOCD 1965-II-2988 confirmée par Rép. Busséreau : AN 31-8-1987 n° 28358 non reprise dans Bofip).
> Par ailleurs, la plus-value demeure inchangée même si l'acquéreur a déposé son bilan et ne peut honorer les traites signées (CE 18-2-1977 n° 47516) ; mais, à notre avis, une provision pour créances douteuses est à constituer.
> **2. Remise en cause du prix par l'administration** Le prix de cession stipulé dans l'acte peut être remis en cause par l'administration si elle établit l'existence d'une **dissimulation** de prix (auquel cas c'est le prix rectifié qui est retenu pour le calcul de la plus-value), d'une **majoration ou d'une minoration injustifiée de prix.** Ainsi :
> – en présence d'une insuffisance de prix qui ne peut être justifiée ni par l'existence d'une contrepartie, ni par une contrainte à réaliser la cession (CE plén. 21-12-2018 n° 402006), la différence positive entre la valeur vénale et le prix de cession consenti à une société apparentée constitue en principe une libéralité à réintégrer au résultat du cédant (CE 9-7-1980 n° 12050 ; CE 6-12-2021 n° 429308) et de la société bénéficiaire (CE 21-11-1980 n° 17055 ; CE 5-1-2005 n° 254556). Toutefois, la minoration du prix de cession des titres d'une filiale, appréciée à la date de conclusion de la promesse de vente consentie à un directeur commercial, est regardée comme justifiée dans un situation où la société cédante pouvait escompter en contrepartie une augmentation du chiffre d'affaires de cette société du fait de l'implication du cessionnaire dans l'activité, et par suite une valorisation de sa propre participation (CE 11-3-2022 n° 453016) ;

— en cas de majoration de prix non justifiée, l'inscription du bien à l'actif de l'entreprise acquéreuse pour un prix majoré est sans incidence sur les résultats de l'exercice d'acquisition (CE 27-4-2001 n° 212680). Mais l'administration est fondée à refuser la déduction ultérieure d'un amortissement (CE 7-1-1977, n° 96999 ; CE 1-2-1978, n° 3402 ; CE 24-3-1982, n° 27576), d'une provision pour dépréciation (CE 17-3-1976, n° 91621 ; CE 28-3-1979, n° 1772 ; CE 21-6-1995, n° 132530) ou d'une moins-value de cession ultérieure (CE 5-7-1978, n° 7492) pour la fraction correspondant à l'excédent de valeur.

Notons que ces éléments pourraient constituer, par ailleurs, **un élément** du délit d'**abus de biens**.

3. En ce qui concerne la **TVA**, voir n° 29320.
4. En cas de **réduction de prix** au cours d'un exercice postérieur à celui de la cession, voir n° 28355.

La comptabilisation des **frais de cession** dépend, à notre avis, de leur lien direct ou non avec la cession :

> **Précisions** Si la vente n'est pas réalisée dans le même exercice que celui de l'engagement des frais Ces frais ne peuvent pas être différés jusqu'à la vente, dans la mesure où il ne s'agit pas de frais engagés directement pour la vente conclue, mais indirectement (dans l'objectif général de réaliser une vente).

— **s'ils sont inhérents à la cession,** notamment quand l'accord de cession les prévoit, ils peuvent être comptabilisés au compte 675 « Valeur comptable des éléments d'actif cédés » ;

Tel est le cas, à notre avis :
— des frais notariés, des droits de mutation,
— des frais de commissions ou de courtages versés à l'intermédiaire qui a prêté son concours pour la réalisation de la vente,
— des frais de diagnostics par exemple (amiante, plomb…), quand ils sont obligatoires ou expressément requis par l'acquéreur.

> **Précisions** Si la vente n'est pas réalisée dans le même exercice que celui de l'engagement des frais Les frais de cession devraient pouvoir, à notre avis, être comptabilisés en **charges constatées d'avance,** dès lors que la vente est **quasiment certaine** à la clôture de cet exercice (sauf moins-value attendue).

> **Fiscalement** Le **prix de vente** s'entend du **prix net,** c'est-à-dire **déduction faite des frais spéciaux** qui s'appliquent directement à l'opération **de cession,** tels que :
— les courtages ou commissions payées à l'intermédiaire qui a prêté son concours pour la réalisation de la vente (CE 21-6-1995 n° 132531 ; BOI-BIC-PVMV-10-20-10 n° 10 ; voir n° 36705) ;
— les frais de mainlevée du gage grevant le bien cédé (CAA Nancy 29-11-2001 n° 97-1768) ;
— les travaux d'aménagement de terrain (CAA Bordeaux 11-6-1992 n° 446, à propos de travaux d'aménagement effectués par une commune afin de transformer un terrain à usage agricole en un terrain à usage industriel en vue de sa vente).

Ces frais viennent donc réduire le montant de la plus-value de cession ou augmenter le montant de la moins-value de cession.

— **s'ils ne sont pas inhérents à la cession,** ils doivent être enregistrés selon leur nature (selon les comptes prévus par le PCG), par exemple dans le compte 6226 « Honoraires », sans pouvoir, à notre avis, être différés jusqu'à la vente.

Tel est le cas des frais qui ne sont pas engagés spécifiquement pour l'opération de vente conclue (honoraires d'expertise ou de conseil…).

> **Fiscalement** Ces frais constituent des frais généraux déductibles du résultat imposable. Il en est ainsi des frais liés au remboursement de l'emprunt souscrit pour l'acquisition du bien cédé (CAA Nancy 29-11-2001 n° 97-1768) ou des honoraires d'expertise en vue d'une évaluation du bien cédé (CE 21-6-1995 n° 132531).

Certains autres frais engagés dans le but de la cession ont un caractère immobilisable car ils augmentent la valeur du bien. Dans ce cas, lors de la cession, ces frais sont de facto comptabilisés au compte 675.

EXEMPLES

— Frais de démolition d'une construction pour vendre un terrain nu (voir n° 25922).
— Indemnités d'éviction versées par le propriétaire à son locataire si la libération des locaux est une condition de la vente ou si le prix de vente des locaux devenus libres est augmenté (voir n° 45860).
— Travaux d'aménagement d'un terrain nécessaires à la cession (voir Fiscalement ci-après, pour un exemple).
— Travaux d'agencement et d'aménagement de locaux en vue de les vendre.

Sur la date d'enregistrement du prix de cession, voir n° 29295.

C. Cas particuliers

28220 Pour une cession comportant une dation en paiement, voir n° 42805.

Pour une cession des droits de superficie, voir n° 30670.

SORTIE DE COMPOSANTS

28225 Appliquer l'approche par composants à un actif impose non seulement de décomposer le bien dès l'origine (voir n° 25725 s.) mais également d'identifier ultérieurement tout composant qui n'aurait pas été identifié à l'origine (voir n° 25760) ;

Dans les deux cas :
– le nouveau composant est comptabilisé à l'actif (voir n° 25725 s.) ;
– le composant remplacé doit être sorti (voir n° 28230 et 28250).

28230 Remplacement de composants identifiés à l'origine La valeur nette comptable du composant remplacé devrait être nulle, celui-ci étant, en principe, complètement amorti.

Si tel n'est pas le cas (en cas de panne non programmée à l'origine, par exemple), une charge est constatée lors de la sortie de l'actif pour le montant du composant identifié et comptabilisé à l'origine, diminuée des amortissements pratiqués et des dépréciations existant au moment du remplacement.

28250 Remplacement de composants identifiés ultérieurement Lorsque des composants n'ont pas été identifiés à l'origine, leur valeur nette comptable se trouve de ce fait incluse dans la structure. En conséquence, lors de leur remplacement, la quote-part de la structure correspondant à la **valeur nette comptable du composant remplacé, non identifié à l'origine,** doit être **comptabilisée en charges** (Bull. CNCC, n° 149, mars 2008, EC 2007-94, p. 126 s.).

Le composant n'ayant pas été identifié à l'origine, la question de son évaluation se pose :

a. Les dépenses de remplacement Les textes n'apportent aucune précision sur les modalités d'évaluation de la valeur du composant non identifié à l'origine, lors de sa sortie de l'actif.

À notre avis, la valeur nette comptable peut être estimée sur la base du coût de remplacement amorti (par analogie avec le traitement proposé par les règles sur les dépenses de gros entretien et grandes visites, voir ci-après b.).

> **EXEMPLE**
>
> Une entreprise acquiert une immobilisation pour 1 000 le 1er janvier N. À cette date, l'entreprise ne disposant pas des informations lui permettant d'effectuer une décomposition de l'immobilisation acquise, aucun composant n'est constaté.
>
> Au 1er juillet N+4, l'entreprise doit toutefois procéder au remplacement d'une partie de cette immobilisation. Conformément aux règles d'identification des composants (voir n° 25705 s.), l'entreprise doit identifier un composant lors de l'engagement de la dépense qui est alors de 200 et sortir la valeur nette comptable du composant remplacé (et non identifié à l'origine).
>
> **1. Détermination de la valeur brute comptable du composant remplacé** Cette valeur est rarement connue directement mais peut être extrapolée, à notre avis, à partir du montant des dépenses de remplacement à supporter réellement (soit 200), et de critères tels que l'inflation (par l'actualisation), la différence entre prix à l'unité et prix dans un produit global, l'évolution des technologies (dans les deux sens), etc.
>
> Par hypothèse, pour la suite de l'exemple, ce montant est de 150.
>
> **2. Détermination de la valeur nette comptable du composant remplacé** La durée réelle d'amortissement de l'immobilisation non décomposable est de 20 ans (par hypothèse et par simplification, cette durée est égale à la durée d'usage fiscale).
>
> Sa valeur nette lors du remplacement est déterminée de la manière suivante :
>
> | | |
> |---|---|
> | Valeur brute | 150 |
> | Amortissements | (34) [1] |
> | Valeur nette | 116 |
>
> (1) 34 = 150 (valeur brute estimée) / 20 (durée d'amortissement pratiquée sur l'immobilisation non décomposable) × 4,5 (durée sur laquelle le composant a été amorti à la date du remplacement).

3. Sortie de la VNC du composant remplacé et immobilisation du nouveau composant

L'impact sur le résultat de l'identification ultérieure du composant est de (116), correspondant à la perte résultant de la sortie de la VNC du composant non identifié à l'origine et remplacé lorsque la dépense survient.

Si le composant avait été identifié à l'origine, l'entreprise n'aurait pas constaté de résultat négatif lors de son remplacement. En effet, à cette date, le composant aurait été totalement amorti (voir n° 28230).

Le nouveau composant est comptabilisé à l'actif pour 200 et devrait être amorti sur la durée séparant deux remplacements, c'est-à-dire 4,5 années, sauf informations particulières laissant à penser que cette durée ne se répétera pas, soit (200 / 4,5) × 6 / 12 = 22.

Pour plus de détails sur l'amortissement des composants, voir n° 27200.

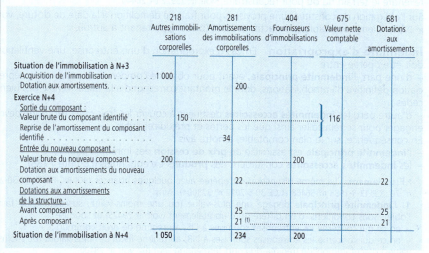

(1) Valeur nette de la structure après sortie du composant 659 (1 000 − 200 − 25 − 116) amortie sur 15,5 années résiduelles (20 − 4,5) pour les 6 mois restants de l'année, soit 659 / 15,5 × 6 / 12 = 21.

> **Fiscalement** **1. Cas général** : il en est de même (BOI-BIC-CHG-20-20-20 n° 150). Ainsi, selon l'administration, lorsque le prix d'origine de l'élément remplacé ne peut être déterminé avec précision, la valeur brute de l'élément remplacé doit être reconstituée, à la date du remplacement, selon une méthode rationnelle et cohérente. À titre d'exemple, lorsque le remplacement porte sur un élément incorporé à un immeuble, la valeur brute de l'élément remplacé pourra être reconstituée à partir de la valeur à neuf du nouveau composant corrigée du taux d'inflation depuis la date d'investissement d'origine ou de l'indice du coût de la construction.

2. Petites et moyennes entreprises : toutefois, à titre de simplification, pour les **petites et moyennes entreprises** ne dépassant pas certains seuils, l'administration admet que la VNC du composant remplacé soit égale au coût de remplacement amorti (BOI-BIC-CHG-20-20-20 n° 150). Sur les seuils à ne pas dépasser pour bénéficier de cette mesure de simplification, voir n° 27150.

EXEMPLE

(reprenant les hypothèses du précédent exemple) Dans le cas d'une PME :
— la valeur brute du composant non identifié à l'origine est égale aux dépenses de remplacement réellement supportées (soit 200) ;
— le montant des amortissements estimé au moment du remplacement est égal à 45 (soit 200 / 20 × 4,5) ;
— la VNC du composant à sortir est égale à 55 (soit 200 − 45).

b. Les dépenses de gros entretien ou grandes visites Le coût du composant à sortir de l'actif peut être estimé sur la base du coût du gros entretien ou de la grande révision comme si celui-ci avait été engagé à la date de l'acquisition de l'immobilisation ou de l'achèvement de sa production (PCG art. 213-20).

À notre avis, à partir du montant des dépenses de remplacement à supporter réellement, il convient d'extrapoler le montant qui aurait pu être porté à l'actif initialement en tant que composant. Ainsi, pourraient être prises en compte l'inflation, l'évolution des technologies…

> **Fiscalement** En revanche, la VNC doit être réintégrée extra-comptablement. En effet, l'inscription à l'actif, sous forme de composants, des dépenses de gros entretien et grandes visites n'est pas reconnue par l'administration (voir n° 25750).

DIVERS

28255 En cas de démolition, destruction, mise hors service d'une immobilisation résultant d'un acte volontaire ou d'un événement indépendant de la volonté de l'entreprise (exemples : incendie, inondation, etc.), **le prix de cession est nul.**

> **Fiscalement** Il en est de même (en ce sens, BOI-BIC-CHG-60-20-10 n° 1).

Tel est le cas des composants remplacés en fin d'utilisation et mis au rebut (voir n° 28230).

Tel n'est pas le cas lorsque la destruction est couverte partiellement ou totalement par une indemnité d'assurance, voir n° 45800.

Sur la destination de la valeur comptable résiduelle en cas de **démolition d'immeuble** pour revendre le terrain nu ou pour reconstruire, voir n° 25922 et 26440.

Sur l'obligation de constituer une provision pour frais de démolition à la date de clôture, voir n° 27945 (biens comptabilisés à l'actif) et 28735 (biens appartenant à autrui).

28260 Indemnité d'expropriation En cas d'expropriation d'une entreprise, une ventilation doit être opérée entre :
– d'une part, l'**indemnité principale,** ayant pour objet de compenser la perte ou la dépréciation définitive d'immobilisations, dont le montant correspond à la valeur vénale des biens cédés ;
– d'autre part, les **indemnités accessoires** destinées à couvrir les frais que l'exproprié devra engager pour se réinstaller ainsi que les pertes et préjudices subis.
En conséquence, sur le plan comptable, à notre avis :
– l'**indemnité principale** est assimilée au **prix de cession** des immobilisations ;
– les **indemnités accessoires** constituent des **produits** exceptionnels (compte 7788).

> **Fiscalement** La même distinction est opérée avec quelques nuances (BOI-BIC-PDSTK-10-30-20 n° 70 ; CE 13-5-1988 n° 56468 et CE 30-5-2012 n° 323004). Ainsi :
> **1.** l'**indemnité principale** dégage une plus-value (ou une moins-value) susceptible de faire l'objet, sous conditions, d'un différé ou d'un étalement (voir n° 29425) et soumise :
> – en ce qui concerne les entreprises soumises à l'IS, au régime de droit commun ;
> – en ce qui concerne les entreprises soumises à l'IR, au régime fiscal des plus-values (ou moins-values) d'actif immobilisé (régime du court terme/long terme) ; voir n° 28100 ;
> **2.** les **indemnités accessoires** (BOI-BIC-PDSTK-10-30-20 n° 70 ; CE 18-7-1973 n° 86950) :
> – bénéficient du même régime que l'indemnité principale, si elles ont pour objet de compenser la dépréciation ou la perte, totale ou partielle, d'éléments de l'actif immobilisé, notamment du fonds de commerce (par exemple, indemnité de préjudice commercial ou indemnité pour troubles définitifs d'exploitation),
> – doivent être comprises dans le bénéfice d'exploitation imposable au taux normal, si elles sont destinées à couvrir des charges déductibles, telles que des frais de réinstallation ou des pertes temporaires de recettes pendant la période de réinstallation (indemnité de remploi, indemnité pour transfert et remontage des installations transportables ou indemnité pour manque à gagner).

> **Précisions** (comptable et fiscale) **Utilisation de l'indemnité** Le Conseil d'État (CE 16-1-1980 n° 4811 et CE 15-10-1980 n° 14488) :
> – considère que l'emploi ultérieurement donné par le contribuable à l'indemnité de remploi reste sans incidence sur la nature de celle-ci et donc sur sa comptabilisation et son mode d'imposition ;
> – ne s'estime pas lié par les stipulations convenues entre les parties, appréciant au cas par cas si une indemnité dite « de remploi » constitue un élément du prix de cession ou un produit.

Sur la date d'enregistrement de l'indemnité d'expropriation, voir n° 29295.

28265 Cession par une vente avec faculté de rachat (à réméré) La vente de biens avec faculté de rachat à une date ultérieure s'analyse en une vente unique conclue sous la **condition résolutoire** de l'exercice de l'option de rachat. Par ce contrat, le vendeur se réserve le **droit de reprendre la chose vendue** moyennant la restitution du prix et le remboursement des frais de vente ainsi que des dépenses et réparations nécessaires faites par l'acheteur et celles qui ont augmenté la valeur du fonds (C. civ. art. 1659 et 1673).

Pour plus de détails sur ce traitement, voir n° 37150 (les règles prescrites par le PCG concernant la cession de titres à réméré).

I. Lors de la cession de l'immobilisation Le bien est sorti de l'actif et les plus ou moins-values constatées en résultat.

> **Fiscalement** Il en est de même (BOI-BIC-PDSTK-10-10-10 n° 120 ; BOI-BIC-PVMV-30-30-50 n° 1).

II. Exercice de la faculté de rachat avant la clôture de l'exercice
Il convient de contrepasser les écritures ayant été enregistrées lors de la cession.

> **Fiscalement** Il en est, à notre avis, de même (voir n° 37150).

III. Rachat probable à la clôture de l'exercice
Dans ce cas, il convient, à notre avis :
– de neutraliser le résultat de la cession (plus-value et moins-value) ;
Il n'est pas précisé comment et où neutraliser, chez le vendeur, le résultat de la cession. À notre avis :
- s'il s'agit d'une plus-value, celle-ci est comptabilisée dans le compte 487 « Produits constatés d'avance »,
- s'il s'agit d'une moins-value (le prix payé dans ce type de vente étant souvent décoté par rapport au prix de marché), celle-ci est comptabilisée dans le compte 486 « Charges constatées d'avance ».

> **Fiscalement** Il en est, à notre avis, de même (voir n° 37150).

– de comptabiliser une provision, si la valeur d'inventaire du bien cédé est inférieure à la valeur comptable qu'avait le bien avant la cession ;
Tel est le cas, notamment, si l'exercice du réméré n'est plus probable, en cas de moins-value de cession et en l'absence d'indemnisation de la part de l'acheteur.

> **Fiscalement** La déduction de la provision est admise dès l'exercice de conclusion de la vente, dès lors que le rachat est probable. Il en est ainsi d'une vente à réméré conclue à un prix nettement inférieur à la valeur de l'immeuble ainsi assimilable à une opération de crédit procurant à l'acquéreur une rémunération sous forme de loyers commerciaux (CAA Lyon 12-10-2010 n° 08-815).

– de donner une information dans l'annexe mentionnant l'engagement reçu de l'acheteur, dont le montant correspond au prix convenu pour l'exercice de la faculté de rachat.

> **Précisions** **Appréciation de l'intention du vendeur** Dans le domaine de l'immobilier, la certitude d'exercer l'option de rachat ne peut être en aucun cas considérée comme systématique et dépendra de l'appréciation de l'intention du vendeur et des chances d'exercice de la faculté de rachat eu égard au prix de rachat convenu et à l'évolution du marché de l'immobilier.

Cession d'un ensemble immobilier
28270

La répartition du résultat de cession entre les parts afférentes au terrain et au bâtiment peut faciliter l'établissement des plus ou moins-values fiscales et leur suivi en comptabilité.

Sur la ventilation du coût d'acquisition entre terrain et construction, voir n° 26420.

> **Fiscalement** Pour les entreprises soumises à l'**IS**, les plus-values relèvent du régime de droit commun. En revanche, les plus-values sont à court ou long terme pour les entreprises soumises à l'**IR** (voir n° 28100).

En cas d'autorisation d'occupation du domaine public, voir n° 30700.

Construction sur sol d'autrui
28275

A l'expiration du bail :

a. le locataire doit sortir de l'actif les immobilisations concernées. Seule la reconduction de la location permettrait de maintenir à l'actif les travaux effectués par le locataire, lesquels auraient encore une durée d'utilisation.

> **Fiscalement** Il en est de même.

Théoriquement, le résultat de cession devrait être nul (sauf si le bien n'a pas été amorti correctement) :
– la construction ayant été amortie sur la durée du bail (ou sur la durée de vie de la construction, si elle est plus courte que la durée du bail), voir n° 27515 ;
– la base amortissable ayant été réduite, le cas échéant, du montant de l'indemnité prévue, voir n° 27515.

Toutefois :
– sur la difficulté de prévoir les périodes de renouvellement du bail raisonnablement assurées, voir n° 27515 ;
– en cas de déménagement en cours de bail, voir n° 27515.

La différence, le cas échéant, entre la VNC et le montant de l'indemnité éventuellement perçue constitue, selon le cas, une plus ou moins-value de cession.

> **Fiscalement** Il en est de même (BOI-BIC-AMT-20-40-30 n° 40).

b. les constructions sont comptabilisées dans les comptes du bailleur.
Sur les conditions de comptabilisation de la construction dans le patrimoine du bailleur, voir n° 25260 II.
Sur l'évaluation de son coût d'entrée chez le bailleur, voir n° 26450 II.
Sur son amortissement chez le bailleur, voir n° 27515.

28280 Confiscation sans indemnité Il en résulte, à notre avis, une cession pour une valeur nulle.

> **Fiscalement** Cette opération équivaut à la perte totale de l'immobilisation. Lorsque le bien fait partie de l'actif immobilisé, cette perte a le caractère d'une moins-value égale à la valeur comptable du bien confisqué (CE 25-7-1980 n° 11535).

28300 Apport en société d'une activité professionnelle Les exploitants qui procèdent à l'apport en société de leur entreprise individuelle peuvent, sur option, se placer sous un régime spécial où les plus-values sont traitées fiscalement comme suit (CGI art. 151 octies ; BOI-BIC-PVMV-40-20-30-20 ; voir Mémento Fiscal n° 19710 à 19780) :
– **immobilisations non amortissables** : report de l'imposition au nom de l'apporteur, jusqu'à leur date de cession ou jusqu'à la date de la cession à titre onéreux ou du rachat des droits sociaux reçus en rémunération de leur apport ;

> **Fiscalement** Ce report d'imposition est toutefois maintenu en cas de réalisation d'opérations successives à l'occasion desquelles les plus-values sont également placées en report ou en sursis d'imposition (CGI art. 151-0 octies).

– **immobilisations amortissables** : réintégration sur 5 ans par parts égales dans le bénéfice imposable au taux de droit commun de la société bénéficiaire de l'apport (sauf cas particulier des constructions) ou, sur option, imposition immédiate de la plus-value à long terme globale au taux réduit au nom de l'apporteur.

> **Fiscalement** Ce régime est subordonné à diverses conditions (voir Mémento Fiscal n° 19780) dont :
> – l'option conjointe par l'apporteur et le bénéficiaire pour le régime spécial dans l'acte d'apport (et non pas seulement dans la décision de l'assemblée extraordinaire de la société bénéficiaire (CE 18-5-2009 n° 298039)] ;
> – la tenue d'un registre des plus-values dégagées ;
> – la production d'un état spécial des plus-values dont l'imposition est reportée.

I. Pour la société créée, à notre avis, l'incidence comptable est la suivante :
a. plus-values sur immobilisations non amortissables : aucune, l'imposition étant au nom de l'apporteur ;
b. plus-values sur immobilisations amortissables :
– l'entreprise doit comprendre dans le bilan apporté à la société une **provision pour impôt** du montant de la charge transférée à celle-ci ;
Si l'apporteur exerce l'option pour l'imposition au taux réduit de la plus-value à long terme globale, la provision pour impôt est limitée au montant de l'imposition des plus-values à court terme, la plus-value à long terme globale ayant déjà été imposée (CGI art. 151 octies).
– la société reprend dans ses produits exceptionnels (soit à la clôture de son premier exercice, soit par 1/5 chaque exercice si elle a opté pour l'étalement de l'imposition) la provision pour impôt comprise dans son bilan initial et elle ajoute la plus-value (soit globalement, soit par 1/5) à son résultat fiscal sur la liasse fiscale ; d'où un supplément d'impôt qui compense la reprise de la provision en produits exceptionnels (l'incidence comptable de l'opération est **nulle**).
S'agissant des **subventions d'équipement** relatives aux immobilisations apportées qui n'auraient pas encore été rapportées aux résultats de l'entreprise apporteuse, le maintien de leur étalement dans les résultats de la société bénéficiaire est possible, même si celles-ci ne sont pas placées sous le régime du report d'imposition prévu à l'article 151 octies du CGI (CGI art. 42 septies 1.).
c. valeur des immobilisations apportées : les immobilisations sont comptabilisées à leur valeur d'apport.

II. Au niveau de l'exploitant, le montant de la plus-value doit être comptabilisé en produits exceptionnels sur opérations en capital.

> **Fiscalement** L'incidence des plus-values bénéficiant du régime spécial mentionné à l'article 151 octies du CGI est neutralisée dans la déclaration des résultats de l'exercice clos au moment de l'apport déposée dans les 60 jours de la cession effective (BOI-BIC-PVMV-40-20-30-30 n° 30).

Opérations de cession-bail (lease-back) Ces opérations visent un contrat de vente d'un bien accompagné d'un contrat de bail (location simple ou financement) conclu entre le vendeur et l'acheteur sur le même bien, à la même date, les deux contrats faisant référence à l'autre. Le contrat de vente peut conduire à faire apparaître des plus-values (dites « plus-values de lease-back »).

28320

> **Précisions** Dans ce cas :
> — les deux contrats constituent des transactions liées ;
> — en application du principe d'image fidèle (C. com. art L 123-14 et PCG art. 121-1), ces transactions liées devraient être comptabilisées dans leur ensemble et non de manière séparée (résultat de cession, d'une part, et loyers, d'autre part).

En pratique, en l'absence de position des organismes comptables compétents, c'est le traitement comptable proposé par l'OEC (Avis n° 29 du 15-11-1995 sur la comptabilisation des contrats de location) qui doit, selon la CNCC (EC 2020-28 et EC 2020-40 ; cncc.fr), être appliqué :

I. Sortie de l'immobilisation Le bien est sorti du bilan du vendeur (futur preneur) et comptabilisé dans le bilan de l'acheteur (futur bailleur) au moment du transfert de propriété, c'est-à-dire à la signature du contrat de vente initial ou, le cas échéant, à la date d'effet indiqué dans le contrat lorsqu'elle est différente de la date de signature. Le contrat de vente conduit, le cas échéant, à faire apparaître une plus-value ou une moins-value de cession (voir ci-après II.).

> **Précisions** **Crédit-bail adossé** Le crédit-bail adossé consiste pour un fournisseur à faire financer un matériel par un établissement de crédit-bail et à le sous-louer à son client, le plus souvent dans des conditions identiques. Le matériel répond à la définition d'une immobilisation corporelle dans la mesure où il est destiné à être loué aux clients. Sa cession est à traiter comme dans une opération de cession-bail (EC 2020-28 précitée).

II. Retraitement de la plus ou moins-value de cession Le traitement de cette plus-value varie selon la nature du contrat de location suivant la cession :

a. Dans le cas de contrats de location-financement (notamment crédit-bail et crédit-bail adossé), le bien reste comptabilisé au bilan du bailleur, bien que le preneur (futur propriétaire) garde l'essentiel des avantages et risques inhérents à la propriété du bien.

> **Précisions** En effet, les contrats de location ayant été exclus du champ d'application des règles générales de comptabilisation des actifs (voir n° 28455), il n'est pas possible, dans les comptes individuels, de comptabiliser à l'actif du preneur le bien donné en location, même si c'est bien ce dernier qui contrôle le bien.

1. La plus-value réalisée lors de la vente est enregistrée en **« Produits constatés d'avance »** et **reprise** dans les résultats ultérieurs **pendant la durée du contrat au prorata des loyers**.

> **Précisions** **1. Avance de fonds** En effet, selon le Bull. CNCC (n° 127, septembre 2002, EC 2002-47, p. 362 s.), la plus-value de cession doit être analysée non pas comme un « enrichissement », mais comme une avance de fonds destinée à être remboursée par les loyers plus importants que la charge d'amortissement calculée sur la valeur d'origine du bien dans les comptes du cédant.
> **2. Intermédiaire** Il en est de même que la cession soit intervenue directement auprès du bailleur, ou par l'intermédiaire d'un tiers (EC 2002-47 précitée).
> **3. Classement en résultat** Pour la reprise du passif, deux solutions semblent possibles (en ce sens, EC 2020-28 précitée, à propos du crédit-bail adossé) :
> — soit la comptabiliser dans le résultat d'exploitation, au compte 613 « Locations » en diminution de la charge des loyers facturés par la société de leasing (solution qui a notre préférence) ;
> — soit la comptabiliser en résultat exceptionnel (au compte 7752 « Produits des cessions »).
> **4. Impôt différé** Sur la comptabilisation d'un impôt différé actif en application de la méthode de l'**impôt différé** en cas de plus-value immédiatement imposable, voir n° 52965.

Lorsque l'immeuble est acquis par l'entreprise preneuse ou en cas de résiliation du contrat de crédit-bail, le solde du produit constaté d'avance est immédiatement repris en résultat.

> **Fiscalement** **1. Régime de droit commun** La plus-value de cession-bail est, en principe, obligatoirement imposée au cours de l'exercice de cession (BOI-BIC-PVMV-40-20-60) dès lors que les prix stipulés correspondent aux valeurs réelles des biens cédés. Le produit constaté d'avance comptabilisé (voir ci-avant) doit donc donner lieu aux retraitements extra-comptables suivants sur l'imprimé n° 2058-A :
> — l'année de la cession, réintégration du solde comptabilisé en produit constaté d'avance (ligne WQ) ;
> — les années ultérieures, déduction de la quote-part de produit constaté d'avance comptabilisée en produit (ligne XG).

28320 (suite)

2. Régime temporaire optionnel d'étalement de l'imposition des plus-values de cession
Les entreprises ont pu opter pour l'imposition échelonnée des plus-values de cessions d'immeubles réalisées entre le **1ᵉʳ janvier 2021 et le 30 juin 2023**, et précédées d'un accord de financement accepté par le crédit-preneur entre le 28 septembre 2020 et le 31 décembre 2022 portant sur les immeubles, bâtis ou non bâtis, affectés par le cédant à son **activité commerciale, industrielle ou artisanale** (CGI art. 39 novodecies), à l'exception en principe des immeubles de placement (BOI-BIC-PVMV-40-20-60 n° 53 ; voir Mémento Fiscal n° 19370).
Un dispositif semblable s'est appliqué aux cessions réalisées entre le 23 avril 2009 et le 31 décembre 2012 et a concerné les immeubles de toute nature, y compris les immeubles de placement.
Les immeubles doivent avoir été cédés au profit d'une société de crédit-bail agréée en qualité de **société de financement** (BOI-BIC-PVMV-40-20-60 n° 40) et le cédant doit avoir **repris immédiatement la jouissance** de l'immeuble cédé en vertu d'un contrat de crédit-bail et la conserver de manière continue.
La **répartition de l'imposition de la plus-value** est réalisée :
– par parts égales ;
– sur la durée maximale du contrat de crédit-bail ou sur une durée de 15 ans lorsque le contrat est d'une durée supérieure (CGI art. 39 novodecies).
Si l'entreprise décide de bénéficier de cet avantage fiscal, la comptabilisation de la **plus-value de lease-back** en produit constaté d'avance ne devrait pas donner lieu à **retraitements extra-comptables**, sauf dans des cas particuliers (par exemple, en cas de répartition non linéaire des loyers ou si le contrat est d'une durée supérieure à 15 ans).
Dans ces cas, la **différence entre la quote-part comptable et la quote-part fiscale** de la plus-value rapportée au résultat doit donner lieu, l'année de cession et les exercices suivants, à une **réintégration** (ligne WN) ou une déduction (ligne WZ) sur l'imprimé n° 2058-A.
2. En revanche, la moins-value, est, en principe, comptabilisée immédiatement en charges (Bull. CNCC n° 150, juin 2008, EC 2008-09, p. 317 s.), dès lors qu'elle traduit une réelle perte de valeur du bien, à notre avis.

> **Fiscalement** Il en est de même. En principe, la moins-value est immédiatement déduite au titre de l'exercice de cession, dès lors que les prix stipulés correspondent aux valeurs réelles des biens cédés.

Une information doit, à notre avis, être donnée en annexe pour décrire le traitement comptable appliqué. Sur l'information à fournir en annexe au titre du crédit-bail, voir n° 50730.
Sur le traitement en règles françaises, dans les comptes consolidés, voir Mémento Comptes consolidés n° 3382.

b. Dans le cas de contrats de location simple Le bien reste comptabilisé au bilan du bailleur, l'essentiel des avantages et risques inhérents à la propriété du bien lui ayant été transféré.
1. En cas de plus-value dégagée lors de la cession initiale, celle-ci doit être traitée différemment selon l'analyse faite de la situation :
– si le contrat et la vente du bien ont été conclus aux **conditions de marché** : il y a lieu de constater immédiatement au compte de résultat du preneur la totalité du gain provenant de la cession ;
– lorsque le **prix de vente est supérieur à la juste valeur du bien**, l'excédent du prix de vente est étalé sur la durée du contrat en atténuation des loyers.
2. En cas de moins-value, par analogie avec le traitement de la plus-value ci-avant prévue expressément par l'OEC, la CNCC indique (EC 2020-40, cncc.fr dans le cadre des comptes consolidés, mais applicable, à notre avis, dans les comptes sociaux) que :
– si le contrat et la vente du bien ont été conclus aux **conditions de marché** et que le prix de vente s'avère inférieur à la valeur comptable de l'actif, la moins-value est à constater immédiatement en résultat, celle-ci traduisant une réelle perte de valeur du bien ;
– si le **prix de vente est inférieur à la fois à la juste valeur de l'actif** et à sa valeur comptable, la **moins-value** de cession est immédiatement comptabilisée en résultat, sauf, le cas échéant, pour la fraction de son montant qui trouve une compensation dans les paiements ultérieurs de loyers inférieurs à la valeur locative du bien. Dans ce cas, la perte de cession, pour sa quote-part représentative du surloyer total payé d'avance, est à comptabiliser en tant que charge de loyer constatée d'avance et à reprendre en résultat sur la durée du bail, au prorata des loyers, en augmentation des loyers facturés (ce qui permet de les ramener à un niveau de marché).

> **Précisions 1. Conditions d'étalement du résultat de cession** Une analyse des contrats doit démontrer que la transaction globale est équilibrée dans son ensemble et que la moins-value ne constitue donc pas un appauvrissement pour le groupe. Pour ce faire, le produit

correspondant à l'économie future doit être certain (tel est le cas, par exemple, si le contrat prévoit des loyers inférieurs à la valeur locative du bien sur une durée non résiliable et sans conditions suspensives). Cette approche n'est applicable que dans le contexte où il est possible de démontrer que les loyers futurs permettent d'absorber la moins-value de cession initiale, ce qui suppose notamment de disposer d'**évaluations fiables** de la juste valeur du bien et de sa valeur locative (EC 2020-40 précitée). Il en est de même, à notre avis, en cas de plus-value.

2. Classement en résultat Voir ci-avant a. 1.

> **Fiscalement** Il en est, à notre avis, de même. En principe, le résultat de cession est immédiatement déduit (moins-value) ou taxé (plus-value) au titre de l'exercice de cession (voir ci-avant a.). Toutefois, si le prix de vente stipulé est différent de la valeur réelle du bien cédé, la fraction du résultat de cession correspondant à cet écart pourrait, à notre avis, être étalé au fur et à mesure du versement des loyers, sous réserve que l'intensité de la prestation fournie par le bailleur soit constante dans le temps et que les dispositions contractuelles soient explicites sur l'économie générale du contrat.

Dans tous les cas, une information doit être donnée en annexe pour décrire le traitement comptable appliqué (EC 2020-40 précitée).

Sur le traitement en règles françaises, dans les comptes consolidés, voir Mémento Comptes consolidés n° 3383-1.

Sur le traitement des opérations de cession-bail en normes IFRS, voir Mémento IFRS n° 33040 et 33780 (IFRS 16).

Promesse de vente   28340
I. Cas général
a. En cas de promesse unilatérale de vente Ne comportant pas habituellement l'engagement d'acheter de la personne qui accepte la promesse de vente, la cession du bien n'a lieu qu'à la date à laquelle l'acheteur potentiel déclare se prévaloir de ses droits en levant l'option.

> **Précisions** Dès lors qu'il s'est engagé, le promettant ne peut plus se rétracter pendant le temps laissé au bénéficiaire pour opter (C. civ. al. 1124). Sur l'engagement à mentionner en annexe, voir n° 50690.

La volonté du bénéficiaire de lever l'option peut résulter de tout acte la manifestant sans équivoque, sauf si la promesse de vente prévoit un formalisme particulier (Cass. 3e civ. 19-12-2012 n° 08-14.225).

L'article L 123-21 du Code de commerce n'autorisant la prise en compte des bénéfices que s'ils sont réalisés à la date de clôture d'un exercice, la plus-value potentielle, même si elle est fortement probable, ne peut donc pas être comptabilisée. En revanche, la moins-value probable doit être constatée par le biais d'une dépréciation du bien en cours de cession au plus tard à la signature de la promesse de vente.

En cas de dédit, la somme qui reste acquise au vendeur constitue sur le plan comptable un produit exceptionnel (compte 78), taxable au taux de droit commun sur le plan fiscal (CE 28-7-2000 n° 194153).

b. En cas de promesses unilatérales réciproques de vente et d'achat (promesse synallagmatique) En revanche, l'échange d'une promesse unilatérale d'achat et d'une promesse unilatérale de vente vaut vente définitive (Cass. com. 22-11-2005 n° 1463 F-PB) :
– dès lors que les deux promesses réciproques ont le même objet et qu'elles sont stipulées dans les mêmes termes ;
– même si les options n'ont pas été levées à l'expiration du délai imparti à chacune des parties ;
– sauf si les parties indiquent expressément dans chaque promesse que celle-ci n'entraînera vente qu'à partir de la levée de l'une ou l'autre des options et qu'à défaut, l'accord deviendra caduc.

En effet, « la promesse de vente vaut vente, lorsqu'il y a consentement réciproque **des deux parties** sur la chose et sur le prix » (C. civ. art. 1589).

La vente ne sera toutefois comptabilisée que s'il y a transfert de contrôle de l'immobilisation.

II. Ventes d'immeubles Il est courant que la vente se réalise en deux étapes : un compromis de vente (acte sous signature privée comportant un engagement de vente et un engagement d'achat, voir ci-avant I. b.), **puis** un acte authentique.

Les relations qui s'établissent entre les deux actes dépendent de la volonté des parties (en ce sens, Rép. Millon : AN 31-3-1980 n° 24917 et Bull. CNCC n° 38, juin 1980, EC 80-11, p. 254). **À notre avis,** en l'absence de précision des doctrines française et internationale, la date de comptabilisation de la cession (ou de l'acquisition) **dépend de l'intention des parties** lors de la signature du compromis :

a. La signature de l'acte authentique constitue une condition suspensive de la vente (cas le plus fréquent), la vente n'ayant lieu que lors de la signature de l'acte notarié.

> **Précisions** Tel est le cas lorsque l'accord précise que :
> – les parties sont engagées lors de la signature de la promesse de vente, mais seulement dans les délais indiqués dans le compromis ;
> – si les parties ne signent pas l'acte authentique dans ce délai, la promesse de vente devient caduque, les parties sont libérées de leur engagement et la vente n'est pas réalisée.

Dans ce cas, il convient, lors de la signature de l'acte sous signature privée, d'enregistrer la somme reçue (ou versée) dans un compte de tiers et de porter le montant total dans les engagements hors bilan.

Il n'est pas possible d'enregistrer la cession d'un immeuble (et donc la plus-value), si la conclusion de l'acte notarié n'est intervenue qu'après la clôture (Bull. CNCC n° 167, septembre 2012, EC 2012-20, p. 609-615 ; Bull. CNCC n° 186, juin 2017, EC 2017-15, p. 344 s. ; voir n° 11040). L'engagement doit toutefois être indiqué dans l'annexe dans les engagements hors bilan (voir n° 50005 s.) ainsi que les effets potentiels du compromis signé entre les parties et la portée de la condition suspensive (voir n° 11040).

Ce traitement est également retenu en cas de déclaration d'intention d'aliéner, voir n° 11040.

> **Fiscalement** Dans le cas d'une promesse unilatérale de vente, la plus-value est réputée réalisée, en l'absence d'un contrat antérieur comportant une promesse synallagmatique de vente, à la date où l'acte authentique de transfert de propriété a été effectivement signé (CE 4-10-1972 n° 83422 et BOI-BIC-PVMV-10-10-20 n° 120).

b. La vente par acte authentique est une simple formalité complémentaire ne constituant pas une condition du contrat. Dans ce cas, la vente est parfaite lors de la signature du compromis et son enregistrement est **exceptionnellement** possible dès ce moment, à condition toutefois qu'il y ait eu **transfert de contrôle** (c'est-à-dire que les principaux risques et avantages aient été transférés).

> **Précisions** Tel est le cas, notamment, si l'acquéreur :
> – supporte l'éventuelle variation de valeur du bien au terme de la période intercalaire (entre la date du transfert de contrôle et celle du transfert de propriété) ;
> – peut céder le bien durant la période intercalaire ;
> – est indemnisé au titre de l'exploitation du bien par le cédant, le cas échéant, durant la période intercalaire.

Pour le cas particulier des constructions en cours d'édification, voir n° 25345.

> **Fiscalement** En présence d'une promesse synallagmatique de vente sans condition suspensive, le transfert de propriété est réputé intervenir dès la signature de la promesse et non à la date de signature de l'acte authentique (CE 29-12-2020 n° 42806).

28345 **Transfert d'une immobilisation dans le patrimoine civil de l'exploitant individuel** Un tel transfert est assimilable à une cession du bien.

> **Fiscalement** Il en est de même (BOI-BIC-PVMV-10-10-20 n° 20).

28350 **Cession à titre gratuit d'immobilisation** Tel est le cas, par exemple, de la donation de son fonds de commerce à son héritier par un entrepreneur individuel.

À notre avis, il en résulte une moins-value de cession du montant de la valeur nette comptable du bien à la date de la donation.

> **Fiscalement** Voir Mémento Fiscal n° 96150 à 96235.

28355 **Annulation d'une cession d'immobilisation** L'immobilisation est réenregistrée à l'actif du vendeur pour le montant pour lequel elle figurait avant la cession.

En effet, ce traitement traduit les effets juridiques d'une condition résolutoire qui, lorsqu'elle est remplie, annule tous les effets de la vente (voir n° 11045).

Le montant du prix de cession est, à notre avis, à enregistrer, lors de l'exercice de survenance de l'annulation, au compte 671 « Charges exceptionnelles sur opérations de gestion » (en cas de plus-value lors de la cession initiale) par le crédit du compte 462 « Cessionnaire » ou du compte 512 « Banque » et le montant de la valeur nette comptable du bien est enregistré au compte 771 « Produits exceptionnels sur opérations de gestion » par le débit du compte d'immobilisation concerné et, s'il s'agit d'un bien amortissable, par le crédit du compte d'amortissement concerné.

> **Fiscalement** L'entreprise doit constater un résultat inverse de celui pris en compte initialement (CGI art. 39 duodecies-9). Ce résultat suit le même régime fiscal (court terme ou long terme) que la plus ou moins-value initiale, le taux d'imposition applicable étant celui en vigueur à la date de l'annulation (BOI-BIC-PVMV-40-40-20 n° 90 et 100).
Les biens restitués à l'entreprise sont repris à l'actif, ainsi que les amortissements et les provisions y afférents, pour des valeurs identiques à celles qui figuraient dans les comptes à la date de la cession. Les amortissements correspondant à la période écoulée depuis la cession peuvent être déduits en une seule fois l'exercice de restitution du bien (BOI-BIC-PVMV-40-40-20 n° 20).
Pour les annulations de vente ou révisions de prix de titres, voir n° 37605.

CAS PARTICULIERS LIÉS À LA FISCALITÉ

Cas particuliers de cessions Sont examinées ci-après les conséquences fiscales qui résultent de la cession des biens « somptuaires » (voir n° 28365) ou des œuvres d'art (voir n° 28370). Par ailleurs, les plus-values réalisées par les PME sont susceptibles d'être exonérées (voir n° 28375). 28360

Cession de biens « somptuaires » Cette qualification fiscale de certains biens « somptuaires » (voir n° 18620) n'a aucune incidence sur l'écriture de comptabilisation de cession. 28365

> **Fiscalement 1.** La non-déductibilité de tout (voir n° 27630) ou partie (voir n° 27570) des amortissements afférents à ces biens n'a pas pour effet de minorer la **plus-value imposable** ou d'augmenter la **moins-value déductible**. En effet, ces amortissements sont assimilés à des amortissements déduits (CGI art. 39 duodecies 2-a ; voir Mémento Fiscal n° 18030). Ils ne donnent donc lieu à aucun retraitement extra-comptable et doivent être mentionnés sur le tableau B de l'imprimé n° 2059-A (ligne 15).
> **2.** L'interdiction de déduction des charges afférentes aux biens somptuaires (voir n° 18620) ne fait pas obstacle à la déduction de la perte subie lors de leur cession (CE 8-7-1985 n° 31755).

Sur l'intérêt pour les sociétés soumises à l'IR d'amortir le bien au titre de l'exercice de cession, voir n° 28120.

Cession d'œuvres d'art Sur les œuvres d'artistes vivants et les instruments de musique, voir n° 27585 I. 28370
Sur les dons d'œuvres d'art à l'État, voir n° 27585.

Cessions par une PME Parmi les principaux dispositifs de faveur applicables aux cessions réalisées par les PME, les plus importants sont les suivants : 28375
– **Exonération en fonction de la valeur des biens transmis** : les entreprises soumises à l'IR ou à l'IS peuvent, sous certaines conditions, être exonérées à raison des plus-values dégagées (à l'exception des plus-values immobilières), notamment à l'occasion de la transmission à titre onéreux ou à titre gratuit d'une branche d'activité. Pour les plus-values réalisées au titre des exercices clos à compter du 31 décembre 2021 (entreprises soumises à l'IS) ou au titre de l'année 2021 (entreprises soumises à l'IR), l'exonération est totale lorsque la valeur vénale n'excède pas 500 000 €, et partielle lorsqu'elle est comprise entre 500 000 et 1 000 000 € (CGI art. 238 quindecies ; BOI-BIC-PVMV-40-20-50). Pour les opérations antérieures, la valeur vénale doit être inférieure à 300 000 € (exonération totale) ou comprise entre 300 000 et 500 000 € (exonération partielle). Pour plus de détails, voir Mémento Fiscal n° 19650 à 19690.
– **Exonération en fonction des recettes** : les entreprises soumises à l'IR peuvent également bénéficier d'une exonération de leurs plus-values professionnelles lorsque leurs recettes n'excèdent pas un certain montant (CGI art. 151 septies ; voir Mémento Fiscal n° 18200 à 18250).

V. RÉÉVALUATIONS DES IMMOBILISATIONS

L'ensemble des conséquences relatives à l'opération de réévaluation elle-même est regroupé aux n° 56665 s. Les conséquences comptables, quant à elles, sont examinées dans la Section IV – Schémas usuels de comptabilisation – pour chaque problème concerné. 28445

SECTION 3
IMMOBILISATIONS ACQUISES EN APPLICATION D'UN CONTRAT DE LOCATION

I. DÉFINITION ET COMPTABILISATION DU CONTRAT DE LOCATION

28450 S'il s'agit d'un crédit-bail portant sur un **fonds de commerce** ou un établissement artisanal, voir n° 32275.

Sur le cas particulier du **lease back,** voir n° 28320.

28455 Règles de définition et de comptabilisation spécifiques Les immobilisations prises en location suivent des **règles de définition et de comptabilisation spécifiques, différentes des règles générales** de définition et de comptabilisation des actifs (voir n° 25105 s.).

En effet, ces contrats de location ont été **exclus** du champ d'application du règlement CRC n° 2004-06 (ayant introduit les règles générales sur la définition, la comptabilisation et l'évaluation des actifs) pour des raisons juridiques et fiscales : la notion de contrôle notamment (voir n° 25155 s.) aurait impliqué, dans certains cas, la comptabilisation de certaines de ces immobilisations à l'actif du preneur, créant ainsi des problèmes juridiques (en cas de faillite du locataire, par exemple) et fiscaux.

Les immobilisations suivantes suivent donc des règles de définition et de comptabilisation spécifiques :
– les biens pris en **crédit-bail** ;
– les biens pris en **location simple.**

En effet, pour ces biens :
– **chez les locataires,** aucune immobilisation ne peut être constatée dans les comptes individuels, et ce même s'ils exercent un contrôle sur les biens pris en location : les dépenses ou redevances sont comptabilisées en **charges** ;
Pour plus de détails, voir n° 28465 s.

> **Précisions** Toutefois :
> – sur les sommes versées par le locataire, à son entrée dans le contrat, voir n° 30640 (droit au bail commercial) et 30660 (droit d'entrée ou « pas-de-porte ») ;
> – sur les dépenses d'aménagement et d'installation de biens loués, voir n° 28650 s. ;
> – sur les dépenses de renouvellement de biens ou de composants, voir n° 28660 s. ;
> – sur les dépenses de remise en état, voir n° 28735.

– **chez les bailleurs,** les biens donnés en location doivent être **immobilisés,** et ce même s'ils n'exercent plus aucun contrôle sur ces biens.

Dans les **comptes consolidés,** en règles françaises, les contrats de crédit-bail et contrats assimilés doivent être retraités comme s'il s'agissait d'un achat à crédit (voir Mémento Comptes consolidés n° 3378 s.). Le règlement ANC n° 2020-01 rend obligatoire l'inscription à l'actif des contrats de crédit-bail et contrats assimilés, voir Mémento Comptes consolidés n° 1078.

Sur la divergence existant avec les normes IFRS, voir Mémento IFRS n° 69025.

28460 Définition Le crédit-bail est une opération de location de biens – mobiliers ou immobiliers – qui donne la faculté au locataire d'en acquérir tout ou partie moyennant une prime convenue tenant compte, pour partie au moins, des versements effectués à titre de loyers (C. mon. fin. art. L 313-7).

La réglementation fiscale conduit à distinguer :
– le crédit-bail mobilier (contrat souscrit à l'origine), voir n° 28465 s. ;
– le crédit-bail immobilier (contrat souscrit à l'origine), voir n° 28485 s. ;
– les cas particuliers (notamment crédit-bail sur fonds de commerce), voir n° 32275.

Pour un exposé complet du régime fiscal des opérations de crédit-bail mobilier et immobilier et des obligations déclaratives, voir BOI-BIC-BASE-60-10 et BIC-VII-75000 s.

CRÉDIT-BAIL MOBILIER (CONTRAT SOUSCRIT À L'ORIGINE) 28465
Est analysé successivement le traitement comptable :
– durant la période couverte par le contrat ;
– lors de la levée de l'option ;
– lors de la cession ultérieure du bien.

Période couverte par le contrat 28470

I. Le bien ne peut pas figurer à l'actif, l'utilisateur n'étant pas propriétaire, tant qu'il n'a pas levé l'option d'achat.

> **Fiscalement** Il en est de même (voir Mémento Fiscal n° 19330).

Selon le bulletin CNCC (n° 112, décembre 1998, EC 98-88, p. 611 s.), les textes comptables n'envisagent pas l'inscription à l'actif des biens financés par contrat de crédit-bail dans les comptes individuels. En conséquence, l'application d'une telle méthode dans les comptes individuels doit conduire le commissaire aux comptes à exprimer une réserve ou un refus de certifier dans son rapport sur les comptes annuels, si les montants concernés sont significatifs.

Sur le traitement des dépenses ultérieures sur les biens ne figurant pas à l'actif (aménagements, renouvellement, remises en état), voir n° 28650 s.

II. Les **redevances** ou loyers sont enregistrés au compte 6122 « Redevances de crédit-bail mobilier » (PCG art. 212-5 et 946-61/62). Voir développements n° 15695.

> **Fiscalement** Ces redevances sont déductibles, sauf conventions abusives (voir n° 15695), sous réserve de la limitation légale concernant les véhicules de tourisme (voir n° 15720) et de la limitation générale de déduction des charges financières, lesquelles comprennent notamment les redevances de crédit-bail (voir n° 15695).

Selon le bulletin CNCC (n° 57, mars 1985, EC 84-57, p. 147), si le fournisseur verse au locataire (à la conclusion du contrat) une ristourne importante, le produit pour le locataire (sans prise en compte de l'aspect fiscal) doit être étalé sur la durée du contrat (à notre avis « Produits constatés d'avance ») et être considéré comme « courant » si les loyers le sont également.

III. En cas de reversement immédiat par une société de crédit-bail à la société locataire d'une **subvention d'équipement,** cette dernière peut également bénéficier de l'étalement (voir n° 56440).

IV. Une **information** particulière sur ces opérations doit être fournie (voir n° 28805 s.).

V. Cas particulier : cession du contrat. Le produit réalisé est égal au prix de cession.

> **Fiscalement** **a.** Il en est de même (BOI-BIC-PVMV-40-50-10 n° 60 et 110). Pour les **entreprises soumises à l'IS,** les plus-values relèvent du régime de droit commun.
> Pour les **entreprises soumises à l'IR,** le prix de cession constitue (CGI art. 39 duodecies A) une plus-value à court terme si la cession intervient dans les 2 ans de la date de souscription du contrat. En cas de cession au-delà du délai de 2 ans, le cédant constate :
> – une plus-value à court terme à hauteur de l'« amortissement théorique fiscal ». Il s'agit des amortissements qu'il aurait pu pratiquer selon le mode linéaire s'il avait été propriétaire du bien, ajustés à la période au cours de laquelle il a été titulaire du contrat ;
> – une plus-value à long terme, pour le surplus.
> **b.** Pour les cessions résultant d'une opération de **fusion** placée sous le régime de l'article 210 A du CGI ou d'une opération d'apport en société d'une entreprise individuelle, placée sous le régime de l'article 151 octies du CGI, voir Mémento Fiscal n° 19330 b.

Lors de la cession, « l'amortissement théorique fiscal » n'est pas comptabilisé.

Levée de l'option d'achat 28475

I. Coût d'entrée du bien Il est porté au bilan de l'acquéreur pour son coût d'acquisition (PCG art. 212-5) égal, à notre avis, au **prix contractuel de cession** comme le précisait le PCG 82 (p. II.130).

> **Fiscalement** Il en est de même (CGI ann. III art. 38 quinquies), sauf conventions abusives (voir n° 15695).

À notre avis, lorsque le locataire a dû supporter une indemnité en cas de **levée d'option anticipée,** celle-ci constitue un élément du coût d'acquisition (voir n° 45865).

II. Amortissement du bien Il est amorti sur sa durée probable d'utilisation appréciée à la date de levée de l'option (voir n° 27500).

> **Fiscalement** Il en est de même (CGI ann. III art. 38 quinquies), l'amortissement devant être linéaire s'agissant d'un bien d'occasion (BOI-BIC-AMT-20-40-20 n° 140).

Il n'y a donc **pas de divergence** entre les règles comptables et fiscales.

28480 **Cession ultérieure du bien** Elle est comptabilisée comme toute cession d'immobilisation (voir n° 28100 à 28170).

> **Fiscalement** Il en est de même pour le calcul du résultat de cession (BOI-BIC-PVMV-40-50-30 n° 20). Pour les **entreprises soumises à l'IS,** les plus-values relèvent du régime de droit commun. Pour les **entreprises soumises à l'IR** (sur l'application de la distinction court terme-long terme pour ces entreprises, voir n° 28100), la plus-value est intégralement à court terme si la cession intervient dans les 2 ans après la levée de l'option. En cas de cession au-delà du délai de 2 ans, la plus-value est :
> – à court terme, à hauteur des amortissements pratiqués sur le prix de revient du bien augmentés de l'« amortissement théorique fiscal ». Il s'agit des amortissements que l'entreprise aurait pu pratiquer selon le mode linéaire si elle avait été propriétaire du bien pendant la période au cours de laquelle elle a été titulaire du contrat ; ces amortissements sont calculés sur le prix d'acquisition du bien par le bailleur diminué du prix prévu au contrat pour l'acceptation de la promesse unilatérale de vente ;
> – à long terme, pour le surplus.

L'amortissement théorique fiscal, dont il est tenu compte uniquement en cas de cession, pour le calcul de la plus-value à court terme des entreprises soumises à l'IR, n'est **pas comptabilisé.**

CRÉDIT-BAIL IMMOBILIER (CONTRAT SOUSCRIT À L'ORIGINE)

28485 Est examiné successivement le traitement comptable :
– durant la période couverte par le contrat ;
– lors de la levée de l'option ;
– lors de la cession ultérieure du bien.

Pour plus de détails sur le régime fiscal du crédit-bail immobilier, voir Mémento Fiscal n° 19340 à 19360.

28505 **Période couverte par le contrat** De même qu'en cas de crédit-bail mobilier (voir n° 28470), le bien n'est pas inscrit à l'actif et les redevances sont portées en charges (au compte 6125 « Redevances de crédit-bail immobilier »). Voir développements n° 15695.

Sur le traitement des dépenses ultérieures sur les biens ne figurant pas à l'actif (aménagements, renouvellement, remises en état), voir n° 28650 s.

> **Fiscalement** Les redevances ne sont pas intégralement déductibles.
> L'objet du régime fiscal du crédit-bail immobilier est de tendre en définitive vers un traitement comparable à celui d'un propriétaire (mais, au lieu de porter en immobilisation le bien comme dans les comptes consolidés, il s'agit de limiter la déductibilité des redevances à celle qu'elle aurait été si l'on avait été propriétaire), d'où la nécessité de procéder à :
> – l'éclatement de la redevance entre « amortissements » (du capital engagé par le bailleur) et frais financiers ;
> – l'éclatement des « amortissements » (du capital engagé par le bailleur) entre éléments amortissables (constructions) et non amortissables (terrains) ;
> – la réintégration à l'échéance du contrat d'une fraction des redevances déduites en cours de contrat (voir n° 28525).
> Pour **les quotes-parts de redevances correspondant aux « amortissements »,** la somme déductible **globale** sur toute la période du contrat est en principe égale :
> – aux frais d'acquisition de l'immeuble supportés par le bailleur ;
> – augmentés des « amortissements » correspondant aux constructions.
> Les quotes-parts d'amortissements affectées aux terrains ne sont donc pas déductibles.
> Tant que le montant **cumulé** des quotes-parts d'« amortissements » (constructions et terrains) des redevances payées est inférieur à cette somme, la redevance est en principe déductible, les redevances étant fiscalement affectées au paiement des frais d'acquisition d'abord, puis des constructions et, en dernier lieu, aux terrains.
> En conséquence, l'intégralité des redevances sera en principe déductible en début de contrat, mais plus à la fin. Ainsi, sur les exercices en fin de période de contrat, il y aura lieu de procéder à des réintégrations extra-comptables sur l'imprimé n° 2058-A (ligne WQ) ; le montant sera déterminé à partir du tableau récapitulatif exigé par l'administration qui doit mentionner la quote-part de redevances non déductible (CGI ann. III art. 38 quindecies I).

Les montants réintégrés seront déductibles :
- si le contrat est résilié ;
- si le contrat est cédé, le prix de cession étant minoré à cet effet (voir cas particulier ci-après) ;
- ou en cas de levée de l'option, le montant alors à réintégrer étant réduit à cet effet (voir n° 28525).

Les **quotes-parts de redevances correspondant aux frais financiers** sont en principe déductibles en totalité mais susceptibles d'être soumises à la limitation de déduction des charges financières nettes exposée au n° 42985. Le montant à inclure dans les charges financières nettes correspond en principe à la différence entre les redevances dues, majorées des frais accessoires facturés au preneur, et le montant des amortissements pratiqués par le bailleur. Mais elle peut aussi être déterminée d'après le montant des intérêts financiers effectivement supportés par le preneur tel qu'il résulte du tableau d'amortissement du crédit-bail communiqué au preneur par le bailleur.

Des règles spécifiques de déductibilité, plus restrictives qu'en droit commun, s'appliquent aux contrats portant sur des **immeubles à usage de bureaux situés en Île-de-France et achevés après le 31 décembre 1995** (voir Mémento Fiscal n° 19340).

Cas particulier : cession du contrat Le bien n'ayant pas été inscrit à l'actif au moment de la conclusion du contrat et les redevances ayant été portées en charges (voir ci-avant), le produit réalisé est donc égal au prix de cession.

> **Fiscalement** La plus-value imposable est égale (CGI art. 39 duodecies A) au prix de cession du contrat diminué, le cas échéant, des quotes-parts non déduites des redevances considérées comme un élément du prix de revient du contrat. La différence entre la plus-value comptable et la plus-value fiscale se traduit par une déduction sur l'imprimé n° 2058-A (ligne XG) des loyers réintégrés par le preneur pendant la durée du contrat. Pour les entreprises relevant de l'IR, cette plus-value est à court terme à hauteur des quotes-parts de redevances représentatives des « amortissements » des constructions (hors frais d'acquisition) qui (voir ci-avant) ont été déduites.

L'administration (BOI-BIC-PVMV-40-50-10 n° 70 à 90) demande une décomposition du prix de cession du contrat entre terrain et constructions, mais, en pratique, elle n'est utile que pour le cessionnaire.

Pour les cessions résultant d'une opération de fusion placée sous le régime de l'article 210 A du CGI ou d'une opération d'apport en société d'une entreprise individuelle, placée sous le régime de l'article 151 octies du CGI, voir Mémento Fiscal n° 19345.

Levée de l'option (acquisition de l'immeuble) 28525

I. Coût d'entrée de l'immeuble Il est immobilisé par l'acquéreur pour son coût d'acquisition (PCG art. 212-5) qui est égal, à notre avis, au **prix contractuel de cession** comme le précisait le PCG 82 (p. II. 130), augmenté, le cas échéant, des frais d'acquisition (voir n° 26260).

Il est **réparti** entre le coût du terrain et celui des constructions, selon la **règle générale** (voir n° 26420) ; des informations utiles peuvent être recueillies auprès du bailleur pour aider à cette répartition.

En pratique, le prix de cession fixé par le contrat (couramment égal à 1 €) dépasse rarement le prix d'acquisition initial du terrain par le bailleur (ou la valeur réelle du terrain à la date de levée de l'option, cette valeur ayant généralement augmenté pendant la durée du contrat). Les constructions sont donc rarement immobilisées ou le sont pour une faible valeur.

En cas de levée anticipée de l'option, l'indemnité exigible constitue, à notre avis, un complément de coût d'acquisition (voir n° 45865).

> **Précisions** En principe, conformément à l'article L 313-7 du Code monétaire et financier, le transfert de propriété intervient à l'expiration du bail en cas de levée de l'option d'achat (CE 30-12-2021 n° 439460). Toutefois, en pratique, la signature de l'acte authentique constitue, en général, une condition suspensive de la vente (voir n° 11040) :
> – qui détermine le transfert de propriété et donc la date de comptabilisation de la cession ;
> – et conduit à comptabiliser l'immeuble à l'actif de l'acquéreur, non pas à la levée de l'option, mais **à la date de signature de cet acte**.

> **Fiscalement a. Réintégrations extra-comptables à opérer** Le locataire acquéreur doit **réintégrer** à son résultat imposable la fraction des loyers versés correspondant à la différence entre :
> – la valeur résiduelle « théorique » de l'immeuble ;
> – et le prix de cession de l'immeuble s'il est inférieur à cette valeur résiduelle (CGI art. 239 sexies et 239 sexies B), augmenté des quotes-parts de redevances non déduites au cours du contrat (se rapportant au terrain).

28525
(suite)

La valeur résiduelle « théorique » de l'immeuble cédé s'entend de la différence entre :
– la valeur de l'immeuble à la signature du contrat (en pratique, le prix d'acquisition pour le bailleur) ;
– et le montant des amortissements que l'entreprise locataire **aurait pu pratiquer en tant que propriétaire** depuis le début du contrat (amortissement « théorique » du locataire). Pour les **biens décomposables,** le locataire peut établir un plan d'amortissement composant par composant et calculer en conséquence la réintégration à effectuer. En pratique, cette méthode de calcul aboutit à minorer (sauf pour les immeubles de placement) le montant de la réintégration. Le Conseil d'État admet, dans son principe, le recours à cette méthode mais exige que la décomposition adoptée soit justifiée par une évaluation précise des composants. En particulier, si l'entreprise entend réaliser ses calculs en s'appuyant sur la décomposition réalisée pour un immeuble distinct dont elle est propriétaire, elle doit être en mesure d'établir de manière précise en quoi la décomposition retenue pour cet immeuble était transposable à l'immeuble pris en crédit-bail (CE 13-12-2019 n° 419277). La réintégration est effectuée **dans les bénéfices** de l'exercice en cours au moment du transfert de propriété de l'immeuble, c'est-à-dire en principe à la date de la levée d'option, sauf si les parties en conviennent autrement (CAA Nantes 24-9-2015 n° 14NT00443).

b. Dispenses de réintégration Sont dispensés de toute réintégration lors de l'acquisition de l'immeuble :
– les PME ayant conclu **entre le 1ᵉʳ janvier 1996 et le 31 décembre 2006** des contrats d'une durée **au moins égale à 15 ans** afférents à des immeubles à usage industriel ou commercial (y compris les immeubles de bureaux) situés dans les zones d'aménagement du territoire, les territoires ruraux de développement prioritaire, les zones d'aide à finalité régionale, les zones de revitalisation rurale et les zones de redynamisation urbaine sont dispensées de toute réintégration à l'échéance. Il en est de même, dans les limites prévues par les règles communautaires sur les aides d'État (pour plus de détails, voir Mémento Fiscal n° 92605 à 92730), pour les contrats d'une durée minimum de 15 ans conclus **entre le 1ᵉʳ janvier 2007 et le 31 décembre 2015** portant sur des immeubles situés dans les zones d'aide à finalité régionale et les zones de revitalisation rurale (ainsi que les zones de redynamisation urbaine pour les contrats conclus entre le 1ᵉʳ janvier 2007 et le 31 décembre 2014) (CGI art. 239 sexies D ; BOI-BIC-BASE-60-30-20 n° 90 à 170 ; voir Mémento Fiscal n° 19350) ;
– les preneurs de contrats conclus depuis le 1ᵉʳ janvier 1996 portant sur des **immeubles de bureaux situés en Île-de-France** achevés depuis le 31 décembre 1995 dès lors qu'ils n'ont pratiqué en cours de contrat aucune déduction supplémentaire par rapport à une acquisition directe de l'immeuble.

c. Prix de revient fiscal de l'immeuble Il est égal à la somme (CGI art. 239 sexies C) :
– du prix d'acquisition prévu au contrat ;
– augmenté du montant de la réintégration précédente (voir a.) ;
– augmenté, pour les options exercées sur des contrats conclus depuis le 1ᵉʳ janvier 1996, des quotes-parts de loyers non déduites pendant la durée du contrat (terrain, bureaux situés en Île-de-France).
Ce prix est ventilé entre :
– le **prix de revient du terrain,** qui est constitué par le prix de revient fiscal de l'ensemble retenu **dans la limite** du prix d'acquisition du terrain figurant dans la comptabilité du bailleur ;
– le **prix de revient des constructions,** pour le surplus.

Il résulte de ces **divergences** entre règles comptables et fiscales les **conséquences** pratiques suivantes.

a. Nécessité d'assurer un suivi extra-comptable des données fiscales. En effet :
– d'une part, la somme des montants du terrain et des constructions portée à l'actif est différente de celle retenue sur le plan fiscal, du fait des réintégrations à opérer (voir ci-avant) ;
– d'autre part, la ventilation entre le terrain et les constructions effectuée à l'actif en fonction de clauses contractuelles peut diverger de celle applicable en fiscalité (le prix de revient fiscal global de l'immeuble étant affecté au terrain à concurrence de son prix de revient chez le crédit-bailleur, et pour le surplus aux constructions). Ainsi les **bases de coûts d'entrée** comptables et fiscales sont **différentes,** d'où des incidences :
• sur le calcul des amortissements des constructions (voir ci-après II.),
• en cas de cession (voir n° 28530).

b. Nécessité de procéder à une correction extra-comptable sur l'exercice du transfert de propriété de l'immeuble.

> **Fiscalement** Au titre de l'exercice de cession de l'immeuble au locataire acquéreur, des réintégrations sont à effectuer sur l'imprimé n° 2058-A (ligne WQ), à hauteur du montant défini ci-avant. Par exception, les **PME** ayant conclu un contrat de crédit-bail dans certaines zones du territoire

entre le 1er janvier 1996 et le 31 décembre 2015 (voir n° 28525, Fiscalement ci-avant) et les **preneurs de contrats sur des immeubles de bureaux en Île-de-France** cités ci-avant n'ont aucune réintégration extra-comptable à effectuer.

c. Pour éviter de constater une charge importante d'impôt en fin de contrat (et à condition, à notre avis, que l'entreprise applique la méthode de l'impôt différé dans ses comptes individuels), il serait possible, selon le bulletin CNC (n° 26, avril 1976, p. 11 s.), de constituer (lors de la comptabilisation des loyers) une **provision pour impôt** – non déductible fiscalement – calculée sur la partie excédentaire des loyers déduits, le fait générateur de l'impôt étant constitué par la déductibilité des redevances versées et le caractère probable de la levée de l'option au terme du contrat (renforcé par l'immobilisation dans les comptes consolidés du bien pris en crédit-bail). La provision couvre ainsi le risque de reversement, lors de la levée de l'option, de l'impôt économisé du fait de la déductibilité des redevances.

> **Précisions** **1. Aucune provision** ne peut en revanche être constituée si l'entreprise applique la méthode de l'impôt exigible (voir n° 52960 la méthode de l'impôt exigible et n° 52965 la méthode de l'impôt différé).
> **2.** En revanche, à notre avis, il n'est **pas possible d'étaler cette charge d'impôt** après sa constatation lors de la levée de l'option dès lors que cette charge n'a aucune contrepartie sur les exercices futurs.

II. Amortissement des constructions

Il est normalement pratiqué sur leur durée probable d'utilisation appréciée à la date de levée de l'option et, le cas échéant, composant par composant.

Sur les modalités de décomposition d'un bien, voir n° 25795.

> **Fiscalement** Il en est de même (CGI art. 239 sexies C), mais sur une **base différente.**
> Toutefois, s'agissant de contrats conclus à raison d'immeubles de bureaux situés en **Île-de-France** achevés depuis le 31 décembre 1995, la durée d'amortissement des constructions acquises à l'échéance correspond à leur durée normale d'utilisation restant à courir depuis leur acquisition par le bailleur (CGI art. 239 sexies C ; voir Mémento Fiscal n° 19350).

Du fait de cette différence, il est pratiqué :

a. un **amortissement pour dépréciation,** appliqué à la partie de la valeur d'actif correspondant aux constructions et calculé sur leur durée d'utilisation (le cas échéant, composant par composant) ;

La durée à retenir est bien, à notre avis, la durée d'utilisation et non la différence entre la durée initialement retenue par le bailleur dans ses écritures et la durée du contrat.

b. et, dans les cas où la base fiscale est supérieure à la base comptable (cas le plus fréquent en pratique, voir I.), afin de pouvoir bénéficier de leur déduction fiscale, un **amortissement dérogatoire** correspondant aux constructions, et calculé sur leur durée d'utilisation (le cas échéant, composant par composant).

> **Précisions** Présentation des amortissements dérogatoires au bilan : la somme des amortissements dérogatoires et des amortissements pour dépréciation peut aller au-delà du coût d'entrée (comptable) figurant à l'actif. Cet amortissement dérogatoire, de type particulier, peut donc apparaître au passif même si les constructions sont entièrement amorties ; il ne sera repris qu'en cas de cession.

> **Fiscalement** Aucune réintégration ou déduction extra-comptable n'est donc à pratiquer au titre des amortissements (sauf cas particulier des contrats portant sur des bureaux situés en Île-de-France, voir Mémento Fiscal n° 19350).

Cession ultérieure de l'immeuble L'immeuble et les amortissements pour dépréciation sont soldés par le compte 675 et les amortissements dérogatoires repris en résultat.

28530

> **Fiscalement** Pour les **entreprises soumises à l'IS,** le montant total de la plus-value de cession de l'ensemble immobilier est compris dans le résultat imposable au taux d'IS de droit commun.
> Pour les **entreprises soumises à l'IR,** il y a lieu de déterminer le résultat de la cession en distinguant la part du résultat afférente aux constructions et au terrain (BOI-BIC-PVMV-10-20-30-10 n° 50). Sur le maintien de la distinction court terme-long terme pour les entreprises soumises à l'IR, voir n° 28100.
> La **plus-value de cession du terrain** est à court terme si la cession intervient dans les deux ans de l'acquisition par le crédit-preneur. En cas de cession au-delà du délai de deux ans, la plus-value est à long terme.

La **plus-value de cession des constructions,** déterminée par différence entre leur prix de cession et leur prix de revient fiscal (voir n° 28525), diminué des amortissements pratiqués (pour dépréciation et dérogatoires) (BOI-BIC-PVMV-40-50-30 n° 20), est intégralement à court terme si la cession intervient **dans les deux ans** de l'acquisition par le crédit-preneur (le délai de deux ans s'apprécie par rapport à la date du transfert de propriété sauf pour les bureaux situés en Île-de-France où il court à compter de la date d'inscription de l'immeuble à l'actif du bailleur). **Au-delà du délai de deux ans,** la plus-value est à court terme à hauteur :
– des amortissements pratiqués ;
– augmentés des quotes-parts de redevances représentatives des « amortissements » des constructions (hors frais d'acquisition) déduites pendant la durée du contrat (voir n° 28505) ;
– diminués de la somme réintégrée suite à la levée de l'option (CGI art. 39 duodecies A-4).
La plus-value est à long terme, pour le surplus.

L'**amortissement théorique fiscal,** dont il est tenu compte uniquement en cas de cession, pour le calcul de la plus-value à court terme des entreprises soumises à l'IR, n'est **pas comptabilisé.** La **plus-value** de cession **fiscale, différente de la plus-value comptable,** est déterminée grâce au suivi extra-comptable des données fiscales (dont la nécessité a été démontrée au n° 28525).

28535 **Sous-location de l'immeuble** Sont, à notre avis, portés au compte 7083 « Locations diverses », les loyers perçus au titre de la sous-location d'immeubles faisant l'objet de contrats de crédit-bail immobilier.

> **Fiscalement** La sous-location n'a aucune incidence. Les loyers perçus par le preneur au titre de la sous-location sont imposables dans les conditions de droit commun.
> Dès lors que les loyers de crédit-bail et de sous-location se rapportent à des conventions juridiquement distinctes n'ayant pas le même objet, les corrections apportées par l'administration au montant des redevances de crédit-bail déductibles ne justifient pas une correction corrélative des loyers de sous-location, même si la volonté des parties était de synchroniser l'exécution financière de ces contrats (CAA Versailles 16-6-2020 n° 18VE00630).

ACHAT D'UN CONTRAT EN COURS ENTRE SOCIÉTÉS LOCATAIRES

28540 Il convient de distinguer le crédit-bail immobilier du crédit-bail mobilier.

28560 **Achat d'un contrat immobilier**
I. Jusqu'à la levée de l'option
a. Coût d'entrée du contrat acheté Selon le bulletin CNCC (n° 71, septembre 1988, EC 88-36, p. 339 s.), l'acquisition d'un contrat de crédit-bail immobilier peut s'analyser en l'acquisition :
– d'une part, d'un droit au bail et ;
– d'autre part, d'une promesse unilatérale de vente, c'est-à-dire d'un droit de nature incorporelle permettant au preneur de devenir propriétaire de l'immeuble au terme du contrat.
Le droit au bail est à comptabiliser dans le compte 206 « Droit au bail ». Pour ce qui est de la promesse de vente, le prix payé par l'acquéreur représente le coût d'acquisition d'un nouvel élément incorporel de l'actif immobilisé. Il peut, à notre avis, être comptabilisé, tout comme le droit au bail, dans le compte 206 « Droit au bail ».

> **Fiscalement** Voir b. ci-après.

> **Précisions** **1. Estimation du prix du contrat** D'un point de vue économique et financier, le prix d'un contrat est égal (Bull. CNCC, n° 85, mars 1992, CD 91-29, p. 171 s.) à la différence entre :
> – la valeur de l'immeuble, calculée par rapport à un prix de marché ou à une expertise ;
> – et la valeur de la dette correspondant à la somme des redevances actualisées restant à courir, plus la valeur résiduelle actualisée de l'actif immobilier en fin de contrat. Le taux d'actualisation à appliquer doit se situer entre le taux appliqué au contrat de crédit-bail et le taux du marché de l'argent au jour de l'« acquisition » du contrat.
> **2. Occupation du domaine public** Cette ventilation n'a pas lieu d'être lorsque le terrain appartient au domaine public. En effet, les droits réels créés par la loi du 25 juillet 1994 (voir n° 30700) concernent exclusivement les constructions, le terrain étant exclu de l'opération de crédit-bail en raison de son appartenance au domaine public de l'État.

b. Amortissement À notre avis, les règles d'amortissement d'un crédit-bail mobilier exposées au n° 28580 sont applicables de la même façon à un crédit-bail immobilier. En effet, contrairement à la position du bulletin CNCC n° 71 précité, il n'y a pas lieu, à notre avis, de traiter différemment les crédits-bails mobilier et immobilier ; le droit au bail dans le cadre d'un crédit-bail immobilier prenant également fin à l'échéance du contrat.

▶ Fiscalement (CGI art. 39 duodecies A ; BOI-BIC-PVMV-40-50-10 n° 240) :
Pour la détermination de la base amortissable, le prix d'acquisition total est ventilé comme suit :
– la valeur des droits représentative du **terrain** correspond à la plus-value réelle acquise par le terrain depuis la conclusion du contrat majorée de la fraction des loyers versés non-déduits en application de l'article 39-10 du CGI (voir n° 28505). Cette quote-part n'est pas amortissable ;
– la valeur des droits représentative des **constructions** correspond à la fraction du prix d'acquisition total du contrat qui excède la valeur des droits représentative du terrain définie ci-avant. Cette quote-part est amortie linéairement sur la durée normale d'utilisation de l'immeuble appréciée à la date d'acquisition du contrat.

▶ Précisions **Occupation du domaine public** : en cas d'occupation du domaine public, la totalité des droits est amortissable, ceux-ci correspondant nécessairement aux constructions (voir Précision fiscale 2 ci-avant a.).

Il en résulte une divergence entre règles comptables et fiscales. Sur le traitement des divergences, voir n° 28580.

c. Dépréciation de la promesse de vente reçue Voir crédit-bail mobilier n° 28580.

d. Cas particuliers :
– **réévaluation du contrat acheté** Elle est impossible, s'agissant d'une immobilisation incorporelle (Bull. CNCC n° 89, mars 1993, EC 92-41, p. 142 s.) ;
– **cession du contrat acheté** Le résultat de cession est égal au prix de cession diminué du montant de l'élément incorporel inscrit à l'actif au compte 206 « Droit au bail ».
Les amortissements dérogatoires sont repris en totalité en résultat.

▶ Fiscalement La plus-value fiscale est égale à la différence entre :
– le prix de cession, d'une part ;
– et le prix d'acquisition diminué des amortissements déduits et augmenté des quotes-parts non déduites des redevances (voir n° 28505).
Pour les **entreprises soumises à l'IS,** elle relève du régime de droit commun. Pour les **entreprises soumises à l'IR,** elle est à court terme à hauteur des quotes-parts de redevances représentatives de l'« amortissement » des constructions qui ont été déduites.
Bien entendu, l'« amortissement théorique fiscal » n'est pas comptabilisé.

II. De la levée de l'option à la cession de l'immeuble

a. Coût d'entrée de l'immeuble (lors de la levée de l'option) Il est égal au coût d'acquisition de l'immeuble augmenté, le cas échéant, de la valeur nette comptable de l'élément incorporel immobilisé au compte 206 « Droit au bail ».
Il n'y a pas lieu de prendre en compte les amortissements dérogatoires antérieurement constatés, qui sont maintenus (voir ci-après b. Amortissement).
La ventilation entre le terrain et les constructions s'effectue selon la règle générale (voir n° 26420). Sur la date d'entrée de l'immeuble dans le patrimoine comptable, voir n° 28525.

▶ Fiscalement (CGI art. 39 duodecies A-3 et 239 sexies C, al. 2 et BOI-BIC-AMT-20-40-20 n° 230 et 270), le prix de revient fiscal de l'immeuble est égal à la somme :
– du prix d'acquisition de l'immeuble prévu au contrat ;
– de la réintégration à opérer dans les bénéfices de l'exercice en cours au moment du transfert de propriété de l'immeuble (voir n° 28525 I. a.) ; le montant réintégrable est réintégré à hauteur du rapport entre la durée de détention du contrat par le crédit-preneur et la durée du contrat (BOI-BIC-PVMV-40-50-20 n° 70) ;
– du prix d'acquisition du contrat diminué des amortissements déjà pratiqués (amortissements dérogatoires).
Le prix de revient fiscal global est ventilé en pratique comme suit (BOI-BIC-AMT-20-40-20 n° 240 à 290) :
1. le prix de revient fiscal du **terrain** est égal à la somme :
– du prix d'acquisition prévu au contrat augmenté de la réintégration effectuée, retenu dans la limite du prix d'acquisition du terrain par le bailleur,
– et de la fraction du prix d'acquisition des droits qui correspond au terrain.
2. le prix de revient fiscal des **constructions** correspond au surplus.

Il résulte de ces **divergences** entre règles comptables et fiscales, la nécessité :
– d'**assurer un suivi extra-comptable** des données fiscales, les bases de coût d'entrée, et donc d'amortissements, étant différentes ;
– de **procéder à une correction extra-comptable** sur l'exercice d'acquisition de l'immeuble (réintégration sur l'imprimé n° 2058-A, ligne WQ).

b. Amortissement de l'immeuble (après le transfert de propriété et jusqu'à sa cession ultérieure) Il est calculé sur la durée d'utilisation probable de l'immeuble compte tenu du temps déjà écoulé (Bull. CNCC n° 71 précité).

> **Fiscalement** Il en est de même (CGI art. 39 duodecies A-3) mais sur une base différente.

En conséquence :
– les amortissements pour **dépréciation** seront calculés sur la **base comptable** ;
– les amortissements **dérogatoires** constatés avant la levée de l'option, comme le cas échéant après, seront repris à la clôture d'un exercice dans la mesure où l'amortissement pour dépréciation de l'exercice excède l'annuité fiscalement déduite.

Sur le caractère particulier de ces amortissements dérogatoires, voir n° 28525 II.

III. Cession de l'immeuble L'immeuble et les amortissements pour dépréciation sont soldés par le compte 675 et les amortissements dérogatoires repris au résultat.

> **Fiscalement** Voir n° 28530 (cession de l'immeuble dans le cas d'un contrat souscrit à l'origine). En ce qui concerne les constructions (CGI art. 39 duodecies A-4), l'**amortissement théorique fiscal** est calculé comme suit : (Prix d'acquisition du bien par le bailleur – Prix de cession prévu au contrat en cas de levée de l'option d'achat par le locataire) × durée de détention du contrat par le cédant / durée du contrat.
> Cet « amortissement théorique fiscal » n'est pas comptabilisé.

28580 Achat d'un contrat mobilier

I. Jusqu'à la levée de l'option

a. Coût d'entrée du contrat acheté Selon le bulletin CNCC (n° 71, septembre 1988, EJ 88-36, p. 339 s.), l'acquisition d'un contrat de crédit-bail mobilier peut s'analyser, de la même manière que celle d'un crédit-bail immobilier (voir n° 28560), comme l'acquisition :
– d'une part, d'un droit au bail ;
– d'autre part, d'une promesse unilatérale de vente du bien (option d'achat).

L'ensemble de ces deux éléments incorporels est porté au compte 206 « Droit au bail », pour le montant du prix payé pour l'acquisition du contrat (Bull. CNCC n° 139, septembre 2005, EC 2005-41, p. 505 s.).

Pour une analyse économique du prix du contrat, voir n° 28560.

Sur la possibilité de dissocier ces deux éléments, notamment pour leur amortissement, voir ci-après b.

> **Fiscalement** Il en est de même (CGI art. 39 duodecies A-2).

b. Amortissement du contrat acheté Selon le bulletin CNCC précité, le droit incorporel ainsi comptabilisé est en général **amortissable**.

> **Précisions** En effet, la charge annuelle totale liée au contrat (charge d'amortissement plus redevances versées) correspond bien aux redevances qui auraient été dues si le contrat avait été conclu à la date de son rachat.

Toutefois, lorsque la valeur de la **promesse de vente** est **significative** et que la **levée de l'option d'achat est probable,** la CNCC admet que :
– la quote-part du coût du rachat correspondant à la promesse **ne soit pas amortie** ;

> **Précisions** Cette situation peut notamment se présenter lorsque l'acquisition du contrat de crédit-bail se fait à une date proche de son échéance. Dans ce cas, l'acquéreur du droit bénéficie avant tout du droit de lever une option d'achat à un prix bien inférieur à la valeur du bien.
> Cette solution implique cependant de distinguer, au sein du coût de rachat du contrat, la valeur de chacune de ses composantes :
> – la **promesse unilatérale de vente** est égale (en valeurs actualisées) à l'écart entre la valeur vénale estimée du bien lors de l'option et le prix à payer pour la levée de l'option. Ce montant est comptabilisé dans une subdivision du compte 206. Correspondant à un élément du coût d'acquisition futur du bien, il n'est pas amortissable pendant la durée du contrat ; toutefois, il fait l'objet d'une dépréciation dès lors que sa valeur actuelle devient inférieure à sa valeur comptable et notamment s'il devient improbable que l'option soit levée (Bull. CNCC n° 139 précité), voir d. ci-après ;
> – le **droit au bail** est égal à la différence entre le prix payé pour le rachat du contrat et le montant estimé (précédemment calculé) de la promesse unilatérale de vente. Ce montant est amorti sur la durée restant à courir du contrat.

– ou, par mesure de simplification, que la totalité du droit incorporel soit amortie sur la **durée d'utilisation du bien** ainsi que le préconise l'OEC (Avis n° 29 du 15-11-1995).

> **Précisions** Cette solution évite ainsi une décomposition du prix d'achat du contrat entre la promesse de vente et le droit au bail.

> Fiscalement Quel que soit le traitement comptable de la promesse de vente (CGI art. 39 duodecies A-2) :
- la **totalité** du prix d'acquisition est amortissable ;
- l'amortissement s'effectue selon le **mode linéaire** sur la **durée normale d'utilisation du bien**, appréciée à la date d'achat du contrat. La durée d'amortissement retenue est donc indépendante de la durée restant à courir du contrat de crédit-bail à la date du transfert et de la durée d'amortissement résiduelle du bien qui résulte du plan d'amortissement technique établi par l'entreprise bailleresse (BOI-BIC-AMT-20-40-20 n° 50).

Ainsi :
- la durée d'amortissement comptable est égale ou plus courte que la durée d'amortissement fiscal ;
- à l'inverse, la base sur laquelle porte l'amortissement comptable (tout ou partie du droit au bail) est inférieure ou égale à celle retenue en fiscalité (droit au bail en entier).

En conséquence :
- si l'amortissement comptable est **supérieur** à l'amortissement fiscal, il convient de **réintégrer le surplus** comptable sur l'imprimé n° 2058-A (ligne WE) ;
- si l'amortissement comptable est **inférieur** à l'amortissement fiscal, il convient de comptabiliser le supplément fiscal en **« Amortissements dérogatoires »**.

c. Dépréciation éventuelle de la promesse unilatérale de vente Lorsque la quote-part du coût de rachat correspondant à la promesse de vente n'est pas amortie, une dépréciation peut devoir être constatée, voir b. ci-avant.

> Fiscalement Cette provision n'est susceptible d'être déduite qu'au-delà des amortissements (dérogatoires) déjà déduits.

> Précisions Écriture de transfert des amortissements dérogatoires vers le compte dépréciation Si une dépréciation doit être constituée, il n'est pas possible de considérer qu'elle est déjà couverte en partie par les amortissements dérogatoires (ceux-ci n'étant pas représentatifs d'une dépréciation). Toutefois, afin d'éviter de grever le résultat comptable du double montant de la dépréciation et des amortissements dérogatoires, il peut être conseillé, pour des raisons pragmatiques contraires aux règles comptables, de transformer les amortissements dérogatoires (reprise) en amortissements pour dépréciation (dotation) et de ne constituer une dépréciation que pour le surplus.

d. Cas particulier : cession du contrat acheté Le résultat de la cession est égal au prix de cession diminué de la valeur nette comptable du contrat.

> Fiscalement Il est égal au prix de cession diminué de la valeur nette fiscale du contrat (BOI-BIC-PVMV-40-50-10 n° 110).

Ainsi :
- **si l'amortissement comptable** était **supérieur** au fiscal, il y a lieu de **déduire extra-comptablement** la quote-part d'amortissement préalablement réintégrée sur l'imprimé 2058-A (ligne XG) ;
- **si l'amortissement comptable** était **inférieur** au fiscal, le résultat de cession fiscal est égal au résultat comptable majoré de la **reprise d'amortissements dérogatoires.**

> Fiscalement Pour les **entreprises soumises à l'IS**, la plus-value de cession ainsi déterminée relève du régime de droit commun.
Pour les **entreprises soumises à l'IR**, la plus-value de cession ainsi déterminée est (CGI art. 39 duodecies A-1) à court terme si la cession intervient dans les 2 ans de l'achat du contrat. Au-delà du délai de deux ans, la plus-value est :
- à court terme à hauteur de l'amortissement (fiscal) pratiqué sur le prix d'acquisition du contrat ;
- augmenté de l'amortissement que le précédent titulaire (cédant) aurait pu pratiquer sur le bien objet du contrat pendant la période où il a été titulaire du contrat (« amortissement théorique fiscal ») ;
- à long terme, pour le surplus.
Sur le maintien de la distinction court terme/long terme pour les entreprises soumises à l'IR, voir n° 28100.

II. De la levée de l'option à la cession du bien

a. Coût d'entrée du bien (lors de la levée de l'option) Il est égal au coût d'acquisition du bien majoré du montant net du droit au bail figurant à l'actif (qui se trouve ainsi soldé).
Ce montant net peut être nul s'il a été décidé d'amortir en totalité le droit au bail avant la levée de l'option.
Les amortissements dérogatoires ne sont pas pris en compte dans ce montant net et sont maintenus au passif.

> **Fiscalement** Le principe est le même (CGI art. 39 duodecies A-3), mais le montant net du droit au bail à retenir est différent, puisqu'il tient compte uniquement des amortissements déjà déduits fiscalement. Sur la date de transfert de propriété de l'immeuble, voir n° 28525.

Il en résulte une **différence entre** les coûts d'entrée **comptable** et **fiscal,** ce qui nécessite un suivi extra-comptable des données fiscales.

b. Amortissement du bien (après la levée de l'option jusqu'à la cession) Il est pratiqué sur sa durée probable d'utilisation appréciée à la date de levée de l'option.

> **Fiscalement** Il en est de même (CGI art. 39 duodecies A-2) mais la base est différente.

Il en résulte les conséquences suivantes, selon les différentes situations existant **avant la levée** de l'option :

– si l'**amortissement comptable** du contrat était **supérieur à l'amortissement fiscal** (ce qui aura entraîné une réintégration fiscale), l'amortissement comptable après la levée de l'option sera nécessairement inférieur à l'amortissement fiscal : en conséquence, une **déduction extra-comptable** (correspondant à une quote-part de la réintégration antérieure) doit être effectuée sur l'imprimé n° 2058-A (ligne XG) ;

– si, à l'inverse, l'**amortissement comptable** du contrat était **inférieur à l'amortissement fiscal** (ce qui aura entraîné la comptabilisation d'amortissements dérogatoires), l'amortissement comptable après la levée de l'option sera nécessairement supérieur à l'amortissement fiscal ; en conséquence, une **reprise d'amortissements dérogatoires** doit être effectuée.

III. Cession du bien Elle est traitée comptablement de la même manière que lorsque le contrat a été souscrit à l'origine (voir n° 28480).

> **Fiscalement** Il en est de même (voir n° 28480).

II. TRAITEMENT DES DÉPENSES ENGAGÉES SUR DES IMMOBILISATIONS LOUÉES

DÉPENSES DE CONSTRUCTION FINANCÉES PAR LE LOCATAIRE

28650 Il est fréquent que le bailleur limite le montant des dépenses de construction qu'il est appelé à financer aux éléments basiques de l'immeuble et que le locataire prenne le relais sur les aménagements et agencements souvent plus **spécifiques à ses besoins.**

Par exemple, le bailleur met à la disposition du locataire un plateau nu et le locataire investit dans le cloisonnement.

À notre avis, par assimilation aux dépenses de construction effectuées par le locataire d'un terrain (voir n° 25260 les constructions sur sol d'autrui) :

a. Comptabilisation initiale Il convient de les inscrire dans un sous-compte « Installations générales, agencements, aménagements divers » (dans des constructions dont l'entreprise n'est pas propriétaire ; compte 2181).

Tel est également le cas, à notre avis, si le bailleur réalise lui-même les travaux mais les refacture au locataire.

En revanche, lorsque les travaux réalisés par le propriétaire (et financés par le locataire au travers de sommes versées à l'entrée ou en cours de bail) ne sont pas liés aux besoins spécifiques du locataire, mais augmentent la valeur locative du bien loué, voir n° 30660 et 30665.

b. Amortissement Elles sont amorties sur la **durée d'utilisation du bien** (voir n° 27515).

c. Transfert d'immobilisation En **cas de levée d'option** à la fin du contrat, la partie de la construction financée par le preneur est transférée au compte d'immobilisations approprié.

d. Sortie À l'expiration du bail, si l'**option n'est pas levée,** les constructions ne peuvent plus figurer au bilan du locataire.

Dès que son caractère de probabilité apparaît le preneur doit modifier le plan d'amortissement de manière prospective (voir n° 27330).

En cas de déménagement en cours de bail, voir n° 27515.

Sur l'obligation de démantèlement des agencements installés par un locataire, voir n° 28735.

Sur le cas d'une participation qui serait accordée par le bailleur à son locataire pour réaliser ses travaux, voir n° 15745.

FRAIS ACCESSOIRES À LA MISE EN SERVICE D'UNE IMMOBILISATION LOUÉE (PRISE EN LOCATION)

28655 Aucun texte du PCG ne traite précisément de la comptabilisation des frais accessoires à la mise en service d'une immobilisation prise en location. En effet, les immobilisations louées étant exclues du règlement sur les actifs, leur comptabilisation ne suit pas les règles générales d'activation des frais accessoires d'installation et de mise en état de fonctionnement d'une immobilisation telles que prévues par le PCG (art. 213-8 ; voir n° 26200 s.).

Néanmoins, l'exclusion du règlement sur les actifs ne signifie pas que ces frais doivent être obligatoirement comptabilisés en charges.

En pratique, aujourd'hui, les frais accessoires à la mise en service d'immobilisations louées ne sont en général **pas activés.**

Toutefois, dans l'attente d'une position des organismes compétents sur le traitement de ces frais accessoires et en l'absence d'interdiction explicite, il nous semble possible de les activer dès lors qu'ils procurent des avantages économiques sur toute la durée d'utilisation de l'immobilisation louée.

Deux approches pourraient, à notre avis, être envisagées :

1. Ces frais auraient dû être à la charge du bailleur et permettent de réduire les futurs loyers. Selon cette approche, les frais engagés pour la mise en service de l'immobilisation devraient être traités comme des loyers versés d'avance à comptabiliser en charges constatées d'avance et à reprendre sur la durée d'utilisation probable de l'immobilisation dans le cadre du contrat de location (en tenant compte des renouvellements probables).

2. Ces frais ont permis d'acquérir le droit d'utiliser l'immobilisation et constituent donc des frais accessoires à l'acquisition d'un droit. Selon cette approche, ils devraient être comptabilisés en immobilisation incorporelle et amortis sur la durée du contrat ou sur la durée prévisible d'utilisation de l'immobilisation (en cas d'option d'achat dont l'exercice est fortement probable).

DÉPENSES DE REMPLACEMENT D'UN MATÉRIEL FINANCÉES PAR LE LOCATAIRE

Remplacement de matériel loué   Lorsque le contrat de location prévoit que le locataire doit pourvoir, à ses frais, au remplacement du matériel appartenant au bailleur et devenant inutilisable du seul fait de l'usure normale, le nouveau matériel acquis par le locataire pour le compte du bailleur constitue une **immobilisation** à amortir sur la durée d'utilisation du bien. **28660**

S'il s'agit d'un contrat de location simple, la durée d'utilisation du bien est limitée à la durée résiduelle du bail (qui tient compte des périodes de renouvellement raisonnablement assurées).

S'il s'agit d'un contrat de crédit-bail avec option d'achat, la durée d'utilisation doit tenir compte de la probabilité de lever l'option d'achat.

Sur la provision pour remise en état lorsque le locataire a une obligation de remettre le bien dans un état défini en fin de contrat, n° 28735.

Remplacement des composants d'un matériel loué   En l'absence de précisions de textes, plusieurs approches sont possibles, notamment en fonction de la nature du bail.

I. Locations financement et locations avec option d'achat   Selon l'avis CU CNC n° 2006-C, **l'identification des composants** d'une immobilisation louée est **effectuée soit par le propriétaire** (bailleur), **soit par le locataire,** en fonction des modalités contractuelles relatives à la charge de remplacement des composants : **28665**

> **Précisions**   Cet avis du Comité d'Urgence n'est pas applicable aux entreprises industrielles et commerciales pour ses dispositions concernant l'amortissement des biens donnés en location (voir n° 27505). En revanche, les règles relatives aux composants sont applicables à tous les biens donnés en location, quel que soit le statut de l'entité bailleresse.

Charge de remplacement	Identification des composants	
	Chez le propriétaire	Chez le locataire
Le remplacement incombe au propriétaire	Composants **identifiés à l'origine** (ou lors du remplacement)	Pas de décomposition
Le remplacement incombe au locataire	Pas de décomposition	Composants **identifiés lors du remplacement**

En conséquence :
a. le locataire n'identifie les différents composants du bien loué que **lorsque la charge de remplacement lui incombe.** Dans ces conditions, les **coûts des composants** remplacés sont :
– **immobilisés** à l'actif lors du remplacement,
– amortis sur la plus courte des deux durées suivantes : la durée séparant deux remplacements et la durée d'utilisation du bien (celle-ci pouvant être limitée à la durée résiduelle du bail dans certains cas, voir n° 28660) ;
b. le bailleur identifie les différents composants du bien loué lorsqu'il en a l'obligation, c'est-à-dire lorsque, selon le contrat de location, le remplacement des composants est à sa charge. En revanche, si le contrat de location prévoit le remplacement à la charge du locataire, le bailleur ne décomposera le bien qu'à l'issue du contrat.
En effet, le bailleur ne maîtrisant pas l'état du bien à l'issue du contrat, il ne peut pas en pratique anticiper une décomposition de ce bien.

II. Locations simples Si la durée de vie du composant remplacé s'avère plus courte ou proche de la durée résiduelle du contrat, la solution applicable aux crédits-baux devrait pouvoir être appliquée (voir ci-avant I.).

Lorsque la durée résiduelle du contrat ne permet pas de rentabiliser les dépenses engagées au titre du remplacement, une autre solution consiste à **provisionner** la future dépense de manière étalée au cours de la période d'utilisation du bien qui précède le remplacement du composant :

> **Précisions** Cette solution est compatible avec :
> – d'une part, l'article 214-10 du PCG relatif aux provisions pour gros entretiens et grandes visites (voir n° 27900) ;
> – d'autre part, l'avis CU n° 2005-H relatif aux provisions pour remise en état de sites loués (voir n° 28735).

L'approche choisie par le preneur doit être mentionnée dans l'annexe des comptes annuels.

III. PROVISIONS LIÉES AUX IMMOBILISATIONS (QUI NE FIGURENT PAS AU BILAN)

PROVISIONS POUR COÛTS DE DÉMANTÈLEMENT ET DE REMISE EN ÉTAT DE BIENS OU DE SITES APPARTENANT À AUTRUI

28735 Des provisions liées aux immobilisations corporelles qui ne figurent pas au bilan (biens pris en location simple ou en crédit-bail) peuvent devoir être constituées pour couvrir les charges futures prévues par une obligation (généralement contractuelle ou légale).

Sont notamment concernés :
– les entreprises **locataires d'un bien** dont le contrat de location, éventuellement renouvelable, prévoit une obligation de remise en état lors de la restitution du bien ;
– les entreprises concessionnaires qui sont tenues, en vertu de leur cahier des charges, de restituer le matériel concédé en bon état à l'autorité concédante à l'expiration de la concession (voir n° 72245 s.) ;
– les entreprises édifiant des **constructions sur sol d'autrui,** en cas de bail prévoyant que les constructions édifiées par le locataire reviendront gratuitement et en bon état au propriétaire du terrain à l'expiration du contrat ; ou si le contrat prévoit la destruction des constructions ;
– les **occupants du domaine public** qui, lors de l'expiration de leur titre d'occupation, devront supporter des frais en raison de la cessation immédiate de leur activité (frais de démolition, frais de remise en état d'abattoirs publics, etc.).

Sur le cas particulier des dépenses de **gros entretien et de grandes visites,** qui peuvent être provisionnées, voir n° 27900.

> **Fiscalement** Il en est de même. En effet, à notre avis, les obligations de remise en état ouvrant droit à la constitution d'une provision pour démantèlement ne sont pas limitées aux obligations d'ordre environnemental.

I. Conditions de comptabilisation de la provision Les coûts de remise en état de biens appartenant à autrui doivent être provisionnés si les conditions suivantes sont remplies à la clôture de l'exercice (PCG art. 322-1 s. ; Avis CNC 2000-01 § 5.9 et CU CNC 2005-H § 2.1 et 2.2 ; voir n° 48240 s.) :

> **Fiscalement** À l'occasion de la conférence « Panorama des redressements fiscaux » tenue le 27 juin 2023, organisée par Lefebvre-Dalloz et animée par PwC Société d'Avocats membre du réseau international PwC, un membre du Conseil d'État, s'exprimant à titre personnel, a indiqué que les dispositions de l'article 39 ter C du CGI ayant pour objet de transposer au plan fiscal les règles comptables, il n'y a aucune raison de procéder à une déconnexion et il conviendrait donc de tirer toutes les conséquences de la passation des écritures de provisions au regard de l'amortissement de l'actif de contrepartie prévu par cette disposition (voir n° 27945).

a. Existence d'une obligation à la clôture Ces coûts résultent d'une dégradation (immédiate ou progressive) causée par l'entreprise à la clôture et que la loi, un règlement, le contrat de bail ou l'engagement volontaire et affiché de l'entreprise (obligation implicite) l'oblige à réparer.

Par exemple, il a été jugé que l'obligation légale de remise en état d'une installation classée (C. envir. art. L 512-17) incombe au locataire, dernier exploitant de l'installation classée et ce même si le site était déjà pollué avant sa prise de possession des lieux (Cass. civ. 10-4-2002 et Cass. 3e civ. 2-4-2008 n° 07-12.155 et 07-13.158). Sur la contrepartie de la provision, dans ce cas, voir ci-après III., Exemple 2.

Pour plus de détails sur ces obligations, voir n° 27925.

> **Fiscalement** Il en est de même (CGI art. 39 ter C ; BOI-BIC-PROV-60-100-10 n° 210). En effet, dans certains cas, l'obligation juridique de démanteler ou de remettre en état n'incombe pas au propriétaire des actifs corporels devant être démantelés ou remis en état, mais à l'exploitant du site ou des installations concernées. Dans ces cas, le passif correspondant à l'obligation ne peut être comptabilisé que chez la personne à qui incombe effectivement cette obligation.

Lorsque l'obligation est conditionnée à la fin d'un bail, à notre avis, cette obligation conditionnelle existe dès la clôture, et doit donc donner lieu à constatation d'une provision **dès que la réalisation de la condition devient probable** (voir ci-après c.).

> **Précisions** Contrats renouvelables Selon certains, tant que la date de sortie du bail n'est pas connue, l'entreprise n'a au contraire pas d'obligation de remettre en état. L'obligation n'est que potentielle et ne peut donner lieu à la constatation d'une provision dès la signature du contrat. Seule une information est donnée dans l'annexe au titre des passifs éventuels (voir n° 52520).

b. Sortie de ressources sans contrepartie pour l'entreprise Les dépenses de remise en état sont sans contrepartie pour l'entreprise :
– lorsqu'elles sont liées à l'apurement d'une situation passée et ont déjà permis à l'entreprise de bénéficier des avantages économiques liés à l'exploitation du bien loué ; tel est le cas de la **dépollution**. Dans ce cas, la dépense de remise en état est à provisionner au fur et à mesure de la pollution ou dès qu'elle est découverte ou, encore, à compter de l'obligation de dépollution si celle-ci est postérieure (voir a. ci-avant) ;
– lorsque la durée résiduelle du contrat ne permet pas de rentabiliser les dépenses engagées au titre de la remise en état. Tel peut être le cas d'une obligation de **renouvellement** d'un matériel loué lorsque, par exemple, le renouvellement aura lieu 2 ans avant la fin du contrat alors qu'un tel matériel aurait pu être utilisé pendant encore 5 ans. Dans ce cas, la surcharge d'amortissement probable (liée à l'amortissement du bien sur 2 ans au lieu de 5) est, à notre avis, à provisionner sur la durée du contrat (voir n° 28665).

c. Sortie de ressources probable à la date d'arrêté des comptes En l'absence de dépenses programmées à une date déterminée (soit par obligation, soit par décision de l'entreprise l'engageant vis-à-vis des tiers), il convient, à notre avis, de tenir compte dans l'estimation de la probabilité de la sortie de ressources du caractère renouvelable ou non du contrat :

1. Contrats renouvelables La sortie de ressources est probable lorsqu'il devient probable que le contrat ne sera pas renouvelé.

En pratique, la sortie de ressources est considérée comme probable :
– lorsque la fin définitive du bail est annoncée, soit du fait du bailleur, soit du fait d'une décision de l'entreprise matérialisée par un acte ou des faits tangibles connus de tiers (Bull. CNCC n° 125, mars 2002, EC 2001-81-9 et 10, p. 106 s.) ;
– dès lors que le renouvellement est à l'initiative du bailleur. En effet, dans ces conditions, il n'est pas nécessairement probable que le contrat sera renouvelé ;

28735
(suite)

> **Fiscalement** Même en présence d'une clause de tacite reconduction, une entreprise délégataire d'un service public n'a pas à apprécier ses chances de reconduction et peut donc constituer une provision pour remise en état dès lors que l'autorité délégante procède nécessairement à une nouvelle mise en concurrence des offres à l'échéance du contrat (TA Paris 19-11-2008 n° 03-3954).

– lorsque le contrat est renouvelable à l'initiative du locataire, dès lors qu'il existe une date de fin de contrat **prévisible**. Cette fin prévisible du contrat (ou son absence) peut être recherchée dans les hypothèses retenues notamment dans l'élaboration des plans d'affaires et dans la durée d'amortissement des investissements dépendant du bail.

> **Précisions 1. Bail commercial 3-6-9** En pratique, plusieurs approches sont possibles :
– selon une première approche, l'absence d'option de renouvellement au terme du bail (comme cela a été précisé par l'ANC dans son relevé de conclusions relatif aux baux commerciaux en France dans le cadre de l'application de la norme IFRS 16 « Contrats de location » du 3-7-2020) rend la sortie de ressources inéluctable dès l'entrée dans le bail. Dans ce cas, une provision devrait être reconnue dès la signature du bail ;
– selon une seconde approche, il est possible de considérer que la fin du bail n'est pas nécessairement probable à la clôture, dans la mesure où, dans la pratique, même en l'absence de droit juridique au renouvellement, le pouvoir de négociation, compte tenu du marché et des spécificités du bien, peut rendre probable le renouvellement du bail (dès lors que le locataire ne souhaite pas mettre fin au bail). Dans ce cas, il devrait être possible de justifier l'absence de provision pour remise en état (un passif éventuel étant alors indiqué en annexe ; voir n° 52520).
En revanche, si l'entreprise détient un ensemble de baux présentant des obligations similaires, une provision peut devoir être constituée sur une base statistique (voir Précision 3 ci-après).
2. Dégradations progressives En cas de dégradation progressive, même si la date de fin de contrat n'est pas déterminable, l'entreprise peut avoir d'ores et déjà pris la **décision d'effectuer des travaux de remise en état avant le terme du premier contrat,** sans attendre les périodes d'éventuels renouvellements. Dans ce cas, la sortie de ressources étant probable, ceux-ci doivent être provisionnés à hauteur de la dégradation déjà constatée.
3. Ensemble de contrats de bail Lorsqu'il existe un grand nombre de baux comportant des obligations de remise en état similaires, la probabilité qu'une sortie de ressources soit nécessaire à l'extinction de ces obligations est déterminée en considérant cet ensemble d'obligations comme un tout (PCG art. 323-2 ; voir n° 48240 s.). En pratique :
– même si on ne peut pas estimer pour chacun des baux que le contrat sera ou non renouvelé ;
– il peut, en revanche, être estimé, sur la base de statistiques par exemple, qu'un certain nombre de ces baux, par exemple 70 %, ne le seront pas. La sortie de ressources doit être considérée comme probable pour, dans l'exemple, 70 % des baux.

2. Contrats non renouvelables La sortie de ressources est certaine, la date de fin de contrat étant connue.

3. Synthèse Le tableau suivant, établi par nos soins, présente une synthèse du traitement comptable applicable en cas d'obligation de dépollution d'un bien loué :

	Bail non renouvelable	Bail renouvelable
Obligation conditionnée à la fin du bail	Provision	– si la fin probable du bail peut être estimée : **Provision** – sinon (baux 3-6-9) : **Passif éventuel** (hors bilan) sauf si parc de baux (voir ci-après)
Injonction ou décision de réparer avant la fin du contrat	Provision	Provision
Parc de baux	Provision	**Provision** à hauteur du % de non-renouvellement probable

Tant que la réalisation de la condition n'est pas probable, une information est nécessaire dans l'annexe au titre des passifs éventuels (voir n° 52520).

II. Contrepartie de la provision en charges ou en immobilisation
Lorsque les conditions sont réunies, une **provision** est constituée en distinguant si la dégradation est immédiate ou progressive. À notre avis, les règles s'appliquant aux provisions pour remise en état de sites (voir n° 27925 s.) s'appliquent également aux provisions pour remise en état d'un bien loué. En conséquence :

a. en cas de dégradation immédiate constatée dès la **signature du contrat** (ou dès la dégradation), la contrepartie de la provision est un **actif** (pour plus de détails, voir n° 27945) ;

Tel est le cas pour l'obligation :
- de **démantèlement** des constructions édifiées sur le domaine public et que l'entreprise est tenue de détruire, en fin de concession ;
- de démantèlement des agencements installés par un locataire (cloisons, câblages) et devant être retirés à la fin d'un contrat, l'obligation existant dès la date d'installation des agencements ;
- de réalisation des travaux d'aménagement d'un terrain, en fin d'exploitation d'une décharge contrôlée d'ordures ménagères ;
- de dépollution d'un site classé pour la protection de l'environnement, pour la partie correspondant à la pollution antérieure à la date de prise du bail et connue à cette date (voir ci-après III., Exemple 2).

> **Fiscalement** La provision pour remise en état d'immobilisations louées n'est pas déductible car comptabilisée en contrepartie d'un compte d'actif (CGI art. 39 ter C ; BOI-BIC-PROV-60-100-10 n° 110 et 210 ; voir n° 27945).

Lorsque la comptabilisation du passif a lieu en cours de bail (notamment, s'agissant d'un contrat renouvelable, lorsque la fin du contrat devient prévisible), la provision constatée devrait avoir pour contrepartie, à notre avis :
- un actif, mais uniquement à hauteur des avantages non encore consommés ;
- une charge pour le reste.

Par simplification, le montant comptabilisé en charge devrait pouvoir correspondre au montant de l'actif qui aurait été amorti si la provision avait été constituée à l'entrée dans le bail. Il ne s'agit donc pas d'un changement d'estimation du passif.

b. en cas de dégradation progressive, c'est-à-dire constatée au fur et à mesure de l'exploitation et donc nécessaire à l'activité passée de l'entreprise, la provision constituée au titre de l'obligation de remise en état de biens ne peut pas avoir comme contrepartie un actif mais une **charge** (pour plus de détails, voir n° 27965).

Tel est le cas pour les obligations :
- de **remise en état** (de dégradations constatées au fur et à mesure de l'exploitation : par exemple, renouvellement des agencements mis à la disposition du locataire, renouvellement du dernier composant...) ;
- de **dépollution** (élimination des déchets produits par l'entreprise au fur et à mesure de son activité).

> **Fiscalement** Les frais de remise en état des locaux que l'entreprise devra supporter en exécution de son obligation contractuelle peuvent faire l'objet de provisions déductibles dès lors qu'à la clôture de l'exercice des éléments de fait rendent probable la résiliation ou le non-renouvellement du bail ou de la concession (BOI-BIC-AMT-20-40-40 n° 50).

III. Exemples

EXEMPLE 1

Remise en état de biens appartenant à autrui – dégradation progressive – contrat non renouvelable

Une entreprise loue un bien depuis 2 ans. Le contrat sur 5 ans prévoit que le locataire doit remettre en état le bien lors de sa restitution.

La signature du contrat et la remise du bien à l'utilisateur sont le fait générateur de l'obligation contractuelle de le remettre en l'état à l'issue du contrat. La sortie de ressources est probable à la clôture, le contrat n'étant pas renouvelable. Elle est sans contrepartie pour l'entreprise.

Une provision est constituée pour les coûts de remise en état qui devraient être engagés si le bien était restitué à la clôture.

> **Fiscalement** Le contrat n'étant pas renouvelable, la remise en état des biens est considérée comme probable. La provision est déductible dans les conditions de droit commun (voir Fiscalement ci-avant).

EXEMPLE 2

Remise en état d'un site classé pour la protection de l'environnement endommagé – dégradations immédiate et progressive – crédit-bail non renouvelable – l'option ne sera pas levée

Une entreprise prend à bail un site classé pour la protection de l'environnement. À l'entrée dans le contrat, des dommages environnementaux causés par les anciens exploitants sont constatés.

Le nouveau locataire a une obligation contractuelle et légale (Cass. civ. 2-4-2008 n° 07-12.155, 07-13.158) de remettre le site en l'état à l'issue du contrat, même s'il ne lève pas in fine l'option d'achat. La sortie de ressources est probable, dès l'entrée dans le contrat, celui-ci n'étant pas renouvelable. Elle est sans contrepartie pour l'entreprise.

À l'entrée dans le contrat, une provision doit donc être constituée pour la pollution qui existait au début du contrat du fait de l'activité du précédent exploitant du site. Un actif est à comptabiliser en contrepartie de cette provision. Dans ce cas, le coût de dépollution est en effet pris en compte dans le coût global du contrat.

Les futures pollutions qui seront générées par l'exploitation du locataire feront l'objet d'une provision à doter progressivement, au fur et à mesure des dégradations causées, en contrepartie d'une charge.

> **Fiscalement** Une provision doit également être constatée (BOI-BIC-PROV-60-100-10 n° 210 ; BOI-BIC-AMT-20-40-40 n° 50 concernant les frais pour remise en état de locaux loués). À notre avis :
— la provision correspondant à la pollution constatée lors de l'entrée dans les lieux n'est pas déductible car comptabilisée en contrepartie d'un compte d'actif ;
— la provision correspondant à la pollution progressive du fait du locataire devrait être déductible car comptabilisée en contrepartie du résultat.

IV. PRÉSENTATION DES COMPTES ANNUELS ET AUTRES INFORMATIONS

INFORMATION EN MATIÈRE DE CRÉDIT-BAIL

28805 Les entreprises commerciales qui ont eu recours à des **opérations de crédit-bail** pour se procurer des biens d'équipement, des matériels ou des immeubles à usage professionnel sont soumises à certaines **obligations** de publicité comptable (C. mon. fin. art. R 313-14).

> **Précisions** **1. Application à un GIE** Ces obligations ne concernant que les entreprises commerciales, leur application à un **GIE** dépend donc de son objet :
— objet civil : il n'est pas tenu de respecter les dispositions suivantes ;
— objet commercial (ou activité réelle commerciale) : il est tenu de les respecter lorsqu'il publie ou communique ses comptes annuels (Bull. CNCC n° 47, septembre 1982, EJ 82-89, p. 322).
2. Crédit-bail sur fonds de commerce Les opérations de crédit-bail sur fonds de commerce ne sont pas visées par ce texte.

28810 **L'absence de cette information obligatoire est sanctionnée pénalement**
Toute infraction aux dispositions de l'article R 313-14 du Code monétaire et financier est punie de l'amende prévue pour les contraventions de la 5e classe, soit 1 500 € au plus ; en cas de récidive, le maximum de la peine d'amende encourue est porté à 3 000 € (C. mon. fin. art. R 351-4).

Peut-elle être omise du fait qu'elle n'a pas un caractère significatif pour l'entreprise, comme le préconisent le PCG et le CNC pour l'ensemble des informations de l'annexe (voir n° 64545) ?
Deux réponses paraissent possibles :
a. La première, prudente, qui exigerait toute l'information concernant le crédit-bail dans l'annexe, considérant :
— qu'elle est **nécessairement significative** de par sa nature même (financement particulier de l'actif), indépendamment des montants en cause (valeur des biens, redevances) ;
— que **toute omission** pourrait entraîner des **sanctions** envers les dirigeants et constituerait un **fait délictueux** à révéler par le commissaire aux comptes (voir FRC 12/23 Hors série inf. 86 s.).
b. La deuxième considérerait, comme l'indique la recommandation du CNC, que « le principe de l'importance significative domine l'ensemble des prescriptions concernant l'annexe » et que, dans ces conditions, l'information concernant le crédit-bail ne devrait être fournie que si elle est significative.

> **Précisions** C'est également la position de l'OEC (Avis n° 29 du 15-11-1995 sur la comptabilisation des contrats de location) que le caractère significatif doit s'apprécier tant par rapport aux données du bien que par rapport à celles du compte de résultat, par exemple, à notre avis, en comparant le total brut des biens d'équipement, matériels ou immeubles figurant à l'actif avec celui des biens utilisés en ayant recours à des opérations de crédit-bail, ou bien en comparant le montant des redevances de l'exercice et des dotations aux amortissements.

Sociétés commerciales ne bénéficiant pas du régime de présentation simplifiée de l'annexe Sur la possibilité d'une présentation simplifiée de l'annexe, voir n° 64180 s.

28830

Mention dans l'**annexe** des informations suivantes (C. mon. fin. art. R 313-14 et PCG art. 833-18/2) :
– valeur de ces biens au moment de la signature du contrat ;
– montant des redevances afférentes à l'exercice ainsi que montant cumulé des redevances des exercices précédents ;

> **Précisions** Si la TVA n'est pas récupérée (par exemple, véhicule de tourisme), ce montant nous paraît devoir être fourni TTC ; en outre, il n'y a pas lieu, à notre avis, de retenir les frais accessoires payables en complément du loyer lui-même.

– dotations aux amortissements qui auraient été enregistrées pour ces biens au titre de l'exercice clos s'ils avaient été acquis par l'entreprise ainsi que montant cumulé des amortissements qui auraient été effectués au titre des exercices précédents ;
– évaluation à la date du bilan des redevances restant à payer (ventilées selon les échéances : à un an au plus, à plus d'un an et cinq ans au plus, à plus de cinq ans), ainsi que du prix d'achat résiduel de ces biens stipulé au contrat.

Ces informations sont ventilées selon les postes du bilan dont auraient relevé les biens concernés (voir modèles de **tableaux** ci-après, **proposés à titre indicatif**).

EXEMPLE

L'information peut être présentée dans le tableau (établi par nos soins) ci-après dont les données sont les suivantes :
— valeur d'origine du bien au 1er janvier N–2 : 40 000 ;
— durée du contrat : 8 ans ;
— durée de vie du bien : 10 ans (linéaire) ;
— redevance annuelle (payée le 1er janvier de chaque année) : 12 000 TTC (10 000 HT) ;
— valeur de rachat : 1 € (symbolique).

Postes du bilan	Immobilisations en crédit-bail			
	Coût d'entrée (1)	Dotations aux amortissements		Valeur nette
		de l'exercice (2)	cumulées (2)	
Terrains				
Constructions				
Installations techniques, matériel et outillage	40	4	8	28
Autres immobilisations corporelles				
Immobilisations en cours				
TOTAUX	40	4	8	28

(1) Valeur de ces biens au moment de la signature des contrats.
(2) Dotations cumulées au titre des exercices précédents.

Postes du bilan	Engagements de crédit-bail						
	Redevances payées		Redevances restant à payer				Prix d'achat résiduel (2)
	de l'exercice	cumulées (1)	jusqu'à 1 an	+ 1 an à 5 ans	+ 5 ans	Total à payer	
Terrains							
Constructions							
Installations matériel	10	20	10	40	–	50	1
Autres immob. corporelles							
Immobilisations en cours							
TOTAUX	10	20	10	40	–	50	1

(1) Redevances cumulées au titre des exercices précédents.
(2) Selon contrat.

> **Précisions** **Actualisation des redevances** Le Code monétaire et financier ne parle pas d'actualisation du montant des redevances restant à supporter (il parle toutefois d'évaluation à la date du bilan).

Si les redevances sont actualisées, à défaut d'un taux d'actualisation publié officiellement, les taux utilisés risquent d'être très différents selon les sociétés. C'est pourquoi il nous paraît souhaitable de mentionner le taux d'actualisation retenu.

Afin que l'annexe donne une « image fidèle » de l'endettement réel de l'utilisateur du crédit-bail, il suffirait que, pour chaque contrat de crédit-bail, l'**utilisateur demande au bailleur un tableau d'amortissement financier** et fasse figurer, en engagements donnés, la valeur du bien en crédit-bail, au moment de la signature du contrat, valeur qui serait réduite chaque année par l'amortissement financier inclus dans les loyers et dans la valeur résiduelle financière. Les redevances des exercices précédents, celles de l'exercice et celles restant à payer pourraient ainsi être ventilées en intérêts et en amortissement financier, ce qui évite le problème du taux d'actualisation (et **facilite** en outre **le retraitement des opérations du crédit-bail dans les comptes consolidés**).

En pratique, en cas de crédit-bail immobilier, le crédit-preneur dispose de ces informations, voir nº 28485 s.

28835 **Autres personnes morales et personnes physiques** Les autres personnes morales et les personnes physiques ayant la qualité de commerçants doivent donner les informations suivantes :

a. Compte de résultat (C. mon. fin. art. R 313-14) Indication séparée des **loyers** correspondant à l'exécution des contrats en distinguant :
– les opérations de crédit-bail mobilier ;
– les opérations de crédit-bail immobilier.

b. Annexe (C. mon. fin. art. R 313-14 ; PCG art. 832-18/2, 834-13/2 et 835-13/2) Indication de l'évaluation, à la date du bilan, des **redevances restant à payer** ainsi que du prix résiduel de ces biens stipulé au contrat en distinguant les opérations de crédit-bail mobilier de celles de crédit-bail immobilier.

SECTION 4 — SCHÉMAS USUELS DE COMPTABILISATION

I. ACQUISITION ET PRODUCTION D'IMMOBILISATIONS

DATE D'ENREGISTREMENT

28935 En pratique, la comptabilisation est effectuée lors du **transfert de contrôle du bien** qui correspond le plus souvent au transfert de propriété, c'est-à-dire, habituellement, à la **livraison acceptée du bien** et à la **réception de la facture** ; à la clôture de l'exercice, les éventuels décalages entre facturation, livraison et transfert de propriété sont régularisés (voir nº 15075 s.).

Toutefois, pour certains contrats une date d'enregistrement particulière est retenue :
– contrat de crédit-bail (voir nº 28470) ;
– vente comportant des conditions particulières (voir nº 11020 s.).

Pour l'analyse détaillée des circonstances dans lesquelles le transfert du contrôle du bien ne correspond pas au transfert de propriété, voir nº 25255.

ÉCRITURES COMPTABLES

28940 **Acquisition d'immobilisations** À la réception de la facture, la dette envers le fournisseur est créditée au compte 404 « Fournisseurs d'immobilisations » par le débit du compte 21 « Immobilisations corporelles » (sous-compte concerné) pour le montant hors TVA déductible et du compte 4456 « Taxes sur le chiffre d'affaires déductibles » (subdivision 44562 « TVA sur immobilisations ») pour le montant de cette taxe (PCG art. 944-40).

Rappelons que :
- le montant à porter dans le compte d'immobilisations est le coût d'acquisition (prix d'achat + frais accessoires). Pour plus de détails, voir n° 26185 s. ;
- les composants identifiés lors de l'acquisition doivent être comptabilisés séparément de l'actif principal. Sur l'identification des composants au sein de l'actif principal et les modalités de décomposition, voir n° 25725 s.

Les **avances et acomptes versés** par l'entreprise à des tiers pour des opérations en cours sont portés au compte 238 (PCG art. 942-23).

À notre avis, comme le précisait le PCG 82 (p. II.30), il faut entendre par :
- **avances** : les sommes versées avant tout commencement d'exécution de commandes ou en dépassement de la valeur des fournitures déjà faites ou des travaux déjà exécutés ;
- **acomptes** : les sommes versées sur justification d'exécution partielle.

Pour des raisons pratiques, un seul compte a été prévu pour les avances et acomptes ; mais les entreprises peuvent avoir avantage à distinguer les unes des autres par une subdivision appropriée des comptes (PCG art. 942-23).

Les entreprises ont la faculté de comptabiliser en cours d'exercice tous les acomptes et avances dans le compte 4091 « Fournisseurs – Avances et acomptes versés sur commandes », mais, en fin d'exercice, elles doivent virer aux comptes 237 et/ou 238 ceux concernant les commandes d'immobilisations (PCG art. 942-23 et 944-40). Le cas échéant, les avances ou acomptes sont alors soldés par le débit du compte 404 « Fournisseurs d'immobilisations ». Ce solde représente la dette de l'entreprise envers son fournisseur à cette date.

EXEMPLE

Avance versée lors de la commande : 300.
Facture : matériel HT 1000 et TVA récupérable : 200.

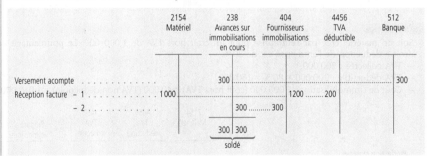

Production d'immobilisations Selon le PCG (art. 942-23 et 947-72), la production de l'exercice, conservée par l'entreprise en vue de son immobilisation, constitue un produit d'exploitation enregistré à son coût de production (pour plus de détails sur le coût de production, voir n° 26585 s.). Le produit ainsi constaté équilibre les charges correspondantes. Il est crédité au compte 72 **« Production immobilisée »** :
- soit par le débit du compte 231 **« Immobilisations corporelles en cours »** du coût réel de production des immobilisations créées par les moyens propres de l'entreprise, au fur et à mesure de la progression des travaux ; lors de la mise en service du bien, le compte 231 est crédité (et soldé) par le débit du compte d'immobilisation intéressé ;
- soit directement par le débit des comptes d'immobilisations intéressés si le transit par le compte 23 ne s'avère pas nécessaire.

28960

> **Précisions** À notre avis :
> - le **transit** par le compte 23 est nécessaire si la **production** d'immobilisations **s'étale sur deux exercices** ; en effet, selon le PCG (art. 942-23), le compte 23 a pour objet de faire apparaître la valeur des immobilisations non terminées à la fin de chaque exercice ;
> - les composants identifiés lors de l'immobilisation du bien produit doivent être comptabilisés séparément de l'actif principal.
> Sur l'identification des composants au sein de l'actif principal et les modalités de décomposition, voir n° 25725 s.

En ce qui concerne la **TVA** :

> **Fiscalement** Sur les cas où cette production constitue une livraison à soi-même rendant exigible la TVA dans certaines situations, voir Mémento Fiscal n° 47390.

Il en résulte sur le plan comptable que la TVA exigible est créditée au compte 4457 « TVA collectée par l'entreprise » par le débit du compte d'immobilisation concerné pour le montant de la TVA non déductible et du compte 4456 « Taxes sur le chiffre d'affaires déductibles » pour le montant de la TVA déductible (subdivision 44562 « TVA sur immobilisations »).

EXEMPLE 1

Soit un matériel en cours de fabrication à la clôture de l'exercice N pour un coût hors TVA de 400 000. En N+1, il est achevé pour un coût total de 1 000 000 et mis en service.

L'entreprise peut déduire intégralement la TVA.

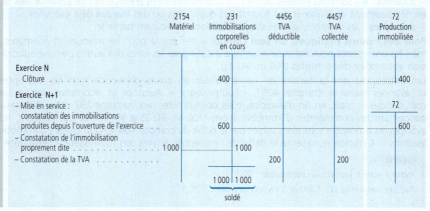

EXEMPLE 2

Soit un matériel créé par l'entreprise pour un coût hors TVA de 1 000 000. Le pourcentage de droit à déduction de l'entreprise est de 80 %.
— TVA collectée : 200 000.
— TVA déductible : 200 000 × 80 % = 160 000.
— Coût de l'immobilisation : 1 000 000 (coût hors TVA) + 40 000 (TVA non déductible) = 1 040 000.

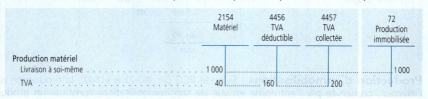

En ce qui concerne la sous-traitance : lorsque l'entreprise crée l'immobilisation, tout en sous-traitant **une partie** ou en incorporant des éléments achetés à des tiers, les factures des sous-traitants et/ou des fournisseurs sont enregistrées, à notre avis, en classe 6 aux comptes 604 « Achats d'études et prestations de services » et 605 « Achats de matériels, équipements et travaux » (voir nº 15570), puis retenues dans le coût de production par l'intermédiaire du compte 72.

> **Précisions** À notre avis, même lorsque le bien est sous-traité **en totalité**, il convient de suivre ce schéma de comptabilisation et non de porter directement à l'actif le bien ; en effet, un bien sous-traité est assimilé à un bien produit et non à un bien acquis (voir nº 26585).

28965 Apport d'une immobilisation Le compte d'immobilisation concerné est débité, à la date d'entrée des biens dans le patrimoine, de la valeur d'apport par le crédit du compte 101 « Capital individuel » ou « Capital social » (et éventuellement du compte 1043 « Prime d'apport ») ou du compte 45611 « Associés-Apports en nature ». Sur les opérations de fusion et opérations assimilées, voir Mémento Fusions & Acquisitions nº 7605 s.

Les composants identifiés lors de l'immobilisation du bien produit doivent être comptabilisés séparément de l'actif principal. Sur l'identification des composants au sein de l'actif principal et les modalités de décomposition, voir nº 25725 s.

II. AMORTISSEMENTS DES IMMOBILISATIONS

Sur le contenu de la liste des comptes du PCG concernant les amortissements, voir n° 96220 (bilan), 96300 et 96320 (compte de résultat). **29035**

DATE D'ENREGISTREMENT

Les amortissements sont constatés, en principe, lors de l'inventaire à la clôture annuelle. Les entreprises peuvent cependant les enregistrer au fur et à mesure (par exemple, mensuellement ; voir abonnement n° 15210). **29040**

> **Fiscalement** Sur l'obligation de constater les amortissements avant l'expiration du délai de déclaration des résultats pour pouvoir les déduire, voir n° 27010.

AMORTISSEMENT D'IMMOBILISATIONS NON RÉÉVALUÉES

Il convient de distinguer, d'une part, l'amortissement pour dépréciation, et d'autre part, l'amortissement dérogatoire (pour plus de détails sur la distinction, voir n° 27015). **29060**

I. L'amortissement **pour dépréciation** résultant de l'application du plan d'amortissement est débité au compte 681 « Dotations aux amortissements, aux dépréciations et aux provisions – Charges d'exploitation » par le crédit de la subdivision concernée du compte 28 « Amortissements des immobilisations » (PCG art. 942, 942-28 et 946-68).

II. L'éventuel complément fiscal constitue un amortissement **dérogatoire** débité au compte 687 « Dotations aux amortissements, aux dépréciations et aux provisions – Charges exceptionnelles » [subdivisions 6872 « Dotations aux provisions réglementées (immobilisations) » ; 68725 « Amortissements dérogatoires »] par le crédit du compte 145 « Amortissements dérogatoires ».

L'insuffisance fiscale qui en résulte lors des exercices suivants est débitée au compte 145 par le crédit du sous-compte 7872 « Reprises sur provisions réglementées (immobilisations) », à inscrire dans les produits exceptionnels (PCG art. 313-1 modifié par le Règl. ANC 2018-01 du 20-4-2018 homologué par l'arrêté du 8-10-2018, et art. 941-14, 946-68 et 947-78).

Pour plus de détails sur les amortissements dérogatoires, voir n° 27370 s.

> **Fiscalement** Le montant est égal :
> – **pour un élément** d'actif déterminé, à l'annuité d'amortissement pour dépréciation majorée de la dotation à la provision pour amortissement dérogatoire, ou diminuée de la reprise opérée sur cette provision, selon le degré d'exécution du plan d'amortissement de l'élément (voir ci-après Exemple 1) ;
> – **pour l'ensemble des éléments amortissables** (mis à part les amortissements non déductibles), à la somme des dotations (amortissements pour dépréciation et dérogatoires) diminuée des reprises opérées sur la provision pour amortissement dérogatoire (voir ci-après Exemple 2).

Une mesure de simplification est prévue pour les PME, afin de leur permettre d'amortir les immobilisations à l'origine sur les durées d'usage fiscales, sans rechercher les durées réelles d'utilisation.

Pour plus de détails sur cette mesure de simplification, voir n° 27150. En ce qui concerne l'incidence des amortissements dérogatoires sur les impôts différés, voir n° 53010.

EXEMPLE 1

Une installation technique achetée 100 000 le 15 avril de l'exercice 1 (année civile) est amortie (économiquement) selon le mode linéaire en 4 ans (soit un taux de 25 %).

L'entreprise (qui ne bénéficie pas de la mesure de simplification permettant de ne pas rechercher les durées réelles d'utilisation) utilise les possibilités fiscales qui lui sont offertes et pratique un amortissement dégressif (soit un taux de 37,5 %). Le calcul des amortissements est le suivant :

Amortissements	pour dépréciation linéaires [1]	fiscaux dégressifs [2]	dérogatoires [2] – [1]
Exercice 1	17 809 [1]	28 125 [2]	10 316
Exercice 2	25 000	26 953	1 953
Exercice 3	25 000	22 461	– 2 539
Exercice 4	25 000	22 461	– 2 539
Exercice 5	7 191	0	– 7 191
Total	100 000	100 000	0

(1) 17 809 = 25 000 × 260 / 365.
(2) 28 125 = 37 500 × 9 / 12.

> **Précisions** **Modalité d'amortissement** : dans cet exemple, nous avons retenu comme amortissement pour dépréciation un amortissement linéaire, mais cet amortissement aurait pu être autre (en fonction des unités d'œuvre, par exemple).

	215 Instal. techniques	2815 Amortissements	145 Amort. dérogatoires	681 Dotations exploitation	687 Dotations exceptionnelles
Exercice 1 :					
Achat	100				
Amort. pour dépréciation		17,8		17,8	
Amort. dérogatoire			10,3		10,3
Exercice 2 :					
Amort. pour dépréciation		25		25	
Amort. dérogatoire			1,9		1,9
					787 Reprise provisions
Exercice 3 :					
Amort. pour dépréciation		25		25	
Reprise amort. dérogatoire			2,5		2,5
Exercice 4 :					
Amort. pour dépréciation		25		25	
Reprise amort. dérogatoire			2,5		2,5
Exercice 5 :					
Amort. pour dépréciation		7,2		7,2	
Reprise amort. dérogatoire			7,2		7,2
	100	100	12,2 | 12,2	100	12,2 | 12,2
			soldé		

EXEMPLE 2

Sur un exercice, trois immobilisations (A, B, C) sont amorties de la manière suivante :

Immobilisations	Amortissements		
	pour dépréciation [1]	fiscaux [2]	dérogatoires [2] [1]
A	5 000	5 000	–
B	6 000	8 000	2 000 [1]
C	9 000	8 000	(1 000) [2]
Total	20 000	21 000	1 000

(1) dotation.
(2) reprise.

	2815 Amort. dépréciation	145 Amort. dérogatoires	681 Dotations exploitation	687 Dotations exceptionnelles	787 Reprises dot. except.
Amortissements de l'exercice	20	1 | 2	20	2	1
				1 [1]	

(1) Il n'est pas possible, à notre avis, de contracter la dotation et la reprise d'amortissements dérogatoires, cette contraction revenant sur le plan fiscal à ne pas constater la partie d'amortissements correspondant à la reprise.

29065 **Reprises d'amortissements** Elles sont enregistrées au compte **781 « Reprises sur amortissements, dépréciations et provisions (à inscrire dans les produits d'exploitation) »**.
Sur les possibilités de reprise, voir n° 27340.

AMORTISSEMENT DES IMMOBILISATIONS RÉÉVALUÉES

Réévaluations à partir de 1984   Lorsque l'entreprise décide d'en pratiquer une, elle doit être effectuée dans les conditions fixées par le Code de commerce (voir n° 56665 s.) Ce texte n'opère pas de distinction entre immobilisations amortissables et non amortissables (l'écart est, dans les deux cas, porté au compte 1052 « Écarts de réévaluation libre ») et ne prescrit pas la reprise au résultat de la fraction de la dotation aux amortissements provenant de l'écart de réévaluation.   29085

En conséquence, les **dotations aux amortissements** doivent être pratiquées sur la base de la **valeur réévaluée** et portées en charges d'exploitation, **sans reprise au résultat de la fraction de l'écart de réévaluation correspondante** (traitement confirmé par le Règl. CRC 2003-04 qui ne permet pas cette reprise, mais uniquement un reclassement de l'écart de réévaluation en réserve distribuable, voir n° 29355).

La fraction de l'écart de réévaluation correspondant à la dotation enregistrée peut, sous certaines conditions, être transférée vers un compte de réserves distribuables (Règl. CRC 2003-04 ; voir n° 29355 et 56795).

Pour un exemple, voir n° 56805.

Pour les conséquences sur les amortissements dérogatoires, voir n° 56810.

> **Fiscalement**   La dotation aux amortissements est calculée sur la valeur réévaluée (CE 8-2-1999 n° 161306 ; BOI-BIC-AMT-10-30-40 n° 210).

CAS PARTICULIER

Biens totalement amortis   Le PCG ne donne aucune indication sur la sortie de ces immobilisations de l'actif du bilan. Dans la majorité des cas, les immobilisations **ne devraient plus, à notre avis, figurer au bilan**. En effet :   29090
– les immobilisations devraient, en principe, être sorties du bilan **dès lors qu'aucun avantage économique n'est plus attendu de leur utilisation** ;

> **Précisions**   Selon le PCG (art. 211-1), un actif est « un élément dont l'entité attend des avantages économiques futurs ». Cette actuelle définition d'un actif remet ainsi en cause la règle antérieure à 2005 consistant à maintenir au bilan les immobilisations entièrement amorties tant qu'elles subsistaient dans l'entreprise (ancien PCG 1982, p. II.27, reposant sur la définition d'une immobilisation uniquement comme élément de patrimoine juridique de l'entreprise sans prise en compte des avantages économiques procurés par l'immobilisation).

– or, les biens sont (depuis 2005) obligatoirement amortis sur leur durée d'utilisation réelle (durée de consommation des avantages économiques) ; il ne devrait donc, en principe, plus être attendu aucun avantage économique d'un bien totalement amorti.

L'adoption de plans d'amortissement définis selon les durées d'utilisation réelle (voir n° 27120 s.) et leur révision obligatoire (voir n° 27330 s.), devrait théoriquement rendre marginaux les biens totalement amortis encore utilisés.

> **Fiscalement**   Les immobilisations qui subsistent au bilan restent comprises dans les bases de la cotisation foncière des entreprises.

Sur l'information en annexe, voir n° 29660.

III. DÉPRÉCIATIONS DES IMMOBILISATIONS

Sur le contenu de la liste des comptes du PCG concernant les dépréciations voir n° 96220 (bilan), 96300 et 96320 (compte de résultat).   29160

IMMOBILISATIONS NON RÉÉVALUÉES

Le schéma de comptabilisation est le suivant :   29180

I. Lors de sa **constitution,** la dépréciation est créditée (PCG art. 942) au compte 29 « Dépréciation des immobilisations » (subdivision selon la nature de l'immobilisation) par le débit :
– soit du compte 687 « Dotations aux amortissements, aux dépréciations et aux provisions – Charges exceptionnelles » (subdivision 6876 « Dotations pour dépréciations exceptionnelles »), la dépréciation des immobilisations (incorporelles et corporelles) présentant habituellement un caractère exceptionnel ;
– soit du compte 681 « Dotations aux amortissements, aux dépréciations et aux provisions – Charges d'exploitation » (subdivision 6816 « Dotations pour dépréciations des immobilisations incorporelles et corporelles »), dans le cas où elle aurait un caractère courant.

29180 (suite)

Les textes ne fournissent aucune précision concernant la nature de ces dépréciations (exploitation ou exceptionnelles) et leur présentation dans le compte de résultat. En conséquence, les entreprises ont toujours le choix, à notre avis, de les constater en exploitation ou en exceptionnel. Ce choix dépend de la conception du résultat courant et du résultat exceptionnel qu'elles ont retenue. Pour plus de détails, voir n° 52030 s.

Le classement retenu doit être appliqué de manière cohérente d'une année sur l'autre et faire l'objet d'une information en annexe, si l'information est significative (voir n° 29650).

> **Précisions** **Dépréciations figurant déjà dans les bilans antérieurs** : elles ne peuvent donner lieu, chaque exercice, à une reprise des dépréciations antérieurement constituées et à une nouvelle dotation (supérieure). En effet, le PCG (art. 942-29) raisonne en variations (augmentation ou diminution) de la dépréciation déjà existante, la reprise et la (re)dotation en totalité ne semblent donc pas être la règle.

Sur les conséquences de la dépréciation d'un actif sur son amortissement, voir n° 27765 s.
Sur la divergence existant avec les normes IFRS, voir Mémento IFRS n° 69010.

II. À la clôture de chaque exercice :
– l'augmentation de la dépréciation est créditée au compte 29 par le débit du compte 687 (ou éventuellement 681) ;
– la diminution de la dépréciation est débitée au compte 29 par le crédit du compte 7 « Reprises sur dépréciations et provisions » (à inscrire dans les produits exceptionnels, subdivision 7876 « Reprises sur dépréciations exceptionnelles » ou éventuellement 781/7816).

En revanche, sur les reprises « automatiques » de dépréciation pour des raisons fiscales, voir n° 27785.

III. Lors de l'**annulation** d'une dépréciation devenue sans objet ou ayant rempli son objet, le compte de dépréciation est débité, pour solde, par le crédit du compte 787 (ou éventuellement 781).

EXEMPLE

Une immobilisation corporelle acquise 600 000 l'exercice 1 a les valeurs vénales suivantes : fin exercice 1 : 500 000, fin exercice 2 : 520 000.

Elle est cédée l'exercice 3 pour 530 000.

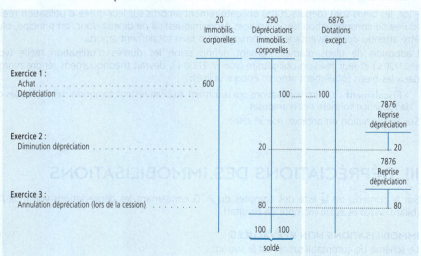

Toutefois, lorsque la charge effective est inférieure à la dépréciation comptabilisée, le compte 781 ou 787 peut être subdivisé de façon à permettre de distinguer les reprises correspondant aux excédents de dépréciation.

EXEMPLE

Reprise de l'exemple précédent

L'exercice 3, le compte 7876 peut être ventilé entre :
– la charge effective : 600 (prix d'achat) – 530 (prix de vente) = 70 ;
– et la reprise correspondant à l'excédent de provision : 80 – 70 = 10.

	29 Dépréciation immobilisations	78766 Charge effective	78767 Excédent dépréciation
Annulation dépréciation	80	70	10

> **Précisions** **Intérêt de la distinction entre dotation et reprise** : cette distinction entre charge et reprise offre peu d'intérêt sur le plan de l'information financière externe puisqu'elles sont regroupées dans le même poste du compte de résultat. En revanche, sur le plan interne, elle permet de juger la politique de constitution des dépréciations.

IMMOBILISATIONS RÉÉVALUÉES

> **Précisions** Le plus souvent, les immobilisations concernées sont des immobilisations non amortissables.

29185

Réévaluations à partir de 1984 Lorsque l'entreprise décide d'en pratiquer une, elle doit être effectuée dans les conditions fixées par le Code de commerce (voir n° 56665 s.). Selon ce texte, la réévaluation (qu'elle porte sur des immobilisations amortissables ou non) est comptabilisée au passif au compte « Écarts de réévaluation » (à notre avis compte 1052). En conséquence, à notre avis, les dépréciations sont à pratiquer sur la base de la valeur réévaluée, sans reprise au résultat de l'écart de réévaluation.
Le caractère de la dotation dépend de la nature de la dépréciation (exploitation ou exceptionnelle).

29220

> **Fiscalement** Dans le cadre du **régime de droit commun,** la plus-value dégagée lors de l'opération ayant été imposée, les (provisions pour) dépréciations doivent, à notre avis, être calculées, comme en comptabilité, sur la base de la valeur réévaluée, comme c'est le cas pour les amortissements et les plus-values de cession (BOI-BIC-PVMV-40-10-60-20 n° 40).
En revanche, en cas d'option pour le **régime de neutralisation temporaire des conséquences fiscales des réévaluations libres** réalisées au cours d'exercices clos entre le 31 décembre 2020 et le 31 décembre 2022, la déduction fiscale des (provisions pour) dépréciations est limitée (voir n° 56790).
Sur le traitement des écarts de réévaluation en normes IFRS, voir Mémento IFRS n° 30991 et 31993 (immeubles de placement).

IV. SORTIE D'IMMOBILISATIONS DU PATRIMOINE

Les immobilisations sorties du patrimoine de l'entreprise, soit par cession, soit par disparition ou destruction, soit par remplacement (composants) cessent de figurer dans les comptes d'immobilisations.

29290

DATE D'ENREGISTREMENT DE LA CESSION

> **Précisions** Le règlement CRC n° 2004-06 sur les actifs (abrogé et repris dans le règl. ANC 2014-03 relatif au PCG) ne précise pas les critères de décomptabilisation d'un actif. En l'absence de précision, il convient, à notre avis, d'appliquer symétriquement les critères de comptabilisation d'un actif.

29295

La cession doit être enregistrée à la date de l'opération ou de l'événement qui a pour résultat de faire sortir l'immobilisation de l'actif, soit :
a. en cas de **vente,** lors du transfert de contrôle (sur la notion de transfert de contrôle, voir n° 25160). Ce principe s'applique également en cas de vente d'immeubles avec promesse de vente, voir n° 28340 ;

> **Précisions** Sauf cas particulier, le transfert de contrôle correspond au transfert de propriété (voir n° 25255). Pour des cas inverses, voir notamment n° 11045 (vente sous condition résolutoire), 11070 (vente avec accord de rachat) et 11080 (vente à réméré).

Sur les autres cas particuliers d'entrée (et de sortie) d'actif, voir n° 25260 s.
b. en cas de **vente avec clause de réserve de propriété,** lors de la remise matérielle au client, voir n° 25280 ;
c. en cas d'**échange** ou d'**apport,** à la date prévue par l'acte pour le transfert de propriété ;
d. en cas de **sinistre,** l'année du sinistre, pour l'indemnité d'assurance couvrant celui-ci, voir n° 45800 ;

e. en cas d'**expropriation** ou d'**éviction** (voir n° 28260), lors de la fixation définitive de l'indemnité par l'ordonnance d'expropriation.

> **Fiscalement** Sur la date à laquelle est réalisée la plus-value d'expropriation, voir n° 10375 ; sur la possibilité de l'étaler, voir n° 29425.

RÈGLES GÉNÉRALES DE COMPTABILISATION D'UNE CESSION

29300 Pour la cession **d'immobilisations** réévaluées, voir n° 29355 s.

29320 **Principe général** Le résultat de cession est distingué en comptabilité en deux parties (PCG art. 942, 944-46, 946-67 et 947-77) :

> **Fiscalement** Cette distinction est sans incidence sur les règles d'imposition des plus ou moins-values.

– d'une part, la sortie du bien cédé de l'actif ; la **valeur nette comptable** est débitée à un compte de charge exceptionnelle, le compte **675 « Valeurs comptables des éléments d'actif cédés »,** par le crédit des comptes d'immobilisations et d'amortissements concernés (valeur nette) qui s'en trouvent ainsi soldés ;
À notre avis, une analyse préalable des **frais de cession** est nécessaire pour définir ceux qui ne constituent pas des charges d'exploitation, mais des charges exceptionnelles à comptabiliser également au compte 675 (voir n° 28170).

> **Fiscalement** Cette analyse des frais de cession a également une incidence (voir n° 28170).

Pour la constatation d'un amortissement au titre de l'exercice de la cession, voir n° 28120.
– d'autre part, le produit de la cession ; le prix de cession TTC est débité au compte **462 « Créances sur cessions d'immobilisations »** ou du compte de trésorerie intéressé par le crédit des comptes **775 « Produits des cessions d'éléments d'actif »** (pour le prix HT) et **4457 « TVA collectée »** (pour la TVA facturable sur le prix de cession).
Sur la possibilité de les inclure dans le résultat courant, voir n° 52030.

> **Fiscalement** (CGI art. 261-3-1° a), la **cession** d'un bien mobilier d'investissement usagé **est imposable à la TVA** sur son prix de vente, dès lors qu'il a ouvert droit à déduction totale ou partielle lors de son acquisition.
Il n'y a donc pas de régularisation de TVA, **sauf dans certains cas pour les immeubles,** voir n° 29400, et pour les biens autres que les immeubles qui n'ont fait l'objet que d'une déduction partielle lors de leur acquisition (voir n° 27400 III. b.).

EXEMPLE
Un matériel acheté 800 000 HT (la TVA ayant été par hypothèse totalement déduite : affectation exclusive à des opérations imposables ouvrant droit à déduction), amorti à hauteur de 600 000, est vendu 400 000 HT (soit 480 000 TTC).

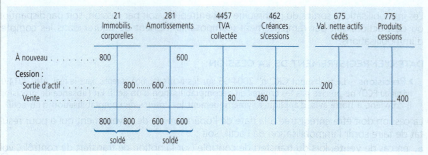

29325 **Cession d'immobilisations libellées en devises** Le PCG n'indique pas s'il convient de distinguer, dans le résultat de cession :
– le résultat de change défini comme la différence entre la valeur nette comptable du bien au **cours du change** de la date de son **entrée** dans le patrimoine retenu en comptabilité ;
– et le cours du change de la date de la cession.
Cette distinction, qui était prévue par le PCG 82 (p. II.12) est donc, à notre avis, aujourd'hui facultative.

> **Fiscalement** Dans une décision relative à l'imposition d'un gain de change réalisé à l'occasion de la cession d'un immeuble à l'étranger, le Conseil d'État a jugé que son montant constitue une composante de la plus ou moins-value réalisée (CE 12-3-2014 n° 352212), étant précisé que le rapporteur public avait pris soin de souligner que la taxation des plus-values immobilières ne

présentait pas de spécificité par rapport à l'imposition des écarts de change. Cette solution a été étendue au cas de la cession de titres de participation en devises, dans une situation où l'entreprise avait distingué dans ses comptes le résultat de cession et le résultat de change (CAA Versailles 19-12-2019 n° 19VE01521 devenu définitif suite à CE (na) 28-9-2020 n° 438845).

Si l'entreprise choisit de faire cette distinction, elle enregistre, à notre avis :
– le **résultat de change** : différence entre la valeur nette comptable du bien au **cours du change** de la date de son **entrée** dans le patrimoine retenu en comptabilité et le cours du change de la date de la cession ; il est enregistré au compte 666 « Pertes de change financières » ou 766 « Gains de change financiers » ;
– le **résultat de cession** : différence entre le prix de cession et la valeur nette comptable au **cours du change** de la date de la **cession**.

EXEMPLE

(arrondi en milliers d'unités de monnaie nationale) :

Prix d'achat	100 000 D × 2,33 =	233 000
Amortissement	40 000 D × 2,33 =	93 000
Valeur nette comptable		
– au cours de change historique =		140 000
– au cours de change du jour de cession : 60 000 D × 2,50 =		150 000
Profit de change =		10 000
Prix de cession :	50 000 D × 2,50 =	125 000
Valeur nette comptable (cours du jour de cession) =		150 000
Moins-value de cession =		– 25 000

> **Précisions** **Écart de change entre le prix payé à l'acquisition et le coût historique** Écart de change entre le prix réellement payé à l'acquisition et le coût historique n'a aucune incidence ici ; il a été passé en résultat lors du paiement de l'acquisition de l'immobilisation.

Existence d'une dépréciation Devenue sans objet, elle est annulée par le crédit du compte de reprises de dépréciation des immobilisations corporelles 7816 ou 7876 selon que la dotation a été inscrite au compte 6816 ou 6876 (caractère courant ou exceptionnel) et la cession est traitée comme précédemment.
Pour un exemple d'application, voir n° 32625.
Sur la possibilité d'éclatement du compte 7876 entre charge effective et excédent de dépréciation, voir n° 29180.
Sur la constatation en résultat courant ou exceptionnel, voir n° 29180.

29330

Bien cédé ayant fait l'objet d'un amortissement dérogatoire L'amortissement dérogatoire est annulé par le compte 787 « Reprises sur dépréciations et provisions (à inscrire dans les produits exceptionnels) » (subdivision 7872 « Reprises sur provisions réglementées – Immobilisations » ou 78725 « Amortissements dérogatoires »).

29335

> **Fiscalement** Voir n° 28120.

EXEMPLE

Matériel acquis pour 500 000 (HT) ; amortissements pratiqués : 300 000 (pour dépréciation : 200 000 ; dérogatoires : 100 000) ; prix de cession : 420 000 (dont 70 000 de TVA).

	145 Amort. dérog.	21 Immobilis.	28 Amort. dépréciation	4457 TVA collectée	462 Créances s/cessions	6752 Val. compt. actifs cédés	775 Prix de cession	7872 Rep. prov. réglem.
À nouveau	100	500	200					
Cession a)		500	200			300		
b)				70	420		350	
c)	100							100

Dans ce cas, les éléments de la plus-value fiscale se trouvent compris dans trois comptes de charges et produits exceptionnels : 675 « Valeurs comptables des éléments d'actif cédés », 775 « Produits des cessions d'éléments d'actif » et 787 « Reprises sur dépréciations et provisions : Produits exceptionnels ».

CESSION D'IMMOBILISATIONS RÉÉVALUÉES

29355 **Réévaluations à partir de 1984** En ce qui concerne leurs conditions d'application et leurs comptabilisations, voir n° 56665 s.

I. Traitement de l'écart de réévaluation constaté sur un bien cédé Outre la possibilité de l'incorporer au capital, l'écart de réévaluation provenant d'un bien cédé **peut** être transféré à un compte de réserves distribuables (PCG art. 214-27) mais, en tout état de cause, il n'a pas à être réintégré au résultat.

À notre avis, s'agissant d'une décision de gestion, au même titre que l'opération de réévaluation, la décision de transférer tout ou partie de l'écart de réévaluation ne relève pas d'une assemblée générale. Par contre, celle-ci devra se prononcer, dans les conditions habituelles, sur la mise en distribution effective des sommes concernées.

En cas de cession de l'immobilisation réévaluée, l'écart de réévaluation peut être transféré à hauteur de l'excédent du produit, hors frais de cession, sur la valeur nette comptable de l'immobilisation avant réévaluation, dans la limite du montant résiduel de l'écart de réévaluation comptabilisé au passif (PCG art. 214-27).

Il en est de même lors de chaque exercice bénéficiaire pour le supplément d'amortissement relatif à la partie réévaluée de l'immobilisation (voir n° 29085).

In fine, ce transfert, opéré au fil des amortissements (si les situations bénéficiaires le permettent), et au plus tard lors de la cession, permet de **retrouver des sommes distribuables identiques** à celles qui auraient été constatées si le bien n'avait pas été réévalué (voir n° 56795).

II. Incidence de la réévaluation sur le résultat de cession du bien réévalué
À notre avis (confirmé par Bull. CNCC n° 88, décembre 1992, EC 92-63, p. 648 s.), l'**écart de réévaluation** constaté lors de l'exercice de la réévaluation **est définitif**, ce qui conduit à calculer le résultat de cession à partir de sa valeur réévaluée.

> **Fiscalement** Dans le cadre du **régime de droit commun**, il n'y a pas de distorsion entre la plus-value comptable et la plus-value fiscale, les deux étant calculées par différence entre le prix de cession et la valeur nette comptable réévaluée. **Aucun retraitement extra-comptable** n'est donc à opérer au titre du produit de la cession.
>
> Toutefois, lorsque l'entreprise a opté pour le **régime de neutralisation temporaire des conséquences fiscales d'une réévaluation libre** réalisée **entre le 31 décembre 2020 et le 31 décembre 2022**, les plus-values de cession sur les immobilisations non amortissables sont calculées d'après leur valeur non réévaluée, et la cession des immobilisations amortissables entraîne la réintégration de l'écart de réévaluation non encore imposé (voir n° 56790).

Par ailleurs, l'apurement progressif du compte « Écart de réévaluation libre » permet de reconstituer, au jour de la cession, les capitaux propres tels qu'ils se présenteraient si l'entreprise n'avait pas réévalué l'immobilisation.

29360 **Cession d'immobilisations non amortissables réévaluées** Sont examinées successivement les différentes réévaluations.

29395 **Réévaluations à partir de 1984** En ce qui concerne leurs conditions d'application, voir n° 56665 s.

En ce qui concerne le traitement comptable, voir n° 29355.

CAS PARTICULIERS LIÉS AU RÉGIME DE LA TVA

29400 **Cession d'un immeuble** Lorsque l'option pour la TVA, possible pour les cessions intervenues depuis le 11 mars 2010 (CGI art 260-5° bis ; BOI-TVA-IMM-10-10-10-30), n'a pas été exercée, la TVA doit être régularisée (voir n° 26785 III. a., et sur la date de comptabilisation d'une cession, voir n° 28340). L'opération se traduit alors par deux écritures.

I. D'une part, la régularisation de la TVA antérieurement déduite : cette TVA reversée constitue un élément du coût de l'immeuble (CGI ann. II art. 209 II) à porter au débit du compte d'immobilisation concerné ; la contrepartie de cet accroissement est enregistrée, à notre avis, au crédit du compte 4457 « TVA collectée ».

Bien qu'il s'agisse d'une diminution de la TVA déductible, l'utilisation du compte 4457 nous paraît préférable car elle facilite l'établissement de la déclaration de chiffre d'affaires : ce reversement y est compris dans les opérations imposables.

Économiquement, ce reversement de TVA réduit le profit réalisé sur la cession, mais, en général, il en est tenu compte dans la fixation du prix de cession.

II. D'autre part, la cession de l'immeuble exonérée de TVA, à enregistrer comme toute cession d'immobilisation (voir principe général n° 29320) avec toutefois les deux particularités suivantes :
– la cession est ici exonérée de TVA et, donc, le prix de vente est HT ;
– la valeur comptable nette portée au débit du compte 675 « Valeurs comptables des éléments d'actif cédés » se trouve, du fait de l'écriture exposée au I. ci-avant, majorée du montant de la TVA régularisée.

Pour permettre à l'acquéreur du bien d'exercer son droit à déduction (CGI ann. II art. 207 III-3), le cédant doit lui délivrer une **facture** comportant, outre les mentions habituelles (noms des parties, description du bien, prix), les dates d'acquisition initiale et de la cession ainsi que le montant de la taxe susceptible d'être déduite par le nouveau propriétaire. Ainsi complétée, cette facture **tient lieu de l'attestation** prévue par l'article 207 III-3 précité (BOI-TVA-DED-60-20-10 n° 240).

> **Précisions** Ces deux écritures peuvent également être contractées ; dans ce cas, est également crédité dans l'écriture de cession le compte 4457 « TVA collectée » pour le montant à reverser, le compte 675 « Valeurs comptables des éléments d'actif cédés » étant majoré d'autant.

Cessation d'assujettissement à la TVA 29405
(Cas, notamment, de la cessation d'activité, de l'affectation de l'immobilisation à une activité non assujettie à la TVA ou de son utilisation personnelle par un exploitant individuel, voir Mémento Fiscal n° 57400). Ces cas donnent lieu à régularisation pour les immeubles et à la taxation d'une livraison à soi-même pour les biens mobiliers d'investissement, lorsque le bien ou les éléments le composant ont ouvert droit à déduction complète ou partielle de la TVA (BOI-TVA-DED-60-20-10 n° 110 et 60 ; voir Mémento Fiscal n° 57400).

Concernant les immeubles, cette régularisation est traitée comptablement de la même manière que celle résultant de la cession d'un immeuble à un tiers, voir n° 29400.

COMPTABILISATION DE L'IMPÔT SUR LES PLUS-VALUES DE CESSION
29425
La plus-value est un des éléments du résultat fiscal de l'exercice. Toutefois, dans certains cas (notamment perception d'**indemnités d'assurances ou d'expropriation**), l'imposition peut être différée ou étalée :

I. Imposition différée des plus-values à long terme (CGI art. 39 quindecies ; voir Mémento Fiscal n° 19295) Lorsque l'imposition au taux réduit des plus-values à long terme est différée **de deux ans** (il s'agit d'un **report de paiement** de l'imposition, la plus-value étant rattachée au résultat de l'exercice de sa réalisation ; voir CE 30-9-1987 n° 58035), l'imposition étant certaine (elle aura lieu indépendamment des résultats fiscaux des deux exercices suivants qui peuvent être déficitaires), l'impôt constitue une **charge** de l'**exercice** au cours duquel la **plus-value** a été **réalisée** ; il est débité au compte 695 « Impôts sur les bénéfices » par le crédit du compte 444 « État-Impôts sur les bénéfices » (sous-compte à créer, par exemple 4445 « Impôt sur plus-values différé »).

> **Fiscalement** Ce régime de différé d'imposition est applicable uniquement aux entreprises soumises à l'IR (voir n° 28100 et 28260). Par ailleurs, en cas de changement de taux, ces plus-values sont imposées d'après le taux en vigueur à la date de réalisation.

II. Étalement de l'impôt sur certaines plus-values à court terme Il s'agit principalement :
– de l'étalement de l'imposition des plus-values nettes à court terme réalisées par les **entreprises relevant de l'IR,** par fractions égales, sur l'année de réalisation de la plus-value et les deux années suivantes (CGI art. 39 quaterdecies ; voir Mémento Fiscal n° 18075) ;
– de l'étalement de l'imposition des plus-values nettes à court terme afférentes à des biens amortissables et réalisées à la suite de la **perception d'indemnités d'assurance** ou de l'expropriation d'immeubles, à partir de l'exercice suivant leur réalisation, sur la durée moyenne d'amortissement déjà pratiquée et au maximum sur 15 ans (CGI art. 39 quaterdecies 1 ter ; voir Mémento Fiscal n° 19285) ;

> **Précisions** Pour les entreprises soumises à l'IS, ce dispositif d'étalement de l'imposition s'applique à la totalité de la plus-value réalisée (BOI-IS-BASE-20-10 n° 70).

– de l'étalement de l'imposition des plus-values de cession-bail (ou « **lease-back** ») d'immeubles réalisées entre le 23 avril 2009 et le 31 décembre 2012 (CGI art. 39 novodecies ; voir n° 28320) ;
– du report d'imposition, sous conditions, des plus-values réalisées lors de **l'échange de biens immobiliers** avec des collectivités et établissements publics en vue de la réalisation d'ouvrages d'intérêt collectif, se traduisant par un report pour les plus-values sur biens non amortissables et par un étalement sur les biens amortissables (CGI art. 238 octies C ; BOI-BIC-PVMV-40-10-70 ; voir Mémento Fiscal n° 19444) ;
– de l'étalement sur cinq ans de l'imposition des plus-values résultant d'un **transfert de siège social** ou d'établissement accompagné du transfert d'éléments d'actifs, ou d'un transfert d'actif isolé, vers un État membre de l'UE, de l'EEE ayant conclu avec la France une convention d'assistance mutuelle en matière de recouvrement (CGI art. 221, 2 ; BOI-IS-CESS-30 ; voir Mémento Fiscal n° 11420 et 11425), applicable sous réserve que l'opération n'entraîne pas une perte totale d'assujettissement à l'IS (CE 9-6-2020 n° 418913). Cet étalement s'applique dans les mêmes conditions au transfert d'éléments d'actif isolés sans transfert de siège (CGI art. 221, 2).

En application de la méthode de l'impôt exigible, l'impôt correspondant à la partie de la plus-value qui a été étalée fiscalement (et non comptablement) n'a pas à être provisionné au cours de l'exercice de réalisation de la plus-value. En effet, il s'agit d'une charge probable d'impôts rattachable à l'exercice mais différée dans le temps et dont la prise en compte définitive dépend des résultats futurs (PCG art. 941-15).

Sur la possibilité de comptabiliser une provision pour impôt en application de la méthode de l'**impôt différé**, voir n° 52965.

> **Fiscalement** Sur l'imprimé n° 2058-A :
– au titre de l'exercice de réalisation de la plus-value : déduction (ligne WZ) du montant total de la plus-value ;
– au titre des exercices ultérieurs : la fraction imposable de la plus-value doit être réintégrée extra-comptablement (ligne WN).
En pratique, la fraction de la plus-value qui bénéficie de l'étalement rapportée au bénéfice imposable de chacune des années de rattachement (BOI-BIC-PVMV-20-30-10 n° 70) est donc susceptible de subir les baisses ou les hausses du taux de l'impôt survenues depuis la date de réalisation de la plus-value.

DESTRUCTION D'IMMOBILISATIONS

29430 Selon le bulletin CNCC (n° 118, juin 2000, EC 2000-04, p. 248), les immobilisations détruites sont sorties de l'actif du bilan de l'exercice au cours duquel est survenu le sinistre.
– Les immobilisations totalement détruites et **sans valeur résiduelle** doivent faire l'objet d'un amortissement exceptionnel pour un montant égal à la VNC (à notre avis, par le débit du compte 6871 « Dotations aux amortissements exceptionnels sur immobilisations »).
– La valeur brute et les amortissements cumulés sont ensuite annulés l'un par l'autre, faisant apparaître une valeur résiduelle nulle.
À notre avis, une seconde solution consiste à enregistrer directement en charges exceptionnelles la valeur comptable nette. Tel est le cas lorsque la destruction est couverte partiellement ou totalement par une indemnité d'assurance qui est considérée comme constituant le prix de cession (voir n° 45800).
Par ailleurs, si le bien a fait l'objet d'un amortissement dérogatoire, il est rapporté au résultat en débitant le compte 145 par le crédit du compte 78725.
– Les immobilisations corporelles détruites mais comportant des **éléments récupérables** pour une valeur positive doivent faire l'objet d'un amortissement exceptionnel égal à la différence entre leur VNC et la valeur estimée des éléments récupérables ; la valeur brute et les amortissements cumulés sont ensuite annulés ; le solde qui correspond au montant estimé des éléments récupérables est transféré dans un poste spécial des immobilisations s'ils sont destinés à de nouvelles installations ou dans un compte spécial de stocks s'ils sont destinés à être vendus.
– Les immobilisations corporelles **endommagées mais utilisables** doivent faire l'objet d'un test de dépréciation (le cas échéant au niveau du groupe d'actifs auquel appartient l'actif). En cas de perte de valeur, si celle-ci est jugée irréversible, un amortissement exceptionnel à concurrence de cette réduction irréversible de valeur doit être comptabilisé et le plan

d'amortissement doit être modifié en conséquence. Si la réduction de valeur apparaît réversible, une dépréciation doit être constituée (voir n° 27760).
En ce qui concerne la constatation de l'indemnité d'assurance, voir n° 45785 s.

REMPLACEMENT D'UN COMPOSANT

29435 Lors du remplacement, le composant doit être sorti de l'actif en appliquant le principe général de comptabilisation des cessions (voir n° 29320) ou de mises au rebut (voir n° 28120).
Sur l'évaluation de la VNC des composants, voir n° 28225 s.
Sur le traitement fiscal particulier des dépenses de 2ᵉ catégorie, voir n° 25755.

SECTION 5 — PRÉSENTATION DES COMPTES ANNUELS ET AUTRES INFORMATIONS

29535 Voir également n° 64005 s. sur « Les documents de synthèse (états financiers) » et n° 80025 s. sur « L'information comptable et financière à la charge de l'entreprise ».

I. PRÉSENTATION DES COMPTES ANNUELS

A. Bilan et compte de résultat

29540 Pour le **passage des comptes aux postes** en général, voir n° 95500 s.

PRÉSENTATION AU BILAN

29545 Les modalités à retenir sont les suivantes :
– les **amortissements pour dépréciation** sont portés à l'actif du bilan en déduction de la valeur des postes qu'ils concernent, sous la forme prévue par le modèle de bilan ;
– les **amortissements dérogatoires** sont compris parmi les capitaux propres dans le poste « Provisions réglementées » ;
– les **immobilisations corporelles entièrement amorties** demeurent inscrites au bilan tant qu'elles subsistent dans l'entreprise (sur l'information à donner en annexe, voir n° 29660) ;
– les immobilisations acquises avec **clause de réserve de propriété** doivent figurer sur une ligne spéciale à l'actif (Loi 80-335 du 12-5-1980 art. 3) ; elles sont regroupées sur une ligne distincte portant la mention « dont … € avec clause de réserve de propriété » (PCG art. 821-1) ; en cas d'impossibilité d'identifier les biens, un renvoi au pied du bilan indique le montant restant à payer sur ces biens (PCG art. 821-1 ; voir n° 18305).
Voir modèle n° 95500 s.

PRÉSENTATION DANS LE COMPTE DE RÉSULTAT

29550 Elle varie selon le système utilisé :
– **système de base,** voir n° 95530 s. ;
– **système développé,** voir le « Code comptable », l'article 823-2 du PCG ;
– **système abrégé,** voir n° 95610.

B. Annexe (développements particuliers)

29600 En ce qui concerne le contenu général de l'annexe, voir n° 64525 s.
En ce qui concerne le contenu de l'annexe abrégée et les entreprises pouvant présenter une telle annexe, voir respectivement n° 64645 s. et 64220.

29605 Les tableaux récapitulatifs suivants, établis par nos soins, listent l'intégralité des informations concernant les immobilisations :
– informations expressément prescrites par le Code de commerce et le PCG ;
Pour la liste complète des informations en annexe expressément prescrites par le Code de commerce et le PCG, voir n° 64625.
– informations non expressément prescrites par les règles comptables.

> **Précisions** **Contenu des informations prescrites** : il varie selon la taille des personnes morales commerçantes, leur nature (personne morale ou physique) et leur régime d'imposition (voir n° 64195). En conséquence, les tableaux ci-après détaillent les informations requises par l'annexe de base (personnes morales de grande taille), généralement requises également pour les annexes simplifiées. Toutefois, lorsque les personnes morales d'une petite taille et/ou les personnes physiques sont dispensées de l'information prescrite pour l'annexe de base, les renvois en bas des tableaux l'indiquent.

29610 Les informations à faire figurer dans l'annexe concernant les immobilisations sont relatives à quatre thèmes :
– les principes, règles et méthodes comptables, voir n° 29625 s. ;
– les montants et mouvements ayant affecté les divers postes de l'actif immobilisé, voir n° 29665 s. ;
– les engagements, voir n° 29675 s. ;
– les autres informations requises, voir n° 29685 s.

> **Précisions** **Période de forte incertitude (crise, conflit…) et dépréciation des immobilisations** L'annexe des comptes doit comporter une information détaillée sur les modalités de détermination de la valeur actuelle (hypothèses clés, niveaux de regroupement des actifs…). Selon l'ANC (en ce sens, Rec. ANC Covid-19 ; Question C2 et Bull. CNCC n° 203, septembre 2021, EC 2021-04) :
– lorsque le **niveau d'incertitude demeure élevé** sur les perspectives susceptibles de fonder les scénarii retenus pour les tests de dépréciation (voir n° 26920), l'entité indiquera clairement les éléments qu'elle retient justifiant sa décision de déprécier ou non, le montant de la dépréciation comptabilisée, les incertitudes qui subsistent et le résultat des analyses de sensibilité dont elle peut disposer ;
– lorsque la valeur actuelle d'un actif ou d'un groupe d'actifs est déterminée sur **une seule des deux valeurs** (d'usage ou vénale ; sur ces valeurs, voir n° 26875), l'autre ne pouvant pas être déterminée avec une fiabilité suffisante, l'annexe mentionne cette modalité d'évaluation spécifique en décrivant les faits rendant impossible la détermination de la valeur d'usage ou vénale ;
– lorsque **ni la valeur d'usage ni la valeur vénale ne peuvent être déterminées**, il est fourni dans l'annexe une description des faits rendant peu fiable leur détermination, des éléments retenus par l'entité pour fonder sa décision en matière de dépréciation (principe et, le cas échéant, montant) et du niveau d'incertitude qui subsiste (cas rares).

En outre :
– l'évolution des hypothèses clés utilisées depuis le dernier test effectué doit être expliquée, au regard des évolutions de la situation économique et financière des sociétés et des éléments probants externes. De même, en cas de crise énergétique et/ou d'approvisionnement, les sociétés significativement exposées doivent expliquer comment elles ont pris en compte l'évolution du prix de l'énergie, des matières premières ou autres au regard des hausses du coût de production, de la capacité ou non à les répercuter aux clients et des mesures gouvernementales mises en place pour limiter leurs effets (Rec. AMF 2022-06 du 28-10-2022) ;
– les sociétés doivent s'interroger sur les évolutions à apporter aux tests de sensibilité concernant l'accroissement de la fourchette des variations jugées raisonnablement possibles au vu des conditions macroéconomiques et l'ajout d'analyses de sensibilité complémentaires au regard des évolutions des hypothèses jugées clés (Rec. AMF 2022-06 du 28-10-2022) ;
– si des analyses de sensibilité permettent de conclure à un risque faible de dépréciation et ainsi de reprendre la dernière valeur d'inventaire sans refaire de calcul malgré l'existence d'un indice de perte de valeur (voir n° 27742), cette information devrait, à notre avis, être donnée.

Sur les autres informations à donner en annexe, voir n° 64635.

29615 **Seuil de signification** Seules les informations significatives sont à fournir (voir n° 64545). Pour plus de détails sur les objectifs et conséquences de l'annexe, voir n° 64525 s.

Voir également les précisions apportées sur le caractère significatif par la NEP 320 « Application de la notion de caractère significatif lors de la planification et de la réalisation d'un audit » et la NEP 450 « Évaluation des anomalies relevées au cours de l'audit ».

PRINCIPES, RÈGLES ET MÉTHODES COMPTABLES

29620 Sur les informations à fournir concernant les principes, règles et méthodes comptables appliqués aux divers autres postes du bilan et du compte de résultat, voir n° 64625.

Doivent être fournis en annexe, si ces informations sont significatives : 29625
- les modes et méthodes d'évaluation appliqués aux postes d'immobilisations (PCG art. 833-1, 833-2 et 833-3/1), voir n° 29630 ;
- les méthodes utilisées pour le calcul des amortissements, des dépréciations et des provisions fiscales (PCG art. 833-3/2, 833-3/3 et 833-15), voir n° 29650 ;
- les informations nécessaires à l'obtention d'une image fidèle :
• les informations prescrites par les règles comptables, en cas de changement de méthode, lorsque l'application d'une prescription comptable ne permet pas d'obtenir une image fidèle... voir n° 29655,
• les informations non expressément prescrites par les règles comptables, voir n° 29660.

Modes et méthodes d'évaluation appliqués aux postes d'immobilisations   29630

Réf.		Détail des informations requises
C. com. art.	PCG art.	
	833-2	**1.** Lorsqu'il existe un **choix de méthode comptable,** les informations suivantes doivent également être fournies : – mention de la méthode retenue ; – justification de cette méthode, si nécessaire. Par exemple : – incorporation des frais d'acquisition dans le coût de l'immobilisation corporelle (voir n° 26260) ; – incorporation des coûts d'emprunt dans le coût d'acquisition ou de production (voir n° 26335 s.). Sur les informations en cas de changement de méthode comptable, voir n° 29655, point 2 du tableau.
	833-3/1	**2.** Pour chaque catégorie d'immobilisation [1], une information est fournie sur les modalités de détermination de la **valeur brute comptable** (coût de revient ou d'acquisition) des immobilisations. Par exemple : – méthodes retenues pour les immobilisations ; – acquises à titre onéreux (voir n° 26185 s.) ; – produites (voir n° 26590 s.) ; – reçues à titre d'apport en nature (voir n° 26715 s.) ; – acquises par voie d'échange (voir n° 26740) ; – acquises contre versement de rentes viagères (voir n° 26760) ; – reçues à titre gratuit (voir n° 26765) ; – mode de conversion des immobilisations libellées en devises (voir n° 26510) ; – méthode retenue pour l'estimation des **coûts de démantèlement, d'enlèvement et restauration de sites** (nature des coûts, actualisation... voir n° 27945 V.).

(1) **Catégories d'immobilisations** Les textes ne donnent pas de précision sur la notion de « catégorie d'immobilisation ». À notre avis, il s'agit des postes apparaissant dans le bilan « en tableau » (prévu à l'art. 821-1 du PCG) :
– Terrains ;
– Constructions ;
– Installations techniques, matériels et outillages industriels et commerciaux ;
– Immobilisations en cours.
Toutefois, à notre avis, les catégories mentionnées ci-avant peuvent être ventilées (ou regroupées) en catégories plus fines (ou plus larges) si cela permet de fournir une information plus pertinente, par exemple :
– Terrains aménagés ;
– Agencements et aménagements de terrains ;
– Constructions Terrains ;
– Constructions sur sol d'autrui...

29650 Méthodes utilisées pour le calcul des amortissements, dépréciations et provisions réglementées Pour plus de détails sur :
- les méthodes d'amortissement des immobilisations corporelles, voir n° 27010 s. ;
- les méthodes de dépréciation des immobilisations corporelles, voir n° 27715 s. ;
- les provisions réglementées, voir n° 27370 s.

Réf.		Détail des informations requises
C. com. art.	PCG art.	
	833-3/2	**1. Amortissements pour dépréciation** [1] : Pour chaque catégorie d'immobilisations [2], une information est fournie sur : – l'utilisation [3] ou les taux d'amortissement utilisés ; – les modes d'amortissement utilisés ; – le(s) poste(s) du compte de résultat dans le(s)quel(s) est incluse la dotation aux amortissements. En cas de comptabilisation séparée des différents éléments d'un actif du fait d'utilisations différentes [4], indication des éléments suivants : – la valeur brute ; – l'utilisation ou le taux d'amortissement ; – le mode d'amortissement utilisé pour chacun des éléments.
	833-3/3	**2. Dépréciations** [1] : Pour les dépréciations comptabilisées ou reprises au cours de l'exercice pour des montants individuellement significatifs, une information est fournie sur : – le montant de la dépréciation comptabilisée ou reprise ; – la valeur actuelle retenue : valeur vénale ou valeur d'usage [5] : • si la valeur vénale est retenue, une information est donnée sur la base utilisée pour déterminer ce prix (par référence à un marché actif ou de toute autre façon), • si la valeur d'usage est retenue, les modalités de détermination doivent être indiquées. Doivent notamment être indiqués, à notre avis : – la méthode de regroupement des actifs pour déterminer le niveau auquel est réalisé le test de dépréciation (voir n° 27730) ; – les hypothèses retenues pour calculer les flux de trésorerie, taux d'actualisation... (voir n° 26915) ; – le(s) poste(s) du compte de résultat dans le(s)quel(s) est incluse la dotation ; – les événements et circonstances qui ont conduit à comptabiliser ou à reprendre la dépréciation [6] ; – le détail et la justification des dépréciations exceptionnelles liées à la législation fiscale. Sur l'impact d'une crise, voir n° 29610.

Réf.		Détail des informations requises
C. com. art.	PCG art.	
	833-3/2 et 833-15	**3. Amortissements, dépréciations, corrections exceptionnelles et évaluations dérogatoires de nature fiscale** : – Pour chaque catégorie d'immobilisations [2], une information est fournie sur les provisions pratiquées (ou reprises) pour l'application de la législation fiscale, notamment les **amortissements dérogatoires** [7] résultant de la durée (voir n° 27390) ou de la base (voir n° 27400). En outre, le PCG (art. 833-15) prescrit une indication, même approximative, de la mesure dans laquelle le résultat de l'exercice a été affecté par l'application des **évaluations dérogatoires** en vue d'obtenir ces allègements fiscaux. En pratique, sont notamment données les informations : – concernant les provisions réglementées (voir n° 54360) : • dotations de l'exercice, • reprises de l'exercice, • impact des impôts résultant des dotations et reprises de provisions réglementées. – mais également, à notre avis, concernant toute autre évaluation dérogatoire. Par exemple, les mesures de suramortissements : • en faveur de l'investissement productif (voir n° 27425), • des immobilisations financées au moyen de certaines primes d'équipement.
	833-3/3	– Détail et justification des dépréciations exceptionnelles liées à la législation fiscale, comptabilisées ou reprises au cours de l'exercice pour des montants individuellement significatifs.
	833-15	– Détail et justification des corrections exceptionnelles de valeurs liées à la législation fiscale.

(1) **Terminologie** : les termes « amortissements pour dépréciation » ne figurent pas dans le PCG, seul le terme « amortissements » étant évoqué (PCG art. 214-1). Toutefois, dans cet ouvrage, ces termes sont employés afin de distinguer l'amortissement lié à l'utilisation du bien (ou amortissement pour dépréciation) de l'amortissement dérogatoire, comptabilisé pour des raisons fiscales.
(2) **Catégories d'immobilisations** Voir n° 29630, notre renvoi (1).
(3) **Amortissement sur la durée d'utilisation** L'amortissement étant déterminé en fonction de l'utilisation du bien par l'entité (voir n° 27050), la justification de l'utilisation retenue doit faire l'objet de commentaires dans l'annexe.
Précisions 1. Selon l'AMF :
– il est nécessaire que les dirigeants de sociétés décrivent de façon claire dans l'annexe quelles sont les méthodes d'après lesquelles les plans d'amortissement sont établis lors de la mise en service des biens et quelle est la nature des amortissements qui sont en conséquence classés en « Amortissements dérogatoires » (Bull. COB n° 189, février 1986) ;
– il s'agit d'une des informations les plus importantes dans les sociétés à activité industrielle. Une phrase du type « les amortissements pratiqués correspondent, compte tenu de l'activité de l'entreprise, à des amortissements économiquement justifiés » ne donne pas une information suffisante au lecteur (Bull. COB n° 181, mai 1985).
2. Mesure de simplification L'annexe doit comporter une information lorsque les petites entreprises remplissant certains critères retiennent la durée d'usage fiscale plutôt que la durée d'utilisation (voir n° 27150).
(4) **Information concernant les immobilisations décomposables** Pour plus de détails sur l'approche par composants, voir n° 25705 s.
(5) **Valeur actuelle** Pour plus de détails sur la valeur vénale, voir n° 26875 ; sur la valeur d'usage, voir n° 26915.
(6) **Identification des dépréciations** Cette information nouvelle résulte de la mise en place de la démarche pour identifier les éventuelles dépréciations à constater. Sur cette démarche, voir n° 27720 s.
Il conviendrait, à notre avis, que figure également une mention indiquant que la démarche d'identification des indices de dépréciation a été mise en œuvre, même si celle-ci n'a donné lieu à aucun mouvement comptable.
(7) **Option fiscale non utilisée** À notre avis, les possibilités fiscales non utilisées (provisions incomplètes, absence de dotation, aide fiscale non utilisée…) ne nous semblent pas devoir être fournies systématiquement, sauf si elles constituent une modification de l'exercice (voir n° 54325). La seule obligation est de respecter la règle du minimum linéaire cumulé.

29655 Information nécessaire à l'obtention d'une image fidèle Une information est expressément prescrite :
– lorsque l'application d'une prescription comptable ne permet pas de donner une image fidèle ;
– lorsque des circonstances empêchent de comparer, d'un exercice à l'autre, les immobilisations ;
– en cas de changement de méthodes comptables, d'estimation comptable, d'option fiscale ou en cas de correction d'erreur.
Sur la définition :
– d'un changement de méthodes comptables, voir n° 8480 ;
– d'un changement d'estimation, voir n° 8500 ;
– d'une correction d'erreur, voir n° 8503.

Réf. C. com. art.	PCG art.	Détail des informations requises
L 123-14		**1. Lorsque l'application d'une prescription comptable ne permet pas de donner une image fidèle :** **a. Si elle ne suffit pas** pour donner une image fidèle, des informations complémentaires doivent être fournies dans l'annexe. Par exemple : – obligation de pratiquer des amortissements, même sur les immeubles de rapport (voir n° 27050) ; – obligation de comptabiliser les reprises d'actifs d'une société en liquidation à leur coût d'acquisition, nonobstant leur valeur vénale (voir n° 26530).
	121-3 833-2	**b. Si, dans un cas exceptionnel, elle se révèle impropre à donner une image fidèle,** l'entreprise doit déroger à la règle. Cette dérogation est mentionnée dans l'annexe et dûment motivée, avec l'indication de son influence sur le patrimoine, la situation financière et le résultat de l'entreprise.
L 123-17	833-2	**2. En cas de changement de méthodes comptables :** – justification de ce changement (sauf en cas de changement de réglementation) ; – impact du changement déterminé à l'ouverture en précisant les postes des états financiers concernés ; – si le changement est rétrospectif : présentation des principaux postes des exercices antérieurs présentés, retraités selon la nouvelle méthode [(1)] ; – si le changement est prospectif : indication des raisons de son application prospective et impact sur les principaux postes concernés de l'exercice (sauf impraticabilité) [(1)]. Par exemple : – changement de réglementation ; – incorporation pour la première fois des frais financiers dans le coût d'entrée des immobilisations ; – pour les comptes consolidés : activation pour la première fois des biens en crédit-bail. Selon le règlement ANC n° 2020-01, l'activation des biens en crédit-bail constitue une méthode obligatoire, voir Mémento Comptes consolidés n° 3378 s.
R 123-179	833-2	**3. En cas de changement d'estimation** (voir n° 8565) : **a. Indication et justification des changements d'estimation.** Par exemple : – modification du plan d'amortissement (voir également b.) ; – amortissement exceptionnel dû à une décision de ne plus utiliser le bien (voir n° 27760) ; – dépréciation à sa valeur de marché d'un actif, précédemment comptabilisé à sa valeur d'usage, si l'entreprise a décidé de le vendre (voir n° 26915).

Réf. C. com. art.	Réf. PCG art.	Détail des informations requises
	833-3/2	**b. Nature et incidence des changements d'estimation conduisant à revoir les plans d'amortissement** (2). Le changement d'estimation peut porter sur : – la durée de l'amortissement ; – le mode d'amortissement ; – la valeur résiduelle ; – les coûts estimés de démantèlement, d'enlèvement et de remise en état des sites (augmentation et diminution des coûts estimés de démantèlement, voir n° 29665).
	833-2	**4.** En cas de correction d'erreur (voir n° 8565) : – impact de la correction d'erreur sur les comptes de l'exercice ; – principaux postes des exercices antérieurs présentés, corrigés de l'erreur. Notamment, reprise exceptionnelle d'amortissements en cas de redressement fiscal (voir n° 27340).

(1) Ces informations ne sont pas requises pour les personnes physiques et les personnes morales présentant une annexe simplifiée (PCG art. 832-2 et 834-2).
(2) **Changements d'estimation** Seuls les changements d'estimation ayant un impact significatif sur l'exercice, ou susceptibles d'en avoir un sur les exercices ultérieurs, donnent lieu à une information en annexe.

Informations non expressément prescrites par les règles comptables (liste non exhaustive)   Outre les informations précédentes, l'entreprise doit fournir toutes celles qu'elle estime significatives et nécessaires à l'obtention d'une image fidèle.   **29660**

Réf. C. com. art.	Réf. PCG art.	Détail des informations requises
		– Biens affectés à l'exploitation ne figurant pas à l'actif du bilan (voir n° 60285). – Immobilisations mises en concession (voir n° 72680) : l'information générale sur l'existence de services publics est regroupée. – Immobilisations érigées à titre précaire sur le domaine public (voir n° 27520). – Constructions sur sol d'autrui (voir n° 25260). – Montant des emballages immobilisés (et du fonds de consignation) dans les branches d'activité où ils représentent un élément important de l'actif (voir n° 46380). – Valeur des actifs corporels temporairement inutilisés. – Valeur comptable brute des immobilisations entièrement amorties encore en usage. – Valeur comptable des immobilisations inutilisées et prêtes à être cédées. – Incidence d'un redressement fiscal sur certains amortissements (voir n° 53130).

MONTANTS ET MOUVEMENTS AYANT AFFECTÉ LES DIVERS POSTES DE L'ACTIF IMMOBILISÉ

Information sur les mouvements ayant affecté les immobilisations et les amortissements   Outre les méthodes utilisées pour le calcul des amortissements et des dépréciations (voir n° 29625 s.), doivent être fournis dans l'annexe, s'ils sont significatifs, les mouvements ayant affecté les divers postes de l'actif immobilisé (PCG art. 833-3/1 et 833-3/4).   **29665**

> **Précisions**   **1.** Pour un **modèle du tableau des mouvements** fourni par le Balo, voir n° 29765.
> **2.** Ces informations sont obligatoires dans une annexe abrégée :
> – pour les mouvements relatifs aux immobilisations et le modèle proposé (PCG art. 831-2) ;
> – pour les mouvements relatifs aux amortissements et le modèle proposé (PCG art. 831-2) ;
> – pour les mouvements relatifs aux dépréciations et le modèle proposé (PCG art. 831-2).

Réf.		Détail des informations requises
C. com. art.	PCG art.	
	833-3/1	**1.** Pour chaque catégorie [1] d'immobilisation, une information est fournie sur le **rapprochement** entre la valeur comptable à l'ouverture et à la clôture de l'exercice, faisant apparaître :
	780-1	– les **entrées** ; – les **sorties** ou mises au rebut ; – le coût estimé de démantèlement, d'enlèvement et de restauration de site ; – les augmentations ou les diminutions résultant des **réévaluations** effectuées durant l'exercice (voir n° 57640) ; – les **autres variations** de valeurs [2]. Voir notre tableau au n° 29765.
	833-3/4	**2.** Un **rapprochement** entre les valeurs comptables à l'ouverture et à la clôture de l'exercice doit faire apparaître : – les **amortissements** comptabilisés au cours de l'exercice ; – les **dépréciations** comptabilisées au cours de l'exercice ; – les dépréciations reprises au cours de l'exercice. Voir notre tableau au n° 48700.

(1) **Catégories d'immobilisations** Voir n° 29630, notre renvoi (1). En outre, pour les besoins de l'information à donner au titre du suivi des malis (voir n° 75805), le tableau de suivi des immobilisations devrait également faire apparaître, sur des lignes spécifiques, les malis affectés aux immobilisations (en détaillant par actif la valeur brute et, le cas échéant, les amortissements, les reprises d'amortissement, les dépréciations et reprises de dépréciations).
(2) **Autres variations** Selon le PCG (art. 841-1.II), il s'agit principalement des postes à postes, apports, création, mouvements provenant de l'actif circulant.

ENGAGEMENTS

29670 Pour plus de détails sur les informations à fournir concernant les engagements, voir n° 50680 s.

29675 **Informations obligatoires** Le PCG (art. 833-18/1) prescrit une information sur le montant des engagements financiers et notamment sur les engagements assortis de sûretés réelles. Il prescrit en outre une information supplémentaire sur les engagements de crédit-bail (art. 833-18/2).

Réf.		Détail des informations requises
C. com. art.	PCG art.	
	833-18/1	**1. En cas d'engagements sur les immobilisations corporelles données en garantie du paiement de dettes (gages)** Voir n° 50690.
	833-18/2	**2. En cas d'engagements pris en matière de crédit-bail** Les informations particulières suivantes sont à fournir [1] : – valeur des biens pris en crédit-bail au moment de la signature du contrat ; – montant des redevances afférentes à l'exercice ainsi que le montant cumulé des redevances des exercices précédents ; – dotations aux amortissements qui auraient été enregistrées pour ces biens au titre de l'exercice clos s'ils avaient été acquis par l'entité ; – le montant cumulé des amortissements qui auraient été effectués au titre des exercices précédents ; – évaluation des redevances restant à payer ; – évaluation du prix d'achat résiduel de ces biens stipulé aux contrats. Pour plus de détails, voir n° 28805 s.

(1) **Crédit-bail** Les informations sont ventilées :
– selon les postes du bilan dont auraient relevé les biens concernés ;
– selon les échéances à un an au plus, à plus d'un an et cinq ans au plus et à plus de cinq ans.
Précisions 1. Cession-bail Les mêmes informations sont à fournir pour les opérations de cession-bail (voir n° 28320).
2. Information réduite Pour les personnes morales bénéficiant d'une présentation simplifiée de leurs comptes et les personnes physiques, seule l'évaluation du montant total des redevances restant à payer ainsi que du prix résiduel de ces biens stipulé au contrat, en distinguant les opérations de crédit-bail mobilier de celles de crédit-bail immobilier, est prescrite (PCG art. 832-18/2, 834-13/2 et 835-13/2).

Informations non expressément prescrites par les règles comptables (liste non exhaustive)   29680
Outre les informations précédentes, l'entreprise doit fournir sur les engagements toutes celles qu'elle estime significatives et nécessaires à l'obtention d'une image fidèle.

Réf.		Détail des informations requises
C. com. art.	PCG art.	
		– Engagements réciproques. Par exemple : • commandes d'immobilisations importantes (voir n° 50695) ; • engagements pris à la signature d'un contrat de vente à terme ou de vente en l'état futur d'achèvement. – Engagements reçus. Par exemple : engagement reçu (chez le vendeur d'immobilisations avec faculté de rachat [à réméré]) de l'acheteur (voir n° 28265).

AUTRES INFORMATIONS

Outre les informations sur les principes, règles et méthodes comptables (voir n° 29625 s.), les montants et mouvements ayant affecté les postes de l'actif immobilisé (voir n° 29665 s.) et les engagements (voir n° 29675 s.), d'autres informations doivent être fournies si elles sont significatives et nécessaires à l'obtention d'une image fidèle.   29685

Certaines sont obligatoires (voir n° 29690), d'autres non expressément prescrites par les règles comptables (voir n° 29695).

Informations obligatoires   29690

Réf.		Détail des informations requises
C. com. art.	PCG art.	
R 123-178-2°	833-2.1.c 833-5/4	**1. Coûts d'emprunt** La méthode comptable adoptée pour les **coûts d'emprunt** (voir n° 26335 s.) doit être explicitement mentionnée en annexe. L'annexe comprend les compléments d'information suivants : – montant des coûts d'emprunt incorporés dans le coût des actifs durant l'exercice, par catégorie d'actifs [1] ; – taux de capitalisation utilisé pour déterminer le montant des coûts d'emprunt pouvant être incorporé dans le coût des actifs (en cas de coûts non attribuables directement).
	833-4	**2. Réévaluations** **2.1 En cas de réévaluation postérieure au 1er janvier 1984,** il est fait mention : – de la variation au cours de l'exercice de l'écart de réévaluation ; – du montant de l'écart incorporé au capital pendant l'exercice ; – du traitement fiscal de ces opérations ; – des informations en coûts historiques pour les immobilisations réévaluées, par la mise en évidence des compléments de valeur et des amortissements supplémentaires qui s'y rapportent ; – de la part des produits de cession des immobilisations réévaluées, transférée à un compte distribuable immobilisation par immobilisation. **2.2 En cas de réévaluation antérieure au 1er janvier 1984** (Décrets du 1-6-1977 et 78-737 du 11-7-1978) : – modification de valeur des immobilisations résultant de l'opération ; – partie incorporée au capital correspondant à la réserve de réévaluation.

(1) **Coûts d'emprunt** L'annexe pourra, à notre avis, définir d'autres catégories d'actifs que les immobilisations corporelles, incorporelles et stocks, et notamment distinguer, si l'information devient significative, les actifs acquis et les actifs produits.

29695 **Informations non expressément prescrites par les règles comptables (liste non exhaustive)**

Réf.		Détail des informations requises
C. com. art.	PCG art.	
		– Description des immobilisations en cours. – S'il n'est pas présenté séparément au compte de résultat, le montant des indemnisations reçues de tiers relatives à des immobilisations corporelles dépréciées, perdues ou abandonnées qui sont incluses dans le compte de résultat. – En cas d'incorporation des coûts d'emprunt dans le coût d'entrée des immobilisations : durée d'éligibilité, c'est-à-dire, à notre avis, durée pendant laquelle les intérêts ont été inclus dans le coût de l'actif. – En cas de réévaluation : • la date à laquelle la réévaluation a été effectuée ; • le recours ou non à un évaluateur indépendant ; • la mesure dans laquelle les valeurs réévaluées des immobilisations corporelles ont été soit déterminées par référence directe à des prix observables sur un marché actif ou dans des transactions récentes sur le marché dans des conditions de concurrence normale, soit estimées par d'autres techniques d'évaluation.

II. AUTRES INFORMATIONS COMPTABLES ET FINANCIÈRES

29765 **Informations à indiquer dans le rapport de gestion :**
– politique d'investissements ;
– effort global de recherche et de développement ;
– informations environnementales (voir, en général, rapport de gestion nº 64980 s.).

(Tableau du n° 29665) **Immobilisations et amortissements** (et comptes correspondants)

LES IMMOBILISATIONS CORPORELLES

29765 (suite)

(Modèle du Balo)

RUBRIQUES et POSTES	IMMOBILISATIONS					AMORTISSEMENTS			
	VALEUR brute au début de l'exercice	AUGMEN-TATIONS(1)	DIMI-NUTIONS(1)	VALEUR brute à la fin de l'exercice		CUMULÉS au début de l'exercice	AUGMEN-TATIONS(2)	DIMI-NUTIONS	CUMULÉS à la fin de l'exercice
Immobilisations incorporelles :									
Frais d'établissement	201					2801			
Frais de recherche et de développement	203					2803			
Concessions, brevets, licences, marques, procédés, droits et valeurs similaires	205					2805			
Fonds commercial	206-207					2807			
Autres immobilisations incorporelles	208-2081					2808-28081			
Immobilisations incorporelles en cours	232								
Avances et acomptes (immobilisations incorporelles)	237								
Immobilisations corporelles :									
Terrains	211-212					2811-2812			
Constructions	213-214					2813-2814			
Installations techniques, matériel et outillage industriels	215					2815			
Autres immobilisations corporelles	218-2187					2818-28187			
Immobilisations corporelles en cours	231								
Avances et acomptes (immobilisations corporelles)	238								
Immobilisations financières :									
Participations (3)	261-266								
Créances rattachées à des participations	267-268								
Autres titres immobilisés	271-272-2762								
Prêts	274-27684								
Autres immobilisations financières	275-2761-27685-27688-278								

(1) Dont _____ par virement du poste au poste
(2) Dont _____ d'amortissements exceptionnels
(3) Si des titres sont évalués par équivalence, ajouter une ligne (voir n° 36245).

CHAPITRE 8
LES IMMOBILISATIONS INCORPORELLES

SOMMAIRE 30000

SECTION 1
DÉFINITION ET ÉLÉMENTS CONSTITUTIFS DES IMMOBILISATIONS INCORPORELLES 30105

I. Critères de définition et de comptabilisation des immobilisations incorporelles 30105

II. Éléments constitutifs du patrimoine comptable 30255
  A. Principe général de comptabilisation des immobilisations incorporelles 30255
  B. Logiciels 30355
  C. Acquisition d'un fonds de commerce 30465
  D. Éléments incorporels acquis séparément 30550
  E. Immobilisations incorporelles générées en interne (frais de développement) 30840

III. Classement comptable 31035

IV. Traitement des dépenses ultérieures 31150

SECTION 2
RÈGLES D'ÉVALUATION DES IMMOBILISATIONS INCORPORELLES 31270

I. Coût d'entrée dans le patrimoine 31275
  A. Règle générale d'évaluation du coût d'entrée 31275
  B. Éléments constitutifs du coût d'acquisition des immobilisations incorporelles acquises à titre onéreux 31280
  C. Éléments constitutifs du coût de production des immobilisations incorporelles créées en interne 31420
  D. Autres modalités d'évaluation des immobilisations incorporelles 31600

II. Valeur d'inventaire 31675

III. Valeur à l'arrêté des comptes (valeur au bilan) 31745
  A. Amortissement des immobilisations incorporelles 31750
  B. Dépréciation des immobilisations 31825
  C. Cas particuliers (amortissements et dépréciations) 31885

IV. Évaluation lors de la sortie du patrimoine 32140
  A. Règle générale 32140
  B. Cas particuliers 32145

SECTION 3
IMMOBILISATIONS ACQUISES EN APPLICATION D'UN CONTRAT DE CRÉDIT-BAIL 32265

SECTION 4
SCHÉMAS USUELS DE COMPTABILISATION 32375

I. Acquisition et production d'immobilisations 32375

II. Amortissement des immobilisations incorporelles 32465

III. Dépréciation des immobilisations 32540

IV. Sortie d'immobilisations du patrimoine 32610

SECTION 5
PRÉSENTATION DES COMPTES ANNUELS ET AUTRES INFORMATIONS 32745

I. Présentation des comptes annuels 32750
  A. Bilan et compte de résultat 32750
  B. Annexe (développements particuliers) 32810

II. Autres informations comptables et financières 32965

TEXTES APPLICABLES PROCHES DES IFRS

30005 Dans le cadre de la convergence des règles françaises vers les normes IFRS, les règles concernant la définition, la comptabilisation, l'évaluation, l'amortissement et la dépréciation des immobilisations incorporelles sont, depuis le 1er janvier 2005, largement inspirées des normes IAS 38 (Immobilisations incorporelles), IAS 36 (Dépréciation d'actifs) et IAS 23 (Coûts d'emprunt).

Ainsi, les précisions données dans ce chapitre sur les modalités d'application des règles comptables sont souvent inspirées des normes IFRS, en général plus complètes et précises que le PCG.

Le tableau ci-après, élaboré par nos soins, présente de manière synthétique :
– les textes élaborés au CNC et à l'ANC ainsi que les thèmes et les principaux sujets abordés dans ces textes ;
– les normes IFRS vers lesquelles la convergence du PCG a été réalisée.

Textes	Thèmes	Normes IFRS concernées	Commentaires	n°
– Règl. CRC n° 2002-10 – Avis CNC n° 2002-07 – Avis CU CNC n° 2005-D – Règl. ANC n° 2015-06	Amortissement des actifs immobilisés	IAS 38 (Immobilisations incorporelles)	– Durée d'amortissement – Valeur résiduelle	31755 s.
	Dépréciation des actifs immobilisés	IAS 36 (Dépréciation d'actifs)	– Valeur vénale – Valeur d'usage – Regroupement d'actifs	27720 s.
– Règl. CRC n° 2004-06 – Avis CNC n° 2004-15 – Avis CU CNC n° 2005-D	Définition, comptabilisation et évaluation des actifs	IAS 38 (Immobilisations incorporelles) IAS 23 (Coûts d'emprunt)	– Patrimoine comptable – Charges différées et à étaler – Coûts incorporables dans le coût d'entrée	30105 s. 45005 31275 s.

> **Fiscalement** Les commentaires de l'administration sur ces nouvelles règles comptables sont présentés pour l'essentiel aux BOI-BIC-AMT-10, BOI-BIC-CHG-20-10 et BOI-BIC-CHG-20-20.

SECTION 1 — DÉFINITION ET ÉLÉMENTS CONSTITUTIFS DES IMMOBILISATIONS INCORPORELLES

I. CRITÈRES DE DÉFINITION ET DE COMPTABILISATION DES IMMOBILISATIONS INCORPORELLES

DÉFINITION D'UNE IMMOBILISATION INCORPORELLE

30105 **Principe général** Les critères de définition et de comptabilisation ont été introduits par le règlement CRC n° 2004-06 sur les actifs (abrogé et repris dans le règl. ANC 2014-03 relatif au PCG), applicable depuis le 1er janvier 2005 (voir n° 30005).
Selon le Code de commerce et le PCG, une immobilisation incorporelle est :

a. Un actif non monétaire sans substance physique (PCG art. 211-5). En tant qu'actif, une immobilisation incorporelle est un élément qui doit respecter les critères cumulatifs suivants :
– il s'agit d'un **élément identifiable,** voir n° 30115 ;
– il est **porteur d'avantages économiques futurs,** voir n° 30120 ;
– il génère **une ressource** que l'entité **contrôle,** voir n° 30125 s. ;
– son **coût** est évalué avec une **fiabilité suffisante,** voir n° 30165 s.

b. Destiné à servir de façon durable à l'activité de l'entreprise (C. com. art. R 123-181), c'est-à-dire (par référence aux précisions données pour les immobilisations corporelles, voir n° 25105) :
– dont l'entreprise attend qu'il soit utilisé au-delà de l'exercice en cours (PCG art. 211-6 ; voir n° 20400 II.) ;
– destiné soit à être **utilisé** par l'entreprise dans la production ou la fourniture de biens ou de services, soit à être **loué** à des tiers, soit à des fins de **gestion interne** (voir n° 20400 I.).

> **Fiscalement** En l'absence de définition fiscale expresse de la notion d'immobilisation incorporelle (BOI-BIC-CHG-20-10-20 n° 175), il en est en principe de même (BOI-BIC-CHG-20-10-10 n° 70 et BOI-BIC-CHG-20-10-20 n° 150), la définition des immobilisations incorporelles issue de la jurisprudence du Conseil d'État de 1996 ne s'appliquant qu'en matière de contrat de concession (voir n° 30785).

> **Précisions** Champ d'application des règles générales de définition et de comptabilisation des immobilisations (voir n° 25110 s.) : certains actifs incorporels restent définis selon des règles spécifiques, différentes des règles générales de définition, de comptabilisation et d'évaluation des actifs, retenues par le règlement CRC n° 2004-06 (abrogé et repris dans le règl. ANC 2014-03 relatif au PCG), en raison :
– de l'exclusion du champ d'application du règlement CRC précité de certains actifs (voir n° 25135 I.) ; tel est notamment le cas des contrats de location (voir n° 32270 s.) et de concession (voir n° 30785 et 30790) ;
– du statut indéterminé de certains éléments (voir n° 25135 II.) ; tel est notamment le cas des immobilisations faisant l'objet d'un démembrement (voir n° 25440) ou des droits d'occupation du domaine public (voir n° 30700 s.) ;
– de l'existence de textes de hiérarchie supérieure, voir n° 25135 III.

Pour un arbre de décision présentant en synthèse les différentes conditions de définition et de comptabilisation d'une immobilisation incorporelle, voir n° 25170.
Sur les conséquences pratiques de cette définition, voir n° 30255 s.

Coûts concernés Une entité évalue, selon les critères définis au n° 30105, tous les coûts d'immobilisation au moment où ils sont encourus, c'est-à-dire : 30110
– les **coûts initiaux** encourus pour acquérir ou produire une immobilisation incorporelle (voir n° 30115 s.) ;
– les **coûts** encourus **postérieurement** pour entretenir ou renouveler les immobilisations incorporelles (voir n° 31150 s.).

Notion d'élément identifiable Pour être comptabilisé à l'actif, l'élément doit être **identifiable** (PCG art. 211-1) en plus des trois autres critères caractérisant un actif (voir n° 30105). 30115
Contrairement aux actifs corporels (voir n° 25140), le PCG fournit une définition du caractère identifiable des actifs incorporels. En effet, en l'absence de substance physique de ces actifs, le caractère identifiable peut se révéler difficile à appréhender en pratique.
Ainsi, un actif incorporel est **identifiable** (PCG art. 211-5) :
a. s'il est **séparable** des activités de l'entité, c'est-à-dire susceptible d'être vendu, transféré, loué ou échangé de manière isolée ou avec un contrat, un autre actif ou passif.
En général, ce critère ne pose pas de difficulté pour une **immobilisation incorporelle acquise** séparément, la transaction d'acquisition fournissant la preuve que l'immobilisation est séparable (Avis CNC 2004-15 § 2.3).

> EXEMPLE
> Les éléments liés à la clientèle (portefeuille de mandats, fichier clients...) sont séparables des activités de l'entité lorsqu'ils sont acquis séparément (voir n° 30555).

En revanche, les dépenses engagées pour **créer en interne des actifs incorporels** répondant plus difficilement au critère de séparabilité des dépenses liées au développement général de l'entreprise (sauf lorsqu'elles créent un droit, voir ci-après), une entreprise doit appliquer des dispositions complémentaires prévues par le PCG afin d'apprécier plus facilement si une immobilisation incorporelle générée en interne remplit les conditions générales de définition et de comptabilisation :
– pour les frais de développement (art. 212-3 ; voir n° 30890 s.) ;
– pour les logiciels créés en interne (art. 611-3 ; voir n° 30400).
En outre, selon le PCG (art. 212-3), les dépenses engagées pour créer des titres de journaux, les listes clients, les marques, les parts de marché, les fonds commerciaux... sont comptabilisées directement en charges (voir n° 30965 s.).

b. ou s'il **résulte d'un droit légal ou contractuel**, même si ce droit n'est pas transférable (voir également n° 30145), que l'actif ait été acquis ou créé en interne.

> **EXEMPLES**
>
> — Droits légaux : élément déposé à l'Inpi (brevet, modèle... voir n° 30610 s.), droit de propriété des logiciels (même non déposés, voir n° 30355 s.), droit de l'usufruitier (voir n° 25440)...
> — Droits contractuels : licence d'exploitation d'un film, d'un logiciel, d'un procédé industriel... (voir n° 30790).

> **Fiscalement** Selon l'administration, il en est de même (BOI-BIC-CHG-20-10-10 n° 70 et BOI-BIC-CHG-20-10-20 n° 150).

30120 **Notion d'élément porteur d'avantages économiques futurs pour l'entité**
Pour être comptabilisé à l'actif, l'élément doit être **porteur d'avantages économiques futurs** (PCG art. 211-1) tout en respectant les trois autres critères caractéristiques d'un actif (voir n° 30105).

L'avantage économique futur représentatif d'un actif est le **potentiel** qu'a cet actif de contribuer à des **flux nets de trésorerie** au bénéfice de l'entité (PCG art. 211-2) :
– directement ;
– indirectement.

> **EXEMPLE**
>
> Les dépenses engagées pour enregistrer les substances chimiques conformément à la réglementation Reach ne sont pas directement porteuses d'avantages. Mais en l'absence d'enregistrement, l'entité ne serait plus autorisée à poursuivre l'activité liée à cette substance et perdrait donc les avantages économiques futurs qui y sont attachés (voir n° 30770).

Pour plus de détails sur la définition des avantages économiques futurs, voir n° 25150.

> **Fiscalement** Selon l'administration, il en est de même (BOI-BIC-CHG-20-10-10 n° 70). En outre, la notion d'« avantages économiques futurs » est, à notre avis, très proche de la notion de « source régulière de profits », constitutive sur le plan fiscal avant 2005 de l'un des critères de définition des incorporels (et encore retenue depuis 2005 pour les contrats de louage de marques et de brevets, voir n° 30785). En conséquence, à notre avis, la jurisprudence du Conseil d'État relative à cette notion devrait conserver sa portée (voir, par exemple, CE 3-9-2008 n° 300420).

30125 **Notion de ressource contrôlée** Pour être comptabilisé à l'actif, et si les trois autres critères sont remplis (voir n° 30105), l'élément doit générer une ressource que l'entité **contrôle** du fait d'événements passés (PCG art. 211-1).

En conséquence, l'entrée dans le patrimoine intervient en principe, dans **tous les cas**, à la date de **transfert du contrôle** (sur la notion de transfert de contrôle, voir n° 30145).

Sur les cas particuliers (non visés par les règles générales de définition et de comptabilisation des immobilisations) :
– des contrats de location-financement, voir n° 32270 s. ;
– des contrats de louage de marques et de brevets, voir n° 30785 ;
– des contrats de concession, voir n° 30790.

Pour plus de détails sur la notion de contrôle, voir n° 25155.

> **Fiscalement** Selon l'administration, il en est de même (BOI-BIC-CHG-20-10-10 n° 70).

30145 **Le transfert de contrôle** Il intervient dès qu'il est **probable que l'entité bénéficiera des avantages économiques futurs correspondants** (PCG art. 212-1), ce qui implique, comme en IFRS, que l'entité ait le **pouvoir** :
– **d'obtenir les avantages économiques futurs** découlant de la ressource sous-jacente ;

> **Précisions** Le pouvoir d'obtenir les avantages économiques futurs implique également, en général, que **l'entité assume les risques** significatifs liés à l'actif (Avis CNC 2004-15 § 3.1), ce qui est généralement le cas lorsque le droit de propriété a été transféré. Pour plus de détails sur la notion de risque significatif, voir n° 25160 I.

– et **de restreindre l'accès des tiers à ces avantages.**

En conséquence, un élément générant des avantages économiques futurs ne pourra être porté à l'actif d'une entité que s'il existe une **certitude suffisante** que ces avantages économiques futurs bénéficieront à l'entité (Avis CNC précité, § 3.1).

Cette certitude peut, à notre avis, être acquise par plusieurs moyens :
a. Existence d'un droit légal, réglementaire ou contractuel. En général, l'entité dispose d'une certitude suffisante qu'elle bénéficiera des avantages économiques futurs attachés à

l'élément lorsqu'elle est titulaire d'un droit sur cet élément, qu'elle peut faire appliquer par un tribunal. Tel est le cas :
– des **droits de propriété industrielle,** tels que les brevets (voir n° 30610 s.) ou des **droits d'auteur,** qui bénéficient d'une protection juridique ;
– des **droits contractuels.**

> **Précisions** Il s'agit, par exemple, d'un portefeuille de contrats acquis (voir n° 30565). Pour d'autres exemples, voir n° 30555 s.

En effet, la détention de ce droit constitue en principe une **présomption de contrôle** suffisante dans la mesure où il est opposable aux tiers et peut ainsi leur restreindre l'accès aux avantages générés par l'élément.

Toutefois, dans certains cas, la possibilité de se prévaloir d'un droit de propriété ou contractuel ne constitue pas une condition suffisante pour démontrer le contrôle. Il convient alors d'analyser la situation et les clauses des contrats de manière attentive, afin de s'assurer que tous les autres critères sont remplis (voir n° 30105 s.).

> EXEMPLE
>
> Un concessionnaire n'est pas titulaire d'une clientèle propre (et donc d'un fonds de commerce) si elle est dépendante de la situation géographique de l'exploitation et si le concessionnaire n'est pas libre de fixer les tarifs (Cass. civ. 5-4-2018, n° 17-10.466 FS-D, à propos de la location de bateaux sur le bassin du jardin du Luxembourg).

b. Autres moyens En l'absence de droit (ou si celui-ci ne permet pas de restreindre l'accès des tiers aux avantages économiques futurs afférents à l'immobilisation), la démonstration du contrôle est plus difficile.

> **Précisions** Tel est le cas pour certains éléments comme les relations avec la clientèle, l'entité ne pouvant en général se prévaloir d'aucun droit (voir n° 30465 s.) ou les relations avec le personnel (voir n° 30775).

Toutefois, à notre avis :
– le fait de faire appliquer juridiquement un droit ne constitue pas une condition nécessaire du contrôle ;
– dans la mesure où une entité peut être à même de contrôler les avantages économiques futurs de quelque autre façon. Ainsi, le critère de contrôle ne devrait pas poser de difficulté, même en l'absence de droit pour une immobilisation incorporelle **acquise** séparément, l'existence même de la transaction étant la preuve que l'entité est capable de contrôler les bénéfices futurs attendus (Avis CNC 2004-15 § 2.3).

> EXEMPLE
>
> Il s'agit par exemple d'un fichier ou d'une liste de clients acquis (voir n° 30560). Pour d'autres exemples, voir n° 30555 s.
>
> Les compétences du personnel, même si elles sont porteuses d'avantages futurs, sont rarement immobilisables, voir n° 30775.

En cas de cession d'un incorporel avec une **date de jouissance différée** ou rétroactive, une analyse doit être menée pour déterminer à quelle date l'acquéreur bénéficie des risques et avantages attachés à l'actif. Sur l'exemple du fonds de commerce, voir n° 32150.

Notion de fiabilité du coût d'entrée Un élément est comptabilisé à l'actif lorsque son coût ou sa valeur peut être évalué avec une **fiabilité suffisante** (PCG art. 212-1) et si les trois autres critères sont remplis (voir n° 30105). **30165**

> **Fiscalement** Il en est de même (BOI-BIC-CHG-20-20-10 n° 10).

Deux cas doivent être envisagés.

I. Cas général : le coût peut faire l'objet d'une évaluation directe En général, le critère de fiabilité du coût devrait être rempli au moment de l'acquisition ou de la production de l'immobilisation (voir n° 25165).

Toutefois, dans certains cas, le **coût n'est pas définitivement fixé lors de la transaction** :

> EXEMPLE
>
> Tel est le cas, à notre avis, d'une immobilisation incorporelle (brevet, marque, fonds de commerce...) :
> – faisant l'objet d'une **clause de révision de prix** (sur la validité des clauses de fixation du prix, voir Mémento Sociétés commerciales n° 17760 à 16763) ; sur le cas des titres, voir n° 37630 ;
> – acquise moyennant le paiement de **redevances** basées sur des variables futures (chiffre d'affaires...) ; sur ce cas particulier, voir n° 30185.
>
> Il ne faut, en revanche, pas confondre avec le cas où le prix est définitivement fixé mais la dette varie, voir n° 26195.

Lorsque le prix n'est pas définitivement fixé à l'acquisition, il n'est comptabilisé à l'actif que si le coût d'entrée peut être évalué avec une fiabilité suffisante :

a. À la date de transaction 1. Évaluation fiable à l'origine L'évaluation du coût de l'élément peut, à notre avis, être considérée comme fiable si l'entité dispose, à cette date, des éléments de calcul lui permettant d'estimer provisoirement ce coût. Ces éléments doivent être prévus de manière précise dans l'acte d'acquisition du bien. Dans ce cas, il convient de procéder à une estimation provisoire du coût d'entrée de l'immobilisation à la date de la transaction.

2. Évaluation non fiable à l'origine S'il n'est pas possible de déterminer sur une base fiable le coût d'entrée variable d'une immobilisation acquise, celui-ci n'est pas enregistré.

> **Précisions   1. Frais d'acquisition** Dans ce cas, en l'absence de précision des textes, il résulte de la pratique deux solutions :
> – soit ces coûts sont comptabilisés directement en charges (Bull. CNCC n° 171, septembre 2013, EC 2013-39, p. 498 s.) ;
> – soit ils sont comptabilisés en immobilisations incorporelles, en tant que coût accessoire.
> **2. Complément de prix** Les situations dans lesquelles il n'est pas possible d'estimer de manière fiable un complément de prix devraient être rares et exceptionnelles (en ce sens, EC 2022-22 du 19-01-2023 ; cncc.fr ; voir n° 37630).

b. À la clôture À notre avis, dès que le coût devient évaluable, l'actif devrait pouvoir être comptabilisé. Dans ce cas :
– le plan d'amortissement est modifié prospectivement ou restrospectivement selon le cas (voir n° 30185) ;
– cette réévaluation peut constituer un indice de perte de valeur et devrait dès lors s'accompagner de la mise en œuvre d'un test de dépréciation de l'immobilisation.

À notre avis, une **information en annexe** devrait préciser le caractère provisoire du coût d'entrée ainsi que la clause contractuelle de fixation du prix de vente.

c. Lors du versement du prix définitif Le coût d'entrée est ajusté en fonction du prix définitif.

> **Fiscalement** Lorsque le prix d'achat fait l'objet d'une révision, les modifications de prix ultérieures sont prises en compte par une augmentation ou une diminution de la valeur initialement retenue (BOI-BIC-CHG-20-20-10 n° 10).

L'**effet de l'actualisation** est toutefois comptabilisé directement en **charges** financières.

II. Cas particulier : le coût ne peut pas faire l'objet d'une évaluation directe   Par exception (PCG art. 212-1), même lorsqu'une évaluation directe n'est pas possible, le coût d'un élément d'actif peut être déterminé de manière fiable. En effet, celui-ci peut être obtenu par différence entre le coût total d'acquisition de l'ensemble et celui des autres éléments dont le coût est connu (voir n° 31605). Les éléments dont le coût est déterminé de manière résiduelle sont donc bien à inscrire à l'actif s'ils répondent par ailleurs aux autres conditions de définition et de comptabilisation (voir n° 30105 s.).

> **Précisions**   Il s'agit essentiellement du **fonds commercial**, élément « résiduel » du fonds de commerce, voir n° 30465.

30185   **Immobilisations acquises moyennant le paiement de redevances annuelles**   Il s'agit notamment des fonds de commerce, listes de clients et brevets acquis moyennant le paiement d'une redevance calculée sur un chiffre d'affaires pendant une certaine durée.

> **Précisions   Acquisition d'un incorporel ou du droit d'utiliser un incorporel** Il ne faut pas confondre l'acquisition d'un incorporel (traité dans ce paragraphe) et l'acquisition du droit d'utiliser un incorporel (traité aux n° 30785 et 30790). Il y a acquisition de l'incorporel lorsque l'acquéreur contrôle cet incorporel (PCG art. 211-1), c'est-à-dire, à notre avis, en pratique, lorsque :
> – il a le pouvoir de disposer de l'incorporel selon sa volonté, et notamment peut le céder ou le louer librement et selon le tarif qu'il a choisi ;
> – il a le pouvoir de restreindre l'accès des tiers à ces avantages.

Les immobilisations incorporelles acquises moyennant le paiement de redevances annuelles suivent les règles générales de comptabilisation des actifs (voir n° 30105 s.) et notamment le critère de fiabilité du coût d'entrée (voir n° 30165). En conséquence, à notre avis :

a. Lors de l'acquisition Le contrat pouvant prévoir une part fixe et une part variable :
– la **part fixe** du coût d'entrée est comptabilisée à l'actif ;
– la **part variable**, dès qu'elle peut être **évaluée de manière fiable**, est comptabilisée à l'actif.

Le prix d'acquisition étant aléatoire, le montant à retenir pour la comptabilisation à l'actif doit correspondre à la **valeur vénale** du bien au moment de la signature de l'acte, c'est-à-dire, à notre avis, à la **valeur actualisée des redevances probables** qui seront versées au cours de la période prévue (en plus de la part fixe prévue au contrat, le cas échéant).

Toutefois, lorsque les redevances dépendent d'événements futurs non évaluables de façon fiable (degré d'utilisation future, indices des prix futurs, taux d'intérêt du marché futurs, chiffre d'affaires sur un marché incertain…), le critère de fiabilité n'est pas rempli et seule la part fixe prévue, le cas échéant, au contrat est à comptabiliser à l'actif.

30185
(suite)

> **Fiscalement** La valeur d'inscription à l'actif de ces immobilisations correspond au coût estimé d'acquisition, égal au montant cumulé des redevances convenues, tel qu'il est possible de l'estimer sur la base des données disponibles lors de la conclusion de la convention, augmenté du montant de la somme fixe prévue au contrat (notamment CAA Bordeaux 7-7-2005 n° 01-1718 définitif suite à CE (na) 7-7-2006 n° 284738 ; BOI-BIC-AMT-10-30-30-10 n° 350). Par ailleurs, le montant des redevances retenues pour déterminer le coût d'entrée doit être actualisé (en dernier lieu, CAA Bordeaux 7-7-2005 n° 01-1718 définitif suite à CE (na) 7-7-2006 n° 284738).

> **Précisions** **Valeur vénale et évaluation fiscale** L'estimation de la valeur vénale devrait correspondre, à notre avis, à l'évaluation fiscale retenue par les parties pour le paiement des droits d'enregistrement.

La **contrepartie** du compte d'immobilisations incorporelles est le crédit du compte du cédant de l'immobilisation (compte 4041 « Fournisseurs – Achats d'immobilisations »).

> **Fiscalement** Selon le Conseil d'État, l'acquéreur doit, simultanément à l'inscription de l'élément acquis à **l'actif** de son bilan pour le **coût estimé,** égal au montant cumulé des redevances dont le versement futur est prévisible, inscrire au **passif** du même bilan la **dette à termes échelonnés,** de même montant, qui est contractée du fait de l'engagement de verser les redevances (CE 14-10-2005 n° 262219).

L'actif ainsi comptabilisé est amorti sur sa durée réelle d'utilisation (voir n° 31785).

> **Fiscalement** La durée à retenir s'entend normalement de la durée probable d'exploitation des droits, de la période durant laquelle l'entreprise bénéficie d'une protection juridique ou de la durée du contrat conclu (voir n° 31785). Il est toutefois admis pour les brevets, dans un souci de simplification, que dès lors que la valeur estimée des redevances a été immobilisée et si le versement des redevances est échelonné sur toute la durée de validité ou d'utilisation du brevet, l'amortissement annuel puisse être égal aux redevances versées au titre de l'année (CE 26-10-1983 n° 33457 ; BOI-BIC-AMT-10-30-30-10 n° 350 à 370).

b. À la clôture de chaque exercice Le passif est réestimé, le cas échéant, sur la base d'une nouvelle estimation des redevances futures à payer. L'écart entre le montant du passif estimé à l'origine et le montant réestimé à la clôture peut, à notre avis, selon une analyse des faits et circonstances, être comptabilisé directement en résultat ou être imputé sur la valeur de l'immobilisation incorporelle.

En pratique, à notre avis, une modification de la dette :
– devrait donner lieu à une **correction du prix d'acquisition** de l'immobilisation ;

> **Précisions** **1. Sous-évaluation à l'origine** Que l'actif ait pu être estimé de façon suffisamment fiable à l'origine, qu'il ait été sous-évalué ou mal évalué du tout à l'origine (du fait d'un marché mal connu, par exemple, pour un prix basé sur le futur chiffre d'affaires), les redevances réellement versées révèlent une sous-évaluation de la valeur de l'incorporel estimée au moment de l'acquisition et une réévaluation de la valeur de l'actif est à notre avis justifiée.
>
> En revanche, les redevances qui auraient été versées et comptabilisées en charges antérieurement ne peuvent pas être réactivées.
>
> **2. Test de dépréciation** Cette réévaluation peut constituer un indice de perte de valeur et devrait dès lors s'accompagner de la mise en œuvre d'un **test de dépréciation** de l'immobilisation.
>
> **3. Révision du plan d'amortissement** Voir ci-après c.

– **sauf dans certains cas particuliers** où elle devrait être comptabilisée directement en **résultat.**

EXEMPLES

Tel est le cas, à notre avis :
– en cas d'augmentation de l'estimation des redevances, si celle-ci est due à l'effort réalisé par l'entreprise pour développer son activité (fonds commerciaux développés en interne ; PCG art. 212-3.3) ;
– en cas de diminution, si une perte de valeur est apparue postérieure à son acquisition. L'actif est alors à **déprécier.**

30185 (suite) **▸ Fiscalement** La jurisprudence et l'administration ne se sont pas prononcées sur le traitement de l'ajustement de la valeur d'entrée et de la dette. Il devrait, à notre avis, suivre le traitement des redevances excédant le montant initial de la dette (voir ci-après c.).

À notre avis, une **information en annexe** devrait préciser le caractère provisoire du coût d'entrée ainsi que les modalités de paiement sous forme de redevances.

c. Au fur et à mesure du versement des redevances

1. Si aucun actif n'a pu être comptabilisé à la clôture, en raison de l'évaluation non fiable des redevances, et tant qu'aucune évaluation fiable n'est possible, les redevances sont comptabilisées directement en charges.

2. Si un actif a été comptabilisé à la clôture (voir ci-avant a. et b.), les redevances versées sont portées au débit :
– du compte 4041 par le crédit du compte de trésorerie concerné ;
– et d'un compte de charges financières pour l'effet de la désactualisation de la dette.

Si les redevances versées excèdent le montant total comptabilisé au passif, le complément de redevances constitue, selon une analyse à mener au cas par cas (voir ci-avant b.) :
– soit une augmentation de la valeur de l'**immobilisation** ;

> **▸ Fiscalement** Selon le Conseil d'État, le versement de chaque échéance de redevances entraîne une augmentation d'actif net qui résulte de la diminution, à concurrence de son montant, de la dette initialement comptabilisée (voir ci-avant a.). Par suite, lorsque les versements de redevances se poursuivent après que la dette a été soldée (CE 14-10-2005 n° 262219) :
> – ils peuvent donner lieu à la constatation d'une **perte exceptionnelle,** imputable sur le résultat de l'exercice concerné ;
> – sauf si l'entreprise n'a inscrit à son bilan ni les droits qu'elle acquérait, pour leur valeur estimée, ni la dette de redevances, d'égal montant.
> Cette analyse n'est pas partagée par **l'administration** selon laquelle, dans tous les cas (BOI-BIC-CHG-20-20-10 n° 10 ; BOI-BIC-AMT-10-30-30-10 n° 360) :
> – l'évaluation initiale des redevances ne constitue qu'une estimation provisoire ;
> – le complément de redevances ne constitue pas une charge déductible mais, doit être porté à l'actif en ajustement du prix d'acquisition de l'immobilisation.

Dans ce cas, le plan d'amortissement est, à notre avis, revu prospectivement ou rétrospectivement selon une analyse des faits et circonstances :
• si le contrat prévoit un ajustement de prix basé sur le futur chiffre d'affaires, le coût d'entrée peut en général être estimé de façon **fiable dès l'origine,** sur la base des éléments indiqués dans le contrat. Tout ajustement ultérieur devrait alors pouvoir être considéré comme un **ajustement du prix initial** et donner lieu à une modification **rétrospective** du plan d'amortissement ;
• en revanche, si le contrat prévoit un ajustement lié à un **événement futur difficilement prévisible** (cession ultérieure, chiffre d'affaires sur un marché méconnu…), tout ajustement ultérieur devrait être considéré comme une **révision du prix initial** liée à un changement de circonstances ou à une meilleure information et donner lieu à une modification **prospective** du plan d'amortissement.

> **▸ Fiscalement** Selon l'administration (BOI-BIC-AMT-10-30-30-10 n° 360), l'annuité d'amortissement qui peut être inscrite en comptabilité à la clôture dudit exercice est égale à la différence entre la somme des amortissements recalculés pour chacun des exercices écoulés, en fonction de ce nouveau prix de revient et le montant total des amortissements effectivement pratiqués jusqu'alors.
> Si l'entreprise a revu prospectivement son plan d'amortissement comptable, c'est sous forme d'amortissement dérogatoire que cette annuité devra être constatée.

– soit une **charge** d'exploitation.

> **▸ Précisions** Lorsque les redevances qui ont servi à son évaluation ont été sous-estimées (notamment lorsque l'évaluation a été réalisée sur la base d'un chiffre d'affaires pas ou mal connu à l'origine), à notre avis :
> – le complément de redevance variable devrait pouvoir être comptabilisé en immobilisation ;
> – sauf s'il n'est pas porteur d'avantages économiques supplémentaires pour l'acquéreur. Tel est le cas si la période de versement des redevances variables coïncide avec la période d'amortissement. Dans ce cas, le rythme de versement des redevances tout au long du contrat correspond au rythme d'utilisation de l'actif. Ainsi, les avantages économiques liés au complément de versement ont déjà été consommés au cours de l'exercice. Le complément de redevance variable est donc comptabilisé directement en charges.

> **▸ Fiscalement** Il en est de même pour les brevets, voir ci-avant a.

II. ÉLÉMENTS CONSTITUTIFS DU PATRIMOINE COMPTABLE

A. Principe général de comptabilisation des immobilisations incorporelles

30255 En principe, les immobilisations incorporelles portées à l'actif du bilan sont **tous** (et uniquement) **les éléments** qui respectent les **critères cumulés de définition et de comptabilisation** d'une immobilisation incorporelle (voir n° 30105 s.), introduits par le règlement CRC n° 2004-06 sur les actifs (abrogé et repris dans le règl. ANC 2014-03 relatif au PCG), applicable depuis le 1er janvier 2005 (voir n° 30005). La date de comptabilisation d'une immobilisation incorporelle intervient donc, depuis le 1er janvier 2005, non plus à la date de transfert de propriété, mais au **transfert de contrôle** (sur la notion de transfert de contrôle, voir n° 30145).

> **Précisions** Sur les **conséquences pratiques** de l'application des critères de définition et de comptabilisation aux immobilisations incorporelles, voir n° 30355 s. (logiciels), n° 30555 s. (éléments liés à la clientèle), n° 30610 s. (autres éléments incorporels acquis ou reçus) et n° 30840 s. (frais de développement).

Toutefois, **certains actifs ne suivent pas ce principe général.** En effet :

a. certains éléments peuvent, sur **option,** ne pas être comptabilisés à l'actif alors même qu'ils répondent aux critères généraux de définition et de comptabilisation d'une immobilisation incorporelle (voir n° 30265 s.) ;

b. certains actifs restent comptabilisés à l'actif, alors qu'ils ne répondent pas aux critères généraux de définition et de comptabilisation d'une immobilisation incorporelle, du fait de l'existence de **textes de hiérarchie supérieure au règlement du CRC** ayant introduit ces critères (voir n° 30300) ;

c. d'autres actifs restent définis et comptabilisés selon des **règles spécifiques,** du fait :
– de leur exclusion du champ d'application des règles générales sur les actifs (tels que les contrats de crédit-bail, voir n° 32270 s. ou de louage de marques ou de brevets, voir n° 30785 ou de concession, voir n° 30790) ;
– de l'absence de position définitive de la part des organismes comptables compétents sur leur statut et leur traitement comptable (tel est le cas du droit au bail commercial, voir n° 30640 ou des droits d'occupation du domaine public, voir n° 30700 s.).

CONSÉQUENCES PRATIQUES

30260 Il résulte de l'application des critères de définition et de comptabilisation des immobilisations incorporelles (voir n° 30105 s.) les conséquences suivantes :

I. Une analyse des contrats est nécessaire Afin de s'assurer que les critères de définition et de comptabilisation sont remplis, il convient de procéder à une analyse minutieuse des clauses des contrats.

Est notamment recherchée la date de transfert de contrôle (sur la notion de transfert de contrôle, voir n° 30145). C'est cette date qui permet de comptabiliser l'entrée et la sortie de l'immobilisation (voir n° 30255).

Pour un exemple d'analyse d'un contrat (fabrication d'un moule industriel), voir n° 25320.

II. Des difficultés d'identification Il est souvent difficile d'apprécier si les critères de définition et de comptabilisation des immobilisations incorporelles sont remplis. C'est notamment le cas :
– des éléments incorporels liés à la clientèle (voir n° 30555 s.) ;
– des éléments générés en interne (voir n° 30840 s.).

EXCEPTIONS

30265 **Options** Certains éléments peuvent, sur **option, ne pas être comptabilisés à l'actif** alors même qu'ils répondent aux critères généraux de définition et de comptabilisation d'une immobilisation incorporelle. Tel est le cas :
– des frais de développement, voir n° 30285 ;
– de certains éléments d'actif non significatifs, voir n° 30290 ;
– des biens non comptabilisés au bilan dans le cadre de la création d'une entreprise individuelle, voir n° 30295.

30285 Les frais de développement   Du fait d'une option prévue par le Code de commerce, les frais de développement peuvent être, au choix de l'entreprise (C. com. art. R 123-186 et PCG art. 212-3.1) :
– soit comptabilisés en **immobilisations,** s'ils remplissent les critères de définition et de comptabilisation des immobilisations incorporelles générées en interne (voir n° 30890). Cette comptabilisation à l'**actif** constitue la **méthode de référence** (PCG art. 212-3) ;
– soit comptabilisés en **charges** même s'ils répondent à ces critères.
Pour plus de détails sur le traitement comptable des frais de développement, voir n° 30845 s.

> **Fiscalement**   Il en est de même, les dépenses de développement peuvent, au choix de l'entreprise, être immobilisées ou déduites des résultats de l'exercice au cours duquel elles ont été exposées (CGI art. 236, I). Selon l'administration et la jurisprudence (BOI-BIC-CHG-20-30-30 n° 60 et 70 ; CE 26-7-2023 n° 466493), c'est l'option comptable retenue qui conditionne le traitement fiscal. Pour plus de détails sur le traitement fiscal des frais de développement, voir n° 30845 s.

> **Précisions   1. Homogénéité du traitement**   La doctrine considère que, si l'inscription à l'actif des frais de développement est adoptée par l'entreprise, elle doit être appliquée à tous les projets remplissant ces conditions.
2. Changement de méthode   L'activation des frais de développement étant une méthode de référence :
– une entreprise peut choisir d'adopter cette méthode sans avoir à justifier son choix. L'effet d'un tel changement de méthode est en principe rétrospectif. Toutefois, si le point de départ de la comptabilisation rétrospective des frais de développement à l'actif est difficile à déterminer de manière objective (elle nécessite de se positionner au regard des conditions ayant existé dans le passé, sans tenir compte de l'effet d'expérience), le changement est appliqué de manière prospective (voir n° 8525) et ne concerne donc que les frais engagés au cours de l'exercice du changement de méthode et postérieurement (Bull. CNCC n° 208, décembre 2022, EC 2022-19 ; cncc.fr) ;
– en revanche, le changement de comptabilisation des frais de développement consistant à enregistrer ces **frais non plus à l'actif mais en charges** est impossible (PCG art. 121-5).
3. Maintien de l'option   Le maintien de la possibilité d'inscrire en charges les frais de développement déroge à la règle générale de comptabilisation des immobilisations incorporelles. Cette dérogation est due à des raisons fiscales.
L'administration ayant confirmé, dans le cadre des travaux du groupe « IAS et Fiscalité » du CNC, que le traitement fiscal des frais de développement continuerait de dépendre de leur traitement comptable (voir ci-avant), l'immobilisation obligatoire des frais de développement ferait obstacle à leur déduction immédiate. Celle-ci serait alors obligatoirement étalée sur la durée de l'amortissement, voire reportée au moment de la sortie des stocks dans le coût desquels l'amortissement des frais de développement est inclus en cas d'immobilisation non amortissable (voir n° 21130).

Sur les frais destinés à être vendus dans le cadre d'une commande ferme, voir n° 21130 IV.
Sur la non-incidence du mode de comptabilisation des frais de développement sur leur éligibilité au crédit d'impôt recherche, voir n° 31505.

30290 Éléments d'actif incorporel non significatifs   Selon le PCG, certains « éléments d'actifs non significatifs » peuvent être considérés comme entièrement consommés dans l'exercice de leur mise en service et, dès lors, être comptabilisés immédiatement en charges et non en immobilisations (PCG art. 212-6).
En l'absence de précision des textes comptables sur la notion d'« éléments d'actif non significatifs », à notre avis, par simplification, la **tolérance fiscale,** exposée ci-après, devrait pouvoir être utilisée **en comptabilité.**

> **Fiscalement**   Par mesure de simplification, les entreprises peuvent comprendre parmi leurs charges déductibles :
– les logiciels acquis d'une valeur inférieure à 500 € HT (voir n° 30380 II.) ;
– les dépenses d'acquisition d'un site internet, assimilé sur le plan fiscal à un logiciel lorsqu'elles sont inférieures à 500 € HT (BOI-BIC-CHG-20-30-30 n° 180).

30295 Création d'une entreprise individuelle par affectation de certains biens
Dans les **entreprises individuelles,** le chef d'entreprise **peut choisir de ne pas faire figurer** à son bilan **un bien** lui appartenant mais utilisé par l'entreprise. Il s'agit d'une décision de gestion dont il doit tirer les conséquences (voir n° 60257).

30300 Frais d'établissement   Du fait d'une option prévue par le Code de commerce, les frais d'établissement peuvent être comptabilisés à l'actif alors même qu'ils ne répondent pas aux conditions de définition et de comptabilisation des actifs (C. com. art. R 123-186 et PCG art. 212-9).

> **Précisions** Sur les vœux émis par le CNC afin que ces textes de niveau hiérarchique supérieur soient supprimés, voir n° 25135 III. Toutefois, cette option a été maintenue dans le Code de commerce suite à la transposition de la directive comptable européenne unique n° 2013/34/UE du 26 juin 2013.

Toutefois, la comptabilisation en **charges** de ces frais constitue la **méthode de référence** (PCG art. 212-9 modifié par Règl. ANC 2018-01 du 20-4-2018 homologué par l'arrêté du 8-10-2018).
Pour plus de détails sur le traitement comptable et fiscal des frais d'établissement, voir n° 45110 s.
Sur la divergence existant avec les normes IFRS, voir Mémento IFRS n° 69035.

Immobilisations incorporelles définies et comptabilisées selon des règles spécifiques Sur les immobilisations incorporelles acquises au moyen d'un contrat de **crédit-bail,** voir n° 32270 s.   **30305**
Sur les **marques** et **brevets** faisant l'objet de **contrat de louage,** voir n° 30785.
Sur les **droits d'utilisation** acquis dans le cadre de contrats de concession, voir n° 30790.
Sur le **droit au bail commercial,** voir n° 30640.
Sur les **droits d'occupation du domaine public,** voir n° 30700 s.
Sur le **fonds commercial,** voir n° 30465.

B. Logiciels

Différents types de logiciels Afin de connaître le traitement comptable d'un logiciel, il est nécessaire de faire la distinction entre les logiciels :   **30355**
– indissociables du matériel ;
– faisant partie d'un projet de développement plus global ;
– autonomes.

I. Les logiciels indissociables du matériel Il s'agit des **systèmes d'exploitation,** logiciels de fabrication intégrés... faisant partie intégrante des matériels auxquels ils sont associés. À ce titre, les logiciels indissociables constituent des **immobilisations corporelles** à comptabiliser **obligatoirement à l'actif.**
Ils doivent suivre les conditions générales de comptabilisation des immobilisations corporelles (voir n° 25240 s.) et ne sont pas subordonnés au respect des conditions spécifiques propres aux logiciels (voir n° 30380 s.).

> **Précisions** **Logiciels dissociés** Les logiciels indissociables sont à opposer aux logiciels dissociés, c'est-à-dire aux **logiciels d'application** ou progiciels. Selon l'avis CNC n° 31 relatif au traitement comptable des dépenses de logiciels, les logiciels dissociés sont ceux pour lesquels le prix du logiciel peut être distingué de celui du matériel informatique.

> **Fiscalement** Les droits d'exploitation d'un logiciel associé à un matériel et remplissant les conditions pour être immobilisés constituent par nature des éléments incorporels dès lors que leur prix de revient peut être dissocié de celui de l'immobilisation corporelle à laquelle ils sont associés. Tel est le cas lorsque le contrat attribue aux droits un prix déterminé et distinct de celui du matériel informatique (CE 1-4-2015 n° 374693).

II. Les logiciels faisant partie d'un projet de développement Il s'agit des développements informatiques réalisés pour les besoins ou à l'occasion d'un projet de développement plus global et qui ne peuvent être identifiés en tant que logiciels au sens du Code de la propriété intellectuelle. Dans ce cas, les développements informatiques ne sont qu'une des composantes du projet de développement.

> **EXEMPLES**
> À notre avis :
> – la création d'un site internet (voir n° 30905 s.) ;
> – la création d'un système d'information et de gestion (ERP), dès lors qu'il n'est pas possible d'identifier distinctement un nouveau logiciel car les travaux vont au-delà du seul programme informatique de traitement de l'information ;
> – les travaux de déploiement dans l'entreprise d'un ERP (acquis ou créé), dès lors que ces travaux nécessitent des développements internes significatifs. En revanche, le logiciel acquis servant de base à l'ERP reste comptabilisé en tant que logiciel ;
> – la refonte du système de l'information incluant des développements informatiques permettant de nouvelles connexions entre les logiciels existants, non affectables distinctement à un nouveau logiciel.

Ces développements informatiques suivent les mêmes règles de comptabilisation que les autres frais de développement (Bull. CNCC n° 150, juin 2008, EC 2008-09, p. 317 s.). En conséquence, tous les frais encourus (les frais de dépôt de brevet lorsqu'il y en a un) doivent être comptabilisés de la façon suivante (pour plus de détails, voir n° 30960) :
– les coûts engagés au cours de la phase de **recherche** sont comptabilisés obligatoirement en **charges** ;
– les coûts engagés au cours de la période de **développement** peuvent, au **choix** de l'entreprise, être constatés en **charges** ou portés à l'**actif** si les **conditions spécifiques aux frais de développement** sont remplies (pour plus de détails sur la nature de l'option pour la comptabilisation des frais de développement en charges ou à l'actif, voir n° 30285 et 30840 s.).

> **Précisions** Distinction entre développement informatique et logiciel autonome (voir ci-après III.) Lorsque l'entreprise opte pour la comptabilisation à l'actif de ses frais de développement, cette distinction n'est pas pertinente, les coûts encourus dans les deux cas étant obligatoirement comptabilisés en immobilisation.

III. Les logiciels autonomes Il s'agit des logiciels **acquis ou créés individuellement,** c'est-à-dire indépendamment d'un projet de développement plus global, et ayant une durée de vie propre. De tels logiciels sont comptabilisés obligatoirement à l'actif.

> **Précisions** En effet, ils ne constituent pas des frais de développement et ne peuvent donc pas bénéficier de l'option pour la comptabilisation en charges (voir ci-avant II.).
Tel est le cas, à notre avis :
– des logiciels acquis servant de base à un ERP, ainsi que des travaux accessoires nécessaires à leur mise en place s'ils ne nécessitent pas de développements en interne significatifs (dans le cas inverse, voir ci-avant II.) ;
– des travaux de création en interne d'un ERP dès lors qu'il est possible d'identifier distinctement un nouveau logiciel (programme informatique identifiable) (dans le cas inverse, voir ci-avant II.).

Le traitement comptable de ces logiciels est précisé par le PCG (art. 611-1 à 611-5) et l'avis CNC n° 31 (avril 87), voir n° 30380 s.
Il est nécessaire de distinguer selon que l'entreprise destine le logiciel :
– à un **usage interne** : « il s'agit de tous les logiciels qui ne répondent pas à la définition de l'usage commercial » (voir n° 30380 s.) ;
– à un **usage commercial** : « il s'agit des logiciels destinés à être vendus, loués ou commercialisés sous d'autres formes » (voir n° 30405 s.).

LOGICIELS AUTONOMES À USAGE INTERNE

30360 En ce qui concerne :
– le classement comptable, voir n° 31060 ;
– le traitement des dépenses ultérieures, voir n° 31170 ;
– l'évaluation, voir n° 31350 (acquis) et n° 31550 (créés) ;
– le schéma de comptabilisation, voir n° 32390 ;
– l'amortissement, voir n° 31890 s. ;
– la cession, voir n° 32165 ;
– la cession-bail d'un logiciel ou d'un développement informatique, voir n° 28320 ;
– le traitement des logiciels faisant partie d'un projet de développement, voir n° 30960.

30380 **Logiciels autonomes acquis**

I. Un logiciel acquis constitue une **immobilisation incorporelle** du fait de l'existence d'un **droit de propriété** incorporelle exclusif.

En effet, ce droit de propriété permet au logiciel de répondre aux conditions de définition et de comptabilisation des immobilisations incorporelles. Pour plus de détails, voir n° 30115 (élément identifiable) et n° 30145 (ressource contrôlée).

> **Fiscalement** Il en est de même (sur l'amortissement, voir n° 31895).

> **Précisions** **1. Droit contractuel** Ce ce résulte des articles L 112-1 et L 112-2 du Code de la propriété intellectuelle et concerne également le matériel de conception préparatoire (c'est-à-dire l'ensemble des travaux de conception aboutissant au développement d'un programme d'ordinateur à un stade ultérieur). Selon l'avis CNC n° 31 (avril 1987), pour l'acquéreur, la protection du logiciel est généralement contractuelle.
2. Logiciel sous licence d'exploitation Depuis la loi du 3 juillet 1985, un logiciel est considéré comme acquis, alors même que l'entreprise n'en est **pas propriétaire,** car elle dispose d'un droit d'utilisation accordé par le contrat qui constitue la protection juridique (reproduction, adaptation, distribution...) (Code de la propriété intellectuelle art. L 122-6 s.).
Tel est le cas :
– lorsque la licence fait l'objet d'un versement unique en début de contrat (sur les logiciels de

faible valeur, voir ci-après II.) ;
— lorsqu'elle est rémunérée sous forme de redevance (fixe ou variable) sur toute la durée du contrat. Dans ce cas, le coût de la licence peut être immobilisé, à notre avis, pour le montant de la valeur actualisée des redevances futures. Sur la possibilité, néanmoins, de comptabiliser directement en charges les redevances, voir n° 30790.

3. Logiciel en tant que service ou Software as a Service (SaaS) Ces contrats permettent aux entreprises d'externaliser intégralement un aspect de leur système d'information (formation, maintenance, mises à jour...). Il s'agit de contrats de services permettant d'utiliser un logiciel à distance par le biais d'une simple connexion à internet et de bénéficier de tous les services et expertises liés.

Les **redevances** versées **rémunèrent** une prestation de services continue et à ce titre sont, à notre avis, à comptabiliser en **charges** au fur et à mesure de la prestation rendue dans un compte de « services extérieurs » (compte 61). **Toutefois, certains contrats peuvent prévoir le transfert d'une licence d'exploitation.** Dans ce cas, le coût de la licence ou du logiciel peut être immobilisé, au titre de l'acquisition du droit de propriété incorporel exclusif attaché au logiciel (voir ci-avant, Précision 2). Cet actif est comptabilisé en contrepartie d'une dette et est amorti sur la durée du contrat. Les autres redevances sont à comptabiliser en charges au fur et à mesure de la prestation rendue.

Concernant les **frais engagés pour le déploiement** du SaaS (configuration, personnalisation, interfaces, migration de données, formation des utilisateurs...), un groupe de travail est en cours à l'ANC pour en déterminer le traitement. Dans l'attente d'une position officielle de l'ANC, devraient pouvoir être activés, à notre avis :
— les coûts aboutissant à la création d'un code logiciel additionnel, séparé du SaaS et contrôlé par l'entité cliente (par exemple, les frais de développement des interfaces et certains coûts de personnalisation) ;
— les coûts répondant à la définition de frais accessoires à l'acquisition d'un élément immobilisé (par exemple, les coûts directement attribuables à l'acquisition d'un code lui-même activé).

Les dépenses informatiques ne répondant à aucune des deux conditions devraient être comptabilisées directement en charges (par exemple, les frais de formation, de migration des données...).

II. Cas particulier : logiciel acquis de faible valeur

> **Fiscalement** (BOI-BIC-CHG-20-30-10 n° 40), les logiciels acquis pour un prix inférieur à 500 € HT peuvent être :
> — soit immobilisés (sur leur amortissement dans ce cas, voir n° 31895) ;
> — soit passés en charges, immédiatement déductibles.

Cette tolérance fiscale est, à notre avis, applicable en comptabilité (voir n° 25415).

Logiciels autonomes créés Un logiciel créé constitue une **immobilisation incorporelle** du fait de l'existence d'un droit de propriété incorporelle exclusif (voir n° 30380). En outre, selon l'avis CNC n° 31 (avril 1987), la protection résulte, pour le créateur, des articles L 122-2 et L 123-1 s. du Code de la propriété intellectuelle et le **dépôt de brevet n'est nullement obligatoire.**

30400

> **Précisions** Elle se rencontre parfois, en pratique, pour des logiciels à applications industrielles. Le traitement comptable préconisé par le PCG et l'avis CNC n° 31 précité est donc **identique en cas de création ou d'acquisition** de logiciel, ce qui permet de respecter la logique économique. Toutefois, en pratique, « la **détermination du coût d'acquisition** d'un logiciel acquis est théoriquement **plus aisée,** du fait de l'existence d'une facture comportant un prix, **que celle du coût de production** d'un logiciel créé qui pose des problèmes pratiques d'évaluation et de contrôle ».

Pour plus de détails sur la détermination du coût d'entrée des logiciels, voir n° 31350 (logiciels acquis) et n° 31550 (logiciels produits).

En conséquence, pour les logiciels autonomes créés, il n'existe **pas de choix** entre une comptabilisation en charges ou en immobilisations **mais** une **double obligation** (PCG art. 611-2 et 611-3) :
— **de laisser en charges** toutes les **dépenses** de logiciels tant que celles-ci **ne répondent pas aux conditions** de comptabilisation à l'actif (sur ces conditions, voir ci-après I.) ;

> **Précisions** Il s'agit au minimum des dépenses de l'étude préalable et, en général, de l'analyse fonctionnelle (sur la distinction entre les phases de création, nécessaire pour apprécier si les conditions d'activation sont remplies, voir ci-après II.).

— **d'immobiliser** toutes les dépenses de logiciels survenues après le début du processus de production (c'est-à-dire lorsque les conditions sont remplies).

> **Précisions 1. Difficultés d'application** La présence de conditions, aussi indispensables soient-elles, risque d'entraîner, en pratique, compte tenu du caractère subjectif de certaines, des choix de comptabilisation arbitraires.
> **2. Changement de méthode** Le bulletin CNCC (n° 110, juin 1998, EC 97-147, p. 241 s.) considère que le changement de comptabilisation consistant à immobiliser pour la première fois le coût de production d'un logiciel créé en interne ne constitue pas un **changement de méthode** dès lors que les conditions

30400
(suite)

fixées pour l'immobilisation par l'avis du CNC n° 31 précité n'étaient pas remplies au cours des exercices antérieurs (absence d'outils de gestion notamment).

3. Dépenses passées antérieurement en charges Elles ne peuvent être rétroactivement immobilisées (en ce sens, Bull. CNCC n° 92, décembre 1993, EC 93-86, p. 552).

4. Logiciels faisant partie d'un projet de développement Il est nécessaire de faire la distinction entre :
– les logiciels autonomes (voir n° 30355 III.),
– et ceux faisant partie d'un projet de développement (voir n° 30355 II.), bénéficiant, à notre avis, d'une option pour la comptabilisation en charges ou en immobilisation, voir n° 30960. Toutefois, lorsque l'entreprise opte pour la comptabilisation à l'actif de ses frais de développement, cette distinction n'est pas pertinente, les coûts encourus dans les deux cas étant obligatoirement comptabilisés en immobilisation.

devant obligatoirement être comptabilisés à l'actif si les conditions d'activation sont remplies, voir ci-avant ;

> Fiscalement Les entreprises peuvent déduire les dépenses de création de logiciels alors même qu'elles les immobilisent comptablement (CGI art. 236, I ; BOI-BIC-CHG-20-30-30 n° 1 et 80).
Ainsi, si les dépenses de création de logiciel sont **immobilisées comptablement**, les entreprises ont le choix entre :
– suivre le traitement comptable (ce qui revient à étaler la déduction fiscale par le biais des dotations aux amortissements) ;
– ou déduire immédiatement les dépenses immobilisées.
Le choix est effectué pour chaque logiciel (BOI 4 E-2-99 n° 8, non repris dans Bofip).
Une telle déduction s'opère par la constatation d'un **amortissement dérogatoire** sur l'exercice au cours duquel ces dépenses ont été inscrites à l'actif (BOI-BIC-CHG-20-30-30 n° 80).
En revanche, si les dépenses de création de logiciels sont **comptabilisées en charges**, fiscalement les entreprises n'ont pas le choix et doivent toujours déduire ces dépenses.

> Précisions 1. Le tableau ci-après, établi par nos soins, présente une synthèse des éventuelles divergences entre le traitement comptable et le traitement fiscal des dépenses de création de logiciels :

Comptabilité	Fiscalité		Divergences
Immobilisation	Option :	Immobilisation	Aucune
		Ou charges	Amortissement dérogatoire
Charges		Charges	Aucune

2. Exercice de constatation de l'amortissement dérogatoire Si l'amortissement dérogatoire n'est pas constaté dès la clôture de l'exercice au cours duquel les dépenses ont été immobilisées, l'entreprise ne pourra pas revenir par la suite sur sa décision de gestion, c'est-à-dire ne pourra pas le constater sur les exercices ultérieurs.

3. Cas particuliers :
– **Logiciel non achevé à la clôture de l'exercice** L'administration semble exiger l'inscription du logiciel (totalité des coûts) pour constater l'amortissement dérogatoire (BOI-BIC-CHG-20-30-30 n° 80) sans possibilité de déduction fiscale avant l'achèvement du logiciel (alors qu'elle l'admettait antérieurement : BOI 4 E-2-99 n° 7). Cette position est à notre avis contestable ; la déduction fiscale immédiate des dépenses de conception de logiciel n'étant pas subordonnée à l'achèvement du logiciel et les règles applicables aux amortissements pour dépréciation (voir n° 27095) ne s'appliquant pas aux amortissements dérogatoires.

– **Logiciel faisant partie d'un projet de développement plus global** Voir n° 30960.

I. Conditions de comptabilisation à l'actif La comptabilisation à l'actif des logiciels autonomes à usage interne n'est obligatoire que si les **conditions** suivantes sont simultanément **remplies** (PCG art. 611-3) :

a. Le projet est considéré comme ayant de **sérieuses chances de réussite technique** ;
Selon l'avis CNC n° 31 précité, « la réussite technique du projet suppose :
– que l'entreprise dispose de moyens matériels et humains suffisants pour pouvoir produire le logiciel ou a recours à la sous-traitance (qui répondra aux spécifications techniques fixées dans le cahier des charges) ;
– que les facteurs de risques susceptibles de remettre en cause la fiabilité technique du logiciel ont été identifiés et résolus. À ce titre, tout projet présentant le caractère d'une innovation technologique doit être examiné avec d'autant plus de prudence que sa réussite technique finale est parfois très aléatoire même à des stades avancés de son déroulement ».

b. L'entreprise manifeste sa **volonté de produire le logiciel,** indique la **durée d'utilisation minimale estimée** compte tenu de l'évolution prévisible des connaissances techniques en matière de conception et de production de logiciels et **précise l'impact attendu** sur le compte de résultat.

Selon l'avis CNC n° 31 précité, « l'entreprise doit avoir **indiqué concrètement** (c'est-à-dire de manière précise et matérialisée – note, compte rendu, etc.) **l'intention de produire le logiciel** concerné et de **s'en servir durablement pour répondre à ses propres besoins** ».

En outre, selon le CNC, l'inexistence d'outils de gestion adaptés au suivi comptable d'un projet constitue un obstacle suffisant à l'inscription à l'actif (Bull. CNC, n° 71, 2ᵉ trimestre 1987).

II. Distinction entre les phases de création Pour apprécier si un logiciel autonome remplit les conditions de comptabilisation à l'actif (voir ci-avant I.), une distinction doit être faite entre les phases de création du logiciel.

a. Trois phases dans la création d'un logiciel Le tableau de l'avis CNC n° 31 précité ci-après précise les trois grandes phases dans la création d'un logiciel regroupant huit étapes.

Selon l'avis CNC n° 31 précité, la frontière entre ces différentes phases n'est pas toujours bien marquée puisque les travaux réalisés à une phase donnée peuvent souvent remettre en cause des acquis des phases antérieures ; en outre, le début du processus de production est particulièrement délicat à définir, ce qui explique l'utilisation de pointillés par le CNC.

PHASE CONCEPTUELLE	1 Étude préalable
	2 Analyse fonctionnelle (appelée parfois conception générale de l'application)
	3 Analyse organique (appelée parfois conception détaillée de l'application)
PHASE DE PRODUCTION	4 Programmation (appelée parfois codification)
	5 Tests et jeux d'essais
PHASE DE MISE À LA DISPOSITION DE L'UTILISATEUR ET DE SUIVI	6 Documentation destinée à une utilisation interne et externe
	7 Formation de l'utilisateur
	8 Suivi de logiciel (souvent dénommé maintenance)

b. Date de début de l'activation Le PCG (art. 611-4 al. 2) et l'avis CNC n° 31 précité situent le début de la production habituellement **après la phase 2.** « Analyse fonctionnelle ». En effet :
– la phase 1 « Étude préalable » a pour objet de définir les objectifs globaux et les contraintes du projet en vue de sa réalisation. En outre, à ce stade, le projet a une faible probabilité de succès technique. Par conséquent, les dépenses engagées lors de l'étude préalable ne peuvent être rattachées, avec exactitude, au coût d'un projet en cours d'individualisation ;
– la phase 2 « Analyse fonctionnelle » se situe **généralement** dans la phase d'activité de développement encore trop aléatoire ;
– **sauf exception,** les frais de la phase 3 sont inclus dans le coût de production du projet en cours.

c. Date de fin de l'activation Si, au niveau de sa création technique, le logiciel est achevé à la fin de la phase 5 « Tests et jeux d'essais », le PCG (art. 611-4, al. 2) et l'avis CNC n° 31 précité retiennent sur le plan comptable la **fin de la phase 6 « Documentation »,** sans laquelle l'utilisation du logiciel n'est pas possible.

Sur les dépenses de formation de l'utilisateur, voir n° 31550.
Sur le traitement des dépenses ultérieures :
– maintenance, amélioration, voir n° 31170 ;
– mise en conformité, voir n° 25925 s.
Sur la date de début de l'amortissement, voir n° 31900.

III. Outils de gestion à mettre en œuvre Afin d'être en mesure de satisfaire aux conditions énoncées ci-avant (sérieuses chances de réussite technique et intention de produire un logiciel durable et utile), l'entreprise, selon l'avis CNC n° 31 précité, « doit mettre en œuvre des outils de gestion permettant :
– d'individualiser nettement chaque projet et d'établir distinctement leur coût ;
– de rattacher les charges engagées aux différentes phases techniques ;
– d'évaluer, à chaque étape, les chances de réussite technique du projet ».

> **Précisions** Pour le CNC (Doc. n° 72, mars 1988), il paraît nécessaire de rappeler qu'outre l'existence d'outils de gestion permettant de déterminer leur coût, l'inscription à l'actif du bilan des logiciels créés est subordonnée, **sous la responsabilité des dirigeants de l'entreprise et sous le contrôle des commissaires aux comptes,** aux conditions fixées par l'avis du CNC précité.

IV. Cas particulier : logiciel sous-traité Selon l'avis CNC n° 31 précité, « une entreprise peut confier à un tiers tout ou partie des travaux liés à la création d'un logiciel, en assumant seule la responsabilité de la conception finale du projet. Dans cette hypothèse, les dépenses liées à l'acquisition de ces travaux confiés à un tiers doivent être comptabilisées chez l'acquéreur, selon la méthode énoncée en matière de logiciel créé ».

Notamment, les factures correspondant aux travaux sous-traités ne seront incorporées au coût de production que si les conditions générales sont remplies (voir I.).

LOGICIELS AUTONOMES À USAGE COMMERCIAL

30405 Pour le CNC (Avis n° 31, avril 1987) « il s'agit des logiciels destinés à être vendus, loués ou commercialisés sous d'autres formes ».

Pour la commodité de l'exposé, nous les regrouperons en deux catégories :
– les logiciels utilisés par l'entreprise comme **moyen d'exploitation,** qui constituent des **immobilisations incorporelles** (voir n° 30410) ;
– les logiciels **destinés à être vendus,** qui constituent des **stocks** (voir n° 30415).

30410 Logiciels acquis ou créés, utilisés par l'entreprise comme un moyen d'exploitation

> **Précisions** Il s'agit notamment :
> – de « logiciels mères », dont les reproductions seront vendues ;
> – de logiciels servant d'outil de production, dont les prestations sont facturées à des clients (locations, traitement de comptabilité ou de gestion pour la clientèle, etc.).

Comme ils sont destinés à être conservés par l'entreprise de façon durable, il s'agit d'**immobilisations incorporelles** (voir n° 30105). Le **traitement** comptable de ces logiciels est **identique** au traitement des **logiciels à usage interne** (développé au n° 30380 s.), sous réserve des deux éléments suivants.

Les logiciels **créés** destinés à un usage commercial sont comptabilisés en immobilisations si les conditions suivantes sont simultanément réunies (PCG art. 611-2) :
– le projet est considéré par l'entité comme ayant de sérieuses chances de **réussite technique et de rentabilité commerciale** ;

> **Précisions** Selon l'avis CNC n° 31 d'avril 1987, cette dernière condition « est notamment satisfaite dès lors que l'entreprise est en mesure d'estimer que les recettes attendues de la commercialisation d'un logiciel couvriront, au moins, les frais correspondant à sa création ainsi que ses coûts probables de fonctionnement, quelle que soit leur nature ».

– l'entreprise manifeste sa volonté de produire le logiciel concerné et de s'en servir durablement pour les besoins de la clientèle et identifie les ressources humaines et techniques qui seront mises en œuvre.

30415 Logiciels acquis ou créés, destinés à être vendus Sur la reconnaissance du chiffre d'affaires, dans le cadre de la vente d'une licence assortie d'adaptations spécifiques et de maintenance, voir n° 11155.

Ils constituent des charges devant figurer en **stocks** à la clôture de l'exercice, et non des immobilisations incorporelles. Trois situations peuvent se présenter.

I. Logiciel spécifique créé pour une commande client Selon l'avis CNC n° 31 (avril 1987), les dépenses engendrées par la création d'un logiciel dans le cadre d'une commande client unique (logiciel spécifique) sont portées dans les comptes de charges au cours de l'exercice et à la clôture de l'exercice, les travaux non encore facturés sont inscrits au compte 34 « **En-cours de production de services** » par le crédit du compte 7134 « Variation des en-cours de production de services ».

Sur le coût de production d'un stock, voir n° 21055 s.

> **Précisions** L'avis CNC n° 31 précité apporte les précisions suivantes :
> – en pratique, un **logiciel spécifique acquis** dans le cadre d'une commande n'est pas destiné à un usage commercial. Toutefois, un tel logiciel, acquis dans le cadre d'une opération de **sous-traitance,** peut être revendu comme partie intégrante d'un produit ou procédé par cet acquéreur. Dans cette hypothèse, le coût d'acquisition du logiciel sous-traité doit être

incorporé dans le coût de production du produit ou procédé final faisant l'objet d'une commande client ;
— il est possible de dégager un **bénéfice réalisé** sur une opération partiellement exécutée mais seulement si les conditions prévues par l'article L 123-21 du Code de commerce (voir n° 10800 s.) sont remplies.

Si un logiciel conçu à l'origine pour les besoins d'un seul utilisateur **(logiciel spécifique)** fait, par la suite, l'objet d'une **modification** pour être diffusé auprès d'autres clients **(logiciel standard)** :
— les dépenses de modification engagées constituent des dépenses de conception de logiciel à comptabiliser en **immobilisations incorporelles** (sous réserve du respect des conditions de l'article 611-2 du PCG ; voir n° 30410 ; Bull. CNCC n° 194, juin 2019, EC 2018-42, p. 372) ;
— le coût des logiciels standard résultant du logiciel spécifique est constitué uniquement du coût de la modification (en effet, selon le CNC n° 31 précité « il n'est **pas possible** de procéder aux **retraitements des résultats des exercices antérieurs** »).

> **Fiscalement** Il en est, à notre avis, de même.

II. Logiciels standard fabriqués en série à partir d'un « logiciel mère » créé à cet effet
La fabrication en série implique des dépenses de reproduction :
— du « logiciel mère » sur supports magnétiques ;
— de la documentation destinée à l'utilisateur ;
— des outils pédagogiques de formation.

Ces dépenses sont portées au cours de l'exercice dans les comptes de charges et, à la clôture de l'exercice, les logiciels standard non encore vendus au compte 355 dans les stocks des **produits finis**.

> **Fiscalement** Il en est de même (BODGI 4 C-7-84, non repris dans Bofip). Ainsi, dans une même entreprise, le « logiciel mère » doit être inscrit en immobilisations incorporelles s'il remplit les conditions énoncées au n° 30410, alors que les reproductions sur supports magnétiques non encore vendues figurent dans les stocks si cette entreprise assure elle-même la reproduction en série du « logiciel mère ».

De même, les travaux de paramétrage, de développements spécifiques et d'interface, effectués à l'occasion de la vente d'un logiciel ou d'une licence d'exploitation, ne peuvent être considérés comme des frais de développement. S'ils ne sont pas terminés à la clôture de l'exercice, ils doivent être comptabilisés au compte 335 « Travaux en cours ».

Sur la valorisation des stocks et encours de production, voir n° 21055 s.
Sur la comptabilisation en immobilisation du « logiciel mère », voir n° 30410.

III. Logiciels acquis pour être revendus en l'état
Étant acquis (sur supports magnétiques : cassettes, disquettes, etc.) pour être revendus en l'état, ils sont inscrits, selon l'avis CNC n° 31 (avril 1987), au compte 607 « Achats de marchandises » (en cas, par exemple, de « sous-distributeurs »).

À la clôture de l'exercice, le compte 37 « **Stocks de marchandises** » est débité du montant du stock final de ces logiciels par le crédit du compte 6037 « Variation des stocks de marchandises ».

Sur le coût d'acquisition d'un stock, voir n° 20900 s.

> **Fiscalement** Il en est, à notre avis, de même.

C. Acquisition d'un fonds de commerce

DISTINCTION ENTRE LE FONDS COMMERCIAL ET LE FONDS DE COMMERCE 30465
Il ne faut **pas confondre** fonds de commerce et fonds commercial (notion juridique spécifique en droit comptable français). Ainsi (C. com. art. R 123-186 ; PCG art. 212-3.2 et 942-20 ; Note de présentation du règl. ANC 2015-06, § 1).

Fonds de commerce Le fonds de commerce est une universalité regroupant 30470
l'ensemble des éléments dont une personne (physique ou morale) réalise la conjonction en vue d'exercer une activité commerciale :
— les éléments corporels tels que le matériel et les stocks ;
— les éléments incorporels, tels que les droits de propriété intellectuelle (logiciels, brevets, modèles, marque, nom commercial, enseigne…), le droit au bail, les licences et autorisations administratives.

Il peut être acquis (voir n° 30480 s.) ou créé par l'entreprise (voir n° 30965).

Sur le cas particulier des fonds de commerce faisant l'objet de contrats de location-financement, voir n° 32270 s.

30475 **Fonds commercial** Le fonds commercial est **l'élément résiduel du fonds de commerce** ; c'est-à-dire que sont compris les éléments qui ne font pas l'objet d'une évaluation et d'une comptabilisation séparées au bilan et qui concourent au maintien ou au développement du potentiel d'activité de l'entreprise (PCG art. 212-3).

Il constitue donc la partie « pivot » du fonds de commerce. Il est composé principalement de la clientèle, l'achalandage, l'enseigne, le nom commercial et, plus largement, les parts de marché (Note de présentation du règl. ANC 2015-06).

> **Fiscalement** Les éléments visés dans la définition comptable du fonds commercial sont considérés comme des éléments d'actif immobilisé par nature dès lors qu'ils ne peuvent être utilisés que pour l'exercice d'une profession (CE 10-6-1970 n° 75161 ; CE 26-2-2016 n° 383930 ; BOI-BIC-PVMV-10-10-10 n° 340 et 370). L'administration emploie la terminologie « fonds de commerce » pour désigner ce qui correspond pour l'essentiel au fonds commercial en comptabilité, étant précisé qu'elle inclut le droit au bail parmi les éléments d'actif immobilisé par nature constitutifs du fonds de commerce (BOI-BIC-PVMV-10-10-10 n° 340).

En pratique, sont également compris dans le fonds commercial, à notre avis (dès lors qu'ils ne peuvent être comptabilisés séparément) :
– les relations avec les fournisseurs (attachement, confiance…) ;
– le savoir-faire et les compétences spécifiques du personnel (« workforce »).

Le fonds commercial peut être (Note de présentation du règl. ANC 2015-06) :
– associé ou non, à l'occasion de transactions juridiques portant sur le fonds de commerce, aux autres éléments corporels et incorporels du fonds de commerce (ces derniers ayant une existence distincte et étant généralement comptabilisés dans des postes spécifiques : matériel commercial, le matériel, les stocks, les brevets, les marques, les licences, le droit au bail…) ;
– cédé, loué ou nanti en tant que fonds de commerce, avec ou sans les autres éléments qui peuvent y être rattachés.

Sur la comptabilisation initiale du fonds commercial acquis, voir n° 30500.

Dans les **comptes consolidés,** les fonds commerciaux (inscrits dans les comptes individuels) dont l'analyse confirme l'impossibilité d'en évaluer séparément les éléments sont assimilés à des écarts d'acquisition (voir Mémento Comptes consolidés n° 5093).

FONDS COMMERCIAL ACQUIS

30480 **Comptabilisation du fonds commercial acquis** Selon le Code de commerce (art. R 123-186), les éléments acquis du fonds de commerce **qui ne peuvent figurer à d'autres postes du bilan** sont inscrits au poste « Fonds commercial » (compte 207, PCG art. 942-20 ; voir n° 31070).

En conséquence, les fonds commerciaux constituent « à titre d'exception » des **immobilisations incorporelles.**

Le fonds commercial peut être acquis, dans le cadre du rachat d'un fonds de commerce :
– seul,
– ou avec les autres éléments qui peuvent y être rattachés ; dans ce cas, sur la comptabilisation initiale des fonds commerciaux acquis, voir n° 30500.

En ce qui concerne :
– leur valeur d'entrée lorsque le prix est symbolique (cas des reprises à la barre d'un tribunal, voir n° 26530) ;
– leur valeur d'entrée lorsque le prix est exprimé en une redevance annuelle, voir n° 30185 ;
– leur valeur d'inventaire (amortissement et dépréciation), voir n° 31985 et 32010 ;
– leur cession, voir n° 32150.

30500 **Évaluation initiale du fonds commercial acquis** Le fonds commercial est **la différence entre le prix total d'achat du fonds de commerce et les actifs devant figurer à d'autres postes du bilan** (voir n° 30465). Ainsi, lors de l'acquisition d'un fonds de commerce, il est nécessaire, en premier lieu, d'évaluer et de comptabiliser au bilan, selon leur nature, les différents éléments identifiables et séparables du fonds de commerce. Par exemple :
– les stocks sont comptabilisés dans un compte de classe 3, « Stocks et en-cours » (voir n° 20330) ;
– le matériel et les installations sont comptabilisés au compte 21 « Immobilisations corporelles » (voir n° 25510 s.) ;

- le droit au bail est comptabilisé au compte 206 (voir n° 31065) ;
- les brevets, marques, concessions et valeurs similaires sont comptabilisés au compte 205 (voir n° 31055 s.) ;
- les autres immobilisations incorporelles sont comptabilisées au compte 208 (voir n° 31075).

> **Fiscalement** Il en est de même (CE 10-6-1970 n° 75161 ; BOI-BIC-PVMV-10-10-10 n° 370).

Cet exercice peut se révéler délicat s'agissant des immobilisations incorporelles, et plus particulièrement des éléments liés à la clientèle (marque, liste de clients, portefeuille de contrats… Voir ci-après I.).

I. Cas des relations avec les clients

Il est fréquent que les **relations avec les clients** :
- ne soient **pas protégées par un droit** légal ou contractuel (fichiers clients, parts de marché…) ;
- et/ou ne soient **pas identifiées et évaluées dans l'acte de cession.**

À notre avis, même dans ces cas, les éléments liés à la clientèle (marque, liste de clients, portefeuille de contrats…) doivent être comptabilisés distinctement du fonds commercial s'ils répondent aux critères de définition et de comptabilisation d'une immobilisation incorporelle, c'est-à-dire s'ils sont :
- identifiables (voir n° 30115) et contrôlés (voir n° 30145) ;
- **et** évaluables de façon fiable (voir n° 30165).

a. Éléments identifiables et contrôlés Il s'agit de ceux (PCG art. 211-5 et 212-1) :
- résultant d'un **droit** (légal ou contractuel, même si ce droit n'est pas transférable), dès lors que ce droit permet de démontrer le contrôle ;
- ou **séparables,** c'est-à-dire susceptibles d'être vendus, transférés, loués ou échangés de manière isolée ou avec un contrat, un autre actif ou passif.

> **EXEMPLE**
>
> **Les contrats potentiels en cours de négociation avec de nouveaux clients** ne sont pas identifiables et contrôlés, ceux-ci ne faisant pas encore l'objet d'un droit légal et contractuel et en l'absence de l'historique d'une relation passée avec ces nouveaux clients. En outre, ces contrats ne sont pas séparables de l'entité à la date d'acquisition puisqu'ils ne sont pas susceptibles d'être vendus, cédés ou échangés, n'ayant pas encore d'existence à cette date.

L'élément est considéré comme identifiable et contrôlé (Avis CNC 2004-15 § 2.3) :
- **s'il existe des transactions d'échange** portant sur des relations clients non contractuelles similaires (autres que dans le cadre d'un regroupement d'entreprises) ;

> **Précisions** En effet, de telles transactions fournissent la preuve que :
> - l'entité est capable de contrôler les bénéfices futurs attendus de ses relations avec la clientèle ;
> - les relations avec la clientèle sont séparables.

- même si ces transactions sont peu fréquentes et indépendamment du fait que l'acquéreur y soit impliqué (à l'instar d'IFRS 3B33 dont il est possible, à notre avis, de s'inspirer).

b. Ils doivent pouvoir être évalués de façon fiable Les éléments identifiables du fonds de commerce doivent, à notre avis, être comptabilisés pour leur valeur d'utilité pour l'acquéreur (en application de l'article 213-7 du PCG) et non pour les prix indiqués dans l'acte d'acquisition. Sur les modalités pratiques de détermination de la valeur d'utilité des actifs identifiables, voir Mémento Comptes consolidés n° 5076.

Toutefois, si l'acte ne prévoit pas l'évaluation de ces éléments et s'il n'est pas possible de disposer d'une évaluation fiable à la date d'acquisition, les éléments identifiables et contrôlés ne pourront pas être comptabilisés séparément du fonds commercial.

Dans ce cas, lorsque ces éléments ont une durée d'utilisation limitée, cela est susceptible de remettre en cause la présomption de non-amortissement du fonds commercial. Sur l'amortissement du fonds commercial, voir n° 31985.

II. Exemples d'éléments identifiables du fonds de commerce Ce tableau dresse une liste (non exhaustive) des éléments incorporels susceptibles d'être comptabilisés séparément lors de l'acquisition d'un fonds de commerce et des critères pouvant conduire à leur comptabilisation distincte. Cette liste (inspirée de IFRS 3.B31 à .B40 et .IE16 à .IE44) n'est qu'indicative et ne doit pas remplacer une analyse au cas par cas.

Immobilisations incorporelles	Résultant principalement d'un droit	Résultant principalement du critère de séparabilité	n°
Liées au marketing			
Marques, noms protégés	x		30625
Codes de la marque (couleurs, forme, packagings…)	x		
Titres de journaux et revues	x		30625
Noms de domaine internet	x		30905 s.
Accords de non-concurrence	x		30575
Liées aux clients			
Listes ou fichiers clients		x	30560
Carnets de commandes	x		30565
Contrats clients (portefeuilles)	x		
Liées à la production artistique			
Spectacles (pièces de théâtre, opéras, ballets…)	x		30630 et 30790
Livres, magazines, journaux et autres œuvres littéraires	x		
Œuvres musicales (compositions, jingles de publicité…)	x		
Peintures, photographies…	x		
Vidéo et productions audiovisuelles (films, émissions de télévision…)	x		
Liées au droit contractuel			
Licences d'exploitation de brevet	x		30785
Franchises	x		73120 et 30660
Contrats publicitaires, de construction, d'approvisionnement…	x		
Locations (brevet, marque, bail commercial…)	x		30635 s. et 30785
Permis de construire	x		
Concessions et droits d'exploitation de mines, de sources, d'autoroutes…	x		30700 et 30705
Licences UMTS, licences débit de boissons…	x		30725 et 30745
Liées à la technologie			
Brevets déposés, AMM	x		30610 et 30615
Recherche et développement et dossiers scientifiques		x	30620
Logiciels	x		30355 s.
Technologies non brevetées		x	30620
Bases de données		x	
Secrets de fabrication, formules	x		

D. Éléments incorporels acquis séparément

30550 Sur les logiciels acquis, voir n° 30380.
Sur les éléments acquis liés à la clientèle (fonds commercial, liste de clients, part de marché, etc.), voir n° 30555 s.
Sur les éléments incorporels faisant l'objet de contrats de location-financement, voir n° 32270 s. et, de contrats de louage, n° 30785.

RELATIONS AVEC LA CLIENTÈLE

30555 Les éléments liés à la clientèle acquis séparément sont comptabilisés en **immobilisations incorporelles**, l'existence de la transaction d'échange étant la preuve que l'entité est capable de contrôler les bénéfices futurs attendus de ces relations avec la clientèle (Avis CNC 2004-15 § 2.3).

En effet, selon l'avis CNC n° 2004-15 (§ 2.3), en l'absence de droits lui permettant de protéger ou de contrôler de toute autre façon ses relations avec ses clients ou leur fidélité :
– l'entreprise n'a généralement pas un contrôle suffisant des avantages économiques résultant de la fidélité des clients et de ses relations avec eux pour considérer que de tels éléments (portefeuille de clients, parts de marché, relations avec la clientèle et fidélité de celle-ci) satisfont à la définition des immobilisations incorporelles ;
– sauf si les transactions d'échange portant sur des relations avec la clientèle non contractuelles similaires (autres que dans le cadre d'un regroupement d'entreprises) **fournissent la preuve que l'entité est néanmoins capable de contrôler les bénéfices futurs attendus** de ses relations avec la clientèle. Dans la mesure où de telles transactions d'échange donnent également des preuves que les relations avec la clientèle sont séparables, elles répondent à la définition d'un actif incorporel.

En pratique, en cas d'acquisition séparée d'un élément lié à la clientèle par une entité, la seule transaction effectuée par l'entité permet, à notre avis, de démontrer qu'il existe des transactions d'échange portant sur des relations avec la clientèle non contractuelles similaires. Ainsi, comme en IFRS, le critère de comptabilisation relatif à la probabilité des avantages économiques futurs est toujours considéré comme satisfait pour des immobilisations incorporelles acquises séparément (IAS 38.25).

À notre avis, devraient être comptabilisés à l'actif, notamment :
– les **fichiers ou listes clients** acquis, voir n° 30560 ;
– les **portefeuilles de contrats** acquis, voir n° 30565 ;
– les **transferts de clientèle** rémunérés par une indemnité, voir notamment n° 30575 (indemnité de non-concurrence) et n° 30580 (indemnité de fin de contrat d'exclusivité) ;
– les **marques** acquises, voir n° 30625 ;
– le **droit au bail**, voir n° 30640.

Sur les éléments **acquis dans le cadre d'un rachat de fonds de commerce,** voir n° 30500.
Sur les **frais de création en interne** d'un élément lié à la clientèle, voir n° 30965 s.

Fichiers clients et prospects

30560 Il ne faut pas confondre :
– les fichiers clients et prospects, qui comprennent des noms, coordonnées, historiques de commandes et autres informations démographiques ; ils peuvent être loués, échangés ou vendus sans que la relation contractuelle soit elle-même vendue (voir ci-après) ;
– et les carnets de commandes, portefeuilles de contrats et autres relations contractuelles représentatifs de contrats actuels ou futurs (voir n° 30565).

Lorsqu'ils sont acquis, les fichiers clients répondent, à notre avis, aux critères de définition et de comptabilisation des **immobilisations incorporelles** (voir n° 30105 s.). En conséquence, même s'ils ne bénéficient d'aucune protection juridique, ils sont à comptabiliser à l'actif (à notre avis, au compte 208 « Autres immobilisations incorporelles », voir n° 31075).

Tel est le cas, par exemple :
– de listes et autres bases de données reflétant des relations contractuelles antérieures ;
– de listes de clients ou d'abonnés fréquemment concédées par licence.

> **Fiscalement** Il en est à notre avis de même, compte tenu de l'alignement de la définition fiscale des éléments d'actif immobilisé sur la définition comptable (BOI-BIC-CHG-20-10-10 n° 70 ; de manière implicite, CE 17-5-2000 n° 188975).

Sur leur amortissement, voir n° 32030.
Sur les frais de création en interne d'un fichier clients, voir n° 30965.

> **Précisions** **Acquisition d'un fichier clients dans le cadre d'un rachat de fonds de commerce** Lorsqu'un fichier est acquis dans le cadre du rachat d'un fonds de commerce, il répond au critère de séparabilité lorsqu'il peut être loué ou échangé. En revanche, ne satisfont pas au critère de séparabilité et font donc partie du fonds commercial les listes de clients dans le cas où les conditions de confidentialité ou autres conditions contractuelles interdisent de vendre, de louer ou d'échanger par ailleurs des informations sur ces clients (en ce sens, IFRS 3B33 précité dont il est possible de s'inspirer, à notre avis).

30565 **Carnets de commandes, portefeuilles de contrats** Une entité établit des relations avec ses clients au moyen de contrats (commandes, contrats-cadres…).

Il s'agit, par exemple, des portefeuilles de mandats ou de contrats que l'on trouve notamment dans le domaine des services (nettoyage industriel, restauration collective, voyages, publicité, commissariat aux comptes).

Sur la distinction avec les fichiers clients, voir n° 30560.

Ces **contrats** acquis séparément sont, à notre avis, activables dès lors qu'ils résultent de droits contractuels (voir n° 30555).

Sur leur amortissement, voir n° 32030.

> **Précisions** **Acquisition d'un carnet de commandes ou d'un portefeuille de contrats dans le cadre d'un rachat de fonds de commerce** Lorsqu'ils sont acquis dans le cadre du rachat d'un fonds de commerce, les carnets de commandes et portefeuilles de contrats sont séparables puisqu'ils découlent de droits contractuels, même si ceux-ci sont annulables (en ce sens, IFRS 3.IE25 et .IE26).

En effet, lorsqu'un fonds de commerce est cédé, la clientèle est nécessairement cédée. En revanche, le contrat passé avec la clientèle (élément du fonds de commerce) ne doit pas se confondre avec la clientèle et la cession d'un fonds de commerce n'emporte pas, sauf exceptions prévues par la loi, la cession des contrats liés à son exploitation (Cass. com. 28-6-2017 n° 15-17.394).

30570 **Transfert de clientèle rémunéré par une indemnité** Il convient d'analyser la portée de la contrepartie de l'indemnité pour déterminer si :
– elle concourt à l'acquisition d'un nouvel élément de fonds de commerce : dans ce cas, elle est à enregistrer au compte 205 « Concessions et droits similaires… » ;
– elle permet la **protection ou le maintien** d'un élément existant : dans ce cas, elle est comptabilisée en **charges**.

Sur les indemnités : de non-concurrence, voir n° 30575, de fin de contrat d'exclusivité de vente, voir n° 30580, versées à un concurrent à l'occasion de la cessation de son activité, voir n° 30585.

30575 **Indemnités de non-concurrence** Si l'engagement de non-concurrence a pour effet l'acquisition d'une clientèle, il constitue une immobilisation incorporelle à classer au compte 205 « Concessions et droits similaires… ».

> **Fiscalement** Il en est de même, dès lors que la définition fiscale des actifs incorporels est alignée sur la définition comptable (BOI-BIC-CHG-20-10-10 n° 70).

Constituent ainsi une immobilisation incorporelle :
– un engagement de non-concurrence qui, eu égard à son ampleur, à sa durée et au degré de protection qu'il implique, a pour effet d'accroître la valeur de l'actif incorporel de l'entreprise, notamment par le **gain de parts de marché** (CE 3-11-2003 n° 232393) ;
– l'indemnité transactionnelle versée par une société en échange du désistement des actions en concurrence déloyale et détournement de clientèle qui avaient été engagées par une autre société, et d'un engagement de non-concurrence, cette indemnité représentant l'**acquisition d'une clientèle** (CE 15-6-2001 n° 212180) ;
– l'indemnité pour concurrence déloyale versée par la société condamnée dans la mesure où elle répare le détournement de clientèle lui ayant permis **d'acquérir un élément d'actif** (CE 11-7-1991 n° 70437).

En revanche, si l'engagement de non-concurrence permet uniquement de protéger ou de maintenir un actif existant, il représente une dépense ultérieure relative à cet actif. Il ne constitue donc pas, à notre avis, un élément incorporel mais une **charge** (voir n° 31160).

Tel est le cas, par exemple, de l'indemnité compensatrice de non-concurrence versée à d'anciens salariés (voir n° 16945 VIII.).

> **Fiscalement** Il en est de même. Le Conseil d'État a jugé déductibles (et non pas immobilisables) :
– les versements rémunérant l'engagement pris par un ancien dirigeant de ne pas conclure d'affaires avec certains clients et certains concurrents de la société pendant une durée limitée

(n'excédant pas trois ans), leur seul effet étant de protéger l'entreprise contre un **risque de diminution de sa clientèle** (CE 3-11-2003 n° 232393) ;
– les sommes versées dans le cadre d'un accord de non-belligérance ayant pour objet et pour effet de **maintenir la protection juridique d'une marque**, sans entraîner pour autant l'acquisition d'une clientèle ou une restriction de la concurrence commerciale (CE 20-2-2002 n° 221437).

> **Précisions** Indemnités versées dans le cadre de l'utilisation abusive d'une marque :
> **a. Rémunération de l'utilisation abusive passée de la marque** Lorsque l'indemnité versée ne rémunère que l'utilisation passée de la marque, elle doit être comptabilisée en **charges**. En effet, cette indemnité n'est pas porteuse d'avantages économiques futurs : elle est la contrepartie d'avantages économiques déjà acquis dans le passé, lors de l'utilisation abusive de la marque, mais elle ne permet pas d'acquérir une nouvelle clientèle.
> **b. Dommages et intérêts suite à l'utilisation abusive de la marque** Lorsque l'indemnité est versée dans le seul but de réparer le préjudice subi par le propriétaire de la marque utilisée sans son autorisation, elle doit être comptabilisée en **charges**. En effet, elle est sans contrepartie pour l'entreprise.

> **Fiscalement** Il en est de même, notamment en cas d'utilisation abusive d'une marque, dès lors que l'indemnité versée ne vise qu'à réparer le préjudice subi par le propriétaire de la marque en termes d'image (CE 19-6-2006 n° 268940).

Indemnités de fin de contrat d'exclusivité de vente Une indemnité versée pour mettre fin à un contrat d'exclusivité de vente constitue un **droit incorporel** s'il résulte de cette indemnité un véritable rachat de clientèle, à classer au compte 207 « Fonds commercial ». 30580

Cette condition implique que la clientèle ainsi rachetée n'était pas déjà acquise à l'entreprise. Dans le cas contraire, l'indemnité constitue une dépense ultérieure à comptabiliser en charges (voir n° 31160).

En pratique, l'indemnité versée au distributeur par le propriétaire d'une marque, à l'expiration d'un contrat d'exclusivité est à comptabiliser **chez le propriétaire de la marque** :
– en **immobilisation incorporelle** si elle correspond au **rachat de la clientèle** du distributeur. Tel est le cas lorsque, indépendamment de la notoriété de la marque exploitée, le distributeur a créé sa propre clientèle en développant une stratégie autonome d'implantation et de pénétration du marché à ses risques et périls (CE 4-10-2019 n° 418817) ;

> **EXEMPLES**
>
> **1.** Une société agit en qualité de distributeur exclusif en France des véhicules produits par sa société mère italienne. Le distributeur dispose à ce titre du droit exclusif d'utiliser et d'exploiter la marque italienne sur le territoire national. La société distributrice, qui réalise en son nom propre les achats, importations et reventes des produits, a développé une stratégie autonome d'implantation et de pénétration du marché français à ses risques et périls dès lors qu'elle :
> – a constitué et animé un vaste réseau de concessionnaires pour lesquels elle détermine elle-même les volumes et modèles à acheter, ainsi que sa propre politique commerciale en matière de fixation des prix et de service après-vente ;
> – assume seule les risques de gestion du stock dont elle est propriétaire ;
> – assume les risques commerciaux résultant d'éventuels impayés ou invendus.
> Le distributeur a donc constitué sa propre clientèle et créé le fonds de commerce correspondant.
>
> > **Fiscalement** Il en est de même. L'abandon par la société française de son statut de distributeur exclusif pour devenir simple agent commercial entraîne le transfert de la clientèle, qu'elle a créée au profit de sa société mère (CE 4-10-2019 n° 418817). Si aucune indemnité n'est perçue, voir n° 45890.
>
> **2.** Constitue une immobilisation incorporelle l'indemnité de **rachat de clientèle versée à un VRP**, sous condition que celle-ci soit constituée par des clients attachés au VRP et non à la marque de l'entreprise et susceptibles de rester fidèles à l'entreprise qui rachète la clientèle et de renouveler assez fréquemment leurs ordres d'achats (Bull. CNC n° 34, avril 1978, p. 11).
>
> > **Fiscalement** Il en est de même (CE 20-6-1984 n° 35889).

– en charges dans le cas contraire. Tel est le cas lorsque la clientèle est totalement captive de la marque et non du distributeur. L'indemnité versée doit, le cas échéant, faire l'objet d'une **provision** (voir n° 17040). Sur le cas particulier d'une indemnité versée au licenciement d'un VRP salarié, voir n° 16945.

> **EXEMPLE**
>
> Une marque de luxe verse à un distributeur une indemnité à l'expiration d'un contrat d'exclusivité géographique non cessible. Cet élément ne peut pas être comptabilisé à l'actif, n'étant pas porteur d'avantages économiques futurs. En effet, l'indemnité n'a pas comme contrepartie l'acquisition

d'une clientèle appartenant au distributeur, dès lors que, compte tenu de la notoriété internationale de la marque et des conditions très contraignantes de vente de ses articles, le distributeur ne disposait pas d'autonomie commerciale et n'avait pu se constituer une clientèle distincte de celle attachée à la marque. L'entité détenant la marque ne recevra donc pas d'avantages économiques futurs supplémentaires.

> **Fiscalement** Il en est de même (TA Paris 13-12-1994 n° 90-2554).

Sur le traitement de tels éléments en produit chez celui qui reçoit l'indemnité (distributeur), voir n° 45890.

Sur le cas de l'indemnité versée :
– à un locataire gérant à l'issue du contrat, voir n° 17040 ;
– à un franchisé à l'issue du contrat de franchise, voir n° 73070.

30585 **Indemnité versée à un concurrent à l'occasion de la cessation de son activité** Une indemnité versée à un concurrent à l'occasion de la cessation de son activité, dans le but de couvrir une partie de ses coûts de restructuration, constitue un **droit incorporel** s'il résulte de cette indemnité un véritable rachat de clientèle, à classer au compte 205 « Concessions et droits similaires… ».

EXEMPLE

Un journal A décide de faire cesser la parution de l'une de ses éditions en raison notamment de la présence d'un journal B plus solidement implanté. Les deux journaux conviennent que B indemnisera A à hauteur d'une partie des coûts de restructuration liés à son retrait. En contrepartie, A adresse une lettre à ses abonnés leur proposant de recevoir le journal B, les démarches d'abonnement vers cet autre quotidien étant prises en charge par A.

L'indemnité versée par B est, à notre avis, à comptabiliser par ce dernier en immobilisation incorporelle. Elle constitue la rémunération d'un transfert de clientèle dès lors que les abonnés du journal déficitaire A sont incités à s'abonner à l'autre journal.

> **Fiscalement** Il en est de même (CAA Nantes 10-12-2015 n° 14NT01735).

30605 **Droits d'entrée ou coûts d'acquisition d'un contrat** Les règles comptables ne précisent pas le traitement des coûts engagés pour obtenir la signature d'un contrat (par exemple, commission versée pour l'obtention d'une commande, d'un contrat de distribution exclusive).

En l'absence de règles, il résulte de la pratique deux solutions, soit la comptabilisation immédiate en charges (voir ci-après I.), soit l'activation (voir ci-après II.).

Quel que soit le traitement retenu pour les frais d'acquisition de contrat, l'annexe doit en faire état.

I. Première solution : comptabilisation en charges Ces coûts sont comptabilisés directement en charges, en considérant qu'il s'agit de frais de développement du fonds de commerce (voir n° 31160).

Selon le bulletin CNCC, cette solution est la seule valable dans le cas de commissions versées à un tiers en vue de l'obtention d'un marché. En effet, la commission étant utilisée lorsque le marché est obtenu, elle ne peut pas être activée (Bull. CNCC n° 153, mars 2009, EC 2008-47, p. 286 s. ; voir n° 15895).

> **Précisions** Dans la pratique, c'est notamment le cas dans le secteur de la téléphonie, où les coûts d'obtention d'un contrat d'abonnement (téléphone offert, par exemple) sont, en général, comptabilisés en charges par les opérateurs.

En tant que frais de commercialisation, ils ne peuvent être inclus dans les stocks (voir n° 21190), sauf lorsqu'ils sont engagés dans le cadre d'un contrat à long terme et qu'ils lui sont imputables (voir n° 10920).

II. Seconde solution : activation Ces coûts sont comptabilisés en **immobilisations incorporelles** (en tant que coût accessoire d'un droit contractuel à bénéficier des avantages liés au contrat, lui-même non comptabilisé) ou en **charges constatées d'avance** et sont constatés en résultat sur la durée du contrat (en tenant compte, le cas échéant, des périodes de renouvellement raisonnablement assurées).

La comptabilisation en charges constatées d'avance est notamment justifiée lorsque les coûts sont directement payés au cocontractant qui générera du chiffre d'affaires. Dans cette situation, les coûts peuvent en effet s'analyser comme une ristourne accordée sur le futur chiffre d'affaires (voir n° 15120).

a. Conditions d'activation Cette activation n'est, à notre avis, conforme aux règles comptables générales que si :
1. Les coûts sont :
– marginaux et engagés uniquement pour obtenir le contrat ;
– identifiés séparément et mesurés de manière fiable ;
Sont visés : le droit d'entrée dans un contrat, la commission payée à un intermédiaire (agent notamment) à l'obtention du contrat.

> **Précisions** Ces deux premiers critères sont nécessaires pour que les coûts soient considérés comme directement attribuables au contrat acquis. Ils excluent donc en général :
> – les coûts internes à l'entreprise ;
> – les frais de prospection tels que la location ou l'acquisition d'une liste de noms, ou encore la rémunération d'un call center (dès lors qu'elle est fixe ou basée sur un nombre d'heures d'appel et non fonction des contrats conclus).
> Ces dépenses sont au contraire à comptabiliser immédiatement en charges.

2. Le contrat procure suffisamment d'avantages économiques futurs pour les recouvrer.

> **Précisions** Dans des conditions normales de marché, ces avantages économiques futurs sont en général sécurisés par l'impossibilité pour le cocontractant de résilier le contrat sans indemnité. Pour mesurer les avantages économiques futurs, il ne peut pas, à notre avis, être tenu compte des contrats qui seront potentiellement conclus postérieurement à ceux obtenus grâce aux coûts engagés.

b. Exemples

> **EXEMPLE**
> Constituent des droits d'entrée pouvant être, à notre avis, comptabilisés en **charges constatées d'avance** :
> – les sommes versées à la signature de certains contrats d'« outsourcing » par un fournisseur de prestations de services à son nouveau client ;
> – les sommes versées par un producteur à sa centrale d'achat, lorsqu'elles ne rémunèrent pas une véritable prestation de services (voir n° 15900).

Sur la divergence existant avec les normes IFRS, voir Mémento IFRS n° 25700.

DROITS DE PROPRIÉTÉ INDUSTRIELLE

Brevets acquis Ils sont à comptabiliser en immobilisations au compte 205 « Concessions et droits similaires, brevets… » (voir n° 31055), les critères de définition et de comptabilisation d'une immobilisation incorporelle (voir n° 30105 s.) étant, en principe, remplis. **30610**

En effet, l'entité est alors titulaire d'un **droit légal** (droit de propriété industrielle). Or, l'acquisition de ce droit constitue en principe une présomption de contrôle suffisante dans la mesure où il est opposable aux tiers et peut ainsi leur restreindre l'accès aux avantages générés par l'élément (voir n° 30145).

> **Fiscalement** Il en est de même (BOI-BIC-CHG-20-30-30 n° 120 et 130 ; BOI-BIC-CHG-20-10-20 n° 100).

En ce qui concerne :
– leur valeur d'entrée, voir n° 31340 et n° 30185 lorsque le prix est exprimé en une redevance annuelle ;
– leur amortissement, voir n° 31915 ;
– leur cession, voir n° 32155 ;
– la comptabilisation des brevets produits, voir n° 30945 ;
– les brevets acquis dans le cadre de contrats de crédit-bail, voir n° 32270 s. et de contrats de louage, voir n° 30785.

AMM (autorisations de mise sur le marché) acquises À notre avis, les dépenses engagées par les laboratoires pour l'acquisition des dossiers scientifiques et techniques, correspondant aux résultats de recherches déjà menées à leur terme par des tiers pour des médicaments **ayant obtenu une AMM,** sont à immobiliser. **30615**

En effet, l'entité est alors titulaire d'un **droit légal** (droit de propriété industrielle). Or, l'acquisition de ce droit constitue en principe une présomption de contrôle suffisante dans la mesure où il est opposable aux tiers et peut ainsi leur restreindre l'accès aux avantages générés par l'élément (voir n° 30145).

> **Fiscalement** Il en est de même (BOI-BIC-AMT-10-20 n° 400 à 420 ; CE 14-10-2005 n° 260511 et 260486 ; CE 28-12-2005 n° 260450, reconnaissant implicitement le caractère immobilisable des AMM en admettant leur amortissement ; voir n° 31935).

En revanche, quand il s'agit de l'acquisition de **dossiers en cours,** intégrés dans un projet de développement interne à l'entreprise, voir n° 30620.

Pour le coût d'entrée des AMM, voir n° 31340 ; leur amortissement, voir n° 31935 ; leur cession, voir n° 32155.

30620 **Dossiers scientifiques et techniques acquis (sans AMM)** Lorsqu'un laboratoire pharmaceutique acquiert, dans le cadre de ses **travaux de développement,** des dossiers scientifiques et techniques correspondant aux résultats de recherches menées par des tiers et **n'ayant pas encore permis l'obtention d'une AMM,** les sommes versées ne devraient pouvoir être activées, à notre avis, que s'il est possible de démontrer, dès cette date que l'ensemble des conditions de comptabilisation des frais de développement sont réunies. En particulier, il est nécessaire de pouvoir démontrer de façon fiable la probabilité qu'une AMM sera obtenue et que l'acquéreur bénéficiera donc des avantages économiques futurs correspondants (PCG art. 212-3 ; voir n° 30840 s.).

Ainsi, contrairement à l'acquisition d'une AMM (voir n° 30615), la possibilité de se prévaloir du droit attaché aux résultats de recherche acquis ne constitue pas, à notre avis, une condition suffisante pour démontrer le contrôle.

> **EXEMPLE**
>
> Dans un projet de co-développement pharmaceutique, le paiement d'un montant initial peut parfois correspondre à la rémunération de prestations de recherche et développement réalisées antérieurement par le partenaire dont les résultats sont exploités dans le cadre du nouveau contrat. Ces dépenses sont généralement comptabilisées en charges.

> **Fiscalement** Il en est de même. Lorsque ces dépenses satisfont aux conditions posées pour être activées, elles peuvent, au choix de l'entreprise, être immobilisées ou déduites des résultats de l'exercice ou de l'année au titre de laquelle elles ont été exposées (CGI art. 236 ; CE 30-10-1995 n° 154403).

30625 **Marques acquises** Elles sont à comptabiliser en immobilisations au compte 205 « Concessions et droits similaires, brevets, licences, marques… » (voir n° 31055), les critères de définition et de comptabilisation d'une immobilisation incorporelle (voir n° 30105 s.) étant, en principe, remplis.

> **Fiscalement** Il en est de même (CAA Paris 25-2-1992 n° 1165 ; CE 24-3-1982 n° 27576 ; BOI-BIC-20-30-30 n° 120 et 130 ; BOI-BIC-CHG-20-10-20 n° 100). L'incessibilité d'une marque ne constitue pas un obstacle à sa comptabilisation à l'actif dès lors qu'il existe un droit patrimonial conférant un droit d'usage exclusif et sans limitation de durée à son propriétaire, et donc un gain de parts de marché, assorti d'un haut degré de protection (CE 28-12-2007 n° 284899 et 285506 et CE 6-6-2018 n° 409501, à propos de marques viticoles non cessibles ; voir n° 31605).

En effet, l'entité est alors titulaire d'un **droit légal** (droit de propriété industrielle). Or, l'acquisition de ce droit constitue en principe une présomption de contrôle suffisante dans la mesure où il est opposable aux tiers et peut ainsi leur restreindre l'accès aux avantages générés par l'élément (voir n° 30145).

> **Précisions** À notre avis, l'absence de publicité de l'acquisition de la marque au registre national des marques n'empêche pas la comptabilisation à l'actif de la marque acquise, dès lors que le titulaire cessionnaire est le seul en droit de l'exploiter et verrait son droit reconnu si, engageant une action en contrefaçon, il régulariserait la publicité du transfert avant le jugement.

Il en est de même, à notre avis, pour les éléments similaires : titres de journaux…
En ce qui concerne :
– leur valeur d'entrée, voir n° 31340 et 30185 lorsque le prix est exprimé en une redevance annuelle ;
– leur amortissement, voir n° 31940 ;
– les frais engagés ultérieurement (défense, surveillance, renouvellement), voir n° 31155 ;
– les marques acquises dans le cadre de contrats de crédit-bail, voir n° 32270 s. et, de contrats de louage, voir n° 30785.

30630 **Autres droits similaires** Sont également à comptabiliser en immobilisations incorporelles, au compte 205 « Concessions et droits similaires, brevets, licences, marques, procédés, logiciels, droits et valeurs similaires », les éléments suivants, résultant d'un droit légal ou contractuel similaire à un droit de propriété industrielle :
– les modèles et dessins acquis (CPI art. L 511-1 s.) (sur leur amortissement, voir n° 31945) ;
– les droits d'auteur (CPI art. L 112-2).

Il s'agit notamment des œuvres littéraires, des logiciels (voir n° 30355 s.), de la peinture, des arts plastiques, des photographies et de la musique, du cinéma, de l'architecture et des arts graphiques.

DROIT AU BAIL ET ÉLÉMENTS ASSIMILÉS

Droits issus du bail commercial Le bail commercial classique (dit « 3-6-9 ») est un contrat de location de locaux utilisés pour l'exploitation d'un fonds commercial, industriel ou artisanal. 30635

Pour plus de détails sur le statut des baux commerciaux, voir Mémento Baux Commerciaux n° 10 s.

a. Droit au bail Ce statut confère au locataire un certain nombre de **droits résultant de la législation sur la propriété commerciale** (plafonnement du loyer, droit à indemnité à l'issue du bail en cas de départ involontaire du locataire, révision du loyer encadrée pour un bail en cours ou lors de son renouvellement... : C. com. art. L 145-1 s.) qui constituent le **droit au bail**. Celui-ci n'apparaît pas au bilan du premier locataire. En revanche, il peut être transféré à un nouveau locataire moyennant une somme versée à l'ancien locataire au bilan duquel il est comptabilisé, voir n° 30640.

b. Pas-de-porte Le locataire peut également acquérir auprès du bailleur des **droits supplémentaires par rapport à ceux résultant de la législation sur la propriété commerciale,** en versant une somme au bailleur :
– dès le **début du bail** (le « **pas-de-porte** »), voir n° 30660 ;
– ou **en cours de bail,** voir n° 30665.

Ces droits supplémentaires peuvent être transférés à un nouveau locataire avec le droit au bail (voir ci-dessus a.).

Les sommes versées au bailleur ne sont pas systématiquement représentatives de l'acquisition d'actifs incorporels. Elles peuvent également représenter un supplément de loyers versé d'avance. Une analyse des faits et circonstances est nécessaire pour le déterminer.

Droit au bail commercial Le droit au bail constitue, pour le locataire qui le verse, une **immobilisation incorporelle** à comptabiliser au compte 206 « Droit au bail » (voir n° 31065). Il représente le montant versé ou dû au **locataire précédent** en considération du transfert à l'acheteur des droits résultant tant des conventions que de la législation sur la propriété commerciale (PCG art. 942-20) : droit à indemnité d'éviction en cas de départ involontaire des locaux à l'échéance du bail, loyers éventuellement inférieurs au prix de marché et révisions de loyer encadrées par la législation. 30640

> **Fiscalement** Il en est de même (CE 5-12-1966 n° 62651 ; CE 4-3-2009 n° 296956 ; BOI-BIC-CHG-20-10-20 n° 1), y compris pour les dépenses supportées dans le prolongement du droit au bail (CE 19-11-1951 n° 9717, à propos d'une indemnité versée à l'ancien locataire pour mettre fin à un litige portant sur le bail ; BOI-BIC-CHG-20-10-20 n° 1).

En ce qui concerne :
– l'amortissement et la dépréciation du droit au bail, voir n° 31965 ;
– le droit d'entrée versé au propriétaire pour conclure un contrat de bail directement avec le bailleur (« pas-de-porte »), voir n° 30660.

Sur l'acquisition d'un droit au bail lors de l'achat d'un contrat de crédit-bail en cours, voir n° 28540 s.

Sur le traitement du droit au bail en normes IFRS, voir Mémento IFRS n° 33300 (IFRS 16).

Droit d'entrée versé au propriétaire (pas-de-porte) C'est la somme versée au **propriétaire** d'un local commercial, en sus du prix de location, lors de l'entrée en jouissance (ce droit est parfois appelé « pas-de-porte »). 30660

Ont le caractère de droits d'entrée les **indemnités de déspécialisation** versées par le locataire au propriétaire lorsque ce dernier autorise une activité différente de celle stipulée dans les clauses du bail.

La nature du « pas-de-porte » donne lieu à des controverses juridiques (voir Mémento Baux Commerciaux n° 48900 s.) :
– certains le considèrent comme une indemnité compensant la perte de valeur vénale de l'immeuble par l'octroi de la propriété commerciale (et donc l'acquisition de cette dernière par le preneur), voir ci-après I. ;
– d'autres, comme un supplément de loyer, voir ci-après II.

> Fiscalement La nature du droit d'entrée versé au propriétaire d'un local commercial en sus du prix de location, lors de l'entrée en jouissance, **dépend** non seulement des **clauses du bail** et du **montant de l'indemnité** stipulée mais aussi du **niveau normal du loyer** correspondant au local, ainsi que des **avantages** effectivement **offerts** par le propriétaire en sus du droit de jouissance qui découle du contrat de bail (CE 19-11-1976 n° 98701 ; CE 20-4-1988 n° 49791 ; BOI-BIC-CHG-20-10-20 n° 10). Lorsque le loyer constitue un loyer normal eu égard à la nature du fonds de commerce, à la superficie, à l'emplacement du local donné à bail et aux prix pratiqués sur le marché locatif des immeubles commerciaux de même nature, l'indemnité complémentaire n'a pas le caractère d'un complément de loyer, mais a pour contrepartie l'acquisition d'éléments incorporels du fonds de commerce (CE 19-11-1976 n° 98701 ; CE 2-10-1985 n° 41539 ; BOI-BIC-CHG-20-10-20 n° 20).

Compte tenu de la controverse juridique, les pratiques peuvent être diverses. À notre avis, le traitement comptable du droit d'entrée devrait dépendre de l'analyse des faits et circonstances :

I. Soit le droit d'entrée est analysé comme constituant l'acquisition d'éléments incorporels nouveaux, il est enregistré à l'actif (au compte 206 « Droit au bail » selon le guide des entreprises à commerces multiples) ;

> Fiscalement Il n'ouvre pas droit alors à une déduction fiscale lors de son inscription à l'actif (CE 5-6-1970 n° 71745 ; CE 19-11-1976 n° 98701 ; CE 20-4-1988 n° 49791 ; BOI-BIC-CHG-20-10-20 n° 20).

Sur la possibilité de l'amortir, voir n° 31965 (droit au bail).

II. Soit le droit d'entrée correspond à un supplément de loyer et constitue alors une **charge d'exploitation** (compte 613 « Locations ») à porter en charges constatées d'avance pour la partie concernant les annuités de bail postérieures à l'exercice et à reprendre en résultat sur la durée du bail restant à courir (en prenant en compte les périodes de renouvellement raisonnablement assurées ; voir n° 31965 pour plus de détails sur la durée à retenir).

> Précisions Tel est le cas, notamment :
— lorsque le loyer est **en deçà du loyer normal** de marché ;
— lorsque le bailleur réalise des **travaux** de remise à neuf qui **augmentent la valeur locative** de l'immeuble. La participation financière versée pour rembourser les travaux au bailleur correspond à un supplément de loyer rémunérant cette augmentation de valeur locative.
En revanche, lorsque le bailleur réalise lui-même des travaux d'aménagement et d'agencement spécifiques aux besoins de son locataire et les lui refacture, voir n° 28650 (immobilisation).

> Fiscalement Le supplément de loyer est déductible (par fractions égales sur la durée du bail ou sur une période plus longue) dans la mesure où la valeur locative réelle des locaux pris à bail est supérieure ou égale aux loyers y compris le supplément (CE 5-2-1975 n° 93068 ; CE 20-12-1982 n° 25362 ; BOI-BIC-CHG-40-20-10 n° 150).

Lorsque le droit d'entrée **rémunère une prestation** ponctuelle du propriétaire, il est comptabilisé immédiatement en charges chez le locataire (tel est le cas, par exemple, de la prise en charge du déménagement par le propriétaire).

En ce qui concerne :
— les droits d'entrée chez les franchisés, voir n° 73120 ;
— le traitement de ce droit d'entrée chez le bailleur, voir n° 11280 ;
— le droit au bail versé au locataire précédent lors de l'acquisition d'un bail auprès de l'ancien preneur, voir n° 30640.

Sur les travaux d'aménagement spécifiques des locaux engagés par le locataire en début de bail, voir n° 28650.

30665 **Sommes versées en cours de bail au propriétaire** À l'instar des droits versés à l'entrée dans un bail (voir n° 30660), les sommes versées en cours de bail au propriétaire doivent être analysées au regard des faits et circonstances afin de déterminer si elles sont constitutives de l'acquisition de nouveaux droits ou d'un supplément de loyer.

Ainsi, à notre avis, les sommes versées par le preneur au bailleur en cours de bail devraient constituer :
— soit une **immobilisation incorporelle** lorsqu'elles permettent d'acquérir des droits supplémentaires nouveaux ;
Tel est le cas, par exemple, lorsque la somme est versée en contrepartie d'un droit de préférence en cas de cession des locaux ou d'un droit à renouvellement.

> Fiscalement Il en est de même (CE 27-1-2017 n° 391817).

— soit une **charge constatée d'avance** lorsqu'elles représentent un supplément de loyer.

> **Précisions** Tel serait le cas, par exemple :
> — lorsque les loyers sont devenus en deçà du marché ;
> — ou encore lorsque des travaux réalisés par le bailleur en cours de bail **augmentant la valeur locative** sont mis à la charge du preneur.

En revanche, lorsque le bailleur réalise lui-même des travaux d'aménagement et d'agencement spécifiques aux besoins de son locataire et les lui refacture, voir n° 28650 (immobilisation).

Droit de superficie Le droit de superficie résulte d'un démembrement de la propriété du terrain. Il confère à son titulaire la **propriété de l'espace représenté par la surface au sol** (et donc notamment la possibilité d'obtenir des droits à construire sur cette surface). 30670

Le droit de superficie constitue un **droit réel immobilier** sur la propriété d'autrui (C. civ. art. 2521).

En cas de cession d'un droit de superficie (Bull. CNCC n° 166, Juin 2012, EC 2011-47, p. 420) :

a. Chez l'acquéreur : ce droit répond à la définition et aux conditions de comptabilisation d'une **immobilisation incorporelle**.

En effet, le droit de superficie est un droit légal dont l'entreprise attend des avantages économiques futurs.

Il est à classer dans un compte spécifique 214x « Immobilisations sur sol d'autrui réalisées sous droit de superficie ».

> **Fiscalement** Il en est de même (en ce sens, CE 23-12-2010 n° 308206 ; CE 8-2-2012 n° 332448).

b. Chez le cédant : le cédant transmettant une partie des droits réels immobiliers attachés au terrain, il doit :
— sortir de la valeur brute du terrain comptabilisé à l'actif la valeur comptable du droit de superficie cédé, par le débit du compte 675 « Valeur comptable des éléments d'actifs cédés » ;
Selon le bulletin CNCC précité, le droit de superficie constituant une partie de la propriété du terrain, sa valeur comptable peut être déterminée en appliquant à la valeur brute du terrain le rapport entre le prix de cession dudit droit et la valeur vénale de l'ensemble des droits réels immobiliers attachés au terrain juste avant la cession.

> **EXEMPLE**
>
> Valeur comptable du terrain avant démembrement = 80, valeur vénale de l'ensemble des droits réels immobiliers attachés au terrain avant la cession = 100, prix de cession du droit de superficie = 20.
> La valeur comptable du droit de superficie à sortir du bilan est égale à 16 (= 80 × 20 / 100).
> La valeur résiduelle du terrain est de 64 (= 80 − 16).
> Une plus-value est constatée sur la cession du droit de superficie pour 4 (= 20 − 16).

— comptabiliser le produit de cession, tel qu'il résulte de l'acte de vente.

Droit d'entrée versé dans le cadre d'un contrat de location de fonds de commerce (ou location-gérance) Le droit d'entrée versé à l'entrée dans un contrat de location-gérance (cas rare en pratique) devrait en général, à notre avis, s'analyser comme un complément de loyer à porter en charges constatées d'avance pour la partie concernant les annuités postérieures à l'exercice et à reprendre en résultat sur la durée de la location-gérance. 30675

Toutefois, s'il rémunère :
— un service rendu par le propriétaire du fonds, il devrait constituer une charge, à comptabiliser lorsque le service est rendu ;
— le transfert d'un actif (stock, agencements…), il devrait être comptabilisé à l'actif, dans le compte correspondant à la nature du bien transféré.

Sur le cas particulier des franchises, voir n° 73120.

Droit d'accession à la propriété de la construction édifiée sur le terrain à l'issue d'un bail à construction Selon le bulletin CNCC (n° 188, décembre 2017, EC 2016-50, p. 552), en cas d'acquisition **d'un terrain grevé d'un bail à construction**, l'acquéreur **nouveau bailleur** acquiert d'une part un terrain (loué), d'autre part un **droit incorporel**. 30680

Sur l'évaluation du droit/coût d'entrée de l'immeuble chez le nouveau bailleur en fin de bail, voir n° 26450.

Sur l'imposition du cédant/ancien bailleur, voir n° 26450.

Ce droit ne s'amortit pas durant le bail.

En effet, les avantages générés par ce droit (ceux liés à la propriété des constructions) ne commenceront à être consommés qu'à l'issue du bail, au moment où la construction reviendra au bailleur, détenteur du droit. Toutefois, si la valeur actuelle de cet actif incorporel à la clôture des comptes devient inférieure à sa valeur nette comptable, il convient de constater une dépréciation.

> **Fiscalement**   Il en est, à notre avis, de même.

À l'issue du bail, ce droit est transféré dans le coût d'entrée des constructions pour sa valeur nette.

AUTORISATIONS ADMINISTRATIVES

30700   **Autorisations d'occupation ou d'utilisation du domaine public**

> **Juridiquement**   Le **domaine public** est constitué de biens qui appartiennent à une personne publique et qui sont (CGPPP art. L 2111-1 à L 2111-17) :
– soit affectés à l'usage direct du public : trottoirs, jardins publics, voies communales…
– soit affectés à un service public : parking, mairie, école…
Font partie du domaine public le domaine public mobilier, le domaine public immobilier maritime, fluvial, routier, ferroviaire, aéronautique et hertzien (CGPPP art. L 2111-4 à 2112-1).
Le domaine public ne peut être occupé (ou utilisé au-delà des limites dépassant le droit d'usage qui appartient à tous) que dans le cadre d'une **autorisation d'occupation du domaine public** (CGPPP art. L 2122-1).
Cette occupation est (CGPPP art. L 2122-2 à L 2122-3) :
– **temporaire** : l'autorisation d'occupation doit toujours être délivrée pour une durée déterminée, le plus souvent annuelle ou saisonnière (les dates de début et de fin sont précisées dans l'arrêté d'autorisation) et éventuellement renouvelable ;
– **précaire et révocable** : elle peut être suspendue ou retirée à tout moment, pour des motifs d'intérêt général (notamment pour faciliter l'exécution de travaux ou le déroulement d'une manifestation), quelle que soit la durée d'occupation qui a été fixée initialement.
L'occupant est tenu de verser une **redevance annuelle** en contrepartie des avantages spéciaux qui lui sont consentis (CGPPP art. L 2125-1 et L 2125-3). Le montant des redevances est **en général** fixé en fonction :
– d'une **part fixe,** qui correspond à la valeur locative d'une propriété privée comparable à la dépendance du domaine public occupée ;
– et d'une **part variable,** déterminée selon les avantages retirés par le titulaire du titre d'occupation du domaine public.
L'autorisation d'occupation ou d'utilisation du domaine public peut toutefois, dans certains cas, être délivrée **gratuitement**.

À l'heure actuelle, le traitement des droits d'occupation du domaine public n'a fait l'objet d'aucune position définitive de la part des organismes comptables compétents. Principalement, la question se pose de savoir :
– si cet élément entre dans le champ d'application des règles générales de comptabilisation des actifs ou bien constitue un contrat de location n'entrant pas dans le champ d'application de ces règles générales (voir n° 25135 I.) ;
– et, dans le cas où il entrerait dans le champ d'application des règles générales de comptabilisation des actifs, s'il répond ou non aux critères généraux de comptabilisation d'un actif (voir n° 30105 s.).

Dans l'attente d'une position officielle des organes compétents, les traitements suivants (voir n° 30700 et 30725), issus de la pratique, semblent toujours applicables.

30705   **Autorisation d'occupation du domaine public conférant un droit réel**
Certaines autorisations, délivrées dans le cadre de l'accomplissement d'une **mission de service** public ou en vue de la réalisation d'une **opération d'intérêt général relevant** de la compétence de la personne publique, sont constitutives d'un droit réel.

> **EXEMPLES**
>
> Tel est le cas lorsque :
> – le titulaire d'une autorisation d'occupation temporaire du domaine public de l'**État et de ses établissements publics** a, sauf prescription contraire de son titre, un droit réel sur les ouvrages, constructions et installations de caractère immobilier qu'il réalise pour l'exercice d'une activité autorisée par ce titre (CGPPP art. L 2122-6) ;
> – le titulaire d'une autorisation d'occupation temporaire constitutive de droits réels (**AOT**) délivrée par les **collectivités territoriales, leurs groupements et leurs établissements publics** possède

un droit réel sur les ouvrages, constructions et installations de caractère immobilier qu'il réalise pour l'exercice de l'activité autorisée par ce titre (CGCT art. L 1311-5) ;
– le titulaire d'un bail emphytéotique administratif (**BEA**, voir n° 72790 s.) conclu avec les collectivités territoriales, leurs groupements et leurs établissements publics possède un droit réel sur le bien immobilier appartenant déjà à la collectivité territoriale et sur les constructions qu'il réalise dans le cadre du bail (CGCT art. L 1311-3).

Ces autorisations peuvent notamment être délivrées dans le cadre de concessions de service public (voir n° 72125 s.) ou de marchés de partenariat (voir n° 72780 s.).

I. Attribution du droit par la personne publique Lorsqu'elle est attribuée par la personne publique, l'autorisation devrait à notre avis pouvoir, comme il en est d'usage dans le cas des concessions (voir n° 72500), être portée **pour mémoire** à l'actif du bilan du concessionnaire.

En effet, étant acquise moyennant le versement d'une redevance annuelle variable, fonction du chiffre d'affaires, son coût ne peut pas, en général, être estimé de manière suffisamment fiable pour être comptabilisé à l'actif.

II. Acquisition du droit auprès d'un précédent titulaire Du fait du **droit réel de propriété** qui lui est attaché, l'autorisation d'occupation du domaine public, lorsqu'elle est acquise auprès d'un précédent titulaire, devrait pouvoir, à notre avis, être comptabilisée en **immobilisation incorporelle,** même en présence de conditions précaires d'occupation. En effet :
– le droit réel attribué confère à son titulaire les prérogatives et obligations du propriétaire. Ainsi, l'entité dispose, en principe, d'une certitude suffisante qu'elle bénéficiera des avantages économiques futurs attachés à l'élément (voir n° 30145) ;
– il peut également, sous réserve d'un agrément de l'État, être cédé dans le cadre des mutations à titre onéreux, de fusions (et opérations assimilées) et de transmission à titre gratuit. Ce critère n'est toutefois pas, d'un point de vue comptable, un élément nécessaire en présence d'un droit (voir n° 30125) ;
– en cas de retrait anticipé du droit d'occupation pour des motifs d'intérêt général, l'ancien occupant doit être indemnisé du préjudice qu'il subit (C. dom. État art. A 26). Ce critère n'est toutefois pas nécessaire, à notre avis, pour immobiliser le droit. En effet, la transaction elle-même est la preuve que l'entité est capable de contrôler les bénéfices futurs attendus (voir n° 30145).

Sur l'amortissement de ce droit, voir n° 32040.

> **Fiscalement** Il a été jugé que le droit d'emplacement sur un marché d'intérêt national constitue une immobilisation incorporelle (CE 26-2-1990 n° 84156 ; BOI-BIC-CHG-20-30-20 n° 150) (droit cessible puisque le titulaire dispose d'un droit de présentation d'un successeur opposable au concédant, la pérennité de ce droit étant assurée par l'obligation mise à la charge de la collectivité de verser une indemnité en cas de retrait anticipé). La portée de cette jurisprudence devrait pouvoir être étendue à l'ensemble des autorisations d'occupation du domaine public de l'État sur le fondement de l'article L 2122-6 du Code général de la propriété des personnes publiques (en ce sens, CAA Nantes 30-6-2011 n° 09NT02744 s'agissant du droit d'occupation du domaine public maritime). Pour plus de détails, voir BIC-IV-12210 s.

Lorsqu'ils sont acquis auprès d'un précédent titulaire, les droits sont, à notre avis, évalués à leur coût d'acquisition.

En cas d'acquisition simultanée de ce droit et des constructions existant déjà sur le domaine public concerné, il y a lieu, à notre avis, de **ventiler le prix global** comme cela est habituellement fait entre terrains et constructions (voir n° 26420).

Autorisation d'occupation du domaine public conférant un simple droit d'exclusivité   30725

> **Précisions** Parmi les autorisations d'occupation temporaire ne conférant pas de droit réel, on distingue, notamment :
– dans le cadre de l'occupation du domaine public routier :
• le permis de stationnement, qui est une occupation du domaine public sans emprise au sol. Par exemple : les emplacements réservés aux taxis (autorisation communément appelée « **licence de taxi** »), le point d'arrêt des véhicules de transport en commun, présentoirs de journaux, les installations de forains, de camelots, de cabines de bains légères, de kiosques à journaux, de terrasses de café… ;
• la permission de voirie, qui est une occupation du domaine public avec une emprise au sol, qui implique l'exécution de travaux ayant pour conséquence de modifier l'assiette du domaine public. Par exemple : l'établissement de canalisations dans le sol (eau, gaz, électricité, téléphone et télévision), les rails de tramways, l'installation de mobiliers urbains nécessitant en tout ou partie un ancrage dans le sol ou le sous-sol ;

30725 (suite) — dans le cadre de l'occupation du domaine public hertzien, les **licences UMTS** (voir ci-après II.) ou toute autre exploitation d'une bande de fréquence hertzienne appartenant au domaine public (licences d'exploitation de radio, de télévision, d'un réseau de téléphonie) ;
— ou encore, les concessions d'affichage publicitaire, etc.

Contrairement aux autorisations conférant un droit réel (voir n° 30700), les autorisations d'occupation ou d'utilisation du domaine public ne conférant pas de droit réel :
— ne sont en général pas accordées en vue de répondre aux besoins du service public auquel le domaine est affecté et/ou ne nécessitent pas la réalisation de travaux ;
— sont personnelles : elles ne peuvent être cédées, sous-louées ou vendues à l'occasion d'une mutation du commerce ;

> **Précisions** Les licences de taxi délivrées avant le 1er octobre 2014 restent toutefois cessibles.

— et aucune indemnisation n'est prévue en cas de retrait de l'autorisation avant son terme.

I. Cas général Ce titre conférant à son titulaire un **droit exclusif,** il devrait, à notre avis, répondre à la définition d'une **immobilisation incorporelle.**
En effet :
— le titulaire est seul à pouvoir utiliser l'emplacement qui lui a été réservé sur le domaine public. Ainsi, l'entité dispose, en principe, d'une certitude suffisante qu'elle bénéficiera des avantages économiques futurs attachés à l'élément (voir n° 30145) ;
— bien qu'en cas de retrait anticipé du droit d'occupation pour des motifs d'intérêt général, l'ancien occupant ne soit pas nécessairement indemnisé du préjudice qu'il subit (C. dom. État art. A 26). La détention du droit constitue en principe une présomption de contrôle suffisante dans la mesure où il est opposable aux tiers, et peut ainsi leur restreindre l'accès aux avantages générés par l'élément (voir n° 30145).

Devraient donc être comptabilisés en immobilisations incorporelles, à notre avis, les licences de taxi acquises auprès de précédents exploitants et les droits attachés à des autorisations de stationnement.

> **Fiscalement** Il en est de même (CE 10-4-1992 n° 81018 rendu à propos d'autorisations de stationnement ; CAA Paris 2-11-2001 n° 97-943 rendu à propos de licences de taxi).

Lorsqu'ils sont acquis à titre onéreux auprès de tiers, ces droits sont évalués à leur coût d'acquisition.

Toutefois, lorsque le coût ne peut pas être déterminé de manière fiable, le droit ne peut pas être comptabilisé à l'actif. Tel est le cas, à notre avis :
— lorsqu'il est acquis moyennant le versement d'une redevance annuelle variable non évaluable de façon suffisamment fiable (voir n° 30185 et ci-après II., le cas des licences UMTS) ;
— ou encore lorsque le droit est acquis gratuitement sans marché actif permettant une valorisation fiable.

Les droits acquis à titre gratuit devraient, en principe, être évalués à leur valeur vénale (voir n° 26765). Toutefois, l'évaluation de ces droits à l'actif suppose la possibilité d'une évaluation fiable, ce qui est rarement le cas en matière de droits publics, sauf en cas de marché actif.

Sur le traitement comptable des subventions publiques non monétaires (biens reçus à titre gratuit) en IFRS, voir Mémento IFRS n° 39516.

II. Licences UMTS Le traitement des licences UMTS (dont le prix d'acquisition est constitué pour partie par une redevance assise sur le chiffre d'affaires) a été précisé par l'avis CU CNC n° 2002-B du 9 janvier 2002 :

> **Précisions** Les fréquences radioélectriques font partie du domaine public hertzien (CGPPP art. L 2111-17). Les licences UMTS constituent donc un mode d'occupation du domaine public (Cons. const. avis n° 2000-442 DC).

a. Comptabilisation à l'actif à la date d'acquisition La redevance versée en contrepartie de l'autorisation d'établissement et d'exploitation d'un réseau de radiocommunications mobiles de troisième génération doit être inscrite à l'actif de l'entreprise, à un compte **d'immobilisation incorporelle,** dès l'attribution de l'autorisation, indépendamment du premier règlement, avec en contrepartie l'enregistrement de la dette au passif.

> **Fiscalement** L'autorisation d'exploiter un réseau de téléphonie mobile constitue un élément d'actif incorporel, même si elle n'est pas cessible, dès lors qu'elle est pérenne (valable pour huit ans renouvelable, tout refus de renouvellement devant être motivé et notifié à l'entreprise deux ans au moins avant la date d'expiration de l'autorisation) et constitue une source régulière de profit pour l'entreprise (CAA Versailles 18-11-2014 n° 11VE02931, décision rendue sur des faits antérieurs à la réforme comptable des actifs de 2005).

b. Coût d'entrée Le coût d'entrée (et la dette correspondante) est déterminé de **manière définitive** à la date de l'obtention du droit. Il correspond :
– d'une part, à la part fixe versée lors de la délivrance de l'autorisation ;
– d'autre part, au montant actualisé des redevances qui seront versées au cours du contrat en contrepartie de l'exploitation du réseau UMTS, si ces redevances peuvent être **estimées de manière fiable à l'origine.**

Toutefois, en principe, compte tenu des circonstances de fait, relatives à la détermination de la part variable assise sur le chiffre d'affaires généré par l'exploitation de ce réseau, l'opérateur ne devrait pas pouvoir évaluer de façon suffisamment fiable cette **part variable,** et devra comptabiliser les redevances en **charges** de période sur chacun des exercices au cours desquels elles seront engagées.

c. Au fur et à mesure du paiement des redevances La différence entre la valeur inscrite au bilan et le total des paiements engagés pour chacun des exercices sera comptabilisée :
– en **charges** financières, pour la quote-part correspondant à la charge de désactualisation (sur la base du taux d'actualisation retenu pour la détermination de la valeur d'entrée) ;
– et en charges ou produits d'exploitation pour le montant résiduel.

Sur l'amortissement de ces droits, voir n° 32040.

Droits d'exploitation Certaines activités sont soumises à l'attribution d'une autorisation administrative avant de commencer leur exploitation. Tel est le cas, par exemple :
– du transport routier (**licences de transport**) ;
– d'un restaurant ou d'un bar (**licences d'exploitation d'un bar et les licences de débit de boissons de 4e catégorie**) ;
– d'un commerce de détail qui doit, lors de sa création, de son extension, de sa réouverture ou encore de son changement de secteur d'activité, et lorsque la surface de vente dépasse une certaine limite d'exploitation commerciale, obtenir une **autorisation d'exploitation commerciale** préalablement à l'octroi du permis de construire, lorsque celui-ci est exigé, ou avant la réalisation du projet si le permis de construire n'est pas exigé (C. com. art. L 752-15).

30745

Ces autorisations administratives peuvent avoir des caractéristiques très différentes :
– cessibles ou non cessibles ;
– attribuées à titre gratuit par la personne publique ou moyennant le versement de redevances ;
– octroyées pour une durée limitée ou illimitée ;
– conférant une exclusivité ou non.

I. Critères de comptabilisation en immobilisation Ces autorisations d'exploitation répondent, à notre avis, à la définition d'une **immobilisation.**

En effet, elles remplissent tous les critères de définition d'une immobilisation (PCG art. 211-1) :
– elles sont identifiables, puisque la société est titulaire d'un droit administratif (PCG art. 211-5) ;
– elles généreront des avantages économiques futurs : même si les dépenses engagées pour obtenir l'autorisation ne procurent pas directement d'avantages économiques futurs additionnels, elles conditionnent l'obtention des avantages économiques futurs liés à l'exploitation de l'activité (PCG art. 211-2). En effet, en l'absence d'autorisation, l'entité ne serait pas ou plus autorisée à poursuivre son activité et perdrait donc les avantages économiques futurs qui y sont attachés (voir n° 25965) ;
– elles génèrent une ressource que l'entité contrôle (PCG art. 211-1) puisqu'une fois l'autorisation obtenue, l'entité est autorisée à obtenir les cash-flows associés à l'exploitation de son activité.

> **Fiscalement** Constituent des immobilisations incorporelles :
> – la licence d'exploitation d'un bar (CE 15-12-1982 n° 27929) ;
> – les droits attachés à une autorisation d'exploitation commerciale (permettant d'ouvrir et exploiter une surface de vente), dès lors qu'ils sont dotés d'une pérennité suffisante et constituent une source régulière de profit, même si l'autorisation n'est pas cessible (CAA Versailles 12-6-2014 n° 12VE02135).

Toutefois, lorsque son coût ne peut pas être déterminé de manière fiable, l'autorisation ne peut pas être comptabilisée à l'actif. Tel est le cas, à notre avis :
– lorsque l'autorisation est obtenue gratuitement, et en l'absence de marché actif permettant d'en évaluer sa valeur ;
– lorsqu'elle est acquise moyennant le versement d'une redevance annuelle variable.

II. Coût d'entrée Lorsqu'elles sont acquises auprès d'un autre exploitant, elles sont évaluées à leur coût d'acquisition.

Que l'autorisation puisse ou non être comptabilisée à l'actif, des coûts peuvent devoir être engagés pour leur obtention. Tel est le cas, par exemple, des honoraires versés à des cabinets de conseil pour la réalisation des études de marché et des études d'impact indispensables à la constitution du dossier de demande d'une autorisation d'exploitation commerciale.

À notre avis, ces **coûts d'obtention** sont à comptabiliser en immobilisations incorporelles, en tant que frais accessoires à l'obtention de l'autorisation, dès lors qu'ils sont indispensables à la constitution du dossier et qu'il est probable que l'autorisation sera obtenue.

> **Fiscalement** Il en est de même (CAA Versailles 12-6-2014 n° 12VE02135, rendu à propos d'honoraires versés à des cabinets de conseils et d'études pour la réalisation des études nécessaires à l'obtention de l'autorisation).

En revanche, les **frais de sélection** de projet qui ne sont pas nécessaires à l'obtention du droit, mais qui sont engagés pour la bonne gouvernance de l'entreprise (afin d'effectuer le meilleur choix possible), ne devraient pas pouvoir, à notre avis, être incorporés au coût d'entrée de l'immobilisation (voir n° 26315).

30750 Quotas et contingent de production, de livraison, d'importation... Dans certaines activités, les entreprises se voient attribuer, **à titre gratuit,** des quotas de production ou de livraison des biens qu'elles produisent. Il en est ainsi du sucre, du lait ou encore de l'alcool. Certains de ces quotas, comme les quotas de production de sucre, **peuvent également s'acquérir** auprès de sociétés du secteur.

À notre avis, les quotas de production répondent à la définition et aux critères de comptabilisation d'une immobilisation incorporelle, qu'ils soient acquis à titre gratuit (attribués par l'État) ou à titre onéreux auprès d'un tiers (en ce sens, Bull. CNCC n° 147, septembre 2007, EC 2007-47, p. 493 s. concernant les quotas de sucre).

En effet, cette autorisation confère à son bénéficiaire un accès à une part de marché déterminée de la production et lui permet de contrôler les avantages économiques pour la période de commercialisation correspondante.

Toutefois, sauf lorsqu'ils sont acquis auprès d'un autre exploitant pour un prix déterminé, ils ne sont en général pas comptabilisés à l'actif.

En effet, l'évaluation à l'actif des droits acquis à titre gratuit suppose la possibilité d'une évaluation fiable, ce qui est rarement le cas en matière de quotas, sauf en cas de marché actif.

Concernant les quotas de production de sucre, la CNCC (Bull. n° 147, septembre 2007, EC 2007-47 p. 143 s.) estime que la durée de vie d'un an des quotas (de nouveaux quotas étant en effet attribués à titre gratuit pour l'exercice suivant) permet d'admettre leur non-valorisation à l'actif, leur VNC étant nulle à la clôture de la période de commercialisation.

Lorsqu'ils sont acquis à titre onéreux, ils sont évalués à leur coût d'acquisition (voir n° 31285 s.).

En ce qui concerne leur dépréciation, voir n° 32050.

Sur le traitement comptable des subventions publiques non monétaires (biens reçus à titre gratuit) en IFRS, voir Mémento IFRS n° 39516.

30770 Droits et autorisations d'exploiter les substances chimiques (dans le cadre du règlement Reach)

> **Juridiquement** Le règlement européen Reach (Registration, Evaluation and Authorisation of Chemicals substances), entré en vigueur le 1er juin 2007, impose pour toute substance ou préparation chimique mise sur le marché :
> **a. Une procédure d'enregistrement** :
> – les fabricants et importateurs doivent enregistrer ces substances auprès de l'Agence européenne des produits chimiques ;
> – les utilisateurs, lorsque les utilisations ne sont pas prévues dans les dossiers d'enregistrement des fabricants et importateurs, doivent effectuer eux-mêmes l'évaluation des risques sur la santé et l'environnement et enregistrer ces substances.
> Si, au terme des délais prévus par le règlement pour les substances existantes, une substance n'a pas été enregistrée, le producteur ou importateur n'est plus autorisé à la produire, à la mettre sur le marché ou la transformer dans l'UE.
> **b. Une procédure d'autorisation pour les substances considérées comme dangereuses** : cette procédure consiste à interdire l'usage des substances les plus préoccupantes, sauf autorisation octroyée au cas par cas.

En fonction du contenu des dossiers soumis par l'entreprise, et si elle a démontré l'absence de risque, la présence d'avantages socio-économiques réels et/ou l'absence de substitut viable, une autorisation d'utilisation est délivrée pour une durée limitée.

c. La restriction d'usages pour certaines substances (depuis le 1er juin 2009) : cette procédure permet d'interdire les usages présentant des risques non maîtrisés.

L'enregistrement d'une substance ou la demande d'autorisation impliquent, outre le paiement d'une redevance, le dépôt d'un dossier technique contenant notamment l'évaluation des risques sur la santé et l'environnement pour chaque utilisation identifiée de la substance. La constitution du dossier nécessite donc d'engager un certain nombre de dépenses pour effectuer des tests ou pour se les procurer auprès de tiers. Ces **coûts** nécessaires à l'enregistrement des substances sont **en principe activables.**

L'enregistrement d'une substance, qui permet la poursuite de sa production, importation ou transformation, constitue en effet un droit répondant aux critères de définition et de comptabilisation d'un actif (Avis CNC 2009-13 du 1-10-2009, § 2.1) :
– il constitue un élément identifiable du patrimoine (PCG art. 211-5) : l'enregistrement permet d'obtenir le « droit légal » de poursuivre la production, la commercialisation ou la transformation de la substance ;
– il génère une ressource que l'entité contrôle (PCG art. 211-1) : une fois l'enregistrement obtenu, l'entité est autorisée à continuer à obtenir les cash-flows associés à l'exploitation de la substance ; en outre, cet enregistrement ne peut pas être arbitrairement annulé et les tiers n'ont pas accès gratuitement aux tests effectués par les premiers déclarants ;
– il est générateur d'avantages économiques futurs (PCG art. 211-2) : les dépenses engagées pour répondre à la réglementation Reach ne procurent pas directement d'avantages économiques futurs additionnels mais conditionnent l'obtention des avantages économiques futurs liés à l'exploitation de la substance autorisée. En effet, en l'absence d'enregistrement, l'entité ne serait plus autorisée à poursuivre l'activité liée à cette substance et perdrait donc les avantages économiques futurs qui y sont attachés (sur l'application de ce principe dérogatoire aux immobilisations corporelles acquises pour des raisons de sécurité des personnes ou liées à l'environnement, voir n° 25965).
Il génère en outre des flux de trésorerie de la vente éventuelle des tests aux déclarants suivants.

> **Précisions** **Absence de provision pour mise en conformité** Les dépenses engagées pour se mettre en conformité avec le règlement Reach ont une contrepartie pour les déclarants, la possibilité de poursuivre l'activité au-delà de la date butoir de mise en application du règlement (conformément aux prévisions antérieures au nouveau règlement). L'existence de cette contrepartie fait obstacle à la constitution d'une provision (voir n° 28030).

Toutefois, ces coûts ne sont pas obligatoirement immobilisés. L'avis CNC précité distingue en effet deux situations :
– l'entreprise acquiert la majorité des tests nécessaires à l'enregistrement. Dans ce cas, l'immobilisation est obligatoire, voir ci-après I. ;
– l'entreprise réalise la majorité des tests en interne. Dans ce cas, l'immobilisation est optionnelle, voir ci-après II.

I. L'entreprise acquiert la majorité des tests nécessaires à l'enregistrement
(situation, en général, des importateurs et utilisateurs ne disposant pas de l'organisation et des structures nécessaires pour réaliser ces tests en interne).

> **Précisions** Le droit est considéré comme acquis lorsque le déclarant acquiert auprès d'un autre tiers (autre déclarant, laboratoire spécialisé...) un dossier complet d'enregistrement ou la majorité des tests nécessaires à l'élaboration du dossier.

Dans ce cas, les coûts engagés pour acquérir les tests et enregistrer les substances sont **obligatoirement activés.** Ils sont en effet constitutifs d'un **droit d'exploitation acquis** à comptabiliser en immobilisations incorporelles, dans le compte 205 « Concessions et droits similaires, brevets, licences, marques, procédés, logiciels et valeurs similaires ».

> **Fiscalement** Il en est de même (Lettre de la DLF au Medef du 31-5-2010).

II. L'entreprise réalise la majorité des tests en interne (situation, en général, des fabricants).

> **Précisions** Le droit est considéré comme créé en interne lorsque le déclarant :
> – effectue lui-même la majorité des tests nécessaires à l'élaboration du dossier ;
> – ou lorsqu'en tant que donneur d'ordre, il confie la réalisation de la majorité des tests à un laboratoire (tenu de se conformer exactement aux spécifications techniques que ce donneur d'ordre arrête en dernier ressort), mais qu'il assume seul la responsabilité de la conception finale du dossier.

Dans ce cas, les coûts d'enregistrement constituent des **frais de développement** et peuvent donc, selon l'option retenue par l'entreprise pour ses autres frais de développement (voir n° 30890), être comptabilisés :
- soit en **charges** ;
- soit en **immobilisation.**

Lorsque les coûts d'enregistrement se rapportent à une substance dont les frais de développement figurent déjà au bilan (développements en interne réalisés antérieurement à l'enregistrement et non encore totalement amortis), ils font alors partie de l'ensemble des coûts engagés pour développer la substance.

> **Précisions** **Autorisations** Pour les substances chimiques les plus préoccupantes, le règlement Reach prévoit également un processus d'autorisation (voir ci-avant). Contrairement aux substances moins dangereuses, les autorisations devraient être plus difficiles à obtenir (il est prévu que la Commission européenne soumette à autorisation environ 25 substances par an sur les 1 500 à 2 000 substances identifiées comme candidates à autorisation). En conséquence, à notre avis, s'il est improbable que l'autorisation sera in fine obtenue, les frais engagés en interne **ne devraient pas être activés.**

> **Fiscalement** Il en est de même (Lettre précitée de la DLF au Medef). En conséquence :
> – si ces frais sont comptabilisés en charges, ils sont déductibles des résultats de l'exercice au cours duquel ils ont été engagés ;
> – s'ils sont comptabilisés à l'actif, ils ne sont déductibles qu'au fur et à mesure de leur amortissement.

Sur les coûts incorporables dans le coût d'entrée, voir n° 31370.
Sur l'amortissement de l'actif « Reach », voir n° 32055.

DROITS DIVERS

30775 **Compétences spécifiques du personnel** Les relations avec le personnel étant rarement protégées par un droit, elles devraient **rarement être comptabilisées à l'actif** (Avis CNC 2004-15 § 2.3).

En effet, bien que ces éléments soient porteurs d'avantages économiques futurs, l'entreprise peut rarement :
– s'assurer avec une certitude suffisante qu'ils bénéficieront bien à son activité (voir n° 30145) ;
– les séparer des dépenses liées au développement général de l'entreprise (voir n° 30115).

Sont concernés par ce traitement en **charges,** dans la mesure où leur ressource n'est pas protégée :
– les coûts de recrutement des talents spécifiques en matière de direction, de gestion ou de technique (voir n° 16170) ;

> **EXEMPLES**
>
> Sont obligatoirement comptabilisées en charges (Avis CNC 2004-12 du 23-6-2004 relatif au traitement comptable des indemnités de mutation versées par les sociétés à objet sportif visées à l'article 11 de la loi 84-610 du 16-7-1984) :
> — les indemnités versées sous quelque forme que ce soit aux joueurs professionnels, en qualité de rémunération ;
> — les commissions versées aux agents ou intermédiaires intervenant pour le compte des joueurs.

> **Précisions** En revanche, les montants versés par une société à vocation sportive à une autre société française ou étrangère lors de la mutation d'un joueur professionnel sont immobilisés, ces « indemnités de mutation » correspondant à **l'acquisition de droits contractuels,** donc d'immobilisations incorporelles (PCG art. 613-1) :
> – qu'elle contrôle du fait d'événements passés ;
> – dont elle sera la seule à attendre des avantages économiques futurs liés à la présence du joueur dans son équipe.

– l'effort de formation permettant de développer des compétences supplémentaires ;
– les coûts de développement des connaissances techniques ou du marché.

> **Précisions** En revanche, les droits d'auteur (logiciels, par exemple) et les brevets sont immobilisés, ceux-ci étant protégés par des **droits légaux.**

30780 **Option d'achat de licences** Elle se traite, à notre avis, comme une option portant sur des titres (voir n° 37660). Toutefois, les sommes versées peuvent être portées, à notre avis, au compte 237 « Avances et acomptes sur immobilisations incorporelles » (au lieu d'un compte d'attente 52). En outre, si l'option n'est pas levée, ces sommes constituent une charge ou un produit de gestion courante (comptes 651 et 751) selon qu'il s'agit de l'acheteur (PCG art. 946-60) ou du vendeur (PCG art. 947-75).

Contrats de louage de marque et de brevet Les contrats de louage de marque ou de brevet sont des contrats par lesquels une société obtient le droit d'exploiter une marque ou un brevet à des conditions et pour une durée convenues dans le contrat. Ce droit peut en général être cédé ou concédé. La société licenciée n'a en revanche pas le droit de propriété de la marque. Elle verse une redevance annuelle, en général fonction de son chiffre d'affaires annuel. Le contrat peut prévoir un minimum garanti non remboursable, déductible des redevances.

30785

Sur l'amortissement des brevets acquis au moyen de redevances, voir n° 32060.

Sur les droits d'utilisation d'immobilisations incorporelles autres que les marques et les brevets, voir n° 30790.

> **Précisions** Acquisition d'un incorporel ou du droit d'utiliser un incorporel Il ne faut pas confondre l'acquisition d'un incorporel (voir n° 30185) et l'acquisition du droit d'utiliser un incorporel (traité dans ce paragraphe et au n° 30790).

En l'absence de dispositions spécifiques dans le PCG (les contrats de louage ont été exclus du champ d'application des règles sur les actifs, voir n° 25135), le bulletin CNCC (n° 171, septembre 2013, EC 2012-48, p. 508 s.) prévoit deux traitements comptables possibles pour les contrats de louage de marque, cette position pouvant, à notre avis, être étendue aux contrats de louage de brevets :

I. Comptabiliser le contrat de louage comme un contrat de location
Dans ce cas :
a. Les **redevances variables** versées pour l'exploitation de la marque ou du brevet constituent des **charges** d'exploitation lors de leur versement, l'obligation de verser une redevance ne se constituant qu'au fur et à mesure de la mise à disposition de la marque ou du brevet. Ces redevances sont alors à comptabiliser au compte 651 « Redevances pour concessions, brevets, licences, procédés, logiciels, droits et valeurs similaires » (PCG art. 946-61/62).

Dès lors que des redevances variables deviennent probables pour une période passée, il convient de les provisionner. En effet dans ce cas, ces redevances viennent corriger les charges déjà comptabilisées. Cette provision est à réestimer à chaque clôture.

b. Les **redevances minimum garanties** (non remboursables et imputables sur les redevances futures) sont à comptabiliser dans un compte 4091 « Fournisseurs – Avances et acomptes versés sur commande » et à reprendre au fur et à mesure de la facturation des redevances. Toutefois, dès qu'il devient probable que le minimum ne sera pas atteint, l'excédent est à comptabiliser en charges.

c. Les **droits d'entrée versés** à la conclusion de ces contrats de louage sont, à notre avis, comptabilisés en **charges constatées d'avance ou en immobilisation** (voir n° 30660).

Sur le **risque fiscal** lorsque les contrats de louage de marques et de brevets répondent à la définition fiscale d'une immobilisation, voir Fiscalement ci-après.

II. Comptabiliser le contrat de louage en immobilisation comme l'acquisition d'un droit d'utilisation Dans ce cas :
a. Au début du contrat, les redevances futures sont **comptabilisées** :
– **à l'actif,** dans le compte 205 « Concessions et droits similaires... » car même si les contrats de louage de marques et de brevets ont été exclus du champ d'application des règles générales de comptabilisation des actifs, à défaut d'autres règles définies par le PCG, il est possible d'appliquer aux contrats de louage de marques et de brevets les principes relatifs aux actifs. En effet :
• dès lors que le licencié est titulaire d'un droit contractuel, les sommes versées dans le cadre du contrat répondent aux critères de définition et de comptabilisation d'une immobilisation incorporelle (PCG art. 211-5 ; voir n° 30115 et 30145),
• contrairement à la fiscalité (voir ci-après), il n'est pas nécessaire que le droit d'utilisation soit cessible pour pouvoir être immobilisé (PCG art. 211-5).
– **à condition toutefois de pouvoir être évaluées de façon fiable** (PCG art. 212-1) ; le montant à retenir pour la comptabilisation de l'actif (et du passif, voir ci-dessous) correspond, à notre avis, à la valeur vénale du bien au moment de la signature de l'acte, c'est-à-dire à la **valeur actualisée** des redevances probables qui seront versées au cours de la période prévue (en plus de la part fixe prévue au contrat, le cas échéant) ;

30785
(suite)

> **Précisions** **1. Valeur actualisée ou non actualisée** Selon le bulletin CNCC précité, le passif et la base amortissable de l'actif pourraient également être évalués en tenant compte du montant cumulé des redevances convenues non actualisées. Cette solution ne nous semble toutefois pas à retenir car elle conduirait à comptabiliser un actif pour un montant supérieur à sa valeur vénale au moment de l'acquisition.

2. Fiabilité du coût d'entrée Dès lors que les redevances peuvent être estimées grâce aux éléments prévus de manière précise dans l'acte d'acquisition, le coût répond au critère de fiabilité. Lorsque les redevances ne sont pas évaluables de façon fiable, seule la part fixe prévue, le cas échéant, au contrat est à comptabiliser à l'actif.

– **en contrepartie d'un passif** (à comptabiliser, à notre avis, au compte 4041 « Fournisseurs – Achats d'immobilisations »).
Le minimum garanti, prévu le cas échéant au contrat et versé à titre d'avance, est à déduire de ce passif.

b. À la clôture de chaque exercice, le passif est éventuellement réestimé sur la base de la nouvelle estimation des redevances futures à payer. L'écart entre le montant du passif estimé à l'origine et le montant réestimé à la clôture peut :
– soit être comptabilisé directement en résultat ;
– soit être imputé sur la valeur de l'immobilisation incorporelle (sur la modification du plan d'amortissement, voir n° 30185). Dans ce cas, seules les redevances futures rémunérant l'utilisation future de l'actif loué peuvent être immobilisées. En revanche, les redevances futures rémunérant l'utilisation passée de l'actif loué sont à comptabiliser en charges (soit directement, soit par le biais de provisions).

À notre avis, le traitement comptable dépend des faits et circonstances (sur l'analyse, voir n° 30185). Si les redevances réellement versées révèlent une véritable sous-évaluation de la valeur du droit d'utilisation estimée au moment de l'acquisition, une réévaluation de la valeur d'entrée de l'incorporel paraît justifiée. Une **information en annexe** devrait préciser le caractère provisoire du coût d'entrée ainsi que les modalités de paiement sous forme de redevances.

c. Au fur et à mesure des versements, à notre avis :
– **si un actif a pu être comptabilisé** à la clôture (voir ci-avant a. et b.), les redevances versées sont comptabilisées au débit du compte 4041 « Fournisseurs – Achats d'immobilisations » et d'un compte de charges financières pour l'effet de la désactualisation de la dette, par le crédit du compte de trésorerie concerné ;

> **Précisions** Si les redevances versées excèdent le montant comptabilisé à l'actif, le complément de redevances constitue, à notre avis, une charge d'exploitation (et non un complément de prix). En effet, les redevances versées correspondent à l'utilisation passée de la marque ou du brevet. À ce titre, les avantages économiques liés au complément de versement ont déjà été consommés et les redevances ne sont donc plus porteuses d'avantages économiques futurs.

– **si aucun actif n'a pu être comptabilisé** à la clôture, en raison de l'évaluation non fiable des redevances, les redevances sont comptabilisées en charges au fur et à mesure de leur versement.

> **Fiscalement** **1. Critères d'immobilisation** Les contrats de louage de marques et de brevets étant exclus du champ d'application des règles comptables sur les actifs applicables depuis le 1er janvier 2005 (voir n° 25135), leurs critères d'immobilisation sur le plan fiscal ne sont pas identiques à ceux retenus sur le plan comptable (BOI-BIC-CHG-20-10-10 n° 70). Ces critères sont définis par une jurisprudence du Conseil d'État (CE 21-8-1996 n° 154488), qui continue à s'appliquer depuis 2005 (CE 15-6-2016 n° 375446) et selon laquelle les redevances de concession doivent être immobilisées lorsque les droits concédés :
– constituent une **source régulière de profits** ;
– sont dotés d'une **pérennité suffisante** ;
– et sont **susceptibles de faire l'objet d'une cession.** Bien que ce critère ne soit pas obligatoirement requis par les règles comptables sur les actifs applicables depuis le 1er janvier 2005 (voir n° 30115), le Conseil d'État et l'administration considèrent qu'il s'applique pour la qualification des contrats de concessions de licence de brevets ou de marques conclus après le 1er janvier 2005 (CE 15-6-2016 n° 375446 ; BOI-BIC-CHG-20-10-10 n° 70). Dans certaines situations, la jurisprudence a toutefois nuancé la portée du **critère de cessibilité des droits,** en considérant qu'il est inapproprié pour certaines catégories de droits ou versements. Il en est ainsi, par exemple, pour la qualification de sommes versées pour l'obtention d'engagements de non-concurrence et de non-belligérance (voir n° 30575), pour l'acquisition d'une marque viticole ne pouvant pas être cédée indépendamment du domaine viticole auquel elle est attachée (n° 30625), ou pour l'obtention d'une autorisation d'exploitation commerciale (n° 30745). Sa pertinence a en revanche été réaffirmée à propos d'un contrat portant sur les droits d'utilisation et de commercialisation de

programmes informatiques (CE 19-7-2016 n° 368473) et des droits d'utilisation d'un nom de domaine sur internet (CE 7-12-2016 n° 369814).
Outre les concessions de licences de marques (CE 30-12-2009 n° 305449 ; CE 24-9-2014 n° 348214 ; CE 15-6-2016 n° 375446), ces critères sont également applicables en matière de :
– licences d'exploitation de brevets (CE 5-11-1984 n° 43573 ; CE 14-10-2005 n° 262219 ; CAA Paris 20-9-2001 n° 98-947 définitif suite à CE (na) 4-12-2002 n° 240303) ;
– concession de procédés de fabrication (CE 25-10-1989 n° 65009 ; CE 16-10-2009 n° 308494).
À défaut, les redevances constituent en principe des charges immédiatement déductibles.

2. Illustrations Le tableau ci-après, établi par nos soins, illustre les critères d'immobilisation posés par le Conseil d'État dans son arrêt du 21 août 1996 précité (voir Précision 1 ci-avant) et leur interprétation par la jurisprudence ultérieure.
Certaines décisions mentionnées dans ce tableau ont été rendues sur des faits antérieurs à 2005 pour des contrats d'une autre nature que des contrats de concession de marques et de brevets, mais elles fournissent des illustrations sur les modalités d'appréciation de ces critères.

Source régulière de profits	critère rempli
	– contrat conférant à une société l'exclusivité de la vente d'espaces publicitaires dans une revue dès lors qu'il lui procure 80 % de son chiffre d'affaires (CE 16-2-2007 n° 288531) – contrat conférant à une société le droit d'exploiter une marque malgré l'absence de clause d'exclusivité de clientèle (CE 15-6-2016 n° 375446)
	critère non rempli
	– promesse de concession de licence d'exploitation acquise par une société qui ne l'a pas utilisée dès lors qu'elle aurait seulement pu devenir, le jour où elle aurait été utilisée, une source de profits ultérieurs (CE 29-7-1983 n° 28543) – droit incorporel représenté par la perspective de l'usage d'un prototype et de la concession de licence d'exploitation dès lors qu'il n'exerce encore aucune influence sur les résultats d'exploitation (CE 26-10-1983 n° 39830)
Pérennité suffisante [1]	**critère rempli**
	– contrat d'une durée de 9 ans renouvelable tacitement, dont la résiliation anticipée n'est possible qu'en cas de non-respect par l'une des parties de ses obligations et dont la dénonciation à l'échéance suppose le respect d'un préavis de 6 mois et le versement d'une indemnité (CE 16-2-2007 n° 288531) – contrat d'une durée indéterminée résiliable à tout moment sans indemnité moyennant le respect d'un préavis de 1 an, et dont la rupture sans indemnité ne peut, conformément au droit commun des contrats, intervenir que pour une cause réelle et sérieuse (CE 16-2-2011 n° 315625) – contrat d'une durée de 5 ans, renouvelable tacitement, qui contient une clause de résiliation anticipée en cas de non-respect par l'une des parties de ses obligations, une clause prévoyant un versement minimum garanti au cédant ainsi qu'une clause prévoyant la perte de l'exclusivité liée au contrat en cas de non-versement, pendant les 3 premières années, du minimum garanti (CE 23-12-2011 n° 341217) – contrats d'une durée de 5 à 11 ans, tous renouvelables pour des périodes de 5 ans (tacitement ou par accord des parties), les 2 premiers renouvellements étant automatiques sous réserve de performance ou de redevances minimales (CE 24-9-2014 n° 348214) – contrat d'une durée de 20 ans renouvelable tacitement, dont la résiliation anticipée n'est possible qu'en cas de non-respect par l'une des parties de ses obligations et dont la dénonciation à l'échéance suppose le respect d'un préavis de 6 mois, bien que les recettes procurées par le contrat aient baissé (CE 15-6-2016 n° 375446)
	critère non rempli
	– contrat conclu pour 1 an renouvelable tacitement, pouvant prendre fin sans indemnité (CE 13-12-1978 n° 6920 ; CE 8-7-1985 n° 41276 ; CE 2-10-1985 n° 41539) – contrat, sans exclusivité ni garantie de durée, ayant pour objet de permettre à une filiale d'exploiter des inventions et des procédés concourant à la fabrication de matériels commercialisés par le groupe (CE 25-10-1989 n° 65009) – contrat de 3 ans, renouvelable par tacite reconduction, mais pouvant être dénoncé 6 mois avant l'expiration du terme sans versement d'une indemnité (CE 31-1-1990 n° 63870) – contrat révocable annuellement à la seule initiative du concédant (CE 14-4-1995 n° 121832)

30785
(suite)

		— contrat d'une durée indéterminée résiliable à tout moment à l'initiative du titulaire de la marque avec un préavis de 4 mois et moyennant le paiement d'indemnités (CE 23-6-2000 n° 188297) — contrat présentant un caractère précaire en raison de sa durée de 1 an renouvelable par tacite reconduction et de ses conditions de résiliation (CE 28-7-2000 n° 181713) — contrat conclu pour une durée de 2 ans tacitement reconductible par périodes de 1 an mais pouvant être dénoncé sans indemnité à chaque échéance avec un préavis de 3 ou 6 mois (CE 26-2-2001 n° 221351) — contrat dont la rupture, moyennant le versement d'une indemnité, est subordonnée au respect d'un préavis de seulement 3 mois (CE 18-5-2005 n° 265038) — contrat conclu pour une durée indéterminée résiliable sans indemnité à tout moment avec un préavis de 60 jours (CE 16-10-2009 n° 308494) — contrat de 5 ans, reconductible uniquement en cas d'accord entre les parties et prévoyant diverses hypothèses de résiliation anticipée, notamment la fin automatique du contrat au terme de toute année au cours de laquelle le concessionnaire ne pourrait pas réaliser au moins 70 % de son objectif de vente (CE 12-12-2012 n° 334516)
Cessibilité [2]	**critère rempli**	— contrat de licence qui ne prévoit aucune clause s'opposant à la cession des droits concédés (CE 19-7-2016 n° 368473 ; CE 14-10-2005 n° 262219 ; CE 23-12-2011 n° 341217 ; CAA Paris 16-7-1992 n° 90-1041 définitif suite à CE (na) 2-2-1994 n° 142185) — contrat de licence prévoyant la possibilité de céder les droits concédés sous réserve d'en informer le concédant au moins 30 jours à l'avance, en dépit d'avenants prévoyant que la sous-concession est subordonnée à l'accord exprès du concédant (CE 15-6-2016 n° 375446) — contrat de licence dont la sous-concession est subordonnée à l'information préalable du concédant (CAA Bordeaux 19-12-2000 n° 97-1896) ou à son accord préalable (CAA Paris 27-11-2003 n° 99-574) si celui-ci ne peut s'y opposer que pour des motifs dûment justifiés (CAA Paris 20-9-2001 n° 98-947 définitif suite à CE (na) 4-12-2002 n° 240303) — contrat de licence qui prévoit la possibilité pour le concessionnaire de sous-concéder librement tout ou partie de ses droits à un tiers même s'il ne peut pas les céder sans l'accord écrit préalable du concédant (TA Paris 9-6-2021 n° 1816688)
	critère non rempli	— contrat aux termes duquel un laboratoire acquiert le droit d'exploiter une spécialité pharmaceutique et s'engage à ne divulguer aucune des informations contenues dans le dossier scientifique qu'il a acquis dans le but d'obtenir une AMM, dès lors que cet engagement de non-divulgation exclut implicitement mais nécessairement toute possibilité de cession des droits d'exploitation (CAA Lyon 6-7-2006 n° 01-992) — contrat limitant la liberté du concessionnaire de céder son droit à une société ne faisant pas partie du groupe, par une clause d'accord préalable et discrétionnaire du concédant (CE 16-10-2009 n° 308494)

(1) Selon le Conseil d'État, le « coefficient de précarité » d'un contrat doit être apprécié :
– à la date de signature du contrat (CE 23-12-2011 n° 341217) ;
– en tenant compte uniquement des stipulations contractuelles (CE 25-10-1989 n° 65009 ; CE 26-2-2001 n° 221351 ; CE 23-12-2011 n° 341217) ;
– non seulement en fonction de la durée du contrat mais également au regard des facultés de résiliation du concédant titulaire des droits (même en cas de sous-concession, CE 24-9-2014 n° 348214) et des modalités de cette résiliation (durée du préavis, indemnité…) (CE 16-10-2009 n° 308494 ; CE 16-2-2011 n° 315625).
(2) Plusieurs précisions ont été apportées sur les modalités suivant lesquelles il convient d'apprécier s'il est respecté. Les droits du concessionnaire sont regardés comme cessibles dès lors qu'il a la faculté de les sous-concéder, même si cette opération est subordonnée à l'information du concédant ou à son agrément, sous réserve alors que son refus doive être dûment motivé.

3. Valeur à inscrire au bilan Voir n° 30185.
4. Déductibilité des redevances lorsque le contrat ne répond pas à la définition d'une immobilisation Voir n° 17280.

III. Risque fiscal

Il résulte de cette jurisprudence qu'il n'existe pas de choix :
– soit le contrat répond à la définition fiscale d'une immobilisation et les redevances ne sont pas déductibles ;
– soit il ne répond pas à la définition fiscale d'une immobilisation et, dans ce cas, les redevances sont immédiatement déductibles.

Dans le cas où le contrat répond à la définition fiscale d'une immobilisation, le choix comptable de ne pas activer les redevances génère fiscalement :
– un risque de remise en cause de la déductibilité de la charge de redevance ;
– et, le cas échéant, un risque d'amortissement irrégulièrement différé dans le cas où la date d'expiration du contrat est connue (pour plus de détails, voir n° 27010).

Droits d'exploitation d'immobilisations incorporelles (autres que les marques et les brevets) 30790

> EXEMPLES
>
> Il s'agit, par exemple, des concessions de licence portant sur des droits de la propriété intellectuelle, tels que :
> – des droits sur des films cinématographiques ;
> – des droits d'auteur ou des manuscrits.
>
> Sur le cas particulier des marques et brevets, voir n° 30785.

Le traitement comptable des licences n'a pas été précisé par les textes comptables. En revanche, les locations au sens d'IAS 17 (dont la notion est reprise dans la nouvelle norme IFRS 16) ont été exclues du champ d'application des règles sur les actifs. Ainsi, à notre avis :
– soit la cession du droit d'utilisation est assimilée à un contrat de location **exclu du champ d'application des règles sur les actifs** et, dans ce cas (au même titre que les contrats de louage de marques et de brevets), les sommes versées constituent des loyers à traiter comme tels (voir n° 30785 I.) ;
– soit, cette cession conférant au cessionnaire un droit sur la propriété intellectuelle, elle est considérée comme entrant **dans le champ d'application des règles sur les actifs** et, dans ce cas, les sommes versées dans le cadre de ces contrats doivent alors suivre la règle générale, c'est-à-dire qu'elles sont immobilisées si elles répondent aux critères de définition et de comptabilisation d'une immobilisation incorporelle, en contrepartie d'un passif (voir n° 30785 II.). Elles sont alors à classer au compte 205 « Concessions et droits similaires… ».

> **Fiscalement** Ni l'administration ni la jurisprudence ne se sont encore prononcées sur la qualification de ces droits depuis l'entrée en vigueur des nouvelles règles comptables en 2005. Le traitement à retenir pourrait à notre avis s'appuyer sur les principes posés par la jurisprudence qui sont récapitulés ci-avant n° 30785.

Sur l'amortissement de tels droits, voir n° 32060.

JETONS NUMÉRIQUES DÉTENUS (NE PRÉSENTANT PAS LES CARACTÉRISTIQUES DE TITRES FINANCIERS, DE BONS DE CAISSE OU DE CONTRATS FINANCIERS)

Classement comptable Les jetons peuvent être : 30795
– soit souscrits lors d'opérations d'offres au public ou encore d'ICO (« Initial Coin Offering », voir n° 42600 s.) ;
– soit acquis sur le marché secondaire.

> **Juridiquement** « Constitue un jeton tout bien incorporel représentant, sous forme numérique, un ou plusieurs droits, pouvant être émis, inscrits, conservés ou transférés au moyen d'un dispositif d'enregistrement électronique partagé permettant d'identifier, directement ou indirectement, le propriétaire dudit bien » (C. mon. fin. art. L 552-2 ; PCG art. 619-1 créé par règl. ANC 2018-07 homologué en décembre 2018).
> Le Bitcoin ou l'Ether et, d'une façon générale, tous les jetons utilisés en tant que moyens d'échange sous forme numérique par des dispositifs d'enregistrement électronique partagé (tels que la blockchain) constituent des jetons (Recueil ANC, commentaire IR 3 sous l'article 619-1 du PCG).

Le PCG (art. 619-10 et 619-12) distingue selon qu'il s'agit :
– de jetons détenus présentant les caractéristiques de titres financiers, de bons de caisse ou de contrats financiers. Voir n° 37085 (« Securities tokens ») ;
– des autres types de jetons détenus (« Utilities tokens » et « Currency tokens »). Voir n° 32075 s.

Sur leur comptabilisation initiale selon la qualité du détenteur, voir n° 30805 s.
Sur leur évaluation ultérieure, voir n° 32075.
Sur leur sortie (ou annulation), voir n° 32170.
Sur le prêt de jetons numériques, voir n° 41390 s.
Sur l'information à fournir en annexe, voir n° 30820.

30805 **Jetons détenus par le souscripteur à une offre de jetons (ICO)** Les jetons souscrits sont classés **en fonction de l'intention** du souscripteur :
a. Lorsqu'il a l'intention **d'utiliser les services ou les biens associés aux jetons** et que cette utilisation s'étendra au-delà de l'exercice en cours, les jetons sont classés en **immobilisation incorporelle** (PCG art. 619-11).

> **Précisions** Les services (ou biens) utiles à l'exercice d'une activité préexistante ou se situant dans le prolongement de celle de l'investisseur constituent un indicateur d'utilisation des services associés à la détention de jetons (Recueil ANC, commentaire IR 3 sous l'article 619-11 du PCG).

b. Dans les **autres cas**, ils sont classés dans le compte 522 « jetons détenus » et présentés au bilan parmi les **instruments de trésorerie**.

> **Précisions** **1.** « **Currency tokens** » Les jetons de type Ethers, Bitcoins sont en général classés parmi les instruments de trésorerie.
> **2.** **Des jetons identiques** peuvent être détenus selon des intentions différentes justifiant un classement comptable et un mode de valorisation différents (Recueil ANC, commentaire IR 3 sous l'art. 619-11 du PCG).
> **3. Transferts** Les jetons initialement comptabilisés en immobilisation incorporelle peuvent être transférés vers le compte « jetons détenus » lorsque les services ou biens associés à la détention des jetons ne sont plus utiles ou que les jetons seront utilisés à d'autres fins. Le transfert doit alors être réalisé à la valeur nette comptable (PCG art. 619-11 ; Recueil ANC, commentaire IR 3 sous cet article).
> En revanche, le transfert du compte « jetons détenus » en immobilisation incorporelle est interdit (PCG art. 619-11).

30810 **Jetons détenus par l'émetteur d'une offre de jetons (ICO)**
a. Émission de jetons libérée par la remise de jetons (Ethers, Bitcoins…) Dans ce cas, les jetons levés sont comptabilisés à l'actif de l'émetteur selon les dispositions prévues pour les souscripteurs de jetons (voir n° 30805).

> **Précisions** En général, les « currency tokens » reçus dans le cadre d'une ICO (tels que l'Ether, le Bitcoin…) sont à classer en « jetons détenus » parmi les instruments de trésorerie.

Pour un exemple d'application pratique, voir n° 42630.

b. Jetons auto-détenus Un émetteur peut décider de racheter sur le marché secondaire ses propres jetons (par exemple, pour les attribuer gratuitement, voir n° 42650).
Les jetons auto-détenus sont comptabilisés à l'actif de l'émetteur dans le compte 523 « jetons auto-détenus » (PCG art. 619-14) et suivent les mêmes modalités de comptabilisation que les jetons détenus comptabilisés en compte 522 « jetons détenus » (voir n° 30805 l. b.).
Sur la différence avec les jetons émis et non attribués, voir n° 42655.

30815 **Jetons acquis sur le marché secondaire** Les acquéreurs de jetons sur un marché secondaire comptabilisent les jetons acquis de la même manière que les souscripteurs de jetons (voir n° 30805).

30820 **Information en annexe** Les détenteurs de jetons mentionnent dans l'annexe de la façon la plus pertinente qui correspond aux intentions de gestion (PCG art. 619-16), en dissociant par exemple par nature de jeton (immobilisés ou détenus ; Recueil ANC, commentaire IR 3 sous cet article) :
– le **nombre et le montant** des jetons détenus classés en immobilisation incorporelle, leur caractère amortissable ou non amortissable, leur valeur vénale ainsi que les éventuelles dépréciations constatées ;
– le nombre et le montant des jetons détenus classés en jetons détenus, en précisant le mode de détermination des valeurs vénales retenues, le mode de prise en compte des cotations disponibles ;
– le nombre et la valeur des jetons **auto-détenus** par l'entreprise ;
– le nombre et la valeur des jetons détenus **donnés en garantie** ;
– le choix de la **méthode** retenue pour l'évaluation des jetons détenus (premier entré – premier sorti ou coût moyen pondéré d'acquisition) ainsi que les informations ayant concouru à la détermination des **valeurs vénales** sont communiquées (existence ou non de cotations par des plateformes spécialisées, de volumes d'échanges significatifs…).
Pour des modèles de tableaux, voir le « Code comptable », l'article 619-16 du PCG.

E. Immobilisations incorporelles générées en interne (frais de développement)

30840 Afin d'apprécier plus facilement si une immobilisation incorporelle générée en interne remplit les conditions générales de définition et de comptabilisation (voir n° 30105 s.), une entreprise doit appliquer à toutes les immobilisations incorporelles générées en interne des **dispositions complémentaires** prévues par le PCG (art. 212-3).

Ces dispositions portent notamment sur :
- la distinction entre la phase de recherche et la phase de développement (voir n° 30865) ;
- le traitement des frais de recherche (voir n° 30870) ;
- les conditions d'activation des frais de développement (voir n° 30890).

Les frais de développement peuvent, sur **option**, être comptabilisés en **charges** :
- même s'ils respectent les critères de définition et de comptabilisation d'une immobilisation incorporelle (C. com. art. R 123-186 ; PCG art. 212-3.1) ;
- sauf s'ils répondent à la définition d'un logiciel produit ; dans ce cas, ils sont obligatoirement immobilisés (PCG art. 611-3 ; voir n° 30400).

Toutefois, la comptabilisation à l'actif constitue la méthode de référence (PCG art. 212-3). Pour plus de détails sur cette option, voir n° 30285.

En ce qui concerne :
- leur classement comptable, voir n° 31050 ;
- les cas particuliers de développement, voir n° 30895 s. ;
- leur valeur d'entrée, voir n° 31425 s. ;
- leur valeur de clôture (amortissement et dépréciation), voir n° 31905 s. ;
- leur incorporation dans le coût de revient des stocks, voir n° 21130 ;
- le traitement des dépenses ultérieures, voir n° 31150 s.

30845 **Définition générale** Il n'existe pas, actuellement, de définition des frais de développement.

À notre avis, les frais de développement sont les **dépenses** qui correspondent à l'effort réalisé par l'entreprise dans ce domaine **pour son propre compte**.

Selon IAS 38.6, « le développement est l'application des résultats de la recherche ou d'autres connaissances à un plan ou un modèle en vue de la production de matériaux, dispositifs, produits, procédés, systèmes ou services **nouveaux ou substantiellement améliorés, avant le commencement de leur production commerciale ou de leur utilisation** ».

> **Précisions** Contrepartie spécifique : selon le CNC (Doc. n° 2, janvier 1974, commentant la note d'information CNC n° 23 de novembre 1971), il convient de distinguer les opérations de développement avec contrepartie spécifique et celles sans contrepartie spécifique.

Sur l'incorporation des frais de développement dans les stocks, selon qu'elle a ou non une contrepartie spécifique, voir n° 21130.

30865 **Distinction entre la phase de recherche et la phase de développement**
Pour apprécier si une immobilisation incorporelle générée en interne satisfait aux critères de définition et de comptabilisation, une **distinction** doit être faite entre la **phase de recherche** et la **phase de développement** (Avis CNC 2004-15 § 3.3.1).

Les définitions propres à chaque phase ne sont pas prévues par les textes. En l'absence de précision des textes, il nous a paru opportun de rapprocher la « phase de recherche » et la « phase de développement », des définitions antérieurement données par le document CNC n° 2 précité sur les « travaux de recherche fondamentale, recherche appliquée et développement expérimental ».

> **Fiscalement** Les activités de recherche fondamentale, de recherche appliquée et de développement expérimental ouvrent droit, sans distinction, au crédit d'impôt recherche (voir n° 31505) conformément à l'article 244 quater B du CGI. Des précisions sont néanmoins apportées sur la définition des différents types d'activité de recherche (BOI-BIC-RICI-10-10-10-20 n° 20 s.).

I. La phase de recherche Selon le CNC (Note de présentation de l'avis CNC 2004-15 § 6.2), elle se confond avec les activités de recherche fondamentale telles qu'elles avaient antérieurement été définies par le document CNC n° 2 de janvier 1974 : « **Les travaux de recherche fondamentale** sont tous ceux qui concourent à l'analyse des propriétés, des structures, des phénomènes physiques et naturels en vue d'organiser en lois générales, au moyen de

30865
(suite)

schémas explicatifs et de théories interprétatives, les faits dégagés de cette analyse. Ces travaux sont entrepris soit par pure curiosité scientifique (recherche fondamentale pure), soit pour apporter une construction théorique à la résolution de problèmes techniques (recherche fondamentale orientée). »

> **EXEMPLES**
>
> Selon l'avis du CNC n° 2004-15 (§ 3.3.2), sont des **activités de recherche** :
> – les activités visant à obtenir de nouvelles connaissances ;
> – la recherche, l'évaluation et la sélection finale d'applications éventuelles de résultats de recherche ou d'autres connaissances ;
> – la recherche de solutions alternatives pour les matières, dispositifs, produits, procédés, systèmes ou services ;
> – la formulation, la conception, l'évaluation et le choix final retenu d'autres possibilités d'utilisation de matériaux, dispositifs, produits, procédés, systèmes ou services nouveaux ou améliorés.

> Fiscalement La même définition est retenue pour l'application du crédit d'impôt recherche (CGI A III art. 49 septies F). Pour l'application de ce régime (voir n° 31505), il n'y a pas lieu de distinguer entre la recherche fondamentale pure et la recherche fondamentale orientée, l'ensemble des dépenses ouvrant droit au crédit d'impôt (BOI-BIC-RICI-10-10-10-20 n° 30).

II. La phase de développement Selon le CNC (Note de présentation précitée, § 6.2), elle se confond :
– d'une part, avec les activités de développement telles qu'elles avaient antérieurement été définies par le document CNC n° 2 de janvier 1974 : « **Le développement appelé expérimental** est l'ensemble des travaux systématiques, fondés sur des connaissances obtenues par la recherche ou l'expérience pratique, effectués en vue de la production de matériaux, dispositifs, produits, procédés, systèmes ou services nouveaux, ou encore leur amélioration substantielle. » ;

> Fiscalement Pour l'application du crédit d'impôt recherche (voir n° 31505), les activités de développement expérimental sont définies comme celles qui sont effectuées au moyen de prototypes ou d'installations pilotes, dans le but de réunir toutes les informations nécessaires pour fournir les éléments techniques des décisions, en vue de la production de nouveaux matériaux, dispositifs, produits, procédés, systèmes, services ou en vue de leur amélioration substantielle (CGI A III art. 49 septies F). Le développement expérimental ne constitue donc qu'une étape éventuelle du développement de produits, celle où l'on soumet les connaissances génériques à des tests afin d'établir la possibilité d'aboutir aux applications requises pour que ces travaux soient couronnés de succès. Cette phase se caractérise par la formation de connaissances nouvelles et prend fin au moment où les critères de la R&D (nouveauté, incertitude, créativité, caractère systématique et possibilité de transférer et/ou reproduire les résultats) ne sont plus applicables (BOI-BIC-RICI-10-10-10-20 n° 70).

– d'autre part, elle pourrait correspondre aux activités de recherche appliquées telles qu'elles avaient antérieurement été définies par le CNC : « La **recherche appliquée** est entreprise soit pour discerner les applications possibles des résultats d'une recherche fondamentale, soit pour trouver des solutions nouvelles permettant d'atteindre un objectif déterminé choisi à l'avance. Elle implique la prise en compte des connaissances existantes et leur extension dans le but de résoudre des problèmes particuliers. »

> Fiscalement Pour l'application du crédit d'impôt recherche, la définition de la recherche appliquée est identique à celle énoncée par le CNC (CGI A III art. 49 septies F). Le résultat d'une recherche appliquée consiste en un modèle probatoire de produit, d'opération ou de méthode (BOI-BIC-RICI-10-10-10-20 n° 50).

> **EXEMPLES**
>
> Selon l'avis du CNC n° 2004-15 (§ 3.3.3) sont des **activités de développement** :
> – la conception, la construction et les tests de préproduction ou de préutilisation de modèles et prototypes ;
> – la conception d'outils, gabarits, moules et matrices impliquant une technologie nouvelle ;
> – la conception, la construction et l'exploitation d'une usine pilote qui n'est pas d'une échelle permettant une production commerciale dans des conditions économiques ;
> – la conception, la construction et les tests pour des matériaux, dispositifs, produits, procédés, systèmes ou services nouveaux ou améliorés ;
> – les frais de développement et de production des sites internet (voir n° 30925).

Ce rapprochement avec les définitions antérieurement données par le document CNC n° 2 est présenté dans le tableau suivant, élaboré par nos soins :

Doc. CNC n° 2 précité	Avis CNC n° 2004-15
Frais de recherche fondamentale	Dépenses de recherche [2]
Frais de recherche appliquée [1]	
Frais de développement expérimental	Frais de développement [2]

[1] L'exercice du jugement sera toutefois nécessaire pour apprécier au cas par cas si les frais anciennement classés en frais de « recherche appliquée » constituent, dans le nouveau cadre, de la recherche ou plutôt du développement.
En effet, même si, selon le CNC (voir ci-avant), la phase de recherche appliquée devrait se confondre avec la phase de développement, certaines dépenses comme la recherche de solutions alternatives ou d'applications de résultats de recherche, jusqu'à présent considérées comme de la recherche appliquée (Doc. CNC précité), doivent désormais être incluses dans les frais de recherche (exemple de l'Avis CNC 2004-15 § 3.3.2) et ne constituent donc pas des frais de développement.
[2] En cas de doute sur la catégorie, les dépenses sont à rattacher à la phase « Recherche ».

> Fiscalement Pour l'application de l'article 236 du CGI qui fixe le régime des frais de recherche scientifique ou technique, l'administration précise qu'il convient de retenir sur le plan fiscal les mêmes définitions qu'en comptabilité pour distinguer les phases de recherche et de développement (BOI-BIC-CHG-20-30-30 n°s 30 à 40 et 60 à 70).

> Précisions 1. Traitement des anciennes activités de recherche appliquée L'exercice du jugement sera toutefois nécessaire pour apprécier, au cas par cas, si les frais, anciennement classés en frais de « recherche appliquée » constituent, dans le nouveau cadre, de la « recherche » ou plutôt du « développement ».
En effet, même si, selon le CNC, la phase de recherche appliquée devrait se confondre avec la phase de développement, certaines dépenses comme la recherche de solutions alternatives ou d'applications de résultats de recherche, jusqu'à présent considérées comme de la recherche appliquée (Doc. CNC précité), doivent désormais être incluses dans les frais de recherche (exemple de l'avis CNC 2004-15 § 3.3.2) et ne constituent donc pas des frais de développement.
2. En cas d'impossibilité de distinguer les phases de recherche et de développement Sur le traitement de dépenses pour lesquelles il est impossible de distinguer la phase de recherche de celle de développement, voir n° 30890 I.
3. Cas particuliers Sur les exemples de phases de recherche et de développement spécifiques :
– aux **sites** internet, voir n° 30925 ;
– aux **logiciels**, voir n° 30400 II.

Traitement comptable des frais de recherche Les travaux de recherche sont obligatoirement comptabilisés en **charges** de la période au cours de laquelle ils sont engagés (PCG art. 212-3). 30870
Pour une définition de la phase de recherche, voir n° 30865 I.
En outre, il est impossible d'incorporer ultérieurement ces coûts dans le coût d'une immobilisation incorporelle.
Selon le CNC (Avis n° 2004-15, § 3.3.2), ces dépenses, se situant trop en amont de la production ou de la commercialisation, ne satisfont pas au critère de contrôle (voir n° 30145) nécessaire à leur comptabilisation à l'actif. En effet, il n'existe pas une certitude suffisante que ces avantages économiques futurs bénéficieront à l'entité.

> Fiscalement Il en est de même : les dépenses de recherche comptabilisées en charges sont immédiatement déductibles (CGI art. 236-I ; BOI-BIC-CHG-20-30-30 n° 60 à 70).

Traitement comptable des frais de développement Les frais de développement peuvent être inscrits à l'actif s'ils se rapportent à des projets nettement individualisés, ayant de sérieuses chances de réussite technique et de rentabilité commerciale ou de viabilité économique pour les projets de développement pluriannuels associatifs (C. com. art. R 123-186 et PCG art. 212-3). 30890
Toutefois, lorsque l'entreprise **ne peut pas distinguer la phase de recherche et la phase de développement d'un projet,** la dépense encourue au titre de ce projet est traitée comme si elle concernait uniquement la phase de recherche (PCG art. 212-3.1). Elle est donc obligatoirement comptabilisée en **charges** et ne peut pas être immobilisée (voir n° 30870).
Pour une définition de la phase de développement, voir n° 30865 II.
Sur leur incorporation dans le coût de revient des stocks, voir n° 21130.
Il en résulte les conséquences suivantes.

I. Il existe une option pour la comptabilisation des frais de développement en immobilisations ou en charges (voir n° 30285).

II. Les conditions d'activation sont précisées Selon le PCG, ceci implique, pour l'entité, de respecter l'**ensemble des critères cumulés** suivants (art. 212-3.1) :
– la **faisabilité technique** nécessaire à l'achèvement de l'immobilisation incorporelle en vue de sa mise en service ou de sa vente ;
– l'**intention d'achever** l'immobilisation incorporelle et **de l'utiliser ou de la vendre** ;
– la **capacité à utiliser ou à vendre** l'immobilisation incorporelle ;
– la façon dont l'immobilisation incorporelle générera **des avantages économiques futurs probables** ;
L'entité doit démontrer, entre autres choses, l'existence d'un marché pour la production issue de l'immobilisation incorporelle ou pour l'immobilisation incorporelle elle-même ou, si celle-ci doit être utilisée en interne, son utilité.
– la **disponibilité de ressources** (techniques, financières et autres) appropriées pour achever le développement et utiliser ou vendre l'immobilisation incorporelle ;
Selon la CNCC, ce critère est à apprécier en tenant compte de toutes les sources de financement pouvant s'offrir à la société. Dans l'éventualité où l'un des financeurs se retire, l'entité doit pouvoir démontrer qu'elle aura la capacité de financer le développement envisagé par d'autres moyens (Bull. CNCC n° 208, décembre 2022, EC 2022-19 ; cncc.fr).

– la capacité à **évaluer de façon fiable** les dépenses attribuables à l'immobilisation incorporelle au cours de son développement.

> **Fiscalement** Il en est de même. Les dépenses de fonctionnement exposées dans les opérations de recherche scientifique et technique (c'est-à-dire « frais de développement ») peuvent, **au choix de l'entreprise**, être **immobilisées ou déduites des résultats** de l'année ou de l'exercice au cours duquel elles ont été exposées (CGI art. 236-I ; CE 10-6-2010 n° 312377). Selon l'administration, à l'exception des dépenses de conception de logiciels (voir n° 30960), c'est l'**option comptable retenue** qui **conditionne le traitement fiscal** (BOI-BIC-CHG-20-30-30 n° 60 à 70). Il ne peut donc y avoir de réintégration ou de déduction extra-comptable sur la liasse fiscale (imprimé n° 2058-A).
En outre, conformément au texte comptable, l'option doit être exercée pour l'ensemble des projets de l'entreprise, et non projet par projet (voir n° 30285).
Sur l'absence d'incidence du mode de comptabilisation des frais de développement sur leur éligibilité au **crédit d'impôt recherche,** voir n° 31505.

> **Précisions 1. Difficultés d'application** À notre avis, **la difficulté réside dans l'estimation de la possibilité de récupération** au cours des exercices à venir. Cette estimation ne peut dépendre de critères généraux mais doit être menée au cas par cas dans le souci de la sincérité des comptes. La réussite doit être appréciée sur le plan technique et commercial et résultera par exemple, d'une part, de l'examen des dossiers techniques et, d'autre part, des études de marchés et des budgets prévisionnels d'exploitation. L'application du principe de prudence doit conduire, en cas de doute sur les chances de réussite, à comptabiliser en charges la totalité des frais de développement. Il n'est pas possible de fractionner les frais de développement et d'en comptabiliser une partie en immobilisation (frais recouvrables) et le reste en charges. En revanche, lorsque l'éventuel échec est contractuellement couvert par un tiers (État ou organisme), la recouvrabilité des dépenses devient certaine.
2. Si les conditions d'inscription à l'actif cessent d'être remplies Dans ce cas, l'entreprise doit, pour tous les frais relatifs au programme concerné (en ce sens, Bull. CNCC n° 96, décembre 1994, EC 94-26, p. 745 s.) :
– inscrire en charges les nouveaux frais de développement ;
– amortir, en totalité, les frais inscrits à l'actif au compte 203 « Frais de recherche et développement » des exercices précédents (voir n° 31905) ;
– insérer une mention dans l'annexe justifiant ce traitement (voir n° 32845).
Sur la divergence existant avec les normes IFRS, voir Mémento IFRS n° 69035.

FRAIS DE DÉVELOPPEMENT DE PROJETS À USAGE INTERNE

30895 **Frais d'organisation, de rénovation majeure ou de réorganisation d'usine**
De tels frais peuvent notamment être engagés dans le cadre de projets de réorganisation suite à la mise en conformité avec une nouvelle norme (certifications ISO, mise en œuvre du RGPD, voir n° 25945).

Ces projets à usage interne sont soumis au traitement comptable des frais de développement (voir n° 30890).

En effet, les critères de comptabilisation des frais de développement n'excluent pas l'**utilité en interne** (PCG art. 212-3.1).

En pratique, ces frais peuvent aboutir à :
a. Des **logiciels** (à usage interne) ;

> EXEMPLE
>
> Programmes de changement de systèmes améliorant la gestion des stocks, la trésorerie, les chaînes de production, etc.

Dans ce cas :
– si le logiciel **fait partie d'un projet de développement** plus vaste (voir n° 30355 II.), les frais constituent des frais de développement et ne sont comptabilisés à l'actif que s'ils respectent les six critères de comptabilisation des frais de développement et si l'option d'activation des frais de développement a été retenue par l'entreprise, pour plus de détails, voir n° 30890 ;
– si le logiciel est **développé de façon autonome** (voir n° 30355 III.), les frais doivent obligatoirement être comptabilisés à l'actif s'ils respectent les conditions spécifiques de comptabilisation des logiciels, pour plus de détails, voir n° 30400 ;
– si le logiciel est **indissociable d'un matériel** (voir n° 30355 I.), il doit continuer à être obligatoirement comptabilisé en immobilisation corporelle.
b. Des frais de développement (à usage interne tels que de **nouvelles technologies,** brevetées ou non), dès lors qu'ils respectent les six critères de comptabilisation des frais de développement (voir n° 30890) et si l'option d'activation des frais de développement est retenue (voir n° 30285).

En pratique :
– les projets à usage interne rempliront plus difficilement les conditions de comptabilisation à l'actif (contrairement à des projets à rentabilité commerciale), sauf lorsqu'ils aboutiront à un logiciel, à un brevet ou à tout autre droit ;
La comptabilisation de tels frais en frais de développement ne devrait pas être systématique mais être effectuée en analysant la situation de fait. **Le traitement comptable est donc à apprécier au cas par cas.**
Sauf lorsqu'il existe un droit, le critère de séparabilité (c'est-à-dire la possibilité de vendre, louer ou échanger l'élément créé ; voir n° 30115) peut être difficile à démontrer. À défaut, il s'agira de frais de développement du fonds commercial ou d'éléments assimilés (voir n° 30965).

> **> Précisions** Par exemple : si la (ré)organisation apporte des innovations réelles dans la conception des produits en permettant d'accélérer les cadences de production, de réduire les taux de rebuts... le développement est séparable.
> En revanche, si les coûts de réorganisation permettent d'améliorer l'image de la société sans pouvoir être séparés du coût de développement de l'activité dans son ensemble, ils sont à comptabiliser en charges.

– lorsque ces conditions seront réunies, le montant des frais restant à immobiliser sera souvent faible (la date à laquelle toutes les conditions auront été réunies pouvant être éloignée du début des travaux).
Sur leur incorporation dans le coût de revient des stocks, voir n° 21130.

SITES INTERNET CRÉÉS EN INTERNE

30900

En ce qui concerne :
– la valorisation du coût d'entrée des sites internet, voir n° 31465 ;
– l'amortissement, voir n° 32070 ;
– le traitement des dépenses ultérieures, voir n° 31165.

Sont concernés, notamment, les sites de présentation de l'entreprise et les sites enregistrant les commandes.

Les plateformes numériques (permettant d'avoir accès à des contenus à télécharger, par exemple) sont, à notre avis, assimilables à des sites internet et devraient donc suivre le traitement indiqué ci-après.

Distinction entre sites « actifs » et « passifs »

30905

I. **Les sites « passifs »** sont les simples sites de présentation ne participant pas aux systèmes d'information ou commerciaux de l'entreprise (Avis CNC 2003-11). Les dépenses de création de tels sites doivent être comptabilisées obligatoirement en **charges.**
En effet, ces sites constituent un support de publicité de l'entreprise qui ne répond pas à la définition d'un actif incorporel.

> **> Fiscalement** Il en est de même (BOI 4 C-4-03, n° 7 s., non repris dans Bofip).

Toutefois :
– si les revenus publicitaires générés, le cas échéant, par un tel site sont suffisants pour le considérer comme rentable, les coûts de création du site peuvent être activés (Bull. CNCC n° 171, septembre 2013, EC 2013-19, p. 526) ;
– lorsqu'un site « passif » peut être considéré comme lié à un site « actif », notamment du fait d'un accès direct entre les deux sites, il est à traiter comme un élément du site « actif » et ses coûts de création font partie intégrante du coût du site « actif » (voir ci-après II. ; Bull. CNCC n° 171 précité).

II. Les sites « actifs » sont les sites enregistrant des commandes clients et/ou participant aux systèmes d'information ou commerciaux (comptabilité, ventes, etc.) (Avis CNC 2003-11).
Ils suivent les règles de comptabilisation des **frais de développement** (voir n° 30845 s.). En conséquence, selon le PCG, les frais de création d'un site internet (y compris les logiciels créés dans le cadre du site internet) doivent être comptabilisés de la façon suivante (PCG art. 612-2 et 612-3) :

> **Précisions** Sont concernés à la fois les sites intranet et extranet créés par l'entreprise elle-même ou sous-traités.

a. S'ils sont engagés au cours de la phase de recherche Ils sont comptabilisés en **charges** obligatoirement (voir n° 30870).
Sur la distinction entre phase de recherche et phase de développement, voir n° 30925.

> **Fiscalement** Il en est de même (BOI-BIC-CHG-20-30-30 n° 170).

b. S'ils sont engagés au cours de la phase de développement Au **choix** de l'entreprise, ils sont comptabilisés :
– soit immédiatement en **charges ;**
– soit en **immobilisation incorporelle,** si les conditions d'activation spécifiques aux frais de développement sont remplies (voir n° 30890) et si l'option d'activation est retenue pour les autres frais de développement de l'entreprise (voir n° 30285).
La comptabilisation à l'actif est toutefois la méthode de référence (voir n° 30285) ;

> **Fiscalement** L'administration fait une distinction entre (BOI-BIC-CHG-20-30-30 n° 170 et 210) :
> – les **dépenses de création** engagées au cours de la phase de développement et de mise en production du site, qui sont assimilées à des dépenses de conception de **logiciels** utilisés pour les besoins propres de l'entreprise. Ces dépenses peuvent donc être :
> • soit déduites immédiatement (au moyen, le cas échéant, d'un amortissement dérogatoire si les dépenses de création ont été comptablement immobilisées, CGI art. 236-I ; voir n° 30400),
> • soit être amorties dans les mêmes conditions qu'en comptabilité.
> – les **dépenses relatives à l'obtention et à l'immatriculation d'un nom de domaine,** qui suivent, sur le plan fiscal, le traitement retenu en comptabilité.

Sur la divergence existant avec les normes IFRS, voir Mémento IFRS n° 69035.

30925 Distinction entre phase de recherche et phase de développement Pour apprécier si une immobilisation incorporelle générée en interne satisfait aux critères de définition et de comptabilisation à l'actif, une distinction doit être faite entre la phase de recherche et la phase de développement (Avis CNC 2004-15 § 3.3.1). Dans le cas particulier des sites internet créés en interne, des exemples de dépenses engagées avant et pendant la phase de production du site peuvent permettre de distinguer ces deux phases, les dépenses engagées dans chacune de ces phases étant traitées différemment (voir n° 30905 II.).

a. Phase de recherche

> EXEMPLES
>
> Exemples de dépenses réalisées au cours de la phase de recherche :
> – études de faisabilité ;
> – détermination des objectifs et des fonctionnalités du site ;
> – exploitation des moyens permettant de réaliser les fonctionnalités souhaitées ;
> – identification du matériel approprié et des applications ;
> – sélection des fournisseurs de biens et services ;
> – traitement des questions juridiques préalables comme la confidentialité, les droits d'auteur, les marques de fabrique et le respect de la législation ;
> – identification des ressources internes pour des travaux sur le dessin et le développement du site.

Ces dépenses sont obligatoirement comptabilisées en charges, voir n° 30905 II., a.

b. Phase de développement

> **EXEMPLES**
>
> Exemples de dépenses réalisées au cours de la phase de développement :
> – obtention et immatriculation d'un nom de domaine ;
> – acquisition ou développement du matériel et du logiciel d'exploitation qui se rapportent à la mise en fonctionnalité du site (par exemple, les systèmes de gestion du contenu pouvant être mis à jour et les systèmes de commerce électronique, dont le logiciel de cryptage, ainsi que les interfaces avec d'autres systèmes informatiques que l'entreprise utilise) ;
> – développement, acquisition ou fabrication sur commande d'un code pour les applications (par exemple, logiciel de catalogage, moteurs de recherche…), de logiciels de bases de données, et de logiciels intégrant les applications distribuées (par exemple, base de données et systèmes comptables d'entreprise) dans les applications ;
> – réalisation de la documentation technique (qui ne constitue pas un guide d'utilisation) ;
> – conception graphique qui comprend notamment les frais de développement de la conception graphique et de la présentation des pages individuelles sur le site, dont la création de « graphiques » ;
> Les « graphiques » comprennent le dessin global de la page du site (bordures, fonds et couleurs des textes, polices, cadres, boutons…) qui affecte l'image et la sensation de la page et demeurent en principe cohérents, indépendamment des modifications apportées au contenu. Les « graphiques » constituant un élément du logiciel et les frais de développement des « graphiques » initiaux doivent être comptabilisés comme les logiciels auxquels ils se rapportent.
> – contenu qui comprend notamment les frais induits par la préparation, l'alimentation et la mise à jour du site et l'expédition du contenu du site.
> Le contenu vise les renseignements inclus sur le site, de nature textuelle ou graphique (les graphiques spécifiques décrits ci-avant sont exclus). Par exemple : les articles, les photos des produits, les cartes, les citations et les tableaux constituent des formes de contenu. Le contenu peut se trouver dans des bases de données séparées.

Ces dépenses sont comptabilisées, au choix de l'entreprise (voir n° 30905 II. b.) :
– immédiatement en **charges** ;
– ou en **immobilisation incorporelle,** si les conditions d'activation spécifiques aux frais de développement sont remplies (voir n° 30890).
Sur la divergence existant avec les normes IFRS, voir *Mémento IFRS* n° 69035.

c. Phase d'exploitation Les dépenses engagées postérieurement à la phase de production du site, en **phase d'exploitation,** sont à inscrire en **charges** (voir n° 31165).

BREVETS ET AUTORISATIONS DE MISE SUR LE MARCHÉ (AMM) CRÉÉS EN INTERNE ET AUTRES FRAIS DE CRÉATION

Brevets, AMM et marquages « CE » créés en interne Ils sont comptabilisés de la même manière que les autres frais de développement (voir n° 30845 s.) : **30945**

a. Les coûts engagés au cours de la phase de **recherche** préalable sont comptabilisés obligatoirement en **charges** (voir n° 30870 et 30620).

b. Les coûts engagés au cours de la période de **développement** peuvent, au **choix** de l'entreprise :
– être constatés en **charges** ;
– ou portés à l'**actif** si les **conditions** sont remplies (voir n° 30890) et si l'option d'activation est retenue en général pour les frais de développement (voir n° 30285). La comptabilisation à l'actif est la **méthode de référence.**
L'appréciation du respect de ces conditions relève d'une analyse en continu, en tenant compte de tous les faits et circonstances et de leur évolution.
Concernant les **dispositifs médicaux,** l'analyse dépend du niveau d'incertitude et de risque inhérent à chaque projet :
– la mise sur le marché européen des **médicaments ou de dispositifs médicaux « implantables »** est conditionnée par l'obtention, d'une part, d'un marquage « CE » délivré par un certificateur privé et, d'autre part, d'une AMM (et donc d'une étude clinique). La pratique est majoritairement de comptabiliser en charges les coûts de développement, compte tenu des aléas intrinsèques à toute étude clinique et process d'approbation auprès des autorités de santé, même si le marquage « CE » a déjà été obtenu. Toutefois, dans certains cas particuliers, certaines sociétés devraient, à notre avis, pouvoir être autorisées à capitaliser les coûts de développement lorsque les circonstances le permettent. Tel est le cas, par exemple, lorsque la société a obtenu une autorisation d'accès précoce (pré-AMM) permettant de générer du revenu ;

– la mise sur le marché européen des **dispositifs médicaux « non implantables »** (compresses, lentilles de contact…) n'est conditionnée que par l'obtention d'un **marquage « CE ».** Selon la CNCC (Bull. CNCC n° 208, décembre 2022, EC 2022-19), l'activation des frais de développement avant l'obtention du marquage « CE » n'est pas impossible et dépend des zones d'incertitudes et de risque inhérent à chaque type de dispositifs (selon le dispositif médical visé, les efforts cliniques à fournir sont très variables, ce qui peut significativement influer sur la probabilité de certification).

Concernant les inventions non brevetées, voir n° 30947.

Sur la divergence existant avec les normes IFRS, voir Mémento IFRS n° 69035.

En ce qui concerne :
– leur classement comptable, voir n° 31055 ;
– le schéma de comptabilisation, voir n° 32385 ;
– leur coût d'entrée, voir n° 31470 et, lorsque le prix est exprimé en une redevance annuelle, voir n° 30185 ;
– leur amortissement, voir n° 31915 ;
– leur incorporation dans le coût de revient des stocks, voir n° 21135 ;
– leur cession, voir n° 32155 ;
– la comptabilisation des brevets et des AMM acquis, voir n° 30615 ;
– les brevets faisant l'objet de contrats de location-financement, voir n° 32270 s. et ceux faisant l'objet de contrats de louage, voir n° 30785.

30947 **Invention non brevetée**
Une invention (ou savoir-faire, procédé, formule, dessin…) peut être brevetable mais non brevetée pour des raisons de confidentialité, compétition, stratégie… En pratique, de telles inventions devraient pouvoir être comptabilisées à l'actif, à condition qu'elles remplissent toutes les conditions (voir n° 30890) et notamment qu'elles soient utiles en interne.

Le traitement comptable est **à apprécier au cas par cas** en fonction des circonstances.

Le fait que l'invention n'ait pas fait l'objet d'un dépôt et ne soit donc pas protégée des tiers peut rendre difficile la mesure des avantages économiques futurs attendus de son utilisation.

30950 **Frais de collection (industrie textile)** Selon le bulletin CNCC (n° 182, juin 2016, EC 2015-53, p. 402), les frais de conception d'une collection future, engagés avant le lancement de la production de la collection, répondent à la définition des **frais de développement** (voir n° 30890).

> EXEMPLE
>
> Sont concernés le coût de rémunération des stylistes affectés à cette collection, les prototypes, les frais de déplacement…

En conséquence, les coûts engagés au cours de la période de développement de la collection peuvent, au **choix** de l'entreprise, être constatés en **charges** ou portés à l'**actif** (si l'option d'activation est retenue en général pour les frais de développement ; voir n° 30285). La comptabilisation à l'actif est la méthode de référence (voir n° 30285).

Sur la divergence existant avec les normes IFRS, voir Mémento IFRS n° 69035.

> **Fiscalement** Deux approches sont envisageables. Selon une **première approche,** les frais de collection seraient des dépenses de fonctionnement exposées dans des opérations de recherche au sens de l'article 236-I du CGI. Cette approche est conforme à l'intention du législateur dès lors que :
> – les frais de collection sont des dépenses ouvrant droit au crédit d'impôt recherche jusqu'au 31 décembre 2024 (CGI art. 244 quater B, h et i modifié par loi 2022-1726 du 30-12-2022 art. 42) et que le législateur a défini le champ d'application de l'article 236-I du CGI par référence aux dépenses éligibles à ce crédit d'impôt ;
> – le législateur a entendu aligner l'option fiscale sur l'option comptable.
> Dans ce cas, les frais de collection peuvent au choix de l'entreprise être immobilisés ou immédiatement déduits en charges, le choix comptable déterminant le choix fiscal (BOI-BIC-CHG-20-30-30 n° 70).
> Selon une **seconde approche,** les frais de collection ne seraient pas visés par l'article 236-I du CGI. Il s'agit de l'approche retenue par la jurisprudence rendue sur des faits antérieurs à l'entrée en vigueur des nouvelles règles sur les actifs (CAA Paris 24-12-1992 n° 90PA00904 ; CAA Nantes 26-10-2005 n° 02NT01575). Elle considère alors que les frais de collection doivent être incorporés au prix de revient des stocks ou des travaux en cours inscrits à l'actif de l'entreprise. Tel est le cas d'une entreprise fabriquant elle-même ses produits d'après ses modèles (CAA Paris 24-12-1992 n° 90-746 et 90-904 ; CAA Nancy 20-1-2000 n° 95-919) ou d'une entreprise ne fabriquant pas

elle-même ses produits, mais assurant leur commercialisation et disposant de stocks de produits fabriqués par des sous-traitants ou des façonniers en application d'un cahier des charges (CE 23-5-2003 n° 234100). En revanche, si l'entreprise ne se charge ni de la production ni de la distribution et ne dispose donc d'aucun stock, les frais de collection constituent des charges de l'exercice au cours duquel ils ont été engagés (CE 20-2-2002 n° 221437).

À notre connaissance, l'administration fiscale ne s'est pas, à ce jour, prononcée sur l'approche qu'il convient de retenir.

a. S'ils sont immobilisés, les frais de collection sont amortis à partir du lancement de la production, sur la durée de production des stocks relatifs à la collection.

À notre avis, l'amortissement est soit linéaire, soit variable au rythme des unités produites (voir n° 27255).

Sur l'amortissement des modèles et dessins bénéficiant d'une protection, voir n° 31945.

L'amortissement des frais de collection est inclus dans le coût de production des stocks relatifs à cette collection (voir n° 21130).

b. S'ils sont comptabilisés immédiatement en charges, à notre avis, seule la quote-part de frais se rapportant à la production stockée de l'exercice au cours duquel les frais de collection ont été engagés est incluse dans le coût des stocks.

Frais de création de spectacle Selon le bulletin CNCC (Bull. n° 146, juin 2007, EC 2007-27, p. 345 s.), les frais de montage d'un spectacle, engagés avant la première représentation, répondent à la définition des coûts de développement et sont donc activables, sur option (voir n° 30285) à partir du moment où le spectacle est clairement identifié et que des représentations sont effectivement prévues.

30955

Cet incorporel est amortissable de manière linéaire sur le temps de production du spectacle ou en fonction d'autres critères (tels que le nombre de représentations connu à la date de démarrage du spectacle, par exemple ; Bull. CNCC précité).

LOGICIELS CRÉÉS EN INTERNE

Sur la distinction entre logiciels faisant partie d'un projet de développement, logiciels autonomes et logiciels indissociables du matériel, voir n° 30355.

30960

I. Logiciels faisant partie d'un projet de développement Ils suivent le traitement des frais de développement :
– les coûts engagés au cours de la période de **développement** peuvent, au **choix** de l'entreprise, être constatés en **charges** ou portés à l'**actif** si les **conditions** sont remplies (voir n° 30890) et si l'option d'activation est retenue en général pour les frais de développement (voir n° 30285) ;
– la comptabilisation à l'**actif** est la **méthode de référence** (voir n° 30285) ;
– les coûts engagés au cours de la phase de **recherche** préalable sont comptabilisés obligatoirement en **charges** (voir n° 30870).

> **Fiscalement** (CGI art. 236-I ; BOI-BIC-CHG-20-30-30 n° 1 et 80), les entreprises peuvent déduire les dépenses de création de logiciels (qu'il s'agisse de logiciels autonomes ou faisant partie d'un projet de développement) alors même qu'elles les immobilisent comptablement (voir n° 30400). Si les dépenses de création de logiciels sont comptabilisées en charges, les entreprises n'ont pas le choix sur le plan fiscal et doivent toujours déduire ces dépenses.

II. Logiciels autonomes Voir n° 30400.

III. Logiciels indissociables du matériel Voir n° 30355.

MARQUES, FONDS COMMERCIAUX, TITRES DE JOURNAUX ET DE MAGAZINES, LISTES DE CLIENTS ET AUTRES ÉLÉMENTS SIMILAIRES CRÉÉS EN INTERNE

Leur comptabilisation à l'actif est interdite car ils ne peuvent pas être distingués du coût de développement de l'activité dans son ensemble (PCG art. 212-3.3).

30965

Il en est de même pour les coûts engagés ultérieurement relatifs à ces dépenses internes (voir n° 31155 et 31160).

I. Les dépenses engagées pour créer des fonds commerciaux en interne sont donc toujours comptabilisées en **charge**.

> **Fiscalement** Les frais qui concourent à la création du fonds de commerce sont immédiatement déductibles (BOI-BIC-PVMV-10-20-30-10 n° 100).

EXEMPLES

À notre avis, sont des dépenses liées aux fonds commerciaux créés en interne et donc à comptabiliser en charges :
– des frais de publicité et de promotion (voir n° 15970) ;
– des dépenses permettant d'améliorer l'image de l'entreprise et de gagner la confiance des clients (certifications ISO, protection des données personnelles...) (voir n° 25945) ;
– des frais d'acquisition de contrats (voir n° 30605) ;
– des frais engagés par une société mère pour l'acquisition d'une cible dans le but d'une croissance externe, lorsque la cible est portée par une holding intermédiaire (voir n° 35630) ;
– de la participation des centrales de distribution à l'agrandissement des magasins affiliés, dès lors que l'analyse des contrats entre la centrale et les magasins confirme :
• l'absence de droit à profiter des nouveaux avantages liés à l'agrandissement du magasin,
• que cette participation ne rémunère ni une prestation du magasin vis-à-vis de la centrale ni la cession d'un actif.
D'ailleurs, du côté du magasin qui la reçoit, les sommes versées sont assimilables à une subvention d'investissement (Bull. CNCC n° 165, mars 2012, EC 2011-29, p. 160 ; voir n° 56470) ;
– des frais engagés pour développer les compétences spécifiques du personnel (voir n° 30775).

Sur les frais engagés postérieurement, voir n° 31160.

II. Les dépenses engagées pour créer des marques sont donc toujours comptabilisées en **charges**.
Tel est le cas :
– des frais engagés pour la création de la marque ;

EXEMPLE

Par exemple, les frais internes et externes de conception de logo ou de nom.
Ainsi, les frais d'une agence de communication chargée d'effectuer pour le compte de l'entreprise la recherche d'une nouvelle image, d'un nouveau logo, d'un nouveau nom... constituent des dépenses de sous-traitance dans le cadre de la création en interne d'une nouvelle marque à comptabiliser en charges et non pas des dépenses d'acquisition d'une marque à activer (Bull. CNCC n° 192, décembre 2018, EC 2018-31, p. 644).

– des frais de recherche d'antériorité ;
– des frais de dépôt de marque ;

> **Fiscalement** Il en est de même (BOI-BIC-CHG-20-30-30 n° 120 et 130).

– des frais engagés postérieurement au dépôt de la marque (voir n° 31155).
En revanche, sur les marques acquises qui sont comptabilisées à l'actif, voir n° 30625.

III. Les autres éléments similaires créés en interne sont toujours comptabilisés en **charges**.
Il s'agit, par exemple :
– des titres de journaux ;
– des listes ou fichiers de clients ou prospects, dès lors qu'il n'existe aucun droit permettant de protéger ou de contrôler les relations de l'entité avec ces clients ou prospects et donc les avantages économiques qu'elle en attend (Bull. CNCC n° 186, juin 2017, EC 2017-12, p. 348 ; Bull. CNCC n° 138, juin 2005, EC 2005-30, p. 301 s. et EC 2022-30 ; cncc.fr).

> **Fiscalement** Il en est, à notre avis, de même.

Toutefois, si la constitution du fichier s'effectue dans le cadre d'une campagne de publicité menée sur des produits spécifiques, et non encore lancée à la clôture de l'exercice, les dépenses externes engagées pour constituer ce fichier peuvent être comptabilisées en charges **constatées d'avance,** jusqu'au lancement de la campagne (voir n° 15970).

III. CLASSEMENT COMPTABLE

31035 Outre les immobilisations financières (voir n° 35390 s.) et les immobilisations corporelles (voir n° 25510 s.), le PCG distingue :
– les immobilisations incorporelles, voir ci-après n° 31045 s. ;
– les immobilisations en cours, voir n° 32380.

IMMOBILISATIONS INCORPORELLES (COMPTE 20)
31040
Sur le **contenu général** de ce compte, voir liste des comptes du PCG, n° 96220.
En ce qui concerne les schémas usuels de la **comptabilisation** : des acquisitions et productions, voir n° 32375 s. ; des amortissements, voir n° 32470 ; des dépréciations, voir n° 32540 ; des cessions, voir n° 32615 s.

Compte 201 « Frais d'établissement »   Voir n° 45110 s.
31045

Compte 203 « Frais de recherche et de développement »
31050
Le compte 203 « Frais de recherche et de développement » enregistre les frais de développement qui peuvent être inscrits dans les immobilisations incorporelles (sur les conditions de comptabilisation à l'actif des frais de développement, voir n° 30890).

En cas de prise de brevets consécutive à des recherches Voir n° 32385.

En cas de création de logiciels autonomes consécutive à des recherches Voir n° 31060. Sur la définition de logiciels « autonomes » et la différence avec les logiciels créés dans le cadre d'un projet de développement plus global, voir n° 30355.

Lorsque les dépenses concourent à la création d'une immobilisation corporelle (création d'un laboratoire ou de **prototypes**, etc.), elles sont enregistrées normalement dans les comptes d'immobilisations concernés, sauf si l'élément physique de l'actif est secondaire par rapport à sa composante incorporelle, à savoir les connaissances qu'elle renferme. Toutefois, si les prototypes sont revendables ou utilisables pour une seule commande, ils sont à comptabiliser en stocks et en-cours.

Compte 205 « Concessions et droits similaires, brevets, licences, marques, procédés, logiciels, droits et valeurs similaires »
31055
Ce sont les dépenses faites pour l'obtention de **l'avantage** que constitue la **protection** accordée sous certaines conditions à l'inventeur, à l'auteur ou au bénéficiaire du droit d'exploitation d'un brevet, d'une licence, d'une marque, d'un procédé, de droits de propriété littéraire et artistique ou au titulaire d'une concession (PCG art. 942-20).

Il s'agit notamment :
– des brevets et des AMM acquis (voir n° 30610 et 30615) et produits (n° 30945) (pour plus de détails sur le schéma de comptabilisation des brevets consécutifs à des recherches, voir n° 32385) ;
– des marques acquises (voir n° 30625) ;
– des logiciels (voir n° 30355 s.) (pour plus de détails sur leur classement comptable, voir n° 31060) ;
– des contrats de concession de droits de propriété industrielle (contrats de louage de marques et brevets, voir n° 30785 ; autres immobilisations, voir n° 30790) et des droits d'exclusivité provenant d'une autorisation administrative (voir n° 30700 s.).
À notre avis, il n'y a pas lieu de distinguer les dépenses externes des dépenses internes.

Cas particulier des logiciels
31060
Il est nécessaire de distinguer :
– les logiciels indissociables du matériel (voir n° 30355 I.) ;
– les logiciels faisant partie d'un projet de développement plus global (voir n° 30355 II.) ;
– les logiciels « autonomes » (voir n° 30355 III.).

I. Les logiciels indissociables du matériel   Si l'entreprise acquiert des logiciels indissociés du matériel (c'est-à-dire ceux pour lesquels le prix du logiciel ne peut jamais être distingué de celui du matériel informatique), ils sont à inscrire en « Immobilisations corporelles » (à notre avis, au compte 2183 « Matériel informatique »).

Concernant les **logiciels de production (robotique)**, la même distinction s'applique à notre avis, mais, dans ce cas, le logiciel peut être indissocié non d'un matériel informatique mais d'une machine ou d'une installation industrielle de production. Dans ce cas, les logiciels sont à inscrire, à notre avis, au compte 215 « Installations techniques, matériel et outillages industriels ».

Sur le schéma de comptabilisation des immobilisations corporelles, voir n° 28935 s.

II. Les logiciels faisant partie d'un projet de développement plus global
Ils sont comptabilisés comme les frais de développement (voir n° 31050) :
– au compte 203 « Frais de recherche et de développement », s'ils respectent les critères de comptabilisation des frais de développement (voir n° 30890) et si l'option d'activation est retenue en général pour ceux-ci (voir n° 30285) ;
– en charges sinon.

Sur le schéma de comptabilisation des frais de développement, voir n° 32380.

III. Les logiciels autonomes créés ou acquis constituent des **immobilisations incorporelles** (s'ils répondent aux conditions spécifiques de comptabilisation, voir n° 30380 et 30400).

En effet, selon l'avis CNC n° 31 d'avril 1987, un logiciel repose souvent sur un support matériel (disques, disquettes, bandes magnétiques, etc.) qui est une chose corporelle. Toutefois, ce bien est une fourniture accessoire à la prestation intellectuelle et l'achat du logiciel correspond en fait à l'acquisition de **droits incorporels protégés** depuis que la **loi du 3 juillet 1985** a étendu aux auteurs de logiciels la protection conférée par la loi n° 57-298 du 11 mars 1957 (CPI art. L 112-1 et L 112-2).

En conséquence, le coût d'acquisition (voir n° 31350) ou le coût de production (voir n° 31530 s.) est comptabilisé au **compte 205 « Concessions et droits similaires… »** :
– dès son acquisition pour les logiciels acquis (PCG art. 611-5 et 942-20) par le crédit du compte 4041 « Fournisseurs – Achats d'immobilisations » ;
– dès son achèvement pour les logiciels produits (PCG art. 942-20 et 942-23) par le crédit du compte 232 « Immobilisations incorporelles en cours ».

Sur le schéma de comptabilisation des logiciels autonomes, voir n° 32390 III.

31065 **Compte 206 « Droit au bail »** Le compte 206 « Droit au bail » enregistre le montant versé ou dû au locataire précédent, en considération du transfert à l'acheteur des droits résultant tant des conventions que de la législation sur la propriété commerciale (PCG art. 942-20).

Sur les critères de comptabilisation du droit au bail, voir n° 30635.

31070 **Compte 207 « Fonds commercial »** Il est constitué par les **éléments incorporels** du fonds de commerce qui **ne font pas l'objet d'une évaluation et d'une comptabilisation séparées** au bilan et qui concourent au maintien ou au développement du potentiel d'activité de l'entreprise (PCG art. 942-20).

Sur les critères de comptabilisation du fonds commercial, voir n° 30500 (acquis) et 30965 (produit).

31075 **Compte 208 « Autres immobilisations incorporelles »** Le PCG ne donne aucune précision sur ce compte.

> **Précisions** Il s'agit notamment des fichiers clients acquis (voir n° 30560).

31080 **Compte 2081 « Mali de fusion sur actifs incorporels »** Sur le traitement du mali technique après la fusion (amortissement, dépréciation, sortie, information en annexe), voir n° 75790 à 75800.

IV. TRAITEMENT DES DÉPENSES ULTÉRIEURES

CRITÈRES DE DISTINCTION ENTRE IMMOBILISATIONS ET CHARGES

31150 Selon le PCG, les critères de distinction entre charges et immobilisations, pour la comptabilisation des dépenses ultérieures, sont les **mêmes que lors de l'acquisition initiale** de l'immobilisation existante (PCG art. 212-1 et 612-3).

Ces critères sont les suivants :
– il est probable que l'entité bénéficiera des avantages économiques futurs associés à l'immobilisation (voir n° 30145) ;
– le coût ou la valeur de cette immobilisation peut être évalué avec une fiabilité suffisante (voir n° 30165).

En conséquence, sont comptabilisées en charges les dépenses :
– qui **maintiennent le niveau** des avantages économiques futurs estimés au moment où les dépenses sont encourues, plutôt qu'elles ne génèrent des avantages économiques supplémentaires (entretien des éléments existants) ;
– qui sont **difficiles à attribuer** directement au développement d'une immobilisation particulière plutôt qu'à celui de l'activité dans son ensemble.

Selon le CNC, les coûts ultérieurs effectués sur des immobilisations incorporelles sont « **rarement activables** » (Avis CNC 2004-15 § 4.3.3).

> **Fiscalement** Il en est de même (BOI-BIC-CHG-20-20-20 n° 1 et 140).

DÉPENSES ULTÉRIEURES SUR LES MARQUES

31155 En général, les dépenses ultérieures sur les marques ne font que maintenir les avantages économiques futurs incorporés dans la marque et ne satisfont pas aux critères d'activation. Elles sont donc à comptabiliser immédiatement en charges.
Tel est le cas, notamment des frais de défense et de surveillance des marques créées ou acquises.

> **Fiscalement** Il en est de même (CE 30-12-2009 n° 305449, décision rendue sur des faits antérieurs à 2005 mais, à notre avis, applicable dans le cadre des nouvelles règles).

En outre, il est souvent difficile d'attribuer directement les dépenses ultérieures au développement d'une marque plutôt qu'à celui de l'entreprise dans son ensemble. En conséquence, les **frais de renouvellement de marques créées** sont systématiquement inscrits en **charges** (PCG art. 212-3.3).

> **Fiscalement** Il en est de même (BOI-BIC-CHG-20-30-30 n° 120 et 130 ; CE 7-11-2012 n° 328670 et CE 28-12-2012 n° 345841, décisions rendues sur des faits antérieurs à 2005 mais, à notre avis, applicables dans le cadre des nouvelles règles ; voir n° 30965).

Ce principe devrait s'appliquer **également** dans le cas des **frais de renouvellement des marques acquises,** même si le PCG n'est explicite que pour les éléments créés.
En effet :
– comme pour les marques créées, il est difficile d'attribuer directement les dépenses ultérieures au développement d'une marque plutôt qu'à celui de l'entreprise dans son ensemble ;
– en outre, l'immobilisation des frais de renouvellement conduirait à les considérer comme un composant de la marque à amortir jusqu'au prochain renouvellement. Or, lors de l'acquisition de la marque, la quote-part du prix correspondant à ce composant n'est ni identifiée ni amortie sur une durée plus courte.

> **Précisions** **Frais de renouvellement du dépôt d'un brevet** Pour les mêmes raisons que celles indiquées pour les marques, les frais assurant le renouvellement de la protection et le maintien en vigueur du brevet, sont, à notre avis, à comptabiliser en charges.

> **Fiscalement** Les frais de renouvellement des marques acquises sont immédiatement déductibles (CE 7-11-2012 n° 328670 et CE 28-12-2012 n° 345841).

Sur les indemnités versées en contrepartie d'une utilisation abusive de la marque, voir n° 30575.

DÉPENSES ULTÉRIEURES SUR LES FONDS COMMERCIAUX, TITRES DE JOURNAUX, LISTES DE CLIENTS ET AUTRES ÉLÉMENTS SIMILAIRES

31160 Les dépenses ultérieures effectuées sur des titres de journaux, listes de clients, fonds commerciaux et autres éléments similaires **créés** sont obligatoirement comptabilisées en **charges,** celles-ci ne pouvant pas être distinguées du coût de développement de l'activité dans son ensemble (voir n° 31150).
Ce principe devrait, à notre avis, s'appliquer également lorsque les éléments incorporels (titres de journaux, etc.) ont été **acquis,** même si ce n'est explicite, dans les nouvelles règles, que pour les éléments créés.
En effet, même dans ce cas, il est difficile de distinguer les dépenses relatives à ces éléments de celles engagées pour développer l'activité dans son ensemble.

DÉPENSES ULTÉRIEURES SUR LES SITES INTERNET

31165 **Les dépenses postérieures** à la phase de production du site sont **à inscrire en charges.** Il s'agit des dépenses liées à l'exploitation du site (Avis CNC 2003-11 § 1.3.3) :
– former les salariés participant à l'entretien du site (voir toutefois n° 26262 sur les formations nécessaires à la mise en service d'une immobilisation) ;
– enregistrer le site auprès des moteurs de recherche ;
– effectuer les tâches administratives ;
– mettre à jour les graphiques du site ;
– effectuer des sauvegardes régulières ;
– créer de nouveaux liens ;
– vérifier que les liens fonctionnent normalement et mettre à jour les liens existants ;
– procéder à des révisions de routine de la sécurité du site ;
– effectuer l'analyse d'utilisation ;
– engager la redevance annuelle du nom de domaine.

> **Fiscalement** Il en est, à notre avis, de même. Sont ainsi notamment déductibles (BOI-BIC-CHG-20-30-30 n° 170) :
- les dépenses assimilables à des frais de maintenance ou d'actualisation (comme la formation du personnel) ;
- les frais qui s'apparentent à des dépenses de publicité (comme les frais engagés pour faire répertorier le site sur des annuaires ou des moteurs de recherche) ;
- les frais qui se rapprochent des dépenses d'abonnement téléphonique (comme les dépenses d'accès au réseau ou d'hébergement) ;
- ainsi que les redevances payées annuellement à l'organisme attribuant le nom de domaine.

Toutefois, les **dépenses contribuant à améliorer le site** sont **susceptibles d'être portées à l'actif** :
- s'il est probable qu'elles permettront au site de générer des avantages économiques futurs au-delà du niveau de performance actuelle et si elles peuvent être évaluées et affectées à l'actif de façon fiable (Avis CNC précité, § 1.3.3) ;
- à condition que l'entreprise ait fait le choix d'immobiliser ses frais de développement (voir n° 30905).

> **Fiscalement** Sont traitées comme des dépenses de création d'un nouveau logiciel (n° 30905 s.) les dépenses se traduisant par une modification des **caractéristiques essentielles du site** (comme l'adjonction de fonctions ou de caractéristiques nouvelles) (BOI-BIC-CHG-20-30-30 n° 170). Il en est de même pour des **dépenses d'amélioration** consistant en la création d'une nouvelle identité visuelle d'un site internet existant et une nouvelle ergonomie de navigation afin de permettre à l'entreprise de diversifier son portefeuille de clients vers une clientèle étrangère (CAA Paris 31-7-2020 n° 20PA00258).

DÉPENSES ULTÉRIEURES SUR LES LOGICIELS

31170 L'avis CNC n° 31 (avril 1987) sur les logiciels ne traite pas des dépenses engagées pour améliorer des logiciels existants (logiciels comptabilisés en immobilisations incorporelles).
À notre avis, par analogie avec le traitement des dépenses d'amélioration d'immobilisations corporelles (voir n° 25885 s.), les dépenses **d'amélioration** de logiciels existants **peuvent être** :

> **Précisions** Ces solutions nous semblent applicables aux logiciels acquis comme aux logiciels créés à usage interne.

- **soit immobilisées,** si elles ont pour effet d'augmenter la durée d'utilisation ou les performances des logiciels ;

> **Fiscalement** Il en est de même (CAA Versailles 18-11-2014 n° 11VE02931).

- **soit** portées **en charges** de l'exercice, si elles n'ont pour effet que de maintenir les logiciels dans un état normal d'utilisation.

Si ces dépenses constituent des frais de **maintenance,** elles **doivent,** selon l'avis CNC n° 31 précité, toujours être portées dans les charges de l'exercice au titre duquel elles ont été engagées.
En cas de maintenance prévoyant un nombre illimité d'interventions, voir n° 10595 s.

> **Fiscalement** Les entreprises peuvent déduire les dépenses de modification de logiciels indépendamment du fait qu'elles les immobilisent comptablement (BOI 4 E-2-99 n° 10, non repris dans Bofip), au même titre que les dépenses de création de logiciels (voir n° 30400).

Sur les dépenses de mise en conformité à de nouvelles normes, voir n° 25925 et, sur l'absence de provisions dans ce contexte, voir n° 28030.

SECTION 2 — RÈGLES D'ÉVALUATION DES IMMOBILISATIONS INCORPORELLES

31270 Il convient de distinguer :
- le coût d'entrée dans le patrimoine, voir n° 31275 s. ;
- la valeur d'inventaire, voir n° 31675 ;
- la valeur à l'arrêté des comptes (valeur au bilan), voir n° 31745 s. ;
- l'évaluation lors de la sortie du patrimoine, voir n° 32140 s.

I. COÛT D'ENTRÉE DANS LE PATRIMOINE

A. Règle générale d'évaluation du coût d'entrée

31275 Les règles d'évaluation du coût d'entrée des immobilisations ont été modifiées par le règlement CRC n° 2004-06 sur les actifs, abrogé et repris dans le règlement ANC n° 2014-03 relatif au PCG (voir n° 30005).

Lors de leur entrée dans le patrimoine de l'entreprise, les immobilisations incorporelles sont enregistrées (C. com. art. L 123-18 ; PCG art. 213-1 et 213-2, al. 2) :
– à leur **coût d'acquisition** pour celles acquises à titre onéreux, dans des conditions ordinaires (voir n° 31285 s.) ;
– à leur **coût de production** pour celles produites par l'entreprise (voir n° 31425 s.) ;
– à leur **valeur vénale** pour celles acquises à titre gratuit (voir n° 26765), par voie d'échange (voir n° 26740) et reçues à titre d'apport en nature (voir n° 26715 s.).

> **Fiscalement**   Il en est de même (CGI ann. III art. 38 quinquies ; BOI-BIC-CHG-20-20-10 n° 1 et 270 à 310).

Sur la possibilité, pour l'administration, de remettre en cause le coût d'entrée d'une immobilisation, lorsque son inscription à l'actif est effectuée dans des conditions qui ne se rattachent pas à une gestion normale, voir Mémento Fiscal n° 7625.

Sur le cas particulier des immobilisations reçues à titre d'apport, voir n° 26715.

> **Précisions**   **Champ d'application** : les règles générales d'évaluation ne concernent pas les immobilisations :
– acquises dans le cadre de **fusion** ou d'opération assimilée, voir Mémento Fusions & Acquisitions n° 7605 s. ;
– acquises dans le cadre de contrats de **crédit-bail**, voir n° 32270 s., de contrats de **louage**, voir n° 30785 et, de contrats de concession, n° 30790 ;
– faisant l'objet de contrats de **délégation de service public**, voir n° 72125 s.

B. Éléments constitutifs du coût d'acquisition des immobilisations incorporelles acquises à titre onéreux

31280 Sont évaluées à leur **coût d'acquisition** :

a. Les immobilisations incorporelles acquises à titre onéreux :
– dans des **conditions ordinaires**, voir n° 31285 s. ;
– en **devises**, voir n° 26510 ;
– à l'aide d'une **subvention**, voir n° 26490.

Sur les autres modalités d'acquisition à titre onéreux (non évaluées au coût d'acquisition mais à la valeur vénale) et plus précisément les immobilisations acquises :
– **à titre d'échange,** voir n° 26740 ;
– contre versement de **rentes viagères,** voir n° 26760.

b. Les reprises d'actifs d'une société en liquidation (reprise pour l'euro symbolique et reprise pour une valeur inférieure à sa valeur réelle, voir n° 26530).

31285 **Détermination du coût d'acquisition**   Le coût d'acquisition d'une immobilisation incorporelle est constitué des éléments suivants (C. com. art. R 123-178-1° ; PCG art. 213-22) :
– son **prix d'achat** (voir n° 31290) ;
– tous les **coûts directement attribuables (frais accessoires)** engagés pour mettre l'actif en place et en état de fonctionner selon l'utilisation prévue par la direction (voir n° 31295 s.).

Sur la possibilité d'inclure les **frais financiers** dans le coût d'acquisition (PCG art. 213-24), voir n° 31330.

> **Fiscalement**   Il en est de même (CGI ann. III art. 38 quinquies ; BOI-BIC-CHG-20-20-10 n° 1).

Sur les cas particuliers d'évaluation, voir n° 31335 s.

PRIX D'ACHAT

31290 La détermination du prix d'achat d'une immobilisation incorporelle acquise à titre onéreux suit les mêmes principes que ceux applicables aux immobilisations corporelles acquises à titre onéreux. En conséquence, le prix d'achat :
– **comprend** les **droits** de douane et **taxes** non récupérables et doit être **diminué** des **remises,** rabais commerciaux et escomptes de règlement (PCG art. 213-22), voir n° 26190 ;
– est le **prix définitif convenu,** les modalités de règlement n'ayant aucune incidence sur le coût d'entrée des immobilisations incorporelles, voir n° 26195.

Il ne faut pas confondre les deux situations suivantes :
– le **prix est définitivement fixé** mais la **dette varie.** Dans ce cas il n'y a aucune incidence sur le coût d'entrée de l'immobilisation (voir n° 26195) ;
– le **prix n'est pas définitivement fixé** et donc le **prix varie.** Dans ce cas, les modifications de prix (révision de prix, par exemple) survenues, avant ou après l'acquisition, doivent être prises en compte à l'actif, que ce soit une augmentation ou une diminution du prix (voir n° 30165).

> **Fiscalement** Il en est de même (CGI ann. III art. 38 quinquies ; BOI-BIC-CHG-20-20-10 n° 1 à 30). Pour plus de détails, voir n° 26190 et 26195.

Cas particuliers :
– immobilisations acquises moyennant le versement de redevances annuelles, voir n° 30185 ;
– fonds de commerce acquis avec « convention de garantie » ou garantie de passif, voir n° 37605 ;
– intérêts dus par l'acquéreur et qui se rapportent à une période antérieure au transfert de propriété : ils constituent un élément du prix d'acquisition et non des charges.

> **Fiscalement** Il en est de même. Tel est le cas lorsqu'une promesse unilatérale de vente d'un fonds de commerce prévoit que le prix à verser par l'acquéreur sera augmenté des intérêts calculés sur la période comprise entre la date de signature de la promesse de vente et la date effective du transfert de propriété résultant de l'acte notarié (CE 10-3-1999 n° 169342), ou lorsqu'un pacte d'actionnaires prévoit que le prix d'acquisition de titres fixé d'après leur valeur réelle à la date d'exercice d'une option de vente sera augmenté des intérêts à verser au titre de la période courant entre cette date et la date de paiement du prix, dès lors que le transfert de propriété intervient, en application du pacte, à la date de ce paiement (CE 10-2-2023 n° 462729).

FRAIS ACCESSOIRES

31295 Les frais accessoires sont toutes les charges **directement attribuables** à l'acquisition ou à la mise en place du bien, **engagées pour mettre l'actif en place** et en état de fonctionner **selon l'utilisation prévue par la direction** (PCG art. 213-22).

Les frais accessoires sont donc incorporables au coût d'entrée de l'immobilisation :
– en fonction de leur **nature** (voir n° 31300) ;
– en fonction de la **date** à laquelle ils sont encourus, s'ils sont engagés pendant la **période d'acquisition** (voir n° 31320).

Ils sont **obligatoirement** comptabilisés dans le **coût d'entrée** de l'immobilisation acquise, sauf dans le cas particulier :
– des **frais d'acquisition d'immobilisations,** incorporables dans le coût d'entrée sur **option** (voir n° 26260) ;
– des **frais de formation nécessaires à leur mise en service** (voir n° 26262).

Sur la possibilité d'inclure les **frais financiers** dans le coût d'acquisition des immobilisations acquises, voir n° 26335 s.

> **Fiscalement** Il en est de même (CGI ann. III art. 38 quinquies ; BOI-BIC-CHG-20-20-10 n° 30 à 50).
Sur la divergence existant avec les normes IFRS, voir Mémento IFRS n° 30987 et 69025.

31300 Nature des frais accessoires Les principes de détermination des frais accessoires lors de l'acquisition d'une immobilisation incorporelle à titre onéreux sont les mêmes que ceux applicables aux immobilisations corporelles acquises à titre onéreux.

En conséquence, à notre avis, ne devraient être incorporés au coût d'acquisition des immobilisations incorporelles que :
– les frais qui, **par nature,** sont directement attribuables à l'acquisition (au sens physique du terme) ;

> **Précisions** Ces frais, qu'ils soient fixes ou variables, marginaux ou récurrents, doivent être directement attribuables **en fonction des temps passés** (par feuille de temps ou d'imputation, par exemple). Il est alors nécessaire de s'assurer de la **fiabilité de la répartition** de ces charges. En conséquence, pour les charges fixes qui, par nature, sont bien directement liées à l'acquisition, il est possible, à notre avis, d'utiliser une clef de répartition.

– les frais qui, par nature, ne sont pas directement attribuables, mais qui pourraient le devenir **de fait.**

> **Précisions** Ces frais concernent essentiellement les frais généraux et administratifs qui, par nature, ne sont en général pas directement attribuables à une acquisition (il est généralement difficile d'imputer par exemple les frais du personnel administratif) mais qui, de fait, le deviennent, dès lors qu'il s'agit des frais **généraux et administratifs d'une structure dédiée** à l'acquisition.

Pour plus de détails sur la nature des frais accessoires, voir n° 26220.

Période d'incorporation des frais accessoires Les principes de détermination des frais accessoires lors de l'acquisition d'une immobilisation incorporelle à titre onéreux sont les mêmes que ceux applicables aux immobilisations corporelles acquises à titre onéreux, en conséquence : **31320**

I. Définition de la période d'acquisition Le PCG précise la période pendant laquelle les frais accessoires peuvent être incorporés dans le coût d'acquisition de l'immobilisation incorporelle.

Ainsi, pour être **inclus** dans le coût d'entrée d'une immobilisation, les coûts doivent être engagés **durant la phase d'acquisition (ou de production)** uniquement (PCG art. 213-23 et 213-25, renvoyant à l'art. 213-10).

Pour plus de détails sur la définition de la période d'acquisition (date de début et date de fin), voir n° 26270.

Sur le lien avec la date de début des amortissements, voir n° 31910.

II. Traitement des coûts suivant la période d'engagement des coûts
Le traitement des coûts diffère selon la phase pendant laquelle ils sont engagés :
– les dépenses engagées **avant la période d'acquisition** ou de production sont comptabilisées en **charges** (phase préliminaire) ;
– les dépenses engagées **pendant la période d'acquisition** ou de production sont **incluses dans le coût** d'acquisition de l'immobilisation si elles sont directement attribuables (voir n° 31300). À défaut, elles sont comptabilisées en charges ;
– les dépenses engagées **après la période d'acquisition** ou de production sont comptabilisées en **charges** (phase de démarrage et phase de plein régime).

Pour plus de détails, voir n° 26275.

III. Exemples Le tableau ci-après, élaboré par nos soins, présente les exemples les plus fréquents de frais accessoires à inclure (ou exclure) dans le coût d'acquisition des immobilisations incorporelles, **selon la phase au cours de laquelle ils sont engagés.**

Exemples de dépenses engagées lors de l'acquisition (ou de la production) d'un bien	Phase préliminaire	Phase d'acquisition	Phase de démarrage	Fonctionnement à plein régime
	Exclu du coût d'entrée	Inclus dans le coût d'entrée	Exclu du coût d'entrée	
1. Dépenses d'**études préliminaires** de projet (Note de présentation de l'avis CNC 2004-15, annexe 2)	X (1)			
2. Dépenses de **sélection de projets** (frais d'étude pour le choix de l'acquisition d'une marque, d'un brevet)		X s'il s'agit de frais inhérents à l'immobilisation et relatifs au projet retenu (1)		
3. Coûts de réalisation des **tests de fonctionnement** (Avis CNC 2004-15 § 4.3.1.1)		X déduction faite des produits perçus de la vente des produits obtenus durant la mise en service, tels que des échantillons	X	
4. Frais d'**industrialisation** ou d'**utilisation**, à l'exclusion des frais de commercialisation (Note de présentation de l'avis CNC 2004-15, annexe 1, § 3.1)		X s'ils répondent aux conditions de comptabilisation des frais de développement (2)	X	

Exemples de dépenses engagées lors de l'acquisition (ou de la production) d'un bien	Phase préliminaire	Phase d'acquisition	Phase de démarrage	Fonctionnement à plein régime
	Exclu du coût d'entrée	Inclus dans le coût d'entrée	Exclu du coût d'entrée	
5. Coûts encourus lorsque l'actif, en état de fonctionner conformément à l'utilisation prévue par la direction, n'est pas encore mis en production ou **fonctionne en dessous de sa pleine capacité** (Avis CNC 2004-15 § 4.3.1.2)			X	
6. Pertes d'exploitation initiales (Avis CNC 2004-15 § 4.3.1.2), c'est-à-dire les charges provenant d'une exploitation « anormale » pendant la phase de démarrage			X	
7. Coûts de relocalisation d'une affaire dans un nouvel emplacement (Avis CNC 2004-15 § 4.3.1.1), dont frais de transfert d'établissement tels que les frais de recherche du site, de déménagement, de redémarrage de l'exploitation (Note de présentation de l'avis CNC 2004-15, annexe 1, § 17)				X
8. Coûts de relocalisation d'une affaire avec une nouvelle catégorie de clients (Avis CNC 2004-15 § 4.3.1.1)				X
9. Frais de préouverture, d'ouverture ou de réouverture de points de vente (Note de présentation de l'avis CNC 2004-15, annexe 1, § 13 et 14) : – préloyers (y compris redevances de crédit-bail) ; – frais de préfinancement (engagés alors qu'il n'y a pas encore de production modifiant l'état de l'actif) ; – frais de personnel ; – frais de promotion				X [3]
10. Indemnité d'éviction ou de résiliation de bail versée par le propriétaire : – lorsque le propriétaire entend mettre en location, à des conditions plus avantageuses, les locaux devenus libres ; – lorsque le propriétaire exerce une activité différente de celle du locataire évincé				X [4]

Exemples de dépenses engagées lors de l'acquisition (ou de la production) d'un bien	Phase préliminaire	Phase d'acquisition	Phase de démarrage	Fonctionnement à plein régime
	Exclu du coût d'entrée	Inclus dans le coût d'entrée	Exclu du coût d'entrée	
11. Coûts d'introduction (de lancement) d'un **nouveau produit ou service** dont (Avis CNC 2004-15 § 4.3.1.1) : – frais de publicité et de promotion (films publicitaires) ; – frais de recrutement ; – frais de préfinancement ; – frais d'obtention de premières références d'utilisateurs externes ; – remises commerciales exceptionnelles accordées dans ce but				X (5)
12. Frais de **montage d'un spectacle** tels que le coût des répétitions (Note de présentation de l'avis CNC 2004-15, annexe 1, § 16)				X (6)
13. Frais de **lancement d'une nouvelle collection** ou d'un ouvrage particulier, tels que les frais de prospection et de publicité concernant des activités nouvelles ou des perfectionnements d'activité (Note de présentation de l'avis CNC 2004-15, annexe 1, § 15)				X (5)
14. Dépenses courantes d'**entretien** et de maintenance, par exemple, pour un **site** internet (7)				X
15. Études de **rénovation majeure** ou de réorganisation **d'une usine**				X (8)
16. Dépenses de publicité				X (5)
17. Frais externes afférents à des **formations nécessaires à la mise en service** d'une immobilisation (PCG art. 213-8)		X (9)	X	X

(1) Pour plus de détails, voir n° 26315 I.
(2) Pour plus de détails, voir n° 26315 III.
(3) Les coûts opérationnels non nécessaires à la mise en état d'utilisation du magasin ne sont pas activables car ils auraient été engagés si le magasin avait été ouvert (par exemple, les frais de formation du personnel, de stockage des produits, de promotion). En revanche, les coûts liés à la construction, à la rénovation ou au réaménagement du magasin, sans lesquels celui-ci ne peut pas ouvrir, sont activables.
Sur la possibilité de classer certains de ces frais en « frais de premier établissement », voir n° 45130.
Sur la comptabilisation des préloyers en charges, voir n° 26220 II. a.
(4) Pour plus de détails, voir n° 45860.
(5) Les dépenses de publicité sont toujours des charges (voir n° 15970), qu'il s'agisse de dépenses :
– liées à un produit, une collection… ;
– liées à l'ouverture d'un premier établissement ou à une introduction en bourse ;
– de caractère général (par exemple, dépenses sur le nom, les activités, une marque, dépenses de parrainage ou de manifestations promotionnelles).
Toutefois, sur la possibilité de comptabiliser les frais de publicité en charges constatées d'avance, voir n° 15970.
(6) Sauf s'ils se rapportent directement au coût de développement d'une immobilisation incorporelle (frais de création par exemple, voir n° 30955).
(7) Pour plus de détails, voir n° 31150 s.
(8) Sauf s'ils sont constitutifs d'une nouvelle immobilisation, par exemple lorsqu'ils aboutissent à un logiciel ou à un brevet (voir n° 30895).
(9) Voir n° 26262.

Frais d'acquisition d'immobilisations Voir n° 26260 et 30605.

COÛTS D'EMPRUNT

31330 Option pour la comptabilisation des coûts d'emprunt en charges ou incorporation au coût de l'actif Le traitement des coûts d'emprunt dans le coût d'acquisition des immobilisations incorporelles est le même que celui applicable aux immobilisations corporelles acquises à titre onéreux. En conséquence, les intérêts des capitaux empruntés **peuvent être** (C. com. art. R 123-178-2° ; PCG art. 213-9.1) :
– soit comptabilisés en **charges** de la période au cours de laquelle ils ont couru ;
– soit incorporés, sous certaines conditions, dans le **coût de l'immobilisation incorporelle acquise**.

Pour plus de détails sur la nature de cette méthode, voir n° 26335.

Pour plus de détails sur les conditions de comptabilisation des coûts d'emprunt à l'actif et plus précisément sur :
– l'homogénéité du traitement, voir n° 26335 II. ;
– la permanence des méthodes, voir n° 8375 ;
– la nature d'actifs pouvant donner lieu à incorporation des coûts d'emprunt, voir n° 26340 ;
– les critères de comptabilisation des coûts d'emprunt dans le coût d'entrée des actifs financés, voir n° 26345 ;
– la période d'incorporation des coûts d'emprunt, voir n° 26370 ;
– la nature et le montant des coûts d'emprunt incorporables, voir n° 26365 et 26390 ;
– les informations à fournir en annexe, voir n° 29690, point 1 du tableau.

> **Fiscalement** Il en est de même, l'option comptable retenue valant option fiscale et déterminant les conditions de déductibilité fiscale des coûts d'emprunt (CGI ann. III art. 38 undecies ; BOI-BIC-CHG-20-20-10 n° 70).
Le traitement fiscal des frais financiers est donc le suivant :

Traitement comptable		Traitement fiscal
Charges		Déduction immédiate
Incorporation au coût d'entrée de l'immobilisation	Immobilisation amortissable	Déduction au fur et à mesure de l'amortissement
	Immobilisation non amortissable	Déduction lors de la sortie de l'immobilisation

> **Précisions 1. Formalisation de l'option** Doit être jointe à la déclaration des résultats du 1er exercice ouvert à compter du 1er janvier 2005, au titre duquel l'option pour l'incorporation des coûts d'emprunt est appliquée (BOI-BIC-CHG-20-20-10 n° 130) :
– l'option formalisée sur papier libre ;
– ou l'annexe aux comptes sociaux qui mentionne l'option comptable.
2. Régime fiscal applicable pour les exercices clos depuis le 31 décembre 2005 Sur les retraitements extra-comptables à pratiquer lors de la période transitoire, voir n° 26335, Précision 2.

Sur la divergence existant avec les normes IFRS, voir Mémento IFRS n° 37986 s.

CAS PARTICULIERS D'ÉVALUATION DU COÛT D'ACQUISITION

31335 Sur les immobilisations acquises à l'aide d'une **subvention,** voir n° 26490.
Sur la **reprise d'actifs d'une société en liquidation,** voir n° 26530.
Sur les immobilisations **libellées en devises,** voir n° 26510.

31340 Marques acquises, brevets acquis et AMM obtenues sur la base des travaux acquis Ils suivent les règles générales d'évaluation indiquées aux n° 31285 s. et sont comptabilisés à leur coût d'acquisition.

> **Précisions** Sur le cas particulier des marques et brevets :
– dont le prix est exprimé en une redevance annuelle, voir n° 30185 ;
– acquis dans le cadre d'un contrat de crédit-bail, voir n° 32270 s. et de contrats de louage, voir n° 30785 ;
– acquis pour un prix global incluant celui d'autres actifs, voir n° 31605.

I. Marques acquises Elles sont à comptabiliser en immobilisations pour leur coût d'acquisition.
Sur l'amortissement des marques acquises, voir n° 31940.

II. Brevets acquis Ils sont à comptabiliser en immobilisations pour leur coût d'acquisition.
a. Brevet acquis pour un coût global Si les brevets sont acquis pour un prix global (voir n° 31605) incluant celui d'autres éléments incorporels d'actif, leur évaluation par un expert

devrait, à notre avis, être effectuée d'après les perspectives de profits attendus de leur exploitation, et cela sans qu'il y ait lieu de distinguer suivant que l'entreprise les achète pour les exploiter ou pour empêcher des concurrents d'accéder à une technologie identique.

> **Fiscalement** Cette analyse, économique, a été retenue par le Conseil d'État (CE 16-3-1990 n° 41059).

b. Brevets appartenant aux dirigeants ou actionnaires En l'absence d'immobilisations incorporelles, les frais de dépôt payés par l'entreprise ne peuvent pas être immobilisés. Ils constituent des charges, assimilables, à notre avis, à des redevances indirectes.

> **Fiscalement** Ils constituent des charges déductibles (CAA Lyon 6-2-1992 n° 559).

Sur l'amortissement des brevets, voir n° 31915.

III. AMM acquises À notre avis, les dépenses engagées par les laboratoires qui commercialisent les médicaments génériques pour l'acquisition des dossiers scientifiques et techniques, correspondant aux résultats de recherches déjà menées à leur terme par des tiers en vue de l'obtention d'une AMM, sont à immobiliser pour leur coût d'acquisition.
Sur l'amortissement des AMM, voir n° 31935.

Fonds commercial acquis Voir n° 31605. 31345
Pour plus de détails sur :
– les droits de mutation et les commissions versées à un intermédiaire pour la conclusion de la vente du fonds, qui constituent des frais d'acquisition d'immobilisations, voir n° 60307 ;
– les fonds dont le prix est exprimé en une redevance annuelle, voir n° 30185 ;
– les fonds acquis dans le cadre de contrats de crédit-bail, voir n° 32270 s. ;
– les fonds repris pour une valeur symbolique de 1 €, voir n° 26530 ;
– les critères de comptabilisation du fonds commercial, voir n° 30500.

Logiciels acquis S'agissant d'une immobilisation acquise à titre onéreux, le coût 31350
d'acquisition doit suivre les règles générales d'évaluation indiquées aux n° 31285 s. En effet, selon le CNC (Avis n° 31, avril 1987), le coût interne d'un tel logiciel s'obtient en additionnant :
– le prix convenu (voir n° 31290) ;
– les frais accessoires (voir n° 31295 s.).

Sont ainsi exclus, notamment, les frais de saisie des données engagés à partir du lancement de l'exploitation chez l'utilisateur, ces frais étant engagés après la fin de la période d'acquisition du logiciel (voir n° 31320).

Droits d'exploitation de substances chimiques (acquises dans le cadre 31370
du règlement Reach) Pour plus de détails sur le règlement européen Reach (Registration, Evaluation and Authorisation of Chemical Substances), voir n° 30770.
Sur la comptabilisation de cet actif en tant que droit d'exploitation acquis ou en tant que frais de développement, voir n° 30770.
Sur son amortissement, voir n° 32055.

I. Selon l'avis CNC n° 2009-13 du 1er octobre 2009, les coûts inclus dans le coût d'entrée des droits d'exploitation des substances chimiques sont les coûts (Avis CNC 2009-13 § 3.1.2 et 3.1.4) :
1. Marginaux (c'est-à-dire qui n'auraient pas été engagés si l'enregistrement n'avait pas eu lieu) ;
Constituent, à notre avis, des coûts marginaux, par exemple :
– les coûts engagés pour effectuer des tests,
– les sommes payées pour utiliser le résultat de tests existants auprès d'un autre déclarant,
– la redevance…
En revanche, sont en général exclus les coûts administratifs et autres frais généraux, à moins qu'ils puissent être directement rattachés au processus d'enregistrement d'une substance spécifique (Avis CNC précité § 3.1.2).
2. Séparables des coûts engagés dans le cadre de l'activité courante ;
Par exemple, un module de suivi des substances chimiques, développé à l'occasion de leur enregistrement, mais pouvant également être utilisé pour des besoins de gestion autres que la législation Reach, doit faire l'objet d'une comptabilisation séparée, dès lors qu'il remplit les critères d'activation (Avis CNC précité § 3.1.2).
3. Imputables à une substance chimique spécifique sur une base fiable.
Sont donc en général exclus du coût d'entrée, par exemple, les coûts liés au comité de pilotage (Avis précité, annexe ; voir tableau ci-après).

En outre, lorsque les dépenses « Reach » sont comptabilisées en frais de développement, elles ne sont activables qu'à partir de la date à laquelle tous les critères relatifs à l'activation des frais de développement sont remplis pour la première fois (voir n° 31450).
Les coûts qui sont engagés avant que ces critères ne soient remplis doivent être comptabilisés directement en charges.

> **Précisions** **Coûts externes ou internes** Ces coûts peuvent être internes ou externes. Toutefois, en pratique, les conditions d'activation sont plus aisées à respecter pour les dépenses externes que pour les dépenses internes. Il est nécessaire, pour ces dernières, de disposer d'un suivi analytique approprié des dépenses pour justifier leur affectation à l'immobilisation (par exemple, les salaires constatés dans le coût de l'immobilisation pourront être justifiés par des feuilles de temps) (Avis CNC 2009-13 § 3.1.3).

II. Lorsque les coûts sont engagés dans un consortium
a. Partage d'informations sur les substances entre les participants, à l'entrée dans le consortium La mise en commun des informations existantes à l'entrée dans le consortium ne donne lieu à aucune écriture.
Toutefois, lorsqu'une entité apporte davantage que les autres, une soulte peut lui être versée. Cette dernière constitue (Avis CNC précité, § 4.2.1) :
– pour l'entité qui la reçoit, un produit ;
– pour l'entité qui la verse, un actif (en tant qu'élément constitutif du coût d'entrée du droit d'exploitation).

b. Partage des coûts supplémentaires Les coûts engagés par le consortium pour réaliser les études nécessaires à la constitution du dossier technique font, à notre avis, partie des frais de développement des participants et sont donc, à ce titre, activables :
– sur option (voir n° 30770), chez chacun des participants ;
– pour la quote-part qui leur est refacturée (Avis CNC précité, 4.2.2).

Pour un tableau présentant une liste (non exhaustive) des dépenses que les entreprises devraient être amenées à engager à l'occasion de la mise en conformité avec le règlement Reach, en distinguant celles qui sont directement attribuables et nécessaires à la procédure d'enregistrement (incorporables au coût de l'enregistrement) et celles qui ne le sont pas, voir Avis CNC précité, annexe.

> **Fiscalement** **a. Connexion fiscalo-comptable** Il en est, à notre avis, de même, le traitement fiscal de l'ensemble des dépenses engagées pour satisfaire aux obligations du règlement européen Reach étant aligné sur le traitement comptable (Lettre de la DLF au Medef du 31-5-2010).
> **b. Partage d'informations** La mise en commun d'informations ne donne pas lieu à imposition à condition que l'échange soit rémunéré à sa juste valeur (Lettre de la DLF au Medef précitée).

C. Éléments constitutifs du coût de production des immobilisations incorporelles créées en interne

31420 Les immobilisations incorporelles produites par l'entreprise sont évaluées à leur **coût de production** (voir n° 31275).
Pour une définition des immobilisations produites, voir n° 26585.

DÉTERMINATION DU COÛT DE PRODUCTION DES FRAIS DE DÉVELOPPEMENT

31425 > **Précisions** Les règles suivantes :
– **s'appliquent** aux **frais de développement, brevets, logiciels faisant partie d'un projet de développement plus global** et autres immobilisations incorporelles remplissant les critères de définition et de comptabilisation à l'actif (voir n° 30845 s.) ;
– **ne s'appliquent pas** aux **logiciels autonomes produits** qui sont évalués selon des dispositions spécifiques (voir n° 31530 s.). Sur la distinction entre logiciels autonomes et logiciels faisant partie d'un projet de développement plus global, voir n° 30355.

Éléments constitutifs Le coût de production d'une immobilisation incorporelle générée en interne comprend toutes les dépenses pouvant lui être **directement attribuées** et qui sont **nécessaires** à la création, la production et la préparation de l'actif afin qu'il soit en mesure de fonctionner selon l'utilisation prévue par la direction (PCG art. 213-27).
En pratique, à notre avis, il doit être déterminé selon les mêmes règles que celles retenues pour les immobilisations corporelles produites par l'entreprise. En conséquence, le coût des

immobilisations générées en interne est constitué des éléments suivants (à condition d'être engagés dans la période de production ; voir n° 31445 s.) :
- le **coût d'acquisition** des matières consommées, évalué comme indiqué au n° 31285 s. ;
- les **charges directes** de production (voir n° 31435) ;
- une fraction des **charges indirectes** de production (dans la mesure où elles sont directement attribuables, voir n° 31440).

> **Précisions** Lorsque l'entreprise fait appel aux services extérieurs d'un tiers pour effectuer pour son compte des dépenses nécessaires au projet de développement, les honoraires ne sont pas constitutifs d'une immobilisation acquise, mais entrent dans le coût de production de l'immobilisation générée en interne (Bull. CNCC n° 192, décembre 2018, EC 2018-31, p. 644). À ce titre, elles suivent le même traitement que l'ensemble des frais inclus dans les coûts de développement (matières, frais externes et internes...).

Sur la possibilité d'inclure les **frais financiers** dans le coût de production des immobilisations (PCG art. 213-28), voir n° 31460.

> **Fiscalement** Il en est de même (CGI ann. III art. 38 quinquies ; BOI-BIC-CHG-20-20-10 n° 320 et 330). Sur la justification de coût d'entrée, voir n° 26590.

Méthode de détermination du coût de production Les problèmes ne sont pas différents de ceux rencontrés pour la comptabilisation de la production d'immobilisations corporelles pour soi-même. Le classement des charges par nature ne permet pas d'isoler dans une même rubrique l'ensemble des frais de développement qui se trouvent « éparpillés » dans les différents comptes par nature (voir n° 32380). Il est donc nécessaire de disposer d'une organisation comptable comportant une comptabilité analytique ou une ventilation par fonctions pour pouvoir déterminer le montant global de ces frais. **31430**

En règle générale, le **montant** des frais **à prendre en compte** est celui qui résulte du calcul des coûts tel qu'il ressort de la comptabilité analytique de l'entreprise. Bien entendu, des informations doivent être données sur la méthode retenue (coût complet, direct, etc.) (CNC, NI n° 36).

Toutefois, à notre avis, à défaut de comptabilité analytique, rien ne s'oppose à ce que le montant à immobiliser soit déterminé par une analyse extra-comptable appuyée sur des documents probants tels que feuilles de temps des chercheurs et employés, relevés de factures, tableau de répartition des charges, etc.

Charges directes À notre avis, le coût d'une immobilisation incorporelle générée en interne est déterminé en utilisant les mêmes principes que ceux applicables pour une immobilisation corporelle produite (voir n° 26595). **31435**

Il en résulte les conséquences suivantes :

I. Nature des charges directes Les charges directes à inclure dans le coût de production des immobilisations corporelles peuvent être définies comme étant des charges :
- **nécessaires** à la mise en place et en état de fonctionner du bien ;

> **Précisions** Sur les coûts **non nécessaires** à la mise en place et en état d'utilisation du bien, non incorporables au coût de production des immobilisations, voir n° 26220 II. A.

- **directement attribuables** à la production ou à la mise en place et en état de fonctionner du bien.

Ces charges peuvent être fixes ou variables.

En outre, il s'agit des seules charges qu'il est possible d'affecter au coût du bien **sans calcul intermédiaire**.

Le CNC a apporté des précisions sur ces charges par des exemples pratiques, adaptés aux frais de développement.

EXEMPLES

(Avis CNC 2004-15 § 4.3.2.1)
- Coûts au titre des matériaux et services utilisés ou consommés pour générer l'immobilisation incorporelle.
- Salaires et autres coûts liés aux personnels directement engagés pour générer l'actif.
- Droits d'enregistrement.
- Coûts de dépôt de brevet.

> **Fiscalement** Il en est de même (BOI-BIC-CHG-20-20-10 n° 320 et 330).

II. Période d'incorporation des charges directes Pour être attribuables au coût de production des immobilisations générées en interne, les coûts directs doivent être engagés durant la **phase de production** uniquement.

> **Précisions** Pour plus de détails sur la définition de la période de production et le traitement comptable des frais selon la phase au cours de laquelle ils ont été engagés, voir n° 31445 s.
> Pour des exemples de frais incorporables ou non au coût de production selon la phase au cours de laquelle ils ont été engagés, voir n° 31320 III.

> **Fiscalement** Il en est de même (BOI-BIC-CHG-20-20-10 n° 330).

31440 **Charges indirectes** Les textes permettent également d'inclure une **fraction des charges indirectes** dans le coût de production (C. com. art. R 123-178-2°).

> **Fiscalement** Il en est de même (BOI-BIC-CHG-20-20-10 n° 320 et 330).

Le coût de production des immobilisations étant, à notre avis, déterminé en utilisant les mêmes principes que ceux applicables pour une immobilisation corporelle produite (voir n° 26600 s.), il est possible, à notre avis, de définir les charges indirectes de production en fonction :
– de leur nature (voir ci-après I.) ;
– de la date à laquelle ils sont encourus (voir ci-après II.).

I. Nature des charges indirectes Les charges indirectes à inclure dans le coût de production des immobilisations incorporelles sont les charges :
– **nécessaires** à la mise en place et en état de fonctionner du bien ;

> **Précisions** Sur les coûts **non nécessaires** à la mise en place et en état d'utilisation du bien, non incorporables au coût de production des immobilisations, voir n° 26220 II. a.

– **directement attribuables** à la production ou à la mise en place et en état de fonctionner du bien, mais qui, par opposition aux charges directes (voir n° 31435), ne peuvent pas être affectées au coût d'un bien ou d'un service déterminé sans **calcul intermédiaire**.

En conséquence, à notre avis, devraient être incorporés dans le coût de production des immobilisations incorporelles :
– les frais qui par nature sont directement attribuables ;
– les frais qui par nature ne sont pas directement attribuables, mais qui de fait le deviennent.

Pour plus de détails sur ces frais, voir n° 26520.

EXEMPLES
(Avis CNC 2004-15 § 4.3.2.1)
— Amortissement des brevets acquis et licences utilisées pour générer l'actif.
— Coûts administratifs et autres frais généraux qui peuvent être directement attribués à la préparation de l'actif en vue de son utilisation.

II. Période d'incorporation des charges indirectes Pour être attribuables au coût de production des immobilisations générées en interne, les coûts indirects doivent être engagés durant la **phase de production** uniquement.

> **Précisions** Pour plus de détails sur la définition de la période de production et le traitement comptable des frais selon la phase au cours de laquelle ils ont été engagés, voir n° 31445 s.
> Pour des exemples de frais incorporables ou non au coût de production selon la phase au cours de laquelle ils ont été engagés, voir n° 31320 III.

31445 **Période d'incorporation des charges directes et indirectes** Le PCG et l'avis CNC n° 2004-15 définissent de manière précise la période pendant laquelle les coûts engagés peuvent être incorporés au coût de production d'une immobilisation incorporelle :
– sur la date de début d'incorporation, voir n° 31450 ;
– sur la date de fin d'incorporation, voir n° 31455.

Ainsi, seuls les coûts engagés **pendant la période de production** sont **inclus dans le coût** de production de l'immobilisation (s'ils sont directement attribuables, voir n° 31300). À défaut, ils sont comptabilisés en charges.

Pour des exemples de frais incorporables ou non au coût de production selon la phase au cours de laquelle ils ont été engagés, voir n° 31320 III.

Sur le lien avec la date de début des amortissements, voir n° 31910.

31450 **Début d'incorporation** Le CNC a précisé la date de début d'incorporation des coûts de production (Avis CNC 2004-15 § 4.3.2.1).

I. Date de début Les dépenses ne sont activables qu'à partir de la date à laquelle les conditions d'activation des immobilisations incorporelles sont remplies.

Sur les conditions d'activation des immobilisations incorporelles générées en interne, voir n° 30890.

II. Traitement des dépenses comptabilisées antérieurement en charges

Les dépenses comptabilisées en charges antérieurement à la date d'activation, du fait qu'elles ne remplissaient pas toutes les conditions de comptabilisation, ne peuvent plus jamais être activées. Il s'agit non seulement des dépenses engagées sur les exercices précédents, mais également de celles encourues pendant l'exercice au cours duquel survient la date de début d'incorporation.

Ce principe est donc applicable même lorsque les dépenses ont été comptabilisées en charges au cours d'une période intermédiaire et que le projet répond aux conditions d'immobilisation à la date de clôture de l'exercice.

En conséquence, il n'y a pas lieu de tenir compte des **événements postérieurs** à la clôture, même antérieurs à l'arrêté des comptes, pour apprécier si les conditions sont réunies ou ne le sont plus. Les entreprises ne disposent donc d'aucun délai pour déterminer rétroactivement le montant des frais de développement portés à l'actif.

> **Fiscalement** Il en est de même (BOI-BIC-CHG-20-20-10 n° 330 ; BOI-BIC-CHG-20-30-30 n° 60).

EXEMPLE

(établi par nos soins)
Une entreprise engage entre le 1/08/N et le 31/12/N des frais de développement pour un montant de 1 000, dont 900 entre le 1/08/N et le 30/11/N, et 100 entre le 1/12/N et le 31/12/N, c'est-à-dire postérieurement à la date de reconnaissance du caractère immobilisable des dépenses.

Dans ce cas, les coûts incorporables au titre de l'exercice N s'élèvent à 100, les 900 engagés avant la date de reconnaissance du caractère immobilisable des dépenses (1/12/N) étant comptabilisés, de manière définitive, en charges.

Le traitement comptable est récapitulé dans le schéma suivant :

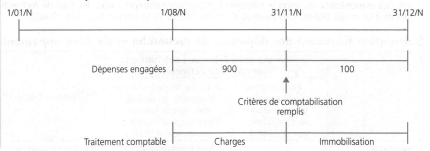

Limite d'incorporation des coûts de production Le PCG (art. 213-27) définit les coûts attribuables au coût de production d'une immobilisation générée en interne comme étant ceux nécessaires à la création, la production et la préparation de l'actif afin qu'il soit en mesure de fonctionner **selon l'utilisation prévue par la direction**. 31455

> **Fiscalement** Il en est de même (BOI-BIC-CHG-20-20-10 n° 330).

I. Date de fin
La période de production s'achève, comme pour les immobilisations corporelles produites, lorsque le niveau d'utilisation prévu par la direction est atteint. Cette date devrait correspondre, à notre avis, par référence aux principes énoncés par le PCG pour les immobilisations corporelles produites (art. 213-10), à la date à laquelle le **rendement initial attendu** est atteint (voir n° 26270).

II. Traitement des coûts engagés après la période de production
Ils sont comptabilisés **en charges** (phase de démarrage et phase de plein régime).

> **Précisions** Test de dépréciation En application des principes généraux de **dépréciation** des immobilisations, s'il existe des indications selon lesquelles le coût total de l'immobilisation incorporelle pourrait ne pas être recouvré, il y a lieu de réaliser un test de dépréciation et, le cas échéant, de constater une perte de valeur. Pour plus de détails sur les principes généraux de comptabilisation d'une dépréciation, voir n° 27720 s.

EXEMPLE

(établi par nos soins) Suite de l'exemple figurant au n° 31450.
Au cours de l'exercice N+1, des coûts supplémentaires de développement sont engagés pour un montant de 2 000. Le montant des recettes nettes attendues (nettes des frais restant à engager) est estimé à 1 900.

Dans ce cas, les coûts supplémentaires sont immobilisés pour 2 000, portant ainsi le coût du projet à 2 100 (100 en N et 2 000 en N+1), et une perte de valeur est comptabilisée en charges pour 200 (2 100 − 1 900).

31460 **Coûts d'emprunt** Le traitement des coûts d'emprunt dans le coût de production des immobilisations incorporelles générées en interne est le même que celui applicable aux immobilisations incorporelles acquises. Voir n° 31330.

CAS PARTICULIERS D'ÉVALUATION DU COÛT DE PRODUCTION DES FRAIS DE DÉVELOPPEMENT

31465 **Sites internet** Ils suivent les règles générales d'évaluation des frais de développement indiquées aux n° 31425 s. et sont comptabilisés à leur coût de production.

Sur les dépenses couramment engagées lors de la phase de développement, voir n° 30925.

31470 **Brevets et AMM** Sont notamment compris dans les coûts de développement d'un brevet ou d'une AMM :
– les services externes ;

> **Précisions** **Dossiers scientifiques et techniques acquis** Les achats de dossiers dans le cadre des travaux de développement en vue d'obtenir une AMM ne sont en général pas activés (voir n° 30620).

– les frais de dépôt (voir n° 32385) incluant, à notre avis, les honoraires de courtiers et d'avocats et les frais de traduction de documents nécessaires pour déposer le brevet à l'étranger.

> **Fiscalement** L'administration comme la jurisprudence considèrent que les frais de dépôt de brevet et les frais de dossier engagés en vue d'obtenir une AMM font partie des opérations de recherche que l'entreprise a engagées pour mettre au point une invention (brevet ou médicament). Ils constituent donc, conformément à l'article 236-I du CGI, soit des charges déductibles, soit des immobilisations, selon le traitement retenu par l'entreprise pour les frais de recherche relatifs à ce projet (BOI-BIC-CHG-20-30-30 n° 100 et 110 ; CE 30-10-1995 n° 142319 et 154403).

31485 **Subvention finançant des dépenses de recherche et de développement**

	Traitement comptable des subventions finançant des activités...		Traitement fiscal [1]
	... à court terme (subvention d'exploitation ou d'équilibre ; voir n° 56440)	... à long terme ou en vue d'acquérir ou de créer des immobilisations (subvention d'investissement ; voir n° 56440)	
Opérations de recherche Comptabilisation des dépenses : en charges (PCG art. 212-3) Voir n° 30870	Immédiatement en **produit** [2]	– **Soit** immédiatement en **produit** (au compte 77) – **Soit** étalée (par le biais du compte 138) [3] Voir n° 56470	Imposition immédiate
Opérations de développement Comptabilisation des dépenses, selon le choix de méthode retenu par l'entreprise (PCG art. 212-3 ; voir n° 30285 et 30890) : – en immobilisations		– **Soit** immédiatement en **produit** (au compte 77) – **Soit** étalée (par le biais du compte 131) [4] Voir n° 56470	Imposition étalée
– en charges		– **Soit** immédiatement en **produit** (au compte 77) – **Soit** étalée (par le biais du compte 138) [3] Voir n° 56470	Imposition immédiate
(1) Voir fiscalement ci-après. (2) Soit en résultat d'exploitation (compte 74), soit en résultat exceptionnel (compte 771), selon la conception du résultat retenue (voir n° 12060 et 45900). (3) Si la subvention est étalée, le produit doit être comptabilisé progressivement, au même rythme que les dépenses sont comptabilisées en charges (c'est-à-dire, à notre avis, au prorata des dépenses engagées par rapport aux dépenses prévisibles du projet). (4) Si la subvention est étalée, elle l'est sur la même durée et au même rythme que l'amortissement de l'immobilisation créée au moyen de la subvention (voir n° 56495 s.).			

> **Fiscalement 1. Traitement des subventions pour la détermination des résultats imposables** Le traitement des subventions finançant les dépenses de recherche scientifique ou technique diffère selon que (CGI art. 236-I bis ; BOI-BIC-PDSTK-10-30-10-40) :
– **les dépenses financées sont comptabilisées en charges** : dans ce cas, les subventions reçues par l'entreprise constituent un produit immédiatement imposable de l'exercice au cours duquel elles sont acquises (CGI art. 38-1) ;
– **les dépenses financées sont comptabilisées en immobilisations** : dans ce cas, les subventions reçues par l'entreprise sont imposées de manière étalée, au rythme de l'amortissement des dépenses immobilisées. Cet étalement est réservé aux subventions allouées par l'État, les collectivités territoriales, tout établissement public spécialisé dans l'aide à la recherche scientifique ou technique (par exemple, l'Agence de l'environnement et de la maîtrise de l'énergie…), l'Union européenne ou les organismes créés par ses institutions (CGI art. 236-I bis modifié par loi 2022-1726 du 30-12-2022 art. 32).
Le traitement fiscal des subventions finançant des dépenses de recherche et de développement n'étant pas identique au traitement comptable, des **retraitements extra-comptables** sont susceptibles de devoir être effectués sur l'imprimé n° 2058-A. Pour les subventions que l'entreprise a choisi, d'un point de vue comptable, d'enregistrer directement en produits et qui financent des dépenses comptabilisées en immobilisation, tandis que l'imposition de ces subventions est étalée :
– l'exercice de leur comptabilisation, déduction (ligne XG) de la fraction de ces subventions dont l'imposition est reportée ;
– les exercices suivants, réintégration (ligne WQ) de la fraction imposable de ces subventions.
Pour les subventions finançant des dépenses comptabilisées en charges et que l'entreprise a choisi d'étaler comptablement mais qui ne peuvent pas l'être fiscalement :
– l'exercice d'obtention de la subvention, réintégration (ligne WQ) du montant total de la subvention et déduction (ligne XG) de la fraction comptabilisée en produit ;
– les exercices suivants, déduction (ligne XG) de la fraction de la subvention comptabilisée en produit et déjà imposée.
2. Incidence de la qualification comptable de la subvention sur la valeur ajoutée à retenir pour la détermination de la CVAE La qualification comptable d'une subvention détermine son traitement au regard de la détermination de la valeur ajoutée (CE 20-10-2021 n° 450268). Ainsi ont la nature d'un produit exceptionnel à écarter pour le calcul de la valeur ajoutée les subventions suivantes présentant le caractère de subvention d'investissement sur le plan comptable :
– l'abandon d'une avance remboursable consentie par l'État affecté à la création ou à l'acquisition d'éléments d'actif immobilisé ou au financement d'activités de long terme (CE n° 450268 précité ; voir n° 31525) ;
– la subvention versée par l'État et la Communauté européenne pour financer des recherches en matière électronique dans une perspective de développement industriel et ayant pour objet le financement d'une activité à long terme (CE 28-2-2007 n° 290556).

Crédit d'impôt recherche (CIR)   31505

Certaines dépenses supportées dans le cadre d'opérations de recherche ou d'innovation, limitativement énumérées par la loi (CGI art. 244 quater B et ann. III art. 49 septies F), ouvrent droit à un crédit d'impôt égal à un pourcentage des dépenses éligibles exposées au cours de l'année (voir Mémento Fiscal n° 10470 à 10505).

> **Précisions 1. Dépenses concernées** Les dépenses dont il est question sont uniquement :
– celles qui donneront lieu, de façon quasi certaine, au CIR ;
– à la différence d'autres dépenses de recherche ou d'innovation qui ne remplissent pas les caractéristiques demandées par l'administration fiscale pour l'obtention de ce crédit d'impôt ou pour lesquelles l'éligibilité n'est pas certaine.
En conséquence, si, à la clôture, il existe des doutes sérieux sur l'éligibilité de certaines dépenses au crédit d'impôt, le produit correspondant ne peut pas être considéré comme acquis à cette date car il n'est pas certain dans son principe. Toutefois, une information doit être donnée en annexe sur cet actif éventuel (voir n° 52420). L'existence du produit peut être sécurisée dans le cadre :
– de la procédure d'accord, express ou tacite, par une demande de rescrit (LPF art. L 80 B-3° et 3° bis ; BOI-SJ-RES-10-20-20-20 ; BOI-SJ-RES-10-20-20-30 ; Mémento Fiscal n° 10475) ;
– ou d'un contrôle sur demande (LPF art. L 13 CA ; BOI-CF-PGR-40-10 ; Mémento Fiscal n° 78410).
2. Comptabilisation des dépenses de recherche L'éligibilité au crédit d'impôt ne change rien à la comptabilisation des dépenses de recherche et de développement qui y ouvrent droit, qu'il s'agisse :
– de frais de développement pouvant être portés à l'actif si les conditions d'activation sont réunies (voir n° 30890) ;
– ou de dépenses non incorporables à ces éléments d'actif et comptabilisées en charges (par nature) dans l'exercice au cours duquel elles sont engagées.

I. Date de comptabilisation du produit

Le produit de crédit d'impôt est acquis progressivement, au fur et à mesure de l'engagement des dépenses **éligibles** (le montant

31505
(suite)

du crédit d'impôt étant exclusivement lié au montant des dépenses engagées dans l'année). De ce fait, au fur et à mesure de l'engagement des dépenses éligibles :
– le produit de crédit d'impôt est certain dans son principe (le crédit est remboursable s'il n'est pas imputé sur l'impôt dû) ;
– et son montant peut être estimé de manière fiable puisqu'il correspond à un pourcentage des dépenses engagées jusqu'alors.

⟩ Fiscalement Ce produit n'est pas imposable pour la détermination du résultat fiscal de l'exercice au titre duquel la créance est constatée. Il doit donc être déduit extra-comptablement (ligne XG) de l'imprimé n° 2058-A (BOI-BIC-RICI-10-10-50 n° 510).

⟩ Précisions 1. Exercice social ne coïncidant pas avec l'année civile Pour ces sociétés, le calcul s'effectue néanmoins sur l'année civile. Il en résulte que l'**imputation** du crédit d'impôt recherche se fait sur l'impôt dû au titre de l'**exercice clos au cours de l'année civile suivant celle de l'engagement des dépenses**. Toutefois, le produit de crédit d'impôt étant acquis au fur et à mesure des dépenses de recherche engagées, la quote-part de crédit d'impôt correspondant aux dépenses de recherche engagées à la clôture doit être constatée en produit à recevoir à la clôture d'un exercice décalé ou d'une période intermédiaire (Bull. CNCC n° 171, septembre 2013, EC 2013-48, p. 520 s.).
2. Réclamation de CIR Le produit résultant d'une réclamation de CIR portant sur des années antérieures peut être constaté dès le dépôt du dossier de réclamation auprès de l'administration fiscale, sans attendre son remboursement ou **imputation** sur l'IS, dès lors que cette réclamation répond aux conditions de fond et de forme pour être recevable par l'administration (Bull. CNCC n° 186, juin 2017, EC 2016-52, p. 350 s.). En effet, dès lors que les montants sont déterminés, les conditions vérifiées et les réclamations déposées, le produit de CIR devrait remplir les critères de comptabilisation d'un produit (certain et acquis, voir n° 10350). Toutefois, à notre avis, lorsqu'il existe des doutes sur le caractère éligible de certaines dépenses (notamment si l'entreprise constitue pour la première fois un dossier de demande de CIR), le produit ne devrait être comptabilisé qu'à hauteur de sa quote-part certaine. Dans ce cas, une information en annexe peut être nécessaire (voir n° 10505).

II. Présentation du produit En général, le CIR **s'impute sur l'impôt** de l'exercice dû au titre de l'année au cours de laquelle les dépenses de recherche ont été exposées.
Pour les entreprises dont l'exercice ne coïncide pas avec l'année civile, l'imputation se fait sur l'impôt dû au titre de l'exercice clos au cours de l'année suivante.
La fraction excédant l'impôt dû est imputable sur l'IS des trois années suivantes puis, le cas échéant, restituée à l'entreprise (CGI art. 199 ter B).

⟩ Précisions Sur les sociétés pouvant toutefois bénéficier d'un remboursement immédiat de la créance de CIR, voir Mémento Fiscal n° 10495.
Sur l'absence d'incidence du remboursement du CIR sur le calcul de la participation des salariés, voir n° 53640.

Dans tous les cas, le **produit de crédit d'impôt** est à comptabiliser **en diminution de l'impôt sur les bénéfices** (Note d'information ANC du 11-1-2011 relative à l'avancement des travaux du groupe « Impôts, taxes et versements assimilés » pour l'établissement des comptes individuels et consolidés selon les règles françaises).

⟩ Précisions 1. Absence de risque fiscal Cette position de l'ANC, conforme à la position fiscale, permet d'éviter tout risque de prise en compte du produit en matière de CVAE.
Si l'ANC avait laissé le choix entre impôt et subvention, un risque fiscal en matière de CVAE aurait persisté. En effet, en l'absence de règle comptable contraire claire, l'administration aurait pu estimer (comme elle l'avait déjà fait dans certains redressements) que le CIR faisait partie de la valeur ajoutée pour le calcul de la CVAE, même s'il était comptabilisé en moins de l'impôt et même s'il n'est pas taxable au regard de l'IS (les deux impôts et leurs bénéficiaires étant différents).
2. Comptabilisation du CIR en subvention Il n'est en principe pas possible de comptabiliser le CIR en produit d'exploitation en tant que subvention, comme la pratique IFRS actuelle l'y autorise pour les comptes consolidés établis en normes IFRS (voir Mémento IFRS n° 27555).
En pratique, cette position de l'ANC ne constituant pas une règle mais une simple doctrine, certaines entreprises ont toutefois pu décider de comptabiliser le CIR en subvention (comme en IFRS). Dans ce cas, les entreprises s'exposent au risque d'imposition du CIR au regard de la CVAE.
3. Comptes consolidés en règles françaises Dans les comptes consolidés établis en règles françaises, le CIR doit être comptabilisé de la même manière que dans les comptes individuels, soit en diminution de l'impôt sur les bénéfices. Toutefois, l'ANC permet aux groupes qui auraient classé le CIR en produit d'exploitation avant l'entrée en vigueur du règlement ANC n° 2020-01 de continuer à présenter le CIR sur une ligne du résultat d'exploitation durant une période de transition de trois exercices à compter de la date de première application dudit règlement (Rec. ANC 2022-02 du 13-5-2022 portant sur les modalités de première application du règl. ANC 2020-01 relatif aux comptes consolidés établis selon les normes comptables françaises).

En pratique, si le CIR :
— est imputé immédiatement, il est comptabilisé **en moins de la charge d'IS** de l'exercice (BOI-BIC-RICI-10-10-50 n° 1 à 20) ;
— n'est pas imputé (ou partiellement), par analogie avec la position retenue pour le report en arrière des déficits par le PCG et selon le BOI-BIC-RICI-10-10-50 n° 510, il est comptabilisé au compte 699 (voir n° 52650) dans une subdivision intitulée par exemple « Produits – Crédit d'impôt recherche » par le débit d'une subdivision du compte 444, s'intitulant par exemple, « État – Crédit d'impôt recherche imputable » (cette subdivision étant soldée soit lors de la liquidation de l'impôt, soit lors de l'obtention du remboursement au bout de trois ans).

> **Fiscalement**
> — Le crédit d'impôt vient diminuer le montant de l'impôt à réintégrer extra-comptablement sur l'imprimé n° 2058-A (ligne I7).
> — La fraction du crédit d'impôt non imputée sur l'IS dû au titre de l'exercice d'engagement des dépenses de recherche est à déduire extra-comptablement sur l'imprimé n° 2058-A (ligne XG).

> **Précisions** **Entreprise passible de l'IR** Le crédit d'impôt recherche s'imputant sur l'impôt dû par les associés, il n'a **pas à figurer dans la comptabilité** de l'entreprise (voir n° 52595).

III. Mobilisation de la créance sur le Trésor Le crédit d'impôt non imputé, qui constitue une créance sur le Trésor, est **mobilisable** auprès des établissements de crédit dans les conditions prévues par la loi **Dailly** (voir n° 40800 s.), mais également auprès des organismes de titrisation (voir n° 42830 ; CGI art. 199 ter B). Les obligations déclaratives et comptables attachées à la mobilisation de la créance sont précisées (BOI-BIC-RICI-10-10-50 n° 560 à 600). Les sociétés doivent en particulier souscrire un état de suivi spécifique (n° 48230-SD) de la créance mobilisée.
En cas de cession à titre de garantie ou de remise à l'escompte auprès d'un établissement de crédit de la créance sur l'État, voir n° 40820 s.

IV. Information à fournir en annexe Voir n° 32895.

Avances de l'État en faveur de la recherche dont le remboursement est conditionnel 31525
L'État peut octroyer à certaines entreprises des avances, assorties ou non d'intérêts, en vue de faciliter le lancement d'études de développement et de fabrication de certains matériels. Ces avances sont remboursables, avec ou sans prime, au-delà d'un certain seuil de rentabilité, sur le prix des ventes de ces matériels (ces contrats peuvent comporter l'institution de redevances au profit de l'État sur les ventes de ces matériels).
L'existence de cette avance **ne change rien à la comptabilisation des dépenses** concernées par le projet de recherche.

I. En cours d'exécution du contrat
a. Comptabilisation des avances Elles sont à comptabiliser, selon le PCG (art. 941-16), au compte 167 « Emprunts et dettes assorties de conditions particulières » (sous-compte 1674 « Avances conditionnées ») et à présenter au bilan dans la rubrique « Autres fonds propres » (voir n° 55100).

> **Fiscalement** Il en est de même. Ces sommes revêtent, en effet, en dépit de la terminologie employée pour les désigner (subventions), le caractère de **prêts remboursables** plutôt que celui de subventions proprement dites (BOI-BIC-PDSTK-10-30-10-10 n° 30).

> **Précisions** **1. Absence d'incidence du mode de remboursement** Le mode de remboursement en cas de succès n'a, à notre avis, pas d'importance ; ainsi, le fait que l'avance soit remboursable en une seule fois, ou en plusieurs fois en fonction de redevances calculées sur un chiffre d'affaires, ne modifie pas son caractère de « dettes ».
> **2. Coexistence de deux contrats** En revanche, s'il existait deux contrats indépendants, l'un prévoyant l'octroi d'une subvention à fonds perdus et l'autre le paiement de redevances à concurrence d'un montant déterminé (sans faire référence au 1er contrat), les modalités de comptabilisation seraient alors différentes :
> — la subvention pourrait être constatée en produits (sur la comptabilisation des subventions d'investissement, voir n° 56470) ;
> — les redevances futures constitueraient des charges lors de la constatation du chiffre d'affaires correspondant, mais seraient à prendre en compte pour la justification de la rentabilité permettant de porter les frais de développement à l'actif.

b. Comptabilisation des dépenses En l'absence de précisions des organismes compétents, **à notre avis,** l'entreprise peut, à l'aide des fonds perçus :
1. Acquérir ou créer pour elle-même des moyens de production inscrits aux comptes 21 « Immobilisations » ou 23 « Immobilisations en cours » (sur le coût d'acquisition ou de production à retenir, voir n° 26490).

31525
(suite)

2. Exécuter les commandes dont le coût est enregistré dans les comptes de **stocks** de la classe 3.

3. Engager des **frais de développement** pouvant être portés à l'actif au compte 203, si les conditions d'activation sont réunies (voir n° 30890) ;

Concernant leur amortissement, le bulletin CNCC (n° 72, décembre 1988, EC 88-46, p. 502 s. et n° 75, septembre 1989, EC 89-05, p. 378) considère que l'existence d'avances conditionnées n'est pas de nature à pouvoir modifier les règles d'amortissement des frais de développement.

4. Engager des **dépenses de fonctionnement** qui ne seront pas incorporées à ces éléments d'actif mais comptabilisées en charges dans l'exercice au cours duquel elles sont engagées.

II. Dénouement de l'opération

a. S'il est probable que l'opération soit un succès ou tant qu'il n'est pas certain qu'elle sera un échec L'avance est maintenue dans les fonds propres jusqu'à son remboursement (déclenché par le succès du projet).

En outre, il convient, à notre avis, de commencer dès l'octroi de l'avance à provisionner la prime éventuellement prévue au contrat qui sera susceptible d'être versée en cas de remboursement. Il en est de même des éventuels intérêts, dès lors que ceux-ci sont dus dès l'octroi de l'avance.

En pratique, la détermination du montant à provisionner peut nécessiter de prendre en compte le chiffre d'affaires futur estimé lorsque les contrats d'avances remboursables prévoient une indexation sur le chiffre d'affaires généré par les projets. Tout changement d'estimation du chiffre d'affaires prévisionnel à la clôture doit conduire à un changement d'estimation du montant couru et donner lieu à un gain ou une perte, constaté immédiatement en résultat financier (voir n° 8545).

> **Fiscalement** En revanche (BOI-BIC-PDSTK-10-30-10-10 n° 40, applicable aux subventions versées par l'État et remboursables en cas de succès, transposables, à notre avis, aux aides Oséo), les intérêts (ou la prime) dus en cas de remboursement, à notre avis :
> – sont déductibles à compter de la date de remboursement de l'avance (et non dès que l'avance est accordée) ;
> – doivent être échelonnés sur la durée prévue du remboursement.
> Les intérêts (ou la prime) provisionnés en cours de contrat doivent donc être réintégrés extra-comptablement (ligne WI de l'imprimé n° 2058-A) et la reprise ultérieure de la provision est donc déduite extra-comptablement (ligne WU de l'imprimé n° 2058-A).

b. Lorsqu'il devient probable que l'opération sera un échec

> **Précisions** L'échec de l'opération est constaté, en général, par le non-respect des critères de rentabilité fixés par le contrat. Il est donc possible que l'opération soit considérée au regard du contrat comme un échec, sans qu'elle le soit totalement sur le plan économique et commercial.

Il convient :
– de réaliser un test de dépréciation sur les actifs liés au projet (frais de développement, installations…), la perspective d'un échec constituant un indice de perte de valeur ;
– de procéder à une dépréciation des actifs si leur valeur actuelle est devenue inférieure à leur VNC ;
En cas de réalisation d'un test de dépréciation, la subvention probable doit, à notre avis, être prise en compte dans le calcul. La valeur actuelle (tenant elle-même compte de la subvention) doit ainsi être comparée à la valeur nette comptable des actifs minorée de la subvention d'investissement probable.
– de reprendre les intérêts et primes précédemment provisionnés (voir ci-avant a.).

> **Fiscalement** La provision ayant été réintégrée lors de sa dotation (voir ci-avant a.), sa reprise devrait être déduite extra-comptablement (ligne WU de l'imprimé n° 2058-A).

En revanche, ce n'est que lorsque l'échec sera constaté que l'entreprise pourra comptabiliser l'abandon de créance en produit (voir ci-après c.).

> **Juridiquement** Selon le bulletin CNCC (n° 75 précité), un échec estimé probable avant le dénouement de l'opération ne peut modifier la nature juridique de l'avance conditionnée perçue et la transformer en subvention acquise et justifier ainsi sa prise en considération dans les comptes sous quelque forme que ce soit.

c. Si l'opération se solde par un échec dont le constat est approuvé par l'État, celui-ci entraîne l'**abandon par l'État de sa créance** sur l'entreprise.

Cette remise constitue, à notre avis, une **subvention** :
– d'investissement (compte 777), si la partie non remboursée de l'avance a été affectée à la création ou à l'acquisition d'éléments d'actif immobilisé ou au financement d'activités de long terme (en ce sens, CE 20-10-2021 n° 450268 ; voir n° 31485) ;
– d'exploitation, dans le cas inverse (compte 74).

> **Fiscalement** Cette remise constitue une subvention imposable immédiatement selon l'administration (BOI-BIC-PDSTK-10-30-10-10 n° 40).

En contrepartie, la **charge** correspondant à la **disparition des éléments d'actif** vendus ou dépréciés (perte sur installations mises hors service…) est constatée.

Crédit d'impôt en faveur de la recherche collaborative Certaines dépenses facturées à leur coût de revient en application d'un contrat de collaboration de recherche conclu entre le 1er janvier 2022 et le 31 décembre 2025, ou d'un avenant à un contrat antérieur conclu durant cette période (BOI-BIC-RICI-10-15-10 n° 150) par des organismes de recherche agréés, publics ou privés, ouvrent droit à un crédit d'impôt à hauteur d'une fraction de leur montant (CGI art. 244 quater B bis ; décrets 2022-1005 et 2022-1006 du 15-7-2022 ; voir Mémento Fiscal n° 10515). **31527**

Les modalités d'imputation et d'utilisation de ce crédit d'impôt étant les mêmes que celles prévues pour le CIR, il est à notre avis présenté de la même manière dans les comptes (voir n° 31505, II.).

DÉTERMINATION DU COÛT DE PRODUCTION DES LOGICIELS AUTONOMES

Afin de déterminer le coût de production d'un logiciel, il est nécessaire de faire la **distinction** entre les logiciels : **31530**
– **autonomes,** qui sont évalués comme exposé ci-après (voir n° 31550) ;
– **faisant partie d'un projet de développement** plus global, qui sont évalués comme les frais de développement auxquels ils appartiennent (voir n° 31425 s.).
Sur cette distinction, voir n° 30355.

Le coût de production d'un logiciel autonome est calculé soit dans les comptes de la comptabilité analytique, soit à l'aide d'autres outils de gestion. **31550**
En l'absence de précision du CNC quant à la nature des charges devant être incorporées dans le coût de production au sein de chaque phase, il convient, à notre avis, d'appliquer les règles générales d'évaluation des immobilisations incorporelles produites par l'entreprise (voir n° 31425 s.).
Le coût de production d'un logiciel comprend tous les coûts :
a. Directement attribuables et nécessaires pour créer et préparer l'immobilisation pour qu'elle puisse être exploitée de la manière prévue par la direction.
Devraient notamment pouvoir être directement attribuables le coût des salaires s'ils peuvent être affectés à la mise en place des systèmes d'information sur une base fiable et raisonnable (sur la base d'une feuille de temps, par exemple) et les honoraires payés à des prestataires extérieurs pour paramétrer les logiciels et les adapter aux modules préexistants le cas échéant. En revanche, ne constituent pas des composantes du coût les coûts administratifs et autres frais généraux à moins que ces dépenses puissent être directement attribuées à la mise en place des logiciels.
L'entreprise doit notamment mettre en œuvre des outils de gestion permettant (voir n° 30400) :
– d'individualiser nettement les projets et d'établir distinctement leur coût ;
– de rattacher les charges engagées aux différentes phases techniques (voir ci-avant).
b. Engagés pendant la phase d'activation Cette phase commence à compter de la date à laquelle toutes les conditions énoncées par les articles 611-2 et 611-3 du PCG sont remplies (voir n° 30400). En conséquence, selon le PCG (art. 611-4), le coût de production comprend les seuls coûts liés :
– à la conception détaillée de l'application (aussi appelée analyse organique), comprenant par exemple, à notre avis, les frais d'élaboration du cahier des charges, la conception du pilote… ;
– à la programmation (aussi appelée codification), comprenant notamment, à notre avis, le paramétrage, la codification et le déploiement sur le ou les sites d'utilisation ;
– à la réalisation des tests et jeux d'essais ;
– et à l'élaboration de la documentation technique destinée à l'utilisation interne ou externe.

L'avis CNC n° 31 précité a apporté les précisions complémentaires suivantes présentées dans le tableau ci-après :

CHARGES correspondant aux différentes PHASES	Incorporation dans le COÛT DE PRODUCTION
1. Étude préalable.	Exclues.
2. Analyse fonctionnelle.	Exclues (généralement).
3. Analyse organique.	**Incluses** (sauf exception).
4. Programmation.	**Incluses.**
5. Tests et jeux d'essais.	**Incluses.**
6. Documentation.	**Incluses** (sauf exception).
7. Formation de l'utilisateur.	Exclues [1].
8. Suivi de logiciel (maintenance).	Exclues (voir n° 31170).

(1) Sur la possibilité d'activer certains frais de formation nécessaires à la mise en service d'une immobilisation, voir n° 26262.

Sur le traitement des dépenses ultérieures sur les logiciels, voir n° 31170.

> **Fiscalement**   Il en est de même (BOI-BIC-CHG-20-20-10 n° 330).

> **Précisions**   **Frais de pilotage** : il convient, à notre avis, de distinguer deux situations différentes :
1. Si les charges relatives au pilotage du projet peuvent, après analyse, être rapportées à chacune des 8 étapes décrites par l'avis CNC n° 31 précité, les principes d'activation ou non des dépenses sont les suivants :
— **arbitrage** : à notre avis, s'il s'agit de décisions sur les règles de programmation, la charge devrait être immobilisée car elle se rapporte aux étapes « analyse organique » ou « programmation ». En revanche, si l'arbitrage porte sur le choix du logiciel et des prestataires, il s'agit d'une charge (« étude préalable ») ;
— **comité de pilotage, suivi, réalisation, mise à jour des plannings** : ces charges devraient pouvoir être **immobilisées** car elles se rapportent, à notre avis, aux phases « analyse organique », « tests » ou « programmation » ; à ce stade, les critères nécessaires à la comptabilisation d'une immobilisation incorporelle sont respectés ;
— dès que l'entreprise entre dans la **phase de formation** des utilisateurs, les dépenses **ne sont en principe plus immobilisables.** Sur la possibilité d'activer certains frais de formation, voir n° 26262.
2. Si les charges relatives au pilotage du projet ne peuvent pas être ventilées par étapes, l'ensemble des frais de pilotage est considéré comme non immobilisable.

D. Autres modalités d'évaluation des immobilisations incorporelles

31600   Les immobilisations acquises selon les modalités suivantes sont étudiées aux numéros indiqués ci-après. Sur les immobilisations incorporelles :
– acquises en application d'un **contrat de crédit-bail,** voir n° 32270 s. ;
– reçues **à titre d'apport en nature,** voir n° 26715 ;
– acquises **par voie d'échange,** voir n° 26740 ;
– acquises **à titre gratuit,** voir n° 26765 (principe général) et 30700 s. (droits d'exclusivité publics) ;
– pour un **prix global,** voir n° 31605 ;
– pour un **prix exprimé en une redevance annuelle,** voir n° 30185 (acquisition du droit de propriété), 30785 (contrat de louage de marque et de brevet) et 30790 (concession du droit d'utilisation d'autres immobilisations incorporelles).

Sur les **aspects particuliers liés à la TVA,** voir n° 26785.
Sur les **frais d'établissement,** voir n° 45110 s.

ACQUISITION POUR UN PRIX GLOBAL

31605   Selon le PCG (art. 213-7), lorsque des biens sont **acquis conjointement** ou sont produits de façon conjointe et indissociable, pour un coût global d'acquisition ou de production, le **coût d'entrée** de chacun des biens est **ventilé** à proportion de la valeur attribuable à chacun d'eux.

EXEMPLE

C'est le cas de l'acquisition conjointe d'un terrain et d'un bail à construction (voir n° 26452).

En outre, à défaut de pouvoir évaluer directement chacun d'eux (PCG art. 213-7) :
- le coût d'un ou plusieurs des actifs acquis ou produits est évalué par référence à un **prix de marché ou forfaitairement** s'il n'en existe pas (sur l'évaluation par un expert de **brevets** acquis pour un prix global incluant celui d'autres éléments incorporels d'actif, voir n° 31340) ;
- puis le coût des autres actifs s'établit par différence entre le coût d'entrée global et le coût déjà attribué.

EXEMPLES

C'est le cas pour :
- les éléments identifiables et non identifiables (fonds commercial) d'un **fonds de commerce**, voir n° 30500 ;
- l'acquisition conjointe de **titres** et d'un élément incorporel, voir n° 37080.

Pour un exemple d'application à des **stocks,** voir n° 21250.
Une mention sur le traitement retenu est à donner en annexe (en ce sens, Bull. CNCC n° 188, décembre 2017, EC 2016-50 ; p. 552).

> **Précisions** Individualisation de l'actif Pour l'AMF (Rapport COB 1996, p. 96 s.), l'individualisation d'actifs acquis globalement doit être la plus rapprochée possible de la date d'acquisition. En outre, le fait de reporter durablement, après sa création ou son acquisition, l'inscription d'un actif en comptabilité ne paraît pas compatible avec les principes qui guident ces textes, à savoir non seulement la détermination fiable du coût d'entrée, mais aussi la possibilité d'en suivre la valeur à la clôture de chaque exercice (C. com. art. L 123-12) et, s'il y a lieu, d'en tirer les conséquences qui s'imposent (respect des règles prévues en matière de réévaluation, prise en compte de la dépréciation, etc.).

> **Fiscalement** Il en est de même. En effet, lors d'une acquisition pour un prix global, la valeur de chaque bien est déterminée par évaluation directe ou, le cas échéant, par différence entre le coût global d'acquisition et le prix des autres éléments d'actifs dont le coût est connu (CE 2-11-2011 n° 340969 et CE 6-6-2018 n° 409501, à propos de marques viticoles acquises en même temps que les autres actifs de domaines viticoles pour un prix global).

II. VALEUR D'INVENTAIRE

31675

Le Code de commerce (C. com. art. L 123-12, al. 2) prescrit à tout commerçant de faire au moins une fois tous les douze mois un inventaire de ses biens – dont ses immobilisations. À cette occasion, il procède à leur recensement et à leur évaluation.
La valeur d'inventaire est égale à la **valeur actuelle** (voir n° 26875). Toutefois, lorsque la valeur actuelle n'est pas jugée notablement inférieure à la **valeur nette comptable** (voir n° 26870), cette dernière est retenue comme valeur d'inventaire (C. com. art. R 123-178 5°). Sur la possibilité d'estimer la valeur d'inventaire quelques mois avant la clôture, voir n° 26865.
Pour plus de détails sur :
- la valeur nette comptable, voir n° 26870 ;
- la valeur actuelle, voir n° 26875 s. ;
- les impacts d'une crise, voir n° 26920 (valeur d'usage), 27065 (amortissements), 27725 (indices de perte de valeur), 27742 (test de dépréciation) et 29610 (annexe).

Pour les éléments d'actif immobilisé, les valeurs retenues dans l'inventaire doivent, s'il y a lieu, tenir compte des **plans d'amortissement** (C. com. art. L 123-18, al. 2).

III. VALEUR À L'ARRÊTÉ DES COMPTES (VALEUR AU BILAN)

RÈGLE GÉNÉRALE

31745

Pour l'arrêté des comptes, la valeur comptable est déterminée de la manière suivante.

I. La valeur nette comptable d'une immobilisation correspond à sa valeur brute diminuée des **amortissements** (voir n° 31755 s.).

II. À la date de clôture, la valeur nette comptable est comparée à la valeur actuelle (valeur d'inventaire) à la même date (C. com. art. L 123-18 al. 2). Sur les conditions de réalisation du test de dépréciation, voir n° 27715 s.

a. Si la valeur actuelle est supérieure à la valeur nette comptable, la **plus-value** constatée entre lesdites valeurs n'est **pas comptabilisée** (PCG art. 214-20).

> **Précisions** Aucune dérogation à cette règle ne saurait être admise (voir n° 8405), les réévaluations n'étant plus ouvertes aux immobilisations incorporelles. Pour plus de détails, voir n° 56785.

b. Si la valeur actuelle devient inférieure à la valeur nette comptable, les **moins-values** entre lesdites valeurs sont prises en compte par la constitution (PCG art. 214-17) :
– soit d'une **dépréciation** (voir n° 27720 s.) ;
– soit d'un **amortissement exceptionnel** (voir n° 27760).

> **Précisions** Les moins-values ne peuvent être compensées avec des plus-values latentes existant sur d'autres biens. Il en va différemment pour les biens compris dans un groupe d'actifs au niveau duquel le test de dépréciation est réalisé (voir n° 27730).

III. En outre, lorsque des textes de niveau supérieur prescrivent ou autorisent la comptabilisation d'**amortissements dérogatoires** (voir n° 27370) ou de provisions répondant à la définition de **provisions réglementées** (voir n° 56305 s.), ces amortissements, bien que ne correspondant pas à l'objet normal d'un amortissement ou d'une dépréciation, sont comptabilisés (PCG art. 214-8 modifié par règl. ANC 2018-01 du 20-4-2018 homologué par arrêté du 8-10-2018).

A. Amortissement des immobilisations incorporelles

31750 Sur la constatation obligatoire des amortissements pour dépréciation, voir n° 27010.
Sur la distinction entre amortissements pour dépréciation et amortissements dérogatoires, voir n° 27015.
Sur le plan d'amortissement, voir n° 27065.

CONCEPTION LÉGALE DE L'AMORTISSEMENT POUR DÉPRÉCIATION

31755 Il existe diverses conceptions de la nature et des effets de l'amortissement, mais une seule est retenue légalement (sur les différentes conceptions de l'amortissement, voir n° 27050).
Le Code de commerce et le PCG tiennent l'amortissement des immobilisations pour un **processus de correction de l'évaluation des immobilisations** dont le potentiel des services attendus s'amoindrit normalement d'une manière irréversible du fait de la **consommation des avantages économiques** attendus de l'immobilisation (PCG art. 214-1 et 214-13).
Sur la notion de consommation des avantages économiques, voir n° 27055.
Ainsi :
a. La durée d'amortissement doit correspondre à la durée d'utilisation de l'immobilisation par l'entreprise (voir n° 31785) ;
Cette durée réelle d'utilisation :
– a pour point de départ la date de début de consommation des avantages économiques attendus (voir n° 31780),
– est différente de la durée d'usage (fiscalement admise),
– tient compte des habitudes de conservation de l'immobilisation par l'entreprise.
b. Le mode d'amortissement doit correspondre à l'utilisation effective du bien (voir n° 31790).
Il n'est donc pas nécessairement linéaire et peut être fondé, par exemple, sur des unités d'œuvre (voir n° 27255).
En outre, le plan d'amortissement peut être modifié en cours de vie en cas de dépréciation ou en cas de modification significative de l'utilisation du bien (voir n° 27065 V.).

IMMOBILISATIONS AMORTISSABLES ET NON AMORTISSABLES

31760 Principe Selon le PCG, une immobilisation amortissable est une immobilisation dont la durée d'**utilisation** par l'entité est **limitée** (PCG art. 214-1).

> **Fiscalement 1. Principes** Il en est de même. Les éléments incorporels ne se déprécient pas généralement du fait de l'usage et du temps et ne peuvent par conséquent donner lieu à amortissement (BOI-BIC-AMT-10-20 n° 320). Toutefois, suivant une jurisprudence constante du

Conseil d'État, les immobilisations incorporelles sont amortissables s'il est normalement prévisible, à la date de leur création ou de leur acquisition, que leurs effets bénéfiques sur l'exploitation prendront fin à une date déterminée (CE 22-2-1984 n° 39535 ; CE 3-2-1989 n° 58260 ; CE 6-12-1985 n° 53001).

2. Applications Sur le fondement des critères définis ci-dessus, la jurisprudence et la doctrine administrative admettent l'amortissement des brevets d'invention (voir n° 31915 s.), des logiciels (voir n° 31885), des autorisations de mise sur le marché de médicaments (voir n° 31935), des autorisations administratives (voir n° 32040 s.) ou des licences et droits d'utilisation d'immobilisations incorporelles consentis pour des périodes limitées (voir n° 32060 s.).

Sous réserve du respect des mêmes principes, la jurisprudence n'exclut pas la possibilité d'amortir une marque (CE 28-12-2007 n° 284899 ; voir n° 31940).

S'agissant des éléments incorporels du fonds de commerce représentatifs d'une certaine clientèle, le Conseil d'État considère qu'ils peuvent être amortis :
– s'il est normalement prévisible, à la date de leur création ou de leur acquisition, que leurs effets bénéfiques sur l'exploitation prendront fin à une date déterminée (CE 6-12-1985 n° 53001) ;
– s'ils sont dissociables des autres éléments représentatifs de la clientèle (CE 28-12-2007 n° 284899 ; CE 1-10-1999 n° 177809 ; voir n° 32030 et CE 29-11-2000 n° 185346 à 185348). Posés à propos de portefeuilles de mandats et de fichiers clients (voir n° 32030), ces principes sont appliqués de façon stricte par le Conseil d'État qui n'a rendu aucune décision positive sur le caractère dissociable d'éléments incorporels du fonds de commerce.

L'amortissement du fonds commercial n'est pas déductible, hormis le cas d'application d'un régime temporaire (voir n° 31990).

Sur l'application de ce principe aux contrats ayant un caractère renouvelable, voir n° 31965 et 32060.

En revanche, lorsqu'il n'y a **pas de limite prévisible** à la durée durant laquelle il est attendu qu'une immobilisation procurera des avantages économiques à l'entité (PCG art. 214-2), la durée de cette immobilisation est non limitée. Dans ce cas, l'immobilisation n'est **pas amortissable**.

a. Critères applicables pour déterminer si la durée d'utilisation est limitée ou non (physiques, juridiques et économiques). Voir n° 27055.

Le fait de ne pas pouvoir déterminer la durée d'utilité d'une immobilisation incorporelle de manière précise n'implique pas que cette durée d'utilité est indéfinie. En effet, même lorsque l'entité rencontre des difficultés à estimer une durée d'utilité pour une immobilisation incorporelle donnée (ce qui est relativement fréquent en pratique), il est généralement possible de faire référence aux **benchmarks** ou données historiques sectorielles de durées de vie et d'amortir l'immobilisation sur la durée d'utilité la plus probable ainsi estimée.

> **EXEMPLE**
> Une entreprise de presse qui ne parviendrait pas à définir précisément la durée d'utilité d'un titre de magazine acquis séparément peut se référer aux données sectorielles historiques de durée de vie moyenne des magazines du même type et retenir cette durée comme durée d'amortissement « à compter de la date de création ».

Sur le cas particulier du fonds commercial, voir n° 31985.

Sur la définition d'une immobilisation amortissable et sur les critères applicables pour déterminer si l'usage est limité, voir n° 27055. Sur la détermination de la durée d'utilisation, voir n° 31785.

b. Changement dans l'utilisation d'une immobilisation incorporelle Le caractère limité ou non de la durée d'utilisation d'un actif est déterminé **dès l'origine** (lors de l'acquisition de l'actif) ou **en cours d'utilisation** (PCG art. 214-1).

Ainsi, lorsque la durée d'utilisation, estimée lors de l'acquisition de l'actif comme non limitée, devient, en cours d'utilisation, limitée au regard d'un des critères ci-dessus, l'immobilisation devient amortissable. De même, en cas de diminution de la durée d'amortissement, le plan d'amortissement est revu. Dans ces cas (PCG art. 214-2) :
– un test de dépréciation est réalisé ;
– l'actif, le cas échéant déprécié, est amorti sur la durée d'utilisation résiduelle (voir n° 27330).

> **EXEMPLE**
> Tel est le cas, par exemple, quand la durée de consommation des avantages économiques attendus de certains actifs incorporels devient limitée parce que l'entité a décidé d'arrêter leur utilisation (marque...).

Au contraire, lorsqu'une société considère qu'un incorporel ne subit pas une dépréciation irréversible, il n'est plus amorti (Bull. CNCC n° 108, décembre 1997, EC 97-54, p. 527).

31765 **En pratique** Certains actifs incorporels ont une durée de consommation des avantages économiques attendus limitée car ils bénéficient d'une **protection juridique** (Note de présentation du règl. ANC 2015-06 § 2.1) et sont donc **amortissables** :
- les brevets d'invention, voir n° 31915 ;
- les licences.

À notre avis, sont également amortissables :
- les autorisations de mise sur le marché (AMM), voir n° 31935 ;
- certaines marques acquises non entretenues, voir n° 31940 ;
- les procédés industriels susceptibles de se déprécier par l'effet du progrès technique, voir n° 31945 ;
- les modèles et dessins susceptibles de se déprécier du fait des changements de mode, voir n° 31945.

Toutefois, ces immobilisations incorporelles bénéficiant d'une protection juridique ne sont pas nécessairement amorties sur la durée de protection, celle-ci pouvant être différente de la durée d'utilisation de ces éléments (voir n° 31785).

En revanche, d'autres actifs incorporels peuvent ne pas avoir de durée de consommation des avantages économiques attendus limitée et ne font donc pas l'objet d'un plan d'amortissement. Les **fonds commerciaux,** notamment, bénéficient d'une **présomption de non-amortissement** (voir n° 31985).

Toutefois, des immobilisations incorporelles non amortissables peuvent le devenir (voir n° 31760).

Sur les autres cas particuliers d'amortissements, voir n° 31890 s.

DATE DE DÉBUT DES AMORTISSEMENTS

31780 L'amortissement d'un actif commence à la date de **début de consommation des avantages économiques** qui lui sont attachés (sauf pour les logiciels acquis, voir n° 31895). Cette date correspond généralement à la **mise en service** de l'actif (PCG art. 214-12), c'est-à-dire, à notre avis, la date à laquelle l'immobilisation est en **état de fonctionner selon l'utilisation prévue par la direction** au terme de la période de tests, c'est-à-dire à la date de fin de la période d'incorporation des coûts dans le coût d'entrée (voir n° 31455).

> **Fiscalement** Il en est en principe de même (BOI-BIC-AMT-20-10 n° 120 à 160). Toutefois, sur le cas particulier :
> - des logiciels, voir n° 31895 ;
> - des coûts de développement, voir n° 31910.

Il ne faut pas confondre la date de mise en service et la date d'obtention des revenus (chiffre d'affaires) issus de l'utilisation de l'immobilisation incorporelle. Ainsi, lorsque l'incorporel est prêt à être utilisé, même si l'entreprise estime qu'il peut s'écouler un certain délai jusqu'à l'obtention des revenus, elle devrait, à notre avis, commencer à l'amortir. Tel serait le cas, par exemple :
- en cas d'utilisation d'un brevet développé en interne, si le marché escompté à l'origine du brevet n'est toujours pas actif à la date prévue ;
- ou en cas de concession d'un brevet développé en interne, si le concessionnaire ne parvient pas à trouver immédiatement un licencié.

Dans ces cas, l'entreprise devra en outre, en plus de l'amortissement, se poser la question de la dépréciation de l'incorporel.

Voir également n° 27095, Précisions.

TAUX OU DURÉE DES AMORTISSEMENTS POUR DÉPRÉCIATION

31785 **Principe** Pour amortir leurs immobilisations incorporelles, les entreprises doivent en principe retenir, sur le plan comptable, leurs **durées propres d'utilisation** telles qu'elles sont déterminées dans l'entreprise (PCG art. 214-13) en fonction de critères physiques, juridiques et économiques inhérents à l'utilisation pour l'entité de l'actif (voir n° 27055).

L'amortissement d'une immobilisation n'est donc pas mesuré en fonction de la durée d'usage (voir ci-après Fiscalement).

En pratique, ces durées sont fixées en tenant compte, notamment (Note de présentation du règl. ANC 2015-06 § 2.1) :
- des **cycles de vie** des produits résultant de l'actif et des informations publiques concernant l'estimation de la durée d'utilisation d'actifs similaires qui sont utilisés de façon similaire ;
- de l'**obsolescence** technologique, commerciale ou autre ;
- de la **stabilité du secteur d'activité** dans lequel l'actif est utilisé et de l'**évolution de la demande** portant sur les produits ou les services résultant de l'actif ;

– des actions attendues des **concurrents** ou des concurrents potentiels ;
– du niveau des dépenses de **maintenance** à effectuer pour obtenir les avantages économiques futurs attendus de l'actif ainsi que la capacité et l'intention de l'entité d'atteindre un tel niveau ;
– du fait que la durée d'utilité de l'actif dépend (ou non) de la **durée d'utilité d'autres actifs** de l'entreprise.

> **Précisions** Par exemple, **les immobilisations incorporelles bénéficiant d'une protection juridique** ont une durée de consommation des avantages économiques attendus limitée du fait de la protection juridique dont ils bénéficient. Toutefois, ces immobilisations ne sont pas nécessairement amorties sur la durée de protection, celle-ci pouvant être différente de la durée d'utilisation de ces éléments. Tel est le cas des AMM pour lesquelles il convient, à notre avis, de tenir compte des renouvellements probables (voir n° 31935). Dans ce cas, la durée d'utilisation retenue peut être supérieure à celle de l'autorisation obtenue initialement.

Si plusieurs critères sont pertinents, il convient de retenir la durée d'utilisation la plus courte résultant de l'application de ces critères (PCG art. 214-1).

> **Fiscalement** Les éléments incorporels sont amortissables sur la durée attendue de leurs effets bénéfiques sur l'exploitation, telle qu'elle est admise par les usages de la profession ou justifiée par des circonstances particulières à l'entreprise et dont celle-ci doit alors établir la réalité (CE 3-2-1989 n° 58260). En pratique, la durée à retenir s'entend normalement de la durée probable d'exploitation des droits, de la période durant laquelle l'entreprise bénéficie d'une protection juridique (CE 24-4-1981 n° 9665), ou de la durée du contrat conclu (CAA Paris 1-7-1999 n° 95-3862). Toutefois, l'administration admet que certains droits incorporels puissent être amortis sur une durée plus brève que leur durée d'utilisation (voir n° 31915 à propos des brevets et certificats d'obtention végétale et n° 31935 à propos des AMM).
Sur l'amortissement minimum à constituer, voir n° 27010.

Il en résulte :

I. L'obligation, pour chaque entreprise, de déterminer elle-même ses taux ou durées d'amortissement.

II. La possibilité d'adopter, sur le plan fiscal, les durées d'usage. En conséquence, les entreprises désirant bénéficier d'un avantage fiscal doivent constater un **amortissement dérogatoire** pour la différence entre (Avis CU 2005-D du 1-6-2005 ; voir n° 27390) :
– la dotation calculée en comptabilité en fonction de la durée d'utilisation ;
– et la dotation calculée sur le plan fiscal en fonction de la durée d'usage.

> **Fiscalement** Toutefois, sur les retraitements extra-comptables à effectuer lorsque la durée réelle d'utilisation est plus courte que la durée d'usage, voir n° 27120.

Les durées d'utilisation sont, en principe, identiques à celles retenues dans les comptes consolidés.

Toutefois, **par mesure de simplification,** certaines petites entreprises sont autorisées :
– à ne pas rechercher les durées d'utilisation et à appliquer les durées d'usage fiscalement admises (PCG art. 214-13 ; voir n° 27150) ;
– à amortir leurs fonds commerciaux sur 10 ans (PCG art. 214-3 ; voir n° 31985).

MÉTHODES D'AMORTISSEMENT POUR DÉPRÉCIATION

Règle générale Selon le PCG, le mode d'amortissement : **31790**
a. doit traduire au mieux le rythme de consommation des avantages économiques attendus de l'actif par l'entité (PCG art. 214-13).
Ainsi, à notre avis, aucune méthode ne peut être considérée, a priori, comme l'expression de l'amortissement pour dépréciation.
b. est défini soit en termes d'unités de temps, soit en termes d'unités d'œuvre (PCG art. 214-13).
Selon les cas, les immobilisations incorporelles peuvent être amorties selon le mode :
– **linéaire,** celui-ci étant appliqué à défaut de mode mieux adapté (PCG art. 214-13), voir n° 27235 ;
– **variable** (à partir des unités d'œuvre), voir n° 27255 ;
– **croissant,** voir n° 27260 ;
– **dégressif à taux décroissant,** voir n° 27265.

En pratique, il peut être difficile de déterminer la consommation des avantages économiques futurs attachés aux immobilisations incorporelles, celles-ci étant généralement utilisées dans un processus de production plus global faisant intervenir d'autres immobilisations, corporelles notamment.

En général, le mode d'amortissement en **fonction des produits** tirés de l'activité dans laquelle l'immobilisation incorporelle est utilisée n'est **pas approprié** car il ne reflète pas le rythme attendu de consommation des avantages économiques de l'immobilisation. Toutefois, dans des cas particuliers, cette méthode peut être retenue :
– dans l'industrie des médias ou des spectacles : lorsqu'elle est proche du résultat qui serait obtenu si on appliquait la méthode des unités d'œuvre (c'est-à-dire s'il existe une corrélation directe entre le revenu et le nombre de spectateurs). Sur le cas de la création de spectacles, voir n° 30955 ;
– lorsque l'utilisation du droit est spécifiée par un montant total prédéterminé de produits à générer (par exemple, dans une concession d'extraction de minerai, voir n° 32060).

> **Fiscalement** L'amortissement est, en principe, **calculé de manière linéaire** en appliquant à la valeur d'origine des immobilisations incorporelles un taux constant déterminé en fonction de la durée normale d'utilisation des éléments à amortir. Sur l'amortissement minimum à constituer, voir n° 27010.
> Les immobilisations incorporelles ne sont pas éligibles au régime de l'**amortissement dégressif** (CGI art. 39 A et ann II art. 22).

c. est appliqué de manière constante pour tous les actifs de même nature ayant des conditions d'utilisation identiques (PCG art. 214-13), le choix laissé par les règles comptables devant avoir pour seul objectif la meilleure traduction économique. Toutefois, les modes d'amortissement, tels que définis à l'origine, peuvent être révisés (PCG art. 214-14 ; voir n° 27330).

B. Dépréciation des immobilisations

RÈGLES DE CONSTITUTION ET D'ÉVALUATION DES DÉPRÉCIATIONS

31825 Sur les obligations en matière de dépréciations (constatations et reprises), voir n° 27715.
Sur la démarche d'identification et de calcul des dépréciations, voir n° 27720 s.
Sur la détermination du montant des dépréciations en période de forte incertitude (crise), voir n° 27742.
Sur les règles de comptabilisation des dépréciations, voir n° 27755 s.
Sur les impacts d'une crise, voir n° 26920 (valeur d'usage), 27725 (indices de perte de valeur), 27742 (test de dépréciation) et 29610 (annexe).

C. Cas particuliers (amortissements et dépréciations)

31885 Sur les cas particuliers suivants :
– amortissement des immobilisations en cas de régularisation globale du montant de TVA initialement déduit, voir n° 27525 ;
– dépenses de mise en conformité, voir n° 27600 ;
– biens reçus en apport, voir n° 27605 ;
– biens ne servant plus mais ayant une valeur, voir n° 27615 ;
– immobilisations achetées en devises, voir n° 27625.

AMORTISSEMENT DES LOGICIELS ACQUIS OU CRÉÉS

31890 Le plan d'amortissement est identique que le logiciel soit acquis ou créé.
En revanche :
– la durée d'amortissement est différente selon qu'il s'agit d'un logiciel à usage interne ou à usage commercial ;
Pour établir la durée d'amortissement d'un **logiciel à usage interne**, il faut « déterminer, avec une probabilité raisonnable, la date à laquelle le logiciel cessera de répondre aux **propres besoins de l'entreprise,** compte tenu de l'évolution prévisible des connaissances techniques en matière de conception et de production de logiciels ». Au contraire, la durée d'amortissement d'un **logiciel à usage commercial** doit être déterminée en fonction des capacités du logiciel à **répondre aux besoins de la clientèle** (Avis CNC n° 31, avril 1987).
– la date de départ de l'amortissement et les possibilités fiscales d'amortissements complémentaires sont différentes selon que le logiciel est acquis (voir n° 31895) ou créé (voir n° 31900).

Logiciel acquis **a. Date de départ des amortissements** L'amortissement doit commencer à compter de la date d'acquisition du logiciel et non (contrairement à la règle générale, voir n° 31780) de celle de sa mise en service (PCG art. 611-5). 31895

Il n'y a donc pas lieu, même si l'amortissement linéaire est utilisé, d'attendre la mise en service.

> **Fiscalement** Il en est de même, eu égard à sa nature et à l'évolution rapide des techniques (CE 6-12-1985 n° 53001 ; BOI-BIC-AMT-20-10 n° 140).

Sur la date de début d'amortissement des logiciels en normes IFRS, voir Mémento IFRS n° 29984.

b. Comptabilisation La dotation aux amortissements (d'exploitation) est constatée au débit du compte 68111 « Dotation aux amortissements des immobilisations incorporelles » par le crédit du compte 2805 (« Amortissement des concessions et droits similaires, brevets… »).

c. Durée d'amortissement Les logiciels sont à amortir sur leur **durée réelle d'utilisation** (voir n° 31785).

Pour définir cette durée, la CNCC recommande (Bull. CNCC n° 150, juin 2008, EC 2008-09, p. 317 s.) de prendre notamment en compte :
– d'une part, les caractéristiques propres à l'entreprise, reflétant l'utilisation réelle qu'elle fera du logiciel ;
– d'autre part, l'obsolescence technique et commerciale de l'environnement informatique dans lequel le logiciel est implanté (durée de location, date à laquelle des évolutions seront à envisager…).

> **Fiscalement** Il en est de même (CE 22-2-1984 n° 39535 ; BOI-BIC-AMT-10-20 n° 600).

Logiciels créés 31900

I. Logiciels autonomes Sur la distinction entre logiciels autonomes, logiciels faisant partie d'un projet de développement et logiciels indissociables du matériel, voir n° 30355.

a. Date de départ des amortissements Tant que le logiciel n'est pas achevé (il est alors inscrit en « Immobilisations incorporelles en cours » au compte 232), il **ne donne pas lieu à amortissement** (PCG art. 611-5).

> **Fiscalement** Il en est de même, à notre avis, sauf si les entreprises ont choisi de déduire les dépenses de création de logiciels indépendamment du fait qu'elles les immobilisent comptablement (CGI art. 236-I ; BOI-BIC-CHG-20-30-30 n° 80). La déduction devrait en effet s'appliquer, à notre avis, de la même manière aux dépenses comptabilisées en « Immobilisations en cours » relatives à un logiciel non achevé, même si celui-ci n'est pas encore amorti comptablement. Pour plus de détails, notamment sur la position nuancée de l'administration fiscale, voir n° 30400.

Si une entreprise désire bénéficier de la déduction fiscale immédiate mentionnée ci-avant, un amortissement dérogatoire est alors constaté en comptabilité (voir n° 30400). En revanche, « conformément aux règles générales en la matière, l'amoindrissement de la valeur d'un projet comptabilisé dans le compte « Immobilisations incorporelles en cours », résultant de causes dont les effets ne sont pas jugés irréversibles, est constaté par une **dépréciation** (compte 2932 « Dépréciation des immobilisations incorporelles en cours ») dès l'inscription des dépenses de logiciels à l'actif immobilisé » (Avis CNC n° 31, avril 1987).

« En cas d'**échec** définitif du projet, après reprise, le cas échéant, de la dépréciation, le compte 232 est soldé, en principe par le débit du compte 675 « Valeurs comptables des éléments d'actif cédés » » (**charge exceptionnelle**) (Avis CNC n° 31 précité).

Cas particulier d'un ERP destiné à plusieurs utilisateurs et déployé de manière décalée chez chacun des utilisateurs (par exemple, un système informatique destiné à l'ensemble des magasins d'un réseau) : les installations n'étant pas effectuées en même temps chez tous les utilisateurs, mais un utilisateur après l'autre, l'ERP devrait, à notre avis, être divisé en plusieurs parties (une par utilisateur) et amorti par tranche au fur et à mesure de son déploiement.

b. Durée d'amortissement Dès que le logiciel est achevé (et viré au compte 205 « Concessions et droits similaires… »), il doit être alors amorti (PCG art. 611-5) sur sa durée **réelle probable d'utilisation** (voir n° 31895).

> **Fiscalement** Les frais de création de logiciels doivent être amortis sur leur durée prévisible d'utilisation, dans la limite de cinq ans sauf cas exceptionnels (BOI-BIC-AMT-10-20 n° 440), sauf bien entendu dans le cas où l'entreprise a choisi, sur le plan fiscal, de déduire les frais de création de logiciel (voir n° 30400).

c. Comptabilisation Pour les écritures, voir n° 31895 « Logiciel acquis ».

II. Logiciels faisant partie d'un projet de développement Voir n° 31905 s.

III. Logiciels indissociables du matériel Ils sont amortis au même rythme que le matériel auquel ils appartiennent, sauf s'ils répondent à la définition d'un composant (voir n° 25705 s.). Dans ce cas, voir ci-avant I.

AMORTISSEMENT DES FRAIS DE DÉVELOPPEMENT IMMOBILISÉS

31905 **Mode et durée** Les frais de développement, lorsqu'ils sont immobilisés (voir n° 30840 s.), sont amortis sur la **durée d'utilisation estimée du projet** (PCG art. 214-3). Toutefois, lorsque leur durée d'utilisation ne peut être déterminée de manière fiable, les frais de développement sont amortis sur une durée maximale de cinq ans (C. com. art. R 123-187, al. 1 ; PCG art. 214-3).

Sur l'information à donner dans l'annexe, voir n° 32840.

Sur les restrictions relatives à la distribution de dividendes lorsque les frais de développement ne sont pas amortis, voir n° 53999.

> **Fiscalement** Les frais de développement devraient être amortis sur la durée prévisible de l'utilisation des résultats de la recherche et des développements activés, dans la limite :
> – de cinq ans sauf cas exceptionnels (BOI-BIC-CHG-20-30-30 n° 70 ; BOI-BIC-AMT-10-20 n° 440) ;
> – et, selon un arrêt isolé et à notre avis contestable, sur un minimum de deux exercices (CAA Nantes 30-7-2003 n° 99-2660).

Ces principes sont applicables aux **logiciels faisant partie d'un projet de développement** (au contraire, sur les logiciels autonomes créés, voir n° 31900).

> **Fiscalement** Il en est de même pour les logiciels faisant partie d'un projet de développement, sauf si l'entreprise a opté pour :
> – la comptabilisation immédiate en charges des frais de création (voir n° 30960) ;
> – la déduction immédiate des dépenses immobilisées en application de l'article 236-I du CGI (voir n° 30960).

En l'absence de durées d'usage fiscalement admises concernant l'amortissement de ces frais, il n'est pas possible à notre avis de constater, en sus du plan d'amortissement, des amortissements dérogatoires (sur le cas particulier des frais de développement engagés au titre d'exercices clos avant le 1er décembre 2014, voir n° 31910).

L'amortissement pratiqué a nécessairement le **caractère d'exploitation** (compte 6811 : « Dotations aux amortissements des immobilisations incorporelles et corporelles »).

Toutefois, **en cas d'échec** du projet, les frais correspondants sont **immédiatement amortis** au compte 6871 « Dotations aux amortissements exceptionnels des immobilisations » (PCG art. 942-20).

La constatation de l'amortissement exceptionnel ne constitue nullement un changement de méthode, mais la poursuite de la méthode antérieure, les critères d'immobilisation n'étant plus désormais remplis (en ce sens, Bull. CNCC n° 96, décembre 1994, EC 94-26, p. 745 s.). Une information en annexe est néanmoins en général nécessaire (voir n° 32845).

> **Fiscalement** Il en est de même. En cas d'échec du projet de recherche, les frais inscrits à l'actif doivent être immédiatement amortis en totalité (BOI-BIC-CHG-20-30-30 n° 70).

31910 **Date de départ des amortissements** Les frais de développement sont amortis à compter de leur date de **mise en service** (PCG art. 214-12 ; voir n° 31780).

En pratique, dans la plupart des cas, la date de départ d'amortissement correspond au début de l'utilisation (ou de la location, en cas de concession du développement) du résultat des développements.

> **Fiscalement** Il en est de même. L'amortissement doit être pratiqué au **début de l'utilisation du résultat des développements** (BOI-BIC-CHG-20-30-30 n° 70). S'agissant des **frais de développement engagés au titre d'exercices clos avant le 1er décembre 2014** qui ont été fiscalement amortis dès l'exercice de leur inscription à l'actif (en application de la doctrine administrative antérieure), les entreprises peuvent :
> – continuer à appliquer ce plan d'amortissement jusqu'à son terme sans risque de remise en cause par l'administration (BOI-BIC-CHG-20-30-30 n° 70) ;
> – ou, à notre avis, décider de revenir sur le traitement initialement appliqué, en s'appuyant sur la circonstance que la doctrine antérieure au 1er décembre 2014 a été annulée pour excès de pouvoir par le Conseil d'État (CE 6-5-2015 n° 376989).

Toutefois, s'il s'écoule un certain délai entre la date à laquelle le développement est prêt à être utilisé et la première utilisation effective du développement, les frais de développement doivent, à notre avis, être amortis immédiatement, sans attendre la date de début d'utilisation.

> **Fiscalement** Voir ci-avant.

En effet, la mise en service d'un incorporel est, à notre avis, immédiate dès qu'il est prêt à être utilisé, c'est-à-dire :
– à la date de début de **consommation** des avantages économiques (voir n° 31780) ;

> **Précisions** À notre avis, le développement est prêt à être mis en service lorsqu'il est en place et en état de fonctionner selon l'utilisation prévue par la direction (ce qui correspond à la date de fin d'incorporation des coûts dans le coût d'entrée de l'immobilisation, selon l'art. 213-12 du PCG ; voir n° 31455). Cette notion d'utilisation prévue par la direction correspond généralement au niveau de performance nécessaire pour atteindre le rendement initial attendu (PCG art. 213-10). En pratique, à notre avis, il s'agit de la date à laquelle les tests de fonctionnement de l'immobilisation démontrent que la capacité de production de cette immobilisation correspond à celle fixée au préalable (voir n° 26270).

– à ne pas confondre avec la date de début de **production** d'avantages économiques, c'est-à-dire le début de production du chiffre d'affaires issu de l'utilisation du développement. Autrement dit, la date d'utilisation (ou de location) effective du développement.

> **Précisions** Ainsi, un brevet destiné à être concédé devrait, à notre avis, être amorti dès qu'il est en état d'être concédé, même si le concessionnaire ne parvient pas à trouver immédiatement un licencié.
> Dans ce cas, le délai peut constituer un indice de perte de valeur de nature à réaliser un test de dépréciation.

La **dépréciation précédant la mise en service** est possible, même sans amortissement (C. com. art. R 123-179 ; voir n° 27645 la position du Bull. CNCC dans le cas d'une immobilisation corporelle).
Sur les restrictions relatives à la distribution de dividendes lorsque les frais de développement ne sont pas amortis, voir n° 53999.
Sur le cas particulier des frais d'exploration minière, voir n° 32065.

DROITS DE PROPRIÉTÉ INDUSTRIELLE (ACQUIS OU CRÉÉS)

Brevets d'invention et certificats d'obtention végétale Bénéficiant d'une **protection juridique,** les brevets d'invention et certificats d'obtention végétale ont une durée de consommation des avantages économiques attendus limitée. De ce fait, ils sont **amortissables** (voir n° 31765). 31915

> **Fiscalement** Il en est de même (BOI-BIC-AMT-10-20 n° 380).

Sur le cas particulier de l'amortissement d'un droit d'utilisation d'un brevet (contrat de louage de brevet), voir n° 32060.

I. Mode et durée Les brevets d'invention et les certificats d'obtention végétale sont, à notre avis, normalement à amortir sur **la durée de protection** dont ils bénéficient (voir ci-après), ou sur leur **durée effective d'utilisation si elle est différente.**
Les durées protégées sont (CPI art. L 611-2) :
– pour les brevets, de 20 ans ;
– pour les certificats d'utilité, de 10 ans ;
– pour les certificats complémentaires de protection rattachés à un brevet, jusqu'au terme du titre principal auquel ils sont rattachés.
Toutefois, si la redevance annuelle n'est pas acquittée, le propriétaire est déchu de ses droits (CPI art. L 612-19 et L 613-22).

> **Fiscalement** Il en est en principe de même. L'administration admet toutefois que les dépenses d'acquisition ou de dépôt de brevets ainsi que les dépenses d'acquisition de certificats d'obtention végétale soient amortis sur une **période minimum de 5 ans,** à condition que la même durée d'amortissement soit retenue en comptabilité (BOI-BIC-AMT-10-20 n° 380).
> **Cas particulier de l'amortissement des brevets acquis moyennant le versement de redevances annuelles** Voir n° 30185.

En conséquence :
– lorsque la durée d'utilisation des brevets et certificats d'obtention végétale est supérieure à 5 ans, l'obligation comptable de les amortir sur cette durée interdit aux entreprises de bénéficier de la durée d'usage fiscalement admise de 5 ans (voir ci-avant) ;
– sauf si elles bénéficient de la mesure de simplification réservée aux PME (voir n° 27150). Dans ce cas, elles peuvent bénéficier de la durée d'usage de 5 ans.

II. Date de départ des amortissements Les brevets d'invention sont à amortir **à compter de** la date de mise en service, c'est-à-dire à la date à laquelle l'immobilisation est en

état de fonctionner selon l'utilisation prévue par la direction. En pratique, cette date devrait correspondre, à notre avis, à :
– la **date d'acquisition** pour les **brevets acquis** ;
– la **date de dépôt** pour les **brevets créés**.

31935 **Autorisations de mise sur le marché (AMM)** Bénéficiant d'une **protection juridique**, les AMM ont une durée de consommation des avantages économiques attendus limitée.
De ce fait, elles sont **amortissables** (voir n° 31760 s.).

> **Fiscalement** Il en est de même. Les droits incorporels permettant la commercialisation d'une spécialité pharmaceutique et notamment les droits détenus sur l'AMM de cette spécialité ou sur le dossier scientifique ou technique nécessaire à l'obtention, au renouvellement ou au transfert de l'AMM sont amortissables dès lors qu'il est possible de déterminer la durée prévisible durant laquelle cette commercialisation produira des effets bénéfiques sur l'exploitation, en tenant compte notamment des conditions scientifiques, techniques et économiques du marché de cette spécialité (CE 14-10-2005 n° 260486 et n° 260511 ; CE 28-12-2005 n° 260450 ; CE 7-11-2013 n° 348777 ; BOI-BIC-AMT-10-20 n° 400 et 410). Les droits relatifs à une spécialité pharmaceutique qui n'est plus commercialisée à la date de son acquisition peuvent être amortis si l'entreprise justifie qu'il est prévisible, à cette date, que leurs effets bénéfiques sur l'exploitation en cas de reprise de la commercialisation cesseront à une date déterminée (CE 7-11-2013 précité).

I. Durée Les AMM inscrites à l'actif (voir n° 30610 et 30945) sont à amortir, à notre avis, sur leur durée réelle d'utilisation, c'est-à-dire :
– **la durée de protection** dont elles bénéficient, en tenant compte des renouvellements probables, ce qui peut conduire à retenir une durée supérieure à celle de l'autorisation obtenue initialement ;
– en tenant compte, toutefois, des éléments propres à la spécialité pharmaceutique concernée (tels que ceux cités par l'arrêt de la CAA Versailles 11-7-2006 n° 04-3332 : obsolescence inévitable du médicament, préexistence de produits similaires sur le marché, annonce de l'arrivée de produits concurrents…).

> **Fiscalement** Selon l'administration, les AMM peuvent être amorties sur le mode linéaire (BOI-BIC-AMT-10-20 n° 410) :
a. Soit sur la durée retenue sur le plan comptable, lorsque celle-ci est plus longue que la durée d'usage (BOI-BIC-AMT-10-40-10 n° 30).
b. Soit sur leur durée d'usage appliquée par la profession (CGI art. 39-1-2° et BOI-BIC-AMT-10-40-10 n° 20). Eu égard aux modalités d'exploitation de ces droits, et pour des raisons pratiques, cette durée d'usage a été fixée à 10 ans pour les AMM acquises à compter du 9 décembre 2008 (et pour les litiges en cours) (BOI-BIC-AMT-10-20 n° 410).
Selon la durée comptable retenue, il peut donc exister des divergences nécessitant un retraitement extra-comptable. Les cas sont les suivants (pour des exemples d'application, voir n° 27170) :
1. Durée réelle d'utilisation inférieure à la durée d'usage L'amortissement sur la durée d'usage est obligatoire fiscalement (sauf si l'entreprise justifie de circonstances particulières). Les retraitements extra-comptables suivants doivent donc être effectués (BOI-BIC-AMT-10-40-10 n° 40) :
– réintégration sur l'imprimé 2058-A (ligne WE) de la fraction de l'amortissement comptabilisé qui excède l'amortissement fiscalement déductible ;
– déduction sur l'imprimé 2058-A (ligne XG) de la fraction d'amortissement non déduite, de manière linéaire sur la durée résiduelle d'usage, ou bien lors de la cession ou de la sortie de l'immobilisation.
2. Durée réelle d'utilisation supérieure à la durée d'usage Un choix fiscal existe entre un amortissement sur la durée réelle d'utilisation (durée d'amortissement comptable) ou sur la durée d'usage. Si la durée d'usage est retenue sur le plan fiscal, il est nécessaire (sauf mesure de simplification réservée aux PME, voir n° 27150) de comptabiliser un amortissement dérogatoire pour la différence entre la durée réelle d'utilisation et la durée d'usage (BOI-BIC-AMT-10-40-10 n° 30 ; pour plus de détails sur cet amortissement dérogatoire, voir n° 27390).
c. Si les entreprises souhaitent appliquer fiscalement une durée d'amortissement plus courte que la durée d'usage, elles devront être à même de justifier de circonstances particulières (BOI-BIC-AMT-10-20 n° 410) :
– selon le Conseil d'État, les droits détenus sur une AMM sont amortissables sur la durée attendue de leurs effets bénéfiques sur l'exploitation, telle qu'elle est admise par les usages ou justifiée par des circonstances particulières à l'entreprise (CE 14-10-2005 n° 260511 et 28-12-2005 n° 260450).
Cette durée ne peut être fixée par la seule référence à la durée de validité initiale d'une AMM, égale à cinq ans, et ne peut pas être justifiée par des considérations générales tenant à l'obsolescence inévitable de tout médicament (CE 28-12-2005 précité) ;

– et selon la cour administrative d'appel de Versailles (11-7-2006 n° 04-3332), la durée retenue doit pouvoir être justifiée par des éléments précis et concrets propres à la spécialité pharmaceutique en cause (exemples : préexistence de produits similaires sur le marché, annonce de l'arrivée de produits concurrents, probabilité de la générification massive de la spécialité concernée, caractère innovant du produit...).

L'administration devrait toutefois s'abstenir de remettre en cause les durées retenues du fait de telles circonstances lorsqu'elles ne s'écartent pas de plus de 20 % des usages professionnels (BOI-BIC-AMT-10-40-10 n° 240 ; voir n° 27140).

II. Date de départ des amortissements Les AMM sont à amortir **à compter de la date de mise en service,** c'est-à-dire la date à laquelle l'immobilisation est en état de fonctionner selon l'utilisation prévue par la direction. En pratique, cette date devrait correspondre, à notre avis, à la **date de délivrance de l'AMM**.

> **Fiscalement** Il en est de même (BOI-BIC-AMT-10-20 n° 420).

Marques acquises 31940
I. Amortissement

a. Caractère amortissable Pour être amortissable, la durée de consommation des avantages économiques attendus de la marque doit être limitée (voir n° 31760 et 31785).

> **Précisions** Selon le commissaire du gouvernement Laurent Vallée, qui a conclu sous l'arrêt CE 28 décembre 2007 n° 284899 et 285506 (voir ci-après, Fiscalement), cette durée pourrait être déterminée en fonction des 4 critères suivants : le cycle de vie du produit attaché, l'âge de la marque, son degré d'établissement sur le marché (positionnement sur le marché, sa présence ou sa notoriété) et l'entretien dont elle fait l'objet.

En conséquence, à notre avis, les **marques entretenues,** et bien qu'elles fassent l'objet d'une protection juridique, ne sont en général **pas amortissables,** la durée de consommation des avantages économiques n'étant pas limitée à l'acquisition.

Toutefois, une présomption simple de durée indéfinie ne devrait exister, à notre avis, que pour les **marques reconnues et réellement anciennes,** qui ont démontré leur capacité à résister au changement d'environnement économique. Il conviendra en tout état de cause de démontrer que ces actifs n'ont pas de fin prévisible et que les avantages économiques futurs devraient perdurer (notamment au regard de l'analyse de la notoriété et du positionnement de la marque, du secteur d'activité et de l'examen des business plans et des budgets de publicité). Pour plus de détails sur les facteurs à prendre en compte pour déterminer la durée d'utilité d'une immobilisation incorporelle, voir n° 31785.

> **Fiscalement** La protection des marques n'étant pas limitée dans le temps (protection pour une période de 10 ans indéfiniment renouvelable), elles ne sont en principe pas amortissables (CE 10-5-1944 n° 73558 ; BOI-BIC-AMT-10-20 n° 390 ; CE 12-7-1933 n° 27675). Toutefois, elles peuvent être amorties s'il est possible de déterminer la durée prévisible durant laquelle elles produiront leurs effets bénéfiques sur l'exploitation (CE 28-12-2007 n° 284899 et 285506 ; CE 28-12-2012 n° 345841).

Si la marque n'est pas amortissable à son acquisition, elle peut toutefois le devenir **en cours d'utilisation,** dès que la durée effective d'utilisation est connue (PCG art. 214-1).

> **Précisions** Certains éléments peuvent, à notre avis, conduire à rendre la durée d'utilisation des marques limitées :
> – dans l'industrie pharmaceutique, les progrès technologiques et médicaux réduisent le nombre de situations rendant non limitée la durée d'utilisation des marques acquises ou des **médicaments génériques** ;
> – l'utilisation d'une marque entretenue peut devenir limitée du fait de l'apparition de nouveaux produits ou d'une modification des besoins chez les consommateurs ;
> – la décision d'une Cour de justice prononçant la déchéance d'une marque ;
> – la décision d'arrêter l'utilisation d'une marque à une échéance donnée, le plan d'amortissement commence à compter de cette décision jusqu'à la date d'échéance prévue (Note de présentation du règl. ANC 2015-06 § 2.1).
> Sur les conséquences, en termes de dépréciation et d'amortissement du bien, voir n° 27330.

b. Date de départ des amortissements Lorsqu'elles sont amortissables, les marques doivent être amorties à compter de la **date de mise en service,** c'est-à-dire la date à laquelle l'immobilisation est en état de fonctionner selon l'utilisation prévue par la direction. En pratique, cette date devrait correspondre, à notre avis, à la **date d'acquisition** de la marque.

Sur le cas particulier de l'amortissement d'un droit d'utilisateur de marque (contrat de louage de marque), voir n° 32060.

II. Dépréciation
En général, une marque :
– n'est pas testée pour dépréciation de façon isolée car elle ne génère pas des entrées de trésorerie indépendantes des entrées de trésorerie générées par d'autres actifs,
– sauf si l'entreprise a l'intention de vendre la marque ou de l'abandonner (voir n° 27730).

Le test de dépréciation d'une marque est donc en principe réalisé au sein du groupe d'actifs auquel est rattachée la marque. Dans certains cas, une marque peut devoir être affectée à plusieurs groupes d'actifs (par exemple, une marque internationale utilisée par plusieurs pays au sein de la même entité juridique). Dans ce cas, il s'agit d'un actif de support qui doit être affecté aux différents groupes d'actifs concernés sur une base raisonnable, cohérente et permanente (voir n° 27735).

> **Précisions** **Marque représentative d'une clientèle** En cas de regroupement ou d'acquisition d'un fonds de commerce, lorsque l'acte ne prévoit pas l'évaluation séparée des éléments de clientèle inclus dans la marque et qu'il n'est pas possible de disposer d'une évaluation fiable de tous les éléments identifiables à la date d'acquisition, l'entreprise est, en pratique, souvent amenée à comptabiliser la marque en tant que telle, pour le prix indiqué dans le contrat, sans comptabiliser séparément l'élément de clientèle attaché (voir n° 30500). Par la suite, en cas d'abandon de la marque mais si la clientèle continue d'être exploitée, l'actif ne doit pas être automatiquement déprécié mais testé au niveau du groupe d'actifs auquel la clientèle est rattachée (voir n° 32010).

> **Fiscalement** La dépréciation fiscale d'une marque repose en principe sur une **approche globale.** La cour administrative d'appel de Nantes a ainsi refusé la déduction de la dépréciation constatée sur une marque acquise par voie de fusion dont l'exploitation avait été abandonnée, au motif que la clientèle correspondante s'est fondue dans la clientèle de l'absorbante (CAA Nantes 13-2-2020 n° 18NT01327).
La déduction de la dépréciation fiscale d'une marque pourrait, à notre avis, être admise indépendamment de l'évolution de la valeur du fonds de commerce dans son ensemble s'il était établi qu'elle permet d'exploiter une **clientèle d'une nature différente** de la clientèle préexistante de l'entreprise, de telle sorte qu'elle pourrait être regardée comme dissociable de la clientèle de l'entreprise considérée dans son ensemble (voir également n° 32010 et 32030).

31945 **Frais de création faisant l'objet d'une protection (modèles, dessins...)**
Ceux qui constituent des immobilisations incorporelles sont **amortissables** car ils sont susceptibles de se déprécier par l'effet du progrès technique ou de l'évolution de la mode et des goûts (Bull. CNC n° 32, octobre 1977, p. 3). Ils sont à amortir, à notre avis :
a. **Sur la durée de protection** dont ils bénéficient ;
Leur durée de protection est de :
– 5 ans pour les dépôts effectués depuis le 1er octobre 2001 (période renouvelable quatre fois, soit une période de protection totale de 25 ans),
– 25 ans pour les dépôts effectués avant cette date (période désormais non prorogeable).
b. **Ou sur leur durée effective d'utilisation** si elle est différente.

> **Fiscalement** Il en est de même (CE 10-10-1960 n° 45183). Selon l'administration (BOI-BIC-AMT-10-20 n° 630), les éléments qui sont utiles durablement à l'activité de l'entreprise doivent être immobilisés et peuvent, s'ils se déprécient, faire l'objet d'un amortissement étalé sur leur durée normale d'utilisation. Ces principes s'appliquent notamment aux frais engagés par les entreprises du secteur textile pour la création des dessins qu'elles utilisent par la suite dans le cadre de leur activité de fabrication. Ces dessins peuvent faire l'objet d'un **amortissement** étalé **sur la durée probable de leur exploitation par l'entreprise,** étant observé que l'amortissement d'un droit incorporel **ne peut résulter d'un usage** (au sens d'usage dans chaque nature d'industrie, de commerce et d'exploitation).

Sur le cas particulier des frais de création :
– dans l'industrie textile (frais de collection), voir n° 30950;
– de spectacle, voir n° 30955.
Sur l'information à fournir en annexe lorsque la durée d'amortissement de ces immobilisations, créées en interne, dépasse cinq ans, voir n° 32840.

DROIT AU BAIL ET ÉLÉMENTS ASSIMILÉS

31965 **I. Amortissement** Le bulletin CNCC (n° 88, décembre 1992, EC 92-30, p 624) souligne que la réglementation comptable française ne contient aucune disposition interdisant l'amortissement du **droit au bail** dans les comptes annuels. En conséquence (Bull. CNCC précité), retenir le principe d'amortir les droits au bail n'est pas irrégulier.

Le droit au bail comprend en général deux éléments :
– d'une part, **l'économie future de loyers** dont le nouveau locataire va bénéficier en reprenant un bail dont les loyers sont inférieurs à ceux du marché. Cette composante s'amenuise tout au long de la durée du bail ;
– d'autre part, **une prime éventuelle liée à l'emplacement privilégié** du local commercial considéré. Cette composante ne s'amenuise pas avec le temps, mais peut toutefois perdre de la valeur.

Ces deux éléments étant difficilement dissociables, certains pensent que le droit au bail devrait être amorti, d'autres qu'il ne devrait pas l'être. Les pratiques peuvent donc être diverses.

À notre avis, l'analyse des faits et circonstances devrait déterminer le traitement comptable à appliquer. Ainsi :

> **Précisions** Quelle que soit la position retenue, le traitement comptable appliqué devra, à notre avis, être clairement indiqué en **annexe**.

a. En général, le droit au bail devrait, à notre avis, être amorti au rythme de l'amenuisement de la composante du droit au bail relative au différentiel de loyer, c'est-à-dire sur la **durée du bail**. Dans certains cas, la durée du bail sur laquelle doit être amorti le droit au bail peut être supérieure à la durée légale du bail.

En effet, il est nécessaire de tenir compte des périodes de renouvellement raisonnablement assurées notamment dans le contexte spécifique des baux commerciaux.

Il est par ailleurs nécessaire, à notre avis, de s'assurer de la cohérence entre la durée d'amortissement retenue pour le droit au bail et, le cas échéant, la durée d'amortissement des immobilisations corporelles et incorporelles indissociables du bien loué.

> **Fiscalement** Le droit au bail n'est pas amortissable dès lors que l'avantage qu'il procure ne peut pas être regardé, dès l'acquisition du droit, comme devant nécessairement prendre fin à l'expiration du bail, celui-ci étant susceptible d'être renouvelé (CE 15-10-1982 n° 26585 ; BOI-BIC-AMT-10-20 n° 370). En revanche, il peut donner lieu à une (provision pour) dépréciation (voir ci-après II.).
> En conséquence, les retraitements extra-comptables suivants doivent être effectués sur l'imprimé n° 2058-A :
> – au cours de la période d'amortissement : réintégration (ligne WE) de la fraction de l'amortissement non déductible ;
> – lors de la sortie d'actif du droit : déduction (ligne XG) des amortissements antérieurement réintégrés.

De même, à notre avis, le droit d'entrée versé par le preneur au bailleur **(pas-de-porte)** est amortissable. Ainsi, par exemple, lorsque le droit d'entrée a pour contrepartie la renonciation par le bailleur à sa faculté de résiliation sur une période assez longue, le droit d'entrée sera amorti sur cette durée.

> **Fiscalement** Lorsqu'il constitue une immobilisation incorporelle (voir n° 30640), le droit d'entrée versé par le preneur au bailleur (pas-de-porte) :
> – ne peut pas être amorti s'il procure des avantages liés à l'exécution du bail et ne s'éteignant qu'avec lui, lorsqu'il est susceptible d'être renouvelé (contrairement à la comptabilité ; pour les retraitements extra-comptables, voir Fiscalement ci-avant) ;
> – mais peut être amorti s'il est versé en contrepartie d'un avantage (indépendant du caractère renouvelable du contrat et) dont les effets bénéfiques sur l'exploitation cesseront à une date prévisible (CE 15-4-2016 n° 375796 et n° 383067). Tel est le cas de la fraction d'un droit d'entrée versée en contrepartie :
> • de la durée exceptionnelle d'un bail (douze ans) et de la renonciation du bailleur pendant six ans à sa faculté de résiliation (CE 15-4-2016 n° 375796 et n° 383067),
> • à notre avis, d'un droit de préférence inconditionnel en cas de cession qui est borné dans le temps.

b. Toutefois, lorsque l'emplacement privilégié du bail le justifie, le droit au bail devrait pouvoir avoir une valeur résiduelle (voir n° 27070 s.) égale à son coût d'acquisition et ainsi conduire à une base amortissable nulle. En pratique, dans ce cas, **le droit au bail n'est pas amorti** (en ce sens, Bull. CNCC n° 203, septembre 2021, EC 2021-04). Par la suite, en cas de réduction de la valeur résiduelle estimée, il convient de revoir prospectivement le plan d'amortissement et d'amortir la nouvelle base amortissable sur la durée résiduelle du bail (y compris les périodes raisonnablement assurées, voir ci-avant a.).

Sur la comptabilisation à l'actif du droit au bail, voir n° 30640.

Sur l'amortissement du droit au bail acquis lors de l'achat d'un contrat de crédit-bail en cours, voir n° 28540 s.

Sur le traitement comptable du droit au bail en normes IFRS, voir Mémento IFRS n° 33300 (IFRS 16).

II. Dépréciation Lorsqu'il existe un indice de perte de valeur sur le droit au bail, il convient de déterminer sa valeur actuelle (PCG art. 214-15) en procédant en deux étapes (EC 2021-04 du 23-7-21 ; cncc.fr) :

– dans un premier temps, déterminer la **valeur vénale** du droit au bail ;
Si elle se révèle supérieure à la valeur comptable, le test s'arrête à ce niveau, et aucune dépréciation n'est comptabilisée ; cela peut être le cas, notamment, lorsque le droit au bail concerne un emplacement privilégié.

– puis, si la valeur vénale du droit au bail se révèle inférieure à sa valeur comptable, il convient de déterminer sa **valeur d'usage**. En général, un droit au bail seul ne génère pas des entrées de trésorerie indépendantes des entrées de trésorerie générées par d'autres actifs et il n'est donc pas possible de déterminer sa valeur d'usage à son seul niveau. Dans ce cas, il convient de déterminer la valeur d'usage du groupe d'actifs auquel le droit au bail appartient (PCG art. 214-15 ; voir n° 27730). Toutefois, à notre avis, dans le cas rare où la valeur vénale du groupe d'actifs est supérieure à sa valeur comptable, la valeur d'usage n'a pas à être recherchée, et le test s'arrête (voir n° 27720).

> **Précisions** **1. Intention de céder ou d'abandonner le droit au bail** Dans ce cas, le test est, à notre avis, réalisé au niveau du droit au bail seul.
> **2. Affectation de la perte de valeur** Si une perte de valeur est calculée au niveau du magasin, elle est affectée aux actifs du magasin sans que la valeur du droit au bail ne puisse être ramenée à un niveau inférieur à sa valeur vénale (voir n° 27755).
> **3. Ordre dans lequel tester les actifs** Une fois le test réalisé au niveau du droit au bail, le magasin auquel est affecté le droit au bail pourra devoir également faire l'objet d'un test de dépréciation s'il existe également un indice au niveau du magasin auquel le droit au bail est rattaché (EC 2021-04 précitée).
> **4. Lorsque le droit au bail n'est pas amorti** (voir ci-avant I. b.) Dans tous les cas, la valeur résiduelle du droit au bail devra, si nécessaire, être revue et conduire, le cas échéant, à la révision prospective du plan d'amortissement du droit au bail (EC 2021-04 précitée).

> **Fiscalement** Le droit au bail peut donner lieu à une (provision pour) dépréciation si la société justifie que sa valeur probable de réalisation est devenue inférieure à sa valeur comptable (BOI-BIC-PROV-40-10-10 n° 140 ; CE 23-6-1986 n° 50655). À cet égard, la sous-location de locaux commerciaux n'affecte pas le droit au renouvellement du bail au point de justifier la dépréciation totale et immédiate de la valeur du droit au bail figurant à l'actif du locataire principal (CAA Bordeaux 24-7-2001 n° 98-176).

FONDS COMMERCIAL ET AUTRES ÉLÉMENTS DU FONDS DE COMMERCE

31985 **Remarque préalable** :

Champ d'application des règles d'amortissement des fonds commerciaux :
– ces règles ne sont en principe applicables qu'à l'élément résiduel du fonds de commerce, le fonds commercial (compte 207) ;

> **Précisions** Elles ne concernent donc pas les éléments identifiables du fonds de commerce, c'est-à-dire les éléments inscrits aux comptes 205, 206 ou 208 (voir n° 30500) :
> — brevets, voir n° 31915 ;
> — marques, voir n° 31940 ;
> — droit au bail, voir n° 31965 ;
> — fichiers clients, voir n° 32030 ;
> — portefeuilles de mandats ou de contrats, voir n° 32030 ;
> — licences, droits d'utilisation et autres droits d'exclusivité, voir n° 32060.

– elles sont **applicables à la seule quote-part du mali de fusion affectée au fonds commercial**. Le reste du mali suit les règles d'amortissement des actifs sous-jacents auxquels il est affecté (voir n° 75790 s.).

31990 **Amortissement du fonds commercial** Le PCG prévoit (art. 214-3) :

a. Une présomption (réfutable) de non-amortissement des fonds commerciaux, l'usage du fonds commercial étant en général lié à l'activité de l'entreprise dans son ensemble.

S'agissant d'une présomption, il n'est **pas nécessaire de justifier** la durée d'utilisation non limitée du fonds commercial pour ne pas l'amortir. En revanche, il doit, dans ce cas, faire l'objet d'un **test de dépréciation** au moins une fois par exercice, qu'il existe ou non un indice de perte de valeur (voir n° 32010).

> **Précisions** **Durée d'utilisation** Elle doit être cohérente avec celle retenue dans les comptes consolidés, le cas échéant, pour les opérations présentant des caractéristiques similaires. Il s'agit d'être homogène dans le traitement comptable du fonds commercial dans les comptes sociaux et de l'écart d'acquisition dans les comptes consolidés lorsque ces deux actifs traduisent la même réalité et la même opération (ce qui est par exemple le cas lorsqu'ils résultent d'une acquisition de titres suivie à brève échéance d'une fusion dégageant un mali de fusion). Ainsi, la détermination d'une durée d'utilisation limitée pour un écart d'acquisition sera susceptible de réfuter la présomption de durée d'utilisation non limitée d'un fonds commercial comparable dans les comptes sociaux (voir Mémento Comptes consolidés n° 5192).

b. Un amortissement en cas d'existence d'une limite prévisible à l'exploitation du fonds commercial. La présomption de non-amortissement est en effet réfutable en cas d'existence d'une limite prévisible à l'exploitation du fonds commercial. Dans ce cas, le fonds doit **obligatoirement** être amorti sur sa durée d'utilisation.

Sur les critères à prendre en considération pour déterminer la durée d'utilisation des fonds, voir n° 31785.

> **Fiscalement** **1. Fonds commerciaux acquis entre le 1er janvier 2022 et le 31 décembre 2025** Les amortissements comptabilisés à raison des fonds commerciaux acquis dans le cadre d'une cession à titre onéreux ou d'une opération de fusion ou d'apport réalisée entre le 1er janvier 2022 et le 31 décembre 2025 sont fiscalement déductibles (CGI art. 39, 1-2° ; BOI-BIC-AMT-10-20 n° 360). L'application de ce dispositif revêt un caractère optionnel.
> Toutefois, pour les opérations réalisées à compter du 18 juillet 2022, une mesure anti-abus prévoit qu'il n'est pas applicable en cas d'acquisition d'un fonds auprès d'une entreprise liée au sens de l'article 39, 12 du CGI (voir n° 35070) ou auprès d'une entreprise placée sous le contrôle de la même personne physique que l'entreprise acquéreuse (CGI art. 39, 1-2° ; pour plus de détails, voir Mémento Fiscal n° 9175).
> Sur l'application de ce régime en cas de fusion, voir n° 75545.
> **2. Fonds commerciaux acquis avant le 1er janvier 2022 et après le 31 décembre 2025** Hormis les cas d'application du régime temporaire (voir ci-avant 1.), l'amortissement du fonds commercial n'est pas déductible fiscalement pour la détermination des résultats des exercices clos à compter du 31 décembre 2021 (CGI art. 39, 1-2°), même lorsqu'il peut être démontré qu'il existe une limite prévisible à l'exploitation du fonds commercial (BOI-BIC-AMT-10-10 n° 210).
> Sur les conséquences fiscales d'une (provision pour) dépréciation portant sur un fonds commercial dont l'amortissement est fiscalement déductible, voir n° 32010 f.

Tel est le cas, par exemple (Note de présentation du règl. ANC 2015-06 § 2.2 ; BOI-BIC-AMT-10-20 n° 360) :
– d'un fonds commercial affecté à une concession. La concession ayant une durée d'utilisation juridiquement limitée, la durée du fonds commercial est également limitée. Le fonds commercial doit donc être amorti sur la durée de la concession ;
– d'un fonds commercial attaché à l'exploitation d'une carrière, cette activité ayant une durée physiquement limitée.

Un fonds jusqu'alors non amorti peut également être amorti en cours d'utilisation.
Tel est le cas, en général, d'une décision d'arrêter l'activité à laquelle le fonds commercial (jusqu'alors non amorti) est affecté.
Sur les conséquences en termes d'amortissement et de dépréciation, voir n° 31760.

c. Un amortissement sur 10 ans :
– s'il y a une limite prévisible à l'exploitation mais que la **durée d'exploitation ne peut être estimée** de manière fiable (cas néanmoins peu probable en pratique). Dans ce cas, le fonds doit **obligatoirement** être amorti sur 10 ans ;
– pour les **petites entreprises** qui optent pour cette **option** par simplification, **même s'il n'existe pas de limite prévisible** à l'exploitation de ces fonds.

> **Précisions** **1. Champ d'application** Cette option évite aux petites entreprises (sur les entreprises concernées, voir n° 64220) de réaliser des tests de dépréciation systématiques (voir ci-après). Elle est à appliquer, à notre avis, de façon homogène à l'ensemble des fonds commerciaux de l'entreprise.
> **2. Adoption de l'option de simplification** Cette mesure de simplification peut être adoptée à tout moment. Elle est appliquée de manière prospective à tous les fonds commerciaux inscrits au bilan au moment de son adoption (PCG art. 214-3 modifié par Règl. ANC 2018-01 homologué par l'arrêté du 8-10-2018).
> **3. Perte de la qualité de petite entreprise** (PCG art. 214-13) Lorsque l'entité dépasse les seuils définis à l'article L 123-16 du Code de commerce, et qu'elle a pris antérieurement l'option d'amortir sur 10 ans ses fonds commerciaux, elle **peut, pour les fonds commerciaux inscrits à son bilan à la date de dépassement** des seuils :
> – soit maintenir le plan d'amortissement antérieur basé sur 10 ans ;

— soit retenir les dispositions générales prévues par le PCG (voir ci-avant). Dans ce cas, à notre avis, ne s'agissant pas d'un changement de méthode comptable (mais de la perte d'éligibilité des mesures de simplification), l'impact du changement est **prospectif**.

En revanche, l'amortissement des nouveaux fonds commerciaux (inscrits au bilan de l'entité postérieurement à la date de dépassement des seuils) est nécessairement défini selon les dispositions générales du PCG (voir ci-avant).

Il en est de même, à notre avis, lorsque l'entreprise décide volontairement d'abandonner l'option de simplification pour adopter les dispositions générales d'amortissement et de dépréciation.

> **Fiscalement** **1. Fonds commerciaux acquis entre le 1ᵉʳ janvier 2022 et le 31 décembre 2025** Voir b. ci-avant.
> **2. Fonds commerciaux acquis avant le 1ᵉʳ janvier 2022 et après le 31 décembre 2025** Ces fonds sont soumis à **une interdiction générale d'amortissement** (CGI art. 39, 1-2°).

32010 **Dépréciation du fonds commercial** Les fonds commerciaux ne génèrent pas d'entrées de trésorerie de façon indépendante des autres actifs ou groupes d'actifs de l'entité. Il n'est donc en général pas possible de déterminer la valeur actuelle d'un fonds commercial pris isolément (sauf dans des cas particuliers de cession de fonds, par exemple, voir n° 27730 I. a.). Il convient alors de déterminer la valeur actuelle du **groupe d'actifs** auquel il appartient (PCG art. 214-15).

Sur la définition de la valeur actuelle, voir n° 26875.

> **Fiscalement** En l'absence de solution fiscale relative à la dépréciation du fonds commercial, il convient à notre avis de chercher des éléments de réponse dans la jurisprudence et la doctrine afférentes à la déductibilité de la dépréciation du fonds de commerce. Or, un tel fonds peut faire l'objet d'une dépréciation déductible (BOI-BIC-AMT-10-20 n° 360), à condition que celle-ci :
> – affecte en principe le fonds de commerce **dans son ensemble** et non pas seulement certains de ses éléments (CE 29-5-1970 n° 70943 et 71411). Ainsi, la fermeture ou la cession de l'un des points de vente d'une entreprise ne justifie pas, à elle seule, la dépréciation du fonds de commerce dans son ensemble (CE 5-6-1961 n° 51511 et CAA Douai 9-4-2003 n° 99-3). Il en est de même lors du départ du salarié unique repris lors de l'acquisition du fonds (CAA Versailles 22-5-2018 n° 16VE03459). Toutefois, la jurisprudence comme l'administration (BOI-BIC-PROV-40-10-10 n° 140) admettent le principe de la déduction de (provisions pour) dépréciations constituées sur des éléments **isolés** du fonds de commerce, sous réserve qu'ils soient effectivement **dissociables** du fonds de commerce dans son ensemble et **individualisables** (voir n° 31965 pour une application en matière de droit au bail ; n° 32050 en matière de licence de transport ; n° 32030 en matière de portefeuilles de contrats et fichiers clients) ;
> – soit effective par rapport au prix d'acquisition. Tel est le cas d'une **diminution importante du chiffre d'affaires et des bénéfices** (CE 27-12-1937 n° 56712 ; CE 23-12-2011 n° 329282 ; TA Dijon 3-1-2002 n° 00-2903 ; BOI-BIC-PROV-40-10-10 n° 110 à 130) ;
> – soit constituée conformément aux règles comptables, ce qui suppose notamment que le montant de la dépréciation comptabilisée n'excède pas la différence entre la valeur nette comptable du fonds et la plus élevée de la valeur d'usage ou de la valeur vénale. N'est donc pas déductible la (provision pour) dépréciation du fonds de commerce exploité par une société calculée d'après la valeur vénale de ses parts, alors qu'il n'était pas établi que sa valeur d'usage était inférieure (CE 22-11-2022 n° 454766).
>
> Sur la déductibilité des dépréciations calculées sur la valeur d'usage, voir n° 27741.
> Sur le cas particulier de la dépréciation d'un fonds commercial acquis entre 2022 et 2025, voir ci-après f.

a. Affectation du fonds au(x) groupe(s) d'actifs Selon la Note de présentation du règlement ANC n° 2015-06, le fonds commercial est affecté à un groupe d'actifs (ou un regroupement de groupes d'actifs) en **retenant le niveau pertinent de l'entité auquel le fonds commercial est géré et ses performances suivies.**

Sur la définition d'un groupe d'actifs, voir n° 27730.

En l'absence de plus de précisions sur les modalités d'affectation du fonds commercial, les indications de la norme IAS 36 nous paraissent applicables. Ainsi, à notre avis, un fonds commercial est affecté à :
– un groupe d'actifs lorsqu'il est dédié à ce groupe d'actifs et qu'aucune autre synergie n'est attendue avec un autre groupe d'actifs (voir ci-après l'exemple des chaînes de magasins) ;

> **EXEMPLE**
> Un fonds commercial représentatif d'une activité donnée en location-gérance devrait pouvoir être testé au niveau du groupe d'actifs auquel il appartient, c'est-à-dire le fonds de commerce incluant tous les éléments corporels et incorporels le composant (Bull. CNCC n° 189 ; EC 2018-04 du 29-3-2018).

– plusieurs groupes d'actifs, si chacun de ces groupes est susceptible de bénéficier de synergies (existantes ou attendues) liées à ce fonds et qu'une répartition est possible sur une base raisonnable, cohérente et permanente ;

> **Précisions** Le fonds commercial doit pouvoir être affecté à chaque groupe d'actifs pris individuellement sur une base non arbitraire.
À notre avis, une affectation du fonds sur la base arbitraire d'un prorata global par rapport au chiffre d'affaires ou au résultat d'exploitation, par exemple, présenterait un risque fort de dépréciation lors du test de dépréciation.

En pratique, la quote-part de fonds commercial affectée à chacun des groupes d'actifs devrait pouvoir être obtenue en faisant la différence entre, d'une part, les justes valeurs des actifs (préexistants et identifiés lors de l'acquisition du fonds) du groupe d'actifs et, d'autre part, la juste valeur totale du groupe d'actifs.

– un regroupement de groupes d'actifs lorsqu'il ne peut pas être réparti sur chacun des groupes d'actifs de façon raisonnable et cohérente.

> **Précisions** C'est le cas, en pratique, lorsque c'est à ce niveau agrégé que le fonds commercial est géré et ses performances suivies.

Ce principe de regroupement rejoint les normes IFRS sur la dépréciation du goodwill ainsi que la doctrine antérieure qui utilisait, en l'absence de règles comptables spécifiques, les solutions rendues sur le plan fiscal et notamment la notion de caractère « dissociable » ou non de l'activité du fonds de commerce acquis ou apporté. Ainsi (Bull. CNCC n° 86, juin 1992, EC 92-17, p. 331 s.), si le fonds est :
– **indissociable** de l'activité (cas général), compte tenu du caractère fongible des fonds concernés, l'évaluation du fonds est globale, malgré l'individualisation faite au moment de l'acquisition. En effet, les fonds s'intégrant dans un ensemble incorporel de même nature, il est admis que l'individualisation faite au moment de l'acquisition puisse, au cours des exercices ultérieurs, se révéler de plus en plus difficile, voire impossible (synergie) ;
– **dissociable** de l'activité, le fonds contribuant à assurer un potentiel d'activité d'une nature particulière pouvant être distinguée de celle précédemment poursuivie par l'entreprise, sa valeur est suivie distinctement de celle du nouvel ensemble économique sur la base des critères initialement retenus lors de son acquisition.

> **EXEMPLE**
> **Exemple des chaînes de magasins**
> **1. Niveau du test de dépréciation** Selon le bulletin CNCC (n° 173, mars 2014, EC 2013-58, p. 104 s.), le fonds commercial attaché à un point de vente devrait en général, au minimum, être testé avec l'ensemble des actifs constituant le point de vente auquel il est attaché (mobilier, droit au bail…, voir ci-avant EC 2018-04 précitée). Il est toutefois possible que, pour évaluer le fonds commercial, il faille regrouper le point de vente avec d'autres points de vente. Tel est le cas lorsqu'il ne peut pas être démontré que le fonds bénéficie d'une clientèle propre et indépendante de celle des autres points de vente.
> Un point de vente ne bénéficie pas d'une clientèle propre si (Bull. CNCC n° 167, septembre 2012, EC 2012-07-01, p. 625 s.) :
> – l'offre commerciale n'est pas différente de celle des autres magasins ;
> – et les magasins sont suffisamment proches pour estimer que les clients peuvent aller indifféremment dans l'un ou l'autre des magasins.
>
> **2. Conséquences en cas de fermeture d'un magasin** Deux cas de figure peuvent se présenter :
> – Le point de vente est testé à son seul niveau (si l'une de ces deux conditions n'est pas remplie) : le fonds commercial et l'ensemble des actifs liés au point de vente fermé sont dépréciés au niveau du point de vente. Il n'est alors pas possible de compenser la perte de valeur du fonds commercial du point de vente avec l'éventuel gain latent sur le fonds commercial des autres points de vente.
> – Plusieurs points de vente doivent être regroupés pour être testés (si les deux conditions sont remplies) : le fonds commercial du point de vente fermé n'a pas nécessairement à être déprécié (seuls les actifs identifiables du point de vente fermé sont dépréciés s'ils n'ont plus d'utilité). La fermeture constituant toutefois un indice de perte de valeur pour le groupe de magasins, un test de dépréciation est à réaliser au niveau de l'ensemble des fonds, à partir des flux de trésorerie attendus sur l'ensemble des magasins (en ce sens, Bull. CNCC n° 171, septembre 2013, EC 2013-02, p. 504, à propos de la fermeture d'un magasin s'accompagnant de l'ouverture d'un nouveau).

b. Périodicité de réalisation du test de dépréciation du fonds commercial Le PCG prévoit un **test de dépréciation annuel obligatoire** (à notre avis, à la même date tous les ans), même sans indice de perte de valeur, **pour les fonds qui ne font l'objet d'aucun amortissement** (cas général). En revanche, pour les fonds amortis, ceux-ci sont testés s'il existe un indice de perte de valeur à la clôture (PCG art. 214-15).
Sur les indices de perte de valeur, voir n° 27725.

c. Identification du niveau auquel le fonds commercial doit être testé Voir n° 27727.

d. Répartition de la perte de valeur aux différents actifs du groupe d'actifs Si le fonds commercial a été testé au niveau d'un groupe d'actifs, la dépréciation est comptabilisée :
– en priorité en réduction de la valeur comptable du fonds commercial ;
– puis, lorsque la perte de valeur s'avère supérieure au montant du fonds commercial aux autres actifs du groupe d'actifs, à notre avis au prorata de leur valeur comptable dans le groupe d'actifs.
Pour plus de détails, voir n° 27755.

> **Précisions** Importance d'affecter le fonds commercial aux groupes d'actifs dédiés Si un fonds commercial n'a pas été affecté au(x) seuls groupe(s) d'actifs au(x)quel(s) il est réellement dédié, mais a été affecté globalement à toutes les activités de l'entité, alors la perte de valeur liée à une activité en difficulté peut entraîner la dépréciation du fonds alors même que ce dernier ne serait pas lié à l'activité en difficulté. En effet :
> – après que le test a dans un premier temps été réalisé au niveau de l'activité en difficulté, un autre test doit être réalisé au niveau du regroupement de groupes d'actifs auquel le fonds a été globalement affecté (voir ci-avant c. 2.) ;
> – en cas de perte de valeur, celle-ci sera en priorité comptabilisée en réduction du fonds (voir ci-avant d.).

e. Permanence des méthodes et informations en annexe Voir n° 27730 II.

f. Interdiction de reprendre la dépréciation constatée sur un fonds commercial Par exception au principe général de reprise de la dépréciation lorsque les raisons qui ont motivé cette dernière disparaissent (voir n° 27715), la dépréciation constatée sur un fonds commercial ne pourra jamais être reprise (PCG art. 214-19).
Conceptuellement, cette impossibilité de reprise se justifie par le fait que toute réévaluation du fonds commercial constitue du fonds commercial créé en interne que les règles comptables interdisent de comptabiliser à l'actif (voir n° 30965).

> **Fiscalement 1. Cas général** Il résulte de l'article 39, 1-2° du CGI que la dépréciation du fonds commercial ne peut, sur le plan fiscal, être constatée que par voie de provisions (BOI-BIC-PROV-40-10-10 n° 90). Conformément à l'article 39, 1-5° du CGI, les provisions qui, en tout ou partie, reçoivent un emploi non conforme à leur destination ou **deviennent sans objet sont rapportées aux résultats de l'exercice.**
> En pratique, une reprise extra-comptable des dépréciations devenues sans objet doit, à notre avis (en ce sens, voir 2. ci-après dans le cas particulier des fonds commerciaux acquis entre 2022 et 2025), être envisagée.
> **2. Fonds commercial acquis entre 2022 et 2025** Pour les fonds commerciaux acquis entre le 1er janvier 2022 et le 31 décembre 2025 dont l'amortissement est fiscalement déduit (voir n° 31990), la déduction d'une (provision pour) dépréciation entraîne l'obligation de la rapporter au résultat imposable des exercices suivants pour un montant égal à la différence entre :
> – la dotation aux amortissements qui aurait été constatée en l'absence de (provision pour) dépréciation ;
> – et la dotation aux amortissements calculée sur la nouvelle base amortissable comptable, qui est minorée de la provision pour dépréciation comptabilisée (CGI art. 39, 1-5° ; BOI-BIC-PROV-40-10-10 n° 155).
> La reprise fiscale de cette (provision pour) dépréciation doit être réalisée extra-comptablement à la ligne (WI) de l'imprimé n° 2058 A.
> L'administration admet que, dans cette situation, l'amortissement comptable du fonds peut être complété par un amortissement dérogatoire afin d'assurer la déduction fiscale de la totalité de son coût de revient. Cet amortissement dérogatoire est égal au montant de la réintégration fiscale de la (provision pour) dépréciation pratiquée (BOI-BIC-PROV-40-10-10 n° 155 ; pour un exemple chiffré, voir FRC 2/22 inf. 1).

Sur l'information à fournir en annexe, voir n° 32840.

32030 Portefeuilles de mandats, carnets de commandes, fichiers clients...
Il ne faut pas confondre :
– les carnets de commandes, portefeuilles de contrats représentatifs de contrats actuels ou futurs (voir n° 30565) ;
– et les fichiers clients et prospects, qui comprennent des noms, coordonnées, historiques de commandes et autres informations démographiques ; ils peuvent être loués, échangés ou vendus sans que la relation contractuelle soit elle-même vendue (voir n° 30560).
Le caractère amortissable de ces actifs dépend de l'existence ou non d'une limite prévisible à leur exploitation.

a. Portefeuille de contrats individualisés Le bulletin CNCC (n° 104, décembre 1996, EC 96-82, p. 744 s.) considère nécessaire **l'amortissement** d'un portefeuille de contrats représentatifs d'éléments individualisés, sur la durée de vie probable de ces contrats (tenant compte de leur taux de renouvellement).

Les contrats ne sont toutefois pas, à notre avis, nécessairement suivis individuellement. Ainsi, les contrats présentant des caractéristiques propres et des durées de vie similaires devraient pouvoir être regroupés. Dans ce cas, la durée d'amortissement retenue pour chaque groupe de contrats peut résulter d'une moyenne des durées de vie probables de chacun des contrats individualisés.

Le mode d'amortissement appliqué doit traduire au mieux le rythme de consommation des avantages économiques attendus de l'actif (voir n° 31790). En pratique, les portefeuilles clients reposant sur une base contractuelle à durée de vie définie sont généralement amortis de manière linéaire.

> **EXEMPLES**
>
> Constituent des contrats individualisables, notamment :
> — les contrats d'abonnement ayant fait l'objet, pour les besoins d'une opération de fusion, d'un **dénombrement et d'une identification précise** (par rapport à un ensemble plus grand de contrats), pour lesquels il convient d'admettre, compte tenu de la durée de vie limitée de ces contrats particuliers et de leur taux de renouvellement, que leur valeur s'amoindrit avec le temps (Bull. CNCC précité) ;
> — à notre avis, les contrats qui, de par leurs **caractéristiques propres,** se distinguent clairement des autres contrats exploités par l'entreprise : contrats d'une durée de vie inhabituelle, contrats révocables alors que les autres contrats ne le sont pas... (voir ci-après Fiscalement).

> **Fiscalement** Le Conseil d'État a admis le principe du caractère amortissable d'un **portefeuille de mandats** qui, en raison de l'ensemble de leurs caractéristiques juridiques et économiques, entre autres leurs conditions de révocation ou renouvellement, seraient **dissociables**, lors de leur acquisition comme à la clôture de l'exercice, des autres mandats figurant dans le portefeuille représentatif de la clientèle attachée au fonds de commerce, c'est-à-dire d'une nature différente des mandats préexistants de l'entreprise et susceptibles d'être suivis distinctement de ceux de l'ensemble de l'activité de l'entreprise. Aucune décision positive admettant en pratique la déduction d'un tel amortissement n'a toutefois été rendue. À l'inverse, ne sont pas amortissables des mandats indissociablement intégrés dans un portefeuille qui se **renouvelle** en permanence au fur et à mesure de la résiliation de certains mandats et de l'obtention de nouveaux (CE 1-10-1999 n° 177809 concernant des mandats de gestion acquis par un administrateur de biens ; CAA Versailles 1-7-2008 n° 07-524 et 07-525 définitif suite à CE (na) 24-11-2010 n° 323829 et 324036 concernant des mandats de commissaires aux comptes).

Chaque contrat (élément individualisé) du portefeuille est déprécié à son niveau ou au niveau du groupe d'actifs auquel il appartient, de façon cohérente avec le niveau auquel la performance des contrats est suivie par la direction (PCG art. 214-15 ; voir n° 27730). Ainsi, à notre avis :
— si l'activité est gérée contrat par contrat : la perte de rentabilité d'un contrat entraîne nécessairement la constatation d'une dépréciation. De même, la perte (ou cession) du contrat entraîne la sortie du bilan de la valeur comptable du contrat ;
— si l'activité est gérée au niveau du portefeuille de contrats, la dépréciation est appréciée globalement au niveau du portefeuille. Toutefois, en cas de perte (ou cession) d'un contrat, la valeur actuelle du contrat pris isolément est déterminable et devrait entraîner la sortie du contrat (voir n° 27730).

> **Fiscalement** La perte de mandats ne pourrait donner lieu à la constatation d'une moins-value que si, en raison de leurs caractéristiques propres, ils sont dissociables des autres éléments représentatifs de la clientèle attachée au fonds de commerce (CE 10-5-2012 n° 328263 et 328302), même si les contrats acquis ont fait l'objet d'une inscription distincte en comptabilité et nonobstant leur caractère intuitu personæ (CAA Versailles 31-3-2015 n° 14VE00563).

b. Portefeuille « normatif » En revanche (Bull. CNCC précité), lorsque les contrats ne sont pas représentatifs d'éléments individualisés et sont évalués sur la base d'un portefeuille « normatif » (ensemble d'éléments fongibles), ils sont assimilables au fonds commercial dont l'utilisation peut être présumée sans limite prévisible (voir n° 31985). Le fonds commercial n'est donc en général **pas amorti** et doit faire l'objet d'un test de dépréciation à chaque clôture, au niveau du groupe d'actifs auquel il est affecté (niveau auquel il est géré et ses performances suivies).

Sur la possibilité néanmoins, pour les petites entreprises, d'opter pour un amortissement sur 10 ans de leur fonds commercial, voir n° 31985.

> **Fiscalement** Il en est, à notre avis, de même, voir ci-avant a.

c. Fichier clients Le caractère amortissable des fichiers clients dépend de l'existence ou non d'une limite prévisible à leur exploitation.

À notre avis :
– si les clients de la liste sont censés rester acquis à l'entreprise (position de leader sur le marché, niche…) et qu'ils **peuvent être conservés par un entretien régulier**, le fichier s'apparente davantage à une part de marché assimilable à un **fonds commercial** (voir n° 30500) dont l'utilisation peut être **présumée sans limite prévisible**. Il n'est donc en général pas amorti et doit faire l'objet d'un test de dépréciation à chaque clôture, au niveau du groupe d'actifs auquel il est affecté (niveau auquel il est géré et ses performances suivies) ;
– dans le cas contraire, l'usage attendu du fichier clients par l'entité est limité dans le temps et le fichier est donc amortissable.

Dans ce cas, la durée d'utilisation doit tenir compte des efforts faits par l'entreprise pour conserver les clients de la liste. En revanche, elle ne doit pas tenir compte des nouveaux clients qui pourront être ajoutés à cette liste.

Sur la possibilité, pour les petites entreprises ou lorsque la durée d'exploitation ne peut être estimée de façon fiable, d'opter pour un amortissement sur 10 ans de leur fonds commercial, voir n° 31990.

> **Fiscalement** Des éléments d'actifs incorporels **identifiables,** comme des fichiers de clientèle, ne peuvent donner lieu à une dotation annuelle à un compte d'amortissement que s'il est normalement prévisible, lors de leur acquisition par l'entreprise, que leurs effets bénéfiques sur l'exploitation **prendront fin à une date déterminée.**
>
> **a. Caractère dissociable** Le caractère séparable des éléments d'actif ne découle pas de façon automatique des modalités de comptabilisation et doit être apprécié au vu de leurs caractéristiques intrinsèques. La clientèle acquise présentant souvent les mêmes caractéristiques que celle précédemment exploitée et n'étant pas dissociable de celle-ci, elle n'est ainsi, en principe, pas amortissable (CE 17-5-2000 n° 188975 ; voir également ci-avant a.). Il en est de même en cas d'acquisition du fonds de commerce d'une société de presse suivie de l'arrêt de la publication de certains des titres acquis, la clientèle visée étant susceptible de se reporter sur les titres déjà exploités par la société cessionnaire (CAA Paris 11-5-2011 n° 09PA01434).
>
> **b. Limitation dans le temps** La condition tenant à la limitation dans le temps des effets bénéfiques sur l'exploitation des fichiers de clientèle n'est pas satisfaite par une société qui se borne à invoquer l'évolution générale à la baisse du marché (CE 29-11-2000 n° 185347).

En général, **le fichier ne générant pas de flux de trésorerie largement indépendants de ceux de l'activité de l'entreprise,** celui-ci devrait être testé au niveau du groupe d'actifs auquel il appartient (voir n° 27730). Dans ce cas, une dépréciation ne sera justifiée que si l'**activité concernée** de la société (ou de la branche) se réduit et ne permet plus de générer des flux de trésorerie nets suffisants pour justifier sa valeur comptable.

Toutefois, dans certains cas particuliers, le fichier clients pourrait être testé à son seul niveau (lorsqu'il doit être cédé, par exemple ; voir n° 27730). Dans ce cas, sa **dépréciation** se fait **sur la base de sa propre valeur actuelle.**

> **Fiscalement** Selon la jurisprudence :
> – une entreprise ayant acquis le fichier d'adhérents d'une société exerçant une activité très proche de la sienne doit être regardée comme ayant acquis la clientèle de la société cédante et l'ayant incorporée à son propre fonds de commerce (la fusion complète des deux clientèles rendait artificielle, après l'acquisition du fichier, l'individualisation d'une part de clientèle provenant de la société cédante). Elle ne peut dès lors constituer une dépréciation de la valeur de ce fichier, en l'absence de dépréciation d'ensemble du fonds de commerce (CE 17-1-1994 n° 124438 ; CAA Bordeaux 28-5-1991 n° 1808) ;
> – une société d'avocats ayant acquis auprès d'un autre avocat un fonds libéral ne peut constituer une (provision pour) dépréciation de ce fonds dès lors qu'elle n'établit pas que les éléments de clientèle ainsi acquis se différencient par leurs caractéristiques des éléments représentatifs de la clientèle attachée à l'ensemble du fonds libéral (TA Rouen 9-12-2014 n° 1201030).

32035 **Droit incorporel représentant un bien en usufruit** Lorsque l'usufruit d'un bien a été comptabilisé en immobilisation incorporelle (voir n° 25440), celle-ci est amortie sur sa durée d'utilisation estimée, qui :
– dans le cas d'un usufruit viager (qui s'éteint par la mort de son titulaire), s'entend de la durée de vie du titulaire telle qu'elle peut être estimée par les tables de mortalité ;

> **Précisions** Postérieurement la modification significative des moyennes d'espérance de vie est de nature à entraîner la révision prospective du plan d'amortissement (PCG art. 212-14).

– et dans le cas d'un usufruit temporaire, s'entend en général de la durée contractuelle (Bull. CNCC n° 158, juin 2010, EC 2009-72, p. 440) ou légale (en l'absence de durée contractuelle, celle-ci étant plafonnée à 30 ans ; C. civ. art. 619).

Lorsque l'usufruit a initialement été constitué à titre viager sur la tête d'une personne physique puis transmis pour une durée fixe, le droit incorporel est amorti sur la plus courte de la durée de vie estimée de cette personne physique (sous réserve que son décès prématuré entraîne l'extinction des droits du second titulaire) et de la durée contractuelle.

> **Fiscalement** Il en est de même pour des usufruits temporaires (TA Poitiers 21-11-1996 n° 95-1701 ; TA Paris 6-7-2009 n° 04-19716), pour un usufruit viager (CE 24-4-2019 n° 419912), et à notre avis, pour la cession temporaire d'un usufruit viager.

Si l'usufruit est au contraire comptabilisé en charges constatées d'avance (voir n° 25440), celles-ci sont à rapporter au résultat sur la même durée.

> **Fiscalement** En cas d'acquisition de la nue-propriété par l'usufruitier, il n'est pas possible, à notre avis, de reprendre l'amortissement du droit incorporel déjà constaté à la date de la consolidation de l'usufruit, ce qui reviendrait à réévaluer l'actif. En revanche, l'acquisition de la nue-propriété est un événement conduisant à :
> – reclasser le droit en immobilisation corporelle (voir n° 25440) ;
> – revoir le plan d'amortissement de cette immobilisation de manière prospective (voir n° 27330), la durée d'utilisation du bien pouvant être différente de celle de son seul usufruit.
> Sur le risque d'amortissement irrégulièrement différé, voir n° 25440.

AUTORISATIONS ADMINISTRATIVES

Droit d'occupation du domaine public Lorsque le droit d'occupation est comptabilisé en immobilisation incorporelle (voir n° 30700 et 30725), il est à notre avis (de la même manière qu'un droit au bail, voir n° 31965) **amortissable**, sa durée d'utilisation étant limitée. Ce droit nous paraît donc devoir être amorti sur la **durée pour laquelle il a été consenti**.

32040

Selon l'avis CU CNC sur les licences UMTS, le droit doit être amorti sur sa durée probable d'utilisation, qui ne peut excéder la durée de l'autorisation (Avis n° 2002-B du 9-1-2002).

Toutefois, le droit d'occupation peut, à notre avis, être amorti sur une durée plus longue que celle prévue au contrat initial. En effet, il nous paraît nécessaire de tenir compte du droit à renouvellement du contrat ainsi que des **périodes de renouvellement raisonnablement assurées.**

> **Fiscalement** Il a été jugé que les droits d'occupation du domaine public peuvent être amortis sur la période initiale pour laquelle ils sont accordés, dès qu'à l'expiration de cette période ils peuvent ne pas être renouvelés (CAA Lyon 29-6-1999 n° 96-428, décision rendue en matière de droit d'exploitation d'un restaurant d'altitude implanté sur le domaine public). Voir également n° 30700 s.

Le caractère raisonnable du renouvellement peut être apprécié en fonction d'indicateurs montrant que le renouvellement est pris en compte dans la stratégie de l'entreprise, par exemple :
– des investissements ont été réalisés dans le cadre de ce contrat et ont une durée de vie supérieure à la durée du contrat (et ils ne peuvent pas être réutilisés dans un autre cadre) ;
– les business plans de la société tiennent compte de renouvellements ;
– le non-renouvellement de la part de l'administration entraîne une indemnité pour les investissements réalisés.

En l'absence de tels indicateurs, il convient d'amortir le droit d'occupation sur la durée du contrat initial.

En conséquence, la durée d'amortissement à retenir est la durée la plus probable envisagée par l'entreprise. Si un éventuel renouvellement a été pris en compte, l'entreprise est dans l'obligation, lorsque la durée de renouvellement est connue et s'avère plus courte que celle initialement retenue ou dès que l'entreprise sait que le contrat ne sera pas renouvelé :
– d'effectuer un test de dépréciation (le non-renouvellement constitue un indicateur d'une éventuelle perte de valeur) et de comptabiliser, le cas échéant, une dépréciation pour ramener la VNC du droit d'occupation à sa valeur actuelle ;

> **Fiscalement** N'est pas déductible la (provision pour) dépréciation constatée par le titulaire d'une autorisation d'exploiter une centrale hydro-électrique accordée pour vingt-huit ans, dès lors que la fin de la concession ainsi accordée n'interviendra que treize ans plus tard et que son non-renouvellement n'est qu'éventuel (CAA Marseille 26-10-2012 n° 10MA02051).

– de revoir prospectivement le plan d'amortissement sur la base de la nouvelle VNC (nette de la dépréciation) et sur la durée résiduelle du contrat.

Cas particulier d'une durée d'utilisation non limitée Si la durée d'utilisation du droit d'occupation s'avère **non limitée**, étant donné les faits et circonstances tendant à prouver que l'entité occupera indéfiniment le domaine public (l'entité se conforme à la réglementation, les renouvellements ont toujours été octroyés par le passé, une analyse des flux de trésorerie soutient cette hypothèse...), le droit n'est **pas amorti** avant que l'on puisse déterminer que sa durée d'utilisation a une fin. Il devra toutefois faire l'objet d'un **test de dépréciation** dès l'apparition d'un indice de perte de valeur.

> **Fiscalement** Il devrait, à notre avis, en être de même, dès lors qu'il n'est pas prévisible que les effets bénéfiques du droit d'occupation sur l'exploitation prendront fin à une date déterminée.

Sur l'amortissement des constructions érigées sur le domaine public, voir n° 27520.

32045 **Droits d'exploitation** Certaines activités sont soumises à l'attribution d'une autorisation administrative avant de commencer leur exploitation (licences de transport, licences d'exploitation d'un bar et les licences de débit de boissons de 4e catégorie, autorisation d'exploitation commerciale...).

Lorsque l'autorisation est comptabilisée à l'actif (voir n° 30745), elle est amortissable sur la durée de son octroi (le cas échéant en tenant compte des possibles renouvellements). En revanche, si la durée d'une autorisation est illimitée, elle n'est pas amortie avant que l'on puisse déterminer que sa durée d'utilisation a une fin.

Elle devra toutefois faire l'objet d'un test de dépréciation dès l'apparition d'un indice de perte de valeur.

EXEMPLE

Une entreprise bénéficie d'un droit exclusif d'affichage dans le métro. Le contrat relatif à ce droit couvre une période de 5 ans au terme de laquelle l'entreprise bénéficiaire du droit d'exclusivité dispose d'un droit à renouvellement pour une période qui sera décidée au moment du renouvellement (cette période n'est pas fixée à l'entrée dans le contrat). Le contrat pourra être renouvelé à nouveau par la suite (et ce plusieurs fois).

En principe, ce droit est amortissable sur la durée du contrat initial et, si des indicateurs montrent que l'entreprise bénéficiaire du droit compte renouveler le contrat, la durée d'amortissement peut être plus longue.

Dans ce cas, étant donné que la période de renouvellement n'est pas connue à l'entrée dans le contrat et ne dépend pas uniquement de l'entreprise bénéficiaire du droit d'exclusivité, l'entreprise doit, dès que la durée de renouvellement est connue (ou dès que la société sait que le contrat ne sera pas renouvelé) :
— effectuer un test de dépréciation (le non-renouvellement constituant un indicateur d'une éventuelle perte de valeur) et comptabiliser, le cas échéant, une dépréciation pour ramener la VNC du droit d'exclusivité à sa valeur actuelle ;
— revoir prospectivement le plan d'amortissement sur la base de la nouvelle VNC (nette de la dépréciation) et sur la durée résiduelle du contrat.

> **Fiscalement** Les autorisations administratives dont les entreprises sont titulaires sont amortissables lorsqu'il est prévisible que leurs effets bénéfiques sur l'exploitation prendront fin à une date déterminée. Tel n'est pas le cas d'une licence d'exploitation d'un bar, en l'absence de circonstances laissant anticiper son retrait par l'État (CAA Nantes 23-4-2003 n° 99-1632) ou des licences de transport qui, en application d'un changement de réglementation, doivent être remplacées par des autorisations de transport d'une durée également illimitée (CAA Lyon 3-11-2005 n° 00-1703 définitif suite à CE (na) décembre 2006 n° 288728). Sur la possibilité de déprécier ces actifs incorporels, voir II. ci-après.

32050 **Quotas et contingents de production, de livraison, d'importation...** Les quotas étant en général attribués pour une durée illimitée, il n'existe pas de fin prévisible à leur utilisation. Ils ne sont donc pas amortissables.

En revanche, dès lors qu'une réglementation a pour effet de supprimer la protection juridique liée au quota, le quota doit faire l'objet d'un test de dépréciation, puis être amorti sur la base de la nouvelle VNC et de la durée prévisible de son utilisation résiduelle.

Ainsi, selon le bulletin CNCC (n° 147, septembre 2007, EC 2007-47, p. 143 s.), depuis l'annonce de la réorganisation du marché du sucre en 2006, les quotas de sucre comptabilisés à l'actif doivent être amortis sur leur durée de vie prévisionnelle connue à la clôture, dont l'échéance est la fin de la campagne de commercialisation 2017.

En outre, cette modification de la réglementation constitue un indicateur d'une éventuelle perte de valeur. Cet indicateur doit conduire le bénéficiaire du quota à effectuer un test de dépréciation et à comptabiliser, le cas échéant, une dépréciation :
– **sur le quota** ;

> **Fiscalement** L'entrée en vigueur d'une nouvelle réglementation ayant pour effet d'atténuer ou de supprimer la protection juridique dont bénéficiait l'actif incorporel constitue un événement rendant probable la dépréciation de cet actif et justifie donc la déduction de la dépréciation (CE 20-10-2000 n° 194992, décision rendue à propos de licences de transport de marchandises). L'entreprise doit néanmoins justifier du montant de la provision, une dépréciation totale n'étant par exemple pas admise lorsque le changement de réglementation prévoit un régime transitoire préservant les droits acquis sous la précédente réglementation (CE 13-7-2007 n° 289658).

– **sur l'ensemble de l'outil de production,** le cas échéant.

> **EXEMPLE**
>
> Tel est le cas des quotas de sucre (en ce sens, Bull. CNCC n° 147 précité). En effet, la réorganisation du marché du sucre initiée en 2006 (diminution des prix de vente, réduction des quotas, prélèvements sur excédents, mesures de restructuration...) constitue un indice de perte de valeur pour l'outil de production dans son ensemble et pas seulement pour les seuls quotas (attribués ou acquis) comptabilisés à l'actif.
>
> Selon le bulletin CNCC précité, la dépréciation doit alors être estimée, pour les quotas et plus généralement pour l'outil de production, sur la base de la valeur d'usage résultant de l'estimation des avantages économiques futurs liés à la vente du sucre (voir n° 27730 s.).

Droits d'exploiter les substances chimiques (dans le cadre du règlement Reach) 32055

Pour plus de détails sur le règlement européen Reach (Registration, Evaluation and Authorisation of Chemical substances), voir n° 30770.

Sur la comptabilisation de cet actif en tant que droit d'exploitation acquis ou en tant que frais de développement, voir n° 30770.

Sur son évaluation, voir n° 31370.

I. Amortissement Les droits d'exploitation « Reach » acquis ou générés en interne, s'ils ont été immobilisés, sont amortis :

a. Sur la durée d'exploitation de la substance, telle que prévue par l'entreprise (Avis CNC 2009-13 § 3.2.1).

Lorsque les coûts d'enregistrement constituent des frais de développement :
– l'amortissement sur une durée d'utilisation supérieure à cinq ans doit être justifié en annexe (C. com. art. R 123-187 ; voir n° 32840) ;
– si les frais d'enregistrement sont ajoutés à l'ensemble des coûts engagés antérieurement pour développer la substance enregistrée, ils sont amortis sur la durée résiduelle de ces frais de développement (durée pouvant toutefois être revue à l'occasion de l'enregistrement de la substance).

> **Fiscalement** Il en est de même. En l'absence de durée d'usage pour ce type de droits, les entreprises sont en effet autorisées à retenir la durée d'amortissement comptable (Lettre de la DLF au Medef du 31-5-2010).

> **Précisions** **Substances les plus dangereuses** : dans le cas particulier des substances les plus dangereuses, pour lesquelles il existe une procédure d'autorisation, il existe une limitation à la durée légale d'autorisation (contrairement aux autres substances simplement enregistrées). Dans ce cas, la durée d'amortissement de l'autorisation est la durée la plus courte entre (Avis CNC précité, § 3.2.1.1) :
> – la durée d'autorisation ;
> – et la durée probable d'utilisation prévue par l'entreprise.

b. À compter de la date d'enregistrement, à notre avis.

II. Dépréciation Les dépenses activées au titre de l'enregistrement d'une substance chimique sont dépréciées selon les règles générales, c'est-à-dire qu'un test de dépréciation est effectué lorsqu'un **indicateur de perte de valeur** apparaît à la clôture (voir n° 27725), **que l'enregistrement ait ou non déjà été obtenu** (Avis CNC 2009-13 § 3.2.2).

Au cas particulier d'une immobilisation « Reach », un indicateur de perte de valeur apparaît, notamment :
– lorsqu'un événement indique que l'enregistrement pourrait ne pas être obtenu, ou, si l'enregistrement a déjà été obtenu, qu'il pourrait être remis en cause (demande de l'Agence d'effectuer des tests complémentaires, nouvelles restrictions...) (Avis CNC précité, § 3.2.2.2) ;

– en cas de cession à un nouveau déclarant des tests et études liés à l'enregistrement, l'entrée sur le marché d'un nouveau concurrent étant susceptible de modifier les conditions d'exploitation de l'actif par l'entité (Avis CNC 2009-13 § 4.1.2).

> **Précisions** **Dépréciation au niveau de l'ensemble des actifs liés à la substance concernée par l'indice de perte de valeur** : lorsqu'il existe un risque sur l'obtention ou la conservation d'un enregistrement, c'est l'ensemble des actifs utilisés dans le cadre de l'exploitation de la substance concernée qui doit être testé et le cas échéant déprécié (Avis CNC 2009-13 § 3.2.2). Pour plus de détails sur l'évaluation par regroupement d'actifs, voir n° 27730.

DROITS DIVERS

32060 Licences, droits d'utilisation d'immobilisations incorporelles et autres droits d'exclusivité

I. Principe de l'amortissement Lorsqu'ils sont immobilisés (voir n° 30785 et 30790), ces droits d'exploitation sont à amortir s'il existe une **limite prévisible** à la durée pendant laquelle il est attendu qu'ils procureront des avantages économiques à leur bénéficiaire (voir n° 31760).

Le caractère limité de leur utilisation tient compte, notamment, des périodes de renouvellement raisonnablement assurées, des cycles de vie des produits résultant du droit, de l'obsolescence commerciale… (voir n° 31785).

> **Fiscalement** Le Conseil d'État admet la possibilité d'amortir un élément incorporel lorsqu'il est **normalement prévisible,** lors de son acquisition, que ses effets bénéfiques sur l'exploitation prendront fin à une date déterminée. Tel est le cas des concessions lorsque la date d'expiration est connue.

Ainsi, s'agissant par exemple d'un contrat de licence de marque renouvelable par tacite reconduction, le droit d'exploitation de la marque devrait, à notre avis, être amortissable, dès lors qu'il peut être démontré que les produits vendus sous la marque ont une durée de vie limitée.

> **Fiscalement** En revanche, les droits attachés à un contrat de licence de marque ne sont pas amortissables lorsque le contrat est conclu pour une durée de 20 ans renouvelable tacitement, sans davantage de précision (CE 15-6-2016 n° 375446).

II. Date de départ des amortissements L'amortissement d'un actif commence à la date de début de consommation des avantages économiques qui lui sont attachés (voir n° 31780).

Cas particulier Droit exclusif d'utilisation d'une méthodologie Lorsque l'acquisition d'une licence d'exploitation confère le droit exclusif d'utiliser une méthodologie (par exemple, méthodologie permettant de gérer et fidéliser la clientèle existante), l'utilisation du droit nécessite au préalable le déploiement d'une formation auprès des opérationnels. Dans ces conditions, les avantages économiques ne pourront être consommés qu'à l'issue de cette période de formation. L'amortissement est donc repoussé à la fin de cette période de formation. Sur la possibilité d'activer les frais de formation nécessaires à la mise en service de l'immobilisation, voir n° 26262.

III. Durée d'amortissement Les droits d'exploitation sont amortis :
– **sur la durée de la concession ou du contrat d'exclusivité,** en tenant compte, le cas échéant, des périodes de renouvellement raisonnablement assurées ;
– ou sur leur **durée effective d'utilisation** (par exemple, lorsque la durée de vie du produit résultant du droit d'exploitation est plus courte).

IV. Modes d'amortissement Dans la plupart des cas, les droits d'exclusivité sont amortis **linéairement** sur la durée du contrat. En effet, dans la plupart des contrats établissant les droits d'utilisation, l'utilisation est spécifiée en nombre d'années.

Toutefois, dans des cas plus rares en pratique, il est également possible d'amortir de manière variable en fonction :
– **des produits générés** par l'immobilisation incorporelle, notamment lorsque l'utilisation du droit est spécifiée par un montant total prédéterminé de produits à générer ;
Tel serait le cas, par exemple, du droit d'exploitation d'une concession pour extraire du minerai, si l'échéance du contrat de concession est fondée sur un montant total de produits que l'extraction permettra de générer plutôt que sur le temps ou sur la quantité de minerais extraite ;
– **des unités d'œuvre,** si l'utilisation du droit est spécifiée en unité d'œuvre.

Tel serait le cas, par exemple, d'une licence de téléphonie accordée pour un certain nombre de lignes plutôt que pour une certaine durée, à condition que les prévisions d'activité soient suffisamment fiables (marché connu et non risqué).

> **Fiscalement** Lorsqu'ils sont amortissables (voir ci-avant I.), les droits sont amortis **linéairement sur la durée de la concession.**
> Il en est ainsi, notamment :
> – des droits portant sur des films (CE 3-2-1989 n° 58260) ;
> – des droits des distributeurs de films cinématographiques en vidéo (BOI-BIC-AMT-20-40-60-10 n° 160), qui ne peuvent être amortis sur un, deux ou quatre ans sans justification particulière alors que la durée des contrats est de cinq ans (CE 29-12-1999 n° 189557 ; CE 29-10-2012 n° 326813) ;
> – des droits de reproduction d'œuvres picturales (CE 18-3-2015 n° 366006).
> Sur l'amortissement exceptionnel dans le secteur professionnel du cinéma et des producteurs d'œuvres audiovisuelles, voir BOI-BIC-AMT-20-40-60-10 n° 100 à 240.

Frais d'exploration minière Ils sont assimilés à des **frais de développement** et peuvent être inscrits à l'actif du bilan dans le compte 203 « Frais de recherche et de développement » (C. com. art. R 123-188). **32065**

> **Précisions** Ainsi, les entreprises ayant une activité minière (au sens de l'article L 111-1 du Code minier) comptabilisent en frais de développement les coûts d'exploration des ressources minières et les coûts d'évaluation de la faisabilité technique et de la capacité de l'extraction à générer des avantages économiques futurs, alors même que la viabilité économique du projet n'est pas établie. Le règlement ANC n° 2017-03 limite toutefois la possibilité d'immobiliser la dépense à ces seuls frais et à la condition qu'ils se rapportent à des projets nettement individualisés (forages notamment ; PCG art. 212-3 et Note de présentation du règl. ANC 2017-03).

a. Dépréciation À notre avis, tant que l'exploration se fait conformément aux hypothèses de départ, aucune dépréciation ne doit être constatée. Dans le cas inverse :
– un test de dépréciation doit être mis en place afin de s'assurer que la comptabilisation à l'actif de ces frais préparatoires ne rendra pas le coût d'entrée des futures immobilisations (en cas de découverte conduisant à une exploitation commerciale) supérieur à leur valeur actuelle estimée ;
– **en cas d'insuccès,** ces frais sont comptabilisés en **charges** exceptionnelles par le biais d'un amortissement (voir n° 31905).

b. Transfert en immobilisations corporelles En cas de découverte conduisant à une **exploitation commerciale,** les travaux d'exploration devraient pouvoir, à notre avis, être incorporés dans le coût d'entrée du gisement (sur le classement des gisements à l'actif, voir n° 25535), ces frais préparatoires étant nécessaires à la mise en service de l'immobilisation conformément à l'utilisation attendue de la direction.

c. Amortissement Le point de départ du plan d'amortissement doit être différé jusqu'au terme des recherches (C. com. art. R 123-188).
Les frais d'exploration sont, à notre avis, amortis sur la durée d'exploitation du gisement découvert, au même titre que les autres immobilisations liées au gisement.
Si elle est supérieure à cinq ans, cette durée doit être justifiée en annexe (C. com. art. R 123-187, al. 1).

> **Précisions** **1. Distribution de dividendes** Sur les restrictions relatives à la possibilité de distribuer des dividendes lorsque les frais de développement ne sont pas apurés, voir n° 53999.
> **2. Frais encourus avant la prospection et l'évaluation des ressources** Les dépenses préalables à l'engagement des dépenses d'exploration et d'évaluation, telles que les études géologiques préalables à l'identification d'un site potentiel, sont des dépenses de recherche comptabilisées en charges. Elles ne peuvent pas être incorporées dans le coût des immobilisations incorporelles à une date ultérieure (Note de présentation ANC précitée).

Sites internet Lorsque leurs dépenses de création sont immobilisées (voir n° 30905 s.), elles sont amortissables, à notre avis, car ces sites sont susceptibles de se déprécier notamment par l'effet du progrès technique qui oblige à renouveler l'ergonomie et la technologie du site. Ils ont donc une durée d'utilisation limitée (voir n° 31760). **32070**

> **Fiscalement** Les dépenses de création de sites internet étant assimilées à des dépenses de conception de logiciels (voir n° 30905 s.), elles peuvent soit faire l'objet d'une déduction immédiate sous la forme d'un amortissement dérogatoire (voir n° 30400), soit suivre l'amortissement constaté sur le plan comptable.

Cas particulier des noms de domaine Les noms de domaine dont les droits ne sont pas limités dans le temps ne devraient pas, à notre avis, donner lieu à un amortissement tant qu'aucun élément ne peut conduire à rendre leur utilisation limitée. Tel est le cas, par exemple, si la direction prend la décision d'arrêter l'utilisation d'un nom de domaine à une échéance donnée : le plan d'amortissement commence alors à compter de cette décision jusqu'à la date d'échéance prévue.

> **Fiscalement** Les noms de domaine suivent, sur le plan fiscal, le traitement retenu en comptabilité (voir n° 30905) et ne peuvent donc pas en principe faire l'objet d'un amortissement. À notre avis, ils peuvent, le cas échéant, donner lieu à la constatation d'une (provision pour) dépréciation.

32075 **Jetons numériques** (« Utilities tokens » et « Currency tokens ») L'évaluation des jetons détenus, postérieurement à leur date de comptabilisation initiale, est fonction de leur classement comptable :

a. Jetons immobilisés (voir n° 30805 s.) Les jetons classés en immobilisation incorporelle sont amortis et dépréciés, postérieurement à leur date d'entrée, selon les règles générales du PCG en matière d'actifs (voir n° 31745 s.). Ainsi :
– ils sont amortis sur la durée prévisible de consommation des avantages économiques attachés ;
– les jetons dont la détention est nécessaire pour l'obtention de services, mais sans que leur valeur soit consommée par l'usage, ne font pas l'objet d'amortissement.

> **Précisions** La constatation d'une valeur vénale de jetons détenus pour un montant inférieur à leur valeur nette comptable constitue un indice de perte de valeur (Recueil des normes comptables ANC, commentaires IR 3 sous PCG art. 619-11) : dans une telle situation, un test de dépréciation doit être réalisé.

b. « Jetons détenus » classés parmi les instruments de trésorerie (voir n° 30805 s.) La valeur vénale des jetons classés dans le compte 522 « jetons détenus » est déterminée à la clôture sur la base des dernières informations fiables disponibles. Les variations de valeur vénale des jetons détenus sont inscrites au bilan en contrepartie de comptes transitoires (PCG art. 619-12) :
– en cas de perte latente à l'actif du bilan : dans le compte 47862 – « Différences d'évaluation de jetons détenus – actif » ;
– en cas de gain latent au passif du bilan : dans le compte 47872 – « Différences d'évaluation de jetons détenus – passif ».

> **Précisions** Ces comptes sont à classer, au bilan, dans la rubrique « Écarts de conversion et différences d'évaluation », avec les écarts de conversion sur créances et dettes libellées en devises et autres différences d'indexation.

En cas de perte latente, une provision pour risque est constituée, sauf lorsqu'une relation de couverture existe (PCG art. 619-12), sur la base de la valeur vénale des jetons **déterminée à la clôture** et sans tenir compte de l'évolution post-clôture du cours du jeton (Bull. CNCC n° 205, mars 2022, EC 2021-37 ; cncc.fr).

EXEMPLE

Tel est le cas, par exemple, chez l'émetteur d'une ICO, lorsque durant la phase de lancement de l'offre de jetons, des jetons (Ethers, Bitcoins...) sont levés, que la dette est restituable en jetons en cas d'échec de l'opération et que les jetons sont conservés par l'émetteur jusqu'au terme de la phase de lancement de manière à rembourser la dette, le cas échéant.

Pour un exemple d'application pratique, voir n° 42630.

c. Jetons auto-détenus (voir n° 30810) Ils suivent les mêmes modalités de comptabilisation que les jetons détenus comptabilisés en compte 522 « jetons détenus » (voir ci-avant b.).
Toutefois, lorsqu'ils sont attribués gratuitement ou à des conditions de souscription préférentielles, voir n° 42650.
En cas d'annulation des jetons auto-détenus, la perte attendue le cas échéant (voir n° 32170) doit donner lieu à une dépréciation dès que l'annulation devient probable.

IV. ÉVALUATION LORS DE LA SORTIE DU PATRIMOINE

A. Règle générale

32140 La sortie d'une immobilisation du patrimoine de l'entreprise, qu'elle résulte d'une cession à un tiers volontaire (vente, donation) ou forcée (expropriation, expulsion, confiscation…) ou d'un simple retrait d'actif volontaire (destruction, mise au rebut, achat d'une immobilisation neuve avec reprise du matériel usagé…) ou forcé (incendie, vol…), entraîne :
– d'une part, son retrait du bilan par annulation de sa **valeur nette comptable** à la date de l'opération (pour plus de détails sur la valeur nette comptable, voir n° 28120) ;
– d'autre part, en cas de cession à un tiers, une créance sur celui-ci du montant du **prix de cession** (pour plus de détails sur le prix de cession, voir n° 28170).
La différence entre le prix de cession et la valeur nette comptable constitue la plus-value ou la moins-value de cession.
Sur la date d'enregistrement de la sortie, voir n° 32615.
Sur les cas particuliers de sortie, voir n° 32145 s.

> **Fiscalement** Sur le régime des plus ou moins-values de cession des immobilisations, voir n° 28100.

B. Cas particuliers

32145 Sur les cas particuliers suivants :
– l'annulation d'une cession d'immobilisation, voir n° 28355 ;
– la confiscation sans indemnité, voir n° 28280 ;
– l'apport en société d'une activité professionnelle, voir n° 28300 ;
– une promesse de vente, voir n° 28340 I. ;
– le transfert d'une immobilisation dans le patrimoine civil de l'exploitant individuel, voir n° 28345 ;
– la cession à titre gratuit d'immobilisations, voir n° 28350 ;
– la cession d'un contrat de crédit-bail en cours (comptabilisé en droit au bail), voir n° 28540 s.

32150 Cession de fonds de commerce En l'état actuel des règles de comptabilisation des produits de cession, la plus-value est réputée réalisée à la date du **transfert de propriété** du fonds de commerce telle qu'elle ressort des stipulations de l'acte de cession et non à la date d'entrée en jouissance (date à laquelle l'acquéreur est réputé obtenir les fruits du fonds de commerce).

> **Fiscalement** Il en est en principe de même. La cession du fonds de commerce a lieu à la date à laquelle les parties ont entendu fixer le transfert de propriété et non à la date :
> – de l'entrée de l'acquéreur en jouissance du fonds lorsque celle-ci est antérieure à la date du transfert de propriété (CE 11-1-1985 n° 38941) ;
> – de l'acte notarié ou de la présentation de l'acte à l'enregistrement (CE 11-3-1992 n° 88386).

Toutefois, selon le bulletin CNCC (n° 183, septembre 2016, EC 2015-09), s'agissant de la cession d'une immobilisation, il convient de s'interroger sur la date à laquelle le cessionnaire bénéficiera des avantages économiques futurs correspondants pour déterminer la date de comptabilisation de la cession du fonds de commerce.
Ainsi, lorsque le **transfert de propriété est antérieur à la date d'entrée de l'acquéreur en jouissance** du fonds, il est fondé de reconnaître la cession dès le transfert de propriété si l'acquéreur a, dès cette date, le contrôle de l'actif (Bull. CNCC précité).
Tel est le cas, à notre avis, si :
– l'acquéreur supporte, au terme de la période intercalaire (période entre la date de transfert de propriété et celle d'entrée en jouissance), l'éventuelle variation de valeur du fonds résultant de son exploitation par le cédant en l'absence notamment de clause de révision de prix. Les risques lui ont été transférés ;
– il est indemnisé au titre de l'exploitation du fonds de commerce par le cédant durant la période intercalaire (réduction du prix) et il peut céder le fonds durant la période intercalaire. Les avantages lui ont alors été transférés.

> **Précisions** Dans ce cas, la réduction de prix devrait être comptabilisée en charges constatées d'avance et être reprise en résultat sur la période intercalaire.

En effet, compte tenu de ces éléments, l'acquéreur a, dès le transfert de propriété, l'essentiel des risques et avantages du fonds commercial qu'il « donne en location » pendant la période intercalaire.

32155 Cession de brevets, inventions brevetables, procédés de fabrication industriels À notre avis :

a. Si le brevet est immobilisé Sa cession est enregistrée comme une cession d'immobilisation classique.

Dans le cas où la cession est rémunérée par un prix composé d'une partie fixe et d'une **partie variable** (par exemple, calculée sur le chiffre d'affaires futur lié à l'utilisation de l'incorporel par son acquéreur), la partie variable ne peut être comptabilisée en produit que lorsqu'elle est certaine dans son principe et dans son montant (voir n° 10350, 10505 et 52315), c'est-à-dire au fur et à mesure de la réalisation des indicateurs de variabilité (ce qui implique, dans notre exemple, d'attendre la réalisation du chiffre d'affaires, dès lors qu'aucun montant n'est garanti par ailleurs).

Sur la divergence avec les normes IFRS, voir Mémento IFRS n° 25200.

> **Fiscalement** **1. Régime spécial de la propriété industrielle** Les entreprises peuvent opter pour une imposition au taux réduit de 10 % à hauteur d'une fraction du résultat net provenant de la cession de brevets, sous réserve qu'il n'existe pas de liens de dépendance au sens de l'article 39-12 du CGI entre l'entreprise cédante et l'entreprise cessionnaire (sur la notion d'entreprises liées, voir n° 35070), que l'actif ait été acquis à titre onéreux, et qu'il soit détenu depuis au moins deux ans. Le **résultat net** de cession est défini comme la différence entre le prix de cession et les dépenses de R&D en lien direct avec l'actif, réalisées directement ou indirectement par l'entreprise, auquel il convient d'appliquer le **ratio « nexus »** mentionné n° 12135 (CGI art. 238 VII, 219-I-a quater).

Lorsque le résultat net est négatif, il est imputé sur les résultats nets bénéficiaires réalisés au cours des exercices suivants à raison d'opérations de concession ou cession portant sur la même famille de biens ou services (CGI art. 238 II et VII).

2. Cessions consenties moyennant le versement de redevances S'écartant de l'appréciation de la notion de créance acquise qu'il retient en matière de produits d'exploitation (voir n° 10505), le Conseil d'État a jugé que la plus-value imposable au titre de l'année du transfert de propriété d'un brevet cédé moyennant un prix fixe et des redevances indexées sur le chiffre d'affaires généré par son exploitation comprend également cette part variable, dès lors que tous les éléments permettant de calculer le prix de cession sont déterminés et ne dépendent plus de la volonté des parties ou de la réalisation d'accords ultérieurs (CE 12-3-2014 n° 350443).

Les entreprises qui cèdent un brevet moyennant un prix fixe et des redevances annuelles variables doivent donc, lorsque celles-ci ne sont pas comptabilisées faute de certitude quant à leur montant :
– au titre de l'exercice de cession, réintégrer extra-comptablement sur l'imprimé n° 2058-A (ligne WQ, à notre avis) le montant estimé de ces redevances ;
– au titre des exercices suivants, déduire extra-comptablement (ligne XG, à notre avis) la part variable comptabilisée en produit.

Sur les retraitements au titre du régime du long terme, voir ci-après.

Selon l'administration, la plus-value doit être révisée et la différence, appréciée au titre du dernier exercice au titre duquel les redevances sont payées, entre leur montant et le prix convenu est soumise au même régime que la plus-value ou moins-value initiale (BOI-BIC-PVMV-10-20-10 n° 330).

b. Si la cession porte sur une invention brevetable ou un procédé, par hypothèse non porté à l'actif Le prix de cession est enregistré au compte 778 « Autres produits exceptionnels » par le débit du compte 462 « Cessionnaire » ou du compte de banque concerné.

> **Fiscalement** Le régime spécial de la propriété industrielle (voir ci-avant a.) s'applique, sous certaines conditions, aux cessions d'inventions brevetables et de procédés de fabrication industriels ou de certificats d'obtention végétale :
– les **inventions brevetables** doivent remplir deux conditions cumulatives : la brevetabilité de l'invention doit avoir été certifiée par l'Inpi et l'entreprise concernée doit être une petite ou moyenne entreprise (PME) au sens donné par l'OCDE (voir n° 12135). Cette catégorie d'actifs sera éligible à une date fixée par décret après accord de la Commission européenne (BOI-BIC-BASE-110-10 n° 210 s.) ;
– les **procédés de fabrication industriels** doivent remplir trois conditions cumulatives : constituer le résultat d'opérations de recherche, être l'accessoire indispensable de l'exploitation d'un brevet et faire l'objet d'une licence d'exploitation unique avec l'invention (BOI-BIC-BASE-110-10 n° 120 s.).

Résiliation sans indemnité puis conclusion d'un nouveau bail avec le même bailleur L'analyse juridique de l'opération se traduit par la sortie du droit au bail de l'actif et la constatation d'une perte d'égal montant, dès lors que le nouveau bail a été conclu sans versement d'aucune somme. 32160

> **Fiscalement** Cette opération s'analyse comme une sortie d'actif puis une rentrée du droit au bail à l'actif pour une valeur nulle (CAA Nancy 24-3-1994 n° 92-984).

Comptablement, à notre avis, le droit au bail peut, dans certains cas, être maintenu à l'actif. En effet, sur le plan économique, il s'agit d'une opération unique (la résiliation étant conditionnée par la conclusion du nouveau bail), qui permet au droit au bail de prendre de la valeur grâce à la renégociation des loyers (s'ils sont à la baisse). On pourrait donc soutenir qu'il y a perte de l'ancien droit au bail (lors de la résiliation du bail) compensée par un produit d'égal montant reçu à titre gratuit correspondant au nouveau droit au bail (lors de la conclusion du nouveau bail).

> **Fiscalement** Ce maintien donnerait lieu à des corrections extra-comptables pour la détermination du résultat fiscal.

Cession des logiciels L'avis n° 31 du CNC (avril 1987) sur les logiciels n'aborde pas ce point. 32165

À notre avis, deux situations se rencontrent généralement en pratique.
Sur la cession-bail d'un logiciel ou d'un développement informatique, voir n° 28320.

I. L'entreprise cède son matériel informatique et ses logiciels adaptés
(acquis ou créés) Cette cession se comptabilise comme toute cession d'éléments d'actifs : débit du compte 6751 pour la valeur nette comptable des logiciels et du compte 6752 pour celle du matériel (par le crédit des comptes 205 et 2183 et le débit des comptes 2805 et 28183), et crédit du compte 7751 pour le prix de vente des logiciels et du compte 7752 pour celui du matériel (par le débit du compte concerné : tiers, banques, etc.).

> **Fiscalement** La plus ou moins-value est imposable selon le régime des plus ou moins-values de cession.

II. L'entreprise ne cède qu'un droit d'usage de ses logiciels (alors que son activité n'est pas la commercialisation de logiciels).

> **Précisions** Tel peut être le cas par exemple au sein d'un groupe.

À notre avis, dès lors que l'entreprise ne s'appauvrit pas, il ne s'agit pas d'une cession d'immobilisations, mais de la perception d'un **produit** correspondant à une prestation de mise à disposition d'une technologie. En conséquence :
– ce droit est à comptabiliser, par analogie avec les redevances sur brevets, au compte 75 « Autres produits de gestion courante » ;
Selon les caractéristiques du contrat de cession et notamment si des obligations restent à la charge du cédant (maintien de la technologie en particulier), le produit devrait toutefois, en général, faire l'objet d'un **étalement** sur la durée du droit concédé.

> **Fiscalement** Le résultat net issu des concessions de logiciels peut être placé sous le régime de la propriété industrielle pour être soumis à une taxation réduite au taux de 10 % (CGI art. 238 I, 3°). Sur les modalités de détermination du résultat net et les modalités d'application de ce régime, voir n° 12135.

– en contrepartie, aucune charge n'est à constater à ce titre ; seuls les coûts de duplication sont à comptabiliser au compte 65 « Autres charges de gestion courante ».

Cession (ou annulation) de jetons numériques (« Utilities tokens » et « Currency tokens ») Les plus ou moins-values de **cession** de jetons détenus sont calculées selon la méthode du premier entré – premier sorti (Peps – Fifo) ou du coût moyen pondéré d'acquisition (CMP) et sont comptabilisées, selon le cas (PCG art. 619-15) : 32170
– soit en produit net (compte 7661 « Produits nets sur cession de jetons ») lorsque la cession est génératrice d'un profit ;
– soit en charge nette (compte 6661 « Charges nettes sur cessions de jetons ») lorsque la cession génère une perte.

> **Précisions** Lorsque les jetons sont classés en immobilisations, il s'agit alors d'une exception au principe de comptabilisation des plus ou moins-values de cessions d'immobilisation (PCG art. 946-67 et 947-77) :
> – en résultat exceptionnel ;
> – en distinguant les deux composantes de l'opération : prix de cession d'une part (en produits) et valeur nette comptable d'autre part (en charges).

Si les jetons détenus sont **annulés,** ils sont sortis du bilan du détenteur par contrepartie du compte de résultat (PCG art. 619-13).

> **Précisions** Jetons auto-détenus Lors de leur annulation, ils sont sortis du bilan en contrepartie (PCG art. 619-14) :
> **1.** De la quote-part de passif résiduel correspondant (dette, produits constatés d'avance sur jetons émis, le cas échéant). Celle-ci doit faire l'objet d'une analyse des droits et obligations attachés (Recueil ANC, commentaire IR 3 sous l'art. 619-14 du PCG) ;
> **2.** Du compte de résultat pour le résiduel.
> Les jetons auto-détenus sont mentionnés spécifiquement en annexe (voir n° 30820).

SECTION 3 — IMMOBILISATIONS ACQUISES EN APPLICATION D'UN CONTRAT DE CRÉDIT-BAIL

32265 S'il s'agit d'un crédit-bail portant sur une **immobilisation corporelle,** voir n° 28455 s.

Sur le cas des immobilisations incorporelles acquises au moyen de redevances annuelles, voir n° 30185.

RÈGLES DE DÉFINITION ET DE COMPTABILISATION SPÉCIFIQUES

32270 Pour des raisons essentiellement juridiques, les immobilisations prises en location suivent des règles de définition et de comptabilisation spécifiques **différentes des règles générales** de définition et de comptabilisation des actifs (voir n° 30105 s.).

Pour plus de détails, voir n° 28455.

Devraient être concernés, à notre avis, les **fonds de commerce** :
– pris **en crédit-bail,** voir n° 32275 ;
– pris **en location-gérance.**

En effet, pour ces biens :
– **chez les locataires,** aucune immobilisation ne peut être constatée dans les comptes individuels, et ce, même s'ils exercent un contrôle sur les biens pris en location : les dépenses ou redevances sont comptabilisées en **charges** ;
– **chez les bailleurs,** les biens donnés en location doivent être **immobilisés,** et ce même s'ils n'exercent plus aucun contrôle sur ces biens.

Dans les **comptes consolidés** établis en règles françaises, voir Mémento Comptes consolidés n° 3378 s.

Sur les divergences existant avec les normes IFRS, voir Mémento IFRS n° 32972 s. (IFRS 16).

CRÉDIT-BAIL SUR FONDS DE COMMERCE OU FONDS ARTISANAL

32275 Comptabilisation par le preneur

> **Fiscalement** Cette catégorie de crédit-bail fait l'objet d'un régime spécifique dont le but est d'**empêcher** que le crédit-bail ne permette indirectement **la déduction de l'amortissement** d'un fonds de commerce qui n'est pas déductible (voir n° 31985). En principe, seule peut être déduite la part des redevances représentative des frais financiers.

Il en résulte les deux situations suivantes :

I. Opérations portant sur l'ensemble des éléments du fonds ou sur l'un des éléments non amortissables du fonds (marques, droit au bail, etc.).

> **Fiscalement** Le régime spécifique s'applique, s'agissant d'éléments non amortissables (CGI art. 39, 8).

Sur le plan comptable, les règles énoncées par le PCG (art. 212-5 et 946-61/62) et décrites au n° 28465 s. pour le crédit-bail mobilier s'appliquent.

En effet, il ne s'agit pas d'une situation juridique non prévue par le PCG, mais d'une règle fiscale dont le but est rappelé ci-avant.

En conséquence :
- les **redevances** sont portées en charges au compte 612 ;

    > **Fiscalement** (CGI art. 39, 8) La quote-part de loyer prise en compte pour la fixation du prix de vente convenu pour l'acceptation de la promesse unilatérale de vente n'est pas déductible. Elle doit être indiquée distinctement dans le contrat de crédit-bail (BOI-BIC-BASE-70 n° 30). La part des loyers représentative des frais financiers est en principe déductible. Elle est toutefois prise en compte pour l'application de la limitation de déduction des charges financières nettes détaillée (voir n° 42975).
    Cette quote-part des redevances doit donc être réintégrée sur l'imprimé n° 2058-A (ligne WQ). Elle devient déductible en cas de résiliation du contrat ou au terme du contrat en cas de renonciation à l'exercice de l'option, si elle n'est pas restituée par le bailleur (BOI-BIC-BASE-70 n° 40 à 50). Elle est alors déduite extra-comptablement sur l'imprimé n° 2058-A (ligne XG).

- lors de la **levée de l'option,** seul le prix de vente contractuel est porté à l'actif du bilan au compte 207 « Fonds commercial » ou, selon les éléments, aux comptes 205 ou 206 ;

    > **Fiscalement** Le prix de revient fiscal est égal au coût d'entrée comptable majoré de l'ensemble des quotes-parts de loyers réintégrées précédemment avant la levée de l'option.

- en cas de **cession du fonds** ou de l'un des éléments non amortissables, le résultat est déterminé comptablement selon les règles générales.

    > **Fiscalement** Le résultat de cession est inférieur au résultat comptable puisqu'il est déterminé en fonction du prix de revient fiscal tel que calculé ci-avant. La différence correspondant aux quotes-parts de loyers réintégrées pendant la durée du contrat est déduite sur l'imprimé n° 2058 A (ligne XG).

II. Opérations portant sur l'un des éléments amortissables du fonds
(brevets, logiciels, etc.).

> **Fiscalement** **Le régime spécifique ne s'applique pas,** s'agissant d'éléments amortissables.

Les développements concernant le crédit-bail mobilier figurant aux n° 28465 s. s'appliquent donc comptablement et fiscalement.

SECTION 4 — SCHÉMAS USUELS DE COMPTABILISATION

I. ACQUISITION ET PRODUCTION D'IMMOBILISATIONS

ACQUISITION D'IMMOBILISATIONS INCORPORELLES

32375

À la réception de la facture, la dette envers le fournisseur est créditée au compte 404 « Fournisseurs d'immobilisations » par le débit du compte 20 « Immobilisations incorporelles » (sous-compte concerné) pour le montant hors TVA déductible et du compte 4456 « TVA déductible » pour le montant de cette taxe (PCG art. 944-40).

> **Précisions** Rappelons que le montant à porter dans le compte d'immobilisations est le coût d'acquisition (prix d'achat + frais accessoires). Pour plus de détails, voir n° 31285 s.
> Sur le cas particulier des biens dont le prix est exprimé en une redevance annuelle, voir n° 30185 (acquisition du droit de propriété), 30785 (contrat de louage de marque et de brevet) et 30790 (acquisition du droit d'utilisation d'une autre immobilisation incorporelle).

Les **avances et acomptes versés** par l'entreprise à des tiers pour des opérations en cours sont portés au compte 237 (PCG art. 942-23).

> **Précisions** Pour plus de détails sur les avances et acomptes versés par l'entreprise à des tiers pour des opérations en cours, voir n° 28940.

PRODUCTION D'IMMOBILISATIONS INCORPORELLES

32380

Les dépenses sont classées dans les comptes de **charges** (classe 6) par nature :
- frais internes (dépenses de personnel, de fonctionnement) : comptes 61/62, 63, 64 et 68 ;
- frais externes (recherches effectuées par des tiers) : compte 617 « Études et recherches ».

En cas d'**immobilisation** (si l'option pour la comptabilisation en immobilisation a été retenue par l'entreprise et si les conditions d'activation de ces frais sont remplies, voir n° 30890), la production de l'exercice (à compter de la date à laquelle les critères ont été remplis) constitue un produit d'exploitation enregistré à son coût de production, ce qui équilibre les charges correspondantes (PCG art. 942-23 et 947-72).

Pour plus de détails sur le coût de production, voir n° 31425 s.

Ce produit est crédité au compte 72 « **Production immobilisée** » :
– soit par le débit du compte 232 « **Immobilisations incorporelles en cours** » ;

Lors de la mise en service du bien, le compte 232 est crédité (et soldé) par le débit du compte d'immobilisation intéressé. En cas d'échec des projets, voir n° 31905.

– soit directement par le débit des comptes d'immobilisation intéressés si le transit par le compte 23 ne s'avère pas nécessaire.

À notre avis, le **transit** par le compte 23 est nécessaire si la **production** d'immobilisations **s'étale sur deux exercices.** En effet, selon le PCG (art. 942-23), le compte 23 a pour objet de faire apparaître la valeur des immobilisations non terminées à la fin de chaque exercice.

Sur la TVA à comptabiliser lors de l'entrée à l'actif de l'immobilisation, voir n° 28960.

Sur le cas particulier :
– des brevets et autres droits similaires, voir n° 32385 ;
– des logiciels autonomes, voir n° 32390 III. ;
– des immobilisations sous-traitées, voir n° 28960.

CAS PARTICULIERS

32385 **Brevets et autres droits similaires créés en interne**

1. Avant le dépôt du brevet à l'Inpi L'ensemble des frais engagés durant cette période peut (si l'option pour la comptabilisation des frais de développement en immobilisation a été retenue par l'entreprise et si les conditions d'activation de ces frais sont remplies, voir n° 30945) être comptabilisé dans le compte 203 « Frais de recherche et de développement ».

2. Lors du dépôt du brevet à l'Inpi Les frais versés à l'Inpi pour la délivrance d'un brevet ou les frais versés pour l'obtention d'une AMM sont à comptabiliser :

a. En charges, dans une subdivision du compte 637, si l'entreprise a choisi de comptabiliser ses frais de développement directement en charges ou si les critères de comptabilisation du brevet à l'actif ne sont pas remplis ;

b. À l'actif, au compte 205 « Concessions et droits similaires, brevets, licences, marques, etc. », si l'entreprise a choisi de comptabiliser ses frais de développement en immobilisation et que les critères de comptabilisation du brevet à l'actif sont remplis ; le solde du compte 203 (voir ci-avant a.) est également transféré au compte 205 (PCG art. 942-20).

Il en est de même, à notre avis, pour l'obtention d'une **AMM** et tous les autres **procédés.**

32390 **Logiciels créés en interne** Le schéma comptable diffère selon qu'il s'agit de logiciels :
– indissociables du matériel ;
– autonomes ;
– faisant partie d'un projet de développement plus global.

Sur la définition de chacun de ces types de logiciels, voir n° 30355.

I. Les logiciels indissociables du matériel Les logiciels indissociables, constituant des **immobilisations corporelles,** suivent les schémas de comptabilisation des immobilisations corporelles (voir n° 28960).

II. Les logiciels faisant partie d'un projet de développement Ces logiciels suivent le schéma de comptabilisation des autres frais de développement et sont donc comptabilisés directement (voir n° 32380) :
– au compte 203 « Frais de recherche et de développement » (si l'option pour la comptabilisation en immobilisation des frais de développement a été retenue par l'entreprise et si les conditions d'activation de ces frais sont remplies, voir n° 30890) ;
– en charges sinon.

III. Les logiciels autonomes Les charges engagées sont comptabilisées par nature dans les comptes de la classe 6.

1. Tant que le **processus de production n'a pas débuté** (c'est-à-dire que l'une des conditions énoncées au n° 30400 n'est pas remplie), aucune autre écriture n'est à passer, les charges ne pouvant être incorporées au coût de production.
2. Dès que le **processus de production a débuté** (c'est-à-dire que toutes les conditions sont remplies), le logiciel créé doit être porté à l'actif :
   a. S'il n'est pas achevé, au **compte 232 « Immobilisations incorporelles en cours »** par le crédit du compte 72 « Production immobilisée » (PCG art. 942-23), pour le montant d'en-cours de production (précédemment déterminé, voir n° 31550) ;
   Au niveau du **bilan** du système de base, le rattachement du compte 232 est effectué à une ligne « Immobilisations incorporelles en cours » située entre les lignes « Autres » et « Avances et acomptes ».
   > **Fiscalement** À défaut de ligne spécifiquement prévue dans la liasse fiscale (tableau n° 2050) pour les immobilisations incorporelles en cours, elles sont à porter, à notre avis, sur la ligne « Autres immobilisations incorporelles ».
   Il est possible de **déduire immédiatement** les coûts portés au compte 232 (voir n° 30400).
   Les dépenses des **exercices suivants** (survenant postérieurement au premier exercice d'immobilisation et faisant partie du coût de production) peuvent être comptabilisées directement en « Immobilisations en cours » (sans passer par un compte de charges) dès lors qu'il s'agit de charges externes.
   b. Dès qu'il est achevé, au **compte 205 « Concessions et droits similaires... »**, par le crédit du compte 232 (PCG art. 942-20 et 942-23) pour son coût de production (précédemment déterminé, voir n° 31550).

Apport d'une immobilisation Le compte d'immobilisation concerné est débité, à la date d'entrée des biens dans le patrimoine, de la valeur d'apport par le crédit du compte 101 « Capital individuel » ou « Capital social » (et éventuellement du compte 1043 « Prime d'apport ») ou du compte 45611 « Associés – Apports en nature ». **32395**
Sur les opérations de fusion et opérations assimilées, voir Mémento Fusions & Acquisitions n° 7605 s.

II. AMORTISSEMENT DES IMMOBILISATIONS INCORPORELLES

Sur le contenu de la liste des comptes du PCG concernant les amortissements au bilan, voir n° 96220 et au compte de résultat, voir n° 96300 et 96320. **32465**

Les amortissements sont constatés, en principe, lors de l'inventaire à la clôture annuelle. Les entreprises peuvent cependant les enregistrer au fur et à mesure (par exemple, mensuellement ; voir comptes d'abonnement au n° 15210). **32470**
Sur les immobilisations non réévaluées, voir n° 29060 s. et les immobilisations réévaluées, voir n° 29085. Sur le cas particulier des biens totalement amortis, voir n° 29090.

III. DÉPRÉCIATION DES IMMOBILISATIONS

Sur le contenu de la liste des comptes du PCG concernant les amortissements au bilan, voir n° 96220 et au compte de résultat, voir n° 96300 et 96320. **32540**
Sur les immobilisations non réévaluées, voir n° 29060 s. et les immobilisations réévaluées, voir n° 29085.
Sur la reprise « automatique » de dépréciation, en fonction des amortissements pratiqués (pour des raisons fiscales : Avis CU CNC 2006-12), voir n° 27785 s.

IV. SORTIE D'IMMOBILISATIONS DU PATRIMOINE

Les immobilisations sorties du patrimoine de l'entreprise, soit par cession, soit par disparition ou destruction, cessent de figurer dans les comptes d'immobilisations. **32610**

DATE D'ENREGISTREMENT DE LA CESSION

32615 La cession doit être enregistrée à la date de l'opération ou de l'événement qui a pour résultat de faire sortir l'immobilisation de l'actif, soit, en principe, lors du transfert de contrôle (sur la notion de transfert de contrôle, voir n° 30145).

RÈGLES GÉNÉRALES DE COMPTABILISATION D'UNE CESSION

32620 Principe général Le résultat de cession est distingué en comptabilité en deux parties (PCG art. 942, 944-46, 946-67 et 947-77) :

> **Fiscalement** Cette distinction est sans incidence sur les règles d'imposition des plus ou moins-values.

– d'une part, la sortie du bien cédé de l'actif ; la **valeur nette comptable** est débitée à un compte de charge exceptionnelle, le compte **675 « Valeurs comptables des éléments d'actif cédés »** par le crédit des comptes d'immobilisations et d'amortissements concernés (valeur nette), qui s'en trouvent ainsi soldés ;

À notre avis, une analyse préalable des **frais de cession** est nécessaire pour définir ceux qui ne constituent pas des charges d'exploitation, mais des charges exceptionnelles à comptabiliser également au compte 675, voir n° 28170.

> **Fiscalement** Cette analyse des frais de cession a également une incidence (voir n° 28170).

Pour la constatation d'un amortissement lors de l'exercice de la cession, voir n° 28120.

– d'autre part, le produit de la cession ; le prix de cession TTC est débité au compte **462 « Créances sur cessions d'immobilisations »** ou du compte de trésorerie intéressé, par le crédit des **comptes 775 « Produits des cessions d'éléments d'actif »** (pour le prix HT) et **4457 « TVA collectée »** (pour la TVA facturable sur le prix de cession).

Pour plus de détails et pour un exemple de schéma de comptabilisation, voir n° 29320.

CAS PARTICULIERS

32625 Existence d'une dépréciation Devenue sans objet, elle est annulée par le crédit du compte de reprises sur dépréciations des immobilisations incorporelles 7816 ou 7876 selon que la dotation a été inscrite au compte 6816 ou 6876 (caractère courant ou exceptionnel) et la cession est traitée comme précédemment.

> **EXEMPLE**
> Une immobilisation incorporelle achetée 350 000 (HT), dépréciée de 40 000, est vendue 360 000 (dont 60 000 de TVA).

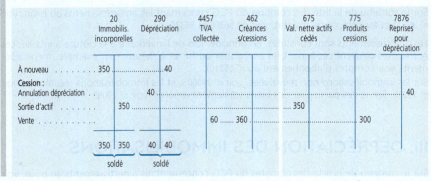

Sur la possibilité d'éclatement du compte 7876 entre charge effective et excédent de dépréciation, voir n° 29180.

32630 Sur la cession d'immobilisations libellées en devises, voir n° 29325.

Sur les biens cédés ayant fait l'objet d'un amortissement dérogatoire, voir n° 29335.

CAS PARTICULIERS LIÉS À LA FISCALITÉ

32635 Sur les cas particuliers liés à la TVA, voir n° 29400 s.

Sur la comptabilisation de l'impôt sur les plus-values de cession, voir n° 29425.

SECTION 5 — PRÉSENTATION DES COMPTES ANNUELS ET AUTRES INFORMATIONS

Voir également n° 64005 s. sur « Les documents de synthèse (états financiers) » et n° 80025 s. sur « L'information comptable et financière à la charge de l'entreprise ». **32745**

I. PRÉSENTATION DES COMPTES ANNUELS

A. Bilan et compte de résultat

Pour le passage des comptes aux postes en général, voir n° 95500 s. **32750**

PRÉSENTATION AU BILAN
Les modalités à retenir sont les suivantes : **32755**
– les **amortissements pour dépréciation** sont portés à l'actif du bilan en déduction de la valeur des postes qu'ils concernent, sous la forme prévue par le modèle de bilan ;
– les **amortissements dérogatoires** sont compris parmi les capitaux propres dans le poste « Provisions réglementées » ;
– les **immobilisations incorporelles entièrement amorties** demeurent inscrites au bilan tant qu'elles subsistent dans l'entreprise (sur l'information à fournir en annexe, voir n° 32850).

PRÉSENTATION DANS LE COMPTE DE RÉSULTAT
Elle varie selon le système utilisé : **32760**
– **système de base,** voir n° 95530 s. ;
– **système développé,** voir le « Code comptable », l'article 823-2 du PCG ;
– **système abrégé,** voir n° 95610.

B. Annexe (développements particuliers)

Les tableaux récapitulatifs suivants (voir n° 32835 s.), établis par nos soins, listent l'intégralité des informations requises dans l'annexe, concernant les immobilisations : **32810**
– informations expressément prescrites par le Code de commerce et le PCG ;

> **Précisions** Pour la liste complète des informations en annexe expressément prescrites par le Code de commerce, voir n° 64625.

– informations non expressément prescrites par les règles comptables.

> **Précisions** Contenu des informations prescrites : il varie selon la taille des personnes morales commerçantes et selon leur nature (personne morale ou physique) et leur régime d'imposition (voir n° 64195).
> En conséquence, les tableaux ci-après détaillent les informations requises par l'annexe de base (personnes morales de grande taille), généralement requises également pour l'annexe simplifiée. Toutefois, lorsque les personnes morales d'une petite taille et/ou les personnes physiques sont dispensées de l'information prescrite pour l'annexe de base, les renvois en bas des tableaux l'indiquent.

Les informations à faire figurer dans l'annexe concernant les immobilisations sont relatives à cinq thèmes : **32815**
– les principes, règles et méthodes comptables, voir n° 32830 s. ;
– les éléments constitutifs, voir n° 32855 ;
– les montants et mouvements ayant affecté les divers postes de l'actif immobilisé, voir n° 32860 s. ;
– les engagements, voir n° 32875 s. ;
– les autres informations requises, voir n° 32885 s.

> **Précisions** Crise et dépréciation des immobilisations Voir n° 29610.

32820 **Seuil de signification** Seules les informations significatives sont à fournir. Pour plus de détails, voir n° 64545.

Pour plus de détails sur les objectifs et conséquences de l'annexe, voir n° 64525 s.

PRINCIPES, RÈGLES ET MÉTHODES COMPTABLES

32825 Sur les informations à fournir concernant les principes, règles et méthodes comptables appliqués aux divers autres postes du bilan et du compte de résultat, voir n° 64625.

32830 Doivent être fournis en annexe, si ces informations sont significatives :
– les modes et méthodes d'évaluation appliqués aux postes d'immobilisations (PCG art. 833-1, 833-2 et 833-3/1), voir n° 32835 ;
– les méthodes utilisées pour le calcul des amortissements, des dépréciations et des provisions fiscales (PCG art. 833-3/2, 833-3/3 et 833-15), voir n° 32840 ;
– les informations nécessaires à l'obtention d'une image fidèle :
• les informations prescrites par les règles comptables, en cas de changement de méthode, lorsque l'application d'une prescription comptable ne permet pas d'obtenir une image fidèle, voir n° 32845,
• les informations non expressément prescrites par les règles comptables, voir n° 32850.

32835 **Modes et méthodes d'évaluation appliqués aux postes d'immobilisations**

Réf.		Détail des informations requises
C. com. art.	PCG art.	
	833-2, 833-5/1 et 833-5/2	**1.** Lorsqu'il existe un choix de méthode comptable, les informations suivantes doivent être fournies : – mention de la méthode retenue ; – justification de cette méthode, si nécessaire. Par exemple : • comptabilisation des frais de développement à l'actif (voir n° 30285) ; • comptabilisation des frais d'établissement à l'actif (voir n° 45110 s.) ; • incorporation des frais d'acquisition dans le coût d'entrée de l'immobilisation incorporelle (voir n° 26260) ; • incorporation des coûts d'emprunt dans le coût d'acquisition ou de production (voir n° 31330 et 31460). Sur les informations en cas de changement de méthode comptable, voir n° 29655, point 2 du tableau.
	833-3/1	**2.** Pour chaque catégorie d'immobilisations [1], **les modalités de détermination de la valeur brute comptable** des immobilisations ; Par exemple, les modalités générales d'évaluation du coût d'entrée des immobilisations incorporelles : – acquises à titre onéreux (voir n° 31285 s.) ; – dont le prix est exprimé en une redevance annuelle (voir n° 30185) ; – générées en interne (voir n° 31425 s.) ; – acquises dans le cadre de contrats de louage (n° 30785) ou de concession (n° 30790) ; – acquises par voie d'échange (voir n° 26740) ; – acquises à titre gratuit (voir n° 26765) ; – reçues à titre d'apport en nature (voir n° 26715 s.) ; – le mode de conversion des immobilisations libellées en devises (voir n° 26510).

(1) **Catégorie d'immobilisations** Les textes ne donnent pas de précision sur la notion de « catégorie d'immobilisations ». À notre avis, il s'agit, s'ils sont significatifs, des postes apparaissant dans le bilan « en tableau » (prévu à l'art. 821-1 du PCG) :
– frais de développement ;
– concessions, brevets, licences, marques, procédés, logiciels, droits ;
– fonds commercial ;
– immobilisations en cours.
Toutefois, à notre avis, les catégories mentionnées ci-avant peuvent être ventilées (ou regroupées) en catégories plus fines (ou plus larges) si ceci permet de fournir une information plus pertinente, par exemple :
– marques ;
– notices et titres de journaux et de magazines ;
– logiciels ;
– licences et franchises ;
– recettes, formules, modèles, dessins et prototypes…

Méthodes utilisées pour le calcul des amortissements, des dépréciations et provisions fiscales   32840

Pour plus de détails sur :
- les méthodes d'amortissement des immobilisations incorporelles, voir n° 31755 s. ;
- les méthodes de dépréciation des immobilisations incorporelles, voir n° 27720 s. ;
- les provisions réglementées, voir n° 56305 s.

Réf. C. com. art.	Réf. PCG art.	Détail des informations requises
	833-3/2	**1. Amortissements pour dépréciation** [1] Pour chaque catégorie d'immobilisations [2], une information est fournie sur : – l'utilisation [3] ou les taux d'amortissement utilisés ; – les modes d'amortissement utilisés ; – le(s) poste(s) du compte de résultat dans le(s)quel(s) est incluse la dotation aux amortissements.
	833-5/3	Indication sur les montants inscrits au poste « **Fonds commercial** » et sur leurs modalités d'amortissement (voir n° 31985). Par exemple : – éléments constitutifs des fonds (fonds acquis, fonds résultant d'une réévaluation…) ; – mention de la durée d'utilisation du fonds commercial ou de l'absence d'amortissement.
R 123-187, al. 1	833-5/2	Mention de la **durée retenue pour l'amortissement** des frais de développement comptabilisés à l'actif [4] (voir n° 31905).
	833-3/3	**2. Dépréciations** [1] Pour les dépréciations comptabilisées ou reprises au cours de l'exercice pour des montants individuellement significatifs, une information est fournie sur : – le montant de la dépréciation comptabilisée ou reprise ; – la valeur actuelle retenue : valeur vénale ou valeur d'usage [5] : • si la valeur vénale est retenue, une information est donnée sur la base utilisée pour déterminer ce prix (par référence à un marché actif ou de toute autre façon), • si la valeur d'usage est retenue, les modalités de détermination doivent être indiquées ; Doivent notamment être indiquées, à notre avis : – la méthode de regroupement des actifs pour déterminer le niveau auquel est réalisé le test de dépréciation (voir n° 27730) ; – les hypothèses retenues pour calculer les flux de trésorerie, taux d'actualisation… (voir n° 26915). – le(s) poste(s) du compte de résultat dans le(s)quel(s) est incluse la dotation ; – les événements et circonstances qui ont conduit à comptabiliser ou à reprendre la dépréciation [6] ; – le détail et la justification des dépréciations exceptionnelles liées à la législation fiscale.
	833-5/3	Indication, le cas échéant, sur les modalités de dépréciation des montants inscrits au poste « **Fonds commercial** ». Par exemple : – motifs de la constitution d'une dépréciation d'un fonds commercial ; – modalités de mise en œuvre du test de dépréciation (fréquence de réalisation du test, taux d'actualisation retenu, modalités d'affectation du fonds à un groupe d'actifs…) ; – rappel de la dépréciation en priorité du fonds en cas de perte de valeur d'un groupe d'actifs auquel il est affecté ; – rappel de l'interdiction de reprendre toute dépréciation du fonds. Sur l'impact d'une crise, voir n° 29610.
		3. Provisions réglementées et autres évaluations dérogatoires de nature fiscale : voir n° 29650, point 3 du tableau.

(1) **Terminologie** : les termes « amortissements pour dépréciation » ne figurent pas dans le PCG, seul le terme « amortissements » étant évoqué (PCG art. 214-4). Toutefois, dans cet ouvrage, ces termes sont employés afin de distinguer l'amortissement lié à l'utilisation du bien (ou amortissement pour dépréciation) de l'amortissement dérogatoire, comptabilisé pour des raisons fiscales.

(2) Catégorie d'immobilisations Voir n° 32835 notre renvoi (1).
(3) Amortissement sur la durée d'utilisation du bien L'amortissement étant déterminé en fonction de l'utilisation du bien par l'entité (voir n° 31755), la justification de l'utilisation retenue doit faire l'objet de commentaires dans l'annexe.
(4) Frais de développement Les frais de développement pouvant avoir plusieurs natures, cette information est à donner, à notre avis, par élément constitutif des frais de développement (brevet, frais de collection, site internet…).
(5) Valeur actuelle Pour plus de détails sur la valeur vénale, voir n° 26895 ; sur la valeur d'usage, voir n° 26915 ; sur la valeur d'usage en période de forte incertitude (crise), voir n° 26920.
(6) Démarche d'identification des dépréciations Il conviendrait, à notre avis, d'indiquer également que la démarche d'identification des indices de dépréciation a été mise en œuvre, même si celle-ci n'a donné lieu à aucun mouvement comptable.

32845 Informations nécessaires à l'obtention d'une image fidèle

Une information est expressément prescrite :
– lorsque l'application d'une prescription comptable ne permet pas de donner une image fidèle (voir n° 29655, point 1 du tableau) ;
– en cas de changement de méthodes comptables, d'estimation comptable ou en cas de correction d'erreur (voir ci-après).

Sur la définition :
– d'un changement de méthodes comptables, voir n° 8480 ;
– d'un changement d'estimation, voir n° 8500 ;
– d'une correction d'erreur, voir n° 8500.

Réf. C. com. art.	Réf. PCG art.	Détail des informations requises
L 123-17	833-2/4 833-2/5	**1. En cas de changement de méthodes comptables** : voir n° 29655, point 2 du tableau.
		2. En cas de changement d'estimation **a. Indication et justification des changements d'estimation** et de modalités d'application. Par exemple : – modification du plan d'amortissement (voir également b.) ; – amortissement exceptionnel dû à une décision de ne plus utiliser le bien (voir n° 27760) ; – amortissement exceptionnel des frais de développement en cas d'échec d'un projet de développement (voir n° 31905) ; – constatation d'un amortissement ou d'une dépréciation du fonds commercial (voir n° 31985 et 32010) ; – reprise exceptionnelle d'amortissement (voir également c.).
	833-3/2	**b. Nature et incidence des changements d'estimation conduisant à revoir les plans d'amortissement** [1]. Le changement d'estimation peut porter sur : – la durée de l'amortissement ; – le mode d'amortissement ; – la valeur résiduelle.

(1) Changements d'estimation conduisant à revoir les plans d'amortissement Seuls les changements d'estimation ayant un impact significatif sur l'exercice, ou dont on peut s'attendre à ce qu'ils aient un impact significatif sur les exercices ultérieurs, donnent lieu à une information en annexe.

Informations non expressément prescrites par les règles comptables (liste non exhaustive) Outre les informations précédentes, l'entreprise doit fournir toutes celles qu'elle estime significatives et nécessaires à l'obtention d'une image fidèle. 32850

Réf.		Détail des informations requises
C. com. art.	PCG art.	
N/A	N/A	– Biens affectés à l'exploitation ne figurant pas à l'actif du bilan (voir n° 60255 et 60285). – Immobilisations mises en concession (voir n° 72680) : l'information générale sur l'existence de services publics est regroupée. – Description et valeur des immobilisations entièrement amorties encore en usage. – Valeur des actifs corporels temporairement inutilisés. – Valeur comptable des immobilisations inutilisées et prêtes à être cédées. – Description des immobilisations contrôlées mais non comptabilisées à l'actif car ne satisfaisant pas aux autres critères de comptabilisation. – Description, valeur comptable et durée d'amortissement restant à courir de toute immobilisation incorporelle prise individuellement, significative pour les états financiers. – Pour les immobilisations incorporelles estimées comme ayant une durée d'utilisation indéterminée, la valeur comptable de ces actifs et les raisons justifiant l'appréciation d'une durée d'utilisation indéterminée (description des facteurs ayant joué un rôle important dans cette estimation). – Incidence d'un redressement fiscal sur certains amortissements (voir n° 53130).

ÉLÉMENTS CONSTITUTIFS

Réf.		Détail des informations requises	32855
C. com. art.	PCG art.		
N/A	N/A	**Informations non expressément prescrites :** – éléments constitutifs des frais d'établissement [1] (voir n° 45195) : nature, montant, traitement ; – contenu du poste « Autres immobilisations incorporelles ».	

(1) **Frais d'établissement** Sur l'obligation pour les personnes morales bénéficiant d'une présentation simplifiée de leurs comptes et pour les personnes physiques de commenter dans l'annexe le poste « Frais d'établissement », voir n° 64625.

MONTANTS ET MOUVEMENTS AYANT AFFECTÉ LES DIVERS POSTES DE L'ACTIF IMMOBILISÉ

Information sur les mouvements ayant affecté les immobilisations et les amortissements Outre les méthodes utilisées pour le calcul des amortissements et des dépréciations (voir n° 32840), doivent être fournis dans l'annexe, s'ils sont significatifs, les mouvements ayant affecté les divers postes de l'actif immobilisé (PCG art. 833-3/4). Voir n° 29665 pour plus de détails et n° 29765 pour un modèle du tableau des mouvements fournis par le Balo. 32860

Informations sur les montants Doivent être également fournis dans l'annexe les montants de valeurs brutes, d'amortissements et de dépréciations, à l'ouverture et à la clôture de l'exercice (PCG art. 833-3/4), voir n° 29665 pour plus de détails. 32865

ENGAGEMENTS

Pour plus de détails sur les informations à fournir concernant les engagements, voir n° 50680 s. 32870

Informations obligatoires Le PCG (art. 833-18/1) prescrit une information sur le montant des engagements financiers. Il prévoit, en outre, une information supplémentaire sur les engagements portant sur des immobilisations, notamment les engagements de crédit-bail (voir n° 29675, point 2 du tableau). 32875

32880 Informations non expressément prescrites par les règles comptables (liste non exhaustive)

L'entreprise doit fournir par ailleurs toutes les informations sur les engagements qu'elle estime significatives et nécessaires à l'obtention d'une image fidèle.

Réf.		Détail des informations requises
C. com. art.	PCG art.	

N/A	N/A	– Engagements donnés.
		  Par exemple : nantissement de dettes portant sur un fonds de commerce.
		– Engagements réciproques.
		  Par exemple : commandes d'immobilisations importantes (voir n° 50730).

AUTRES INFORMATIONS

32885

Outre les informations sur les principes, règles et méthodes comptables (voir n° 32830 s.), les éléments constitutifs (voir n° 32855), les montants et mouvements ayant affecté les postes de l'actif immobilisé (voir n° 32860 s.) et les engagements (voir n° 32875 s.), d'autres informations doivent être fournies si elles sont significatives et nécessaires à l'obtention d'une image fidèle.

Certaines sont obligatoires (voir n° 32890), d'autres non expressément prescrites par les règles comptables (voir n° 32895).

32890 Informations obligatoires

Réf.		Détail des informations requises
C. com. art.	PCG art.	
N/A	833-5/2.1	**1.** Si les frais de développement ne sont pas activés, **montant des frais de développement comptabilisés en charges** au courant de l'exercice.
		2. D'autres informations sont prescrites pour les immobilisations corporelles et incorporelles : – sur les coûts d'emprunt (voir n° 29690, point 1 du tableau) ; – sur les réévaluations antérieures au 1/01/84 (voir n° 29690, point 2.2 du tableau).

32895 Informations non expressément prescrites par les règles comptables (liste non exhaustive)

Réf.		Détail des informations requises
C. com. art.	PCG art.	
N/A	N/A	– Selon l'OEC, l'indication du montant des frais de recherche et de développement engagés pendant l'exercice doit être donnée en des termes propres à informer le lecteur du contenu de ces frais, cet aspect étant au moins aussi important que leur montant.[1] – Description des immobilisations en cours. – En cas d'incorporation des coûts d'emprunt dans le coût d'entrée des immobilisations : durée d'éligibilité, c'est-à-dire, à notre avis, durée pendant laquelle les intérêts ont été inclus dans le coût de l'actif. – Sur l'impact général de la comptabilisation du crédit d'impôt recherche sur le résultat de l'exercice à fournir dans l'annexe, voir n° 54360.

[1] Rappelons que le rapport de gestion doit comprendre la description des activités en matière de recherche et développement (voir n° 64980 s.).

II. AUTRES INFORMATIONS COMPTABLES ET FINANCIÈRES

Informations à indiquer dans le rapport de gestion : 32965
- politique d'investissements ;
- effort global de recherche et de développement.

Voir, en général, le rapport de gestion n° 64980 s.

CHAPITRE 9 — LE PORTEFEUILLE-TITRES

SOMMAIRE 35000

SECTION 1
DÉFINITION ET ÉLÉMENTS CONSTITUTIFS 35010

I. Notions générales 35010

II. Les 4 catégories de titres en comptabilité 35150
- A. Titres de participation 35155
- B. Titres immobilisés de l'activité de portefeuille (Tiap) 35225
- C. Autres titres immobilisés 35275
- D. Valeurs mobilières de placement 35325
- E. Lien entre le classement comptable et fiscal des titres en portefeuille 35385

III. Classement comptable du portefeuille-titres (PCG) 35390

SECTION 2
RÈGLES D'ÉVALUATION 35535

I. Coût d'entrée dans le patrimoine 35540
- A. Dispositions générales relatives au coût d'entrée des titres 35540
- B. Modalités de détermination du coût d'acquisition des titres acquis à titre onéreux 35600

II. Valeur d'inventaire 35695
- A. Titres de participation 35700
- B. Titres immobilisés de l'activité de portefeuille (Tiap) 35785
- C. Autres titres immobilisés et valeurs mobilières de placement 35840

III. Valeur à l'arrêté des comptes (valeur au bilan) 35925
- A. Titres de participation 35980
- B. Titres immobilisés de l'activité de portefeuille (Tiap) 36030
- C. Autres titres immobilisés 36080
- D. Valeurs mobilières de placement 36135
- E. Synthèse des règles d'évaluation à la clôture selon le classement des titres 36205

IV. Cas particulier de l'évaluation par équivalence 36210

V. Revenus des titres (dividendes, parts de résultat, intérêts) 36300
- A. Dividendes et acomptes sur dividendes 36315
- B. Cas particuliers de prise en compte de revenus de filiales soumises à l'IS 36430
- C. Parts de résultat dans une société de personnes ou assimilée 36480
- D. Intérêts des obligations et bons 36580

VI. Évaluation lors de la sortie du patrimoine 36700
- A. Cession de titres de sociétés de capitaux et de sociétés de personnes soumises à l'IS 36700
- B. Cessions de parts de sociétés de personnes non soumises à l'IS 36785

VII. Tableau comparatif des règles comptables générales 36805

SECTION 3
SCHÉMAS USUELS ET PROBLÈMES DE COMPTABILISATION 36810

I. Opérations courantes (généralités) 36810
- A. Souscription ou acquisition de titres 36810
- B. Dépréciation financière des titres 36865
- C. Cession de titres 36915

II. Éléments communs à plusieurs catégories de titres 37025
- A. Titres présentant des caractéristiques particulières 37025
- B. Opérations sur titres 37130
- C. Portage et autres engagements sur titres de capital 37355

III. Actions	37455
A. Actions présentant des caractéristiques particulières	37455
B. Parts ou actions d'organismes de placement collectif	37460
C. Opérations sur actions	37560
D. Opérations décidées par la société émettrice	37755
E. Événements particuliers survenant chez la société émettrice	37855
IV. Obligations	37945
A. Obligations simples	37945
B. Opérations sur obligations	38030
V. Titres participatifs	38105
VI. Valeurs mobilières composées	38175
A. Valeurs mobilières composées donnant accès au capital	38180
B. Valeurs mobilières composées donnant droit à l'attribution de titres de créance	38260
VII. Autres formes de participation	38340
VIII. Créances rattachées aux participations	38465
SECTION 4	
VALEUR PROBANTE DE LA COMPTABILITÉ ET CONTRÔLE	38595
I. Obligations concernant le portefeuille-titres	38595
II. Contrôle externe	38685
SECTION 5	
PRÉSENTATION DES COMPTES ANNUELS ET AUTRES INFORMATIONS	38690
I. Présentation des comptes annuels	38700
A. Bilan et compte de résultat	38700
B. Annexe (développements particuliers)	38755
II. Autres informations comptables et financières	38940
A. Informations à la clôture de l'exercice	38940
B. Informations durant l'exercice	39015

SECTION 1
DÉFINITION ET ÉLÉMENTS CONSTITUTIFS

I. NOTIONS GÉNÉRALES

NOTIONS DE TITRES FINANCIERS, DE VALEURS MOBILIÈRES ET DE PARTS SOCIALES

35010 Cette distinction relève d'une approche juridique liée aux dispositions du Code de commerce et du Code monétaire et financier. Les valeurs mobilières sont nécessairement des titres financiers au sens du Code monétaire et financier. L'inverse n'est en revanche pas vrai (par exemple, les titres de créances négociables n'entrent pas dans la catégorie des valeurs mobilières, voir n° 35015 II.).

35015 **I. Notion de titres financiers** Les titres financiers recouvrent (C. mon. fin. art. L 211-1) :
– les titres de capital émis par les sociétés par actions (C. mon. fin. art. L 212-1 A) ;

> **Précisions** Il s'agit :
— des actions ;
— et des autres titres donnant ou pouvant donner accès au capital ou aux droits de vote.

– les titres de créance, à l'exclusion des effets de commerce et des bons de caisse (C. mon. fin. art. L 213-0-1) ;

> **Précisions** Constituent notamment des titres de créance :
— les titres de créances négociables (C. mon. fin. art. L 213-1 à L 213-4-1), qui comprennent les titres de créances négociables à court terme (anciens certificats de dépôt et billets de trésorerie) et les titres de créances négociables à moyen terme (voir n° 42655) ;
— les obligations (C. mon. fin. art. L 213-5 à L 213-21) ;
— les titres émis par l'État (C. mon. fin. art. L 213-21-1), dont les bons du Trésor et les emprunts d'État ;
— les titres participatifs (C. mon. fin. art. L 213-32 à L 213-35).

— les parts ou actions d'organismes de placement collectif (C. mon. fin. art. L 214-1 à L 214-191), à savoir OPCVM (Sicav et FCP) et fonds d'investissement alternatifs dits « FIA » (notamment organismes de titrisation, OPCI, sociétés d'épargne forestière, SCPI, sociétés d'investissement à capital fixe dites « SICAF », fonds d'épargne salariale).

> **Précisions 1. Règles communes aux instruments financiers** Constituant une sous-catégorie des instruments financiers (voir définition n° 40005 s.), tous ces titres sont soumis à des règles communes concernant leur inscription en compte et leur transfert de propriété (voir n° 36915), leur prêt (voir n° 37130), leur mise en pension (voir n° 37280), ainsi que leur nantissement (voir n° 37305).
> **2. Émetteurs** Les titres ne peuvent être émis que par l'État, une personne morale, un fonds commun de placement, un fonds de placement immobilier ou un fonds commun de titrisation et se transmettent par **virement de compte à compte** ou **par inscription dans un dispositif d'enregistrement électronique partagé (DEEP)** tel que la technologie de la blockchain (C. mon. fin. art. L 211-2 et L 211-15).
> **3. Inscription des titres dans un DEEP** Voir n° 57040.

Sur les obligations de publication concernant des titres donnant accès au capital et titres de créance requises par l'AMF, voir n° 81895.
Pour plus de détails sur la notion de titres financiers, voir Mémento Sociétés commerciales n° 62000 à 62009.

II. Notion de valeurs mobilières émises par les sociétés par actions
(C. com. art. L 228-1) Constituent des valeurs mobilières les seuls **titres financiers** (désignés à l'article L 211-1 du C. mon. fin. ; voir I. ci-avant) qui confèrent des droits identiques par catégorie. Les diverses valeurs mobilières pouvant composer un portefeuille-titres sont ainsi définies par le Code de commerce en quatre sections distinctes :
— les **actions** (C. com. art. L 228-7 à L 228-29-7) regroupant les actions ordinaires et les actions de préférence (voir n° 37455) ;

> **Précisions** Font également partie de cette catégorie les actions à dividende prioritaire sans droit de vote (voir Mémento Comptable 2013 n° 1913-2), les certificats d'investissement (voir Mémento Comptable 2013 n° 1913-3) et les actions de priorité.

— les **titres participatifs** (C. com. art. L 228-36 et L 228-37 ; voir n° 38105) ;
— les **obligations simples** (C. com. art. L 228-38 à L 228-90 ; voir n° 37950 s.) ;
— les **valeurs mobilières donnant accès au capital** (C. com. art. L 228-91 à L 228-106 ; voir n° 38180 s.), ou donnant **droit à l'attribution de titres de créance** (C. com. art. L 228-91 à L 228-97 ; voir n° 38260 s.).

Pour plus de détails sur la notion de valeurs mobilières, voir Mémento Sociétés commerciales n° 62000 à 62009.

> **Précisions 1. En revanche, ne constituent pas des valeurs mobilières** :
— les parts sociales (droits sociaux dont sont titulaires les associés de SARL, de SNC ou encore de SCS) ;
— les titres de créances négociables (car ils ne constituent pas une « catégorie », n'étant pas interchangeables ; voir n° 42655) ;
— les bons de caisse (car ils ne font pas partie des titres financiers, voir I. ci-avant et n° 42690).
> **2. Règles communes aux titres financiers** Les valeurs mobilières étant des titres financiers, toutes les règles prévues par le Code monétaire et financier pour ces titres leur sont donc applicables (C. mon. fin. art. L 211-2 à L 211-34).

CLASSIFICATION DES VALEURS MOBILIÈRES

35035

Le tableau suivant (créé par nos soins) récapitule la classification des valeurs mobilières telle qu'elle ressort du Code de commerce (voir n° 35015 II.) et donne des exemples de valeurs mobilières émises en renvoyant au numéro de paragraphe du Mémento Comptable sous lequel elles sont traitées.

35035 (suite)

Actions (C. com. art. L 228-7 à L 228-29-7)	Détenteur n°	Émetteur n°	Obligations (C. com. art. L 228-38 à L 228-90)	Détenteur n°	Émetteur n°	Valeurs mobilières donnant accès au capital (voir n° 38180)	Détenteur n°	Émetteur n°	Donnant droit à l'attribution de titres de créance (voir n° 38260)	Détenteur n°	Émetteur n°
Actions ordinaires	35015 s.	55225									
Actions de préférence	37455	55325									
			Obligations sans prime	37950	41090	Obligations convertibles ou échangeables en actions	38185	41255	Obligations avec bons de souscription d'obligations (Obso)	38265	41330
			Obligations à prime	37955	41100	Obligations sans prime convertibles ou échangeables en actions	38185	41260	Bons de souscription d'obligations (BSO)	38270	41335
			Emprunt obligataire indexé	37960	41130	Obligations avec prime convertibles en actions	38185	41280	Certificat de valeur garantie (CVG)	37230	37230
			Emprunt à « coupon zéro »	37965	41135	Obligations échangeables	38185	41285			
			Emprunt à coupon unique	37970	41140	Obligations à options de conversion ou d'échange en actions nouvelles ou existantes (Oceane)	38185	41290			
			Obligations à fenêtre	37975	41145	Obligations remboursables en actions (ORA, Orane)	38190	41295 / 56970			
			Titres subordonnés à durée indéterminée (TSDI)	37980	41195	Bons de souscription autonomes (BSA)	38195	55415			
			Titres subordonnés à durée indéterminée reconditionnés	37980	56965	Obligations avec bons de souscription d'actions (Obsa)	38200	41300			
						Actions avec bons de souscription d'actions (Absa)	38205	55330			
						Obligations avec bons de souscription d'actions remboursables (Obsar) ou avec bons de souscription ou d'acquisition d'actions remboursables (Obsaar)	38210	41305			
						Bons de souscription de parts de créateur d'entreprise (BCE)		56000			
Titres participatifs (C. com. art. L 228-36 et L 228-37)											
Titres participatifs	38105	56950									

NOTION JURIDIQUE DE FILIALES ET DE PARTICIPATIONS

35040 Il ne faut pas confondre la notion juridique de « participations » et la notion comptable. Sur cette dernière, voir n° 35155.

Le Code de commerce définit les notions de **filiales** et de **participations** en se fondant seulement sur l'**importance du pourcentage de capital détenu** sans tenir compte de l'intention qui a motivé l'achat, des pouvoirs réels obtenus ou du délai de possession :
– lorsqu'une société possède **plus de la moitié du capital** d'une autre société, la seconde est considérée comme **filiale** de la première (C. com. art. L 233-1) ;
– lorsqu'une société possède dans une autre société une fraction du capital comprise entre **10 % et 50 %**, la première est considérée comme ayant une **participation** dans la seconde (C. com. art. L 233-2).

> **Précisions** Ces notions juridiques de filiales et de participations servent notamment de référence en ce qui concerne l'établissement du **tableau des filiales et participations** (voir n° 38820) et les mentions dans le **rapport de gestion** (voir n° 64960 s.).

NOTION DE CONTRÔLE

35060 La notion de contrôle est définie à l'article L 233-3 du Code de commerce.

> **Précisions 1. Comptes sociaux** Elle sert notamment de référence en ce qui concerne les obligations d'informations liées aux prises de contrôle dans le **rapport de gestion** (voir n° 64980 s.), les franchissements de **seuils** (voir n° 39015 s.) et les **conventions réglementées** (voir FRC 12/23 Hors série inf. 130). Pour plus de détails, voir Mémento Sociétés commerciales n° 79013 à 79020.
> **2. Comptes consolidés** Elle est différente de celle applicable aux comptes consolidés définie à l'article L 233-16 du Code de commerce (voir Mémento Comptes consolidés n° 2001 s.).

I. Notion de contrôle Une **personne physique ou morale est considérée comme en contrôlant une autre** (C. com. art. L 233-3 modifié par ord. 2015-1576 du 3-12-2015) :

a. lorsqu'elle détient directement ou indirectement une fraction du capital lui conférant la majorité des droits de vote dans les assemblées générales de cette société (C. com. art. L 233-3 I).
Il est précisé (C. com. art. L 233-4) que toute participation même inférieure à 10 % détenue par une société contrôlée est considérée comme détenue indirectement par la société qui contrôle cette société ;

> **Précisions 1. Droits de vote ayant la faculté de s'exprimer** Les droits de vote dont il doit être tenu compte sont ceux qui, en droit, ont la faculté de s'exprimer, ce qui exclut les obligations convertibles, les actions prioritaires sans droit de vote, les certificats d'investissement, les actions détenues par la société dans son propre capital mais inclut les certificats de droits de vote répartis lors de l'émission de certificats d'investissement (Bull. COB n° 184, août-septembre 1985, p. 9). Sont également exclues, à notre avis, les actions de préférence sans droit de vote.
> **2. Droits de vote détenus par les sociétés contrôlées** Pour l'appréciation des droits de vote dont dispose une société dans les assemblées d'une autre société, il doit être fait masse de l'ensemble des droits de vote attachés aux actions détenues par toutes les sociétés contrôlées par la même société et par cette dernière ; une société est considérée comme exerçant le contrôle d'une autre société même si elle ne détient elle-même aucune participation directe dans cette société dès lors que des sociétés qu'elle contrôle disposent ensemble dans cette dernière de participations dont l'adjonction est suffisante pour caractériser le contrôle (Bull. COB n° 184, août-septembre 1985, p. 9).

b. lorsqu'elle dispose seule de la majorité des droits de vote dans cette société en vertu d'un accord conclu avec d'autres associés ou actionnaires et qui n'est pas contraire à l'intérêt de la société (cas d'une convention de transfert de votes vers la société contrôlante ; sur l'action de concert et le contrôle conjoint, voir e. ci-après) (C. com. art. L 233-3 I) ;

c. lorsqu'elle détermine en fait, par les droits de vote dont elle dispose, les décisions dans les assemblées générales de cette société (C. com. art. L 233-3 I) ;

d. lorsqu'elle est associée ou actionnaire de cette société et dispose du pouvoir de nommer ou de révoquer la majorité des membres des organes d'administration, de direction ou de surveillance de cette société (C. com. art. L 233-3 I) ;

e. lorsqu'en agissant de concert avec une ou plusieurs personnes (C. com. art. L 233-3 III), elle et ces personnes déterminent en fait les décisions prises en assemblée générale (sur la notion de contrôle conjoint, voir Mémento Sociétés commerciales n° 79016).

> **Précisions 1. Personnes physiques et morales** Dans l'action de concert, le terme « personnes » désigne à la fois des personnes physiques et morales (Ansa, CJ n° 04-042, mai 2004).
> **2. Contrôle conjoint** Il peut y avoir contrôle conjoint d'une société par deux actionnaires agissant de concert même si l'un d'eux dispose d'une fraction de vote qui, en l'absence d'un tel accord,

lui permettrait de déterminer seul les décisions des assemblées générales de cette société (CE 20-10-2004 n° 260898 à 260904 et Cass. com. 29-6-2010 n° 733 FS-PB ; voir Mémento Sociétés commerciales n° 79016).

II. Exercice du contrôle   Une personne physique ou morale **est présumée exercer ce contrôle** lorsqu'elle dispose, directement ou indirectement, d'une fraction des droits de vote supérieure à 40 % et qu'aucun autre associé ou actionnaire ne détient directement ou indirectement une fraction supérieure à la sienne (C. com. art. L 233-3 II).

> **Précisions**   **Charge de la preuve**   Dans ce cas, selon l'AMF (Bull. COB précité), il appartiendra, le cas échéant, aux dirigeants sociaux de la société qui est présumée exercer le contrôle d'apporter la preuve contraire.
> Ils pourront, pour s'exonérer des obligations mises à leur charge par la loi, prouver qu'une société ou un autre groupe exerce le pouvoir dans la société concernée. La jurisprudence qui s'est dégagée dans un domaine voisin à propos de la notion de groupe et de direction de fait donne des exemples des éléments du contrôle de fait qui pourraient être retenus pour apporter une telle preuve : administrateurs communs, gestion commune de trésorerie, services, bureaux, siège social communs, objets sociaux communs ou complémentaires.

III. Date d'appréciation du contrôle   Selon l'AMF (Bull. COB précité) « si la question du contrôle se pose plus particulièrement à l'occasion de chaque assemblée, elle pourra se poser également à tout moment, notamment à l'occasion de prise ou de cession partielle ou totale de participation donnant lieu à notification. L'appréciation du contrôle se fera alors en considérant le pouvoir conféré à la société exerçant le contrôle comme si une **assemblée** de la société contrôlée était, **à cet instant, réunie.**

La notion de contrôle est révisable à tout moment et il doit notamment être tenu compte :
– des modifications du capital social ;
– des attributions de droits de vote double à certains actionnaires ;
– des transactions effectuées entre actionnaires.

Certaines de ces modifications peuvent rester ignorées des intéressés. C'est pourquoi l'application des dispositions légales devrait être considérée comme régulière lorsqu'elle est faite conformément aux principes suivants :
– l'appréciation du contrôle doit se faire de **bonne foi** au regard des éléments dont la société peut disposer **sans difficulté particulière** ;
– les modifications intervenues dans l'actionnariat d'une société n'entraînent pas automatiquement l'application des obligations légales attachées à la notion de contrôle indirect ; ces obligations résultent également des circonstances de fait, notamment le caractère durable de cette situation, qu'un actionnaire a la volonté d'assumer ce contrôle ou d'en accepter la charge ».

NOTION D'AUTOCONTRÔLE

35065   Il y a « **autocontrôle** » lorsque des actions ou des droits de vote d'une société sont possédés par une ou plusieurs autres sociétés dont la première détient directement ou indirectement le contrôle.

Les **possesseurs d'actions** d'autocontrôle **ne peuvent pas** (C. com. art. L 233-31) **exercer les droits de vote** attachés à ces actions. Il en est de même pour les **possesseurs de droits de vote** d'autocontrôle (certificats de droits de vote). Voir Mémento Sociétés commerciales n° 79280.

> **Précisions**   **1. Pas d'obligation de cession**   L'autocontrôle n'entraîne pas la cession obligatoire des actions comme cela peut résulter de la réglementation sur les participations réciproques (voir n° 38605).
> **2. Sanctions pénales**   Les présidents, administrateurs, membres du directoire, directeurs généraux (unique et délégués) ou gérants qui, sciemment, contreviendraient aux dispositions relatives à la limitation des effets de l'autocontrôle s'exposeraient à une amende de 18 000 € (C. com. art. L 247-3, al. 1). Pour les sociétés dont les actions sont admises aux négociations sur un marché réglementé, les poursuites pénales ne peuvent être engagées qu'après avis de l'AMF (C. com. art. L 247-3 al. 2).

Le fait que le droit de vote ne puisse pas être exercé n'interdit pas, à notre avis, de qualifier comptablement les actions d'autocontrôle de **titres de participation** (voir n° 35175). En effet, leur utilité peut être démontrée notamment par le fait qu'ils contribuent indirectement à l'augmentation du pourcentage d'intérêt et de droit de vote du groupe dans l'entité détenue.

> **Fiscalement**   **a. Régime des sociétés mères**   Les produits des titres d'autocontrôle bénéficient du régime des sociétés mères dès lors que celui-ci n'est pas subordonné à la faculté d'exercice des droits de vote (voir n° 36355).

b. Régime du long terme L'administration considère que ces titres peuvent revêtir la nature de titres de participation et bénéficier en conséquence du régime du long terme (sur ce régime, voir n° 36700) lorsqu'il s'agit d'une détention dans le capital d'une **société sœur**. Tel n'est en revanche pas le cas des titres d'autocontrôle portant sur la **société mère** du groupe, qui, selon elle, ne présentent aucune utilité pour l'activité de la filiale détentrice ni pour conforter le contrôle du groupe par la société faîtière (BOI-BIC-PVMV-30-10 n° 190 ; sur ces critères de définition des titres de participation, voir n°s 35175 et 35180).

NOTION D'ENTREPRISES ET DE PARTIES LIÉES

Notion d'entreprise liée Une entreprise est considérée comme liée à une autre lorsqu'elle est susceptible d'être incluse par intégration globale dans un même ensemble consolidable (PCG art. 833-18/1). Selon l'article L 233-18 du Code de commerce, sont intégrées globalement les entreprises dont la société mère a le contrôle exclusif (sur cette notion, voir Mémento Comptes consolidés n° 2087).

35070

EXEMPLE

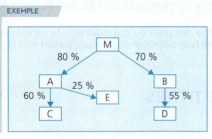

Toutes ces entreprises (sauf E) sont des entreprises liées. Ainsi, pour A, les sociétés M, B, C et D sont des entreprises liées.
Des **entreprises sœurs** (ici A et B) ou « **petites sœurs** » (ici C et D) sont des entreprises liées.
E n'est pas une entreprise liée mais une participation de A.

> **Fiscalement** Une entreprise est susceptible d'être liée, au sens fiscal, en présence de liens de dépendance bilatéraux ou résultant d'une situation triangulaire. Des liens de dépendance sont réputés exister lorsque (CGI art. 39,12) :
— l'une des entreprises détient, directement ou par personne interposée, la majorité du capital social de l'autre ou y exerce en fait le pouvoir de décision ;
— elles sont placées l'une et l'autre, dans des conditions définies ci-avant, sous le contrôle d'une même tierce entreprise.
Les critères peuvent être des critères de droit (participation directe ou indirecte supérieure à 50 % du capital social) ou de fait (gestion de droit ou de fait, 50 % au moins des droits de vote) (BOI-BIC-CHG-40-20-10 n°s 30 à 50).
Sur l'importance de cette notion d'entreprises liées, notamment, en cas de cession de titres de participation, voir n° 36750 ; de concession de brevets et inventions brevetables, voir n° 17280 ; de location de biens mobiliers, voir n° 15715 ; d'emprunt, voir n° 42560 ; d'amortissement d'un immeuble de placement, voir n° 27495.

Notion de partie liée Selon l'article R 123-199-1 du Code de commerce, la notion de « partie liée » est la même que celle définie par la norme IAS 24, Information relative aux parties liées (révisée en 2009) :

35075

« Une partie liée est une personne ou une entité qui est liée à l'entité qui prépare ses états financiers (dénommée « l'entité présentant les états financiers »).
(a) Une **personne** ou un membre de la famille proche de cette personne est lié(e) à une entité présentant les états financiers si ladite personne :
— exerce un contrôle ou un contrôle conjoint sur l'entité présentant les états financiers ;
— exerce une influence notable sur l'entité présentant les états financiers ;
— ou fait partie des principaux dirigeants de l'entité présentant les états financiers ou d'une société mère de l'entité présentant les états financiers.
(b) Une **entité** est liée à une entité présentant les états financiers si l'une des conditions suivantes s'applique :
— l'entité et l'entité présentant les états financiers font partie du même groupe (ce qui signifie que chaque société mère, filiale et filiale apparentée est liée aux autres) ;
— une entité est une entreprise associée ou coentreprise de l'autre entité (ou une entreprise associée ou coentreprise d'un membre du groupe dont l'autre entité fait partie) ;
— les deux entités sont des coentreprises du même tiers ;
— une entité est une coentreprise d'une entité tierce et l'autre entité est une entreprise associée de l'entité tierce ;
— l'entité est un régime d'avantages postérieurs à l'emploi au bénéfice des salariés de l'entité présentant les états financiers ou d'une entité liée à l'entité présentant les états financiers.

Si l'entité présentant les états financiers est elle-même un tel régime, les employeurs finançant le régime sont également liés à l'entité présentant les états financiers ;
– l'entité est contrôlée ou conjointement contrôlée par une personne identifiée au point (a) ;
– une personne identifiée au (a), premier tiret, exerce une influence notable sur l'entité ou fait partie des principaux dirigeants de l'entité (ou d'une société mère de l'entité). »

Sur l'identification des parties liées telles que définies par la norme IAS 24 (entités et personnes physiques), voir Mémento IFRS n° 60050 à 60115.

Enfin, la norme IAS 24 définit les **transactions entre parties liées** comme « un transfert de ressources, de services ou d'obligations entre une entité présentant les états financiers et une partie liée, sans tenir compte du fait qu'un prix soit facturé ou non ».

Sur les informations à donner en annexe concernant les parties liées, voir n° 38865.

NOTION DE CRÉANCES RATTACHÉES AUX TITRES

35080 Comme pour les comptes clients, le PCG rattache les créances (dividendes, intérêts, parts de résultat) aux titres qui les engendrent.

Ces créances rattachées peuvent également être des prêts ou des avances si la société qui en bénéficie est une participation de l'entreprise (voir définition d'une participation n° 35155).

II. LES 4 CATÉGORIES DE TITRES EN COMPTABILITÉ

35150 Ces catégories sont les suivantes (Code de commerce, PCG 82, avis CNC n° 30 du 13-2-1987 et Bull. COB n° 209, décembre 1987, p. 4 s.) :
– les titres de participation (voir n° 35155 s.) ;
– les titres immobilisés de l'activité de portefeuille (Tiap) (voir n° 35225) ;
– les autres titres immobilisés (voir n° 35275) ;
– les valeurs mobilières de placement (voir n° 35325).

a. Définitions comptables Les définitions relatives aux différentes catégories de titres n'ont pas été reprises dans le PCG 2014-03. Néanmoins, dans la logique de la réécriture du PCG à droit quasi constant, tant que de nouvelles définitions n'auront pas été proposées par les organismes compétents, il nous paraît utile de rappeler ces définitions et de continuer à les appliquer. En effet, ces définitions :
– d'une part, n'ont pas été contredites par des définitions nouvelles (voir n° 3075) ;
– d'autre part, ont, pour certaines, été reprises dans le Recueil des normes comptables de l'ANC applicable aux entreprises industrielles et commerciales (voir n° 3315).

> **Précisions** **Travaux ANC à venir** De nombreuses questions à ce sujet révèlent un besoin de revoir les règles actuelles notamment au sujet de leur classification comptable (question de la prise en compte de l'intention de détention) en gardant en tête le lien avec les problématiques fiscales qui reposent sur une approche propre.

Il est important de respecter ces définitions car les méthodes d'évaluation des titres dépendent de leur classement (Bull. COB n° 209, décembre 1987).

Voir aussi le tableau récapitulatif au n° 36805.

Sur le classement comptable de chacune de ces catégories, voir n° 35390.

b. Définitions fiscales Il est également important de respecter les définitions comptables car les textes fiscaux y font référence.

> **Fiscalement** Il en existe deux (BOI-BIC-PVMV-30-10) qui relèvent de régimes différents :
– les **titres de participation** (voir n° 35155 à 35205) ;
– les **titres de placement** (voir n° 35225, 35275 et 35325).

Les titres immobilisés de l'activité de portefeuille (TIAP), les autres titres immobilisés et les valeurs mobilières de placement au sens comptable relèvent en général du régime fiscal des titres de placement. Ils peuvent toutefois, dans certains cas et à certaines conditions, relever du régime des titres de participations (voir n° 35195).

La qualification fiscale de titres de participation conditionne l'application de règles particulières relatives :
– à la déduction des frais d'acquisition (voir n° 35620) ;
– au traitement des (provisions pour) dépréciation (voir n° 35980) ;
– au régime des plus-values et moins-values de cession (voir n° 36700).

A. Titres de participation

35155 Les titres de participation font partie d'une catégorie plus large : **les participations**. Constituent des participations les droits dans le capital d'autres personnes morales, matérialisés ou non par des titres, qui, en créant un lien durable avec celles-ci, sont destinés à contribuer à l'activité de la société détentrice (C. com. art. R 123-184 et PCG art. 221-3).
Selon le PCG 82 (p. I.36 ; sur la valeur des définitions du PCG 82, voir n° 35150), les participations sont constituées par :
– des **titres de participation** (sur leur classement comptable, voir n° 35390) ;

> **Fiscalement** Comme sur le plan comptable, seuls les droits détenus dans une personne morale sont susceptibles d'être qualifiés de titres de participation. Tel est le cas des droits dans des sociétés de capitaux, des sociétés de personnes ou des GIE. En revanche, sont exclus de cette qualification les droits dans des sociétés en participation ou des sociétés créées de fait (BOI-BIC-PVMV-30-10 n° 200). De même, des droits d'usufruit ne peuvent être qualifiés comme tel dès lors que la qualité d'usufruitier ne confère pas de droits de vote ou de droits dans le capital équivalents à ceux d'un propriétaire détenteur des titres (CAA Bordeaux 27-6-2023 n° 21BX02251).

– des titres créant des liens d'association avec d'autres sociétés ;
– d'autres moyens aux effets analogues.

> **Précisions** Il ne faut pas confondre la notion comptable de « participations » et la notion juridique. Sur cette dernière, voir n° 35040.

DÉFINITION DES TITRES DE PARTICIPATION

35175 **Critères de qualification** Constituent des titres de participation les droits dans le capital d'autres personnes morales, qui (C. com. art. R 123-184 et PCG art. 221-3) :
– « en créant un **lien durable** avec celles-ci ;
– sont destinés à **contribuer à l'activité de la société détentrice** ».
En outre, selon la définition fournie par le PCG 82 (sur la valeur des définitions du PCG 82, voir n° 35150), les titres de participation sont ceux dont la possession durable est estimée **utile à l'activité** de la société détentrice « **notamment** parce qu'elle permet **d'exercer une influence** sur la société émettrice des titres **ou d'en assurer le contrôle** » (PCG 82, p. I.42).
L'« utilité » des titres, condition nécessaire à leur qualification en titres de participation, peut être démontrée par différents moyens (voir n° 35180) :
– en premier lieu par l'influence, voire le contrôle (comme le prévoit l'ancien PCG 82) ; l'influence présumant l'intention de favoriser l'activité (présomption simple réfragable) ;
– et en l'absence de contrôle ou d'une influence suffisante, par tout avantage que la détention procure à l'entreprise pour l'exercice de son activité.
Cette utilité doit être démontrée dès la date d'acquisition (voir n° 35185).

> **Fiscalement** Il en est de même, les titres de participation au sens comptable figurant parmi les titres répondant à la définition fiscale des titres de participation (CGI art. 39, 1-5°-18e al. ; art. 219, I-a ter et 219, I-a quinquies). L'utilité peut être caractérisée si les conditions d'achat des titres en cause révèlent l'intention de l'acquéreur d'exercer une influence sur la société émettrice et lui donnent les moyens d'exercer une telle influence ou lorsque les conditions d'acquisition des titres révèlent l'intention de la société acquéreuse de favoriser son activité par ce moyen, notamment par les **prérogatives juridiques** qu'une telle détention lui confère ou les **avantages** qu'elle lui procure **pour l'exercice de cette activité** (CE 20-5-2016 n° 392527 ; CE 22-7-2022 n° 449444).
> Selon O. Fouquet, Président de Section honoraire du Conseil d'État interrogé par nos soins lors de notre journée « Arrêté des comptes et résultat fiscal 2022 », Les Echos Conférences – PwC et s'exprimant à titre personnel, l'analyse de la qualification des titres nécessite en pratique de commencer par vérifier l'influence exercée sur la société émettrice puis, si cette influence s'inscrit dans le cadre d'une faible participation, de rechercher l'utilité économique des titres.
> L'administration a précisé que les titres de participation constituent des investissements qui, en permettant la création de liens durables avec la société émettrice, sont susceptibles d'avoir un impact favorable sur l'activité industrielle ou commerciale de l'entreprise en concourant notamment au maintien ou au renforcement de sa rentabilité, à son développement ou à la diversification de ses domaines d'activité. Il en est ainsi, notamment, des participations au capital de sociétés présentes dans le ou les secteurs d'activité de l'entreprise ou dans des secteurs d'activité connexes ou complémentaires, susceptibles de permettre le développement de synergies industrielles ou commerciales. Elle précise également que l'utilité des titres pour l'entreprise peut découler notamment de l'influence ou du contrôle que la participation permet d'exercer sur la société émettrice (BOI-BIC-PVMV-30-10 n° 70).

Sur les actions détenues en propre, voir n° 37675 et 55585 s.
Sur les actions d'autocontrôle, voir n° 35065.

35180 **Contrôle, influence et autres prérogatives juridiques**

a. Contrôle et influence, en cas de détention supérieure à 10 %, sont présumés démontrer l'utilité (voir n° 35190). Cette présomption est toutefois réfragable, voir b. ci-après.

> **Précisions** **Comptes consolidés** Les titres peuvent être qualifiés de titres de participation dans les comptes sociaux de l'entreprise détentrice, sans pour autant qu'ils soient consolidés dans les comptes consolidés :
> — les seuils de présomption entre les deux notions n'étant pas les mêmes (voir n° 35190) ;
> — l'influence sur la société n'étant pas une condition nécessaire à la qualification de titres de participation (voir ci-après b.), alors que l'influence notable est nécessaire pour consolider les titres.
>
> **> Fiscalement** Il en est de même. La circonstance que dans les comptes consolidés en normes IFRS les titres sont inscrits à la rubrique des « actifs disponibles à la vente » n'est pas de nature à faire obstacle à leur classement en titres de participation (CE 22-7-2022 n° 449444).

b. Contrôle et influence ne sont pas toujours suffisants pour démontrer l'utilité Des titres donnant une influence ne sont pas forcément des titres de participation. Encore faut-il que le détenteur démontre cette utilité.

1. Pour des **titres dont le pourcentage de détention est supérieur à 10 %,** pour lesquels l'utilité est présumée, le détenteur **peut démontrer** que son intention n'est pas d'exercer son influence. Ainsi, la présomption d'utilité attachée à l'influence peut être réfutée. Tel est le cas, par exemple, de titres représentant plus de 10 % du capital :
— achetés (ou reçus dans le cadre d'un apport, voir Mémento Fusions & Acquisitions n° 10020) dans le but d'une revente immédiate (VMP) ;
— achetés dans le but d'une revente différée dans le cadre d'un investissement à long terme sans intention d'intervenir dans la gestion de la société (titres immobilisés).

> **> Fiscalement** Il en est de même. La présomption concernant les titres représentant une participation supérieure à 10 % est susceptible d'être écartée lorsqu'il apparaît que la possession des titres ne sera pas durable, que leur détention n'est pas directement utile à l'activité de l'entreprise mais a été réalisée dans une optique de placement financier ou que, nonobstant le franchissement du seuil de 10 %, l'entreprise ne dispose pas d'un pouvoir d'influence ou de contrôle sur la société émettrice (BOI-BIC-PVMV-30-10 n° 120).
> Un pacte d'actionnaires ne traduit aucunement l'intention des signataires d'exercer une influence ou un contrôle sur la cible, en stipulant expressément que les signataires s'interdisent toute immixtion dans la gestion des sociétés, et ont pour objectif l'obtention d'une rémunération minimale et la réalisation d'une plus-value (CE 26-1-2018 n° 408219). Sur les présomptions fiscales pour certains titres, voir n° 35195.

2. Pour des **titres dont le pourcentage de détention est inférieur à 10 %,** pour lesquels l'utilité ne peut pas être présumée, le détenteur **doit démontrer** que l'exercice de son influence, lorsqu'elle existe, contribue à son activité (voir n° 35175), pour pouvoir classer les titres parmi les titres de participation.

> **EXEMPLE**
>
> L'influence peut être démontrée, par exemple (à analyser au cas par cas selon les circonstances propres à l'opération) :
> — par la représentation dans les organes de direction ou de surveillance de l'entité détenue (critère issu de la liste des critères mettant habituellement en évidence l'influence notable du Règl. ANC n° 2020-01 ; sur les autres critères, voir Mémento Comptes consolidés n° 2062) ;
> — par l'éparpillement de l'actionnariat de la société dont les titres sont acquis, dans le cas où cela fait de l'acquéreur un actionnaire influent.
>
> Dans tous les cas, il est nécessaire de démontrer que cette influence est utile à l'activité et notamment qu'elle lui permet d'atteindre ses objectifs stratégiques et économiques (voir n° 35175).

> **> Fiscalement** La qualification fiscale de titres de participation peut être retenue, **y compris** lorsque le seuil de détention est insuffisant pour accéder au régime des sociétés mères (BOI-BIC-PVMV-30-10 n° 120), c'est-à-dire est **inférieur,** en principe, **à 5 %** (voir n° 36355), lorsque les conditions d'achat des titres révèlent l'intention de l'acquéreur d'exercer une influence sur la société émettrice et lui donnent les moyens d'exercer une telle influence (CE 20-10-2010 n° 314248 ; BOI-BIC-PVMV-30-10 n° 42). En l'absence d'influence, voir ci-après c.
> Les titres revêtent donc notamment cette qualification fiscale de titres de participation lorsque :
> — un pacte d'actionnaires permet l'exercice d'une minorité de blocage (CE 20-10-2010 n° 314248 ; BOI-BIC-PVMV-30-10 n° 85), ou d'un contrôle conjoint résultant de l'exercice conjoint des droits de vote (BOI-BIC-PVMV-30-10 n° 120 ; voir également CAA Paris 25-9-2012 n° 11PA03445) ;
> — une entreprise détentrice de titres représentant moins de 5 % du capital, en tant que membre du conseil de surveillance, exerce un pouvoir de contrôle et, dans certains cas, d'autorisation, qui lui confère une influence certaine, compte tenu des liens historiques et familiaux existant entre la société et les dirigeants de l'entreprise détentrice (TA Paris 26-6-2001 n° 01-16911) ;

— la participation du détenteur au conseil d'administration de la société (même en tant qu'administrateur indépendant), dont il possède 2,2 % du capital et dont il est le cinquième actionnaire le plus important, lui permet d'exercer une influence utile à son activité dans la mesure où cette acquisition, qui lui permet d'accompagner le développement de la société dans le secteur particulier du nucléaire où il exerce sa propre activité, présente pour lui un intérêt stratégique (CE 22-7-2022 n° 449444).

En revanche, tel n'est pas le cas lorsqu'une société détentrice de titres représentant 3,65 % du capital n'est pas présente dans les organes de direction de la société émettrice, n'exerce aucune influence sur ses choix et n'établit pas l'utilité de ces titres à son activité (CAA Nantes 5-2-2007 n° 05NT00515).

c. Contrôle et influence ne sont pas nécessaires pour démontrer l'utilité La prise de participation ne se traduit pas nécessairement par une influence directe sur la gestion de la société émettrice (même si l'exercice d'une telle influence facilite dans de nombreuses situations, la démonstration de l'utilité), la fraction de capital détenue n'étant pas toujours significative de l'objectif économique recherché.

Ce qui importe est avant tout :
— de démontrer la création de **liens durables** avec la société émettrice dans le but de **favoriser son activité** (voir n° 35175) ;
— par le biais de **prérogatives juridiques** ou autres **avantages** que cette détention lui procure pour l'exercice de cette activité (par exemple, des relations commerciales privilégiées).

Ainsi, dans certains cas, un pourcentage faible de l'ordre de 4 à 5 % peut suffire à établir des liens durables et être utile à l'entreprise.

> **Fiscalement** Il en est de même. L'utilité des titres pour l'entreprise peut découler notamment de la nécessité de leur détention pour le **développement de l'activité de la société détentrice** (BOI-BIC-PVMV-30-10 n° 70). Tel est le cas :
> — de titres représentant 0,88 % du capital d'une clinique dès lors que cette détention permet à l'actionnaire unique de la Selarl détentrice des titres (un médecin) d'y exercer son activité professionnelle dans des **conditions privilégiées** et contribue à l'exercice et au développement de l'activité de la Selarl (CE 20-5-2016 n° 392527 ; BOI-BIC-PVMV-30-10 n° 94) ;
> — de titres représentant 1,45 % du capital d'une société commercialisant du béton, qui sont utiles à l'activité de la société détentrice car ils lui **garantissent** une source d'approvisionnement à des prix avantageux (CAA Lyon 13-7-2017 n° 15LY03183).
>
> L'administration a toutefois indiqué qu'une **faible participation** ne satisfaisant pas aux critères d'influence ou de contrôle ne peut être qualifiée de titres de participation qu'en présence de **circonstances exceptionnelles attestant l'utilité** manifeste des titres pour l'activité économique de la société détentrice (BOI-BIC-PVMV-30-10 n° 92). Selon elle, la qualification de titres de participation ne peut être retenue au seul motif que la détention s'inscrit dans une stratégie de placement à long terme ou qu'il existe, par ailleurs, des relations d'affaires avec la société émettrice des titres, sauf si ces relations présentent des caractéristiques exceptionnelles par rapport aux autres transactions réalisées (BOI-BIC-PVMV-30-10 n° 120).

En outre, une société peut détenir un pourcentage faible, mais le groupe dont elle fait partie peut détenir la quasi-totalité des titres. Il s'agit, à notre avis, pour cette société, de titres de participation malgré le faible pourcentage.

> **Fiscalement** Il en est de même (BOI-BIC-PVMV-30-10 n° 100).

Date d'appréciation des critères de qualification 35185

a. L'intention de la société au moment de l'acquisition des titres est déterminante pour leur qualification. C'est pourquoi le respect des critères permettant de définir les titres de participation doit être apprécié selon les conditions existantes à la date d'acquisition des titres :
— qu'il s'agisse de l'influence,
— ou des prérogatives juridiques permettant de donner un avantage à l'entreprise pour l'exercice de son activité.

> **Fiscalement** Il en est de même. C'est donc à la date d'acquisition des titres qu'il convient de se placer pour estimer si leurs conditions d'achat révèlent l'intention de l'acquéreur d'exercer une influence sur la société d'une part, et lui en donnent les moyens d'autre part (CE 29-5-2019 n° 411209) ou de favoriser son activité par les prérogatives juridiques et autres avantages que la détention des titres lui confère pour l'exercice de cette activité (CE 22-7-2022 n° 449444).
>
> Des événements postérieurs à l'acquisition des titres sont sans incidence sur leur qualification. Il en résulte notamment que n'ont pas à être prises en compte les circonstances suivantes :
> — les pouvoirs conférés par la détention des titres ne sont pas par la suite effectivement exercés (CE 20-10-2010 n° 314247 et 314248 ; BOI-BIC-PVMV-30-10 n° 96) ;

- l'entreprise a l'intention de céder les titres à brève échéance (BOI-BIC-PVMV-30-10 n° 98) ;
- les avantages escomptés ne sont pas obtenus (CE 28-12-2017 n° 393623) ;
- la société émettrice est placée en liquidation judiciaire (CE 12-3-2012 n° 342295).

b. L'acquéreur a une intention unique liée à l'utilisation procurée par les titres d'une même société et pas une intention propre à chaque titre. D'ailleurs, la faculté de classer une même ligne de titres dans plusieurs catégories n'étant pas expressément prévue par le PCG (sauf dans le cas particulier des actions propres, voir n° 55655).

Ainsi, **en cas d'augmentation de capital** (ou d'acquisition de nouveaux titres) et lorsque les précédents titres ont été classés en titres de participation, la pratique générale consiste :
– à classer les titres issus de l'apport dans la catégorie retenue initialement pour les titres déjà détenus ;
– sauf si l'augmentation de capital s'accompagne d'un changement d'intention de l'acquéreur (cas rare en pratique, à notre avis, pouvant résulter par exemple d'un changement stratégique des activités de l'entreprise remettant en cause l'utilité des titres). Dans ce cas, les titres initiaux devraient être transférés dans la même catégorie que celle retenue pour les titres issus de l'apport (voir n° 35430).

> **Fiscalement 1. Les titres issus d'une recapitalisation suivent en principe la qualification des titres d'origine** Les titres reçus lors de la recapitalisation de deux filiales qui, moins de deux ans après l'opération, ont fait l'objet d'une fusion simplifiée au profit de l'actionnaire unique pour l'une d'elles et d'une liquidation pour l'autre, ne peuvent recevoir une qualification différente de celle attribuée aux titres initiaux (titres de participation) dès lors qu'**à la date de leur souscription**, l'intention de l'acquéreur était de conserver le contrôle de la société jusqu'à la date de sa disparition par absorption ou par liquidation (pour l'une), ou jusqu'à la cession du contrôle à un tiers (pour l'autre) (CAA Paris 23-11-2022 n° 21PA05210). En l'absence d'erreur comptable commise lors de la qualification des titres initiaux, celle-ci s'applique aux titres reçus lors de l'augmentation de capital. S'agissant de la situation où l'augmentation de capital s'accompagne d'un changement d'intention de l'acquéreur, voir n° 35430.
> **2. Cas particulier du secteur bancaire** Dans une autre affaire concernant un établissement de crédit, le Conseil d'État a jugé, contrairement à la doctrine administrative, (BOI-BIC-PVMV-30-10 n° 98), qu'en cas de souscription à une augmentation de capital, les critères de qualification des titres s'apprécient à la date d'acquisition des nouveaux titres et ne suivent donc pas systématiquement la qualification de titres de participation retenue pour les titres initiaux (CE 8-11-2019 n° 422377).
> Le Conseil d'État s'appuie notamment sur une position prise par l'ANC dans le contexte particulier de cette affaire. Pour considérer que la qualification comptable des premiers titres ne commande pas le classement des titres acquis ultérieurement, l'ANC se fonde sur la règle issue du règlement ANC n° 2014-07 spécifique au secteur bancaire qui permet de classer une même ligne de titres dans plusieurs catégories.

c. Les avantages procurés par la détention des titres peuvent avoir existé avant la date d'acquisition.

> **Fiscalement** Il en est de même. Il n'y a pas lieu de tenir compte des relations que les sociétés entretenaient déjà avant la prise de participation pour apprécier l'existence de liens durables et d'avantages établissant une utilité des titres pour l'activité du détenteur (CE 22-7-2022 n° 449444).

35190 **Présomptions comptables** **a.** Sauf **preuve contraire** (voir n° 35180 b.), sont présumés être des titres de participation les titres représentant une **fraction du capital supérieure à 10 %** (C. com. art. R 123-184 et PCG art. 221-3) en tenant compte, à notre avis, des titres détenus **directement et indirectement**.

> **Précisions 1. Périmètre différent de celui du tableau des filiales et participations** Cette présomption à 10 % rejoint le seuil fixé par le Code de commerce pour la définition juridique des participations à mentionner notamment dans le tableau des filiales et participations (C. com. art. L 233-2 ; voir n° 35040). Toutefois, s'agissant, dans un cas, d'une présomption et, dans l'autre, d'un seuil fixe, le périmètre des participations à mentionner dans ce tableau peut ne pas englober l'ensemble des titres de participation, en particulier ceux représentant moins de 10 % du capital de l'entreprise (voir n° 35180 b.).
> **2. Périmètre différent de celui des titres sous influence notable en consolidation** Le périmètre n'est pas identique non plus entre titres de participation dans les comptes sociaux et titres sous influence notable dans les **comptes consolidés** établis en règles françaises. En effet, l'influence notable est présumée lorsqu'une entreprise dispose, directement ou indirectement, d'une fraction au moins égale à **20 %** des droits de vote de cette entreprise (C. com. art. L 233-17-2 et Règl. ANC 2020-01 art. 211-5), cette présomption pouvant néanmoins être réfutée (pour plus de détails, voir Mémento Comptes consolidés n° 2058 s.). Voir n° 35180 a.

b. En outre, sont, à notre avis, également présumés être des titres de participation les titres acquis en tout ou partie par **offre publique d'achat** ou par **offre publique d'échange** (PCG 82, p. I.42 ; sur la valeur des définitions du PCG 82, voir n° 35150).

L'expression « en tout ou partie » a pour but d'inclure dans les titres de participation les actions de même nature détenues en portefeuille par la société qui a réalisé l'offre publique.

Présomptions fiscales   a. En cas d'inscription en compte « Titres de participation »   35195

> Fiscalement L'inscription de titres au compte « Titres de participation » constitue, selon le Conseil d'État, une **présomption simple** en faveur de leur qualification fiscale comme des titres de participation. Dès lors que cette inscription est commandée par le respect de la réglementation comptable, elle **ne procède pas d'une décision de gestion,** et les erreurs commises peuvent être corrigées par l'entreprise (sous réserve de leur caractère involontaire) (CE 29-5-2017 n° 405083 ; voir n° 45630).

Lorsque ces titres inscrits au compte « Titres de participation » remplissent les conditions pour ouvrir droit au régime des sociétés mères et représentent au moins 5 % des droits de vote de la filiale ou ont été acquis en exécution d'une offre publique d'achat ou d'échange par l'entreprise qui en est l'initiatrice, l'administration s'interdit de contester leur qualification comme des titres de participation en indiquant qu'elle résulte d'une **présomption irréfragable** (BOI-BIC-PVMV-30-10 n° 140).

Le seuil de détention de 5 % du capital de la société émettrice qui est prévu pour l'application du régime mère-fille doit être respecté à la date de cession des titres (CE 26-1-2018 n° 408219).

Sur la correction d'une erreur comptable de classement des titres de participation, voir n° 35200.
Sur la remise en cause du classement par l'administration, voir n° 35205.

b. En cas d'inscription dans un sous-compte d'une autre catégorie de titres Il n'y a pas totale coïncidence entre titres de participation admis sur le plan comptable et sur le plan fiscal (voir n° 35385). En cas de divergence, il est alors nécessaire d'enregistrer dans des sous-comptes spécifiques les titres qui constituent des titres de participation sur le plan fiscal mais pas sur le plan comptable (voir n° 35410).

> Fiscalement L'inscription de titres à une subdivision spéciale « titres relevant du régime des plus-values à long terme » d'un compte du bilan autre qu'un compte de titres de participation (Tiap, Autres titres immobilisés ou VMP) constitue une **présomption irréfragable** pour le classement des titres comme relevant du régime fiscal des titres de participation. Cette inscription relève d'une **décision de gestion**. Elle est opposable à l'administration comme à l'entreprise (CE 29-5-2017 n° 405083 ; voir n° 35410). Elle peut concerner :
– les **titres ouvrant droit au régime des sociétés mères** sous réserve que la société mère détienne au moins 5 % des droits de vote de la société émettrice, y compris si l'option pour son application n'est pas exercée (CGI art. 219, I-a quinquies). Les titres dépourvus de droit de vote (par exemple, actions de préférence ; voir n° 37455) ne bénéficient de la présomption irréfragable que lorsque l'entreprise détient par ailleurs sur la filiale des titres représentant 5 % du capital et des droits de vote (BOI-BIC-PVMV-30-10 n° 255) ;
– les **titres acquis en exécution d'une OPA ou d'une OPE** par l'entreprise qui en est l'initiatrice, agissant seule ou de concert au sens de l'article L 233-10-1 du Code de commerce (CGI art. 219, I-a ter-3e al.).

CORRECTION D'UNE ERREUR DE CLASSEMENT DES TITRES

Correction d'une erreur comptable par l'entreprise   Elle ne peut résulter que   35200
d'une erreur **d'appréciation des faits et circonstances** :
– existant **à la date d'acquisition** des titres ou à la date de transfert de compte à compte en cas de changement d'intention ;
– portant sur ses **intentions** à cette date et notamment sur la possibilité d'exercer une influence sur la société acquise, sous réserve que cette influence soit utile à l'activité de l'entreprise.

> Fiscalement La correction de l'erreur comptable emporte ses conséquences sur le plan fiscal (réclamation ou demande de compensation, voir n° 45610) qu'il s'agisse d'un reclassement du compte Titres de participation vers une autre catégorie (TIAP, titres immobilisés ou VMP) ou inversement (sous réserve du cas des titres inscrits au sous-compte spécial « titres relevant du régime des plus-values à long terme »).

Remise en cause du classement par l'administration   35205

> Fiscalement L'administration a indiqué qu'elle ne remettra en cause l'affectation comptable des titres qu'en cas d'**erreur manifeste** quant à leur **qualification réelle** (BOI-BIC-PVMV-30-10 n° 130). La présomption (voir n° 35195) est alors susceptible d'être écartée, lorsqu'il apparaît que la possession des titres ne sera pas durable, que leur détention n'est pas directement utile à l'activité de l'entreprise, et que l'acquisition a été réalisée dans une optique de placement financier ou que l'entreprise ne dispose pas d'un pouvoir d'influence ou de contrôle sur la société émettrice (BOI-BIC-PVMV-30-10 n° 120).

Toutefois, pour se protéger contre les risques d'une remise en cause par l'administration du classement comptable de leurs titres, les entreprises devraient pouvoir, selon un membre du Conseil d'État, s'exprimant à titre personnel dans le cadre de notre journée « Arrêté des comptes et résultat fiscal 2017 », Les Échos Conférences – PwC, se prévaloir de la doctrine administrative (BOI-BIC-PVMV-30-10 n° 140) instituant une **présomption irréfragable** pour la qualification fiscale de titres de participation en faveur des titres comptabilisés à ce compte qui :
– ouvrent droit au régime des sociétés mères et représentent au moins 5 % des droits de vote de la filiale ;
– ou ont été reçus à l'occasion d'une OPA ou OPE par l'entreprise initiatrice.

B. Titres immobilisés de l'activité de portefeuille (Tiap)

35225 Il s'agit de titres destinés par une entreprise à l'activité de portefeuille.
L'objectif de la détention n'est donc pas de placer de la trésorerie, mais de poursuivre une activité.
Cette activité est définie par l'avis CNC n° 30 comme celle qui consiste à « investir tout ou partie de ses actifs dans un portefeuille de titres pour en **retirer, à plus ou moins longue échéance,** une **rentabilité satisfaisante** » et qui « s'exerce **sans intervention dans la gestion** des entreprises dont les titres sont détenus » (définition reprise dans le Recueil des normes comptables applicable aux entreprises industrielles et commerciales de l'ANC sous l'art. 221-5 du PCG).

> **Précisions** **1. Nature des titres** Ainsi les « Tiap » ne constituent ni des « participations » (titres pour lesquels la société se comporte en « holding ») ni des « valeurs mobilières de placement », (réserve de trésorerie). Selon le groupe de travail, « la nature de ces titres, attestée par leur classement, **exclut leur consolidation** ».
> **2. Titres concernés** À notre avis, il est possible de mettre dans les Tiap : des actions, des parts, des obligations remboursables en actions (ORA), des obligations convertibles ou échangeables en actions.
> **3. Titres exclus** En revanche, il ne nous paraît pas possible d'y mettre des obligations simples ou des titres participatifs.
> **4. Titres détenus dans des filiales qui exercent elles-mêmes l'activité de portefeuille** Ils sont à considérer comme des titres de participation si les critères de qualification (voir n° 35175 s.) sont remplis.

Le groupe de travail du CNC (Doc. CNC n° 63) a précisé que pour qualifier des titres de « Tiap », il convient de retenir deux fondements :
– les circonstances et motifs qui ont prévalu lors de leur acquisition ou lors d'un changement de leur destination ;
– l'utilité qui leur est attribuée par la direction de l'entreprise.

> **Fiscalement** Ces titres suivent en général le régime des titres de placement (voir n° 35845 s. et 36700). Ils peuvent toutefois être placés sous le régime des titres de participation lorsqu'ils répondent à leur définition fiscale (voir n° 35175 et 35180) et sont inscrits en comptabilité dans un sous-compte distinct (voir n° 35410).
> Sur la nécessité d'effectuer un suivi extra-comptable de certains Tiap antérieurement qualifiés de titres de participation sur le plan fiscal, voir n° 35325.

Pour un tableau de synthèse des classements comptable et fiscal des titres en portefeuille, voir n° 35385. Sur leur classement comptable, voir n° 35390.

C. Autres titres immobilisés

35275 Selon le PCG 82 (p. I.42 ; définition reprise dans le Recueil des normes comptables applicable aux entreprises industrielles et commerciales de l'ANC sous l'art. 221-6 du PCG ; sur la valeur des définitions du PCG 82, voir n° 35150), il s'agit des titres, autres que les titres de participation, que l'entreprise a **l'intention de conserver durablement** qu'elle n'a pas la possibilité de revendre. Ils sont représentatifs :
– de parts de capital (PCG, compte 271) ;
– ou de placements à long terme tels que des obligations (PCG, compte 272).

© Éd. Francis Lefebvre   LE PORTEFEUILLE-TITRES

Pour l'AMF (Bull. COB n° 209, décembre 1987), ces titres ne relèvent pas des deux catégories de titres précédentes (titres de participation, voir n° 35155, ou Tiap, voir n° 35225) parce que leur **détention** n'est **pas jugée utile à l'activité** de l'entreprise ; il s'agit le plus souvent de titres dont la détention durable est **subie plutôt que voulue** (par l'effet de contraintes juridiques par exemple, telles qu'un nantissement).

> **Fiscalement** En général, ces titres suivent le régime des titres de placement (BOI-IS-BASE-20-20-10-10 n° 50 ; voir n° 35845 s. et 36700). Ils peuvent toutefois être placés sous le régime des titres de participation lorsqu'ils répondent à leur définition fiscale (voir n° 35175 et 35180) et sont inscrits en comptabilité dans un sous-compte distinct (voir n° 35410).
>
> Sur la nécessité d'effectuer un suivi extra-comptable de certains autres titres immobilisés antérieurement qualifiés de titres de participation sur le plan fiscal, voir n° 35325.

Pour un tableau de synthèse des classements comptable et fiscal des titres en portefeuille, voir n° 35385.

Sur leur classement comptable, voir n° 35390.

D. Valeurs mobilières de placement

Selon le PCG 82 (p. I.44 ; définition reprise dans l'avis CU CNC n° 2002-C et dans le Recueil des normes comptables applicable aux entreprises industrielles et commerciales de l'ANC sous l'art. 222-1 du PCG ; sur la valeur des définitions du PCG 82, voir n° 35150) il s'agit de titres acquis en vue de **réaliser un gain à brève échéance** et que l'entreprise n'a donc pas l'intention de conserver durablement.

35325

> **Précisions** Il s'agit des titres représentant moins de 10 % du capital (PCG, compte 503), sauf preuve contraire (par opposition à la définition des titres de participation) et, a fortiori, les titres non représentatifs d'une quote-part de capital, les obligations par exemple (PCG, compte 506).

L'entreprise acheteuse des titres recherche dans ce cas soit l'utilisation temporaire de sa trésorerie en vue de lui conserver sa valeur, soit la rentabilité de son placement par la perception d'un revenu (dividendes, intérêts), et/ou par la réalisation d'une plus-value lors de la revente. Ce placement, qui peut être **transitoire ou permanent**, spéculatif ou non spéculatif, n'a pas **pour objectif d'assurer une influence** particulière sur la société émettrice des titres.

EXEMPLE

Il peut s'agir par exemple de l'achat d'actions destinées à être revendues dès que la hausse escomptée se sera produite, ou de l'achat d'obligations dont le taux de rendement est intéressant.

> **Fiscalement** En général, les VMP suivent le régime des titres de placement (voir n° 35845 s. et 36700). Elles peuvent toutefois être placées sous le régime des titres de participation lorsqu'elles répondent à leur définition fiscale (voir n° 35175) et sont inscrites en comptabilité dans un sous-compte distinct (voir n° 35410).

Pour un tableau de synthèse des classements comptable et fiscal des titres en portefeuille, voir n° 35385.

Sur leur classement comptable, voir n° 35390.

Sur l'extension du poste « valeurs mobilières de placement » aux titres de créances négociables (qui ne sont pas des valeurs mobilières), voir n° 42665.

E. Lien entre le classement comptable et fiscal des titres en portefeuille

Le tableau ci-après, établi par nos soins, distingue, en fonction du classement comptable des titres, ceux qui constituent ou non des titres de participation sur le plan fiscal.

35385

En pratique, les titres pour lesquels une divergence entre la qualification comptable et fiscale est le plus généralement susceptible d'être constatée sont ceux représentatifs d'une participation comprise entre 5 % et 10 % du capital de la filiale.

> **Précisions** En effet :
> — les titres représentant moins de 10 % du capital ne sont pas nécessairement comptabilisés en titres de participation (voir n° 35190) ;
>
> — alors que les titres représentant au moins 5 % du capital, lorsqu'ils sont comptabilisés dans un sous-compte « titres relevant du régime des plus-values à long terme », constituent

des titres de participation au sens fiscal s'ils sont éligibles au régime des sociétés mères (voir n° 36340 s.) et que la société détient au moins 5 % des droits de vote de la filiale (voir n° 35195).

Ainsi, des titres non classés comptablement en titres de participation mais satisfaisant aux critères des présomptions fiscales irréfragables (voir n° 35195) peuvent bénéficier du régime du long terme.

Titres	Classement comptable [1]	Classement fiscal [1]	Divergence
Acquis dans le cadre d'une OPA/OPE [2]	Titres de participation	Titres de participation	non
> 10 % du capital [2]			
≥ 5 % et ≤ 10 % du capital	Autres titres immobilisés, ou Tiap, ou VMP	Titres de participation si inscrits en sous-compte lorsque la société détient au moins 5 % des droits de vote	oui
		Titres de placement à défaut d'inscription en sous-compte	non
	ou Titres de participation	ou Titres de participation	non
< 5 % du capital	Autres titres immobilisés ou Tiap, ou VMP ou Titres de participation	Titres de placement ou Titres de participation	non

(1) Pour plus de détails, voir n° 35175 à 35325.
(2) Comptablement, ces titres bénéficient d'une présomption **simple** de qualification de titres de participation (voir n° 35190). Il peut donc exister une divergence avec la fiscalité dès lors que les titres acquis dans le cadre d'une OPA/OPE comptabilisés en sous-compte bénéficient d'une présomption **irréfragable** de qualification de titres de participation au sens fiscal (voir n° 35195).

III. CLASSEMENT COMPTABLE DU PORTEFEUILLE-TITRES (PCG)

LIEN ENTRE COMPTES ET POSTES DU BILAN

35390 La présentation au bilan peut se résumer de la manière suivante :

Postes du bilan	Comptes	+	Comptes rattachés
Participations	261 « Titres de participation » 266 « Autres formes de participation »		
Créances rattachées à des participations		+	267 « Créances rattachées à des participations » 267 « Créances rattachées à des sociétés en participation »
Titres immobilisés de l'activité de portefeuille (TIAP)	273 « TIAP » [1]	+	276 « Créances rattachées aux TIAP »
Autres titres immobilisés	271 « Autres titres immobilisés » 272 « Droits de créance » 277 « Actions propres ou parts propres » [1]	+	276 « Créances rattachées à ces titres » (revenus à recevoir)
Mali technique	278 « Mali de fusion sur actifs financiers » [2]		
Valeurs mobilières de placement	50 « Valeurs mobilières de placement » [1]	+	508 « Créances rattachées à ces titres » (revenus à recevoir)

(1) Comptes pouvant être subdivisés pour des besoins fiscaux, voir n° 35410.
(2) Sur l'affectation du mali aux différents actifs apportés concernés, voir n° 75740. Sur le traitement du mali technique après la fusion (dépréciation, sortie, information en annexe), voir n° 75790 à 75800.

INTERACTION ENTRE LA FISCALITÉ ET LE CLASSEMENT COMPTABLE

35410 Le classement comptable des titres est susceptible d'avoir une incidence sur le traitement fiscal qui leur est applicable (acquisition, dépréciation, cession).

I. Incidence du classement comptable sur le régime des plus et moins-values à long terme

Les titres répondant à la définition fiscale des titres de participation (voir n° 35175 s.) sont éligibles au régime du long terme (voir n° 36720 et 36735) qu'ils soient classés :
– au compte « Titres de participation », lorsqu'ils coïncident avec la définition comptable des titres de participation ;
– ou dans une autre catégorie de titres (Tiap, Autres titres immobilisés ou VMP), à condition d'être comptabilisés **dans un sous-compte** « Titres relevant du régime des plus-values à long terme » ouvert au sein du compte correspondant à leur qualification comptable (voir n° 35175).

Pour un tableau de synthèse des classements comptable et fiscal des titres en portefeuille, voir n° 35385.

En conséquence, pour cette deuxième catégorie de titres, l'entreprise devra ouvrir au sein de chaque compte correspondant à la catégorie de titres concernés (autre que « titres de participation ») **deux sous-comptes** :
– l'un pour les titres bénéficiant du régime des plus ou moins-values à long terme : « **Titres relevant du régime des plus-values à long terme** » ;
– l'autre pour les titres soumis au régime de droit commun : « **Titres relevant du régime de droit commun** ».

> **Précisions 1. Sous-comptes obligatoires** Ces deux sous-comptes doivent être ouverts pour les Tiap, les autres titres immobilisés, les valeurs mobilières de placement. Lorsque les titres satisfont aux conditions posées pour être inscrits au sous-compte « Titres relevant du régime des plus-values à long terme », l'entreprise est libre de réaliser ou non cette inscription. Pour plus de détails sur les titres concernés, voir n° 35195.
> **2. Autres sous-comptes possibles** Incidence de l'existence de deux secteurs d'imposition séparés au sein des titres de participation au sens fiscal (voir n° 36700) : les entreprises sont libres de distinguer, par exemple au sein du compte « Titres de participation », les titres relevant du régime de taxation limitée à une quote-part de frais et charges et ceux relevant du secteur imposable à 19 %, en utilisant par exemple des sous-comptes spécifiques. Cette inscription n'a qu'une portée indicative (BOI-BIC-PVMV-30-10 n° 130).

II. Autres conséquences fiscales du classement comptable

L'inscription des titres qui revêtent le caractère de titres de participation sur le plan fiscal (voir n° 35175 et 35180) au compte « Titres de participation » ou dans un sous-compte « Titres relevant du régime des plus-values à long terme » ouvert au sein du compte correspondant à leur classement comptable (Tiap, Autres titres immobilisés ou VMP ; sur les titres concernés en pratique, voir I. ci-avant) emporte également les conséquences fiscales suivantes :

a. Amortissement fiscal des frais d'acquisition Les frais d'acquisition de ces titres ne sont pas immédiatement déductibles fiscalement mais peuvent être amortis sur cinq ans (voir n° 35620).

b. Limitation des (provisions pour) dépréciation des titres de sociétés à prépondérance immobilière La déductibilité des (provisions pour) dépréciation de ces titres est limitée (CGI art. 39, 1-5°, al. 18 et 20 ; voir n° 35980).

III. Titres exclus du régime du long terme

Sur les titres exclus du long terme, voir n° 35980 en ce qui concerne les (provisions pour) dépréciations et n° 36725 à propos des cessions de titres.

TRANSFERTS DE COMPTE À COMPTE

35430 **Transfert entre les quatre catégories comptables de titres** Sur le plan comptable, pour les entreprises industrielles et commerciales, il n'existe actuellement **aucune règle** définissant le fait générateur et les modalités d'évaluation des transferts d'un compte (d'une catégorie) de titres à un(e) autre.

> **Précisions 1. Actions propres** Les règles de transfert des actions propres sont en revanche fixées, voir n° 55655 I. b.
> **2. Normes IFRS** La norme IFRS 9 précise les conditions et modalités de reclassement d'actifs financiers et limite les reclassements aux seuls changements de modèle de gestion (« business model »), changements très peu fréquents en pratique (voir Mémento IFRS n° 45570 s.).

En pratique, un **reclassement est effectué entre les différentes catégories de titres immobilisés** lorsque les titres détenus **ne satisfont plus aux critères de leur qualification initiale** car des évènements postérieurs à l'acquisition entraînent un changement dans les intentions de l'entreprise à l'égard des titres concernés et remettent donc en cause les intentions initiales ayant motivé le classement des titres.

EXEMPLE
Par exemple, un achat de titres supplémentaires peut entraîner le reclassement en titres de participation « d'autres titres immobilisés ».

> Précisions Changement d'intention conduisant à un reclassement de titres de participation en VMP (cas rare) Des titres de participation devraient, à notre avis, pouvoir être reclassés en VMP dans les rares situations dans lesquelles l'intention ayant présidé à l'acquisition initiale des titres de participation a évolué. Tel est le cas, à notre avis, lorsque l'intention de céder les titres a pour origine un changement de stratégie majeur conduisant à une transformation profonde de l'entreprise avec des impacts significatifs attendus dans l'avenir (telle qu'une décision d'abandonner un domaine d'activité ou une zone géographique, par exemple) et entraînant alors la disparition de l'utilité des titres pour le détenteur (en ce sens, CE 8-11-2019 n° 422377).
Ces changements stratégiques devront, à notre avis, être justifiés par une documentation probante présentant les décisions qui matérialisent le changement de stratégie et permettant d'identifier la date effective à laquelle il est intervenu (présentations stratégiques faites aux organes de décision, présentations préparées par le comité de désinvestissement...).

En revanche, la seule circonstance qu'une filiale soit cédée, soit absorbée par son actionnaire unique, ou encore qu'elle soit placée en liquidation judiciaire postérieurement à l'achat des titres est insuffisante pour justifier, à elle seule, un changement d'intention entraînant un reclassement des titres de participation en titres de placement.

> Fiscalement Il en est de même (CE 12-3-2012 n° 342295 ; CAA Paris 23-11-2022 n° 21PA05210 ; BOI-BIC-PVMV-30-10 n° 96).

Sur les critères de définition des 4 catégories de titres, voir n° 35150 s.

En l'absence de précisions des textes, ces transferts sont effectués, à notre avis, à la **valeur nette comptable** en distinguant, le cas échéant, le coût d'entrée des titres (valeur brute) et les dépréciations.

> Précisions Le fait que certains **transferts** s'effectuent sur le plan fiscal **à la valeur de marché** (voir n° 35435) ne peut justifier de retenir cette valeur sur le plan comptable.

Sur les autres causes de transfert entre les deux catégories fiscales de titres et sur les conséquences fiscales de ce transfert, voir n° 35435.

35435 **Transfert entre les deux catégories fiscales de titres**
I. Définition des opérations concernées Les transferts peuvent résulter (CGI art. 219, I-a ter-al. 8) :
a. soit d'une obligation, lorsque les titres inscrits à ces comptes ou sous-comptes cessent de remplir les conditions (voir n° 35430), étant précisé que ce retrait doit s'effectuer dès cette date (BOI-IS-BASE-20-30-30 n° 70) ;

> Précisions À défaut, les titres maintenus par erreur dans ces comptes ou sous-comptes sont réputés transférés fiscalement.
Toutefois, les titres de participation acquis en vue de s'assurer le contrôle de la société émettrice n'ont pas à être ultérieurement transférés au seul motif que :
– la société émettrice a été placée en liquidation judiciaire (CE 12-3-2012 n° 342295) ;
– l'objectif fixé dans le protocole d'accord d'acquisition (participer avec d'autres investisseurs à des augmentations de capital de la filiale en vue de détenir une minorité de blocage) n'a finalement pas pu être atteint (CE 20-10-2010 n° 314247 et 314248).

b. soit d'une décision volontaire, qui peut être prise à tout moment, consistant à inscrire à l'un des sous-comptes « Titres relevant du régime des plus-values à long terme » les titres remplissant les conditions requises, ou inversement (BOI-IS-BASE-20-30-30 n° 50 et 70).

> Précisions Les **titres remis à l'échange** par les associés d'une société absorbée **ne peuvent être regardés comme ayant fait l'objet d'un transfert** à la date de l'opération. La qualification des titres reçus est donc effectuée en fonction de leurs caractéristiques propres et le résultat de leur cession ultérieure relève en totalité du régime fiscal correspondant (CAA Versailles 12-4-2018 n° 15VE02067).

II. Régime fiscal des opérations de transferts

Il convient de distinguer les transferts imposables et ceux ne donnant pas lieu à imposition :

a. Transferts imposables Il s'agit des transferts du compte « Titres de participation » ou d'un sous-compte spécial « Titres relevant du régime des plus-values à long terme » vers un autre compte de bilan, et des transferts de sens inverse (CGI art. 219, I-a ter).

Ils sont obligatoirement réalisés à la **valeur réelle** des titres à la date du transfert (valeur d'inventaire déterminée dans les conditions décrites n° 35695 s.).

> **Précisions** **1. Résultat du transfert** Il :
> — correspond à la différence entre la valeur réelle des titres définie ci-avant et leur valeur fiscale, laquelle peut différer de la valeur comptable si les titres ont fait l'objet d'un précédent transfert ou sont placés sous un régime de sursis d'imposition (fusion, échange) ;
> — bénéficie d'un report d'imposition jusqu'à la cession effective des titres, à condition de souscrire un **état de suivi** des titres transférés à joindre à la déclaration de résultats de l'exercice du **transfert** et des **exercices suivants** ; ce report est maintenu lorsque les titres transférés font notamment l'objet d'un apport placé sous le régime spécial des fusions prévu à l'article 210 A du CGI (voir Mémento Fusions & Acquisitions n° 7802) ;
> — sera soumis, au titre de l'exercice de cession des titres transférés, au régime fiscal dont relevaient les titres préalablement au transfert. Pour plus de détails, voir Mémento Fiscal n° 18810 et 18815.
>
> **2. (Provisions pour) dépréciation des titres transférés** Les provisions constituées :
> — antérieurement au transfert suivent, lors de leur reprise, le régime dont elles relevaient avant le transfert (BOI-IS-BASE-50 n° 130 à 150). Leur reprise s'effectue prioritairement avant la reprise des (provisions pour) dépréciation constituées postérieurement au transfert ;
> — postérieurement au transfert sont déterminées en fonction de la valeur réelle des titres à la date du transfert, ou de leur valeur comptable si elle est inférieure (BOI-IS-BASE-50 n° 90 à 120). En conséquence, la fraction de la dépréciation comptable excédant la (provision pour) dépréciation admise au plan fiscal doit être réintégrée sur l'imprimé n° 2058-A (ligne WI).

b. Les transferts non visés ci-dessus sont non imposables Il en est ainsi notamment :
— des transferts entre le compte « Titres de participation » et un des sous-comptes spéciaux « Titres relevant du régime des plus-values à long terme », et inversement (CGI art. 219, I-a ter) ;
— du changement de secteur d'imposition au sein du régime des plus et moins-values à long terme : titres éligibles au régime du long terme passant du régime de taxation limitée à une quote-part de frais et charges au secteur imposable à 19 % ou inversement (BOI-IS-BASE-20-30-30 n° 130). Tel est le cas d'une société cotée devenant à prépondérance immobilière (ou inversement).

Ces transferts doivent, à notre avis, fiscalement être effectués à la **valeur comptable** (et non à la valeur réelle).

> **Précisions** **(Provisions pour) dépréciation des titres transférés** Les dotations et les reprises de (provisions pour) dépréciation sont déduites et taxées en application des règles de droit commun, comme si le transfert n'avait pas eu lieu.

III. Effets d'un transfert de compte à compte

En principe, les opérations de transfert n'entraînent **aucune divergence** entre les **règles comptables et fiscales** :
— non seulement lors du transfert, le report d'imposition « compensant » le non-dégagement d'une plus-value sur le plan comptable ;
— mais également en cas de dépréciation postérieure au transfert, l'éventuel excédent de (provision pour) dépréciation fiscale par rapport à la dépréciation (écart entre valeur réelle et valeur comptable lors du transfert) n'étant pas admis en déduction par l'administration.

MALI DE FUSION AFFECTÉ À DES TITRES

35450

Sur le traitement du mali technique après la fusion (amortissement, dépréciation, sortie, information en annexe), voir n° 75790 à 75800.

SECTION 2 — **RÈGLES D'ÉVALUATION**

35535

Les **règles** d'évaluation des titres **dépendent de leur classement** (voir n° 35150 s.). Elles sont **récapitulées dans un tableau comparatif** au n° 36805.

> **Précisions** **Champ d'application** Les modalités particulières d'évaluation prévues pour les titres détenus par les **établissements de crédit**, par les **sociétés d'assurance** et les **sociétés d'investissement** ne sont **pas traitées** dans cet ouvrage.

I. COÛT D'ENTRÉE DANS LE PATRIMOINE

A. Dispositions générales relatives au coût d'entrée des titres

35540 **Coût d'entrée** À leur date d'entrée dans le patrimoine de l'entreprise, les biens :
– acquis à **titre onéreux** sont comptabilisés à leur **coût d'acquisition** (C. com. art. L 123-18, al. 1 et PCG art. 213-1 par renvoi de l'article 221-1) ;

> **Fiscalement** Il en est de même :
> – les titres de participation sont comptabilisés à leur coût d'acquisition (CGI ann. III art. 38 quinquies) ;
> – les titres de placement sont comptabilisés à leur valeur d'origine (CGI ann. III art. 38 septies) telle que définie comptablement (CE 25-2-2004 n° 222904).
> Toutefois, la souscription au capital de certaines sociétés situées outre-mer est déductible du résultat fiscal, sous certaines conditions (CGI art. 217 undecies et 244 quater Y ; voir Mémento Fiscal n° 91930 à 91965). Sur les retraitements extra-comptables à effectuer, voir n° 27425.

Sur la détermination du coût d'acquisition, voir n° 35600 s.
– acquis **à titre gratuit,** sont comptabilisés à leur **valeur vénale** (PCG art. 213-1 par renvoi de l'article 221-1) ; pour plus de détails, voir n° 26765 ;
– acquis **par voie d'échange,** sont comptabilisés à leur **valeur vénale,** sous réserve de certaines exceptions (PCG art. 213-1 par renvoi de l'article 221-1) ; pour plus de détails, voir n° 37160 s. ;
– **reçus à titre d'apport en nature,** sont comptabilisés à leur **valeur vénale,** sous réserve de certaines exceptions (PCG art. 213-2 par renvoi de l'article 221-1) ; pour plus de détails, voir n° 37160 s.

> **Précisions** **1. Coûts d'emprunt** L'option relative à l'incorporation des coûts d'emprunt dans le coût d'entrée (PCG art. 213-9), applicable aux immobilisations corporelles (voir n° 26335), incorporelles (voir n° 31330) et aux stocks (voir n° 20945), n'est **pas applicable aux titres.** Ces coûts restent donc **obligatoirement en charges** lors de l'acquisition des titres.
> **2. Opérations de fusions et opérations assimilées** Sur les modalités d'évaluation du coût d'entrée des titres acquis dans le cadre d'opérations de fusion, scission, apport partiel d'actif ou dissolution par confusion de patrimoine, voir Mémento Fusions & Acquisitions n° 7600 s.

35545 **Caractère définitif du coût d'entrée** Le montant à porter en comptabilité lors de l'entrée dans le patrimoine est le **prix définitif** convenu **quelles que soient les modalités de règlement** (coût historique ; voir n° 26195).

> **Précisions** **Intérêts légaux** Dans le cas où le paiement du solde du prix d'une cession d'actions intervient après la date de cession, le cessionnaire, qui a perçu des dividendes en sa qualité de nouvel actionnaire, doit en contrepartie payer au cédant les intérêts légaux sur le solde du prix non réglé des actions cédées en application de l'article 1652 du Code civil (Cass. com. 5-10-1999 n° 1443 P et Cass. com. 5-12-2000, n° 2054 F.D). Ces intérêts légaux n'ont, à notre avis, aucune incidence sur le coût d'entrée des titres.

B. Modalités de détermination du coût d'acquisition des titres acquis à titre onéreux

35600 Pour les titres de participation, les Tiap, les autres titres immobilisés et les VMP, le coût d'acquisition est constitué (PCG art. 221-1 renvoyant à l'art. 213-8) :
– du **prix d'achat** ;

> **Précisions** Lorsque l'acquisition des titres résulte de la **souscription à une augmentation de capital,** le prix d'achat est, à notre avis, le prix de souscription des titres. Toutefois, en cas d'augmentation de capital par compensation de créance décotée, une autre solution peut être retenue (voir n° 37690).
> Lorsque les titres sont acquis avec d'autres éléments pour un **coût global d'acquisition,** ce coût global est ventilé entre chacun des actifs rachetés par la société en proportion de la valeur attribuable à chacun d'eux (PCG art. 213-7 ; voir n° 31605).
> En cas d'acquisition de titres de participation :
> – à la barre du tribunal, accompagnée de la reprise des passifs associés à ces titres, voir n° 26530 ;
> – avec une clause de complément de prix (« earn-out »), voir n° 37630.
> Sur le traitement des dividendes « acquis » à la date d'achat, voir n° 37700.

– de tous les **coûts directement attribuables,** voir n° 35620 (titres immobilisés) et 35625 (VMP).

LE PORTEFEUILLE-TITRES

> **Précisions** **1. Coûts d'emprunt** Ils ne peuvent pas être inclus dans le coût d'acquisition. En effet, l'option entre inscription en charges et incorporation de ces coûts dans le coût d'acquisition n'est pas applicable aux titres, en l'absence de renvoi des articles 221-1 (titres immobilisés) et 222-1 (titres de placement) du PCG sur l'article 213-9 prévoyant ce choix de méthode.
2. Intérêts calculés entre la promesse et l'achat effectif Les intérêts se rapportant à une période allant de la date de signature d'une promesse ou d'une option de vente de titres et la date effective de leur transfert de propriété constituent, à notre avis, un élément du prix d'acquisition des titres et non une modalité de paiement du prix d'une vente qui jusqu'à sa réalisation n'est qu'éventuelle (sur le traitement fiscal, voir n° 30165).

Voir aussi le tableau récapitulatif, n° 36805.

FRAIS D'ACQUISITION DES TITRES

Titres immobilisés   Les droits de mutation, honoraires ou commissions et frais d'actes sont (PCG art. 221-1 renvoyant à l'art. 213-8) :   **35620**
– soit **inclus dans le coût d'acquisition** des titres acquis (méthode de référence) ;
– soit comptabilisés en **charges**.

> **Précisions** **1. Homogénéité du traitement des frais d'acquisition** Cette option est prévue pour les immobilisations financières (participations, Tiap, autres titres immobilisés) mais il existe également la même option pour :
– les valeurs mobilières de placement (PCG art. 222-1 renvoyant à l'art. 221-1 ; voir n° 35625) ;
– les immobilisations corporelles et incorporelles (PCG art. 213-8 ; voir n° 26260).
Selon l'avis CU CNC n° 2005-J, ces options peuvent être exercées **de manière dissociée**, dans le respect du principe de permanence des méthodes :
– aux immobilisations corporelles et incorporelles, d'une part ;
– aux titres immobilisés et titres de placement, d'autre part.
2. Caractère irrévocable de l'option pour le rattachement des frais d'acquisition au coût d'acquisition des titres S'agissant d'une méthode de référence, son adoption est définitive (voir n° 8480).
3. Période d'incorporation des frais d'acquisition Lorsque les frais sont engagés avant la clôture pour une transaction qui n'est finalisée que post-clôture et que la société applique la méthode de référence, ces frais ne sont activés, à notre avis, que si l'opération a de sérieuses chances d'aboutir à la clôture (par exemple, en cas de promesse de vente signée).
En cas d'échec de l'opération, ces coûts sont constatés en charges.
4. Comptes consolidés (établis en règles françaises) Voir Mémento Comptes consolidés n° 3418 (titres immobilisés non consolidés) et n° 5060 s. (titres de participation consolidés).

> **Fiscalement**   Le traitement des frais d'acquisition de titres est différent selon la nature des titres concernés :
a. Titres de participation (au sens fiscal) Voir n° 35175 et 35180. Qu'ils soient classés au compte « Titres de participation » ou dans un sous-compte « Titres relevant du régime des plus-values à long terme » ouvert au sein du compte correspondant à leur qualification comptable, les frais d'acquisition de ces titres engagés par les sociétés soumises à l'IS (CGI art. 209, VII) :
– sont, sur le plan fiscal, obligatoirement incorporés au prix de revient de ces titres ;
– et peuvent être amortis sur cinq ans à compter de la date d'acquisition des titres.
Ces amortissements sont à ajouter au résultat fiscal pour la détermination de l'Ebitda fiscal à retenir pour le plafonnement de la déduction des charges financières nettes (voir n° 42975).
Le tableau ci-après, établi par nos soins, présente une synthèse du traitement fiscal applicable aux frais d'acquisition de titres de participation (au sens fiscal) selon leur mode de comptabilisation :

Traitement comptable	Traitement fiscal
Charge	– Exercice d'acquisition des titres : **réintégration extra-comptable** (ligne WQ) des 4/5e des frais calculés prorata temporis [1] – 4 ou 5 exercices suivant l'acquisition des titres : **déduction extra-comptable** (ligne XG) de l'amortissement fiscal [2]
Coût d'entrée des titres	Exercice d'acquisition des titres et 4 ou 5 exercices suivants : **amortissement dérogatoire** [3]

[1] BOI-IS-BASE-30-10 n° 120.
[2] BOI-IS-BASE-30-10 n° 170.
[3] BOI-IS-BASE-30-10 n° 160. La dotation annuelle aux amortissements dérogatoires est débitée du compte 68725 par le crédit du compte 145 « Amortissements dérogatoires » à hauteur de 1/5e (calculé prorata temporis) de la totalité des frais d'acquisition. Cette provision réglementée ne sera reprise que lors de la sortie des titres. Sur les retraitements extra-comptables à pratiquer à notre avis, voir n° 36770.

35620 (suite)

En pratique, ce traitement :
– interdit la déduction immédiate des frais d'acquisition de ces titres ;
– et fait obstacle à leur déduction intégrale du résultat imposable au taux normal si les titres sont cédés entre 2 et 5 ans suivant leur acquisition. En effet, dans ce cas, les frais d'acquisition non encore amortis sur le plan fiscal à la date de la cession viennent minorer le résultat fiscal de cession, lequel est constitutif d'une plus ou moins-value à long terme, soumise à une taxation limitée à une quote-part de frais et charges ou relevant du taux réduit de 19 % (voir n° 36720).

b. **Autres titres** Pour les titres autres que ceux qualifiés de titres de participation au sens fiscal, l'option exercée sur le plan comptable conditionne le traitement fiscal applicable (CGI ann. III art. 38 quinquies et septies ; BOI-BIC-CHG-20-20-10 n° 160 à 170). Elle est donc, comme sur le plan comptable, irrévocable (BOI-IS-BASE-30-10 n° 90 à 120). Le tableau ci-après, établi par nos soins, présente l'exercice de déduction des frais selon leur mode de comptabilisation :

Traitement comptable et fiscal	Exercice de déduction
Charge	Déduction immédiate
Coût d'entrée des titres	Déduction lors de la cession des titres (ou de leur dépréciation)

I. Montant des frais Ces frais sont comptabilisés pour leur montant hors taxe ou TTC selon que la TVA les grevant est ou non déductible.

> Fiscalement Sur la déductibilité de la TVA grevant ces frais, voir Mémento Fiscal n° 55250.

II. Nature des frais Selon le Comité d'Urgence du CNC (Avis 2000-D du 21-12-2000 repris dans l'Avis CU 2006-A lui-même repris dans le Recueil des normes comptables de l'ANC sous l'art. 221-1 du PCG), **seuls peuvent être considérés comme des frais d'acquisition les coûts externes directement liés à l'opération,** c'est-à-dire les dépenses qui n'auraient pas été engagées en l'absence de cette opération.

> Précisions **1. Frais visés** Sont notamment visés les frais suivants :
– les droits de mutation (PCG art. 213-8) y compris, à notre avis, la taxe sur les transactions financières, due sur les acquisitions de certains titres de capital (voir Fiscalement ci-après) ;
– les frais de souscription à une augmentation de capital (à notre avis).
En outre, selon l'avis CU CNC n° 2000-D précité, constituent des frais d'acquisition de titres, les frais suivants :
– conseils : honoraires relatifs à des conseils de nature comptable, juridique, fiscale, en stratégie et études de marché, en environnement, en ressources humaines ;
– banques : honoraires relatifs à des conseils (montage d'opérations…), commissions d'engagements (à notre avis, liées au montage des opérations de financement et non celles liées au financement lui-même), garanties de bonne fin de l'opération ;
– formalités légales et dépenses liées : prospectus, frais d'impression, redevances des autorités régulatrices et entreprises de marché, formalités légales ;
– communication et publicité : coût de la campagne (journaux, TV, radio…), frais d'impression, organisation des réunions d'information, commissions de l'agence de communication financière et achats d'espaces… Il est précisé que la publicité devra intervenir entre la date de lancement et celle de la fin de l'opération et la nature du message devra se rapporter explicitement à l'opération financière concernée.
2. Lien direct Conscient de la difficulté d'établir le lien direct des frais engagés avec l'opération considérée, le Comité d'Urgence considère qu'une analyse au cas par cas sera nécessaire.
3. Coûts liés au financement des titres :
– **frais d'émission de titres en cas d'OPE** Ces coûts sont exclus du coût d'acquisition des titres (Avis CU CNC 2000-D ; en ce sens également, Bull. CNCC n° 166, juin 2012, EC 2011-48, p. 430 s.) ; sur leur traitement comptable, voir n° 45150 ;
– **frais d'émission d'emprunt** L'option pour l'incorporation des coûts d'emprunt dans le coût d'acquisition n'est pas applicable aux titres, en l'absence de renvoi de l'article 221-1 du PCG définissant ce coût d'acquisition sur l'article 321-5 prévoyant cette option ; sur le traitement comptable des frais d'émission d'emprunt, voir n° 41020.
4. Dépôt de garantie réalisé dans le cadre de l'acquisition Les intérêts négatifs versés au titre d'un dépôt de garantie effectué dans le cadre de l'opération d'acquisition sont à constater immédiatement en charges, ceux-ci ne répondant ni à la définition de frais d'acquisition selon l'avis CU CNC 2000-D précité, ni à la définition de frais d'émission d'emprunt (voir n° 41020 III.).

Les coûts internes sont, à notre avis, à inclure dans les frais d'acquisition lorsqu'ils sont **directement attribuables** à l'acquisition (en ce sens, Bull. CNCC n° 166 précité).

Selon l'avis CU CNC n° 2000-D précité, constituent des frais d'acquisition de titres, les frais internes suivants : temps passé pour le montage de l'opération, convaincre l'investisseur et lui fournir l'ensemble des éléments ; voyages, déplacements, frais annexes ; coût de fonctionnement du service « développement », « opérations financières », « fusions-acquisitions », communication, relations publiques…

Toutefois, **en pratique,** ce caractère est difficile à démontrer. En conséquence, ces coûts sont **souvent comptabilisés en charges** de l'exercice.

> **Fiscalement** **a. Définition des frais d'acquisition** Les frais d'acquisition de titres de participation (à immobiliser) s'entendent des droits de mutation, honoraires, commissions et frais d'actes liés à l'acquisition des titres (CGI art. 209, VII). Selon l'administration, ces frais sont les mêmes que ceux visés par l'option prévue par l'article 213-8 du PCG, et définis par l'avis CU CNC n° 2000-D (BOI-IS-BASE-30-10 n° 40 ; sur les frais visés, voir ci-avant).
>
> Devrait, à notre avis, être qualifiée de frais d'acquisition, la taxe sur les transactions financières, acquittée par les acquéreurs de titres de sociétés françaises cotées dont la capitalisation boursière dépasse un milliard d'euros (CGI art. 235 ter ZD ; voir Mémento Fiscal n° 76021 à 76023). Tel n'est, en revanche, pas le cas des intérêts dus au titre d'une période antérieure au transfert de propriété (voir n° 30165).
>
> **b. Déduction des frais** Ces frais ne peuvent pas être déduits par la société cible (CAA Bordeaux 1-7-2010 n° 09-1666) mais doivent l'être par la société mère (CAA Paris 26-4-2012 n° 10PA02555). Par ailleurs, les dépenses exposées par une société dans le cadre de l'augmentation de capital de sa filiale (honoraires d'avocat en l'occurrence) ne peuvent être admises en déduction que si elle les a engagées en vue de souscrire à cette opération, et non en sa seule qualité d'actionnaire majoritaire (CE 29-10-2012 n° 326813).
>
> Sur le cas des schémas de LBO mettant en présence un holding intermédiaire, voir n° 35630.

III. Conséquences pratiques pour les schémas de LBO

Dans les schémas classiques de Leverage Buy Out (LBO) :
– une société holding est créée afin d'acquérir les titres de la société cible ;
– un groupe d'intégration fiscale (voir n° 52745) est ensuite formé entre ces deux sociétés.

> **Précisions** L'option pour le régime d'intégration fiscale permet de réaliser des économies d'impôt (effet de levier fiscal) grâce à la compensation des bénéfices généralement dégagés par la cible avec les déficits fiscaux dégagés par la société holding (résultant de la déduction des intérêts d'emprunt, ainsi que de l'exonération de 99 % des dividendes reçus de la cible).

Le régime d'intégration ne peut prendre effet, au plus tôt, qu'au titre de l'exercice suivant celui de l'acquisition de la cible. Dans le cadre de cette acquisition, la société holding supporte différents frais, dont des frais d'acquisition de titres.

Or, selon l'avis CU CNC n° 2006-A du 7 juin 2006 (§ 3.1), les frais d'acquisition de titres engagés dans le cadre d'opérations de LBO :
– ne constituent pas des frais d'établissement ;
– ne peuvent pas globalement être assimilés à des frais d'émission d'emprunt.

> **Précisions** Et ce, même si les frais d'acquisition engagés sont généralement constitués en partie de frais supportés pour mettre en place le financement de l'opération. Il convient donc d'effectuer une analyse préalable afin d'isoler la fraction des frais supportés au titre de l'obtention de ce financement. Ces frais peuvent alors, sous certaines conditions, constituer des frais d'émission d'emprunt pouvant, à ce titre, faire l'objet d'un étalement.

Pour plus de détails sur le traitement comptable des frais d'émission d'emprunt, voir n° 41020.

En conséquence, les frais d'acquisition des titres engagés dans le cadre d'opérations de LBO (et ne constituant pas des frais d'émission d'emprunt) **doivent suivre le traitement comptable général** défini pour les titres immobilisés : soit charges de l'exercice, soit incorporation dans le coût d'entrée.

Ils ne peuvent donc être étalés :
– ni par le biais de l'amortissement des frais d'établissement ;
– ni par le biais de l'amortissement des frais d'émission d'emprunt.

> **Fiscalement** Dès lors que les titres de la cible constituent des titres de participation au sens fiscal (ce qui est généralement le cas), les frais engagés pour leur acquisition peuvent être déduits de manière étalée sur 5 ans, même si l'étalement n'est pas possible sur le plan comptable (voir ci-avant). Dans le cadre d'un schéma de LBO avec intégration fiscale, l'amortissement fiscal de ces frais permet de déduire au moins 4/5e de leur montant du résultat fiscal intégré. Toutefois, en cas de rotation rapide du LBO se traduisant par une cession des titres entre 2 et 5 ans suivant leur acquisition, la déduction intégrale des frais d'acquisition au taux normal n'est pas assurée (voir Fiscalement ci-avant).

IV. Frais engagés par une société mère pour l'acquisition d'une cible portée par une holding intermédiaire
Voir n° 35630.

35625 **Valeurs mobilières de placement** L'**option** concernant la comptabilisation des frais d'acquisition de titres soit dans le **coût d'acquisition des titres** (méthode de référence), soit directement en **charges** (voir n° 35620), est applicable aux VMP (PCG art. 222-1 renvoyant à l'art. 221-1 renvoyant lui-même à l'art. 213-8).

Sur le montant des frais, voir n° 35620 I.

Sur la nature des frais d'acquisition, voir n° 35620 II.

S'agissant des conditions d'application de l'option pour le rattachement des frais dans le coût d'acquisition, voir n° 35620, Précisions 1 et 2.

> **Fiscalement** L'option exercée sur le plan comptable conditionne le traitement fiscal applicable (CGI ann. III art. 38 quinquies et septies ; BOI-BIC-CHG-20-20-10 n° 160 à 170 ; voir n° 35620 Fiscalement b.).

Dans les comptes consolidés (établis en règles françaises), cette option n'existe pas et les frais d'acquisition de VMP sont obligatoirement comptabilisés dans le coût d'entrée des titres (voir Mémento Comptes consolidés n° 3418). En conséquence, les entreprises qui ont opté, dans les comptes individuels, pour la comptabilisation des frais d'acquisition dans les charges doivent opérer un retraitement pour annuler le traitement retenu dans les comptes individuels et intégrer ces frais dans le coût des VMP.

35630 **Frais engagés par une société mère pour l'acquisition d'une cible portée par une holding intermédiaire** Lorsque les frais sont engagés par une société mère pour acquérir une cible qui sera finalement portée par une holding intermédiaire, ils ne constituent pas des frais d'acquisition de titres pour la mère, dans la mesure où les titres de l'entité acquise ne figurent pas à son bilan :

1. Lorsqu'ils sont refacturés à la sous-holding, ils constituent des charges à comptabiliser selon leur nature (honoraires d'avocats, études juridiques et financières, frais de communication… ; voir n° 11265).

En revanche, **chez la holding** refacturée, ces frais constituent des frais d'acquisition de titres (voir n° 35620).

2. Lorsque ces frais ne sont pas refacturés à la sous-holding et que la cible est acquise dans le but principal d'une croissance externe, les frais sont, à notre avis, constitutifs de frais développement en interne du fonds commercial de la mère, à comptabiliser directement en charges (voir n° 30965).

> **Fiscalement** Localisation de la déduction de la charge **a.** Dans le cas des schémas de LBO mettant en présence des **investisseurs étrangers et un holding intermédiaire français,** la déduction de l'amortissement fiscal des frais d'acquisition par la société acquéreuse est subordonnée à l'existence d'un intérêt propre de cette dernière. À cet égard, l'intérêt éventuel de l'actionnaire ne suffit pas à établir que ces frais ne présenteraient aucun intérêt propre pour la société acquéreuse (TA Montreuil 3-2-2011 n° 0906114 ; TA Montreuil 15-11-2013 n° 1110696 et 1209893), l'intérêt de l'actionnaire n'étant pas exclusif de celui de la société cessionnaire (TA Montreuil 20-6-2012 n° 1012829).

b. Inversement, lorsque l'**investisseur est implanté en France et que le holding d'acquisition et la cible sont implantés à l'étranger,** il a été jugé que :

– les honoraires, commissions et frais de rédaction d'actes supportés par la société française sont déductibles dès lors que la prise de contrôle de la société cible a permis à la société mère française de s'implanter sur un marché étranger et de créer une synergie de groupe à l'échelle internationale, lui permettant ainsi d'augmenter considérablement son chiffre d'affaires dans les pays étrangers en cause (CAA Lyon 5-10-2006 n° 02LY02106) ;

– les sommes versées par un holding français à sa filiale étrangère ne sont pas déductibles dès lors qu'elles ne se rattachent pas au développement de ses propres affaires mais au seul intérêt de son groupe (CAA Versailles 3-6-2014 n° 11VE03471).

c. À l'occasion de la conférence « Panorama des redressements fiscaux » tenue le 20 juin 2013, organisée par Landwell & Associés, société d'avocats membre du réseau international PwC, l'**administration** a indiqué :

– qu'une société faîtière serait fondée à déduire de son résultat imposable des frais liés aux études stratégiques diligentées en amont d'un projet d'acquisition de titres, ainsi que ceux liés à l'élaboration des pactes d'actionnaires ;

– alors que le holding intermédiaire pourrait déduire les dépenses liées aux opérations d'achat stricto sensu, tels que les honoraires liés à la structuration et à la rédaction des actes d'acquisition.

II. VALEUR D'INVENTAIRE

PRINCIPES GÉNÉRAUX

À l'inventaire, l'entreprise procède au recensement et à l'évaluation de ses biens (C. com. art. L 123-12). **35695**

> **Précisions** Selon l'AMF (Bull. COB n° 209, décembre 1987 et 243, janvier 1991) :
> **1. Documentation** Dans toute entreprise qui détient des titres, ceux-ci doivent faire l'objet à chaque inventaire d'un document écrit comportant pour chaque ligne de titres semblables le nombre, le prix d'achat, le mode d'évaluation et la valeur actuelle résultant de l'application de ce mode d'évaluation (voir en général « document d'inventaire », n° 7695).
> **2. Instructions de la direction** C'est dès l'acquisition d'une ligne de titres que la direction d'une société doit donner au service comptable des **instructions pour la détermination des valeurs d'inventaire futures** ; ces instructions doivent être suffisamment précises pour que le comptable puisse appliquer sans difficulté le ou les critères d'évaluation adoptés pour une valeur mobilière et inscrire sur le document d'inventaire le calcul en résultant.

Le **principe général d'évaluation** pour tous les éléments du patrimoine est le suivant (C. com. art. R 123-178-4° et PCG art. 214-6) : « La valeur actuelle est une valeur d'estimation qui s'apprécie **en fonction du marché et de l'utilité** du bien pour l'entreprise. »

> **Précisions** **Valeur d'utilité** Le CNC résume de la façon suivante l'**application du principe aux différentes catégories de titres** (Doc. CNC n° 63, sur les sociétés de portefeuille, janvier 1987, p. 9) : « La valeur d'inventaire est toujours déterminée par référence à la notion d'**utilité** pour l'entreprise, l'utilité s'appréciant différemment selon la nature des titres concernés **et leur classement** » (voir les développements ci-après pour chaque catégorie de titres et le tableau récapitulatif au n° 36805).

D'une manière générale, pour l'évaluation seront pris en considération les éléments suivants :
– homogénéité des méthodes d'évaluation (sauf exception justifiée) ;
– permanence des méthodes d'évaluation ;

> **Précisions** Selon l'AMF (Bull. COB n° 209 et 243 précités), conformément au principe général de la permanence des méthodes prescrit par l'article L 123-17 du Code de commerce, les modes d'évaluation adoptés pour une ligne de titres ou pour un ensemble de lignes de titres répondant à un même critère d'évaluation doivent être **maintenus sans changement.** Toutefois, il est possible, de façon exceptionnelle, qu'une modification apparaisse nécessaire dans l'appréciation par la société de l'utilité de certains titres qu'elle détient. Dans ce cas, le document d'inventaire doit contenir tous les éléments justificatifs du changement intervenu.

– position majoritaire ou minoritaire ;
– risques de la branche d'activité ;
– caractère réalisable rapidement ou non des titres.

Pour une synthèse des règles d'évaluation comparées comptables et fiscales, voir n° 36205.
Sur les informations à donner en annexe au titre des méthodes d'évaluation des titres, voir n° 38760.

> **Précisions** **Contrôle** Le **commissaire aux comptes,** avant de pouvoir certifier le bilan, doit avoir vérifié à la fois les modes d'évaluation (pertinence, constance) et les valeurs actuelles en résultant ; le Code de commerce prescrit que les documents d'inventaire soient mis à la disposition des commissaires aux comptes à la clôture de chaque exercice.

A. Titres de participation

Pour les principes généraux, voir n° 35695. **35700**

Évaluation à la valeur d'utilité À toute autre date que leur date d'entrée, les titres de participation, cotés ou non, sont évalués à leur **valeur d'utilité** représentant ce que l'entreprise accepterait de décaisser pour obtenir cette participation si elle avait à l'acquérir (PCG art. 221-3). **35705**

À condition que leur évolution ne provienne pas de circonstances accidentelles, les éléments suivants peuvent notamment être pris en considération pour cette estimation (PCG art. 221-3 ; voir aussi Bull. COB n° 209, décembre 1987 et Bull. CNCC n° 93, mars 1994, EC 93-54, p. 138 s.) :
– critères **objectifs** (cours moyens de bourse du dernier mois, capitaux propres, rentabilité, motifs d'appréciation sur lesquels repose la transaction d'origine) ;

– éléments **prévisionnels** (perspectives de rentabilité, de réalisation, conjoncture économique) ;
– voire éléments **subjectifs** (utilité pour l'entreprise détenant la participation, etc.).
Sur les modalités d'estimation existant pour évaluer les titres, voir n° 35735.

> **Fiscalement** Il en est de même (BOI-BIC-PVMV-30-20-10-10 n° 20 à 30), l'administration se référant à la définition du PCG. En effet, le CGI se limite à indiquer que les titres de participation ne peuvent faire l'objet d'une dépréciation que s'il est justifié d'une dépréciation réelle par rapport au prix de revient (CGI art. 39, 1-5°). Ainsi, une société ayant pris le contrôle d'une filiale par souscription à une augmentation de capital ne justifie pas d'une diminution de la valeur d'utilité de cette participation en se limitant à faire valoir que l'augmentation de capital n'a pas suffi à rendre positif l'actif net comptable de la filiale (CE 28-4-2006 n° 277572).

En pratique, **ne peut donc avoir systématiquement une incidence sur la valeur d'utilité** :
– une **baisse** (ou une hausse) **des cours de bourse.** Toutefois, un cours de bourse durablement inférieur à la valeur comptable de titres cotés est un indice de perte de valeur à prendre en compte. C'est pourquoi, selon l'AMF (Bull. COB n° 243, janvier 1991, p. 3 s. et 13 s.), pour avoir le droit de maintenir à l'inventaire une valeur supérieure à un cours de bourse en baisse, il faut que la société soit en mesure de **justifier,** par des documents écrits, qu'elle avait **antérieurement** déterminé le ou les critères de la valeur d'utilité des titres en rattachant cette valeur à des paramètres qui soient à la fois significatifs de cette utilité et vérifiables sans difficultés majeures lors des arrêtés des comptes ultérieurs (voir n° 35695) ; sur les informations à donner en annexe sur les écarts entre les valeurs retenues au bilan, d'une part, et les valeurs boursières, d'autre part, voir n° 38765 ;

> **Fiscalement** L'administration (BOI-BIC-PVMV-30-20-10-10 n° 40) précise également que la constatation d'une décote boursière ne suffit pas à permettre la constitution d'une (provision pour) dépréciation.

> **Précisions** Crise et baisse des cours En période de crise, les marchés présentent une très forte volatilité traduisant l'accroissement des incertitudes. Dans ce contexte, il est important d'intégrer ces éléments de marché dans l'analyse d'évaluation mais aussi de prendre du recul. D'un secteur à l'autre, les impacts sur l'évaluation sont très disparates et vont nécessiter davantage d'analyse et de jugement.

– une **baisse du cours de change** (en cas de titres en devises), voir n° 37045 ;
– une **transaction récente** (en cas de titres non cotés), à notre avis ;
– la **perte de substance** d'une filiale résultant du **versement d'un dividende** prélevé sur ses réserves (Bull. CNCC n° 74, juin 1989, EC 88-81, p. 223 s.). Mais le caractère systématique ou non peut dépendre, pour l'AMF, de la méthode d'évaluation retenue notamment s'il s'agit de l'actif net comptable consolidé (voir n° 35735) ;
– l'**amortissement d'un écart d'acquisition** dans les comptes consolidés (Rapport COB 1996, p. 103 s.). Toutefois, l'AMF (Rapport COB 1996 précité) estime qu'une dépréciation exceptionnelle de l'écart d'acquisition dans les comptes consolidés doit avoir une incidence sur l'évaluation des titres de participation dans les comptes individuels ;

> **Précisions** En effet, « hormis l'incidence des retraitements et éliminations propres à la technique de la consolidation elle-même, il n'apparaît pas pertinent de considérer que le « surprix » payé lors de l'acquisition d'une filiale peut être :
— déprécié au-delà du plan initial d'amortissement en consolidation (écarts d'acquisition amortis en totalité) ;
— et maintenu en l'état dans les comptes individuels, en alléguant simplement le concept de valeur d'utilité dans les comptes sociaux ».

– un **abandon de créance,** voir n° 37695.

35710 **Modalités d'application** Pour déterminer la **valeur d'utilité,** il est nécessaire, au préalable, d'**avoir connaissance des comptes de la société émettrice des titres.**
Si (Bull. COB précité) **la date de clôture des comptes de la filiale** ou de la participation **ne coïncide pas** avec celle de la société mère, et est antérieure **de plus de 90 jours** à celle de la société mère, il est recommandé d'arrêter une **situation provisoire** visée par les commissaires aux comptes et coïncidant avec l'exercice de la société mère.

> **Précisions** Contrôle du commissaire aux comptes L'AMF (Bull. COB n° 65, novembre 1974, p. 5 s.), l'OEC et la CNCC ont rappelé que le commissaire aux comptes doit s'assurer que les sociétés n'arrêtent pas leurs comptes annuels et ne les présentent pas aux actionnaires avant d'être en possession des comptes des sociétés dans lesquelles elles détiennent des participations. Ces comptes peuvent toutefois n'être que **provisoires,** c'est-à-dire non encore approuvés par les actionnaires. Il s'agit des comptes établis à la date d'arrêté des écritures de la société

détentrice des titres, même si la filiale ou la participation clôture son exercice à une date différente.

Les diligences du commissaire aux comptes dépendent notamment (Bull. CNCC n° 186, juin 2017, CNP 2017-10, p. 313 s.) :
— de son évaluation du risque d'anomalies significatives (importance relative par rapport aux comptes de l'entité contrôlée, situation financière de l'entité détenue, audit ou non des comptes de cette dernière…) ;
— de l'amplitude de l'écart entre le montant net des titres de participation au bilan et leur valeur d'inventaire ;
— de l'inclusion ou non de l'entité détenue dans un périmètre de consolidation (la levée du secret professionnel entre commissaires aux comptes ne pouvant exister que dans le seul cas de la consolidation) ;
— de l'organisation du calendrier juridique d'arrêté et d'approbation des comptes des entités concernées ;
— du niveau de contrôle de la société détentrice des titres sur l'entité détenue.

Le commissaire aux comptes formule une opinion avec réserve ou une impossibilité de certifier s'il n'a pas obtenu d'éléments suffisants et appropriés pour conclure sur l'évaluation et l'imputation de titres de participation et apprécier les informations fournies dans l'annexe.

D'une manière générale, les entreprises doivent rassembler le **maximum d'informations** afin de pouvoir procéder à une estimation correcte des titres compris dans leur inventaire de fin d'exercice. Le conseil d'administration, le directoire ou les gérants sont d'ailleurs tenus d'en rendre compte, dans leur rapport de l'activité des filiales (voir n° 38960).

Prise en considération des événements postérieurs à la clôture de l'exercice   Parmi les précédents éléments d'appréciation de la valeur d'utilité figurent les **perspectives de rentabilité** et les **perspectives de réalisation.** Il doit, en effet, être tenu compte des passifs qui ont pris naissance au cours de l'exercice ou d'un exercice antérieur, même s'ils sont connus entre la date de la clôture de l'exercice et celle de l'établissement des comptes (C. com. art. L 123-20, al. 3).   **35715**

Selon l'OEC (Rec. Principes comptables n° 112), il convient de tenir compte comme suit des profits et pertes futurs sur les participations :

I. Profits futurs   Le principe de prudence suppose que l'on ne présume pas favorablement de l'avenir. Ainsi les perspectives de redressement durable de la situation financière et de la rentabilité d'une filiale (ou participation) ne peuvent être retenues pour justifier le maintien de sa valeur au-dessus de sa valeur intrinsèque que si elles sont fondées de façon sérieuse et objective. En outre, si l'absence de dépréciation des titres d'une filiale a été justifiée par des perspectives de redressement et si celles-ci ne se confirment pas au cours de la période suivante, il convient de constituer une dépréciation tenant compte de la situation nette à la clôture de l'exercice.

II. Pertes futures   Lorsque la date de clôture des comptes de la société mère est postérieure à celle de la filiale, les pertes intervenues entre ces deux dates doivent être prises en considération pour évaluer la filiale dans les comptes de la mère. Il est alors nécessaire d'établir une situation de la filiale à la date de clôture des comptes de la mère.

Si la continuité de l'exploitation de la participation est totalement compromise, la valeur de la participation doit être appréciée sur une base liquidative.

En cas d'abandon d'une branche ou d'arrêt partiel d'activité, les pertes nettes à encourir de ce fait sur les exercices postérieurs doivent être rattachées à l'exercice au cours duquel le fait ou la décision à l'origine de ces charges est intervenu.

Lorsque la perte future résulte d'événements postérieurs à la clôture sans lien de causalité avec les événements ou circonstances existant à cette date chez la filiale, elle ne doit pas être comptabilisée. Toutefois, si elle est significative, elle doit être mentionnée dans l'annexe.

Lorsque la ou les pertes attendues résultent de conditions spécifiques existant à la clôture ou traduisent une dégradation durable de la valeur de l'investissement, il convient de les prendre en compte pour déterminer la dépréciation à comptabiliser.

Plusieurs modalités d'estimation de la valeur d'utilité   De nombreuses modalités d'estimation de la valeur des titres peuvent être mises en œuvre (voir ci-après I. à III.).   **35735**

> **Fiscalement**   Voir ci-après IV.

Pour sécuriser la valeur obtenue d'une évaluation, il est recommandé, dans le cadre de **bonnes pratiques,** d'adopter une **approche multicritères** consistant à mettre en œuvre plusieurs modalités.

35735 (suite)

> **Précisions** **Approche multicritères** Si les résultats sont très divergents, une analyse est menée afin d'identifier l'origine des écarts puis d'ajuster les paramètres d'évaluation (par exemple, surpondérer les approches qui semblent être plus pertinentes) ou de rejeter une modalité d'évaluation non appropriée.
> Sur les informations à donner en annexe sur les écarts entre les valeurs retenues au bilan, d'une part, et les valeurs boursières, d'autre part, voir n° 38765.
> Si en revanche les résultats convergent, l'évaluateur va procéder à une pondération des différentes approches en retenant une simple moyenne des résultats ou à une pondération différente si cela se justifie.

Dans tous les cas, la méthodologie d'évaluation de la valeur d'utilité d'une ligne de titres, une fois définie par la direction (voir les principes généraux au n° 35695), doit être appliquée à chaque clôture, sauf si un changement de circonstances, de nouvelles informations ou une meilleure expérience peuvent justifier un changement d'estimation (PCG art. 122-5).

> **Précisions** **1. Tableau pratique d'approche de la valeur d'utilité** Il est particulièrement utile de dresser la liste des documents récapitulant les différentes données et hypothèses permettant d'aboutir à une valeur d'usage. Le premier concerne la situation annuelle de la filiale et le second l'évolution des différentes valeurs depuis l'acquisition. Ces deux documents, qui ne présentent aucun caractère obligatoire, nous paraissent cependant nécessaires et constituent les diligences minimales des chefs d'entreprise.
> **2. Changement d'estimation** S'agissant plus particulièrement des titres de participation, à notre avis, un changement des modalités d'évaluation de leur valeur d'utilité est possible, dans le respect des conditions fixées à l'article 122-5 du PCG, voir n° 8500. Tel est le cas, par exemple :
> — lorsque la nouvelle méthodologie donne une meilleure estimation de la valeur des titres, notamment si l'entité adopte une approche fondée sur les cash-flows futurs actualisés ;
> — lorsque l'entité a l'intention de céder les titres ; dans ce cas, une approche permettant de se rapprocher d'une valeur de marché pourrait être plus pertinente.
> **3. Crise et ajustement des modalités d'estimation** Les modalités classiques d'estimation de la valeur d'utilité sont toujours valables en période de forte incertitude mais, pour la plupart, sont plus difficiles à mettre en œuvre et nécessitent davantage d'analyses complémentaires (voir ci-après). En règle générale, il est nécessaire de se référer au secteur pour anticiper les éventuels impacts (multiples d'EBE, par exemple), de privilégier des approches multicritères (voir ci-avant), de faire différents scénarios et de mettre à jour les paramètres d'évaluation.

En outre, rien ne s'oppose à ce que, pour des titres différents, l'entreprise détentrice utilise des méthodes différentes, choisies **en fonction de chaque situation particulière**. Les principales modalités d'estimation sont les suivantes :

> **Précisions** Voir le guide professionnel de la CNCC « L'évaluation financière expliquée : principes et démarches » (novembre 2011) et le **guide de l'administration sur l'évaluation des entreprises et des titres de sociétés** (impots.gouv.fr/sites/default/files/media/3_Documentation/guides_notices/guide_eval_entreprises.pdf).

I. Estimations fondées sur l'actif net

Diverses approches sont possibles :

a. Actif net comptable Il correspond à la **valeur mathématique** comptable et exprime le patrimoine des actionnaires à un instant donné. Il est obtenu par la différence, au vu du bilan, entre la totalité des actifs et des dettes de l'entreprise envers les tiers (méthode de la mise en équivalence). Ce calcul ne fournit pas en général une estimation exacte, les valeurs comptables retenues étant fondées sur des coûts historiques et les éléments incorporels n'étant pas inclus. Mais il permet dans de nombreux cas d'obtenir une **valeur minimale de l'entreprise** et présente l'avantage de la simplicité et du caractère vérifiable.

> **Précisions** **1. Démembrements de la société mère** Selon l'AMF (Bull. COB n° 168, mars 1984, p. 3 s.), lorsqu'il s'agit de participations dans des filiales qui ne sont que des démembrements de la société mère, cette modalité d'estimation est la plus logique. En effet, dans un tel cas, l'utilité des titres est la même que celle qu'auraient les éléments de l'actif et du passif de la filiale s'ils se trouvaient dans le bilan individuel de la société mère.
> **2. Distribution de dividendes** Si cette méthode est appliquée de manière permanente, alors selon l'AMF (Rapport COB 1996, p. 103 s.), une **distribution de dividendes** de la participation rendant la valeur des titres inférieure à la quote-part de capitaux propres rend nécessaire la constitution d'une dépréciation à due concurrence.
> À notre avis, une telle dépréciation ne serait en revanche pas nécessaire si l'entité était en mesure de démontrer qu'une autre méthode d'évaluation est plus pertinente et que celle-ci donne une valeur d'utilité supérieure à la valeur comptable des titres.
> **3. Crise et ajustement des modalités d'estimation** En principe, dans le cadre de l'approche par l'actif net comptable, les analyses complémentaires éventuellement nécessaires en période de forte incertitude auront déjà été réalisées au niveau des comptes des sociétés dont les titres sont détenus (dépréciations de leurs actifs, provisions...).

b. Actif net comptable indexé Cette modalité d'estimation est fondée sur le même principe que la précédente, mais **tient compte de l'évolution des prix.** Elle consiste donc à porter le bilan en euros constants. En pratique, cette approche n'est pas souvent utilisée.

c. Actif net comptable corrigé « valeur intrinsèque » Cette modalité d'estimation consiste à calculer le capital nécessaire pour reconstituer le patrimoine actuel de l'entreprise. Les éléments d'actif non monétaires font l'objet d'une **expertise** : évaluation des terrains, constructions, matériels, stocks. En général, cette évaluation repose sur le **coût de remplacement** ou de substitution actuel, en fonction du marché des biens considérés. On retient tous les éléments nécessaires à l'exploitation ; en revanche, les éléments non nécessaires à l'exploitation et qui sont vendables sont retenus pour leur valeur vénale nette (valeur vénale moins la charge fiscale qu'entraînerait leur cession). Les créances sont corrigées des risques éventuels de non-recouvrement et l'endettement est calculé en fonction de la valeur actuelle des dettes compte tenu de leur terme d'exigibilité. En outre, cette modalité d'estimation peut conduire à valoriser les actifs créés par l'entreprise et qui n'ont pas pu être portés au bilan de cette dernière, les règles comptables l'interdisant (en raison de la non-reconnaissance de ces actifs générés en interne, voir n° 30965). Il s'agit, par exemple, de marques ou de fichiers clients créés. Cette modalité d'estimation conduit également à tenir compte des engagements de retraite, lorsque l'entreprise ne les comptabilise pas au bilan, mais donne seulement une information en annexe (voir n° 17705).

d. Actif net comptable consolidé Cette modalité d'estimation consiste à retenir les capitaux propres consolidés tels qu'ils résultent des comptes consolidés. Elle constitue le prolongement logique de la méthode d'évaluation **par équivalence** des titres (voir n° 36210 s.), sans pour autant permettre la constatation de plus-values.

> **Précisions** **Lien entre comptes individuels et comptes consolidés** Il convient de s'interroger sur la nécessité de constituer une dépréciation sur titres dans les comptes individuels lorsque l'écart d'acquisition (inclus dans le coût des titres dans les comptes individuels) a été déprécié en totalité dans les comptes consolidés (Rapport COB 1996, p. 103 s. ; voir n° 35705).

II. Estimation par le cours de bourse (sociétés cotées)

Cette modalité d'estimation, la plus simple, n'est cependant **pas toujours significative de la valeur des actions.** En pratique :
– les variations des cours de bourse peuvent être significatives, y compris pour des sociétés matures, rendant les résultats volatils ;
– le cours de bourse n'a de véritable signification que pour les sociétés non contrôlées (OPA possible), alors que dans les sociétés contrôlées, il n'y a qu'un échange entre minoritaires (la majorité ayant sa propre politique financière) ; or, une action minoritaire a moins de valeur qu'une action majoritaire ;
– s'agissant de titres de participation dont la détention durable est utile à l'activité de la société, le cours de bourse peut ne pas être pertinent dans la mesure où il représente une valeur à court terme et qu'il ne tient pas compte des avantages spécifiques du détenteur (synergies…) ; il peut toutefois s'avérer intéressant de comprendre l'écart existant entre le cours de bourse et la valeur d'utilité fondée sur une approche DCF (voir ci-après).

> **Précisions** **1. Cours à retenir** Si cette modalité d'estimation est prise en considération, la valeur retenue est celle du cours moyen du dernier mois (voir n° 35705).
> **2. Crise et ajustement des modalités d'estimation** Le contexte de forte volatilité déconnecte parfois totalement la capitalisation boursière de la société de sa valeur intrinsèque. Cette approche peut donc s'avérer insuffisante en période de forte incertitude.

Sur les informations à donner en annexe sur les écarts entre les valeurs retenues au bilan, d'une part, et les valeurs boursières, d'autre part, voir n° 38765.

III. Estimation fondée sur la rentabilité

Ce mode d'estimation pose en général le problème du **choix** d'un **taux de capitalisation.**
Plusieurs approches peuvent être utilisées :

a. Capitalisation du bénéfice net réel La valeur de l'entreprise correspond au capital que peut rémunérer, à un taux à choisir, le bénéfice dégagé, considéré comme représentatif de la capacité bénéficiaire (par exemple, en se référant aux résultats des trois derniers exercices corrigés de l'estimation des deux années suivantes). La difficulté d'application de cette modalité d'estimation repose sur le choix d'un taux de capitalisation. Le taux généralement retenu est obtenu par référence au marché boursier.

> **Précisions** Dans un état moyen de la bourse (ni excessivement déprimé, ni excessivement optimiste) on peut envisager, sauf exception, une fourchette des rapports Cours/Bénéfice de l'ordre de 8 à 12. En dessous de 8, la cotation implique un jugement plutôt défavorable, de 8 à 12 un jugement moyen, au-dessus de 12 un jugement favorable.

b. Capitalisation de la capacité d'autofinancement ou marge brute d'autofinancement (cash-flow) considérée comme représentative (méthode du « discounted cash-flow », ou DCF).

> **Précisions 1. Taux de capitalisation** Le taux d'actualisation retenu est en général le **coût moyen pondéré du capital** (ou WACC, « weighted average cost of capital » en anglais) qui représente le taux de rentabilité annuel moyen attendu par les apporteurs de capitaux (actionnaires et créanciers). Il est la moyenne du coût du capital et du coût de la dette, pondérée par le poids respectif du capital et de la dette dans la structure de financement cible de la société.
> Le coût du capital tient compte du taux des emprunts obligataires (long terme) émis par les sociétés de droit privé, corrigé d'une prime de risque (risque de marché ajusté du « beta sectoriel » et prime de risque propre à l'entreprise) pour tenir compte, éventuellement, de l'immobilisation des titres et des risques particuliers de la branche économique.
> Le coût de la dette est net d'impôt.
> **2. Crise et ajustement des modalités d'estimation** Sur l'adaptation de la méthode d'estimation de la valeur d'utilité (business plan utilisé et paramètres d'évaluation) en période de forte incertitude, voir n° 26920.

c. Valeur actuelle des dividendes Le prix d'une action est défini comme étant la somme des valeurs actuelles (en horizon limité et compte tenu d'une valeur de sortie) des dividendes futurs.

> **Précisions** On utilise un **taux d'actualisation**, corrigé pour tenir compte des risques, se référant au taux de rendement des actions de même catégorie.

Cette évaluation est souvent contestable. En effet, le dividende n'est pas toujours représentatif de la capacité bénéficiaire de l'entreprise. Il a plus de signification pour un petit actionnaire personne physique que pour une société détentrice de la majorité des titres.

d. Valeur actuelle des bénéfices futurs Cette modalité d'estimation repose également sur le principe de l'actualisation. Elle retient comme base les bénéfices futurs, estimés par exemple par référence à des budgets d'exploitation prévisionnels, dans le cadre d'un plan à long terme de l'entreprise.

IV. Modalités d'évaluation sur le plan fiscal

> **Fiscalement** En écartant une évaluation des titres de participation exclusivement déterminée d'après le cours de bourse, le CGI (art. 39, 1-5°) aligne la modalité d'estimation des parts et actions faisant l'objet d'une cotation sur celle applicable aux titres non cotés (voir n° 35855) et d'une manière générale aux immobilisations qui ne se déprécient pas avec le temps au sens de l'article 38 sexies de l'annexe III au CGI (BOI-BIC-PVMV-30-20-10-10 n° 20 à 30).
> Ainsi, l'évaluation est estimée en tenant compte de la valeur économique des titres à la clôture de l'exercice, déterminée en fonction d'un ensemble de données, notamment les cours de bourse, la valeur probable de réalisation, la rentabilité de l'entreprise. Le **guide pour l'évaluation des entreprises et des titres de sociétés** précité intègre même la modalité d'estimation des cash-flow actualisés (DCF) comme approche de cohérence. Sauf justification, ces éléments ne doivent pas conduire à une valeur inférieure à la valeur réelle de l'actif net représenté par la participation (BOI-BIC-PVMV-30-20-10-10 n° 20 à 30). Pour plus de détails, voir Mémento Fiscal n° 18860.
> Compte tenu de ces éléments, l'estimation retenue sur le plan comptable devrait être la même que celle retenue sur le plan fiscal.

B. Titres immobilisés de l'activité de portefeuille (Tiap)

35785 Pour les principes généraux, voir n° 35695.

35790 Selon le PCG (art. 221-5), à toute autre date que leur date d'entrée dans le patrimoine de l'entreprise, les « Tiap » sont **évalués selon la règle générale**, c'est-à-dire **titre par titre** (et non pas globalement, voir ci-après) mais en retenant comme valeur d'inventaire une valeur qui **tienne compte des perspectives** d'évolution générale de l'entreprise dont les titres sont détenus et qui soit fondée, notamment, sur la valeur de marché.
La société peut donc ne pas retenir l'aspect instantané du cours de bourse pour les titres cotés ou le prix auquel de récentes transactions ont été effectuées sur des titres non cotés.

La baisse ou la hausse de la bourse n'a donc pas nécessairement une incidence sur la valeur d'inventaire.

> **Fiscalement** Les Tiap sont évalués comme les titres de placement dans les conditions de l'article 38 septies de l'annexe III au CGI (voir n° 35845 s.), même s'ils répondent à la définition fiscale des titres de participation et sont, à ce titre, enregistrés dans un sous-compte « titres relevant du régime des plus-values à long terme » (BOI-BIC-PVMV-30-20-20 n° 120).
> Les titres cotés sont en conséquence évalués au cours moyen du dernier mois de l'exercice et les titres non cotés à leur valeur probable de négociation. La valeur d'inventaire fiscale peut donc être différente de la valeur d'inventaire comptable, ce qui nécessite alors un retraitement extra-comptable de la (provision pour) dépréciation (voir n° 36030).

Cette valeur d'inventaire (« valeur estimative ») est à indiquer dans **l'annexe** par comparaison avec les valeurs brute et nette (voir n° 38790).

C. Autres titres immobilisés et valeurs mobilières de placement

Pour les principes généraux, voir n° 35695.   **35840**

La valeur d'inventaire (ou actuelle) de ces 2 catégories de titres diffère selon que les titres sont cotés ou non (c'est-à-dire admis ou non aux négociations sur un marché réglementé) (PCG art. 221-6).   **35845**

Valeur actuelle des titres cotés (admis aux négociations sur un marché réglementé ; sur cette notion, voir n° 80900) Selon le PCG (art. 221-6), elle est égale au **cours moyen du dernier mois** de l'exercice.   **35850**

Pour les obligations, ce cours moyen s'apprécie au « pied du coupon » (voir n° 36605).

> **Précisions** **Titres cotés seulement à l'étranger** À notre avis, le cours moyen du dernier mois s'entend des cours étrangers auxquels s'applique le dernier cours de change à la date de clôture (précision du PCG 82, p. II.9).

La baisse ou la hausse de la bourse a donc nécessairement une incidence sur la valeur d'inventaire.

> **Fiscalement** Il en est de même (CGI ann. III art. 38 septies) y compris, selon l'administration (voir n° 35790), si les titres sont inscrits dans un sous-compte « Titres relevant du régime des plus-values à long terme » (voir n° 35410).

> **Précisions** **Crise et baisse des cours** Voir n° 35705.

Font toutefois **exception** à ce principe les actions propres détenues :
– explicitement dans le but de réduire le capital (voir n° 55655 et 55510) ;
– en vue de leur attribution aux salariés (sous forme d'actions gratuites ou de stock-options), à condition qu'elles soient affectées à un plan déterminé (voir n° 55795 et 55885).

Valeur actuelle des titres non cotés Selon le PCG (art. 221-6), elle est estimée à leur **valeur probable de négociation.** Cette valeur est déterminée, à notre avis, en retenant un ou plusieurs critères objectifs (ce qui suppose que l'entreprise dispose des derniers comptes annuels et d'éléments sur des modalités de cession éventuelle) : prix stipulé lors de transactions intervenues sur les titres considérés à des dates récentes (par exemple, cession, acquisition ou encore émission récente d'obligations convertibles en actions), valeur mathématique, rendement, importance des bénéfices, activité de la société, ampleur et crédit de l'entreprise.   **35855**

> **Fiscalement** Il en est de même (CGI ann. III art. 38 septies et BOI-BIC-PVMV-30-20-20 n° 150 à 170). La valeur probable de négociation doit être appréciée en fonction de tous les éléments permettant d'obtenir un chiffre aussi voisin que possible de celui qu'aurait entraîné, à la clôture de l'exercice, le jeu normal de l'offre et de la demande, en tenant compte notamment :
> – par priorité du prix stipulé lors de transactions intervenues sur une quantité semblable de titres de la même société ou de sociétés comparables intervenues à des dates récentes (CE 6-6-1984 n° 35415 et 36733 ; CE 10-11-2010 n° 309148). Il ne peut en revanche être tenu compte de transactions portant sur les titres d'une autre société exerçant une activité différente dans le même secteur (CE 29-12-1999 n° 171859). Cette méthode préférentielle par comparaison ne peut pas être combinée avec une ou plusieurs des autres méthodes alternatives décrites ci-après (CE 21-10-2016 n° 390421) ;

– de la valeur mathématique résultant de l'actif net de la société (CE 2-12-1977 n° 1247), corrigée pour tenir compte des plus-values latentes que recèlent les éléments d'actif (CE 28-11-1979 n° 10150) et diminuée de la fiscalité latente lorsque les éléments d'actif peuvent être cédés sans affecter l'exploitation de la société (notamment CAA Nancy 13-5-2015 n° 14NC01335 à 14NC01341, décisions non définitives), et à condition, dans le cas d'une société comportant de nombreuses filiales, de prendre en compte la situation nette consolidée (CAA Paris 8-7-1999 n° 96-3047). En principe, cette valeur mathématique doit le plus souvent être combinée avec d'autres méthodes (CE 23-7-2010 n° 308021 pour une combinaison avec la valeur de productivité ou la valeur tirée de la marge brute d'autofinancement ; CAA Douai 31-12-2012 n° 11DA01594 définitif suite à CE (na) 15-5-2014 n° 366658 et CAA Bordeaux 22-11-2016 n° 14BX03020 pour une combinaison avec la méthode de productivité), et une décote est le cas échéant appliquée à la valeur combinée, notamment pour tenir compte de la faible liquidité des titres (CAA Douai 31-12-2012 n° 11DA01594 ; CAA Bordeaux 22-11-2016 n° 14BX03020) ou des risques liés à la forte dépendance de la société vis-à-vis d'un dirigeant ou cadre salarié « homme-clé » (CAA Bordeaux 22-11-2016 n° 14BX03020). Toutefois, les titres d'une société qui est en cessation progressive d'activité, et dont l'actif net est quasi-exclusivement composé d'un portefeuille de placements de trésorerie peuvent être évalués sur le fondement de la seule méthode d'évaluation mathématique (CE 7-4-2023 n° 466247 et 466244) ;

– de la capitalisation des bénéfices de l'entreprise (CE 14-11-2003 n° 229446), de la valeur de rendement des titres (CE 26-5-1982 n° 29053), des perspectives d'avenir de la société (CAA Paris 10-7-1990 n° 89-2243) ;

– du renforcement de la position relative de l'acquéreur sur le marché (CE 10-12-2010 n° 308050 et CE 20-12-2011 n° 313435).

En l'absence de transactions auxquelles il serait possible de se référer, la valeur vénale de l'usufruit de titres d'une société soumise au régime des sociétés de personnes peut être déterminée par la méthode des flux de trésorerie futurs actualisés, en se fondant sur les distributions prévisionnelles de la société, et non pas sur ses résultats imposables prévisionnels (CE 30-9-2019 n° 419860 et 419855).

Pour plus de détails, voir Mémento Fiscal n° 18990.

Sur le **guide de l'évaluation des entreprises et des titres des sociétés** mis à jour par la DGI en mars 2007, voir n° 35735.

> **Précisions**   **Crise et baisse des cours** Voir n° 35705.

Lorsqu'un **produit structuré** est indexé sur une action cotée (par exemple, les Euro Medium Term Notes – EMTN), la baisse du cours de l'action sous-jacente à la clôture n'est pas suffisante pour justifier la dépréciation du placement.

Si un remboursement total du capital est garanti à l'échéance en cas de baisse limitée de l'action sous-jacente, alors :

– si le cours de l'action sous-jacente est, à la clôture, au-dessus du cours garanti, aucune dépréciation n'est à constater au titre du placement ;

– sinon, la valeur probable de négociation du placement doit être évaluée à la clôture (valeur donnée par la banque émettrice ou, à défaut, par un expert).

> **Fiscalement**   L'administration a indiqué que les EMTN sont fiscalement assimilés à des obligations ou à des titres de créances (BOI-RPPM-RCM-30-20-10 n° 20, traitant de l'imposition des revenus de capitaux mobiliers des personnes physiques, transposable à notre avis à l'imposition des sociétés à l'IS).

III. VALEUR À L'ARRÊTÉ DES COMPTES (VALEUR AU BILAN)

35925   Pour un tableau récapitulatif, voir n° 36805.

RÈGLE GÉNÉRALE

35930   En principe (C. com. art. L 123-18 et L 123-19), qu'il s'agisse de titres de participation, de Tiap, d'autres titres immobilisés ou de valeurs mobilières de placement, les **règles** sont **identiques** :

a. La comparaison effectuée **élément par élément** entre le montant comptabilisé à l'entrée dans le patrimoine et la valeur d'inventaire peut faire apparaître des plus-values ou des moins-values.

À notre avis, par « élément par élément », il faut entendre titres émis par une **même collectivité** et conférant à leurs détenteurs **les mêmes droits** au sein de la collectivité émettrice.

Ainsi, il convient de distinguer, pour chaque société émettrice, les valeurs à revenu fixe (obligations, valeurs mobilières donnant droit à l'attribution de titres de créance, rentes...) et les valeurs à revenu variable (actions, parts sociales, valeurs mobilières donnant droit à l'attribution de titres de capital) et, pour chacune de ces catégories, les titres conférant des droits différents : actions de capital, actions de jouissance, actions privilégiées (dites aussi de priorité ou de préférence), parts de fondateur ou parts bénéficiaires. Enfin, les titres d'une même société occupant des lignes distinctes à la cote de la Bourse et donnant lieu à des cotations à des cours différents peuvent être également considérés séparément pour la détermination des plus-values ou moins-values résultant de leur évaluation ou de leur cession.

> **Fiscalement** Il en est de même. En revanche, il n'y a pas lieu, en principe, de distinguer les titres selon le régime fiscal auquel ils ont été soumis (BOI-BIC-PVMV-30-20-20 n° 190 et 200).

Sur la possibilité, à notre avis, de regrouper certains titres de participation, voir n° 35980.

b. Seules les **moins-values** affectent le résultat de l'exercice ; elles doivent être comptabilisées sous forme d'une dépréciation.

> **Fiscalement** Il en est de même (CGI ann. III art. 38 sexies et septies). Sur la différence de terminologie entre les règles comptables (dépréciation) et les règles fiscales (provision pour dépréciation), voir n° 48005.

Toutefois, le PCG précise (art. 221-7) qu'il n'est constitué de dépréciation sur les titres qui font l'objet d'opérations de couverture. Pour plus de détails sur la valeur d'utilité de titres libellés en devises et faisant l'objet de couverture, voir n° 37045.

Lorsque la valeur d'inventaire est supérieure à la valeur nette comptable mais inférieure au coût (brut) d'entrée, il ne s'agit pas d'une plus-value mais d'une diminution d'une moins-value antérieurement constatée sous forme de dépréciation ; cette diminution doit être constatée sous forme de reprise de dépréciation.

c. Aucune compensation n'est, en principe, pratiquée avec les plus-values des titres en hausse, mais **des exceptions** peuvent concerner certaines catégories de titres (voir n° 36085 et 36135).

> **Fiscalement a. Taux** Selon la nature des titres sous-jacents, leurs (provisions pour) dépréciations relèvent du taux de droit commun ou du taux du long terme, quelle que soit leur durée de détention (plus ou moins deux ans) (CGI art. 39, 1-5° ; CGI ann. III art. 38 sexies et septies ; voir n° 35980 s.). En pratique, les (provisions pour) dépréciation de titres de participation autres que ceux détenus dans des sociétés à prépondérance immobilière, qui relèvent du régime de taxation limitée à une quote-part de frais et charges, ne donnent lieu à aucune déduction fiscale.
> **b. Montant** Dans le cas de **titres ayant une valeur fiscale inférieure à leur valeur comptable,** seule la fraction de la (provision pour) dépréciation calculée par rapport au prix de revient fiscal est déductible (CGI art. 39, 1-5°), l'excédent devant être réintégré sur l'imprimé n° 2058-A (ligne WI). Tel est notamment le cas des titres reçus dans le cadre d'opérations placées sous un régime de sursis d'imposition [exemples : échange de titres, voir n° 37160 s. ; fusions ou opérations assimilées, voir Mémento Fusions & Acquisitions n° 8130 et 8630 (apport de titres) et 8710 (échange des titres chez les actionnaires de la société absorbée)]. Il en est de même pour les titres qui ont fait l'objet d'une réévaluation libre au titre des exercices clos entre le 31 décembre 2020 et le 31 décembre 2022 placée sous le régime fiscal prévu à l'article 238 bis JB du CGI prévoyant la mise en sursis d'imposition de la plus-value de réévaluation (voir n° 56790).
> Sur les règles applicables aux titres :
> – qui ont fait l'objet d'un **transfert,** voir n° 35430 ;
> – détenus **dans les sociétés de personnes relevant de l'impôt sur le revenu,** voir n° 36530.

A. Titres de participation

Après avoir comparé la valeur d'inventaire et le coût d'entrée, il en résulte des plus-values latentes et des moins-values latentes.

35980

Les **moins-values latentes** :

a. doivent faire l'objet de dépréciations, et ce, y compris, à notre avis, dans les situations suivantes :

– existence d'une lettre de confort émise par la société mère au titre d'une « garantie de valeur » des titres que sa filiale détient ;

> **Précisions 1. Produit à recevoir** Si l'engagement de la société mère est certain quant à son principe à la clôture de l'exercice (notamment en cas d'obligation de résultat de la société mère donnant un droit exécutoire à la filiale), un produit à recevoir doit, à notre avis, être comptabilisé

35980
(suite)

pour un montant équivalent à celui de la dépréciation des titres.
2. Engagement signé post-clôture Si l'engagement est signé entre la date de clôture et la date d'arrêté des comptes, le produit probable ne peut pas être comptabilisé (voir n° 10350).

Toutefois, si la valeur d'utilité des titres est calculée d'après la modalité d'estimation des cash-flow actualisés (DCF), celle-ci devrait pouvoir intégrer dans son calcul le futur produit à recevoir et réduire, voire annuler la perte latente.

– absence d'incertitude sur la continuité d'exploitation de la filiale ;
– comptabilisation d'amortissements dérogatoires (pour des raisons fiscales sur les frais d'acquisition de titres, voir n° 35620).

b. en principe, sans compensation avec les plus-values latentes.
En l'absence de précision de l'ANC, en général, les titres sont évalués **ligne de titres par ligne de titres.** En effet, ces titres ne peuvent en général pas être regroupés pour être testés, car chaque titre de participation a une valeur d'utilité dépendant de la relation créée avec l'autre société par la détention durable de ses titres (Bull. COB n° 209, décembre 1987 et Bull. n° 90, février 1977, p. 70, repris dans Rapport COB 1988, p. 42).

c. Dans **certains cas particuliers,** à notre avis, et en l'absence de précisions des textes, il devrait être possible de **regrouper** une ligne de titres avec d'autres actifs (titres, immobilisations corporelles et incorporelles) pour réaliser le test de dépréciation. Tel est notamment le cas **lorsque la valeur d'utilité ne peut pas être déterminée au niveau de la seule ligne de titres** et doit alors être déterminée au niveau d'un groupe d'actifs auquel les titres appartiennent.

1. C'est le cas, à notre avis, lorsque les titres sont évalués selon une méthode fondée sur la rentabilité, si les actifs sous-jacents de la ligne de titres **ne représentent pas le plus petit groupe identifiable d'actifs générant des entrées de trésorerie largement indépendantes** des entrées de trésorerie générées par d'autres actifs ou groupes d'actifs de l'entreprise (approche basée sur la définition d'une UGT en normes IFRS).

> **Précisions** L'identification d'une UGT implique une part de jugement. Selon les normes IFRS, différents facteurs sont à considérer pour déterminer une UGT :
> – la manière dont la direction **gère** les activités de l'entité ;
> – la manière dont elle prend ses décisions concernant la poursuite ou la **sortie** des actifs et des activités de l'entreprise ;
> – l'existence d'un **marché actif** pour la production résultant d'un actif ou d'un groupe d'actifs. L'identification des UGT est affaire de jugement et l'approche retenue pour leur détermination peut varier entre les entreprises d'un même secteur d'activité. Par exemple :
> – dans l'industrie, certains estiment que leurs principaux programmes ou modèles constituent les UGT quand d'autres concluent que ce sont les usines ;
> – dans la grande distribution, certains considèrent que les UGT sont les réseaux de distribution alors que d'autres définissent les UGT comme étant des magasins.

Ce regroupement peut être souhaité par les groupes afin d'assurer une cohérence entre les comptes sociaux et les comptes consolidés, ces derniers ne connaissant pas les « frontières juridiques » des actifs qu'ils consolident.

En pratique, un regroupement de titres devrait pouvoir être opéré lorsque :
– les filiales sont faiblement autonomes et qu'il existe un fort degré d'intégration opérationnelle entre elles (production, approvisionnement, administration, marketing, gestion des ressources humaines…) ;

> **Précisions** Ce critère seul n'est toutefois pas suffisant. L'identification d'une UGT est basée sur les **entrées de trésorerie,** plutôt que sur les flux de trésorerie nets et exclut donc de prendre en compte les coûts communs d'infrastructure et de marketing.

– qu'elles réalisent des synergies entre elles ;
– **et** qu'il n'est pas possible de les revendre séparément au niveau strict de la structure juridique et sans une restructuration significative (un regroupement avec d'autres actifs du groupe et/ou un « carve-out » serait nécessaire en cas d'intention de céder).

> **Précisions Activités intégrées verticalement** Dès lors qu'il existe un marché actif à une étape de production, celle-ci doit être identifiée comme une UGT. En effet, les entrées de trésorerie à prendre en compte sont celles provenant de tiers externes. Toutefois, s'il existe un marché actif pour la production résultant d'un actif ou d'un groupe d'actifs, cet actif ou ce groupe d'actifs doit être identifié comme une unité génératrice de trésorerie, même si la production est, en toute ou partie, utilisée en interne.

> **EXEMPLE**
>
> Un groupe est spécialisé dans la fabrication de produits innovants. Il est constitué de trois filiales, la première A porte la marque et les brevets, la deuxième B est une usine de fabrication portant un équipement spécialisé dans l'exploitation des brevets et la troisième C est un atelier d'assemblage non spécifique sous-traitant exclusif de B.
>
> Dans un premier temps, la filiale C devrait être testée sans être regroupée avec les titres des deux autres filiales. En effet, même en l'absence de flux de revenus dégagés à l'extérieur du groupe, dès lors que l'activité de l'atelier fait l'objet d'un marché actif, il représente une UGT.
>
> En revanche, les filiales A et B ne représentent pas des UGT : la marque et les brevets, ne peuvent générer de flux de trésorerie largement indépendants sans investissement majeur dans un appareil de production ; et l'équipement ne peut pas être adapté à la production d'autres produits. En conséquence, après avoir testé les titres C seuls, les titres A, B et C devraient, à notre avis, dans un second temps, être regroupés pour être testés. La perte de valeur, le cas échéant identifiée, sera affectée aux titres A, B et C au prorata de leur valeur comptable, sans réduire la valeur des titres C (UGT à part entière) en dessous de leur valeur.

2. Cela ne peut pas être le cas, à notre avis, lorsque les titres sont évalués selon une méthode fondée sur l'actif net. En effet, la valeur d'utilité est alors mécaniquement déterminable au niveau de la seule ligne de titres.

d. Les titres doivent être dépréciés avant les créances rattachées (voir n° 38480). Par ailleurs (Bull. CNCC n° 74, juin 1989, EC 88-71, p. 222 s.), il est nécessaire de vérifier que les **engagements** éventuels pris par la société au profit de ses filiales ne nécessitent pas d'être traduits en comptabilité sous forme de **provisions** (voir n° 37855).

> **Fiscalement** **1. Taux** Les (provisions pour) dépréciation de titres de participation au sens fiscal (voir n° 35175) dotées par des sociétés soumises à l'IS relèvent de régimes différents selon la nature des titres sous-jacents, synthétisés dans le tableau ci-après, établi par nos soins :

Catégorie fiscale de titres [10]		Régime applicable à la dépréciation (et à la reprise [2])	Taux applicable
Titres de participation au sens fiscal (voir n° 35175 et 35180) [11]	Régime de taxation limitée à une quote-part de frais et charges [3]	Long terme [1]	0 %
	Sociétés à prépondérance immobilière cotées [4]	Long terme [1]	19 % [8]
	Sociétés à prépondérance immobilière non cotées [5]	Droit commun	25 % [8] [9]
	Sociétés à prépondérance financière [6]		
	Sociétés établies dans un État ou Territoire non coopératif [7]		

(1) Quelle que soit la durée de détention des titres.
(2) Sous réserve des règles particulières applicables en cas de transfert de titres de compte à compte (voir n° 35430), les reprises de (provisions pour) dépréciation devenues sans objet sont imposables, selon la nature et le classement comptable des titres, aux taux réduits ou de droit commun applicables à la clôture de l'exercice de reprise, quel que soit le taux auquel elles ont été initialement déduites (BOI-IS-BASE-50 n° 50).
(3) CGI art. 219, I-a quinquies. Ces (provisions pour) dépréciations (et leur reprise) n'entrent pas dans l'assiette de la quote-part de frais et charges taxable qui est calculée sur les plus-values de cession de ces titres (voir n° 36720).
(4) CGI art. 219, 1-a. Sur la définition des sociétés à prépondérance immobilière, voir 2. ci-après.
(5) CGI art. 219, I-a sexies-0 bis. Sur la définition des sociétés à prépondérance immobilière, voir 2. ci-après.
(6) CGI art. 219, I-a ter. Toutefois les (provisions pour) dépréciation de titres de sociétés à prépondérance financière relèvent du régime du long terme à hauteur des distributions effectuées par ces sociétés qui ont ouvert droit au régime des sociétés mères (voir n° 36340 s) au cours de l'exercice de comptabilisation de la dépréciation et des cinq exercices précédents. Dans ce cas, l'administration admet que la reprise de la (provision pour) dépréciation ne soit pas imposable au taux de droit commun à hauteur de la dépréciation qui n'a pas été admise en déduction (BOI-IS-BASE-50 n° 75).
(7) CGI art. 219, I-a sexies-0 ter. Voir toutefois n° 36725 sur la clause de sauvegarde permettant l'application du régime du long terme.
(8) Hors contribution sociale sur les bénéfices (voir n° 52635).
(9) Sur les cas d'application du taux de 25 %, voir n° 52620.
(10) Hors OPCVM : sur le cas particulier des titres de capital-risque (FCPR, FPCI et SCR dits « fiscaux »), voir n° 37500 et Mémento Fiscal n° 18945 à 18960.
(11) Sur le cas particulier des titres d'une société de télévision titulaire d'une autorisation délivrée par le CSA, voir CGI art. 219-I a ; BOI-IS-BASE-20-20-10-40 n° 120.

35980
(suite)

2. Spécificités concernant les sociétés à prépondérance immobilière
a. Définition de la prépondérance immobilière La prépondérance immobilière d'une société est définie suivant les mêmes modalités pour le régime des dépréciations et des cessions (voir n° 36730). Toutefois, pour les dotations et les reprises intervenant hors contexte de cession, l'administration considère que la prépondérance immobilière doit être appréciée exclusivement à la date de clôture de l'exercice de l'entreprise qui détient les titres (BOI-IS-BASE-20-20-10-30 n° 70 ; doctrine annulée par l'arrêt CE 14-10-2015 n° 387249). La prépondérance immobilière faisant l'objet d'appréciations distinctes lors de la dotation puis lors de la reprise de la dotation, celles-ci peuvent relever de régimes fiscaux différents. Les différentes dates d'appréciation de la prépondérance immobilière sont présentées dans le tableau suivant, établi par nos soins :

Opération		Date d'appréciation de la prépondérance immobilière
Dépréciation (indépendante d'une cession)	Dotation	Clôture de l'exercice de dotation par l'entreprise détentrice des titres ou clôture de l'exercice précédant la constitution de la provision par la société dont les titres sont détenus [1]
	Reprise	Clôture de l'exercice (de reprise) de l'entreprise qui détient les titres [2]
Cession	Plus ou moins-value de cession (voir n° 36720)	Date de la cession ou clôture de l'exercice précédent de la société dont les titres sont cédés [2] [3]
	Reprise de dépréciation lors de la cession	

[1] CE Avis 22-11-2019 n° 432053.
[2] BOI-IS-BASE-20-20-10-30 n° 70 ; doctrine annulée par l'arrêt du Conseil d'État du 14 octobre 2015 n° 387249. L'avis du Conseil d'État du 22 novembre 2019 précité (note 1), ne vise expressément que l'appréciation de la prépondérance immobilière lors de la dotation des provisions, laissant une incertitude sur le point de savoir si la même règle pourrait s'appliquer lors de leur reprise (voir FR 1/20 inf. 2).
[3] La clôture de l'exercice précédant la cession s'entend de la date du dernier exercice clos par la société dont les titres sont cédés (BOI-IS-BASE-20-20-10-30 n° 50 et 60). L'administration admet toutefois qu'une société à prépondérance immobilière à la clôture de l'exercice précédent perde cette qualité si elle cède l'ensemble de ses immeubles et droits immobiliers entre la date de la clôture et la date de la cession de ses propres titres (BOI-IS-BASE-20-20-10-30 n° 50).

b. Limitation de la dépréciation déductible Lorsque les titres de sociétés à prépondérance immobilière, cotées ou non cotées, sont des titres de participation au sens fiscal (voir n° 35175), la déductibilité de leur (provision pour) dépréciation est limitée (CGI art. 39, 1-5°, al. 20 et 209, VI) dans les conditions suivantes :
– **pour les sociétés soumises à l'IS,** la limitation s'applique **distinctement** aux titres de participation dans des **sociétés à prépondérance immobilière cotées et non cotées** (CGI art. 209, VI ; BOI-BIC-PROV-40-10-20-10 n° 20),
– pour chacune de ces deux catégories de titres, les (provisions pour) dépréciation ne sont déductibles qu'à hauteur des **moins-values latentes nettes,** c'est-à-dire de :
• l'excédent des moins-values latentes afférentes à l'ensemble des titres de participation de même nature,
• sur les plus-values latentes afférentes à l'ensemble de ces mêmes titres.
Lorsque la déduction fiscale est limitée, les **retraitements extra-comptables** suivants doivent être effectués sur l'imprimé n° 2058-A :
• la quote-part de (provision pour) dépréciation non admise en déduction doit être réintégrée ligne WI, le solde devant faire l'objet le cas échéant des retraitements propres aux moins-values à long terme (voir n° 36720),
• la quote-part de la reprise de (provision pour) dépréciation non imposable doit être déduite ligne WU, le solde devant faire le cas échéant l'objet des retraitements propres aux plus-values à long terme (voir n° 36720).
Les entreprises doivent en outre joindre à leur déclaration annuelle de résultat un état de suivi des (provisions pour) dépréciation non admises en déduction n° 2027-H-SD, conforme au modèle fourni par l'administration (CGI ann. III art. 10 quaterdecies).
Pour plus de détails, voir Mémento Fiscal n° 18900.

3. Frais d'acquisition de titres incorporés au coût de revient Les **frais d'acquisition** de titres de participation au sens fiscal engagés par des sociétés soumises à l'IS sont **inclus dans le prix de revient fiscal des titres** et sont amortissables sur 5 ans (voir n° 35620). En conséquence, afin d'éviter une double déduction, lorsque ces frais d'acquisition ont été incorporés au coût de revient des titres sur le plan comptable, la (provision pour) dépréciation comptabilisée n'est déductible (au taux normal pour les titres exclus du régime du long terme ou au taux réduit pour les SPI cotées) que **dans la limite du prix de revient fiscal des titres sous déduction de la quote-part d'amortissement des frais d'acquisition déjà pratiqués** (BOI-IS-BASE-30-10 n° 180). La quote-part de la dépréciation correspondant au montant déjà amorti des frais d'acquisition doit être réintégrée sur l'imprimé n° 2058-A (ligne WI).

4. Incidence des conventions internationales Dès lors que les stipulations d'une convention fiscale bilatérale privent la France de son pouvoir d'imposer le gain résultant de la cession de titres de participation détenus par une société mère française dans une filiale étrangère, la moins-value relative à une telle cession ne peut être prise en compte dans l'assiette de l'impôt en France, faisant ainsi obstacle à ce que les (provisions pour) dépréciations de ces titres, qui anticipent une telle moins-value, soient déduites par la société mère (CE 12-6-2013 n° 351702).

B. Titres immobilisés de l'activité de portefeuille (Tiap)

36030

Après avoir comparé la valeur d'inventaire et le coût d'entrée, il en résulte des plus-values latentes et des moins-values latentes.

Les **moins-values latentes doivent faire l'objet de dépréciations, sans compensation avec les plus-values latentes.** En effet, les différents Tiap doivent être évalués titre par titre (PCG art. 221-5).

> **Fiscalement** Les (provisions pour) dépréciation de Tiap sont déductibles au taux de droit commun si ces titres sont constitutifs de titres de placement sur le plan fiscal (voir n° 35175). En revanche, s'ils répondent à la définition fiscale des titres de participation et sont enregistrés dans un sous-compte « Titres relevant du régime du long terme », leurs dépréciations sont susceptibles de donner lieu aux retraitements extra-comptables des titres de participation fiscaux (voir n° 35980).
>
> En outre, un retraitement extra-comptable peut résulter du fait que la valeur d'inventaire comptable (basée sur les perspectives d'évolution générale de l'entreprise) peut être différente de la valeur d'inventaire fiscale (évaluation suivant les règles applicables aux valeurs mobilières de placement) (voir n° 35790). Dans ce cas, la dépréciation comptabilisée qui excède le montant autorisé fiscalement doit être réintégrée sur la ligne WI de l'imprimé n° 2058-A.

Ces plus ou moins-values latentes sont à indiquer dans l'annexe (voir n° 38790).

C. Autres titres immobilisés

Principe Après avoir comparé la valeur d'inventaire et le coût d'entrée, il en résulte des plus-values latentes et des moins-values latentes.

36080

Les **moins-values latentes doivent faire l'objet de dépréciations, sans compensation avec les plus-values latentes** (ces titres n'étant pas fongibles entre eux).

> **Fiscalement** Les (provisions pour) dépréciation de titres non comptabilisés en titres de participation sont calculées selon la même méthode qu'en comptabilité (CGI ann. III art. 38 septies).
>
> Les (provisions pour) dépréciation des autres titres immobilisés sont déductibles au taux de droit commun si ces titres sont constitutifs de titres de placement sur le plan fiscal (voir n° 35175). Si ces titres répondent à la définition fiscale des titres de participation et sont enregistrés dans un sous-compte « Titres relevant du régime du long terme », leurs dépréciations sont susceptibles de donner lieu aux retraitements extra-comptables des titres de participation fiscaux (base et taux, voir n° 35980).

Les **obligations cotées** doivent faire l'objet d'une dépréciation même si l'entreprise prend l'engagement de les conserver jusqu'à leur échéance. Le bulletin CNCC (n° 97, mars 1995, EJ 94-125, p. 129 s.) a en effet estimé que l'engagement de conserver les obligations jusqu'à l'échéance ne peut justifier en aucun cas l'absence de constitution d'une dépréciation dans la mesure où l'entreprise ne peut raisonnablement s'engager à se priver de ses disponibilités financières sur un délai supérieur à la durée de son exercice en cours et qu'il n'est pas non plus concevable qu'elle puisse justifier de moyens lui permettant de conserver les obligations durablement, notamment à travers l'existence de ressources suffisantes adossées au financement de ces titres.

Exceptions a. Baisse anormale momentanée de titres immobilisés, cotés, autres que les titres de participation et les Tiap (sur les notions de titres cotés, voir n° 35845 ; de baisse anormale momentanée, voir n° 36155) Dans ce cas, l'entreprise n'est pas obligée de constituer,

36085

à la date de clôture de l'exercice, de dépréciation à concurrence des plus-values latentes normales constatées sur d'autres titres (PCG art. 221-7).

> **Fiscalement** Il en est de même, voir n° 36155.

b. Titres détenus en vue de leur annulation Dans ce cas, les titres ne sont pas dépréciés (voir n° 55655 et 55510).

D. Valeurs mobilières de placement

36135 **Principe** Après avoir comparé la valeur d'inventaire et le coût d'entrée, il en résulte des plus-values latentes et des moins-values latentes.

Sur la détermination de la valeur d'inventaire, voir n° 35850 (titres cotés) et 35855 (titres non cotés).

Les moins-values latentes font, **en principe,** l'objet de **dépréciations** (PCG art. 221-6 par renvoi de l'art. 222-1).

> **Fiscalement** Voir n° 36080.

36155 **Deux exceptions**

I. Baisse anormale et momentanée En cas de **baisse anormale** apparaissant comme **momentanée** (PCG art. 222-1 et 221-7), une **compensation avec les plus-values latentes normales** constatées sur d'autres titres est **possible.**

Le Comité d'Urgence du CNC (Avis CU CNC 2002-C du 3-4-2002) apporte des précisions sur ce point :

1. Titres concernés Cette exception permettant de compenser les plus et moins-values latentes porte, tant pour la baisse anormale et momentanée que pour la prise en compte d'une plus-value latente normale :
– sur les titres immobilisés autres que les titres de participations et titres immobilisés de l'activité de portefeuille (Tiap) ;
– sur les valeurs mobilières de placement (VMP) ;
– et parmi ces 2 catégories de titres, uniquement sur les actions cotées, les obligations cotées, les OPCVM (à valeur liquidative quotidienne).

> **Précisions** Ne peuvent donc bénéficier de l'exception, tant pour la baisse anormale et momentanée que pour la prise en compte d'une plus-value latente normale, les titres non cotés (expressément exclus par le PCG) ainsi que les actions propres et les OPCVM dont la valeur liquidative n'est pas établie quotidiennement, compte tenu de leurs caractéristiques particulières.
> Il en est de même des instruments dérivés utilisés à titre spéculatif ou de couverture de titres qui ne sont pas visés par cette exception.

2. Définition de la baisse anormale et momentanée Celle-ci peut provenir de plusieurs causes différentes, en partie indissociables : du titre lui-même, du secteur, d'un accident du marché boursier, etc.

Face à cette indissociabilité et afin d'ôter toute subjectivité dans la définition de cette baisse, s'agissant d'une exception contraire au principe de prudence, le Comité d'Urgence a opté pour une règle pragmatique. Ainsi, pour les titres immobilisés, comme pour les VMP, il convient de procéder au calcul du cours moyen du dernier mois en excluant, à titre pratique, les 3 cours les plus bas et les 3 cours les plus hauts du dernier mois (cours moyen corrigé). La différence entre le cours moyen du dernier mois et le cours moyen corrigé appliquée au nombre de titres possédés représente, si le cours moyen corrigé est supérieur au cours moyen, une baisse anormale et momentanée.

> **Précisions** Le Comité d'Urgence a donc considéré que :
> – la baisse anormale était reflétée par les 6 cours les plus bas et hauts du dernier mois avant la clôture ;
> – le caractère momentané était reflété dans ce dernier mois et non au regard de l'évolution du cours de bourse dans les périodes précédant et suivant la clôture de l'exercice.

Cette baisse anormale et momentanée constitue le montant maximum pouvant venir minorer la dépréciation à condition que :
– la différence entre ces deux cours représente au moins 10 % du cours moyen du dernier mois ;
– et qu'il existe des plus-values latentes normales sur d'autres titres immobilisés ou de placement, pour un montant équivalent.

3. **Définition des plus-values latentes normales** Par analogie avec la définition retenue ci-avant pour la baisse anormale et momentanée, est considérée comme une plus-value latente normale, selon le Comité d'Urgence, la différence entre le coût d'acquisition des titres et le plus bas des deux cours moyens (cours moyen résultant de la règle générale et cours moyen corrigé comme indiqué ci-avant) appliquée au nombre de titres possédés.

36155
(suite)

4. **Compensation par catégorie de titres** La compensation ne peut se faire :
– **pour les titres immobilisés, qu'avec d'autres titres immobilisés**, et uniquement en compensant les plus et moins-values, telles que définies ci-avant, à l'**intérieur de chacune des trois grandes catégories de titres** suivantes : actions cotées, obligations cotées, OPCVM (à valeur liquidative quotidienne) ;

> Précisions Toutefois, par exception à la règle ci-avant de non-compensation entre actions cotées et obligations cotées, la compensation entre les plus et moins-values, telles que définies ci-avant, pourra être réalisée entre une obligation remboursable en actions (ORA) et une action cotée dès lors que ces titres sont émis par la même société.

– **pour les VMP, qu'avec d'autres VMP**, s'agissant de titres acquis en vue de réaliser un gain à brève échéance. Les compensations peuvent être opérées **en prenant en compte l'ensemble** des actions cotées, des obligations cotées et des OPCVM (à valeur liquidative quotidienne) inscrites en VMP. En effet, les VMP peuvent en règle générale être transformées immédiatement en espèces.

5. **Exemple de calcul de cours moyens corrigés et de compensation**

> Précisions **Pas de recalcul systématique** Les entreprises ne sont pas tenues de recalculer systématiquement les cours moyens corrigés de tous leurs titres cotés à déprécier. En effet, s'agissant d'une exception, elles peuvent choisir, afin de limiter leurs travaux, de procéder à ces recalculs pour les dépréciations significatives et pour les titres ayant ostensiblement connu des fluctuations importantes le dernier mois de l'exercice, et à condition bien sûr qu'il y ait a priori des plus-values latentes normales.

EXEMPLE

Une entreprise clôturant au 31 décembre possède en VMP 100 actions cotées d'une société A acquises 50 l'unité et 20 actions cotées d'une société B acquises 10 l'unité. Elle possède également 200 actions cotées d'une société C comptabilisées en titres immobilisés. L'entreprise souhaite compenser les moins-values latentes avec les plus-values latentes.

Les cours des sociétés A et B sont les suivants sur le mois de décembre (21 jours de cotation) :
– société A 50 **52 51** 50 49 47 50 46 42 37 25 **6 9 7** 25 35 46 48 **51** 50 49 ;
– société B **10 11 10** 12 14 13 15 17 23 23 21 22 25 29 26 27 32 **35 37** 34 **35** ;
– société C Inutile de recalculer le cours moyen, aucune compensation n'étant possible entre VMP et titres immobilisés.

a. **Calcul des cours moyens et cours moyens corrigés et de la moins-value compensée :**

	Société A	Société B
Coût d'acquisition par titre (1)	50	10
Coût moyen (2)	39,29 (= 825/21)	22,43 (= 471/21)
Cours moyen corrigé (3)	43,27 (= 649/15)	22,2 (= 333/15)
Différence en % [(2) – (3)] / (2)	10,1 % (> 10 % donc ouvrant droit à compensation)	–
Différence par titre entre cours moyen et cours corrigé (2) – (3) = (4)	3,98	–
Nombre de titres (5)	100	20
Baisse anormale potentiellement compensable (4) × (5)	– 398 (= – 3,98 × 100)	–
Plus-value normale permettant la compensation [(3) – (1)] × (5)	–	+ 244 [= (22,2 – 10) × 20]
Moins-value compensable	– 244 (limitée aux plus-values compensables)	–

36155 (suite) La différence entre le cours moyen et le cours moyen corrigé de l'action A (excluant les 3 cours les plus bas et les 3 cours les plus hauts) est de 3,98, soit 10,1 % du cours moyen. Cette différence étant supérieure à 10 %, l'entreprise peut retenir le cours moyen corrigé pour calculer la baisse anormale et momentanée de l'action A. Les moins-values latentes compensables s'élèvent à 398, à comparer aux plus-values latentes compensables égales à 244 (différence entre le coût d'acquisition et le plus bas des deux cours moyens de l'action B). La compensation n'est donc possible qu'à hauteur de 244, en raison de l'insuffisance des plus-values normales.

b. Calcul de la dépréciation :

	Société A
Coût d'acquisition par titre (1)	50
Cours moyen (2)	39,9
Moins-value latente par titre (1) – (2) = (3)	10,71
Nombre de titres (4)	100
Moins-value latente totale (3) × (4)	1 071
Dépréciation à constater (sans compensation)	1 071
Sur option de compensation, possibilité de limiter la dépréciation à (= 1 071 – 244*)	827

* 244 = moins-value compensable (voir a.)
La dépréciation avant compensation est de 1 071. En cas d'option par l'entreprise pour la compensation, la dépréciation comptabilisée est de 827 (1 071 – 244).

> **Fiscalement** Il est également possible, en cas de baisse anormale et momentanée des cours, de compenser les plus et moins-values latentes sur les titres cotés comptabilisés en VMP ou en autres titres immobilisés (CGI ann. III art. 38 septies et BOI-BIC-PVMV-30-20-20 n° 300).

Notons que les modalités de compensation telles que définies comptablement sont plus strictes que celles admises fiscalement (obligation comptable de compenser par catégorie de titres et non globalement comme en fiscalité, possibilité fiscale de compenser avec des titres non cotés interdite comptablement). Ainsi, la compensation effectivement pratiquée en comptabilité par l'entreprise sera souvent inférieure à celle qui aurait été admise fiscalement. Toutefois, cette situation ne devrait pas, à notre avis, générer de risque fiscal, la compensation étant une faculté et non une obligation.

Par conséquent, une entreprise qui, sur le plan comptable, compense les plus et moins-values latentes conformément au PCG et à l'avis du Comité d'urgence du CNC, doit, à notre avis, conserver sur le plan fiscal la dépréciation ainsi compensée, telle que résultant de la comptabilité. En effet, l'option sur le plan comptable constitue une décision de gestion à retenir sur le plan fiscal. Il en résulte donc une perte de déductibilité fiscale correspondant au montant de la (provision pour) dépréciation non déduite du fait de la compensation.

Par ailleurs, selon l'administration (BOI-BIC-PVMV-30-20-20 n° 300), lorsque l'entreprise s'abstient de constater une (provision pour) dépréciation (ou un complément) en raison de l'existence de plus-values latentes sur d'autres titres, elle se prive normalement, à due concurrence, de la faculté de constater ultérieurement une (provision pour) dépréciation susceptible de faire face à la dépréciation ainsi compensée. Cette position pourrait, à notre avis, être contestée sur la base de la jurisprudence du Conseil d'État (CE 2-12-1977 n° 1247) qui a admis qu'une (provision pour) dépréciation du portefeuille-titres puisse être valablement constituée, même si la dépréciation s'est produite en tout ou en partie au cours d'un exercice antérieur (voir n° 48200).

II. Actions propres détenues en vue de leur attribution aux salariés et/ou aux dirigeants (sous forme d'actions gratuites ou de stock-options)

Dans ce cas, les actions propres ne sont pas dépréciées à condition qu'elles soient affectées à un plan déterminé et comptabilisées dans le compte 502-1 « Actions propres destinées à être attribuées aux employés et affectées à des plans déterminés » (voir n° 55795 et 55885).

> **Fiscalement** Il en est de même (voir n° 55795 et 55885).

E. Synthèse des règles d'évaluation à la clôture selon le classement des titres

Le tableau suivant, établi par nos soins, met en évidence les divergences entre les règles comptables et fiscales relatives **aux modalités d'évaluation des titres à la clôture** et donc sur le montant susceptible de faire l'objet d'une (provision pour) dépréciation.

36205

Classement comptable (1)		Règle comptable	Règle fiscale (1)	Divergence
Titres de participation				
Compte « Titres de participation »		Valeur d'utilité	Valeur d'utilité	non
Tiap				
Sous-comptes	« Titres relevant du régime des PVLT »	Valeur tenant compte des perspectives d'évolution générale de l'entreprise	– Titres cotés = cours moyen du dernier mois de l'exercice – Titres non cotés = valeur probable de négociation	Possible
	« Titres soumis au régime de droit commun »			
Autres titres immobilisés				
Sous-comptes	« Titres relevant du régime des PVLT »	– Titres cotés = cours moyen du dernier mois de l'exercice – Titres non cotés = valeur probable de négociation	– Titres cotés = cours moyen du dernier mois de l'exercice – Titres non cotés = valeur probable de négociation	non
	« Titres soumis au régime de droit commun »			
VMP				
Sous-comptes	« Titres relevant du régime des PVLT »	– Titres cotés = cours moyen du dernier mois de l'exercice – Titres non cotés = valeur probable de négociation	– Titres cotés = cours moyen du dernier mois de l'exercice – Titres non cotés = valeur probable de négociation	non
	« Titres soumis au régime de droit commun »			

(1) Pour plus de détails, voir n° 35695 à 36135.

IV. CAS PARTICULIER DE L'ÉVALUATION PAR ÉQUIVALENCE

PRÉSENTATION DE CETTE MÉTHODE DÉROGATOIRE

Par dérogation à la règle générale En matière d'évaluation des titres au bilan (C. com. art. L 123-18 ; voir n° 35930 s.), **il est possible,** dans les conditions précisées ci-après, **d'évaluer** dans les comptes annuels certains titres et de les inscrire au bilan **en fonction de la quote-part des capitaux propres déterminée d'après les règles de consolidation** que ces titres représentent (C. com. art. L 232-5 et R 232-8 ; PCG art. 221-4).

36210

Le CNC a consacré l'avis n° 34 à cette méthode (juillet 1988) qui a été intégré dans le PCG. Cette méthode n'a pas été qualifiée de méthode de référence.

> **Fiscalement** L'article 38-9 du CGI assure une certaine neutralité de cette méthode comptable dérogatoire.
> Un état explicatif doit être joint à la déclaration fiscale de résultats de chaque exercice (CGI ann. III art. 38 B).
> La doctrine administrative propose (BOI-ANNX-000153) des modèles de cet état.

Cette méthode dérogatoire présente plusieurs avantages :

I. Améliorer le résultat de l'entreprise En effet, elle permet de ne pas faire apparaître des pertes dès lors qu'il existe sur d'autres titres des plus-values latentes non comptabilisées.

36215

> **Précisions** On notera toutefois que son utilisation peut, dans certains cas particuliers, amener à minorer le résultat. En effet, l'évaluation par équivalence substitue à la valeur actuelle (chiffre le plus souvent subjectif ou pouvant tenir compte d'éléments non comptabilisés ou de bonnes perspectives futures) la quote-part des capitaux propres consolidés (chiffre découlant de la technique de consolidation).

Il s'agit donc d'une possibilité de **compensation** de plus et moins-values latentes sur des titres de sociétés détenues de manière exclusive, alors qu'en principe la compensation est interdite en ce qui concerne les titres de participation (voir nº 35980).

> **Fiscalement** Cette amélioration du résultat peut notamment conduire à une augmentation du résultat taxable au taux de droit commun (à hauteur des (provisions pour) dépréciation pour créances douteuses et provisions pour risques non constituées du fait de la compensation).

II. Présenter des capitaux propres homogènes entre comptes sociaux et comptes consolidés (pour la partie concernant ces titres, et sous réserve de l'élimination des résultats internes).

III. Améliorer les capitaux propres en cas d'écart d'équivalence positif (indépendamment de l'amélioration du résultat précisée ci-avant).

> **Fiscalement** Cette amélioration des capitaux propres est **neutre**, celle-ci n'étant pas taxable (voir nº 36245).

IV. Permettre de procéder à des réévaluations partielles Et ce, alors qu'en principe (C. com. art. L 123-18, al. 4) seules les réévaluations d'ensemble sont autorisées (voir nº 56785).

SOCIÉTÉS CONCERNÉES

36220 Il résulte de l'article L 232-5 du Code de commerce que seules les **sociétés qui établissent effectivement des comptes consolidés peuvent bénéficier de cette possibilité.** À notre avis, établir signifie ici les arrêter par le conseil d'administration ou le gérant.

De plus, selon l'article L 232-5 du Code de commerce, si une société fait usage de cette méthode « les sociétés qu'elle contrôle appliquent la même méthode lorsqu'elles contrôlent elles-mêmes d'autres sociétés ».

Sur le point de savoir si ces sociétés doivent **utiliser cette méthode dans leurs comptes annuels ou seulement**, si elles le souhaitent, **dans des comptes « pro forma »** pour les besoins de leur société mère (ces éléments étant disponibles dans le cadre de l'établissement des comptes consolidés), l'avis du CNC nº 34 ne fournit pas d'indication. Pour sa part, le bulletin CNCC (nº 68, décembre 1987, EC 87-58, p. 488 s.) précise que les entreprises ont le choix et que, quelle que soit la solution retenue, l'application de la méthode d'évaluation par équivalence doit aboutir à un résultat identique dans la société mère.

Ce choix laissé aux sociétés mères de sous-groupes :

1. est neutre au niveau de la mère ;

2. s'exerce de manière indépendante entre les différentes « mères de sous-groupes », mais il convient de noter :
– que si la mère de sous-groupe comptabilise l'évaluation par équivalence, celle-ci aura les mêmes conséquences fiscales que sa comptabilisation chez la mère du groupe,
– alors que si la mère de sous-groupe ne la comptabilise pas (calcul pro forma pour la mère), ce calcul sera totalement neutre.

TITRES CONCERNÉS

36225 Il s'agit uniquement (C. com. art. L 232-5 et PCG art. 221-4) des titres des **sociétés contrôlées de manière exclusive** (sur cette notion, voir Mémento Comptes consolidés nº 2019 s.).

Lorsque cette possibilité est utilisée, elle doit l'être pour l'**ensemble des titres** des sociétés contrôlées de manière exclusive (C. com. art. L 232-5), y compris dans les filiales pour les titres des sociétés qu'elles contrôlent elles-mêmes (C. com. art. L 232-5), soit dans leurs comptes, soit dans des comptes pro forma ; voir nº 36220.

> **Précisions** Dans les comptes consolidés, ces sociétés ont été obligatoirement intégrées globalement.

Aussi paradoxal que cela puisse paraître sur le **plan terminologique** (et qui conduit d'ailleurs à une certaine **confusion**), les titres de participation des sociétés consolidées par mise en équivalence (du fait de l'influence notable exercée sur elles) ne peuvent donc pas être évalués par équivalence dans les comptes individuels.

LE PORTEFEUILLE-TITRES

> **Fiscalement** Compte tenu de la nature des titres concernés, les (provisions pour) dépréciation (individuelles ou globales du portefeuille) constituent des moins-values à long terme non déductibles (titres relevant du régime de taxation réduite) ou relevant du taux de 19 % (voir n° 35930), à l'exclusion de celles portant sur des titres exclus par nature du régime du long terme (voir n° 35980), notamment les titres de sociétés à prépondérance immobilière non cotées et les parts de Sicav ou de FCP.

MODALITÉS D'APPLICATION

36245

Il résulte des textes, du PCG et de l'avis CNC n° 34 les conséquences suivantes :

Selon le CNC (Avis n° 34 précité), cette méthode conduit à effectuer une évaluation globale des titres par addition des valeurs d'équivalence (voir I. ci-après), cette somme étant ensuite comparée à celle des prix d'acquisition des titres concernés pour la détermination du montant de l'écart d'équivalence (voir III. ci-après).

Pour des exemples d'application, les lecteurs voudront bien se reporter aux éditions 94 et antérieures, ou, à défaut, nous consulter.

I. Définition de la valeur d'équivalence (VE) La valeur d'équivalence (VE) **des titres d'une société contrôlée de manière exclusive** est égale à **la somme** (PCG art. 221-4) :

a. De **la quote-part des capitaux propres correspondant aux titres** Les capitaux propres concernés sont les capitaux propres :

– **retraités** selon les règles de la consolidation avant répartition du résultat ;

> **Précisions** Les règles de consolidation à appliquer s'entendent des règles appliquées dans les comptes consolidés de la société qui utilise l'évaluation par équivalence et notamment des règles retenues en matière d'évaluation, de retraitements, de conversion des états financiers libellés en monnaies étrangères, etc. Les retraitements peuvent être effectués (C. com. art. R 232-8) par les sociétés contrôlées sous la responsabilité de la société consolidante (comme cela est parfois le cas dans le cadre des comptes consolidés).
> Cela pourra conduire à utiliser dans les comptes annuels (pour l'évaluation par équivalence) des règles d'évaluation qui ne peuvent être appliquées pour les autres postes du bilan (règles d'évaluation dérogatoires au Code de commerce qui peuvent être utilisées dans les comptes consolidés, voir article R 233-10 du Code de commerce renvoyant au Règl. ANC 2020-01).

– et **avant élimination des cessions internes** à l'ensemble consolidé.

> **Précisions** Cette précision nous paraît étonnante. En effet :
> – la loi prescrit que la quote-part des capitaux propres est déterminée d'après les règles de consolidation, et celles-ci comprennent les éliminations de résultats internes ;
> – ceci a pour conséquence que, pour les sociétés concernées, le montant porté (dans les comptes individuels) au passif au poste « Écart d'équivalence » peut être différent de celui figurant (dans les comptes consolidés) dans les réserves consolidées au titre de ces sociétés.

Par ailleurs, lorsque dans les comptes consolidés, la quote-part des capitaux propres d'une société consolidée prend en compte des intérêts minoritaires négatifs, il nous paraît devoir en être de même pour l'application de l'évaluation par équivalence.

b. Et du **montant de l'écart d'acquisition rattaché à ces titres** (sur cette notion, voir Mémento Comptes consolidés n° 5166 s.).

Selon le CNC (Avis n° 34 précité), le « **montant net de l'écart non affecté de première consolidation** » (ou écart d'acquisition) (qui peut être positif ou négatif) **doit être identique** à celui figurant dans les **comptes consolidés.** Il doit donc se réduire, le cas échéant, chaque année de l'amortissement (ou de la reprise) pratiqué(e) pour les comptes consolidés.

> **Précisions** Comptes consolidés établis selon les normes IFRS Dans ce cas, la valeur d'équivalence est déterminée, à notre avis, en retenant les méthodes d'évaluation de ce référentiel.

II. Présentation à l'actif du bilan Le poste « Participations » est subdivisé (PCG art. 821-1, 821-2 et 823-1), en **deux sous-postes** :
– « Participations évaluées par équivalence » (le compte 262, à créer, pourra à notre avis être utilisé à cet effet et simplifiera l'établissement de la déclaration fiscale ; voir ci-après) ;
– et « Autres participations ».

> **Fiscalement** L'imprimé n° 2050 de la déclaration des résultats comporte une ligne (ligne CS) spécifiquement réservée aux « Participations évaluées selon la méthode de mise en équivalence ».

Dans le sous-poste « Participations évaluées par équivalence » sont présentés :
– dans la colonne « **Brut** », la valeur globale d'équivalence des titres si celle-ci est supérieure à leur coût d'acquisition et, dans le cas contraire, le prix d'acquisition ;

36245
(suite)

— dans la colonne « **Amortissements, dépréciations et provisions** (à déduire) », la « dépréciation globale du portefeuille » (les dotations et reprises participent à la formation du résultat financier) si la valeur globale des titres évalués par équivalence est inférieure au prix d'acquisition (PCG art. 221-4) ;

> **Fiscalement** La méthode d'évaluation par équivalence n'est pas admise. En conséquence, la provision pour risque globale n'est susceptible d'être déduite, dans les limites applicables aux titres relevant du régime du long terme (pour les conditions et les retraitements éventuellement applicables, voir n° 35980 et 36700), qu'à hauteur de la dépréciation calculée selon les règles de droit commun (CGI art. 38-9-2°), et sous réserve de la souscription d'un état détaillé (CGI art. 38-9 ; BOI-BIC-PVMV-30-20-10-20). Le surplus de la provision est non déductible et doit être réintégré sur l'imprimé n° 2058-A (ligne WI).

— dans la colonne « **Net** », la valeur globale d'équivalence des titres lorsqu'elle est positive et une valeur nulle dans le cas contraire.

Si la valeur d'équivalence est négative, une provision pour risque doit en outre être constatée (voir III. ci-après).

III. Présentation au passif du bilan
Au passif, est inscrit :

a. Dans les capitaux propres au compte 107 « **Écart d'équivalence** » (PCG art. 941/10) :
— soit la différence entre la valeur d'équivalence et le coût d'acquisition des titres (si la valeur d'équivalence est supérieure au coût d'acquisition des titres) ;

> **Fiscalement** (CGI art. 38-9-1°), cet écart n'est pas imposable.

— soit un montant nul (si la valeur d'équivalence est inférieure au coût d'acquisition des titres).
Pour la présentation au bilan, cet écart apparaît au bilan sur une ligne distincte conformément à l'article L 232-5 du Code de commerce.

> **Fiscalement** Le tableau n° 2051 de la déclaration des résultats comporte, case EK à la ligne « Écart de réévaluation », une rubrique spéciale où doit figurer l'écart d'équivalence.

Cet écart ne peut être :
— ni distribué ;
— ni utilisé pour compenser des pertes (imputation interdite sur les résultats déficitaires ou sur le report à nouveau débiteur) ;
— ni incorporé au capital social (Ansa n° 3036, juin-juillet 2000, CJ 5-4-2000).

Chaque exercice, la contrepartie de la **variation** de la quote-part globale des capitaux propres représentative de ces titres ne constitue pas un élément du résultat mais est portée au passif, dans les capitaux propres de la société détentrice des titres, au poste « Écart d'équivalence ».

b. En **provisions,** une provision pour risque global si la **valeur d'équivalence est négative** (PCG art. 221-4).

> **Fiscalement** Cette provision n'est pas déductible (CGI art. 38-9-2°) et doit être réintégrée sur l'imprimé n° 2058-A (ligne WI).

En outre, l'avis CNC n° 34 rappelle que lorsqu'il existe des risques particuliers non traduits par la prise en compte de la quote-part des capitaux propres de la société contrôlée de manière exclusive, des provisions sont constituées conformément aux principes généraux.

Les dotations et les reprises de provision participent à la formation du résultat financier (Avis précité).

IV. Cession des titres
Selon le PCG (art. 221-4), les titres sont sortis de l'actif du bilan pour leur prix d'acquisition, étant rappelé que pour les titres existant à la date de la première application de la méthode, **leur valeur nette comptable** à cette date tient lieu de prix d'acquisition.

La plus-value comptable tient donc compte des provisions existant à l'ouverture du premier exercice d'application de la méthode et dont la reprise a été comptabilisée directement en écart d'équivalence.

> **Fiscalement** En revanche, la plus ou moins-value est déterminée en fonction de leur **coût d'acquisition historique** (CGI art. 38-9-3°). En effet, la plus-value fiscale fait abstraction des provisions qui ont déjà été imposées lors de leur reprise (BOI-BIC-PVMV-30-20-10-20 n° 180 et 190).
> Il en résulte donc une **divergence entre** résultats **comptable et fiscal** qui entraîne des retraitements extra-comptables sur l'imprimé n° 2058-A (ligne XG ou WQ).

V. Changement de méthode
L'évaluation par équivalence n'étant pas considérée par le PCG comme une méthode de référence (PCG art. 121-5), un changement de méthode dans le

but d'adopter ou d'abandonner cette méthode ne peut se faire que dans le respect des conditions fixées à l'article 122-2 du PCG, voir n° 8480 (Bull. CNCC n° 117, mars 2000, EC 99-91, p. 83).

a. Première application de l'évaluation par équivalence En pratique, un tel changement est possible uniquement dans le respect des conditions fixées à l'article 122-2 du PCG (voir n° 8480).

En cas de changement de méthode, deux modalités peuvent être retenues, au choix de l'entreprise :
– soit une application rétrospective de la méthode, conformément aux règles définies par le PCG (voir n° 8505 s.) ;
– soit une application prospective de la méthode, expressément prévue par le PCG (art. 221-4). Dans ce cas, selon le PCG, la valeur nette comptable des titres figurant au bilan à la date d'ouverture de l'exercice du changement de méthode tient lieu de prix d'acquisition.

b. Abandon de l'évaluation par équivalence Selon l'article L 232-5 du Code de commerce, cette méthode, lorsqu'elle est utilisée, est soumise au principe de permanence de méthodes et ne peut être modifiée que dans des cas exceptionnels (C. com. art. L 123-17), c'est-à-dire lorsque les conditions d'un changement de méthode sont remplies (voir n° 8480).

> **Précisions** Un changement d'actionnaire devrait, à notre avis, permettre ce changement de méthode, lorsque l'abandon de la méthode d'évaluation par équivalence permet de se conformer à la méthode utilisée par les autres sociétés du nouveau groupe, à condition toutefois que cette harmonisation des comptes sociaux au sein du groupe ne conduise pas à donner une moins bonne information (par exemple, parce que la nouvelle méthode serait contraire à la méthode généralement retenue par le secteur).

En cas de changement de méthode, il convient en principe (voir n° 8505 s.) d'appliquer la méthode du coût historique de façon rétrospective (y compris dépréciation éventuelle) et donc de retraiter les capitaux propres d'ouverture.

INFORMATION EN ANNEXE

Selon l'article L 232-5 du Code de commerce, l'**option** (que représente l'évaluation par équivalence) **doit être mentionnée dans l'annexe.** 36250

Aucune précision n'est apportée par les textes, ni par l'avis du CNC concernant son **premier exercice d'application.** À notre avis, s'agissant d'un changement de méthode, les règles générales s'appliquent (voir n° 8555 s.).

V. REVENUS DES TITRES (DIVIDENDES, PARTS DE RÉSULTAT, INTÉRÊTS)

Dès lors qu'ils sont acquis, même s'ils ne sont pas encore encaissés, les **revenus** des titres sont **constatés en produits.** 36300

Sur la comptabilisation des titres acquis avec intérêts courus, voir n° 36605.

> **Fiscalement** La solution est différente (voir ci-après chaque nature de revenu).

Les créances correspondant aux revenus acquis mais non encore encaissés constituent des **créances rattachées** aux titres qui les engendrent.

A. Dividendes et acomptes sur dividendes

DIVIDENDES
Date d'enregistrement 36315
I. Principe Sauf clause ou convention contraire, c'est à la **date de l'assemblée** ayant pris la décision de distribuer un dividende d'un montant déterminé que l'entreprise actionnaire peut se prévaloir d'un droit acquis et doit comptabiliser à son actif sa part de dividende à recevoir (en ce sens, Cass. com. 30-5-2018 n° 16-22.482 F-D).

> **Précisions** En effet, en principe (Mémento Sociétés commerciales n° 76452) dès que la décision de répartition est prise, l'associé est créancier du dividende, même si la mise en paiement n'est pas encore décidée (Bull. CNCC n° 93, mars 1994, EC 93-121, p. 132 s. confirmé par Bull. CNCC n° 94, juin 1994, EJ 94-98, p. 309 s.) et, sauf clause particulière, quelle que soit la date

d'émission des actions existant à la date de l'assemblée (voir ci-après « cessions »). Si les actionnaires ne renoncent pas individuellement à leur dividende, l'annulation de la décision de distribution des dividendes prise par l'assemblée générale constitue une irrégularité (Bull. CNCC n° 93 et 94 précités).

En revanche, une décision annulant rétroactivement l'affectation au compte de report à nouveau ne porte évidemment pas atteinte aux droits des actionnaires et peut être autorisée, dès lors qu'elle intervient avant la date limite de dépôt de la résolution, concernant cette affectation, au greffe du tribunal de commerce (Bull. CNCC n° 94 précité), c'est-à-dire dans le mois suivant la tenue de l'assemblée (C. com. art. L 232-23).

Après cette date limite, une AGO ne peut revenir sur une décision de distribution de dividende en vertu des droits acquis des actionnaires, sauf si le bénéfice devient fictif du fait d'irrégularités comptables découvertes postérieurement à la décision de distribution (Bull. CNCC n° 88, décembre 1992, EJ 92-169, p. 631 s.).

En cas de **cession de parts ou d'actions,** c'est l'acquéreur qui a droit aux dividendes non encore mis en distribution à la date de la cession (voir Mémento Sociétés commerciales n° 76454) ; d'où l'importance, en pratique, de préciser (par le conseil d'administration ; clause spécifique) la date de jouissance des actions nouvelles émises entre la date de clôture et l'assemblée (CA Paris 29-11-1996).

En cas de paiement du dividende en actions, voir n° 37800.

En cas de paiement du dividende en nature, voir n° 54037.

36320 **II. Conséquences pratiques**

a. Dès la décision de l'assemblée, les dividendes doivent être comptabilisés en produits (à recevoir).

À notre avis (application de C. com. art. L 123-21), **ne peuvent être compris dans les produits** :
– les dividendes figurant dans des projets de résolution, l'assemblée ne s'étant pas encore tenue ;
– les décisions de distribution intervenues entre la date de clôture de l'exercice et l'arrêté effectif des comptes.

> **Fiscalement** Il en est en principe de même. Toutefois, dans le cas où la décision de l'assemblée générale de distribuer des dividendes et leur mise en paiement n'interviennent pas au cours du même exercice pour la société bénéficiaire, une incertitude peut apparaître pour déterminer l'exercice de rattachement de ces dividendes, en l'absence de position claire de l'administration ou de la jurisprudence.

1. Date de l'assemblée générale Des cours administratives d'appel ont jugé qu'une société doit comprendre les dividendes dans le résultat imposable de l'exercice en cours à la date de l'assemblée générale ayant décidé de leur distribution, indépendamment de leur paiement, considérant qu'elle est à cette date titulaire d'une créance certaine (CAA Lyon 11-2-2014 n° 12LY02778 ; CAA Paris 27-6-2017 n° 15PA04635 définitif suite à CE (na) 16-5-2018 n° 412801). L'application de cette solution ne nécessite aucun retraitement extra-comptable.

2. Rattachement à retenir pour l'application du régime mères-filles Les dispositions de l'article 216 du CGI relatives à l'exonération des dividendes ouvrant droit au régime des sociétés mères et filiales visent expressément les produits « touchés » et « perçus », ce qui laisse penser que leur rattachement fiscal doit en principe intervenir au titre de l'exercice de l'encaissement.

En ce sens, l'administration fiscale a d'ailleurs indiqué, dans une position non reprise dans Bofip, que les produits doivent être pris en compte dans les résultats imposables à la date de leur perception, ce qui correspond d'une façon générale à la date de détachement du coupon (BODGI 4 K-1-83, position non reprise dans Bofip).

Lorsque l'assemblée générale de la société et la date de versement des dividendes n'interviennent pas au cours du même exercice, il convient alors, sur l'imprimé n° 2058-A :
– de déduire (ligne XG) les dividendes comptabilisés et non encore encaissés à la clôture de l'exercice ;
– de réintégrer (ligne WQ) les dividendes encaissés au cours de l'exercice et comptabilisés au cours de l'exercice précédent.

La date de paiement effectif des dividendes constitue également le fait générateur de la retenue à la source, à laquelle ils peuvent être assujettis, voir n° 54075.

Sur les conséquences en matière d'**impôts différés,** voir n° 52990.

Toutefois, la cour administrative de Paris a jugé que de tels dividendes doivent être rattachés au résultat de l'exercice au cours duquel la décision de distribution est intervenue, alors même qu'ils n'auraient été perçus que postérieurement à la clôture de l'exercice (CAA Paris 28-6-2023 n° 21PA03000).

b. Toutefois, **pour comptabiliser un produit à recevoir, il est nécessaire de le connaître.** D'où, à notre avis, les deux situations suivantes :

1. Titres de participation La définition des titres de participations implique l'exercice d'une influence ou le contrôle de la société (voir n° 35175 s.). De cette définition, découle la connaissance du dividende et donc du produit à constater. Ne pas le constater dès la décision de l'assemblée reviendrait donc à renier le classement comptable.

2. Autres titres (immobilisés ou de placement) Il peut paraître **acceptable** que, dans le cadre d'une gestion importante de portefeuille, le produit ne soit pas connu dès la décision de l'assemblée et, dès lors, de ne comptabiliser les dividendes que lors de leur **encaissement** (ce qui évite de suivre les délibérations de toutes les assemblées). Le fait de retenir l'encaissement comme fait générateur n'empêche pas toutefois, à notre avis, de retenir tous les dividendes encaissés jusqu'à l'arrêté des comptes (et donc connus à cette date), après s'être assuré qu'ils correspondent à des **décisions d'assemblée antérieures à la clôture.**

Comptabilisation   Les dividendes sont constatés en produits financiers (comptes 761, 762 ou 764 selon la nature des titres). En contrepartie, à défaut de compte prévu et d'indication dans les PCG, ces dividendes, du fait qu'ils ont le caractère de **créances rattachées à des participations** (tout comme les intérêts échus), nous paraissent pouvoir être inscrits, après la décision de distribution, aux comptes 2677, 2767 ou 5087 à créer, selon le classement comptable des actions.   36330

> **Fiscalement**   **1. Principe** Les dividendes constituent en principe un produit imposable pour l'entreprise qui les perçoit. Toutefois, dans le cadre du régime fiscal des sociétés mères (également appelé **régime « mère-fille »**), seule une **quote-part forfaitaire de frais et charges** de 5 % est comprise dans le résultat imposable, conformément à l'article 216 du CGI. Lorsque l'option pour ce régime est exercée, il convient de déduire extra-comptablement sur l'imprimé n° 2058-A (ligne XA) 95 % du montant des dividendes perçus. Il convient en outre d'indiquer distinctement sur l'imprimé n° 2058-A le montant de la quote-part de frais et charges dans la case 2A prévue à cet effet.
> Pour plus de détails sur le régime « mère-fille », voir n° 36340 s.
> **2. Dividendes perçus en provenance d'une société soumise à un impôt équivalent à l'IS dans un autre État de l'Union européenne ou de l'Espace économique européen et qui n'ouvrent pas droit au régime des sociétés mères et filiales** Ils sont déduits pour 99 % de leur montant lorsque les deux sociétés auraient pu appartenir à un même groupe fiscal si la filiale était établie en France, sous réserve que la non-appartenance de la société mère à un groupe fiscal ne résulte pas d'une absence d'option ou du défaut d'accord de ses filiales (CGI art. 223 B, 2ᵉ al.). Le montant neutralisé est alors déduit extra-comptablement sur l'imprimé n° 2058-A (ligne ZX).

> **Précisions**   Les dividendes (bénéficiant ou non du régime des sociétés mères) ne sont pas à prendre en compte au titre des produits financiers venant minorer l'assiette des charges financières nettes soumises, le cas échéant, à la **limitation générale de déduction** (BOI-IS-BASE-35-40-10-10 n° 290 ; sur ce régime, voir n° 42975). Il en est de même pour les intérêts non déductibles par la société versante en application de l'article 39, 1-3° du CGI lorsqu'ils ont été placés sous le régime d'exonération des sociétés mères (BOI-IS-BASE-35-40-10-10 n° 60 ; sur ce régime, voir n° 42560).

DIVIDENDES BÉNÉFICIANT DU RÉGIME FISCAL DES SOCIÉTÉS MÈRES

Les dividendes qui bénéficient du régime des sociétés mères peuvent, sur option, être **exonérés** d'IS, sauf à hauteur d'une quote-part de frais et charges (CGI art. 145 et 216 ; BOI-IS-BASE-10-10-10-10 ; BOI-IS-BASE-10-10-10-20 ; Mémento Fiscal n° 40850 à 41050).   36340

Ce régime vise à éviter que les bénéfices des filiales ne supportent une double imposition (lors de la réalisation du bénéfice par la filiale puis lors de sa distribution à la société mère).

Conditions d'accès   36345

I. Définition des sociétés mères   Peuvent avoir la qualité de société mère les entités assujetties totalement ou partiellement (CE 27-11-2019 n° 405496) à l'IS, de plein droit ou sur option, au taux normal ou au taux réduit des PME. Pour plus de détails, voir Mémento Fiscal n° 40900.
Sur la possibilité pour les établissements français de sociétés étrangères de bénéficier du régime des sociétés mères, voir n° 70595.

II. Filiales distributrices   Toutes les sociétés, quelle que soit leur forme juridique (à l'exception des sociétés de personnes relevant de l'art. 8 du CGI) et le lieu d'implantation de leur siège social, peuvent avoir la qualité de filiale pour l'application du régime. Pour plus de détails, voir Mémento Fiscal n° 40905.   36350

> **Précisions**   **a.** Le régime des sociétés mères peut être remis en cause sur le fondement de l'abus de droit si la filiale n'est pas dotée d'une **substance économique** ou a été créée uniquement dans le but de **transformer des produits normalement soumis à l'impôt sur les sociétés**

en dividendes ouvrant droit à l'exonération. Le bien-fondé d'une telle remise en cause a été reconnu dans le cas de l'interposition d'une société qui a pour objectif exclusif de transformer des intérêts imposables en produits de participation exonérés (CE 11-5-2015 n° 365564), ou d'une filiale qui a cessé toute activité et dont l'actif est uniquement constitué de trésorerie (CE 17-7-2013 n° 352989). Pour plus de détails sur les conséquences d'une distribution importante faisant suite à l'acquisition voir n° 37700.
b. Sur l'exclusion du régime des produits versés par des sociétés établies dans un ETNC, voir Mémento Fiscal n° 40965.

36355 **III. Conditions de détention de la filiale par la société mère** La société mère doit détenir une participation directe d'au moins 5 % au capital de sa filiale pour la possession, en pleine propriété ou en nue-propriété (CGI art. 145, 1-b), de titres revêtant la forme nominative ou déposés auprès d'un intermédiaire désigné par la loi (CGI art. 145, 1-a). Le régime s'applique aux titres assortis de droit de vote mais aussi (BOI-IS-BASE-10-10-20 n° 72) aux titres qui en sont dépourvus (actions de préférence, actions à dividendes prioritaires sans droit de vote, certificats d'investissement ou actions d'autocontrôle).

Le respect de ce seuil est apprécié à la date de mise en paiement des produits de la participation, qui correspond en pratique à celle de leur mise à disposition de l'associé (BOI-IS-BASE-10-10-10-20 n° 100 ; voir également, en ce sens, CE 26-1-2018 n° 408219).

> **Précisions a.** Le régime est applicable dès lors que la société mère détient 5 % du capital de sa filiale, même si le pourcentage de **droits de vote est inférieur à 5 %** (CE 5-11-2014 n° 370650), notamment en raison de droits de vote double octroyés à d'autres actionnaires (CE 3-12-2014 n° 363819).
> **b. Exceptions à l'exigence d'une détention de 5 % des titres** : le régime peut s'appliquer si, à la date de mise en paiement des dividendes, la participation au capital de la filiale est devenue inférieure à 5 % du fait de l'exercice d'options de souscription d'actions par les salariés dans les conditions prévues par l'article L 225-183 du Code de commerce, à condition que ce seuil soit de nouveau atteint à la suite de la première augmentation de capital suivant cette date et au plus tard dans un délai de trois ans. Sur les autres exceptions à l'exigence d'une détention de 5 % des titres, voir Mémento Fiscal n° 40915.
> **c. Exclusion pour l'appréciation du seuil de 5 %** des titres détenus en usufruit (voir n° 37615), empruntés ou prêtés (voir n° 37130), mis en pension (voir n° 37280), reçus ou remis en garantie. Pour plus de détails, voir Mémento Fiscal n° 40910.
> **d.** L'**exigence d'une détention directe** exclut les dividendes perçus par l'intermédiaire d'un GIE, y compris lorsque ses membres sont soumis à l'impôt sur les sociétés (voir n° 73575), ou par l'intermédiaire d'un general partnership américain assimilé à une société de personnes (CE 24-11-2014 n° 363556). En revanche, par exception, ce régime est applicable aux dividendes des titres détenus par l'intermédiaire d'une fiducie à certaines conditions (voir n° 74380).
> **e.** Pour l'appréciation du **niveau de participation de la société mère** au capital de la filiale :
> — en cas de **détention par la filiale de ses propres actions,** voir n° 37675 ;
> — en cas de **détention d'une filiale étrangère** répartie entre le siège social français de la mère et un de ses établissements stables étrangers, voir n° 70370.

36360 **Produits exonérés**
I. Définition des produits concernés La totalité des produits perçus par la société mère en sa qualité d'actionnaire est exonérée d'IS, sous réserve de l'obligation de réintégrer au résultat imposable une quote-part forfaitaire de frais et charges (CGI art. 216 ; pour plus de détails, voir Mémento Fiscal n° 40950 à 40965). Sont donc concernés :
– les dividendes annuels et les acomptes sur dividendes, y compris si leur montant s'avère en définitive supérieur au résultat distribuable (CE 12-4-2019 n° 410315) ;
– le boni de liquidation et les distributions de réserves, dès lors que le versement de ces sommes procède de droits attachés à leur participation (CE 6-6-1984 n° 35415 et 36733).

Sur l'exclusion du régime des produits :
– des titres détenus en usufruit, voir n° 37615 ;
– répartis par certaines entités dotées d'un statut spécial (CGI art. 145), voir Mémento Fiscal n° 40965.

Sur les conséquences d'un prêt de titres, voir n° 37130.

> **Précisions a. Distributions irrégulières** La jurisprudence est divisée sur l'application du régime des sociétés mères aux distributions irrégulières au sens du Code de commerce (TA Paris 31-10-2014 n° 1313791, 1313792 et 1313794 et CAA Bordeaux 6-10-2015 n° 13BX01909 ; sur la notion de distribution régulière, voir CE 11-5-2015 n° 369257 et CAA Marseille 24-3-2016 n° 14MA03204, rendus en matière d'impôt sur le revenu).
> **b. Montages** L'administration peut écarter les conséquences fiscales des montages ou séries de montages qui, mis en place avec pour **objectif principal** ou un de leurs objectifs principaux d'obtenir un **avantage fiscal allant à l'encontre**

de l'objet ou de la finalité du droit fiscal applicable, ne sont pas authentiques compte tenu de l'ensemble des faits et circonstances pertinents (CGI art. 205 A). Cette clause anti-abus générale permet notamment la remise en cause du régime des sociétés mères dans les situations visées.

S'agissant des intérêts non déductibles par la partie versante en application de l'article 39, 1-3° du CGI, voir n° 36330.

II. Imposition d'une quote-part de frais et charges Les produits ouvrant droit au régime des sociétés mères donnent lieu à la taxation d'une quote-part de frais et charges calculée au taux de 5 % sur le produit total des participations, crédits d'impôts étrangers compris, quel que soit le montant des frais et charges effectivement supportés par la société mère (CGI art. 216 et 223 B ; BOI-IS-BASE-10-10-20 n° 150 et 160). Le taux de cette quote-part de frais et charges est ramené à 1 % pour les distributions effectuées entre sociétés intégrées fiscalement. **36365**

> **Précisions** Le taux de 1 % s'applique également aux distributions effectuées par une filiale implantée dans un des pays de l'Espace économique européen (autre que la France) :
> – au profit d'une **société membre d'un groupe fiscal** dès lors que la filiale satisfait aux conditions autres que l'assujettissement à l'IS pour appartenir au même groupe fiscal que la société mère ;
> – au profit d'une **société non membre d'un groupe fiscal**, pour une raison autre que l'absence d'exercice des options exigées, lorsque la filiale distributrice aurait pu constituer un groupe fiscal avec la société mère si elle avait été assujettie à l'IS (CGI art. 216). Il résulte toutefois d'une décision de la CJUE que ce taux s'applique également aux dividendes perçus par une société mère française qui aurait pu opter pour l'intégration fiscale (CJUE 11-5-2023 aff. 407/22 et 408/23). L'article 216 du CGI est jugé sur ce point contraire à la liberté d'établissement ce qui ouvre, à notre avis, des possibilités de réclamation.

Sur la faculté d'imputer les crédits d'impôt étrangers sur l'IS dû au titre de la quote-part de frais et charges, voir n° 36400 II-b.
Pour plus de détails, voir Mémento Fiscal n° 40970.

III. Obligation de conservation des titres L'exonération des dividendes prévue par le régime des sociétés mères revêt un caractère définitif lorsque les titres sont conservés pendant un **délai minimal de deux ans** (CGI art. 145, 1-c). Toutefois, cette obligation de conservation ne porte que sur le socle de 5 % du capital de la filiale donnant accès au statut de société mère (CE 15-12-2014 n° 380942 ; BOI-IS-BASE-10-10-10-20 n° 210). Pour plus de détails, voir Mémento Fiscal n° 41000 à 41005. **36370**

> **Précisions** **a.** Une société peut bénéficier du régime des sociétés mères **dès la première année de détention des titres**, dès lors qu'elle conserve pendant au moins deux ans 5 % du capital de la filiale (TA Montreuil 15-6-2015 n° 1307241).
> **b.** Le **non-respect de l'obligation de conservation des titres** entraîne la déchéance rétroactive du bénéfice du régime. Toutefois il est fait exception à cette règle en cas de réalisation :
> – d'apports de titres réalisés dans le cadre d'opérations de restructuration placées sous le régime de faveur de l'article 210 A du CGI (apport partiel d'actif, fusions ou scissions réalisées avec ou sans échange de titres ; pour plus de détails, voir Mémento Fusions & Acquisitions n° 7802 et 7812) ;
> – d'échanges de titres résultant de l'absorption de la filiale par une société tierce placée sous le sursis d'imposition de l'article 38,7 bis du CGI (pour plus de détails, voir Mémento Fusions & Acquisitions n° 8710) ;
> – de l'annulation de titres à l'occasion d'une fusion ou scission sans échange de titres, voir Mémento Fusions & Acquisitions n° 8740 et 9643 ;
> – d'échanges de titres réalisés à l'occasion d'une OPE, placés sous le régime de l'article 38, 7 du CGI (CGI art. 145, 1-c ; BOI-IS-BASE-10-10-10-20 n° 260 à 280) ;
> – d'attributions de titres placées sous le régime de l'article 115, 2 du CGI (pour plus de détails, voir Mémento Fusions & Acquisitions n° 10190) ;
> – d'annulation de titres de la filiale résultant d'une fusion placée sous le régime de faveur avec sa société mère (pour plus de détails, voir Mémento Fusions & Acquisitions n° 8310) ;
> – de mise en fiducie de titres (voir n° 74380) ;
> – de divisions d'actions, sous certaines conditions (voir n° 37205).
> Pour plus de détails, voir Mémento Fiscal n° 41005.
> **c.** Constituent une **rupture de l'obligation de conservation des titres** les prêts de titres (voir n° 37130), les mises en pension (voir n° 37280) ou les remises en garantie des titres.

IV. Option pour le régime des sociétés mères L'option pour le régime des sociétés mères a un caractère annuel (BOI-IS-BASE-10-10-10 n° 30) et n'est soumise à aucun formalisme. Elle découle normalement des mentions portées sur la liasse fiscale (BOI-IS-BASE-10-10-20 n° 110) et peut être exercée jusqu'à l'expiration du délai de réclamation si la société n'a pas expressément renoncé au régime (CE 20-12-2017 n° 414974). Elle doit être **36375**

exercée pour l'ensemble des dividendes reçus d'une même filiale mais le choix peut varier d'une filiale à l'autre (en ce sens, Rapport AN n° 2945 de 1992, p. 220). Pour plus de détails, voir Mémento Fiscal n° 41050.

ACOMPTES REÇUS SUR DIVIDENDES

36390 Le versement de tels acomptes, expressément autorisés par la loi (C. com. art. L 232-12, al. 2), est licite sous réserve du respect de certaines conditions (voir n° 54050 s. ; Mémento Sociétés commerciales n° 76423 à 76426).

a. Bénéficiaire de l'acompte Conformément à la jurisprudence sur les dividendes (voir Mémento Sociétés commerciales n° 76452 et CA Paris 6-5-1993 n° 91-21958), les actionnaires ont un droit acquis aux acomptes sur dividendes dès que leur distribution est décidée par le conseil d'administration, le directoire ou les gérants, selon le cas, la répartition des acomptes relevant de ces organes et non de l'assemblée générale (Note d'information CNCC NI.XII « Le commissaire aux comptes et les opérations relatives aux dividendes », décembre 2011, 1re partie, § 1.5).

Dans les SAS, ce sont les présidents ou les dirigeants désignés à cet effet par les statuts qui ont cette compétence (C. com. art. L 227-1 al. 3).

> **Précisions 1. Cession d'actions** Le bénéficiaire des acomptes est le propriétaire des actions au jour de la décision de distribution desdits acomptes (voir Mémento Sociétés commerciales n° 76423). Ainsi, si les actions sont cédées **postérieurement** à la décision de distribuer des acomptes, ceux-ci restent acquis aux cédants (NI.XII précitée, 1re partie, § 4.2).

> **2. Actions démembrées** Si les actions sont démembrées au moment de la décision de distribution d'acomptes sur dividendes et si le paiement des acomptes est opéré en numéraire, l'**usufruitier** sera, sauf convention contraire entre le nu-propriétaire et l'usufruitier, le bénéficiaire de l'acompte (NI.XII précitée, 1re partie, § 4.3).

b. Comptabilisation du droit acquis Il en résulte, à notre avis, que les acomptes sur dividendes sont à inscrire en créances rattachées à des participations (en contrepartie d'un produit financier) **dès la décision de répartition** prise par l'organe habilité à décider la distribution des acomptes sur dividendes avant même leur mise en paiement.

En conséquence, dès lors que la décision intervient après la clôture de l'exercice, les acomptes ne peuvent être enregistrés en produits sur l'exercice clos.

Sur la possibilité de provisionner l'impôt correspondant, voir n° 52990.

> **Fiscalement** S'agissant de la possibilité de bénéficier du régime des sociétés mères à raison des acomptes sur dividendes, voir n° 36360.

> **Précisions Liquidation avec versement d'acomptes sur boni** Dans certains cas (notamment lorsqu'il y a des actifs immobiliers à réaliser) la société en liquidation est amenée à distribuer des acomptes sur boni en cours de procédure, au fur et à mesure de la réalisation des immeubles. À notre avis, l'acompte doit être comptabilisé comme un acompte sur dividende classique, en produits financiers dès la décision prise par l'organe habilité à décider leur distribution.

RETENUE À LA SOURCE SUR LES DISTRIBUTIONS ET CRÉDIT D'IMPÔT

36400 **I. Distributions de source étrangère et crédit d'impôt attaché à ces distributions** Les dividendes de source étrangère sont souvent soumis à une retenue à la source. Lorsque la convention fiscale liant la France à l'État d'établissement de la société distributrice le prévoit, ils ouvrent droit à un crédit en France, d'un montant égal à celui de la retenue à la source.

Pour plus de détails, voir Mémento Fiscal n° 82850.

II. Comptabilisation du crédit d'impôt Les deux solutions ci-après (antérieurement applicables à l'avoir fiscal disparu), sont, à notre avis, applicables au crédit d'impôt :

a. En principe, c'est **le revenu brut** (crédit d'impôt compris) qui devrait être comptabilisé (voir n° 36410).

On notera d'ailleurs que le PCG, dans la liste des comptes 76 « Produits financiers », n'utilise que le terme « revenus ».

> **Fiscalement** En effet, le crédit d'impôt effectivement imputable constitue un revenu imposable au même titre que le dividende y ouvrant droit et doit donc être ajouté à ce produit (BOI-RPPM-RCM-20-10-20-60 n° 90). Sur la prise en compte du crédit d'impôt pour le calcul de la quote-part de frais et charge dans le régime des sociétés mères, voir n° 36365.

Sur la possibilité ou non, pour une société qui perçoit des revenus de source étrangère (comptabilisés pour leur montant brut) de déduire la retenue à la source prélevée dans l'État de la source lorsqu'elle ne peut pas l'imputer sur l'IS, voir n° 11885.

b. Cependant, le crédit d'impôt n'est pas restituable et ne s'impute que sur l'impôt effectivement dû au titre de ces revenus. Il ne s'agit donc pas, en cours d'exercice, d'une créance certaine quant à son montant. On peut envisager, en fin d'exercice, d'intégrer dans les revenus mobiliers le crédit d'impôt effectivement imputable, mais alors le résultat courant est déterminé en fonction du résultat fiscal de la société.

Le crédit d'impôt présente donc un caractère éventuel qui s'oppose, selon les principes juridiques français, à son incorporation au crédit d'un compte de résultat (Bull. CNCC n° 5, mars 1972, p. 126 s. ; position retenue au sujet de l'avoir fiscal disparu et transposable, à notre avis, au crédit d'impôt). En conséquence, la comptabilisation du **revenu net** (sans tenir compte du crédit d'impôt) est **également possible** (voir n° 36410 et 36420).

> **Fiscalement** Les sociétés peuvent prendre en compte les dividendes qu'elles encaissent :
> – soit pour leur montant net, abstraction faite du crédit d'impôt, auquel cas la somme à imputer est de 75 % du crédit d'impôt compte tenu du taux d'IS à 25 % (CGI ann. II art. 136 ; BOI-IS-RICI-30-10-20-10 n° 10 et 20) ;
> – soit pour leur montant brut, crédit d'impôt compris, ce dernier étant alors imputable en totalité (BOI-IS-RICI-30-10-20-10 n° 1).
> Sur la règle dite « du butoir », voir Mémento Fiscal n° 36155.

1. Base d'imputation du crédit d'impôt Le crédit d'impôt est imputable sur l'IS dû au taux normal ou au taux réduit (CE 26-6-2017 n° 406437 et n° 386269), sans distinguer selon que le résultat est bénéficiaire ou déficitaire (CAA Versailles 27-5-2021 n° 17VE02205), et selon les modalités prévues par la convention internationale applicable. Mais une société déficitaire ne peut reporter l'imputation de ses crédits d'impôts non utilisés sur un exercice bénéficiaire ultérieur (CE 8-3-2023 n° 456349).

Lorsque la convention prévoit l'imputation du crédit d'impôt sur les impôts de même nature que l'IS, il est imputable sur la CSB de 3,3 % (voir n° 52635) et l'ordre d'imputation sur chacune de ces impositions est libre (BOI-IS-AUT-10-30 n° 100).

2. Crédit d'impôt attaché aux produits de filiales étrangères perçus par des sociétés mères
Après avoir prononcé l'illégalité de la **doctrine administrative** (BOI-IS-BASE-10-10-20 n° 100) suivant laquelle la réintégration au résultat imposable d'une quote-part de frais et charges afférente aux produits de participation bénéficiant du régime des sociétés mères (voir n° 36340 s.) ne peut s'analyser comme conduisant à l'imposition d'une partie des dividendes (CE 5-7-2022 n° 463021), le Conseil d'État a admis l'imputation des crédits d'impôt étrangers sur une fraction de **l'impôt dû à raison de la quote-part de frais et charges** lorsque son montant excède le montant des **frais réellement exposés pour l'acquisition ou la conservation des produits** de participation. L'imputation est possible à hauteur du produit du taux de l'IS par la différence entre la quote-part forfaitaire et le montant des frais réellement exposés (CE 7-4-2023 n° 462709).

Le crédit d'impôt attaché aux produits reçus des filiales étrangères ouvrant droit au régime des sociétés mères peut également être imputé sur la **retenue à la source** dont la société mère est éventuellement redevable en cas de **redistribution** de ces produits à ses propres actionnaires étrangers au cours des exercices clos dans un délai de cinq ans suivant leur perception (BOI-RPPM-RCM-30-30-20-50 n° 30).

3. Cas particulier d'une société étrangère domiciliée en France La retenue à la source sur les dividendes versés par une société dont le siège social est à l'étranger mais qui est considérée comme domiciliée en France au sens de la convention fiscale n'ouvre pas droit au crédit d'impôt conventionnel, mais est déductible du montant des dividendes imposables en France (CE 15-3-2023 n° 449723).

Comptabilisation du revenu brut, crédit d'impôt compris

36410 Cette comptabilisation (qui est possible que la société soit fiscalement bénéficiaire ou déficitaire) correspond au principe initialement énoncé, la contrepartie du crédit d'impôt constituant une charge d'impôt (à enregistrer, à notre avis, dans une subdivision au compte 695).

> **Fiscalement** L'impôt est à réintégrer sur l'imprimé n° 2058-A.

La comptabilisation du revenu brut, crédit d'impôt compris présente :
– l'avantage d'améliorer, sur le plan comptable, le résultat courant ;
– mais l'inconvénient d'augmenter, le cas échéant, la charge globale de l'impôt dû au travers d'une majoration de la CSB de 3,3 % (voir n° 52635) lorsque celle-ci est due ;
– a un impact sur le calcul de la participation.

EXEMPLE

Une société, passible de l'IS au taux normal de 25 %, ne bénéficiant pas du régime des sociétés mères, a droit à des dividendes de source étrangère pour un montant de 100 (+ crédit d'impôt de 11 correspondant à une retenue à la source de 10 %). Le crédit d'impôt étant compris dans le résultat comptable, l'impôt sur les sociétés avant imputation du crédit d'impôt s'élève, par hypothèse, à 27,5 [(100 + 11) × 25 %] :

	444 État Impôts/ bénéfices	2677 2767 5087 Dividendes	761 ou 764 Revenus des titres	695 Impôts sur les bénéfices
En cours d'exercice : Dividendes		100	111	11
En fin d'exercice (2) : Impôt sur les sociétés	16,5			16,5 (1) 27,5

(1) 27,5 = charge d'impôt telle qu'elle aurait été sans imputation du crédit d'impôt.
> **Fiscalement** Les 27,5 sont à réintégrer.
(2) S'il n'y a pas d'impôt en fin d'exercice, aucune écriture n'est à passer, les 11 correspondant au crédit d'impôt restant comptabilisés en « Impôts ».
> **Fiscalement** Les 11 doivent être réintégrés lorsque cet impôt a été acquitté en France conformément à une convention fiscale (CGI art. 31, 1-4°).

36415 **Comptabilisation du revenu net, sans tenir compte du crédit d'impôt**
C'est la méthode la plus simple ; elle est applicable dans tous les cas ; elle n'a pas d'incidence sur le montant des produits financiers et sur le résultat courant.

EXEMPLE

Reprise de l'exemple précédent, mais le crédit d'impôt n'étant pas compris dans le résultat comptable, l'IS au taux normal de 25 % (après taxation des dividendes et avant déduction de 75 % du crédit d'impôt) s'élève à 25.

	444 État Impôts/ bénéfices	2677 2767 5087 Dividendes	761 ou 764 Revenus des titres	695 Impôts sur les bénéfices
En cours d'exercice : Dividendes à recevoir		100	100	
En fin d'exercice Impôt sur les sociétés (1)	16,7			16,7

(1) 16,7 = 25 − (11,1 × 75 %).
> **Fiscalement** Les 16,7 sont à réintégrer.

> **Précisions** **Enregistrement de dividendes soumis à différents régimes d'imposition** Les sociétés qui perçoivent à la fois des dividendes imposés suivant le régime des sociétés mères et des dividendes imposés suivant le régime de droit commun ont intérêt, à notre avis, à utiliser deux sous-comptes distincts pour leur enregistrement en produits.

36420 **Comptabilisation du revenu net du crédit d'impôt, mais suivi au bilan**
Pour s'assurer qu'elles tiennent compte de tous leurs crédits d'impôts, les entreprises peuvent également procéder de la manière suivante :
– lors de la décision de distribution des dividendes, la fraction des crédits d'impôts imputable est débitée au compte 444 « État – Impôts sur les bénéfices » par le crédit d'un compte d'attente, par exemple 475 × « Crédits d'impôts à régulariser » ;
– lors de la comptabilisation de l'IS, le compte 475 est soldé.

EXEMPLE

Reprise de l'exemple ci-avant.

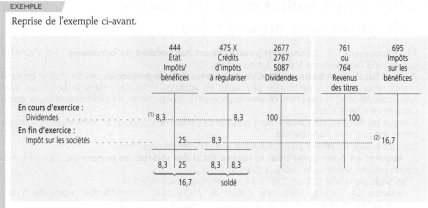

(1) 8,3 = 11,1 × 75 % = crédit d'impôt imputable.
(2) 16,7 = 100 × 25 % − 8,3 = IS dû.

B. Cas particuliers de prise en compte de revenus de filiales soumises à l'IS

Résultats fiscaux de filiales étrangères soumises à l'IS ou à un impôt équivalent
36430
Les pertes ou bénéfices réalisés par des filiales soumises à l'IS ou à un impôt équivalent ne sont **pas comptabilisés** dans le résultat de la société mère, hormis indirectement, par le biais de la comptabilisation d'une dépréciation en cas de pertes ou d'un dividende approuvé par l'assemblée générale en cas de bénéfice.

> **Fiscalement** **a. Principe** Il en est, en principe, de même, pour les bénéfices, comme pour les pertes. Selon l'administration, les résultats d'une entreprise imposable en France ne peuvent en principe être affectés par les pertes et déficits qui se rattachent à une exploitation étrangère dont le résultat échappe à l'impôt français (BOI-IS-CHAMP-60-10-40 n° 500).

b. Exceptions
1. Bénéfices des filiales établies dans un État à régime fiscal privilégié Les bénéfices réalisés par certaines filiales établies dans un État à régime fiscal privilégié sont réintégrés **de manière extra-comptable** dans le résultat imposable de leur société mère (CGI art. 209 B ; voir Mémento Fiscal n° 78280).
2. Pertes subies par des filiales étrangères La Cour de justice des communautés européennes a posé le principe suivant lequel les **pertes** subies par des filiales établies dans un autre État membre sont déductibles du résultat imposable en France lorsqu'elles sont **définitives** et ne peuvent plus être prises en compte au titre de l'exercice concerné ou d'exercices passés ou futurs chez la filiale (CJCE 13-12-2005 aff. 446/03). La jurisprudence mène toutefois une appréciation très stricte du caractère définitif de ces pertes, qui n'est pas établi s'il reste possible de les valoriser économiquement en les transférant à un tiers avant la clôture de la liquidation (CJUE 19-6-2019 aff. 608/17).
Une société soumise à l'IS peut également imputer sur son résultat les pertes subies par un établissement stable (CJUE 12-6-2018 aff. 650/16) sous réserve que l'État du siège n'ait pas renoncé à imposer les résultats des établissements stables non-résidents en vertu d'une convention fiscale (CJUE 22-7-2022 aff. 538/20).
La cour administrative d'appel de Versailles a jugé que cette imputation n'est pas subordonnée à l'impossibilité de valoriser les pertes auprès d'un tiers, dès lors que l'établissement ne peut en principe céder que ses éléments d'actifs (CAA Versailles 9-6-2022 n° 19VE03130).
Pour plus de détails sur cette question, voir BIC-XIV-380 s.

C. Parts de résultat dans une société de personnes ou assimilée

36480 ▸ **Juridiquement** **1. Constituent juridiquement des sociétés de personnes** : les SNC ainsi que les SCS (voir Mémento Sociétés commerciales n° 19).
2. Sont fiscalement transparentes, comme les sociétés de personnes : les sociétés et groupements entre quelques personnes physiques ou morales s'intégrant dans le processus économique : sociétés civiles (immobilières, de moyens), groupements d'intérêt économique, groupements d'intérêt public.
Chaque membre est personnellement passible de l'IR (ou de l'IS) pour la fonction de son résultat correspondant à sa participation.
Elles sont donc assimilées comptablement aux sociétés de personnes.
3. Peuvent en outre opter pour le régime fiscal des sociétés de personnes, sous certaines conditions, les sociétés de capitaux suivantes :
– les SARL de famille (CGI art. 239 bis AA ; voir Mémento Fiscal n° 36960) ;
– certaines SA, SAS et SARL non cotées de petite taille créées depuis moins de 5 ans (CGI art. 239 bis AB ; BOI-IS-CHAMP-20-20-20 ; voir Mémento Fiscal n° 36980).

La comptabilisation des revenus tirés de la participation financière dans ces personnes morales a fait l'objet de recommandations préconisant un traitement identique :
– sociétés de personnes et sociétés civiles : Bull. CNC n° 20, octobre 1974, p. 7 ;
– sociétés en nom collectif : Bull. CNCC n° 38, juin 1980, EC 79-37, p. 248 s.
En ce qui concerne les GIE, voir n° 38380.
Sur le traitement comptable particulier des sociétés en participation, voir n° 74220 s.
Leurs **résultats** ne sont **appréhendés** par leurs membres que pour autant qu'une **décision de distribution** soit intervenue, la situation étant différente selon qu'ils sont bénéficiaires (voir n° 36485 s.) ou déficitaires (voir n° 36530 s.).

▸ **Fiscalement** Les sociétés de personnes ont la particularité d'être fiscalement transparentes ou translucides : ainsi sauf en cas d'option de la société ou du groupement pour l'IS, chacun de ses membres est personnellement passible de l'IR (ou de l'IS) pour la fraction du résultat correspondant à sa participation (CGI art. 8, 60 et 238 bis K).
a. Détermination de la quote-part de résultat des associés soumis à l'IS Pour déterminer la part de résultat de la société de personnes revenant aux associés soumis à l'IS, il convient :
– de calculer la quote-part de résultat leur revenant compte tenu de leur participation ;
– puis de pratiquer certains retraitements résultant des régimes de limitation des charges financières.
Sur ces retraitements, voir n° 42985 et 42560 et DC-V-1340 à 1520.
b. Date d'acquisition du résultat Les résultats sont réputés acquis par les associés à la date de leur réalisation, **donc dès la date de clôture de l'exercice de la société de personnes,** indépendamment de toute décision de distribution du résultat (CGI art. 8, 239 quater, 8 bis et 1655 ter). Sur l'impact de cette appréhension immédiate des résultats sur le calcul de la plus-value de cession des parts, voir n° 36785.

Le PCG (art. 833-14/3) prescrit une information dans l'annexe sur les quotes-parts de résultat sur opérations faites en commun.

PRISE EN COMPTE D'UNE QUOTE-PART DE RÉSULTAT BÉNÉFICIAIRE

36485 **Principe de comptabilisation** Il convient, selon les réponses des organismes précités (voir n° 36480), d'appliquer les solutions suivantes :

I. À la **date d'arrêté des comptes** de la personne morale, ses membres ne doivent passer **aucune écriture** : la réalisation de ce bénéfice n'a pas fait naître un droit en leur faveur, mais une simple vocation au bénéfice.

II. Lorsque l'associé a eu connaissance de la décision de distribution (et non pas à la date de mise en paiement effective), il comptabilise la créance acquise de ce fait (**compte 761 « Produits de participation »,** subdivision 7616 « Revenus des autres formes de participation »).

▸ **Fiscalement** **a.** Cette part de bénéfice est considérée comme **réalisée** par l'entreprise membre (et donc imposable au nom de celle-ci) **dès la date de clôture** de l'exercice de la société de personnes.
Cette imposition est donc indépendante :
– de la date de décision de distribution du résultat ;
– et de la décision elle-même de distribuer ou non.

b. Associés bénéficiaires de la répartition : la répartition du résultat fiscal est faite **entre les seuls associés présents à la clôture** conformément à leurs droits résultant soit du pacte social soit d'un acte ou d'une convention contraire antérieur à la clôture et prévoyant une répartition différente (CE 26-4-1976 n° 93212 ; CE 6-10-2010 n° 307969). Un **événement postérieur à l'année d'imposition,** tel que l'annulation judiciaire d'un acte de cession de parts, est sans incidence sur le bien-fondé de l'imposition établie d'après la répartition des droits entre les associés à la clôture de l'exercice qui résultait de cette cession (CE 20-7-2021 n° 434029).

En cas **de retrait d'un associé en cours d'exercice,** l'administration (BOI-BIC-CHAMP-70-20-10-20 n° 160) et la jurisprudence (CE 28-3-2012 n° 320570) s'opposent, pour le calcul de l'impôt, à la répartition prorata temporis, par un acte antérieur à la clôture, des résultats entre les associés présents à la clôture de l'exercice et ceux ayant cédé leurs parts au cours de cet exercice. Ainsi, la rétrocession conventionnelle d'une quote-part de bénéfice à la clôture de l'exercice représente pour le nouvel associé une utilisation de son revenu et s'analyse comme un élément du prix d'acquisition de ses parts (Rép. Chollet : AN 26-2-1996, non reprise dans Bofip ; CAA Bordeaux 28-12-2006 n° 04-488 définitif suite à CE (na) 29-2-2008 n° 302209).

Il en résulte, chez les membres, des **divergences** entre la date de prise en compte en comptabilité de la quote-part du résultat bénéficiaire, et son imposition effective, **lorsque** :
– la décision de distribution intervient après la clôture de l'exercice ;
– il n'y a pas de distribution du résultat bénéficiaire.

Nous présentons ci-après (voir n° 36490) les conséquences de ces divergences sur les comptes des membres, suivies des solutions proposées pour y remédier (voir n° 36510).

Conséquences des divergences des règles comptables et fiscales sur les comptes   36490
Elles sont mises en évidence par l'exemple ci-après.

EXEMPLE

— Société de personnes A ayant une activité commerciale :
année 1 : résultat comptable 100, résultat fiscal 140 ;
année 2 : résultats comptable et fiscal : néant.
— Société B, détenant 100 % des parts de A :
L'IS au taux normal est de 25 % (abstraction faite de la contribution sociale).
Il est supposé que la société B n'a pas d'autres résultats que ceux réalisés par sa filiale A.

Selon que les bénéfices de la société A ont été distribués ou non, les **résultats de la société B** sont les suivants :

Année	Résultat Comptable avant impôt	Fiscal	Comptable après impôt
Année 1			
a) distribution 100	100	140	65 *
b) distribution 50	50	140	15 **
c) non-distribution	0	140	(35) ***
Année 2			
a) non-distribution	0	0	0
b) distribution 50	50	0	50
c) distribution 100	100	0	100

* 65 = 100 − (140 × 25 %)
** 15 = 50 − (140 × 25 %)
*** (35) = 0 − (140 × 25 %)

Les divergences entre les règles comptables et fiscales ont donc pour conséquence dans certains cas, comme le montre notre exemple, de faire apparaître une perte comptable alors que la société de personnes est bénéficiaire, ce qui à notre avis est regrettable.

> **Fiscalement** Sur l'imprimé n° 2058-A de l'associé (soumis à l'IS) de la société de personnes, en cas de divergence, il en résulte les corrections extra-comptables suivantes :
> – réintégration (ligne K7 et case WL) de la quote-part du bénéfice fiscal de l'exercice non comptabilisée ;
> – déduction (ligne XG), les exercices suivants lors des distributions ultérieures, des produits comptabilisés et déjà imposés.

Solutions proposées pour pallier les conséquences des divergences entre règles comptables et fiscales   36510
La doctrine est très partagée et chaque solution fait l'objet de critiques.

36510 (suite)

I. Prise en compte immédiate de la quote-part bénéficiaire dès lors que l'assemblée de la société de personnes se tiendra avant la date d'arrêté des comptes de la société membre Cette solution revient à constater un produit **probable** à la clôture de l'exercice, mais qui deviendrait certain avant la date d'arrêté des comptes.

Le bulletin CNCC (n° 38, juin 1980, EC 80-08, p. 253 s.) la réfute en précisant que ce produit ne peut, en principe, être comptabilisé que dans les comptes de l'exercice suivant, celui-ci n'étant que **probable** à la clôture.

En revanche, le Comité juridique de l'Ansa (du 1-4-1987 n° 2386) défend cette position de la manière suivante, dans le cas de **sociétés fermées où les associés sont peu nombreux** : « en vertu de la règle comptable qui oblige à tenir compte des événements significatifs postérieurs à la clôture de l'exercice, mais liés à des conditions existantes à la date de clôture, règle qui jouait jusqu'à présent pour des événements négatifs (C. com. art. L 123-20, al. 3), il devrait être possible, dès lors que les comptes de la SNC sont approuvés, de prendre en considération, automatiquement et rétroactivement à la clôture de l'exercice, dans les comptes de la SA, la quote-part des bénéfices réalisés par la SNC au cours de cet exercice, sous forme d'un compte spécial de produits de participation à recevoir (par exemple). Ainsi, l'article L 123-21 du Code de commerce serait respecté : seuls les bénéfices réalisés à la date de clôture d'un exercice peuvent être inscrits dans les comptes annuels. »

Le raisonnement développé ci-avant (par l'Ansa) est-il correct ? À notre avis, oui. En effet, contrairement à d'autres produits probables (exemples : les gains de change, les indemnités à recevoir de jugement, etc.) pour lesquels l'entreprise membre ne décide pas de l'évolution des charges ou du jugement, on notera qu'un **associé unique participe au contraire seul à la décision de l'assemblée de la société de personnes.** Ainsi, dès lors que la décision post-clôture est exclusivement sous le contrôle de l'associé unique et que le montant est définitivement connu à la date d'arrêté des comptes, le produit devrait pouvoir être considéré non pas comme probable, mais comme certain à la clôture (voir n° 10350).

II. Clause prévoyant dans les statuts de la société de personnes l'affectation systématique des résultats (bénéfice ou perte) aux associés Cette solution permet de « remonter » le résultat comptable en même temps que le résultat fiscal. Il apparaît toutefois nécessaire que l'approbation des comptes de la société de personnes s'effectue avant celle de la société mère.

Sur le plan comptable, cette **solution** est **possible** ; en effet, le bénéfice peut être constaté, celui-ci étant certain dans son principe à la clôture même si son montant ne l'est pas (mais il le sera avant l'arrêté des comptes, l'assemblée de la SNC ayant alors approuvé les comptes).

> **Précisions 1. Résultat arrêté par la société** La quote-part de résultat est comptabilisée sur la base du résultat comptable tel qu'il apparaît dans les comptes annuels arrêtés par la société, **sans aucun retraitement** (Bull. CNCC n° 193, mars 2019, EC 2019-04, p. 127). En effet, le PCG ne prévoit pas la possibilité de retraiter les principes comptables appliqués dans les comptes annuels de la société, notamment pour les aligner sur les principes comptables de l'associé.
> **2. Impact des changements de méthode comptabilisés dans le report à nouveau** En cas de clause statutaire prévoyant l'affectation automatique et intégrale du résultat d'une SNC, le report à nouveau débiteur ou créditeur du fait d'un changement de méthode est affecté aux comptes courants des associés de manière identique au résultat de l'exercice (Bull. CNCC n° 142, juin 2006, EJ 2006-55, p. 382 s.).
> **3. Cette solution est toutefois contestée par certains juristes** (qui estiment que cela revient à priver l'assemblée générale de la société de personnes de ses droits).
>
> La Chancellerie, dans une lettre à la CNCC (publiée dans le Bull. CNCC n° 65, mars 1987, p. 9 s.), considère qu'en pratique une clause prévoyant une distribution systématique :
> – sans condition résolutoire, « devrait être écartée » ;
> – avec condition résolutoire, « est moins critiquable que la clause ne prévoyant pas de condition, bien que la possibilité d'aménager de la sorte les pouvoirs des organes d'une SNC paraisse incertaine », et renvoie à l'appréciation souveraine des juridictions le soin de se prononcer sur la licéité de cette pratique.
> Il convient de noter que si cette opinion venait à être confirmée par une décision jurisprudentielle, ces pratiques pourraient entraîner le **délit de présentation de comptes annuels ne donnant pas une image fidèle** (du fait du non-respect de l'article L 123-21 du Code de commerce : « seuls les bénéfices réalisés à la date de clôture d'un exercice peuvent être inscrits dans les comptes annuels ») et éventuellement le délit de distribution de dividendes fictifs.

Dans ce cas, les bénéfices et les pertes de la société de personnes sont considérés comptablement comme **des produits et charges financiers** (comptes 761 et 661) dans les sociétés membres par le débit du compte 268 « Créances rattachées à des participations » (ou le crédit du compte 17 « Dettes rattachées à des participations »).

Si les sociétés de personnes résultent d'un démembrement de l'activité ou constituent le prolongement de l'activité des membres, il est possible, à notre avis, de constater les résultats d'exploitation aux comptes 75 et 65 (« quotes-parts de résultat sur opérations faites en commun ») dans une subdivision intitulée « quote-part des résultats des sociétés de personnes », à classer respectivement en « Autres produits » et « Autres charges » dans le compte de résultat.

Sur les **conséquences** de cette clause sur les comptes de la **société de personnes,** voir n° 54015.

III. Constatation d'un impôt différé L'enregistrement d'un impôt différé actif correspondant à l'impôt sur un produit imposé (alors que ce produit ne sera enregistré qu'au cours de l'exercice suivant) serait, **à notre avis, la meilleure solution.** Cette solution suppose toutefois que la société ait opté pour l'application de cette méthode dans ses comptes individuels et l'applique donc à l'ensemble de ses différences temporaires (voir n° 52965).

L'impôt différé actif sera ensuite repris lors de la distribution (au cours de l'exercice suivant ou ultérieurement) ou dès qu'apparaissent des pertes (réalisées ou latentes). Cette méthode des impôts différés permet ainsi de rattacher l'impôt au produit qui l'a généré.

IV. Autres solutions Il est possible :
– de présenter des comptes consolidés (solution peu pratique s'il n'y a pas d'autres filiales) ;
– de décaler les dates d'exercice ;
La société de personne peut clôturer ses comptes avant son associé, de manière à lui permettre de tenir l'assemblée décidant de la distribution du bénéfice avant la date de clôture de l'exercice d'imposition de l'associé.
– de verser des acomptes sur dividendes (à inscrire en produit financier dès la décision de répartition prise par l'organe habilité), mais certaines conditions doivent être remplies (voir n° 54050 s.).

PRISE EN COMPTE D'UNE QUOTE-PART DE RÉSULTAT DÉFICITAIRE

Selon les organismes précités (voir n° 36480), les solutions sont les suivantes :

36530

I. À la date d'arrêt des comptes, le déficit de la société de personnes ne se traduit pas, pour ses membres, par la naissance d'une dette, même éventuelle.

> **Juridiquement** En effet, chaque associé n'est tenu de contribuer aux pertes lui incombant qu'au jour de la dissolution de la société (Cass. com. 3-3-1975 ; 5-5-2009 n° 434 FS-D), à défaut de dispositions contraires des statuts. Pour plus de détails, voir Mémento Sociétés commerciales n° 24100.

Ce déficit ne constitue donc **pas une charge** pour les membres, **sauf** :
– par voie de dépréciation ou de provision (voir ci-après a. et b.) ;
– en cas de clause d'affectation systématique des résultats (voir n° 36510 II.).
Le traitement à retenir est le suivant :

a. Dépréciation Une dépréciation est à comptabiliser dès que la valeur d'inventaire de la participation est inférieure à son coût d'acquisition.

Selon le bulletin CNCC (n° 90, juin 1993, EC 93-28, p. 268 s.), il doit être tenu compte des pertes latentes pour apprécier la valeur d'usage des titres de participation, même si, à tort, les comptes de la participation ne les ont pas encore prises en compte.

La participation comprend non seulement le prix d'acquisition des parts mais également les appels supplémentaires effectués pour compenser les pertes subies (voir ci-après II.).

> **Fiscalement** Voir b. ci-après.

b. Provision Une provision complémentaire est à constituer lorsque l'entreprise détentrice de titres d'une société déficitaire est tenue de supporter les pertes au-delà du montant de sa participation (voir n° 37855).

Il en est ainsi, notamment, pour les titres de SNC (Bull. CNCC n° 38, juin 1980, EC 80-08, p. 253) et de SCI, même si les pertes latentes ne sont pas constatées dans les comptes de la participation (Bull. CNCC n° 90, juin 1993, EC 93-28, p. 268 s.), dont les membres encourent une responsabilité qui n'est pas limitée à leur mise dans le capital social.

> **Fiscalement** La quote-part de perte est immédiatement déductible chez l'associé soumis à l'IS (indépendamment de sa comptabilisation), la société de personnes étant translucide fiscalement (voir Mémento Fiscal n° 37600 à 37685). En conséquence, les provisions (pour dépréciation) et

pour risques couvrent forcément des pertes déjà constatées chez la société de personnes, un associé ne pouvant se substituer à la société pour prendre en compte directement les risques liés à l'exploitation de celle-ci (CE 6-11-1985 n° 47537 ; CAA Paris 12-3-2014 n° 12PA02736). Elles sont donc en principe **non déductibles**.

En revanche, la jurisprudence considère que ces provisions sont déductibles si la dépréciation est la conséquence de circonstances étrangères à l'exploitation, telles que :
– la surévaluation de l'actif net par rapport au montant probable des produits de la liquidation de la société (CE 27-11-1974 n° 91410 ; CE 29-1-1992 n° 75083) ;
– ou la disparition de plus-values latentes prises en compte lors de la fixation du prix d'achat des parts (CE 29-1-1992 n° 75083).

En pratique, il convient, sur l'imprimé n° 2058-A :
– de déduire (ligne WT) la quote-part des déficits subis ;
– de réintégrer (ligne WI) les (provisions pour) dépréciation et pour risque comptabilisées ;
– de déduire (ligne WU) les reprises de ces provisions.

Sur la limitation d'imputation des déficits correspondant à l'amortissement des biens donnés en location par les sociétés de personnes, voir n° 38380.

Sur l'évaluation du caractère douteux de créances rattachées à des participations dans des sociétés de personnes, voir n° 38480.

c. Impôt différé Lorsque l'associé a opté pour l'application de la méthode de reconnaissance des impôts différés dans ses comptes individuels, à notre avis :
– si un impôt différé actif a été constaté au titre d'exercices antérieurs positifs et n'a pas encore été repris à la clôture (absence de distribution), aucun impôt différé passif ne doit être constaté ; l'impôt différé actif sera repris à hauteur des pertes latentes, qu'elles aient ou non donné lieu à une dépréciation ou une provision (voir n° 36510 III.) ;
– si aucun impôt différé actif n'existe au titre d'exercices antérieurs, un impôt différé passif est nécessaire au titre de la différence temporaire que constitue la déductibilité immédiate des pertes réalisées par la filiale, sauf si une dépréciation ou une provision a été comptabilisée (voir ci-avant a. et b.) car dans ce cas, il n'existe plus de différence temporaire.

II. Lors de la décision des associés statuant sur le sort de la perte comptable, la situation est la suivante :

a. Report à nouveau Si les associés décident de reporter à nouveau la perte comptable, **aucune écriture** n'est à passer dans les comptes des associés.

b. Augmentation de capital Si l'assemblée générale décide une augmentation de capital correspondant à cette somme, elle constitue un **supplément d'apport** et il peut en résulter la constitution ou le complément d'une dépréciation (Bull. CNC n° 20, octobre 1974, p. 7) à comptabiliser dans le coût des titres.

> **Précisions** Cette solution est critiquée par certains qui estiment qu'il ne s'agit pas d'un « vrai » supplément d'apport mais plutôt d'une charge comme en cas d'affectation systématique des résultats (voir ci-après c.).

Cette inscription à l'actif ne devrait pas entraîner à notre avis de provision complémentaire, dès lors que les dépréciations et provisions nécessaires ont été constituées à la clôture de l'exercice précédent (voir ci-avant I.). Tout au plus, si une provision a été antérieurement constituée, peut-elle se voir transformée en dépréciation.

> **Fiscalement** Ces suppléments d'apport ne donnent lieu à aucune déduction, celle-ci ayant déjà eu lieu du fait de la transparence fiscale. Ne devant pas non plus entraîner de charge comptable, il n'en résulte aucune correction extra-comptable.

c. Affectation systématique des résultats Dans ce cas, aucune écriture n'est à enregistrer, la quote-part de la perte ayant déjà été passée en charge dès l'arrêté des comptes (voir n° 36510).

D. Intérêts des obligations et bons

DATE D'ENREGISTREMENT DES INTÉRÊTS

36580 Les fruits civils s'acquérant jour par jour (C. civ. art. 586), **les intérêts courus** à la date de clôture de l'exercice constituent des produits à recevoir rattachés au compte de titres correspondant (titres immobilisés : compte 27682 ; valeurs mobilières de placement : compte 5088), par le crédit du compte de revenus (titres immobilisés : 7621 et valeurs mobilières de placement : 764).

> **Fiscalement** Il en est de même (BOI-BIC-PDSTK-10-20-20).

DÉTERMINATION DES INTÉRÊTS COURUS
Il convient de distinguer les cas suivants :

36585

a. Obligations à taux fixe :
– si elles sont **cotées,** la cotation étant en pourcentage et au pied du coupon, les intérêts courus sont connus à l'aide de la cote : valeur du jour moins valeur en principal déterminée à partir de la cote en pourcentage ;

> Précisions   Évaluation de l'intérêt couru : l'intérêt couru exprimé dans le cours de bourse des obligations cotées au pied du coupon incorpore une fraction supplémentaire de coupon couru de trois jours. Rien ne devrait s'opposer à ce que, par mesure de simplification, les entreprises se réfèrent à l'évaluation boursière de l'intérêt couru de leurs titres.

– si elles ne sont **pas cotées,** les intérêts courus doivent être calculés (ce qui ne présente pas de difficulté).

b. Obligations à taux révisables Le **coupon** de ces titres est **connu avant le début de la période de jouissance** (la cotation est effectuée en cours nu et coupon couru, le montant du coupon peut donc être connu par la lecture de la cote).

c. Obligations à taux variables Leur **coupon** n'est **connu qu'au cours de la période de jouissance.** On pourra :
– consulter les services de certaines banques qui effectuent périodiquement les calculs ou des organismes comme la DAFSA ;
– effectuer les calculs, une approximation pouvant être suffisante ;
– ou retenir l'intérêt du dernier coupon détaché avant la clôture de l'exercice au prorata du temps couru depuis ; si l'évolution de la bourse laisse prévoir qu'il sera inférieur, il en est tenu compte. En tout état de cause, il convient de retenir au moins l'intérêt minimum calculé sur le « taux plancher ».

d. Intérêts courus sur titres étrangers Ils sont évalués en tenant compte du cours de la devise à la clôture de l'exercice.

TITRES ACQUIS DEPUIS 1993

a. À la date d'acquisition Le compte 506 (ou 2721) « Obligations » est débité pour le montant de la valeur en capital (hors intérêts courus) et le compte 764 « Revenus des valeurs mobilières de placement » (ou 7621) est débité pour le montant des intérêts courus non échus (achetés).

36605

> Fiscalement   Il en est de même, le prix de revient étant retenu « au pied de coupon » (BOI-BIC-PDSTK-10-20-20 n° 60).
> Les revenus des obligations sont pris en compte dans l'assiette des charges financières nettes soumises, le cas échéant, à la limitation générale de déduction (voir n° 42985 ; BOI-IS-BASE-35-40 n° 80).

b. À la clôture de l'exercice :
1. Comptabilisation des intérêts courus non échus Les intérêts courus non échus depuis la date d'échéance du dernier coupon sont à enregistrer en produits financiers par le débit du compte 5088 (ou 27682) « Intérêts courus ».
Pour la détermination des intérêts courus, voir n° 36585.

> Fiscalement   Ces intérêts courus sont taxables immédiatement dès la clôture de l'exercice (BOI-BIC-PDSTK-10-20-20 n° 40).

Lorsque les intérêts sont **soumis à une retenue à la source et ouvrant droit à crédit d'impôt** celui-ci :
– ne pourra être imputé sur l'IS que si le titre est encore détenu l'exercice suivant lors du détachement du coupon ;
– n'est donc pas acquis à la société à la clôture de l'exercice et ne peut donc être imputé (alors que les intérêts courus, eux, sont désormais taxés).
En conséquence, sur le plan comptable, les intérêts courus sont enregistrés pour leur montant net (voir n° 36400 ; sur le schéma comptable à retenir, voir n° 36415).

> Fiscalement   Leur comptabilisation en net est admise, la somme à imputer est de 75 % du crédit d'impôt compte tenu du taux d'IS à 25 % (CGI ann. II art. 136 ; BOI-IS-RICI-30-10-20-10 n° 10 et 20). Sur l'intérêt d'une comptabilisation en net, voir n° 36400.
> Le crédit d'impôt est imputable sur l'IS, qu'il soit dû au taux normal ou au taux réduit (CE 26-6-2017 n° 406437 et n° 386269), sans qu'il y ait lieu de distinguer selon que le résultat soumis au taux de droit commun est bénéficiaire ou déficitaire (CAA Versailles 27-5-2021 n° 17VE02205), selon les modalités prévues par la convention internationale applicable.

Sur la possibilité ou non, pour une société qui perçoit des revenus de source étrangère (comptabilisés pour leur montant brut), de déduire la retenue à la source prélevée dans l'État de la source lorsque le crédit d'impôt ne peut faire l'objet d'aucune imputation sur l'IS, voir n° 11885.

Il en résulte, dans ce cas, dans l'état actuel des textes et dans l'attente de précisions de l'administration, une **divergence** entre comptabilité et fiscalité, qui constitue un **impôt différé actif** (égal à 75 % de la retenue à la source prélevée sur les intérêts courus constatés à la clôture de l'exercice), qui peut devoir être comptabilisé si l'entreprise applique la méthode de l'impôt différé dans ses comptes individuels (voir n° 52985).

2. Comptabilisation des éventuelles dépréciations des titres Celles-ci doivent être déterminées par comparaison du coût d'acquisition figurant à l'actif du bilan (valeur en capital) et de la valeur boursière en capital du dernier mois (PCG art. 221-6 ; voir n° 35850), sans prise en compte de la fraction d'intérêts courus et non échus.

> **Fiscalement** Il en est de même, les (provisions pour) dépréciation sont calculées en fonction de la valeur au pied du coupon des titres, **quelle que soit la date d'acquisition** des titres (BOI-BIC-PDSTK-10-20-20 n° 70).

c. Lors de la réouverture des comptes Le compte 5088 (ou 27682) « Intérêts courus » est crédité, pour solde, par le débit du compte 764 (ou 7621) et non lors de chaque encaissement de coupons.

Cette extourne systématique évite de faire jouer le compte 5088 (ou 27682) lors de chaque encaissement de coupon, ce qui constitue une simplification appréciable en cas de mouvements fréquents dans la gestion de portefeuilles importants.

d. À la date d'échéance du coupon Le compte de produits financiers 764 (ou 7621) est crédité du montant du coupon encaissé par le débit du compte de trésorerie concerné.

> **Fiscalement** En cas de retenue à la source, le crédit d'impôt sera imputable sur l'impôt de l'exercice (voir ci-avant en cas de cession des titres avant le détachement du coupon).

e. Lors de la cession d'obligations Le résultat de la cession est déterminé par comparaison d'éléments homogènes : les valeurs d'acquisition et de cession sont prises en compte hors fraction d'intérêts courus non échus.

> **Fiscalement** Il en est de même (BOI-BIC-PDSTK-10-20-20 n° 70).

36625 Exemple récapitulatif

I. Exercice N

EXEMPLE

Hypothèses : acquisition au 1er juillet de l'exercice N, pour 103, d'une obligation de 100, taux d'intérêt 12 %, date d'échéance du coupon : 1er avril. Le coupon attaché est de 3.

Au 31 décembre N (date de clôture de l'exercice), la valeur boursière en capital du mois de décembre N est de 94, sans prise en compte de la fraction d'intérêts courus qui est de 9.

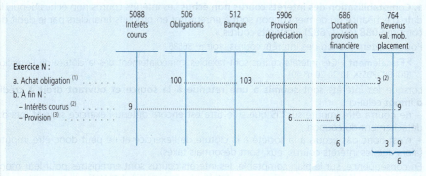

(1) Il n'y a plus lieu de dédoubler l'écriture d'acquisition, le coût d'acquisition fiscal étant de 100.
(2) Il est préférable de passer les 3 d'intérêts courus acquis en moins du compte de revenus plutôt que directement au compte 5088 « Intérêts courus » car, à la clôture de l'exercice, les intérêts courus sont donnés directement par la cote.
(3) 6 = 100 (coût d'acquisition) − 94 (valeur d'inventaire au 31/12/N).

> **Fiscalement** Aucune réintégration ou déduction extra-comptable sur l'imprimé n° 2058-A n'est à effectuer :
> – ni au titre des intérêts courus ;
> – ni au titre de la (provision pour) dépréciation.

II. Exercice N+1

EXEMPLE

Hypothèses : le coupon de 12 sera détaché au 1er avril. Cession le 1er novembre N+1 pour 105 (avec un coupon couru de 7), soit 98 hors coupon.

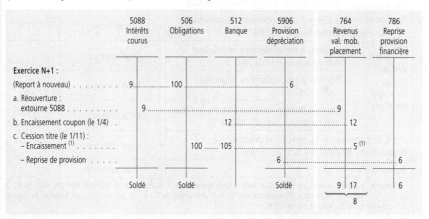

(1) 5 = 7 (intérêts courus) − 2 (moins-value de cession = 98 − 100).

> **Fiscalement** Aucune réintégration ou déduction extra-comptable sur l'imprimé n° 2058-A n'est à effectuer :
> – ni au titre des intérêts ;
> – ni au titre de la moins-value de cession ;
> – ni au titre de la reprise de la (provision pour) dépréciation.

TITRES ACQUIS AVANT 1993

Pour le traitement comptable et fiscal des titres acquis avant 1993, voir Mémento Comptable 2010.   36630

VI. ÉVALUATION LORS DE LA SORTIE DU PATRIMOINE

A. Cession de titres de sociétés de capitaux et de sociétés de personnes soumises à l'IS

La cession de titres de sociétés de capitaux entraîne une double opération :   36700
– la constatation du prix de cession (voir n° 36705) ;
– la sortie d'un actif du patrimoine, d'où l'annulation de sa valeur comptable (voir n° 36710 à 36715 et 36770).
La différence entre le prix de cession et la valeur comptable constitue le résultat de la cession (plus-value ou moins-value).
Sur la date d'enregistrement de la cession, voir n° 36915.

> **Fiscalement** **Pour les sociétés soumises à l'IS** (ainsi que pour les sociétés de personnes à raison des quotes-parts revenant aux associés soumis à l'IS), le régime d'imposition des plus ou moins-values nettes dépend :
> – de la nature des titres cédés (titres de participation au sens fiscal ou titres de placement) ;
> – et de leur durée de détention.
> Le tableau ci-après, établi par nos soins, résume le taux d'IS (hors contribution sociale sur les bénéfices) applicable aux différentes catégories de plus et moins-values de cession de titres. Sur les commentaires de ce tableau, voir n° 36720 s.

Catégorie fiscale des titres		Régime applicable aux plus et moins-values de cession	Taux applicable
Titres de participation au sens fiscal (voir n° 35175 et 35180) détenus depuis au moins deux ans	Régime de taxation limitée à une quote-part de frais et charges (voir n° 36720)	Long terme	0 % (1)
	Sociétés à prépondérance immobilière cotées (voir n° 36735)	Long terme	19 %
	Sociétés à prépondérance immobilière non cotées (voir n° 36740)	Droit commun	25 %
	Sociétés à prépondérance financière (voir n° 36725)	Droit commun	
	Sociétés établies dans un État ou Territoire non coopératif (voir n° 36725)	Droit commun	
Titres de participation au sens fiscal détenus depuis moins de deux ans (voir n° 36745)		Droit commun	
Autres titres		Droit commun	

(1) Lorsque la société réalise une plus-value nette à long terme au titre de l'exercice, le montant brut des plus-values de cession est soumis à l'imposition d'une quote-part de frais et charges de 12 %, ce qui entraîne une taxation au taux de 3 % compte tenu du taux de l'IS de 25 %.
Les plus et moins-values de cession de titres de SCR et parts de FCPR ou FPCI « fiscaux » relèvent en principe du taux de 15 % (voir n° 37500 ; Mémento Fiscal n° 18945 à 18960).

PRIX DE CESSION

36705 Il s'agit, en principe, **du prix indiqué dans l'acte, mais** diminué des frais inhérents à la cession.

> **Fiscalement** Il en est en principe de même. La jurisprudence opère une distinction entre les frais inhérents à la cession et les dépenses préparatoires à l'opération, qui détermine leur régime au regard de l'impôt sur les sociétés ainsi que les conditions de déduction de la TVA acquittée (BOI-TVA-DED-20-10-20 n° 70 ; CE 23-12-2010 n° 307698).

Pour le calcul du résultat de cession, la **valeur vénale** des titres cédés peut être substituée au prix de cession par l'administration si ce dernier est inférieur et si la minoration du prix relève d'un acte anormal de gestion (sur cette notion, voir Mémento Fiscal n° 78150).

a. Frais inhérents à la cession Il s'agit des frais strictement nécessaires à la réalisation de l'opération de cession elle-même.

EXEMPLE

Tel est, à notre avis, le cas, par exemple, des frais de commissions ou de courtages versés à l'intermédiaire qui a prêté son concours pour la réalisation de la vente.

Sur l'enregistrement de la valeur comptable des titres et du prix de cession, voir n° 36930.

> **Fiscalement** Il en est de même. Ainsi, les honoraires rémunérant une prestation d'intermédiation pour la conclusion d'une vente de titres constituent des frais inhérents à cette vente (CE 7-2-2007 n° 279588 ; BOI-BIC-PVMV-10-20-10 n° 10). En conséquence, ces frais viennent réduire le montant de la plus-value de cession ou augmenter le montant de la moins-value de cession, ce qui exclut leur déduction au taux plein lorsque le résultat de cession relève du régime du long terme (voir n° 36700).

b. Frais non inhérents à la cession Il s'agit, à notre avis, de charges diverses exposées pour la préparation de la vente qui ne sont pas nécessaires à la réalisation de celle-ci et qui n'ont pas pour contrepartie une augmentation de la valeur du bien cédé.

EXEMPLE

Honoraires d'expertise ou de conseil.

Ces frais sont à comptabiliser, à notre avis, selon leur nature, dans les comptes 6271 « Frais sur titres » (achat, **vente**, garde), 6227 « Frais d'acte et de contentieux », 6226 « Honoraires » et 6222 « Commissions et courtages sur ventes ».

> **Fiscalement** Les honoraires d'expertise exposés pour déterminer la valeur de titres à céder ne constituent pas des frais inhérents à la cession de ces titres, même s'ils ont été engagés en vue de la réalisation de cette cession (CE 21-6-1995 n° 132531 et BOI-BIC-PVMV-10-20-10 n° 10). Ces frais sont déductibles au taux de droit commun et ne suivent donc pas le régime de la plus-value ou moins-value de cession. Voir Mémento Fiscal n° 17810.

VALEUR COMPTABLE LORS DE LA CESSION
Elle est constituée par une valeur brute, compte non tenu d'une éventuelle dépréciation. Sur la reprise des dépréciations et amortissements dérogatoires, voir n° 36770.

36710

Valeur brute

I. Principe En principe, c'est le **coût d'entrée** (éventuellement réévalué) des titres cédés (voir PCG art. 214-6/1).

> **Fiscalement** Il en est en principe de même (CGI AIII art. 38 quinquies), sous réserve notamment des trois situations suivantes :
> **a. Titres grevés d'un sursis d'imposition** Voir n° 36760.
> **b. Frais d'acquisition des titres de participation** Le traitement fiscal des frais d'acquisition de titres de participation au sens fiscal (incorporation obligatoire au coût d'entrée avec possibilité d'amortissement, voir n° 35620) n'étant pas aligné sur leur traitement comptable (incorporation au coût d'entrée sans amortissement ou charge), le coût de revient fiscal de ces titres diffère de leur coût de revient comptable et les retraitements extra-comptables suivants sont à effectuer sur l'imprimé n° 2058-A de l'exercice de cession (BOI-IS-BASE-30-10 n° 170) :
> – si les frais d'acquisition ont été comptabilisés en charges, la quote-part d'amortissements non encore déduite doit être déduite extra-comptablement (ligne XG) ;
> – si les frais d'acquisition ont été comptabilisés dans le coût d'entrée des titres, la quote-part d'amortissements déjà déduite fiscalement par le biais d'amortissements dérogatoires doit être réintégrée (ligne WQ). Sur la déduction extra-comptable, à notre avis, du produit résultant de la reprise d'amortissements dérogatoires, voir n° 36770.
> Pour les impacts négatifs d'une cession entre deux ans et cinq ans après l'acquisition des titres, voir n° 35620.
> Sur le traitement des frais d'acquisition des titres en cas de fusion ou d'apport partiel d'actif, voir Mémento Fusions & Acquisitions n° 7912 et n° 8627.
> **c. Conséquences d'un supplément d'apport ou d'un remboursement d'apport sans variation du capital social** Les suppléments d'apports réalisés sous la forme d'abandons de créances à caractère financier par une société mère au profit de sa filiale s'incorporent à la valeur des titres détenus et augmentent donc leur prix de revient, dans la proportion du capital de la filiale détenue par la mère (voir n° 37695). Parallèlement, les sommes prélevées sur les capitaux propres de la filiale sans variation du capital de cette dernière, qui peuvent être fiscalement qualifiées de remboursements d'apports au sens de l'article 112 du CGI, réduisent le prix de revient des titres de participation (CAA Versailles 17-10-2019 n° 18VE00741).
> Sur le prix de revient des titres faisant l'objet d'une réduction de capital motivée par des pertes, dans le cadre d'un coup d'accordéon, voir n° 37785.

S'agissant de la cession de titres acquis avec une survaleur, voir n° 37565.
Sur l'incidence d'une faculté de rachat (réméré), voir n° 37150, ou d'une attribution d'actions gratuites, voir n° 37760.
Sur les conséquences d'un « coup d'accordéon », voir n° 37785.

II. Cession d'une fraction d'un ensemble de titres Lorsque la cession porte sur une **fraction** d'un **ensemble de titres conférant les mêmes droits** (voir n° 35930), la valeur d'entrée de la fraction conservée est estimée :
– au **coût d'achat moyen pondéré (CMP)** ;

> **Précisions** **Faible intérêt du CMP** L'application de la méthode du CMP n'étant pas possible fiscalement si elle génère ou accroît une moins-value à court terme, en comparaison de l'application de la méthode Fifo, l'intérêt d'y recourir est très réduit, permettant seulement de lisser parfois le montant de la plus-value (voir Exemple 1, ci-avant). En outre, il requiert, en pratique, un double calcul du résultat de cession en cas de moins-value [voir tableau (2) ci-avant].

– ou, à défaut, en présumant que les titres conservés sont les derniers entrés **(méthode Fifo)** (PCG art. 221-2).

> **Précisions** **Dans le cas particulier des actions propres,** seule la méthode de valorisation Fifo (ou Peps – premier entré, premier sorti) est autorisée (PCG art. 945-50 ; voir n° 55655 III.).

Dans le cas d'une cession de titres reçus préalablement dans le cadre d'une fusion ou d'une opération assimilée réalisée entre sociétés sous contrôle commun, voir n° 36715.
Une fois la méthode comptable choisie pour chaque catégorie de titres conférant les mêmes droits (voir n° 35930), elle s'applique à notre avis à tous les titres de cette catégorie, en application de la règle de permanence des méthodes.

36710
(suite)

> **Fiscalement** En revanche, la règle est en principe la méthode Fifo (CGI art. 39 duodecies 6 al. 1 et CGI ann. III art. 38 octies), y compris lorsque les titres cédés sont numérotés dans l'acte de cession et qu'une telle numérotation permet d'établir la date exacte d'acquisition et le coût réel d'acquisition de chacun des titres cédés (CE 8-6-2016 n° 381289). Par exception à la méthode Fifo :
– deux cas d'atténuation sont prévus [voir (1) tableau ci-après] ;
– pour les titres comptabilisés en titres de participation, la méthode du CMP est tolérée sous certaines conditions (BOI-BIC-PVMV-30-30-10 n° 130) [voir (2) tableau ci-après].
Le tableau ci-après, établi par nos soins, synthétise, en fonction de la qualification comptable des titres, les méthodes applicables sur les plans comptable et fiscal :

	Méthode comptable	Méthode fiscale	Divergence
Titres comptabilisés en titres de participation	CMP	Fifo [1]	Oui
		CMP sous certaines conditions [2]	Non
	Fifo	Fifo [3]	Non
Autres titres (Tiap, autres titres immobilisés, titres de placement)	CMP	Fifo [1]	Oui
	Fifo	Fifo [3]	Non
Actions propres	Fifo	Fifo [4]	Non

[1] Les entreprises peuvent retenir une valeur d'achat moyenne pondérée pour les titres de même nature dont l'acquisition échelonnée résulte d'un **même ordre d'achat** ou a été opérée au cours d'un même exercice (BOI-BIC-PVMV-30-30-10 n° 130).
[2] Pour les **titres comptabilisés en « Titres de participation »** (à l'exclusion de ceux comptabilisés dans un sous-compte spécial « titres relevant du régime du long terme » : D. adm. 4 B-3121 n° 28 non reprise dans Bofip), l'administration autorise l'utilisation du CMP (BOI-BIC-PVMV-30-30-10 n° 150) dans les conditions suivantes (BOI-BIC-PVMV-30-30-10 n° 180) :
– la méthode du CMP ne s'applique pas en cas de cession de la totalité d'une ligne de participation en l'absence de cession partielle antérieure ;
– la méthode du CMP est également appliquée sur le plan comptable ;
– l'application du CMP ne doit pas avoir pour effet de générer ou d'accroître une moins-value à court terme, par rapport à l'application de la méthode Fifo. Pour un exemple d'application, voir ci-après Exemple 2.
En outre, selon le Conseil d'État, la méthode est applicable aux cessions de titres consécutives à un coup d'accordéon (CE 26-3-2008 n° 301413 ; CE 22-1-2010 n° 311339 ; voir n° 37785).
Précision Double calcul du résultat de cession En pratique, lorsque la méthode du CMP est appliquée comptablement et que la cession dégage une moins-value, l'entreprise doit procéder à un double calcul du résultat de cession (CMP/Fifo).
[3] Le choix de la méthode Fifo sur le plan comptable implique qu'elle soit retenue sur le plan fiscal (BOI-BIC-PVMV-30-30-10 n° 180).
[4] BOI-BIC-PVMV-30-30-10 n° 180.

Lorsque la même méthode ne peut être retenue sur le plan comptable et sur le plan fiscal, les **retraitements extra-comptables** correspondants doivent être pratiqués sur l'imprimé n° 2058-A de l'exercice de cession (lignes WQ et XG), en plus de ceux qui doivent être effectués pour l'application du régime du long terme (voir n° 36700).

> **EXEMPLE 1**
>
> **La méthode du CMP a pour effet de réduire le montant de la plus-value et d'en rendre une partie imposable au taux de droit commun.**
>
> La société A achète :
> — en N, 1 000 actions de B au prix unitaire de 100 ;
> — en décembre N+1, 400 actions de B au prix unitaire de 150.
> Elle vend, en juin N+3, 500 actions au prix unitaire de 140.
> **a.** Si la règle **Fifo** est appliquée, il en résulte une plus-value à long terme (cession des titres acquis en N, soit depuis plus de deux ans) de 500 × (140 − 100) = 20 000.
> **b.** Le prix moyen pondéré s'élève à :
> [[(100 × 1 000) + (150 × 400)] / 1 400] = 114,28
> d'où une plus-value de 500 × (140 − 114,28) = 12 860.
> Les 500 actions cédées sont réputées provenir, à concurrence de :
> — 357 (soit 500 × $\frac{1\,000}{1\,400}$) de l'année N (plus de deux ans) ;
> — 143 de N+1 (moins de deux ans).
> La plus-value de 12 860 est donc réputée pour 9 182 à long terme et pour 3 678 à court terme.
>
> > **Fiscalement** La cession dégageant une plus-value, **l'application de la méthode du CMP est autorisée.**

EXEMPLE 2

La méthode du CMP a pour effet de réduire le montant de la moins-value et d'en rendre une partie déductible au taux de droit commun.

La société A achète :
— en N, 3 000 titres de B au prix unitaire de 130 ;
— en N+1, 1 000 titres de B au prix unitaire de 120.

Elle cède, en N+3, 3 000 titres de B pour un prix unitaire de 110.

a. Si la règle **Fifo** est appliquée, il en résulte une moins-value à long terme (cession des titres acquis en N, soit depuis plus de deux ans) de 3 000 × (110 − 130) = 60 000.

b. Le **prix moyen pondéré** s'élève à :
[[(3 000 × 130) + (1 000 × 120)] / 4 000] = 127,5
d'où une moins-value de 3 000 × (110 − 127,5) = (52 500).

En application de la méthode du CMP, les 3 000 actions cédées sont réputées provenir, à concurrence de :
— 2 250 (soit 3 000 × 3 000 / 4 000) de l'année N (plus de deux ans) ;
— 750 de N+1 (moins de deux ans).

La moins-value de 52 500 est donc réputée pour 39 375 à long terme et pour 13 125 à court terme.

> **Fiscalement** **La méthode du CMP ne peut être retenue** car elle génère en partie une moins-value à court terme alors que la méthode Fifo ne génère qu'une moins-value à long terme.

Cession de titres reçus préalablement dans le cadre d'une fusion ou d'une opération assimilée réalisée entre sociétés sous contrôle commun

36715 Sur le plan comptable, la date d'acquisition des titres reçus de la société absorbée (ou apporteuse) à retenir pour déterminer la valeur brute des titres cédés en appliquant la méthode Fifo est, **en principe**, la date d'effet comptable de l'opération.

En effet, sur le plan comptable, en l'absence de disposition en ce sens prévue dans le PCG, il n'y a pas, à notre avis, de conservation, par la société absorbante (ou bénéficiaire des apports) de l'historique des acquisitions réalisées par la société absorbée (ou apporteuse).

En outre, la date de jouissance des éléments apportés est bien la date d'effet comptable (voir Mémento Fusions & Acquisitions n° 10510).

> **Fiscalement** **En revanche,** lorsque la fusion ou l'opération assimilée a été placée sous le régime de faveur de l'article 210 A du CGI, la **date** à prendre en compte est celle **de l'acquisition des titres par la société absorbée** (ou apporteuse). En effet, pour apprécier le délai de détention de deux ans (qui permet de déterminer si la plus-value est à court terme ou à long terme), la société absorbante ou bénéficiaire des apports est réputée avoir acquis les éléments d'actif immobilisé de la société absorbée ou apporteuse à la date de leur entrée dans le patrimoine de celle-ci ; autrement dit, ces éléments sont réputés figurer dans le patrimoine de la société absorbante depuis la date de leur acquisition par la société absorbée. En application de cette règle, la cession d'un élément reçu depuis moins de deux ans, sous le régime de faveur des fusions, peut donner lieu, le cas échéant, à l'application du régime du long terme dès lors que la cession intervient au moins deux ans à compter de l'entrée du bien dans le patrimoine de la société absorbée (BOI-IS-FUS-10-20-50 n° 90 et CE 11-2-2013 n° 356519).
> Sur le coût de revient des titres à partir duquel doit être calculée la plus-value résultant de leur cession, voir n° 36760.

En conséquence, afin d'éviter toute divergence entre le traitement comptable et le traitement fiscal, il est possible, à notre avis, tant que cette position n'est pas infirmée par une autorité compétente, de **retenir sur le plan comptable la position fiscale.**

Cette position peut également, à notre avis, être justifiée par trois raisons supplémentaires. S'agissant d'une opération réalisée entre sociétés sous contrôle commun :
— l'opération réalisée constitue une restructuration intragroupe impliquant de maintenir une continuité, notamment dans la détention des titres ;
— cette logique est également celle qui prévaut déjà pour la reprise de la valeur « éclatée » des actifs apportés à la valeur nette comptable (voir Mémento Fusions & Acquisitions n° 8142) : les amortissements et les dépréciations figurant dans les comptes de la société absorbée (ou apporteuse) doivent également être maintenus dans les comptes de la société absorbante (ou bénéficiaire des apports) si l'opération est, sur le plan fiscal, également réalisée à la

RETRAITEMENTS EXTRA-COMPTABLES – TAUX D'IMPOSITION APPLICABLES SELON LES CATÉGORIES DE TITRES

36720 Cession de titres de participation (au sens fiscal) détenus depuis au moins deux ans

I. Régime de taxation réduite Les plus-values nettes à long terme de cession de titres de participation (hors titres de sociétés à prépondérance immobilière, voir n° 36735 et 36740, et OPCVM, voir n° 37500), détenus depuis au moins deux ans sont **soumises à une taxation limitée à une quote-part de frais et charges** (QPFC) égale à 12 % de leur montant brut (CGI art. 219, I a quinquies). Le taux effectif d'imposition de ces plus-values (hors contribution sociale sur les bénéfices, voir n° 52635) est donc de 3 % pour un taux d'IS de 25 %.

> **Précisions 1. Condition d'imposition de la quote-part de frais et charges** La quote-part de frais et charges n'est taxable que si, **au cours de l'exercice de cession, une plus-value nette à long terme est constatée** (CE 14-6-2017 n° 400855 ; BOI-IS-GPE-20-20-60 n° 1). Pour l'appréciation de cette condition, seules sont prises en compte, selon un membre du Conseil d'État, interrogé par nos soins lors de notre journée « Arrêté des comptes et résultat fiscal 2018 », Les Échos Conférences – PwC, et s'exprimant à titre personnel, les plus et moins-values nettes de cession, à l'exclusion par conséquent des dotations et reprises de provisions.
> **2. Imputation des crédits d'impôt étrangers** Dès lors que la réintégration au résultat d'une quote-part de frais et charges n'a pas pour objet de neutraliser forfaitairement la déduction de frais mais de soumettre les plus-values à long terme à un taux réduit d'imposition, le crédit d'impôt correspondant à l'impôt acquitté à l'étranger lors de la cession de titres de participation peut être imputé sur l'IS dû au titre de cette quote-part de frais et charges (CE 15-11-2021 n° 454105).
> **3. Décompte du délai de détention de deux ans** Une augmentation de capital réalisée par la majoration de la valeur nominale des titres n'a pas pour effet de modifier la date de leur entrée dans le patrimoine de la société détentrice, ni le point de départ de leur durée de détention (CAA Marseille 27-1-2022 n° 21MA01522 ; CE (na) 10-3-2023 n° 46272).

Sur la date à prendre en compte comme point de départ de la période de détention des titres, voir n° 36810.
Sur la compensation par taux d'imposition, voir n° 52620.

II. Retraitements extra-comptables

a. La plus-value nette à long terme relevant du régime de taxation réduite est déduite en totalité du résultat comptable pour l'établissement du résultat fiscal au taux de droit commun. Lorsqu'elle est imposable, la quote-part de frais et charges égale à 12 % du montant brut des plus-values est réintégrée au résultat imposable au taux de droit commun (ligne WQ et case M8 de l'imprimé n° 2058-A). Son assiette ne coïncide pas avec le montant de la plus-value nette à long terme déduite extra-comptablement lorsque celle-ci inclut des moins-values à long terme de cession, des (provisions pour) dépréciation ou des reprises de (provisions pour) dépréciation. Un suivi spécifique est alors nécessaire.

b. La moins-value nette à long terme subie à raison des titres relevant du **régime de taxation réduite** n'est pas reportable et est définitivement perdue : elle est réintégrée extra-comptablement sur l'imprimé n° 2058-A (ligne ZN). Sur la moins-value nette à long terme réalisée lors de la cession des titres d'une société de télévision, voir BOI-IS-BASE-20-20-10-40 n° 110 et BOI-IS-DEF-30 n° 60 et 100.

En outre, ces moins-values doivent être reportées sur l'imprimé n° 2059-C.

Pour les cessions de titres en portefeuille réalisées par des **sociétés de personnes détenues par des personnes physiques**, voir Mémento Fiscal n° 17870 à 18485.

36725 III. Cessions soumises au taux de droit commun Sont exclus du régime du long terme et donc soumis au taux de droit commun principalement :
– les cessions de titres à prépondérance immobilière non cotées (CGI art. 219, I-a sexies-0 bis) ;
– les cessions de titres de sociétés établies dans un des ETNC (État ou territoire non coopératif défini par l'art. 238-0 A du CGI ; voir Mémento Fiscal n° 78310) et dont la liste est mise à jour en dernier lieu par l'arrêté du 3 février 2023, sauf si l'entreprise établit que les opérations réalisées dans cet État ou territoire correspondent à des opérations réelles non constitutives de fraude fiscale (CGI art. 219, I-a sexies-0 ter ; BOI-IS-BASE-20-20-10-10 n° 125). La moins-value constatée à raison de

la cession de ses titres n'est imputable que sur les plus-values de même nature exclues du régime du long terme (CGI art. 219, I-a sexies-0 ter ; BOI-IS-BASE-20-10 n° 50) ;
– les titres d'organismes de placements collectifs (CGI art. 219, I-a ter). Sur le cas particulier des titres de capital-risque (FCPR, FPCI et SCR dits « fiscaux »), voir toutefois n° 37500 et Mémento Fiscal n° 18945 à 18960 ;
– les cessions de parts ou actions de sociétés à prépondérance financière, à l'exception de certaines moins-values soumises à un dispositif anti-abus (CGI art. 219, I-a ter ; pour plus de détails, voir Mémento Fiscal n° 19015).

Sur la date à prendre en compte comme point de départ de la période de détention des titres, voir n° 36810.

Sur la compensation par taux d'imposition, voir n° 52620.

Cession de titres de participation (au sens fiscal) détenus au sein de sociétés à prépondérance immobilière 36730

I. Définition de la prépondérance immobilière Une société est à prépondérance immobilière lorsque son actif est constitué pour plus de 50 % de sa valeur réelle, à la date de cession de ses titres **ou** à la clôture du dernier exercice précédant cette cession (pour les dépréciations, voir n° 35980), par (CGI art. 219, I a sexies-0 bis ; voir Mémento Fiscal n° 18780) :
– des immeubles ;
– des droits portant sur des immeubles ;
– des droits afférents à un contrat de crédit-bail immobilier même si, selon l'administration, ils n'ont pas fait l'objet d'une acquisition auprès d'un tiers et ne sont pas inscrits à l'actif immobilisé (BOI-IS-BASE-20-20-10-30 n° 40) ;
– ou par des titres d'autres sociétés à prépondérance immobilière.
Les immeubles et droits affectés par l'entreprise à la propre exploitation industrielle ou commerciale ne sont pas retenus pour l'appréciation du pourcentage de 50 %.

II. Secteur au taux réduit de 19 % (réservé aux sociétés à prépondérance immobilière cotées) Les plus ou moins-values réalisées à l'occasion de la cession de titres de participation cotés détenus depuis au moins deux ans dans des sociétés à prépondérance immobilière sont imposées au taux réduit de 19 % (CGI art. 219, I-a sexies-0 bis). 36735

> **Précisions** Les sociétés cotées sont celles qui font appel public à l'épargne (cette notion d'appel public à l'épargne a été supprimée) et dont les titres sont admis aux négociations sur un marché réglementé français ou européen au sens des articles L 421-1 et L 422-1 du Code monétaire et financier, ou sur un marché présentant des caractéristiques équivalentes (BOI-IS-BASE-20-20-10-30 n° 130).

Sur la date à prendre en compte comme point de départ de la période de détention des titres, voir n° 36810.

Sur la compensation par taux d'imposition, voir n° 52620.

III. Cessions soumises au taux de droit commun (sociétés non cotées) Les plus ou moins-values réalisées à l'occasion de la cession de titres de sociétés à prépondérance immobilière non cotés ou de titres de sociétés à prépondérance immobilière cotés détenus depuis moins deux ans sont soumises au taux de droit commun de 25 %. 36740

Sur la date à prendre en compte comme point de départ de la période de détention des titres, voir n° 36810.

IV. Retraitements extra-comptables

a. La plus-value nette relevant du secteur au taux réduit à 19 % est en principe déduite du résultat comptable sur l'imprimé n° 2058 A. Ce retraitement n'a toutefois pas à être effectué si l'entreprise décide de compenser cette plus-value avec le déficit de l'exercice ou de l'année. Cette faculté de compensation, non soumise aux règles de plafonnement des déficits imputables (BOI-BIC-PVMV-20-40-10 n° 20), constitue une décision de gestion qui revient à renoncer au régime du long terme. Il ne serait pas possible de revenir dessus en cas de contrôle ayant pour effet d'annuler les déficits (en ce sens, CE 28-12-2018 n° 406709).

Les modalités du retraitement à effectuer à raison de la plus-value non compensée avec le déficit de l'exercice varient suivant les situations :
– le montant qui peut être compensé (BOI-IS-DEF-30 n° 60) avec les moins-values à long terme reportables subies au cours des dix exercices (ou années) antérieurs (au taux de 15 % ou 19 %) est déduit sur l'imprimé n° 2058-A, ligne WW ;

— le montant imputé sur les déficits reportables subis au titre d'exercices antérieurs (sous réserve, le cas échéant, de l'application du plafonnement des déficits, voir BOI-IS-DEF-10-30 n° 200 à 210) est déduit sur l'imprimé n° 2058-A, ligne XB.

La plus-value nette, subsistant après ces imputations, fait l'objet d'une imposition séparée au taux réduit de 19 %. Elle est déduite sur l'imprimé n° 2058-A, ligne WP.

b. La moins-value nette relevant du secteur à 19 % est réintégrée extra-comptablement sur l'imprimé n° 2058-A (ligne I8). Elle est imputable sur les plus-values nettes à long terme des dix exercices suivants relevant du taux de 15 % ou 19 %. En cas de liquidation de la société, elle peut faire l'objet d'une imputation sur le bénéfice imposable au taux de droit commun, pour une fraction de son montant égale au rapport existant entre le taux du long terme en vigueur sur l'exercice de constatation de la moins-value et le taux normal de l'impôt sur les sociétés applicable (CGI art. 219, I-a bis).

36745 **Cession de titres de participation (au sens fiscal) détenus depuis moins de deux ans**

I. Principe La cession de titres de participation détenus depuis moins de deux ans est soumise au taux de droit commun.

Sur la date à prendre en compte comme point de départ de la période de détention des titres, voir n° 36810.

Sur la compensation par taux d'imposition, voir n° 52620.

36750 **II. Moins-values de cession de titres entre entreprises liées** La moins-value subie en cas de cession de titres de participation au sens fiscal (hors titres de SPI non cotées) détenus depuis moins de deux ans est mise en report et ne peut donc faire l'objet d'aucune déduction lorsqu'il existe des liens de dépendance au sens de l'article 39-12 du CGI (sur cette notion, voir n° 35070) entre l'entreprise cédante et la cessionnaire (CGI art. 219, I-a septies ; voir Mémento Fiscal n° 19075). Un échange de titres présente le caractère d'une cession pour l'application de cette mesure (CE 10-07-2019 n° 412964).

La société cédante doit souscrire un état de suivi des moins-values mises en suspens, sous peine d'une amende égale à 5 % des sommes non déclarées (CGI art. 1763, I-g). La moins-value subie devient déductible au taux de droit commun si, avant l'expiration d'un délai de deux ans décompté à partir du jour où la cédante a acquis les titres, intervient un des événements suivants :
— cession des titres à une entreprise non liée à la cédante ;
— rupture des liens de dépendance entre la cédante et la cessionnaire ;
— fusion-absorption de la société dont les titres ont été cédés (sauf si l'absorbante est liée à la cédante ou le devient à cette occasion) ;
— changement de régime fiscal de la société cédante.

À défaut de survenance d'un de ces événements dans le délai de deux ans, la moins-value mise en suspens prend le caractère d'une moins-value à long terme au titre de l'exercice au cours duquel le délai expire, et ne peut donc plus faire l'objet d'aucune imputation ou déduction (CGI art. 219, I-a quinquies).

36755 **III. Moins-values de cession de titres reçus lors d'un apport à une société en difficulté (augmentation de capital)** En cas de cession des titres reçus d'une société en difficulté en rémunération d'un apport intervenu depuis le 19 juillet 2012 moins de deux ans après leur émission, la moins-value de cession de ces titres de participation n'est fiscalement pas déductible à hauteur de la différence entre leur valeur d'inscription au bilan et leur valeur réelle lors de l'émission (CGI art. 39 quaterdecies, 2 bis ; BOI-BIC-PVMV-30-30-120 ; voir Mémento Fiscal n° 19078).

> **Précisions** **1. Nature des titres concernés** Cette mesure n'est applicable que si les titres reçus en contrepartie de l'apport ont la nature de titres de participation au sens fiscal, ce qui n'est pas systématiquement le cas même si les titres détenus initialement avaient cette nature jusqu'à la date d'augmentation de capital (voir n° 35175).
>
> **2. Exclusion des apports sans émission de titres** Le Conseil d'État a jugé que cette mesure anti-abus n'est pas applicable dans l'hypothèse où la société bénéficiaire de l'apport n'a pas émis de nouveaux titres en contrepartie de l'apport, mais a procédé à une augmentation du nominal de ses titres (CE 20-4-2021 n° 429467).

Si la cession est réalisée au profit d'une entreprise liée, la moins-value est mise en suspens en application de l'article 219, I-a septies du CGI (voir ci-avant). L'interdiction de déduction d'une fraction de la moins-value ne trouve alors à s'appliquer que si l'un des événements mettant fin au report de déduction intervient dans le délai de deux ans suivant l'acquisition des titres par la société cédante (BOI-BIC-PVMV-30-30-120 n° 170 à 190).

RETRAITEMENTS EXTRA-COMPTABLES – CESSION DE TITRES PRÉALABLEMENT PLACÉS SOUS UN RÉGIME DE SURSIS OU DE REPORT D'IMPOSITION

36760

La cession de titres qui ont précédemment fait l'objet de transactions placées sous un régime de sursis ou de report d'imposition entraîne l'obligation de procéder à des retraitements extra-comptables.

I. Titres préalablement placés sous un régime du sursis

a. Opérations visées Lorsque les titres cédés ont précédemment fait l'objet d'une opération placée sous un régime de sursis d'imposition, aucune plus-value n'a alors été imposée. Lorsque leur cession ultérieure n'ouvre pas droit à un nouveau sursis, la plus-value imposable est déterminée d'après la valeur fiscale des titres et non d'après leur coût de revient comptable. Pour l'application du régime des plus-values ou moins-values à long terme à ces cessions, le délai de détention des titres cédés est décompté à partir de la date de leur acquisition par l'entreprise qui les a transmis. Cette situation concerne notamment les cessions de titres réalisées à la suite de l'une des opérations suivantes :
– apports de titres placés sous le régime de l'article 210 B du CGI (voir n° 76090) ;
– échanges de titres à l'occasion de fusions et opérations assimilées (CGI art. 38, 7 bis ; voir Mémento Fusions & Acquisitions n° 8710) ;
– autres échanges (CGI art. 38-7 ; voir n° 37185) : échange en cas d'OPE d'actions, échanges de titres d'OPVCM et d'OPCI… ;
– apports de titres consentis à un fonds de pérennité (CGI art. 38, 7 quater ; voir n° 3225) ;
– réévaluation intervenant au titre des exercices clos entre le 31 décembre 2020 et le 31 décembre 2022 dans le cadre du régime prévu à l'article 238 bis JB du CGI (voir n° 56805).

b. Retraitements extra-comptables La différence entre la plus-value fiscale et la plus-value comptable est mentionnée sur l'imprimé n° 2058 A, quel que soit le taux d'imposition dont relève le résultat de cession (taux de droit commun ou taux réduit des plus-values à long terme) :
– lorsque la plus-value fiscale est supérieure à la plus-value comptable, la différence est réintégrée (ligne WQ) ;
– lorsque la moins-value fiscale est supérieure à la moins-value comptable, la différence est déduite (ligne XG).

II. Titres préalablement placés sous un régime du report

a. Opérations visées Lorsque les titres cédés ont précédemment fait l'objet d'une opération placée sous un régime de report d'imposition, la cession ultérieure des titres entraîne l'établissement de cette imposition en report. Cette situation concerne notamment les cessions de titres réalisées à la suite de l'une des opérations suivantes :
– échange de biens immobiliers avec des collectivités et établissements publics en vue de la réalisation d'ouvrages d'intérêt collectif, pour les plus-values sur biens non amortissables (CGI art. 238 octies C ; BOI-BIC-PVMV-40-10-70 ; voir n° 29425) ;
– apport à titre gratuit et irrévocable de titres ou de parts sociales à une fondation actionnaire reconnue d'utilité publique (ou Frup, voir n° 3200), lorsque la société apporteuse a opté pour le report d'imposition de la plus-value constatée à l'occasion de l'opération (BOI-BIC-PVMV30-30-140 n° 30). Cette plus-value est imposable lors de la cession des titres par la fondation même si elle se rattache à son activité non lucrative ou exonérée (CGI art. 206, 5 ter). La Frup doit produire un état de suivi des plus-values mises en report au titre de l'exercice de transmission des titres et des exercices suivants, sous peine d'amende (CGI art. 38, 7 quinquies et 1763-I ; BOI-BIC-PVMV-30-30-140 n° 210 à 230). Si la valeur de cession des titres est inférieure à leur valeur au jour de la transmission à la fondation, la plus-value en report est diminuée de cet écart (CGI art. 38, 7 quinquies ; pour plus de détails, voir Mémento Fiscal n° 19115).

b. Retraitements extra-comptables La plus-value placée en report qui devient imposable au titre de l'exercice de réalisation de la cession ultérieure est réintégrée sur l'imprimé n° 2058 A (ligne WQ).

REPRISE DES DÉPRÉCIATIONS ET AMORTISSEMENTS DÉROGATOIRES

36770

Les éventuelles dépréciations constituées avant la cession sont annulées, voir n° 36925.
Par ailleurs, lorsque les **frais d'acquisition** ont été incorporés au coût d'entrée des titres et que ceux-ci ont fait l'objet d'un amortissement sur le plan fiscal constaté par le biais

d'**amortissements dérogatoires** (voir n° 35620), la cession des titres peut entraîner la **reprise** de cette provision réglementée (en ce sens, Bull. CNCC n° 168, décembre 2012, EC 2012-51, p. 764 s.), sans pour autant que cette reprise soit imposée par un texte fiscal (voir fiscalement ci-après).

> **Fiscalement** Aucune disposition ne prévoit le sort des amortissements dérogatoires afférents aux frais d'acquisition des titres en cas de cession de ces titres. Si l'entreprise décide de les reprendre comptablement, cette reprise ne devrait pas, à notre avis, être imposable car son imposition aboutirait à remettre en cause la déduction au taux de droit commun des amortissements constatés. Une déduction extra-comptable devrait donc être pratiquée (imprimé n° 2058-A, ligne XG).

B. Cessions de parts de sociétés de personnes non soumises à l'IS

36785 La différence entre le prix de cession et la valeur comptable constitue le résultat de la cession (plus-value ou moins-value).

> **Fiscalement** **a. Détermination du prix de revient fiscal** Pour le calcul des plus ou moins-values de cession, un mécanisme de correction du prix d'acquisition a été introduit par voie jurisprudentielle compte tenu du régime spécifique des sociétés de personnes. Cet ajustement permet d'assurer une neutralité de l'application de la loi fiscale, en évitant que la cession des parts n'entraîne une double imposition des bénéfices ou une double déduction des pertes de la société de personnes. Le prix de revient servant à déterminer la plus ou moins-value professionnelle réalisée en cas de cession de parts d'une société de personnes non soumise à l'IS ainsi est égal à la valeur d'acquisition de ces parts (CE 16-2-2000 n° 133296 ; BOI-RFPI-SPI-20 n° 30) :
— majorée de la quote-part des bénéfices précédemment prise en compte dans le résultat de l'associé cédant (CE 15-12-2010 n° 297513), y compris s'il n'a pas fait l'objet d'une double imposition effective (CE 24-4-2019 n° 412503) ainsi que des pertes antérieures comblées par l'associé ;
— minorée de la quote-part déficitaire effectivement déduite par l'associé cédant, ainsi que des bénéfices ayant donné lieu à la répartition au profit de l'associé cédant, à l'exclusion des déficits qui trouvent leur origine dans une disposition par laquelle le législateur a entendu conférer au contribuable un avantage fiscal définitif.
Les éléments à retenir pour le calcul du prix de revient fiscal des parts sont ceux intervenus depuis leur acquisition (CAA Versailles 11-12-2012 n° 11VE00629). En conséquence, un suivi particulier doit être mis en place pour assurer la détermination de ce prix de revient.
Dans le cas où les titres en portefeuille ont été achetés à des dates différentes, il convient de calculer un prix de revient fiscal pour chaque lot de titres acquis à la même date, et de retenir la méthode Fifo pour le calcul de la plus ou moins-value imposable, et non celle du prix unitaire moyen pondéré (CE 9-3-2005 n° 248825).
Le mécanisme correctif du prix de revient des titres s'applique également à la quote-part du bénéfice revenant à un associé à l'IS résultant de la réévaluation des actifs sociaux d'une société non soumise à l'IS (BOI-BIC-PVMV-40-10-60-20 n° 90 ; CE 27-7-2015 n° 362025 ; CE 24-4-2019 n° 412503). Il convient de mettre en œuvre le mécanisme correctif en cas de cession de parts de société de personnes par une société de même nature, pour la détermination de la plus ou moins-value de cession imposable au nom de ses associés (CE 25-10-2004 n° 243841), ainsi qu'en cas d'échange d'usufruit de parts de sociétés de personnes résultant d'une opération de fusion-absorption (TA Montreuil 27-1-2022 n° 1908418).
Les retraitements extra-comptables correspondants doivent être effectués sur l'imprimé n° 2058-A de l'exercice de cession (lignes WQ et XG).
b. Imposition de la plus ou moins-value La plus ou moins-value de cession ainsi calculée est susceptible de bénéficier du régime du long terme (chez un associé soumis à l'IS) si les titres sont des titres de participation au sens fiscal détenus depuis au moins deux ans (BOI-BIC-PVMV-30-10 n° 200 ; voir n° 35175). Pour les retraitements extra-comptables correspondants, voir n° 36720. Pour les cessions de parts de GIE, voir n° 38380.
Pour plus de détails, voir Mémento Fiscal n° 37735 à 37750.

VII. TABLEAU COMPARATIF DES RÈGLES COMPTABLES GÉNÉRALES

36805

		Titres de participation	Titres immobilisés de l'activité de portefeuille (Tiap)	Autres titres immobilisés	Valeurs mobilières de placement
Critères de classement		Conservés durablement et destinés à contribuer à l'activité de la société détentrice. Présomption si détention > 10 % (C. com. art. R 123-184 ; PCG art. 221-3), voir n° 35175 s.	Destinés à l'activité de portefeuille, qui consiste à investir pour retirer, à plus ou moins longue échéance, une certaine rentabilité, sans intervention dans la gestion (Avis CNC 30), voir n° 35225	Conservés durablement, mais leur détention est subie plutôt que voulue et n'est pas jugée utile à l'activité de l'entreprise (précision du PCG 82, p. I.42 et Bull. COB n° 209)[1], voir n° 35275	Détenues pour être recédées à brève échéance avec l'espoir d'un gain en rendement ou en capital (PCG 82, p. I.44)[1], voir n° 35325
Coût d'entrée		Coût d'acquisition, les frais d'acquisition[2] pouvant être : – soit incorporés au coût d'acquisition ; – soit inscrits directement en charges (voir n° 35620 et 35625)			
Valeur d'inventaire[3]		Valeur d'utilité pouvant prendre en compte : cours de bourse, actif net, rentabilité, motifs de la transaction d'origine, perspectives de rentabilité, de réalisation, conjoncture économique, utilité pour l'entreprise (PCG art. 221-3), voir n° 35705	Valeur tenant compte de perspectives d'évolution générale de l'entreprise (dont les titres sont détenus) et fondée notamment sur la valeur du marché (PCG art. 221-5), voir n° 35790	Valeur actuelle, c'est-à-dire (PCG art. 221-6) : – titres cotés : cours moyen du dernier mois de l'exercice[4] ; – titres non cotés : valeur probable de négociation (prix des transactions récentes, valeur mathématique, rendement, importance des bénéfices, activité de la société...)[4], voir n° 35845	
Valeur au bilan	Calcul des plus ou moins-values latentes	En comparant le coût d'entrée et la valeur d'inventaire, à notre avis (PCG 82, p. II.9), « par catégorie de titres de même nature entraînant les mêmes droits », il en résulte (PCG art. 214-20) : – des plus-values latentes ; – des moins-values latentes Voir n° 35930			
	Possibilité de compensation entre plus ou moins-values	En principe : aucune (Bull. COB n° 209, p. 6 ; voir n° 35980) Exception : évaluation par équivalence (titres de sociétés contrôlées de manière exclusive) (C. com. art. L 232-2 ; voir n° 36210 s.)	Aucune (Bull. COB n° 209, p. 6 ; voir n° 36030)	En cas de baisse anormale momentanée (PCG art. 221-7, 222-1 et Avis CU CNC 2002-C ; voir n° 36085)	En cas de baisse anormale momentanée (PCG art. 221-7, 222-1 et Avis CU CNC 2002-C ; voir n° 36135)[5]

36805 (suite)

		Titres de participation	Titres immobilisés de l'activité de portefeuille (Tiap)	Autres titres immobilisés	Valeurs mobilières de placement
Cession	Comptabilisation	– Plus-values latentes non comptabilisées (C. com. art. L 123-18) – Moins-values latentes dépréciées (C. com. art. L 123-18) dans le résultat financier (liste des comptes du PCG), voir n° 35930			
	Plus ou moins-values	Dans le résultat exceptionnel, éclaté entre (PCG art. 946-67 et 947-77) : – valeur comptable des titres cédés ; – prix de cession Voir n° 36930	Dans le résultat exceptionnel, et uniquement pour le montant net (PCG art. 944-46), voir n° 36935	Dans le résultat exceptionnel, éclaté entre (PCG art. 946-67 et . 947-77) : – valeur comptable des titres cédés ; – prix de cession Voir n° 36930	Dans le résultat financier, et uniquement pour le montant net (PCG art. 944-46 ; voir n° 36955)
	Valeur comptable des titres cédés	Lorsque la cession porte sur une fraction d'un ensemble de titres conférant les mêmes droits : CMP ou Fifo [6] Voir n° 36710			
	Reprise de dépréciations	Normalement dans le résultat financier comme la dotation (PCG art. 942-29), mais éventuellement dans le résultat exceptionnel afin de ne pas déséquilibrer les résultats courant et exceptionnel (Rec. OEC n° 1.18 ; voir n° 36925)	Normalement dans le résultat financier comme la dotation (PCG art. 942-29), mais éventuellement dans le résultat exceptionnel afin de ne pas déséquilibrer les résultats courant et exceptionnel (Rec. OEC n° 1.18 ; voir n° 36925)	Normalement dans le résultat financier comme la dotation (PCG art. 942-29), mais éventuellement dans le résultat exceptionnel afin de ne pas déséquilibrer les résultats courant et exceptionnel (Rec. OEC n° 1.18 ; voir n° 36925)	Dans le résultat financier (PCG art. 942-29 ; voir n° 36925)
Information en annexe		Méthodes retenues pour la détermination de la valeur d'inventaire (C. com. art. R 123-195 et PCG art. 833-3/3) et écarts entre les valeurs au bilan et les valeurs boursières (Bull. COB n° 209)			
		Un des points les plus significatifs de l'annexe (Rapport COB 1985 ; voir n° 38770)	Information particulière (PCG art. 833-7 et 841-7) : valeur estimative du portefeuille et variation (voir n° 38790)	Selon importance	

(1) Sur la valeur des définitions du PCG 82, voir n° 35150.
(2) La remarque sur les frais d'acquisition ne concerne pas, à notre avis, les comptes consolidés, ceux-ci étant, sous certaines conditions, obligatoirement comptabilisés dans le coût d'entrée des titres.
(3) À faire figurer dans le document d'inventaire (PCG art. 912-3 ; voir n° 7695).
(4) À l'exception des titres détenus en vue de réduire le capital (voir n° 55510) ou en vue d'être attribués aux salariés dans le cadre de plans de stock-options ou d'attributions gratuites d'actions (sous certaines conditions, voir n° 55795 et 55885).
(5) Uniquement pour les titres cotés et les OPCVM à valeur liquidative quotidienne, voir n° 36135.
(6) Sauf actions propres (Fifo obligatoire), voir n° 36710.

SECTION 3 — SCHÉMAS USUELS ET PROBLÈMES DE COMPTABILISATION

I. OPÉRATIONS COURANTES (GÉNÉRALITÉS)

A. Souscription ou acquisition de titres

Date d'enregistrement L'acquisition est à enregistrer lors du **transfert de propriété** des titres. 36810

Les règles applicables en matière de cession (définies par le Code de commerce et le Code monétaire et financier) sont, à notre avis, également à retenir lors de l'acquisition ou de la souscription des titres. En conséquence, le transfert de propriété intervient **au moment de l'inscription des titres au compte de l'acheteur** (ou de leur inscription dans un dispositif d'enregistrement électronique partagé lorsque cela est possible). Sur la détermination de cette date, voir n° 36920.

S'agissant d'un **achat à terme** (par exemple, service à règlement différé ; voir Mémento Sociétés commerciales n° 63473) **en bourse**, c'est le transfert sur le registre des sociétés (qui est effectué seulement à la liquidation) qui emporte livraison du bien (et donc détermine la date de comptabilisation).

Dans tous les cas, cette inscription est nécessairement postérieure à la réalisation juridique de l'augmentation de capital (voir n° 55295).

> **Fiscalement** Pour l'application du régime des plus et moins-values de cession, la date à prendre en compte comme point de départ de la période de détention des titres est celle où **l'opération est juridiquement réalisée** (voir n° 55295), même si l'intention des associés de réaliser l'augmentation de capital avait été clairement exprimée à une date antérieure à sa réalisation juridique (TA Montreuil 22-11-2017 n° 16055931).

Sur la date d'acquisition à retenir en normes IFRS, voir Mémento IFRS n° 45370.

Traitement comptable Que les titres soient immédiatement libérés ou non, le prix d'acquisition (ou de souscription) est débité pour le montant total (partie libérée + partie non libérée, voir n° 37025) au compte de titres concerné (261, 266, 271, 272, 273, 50) par le crédit (PCG art. 942-26, 942-27, 944-46 et 945-50) : 36815
– du compte financier concerné (paiement comptant) ;
– du compte 4041 « Fournisseurs Achats d'immobilisations » (titres immobilisés) ou 464 « Dettes sur acquisitions de valeurs mobilières de placement » (partie libérée) ;
– du compte 269, 279, 509 « Versements restant à effectuer sur... » (partie non libérée).

S'agissant **des entreprises liées – Parts et créances** (sur leur définition, voir n° 35070), les comptes 25 et 501 devraient en principe être utilisés, conformément au plan de comptes, voir n° 96220 et 96280.

Pour les titres d'autocontrôle, voir n° 35065.

> **Fiscalement** Sur la portée fiscale du classement comptable retenu, voir n° 35175.

B. Dépréciation financière des titres

Le schéma de comptabilisation est le suivant (PCG art. 942-29 et 945-59) : 36865

> **Fiscalement** Voir n° 35930 à 36135.

I. Constitution de la dépréciation Lors de sa constitution, la dépréciation est débitée au compte **6866 « Dotations aux dépréciations des éléments financiers »** (68662 « Immobilisations financières » ; 68665 « Valeurs mobilières de placement ») par le crédit du compte 296, 297 ou 590, selon la nature des titres concernés.

En effet, toute charge financière est, à notre avis, comptabilisée comme telle quel que soit son caractère, habituel ou exceptionnel (précision du PCG 82, p. II.51).

> **Précisions** Il en est ainsi (Rec. OEC « Principes comptables » n° 1.18, « les provisions ») même en cas d'événements exceptionnels intervenus dans une filiale ; mais, dans ces cas, il est indispensable de donner en annexe des informations permettant de corriger le résultat courant (voir n° 36925).
Toutefois, pour une bonne information, deux solutions paraissent possibles :
– pour l'OEC (Rec. n° 1.18), le fait que les éléments financiers fassent systématiquement partie du résultat courant peut impliquer de devoir fournir en **annexe** des informations permettant de le corriger (par exemple, en cas de dépréciation de titres constituée en raison d'événements exceptionnels intervenus dans une filiale et qui ne devraient pas influencer le résultat courant) ;
– à notre avis, l'utilisation de **deux lignes distinctes dans le résultat financier** (« Résultat financier hors éléments exceptionnels » et « Résultat financier – éléments exceptionnels ») permettrait de voir directement l'impact à la lecture du compte de résultat.

II. À la clôture de chaque exercice

– l'augmentation de la dépréciation fait l'objet de la même écriture ;
– la diminution de la dépréciation est débitée au compte 296, 297 ou 590 par le crédit du compte **7866 « Reprises sur dépréciation des éléments financiers »** (78662 « Immobilisations financières », 78665 « Valeurs mobilières de placement »).

> **Précisions** **Dépréciations figurant déjà dans les bilans antérieurs** Les dépréciations figurant déjà dans les bilans antérieurs ne devraient pas donner lieu, pour chaque exercice, à une reprise des dépréciations antérieurement constituées et à une nouvelle dotation (voir n° 29180).

En principe, comme les dotations, les reprises de dépréciations doivent figurer en **résultat financier** et il ne nous paraît pas possible de déroger à la règle (voir n° 36925).
Sur le cas particulier des reprises de dépréciation en cas de cession, voir n° 36925.

EXEMPLE

Des titres de participation acquis pour une valeur de 100 000 l'année N font l'objet en fin N d'une dépréciation de 50 000, portée à 60 000 en fin N+1. L'exercice N+2 ces titres sont vendus.

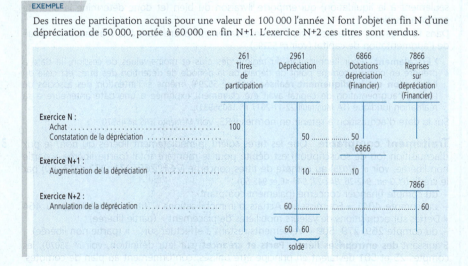

C. Cession de titres

DATE D'ENREGISTREMENT

36915 **Principe général** La cession de titres est à enregistrer lors de leur **transfert de propriété.** Sur le cas particulier des titres financiers, voir n° 36920.

> **Fiscalement** Dans une affaire relative à la cession par un particulier de ses parts de SARL, la cour administrative d'appel de Nantes a jugé que l'administration pouvait retenir comme année d'imposition de la plus-value l'année (postérieure à la cession) au cours de laquelle ont été accomplies les formalités de publicité (CAA Nantes 26-5-2004 n° 00-1180). Elle a ainsi transposé à la cession de parts de SARL la jurisprudence du Conseil d'État rendue à propos de la cession d'actions nominatives lorsqu'une telle opération était soumise à une formalité de publicité (CE 26-7-1978 n° 1885 ; CE 14-3-1984 n° 35689).

Sur la date de cession à retenir en normes IFRS, voir Mémento IFRS n° 45370.

Application aux titres financiers (sur leur définition, voir n° 35015 ; sur leur dématérialisation, voir n° 57040) Le transfert de propriété des titres financiers (qu'ils soient cotés ou non cotés) résulte de **l'inscription des titres** (C. mon. fin. art. L 211-17) :
– **au compte-titres de l'acheteur** (société émettrice si les titres sont nominatifs, intermédiaire financier si les titres sont au porteur) ;
– ou **de leur inscription au bénéfice de l'acquéreur dans un dispositif d'enregistrement électronique partagé (DEEP)** telle que la technologie « **blockchain** ».
Pour plus de détails sur les conditions de cession et de transfert de propriété de titres, voir Mémento Sociétés commerciales n° 62500 à 62536.

36920

I. Titres négociés sur les marchés réglementés et les systèmes multilatéraux de négociation
L'inscription au compte de l'acheteur intervient à la date de dénouement effectif de la négociation mentionnée dans les règles de fonctionnement du système de règlement et de livraison, c'est-à-dire, en principe, au plus tard le **deuxième jour** d'ouverture du système de règlement et de livraison après la négociation (C. mon. fin. art. L 211-17 III et Règl. UE 909/2014 du 23-7-2014 art. 5).

> **Précisions** **Systèmes organisés de négociation (OTF)** Il en est de même pour les titres négociés sur un système organisé de négociation (C. mon. fin. art. L 211-17, II ; Règl. gén. AMF art. 570-3 ; Règl. UE 909/2014 art. 5).

Toutefois, lorsque le règlement et la livraison des titres sont assurés par un **système prévoyant un dénouement irrévocable en continu,** le transfert de propriété n'intervient que lorsque l'acheteur **a réglé le prix** de la transaction (C. mon. fin. art. L 211-17 II).

> **Précisions** **1. Date de règlement** Les parties déterminent la date à laquelle les opérations de règlement et de livraison doivent être effectuées (Règl. gén. AMF art. 570-7).
> **2. Propriété de l'intermédiaire** Tant que l'acheteur n'a pas réglé le prix de la transaction, l'intermédiaire (participant au système de règlement et de livraison d'instruments financiers) qui a reçu ces titres en est le propriétaire. En effet, un enregistrement en cours de journée dans les livres du dépositaire central, matérialisant un dénouement au profit d'un teneur de compte-conservateur, vaut transfert de propriété au profit de ce teneur de compte-conservateur, s'il est l'acquéreur de ces titres ou si son client acquéreur ne les a pas encore payés (C. mon. fin. art. L 211-17 II et Règl. gén. art. 570-7).

Pour plus de détails ainsi que sur les exceptions prévues par le règlement général de l'AMF, voir Mémento Sociétés commerciales n° 62530 et 62533.
Sur l'information à déclarer à l'AMF en cas de position courte nette, voir n° 39015.

II. Titres non admis à la négociation sur un marché réglementé ou sur un système multilatéral de négociation
La date d'inscription des titres au **compte de l'acheteur** ou dans un **dispositif d'enregistrement électronique partagé** (DEEP) est fixée par l'accord des parties et notifiée à la société émettrice des valeurs cédées (C. com. art. R 228-10).
Pour plus de détails, voir Mémento Sociétés commerciales n° 62536.

III. Vente à terme en bourse de titres détenus
(par exemple, service à règlement différé ; voir Mémento Sociétés commerciales n° 63473) Dans ce cas, l'inscription en compte chez l'intermédiaire boursier emporte livraison du bien. L'enregistrement comptable chez le vendeur devrait donc, en principe, être constaté à cette date.
S'il doit résulter de la vente à terme :
– **une plus-value,** elle n'est toutefois pas à constater avant la date de la remise des fonds contre la livraison des titres (généralement en fin de mois). Avant cette date le produit est certain mais non réalisé au sens de l'article L 123-21 du Code de commerce ;
– **une moins-value,** une dépréciation doit être constituée.
Ces solutions s'appliquent, à notre avis, à tout **engagement** de cession pris **avant la clôture** de l'exercice, lorsque l'acte de cession est passé après la clôture.

REPRISE DES DÉPRÉCIATIONS
Selon le PCG (art. 942-29 et 945-59), si une dépréciation a été antérieurement comptabilisée, elle n'entre pas dans le calcul de la plus ou moins-value de cession. Elle est, en effet, toujours annulée par reprise au compte 786 « Reprises sur dépréciations (à inscrire dans les produits financiers) ».

36925

> **Fiscalement** Voir n° 35930 à 36135.

Toutefois, cette solution du PCG a pour effet de faire apparaître sur l'exercice de cession, d'une part, un produit financier (reprise de dépréciation) et, d'autre part, une charge exceptionnelle (moins-value de cession). C'est pourquoi l'OEC (Rec. « Principes comptables » n° 1.18 « les provisions ») estime que l'« **on peut admettre** qu'une dépréciation sur titres de participation soit **reprise dans le résultat exceptionnel** lorsque les titres sont cédés et ce afin de ne pas déséquilibrer le résultat courant et le résultat exceptionnel ». Une **information sera alors fournie dans l'annexe.**

> **Précisions** **1. Dérogation** Cette solution pratique, que les entreprises trouveront logique, constitue en fait, plus qu'une dérogation, une remise en cause, dans ce cas particulier, de la règle générale du strict parallélisme entre les dotations et les reprises.
> **2. Reprises de provisions pour risques** Cette solution nous paraît aussi pouvoir être retenue, dans des cas particuliers, en ce qui concerne les reprises de provisions pour risques sur les filiales (notamment en cas d'appel en garantie), les reprises de dépréciation des créances sur les filiales (notamment en cas d'abandon de ces créances), etc.

Sur la possibilité d'éclatement du compte 7866 entre charge effective et excédent de dépréciation, voir n° 29180.

CESSION DE TITRES DE PARTICIPATION OU D'AUTRES TITRES IMMOBILISÉS

36930 Les éléments de la cession constituent, sauf cas particuliers, des **charges** et des **produits exceptionnels.** On considère, en effet, que l'objet de l'entreprise n'est pas de vendre ces titres et que, par conséquent, il s'agit d'opérations exceptionnelles.

> **Fiscalement** Voir n° 36700.

La comptabilisation s'effectue de la manière suivante (PCG art. 942-26 s., 946-67 et 947-77) :
– **enregistrement de la valeur comptable des titres cédés** : cette valeur, déterminée au n° 36710, est enregistrée (compte non tenu d'une éventuelle dépréciation) au débit du compte 6756 « Valeurs comptables des éléments d'actifs cédés – Immobilisations financières » par le crédit du compte de titres concerné ;
– **enregistrement du prix de cession** : il est porté au crédit du compte 7756 « Produits des cessions d'éléments d'actif – Immobilisations financières » par le débit du compte 462 « Créances sur cessions d'immobilisations » ou du compte financier concerné.

> **Précisions** **Compensation des plus et moins-values** En principe, à l'exception des Tiap (voir n° 36935), la valeur comptable des titres cédés figure au débit du compte de résultat et le prix de cession figure au crédit du compte de résultat. À notre avis, dans certains cas, il paraît possible (avec une information dans l'annexe), mais cela ne constitue pas une règle générale, de présenter dans le résultat exceptionnel uniquement les plus ou moins-values de cession sur titres de participation (comme pour les Tiap et les valeurs mobilières de placement).

Sur la cession des Tiap, voir n° 36935.
Sur la reprise de la dépréciation (le cas échéant), voir n° 36925.

EXEMPLE

Cession de 3 000 titres, dont le coût de revient unitaire s'élève à 100, le prix de vente total à 260 000 et les frais inhérents à la cession à 10 000 (sur cette notion de frais, voir n° 36705). Ils ont fait l'objet d'une dépréciation de 100 000.

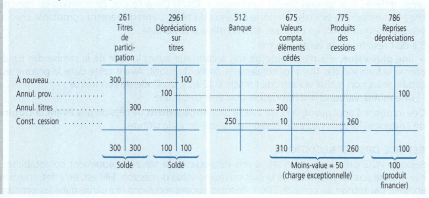

Le compte 786 peut être ventilé pour distinguer les reprises correspondant aux excédents de dépréciations (voir n° 29180).

CESSION DE TIAP

36935 Les éléments de la cession constituent, comme pour les titres de participation, des charges et des **produits exceptionnels**. En revanche, comme pour les valeurs mobilières de placement, **seul le résultat de la cession est enregistré** (et non pas ses deux composants : prix de cession d'une part, et valeur comptable, d'autre part).

> **Fiscalement** Voir n° 36700 s.

La comptabilisation s'effectue de la manière suivante (PCG art. 942-29, 944-46, 946-67 et 947-77) :
Le compte 462 « Créances sur cessions d'immobilisations » est débité du prix de cession des Tiap, par le crédit :
– du compte 7756 « Produits des cessions d'éléments d'actif – Immobilisations financières », lorsque la cession est génératrice d'un profit ; simultanément, le compte 273 « Titres immobilisés de l'activité de portefeuille » est crédité par le débit du compte 7756 ;
– du compte 6756 « Valeurs comptables des éléments d'actifs cédés – Immobilisations financières » lorsque la cession est génératrice d'une perte ; simultanément, le compte 273 est crédité par le débit du compte 6756.
Sur la comptabilisation des frais de cession, voir n° 36705.
Sur l'annulation de la dépréciation éventuelle, voir toutefois n° 36925.

CESSION DE VALEURS MOBILIÈRES DE PLACEMENT

36955 Selon le PCG (art. 942-29, 944-46, 945-50, 946-66, 946-67, 947-76 et 947-77), exceptionnellement, contrairement à la solution retenue pour les titres de participation et les autres titres immobilisés, **seul le résultat de la cession est enregistré** (et non pas ses deux composants : prix de cession, d'une part, et valeur comptable, d'autre part). Par ailleurs, la cession de valeurs mobilières de placement est considérée comme une **opération financière** (alors que celle de titres de participation est une opération exceptionnelle).

> **Fiscalement** Voir n° 36700 s.
> Les charges et les gains nets sur cession de valeurs mobilières de placement ne sont pas pris en compte dans l'assiette des charges financières nettes pour l'application, le cas échéant, de la limitation générale de déduction des charges financières (voir n° 42985 ; BOI-IS-BASE-35-40 n° 50 et 80).

Il en résulte l'enregistrement suivant :
a. Le compte 465 « Créances sur cessions de valeurs mobilières de placement » (ou le compte de trésorerie concerné) est débité du prix de cession par le crédit :
– du compte 767 « Produits nets sur cessions de valeurs mobilières de placement » lorsque la cession est génératrice d'un profit (le prix de cession est supérieur au prix d'acquisition) ;
– du compte 667 « Charges nettes sur cessions de valeurs mobilières de placement » lorsque la cession est génératrice d'une perte (le prix de cession est inférieur au prix d'acquisition).
Sur la comptabilisation des **frais de cession,** voir n° 36705.
b. Simultanément, les comptes 503 « Actions » ou 504 « Autres titres conférant un droit de propriété » ou 505 à 508 sont crédités par le débit du compte 767 ou 667 selon que la cession est génératrice d'un profit ou d'une perte.
Ces deux écritures a. et b. peuvent être regroupées.
L'annulation des dépréciations éventuellement constituées est effectuée par le compte 786 « Reprises sur dépréciations (à inscrire dans les produits financiers) ».

> **EXEMPLES**
> – Valeur mobilière de placement A, acquise pour 100 000, dépréciée de 20 000 l'année N–1, cédée l'année N pour 71 000 avec des frais inhérents à la cession de 1 000 (sur cette notion, voir n° 36705).
> – Valeur mobilière de placement B, acquise pour 200 000, dépréciée de 30 000 l'année N–1 et cédée l'année N pour 223 000 avec des frais de cession de 3 000.

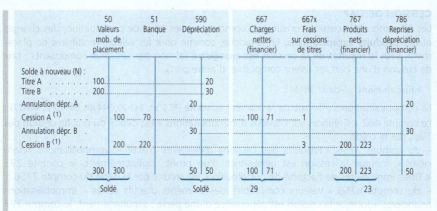

(1) Ou l'écriture unique contractée, sont inscrits directement :
– pour la cession A : 29 au débit du compte 667 ;
– et, pour la cession B : 23 au crédit du compte 767.

II. ÉLÉMENTS COMMUNS À PLUSIEURS CATÉGORIES DE TITRES

A. Titres présentant des caractéristiques particulières

37025 **Titres non entièrement libérés** Pour les titres qui sont en outre libellés en devises, voir n° 37045.

I. Traitement comptable Selon le PCG (art. 942-26, 942-27 et 945-50), que les titres soient immédiatement libérés ou non, le prix d'acquisition (ou de souscription) est **débité pour sa valeur totale (libérée + non libérée)** au compte de titres concerné (261, 266, 271, 272, 273, 50…) par le crédit :
– du compte financier concerné (paiement comptant) ;
– du compte 4041 « Fournisseurs – Achats d'immobilisations » (titres immobilisés) ou 464 « Dettes sur acquisitions de valeurs mobilières de placement » (partie libérée) ;
– du compte 269, 279, 509 « Versements restant à effectuer sur… » (partie non libérée à inscrire au passif).

II. Dépréciation Il convient, à notre avis, de l'apprécier par rapport au coût total inscrit à l'actif (y compris donc sur la partie restant à libérer), la fraction du capital non libéré constituant chez la société une créance certaine sur les associés (voir n° 60130).

37045 **Titres en devises**

I. Coût d'entrée Ils sont enregistrés pour le prix d'acquisition converti en monnaie nationale (euro) au cours de change à la date de chaque opération (PCG art. 420-2).

> **Précisions** Le PCG (art. 410-1) indique que le cours de change de chaque opération est, pour les devises cotées, le cours indicatif de la Banque de France publié au JO et, pour les autres devises, les cours moyens mensuels établis par la Banque de France.

Compte tenu des modalités de règlement, si le prix payé après conversion en monnaie nationale est différent, la différence constitue, en principe, une **différence de change** à enregistrer dans les charges ou produits financiers.

> **Fiscalement** Voir commentaires au n° 26510.

Lorsque les titres en devises **ne sont pas entièrement libérés,** à notre avis :
– le prix d'acquisition total (y compris la part non libérée) est converti en monnaie nationale au cours du jour de l'opération d'acquisition et porté définitivement à l'actif ;

– la part non libérée, qui est inscrite en contrepartie au passif (voir n° 37025), constitue une dette en devises à traiter ultérieurement comme telle (voir ci-après III., cas particulier).
Sur la transformation d'un prêt ou d'une créance en devises en achat d'actions, voir n° 37690.

II. Couverture du coût d'acquisition des titres
En cas d'application de la comptabilité de couverture (sur les conditions, voir n° 41570) :

a. L'**effet de la couverture** est **intégré** dans le coût d'entrée des titres, en complément du prix d'achat (PCG art. 420-1). Ainsi :
– les variations de valeur de l'instrument de couverture, entre la date où l'instrument a été affecté à la relation de couverture et la date d'achat, sont comptabilisées en plus ou en moins du coût d'entrée des titres couverts (qu'il s'agisse d'un résultat latent ou réalisé) ;
– si l'instrument de couverture n'est pas dénoué à la date de l'acquisition (cas le plus fréquent car l'acquisition est en général couverte jusqu'à son règlement), les variations de valeur entre la date d'acquisition et la date de règlement ne peuvent être incluses dans le coût des titres. Elles sont comptabilisées dans un compte d'attente et conservées au bilan jusqu'au règlement de la dette. Au règlement, elles seront comptabilisées dans le résultat financier de change (Comptes 666 « Pertes de change financières » ou 766 « Gains de change financiers »).
Pour plus de détails sur le traitement du résultat de couverture, voir n° 41765.
Pour un exemple de comptabilisation, voir n° 42000.

> **Précisions** **Différentes stratégies de couverture** La couverture du coût d'acquisition des titres ne doit pas être confondue avec la couverture mise en place pour réduire l'exposition au risque de change des flux futurs de trésorerie en devises liés aux titres (voir ci-après IV.).

b. Les **frais engagés** pour mettre en place une telle couverture (notamment les primes d'option et report/déport) peuvent, au choix de l'entreprise (PCG art. 420-1, 628-12 et 628-13) :
– soit être étalés sur la durée de la couverture ;
– soit être différés et intégrés au **coût d'entrée** des titres (PCG art. 420-1).
Sur ces options, voir n° 41800 (primes d'option) et 41820 (report/déport).

> **Fiscalement** Sur le traitement fiscal des primes d'option d'achat de titres, voir n° 37660.

Les autres frais de mise en place des couvertures (de dossier, commissions…) peuvent également être intégrés dans le coût des titres (PCG art. 420-1). En l'absence de précision des textes, ces frais devraient également pouvoir, à notre avis, être étalés sur la durée de la couverture (voir n° 41830).

III. Valeur d'inventaire et valeur au bilan
Les **autres titres immobilisés** et les **valeurs mobilières de placement** sont évalués (PCG art. 420-3) :
– si les titres sont cotés en France : aux cours français ;
– si les titres sont cotés seulement à l'étranger : aux cours étrangers auxquels on applique le cours de change à la date de clôture.
À la clôture de chaque exercice, la valeur actuelle des titres de placement cotés (titres immobilisés et valeurs mobilières de placement) étant estimée au cours moyen du dernier mois (voir n° 35850), il en résulte que les titres, libellés en devises, cotés :
– en France et émis en France, sont évalués aux cours moyens du dernier mois publiés dans la cote officielle d'Euronext Paris ;
– en France mais émis à l'étranger, sont évalués aux cours moyens inscrits à la cote des changes publiée au Journal officiel ;
– seulement à l'étranger, sont évalués aux cours étrangers auxquels s'applique le dernier cours de change à la date de clôture.
Les **titres de participation** et les **Tiap** sont évalués selon la méthode retenue pour estimer leur valeur d'inventaire (voir n° 35705 s. pour les titres de participation et n° 35790 pour les Tiap).

> **Précisions** En cas de baisse du cours de la devise :
> – s'il s'agit de **titres de participation** ou de **Tiap**, compte tenu des méthodes d'appréciation de la valeur d'inventaire (voir n° 35695 s.), cette simple baisse ne paraît pas, à notre avis, systématiquement suffisante pour justifier une dépréciation ;
> – s'il s'agit d'**autres titres immobilisés ou de valeurs mobilières de placement,** la fluctuation du cours de la devise a une incidence sur la dépréciation mais elle n'est pas systématique ; en effet, une baisse du cours de la devise peut être compensée par une hausse du cours du titre et réciproquement.

37045
(suite)

Lorsque les **titres en devises ne sont pas entièrement libérés,** la part non libérée au passif est, à notre avis, à estimer selon le cours de clôture et un écart de conversion actif ou passif est à dégager. Toutefois, en cas de perte latente, celle-ci ne devrait pas être provisionnée dès lors que la dette est couverte par les titres non encore libérés (voir ci-après IV.).

Dans le cas d'obligations convertibles en actions, libellées en devises, elles nous paraissent devoir suivre le traitement général présenté au III.

IV. Couverture de la valeur d'utilité des titres immobilisés libellés en devises

Cette couverture peut se faire notamment par l'intermédiaire d'un emprunt en monnaie locale ou d'un instrument financier à terme. Elle est nécessairement **limitée à l'équivalent en devise de la valeur comptable des titres acquis** (Note de présentation du règl. ANC 2015-05, § 3.2.2). Toute couverture au-delà de cette valeur est à traiter comme une position ouverte isolée (voir n° 42115 s.).

En cas d'application de la comptabilité de couverture :
– en cas de hausse des cours, il n'est pas constitué de provision pour la perte latente sur l'emprunt ou sur le dérivé de couverture tant que les flux liés aux titres ne sont pas réalisés (prix de cession, dividendes reçus…) ; la perte latente est cependant prise en compte dans l'éventuel calcul de dépréciation des titres ;
– en cas de baisse des cours, le test de dépréciation des titres prend en compte l'effet de couverture (qu'il soit comptabilisé au bilan, s'agissant de l'emprunt ou non comptabilisé au bilan, s'agissant d'un instrument de couverture non encore dénoué) ; il n'y a donc pas lieu, dans ce cas, de constituer une dépréciation à hauteur du résultat de couverture.

Pour un exemple de comptabilisation, voir n° 42040.

> **Fiscalement** Les écarts de charge sur les instruments de couverture (emprunt ou instrument financier à terme) sont pris en résultat. Les règles relatives aux positions symétriques sont applicables (voir n° 41485 et 41495).

V. Dividendes reçus de l'étranger

Sur la comptabilisation des dividendes en cas de crédit d'impôt correspondant à une retenue à la source étrangère, voir n° 36400 s.

Lorsque les flux de dividendes sont couverts, voir ci-avant IV.

> **Fiscalement** Lorsqu'une société a perçu des dividendes soumis au régime des sociétés mères et filiales (CGI art. 216 ; voir n° 36340), l'écart de change ayant affecté la créance acquise au titre de dividendes distribués par une filiale étrangère n'est déductible qu'à hauteur de la fraction des dividendes effectivement imposée à raison de la quote-part de frais et charges (CAA Paris 28-6-2023 n° 21PA03000).

VI. Réduction de capital

Conformément à l'article 420-2 du PCG, la réduction de capital est à convertir au cours du jour de sa réalisation.

Un écart de change est, le cas échéant (voir Exemple ci-après), à constater pour la différence entre le montant ainsi converti et la valeur comptable de la quote-part de capital remboursé (inscrite au bilan au cours du jour de l'acquisition, voir I. ci-avant).

EXEMPLE

Une société holding H détient 100 % d'une filiale étrangère F dont le capital se compose de 5 000 actions d'une valeur nominale unitaire de 10 D. À la date d'acquisition des titres, 10 D = 9 €. Les titres détenus par H, acquis pour une valeur unitaire de 10 D, sont inscrits à son actif pour une valeur nette comptable de 45 000 [5 000 × 9 €].

La société F décide de rembourser partiellement l'investissement de son actionnaire en procédant à une réduction de capital non motivée par des pertes, par réduction du nombre d'actions (2 000 actions à annuler). À cette date, 10 D = 10 €.

Dans les comptes de la société H, un résultat est constaté à hauteur de la différence entre le montant remboursé (20 000 = 2 000 × 10 €) et l'investissement initial réalisé (18 000 = 2 000 × 9 €) soit 2 000. Les titres étant entrés dans le patrimoine pour leur valeur nominale, le résultat de la réduction est exclusivement constitué d'un écart de change. Il peut donc, à notre avis, être classé en tant que tel en résultat financier.

VII. Cession

Le prix de cession est le prix converti en monnaie nationale au cours de change du jour de l'opération, la valeur comptable brute figurant déjà en monnaie nationale dans la comptabilité (voir I. ci-avant). Le traitement comptable est identique à celui d'une immobilisation en devises (voir n° 29325). Toutefois, pour les immobilisations financières, la distinction entre résultat de change et résultat de cession n'est pas prévue par le PCG.

Lorsque le prix de cession est couvert, voir ci-avant IV.

Titres réévalués L'ensemble des **textes et commentaires** relatifs à l'opération de réévaluation elle-même font l'objet d'un regroupement aux **nº 56665 s.** 37065
Le traitement comptable est **globalement identique** à celui des immobilisations incorporelles ou corporelles non amortissables **quelle que soit la réévaluation** (légale ou libre) (voir nº 29220). Toutefois, les dépréciations sont comptabilisées aux comptes 6866 et 7866 (au lieu des comptes 6876 et 7876).

Acquisition de titres en rémunération de services rendus L'acquisition de 37070
titres d'une société, par exemple en rémunération des **services rendus** à cette dernière, s'analyse, à notre avis, comme un échange (voir nº 26740). En conséquence, sont constatés d'une part, un produit correspondant aux services rendus, d'autre part, une acquisition de titres.
Sur la valorisation à retenir, voir nº 26740.

> **Fiscalement** Dans le même sens CE 18 mai 1979, nº 10388.

Titres acquis dans le cadre de la participation des employeurs à l'effort 37075
de construction Ces titres ont généralement une valeur de revente (pour autant que la cession en soit possible) inférieure à leur coût d'acquisition, ce qui conduit à devoir constater une dépréciation, sauf à démontrer que la valeur d'utilité est supérieure à la valeur comptable en tenant compte de l'offre de logements aux salariés.

> **Précisions** Depuis mai 2012, l'acquisition de tels titres n'est plus possible (voir nº 16375). Néanmoins, les titres acquis avant cette date peuvent être conservés.

Acquisition conjointe pour un prix global de titres et d'un élément 37080
incorporel (par exemple, des droits de distribution) Voir nº 31605.

Jetons numériques détenus présentant les caractéristiques de titres 37085
financiers, de contrats financiers ou de bons de caisse (« Securities
tokens ») Les critères de qualification juridique de ces jetons ne sont pas précisés par les textes et une telle qualification nécessite, à notre avis, une analyse au cas par cas.
Sur le traitement comptable (PCG art. 619-10) d'un titre financier, voir nº 35015 s. ; d'un contrat à terme, voir nº 41430 s. ; d'un bon de caisse, voir nº 42690.
Sur le traitement comptable des jetons ne présentant pas les caractéristiques de titres financiers, voir nº 30795.

B. Opérations sur titres

PRÊTS DE TITRES
Sont visés les prêts de titres définis par le Code monétaire et financier (art. L 211-22). 37130

> **Juridiquement** Le prêt de titres a le caractère d'un prêt à la consommation (C. civ. art. 1892 à 1904), ce qui **transfère la propriété** des titres à l'emprunteur sans contrepartie financière.
L'emprunteur peut céder les titres à son gré mais à l'obligation, au terme du contrat, de restituer au prêteur autant de titres de même nature que ceux qu'il aura empruntés.
Le prêt de titres peut, sous certaines conditions, faire l'objet d'une garantie sous la forme d'une remise d'espèces ou de titres permettant, en cas de défaillance de l'une des parties, que l'autre partie devienne définitivement propriétaire des éléments composant la garantie. Ces remises en garantie emportent également au profit du prêteur la pleine propriété des titres ou espèces remis pour tenir compte de l'évolution de la valeur des titres prêtés (C. mon. fin. art. L 211-22).
Sur le prêt de titres à un administrateur, voir FRC 12/23 Hors série inf. 103.5.

Les traitements retenus ci-après sont issus des articles L 211-24 à L 211-26 du Code monétaire et financier dont les dispositions comptables ont été abrogées (Décret 2020-1732 du 29-12-2020 modifiant le Code monétaire et financier concernant les prêts et emprunts de titres financiers), et reprises à l'identique dans les règlements ANC nº 2014-01 relatif au plan comptable des organismes de placement collectif à capital variable, nº 2014-07 relatif aux comptes des entreprises du secteur bancaire et nº 2021-03 (en cours d'homologation) relatif aux comptes annuels des organismes de titrisation. N'ayant en revanche pas encore été reprises dans le règlement ANC nº 2014-03, il existe désormais un vide juridique dans le PCG sur le traitement de ces opérations.

37130 (suite) Dans cette partie, nous renverrons donc aux trois règlements sectoriels de l'ANC précités dont les dispositions relatives aux prêts et emprunts de titres, conformes aux anciens articles L 211-24 et L 211-26 modifiés du Code monétaire et financier, sont transposables, à notre avis, à l'ensemble des entreprises industrielles et commerciales.

> **Fiscalement** Leur régime est fixé par les articles 38 bis, 39, 1-5°, al. 16 et 22, 39 duodecies-8 et 260 C du CGI. Pour plus de détails, voir BIC-VII-52030 s. et BOI-BIC-PDSTK-10-20-90.

I. Comptabilisation chez le prêteur
a. Lors du prêt de titres :
1. Enregistrement du prêt Du fait du transfert de propriété, les titres prêtés sont sortis du bilan du prêteur. La créance qui en résulte est portée, à notre avis, dans une subdivision à créer du compte 274 « Prêts » (par exemple, 2746 « Prêts de titres ») pour la valeur d'origine des titres prêtés (Règl. ANC 2021-03 précité, art. 134-2) par le crédit du compte de titres concerné. Aucune plus ou moins-value n'est donc dégagée.

> **Fiscalement** Il en est de même (CGI art. 38 bis ; BOI-BIC-PDSTK-10-20-90 n° 50).

Pour déterminer cette valeur d'origine, la loi précise (C. mon. fin. art. L 211-24) que les titres prêtés sont prélevés par priorité sur les titres de même nature acquis ou souscrits à la date la plus récente, c'est-à-dire selon la règle Lifo.

> **Fiscalement** Les titres prêtés ne sont pas retenus pour l'application du régime des sociétés mères, subordonné notamment à la détention de 5 % du capital (en principe) de la société émettrice (CGI art. 145, 1-c ; BOI-BIC-PDSTK-10-20-90 n° 140 ; voir n° 36355). En outre, le prêt de titres de la filiale rompt l'obligation de conservation (en principe de deux ans) prévue par ce régime et entraîne sa remise en cause s'il en résulte un abaissement du pourcentage de détention au-dessous du seuil de 5 % (CGI art. 145, 1-c ; CE 26-9-2014 n° 363555 ; BOI-BIC-PDSTK-10-20-90 n° 140 ; voir n° 36370). Mais les dividendes perçus à raison des titres prêtés à l'entreprise ouvrent droit à l'exonération prévue par le régime des sociétés mères dès lors que la perception de dividendes n'est pas exclue par le contrat de prêt (CAA Versailles 15-10-2019 n° 17VE02377).

2. Traitement des éventuelles dépréciations antérieurement pratiquées sur les titres prêtés Elles doivent être inscrites distinctement dans un compte à créer (à notre avis, compte 29616 « Dépréciations sur titres prêtés »).

Cette dépréciation n'est donc pas réintégrée lors du prêt et demeure inchangée jusqu'à restitution des titres (Règl. ANC 2021-03 précité, art. 134-2).

> **Fiscalement** Il en est de même (CGI art. 39, 1-5° al. 17 ; BOI-BIC-PDSTK-10-20-90 n° 60).

3. Comptabilisation de la garantie éventuellement remise par l'emprunteur Il convient, à notre avis, de distinguer la garantie remise :
– **en espèces** Son traitement comptable devrait, à notre avis, être celui des dépôts et cautionnements reçus en raison de l'obligation de restituer les espèces à l'expiration du prêt. La dette correspondant à la remise provisoire des espèces garantissant le prêt est donc constatée, à notre avis, dans une subdivision du compte 165 « Dépôts et cautionnements reçus » par le débit du compte de trésorerie concerné ;
– **en titres** Elle est identique, à notre avis, à la comptabilisation de l'emprunt chez l'emprunteur (voir II. ci-après), les remises en garantie emportant (C. mon. fin. art. L 211-22) transfert de propriété des titres.

> **Fiscalement** Il en est de même, la neutralité fiscale des prêts ayant été étendue aux titres remis en garantie (CGI art. 38 bis-0 A bis).

b. À la clôture de l'exercice :
1. Évaluation des titres prêtés Les deux situations suivantes peuvent se présenter :
– **la valeur d'inventaire** des titres prêtés (voir n° 35695 s.) est **inférieure** à leur valeur nette comptable lors du prêt : dans ce cas, il est, à notre avis, nécessaire de constater une dépréciation complémentaire ;
La garantie éventuellement obtenue n'a pas d'incidence sur cette dépréciation, puisqu'elle doit être restituée.

> **Fiscalement** La (provision pour) dépréciation complémentaire constituée sur titres prêtés n'est pas déductible (CGI art. 39, 1-5°, al. 22 ; BOI-BIC-PDSTK-10-20-90 n° 60). Elle est réintégrée extra-comptablement sur l'imprimé n° 2058-A (ligne WI).

– **la valeur d'inventaire** est **supérieure** à leur valeur nette comptable lors du prêt : si les titres n'avaient fait l'objet d'aucune dépréciation avant le prêt, la plus-value latente n'est pas enregistrée ; si une dépréciation avait été antérieurement constituée, elle devrait, à notre avis, être reprise.

> **Fiscalement** Cette reprise doit être déduite extra-comptablement du résultat imposable, sur l'imprimé n° 2058-A (ligne WU), la (provision pour) dépréciation antérieurement constituée devant rester inchangée jusqu'à la restitution des titres (CGI art. 38 bis, I-1).

2. Enregistrement des intérêts courus Les deux situations suivantes sont possibles :
– **la période du prêt couvre la date de paiement** des revenus attachés aux titres prêtés : dans ce cas, la rémunération du prêt ne peut être inférieure à la valeur des revenus auxquels le prêteur a renoncé (CGI art. 38 bis, I-2) ;

> **Précisions** Ces revenus ne peuvent pas être des dividendes. En effet, le prêt ne peut porter que sur des titres financiers qui ne sont pas susceptibles de faire l'objet, pendant la durée du prêt, du détachement d'un droit à dividende (C. mon. fin. art. L 211-22).

Les intérêts courus correspondant à la rémunération du prêt, y compris les revenus attachés aux titres, jusqu'à la clôture de l'exercice, sont à enregistrer, à notre avis, au compte 27684 « Intérêts courus sur prêts » par le crédit du compte 7624 « Revenus des prêts ».

> **Fiscalement** Ces intérêts constituent un revenu de créance imposable soumis (CGI art. 38 bis, I-2 ; BOI-BIC-PDSTK-10-20-90 n° 70) :
> – au même régime fiscal que le produit des titres prêtés pour la fraction de la rémunération correspondant aux revenus attachés aux titres ;
> – au régime de droit commun pour le surplus.

– **la période du prêt ne couvre pas la date de paiement** des revenus attachés aux titres prêtés : dans ce cas, il est nécessaire, à notre avis, de comptabiliser :
• les intérêts courus correspondant à la rémunération du prêt (qui n'englobe pas les revenus attachés aux titres prêtés) jusqu'à la clôture de l'exercice au compte 27684 « Intérêts courus sur prêts » par le crédit du compte 7624 « Revenus des prêts »,
• les intérêts courus afférents aux titres prêtés (et, le cas échéant, les dividendes acquis et non encore versés), au compte 2678 ou 26782 ou 5088 « Intérêts courus » ou « Dividendes acquis », la rémunération des titres revenant au prêteur.

> **Fiscalement** Les intérêts correspondant à la rémunération du prêt constituent un revenu de créance imposable au taux de droit commun (CGI art. 38 bis I-2 ; BOI-BIC-PDSTK-10-20-90 n° 70), tandis que les intérêts ou dividendes afférents aux titres prêtés dont l'encaissement intervient postérieurement à l'échéance du prêt et au retour des titres constituent un revenu de titres imposable dans les conditions de droit commun (CGI art. 38 bis, I-2). Si les revenus attachés aux titres sont des dividendes [et si, à notre avis, le prêt desdits titres avait fait baisser le pourcentage de détention dans la filiale au-dessous du seuil, en principe fixé à 5 %, prévu par le régime des sociétés mères (voir n° 36355)], le bénéfice de l'exonération des dividendes prévue par ce régime ne sera toutefois définitivement acquis que si la société prêteuse conserve les titres au moins deux ans à compter de la date de restitution des titres quelle que soit leur durée de détention avant le prêt (BOI-BIC-PDSTK-10-20-90 n° 140 ; voir n° 36370).

3. Évaluation de la garantie reçue de l'emprunteur La garantie bénéficie aux deux parties :
– pour le prêteur, si l'emprunteur ne restitue pas les titres prêtés ;
– pour l'emprunteur, si le prêteur ne restitue pas les titres remis en garantie pour le prêt.
À notre avis, le risque de non-restitution étant restreint, aucune dépréciation n'est à constater.

c. Lors du remboursement du prêt Les écritures enregistrées lors du prêt sont contrepassées, les titres restitués devant être inscrits au bilan pour leur valeur d'origine (Règl. ANC 2021-03 précité, art. 134-2).

> **Fiscalement** Le remboursement s'effectue sans plus-value ni moins-value (BOI-BIC-PDSTK-10-20-90 n° 50).

En cas de cession ultérieure des titres restitués, les règles générales relatives aux cessions de titres s'appliquent (voir n° 36700 s.).

> **Fiscalement** En cas de cession (CGI art. 39 duodecies, 8 ; BOI-BIC-PDSTK-10-20-90 n° 90) :
> – la plus ou moins-value est déterminée par référence à la valeur que les titres cédés avaient lors du prêt dans les écritures du prêteur ;
> – le délai de 2 ans pour la détermination du régime du long terme court à compter de la date d'inscription originelle au bilan des titres prêtés.

II. Comptabilisation chez l'emprunteur

a. Lors de l'emprunt des titres :
1. Enregistrement de l'emprunt Du fait du transfert de propriété, les titres empruntés entrent au bilan de l'emprunteur. La dette qui en résulte est, à notre avis, enregistrée dans

une subdivision à créer du compte 168 « Autres emprunts et dettes assimilés » (par exemple, 1682 « Emprunts de titres ») par le débit du compte de titres concerné [« Valeurs mobilières de placement » lorsque la durée du prêt est inférieure à un an (cas général)]. Les titres empruntés et la dette représentative de l'obligation de restitution de ces titres sont inscrits distinctement au bilan de l'emprunteur au prix du marché au jour du prêt (Règl. ANC 2021-03 précité, art. 134-2).

> **Fiscalement** Il en est de même (CGI art. 38 bis, II-1). En outre, les titres empruntés ne sont pas retenus pour l'application du régime des sociétés mères (CGI art. 145, 1-c ; BOI-BIC-PDSTK-10-20-90 n° 140 ; voir n° 36360). Toutefois, la cour administrative d'appel de Versailles a jugé que cette exclusion ne s'applique pas aux titres prêtés dans le cadre d'un contrat de prêt de consommation faisant l'objet d'un droit à dividende (CAA Versailles 15-10-2019 n° 17VE02377).

Les titres pouvant faire l'objet de prêts relevant tous de marchés réglementés (sur cette notion, voir n° 80900), la valeur à retenir est, à notre avis, la dernière valeur connue au jour de l'opération sur le marché des titres prêtés.

Sur l'information à donner au prêteur et à l'AMF en période d'assemblée générale, voir n° 39015.

2. Enregistrement de la garantie éventuellement remise au prêteur Elle est identique, à notre avis, à la comptabilisation du prêt chez le prêteur (voir I. ci-avant), les remises en garantie emportant transfert de propriété des titres (C. mon. fin. art. L 211-22).

b. Cession des titres empruntés Les titres sont prélevés par priorité sur les titres de même nature empruntés à la date la plus ancienne, c'est-à-dire selon la règle Fifo. Les achats ultérieurs de titres de même nature sont affectés par priorité au remplacement des titres empruntés (C. mon. fin. art. L 211-26).

c. À la clôture de l'exercice :

1. Évaluation des titres empruntés Les titres empruntés et la dette représentative de l'obligation de restitution sont inscrits au prix que ces titres ont sur le marché à cette date (en ce sens, Règl. ANC 2014-07 précité, art. 2361-2 et Règl. ANC 2014-01 précité, art. 162-14).

> **Fiscalement** Il en est de même (CGI art. 38 bis, II-1). Les écarts d'évaluation ainsi constatés à la clôture de l'exercice sont imposables au taux de droit commun et la dépréciation des titres empruntés étant automatiquement prise en compte par la réévaluation des titres, ne peut être constatée par voie de (provision pour) dépréciation (BOI-BIC-PDSTK-10-20-90 n° 100).

2. Enregistrement des intérêts courus Les intérêts courus correspondant à la rémunération du prêteur sont à enregistrer au crédit du compte 168882 « Intérêts courus sur emprunts de titres » par le débit d'une subdivision du compte 661 « Charges d'intérêts » (par exemple, 66182 « Intérêts sur emprunts de titres »).

> **Fiscalement** Les intérêts versés au prêteur sont normalement déductibles des résultats imposables de l'emprunteur (BOI-BIC-PDSTK-10-20-90 n° 110).

Si les revenus afférents aux titres empruntés sont détachés pendant la période de détention des titres, ils sont comptabilisés de la même façon que si l'entreprise en était propriétaire (dans le cas d'intérêts sur les obligations, voir n° 36605). Ces revenus ne peuvent pas être des dividendes (voir I. b. 2 Précisions).

3. Évaluation de la garantie remise au prêteur Si l'emprunt a fait l'objet d'une garantie indexée, le montant de la créance correspondante est ajusté, s'il y a lieu, pendant la durée de l'emprunt, pour tenir compte des clauses du contrat conclu entre les parties.

d. Lors du remboursement de l'emprunt Les écritures enregistrées sont contrepassées, les titres empruntés étant réputés restitués à la valeur pour laquelle la dette représentative de l'obligation de restitution figure au bilan (Règl. ANC 2021-03 précité, art. 134-2).

> **Fiscalement** Les titres empruntés sont réputés restitués à la valeur pour laquelle la dette représentative figure au bilan (CGI art. 38 bis, II-1).

VENTES ET ACHATS « À RÉMÉRÉ » (AVEC FACULTÉ DE RACHAT)

37150 **Cession de titres par une vente avec faculté de rachat (à réméré)** Le PCG (art. 223-1) et l'avis CNC n° 40 (décembre 1989) en précisent le traitement comptable.

> **Juridiquement** **Rappel de la définition de la faculté de rachat (du réméré) et absence de distinction entre « vrai et faux réméré »** (C. civ. art. 1659) : « La faculté de rachat est un pacte par lequel le vendeur se réserve le droit de reprendre la chose vendue moyennant la restitution du prix principal et le remboursement des frais de vente. »

Afin de combiner les différentes situations (« vrai ou faux réméré »), selon le PCG (art. 223-1) et l'avis CNC n° 40 :

I. Lors de la cession avec faculté de rachat (à réméré) Il convient, dans tous les cas, de tirer toutes les conséquences de la vente : sortie des titres et constatation des plus ou moins-values au compte de résultat (ainsi que les coupons courus).

Sur la divergence avec les normes IFRS, voir Mémento IFRS n° 69080.

> **Fiscalement** Cette plus ou moins-value est soumise au régime général des plus-values de cession (BOI-BIC-PVMV-30-30-50 n° 1).

II. Exercice de la faculté de rachat (le réméré) avant la clôture de l'exercice Il convient de contre-passer les écritures ayant été enregistrées lors de la cession. Les titres retrouvent ainsi leur coût d'origine et leur antériorité et les plus ou moins-values sont annulées.

> **Fiscalement** Il en est de même (BOI-BIC-PVMV-30-30-50 n° 30) et l'article 39 duodecies, 9 du CGI relatif aux annulations de cessions d'immobilisations s'applique.

Si une pénalité est prévue ou si l'exercice de la faculté de rachat (du réméré) est prévu pour un prix différent du prix de vente, il en résulte une charge ou un produit financier, s'il s'agit de valeurs mobilières de placement.

> **Fiscalement** Cette charge ou ce produit affecte le résultat imposable au taux de droit commun.

III. Non-exercice de la faculté de rachat (le réméré) à la clôture de l'exercice La période d'exercice de la faculté de rachat (du réméré) étant encore en cours, dans un souci de prudence d'une part, et dans l'intention de mieux rendre compte de l'économie de l'opération d'autre part, il y a lieu, lorsque le **vendeur envisage avec suffisamment de certitude d'exercer la faculté de rachat (le réméré)**, de tenir compte de l'intention des parties **en anticipant le retour des titres chez le vendeur.**

> **Précisions** La forte probabilité de la faculté de rachat qui conditionne ce traitement comptable est présumée lorsqu'il existe, pour des opérations similaires, une pratique habituelle de rachat des titres par les entreprises concernées (BOI-BIC-PVMV-40-40-30 n° 60).

L'anticipation du retour des titres chez le vendeur, qui est (Bull. CNC n° 79) « le seul moyen d'éviter chez le vendeur des manipulations de résultats », implique la **création de règles comptables spécifiques** dont les conséquences sont les suivantes chez le vendeur :

a. Neutralisation du résultat de la cession (plus-values et moins-values) :

> **Fiscalement** Le résultat de cession est également neutralisé (BOI-BIC-PVMV-30-30-50 n° 30 à 50).

Il n'est pas précisé comment et où neutraliser, chez le vendeur, le résultat de la cession. À notre avis, s'il s'agit :
– d'une moins-value, celle-ci est transférée (par un compte de transfert de charges financières 796X ; sur la suppression des comptes 79 par le Règl. ANC n° 2022-06, voir n° 45500) au bilan (dans un sous-compte du compte 47 à créer « Écart actif sur opérations de réméré ») ;
– d'une plus-value, celle-ci est transférée (par un compte de transfert de produits financiers à créer 7996X) au bilan (dans un sous-compte du compte 47 à créer « Écart passif sur opérations de réméré »).

Ces comptes « Écarts » constituent, à notre avis, des comptes de régularisation et devraient être inclus dans les lignes « Charges constatées d'avance » et « Produits constatés d'avance ».

> **Précisions** Il n'est pas possible, à notre avis, de porter les résultats de cession immédiatement dans ces comptes d'écarts :
> – la cession devant être comptabilisée à la date de l'opération selon les règles énoncées par le PCG ;
> – et la neutralisation ne s'appréciant qu'à la clôture de l'exercice.

b. Constatation, comme si les titres avaient été conservés :
– d'une **provision, si** la valeur d'inventaire des titres cédés est inférieure à la valeur comptable qu'avaient les titres avant la cession ;

> **Fiscalement** Cette provision est déductible du résultat soumis au taux normal d'IS chaque fois que la faculté de rachat (le réméré) porte sur des titres autres que des titres de participation (BOI-BIC-PVMV-30-30-50 n° 30 à 50) et à notre avis, sur des titres de sociétés à prépondérance immobilière non cotées, voir n° 35930.

– des **intérêts courus** sur ces titres (en produits à recevoir) ;

Une provision pour impôt (impôt différé passif) afférente aux intérêts courus comptabilisés en produits mais non encore taxés est également constatée sous réserve de constater l'ensemble des impôts différés (voir n° 52990).
– et de la fraction (calculée prorata temporis) de l'**indemnité de résolution** (charges à payer).
c. Information dans l'**annexe** mentionnant l'**engagement reçu** de l'acheteur, dont le montant correspond au prix convenu pour l'exercice de la faculté de rachat (du réméré) (PCG art. 833-20/10).

IV. Levée de l'option (résolution de la vente) Il convient de contre-passer l'ensemble des écritures ayant été enregistrées lors de la cession puisque la cession est considérée comme n'ayant jamais existé.

> **Précisions** **Organisation comptable** Selon le CNC, cette contre-passation implique une organisation de la comptabilité devant permettre le retraitement de toutes les écritures relatives aux cessions et acquisitions qui sont intervenues sur les titres de même nature pendant la durée de la faculté de rachat (du réméré) :
> – réintégration des titres en portefeuille à leur valeur d'origine ;
> – annulation des plus ou moins-values sur cession ;
> – reprise de la provision pour risques.
>
> En ce qui concerne les plus ou moins-values dégagées sur les **ventes fermes réalisées pendant la faculté de rachat (le réméré),** deux solutions paraissent possibles :
> – soit elles sont recalculées, solution homogène aux retraitements indiqués précédemment ;
> – soit elles ne le sont pas, par simplification pratique.
>
> > **Fiscalement** L'exercice de la faculté de rachat (du réméré) se traite comme l'annulation d'une cession d'immobilisation (voir n° 28355).

V. Si la faculté de rachat (le réméré) n'est pas exercée, cette situation implique, à notre avis :
– l'annulation des coupons courus qui ne seront jamais perçus ;
– l'annulation des indemnités de résolution qui ne seront jamais payées ;
– l'annulation de l'éventuelle provision pour risques, celle-ci étant devenue sans objet.

37155 **Acquisition de titres par un achat avec faculté de rachat (à réméré)** Le PCG (art. 223-2) et l'avis CNC n° 40 (décembre 1989) en précisent le traitement comptable.

I. Coût d'entrée L'entreprise étant **propriétaire,** elle doit, dans tous les cas, porter à l'actif ces titres pour le coût d'acquisition (qui correspond au prix de cession chez le cédant). Sur l'information à donner au vendeur et à l'AMF en période d'assemblée générale, voir n° 39015.

II. Valeur d'inventaire et valeur au bilan À la clôture de l'exercice, si la résolution de l'achat est envisagée avec suffisamment de certitude, il y a lieu d'**anticiper le retour des titres chez le vendeur.**

> **Précisions** La probabilité de résolution de l'achat s'apprécie en fonction de l'intention du vendeur et des conditions de marché (l'anticipation du rachat supposant notamment l'absence de baisse du cours des titres).
> On notera toutefois, à notre avis, que du côté de l'acheteur, la connaissance et la preuve de l'intention du vendeur semblent plus délicates que pour le vendeur lui-même.

Cette anticipation implique :
a. la **non-constatation d'une provision,** même si la valeur d'inventaire des titres concernés est inférieure à leur prix d'achat ;
b. la **constatation en produits** à recevoir de la fraction (calculée prorata temporis) **de l'indemnité de résolution** (et non pas des intérêts courus correspondant à ces titres) ;
c. une **information dans l'annexe** mentionnant l'**engagement donné** au vendeur, dont le montant correspond au prix convenu pour l'exercice de la faculté de rachat (du réméré). En cas de décote de la valeur actuelle des titres, le motif de la non-constitution d'une provision est précisé (PCG art. 833-20/10).

III. Exercice de la faculté de rachat (du réméré) Les titres sont sortis de l'actif et une plus ou moins-value est dégagée, en général, en produit ou charge financiers, s'agissant de valeurs mobilières de placement.

ÉCHANGE (OU CONVERSION) DE TITRES

37160 En application des règles générales du PCG (art. 213-1), le coût d'entrée des biens acquis par voie d'échange est la **valeur vénale** (voir n° 37185). **Toutefois, des exceptions** sont prévues, pour lesquelles la valeur comptable doit être retenue (PCG art. 213-3 ; voir n° 37205).

> **Fiscalement**   En revanche, les échanges sont toujours réputés réalisés à la valeur vénale mais la plus ou moins-value d'échange peut (ou doit selon les opérations concernées) être placée en sursis d'imposition (voir nº 37185 et 37205).

Sur les cas particuliers d'échange (apport de titres, échange de titres précédemment réévalués, titres non remis à l'échange), voir nº 37210.

Date de comptabilisation   L'échange est enregistré lors de la réalisation de l'opération, c'est-à-dire lors du transfert de propriété des titres (même règle qu'en cas de cession, voir nº 36915).   **37165**

> **Précisions   1. En cas de fusion,** toutefois, la date de livraison dépend, à notre avis, de celle des AGE.
> **2. En cas d'OPE,** la date de transfert de propriété correspond (Règl. gén. art. 570-2) à la date du dénouement effectif de la négociation (date de règlement-livraison des titres). Cette date, précisée par l'initiateur de l'opération, correspond à celle à laquelle se réaliseront les inscriptions aux comptes des acheteurs et des vendeurs et les mouvements correspondants des comptes ouverts dans les livres du dépositaire central au nom des teneurs de compte conservateurs, dans le respect des règles fixées, le cas échéant, par le marché ou le système multilatéral de négociation concerné.

Cas général : évaluation à la valeur vénale   **37185**

I. Justification   L'échange (ou conversion), même sans soulte, est **considéré comme une cession** des éléments remis en échange (avec, en principe, dégagement du résultat), **suivie de l'acquisition** des biens reçus en échange.

Selon le bulletin CNCC (nº 117, mars 2000, EC 99-77, p. 93 s.), le traitement comptable des biens acquis par voie d'échange fixé par l'article 213-1 du PCG s'applique à tous les échanges de titres, y compris :
– les échanges de titres dans une opération qui n'est pas stricto sensu une acquisition, comme des titres reçus à la suite d'une fusion-absorption à l'égard de laquelle l'entreprise a adopté une position défavorable (« échange subi ») ;
Sur les règles relatives aux échanges de titres résultant d'une fusion, voir nº 75905.
– les échanges de titres « similaires », la notion de similarité retenue par certaines normes internationales ne figurant pas dans la réglementation comptable française et ne s'appliquant pas aux titres ; voir toutefois nº 37205 sur la notion d'échange sans substance commerciale.

> **Fiscalement**   Il en est de même (BOI-BIC-PVMV-10-10-20 nº 300).
> Toutefois (voir Mémento Fiscal nº 19055 à 19070), certains échanges bénéficient d'un sursis d'imposition de la plus ou moins-value. À l'exception des **échanges résultant de fusions** ou de scissions, pour lesquels le sursis est facultatif (CGI art. 38-7 bis ; voir Mémento Fusions & Acquisitions nº 8710), le sursis d'imposition est impératif pour les échanges suivants (CGI art. 38-7 ; voir également Mémento Fiscal nº 19055 à 19070) :
> **1.** Échange de **titres d'OPVCM et d'OPCI**, suite à la fusion ou la scission entre Sicav et FCP (voir nº 37480) ou entre Sppicav et FPI (CGI art. 38-5 bis).
> **2.** Échange en cas **d'offres publiques d'échange** (OPE) d'actions (CGI art. 38-7). En cas d'opération mixte OPE-OPA, le sursis d'imposition s'applique seulement aux titres remis à l'OPE et, s'ils ont été acquis à des dates ou des prix différents, la répartition entre les différentes lignes s'effectue proportionnellement au nombre de titres apportés à chacune des deux offres (BOI-BIC-PVMV-30-30-60-10 nº 10).
> En cas d'OPE avec échange d'actions assorties d'un certificat de valeur garantie (CVG), voir nº 37630.
> **3. Autres échanges ou conversions de titres visés à l'article 38-7 du CGI.** Il s'agit notamment des opérations suivantes :
> – échanges d'obligations contre des actions, voir nº 38185 ;
> – conversion d'obligations en actions ou remboursement d'obligations en actions (ORA) de la société émettrice (et non de la société mère), voir nº 38190 ;
> – échanges portant sur des certificats d'investissement, des certificats de droits de vote, des certificats pétroliers ;
> – échanges portant sur des actions à dividende prioritaire sans droit de vote ou des actions de préférence ;
> – conversion d'actions ordinaires en actions de préférence et inversement ;
> – conversion d'actions ordinaires en actions à dividende prioritaire sans droit de vote et inversement ;
> – conversion d'actions de préférence en actions de préférence d'une autre catégorie ;
> – conversion d'actions en certificats mutualistes ou paritaires.

37185
(suite)

Pour ces opérations, aucune option n'est ouverte pour une prise en compte immédiate du résultat d'échange (BOI-BIC-PVMV-30-30-60-30 n° 1). En outre, il peut être subordonné, dans certains cas, à l'inscription au bilan des titres reçus en échange pour la même valeur que celle des titres échangés (voir n° 37205).

À notre avis, aucune provision pour impôt au titre du sursis d'imposition ne devrait être constituée dans les comptes individuels, l'impôt éventuel ayant le caractère d'un impôt différé. Toutefois, sur la possibilité de constater les impôts différés dans les comptes individuels, voir n° 52965.

➤ Fiscalement En contrepartie du sursis d'imposition, les entreprises doivent établir, sous peine d'amende :
– un état spécial de suivi des valeurs fiscales à joindre à la déclaration de résultat ;
– un registre des profits en sursis d'imposition à conserver.
Pour plus de détails sur le contenu de ces documents, voir BIC-VII-46650 s.
Par ailleurs, au titre de l'exercice de l'échange, l'entreprise qui bénéficie du sursis d'imposition doit procéder aux **retraitements extra-comptables** suivants sur l'imprimé n° 2058-A :
– déduction (ligne XG) de la plus-value ou du profit ;
– réintégration (ligne WQ) de la moins-value ou de la perte.
Pour les conséquences du sursis d'imposition sur la déductibilité des (provisions pour) dépréciation et sur le résultat de cession, voir n° 35930 et 36710.
En cas de soulte (CGI art. 38-7 : fusions et scissions ; art. 38-5 bis : OPCVM et art. 38-7 : OPE, conversion de titres et remboursement d'obligations en actions), le report, pour le coéchangiste qui perçoit la soulte, ne s'applique pas :
– au montant de la soulte, celle-ci étant immédiatement taxable ;
– à la totalité de la plus-value d'échange, si la soulte dépasse 10 % de la valeur des parts ou actions attribuées ou si la soulte excède la plus-value réalisée.

II. Détermination de la valeur vénale

➤ Précisions Prise en compte des coûts de sortie dans la valeur vénale Selon le PCG (art. 214-6), la valeur vénale doit être déterminée nette des coûts de sortie (pour plus de détails ainsi que sur la divergence fiscalo-comptable, voir n° 26895).

Selon le bulletin CNCC (n° 117, mars 2000, EC 99-77, p. 93 s.) en application du PCG (art. 213-1 et 213-7) :
– les titres non cotés doivent être évalués suivant des méthodes et pratiques identiques à celles retenues habituellement par l'entreprise dans le cas de prise de participations (par exemple, en suivant une approche multicritères ; voir n° 35705 s.) ;
– les titres négociés sur un marché organisé ou assimilé doivent être évalués à leur valeur de marché, qui est généralement égale au cours de bourse du jour de transfert de propriété ; dans des « conditions anormales de marché », le bulletin CNCC (précité) a admis que la valeur vénale soit déterminée à partir d'une moyenne des cours constatés sur une période permettant d'atténuer l'effet de fortes variations ponctuelles éventuelles ;
– dans le cas des opérations d'échange où la société initiatrice émet des titres en rémunération des titres apportés (OPE), l'estimation de la valeur des titres de la société initiatrice est plus sûre que celle des titres de la société cible, cette dernière étant devenue la filiale de l'initiatrice à l'issue de l'OPE et son flottant de titres cotés étant nécessairement réduit.
Ainsi, dans le cas d'une OPE, le bulletin CNCC (précité) estime que les titres de l'initiatrice reçus en échange doivent être évalués :
– au cours de bourse du jour de la publication de l'avis de l'AMF constatant la réalisation de l'OPE si ce cours est considéré comme représentatif du « prix qui aurait été acquitté dans des conditions normales de marché » ;
– à une moyenne des cours constatés, sur une période couvrant la date de publication de l'avis de l'AMF, si des indices objectifs tels que de fortes variations ponctuelles de cours (avant et après l'OPE) conduisent à démontrer que le cours du jour ne représente pas l'estimation la plus sûre du titre ; le bulletin CNCC a estimé que cette période ne pouvait en tout état de cause remonter antérieurement à la date d'annonce de l'OPE.

➤ Fiscalement Lorsque les titres échangés sont grevés d'un **sursis d'imposition** (voir Fiscalement du I. ci-avant), le coût de revient fiscal à retenir est, en général, également la valeur vénale.
En cas d'échange aboutissant à l'**attribution de droits de souscription d'obligations,** attachés ou non aux titres reçus, ces derniers sont assimilés à une soulte imposée dans les mêmes conditions que ci-avant (CGI art. 38-7 et BOI-BIC-PVMV-30-30-60-10 n° 70 à 160).

Évaluation à la valeur comptable (exceptions à la valeur vénale) 37205

I. Échange sans substance commerciale Dans ce cas, la valeur comptable des titres cédés doit être retenue.

> **Précisions** L'échange (ou conversion) de titres est considéré comme étant sans substance commerciale lorsque les flux de trésorerie en résultant ne sont pas modifiés.
> Tel est le cas si la configuration (risque, calendrier et montants) ou la valeur des flux de trésorerie des titres reçus ne diffère pas significativement de la configuration ou de la valeur des flux de trésorerie des titres transférés (Avis CNC 2004-15 relatif à la comptabilisation des actifs, § 4.1.4 ; voir également n° 26740).
> La comparaison des flux de trésorerie entre les titres anciennement détenus et les nouveaux titres reçus peut, à notre avis, notamment être fondée sur l'analyse des éléments suivants :
> – la comparaison des actifs et passifs sous-jacents des titres anciennement détenus et des nouveaux titres reçus, c'est-à-dire notamment : leur rendement, le résultat dégagé en cas de cession des titres, l'exposition aux risques (variabilité des flux de trésorerie), etc. ;
> – la variation attendue du cours de bourse suite à l'annonce de l'opération ;
> – la prise en compte de la situation déficitaire antérieure (comptable et fiscale) ;
> – le versement d'une soulte significative.
> Pour plus de détails, voir Mémento Fusions & Acquisitions n° 8700.

Tel est le cas, par exemple, d'un échange de titres réalisé :

a. suite à une fusion réalisée avec échange de titres entre des sociétés détenues directement ou indirectement à 100 % (ou quasi 100 %) par un même actionnaire, voir n° 75905 ;

> **Fiscalement** L'échange est réalisé sur la base de la valeur réelle (CGI ann. III art. 38 quinquies), l'administration et la jurisprudence refusant d'appliquer sur le plan fiscal la dérogation comptable prévue à l'article 213-3 du PCG (BOI-BIC-CHG-20-20-10 n° 290 ; CAA Nantes 2-4-2015 n° 13NT02140). Toutefois, les entreprises ont la possibilité de placer le résultat d'échange (non dégagé sur le plan comptable) en sursis d'imposition (CGI art. 38,7 bis ; voir n° 37185).
> Sur les retraitements extra-comptables à effectuer, voir Mémento Fusions & Acquisitions n° 12125.

b. dans le cadre d'un regroupement d'actions : les sociétés dont les actions ne sont pas admises aux négociations sur un marché réglementé ou sur un système multilatéral de négociations peuvent décider, sous certaines conditions, de **regrouper** leurs actions afin d'en réduire le nombre sans diminuer leur capital social (C. com. art. L 228-29-1 s. et décret 48-1683 du 30-10-1948 art. 6 ; voir Mémento Sociétés commerciales n° 67549). Chez les actionnaires de la société réalisant une telle opération de regroupement, l'échange des titres est, à notre avis, sans substance commerciale. En effet, à l'issue de l'échange, les flux de trésorerie ne sont, en principe, pas modifiés ;

La valeur comptable des titres après le regroupement correspond donc à la somme des valeurs comptables des titres objets du regroupement.

> **Fiscalement** La plus ou moins-value résultant de l'annulation des actions regroupées (non dégagée sur le plan comptable) est obligatoirement mise en sursis jusqu'à l'exercice de cession des actions attribuées en remplacement (CGI art. 38-7 ter ; pour plus de détails, voir Mémento Fiscal n° 19107).
> En outre, les actions échangées lors de l'opération de regroupement sont réputées détenues jusqu'à la cession des titres reçus en échange (CGI art. 145, 1-c). Cette opération n'interrompt pas le délai de détention exigé pour l'application du régime des sociétés mères (sur ce régime, voir n° 36340 s.).

c. en cas de division d'actions, opération consistant à augmenter le nombre d'actions et à réduire proportionnellement la valeur nominale de chaque action, sans diminuer le montant du capital social (voir Mémento Sociétés commerciales n° 67550).

> **Fiscalement** La plus ou moins-value résultant de l'annulation des actions divisées (non dégagée sur le plan comptable) est placée sous le même régime fiscal que celle constatée en cas de regroupement d'actions (CGI art. 38-7 ter : voir ci-avant b.).

II. Titres reçus en rémunération d'un apport partiel d'actif Dans les comptes individuels, les titres reçus en rémunération d'un apport partiel d'actif sont comptabilisés par la société apporteuse pour la valeur des apports telle qu'elle figure dans le traité (PCG art. 221-1 ; voir n° 76020).

Ainsi, une société qui apporte des titres et reçoit en rémunération les titres de la société bénéficiaire de l'apport inscrit ces derniers à la valeur des titres apportés telle qu'elle figure dans le traité d'apport ; aucun résultat d'échange n'est constaté en cas d'apport réalisé à la valeur comptable (voir n° 76015).

En cas d'attribution gratuite des titres reçus en rémunération d'un apport partiel d'actif (ou « apport-attribution »), voir Mémento Fusions & Acquisitions n° 10040.

III. Échanges dont le sursis d'imposition est **subordonné au maintien au bilan de la valeur ancienne** (cas exceptionnel) Dans ce cas, à notre avis, pour éviter de perdre les avantages fiscaux offerts, la valeur comptable (et non la valeur vénale) doit être retenue dans les comptes individuels. Autrement dit, aucune plus-value n'est dégagée sur le plan comptable.

> **Fiscalement** Sont visées les actions reçues en **échange des titres des sociétés privatisées** (Loi 86-912 du 6-8-1986 et loi 93-923 du 19-7-1993 ; CGI art. 248 E) ; voir nº 37875. En contrepartie du report d'imposition, les entreprises doivent établir un registre de suivi des plus-values en sursis d'imposition à conserver (CGI art. 54 septies ; voir Mémento Fusions & Acquisitions, tableau récapitulatif au nº 7302).

37210   Cas particuliers d'échange

I. Apport de titres isolés Constitue un apport de titres isolés l'apport de titres de participation ne conférant pas le contrôle de la société dont les titres sont apportés (pour plus de détails, voir Mémento Fusions & Acquisitions nº 7115). Ces apports de titres sont assimilés à des échanges et suivent les mêmes règles d'évaluation (PCG art. 213-2 par renvoi du 221-1).

> **Fiscalement** En revanche, les apports de titres isolés ne sont en principe pas assimilés à des échanges. Ils ne peuvent donc pas bénéficier du sursis d'imposition de l'article 38-7 bis (voir nº 37185). Toutefois, certains apports de titres considérés comptablement comme des apports isolés, car non représentatifs du contrôle, peuvent être constitutifs d'une branche complète d'activité au plan fiscal. La plus-value d'échange peut alors être placée en sursis d'imposition en application du régime de faveur des fusions (voir Mémento Fusions & Acquisitions nº 7115).

Sur les apports de titres constituant une branche complète d'activité, voir nº 75010, 75225 et 76020.

II. Échange de titres précédemment réévalués Si les éléments remis en échange ont fait l'objet d'une réévaluation :
– réévaluation légale ou réévaluation libre (1980 à 1983) : l'écart de réévaluation non incorporé au capital nous paraît devoir être repris ;
– réévaluation à partir de 1984 (voir nº 56665 s.) : l'écart de réévaluation n'a pas à être repris ; en revanche, il nous paraît devoir être viré à un compte de réserves.

III. Titres non remis à l'échange (en cas d'OPE) À notre avis, leur valeur d'inventaire à la clôture de l'exercice devrait, lorsqu'une fusion future est prévue :
– s'il s'agit de titres de participation ou de Tiap, refléter la valeur d'échange déterminée lors de l'OPE, celle-ci résultant d'une analyse multicritères et devant être retenue pour la fusion prochaine ;
– s'il s'agit d'autres titres immobilisés ou de valeurs mobilières de placement, être égale, selon les règles générales, au cours de bourse moyen du dernier mois de l'exercice.

37230   Échange de titres avec émission de Certificat de valeur garantie (CVG)
Les CVG et BCVG sont des instruments financiers attribués **gratuitement** lors d'offres publiques d'achat (OPA) ou d'offres publiques d'échange (OPE) qui matérialisent le droit des porteurs :

a. dans le cas des CVG, de recevoir la différence éventuelle, à une date déterminée, entre un prix d'exercice et le cours de l'action sous-jacente ;

> **Précisions** Il existe deux types de CVG :
> – les CVG dits « **attractifs** » ont pour objectif de convaincre les actionnaires de la société cible de présenter leurs titres à l'échange. Le CVG garantit alors, à une échéance donnée, la **valeur des titres émis** par la société initiatrice et remis en échange aux actionnaires de la société cible ;
> – les CVG dits « **défensifs** » ont pour objectif de convaincre les actionnaires de la société cible de conserver leurs titres. Le CVG garantit alors, à une échéance donnée, la **valeur des titres conservés** par les actionnaires de la société cible.

b. dans le cas des BCVG, de vendre un titre qu'ils détiennent en portefeuille à un prix et pendant une période déterminés.

Ils constituent donc, pour les détenteurs de ces titres, un **droit de créance** cessible puisque les CVG sont cotés.

> **Juridiquement** Les certificats de valeur garantie nous paraissent pouvoir faire partie des valeurs mobilières donnant droit à l'attribution de titres de créance, dont la nouvelle définition est donnée par le Code de commerce (art. L 228-91 al. 1 ; voir nº 41310). Sur le régime de ces titres et les rapports du conseil d'administration ou du directoire et des commissaires aux comptes, voir nº 41310.

Traitement comptable chez l'émetteur Chez l'émetteur, selon l'avis CU CNC n° 98-B du 10 juillet 1998, il convient de distinguer selon que le CVG est « attractif » ou « défensif » :

I. « CVG attractifs »

a. Lors de l'**émission,** les CVG n'augmentent pas immédiatement le coût d'entrée des titres mais doivent figurer en « Engagements hors bilan ».

b. À la clôture de l'exercice (avant échéance), aucune provision pour risque n'est à constituer de manière automatique en fonction d'un paiement probable. En effet, ce paiement viendra par la suite augmenter le coût d'acquisition des titres.
Ce risque devrait toutefois, à notre avis, être pris globalement en compte dans le cadre de l'évaluation des titres de participation correspondants.
En outre, sur certaines « Situations particulières » dans lesquelles une provision est nécessaire, voir ci-après d., mais également e.

c. Entre l'émission des titres de garantie et leur échéance, l'annexe indique (PCG art. 833-20/3) leur valeur de marché à la date d'arrêté des comptes et le nombre de titres non rachetés pour annulation à cette même date, ainsi que tous les éléments d'information nécessaires pour décrire les caractéristiques des titres émis ; le montant maximum des engagements représentés par la garantie est également mentionné.

d. À l'échéance, en cas :
– **de paiement** des CVG, ce montant vient majorer, dans les comptes individuels, le poste « Titres de participation » en **réajustement** de la **valeur d'entrée** des actions reçues lors de l'offre publique d'échange ;

> **Fiscalement** Il en est de même en application de l'article 38 quinquies de l'annexe III au CGI (TA Cergy-Pontoise 9-6-2011 n° 07-14165).

– **de non-paiement** des CVG, les « Engagements hors bilan » s'en trouvent réduits d'autant.
En conséquence, **aucun résultat ne sera dégagé,** sauf :
– en cas de vente de titres reçus avant l'échéance des CVG, où une charge peut, le cas échéant, devoir être constatée (voir ci-après e.) ;
– ou si la valeur actuelle des titres est inférieure à leur nouvelle valeur comptable (voir ci-avant b.)

> **Précisions** Dans les comptes consolidés établis en règles françaises, l'ensemble de ce traitement s'applique. À l'échéance, le prix payé est porté en principe dans le poste « Écarts d'acquisition », voir Mémento Comptes consolidés n° 5054.

e. Situations particulières (prévues par l'avis CU CNC n° 98-B) :
– en cas de rachat pour annulation des CVG au cours de leur vie, le prix payé donne lieu immédiatement au **réajustement** de la **valeur d'entrée** des actions reçues lors de l'offre publique d'échange ;

> **Fiscalement** Il en est de même en application de l'article 38 quinquies de l'annexe III au CGI (CE 20-1-2016 n° 370121 ; TA Cergy-Pontoise 9-6-2011 n° 07-14165).

– la **vente des titres reçus** rend impossible tout ajustement ultérieur de leur valeur d'entrée ; les titres vendus représentent une certaine fraction des titres qui étaient à l'actif avant la vente, le paiement éventuel, à leur échéance, de la même fraction des titres de garantie encore en circulation au moment de cette vente constitue une charge, qu'il convient de provisionner dès la vente en retenant leur valeur de marché ; cette provision est normalement réajustée lors des arrêtés ultérieurs ;
– si des **titres reçus** et restés à l'actif **disparaissent par voie d'échange ou de fusion,** une provision pour charge éventuelle est créée dans les mêmes conditions qu'en cas de vente.

> **Fiscalement** Citant expressément l'avis CU CNC n° 98-B, le Conseil d'État admet la déduction de la charge de rachat pour annulation des CVG, lorsque les titres pour l'échange desquels les CVG ont été émis ne figurent plus à l'actif de la société émettrice (CE 20-1-2016 n° 370121).

II. « CVG défensifs » Selon l'avis CU CNC n° 98-B :

a. Lors **de l'émission,** les CVG figurent en « Engagements hors bilan ».

b. À la clôture de l'exercice (avant échéance), la constatation ou non d'une provision dépend de l'existence ou non d'une prime de contrôle :

> **Précisions** La prime de contrôle est le complément de prix que l'acquéreur accepte de payer pour obtenir le contrôle majoritaire de la cible (voir n° 37585).

37235
(suite)

— **en cas d'absence de prime de contrôle,** une provision doit être constituée dans les conditions habituelles (dans le résultat financier) afin de couvrir le risque de paiement du CVG à l'échéance, le paiement ayant le caractère d'une charge financière (voir ci-avant) ;

> **Précisions** Calcul de la provision : le CNC ne précise pas les modalités de calcul de la provision. À notre avis, il y a lieu de retenir le cours de bourse du CVG à la clôture de l'exercice.

— **en cas d'existence d'une prime de contrôle,** la provision constatée à la clôture d'un exercice doit correspondre à la différence (si elle est positive) entre :
- la valeur de marché des CVG à la date de clôture des comptes,
- et la prime de contrôle évaluée à la date d'octroi des CVG.

C'est cette différence, si elle est positive, qui sera constatée en charges à l'échéance du CVG (voir ci-après).

> **Précisions** Compte tenu de la présomption de charge financière indiquée dans l'avis CU CNC n° 98-B, la preuve de la prime de contrôle devra être apportée par la société.
L'AMF (Rec. COB du 12-10-1998), précise que seul un rapport d'expert indépendant sera susceptible d'établir l'existence d'une prime de contrôle dans les conditions suivantes :
— l'expert indépendant devra être agréé par l'AMF à cet effet ;
— le rapport devra démontrer que le contrôle simple ou renforcé sur la cible résulte du seul effet de l'offre publique et n'aurait pas été obtenu en l'absence d'offre ;

— le rapport devra être remis à l'AMF avant l'arrêté des comptes de l'exercice au cours duquel aura lieu l'émission du CVG.
En outre, l'AMF (Rec. COB précitée), précise que la valeur de la prime de contrôle :
— doit être estimée à la date d'octroi des CVG ;
— doit être chiffrée selon les méthodes habituellement acceptées par la communauté financière ;
— doit tenir compte, le cas échéant, de la prime de contrôle déjà intégrée dans le prix fixé pour l'offre d'achat ou d'échange des titres de la cible et être limitée au montant excédant celle-ci. À défaut, la prime de contrôle serait inscrite deux fois dans le coût d'acquisition des titres.

Selon l'AMF (Rec. COB précitée), la provision ne doit être constatée que s'il apparaît probable qu'une différence positive sera constatée à l'échéance du CVG. Autrement dit, il paraît possible de ne pas constater de provision si, à la clôture d'un exercice, l'augmentation de la valeur de marché du CVG au-delà de la valeur de la prime de contrôle s'explique par une chute temporaire du cours du titre sous-jacent au CVG, c'est-à-dire du titre de la société cible.

> **Fiscalement** À notre avis, la provision est déductible au moins partiellement, dès lors que :
— le paiement du CVG à son échéance constitue une charge déductible pour la fraction excédant la prime de contrôle ;
— il existe un écart entre le montant de la garantie offerte et le cours du titre sous-jacent, sachant que le cours du CVG tend à se rapprocher de ce différentiel.

c. Entre **l'émission et leur échéance,** une information doit être fournie en annexe (voir « CVG attractifs » ci-avant I. c.).
L'AMF (Rec. COB précitée) prévoit en outre, que soient mentionnés dans l'annexe :
— le montant de la prime de contrôle évalué par l'expert indépendant et susceptible d'être porté à l'actif ;
— ainsi que le nom de cet expert.

d. À l'échéance :
— en **cas d'absence de prime de contrôle,** le montant des CVG payé est comptabilisé pour sa totalité en charges financières, et l'éventuelle provision constatée sur les exercices antérieurs (voir b.) reprise en résultat ;
— en cas d'**existence d'une prime de contrôle,** deux situations sont à distinguer :
• le prix payé à l'échéance est supérieur à la valeur de la prime de contrôle évaluée par l'expert indépendant : seule cette dernière vient augmenter à l'échéance le coût d'entrée des titres, la différence avec le prix payé étant comptabilisée en charge (cette différence a pu donner lieu à provision ; voir ci-avant),
• le prix payé à l'échéance est inférieur à la valeur de la prime de contrôle évaluée par l'expert indépendant ; aucun produit n'est constaté et le montant de la prime venant augmenter le coût d'entrée des titres est limité au montant payé.

> **Fiscalement** À notre avis, les montants constatés en charges sont déductibles. En effet, le paiement des CVG défensifs à leur échéance, n'ayant pas pour contrepartie l'entrée d'un élément d'actif, constitue bien une charge et non une immobilisation.

Dans les **comptes consolidés,** voir ci-avant I. d.

III. Bons de cession de valeur garantie (BCVG) Ils s'analysent comme une offre d'achat différée. Selon l'avis CU CNC n° 98-B, leur exercice à l'échéance donne lieu à l'entrée dans le patrimoine de nouveaux titres qui se comptabilisent conformément aux règles générales.

À la clôture de l'exercice, à notre avis, une provision pour risques est comptabilisée chez l'émetteur si l'engagement pris est susceptible de l'amener à acquérir des titres à une valeur supérieure à la valeur d'utilité.

L'information à fournir en annexe est la même qu'en cas d'émission de CVG (PCG art. 833-20/3 ; voir « CVG attractifs » ci-avant I. c.).

Traitement comptable chez le détenteur Sur le plan comptable, à notre avis, en l'absence de position spécifique des organismes compétents, deux situations sont à distinguer selon l'intention de la société détentrice : 37240

I. L'intention est de conserver les titres jusqu'à l'échéance des CVG

a. Lors de l'échange S'il s'agit de titres de participation ou de Tiap, ils sont valorisés au cours garanti à l'échéance. S'il s'agit d'autres titres immobilisés, les actions sont valorisées au cours du jour de l'échange (voir n° 37185 dans le cas des opérations d'échange) et les CVG au cours de première cotation.

Si l'intention du détenteur est de conserver durablement les actions mais pas les CVG, il y a lieu de ventiler le prix de revient du lot en proportion des valeurs de première cotation des actions et des CVG. Les actions sont inscrites, sous la responsabilité de l'entreprise, à la valeur vénale résultant de la parité qu'elle juge la plus sûre (comprise à notre avis entre la valeur de première cotation et la valeur garantie).

> **Fiscalement** Les opérations d'échange d'actions assorties d'un certificat de valeur garantie (CVG) (CGI art. 38-7 ; BOI-BIC-PVMV-30-30-60-30) bénéficient d'un sursis d'imposition (voir également n° 37160 s.) lorsque l'initiateur de l'offre garantit le cours des actions qu'il remet à l'échange, et dont il est l'émetteur, à une date fixée dans l'OPE (date qui doit être comprise entre douze et soixante mois suivant la clôture de l'offre). L'attribution du CVG n'entraîne dans ce cas aucune imposition au moment où elle intervient. Le profit correspondant est imposé à l'échéance du certificat, ou lors de sa cession si elle est antérieure. Il ne peut bénéficier du régime du long terme que si le certificat est conservé jusqu'à son échéance et si, en outre :
> – les actions remises et reçues à l'échange relèvent de ce régime, respectivement à la date de l'opération d'échange et à l'échéance du contrat ;
> – les actions dont le cours est garanti sont également conservées jusqu'à l'échéance. Pour apprécier cette condition, les certificats sont affectés en priorité aux actions encore détenues à cette date.

b. À la clôture de l'exercice La valeur d'utilité des titres de participation est estimée selon les critères retenus par le PCG pour cette catégorie de titres (voir n° 35705), parmi lesquels figure le cours de bourse. Pour l'appréciation de ce dernier, il est tenu compte de la valeur garantie par la détention des CVG jusqu'à leur échéance et l'intention de conserver les titres devrait faire l'objet d'une mention en annexe, compte tenu de l'incidence particulière sur la valeur d'échange retenue.

Pour les titres portés en autres titres immobilisés, les actions et les CVG devant connaître tendanciellement des variations de cours corrélées de sens contraire, les plus-values latentes sur un titre (action ou CVG) viendront compenser les moins-values latentes sur l'autre (CVG ou action). Dans la limite de la valeur maximum du CVG, il n'y a donc pas lieu, à notre avis, de constater une dépréciation qui pourrait résulter d'un déséquilibre momentané du marché (**position de couverture** à terme).

> **Fiscalement** Les (provisions pour) dépréciation du CVG constatées le cas échéant en comptabilité ne sont pas déductibles des résultats imposables, leur prix de revient étant réputé nul sur le plan fiscal (BOI-BIC-PVMV-30-30-60-30 n° 150).

c. À l'échéance La valeur du CVG est différente suivant que le cours de l'action est supérieur ou inférieur au cours garanti. Leur comptabilisation, à cette date, varie, à notre avis, selon le **rôle joué par les CVG.**

> **Précisions** Ceux reçus à l'origine et encore détenus à l'échéance jouent à cette date un rôle de couverture par rapport aux actions sous-jacentes ; ceux qui ne sont plus ceux remis à l'origine ont un caractère spéculatif et sont alors entièrement autonomes des actions sous-jacentes.

1. Cours de l'action supérieur au cours garanti Les CVG ne peuvent pas être exercés, ils deviennent des non-valeurs ; les CVG détenus depuis l'origine viennent, à notre avis, augmenter la valeur du titre car ce sont des éléments du prix des actions à l'origine.

À notre avis, il ne peut pas être dégagé de perte sur les CVG alors que la contrepartie de leur non-valeur se retrouve dans la valeur de l'action. Par ailleurs, il ne s'agit nullement de la constatation d'une plus-value latente sur le titre car la valeur de l'action à l'échéance (après l'écriture de solde du compte de CVG) est égale à la valeur globale action + CVG constatée à l'actif lors de l'échange.

2. Cours de l'action inférieur au cours garanti Les CVG sont exercés, l'entreprise reçoit un paiement en espèces :
– pour les CVG détenus depuis l'origine, le paiement en espèces correspond au remboursement d'un actif ; celui-ci est comptabilisé au crédit du compte d'actif ; la différence entre la valeur comptable du CVG et sa valeur de remboursement vient en ajustement de la valeur de l'action ;
À notre avis, il ne peut pas être dégagé de perte ou de produit puisque le CVG a joué un rôle de couverture.
– les CVG autonomes sont soldés par résultat ; le paiement en espèces correspond à leur prix de cession et l'entreprise réalise une plus ou moins-value.

II. L'intention n'est pas arrêtée ou il est prévu de céder les titres ou de spéculer (sur les actions et/ou CVG).

a. Lors de l'échange Les actions sont comptabilisées au compte 503 « Actions » au cours du jour de l'échange et les CVG au compte 508 « Autres valeurs mobilières et créances assimilées » au cours de première cotation.

> **Fiscalement** (BOI-BIC-PVMV-30-30-60-30 n° 130 à 170) Le résultat d'échange ne bénéficie pas du sursis d'imposition indiqué ci-avant au I., mais la détention conjointe des actions et certificats est constitutive d'une position symétrique au sens de l'article 38 6.3° du CGI (voir n° 41665 à 41680).

b. À la clôture de l'exercice L'intention étant de gérer les titres comme un instrument de trésorerie, le rythme de cession des actions et des CVG pourra être déconnecté. Il n'est donc pas possible, à notre avis, même si l'entreprise détient le même nombre d'actions et de CVG, de parler de couverture spécifique comme dans le cas ci-avant (au a.) où l'intention du détenteur est de conserver les titres.
En revanche, s'agissant de titres cotés fongibles, la plus ou moins-value nette résultant de l'évolution des cours pourra éventuellement être **globalement compensée** avec celle constatée sur les autres VMP cotées en portefeuille (voir n° 36135) pour déterminer la dépréciation éventuelle à constituer.

> **Fiscalement** Voir I. ci-avant.

c. À l'échéance Le traitement comptable est, à notre avis, le même que celui retenu lorsque l'intention était de conserver les titres jusqu'à l'échéance des CVG (voir ci-avant au I. a.).
Sur le traitement comptable chez l'émetteur, voir n° 41335.

37260 Cession ultérieure des titres reçus en échange Elle suit les règles habituelles de cession et la plus-value comptable sera déterminée en fonction du coût d'entrée après l'échange.

> **Fiscalement** En cas de sursis d'imposition, celui-ci prend fin lors de la cession.
Celle-ci entraîne l'imposition d'une plus-value calculée d'après la valeur fiscale des actions remises à l'échange ou des obligations converties (BOI-BIC-PVMV-30-30-60-30 n° 250 ; BOI-BIC-PVMV-30-30-60-30 n° 10 à 320 ; voir n° 36710). Le point de départ du délai de détention de 2 ans (pour l'éligibilité au régime du long terme, voir n° 36700) est :
– en cas d'échange d'actions (incluant les opérations de regroupement ou division d'actions) ou conversion d'actions ordinaires en actions à dividende prioritaire, la date d'acquisition des anciens titres échangés ;
– dans les autres situations, et notamment en cas de conversion ou de remboursement d'obligations en actions, la date de réalisation de l'échange.
La différence entre la plus-value fiscale et la plus-value comptable est mentionnée sur l'imprimé n° 2058-A, quel que soit le régime fiscal sous lequel est placé le résultat de cession (régime de droit commun ou régime du long terme) :
– lorsque la plus-value fiscale est supérieure à la plus-value comptable, la différence est réintégrée (ligne WQ) ;
– lorsque la moins-value fiscale est supérieure à la moins-value comptable, la différence est déduite (ligne XG).
Si le résultat de cession bénéficie du régime du long terme, les retraitements extra-comptables relatifs à la plus-value ou à la moins-value nette à long terme sont à effectuer (voir n° 36720).

PENSIONS DE TITRES

Au plan juridique, la pension est une opération de cession de titres assortie d'un engagement ferme de rachat par le cédant et de rétrocession par le cessionnaire à un prix et une date convenus (C. mon. fin. art. L 211-27). L'opération de mise en pension entraîne le **transfert de propriété,** même en l'absence de livraison de titres.

> **Fiscalement** Les conséquences du transfert de propriété sont neutralisées, les titres ou effets remis en pension étant réputés ne pas avoir été cédés (CGI art. 38 bis-0 A-I).
> Pour plus de détails et notamment les titres pouvant être utilisés dans une opération de pension, voir BIC-VII-52800 s.

Sur l'intérêt financier de ces opérations pour les entreprises, voir notre étude dans BCF 6/94 Entreprises p. 49 s.

I. Comptabilisation chez le cédant

a. Lors de la mise en pension Malgré le transfert de propriété, les titres sont **maintenus à l'actif** du bilan du cédant dans une rubrique spécifique (C. mon. fin. art. L 211-32). Ainsi, à notre avis, le compte de titres concerné est crédité par le débit d'un sous-compte du compte de titres initial.

> **Fiscalement** Il en est de même (CGI art. 38 bis-0 A-II). Toutefois, les titres mis en pension ne sont pas pris en compte pour apprécier si l'entreprise satisfait le seuil de détention de 5 % qui conditionne l'application du régime des sociétés mères (CGI art. 145-1 c). Mais si tel est le cas, les produits perçus sur ces titres ouvrent droit à l'exonération (CE 9-9-2020 n° 431283). Sur ce régime, voir n° 36355.

Ce changement de compte n'a **pas de conséquence sur la présentation de l'actif.**
Par ailleurs, il facilitera l'information à fournir en annexe (voir ci-après 4.).
La **dette** correspondant à la somme reçue du cessionnaire et devant être restituée à l'issue de la pension est également individualisée dans une rubrique spécifique de la comptabilité du cédant (C. mon. fin. art. L 211-32) – par exemple, à notre avis, dans un sous-compte du compte 467 « Autres comptes débiteurs ou créditeurs », la contrepartie étant portée au débit du compte de trésorerie concerné.

> **Fiscalement** Il en est de même (CGI art. 38 bis-0 A-II).
> Toutefois, la mise en pension de titres de participation ayant bénéficié du régime des sociétés mères dans les deux ans suivant leur acquisition entraîne la perte rétroactive de l'exonération d'IS des dividendes encaissés (voir n° 36370) et, s'il y a lieu, le paiement des pénalités de retard correspondantes (BOI 4 H-7-95, n° 28, non repris dans Bofip).

b. À la clôture de l'exercice :
1. Évaluation des titres mis en pension Le cédant conserve le droit de constituer des dépréciations à raison des titres mis en pension **dans les conditions habituelles** (comme s'ils étaient en portefeuille).

> **Fiscalement** Les titres étant réputés non cédés, cette (provision pour) dépréciation est **déductible** comme si les titres avaient été conservés (BOI 4 H-7-95, n° 26, non repris dans Bofip).

Toutefois, à notre avis, ils ne peuvent être considérés comme fongibles et ne peuvent donc pas bénéficier de la compensation des plus ou moins-values latentes applicable aux valeurs mobilières de placement (voir n° 36155).

2. Rémunération versée au cessionnaire Devant être traitée comme un intérêt entre les mains du cessionnaire (C. mon. fin. art. L 211-31), elle est à comptabiliser, à notre avis, dans un compte de charges financières, par exemple compte 66188 « Intérêts des dettes diverses ». En outre, à la clôture, les **intérêts courus** afférents à l'exercice doivent être constatés en charge à payer.

> **Fiscalement** Il en est de même et cette charge est **déductible,** s'il y a lieu, dans les limites prévues pour la déduction des intérêts servis aux associés ou entreprises liées (voir n° 42560) (BOI 4 H-7-95, n° 30 et 31, non repris dans Bofip).

3. Revenus des titres mis en pension Lorsque la durée de la pension couvre la date de paiement des revenus attachés aux titres donnés en pension, le cessionnaire doit les reverser au cédant (C. mon. fin. art. L 211-31) qui les comptabilise alors parmi les produits de même nature. Ainsi, **dans tous les cas,** les intérêts courus et les dividendes à recevoir sur les titres mis en pension doivent être constatés **comme si le cédant continuait de détenir les titres.**

4. Information en annexe Le **montant** des titres mis en pension, **ventilé** selon la nature des actifs concernés, doit figurer dans l'annexe des comptes annuels (C. mon. fin. art. L 211-32).

37280
(suite)

c. Au dénouement de l'opération Au terme fixé par la pension, le cédant doit restituer les fonds qu'il a reçus tandis que le cessionnaire doit restituer les titres pour la valeur convenue dans le contrat de pension (C. mon. fin. art. L 211-30). Il en résulte que les **écritures initiales** sont **extournées**.

> **Fiscalement** Pour les titres de participation bénéficiant du régime spécial des sociétés mères (voir n° 36340 s.), un nouveau délai de conservation de deux ans court à compter de la fin de la pension (BOI 4 H-7-95, n° 28, non repris dans Bofip).

d. En cas de défaillance de l'une des parties Si au terme de la pension l'une des parties est défaillante (non-paiement de la rétrocession par le cédant ou non-rétrocession des titres par le cessionnaire), les titres restent acquis au cessionnaire et le **montant de la cession reste acquis au cédant à cette date** (C. mon. fin. art. L 211-30).

Comptablement, à notre avis, les titres sont sortis de l'actif à cette date et la dette correspondant aux fonds versés par le cessionnaire est annulée.

> **Fiscalement** Le résultat de la cession est à comprendre dans le bénéfice imposable du cédant de l'exercice au cours duquel intervient cette défaillance ; il est égal à la **différence entre la valeur réelle** des titres **au jour de la défaillance et leur prix de revient** fiscal dans les écritures du cédant (CGI art. 38 bis-0 A-III).
> En outre, les titres sont réputés prélevés sur ceux de même nature acquis ou souscrits à la date la plus récente antérieure à la défaillance (CGI art. 38 bis-0 A-III), c'est-à-dire selon la méthode **Lifo**.
> Ainsi, si la valeur réelle des titres à la date de la défaillance est différente du montant des fonds versés initialement par le cessionnaire, le résultat comptable ne sera pas identique au résultat fiscal, ce qui impliquera, à notre avis, une réintégration ou une déduction extra-comptable sur l'imprimé n° 2058-A, sauf versement d'un solde de résiliation destiné à compenser cet écart (BOI 4 H-7-95, n° 35 à 38, non repris dans Bofip).

II. Comptabilisation chez le cessionnaire

a. Lors de la prise en pension des titres Les titres reçus en pension ne sont pas **inscrits à l'actif** du cessionnaire dans les « Titres » mais **dans les « Créances »** (C. mon. fin. art. L 211-33), par le crédit du compte de trésorerie concerné.

Cette créance est, à notre avis, à faire figurer dans une subdivision du compte 46 « Débiteurs divers » ou du compte 508 « Autres valeurs mobilières et créances assimilées », l'opération pouvant s'analyser comme un prêt garanti par des titres.

> **Fiscalement** Cette opération n'entraîne aucune conséquence fiscale. Les titres étant réputés ne pas avoir été cédés au cessionnaire (CGI art. 38 bis-0 A-I), les produits éventuellement perçus ne sont pas compris dans son résultat (CE QPC 8-11-2019 n° 431283). Les titres pris en pension ne sont pas retenus pour apprécier si l'entreprise satisfait le seuil de détention de 5 % qui conditionne l'application du régime des sociétés mères (sur ce régime, voir n° 36355 ; CGI art. 145-1 c).

Sur l'information à donner au cédant et à l'AMF en période d'assemblée générale, voir n° 39015.

b. À la clôture de l'exercice :

1. Évaluation des titres pris en pension La créance représentative de ces titres **ne peut donner lieu à** la constitution d'une **dépréciation** sauf, à notre avis, lorsque le cédant est défaillant **et** que les titres doivent être dépréciés.

> **Fiscalement** En revanche, cette (provision pour) dépréciation lorsqu'elle est constituée n'est pas déductible (CGI art. 39, 1-5° ; BOI 4 H-7-95, n° 26, non repris dans Bofip). Elle doit donc être réintégrée extra-comptablement sur l'imprimé n° 2058-A (ligne WI).

2. Rémunération reçue du cédant Cette rémunération devant être traitée comme des intérêts (C. mon. fin. art. L 211-31), est à comptabiliser, à notre avis, au compte 4687 « **Produits à recevoir** sur débiteurs divers » par le crédit du compte 7638 « Revenus des créances diverses ».

> **Fiscalement** Il en est de même (BOI 4 H-7-95, n° 29, non repris dans Bofip) ; ces intérêts sont donc **imposables au taux de droit commun**.

c. Au dénouement de l'opération Au terme fixé par le contrat, le cessionnaire doit restituer les titres et le cédant, en contrepartie, les fonds (C. mon. fin. art. L 211-30). Il en résulte que les **écritures initiales** sont **extournées**.

> **Fiscalement** Il en est de même (BOI 4 H-7-95, n° 23 et 24, non repris dans Bofip).

d. En cas de défaillance de l'une des parties Les titres restant la **propriété du cessionnaire** (C. mon. fin. art. L 211-30), la créance comptabilisée au compte 46 est, à notre avis, **transférée au compte de titres adéquat**.

À notre avis, le coût d'entrée des titres correspond au montant (historique) de la créance (le résultat de cession constaté chez le cédant, et prenant en compte la valeur des titres à la date de la défaillance, étant sans incidence chez le cessionnaire).

> **Fiscalement** En l'absence de versement d'un solde de résiliation l'administration considère (BOI 4 H-7-95, n° 35 à 38, non repris dans Bofip) que l'écart à la date de la défaillance entre la valeur réelle des titres et le prix de cession convenu :
> – est taxable immédiatement dans les conditions de droit commun, si le cédant est défaillant et que la valeur réelle des titres est supérieure au prix de cession ;
> – n'est pas déductible (et ne le sera jamais), si le cessionnaire est défaillant et que la valeur réelle des titres est inférieure au prix de cession convenu. Le calcul ultérieur des (provisions pour) dépréciation et du résultat de cession de ces titres doit être effectué sur la base de cette valeur réelle.

Ces traitements fiscaux ne peuvent avoir d'incidence sur le traitement comptable précité ; en revanche, ils nécessitent des suivis extra-comptables (pour éviter des doubles impositions futures ou l'éventuelle déduction, à tort, de provisions futures).

LOCATION D'ACTIONS ET DE PARTS SOCIALES

37285 Ce dispositif est destiné à faciliter la transmission des petites entreprises (C. com. art. L 239-1 à L 239-5).

> **Juridiquement** **a. Mise en œuvre du dispositif** Voir Mémento Sociétés commerciales n° 20000 à 20200.
>
> **b. Commissaire aux comptes** Les actions ou parts louées doivent faire l'objet d'une **évaluation**, effectuée sur la base de critères tirés des comptes sociaux en début et fin de contrat ainsi qu'à la fin de chaque exercice comptable pour les locations consenties par une personne morale (C. com. art. L 239-2, al. 4), qui doit être **certifiée** par un commissaire aux comptes (voir FRC 12/23 Hors série inf. 71).

Comptablement, en l'absence de précision de la part des organismes comptables compétents, les traitements suivants peuvent, à notre avis, être appliqués :

I. Comptabilisation chez le bailleur

a. Lors de la mise en location Lorsque le bailleur est une personne morale, les titres, antérieurement classés au bilan en titres de participation devraient, **à notre avis,** être reclassés dans le compte « **Autres titres immobilisés** » (compte tenu de leur détention durable, voir n° 35275) pour leur coût d'acquisition initial.

En outre, leurs caractéristiques d'actions louées et notamment l'absence de droits de vote devraient, à notre avis, être signalées dans l'annexe.

Les éventuelles dépréciations antérieurement pratiquées devraient être reclassées en « dépréciations des autres titres immobilisés » et être éventuellement ajustées, en fonction de l'évaluation des titres au moment de la mise en location.

> **Précisions** Lorsque le bailleur est une personne physique, les titres loués ayant figuré antérieurement dans son patrimoine privé doivent être transférés, au coût d'évaluation mentionné ci-avant, dans son patrimoine professionnel, la location étant une opération commerciale (voir Mémento Fiscal n° 7025 et 18485).

b. À la clôture de l'exercice Si la valeur d'inventaire des titres donnés en location (obligatoirement évaluée à la fin de chaque exercice comptable lorsque le bailleur est une personne morale, voir ci-avant) est inférieure à leur valeur nette comptable, une dépréciation doit être constatée ; dans le cas contraire, la plus-value latente n'est pas enregistrée.

c. Loyers encaissés en cas de location simple Les loyers encaissés devraient, à notre avis, être enregistrés dans le compte 7621 « Produits des autres immobilisations financières – Titres immobilisés ».

d. Location assimilable à un crédit-bail

> **Juridiquement** Lorsque la location est assortie d'une promesse unilatérale de vente moyennant un prix convenu tenant compte, au moins pour partie, des versements effectués à titre de loyers, elle s'apparente à **un crédit-bail sur fonds de commerce** (C. mon. fin. art. L 313-7 régissant le crédit-bail).

Sur le plan **comptable,** il devrait en être de même. À défaut de précisions des organismes comptables compétents, le traitement des opérations de crédit-bail sur fonds de commerce devrait, à notre avis, s'appliquer.

II. Comptabilisation chez le locataire

a. Loyers payés en cas de location simple Les loyers payés sont enregistrés dans le compte 6135 « Locations mobilières ».

b. Location assimilable à un crédit-bail Sur le plan comptable, à notre avis, les règles édictées par le PCG en ce qui concerne le crédit-bail sur fonds de commerce (art. 212-5 et 946-61/62) s'appliquent, à savoir :
– les redevances versées sont enregistrées en charges dans le compte 6122 « Crédit-bail mobilier » ;
– lors de la levée d'option, seul le prix de vente contractuel est porté à l'actif du bilan dans le compte 261 « Titres de participation » ;
– en cas de cession, le résultat est déterminé comptablement selon les règles générales. Voir développements au n° 32275.

III. Dividendes
Selon la doctrine, les dividendes reviennent au locataire (voir Mémento Sociétés commerciales n° 76350).

> **Précisions** Paiement du dividende en actions (concernant le bailleur et le locataire) Selon la doctrine (voir Mémento Sociétés commerciales n° 76482), la qualité d'actionnaire ne peut pas être reconnue au locataire des actions qui doit informer le bailleur de l'option du paiement en actions proposée par l'assemblée. Le bailleur bénéficie de la mise en paiement du dividende en actions, à charge pour lui de verser au locataire le dividende qui lui revient. Sur le traitement comptable en résultant, à la fois chez le bailleur et chez le locataire, voir au n° 37800 II. la solution de la CNCC en cas de démembrement de la propriété de l'action (usufruit/ nue-propriété), transposable à notre avis à la location d'actions.

TITRES NANTIS DANS LE CADRE DE CONTRATS DE GARANTIE FINANCIÈRE ASSORTIS D'UN DROIT D'UTILISATION (« RE-USE »)

37305 Dans le cadre de ce dispositif défini par l'article L 211-20 du Code monétaire et financier, le constituant consent au bénéficiaire d'une sûreté un droit de réutilisation des titres nantis à son profit. Une des parties prenantes à l'opération doit obligatoirement être un établissement financier (en pratique, il devrait généralement être le bénéficiaire de la sûreté).

Le traitement comptable de ces opérations est prévu par le PCG (art. 625-1 et reprenant l'avis CNC 2006-10 du 30-6-2006).

Le champ d'application de ces règles comptables est le suivant (PCG art. 625-3) :
– actions et autres titres donnant ou pouvant donner accès, directement ou indirectement, au capital ou aux droits de vote, transmissibles par inscription en compte ou tradition ;
– titres de créance qui représentent chacun un droit de créance sur la personne morale ou le fonds commun de titrisation (ex-fonds commun de créances ou FCC) qui les émet, transmissibles par inscription en compte ou tradition, à l'exclusion des effets de commerce et des bons de caisse ;
– les parts ou actions d'organismes de placement collectifs ;
– et tous les instruments financiers équivalents à ceux mentionnés ci-avant, émis sur le fondement de droits étrangers.

Seuls sont visés les titres donnés en garantie **restitués à l'identique** par le bénéficiaire au constituant à l'issue de la période d'utilisation.

> **Fiscalement** L'article 38 bis-0 A bis du CGI prévoit un régime de neutralité fiscale lorsque les conditions suivantes sont réunies :
> – le constituant et le bénéficiaire de la garantie sont imposables selon un régime réel d'imposition ;
> – les remises en garantie sont visées par l'article L 211-38 du Code monétaire et financier ;
> – les remises en garantie portent sur les titres mentionnés à l'article L 211-27 ou les effets mentionnés à l'article L 211-34 du Code monétaire et financier (c'est-à-dire, en pratique, les actions et autres titres donnant accès au capital ou aux droits de vote, les titres de créance qui représentent un droit de créance sur l'émetteur et les parts ou actions d'OPCVM) ;
> – les titres restitués par le bénéficiaire sont équivalents et de même nature que ceux remis en garantie ;
> – les garanties sont constituées dans le cadre d'opérations à terme d'instruments financiers réalisées de gré à gré, de prêts ou de mises en pension de titres ou d'opérations prévues à l'article L 330-2 du Code monétaire et financier.
>
> Pour plus de détails, voir BIC-VII-53500 à 53940.

I. Comptabilisation chez le constituant

a. À la conclusion du contrat (PCG art. 625-6) Aucune écriture n'est comptabilisée.

> **Précisions** **Information en annexe** Selon le PCG (art. 833-20/11), les informations suivantes sont à mentionner en annexe :
> – nature des actifs donnés en garantie dans le cadre de contrats de garantie financière avec droit de réutilisation ;
> – montant des engagements donnés au titre des actifs donnés en garantie dans le cadre d'un contrat de garantie financière avec droit de réutilisation.

b. Lors de la réutilisation des titres nantis par le bénéficiaire du contrat Du fait du transfert de propriété (qui n'intervient que lorsque le bénéficiaire utilise sa faculté d'utilisation des titres), les titres sont sortis du bilan. Le constituant inscrit en contrepartie à son bilan une créance représentative de la valeur comptable de ces titres. Cette créance (et le cas échéant la dépréciation y afférente) est à inscrire dans la catégorie d'origine des titres nantis (PCG art. 625-5 et 625-7).

Aucun résultat n'est ainsi constaté dans les comptes du constituant malgré le transfert de propriété des titres. En effet, le constituant supporte toujours l'essentiel des risques et avantages attachés aux titres nantis et le bénéficiaire a l'obligation de restituer les titres au constituant (PCG art. 625-4).

> **Précisions** **1. Traitement conforme aux prêts** Selon la Note de présentation de l'avis CNC n° 2006-10 précité, le traitement comptable des contrats de garantie financière assortis d'un droit d'utilisation a été défini par analogie avec celui des opérations de prêts et d'emprunts de titres, dont le fonctionnement est proche (voir n° 37130).
> **2. Information en annexe** Selon le PCG (art. 833-20/11), est à mentionner en annexe le montant des actifs donnés en garantie remis en pleine propriété dans le cadre de contrats de garantie financière avec droit de réutilisation.

c. À la date de clôture pendant la période de réutilisation (PCG art. 625-10 et 625-11). La créance représentative de la valeur comptable des titres nantis suit les règles d'évaluation propres à la catégorie à laquelle les titres ainsi transférés appartiennent (sur ces règles, voir n° 35695 s.).

Si le constituant constate un risque avéré de crédit lié à la situation dégradée du bénéficiaire, une dépréciation à hauteur du risque estimé devra être constatée, conformément aux dispositions en vigueur (sur ces dispositions, voir n° 40115). L'estimation de la dépréciation doit tenir compte du risque sur la contrepartie, mais également de la valeur de l'actif nanti et des accords de compensation entre les parties au contrat.

d. Au retour des titres nantis chez le constituant (PCG art. 625-15 et 625-16) Lorsque le constituant recouvre la propriété des titres donnés en garantie auprès du bénéficiaire, il réinscrit ces titres dans leur catégorie d'origine et solde en contrepartie la créance représentative de la valeur comptable des titres initialement transférés.

> **Précisions** **Créance dépréciée** : dans ce cas, le montant de la dépréciation est reclassé dans un compte de dépréciation afférent aux titres réinscrits dans leur catégorie d'origine.

Si le contrat n'est pas arrivé à son terme, les montants des engagements donnés au titre des biens affectés en garantie sont à mentionner en annexe (voir **a.** ci-avant).

II. Comptabilisation chez le bénéficiaire de la sûreté

a. À la conclusion du contrat Selon le PCG (art. 833-20/11), les informations suivantes sont à mentionner en annexe :
– nature des actifs reçus en garantie dans le cadre de contrats de garantie financière avec droit de réutilisation ;
– montant des engagements reçus au titre des actifs reçus en garantie dans le cadre d'un contrat de garantie financière avec droit de réutilisation ;
– montant des actifs reçus en pleine propriété dans le cadre de contrats de garantie financière avec droit de réutilisation.

b. Lors de la réutilisation des titres (PCG art. 625-12 et 625-13) Il convient de distinguer deux étapes : le transfert des titres nantis d'une part, leur réutilisation effective d'autre part.

1. Remise en pleine propriété des titres nantis objets du contrat : le bénéficiaire de la sûreté inscrit les titres à son actif en contrepartie d'une dette représentative de l'obligation de les restituer. Le coût d'entrée des titres est égal au prix du marché de l'actif au jour de la remise.

2. Réutilisation des titres : la comptabilisation de l'opération de réutilisation des titres suit les règles propres à la nature de l'opération (vente, garantie, prêt…).

c. À la date de clôture pendant la période de réutilisation (PCG art. 625-12 et 625-13) Les titres transférés ainsi que la dette représentative de l'obligation de les restituer sont évalués pour un montant égal au prix de marché des titres à cette date. La dette est réévaluée par la contrepartie d'un compte d'écart au bilan (sous-compte du 478 « Autres comptes transitoires ». Les pertes latentes sur cette dette n'entraînent pas la constitution d'une provision pour risques, celles-ci étant couvertes par les titres détenus.

Lorsque les titres ont été utilisés et **ne figurent plus au bilan** du bénéficiaire (titres cédés, par exemple), la dette représentative de l'obligation de restitution est évaluée au prix des titres sur le marché à cette date, par la contrepartie d'un compte d'écart au bilan. Les pertes latentes sur cette dette entraînent à due concurrence la constitution d'une provision pour risques.

d. Au retour des titres nantis chez le constituant (PCG art. 625-17 et 625-18) Les titres nantis sont sortis de l'actif du bilan du bénéficiaire. En contrepartie :
– la dette représentative de l'obligation de restitution est soldée ;
– le montant afférent de l'écart d'évaluation figurant au bilan est définitivement constaté en résultat.

Si le contrat n'est pas arrivé à son terme, les montants des engagements donnés au titre des biens affectés en garantie sont à mentionner en annexe (voir II. a. ci-avant).

C. Portage et autres engagements sur titres de capital

37355 Dans une convention de portage, le « porteur » (en général un établissement de crédit) accepte, sur la demande d'un « donneur d'ordre » de devenir temporairement propriétaire de titres, tout en s'engageant expressément par une convention écrite, à céder ces mêmes titres à un terme et à un prix fixés à l'avance, à une personne nommément désignée (pouvant ou non être le donneur d'ordre) qui s'engage à racheter les titres. Pour plus de détails, voir Mémento Sociétés commerciales nº 79230 à 79233.

> **Précisions** Les conventions de portage ne sont juridiquement régies par aucun texte mais suite à l'arrêt de la cour d'appel de Paris du 6 avril 1994 (voir nº 50695) qui a sanctionné pénalement l'absence totale d'information comptable sur les engagements qui peuvent découler de ces contrats, le CNC a publié un avis nº 94-01 (Bull. nº 100, 3e trimestre 1994, p. 3 s.) repris ci-après accompagné de nos commentaires. L'avis du CNC a été repris en partie, pour ce qui concerne les comptes individuels dans le PCG (art. 833-18/1) et pour les comptes consolidés dans le règlement ANC nº 2020-01 (art. 211-7).

37360 **Choix entre inscription à l'actif ou mention dans l'annexe** Il convient de distinguer selon que l'engagement est ferme ou non.

I. Engagement ferme L'avis CNC nº 94-01 laisse aux entreprises le choix d'inscrire ou non à l'actif l'engagement.

> **Précisions** Le CNC motive ainsi le choix :
> – **Pourquoi au bilan ?** En droit civil l'engagement ferme est définitif dès la signature et avant même le dénouement des opérations ; en conséquence, les **droits sur les titres** font partie du patrimoine et devraient donc figurer au bilan ;
> – **Pourquoi pas au bilan ?** L'inscription au bilan peut poser des difficultés pratiques de mise en œuvre ; en outre, la pratique consistant à comptabiliser les opérations uniquement lors de leur exécution est courante et même prévue dans certains cas par les textes.

Selon le PCG (art. 833-18/1) et l'avis CNC nº 94-01, dès lors que les droits sur titres ne figurent **pas au bilan,** ils **doivent être** néanmoins dans les comptes, donc **dans l'annexe** (s'ils sont significatifs, voir nº 50680).

II. Engagement non ferme Dès lors que l'engagement est ouvert (il existe une faculté et non une obligation) ou bien qu'il s'agit d'un simple engagement de livrer des titres, les textes n'offrent pas de choix : **la mention dans l'annexe est obligatoire** (s'ils sont significatifs, voir nº 50680) sans possibilité d'inscription à l'actif (PCG art. 833-18/1 ; avis CNC 94-01 et Bull. CNCC nº 174, juin 2014, EC 2013-70, p. 263 s. dans le cas particulier des engagements de rachat de titres dans le cadre de contrats de liquidité).

Entreprises ayant choisi l'inscription de l'engagement à l'actif   37365
I. Classement comptable   À défaut de précision de l'avis CNC n° 94-01, les droits devraient, à notre avis, être comptabilisés soit en « Créances rattachées à des participations » (compte 267), soit en « Autres créances immobilisées » (compte 276), la contrepartie étant une dette sur le porteur (compte 404 ou 46).

> **Précisions**   Ce sont les **droits sur les titres** et non les titres eux-mêmes qui doivent être inscrits à l'actif. C'est l'établissement financier (porteur) qui aura au bilan les titres.

II. Coût d'entrée   À défaut de précision de l'avis CNC n° 94-01, le coût dépend, à notre avis, des clauses du contrat portant sur le prix et les frais financiers :
– en l'absence de clause de frais financiers, le coût d'entrée est égal au prix figurant dans le contrat ;
– en cas de clause de frais financiers, le coût d'entrée est égal au prix des titres à la date du contrat hors frais financiers.
Sur le traitement des frais financiers, voir également n° 37375.

III. Évaluation à la clôture   À défaut de précision de l'avis CNC n° 94-01, la valeur d'inventaire devrait, à notre avis, être estimée :
– à la date de clôture et non à l'échéance de l'engagement de manière prévisionnelle ;
– en fonction de l'utilisation future que l'entreprise aura des titres (en général, ce seront des titres de participation). Les règles générales d'évaluation s'appliquent.

IV. Dépréciation   L'avis CNC n° 94-01 indique, sans en préciser le calcul, que la perte de valeur éventuelle des titres doit donner lieu à la constitution de dépréciations.
À notre avis, l'éventuelle dépréciation à constituer devrait être déterminée par comparaison entre l'évaluation à la clôture et le coût d'entrée tels que précisés ci-avant.

V. Annexe   Dès lors que les droits sur les titres sont inscrits à l'actif, le PCG (art. 833-18/1) et l'avis CNC n° 94-01 considèrent qu'il n'y a pas d'information à donner.

Entreprises ayant renoncé à l'inscription de l'engagement à l'actif   37370
I. Obligation de mention dans l'annexe   Selon le PCG (art. 833-18/1) et l'avis CNC n° 94-01, dans ce cas, les engagements significatifs doivent être mentionnés dans l'annexe :
– il s'agit d'une mention obligatoire que la prise en compte de la confidentialité des affaires ne doit en aucun cas conduire à omettre ;
– des regroupements par type d'engagements financiers de même nature sont toutefois autorisés, dès lors qu'ils n'altèrent pas la qualité de l'information.

> **Précisions   1. Contenu de l'information**
L'avis CNC n° 94-01 ne précise pas le contenu de cette information.
La cour d'appel de Paris (arrêt cité au n° 37355) a requis uniquement le montant de l'engagement sans indication du nom de la société cible concernée.
Ce montant, qui peut varier chaque année, pourrait, à notre avis, être égal à la valeur d'inventaire à la clôture de chaque exercice telle que déterminée précédemment en cas d'inscription des droits à l'actif (voir n° 37365 III.), et qui doit servir à la détermination de l'éventuelle provision pour risques (voir ci-après II.).
2. Sanctions   La cour d'appel avait indiqué que « les engagements devraient à tout le moins faire l'objet d'une mention spéciale dans l'annexe pour donner une image fidèle ». L'avis CNC n° 94-01 rappelle que c'est au regard de l'ensemble (formé par le bilan, le compte de résultat et l'annexe) que sont appréciées les prescriptions de régularité, de sincérité et d'image fidèle. En conséquence, l'absence d'information en annexe est susceptible d'entraîner :
– pour toutes les sociétés, le délit de présentation de comptes ne donnant pas une image fidèle (voir n° 66515) ;
– pour les sociétés cotées, le délit de communication d'une information inexacte, imprécise ou trompeuse (non-respect des articles 222-1 s. du règl. général de l'AMF ; sanction appliquée par la CA de Paris précitée).

II. Obligation de constituer une provision   Cette provision, déterminée comme la dépréciation indiquée précédemment (voir n° 37365 IV.), concerne également les cas où il n'y a pas de portage, mais où le « vendeur » s'engage seulement à livrer les titres à la date d'exercice du contrat (vente d'un put, voir n° 37660). Elle peut également concerner les engagements conditionnels, dès lors que ceux-ci deviennent probables (et non plus éventuels).
Sur l'absence de provision dans le cas des engagements de rachat d'actions propres en vue de leur annulation, voir n° 55510.

37375 **Traitement des frais financiers et dividendes** L'avis du CNC indique que les frais financiers et les dividendes doivent être constatés en charges et en produits, « s'il y en a ».

Il en résulte, à notre avis, que :

a. en cas de clause dans le contrat portant sur des frais financiers et dividendes, « il y en a » et, à notre avis, ceux-ci doivent être constatés en charges ou produits sur la durée de l'engagement (principe des intérêts courus).

Cette comptabilisation en charges et en produits doit s'effectuer indépendamment du fait que les droits sur les titres sont ou non inscrits à l'actif.

b. en l'absence de clause dans le contrat portant sur des frais financiers et dividendes, « il n'y en a pas » et, à notre avis, ceux-ci ne doivent pas être comptabilisés pendant l'engagement (le portage), mais évidemment augmentent (pour les frais financiers) et réduisent (pour les dividendes) d'autant le coût d'entrée des titres portés et donc l'éventuelle dépréciation ou provision.

En l'absence de clause, l'impact des frais financiers et dividendes n'est donc pas étalé si une dépréciation ou une provision est constituée, alors qu'il l'est en cas de clause.

37380 **Rapport de gestion** Une information doit obligatoirement être fournie si le portage :
– aboutit à une prise de contrôle (voir n° 38960) ;
– est signé entre la date de clôture et la date d'arrêté des comptes, les événements postérieurs à la clôture de l'exercice, même sans lien avec l'exercice précédent, devant être mentionnés dans le rapport de gestion (C. com. art. L 232-1 II ; voir n° 52395).

Sur les informations éventuelles à fournir en annexe, voir n° 52345.

37385 **Incidence de l'engagement dans les comptes consolidés** Selon le règlement ANC n° 2020-01 relatif aux comptes consolidés, il convient de tenir compte, pour le calcul de la fraction des droits de vote détenus, des titres faisant l'objet d'engagements ou de portage fermes détenus pour le compte de l'entreprise consolidante (art. 211-7).

> **Précisions** **Lien entre comptes individuels et comptes consolidés** Le traitement retenu dans les **comptes individuels** (droits sur les titres inscrits ou non à l'actif ; voir n° 37360 à 37370) **n'a pas d'incidence** sur le traitement dans les comptes consolidés. Ainsi, une société cible peut devoir être consolidée alors que les droits détenus sur elle ne sont pas inscrits à l'actif des comptes individuels (mais font simplement l'objet d'une information dans l'annexe).
> Pour plus de détails, voir Mémento Comptes consolidés n° 2076.

III. ACTIONS

A. Actions présentant des caractéristiques particulières

37455 **Actions de préférence** Les actions de préférence peuvent être émises à la constitution des sociétés par actions ou lors d'augmentations de capital.

Elles peuvent être admises ou non aux négociations sur un marché réglementé (sur cette notion, voir n° 80900).

> **Précisions** **1.** Les caractéristiques des actions de préférence sont exposées dans le Mémento Sociétés commerciales n° 67780 à 67852. Voir également la Note d'information CNCC NI.V tome 5 « Émission d'actions de préférence », mars 2023.
> **2.** Sur le contrôle des émissions d'actions de préférence, voir FRC 12/23 Hors série inf. 109 s.

Avec ou sans droit de vote, elles sont assorties de **droits particuliers de toute nature,** à **titre temporaire ou permanent** (C. com. art. L 228-11, al. 1).

> **Précisions** Les actions de préférence peuvent :
> – **disposer ou non du droit de vote** qui peut être aménagé pour une certaine durée ou suspendu définitivement ou temporairement (C. com. art. L 228-11, al. 2) ;
> – **être assorties** dans la société émettrice **de droits particuliers de toute nature,** financiers ou non, définis librement dans les statuts ;
> – se voir conférer **des droits particuliers** exerçables non seulement **dans la société émettrice des titres** mais également **dans sa mère ou ses filiales.**

En l'absence de précisions de la part des organismes comptables compétents, le traitement comptable des actions de préférence est, à notre avis, le suivant :

a. Classement en titres En principe, les actions de préférence sont représentatives de placements financiers.
En conséquence, ces actions ne devraient pouvoir être comptabilisées que dans l'une des quatre catégories de titres (sur ces catégories, voir n° 35150).

> **Précisions** Et ce, même si des droits divers (tels qu'avantages en nature, droit d'utilisation d'une immobilisation, conditions préférentielles de vente ou même information financière renforcée) leur sont attachés. Un raisonnement en substance pourrait, dans le cas, par exemple, d'une préférence représentant un droit d'utilisation, aboutir à la comptabilisation de ces actions en immobilisations incorporelles. Ce raisonnement ne peut toutefois pas être retenu dans les comptes individuels.

b. Comptabilisation en fonction de la préférence La comptabilisation de ces actions dans l'une des quatre catégories de titres dépend de l'analyse de la préférence qui leur est attachée (voir n° 35150 s.).

> **Précisions** Lorsque des actions ordinaires figurent déjà parmi les titres de participation, les actions de préférence devraient également, à notre avis, être inscrites au compte 2611 « Titres de participation », en application de la logique du PCG, qui rattache aux différentes catégories de titres les éléments liés (comme les créances, voir n° 35080).

Cette présentation n'interdit pas de comptabiliser ces titres dans des sous-comptes distincts (afin notamment de calculer les plus-values de cession ou les seuils dont le franchissement donne lieu à notification, voir n° 39015).

> **Fiscalement** **a. Dividendes** Les produits des actions de préférence sans droit de vote peuvent bénéficier du régime des sociétés mères (voir n° 36355).
> **b. (Provision pour) dépréciation** Lorsque les actions de préférence constituent des titres de participation au sens fiscal (voir n° 35175 s.), leur (provision pour) dépréciation relève en principe du régime du long terme, sous réserve des exceptions prévues à l'égard des sociétés à prépondérance immobilière non cotées et des sociétés établies dans un État ou Territoire Non Coopératif (ETNC) (voir tableau n° 35980).
> **c. Plus ou moins-values de cession** Lorsque ces actions constituent des titres de participation au sens fiscal (voir n° 35175 s.), leur cession ouvre droit sous certaines conditions au régime du long terme (voir n° 36700). En outre, le sursis d'imposition des plus-values réalisées par les entreprises à l'occasion de certaines opérations d'échange et de conversion de titres (voir n° 37160 s.) s'applique aux opérations portant sur les actions de préférence (CGI art. 38-7).

Sur la valorisation à retenir en cas de conversion d'actions de préférence en actions ordinaires, voir n° 37160 s.

B. Parts ou actions d'organismes de placement collectif

Les parts ou actions d'organismes de placement collectif constituent des titres financiers (C. mon. fin. art. L 211-1). Elles sont définies par l'article L 214-1 du Code monétaire et financier (voir n° 40010) et concernent : **37460**
– les OPCVM : Sicav (voir n° 37480) et FCP (voir n° 37500) ;
– et les fonds d'investissement alternatifs dits « FIA », notamment : organismes de titrisation, OPCI, SEF, SCPI (voir n° 37505), sociétés d'investissement à capital fixe dites « SICAF », fonds d'épargne salariale.

Actions de Sicav 37480

I. Classement comptable et coût d'entrée Il est constaté généralement au compte 503 « Actions ».

Toutefois, si l'entreprise a l'intention de les conserver durablement (cas, par exemple, des Sicav de capitalisation), il est constaté au compte 271 « Titres immobilisés ».

Enfin, le cas échéant, il peut être constaté au compte 261 « Titres de participation » à condition de répondre à leur définition (voir n° 35175), notamment, en l'occurrence (Bull. CNCC n° 84, décembre 1991, EC 91-53, p. 575 s.) :
– le caractère durable peut résulter du fait que l'OPCVM est spécifiquement créé pour l'entreprise ou un petit groupe d'entreprises dont elle fait partie (« OPCVM dédié ») ;
– le nombre restreint de membres peut permettre d'exercer aisément une influence (notamment sur le choix des placements effectués).

37480
(suite)

Le coût d'entrée est égal, en principe, au coût d'acquisition. En cas de **droit d'entrée** versé lors de l'acquisition, voir n° 37500.

> **Fiscalement** Les actions de Sicav sont exclues du régime du long terme quel que soit leur mode de comptabilisation (CGI art. 219-I a ter ; BOI-IS-BASE-20-20-10-10 n° 80).

En cas de titres d'OPCVM **reçus à la suite d'une fusion ou d'une scission d'OPCVM**, ils sont, en principe, inscrits pour leur valeur réelle (conformément à la règle générale concernant l'échange ; voir n° 37160 s.). Toutefois, la valeur comptable est à retenir dans certains cas (voir Mémento Fusions & Acquisitions n° 8725).

> **Fiscalement** Il y a report d'imposition (voir n° 37160 s.).

II. Valeur d'inventaire   À notre avis :

– lorsqu'elles ne sont **pas cotées,** elles sont estimées à leur valeur probable de négociation, c'est-à-dire à leur **valeur liquidative** à la clôture de l'exercice ;

> **Précisions** La valeur liquidative à retenir est la dernière valeur de rachat des actions publiée avant la clôture de l'exercice. Si cette valeur est exprimée en devises (ne faisant pas partie de la zone euro), elle est convertie en monnaie nationale sur la base du cours de change à la clôture. Toutefois, pour les actions de **Sicav assorties d'un droit de sortie,** il nous semble logique de minorer la valeur liquidative des frais et commissions fixés par le règlement, c'est-à-dire de la ramener à la **valeur de rachat.**

– lorsqu'elles sont cotées, elles sont, en principe, estimées au cours moyen du dernier mois de l'exercice (voir n° 35850). Mais la pratique retient souvent la valeur liquidative à la clôture de l'exercice.

III. Valeur au bilan   Selon la **règle générale** (C. com. art. L 123-18, al. 4), la **plus-value** constatée entre la valeur d'inventaire d'un bien et sa valeur d'entrée n'est pas comptabilisée.

> **Précisions 1. Sicav d'obligations** Cette règle générale paraît **applicable dans tous les cas,** y compris pour l'évaluation des actions d'une Sicav d'obligations. En effet, même si, dans ce cas, l'augmentation de la valeur liquidative résulte en grande partie des intérêts provenant des obligations, la Sicav a une personnalité morale distincte. En conséquence, tenir compte de la valeur d'inventaire, lorsqu'elle est supérieure à la valeur d'entrée, reviendrait à pratiquer une réévaluation ou une mise en équivalence interdites pour les valeurs mobilières de placement (C. com. art. L 123-18, al. 4 et L 232-5).
> **2. Compensation entre plus et moins-values latentes** Elle n'est possible que dans le cadre de la baisse anormale et momentanée (voir n° 36155).

En cas de **moins-value latente,** celle-ci donne lieu à dépréciation (sauf compensation précitée).

> **Fiscalement   a. Principe,** en revanche, les plus ou moins-values latentes sur titres d'OPCVM, calculées par rapport à la valeur liquidative à la clôture de l'exercice, sont immédiatement imposables ou déductibles au taux de droit commun (CGI art. 209-0 A1°).
> Les retraitements extra-comptables suivants sont donc nécessaires sur l'imprimé n° 2058-A :
> – réintégration (ligne XR) de la plus-value latente nette ;
> – déduction (ligne XS) de la moins-value latente nette ;
> – réintégration (ligne WI) des éventuelles (provisions pour) dépréciations et déduction (ligne WU) de leurs reprises.
> Pour chaque exercice, le montant net des valeurs liquidatives doit être indiqué en annexe à la déclaration permettant la détermination du résultat imposable (CGI art. 209-0 A3°).
> **b. Exceptions** Ces dispositions ne sont pas applicables (CGI art. 209-0 A, 1 ; BOI-IS-BASE-10-20-10 n° 110 à 280) aux parts d'OPCVM établies en France ou dans l'Union européenne, dont la valeur réelle de l'actif est représentée pour au moins 90 % par :
> – des actions ;
> – des certificats d'investissement ;
> – des certificats coopératifs d'investissement ;
> – et sous certaines conditions, en titres d'OPCVM dont l'actif est lui-même représenté pour 90 % au moins par des titres éligibles, ainsi que par analogie, à notre avis, en actions de préférence (voir n° 37455),
> Ces différents titres doivent être émis par des sociétés ayant leur siège dans l'Union européenne et qui sont soumises à l'IS (ou à un impôt équivalent) dans les conditions de droit commun. Les titres cités pris en compte pour le respect de ce seuil de 90 % doivent également être rémunérés par des distributions prélevées sur les bénéfices.
> Les produits des parts d'OPCVM sont donc constitués par les bénéfices distribués et les plus-values résultant de la cession de ces titres.

Il résulte de ces règles fiscales (voir ci-avant Fiscalement a.) :
– aucune modification des règles comptables ; les plus-values latentes ne peuvent pas être dégagées notamment au motif qu'elles sont taxables (Bull. CNCC n° 90, juin 1993, EC 93-08, p. 285 s.) ;
– un impôt différé actif le cas échéant (voir n° 52980) ;
– des retraitements extra-comptables (voir ci-avant).

Lorsque les titres d'OPCVM sont reçus à la suite d'une **fusion ou** d'une **scission d'OPCVM** (voir ci-avant I. « Coût d'entrée »), leur évaluation suit la règle générale.

> **Fiscalement** En revanche, compte tenu du report d'imposition du profit d'échange, l'éventuelle (provision pour) dépréciation n'est déductible que pour la quote-part calculée au-delà de la valeur fiscale des éléments reçus (CGI art. 39-1-5°).

> EXEMPLE
>
> Si l'action reçue, d'une valeur de 300, s'est substituée à une action acquise 100, d'où un sursis d'imposition de 200 (300 − 100), et se trouve dépréciée comptablement à hauteur de 50, cette (provision pour) dépréciation ne sera pas déductible (elle ne le deviendrait qu'au-delà d'un montant de dépréciation de 200).

IV. Comptabilisation de la quote-part de résultat de l'entreprise dans la Sicav (coupon)
En pratique, elle suit la règle générale de constatation des dividendes, c'est-à-dire (voir n° 36315 s.) une comptabilisation après approbation des comptes par l'assemblée générale.

> **Précisions** En cas de **Sicav de capitalisation,** le détenteur de titres ne peut **pas** dégager en **résultat** le produit correspondant à sa quote-part dans le résultat capitalisé et non distribué.
> En effet, il s'agit, pour lui, de plus-values latentes (Bull. CNCC n° 79, septembre 1990, EC 90-23, p. 393 s.) ; or, l'article L 123-21 du Code de commerce ne permet de prendre en compte que les bénéfices réalisés.
> Le **non-respect** de cette règle constitue une **irrégularité** dont le commissaire aux comptes apprécie, selon son caractère significatif, les conséquences sur la certification des comptes (Bull. CNCC précité).

Lorsque la Sicav offre une **garantie de rémunération,** sa comptabilisation est, à notre avis, indépendante de celle des résultats de la Sicav. Elle dépend de l'analyse juridique de l'octroi de la garantie et de l'appréciation de son caractère définitif eu égard à l'article L 123-21 du Code de commerce précité.

Ainsi, en cas d'engagement de rachat à prix minimum garanti et à une date déterminée, un produit couru non échu ne peut être constaté à la clôture de l'exercice (Bull. CNCC n° 87, septembre 1992, EC 91-109, p. 501). D'ailleurs, si le détenteur venait à céder ses titres d'OPCVM avant la date déterminée pour l'engagement de rachat, il ne bénéficierait d'aucune garantie de rémunération et/ou aurait à supporter des pénalités importantes dues à la vente anticipée.

En revanche, à notre avis, si la garantie était annuelle et non susceptible d'être remise en cause (situation analogue à l'effet de cliquet qui permet de conserver les hausses d'indice ; voir n° 43005), le produit serait certain et réalisé et devrait être dégagé en résultat.

V. Cession des actions de Sicav
Le résultat de la cession est égal à la différence entre la valeur de rachat des actions et leur valeur comptable au bilan de l'entreprise.

> **Fiscalement** Le résultat de la cession de ces actions constitue un produit imposable ou une perte déductible au taux de droit commun (CGI art. 219-I a ter ; BOI-IS-BASE-20-20-10-10 n° 80). Il est déterminé à partir du prix d'acquisition ou de souscription des titres, corrigé du montant des écarts d'évaluation qui ont été compris dans les résultats imposables (CGI art. 209-0 A 2°). En conséquence, le prix d'acquisition est majoré des écarts positifs déjà imposés et minoré des écarts négatifs déjà déduits (BOI-IS-BASE-10-20-20 n° 130 à 180).
> En pratique, sur l'imprimé n° 2058-A :
> – de déduire (ligne XG) les écarts positifs de valeur liquidative correspondant aux titres cédés déjà imposés (et portés sur les lignes XR des exercices précédents) ;
> – de réintégrer (ligne WQ) les écarts nets négatifs de valeur liquidative déjà déduits (et portés sur les lignes XS des exercices précédents).
> Sur les retraitements extra-comptables à opérer au titre des reprises éventuelles de (provisions pour) dépréciations, voir III. ci-avant.

Parts de fonds commun de placement 37500

I. Classement comptable Elles constituent un placement financier le plus souvent à court terme. À notre avis, elles sont à assimiler, sur le plan comptable, à des **valeurs mobilières de placement** et à enregistrer au compte 504 (sauf si l'entreprise a l'intention de les conserver durablement, ce qui devrait être le cas pour des FCP de capitalisation).

37500 (suite) Les parts de **fonds communs de placement « à risques »** doivent être conservées au minimum 3 ans et au maximum 10 ans. De cette contrainte, il résulte, à notre avis, qu'elles doivent être classées, à la différence des parts d'autres fonds, parmi les « Autres immobilisations financières », au compte 2718 « Autres titres ». En effet, comme le précisait le PCG 82 (p. I.42), les titres que l'entreprise n'a pas la possibilité de revendre à bref délai constituent des « titres immobilisés ».

> **Fiscalement** Les titres de capital-risque (FCPR, FPCI et SCR) dits « fiscaux » sont éligibles au régime du long terme quel que soit leur classement comptable (CGI art. 219-I-a-ter). Sur la définition des titres de capital-risques dits fiscaux, voir Mémento Fiscal n° 26305.

Les parts de **Fonds commun de placement dédié** peuvent constituer des titres de participation (voir n° 37480).

II. Coût d'entrée Elles peuvent être acquises :

a. À titre onéreux

Dans ce cas, le coût d'entrée est égal, en principe, au coût d'acquisition.

Toutefois, certains estiment qu'il est **possible de scinder le prix d'achat** : en coût d'acquisition et en quote-part de résultat acquise lors de l'acquisition.

> **Précisions** Pour que cet éclatement soit acceptable, il est nécessaire que cette quote-part s'acquière pour le porteur de parts au jour le jour, comme des intérêts sur obligations qui constituent des fruits civils.
Tel nous paraît être le cas pour les raisons suivantes :
— les FCP n'ont pas la personnalité morale et les entreprises détentrices des parts du fonds sont copropriétaires de ce fonds ;
— la valeur liquidative tient compte au jour le jour de l'évolution du résultat ;
— le résultat du FCP doit obligatoirement être distribué ;
— il n'est pas tenu d'assemblée de copropriété.
La quote-part de résultat retenue varie selon le mode de comptabilisation appliqué par le fonds. Ces raisonnements s'appliquent aussi bien aux FCP d'obligations qu'aux FCP d'actions :
— « coupons courus » : la quote-part tient compte de tous les revenus courus à la date de l'acquisition de la part ;
— « coupons encaissés » : la quote-part ne tient compte que des revenus réellement encaissés à la date d'acquisition.
Il peut toutefois arriver, du fait de frais de gestion survenus après la date d'acquisition, que le résultat global du fonds pour l'exercice soit finalement inférieur au résultat réalisé en cours d'exercice à la date d'acquisition de parts par l'entreprise. Dans ce cas particulier, qui ne remet pas en cause la comptabilisation exposée plus haut, il conviendra que l'entreprise corrige, lors de l'arrêté de ses comptes, la quote-part de résultat qu'elle a appréhendée, en fonction :
— soit du résultat global définitif du FCP si celui-ci a clôturé ses comptes ;
— soit du résultat prévisionnel du FCP, dans le cas inverse.

En pratique toutefois, l'entreprise ne peut comptabiliser sa quote-part de résultat que si le gérant du FCP lui en a indiqué le montant ; or, aucune disposition légale ne lui impose de le faire et cette information s'avère difficile à obtenir. Si l'éclatement est retenu, les écritures de comptabilisation sont analogues à celles enregistrées en cas d'acquisitions d'obligations (voir n° 36605 s.).

> **Précisions** **Paiement d'un droit d'entrée** lors de l'acquisition des parts de FCP Le droit d'entrée fait, à notre avis, partie des frais d'acquisition des titres, à comptabiliser selon l'option choisie par l'entreprise pour les valeurs mobilières de placement (voir n° 35625), c'est-à-dire soit directement en charges de la période, soit dans le coût d'entrée des parts acquises. Néanmoins, si la valeur de marché des FCP ne permet pas de justifier leur maintien, ils doivent être dépréciés à la clôture.

b. Par échange avec des titres détenus préalablement par l'entreprise

Dans ce cas, la valeur d'apport des parts se substitue au coût des titres dans le bilan de l'entreprise membre. En effet, les titres apportés n'appartiennent plus à l'entreprise mais deviennent la copropriété de l'ensemble des porteurs de parts du fonds. Il y a donc **transfert de propriété,** les parts de fonds se substituant aux titres apportés.

Les conséquences sont, à notre avis (en l'absence de position des organismes compétents), les suivantes :
— comptabilisation **en résultat** de la plus ou moins-value dégagée lors de l'apport au fonds, à notre avis, au compte 667 « Charges nettes sur valeurs mobilières de placement » ou 767 « Produits nets sur cessions de valeurs mobilières de placement » ;
— enregistrement, **à l'actif** de l'entreprise, des parts de fonds en remplacement des titres apportés.

37500
(suite)

> **Fiscalement** Il en est de même, les plus ou moins-values d'apport étant imposées selon le régime des plus ou moins-values professionnelles sur cessions d'éléments d'actif (Rép. Mauger : AN 9-6-1980, non reprise dans Bofip).

Lorsque les titres d'OPCVM sont **reçus à la suite d'une fusion ou d'une scission d'OPCVM,** voir n° 37480.

III. Valeur d'inventaire À notre avis, n'étant **pas cotées**, elles sont estimées à leur valeur probable de négociation, c'est-à-dire à leur **valeur liquidative** à la clôture de l'exercice.

Sur la valeur liquidative et le cas des parts de **FCP assorties d'un droit de sortie,** voir n° 37480 (« Valeur d'inventaire »).

IV. Valeur au bilan En principe, il convient de procéder de la manière suivante :

a. Comptabiliser la quote-part de résultat (coupon) de l'entreprise dans le fonds en créances rattachées (compte 5087 ou 2767) par le crédit d'un compte de produits financiers (compte 764 ou 7621), la quote-part n'étant calculée que sur le **résultat effectivement distribué** (et donc non capitalisé).

En effet, le FCP n'a pas la personnalité morale (à la différence des sociétés de personnes et des Sicav), les comptes doivent être arrêtés définitivement par la société de gestion un mois après la clôture, et il n'y a pas d'assemblée de copropriété. Son résultat est distribué obligatoirement dans un délai maximum de 5 mois après la clôture de son exercice (C. mon. fin. art. L 214-17-2).

Si les dates de clôture du fonds et de l'entreprise sont trop différentes (éloignées) pour ne pas pouvoir estimer le résultat du fonds, il peut être préférable de ne rien comptabiliser.

Sur le cas de **FCP de capitalisation,** voir Sicav de capitalisation n° 37480.

En cas de **garantie de rémunération ou d'engagement de rachat à un prix garanti,** voir Sicav n° 37480.

b. Comparer la valeur liquidative (ou la valeur de rachat, voir ci-après) **et la valeur des parts figurant à l'actif** (coût d'acquisition + créance rattachée correspondant à la quote-part de résultat dans le fonds).

En effet, la valeur liquidative prenant en compte (de manière indirecte) le résultat du fonds, une comparaison par rapport au seul coût d'acquisition ne serait pas homogène.

Si la valeur liquidative est inférieure, une dépréciation doit être constituée.

> **Fiscalement a.** Sauf exceptions (dont notamment les FCPR et SCR dits « fiscaux » : CGI art. 209-0 A, voir Mémento Fiscal n° 19005), les plus ou moins-values latentes sur parts de FCP, calculées par rapport à la valeur liquidative à la clôture de l'exercice, sont immédiatement imposables ou déductibles au taux de droit commun, ce qui entraîne des retraitements extra-comptables : voir n° 37480 III.
> **b.** Les (provisions pour) dépréciation des parts de FCPR, FPCI, auxquels sont assimilées les sociétés de libre partenariat (CGI art. 1655 sexies A) et de SCR dits « fiscaux » relèvent du taux de 15 % (voir Mémento Fiscal n° 18945).

Sur le cas particulier des **titres d'OPCVM reçus à la suite d'une fusion ou d'une scission d'OPCVM,** voir n° 37480-I.

V. Distribution du résultat du fonds (dividendes ou plus-values) La créance rattachée aux parts (constatée ci-avant, voir IV.) est créditée par le débit d'un compte de trésorerie.

> **Fiscalement a. Cas général** Lorsqu'une entreprise soumise à l'IS qui détient des parts de FCP n'est pas imposée selon la règle des écarts de valeur liquidative (voir n° 37480 III.), les plus-values réalisées et distribuées par le FCP sont imposées au taux de droit commun (CGI art. 38, 5-1°). En l'absence de distribution des plus ou moins-values réalisées par le FCP, leur prise en compte par le porteur de parts est reportée jusqu'à la cession des parts du fonds (CGI art. 38, 5-1°). Voir Mémento Fiscal n° 19005.
> **b. FCPR, FPCI et SCR dits « fiscaux »** Certaines distributions et répartitions effectuées par ces SCR et FCPR ou FPCI « fiscaux » sont également exonérées ou imposables au taux réduit de 15 % (CGI art. 219, I-a sexies ; voir Mémento Fiscal n° 18955).

VI. Cession Le résultat de la cession est égal à la différence entre la valeur de rachat des parts du fonds et leur valeur comptable au bilan de l'entreprise. La plus ou moins-value est assimilable, à notre avis, à une charge ou un produit financier et donc à comptabiliser comme tel :

a. Cession **avant la distribution du résultat du fonds** (soit dans les quatre mois après la clôture de l'exercice du fonds) : la perte du droit à distribution pour l'entreprise est compensée par l'inclusion de celle-ci dans la valeur de rachat.

Le résultat de la cession est donc égal à la différence entre la valeur de rachat et la valeur des parts au bilan de l'entreprise (y compris sa quote-part de résultat déjà comptabilisée en « créance rattachée »).

b. Cession **après la distribution du résultat du fonds** : il n'y a plus lieu de se préoccuper du résultat du fonds, la créance rattachée (aux parts) ayant été créditée du montant de la distribution et la valeur de rachat réduite d'autant.

> **Fiscalement** **a. Cas général** Lorsque l'écart de valeur liquidative des parts de FCP a été pris en compte dans le résultat imposable (voir n° 37480 II.), le prix d'acquisition de ces parts doit être corrigé (voir n° 37480 V.).
>
> **b. FCPR, FPCI et SCR dits « fiscaux »** Les plus et moins-values de cession de titres de SCR et parts de FCPR ou FPCI « fiscaux » détenus depuis au moins 5 ans sont (CGI art. 219, I-a sexies) :
> – exonérées dans la proportion de leur actif représenté par des titres de participation (hors titres de SPI et de sociétés localisées dans un ETNC : voir n° 36700) détenus depuis au moins deux ans et représentant au moins 5 % du capital de la filiale pendant au moins deux ans, ainsi que par les sommes en instance de distribution depuis moins de 6 mois représentatives de la cession de tels titres ;
> – ou imposées au taux de 15 % (à proportion des autres titres de l'actif).
> Lorsque les parts sont détenues depuis moins de cinq ans, les plus ou moins-values de cession relèvent du taux de droit commun.

37505 **Parts de SCPI** À la clôture de chaque exercice, leur rentabilité peut être appréciée non seulement à partir des documents comptables habituels mais aussi à partir d'un état annexe aux comptes qui retrace la valeur comptable, la valeur de réalisation (égale à la somme de la valeur vénale des immeubles et de la valeur nette des autres actifs de la société) et la valeur de reconstitution (égale à la valeur de réalisation majorée du montant des frais de reconstitution du patrimoine) de la SCPI (C. mon. fin. art. L 214-78).

La valeur de réalisation et la valeur de reconstitution sont estimées à partir du rapport annuel de l'expert immobilier.

Sur les dispositions comptables applicables aux SCPI et sur leurs obligations en matière d'expertise immobilière, voir n° 3160.

37510 **Contrats de capitalisation** Les contrats de capitalisation, souscrits auprès de compagnies d'assurance, ont pour objet la constitution d'un capital par investissement sur de multiples supports de placement sous-jacents. Ainsi, le capital est, en général, exprimé en euros et/ou en unités de compte. Le versement initial peut ainsi être investi pour partie sur un fonds en euros (assurant une rémunération minimum) et pour partie (par exemple) sur des titres d'OPCVM libellés en unités de compte. En général, le souscripteur peut, en cours de contrat, modifier la répartition initiale entre les différents supports et/ou effectuer des rachats partiels.

Le traitement comptable de ces contrats, et notamment le fait générateur du produit financier lié au contrat, est différent selon le type de contrat souscrit.

I. Classement comptable et coût d'entrée Selon la CNCC (EC 2020-03 du 17-11-2020), les contrats de capitalisation constituent un **placement financier**. Le plus souvent, ces placements sont acquis en vue de réaliser un gain à brève échéance (décision de racheter à court terme). Dans ce cas (en ce sens, voir n° 35325), ils sont à assimiler, sur le plan comptable, à des valeurs mobilières de placement et à enregistrer, à notre avis, au compte 5048, pour leur prix de souscription.

Si, au contraire, l'entreprise a l'intention de les conserver durablement, ils sont à comptabiliser en « Autres titres immobilisés » (Bull. CNCC n° 200, décembre 2020, EC 2020-03 ; voir n° 35275, à notre avis dans le compte 2722).

II. À la clôture de l'exercice **a. Placement uniquement en fonds euros** (le souscripteur ne peut pas demander à modifier son investissement pour choisir un support en unités de compte). Ce type de contrat de capitalisation ne présente **pas de risque sur le capital** et permet d'assurer un certain niveau de rémunération (il garantit un rendement minimum et une participation aux bénéfices de la compagnie d'assurances, y compris si le souscripteur décide de procéder à des rachats partiels ou à un rachat total avant l'échéance, ces rachats n'engendrant aucune remise en cause des rémunérations acquises ni aucune pénalité).

Selon la CNCC (EC 2020-03 précitée), les revenus déclarés par la compagnie d'assurances annuellement sont dès lors définitivement acquis et sont **à enregistrer en produits financiers à chaque clôture** (PCG art. 513-3), peu importe que l'encaissement de ces revenus soit reporté à la date d'échéance ou à la date des rachats partiels.

> **Précisions** Frais de gestion inclus dans la rémunération du contrat. Lorsque les frais de gestion prélevés par la compagnie d'assurances font partie intégrante de la rémunération du contrat de capitalisation et que le souscripteur n'a pas la possibilité de choisir un gestionnaire du contrat et des supports d'investissement autres que la compagnie émettrice du contrat, c'est la rémunération nette des frais de gestion qui est comptabilisée en produits financiers. Les frais de gestion ne doivent donc pas être comptabilisés en charges d'exploitation (EC 2020-03 précitée).

b. Placement uniquement en unités de compte (OPCVM, par exemple) Ce type de contrat de capitalisation garantit la restitution d'un certain nombre d'unités de compte à l'échéance ou au rachat du contrat, mais pas le capital représenté par ces unités de compte. Sa valeur fluctue donc en permanence en fonction de l'évolution du marché.

En l'absence de distribution (contrat de capitalisation), le détenteur des titres ne peut se prévaloir d'une créance qui, juridiquement, n'est pas encore née (par exemple, les actions de Sicav, voir n° 37480). Ainsi, selon la CNCC (EC 2020-03 précitée) :
– les produits du placement ne peuvent donc être comptabilisés en résultat qu'à l'issue du contrat ou lors des rachats partiels (considérés alors comme des cessions) ;
– en cas de perte de valeur entre la valeur comptable et la valeur liquidative du contrat, une dépréciation égale à cette perte doit être comptabilisée.

Sur la possible compensation entre plus et moins-values latentes dans le cadre d'une baisse anormale et momentanée des titres, voir n° 36155.

c. Placement en euros et en unités de compte Lorsque le contrat de capitalisation prévoit une possibilité d'arbitrage entre des supports en euros et en unités de compte (et même si cet arbitrage est à l'initiative du souscripteur), il doit être analysé comme un **produit de placement unique**, et non comme plusieurs placements séparés en fonction des supports de placement sous-jacents (fonds euros et support OPCVM, par exemple) (Bull. CNCC n° 164, décembre 2011, EC 2011-21, p. 737 s.).

En conséquence (Bull. CNCC précité), aucun produit ne peut être considéré comme étant certain à la clôture. En effet, même si la rémunération minimum du support euros est définitivement acquise, il subsiste un risque sur le capital investi en unités de compte. En application de l'article L 123-21 du Code de commerce, les produits du placement ne peuvent donc être comptabilisés en résultat qu'à l'issue du contrat ou lors des rachats partiels (considérés alors comme des cessions).

En revanche, en cas de moins-value latente, une dépréciation doit être comptabilisée. Elle est calculée globalement sur l'ensemble du contrat (Bull. CNCC précité).

III. Annexe Lorsque le contrat est classé en actif circulant parmi les « Valeurs mobilières de placement », l'entreprise doit indiquer dans l'annexe des comptes la différence entre l'évaluation figurant au bilan et la valeur liquidative des unités de compte auquel son contrat de capitalisation lui donne droit à la clôture de l'exercice (PCG art. 833-8).

Selon la CNCC (EC 2020-03 précitée), par analogie et en l'absence de prescription du PCG, il devrait en être de même lorsque le contrat est classé en immobilisations.

C. Opérations sur actions

37560 Voir aussi opérations sur titres n° 37130 s. (prêt de titres, facultés de rachat (rémérés), échange, etc.).

37565 **Acquisition d'actions avec une survaleur** Pour les noyaux durs, voir ci-après n° 37585. Dans certains cas, le prix d'acquisition d'une participation (ou sa valeur d'apport) a été fixé en tenant compte de l'augmentation de valeur que cette acquisition est susceptible d'apporter à un élément patrimonial préexistant.

> **EXEMPLE**
>
> Le prix d'acquisition peut, par exemple, tenir compte de l'augmentation de valeur apportée au fonds de commerce par une prise de participation assurant à la société dominante une stabilité des contrats de ventes ou d'achats conclus avec la société dominée.

Les titres sont inscrits pour leur coût d'acquisition (PCG art. 221-1) qui comprend la valeur de tous les **actifs identifiables et non identifiables (le fonds commercial) sous-jacents** et donc évidemment le surprix payé. Ce coût d'acquisition **correspond à la valeur des titres pour l'entreprise.** Lors de l'acquisition des titres, aucune règle comptable ne permet donc d'imputer le supplément de prix payé à un autre poste que celui des « Titres de participation ».

Dans certains cas, le coût d'acquisition peut être grevé d'une dépréciation si un actif sous-jacent (le fonds commercial ou un autre incorporel, notamment) a disparu ou a été transféré à l'acquéreur des titres (ou a une de ses filiales) avant la revente des titres.

> **Fiscalement** Le supplément de valeur enregistré à l'occasion de l'acquisition constitue un élément du coût de revient des immobilisations que cette opération a contribué à valoriser (BOI-BIC-PVMV-30-20-10-10). Cela signifie, à notre avis, qu'il n'est pas possible de créer immédiatement une (provision pour) dépréciation (fiscalement déductible) au titre de ce supplément de prix.

Lors de leur cession ultérieure, les titres sortent pour leur VNC qui correspond à la totalité du coût d'acquisition, sans qu'il puisse être fait abstraction de la valeur d'un des actifs sous-jacents.

> **Fiscalement** Il en est de même. La quote-part du coût d'acquisition des titres représentative du fonds commercial sous-jacent acquis est un élément de la valeur brute des titres à retenir lors du calcul ultérieur de la plus ou moins-value de cession de ces titres (CE 12-7-2017 n° 400644).

37585 **Acquisition de « noyaux durs » ou bloc stable** Elle implique des **contraintes** (« primes d'acquisition » ou « surprime », interdiction temporaire de vendre, agrément préalable aux cessions ultérieures) liées aux engagements juridiques pris à l'égard de la société émettrice, d'autres actionnaires ou de l'État (cas des privatisations). Il en résulte sur le plan comptable les problèmes suivants :

I. Classement comptable S'il est clair qu'il s'agit de titres de l'actif immobilisé compte tenu de leur durée de détention, les titres de « noyaux durs » constituent, pour l'AMF (Bull. COB n° 209, décembre 1987, p. 7) et le bulletin CNCC (n° 68, décembre 1987, EC 87-77, p. 490 s.) :

a. soit des **titres de participation,** si « l'utilité attendue par le détenteur (et enregistrée à l'inventaire) est d'un type tel qu'elle devrait conduire à **conserver ces titres même après la fin du blocage** » (AMF). Dans ce contexte :
– ces titres peuvent répondre à la définition des titres de participation même si la fraction détenue dans la société émettrice est inférieure à 10 % (CNCC) ;
– ces titres sont souvent consolidés par mise en équivalence (AMF) ;

> **Fiscalement** Ils relèvent dans ce cas du régime des titres de participation (voir n° 35175 s.).

b. soit des **titres immobilisés de l'activité de portefeuille** (**Tiap**), « si le détenteur a l'intention de **céder les titres quand il le pourra** » (AMF).
Le bulletin CNCC ne fait pas référence aux Tiap mais seulement aux « autres titres immobilisés ».

> **Fiscalement** Ils relèvent du régime fiscal :
> – des titres de participation s'ils peuvent être enregistrés dans un sous-compte « titres relevant du régime des plus-values à long terme » ;
> – des titres de placement dans le cas contraire.

II. Coût d'entrée

a. Prise en compte des commissions payées Elles peuvent être incluses dans le **coût d'entrée** ou inscrites directement en **charges** selon la règle du PCG (art. 213-8 par renvoi de l'art. 221-1).
Pour plus de détails sur ces frais d'acquisition, voir n° 35620.

b. Prise en compte de la surprime Elle correspond au supplément payé par l'acquéreur du « noyau dur » par rapport par exemple au prix de vente consenti à d'autres acquéreurs, ou par référence à une autre valeur telle que le cours de bourse. Elle est justifiée par l'utilité

particulière que le détenteur du noyau dur entend retirer de sa participation. Pour le bulletin CNCC précité, cette surprime :
– constitue un **élément du coût d'acquisition** des actions ;
– ne peut être considérée comme des frais d'acquisition.
Elle ne peut donc pas bénéficier de l'option pour la comptabilisation directement en charges (voir n° 37565).
Le coût d'acquisition (surprime comprise) est donc retenu comme référence :
– pour la comparaison avec la valeur d'inventaire ;
– pour le calcul des plus ou moins-values de cession.

> **Fiscalement** Il en est de même (BOI-BIC-PVMV-30-20-10-10 n° 10).

III. Valeur d'inventaire Il convient, pour la déterminer, d'appliquer les **règles générales** d'évaluation propres à chaque catégorie de titres (voir n° 35695 s.). Mais, conformément au principe de permanence des méthodes, il importe que l'estimation repose sur les **mêmes motifs d'appréciation que la transaction d'origine** (Bull. CNCC précité).
Ainsi, les valeurs d'inventaire des noyaux durs inscrits en titres de participation ou en Tiap ne varieront pas nécessairement en fonction du cours de bourse, à la différence de celles des titres inscrits en autres titres immobilisés.
L'AMF constate qu'a recueilli un large consensus le principe selon lequel les lots de titres détenus dans le cadre d'une convention avec la société émettrice, d'autres actionnaires, ou avec le vendeur, ont normalement une valeur d'utilité pour le détenteur non liée au cours de bourse, c'est-à-dire à la valeur sur le marché de détail. Encore faut-il que le détenteur de tels lots justifie la valeur d'inventaire des lots de titres par des critères d'utilité qui puissent faire l'objet, à chaque arrêté des comptes, d'une vérification (Rapport COB 1988 p. 41).

IV. Valeur au bilan Une dépréciation doit être constituée si la valeur d'inventaire est inférieure au coût d'entrée (surprime comprise) tel que déterminé ci-avant.
Le paiement d'une surprime n'entraînera pas nécessairement la constatation d'une dépréciation si les noyaux durs sont comptabilisés en titres de participation ou en Tiap.

Titres acquis avec clause de garantie Il existe différents types de garanties conventionnelles qui accompagnent la cession de titres : les clauses de garantie de passif et les clauses de révision de prix.

37605

> **Précisions 1.** Garanties **de passif ou d'actif net de type indemnitaire.** Dans ce cas, le cédant s'engage à indemniser le **cessionnaire ou la société cédée** en cas d'apparition d'un passif imprévu ou d'une diminution d'actif résultant d'un événement antérieur à la cession. Le cédant prend alors en charge l'intégralité du passif nouveau ou de la diminution d'actif, quel qu'en soit le montant, sauf stipulation contraire.
> **2. Clauses de révision de prix** Dans ce cas, le cédant s'engage à garantir le **cessionnaire,** et non la société cédée, de la baisse de valeur des titres cédés du fait de l'apparition d'un passif et/ou de la diminution d'un élément d'actif postérieurement à la cession. Toutefois, le cédant garantit la perte d'actif net à hauteur du prix de cession sans pouvoir être tenu au-delà de ce prix. Les clauses de révision de prix doivent être distinguées des clauses d'earn-out (voir n° 37630) qui prévoient le paiement par le cessionnaire d'un complément de prix qui sera déterminé au regard des résultats futurs de la société cédée.

Pour opérer une distinction entre les clauses de garantie de passif ou de révision de prix, il convient de rechercher les effets que les parties ont souhaité donner à ces clauses.
Pour plus de détails, voir Mémento Sociétés commerciales n° 17855 à 17877.

> **Fiscalement** Cette distinction gouverne le régime fiscal applicable à la somme versée par le cédant au cessionnaire.

I. Acquisition de titres (côté acheteur) Le traitement de la somme reçue ultérieurement du cédant en exécution de la convention de garantie diffère, à notre avis, selon la nature de la convention et le bénéficiaire de la somme perçue :

a. La société acquise est le bénéficiaire final (ne sont concernées que les garanties de type indemnitaire) :
– soit parce qu'elle est désignée en tant que telle par la convention ;

> **Précisions** Pour que la société acquise soit bénéficiaire de la garantie en application de la convention, l'acte doit contenir une stipulation **claire en sa faveur** (Cass. com. 8-3-2017 n° 15-19.174 F-D). À défaut, seul l'acquéreur est bénéficiaire.

– soit du fait de l'engagement de l'acquéreur de lui restituer la somme.

37605
(suite)

Dans les deux cas, la somme reçue par la société acquise au titre de la garantie constitue une indemnité destinée à couvrir une charge spécifiée au contrat. Elle est donc à constater en **résultat** chez la société bénéficiaire en même temps que cette charge.

> **Fiscalement** La somme reçue est imposable si la perte ou la charge qu'elle a pour objet de compenser est elle-même déductible. S'alignant sur les principes posés par la jurisprudence du Conseil d'État (CE 12-3-1982 n° 17074), l'administration accepte que dans l'hypothèse où l'indemnité compense une charge fiscalement non déductible, elle ne constitue pas un produit imposable pour la société bénéficiaire (Rép. Grau : AN 9-2-2021 n° 28652).

Chez la société acquéreuse des titres, à notre avis :
– le coût d'achat des titres n'est pas modifié (peu importe que la somme reçue transite par elle) ;
– lorsque la somme reçue a transité par elle, cette somme est à comptabiliser en produit. Une dette est immédiatement comptabilisée au titre de la restitution de la somme à la société acquise, dès lors que l'acquéreur est engagé à restituer ce produit acquis.

> **Fiscalement** L'indemnité perçue est imposable immédiatement chez l'acquéreur des titres (voir ci-après).

b. L'acquéreur des titres est le seul bénéficiaire Dans ce cas, la somme reçue au titre de la garantie de passif constitue, à notre avis, une révision du prix des titres acquis. Le coût d'entrée des titres devrait donc suivre les mêmes règles que celles applicables aux autres immobilisations lorsque le coût d'entrée n'est pas définitivement fixé à la date d'acquisition (voir n° 30165). En conséquence, à notre avis :
– la somme reçue ultérieurement du cédant en exécution de la convention de garantie vient **en diminution du coût d'entrée** (et non en produit) ;
– une **information en annexe** devrait d'ailleurs préciser, à notre avis, le caractère provisoire du coût d'entrée ainsi que la clause conventionnelle de garantie de passif.

> **Précisions 1. Indemnité potentielle** Lorsqu'une indemnité n'est pas certaine dans son principe (montant en litige n'ayant pas fait l'objet d'un accord entre les parties à la clôture), elle ne peut être comptabilisée en tant que créance sur le vendeur et en réduction du coût d'acquisition des titres. L'ajustement éventuel du prix d'acquisition des titres est à mentionner en annexe.
> **2. Dans le cas où des titres ont été achetés pour 1 €** À notre avis, la somme reçue constitue un **produit** (même si rien n'explique le traitement différent par rapport à la règle générale), le coût d'acquisition ne permettant aucune réduction. Toutefois, il convient de s'assurer que toutes les provisions liées à la détention des titres ont été constituées et que le produit perçu ne vient pas rémunérer une charge non encore constatée. Dans ce dernier cas, le produit perçu devrait être comptabilisé en produit constaté d'avance.

> **Fiscalement 1.** Dans le cadre d'une **garantie de révision de prix,** l'indemnité perçue vient en diminution du coût d'entrée des titres et ne génère aucun profit taxable (CGI art. 38-2 ; BOI-BIC-PVMV-40-40-20 n° 210).
> **2.** Dans le cadre d'une **garantie de type indemnitaire,** l'indemnité perçue ne vient pas en diminution du prix de revient des titres : elle est en principe imposable au taux de droit commun (CE 24-4-1981 n° 18346 ; TA Cergy-Pontoise 28-3-2012 n° 0802180 ; CE 24-6-2013 n° 350451).

Sur le traitement de l'indemnité perçue par l'acquéreur des titres après l'absorption (ou la TUP) de la filiale acquise, voir Mémento Fusions & Acquisitions n° 8330.

II. Cession de titres (côté vendeur)
Elle s'enregistre selon la règle générale (voir n° 36930).

a. Charges encourues Les sommes versées ultérieurement par le vendeur en exécution de la convention de garantie constituent, à notre avis, une **charge** (exceptionnelle ou financière selon que les titres cotés étaient ou non des titres immobilisés).

> **Fiscalement 1.** Dans le cadre d'une **garantie de type indemnitaire,** l'indemnité versée constitue une charge déductible au taux de droit commun :
> – pour la cour administrative d'appel de Paris, à hauteur de la part qui excède le prix de cession des titres (CAA Paris 10-6-1993 n° 91-973) ;
> – pour la cour administrative d'appel de Douai, pour l'intégralité de l'indemnité versée dès lors qu'il n'est pas établi que la cession des titres a été consentie à un prix excessif et que les sommes versées sont constitutives d'un acte anormal de gestion (CAA Douai 31-7-2012 n° 11DA00407).
> **2.** Dans le cadre d'une **garantie de révision de prix** (CGI art. 39 duodecies-9 et BOI-BIC-PVMV-40-40-20), si la révision intervient au cours de l'exercice de cession, elle est prise en compte dans le résultat de l'exercice en cause. Si elle intervient postérieurement à l'exercice de cession, la perte correspondante obéit au régime fiscal du profit initial : elle est soumise au régime des moins-values à long terme à hauteur de la plus-value initiale qui avait été soumise au régime du long terme, le solde étant considéré comme une perte de droit commun. La moins-value à

long terme de révision est soumise au taux en vigueur l'exercice de la révision (BOI-BIC-PVMV-10-20-10). La moins-value résultant d'une réduction du prix de vente de titres relevant du régime de taxation réduite n'est pas prise en compte dans l'assiette de la quote-part de frais et charges (voir n° 36720 ; BOI-IS-BASE-20-20-10-20 n° 95). La moins-value à long terme correspondante est en revanche retenue pour le calcul du résultat net de cession de l'exercice de la révision du prix. Voir également n° 37630.

b. Charges probables À notre avis, conformément aux règles définies dans l'avis CNC n° 2000-01 sur les passifs (§ 5.7) concernant les engagements de caution et de garantie (voir n° 50130), une garantie de passif doit donner lieu à la constitution d'une provision lorsque l'existence d'un passif non déclaré lors de la cession est révélée à la date d'arrêté des comptes rendant la mise en jeu de la garantie de passif probable. La sortie de ressources est sans contrepartie pour l'entreprise. La provision est constituée pour la meilleure estimation du montant qui sera versé au bénéficiaire de la garantie.

> **Fiscalement** Cette provision est déductible dans le cadre d'une **garantie de type indemnitaire,** à concurrence de l'indemnité qui sera elle-même déductible (TA Toulouse 27-6-2000 n° 96-1503). En revanche, dans le cadre d'une **garantie de révision de prix,** la provision est en principe non déductible (CAA Paris 12-10-2000 n° 97-1922).

EXEMPLE

Une entreprise a cédé les titres d'une filiale avec une clause de garantie de passif.

À la clôture de l'exercice, la filiale cédée est assignée devant le tribunal de commerce par un de ses clients pour un litige antérieur à la cession des titres. À la date d'arrêté des comptes, il est probable que la filiale cédée sera condamnée.

La signature de la convention de la garantie de passif est le fait générateur de l'obligation de verser des sommes au bénéficiaire de la garantie.

À la date d'arrêté des comptes, la sortie de ressources est probable et est sans contrepartie pour l'entreprise. Une provision est donc constituée pour la meilleure estimation du montant qui sera versé au bénéficiaire de la garantie.

Titres acquis en vue d'obtenir un marché Bien qu'il s'agisse d'un droit de propriété, ces titres n'ont en fait comme seule valeur intrinsèque que l'obtention du contrat. Aussi, leur coût d'acquisition fait-il partie intégrante du coût de revient du contrat. Néanmoins, ces titres sont, à notre avis, à comptabiliser en **titres de participation** et à traiter comme tels (un raisonnement en substance ne pouvant être retenu dans les comptes individuels). 37610

> **Fiscalement** Selon le Conseil d'État, ces titres sont à comptabiliser en tant que tels quels que soient les objectifs financiers ou industriels et commerciaux que visait l'entreprise lors de leur acquisition (CE 29-9-1982 n° 27723).

Acquisition d'usufruit d'actions Elle peut être comptabilisée sous trois rubriques (Bull. CNCC n° 51, septembre 1983, EC 82-23, p. 386 s.) : 37615
– « éléments incorporels » ;
– « créances » ;
– ou « titres de participation ou de placement (selon la quotité) ».

> **Précisions** **La troisième hypothèse est la préférence du bulletin CNCC** En effet, la société (SA ou SCA) va exercer les droits propres à l'usufruit attachés à la possession de ces actions :
> – droit à dividende, sauf s'il est prélevé sur les réserves (voir n° 54037) ;
> – droit de vote dans les assemblées générales ordinaires sauf clause statutaire contraire réservant au nu-propriétaire le droit de vote sur toute décision autre que celle concernant l'affectation des bénéfices (Cass. com. 31-3-2004 n° 624 FS-PB). La société n'a pas pour autant la qualité d'associé (voir Mémento Sociétés commerciales n° 6100 à 6107).

À notre avis, qu'il y ait acquisition ou apport, il s'agirait **plutôt d'un droit à comptabiliser en immobilisation incorporelle** et à évaluer en fonction des dividendes à recevoir estimés.

> **Fiscalement** Les titres détenus en usufruit n'ont pas le caractère de titres de participation (voir n° 35155). Ils ne sont pas pris en compte pour le calcul de la participation minimum requise pour bénéficier du régime des sociétés mères (CE 16-3-2016 n° 386200 ; BOI-IS-BASE-10-10-10-20 n° 40), même lorsque les statuts donnent à l'usufruitier le droit de voter non seulement aux assemblées ordinaires mais également extraordinaires (CE 20-2-2012 n° 321224). Et les dividendes perçus par un usufruitier sont exclus du bénéfice de ce régime (voir n° 36355 ; CE 20-2-2012 n° 321224 ; CE 23-3-2012 n° 335860).

La société peut avoir à fournir en « annexe » des informations concernant ce poste, notamment l'indication de sa position usufruitière.

En cas de versement de dividendes en actions, voir n° 37800.

Sur les conditions du régime des sociétés mères, voir n° 36340 s.

Ce droit est à amortir sur la durée de l'usufruit (voir n° 32035).

> **Fiscalement** Le tribunal administratif de Poitiers (21-11-1996 n° 1701) a reconnu à l'usufruit de titres le caractère d'immobilisation amortissable sur la durée de l'usufruit.

Sur la cession d'un usufruit d'actions, voir n° 37705.

Sur l'évaluation de l'usufruit de titres de sociétés non cotés, voir n° 35855.

37620 Indemnité venant compenser un surcoût d'origine des titres Pour les indemnités venant compenser une perte de valeur, voir n° 45830.

Pour les indemnités constituant une réduction de prix, voir n° 37605.

37625 Titres acquis dans le cadre d'une OPA Ils sont à enregistrer comme les autres titres (voir n° 36810) lors de l'inscription en compte. Il n'est pas possible de retenir (Revue Économie et Comptabilité n° 173, décembre 1990, p. 46) la date de clôture de l'offre, la date de publication du résultat de l'offre ou la date de remise des titres au porteur.

Sur le traitement des frais d'acquisition des titres, voir n° 35620.

Voir également les développements concernant l'acquisition d'actions avec une survaleur, n° 37565.

37630 Titres acquis avec clause de complément de prix (earn-out) Les parties peuvent convenir du paiement par le cessionnaire d'un complément de prix qui sera déterminé au regard des futurs résultats de la société dont les titres sont cédés.

> **Précisions 1.** Une clause de complément de prix se caractérise notamment par (Bull. CNCC n° 210, juin 2023, EC 2022-22) :
> – le lien établi entre le complément de prix et la performance post-acquisition de l'entité acquise ; en particulier, le montant versé ne doit pas rémunérer un service rendu par le cédant ;
> – sur une certaine durée ; celle-ci doit, à notre avis, ne pas laisser de doute sur le fait que le montant versé en sus du prix de vente des titres n'est pas dû aux propres efforts de l'acquéreur pour développer l'activité.
>
> **2.** Les critères d'indexation du prix peuvent être les suivants : multiple du résultat d'exploitation, de l'excédent brut d'exploitation, ou du résultat courant.
> Dans certains cas particuliers, le complément de prix peut être conditionné à la dégradation de la situation financière de la cible. Tel peut être le cas, par exemple, lorsqu'il s'agit de la souscription des titres d'une entité par sa mère ultime qui s'engage à verser un complément de prix afin d'assurer le financement et couvrir les pertes de la filiale.

Sur la validité des clauses de fixation du prix, voir Mémento Sociétés commerciales n° 17940 et 17941.

I. Chez l'acquéreur Selon la CNCC (EC 2022-22 précitée), il convient :
– de procéder à une estimation **provisoire** du coût d'entrée des titres à la date de la transaction lorsque le paiement du complément du prix est probable et qu'il peut être estimé de manière fiable sur la base d'éléments disponibles et suffisants à cette date ; les situations dans lesquelles il n'est pas possible d'estimer de manière fiable un complément de prix devraient être rares et exceptionnelles ;
– en contrepartie d'une dette (à notre avis, en compte 404 Fournisseurs d'immobilisations ; voir n° 15240) ; en revanche, à notre avis, lorsque le montant du passif ne peut être estimé de manière suffisamment précise, c'est une provision qui devrait être constatée (voir n° 15240) ;
– et d'ajuster ultérieurement, à la hausse ou à la baisse, ce coût d'entrée (et la dette associée) en fonction du prix définitif.

Une information en annexe sur le caractère provisoire du coût d'entrée ainsi que sur la clause de révision de prix (modalités de détermination, horizon de réalisation définitive…) devra être fournie.

Sur le traitement du complément de prix d'acquisition d'une filiale versé après l'absorption (ou la TUP) de la filiale acquise, voir Mémento Fusions & Acquisitions n° 8330.

> **Fiscalement** Il en est à notre avis de même en application du principe de connexion fiscalo-comptable (CGI A III art. 38 quater). Les versements réalisés au titre de la mise en œuvre de la clause d'earn-out sont constitutifs d'une **composante à part entière du prix d'acquisition** et se distinguent de ceux réalisés en exécution de modalités de paiement particulières résultant de prix libellés en devises ou indexés qui peuvent donner lieu à des déductions immédiates en charges (voir n° 26510).

Sans viser expressément les clauses d'earn-out, l'administration a indiqué, d'une manière générale que lorsque le prix d'achat d'une immobilisation à titre onéreux fait l'objet d'une révision, les modifications de prix postérieures à l'acquisition sont prises en compte à l'actif par une augmentation ou une diminution de la valeur d'inscription au bilan (BOI-BIC-CHG-20-20-10 n° 10).

II. Chez le cédant
La cession s'enregistre selon la règle générale (voir n° 36930).
Un produit à recevoir, correspondant aux montants à percevoir ultérieurement en vertu d'une clause de complément de prix, ne peut être enregistré à la clôture que si le produit est acquis dans son principe et si son montant peut être déterminé de manière fiable (voir n° 10350 et 10505 ; en ce sens également, Cass. com. 20-9-2011 n° 856 F-D). À défaut, le produit n'est pas comptabilisé lors de la cession des titres mais uniquement lorsqu'il deviendra certain.

> **EXEMPLE**
> Selon le bulletin CNCC (n° 160, décembre 2010, EC 2010-17, p. 679), un complément de prix reposant sur la réalisation future d'une plus-value de cession d'actif par la filiale cédée ne peut être comptabilisé en produit dès la cession des titres dans la mesure où :
> — ce complément de prix n'est pas certain, mais est fonction d'un ou plusieurs événements dont la réalisation n'est pas effective ;
> — et les incertitudes liées à son estimation sont trop importantes (délai de réalisation lointain, fluctuations du marché immobilier trop importantes, etc.).
> Le complément de prix n'est comptabilisé en produit que lors de la cession de l'actif. Néanmoins, des compléments d'information doivent être fournis en annexe au titre de la cession des titres et de la clause de complément de prix (modalités de son calcul, estimation provisoire de ce complément sur la base des éléments disponibles et horizon de sa réalisation).

›Fiscalement Le complément de prix est imposable au titre de l'exercice au cours duquel il est acquis, suivant le même régime que celui appliqué à la plus-value de cession, à court ou à long terme (BOI-BIC-PVMV-10-20-10 n° 250). Par suite, lorsqu'il porte sur une cession de titres de participation relevant du régime de taxation réduite, il convient de réintégrer une quote-part de frais et charges de 12 % au résultat de cet exercice imposable au taux de droit commun (voir n° 36720). L'administration a précisé que ces règles sont réservées aux situations suivantes (BOI-BIC-PVMV-10-20-10 n° 250) :
— le complément de prix, qui peut le cas échéant être plafonné, présente un caractère aléatoire à la date de réalisation de la cession ;
— il ne constitue pas en réalité la rémunération de l'activité ou d'une prestation fournie par le cédant ;
— il doit recevoir un traitement comptable compatible avec la qualification de plus-value à long terme.

Règles fiscales dérogatoires Il s'agit des règles suivantes. **37635**
Sur l'amortissement fiscal des frais d'acquisition de titres incorporés dans le coût d'entrée de ces titres, voir n° 35620.
Sur la déduction octroyée en cas de souscription au capital de certaines sociétés dans les DOM, voir n° 35540.

Amortissement exceptionnel fiscal Les entreprises soumises à l'impôt sur les sociétés peuvent amortir sur cinq ans les sommes versées pour la souscription en numéraire au capital de PME innovantes, directement ou indirectement par l'intermédiaire de certains véhicules d'investissement (CGI art. 217 octies ; voir Mémento Fiscal n° 9520). Cette mesure, qui constitue une aide d'État (pour plus de détails sur cette notion, voir Mémento Fiscal n° 92605 à 92730), s'applique aux versements effectués du 3 septembre 2016 au 3 septembre 2026 (Décret 2016-1187 du 31-8-2016 art. 1). **37640**
L'amortissement exceptionnel doit être pratiqué à la clôture de l'exercice en cours à la date des versements susceptibles d'être pris en considération. À défaut, il est perdu. Il est à comptabiliser au compte 145 « Amortissements dérogatoires » (ou 142 « Provisions réglementées relatives aux immobilisations ») par le débit du compte 68725 « Dotations aux provisions réglementées – Amortissements dérogatoires ».

Achats et ventes d'option sur titres (primes versées ou reçues) À notre avis : **37660**
I. Chez l'acheteur
a. Lors du paiement de la prime (et jusqu'au terme) Les sommes correspondant au prix de l'option sont à inscrire dans un **compte d'attente** (PCG art. 628-2), à l'actif, à notre avis, dans un compte 5201 « Instruments financiers à terme » (voir n° 41445).

37660
(suite)

> **Fiscalement** La prime payée lors de l'achat de l'option négociable demeure sans incidence sur les résultats imposables des opérateurs au moment de la conclusion du contrat (BOI-BIC-PDSTK-10-20-70-50 n° 40 et 130), étant la contrepartie de l'acquisition d'un actif financier porteur d'avantages économiques futurs (CE 29-11-2021 n° 450732).

b. À la clôture de l'exercice (survenant **avant le terme**), le traitement de l'option est différent selon qu'elle constitue :
– un instrument de couverture (voir ci-après 1.) dont l'objectif est :
• soit de réduire l'exposition au risque de variation du coût d'acquisition des futurs titres, s'il s'agit d'une option d'achat,
• soit de réduire le risque de perte de valeur d'un portefeuille d'actions, s'il s'agit d'une option de vente ;
– ou une POI (position ouverte isolée, voir ci-après 2.).

1. Lorsque l'option constitue un instrument de couverture :

> **Précisions** S'agissant de la couverture d'une transaction future (acquisition ou cession de titres), la qualification de l'achat de l'option en opération de couverture dépend de la capacité de la société à démontrer, lors de l'achat de l'option, qu'il est probable que la transaction aura bien lieu avant l'échéance de l'option (voir n° 41585).

Dans ce cas, la comptabilité de couverture s'applique :
– tant que l'élément futur n'a donné lieu à aucune comptabilisation, les variations de valeur de l'option ne donnent lieu à aucun résultat et ne devraient pas, à notre avis, être comptabilisées au bilan (voir n° 41800) ;

> **Fiscalement** Les pertes ou les profits latents sur les contrats à terme, négociés sur un marché organisé (ou assimilé à un marché organisé) sont normalement compris dans le résultat de cet exercice. Toutefois, lorsque le contrat de couverture et l'élément couvert sont inclus dans une position dite « symétrique » (voir n° 41665 s.), les pertes ou les profits latents sur ces positions sont soumis à des règles dérogatoires : les pertes latentes relatives aux contrats et aux éléments couverts issus d'une position symétrique ne sont déductibles que pour la partie de leur montant qui excède la marge bénéficiaire latente sur la position prise en sens inverse, cette dernière ne tenant pas compte de la prime versée par l'acheteur (CGI art. 38, 6-3° ; voir n° 41485).

– la prime d'option est, au choix de l'entreprise (voir n° 41800) :
• soit étalée dans le compte de résultat sur la période de couverture (c'est-à-dire jusqu'à l'échéance de l'option),

> **Précisions** Dans le cas d'une option constituée à la fois d'une composante représentative de la valeur temps (représentative du coût de portage) et d'une composante intrinsèque (fonction des variations de valeur du sous-jacent, ici les titres), seule la valeur temps serait alors étalée sur la durée de l'option (voir n° 41800).

• soit conservée au bilan jusqu'à l'exercice de l'option (choix retenu dans Exemple ci-après).

> **Fiscalement** Suivant la position de l'administration, la prime payée lors de l'achat de l'option négociable est déductible lors de l'exercice de l'option (voir ci-après c.) quel que soit le choix de méthode retenue en comptabilité. En conséquence, en cas d'étalement comptable de la prime, il convient de réaliser :
– la réintégration extra-comptable, sur l'imprimé 2058 A ligne WQ (réintégrations diverses), du montant de la prime déduite annuellement ;
– puis lors de l'exercice ou de la cession de l'option, une déduction extra-comptable sur l'imprimé 2058 A ligne XG (déductions diverses) du montant de la prime réintégrée au titre des exercices précédents.
Toutefois, à propos d'une situation antérieure à l'entrée en vigueur du règlement ANC n° 2015-05 du 2 juillet 2015 relatif aux principes de la comptabilité de couverture, le Conseil d'État a jugé qu'en l'absence de règle comptable en disposant autrement, la fraction de la prime d'option qui se déprécie de manière irréversible avec le temps (valeur temps) peut être amortie selon un mode linéaire ou actuariel (CE 29-11-2021 n° 450732). Sur la valeur intrinsèque de la prime, voir ci-après c.

Si un achat a été couvert par une option d'achat et que cet achat devient improbable à la clôture (la société souhaitant finalement renoncer à son acquisition), la relation de couverture n'existe plus, l'élément couvert ayant disparu. Dans ce cas, la prime d'option est à traiter comme un instrument spéculatif (en « position ouverte isolée »). Voir n° 42150.

2. Lorsque l'option constitue une POI (position ouverte isolée) Voir n° 42150.

37660
(suite)

> **Précisions** Tel est le cas :
— si aucune transaction n'est prévue sur les titres sous-jacents ;
— ou, en cas de volonté de couvrir une transaction future, si celle-ci n'est pas suffisamment probable. En revanche, si l'opération reste probable mais que l'exercice de l'option devient improbable (par exemple, si le cours des titres diminue), la comptabilité de couverture doit continuer à s'appliquer, la relation de couverture n'étant pas remise en cause (l'élément couvert existe toujours).

c. Au terme de l'option Le résultat de couverture (différence entre le prix d'exercice convenu et le cours des titres) est inclus dans le **coût d'entrée** des titres dans le cas d'une option d'achat couvrant une acquisition de titres (voir n° 37045) et dans le **résultat de cession** dans le cas d'une option de vente couvrant une cession de titres ;

> **Fiscalement** Pour les options d'achat négociables, l'écart entre le cours du marché à la date d'exercice de l'option et le prix d'exercice est immédiatement imposable ou déductible au taux de droit commun (CGI ann. III art. 2 A et BOI-BIC-PDSTK-10-20-70-50 n° 40, 50, 100 et 120).

Concernant la prime d'option, à notre avis :
— en cas d'**option d'achat** (couverture d'acquisition de titres), que l'option soit levée ou non, la prime conservée au bilan (lorsque l'entité n'a pas choisi de l'étaler) **s'ajoute au prix d'achat** des titres correspondants (prix d'exercice) et est comptabilisée au même compte que ces derniers (PCG art. 628-12 ; voir n° 41800) ;
Si la prime rend la valeur comptable des titres acquis supérieure à leur valeur actuelle (ce qui peut notamment être le cas lorsque l'option n'a pas été levée), une dépréciation doit être constatée.
— en cas d'**option de vente,** la prime conservée au bilan fait partie du **résultat de cession** des titres.

> **Fiscalement** L'administration estime que la prime payée lors de l'achat de l'option est déductible lors de l'exercice de l'option (BOI-BIC-PDSTK-10-20-70-50 n° 40, 120 et 130). À propos d'une situation antérieure à l'entrée en vigueur du règlement ANC n° 2015-05, le Conseil d'État a jugé :
— que la valeur intrinsèque de la prime, lorsqu'une option de vente est exercée, vient en déduction du prix de cession et lorsqu'une option d'achat est exercée, constitue un élément du prix d'acquisition de l'actif sous-jacent (sur la valeur temps de la prime, voir ci-avant b.) ;
— et qu'en l'absence d'exercice de l'option à la date de son échéance, une perte peut être constatée à concurrence de cette valeur résiduelle (CE 29-11-2021 n° 450732).

d. Exemples

EXEMPLE 1

Achat d'une option d'achat En janvier N, la société A souhaite acquérir en N+1 les titres d'une société X actuellement détenus par le fonds F. Cette acquisition est stratégique pour le groupe A qui prendra ainsi le contrôle de la société X et pourra relancer son activité à l'étranger. Dans cette perspective, la société A acquiert auprès de F une option d'achat de titres (négociation de gré à gré). Le fonds s'engage donc, par une « promesse unilatérale de vente », à céder les titres X à la société A, si cette dernière souhaite exercer son option, pour un prix convenu à l'avance. L'option peut être exercée à n'importe quel moment entre le 1er juin et le 31 décembre N+1.

La société A verse au fonds une prime d'option de 1,5 M€ qui restera acquise au fonds en toutes circonstances, indifféremment de l'exercice ou non par la société A.

Le prix d'exercice de l'option (prix de rachat des titres) est de 5,2 M€.

Qualification de la relation de couverture Etant donné le caractère stratégique de la future acquisition, la probabilité d'acquérir les titres à terme est forte. L'achat de l'option est donc à qualifier d'opération de couverture de la future opération d'achat de titres.

1. En janvier N :

	512 Banque	52 Instrument de trésorerie
Janvier N – Acquisition de l'option		
Prime versée	1,5	1,5

2. À la clôture N :

En décembre N, la société A n'a toujours pas exercé l'option et acquis les titres. La valeur des titres et celle de l'option d'achat s'établissent, par hypothèse, comme suit :

M€	Janvier N Achat de l'option [1]	Décembre N Clôture N	Mars N+1 Acquisition des titres
Juste valeur des titres	6,4	6,9	7
Prix d'exercice de l'option	5,2	5,2	5,2
Juste valeur de l'option	**1,5**	**1,7**	**1,8**

(1) Sur ces hypothèses, voir n° 41445.

À notre avis, la variation de valeur de l'option (plus-value latente de 0,2 c'est-à-dire 1,7 − 1,5) ne devrait pas être comptabilisée au bilan ; en outre, dans cet exemple, la société A choisit de ne pas étaler la prime. Aucune écriture n'est donc à passer à la clôture.

En revanche, une information est à donner en annexe :
— sur la juste valeur de l'option (PCG art. 833-20/13 ; voir n° 43340) ;
— sur le choix de méthode retenu pour comptabiliser la prime d'option (PCG art. 832-2/3 ; voir n° 43335).

3. À la date d'exercice de l'option (mars N+1) :

La prime d'option inscrite à l'actif s'ajoute au prix d'achat (prix d'exercice) des titres correspondants (PCG art. 628-12). Le coût d'acquisition s'établit donc à 6,7 (soit 5,2 + 1,5).

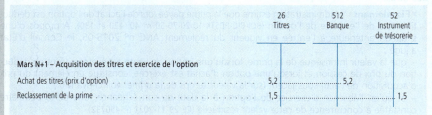

Mars N+1 – Acquisition des titres et exercice de l'option	26 Titres	512 Banque	52 Instrument de trésorerie
Achat des titres (prix d'option)	5,2	5,2	
Reclassement de la prime	1,5		1,5

Ultérieurement, la prime sera donc mécaniquement comptabilisée en résultat à la sortie des titres (ou au rythme de leur dépréciation).

> **Fiscalement** Le coût d'acquisition des titres est de 7. Lors de l'exercice de l'option, le profit réalisé sur l'option (7 − 5,2 = 1,8) est immédiatement imposable au taux de droit commun. Corrélativement la prime payée lors de l'achat de l'option (soit 1,5) est déductible.

EXEMPLE 2

Achat d'une option de vente Une société souhaite sécuriser son portefeuille de titres (des VMP cotées) dont la VNC est de 5,2 M€ et achète en janvier N une option de vente parfaitement adossée sur ses titres. Elle aura ainsi la possibilité si elle le souhaite d'ici décembre N+1, de vendre ses titres au prix d'exercice de 5,2 M€. Elle verse à l'achat de l'option une prime de 0,2 M€ dont la totalité est dans la valeur temps (pas de valeur intrinsèque).

1. En janvier N : le traitement lors du paiement de la prime est identique à celui présenté dans Exemple 1.

2. À la clôture N :

La société n'a toujours pas vendu ses titres ni exercé l'option. La valeur des titres et celle de l'option d'achat s'établissent comme suit :
— les titres sont évalués au cours moyen à la clôture à 4,5 M€, soit une moins-value latente de 0,7 M€ ;
— la juste valeur de l'option 0,7 M€.

L'option étant parfaitement adossée sur les titres, la comptabilité de couverture s'applique : le résultat latent n'est reconnu ni au résultat ni au bilan ; la dépréciation des titres doit toutefois tenir compte du résultat latent de couverture. À ce titre, le choix de la comptabilisation de la prime (voir n° 41800) a, à notre avis, une incidence sur le calcul de la dépréciation :
— si la société a choisi d'étaler la prime sur la période de la couverture (2 ans), la moins-value sur les titres (0,7) est minorée du résultat de couverture de 0,7 (auquel ne contribue pas la prime

PRINCIPALES NOUVEAUTÉS 24

Règles de base de comptabilité

La réglementation comptable

ANC : constitution d'un nouveau Comité sur l'information de durabilité

La montée en puissance des informations extra-financières à fournir par les entreprises et leur normalisation progressive ont conduit l'ANC à créer, à la demande du ministre de l'économie, un Comité sur l'information de durabilité. La transposition de la directive (UE) 2022/2464, dite « CSRD » (Corporate Sustainability Reporting Directive) d'ici la fin 2023, va donner l'opportunité d'inscrire cette nouvelle mission de l'ANC dans la loi.

Pour en savoir plus, consultez le § **3010**

Principes sous-jacents à l'élaboration des normes comptables françaises

L'ANC a publié, le 12 septembre 2022, un document interne ayant vocation à faire connaître les objectifs et les principes qui la guident, en tant que normalisateur comptable, lorsqu'elle élabore les règlements concernant les comptes annuels ou consolidés en règles françaises. Ce document, susceptible d'évoluer au fur et à mesure des travaux de normalisation, complète la doctrine de l'ANC sur les principes d'établissement des comptes.

Pour en savoir plus, consultez le § **3315**

Les obligations générales permanentes

Documents comptables établis sur support électronique : conservation sous cette forme pendant 6 ans

Les documents comptables (livres et pièces justificatives) établis par un procédé informatique depuis le 31 décembre 2022 doivent être conservés sous cette forme pendant six ans, alors que les documents antérieurs peuvent, au-delà de trois ans, être conservés sous cette forme ou sur papier.

Pour en savoir plus, consultez les § **7225, 7455 et 7585**

Les seuils d'application du régime micro-BIC et du régime réel simplifié sont relevés

De nouvelles limites d'application du régime fiscal micro-BIC et du régime réel simplifié sont fixées pour l'imposition des revenus des années 2023 à 2025.

Pour en savoir plus, consultez les § **8035 et 64225**

L'activité courante de l'entreprise

Les produits et créances d'exploitation

Notion de chiffre d'affaires : le Conseil d'État donne sa conception

Alors que la notion de chiffre d'affaires est actuellement en discussion à l'ANC (projet de règlement relatif à la comptabilisation du chiffre d'affaires), le Conseil d'État, se prononçant à propos de la contribution sociale sur les bénéfices due par une société holding, juge que le chiffre d'affaires s'entend du montant des recettes tirées de l'ensemble des opérations réalisées dans le cadre de l'activité normale et courante, y compris, eu égard à son modèle économique, les produits financiers.

Pour en savoir plus, consultez le § **10195**

Contrat comprenant un ensemble de prestations de services : la CNCC analyse le cas d'un contrat SaaS

Illustrant sa doctrine actuelle relative aux contrats multiples, la CNCC indique que la concession d'un droit d'utilisation d'une application accessible en mode SaaS est une prestation globale et continue dont le chiffre d'affaires doit être étalé sur la durée du contrat.

Pour en savoir plus, consultez le § **11155**

Subventions d'exploitation : l'ANC devrait travailler sur leur définition et traitement comptable

L'ANC devrait prochainement travailler sur les aides et subventions de manière à fournir des principes robustes permettant à toutes les parties prenantes de déterminer leur traitement comptable de manière homogène.

Pour en savoir plus, consultez le § **12045**

Facturation électronique : l'entrée en vigueur de la réforme est reportée

Les nouvelles obligations issues de la réforme de la facturation électronique devaient s'appliquer progressivement à compter du 1er juillet 2024. Mais Bercy a annoncé qu'un nouveau calendrier d'entrée en vigueur de la réforme sera fixé par la loi de finances pour 2024.

Pour en savoir plus, consultez les § **12400 à 12455**

Les charges et dettes d'exploitation

Définition fiscale des charges constatées d'avance : elle est indépendante de l'échéancier de paiement

En l'absence de définition fiscale des charges constatées d'avance, le Conseil d'État juge, dans le cadre d'opérations triangulaires, qu'elles sont déduites au fur et à mesure de l'exécution des prestations rendues au profit du client final, indépendamment de l'échéancier de paiement de ces prestations.

Pour en savoir plus, consultez le § **15120**

Taxes assises sur l'activité N : à quel exercice doit-il être rattaché lorsque le fait générateur fiscal est différé en N+1 ?

À l'occasion d'une question concernant la comptabilisation d'une nouvelle taxe (la contribution sur la rente inframarginale de la production d'électricité), la CNCC confirme le choix existant en pratique pour comptabiliser la C3S. L'analogie faite par la CNCC entre ces deux taxes confirme, à notre avis, que ce choix doit être homogène pour toute taxe de même nature.

Pour en savoir plus, consultez les § **16240 et 16510**

Rémunération de l'exploitant individuel ayant opté pour son assimilation à l'EURL

Selon le CNOEC, lorsque l'exploitant a opté pour son assimilation à une EURL soumise à l'IS, sa rémunération est enregistrée au compte 644 « Rémunération du travail de l'exploitant ». Elle est déductible sous réserve qu'elle ne présente pas un caractère exagéré eu égard aux services rendus.

Pour en savoir plus, consultez le § **16690**

Provisions pour restructuration : la condition suspensive doit-elle être levée à la clôture ?

Alors qu'en comptabilité, le maintien d'une condition suspensive n'est pas incompatible avec la déduction de la provision si elle présente un caractère formel, la cour administrative d'appel de Paris adopte la position inverse, refusant de prendre en compte le commencement de mise en œuvre du PSE.

Pour en savoir plus, consultez le § **17415**

Locaux inoccupés après déménagement : quand faut-il provisionner ?

La CNCC a indiqué que les loyers restant à courir ne peuvent être provisionnés qu'en l'absence de contrepartie future, c'est-à-dire qu'il est clairement établi que l'entité n'utilisera plus les locaux pour ses propres besoins et qu'elle ne peut pas en tirer d'autres avantages, notamment au travers d'une sous-location.

Pour en savoir plus, consultez le § **17450**

Impact de la réforme des retraites sur les engagements de retraite

La réforme des retraites introduite par la loi de financement rectificative de la sécurité sociale pour 2023 institue notamment le recul progressif de l'âge légal de départ à la retraite de 62 à 64 ans et l'augmentation de la durée de cotisation. Selon la CNCC, ce changement doit être pris en compte dans le calcul des engagements, qu'ils soient provisionnés ou mentionnés en annexe, sans attendre la publication des décrets d'application. Comme lors de la loi Fillon de 2003, la CNCC considère qu'il constitue une modification de régime (coût des services passés) pour les entreprises appliquant la recommandation ANC n° 2013-02 et un changement d'estimation pour les autres entreprises.

Pour en savoir plus, consultez le § **17855**

Les stocks et en-cours de production

La brève durée d'utilisation d'un bien n'exclut pas son classement en immobilisation

Les véhicules de démonstration affectés au développement et à la promotion d'une marque sont des immobilisations, même s'ils sont détenus moins de douze mois, dès lors que l'activité de vente de véhicules d'occasion est marginale et génératrice de pertes.

Pour en savoir plus, consultez le § **20425**

Comptabilisation du stock de biocarburant

Le prix du biocarburant acquis dans le cadre de l'obligation fiscale liée à la taxe TIRUERT doit être ventilé entre le coût de la substance végétale acquise et celui des certificats qui y sont attachés (détachables). Ces deux éléments sont comptabilisés en stock et valorisés de manière séparée.

Pour en savoir plus, consultez le § **20620**

Les immobilisations corporelles

Primes reçues dans le cadre du dispositif des certificats d'économie d'énergie : quelle est la nature du produit ?

Le Code général des impôts précise désormais que les sommes perçues par les entreprises à raison d'acquisitions d'immobilisations acquises dans le cadre des certificats d'économie d'énergie constituent des subventions d'investissement qui peuvent être étalées sur la durée d'amortissement des biens acquis. Sur le plan comptable, le produit bénéficie pour le moment d'un choix de méthode (subvention ou produit de cession). Toutefois, l'ANC a été saisie de cette question.

Pour en savoir plus, consultez le § **26495**

Dépréciation en période de forte inflation

L'AMF rappelle que la volatilité des taux d'inflation et des taux d'intérêt est un élément devant être pris en compte dans la détermination de l'existence d'un indice de dépréciation d'un actif. En pratique, lors du calcul de la valeur d'usage, le WACC (Weight Average Cost of Capital) doit intégrer les anticipations d'inflation. Au contraire, dans l'approche par les multiples, les agrégats financiers auxquels ils s'appliquent n'ont en principe pas à être retraités des impacts de l'inflation.

Pour en savoir plus, consultez les § **26895, 26915 et 27725**

Dépréciation d'une immobilisation à démanteler : doit-elle tenir compte de la provision pour démantèlement ?

Comme sur le plan comptable, la cour administrative d'appel de Marseille juge que l'actif de démantèlement (correspondant au montant de la provision pour coût de démantèlement), s'il peut être amorti, ne peut en revanche pas donner lieu à la constitution d'une provision pour dépréciation.

Pour en savoir plus, consultez le § **27687**

Les immobilisations incorporelles

Comptabilisation des solutions SaaS : leur traitement est en cours de travaux à l'ANC

Dans l'attente d'une position définitive de l'ANC, le traitement des coûts d'implémentation des solutions SaaS à la clôture 2023 est défini soit en fonction des pratiques existantes appliquées antérieurement, soit, en l'absence de telles pratiques, en fonction des règles applicables aux immobilisations incorporelles.

Pour en savoir plus, consultez le § **30380**

Frais de développement des dispositifs médicaux : sont-ils activables avant l'obtention du marquage « CE » ?

La CNCC précise que l'activation dépend des zones d'incertitudes propres aux types de dispositifs. En pratique, il convient de faire la distinction entre, d'une part, les dispositifs « implantables » nécessitant, en plus du marquage « CE », une autorisation de mise sur le marché « AMM », et, d'autre part, les dispositifs « non implantables » pour lesquels seul un marquage « CE » est nécessaire, mais les efforts cliniques à fournir sont très variables selon le dispositif médical visé, ce qui peut significativement influer sur la probabilité de certification.

Pour en savoir plus, consultez le § **30945**

Coût d'entrée : les intérêts se rapportant à une période antérieure au transfert de propriété sont-ils inclus ?

Le Conseil d'État confirme, à l'occasion d'une décision concernant une acquisition de titres, que les intérêts calculés sur une période antérieure à la date du transfert de propriété (au cas particulier entre la date d'exercice d'une option de vente et le paiement du prix) et dus par l'acquéreur constituent un élément du prix d'acquisition et non des charges déductibles.

Pour en savoir plus, consultez le § **31290**

Le régime d'étalement fiscal des aides à la recherche est étendu

L'imposition des aides à la recherche versées par l'UE ou les organismes créés par ses institutions peut être étalée pour les revenus 2022 ou les exercices clos depuis le 31 décembre 2022.

Pour en savoir plus, consultez le § **31485**

L'ACTIVITÉ COURANTE DE L'ENTREPRISE

La déduction fiscale d'une dépréciation est subordonnée au respect de la réglementation comptable

Selon une décision du Conseil d'État portant sur la (provision pour) dépréciation d'un fonds commercial, mais qui s'étend à toutes les provisions, la déduction fiscale de toute provision suppose qu'elle soit constituée conformément à la réglementation comptable.

Il a ainsi été jugé que la (provision pour) dépréciation d'un fonds commercial calculée d'après sa valeur vénale n'est pas déductible fiscalement s'il n'est pas établi que sa valeur d'usage est inférieure, dans la mesure où sur le plan comptable, la dépréciation ne doit pas excéder la différence entre la VNC de l'actif et la plus élevée de la valeur d'usage ou de la valeur vénale.

Pour en savoir plus, consultez les § **32010 et 27741**

Le portefeuille-titres

L'ANC devrait travailler sur la classification des titres

L'ANC devrait prochainement travailler sur la classification des titres, de nombreuses questions à ce sujet révélant un besoin de revoir les règles actuelles, notamment la question de la prise en compte de l'intention de détention.

Pour en savoir plus, consultez le § **35150**

Les titres détenus en usufruit ne sont pas des titres de participations

Les droits d'usufruit ne peuvent pas être qualifiés de titres de participation dès lors que la qualité d'usufruitier ne confère pas de droits de vote ou de droits dans le capital équivalents à ceux d'un propriétaire détenteur des titres.

Pour en savoir plus, consultez le § **35155**

Les titres issus d'une recapitalisation suivent en principe la qualification des titres d'origine

La cour administrative d'appel de Paris juge que les titres issus de la recapitalisation de filiales qui ont fait l'objet d'une fusion simplifiée au profit de l'actionnaire unique ou d'une liquidation sont de même nature que les titres initiaux en l'absence de changement d'intention établi à la date de leur souscription.

Pour en savoir plus, consultez les § **35185 et 35430**

Exercice de rattachement des dividendes

Contrairement à une doctrine administrative ancienne, mais comme en comptabilité, la cour administrative d'appel de Paris a jugé que les dividendes doivent être rattachés au résultat imposable de l'exercice au cours duquel la décision de distribution est intervenue, plutôt qu'à l'exercice de paiement.

Pour en savoir plus, consultez le § **36320**

Régime mère-filles : comment imputer les crédits d'impôt étrangers sur la quote-part de frais et charges ?

L'imputation des crédits d'impôt étrangers sur l'IS dû sur la quote-part de frais et charges peut être réalisée à hauteur du produit du taux de l'IS par la différence entre la quote-part forfaitaire de 5 % et le montant des frais réellement exposés.

Pour en savoir plus, consultez le § **36400**

Cession de titres de participation : comment décompter le délai de détention de 2 ans ?

La majoration de la valeur nominale de titres d'une société à la suite d'une augmentation de capital n'a pas pour effet de modifier la date d'entrée de ces titres dans le patrimoine de la société qui les détient, ni le point de départ de leur durée de détention conditionnant l'application du régime des plus-values à long terme.

Pour en savoir plus, consultez le § **36720**

Régime mère-filles : quel est le régime de la perte de change sur dividendes d'une filiale étrangère ?

La perte de change sur la créance acquise au titre de dividendes distribués par une filiale n'est déductible que dans la proportion des dividendes effectivement imposés au titre de la quote-part de frais et charges.

Pour en savoir plus, consultez les § **37045**

Complément de prix

Selon la CNCC, dès lors qu'une clause de révision de prix est caractérisée (lien avec la performance post-acquisition), l'estimation provisoire du complément de prix est incluse dans le coût d'acquisition des titres si son paiement est probable et peut être estimé de manière fiable. L'annexe précise le caractère provisoire du coût d'entrée. Le coût d'acquisition est ajusté ultérieurement (à la hausse ou à la baisse) en fonction du prix définitif.

Pour en savoir plus, consultez les § **37630**

Contribution versée à fonds perdus à une sous-filiale de droit étranger : actif ou charges ?

Selon la CNCC, la contribution versée à fonds perdus par une mère française à sa sous-filiale étrangère en dehors de toute augmentation de capital (et comptabilisée dans les comptes de cette dernière directement en fonds propres) devrait pouvoir être comptabilisée à l'actif chez la mère, dans le coût d'entrée des titres de la fille portant les titres de la sous-filiale bénéficiaire, sous certaines conditions.

Pour en savoir plus, consultez le § **37697**

L'ACTIVITÉ COURANTE DE L'ENTREPRISE

Les opérations financières

Le Conseil d'État clarifie le traitement fiscal de la cession de créance « Dailly »

Le Conseil d'État juge que le régime fiscal d'une cession de créance « Dailly » nécessite, comme en comptabilité, de distinguer selon que la créance est certaine ou future. La cession d'une créance certaine (au cas de l'arrêt, portant sur un impôt non déductible) n'est pas imposable, car elle est constitutive du remboursement anticipé de cet impôt non déductible. La cession d'une créance future est traitée comme un emprunt. Lorsque la créance devient certaine et exigible, seul est imposable le produit de cession excédant le montant d'impôt non déductible remboursable.

Pour en savoir plus, consultez les § **40825 et 40850**

Les frais d'émission d'emprunts changent de classement au compte de résultat à compter de 2025

Le règlement ANC n° 2022-06 relatif à la modernisation des états financiers, applicable de façon obligatoire aux exercices ouverts à compter du 1er janvier 2025, prévoit que l'amortissement des frais d'émission d'emprunts sera désormais classé en résultat financier.

Pour en savoir plus, consultez le § **41020**

Obligations à prime convertibles en actions : comment traiter la prime amortie en cas d'augmentation de capital ?

La CNCC confirme les deux traitements comptables lorsqu'une prime a été comptabilisée à l'origine de l'opération. Le montant de la dette correspondant à la prime amortie est soit annulé par la contrepartie d'un produit financier, soit il est constaté au passif dans un compte de prime.

Pour en savoir plus, consultez le § **41280**

Abandons de créance : les prestations administratives d'une holding à sa filiale sont de nature financière

La cour administrative d'appel de Nantes juge que les services administratifs de support rendus par une holding à sa filiale sont à rattacher à la catégorie des prestations financières pour la qualification d'un abandon de créances.

Pour en savoir plus, consultez le § **42220**

Opérations de régularisation, exceptionnelles et diverses

Les comptes de transferts de charges sont supprimés à compter de 2025

Le règlement ANC n° 2022-06 relatif à la modernisation des états financiers, applicable de façon obligatoire aux exercices ouverts à compter du 1er janvier 2025 prévoit la suppression des comptes de transferts de charges. Un traitement comptable alternatif est proposé par l'ANC pour réaffecter les charges en fin d'exercice, consistant à créditer les comptes de charges utilisées initialement. Pour certaines opérations, un traitement spécifique est prévu (indemnités d'assurance, remboursements reçus directement en compensation de charges de personnel…).

Pour en savoir plus, consultez le § **45500**

Droit à l'oubli : s'applique-t-il en cas d'amortissement d'un immeuble sur une base incluant la valeur du terrain ?

Une entreprise qui amortit un immeuble sur la base de son coût de revient total, sans le minorer du coût du terrain, n'encourt aucun risque de rehaussement en application du droit à l'oubli si l'erreur non délibérée est commise depuis plus de 10 ans.

Pour en savoir plus, consultez le § **45660**

Les seuils d'application de la franchise en base et du régime réel simplifié de TVA sont relevés

De nouvelles limites d'application du régime de la franchise en base et du régime réel simplifié de déclaration en matière de TVA sont fixées à compter du 1er janvier 2023.

Pour en savoir plus, consultez le § **47090**

Les résultats

Une nouvelle définition du résultat exceptionnel est donnée à compter de 2025

Le règlement ANC n° 2022-06 relatif à la modernisation des états financiers, applicable de façon obligatoire aux exercices ouverts à compter du 1er janvier 2025, comporte une nouvelle définition du résultat exceptionnel. Les éléments exceptionnels seront désormais ceux liés à un événement majeur et inhabituel et qui n'auraient pas été constatés en l'absence de cet événement, auxquels s'ajoutent les enregistrements liés à des opérations fiscales (par exemple, les amortissements dérogatoires) ou à des changements de méthode et corrections d'erreurs.

Pour en savoir plus, consultez le § **52030**

Des cessions immobilières ponctuelles relèvent du résultat exceptionnel

Le Conseil d'État juge que des cessions immobilières peu nombreuses procédant d'arbitrages ponctuels alors que le résultat de l'entreprise est bénéficiaire indépendamment des plus-values de cession ne relèvent pas de son modèle économique et constitue un élément du résultat exceptionnel.

Pour en savoir plus, consultez le § **52030**

L'ACTIVITÉ COURANTE DE L'ENTREPRISE

Taux réduit d'IS pour les PME : le plafond du bénéficie éligible est relevé

Pour les exercices clos à compter du 31 décembre 2022, le taux réduit de 15 % prévu en faveur des PME répondant à certaines conditions s'applique jusqu'à un plafond de bénéfices relevé de 38 120 à 42 500 €.

Pour en savoir plus, consultez le § **52620**

Le rétablissement d'une provision n'est pas admis pour compenser la réintégration d'une charge comptabilisée à tort

À la suite de la remise en cause par l'administration de la déduction d'une perte sur créance que l'entreprise avait estimée irrécouvrable, celle-ci ne peut pas invoquer le droit à compensation pour rétablir la provision reprise dans ses comptes.

Pour en savoir plus, consultez les § **53110 et 48230**

Comment sont traitées les distributions effectuées par l'exploitant individuel soumis à l'IS ?

Selon le CNOEC, en l'absence de formalisme juridique imposé à l'exploitant pour justifier les distributions, ce sont les écritures comptables qui attestent leur réalisation. Les prélèvements effectués sur les bénéfices relèvent de la fiscalité des revenus distribués.

Pour en savoir plus, consultez le § **54110**

Les fonds propres

Reconstitution des capitaux propres : le régime est assoupli

La procédure de reconstitution des capitaux propres lorsque ceux-ci sont devenus inférieurs à la moitié du capital a été assouplie. Désormais, la société échappera à tout risque de dissolution si elle ramène son capital au niveau du seuil prévu par décret alors même que ses capitaux propres ne sont pas reconstitués à hauteur de la moitié du capital. Si elle n'agit pas, elle disposera de deux exercices supplémentaires avant d'encourir la dissolution.

Pour en savoir plus, consultez le § **55025**

Autres fonds propres : une nouvelle définition en travaux à l'ANC

Afin de les distinguer des capitaux propres et des dettes, l'ANC prévoit d'apporter une définition aux « autres fonds propres », actuellement définis sur la base des critères retenus dans l'avis OEC n° 28. Dans l'attente d'un règlement, l'avis OEC précité reste, à notre avis, applicable.

Pour en savoir plus, consultez le § **55100**

Fonds versés à une société par ses associés : dettes ou autres fonds propres ?

La CNCC précise que ces fonds sont à comptabiliser en dettes dès lors que l'associé peut en demander le remboursement et que les fonds ne donnent pas droit à des parts dans le capital.

Pour en savoir plus, consultez le § **55120**

À quel régime sont soumises les subventions accordées par des institutions de l'UE ?

Pour les exercices clos à compter du 31 décembre 2022, le régime d'étalement des subventions d'équipement s'applique à celles accordées par des organismes créés par les institutions de l'Union européenne quels que soient leur financement et leur gouvernance.

Pour en savoir plus, consultez le § **56470**

Les documents de synthèse

Dépôt des comptes annuels

Depuis le 1er janvier 2023, le dépôt des comptes doit être effectué sur le site du guichet unique des formalités d'entreprise, ayant remplacé le portail d'Infogreffe. Le dépôt des comptes s'accompagne également de leur dépôt au registre national des entreprises par l'intermédiaire du guichet unique où ils font d'objet d'une mise à disposition gratuite du public, à l'exception des comptes couverts par une déclaration de confidentialité.

Pour en savoir plus, consultez le § **64282**

De nouveaux tableaux normés seront à présenter en annexe à compter de 2025

Le règlement relatif à la modernisation des états financiers, applicable de façon obligatoire aux exercices ouverts à compter du 1er janvier 2025, prévoit la présentation en annexe de nouveaux tableaux normés pour simplifier la présentation des informations monétaires ou numéraires à fournir et d'un tableau des flux de trésorerie en l'accompagnant des informations relatives à son élaboration.

Pour en savoir plus, consultez les § **64550 et 64690**

Informations en annexe sur le conflit Russie/Ukraine et inflation

L'AMF rappelle que le conflit Russie/Ukraine et les conditions macro-économiques (pressions inflationnistes, hausses des taux d'intérêt et des coûts des matières premières et de l'énergie, pénuries, volatilité des taux de change) font partie des faits susceptibles de constituer des faits pertinents de l'année. Le manque de visibilité sur leur évolution et les impacts sur l'économie mondiale sont à l'origine d'une période de forte incertitude pour les entreprises, qui devrait faire l'objet d'une information détaillée en annexe, y compris au titre des événements post-clôture.

Pour en savoir plus, consultez les § **52340 et 64630**

Informations en annexe sur les risques, engagements et décisions en matière de climat

L'AMF a rappelé que lorsque la société est exposée à des risques climatiques et/ou a pris des engagements et décisions relatifs au changement climatique, susceptibles d'avoir un impact significatif sur la performance financière et la valorisation de ses actifs et passifs, elle devrait présenter des informations dans ses états financiers (principaux impacts jugements, estimations et hypothèses mis en œuvre pour les apprécier, sources majeures d'incertitude…).

Pour en savoir plus, consultez le § **64632**

Un nouveau rapport de durabilité à compter de 2024

La « directive CSRD », qui doit être transposée en droit français d'ici la fin 2023, prévoit l'obligation pour les grandes entités d'intérêt public de plus de 500 salariés de publier dès l'exercice 2024 un rapport de durabilité dans lequel elles devront fournir des informations détaillées sur leurs risques, opportunités et impacts matériels en lien avec les questions sociales, environnementales et de gouvernance. Ces informations devront être établies conformément aux normes ESRS (European Sustainability Reporting Standards) dont le premier jeu a été adopté par la Commission européenne le 31 juillet 2023.

Ces sociétés devront également fournir dans leur rapport de durabilité les informations requises par la réglementation Taxonomie.

Ce rapport devra faire l'objet d'une section spécifique dans le rapport de gestion.

Pour en savoir plus, consultez le § **65010**

Rapport financier semestriel : les nouvelles modalités du dépôt

Depuis le 28 juillet 2023, les émetteurs ont la possibilité de déposer leur rapport financier semestriel (« RFS ») ou leur document d'enregistrement valant RFS au format ESEF (Format électronique unique européen).

Pour en savoir plus, consultez le § **65670**

Documents liés à la prévention des difficultés des entreprises : de nouveaux modèles de tableaux de financement à compter de 2025

Le règlement relatif à la modernisation des états financiers et de la nomenclature des comptes, applicable de façon obligatoire aux exercices ouverts à compter du 1er janvier 2025, prévoit de nouveaux modèles de tableaux de financement (tableau des flux de trésorerie et tableau des emplois et des ressources).

Pour en savoir plus, consultez les § **65925 et 66075**

Extension et coopération

Les établissements multiples

Établissements français d'une entreprise étrangère

Infirmant la doctrine administrative, le Conseil d'État juge que l'établissement peut bénéficier du régime des sociétés mères pour les dividendes afférents à des titres non inscrits à son actif fiscal si l'entreprise étrangère lui alloue ces produits.

Pour en savoir plus, consultez le § **70595**

Les opérations de coopération

Marchés de partenariat : quelles sont les règles de rattachement de la rémunération du titulaire ?

Selon le TA de Versailles, il convient fiscalement de distinguer entre les différentes prestations individualisables qui sont rendues par le titulaire du contrat : la rémunération des prestations de construction est rattachée à leur réception et celle qui se rapporte à des prestations continues (gestion, exploitation, maintenance et financement) est rattachée au fur et à mesure de leur exécution. Ce traitement nous semble compatible avec l'un des deux traitements comptables aujourd'hui acceptés en pratique, c'est-à-dire celui fondé sur le contrôle.

Pour en savoir plus, consultez le § **72865**

Fusions et opérations assimilées

De nouvelles opérations sur lesquelles l'ANC devrait prochainement se prononcer

À compter du 1er juillet 2023, la loi crée deux nouvelles opérations :

– la scission « partielle » : il s'agit d'un apport partiel d'actif prévoyant l'attribution de parts ou actions (titres de la bénéficiaire et/ou titres de l'apporteuse) directement aux associés de l'apporteur ;

– un nouveau cas de fusion « simplifiée » et donc sans échange de titres, dans lequel les parts et actions sont détenues par les associés dans les mêmes proportions dans toutes les sociétés qui fusionnent et que ces proportions sont conservées à l'issue de l'opération.

Ces opérations devraient entrer dans le champ d'application des règles sur les fusions, sous réserve que l'ANC fasse évoluer la définition des opérations visées par le PCG. Il appartiendra au législateur de définir les conditions dans lesquelles ces opérations pourront être placées sous le régime de faveur.

Pour en savoir plus, consultez les § **75010, 75555, 76025 et 76050**

INFORMATION ET CONTRÔLE

Opérations transfrontalières

L'Ordonnance 2023-393 du 24-5-2023 introduit en droit français, à compter du 1er juillet 2023, la nouvelle procédure de la scission transfrontalière.

Pour en savoir plus, consultez le § **75230**

Information et contrôle

L'information comptable et financière à la charge de l'entreprise

CbCR public : les modalités de sa mise en œuvre en 2024 sont précisées

Pour les exercices ouverts à compter du 22 juin 2024, un rapport public relatif à l'impôt sur les bénéfices (CbCR public) doit être établi, notamment par les sociétés autonomes dont le chiffre d'affaires excède 750 M€ à la clôture de deux exercices consécutifs et les entités mères ultimes de groupes consolidés établies en France dont le chiffre d'affaires consolidé excède ces limites.

Pour chaque État membre de l'UE, le rapport décrit l'activité exercée et mentionne notamment le nombre de salariés, le chiffre d'affaires, le montant du bénéfice ou des pertes avant impôt et le montant de l'impôt sur les bénéfices dû et acquitté. Déposé au greffe du tribunal de commerce, il sera publié sur le site internet de la société pendant cinq ans.

Pour en savoir plus, consultez le § **80685**

car considérée comme un coût de portage). Aucune dépréciation n'est constatée dans ce cas. Mais une partie de la prime est constatée en résultat (au compte 668 « Autres charges financières », par le crédit du compte 52), via son étalement ;
– si la prime n'est pas étalée, la moins-value sur les titres (0,7) est minorée du résultat de couverture de 0,9 (soit les 0,7 auquel s'ajoute la prime versée de 0,2). Dans ce cas, une perte de 0,2 donne lieu à dépréciation (financière) des titres.

3. **À l'échéance,** lorsque l'option est exercée, la valeur comptable des titres est sortie, la dépréciation, le cas échéant, reprise et le produit du prix d'exercice de l'option comptabilisé au compte 7758.

Si la prime n'est pas étalée, elle est reconnue en charges lors de la cession.

II. Chez le vendeur

a. Lors du paiement de la prime (et jusqu'au terme) Les sommes correspondant au prix de l'option sont à inscrire dans un **compte d'attente** (PCG art. 628-2), au passif, à notre avis, dans un compte 5201 « Instruments financiers à terme » (voir n° 41445).

b. À la clôture de l'exercice (survenant **avant le terme**), les opérations réalisées par les vendeurs d'options ne peuvent en général pas être qualifiées de couverture car elles sont par nature synonymes d'une prise de risque, le vendeur s'exposant à un risque en cas d'évolution favorable du sous-jacent (voir n° 41615).

Dès lors que la vente d'option constitue une **POI (position ouverte isolée)**, la prime reçue reste comptabilisée au bilan, sans possibilité de la constater immédiatement en résultat. Les variations de valeur des opérations sont inscrites au bilan en contrepartie de comptes transitoires (compte 478 – Différence d'évaluation sur les instruments de trésorerie). Toute moins-value latente constatée à la clôture doit faire l'objet d'une provision (PCG art. 628-18 ; pour plus de détails, voir n° 42150).

> **Précisions** En revanche, dans le **cas particulier d'un vendeur d'options de vente ayant pour intention de conserver les titres acquis** à l'exercice des options et de les classer en « Titres de participation », l'opération de vente d'option devrait pouvoir être exclue du champ d'application de l'article 628-18 du PCG pour être traitée selon les principes généraux applicables aux passifs et aux engagements financiers (PCG art. 321-1 s.). L'application de ces principes conduit, à notre avis, à provisionner, le cas échéant, le risque de perte future égal à la seule différence positive entre le prix d'exercice et la valeur d'utilité des futurs titres.
> Pour un exemple d'application, voir notre FRC 1/19 inf. 12.

> **Fiscalement** Les options négociables sur une bourse de valeurs sont valorisées au cours de clôture du marché correspondant et le profit (ou la perte) est compris dans le résultat imposable de l'exercice (CGI art. 38-6-1° et BOI-BIC-PDSTK-10-20-70-10 n° 10 à 30). Toutefois, ce principe de prise en compte immédiate des profits et pertes latents comporte plusieurs exceptions : voir n° 41485.

c. Au terme de l'option, lorsqu'elle est exercée, les différences d'évaluation sont soldées entre elles, les éventuelles provisions sont reprises et la prime est constatée en résultat.

> **Précisions** Dans le **cas particulier d'un vendeur d'option de vente ayant pour intention de conserver les titres acquis** à l'exercice des options et de les classer en « Titres de participation », le montant de la prime devrait pouvoir, à notre avis, être comptabilisé en déduction du prix d'achat des titres. En effet, dans ce cas, la vente d'option est directement liée à l'opération d'acquisition des titres. Pour un exemple pratique, voir FRC 1/19 inf. 12.

III. En cas de cession de l'option (réalisée **avant le terme**) :

– **pour l'acheteur,** elle entraîne, à notre avis, une charge ou un produit financier (égal à la différence entre le prix de vente de l'option et le prix comptabilisé) si l'option était une position ouverte isolée. En cas de couverture, voir n° 41850 s. (arrêt de couverture) ;
– **pour le vendeur,** la situation ne change pas avant la levée de l'option (il y a désormais un autre acheteur).

> **Précisions** Si l'option est rachetée par le vendeur lui-même, à notre avis, le prix de rachat est constaté en résultat, ainsi que la prime comptabilisée au bilan à l'origine. Les provisions pour perte sur option préalablement constatées sont reprises. En conséquence, l'effet résultat de l'opération est théoriquement neutre.

Droits de souscription   Pour les droits d'attribution, voir n° 37760.   37670

I. Achat d'actions subordonné à l'acquisition de droits de souscription
Le montant de ces droits s'ajoute au coût d'entrée des titres.

> **Fiscalement** Il en est de même (BOI-BIC-PVMV-30-20-20 n° 100).

II. Utilisation de droits à la souscription de nouvelles actions Lorsque l'entreprise souscrit à des actions nouvelles en utilisant les droits de souscription attachés à des actions qu'elle détient, il semble possible, par simplification, de maintenir inchangé le coût des actions anciennes et d'enregistrer les actions nouvelles à leur prix d'émission.

> **Fiscalement** Cette solution est admise par simplification (BOI-BIC-PVMV-30-30-20 n° 90).

Toutefois, à notre avis, une autre solution est envisageable (celle retenue pour la comptabilisation des BSA, voir n° 38195) :
– le coût d'entrée des **actions nouvelles** est constitué par leur prix d'émission augmenté de la valeur théorique (telle qu'elle est calculée dans Exemple ci-après) des droits de souscription utilisés ;
– le coût des **actions anciennes** est réduit de cette valeur.

III. Cession de droits de souscription La cession de droits de souscription attachés à des actions est, à notre avis et conformément à l'approche fiscale, à considérer comme aboutissant à une **réduction du coût** d'entrée de ces actions pour la valeur théorique de ces droits telle qu'elle est calculée dans Exemple ci-après.

> **Fiscalement** Cette valeur est déterminée en appliquant au prix d'achat de l'action le rapport existant au jour de la négociation du droit entre, d'une part, le prix de cession de ce droit et, d'autre part, le total formé par ce prix et la valeur de l'action ancienne « ex-droit ». Dans le cas d'actions non cotées en bourse, cette dernière valeur n'étant pas connue, il est admis pratiquement qu'elle est égale au prix d'émission de l'action nouvelle augmenté de la valeur des droits nécessaires à la souscription de cette action (BOI-BIC-PVMV-30-30-20 n° 20 à 100).

> **EXEMPLE**
>
> Une société A augmente son capital par l'émission d'actions nouvelles, la détention de 2 actions anciennes donnant le droit de souscrire à une action nouvelle.
>
> Le prix d'émission des actions nouvelles est de 50, la valeur unitaire du droit de souscription est de 5 et la valeur d'une ancienne action « ex-droit » est de 75. La valeur comptable de chacun des 10 titres de A détenus par la société B est de 40.
>
> La valeur comptable unitaire d'un droit de souscription de A est donc pour B de : 40 x [5 / (75 + 5)] = 2,5. Soit une plus-value par bon de souscription de A de 2, 5 (= 5 – 2,5) et donc une plus-value pour B, lors de la cession de tous ses droits de souscription de titres A de : 2,5 × 10 = 25.

37675 **Rachat par une société de ses propres actions** Sur le **cadre juridique,** voir n° 55585 s.

I. Comptabilisation des titres rachetés Ils sont inscrits, selon le cas (voir n° 55585 s.), au compte 277 ou 502 « Actions ou parts propres ».

> **Fiscalement** Ces titres ne constituant pas des titres de participation, ils sont exclus du régime du long terme (BOI-BIC-PVMV-30-10 n° 180). Par ailleurs, pour l'appréciation du seuil, en principe de 5 %, auquel est notamment subordonné le régime des sociétés mères (sur ce régime, voir n° 36340 s.), le pourcentage de détention du capital de la société par les autres actionnaires est calculé sans faire abstraction des actions auto-détenues (BOI-IS-BASE-10-10-10-20 n° 90 ; voir n° 36355).

II. Dividendes perçus sur les titres rachetés Ces actions ne donnent **pas droit aux dividendes** et sont privées de droits de vote (C. com. art. L 225-210, al. 4).

Toutefois, comme le nombre des actions détenues par la société ne peut être connu avec exactitude qu'au moment de la mise en paiement du dividende, l'assemblée générale ordinaire annuelle n'est pas en mesure de déterminer la somme qu'il convient, en application de l'article L 225-210 (al. 4) du Code de commerce de déduire des dividendes distribués. **Rien ne s'oppose,** à notre avis, à ce que l'assemblée fixe le montant global des dividendes distribués en tenant compte de toutes les actions existantes et **précise** qu'au cas où, lors de la mise en paiement, la société détiendrait certaines de ses propres actions :
– le bénéfice distribuable correspondant aux dividendes non versés en raison de ces actions sera affecté **au compte « report à nouveau »** (voir Mémento Sociétés commerciales n° 68929) ;
– les réserves distribuables correspondant aux dividendes non versés en raison de ces actions seront réaffectées **aux comptes « réserves »** sur lesquels elles ont été prélevées.

> **Fiscalement** Lorsqu'une société détient un certain nombre de ses propres actions, le report en compte de dividendes non distribués afférents à ces titres n'est pas considéré comme un profit imposable au sens de l'article 38-2 du CGI. Il correspond, à notre avis, à une simple affectation comptable des produits, bénéfices ou réserves sur lesquels les dividendes ont été prélevés.

Transformation d'un prêt ou d'une créance en titres Cette transformation est la conséquence d'une **augmentation de capital** libérée par **compensation avec des créances,** qui peut, à notre avis, être traitée selon deux approches (en l'absence de précisions dans le PCG) :

I. Approche juridique
Dans cette approche, développée par le bulletin CNCC (n° 131, septembre 2003, EC 2003-37, p. 496), le détenteur des titres devrait :

a. comptabiliser les titres acquis à leur **coût d'acquisition** (PCG art. 221-1 renvoyant aux art. 213-1 et 213-8) en contrepartie d'une dette envers la société émettrice ;

> **Précisions** Le coût d'entrée des titres correspond au montant de la souscription à l'augmentation de capital (voir n° 35600), c'est-à-dire la **valeur nominale de la créance** chez le débiteur/émetteur.
> Les titres ne sont donc :
> — ni comptabilisés au coût historique de la créance antérieurement à l'actif et incorporée au capital (lequel peut être inférieur à sa valeur nominale lorsque cette dernière a été acquise pour un montant décoté, voir n° 42845 ; voir Exemple ci-après) ;
> — ni comptabilisés à leur valeur actuelle, comme ce serait le cas s'il s'agissait d'une opération d'échange (voir ci-après II.).

b. compenser la créance et la dette résultant de la souscription au capital et constater un **produit** correspondant :
— soit, lorsque la créance destinée à être compensée a été acquise pour son montant d'origine et a été dépréciée depuis, à la reprise de la dépréciation ;
— soit, lorsque la créance a été acquise pour un prix inférieur à sa valeur nominale, à la différence entre la créance et la dette ;

c. constituer, le cas échéant, une **dépréciation** sur les titres, calculée en fonction de leur valeur d'utilité pour l'entreprise (PCG art. 221-3), ce qui peut l'amener à constituer une dépréciation d'un montant différent de celui constaté antérieurement sur les créances ou différent du montant du produit résultant de l'opération.

II. Approche économique
Si la position du bulletin CNCC (précité) permet de traduire correctement les incidences juridiques de l'opération, elle ne montre pas, à notre avis, la réalité économique de cette dernière. En effet, cette position conduit à comptabiliser les titres pour une valeur bien supérieure (le montant de la souscription à l'augmentation de capital) à celle que le créancier acquitte en réalité.

Une approche plus économique conduirait, à notre avis sur le fondement des règles d'échange du PCG (art. 213-3 ; voir n° 26740), à comptabiliser les titres reçus à leur valeur vénale, ce qui permet ainsi d'éviter la correction de la valeur des titres par une éventuelle dépréciation.

> **Précisions** Lorsque la valeur vénale des titres n'est pas évaluable de façon fiable à la date d'incorporation des créances, il est possible, à notre avis, conformément aux règles d'échange, de retenir comme valeur d'entrée des titres la **valeur vénale de la créance.**

Sur le traitement comptable de l'augmentation de capital par compensation avec la créance, côté débiteur, voir n° 55360.

EXEMPLE

Créance acquise auprès d'une entreprise tierce pour un montant décoté

Une société décide de recapitaliser sa filiale avant de la céder. Les opérations sont réalisées de la manière suivante :
— incorporation au capital de la filiale d'une créance que la société mère détient sur celle-ci, d'une valeur nominale de 1 000, mais qu'elle a acquise pour une valeur décotée de 1 et qui figure donc dans ses comptes pour 1 ;
— cession des titres de la filiale pour 1.

a. Approche juridique L'augmentation de capital de la filiale conduit, dans les comptes de la société mère, à comptabiliser les nouveaux titres de la filiale à leur valeur nominale soit 1 000. Cela a pour effet :
— de constater un produit financier de 999 sur la créance (la valeur des titres est augmentée de 1 000 et la créance est comptabilisée pour 1) ;
— d'entraîner une dépréciation immédiate complémentaire des titres de 999 (car les titres sont ensuite cédés pour 1).

b. Approche économique Les nouveaux titres de la filiale sont enregistrés à leur valeur vénale soit 1 (puisque les titres sont ensuite cédés pour 1). Aucune dépréciation complémentaire n'est à constater après l'acquisition des titres, leur valeur globale n'augmentant pas.

> **Fiscalement** La cour administrative d'appel de Paris a jugé que l'incorporation d'une créance acquise décotée est génératrice d'un bénéfice (ou d'une perte) égal à la différence entre la valeur réelle des titres remis en contrepartie de l'apport et la valeur nette pour laquelle la créance figurait à l'actif de l'entreprise créancière (CAA Paris 28-5-1998 n° 94-1916). En outre, en cas d'acquisition de **titres de participation** à l'occasion d'une augmentation de capital libérée par compensation avec une créance acquise auprès d'une entreprise tierce, le profit imposable de la société cessionnaire de la créance est déterminé en tenant compte de la valeur réelle des titres reçus en contrepartie, et non de leur valeur nominale (CGI art. 209 VII bis ; BOI-IS-BASE-10-30) à condition que la société créancière initiale ne soit liée (au sens de l'art. 39-12 du CGI ; voir n° 35070) :
– ni à la société émettrice, sauf, pour les exercices clos à compter du 31 décembre 2020, si l'augmentation de capital est effectuée dans le cadre d'un plan de sauvegarde, de redressement, ou d'un protocole de conciliation homologué dans les conditions prévues à l'article L 611-8 du Code de commerce ;
– ni à la société rachetant la créance.

L'absence de lien de dépendance est appréciée au cours des 12 mois qui précèdent la date de souscription des titres et des 12 mois qui suivent cette date, soit au total une période de 2 ans. Sur l'imprimé 2058-A, il en résulte une déduction (ligne XG) du produit constaté à hauteur de la différence entre :
– la valeur nominale des titres ;
– et leur valeur réelle.

Si des liens de dépendance apparaissent dans les 12 mois qui suivent l'apport, la déduction doit être neutralisée par une réintégration de même montant sur l'imprimé 2058-A (ligne WQ), sauf si ces liens surviennent au cours de l'exercice d'apport, l'entreprise n'ayant alors à procéder à aucun retraitement extra-comptable (ni déduction, ni réintégration) (BOI-IS-BASE-10-30 n° 130 et 140).

Sur la limitation de déduction de la moins-value résultant de la cession, dans les deux ans de l'apport, des titres reçus en contrepartie, voir n° 36750 et sur l'articulation de ces deux dispositifs et d'autres, voir BOI-IS-BASE-10-30 n° 160 s.

III. Cas particulier – Créances ou prêts en devises
Dans l'attente de précisions des organismes compétents et par analogie avec les dispositions du PCG relatives à la conversion des titres en devises (art. 420-2 ; voir n° 37045), le coût des titres acquis devrait être égal au montant du prêt en devises converti au cours de change du jour de l'acquisition des titres. En conséquence, l'écart de change correspondant à la différence entre le montant ainsi converti et le montant du prêt converti à son cours de change historique est inscrit en résultat.

Sur le traitement côté émetteur, voir n° 55365.

Toutefois, lorsqu'une créance en devises a été achetée **dans l'intention de la convertir à court terme** en actions et dès lors qu'il existe une intention ferme d'acquérir les titres, à notre avis :
– la créance en devises ne devrait pas être réestimée à la clôture ;
– le coût d'acquisition des titres devrait pouvoir être égal au coût d'acquisition de la créance (sans qu'il soit dégagé une perte ou un profit de change).

En effet, la créance ne donnera jamais lieu à règlement. Cette solution peut être rapprochée du traitement d'un achat ayant fait l'objet d'un acompte en devises non remboursable (voir n° 40535).

37695 Incidences des abandons de créances sur la valeur chez la mère des titres de la filiale bénéficiaire Sur les distinctions à opérer entre les différentes catégories d'abandons de créances, à caractère commercial ou à caractère financier, et les conditions et modalités de leur déduction, notamment fiscale, voir n° 42220 s.

I. Incidence sur le coût d'entrée
La perte résultant d'un abandon de créance consenti :
– après l'**acquisition** ne constitue **pas,** en principe, un **élément du prix d'achat** des actions ; l'abandon de créance constitue donc une charge et ne remplit pas les critères permettant de le considérer comme un actif (voir PCG art. 213-1 sur renvoi de l'art. 221-1) ;

> **Fiscalement a. Abandon de créance à caractère commercial** Il en est de même (CE 23-10-1991 n° 71791, 71792 et 72822), à condition que la société ait acquis sa participation pour un montant qui ne soit pas inférieur à son **juste prix.**
Cette solution s'applique indépendamment de la date de réalisation de l'opération (CE précité) et donc même si l'abandon de créance a été consenti un mois après la prise de contrôle (CE 25-5-1988 n° 50138 ; BOI-BIC-BASE-50-20-10 n° 40).
b. Abandon de créance à caractère financier À concurrence de la **situation nette négative** de la filiale aidée, l'abandon de créance financier est sans conséquence sur le prix de revient fiscal des titres. En revanche, la fraction de l'abandon correspondant à la **situation nette positive** de

la filiale majore ce prix de revient. Le montant de l'abandon est retenu dans la proportion du capital de la filiale détenue par la mère lorsque les autres actionnaires n'apportent pas d'aide équivalente (BOI-BIC-BASE-50-20-10 n° 60 ; CE 30-4-1980 n° 16253).

Dans le cas particulier d'une aide consentie par une société mère à une **sous-filiale,** le Conseil d'État a jugé que, sauf preuve contraire, l'aide augmente la valeur de la participation détenue dans le capital de la filiale qui contrôle la sous-filiale et n'est donc pas déductible (CE 10-3-2006 n° 263183 ; CE 16-3-2001 n° 199580).

— au moment de **la cession** d'une participation ne constitue pas non plus une majoration du prix d'achat d'origine (ni une diminution du prix de vente), même si l'abandon était une des conditions de l'acceptation par l'acheteur de la cession du contrôle.

> **Fiscalement** Il en est de même, l'aide ne majore pas le prix de revient des titres dès lors que le caractère de juste prix de la cession n'est pas contesté (CE 6-11-1998 n° 155498). Mais dès lors qu'elle ne répond pas à des motivations commerciales, elle n'est déductible que dans l'hypothèse où une procédure collective est engagée à l'encontre de la filiale cédée (voir n° 42270).

II. Incidence sur la valeur d'inventaire des titres

À notre avis, le montant de l'abandon et la valeur d'inventaire des titres, bien que liés, n'en sont pas moins indépendants. En effet, que les titres soient cotés ou non, la valeur d'une participation détenue par l'entreprise est égale à sa valeur d'utilité (voir n° 35705). Augmenter **systématiquement** la valeur d'inventaire des titres du montant de l'abandon (sous prétexte qu'il majore le résultat de la filiale) ne semble donc pas cohérent.

III. Cas particulier d'un abandon pratiqué au profit d'une filiale dont les titres détenus par la mère ne sont pas exonérés d'IS

Il en ressort en principe une divergence entre comptabilité et fiscalité en cas d'abandon à caractère financier, ce qui peut poser problème aux entreprises détenant des titres ne relevant pas du régime d'exonération (titres de sociétés à prépondérance immobilière notamment) :
– si elles adoptent en comptabilité la solution fiscale (supplément d'apport), elles ne respectent pas la doctrine comptable ;
– si elles adoptent la solution comptable (perte comptable non déductible fiscalement), **elles se privent de la possibilité** de constituer ultérieurement une dépréciation de titres sur la charge considérée fiscalement comme un supplément d'apport (moins-value à long terme).

Pour résoudre ce problème, nous suggérons le schéma comptable suivant :

1. Comptabiliser l'abandon de créance non déductible :
– selon la solution fiscale : comme un supplément d'apport, puis ;
– selon la solution comptable : déprécier immédiatement ce supplément d'apport afin de faire apparaître la charge résultant de l'abandon ; toutefois, cette dépréciation ne sera pas dotée en pratique puisqu'elle sera compensée par une reprise de la dépréciation des titres antérieurement constituée. En outre, dès lors que la décision d'abandon a été prise par le conseil d'administration avant la clôture de l'exercice, l'engagement qui en résulte doit être provisionné, même si le versement à la filiale bénéficiaire de la somme objet de l'abandon interviendra seulement à l'exercice suivant. Sur les conséquences chez la société bénéficiaire, voir n° 42290.

2. Ultérieurement, constater, si les circonstances le justifient (dégradation financière de la filiale), une nouvelle dotation pour dépréciation (ayant alors le caractère de moins-value à long terme).

Si l'on avait considéré comptablement la totalité de l'abandon comme une charge (non déductible), ce schéma de comptabilisation n'aurait fait apparaître aucun apport supplémentaire, donc **aucune possibilité** de dépréciation (déductible ultérieurement).

> **Précisions** Justification du traitement comptable Ce schéma ne constitue pas l'acceptation sur le plan comptable de la solution fiscale sur la théorie du supplément d'apport. En effet, rappelons que l'abandon de créance est une charge (qu'il soit fiscalement déductible ou non). Toutefois, compte tenu des incidences financières défavorables de ce schéma comptable, il convient de concilier au mieux les obligations comptables et fiscales.

Incidences des contributions à fonds perdus sur la valeur chez la mère des titres de la filiale bénéficiaire ou détenant les titres de la sous-filiale bénéficiaire

Une société mère française peut être amenée à verser une contribution « à fonds perdus » à une filiale ou à une sous-filiale étrangère, sans que la bénéficiaire ait à procéder à une augmentation de capital et donc sans que la mère versante reçoive de titres en échange des fonds versés.

> **Précisions** **1. Dispositif de droit étranger** Ce dispositif est prévu par certaines législations étrangères, notamment la Suisse, l'Italie, le Luxembourg ou encore le Portugal. Il permet d'éviter les formalités administratives qui incomberaient à la société si elle devait procéder à une augmentation de capital.
2. Saisine de l'ANC La CNCC a saisi l'ANC et a notamment indiqué que la question se posait de la cohérence du traitement à retenir sur ce dispositif avec celui des abandons de créances (voir n° 37695), autre mécanisme augmentant la valeur des capitaux propres de la filiale sans donner lieu à une émission de titres, ni à aucune autre contrepartie.

1. Fonds versés à une filiale À notre avis, bien qu'en l'absence d'augmentation de capital de la filiale bénéficiaire aucun nouveau droit ne soit acquis pas la mère versante, il devrait lui être possible de comptabiliser le versement en augmentation du **coût d'entrée des titres de la filiale bénéficiaire**, dans le cas suivant :
– les fonds ne sont pas versés pour assainir la situation financière de la sous-filiale, de sorte que la somme est porteuse d'avantages économiques futurs pour la mère ;
– le mère détient 100 % des titres de la fille, de sorte que l'augmentation de la valeur des titres de la filiale bénéficie à la mère en tant qu'actionnaire exclusif ;
– la somme reçue est comptabilisée directement en fonds propres chez la filiale bénéficiaire.

2. Fonds versés à une sous-filiale Le société mère versante ne portant pas directement les titres de la sous-filiale bénéficiaire, les fonds versés devraient être comptabilisés en **charges** chez la mère, à l'instar d'une **subvention** versée sans contrepartie.
La CNCC indique toutefois que dans le silence des textes sur ce type d'opération et eu égard aux arguments économiques existants, il est possible de comptabiliser le versement chez la mère versante en augmentation du **coût d'entrée des titres de la filiale portant les titres de la sous-filiale bénéficiaire**, dans le cas suivant (EC 2022-31 ; cncc.fr) :
– la mère verse les fonds à la sous-filiale concomitamment à l'acquisition des titres de la fille portant les titres de la sous-filiale bénéficiaire, de sorte que la contribution versée concourt à l'économie globale de l'opération d'acquisition de la filiale ;
– les fonds sont versés non pas pour assainir la situation financière de la sous-filiale mais pour lui permettre d'investir, de sorte que la somme est porteuse d'avantages économiques futurs pour la mère ;
– le mère détient 100 % de titres de la fille détenant elle-même 100 % des titres de la sous-filiale de droit étranger, de sorte que l'augmentation de la valeur des titres de la sous-filiale bénéficie à la mère en tant qu'actionnaire exclusif ;
– la somme reçue est comptabilisée directement en fonds propres chez la sous-filiale bénéficiaire.

> **Fiscalement** Voir n° 37695.

Lorsque les fonds versés sont activés, un **test de dépréciation** est nécessaire, ainsi qu'une information en **annexe** présentant les informations suivantes :
– la nature du versement à fonds perdus (ainsi que le montant à notre avis),
– les éléments du contexte dans lequel la contribution a été versée (acquisition, soutien…),
– le fait qu'elle ne soit pas juridiquement représentative de titres en capital,
– le traitement comptable appliqué chez la versante.

37700 **Fraction de dividendes « acquis » incluse dans le coût d'acquisition des titres** Sont visés les dividendes ainsi que les réserves distribuables.

I. En l'absence de précision et compte tenu de la définition du coût d'acquisition dans le PCG (voir n° 35540), il n'y a **pas lieu**, à notre avis, **de distinguer**, à la date d'achat, **cette fraction de dividendes ou de réserves distribuables,** ce qui serait du reste parfois impossible en pratique.

> **Précisions** On notera d'ailleurs que dans les comptes consolidés établis en règles françaises, les dividendes reçus provenant de la période antérieure à la prise de contrôle doivent être éliminés en totalité (voir Mémento Comptes consolidés n° 4603).

En outre, le PCG dispose que les dividendes ou les distributions de réserves doivent être comptabilisés en produits financiers (art. 947-76) et ne prévoit pas de traitement spécifique lorsque le coût d'acquisition des titres inclut des dividendes provenant de résultats réalisés antérieurement à l'acquisition des titres.

II. En conséquence :
a. en cas d'achat d'actions pour revente immédiate après encaissement de la distribution, cette opération génère, en principe, un produit financier et une moins-value de

cession. Il nous paraît possible de considérer qu'il s'agit d'une opération unique à composantes multiples et de **compenser,** pour la présentation au compte de résultat, le produit financier et la moins-value de cession ;

> **Fiscalement** **1. Cession dans les deux ans** La cession dans les deux ans de la distribution est susceptible de remettre en cause l'exonération dont ont pu bénéficier les dividendes en application du régime des sociétés mères (voir n° 36370).
> **2. Cession après l'expiration du délai de deux ans** Diverses mesures anti-abus sont prévues afin d'empêcher les entreprises de bénéficier à la fois d'une exonération de dividendes en application du régime des sociétés mères et d'une **moins-value** de cession déductible au taux de droit commun lorsque la moins-value est réputée résulter de la distribution (voir n° 36750).

b. en cas de distribution importante postérieure à l'acquisition, les sommes reçues sont à constater en produits. Sur l'incidence possible de cette distribution sur la valeur actuelle des titres, voir n° 35705.

Il n'est pas possible de déduire du coût d'acquisition des titres les distributions reçues provenant de la période antérieure à l'acquisition.

> **Fiscalement** Le législateur a instauré des mesures destinées à éviter une utilisation abusive du régime des sociétés mères (voir n° 36350, 36360 et 36750 s.). De son côté, le Conseil d'État (CE 17-7-2013 n° 352989) a remis en cause l'application du régime sur le fondement de l'abus de droit dans la situation où, après avoir acquis les titres d'une filiale ayant liquidé tous ses actifs, une société bénéficie du régime des sociétés mères puis constitue une provision pour **dépréciation** de ces titres (inscrits en VMP), déduite fiscalement. Selon la jurisprudence (voir notamment CAA Paris 26-11-2013 n° 11PA04721 définitif suite à CE (na) 22-7-2015 n° 374909 ; CE 23-7-2014 n° 359900 et 359903), l'acquisition d'une filiale ayant cessé toute activité, dans le seul but de récupérer les liquidités :
> – a été inspirée par un but exclusivement fiscal dès lors que si l'acquisition des titres a permis à la société mère d'améliorer sa trésorerie, ce gain est négligeable et sans commune mesure avec l'avantage fiscal retiré de ces opérations ;
> – méconnaît l'objectif poursuivi par le législateur lors de la création du régime des sociétés mères, qui a été de favoriser l'implication de sociétés mères dans le développement économique de sociétés filles.
> Il en est de même lorsque la filiale conserve une partie de ses actifs, dès lors qu'elle n'exerce plus aucune activité, et lorsque le montant des dividendes exonérés est supérieur à celui de la provision fiscalement déduite, cette différence ne pouvant, en l'absence de tout autre effet de l'opération, que résulter d'un partage de l'avantage fiscal entre le cédant et le cessionnaire des titres (CE 23-6-2014 n° 360708 et 360709).
> En revanche, le régime des sociétés mères ne peut pas être valablement remis en cause lorsque l'opération est économiquement justifiée, ce qui est le cas si la filiale acquise détient également des titres d'une société opérationnelle dont l'acquisition constitue un enjeu économique important pour le groupe (CAA Paris 19-5-2020 n° 18PA02663), ou si l'acquisition des titres de la filiale a permis de prendre le contrôle d'un fonds de commerce en état d'être exploité, qui a ensuite été cédé à une société opérationnelle liée poursuivant une stratégie de croissance externe (CE 19-5-2021 n° 433201).

Démembrement de la propriété d'actions 37705

I. Cession d'usufruit Selon le bulletin CNCC (n° 99, septembre 1995, EC 94-130, p. 346 s.), en cas de cession d'usufruit :

a. le **résultat de cession** est constaté comptablement par l'inscription :
– du prix de vente au crédit du compte 775 « Produits des cessions d'éléments d'actif » ;
– et de la valeur représentative de l'usufruit au débit du compte 675 « Valeur comptable des éléments d'actif cédés ».

Pour la décomposition du coût d'acquisition, le bulletin CNCC précité indique que l'estimation de la valeur comptable de l'usufruit cédé dans le coût de l'action préalablement acquise en pleine propriété peut être effectuée selon différents critères dont il conviendra de pouvoir suivre l'évolution dans le temps et qu'il faudra pouvoir rapprocher des critères d'évaluation de l'action en pleine propriété.

Le bulletin CNCC ne précisant pas ces critères, en pratique, à notre avis, par analogie avec la solution retenue en matière de cession de droits de souscription attachés à des actions, la valeur comptable théorique de l'usufruit cédé peut être calculée à partir de la valeur de l'action en pleine propriété.

EXEMPLE
- Prix de cession de l'usufruit : 30.
- Coût d'acquisition de l'action : 100.
- Valeur actuelle de l'action lors du démembrement : 110.

Il en résulte que :
- la valeur comptable théorique de l'usufruit est de : 27 = [(30/110) × 100] ;
- la plus-value de cession de l'usufruit est alors de 3 (= 30 − 27).

Le coût d'acquisition de la nue-propriété des titres demeure au bilan pour 73 (= 100 − 27).
Pour le classement de ces 73, voir b. ci-après.

b. les **actions privées d'usufruit** ne peuvent pas, à notre avis, figurer parmi les titres de participation. En effet, dans les sociétés par actions, le nu-propriétaire ne conserve, sauf dispositions contraires des statuts, que le droit de vote dans les assemblées extraordinaires. Cette analyse est, en outre, renforcée par l'exclusion du périmètre de consolidation des titres détenus en nue-propriété.

En conséquence, si le nu-propriétaire :
– espère retirer à plus ou moins longue échéance une rentabilité satisfaisante (voir n° 35225), le classement en « Tiap » est, à notre avis, préférable dans la mesure où le nu-propriétaire n'intervient pas dans la gestion des entreprises dont les titres sont ainsi détenus (étant, en principe, privé du droit de vote dans les AGO) ;
– a l'intention soit forcée, soit voulue, de les conserver durablement (voir n° 35275), une comptabilisation en « Autres titres immobilisés » est, à notre avis, plus appropriée.

> **Fiscalement** Si les actions démembrées figuraient initialement en titres de participation, leur reclassement dans un autre compte sera soumis au régime des transferts (voir n° 35430).

II. Cession de nue-propriété En cas de cession de la nue-propriété des actions et de conservation de l'usufruit, il convient de raisonner, à notre avis, comme en cas d'acquisition d'usufruit d'actions (voir n° 37615).

D. Opérations décidées par la société émettrice

37755 Voir aussi Échange ou conversion de titres (n° 37160 s.).

37760 **Actions gratuites**

I. Attribution L'attribution gratuite de titres émis en représentation d'une augmentation de capital réalisée par incorporation de réserves (voir n° 55340 chez l'émetteur) doit **en principe** rester **sans influence** sur l'évaluation à l'actif (de la société détentrice) des titres de la société émettrice (contrairement aux actions reçues à titre de paiement de dividendes qui constituent un produit, voir n° 37800).

> **Fiscalement** Il en est de même (CE 6-12-1961 n° 33384, BOI-BIC-PVMV-10-10-30 n° 50). Mais si les entreprises inscrivent les anciens titres à leur nouvelle valeur nominale, elles doivent être considérées comme ayant constaté, à due concurrence, un profit imposable (BOI précité n° 50).

Elle modifie simplement le **coût de revient moyen** des titres anciens et nouveaux qui est réputé égal au quotient de leur valeur globale par leur nombre et, le cas échéant, la répartition de la valeur d'actif globale entre les différentes catégories de titres en portefeuille (actions de capital, actions de jouissance).

EXEMPLE
Soit une société A ayant en portefeuille les actions d'une société B provenant des acquisitions suivantes :

lot n° 1 :	100	actions à 100	10 000
lot n° 2 :	200	actions à 110	22 000
lot n° 3 :	300	actions à 120	36 000
lot n° 4 :	400	actions à 130	52 000
	1 000	actions	120 000

Puis, la société B procède à l'attribution d'une action nouvelle pour cinq anciennes. Le portefeuille de la société A se trouve constitué de la manière suivante :

120	actions du lot n° 1	10 000
240	actions du lot n° 2	22 000
360	actions du lot n° 3	36 000
480	actions du lot n° 4	52 000
1 200	actions	120 000

> **Fiscalement** Cette solution, qui est d'ailleurs la seule logique, ne fait apparaître aucun profit imposable (BOCD 1951-II-4, 1951, 2ᵉ partie, n° 4, p. 249-252).

La distribution de telles actions par des **sociétés étrangères** peut supporter **l'impôt étranger** de distribution. Il est considéré comme un **élément de leur coût**.

> **Fiscalement** Il en est de même (CE 31-12-1959 n° 43406).

II. Cession ultérieure des titres La plus-value ou moins-value de cession est calculée par rapport au **prix moyen** des actions (BOCD précité), apprécié à la date de la distribution des actions gratuites.

> **Fiscalement** Le délai de détention de deux ans conditionnant l'application du régime du long terme (voir n° 36720) est décompté à partir de la date d'acquisition des titres d'origine détenus antérieurement à l'augmentation de capital, quelles que soient les modalités de sa réalisation, dès lors que l'opération n'a eu aucun impact sur le patrimoine de l'actionnaire (BOI-RES-BIC-000117 du 2-11-2022).

III. Cession des droits d'attribution Par analogie avec les cessions d'actions gratuites (et de droits de souscription examinées au n° 37670), la cession de droits d'attribution aboutit, à notre avis, à une **réduction du coût d'entrée** des actions anciennes ayant donné droit à la distribution gratuite d'actions et de droits d'attribution.

Cette réduction doit être calculée, à notre avis, par rapport au prix moyen des actions tel qu'il est défini ci-avant multiplié par le rapport existant à la date de la distribution entre un droit d'attribution et une action nouvelle.

La différence entre le prix de cession de ces droits d'attribution et le coût moyen de ces droits constitue une plus ou moins-value de cession.

Réduction de capital Sur les motifs pouvant justifier une réduction de capital, voir Mémento Sociétés commerciales n° 51700 à 51730. 37765

Réduction de capital motivée par des pertes 37785

I. Principe Selon le bulletin CNCC (n° 110, juin 1998, EJ 98-05/EJ 98-39, p. 250 s.), qu'elle s'opère par réduction de la valeur nominale des titres ou par diminution de leur nombre (annulation de titres), le **coût d'entrée des titres reste inchangé dès lors que le pourcentage détenu par l'actionnaire dans le capital reste inchangé** (cas d'une réduction de capital non suivie d'une augmentation de capital ou suivie d'une augmentation de capital à laquelle l'actionnaire souscrit à hauteur de ses droits dans le capital).

Voir toutefois cas particuliers ci-après II.

En revanche, sur le prix d'acquisition s'applique, **s'il y a lieu, une dépréciation,** éventuellement déjà constituée avant la réduction de capital ou à constituer à ce moment.

Si ensuite la filiale qui a réduit son capital **redevient bénéficiaire,** la dépréciation peut être **reprise** jusqu'à hauteur du coût d'entrée d'origine. Il ne s'agit pas d'une plus-value latente par rapport au nouveau coût de base qui serait constaté après la réduction de capital.

> **Fiscalement** Lorsque le pourcentage de détention reste inchangé, l'annulation de titres consécutive à une réduction de capital motivée par des pertes n'est pas assimilable, quelle que soit son importance, à une cession de titres et n'autorise donc pas la déduction d'une perte. La perte de valeur des titres ne peut donc être constatée que par le biais d'une (provision pour) dépréciation (CE 23-1-1980 n° 10395) relevant, le cas échéant, du régime du long terme (voir n° 35980 ; BOI-BIC-PVMV-10-10-30 n° 30 à 40 ; voir BIC-VII-43000 s.).

EXEMPLE 1

La société A possède 100 % des 1 000 actions de la société B. La valeur nominale des actions est de 200. Le capital de B est donc de 200 000. La société B a subi 100 000 de perte au cours de l'exercice N. En N+1, elle réduit son capital à 100 000 par absorption de cette perte, le nominal des actions étant ramené à 100. La société A a dû constater à la clôture de l'exercice N une dépréciation de 100 000.

La réduction de capital n'entraîne pour elle aucune écriture comptable.

EXEMPLE 2

Les données sont identiques, mais la réduction de capital s'opère par la suppression de 500 actions. À la clôture de l'exercice N+1, la société A ne constate aucune écriture.

II. Cas particuliers

a. Si l'annulation des titres est totale (100 %) et n'est pas suivie d'une augmentation de capital (cas d'une dissolution), il y a lieu de sortir les titres de l'actif et de reprendre la dépréciation des titres constituée antérieurement.

b. Si la réduction du capital est suivie d'une augmentation de capital (coup d'accordéon) ou inversement, sans changement du pourcentage de détention, le coup d'accordéon entraîne l'augmentation du coût de revient des titres dans les mêmes conditions qu'explicitées au c. 2. ci-après. Cette augmentation peut entraîner la constatation d'une dépréciation lorsque la valeur d'utilité des titres devient inférieure à leur nouvelle valeur comptable.

Ainsi, en cas de cession ultérieure des titres reçus à l'issue d'un coup d'accordéon, la valeur brute des titres cédés correspond :
– au coût d'acquisition des titres détenus avant le coup d'accordéon ;
– majoré des sommes versées lors de l'augmentation de capital.

> **Fiscalement** Il en est de même (CE 22-1-2010 n° 311339 ; CE 26-3-2008 n° 301413). En cas de cession ultérieure des titres, si le coup d'accordéon est intervenu moins de deux ans avant la cession, cette dernière est réputée porter à la fois sur les titres détenus depuis plus de deux ans, dont la cession relève du long terme, et sur des titres détenus depuis moins de deux ans, dont la cession relève du court terme, à proportion des rapports existant entre les apports réalisés lors des souscriptions intervenues respectivement plus et moins de deux ans avant la cession des titres et le prix de revient total.

Le raisonnement économique adopté par le Conseil d'État devrait, à notre avis, s'appliquer :
– quel que soit le sens de l'opération [réduction de capital suivie d'une augmentation de capital (Décision du 22-1-2010 précitée) ou l'inverse (Décision du 26-3-2008 précitée)] ;
– quelles que soient ses modalités juridiques de réalisation (réduction du nominal ou du nombre de titres).

Sur le cas où les titres cédés sont des titres de participation reçus à l'occasion d'un apport à une société en difficulté, voir n° 36755.

c. S'il y a modification du pourcentage de détention (cas d'un coup d'accordéon dans lequel un ou plusieurs actionnaires ne souscrivent pas à l'augmentation de capital, celle-ci étant réservée à un autre actionnaire ou à un tiers ; voir n° 55545), deux situations doivent à notre avis être distinguées :

1. L'actionnaire ne souscrit pas à l'augmentation de capital (celle-ci étant réservée à une autre personne) ou ne souscrit pas à hauteur de ses droits (ce qui réduit son pourcentage de détention) :

Le bulletin CNCC (n° 110 précité) ne s'est pas prononcé sur les conséquences d'une dilution de l'actionnaire. Une traduction possible pourrait, à notre avis, être la réduction du coût d'entrée des titres (à l'instar du traitement comptable dans les comptes consolidés), celle-ci étant assimilable à une cession de titres du fait de la réduction du pourcentage de détention qui implique une réduction des droits de vote de l'actionnaire et de son droit aux dividendes :
– si l'annulation (ou la réduction du nominal) des titres est totale, les titres doivent être sortis de l'actif (par le débit du compte 675 « Valeur comptable des éléments d'actif cédés ») ;
– si l'annulation (ou la réduction du nominal) des titres est partielle, le coût d'entrée des titres doit, à notre avis, être réduit proportionnellement à la diminution du pourcentage de détention de l'actionnaire.

Que l'annulation soit totale ou partielle, la dépréciation des titres de participation doit alors être reprise en tout ou partie suivant que l'annulation (ou la réduction du nominal) est totale ou partielle.

Mais cette solution ne peut s'imposer en l'absence de précision de la doctrine.

2. L'actionnaire souscrit à l'augmentation de capital qui lui est réservée (ce qui augmente son pourcentage de détention) :
– les titres anciens ne doivent pas être sortis de l'actif, car ils ont un lien direct avec l'acquisition ;
– les nouveaux titres souscrits viendront donc majorer le coût d'entrée des titres anciens ;
– en revanche, une dépréciation peut devoir être constatée (si elle n'avait pas été constituée antérieurement aux opérations de capital) si elle est justifiée.

> **Fiscalement** Aucune moins-value ne peut être constatée sur les titres anciens dès lors que (CE 17-10-2008 n° 293467) :
> – la réduction de capital à zéro n'a été décidée que sous la condition suspensive de la réalisation d'une augmentation de capital pour laquelle les anciens actionnaires bénéficiaient d'un droit préférentiel de souscription ;
> – et, à l'issue de cette opération, le pourcentage de participation dans le capital de la filiale a augmenté.
> Dans ce cas, seule une (provision pour) dépréciation des titres anciens peut, le cas échéant, être constatée (CE 17-10-2008 n° 293467).

Réduction de capital non motivée par des pertes (remboursement partiel) 37787

a. En cas de réduction du nominal La réduction se traduit, à notre avis, chez le détenteur des titres, par l'écriture : débit d'un compte de trésorerie par le crédit du compte de titres concerné (pour la quote-part de capital remboursé, inscrite au bilan au jour de l'acquisition), le surplus éventuel étant comptabilisé dans un compte de produit financier. En revanche, aucune charge financière ne devrait être constatée.

> **Fiscalement** Voir ci-après n° 37790, Fiscalement.

> **Précisions 1. Quote-part de capital remboursé, inscrite au bilan au jour de l'acquisition** Elle peut être inférieure au nominal remboursé si l'action a été acquise pour un montant inférieur à son nominal. Par exemple, un portefeuille d'actions A a été acquis en deux temps : 100 actions au nominal de 10 ont été acquises pour 1 500 (100 × 15) avec une prime de 5 par action, puis 100 actions au même nominal ont été acquises pour 500 (100 × 5). L'actionnaire reçoit un remboursement partiel pour ses 200 actions de 6 par action. Il comptabilise :
> – au crédit du compte titre : (100 × 6) + (100 × 5) = 1 100 ;
> – en produit : un montant de 100.
> **2. Cas particulier de l'affectation de la réduction du nominal en prime d'émission** (voir n° 55500) Tant que la prime n'est pas remboursée, l'opération n'entraîne aucune conséquence comptable chez le détenteur. En cas de remboursement de prime, voir n° 37790.

b. En cas de réduction du nombre d'actions Pour le détenteur des actions, la réduction de capital se traduit en fonction de la nature des titres de la manière suivante :
– si les titres sont des titres de participation ou d'autres titres immobilisés : le prix de remboursement ou de rachat constitue un produit exceptionnel (compte 7756) et le prix d'acquisition ou de souscription une charge exceptionnelle (compte 6756). Voir n° 36930 ;
– si les titres sont des Tiap : seul le résultat de l'opération (et non pas ses deux composantes) est enregistré en résultat exceptionnel. Voir n° 36935 ;
– si les titres sont des valeurs mobilières de placement : seul le résultat de l'opération est enregistré en résultat financier. Voir n° 36955.

EXEMPLE

Une société holding H détient 100 % d'une filiale F dont le capital se compose de 5 000 actions d'une valeur nominale unitaire de 10. Les titres détenus par H, acquis pour une valeur unitaire de 9,5, sont inscrits à son actif en titres de participation pour une valeur nette comptable de 47 500 [5 000 × 9,5].
La société F décide de rembourser partiellement l'investissement de son actionnaire en procédant à une réduction de capital non motivée par des pertes, par réduction du nombre d'actions (2 000 actions à annuler). Dans les comptes de la société H, le remboursement de capital comporte deux éléments :
– le remboursement de l'investissement initial portant sur 2 000 actions de 9,5 remboursées intégralement soit 9,5 × 2 000 = 19 000 ;
– une plus-value à hauteur de la différence entre le montant remboursé (20 000 = 2 000 × 10) et l'investissement initial réalisé (19 000) soit 1 000.
À l'issue de l'opération, l'actionnaire H ne détient plus que 3 000 actions de sa filiale pour une valeur unitaire brute qui est toujours de 9,5.

LE PORTEFEUILLE-TITRES　　　　　　　　　　　　　　　　　　© Éd. Francis Lefebvre

	Nombre d'actions	Valeur brute par action	Plus-value par action	Valeur brute des titres	Plus-value totale	Comptabilisation
Investissement initial de H	5 000	9,5		47 500		
– Remboursement de l'investissement	(2 000)	9,5 [1]		(19 000)		Débit d'un compte de charge exceptionnelle (6756) par le crédit du compte de titres
– Plus-value par rapport à la valeur nominale des titres			(0,5) [2]		(1 000)	Débit d'un compte de trésorerie par le crédit d'un compte de produit exceptionnel (7756)
Investissement post-opération	3 000	9,5		28 500		

(1) Remboursement intégral des actions soit 9,5 pour la société H (la valeur brute unitaire des titres inscrits à son actif).
(2) Différence entre la valeur nominale des titres (10) et la valeur unitaire des titres inscrits à l'actif de l'actionnaire (9,5) soit 0,5 par action.

Les écritures comptables sont les suivantes :

```
                              261              6756              512              7756
                           Titres de        Val. compt.         Banque          Prix de
                         participation    titres cédés                      remboursement
À nouveau
Titres en portefeuille.......  47 500
À la date de l'opération
Réduction de capital........             19 000......19 000     20 000...................20 000
```

37790 Remboursement/distribution de réserves libres ou de prime liée au capital Une société mouvemente à la baisse ses réserves distribuables (voir n° 53990) dans deux situations :

a. soit elles sont « **remboursées** » aux actionnaires à l'occasion d'une **réduction de capital** non motivée par des pertes, afin d'imputer l'annulation de la valeur des titres excédant le nominal. Dans ce cas, voir n° 37787 ;

b. soit elles sont simplement **distribuées** aux actionnaires (voir n° 36315 s.). La distribution d'une prime liée au capital se traduit nécessairement par la comptabilisation d'un **résultat financier** chez l'actionnaire.

Tel est le cas même si une fraction de cette prime a été acquise et figure dans le coût d'acquisition des titres (Bull. CNCC n° 103, septembre 1996, EJ 96-116, p. 516). En effet, juridiquement, ce versement de la prime est considéré comme une distribution de réserve et non pas comme un remboursement de capital dans la mesure où la prime est distribuée de façon égalitaire entre les actionnaires (au prorata de leur participation au capital) et non en fonction de leur contribution réelle à la prime.

> **Fiscalement** L'imposition (ou l'exonération) du remboursement ainsi effectué dépend de la composition des capitaux propres de la société qui procède à la réduction de capital. Échappent à l'imposition les sommes présentant pour les associés le caractère de remboursement d'apport ou de primes d'émission à la condition toutefois que tous les bénéfices et réserves autres que la réserve légale aient été auparavant répartis, ainsi que les sommes ou valeurs attribuées aux actionnaires au titre du rachat par la société de ses propres titres qui relèvent du régime des plus-values (CGI art. 112-1° ; voir Mémento Fiscal n° 24465). L'administration accepte que l'imposition des sommes remboursées soit en tout état de cause limitée à la fraction des bénéfices et des réserves autres que la réserve légale non encore répartis (BOI-RPPM-RCM-10-20-30-10 n° 190).

En contrepartie, **une dépréciation des titres** peut, le cas échéant, être constituée (voir n° 35705).
Pour le traitement comptable chez la société qui réduit son capital, voir n° 55490.

> **Précisions   1. Distribution d'une prime concomitamment à une réduction de capital** Une distribution de réserve peut être concomitante à une réduction de capital mais être juridiquement indépendante de ce remboursement de capital. Dans ce cas, la comptabilisation en résultat financier reste la règle. En effet, juridiquement les deux opérations sont indépendantes et font donc l'objet de deux traitements comptables distincts. Toutefois, dans le cas

particulier de la distribution d'une prime issue d'une réduction de capital qui vient d'être créée, voir ci-après 2.

2. Prime issue d'une réduction de capital Dans le cas d'une distribution de la prime d'émission qui vient d'être créée par une réduction de capital (voir n° 55500), deux approches sont possibles, à notre avis, en l'absence de position des organismes compétents :
– soit la distribution est comptabilisée en produit financier puisqu'elle constitue juridiquement une distribution (approche juridique).

Suite à cette opération, il convient cependant d'accorder la plus grande prudence à l'évaluation des titres pour comptabiliser les dépréciations nécessaires ;
– soit la distribution est assimilée à un remboursement de capital en considérant que les opérations de réduction de capital et de distribution sont liées et constituent en substance une seule et même opération (approche économique conforme à celle qui serait retenue sur le plan fiscal, voir ci-avant). Dans ce cas, le coût des titres est réduit (voir n° 37787).

Remboursement total (liquidation) ou rachat d'actions par la société émettrice Pour le détenteur des actions (qui lui sont remboursées) la solution nous paraît être la suivante selon que les titres avaient le caractère : 37795
– de titres immobilisés : le prix de remboursement ou de rachat constitue un produit exceptionnel (compte 7756) et le prix d'acquisition ou de souscription une charge exceptionnelle (compte 6756) ;
– de valeurs mobilières de placement : le résultat de l'opération est une charge financière nette (compte 667) ou un produit financier net (compte 767).

> **Fiscalement** Que les rachats de titres soient effectués dans le cadre d'une **attribution aux salariés et aux mandataires sociaux** ou dans le cadre d'une **réduction du capital social non motivée par des pertes,** les sommes perçues par les associés relèvent (CGI art. 112, 6°) pour l'intégralité de leur montant, du régime des plus ou moins-values de cession (BOI-BIC-PVMV-30-30-80 n° 10), ce qui, pour les associés passibles de l'IS (CGI art. 209, I), permet l'application du régime d'exonération si les titres rachetés constituent des titres de participation au sens fiscal (hors titres détenus dans une société à prépondérance immobilière) et sont détenus depuis au moins deux ans (voir n° 36700).
> Pour plus de détails, voir RM-II-18900 à 19000.

Pour la société émettrice, voir n° 37675 et 55510.

> **Précisions** **Liquidation avec versement d'acomptes sur boni** Le versement d'un acompte sur boni de liquidation ne doit pas, à notre avis, être assimilé à l'opération de liquidation, aucun titre de la société en liquidation n'étant remboursé ou racheté lors du versement. L'acompte ne correspond donc pas à un pourcentage ou une quote-part de la liquidation. Sur son traitement (produit financier), voir n° 36390.

Paiement du dividende en actions 37800

I. Principe À notre avis, pour une société actionnaire, la distribution du dividende en actions (C. com. art. L 232-18, al. 1) se traduit, d'une part, par la constatation d'un produit financier, d'autre part, par une augmentation, selon les cas, du poste « Participations », « Autres immobilisations financières » ou « Valeurs mobilières de placement ».

Ces actions doivent, à notre avis, être considérées comme ayant été acquises à la date à laquelle l'actionnaire a exercé l'option pour ce mode de paiement de ses dividendes.

En cas de décalage entre la date de décision de distribution et la date d'exercice de l'option, particulièrement en fin d'exercice, les sociétés actionnaires doivent donc constater d'abord une créance lors de la décision de distribution (voir n° 36315 s.) puis, lors de l'exercice de l'option, débiter le poste titres par le crédit de cette créance.

> **Fiscalement** Le dividende reçu bénéficie, le cas échéant, du régime fiscal des sociétés mères (voir n° 36340 s.).

II. Cas particulier : usufruit d'actions Selon le bulletin CNCC (n° 88, décembre 1992, EJ 92-119, p. 630 s.), en cas de démembrement de la propriété de l'action, il résulte de la doctrine (voir Mémento Sociétés commerciales n° 76482), qui considère que la qualité d'actionnaire ne peut pas être reconnue à l'usufruitier, que seul en principe le nu-propriétaire en sa qualité d'actionnaire :
– peut exercer l'option du paiement en actions proposée par l'assemblée ;
– bénéficie de la mise en paiement du dividende en actions, à charge pour lui de verser à l'usufruitier le dividende qui lui revient.

En conséquence :

a. Nu-propriétaire S'il n'exerce pas l'option de paiement en actions, il n'a rien à comptabiliser.

S'il exerce l'option, il doit, à notre avis, à cette date, comptabiliser :
– à son actif, sa part de dividende à recevoir sous forme d'actions, selon le cas, au poste « Participations », « Autres immobilisations financières » ou « Valeurs mobilières de placement » ;
– à son passif, sa dette à l'égard de l'usufruitier.

b. Usufruitier Celui-ci, dès la date de l'assemblée ayant pris la décision de distribution, comptabilise :
– à son actif, sa part de dividendes à recevoir (créances sur la société distributrice) ;
– à son compte de résultat, le produit financier correspondant.

> **Fiscalement** Le dividende reçu par l'usufruitier ne bénéficie pas du régime des sociétés mères (voir n° 37615).

Lors de l'exercice de l'option, l'usufruitier transforme sa créance vis-à-vis de la société distributrice par une créance vis-à-vis du nu-propriétaire.

> **Précisions** Toutefois, à notre avis, l'usufruitier devrait également pouvoir souscrire les actions avec l'accord préalable du nu-propriétaire qui peut renoncer à exiger que l'usufruitier lui cède les actions nouvelles.

37805 **Amortissement du capital** À notre avis, pour l'actionnaire :
– le remboursement constitue un produit exceptionnel à porter au compte 7788 « Produits exceptionnels divers » ; en effet, l'amortissement du capital est l'opération qui consiste à rembourser des actions ou parts sociales par prélèvement sur les réserves mais sans réduction de capital, les actions amorties devenant des actions de jouissance ;

> **Fiscalement** Il est considéré comme un revenu distribué (voir Mémento Fiscal n° 24495).

– la valeur des titres demeure inchangée. En effet, hormis leurs droits au premier dividende et au remboursement du nominal en fin de société, les actions conservent leurs autres droits. En revanche, si l'amortissement du capital entraîne une baisse de leur valeur d'usage, une **dépréciation** doit être constituée.

E. Événements particuliers survenant chez la société émettrice

37855 **Provision pour pertes allant au-delà de la participation** Sont notamment visées les situations suivantes :
– l'actionnaire d'une **société sous contrôle exclusif** (voir Mémento Comptes consolidés n° 4614) ayant une **situation nette négative** a une obligation juridique (existence d'une lettre d'intention, lettre de confort) ou implicite (pratique constante de l'entreprise créant une attente chez les tiers et chez les filiales, annonce publique) de soutien envers cette filiale (voir n° 50130) ; lorsqu'il a pris l'engagement de soutenir sa filiale en difficulté au-delà de sa participation, une provision pour risque complémentaire doit être constituée.

> **Précisions** En l'absence d'engagement de soutien de la filiale, l'actionnaire d'une société de capitaux n'est, en revanche exposé aux pertes réalisées par sa filiale qu'à hauteur de sa participation (C. com. art. L 225-1 pour les SA ; C. com. art. L 223-1, al. 1 pour les SARL ; C. com. art. L 227-1, al. 1 pour les SAS ; C. com. art. L 222-1, al. 2 et L 226-1, al. 1 pour les associés commanditaires des sociétés en commandite).

– les **membres d'une société de personnes** ont une responsabilité qui n'est pas limitée à leur mise dans le capital social (voir n° 36530 pour les SNC, et n° 38380 pour les GIE).

À notre avis, la provision pour pertes s'apparente à la provision pour caution telle que définie dans l'avis CNC n° 2000-01 sur les passifs (§ 5.7 ; voir n° 50130). Elle doit donc être constituée si les conditions suivantes sont remplies (PCG art. 322-1) :

I. Existence d'une obligation à la clôture L'obligation peut être juridique et résulter d'un engagement pris avant la clôture ou implicite (voir ci-avant).

II. Sortie de ressources probable à la date d'arrêté des comptes La situation nette négative de la filiale rend la sortie de ressources probable. L'aide qui sera consentie est, à notre avis, **sans contrepartie** certaine pour l'entreprise (les perspectives de redressement de la filiale n'étant pas certaines).

Les conditions de constitution d'un passif étant réunies, une provision devrait donc être comptabilisée sur la base des engagements pris dans la lettre d'intention.

Sur le cas particulier des montages fiscaux, voir exemple opérations de crédit-bail par un GIE, n° 38380.

III. Montant de la provision En pratique, le montant de la provision s'estime après avoir constaté les dépréciations nécessaires sur les titres et, le cas échéant, sur les créances rattachées aux participations (voir n° 38480).

Ainsi, en cas de situation nette négative de sa filiale, l'actionnaire doit :
– d'abord déprécier les **titres** de la filiale, s'il estime que leur valeur d'inventaire est devenue inférieure à leur coût d'acquisition ; par exemple, si l'actionnaire évalue la valeur d'utilité des titres de sa filiale selon une approche fondée sur son actif net comptable, la valeur actuelle des titres sera estimée nulle à la clôture (la filiale ayant une situation nette négative) et les titres devront être dépréciés en totalité ; tel ne sera pas systématiquement le cas si la valeur d'utilité est évaluée selon une autre approche ;
– puis déprécier les créances rattachées aux participations (**les créances à long terme et compte courant**) s'il n'existe aucun horizon prévisible de remboursement à la clôture (voir n° 38480) ; les créances sont dépréciées à concurrence de la situation nette négative ;
– enfin, le cas échéant, constituer une provision complémentaire au passif à hauteur de ses engagements envers sa filiale.

Si la situation nette négative est supérieure à la valeur des créances à long terme et des comptes courants, une provision complémentaire est constituée à hauteur des engagements de la société vis-à-vis de sa filiale. Cette provision ne peut excéder la quote-part incombant contractuellement à la société.

Pour les participations dans des sociétés de personnes ou assimilées (SNC, SCI...), voir n° 36530.

> **Fiscalement** L'existence à la clôture de l'exercice d'une lettre de soutien constitue un événement rendant probable la survenance de la charge (le renflouement de la filiale). Il en est de même de la dégradation de la situation financière d'une filiale ne disposant pas de ressources propres pour se redresser et dont l'ampleur des pertes l'expose à un risque de dissolution pour insuffisance de capitaux propres (CAA Lyon 3-5-2001 n° 00-605).
> La provision pour risques n'est toutefois déductible qu'à condition que la charge couverte soit elle-même déductible. Tel est le cas d'un soutien accordé dans le cadre de relations commerciales entre la société mère et sa filiale. En l'absence de relations commerciales significatives, le soutien accordé répond à des motivations financières, et la déduction de la provision est, à notre avis, susceptible de soulever des difficultés au motif que les abandons de créances à caractère financier ne sont pas déductibles, sauf s'ils sont accordés à une entreprise en difficulté (CGI art. 39-13 ; voir n° 42270). Voir également sur ce point n° 38480 à propos des conditions de la déduction d'une (provision pour) dépréciation de créances entre la mère et sa filiale, suivant qu'elles entretiennent ou pas des relations commerciales.

IV. Annexe Sur les informations à donner au titre des provisions et de l'engagement donné à sa filiale, voir n° 50130.

V. Exemples

EXEMPLE 1

L'actionnaire est contractuellement engagé à soutenir sa filiale La société F est une société par actions simplifiée (SAS), détenue à 80 % par la société M. La société F connaît des difficultés opérationnelles depuis plusieurs exercices. Ces difficultés se sont aggravées sur l'exercice N et la société F a engendré une perte de 200.

La situation nette de F au 31/12/N s'établit comme suit :

Capital social	100
Réserve légale	10
Report à nouveau	– 80
Résultat de l'exercice	– 200
Situation nette	**– 170**

Chez M, les actifs liés à la société F au 31/12/N sont les suivants :

Titres F	80
Compte courant (débiteur) – F	30
Actifs liés à la société F	**110**

M et l'actionnaire minoritaire de F, qui ne s'attendent pas à une évolution favorable de la situation de F à court terme, ont signé une lettre d'intention à la filiale F le 20 décembre N, aux termes de laquelle ils s'engagent à supporter les pertes réalisées par F au-delà de leur participation en capital, en proportion de leur détention du capital, M assumant toutefois seule les pertes sur les créances qu'elle détient sur F.

Au 31 décembre N, chez M :

a. Dépréciation des titres M évalue la valeur d'utilité des titres F selon une approche fondée sur son actif net comptable. La valeur actuelle des titres F est donc estimée nulle à la clôture et M doit les déprécier en totalité, c'est-à-dire à hauteur de 80.

b. Dépréciation des créances rattachées aux participations La quote-part de situation nette étant supérieure à la valeur des créances à long terme et en l'absence de perspectives de remboursement, le compte courant est déprécié en totalité, soit à hauteur de 30.

c. Provision complémentaire La provision est égale à 80 % du montant de la situation nette (après imputation de la perte sur le compte courant), soit 112 [(170 − 30) × 80 %].

EXEMPLE 2

L'actionnaire est implicitement engagé à soutenir sa filiale Les données chiffrées sont les mêmes que dans le premier exemple. Toutefois, la lettre d'intention émise par M n'a pas été préalablement autorisée par le conseil d'administration (voir n° 50365). En revanche, M a pour habitude de ne pas laisser ses filiales être déclarées en cessation de paiements (ou dépôt de bilan) et de prendre en charge 100 % des pertes sans sollicitation des minoritaires.

Dans ce cas :
− la pratique constante de l'entreprise de soutenir ses filiales a créé chez les tiers et chez la filiale une attente fondée selon laquelle M aidera financièrement sa filiale F et ce, même si la lettre d'intention n'est pas opposable à l'entreprise parce qu'elle n'a pas été préalablement autorisée par son conseil d'administration. Il existe donc une obligation implicite de soutien à la clôture de l'exercice, obligation qui continuera d'exister tant que l'entreprise n'aura pas fait de déclaration contraire sur sa politique de soutien à ses filiales ;
− la provision sera constituée à hauteur de 100 % de la situation nette négative, n'étant pas attendu que l'actionnaire minoritaire prenne en charge une partie des pertes.

EXEMPLE 3

Absence d'engagement de l'actionnaire envers sa filiale Les données chiffrées sont les mêmes que dans le premier exemple. En revanche, M n'a pas pour habitude de soutenir financièrement ses filiales. Elle n'a signé aucune lettre d'intention à la clôture et n'a fait aucune annonce ni pris de décision avant la clôture démontrant sa volonté de soutien.

En l'absence de décision formelle concernant le soutien ou non de sa filiale, M n'a aucune obligation juridique, contractuelle ou implicite de soutenir la filiale à la date de clôture. En conséquence, il n'y a pas lieu de constituer de provision pour pertes, malgré l'existence de la situation nette négative de la filiale F. En revanche, les actifs sont toujours à déprécier, M étant exposé à une moins-value sur les titres F et à une perte probable sur son compte courant avec F.

37860 **Participation dissoute ou en redressement judiciaire** En cas de dissolution ou de mise en redressement judiciaire d'une société, tant que les opérations ne sont pas encore terminées, les titres de participation détenus dans cette société :
− doivent (Bull. CNCC n° 97, mars 1995, EJ 94-103, p. 128 s.) être maintenus au bilan jusqu'à la date du jugement prononçant la clôture des opérations, même si la cession totale des actifs a été ordonnée ; en effet, la personnalité morale de la société et les droits des créanciers subsistent jusqu'à la clôture des opérations de liquidation ;

> **Fiscalement** La liquidation judiciaire, postérieurement à l'achat des titres, ne peut avoir pour effet de modifier la qualification des titres de participation et de permettre leur inscription à la clôture de l'exercice à un compte de titres de placement (CE 12-3-2012 n° 342295 ; voir n° 35430).

− n'ont pas, à notre avis, forcément perdu toute valeur et une dépréciation doit être constituée en tenant compte des perspectives de récupération liée à la cession future de tous les actifs et à la répartition de son produit en fonction des rangs des créances.

> **Fiscalement** Il en est de même (CE 26-10-1983 n° 33457 et 23-10-1989 n° 85251 et CAA Nancy 8-4-1993 n° 91-591). Toutefois, la cour administrative d'appel de Paris a admis qu'une perte définitive (et non pas une provision) soit constatée avant la clôture des opérations de liquidation dès lors que, compte tenu de l'actif et du passif subsistant, la poursuite de la procédure de liquidation n'était pas susceptible de dégager un produit de nature à limiter les pertes des actionnaires (CAA Paris 26-3-2004 n° 99-2481).

37865 **Début d'activité d'une filiale se traduisant par des pertes** Dans la mesure où la dépréciation ne semble pas avoir un caractère durable, il n'est pas anormal, à notre avis, de ne pas constater la perte sous forme de dépréciation des titres à la condition que

cette décision repose sur une analyse suffisante (comptes prévisionnels, études de marché, etc.).
Sur le cas, par exemple, d'opérations de crédit-bail réalisées par un GIE fiscal, voir n° 38380.

Expropriation d'une filiale ou d'une participation étrangère Dans la mesure où la procédure d'expropriation par les autorités locales n'offrirait pas de garanties suffisantes et ferait naître un risque probable de dépréciation des titres détenus dans une filiale ou une participation étrangère, une **dépréciation** pourrait être constituée au titre de l'exercice au cours duquel se serait produit l'événement rendant le **risque probable.** 37870

Actions reçues en échange des titres détenus dans une société privatisée 37875
(Loi 86-912 du 6-8-1986 et loi 93-923 du 19-7-1993) Voir Mémento Fiscal n° 19055.

IV. OBLIGATIONS

A. Obligations simples

Pour la définition des obligations, l'article L 228-38 du Code de commerce renvoie à l'article L 213-5 du Code monétaire et financier : « les obligations sont des titres négociables qui, dans une même émission, confèrent les mêmes droits de créance pour une même valeur nominale » (pour plus de détails, voir Mémento Sociétés commerciales n° 72570 à 72680). 37945

Obligations sans prime 37950
I. Coût d'entrée À leur émission, les obligations sont, à notre avis, enregistrées pour leur **prix de souscription** qui représente le coût de l'obligation pour l'entreprise.
En cas d'acquisition postérieurement à leur émission (par exemple, achat en bourse), il est toutefois fréquent de constater des décotes ou surcotes par rapport au nominal de souscription.

a. En cas de décote, c'est-à-dire lorsque le prix de souscription (prix d'achat) est inférieur à la valeur nominale, il convient, à notre avis, d'enregistrer néanmoins le **prix de souscription** qui représente le coût de l'obligation pour l'entreprise.

> **Précisions** La décote, représentative du différentiel de taux par rapport au taux de marché, n'est pas comptabilisée lors de l'acquisition des obligations, dans la mesure où elle s'assimile à des intérêts complémentaires, s'acquérant au fur et à mesure sur la durée de l'emprunt. Toutefois, pour pouvoir suivre l'amortissement de cette décote, il est à notre avis possible d'enregistrer, dans des subdivisions du compte 506 (ou 2721, voir II. ci-après), le nominal des obligations (au débit) et la décote (au crédit). La décote ainsi comptabilisée est ensuite amortie sur la durée résiduelle des obligations.

Pour plus de détails sur le traitement ultérieur de la décote, similaire à celui de la prime de remboursement, voir n° 37955 II.

b. En cas de surcote, c'est-à-dire lorsque le prix de souscription (prix d'achat) est supérieur à la valeur nominale, il convient, à notre avis, d'enregistrer :
– le **nominal de l'obligation** (y compris la prime de remboursement acquise), en compte 506 (ou 2721) « Obligations » (voir ci-après II.) ;
– la surcote, selon la nature des éléments qui la composent. Ainsi, la quote-part correspondant à l'**acquisition d'intérêts courus non échus** devrait être comptabilisée au bilan en produits à recevoir qui seraient soldés lors du versement du coupon (voir n° 36605 s.). Toutefois, il est plus simple en pratique de les comptabiliser directement en résultat et de constater les intérêts courus donnés par la cote à la clôture (voir n° 36625).
La quote-part correspondant au **différentiel de taux par rapport au taux de marché** est en revanche à étaler sur la durée de l'obligation (comme la décote, voir ci-avant a.), via un compte de **charges constatées d'avance.**

II. Enregistrement comptable Elles sont enregistrées, soit dans les autres titres immobilisés (compte 2721), soit en valeurs mobilières de placement (compte 506), en fonction de l'intention de l'entreprise de conservation durable ou non (voir n° 35275 s.).
Sur l'obligation de dépréciation, même en cas d'engagement de conservation durable, voir n° 36080.
Sur la constatation des intérêts, voir n° 36580 s.
Sur l'enregistrement des produits financiers afférents, voir n° 43000 s.

37955 **Obligations à prime de remboursement**

I. Coût d'entrée Lorsque le prix d'émission est inférieur à la valeur nominale (obligations à prime d'émission), il convient, à notre avis, d'enregistrer en compte 506 (ou 2721) « Obligations » (voir n° 37950) uniquement le **prix de souscription** qui représente le coût de l'obligation pour l'entreprise.

Il en est de même si la valeur de remboursement est supérieure au prix de souscription [obligations à prime de remboursement, obligations indexées (voir n° 37960), obligations à coupon zéro (voir n° 37965), obligations à coupon unique (voir n° 37970)].

II. Valeur au bilan Comme pour le coût d'entrée, la **prime de remboursement** n'est pas à prendre en compte. À notre avis, la différence entre le prix de remboursement et le prix d'émission peut s'assimiler financièrement à des intérêts capitalisés (complément de rémunération) lesquels s'acquièrent au fur et à mesure sur la durée de vie de l'obligation. En conséquence, des produits courus devraient être constatés à la clôture de chaque exercice dans le compte « Intérêts courus » (compte 2768 ou 5088).

> **Fiscalement** Pour les titres ou contrats émis, conclus ou démembrés depuis le 1er janvier 1993, la prime, égale à la différence entre les sommes ou valeurs à recevoir (à l'exception des intérêts linéaires versés annuellement) et celles versées lors de la souscription ou de l'acquisition est imposable, non à l'échéance lors du remboursement, mais sur la fraction courue sur l'exercice après une répartition actuarielle selon la méthode des intérêts composés, lorsque les deux conditions suivantes sont réunies (CGI art. 238 septies A à 238 septies E et BOI-BIC-PDSTK-10-20-60-10 ; voir Mémento Fiscal n° 7970 et 7975) :
> – la prime excède 10 % du prix d'acquisition du titre ou du droit ;
> – la prime s'attache soit à un titre dont le prix moyen à l'émission n'excède pas 90 % de la valeur de remboursement soit à un droit provenant d'un démembrement.
> En présence d'une clause d'indexation, le montant de la prime est calculé à la clôture de chaque exercice en retenant la valeur de remboursement résultant de la variation de l'index (CGI art. 238 septies E-II, 3) et son rattachement actuariel est opéré quel que soit son montant (CE 12-7-2017 n° 400834).
> **Cette définition très large de la prime de remboursement vise** notamment les obligations à coupon unique (voir n° 41145), les obligations à coupon zéro (voir n° 41140) et les titres dont la valeur d'émission est inférieure au nominal (voir n° 41100).
> Elle englobe également les intérêts partiellement capitalisés, les intérêts payés d'avance et les plus-values de remboursement provenant du remboursement d'obligations acquises au-dessous du prix d'émission.
> **Ce régime fiscal s'applique également** aux titres de créances et contrats d'emprunts ou de capitalisation non négociables (donc l'ensemble des créances détenues par une entreprise telles que prêts d'argent, dépôts, cautionnements et comptes courants) et aux parts de fonds communs de créances dont la durée à l'émission excède cinq ans (BOI-BIC-PDSTK-10-20-60-10 n° 40 et 80).

Pour la détermination d'une éventuelle **dépréciation** de l'obligation, il n'y a pas lieu de tenir compte de la fraction de prime courue, celle-ci correspondant à un élément de rémunération du titre et non à un élément constitutif de son coût d'acquisition.

> **Fiscalement** Il en est de même (CGI art. 238 septies E).

La prime de remboursement (comptabilisée à l'actif sous forme d'intérêts courus, voir ci-avant) est également à déprécier s'il apparaît probable qu'elle ne sera pas perçue à terme.

III. Cession ou remboursement avant l'échéance Il en résulte une plus ou moins-value entre le prix de cession (ou de remboursement) et le prix d'acquisition.

> **Fiscalement** Voir ci-avant.

37960 **Obligations indexées** Sur le traitement comptable des prêts et créances indexés, voir n° 40185.
Sur le traitement comptable chez l'émetteur de ces titres, voir n° 41130.

37965 **Obligations à « coupon zéro »** Voir définition n° 41135.
Sur le traitement comptable, voir n° 37955.

37970 **Obligations à coupon unique** Voir définition n° 41140.
Sur le traitement comptable, voir n° 37955.

37975 **Obligations à fenêtre** Voir définition n° 41145.

Titres Subordonnés à Durée Indéterminée (TSDI) (ou obligations perpétuelles) Voir définition n° 41195. 37980
Sur le traitement comptable, voir obligations sans prime de remboursement n° 37950 ou voir obligations à prime de remboursement n° 37955.

B. Opérations sur obligations

Voir aussi opérations sur titres n° 37130 s. (prêts de titres, faculté de rachat (réméré), échange, etc.). 38030

Rachat par une société de ses propres obligations ou bons Les titres rachetés sont enregistrés au compte 505 « Obligations et bons émis par la société et rachetés par elle ». 38035

V. TITRES PARTICIPATIFS

Émis par les sociétés par actions du secteur public, les sociétés anonymes coopératives et certaines entreprises d'assurance (C. mon. fin. art. L 213-32 à L 213-35 et C. com. art. L 228-36 et L 228-37), les titres participatifs présentent des caractéristiques les apparentant plus aux obligations qu'aux actions, notamment : 38105
– ils ne sont pas remboursables par l'entreprise émettrice avant 7 ans ;
– ils sont rémunérés par une partie fixe et une partie variable ;
– ils prennent rang après les prêts, y compris participatifs, juste avant les actions ou les parts sociales ;
– leurs porteurs ont les mêmes droits que les porteurs d'obligations (masse, communication de documents sociaux… mais ne disposent d'aucun droit de vote, d'aucun droit ni à la répartition des réserves ni au boni de liquidation).

I. Classement comptable Ces caractéristiques conduisent, à notre avis, à les classer (sauf placement de courte durée) dans les « Autres immobilisations financières », au compte 272 « Titres immobilisés », comme valeurs mobilières de placement à long terme.
Toutefois, l'**émetteur doit les classer en « Autres fonds propres »,** voir n° 56950.

> **Fiscalement** Les titres participatifs sont constitutifs de titres de placement exclus du régime du long terme (CGI art. 219 I a ter et BOI-IS-BASE-20-20-10-10 n° 50 ; voir n° 36725).

II. Rémunération À la clôture de l'exercice, la partie d'intérêts courus doit être constatée en produit financier par le débit du compte 27682 « Intérêts courus sur titres immobilisés ».

> **Fiscalement** Il en est de même (BOI-BIC-PDSTK-10-20-20).

Le calcul de la **partie fixe** de la rémunération ne présente pas de difficultés, ses éléments étant connus. En revanche, la **partie variable,** certaine dans son principe mais non dans son montant, nous paraît devoir être estimée en suivant les règles générales d'évaluation des produits à recevoir (voir n° 10505). En l'occurrence, deux situations peuvent se présenter à la date d'arrêté des comptes selon que le résultat de la société émettrice des titres est connu ou non :
– s'il est connu, le produit est estimé et pris en compte ;
– s'il n'est pas connu, aucun produit ne doit être constaté sauf si une estimation prudente peut tout de même être établie.

VI. VALEURS MOBILIÈRES COMPOSÉES

« Les sociétés par actions peuvent émettre des valeurs mobilières donnant accès au capital ou donnant droit à l'attribution de titres de créances » (C. com. art. L 228-91, al. 1). 38175
Sur la définition d'une valeur mobilière et sur le lien avec les titres financiers au sens du Code monétaire et financier, voir n° 35015.

A. Valeurs mobilières composées donnant accès au capital

38180 Sont concernés les titres donnant ou pouvant donner accès au capital ou aux droits de vote (C. mon. fin. art. L 212-1 A).

Il s'agit notamment :
– des bons de souscription d'actions (voir n° 38195) ;
– des actions avec bons de souscription d'actions (voir n° 38205) ;
– des obligations convertibles ou échangeables en actions (voir n° 38185) ;
– des obligations remboursables en actions (voir n° 38190) ;
– des obligations avec bons de souscription d'actions (voir n° 38200) ;
– des obligations avec bons de souscription d'actions remboursables (Obsar) ou bons d'acquisition d'actions remboursables (Obsaar) (voir n° 38210).

38185 **Obligations convertibles ou échangeables en actions** Sur le traitement comptable chez l'émetteur de ce type d'obligations, voir n° 41260.

I. Lors de leur souscription ou de leur acquisition Elles sont comptabilisées à leur coût d'acquisition, sans détachement de l'option, dans un compte correspondant à l'**intention** d'utilisation de l'entreprise détentrice de ces obligations (voir n° 35275 et 35325) :
– soit dans les autres titres immobilisés (lors de leur conversion, selon le cas, elles y sont maintenues ou sont transférées parmi les titres de participation) ;
– soit dans les valeurs mobilières de placement.

> **Fiscalement** En cas de prime de remboursement, les intérêts et la prime sont imposables au titre de chaque exercice selon une répartition actuarielle (BOI-BIC-PDSTK-10-20-60-20 n° 80). Cette disposition est identique à celle relative aux obligations à prime classiques, voir n° 37955.

II. À la clôture de l'exercice Sur l'évaluation des obligations, voir n° 35845 s. Des dépréciations peuvent en résulter, voir n° 36080 et 36135.

III. Lors de l'exercice de la conversion ou de l'échange En l'absence de définition juridique de cette notion tant dans le Code civil qu'en droit des sociétés, il est à notre avis possible d'assimiler cette opération à un échange et de **dégager une plus-value** (application de l'article 213-3 du PCG relatif aux opérations d'échange ; voir n° 37160 s.).

> **Fiscalement** Le sursis d'imposition prévu par l'article 38-7 du CGI pour les échanges d'actions effectués dans le cadre d'une OPE (voir n° 37160 s.) s'applique de façon obligatoire aux **conversions d'obligations en actions** effectuées par les sociétés françaises conformément à la réglementation en vigueur et par les sociétés d'un autre État de l'Union européenne, dès lors qu'elles sont soumises à une réglementation comparable à celle prévue en France, prévoyant notamment une autorisation de l'organe délibérant (BOI-BIC-PVMV-30-30-60-10 n° 1 à 30). Le sursis s'applique également aux **échanges d'obligations en actions** (CGI art. 38-7) tels que les Oceane. En cas de sursis, l'imposition du profit (ou l'imputation de la perte) est reportée jusqu'à la première cession des actions reçues en échange. Ce différé d'imposition n'est pas subordonné au maintien à l'actif de l'ancienne valeur. Si une plus-value est dégagée en comptabilité, il en résulte donc un impôt différé passif, le cas échéant (voir n° 52990).
> Sur l'incidence de la valeur des droits de souscription d'obligation pour l'application du report d'imposition, voir n° 37160 s. La dépréciation afférente à un droit de souscription d'obligation reçu dans le cadre d'une opération placée sous le régime du sursis d'imposition peut être déterminée d'après sa valeur réelle à la date de cette opération (BOI-BIC-PVMV-30-30-60-40 n° 10).
> Sur la détermination de la plus-value de cession ultérieure des titres reçus après conversion, remboursement ou échange, voir n° 37160 s.

Les développements précédents s'appliquent également à la détention des obligations ci-après :
– **obligations sans primes convertibles ou échangeables en actions** (sur le traitement comptable chez l'émetteur de ce type d'obligations, voir n° 41260) ;
– **obligations avec primes convertibles ou échangeables en actions** (sur le traitement comptable chez l'émetteur de ce type d'obligations, voir n° 41280) ;
– **obligations échangeables en actions** (sur le traitement comptable chez l'émetteur de ce type d'obligations, voir n° 41285) ;
– **obligations à option de conversion ou d'échange en actions nouvelles ou existantes (Oceane)** (sur le traitement comptable chez l'émetteur de ce type d'obligations, voir n° 41290).

Pour les obligations en devises, voir n° 37045.

Obligations remboursables en actions (ORA, Orane)

38190 Les développements précédents (voir n° 38185) s'appliquent également aux ORA et aux Orane.

> **Fiscalement** Le sursis d'imposition applicable aux échanges d'actions dans le cadre d'une OPE (voir n° 37160 s.) s'applique également aux échanges résultant du remboursement d'obligations en actions de la société émettrice (ORA) à condition que l'augmentation de capital soit concomitante (aux délais techniques nécessaires à sa réalisation près) du remboursement des obligations (CGI art. 38-7 et BOI-BIC-PVMV-30-30-60-10 n° 50 à 60).

Sur le traitement comptable chez l'émetteur de ce type d'obligations, voir n° 41295.

Bons de souscription d'actions (BSA)

38195 Le PCG et l'avis CNC n° 35 donnent le traitement suivant chez le détenteur de ces titres :

I. Lors de leur souscription ou de leur acquisition

Les bons sont enregistrés pour leur prix d'acquisition dans le compte 50 « Valeurs mobilières de placement » (PCG art. 945-50).

Toutefois, selon le bulletin CNCC (n° 105, mars 1997, EJ 96-102, p. 95 s.), dans le cas particulier où des bons de souscription ont été acquis, pour l'essentiel, **en même temps** que l'acquisition de la totalité des actions de la société émettrice, et pour le solde, dans l'intention d'éviter une dilution de la participation ainsi détenue, il est possible de classer ces bons en **immobilisations financières,** la possession durable de ces bons pouvant en effet être estimée utile à l'activité de l'entreprise.

Dans le cas particulier de **BSA attribués dans le cadre d'une OPA (bons d'offre),** ceux-ci étant attribués gratuitement (voir n° 55415), ils devraient être enregistrés pour leur valeur vénale à l'actif du détenteur en contrepartie d'un produit et suivre les règles de dépréciation des BSA classiques. En cas d'incessibilité des bons, le produit à comptabiliser dépend de la probabilité d'exercice du bon : s'il n'est pas probable que le bon soit exercé, aucun produit ne peut être comptabilisé.

II. À la clôture de l'exercice (point non abordé par le PCG et l'avis CNC n° 35)

a. BSA cotés À notre avis, la valeur d'inventaire des bons cotés est à estimer selon les règles générales applicables aux valeurs mobilières de placement ou aux autres titres immobilisés, à savoir au cours moyen du dernier mois de l'exercice (voir n° 35850).

Toutefois, il convient de tenir compte de certaines situations particulières :
– dans le cas où il est probable que les BSA dont la date de péremption est prochaine ne seront pas exercés, ceux-ci paraissent, à notre avis, devoir être dépréciés en totalité ;
– pour les détenteurs de BSA classés en immobilisations financières, si leur intention est, lors de l'exercice des bons, d'utiliser les actions futures comme des titres de participation, il est à notre avis possible de retenir les règles d'évaluation des titres de participation.

b. BSA non cotés En principe, par analogie avec le traitement applicable aux valeurs mobilières de placement ou aux autres titres immobilisés (voir n° 35855), la valeur d'inventaire des bons correspond à la valeur probable de négociation.

En pratique, par simplification, la dépréciation se calcule, à notre avis, par la différence entre, d'une part, le cumul de la valeur comptable des bons, augmentée du montant à décaisser en cas d'exercice des bons pour souscrire les actions et, d'autre part, la juste valeur des actions à la clôture. Si le montant ainsi déterminé est supérieur à la juste valeur des actions, les BSA font l'objet d'une dépréciation totale, à reprendre lorsque la juste valeur des actions excédera le cumul.

> **Fiscalement** Les (provisions pour) dépréciation sur BSA constituent des pertes déductibles au taux de droit commun (CGI art. 219-I-a. ter).

III. Lors de l'exercice de bons

Les actions (BSA) acquises sont enregistrées, dans le compte de valeurs mobilières concerné, pour leur prix d'émission augmenté de la valeur des bons exercés qui se trouve ainsi virée à ce compte. L'exercice des bons n'a donc aucune influence sur le résultat comptable de l'entreprise qui a souscrit ces bons (Avis CNC n° 35).

> **Fiscalement** Il en est de même (BOI-BIC-PVMV-30-30-20 n° 140).

IV. Lors de la cession de bons (point non abordé par le PCG et l'avis CNC n° 35)

Celle-ci est comptabilisée, à notre avis, comme toute cession de valeurs mobilières de placement.

> **Fiscalement** Les plus et moins-values de cession des BSA sont soumises au taux de droit commun (CGI art. 219-I-a. ter).

V. Lors de la péremption de bons Leur sortie du patrimoine du souscripteur ou de l'acquéreur donne lieu à la constatation d'une charge financière (Avis CNC n° 35).

Toutefois, dans le cas particulier d'une acquisition simultanée avec la totalité des actions de la société émettrice (classement des bons en immobilisations financières, voir ci-avant I.) il est possible d'augmenter le prix d'acquisition des titres de la filiale concernée de la valeur des bons périmés. Si ce prix devenait supérieur à la valeur d'usage des titres, une dépréciation devrait être constituée à la clôture de l'exercice.

> **Fiscalement** Les conséquences de la péremption des bons sont identiques à celles résultant de leur cession (BOI-BIC-PVMV-30-30-20 n° 150 à 160).

Sur le traitement comptable chez l'émetteur des bons de souscription autonomes, voir n° 55415.

38200 Obligations avec bons de souscription d'actions (Obsa) L'avis CNC n° 35 relatif au traitement des bons de souscription, considérant que les bons de souscription d'actions attachés à des obligations qui donnent le droit de souscrire à des actions sont détachables et négociables, recommande le traitement suivant :

I. Lors de la souscription Les obligations sont enregistrées distinctement des bons, à savoir :
– pour les obligations, dans le compte de valeurs mobilières concerné pour leur valeur actuelle qui est égale, dans ce cas, à la valeur actuarielle représentant la valeur d'entrée des obligations ;
– pour les bons, dans le compte « Valeurs mobilières de placement » pour un montant représenté par la différence entre le prix d'émission des Obsa et la valeur d'entrée des obligations.

> **Fiscalement** Il en est de même (CGI art. 38-8-1° et BOI-BIC-PDSTK-10-20-60-10 n° 240).

En pratique, à notre avis, l'éclatement du coût d'acquisition entre les obligations et les bons s'effectue à l'aide de la **cotation** des bons, **le lendemain** de l'émission.

Du fait du détachement comptable initial (voir ci-avant), le coût d'acquisition des obligations peut être différent de leur valeur de remboursement. Il en résulte une **décote** (quand le coût d'acquisition est inférieur à la valeur de remboursement) dont le traitement comptable est exposé au n° 37950.

> **Fiscalement** La décote, égale à la différence entre la valeur actuelle du titre après détachement des droits de souscription et sa valeur de remboursement, est une prime de remboursement imposable selon une répartition actuarielle sur la durée du titre lorsque deux conditions sont remplies (CGI art. 238 septies E) :
> – la prime de remboursement excède 10 % du prix d'acquisition du titre ;
> – et le prix moyen à l'émission n'excède pas 90 % de la valeur de remboursement.
> Dans les situations où l'une de ces conditions n'est pas satisfaite, les primes de remboursement sont imposées lors de leur perception.

II. À la clôture de l'exercice À notre avis (point non explicitement précisé par l'avis du CNC, mais résultant de la décomposition du prix effectuée lors de l'achat), la valeur d'origine de chaque élément est comparée séparément à sa valeur d'inventaire (sur la détermination de cette valeur pour les bons, voir n° 38195).

> **Fiscalement** Il en est de même (BOI-BIC-PDSTK-10-20-60-20 n° 390).

III. Lors d'acquisitions ultérieures Les obligations et les bons sont enregistrés pour leur prix d'acquisition.

IV. Lors de l'exercice de bons ou lors de leur péremption Le même traitement comptable que celui des BSA est appliqué (voir n° 38195).

V. Lors de la cession Le coût d'entrée de l'élément cédé (tel que déterminé au I.) est sorti de l'actif.

> **Fiscalement** Il en est de même (CGI art. 38-8-1°), la plus-value de cession étant à calculer par référence à la fraction du prix d'acquisition afférente à chacun de ces éléments.
> Les plus et moins-values afférentes aux obligations et BSA sont taxables et déductibles au taux de droit commun (CGI art. 219-I-a. bis et a. ter).

Sur le traitement comptable chez l'émetteur de ce type d'obligations, voir n° 41300.

38205 Actions avec bons de souscription d'actions (Absa) En ce qui concerne les **Absa**, l'avis CNC n° 35 considère que leur traitement comptable découle de la **même analyse** que celle présentée pour les **Obsa** (voir n° 38200).

Toutefois, cet avis ne fournit aucune précision sur la manière de les décomposer. À notre avis, cette décomposition peut s'effectuer :
– soit en déterminant le coût d'acquisition du bon en retranchant du prix unique la valeur de l'action au premier jour de sa cotation ;
– soit (solution qui a notre préférence) en répartissant le prix de souscription entre les deux éléments dans la proportion constatée au premier jour de sa cotation entre les cours de l'action et du bon par rapport à la somme des deux cours.

> **Fiscalement** Les règles énoncées pour les Obsa (voir n° 38200) sont susceptibles de s'appliquer aux Absa, mais en l'absence de dispositions explicites les concernant, elles ne présentent pas, semble-t-il, de caractère impératif.

Sur le traitement comptable chez l'émetteur de ce type d'obligations, voir n° 55330.

Obligations avec bons de souscription d'actions remboursables (Obsar) ou avec bons de souscription ou d'acquisition d'actions remboursables (Obsaar) En l'absence de précisions sur la part des organismes comptables compétents, le traitement comptable des Obsa est applicable aux Obsar et Obsaar (voir n° 38200), le BSAR étant une variante du BSA.   **38210**

Sur le traitement comptable chez l'émetteur de ce type d'obligations, voir n° 41305.

B. Valeurs mobilières composées donnant droit à l'attribution de titres de créance

Les valeurs mobilières donnant droit à l'attribution de titres de créances peuvent être, notamment :   **38260**
– des obligations avec bons de souscription d'obligations (Obso), voir n° 38265 ;
– des bons de souscription d'obligations (BSO), voir n° 38270 ;
– des certificats de valeur garantie (CVG), voir n° 37230.

Obligations avec bons de souscription d'obligations (Obso) Le traitement comptable des Obso est identique à celui des Obsa (voir n° 38200).   **38265**

Sur le traitement comptable chez l'émetteur de ce type d'obligations, voir n° 41310.

Bons de souscription d'obligations (BSO) Le traitement comptable des BSO est identique à celui des BSA (voir n° 38195).   **38270**

VII. AUTRES FORMES DE PARTICIPATION

Les « Autres formes de participation » sont regroupées dans le poste « Participations » figurant au bilan (voir n° 35390 pour le classement comptable).   **38340**

Il s'agit de titres immobilisés, autres que les titres de participation, permettant une exploitation en commun telles les parts de GIE (voir n° 38380), pool, quirat (voir n° 38390), sociétés coopératives… regroupées au **compte 266** « Autres formes de participation ».

Compte tenu de cette forme particulière, on constate en pratique que les avances ou appels de fonds (qui constituent des créances rattachées, voir n° 38465 s.) sont d'une grande importance.

PARTICIPATION DANS UNE SOCIÉTÉ IMMOBILIÈRE DE COPROPRIÉTÉ « TRANSPARENTE »

L'objet de ces sociétés est la construction ou l'acquisition d'immeubles en vue de leur division par fractions destinées à être attribuées aux associés en propriété ou en jouissance.   **38360**

I. Classement comptable Elle constitue, par nature, une participation financière et non une immobilisation corporelle (Bull. CNC n° 27, juillet 1976, p. 8). Il convient d'utiliser les comptes suivants :
– **parts sociales** elles-mêmes : compte 2618 « Autres titres » (qui fait l'objet d'un amortissement particulier ; voir ci-après) ;
– **appels de fonds** supplémentaires réclamés aux associés pour faire face à l'insuffisance du capital social : compte 2675 « Versements représentatifs d'apports non capitalisés » (voir n° 38465 s.).

Ces appels de fonds constituent, non des avances de trésorerie consenties à la société, mais des apports non capitalisés (CA Paris, arrêt du 10-2-1987).

> **Précisions** **Champ d'application** : cette comptabilisation nous semble **applicable à toutes les sociétés (notamment SCI).** Elle est d'ailleurs également préconisée par le plan comptable des promoteurs (sur la caducité de ce plan, voir n° 3315). Mais il n'en est pas de même pour les marchands de biens (voir n° 20400).

II. « Amortissement » des titres de sociétés immobilières de copropriété

Ces sociétés sont réputées, fiscalement, ne pas avoir de personnalité distincte de celle de leurs membres (régime de la transparence fiscale, voir Mémento Fiscal n° 30770 à 30815). Les entreprises membres d'une société immobilière de copropriété doivent comptabiliser l'amortissement des locaux représentés par leurs titres sur la base du prix de revient de ces titres (ou de leur valeur nette de réévaluation) et en fonction de la durée d'utilisation de ces locaux (CGI ann. II art. 375-I), bien que comptablement les titres ne s'amortissent pas.

> **Précisions** Le prix de revient de ces titres (BOI-BIC-AMT-10-20 n° 120) correspond, en principe, au prix de souscription ou d'acquisition des droits augmenté des sommes payées ultérieurement à titre de versement de libération ou à la suite d'appels de fonds faits par la société. Mais, bien entendu, seule peut être amortie la fraction de ce prix de revient correspondant au coût de la construction, à l'exclusion de la valeur du terrain.

Cet « amortissement », qui ne correspond pas à une dépréciation continue et irréversible des titres, a le caractère **d'un amortissement dérogatoire** à inscrire au crédit du compte 145 par le débit du compte 68725. Il est indépendant d'une éventuelle dépréciation de ces titres.

Cet « amortissement » est soldé lors de la cession.

III. Prise en compte des résultats de ces sociétés chez leurs membres

Voir n° 36480 s.

Toutefois, on notera les **particularités** suivantes pour les sociétés immobilières :

a. Parts destinées à être cédées Les dépréciations à constituer en fonction de la quote-part des capitaux propres de la société immobilière peuvent être **réduites** pour tenir compte, s'il en existe, **des plus-values latentes** sur les biens figurant à l'actif de la société immobilière. Cette solution revient à évaluer les parts en fonction de la valeur de marché des immeubles construits par la société immobilière.

b. Parts de sociétés immobilières **détenant ou construisant des immeubles utilisés** (ou qui seront utilisés) **par la société détentrice dans le cadre de son exploitation** Aucune dépréciation n'est à constituer, à notre avis (confirmé par Bull. CNCC n° 93, mars 1994, EC 93-54, p. 138 s.), même si la valeur de marché des immeubles est inférieure au coût d'acquisition des parts. En effet, la valeur d'inventaire de ces parts est à apprécier en fonction de **l'utilité** que ces immeubles ont (ou auront) pour cette entreprise (donc notamment par rapport à la poursuite de ses activités) et non en fonction de la valeur de marché.

Il en serait toutefois autrement :
– si les pertes réalisées par la société immobilière résultaient de circonstances imprévues et non maîtrisables, ne s'inscrivant pas dans le cadre du déroulement normal d'une opération dont la rentabilité est prévue à terme (Bull. CNCC précité) ;
– ou si l'entreprise détentrice des parts a **l'intention de céder l'immeuble.**

> **Précisions** **Comptes consolidés** En raison de l'absence de dépréciation des titres dans les comptes individuels de la maison mère, les comptes consolidés font apparaître, par comparaison, une situation nette du groupe fortement dégradée par les pertes de la filiale immobilière. Si aucune mention particulière n'est à faire par le commissaire aux comptes dans son rapport sur les comptes consolidés, une **information** peut utilement être indiquée par les dirigeants dans leur **rapport de gestion,** afin de faciliter la compréhension des comptes présentés aux actionnaires (Bull. CNCC précité).

PARTICIPATION DANS UN GROUPEMENT D'INTÉRÊT ÉCONOMIQUE (GIE ET GEIE)

38380 Suivant les formes qu'elle revêt, elle consiste en (PCG art. 942-26) :
– **parts sociales** elles-mêmes : compte 266 « Autres formes de participation » (pour mémoire si le GIE n'a pas de capital) ;
– **avances au GIE** qui ne sont pas réalisables : compte 2676 « Avances consolidables » (voir n° 38465 s.).

> **Fiscalement** Les plus ou moins-values de cession de parts de GIE, constitués avec ou sans capital, relèvent du régime du long terme si elles en respectent les conditions (voir n° 36700 ; BOI-BIC-PVMV-30-10 n° 200).

À notre avis, les avances visées sont celles qui ont vocation à être incorporées au capital selon la définition du PCG 82 (p. II. 135) ; or, tel n'est pas toujours le cas pour les GIE.

Les apports à un GIE non évalués doivent être mentionnés dans les engagements donnés (PCG art. 948-80).

Les autres opérations faites avec un GIE sont enregistrées au compte 458 « Associés – Opérations faites en commun et en GIE ».

En ce qui concerne la **prise en compte des résultats** des GIE chez leurs membres, il convient de distinguer selon que le résultat du GIE est bénéficiaire ou déficitaire :

> **Précisions** Dans tous les cas, l'**annexe** comprend une **information,** dès qu'elle est significative, sur la nature, le montant et le traitement de la quote-part de résultat (PCG art. 833-14/3).

Quote-part de résultat bénéficiaire Lorsque les résultats du GIE sont bénéficiaires et qu'il a été décidé d'affecter le bénéfice aux comptes courants (voir n° 73660), les membres comptabilisent, au cours de l'exercice de distribution, la créance correspondante dans les produits financiers (PCG art. 621-4).

Pour plus de détails, voir n° 36485 à 36510 (règles applicables aux associés des sociétés de personnes).

> **Fiscalement** Cette quote-part est immédiatement imposable chez le membre, le GIE étant translucide fiscalement (CGI art. 239 quater et 239 quater C ; voir n° 36480).
>
> Il en résulte un décalage avec sa comptabilisation, qui entraîne les corrections extra-comptables suivantes sur l'imprimé n° 2058-A :
>
> – au titre de l'exercice de réalisation du bénéfice par le GIE : réintégration (ligne K7 et case WL) de la quote-part revenant au membre (non comptabilisée par celui-ci) ;
>
> – au titre des exercices suivants, lors des distributions ultérieures : déduction (ligne XG) des produits comptabilisés.
>
> Sur la limitation de déduction de l'amortissement des biens donnés en location par les sociétés de personnes, voir ci-après, n° 38380, I. b., Fiscalement, b.

Quote-part de résultat déficitaire Le traitement suivant est à retenir :

I. À l'arrêté des comptes Il convient de constituer, dans l'ordre suivant et dans la limite de leur montant (PCG art. 221-8) :

a. une **dépréciation des parts,** dans le cas où la valeur d'inventaire de la participation est inférieure à son coût d'acquisition.

La participation comprend non seulement le prix d'acquisition des parts mais également, le cas échéant, les appels supplémentaires effectués pour compenser les pertes subies (voir ci-après II.) ;

> **Fiscalement** Voir ci-après.

b. puis une **dépréciation des créances** s'il existe un risque de non-recouvrement ; suivie, à notre avis, de celle du compte courant lui-même (compte 458 « Associés-Opérations faites en commun ou en GIE ») ;

c. et, une **provision complémentaire au passif,** si l'entreprise détentrice des titres du GIE déficitaire est tenue de supporter les pertes au-delà du montant de sa participation (voir n° 37855).

Dans le **cas particulier d'opérations de crédit-bail réalisées par un GIE fiscal,** voir Mémento Comptable édition 2021.

> **Fiscalement a.** La quote-part de perte est immédiatement déductible chez le membre (indépendamment de sa comptabilisation), le GIE étant translucide fiscalement.
>
> En conséquence, ces (provisions pour) dépréciations et ces provisions pour risques, qui couvrent forcément des pertes déjà constatées chez le GIE, sont en principe non déductibles, un membre ne pouvant se substituer au GIE pour prendre en compte directement les risques liés à l'exploitation de celui-ci (CE 6-11-1985 n° 47537). Sur les retraitements extra-comptables à effectuer sur l'imprimé n° 2058-A, voir n° 36530.
>
> En revanche, la jurisprudence (CE 29-1-1992 n° 75083) considère que ces (provisions pour) dépréciations sont déductibles si la dépréciation est la conséquence :
>
> – d'une surévaluation de l'actif net par rapport au montant probable des produits de la liquidation de la société ;
>
> – ou d'une disparition de plus-values latentes prises en compte lors de la fixation du prix d'achat des parts.

b. Limitation des déficits liés à l'amortissement des biens donnés en location ou mis à disposition par des sociétés de personnes par contrats conclus depuis le 1er janvier 2007
Un double mécanisme de limitation est prévu (CGI art. 39 C-II-1 ; BOI-BIC-AMT-20-40-10) :
– au niveau de la société de personnes : limitation de la déduction des amortissements des biens donnés en location ;
– au niveau des membres ou associés de la société de personnes : limitation de la quote-part de déficit (correspondant à l'amortissement déductible des biens donnés en location) imputable sur leurs résultats.
Pour plus de détails, voir Mémento Fiscal n° 9565 et 9570.

II. Lors et selon la décision des membres statuant sur le sort de la perte comptable   La perte peut être apurée (PCG art. 621-4) :
– **si elle est considérée comme définitive,** par le versement d'un complément de cotisation dans les proportions de la contribution fixée au contrat pour chacun des membres ou selon toute autre formule de leur choix ;
Mais cette charge devrait normalement être compensée par une reprise de dépréciation ou de provision antérieurement constituée à l'arrêté des comptes.
– **si elle n'est pas considérée comme définitive,** par des apports ou avances complémentaires.
En principe, cette inscription à l'actif ne devrait pas entraîner à notre avis de provision ou de dépréciation complémentaire : la perte n'étant pas définitive, il est probable que les membres recouvrent les apports ou avances complémentaires ainsi réalisés.

> **Fiscalement**   Ces suppléments d'apport ne donnent lieu à aucune déduction, celle-ci ayant déjà eu lieu du fait de la translucidité fiscale. Ne devant pas non plus entraîner de charge comptable, il n'en résulte aucune correction extra-comptable.

PARTICIPATION DANS UNE SOCIÉTÉ EN PARTICIPATION

38385   Les **droits des coparticipants** non gérants dans les biens acquis ou créés dans le cadre de l'activité de la société en participation sont constatés dans leur bilan au compte 268 « Créances rattachées à des sociétés en participation » par le crédit du compte 458 « Associés – Opérations faites en commun » (PCG art. 942-26).
Les **mises de fonds** entre coparticipants sont enregistrées au compte 458.
Les questions relatives aux sociétés en participation sont développées aux n° 73775 s.

> **Fiscalement**   Les sociétés en participation n'ayant pas de personnalité morale, les droits des coparticipants sont exclus du régime du long terme (TA Paris 10-10-2006 n° 00-7216 ; BOI-BIC-PVMV-30-10 n° 200).

PARTICIPATION DANS UNE COPROPRIÉTÉ DE NAVIRE (QUIRAT)

38390   > **Juridiquement**   Les caractéristiques propres à une société de quirataires semblent la condamner à rester une société en participation (Rép. Farran : AN 23-9-1991 n° 41395).

> **Fiscalement**   Voir Mémento Fiscal n° 37870 et 37875.

DROITS REPRÉSENTATIFS D'ACTIFS REMIS EN FIDUCIE

38395   Les droits représentatifs d'actifs remis en fiducie sont inscrits en immobilisations financières. Sur les règles spécifiques de leur évaluation, voir n° 74470 et 74490.

VIII. CRÉANCES RATTACHÉES AUX PARTICIPATIONS

38465   Selon le PCG (art. 942-26), les créances rattachées aux participations représentent les créances nées à l'occasion de prêts octroyés à des entités dans lesquelles le prêteur détient une participation (c'est-à-dire titres de participation et autres formes de participation).

38470   **Classement comptable**   Elles sont regroupées au **compte 267** « Créances rattachées aux participations » qui se subdivise de la manière suivante :
– 2671 **« Créances rattachées »** à des participations (groupe)
– 2674 **« Créances rattachées »** à des participations (hors groupe)

Ces deux comptes (2671 et 2674) enregistrent les **prêts** habituellement à long ou moyen terme (ou le cas échéant à court terme), consentis à des sociétés dans lesquelles l'entreprise possède une participation.

Les avances en compte courant sont inscrites au compte 451 « Groupe » ou 455 « Associés – Comptes courants ».

– 2675 **« Versements représentatifs d'apports non capitalisés »** (appels de fonds)

Il s'agit du cas où la souscription à une partie du capital d'une société entraîne ultérieurement, pour le souscripteur, des versements obligatoires de fonds supplémentaires qui ne sont pas inscrits au capital de cette société (PCG art. 942-26).

Il en est ainsi, par exemple, en matière de sociétés immobilières d'attribution, pour les appels de fonds supplémentaires au capital social nécessités par l'acquisition, la construction et l'aménagement de l'immeuble social. Il s'agit d'un cas particulier d'avances consolidables.

– 2676 **« Avances consolidables »**

Les avances consolidables **(au sens financier)** sont des fonds :
- ayant pour l'entreprise qui les a reçus le caractère de capitaux permanents et destinés à être ultérieurement capitalisés ;
- ou qui, pour les détenteurs de parts, constituent financièrement un élément du coût de ces parts.

> **EXEMPLE**
> Les avances assurant le financement permanent d'un GIE en complément d'un capital social inexistant ou insuffisant.

Toutefois, l'ancien plan comptable des sociétés coopératives de presse (désormais caduc, voir n° 3315) considérait que les avances en compte bloqué à la société coopérative constituent des « Autres créances immobilisées » (compte 276). Cette position est toujours valable, à notre avis.

Sur les avances consolidables en devises, voir n° 40540.

– 2677 **« Autres créances rattachées »** à des participations

Il s'agit notamment des dividendes à recevoir, lorsque l'entreprise les comptabilise dès la décision de l'assemblée (voir n° 36315 et 36320).

– 2678 **« Intérêts courus »**

Sur les créances rattachées, versements ou avances.

Date d'enregistrement : 38475

– pour la prise en compte des créances représentant les revenus des participations (dividendes ou parts de résultats), voir n° 36300 s. ;
– pour les prêts ou avances, voir n° 40960.

Dépréciation Elle est comptabilisée au **compte 2967** « Dépréciation des créances rattachées aux participations », compte subdivisé comme le compte 267.   38480

Comme pour toute créance, s'il n'existe aucun horizon prévisible de remboursement à la clôture, la créance liée à une participation (par exemple, prêts ou compte courant) est classée en clients douteux (PCG art. 944-41) et doit être dépréciée. En pratique, à notre avis, en cas de difficulté de la filiale, la comptabilité traduira généralement :
– l'existence d'une intention de la société mère de consentir un abandon de créance à sa filiale : par la dépréciation de la créance indépendamment de la valeur des titres (voir ci-après I.) ;
– l'absence d'une telle intention : par la dépréciation des titres, le cas échéant, avant celle de la créance (voir ci-après II.).

I. Lorsque la situation financière de la filiale ne semble pas compromise

La dépréciation des créances est totalement indépendante de celle des titres de participation. Par exemple :
– lorsqu'une filiale présente des difficultés financières passagères, l'intention de l'associé **d'abandonner la créance** devrait, à notre avis, pouvoir donner lieu à la dépréciation de la créance, notamment si telle est son habitude lorsqu'une de ses filiales montre des signes de difficultés financières sans que sa situation financière à long terme ne soit toutefois compromise ;
– en cas d'accord probable de **cession à un prix décoté**, il en est de même.

Dans ces situations, les titres sont estimés à leur valeur actuelle à la clôture et ne sont quant à eux dépréciés que si leur valeur actuelle devient inférieure à leur valeur comptable (voir n° 35705 s.).

> Précisions Capitaux propres négatifs Le bulletin CNCC (n° 74, juin 1989, EC 88-71, p. 222 s.) considère, à propos de sociétés ayant une participation et des créances sur des filiales dont les capitaux propres sont négatifs :
– que le résultat déficitaire d'un seul exercice n'est pas de nature à entraîner systématiquement une dépréciation à hauteur des pertes constatées par les filiales détentrices des comptes courants ;
– et qu'il convient d'apprécier, compte tenu de la situation d'ensemble et des circonstances de l'espèce, la probabilité de non-recouvrement de ces comptes courants et de constituer une dépréciation dès lors qu'une perte apparaît probable.

Cette solution permet notamment, lorsque les modalités de dépréciation des titres sont fondées sur l'actif net (voir n° 35735), de ne pas systématiquement déprécier les créances rattachées si la situation financière filiale n'est pas compromise.

II. Lorsque la situation financière de la filiale semble compromise La créance n'est dépréciée qu'une fois les titres de participation dépréciés en totalité (Bull. CNCC n° 199, septembre 2020, EC 2020-02).

Selon le bulletin CNCC précité et en l'absence de règles comptables spécifiques préconisant un ordre précis pour la dépréciation de ces créances, la société devrait en effet pouvoir se référer à l'approche « liquidation » fondée sur l'article 1844-9 du Code civil pour déprécier ses créances. Sur la dépréciation des titres de participation, voir n° 35705 s.

En pratique, la constatation de telles dépréciations est différente selon que la participation est une société de capitaux ou une société de personnes.

a. Créances rattachées à des participations dans des sociétés de capitaux Avant de déprécier ces créances, les titres correspondants auront dû être dépréciés en totalité.

Dès lors que les titres de la filiale sont dépréciés, les avances consolidables doivent, à notre avis, être dépréciées dès que les capitaux propres de la filiale deviennent négatifs. En effet, à notre avis, il convient de tenir compte des perspectives d'évolution de la filiale (temporairement ou structurellement déficitaire) ainsi que des caractéristiques des avances (sommes versées à fonds perdus ou prêts).

En cas d'avances consolidables en monnaies étrangères, voir n° 40540.

> **Fiscalement** La (provision pour) dépréciation est déductible du résultat imposable au taux de droit commun dès lors que l'octroi des avances résulte d'une gestion normale (c'est-à-dire si l'intérêt de la mère est établi), y compris lorsqu'elles sont consenties à une filiale étrangère (CE 11-2-1994 n° 119726), sans que l'opportunité de la prise de contrôle puisse être contestée au regard des autres solutions qui s'offraient à l'entreprise (CAA Nancy 6-7-1995 n° 93-244). La cour administrative d'appel de Lyon a jugé que la dépréciation d'une créance envers une filiale n'anticipe pas nécessairement un abandon de créance à caractère financier non déductible en application de l'article 39, 13 du CGI (CAA Lyon 31-3-2022 n° 20LY01253, rendu définitif par CE (na) 20-2-2023 n° 464467). Cette décision s'écarte d'un arrêt de la cour administrative d'appel de Nancy qui a jugé que les avances consenties par une société mère à ses filiales avec lesquelles elle n'entretient pas de relation commerciale sont des aides à caractère financier (CAA Nancy 18-3-2021 n° 19NC02656, rendu définitif par CE (na) 6-12-2021 n° 452721). Dans ce contexte, la déduction d'une dépréciation ne devrait pas soulever de difficulté en présence de relations commerciales entre la société mère et sa filiale, mais doit être envisagée avec prudence dans les autres situations. Elle pourrait alors être notamment justifiée par les difficultés financières rencontrées par cette filiale, permettant d'établir que la perte est subie de manière contrainte.

b. Créances rattachées à des participations dans des sociétés de personnes (SNC, SCI, SCS, etc.) Avant de déprécier ces créances, les titres correspondants auront dû être dépréciés en totalité.

Chacun des associés d'une société de personnes étant indéfiniment responsable des dettes de la société dont il est membre, leur caractère douteux est à apprécier en fonction de la société de personnes et de celle de tous les **autres associés** (CE 29-1-1992 n° 75083).

Cette solution est confirmée par le bulletin CNCC (n° 90, juin 1993, EC 93-28, p. 268 s.) qui estime que la probabilité de non-recouvrement d'avances en compte courant versées à une SCI s'apprécie compte tenu de la situation d'ensemble de la SCI et des circonstances de l'espèce, une dépréciation devant être constituée dès lors qu'une perte probable apparaît.

> **Fiscalement** Il en est donc de même (Arrêt CE précité et CAA Nancy 6-7-1995 n° 93-682). Il a en outre été jugé que des avances en compte courant consenties à un GIE à titre d'apport ne pouvaient faire l'objet d'une (provision pour) dépréciation de créances dans la mesure où le risque de perte est indissociable des résultats du groupement (CAA Paris 27-5-1997 n° 96-347). Sur les conditions de déductibilité des (provisions pour) dépréciations de titres de sociétés de personnes, voir n° 36530.

Si les capitaux propres de la participation s'avéraient négatifs, une provision complémentaire à la dépréciation des titres aurait déjà dû être constituée (voir n° 36530).

> **Précisions** **Incidences d'une caution personnelle des dirigeants** Selon le bulletin CNCC (n° 93, mars 1994, EC 93-106, p. 137 s.), si l'évaluation de la caution donne une **garantie suffisante** (à apprécier en fonction de la qualité de la caution, de la solvabilité et de la justification de celle-ci : patrimoine, attestation d'un banquier, comptes bloqués, etc.), les avances financières n'ont pas lieu d'être dépréciées et une **mention dans l'annexe** des comptes individuels devra être fournie, relative aux engagements reçus par la société et justifiant l'absence de constitution d'une dépréciation des créances garanties par des sûretés personnelles.
Pour le bulletin CNCC précité, ce raisonnement ne vaut que pour les avances et n'est pas applicable à la dépréciation des titres de participation de la filiale correspondante.
Sur les conditions de validité de la caution personnelle du dirigeant, voir Mémento Sociétés commerciales n° 15000 à 15027.

Irrécouvrabilité Les « Créances irrécouvrables liées à des participations » sont enregistrées au **compte 664** « Pertes sur créances liées à des participations » (caractère financier). 38485

> **Fiscalement** Les pertes sur créances liées à des participations ne sont pas à prendre en compte dans l'assiette des charges financières nettes pour l'application, le cas échéant, de la limitation générale de déduction des charges financières (voir n° 42985 ; BOI-IS-BASE-35-40 n° 50).

Reprise de dépréciation liée à la cession des titres et des créances 38490
Voir n° 36925.

Créances rattachées aux participations libellées en devises Voir : 38495
– pour les prêts, n° 40295 s. ;
– pour les appels de fonds et avances consolidables, n° 40540 ;
– pour les intérêts courus à la clôture de l'exercice, n° 40550 ;
– pour la transformation d'un prêt en devises en achat d'actions, n° 37690.

SECTION 4 — VALEUR PROBANTE DE LA COMPTABILITÉ ET CONTRÔLE

I. OBLIGATIONS CONCERNANT LE PORTEFEUILLE-TITRES

OBLIGATION D'INVENTAIRE
En ce qui concerne l'inventaire physique des titres, les obligations sont désormais réduites du fait de la dématérialisation des titres (voir n° 57040). 38595
En revanche, en ce qui concerne l'inventaire des valeurs actuelles des titres à la clôture, les obligations s'avèrent très importantes (voir n° 35695).

RÉGLEMENTATION DES PARTICIPATIONS RÉCIPROQUES
Pour un développement complet, voir Mémento Sociétés commerciales n° 79260 à 79283. 38600

Participations réciproques entre sociétés par actions Une société par actions (A) ne peut posséder d'actions d'une autre société (B), si B détient une fraction du capital A supérieure à 10 % (C. com. art. L 233-29, al. 1). 38605

> **Précisions** Cette réglementation n'est applicable que si les sociétés intéressées ont leur **siège social en France.**
> À défaut d'accord, celle qui possède la fraction la plus faible doit **aliéner** son investissement (C. com. art. L 233-29, al. 2) et ne peut auparavant exercer les droits de vote attribués à ces actions (C. com. art. L 233-29, al. 3). L'aliénation doit être réalisée (C. com. art. R 233-17) dans le délai d'un an à compter de l'information sur le franchissement des seuils, elle-même prévue dans le délai de 4 jours de négociation à compter du franchissement [voir n° 39015 renvoi (8)], soit dans un délai global d'un an et 4 jours de négociation.

L'interdiction de participations croisées ne s'applique pas lorsque :
- le circuit comprend au moins trois sociétés : A filiale de B, B filiale de C, C filiale de A ; néanmoins, dans une telle situation, il y aura autocontrôle (voir n° 35065) ;
- l'une des sociétés ne détient que des certificats d'investissement (voir Mémento Comptable 2013 n° 1913-3) de l'autre (en ce sens, Ansa CJ n° 2685, novembre-décembre 1993, p. 12 s.) et, par analogie, des actions de préférence démembrées des droits de vote, voir n° 37455.

Pour plus de détails, voir Mémento Sociétés commerciales n° 79263.

38610 **Participations réciproques entre une société par actions et une société d'une autre forme** A étant une société par actions et B une autre société :
- si A détient plus de 10 % du capital de B, B ne peut posséder aucune action de A (C. com. art. L 233-30, al. 1) ;
- si A détient 10 % ou moins du capital de B, B ne peut posséder plus de 10 % des actions de A (C. com. art. L 233-30, al. 3).

Voir également n° 38605, Précisions.

38615 **Autocontrôle** Voir n° 35065.

II. CONTRÔLE EXTERNE

38685 Selon l'AMF (Bull. COB n° 209, décembre 1987 et n° 243, janvier 1991 p. 3 s. et 13 s.), les commissaires aux comptes des sociétés qui détiennent des valeurs mobilières doivent vérifier :
- que les **documents d'inventaire** comportent, pour chaque ligne de titres, l'indication précise du (ou des) critère(s) de valeur retenu(s) ; vérification que les critères retenus sont pertinents et que les éventuels changements de critère de valeur d'un inventaire à l'autre sont dûment justifiés ;
- que des titres n'ont pas fait l'objet de reclassement d'une catégorie à une autre ou sinon faire un examen critique des justifications données aux **changements** ;
- les **valeurs actuelles** des différentes lignes de titres et des totalisations au bilan ;
- les informations données dans l'**annexe** sur les méthodes, sur les éventuels changements de méthode ; et examiner les tableaux de titres immobilisés de l'activité de portefeuille (Tiap).

> **Précisions** **Immobilisations financières significatives** Dans ce cas, le commissaire aux comptes met en œuvre des procédures d'audit afin de vérifier leur évaluation et leur imputation et d'apprécier les informations fournies en annexe (NEP 501 « Caractère probant des éléments collectés – Applications spécifiques », § 09).

SECTION 5 — PRÉSENTATION DES COMPTES ANNUELS ET AUTRES INFORMATIONS

38690 Voir également n° 80025 s. sur « L'information comptable et financière à la charge de l'entreprise ».

I. PRÉSENTATION DES COMPTES ANNUELS

A. Bilan et compte de résultat

PRÉSENTATION AU BILAN

38700 Les postes concernés sont :
- **à l'actif** : immobilisations financières, créances, valeurs mobilières de placement ;
- **au passif** : emprunts et dettes financières divers, dettes sur immobilisations et comptes rattachés, autres dettes.

Pour le **passage des comptes aux postes** en général, voir n° 95500 s.

Voir également au n° 35390, le **tableau** faisant le lien entre les différentes catégories de titres et le classement comptable du portefeuille-titres.

PRÉSENTATION AU COMPTE DE RÉSULTAT
Les postes concernés sont :
– les **charges** financières et exceptionnelles ;
– les **produits** financiers et exceptionnels.

Pour le **passage des comptes aux postes** en général, voir n° 95500 s.

38705

B. Annexe (développements particuliers)

En ce qui concerne le contenu général de l'annexe, voir n° 64525 s.

38755

INFORMATIONS CONCERNANT LE PORTEFEUILLE-TITRES DÉVELOPPÉES DANS D'AUTRES CHAPITRES
– Information en matière de consolidation, voir Mémento Comptes consolidés n° 7483 s.
– Information concernant les pertes prévisibles des filiales et participations, voir Recommandation OEC, Principes comptables n° 1.12, n° 35715.
– Information en matière de réévaluation, voir n° 57640.
– Information sur les risques sur actions, voir n° 43350 s.

38760

INFORMATIONS SUR LES MÉTHODES D'ÉVALUATION ET DE DÉPRÉCIATION DES TITRES
Doivent être fournies, si elles sont significatives, les méthodes d'évaluation appliquées aux titres de participation, autres immobilisations financières et valeurs mobilières de placement ainsi que les méthodes utilisées pour le calcul des dépréciations (C. com. art. R 123-195 et PCG art. 833-3/3).

38765

L'AMF (Bull. COB n° 209, décembre 1987) demande que soient fournies, dans l'annexe des comptes ou en complément à ceux-ci, toutes les informations nécessaires à la bonne compréhension des comptes. Ces informations devront porter :
– sur les **méthodes** retenues pour déterminer la valeur d'inventaire des titres ;
– sur les **écarts entre les valeurs** retenues **au bilan,** d'une part, **et** les **valeurs boursières** dans les mêmes lignes de titres, d'autre part, chaque fois que de tels écarts interviendront.

Information sur les titres de participation L'AMF :
– considère que ne respectent pas les obligations réglementaires les sociétés qui se contentent de se référer à la valeur d'inventaire des titres, sans aucunement indiquer sur quels critères est fondée la détermination de cette valeur d'inventaire pour chaque catégorie de titres (Bull. COB n° 189, février 1986 p. 3 s. et 5 s.) ;
– a précisé, à propos du contenu des notes d'information, que cette information constituait **l'un des extraits les plus significatifs de l'annexe** (Rapport COB 1985, p. 52).

38770

Il nous paraît possible de s'inspirer des développements ci-après concernant les Tiap.

Information sur les titres immobilisés de l'activité de portefeuille (Tiap) Le PCG (art. 833/7 et 841-7), reprenant l'avis CNC n° 30, précise le contenu et le format des informations à fournir en annexe :

38790

I. Nature de l'information à fournir en annexe Une information spécifique est donnée dans l'annexe sur la **valeur estimative** du **portefeuille de « Tiap »**, en regroupant ces titres par critères d'évaluation, ainsi que sur la **variation de la valeur** de ce portefeuille au cours de l'exercice.

L'avis CNC n° 30 suggère que cette information, lorsqu'elle est produite **sur une base consolidée,** dispense l'entreprise consolidante de présenter une information distincte pour les seuls titres immobilisés de l'activité de portefeuille qu'elle détient directement.

Par ailleurs, selon l'AMF (Bull. COB n° 200, février 1987, p. 3 s.), l'information sur la valeur estimative du portefeuille de « Tiap » portera aussi sur les titres détenus dans d'autres sociétés de portefeuille bien que ceux-ci ne soient pas considérés comme des « Tiap ».

II. Forme de l'information à fournir en annexe

Cette information est présentée selon les **formes les plus appropriées** et notamment au moyen des deux **tableaux** figurant sous l'article 841-7 du PCG (reproduits ci-après).

L'AMF (Bull. COB précité), semble considérer qu'il n'est possible de présenter l'information en annexe sous une forme autre que celle des tableaux préconisés par le PCG que si des circonstances particulières le justifient.

Pour l'AMF (Rapport COB 1998, p. 42), la principale caractéristique de ces tableaux est le rattachement de chaque ligne de titres détenus à un critère (simple ou complexe) de détermination de la valeur d'utilité lors de l'inventaire. **Loin de dispenser de constituer des dépréciations, l'inclusion dans les tableaux met mieux en évidence aussi bien les moins-values que les plus-values latentes** et oblige donc à constater les dépréciations résultant des critères de valeur précédemment retenus. Aucune compensation n'est possible entre les lignes de titres puisque par nature elles ne sont pas fongibles entre elles.

Les « **tableaux de Tiap** » présentent sur le tableau des filiales et participations traditionnel l'avantage de n'être pas limités aux participations directes et de s'appliquer aussi aux filiales et participations indirectes dès lors que les tableaux **sont établis sur une base consolidée, ce qui est normal pour une société cotée** : publiés en annexe aux comptes consolidés, les tableaux de Tiap donnent aux actionnaires et au public une information sur le patrimoine ainsi que sur les enrichissements et appauvrissements portant sur les titres qui ne sont ni inclus dans la consolidation ni traités en titres de placement.

Par rapport au tableau des filiales et participations, les tableaux de Tiap présentent, dans certains cas, l'**avantage** d'éviter les inconvénients de la révélation de la valeur attribuée par la société détentrice aux titres d'une autre société avec laquelle elle est en relations suivies.

Tableau 1 : valeur estimative du portefeuille de « Tiap »						
Exercice	Montant à l'ouverture de l'exercice			Montant à la clôture de l'exercice		
Décomposition de la valeur estimative	Valeur comptable brute	Valeur comptable nette	Valeur estimative	Valeur comptable brute	Valeur comptable nette	Valeur estimative
Fractions du portefeuille évaluées :						
– Au coût de revient						
– Au cours de bourse						
– D'après la situation nette						
– D'après la situation nette réestimée						
– D'après une valeur de rendement ou de rentabilité						
– D'après d'autres méthodes (à préciser)						
Valeur estimative du portefeuille						

Des précisions sur la façon dont il convient de remplir ce tableau ont été fournies par le groupe de travail du CNC (Doc. n° 63) et par l'AMF (Bull. COB n° 213, avril 1988, p. 11 s.) :

1. Commentaires du groupe de travail du CNC

Ce tableau a pour objectif de présenter la valeur estimative du portefeuille de « Tiap » par critère d'évaluation.

a. Calcul de la valeur estimative des « Tiap » Elle repose essentiellement sur le concept de la **valeur d'utilité** que les dirigeants de la société leur attribuent. L'**évaluation** doit se faire **titre par titre** au sein de chaque catégorie dans le respect du principe de permanence des méthodes.

Selon le bulletin CNCC (n° 81, mars 1991, EC 90-82, p. 156 s.), aucune des méthodes ne peut a priori être privilégiée. Si l'évaluation s'effectue à l'aide de critères combinés, la ligne « Autres méthodes » doit alors être servie.

> **Précisions** **Caractère confidentiel** La présentation de cette évaluation en annexe se fait globalement pour l'ensemble des titres sans donner à aucun moment l'évaluation d'une ligne de titres particuliers, ceci afin de préserver la nécessaire confidentialité en la matière. Dès lors (Bull. CNCC précité), il n'y a pas lieu de s'en exonérer au motif de vouloir préserver une certaine confidentialité.

b. Lien entre la valeur estimative et les valeurs brutes et nettes :
– pour les titres évalués sur la base du coût de revient, il y a nécessairement correspondance entre la valeur estimative et la valeur brute ;
– pour les titres évalués d'après d'autres critères, il y a correspondance entre la valeur estimative et la valeur comptable nette lorsque cette dernière est inférieure à la valeur comptable brute.
La différence entre la valeur estimative et la valeur nette comptable du portefeuille-titres, représentative de la **plus-value latente,** est analysée par critère d'évaluation.
c. Le montant de l'**impôt latent** s'appliquant à cette plus-value latente est à fournir en annexe.
Son montant devrait être calculé en tenant compte du régime du long terme, sauf élément d'information laissant penser que les plus-values latentes pourraient être taxées au taux de droit commun lors de leur réalisation.
Cette suggestion n'a pas été reprise dans l'avis du CNC mais l'AMF (Bull. COB n° 200, février 1987, p. 3 s.) considère qu'elle peut contribuer à la bonne information des investisseurs.
2. Précisions apportées par l'AMF :
a. Le **« coût de revient »** (1e ligne du tableau) ne peut être retenu comme valeur estimative que pour les **titres dont l'acquisition est récente** à la date d'inventaire. Cette valeur estimative n'est donc égale au coût de revient qu'**à titre transitoire** ; les exercices ultérieurs, la valeur estimative à retenir correspondra nécessairement à l'une des méthodes indiquées dans les autres lignes (cours de bourse, situation nette, etc.), le coût de revient ne constituant pas dans son principe une méthode de détermination d'une valeur d'inventaire (C. com. art. L 123-12 s.).
b. Lorsque la comparaison entre la **valeur** estimative globale à l'**ouverture et à la clôture** de l'exercice montre des **différences importantes,** elles doivent être expliquées dans le tableau n° 2 (voir ci-après).

Tableau 2 : variation de la valeur du portefeuille de « Tiap »		
Mouvements de l'exercice Valeur du portefeuille	Valeur nette comptable	Valeur estimative
Montant à l'ouverture de l'exercice		
Acquisitions de l'exercice		
Cessions de l'exercice (en prix de vente)		
Reprises de dépréciation sur titres cédés		
Plus-values sur cessions de titres		
– détenus au début de l'exercice		
– acquis dans l'exercice		
Variation de la dépréciation du portefeuille		
Autres variations de plus-values latentes		
– sur titres acquis dans l'exercice		
– sur titres acquis antérieurement		
Autres mouvements comptables (à préciser)		
Montant à la clôture		

Sur la manière dont il convient de remplir ce tableau n° 2, l'AMF (Bull. COB n° 213, avril 1988, p. 11 s.) a apporté les précisions suivantes :
– sur la **ligne « Cessions de l'exercice** (en prix de vente) »**, doivent figurer :
• dans la colonne 1 : « valeur nette comptable », la valeur nette comptable (figurant au bilan avant la cession) des Tiap cédés,
• dans la colonne 2 : « valeur estimative », le prix de vente des Tiap cédés pendant l'exercice. Ainsi, la parenthèse dans le libellé de la ligne « Cessions… (en prix de vente) » ne vise évidemment que la colonne 2 « valeur estimative » et en aucun cas la « valeur nette comptable ».
– la dernière **ligne « Autres mouvements comptables** (à préciser) » doit être remplie et complétée par une note annexe, dès lors que les valeurs estimatives à l'ouverture et à la clôture de l'exercice (tableau n° 1) sont très différentes. Il en est ainsi en cas :
• d'adoption d'un nouveau critère de valeur d'inventaire (valeur actuelle) pour un bloc de titres, ce qui implique un changement de ligne dans le tableau n° 1,

- de « reclassement » d'un bloc de titres considérés désormais comme des titres de participation, ce qui implique une diminution de la valeur estimative globale, les titres reclassés ne figurant plus dans les Tiap.

En particulier, un virement dans la catégorie des titres de participation ne peut résulter que d'une modification de la relation entre les deux sociétés (concrétisée, par exemple, par un relèvement du pourcentage de capital détenu, ou une entrée au conseil d'administration) et cette justification doit être fournie. Une information particulière à cette ligne doit être donnée dans l'annexe sur la méthode d'évaluation adoptée en cohérence avec le nouveau type de valeur d'utilité attribuée à cette participation.

INFORMATION SUR LES FILIALES ET LES PARTICIPATIONS

38795 Toute société commerciale ayant des filiales ou des participations doit, quelle que soit sa taille, inclure dans son annexe **un tableau** des filiales et participations (C. com. art. L 233-15 modifié par ord. 2015-900 du 23-7-2015) en vue de faire apparaître la situation desdites filiales et participations.

Ce tableau est établi selon le modèle prévu par l'article 841-6 du PCG (PCG art. 833-6).

S'il n'est pas sciemment inclus dans l'annexe, les présidents, les administrateurs, les directeurs généraux (unique et délégués) ou les gérants de toute société seront punis d'un emprisonnement de six mois à deux ans et d'une amende de 300 € à 9 000 €, ou de l'une de ces deux peines seulement (C. com. art. L 247-1-I-3°).

> **Fiscalement** Les entreprises doivent par ailleurs joindre à leur liasse fiscale un tableau n° 2059-G détaillant la liste des filiales et participations détenues à au moins 10 % (CGI ann. III art. 38). Pour les sanctions applicables en cas de défaut de production de cette liste, voir Mémento Fiscal n° 11020.

38815 Contenu du tableau des filiales et participations Le contenu est fourni par le modèle du PCG (art. 841-6). Voir c. ci-après.

Le tableau donne des informations détaillées (A) ou regroupées (B), selon que la valeur d'inventaire des titres (filiales et participations) excède ou non 1 % du capital de la société tenue de publier un tel tableau (PCG art. 841-6 modifié par le règl. ANC 2020-09 homologué par l'arrêté du 29-12-2020).

a. Titres représentant plus de 1 % du capital Dans ce cas, **pour chacun** de ces titres, doivent être indiqués les **9 éléments** suivants :
– capitaux propres se décomposant en :
• capital,
• réserves et report à nouveau (avant affectation du résultat) ;
– quote-part de capital détenue ;
– résultat du dernier exercice clos ;
– valeur comptable nette et brute des titres détenus ;
– prêts et avances consentis par la société et non encore remboursés ;
– montant des cautions et avals donnés par la société ;
– chiffre d'affaires HT du dernier exercice écoulé ;
– dividendes encaissés par la société au cours de l'exercice.

b. Titres représentant 1 % du capital ou moins Dans ce cas, les informations à fournir sont **nécessairement regroupées** pour l'ensemble de cette catégorie de titres.

On notera que cette obligation (et non possibilité) de regroupement ne concerne pas les 9 éléments précités mais seulement les **4 éléments** suivants :
– valeur comptable nette et brute des titres détenus ;
– prêts et avances consentis par la société et non encore remboursés ;
– montant des cautions et avals donnés par la société ;
– dividendes encaissés par la société au cours de l'exercice.

> **Précisions** La faculté d'omettre, en raison du préjudice grave qui pourrait résulter de leur divulgation, les informations concernant les **filiales et participations** a été supprimée du Code de commerce (Décret 2015-903 du 23-7-2015) et n'a pas été reprise par le PCG. Toute l'information doit donc désormais obligatoirement être fournie.

c. Tableau des filiales et participations prévu par le PCG (art. 841-6)

38815 (suite)

Filiales et participations (1) (a)	Capital (6) (e)	Réserves et report à nouveau avant affectation des résultats (6) (10) (f)	Quote-part du capital détenue (en pourcentage)	Valeurs comptables des titres détenus (7) (8) (g)		Prêts et avances consentis par la société et non encore remboursés (7) (9) (h)	Montant des cautions et avals donnés par la société (7) (i)	Chiffre d'affaires hors taxe du dernier exercice écoulé (7) (j)	Résultats (bénéfice ou perte du dernier exercice clos) (7) (10) (k)	Dividendes encaissés par la société au cours de l'exercice (7) (l)	Observations (m)
				Brute	Nette						
A. Renseignements détaillés (b) concernant les filiales et les participations ci-dessus (2) (3)											
1. Filiale (à détailler)											
(+ de 50 % du capital détenu par la société)											
2. Participations (à détailler)											
(10 à 50 % du capital détenu par la société)											
B. Renseignements globaux (c) concernant les autres filiales ou participations											
1. Filiales non reprises au § A.											
a. Filiales françaises (ensemble)											
b. Filiales étrangères (ensemble) (4)											
2. Participations non reprises au § A.											
a. Dans des sociétés françaises (ensemble)											
b. Dans des sociétés étrangères (ensemble)											

(1) Pour chacune des filiales et des entités, avec lesquelles la société a un lien de participation, indiquer s'il y a lieu le numéro d'identification national (numéro SIREN).
(2) Dont la valeur d'inventaire excède 1 % du capital de la société astreinte à la publication. Lorsque la société a annexé à son bilan un bilan des comptes consolidés conformément à la réglementation, cette société ne donne des renseignements que globalement (§ B) en distinguant (a) filiales françaises (ensemble) et (b) filiales étrangères (ensemble) [Ndlr : cette dernière disposition, étant devenue obsolète, n'a pas été reprise par l'ANC dans son règlement n° 2022-06 sur la modernisation des états financiers et de la nomenclature des comptes (en cours d'homologation), adopté par le Collège le 4 novembre 2022].
(3) Pour chaque filiale et entité avec laquelle la société a un lien de participation indiquer la dénomination et le siège social.
(4) Les filiales et participations étrangères qui, par suite d'une dérogation, ne seraient pas inscrites au § A sont inscrites sous ces rubriques.
(5) Mentionner au pied du tableau la parité entre l'euro et les autres devises.
(6) Dans la monnaie locale d'opération.
(7) En euro.
(8) Si le montant inscrit a été réévalué, indiquer le montant de l'écart de réévaluation dans la colonne Observations.
(9) Mentionner dans cette colonne le total des prêts et avances (sous déduction des remboursements) à la clôture de l'exercice et, dans la colonne Observations, les provisions constituées le cas échéant.
(10) S'il s'agit d'un exercice dont la clôture ne coïncide pas avec celle de l'exercice de la société, le préciser dans la colonne Observations.
(a) à (c) Voir nos commentaires sur les filiales et participations au n° 38820.
(d) à (m) Voir nos commentaires sur les informations financières à fournir au n° 38840.

COMMENTAIRES SUR LE TABLEAU PRÉVU PAR LE PCG (PRÉSENTÉ AU N° 38815)

38820 **Filiales et participations :**

(a) **Définition**

Le Code de commerce définit les notions de filiales et de participations en se fondant seulement sur l'importance du pourcentage de capital détenu sans tenir compte de l'intention qui a motivé l'achat, des pouvoirs réels obtenus ou du délai de possession :

– lorsqu'une société possède **plus de la moitié du capital** d'une autre société, la seconde est considérée comme **filiale** de la première (C. com. art. L 233-1) ;

Le terme « société » vise non seulement les sociétés commerciales, mais aussi les sociétés civiles ou les coopératives agricoles (Bull. CNCC n° 29, mars 1978, p. 117 s.). Les parts de GIE et de FCP nous paraissent devoir être mentionnées par analogie, compte tenu de la finalité du tableau (en ce sens, Bull. précité). En revanche, les sociétés en participation, en l'absence de patrimoine propre et de personnalité morale, n'ont pas à figurer dans le tableau (Ansa, nov.-déc. 1996, n° 2867).

Sur les informations à fournir dans l'annexe sur les sociétés en participation, voir n° 74295.

– lorsqu'une société possède dans une autre société une fraction du capital comprise **entre 10 et 50 %**, la première est considérée comme ayant une **participation** dans la seconde (C. com. art. L 233-2).

> **Précisions** On notera qu'une société détenue juste à 50 % est donc une participation et non une filiale.

Le fait que des titres, bien que représentant plus de 10 % du capital d'une société, aient été classés en Tiap plutôt qu'en titres de participation n'a, à notre avis, pas d'incidence ; ils doivent donc figurer sur le tableau.

Il en est de même des filiales et participations étrangères.

Lorsque la société publie des comptes consolidés, aucune distinction n'a à être faite, à notre avis, selon que les filiales ou participations sont ou ne sont pas effectivement consolidées.

Toutefois, éventuellement, certaines participations auront pu être classées dans le poste « Autres titres immobilisés » ; une mention en renvoi du tableau nous paraît alors utile.

> **Précisions** La définition donnée par l'article L 233-2 du Code de commerce sur les participations ne correspond pas à celle donnée sur les participations au sens comptable (sur la notion de participations au sens comptable, voir n° 35155). Un écart peut donc exister entre l'information donnée dans le tableau sur les filiales et les participations et le poste « Participations » à l'actif au bilan sur les titres de participation.

(b) **Renseignements détaillés sur chaque titre** :

1. Précisions sur chaque filiale et participation : le tableau du PCG demande, pour chaque filiale et participation, d'indiquer la dénomination et le siège social et s'il y a lieu le numéro d'identification national (numéro Siren).

En pratique :
– la dénomination figure toujours ;
– le siège social est cité soit par le nom de la ville, soit par l'adresse complète ;
– le n° Siren est très rarement fourni ; il est quelquefois remplacé par le n° d'immatriculation au registre du commerce et des sociétés.

2. Classement des filiales et participations : on observe en pratique que l'ordre de classement est généralement fonction de la quote-part de détention dans le capital, soit par ordre croissant, soit par ordre décroissant. Dans certains cas, le classement est effectué par secteurs d'activités.

(c) **Renseignements globaux sur les autres titres (ou sur tous les titres)**

L'**éclatement « France-Étranger »** résulte du tableau du PCG ; il est indispensable sur un plan pratique, le PCG demandant d'indiquer certaines informations en monnaie locale (voir commentaires n° 38840 « Informations financières (d) »). Mais si toutes les informations sont données en euros, cet éclatement ne paraît plus nécessaire.

38840 **Informations financières**

(d) **Commentaires concernant l'ensemble de ces informations** :

> **Précisions** La faculté d'omettre, en raison du préjudice grave qui pourrait résulter de leur divulgation, les informations concernant les **filiales et participations** a été supprimée du Code de commerce (Décret 2015-903 du 23-7-2015).

1. Chiffres indiqués : comme pour les autres informations de l'annexe, seules celles qui sont significatives doivent être fournies. En conséquence, les chiffres sont à indiquer selon les entreprises, en milliers, voire en millions d'euros.

2. Monnaie à utiliser en cas de filiales et participations étrangères : le tableau du PCG fait une distinction selon les colonnes :
– **en devises** : les 2 premières colonnes : « Capital » et « Réserves et report à nouveau avant affectation du résultat » ;
– **en euros** : les autres colonnes.

En pratique, on constate que cette distinction est rarement effectuée, les sociétés préférant fournir des informations homogènes en euros.

On pourrait imaginer également que les informations pouvant être recoupées avec les comptes :
– de la société mère, soient en monnaie nationale (valeur comptable des titres, prêts et avances, cautions et avals, dividendes encaissés) ;
– des filiales et participations, soient en devises (réserves et report à nouveau avant affectation du capital, chiffre d'affaires, résultat).

Compte tenu des différentes solutions possibles, il est donc indispensable d'indiquer celle retenue ainsi que le (ou les) cours utilisé(s) pour la conversion.

(e) **Capital** : à notre avis, il convient de porter le capital total (parties appelée et non appelée) ; la quote-part de la partie non appelée figure en effet dans la « valeur comptable des titres détenus ». Il convient (Lettre de la direction du Trésor à l'Ansa du 30-5-1966) d'indiquer le montant du capital à la clôture de l'exercice de la société mère et non celui figurant au dernier bilan de la filiale. Ainsi, si les dates de clôture des exercices des filiales et de la mère ne coïncident pas, les variations de capital jusqu'à la clôture de l'exercice de la société mère seront prises en compte. Ce décalage de date est à mentionner dans la colonne « Observations » (m).

(f) **Réserves et report à nouveau avant affectation du capital** : il s'agit des capitaux propres avant affectation du résultat de l'exercice (moins le capital). Sur cette notion, voir n° 55025 s.

Pour la direction du Trésor (Lettre précitée), il y a lieu également de tenir compte des variations survenues jusqu'à la clôture de l'exercice de la société mère, si celle-ci est postérieure à celle de la filiale. Toutefois, il n'est pas nécessaire de tenir compte des décisions d'affectation aux réserves prises par la filiale avant la clôture de l'exercice de la société participante puisque le résultat du dernier exercice de cette filiale doit être mentionné au tableau (Position CNCC prise dans l'ancienne étude n° XIX, au n° 28).

Les provisions réglementées faisant partie des capitaux propres, dès lors qu'elles sont significatives, il pourrait, à notre avis, sembler souhaitable de les distinguer des réserves et du report à nouveau.

(g) **Valeur comptable des titres détenus** : il s'agit des valeurs brutes et nettes (après dépréciations) figurant au bilan de la société mère.

L'intérêt de cette information est son rapprochement avec les capitaux propres et la quote-part détenue, soit [(2) + (3)] × (4).

Si le montant inscrit a été réévalué, le tableau du PCG demande d'indiquer le montant de l'écart de réévaluation dans la colonne « Observations » (m).

(h) **Prêts et avances (consentis par la société et non encore remboursés)** : il s'agit donc du solde figurant au bilan de la société mère au titre de la filiale en valeur brute, les dépréciations constituées le cas échéant étant (Tableau du PCG) mentionnées dans la colonne « Observations » (m).

À notre avis, il s'agit des prêts et avances comptabilisés en immobilisations financières, en « Créances rattachées » et « Avances consolidables », mais également des avances à caractère temporaire comptabilisées au débit du compte 451 « Groupe ».

(i) **Cautions et avals (donnés par la société)** : cette information détaille, pour chaque filiale ou participation, les engagements donnés par la société mère.

(j) **Chiffre d'affaires** : il s'agit de celui du compte de résultat de la filiale et non de celui qui a été réalisé par la société mère avec sa filiale (sur la définition du chiffre d'affaires, voir n° 12900 s.). Le terme « dernier exercice » figurant dans cette rubrique doit s'entendre (Rapport COB 1971, p. 222 et Bull. CNCC n° 8, décembre 1972, p. 532) du dernier exercice écoulé et non pas du dernier exercice approuvé.

(k) **Résultat du dernier exercice** : il s'agit (Rapport COB et Bull. CNCC précités) de celui du dernier exercice écoulé et non pas du dernier exercice approuvé.

(l) **Dividendes encaissés** : il s'agit de ceux qui ont été encaissés par la société qui procède à la publication au cours de son dernier exercice.

À notre avis, on peut se demander s'il ne faudrait pas plutôt faire figurer les dividendes comptabilisés dans l'exercice, l'écart entre les deux montants correspondant à la différence des dividendes à recevoir de l'exercice et de l'exercice précédent.

De même, afin de faciliter le rapprochement avec la comptabilité, le montant à indiquer peut comprendre ou non le crédit d'impôt attaché, le cas échéant, au dividende selon que ce crédit d'impôt est comptabilisé ou non par la société (voir nº 36400 s.).

Il serait souhaitable, à notre avis, de mentionner ces options dans la colonne « Observations » (m).

(m) **Observations** : sont notamment à fournir, selon le tableau du PCG : les dates d'ouverture et de clôture des exercices des sociétés lorsqu'elles ne coïncident pas avec celles de la société mère, les différents cours de change retenus pour les filiales étrangères, les dépréciations pratiquées sur les prêts, les exercices au titre desquels les dividendes ont été versés, les écarts de réévaluation compris dans le capital et les réserves, et, à notre avis, les options retenues en ce qui concerne les dividendes.

INFORMATION CONCERNANT LES ENTREPRISES LIÉES

38845 Le PCG prescrit de fournir le montant des engagements financiers consentis à l'égard d'entités liées (art. 833-18/1). Voir nº 50685 s. (information) et 50775 (tableau).

> **Précisions** Il s'agit, à notre avis, des entreprises liées **à la clôture de l'exercice.** Sur la définition d'une entreprise liée, voir nº 35070.

INFORMATION CONCERNANT LES PARTIES LIÉES

38865 Le PCG prévoit qu'une information soit donnée sur les transactions conclues avec des parties liées (sur cette notion, voir nº 35075). L'information diffère selon la présentation de l'annexe.

I. Sociétés adoptant une présentation de base pour leur annexe (voir nº 64220) Elles doivent mentionner en annexe la liste des transactions conclues entre la société et des parties liées (sur les transactions visées, voir ci-après) (PCG art. 833-16).

a. Transactions visées Sont visées les transactions en cours à la date d'arrêté des comptes ou ayant eu des effets sur l'exercice (Note de présentation du règl. ANC 2010-02 relatif aux transactions entre parties liées et aux opérations non inscrites au bilan, § 1.2.2).

> **Précisions** Les effets sur l'exercice peuvent affecter le compte de résultat ou le bilan (par exemple, locaux appartenant à la société et mis à disposition d'une de ses filiales) (Note de présentation précitée, § 1.2.2).

Ces transactions doivent remplir les conditions cumulatives suivantes (PCG art. 833-16) :
– présenter une **importance significative** ;

> **Précisions** Selon la Note de présentation du règlement ANC nº 2010-02 précitée (§ 1.2.2), tel est le cas si l'omission de la transaction ou son inexactitude est susceptible d'influencer les décisions économiques prises par les utilisateurs se fondant sur les comptes. En outre, le caractère significatif doit s'apprécier :
> – en fonction du montant de la transaction ;
> – et/ou de la nature de la transaction.
>
> En effet, certaines transactions peuvent être d'un montant non significatif, mais leur description s'avérer nécessaire aux utilisateurs des états financiers (ainsi, à notre avis : transactions à titre gratuit portant sur des biens ou des services dont la valeur est sensiblement plus élevée ; engagements donnés à une coentreprise pour assurer son développement, si ce développement est perçu comme un élément important de valorisation par le marché).

– n'avoir **pas été conclues aux conditions normales du marché.**

> **Précisions 1. Conditions normales de marché** Pour déterminer si des transactions n'ont pas été conclues à des conditions normales de marché, il est possible de suivre la démarche des conventions réglementées (Note de présentation précitée, § 1.2.2). En conséquence, les conditions peuvent être considérées comme « normales » lorsqu'elles sont habituellement pratiquées par la société dans ses rapports avec les tiers, de sorte que le bénéficiaire de la transaction n'en retire pas un avantage par rapport aux conditions consenties à un tiers quelconque de la société, compte tenu des conditions en usage dans les sociétés du même secteur (en ce sens, Rép. Lebas : AN 3-4-1969, p. 870). En conséquence, l'entreprise doit exercer son jugement et prendre en compte l'ensemble des éléments pertinents des transactions (procédures, nature, contenu, etc.) afin de mentionner celles qui n'ont pas été conclues à des conditions normales de marché (Note de présentation précitée, § 1.2.2).

2. Relation de partie liée ayant disparu à la date d'arrêté des comptes : dans ce cas, à notre avis, les transactions avec cette partie liée sont quand même à mentionner en annexe dès lors qu'elles sont significatives et conclues à des conditions anormales. En effet, la relation de partie liée doit être appréciée en tenant compte de toute situation ayant existé au cours d'une période de l'exercice, même si cette situation n'existe plus à la clôture. Tel est le cas, par exemple, d'une transaction signée avec une filiale, cédée entre la conclusion de la transaction et l'arrêté des comptes.

b. Transactions exclues Selon le PCG (art. 833-16), aucune information n'est requise lorsque les transactions sont effectuées :
– par la société avec les filiales qu'elle détient en totalité ;
– entre sociétés sœurs détenues en totalité par une même société mère.

> **Précisions 1. Détention en quasi-totalité** Selon l'ANC, sont également visées les sociétés détenues en quasi-totalité, c'est-à-dire les filiales dont l'actionnariat remplit les conditions cumulatives suivantes (Note de présentation précitée, § 1.2.3.1) :
– un nombre d'actionnaires strictement égal au nombre minimal d'actionnaires obligatoires du fait de la forme juridique adoptée lors de la constitution de la filiale ;
– des actionnaires minoritaires qui détiennent moins de 1 % du capital de la filiale.
2. Détention directe et indirecte La détention du capital des filiales doit s'apprécier de manière directe et indirecte (Note de présentation précitée, § 1.2.3.1).
3. Parties liées étrangères Le fait que les parties liées soient à l'étranger ne modifie pas, à notre avis (et en ce sens, la rédaction de la directive européenne n° 2013/34/UE art. 17, points p. et r.), l'analyse et l'obligation de la société située en France. Ainsi, par exemple, lorsqu'une société japonaise détient à 100 % une filiale française et une filiale japonaise, la société française peut exclure de la liste les transactions avec sa mère étrangère et avec sa sœur étrangère.

c. Informations à fournir Selon le PCG (art. 833-16), l'information au titre des parties liées consiste en la liste des transactions significatives et conclues avec des parties liées, et plus précisément :
– la désignation de la partie liée ;
– la nature de la relation avec la partie liée ;
– le montant des transactions réalisées avec la partie liée ;
– toute autre information nécessaire à l'appréciation de la situation financière de la société.

> **Précisions 1. Absence d'information** Si la société ne donne aucune information en annexe sur les transactions conclues entre parties liées, elle doit en expliquer les raisons (Note de présentation précitée, § 1.2.4) :
– soit que les transactions entre parties liées ne sont pas significatives ;
– soit que les transactions ont été conclues à des conditions normales de marché ;
– soit qu'il s'agit de transactions exclues de la liste des transactions avec des parties liées.
2. Informations confidentielles ou préjudiciables pour l'entreprise Les raisons de l'absence d'information étant explicitement et limitativement prévues par la Note de présentation précitée du règlement ANC n° 2010-02, la mention relative aux transactions conclues avec des parties liées constitue une mention obligatoire que la prise en compte de la confidentialité des affaires ne peut, à notre avis, pas conduire à omettre.

d. Forme de l'information La liste peut être établie sous forme de tableau (Note de présentation précitée du règl. ANC 2010-02, § 1.2.4) :

Parties liées	Nature de la relation avec la partie liée	Montant des transactions conclues avec la partie liée	Autres informations

> **Précisions Regroupement des informations** Les informations sur les différentes transactions peuvent être regroupées en fonction de leur nature, sauf lorsque des informations distinctes sont nécessaires pour comprendre les effets des transactions avec des parties liées sur la situation financière de la société (PCG art. 833-16).
En cas de regroupement, les critères retenus pour effectuer les regroupements sont à indiquer en annexe (Note de présentation précitée, § 1.2.4).

Pour un exemple de la mention à fournir en annexe, voir la Note de présentation précitée du règlement ANC n° 2010-02, § 1.2.4.

II. SA adoptant une annexe simplifiée
(voir n° 64220) Elles ne sont tenues de mentionner que la liste des transactions qu'elles ont réalisées avec leurs principaux actionnaires ainsi qu'avec les membres du conseil d'administration ou du conseil de surveillance, lorsque ces transactions n'ont pas été conclues aux conditions normales du marché (PCG art. 832-16).

> **Précisions** Les SA pouvant opter pour une annexe simplifiée, mais n'ayant pas exercé cette option, sont tenues de donner une information complète au même titre que les sociétés ne pouvant pas adopter une annexe simplifiée (Note de présentation précitée du règl. ANC 2010-02, § 1.1.2).

Les sociétés autres que les SA (SAS, SARL, SNC, etc.) adoptant une annexe simplifiée n'ont aucune information à fournir au titre des transactions réalisées avec les parties liées (PCG art. 832-16).

38870 **Contrôle** La **NEP 550** « Relation et transactions avec les parties liées » définit les procédures d'audit que le commissaire aux comptes met en œuvre pour évaluer et répondre au risque d'anomalie significative résultant de l'existence de parties liées et de transactions avec celles-ci.

> **Précisions** **Définition des parties liées** Le commissaire aux comptes utilise la définition donnée par la **norme IAS 24** (NEP précitée, § 5) ; voir n° 35075.

a. Recherche des parties liées Si la NEP 550 ne prévoit **pas de démarche active** de la part du commissaire aux comptes dans l'identification des parties liées, elle prévoit toutefois que ce dernier :
– s'enquière auprès de la direction de **l'identité des parties liées** et de **l'existence de transactions** avec celles-ci (NEP précitée, § 8) ;
– reste **attentif** au cours de son audit, aux accords et autres informations susceptibles d'indiquer l'existence de relations et de transactions avec des parties liées que la direction n'aurait pas identifiées ou signalées (NEP précitée, § 12).

> **Précisions** **Lien avec les conventions réglementées** Lors de la prise de connaissance des relations et transactions de l'entité avec les parties liées et de l'examen des informations fournies à ce titre par la direction, le commissaire aux comptes peut avoir connaissance d'opérations réalisées avec des personnes « intéressées » et pouvant constituer des conventions, réglementées ou non. Il effectue les rapprochements lui permettant de recouper entre elles les diverses informations, étant précisé que la définition des parties liées diffère de la notion d'entités visées et de personnes intéressées en matière de conventions (NI.IX. CNCC « Le rapport spécial du commissaire aux comptes sur les conventions et les engagements réglementés », § 3.213). Sur le contrôle des conventions réglementées, voir FRC 12/23 Hors série inf. 130.

b. Examen du traitement comptable des relations et transactions avec les parties liées Pour fonder son opinion sur les comptes, le commissaire aux comptes apprécie si les relations et les transactions avec les parties liées font l'objet d'un traitement comptable et d'une information dans l'annexe conformes aux dispositions spécifiques des référentiels comptables applicables (NEP précitée, § 21).

c. Déclarations écrites Le commissaire aux comptes obtient une déclaration écrite de la direction confirmant que (NEP précitée, § 22) :
– l'information qui lui a été donnée sur l'identité des parties liées, ainsi que sur les relations et transactions qui les concernent, est **exhaustive** ;
– le traitement comptable des relations et transactions avec les parties liées est **conforme au référentiel comptable applicable**.

II. AUTRES INFORMATIONS COMPTABLES ET FINANCIÈRES

A. Informations à la clôture de l'exercice

INFORMATIONS À FOURNIR DANS LE RAPPORT DE GESTION

38940 En ce qui concerne l'information sur les risques sur actions, voir n° 43350 s.

38960 Sont à inclure dans le rapport de gestion :
– les prises de participation significatives et prises de contrôle ;
– l'activité des filiales ;
– les aliénations d'actions.
Sur le contrôle de ces informations par le commissaire aux comptes, voir n° 38965.

I. Prises de participation significatives et prises de contrôle Il s'agit (C. com. art. L 233-6, al. 1) des prises de participation de l'exercice exprimées en pourcentage de capital ou de droits de vote, significatives (plus de 1/20, 1/10, 1/5, 1/3, 1/2 ou 2/3), dans des sociétés françaises, ainsi que des prises de contrôle.

> **Précisions** Cette obligation légale n'est assortie d'**aucune exception ou circonstance** permettant de s'y soustraire telle que le faible montant de l'investissement ou la nécessité de préserver la confidentialité de l'opération (Bull. CNCC n° 105, mars 1997, CNP 96-39, p. 111).

a. Notion de prises de participation Il faut comprendre tous les moyens par lesquels la détention du capital a été obtenue (C. com. art. L 233-1 et L 233-2), c'est-à-dire aussi bien acquisition qu'apport, souscription, conversion de titres donnant accès au capital, voire (Ansa, nov.-déc. 91, CJ n° 2575) prêts de titres.

> **Précisions** Selon l'Ansa (sept.-oct. 1997, n° 2919-8), aucune obligation d'information n'incombe à une société qui prend une participation **indirecte** dans une autre. En effet, l'article L 233-6 du Code de commerce précité ne précisant **pas** les prises de participation visées, celles-ci doivent s'apprécier au sens strict.

b. Notion de prises de participation significatives La loi du 2 août 1989 a modifié de manière imparfaite le Code de commerce. Ainsi, bien que non prévu à l'article L 233-6 du Code de commerce, le seuil des deux tiers doit être retenu car l'article L 247-1 du Code de commerce sanctionne l'absence de mention du passage de ce seuil (Norme CNCC n° 5-109, § 07 ; sur la valeur de cette norme, voir FRC 12/23 Hors série inf. 7).

> **Précisions** La loi précitée :
> — n'a pas modifié l'article L 233-6 du Code de commerce qui prévoit l'obligation d'informer : ainsi, les seuils cités à cet article sont toujours de 1/20, 1/10, 1/5, 1/3, 1/2 et ne concernent que des pourcentages de capital ;
> — a modifié en revanche l'article L 247-1-I-1° du Code de commerce qui prévoit des sanctions en cas de défaut d'information : aussi les seuils cités à cet article sont de 1/20, 1/10, 1/5, 1/3, 1/2 et 2/3 et concernent non seulement les pourcentages de capital mais **aussi** de **droits de vote**.

c. Notion de pourcentage Les prises de participations à signaler sont celles qui excèdent l'un des seuils légaux **en pourcentage du capital ou en pourcentage des droits de vote** aux assemblées.

En effet, pour une même personne, ces deux pourcentages peuvent être différents, comme :
— en cas de détention d'actions à droit de vote double, où le pourcentage en capital est **inférieur** au pourcentage en droits de vote ;
— en cas de détention d'actions à dividende prioritaire sans droit de vote, où le pourcentage en capital est **supérieur** au pourcentage en droits de vote.

Selon l'Ansa (mai-juin 1991, n° 2552), il convient dans ce cas de retenir uniquement le franchissement de seuil en droits de vote.

> **Précisions** **En pratique,** pour les sociétés qui auront connaissance du montant total de droits de vote (voir commentaires dans le tableau ci-après), le calcul du pourcentage de droits de vote sera effectué en divisant le nombre de droits de vote détenus par le total des droits de vote existants.

d. Notion de prises de contrôle Voir l'article L 233-3 du Code de commerce cité au n° 35060. En pratique, les prises de contrôle ne sont mentionnées que si les prises de participation de l'exercice n'excèdent pas les seuils de 1/2 ou 2/3 des droits de vote. À la différence des prises de participation, il s'agit des prises de contrôle **directes ou indirectes,** exclusives ou conjointes, compte tenu de la notion de contrôle définie par l'article L 233-3 du Code de commerce (Bull. CNCC n° 81, mars 1991, CD 90-10 p. 147 ; Ansa, sept.-oct. 1997, n° 2919-8). Voir exemples et schémas dans BCF 54, mars 1992, et BCF 3/92 p. 26.

e. Sociétés dans lesquelles est pris le contrôle ou la participation :
1. Notion de sociétés L'article L 233-6 du Code de commerce ne fait aucune distinction quant à la forme juridique de la société ; sur ce terme, voir n° 38820.
2. Notion de sociétés françaises L'article L 233-6 du Code de commerce ne vise que les prises de participation ou de contrôle dans des sociétés ayant leur siège social en France ; les prises de participation ou de contrôle dans les sociétés étrangères n'ont donc pas à être mentionnées. Toutefois, lorsqu'une société française X contrôle une autre société française Y par l'intermédiaire d'une société étrangère, X doit mentionner cette prise de contrôle dans son rapport de gestion (Bull. CNCC n° 81, mars 1991, CD 90-10, p. 147 s.). Voir exemples BCF 54 précité.

f. Information minimale à fournir
Elle correspond à ce que doit fournir le commissaire aux comptes lorsque le rapport de gestion ne fournit pas les informations (Ansa, mai-juin 1991, n° 2552). Voir n° 38965.
En pratique, il en résulte les différentes situations possibles suivantes :

Information sur les prises de participation et de contrôle			
Exprimée en :	dans **SARL, SNC**	dans **SA non cotées** [1]	dans **SA cotées** [1]
– % de **capital** (plus de 1/20, 1/10, 1/5, 1/3, 1/2 ou 2/3)	OUI	OUI	OUI
– % de **droits de vote** (plus de 1/20, 1/10, 1/5, 1/3, 1/2 ou 2/3)	Non applicable [2]	OUI [3]	OUI [3]

(1) Cotées : dont les actions sont admises aux négociations sur un marché réglementé (voir n° 80900).
(2) En effet, dans les SARL et SNC, le nombre de droits de vote est toujours égal au nombre de parts.
(3) Toute société par actions est dans l'obligation d'indiquer à ses actionnaires le nombre total de droits de vote (voir n° 57740) ; en conséquence, les sociétés, prenant des participations dans ces sociétés, étant informées, doivent fournir l'information en droits de vote.

II. Activité des filiales Il doit être rendu compte dans le rapport de gestion de l'activité et des résultats des filiales et des sociétés contrôlées par branche d'activité (C. com. art. L 233-6, al. 2).
Cette information peut être incluse dans le rapport sur la gestion du groupe et inversement (C. com. art. L 233-26 et L 233-6, al. 2). Cette information peut, à notre avis, être liée à l'information sectorielle susceptible d'être fournie en annexe sur le chiffre d'affaires (voir n° 12935).

III. Aliénations d'actions (participations croisées directes, C. com. art. R 233-19 al. 2)
Voir n° 38605 s.

> **Précisions** **Sanctions** Seront punis d'un emprisonnement de 2 ans et/ou d'une amende de 9 000 € les présidents, les administrateurs, les directeurs généraux (unique et délégués) ou les gérants de toute société qui, sciemment, auront omis de mentionner les prises de participation, les prises de contrôle ou l'activité des filiales (C. com. art. L 247-1). La responsabilité pénale de la personne morale est également susceptible d'être engagée (C. pén. art. 121-2 ; voir n° 7300).

38965 Contrôle de ces informations par le commissaire aux comptes

I. Il en vérifie la conformité avec les documents établis ou reçus par la société (Norme CNCC n° 5-109, § 02 ; sur la valeur de cette norme, voir FRC 12/23 Hors série inf. 7).
Selon la norme CNCC n° 5-109, § 11, le commissaire aux comptes demande communication des notifications reçues ou établies par l'entité en application des articles L 233-7 (franchissement de seuil) et L 233-12 (autocontrôle) du Code de commerce, ainsi que les documents et informations éventuellement obtenus en vertu des facultés qui sont ouvertes à celle-ci par les articles L 228-2 à L 228-3-1 (identité des détenteurs de titres) du Code de commerce. Outre les informations recueillies au cours de l'audit des comptes annuels, le commissaire aux comptes peut également (NI CNCC n° 9, décembre 1987, p. 66 s.) :
– examiner l'organigramme du groupe ;
– examiner les feuilles de présence des dernières assemblées pour déceler les personnes morales qui détiennent plus du vingtième du capital de la société ;
– examiner les mouvements de l'exercice enregistrés aux comptes « titres de participation » et « titres de placement » ;
– demander à la fin de l'exercice le détail des participations et le pourcentage détenu ;
– vérifier les informations sur les filiales et participations figurant dans l'annexe ;
– examiner la copie de l'avis adressé à la société dans laquelle une participation de plus de 10 % a été prise et l'accusé de réception qui a été retourné ;
– pour les aliénations d'actions, se faire communiquer les délibérations du conseil d'administration et les justifications des cessions effectuées et s'assurer que les cessions ont été faites dans les délais requis.

II. En outre, en application des articles L 233-6 et suivants du Code de commerce, il fait mention dans son **rapport sur les comptes annuels** de ces informations (Norme précitée, § 02).

> **Précisions** **Sanctions** Les commissaires aux comptes qui n'auraient pas fait mention dans leur rapport d'une prise de participation significative sont passibles (C. com. art. L 247-1-I-1°) des mêmes peines que les dirigeants (voir n° 38960).

a. Selon la norme précitée (§ 14), **si le rapport de gestion** :
− **donne,** conformément à la loi, **une information complète,** le commissaire aux comptes peut s'y référer pour éviter de répéter une information détaillée dans son rapport ;
− **ne donne pas les informations imposées** par la loi, le commissaire aux comptes mentionne dans son rapport l'information omise au regard de l'application de la loi, c'est-à-dire (NI CNCC précitée p. 67) le passage des seuils sans indication des pourcentages, en précisant les éléments nécessaires à l'identification de la société ; ainsi, il ne fera pas mention des variations entre deux seuils, ni des pourcentages de détention. Il doit, en outre, signaler l'irrégularité correspondante (Norme précitée, § 14).

b. En outre, le commissaire aux comptes doit émettre une **réserve** si, dès lors que les participations correspondantes sont significatives, elles n'ont pas été décrites dans **l'annexe** (Bull. CNCC n° 105, mars 1997, CNP 96-39, p. 111). Les sociétés ont en effet l'obligation d'établir un tableau des filiales et participations à inclure dans l'annexe (voir n° 38795 s.).

> **Précisions** La faculté d'omettre, en raison du préjudice grave qui pourrait résulter de leur divulgation, les informations concernant les **filiales et participations** a été supprimée du Code de commerce (Décret 2015-903 du 23-7-2015).

B. Informations durant l'exercice

NOTIFICATIONS À FAIRE
Des notifications sont à effectuer dans les cas suivants :   39015
− lors de la prise ou cession de participation d'une personne physique ou morale dans une société par actions cotée (C. com. art. L 233-7), voir Mémento Sociétés commerciales n° 64290 à 64480 ;
− lors de la prise de contrôle par une SA d'une société cotée ou non (C. com. art. L 233-12), voir Mémento Sociétés commerciales n° 79701 ;
− quand une société détient une participation dans une SAS et subit une modification de contrôle (C. com. art. L 227-17), voir Mémento Sociétés commerciales n° 60710 ;
− lors de ventes à découvert (C. mon. fin. art. L 621-7 et L 621-7-1 ; Règl. gén. AMF art. 223-37) ;
− lors de cessions temporaires (C. com. art. L 22-10-48 ; Règl. gén. AMF art. 223-38), voir Mémento Sociétés commerciales n° 66309.

NOTIFICATIONS À RECEVOIR
Des notifications sont à recevoir dans les cas suivants :   39020
− quand une société par actions (cotée ou non) vient à contrôler une autre société (C. com. art. L 233-12), voir Mémento Sociétés commerciales n° 79701 ;
− quand une personne prend une participation dans le capital d'une société cotée (C. com. art. L 233-7 et L 233-9), voir Mémento Sociétés commerciales n° 64290 à 64480.

Ces informations sur les franchissements de seuils constituent une information réglementée au sens de l'article 221-1 du règlement général de l'AMF, soumise à des modalités de diffusion particulières (voir n° 81380 s.).

CHAPITRE 10 — LES OPÉRATIONS FINANCIÈRES

SOMMAIRE   40000

SECTION 1
DÉFINITIONS ET ÉLÉMENTS CONSTITUTIFS   40005
A. Généralités   40005
B. Classement comptable des opérations financières   40075

SECTION 2
RÈGLES D'ENREGISTREMENT ET D'ÉVALUATION DES CRÉANCES ET DETTES   40080

I. Règles d'enregistrement   40080

II. Règles d'évaluation des créances et dettes en monnaie nationale   40085
A. Règles générales   40085
B. Cas particuliers   40165

III. Règles d'évaluation des créances et dettes en monnaies étrangères   40295
A. Valeur d'entrée dans le patrimoine   40295
B. Valeur au bilan   40370
C. Cas particuliers (valeur au bilan)   40515

IV. Règles d'évaluation des dettes remboursables en jetons ou indexées sur la valeur de jetons   40600
A. Valeur d'entrée dans le patrimoine   40605
B. Valeur au bilan   40610

SECTION 3
SCHÉMAS USUELS DE COMPTABILISATION   40650

I. Opérations courantes   40650

II. Emprunts et prêts   40940
A. Règles générales de comptabilisation (et de décomptabilisation)   40945
B. Emprunts obligataires simples   41080
C. Emprunts obligataires perpétuels   41195
D. Valeurs mobilières composées (donnant accès au capital ou à l'attribution de titres de créance)   41255
E. Autres prêts et emprunts   41390

III. Instruments financiers à terme   41430

IV. Opérations de couverture (comptabilité de couverture)   41565

A. Notion comptable de couverture (conditions de reconnaissance d'une couverture sur le plan comptable)   41570
B. Notion fiscale de « positions symétriques »   41665
C. Principes généraux de la comptabilité de couverture   41730
D. Traitement spécifique à chaque stratégie de couverture   41950

V. Instruments financiers à terme en position ouverte isolée   42115

VI. Abandons de créances et renonciations à des recettes   42220

VII. Opérations Bpifrance Assurance Export   42410

VIII. Opérations concernant les associés et les sociétés apparentées   42530

IX. Émission de jetons ne présentant pas les caractéristiques de titres financiers, de contrats financiers ou de bons de caisse   42600

X. Autres placements de trésorerie   42665

XI. Opérations diverses   42795

XII. Charges et produits financiers   42960

SECTION 4
VALEUR PROBANTE DE LA COMPTABILITÉ ET CONTRÔLE   43145

I. Obligations en matière de trésorerie   43145

II. Contrôle externe   43150

SECTION 5
PRÉSENTATION DES COMPTES ANNUELS ET AUTRES INFORMATIONS   43260

I. Présentation des comptes annuels   43260
A. Bilan et compte de résultat   43260
B. Annexe (développements particuliers)   43330

II. Autres informations comptables et financières   43495

SECTION 1 — DÉFINITIONS ET ÉLÉMENTS CONSTITUTIFS

A. Généralités

NOTION D'INSTRUMENTS FINANCIERS

40005 **Définition conceptuelle comptable** L'avis CNC n° 2002-07 relatif à l'amortissement et à la dépréciation des actifs (§ 4.2) définit un instrument financier comme tout **contrat qui donne lieu à la fois à un actif financier pour une entreprise et à un passif financier ou à un instrument de capitaux propres pour une autre.**
Un actif financier désigne tout actif qui est (Avis précité, § 4.2) :
– de la trésorerie ;
– un droit contractuel de recevoir d'une autre entreprise de la trésorerie ou un autre actif financier ;
– un droit contractuel d'échanger des instruments financiers avec une autre entreprise dans des conditions potentiellement favorables ; ou
– un instrument de capitaux propres d'une autre entreprise.

40010 **Définition juridique sous forme de liste** Selon l'article L 211-1 du Code monétaire et financier, les instruments financiers comprennent :

I. Les titres financiers (voir n° 35015).

II. Les contrats financiers également dénommés « instruments financiers à terme » ou encore « instruments dérivés ».

> **Précisions** Sont visés (C. mon. fin. art. D 211-1 A) :
> **1.** Les contrats d'option, contrats à terme fermes, contrats d'échange, accords de taux futurs et tous autres contrats à terme relatifs à des **instruments financiers,** des **devises,** des **taux d'intérêt,** des **rendements,** des **indices financiers** ou des **mesures financières** qui peuvent être réglés par une **livraison physique ou en espèces.**
> **2.** Les contrats d'option, contrats à terme fermes, contrats d'échange, accords de taux futurs et tous autres contrats à terme relatifs à des **marchandises :**
> – qui doivent être réglés **en espèces** ou peuvent être réglés en espèces à la demande d'une des parties autrement qu'en cas de défaillance ou d'autre incident conduisant à la résiliation ;
> – qui peuvent être réglés par **livraison physique,** à condition qu'ils soient négociés sur un marché réglementé ou un système multilatéral de négociation ;
> – qui peuvent être réglés par **livraison physique,** non mentionnés ci-avant, et non destinés à des fins commerciales, qui présentent les caractéristiques d'autres instruments financiers à terme, en tenant compte de ce que, notamment, ils sont compensés et réglés par l'intermédiaire d'une chambre de compensation reconnue ou font l'objet d'appels de couvertures périodiques.
> **3.** Les contrats d'option, contrats à terme fermes, contrats d'échanges, accords de taux futurs et tous autres contrats à terme relatifs à des **variables climatiques,** à des **tarifs de fret,** à des **autorisations d'émissions** ou à des **taux d'inflation** ou d'autres **statistiques économiques officielles** qui doivent être réglés en **espèces** ou peuvent être réglés en espèces à la demande d'une des parties autrement qu'en cas de défaillance ou d'autre incident amenant la résiliation.
> **4.** Les contrats à terme servant au **transfert du risque de crédit.**
> **5.** Les contrats financiers avec **paiement d'un différentiel.**
> **6.** Tout autre contrat à terme concernant des **actifs,** des **droits,** des **obligations,** des **indices** et des **mesures,** qui présente les caractéristiques d'autres instruments financiers à terme, en tenant compte de ce que, notamment, il est négocié sur un marché réglementé ou un système multilatéral de négociation, est compensé et réglé par l'intermédiaire d'une chambre de compensation reconnue ou fait l'objet d'appels de couvertures périodiques.

Cette définition couvre tous instruments équivalents, ainsi que les droits représentatifs d'un placement financier dans une entité, émis sur le fondement de droits étrangers (C. mon. fin. art. L 211-41).

NOTION D'OPÉRATIONS FINANCIÈRES

40015 Ces opérations ont pour objet, soit de réunir les moyens de financement des investissements ou des opérations d'exploitation, soit le placement temporaire de ces moyens.

> **Précisions** Elles comprennent :
> – l'apport de capitaux, l'autofinancement et les subventions d'équipement ;
> – les emprunts et les prêts ;
> – les crédits de trésorerie ;
> – les disponibilités et leur gestion (banques, caisses, valeurs mobilières de placement) ;
> – les émissions et détentions de jetons ;
> – des opérations diverses : opérations avec les associés ; opérations de dépôt et cautionnement ; opérations particulières avec l'État.

La notion d'« opérations financières » n'apparaît pas spécifiquement dans le PCG. Toutefois, apparaissent les notions d'immobilisations financières, de dettes financières et de disponibilités.

DISTINCTION ENTRE ÉCHÉANCES À LONG, MOYEN OU COURT TERME ET IMMÉDIATES

Emprunts/dettes et prêts/créances Les comptes du PCG ne distinguent pas selon que leur échéance est à « long terme », « moyen terme » ou « court terme ». 40020
Toutefois :

a. Au bas du bilan (voir n° 95505 et 95525), les montants de créances et de dettes à plus ou moins d'un an doivent être indiqués.

b. Dans l'annexe, dans l'état des échéances des créances et des dettes, d'autres échéances sont assimilées aux notions de court terme, moyen terme et long terme (voir n° 43405).

Échéances immédiates Elles regroupent, à l'actif, des liquidités et, au passif, des exigibilités immédiates. 40025

a. Comme le précisait le PCG 82 (p. I.34), les **liquidités** comprennent (sur la valeur des définitions du PCG 82 non reprises, voir n° 3070 s.) :
– les espèces ou valeurs assimilables et, d'une manière générale, toutes valeurs qui, en raison de leur nature, sont immédiatement convertibles en espèces pour leur montant nominal **(disponibilités)** ;

> **Précisions** Il s'agit notamment de la caisse (voir n° 40650 s.), des comptes bancaires ordinaires (y compris lorsqu'ils sont nantis, dès lors que la société peut librement disposer des fonds inscrits sur ce compte ; Bull. CNCC n° 183, septembre 2016, EC 2016-13, p. 517 s.) et des effets à recevoir à échéance immédiate (à titre pratique, un délai de trois jours par exemple peut être retenu).

– les bons qui, dès leur souscription, sont remboursables à tout moment ;
– les comptes bancaires à terme, à certaines conditions (voir n° 42705).

b. Les **exigibilités immédiates** sont constituées, à partir de la précédente définition, des dettes qui, en raison de leur nature, sont immédiatement exigibles en espèces pour leur montant nominal.

> **Précisions** Soit notamment les découverts bancaires et les effets à payer à échéance immédiate (à titre pratique, un délai de trois jours par exemple peut être retenu).

B. Classement comptable des opérations financières

Les opérations exclusivement financières sont réparties, **en fonction de leur destination** dans l'entreprise, dans les comptes suivants : 40075
– emprunts et dettes assimilées « compte 16 » : voir liste des comptes du PCG n° 96200 ;
– immobilisations financières « compte 27 » : voir liste des comptes du PCG n° 96220 ;
– comptes financiers « comptes 51, 52, 53, 54, 58 et 59 » : voir liste des comptes du PCG n° 96280 ;
– autres comptes de bilan (comptes de groupe et associés, différences d'évaluation sur instruments financiers à terme, sur jetons, sur les dettes indexées) : voir liste des comptes du PCG n° 96260.

> **Précisions** En revanche, les créances et les dettes classées en « comptes 4 » (ainsi que les différences de conversion) sont liées à des opérations non exclusivement financières (PCG art. 934-1).

Produits financiers (compte 76) et charges financières (compte 66) sont nettement distingués dans le compte de résultat (les **services bancaires** en sont **exclus,** voir n° 16145) : voir liste des comptes du PCG n° 96300 et 96320.

> **Fiscalement** Les frais de dossier retenus dans le calcul du taux effectif global conformément à l'article 314-4 du Code de la consommation auquel renvoie l'article 313-4 du Code monétaire et financier sont retenus pour l'appréciation de la limite de déduction des charges financières nettes. Tel n'est en revanche pas le cas des frais de conseils liés à l'intervention de prestataires extérieurs dans le cadre d'opérations de financement (honoraires d'avocats, frais de courtage) (BOI-IS-BASE-35-40-10-10 n° 190).

SECTION 2 — RÈGLES D'ENREGISTREMENT ET D'ÉVALUATION DES CRÉANCES ET DETTES

I. RÈGLES D'ENREGISTREMENT

40080 Ces règles, déjà exposées à l'occasion de précédents développements, sont récapitulées ci-après :
– les créances sont enregistrées lorsqu'elles sont devenues certaines (voir n° 10355 s.) ;
– les dettes sont enregistrées lorsqu'elles sont devenues certaines (voir n° 15080 s.) ;
– les créances et les dettes figurent au bilan jusqu'à l'extinction du droit ou de l'obligation (voir n° 10390).
En ce qui concerne les **prêts** et les **emprunts,** voir n° 40960.

II. RÈGLES D'ÉVALUATION DES CRÉANCES ET DETTES EN MONNAIE NATIONALE

A. Règles générales

40085 Elles ont également été exposées à l'occasion de précédents développements et sont récapitulées ci-après.

VALEUR LORS DE L'ENTRÉE DANS LE PATRIMOINE

40090 En l'absence de précisions explicites du PCG, il faut se référer aux principes généraux : en application du nominalisme monétaire (voir n° 3550),
– les dettes sont enregistrées pour leur **valeur nominale de remboursement** (lorsque l'emprunt est affecté d'une retenue de garantie, voir n° 40165) ;
– et les créances pour leur coût d'acquisition qui correspond à leur valeur de remboursement ou à leur prix d'achat en cas de rachat de créance (voir n° 42845).
Sur l'évaluation initiale des actifs et passifs financiers en normes IFRS, voir Mémento IFRS n° 46645.

VALEUR AU BILAN À LA CLÔTURE

40095 **Dettes** Le PCG (art. 323-10) précise que postérieurement à leur date d'entrée dans le patrimoine, la valeur nette comptable des éléments de passif est comparée à leur valeur d'inventaire à la même date mais il ne précise pas les modalités ni les conséquences comptables d'une telle évaluation. À notre avis :
– l'**augmentation de valeur** d'un élément du passif externe est comptabilisée comme un **complément de dette** (ou d'une provision si l'augmentation n'est pas irréversible) ;
– la **diminution de valeur** d'un élément du passif externe devenue **irréversible** est comptabilisée comme une **réduction de dette** ; en revanche, à notre avis, comme le précisait le PCG 82 (p. II.11), lorsque la **diminution** n'est **pas définitive,** elle n'affecte pas l'évaluation dudit élément qui est maintenu en comptabilité pour sa valeur initiale.

Sur les dettes de montant non définitif, voir n° 15240.
Sur l'évaluation ultérieure des actifs et passifs financiers en normes IFRS, voir Mémento IFRS n° 45080 et 46030.

Créances

40115

I. Conditions de constitution des dépréciations à la clôture Une **dépréciation** est constituée lorsqu'apparaît une **perte probable** (valeur actuelle inférieure à la valeur d'entrée) dont les effets ne sont pas jugés **irréversibles** (C. com. art. R 123-179 ; PCG art. 214-25).

> **Précisions** La valeur actuelle (voir n° 26875) ne doit pas être confondue avec la **valeur actualisée** (voir n° 40215 II.).

En conséquence, à notre avis :
a. les créances dont la valeur nominale de remboursement a diminué font l'objet :
– si la diminution est certaine et définitive (irréversible), de la constatation d'une **charge** (l'entreprise appréciant s'il s'agit d'une charge d'exploitation ou d'une charge exceptionnelle), voir n° 11395 ;
– et si la diminution est réversible, d'une **dépréciation** ;
b. en revanche, les créances dont la valeur nominale de remboursement a augmenté font l'objet :
– si l'augmentation est certaine et définitive, de la constatation d'un **produit** (l'entreprise appréciant s'il s'agit d'un produit d'exploitation ou d'un produit exceptionnel) ;
– et si l'augmentation est réversible, la créance est conservée à sa valeur d'entrée dans le patrimoine.
Le montant de la dépréciation est estimé en fonction des éléments d'information obtenus jusqu'à la date d'arrêté des comptes, dès lors qu'ils permettent de mieux évaluer la dépréciation existant à la clôture, voir n° 52340.
Sur les créances de montant non définitif, voir n° 11470.

II. Obligations en matière de dépréciations Sur les sanctions en matière de (non-)constitution de dépréciations, voir n° 48220.
a. Constatation obligatoire des dépréciations Même en cas d'absence ou d'insuffisance de bénéfice, il doit être procédé aux dépréciations (et amortissements) nécessaires pour que les comptes annuels donnent une image fidèle du patrimoine, de la situation financière et du résultat de l'entreprise (C. com. art. L 123-20, al. 2 et PCG art. 214-7).
Les dépréciations nécessaires doivent être constituées indépendamment :
– de leur **déductibilité fiscale,**
– de la **faculté fiscale** de ne pas constituer de provisions ou d'en constituer partiellement.

> **Fiscalement** Sur la possibilité, admise par la jurisprudence, de constituer une (provision pour) dépréciation pour un montant moindre que celui qu'elle estime justifié, puis d'augmenter le montant de la (provision pour) dépréciation au cours des exercices suivants, voir n° 48200.
> Pour plus de détails sur la déductibilité des (provisions pour) dépréciations des créances douteuses, voir n° 11350 s.

b. Reprise obligatoire par le résultat des dépréciations devenues sans objet Les dépréciations sont rapportées au résultat quand les raisons qui les ont motivées ont cessé d'exister (C. com. art. R 123-179, al. 6 et PCG art. 214-19).
Les reprises peuvent également résulter de la revue à la baisse du montant à déprécier en fonction des éléments d'information obtenus jusqu'à la date d'arrêté des comptes, dès lors qu'ils permettent de mieux évaluer la dépréciation existant à la clôture, voir n° 52340.

> **Fiscalement** La (provision pour) dépréciation qui devient sans objet au cours d'un exercice doit être rapportée aux bénéfices imposables dudit exercice, sauf s'il s'agit d'une (provision pour) dépréciation non déductible, **antérieurement taxée.**
> Les reprises de (provisions pour) dépréciation déduites antérieurement sont imposées au taux d'impôt de l'exercice de reprise (BOI-BIC-PROV-30 n° 130). Sur le cas où la (provision pour) dépréciation n'avait pas été déduite, alors qu'aucune règle propre au droit fiscal ne faisait obstacle à une telle déduction, voir n° 48200.

III. Détermination du montant des dépréciations Voir n° 11355.
Sur le cas particulier des créances **non productives d'intérêt ou productives d'intérêt faible,** voir n° 40215.

B. Cas particuliers

EMPRUNT AFFECTÉ D'UNE RETENUE DE GARANTIE

40165 Lorsque l'emprunt est affecté d'une retenue de garantie, il est inscrit au **passif,** à notre avis, pour son **montant intégral** et non pour son montant net. La garantie doit être inscrite à l'actif.

Lorsqu'elle est représentée par un versement ou une retenue de l'établissement de crédit sur le prêt qu'il accorde (fonds de garantie), elle est comptabilisée dans une subdivision du compte 275 « Dépôts et cautionnements versés ».

En cas de garantie représentée par des créances, voir n° 40800 s. ; des titres, voir n° 37305 ; des stocks, voir n° 11070.

EMPRUNTS, PRÊTS, CRÉANCES ET DETTES INDEXÉS

40185 Sur les clauses d'indexation, voir Mémento Droit commercial n° 50350 à 50402.

Sur les dettes indexées sur la valeur de jetons numériques, voir n° 40600 s.

La question de l'indexation des créances et des dettes n'est pas spécifiquement traitée par le PCG.

La solution préconisée par le secrétariat général du CNC (Bull. 33-03, janvier 1978), adaptée par nos soins au PCG et calquée sur le traitement des créances et dettes en devises (voir n° 40415 s.), et sur le traitement des dettes indexées sur la valeur de jetons numériques (voir n° 40600 s.), nous paraît applicable (voir ci-après I. et II.).

> **Fiscalement** Le traitement réservé au produit ou à la charge résultant de la clause d'indexation (voir I. et II. ci-après) s'applique lorsque les quatre conditions suivantes sont simultanément remplies (CE 8-5-1981 n° 8294 ; BOI-BIC-CHG-50-60) :
> – la clause d'indexation doit être licite ;
> – l'indexation doit être stipulée dans un contrat de prêt d'une durée d'au moins un an, ou s'il s'agit d'une avance en compte courant, celle-ci doit être bloquée pour une période et dans des conditions permettant de l'assimiler à un prêt de cette nature ;
> – le produit de l'indexation ne doit être liquidé et éventuellement versé qu'au terme du contrat ou lors d'échéances de remboursement partiel ;
> – en cas de cumul avec les intérêts, la rémunération totale du prêt, indexation comprise, ne doit pas être anormalement élevée.

I. Lors de chaque échéance de remboursement, la différence entre le nominal et le versement effectif constitue une charge ou un produit, de caractère exceptionnel, à inscrire au compte 6781 « Malis provenant de clauses d'indexation » ou 7781 « Bonis provenant de clauses d'indexation » (comptes expressément prévus par le PCG).

Toutefois, les malis et bonis pourraient être classés en résultat courant (voir n° 52030) :
– lorsque l'indexation porte sur un prêt ou un emprunt, l'enregistrement au compte 668 « Autres charges financières » ou 768 « Autres produits financiers » nous semblerait **plus approprié,** l'opération étant de nature exclusivement financière (voir n° 42960) ;
– lorsque l'indexation porte sur une créance ou une dette commerciale, l'enregistrement dans un compte d'exploitation nous semble possible, lorsqu'il ne s'agit pas d'un élément inhabituel, anormal et peu fréquent.

> **Fiscalement 1. Pour l'emprunteur,** la charge résultant du jeu de la clause d'indexation est en principe déductible des bénéfices imposables (CE 8-5-1981 n° 8294 et CE 2-2-1977 n° 328), sous réserve des limitations prévues par l'article 212 du CGI en cas d'avances consenties par des entreprises liées (voir n° 42560) (BOI-BIC-CHG-50-60 n° 80).
> **2. Pour le prêteur,** le produit résultant de l'indexation est imposable (Rép. Fléchet : CR 14-10-1949 n° 116, non reprise dans Bofip).

Lorsque les emprunts, prêts, dettes et créances indexés entrent dans une opération de couverture, voir ci-après d.

II. À la clôture de chaque exercice :

Sur le cas particulier des emprunts obligataires indexés, voir n° 41130.

a. L'emprunt ou le prêt est porté au bilan à sa valeur à la date de clôture par l'intermédiaire, à notre avis, d'un **compte transitoire « Différence d'indexation-Actif »** ou **« Différence d'indexation-Passif »** (compte non prévu par le PCG) qui fonctionne comme les comptes « Différences de conversion ».

> **Précisions** Par exemple, les comptes 4756 et 4757, ces différences pouvant, nous semble-t-il, figurer au bilan sur la ligne « Écarts de conversion-Actif » ou « Écarts de conversion-Passif ». Ces comptes sont à classer, au bilan, dans la rubrique « Écarts de conversion et différences d'évaluation », avec les écarts de conversion sur créances et dettes libellées en devises et sur jetons.

40185
(suite)

b. En cas de perte latente (écart actif), c'est-à-dire lorsque la valeur de clôture est supérieure (emprunteur) ou inférieure (prêteur) à la valeur nominale de l'emprunt ou du prêt, une **provision pour risques** est constituée, puis ajustée en fonction de ses variations lors de chaque clôture.

Débit du compte 6875 « Dotations aux provisions exceptionnelles » (ou, de préférence, à notre avis, 6865 « Dotations aux provisions financières »), par le crédit du compte 1518 « Autres provisions pour risques ». Sur la possibilité de comptabiliser la dotation en résultat financier ou d'exploitation selon la nature de la dette ou de la créance indexée, voir ci-avant I.

> **Fiscalement** Les provisions ayant pour objet de faire face à la charge résultant du jeu de la clause d'indexation sont déductibles (CE 8-5-1981 n° 8294 ; CE 2-2-1977 n° 328). Toutefois, lorsque la déduction de cette charge est limitée (voir I. ci-avant), celle des provisions y afférentes l'est également (CGI art. 39-1-5°, voir n° 42560).

Toutefois, lorsque l'instrument entre dans une relation de couverture, voir ci-après d.

c. Lorsqu'existe un gain latent (écart passif), il n'est pas constaté en résultat.

EXEMPLE

Prêt indexé de 50 000 remboursable en 5 échéances à la fin de chaque année :
— Index à la fin de la première année : 0,9
Échéance 50 000 × 1/5 × 0,9 = 9 000 (perte : 10 000 − 9 000 = 1 000)
Charge latente : (50 000 − 10 000) × 0,1 = 4 000
— Index à la fin de la deuxième année : 1,2
Échéance : 50 000 × 1/5 × 1,2 = 12 000 (profit : 12 000 − 10 000 = 2 000)
Gain latent : (50 000 − 20 000) × 0,2 = 6 000

	274 Prêts	151 Provisions p/risques	4757 Écart passif	4756 Écart actif	512 Banque	66/67 Charges	68 Dotation provisions
Exercice 1							
Prêt	50				50		
1ʳᵉ échéance	10				9	1	
Indexation (fin 1)	4			4			
Dépréciation (fin 1)		4					4

	274 Prêts	151 Provisions p/risques	4757 Écart passif	4756 Écart actif	512 Banque	76/77 Produits	78 Reprise de provisions
Exercice 2							
2ᵉ échéance	10				12	2	
Indexation (fin 2)	10		6	4			
Annulation provision 1		4					4
	60 | 24	4 | 4	6	4 | 4			
Bilan fin 2	36	soldé	6	soldé			

d. Emprunts, prêts, dettes et créances indexés entrant dans une relation de couverture. Lorsque l'emprunt (le prêt, la dette ou la créance) indexé sur lequel est constatée une perte latente entre dans une relation de couverture (en tant qu'élément couvert ou de couverture, voir n° 41590), la perte latente ne donne lieu à provision qu'à hauteur du risque non couvert (voir n° 40435).

> **EXEMPLE**
>
> Une entreprise acquiert une quantité de métal dont le cours fluctue. Pour se couvrir contre la baisse du cours du métal, elle contracte un emprunt de même montant indexé sur le cours du métal. Elle comptabilise d'une part le métal en stock et d'autre part l'emprunt au passif. Dans ce cas :
> — au fur et à mesure du remboursement de l'emprunt, la perte ou le gain d'indexation réalisé est conservé au bilan et ne sera comptabilisé en résultat qu'au fur et à mesure de la consommation du stock ;
> — à la clôture, en cas de hausse du cours du métal par exemple, l'augmentation de la dette indexée donne lieu à un écart d'indexation actif (perte latente). Cet écart n'est pas provisionné tant que la variation du cours du métal en stock couvre la perte latente. La provision ne sera donc constatée qu'au fur et à mesure de la consommation du stock (en ce sens, Bull. CNCC n° 156, décembre 2009, EC 2009-32, p. 722 s.).

Sur la dépréciation du stock de métal ainsi couvert, voir n° 21705.

> **Précisions** La solution du bulletin CNCC précité qui consiste à ne réestimer la dette qu'au fur et à mesure de la consommation du stock, en cas de hausse des cours n'est, à notre avis, pas compatible avec le principe général de non-compensation des charges et produits : d'une part, la variation de la dette indexée et, d'autre part, la plus ou moins-value latente sur le stock.

Le résultat des différences d'indexation doit obligatoirement être classé dans le même poste ou à défaut dans la même rubrique du compte de résultat que celui de l'élément couvert (PCG art. 628-11).

> **EXEMPLE**
>
> **(suite)**
>
> La perte ou le gain d'indexation sera comptabilisé soit dans le même poste que celui destiné à comptabiliser la consommation du stock (avec le compte 603 « variation de stocks »), soit dans un poste dédié du résultat d'exploitation (par exemple, avec les autres charges et produits de gestion courante).

PRÊTS ET AUTRES CRÉANCES COMPORTANT DES CONDITIONS PARTICULIÈREMENT AVANTAGEUSES POUR L'EMPRUNTEUR

40190 Créances concernées

> **EXEMPLES**
>
> Il en est ainsi notamment pour (liste de la Rec. OEC n° 1.13 juillet 1982, « le traitement comptable des créances payables à terme et non productives d'intérêts ») :
> — la vente assortie d'un différé exceptionnel de paiement,
> — les conditions de règlement exceptionnellement favorables octroyées par l'entreprise à un client ou à un acquéreur,
> — les créances pour lesquelles est accordé un délai de paiement en cas de redressement judiciaire (et, à notre avis, en cas de procédure de sauvegarde),
> — les créances représentatives des sommes versées au titre de l'aide à la construction (voir n° 16365),
> — les prêts à plus d'un an accordés au personnel,
> — les prêts (ou avances) consentis à des conditions exceptionnelles entre les sociétés d'un groupe.

> **Juridiquement** Les avantages ainsi accordés au bénéficiaire du prêt doivent l'être dans l'**intérêt de la société qui les consent** (Bull. CNC n° 37-01), en particulier si le bénéficiaire est une personne visée à l'article L 225-38 du Code de commerce ; sinon il en résulterait un **abus de biens sociaux**.

> **Fiscalement** **a. Avantages accordés à des tiers** Les avantages accordés à des tiers ne sont admis que s'ils relèvent d'une **gestion normale,** c'est-à-dire s'ils sont effectués dans l'intérêt de l'exploitation et comportent une contrepartie équivalente pour l'entreprise qui les consent. Pour plus de détails, voir Mémento Fiscal n° 8920 à 8962.
> **b. Cas particuliers** :
> **1. Avances sans intérêts consenties à une société de personnes par l'un de ses associés**
> L'avantage anormal résultant de la renonciation à percevoir des intérêts consentis par l'associé accroît le résultat de la filiale, imposable chez celui-ci à hauteur de sa participation. En conséquence, pour éviter une double imposition, le résultat de l'associé ne doit être rehaussé au titre de cette renonciation que dans la proportion du capital de la filiale détenue par les autres associés (CAA Douai 12-12-2006 n° 00-583 ; CAA Lyon 8-6-2017 n° 15LY01912 ; BOI-IS-BASE-35-20-20-10 n° 60). L'administration accepte qu'aucune réintégration ne soit pratiquée lorsque chaque associé apporte un montant d'avances proportionnel à ses droits (BOI-IS-BASE-35-20-20-10 n° 70).
> Sur les abandons de créances consentis à une société de personnes par l'un de ses associés, voir n° 42235.

2. Avances sans intérêts consenties par une société de personnes à ses associés L'avantage anormal résultant de la renonciation par une société de personnes à percevoir des intérêts à raison d'avances faites indirectement à ses associés assujettis à l'IS (via un GIE) est réintégré dans les résultats de la société de personnes (imposés entre les mains de ses associés) sauf s'il peut être démontré qu'il n'a profité qu'à ces associés et qu'une telle réintégration aboutirait donc à une double imposition de ces derniers (TA Montreuil 14-4-2014 n° 1207462).

Valeur d'entrée À leur entrée dans le patrimoine de l'entreprise, ces créances et prêts sont comptabilisés à leur coût d'acquisition, à savoir :
– à leur **valeur nominale** à leur **émission** ;
– à leur **prix d'acquisition** en cas de **rachat ultérieur** (voir n° 42845).

40195

Estimation de ces créances à l'inventaire Comme pour tous les biens de l'entreprise, elle doit être faite à l'inventaire à la « valeur actuelle, qui s'apprécie en fonction du marché et de l'utilité du bien pour l'entreprise » (C. com. art. R 123-178).

40215

Toutefois les **organismes compétents** retiennent, dans ce cas particulier, des **notions différentes** à propos de la valeur actuelle, qui sont résumées dans le tableau ci-après :

CNC (ANC désormais)	CNCC	OEC	AMF
Pas d'actualisation		Actualisation	
Tant que la créance peut être remboursée à sa valeur nominale	Tant que la valeur d'utilité de la créance n'est pas inférieure à sa valeur nominale	Pour ramener la créance à sa valeur actualisée (valeur du marché)	

Sur l'évaluation initiale de créances comportant des conditions particulièrement avantageuses pour l'emprunteur en normes IFRS, voir Mémento IFRS n° 45410 (créances commerciales) et 45420 (prêts).

Ces différentes positions développées ci-après paraissent laisser, **en pratique,** le **choix** aux entreprises avec mention (**si** cela est **significatif**) **en annexe,** de la méthode retenue et de son incidence.

Or, en l'absence de règles comptables spécifiques, le choix des méthodes comptables des entreprises est, en pratique (voir n° 8400), déterminé en fonction des solutions fiscales. Dans ce contexte, les solutions fiscales présentées ci-après revêtent un grand intérêt.

> **Fiscalement** Pour les créances à court terme, voir n° 40715.

La déductibilité d'une **provision pour actualisation de créances à long terme** a été refusée par le Conseil d'État conformément au point de vue du CNC (ANC désormais) et de la CNCC développé ci-après (CE 23-5-1990 n° 52646). Le Conseil d'État a par la suite confirmé sa jurisprudence et, suivi par les juges du fond, refuse la déduction d'une provision constituée :
– en vue de faire face aux charges futures de refinancement de prêts consentis, pour cinq ans et sans intérêt, à certains membres du personnel, considérant que le surplus de frais financiers résultant de la gratuité des prêts constitue une charge normale des exercices au cours desquels ils sont exposés (CE 3-7-1992 n° 82001) ;
– pour tenir compte de la dépréciation d'un prêt sans intérêt de sept ans (en l'espèce, rééchelonnement du remboursement d'une créance) consenti au repreneur de la filiale débitrice en difficulté, en l'absence de circonstances rendant probable la cession de la créance pour une valeur inférieure à son nominal ou sa perte de valeur définitive (CAA Paris 18-3-1993 n° 91-1179) ;
– pour tenir compte de la dépréciation affectant la valeur nominale de prêts à vingt ans sans intérêts consentis à des organismes collecteurs, pour se libérer de l'obligation de participation à l'effort de construction (CE 17-1-1994 n° 115512 ; voir n° 16375). Dans ce cas, une provision n'est possible (CE 13-7-2007 n° 289233 et 289261 et CE précité) que si la société justifie de circonstances rendant probable :
• la cession des créances avant leur date d'échéance,
• ou une défaillance des débiteurs impliquant la perte de valeur définitive des créances.

Toutefois, pour le calcul de la **plus-value de cession,** c'est la valeur réelle (actualisée) qui est retenue (CE 6-12-1978 n° 12561, voir n° 28170). Pour une décision similaire rendue en matière de valeur d'apport dans le cadre d'une fusion, voir Mémento Fusions & Acquisitions n° 7703.

I. Estimation à la valeur nominale C'est la doctrine du **CNC** (ANC désormais) basée sur le principe du **nominalisme** : « la règle comptable actuelle prévoit l'enregistrement des créances à leur **valeur historique**… La constitution d'une provision qui aurait pour effet de minorer le résultat de l'exercice ne serait pas un moyen approprié pour tenir compte du manque à gagner que supporte la société prêteuse en l'absence de stipulation d'intérêts dans un contrat de prêt. Les dispositions défavorables ont déjà pour conséquence de ne pas entraîner la perception de produits financiers et la description de l'opération est ainsi correcte » (Bull. CNC n° 37-01). Cette **doctrine** du secrétariat du CNC a été **constante.** Elle a notamment été exprimée à propos de l'évaluation de la créance du carry-back (voir n° 52655).

La **Commission bancaire** (devenue ACPR), dans le cadre des conséquences de la loi sur le surendettement des particuliers, a **également** estimé qu'il n'est **pas possible de provisionner** le manque à gagner résultant d'une remise partielle ou totale d'intérêts qui doit être pris progressivement en compte sur la durée de vie résiduelle des crédits concernés, afin de diluer son impact dans le compte de résultat et de l'étaler dans le temps. **Toutefois**, selon le bulletin de la Commission bancaire (n° 37-01 n° 5, novembre 1991, p. 21 s.), il convient d'**indiquer dans l'annexe le manque à gagner en résultant.**

II. Estimation à la valeur actualisée

(terme non utilisé mais se déduisant des commentaires ci-après) L'AMF, constatant que des prêts pour lesquels un abandon quasi total d'intérêts a dû être consenti sont maintenus au bilan pour leur valeur nominale, voisinant avec d'autres prêts à intérêt normal accordés au même débiteur inscrits également pour le nominal, estime (Rapport COB 1979, p. 47) qu'il y a là une contradiction : ou bien le prêt à taux normal a une valeur réelle supérieure à son nominal, ce qui demande à être justifié, ou bien c'est le prêt sans intérêt qui devrait faire l'objet d'une dépréciation car sa valeur d'utilité et de cession éventuelle est devenue inférieure à son nominal. De même (Rapport COB 1981), très souvent, lors de l'inventaire, ces créances sont maintenues à leur valeur d'entrée dans le patrimoine, comme les créances productives d'intérêt, contrairement à la règle générale posée par le PCG, selon laquelle : « à l'inventaire, l'évaluation d'un bien est faite à sa valeur actuelle ».

L'**OEC** a émis une recommandation (Principes comptables n° 1.13) selon laquelle il convient de s'en rapporter à la règle générale : la valeur actuelle « correspond au prix présumé qu'accepterait d'en donner un acquéreur éventuel de l'entreprise dans l'état et le lieu où se trouve ledit bien ». Il apparaît ainsi qu'une créance recouvrable à terme et non productive d'intérêts n'a pas la même valeur qu'une créance exigible immédiatement. Les facteurs de diminution de valeur sont la **dépréciation monétaire**, le **taux du loyer de l'argent** et, le cas échéant, le risque supplémentaire de recouvrement dû au délai de paiement. La dépréciation ainsi constituée pour ramener la valeur d'entrée de la créance à sa valeur actuelle est ensuite ajustée à la clôture de chaque exercice en fonction de l'évolution de cette valeur actuelle. Selon la recommandation, il n'y a lieu, dans la pratique, de procéder à cette actualisation que dans les cas où l'**avantage** consenti par le créancier à son débiteur est **exceptionnel et significatif**, et dans la mesure où la créance n'a pas pour contrepartie au passif une dette spécialement contractée pour la financer et assortie des mêmes conditions.

III. Estimation à la valeur d'utilité

Pour le bulletin **CNCC** (n° 57, mars 1985, EC 84-76, p. 158 et n° 79, septembre 1990, EC 89-95, p. 379 s.), dans le système légal des coûts historiques, quel que soit le terme et qu'elles soient ou non porteuses d'intérêts, les créances, dès lors qu'elles ont été inscrites en comptabilité à leur véritable coût d'acquisition ou à son équivalent, ne doivent pas faire lieu à une dépréciation lors de l'inventaire annuel tant que leur **utilité pour l'entreprise demeure inchangée dans le cadre de la continuité de l'exploitation** (position que le bulletin CNCC de septembre 1990 juge conforme, dans son principe même, à celle retenue ci-avant en I. par le secrétariat du CNC). En effet, l'application des règles comptables (coût d'acquisition, valeur d'inventaire, valeur actuelle) doit, conformément à l'article L 123-20 du Code de commerce, être effectuée dans le **respect des principes de prudence et de continuité de l'exploitation.** Or, d'après le PCG (art. 121-4), la prudence est l'appréciation raisonnable des faits afin d'éviter le risque de transfert sur l'avenir d'incertitudes présentes susceptibles de grever le patrimoine et les résultats de l'entreprise.

Il semble donc bien que l'on soit fondé à considérer qu'**en dehors de la cessation de l'exploitation** qui oblige à substituer des valeurs de réalisation immédiate aux coûts historiques, ajustés pour éviter le risque de transfert sur l'avenir d'incertitudes présentes, **la notion de valeur actuelle au sens de valeur de réalisation immédiate d'un élément pris isolément**, en particulier d'une créance, **est contraire aux règles régissant la comptabilité**, dès lors que sa cession, n'étant pas envisagée, ne constitue pas une utilité présente pour l'entreprise.

De même, la valeur actuelle d'un élément considéré comme partie du prix de cession éventuelle de l'entreprise ne peut avoir d'incidence sur la valeur à l'inventaire dès lors que la poursuite de l'exploitation n'est pas en cause et que l'utilité de cet élément en vue de cette exploitation demeure inchangée.

EMPRUNTS ET AUTRES DETTES COMPORTANT DES CONDITIONS PARTICULIÈREMENT AVANTAGEUSES POUR L'EMPRUNTEUR

40220

À leur entrée, ces dettes et emprunts sont comptabilisés à leur **valeur nominale de remboursement**.

À la clôture, les règles et recommandations ne semblent pas permettre de tenir compte de la valeur actualisée des dettes.

Sur l'évaluation initiale d'une dette émise à des conditions hors marché en normes IFRS, voir Mémento IFRS n° 46090.

> **Précisions** **Guerre en Ukraine : avances remboursables et prêt bonifié** Le dispositif d'avances remboursables (durée d'amortissement limitée à 10 ans avec un différé d'amortissement en capital limité à 3 ans) et de prêt à taux bonifié (durée d'amortissement de 6 ans avec un différé de 1 an) rémunérés à taux fixe et accordés aux PME et ETI éligibles, instauré lors de la crise sanitaire et qui avait pris fin le 30 juin 2022, a été rétabli jusqu'au 31 décembre 2023 afin d'aider les entreprises affectées par l'agression de l'Ukraine par la Russie (Loi 2022-1157 du 16-8-2022 ; Décret 2020-712 du 12-6-2020 modifié par décret 2022-1601 du 21-12-2022). Leur remboursement n'étant pas conditionnel, ces avances et prêts bonifiés sont, à notre avis, comptabilisés parmi les dettes, dans le compte 168 « Autres emprunts et dettes assimilées » pour leur valeur nominale. En l'absence de précisions des textes, leur valeur d'inventaire à la clôture ne tient pas compte de leur valeur actualisée.

CRÉDIT ACCORDÉ À UN CLIENT À L'ÉTRANGER

40225

Les entreprises exportatrices accordent à leurs clients étrangers des délais de paiement assez longs et prennent parfois le crédit à leur compte selon la procédure suivante : le vendeur réclame au client le montant de la vente à l'exportation augmenté des intérêts relatifs au crédit à court, moyen ou long terme accordé. En principe, la créance sur le client est portée pour sa totalité au compte 411 « Clients » et les intérêts facturés au compte 7631 « Revenus des créances commerciales ». Dans ce cas, à notre avis, le compte 7631 est débité par le crédit du compte 487 « Produits constatés d'avance » pour le montant des intérêts non encore courus.

III. RÈGLES D'ÉVALUATION DES CRÉANCES ET DETTES EN MONNAIES ÉTRANGÈRES

A. Valeur d'entrée dans le patrimoine

RÈGLE GÉNÉRALE
Comptabilisation des factures d'achats et de ventes en devises

40295

a. Opérations en devises non couvertes Selon le PCG (art. 420-5), les créances et les dettes en monnaies étrangères sont converties et comptabilisées en monnaie nationale sur la base du **dernier cours du change**. Selon la CNCC (Bull. CNCC n° 115, septembre 1999, p. 496), les charges et produits comptabilisés en contrepartie sont donc nécessairement convertis sur la base de ce même cours. En conséquence, à notre avis, un achat (une vente) libellé(e) en devises est comptabilisé(e) :
– au prix d'achat (de vente) qui s'entend du prix facturé (voir n° 15550),
– lequel est converti au cours du jour de l'opération d'achat (de vente), c'est-à-dire le cours du jour au cours duquel se produit le fait générateur de l'achat (de la vente).
Tout autre cours est donc, en principe, à proscrire (cours de négociation, cours de commande…).
Ce cours correspond (PCG art. 410-1) :
– pour les devises cotées, aux cours indicatifs de la Banque de France publiés au JO ;
– pour les autres devises, aux cours moyens mensuels établis par la Banque de France.
Sur la possible tenue de certaines opérations en monnaies étrangères avec conversion en monnaie nationale à la date de clôture (cas rare en pratique), voir n° 7185.

> **Fiscalement** Les entreprises ont la liberté d'intégrer ou non les différences de change dans le coût de revient de leurs stocks. Elles sont autorisées, pour simplifier leur tâche dans la détermination de leurs coûts de revient et de leurs valeurs d'inventaire, à maintenir le coût de revient des matières et marchandises achetées à l'estimation qui avait été faite d'après **le taux de**

change en vigueur à la date du **transfert de propriété** de ces biens, et à comptabiliser, par suite, la perte ou le profit de change directement dans leurs comptes de résultat (BOI-BIC-PDSTK-20-20-10-10 n° 90).

b. Opérations en devises couvertes Lorsque le risque de change de l'achat ou de la vente est couvert :
– **Couverture par un instrument financier (dérivé, créance, dette)** : il n'est en principe pas possible, en cas de couverture par un **instrument financier,** de comptabiliser ces opérations directement au cours couvert. En effet, les charges et les produits devant être enregistrés séparément, sans aucune compensation possible (voir n° 3570). Or, la comptabilisation au cours couvert reviendrait à compenser les résultats de deux éléments distincts, l'achat (la vente), d'une part, et l'instrument financier de couverture, d'autre part.
En pratique, toutefois, il nous semble possible de comptabiliser directement **au cours couvert** les opérations d'achats et de ventes couvertes par un instrument financier lorsque ce dernier supprime tout risque de perte et rend la **couverture « quasi parfaite »** (c'est-à-dire lorsque le cours couvert correspond au **cours effectif** de réalisation des instruments à terme mis en place).

> **Précisions**   **1.** Possibilité de comptabiliser les achats et ventes au cours couvert Tel devrait être le cas des micro-couvertures (couvertures opération par opération) suivantes :
— un engagement ferme individualisé libellé dans la même devise et de même terme (achat ou vente de devises à terme) que l'élément couvert, parfaitement adossé à celui-ci ;
— une créance de même devise et de même terme (voir cependant n° 40445, la position globale de change).
Dans ces cas, l'instrument fixe définitivement le cours de la monnaie étrangère. Les opérations sont comptabilisées au cours couvert et les créances et dettes ne seront pas réestimées à la clôture.
2. En revanche, tel ne sera jamais le cas :
— d'une couverture par des options (le taux n'étant pas fixé) ;
— d'une couverture de budget utilisant un cours moyen trop éloigné des cours effectifs des dérivés composant cette moyenne (notamment lorsque la moyenne n'est pas ajustée des nouvelles couvertures).
En effet, dans ces cas, la comptabilisation de l'achat ou la vente à un cours moyen ou au cours de l'option ne reflétera pas correctement le montant réel du chiffre d'affaires (qui devrait être à cours effectif de réalisation de la couverture) et du résultat de change.

– **Couverture de change garantie par un contrat (autre qu'un instrument financier)** : il devrait être possible, à notre avis, de comptabiliser les achats et ventes au taux garanti par un contrat de garantie lorsque ce dernier supprime tout risque de perte et rend la couverture « parfaite » (voir n° 40440).

> **Précisions**   Tel est le cas notamment :
— dans les groupes, lorsqu'une centrale de trésorerie réalise pour l'ensemble des filiales du groupe la gestion et la couverture du risque de change et garantit le cours de change sur lequel les transactions commerciales sont enregistrées. Cette garantie implique que les filiales ne soient pas refacturées en fin d'exercice des inefficacités constatées par la centrale de trésorerie et que les gains ne leur soient pas rétrocédés ;
— d'un contrat d'assurance Bpifrance Assurance Export fixant un cours garanti pour une opération commerciale (voir n° 42460).

CAS PARTICULIERS

40315   **Avances et acomptes reçus et versés en monnaies étrangères** (sur créances et dettes non encore facturées)

I. Avances et acomptes non couverts   Ils sont enregistrés au cours du jour de leur paiement.

Sur la valeur au bilan (réestimée ou non selon les cas) des avances en monnaies étrangères, voir n° 40535.

II. Avances et acomptes couverts   Ils sont enregistrés au cours du jour de leur paiement. Par application du principe de symétrie (PCG art. 628-11 ; voir n° 41765), le résultat de la couverture est, à notre avis, à comptabiliser au bilan dans un compte transitoire (478 « différence d'évaluation sur instrument de trésorerie » s'il s'agit d'un dérivé ou 476/477 « différences de conversion » s'il s'agit d'un instrument non dérivé), jusqu'à la facturation (date de comptabilisation en résultat de l'avance, élément couvert).

> **EXEMPLE**
> En juin N, l'entreprise F enregistre une commande à l'exportation d'un montant de 100 D. Il est prévu qu'elle encaissera une avance de 90 D (non remboursable) en novembre N. La facturation de la vente est prévue en janvier N+1. Afin de couvrir le montant de l'avance, l'entreprise F

souscrit, en juin N, un contrat de vente à terme de devises D (contre euro) d'un nominal de 90 D, maturité novembre N. Les cours s'établissent comme suit :

100 D =	6/N	11/N	12/N	1/N+1
Cours comptant	100 EUR	96 EUR	95 EUR	94 EUR
Cours à terme (VAT)	98 EUR			

— **Au règlement de l'avance en N** :

Exercice N	512 Banques	4191 Avances reçues sur commandes	478701 Différences d'évaluation sur instruments à terme – Passif	668 Autres charges financières
Règlement de l'avance [1] Dénouement de la VAT	86,4	86,4		
Résultat de couverture [2]	3,6		3,6	
Report/déport [3]	1,8			1,8

(1) 90 × 0,96 = 86,4
(2) 90 × (1 − 0,96) = 3,6
(3) 90 × (1 − 0,98) = 1,8. Nous prenons l'hypothèse selon laquelle l'entreprise choisit d'étaler le coût de la couverture en résultat financier, sur la durée de l'opération (voir n° 41820). Le report/déport est donc, au cas particulier, comptabilisé immédiatement en charge au dénouement de la vente à terme. Toutefois, s'agissant de la couverture parfaite d'une quote-part du futur chiffre d'affaires et conformément à l'option offerte par le
PCG (art. 628-13), le report/déport aurait également pu être constaté en résultat en même temps que le résultat de couverture, c'est-à-dire à la facturation et dans le même poste, c'est-à-dire le chiffre d'affaires.
— **À la clôture N** : l'avance comptabilisée à l'actif n'étant pas remboursable, elle n'est pas réestimée à la clôture (voir n° 40535).
— **À la facturation en N+1** : la vente en devises est enregistrée (voir n° 40320) :
• pour la partie correspondant à l'avance reçue, au cours du jour de son paiement,
• pour la partie non encore payée, au cours du jour de la facturation.

Exercice N+1	411 Clients	4191 Avances reçues sur commandes	478701 Différences d'évaluation sur instruments à terme	70 Ventes
AN		86,4	3,6	
Facturation				
Quote-part payée sous forme d'avance	86,4			86,4
Solde [1]	9,4			9,4
Reprise de l'avance		86,4 86,4		
Reprise du résultat de couverture [2]			3,6	3,6

(1) 10 × 0,94 = 9,4.
(2) Le résultat de couverture (3,6), différé lors du paiement de l'acompte, est constaté en résultat.

Créances et dettes ayant fait l'objet d'avances ou acomptes reçus ou versés en monnaies étrangères À notre avis, en pratique, ces créances et dettes devraient être enregistrées de la manière suivante :   **40320**
– pour la partie correspondant aux acomptes reçus ou versés, au cours du jour de leur paiement ;
– pour la partie non encore payée, au cours habituellement retenu pour l'enregistrement des factures (voir règle générale, n° 40295).
Pour un exemple d'application, voir n° 40315.
Sur la valeur au bilan des créances et dettes en monnaies étrangères, voir n° 40390.

B. Valeur au bilan

RÈGLE GÉNÉRALE (CRÉANCES ET DETTES FINANCIÈRES ET COMMERCIALES)
Sur les cas particuliers (liquidités, exigibilités, avances et acomptes, créances douteuses, intérêts courus, etc.), voir n° 40520 s.   **40370**

40390 Principes généraux Ils sont posés par le PCG :

I. Conversion des créances et dettes en monnaie nationale Les créances et les dettes en monnaies étrangères sont converties et comptabilisées en monnaie nationale sur la base du **dernier cours de change** (PCG art. 420-5).

> **Fiscalement** Il en est de même (CGI art. 38-4).

> **Précisions 1. Produits constatés d'avance** Ils ne constituent pas des dettes monétaires. En conséquence, ils ne font pas l'objet de réévaluation à la clôture (Bull. CNCC n° 187, septembre 2017, EC 2017-17 du 23-7-2021, p. 469).
> **2. Dettes et créances au cours couvert** Sur la possibilité, à notre avis, de ne pas réévaluer les dettes et créances comptabilisées au cours couvert, voir n° 40295.

II. Comptabilisation des différences de conversion Lorsque l'application du taux de conversion à la date de clôture de l'exercice a pour effet de modifier les montants en monnaie nationale précédemment comptabilisés, les différences de conversion sont inscrites à des **comptes transitoires,** en attente de régularisations ultérieures (C. com. art. R 123-182, PCG art. 420-5 et 944-47) :

a. à l'actif du bilan, lorsque la différence correspond à une perte latente (compte 476 « **Différences de conversion-Actif** ») ;

> **Précisions Maintien des écarts de conversion à l'actif** Les écarts de conversion-Actif ne remplissent pas les critères généraux de définition et de comptabilisation d'un actif (voir n° 25105 s.) ; des vœux avaient été émis par le CNC pour que soit supprimé l'article R 123-182 du Code de commerce (voir n° 25135 III.). Toutefois, cet article a été maintenu dans le Code de commerce modifié suite à la transposition de la directive comptable n° 2013/34/UE.

b. au passif du bilan, lorsque la différence correspond à un gain latent (compte 477 « **Différences de conversion-Passif** »).

Les **écarts de conversion** sont normalement constatés aux comptes :
– 4761 « Diminution des créances » ou 4771 « Augmentation des créances » ;
– 4762 « Augmentation des dettes » ou 4772 « Diminution des dettes ».

> **Fiscalement a. Traitement fiscal des écarts de change** Ces écarts sont immédiatement imposables (CE 6-11-2006 n° 262551) ou déductibles et doivent donc être réintégrés ou déduits extra-comptablement sur l'imprimé n° 2058-A (ligne WQ ou XG) (CGI art. 38-4 ; voir n° 40410).
> **b. Exceptions pour certains prêts** : sur option irrévocable exercée prêt par prêt, les écarts de change latents constatés sur certains prêts peuvent suivre le traitement comptable et ne pas être rapportés au résultat imposable de manière extra-comptable. Cette exception s'applique aux prêts d'une durée initiale d'au moins 3 ans, libellés en monnaie étrangère et consentis, depuis le 1er janvier 2001, par des entreprises à des filiales ou sous-filiales implantées hors de la zone euro dont elles détiennent directement ou indirectement plus de la moitié du capital de manière continue sur toute la durée du prêt. Sont toutefois exclus de ce dispositif les prêts faisant l'objet d'une opération de couverture. Sur les conséquences et sanctions particulières applicables en cas de non-respect des conditions d'application de ce dispositif, voir BIC-IV-30600 s. Sur l'exception accordée par l'administration lorsque l'emprunt est contracté pour le financement d'un bien donné en location dans le cadre d'un contrat de crédit-bail ou location avec option d'achat, voir BOI-BIC-BASE-20-20 n° 160.

c. En pratique Selon le bulletin CNCC (n° 82, juin 1991, EC 90-103, p. 258), les écarts de conversion doivent être calculés **à partir des soldes** de chacun des comptes clients ou fournisseurs et non à partir des différents éléments constitutifs de ces soldes.

En contrepartie, les écarts de valeur modifient le montant des créances et des dettes.

> **Précisions** En pratique il convient de garder en mémoire la valeur d'origine, ces écarts étant constatés :
> – soit directement dans le **compte concerné** (tel est le cas lorsque celui-ci est bien circonscrit : prêt ou emprunt en devises, par exemple) ;
> – soit facultativement, dans **un compte global** « Écart de conversion » relatif à plusieurs comptes individuels de même nature dans une même devise (tel peut être le cas principalement pour les créances clients et les dettes fournisseurs).

Ces écarts peuvent être **contrepassés** :
– soit à l'ouverture de la période ; en effet, selon le CNC (Bull. n° 45, 4e trimestre 1980, p. 18), il s'agit d'écritures d'inventaire qui peuvent être extournées immédiatement au début de l'exercice suivant pour permettre de conserver en comptabilité la valeur d'entrée (coût historique) ;
– soit au fur et à mesure des règlements des dettes ou créances ;
– soit en fin de période (guide précité).

III. Couverture de change   Les créances et dettes en devises doivent être réévaluées à chaque clôture, même si elles sont couvertes, répondent à la définition d'un instrument de couverture ou entrent dans une position globale de change.

> **Précisions**   Les pertes ou gains latents faisant l'objet d'une **couverture de change** sont inscrits au bilan dans des subdivisions distinctes des comptes 476 et 477 (PCG art. 944-47).
> Sur le traitement des opérations de couverture de dettes et créances en devises étrangères, voir n° 40435.
> Sur le cas particulier des dettes et créances comptabilisées au cours couvert, voir n° 40295.

IV. Gains latents   Par application du principe de prudence, les gains latents n'interviennent **pas dans** la formation du **résultat.** Ils sont comptabilisés au passif du bilan (PCG art. 322-6), indépendamment de leur traitement sur le plan fiscal (Rapport de la Cour des comptes sur les comptes 1983, p. 219 s.).

> **Fiscalement**   Au contraire, ces gains latents sont immédiatement imposables sauf pour les prêts pour lesquels l'option prévue à l'article 38-4 du CGI a été exercée (voir Fiscalement ci-avant au II.b.). Pour les conséquences de cette divergence, voir n° 40410.

V. Pertes latentes   Les pertes latentes entraînent, en revanche (sauf lorsque les créances et dettes entrent dans une relation de couverture ou qu'elles font partie d'une position globale de change, voir n° 40415), la constitution d'une **provision pour risques** (PCG art. 420-5) au compte 1515 « Provisions pour pertes de change ».

À notre avis, par analogie avec le classement de résultat de change (voir ci-après VI.), la provision est à comptabiliser par le débit du compte :
– 6815 « Dotations aux provisions d'exploitation » s'il s'agit d'une opération de nature commerciale ;
– 6865 « Dotations aux provisions financières » s'il s'agit d'une opération de nature financière.

La Cour des comptes (Rapport précité) précise que ne pas constituer une provision en spéculant sur le caractère réversible de la hausse de la devise concernée constitue une erreur d'appréciation.

> **Fiscalement**   La perte latente étant immédiatement déductible (comme indiqué ci-avant au II. a.), cette provision pour risques ne peut pas l'être (BOI-BIC-PROV-30-10-30 n° 1). Pour les conséquences de cette divergence, voir n° 40410.
> Pour les prêts pour lesquels l'option prévue à l'article 38-4 du CGI a été exercée (voir Fiscalement ci-avant au II. b.), la perte latente n'est pas déduite fiscalement et la provision pour risques éventuellement constatée en comptabilité reste non déductible.

VI. Lors du règlement   Les règlements relatifs à ces créances et dettes sont comparés aux **valeurs historiques** originales et entraînent la constatation des pertes et gains de change ainsi réalisés aux comptes (sauf en cas de couverture, voir n° 40435) :
– 656 « Pertes de change sur créances et dettes commerciales » et 756 « Gains de change sur créances et dettes commerciales » sans compensation entre ces deux comptes s'il s'agit d'une opération de nature commerciale (PCG art. 946-65 et 947-75) ;
– 666 « Pertes de change financières » et 766 « Gains de change financiers » sans compensation entre ces deux comptes (PCG art. 946-66 et 947-76), s'il s'agit d'une opération de nature financière.

> **Fiscalement**   Il en est de même, ces pertes et gains de change étant déductibles et imposables (CGI art. 38-4).

EXEMPLE

Emprunt de 80 000 en devise A contracté l'exercice 1 et remboursable en une seule échéance l'exercice 4.

Cours de change : date d'acquisition : 1,25 ; fin de l'exercice 1 : 1,30 ; fin de l'exercice 2 : 1,40 ; fin de l'exercice 3 : 1,10 ; date de remboursement : 1,20.

Écritures en monnaie nationale :

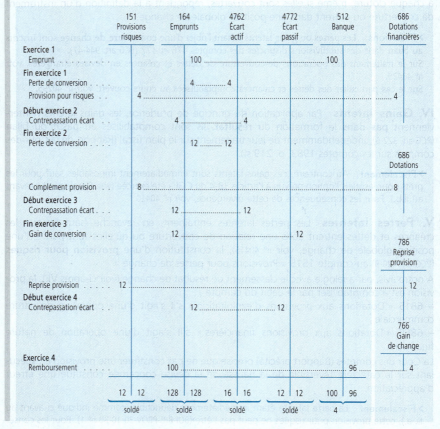

Sur le traitement des créances et des dettes libellées en devises en normes IFRS, voir Mémento IFRS n° 45450 et 45660.

40410 Divergences entre résultat comptable et résultat fiscal Pour les créances et les dettes figurant au bilan, cette divergence implique des corrections extra-comptables sur l'imprimé n° 2058-A :

– les **pertes latentes de l'exercice** sont à déduire ligne XG. Corrélativement, les pertes latentes de l'exercice précédent sont à réintégrer ligne WQ ;

– les **gains latents de l'exercice** sont à réintégrer ligne WQ. Corrélativement, les gains latents de l'exercice précédent sont à déduire ligne XG ;

– quant aux **provisions** constituées pour faire face aux pertes de change, leur réintégration est prévue à la ligne WI. Il aura fallu au préalable les mentionner sur le relevé des provisions n° 2056 ainsi que sur le relevé des provisions et charges à payer non déductibles (cadre III de l'imprimé n° 2058-B). La déduction extra-comptable de la reprise de ces provisions s'opérera à la ligne WU de l'imprimé n° 2058-A, après avoir été mentionnée sur l'imprimé n° 2058-B (cadre III).

> **Précisions 1. Option prévue à l'article 38-4 du CGI** Pour les prêts pour lesquels l'option prévue à l'article 38-4 du CGI a été exercée (voir n° 40390 II.), les écarts de change latents n'entrant pas dans la composition du résultat fiscal de l'exercice, il n'existe plus de divergence entre comptabilité et fiscalité, sauf dans le traitement de la provision pour risques constatée à hauteur des pertes latentes qui reste non déductible.

Elle devra donc toujours être réintégrée extra-comptablement comme indiqué ci-avant et sa reprise déduite extra-comptablement.

Comme le montrent les exemples ci-après, les **ajustements fiscaux** à effectuer en fin d'exercice ne se limitent pas aux créances et dettes qui figurent encore au bilan à cette date mais **s'étendent à celles qui se sont éteintes durant l'exercice.**

Sur les conséquences en matière d'**impôts différés,** voir n° 52980.

2. Limite générale de déduction des charges financières nettes (voir n° 42975) Les gains et pertes de change afférents au principal d'opérations de prêts ou d'emprunts ne sont pas à retenir pour la détermination des charges financières nettes soumises, le cas échéant, à la limitation générale de déduction (BOI-IS-BASE-35-40-10-10 n° 170).

EXEMPLE 1

Soit une créance en devise née en N et comptabilisée alors pour sa contrevaleur en monnaie nationale de 500. Par hypothèse, la contrevaleur en monnaie nationale à la clôture de l'exercice est de 450.

L'exercice N+1, la créance est payée et sa contrevaleur en monnaie nationale est de 470. L'option prévue à l'art. 38-4 du CGI n'est pas exercée.

a. À la clôture de l'exercice N :
— constatation d'un écart de conversion Actif de 50, la créance figurant pour 450 ;
— constatation d'une provision pour risque de change de 50.

  > **Fiscalement** Sur l'imprimé n° 2058-A :
  — déduction extra-comptable de la perte latente de change : 50 (ligne XG) ;
  — réintégration extra-comptable de la provision : 50 (ligne WI).

b. L'exercice N+1 :
— annulation, à l'ouverture, de l'écart de conversion Actif, la créance réapparaissant en comptabilité pour 500 ;
— constatation d'une perte comptable de change de 30 (= 500 − 470 payé) ;
— reprise de la provision pour risque de change de 50.

  > **Fiscalement** Sur l'imprimé n° 2058-A :
  — déduction extra-comptable de la reprise de provision de 50 (ligne WU) ;
  — réintégration extra-comptable de 50 correspondant à l'annulation de l'écart de conversion Actif (ligne WQ).

EXEMPLE 2

Créance en devise née en N et comptabilisée alors pour sa contrevaleur en monnaie nationale de 500. L'option prévue à l'article 38-4 du CGI n'est pas exercée. Par hypothèse, la contrevaleur de cette créance a atteint 560 au 31 décembre N, ce qui a entraîné à la clôture de l'exercice arrêté à cette date :
— la constatation au passif du bilan à titre de « différence de conversion » d'un montant de 60 qui n'a pas affecté le résultat ;
— l'incorporation de ce gain latent dans le résultat fiscal en utilisant la ligne WQ de l'imprimé 2058-A.

Le résultat fiscal de l'exercice N a donc fait état d'un gain de conversion de 60 non compris dans le résultat comptable.

a. Premier cas : la créance subsiste au 31 décembre N+1 (et sa contrevaleur, en monnaie nationale, est de 450). Les écritures comptables sont les suivantes :
— contrepassation de la différence de conversion antérieure pour gain de 60 et constatation à l'actif du bilan au 31 décembre N+1 d'une différence de conversion pour perte de : 500 − 450 = 50 (opérations sans influence sur le résultat comptable) ;
— dotation d'une provision de 50 représentative de la perte de change latente.

  > **Fiscalement** La perte de change propre à l'exercice N+1 s'élève à 110 (560 − 450). L'entreprise doit donc, compte tenu de la réintégration à la ligne WI de la provision comptable de 50, comprendre cette somme de 110 parmi les déductions diverses inscrites sur la ligne XG.

b. Deuxième cas : créance remboursée au cours de l'exercice N+1 (sa contrevaleur, en monnaie nationale, étant de 470 à la date de remboursement) L'opération se traduit dans les écritures de l'exercice N+1 (après contrepassation de la différence de conversion antérieure de 60) par une perte de change de 30 (500 − 470).

  > **Fiscalement** L'exercice N+1 doit prendre en compte la perte de change liée à l'évolution défavorable de la devise entre le 31 décembre N (date à laquelle la créance avait été estimée à 560) et la date à laquelle la créance s'est éteinte (pour un montant de 470), cette perte s'élevant par conséquent à 90. En complément de la perte de 30 dégagée en comptabilité, l'entreprise ne devra donc **pas omettre,** au 31 décembre N+1, **de déduire extra-comptablement** une somme de 60 sur la ligne XG.

EXCEPTIONS

Selon le PCG (art. 420-6), lorsque les circonstances suppriment en tout ou partie le risque de perte sur la créance ou la dette en devises, les provisions sont ajustées en conséquence. Tel est le cas :
— lorsque la créance ou la dette en devises est assortie par l'entité d'une opération symétrique destinée à couvrir les conséquences de la fluctuation du change (couverture de

40415

change) (voir n° 40430 s.) ; dans ce cas, la provision n'est constituée qu'à concurrence du risque non couvert ;
– lorsque la créance ou la dette en devises est qualifiée d'instrument de couverture (voir n° 40442) ; dans ce cas, celle-ci ne donne lieu à aucune provision ;
– en cas de position globale de change (voir n° 40445) ; dans ce cas, le montant de la dotation peut être limité à l'excédent des pertes sur les gains.

COUVERTURE DE CHANGE DES CRÉANCES ET DETTES EN DEVISES (COMMERCIALES OU FINANCIÈRES)

40430 **Valeur des créances et dettes couvertes** En principe, les opérations d'achats et de ventes couvertes sont comptabilisées au cours du jour de l'opération (voir n° 40435), puis réestimées à chaque clôture (voir n° 40390) sauf, à notre avis :
– dans le cas particulier d'une couverture « quasi parfaite » (voir n° 40295) ;
– dans le cas d'une couverture de change par un contrat de garantie (contrat groupe, contrat Bpifrance Assurance Export…) supprimant tout risque de perte et rendant la couverture « parfaite » : voir n° 40440.

40435 **Couverture d'une créance ou d'une dette par un instrument financier (dette, créance, instrument à terme…)** L'achat ou la vente est comptabilisé au cours du jour de l'opération (voir n° 40295).

Lorsque l'opération traitée en devises est assortie par l'entreprise d'une opération symétrique destinée à couvrir les conséquences de la fluctuation du change, appelée couverture de change (sur cette notion, voir n° 41565 s.) :

1. À la clôture Concernant la dette ou la créance couverte :
– les **écarts de conversion sur la dette ou la créance** doivent être **constatés au bilan** (PCG art. 420-8), dans les sous-comptes 4761 et 4762 « Différences de conversion-actif (diminution des créances et augmentation des dettes) » et 4771 et 4772 « Différences de conversion-passif (diminution des dettes et augmentation des créances) » (PCG art. 944-47 et 932-1) ;
Les ajustements sont enregistrés aux comptes (PCG art. 944-47) :
• 4768 « Différences compensées par couverture de change-actif », par le crédit des comptes 4761 et 4762,
• 4778 « Différences compensées par couverture de change-passif », par le débit des comptes 4771 et 4772.
– lorsque la différence correspond à une perte latente, une **provision** n'est **constituée qu'à concurrence du risque non couvert** (PCG art. 420-6).
Concernant l'instrument de couverture (voir n° 41765) :
– lorsqu'il s'agit d'un dérivé : les variations de valeur de l'instrument de couverture, lorsqu'elles doivent être comptabilisées au bilan avant le dénouement de l'instrument, peuvent, à notre avis, être classées dans un compte d'attente jusqu'au règlement de la dette ou de la créance ;
– lorsqu'il s'agit d'une créance ou d'une dette : elles sont toujours réévaluées au bilan à la clôture (PCG art. 420-5 et 420-7).
Les variations de valeur de la créance ou de la dette couverte et celles de l'instrument de couverture devraient, à notre avis, pouvoir être compensées pour la présentation au bilan.

> **Fiscalement** Les écarts de conversion sont pris en compte pour la détermination du résultat fiscal (CGI art. 38-4) et la provision éventuellement constituée n'est pas déductible (BOI-BIC-CHG-50-70 n° 50). Voir n° 40410.
> Si, corrélativement, il y a (au titre de la couverture) un contrat à terme d'instruments financiers, le profit ou la perte en résultant (par référence aux taux existants à la clôture pour les échéances concernées) est compris dans le résultat fiscal (CGI art. 38-6-1°), ce qui aboutit à neutraliser les effets des variations de change (CGI art. 38-6-2 bis et 38-3). Voir n° 41485.

EXEMPLE

Achat couvert par le remboursement d'un prêt octroyé par l'entreprise dans la même devise, de même terme

Durant l'exercice N :
– achat de marchandises facturées 70 000 D (1 D = 1,10) ;
– souscription en couverture de change à un prêt en devises de 50 000 D (1 D = 1,20).
Le cours à la clôture de l'exercice N s'établit à 1 D = 1,30.
L'achat et le prêt ont la même échéance l'exercice N+1.

Écritures en monnaie nationale

	151 Provisions risques	274 Prêts	401 Fournisseurs	4762 Écart actif (Dettes)	4768 Écart actif compensé	4771 Écart passif (Créances)	681 Dotations exploit.
Achats			77				
Prêt (par banque)		60					
Fin exercice N							
Gain de conversion		5				5	
Perte de conversion			14 14				
Perte compensée					5 5		
Provision pour risques	9						9
	9	65	91	14 | 5	5	5	9
				9			

> **Précisions** Le compte 4678 « Écart actif compensé » devrait pouvoir, à notre avis, être compensé avec le compte 4771 « Écart passif » pour la présentation au bilan. L'annexe doit, dans ce cas, donner une information complète sur le montant des écarts de conversion compensés.

2. Lors du règlement de la dette ou de la créance, les pertes et gains de change sont comptabilisés en résultat d'exploitation ou en résultat financier selon qu'il s'agit d'une opération commerciale (cas dans notre exemple ci-dessus) ou financière (voir n° 40390).

Le résultat sur l'instrument de couverture, qu'il s'agisse d'une créance/dette commerciale ou financière ou d'un instrument financier à terme, est présenté dans la même rubrique du compte de résultat, voire dans le même poste que celui de l'élément couvert (PCG art. 628-11 ; voir n° 41775).

EXEMPLE

(suite)

Durant l'exercice N+1 :
— règlement de la dette commerciale pour 98 000 (1 D = 1,40) ;
— dénouement du prêt au cours du même mois pour 70 000.

L'écart de change constaté sur la dette (21) est comptabilisé au débit du compte 656 « Pertes de change sur créances et dettes commerciales ». L'écart de change constaté sur le prêt (10) est comptabilisé :
— soit au crédit du compte 656,
— soit dans un poste dédié du résultat d'exploitation.

Cours de change garanti (garantie groupe, contrat Bpifrance Assurance Export... à l'exclusion des instruments financiers) 40440

> **Précisions** Sont concernées :
— les transactions matérialisant une garantie interne de taux, de cours de matière première ou de change entre une centrale de trésorerie et une autre entité d'un même groupe ;
— ou encore des garanties équivalentes contractées avec Bpifrance Assurance Export ou tout organisme comparable (sur ce cas particulier, voir n° 42460).

Pour ces opérations de couverture et sous réserve que la garantie soit souscrite avant la réalisation de l'opération, l'opération commerciale et le contrat de garantie peuvent, à notre avis, être considérés comme une seule et même opération, le résultat au titre de la garantie étant subordonné au résultat au titre de l'opération commerciale (si l'opération commerciale n'a pas lieu, la garantie n'entraîne pas de résultat, hormis les frais de contrat).

Dès lors, il nous paraît possible :
— de comptabiliser les achats et ventes au taux garanti (voir n° 40295),
— de ne pas avoir à réévaluer les créances et les dettes couvertes.

Sur la comptabilisation des frais de contrat, voir n° 41820.

Leur enregistrement au cours couvert constitue un **cours définitif.**

À notre avis :
— **jusqu'à la réalisation des opérations** (avant que les ventes ou achats ne soient traduits dans les comptes), la garantie obtenue constitue un **engagement hors bilan** ;

– **lors de la réalisation des opérations,** les achats ou les ventes (et les dettes ou créances correspondantes) sont comptabilisés au cours garanti comme si les opérations avaient été réalisées en monnaie nationale. **Aucun écart de change** n'est dégagé ;
– **à la clôture de l'exercice,** les créances ou dettes étant comptabilisées au cours garanti, **aucun écart de conversion** n'est comptabilisé, la perte ou le gain de change n'étant pas supporté par l'entreprise ;
– **lors du règlement,** aucun écart de change n'est comptabilisé.

> **Précisions** Couverture prise après la réalisation des opérations À notre avis, il n'est pas possible, dans ce cas, de parler d'« opération unique ». En conséquence, **lors de la réalisation des opérations,** les créances ou les dettes sont enregistrées au cours du jour de l'opération (voir n° 40295). À la clôture, les créances ou dettes sont revalorisées au cours de clôture, la différence de conversion étant comptabilisée dans des comptes transitoires et une provision n'est constituée qu'à concurrence du risque non couvert (voir n° 40435).

CRÉANCE OU DETTE EN DEVISES QUALIFIÉE D'INSTRUMENT DE COUVERTURE

40442 Les créances (ou dettes) en devises peuvent être qualifiées d'instrument de couverture (sur cette notion, voir n° 41590).

> **EXEMPLE**
>
> Tel est le cas, par exemple :
> – d'un emprunt indexé sur le cours de l'or, pris en couverture d'un stock d'or (voir n° 40185) ;
> – d'une créance en devises, destinée à couvrir des dépenses futures libellées de même montant, dans la même devise, présentant des échéances voisines à la créance (Bull. CNCC n° 203, septembre 2021, EC 2021-17 du 23-7-2021 ; cncc.fr). La CNCC rappelle qu'il est nécessaire, d'une part, d'estimer avec un degré suffisant de précision et de fiabilité les termes respectifs des encaissements et des décaissements (voir n° 41585) et, d'autre part, de dûment documenter la relation de couverture entre ces flux (voir n° 41745).

Dans ce cas :
– les **écarts de conversion sur les créances (ou dettes)** doivent être **constatés au bilan** (PCG art. 420-8), dans les sous-comptes 4768 « Différences compensées par couverture de change-actif » et 4778 « Différences compensées par couverture de change-passif » (PCG art. 944-47 et 932-1) ;
– les pertes latentes de change constatées sur la partie des créances (ou dettes) en qualité de couverture ne donnent pas lieu à une provision ;

> **Fiscalement** Les écarts de conversion sont pris en compte pour la détermination du résultat fiscal (CGI art. 38-4) et la provision éventuellement constituée n'est pas déductible (BOI-BIC-CHG-50-70 n° 50). Voir n° 40410.

> **Précisions** La partie excédentaire de la créance (ou dette) prise en couverture par rapport au risque couvert est qualifiée d'opération ouverte isolée (voir n° 42120). Dans ce cas, une provision est constatée au titre de l'excédent de la créance (ou dette) sur le montant des éléments couverts.

– le résultat de change (réalisé ou latent) sur les créances (ou dettes) qualifiées de couverture est différé au bilan jusqu'à réalisation du résultat sur l'élément couvert (PCG art. 628-11 ; voir n° 41765).

> **EXEMPLE**
>
> Une créance en devises est destinée à couvrir des dépenses futures (Bull. CNCC précité, EC 2021-17 du 23-7-2021 ; cncc.fr). Le résultat de la couverture (l'écart de conversion latent et réalisé sur la créance) est affecté à deux couvertures successives :
> – dans un premier temps, à la couverture de l'achat, pour la quote-part de l'écart correspondant à la période allant jusqu'à l'achat ; l'écart est comptabilisé dans un sous-compte du compte de charge impliqué, à classer dans le poste « Ventes de marchandises » ;
> – puis, à la couverture de la dette, pour la quote-part de l'écart correspondant à la période allant de l'achat jusqu'au décaissement ; l'écart est comptabilisé dans un sous-compte du compte 756 « Gains de change sur dettes commerciales », à classer dans le poste « Autres produits ».

> **Fiscalement** À notre avis, il n'y a pas lieu d'appliquer le régime des positions symétriques en l'absence d'utilisation d'un instrument financier à terme. La perte latente constatée sur la créance (ou dette) en devises peut ainsi être déduite fiscalement dans son intégralité.

Sur l'information à donner en annexe, voir n° 43335 s.

POSITION GLOBALE DE CHANGE ET TERMES VOISINS

40445 Lorsque, pour des opérations dont les termes sont suffisamment voisins, les pertes et les gains latents peuvent être considérés comme concourant à une position globale de change, le montant de la dotation peut être limité à l'excédent des pertes sur les gains (PCG art. 420-6).

Selon le PCG (compléments apportés par le règl. ANC 2015-05 applicable obligatoirement aux exercices ouverts depuis le 1-1-2017 et sa note de présentation) :

a. La position doit être déterminée devise par devise et non toutes devises confondues. Toutefois, des devises fortement corrélées peuvent être incluses dans la même position (Note de présentation précitée, § 3.1.2).

b. Les opérations de couverture et les éléments couverts (pour la partie couverte) sont exclus de cette position.
En effet, la position de change n'est pas un substitut à la comptabilité de couverture mais une base d'estimation d'une provision pour risque de change (Note de présentation précitée, § 3.1.2).

c. L'échéance des éléments inclus dans la position doit être comprise dans le même exercice comptable.

d. Ne doivent être inclus dans la position que des éléments réalisables, à l'exception des disponibilités.
Sont notamment concernés les créances, les dettes et les instruments dérivés en position ouverte isolée.
En revanche, sont exclus de la position globale de change les éléments suivants (Note de présentation précitée, § 3.1.2) :
– les éléments budgétaires,
– les engagements hors bilan,
– les disponibilités (les écarts de change étant comptabilisés immédiatement en résultat, voir n° 40790).

e. La position est utilisée uniquement pour la détermination de la provision.
Aucune compensation ne peut être opérée entre les écarts de conversion actifs et passifs comptabilisés au bilan ou entre les gains et pertes réalisés (voir n° 3570).

f. Une justification formalisée appropriée doit être établie (Note de présentation précitée, § 3.1.2).

INCIDENCE DES ÉVÉNEMENTS POSTÉRIEURS À LA CLÔTURE DE L'EXERCICE

Principe Il doit être tenu compte des risques et des passifs qui ont pris naissance au cours de l'exercice ou d'un exercice antérieur, même s'ils sont connus entre la date de la clôture de l'exercice et celle de l'établissement des comptes (C. com. art. L 123-20, al. 3). 40450

Selon l'OEC (Rec. Principes comptables n° 1.12), **en principe**, une **variation du cours des monnaies** survenant après la clôture d'un exercice doit être considérée comme une circonstance nouvelle, apparaissant au moment où elle se produit : elle ne doit donc **pas influencer l'établissement des comptes**. Sur l'information à donner en annexe, voir n° 52345.
Ce principe doit être nuancé dans les cas suivants :

Créances et dettes à court terme libellées en monnaies étrangères subissant une dépréciation constante 40455

> **Précisions** Les échéances à long terme ne sont pas abordées par la Rec. OEC qui indique qu'il convient de ne pas déroger au principe général et donc de se limiter au cours de clôture.

Le principe de prudence voudrait, s'il est patent qu'une créance à court terme est libellée en monnaie « fondante » et qu'une **perte de change significative** sera enregistrée lors de l'encaissement de cette créance, qu'une provision soit comptabilisée. Une telle provision apparaît nécessaire si les **conditions** suivantes sont remplies :
– le risque de change n'a pas fait l'objet d'une couverture à terme ;
– l'évolution passée du taux de change montre à l'évidence que la monnaie étrangère baisse régulièrement et de façon sensible ;
– cette tendance est confirmée après la date de clôture de l'exercice et jusqu'à la date où sont arrêtés les comptes annuels ;
– il est retenu un taux raisonnable, qui ne soit pas inférieur au taux en vigueur à la date de réalisation de cette créance ou, si la créance n'est pas échue à la date où sont arrêtés les comptes annuels, un taux qui ne soit pas inférieur au taux officiel à cette date.

> **Fiscalement** La provision qui serait constituée pour faire face par avance à des variations de change postérieures à la date de clôture de l'exercice ne saurait être déductible (BOI-BIC-PROV-30-10-30 n° 10).

En revanche, pour des raisons de prudence, on ne doit pas tenir compte des **gains potentiels** sur ce type de monnaie, sauf si, en même temps, l'entreprise possède des dettes libellées aussi en monnaies « fondantes ». Auquel cas, il semble que l'on puisse limiter la constatation des provisions à due concurrence des gains potentiels, en application de la position globale de change (voir n° 40445).

Sur les créances bloquées à l'étranger, voir n° 11385.

40460 **Variations erratiques des taux de change à la date de la clôture de l'exercice** Il peut arriver que la date de clôture coïncide avec une variation brutale et momentanée du taux de change.

Une perte ou un gain de change pourrait alors être comptabilisé dans un exercice et annulé dans les premiers jours de l'exercice suivant. Dans ce cas, il convient, dans le choix du taux de change à retenir pour estimer la provision, de faire abstraction de cette variation temporaire brutale. Pour ce faire, les **conditions** suivantes devraient être remplies :
– la fluctuation est importante et a lieu quelques jours avant la date de clôture de l'exercice ;
– la hausse (ou la baisse) se trouve annulée dans les premiers jours suivant la clôture de l'exercice ;
– l'évolution du taux de change jusqu'à la date de publication des comptes annuels montre, à l'évidence, que cette variation brutale et momentanée n'était pas l'amorce d'une tendance nouvelle.

C. Cas particuliers (valeur au bilan)

CRÉANCES DOUTEUSES LIBELLÉES EN MONNAIES ÉTRANGÈRES

40515 Pour les créances bloquées à l'étranger, voir n° 11385.

40520 Aucun traitement particulier n'est envisagé par le PCG. Or, si l'on suit les règles générales de conversion des créances, il en résulte certaines difficultés.

Deux solutions apparaissent en principe envisageables (leur impact sur le résultat net étant identique) :
– **convertir l'intégralité de la créance** au taux de clôture (partie douteuse et partie non douteuse), solution qui suit les règles générales du PCG (voir n° 40525) ;
– **ne convertir que la partie saine de la créance**, solution qui apparaît comme la plus simple et la plus logique sur le plan comptable (voir n° 40530). **Mais l'administration fiscale n'a pas pris position sur cette solution.**

40525 **Conversion de l'intégralité de la créance** Il est nécessaire de distinguer selon qu'elle fait apparaître une perte ou un gain latent.

Les commentaires présentés prennent, par souci de clarté, pour **hypothèse** une **créance dépréciée en totalité**. Les **raisonnements** sont **transposables** si la créance est partiellement douteuse.

I. En cas de gain latent de change Il n'est pas possible de constituer une dépréciation complémentaire correspondant à la revalorisation de la créance.

EXEMPLE

Montant brut de la créance avant revalorisation	100
Revalorisation au cours de la clôture	50
Montant brut figurant au bilan	150
Écart de conversion-passif	50
Provision pour dépréciation de l'exercice précédent	100

La revalorisation de la créance au cours de clôture de l'exercice est constatée dans le compte 477 « Écart de conversion-passif » (50). Il n'est pas possible de constituer une dépréciation complémentaire correspondant à cette revalorisation.

En effet, en cas d'irrécouvrabilité de la créance :
– la perte réelle pour l'entreprise est constituée par le montant brut de la créance (100) ;
– aucune perte supplémentaire n'est générée par la revalorisation.

La dépréciation est donc limitée au montant brut de la créance avant revalorisation (soit 100).

> **Fiscalement** Il en est de même. En effet, selon l'administration, l'accroissement de la valeur de la créance ne peut donner lieu à la constitution d'un supplément de (provision pour) dépréciation de créance dès lors que cet accroissement est seulement éventuel (BOI-BIC-PROV-40-20 n° 400). Cette position est d'autant plus rigoureuse que, même éventuel, l'accroissement de la valeur de la créance est imposable.

L'écart de conversion-passif est immédiatement imposable (CGI art. 38-4), il est donc réintégré extra-comptablement sur l'imprimé n° 2058-A, ligne WQ (BOI-BIC-PROV-40-20 n° 390).

II. En cas de perte latente de change
Le montant brut de la créance ayant été réduit par la constatation de la perte latente, la **dépréciation initialement constituée** est à **reprendre en résultat** (au compte 78174) jusqu'à concurrence du montant brut de la créance revalorisée. Cette reprise est **compensée** par la constitution d'une provision pour risque de change (à comptabiliser en charges dans le résultat d'exploitation, voir n° 40390).

EXEMPLE

Montant brut de la créance avant revalorisation	100
Revalorisation au cours de la clôture	− 20
Montant brut figurant au bilan	80
Écart de conversion-actif	20
Provision pour dépréciation de l'exercice précédent	100

La dépréciation de 100 est reprise pour 20, le montant brut de la créance n'étant plus que de 80.

Une provision pour risque de change de 20 est créée (correspondant à la perte latente portée dans le poste Écart de conversion-actif). L'impact sur le résultat comptable est neutre (reprise de provision pour créance douteuse de 20 et dotation aux provisions pour risque de change de 20).

> **Fiscalement** La reprise de dépréciation est taxable. La dotation à la provision pour perte de change n'est en revanche pas déductible et réintégrée extra-comptablement (ligne WQ) (BOI-BIC-PROV-40-20 n° 350). L'impact sur le résultat est toutefois neutre comme en comptabilité dès lors que l'écart de conversion actif est déduit extra-comptablement (ligne XG) (BOI-BIC-PROV-40-20 n° 350 et 360).

Conversion limitée à la partie saine de la créance Cette solution (qui est utilisée par certaines grandes entreprises) est plus simple et traduit au mieux la réalité puisqu'en cas de variation du cours de change, l'entreprise ne peut considérer avoir un gain (ou une perte) latent(e) sur un montant qu'elle a considéré comme non récupérable. En outre, elle propose un **traitement comptable unique** des créances douteuses libellées en monnaies étrangères, qu'il y ait **gain ou perte** latent de change. 40530

EXEMPLE

Créance sur vente de 100 D constatée lorsque 1 D = 2,00.
À la clôture de l'exercice cette créance est dépréciée pour 70 % de son montant et 1 D = 2,5.

	411 Clients	416 Clients douteux	477 Écart passif	491 Provision clients	681 Dotation provisions	70 Ventes
Constatation de la vente	200					200
Constatation du caractère douteux		200 ... 200				
Conversion au taux de clôture de la seule partie saine		15	15 [1]			
Constitution de la provision sur le montant initial				140 [2]	140	

(1) 15 = 100 × (2,50 − 2,00) × 30 %.
(2) 140 = 100 × 2,00 × 70 %.

Suite de l'exemple pour l'exercice (N+1) : La créance ne semble recouvrable qu'à 10 % (et non plus à 30 %) et le cours de la devise D est à 3.

	416 Clients douteux	477 Écart passif	491 Provision clients	681 Dotation provisions
Solde à nouveau	215	15	140	
1. Réajustement de l'écart de conversion dégagé l'exercice N en tenant compte du nouveau % de recouvrement [1]	10 [2]	10		
2. Réajustement de la provision dû à l'augmentation du % de non-recouvrement			40 [3]	40
3. Dégagement de l'écart de conversion sur la partie saine de la créance	5	5 [4]		

(1) Ce qui permet de ramener la partie devenue douteuse à son montant initial converti en monnaie nationale.
(2) 10 = 100 × (2,50 – 2,00) × (30 % – 10 %).
(3) 40 = 100 × 2,00 × (90 % – 70 %).
(4) 5 = 100 × (3,00 – 2,50) × 10 %.

AVANCES ET ACOMPTES REÇUS OU VERSÉS EN MONNAIES ÉTRANGÈRES

40535 Principe Leur valeur d'entrée constituant en principe un montant définitif, ils n'ont **pas** à être **réestimés** à la clôture de l'exercice.

En effet, lorsqu'un acompte a été payé ou encaissé, il n'y a plus de risque de change.

Toutefois, dans le cas éventuel où l'avance serait **remboursable** si certaines conditions ne sont pas réalisées, une **provision pour risque** de change devrait, à notre avis, être constituée (voir n° 40390) :
– si sa restitution devenait probable,
– pour la différence entre le cours du jour de son paiement (voir n° 40315) et le cours de clôture.

Sur le cas particulier des **avances consolidables** consenties à des filiales, voir n° 40540.

40540 Avances consolidables en monnaies étrangères consenties à des filiales
Comptabilisées en « créances rattachées à des participations » comme avances consolidables, elles devraient être traitées, à notre avis, selon leur caractère remboursable ou non :

a. Soit elles sont consenties à fonds perdus et dans ce cas :
– elles ne sont pas réestimées (voir n° 40535) ;

> **EXEMPLE**
> Tel est le cas, à notre avis, des avances faites par une maison mère à sa filiale pour couvrir ses frais de prospection, sans que l'issue de celle-ci soit certaine ou probable.

– elles sont à déprécier au fur et à mesure des dépenses qu'elles sont censées couvrir.

b. Soit elles sont remboursables (prêts) et dans ce cas, elles sont réestimées selon la règle générale et donnent lieu à la constitution d'une provision pour risques en cas de pertes latentes (voir n° 40390).

> **EXEMPLE**
> Tel est également le cas, à notre avis, d'avances consenties à une filiale récemment créée et encore déficitaire, mais vouée ultérieurement à réaliser des profits qui permettraient leur remboursement, même si l'avance est destinée à rester en permanence dans la société.

Toutefois :
– tant qu'il n'est pas probable que l'avance sera remboursée, elle doit, à notre avis, être traitée comme une avance versée à fonds perdus (voir ci-avant a.) ;
– en cas d'**incorporation de ces avances au capital,** voir n° 37690.

EMPRUNTS AVEC UNE ENVELOPPE D'EN-COURS DONNANT LIEU À UTILISATIONS SUCCESSIVES

40545
> **EXEMPLE**
> La banque signe avec un emprunteur un contrat de crédit comportant les particularités suivantes :
> — un engagement initial de x milliers ou millions de devises A pour une durée déterminée, ce montant pouvant être maintenu jusqu'à la fin ou être réduit chaque année ;
> — l'emprunteur peut procéder à des utilisations pour des périodes pouvant, en général, être de plusieurs mois avec la possibilité, à l'ouverture ou à l'échéance de chacune de ces périodes, de réaliser cette utilisation en devise A ou en une autre devise ;
> — les sommes tirées portent intérêt à un taux déterminé pour chacune de ces périodes.

Deux interprétations nous semblent possibles :
a. Première interprétation (succession d'opérations) L'opération s'analyse comme si, à chaque échéance d'utilisation, l'entreprise remboursait un emprunt et en contractait un nouveau d'un montant équivalent (en ce sens, voir Revue Banque n° 410, octobre 1981, article de G. Henrard). **En conséquence,** en application des principes généraux (voir n° 40390) :
– pour les utilisations achevées (emprunts remboursés), les plus-values ou moins-values réalisées doivent être comptabilisées en produits ou charges financiers ;
– pour l'utilisation en cours à la clôture d'un exercice (emprunt en cours), les plus ou moins-values latentes sont comptabilisées au bilan sous forme d'écarts de conversion et seules les moins-values latentes sont provisionnées.

> **Fiscalement** Voir n° 40390.

b. Deuxième interprétation (opération unique) Les utilisations à court terme constituent une suite d'opérations s'inscrivant dans une décision unique concernant un ensemble à long terme.
En conséquence, à notre avis, les résultats ne pouvant être appréciés avec suffisamment de précision que dans le cadre global de cette opération unique, les plus-values (nettes des moins-values) réalisées sont reportées jusqu'à la fin de l'opération. Les moins-values nettes réalisées sont comptabilisées en résultat et les moins-values latentes sont provisionnées.

> **Précisions**   Quelle que soit l'interprétation retenue :
> – l'annexe doit indiquer la méthode retenue pour évaluer l'emprunt ;
> – dans le tableau des échéances, cet emprunt devrait, à notre avis, figurer dans la colonne correspondant à la durée résiduelle de l'engagement (voir n° 43405).

INTÉRÊTS COURUS SUR EMPRUNTS (OU PRÊTS) EN MONNAIES ÉTRANGÈRES

40550 **Les intérêts courus à la clôture de l'exercice** sont, à notre avis, en l'absence de précisions des organismes compétents :
– calculés en monnaie locale et enregistrés en résultat financier sur la base du cours de change moyen de l'exercice ou de toute autre période (en cas d'échéances mensuelles, trimestrielles ou autres, les intérêts s'acquérant au jour le jour) ;
– le solde au bilan étant ensuite converti sur la base du cours de change à la clôture en contrepartie d'écarts de conversion.
Les gains latents n'interviennent pas dans la formation du résultat ; les pertes latentes entraînent, en revanche, une provision pour risque, sauf cas exceptionnel et justifié de compensation (voir n° 40415 s.).
Sur la comptabilisation du principal, voir n° 40390.

IV. RÈGLES D'ÉVALUATION DES DETTES REMBOURSABLES EN JETONS OU INDEXÉES SUR LA VALEUR DE JETONS

40600 **Contexte**   Des émissions de jetons dans le cadre d'une opération ICO (voir n° 42600 s.) peuvent conduire l'émetteur à constater une dette remboursable en jetons ou indexée sur la valeur de jetons dans les circonstances suivantes (Recueil ANC, commentaire IR 1 sous l'article 619-8 du PCG) :
– lors de la phase de lancement de l'opération, lorsque les sommes collectées sont restituables en jetons ou indexées sur des jetons ;
– lorsque les sommes collectées font l'objet de dispositifs de sauvegarde des fonds qui peuvent conduire à comptabiliser des dettes restituables en jetons ou indexées en jetons ;
– les dettes représentatives de jetons à restituer constituent des dettes remboursables en jetons.

> **Précisions**   De telles dettes exposent l'émetteur à un risque de variation de valeur de jetons de ses passifs. Les jetons influant sur la valeur des dettes peuvent être ceux qui ont fait l'objet de l'émission (dettes remboursables en jetons de l'émetteur) ou encore d'autres natures de jetons (ether ou bitcoin par exemple) (Recueil ANC, commentaire IR 3 sous PCG art. 619-8).

A. Valeur d'entrée dans le patrimoine

40605 **Comptabilisation de l'emprunt ou de la dette initiale** Conformément aux règles générales, la dette restituable en jetons ou indexée sur la valeur de jetons est comptabilisée au prix facturé converti **au cours du jour de l'opération de souscription** (Recueil ANC, commentaire IR 3 sous l'article 619-4 du PCG). Pour un exemple d'application, voir n° 42630.

Il en est de même lorsque la dette est couverte.

Sur la comptabilisation ultérieure des dettes remboursables en jetons ou indexées sur la valeur de jetons, voir n° 40610. Sur la comptabilisation des jetons reçus par l'émetteur (ethers, bitcoins…), le cas échéant (dette émise et remboursable en jetons), voir n° 30810.

B. Valeur au bilan

40610 **À la clôture,** les emprunts et dettes assimilées remboursables en jetons ou indexés sur la valeur de jetons sont évalués en euros sur base du **dernier cours** à la clôture desdits jetons (PCG art. 619-8).

Lorsqu'à la date de clôture, l'évaluation de ces emprunts et dettes assimilées a pour effet de modifier les montants en euros précédemment comptabilisés, les différences d'évaluation sont inscrites en contrepartie des comptes d'emprunts et dettes assimilées dans des comptes transitoires, en attente de régularisations ultérieures (PCG art. 619-8) :
– **à l'actif** du bilan pour les différences correspondant à une **perte latente** ; en compte 4746 – « Différences d'évaluation de jetons sur des passifs – actif » ;
– **au passif** du bilan pour les différences correspondant à un **gain latent** ; en compte 4747 « Différences d'évaluation de jetons sur des passifs – passif ».

> **Précisions** Ces comptes sont à classer, au bilan, dans la rubrique « Écarts de conversion et différences d'évaluation », avec les écarts de conversion sur créances et dettes libellées en devises et autres différences d'indexation.

Les pertes latentes entraînent à due concurrence la constitution d'une **provision** pour risque, sauf si les dispositions relatives à la comptabilité de couverture trouvent à s'appliquer.

EXEMPLE
Tel est le cas, par exemple, chez l'émetteur d'une ICO, lorsque, durant la phase de lancement de l'offre de jetons, des jetons (ethers, bitcoins…) sont levés, que la dette est restituable en jetons en cas d'échec de l'opération et que les jetons sont conservés par l'émetteur jusqu'au terme de la phase de lancement de manière à rembourser la dette, le cas échéant.

Pour un exemple d'application pratique, voir n° 42630.

SECTION 3

SCHÉMAS USUELS DE COMPTABILISATION

I. OPÉRATIONS COURANTES (CHÈQUES, CAISSE, EFFETS, VIREMENTS, CONCOURS BANCAIRES)

UTILISATION DU COMPTE CAISSE

40650 Le compte « Caisse » (compte 53 ; voir sous-comptes n° 96280) est débité du montant des espèces encaissées par l'entreprise. Il est crédité du montant des espèces décaissées. Son solde est toujours débiteur ou nul (PCG art. 945-53).

> **Précisions** Des **contrôles de caisse** périodiques permettent de s'assurer que le solde du brouillard de caisse correspond aux espèces détenues.

Caisse en euros Le compte « Caisse » doit retracer fidèlement les opérations d'encaissement ou de paiement effectuées en espèces pour les besoins de l'entreprise.

L'encaissement ou le règlement par la trésorerie privée de certaines recettes et dépenses de l'entreprise sans que le compte courant de l'exploitant soit affecté, l'existence de prélèvements ou de versements en caisse non comptabilisés sont des éléments de nature à mettre en cause la sincérité de la comptabilité présentée (Rép. Descaves : AN 3-11-1986 n° 623).

Sur la comptabilisation des ventes au comptant qui ne font pas l'objet de factures, voir n° 12480 s.

Caisse en monnaies étrangères Ces monnaies sont converties en monnaie nationale sur la base du dernier cours connu à la date de clôture (voir n° 40790).

Autres comptes de « Caisse » Le compte 515 **« Caisses » du Trésor et des établissements publics** regroupe les comptes ouverts auprès des organismes publics autres que ceux ayant la nature d'établissements de crédit : Caisse des Dépôts, Trésorerie générale…

40655

> **Précisions** La Caisse d'épargne est un établissement de crédit (compte 512).

DATE D'ENREGISTREMENT COMPTABLE DES OPÉRATIONS BANCAIRES COURANTES

Les opérations bancaires courantes (n° 40665 s.) doivent être enregistrées à **la date d'opération** et non pas à la date de valeur. En effet, cette dernière ne peut être retenue car elle ne correspond pas à une date comptable. En ce sens, les différents arrêts rendus par la Cour de cassation, voir n° 40680.

40660

Le tableau ci-après récapitule, opération par opération, la date à laquelle elles doivent être comptabilisées :

Opérations concernées	Date d'enregistrement comptable (1)
Chèques reçus (voir n° 40665)	Réception de l'avis de crédit de la banque
Virements reçus (voir n° 40680)	Réception de l'avis de crédit de la banque
Paiements reçus par carte de crédit	Réception de l'avis de crédit de la banque
Virements internes entre comptes bancaires de l'entreprise (voir n° 40685)	Première écriture enregistrée : lors de l'émission de l'ordre de virement Seconde écriture : lors de la réception de l'avis de crédit de la banque
Émission de chèque (voir n° 40690 s.)	Émission de chèque
Virement émis (voir n° 40700)	Ordre de virement
Effets à payer (voir n° 40710)	Pour les lettres de change : lors de l'acceptation Pour les billets à ordre : lors de la remise
Effets à recevoir (voir n° 40715)	Pour les billets à ordre : lors de la réception Pour les lettres de change : lors de l'acceptation par le client
Effets remis à l'escompte (voir n° 40735)	Réception de l'avis de crédit de la banque
Effets remis à l'encaissement (voir n° 40740)	Réception de l'avis de crédit de la banque

(1) La date de valeur de l'opération n'est à retenir dans aucun cas. La date de valeur ne doit pas être confondue avec les dates auxquelles les opérations entrent en compte (dates d'opération). Les dates de valeur correspondent à **un délai technique effectif pour les banques** (différé de livraison dû à des considérations techniques). En France, d'une banque à l'autre les pratiques différent en matière de date de valeur.

ENREGISTREMENT DES CHÈQUES ET VIREMENTS REÇUS

Chèques reçus Un chèque doit être considéré comme encaissé lors de sa **remise** à la banque, l'inscription en compte par cette dernière n'étant que la régularisation comptable d'une remise antérieure (CA Paris 7-11-1977). En recevant un chèque avec mandat de le recouvrer, le banquier devient débiteur de son montant sous condition suspensive de son encaissement.

40665

Le règlement est réputé réalisé à la date à laquelle les fonds sont mis, par le client, à la disposition du bénéficiaire ou de son subrogé (C. com. art. L 441-9).

> **Fiscalement** Il en est de même (Rép. Berest : AN 14-1-1980 n° 21652, non reprise dans Bofip).

Pour des raisons pratiques (notamment afin de faciliter les rapprochements entre la comptabilité et les relevés bancaires), ils sont, en principe, enregistrés de la manière suivante (voir PCG art. 945-51) :
– enregistrement du montant du chèque dans le compte 5112 « Chèques à encaisser » lors de la **réception du chèque** ;
– enregistrement au débit du compte 512 « Banques » lors de la **réception** de l'**avis de crédit**.

En conséquence :

1. Les chèques remis à l'encaissement et ceux déjà reçus et non encore remis à l'encaissement figurent au compte 5112 « Chèques à encaisser ». Le solde de ce compte devrait correspondre essentiellement aux chèques remis à l'encaissement. En revanche, si tel n'était pas le cas, il conviendrait, à notre avis :
– lorsque les chèques ont été conservés en raison de délais dus à l'organisation de l'entreprise, de scinder le compte 5112 en deux sous-comptes « Chèques en caisse » et « Chèques remis à l'encaissement » ;
– lorsque les chèques sont conservés volontairement à la suite d'un accord avec le tireur, de les comptabiliser dans un sous-compte du compte 411 (par exemple, « Clients-chèques à remise différée »).

2. L'enregistrement direct du montant du chèque au débit du compte « Banque » lors de sa réception n'est en principe pas correct.

Le compte « Chèques à encaisser » et le compte « Banques » sont regroupés sur une **ligne unique au bilan** : « Disponibilités ».

40670 **Chèques de caution reçus** Si l'entreprise n'a pas l'intention de les encaisser, à notre avis, ils perdent leur caractère d'instrument de paiement et ne peuvent figurer à l'actif parmi les « Disponibilités ». Ils correspondent à une **garantie reçue** : c'est pratiquement un aval. Ces chèques ne doivent **pas**, à notre avis, être **comptabilisés.**

> **Précisions** En revanche, si leur importance le justifie pour les besoins internes de gestion et/ou les besoins externes d'information financière, ils peuvent être suivis dans les **comptes spéciaux parmi les engagements reçus** (par exemple, compte 8027 « Chèques de caution reçus »), leur montant pouvant être donné dans l'annexe.

40675 **Chèque impayé**

I. Chèque sans provision Lorsque le chèque reçu du client se révèle sans provision, le compte 5112 « Chèques à encaisser » est crédité par le débit du compte « Client » ou « Débiteur » concerné. Il nous paraît utile de créer un compte particulier « Clients-chèques impayés » (dans une subdivision du compte 416 « Clients douteux ») afin de contrôler le bon déroulement de la procédure de recouvrement.

> **Précisions** Le fait qu'un chèque soit sans provision ne permet pas de considérer que la créance est irrécouvrable avec les conséquences que cela entraîne, sauf « si toutes les voies de recours prévues par la loi ont été exercées » (voir BOI-TVA-DED-40-10-20 n° 40).

Les **frais de poursuites en recouvrement** sont enregistrés, soit au compte de charges externes (services bancaires et assimilés), si l'entreprise les prend en charge, soit au compte du client.

II. Chèque volé La créance correspondante est considérée comme irrécouvrable avec toutes les conséquences que cela entraîne (voir BOI-TVA-DED-40-10-20 n° 40).

40680 **Virements reçus** Ils sont, en pratique, enregistrés à la **réception de l'avis de crédit de la banque** et non à la date de l'ordre de virement du débiteur.
En effet, bien que l'ordre de virement devienne irrévocable à compter de l'instant où il a été reçu par le banquier du donneur d'ordre (sauf accord contraire des parties ; C. mon. fin. art. L 133-7 et L 133-8), les fonds virés ne sont pas pour autant disponibles pour le bénéficiaire. Ce dernier ne percevra les fonds qu'au jour de leur inscription au crédit de son compte (Cass. 1e civ. 23-6-1993 n° 91-14.472).

> **Précisions** **1.** **Date d'inscription au crédit du compte du bénéficiaire** L'écriture au crédit du compte du bénéficiaire doit être réalisée sans délai par son banquier. Les dates de crédit ne peuvent être différées par l'établissement de crédit invoquant un système de valeur (C. mon. fin. art. L 133-14).
> **2.** Une jurisprudence contraire (Cass. com. 22-10-1996 n° 93-15.787 ; Cass. com. 18-9-2007 n° 06-14.161 ; Cass. com. 3-2-2009 n° 06-21.184) indique toutefois que le virement vaut paiement dès **réception des fonds par le banquier du bénéficiaire** qui les détient pour le compte de son client (sans attendre la date d'inscription de l'ordre de virement au compte du bénéficiaire). En effet, à compter de cette date, la banque détient ces fonds pour le compte de son client en qualité de dépositaire.

> **Fiscalement** Lorsqu'une recette donne lieu à un paiement par virement bancaire ou postal, en pratique, la « date d'encaissement » se confond normalement avec la « date de l'opération » mentionnée sur l'extrait de compte (Rép. Poudonson : Sén. 28-6-1979 n° 25014, non reprise dans Bofip). Sur ce point, voir également n° 40665.

Lorsqu'une société a confié de l'argent à un **transporteur de fonds,** ce « virement de fonds » est à porter, à notre avis, au compte « Valeurs à l'encaissement » (dans une subdivision du compte 511), jusqu'à réception de l'avis de crédit de la banque.

VIREMENTS INTERNES

40685 Les comptes de virements internes (compte 58) sont des comptes de passage utilisés pour la comptabilisation pratique d'opérations aux termes desquelles ils doivent se trouver soldés. Ils sont notamment destinés à permettre la centralisation, sans risque de double emploi, des virements de fonds d'un compte de disponibilités (caisse ou banque) à un autre compte de disponibilités (banque ou caisse) et, plus généralement, de toute opération faisant l'objet d'un enregistrement dans un ou plusieurs journaux auxiliaires (PCG art. 945-58).

Pour les **virements internes** entre comptes bancaires de l'entreprise, une première écriture est enregistrée à l'émission de l'ordre de virement à la banque A et la seconde est enregistrée à la réception de l'avis de crédit de la banque B.

EXEMPLE
Virement de 1 000 de la banque A à la banque B.

	512 Banque A	512 Banque B	58 Virements internes
1/2 Ordre de virement	1 000		1 000
4/2 Réception de l'avis de la banque B		1 000	1 000
			1 000 | 1 000 soldé

Pour la présentation au bilan, l'éventuel solde du compte 58 résultant du décalage entre les dates d'enregistrement dans les deux comptes est maintenu dans le compte « Banque » (Rép. Liot : Sén. 9-6-1967 n° 6726).

ENREGISTREMENT DES CHÈQUES ET VIREMENTS ÉMIS

Émission des chèques Les chèques sont crédités, dès l'émission, au compte de banque par le débit du compte de tiers concerné (voir PCG art. 944-40). **40690**

Chèques émis non encaissés **40695**

> **Précisions** **Délai de présentation d'un chèque** Un chèque émis et payable en France métropolitaine doit être présenté au paiement, en principe, dans un délai de huit jours. Un chèque émis hors de la France métropolitaine et payable en France métropolitaine doit être dans un délai soit de vingt jours, soit de soixante-dix jours, selon que le lieu de l'émission se trouve situé en Europe et dans un pays riverain de la Méditerranée ou hors d'Europe ; le point de départ de ces délais est la date d'émission portée sur le chèque (Décret-loi du 30-10-1935 art. 29, al. 1, 2 et 3 et 4). Mais il peut être **présenté à l'encaissement** et payé **au-delà** du délai de présentation, jusqu'à un an à compter de l'expiration de ce dernier (Loi 85-695 du 11-7-1985 art. 25 modifiant Décret-loi du 30-10-1935 art. 52), du moment qu'il est provisionné (Décret précité, art. 32, al. 1). Le porteur du chèque qui a laissé passer le délai de présentation et qui se trouve devant une absence de provision n'en conserve pas moins les recours nés de l'obligation d'origine (Décret-loi précité, art. 62).

Lorsque des chèques émis n'ont pas été encaissés par les bénéficiaires dans le délai de présentation, à notre avis :
– le montant ne peut être extourné, le chèque pouvant être, à tout moment, présenté et la provision (au sens bancaire) doit être maintenue ;
– lorsque l'entreprise estime, avec prudence, que le chèque ne sera pas présenté, le compte « Banque » est débité par le crédit du compte du créancier concerné (extourne de l'écriture passée à la création du chèque) ;
– enfin si, éventuellement, l'entreprise estime, avec prudence, que le créancier ne se prévaudra pas de sa créance, elle peut l'annuler par le crédit du compte de résultat (compte 758 « Produits divers de gestion courante » ou compte 7788 « Produits exceptionnels divers »).

40700 **Virements émis** Les virements émis sont crédités, à leur date d'émission, au compte de banque par le débit du compte de tiers concerné (et non lors de la réception de l'avis de débit de la banque). En effet, le fait générateur de la comptabilisation n'est pas la mise à disposition juridique des fonds au bénéfice des créanciers ; l'ordre de virement, à l'initiative de l'entreprise, est la seule matérialisation de l'opération au cours de laquelle l'entreprise **s'engage à mettre à disposition des fonds** au bénéfice du créancier (Bull. CNCC n° 132, décembre 2003, EC 2003-70, p. 664).

> **Précisions** En revanche, la date de l'ordre de virement du débiteur n'est pas celle qui est retenue pour l'enregistrement du virement reçu chez le créancier (voir n° 40680).

CARTE DE CRÉDIT

40705 **I. Paiement reçu d'un client par carte de crédit** La contrepartie de la vente est, à notre avis, portée :
– pour la somme qui reviendra finalement à l'entreprise, dans une subdivision du compte 511 « Valeurs à l'encaissement » (par exemple, « Cartes de crédit à encaisser »), jusqu'à l'avis de crédit de la banque ;
– pour le montant de la commission que la banque prélèvera, au débit du compte 627 « Services bancaires » (voir n° 16145).

Les entreprises qui le souhaitent peuvent **également,** à notre avis, **maintenir en créances clients,** jusqu'à la date du crédit par la banque, les montants ayant fait l'objet d'un paiement par carte de crédit.

II. Paiement versé à un fournisseur par carte de crédit La contrepartie de l'achat est, à notre avis, portée dans une subdivision du compte 512 « Banques » (exemple : « Cartes de crédit en attente de débit »), jusqu'à l'avis de débit de la banque.

EFFETS À PAYER

40710 Rattachés aux comptes « Fournisseurs », ils sont crédités (PCG art. 944-40) lors de leur **acceptation** (lettre de change) **ou** de leur **remise** (billet à ordre) au compte 403 « Fournisseurs – Effets à payer » (ou 405 « Fournisseurs d'immobilisations – Effets à payer ») par le débit du compte 401 « Fournisseurs » (ou 404 « Fournisseurs d'immobilisations »).

Les **billets de fonds** sont également enregistrés dans ces comptes.

À la **clôture de l'exercice,** à notre avis, conformément à la notion d'échéance immédiate fournie par le PCG 82 (p. I. 34, voir n° 40025) :
– les effets à échéance immédiate sont virés au compte « Banque » ;
– les autres effets sont compris dans le compte « Effets à payer ».

OPÉRATIONS SUR EFFETS À RECEVOIR

40715 **Effets en portefeuille** Rattachés aux comptes « Clients » (ou du débiteur concerné), ils sont (PCG art. 944-41) débités lors de leur **réception** (billets à ordre) ou lors de leur **acceptation** par les clients (lettres de change) au compte **413 « Clients – Effets à recevoir »** (ou à une subdivision à créer du compte débiteur) par le crédit du compte 411 « Clients » (ou du compte débiteur).

I. Une société qui, à la clôture de son exercice, a des effets en portefeuille, **peut-elle constituer une provision pour frais d'escompte ?**

À notre avis, il n'est pas possible de constituer une telle provision dans la mesure où, à la clôture :
– l'entreprise n'a pas l'obligation de supporter ces frais, les effets n'étant pas encore escomptés (PCG art. 322-1 s.) ;
– même si l'entreprise a une obligation d'escompter, du fait, par exemple, de la signature d'une convention d'escompte, les frais trouvent une contrepartie dans le concours de trésorerie de la banque postérieur à la clôture.

II. Peut-elle constituer une provision pour actualisation de créances à court terme ? Sur le plan comptable, la doctrine est partagée (voir n° 40215).

> **Fiscalement** Le Conseil d'État a écarté par deux fois la déductibilité d'une provision :
> – pour **actualisation d'effets** à 60 ou 90 jours, si la société ne fait état d'aucun risque de non-recouvrement ou d'avoir à consentir des réductions de prix (CE 29-7-1983 n° 39012) ;
> – au titre de la **dépréciation** qui affecterait la **valeur nominale** de ces traites en raison du délai intervenant avant l'encaissement effectif des sommes correspondantes, dès lors qu'il s'agit de **créances à court terme** dont la cession avant leur date d'échéance et pour un montant inférieur à leur valeur nominale est improbable (CE 2-6-1986 n° 56143).

Effets remis à l'escompte

40735

I. Sortie du bilan des effets escomptés La remise à l'escompte d'effets est une opération de mobilisation par laquelle le banquier met à la disposition de son client, titulaire d'une créance commerciale matérialisée par un effet de commerce, le montant de cette créance moins sa rémunération (intérêt), moyennant **transmission de la propriété** de l'effet de commerce.

Ils sont virés au compte 5114 « Effets à l'escompte » qui sera lui-même crédité lorsque l'avis de crédit de la banque aura été reçu par le débit d'un compte de banque (PCG art. 944-41).
La comptabilité des **engagements** enregistre (PCG art. 948-80) :
– au débit, le montant des créances escomptées non échues (compte 8024) ;
– au crédit, le montant des effets circulant sous l'endos de l'entreprise correspondant au financement obtenu (compte 8014).
Ce traitement aboutit à supprimer de l'actif les effets à recevoir escomptés non échus.

> **Précisions** **1.** Une autre solution, meilleure à notre avis, aurait consisté à les maintenir au compte 413 (une subdivision « Effets escomptés » permettant de les suivre), et de constater l'escompte au crédit du compte 519 « Concours bancaires courants » (une subdivision particulière pouvant lui être attribuée).
> **2.** Une information concernant les effets escomptés non échus doit être fournie en annexe (PCG art. 833-18/1 ; voir n° 50690).

Les écritures d'annulation de ces engagements sont passées à une date postérieure à celle de l'échéance des effets, après l'expiration des délais de recours.

EXEMPLE
Effet de 100 000 escompté en banque pour la somme de 95 000 :

	411 Clients	413 Effets à recevoir	512 Banque	5114 Effets remis à l'escompte	6616 Intérêts
Solde à nouveau	100				
Création de l'effet		100 100			
Remise à l'escompte			100	100	
Opération d'escompte			95	100	5

Au 31/12, clôture de l'exercice, le montant de l'effet escompté, soit 100 000, figure dans les engagements hors bilan.

II. Frais d'escompte Les frais d'escompte sont comptabilisés au compte 6616 intitulé « Intérêts bancaires et sur opérations de financement (escompte, …) » (PCG art. 944-41). Ils constituent, à notre avis, des **charges de l'exercice au cours duquel la remise à l'escompte a lieu.** En effet, le PCG (art. 948-80) traite l'escompte comme une **cession,** les effets disparaissant du bilan ; aussi, tous les frais entraînés par l'escompte d'effets constituent, comme pour toute cession d'éléments d'actifs, des charges de l'exercice au cours duquel la remise à l'escompte a lieu.
Le bulletin CNCC (n° 43, septembre 1981, EC 81-30, p. 397) considère d'ailleurs cette pratique (celle de la majorité des sociétés) comme prudente et non critiquable si elle est appliquée de façon constante.

L'escompte étant traité comme une opération de cession, les frais d'escompte ne peuvent être considérés comme des frais d'émission d'emprunt et ne peuvent donc pas être étalés.

> **Fiscalement** **a. Principes de déduction des frais d'escompte**
> **L'administration et la jurisprudence** considèrent qu'il y a lieu de distinguer (BOI-BIC-CHG-50-20-20 n° 20 et 30 ; CE 1-6-2001 n° 157650 et 194699) :
> – la fraction des frais d'escompte correspondant à la rémunération du service bancaire, qui est **déductible en totalité** sur l'exercice de la remise des effets à l'escompte (comme en comptabilité),
> – et la quote-part des frais d'escompte correspondant à des intérêts précomptés lors de la remise à l'escompte, déductible, en qualité de charge financière, selon la règle du couru.
> Toutefois, nous ne partageons pas cette position fiscale.
> En effet, la comptabilisation, selon le PCG (art. 944-41), « à l'échéance de l'effet **ou** à la date de l'escompte » :
> – ne vise pas la date à laquelle les frais d'escompte sont comptabilisés mais celle à laquelle un crédit peut être porté au compte 413 (c'est-à-dire soit lors de l'encaissement de l'effet resté en portefeuille soit lors de sa remise à l'escompte) ;

– ne laisse en fait aucun choix possible pour la date d'enregistrement des frais d'escompte : ceux-ci doivent être comptabilisés lors de la remise à l'escompte.
En outre, il n'existe que 2 solutions possibles :
– soit l'escompte est une cession, et tous les frais sont des frais de cession constatés immédiatement,
– soit l'escompte est une opération de financement, et les créances restent à l'actif et les frais traités comme des intérêts.

La solution intermédiaire, imaginée sur le plan fiscal, n'existe pas, à savoir : traiter le principal comme une cession (sortie de la créance de l'actif) et les frais liés comme une opération de financement (étalement des frais comme des intérêts).

En conséquence, en pratique, la règle comptable doit être appliquée (tous les frais et intérêts en charge) et la quote-part d'intérêts relative aux exercices suivants doit être **réintégrée fiscalement** sur l'imprimé n° 2058-A (et non portée en charges constatées d'avance).

Les retraitements extra-comptables suivants sont à effectuer sur l'imprimé n° 2058-A :
– au titre de l'exercice de remise à l'escompte, réintégration (ligne WQ) de la quote-part d'intérêts précomptés se rapportant aux exercices suivant celui de la remise à l'escompte ;
– au titre des exercices suivant celui de la remise à l'escompte, déduction extra-comptable (ligne XG) de la quote-part d'intérêts se rapportant à l'exercice.

b. Application de la limitation générale de déduction des charges financières nettes (voir n° 42975) Selon l'administration, les charges afférentes à des escomptes bancaires sont prises en compte dans l'assiette des charges financières nettes soumises, le cas échéant, à la limitation fiscale de déduction (BOI-IS-BASE-35-40-10-10 n° 290).

Sur l'impossibilité de constituer une provision pour escompte, voir n° 40715.

III. En cas de renvoi de l'effet par l'établissement de crédit, pour non-paiement ou toute autre cause (notamment réclamation, refus d'acceptation ou irrégularité de l'effet), le remboursement du crédit d'escompte entraîne (PCG art. 944-41 et 948-80) :
– au bilan, une inscription au crédit du compte de l'établissement prêteur et le rétablissement à l'actif de la créance initiale (et, le cas échéant, la constitution d'une dépréciation à concurrence du montant de la perte probable) ;
– dans les engagements, la contre-passation des écritures d'engagement afférentes à l'effet retourné.

Dans le cas où le remettant reçoit un avis de non-paiement et que l'établissement de crédit conserve l'effet, les écritures ne sont pas nécessairement contrepassées dans les comptes de cet établissement. S'il y a contre-passation, l'opération symétrique est effectuée dans les comptes de l'entité. En l'absence de contre-passation, une provision pour risques est constituée par l'entreprise (PCG art. 944-41).

Dans le cas de l'escompte avec recours, en cas d'impayé, le banquier peut se retourner contre l'entreprise mais uniquement à l'échéance de l'effet. Avant même que ne se produise la cause du retour de l'effet, une **provision pour risques** doit être constituée lorsqu'une perte apparaît comme probable sur la créance qui n'apparaît plus au bilan.

> **Précisions** Ces provisions sont constituées en application du principe de prudence (C. com. art. L 123-20). Elles n'entrent pas dans le champ d'application du règlement CRC n° 2000-06 sur les passifs, en vigueur depuis le 1er janvier 2002 (voir n° 48110), étant liées à un instrument financier.

Sur le traitement des effets escomptés en normes IFRS, voir Mémento IFRS n° 48195.

40740 **Effets remis à l'encaissement** Ils sont virés au compte 5113 « Effets à l'encaissement » qui sera lui-même soldé, à la réception de l'avis de crédit, par le débit :
– d'un compte de banque (PCG art. 945-51),
– et, à notre avis, d'un compte de frais (6275 « Frais sur effets »).

> **Juridiquement** Le règlement est réputé réalisé à la date à laquelle les fonds sont mis, par le client, à disposition du bénéficiaire ou de son subrogé (C. com. art. L 441-9).

Selon le passage des comptes aux postes, indiqué dans le PCG, le compte 5113 figure à l'actif sous la rubrique « **Disponibilités** ».

> **Précisions** À notre avis (confirmé par Bull. CNCC n° 109, mars 1998, EC 97-137, p. 83 s.), seuls les effets remis à l'encaissement avant la clôture de l'exercice **dont l'échéance concerne l'exercice** peuvent être considérés comme des « disponibilités » (voir la définition de ce terme par le PCG 82, p. I.34 qui considère comme telles « toutes valeurs qui, en raison de leur nature, sont immédiatement convertibles en espèces pour le montant nominal » ; voir n° 40025). Si l'échéance concerne l'exercice suivant, ils doivent (Bull. mars 1998 précité) être reclassés parmi les « Créances », sauf s'ils ne présentent pas un caractère significatif par rapport au poste « Disponibilités ».

LES OPÉRATIONS FINANCIÈRES

Effets impayés En pratique, le traitement d'un impayé diffère selon que la traite initiale est renouvelée ou pas :
– **si la traite initiale est renouvelée,** elle est maintenue au compte « Effets à recevoir » augmentée le cas échéant d'intérêts de retard et de frais de renouvellement ;
– si la **traite initiale n'est pas renouvelée,** son montant majoré des frais bancaires est débité au compte du client intéressé par le crédit du compte 413 « Clients – Effets à recevoir ».

> **Précisions** Dans tous les cas, une dépréciation est constituée, le cas échéant, en fonction des probabilités de récupération.

Pour les effets escomptés, voir n° 40735.

40745

Escompte en compte Il s'agit d'une pratique (assez rarement accordée) par laquelle le banquier qui a reçu des effets à l'encaissement autorise son client « remettant » à disposer, en tout ou partie, de leur montant sans attendre leur échéance. Dans cette opération, il y a transfert au banquier de la propriété de l'effet, mais paiement différé et, si nécessaire, autorisation de découvert par le banquier. À notre avis, le schéma comptable est le suivant :

40750

	413 Effets à recevoir		5115 Effets Escompte en compte		5116 Tirage Escompte en compte		512 Banque
Solde à nouveau	100						X
Remise des effets			100	100			
Utilisation de l'autorisation de crédit					80		80
Encaissements d'effets à l'échéance :							
– encaissement				20			20
– annulation du droit de tirage correspondant					20	20	
	100	100	100	20	20	80	
	soldé			80		60	

Les comptes 5115 et 5116 (que nous proposons) nous paraissent pouvoir être présentés au bilan dans les disponibilités (compte tenu de la définition qui était donnée par le PCG 82, p. I.34 ; voir n° 40025) pour leur **solde compensé** (soit dans notre exemple 20).

Virement commercial (VCOM) Il s'agit d'un fichier (langage Edifact) contenant des ordres de paiement (qui peuvent être à des échéances différentes). Il est mobilisable et est constitutif d'un mandat.
À notre avis, le traitement comptable est le suivant :
– Lors de l'envoi du fichier de virement à la banque, le **client** débite le compte 401 « Fournisseurs » par le crédit d'une sous-division du compte 403 « Fournisseurs – Effets à payer » (par exemple 4031 « Virements à payer »). À l'échéance, ce compte est débité par le crédit d'un compte de banque.

40755

> **Précisions** Le bulletin CNCC (n° 132, décembre 2003, EC 2003-70, p. 664) qui considère que les virements émis doivent être enregistrés à leur date d'émission (voir n° 40700), ne remet pas en cause, à notre avis, ce traitement comptable.

– Lors de la réception de l'information de paiement provenant de la banque du client, le **fournisseur** crédite le compte 411 « Clients » par le débit d'une sous-division du compte 413 « Clients – Effets à recevoir » (par exemple 4131 « Virements à recevoir »). À l'échéance, ce compte est crédité par le débit d'un compte de banque.

CRÉDIT DOCUMENTAIRE
Le guide comptable professionnel pour les entreprises de commerce extérieur (désormais caduc, voir n° 3315) fournissait les indications suivantes qui nous semblent toujours valables.

40760

Fonctionnement Lorsqu'un négociant ou un industriel se porte acheteur de marchandises ou de matières premières dans un pays étranger, il peut s'adresser à son banquier et lui demander d'ouvrir pour son compte un crédit documentaire en faveur du vendeur. Le banquier de l'acheteur prend alors l'engagement de régler au vendeur le prix des marchandises achetées, dès qu'on lui présentera un certain nombre de documents prouvant l'expédition des marchandises prévues.

40765

40770 **Comptabilisation** Lors de l'ouverture du crédit à l'importation :
– **si la banque bloque les fonds,** l'entreprise débite le compte 5192 « Crédits documentaires » par le crédit du compte « Banque » concerné. Les frais d'ouverture de crédit sont portés au compte 6277 « Commissions bancaires sur lettres de crédit ». Le compte 5192 est ensuite crédité par le débit du compte « Fournisseur » intéressé lors des utilisations de crédit ;
– **si la banque ne bloque pas les fonds,** la comptabilité n'enregistre que le paiement au fournisseur. Mais l'entreprise doit tenir compte des engagements. Si elle tient une comptabilité des **engagements,** elle débite le compte « Ouvertures de crédit à utiliser » par le crédit du compte « Fournisseurs – opérations en cours ».

PAIEMENT PAR INSCRIPTION À UN COMPTE COURANT

40775 Lorsque des opérations sont réglées par inscription au crédit du compte courant des bénéficiaires, la **date d'encaissement** de la recette à retenir dans la comptabilité de ces derniers est celle de l'**inscription au compte courant.** C'est en effet à ce moment que la disponibilité des sommes concernées leur est transférée (Rép. Liot : Sén. 25-5-1973 n° 12582 et Rép. Poudonson : Sén. 28-6-1979 n° 25014, non reprises dans Bofip).
Sur la notion de « compte courant », voir n° 42535.

> **Fiscalement** Il en est de même. En conséquence, l'associé détenteur du compte courant est imposable sur ces sommes dès leur inscription, indépendamment de leur prélèvement effectif (CE 29-9-1982 n° 22688), sauf s'il peut prouver qu'il n'a pas été en mesure de disposer de ces sommes du fait d'une impossibilité juridique (ex. : clause de blocage) ou financière (CAA Paris 8-4-1999 n° 96-2747 définitif suite à CE (na) 24-11-1999 n° 208381) (voir également pour les dividendes, n° 54037, 54075 et 54077).

ENREGISTREMENT AU COMPTE « BANQUE » (COMPTE 512)

40780 Pour chaque compte bancaire dont elle est titulaire, l'entreprise utilise une subdivision du compte 512 « Banque ». **Aucune compensation** ne peut être opérée entre les comptes à solde créditeur et les comptes à solde débiteur (PCG art. 945-51).

> **Précisions** Licéité de la fusion des comptes bancaires de sociétés d'un même groupe : chaque compte ouvert au nom de chacune des sociétés devant être considéré à tout moment comme la garantie et la provision du solde du compte ouvert aux autres, il convient de déterminer si chacune de ces sociétés retire un avantage de cette fusion. Dans la négative, il y aurait un abus de biens sociaux dans chaque société défavorisée qui serait particulièrement caractérisé si les sociétés n'avaient aucun lien en capital mais uniquement des dirigeants communs (Bull. CNCC n° 44, décembre 1981, EJ 81-148, p. 509).

Le bilan ne doit enregistrer à la clôture de l'exercice que **les opérations constatées à cette date.** La pratique qui consiste à anticiper les encaissements reçus au début de l'exercice suivant, pour améliorer la présentation du bilan en y faisant figurer des disponibilités supérieures à la réalité, est à proscrire. En effet, une telle manœuvre peut être considérée comme une publication de faits faux, si le bilan a subi des modifications qui, sans changer le résultat final, ont cependant pour effet de soustraire au public la connaissance exacte de la véritable situation de la société.

> **Précisions** Rapprochement bancaire L'entreprise vérifie une fois par mois, au minimum, que les **soldes** comptables des comptes de banque sont en **conformité avec les relevés bancaires.**
> Sur les conséquences comptables du rapprochement bancaire en cas de chèques émis non encaissés, voir n° 40695.

Les **crédits de trésorerie** (facilités de caisse, découverts) sont constatés par un solde créditeur du compte 512 lors de leur utilisation ; ils ne donnent lieu à aucun autre enregistrement.
Pour la comptabilisation des opérations courantes, voir n° 40660 s.
Pour la tenue en monnaie nationale des comptes bancaires en devises, voir n° 40790.
Pour la présentation des comptes débiteurs et créditeurs au bilan, voir n° 43265.

40785 **Conventions de trésorerie** Il existe deux types de convention de trésorerie :
a. Le cash pooling « notionnel », dans le cadre duquel la banque accepte de consolider les soldes créditeurs et débiteurs de l'ensemble des comptes d'un groupe, dans le but de limiter les intérêts financiers du groupe.
Ce premier type de convention n'entraîne aucune écriture comptable.

b. Le « zero balance account », qui entraîne un transfert effectif de la trésorerie. Dans ce type de convention, tous les comptes des sociétés du groupe sont remis à zéro chaque soir, la trésorerie remonte ainsi au profit d'une société centralisatrice qui redistribue les disponibilités aux sociétés du groupe en fonction des besoins.

Dans ce second type de convention :
– les mouvements de trésorerie sont enregistrés dans le compte 451 « Groupe » (voir n° 42570) ;
– la remontée automatique de la trésorerie d'une filiale peut être réalisée en utilisant un compte « miroir » afin de ne pas polluer le compte bancaire de fonctionnement de la filiale de ces opérations de centralisation.

Dans ce cas, la CNCC a estimé que le compte bancaire de fonctionnement et le compte « reflet » doivent être compensés. Ainsi, le solde net doit être présenté au bilan des filiales dès lors qu'en cas de résiliation du contrat avec la banque ou d'exclusion d'une filiale de la convention, il est prévu une fusion définitive des deux comptes (Bull. CNCC n° 160, décembre 2010, EC 2010-54, p. 689 s.).

Comptes bancaires en devises 40790

I. Tenue des comptes bancaires en cours d'exercice Le PCG (art. 420-7) n'a pas prévu de procédure spéciale pour la tenue des comptes bancaires en devises. Les solutions qui peuvent être adoptées en la matière reposent sur l'utilisation soit du **cours du jour,** soit d'un **cours fixe.**

> **Précisions** Il est possible d'utiliser une comptabilité dite « plurimonétaire » consistant à tenir autant de comptabilités distinctes qu'il y a de monnaies différentes à enregistrer. Elle s'apparente à la comptabilité de succursales (voir n° 70130 s.). Les relations entre les comptabilités en monnaies différentes sont, de même, assurées par des comptes de liaison.

EXEMPLE

Soit une entreprise dont la monnaie fonctionnelle est l'euro. Elle procède à l'opération suivante :
– Achats en devises D1 de marchandises pour 100 D1.
Comptabilité D1 : Débit du compte 60 « Achats » pour 100 D1 par le crédit du compte 40 « Fournisseurs ».
– Règlement du fournisseur après achat de 100 D1 au cours de 1 D1 = 5 euros.
Comptabilité D1 : Débit du compte 40 « Fournisseurs » pour 100 D1 par le crédit du compte de liaison 581 « Comptabilité euros ».
Comptabilité euros : Débit du compte de liaison 580 « Comptabilité D1 » pour 500 par le crédit du compte 512 « Banque ».
– En fin d'exercice, les charges et les produits figurant dans la comptabilité D1 sont traduits en euros à l'aide d'un taux moyen, les comptes clients et fournisseurs à l'aide du taux de clôture. Le **résultat de change** sur la devise D1 découle de la confrontation des comptes de liaison et est égal à la différence entre le solde du compte 581 « Comptabilité euro » évalué au taux de clôture et le solde du compte 580 « Comptabilité D1 » (une différence positive représentant une perte de change).

II. À la clôture Selon le PCG (art. 420-7), les liquidités et exigibilités immédiates en devises existant à la clôture de l'exercice sont converties en monnaie nationale sur la base du dernier cours de change au comptant et les **écarts de conversion** constatés sont compris dans le résultat de l'exercice, sauf en cas d'application des dispositions relatives aux opérations de couverture (voir ci-après III.).

Les différences constatées font l'objet d'une inscription aux comptes 666 « Pertes de change financières » (PCG art. 946-66) ou 766 « Gains de change financiers » (PCG art. 947-76).

> **Fiscalement** Il en est de même en application de l'article 38, 4 du CGI. Les écarts de conversion constatés sur les avoirs en devises sont pris en compte dans le résultat imposable de l'exercice.

III. Comptes bancaires en devises entrant dans une relation de couverture
Dans ce cas, les écarts de conversion constatés à la clôture sont à comptabiliser au bilan (PCG art. 420-7 modifié par règl. ANC 2015-05 applicable obligatoirement aux exercices ouverts depuis le 1/01/2017) dans un compte d'attente et seront reconnus en résultat (PCG art. 628-11) :
– au rythme de la comptabilisation des produits et charges sur l'élément couvert (voir n° 41765),
– dans le même poste ou à défaut dans la même rubrique du compte de résultat que celui de l'élément couvert (voir n° 41775).

40795 **Saisie-attribution** En l'absence de précision des organismes compétents, le traitement comptable à adopter par le débiteur est, à notre avis, le suivant :
- **à la date de la saisie-attribution et de séquestration des fonds par les autorités judiciaires** : une créance est à constater vis-à-vis des autorités judiciaires au sous-compte 467 « Autres débiteurs divers », par le crédit du compte de banque ;
- **lorsque le créancier est payé (par le banquier saisi)** : la dette est soldée par le crédit du compte 467 « Autres débiteurs divers ». En effet, le paiement éteint l'obligation du débiteur (Code des procédures civiles d'exécution art. R 211-7).

Sur le traitement chez la société bénéficiaire d'une saisie-attribution, voir n° 11465.

CESSION OU NANTISSEMENT DE CRÉANCES PROFESSIONNELLES

40800 La cession et le nantissement de créances professionnelles sont régis par les articles L 313-23 à L 313-29 et L 313-35 du Code monétaire et financier (voir Mémento Droit commercial n° 41250 s.).

En l'absence de position des organismes compétents, nous proposons le traitement suivant.

40820 **Cession de créances professionnelles (Mobilisation loi Dailly)** Le bordereau n'est pas un engagement de payer, mais un instrument de **transfert de propriété** des créances. La cession de créance, même à titre de garantie, opère transfert de propriété (C. mon. fin. art. L 313-24) et devient opposable aux tiers à la date apposée sur le bordereau sans autre formalité (C. mon. fin. art. L 313-27).

40825 **Cession de créances à titre d'escompte** Dans le contexte français, on peut distinguer plusieurs autres formes de mobilisation de créances :
- l'escompte avec ou sans recours, voir n° 40735 ;
- l'affacturage avec subrogation, voir n° 42795 ;
- la cession à un organisme de titrisation, voir n° 42830 ;
- le crédit de mobilisation de créances commerciales, voir n° 40860.

I. Principe

a. Les créances cédées sont sorties du bilan à la remise du bordereau.

En effet, lorsque la créance n'est pas cédée à titre de garantie, le transfert de propriété au cessionnaire est **définitif** (Cass. 1e civ. 19-9-2007 n° 1018 F-PB).

> **Précisions** La sortie des créances mobilisées du bilan de l'entreprise cédante a été confirmée par la CNCC et le CSOEC :
> - dans les modalités d'application de la recommandation COB/CB sur les montages déconsolidants et sorties d'actifs (Bull. CNCC n° 128, décembre 2002, p. 493) ;
> - dans le communiqué de la Commission commune de doctrine comptable du CSOEC et de la CNCC du 7 mai 2014 concernant la cession de créance de CICE (Bull. CNCC n° 175, septembre 2014, p. 317) ; le CICE a depuis été supprimé.
>
> Il est souhaitable de fournir en annexe une information sur le montant non encore recouvré (comme sur les effets escomptés non encore échus).
>
> > **Fiscalement** Le Conseil d'État s'est prononcé sur le régime applicable à la cession d'une créance sur l'État qui n'avait pas été comprise dans le résultat imposable lors de sa constatation car elle portait sur la **restitution d'un impôt non déductible**. Il juge que le produit perçu lors de cette cession n'est pas de nature différente de celui de la créance cédée, et correspond par conséquent au remboursement anticipé d'un impôt non déductible, qui n'est pas imposable. Si la cession est assortie d'une garantie au bénéfice du cessionnaire en cas de non-restitution de l'impôt en cause, les sommes versées le cas échéant ultérieurement à ce titre par la société cédante ne sont pas déductibles (CE 14-4-2023 n° 461811).

b. Les créances sont sorties du bilan pour leur **valeur nominale, en contrepartie** :
- **de la trésorerie reçue** ; le droit de tirage est comptabilisé directement dans un sous-compte du compte « Banque », et présenté parmi les disponibilités (voir n° 40830) ;
- **d'une retenue de garantie** ;

> **Fiscalement** Il en est de même, à notre avis, y compris dans le cas particulier de la cession d'une créance sur l'État portant sur la restitution d'un impôt non déductible. Le Conseil d'État juge en effet, dans ce dernier cas, que le produit perçu lors de cette cession n'est pas de nature différente de celui de la créance cédée, et correspond par conséquent au remboursement anticipé d'un impôt non déductible, qui n'est pas imposable. Si la cession est assortie d'une garantie au bénéfice du cessionnaire en cas de non-restitution de l'impôt en cause, les sommes versées, le cas échéant, ultérieurement à ce titre par la société cédante ne sont pas déductibles (CE 14-4-2023 n° 461811).

– **des frais de cession** ; les frais entraînés par la cession (commission et intérêts à courir jusqu'à l'échéance) constituent, à notre avis, des **charges** de l'exercice au cours duquel la cession a lieu. En effet, la cession de créances n'étant pas considérée comme une opération de financement mais comme une véritable cession, tous les frais liés constituent, à notre avis, comme pour toute cession d'éléments d'actifs, des charges de l'exercice au cours duquel la cession a lieu.

40825
(suite)

S'agissant d'une cession d'actif, les frais sont à comptabiliser dans le compte 6758 « Valeur comptable des éléments d'actifs cédés – Autres éléments d'actifs », au titre de la perte sur la cession.

Toutefois, à notre avis, cette opération a un **caractère financier qui devrait primer sur le caractère exceptionnel** de la cession (voir n° 42960). Ainsi, si l'entreprise retient la conception du résultat courant fondée sur une qualification de chaque opération (voir n° 52030), par analogie avec les cessions de créances dans le cadre de l'affacturage (Communiqué de la Commission commune de doctrine comptable du CSOEC et de la CNCC précité) :
– les frais inhérents à la cession (commissions versées à l'organisme pour la mise en place de l'opération) devraient être comptabilisés au débit du compte 668 « Autres charges financières » ;
– les autres frais liés à l'opération, mais non inhérents à la cession (frais de préparation de l'opération tels que les honoraires d'expertise ou de conseil), devraient être comptabilisés selon leur nature (par exemple, dans le compte 6226 « Honoraires »).

> **Précisions** Toutefois, si l'entreprise retient la conception des résultats courants et exceptionnels « selon le PCG », voir n° 52030.

II. Pratique Sur le plan pratique, il convient, à notre avis, de suivre ces opérations de la manière suivante en comptabilité :

a. Que leur **recouvrement** soit effectué **par l'entreprise cédante ou par le cessionnaire,** il est nécessaire, pour des raisons pratiques, de conserver l'inscription des créances aux comptes clients (compte 4111), ce qui peut être obtenu en enregistrant la cession par le crédit d'une subdivision particulière du compte (par exemple, 4116 « Créances professionnelles cédées »).

> **Précisions** Pour l'établissement du bilan, les soldes des comptes 4111 et 4116 sont compensés.

b. Lorsque le cessionnaire est une **banque**, les écritures sont les suivantes selon la situation :

EXEMPLE

Créances cédées à une banque 100, retenue de garantie 20 (frais non compris par simplification).
– Première situation : le recouvrement est effectué par l'entreprise cédante et la banque inscrit ces opérations à un compte spécial :

	Clients		Banque	
	4111 Clients	4116x Créances cédées Banque x	512x1 Banque x « Dailly » 1 Droit de tirage	512x2 Banque x « Dailly » 2 Retenue de garantie
1. Compte bancaire spécial				
Solde à nouveau	100			
Cession de créances*		100	80	20
Règlement clients*	100		100	
Annulation créances cédées*		100	80	20
	100 | 100	100 | 100	180 | 80	20 | 20
	soldé	soldé	100 (1)	soldé

* Écritures passées par le journal « Banque × Dailly 1 ».
(1) Peut être viré au compte Banque ordinaire (à l'aide des comptes 58 – Virements de fonds).

— Deuxième situation : le recouvrement est effectué par l'entreprise cédante et la banque inscrit ces opérations au compte bancaire de la cédante :

2. Compte bancaire ordinaire	Clients		Banque		
	4111	4116x	512 Compte Ordinaire	512x1	512x2
Solde à nouveau	100				
Cession de créances*			100	80	20
Règlement clients	100		100		
Annulation créances cédées*		100		80	20

* Par journal de « Banque × Dailly 1 ».

— Troisième situation : le **recouvrement** est effectué par l'**établissement de crédit** cessionnaire :

	Clients		Banque		
	4111	4116x	512	512x1	512x2
Solde à nouveau	100				
Cession de créances*			100	80	20
Encaissement par la Banque**			100	80	20
Annulation créances cédées	100	100			

* Par journal de « Banque × Dailly 1 ».
** Et par journal de Banque (à l'aide du compte 58 – Virements de fonds).

Sur le traitement des cessions Loi Dailly en normes IFRS, voir Mémento IFRS n° 48200.

40830 **Cession à titre de garantie** Une entreprise possédant des créances peut les céder à des établissements de crédit afin d'apporter une garantie et d'obtenir en contrepartie des facilités de trésorerie, emprunts, etc. Cette cession s'effectue dans le cadre de la loi « Dailly ». Plusieurs questions se posent :

I. Entraîne-t-elle le transfert de propriété de la créance à l'établissement de crédit cessionnaire ? La cession de créance, même à titre de garantie, opérant transfert de propriété (C. mon. fin. art. L 313-24 précité), la **créance cédée disparaît** de l'actif, **mais s'y substitue une créance sur la banque** cessionnaire (en ce sens également, Bull. CNCC, n° 59, septembre 1985, EC 85-44, p. 388 s.). Cette position a été confirmée par le communiqué de la Commission commune de doctrine comptable du CSOEC et de la CNCC du 7 mai 2014 concernant la cession de créance de CICE (Bull. CNCC n° 175, septembre 2014, p. 317) ; le CICE a depuis été supprimé.

> **Précisions** La créance est transférée de manière temporaire au profit de la banque cessionnaire qui doit restituer la créance au cédant une fois que la garantie ainsi consentie est devenue sans objet (Cass. com. 22-11-2005 n° 1485). La créance restituée se substitue alors à la créance sur la banque cessionnaire (Bull. CNCC n° 59 précité).

II. Où comptabiliser la créance sur la banque cessionnaire ? À notre avis, si l'entreprise entend utiliser la créance sur l'établissement de crédit :

a. Pour obtenir un droit à financement permanent, il est possible de comptabiliser celle-ci dans un sous-compte du compte « Banque » (512xx), qui figure **au bilan parmi les disponibilités.** En effet, cette créance constitue alors un « **droit de tirage** » sur la banque permettant de bénéficier immédiatement d'un crédit auprès de la banque ; elle répond donc, à notre avis, à la définition générale des liquidités-disponibilités qui était fournie par le PCG 82 (p. I. 34) : « espèces ou valeurs assimilables à des espèces et, d'une manière générale, toutes valeurs qui, en raison de leur nature, sont **immédiatement convertibles** en espèces pour leur montant nominal (disponibilités) » (voir n° 40025).

Ainsi, **bien qu'aucun crédit n'ait été accordé,** la définition des « disponibilités » fournie par le PCG permet d'**accroître immédiatement la trésorerie** sur le plan comptable.

> **Précisions** Lorsque le crédit est accordé, un virement est effectué à l'intérieur du poste « Banque » entre le compte ordinaire « 512 » et le compte « 512xx, Droit de tirage ». Cette écriture n'a **aucune incidence** sur la présentation au **bilan.**

b. Pour garantir un emprunt à plus long terme, cette créance :
- devrait figurer à l'actif en **immobilisations financières,**
- et être maintenue à l'actif pendant la durée de vie de l'emprunt (Bull. CNCC n° 96, décembre 1994, EC 94-08, p. 753 s.).

> **EXEMPLES**
>
> Tel est le cas, par exemple, d'une cession de créance :
> – de « carry-back » à titre de garantie permettant d'obtenir de la banque cessionnaire le report d'échéance d'emprunts (Bull. CNCC précité) ;
> – destinée à garantir l'obtention d'un emprunt et à assurer son remboursement ; si la créance cédée est recouvrée par ou pour le compte de l'établissement de crédit, elle sera imputée sur le crédit à l'échéance de celui-ci.

III. La créance et la dette envers la banque peuvent-elles être compensées pour la présentation du bilan ? La dette et la créance étant toutes deux envers un même tiers, la question de leur compensation peut se poser. À notre avis, si les conditions de la compensation sont respectées (voir n° 10410), la dette et la créance réciproques devraient pouvoir être compensées. Pour cela, il faudrait démontrer, a minima, que le contrat de cession prévoit l'extinction de la dette par le règlement de la créance, ce qui implique en particulier que l'échéance de la dette soit compatible avec celle de la créance et qu'il n'y ait pas d'incertitude sur le règlement de la créance.

IV. Quelles sont les informations à fournir dans l'annexe ? Selon le bulletin CNCC (n° 96, décembre 1994, EC 94-08, p. 753 s.), l'annexe doit mentionner au titre des engagements donnés :
– dans tous les cas, le montant de la **créance cédée** (en ce sens également, Bull. CNCC n° 59, septembre 1985, EC 85-44, p. 388 s.),
– dans le cas où l'opération a pour objectif un financement à plus long terme (par exemple, un report d'échéance d'emprunts), le montant garanti de la dette en principal, intérêts, commissions, frais et accessoires.

Mobilisation de créances futures Par exemple, cession de factures à établir dans le cadre d'un contrat à long terme, de loyers futurs dans le cadre d'un bail. **40850**

I. Cession de créances futures sous forme d'escompte (la banque obtient la propriété des créances, voir n° 40820) Lors de la cession Dailly de créances futures :
– la trésorerie reçue est comptabilisée en contrepartie d'une **dette financière** (Position CNC du 5-3-2009 relative au traitement comptable applicable aux cessions de créances futures dans le cadre de contrats de PPP, § 3.1. Pour plus de détails sur les marchés de partenariat, voir n° 72780 à 72790).
En effet, ces cessions étant des opérations de financement, et non pas de réelles opérations de cession, elles ne donnent pas lieu à une augmentation de l'actif net. Il n'y a donc pas de créances acquises qui puissent donner lieu à un produit ;
– la dette financière est soldée au fur et à mesure de la constatation de la créance [créance effective envers le tiers ou produit à recevoir selon le Communiqué de la Commission commune de doctrine comptable du CSOEC et de la CNCC du 7 mai 2014 concernant la cession de créance de CICE (Bull. CNCC n° 175, septembre 2014, p. 317)].

> **▶ Fiscalement** S'alignant sur cette analyse, le Conseil d'État a jugé à propos de la cession d'une créance future d'un impôt non déductible, que cette dernière correspond, jusqu'à la constatation du caractère certain et liquide de la créance de restitution de l'impôt en cause, à un emprunt n'entraînant aucune augmentation de l'actif net de la société. L'opération reste donc sans conséquence fiscale.
> Après détermination du montant d'impôt non déductible remboursable, le produit de cession reçu par la société cédante, net des sommes versées, le cas échéant, au cessionnaire au titre de la garantie solidaire, demeure non imposable à due concurrence (dans la mesure où il correspond au remboursement anticipé de la créance, voir n° 40825). La part du produit net excédant, le cas échéant, ce montant, dans le cas où la créance a été cédée pour un prix supérieur au remboursement obtenu en définitive, constitue en revanche une recette imposable (CE 14-4-2023 n° 461811).

Ce même traitement s'applique aux **titrisations de créances futures** (modalités d'application de la recommandation COB/CB sur les montages déconsolidants et sorties d'actifs, publiées au Bull. CNCC n° 128, décembre 2002, p. 493).

EXEMPLE 1

Créances futures cédées 100, encaissement par l'opérateur. Par simplification, les créances sont cédées pour leur valeur nominale (pas de marge de cession, pas d'actualisation des créances...).

	443x États ou collectivités publiques	16x Créances futures cédées Banque X	512 Banque	75 Redevances	16 Emprunt
Solde à nouveau					100
Cession de créances		100 100			
Remboursement de l'emprunt			100		 100
Facturation des redevances	100			 100	
Encaissement par l'opérateur	 100		 100		
Annulation des créances cédées		 100	 100		
	soldé	soldé	soldé	100	soldé

EXEMPLE 2

Créances futures cédées 100, encaissement par la banque.

	443x État ou collectivités publiques	16x Créances futures cédées Banque X	512 Banque	75 Redevances	16 Emprunt
Solde à nouveau					100
Cession de créances		100 100			
Remboursement de l'emprunt			100		 100
Facturation des redevances	100			 100	
Annulation des créances cédées		 100	100		
	soldé	soldé	soldé	100	soldé

> **Fiscalement** Saisie à propos des conséquences fiscales des cessions de créances futures dans le cadre de contrats de partenariat public privé, l'administration s'est fondée sur la position du CNC mentionnée ci-dessus pour considérer qu'elles n'entraînent la constatation d'aucun produit imposable (Rescrit du 14-7-2009 n° 2009/42, non repris dans Bofip).

II. Cession de créances futures à titre de garantie (la banque obtient un droit à percevoir le paiement des créances) La cession de créances futures ne donne lieu à aucune écriture comptable. En revanche, une **information en annexe** doit être fournie au titre des engagements hors bilan (Position CNC du 5-3-2009 précitée, § 3.2).

40855 **Nantissement de créances professionnelles** L'entreprise conserve la propriété de la créance, mais l'établissement de crédit peut demander qu'elle lui soit directement réglée. L'entreprise fait donc figurer à son bilan ses factures clients non réglées et sa dette envers l'établissement de crédit.

> **Précisions** Le crédit accordé constitue, à notre avis, un concours bancaire courant, une subdivision particulière pouvant lui être réservée (par exemple, 5194 « Crédits garantis par des créances professionnelles »).

Aucune écriture n'est donc constatée au titre du nantissement des créances, celui-ci constituant un engagement hors bilan à mentionner en annexe (PCG art. 833-18/1 ; voir n° 50690).

> **Précisions** Une information est également demandée au titre du crédit garanti (PCG art. 833-13 ; voir n° 50705).

I. Lorsqu'il y a **recouvrement par l'entreprise qui a nanti la créance,** l'entreprise constate normalement l'encaissement de ses créances en créditant le compte 411, puis le remboursement de son crédit.

EXEMPLE

Créances cédées 100, retenue de garantie 20 (frais non compris par simplification).

	411 Clients	512 Banque	5194 Crédits garantis par créances
Solde à nouveau	100		
Crédit de la Banque		80	80
Encaissement par l'entreprise	100 100		
Remboursement crédit		80	80

II. Lorsque le recouvrement est effectué **par l'établissement de crédit** bénéficiaire du nantissement, l'entreprise solde les comptes 4111 et 5194 l'un par l'autre.

EXEMPLE

Reprise de l'exemple précédent

	411	512	5194
Solde à nouveau	100		
Crédit de la Banque		80	80
Encaissement par la Banque de la totalité et par l'entreprise de la retenue de garantie	100	20	80

III. Lorsque la créance mobilisée est **née à l'exportation**, le PCG prévoit un compte spécifique, le compte 5193 « Mobilisation de créances nées à l'étranger ».

CRÉDIT DE MOBILISATION DE CRÉANCES COMMERCIALES (CMCC)

> **Précisions** À la différence de l'escompte en particulier, le procédé de CMCC (prévu aux articles L 313-36 à L 313-41 du C. mon. fin.) regroupe plusieurs créances de l'entreprise dans un seul billet : l'entreprise qui possède des créances sur ses clients, constatées par des factures, souscrit un billet à l'ordre de sa banque (qui est escompté par la banque).

40860

Ces billets à ordre sont crédités au compte 5191 « Crédit de mobilisation de créances commerciales (CMCC) » par le débit des comptes 512 « Banques », 661 « Charges d'intérêts » et 627 « Services bancaires ». Les intérêts courus sont inscrits dans une subdivision du compte 519 (PCG art. 945-51).
À l'échéance de chaque billet, le compte 5191 est soldé par le crédit du compte de banque.

WARRANTS

Compte tenu de leur caractère strictement financier, les warrants ne sont pas, à notre avis, à rattacher aux créances et aux dettes comme les effets. Ils sont donc à comptabiliser, à notre avis, dans une subdivision :
– du compte 517 « Autres organismes financiers », pour les warrants à recevoir,
– du compte 519 « Concours bancaires courants ».

40865

CRÉDITS DIVERS

Sont à comptabiliser, à notre avis, dans une subdivision du compte 519 « Concours bancaires courants » :
– les crédits de campagne ;
– les crédits spot ;
– les crédits de préfinancement export.

40870

II. EMPRUNTS ET PRÊTS

DÉFINITION

40940 Les définitions qui figuraient dans le PCG 82 n'ont pas été reprises dans l'actuel PCG.

Toutefois, en l'absence de définitions nouvelles et sur la base de la réécriture du PCG à droit quasi constant (voir n° 3070 s.), il nous paraît utile de les rappeler :

– **Emprunts** (p. I.30) : Expression comptable de la dette résultant de l'octroi de prêts remboursables à terme (les concours bancaires courants n'en font pas partie) ; dans une optique fonctionnelle les emprunts participent, concurremment avec les capitaux propres, à la couverture des besoins de financement durable de l'entreprise.

– **Prêts** (p. II.31) : Fonds versés à des tiers en vertu de dispositions contractuelles, par lesquelles l'entreprise s'engage à transmettre à des personnes physiques ou morales l'usage de moyens de paiement pendant un certain temps (y compris billets de fonds).

A. Règles générales de comptabilisation (et de décomptabilisation)

CLASSEMENT COMPTABLE

40945 Les **emprunts** sont enregistrés au compte 16 « Emprunts et dettes assimilées » (PCG art. 941-16). Voir liste des comptes du PCG n° 96200.

Les **prêts** sont enregistrés au compte 27 « Autres immobilisations financières » (PCG art. 942-27). Voir liste des comptes du PCG n° 96220.

En ce qui concerne les intérêts liés aux emprunts et aux prêts, voir n° 42960 s.

40950 Prêts entre entreprises Les sociétés commerciales dont les comptes sont certifiés par un commissaire aux comptes ou désignant volontairement un commissaire aux comptes sont autorisées à accorder des prêts à des entreprises avec lesquelles elles entretiennent des relations économiques dans les conditions définies dans le décret 2016-501 du 22 avril 2016 (C. mon. fin. art. L 511-6).

> **Juridiquement** Les prêts ainsi accordés sont formalisés dans un contrat de prêt. En outre, leur octroi ne peut avoir pour effet d'imposer à un partenaire commercial des délais de paiement ne respectant pas les plafonds légaux définis par le Code de commerce (C. com. art. L 441-10 et L 441-11). Ainsi, conformément à l'esprit de la loi, ces prêts sont totalement indépendants des créances et dettes commerciales envers le partenaire commercial/emprunteur.

À leur date d'attribution, ces prêts sont comptabilisés (Collège ANC décembre 2017, Recueil des normes comptables de l'ANC, commentaire IR 2 sous l'art. 214-25 du PCG) :

– en « Autres immobilisations financières » (à notre avis, au compte 2748 « Autres prêts ») ;
– à leur coût (qui correspond à leur valeur de remboursement, voir n° 40090).

À la clôture, leur valeur d'entrée est comparée à leur valeur actuelle (PCG art. 214-25 ; Collège ANC décembre 2017 précité), cette dernière ne devant pas être confondue avec la valeur actualisée (voir n° 40115). Dès lors qu'il existe un risque de non-recouvrement des sommes dues, le prêt doit être déprécié (voir n° 11350).

Sur l'information à fournir sur les prêts entre entreprises dans le rapport de gestion, voir n° 64980.

Sur le contrôle du commissaire aux comptes, voir FRC 12/23 Hors série inf. 98.

40952 Prêts garantis par l'État (PGE) Pour soutenir la trésorerie des entreprises françaises, l'État a mis en place un dispositif de garanties afin de soutenir le financement bancaire des entreprises en période de crise dans le cadre de l'épidémie de **Covid-19**. Ce dispositif de PGE a été renforcé par le lancement d'un nouveau PGE dit « résilience » applicable depuis le 8 avril 2022 (jusqu'au 31 décembre 2023, arrêté du 6-1-2023), afin de soutenir les entreprises affectées économiquement par la guerre en Ukraine (Loi 2020-289 du 23-3-2020 art. 6, modifié par loi 2022-1157 du 16-8-2022 art. 23). Les bénéficiaires du PGE « résilience » peuvent choisir les règles de remboursement et d'amortissement de leur prêt, selon les mêmes modalités que pour le PGE mis en place dans le cadre de la crise sanitaire (FAQ du ministère de l'économie et des finances sur Prêt garanti par l'État, Questions 56-57 ; economie.gouv.fr/files/files/PDF/2020/dp-covid-pret-garanti.pdf). Les deux dispositifs sont cumulables.

> **Précisions** **1. Caractéristiques des PGE** Ce dispositif prévoit qu'aucun remboursement ne sera exigé la première année, puis quatre options de remboursement à la date anniversaire du prêt (à exercer deux à quatre mois avant cette date) :
— un remboursement en totalité ;
— un remboursement partiel, puis un amortissement pour le reste sur plusieurs années dans la limite de cinq ans ;
— un amortissement sur plusieurs années dans la limite de cinq ans ;
— un report d'un an (mars 2022 pour les premiers emprunts) puis un amortissement sur plusieurs années dans la limite de quatre ans.
2. Dispositif de remboursement spécifique pour les TPE en difficulté Le 4 janvier 2022, le ministre de l'économie, des finances et de la relance a annoncé la possibilité, pour certaines TPE en situation de grave tension de trésorerie :
— de décaler le premier remboursement de six mois ;
— et d'étaler les paiements jusque sur 10 ans (contre 6 ans normalement).
3. Entreprises visées L'administration a indiqué que le PGE n'est pas accordé aux entreprises ayant leur siège social ou des filiales sans substance économique dans un État ou territoire non coopératif (FAQ du ministère de l'économie et des finances sur l'Engagement de responsabilité pour les grandes entreprises bénéficiant de mesures de soutien en trésorerie).
4. Engagements des grandes entreprises ayant bénéficié d'un PGE en 2022 de ne pas distribuer de dividendes en 2022 Voir n° 53962.

a. Comptabilisation

Compte tenu de la nature financière du PGE et du fait que l'entité a la latitude d'en demander le remboursement au-delà de la période initiale de 12 mois, le prêt garanti par l'État est assimilé à un emprunt auprès des établissements de crédit, à comptabiliser pour sa valeur nominale au compte 164 « Emprunts auprès des établissements de crédit » (Rec. ANC Covid-19, Question H1).

> **Précisions** **Échéance des dettes à la clôture (annexe et pied de bilan)** Les entreprises peuvent apprécier la date à laquelle elles vont devoir commencer à rembourser leur PGE jusqu'à la **date d'arrêté des comptes** en fonction (en ce sens, Rec. ANC Covid-19, Question H1) :
— de ce que l'entité a demandé ou a l'intention et toujours le droit de demander à cette date ;
— des textes en vigueur à la clôture.
En conséquence, à notre avis, si à la date d'arrêté des comptes, l'entité a demandé ou a l'intention et toujours le droit de demander :
— à bénéficier du report d'un an supplémentaire, le PGE est mentionné dans les dettes à échéance de plus d'un an ;
— à rembourser la dette en totalité à l'issue de la période initiale de douze mois, elle doit présenter sa dette PGE à moins d'un an ;
— à bénéficier de l'amortissement sur une durée additionnelle maximale de 5 ans à l'issue de la période initiale de 12 mois, elle doit présenter une partie de sa dette à un an au plus et le solde à plus d'un an.
Dans tous les cas, l'entreprise doit préciser dans son annexe les hypothèses qu'elle a considérées pour présenter les échéances de son PGE (Rec. ANC Covid-19, Question H1) et, à notre avis, lorsque la demande n'a pas encore été faite, documenter son intention et la possibilité de demander à bénéficier du report d'un an supplémentaire (par exemple, procès-verbal d'arrêté des comptes ou courrier adressé à la banque).

b. Coût de la garantie
Les frais de garantie supportés par l'emprunteur sont constitués de deux primes (Rec. ANC précitées, Question H2) :
— une première prime, due à l'octroi du PGE, n'est payée au prêteur qu'après 12 mois ; elle est à comptabiliser en charges dès l'octroi du prêt (même si elle n'est pas décaissée par l'entité lors de la mise à disposition des fonds) ; à la clôture, un ajustement est effectué pour étaler la prime en résultat sur les 12 premiers mois ;
— une seconde prime, le cas échéant (en cas de prorogation de l'emprunt), due au titre des autres années dès la notification du nouvel échéancier à l'issue de la première année, est décaissée sur la période résiduelle du PGE ; ce coût supplémentaire est affecté à chaque exercice selon les méthodes habituelles de rattachement des charges, c'est-à-dire, à notre avis, qu'il est étalé sur la durée résiduelle de l'emprunt.

> **Précisions** **Nouvel échéancier** Lorsque la clôture intervient avant la notification du nouvel échéancier, la société devrait, à notre avis, pouvoir provisionner la deuxième prime et l'étaler sur la durée résiduelle de l'emprunt dès lors que la société a demandé ou a l'intention et toujours le droit de demander le report additionnel avant la date d'arrêté des comptes (en ce sens, voir ci-avant a. Précision).

c. Intérêts
Ils sont comptabilisés au fur et à mesure qu'ils sont courus et payés :
— à l'issue des 12 mois pour la première année (sur cette première période, les intérêts sont en pratique proches de zéro) ;
— puis, selon l'échéancier de remboursement établi par la banque en cas de prorogation.

COMPTABILISATION DE LA DETTE OU DE LA CRÉANCE

40955 Elle comporte les particularités suivantes.

40960 **Date d'enregistrement des prêts et emprunts** Seuls le **décaissement** et l'**encaissement** peuvent constituer le fait générateur de l'**enregistrement comptable**.

> **Précisions** La **signature de contrats** de prêts et d'emprunts n'entraîne pas, à notre avis, l'inscription à l'actif et au passif des montants à verser ou à recevoir. En revanche, elle crée des **engagements financiers** à mentionner, le cas échéant, en annexe. Tel est également le cas de la **marge non utilisée d'un crédit confirmé** : le montant du crédit non réalisé ou celui de la fraction non utilisée ne doit pas figurer au bilan. Il est, en revanche, souhaitable qu'il soit signalé dans les engagements réciproques exceptionnels à la rubrique « Emprunts obtenus non encore encaissés ». Voir n° 50695.
>
> Mais certains estiment que la signature de contrats entraîne une inscription à l'actif et au passif. Cette solution ne peut, à notre avis, se concevoir que si le compte « banques » n'est pas mouvementé, car tant que le décaissement ou l'encaissement n'est pas intervenu, il n'est pas possible d'augmenter ou de réduire le montant des disponibilités (au sens du PCG ; voir n° 40020) figurant à l'actif du bilan. Ainsi, il **paraît possible de constater, dès la signature** d'un prêt ou d'un emprunt, l'écriture suivante :
> – le prêt à l'actif et une dette sur la banque (au compte 164 « Emprunt auprès des établissements de crédits ») ;
> – ou l'emprunt au passif et une créance sur la banque (au compte 2748 « Autres prêts »).
> En conséquence, **même si une écriture est passée avant le décaissement ou l'encaissement,** celle-ci ne peut modifier, à notre avis :
> – ni le fonds de roulement de l'entreprise,
> – ni la trésorerie de l'entreprise.

Lorsque **l'emprunt constitue une émission de titres** (obligations, bons de souscription, titres de créances négociables, TSDI, etc.), en général (voir exemple pour les obligations n° 41090), il est comptabilisé au fur et à mesure des souscriptions, c'est-à-dire comme les emprunts bancaires à la date de leur encaissement.

Toutefois, à notre avis, s'agissant de titres, et par analogie avec la comptabilisation des augmentations de capital (voir n° 55295), il peut être possible de faire figurer au passif des émissions non encore souscrites à condition qu'une garantie de bonne fin existe, la contrepartie de l'émission étant alors enregistrée en créances à recevoir (et non dans les disponibilités) et que cette comptabilisation fasse l'objet d'une mention dans l'annexe.

Sur la date de comptabilisation d'une dette en normes IFRS, voir Mémento IFRS n° 46070.

40965 **Dissociation entre le principal et les intérêts** Seul le **principal** de la dette (ou de la créance) doit figurer au **bilan**, à l'exclusion des intérêts futurs.

> **Précisions** Il n'est donc pas prévu (par exemple pour un emprunt) de porter au passif du bilan le montant de la dette comprenant le total des sommes empruntées (principal) et des intérêts. Le total des **intérêts à acquitter** (ou à recevoir) au cours des exercices futurs, jusqu'à complet remboursement de la dette (ou de la créance), peut toutefois être inscrit hors bilan (en annexe) dans le relevé des « engagements réciproques exceptionnels » (Avis OEC n° 24).

Les **intérêts courus** sont également à porter au **bilan** (voir n° 42960 s.) et sont à rattacher, pour la présentation au bilan, aux prêts et emprunts concernés (voir n° 43270).

Sur la divergence avec les normes IFRS concernant la comptabilisation initiale d'une dette, voir Mémento IFRS n° 69065 et 46080.

> **Précisions** **Intérêts capitalisés** Lorsque le prêteur accorde un différé de paiement des intérêts, ceux-ci augmentent le montant du capital initialement emprunté. Le différé de paiement ne justifie pas de repousser ou d'étaler la charge d'intérêts au titre des échéances reportées (Bull. CNCC n° 201, mars 2021, EC 2020-34).

40970 **Modalités d'application de cette dissociation (emprunts)** L'OEC (Avis n° 24) rappelle que les entreprises doivent systématiquement demander aux banques et établissements financiers **communication** du **plan d'amortissement des crédits** dont elles bénéficient ; si un tel tableau ne peut être obtenu, la règle de la répartition financière qui ventile les agios proportionnellement au capital restant dû est utilisée. La **répartition linéaire simple,** qui introduit dans chaque échéance une fraction égale d'agios, doit de toute façon être **exclue**.

EXEMPLE

Une entreprise a emprunté 100 et doit rembourser chaque année, pendant cinq ans, 24 (principal et intérêts). En l'absence d'un plan d'amortissement, le montant total des intérêts, soit 20, ne doit pas être étalé linéairement, mais de la manière suivante : la somme des capitaux à rembourser à la fin de chaque année s'élève à 100 + 80 + 60 + 40 + 20 = 300. Les intérêts à imputer à chaque exercice s'élèvent à :

exercice 1	20 × (100/300)	6,67
exercice 2	20 × (80/300)	5,33
exercice 3	20 × (60/300)	4
exercice 4	20 × (40/300)	2,67
exercice 5	20 × (20/300)	1,33
		20

Sur la comptabilisation des intérêts en cas d'**annuités progressives** prévues dans le plan d'amortissement, voir n° 42990.

Moratoires de paiement des emprunts Pour soutenir la trésorerie des entreprises françaises en période de crise, les établissements bancaires peuvent être amenés à reporter de plusieurs mois des remboursements de crédits avec suppression des pénalités et autres coûts de reports d'échéances. **40975**

Ces moratoires :
– n'ont aucun effet sur la présentation des dettes concernées au bilan de l'entité (en ce sens, Rec. ANC Covid-19, Question H6) ;
– sauf, à notre avis, si le moratoire prolonge la dette au-delà des 12 mois de la clôture ; dans ce cas, elle devrait pouvoir être reclassée à long terme.
Sur l'information à donner en annexe, voir n° 64635.

EMPRUNTS, DETTES ET PRÊTS ASSIMILÉS

Emprunts et prêts participatifs L'État, les établissements financiers, les établissements de crédit à statut légal spécial, les banques, les sociétés commerciales, les sociétés et les mutuelles d'assurances pouvaient consentir sur leurs ressources disponibles à long terme des concours aux entreprises industrielles et commerciales sous forme de prêts participatifs régis par les articles L 313-14 à L 313-20 du Code monétaire et financier jusqu'au 31 décembre 2022 (Loi 2022-1157 du 16-8-2022 art. 36 ; C. mon. fin. art. L 313-13). **40990**

> **Précisions** Ils ne doivent pas être confondus avec les titres participatifs. Sur ces derniers, voir n° 56950 chez l'émetteur et n° 38105 chez le détenteur.

Les intérêts, qui représentent la rémunération fixe de ces prêts, peuvent également être complétés par une rémunération variable résultant d'une clause de participation.
Selon le PCG (art. 932-1 et 941-16) et le CNC (NI n° 32 et doc. n° 22) :

I. Comptabilité du prêteur :
a. Principal : il est à inscrire au compte 2741 « Prêts participatifs ».
b. Intérêts :
– **partie fixe** : elle est enregistrée conformément aux règles de rattachement des produits à l'exercice ;
– **partie variable** : c'est un produit financier qu'il convient, par application de la règle de prudence, de déterminer sur la base du dernier arrêté des comptes de l'emprunteur.

II. Comptabilité de l'emprunteur :
a. Principal : il est à inscrire au compte 1675 « Emprunts participatifs » (PCG art. 941-16), qu'il comprenne ou non une clause de participation.

> **Précisions** Ils ne font donc **pas partie** des éléments que le PCG permet d'inscrire :
> — en capitaux propres. En effet, selon le ministre de la justice (Rép. Marette : AN 8-8-1983 n° 30263), sous réserve de l'appréciation souveraine des tribunaux, il convient de faire prévaloir l'analyse juridique (élément du passif externe) sur l'analyse financière (élément des fonds propres) ;
> — ou en « autres fonds propres » (en ce sens, Rec. ANC Covid-19, Question H8 à propos des « prêts participatifs Relance »).

> **Juridiquement** En effet, les prêts participatifs constituent des dettes subordonnées au passif de l'emprunteur dans la mesure où ils donnent lieu à une obligation de remboursement à leurs créanciers et qu'en cas de liquidation de la société, cette dette **de dernier rang** (Rép. Saint-Pierre : AN 31-8-1987 et CA Paris 8-7-1987) prime sur le remboursement des actionnaires.

Sur leur classement au bilan et l'information à donner en annexe, voir n° 43260.

> **Précisions** **Covid-19 et prêts participatifs avec soutien de l'État (PPSE) ou « prêts participatifs Relance »** Jusqu'au 31 décembre 2023, les petites et moyennes entreprises (PME) ainsi que les entreprises de taille intermédiaire (ETI), remplissant certaines conditions, peuvent demander à leur réseau bancaire traditionnel un PPSE (Loi 2020-1721 du 29-12-2020 art. 209 modifiée par la loi 2021-1900 du 30-12-2021 art. 162 ; Décret 2021-318 du 25-03-2021 modifié par les décrets 2022-784 du 5-05-2022 et 2022-937 du 27-06-2022). Celui-ci est conclu pour une durée maximale de 8 ans. Il inclut un différé d'amortissement d'au moins 4 ans, période pendant laquelle l'emprunteur ne paie que les intérêts courus et les frais. Le PPSE ayant la nature juridique de prêt participatif, il est enregistré au compte 1675 par l'entreprise emprunteuse. Compte tenu de la nature du dispositif (maturité de 8 ans), l'ANC recommande de classer cette dette dans l'annexe et en pied du bilan avec une échéance supérieure à 12 mois (Rec. ANC Covid-19, Question H8).

b. Intérêts :
– **partie fixe** : elle est enregistrée conformément aux règles de rattachement des charges à l'exercice ;
– **partie variable** : c'est une charge financière, qu'elle soit calculée en fonction du bénéfice ou sur toute autre base (elle doit être couverte par une charge à payer).

> **Précisions** Le CNC donne une formule de calcul (doc. n° 22 précité).

Lorsque le prêt est accordé par un organisme autre que l'État, la clause de participation « s'exerce sous la forme d'un prélèvement prioritaire pour les personnes physiques, sur le bénéfice comptable et, pour les sociétés, sur le bénéfice distribuable avant toute autre affectation » (C. mon. fin. art. L 313-17). Le CNC (doc. n° 22 précité) a estimé que, quelle que soit la base de calcul, le prêt participatif reste une dette pour le débiteur dont la rémunération ne peut être qu'une charge financière représentative du coût des capitaux empruntés.

> **Fiscalement** (Rép. Gantier : AN 22-9-1986 n° 4474, non reprise dans Bofip), les rémunérations des prêts participatifs suivent les régimes normaux de déduction des intérêts des prêts consentis aux entreprises tant pour les non-associés que pour les associés (pour ces derniers, les limitations s'appliquent, voir n° 42560). Les rémunérations des prêts participatifs sont prises en compte pour la détermination des charges financières nettes soumises à la limitation générale de déduction définie au n° 42975 (BOI-BIC-BASE-35-40-10-10 n° 80).

40995 **Titres de créances négociables (TCN) émis**

> **Juridiquement** Selon le Code monétaire et financier (art. L 213-1 à L 213-4), les titres de créances négociables :
– représentent un droit de créance portant intérêt ;
– sont stipulés au porteur et créés pour une durée déterminée ;
– sont inscrits en comptes tenus par un intermédiaire habilité ;
– sont négociables sur une plateforme de négociation visée par l'art. L 420-1 du Code monétaire et financier (voir n° 80900), ou de gré à gré.
Constituant des titres financiers (C. mon. fin. art. L 213-1), les dispositions législatives et réglementaires applicables à l'ensemble des valeurs mobilières ne sont donc pas transposables aux TCN.

Certaines **obligations d'information** sont liées à l'émission de titres de créances négociables (voir n° 80780 s.).

Représentant un **droit de créance** et étant soumis à des conditions particulières (durée, montant unitaire, etc.), les TCN constituent, à notre avis, pour l'émetteur, des **dettes financières** à comptabiliser par exemple au compte 1681 « Autres emprunts » (avec, le cas échéant, constatation d'une prime de remboursement) et à faire figurer au bilan sous le poste « Emprunts et dettes financières divers ».

> **Précisions** Le montant des TCN doit être indiqué dans l'annexe dans l'état des échéances des créances et des dettes. En outre, lorsqu'ils sont à court terme, comme pour les concours bancaires courants et soldes créditeurs de banque, un renvoi au pied du bilan pourrait mentionner leur existence et leur montant.

Les **intérêts** courus constituent des **charges** financières.

> **Fiscalement** Ces intérêts sont déductibles, sous réserve de l'application, le cas échéant, de la limitation générale des charges financières (voir n° 42975).

Sur leur date d'enregistrement, voir n° 40960.
Sur l'amortissement de la prime de remboursement, voir n° 41120.
Sur le traitement chez le détenteur, voir n° 42675.

Fonds salariaux   Depuis l'ordonnance n° 86-1243 du 21 octobre 1986, il ne peut plus être créé de fonds salariaux mais les fonds existants à cette date continuent de fonctionner dans des conditions inchangées. Les versements aux fonds sont comptabilisés, à notre avis, de la façon suivante : **41000**

a. **le versement par le salarié** est enregistré au débit d'un compte de trésorerie par le crédit d'un compte du poste « Emprunts et dettes assimilées » (par exemple : compte 1687 : « Autres dettes assimilées »), les sommes étant indisponibles pendant au moins 5 ans ;
Il peut être utile de fournir dans l'**annexe** la forme de placement choisie (valeurs mobilières, compte courant bloqué, plan d'épargne d'entreprise, fonds commun de placement) lors des commentaires sur le (ou les) poste(s) concerné(s).

b. **le versement par l'entreprise** (aux salariés) des intérêts dus sur les sommes versées s'effectue annuellement. Comptablement, ces intérêts constituent une charge financière dont la contrepartie est soit un compte de trésorerie soit un compte « Intérêts courus sur emprunts et dettes assimilées » (compte 16888).

FRAIS D'ÉMISSION D'EMPRUNTS
Option comptable   Ces frais peuvent être (PCG art. 212-11) :   **41020**
– **soit** maintenus **en charges pour la totalité** dans l'exercice où ils sont exposés (voir ci-après I.) ;
– **soit répartis sur la durée de l'emprunt** (voir ci-après II.).
Pour le traitement comptable dans les comptes consolidés, voir Mémento Comptes consolidés n° 3392.
Sur la divergence avec les normes IFRS, voir Mémento IFRS n° 69065.

> **Fiscalement**   Les frais et charges se rapportant aux emprunts peuvent, au choix de la société (CGI art. 39-1-1° quater ; BOI-BIC-CHG-20-30-40 n° 20 et 30) :
> – être intégralement déduits des résultats de l'exercice au cours duquel ils sont exposés,
> – ou être répartis sur la durée de l'emprunt soit par fractions égales, soit au prorata de la rémunération courue au cours de l'exercice.
> Le traitement fiscal applicable dépend de la comptabilisation retenue (voir ci-après I. et II. et Mémento Fiscal n° 8780).

La méthode comptable retenue **s'applique de manière permanente** à tous les emprunts (sur les conditions à respecter pour être autorisé à changer de méthode, voir n° 8480). Ainsi, dès lors qu'ils ont été antérieurement activés ou que des frais d'émission sur un emprunt antérieur ont déjà été activés :
– une entreprise ne peut comptabiliser immédiatement en charges ses frais d'émission d'emprunt, y compris s'il ne reste plus de frais à l'actif du fait du remboursement de l'emprunt (voir Bull. CNCC n° 176, décembre 2014, EC 2014-40, p. 627) ;
– sauf si elle peut justifier d'un changement de méthode ou que les opérations d'emprunt étaient jusqu'alors sans importance significative (PCG art. 122-2).

> **Fiscalement**   La comptabilisation à l'actif des frais d'émission d'emprunt, pour un emprunt donné, vaut formulation irrévocable de l'option pour l'ensemble des emprunts émis durant la période de deux ans (durée de l'option) à compter du premier jour de l'exercice concerné (CGI ann. III art. 2 D ; BOI-BIC-CHG-20-30-40 n° 20 à 40 et 60). Dès lors que l'option pour l'étalement prévue à l'article 39-1-1° quater du CGI est exercée, les frais ne peuvent être déduits immédiatement et doivent être étalés pour tous les emprunts émis pendant la durée de l'option.

I. Comptabilisation immédiate des frais d'émission en charges
Ils sont à comptabiliser au compte 6272 « Commissions et frais sur émissions d'emprunts » (ces frais constituent des services bancaires et non des charges financières).

> **Fiscalement**   Ces frais sont alors immédiatement déductibles (BOI-BIC-CHG-20-30-40 n° 20).

Sur les opérations d'acquisition d'immobilisations corporelles ou incorporelles combinant un emprunt, voir n° 26365.

II. Étalement comptable des frais d'émission
Selon le PCG (art. 944-48) :
– en cours d'exercice, ils sont comptabilisés, en principe, au compte 6272 ;
– en fin d'exercice, afin de pouvoir être étalés, ces frais sont transférés au compte 4816 « Frais d'émission des emprunts » par le crédit du compte 791 « Transfert de charges d'exploitation » (sur la suppression des comptes 79 par le Règl. ANC n° 2022-06, voir n° 45500).

> **Précisions**   **1. Montant à transférer** À notre avis, comme le précisait le PCG 82 (p. II.42), c'est la **totalité** de la charge qu'il faut comptabiliser au compte 481 et non pas le montant net reporté sur les exercices ultérieurs.

41020
(suite)

2. **Opération d'acquisition combinant un emprunt** :
– acquisition de titres : voir n° 35620 II. Précision 3.
– acquisition d'immobilisations corporelles ou incorporelles : voir n° 26365.

III. Nature des frais pouvant être inscrits à l'actif
Le PCG ne définit pas les « frais d'émission d'emprunt ».

> **Fiscalement** Les frais d'émission d'emprunt sont définis comme les frais de publicité pour les emprunts nécessitant un appel public à l'épargne et les diverses commissions dues aux intermédiaires financiers (BOI-BIC-CHG-20-30-40 n° 1). L'administration admet toutefois de se référer à la définition comptable des frais d'émission d'emprunt et en particulier aux précisions apportées par l'avis CU CNC n° 2006-A (BOI-IS-BASE-30-10 n° 60 et 70).

Selon l'avis CU CNC n° 2006-A du 7 juin 2006 (§ 3.2) (confirmant Bull. CNCC n° 139, septembre 2005, EC 2005-48, p. 507), les frais facturés à l'occasion de la mise en place d'un emprunt, **qu'il s'agisse d'un emprunt obligataire ou d'un emprunt bancaire** « classique », peuvent être assimilés à des frais d'émission d'emprunt et étalés à la **double condition** suivante :
– ces frais doivent couvrir exclusivement la rémunération de la banque dans le cadre de la mise en place d'un financement, à l'exclusion de toute autre prestation qui pourrait avoir été rendue par la banque par ailleurs ;
– l'inclusion de ces frais dans le calcul du **taux d'intérêt effectif** de l'emprunt mis en place **ne doit pas conduire à un taux manifestement hors marché**.

> **Précisions** 1. **Coût financier effectif** Le coût financier effectif correspond à la charge annuelle d'intérêts majorée de la quote-part de commission prise en charge sur l'exercice. Ainsi, pour que l'étalement soit possible, il faut bénéficier d'un taux d'intérêt facial plus avantageux que celui du marché. Cette condition est à apprécier, à notre avis :
– dette par dette (le cas échéant, en affectant les frais au prorata des différentes dettes),
– à la date de conclusion de l'emprunt,
– et en fonction d'une durée d'étalement qui ne peut excéder celle de l'emprunt.
Si le taux effectif est supérieur au taux du marché, la partie des frais conduisant à dépasser le taux du marché ne doit pas être activée, mais doit être inscrite en charges.

2. **Frais engagés avant la mise en place de l'emprunt** En l'absence de précision des textes, à notre avis, dès lors qu'il est certain que l'emprunt sera mis en place, les frais devraient pouvoir être comptabilisés en compte 4816 « Frais d'émission des emprunts ». Ils ne seront amortis qu'à partir du moment où l'emprunt sera effectivement mis en place.

3. **Frais intragroupe** Lorsqu'une holding de groupe prête à une filiale des fonds issus d'un emprunt (obligataire ou classique) et qu'elle refacture à la filiale les frais externes qu'elle a supportés pour émettre son emprunt, ces frais sont, à notre avis, assimilables à des frais d'émission d'emprunt et à ce titre bénéficient d'un choix entre une comptabilisation en charge ou à l'actif.

a. Frais de négociation d'un emprunt Sont concernés :
– les **frais bancaires** ;
– les **honoraires de prestataires extérieurs** ; selon le bulletin CNCC (n° 113, mars 1999, EC 98-74, p. 165), peuvent être inscrits au compte 4816 « Frais d'émission des emprunts » non seulement les honoraires des intermédiaires financiers, mais aussi tous les honoraires des prestataires extérieurs à l'entreprise (notamment honoraires d'audit comptable, juridique et fiscal) dont les services semblent avoir conditionné la réussite même de l'opération d'émission d'**emprunts obligataires**. À notre avis, cette position est à étendre aux **emprunts bancaires** « classiques ».

b. Frais de renégociation d'un emprunt (voir n° 41360).

IV. Amortissement des frais d'émission des emprunts (si option prise pour leur étalement, voir ci-avant II.)

a. Durée d'étalement Elle doit être égale à celle de l'emprunt (PCG art. 212-11).

> **Précisions** En cas de renégociation aboutissant à une modification non substantielle de la dette, le plan d'amortissement est révisé sur la durée résiduelle de l'emprunt renégocié (voir n° 41360).

b. Mode d'étalement Selon le PCG (art. 212-11) :
– la répartition devrait être effectuée, en principe, d'une manière appropriée aux modalités de remboursement de l'emprunt ;

> **Précisions** En pratique, le rythme d'étalement des frais d'émission devrait donc, à notre avis, suivre celui des intérêts courus. Par exemple, un emprunt remboursable linéairement devrait conduire à étaler les frais d'émission d'emprunt de façon dégressive. Un emprunt remboursable in fine devrait conduire à les étaler de façon linéaire.

– mais l'étalement linéaire est possible si les résultats obtenus ne sont pas sensiblement différents de la méthode précédente.

> **Fiscalement** Il en est de même. Toutefois, lorsque l'entreprise choisit l'étalement linéaire, aucun prorata temporis n'est appliqué en cas d'émission en cours d'exercice (BOI-BIC-CHG-20-30-40 n° 70).

Lorsque l'option pour l'étalement est exercée, l'entreprise peut pour chaque émission, choisir entre la répartition des frais en fonction de la rémunération courue et la répartition linéaire.

> **Fiscalement** Il en est de même (BOI-BIC-CHG-20-30-40 n° 60).

c. Comptabilisation des charges d'étalement (ou d'amortissement) Dès l'exercice d'émission et les exercices suivants, la quote-part des charges incombant à l'exercice est constatée au débit du compte 6812 « dotations aux amortissements des charges d'exploitation à répartir » par le crédit du compte 4816 (PCG art. 944-48).

> **Fiscalement** Cette dotation est déductible (CGI art. 39-1-1° quater).

> **Précisions** **Impacts du règlement ANC n° 2022-06 relatif à la modernisation des états financiers** Ce règlement, applicable de façon obligatoire aux exercices ouverts à compter **du 1er janvier 2025** (avec une possibilité pour les entreprises de procéder à une application anticipée à compter de sa date de publication au Journal officiel), prévoit que l'amortissement des frais d'émissions d'emprunts doit désormais être classé en résultat financier.

Sur la possibilité d'incorporer les dotations **dans le coût d'entrée des actifs,** voir n° 26365.

d. Conséquences de l'extinction de la dette avant son terme Les frais d'émission non encore amortis ne peuvent être maintenus à l'actif et sont donc à inscrire en charges en totalité.

EXEMPLES

Tel est le cas, par exemple :
— lors du remboursement anticipé de la dette (voir n° 41030) ;
— en cas de renégociation de la dette à des conditions conduisant à modifier substantiellement la dette existante (voir n° 41360).

> **Fiscalement** En cas de remboursement anticipé d'un emprunt, de conversion ou d'échange, les frais d'émission non encore déduits sont admis en charge au prorata du capital remboursé, converti ou échangé (BOI-BIC-CHG-20-30-40 n° 120).

e. Cas particulier d'un emprunt obligataire remboursable ou convertible en actions Voir n° 41260.

V. Information dans l'annexe Selon le PCG (art. 833-14/3), les frais d'émission, en tant que charges imputables à un autre exercice, doivent faire l'objet d'une information dans l'annexe, sur :
— leur nature : la catégorie des frais d'émission des emprunts peut être détaillée,
— leur montant,
— leur traitement : durée d'amortissement (ou d'étalement) des frais d'émission des emprunts.

> **Fiscalement** Voir n° 45345.

DÉCOMPTABILISATION DE LA DETTE

Rachat d'une dette avec décote Pour l'entreprise rachetant sa dette, la décote constitue un **produit** à comptabiliser dans le résultat de l'exercice de rachat. Ce produit correspond :
— d'une part, à l'actualisation de la dette ;
— et d'autre part, à la décote de marché obtenue [c'est-à-dire la différence entre la valeur actualisée de la dette (ou la valeur nominale si elle est inférieure) et sa valeur de rachat].

41025

> **Fiscalement** Il en est de même (CE 7-7-2010 n° 308207).

Sur la possibilité d'étaler le produit lorsqu'il est censé compenser l'**augmentation du taux d'une nouvelle dette** (contractée après le rachat), voir n° 42840. Sur la novation de la dette (changement de débiteur), voir n° 42840.
Sur le rachat en bourse d'obligations, voir n° 41355.

Remboursement anticipé d'un emprunt

41030

I. En l'absence de renégociation d'un nouvel emprunt Selon le bulletin CNCC (n° 110, juin 1998, EC 98-23, p. 231 ; n° 125, mars 2002, EC 2001-74, p. 89), lorsqu'un emprunt est remboursé par anticipation, sans qu'aucun emprunt de substitution ne soit mis en place, les **pénalités** supportées constituent une charge de l'exercice au cours duquel la décision de rembourser l'emprunt a été prise. En effet, il n'est pas possible d'étaler la charge correspondante dans la mesure où elle ne crée pas d'avantages économiques futurs.

> **Fiscalement** Il en est de même, les indemnités marquant l'achèvement de la prestation de prêt (CAA Nancy 24-1-2002 nº 97-2064, rendu à propos de l'imposition des produits perçus par une banque lors du remboursement anticipé d'un emprunt).

Sur le traitement des frais d'émission non encore amortis de l'emprunt, voir nº 41020.

II. En cas de renégociation d'un nouvel emprunt Sur le traitement des pénalités versées dans le cas où un emprunt de substitution est mis en place, voir nº 41360.

Sur le traitement des frais d'émission non encore amortis de l'emprunt et des frais de renégociation, voir nº 41020.

B. Emprunts obligataires simples

41080 > **Juridiquement** Sur la définition des obligations, l'article L 228-38 du Code de commerce renvoie à l'article L 213-5 du Code monétaire et financier : « les obligations sont des **titres négociables** qui, dans une même émission, confèrent les mêmes droits de créance pour une même valeur nominale ».

En ce qui concerne les autres **caractéristiques** et la **réglementation** de ces emprunts, voir Mémento Sociétés commerciales nº 71011.

> **Fiscalement** Les charges afférentes aux emprunts obligataires sont prises en compte pour déterminer l'assiette des charges financières nettes soumises, le cas échéant, à la limitation générale de déduction (voir nº 42975) (BOI-IS-BASE-35-40-10-10 nº 70).

EMPRUNTS OBLIGATAIRES SANS PRIME

41085 Sur l'évaluation et le traitement comptable chez le détenteur de ces titres, voir nº 37950.

41090 À notre avis :

I. Lors de l'**ouverture officielle de la souscription,** la dette de l'entreprise est constatée au compte 163 « Autres emprunts obligataires » (un sous-compte pouvant être utilisé pour chaque emprunt obligataire) par le débit d'un compte d'attente (par exemple 473 « Obligations à la souche »).

II. Lors de la **libération** des titres, la banque est débitée par le crédit du compte 467 « Autres comptes débiteurs ou créditeurs » (subdivision « Obligataires, compte de souscription »).

III. À la **clôture de l'exercice** :
– si toutes les obligations émises ont été souscrites et libérées, le compte 467 présente un solde identique et de sens contraire à celui du compte 473 ; ils sont soldés l'un par l'autre ;
– si toutes les obligations n'ont pas encore été souscrites, l'écriture précédente fait apparaître un solde débiteur du compte 473 « Obligations à la souche » pour le montant des titres non souscrits porté, à notre avis, en diminution du compte 163 « Autres emprunts obligataires ».

Voir toutefois, en cas de **garantie de bonne fin,** nº 40960.

EMPRUNTS OBLIGATAIRES À PRIME

41100 Sur l'évaluation et le traitement comptable chez le détenteur de ces titres voir nº 37955.

> **Précisions** La valeur de remboursement des obligations à prime est différente de leur valeur nominale, la différence constituant :
– soit une **prime d'émission,** si l'obligation a été émise **au-dessous du pair,** c'est-à-dire du prix nominal fixé ;
– soit une **prime de remboursement,** si l'obligation, **émise au pair,** est remboursable pour un montant plus élevé ;
– soit une **« double prime »** lorsqu'il y a cumul de la prime d'émission et de la prime de remboursement.

Les emprunts obligataires dont le remboursement est assorti de primes sont comptabilisés au crédit du compte 163 « Autres emprunts obligataires » (ou 161 « Emprunts obligataires convertibles ») pour leur **valeur totale,** primes de remboursement (ou autres primes) incluses. La contrepartie de ces primes est enregistrée au débit du compte 169 **« Primes de remboursement des obligations »** qui figure en bas de l'actif, sous un poste distinct (PCG art. 941-16).

Le PCG ne prévoit pas de comptes distincts pour la prime d'émission et pour la prime de remboursement proprement dite.

> **EXEMPLE**
>
> Prix d'émission : 98
> Valeur nominale : 100
> Valeur de remboursement : 110
>
> | Bilan | | | |
> |---|---|---|---|
> | Disponibilités | 98 | | |
> | Primes de remboursement | 12 | Autres emprunts obligataires | 110 |

Sur le traitement des primes d'émission et des primes de remboursement en normes IFRS, voir Mémento IFRS n° 46810.

Amortissement des primes de remboursement (ou autres primes, voir n° 41100) : 41120

I. Principe d'amortissement

a. Les primes sont amorties **systématiquement** sur la **durée de l'emprunt** (C. com. art. R 123-185), au choix selon les deux modalités possibles suivantes (PCG art. 212-10) :
– en principe, au prorata des **intérêts courus** (« dégressif ») ; pour le calcul des intérêts courus, voir ci-après III. ;
– ou, par **fractions égales** au prorata de la durée de l'emprunt **quelle que soit la cadence de remboursement** (« linéaire »).

> **›Précisions** **1.** Lorsqu'une méthode a été choisie, elle devrait être adoptée pour tous les emprunts (dès lors que les circonstances et les caractéristiques sont similaires) et ne peut être modifiée au cours de l'amortissement.
> **2.** Selon l'AMF (Bull. COB n° 375, décembre 2002 p. 2), la méthode de l'amortissement des primes au prorata des intérêts courus est préférable, puisqu'elle correspond mieux à la **logique financière** dans la plupart des cas. En effet, cette méthode traite dans le compte de résultat la **prime comme un supplément de charge d'intérêts,** en reliant son amortissement au capital dû.

b. Toutefois, les primes afférentes à la **fraction d'emprunts remboursée** ne peuvent en aucun cas être maintenues au bilan (C. com. art. R 123-185 et PCG art. 212-10).
Ainsi, si les primes déjà remboursées sont plus importantes que l'amortissement pratiqué, un complément d'amortissement doit être effectué.

> **›Fiscalement** Pour les emprunts émis depuis le 1er janvier **1993** dont les **primes** de remboursement **excèdent 10 %** des sommes perçues, l'emprunteur peut déduire l'amortissement de la prime égal à sa fraction courue au cours de l'exercice, déterminée de manière actuarielle selon la méthode des intérêts composés (CGI art. 39-1-1° ter), c'est-à-dire en appliquant le taux d'intérêt actuariel, calculé à la date d'émission de l'emprunt, à la totalité des sommes reçues par l'emprunteur lors de l'émission (BOI-BIC-CHG-50-30-20-20 n° 10).
> Ainsi pour les emprunts à forte prime de remboursement, les règles fiscales :
> – ne laissent pas de choix au niveau de la méthode : intérêts courus uniquement ;
> – imposent un calcul des intérêts courus selon la méthode actuarielle.

Pour la comptabilisation de ces amortissements, voir ci-après IV. Exemple de comptabilisation.
c. Une information en annexe est donnée sur les modalités d'amortissement des primes de remboursement d'emprunt (PCG art. 833-13/2).

II. Application pratique

a. Pour les emprunts émis **après le 1er janvier 1993** et dont les **primes** de remboursement **n'excèdent pas 10 %** des sommes perçues par l'emprunteur, l'entreprise a le choix entre retenir un amortissement selon les intérêts courus ou un amortissement linéaire ; en outre, si elle retient la méthode des intérêts courus, elle peut, en l'absence de définition comptable, appliquer le calcul qu'elle souhaite.

> **›Fiscalement** C'est la méthode comptable choisie qui doit être retenue ; il n'y a ni réintégration (sous réserve de la Précision ci-avant au I.) ni déduction extra-comptable.

41120
(suite)

b. Pour les emprunts émis **après le 1er janvier 1993 et** dont les **primes** de remboursement **excèdent 10 %** des sommes perçues par l'emprunteur (cas notamment des emprunts à coupon zéro), l'entreprise a toujours le choix sur le plan comptable entre retenir un amortissement selon les intérêts courus ou un amortissement linéaire.

> **Fiscalement** Toutefois, le traitement est, dans ce cas, indépendant de la méthode retenue en comptabilité ; la règle fiscale impose une méthode unique : intérêts courus calculés selon la méthode des intérêts composés. Ce régime est détaillé par l'administration (BOI-BIC-CHG-50-30-20-20). Pour un exemple, voir n° 41135.

C'est pourquoi, à notre avis, pour éviter toute divergence avec la fiscalité et la souplesse des règles comptables le permettant, il y a lieu, par simplification, de retenir sur le plan comptable la règle fiscale. Toutefois, si une méthode d'amortissement différente est retenue en comptabilité, des ajustements extra-comptables doivent être effectués sur l'imprimé n° 2058-A (ligne WQ ou XG) sur la durée de l'emprunt.

III. Présentation des différentes méthodes de calcul des intérêts courus

EXEMPLE

a. Calcul au prorata des intérêts courus. Les intérêts courus se calculent différemment selon que l'emprunt est remboursé en capital constant ou en annuités constantes.

1. Amortissement en capital constant : Emprunt remboursable en 10 ans, avec une prime de remboursement totale de 110 000.

Le rythme d'amortissement des primes de remboursement afférentes à cet emprunt sera le suivant :

Les dotations aux amortissements successives seront de :

1re année : $\dfrac{10}{(10 + 9 + 8 + \ldots + 1)} = \dfrac{10}{55}$ … 20 000 (= 110 000 $\dfrac{10}{55}$)

2e année : $= \dfrac{9}{55}$ … 18 000

10e année : $= \dfrac{1}{55}$ … 2 000

2. Amortissement en annuités constantes : Un plan d'amortissement donne par annuité la décomposition entre les intérêts (qui diminuent) et le principal (qui augmente).

La dotation aux amortissements des primes de remboursement d'un exercice s'obtient par le rapport suivant :

Montant initial des primes de remboursement × $\dfrac{\text{Intérêts de l'exercice}}{\sum \text{intérêts de l'emprunt}}$

b. Calcul selon la méthode des intérêts composés. Ce calcul concerne essentiellement les emprunts à coupon zéro ou à coupon unique (voir n° 41135).

Mais il peut éventuellement être utilisé pour d'autres emprunts lorsqu'il n'y a pas de remboursement annuel (l'ensemble du remboursement étant prévu à l'échéance).

IV. Comptabilisation des amortissements des primes de remboursement
La dotation de l'exercice est inscrite au compte 6861 « Dotations aux amortissements des primes de remboursement des obligations » (dotation **financière**) directement par le crédit du compte 169 (PCG art. 941-16). Seul le montant net des primes apparaît au bilan.

EXEMPLE

Amortissement linéaire et remboursement non linéaire

Émission le 1/1/N de 1 000 obligations d'une valeur nominale de 1 000 remboursables en deux fois : 50 % au bout de deux ans et le reste au bout de 5 ans :
— prix d'émission : 995
— prix de remboursement : 1 050
— différence : 55 (prime de remboursement)
— frais d'émission : 10 (charge à répartir dans les mêmes conditions que la prime de remboursement, soit linéairement sur la durée de l'emprunt, 5 ans).

Il est fait abstraction pour l'exemple des intérêts et l'emprunt est supposé immédiatement libéré (les comptes 467 et 473 ne sont pas utilisés pour ne pas alourdir l'exemple).

LES OPÉRATIONS FINANCIÈRES

	Emprunt		481 Charges à répartir	512 Banque	627 Services bancaires	6812 Dotation frais	6861 Dotation prime	791 Transfert charges exploitation
	163 Valeur remb.	169 Prime remb.						
Émission emprunt (au 1/1/N) :								
Dette	1 050	55		995				
Frais			10	10				
Fin exercice N :								
Charges à répartir			10					10
Amortissement charges à répartir			2			2		
Amortissement prime		11					11	
Fin exercice (N+1) :								
Amortissement charges à répartir			2			2		
Amortissement prime		11					11	
Remboursement 50 % emprunt	525			525				
Complément amortissement : charges à répartir			1			1		
Prime		5,5					5,5	
	525 | 1 050	55 | 27,5	10 | 5					
	525	27,5	5					

EMPRUNTS OBLIGATAIRES ÉMIS AU-DESSUS DU PAIR

41125

Ce type d'émission ne paraît pas interdit et existe en pratique :

a. Le montant remboursé est supérieur au pair et au prix d'émission Dans ce cas (Bull. CNCC n° 12, décembre 1973, p. 533 s.), la prime de remboursement (différence entre la valeur de remboursement et le pair) d'une part, et la prime d'émission d'autre part, sont comptabilisées distinctement à l'actif et au passif.

> **EXEMPLE**
>
> Émission de 1 000 obligations d'une valeur nominale de 100, prix d'émission 110, prix de remboursement 120.
>
> | | 163 Emprunts | 16x Prime d'émission | 169 Prime de remboursement | 512 Banque |
> |---|---|---|---|---|
> | Émission de l'emprunt | 120 | 10 | 20 | 110 |

b. L'obligation est remboursable au pair Dans le cas particulier où le prix d'émission est supérieur au prix de remboursement, l'écart constitue un produit constaté d'avance à étaler sur la durée de l'emprunt selon les mêmes modalités qu'une prime de remboursement, voir n° 41120 (en ce sens, Bull. CNCC n° 187, septembre 2017, EC 2017-17, p. 469).

En effet, en général, la prime résulte du fait que les intérêts servis sont supérieurs au taux de marché. Le produit permet donc de « corriger » les intérêts hors marché.

> **EXEMPLE**
>
> Prix d'émission 110, nominal 100 et prix de remboursement 100.
>
> | | 163 Emprunts | 16x Prime d'émission | 512 Banque |
> |---|---|---|---|
> | Émission de l'emprunt | 100 | 10 | 110 |

EMPRUNTS OBLIGATAIRES INDEXÉS

41130 Selon le Bulletin d'information du Conseil Supérieur de la Comptabilité n° 11, 1956, p. 6 s. (réponse de doctrine) :
– la **prime minimum** de remboursement **garantie**, qui sera payée aux échéances normales prévues, constitue un élément de la dette initiale inscrit en contrepartie au compte 169 « Primes de remboursement » (sur l'amortissement de la prime de remboursement, voir n° 41120) ;
– les **ajustements** du montant de la **prime** de remboursement résultant du jeu des index sont constatés, en plus ou en moins, au compte 169, dès que cela s'avère possible ;
À notre avis (en ce sens, voir n° 15240 le cas des dettes de montant non définitif) :
– l'ajustement en deçà du montant initialement comptabilisé n'est pas possible ;
– l'ajustement à la hausse de la prime devrait plutôt se faire par le biais d'un compte de provision qu'il sera possible de reprendre, le cas échéant.

– il paraît souhaitable d'enregistrer dans des sous-comptes distincts du compte 16 : la valeur nominale des titres, la prime de remboursement minimum garantie, les modifications de la prime résultant de l'indexation.

EMPRUNT À « COUPON ZÉRO »

41135 Sur l'évaluation et le traitement comptable chez le **détenteur** des obligations à prime, voir n° 37955.

> **Précisions** Ces obligations présentent deux caractéristiques :
> – elles sont émises avec une très forte prime d'émission,
> – mais, en contrepartie, elles sont remboursées à l'échéance à leur valeur nominale sans aucun paiement d'intérêts jusqu'à celle-ci.
> Par exemple, une obligation de 1 000 émise à 500 est remboursée 1 000 dans 10 ans sans paiement d'intérêts pendant ces dix ans (ce qui correspond à un taux d'intérêt de 7,17 %, les intérêts étant considérés payés en une seule fois à l'échéance).
> La différence entre le prix d'émission et la valeur nominale constitue une prime d'émission pouvant être assimilée financièrement à des intérêts capitalisés.

Deux schémas de comptabilisation chez l'**émetteur** paraissent possibles selon l'analyse qui est faite de l'opération :
a. La prime d'émission est considérée comme une prime de remboursement. C'est la solution préconisée par le bulletin CNC (n° 57, 4ᵉ trimestre 1983), solution fondée sur la définition même de la prime de remboursement (différence entre le prix de souscription et le prix de remboursement). Dans ces conditions l'emprunt est enregistré dans le compte 163 pour sa valeur de remboursement (prix d'émission + prime de remboursement), la prime de remboursement étant portée au compte 169 (et figurant à l'actif du bilan).
Cette prime de remboursement (Bull. CNC précité) est à amortir de façon systématique selon un plan qui peut être établi, par exemple, d'après les stipulations contractuelles lorsqu'est prévu un calcul d'intérêts en cas de remboursement anticipé. Sur l'amortissement des primes de remboursement, voir n° 41120.
b. La prime d'émission est assimilée à des intérêts capitalisés. L'emprunt est enregistré dans le compte 163 pour son prix d'émission. À la clôture de chaque exercice les intérêts courus sont portés en charge financière et en complément de la dette au passif.

> **Précisions** **1. Deux solutions acceptables** Compte tenu de l'aspect financier de ce type d'emprunt, les deux solutions nous paraissent acceptables (la première ayant pour inconvénient d'alourdir le ratio d'endettement par rapport à un emprunt de type classique) ; il paraîtrait donc utile, si cela est significatif, de fournir la méthode retenue dans l'annexe.
> **2. Charge financière** Dans les deux cas la charge financière annuelle sera identique (l'amortissement de la prime de remboursement devant être, en principe, égal au montant des intérêts courus).

> **Fiscalement** Le régime général des primes de remboursement s'applique. En conséquence, pour les emprunts émis à compter du 1ᵉʳ janvier 1993, une règle fiscale spécifique s'applique systématiquement compte tenu des caractéristiques de ces emprunts (voir n° 41120).

EXEMPLE

Amortissement des primes de remboursement **selon la règle fiscale** : calcul actuariel selon la méthode des intérêts composés.

Émission d'un emprunt à « coupon zéro » le 1ᵉʳ janvier N ayant les caractéristiques suivantes :
– prix d'émission : 1 000 000 ;
– prix de remboursement : 1 762 300 ;
– date de remboursement : 1ᵉʳ janvier N+5 ;
– taux actuariel à l'émission : 12 %.

Dotations annuelles (l'exercice coïncide avec l'année civile) :

N	1 000 000 × 12 % =	120 000
N+1	1 120 000 × 12 % =	134 400
N+2	1 254 400 × 12 % =	150 500
N+3	1 404 900 × 12 % =	168 600
N+4	1 573 500 × 12 % =	188 800
Total		762 300

EMPRUNT À COUPON UNIQUE

Sur l'évaluation et le traitement comptable chez le **détenteur** de ce type d'obligations, voir n° 37955. 41140

> **Précisions** Il comporte un seul coupon dont les intérêts sont capitalisés et versés en une seule fois en même temps que le remboursement du nominal. À notre avis, l'emprunt est enregistré dans le compte 163 pour son prix d'émission. À la clôture de chaque exercice les intérêts courus sont portés en charge financière et en complément de la dette au passif.

> **Fiscalement** Voir n° 41135.

Obligations à fenêtres Sur l'évaluation et le traitement comptable chez le **détenteur** de ce type d'obligations, voir n° 37955. 41145

> **Précisions** Il s'agit d'emprunts à taux fixe de longue durée (environ 18 ans), le plus souvent amortissables in fine, qui s'accompagnent de facultés de remboursement anticipé (fenêtres), exercées à des dates fixées au contrat d'émission (en général à l'issue des 7e, 10e et 14e années), soit au gré du porteur, soit au gré de l'émetteur, et avec des **pénalités dégressives dans le temps**.
>
> Pour le porteur, la pénalité résulte de l'abandon d'une partie du dernier coupon.
> Pour l'émetteur, la pénalité revêt la forme d'une prime de remboursement.
> Les pénalités sont en fait fixées de telle sorte que l'option ne soit exercée dans un sens ou dans l'autre qu'en cas de variation significative des taux.

À notre avis, ces emprunts se comptabilisent au **prix d'émission**. Toutefois, si l'émetteur a l'intention de rembourser de manière anticipée, il convient, nous semble-t-il, de constater une **provision** pour le montant de la prime de remboursement prévue.

> **Précisions** Cette provision, liée à un instrument financier, n'entre pas dans le champ d'application des règles sur les passifs applicables depuis le 1er janvier 2002 (voir n° 48110 s.).

À notre avis, la pénalité, qu'elle soit du fait du porteur ou de l'emprunteur, sera enregistrée en **charges financières** lors de son paiement.

C. Emprunts obligataires perpétuels

TITRES SUBORDONNÉS À DURÉE INDÉTERMINÉE (TSDI)
(OU OBLIGATIONS « PERPÉTUELLES »)

Présentation au bilan L'appellation TSDI recouvre en fait **différents montages financiers, parfois complexes**, certains faisant par exemple appel à des trusts. Il convient dès lors de se référer à chaque fois à **l'analyse du contrat**. 41195

Deux sortes d'émission sont à distinguer :

I. TSDI ayant un caractère véritablement perpétuel : « Autres fonds propres » Il s'agit effectivement d'obligations de **caractère perpétuel** entraînant une **rémunération perpétuelle**. Dans ce cas, ils peuvent être portés, selon la définition donnée par l'OEC (Avis 28, voir n° 55100), dans les « Autres fonds propres » et, à notre avis (en l'absence de précision des textes, l'avis CNC n° 2000-01 sur les passifs ne s'appliquant pas au cas particulier, voir n° 48110 et 48115) :

– si l'émission a été faite avec une prime d'émission, le remboursement se faisant au gré de l'emprunteur, l'emprunt est enregistré à son prix d'émission, la prime n'ayant pas à être constatée au bilan. Aucune provision pour risque ne semble devoir être constituée (sur l'évaluation et le traitement comptable chez le détenteur des obligations à prime, voir n° 37955) ;
– s'ils sont convertibles en actions, la comptabilisation de l'augmentation de capital qui en résulte nous parait être identique à celle des obligations convertibles (voir n° 41260) ;

– si l'émission a été faite en monnaies étrangères, et si l'émetteur n'a pas l'intention de rembourser, il convient, à notre avis (voir n° 40540 b), de ne pas constater des écarts de conversion (de même que l'on ne constate pas les primes de remboursement) ou, si l'entreprise en constatait, de ne pas provisionner les pertes latentes ;
– pour la rémunération de ces titres, voir n° 56945.
Lorsque les TSDI sont classés en autres fonds propres, l'engagement est inscrit pour sa **valeur historique.**

> **Fiscalement** (BOI-BIC-CHG-50-30-20-10 n° 60), la déduction des intérêts de ces titres n'est pas limitée par le régime particulier des primes de remboursement supérieur à 10 %.

II. TSDI dits « reconditionnés » : Dettes Certains contrats prévoient des clauses particulières faisant qualifier ces opérations d'émission de TSDI « synthétiques » ou « reconditionnés ». Ce type d'émission se caractérise, en général, par le reversement d'une part du produit de l'émission à une société ad hoc chargée d'assurer, avec ses ressources, le remboursement du principal de l'emprunt à une certaine échéance (en général une quinzaine d'années), au-delà de laquelle l'émetteur n'a plus en conséquence à servir aucun intérêt ou un **intérêt très faible.**
Il résulte de l'avis OEC n° 28 publié en octobre 1994 (voir n° 55100), que ces TSDI dits « reconditionnés » doivent être exclus des « Autres fonds propres » et figurer en « Dettes ».

> **Fiscalement** Les TSDI reconditionnés ont fait l'objet de courriers spécifiques de la part de l'administration fiscale. Une fraction des intérêts capitalisés rémunérant les sommes versées à l'entité ad hoc est imposable (CGI art. 238 bis-0 I bis). Ces intérêts doivent faire l'objet d'une réintégration extra-comptable dans le résultat fiscal de l'exercice clos au cours de la 15e année qui suit la date d'émission.

41200 Comptabilisation Ils sont à comptabiliser, quelle que soit la présentation retenue au bilan, au compte 167 « Emprunts et dettes assorties de conditions particulières » (voir n° 56940), car ils ne constituent en aucun cas des capitaux propres (voir n° 55100) :

> **Précisions** Mais seuls les TSDI non reconditionnés peuvent figurer dans la rubrique « Autres fonds propres » du bilan.

– la part de l'émission versée à l'entité ad hoc est comptabilisée soit en déduction du montant de l'émission, soit à l'actif du bilan ;
– les intérêts déductibles versés annuellement sont enregistrés en charges financières dans le compte de résultat, alors que les intérêts non déductibles sont enregistrés en déduction du montant de l'émission. Ce mode de comptabilisation résulte des agréments fiscaux obtenus sur ce type de montage ;
– la dette résiduelle à l'échéance est, à notre avis :

> **Précisions** Par construction, il reste, à l'échéance des TSDI, au bilan de l'émetteur une dette non amortie qui ne sera jamais remboursée et qui porte un intérêt symbolique, voire nul.

• soit reprise en résultat au 15e anniversaire des TSDI (soit en général à leur échéance), si elle est rachetée à l'entité ad hoc ;
• soit transférée en autres fonds propres, en l'absence de rachat.

> **Fiscalement** La reprise de cette dette en résultat n'est pas imposable si le rachat des TSDI à l'entité ad hoc se fait postérieurement à l'exercice d'imposition des intérêts capitalisés (CGI art. 238 bis-0 I bis).

En ce qui concerne la date d'enregistrement de l'émission, notamment en cas de garantie de bonne fin, voir n° 40960.
En ce qui concerne les frais d'émission, voir n° 41020.
Sur le traitement des TSDI en normes IFRS, voir Mémento IFRS n° 44420.

41205 Informations L'AMF (Bull. COB n° 243, janvier 1991, p. 3 s. et 13 s.) prescrit une triple information qui doit être claire :

I. Information permanente S'agissant d'une **information privilégiée** (au sens de l'article 7 du Règl. 596/2014/EU sur les abus de marché ; voir n° 81510 s.), un communiqué doit être publié.

> **Précisions** Il doit comporter notamment les informations suivantes :
> – montant global de l'émission ;
> – conditions concernant le paiement des intérêts : taux facial et, le cas échéant, possibilités de report de paiement, capitalisation, etc. ;
> – et quand l'émission fait l'objet d'un reconditionnement :
> • montant de la part de l'émission réellement mise à la disposition de l'émetteur ;
> • échéance du reconditionnement à laquelle le remboursement des titres sera proposé aux porteurs ;

- indications sommaires du traitement comptable et fiscal envisagé du capital et de la rémunération, concernant les fractions soumises à différents régimes.

Il en est de même en cas d'émission réalisée par une filiale consolidée d'une société cotée.

II. Informations dans l'annexe La description doit préciser les caractéristiques de l'émission et les modes de comptabilisation retenus doivent faire l'objet d'explications détaillées dans l'annexe, lors de l'établissement des comptes de l'émetteur.

Dans son communiqué du 6 mars 1992 précité, l'AMF demande, en outre, des informations précises sur les conséquences fiscales pour l'émetteur.

III. Information des actionnaires Il est recommandé que les projets de résolution de ces émissions soumis aux AGO précisent bien que l'autorisation sollicitée vise l'émission de TSDI.

D. Valeurs mobilières composées (donnant accès au capital ou à l'attribution de titres de créance)

EMPRUNTS OBLIGATAIRES DONNANT ACCÈS AU CAPITAL

> **Juridiquement** Ces titres font partie de la catégorie des **titres de capital émis par les sociétés par actions** (C. mon. fin. art. L 212-1 A ; voir n° 35015). Leur émission suit le régime des **valeurs mobilières donnant accès au capital** (C. mon. fin. art. L 212-7 renvoyant sur les articles L 228-91 à 228-106 du C. com.). 41255

Sur le régime juridique unifié pour l'ensemble de ces valeurs, voir Mémento Sociétés commerciales n° 74000 à 74610.

Sur les rapports du **conseil d'administration** (ou du directoire) et ceux des **commissaires aux comptes,** lorsque l'émission donne accès à des titres de capital à émettre (C. com. art. L 228-92) en cas d'émission avec ou sans suppression du droit préférentiel de souscription, voir respectivement FRC 12/23 Hors série inf. 107 s. et 108.

Sur les informations à fournir éventuellement en annexe, voir n° 64625.
Sur le traitement chez les détenteurs de telles valeurs, voir n° 38180 s.

Obligations sans prime convertibles en actions Sur le traitement chez le détenteur, voir n° 38185. 41260

Leur schéma de comptabilisation est le suivant :

Lors de l'**émission,** le traitement est le même que pour un autre emprunt obligataire (le compte spécial 161 « Emprunts obligataires convertibles » leur étant réservé).

> **Précisions** Frais d'émission La réalisation de l'augmentation de capital n'ayant pas encore eu lieu, ces frais doivent être traités comptablement comme des frais d'émission d'emprunt (voir n° 41020), c'est-à-dire soit constatés en charges, soit inscrits à l'actif en charges à répartir et étalés (Bull. CNCC n° 113, mars 1999, EC 98-74, p. 165).

Lors de la **conversion,** le montant du capital est augmenté par le débit du compte d'emprunt obligataire convertible (avec éventuellement création d'un poste « Primes d'émission »).

EXEMPLE

Une société anonyme a émis au pair un emprunt obligataire de 10 millions divisé en 100 000 obligations au nominal de 100 et convertibles au gré des porteurs, sur la base d'une action de 100 pour 2 obligations.

Les porteurs de 50 000 obligations décident de convertir leurs titres. Le capital est augmenté de 2 500 000 (25 000 actions de 100). L'emprunt est réduit de 5 000 000 (50 000 obligations de 100). La prime d'émission en résultant est de 5 000 000 − 2 500 000 = 2 500 000.

	101 Capital	1044 Prime de conversion	161 Emprunt
Solde à nouveau			10 000
Conversion des obligations en actions	2 500	2 500	5 000

41260 (suite)

> **Précisions** Frais d'émission :
> – dans l'hypothèse où l'entreprise a opté pour l'inscription en charges à répartir lors de l'émission, la partie non amortie des frais d'émission d'emprunt peut être assimilée à des frais d'augmentation de capital et comptabilisés comme tels (voir n° 45150). En l'absence d'augmentation de capital et en cas de remboursement anticipé, les frais non amortis devraient être constatés en charge (Bull. CNCC n° 128, décembre 2002, EC 2002-64, p. 611 et n° 113, mars 1999, EC 98-74, p. 165) ; voir n° 41020 ;
> – si les frais d'émission ont été initialement constatés en charges, aucune inscription rétroactive à l'actif ni imputation sur la prime d'émission ne sont bien évidemment permises.

L'augmentation de capital est définitivement réalisée du seul fait de la **demande de conversion** accompagnée du bulletin de souscription que les obligations soient convertibles à tout moment ou uniquement à une ou plusieurs époques déterminées (C. com. art. L 225-149 al. 2). Il en résulte que l'écriture comptable doit être enregistrée, à notre avis, dès la réception par la société de la demande de conversion.

> **Précisions** Cas particulier des OCEANE Lorsque le détenteur d'OCEANE notifie sa demande de conversion, la société a le choix entre l'émission de nouvelles actions ou l'échange des obligations contre des actions existantes. Dans ce cas, à notre avis, l'augmentation de capital n'est définitivement réalisée et l'écriture comptable enregistrée, qu'au moment où le choix de la société entre ces deux possibilités est arrêté.

Lorsque la conversion d'obligations en actions est réalisée sur la base **d'un prix de conversion**, celui-ci peut s'avérer **inférieur à la valeur nominale d'une action** (par exemple si le prix de conversion est égal au cours de l'action à la date de la conversion) et conduire à un nombre d'actions à émettre dont le montant en nominal dépasse le montant de l'emprunt à convertir. Dans ce cas, le contrat d'émission peut prévoir différentes modalités pour convertir les obligations, dont notamment :
– procéder à l'augmentation de capital et prélever sur les postes de réserves, report à nouveau et primes la différence entre le nominal à émettre et le montant de l'emprunt ;
– ou limiter l'augmentation de capital au nombre d'actions qu'il est possible d'émettre en contrepartie de la réduction de l'emprunt et payer une commission de conversion au porteur, sous forme d'espèces ou d'une émission complémentaire ultérieure, visant à l'indemniser au titre des actions non émises. Une telle commission de conversion doit, à notre avis, être comptabilisée en charges financières (sauf si la société a retenu une conception du résultat exceptionnel intégrant ce type de coûts, voir n° 52030 s.).

EXEMPLE

La société X a un capital de 2 millions d'euros divisé en 40 000 000 actions d'une valeur nominale unitaire de 0,05 euros et est cotée en Bourse. Le 2 janvier N, elle a émis 50 OCEANE d'une valeur nominale unitaire de 10 000 euros pour un montant global de 500 000 euros.

En cas de conversion, le nombre d'actions nouvelles émises par la société X sera égal au montant de la conversion divisé par le prix de conversion (le cours de bourse à la date de conversion). Le contrat d'émission prévoit que si le prix de conversion à la date de conversion est inférieur à la valeur nominale :
– la société X devra imputer sur ses réserves, primes et report à nouveau la différence entre la valeur nominale des actions à émettre en contrepartie de la conversion et le prix de conversion ;
– si la société X ne dispose pas d'un niveau de réserves, primes et report à nouveau suffisant, elle devra indemniser le porteur en lui versant en numéraire une commission de conversion égale au nombre d'actions émises de l'OCEANE × (valeur nominale de l'action − prix de conversion) × 1,125.

Le 15 janvier N, un des porteurs OCEANE choisit de convertir une de ses obligations. À cette date, le prix de conversion est de 0,02 euro (cours de bourse du jour). En principe, le nombre d'actions à émettre par la société X au profit du porteur sera de 10 000 / 0,02 = 500 000 actions, soit une augmentation de capital en nominal de 25 000 euros (500 000 × 0,05) pour un emprunt à rembourser de 10 000 euros.

Dans cette situation, deux cas de figures peuvent se produire :
– **Cas n° 1** : la société X dispose d'un niveau de capitaux propres suffisant (RAN créditeur de 300 000 euros) pour émettre la totalité des actions en contrepartie de la conversion.
La société X émet 500 000 actions pour un montant d'augmentation de capital de 25 000 euros, dont un montant de 15 000 (300 000 × 0,05) sera imputé en report à nouveau. Dans ce cas, la valeur de marché des 500 000 actions remises au porteur à la date de conversion (500 000 × 0,02) est égale à la valeur nominale de l'OCEANE convertie (10 000 euros).

	101 Capital social	110 Report à nouveau	163 Autres emprunts obligataires
15/01/N			
AN	2 000 000	300 000	500 000
Conversion 1 OCEANE / Emission de 200 000 actions	10 000		10 000
Emission de 300 000 actions imputées sur le RAN	15 000	15 000	

— **Cas n° 2** : la société X ne dispose pas d'un niveau de capitaux propres suffisant pour émettre la totalité des actions en contrepartie de la conversion.
La société X n'émet alors que 200 000 actions pour un montant d'augmentation de capital de 10 000 euros. La valeur de marché de ces actions à la date de conversion est de 200 000 × 0,02 = 4 000 euros, montant inférieur à la valeur nominale de l'OCEANE convertie. Une commission de conversion est donc due en complément au porteur, d'un montant de 6 750 euros, soit 200 000 × (0,05 − 0,02) × 1,125.

	101 Capital social	163 Autres emprunts obligataires	512 Banque	668 Autres charges financières
15/01/N				
AN	2 000 000	500 000		
Conversion 1 OCEANE / Emission de 200 000 actions	10 000	10 000		
Commission de conversion versée au porteur			6 750	6 750

Jusqu'à la conversion ou le remboursement de l'emprunt, une **provision pour risques** (à caractère financier) est, à notre avis, à constituer au titre de la commission de conversion, dès qu'il devient probable qu'elle devra être versée. Le caractère probable de la sortie de ressources dépend des probabilités à la clôture :
– que l'investisseur décide de demander la conversion plutôt que le remboursement (tel est le cas lorsque la conversion est sous le contrôle de l'investisseur) ;
– et que le prix de conversion à la date de conversion soit inférieur à la valeur nominale de l'action et que le niveau des réserves, report à nouveau et primes soit insuffisant à la date de conversion.
S'il n'est pas probable que la sortie de ressources aura lieu, un passif éventuel est mentionné dans l'annexe (voir n° 52520).
Sur le traitement des OCA en normes IFRS, voir Mémento IFRS n° 44450 à 44505.

Obligations à prime convertibles en actions Sur le traitement comptable chez le détenteur, voir n° 38185.

41280

> **Précisions** Un emprunt obligataire convertible en actions avec prime de remboursement comporte un aléa, la conversion en actions. Le souscripteur peut, en toute liberté, décider :
> – soit de convertir en actions, auquel cas la prime ne sera pas due ;
> – soit d'exiger de l'émetteur le remboursement de l'emprunt, prime comprise.

La comptabilisation de la prime peut, à notre avis (confirmé par Rapport COB 1994, p. 162 s., Bull. CNCC n° 100, décembre 1995, EC 93-75, p. 540 s., Bull. CNCC n° 191, septembre 2018, EC 2018-07, p. 417 et EC 2022-26 du 16-2-2023), s'effectuer de deux manières différentes selon l'approche financière retenue : opérations distinctes ou opération unique.

> **Fiscalement** Le Conseil d'État considère que ce choix est opposable :
> – à l'administration fiscale (CE 13-7-2011 n° 311844) ;
> – et à la société, ce choix constituant une décision de gestion (CE 20-6-2016 n° 361832).

I. Approche « deux opérations distinctes » Une émission d'obligations d'une part et la conversion en actions d'autre part. Dans ce cas :
a. Lors de l'émission de l'emprunt, la prime de remboursement est constatée à l'actif et au passif et est amortie selon les règles habituelles (voir n° 41120).

> **Fiscalement** Infirmant la position de l'administration (voir ci-après II. a.), le Conseil d'État reconnaît aux entreprises la possibilité de déduire l'amortissement de la prime ; cet amortissement étant conforme aux règles fixées par le PCG (CE 13-7-2011 n° 311844). Sur les conséquences de cette déduction sur le plafonnement de la déductibilité des intérêts d'emprunts servis à des entreprises liées, voir n° 42560.

41280
(suite)

b. Après l'émission et jusqu'à la conversion ou le remboursement, en principe, aucune autre écriture en dehors de l'amortissement ne devrait être passée.

> **Précisions** **Prime variable — Provision complémentaire** Dans certains cas, l'émetteur pourrait être amené à devoir constater une charge supplémentaire si la prime de remboursement inscrite à l'actif et amortie linéairement devient insuffisante pour couvrir le risque de non-conversion (Rapport COB 1994 précité). Tel peut être le cas d'une prime variable ne permettant pas un calcul d'amortissement exact (par exemple : date de remboursement variable, taux d'actualisation ou prix de remboursement variable fonction des performances économiques de l'émetteur). Dans ce cas (voir n° 41130) :
> — si la prime variable a un plancher, à notre avis, le montant minimum garanti est comptabilisé dans le compte 169, puis ajusté, le cas échéant (par le biais d'une provision pouvant être reprise) ;
> — si la prime variable n'a pas de plancher, la deuxième approche (voir ci-après II.) est plus appropriée (Bull. CNCC n° 191, septembre 2018, EC 2018-07, p. 417). En effet, elle permettra, le cas échéant, un ajustement à la baisse de la prime, ce que cette première approche ne permet pas.
> Dans les autres cas, l'amortissement de la prime traduit bien le risque de non-conversion tel qu'il est estimé à la date de clôture (c'est-à-dire prorata temporis) et aucune provision complémentaire n'est nécessaire.

c. Lors de la conversion en actions, l'augmentation de capital est réalisée (EC 2022-26 du 16-2-2023 ; cncc.fr) :

1. soit pour le montant de l'emprunt hors prime et la dette constatée au titre des primes est annulée par la contrepartie d'un produit financier à hauteur des amortissements déjà pratiqués (à comptabiliser à notre avis, au compte 768 « Autres produits financiers ») et de l'actif résiduel constaté dans le compte 169 « Primes de remboursement des obligations » pour le reste ;

EXEMPLE

Prix d'émission de l'emprunt : 9 000 ; valeur de remboursement : 10 000 ; Prime de remboursement : 1 000 (dont amortie : 600 ; non amortie : 400).

L'ensemble de l'emprunt obligataire est converti sur la base d'une action pour une obligation.

	101 Capital	1044 Prime de conversion	161 Emprunt	169 Prime remb.
Solde à nouveau			10 000	400
Conversion des obligations en actions	9 000		9 000	
		600 ... 1 000		400

2. soit (solution également retenue en pratique) pour le montant de l'emprunt hors prime augmenté du montant amorti de la prime de remboursement.

EXEMPLE

Avec les hypothèses de l'exemple ci-avant, les écritures sont les mêmes que ci-avant à l'exception du compte 1044 « Prime de conversion d'obligations en actions » qui est crédité pour 600 à la place du compte 768 « Autres produits financiers ».

Sur le traitement des frais d'émission, voir n° 41260.

II. Approche « une opération unique » (effectuée en deux étapes)

> **Précisions** Cette approche est justifiée :
> — **sur le plan juridique** : le rapport du conseil d'administration doit présenter les bases de conversion et, le cas échéant, informer de l'éventuelle suppression du droit préférentiel de souscription liée à l'augmentation de capital. Cette opération est donc analysée comme une opération unique et non pas comme, d'une part, une émission d'obligations pour laquelle certaines formalités seraient à accomplir puis, d'autre part, comme une augmentation de capital ;
> — **sur le plan comptable** : lorsque cette émission comporte une prime de remboursement, celle-ci n'est pas en pratique comptabilisée en dettes du fait de la probable conversion (future) en actions et donc du non-remboursement (sauf bien entendu en cas de risque de non-conversion). Cette opération est donc traduite comme une opération unique ;
> — **sur le plan économique** : les frais et commissions versés aux intermédiaires financiers sont réglés en une seule fois lors de l'émission de l'emprunt, aucuns frais supplémentaires (sauf frais peu importants d'ordre juridique) n'étant supportés lors de la conversion en actions. Là encore l'opération est considérée comme une opération unique.

Il en résulte les conséquences comptables suivantes :

a. Lors de l'émission de l'emprunt, s'agissant d'une dette éventuelle (elle n'est certaine que lors de la demande de remboursement), la prime de remboursement n'a pas à être constatée.

› **Fiscalement** (BOI-BIC-CHG-50-30-20-10 n° 50 et BOI-BIC-CHG-50-30-10 n° 40), c'est cette analyse qui est retenue par l'administration, la prime n'étant, selon elle, déductible que lors de son versement. Cette position a toutefois été infirmée par le Conseil d'État (voir ci-avant I.) qui reconnaît également la possibilité d'amortir la prime.

b. Après l'émission et jusqu'à la conversion ou le remboursement, une **provision pour risques** (à caractère financier) doit être constituée pour faire face à la charge liée à un remboursement dès que celui-ci devient probable (Rapport COB 1994 précité, Bull. COB n° 374, décembre 2002, p. 23 et Bull. CNCC n° 161, mars 2011, EC 2010-57, p. 119 s.).

L'AMF et la CNCC ont apporté diverses précisions sur cette proposition :

1. La probabilité de conversion pourra être appréciée notamment au regard de la volatilité du marché de l'action, de sa tendance récente (Rapport COB 1994 précité et Bull. COB précité) et de l'échéance plus ou moins lointaine du titre de créance. Toutefois, si le cours de l'action à la clôture est inférieur à la valeur actualisée de remboursement de l'obligation (Bull. COB précité), une provision doit nécessairement être constatée.

2. Le montant à provisionner doit, à notre avis, être calculé prorata temporis à la date de clôture. En effet, la prime de remboursement qui sera payée en cas de non-conversion s'analyse financièrement comme une partie intégrante de la rémunération de l'emprunt ; elle devrait donc être prise en compte au jour le jour, comme les intérêts.

› **Précisions** S'analysant comme des intérêts courus, **cette provision ne peut, à notre avis, donner lieu à étalement** sur la durée restant à courir jusqu'à la date de conversion éventuelle.

La provision, constatée en une seule fois dès que le risque de non-conversion devient probable, devrait ainsi correspondre au cumul des amortissements pratiqués dans l'approche « opérations distinctes » (voir I. a.).

› **Fiscalement** Le Conseil d'État a eu l'occasion de refuser la déduction de cette provision, considérant en l'espèce que la probabilité pour la société d'avoir à rembourser la prime est faible (CE 20-6-2016 n° 361832).

3. En annexe, selon l'AMF (Bull. COB n° 374, précité), l'absence de provisionnement éventuel de la prime devra être justifiée par des analyses financières de source externe à l'entreprise, démontrant avec une marge de sécurité suffisante et sous le contrôle des commissaires aux comptes que la conversion est raisonnablement possible à l'échéance.

En outre, le montant des primes dues en cas de remboursement total de l'emprunt obligataire devrait faire l'objet d'une mention au titre des engagements donnés (Bull. CNCC n° 100, décembre 1995, EC 93-75, p. 540 s.).

c. Lors de la conversion d'obligations en actions, le montant initialement versé lors de l'émission (et comptabilisé en emprunt) est porté dans les capitaux propres. Par ce biais, la prime de remboursement est imputée automatiquement sur la prime d'émission.

› **Précisions** Cette comptabilisation traduit le fait que, sur le plan de la trésorerie, la prime n'a pas été déboursée.

Le compte de résultat n'est pas touché par cette opération, sauf reprise de la provision pour risques éventuellement constatée.

> **EXEMPLE**
>
> Une société a émis en N, au prix de 90, des obligations à 10 ans ; le souscripteur pourra (par hypothèse pour l'exemple en N+10) soit se faire rembourser au prix de 110, soit convertir en actions d'un nominal de 50.
> (Par simplification, les intérêts ne sont pas pris en compte dans cet exemple).
> — **En N (lors de l'émission)** : L'emprunt est enregistré pour 90 et une provision est éventuellement constituée.
> — **En N+10 (lors de la conversion)** : Le compte emprunt de 90 est débité (et soldé) par le crédit des comptes capital pour 50 et prime d'émission pour 40. Le cas échéant, la provision pour risques est reprise.

d. Lors du remboursement d'obligations non converties, il est constaté une charge financière correspondant à la prime versée avec reprise, le cas échéant, de la provision antérieurement constituée à cet effet.

Sur le traitement des frais d'émission, voir n° 41260.

III. Conclusion et choix pratique

a. Les entreprises émettant des obligations convertibles avec prime considèrent, au moment de l'émission, qu'il n'y a aucune raison pour constater un amortissement (approche « opération unique »), car elles sont **persuadées** (le montage étant en principe incitatif) qu'il y aura conversion et **qu'aucun paiement ne sera effectué.** Si, dans le futur, la situation se détériore, alors une provision sera constituée selon les probabilités de conversion.

La CNCC admet d'ailleurs qu'il soit tenu compte de la probabilité de conversion des obligations, notamment lorsque les montages financiers incitent à cette conversion (Bull. CNCC n° 161, mars 2011, EC 2010-57, p. 119 s.).

b. Il est difficile d'aller à l'encontre de cette approche :
– tant sur un plan financier, où toute autre solution reviendrait à émettre un doute sur la santé de l'entreprise émettrice ;
– que sur le plan comptable, où cette approche ne peut, en l'absence de textes et de recommandations des organismes compétents, en France, être considérée comme irrégulière.

c. En pratique toutefois, les éléments suivants incitent **fréquemment** les entreprises à choisir, **in fine,** l'**amortissement** de la prime (« opérations distinctes » ; voir ci-avant I.) :
– les normes IFRS imposent l'étalement de la prime de manière actuarielle sur la durée de vie estimée de l'obligation (incorporation de la prime dans le taux d'intérêt effectif) ; sur le traitement des OCA en normes IFRS, voir Mémento IFRS n° 44450 à 44505 ;
– compte tenu du caractère aléatoire du marché boursier sur une période assez longue rendant difficile l'appréciation de la probabilité de conversion des obligations, le bulletin CNCC (n° 100, décembre 1995, EC 93-75, p. 540 s. et n° 161, mars 2011, EC 2010-57, p. 119 s.) juge cette solution conforme au principe de prudence et donc préférable ;
– les prévisions des résultats comptables futurs seront grandement facilitées par un amortissement (fixe), car non sujettes à des variations négatives importantes, toujours mal perçues et qui viendront nécessairement s'ajouter aux difficultés qui auront déjà provoqué la baisse du cours de l'action.

d. En matière d'information, le bulletin CNCC (Bull. précités) estime que, quelle que soit la méthode retenue, le montant total des primes qui seraient dues en cas de remboursement total de l'emprunt doit être mentionné en engagements hors bilan dans l'annexe.

> **Précisions** Ce choix de méthode devrait, à notre avis, s'appliquer de façon permanente à toutes les émissions similaires.

41285 **Obligations échangeables en actions** Sur l'évaluation et le traitement comptable chez le détenteur de ce type d'obligations, voir n° 38185.

> **Précisions** Ces obligations peuvent, au gré de leurs titulaires, être échangées à tout moment contre des actions, le mécanisme étant le même que pour les obligations convertibles en actions, voir n° 41260 et 41280.
> Dans cette formule, afin de permettre l'échange, la société émet, en même temps que les obligations, un nombre déterminé d'actions nouvelles, toutes souscrites par un « tiers souscripteur », à l'occasion d'une augmentation de capital en numéraire. Celui-ci s'engage à procéder à l'échange chaque fois qu'un obligataire décide d'user de la faculté qui lui est reconnue. Il reçoit alors de la société émettrice le remboursement de la somme versée pour souscrire les actions, plus une commission rémunérant ses services.

La comptabilisation est la même que celle d'une émission d'emprunt obligataire (voir n° 41260 et 41280).

Sur la divergence avec les normes IFRS (instruments composés), voir Mémento IFRS n° 69060.

41290 **Oceane** Sur l'évaluation et le traitement comptable chez le détenteur de ce type d'obligations, voir n° 38185.

> **Précisions** Les Oceane (obligations à option de conversion ou d'échange en actions nouvelles ou existantes) donnent la possibilité à l'émetteur d'attribuer, aux obligataires qui demandent la conversion de leurs titres, des actions nouvelles comme s'il avait émis des obligations convertibles classiques (voir n° 41260), ou des actions déjà existantes, prélevées sur l'autocontrôle ou rachetées sur le marché.

À notre avis, le traitement comptable sera analogue à celui des obligations convertibles, voir n° 41260. Les obligations devront cependant, lors de l'émission, être enregistrées au crédit d'un sous-compte 163 plutôt qu'au compte spécial 161 (car elles sont convertibles **ou** échangeables).

En cas de conversion en actions existantes (rachetées sur le marché), voir n° 41295 II. d.

Sur le traitement des Oceane en normes IFRS, voir Mémento IFRS n° 44450 à 44505.

41295 **Obligations remboursables en actions (ORA) ou en actions nouvelles ou existantes (Orane)** Sur l'évaluation et le traitement comptable chez le détenteur de ce type d'obligations, voir n° 38190.

I. Présentation du bilan L'appellation ORA recouvre en fait différents montages financiers nécessitant de se référer à chaque fois à **l'analyse du contrat**. Deux sortes d'émission sont à distinguer :

a. Les ORA classiques ou simples Elles constituent, selon l'OEC (voir n° 55120), des « **Autres fonds propres** » lorsque, selon les clauses du contrat ainsi que les conditions économiques de l'émission (au moment de l'émission) :
– **l'instrument n'est pas remboursable** ou s'effectue par émission et attribution d'un autre instrument de capitaux propres de la société émettrice ;

> **EXEMPLE**
> Tel est le cas des ORA avec transformation obligatoire, s'agissant de fonds destinés à être capitalisés sans possibilité de remboursement en numéraire et sans que le prêteur puisse demander le remboursement.
> Tel est également le cas, à notre avis, si une clause prévoit, avant le remboursement par actions, la possibilité pour la société mère de l'émetteur de rembourser en numéraire les obligataires et d'être remboursée ensuite par les actions de sa fille (émettrice des ORA).

– ou, **son remboursement est sous le contrôle exclusif de l'émetteur**.

> **EXEMPLE**
> Tel est le cas lorsque l'émetteur a la possibilité d'opter pour un remboursement en espèces, dès lors que le contrat ne prévoit pas de clause de remboursement en espèces à l'initiative du prêteur (Bull. COB n° 374, décembre 2002, p. 4 s.).

En revanche, l'ORA est à comptabiliser en **dettes** :
– lorsque le contrat d'émission prévoit la possibilité de rembourser les obligations par des actions de la société mère de l'émetteur ;
– si le remboursement peut être déclenché par un événement hors de contrôle de l'émetteur (par exemple, atteinte d'un certain niveau de taux).

> **> Précisions** **Remboursement garanti** Lorsque l'instrument prévoit une **parité variable de remboursement** en actions sans limite maximum (cap) ni minimum (floor) du nombre d'actions, l'investisseur ne supporte aucun risque de perte et est certain d'obtenir un remboursement en actions dont la valeur totale est égale à un remboursement en numéraire. En conséquence, un instrument avec ces caractéristiques devrait, à notre avis, constituer une dette. Toutefois, en l'absence de précisions des textes comptables en règles françaises, la comptabilisation en autres fonds propres nous semble possible, dès lors que l'instrument est remboursable en actions de la société émettrice. Sur l'analyse opérée en normes IFRS, voir Mémento IFRS n° 44510.

b. Les Orane Elles constituent, selon l'AMF (Bull. COB n° 374, décembre 2002, p. 4 s. ; position concernant expressément les comptes consolidés mais pouvant à notre avis être transposée, après adaptation, dans les comptes individuels) des « **Autres fonds propres** », dès lors que leur remboursement est effectué en actions nouvellement émises.

En revanche, lorsque les Orane sont remboursées en actions existantes, l'AMF préconise de les comptabiliser en **dettes** dans les deux cas suivants (le remboursement donnant lieu préalablement à une sortie de trésorerie qui empêche la comptabilisation des Orane dans les fonds propres) :
– les actions propres existantes sont détenues par l'émetteur dès l'émission et classées en valeurs mobilières de placement (tel est également le cas, à notre avis, lorsque les actions propres sont comptabilisées en titres immobilisés dans les comptes individuels),
– les actions ne sont pas détenues par l'émetteur, qui risque de devoir se les procurer sur le marché.

Pour le classement de ces obligations dans les comptes consolidés, voir Mémento Comptes consolidés n° 3482.

II. Comptabilisation

a. Lors de l'émission des obligations, le montant fixé pour être remboursé en actions est comptabilisé dans une subdivision à créer du compte 167 « Emprunts assortis de clauses particulières ».

En cas de garantie de bonne fin, voir n° 40960.

b. En ce qui concerne les **intérêts**, voir n° 56945.

c. En cas de **remboursement en actions nouvellement émises** de la société émettrice, le compte 167 est débité (et soldé) par le crédit des comptes utilisés lors d'une augmentation de capital classique (Capital et Prime d'émission).

d. En cas de **remboursement en actions existantes** de la société émettrice, le compte 167 est débité (et soldé) par le crédit du compte utilisé pour comptabiliser les actions propres autodétenues (compte 2771 « Actions propres »).

Une plus ou moins-value est à comptabiliser pour la différence entre le montant de l'emprunt et la valeur nette comptable des actions propres détenues. La moins-value est à provisionner dès qu'elle est probable (en application de l'article 322-1 du PCG).

Sur le traitement des frais d'émission, voir n° 41260.

Sur le traitement des ORA en normes IFRS, voir Mémento IFRS n° 44510.

41300 **Obligations avec bon(s) de souscription d'actions (Obsa)** Sur le traitement chez le détenteur, voir n° 38200.

> **Précisions** Les émissions de ce type sont plus ou moins complexes ; le principe général en est le suivant : il est émis une obligation (dont le prix de remboursement est prévu) accompagnée d'un bon de souscription d'actions qui donne droit pour un prix fixé, à une date fixée, à souscrire à une augmentation de capital. En pratique, plusieurs bons de souscription d'actions peuvent accompagner l'obligation avec des dates différentes et des prix différents pour souscrire à l'augmentation de capital.

I. Traitement comptable Selon le PCG (art. 941-16) et l'avis CNC n° 35, **lors de la souscription** :
– l'emprunt obligataire est enregistré conformément aux dispositions générales du PCG ;
– la contrepartie des bons n'est pas constatée.

Le PCG considère donc que les bons ont une **valeur nulle** en se fondant sur l'absence, du point de vue juridique, de dette de la société émettrice pour ce qui est des BSA.

Il en résulte les conséquences suivantes (non précisées dans le PCG et l'avis CNC précité) :
– **lors de l'exercice des bons,** l'augmentation de capital est portée au passif du bilan au compte « Capital » et au compte « Primes liées au capital social » ;
– **en cas de péremption** des bons, aucune écriture ne sera passée.

> **Fiscalement** Il en est de même, la péremption de ces droits étant **neutre, comme sur le plan comptable** (BOI-BIC-PDSTK-10-20-60-20 n° 380). L'article 38-8-3° du CGI, cité à propos des BSA (voir n° 55415), ne trouve donc pas à s'appliquer ici. En conséquence, aucun retraitement extra-comptable n'est à effectuer sur l'exercice de péremption de ces droits.

Si le **BSA** est **remboursable (Obsar),** voir n° 41305.

Sur le traitement des frais d'émission, voir n° 41260.

II. Information en annexe Le PCG (art. 833-20/1) prescrit l'indication dans l'annexe, **jusqu'à l'échéance des obligations et la péremption des bons,** des informations sur :
– les modalités d'émission : montant de l'émission, nombre et valeur nominale des obligations, modalités de remboursement, taux d'intérêt, nombre de bons et prix d'exercice, date limite d'exercice,
– les mouvements sur les obligations : nombre d'obligations en circulation, encours, nombre d'obligations rachetées ou amorties dans l'exercice, incidence éventuelle sur le résultat du rachat d'obligations, évolution des cours des obligations pendant l'exercice écoulé,
– les mouvements sur les bons : nombre de bons exercés, montant reçu, nombre de bons rachetés et annulés, nombre de bons en circulation, augmentation de capital potentielle en nombre d'actions et en valeur, évolution des cours des bons et des actions,
– l'effet de la dilution potentielle sur le bénéfice par action.

Sur la divergence avec les normes IFRS (instruments composés), voir Mémento IFRS n° 69060.

41305 **Obligations avec bon(s) de souscription d'actions remboursable(s) (Obsar) ou avec bon(s) de souscription ou d'acquisition d'actions remboursable(s) (Obsaar)**

> **Précisions** Sur l'évaluation et le traitement comptable chez le détenteur de ces obligations, voir n° 38210.

> **Juridiquement** Sur le régime de ces titres et les rapports du conseil d'administration ou du directoire et ceux des commissaires aux comptes le cas échéant, voir n° 41255. En outre, l'AMF a apporté des précisions sur le cadre juridique de ces opérations (Position AMF du 18-3-2008) :
– en cas d'émission réservée à un investisseur ;
– en cas d'émission avec maintien du droit préférentiel de souscription, il convient de mettre en place un mécanisme permettant à tous les actionnaires de souscrire aux BSAR seuls.

Leur traitement comptable n'est pas abordé dans l'avis du CNC n° 35 relatif aux bons de souscription. À notre avis, l'Obsar étant un instrument financier composite, son traitement est différent selon que les conditions de souscription précisent, à l'origine, le prix d'émission de l'obligation d'un côté et celui du Bsar de l'autre :

1. Obsar (ou Obsaar) avec prix d'émission spécifique de l'obligation et du Bsar (ou Bsaar)
Dans ce cas, le Bsar (ou le Bsaar) est qualifié de bon autonome et comptabilisé en conséquence. Étant payé à l'origine et remboursable pour un montant identique, il constitue une dette financière pour l'émetteur (et non une prime d'émission comme le BSA ; voir n° 55415), correspondant au montant de l'émission.
Il en résulte, à notre avis, les conséquences suivantes :
– en cas de remboursement des bons au porteur, la dette doit être annulée en contrepartie de la trésorerie (ou des autres actifs financiers remis au porteur) ;
– si le montant à rembourser est supérieur au montant versé, l'excédent est à traiter de manière analogue à une prime en cas d'obligations à prime convertibles (voir n° 41280) ;
– lors de l'exercice des bons, une augmentation de capital est constatée en contrepartie de la diminution de la dette financière.
En revanche, en cas de remise d'actions existantes, la dette est soldée par le crédit du compte utilisé pour comptabiliser les actions propres autodétenues (compte 2771 « Actions propres »).

2. Obsar (ou Obsaar) sans prix d'émission spécifique du Bsar (ou Bsaar) Par analogie avec le traitement des Obsa (voir n° 41300) :
– l'emprunt obligataire est enregistré conformément aux dispositions du PCG ;
– la contrepartie des bons n'est pas constatée.
Il en résulte, à notre avis, les conséquences suivantes (non précisées dans le PCG et l'avis du CNC) :
– en cas de remboursement des bons au porteur, et en l'absence de prix d'émission spécifique du Bsar (ou Bsaar), ce remboursement est imputé sur la dette obligataire ;
– lors de l'exercice des bons, l'augmentation de capital est portée au passif du bilan au compte « Capital » et au compte « Primes liées au capital social ».
En cas de remise d'actions existantes, voir ci-avant.
Sur le traitement des frais d'émission, voir n° 41260.
Sur la divergence avec les normes IFRS (instruments composés), voir Mémento IFRS n° 69060.

VALEURS MOBILIÈRES DONNANT DROIT À L'ATTRIBUTION DE TITRES DE CRÉANCE

41310

> **Juridiquement** Il s'agit de **titres de créance** qui représentent chacun un droit de créance sur la personne morale ou le fonds commun de titrisation qui les émet (C. mon. fin. art. L 213-1-A ; voir n° 35015). Le régime d'émission de ces valeurs est régi par les articles L 228-91 à L 228-97 du Code de commerce. L'émission de ces valeurs mobilières n'a pas besoin d'être autorisée par l'AGE (sur rapports du conseil d'administration ou du directoire et des commissaires aux comptes). Elle est autorisée directement par le conseil d'administration ou le directoire s'il s'agit d'émettre des obligations ou des titres participatifs (C. com. art. L 228-92).
Sur le régime juridique unifié pour l'ensemble de ces valeurs voir Mémento Sociétés commerciales n° 74000 à 74610.

Sur les informations à fournir éventuellement en annexe, voir n° 64625.
Sur le traitement chez les détenteurs de telles valeurs, voir n° 38260 s.

Obligations avec bon(s) de souscription d'obligations (Obso)

41330

Sur l'évaluation et le traitement comptable chez le détenteur de ces obligations, voir n° 38265.
Le PCG, art. 941-16 et l'avis CNC n° 35 prescrivent le traitement comptable et l'information suivants :

I. Traitement comptable Pour le CNC, l'émission d'Obso permet à la société émettrice de se procurer des ressources à un taux d'intérêt inférieur à celui du marché et l'engage à procéder ultérieurement à une émission d'obligations à un taux plus élevé. En conséquence :

a. Lors de la souscription (PCG art. 941-16 et 944-48) :
1. l'emprunt obligataire est enregistré au compte 163 « Autres emprunts obligataires » pour sa valeur de remboursement.
La prime de remboursement est enregistrée dans le compte 169 « Primes de remboursement des obligations ».

La prime de remboursement est égale :
– à la **valeur des BSO** (cours coté le lendemain de l'émission) ; sur leur contrepartie au passif, voir ci-après 2 ;
– augmentée, le cas échéant, d'une **prime de remboursement classique,** c'est-à-dire de la différence entre la valeur de remboursement de l'emprunt et sa valeur d'émission.

> **Précisions** La prime de remboursement est en effet la différence entre :
> – la **valeur de remboursement,**
> – et **la valeur actuelle de l'emprunt,** égale, dans ce cas, selon le CNC, à la valeur actuarielle. À notre avis, en pratique, la valeur actuarielle à retenir correspond à la valeur d'émission diminuée de la cotation des BSO le lendemain de l'émission.

L'amortissement de cette prime s'effectue dans les conditions prévues par le PCG (voir n° 41120).

> **Fiscalement** (BOI-BIC-CHG-50-30-20-20 n° 110), l'amortissement de la prime de remboursement correspondant au BSO n'étant pas déductible, il doit être réintégré extra-comptablement sur l'imprimé n° 2058-A, ligne WE (sur les impôts différés, voir n° 52985).

2. la contrepartie des bons est enregistrée dans le compte 487 « Produits constatés d'avance » pour un montant représenté par la différence entre le prix d'émission des Obso et la valeur actuelle de l'emprunt obligataire.

Le compte « Produits constatés d'avance » demeure inchangé tant que les BSO ne seront pas exercés ou périmés (voir ci-après b. et c.).

> **Précisions** Étalement de la valeur du BSO : le CNC considère que le BSO (à la différence du BSA en cas d'Obsa, voir n° 41300) a une valeur. L'étalement de cette valeur, pour traduire la réalité financière de l'opération, s'effectue de la manière suivante :
> – par la constatation en charges (par le biais de l'amortissement des primes de remboursement) sur la durée du premier emprunt pendant lequel les charges d'intérêts seront inférieures à celles résultant du marché,
> – par la constatation en produits (par les reprises des « produits constatés d'avance ») sur la durée du deuxième emprunt pendant lequel les charges d'intérêts seront supérieures à celles résultant du marché (voir ci-après b.).

b. Lors de l'exercice de bons :
– l'emprunt émis est enregistré conformément aux dispositions du PCG,
– les produits constatés d'avance sont rapportés au résultat (PCG art. 944-48) sur la durée de cet emprunt (et non sur celle de l'emprunt initial).

> **Fiscalement** (BOI-BIC-CHG-50-30-20-20 n° 110), cette constatation ne constitue pas un produit imposable, les fractions d'amortissement correspondant au BSO ayant vocation à être réintégrées (voir ci-avant a. 1.). Il y a donc lieu de la déduire extra-comptablement sur l'imprimé n° 2058-A, ligne XG.

c. Lors de la péremption, le montant des bons non exercés est rapporté au résultat (PCG art. 944-48).

> **Fiscalement** À notre avis, ce produit n'est pas taxable, les fractions d'amortissement correspondant au BSO ayant été précédemment réintégrées (voir ci-avant a. 1.).

II. Information dans l'annexe Le PCG (art. 833-20/1) prescrit, jusqu'à l'échéance des obligations et la péremption des bons, l'indication dans l'annexe des informations sur :
– les modalités d'émission : montant de l'émission, nombre et valeur nominale des obligations, modalités de remboursement, taux d'intérêt, nombre de bons, prix d'exercice, date limite d'exercice,
– les mouvements sur les obligations : nombre d'obligations en circulation, encours, nombre d'obligations rachetées ou amorties dans l'exercice, incidence éventuelle sur le résultat du rachat d'obligations, évolution des cours des obligations pendant l'exercice écoulé,
– les mouvements sur les bons : nombre de bons exercés et montant reçu, nombre de bons rachetés et annulés, nombre de bons en circulation, évolution des cours des bons.

41335 **Bons de souscription d'obligations (BSO)** Sur l'évaluation et le traitement comptable chez le détenteur de ces bons, voir n° 38270.

Le PCG et l'avis CNC n° 35 précisent le traitement comptable des bons de souscription d'actions (PCG art. 941-10 ; voir n° 55415) et des BSO (PCG art. 944-48) émis de manière autonome. Le BSO (à la différence du BSA ; voir n° 55415) est considéré par le PCG comme un **produit,** rattachable au compte de résultat non pas dès l'émission, mais à compter de **l'exercice des bons** ou lors de leur **péremption**.

Le PCG (art. 944-48 et 833-20/1) prescrit donc le traitement suivant :
— **lors de l'émission**, la contrepartie des bons est enregistrée dans le compte 487 « Produits constatés d'avance » ;
— **jusqu'à la péremption** des bons, sont indiquées, dans l'annexe, des informations sur :
• les modalités d'émission : montant de l'émission, nombre de bons, prix d'exercice, date limite de l'exercice,
• les mouvements sur les bons : nombre de bons exercés et montant reçu, nombre de bons rachetés et annulés, nombre de bons en circulation, nouvel emprunt potentiel en valeur et en nombre d'obligations, évolution des cours des bons et des obligations ;
— **lors de l'exercice de bons,** les produits constatés d'avance sont rapportés au résultat sur la durée de l'emprunt obligataire ;

> Fiscalement Voir ci-après.

— **lors de la péremption,** le montant des bons non exercés est rapporté au résultat.

> Fiscalement Ce produit est taxable (CGI art. 38-8-3° ; BOI-BIC-PDSTK-10-20-60-20 n° 370), la règle étant identique à celle des BSA.

Il en résulte, à notre avis :
— qu'en cas de **péremption** des BSO, il n'y a pas de divergence entre comptabilité et fiscalité,
— que si les BSO sont **exercés**, il ne devrait **pas** y en avoir **non plus**, bien que le texte fiscal soit muet sur ce point ; en effet, le BSO rapporté au résultat comptable devient alors imposable selon les règles générales.

Certificats de valeurs garanties Voir n° 37230 et 37235. 41340

RACHAT D'OBLIGATIONS

Rachat en bourse Lorsqu'une clause de ce type est prévue, l'entreprise peut trouver intérêt à racheter ses propres titres avant l'échéance (cours de bourse inférieur au prix de remboursement ou dans des cas particuliers, voir l'exemple donné au n° 41360, cours de bourse supérieur au prix de remboursement). Les titres rachetés figurent au compte 505 « Obligations et bons émis par la société et rachetés par elle ». Le compte « Obligations rachetées » ne peut figurer au bilan, sauf en cas de conservation des obligations dans les conditions évoquées ci-après. 41355

> **Précisions** Ces obligations rachetées par la société émettrice sont en principe annulées et ne peuvent être remises en circulation (C. com. art. L 228-74). Toutefois, par dérogation, les sociétés dont les obligations sont admises aux négociations sur un marché réglementé ou sur un système multilatéral de négociation organisé (SMNO) sont autorisées à les conserver pendant un délai maximal d'un an après leur acquisition, dès lors qu'elles ne détiennent pas plus de 15 % des titres d'une même émission (C. mon. fin. art. L 213-0-1 et D 213-0-1).
> Pendant cette période, tous les droits attachés aux titres sont suspendus (C. mon. fin. art. L 213-0-1), parmi lesquels la participation à la masse des obligataires, le droit de vote aux assemblées générales d'obligataires, le droit à percevoir des intérêts...

La décision par la société d'annuler les obligations rachetées entraîne, à notre avis, la constatation d'un **produit exceptionnel** (ou d'une charge exceptionnelle), à inscrire au compte 7783 « Bonis provenant du rachat par l'entreprise d'obligations émises par elle-même » (compte expressément prévu par le PCG).

> Fiscalement Le gain réalisé par une société en rachetant ses propres obligations à un cours inférieur à la valeur nominale doit être compris dans le bénéfice imposable au taux de droit commun (CE 9-5-1960 n° 66525).

Le produit est éventuellement compensé en partie par l'amortissement des primes de remboursement afférentes aux obligations rachetées et par les pénalités à verser pour rachat anticipé. Ces coûts doivent, à notre avis, être constatés en charge pour leur totalité (ce qui n'est pas toujours le cas s'il y a renégociation de l'emprunt ; voir n° 41360).

Sur la possibilité d'étaler le produit lorsqu'il est censé compenser l'augmentation du taux d'une nouvelle dette (contractée après le rachat), voir n° 42840.

> **EXEMPLE**
>
> **Rachat pour 98 (dont 8 d'intérêts courus) de titres de valeur nominale 100**
>
>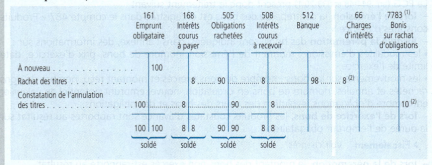
>
> (1) Le compte 6783 serait utilisé s'il s'agissait d'une charge.
> (2) La charge d'intérêts due jusqu'au rachat en bourse constitue, à notre avis, une charge financière totalement indépendante du rachat. La contrepartie de cette charge financière due jusqu'au rachat en bourse (Emprunts-intérêts courus) sera annulée lors du rachat par les intérêts à recevoir qui auront été constatés en même temps que les obligations rachetées.

> **Précisions** **Information du marché** Le règlement général de l'AMF (art. 238-2) prévoit d'informer le marché de ces rachats de titres cotés (par le biais d'un communiqué diffusé selon les modalités prévues à l'article 221-4 du même règl.) :
> — dès lors que l'émetteur a acquis sur le marché ou hors marché en une ou plusieurs fois plus de 10 % de titres représentant un même emprunt obligataire ;
> — ainsi que de tout rachat en une ou plusieurs fois portant sur chaque tranche supplémentaire de 10 % du même emprunt.
>
> Le seuil de 10 % est calculé sur la base du nombre de titres émis, en tenant compte des éventuelles émissions successives conférant des droits identiques aux porteurs. Le nombre de titres pris en compte pour le calcul du seuil correspond au nombre de titres rachetés, déduction faite du nombre de titres revendus.
> En outre, les émetteurs qui ont racheté des titres au cours du semestre écoulé publient sur leur site internet, pour chacun de leurs emprunts obligataires, le nombre de titres restant en circulation et le nombre de titres qu'ils détiennent (Règl. AMF art. 238-2-1).

41360 **Renégociation de l'endettement** Sont concernés les remboursements anticipés d'emprunt et rachats d'obligation suivis de la négociation d'un nouveau financement.
Le PCG ne donne pas de précision sur les renégociations de dettes. Selon la doctrine de la CNCC (Bull. n° 134, juin 2004, EC 2004-11, p. 365, rappelée par les Questions-Réponses CNCC Covid-19, ch. I, 2ᵉ partie, Question 6.2), les conditions de la renégociation de la dette doivent être analysées pour déterminer :
— le traitement comptable de la dette ;
— le traitement des frais associés (frais d'émission de la dette d'origine, indemnités de remboursement anticipé d'emprunt, soulte lors du rachat d'obligations et autres frais de renégociation).

I. Renégociation finalisée à la date de clôture Selon la doctrine de la CNCC précitée, deux cas de figure sont envisageables :
a. Le prêteur initial et le second prêteur sont deux entités différentes. Dans ce cas :
— **la dette initiale** est éteinte ;
— **la différence entre les sommes payées pour mettre fin à la dette initiale et sa valeur comptable** est comptabilisée en **charges** sans pouvoir être étalée ;

> **Fiscalement** Les primes et indemnités versées à l'occasion de la mise en place d'un nouveau financement sont des charges **immédiatement déductibles** (en ce sens, Rép. Lang : AN 12-1-1987 n° 9492, non reprise dans Bofip).

> **EXEMPLE**
>
> Sont à comptabiliser immédiatement en charges :
> — les indemnités de remboursement anticipé d'un emprunt ; il s'agit de charges de l'exercice au cours duquel la décision de rembourser l'emprunt a été prise (Bull. CNCC n° 110, juin 1998, EC 98-23, p. 231 ; n° 125, mars 2002, EC 2001-74, p. 89 ; voir n° 41030 I.) ;
> — la soulte issue du rachat d'obligations à taux d'intérêt élevé, à notre avis ; celle-ci n'étant pas la conséquence de la gestion du passé, elle ne constitue que le prix à payer par l'entreprise pour revenir à une structure saine de financement ;
> — les pénalités de remboursement anticipé d'un emprunt sur la durée du contrat de crédit-bail conclu en substitution (Bull. CNCC n° 125, mars 2002, EC 2001-74, p. 89).

Du fait de leur caractère financier, les frais sont à comptabiliser, à notre avis, en charges financières, dans le compte 668 « Autres charges financières » (ces frais étant des indemnités de rupture d'un contrat et non des charges d'intérêt).

> **Précisions** Toutefois, lorsque la somme à payer permet de bénéficier ultérieurement de **conditions meilleures que celles du marché**, il est possible, selon le bulletin CNCC 2004 précité, de l'étaler de manière à obtenir une charge théorique après étalement cohérente avec les conditions du marché du moment (à notre avis, par le biais du compte 4816 « **Frais d'émission d'emprunt** »).

– **les frais d'émission** non encore amortis de la dette initiale sont constatés immédiatement en **charges** ;
– **le refinancement** est comptabilisé en tant que dette nouvelle, sans référence à la dette remboursée par anticipation ;
– **les frais de renégociation** liés à la nouvelle dette (et répondant aux conditions prévues par l'avis CU CNC n° 2006-A du 7 juin 2006, notamment ils ne doivent pas conduire à un taux effectif manifestement hors marché) suivent le choix de méthode de comptabilisation des frais d'émission retenu habituellement par l'entreprise (voir n° 41020).

b. Le prêteur initial est aussi celui qui consent la dette de refinancement Tel est le cas, notamment, lorsqu'un emprunt est renégocié avec un même établissement ou pool bancaire.

> **Précisions** **Pool bancaire** À notre avis, le prêteur reste le même en cas de changement (même majoritaire) des banques constitutives du pool bancaire prêteur. Le seul fait de substituer une banque à une autre ou de réallouer les quotes-parts de risques ou de liquidité entre les banques ne modifie pas la situation du point de vue de l'emprunteur.

Selon le bulletin CNCC (n° 134, juin 2004, EC 2004-11, p. 365), les conditions de la renégociation de la dette doivent être analysées pour être qualifiée :
– soit d'extinction de la dette initiale (suivie de la comptabilisation d'une nouvelle dette),
– soit de réaménagement de la dette initiale (celle-ci étant maintenue).

En pratique, il y a extinction de la dette initiale si les conditions de l'ancienne et de la nouvelle dette sont substantiellement différentes :

1. Si les conditions de l'ancienne et de la nouvelle dette sont substantiellement différentes (c'est-à-dire si la valeur actualisée des flux futurs selon les nouvelles conditions, y compris tous frais, est supérieure de plus de 10 % à la valeur actualisée des flux futurs résiduels de l'ancienne dette) : l'échange est comptabilisé comme une **extinction** de l'ancienne dette et la comptabilisation d'une nouvelle dette. Dans ce cas, le traitement est identique à celui retenu lorsque le prêteur est différent (voir ci-avant a.) :
– les frais d'émission non encore amortis de la dette initiale sont constatés immédiatement en charges,
– les indemnités et soultes le cas échéant versées sont comptabilisées en charges,
– les frais de renégociation liés à la nouvelle dette suivent le choix de méthode de comptabilisation des frais d'émission retenu habituellement par l'entreprise.

> **Précisions** **1. Frais indissociables** S'il n'est pas possible de distinguer les frais marginaux relatifs à la nouvelle dette de ceux relatifs au remboursement anticipé de l'ancienne dette (notamment de la soulte), les frais encourus lors du refinancement sont, à notre avis, à comptabiliser en charges pour la totalité.
> **2. Honoraires** En normes IFRS, seuls les honoraires versés ou reçus entre l'entité et le prêteur (ou pour leur compte) sont à intégrer dans les flux de trésorerie du test de 10 %, les honoraires relatifs à des contreparties autres que l'entité et le prêteur étant exclus de ces flux (IFRS 9.B3.3.6).

2. Dans le cas contraire : l'échange n'est pas comptabilisé (l'ancienne dette n'est donc pas éteinte). Dans ce cas :
– les frais d'émission non encore amortis liés à la dette initiale seront étalés sur la nouvelle durée de l'emprunt,
– tous les frais engagés au cours de la renégociation (indemnité, soulte, autres frais…) constituent un complément de frais d'émission. Ces frais peuvent donc être activés dans les mêmes conditions que les frais d'émission initiaux. En particulier, leur prise en compte dans le calcul du taux d'intérêt effectif de l'emprunt renégocié ne doit pas conduire à un taux manifestement hors marché. Si les conditions sont remplies, ils sont étalés sur la durée résiduelle de l'emprunt.

> **Précisions** **1. Rupture de covenant (renégociation forcée)** Dans tous les cas (1 et 2 ci-avant), les frais de renégociation conduisant en général à un taux hors marché, la partie des frais conduisant à dépasser le taux du marché doit obligatoirement être inscrite en charges (voir n° 41020).
> **2. Le « test de 10 % »** La doctrine de la CNCC

précitée est fondée sur l'ancienne norme IAS 39. Cette norme a été remplacée depuis par la norme IFRS 9 qui prévoit expressément une analyse qualitative en complément de l'analyse quantitative décrite ci-avant. Le test qualitatif a pour objectif la prise en compte de toute évolution significative du profil de risque de la dette qui n'aurait pas été reflétée dans le test quantitatif. À notre avis, si le test quantitatif aboutit à une valeur inférieure à 10 %, une analyse qualitative pourrait toutefois conduire à conclure au caractère substantiel de la modification (par exemple, dans le cas d'un changement de devise de remboursement de l'emprunt). Voir Mémento IFRS n° 46170.

II. Renégociation finalisée entre la date de clôture et la date d'arrêté des comptes Si l'entreprise avait l'obligation, à la clôture, de rembourser sa dette (rupture de covenant, notamment) ou si elle avait entamé des négociations avec la banque à cette date, elle doit faire une estimation de ses frais d'émission d'emprunt à la clôture, en tenant compte de tous les événements jusqu'à la date d'arrêté des comptes.

a. La renégociation de la dette aboutit à son extinction post-clôture (après l'analyse décrite ci-avant I.a et I.b.1). Les frais d'émission non encore amortis sont à inscrire en charges prorata temporis sur la durée résiduelle de l'emprunt.

> **EXEMPLE**
> Au début de l'exercice N, le montant des frais d'émission d'emprunt est de 100, à amortir sur une durée résiduelle de 5 ans. L'entreprise clôture en décembre N en situation de rupture de covenant. En juin N+1 (avant l'arrêté des comptes), l'emprunt est renégocié de façon substantielle et se trouve finalement éteint. Les frais d'émission d'emprunt non amortis au 1er janvier N devront alors être étalés sur 1 an et demi (et non plus 5).

Le cas échéant, le paiement d'une soulte de remboursement anticipé devra être provisionné.

b. La renégociation de la dette aboutit à son réaménagement post-clôture. Le plan d'amortissement des frais d'émission à l'actif est révisé sur la durée résiduelle de l'emprunt si celle-ci est réduite.

> **EXEMPLE**
> Au début de l'exercice N, le montant des frais d'émission d'emprunt est de 100, à amortir sur une durée résiduelle de 5 ans. L'entreprise clôture en décembre N en situation de rupture de covenant. En juin N+1 (avant l'arrêté des comptes), l'emprunt est renégocié et réaménagé sur une durée de 3 ans à compter de N+1. Les frais d'émission d'emprunt non amortis au 1er janvier N devront alors être étalés sur 4 ans (et non plus 5).

Le cas échéant, la soulte et les autres frais de renégociation devront également être provisionnés (s'ils conduisent à un taux global hors marché, notamment en cas de renégociation dans le cadre d'une rupture de covenant).

III. Renégociation non finalisée à la date d'arrêté des comptes Les frais d'émission de la dette en cours de renégociation sont maintenus à l'actif et continuent d'être étalés selon leur plan d'amortissement d'origine (ne sachant pas, à la date d'arrêté, si la dette sera finalement éteinte ou maintenue et simplement modifiée). Aucune provision ne doit être constatée à la clôture.

E. Autres prêts et emprunts

PRÊT ET EMPRUNT DE JETONS NUMÉRIQUES

41390 Pendant une période déterminée, un détenteur de jetons peut mettre des jetons à la disposition d'une entité qui s'engage à les restituer à l'issue de la période moyennant une rémunération. Le PCG (art. 619-18 complété des commentaires infra-réglementaires IR 4 et IR 5 sous l'art. 629-2) prévoit, dans ce cadre, des dispositions spécifiques pour comptabiliser ces opérations, côté prêteur (voir n° 41395) et côté emprunteur (voir n° 41400).

> **▸ Précisions** Il n'existe pas de **définition juridique spécifique** des contrats de prêt de jetons et une analyse juridique préalable de l'opération s'avère donc nécessaire pour conclure à une telle qualification (PCG art. 619-18 IR 3).

41395 Chez le prêteur de jetons a. Au moment du transfert de propriété Les jetons prêtés sont transférés dans un compte de **créances sur jetons** pour la valeur comptable au jour de l'opération (PCG art. 619-18), égale à la valeur vénale (PCG art. 619-12).

41395
(suite)

EXEMPLE

Les données chiffrées ci-après sont inspirées de l'exemple proposé par l'ANC dans ses commentaires infra-réglementaires IR 4 et IR 5 sous l'article 629-2 du PCG.

Au 1ᵉʳ décembre N la société A acquiert 1000 Ethers d'une valeur unitaire de 220 € (soit une valeur de 220 000 €) et les détient sans intention d'utiliser la technologie sous-jacente.

Le 15 décembre N (valeur de l'Ether 215 €) : une convention est signée entre la société A et une société B par laquelle, pendant 1 mois, la société B peut disposer de 600 Ethers, moyennant une rémunération de 10 %, à charge pour elle de les restituer le 15 janvier N+1. La convention est qualifiée juridiquement de convention de prêt de jetons.

15/12/N	47862 Différence d'évaluation sur jetons détenus – ACTIF	522 Jetons détenus	411 Créances sur jetons et assimilés
AN		220 000	
Réévaluation des 600 ETH à la date du prêt ⁽¹⁾	3 000	3 000	
Mise en place du prêt de 600 ETH ⁽²⁾		129 000	129 000

(1) 3 000 = 600 × (220 – 215).
(2) 129 000 = 600 × 215.

b. À la clôture Les variations de valeur de la créance sur jetons sont comptabilisées comme les variations de valeur vénale de jetons détenus (PCG art. 619-18 renvoyant à l'art. 619-12, voir n° 32075), c'est-à-dire sur la base du dernier cours à la clôture des jetons en contrepartie de comptes transitoires. En cas de perte latente et en l'absence de couverture, une provision est constituée.

La créance pourra également faire l'objet, le cas échéant, d'une dépréciation en cas de risque avéré de crédit sur l'emprunteur (PCG art. 619-18 nouveau renvoyant sur art. 214-25). La rémunération courue et échue du prêt constitue un produit d'intérêt (PCG art. 619-18).

EXEMPLE (suite)

À la date de clôture, la valeur unitaire de l'Ether est de 218 €.

Les 1 000 jetons détenus en portefeuille sont :
— des jetons prêtés pour 600 unités (classés en créance remboursable en jetons) ;
— des jetons disponibles pour les 400 autres unités (classés au compte 522 « Jetons détenus »).

Par simplification, le montant de la rémunération au titre de la convention sera réglé en euros, sur la base de la valeur des actifs numériques le 15 décembre N, soit un intérêt de 1 085 € (600 × 215 = 129 000 €, à 10 % sur 1 mois).

31/12/N	47862 Différence d'évaluation sur jetons détenus – ACTIF	522 Jetons détenus	411 Créances sur jetons et assimilés	6868 Dotation aux provisions – charges financières	1517 Provision pour risques
AN	3 000	88 000	129 000		
Réévaluation des 400 ETH disponibles ⁽³⁾ ...	800	800			
Évaluation des 600 ETH prêtés ⁽⁴⁾	1 800		1 800		
Provision de la perte latente ⁽⁵⁾				2 000	2 000

(3) Jetons détenus disponibles : 800 = 400 × (220 – 218).
(4) Jetons prêtés : 1 800 = 600 × (218 – 215).
(5) En l'absence de couverture, une provision pour risque est constituée à hauteur de 2 000 correspondant à la perte latente totale sur les jetons disponibles et prêtés, soit (220 – 218) × 1 000.

La rémunération courue au titre du prêt de 543 (1 085 × 16/31) est comptabilisée dans un compte 768 « Autres produits financiers » en contrepartie d'un produit à recevoir.

c. Au terme du prêt Les jetons restitués sont comptabilisés dans le compte de jetons détenus, pour leur valeur comptable au jour de la restitution en contrepartie de la créance remboursable en jetons. La différence de valeur entre les jetons détenus et les jetons restitués (résultat latent) est comptabilisée dans un compte transitoire (IR 4 et IR 5 sous l'art. 629-2 du PCG).

EXEMPLE (suite)

À l'ouverture de l'exercice Les comptes de transition et produits à recevoir sont extournés.

Au terme de l'emprunt Le 15 janvier N+1 (valeur de l'Ether 210 €), l'emprunteur restitue les Ethers au prêteur.

	411 Créances sur jetons et assimilés	47862 Différence d'évaluation sur jetons détenus – ACTIF	522 Jetons détenus
15/01/N+1			
AN	129 000	0	91 000
Restitution des 600 ETH prêtés [6]	129 000	3 000	126 000
Réévaluation des 400 ETH disponibles [7]		7 000	7 000

[6] 126 000 = 600 × 210.
[7] Écriture non indispensable en cours d'exercice, la valeur des jetons est réduite de 7 000, soit (220-210) × 1 000 − 3 000.

La rémunération échue au titre du prêt de 1 085 est comptabilisée en produit.

Une perte latente de 10 000 est constatée sur l'ensemble des jetons numériques en portefeuille. Elle sera provisionnée à la prochaine clôture si le cours ne varie pas d'ici là.

d. Information dans l'annexe Pendant la durée du prêt, le détenteur de jetons doit indiquer en annexe le nombre et la valeur des jetons prêtés (PCG art. 619-16).

41400 Chez l'emprunteur de jetons **a. Au moment du transfert de propriété** Les jetons empruntés sont inscrits pour leur valeur vénale à la date de l'opération dans un compte 524 « Jetons empruntés », en contrepartie d'une **dette indexée en jetons** (PCG art. 619-18).

EXEMPLE

Les données chiffrées sont celles de notre exemple au n° 41395.

	16889 Dettes de restitution d'actifs numériques	524 Jetons et assimilés empruntés
15/12/N		
Emprunt de 600 ETH [1]	129 000	129 000

[1] 129 000 = 600 × 215.

b. En cas de cession des jetons empruntés Lorsque l'emprunteur cède les jetons empruntés pendant la durée de l'emprunt, les jetons sont sortis du bilan de l'emprunteur (voir n° 32170) alors que la dette indexée est maintenue au bilan (tant que les jetons ne sont pas restitués au prêteur). Dans ces conditions, la couverture s'arrête. Plusieurs approches nous semblent possibles :
– selon une première approche (qui nous semble la plus naturelle), ce sont les jetons empruntés qui couvrent la dette indexée. Dans ce cas (voir n° 41850, 1re ligne du tableau), la relation de couverture passée n'étant pas remise en cause, le résultat de cession des jetons doit être différé et constaté en résultat seulement au moment du paiement de la dette. Le résultat latent constaté sur la dette est également maintenu au bilan, sans qu'une provision n'ait à être constatée en cas de perte latente ;
– selon une seconde approche (celle que l'ANC semble avoir retenue dans ses commentaires infra-réglementaires IR 4 et IR 5 sous l'article 629-2 du PCG), c'est la dette indexée qui couvre les jetons. Dans ce cas (voir n° 41850, 4e ligne du tableau), la relation de couverture passée étant remise en cause, le résultat latent sur la dette à la date de la cession doit être immédiatement reconnu en résultat en même temps que le résultat de cession des jetons. Les variations ultérieures de la dette seront traitées comme une position ouverte isolée (provision en cas de perte latente).

c. À la clôture Les variations de la valeur :
– des **jetons empruntés** sont comptabilisées comme les variations de valeur vénale de jetons détenus (PCG art. 619-18 renvoyant à l'art. 619-12 ; voir n° 32075) ;
– de la **dette indexée** sont comptabilisées comme les variations de valeur des dettes remboursables en jetons (PCG art. 619-18 renvoyant à l'art. 619-8 ; voir n° 40610), c'est-à-dire sur la base du dernier cours à la clôture des jetons en contrepartie de comptes transitoires.

La rémunération courue et échue du prêt constitue une charge d'intérêt (PCG art. 619-18).

> **Précisions** **Cession des jetons empruntés** Lorsque l'emprunteur cède les jetons empruntés pendant la durée de l'emprunt, la couverture établie entre les jetons et la dette s'arrête (voir ci-avant b.). Les variations de valeur de la dette, à partir de la date de la cession des jetons, donnent lieu à une provision en cas de perte latente.

41400 (suite)

EXEMPLE (suite)

Le 16 décembre N (valeur de l'Ether 217 €), l'emprunteur cède les Ethers empruntés. Selon l'approche retenue par l'ANC (voir ci-avant b), le résultat de cession de 1 200 [600 × (217 − 215)] est comptabilisé dans un compte 7661 « Produits nets sur cession de jetons » (voir n° 32170).

À la clôture

	16889 Dettes de restitution d'actifs numériques	4746 Différence d'évaluation de jetons sur des passifs – ACTIF	6868 Dotation aux provisions – charges financières	1517 Provision pour risques
31/12/N				
AN..	129 000			
Évaluation de la dette de jetons (2)	1 800..........1 800			
Provision de la perte latente (3)..................			1 800.............	.............1 800

(2) 1 800 = 600 × (218 − 215).
(3) En l'absence de couverture et du fait d'une augmentation du cours des jetons, la perte latente sur la dette indexée en jetons est entièrement provisionnée. À notre avis, la quote-part de la provision correspondant à la perte latente au moment de la cession des jetons ne peut pas être reprise avant le remboursement de la dette.

La rémunération courue au titre du prêt de 543 (1 085 × 16/31) est comptabilisée dans un compte 668 « Autres charges financières » en contrepartie d'intérêts courus.

d. Au terme de l'emprunt L'emprunteur doit rembourser sa dette de jetons. S'il les a cédés entre-temps, le remboursement génère un produit ou une charge financière égale à la différence entre la dette de jetons empruntés et le coût d'acquisition des jetons achetés.

EXEMPLE (suite)

À l'ouverture de l'exercice Les comptes de transition et intérêts courus sont extournés.
Au terme de l'emprunt L'emprunteur rachète les Ethers afin de respecter son obligation de restitution au client, puis déboucle l'opération.

1. Rachat des jetons :

	512 Trésorerie	524 Jetons et assimilés empruntés
15/01/N+1		
AN		130 200..........................0
Rachat de jetons en vue de les restituer (4)	126 000..........................126 000	

(4) 126 000 = 600 × 210 €.

2. Restitution des jetons :

	768 Autres produits financiers	16889 Dettes de restitution d'actifs numériques	524 Jetons et assimilés empruntés	7865 Reprises sur provisions financières	1517 Provision pour risques
15/01/N+1					
AN		129 000.....126 000			.............1 800
Restitution des jetons prêtés (5)	3 000.......129 000		.............126 000		
Constatation du produit d'indexation (6)...				1 800..........1 800	

(5) Les jetons rachetés l'ayant été à un cours inférieur (210 €) au cours des jetons empruntés (215 €), il résulte du remboursement un produit financier de 3 000 [(215 − 210) × 600].
(6) La provision de 1 800 constatée au 31 décembre N est reprise en totalité.

3. La rémunération échue au titre de l'emprunt de 1 085 est comptabilisée en charge.

e. Information dans l'annexe Pendant la durée de l'emprunt, l'emprunteur de jetons numériques indique en annexe le nombre et la valeur des jetons empruntés (PCG art. 619-16). Bien que le PCG ne le prescrive pas expressément, l'emprunteur de jetons numériques peut également, à notre avis, indiquer sa dette indexée sur les jetons si elle est significative (notamment en cas de cession des jetons empruntés).

AUTRES

41410 Sur les prêts et emprunts :
– de titres, voir n° 37130 ;
– de consommation, voir n° 11130.

III. INSTRUMENTS FINANCIERS À TERME

TEXTES DE RÉFÉRENCE

41430 Les principes comptables généraux applicables aux instruments financiers à terme sont énoncés par le PCG (art. 628-1 à 628-18 introduits par le règl. ANC 2015-05 relatif aux instruments financiers à terme et aux opérations de couverture) ainsi que par la note de présentation du règlement ANC précité.

Sur la définition des instruments financiers à terme, voir n° 40010.

> **Précisions** Ces principes comptables sont également applicables aux produits dérivés ayant pour sous-jacent des jetons numériques (PCG art. 619-19).

PRINCIPES COMPTABLES GÉNÉRAUX

41440 **Montants nominaux des contrats** Chaque contrat fait référence à un montant nominal servant de base à l'application d'un taux d'intérêt, d'un taux de change ou d'un cours de cotation :
– dans certains cas, ces montants peuvent faire l'objet d'un versement effectif et constituent alors des engagements réciproques (contrat de change à terme, par exemple) ;
– dans d'autres cas, ils ne constituent que des bases fictives de référence (swap de taux d'intérêt, cap, floor, collar ou FRA).

Pour tous les instruments financiers à terme, qualifiés ou non de couverture, ces montants nominaux, qu'ils aient ou non vocation à être réglés à terme, n'ont pas à être comptabilisés au bilan. Ils sont mentionnés dans les **engagements hors bilan** (PCG art. 628-1 ; voir n° 50695).

Sur l'information complémentaire à donner en annexe pour tous les contrats significatifs, voir n° 43340.

Sur les divergences avec les normes IFRS, voir Mémento IFRS n° 69070 et 69075.

41445 **Primes d'option, soultes et équivalents versés à l'entrée** Pour tous les instruments financiers à terme, qualifiés ou non de couverture, les primes versées ou reçues, ainsi que les soultes initiales ou équivalents reçus ou versés sont enregistrés au bilan (PCG art. 628-2). Les textes ne donnent pas de précisions sur la nature du compte à utiliser. À notre avis, les soultes et primes doivent être comptabilisées au débit (soultes et primes versées) ou au crédit (soultes et primes reçues) du compte **521 « Instruments financiers à terme »**.

> **Précisions** Décomposition d'une prime d'option Une prime d'option est constituée de deux composantes :
> – la **valeur intrinsèque qui varie en fonction du prix du sous-jacent** tout au long de la durée de vie de l'option. Elle est donc totalement indépendante du temps qui passe. La valeur intrinsèque est la différence entre le prix du sous-jacent et le prix d'exercice de l'option (par exemple, la valeur intrinsèque d'une option d'achat de devises est positive si le prix d'achat de la devise par l'exercice de l'option est inférieur au cours de marché de la devise) ;
> – la **valeur temps qui diminue** inexorablement avec le temps pour arriver à zéro à maturité de l'option. La valeur temps comprend le coût de portage du contrat (entre la souscription du contrat et sa maturité) et la probabilité que l'option sera exercée.

> **EXEMPLE**
>
> Selon les hypothèses suivantes :
> – prime versée : 1,5 ;
> – prix d'exercice de l'option : 5,2 ;
> – valeur des titres au moment de l'acquisition de l'option : 6.
>
> À la date de mise en place :
> – la valeur intrinsèque est égale à 1,2, c'est-à-dire la différence entre le prix d'exercice de l'option (5,2) et le prix des titres le jour de mise en place de l'option (6,4) ;
> – la valeur temps est égale à 0,3, c'est-à-dire la différence entre la prime (1,5) et la valeur intrinsèque à l'initiation (1,2).

Toutes les primes d'option ne contiennent pas une valeur intrinsèque :
– si l'option a une valeur intrinsèque, elle est dite « dans la monnaie » ;
– sinon, l'option est dite « hors de la monnaie », ou « à la monnaie » quand le prix d'exercice est égal au cours du sous-jacent.
Sur le traitement ultérieur des primes et soultes :
– en cas de position ouverte isolée, voir n° 42145 et 42150 ;
– en cas de couverture, voir n° 41800.
Sur les soultes versées ou reçues lors de la sortie de l'instrument en cas de couverture, voir n° 41850.

Appels de marge Pour tous les instruments financiers à terme, qualifiés ou non de couverture, les appels de marge sont enregistrés au bilan (PCG art. 628-3). Les textes ne donnent pas de précisions sur la nature du compte à utiliser. À notre avis, les appels de marge sont à comptabiliser au débit du compte **478601 « Différences d'évaluation sur instruments financiers à terme – actif »** (en cas de versement au titre des pertes latentes sur le dérivé) et au crédit du compte **478701 « Différences d'évaluation sur instruments financiers à terme – passif »** (en cas de réception au titre des gains latents sur le dérivé) en contrepartie des sommes versées ou reçues. 41450

> **Précisions** Ces comptes sont à classer, au bilan, dans la rubrique « Écarts de conversion et différences d'évaluation », avec les écarts de conversion sur créances et dettes libellées en devises et autres différences d'indexation.

Dépôts de garantie Pour tous les instruments financiers à terme, qualifiés ou non de couverture, les dépôts de garantie liés à ces instruments sont enregistrés au bilan (PCG art. 628-3). Les textes ne donnent pas de précisions sur la nature du compte à utiliser. À notre avis, les dépôts de garantie sont comptabilisés dans le compte **275 « dépôt de garantie »**. 41455
Ce versement est à comptabiliser, à notre avis, indépendamment du traitement des variations de valeur constatées sur les dérivés ultérieurement (voir n° 41765).

Pertes et gains sur contrats Les variations de valeur des contrats sont enregistrées de façons différentes selon qu'ils s'inscrivent dans le cadre d'opérations de couverture ou en position ouverte isolée (PCG art. 628-4). Le tableau suivant, établi par nos soins, synthétise les principes comptables d'enregistrement en résultat et au bilan, en distinguant les positions ouvertes isolées des opérations de couverture. 41460

	POI (voir n° 42125)		Couvertures (voir n° 41765)	
	Bilan	Résultat	Bilan	Résultat (de couverture)
Gains et pertes réalisés	–	Dans le résultat de l'exercice	Enregistrés au bilan (compte 478) si l'élément couvert n'a pas impacté le résultat	Constatés en résultat symétriquement au résultat sur l'élément couvert
Gains et pertes latents (y compris les appels de marge)	Enregistrés au bilan (compte 478)	Pertes latentes provisionnées	En principe non enregistrés au bilan, Sauf exception	

PRINCIPES FISCAUX ET CONSÉQUENCES DES DIVERGENCES AVEC LES PRINCIPES COMPTABLES

Principes fiscaux La règle posée par l'article 38-6-1° du CGI consiste à traiter fiscalement les contrats à terme d'instruments financiers négociés sur un **marché organisé (ou assimilé à un marché organisé)** en cours à la clôture de l'exercice **comme s'ils avaient été dénoués sur la base du cours du contrat à cette date.** 41485

> **Précisions 1. Marchés concernés :**
> **a. Marchés réglementés et marchés organisés** Le règlement ANC n° 2014-07 (voir n° 3150) définit la notion de **marché organisé**. Selon ce règlement, un marché d'instruments financiers peut être considéré comme organisé s'il répond aux conditions suivantes :
> – il existe une chambre de compensation qui organise la liquidité du marché et assure la bonne fin des opérations ;

41485
(suite)

— les positions fermes maintenues par les opérateurs sont ajustées quotidiennement par règlement des différences ;
— les opérateurs doivent verser un dépôt de garantie qui permette de couvrir toute défaillance éventuelle et qui est réajusté lorsqu'il s'agit de positions vendeuses conditionnelles.

Pour rappel, la **notion de marché réglementé** (voir n° 80900) est plus restrictive que celle de marché organisé. Les seuls marchés réglementés d'instruments financiers à terme sont actuellement le **Matif** et le **Monep**.

Ainsi, en pratique, sont notamment concernés par ce régime d'imposition les instruments financiers suivants (BOI-BIC-PDSTK-10-20-70-10 n° 20) :
— contrats et options négociés sur le **Matif** de Paris ;
— contrats et options négociés sur des **marchés à terme réglementés** qui font l'objet d'une liquidation quotidienne des marges et qui disposent d'un organisme de compensation ;
— contrats et options sur **devises** traités sur un marché réglementé, sur le marché interbancaire, ou de gré à gré par référence au marché interbancaire ; et d'une manière générale **toutes les opérations portant sur des devises** (achats ou ventes à terme, « swap » de change) ;
— **options** négociables traitées sur une **bourse de valeurs** ;
— tous les **instruments financiers** qui présentent des **caractéristiques analogues** (contrats d'indices boursiers).

b. Marchés assimilés aux marchés organisés Le règlement ANC définit également les marchés assimilés aux marchés organisés (Règl. ANC précité ; définition commune avec celle énoncée par la doctrine administrative BOI-BIC-PDSTK-10-20-70-10 n° 30) :

— les marchés de **gré à gré** sur instruments financiers dont la **liquidité** peut être considérée comme **assurée,** notamment par la présence d'« établissements assujettis » mainteneurs de marché qui assurent des cotations permanentes de cours acheteur et vendeur dont les fourchettes correspondent aux usages de marché ;
— les marchés d'**options** dont la **liquidité** peut être considérée comme **assurée,** notamment par la cotation de l'instrument sous-jacent sur un marché organisé.

À notre avis, la notion de **liquidité** doit s'apprécier au cas par cas, en fonction des caractéristiques des opérations (taille, sous-jacent, maturité) et pas seulement au regard de la nature des instruments financiers.

2. Marchés exclus Ne sont pas concernés par ce régime d'imposition :
— **les instruments financiers négociés de gré à gré** pour lesquels il n'existe pas de véritable marché organisé ou liquide, et dont la valeur peut être influencée par la qualité des opérateurs (risque de contrepartie). Les instruments financiers à terme négociés de gré à gré sont notamment des contrats d'échange de taux d'intérêt (« swaps » de taux d'intérêt), des « future rate agreement » (FRA) et des options comme les « caps », les « floors » et les « collars » (BOI-BIC-PDSTK-10-20-70-10 n° 40) ;
— **les certificats de valeur garantie** reçus dans le cadre d'une opération d'échange d'actions éligible au régime de sursis d'imposition prévu à l'article 38, 7 du CGI (BOI-BIC-PDSTK-10-20-70-10 n° 50) ;
— **les contrats à terme de marchandises,** cette règle d'imposition s'appliquant uniquement à des instruments portant sur des taux d'intérêt, des devises, des valeurs mobilières ou des indices boursiers (BOI-BIC-PDSTK-10-20-70-10 n° 10).

Mais ce principe de prise en compte immédiate des profits et pertes latents (règle de la valeur de marché : « mark-to-market ») dans le résultat fiscal est assorti des **deux correctifs** ci-après, qui ne sont applicables que si l'entreprise respecte certaines obligations déclaratives :

— 1er correctif : Les **gains latents** sur les contrats souscrits **en vue de compenser le risque d'une opération** qui sera réalisée au cours de l'**un des deux exercices suivants** (risque d'augmentation du taux d'un emprunt à émettre, par exemple) ne sont **pas immédiatement imposés** : c'est au dénouement du contrat que deviendra imposable le profit effectivement dégagé (s'il en subsiste un) (CGI art. 38-6-2°).

> **Précisions** En ce qui concerne uniquement le **risque de change** :
— la non-imposition des gains sur instruments financiers à terme concerne également les contrats souscrits en vue de compenser le risque d'une opération d'un exercice futur (y compris ultérieur aux deux exercices suivants), **quel que soit cet exercice,** s'il s'agit d'une **opération identifiée dès l'origine** par un acte ou un engagement précis et mesurable pris à l'égard de tiers (CGI art. 38-6-2° bis) ;
— pour les opérations d'exploitation couvertes **globalement** contre le risque de change, le report ne bénéficie qu'aux seules opérations de l'exercice suivant (BOI-BIC-PDSTK-10-20-70-40 n° 70), pour lesquelles les obligations déclaratives sont en outre allégées (BOI-BIC-PDSTK-10-20-70-40 n° 80).

— 2e correctif : Les **pertes latentes** relatives aux **contrats souscrits pour constituer la position symétrique** (voir n° 41665 s.) d'un élément ou d'un engagement dont la valeur ou le rendement varie de façon inverse et corrélée ne sont déductibles que pour la partie de leur montant qui **excède les gains non encore imposés** sur cet élément ou cet engagement, dont le montant s'entend de la seule marge bénéficiaire et est calculé sans prendre en compte le montant des primes versées lors de la souscription des contrats d'option

(CE 19-12-2019 n° 431066 ; pour un exemple d'application, voir n° 37660), et sous réserve d'être mentionnées sur un document spécifique qui doit être remis à l'administration sur sa demande (CGI art. 38-6-3°).
Pour un schéma récapitulatif, voir ci-après n° 41490.
Pour plus de détails, voir BIC-V-13700 s.

Tableau de synthèse Le tableau ci-après récapitule le régime fiscal applicable aux opérations spéculatives ou réalisées avec une position symétrique. Sur la notion de « positions symétriques », voir n° 41665 et 41675 et le lien avec la notion comptable de couverture, voir n° 41680. **41490**

	Marché organisé ou assimilé (1)	Opération négociée de gré à gré (1)
Gain dénoué : – sur opération spéculative – sur position symétrique	Imposable (CGI art. 38, 1 et 38, 2)	
Gain latent : – sur opération spéculative	Imposable (CGI art. 38-6-1°)	
– sur position symétrique : • dans l'exercice	Imposable (CGI art. 38-6-1°)	Non imposable (CGI art. 38, 1 et 38, 2)
• dans l'un des deux exercices suivants	Imposition reportée au dénouement du contrat (CGI art. 38-6-2°) (2)	
• dans un exercice ultérieur	Imposable (CGI art. 38-6-1°), sauf si instrument de change avec engagement sous-jacent (CGI art. 38-6-2° bis) (3)	
Perte dénouée ou latente : – sur opération spéculative	Déductible (perte dénouée : CGI art. 38, 1 et 38, 2) (perte latente : CGI art. 38-1 et 38-6-1°)	Déductible (perte dénouée : CGI art. 38, 1 et 38, 2) (pertes latentes : sous forme de provision : CGI art. 39, 1-5°)
– sur position symétrique	Quel que soit l'exercice (4) où se situe la position symétrique, elle est déductible (CGI art. 38-6-3°) (5) : – à hauteur du gain imposé – et pour la partie excédant le gain non encore imposé.	

(1) Sur la distinction entre un marché organisé ou assimilé et un marché de gré à gré, voir Précisions au n° 41485.
(2) Uniquement position symétrique de l'exercice suivant s'il s'agit d'une couverture globale contre le risque de change d'opérations d'exploitation (BOI-BIC-PDSTK-10-20-70-40 n° 70).
(3) Dans ce cas, l'imposition est reportée au dénouement du contrat.
(4) Exercice en cours, deux exercices suivants ou exercice ultérieur.
(5) À condition que l'ensemble de l'opération soit mentionné par l'entreprise sur un document remis ou adressé sur demande à l'administration (CGI art. 38-6-3°).

Conséquences des divergences entre les principes comptables et fiscaux Il résulte des traitements comptables et fiscaux énoncés ci-avant un certain nombre de divergences qui peuvent conduire : **41495**
– à une économie d'impôt liée à un produit enregistré comptablement et non imposable ou à une perte déductible non comptabilisée ;
– à un complément d'impôt lié à un produit imposable non enregistré comptablement ou à une perte comptabilisée non déductible fiscalement.

> **Fiscalement** Lorsque les règles comptables et fiscales de prise en compte des résultats des opérations à terme sur les marchés financiers ne sont pas identiques, il convient de procéder à des retraitements extra-comptables sur l'imprimé n° 2058 A (ligne WQ ou XG).

IV. OPÉRATIONS DE COUVERTURE (COMPTABILITÉ DE COUVERTURE)

TEXTES DE RÉFÉRENCES

41565 Les principes de la comptabilité de couverture sont énoncés par le PCG (art. 628-6 à 628-17 introduits par le règl. ANC 2015-05 relatif aux instruments financiers à terme et aux opérations de couverture) ainsi que par la note de présentation du règlement ANC précité. Ils sont applicables à toutes les couvertures, quelle que soit la nature de l'instrument de couverture (dérivé ou non dérivé).
Sur la définition des dérivés, voir n° 40010.

> **Fiscalement** La notion comptable de « couverture » est différente de la notion fiscale de « positions symétriques » définie par l'administration fiscale (voir n° 41665 s).

A. Notion comptable de couverture (conditions de reconnaissance d'une couverture sur le plan comptable)

41570 **Définitions** Selon le PCG (art. 628-6), une opération de couverture consiste à mettre en relation un **élément couvert** et un **instrument de couverture** dans l'objectif de **réduire le risque** d'impact défavorable de l'exposition couverte sur le résultat, les flux ou les capitaux propres de l'entité.
Les opérations pour lesquelles l'entreprise ne peut répondre aux critères de la couverture définie ci-avant sont considérées comme des **positions ouvertes isolées** (voir n° 42120).
Sur l'information à donner en annexe au titre des stratégies de couverture, voir n° 43345.

41575 **Notion de risque** Le risque à couvrir est celui de **variation de valeur affectant l'élément couvert.** Les expositions qui peuvent être couvertes concernent les risques de marché, notamment ceux de **taux d'intérêt,** de **change,** de **matières premières,** etc. (PCG art. 628-6). Les risques de production (interruption des contrats) et de crédit (défaillance des clients) ne sont donc pas concernés.
Le risque n'est **pas nécessairement traduit comptablement** en tant que tel (PCG art. 628-9).

> **Précisions** C'est le cas de la couverture d'un engagement hors bilan, d'une transaction future ou d'un actif ou passif enregistré au bilan pour une contre-valeur en euro à un cours de change historique (voir n° 41585).

41580 **Réduction du risque** La réduction du risque est démontrée en comparant l'élément couvert et l'instrument de couverture en termes de **nominal, maturité** et indice **sous-jacent.** Le critère de réduction du risque est respecté (PCG art. 628-9 et Note de présentation du règl. ANC 2015-05 § 2.3.1) :
– lorsqu'un instrument de couverture est **adossé** à l'élément couvert et qu'il réduit économiquement de manière évidente un ou des risques liés à cet élément (PCG art. 628-9) ;

> **Précisions** L'adossement se vérifie notamment lorsque le notionnel (en montant ou en volume) de l'instrument de couverture est inférieur ou égal à celui de l'élément couvert.

– lorsque l'effet économique n'est pas évident de prime abord, mais qu'une **compensation suffisante** est démontrée (qualitativement ou quantitativement) entre les gains et pertes de l'instrument de couverture et ceux liés au risque couvert.

> **Précisions** Le critère de réduction du risque peut ainsi être rempli en cas de couverture d'un risque par un « proxy » (produit de substitution) disponible sur le marché. C'est le cas, souvent, des instruments de couverture de matières premières qui, pour des raisons liées à la standardisation des contrats (sur les marchés organisés), ne sont pas parfaitement adossés à l'élément couvert en termes de sous-jacent (décalages liés à une qualité différente ou un lieu de production/livraison différent ; Note de présentation précitée, § 4.1).

Une exposition peut être couverte **partiellement** (PCG art. 628-8 et Note de présentation précitée, § 2.2.2).

> **EXEMPLE**
>
> Par exemple :
> – une exposition peut être couverte partiellement sur une proportion seulement, en montant et/ou en durée ;
> – une exposition couverte peut consister en un risque asymétrique (par exemple, couverture de la hausse des taux au-delà d'un seuil) ;
> – un élément peut être couvert contre un ou des risques particuliers (par exemple, couverture du seul risque de change d'un emprunt en devises) ou une portion de ceux-ci.

Dans tous les cas, la **documentation de couverture** doit prévoir de justifier la manière dont l'opération réduit le risque (PCG art. 628-10). Sur la documentation de couverture, voir n° 41745.

Lorsqu'il n'est **pas possible** de démontrer de façon suffisamment précise que le risque est réduit, l'opération est qualifiée d'**opération ouverte isolée** (voir n° 42120). Lorsqu'il n'est **plus possible** de faire cette démonstration, la relation de couverture est remise en cause (par exemple, lorsque le notionnel de l'instrument de couverture devient supérieur au notionnel de l'élément couvert). Sur le traitement des arrêts de couverture, voir n° 41850 s.

En normes IFRS, des critères d'efficacité doivent être remplis pour justifier la relation et comptabilité de couverture [voir Mémento IFRS n° 50002 (IAS 39) et Mémento IFRS 49110 (IFRS 9)].

Sur le choix de méthode (IAS 39 ou IFRS 9) en IFRS, voir Mémento IFRS n° 49060.

Sur la notion d'inefficacité, voir n° 41770.

Élément couvert Selon le PCG (art. 628-8) et la Note de présentation du règlement ANC n° 2015-05 (§ 2.2.1), l'élément couvert peut être : **41585**

a. **un élément (ou un groupe) d'actif(s), de passif(s)** (créances, dettes, disponibilités) ou **d'engagement(s) existant** générant économiquement un risque ;

> **Précisions** La Note de présentation précitée précise en outre qu'un actif ou un passif **enregistré au bilan pour une contre-valeur en euro à un cours de change historique** et générant une exposition économique à un risque de change, peut être documenté comme élément couvert même s'il n'est pas réévalué au bilan par la suite au titre des variations de change.
> Un **titre de participation d'une filiale à l'étranger**, par exemple, peut être considéré comme élément couvert, mais seulement à hauteur de l'équivalent en devises de la valeur comptable des titres acquis (voir n° 42040).

b. **une transaction future** non encore matérialisée par un engagement et générant économiquement un risque (bien que non comptabilisés).

> **Précisions** Sont considérés comme des transactions futures :
> – les prévisions de chiffre d'affaires (voir n° 41975) ;
> – les prévisions d'achats (y compris de stocks et d'immobilisations ; voir n° 41995 et 42000) ;
> – les flux futurs d'intérêts (voir n° 42020) ;
> – les flux futurs en devises relatifs aux dividendes à attendre d'une participation en devises peuvent également faire l'objet d'une couverture ;
> – les flux en devises relatifs attendus d'une cession. À notre avis, comme pour les titres de participation (voir ci-avant) les flux ne peuvent toutefois être couverts qu'à hauteur de l'équivalent en devises de la valeur comptable des titres acquis ; au-delà, la plus-value latente ne devrait pouvoir être couverte que si elle possède une probabilité suffisante de réalisation (voir ci-après), c'est-à-dire, à notre avis, si la cession est suffisamment probable (compromis de vente…).

Les transactions futures doivent être **définies avec précision** et posséder une **probabilité suffisante** de réalisation (cette probabilité étant à apprécier au cas par cas à partir de critères objectifs et vérifiables).

Sur la justification de la probabilité suffisante de réalisation (dans la documentation de couverture), voir n° 41745.

> **Précisions** **Élément couvert préexistant** Un élément couvert peut être préexistant (Note de présentation précitée, § 2.2.3). Ainsi, le fait de mettre en place une couverture après la date d'origine de l'élément couvert ne remet pas en cause la possibilité de qualifier comptablement l'opération de couverture.

c. **un instrument financier à terme** (actif ou passif).

Instrument de couverture L'instrument de couverture peut être (PCG art. 628-7 et Note de présentation du règl. ANC 2015-05 § 2.1.1) : **41590**
– un **dérivé** (instrument financier à terme ; pour la définition, voir n° 40010) **ferme ou optionnel**, quel qu'en soit le sous-jacent (taux, change, action, matière première, jeton numérique…) ;
– une **combinaison de dérivés** fermes ou optionnels quel que soit leur sous-jacent ;

> **EXEMPLE**
>
> Tel est le cas, par exemple :
> – d'un chiffre d'affaires prévisionnel couvert par une vente à terme, complétée de swaps de change pour gérer les décalages entre la date de maturité de la vente à terme et la date de constatation du chiffre d'affaires (« rolling » ; Note de présentation précitée, Annexe II, exemple 8) ;
> – d'un emprunt à taux fixe swappé à taux variable et complété de l'achat d'un cap pour réduire le risque de hausse des taux (Note de présentation précitée, Annexe II, exemple 3).

– les **autres actifs et passifs financiers** lorsque leur exposition au risque couvert compense l'exposition de l'élément couvert (notamment les emprunts, prêts, créances, dettes et disponibilités) ;

> **EXEMPLE**
>
> Tel est le cas, par exemple :
> – d'un **emprunt indexé** sur le cours de l'or, pris en couverture d'un stock d'or (voir n° 40185) ;
> – d'une créance en devises, destinée à couvrir des dépenses futures libellées dans la même devise et présentant des échéances voisines à la créance (Bull. CNCC n° 203, septembre 2021, EC 2021-17 du 23-7-2021 ; cncc.fr). Voir n° 40442.

– les **transactions matérialisant une garantie** de taux, de matière première ou de change ;

> **EXEMPLE**
>
> Tel est le cas des contrats qui correspondent économiquement à une couverture parfaite d'un événement futur, même incertain :
> – contrat de **garantie interne de taux** entre une centrale de trésorerie et une autre entité d'un même groupe (voir n° 40440) ;
> – contrat de garantie équivalent contracté avec Bpifrance Assurance Export ou tout organisme comparable (voir n° 42460).

À notre avis, une **combinaison** d'un élément d'actif ou de passif avec un instrument à terme peut également constituer un instrument de couverture dès lors que le total de leur exposition au risque couvert compense l'exposition de l'élément couvert.

> **EXEMPLE**
>
> Tel est le cas, par exemple, d'un emprunt en devises D1 combiné avec un swap en devises D1/D2, le tout pris en couverture d'un prêt en devises D2 (pour un exemple d'application, voir FRC 5/21 inf. 7).

L'instrument de couverture peut être une **proportion** d'un instrument financier (PCG art. 628-7). Dans ce cas, la part de l'instrument financier non affectée à la relation de couverture est traitée en position ouverte isolée (voir n° 42120).

> **＞ Précisions** **Instrument de couverture préexistant** Les opérations qualifiées de couverture sont, en général, identifiées et traitées comptablement en tant que telles dès leur origine et conservent cette qualification jusqu'à leur échéance ou dénouement (PCG art. 628-7). Toutefois, il est possible (PCG art. 628-7 et Note de présentation précitée, § 2.1.3) :
> – de débuter une relation de couverture à partir d'un instrument déjà existant ;
> – de mettre fin à une relation de couverture de façon prospective avant que l'instrument ne soit arrivé à son terme, en cas de changement de la relation en lien avec la gestion financière de l'entreprise.
>
> En effet, le mode de gestion des risques des entreprises est pris en compte. Par exemple, si un emprunt à taux variable couvert par un swap de taux est remboursé par anticipation, ce swap existant peut être qualifié ultérieurement en couverture d'un nouvel emprunt à taux variable.
> Sur la valorisation d'un instrument de couverture préexistant, voir n° 41870.
> Sur le traitement comptable des arrêts de couverture, voir n° 41850 s.

41615 **Ventes d'option et stratégies d'optimisation** Les opérations réalisées par les vendeurs d'options ne peuvent en général pas être qualifiées de couverture car elles sont par nature synonymes d'une prise de risque, le vendeur s'exposant à un risque en cas d'évolution favorable du sous-jacent.

Toutefois, dans les cas exceptionnels où elle **ne fait pas prendre de risque supplémentaire** à l'entreprise, une vente d'option est éligible en tant qu'instrument de couverture. Tel est le cas, notamment (PCG art. 628-7 et Note de présentation du règl. ANC 2015-05 § 2.1.2) :

a. lorsqu'elle **vient couvrir une exposition optionnelle inverse** ;

> **EXEMPLE**
>
> Par exemple, la couverture d'une dette à taux variable avec plafond.

b. lorsqu'elle se combine à un autre instrument de couverture **sans générer de position vendeuse nette d'options** ;

> **EXEMPLE**
>
> Par exemple, un « tunnel » d'options (y compris à prime nulle) donnant la possibilité de profiter de l'évolution favorable du marché entre deux bornes, le cours plafond et le cours plancher.

c. lorsqu'elle constitue une **stratégie d'optimisation de couverture,** à condition qu'elle **ne génère pas de risque supplémentaire** pour l'entreprise **à la date de mise en place** de la relation de couverture.

> **Précisions Opérations d'optimisation** L'optimisation consiste en une opération, ou composante d'opération, réalisée avec une intention de couverture mais ne réduisant pas parfaitement le risque couvert et comportant des caractéristiques non standards visant à optimiser le coût de la couverture, voire à percevoir un produit. Elle est notamment caractérisée par le ou les facteurs suivants (Note de présentation du règl. ANC 2015-05 § 2.3.2) :
> — coût ou cours bonifié par rapport à un instrument de couverture standard (swap, achat à terme ou option dits « vanilles ») souvent lié à la présence d'une vente d'option implicite ou explicite ;
> — présence de clauses ou d'indices sous-jacents non standards (barrière activante ou désactivante, effet de seuil) ;
> — incertitude sur le montant de notionnel couvert (tant qu'il n'aboutit pas à une situation de sur-couverture qui serait synonyme de déqualification partielle) ;
> — incertitude sur le cours ou taux couvert.

Selon la note de présentation précitée (§ 2.3.2), **l'absence de risque doit être analysée,** à la date de mise en place de la relation de couverture, au regard des critères suivants :
— absence de scénario dans lequel l'entreprise paierait un montant sensiblement supérieur à la fois à celui qu'elle aurait payé avec un instrument de couverture standard parfaitement adossé au risque couvert et à celui qu'elle aurait payé en l'absence de couverture ;
— absence d'indexation ou de condition liée à un sous-jacent sans lien économique avec le risque couvert ;
— absence d'un levier ou effet multiplicateur.

> **EXEMPLES**
>
> (Note de présentation précitée, § 2.3.2 et 2.5.2) :
> — Opération comportant une composante optimisation **sans prise de risque** :
> • swap annulable (sans soulte) à la main de la contrepartie adossé à un emprunt à taux variable ; en effet, en cas d'annulation, l'entité revient à sa situation d'origine (emprunt à taux variable) ;
> • certains accumulateurs de change.
> — Opération séparée qualifiée d'opération d'optimisation **sans prise de risque** : vente de swaption associée à un emprunt existant.
> — Opération comportant une composante optimisation **avec prise de risque** : swap avec un effet de levier si les taux passent au-delà d'un certain seuil.
> — En revanche, le risque de contrepartie ou de liquidité associé à un instrument financier à terme n'est pas à considérer comme une composante de prise de risque.

Sur le traitement de ces opérations, voir n° 41880 (sans prise de risque) et 41900 (avec prise de risque).

> **Précisions** En pratique, dans de nombreux cas d'instruments financiers non standardisés, des « stress tests » (scénarii de crise) peuvent s'avérer nécessaires pour pouvoir conclure que l'instrument ne fait pas prendre de risque supplémentaire.

Sur le traitement de la prime d'option perçue par le vendeur de l'option lorsque la vente d'option est éligible en tant qu'instrument de couverture, voir n° 41615.
Sur la divergence avec les normes IFRS, voir Mémento IFRS n° 69075.

B. Notion fiscale de « positions symétriques »

Nous reprenons ci-après le texte de l'administration fiscale (BOI-BIC-PDSTK-10-20-70-30 n° 20 à 50). **41665**

Notion de position Une position s'entend de la détention, directe ou indirecte, de contrats à terme d'instruments financiers, de valeurs mobilières, de devises, de titres de créances négociables, de prêts ou d'emprunts, ou d'un engagement portant sur ces éléments. **41670**

D'une manière générale, il s'agit **d'actifs,** de **passifs** ou **d'engagements, portant sur des instruments financiers** dont les valeurs ou les rendements sont liés à la variation des taux d'intérêt ou des taux de change. Il s'agit également d'actions détenues à titre de placement.

À cet égard, la **détention** de ces éléments peut être **directe ou indirecte.** Les instruments financiers détenus par des **sociétés de personnes** dont une entreprise est membre ou des sociétés de capitaux qu'elle contrôle constituent des positions au sens de l'article 38-6-3° du CGI dès lors que leur détention a pour objet de compenser le risque d'autres positions de l'entreprise concernée.

> **EXEMPLES**
>
> La détention de dettes ou de créances libellées en devises étrangères constitue une position au sens de l'article 38-6-3° du CGI, dès lors que ces actifs ou passifs aboutissent indirectement à la détention de devises (créances) ou d'engagements sur les devises (dettes).
>
> La détention de valeurs d'exploitation (stocks) ou d'actifs corporels ou incorporels immobilisés non financiers (fonds de commerce, immeubles, matériel) ne constitue pas une position au sens de l'article 38-6-3°. Il en est de même pour les titres de participation détenus par une entreprise.

Une position au sens de l'article 38-6-3° du CGI peut être constituée d'instruments financiers inscrits **au bilan** de l'entreprise (à l'actif ou au passif) ou détenus **hors bilan,** ou **d'engagements** qui peuvent aboutir à la détention ultérieure d'instruments financiers de même nature.

> **Précisions** Ainsi, des opérations futures identifiées et qualifiées a priori d'opérations de couverture sur le plan comptable [ou de couverture affectée pour les entreprises soumises au contrôle de l'ACPR (ex-ACP)] constituent une position au sens de l'article 38-6-3°. L'émission future d'un emprunt ou une dépense de l'exercice suivant peut donc constituer une position si ces opérations ont été identifiées dans le cadre d'une opération de couverture qualifiée comme telle sur le plan comptable.

La **détention simultanée de certificats de valeur garantie et d'actions** dont le cours est garanti par ces titres constitue des positions symétriques au sens de l'article 38-6-3° du CGI, dès lors que les variations affectant leur valeur sont corrélées et de sens inverse.

41675 **Notion de symétrie** En application du troisième alinéa de l'article 38-6-3° du CGI, des positions sont qualifiées de symétriques si leurs valeurs ou leurs rendements subissent des **variations corrélées** telles que le risque de variation de valeur ou de rendement de l'une d'elles est compensé par une autre position, sans qu'il soit nécessaire que les positions concernées soient de même nature, prises sur la même place, ou qu'elles aient la même durée.

> **Précisions** Pour que des positions soient qualifiées de symétriques, il faut que les variations de valeurs ou de rendement de chaque position soient corrélées et **de sens inverse.** Ces variations attendues doivent être d'importance comparable sur une période déterminée et être sensibles à un élément commun aux deux positions (taux d'intérêt, taux de change, indice boursier...).
>
> Toutefois, il n'est pas nécessaire que le gain sur une position compense exactement la perte sur l'autre position ; cette **compensation** peut n'être que **partielle et limitée dans le temps.** Les positions peuvent donc être de **durées différentes** ; elles ne sont pas nécessairement prises et dénouées simultanément, ni simultanées. Ainsi des positions successives sur le Matif peuvent être symétriques d'un portefeuille obligataire détenu avant l'ouverture des contrats et conservé après leur dénouement. De même un emprunt peut être symétrique d'une position prise sur le Matif avant son émission. Dans ce cas les deux positions symétriques sont successives et n'ont pas de durée d'existence commune.

> **EXEMPLES**
>
> Les opérations suivantes peuvent être qualifiées de positions symétriques :
> — position sur le Matif et emprunt à émettre ;
> — option sur devises et créance ou dette libellée dans la même devise ;
> — contrat d'échange de taux d'intérêt (« swap » de taux) et emprunt ou prêt figurant au bilan de l'entreprise ;
> — vente à terme de devises et détention d'une créance libellée dans la même devise ;
> — option sur devises et chiffre d'affaires ou dépense futurs dans la même devise ayant une probabilité suffisante de réalisation ;
> — détention de titres obligataires ou de parts de fonds communs de placement dénommés « taureaux et ours » ou « bull and bear » : si la valeur ou le rendement des titres de la tranche haussière évolue de manière inverse de celle des titres de la tranche baissière, la détention d'une quantité comparable de ces deux tranches caractérise des positions symétriques (ce type d'emprunt comporte deux tranches d'émission d'égal montant. Elles sont souvent indexées sur un indice — indice boursier, hausse des prix — qui joue de manière inverse sur chaque tranche d'émission. Les variations de valeurs des titres de chaque tranche sont d'égal montant et de sens inverse) ;
> — détention d'obligations assortie de bons de souscription d'actions ou d'obligations.

Une **position** peut être **composée de plusieurs éléments.**

> **EXEMPLE**
>
> À titre d'exemple, un emprunt peut être symétrique d'une position sur le Matif et d'un « swap » de taux d'intérêt. De même, la détention d'une créance libellée en devise peut être symétrique d'une vente à terme de la même devise et d'une option de vente portant sur la même devise. Une position peut donc être constituée d'un ensemble homogène d'instruments financiers.

Lien entre la notion comptable de couverture et la notion fiscale de « positions symétriques » La notion de symétrie ne rejoint pas celle de couverture comptable, dès lors que l'article 38-6-3° du CGI ne vise que les positions portant sur des instruments financiers, contrairement à la comptabilité de couverture (sur les instruments de couverture, voir n° 41590 et 41615 ; sur les éléments couverts, voir n° 41585). 41680

> **˃ Fiscalement** Selon l'administration (BOI-BIC-PDSTK-10-20-70-30 n° 70), l'existence de positions symétriques est établie par la **constatation de la corrélation entre les positions.** La reconnaissance expresse et préalable de la recherche d'une compensation des risques entre deux positions n'est donc pas une condition nécessaire d'application de l'article 38-6-3° du CGI. Toutefois, ce régime ne s'applique pas lorsque la **corrélation** entre deux positions prises par un organisme habilité à effectuer des opérations de contrepartie apparaît purement **fortuite** : il pourrait en être ainsi notamment lorsque ces positions ont été prises par des services différents d'une banque et à des fins différentes, ou lorsque deux positions ont connu par hasard des variations égales et de sens contraire alors que la corrélation entre leurs variations de valeur ou de rendement ne pouvait être supposée a priori.

C. Principes généraux de la comptabilité de couverture

Les principes ci-dessous sont les principes généraux applicables à toutes les couvertures, quelle que soit la nature de l'instrument de couverture (dérivé ou non dérivé). 41730

> **˃ Précisions** Les **centrales de trésorerie appliquant le PCG** sont également, à notre avis, concernées et susceptibles d'appliquer les principes de la comptabilité de couverture si elles en respectent les conditions (voir n° 41740).

Sur la définition des instruments financiers à terme, voir n° 40010.
Sur l'information à donner en annexe, voir n° 43335 s.
Pour plus de détails sur les instruments de couverture suivants :
– emprunt, prêts, dettes et créances, voir n° 40435 ;
– contrats de garantie de taux, voir n° 40440 (garanties groupe) et 42460 (contrat Bpifrance Assurance Export) ;
– stock de matières premières, voir n° 40185 ;
– disponibilités, voir n° 40790.

LIEN ENTRE LES COUVERTURES COMPTABLES ET LA GESTION

Définition La comptabilité de couverture vise à traduire comptablement l'effet économique des stratégies de couverture en suivant les principes généraux suivants (Note de présentation du règl. ANC 2015-05, Objectifs du règlement de l'ANC) : 41735
– la reconnaissance comptable des **modèles de gestion** ;
– l'**enregistrement symétrique** en résultat des effets de l'instrument de couverture et de ceux de l'élément couvert (voir n° 41765) ;
– la **prééminence du mode de comptabilisation de l'élément couvert** sur l'instrument de couverture.

> **˃ Précisions** La comptabilité de couverture ne modifie donc pas le traitement comptable de l'élément couvert (Note de présentation précitée, § 2.5.1). Toutefois, sur les conséquences de la comptabilité de couverture sur la dépréciation ou la provision liée à l'élément couvert, voir n° 41780.

Caractère obligatoire La comptabilité de couverture **n'est pas optionnelle** (PCG art. 628-11 et Note de présentation précitée, § 2.3). Les principes de la comptabilité de couverture sont obligatoires dès lors (en ce sens, Bull. CNCC n° 203, septembre 2021, EC 2021-17 du 23-7-2021 ; cncc.fr) : 41740
– qu'une relation de couverture est **identifiée en gestion** ;

> **Précisions** Il peut, à notre avis, être présumé qu'une relation de couverture existe en gestion, notamment :
> — lorsqu'il existe des documents de gestion interne qui la mentionnent. C'est sur cette documentation que sera basée la pièce justificative comptable de la relation de couverture (voir n° 41745) ;
> — lorsque la société communique dans son rapport de gestion sur le fait qu'elle détient les instruments en question pour des besoins de couverture (voir n° 64980) ;
> — lorsque le groupe auquel appartient l'entité applique les principes de la comptabilité de couverture aux éléments concernés dans ses comptes consolidés.

— que les **critères de qualification** d'une couverture sur le plan comptable sont également remplis :
• l'élément couvert et l'instrument de couverture doivent être éligibles (voir n° 41585 à 41615),
• il doit être possible de démontrer que l'opération réduit le risque couvert (voir n° 41580 et 41745) prospectivement et rétrospectivement,
• la documentation afférente à la relation de couverture peut être produite.

En conséquence :
— tant que l'opération identifiée en gestion répond aux critères de qualification d'une couverture comptable, l'entreprise ne peut pas choisir de traiter l'instrument de couverture en position ouverte isolée (sur cette notion, voir n° 42120) ;
— inversement, si les critères ne sont pas (ou plus) respectés, la comptabilité de couverture ne peut pas être mise en place (ou s'arrête ; voir n° 41850 s.).

> **Précisions** **Caractère obligatoire et documentation de couverture** Le caractère obligatoire de la comptabilité de couverture empêche les entreprises de s'exonérer de la mise en place d'une comptabilité de couverture au motif que la relation de couverture n'est pas documentée. À notre avis :
> — soit la relation existe en gestion et remplit les critères de qualification et, dans ce cas, les principes de la comptabilité de couverture s'appliquent **et** la relation de couverture **doit** être documentée ;
> — soit la relation existe en gestion mais ne remplit pas les critères de qualification (il s'agit d'une macro-couverture, les inefficacités sont trop importantes) et, dans ce cas, les principes de la comptabilité de couverture ne peuvent pas s'appliquer. Sur la documentation de couverture, voir n° 41745.

Sur le traitement des arrêts de couverture, voir n° 41850 s.

41745 Documentation de la relation de couverture

I. Pièce justificative La comptabilité de couverture nécessite une justification **formalisée spécifique** notamment afin de démontrer la réduction du risque sur l'élément couvert par l'instrument de couverture. Cette documentation doit comporter au minimum les éléments suivants (PCG art. 628-10 et Note de présentation du règl. ANC 2015-05 § 2.4) :
— identification du ou des éléments couverts (voir n° 41585) ;
— identification du ou des instruments de couverture (voir n° 41590) ;
— identification du risque couvert (voir n° 41575) ;
— justification de la manière dont l'opération réduit le risque (totalement ou partiellement) de manière qualitative ou quantitative (voir n° 41580 ; par exemple par une analyse de sensibilité, démonstration d'adossement, simulation de différents scénarii pour vérifier le comportement du dérivé, etc.).

> **Précisions** **1.** Contrairement aux normes IFRS, **aucun test d'efficacité** quantitatif n'est imposé.
> **2.** En général, les opérations de **macro-couverture** ne peuvent être documentées en opération de couverture et doivent être traitées en position ouverte isolée (voir n° 42120).

Les règles n'imposent pas de forme obligatoire pour cette documentation mais précisent que :
1. le degré de détail et de précision de la documentation doit être proportionné à la complexité de l'opération de couverture ;

> **Précisions** Ainsi, notamment, la documentation doit être d'autant plus précise et spécifique que :
> — le flux couvert est incertain (PCG art. 628-10). La probabilité suffisante de réalisation d'une transaction future peut être analysée de manière statistique en cas de couverture de portefeuille d'opérations exposées à un même risque (exemple, les appels d'offre ; Note de présentation du règl. ANC 2015-05 § 2.2.1) ;
> — le degré de divergence entre les caractéristiques de l'élément couvert et celles de l'instrument de couverture est important (Note de présentation précitée, § 4.1). C'est notamment souvent le cas de la couverture des risques de matières premières par un « proxy » (voir n° 41580).

2. la documentation de couverture doit être cohérente avec les documents de gestion interne de l'entreprise.

II. Revue de la pièce justificative à chaque clôture Il convient de revoir la justification formalisée de la couverture et le respect des critères de qualification de la couverture à chaque clôture, à la lumière des éléments suivants (Note de présentation du règl. ANC 2015-05 § 2.4) :
– modification de l'élément couvert ;
– modification de l'instrument de couverture ;
– changement important dans le marché (par exemple, décorrélation entre deux index).
Le cas échéant, l'opération de couverture est, en tout ou partie, déqualifiée.
Sur le traitement des arrêts de couverture, voir n° 41850 s.

TRAITEMENT DE L'INSTRUMENT DE COUVERTURE
Résultats latent et réalisé de l'instrument de couverture
41765

Selon les textes (PCG art. 628-11 et Note de présentation du règl. ANC 2015-05 § 2.5.1) :

I. Les pertes et gains réalisés
a. Comptabilisation en résultat Le résultat sur l'instrument de couverture est **reconnu en résultat de manière symétrique au mode de comptabilisation des produits et charges sur l'élément couvert.**
En pratique, le résultat sur l'instrument de couverture est reconnu en résultat, à notre avis, aux rythmes suivants, selon l'élément couvert :

Type de couverture	Reconnaissance de l'effet de couverture en résultat au rythme de la reconnaissance de l'élément couvert en résultat	Exemple
Couvertures d'actif ou de passif existant :		
Créance/dette (commerciale ou financière)	Différé jusqu'au règlement de la dette/créance	40435
Couvertures de transactions futures :		
– Flux sortants :		
Flux d'intérêts	Étalé au rythme de la comptabilisation des intérêts couverts en charges	42020
Achats	Différé jusqu'au fait générateur de l'achat	
Coût d'acquisition d'une immobilisation	Différé jusqu'à l'acquisition de l'immobilisation (néanmoins, il est ensuite inclus dans le coût d'acquisition et donc étalé sur la durée de l'amortissement de l'immobilisation ou différé jusqu'à la cession de l'immobilisation si celle-ci est non amortissable)	42000
Coût d'acquisition d'un stock	Différé jusqu'à l'achat du stock (néanmoins, il est ensuite inclus dans le coût d'acquisition et donc étalé au fur et à mesure de la consommation du stock)	41995
– Flux entrants :		
Chiffre d'affaires	Différé jusqu'au fait générateur de la vente	41975
Valeur d'utilité d'un titre	Étalé au fur et à mesure des produits constatés sur le titre (dividendes, cession…)	42040
Valeur d'utilité d'un stock	Étalé au fur et à mesure de la consommation du stock	21865 II.

Sur le classement en résultat, voir n° 41775.

b. Comptabilisation au bilan (instruments dérivés) Lorsque le résultat de la couverture est réalisé avant que l'élément couvert ne soit lui-même comptabilisé en résultat, les gains et pertes réalisés sont **comptabilisés au bilan** :
1. dans les comptes transitoires suivants (PCG art. 932-1) :
– pour les pertes latentes, le compte 478601 « Différences d'évaluation sur instruments financiers à terme – Actif »,
– pour les gains latents, le compte 478701 « Différences d'évaluation sur instruments financiers à terme – Passif ».

41765
(suite)

> **EXEMPLE**
>
> Tel peut être le cas, par exemple :
> — en cas de retard de livraison d'un bien, alors que le terme du dérivé avait été calé sur la date prévisionnelle de livraison (voir n° 41975 pour un exemple d'application) ;
> — en cas d'arrêt de couverture lorsque la relation de couverture passée n'est toutefois pas remise en cause (voir n° 41850, cas a.).

> **Précisions** Ces comptes sont à classer, au bilan, dans la rubrique « Écarts de conversion et différences d'évaluation ».

2. dans le cas particulier de la couverture d'une acquisition d'immobilisation en devises, directement dans le coût d'acquisition de l'immobilisation (voir n° 26510 II).

II. Les pertes et gains latents

a. Comptabilisation en résultat Les variations de valeur de l'instrument de couverture sont **reconnues en résultat de manière symétrique au mode de comptabilisation des produits et charges sur l'élément couvert.**

Les moins-values latentes constatées sur l'instrument de couverture ne donnent donc pas lieu à la constatation d'une provision. Elles ne sont reconnues en résultat que si le gain sur l'élément couvert est lui-même comptabilisé en résultat. A contrario, les plus-values latentes peuvent servir à réduire les dépréciations ou provisions portant sur l'élément couvert (voir n° 41780).

Sur le rythme de comptabilisation du résultat de couverture, voir ci-avant I.
Sur le classement en résultat, voir n° 41775.

b. Comptabilisation au bilan des variations de valeur des instruments dérivés Les variations de valeur des instruments de couverture à terme ne sont pas reconnues au bilan, sauf si la reconnaissance (en partie ou en totalité) de ces variations permet d'assurer un traitement symétrique avec l'élément couvert.

En pratique :

1. Tant que le résultat sur l'élément couvert n'est pas réalisé, les instruments dérivés ne sont en général **pas réévalués au bilan.**

> **Précisions** Toutefois :
> — dans le cas des **dérivés négociés sur un marché organisé,** les variations de valeur correspondant aux appels de marge sont comptabilisées dans les comptes 478 « Différences d'évaluation sur instruments financiers à terme » en contrepartie des sommes versées ou reçues (voir n° 41450) ;
> — dans le cas d'un **arrêt de couverture,** lorsque la relation de couverture passée n'est pas remise en cause, les variations de valeur de l'instrument de couverture sont comptabilisées dans les comptes 478 « Différences d'évaluation sur instruments financiers à terme » en contrepartie d'un compte 521 « Instruments financiers à terme » (voir n° 41850, cas b.) ;
> — dans le cas d'une **couverture de créance, de dette ou de jetons,** à notre avis, dès lors que les variations de valeur de l'élément couvert font obligatoirement l'objet d'une comptabilisation au bilan (en écart de conversion sur la créance, aux comptes 475, 476 ou 477, voir n° 40390 et 40185 ; en différences d'évaluation de jetons sur des passifs au compte 474, voir n° 40610 ; en différences d'évaluation de jetons détenus au compte 478, voir n° 32075), les variations de valeur de l'instrument de couverture devraient, par symétrie, également être comptabilisées au bilan (dans les comptes 478 « Différences d'évaluation sur instruments financiers à terme » en contrepartie d'un compte 521 « Instruments financiers à terme »). Dans ce cas, les comptes 47 devraient, à notre avis, pouvoir être compensés pour la présentation au bilan. Mais aucun texte n'oblige à effectuer cette réévaluation ;
> — dans le cas de la **couverture d'un autre dérivé** (par exemple, couverture d'un dérivé interne de change par un dérivé externe dans les centrales de trésorerie), à notre avis, les variations de valeur de chacun des dérivés devraient être comptabilisées et compensées au bilan.

2. Dès lors que le résultat sur l'élément couvert est réalisé, les variations de valeur du dérivé **sont comptabilisées au bilan** dans le compte 521 « Instruments financiers à terme » en contrepartie d'un compte de résultat afin de permettre d'assurer un traitement symétrique avec l'élément couvert.

> **EXEMPLE**
>
> Par exemple, une entreprise souscrit en mars N une vente à terme de devises de maturité 31 décembre N en couverture d'une vente de marchandise qui devrait être réalisée en octobre N et réglée en décembre N. Lorsque la vente de marchandise en devises est réalisée, la variation de valeur correspondant au dérivé couvrant cette vente est comptabilisée en résultat, en contrepartie d'un compte 521 « Instruments financiers à terme ». Voir n° 41995.

Lorsqu'un seul dérivé couvre plusieurs flux, actifs ou passifs, seule la partie du dérivé correspondant au flux réalisé doit être réévaluée et comptabilisée.

> **EXEMPLE**
>
> Par exemple, une vente à terme de maturité 31 décembre est prise en couverture de deux ventes en devises qui devraient être réglées dans l'exercice. Lorsque la première vente est réalisée, la variation de valeur correspondant à la partie du dérivé couvrant cette vente est comptabilisée en résultat. Seule cette partie du dérivé sera par la suite réévaluée (dans l'attente du règlement de la créance correspondante).

Sur la divergence avec les normes IFRS, voir Mémento IFRS n° 69075.

c. Comptabilisation au bilan des variations de valeur des instruments non dérivés (créances, dettes, trésorerie et jetons) : contrairement aux instruments dérivés, les créances, dettes et disponibilités en devises sont toujours réévaluées au bilan à la clôture (PCG art. 420-5 et 420-7).

Sur la réévaluation :
– des dettes et créances en devises, voir n° 40390 ;
– des dettes et créances indexées, voir n° 40185 ;
– des dettes remboursables en jetons ou indexées sur la valeur des jetons, voir n° 40600 s. ;
– des disponibilités en devises, voir n° 40790.

Il en est de même pour les jetons numériques classés parmi les instruments de trésorerie (PCG art. 619-12 ; voir n° 32075).

Inefficacité de l'instrument de couverture Il est possible de démontrer qu'une relation de couverture réduit véritablement le risque couvert même s'il existe un écart entre l'élément couvert et l'instrument de couverture en termes de maturité et/ou d'indice sous-jacent, dès lors que cet écart est jugé acceptable. **41770**

> **EXEMPLE**
>
> Tel est le cas, par exemple, de la couverture d'un chiffre d'affaires attendu au cours d'un exercice, sans que les échéances de ventes soient certaines, par douze ventes à terme mensuelles (Note de présentation du règl. ANC 2015-05, Annexe II, exemple 7).

Selon la note de présentation précitée (§ 1.1) :
– il n'est pas nécessaire de faire apparaître immédiatement dans le résultat de la période la valeur actuelle de toute **inefficacité marginale** attendue sur la durée de la couverture, et liée à des imperfections (différence de taux, de maturité, risque de contrepartie…). L'inefficacité effectivement réalisée est reconnue (mécaniquement) au moment de la reconnaissance en résultat des gains et pertes sur l'instrument de couverture et l'élément couvert durant la vie de la couverture ;
– en revanche, si l'inefficacité devient significative, elle peut être de nature à remettre en cause la relation de couverture.

Sur le traitement des arrêts de couverture, voir n° 41850 s.
Sur la nécessité de reconsidérer à chaque clôture la relation de couverture, voir n° 41745.

Classement en résultat En cohérence avec le principe de symétrie de la comptabilité de couverture (voir n° 41735), le résultat de la couverture suit le même classement que celui de l'élément couvert et est donc présenté (PCG art. 628-11 et Note de présentation du règl. ANC 2015-05, § 2.6) : **41775**
– soit dans le **même poste** (sur cette notion, voir n° 64185) que celui de l'élément couvert ;

> **EXEMPLES**
>
> – **Couverture de ventes de marchandises en devises par des ventes à terme.** Le résultat de la couverture est à comptabiliser :
> • pour la quote-part affectée à la couverture du chiffre d'affaires : dans un sous-compte du compte 70 « Ventes », à classer dans le poste « Ventes de marchandises » ;
> • puis, pour la quote-part affectée à la couverture des créances (faisons l'hypothèse, pour cet exemple, qu'il résulte du règlement de la créance une **perte de change**) : dans un sous-compte du compte 656 « Pertes de change sur créances et dettes commerciales », à classer dans le poste « Autres charges ».
> – **Couverture d'un dérivé interne de change par un dérivé externe** (centrale de trésorerie). Faisons l'hypothèse, pour cet exemple, qu'il résulte du dénouement du dérivé interne un **gain de change**. Le résultat de la couverture est à comptabiliser dans un sous-compte du compte 766 « Gains de change financiers » et à classer dans le poste « Différences positives de change ».

– **Couverture d'un emprunt à taux variable par un swap de taux.** Le résultat de couverture est à comptabiliser dans un sous-compte du compte 661 « Charges d'intérêts » et à classer dans le poste « Intérêts et charges assimilées ».
– **Couverture du paiement de salaires en devises.** Le résultat de couverture est à comptabiliser :
• pour la quote-part affectée à la couverture des salaires : dans un sous-compte 641 « Rémunérations du personnel » ;
• pour la quote-part affectée à la couverture des charges sociales : dans un sous-compte 645 « Charges sociales » pour la part patronale et dans un sous-compte 641 « Rémunérations du personnel » pour la part salariale.
– soit (à défaut) dans un poste différent de **la même rubrique** du compte de résultat.

> **Précisions**   Notons que les rubriques évoquées par la Note de présentation précitée (« Résultat d'exploitation », « Résultat financier »...) sont plus larges que les rubriques prévues par le PCG (« Produits d'exploitation », « Charges d'exploitation », voir n° 64185).

EXEMPLES

(reprise des exemples précédents)
– **Couverture de ventes de marchandises en devises par des ventes à terme.** Lorsque l'entreprise choisit de ne pas comptabiliser le résultat de la couverture dans le même poste que celui de l'élément couvert, il semble possible de présenter la totalité du résultat de couverture dans les postes « Autres produits » et « Autres charges » selon qu'il s'agit d'un gain ou d'une perte. En effet, ces postes appartiennent tous à la même rubrique (au sens de la Note de présentation précitée) que celle des éléments couverts (« Résultat d'exploitation »).
– **Couverture d'un dérivé interne de change par un dérivé externe** (centrale de trésorerie). Lorsque l'entreprise choisit de ne pas comptabiliser le résultat de la couverture dans le même poste que celui de l'élément couvert, il semble possible de présenter le résultat de la couverture dans le poste « Différences positives de change » ou « Différences négatives de change » selon qu'il s'agit d'un gain ou d'une perte (et quel que soit le sens du résultat réalisé sur l'élément couvert). En effet, ces deux postes appartiennent à la même rubrique (au sens de la Note de présentation précitée) que celle de l'élément couvert (« Résultat financier »).

Dans tous les cas, des sous-comptes des comptes 60, 70... sont à créer pour un meilleur suivi.

Une information pourra, à notre avis, être donnée en **annexe** pour expliquer les postes et rubriques concernés par les résultats de couverture.

41780   **Incidence d'une couverture sur les dépréciations et provisions portant sur des éléments couverts**   Lorsque l'élément couvert est susceptible d'être déprécié ou de générer une provision pour risque, il est nécessaire de prendre en compte l'effet de la couverture dans l'évaluation de la dépréciation ou de la provision (PCG art. 628-15 et Note de présentation du règl. ANC 2015-05, § 2.5.1), qu'il soit comptabilisé ou non au bilan (sur la comptabilisation de l'effet de couverture, voir n° 41765). Les dépréciations et provisions se limitent donc au **risque net encouru.**

> **Précisions**   Ainsi, en pratique, l'effet de la couverture est notamment pris en compte :
– pour les immobilisations et stocks comptabilisés, dans le calcul de la dépréciation (voir n° 21865 et 21870 pour les stocks ; 27745 pour les immobilisations) ;
– pour les titres, (voir n° 42040) ;
– pour les futurs achats de marchandises et matières premières, en cas de pertes sur les contrats dans lesquels ils s'inscrivent (voir n° 15220).

Toutefois (Note de présentation précitée, § 2.5.1) :
– l'effet de la couverture n'est pris en compte qu'à hauteur de la portion de risque couverte ;
– en cas d'opération d'optimisation sans prise de risque (voir n° 41615 et 41880), il faut veiller à maintenir un niveau de provision approprié sur l'élément couvert.

FRAIS DE COUVERTURE

41800   **Primes d'options (versées et reçues), soultes et équivalents**   Les primes d'options sont comptabilisées, à leur versement, dans un compte 521 « Instruments financiers à terme » (voir n° 41445).

I. Comptabilisation en résultat   Elles peuvent ensuite, au **choix** de l'entreprise (PCG art. 628-12 et Note de présentation du règl. ANC 2015-05 § 2.5.1) :

1. soit être étalées dans le compte de résultat sur la période de couverture. En effet, les primes d'options sont constitutives d'un coût de portage représentatif de la valeur du temps qui s'écoule entre la souscription du contrat et sa maturité ;

> **Précisions** **1. Options « dans la monnaie »** Toutefois, pour ces options constituées à la fois d'une composante représentative de la valeur temps et d'une composante intrinsèque (voir n° 42150), il est pertinent de n'étaler que la valeur temps (Note de présentation précitée, Annexe II, exemple 10). Dans ce cas, à notre avis, la valeur intrinsèque devrait rester comptabilisée au bilan et être intégrée dans le coût de l'opération, comme le reste du résultat de couverture.
2. Rythme d'étalement Cet étalement peut être effectué de manière actuarielle ou linéaire ou en fonction de chaque option individuelle constitutive du dérivé (par exemple, les caplets d'un cap) ou toute autre méthode jugée plus pertinente.
Leur comptabilisation en résultat s'effectue en **résultat financier** (à notre avis, le compte 668 « Autres charges financières »).
3. Option coûts d'emprunt (PCG art. 213-9) Lorsque l'entreprise a, par ailleurs, opté pour l'incorporation des coûts d'emprunt dans le coût d'entrée de ses actifs (voir n° 26335 s. pour les immobilisations et n° 20945 s. pour les stocks), elle doit, à notre avis, obligatoirement différer les frais de couverture du coût d'acquisition de ses actifs éligibles et les incorporer dans leur coût d'entrée, ce qui rejoint le choix 2 ci-après.

41800
(suite)

2. soit être différées et constatées en résultat symétriquement au résultat de l'élément couvert, c'est-à-dire au même rythme que l'effet de la couverture (sur le rythme de comptabilisation du résultat de la couverture, voir n° 41765).

> **Précisions** En pratique :
— en cas de **couverture de charges et produits** (flux d'intérêts, achats non stockés, chiffre d'affaires, valeur d'utilité d'un titre en devises...) : la prime est différée jusqu'au fait générateur de la charge ou du produit ;
— en cas de **couverture de créances et dettes** : la prime est différée jusqu'au règlement ;
— en cas de **couverture d'un flux immobilisé ou stocké** : la prime est incluse dans le coût d'acquisition et étalée au même rythme que le coût d'acquisition (amortissement pour une immobilisation amortissable, cession pour une immobilisation non amortissable, consommation pour un stock).

EXEMPLE

Pour couvrir un achat de pétrole, une entreprise achète en janvier N une option lui donnant le droit, pendant une période optionnelle courant jusqu'au 30 juin N+1, d'acquérir une certaine quantité de pétrole à un prix fixé à l'avance. Pour cette option, elle paie 150 (dont 30 de coût de portage et une valeur intrinsèque de 120). L'achat est prévu en juin N+1. L'entreprise lève l'option en juin N+1.

1re méthode : coût de portage étalé sur la durée de la couverture Les 30 de coût de portage sont repris en charges financières de manière étalée jusqu'à la date d'exercice de l'option.

	2 Stocks	4787 Différences d'évaluation (couverture)	512 Banque	5201 Instruments financiers à terme	601x Achats couverts	603 variations de stocks	668 Autres charges financières
Janvier N – Acquisition de l'option							
– Valeur intrinsèque			120	120			
– Coût de portage			30	30			
Décembre N – Clôture							
– Étalement du coût de portage				20			20 (1)
Juin N+1 – Acquisition du pétrole et exercice de l'option							
– Valeur intrinsèque				120	120 (2)		
– Coût de portage				10			10
Inventaire permanent	120					120	

(1) 30 × 12/18 mois
(2) Incorporation de la valeur intrinsèque de l'option dans le coût des marchandises, voir ci-avant.

2ᵉ méthode : coût de la couverture différé jusqu'à la réalisation en résultat de l'élément couvert Les 150 de prime d'option sont repris en charge d'exploitation lors de l'acquisition du pétrole.

	2 Stocks	4787 Différences d'évaluation (couverture)	512 Banque	5201 Instruments financiers à terme	601x Achats couverts	603 variations de stocks
Janvier N – Acquisition de l'option			150	150		
Juin N+1 – Acquisition du pétrole et exercice de l'option				150	150	
Inventaire permanent	150					150 ⁽¹⁾

(1) Incorporation de la valeur totale de l'option (valeur intrinsèque et coût de portage) dans le coût des marchandises, voir ci-avant.

> **Fiscalement** Sur le traitement fiscal des primes d'option d'achat de titres, voir n° 37660.

II. Permanence des méthodes Ce choix de méthode comptable est soumis au principe de permanence des méthodes. L'entreprise doit donc s'y conformer pour toutes les transactions similaires.

La méthode peut donc être **différente** :
– **selon le sous-jacent** couvert (taux d'intérêts, change, matières premières) ;
– **selon les types de stratégie** de couverture (acquisition d'immobilisation ou de stock, chiffre d'affaires, créance…).

> **EXEMPLE**
> Par exemple, il est possible de retenir l'étalement des primes pour la couverture d'un actif existant et la reconnaissance différée jusqu'à la date de comptabilisation de l'élément couvert pour la couverture d'une transaction future.

En revanche, **par type de stratégie et pour une même nature de sous-jacent** (intérêt et change), elle doit être **la même que celle relative au report/déport** (voir n° 41820 et 41825).

Ce traitement identique pour les primes d'options et le report/déport ne s'applique pas, à notre avis, aux couvertures sur matières premières. En effet, dans le cas des couvertures de matières premières, les frais ne sont pas de même nature (pour les primes d'option, ils ont une nature exclusivement de frais financiers, ce qui n'est pas le cas du report/déport. D'ailleurs, ce dernier ne peut pas être étalé, voir n° 41825).

III. Annexe Selon la note de présentation précitée (§ 3.2.3 et 5), le traitement des primes d'options et du report/déport des contrats à terme doit être mentionné en annexe au titre des principes comptables, dès lors qu'il donne une information pertinente (PCG art. 832-2 ; voir n° 43335).

41820 Report/déport des dérivés de change à terme Le report/déport représente l'écart entre le cours comptant et le cours à terme. Il a une nature exclusivement financière de **taux d'intérêt**.

I. Comptabilisation en résultat Le traitement est différent selon la stratégie de couverture (PCG art. 628-13 et Note de présentation du règl. ANC 2015-05 § 3.2.3) :

a. Couvertures quasi parfaites de transactions futures (acquisition d'immobilisation ou de stock, chiffre d'affaires…) Le report/déport est, au **choix** de l'entreprise :

1. soit étalé dans le compte de résultat sur la période de couverture, dans un **compte financier** (à notre avis, au compte 668 « Autres charges financières »), cette composante de taux d'intérêt étant constitutive d'un coût de portage, par nature, financier ;

> **Précisions 1. Traitement homogène Dérivé / Non dérivé** Cette approche offre l'avantage d'assurer un traitement identique entre un instrument de couverture sous forme de dérivé (étalement de la composante taux d'intérêt) et un instrument non dérivé (un emprunt en devise, par exemple, dont les intérêts sont comptabilisés en résultat financier au fil de l'eau).
> **2. Couverture quasi parfaite** Par ce terme, il faut entendre une couverture :
> – qui réduit le risque en quasi-totalité (devises identiques, proximité des dates de flux, nominaux inférieurs ou égaux à l'élément couvert) dès l'origine ;
> – et pour laquelle l'entreprise s'engage à suivre une stratégie consistant à corriger/ajuster les imperfections de la couverture dans le temps pour être le plus proche possible d'une couverture

parfaite (par exemple, en mettant en place des instruments complémentaires pour adosser parfaitement les dates des flux de devises).
3. Option coûts d'emprunt (PCG art. 213-9) Dans la mesure où ces éléments sont assimilés à un coût financier similaire à celui d'un emprunt, ils devraient, à notre avis, suivre le **même traitement que les coûts d'emprunt** et devraient donc être incorporables (si cette option a, par ailleurs, déjà été retenue par l'entreprise pour ses opérations antérieures) dans le coût d'entrée des immobilisations ou stocks dont le coût d'acquisition a été couvert, si ces derniers remplissent les critères de définition d'un actif éligible (voir n° 26335 s. pour les immobilisations et n° 20945 s. pour les stocks).

L'étalement est effectué, à notre avis, linéairement sur la durée initiale de la couverture.
2. soit constaté en résultat symétriquement au résultat de l'élément couvert, c'est-à-dire au même rythme que l'effet de la couverture (sur le rythme de comptabilisation du résultat de la couverture, voir n° 41765).

> **Précisions** En pratique :
> — en cas de couverture de **charges et produits** (chiffre d'affaires, valeur d'utilité d'un titre en devises...) : le report/déport est différé jusqu'au fait générateur de la charge ou du produit ;
> — en cas de couverture d'un **flux immobilisé ou stocké** : le report/déport est inclus dans le coût d'acquisition et étalé au même rythme que le coût d'acquisition (amortissement pour une immobilisation amortissable, cession pour une immobilisation non amortissable, consommation pour un stock).

b. Autres types de couvertures (créances et dettes, couvertures non parfaites) Le report/déport est **obligatoirement étalé** sur la période de couverture, dans un compte financier (à notre avis, au compte 668 « Autres charges financières ») ; voir ci-avant a. 1.

II. Comptabilisation au bilan En principe, le report/déport n'est pas comptabilisé au bilan, sauf dans les cas suivants :
a. Si le report/déport est étalé sur la durée de la couverture (voir ci-avant a.1 et b) : étant versé au dénouement du dérivé, le report/déport doit, à notre avis, être provisionné en résultat, par le crédit du compte 521 « Instruments financiers à terme » (pour un exemple d'application, voir n° 41975) ;
b. Si le report/déport n'est pas étalé sur la durée de la couverture (voir ci-avant a.2) : dès lors que l'élément couvert est réalisé en résultat avant le versement du report/déport (donc avant le dénouement du dérivé), le report/déport doit être provisionné en résultat, par le crédit du compte 521 « Instruments financiers à terme » (pour un exemple d'application, voir n° 41995).

III. Permanence des méthodes Ce choix de méthode comptable doit être indiqué en annexe (PCG art. 833-2 ; voir n° 43335) et est soumis au principe de permanence des méthodes. L'entreprise doit donc s'y conformer pour toutes les transactions similaires.
La méthode peut être **différente selon les types de stratégie** de couverture.
En revanche, **par type de stratégie, elle doit être la même que celle relative aux primes d'option** (voir n° 41800).

Report/déport des dérivés sur matières premières Le report/déport représente l'écart entre le cours comptant et le cours à terme.

41825

> **Précisions** Contrairement au report/déport sur dérivé de change (voir n° 41820), il n'a **pas une nature exclusivement financière**. En effet, il est composé d'un écart de taux d'intérêt, mais intègre également différentes composantes particulières liées notamment aux coûts de stockage, de transport, la saisonnalité, l'effet de l'offre et de la demande... n'ayant pas une nature financière.

I. Comptabilisation en résultat Le report/déport est obligatoirement **constaté en résultat symétriquement au résultat de l'élément couvert,** c'est-à-dire au même rythme que l'effet de la couverture, sans possibilité d'étalement sur la période de couverture (Note de présentation du règl. ANC 2015-05 § 4.2).
S'agissant de stocks, le report/déport est intégré dans le coût d'entrée, puis étalé au fur et à mesure de la consommation du stock.

II. Comptabilisation au bilan En principe, le report/déport n'est pas comptabilisé au bilan, sauf cas particuliers (voir n° 41820 II. b.).
Contrairement au report/déport des dérivés de change (voir n° 41820), le traitement comptable report/déport des dérivés sur matières premières est indépendant du choix de méthode retenu pour les primes d'option (voir n° 41800).

41830 Autres frais de mise en place des couvertures En l'absence de précision des textes, les autres frais de mise en place des couvertures (frais de dossier, commissions, …) devraient, à notre avis, également pouvoir bénéficier d'une **option** de comptabilisation et être, au choix de l'entreprise :

1. soit étalés dans le compte de résultat sur la période de couverture, dans un **compte financier** (à notre avis, au compte 668 « Autres charges financières ») ;

2. soit constatés en résultat symétriquement au résultat de l'élément couvert (PCG art. 420-1), c'est-à-dire au même rythme que l'effet de la couverture.

Sur le rythme de comptabilisation du résultat de la couverture, voir n° 41765.

ARRÊT DE COUVERTURE

41850 Résultats (latent et réalisé) jusqu'à la date d'arrêt de la couverture
En application du principe de symétrie (voir n° 41735), en cas d'arrêt de couverture, les résultats réalisé et latent sur l'instrument de couverture doivent continuer à suivre le mode de comptabilisation en résultat de l'élément couvert.

En pratique, plusieurs situations peuvent se rencontrer (PCG art. 628-14 et Note de présentation du règl. ANC 2015-05 § 2.5.4) :

Élément couvert	Instrument de couverture	Qualification d'une relation de couverture	Traitement comptable des résultats (latents et réalisés) de l'instrument de couverture dérivé
Non encore réalisé	Vendu, dénoué ou échu	La relation de couverture passée n'est pas remise en cause	(a) Le résultat réalisé est différé (comptes 512 et 478) et constaté en résultat **symétriquement au résultat sur l'élément couvert**
	Conservé mais ne remplit plus les critères de qualification d'un instrument de couverture (ou décision de gestion d'arrêter la couverture)	La relation de couverture passée n'est pas remise en cause mais il n'existe plus de relation de couverture à compter de cette date	(b) Les résultats latents cumulés jusqu'à la date d'arrêt de la couverture sont comptabilisés au bilan (comptes 521 et 478) et constatés en résultat sur la **durée de vie résiduelle de l'instrument de couverture**
Ne répond plus aux critères de qualification	Vendu, dénoué ou échu	La relation de couverture passée est remise en cause	(c) Le résultat réalisé est constaté en résultat
	Conservé		Les résultats latents cumulés jusqu'à la date d'arrêt de la couverture suivent le traitement des POI

(a) Instrument de couverture vendu, dénoué ou échu / Élément couvert toujours existant (non encore réalisé) La couverture passée ne doit donc pas être remise en cause. Elle continue de s'appliquer au résultat réalisé sur l'instrument de couverture, lequel doit alors être rapporté au compte de résultat de manière symétrique aux éléments couverts (voir n° 41765).

> **EXEMPLES**
>
> **1.** Une société couvre le prix de ses futurs achats de matières premières en souscrivant des contrats à terme (standards) au titre de l'année N (janvier à décembre). Dès le mois de janvier, considérant que le prix de la matière première va baisser, elle décide de revendre ses contrats souscrits en décembre N-1. L'opération génère une perte.
>
> La perte réalisée doit être comptabilisée au bilan (compte 478), puis rapportée au compte de résultat au moment des achats de matières premières (Bull. CNCC n° 167, septembre 2012, EC 2012-14, p. 615 s.).

2. Une entreprise couvre depuis plusieurs années un emprunt à taux variable avec un swap payeur taux fixe, receveur taux variable. Au 30/06/N, le swap devient trop perdant et l'entreprise décide de le rompre alors que l'emprunt court toujours. Pour rompre son swap, la société doit payer une soulte.

La soulte versée est comptabilisée au bilan (compte 478) et sera reprise en résultat au fur et à mesure du paiement des intérêts d'emprunt.

3. Une société couvre les flux futurs de trésorerie liés à la cession de ses VMP libellées en devises en ayant recours à des contrats à terme renouvelés systématiquement tous les trois mois et dont les positions sont débouclées tous les trimestres. Les pertes et gains de change réalisés sont comptabilisés au bilan (compte 478) et seront enregistrés en résultat lors de la cession des VMP. Sur la possibilité de couvrir une cession de titres et les limitations, voir n° 41585.

(b) Instrument de couverture conservé mais ne répondant plus aux critères de qualification (arrêt de couverture) / Élément couvert toujours existant (non encore réalisé)

▸ Précisions L'instrument ne répond plus aux critères de qualification d'un instrument de couverture car :
– il n'est plus possible de démontrer une compensation suffisante entre les gains et pertes de l'instrument de couverture et ceux liés au risque couvert ;
– ou s'il est mis fin à la relation de couverture en gestion.

La comptabilité de couverture continue de s'appliquer aux résultats latents de l'instrument de couverture cumulés jusqu'à la date d'arrêt de la couverture. En conséquence :
– ces variations sont comptabilisées au bilan dans un compte 521 « Instruments financiers à terme », en contrepartie des comptes transitoires 478 « Différences d'évaluation sur instruments financiers à terme » ;
– elles sont étalées, mais sur la **durée de vie résiduelle de l'instrument de couverture** (et non de manière symétrique au résultat sur élément couvert, même si ce dernier existe toujours). Sur leur classement en résultat, voir n° 41775.

Sur le traitement des variations ultérieures de l'instrument ainsi déqualifié (et désormais en position ouverte isolée), voir n° 41870.

> **EXEMPLE**
> Une entreprise couvre un emprunt avec un swap depuis plusieurs années. Au 30/06/N, le swap ne couvre plus les risques de taux sur l'emprunt et sort de sa relation de couverture. L'entreprise décide de conserver ce swap pour le réutiliser, le cas échéant, dans une nouvelle relation de couverture. La valeur du swap à la date d'arrêt de la couverture (30/6/N) est comptabilisée au bilan dans le compte 52, en contrepartie d'un compte 478 et sera reprise en résultat de façon étalée sur la durée de vie résiduelle du swap.

(c) Élément couvert ne répondant plus aux critères de qualification

▸ Précisions L'élément ne répond plus (totalement ou en partie) aux critères de qualification, par exemple, lorsque :
– il disparaît ;
– son notionnel diminue (sur un exemple d'application, voir n° 42040) ;
– il s'agit d'une transaction future (chiffre d'affaires prévisionnel, par exemple) qui n'est plus suffisamment probable.

L'instrument de couverture suit le traitement des positions ouvertes isolées (voir n° 42125) :
– les résultats réalisés et qui avaient été différés au bilan jusqu'à la date d'interruption de la relation de couverture sont reconnus **immédiatement en résultat** (l'élément couvert ayant disparu) ;
– les résultats latents à la date d'interruption de la relation de couverture sont comptabilisés au bilan. Les pertes latentes donnent lieu à la comptabilisation d'une provision pour pertes.

Les frais de couverture, qu'ils aient été étalés ou différés (voir n° 41800 à 41830), devraient également, à notre avis, être comptabilisés immédiatement en résultat.

Sur les variations ultérieures du dérivé (désormais en position ouverte isolée), voir n° 41870.

> **EXEMPLE**
> Une entreprise couvre un emprunt avec un swap depuis plusieurs années. Au 30/6/N, elle décide de rembourser son emprunt par anticipation. Le swap n'est, quant à lui, pas rompu. Le résultat latent sur l'instrument de couverture jusqu'à la date d'arrêt de la couverture (30/6/N), c'est-à-dire la valeur du swap à cette date, est comptabilisé dans le compte 521 « Instruments financiers à terme » en contrepartie du compte 478 « Différences d'évaluation sur instruments financiers à terme ». Une provision est comptabilisée, le cas échéant (écart actif).

41870 **Résultats (latent et réalisé) à partir de la date d'arrêt de la couverture**
À partir de la date d'arrêt de couverture, le traitement des résultats réalisé et latent sur l'instrument de couverture dépend de sa réutilisation ou non dans une nouvelle relation de couverture (PCG art. 628-14 et Note de présentation du règl. ANC 2015-05, § 2.5.4).

I. L'instrument n'est pas réutilisé dans une nouvelle relation de couverture
Les variations ultérieures de valeur sont traitées selon les principes des POI (voir n° 42125) :
– comptabilisation au bilan des variations de valeur,
– provision, le cas échéant, des moins-values latentes depuis la date d'interruption,
– plus-values latentes comptabilisées uniquement au dénouement de l'instrument.

II. L'instrument est réutilisé dans une nouvelle relation de couverture
Dans ce cas (Note de présentation précitée, § 2.5.4 et exemple 14) :

a. À la date de fin de la période de couverture initiale :
– le résultat latent (valeur de l'instrument à la date de fin de cette période de couverture) est figé au bilan (compte 521 en contrepartie du compte 478) ;
– le compte 478 sera repris en résultat sur la durée de vie résiduelle de l'instrument de couverture (voir n° 41850).

b. Pendant la période de position ouverte isolée (le cas échéant) : les variations de valeur sur cette période sont traitées selon les principes des POI (voir n° 42125) :
– elles sont comptabilisées au bilan (compte 521 en contrepartie du compte 478),
– en cas de moins-value (compte 478 débiteur), cette dernière est provisionnée,
– les plus-values latentes ne sont pas constatées en résultat,
– les résultats latents figés au titre de la position ouverte isolée à la date de la nouvelle affectation du dérivé en couverture ne seront transférés en résultat qu'en fin de vie du dérivé.

c. L'instrument est de nouveau qualifié de couverture :
– la valeur de marché à cette date (position du compte 521) est amortie en résultat de manière à assurer un effet comparable à celui qui aurait été constaté si un nouveau dérivé avait été négocié sur les marchés (voir n° 41800 le traitement des primes d'option et autres soultes) ;
– les variations de valeur sur la nouvelle période de couverture sont comptabilisées au bilan (compte 521 et 478) et constatées en résultat symétriquement à celui du nouvel élément couvert, conformément aux principes généraux de la comptabilité de couverture (voir n° 41765).

EXEMPLE

(Note de présentation précitée, Annexe II, exemple 14 aménagé par nos soins)

Période T1 : au 30 juin N, un dérivé sort de sa relation de couverture (de chiffre d'affaires en devises). Sa valeur de marché est de + 100. L'élément couvert demeure.

Période T2 : le dérivé reste alors en position ouverte isolée jusqu'au 31 décembre N. Sa valeur de marché passe à + 70.

Période T3 : au 1er janvier N+1, le dérivé est de nouveau affecté à une relation de couverture.

Période T1 – Arrêt de la couverture d'origine

	4787 Différences d'évaluation (couverture)	521 Instruments financiers à terme
30/06/N – Arrêt de la couverture	100 (1)	100

(1) à reprendre en résultat sur la durée résiduelle de l'instrument de couverture (55 en N par hypothèse) ; voir période T2b.

Période T2 – Position ouverte isolée

a. Résultat latent à la clôture et provision pour pertes latentes :

	151 Provision pour risques	4786 Différences d'évaluation (POI)	521 Instruments financiers à terme	6865 Dotations aux provisions financières
31/12/N				
Résultat latent à la clôture		30	30	
Provision pour pertes latentes	30			30

b. Amortissement du résultat latent de couverture constaté en période T1 (arrêt de la couverture)

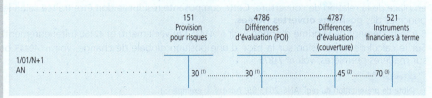

	4787 Différences d'évaluation (couverture)	70x Résultat de change sur ventes
31/12/N Amortissement du résultat latent de couverture	55	55

Période T3 – Réaffectation à la nouvelle relation de couverture
Au 1er janvier N+1, les positions s'établissent comme suit :

	151 Provision pour risques	4786 Différences d'évaluation (POI)	4787 Différences d'évaluation (couverture)	521 Instruments financiers à terme
1/01/N+1 AN	30 (1)	30 (1)	45 (2)	70 (3)

(1) La moins-value latente sur la position ouverte isolée (30) sera comptabilisée en résultat à l'extinction du dérivé et la provision soldée. Toutefois, ces positions étant symétriques, et par mesure de simplification, elles peuvent être reprises par résultat lors de la mise en place de la nouvelle couverture (voir n° 42125).
(2) La plus-value latente sur la première couverture (45) reste étalée sur la durée résiduelle de l'instrument de couverture, tant que l'élément couvert initial demeure.
(3) La valeur de marché de l'instrument de couverture (70) est à amortir en résultat de la même manière qu'une soulte versée à l'entrée dans un nouveau dérivé (voir n° 41800).

OPÉRATIONS DE COUVERTURE AVEC OPTIMISATION (CARACTÉRISÉES PAR DES VENTES D'OPTION)

41875 Les opérations d'optimisation, ainsi que les composantes d'optimisation d'opérations de couverture ont pour objectif d'optimiser le coût des couvertures (voir n° 41615). Ces opérations ou composantes d'opérations sont, en général, caractérisées par une vente d'option. Certaines de ces ventes d'option font prendre un risque supplémentaire à l'entreprise (sur leur traitement comptable, voir n° 41900), d'autres non (sur leur traitement comptable, voir n° 41880).

41880 **Opérations sans prise de risque** Dès lors que la composante risque de l'opération ne fait pas prendre de risque supplémentaire à l'entreprise, l'opération suit les **principes de la comptabilité de couverture** (PCG art. 628-16), la composante « optimisante » ne déqualifiant pas l'instrument de couverture « hôte ».

> **EXEMPLE**
> (Note de présentation du règl. ANC 2015-05, Annexe II, exemple 4)
> Une entreprise émet un emprunt de 100 à 10 ans à taux variable Euribor 3 mois (E3M). Cet emprunt est swappé immédiatement. Les caractéristiques du swap sont les suivantes :
> – payeur taux fixe de 4 % et receveur E3M (le taux de marché à 10 ans est de 5 %),
> – durée 10 ans, nominal 100,
> – swap annulable (définitivement) chaque trimestre à la main de la contrepartie bancaire à partir de la 5e année.
>
> **Analyse de l'opération** Il s'agit d'une opération de couverture comportant une composante d'optimisation sans prise de risque. En effet, l'opération de couverture peut s'analyser comme :
> **a.** un swap à taux fixe 5 % (taux du marché) ;
> **b.** une composante d'optimisation sans risque, la vente d'option d'annulation du swap (vente de « swaption »). En effet, cette vente d'option :
> – optimise le coût de la couverture dans la mesure où elle permet d'obtenir un taux de 4 % alors que le taux de marché est de 5 % ; le prix de sa vente est donc intégré dans le taux du swap payeur 4 % (plutôt que versé à l'origine) ;
> – est sans risque dans la mesure où, même si elle rend incertaine la durée de la couverture, elle n'augmente pas le risque pris par l'entreprise par rapport à l'élément couvert avant couverture. En effet, en cas d'annulation du swap, l'entreprise revient au taux variable de l'emprunt. Elle ne risque donc pas de payer plus cher que le taux d'intérêt du marché et que le taux d'un swap standard.
>
> **Traitement comptable de l'opération** L'opération est traitée globalement suivant les principes de la comptabilité de couverture :
> – le nominal du swap est enregistré en hors bilan (voir n° 41440) ;

— les variations de valeur de marché du swap ne sont pas enregistrées au bilan (voir n° 41765) ;
— les intérêts courus sont reconnus dans le compte de résultat au taux de 4 %, de manière symétrique aux intérêts sur la dette couverte.

Ces opérations d'optimisation font l'objet d'une information spécifique en **annexe** (voir n° 43345).

41900 **Opérations avec prise de risque** Ces opérations s'analysent comme des opérations comportant (PCG art. 628-17) :

a. **une composante de couverture** qui remplirait les critères d'une couverture si elle avait été contractée sous cette forme. Cette composante suit les principes de la **comptabilité de couverture** (voir n° 41765) ;

b. **une composante de prise de risque** supplémentaire pour l'entreprise à la date de mise en place de la relation de couverture. Cette composante résiduelle doit être traitée selon les principes des **positions ouvertes isolées**.

Sur le traitement de la prime d'option, voir n° 41445 (au versement) et 42150 (ultérieurement).
Sur le calcul de la provision sur la base d'une position globale de change, voir n° 40445 ou sur matières premières, voir n° 21875.

> **EXEMPLE**
>
> (Note de présentation du règl. ANC 2015-05, Annexe II, exemple 5)
>
> Une entreprise émet un emprunt de 100 à 10 ans à taux variable Euribor 3 mois (E3M). Cet emprunt est swappé immédiatement avec un swap 10 ans nominal 100 receveur E3M et payeur 2 % ou 10 % si E3M dépasse 6 %. Le taux fixe de marché est de 5 %.
>
> **Analyse de l'opération** Il s'agit d'une opération de couverture comportant une composante d'optimisation avec prise de risque. En effet, l'opération de couverture peut s'analyser comme :
>
> **a.** un swap à taux fixe 5 % (taux du marché) ;
>
> **b.** une composante d'optimisation avec prise de risque, la vente d'option. En effet, cette vente d'option :
> — optimise le coût de la couverture dans la mesure où elle permet d'obtenir un taux de 2 % alors que le taux de marché est supérieur ; le prix de sa vente est donc intégré dans le taux du swap payeur 2 % (plutôt que versé à l'origine) ;
> — fait prendre un risque supplémentaire à l'entreprise dans la mesure où elle peut aboutir au paiement d'un intérêt significativement supérieur au taux de marché (10 % au lieu de 6 %) si elle est exercée. Elle risque donc de payer plus cher que le taux d'intérêt du marché et que le taux d'un instrument de couverture parfaitement adossé.
>
> **Traitement comptable de l'opération** L'instrument est décomposé comptablement en :
> — un swap à 5 % qualifié d'instrument de couverture, traité suivant les principes de la comptabilité de couverture :
> • le nominal du swap est enregistré en hors bilan ;
> • les variations de valeur de marché du swap ne sont pas enregistrées au bilan ;
> • les intérêts courus sont reconnus dans le compte de résultat au taux de 5 %, de manière symétrique aux intérêts sur la dette couverte.
> — une vente d'option classée en position ouverte isolée (instrument non qualifié de couverture) :
> • elle est enregistrée en valeur de marché au bilan et fait l'objet d'une provision dans le compte de résultat en cas de moins-value latente ;
> • la prime reçue (incorporée dans le taux) est différée au bilan.

Si l'entreprise ne souhaite pas ou n'est pas en mesure de procéder à cette décomposition (qui implique d'évaluer séparément l'option incluse dans l'instrument), elle traite cette opération, à l'origine et pendant toute sa durée, en totalité en position ouverte isolée. Dans ce cas, elle doit indiquer en annexe les raisons qui ont motivé le choix d'un tel traitement (PCG art. 628-17).

D. Traitement spécifique à chaque stratégie de couverture

COUVERTURE DE DETTES OU CRÉANCES (FINANCIÈRES OU COMMERCIALES)

Créances et dettes en devises Voir n° 40435. **41950**

Créances et dettes indexées sur des matières premières Voir n° 40185. **41955**

COUVERTURE DE TRANSACTIONS FUTURES

Ventes en devises Dans cet exemple, nous indiquons les schémas d'écritures à suivre lorsque : **41975**
– le dérivé est négocié sur un marché de gré à gré, sans appel de marge,
– le dérivé est dénoué avant la vente,
– la couverture n'est pas parfaite et oblige l'entreprise à étaler le report/déport sur la durée de la couverture.

Pour d'autres exemples :
– dérivé négocié sur un marché organisé caractérisé par des appels de marge, voir n° 41995 II.
– dérivé dénoué après l'élément couvert, voir n° 41995 I.
– report/déport inclus dans le coût de l'opération couverte, voir n° 41995 I.

> **EXEMPLE**
>
> Une entreprise prévoit une vente à l'export de 1000 D dont le règlement est prévu pour le premier semestre de l'année N+1 (dont le timing est incertain). Le 1er juillet N, elle décide de se couvrir par une vente à terme de 1000 D de maturité 30 juin N+1. La vente est finalement réalisée le 30 septembre N+1 (avec un retard par rapport aux prévisions) et la créance réglée le 15 janvier N+2.
>
> Les cours s'établissent comme suit :
>
> | 1 D = | 1/7/N | 31/12/N | 30/6/N+1 | 30/9/N+1 | 31/12/N+1 | 15/1/N+2 |
> |---|---|---|---|---|---|---|
> | Cours comptant | 1,1 EUR | 1,05 EUR | 1 EUR | 0,9 EUR | 0,89 EUR | 0,88 EUR |
> | Cours à terme | 1,05 EUR | | | | | |
>
> **Qualification de la relation de couverture** : la vente à terme de devises est éligible en tant qu'instrument de couverture. Les prévisions de chiffre d'affaires sont éligibles en tant qu'éléments couverts, dans la mesure où elles possèdent une probabilité suffisante de réalisation. Les créances clients liées à ces ventes sont également éligibles en tant qu'éléments couverts.
>
> La réduction du risque de change lié aux ventes en devises et aux créances clients associées est manifeste. Bien que la maturité de l'instrument de couverture ne soit pas calée sur celle de l'élément couvert, il est possible de démontrer que la couverture réduit véritablement le risque de change de l'entreprise (sur une portion de l'exposition au risque, voir n° 41580). En conséquence, l'opération est qualifiée de couverture en totalité.
>
> **1. À la souscription du contrat** : le montant nominal du contrat n'est pas comptabilisé s'agissant d'un engagement hors bilan (voir n° 41440).
>
> **2. À la clôture N** :
>
> | | 5201 Instruments financiers à terme | 668 Autres charges financières |
> |---|---|---|
> | **31/12/N – Clôture**
Valeur du contrat indiquée en annexe
Amortissement du report/déport à payer $^{(1)}$ | 25 | 25 |
>
> (1) Étalement du report/déport sur la durée de la couverture (PCG art. 628-13, voir n° 41820) :
> Report/déport : 50 = 1 000 × (1,1 – 1,05)
> Report/déport amorti : 25 = 50 / 12 mois × 6 mois
> Il est impossible, dans cet exemple, d'inclure le report/déport dans le coût de l'opération dans la mesure où la couverture n'est pas parfaitement adossée.

3. Au dénouement de la vente à terme :

	478701 Différences d'évaluation sur instruments à terme – passif	668 Autres charges financières	512 Banque	5201 Instruments financiers à terme
30/06/N+1 – Dénouement de la vente à terme Résultat de couverture (2) Report/déport	100	25	100 50	25

(2) Résultat de couverture : 100 = 1 000 × (1,1 − 1)

4. À la vente :

	478701 Différences d'évaluation sur instruments à terme – passif	70 Ventes	411 Clients
30/09/N+1 – Vente Vente en devises D Affectation du résultat de couverture à la vente (3)	100	900 100	900

(3) Inscription du résultat de couverture dans le même compte que l'élément couvert (PCG art. 628-11, voir n° 41775).

5. À la clôture N+1 :

	151 Provision pour risques	4762 Différence de conversion – Actif	411 Clients	681 Dotations aux provisions exploitation
31/12/N+1– Clôture Écart latent de change sur facture (4) Provision des pertes latentes (5)	10	10	10	10
01/12/N+2 – Ouverture Écart de change sur facture		10	10	

(4) Réévaluation des créances en devises à la clôture (PCG art. 420-5, voir n° 40390) : 900-890
(5) Provision de l'écart actif constaté sur la créance qui n'est plus couverte.

6. Au règlement de la facture :

	151 Provision pour risques	512 Banque	411 Clients	656 Pertes de change sur créances commerciales	781 Reprise de provisions exploitation
15/01/N+2 – Règlement facture Règlement de la facture Reprise de provision	10	880	900	20	10

41995 Achats stockés

I. Achats stockés en devises Dans cet exemple, nous indiquons les schémas d'écritures à suivre lorsque :
– le stock n'est pas détenu à l'étranger ;
– le dérivé est négocié sur un marché de gré à gré, sans appel de marge ;
– le dérivé est dénoué après l'achat ;
– la couverture est quasi parfaite et permet à l'entreprise d'inclure le report/déport dans le coût de l'opération.

Pour d'autres exemples :
– dérivé négocié sur un marché organisé caractérisé par des appels de marge, voir ci-après II. ;
– dérivé dénoué avant l'élément couvert, voir ci-après II.

EXEMPLE

Une entreprise qui achète des marchandises à l'étranger veut se couvrir contre le risque de change. Elle prévoit un achat de marchandises de 1 000 D en octobre N. Le 1er juin N, elle décide de se couvrir par un achat à terme de 1 000 D de maturité 15 janvier N+1 (échéance prévue de règlement du fournisseur). Elle achète ses marchandises le 15 octobre N et règle son fournisseur le 15 février N+1.

Les cours s'établissent comme suit :

1 D =	1/6/N	15/10/N	31/12/N	15/1/N + 1	15/2/N + 1
Cours comptant	1,1 EUR	1,2 EUR	1,3 EUR	1,31 EUR	1,32 EUR
Cours à terme	1,15 EUR				

Qualification de la relation de couverture : l'achat à terme de devises est éligible en tant qu'instrument de couverture. Les prévisions d'achat de marchandises sont éligibles en tant qu'éléments couverts, dans la mesure où elles possèdent une probabilité suffisante de réalisation. Les dettes fournisseurs liées à ces achats sont également éligibles en tant qu'éléments couverts.

La réduction du risque de change lié aux achats en devises et aux dettes fournisseurs associées est manifeste, l'achat à terme étant parfaitement adossé à l'achat de marchandises prévu (nominal et maturité). Par conséquent, l'opération est qualifiée comme une couverture en totalité.

1. À la souscription du contrat : le montant nominal du contrat n'est pas comptabilisé s'agissant d'un engagement hors bilan (voir n° 41440).

2. À l'achat des marchandises :

	37 Stock de marchandises	401 Fournisseurs	5201 Instruments financiers à terme	603 Variation de stocks	607 Achat de marchandises
15/10/N – Achat					
Achat de marchandises en devises D		1 200			1 200
Résultat latent de couverture des achats [1]			100		100
Provision du report/déport [2]			50		50
Entrée en stock (inventaire permanent)	1 150			1 150	

(1) Inscription du résultat de couverture dans le même compte que l'achat couvert (PCG art. 628-11, voir n° 41775) : 1 200 − 1 100
(2) Option pour l'intégration du report/déport dans le coût d'entrée des stocks (PCG art. 628-13, voir n° 41820) : 1 150 − 1 100
Ce choix est possible dans la mesure où la couverture est parfaitement adossée.

3. À la clôture :

	401 Fournisseurs	4762 Différence de conversion – Actif	4787 Différence d'évaluation – instruments à terme – passif	5201 Instruments financiers à terme
31/12/N – Clôture				
Écart de change sur facture [3]	100	100		
Écart de change sur la vente à terme [3]			100	100
Compensation des écarts [4]		100	100	

(3) Réévaluation :
– des dettes en devises à la clôture (PCG art. 420-5, voir n° 40390) : 1 300 − 1 200. Aucune provision n'est comptabilisée car la dette est couverte par l'achat à terme non dénoué ;
– de la vente à terme (voir n° 41765) : 1 300 − 1 200.
(4) Ces deux écarts peuvent, à notre avis, être compensés.

4. Au dénouement du contrat à terme :

	478701 Différence d'évaluation sur instruments à terme – passif	512 Banque	5201 Instruments financiers à terme
15/01/N+1 – Dénouement achat à terme Résultat de couverture : – couverture des achats – couverture de la dette (5) Report/déport	10	100 110 50	100 100 50

(5) 10 = 1 310 – 1 300

5. Au règlement du fournisseur :

	401 Fournisseurs	478701 Différence d'évaluation sur instruments à terme – passif	512 Banque	656 Pertes de change sur dettes commerciales
15/02/N+1 – Règlement (tardif) facture Règlement de la facture Affectation du résultat de couverture à la dette (6)	1 300	10	1320	20 10

(6) Inscription du résultat de couverture dans le même compte que la dette couverte (PCG art. 628-11, voir n° 41775).

Il en ressort une perte de 10 (20 – 10) non couverte (du fait d'un retard de règlement).

II. Achats stockés de matières premières

Les principes sont les mêmes que ceux appliqués aux achats stockés en devises (voir ci-avant I.). Ainsi :

a. lorsque la couverture est strictement réservée à couvrir le coût d'achat du stock (cas général), voir ci-après l'exemple.

b. lorsque la dette correspondante est indexée sur le cours de la matière première achetée, la couverture peut, en gestion, être étendue à la couverture de cette dette. Voir ci-avant I. Pour les comptes transitoires à utiliser, voir également n° 40185.

EXEMPLE

(Note de présentation du règl. ANC 2015-05, Annexe II, exemple 12, aménagé par nos soins)

En fin d'année N, une entreprise prévoit d'acheter 100 tonnes de matières premières (MP) dans 7 mois (sur l'année N+1) compte tenu de ses besoins de production. Elle décide de se couvrir immédiatement en achetant un contrat Future sur cette matière première pour une quantité de 100 tonnes et de maturité 6 mois à un cours de 200 euros/tonne.

À la clôture N, le cours du contrat est passé à 160 euros/tonne.

Juste avant l'échéance du contrat, l'entreprise déboucle sa position à un cours de 250 euros/tonne. L'entreprise achète (au bout de 7 mois) auprès de son fournisseur 100 tonnes de matières MP pour un prix de 260 euros/tonne.

Qualification de la relation de couverture : l'achat d'un contrat Future (c'est-à-dire un contrat à terme sur un marché organisé) est éligible en tant qu'instrument de couverture. Les prévisions d'achats de matières premières sont éligibles en tant qu'élément couvert, dans la mesure où elles possèdent une probabilité suffisante de réalisation (basée par exemple sur les besoins liés au budget prévisionnel de production). La réduction du risque est démontrée simplement en comparant l'élément couvert et l'instrument de couverture en termes de nominal, maturité et indice sous-jacent. L'opération est donc qualifiée de couverture contre le risque sur matières premières.

1. À l'acquisition du contrat :

Le nominal du contrat Future est enregistré en hors bilan, s'agissant d'un engagement (voir n° 41440).

2. À la clôture N :

Une perte latente est constatée pour un montant de 4 000 : (200 – 160) × 100. Des appels de marges sont versés quotidiennement à ce titre

	512 Banque	478601 Différences d'évaluation sur instruments à terme – actif
31/12/N – Clôture Appels de marge [1]		4 000 .... 4 000

(1) Voir n° 41450.

Dans la mesure où l'achat couvert possède toujours une probabilité suffisante de réalisation, la comptabilité de couverture s'applique (voir n° 41765) : les variations de valeur sur le contrat ne sont pas comptabilisées en résultat, l'élément couvert n'étant pas lui-même comptabilisé.

3. Au dénouement du contrat en N+1 :

Un gain définitif est constaté pour un montant de 5 000 : (250 − 200) × 100. Conformément aux principes de la comptabilité de couverture, il est comptabilisé dans un compte d'attente au bilan, l'élément couvert (achat de matières premières à venir) n'étant pas encore réalisé (voir n° 41765).

	512 Banque	478601 Différences d'évaluation sur instruments à terme – actif	478701 Différences d'évaluation sur instruments à terme – passif
Résultat de couverture	9 000	 4000	.... 5 000

4. À l'achat des matières premières :

Lors de la constatation de la charge liée à l'acquisition de matières premières pour 26 000 (se traduisant ensuite par la reconnaissance d'un stock à l'actif), le gain de 5 000 lié à la couverture est constaté dans le compte de résultat du fait du principe de symétrie. Le coût d'entrée de cette matière première (21 000 en net) intègre ainsi l'effet de la couverture mise en place par l'entreprise.

	37 Stocks de marchandises	401 Fournisseurs	478701 Différences d'évaluation sur instruments à terme – passif	603 Variation de stocks	607 Achats de marchandises
Achats de marchandises		26 000			26 000
Résultat de couverture des achats [2] ...			5 000		5 000
Inventaire permanent	21 000			21 000	

(2) Inscription du résultat de couverture dans le même compte que l'élément couvert (PCG art. 628-11, voir n° 41775).

42000 **Achat en devises d'une immobilisation** Les principes sont les mêmes que ceux appliqués aux achats stockés en devises (voir n° 41995). Toutefois, les comptes à utiliser sont différents. Le résultat (réalisé ou latent) de couverture est enregistré directement dans le coût de l'immobilisation (voir n° 26510).

42020 **Flux d'intérêts** Dans cet exemple, l'emprunt est couvert par un swap de taux d'intérêt mis en place 6 mois après l'émission de l'emprunt, avec versement d'une soulte (comprenant les intérêts courus au titre des 6 premiers mois). La solution serait la même si le swap avait été contracté immédiatement à l'émission de l'emprunt.

Sur le traitement comptable d'un swap de taux d'intérêt en position ouverte isolée, voir n° 42145.

> **EXEMPLE**
>
> Le 1er juillet N, une entreprise émet un emprunt de 1 000 à taux variable (TV) sur 10 ans, échéance 30 juin. Au 31 décembre N, le taux variable est de 2 %. Le 1er janvier N+1, l'entreprise décide de contracter un swap de nominal 1 000, receveur taux variable TV, payeur taux fixe 2 %, de maturité 9,5 ans, échéance 30 juin. Elle verse une soulte de 8.
>
> **Flux identifiés** À partir de N+1, l'entreprise va :
> – recevoir de la banque, à chaque échéance, des intérêts à taux variable, calculés sur 1 000, correspondant aux intérêts qu'elle verse par ailleurs au titre de son emprunt ;
> – et verser, en échange, des intérêts à taux fixe de 2 %.

Par hypothèse, les dates de paiement/versement des intérêts du swap sur les deux « jambes » (acheteuse et payeuse) sont les mêmes. Ainsi, seul le montant net de l'échange donne lieu à un flux financier.

Qualification de la relation de couverture : le swap ainsi que la dette sont éligibles respectivement en tant qu'instrument de couverture et élément couvert. Cette opération réduit de manière manifeste le risque de taux lié à l'emprunt à taux variable et peut donc être qualifiée comptablement d'opération de couverture. Une simple démonstration de l'adossement du swap et de la dette est suffisante pour documenter la relation de couverture.

Les écritures suivantes sont à comptabiliser :

1. Au cours de l'exercice N :

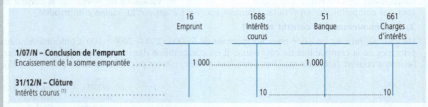

(1) Intérêts courus sur l'emprunt à taux variable : 1 000 × 2 % × 6/12 (échéance 30 juin)

2. À l'acquisition du contrat :

(2) Voir n° 41800.

Le montant nominal du contrat n'est pas comptabilisé s'agissant d'un engagement hors bilan (voir n° 41440).

3. À l'échéance des intérêts : le taux variable est de 2,5 %.

	1688 Intérêts courus	51 Banque	661 Charges d'intérêts
30/06/N+1 – Échéances des intérêts			
Versement des intérêts sur l'emprunt (3)	10	25	15
Encaissement des intérêts du swap (4)		5	5

(3) Intérêt annuel (1 000 × 2,5 %) dont 10 déjà comptabilisés en intérêts courus à la clôture N.
(4) Montant net d'intérêts reçus au titre du swap : 1 000 × (2,5 % – 2 %)
Inscription du résultat de couverture dans le même compte que l'élément couvert (PCG art. 628-11, voir n° 41775).

4. À la clôture N+1 : le taux variable est de 1,8 %. La valeur de marché du swap est de 6, soit une perte de 2 par rapport à la valeur d'acquisition de 8.

	1688 Intérêts courus	5201 Instruments financiers à terme	661 Charges d'intérêts
31/12/N+1 – Clôture			
Intérêts courus sur l'emprunt (5)	9		9
Intérêts courus sur le swap (6)		1	1
Reprise en résultat de la soulte (7)		0,8	0,8

(5) Intérêt couru sur l'emprunt à taux variable : 1 000 × 1,8 % × 6/12
(6) Montant net d'intérêts à payer au titre du swap : 1 000 × (2 % – 1,8 %) × 6/12
(7) La soulte est étalée sur la durée de la couverture, soit la durée de vie résiduelle de l'emprunt (PCG art. 628-12, voir n° 41800).

Les variations de valeur du swap ne donnent lieu à aucune comptabilisation à la clôture de l'exercice (voir n° 41765).

Valeur d'utilité d'un investissement à l'étranger (titres, immobilisations, stocks) 42040

Les textes (Note de présentation du règl. ANC 2015-05 § 3.2.2) précisent explicitement qu'il est possible de couvrir les flux futurs de trésorerie en devises en provenance d'**investissements à l'étranger** (titres en devises, immobilisations et stocks à l'étranger) :
– notamment lorsqu'il est prévu une cession de l'actif ou une remontée de dividendes ;
– en dehors de ces cas, la valeur d'utilité (flux futurs de trésorerie) d'un actif détenu à l'étranger (titre de participation d'une filiale à l'étranger notamment) peut être considérée comme un élément couvert, mais seulement **à hauteur de l'équivalent en devises de sa valeur comptable**.

Dans l'exemple suivant, nous prenons le cas d'un **dérivé** destiné à couvrir la valeur d'utilité de titres en devises (flux futurs de trésorerie en devises liés à l'investissement net à l'étranger).

> **Précisions** Le même type de couverture serait possible avec un **emprunt** contracté dans la même devise que le titre. Dans ce cas, cela peut conduire (Note de présentation précitée, § 3.2.3) :
> – à ne pas provisionner les pertes latentes constatées sur l'emprunt tant que les flux liés au titre ne sont pas réalisés ;
> – à différer le gain ou la perte réalisé suite au remboursement de l'emprunt en devises, jusqu'à la réalisation des flux liés au titre.

Sur la couverture du coût d'acquisition des titres en devises, voir n° 42000.

EXEMPLE

En avril N, une société française acquiert les titres d'une société à l'étranger pour 10 millions de D. Elle contracte une vente à terme de 10 millions de D, échéance N+2, pour couvrir son exposition en devises D. Les cours et la valeur d'utilité des titres évoluent comme indiqué ci-dessous :

Date	Taux de change	Titres de participation (en millions)				Vente à terme (en millions)
	1D =	Valeur d'acquisition	Valeur d'utilité en D	Valeur d'utilité en €	Variation de valeur	
30/4/N	0,9 €		10 D	9 €	-	-
31/12/N	1,2 €	10 D = 9 €	8 D	9,6 €	+ 0,6 €	– 3 €
31/12/N+1	0,8 €		12 D	9,6 €	+ 0,6 €	+ 1 €

Qualification de la relation de couverture : la vente à terme ainsi que la **valeur d'utilité** des titres sont éligibles respectivement en tant qu'instrument de couverture et élément couvert (voir n° 41590 à 41585). Notamment, le nominal de la vente à terme n'excède pas l'équivalent en devises de la valeur comptable des titres (10 millions de D). Cette opération réduit de manière manifeste le risque de variation de change lié aux flux futurs de trésorerie à attendre sur l'investissement et peut donc être qualifiée comptablement d'opération de couverture.

1. En avril N :

Le montant nominal de la vente à terme n'est pas comptabilisé s'agissant d'un engagement hors bilan (voir n° 41440).

2. À la clôture N :

Au 31 décembre N, il existe une perte latente de 3 millions d'euros sur la vente à terme et un gain latent de 0,6 million d'euros sur la valeur d'utilité des titres.

a. Traitement de la perte latente (3 millions d'euros) sur la vente à terme

Il est nécessaire de revoir, à la clôture, la qualification de la couverture (voir n° 41745) et notamment de vérifier si le nominal de l'instrument de couverture n'est pas devenu supérieur à la valeur d'utilité du titre. Au cas particulier, la valeur d'utilité des titres passe de 10 à 8 millions de D. Le notionnel de la vente à terme n'est pas adapté et demeure à 10 millions de D. Il y a donc sur-couverture de 2 millions de D. Cette sur-couverture est à traiter en position ouverte isolée (voir n° 42120 et 42125) :

	151 Provision pour risques	4786 Différences d'évaluation (POI)	5201 Instruments financiers à terme	6865 Dotations aux provisions financières
Résultat latent en POI [1]		0,6	0,6	
Provision de la perte latente	0,6			0,6

(1) Quote-part de la vente à terme en sur-couverture : 0,6 = 2 millions de D × (0,9 − 1,2)

Le reste de la perte latente (2,4 millions d'euros) est à traiter selon les principes de la comptabilité de couverture (voir n° 41765) : tant que les flux couverts ne sont pas comptabilisés en résultat, la perte latente sur la vente à terme n'est comptabilisée ni au bilan ni en résultat.

b. Test de valeur réalisé sur les titres

Les effets de la couverture sont pris en compte dans le calcul de dépréciation des titres (voir n° 41780) :

	297 Dépréciation des titres de participation	6866 Dotations aux dépréciations des éléments financiers
Dépréciation de titres [2]	1,8	1,8

(2) Pour le test de dépréciation des titres, la valeur comptable des titres (9 millions d'euros) doit être comparée à la valeur actuelle des titres (9,6 millions d'euros) de laquelle doit être retraité l'effet de change à hauteur de la partie couverte par la vente à terme (2,4 millions d'euros) :
1,8 = 9 − (9,6 − 2,4).

3. À la clôture N+1 :

a. Traitement du gain latent (1 million d'euros) sur la vente à terme

Au 31 décembre N+1, il existe un gain latent de 1 million d'euros sur la vente à terme et un gain latent de 0,6 million d'euros sur la valeur des titres.

La valeur d'utilité des titres repasse à 12 millions de D et devient donc supérieure au notionnel de la vente à terme. Il n'y a donc désormais plus sur-couverture. La couverture est à traiter en totalité selon les principes de la comptabilité de couverture : tant que les flux couverts ne sont pas comptabilisés en résultat, le gain latent de 1 million n'est pas comptabilisé (ni au bilan, ni en résultat).

b. Test de valeur réalisé sur les titres

Pour le test de dépréciation des titres, la valeur comptable des titres (9 millions d'euros) doit être comparée à la valeur actuelle des titres (9,6 millions d'euros) à laquelle doit être ajouté l'effet de change (1 million d'euros). Aucune dépréciation n'est à comptabiliser.

42045 **Achat de titres couvert par une option d'achat** Afin de garantir le prix d'achat futur de titres de participation stratégiques, une entreprise peut être amenée à acheter auprès du vendeur une option d'achat de titres. Dans cette option, l'acheteur acquiert, moyennant le versement au vendeur d'une prime d'option, le droit d'acquérir les titres en question à une date future et à un prix fixé dès le départ. Pour un exemple d'application, voir n° 37660.

V. INSTRUMENTS FINANCIERS À TERME EN POSITION OUVERTE ISOLÉE

TEXTES DE RÉFÉRENCE

42115 Les principes comptables applicables aux instruments financiers à terme en position ouverte isolée sont énoncés par le PCG (art. 628-18 introduit par le règl. ANC 2015-05 relatif aux instruments financiers à terme et aux opérations de couverture) ainsi que par la note de présentation du règlement ANC précité.
Sur la définition des dérivés, voir n° 40010.

NOTION COMPTABLE DE POSITION OUVERTE ISOLÉE « POI »

42120 Les positions ouvertes isolées (« POI » dans la suite de cette section) sont toutes les opérations impliquant des instruments financiers à terme (dérivés) non qualifiés de couverture.

Sur les conditions de qualification d'un instrument de couverture, voir n° 41570 à 41615.

> **Précisions** Il peut s'agir :
> – d'instruments financiers souscrits dans un but purement spéculatif ;
> – d'opérations de macro-couverture ne pouvant être suffisamment documentées pour être qualifiées de couverture (voir n° 41745) ;
> – de la partie excédentaire d'un instrument pris en couverture par rapport au risque couvert (voir n° 41590) ; dans ce cas, la partie affectée est traitée comme une opération de couverture (voir n° 41765) et la partie non affectée, comme une opération ouverte isolée (voir n° 42125) ;
> – de ventes d'option et autres opérations d'optimisation faisant prendre un risque supplémentaire à l'entreprise (voir n° 41615) ;
> – d'un instrument initialement pris en couverture d'un élément, à partir du moment où il sort de sa relation de couverture (voir n° 41850).

PRINCIPES GÉNÉRAUX DE LA COMPTABILISATION DES POSITIONS OUVERTES ISOLÉES

Pertes et gains sur contrats Le traitement comptable est identique pour tous les dérivés non qualifiés de couverture : **42125**

a. Pertes et gains dénoués Les pertes et les gains dénoués sont les pertes et gains dégagés à l'échéance du contrat ou lors du dénouement de la position de l'entreprise sur le marché. Ils sont définitivement acquis à l'entreprise. Ils doivent être immédiatement comptabilisés en résultat.

b. Pertes et gains latents Ils correspondent aux variations de valeur de l'instrument (y compris les appels de marge lorsque le marché sur lequel est négocié l'instrument impose ces versements). Ils ne sont pas définitivement acquis, l'entreprise restant exposée à un renversement de tendance du marché tant qu'elle n'a pas dénoué sa position.

1. Calcul des variations de valeur La valeur des contrats est déterminée par référence à une valeur de marché ou par application de modèles et techniques d'évaluation généralement admis (PCG art. 628-5). Concernant les dérivés négociés sur les marchés organisés, les variations de valeur correspondent aux appels de marge (voir n° 41450).

Sur l'information à donner en annexe au titre de cette valeur, voir n° 43340.

2. Comptabilisation des variations de valeur au bilan Les variations de valeur sont inscrites au bilan en contrepartie des comptes transitoires suivants (PCG art. 628-18 et 932-1) :
– à l'actif du bilan pour les variations qui correspondent à une perte latente, dans un compte 478601 « Différences d'évaluation sur instruments financiers à terme – Actif » ;
– au passif du bilan pour les variations qui correspondent à un gain latent, dans un compte 478701 « Différences d'évaluation sur instruments financiers à terme – Passif ».

La contrepartie est, à notre avis, un compte 521 « Instruments financiers à terme ».

> **Précisions** Il s'agit, à notre avis, des variations de valeur par rapport à la position initiale du dérivé, à son entrée dans les comptes de l'entreprise, c'est-à-dire par rapport au montant des primes et soultes versées ou reçues (voir n° 42145 et 42150).

3. Gains latents Par application du principe de prudence (voir n° 3555), les gains latents n'interviennent pas dans la formation du résultat (PCG art. 628-18), quel que soit le marché sur lequel l'instrument est négocié.

4. Pertes latentes Lorsqu'une opération engendre une perte latente, celle-ci entraîne la constitution d'une **provision** en résultat financier à hauteur de cette moins-value latente (PCG art. 628-18), à notre avis au compte 1516 « Provisions pour pertes sur contrats », par le débit du compte 6865 « Dotations aux provisions financières ».

> **Précisions 1.** Cette provision peut être appréciée soit ligne à ligne, soit par ensembles homogènes d'instruments financiers à terme en position ouverte isolée ayant un **même sous-jacent** (PCG art. 628-18). Il est donc interdit de compenser des opérations ayant des sous-jacents différents (par exemple, taux et change).
> **2.** Il est possible d'inclure les instruments financiers à terme en POI dans une **position globale de change** (voir n° 40445) ou **sur matières premières** (voir n° 21875).

Sur la divergence avec les normes IFRS, voir Mémento IFRS n° 69070.

Soultes versées ou reçues (à l'entrée dans un swap ou contrat équivalent) **42145**
La soulte représente la **juste valeur de l'instrument** à la date de versement. Son montant correspond à la valeur de remplacement du swap aux conditions de marché existant à la date d'entrée dans le contrat. Cette valeur (positive ou négative) **diminue inexorablement avec le temps** pour arriver à zéro au terme du contrat, ce dernier se « consommant » dans le temps.

42145
(suite)

Sur le traitement des soultes au bilan, à l'entrée dans le contrat, voir n° 41445.

En l'absence de précision des textes concernant le traitement ultérieur des soultes lorsque le swap est en position ouverte isolée, deux approches sont possibles, à notre avis :

a. 1ᵉ approche : la soulte représente la juste valeur du swap à sa date d'acquisition.
Conformément aux principes applicables aux positions ouvertes isolées, elle doit être ajustée des variations de valeur constatées à chaque clôture (voir n° 42125). Dans ce cas :
– les plus et moins-values constatées à la clôture sont comptabilisées dans les comptes 478 « Différences d'évaluation sur instruments financiers à terme », en ajustement du compte 521 « Instruments financiers à terme » ;
– toute moins-value latente (478 débiteur) comptabilisée donne lieu à la constatation d'une provision pour perte.

b. 2ᵉ approche : la soulte représente un ajustement des futurs gains et pertes à constater sur le swap, de manière à les ramener aux conditions de marché à la date d'acquisition.
À ce titre, cet ajustement devrait être systématiquement étalé sur la durée du contrat.
Cette approche ne doit toutefois pas conduire à méconnaître les pertes de valeurs latentes associées à la position ouverte isolée du swap. Ainsi, la valeur amortie de la soulte est comparée à la juste valeur du swap à chaque clôture. Toute perte constatée sur l'actif est provisionnée.

> **EXEMPLE**
>
> Le 1ᵉʳ janvier N, une entreprise acquiert un swap et verse une soulte de 9,5 (valeur du swap acquis sur le marché à cette date, comprenant les intérêts courus). Ne pouvant documenter une relation de couverture, elle traite le swap selon les principes des positions ouvertes isolées.
>
> **Caractéristiques du swap** nominal 1 000, receveur taux variable, payeur taux fixe 2 %, de maturité 9,5 ans, échéance 30 juin.
>
> **Flux identifiés** En conséquence, l'entreprise va :
> – recevoir de la banque, à chaque échéance, des intérêts à taux variable, calculés sur 1 000 ;
> – et verser, en échange, des intérêts à taux fixe de 2 %.
>
> Par hypothèse, les dates de paiement/versement des intérêts du swap sur les deux jambes sont les mêmes. Ainsi, seul le montant net de l'échange donne lieu à un flux financier.
>
> Les écritures suivantes sont à comptabiliser :
>
> **1. À l'acquisition du contrat :**
>
> | | 51 Banque | 5201 Instruments financiers à terme |
> |---|---|---|
> | 01/01/N – Acquisition du swap Versement de la soulte ⁽¹⁾ | 9,5 | 9,5 |
>
> (1) Voir n° 41445.
>
> **2. À l'échéance des intérêts** : le taux variable est de 2,5 %.
>
> | | 51 Banque | 768 Autres produits financiers |
> |---|---|---|
> | 30/06/N – Échéances des intérêts Encaissement des intérêts du swap ⁽²⁾ | 5 | 5 |
>
> (2) Montant net des intérêts reçus au titre du swap : 1 000 × (2,5 % − 2 %).
>
> **3. À la clôture** : le taux variable est de 1,8 %. La valeur de marché du swap est de 6. Compte tenu des nouvelles conditions de marché :
> — l'entreprise devrait payer un intérêt au titre du swap :
>
> | | 4686 Charge à payer | 668 Autres charges financières |
> |---|---|---|
> | 31/12/N – Clôture Intérêts courus sur le swap ⁽³⁾ | 1 | 1 |
>
> (3) Montant net des intérêts à payer au titre du swap : 1 000 × (2 % − 1,8 %) × 6/12.

— elle constate une perte de valeur du swap, qu'elle doit, selon la première approche indiquée ci-avant, provisionner :

Approche 1	15 Provision pour perte	4786 Variation de valeur actif	5201 Instruments financiers à terme	6865 Dotations aux provisions financières
31/12/N – Clôture				
Variation de valeur (4)		3,5	3,5	
Provision pour pertes latentes (4)	3,5			3,5

(4) Le compte de variation de valeur est débité à hauteur de la perte de valeur constatée par rapport au prix d'acquisition du swap : 3,5 = 9,5 – 6. Sur la possibilité de compenser le compte 478 et la provision, voir n° 42125.

— selon la deuxième approche, la soulte est amortie. La perte latente constatée d'après la valeur amortie de la soulte est provisionnée :

Approche 2	15 Provision pour perte	4786 Variation de valeur actif	5201 Instruments financiers à terme (variations de valeur)	5201 Instruments financiers à terme (soulte)	668 Autres charges financières	6865 Dotations aux provisions financières
31/12/N – Clôture						
Amortissement de la soulte (5)				1	1	
Variation de valeur (6)		2,5	2,5			
Provision pour pertes latentes (6)	2,5					2,5

(5) Amortissement linéaire de la soulte : 1 = 9,5 / 9,5 ans.
(6) Le compte de variation de valeur est crédité à hauteur de l'appréciation de la valeur du swap par rapport à son coût amorti : 2,5 = 8,5 – 6. Cette perte latente est provisionnée.

> **Précisions** Sur la comptabilisation d'un swap de taux d'intérêt à caractère de couverture, voir n° 42020.

Primes d'option versées ou reçues La prime d'option représente la **valeur de l'option à sa date d'entrée.** 42150

> **Précisions** Elle est constituée de deux composantes (voir n° 41445) :
> — la **valeur intrinsèque,** totalement indépendante du temps qui passe mais **fonction des variations de valeur du sous-jacent** ;
> — la **valeur temps** qui **diminue inexorablement** avec le temps pour arriver à zéro à maturité de l'option.

En l'absence de précision des textes concernant le traitement des primes d'option versées ou reçues lorsque l'option est en position ouverte isolée, deux approches sont, à notre avis, possibles :
a. Traiter globalement la prime d'option Conformément aux principes applicables aux positions ouvertes isolées, elle doit être ajustée des variations de valeur constatées à chaque clôture. Dans ce cas :
— les plus et moins-values latentes constatées à la clôture sont comptabilisées dans les comptes 478 « Différences d'évaluation sur instruments financiers à terme », en ajustement du compte 521 « Instruments financiers à terme » ;
— les plus-values (possibles en cas d'achat d'option) n'interviennent pas dans la formation du résultat ;
— toute moins-value latente comptabilisée donne lieu à la constatation d'une provision pour perte.
b. Traiter distinctement la partie représentant le coût de portage et la valeur intrinsèque de l'option Selon cette approche, le coût de portage devrait pouvoir, à notre avis, être systématiquement étalé sur la durée du contrat.

> **Fiscalement** À propos d'une situation antérieure à l'entrée en vigueur du règlement ANC n° 2015-05 du 2 juillet 2015 relatif aux principes de la comptabilité de couverture, le Conseil d'État a jugé qu'en l'absence de règle comptable en disposant autrement, la valeur temps de la prime d'option peut donner lieu à la constitution de provisions, le cas échéant (CE 29-11-2021 n° 450732).

VI. ABANDONS DE CRÉANCES ET RENONCIATIONS À DES RECETTES

DISTINCTIONS ENTRE LES DIFFÉRENTS ABANDONS DE CRÉANCES

42220 **Distinction entre abandons à caractère commercial et financier** Cette distinction doit procéder d'un examen non pas isolé, mais **global, de l'ensemble des éléments de fait ou de droit** relevés au moment où l'abandon de créance a été consenti (BOI-BIC-BASE-50-10), ce qui se traduit en pratique par trois types de situations (pour plus de précisions, voir Mémento Fiscal n° 8920 à 8962).

> **Précisions** Un abandon de créance résulte de la conjonction de deux éléments (BOI-BIC-BASE-50-10 n° 30 et 40) :
> — un **élément matériel** impliquant, d'une part, l'enregistrement préalable en comptabilité d'une créance pour un montant déterminé par l'entreprise créancière et d'une dette d'égal montant par l'entreprise débitrice, et, d'autre part, la comptabilisation par l'entreprise qui consent l'abandon d'une perte correspondant au montant de la créance abandonnée ainsi que la constatation d'un profit à concurrence du montant de la dette annulée par l'entreprise qui bénéficie de l'abandon ;
> — un **élément intentionnel** résultant des motivations qui ont été à l'origine de l'abandon de créance.

I. Abandons uniquement commerciaux Il en est ainsi lorsque l'abandon, trouvant son origine dans les relations commerciales entre deux entreprises (même si elles appartiennent au même groupe), est consenti, soit pour maintenir des débouchés, soit pour préserver des sources d'approvisionnement.

II. Abandons uniquement financiers C'est le cas lorsque, simultanément, la nature de la créance (prêt, avance…), les liens **exclusifs de toute relation commerciale** unissant l'entreprise créancière et l'entreprise débitrice, ainsi que les motivations de l'abandon, présentent un caractère **strictement** financier (BOI-BIC-BASE-50-10 n° 110 à 140). Ce ne devrait être le cas, en pratique, qu'entre sociétés du même groupe, tout particulièrement lorsqu'une société mère vient en aide à sa filiale en difficulté afin de préserver son propre renom et d'assainir sa situation financière (CE 30-4-1980 n° 16253).

III. Abandons aux motivations hétérogènes Si les motivations revêtent un aspect commercial marqué et prédominant, l'abandon est commercial ; dans le cas contraire, en l'absence de relation commerciale significative, l'abandon est financier (BOI-BIC-BASE-50-10 n° 140 et 160).

> **Précisions** La qualification de l'abandon n'est pas exclusivement fondée sur la nature de la créance abandonnée et prend en compte, plus largement, les caractéristiques des relations entretenues entre la société créancière et l'entreprise débitrice (BOI-BIC-BASE-50-10 n° 110). Revêtent un **caractère commercial** :
> — l'abandon de créances accordé par une société mère à sa filiale en difficulté pour lui éviter le dépôt de bilan, lequel risquait de porter atteinte au crédit de la société mère et surtout aurait entravé la poursuite par cette dernière de ses activités (CE 25-11-1981 n° 11930 ; CE 4-12-1985 n° 44323) ;
> — les abandons de créances consentis par une société holding à des filiales en difficulté détenues à 100 % auxquelles elle rend des prestations de services, dès lors que son chiffre d'affaires est presque uniquement procuré par le produit de ces prestations (CE 7-2-2018 n° 398676) ;
> — l'abandon de créance consenti à une société cliente (dans laquelle elle détient une participation minoritaire et qui est détenue par les mêmes actionnaires que les siens), dont la mise en liquidation compromettrait la poursuite de l'activité de l'entreprise créancière (CE 26-6-1992 n° 68646) ;
> — l'abandon de créance consenti par une société mère à sa filiale motivé par le développement d'une activité résultant du perfectionnement par la filiale d'une technologie qu'elle lui a concédée, même en l'absence de chiffre d'affaires généré à la date d'octroi de l'aide, dès lors que les perspectives de développement de cette activité n'apparaissent pas comme purement éventuelles à cette date (CE 26-7-2023 n° 463846).
> En revanche, ne revêt **pas un caractère commercial** l'abandon de créance consenti par une société mère à sa filiale, dès lors que les relations commerciales entre elles n'étaient que très subsidiaires par rapport au montant de l'abandon de créance, nécessaire à la poursuite de l'activité de la filiale (CE 27-10-2010 n° 325281). Selon l'administration, le fait qu'une société mère assure, pour le compte de ses filiales, des services internes d'intérêt commun n'est pas en principe de nature à établir l'existence de relations commerciales significatives (BOI-BIC-BASE-50-10 n° 160). Confirmant cette analyse, la cour d'appel administrative de Nantes a jugé que toutes les prestations administratives de support qu'une société holding rend habituellement à ses filiales doivent être rattachées à la catégorie de prestations financières pour la qualification de l'abandon, et que seuls les services se

rattachant à l'activité commerciale de la filiale peuvent donner lieu à un abandon de créance commercial (CAA Nantes 23-9-2022 n° 20NT00524 définitif suite à CE (na) 30-6-2023 n° 469132). Mais cette approche est à notre avis discutable, dans la mesure où elle s'écarte de la jurisprudence faisant prévaloir l'analyse des contreparties obtenues par la société aidante pour la qualification d'une aide. Ainsi, l'abandon de loyers consenti par un holding à une filiale à laquelle elle loue des locaux peut être qualifié comme commercial lorsque ces recettes représentent l'essentiel de l'activité du holding et qu'il est établi qu'il aurait des difficultés à trouver un autre locataire en raison de la spécificité des locaux (CAA Douai 27-10-2022 n° 20DA00982).

Pour plus de détails et d'illustrations, voir Mémento Fiscal n° 8920 à 8962.

Absence de distinction juridique 42225

> **Juridiquement** Selon le bulletin CNCC (n° 104, décembre 1996, EJ 96-161, p. 733), tout abandon de créance avec ou sans clause de retour à meilleure fortune (voir n° 42320 s.) relève de la procédure des conventions réglementées au titre des articles L 225-38 à L 225-40 du Code de commerce et cela indépendamment de l'origine commerciale ou financière de la créance abandonnée.
> À partir de ce moment, les effets de la convention de prêt sont suspendus et n'ont aucune incidence sur les comptes annuels ; le commissaire aux comptes n'a donc plus de rapport spécial à présenter chaque année pour signaler l'existence de la clause de retour à meilleure fortune.
> En revanche, il doit y avoir une information explicite dans l'annexe des comptes annuels (voir n° 50690).
> Enfin, dans l'hypothèse où la clause de retour à meilleure fortune viendrait à s'appliquer, il devra en être fait mention dans le rapport spécial sur les conventions réglementées.

ABANDON À CARACTÈRE COMMERCIAL

Comptablement L'abandon de créance (y compris les indemnités de retard sur cette créance, voir n° 46045) à caractère commercial constitue : 42230
– une charge d'exploitation pour la société qui consent l'abandon et un produit d'exploitation pour le bénéficiaire ;
– sauf s'il peut être démontré que l'abandon n'est pas lié à l'exploitation courante de l'entreprise (voir n° 52030 s.) ; dans ce cas elle devrait pouvoir être comptabilisée en résultat exceptionnel.
Sur la date d'enregistrement du produit né de l'abandon de créance, voir n° 42300.

> **Précisions 1. Crise et abandon de créance** L'ANC recommande d'inscrire l'annulation d'une créance (de façon symétrique) en résultat d'exploitation ou financier en fonction de la nature de la créance annulée (en ce sens, Rec. ANC Covid-19, Questions J6 et K3) :
> **a.** En cas de l'annulation d'une créance d'exploitation, elle est comptabilisée :
> – soit lorsque l'abandon de créance s'est matérialisé par l'émission d'une facture d'avoir : aux comptes 609, 619, ou 629 (selon le cas) « Rabais, remises et ristournes » chez le bénéficiaire et au compte 709 chez celui qui consent l'abandon ;
> – soit lorsqu'il s'est matérialisé par une convention : au compte 758 « Produits divers de gestion courante » chez le bénéficiaire et au compte 658 « Charges diverses de gestion courante » chez celui qui consent l'abandon.
> **b.** En cas de l'annulation d'une créance financière, elle est comptabilisée au compte 768 « Autres produits financiers » chez le bénéficiaire et au compte 668 « Autres charges financières » chez celui qui consent l'abandon.
> **c.** Si l'entité comptabilise habituellement les abandons de créance de même nature en résultat exceptionnel, elle peut soit continuer à utiliser ce mode de comptabilisation, soit suivre la recommandation de l'ANC (de façon permanente pour l'avenir).
> **2. Opérations exclues** Ne sont pas concernés :
> – le « coup d'accordéon » (augmentation de capital suivie d'une réduction de capital), voir n° 55545 ;
> – la renonciation à des recettes, voir n° 42340.

Fiscalement I. **Chez la société qui consent l'abandon** Un abandon de créance justifié par des motivations commerciales est fiscalement **déductible** du résultat de l'entreprise qui le consent sous réserve : 42235

a. qu'elle en retire une contrepartie proportionnée au montant de l'aide (BOI-BIC-BASE-50-20-10 n° 50 ; BOI-BIC-BASE-50-10 n° 80 à 100). Sont ainsi considérés comme déductibles par la jurisprudence les abandons motivés par la volonté d'une entreprise de maintenir ses débouchés commerciaux en venant en aide à des clients importants en difficulté (CE 15-2-1984 n° 35339 ; CE 27-6-1984 n° 35030), ou de préserver ses sources d'approvisionnement en accordant des avantages à ses fournisseurs dont la situation le justifie (CE 16-2-1983 n° 37868). Le montant des avantages accordés doit être en rapport avec l'étendue des relations commerciales entretenues avec l'entreprise bénéficiaire. Ainsi, les avances sans intérêt accordées par une société mère à sa filiale avec la volonté de préserver des clients communs ne peuvent pas donner lieu à un abandon déductible lorsque leur montant est manifestement excessif par rapport au chiffre d'affaires réalisé avec cette clientèle (CE 23-1-2015 n° 365525).

Par exception, les abandons de créances à caractère commercial consentis ou supportés **dans le cadre d'un plan de sauvegarde, de redressement ou d'un accord de conciliation** constaté ou homologué dans les conditions prévues à l'article L 611-8 du Code de commerce, sont déductibles en totalité sans qu'il soit exigé de justifier que l'entreprise a agi dans son intérêt propre (CGI art. 38, 1-8°).

Pour plus de détails et des exemples d'avantages considérés comme déductibles ou non, voir BIC-IX-50300 s.

La circonstance qu'un abandon de créance soit consenti à une société liée (société mère, société sœur ou filiale), y compris à une société appartenant au même groupe d'intégration fiscale, n'affecte pas les conditions de sa déductibilité. En particulier, l'intérêt général du groupe ne justifie pas, à lui seul, la déduction d'un abandon, seul l'intérêt propre de la société aidante étant pris en considération pour apprécier le bien-fondé de ses justifications (CE 19-12-1988 n° 55655 ; CE 30-9-1987 n° 50157).

> **Précisions 1. Aides accordées aux filiales étrangères** Elles sont admises en déduction dans les mêmes conditions que celles consenties à des filiales françaises, et leur régime fiscal est identique (CE 9-10-1991 n° 67642 et 69503 ; CE 11-2-1994 n° 119726). Le Conseil d'État prend en considération, le cas échéant, la situation juridique de la filiale étrangère pour qualifier les caractéristiques de l'opération au regard du droit étranger et apprécier en conséquence le caractère normal ou non de l'aide consentie (CE 7-9-2009 n° 303560). Mais l'analyse au regard du droit étranger, et en particulier le traitement imposé par le droit comptable étranger, ne commande pas directement le régime fiscal de l'aide en droit interne, qui découle exclusivement de l'application du CGI (CE 31-3-2017 n° 383129 ; CE 13-4-2018 n° 398271). Pour plus de détails, voir Mémento Fiscal n° 8940. Sur les aides accordées aux succursales étrangères, voir n° 70025 et sur les aides accordées à une filiale française pour couvrir les pertes d'établissements stables étrangers, voir n° 42290.

2. Abandon de créance consenti à une société de personnes Lorsqu'un abandon de créance consenti à une filiale relevant du régime des sociétés de personnes est considéré comme relevant d'un **acte anormal de gestion,** sa réintégration au résultat imposable de la société mère conduit à une double imposition de cette société dès lors que l'aide est déjà prise en compte dans le résultat de la filiale. Plusieurs cours administratives d'appel ont admis d'atténuer les conséquences de cette situation à propos des avances sans intérêts (voir n° 40190).

Un abandon de créances à caractère commercial consenti à l'occasion de la prise de contrôle d'une filiale ou dans le contexte de la cession de ses titres est en principe admis en déduction, voir n° 37695.

b. que la créance abandonnée soit initialement comptabilisée La cour administrative d'appel de Douai a jugé à cet égard qu'une société ne justifie pas de son intérêt à se dispenser d'enregistrer en comptabilité les loyers dus par une société liée, ce qui l'a privée de la possibilité de constater une provision pour dépréciation de sa créance, en arguant des difficultés financières du locataire, des frais inhérents à une procédure d'expulsion et à la recherche d'un nouveau locataire, alors que la situation privilégiée des immeubles loués constituait un atout pour la recherche d'un successeur (CAA Douai 19-11-2020 n° 19DA00681).

II. chez la société bénéficiaire de l'abandon L'entreprise bénéficiaire d'un abandon de créance doit l'inclure dans son résultat imposable de l'exercice au cours duquel sa dette est éteinte (BOI-BIC-BASE-50-20-20 n° 1). Lorsqu'il bénéficie à une société en difficulté, le montant de l'abandon de créance majore le plafond fixé pour le report en avant des déficits (voir n° 52590).

Le remboursement ultérieur de la somme abandonnée, par l'entreprise bénéficiaire de l'abandon de créance, n'est pas déductible lorsqu'il a été consenti initialement sans clause de retour à meilleure fortune (CAA Paris 6-7-1993 n° 91-997). Sur les abandons avec clause de retour à meilleure fortune, voir n° 42320 s.

42240 III Régime de la TVA

1. Dans quels cas une TVA **au titre de l'abandon de créance est-elle** exigible ? La TVA est exigible si l'abandon peut être considéré comme la **rémunération d'un service** rendu à son auteur par l'entreprise bénéficiaire ou comme venant en **complément du prix des opérations réalisées** par celle-ci. Dans les autres cas, l'abandon de créance n'est pas soumis à la TVA (BOI-TVA-BASE-10-10-50 n° 130 à 160 et 180). La distinction entre les abandons de créances à caractère commercial ou financier est sans portée en matière de TVA. Pour plus de détails, voir Mémento Fiscal n° 46920 à 46950.

2. Lorsque la TVA est exigible : c'est la **passation en écritures** de la remise de dette qui **rend exigible la TVA.**

La **société qui reçoit l'aide** doit délivrer à l'entreprise qui l'accorde une **facture** comportant le taux de la TVA, le prix net et le montant de la taxe.

Concernant la TVA sur les opérations qui ont données lieu à la créance abandonnée, lorsque celle-ci se rapporte à des opérations passibles de la TVA, **ces opérations demeurent taxables**. Ainsi :
– si la créance porte sur une livraison de biens, la taxe déjà acquittée à cette occasion ne peut faire l'objet d'une restitution ;

EXEMPLE

Facture de livraison de biens

1. Comptabilisation chez la société qui consent l'abandon :

	41 Clients	4456 TVA déductible	4457 TVA collectée	4455 TVA à décaisser	658 Charges diverses de gestion courante	70 Ventes
1. Vente initiale	120		20			100
2. Constatation de la TVA à décaisser sur la livraison facturée dans le mois			20	20		
3. Constatation de la facture*	120	20			100	
4. Récupération effective de la TVA**		20		20		
	120 | 120 soldé	20 | 20 soldé	20 | 20 soldé	20 | 20 soldé	100	100

* Abandon matérialisé par une convention et non par une facture d'avoir.
** Avec celle afférente aux ventes du mois où est survenu l'abandon de créance.
_ _ Même exercice ou exercice ultérieur.

2. Comptabilisation chez la société bénéficiaire de l'abandon :

	40 Fournisseurs	4456 TVA déductible	4457 TVA collectée	4455 TVA à décaisser	60 à 62 Charges	758 Produits divers de gestion courante
1. Achat initial	120	20			100	
2. Constatation de la TVA récupérable sur la livraison facturée dans le mois		20		20		
3. Constatation de la facture*	120		20			100
4. Constatation de la TVA à décaisser**			20	20		
	120 | 120 soldé	20 | 20 soldé	20 | 20 soldé	20 | 20 soldé	100	100

* Abandon matérialisé par une convention et non par une facture d'avoir.
** Avec celle afférente aux ventes du mois où est survenu l'abandon de créance.
_ _ Même exercice ou exercice ultérieur.

– si la créance porte sur un service, la taxe est due par l'entreprise qui abandonne sa créance lorsque celle-ci est soldée par compensation avec le prix du service d'intérêt commercial rendu pour les besoins de son exploitation (sauf option pour le paiement sur les débits ; dans ce cas les écritures sont les mêmes que pour une livraison de biens, voir ci-avant).

3. Lorsque la TVA n'est pas exigible : la filiale ne facturant pas de TVA sur le montant de la créance abandonnée, la société mère se trouve en pratique placée dans la même situation que si, ayant été réglée du montant de sa créance commerciale, elle avait ensuite décidé d'accorder à sa filiale une subvention (non taxable) d'un montant égal à cette créance. Mais la solution sera différente suivant qu'elle fixera cette subvention au montant TTC ou au montant hors taxe de sa créance commerciale :

a. Si son aide représente le **montant TTC** de la créance, elle constate une perte exceptionnelle du même montant. Ainsi, sur une créance initiale de 120 TTC et un produit de 100 HT, elle enregistre une perte de 120.

Cette opération se traduit dans ce cas, pour la filiale, par un produit exceptionnel de 120 pour une charge initiale de 100.

b. Si son aide se limite au **montant HT** de la créance, la filiale reste débitrice d'une somme égale au montant de la TVA. Dans ce cas, la créance de la mère et la dette de la filiale sont :
– d'abord réduites du montant de la TVA (20) versée par la filiale,
– puis soldées par constatation de l'abandon respectivement en charges et en produits exceptionnels (100).

> **Précisions** Lorsqu'une entreprise a acquitté la TVA à raison d'une vente et que sa créance devient par la suite irrécouvrable, elle peut, dans certaines conditions, demander la récupération de cette TVA par voie d'imputation ou de remboursement (voir Mémento Fiscal n° 54400).

ABANDON À CARACTÈRE FINANCIER

42270 Conséquences pour la société créancière L'abandon **ne constitue pas** comptablement une **majoration du prix d'achat,** mais une charge (voir n° 37695).

En principe, la créance sur la filiale (y compris les indemnités de retard sur cette créance, voir n° 46045) devrait être diminuée du montant de l'abandon avec, en contrepartie, une charge, à notre avis :
– financière (inscrite au compte 664 « Pertes sur créances liées à des participations ») ;
– sauf s'il peut être démontré que l'abandon n'est pas lié à l'exploitation courante de l'entreprise (voir n° 52030 s.) ; dans ce cas elle devrait pouvoir être comptabilisée au compte 6788 « Charges exceptionnelles diverses ».

Sur l'abandon de créance en cas de cessation des paiements par le débiteur, voir n° 11405.

> **Précisions 1. Crise et abandon de créance** Voir n° 42230.
> **2. Dépréciations antérieures des titres de la filiale** Si des dépréciations ont été antérieurement constituées en fonction des capitaux propres de la filiale, c'est-à-dire que les titres ont été dépréciés en totalité et les créances à hauteur des capitaux propres négatifs (voir n° 38480), la charge résultant de l'abandon de créance sera toutefois compensée par les reprises des dépréciations. Le résultat comptable ne devrait donc pas être affecté.

> **Fiscalement a. Principes** Un abandon de créance à caractère financier n'est en principe **pas déductible** et doit être réintégré en totalité au résultat imposable de la société qui l'octroie (CGI art. 39, 13). Une fraction de son montant peut être considérée comme un **supplément d'apport** à incorporer au prix de revient des titres de la filiale, voir n° 37695 (sur les conséquences comptables et fiscales).
> **b. Abandon de créance à une société en difficulté** La déduction totale ou partielle d'un abandon de créance à caractère financier est admise lorsqu'il est consenti (CGI art. 39, 13) :
> – dans le cadre d'une procédure de conciliation, en application d'un accord constaté ou homologué dans les conditions de l'article L 611-8 du Code de commerce, ou d'une procédure de sauvegarde, de redressement judiciaire ou de liquidation judiciaire ;
> – ou à une entreprise étrangère placée sous une procédure d'insolvabilité mentionnée à l'annexe A du règlement CE n° 1346/2000 (BOI-BIC-BASE-50-20-10 n° 63).
> L'abandon est déductible à hauteur (BOI-BIC-BASE-50-20-10 n° 67) :
> – de la situation nette négative de la société bénéficiaire ;
> – et pour le montant excédant cette situation nette négative, à proportion des participations détenues par les autres associés (pour plus de détails, voir Mémento Fiscal n° 8950 à 8952).
> La situation nette négative d'une filiale peut être établie par une évaluation de sa valeur globale fondée sur sa valeur patrimoniale résultant de la valeur mathématique des titres. Le Conseil d'État a également reconnu la possibilité de recourir à des méthodes d'évaluation de nature économique s'appuyant sur la valorisation des flux futurs ou l'évaluation de la valeur liquidative (CE 21-6-2022 n° 447084 ; décision portant sur une période antérieure à l'entrée en vigueur de l'article 39,13 du CGI mais transposable, à notre avis, pour son application).
> La quote-part non déductible de l'abandon doit être réintégrée extra-comptablement sur l'imprimé n° 2058-A (ligne WQ).
> Pour l'impact d'un abandon de créance accordé à une société en difficulté sur le plafond d'imputation des reports déficitaires, voir n° 52590.

Conséquences pour la société bénéficiaire de l'abandon　　42290

I. Comptabilisation La dette envers la société qui consent l'abandon est diminuée du montant de celui-ci (débit du compte 451 « Groupe » ou 17 « Dettes rattachées à des participations » ou 455 « Associés-Comptes courants ») qui, en contrepartie, est constaté en totalité en produit. Ce produit est à classer, à notre avis :
– en résultat **financier**, au compte 768 « Autres produits financiers » (voir n° 42960) ;
– sauf s'il peut être démontré que l'abandon n'est pas lié à l'exploitation courante de l'entreprise (voir n° 52030 s.) ; dans ce cas il devrait pouvoir être comptabilisé au compte 7788 « Produits exceptionnels divers ».

> **Précisions**　Crise et abandon de créance Voir n° 42230.

> **Fiscalement**　**a. Principe** L'abandon de créance constitue, en principe, un produit imposable. Toutefois, lorsqu'il est destiné à couvrir les pertes des établissements stables étrangers de la société bénéficiaire, le produit est rattaché aux activités exercées à l'étranger (CAA Paris 30-4-2013 n° 11PA02864).

b. Abandon assorti d'un engagement d'augmentation de capital de la filiale La fraction de l'abandon de créance **non déductible** du résultat de la société mère (voir n° 42270) peut être exonérée au nom de la filiale bénéficiaire si celle-ci est soumise à l'IS (Rép. de Villiers : AN 3-4-2000 n° 39243, non reprise dans Bofip) et s'engage à augmenter son capital à due concurrence au profit de la mère avant la clôture du second exercice suivant celui de l'abandon (CGI art. 216 A ; BOI-IS-BASE-10-10-30).
L'exonération s'applique sous réserve du respect des conditions suivantes :
– la société créancière doit avoir la qualité de **société mère** au sens de l'article 145 du CGI (voir n° 36345 à 36355) à la date de l'abandon. L'exonération n'est donc pas applicable lorsqu'une filiale s'engage à augmenter son capital au profit de sa nouvelle société mère, l'abandon ayant été consenti par son ancienne société mère, avant la cession de ses titres (TA Nantes 20-2-2014 n° 1112147 ; jugement définitif) ;
– l'augmentation de capital doit être libérée par conversion de créance ou en numéraire (une incorporation de réserves au capital n'est pas admise) ;
– l'**engagement** de la filiale de procéder à une augmentation de capital doit être **joint**, sur papier libre, à la déclaration des résultats de l'exercice au cours duquel l'abandon de créance lui a été consenti ; il n'est pas possible (CAA Paris 29-5-1990 n° 1969 et CE 2-3-1994 n° 118710) de revenir sur celle-ci au moyen d'une déclaration rectificative (voir toutefois ci-après en cas de manquement à l'engagement pris).
Une déduction extra-comptable est effectuée sur l'imprimé 2058-A (ligne XG) à hauteur de l'engagement d'augmentation de capital et dans la limite du montant non déductible de l'abandon chez la société mère.
Pour l'impact d'un abandon de créance accordé à une société en difficulté sur le plafond d'imputation des reports déficitaires, voir n° 52590.
En cas de **manquement à l'engagement** pris, la filiale bénéficiaire de l'abandon doit rapporter le montant correspondant à son résultat imposable de l'exercice au cours duquel il a été consenti (CGI art. 216 A). En conséquence, elle ne doit effectuer aucun retraitement extra-comptable sur l'imprimé n° 2058-A de l'exercice du manquement à l'engagement pris, mais doit souscrire une déclaration rectificative au titre de cet exercice (BOI-IS-BASE-10-10-30 n° 100).
En cas de remboursement de l'abandon, la somme reversée n'est pas déductible dès lors que l'abandon de créance a été consenti initialement sans clause de retour à meilleure fortune (CAA Paris 6-7-1993 n° 91-997). Sur les abandons avec clause de retour à meilleure fortune, voir n° 42320 s.

Cette distinction fiscale n'a aucune incidence sur la comptabilisation (Bull. CNCC n° 96, décembre 1994, EC 94-35, p. 720 s.).

II. Date de constatation du produit　　42300

Le produit de l'abandon de créance est constaté :
– à la **date de l'accord irrévocable** formalisant l'abandon de sa créance par le créancier (Bull. CNCC n° 189, mars 2018, EC 2018-10, p. 148). C'est à cette date qu'il devient certain à la clôture (C. com. art. L 123-21 ; voir n° 10350) ;

> **Précisions**　**1. Déclaration d'intention à la clôture** La déclaration d'intention de consentir un abandon de créance faite avant la clôture (par exemple réponse à un sondage auprès des différents créanciers) n'est pas suffisante pour constater le produit, celle-ci n'ayant pas de caractère contractuel engageant les créanciers (Bull. CNCC précité). Le produit n'est donc pas certain dans son principe à la clôture (voir n° 10350).

Sur l'impossibilité de tenir compte des événements rendant un produit probable à la clôture, certain à la date d'arrêté des comptes, voir n° 52315.

2. Accord non irrévocable à la clôture Tel est le cas si l'accord est (Questions-Réponses CNCC Covid-19, Question 9.4) :
– provisoire et toujours en cours de validation à la clôture (voir ci-avant 1.) ;

— définitif mais assorti d'une condition suspensive non levée à la date d'arrêté des comptes.
3. Cas (rares en pratique) d'une validation définitive ayant un caractère purement formel Dans ce cas, le produit peut être comptabilisé dès la clôture (Questions-Réponses CNCC Covid-19, Question 9.4). Le caractère purement formel doit être démontré par une appréciation au cas par cas au vu des faits et circonstances. Tel est le cas, par exemple, s'il est démontré que l'interlocuteur qui a donné son accord de principe à la clôture disposait bien, dans les faits, du pouvoir de validation définitive en vertu d'un niveau de délégation adéquat.

— **si,** à cette date, il est **acquis** à l'exercice (PCG art. 512-4).

> **Précisions** Ainsi, dans le cas d'un abandon décidé par la société mère avant la clôture de l'exercice mais portant sur des sommes qui seront versées à la filiale seulement l'exercice suivant, selon le bulletin CNCC (n° 94, juin 1994, EC 94-28, p. 295), cette dernière :
> — ne peut constater l'abandon en profit (faute de créance née en l'absence de versement des fonds, voir n° 40960, l'abandon est impossible à réaliser) ;
> — doit mentionner dans l'annexe l'engagement reçu de la société mère.
> Sur les conséquences chez la société mère, voir n° 42270.

> **Fiscalement** Il en est de même, le produit n'étant imposable que sur l'exercice de l'abandon. L'abandon résulte de la conjonction d'un élément matériel (enregistrement préalable de la créance en comptabilité, puis de la perte correspondant à la créance abandonnée) et d'un élément intentionnel issu des motivations qui sont à l'origine de l'abandon (BOI-BIC-BASE-50-10 n° 30 et 40). Un abandon de créance ne peut être présumé du seul fait que les créanciers s'abstiennent d'engager une action en recouvrement (CE 8-7-1985 n° 31755).

ABANDON DE CRÉANCE ASSORTI D'UNE CLAUSE DE RETOUR À MEILLEURE FORTUNE

42320 L'abandon de créance avec clause de retour à meilleure fortune a pour objet de permettre à l'ex-créancier de retrouver son pouvoir de contrainte pour obliger son ancien débiteur à honorer sa dette antérieure, à la date à laquelle il retrouvera des moyens financiers suffisants. La constatation ultérieure de gains suffisants rétablit donc la dette originelle.

> **Précisions** Cette clause ne modifie ni les schémas de comptabilisation (Bull. CNCC n° 87, septembre 1992, EC 92-16, p. 478 s.) **ni les particularités fiscales** (notamment conditions de déductibilité et la TVA), exposés tant pour les abandons de créances commerciaux que financiers. **Toutefois** (Bull. CNCC n° 104, décembre 1996, EJ 96-161, p. 733), elle nécessite des **compléments d'information** :
> — dans l'annexe ;
> — et dans le rapport spécial du commissaire aux comptes (voir n° 42225).

42325 Conséquences pour la société bénéficiaire de l'abandon La clause de retour à meilleure fortune peut en effet être considérée comme une convention résolutoire dont seule la réalisation de la condition peut entraîner la résolution de l'engagement (Bull. CNCC n° 108, décembre 1997, EJ 97-14 et EJ 97-142, p. 541). Il en résulte ce qui suit :

I. Au moment de l'abandon de créance La **dette abandonnée sous condition** n'apparaît plus au bilan (constatation d'un produit, voir n° 42290) mais constitue, à notre avis, un **passif éventuel** à mentionner en annexe (voir n° 52520).

> **Fiscalement** Ce produit est imposable sauf dans les cas (abandon financier) où l'exonération conditionnelle prévue à l'article 216 A du CGI peut s'appliquer et les engagements sont respectés (BOI-BIC-BASE-50-20-20 n° 1 ; voir n° 42290).

Il demeure en outre indispensable de porter à la connaissance des actionnaires et des tiers, dans l'annexe des comptes, l'**engagement conditionnel** liant la société au créancier en le comprenant dans les engagements hors bilan au titre des engagements financiers donnés (voir n° 50690).

> **Précisions** Il convient d'ailleurs, à notre avis, de tenir compte de cet engagement dans l'estimation de la valeur de l'entreprise, celui-ci réduisant les bénéfices futurs.
> En revanche, il n'a pas à être pris en compte pour la détermination des capitaux propres (voir n° 55040).

II. Lorsque le retour à meilleure fortune devient probable La question se pose de savoir si une provision est ou non à comptabiliser. À notre avis, et en l'absence de précision du PCG (les règles sur les passifs ne s'appliquant pas aux passifs financiers), une **provision** est à comptabiliser **dès que le retour à meilleure fortune devient probable.** En effet, une obligation conditionnelle de rembourser la dette existe dès la signature de la convention d'abandon de créance. En conséquence, **dès que le retour à meilleure fortune devient probable,** la sortie de ressources devient également probable.

> **Précisions** La sortie de ressources est en effet sans contrepartie au moins équivalente, la contrepartie de l'obligation ayant déjà été reçue sous forme du produit constaté lors de l'abandon (voir ci-avant I.).
Cette approche est plus proche des normes IFRS (voir Mémento IFRS n° 46270).

Selon certains, au contraire, l'obligation de rembourser la dette n'apparaît que lors du retour à meilleure fortune. Dans ce cas, **tant que le retour à meilleure fortune n'est pas intervenu,** il n'y a pas d'obligation et **aucune provision n'est à constater.**

> **Fiscalement** Sur l'impossibilité de déduire la charge avant l'exercice au cours duquel la dette renaît, voir ci-après III.

III. Lorsque le retour à meilleure fortune est effectif
(c'est-à-dire lorsque les conditions prévues dans la convention sont effectivement remplies, voir ci-après IV.) Le retour à meilleure fortune a pour conséquence de faire **renaître la dette** envers celui ayant consenti l'abandon de créance et de faire apparaître une **charge** (Bull. CNCC n° 108, décembre 1997, EJ 97-142, p. 541). Sur le classement en résultat financier ou exceptionnel, voir n° 42290.
Le montant de l'engagement hors bilan en est réduit d'autant.

> **Fiscalement** À condition que la réalité de la dette envers la société auteur de l'abandon de créance soit établie (un simple accord verbal ne suffisant pas : CAA Paris 12-12-2013 n° 12PA01513), cette charge est déductible du résultat de l'exercice au cours duquel la dette renaît c'est-à-dire à la date de réalisation des conditions de retour à meilleure fortune telles qu'elles sont stipulées dans la clause (CE 22-7-2016 n° 388147), à hauteur de la fraction du profit retenue antérieurement dans le résultat imposable de la filiale (BOI-IS-BASE-10-10-30 n° 120). Toutefois, comme cela a été jugé pour la reconnaissance du produit chez la société créancière (voir ci-après), la renaissance peut être progressive lorsque la convention prévoit par exemple que le remboursement est plafonné au résultat positif dégagé sur l'exercice (CAA Douai 6-8-2010 n° 09-1342). En revanche, s'il s'agit d'un abandon de créance à caractère financier consenti par une société mère, la déduction du remboursement est limitée à la fraction du profit retenue antérieurement dans le résultat imposable de la filiale (BOI-IS-BASE-10-10-30 n° 120).
En matière de TVA, voir Mémento Fiscal n° 46920 à 46950.

IV. Les difficultés de détermination du retour à meilleure fortune

a. Importance des clauses contractuelles La notion de « retour à meilleure fortune » dépend de la convention passée entre les deux sociétés ; ces dernières ont donc, à notre avis (en ce sens également, Bull. CNCC n° 108, décembre 1997, EJ 97-14/EJ 97-142, p. 541 et Rec. ANC Covid-19, Question H5), tout intérêt à prévoir des clauses définissant clairement le fait générateur.

b. En l'absence de clause suffisamment claire, la CNCC (Bull. n° 139, septembre 2005, EJ 2005-103, p. 481) souligne d'ailleurs qu'il est difficile d'affirmer a posteriori qu'il y a retour à meilleure fortune dans telle ou telle circonstance (si, par exemple, un actif net est redevenu positif bien qu'inférieur à la moitié du capital ou encore qu'un actif net est égal à 10 % du capital, ou à plus de 50 % du capital, alors même que cette circonstance n'a pas été préalablement stipulée…).

> **Fiscalement** Le remboursement par la société de l'abandon de créance qui lui a été antérieurement consenti n'est pas déductible lorsque les modalités du retour à meilleure fortune ne sont pas définies (CAA Paris 31-7-2015 n° 14PA05378).

Conséquences pour la société créancière   42330

I. Au moment de l'abandon de créance
La créance abandonnée sous condition disparaît du bilan (charge financière ou exceptionnelle, voir n° 42270). Il peut être utile de mentionner qu'il s'agit d'un abandon conditionnel dans l'annexe, en tant qu'engagement hors bilan reçu de la filiale bénéficiaire (voir n° 50690). La société pourra également indiquer, le cas échéant, l'espérance du remboursement.

> **Fiscalement** La déduction de cette charge obéit à la distinction opérée ci-avant entre les abandons de créances commerciaux et financiers.

II. Lorsque le retour à meilleure fortune est effectif
En cas de remboursement, suite à un retour à meilleure fortune de la filiale, celui-ci constitue un produit (sur le classement en résultat financier ou exceptionnel, voir n° 42270).

> **Fiscalement** L'exercice de rattachement et le montant du produit imposable correspondant au remboursement de l'aide résultent des modalités de remboursement prévues par la convention (CE 11-10-2004 n° 250153). La société qui consent l'abandon n'est imposable que dans la limite des sommes qu'elle a initialement déduites (BOI-BIC-BASE-50-20-10 n° 290).
En ce qui concerne la TVA, la société bénéficiaire du remboursement est tenue de reverser la TVA qu'elle avait déduite à raison du prix du service remboursé.

RENONCIATIONS À DES RECETTES

42340 Il s'agit notamment de prêts ou avances sans intérêts, non-facturation de ventes ou de services… Sur le plan comptable, **aucune écriture particulière** n'est à passer.

> **Fiscalement** Il en est de même, sous réserve que la renonciation à des recettes soit justifiée par l'intérêt commercial propre de la société créancière. Ainsi, une société peut valablement renoncer à la perception de redevances d'usage d'une marque dues par une société sœur si cette renonciation permet d'éviter une dévalorisation de cet actif dans des conditions qui compromettraient son usage comme source de revenus, de telle sorte qu'elle répond à son propre intérêt économique (CE 10-2-2016 n° 371258). Une société peut également céder un élément de son stock pour un prix inférieur à sa valeur vénale, si cela lui permet de réaliser dans un délai bref une marge commerciale significative, en l'absence d'intention d'agir contre son intérêt (CE 4-6-2019 n° 418357 ; pour une cession d'immobilisation, voir n° 28170). Plusieurs décisions de cours administratives d'appel ont jugé qu'une avance sans intérêts consentie par une société mère à sa filiale, dans le cadre d'une gestion normale, ne peut en aucun cas avoir pour effet d'accroître la valeur de la participation détenue dans cette filiale contrairement à une subvention ou à un abandon de créance à caractère financier consenti à une filiale dont la situation nette est positive (voir n° 37695). Suivant cette analyse, l'administration ne peut réintégrer au résultat imposable de la société mère les intérêts non réclamés à une filiale en situation financière difficile (CAA Marseille 2-4-2009 n° 06-2583 ; CAA Paris 28-4-2006 n° 03-4255 et CAA Paris 31-1-1991 n° 2798).
> L'administration a toutefois posé le principe suivant lequel les renonciations à recettes produisent les mêmes effets que les abandons de créances (BOI-BIC-BASE-50-10 n° 60).
> Sur le caractère normal ou anormal des avances sans intérêts et sur le cas particulier des avances sans intérêts entre une société de personnes et l'un de ses associés, voir n° 40190.
> Sur le caractère normal ou anormal de l'absence de perception d'intérêts sur des comptes courants d'actionnaires, voir n° 42540.

VII. OPÉRATIONS BPIFRANCE ASSURANCE EXPORT

42410 > **Précisions** Les entreprises qui souhaitent développer leur activité à l'export doivent pouvoir faire face aux différents risques inhérents à l'internationalisation : risques commerciaux (dépenses de prospection non couronnées de succès), risques de fabrication et de crédit, risques financiers (notamment le risque de change) et risques politiques.
Afin de favoriser le développement international des entreprises, l'État propose de couvrir ces risques spécifiques à l'exportation. Ces garanties, gérées pour son compte par Bpifrance Assurance Export (anciennement par la Coface), sont les suivantes :

42415 Assurance Bpifrance Assurance Export des risques liés aux contrats d'exportation (fabrication et crédit)

> **Précisions** L'assurance-crédit export est un moyen de se prémunir contre le **risque de production et la défaillance des clients étrangers**, grâce à des garanties adaptées aux différents types de contrats.
Sur ces différentes garanties (quotités garanties, montant maximum garanti…), voir bpifrance.fr. Elle s'adresse aux entreprises :
– qui exportent des contrats à long terme, dont la durée d'exécution est supérieure à la durée d'un exercice, et/ou qui sont financés sur une durée supérieure à 2 ans ;
– et qui souhaitent se prémunir contre deux types de risques, le risque d'interruption du contrat (« risque de fabrication ») et/ou le risque de non-paiement des créances (« risque de crédit »).

I. Paiement de la prime d'assurance Les primes sont enregistrées soit au compte général 6164 « Assurances – Risques d'exploitation », soit à un compte spécifique à créer pour suivre les primes Bpifrance Assurance Export, par exemple au compte 6166 « Assurance Bpifrance Assurance Export ».

> **Fiscalement** Cette prime est, en principe, déductible au titre des exercices qu'elle couvre.

Cette charge est incorporable aux coûts du contrat et est donc prise à l'avancement ou à l'achèvement selon la méthode retenue par l'entreprise pour ses contrats à long terme (voir n° 10920).

> **Fiscalement** Il devrait, à notre avis, en être de même.

II. Survenance d'un sinistre (constatation de la défaillance du débiteur) Dès qu'un risque de fabrication (interruption du contrat) ou de crédit (non-paiement des créances) devient probable, il donne lieu à constitution d'une **dépréciation pour le montant non garanti** par Bpifrance Assurance Export.

En fonction de la nature du risque, il peut s'agir :
– pour le risque de fabrication, d'une dépréciation des travaux en cours de fabrication ou de marchandises et approvisionnements ; cette dépréciation doit être limitée au montant de la perte estimée (à apprécier en fonction des possibilités de réemploi ou de revente) ;
– pour le risque de crédit, d'une dépréciation des créances douteuses (voir n° 11460).

À notre avis, la créance peut être considérée comme effectivement compromise, et donc à déprécier, au plus tard à la date à laquelle l'entreprise, n'ayant pu la recouvrer, transmet le dossier à Bpifrance Assurance Export.

Le montant de la dépréciation à constater doit correspondre, à notre avis :
– soit à la totalité de l'impayé, ce qui implique de constater un produit à recevoir du montant de l'indemnité d'assurance prévisible ;
– soit (solution qui a notre préférence) à la perte probable restant, in fine, à la charge de l'entreprise (il convient donc pour cela de se rapporter aux conditions particulières de la garantie, notamment le montant maximum garanti et la quotité garantie). En effet, il est à notre avis possible de considérer que la garantie Bpifrance Assurance Export est une couverture de l'actif. En conséquence, la dépréciation de l'actif est limitée à son montant non couvert (PCG art. 224-3).

> **Fiscalement** Il en est de même (CAA Paris 28-5-1991 n° 89-1199) (voir n° 48310).

III. Versement des indemnités

a. Date de constatation en produits À notre avis, les indemnités Bpifrance Assurance Export doivent être enregistrées en **produits** dès qu'il y a accord de cet organisme sur le principe de la dette et sur le montant et dès lors que l'entreprise :
– respecte les **conditions commerciales,** telles que prévues par le contrat Bpifrance Assurance Export (notamment, facture avec attestation de passage en douane) ;
– et a reçu la **notification de Bpifrance Assurance Export.**

> **Fiscalement** L'indemnité reçue est imposable dans la mesure où la perte couverte est déductible (D. adm. 4 C-242, n° 50 et 52, non reprise dans Bofip).

Notons que ce sont 100 % de la somme qui doivent être pris en produit même s'il est courant d'obtenir un premier versement provisoire représentant 70 % puis le solde après vérification de la formule définitive.

> **Précisions** **Subrogation** Après indemnisation, Bpifrance Assurance Export est subrogée dans tous les droits et actions de l'assuré sur la créance indemnisée. Si elle décide d'exercer elle-même les recours, l'entreprise devra lui fournir tous les titres et documents nécessaires à ses actions. Mais dans la majorité des cas, elle donne aux assurés les instructions nécessaires pour exercer les recours et prend en charge les frais qui en découlent à hauteur du pourcentage d'indemnisation.

b. Comptabilisation de l'indemnité L'indemnité Bpifrance Assurance Export est comptabilisée de la manière suivante :
– crédit, compte 791 « Transferts de charges d'exploitation » (sur la suppression des comptes 79 par le Règl. ANC n° 2022-06, voir n° 45500) ;
– débit, compte 478 « Autres comptes transitoires » comme pour toutes les indemnités d'assurances (voir n° 45410).

Cette comptabilisation s'accompagne, en cas de risque de crédit, par la sortie de l'actif de la créance considérée comme irrécouvrable (soit pour sa totalité, soit uniquement pour la partie couverte par Bpifrance Assurance Export) :
– débit, compte 654 « Pertes sur créances irrécouvrables » ;
– crédit, compte 411 « Clients » ou 416 « Clients douteux ou litigieux ».

c. Traitement de la retenue de bonne fin Il est très fréquent que les contrats à long terme prévoient des retenues de garantie ou de bonne fin (qui peuvent être garanties par Bpifrance Assurance Export), afin de garantir le client de la bonne exécution du contrat par le fournisseur. Celles-ci, généralement déterminées en pourcentage du prix de vente du contrat, sont déduites par le client du prix de vente jusqu'à la livraison définitive et sans réserves du contrat.

En cas de retenue de garantie (ou de bonne fin) prévue au contrat et comptabilisée par l'entreprise, celle-ci est prélevée par Bpifrance Assurance Export au moment du paiement de l'indemnité définitive. Elle reste comptabilisée au débit du compte 478 « Autres comptes transitoires », sous-compte à créer éventuellement pour les opérations avec Bpifrance Assurance Export, jusqu'au règlement définitif.

Si des événements, intervenant pendant la période de garantie, viennent compromettre le paiement de cette « retenue de bonne fin », une dépréciation du compte 478 est à constituer.

d. Règlements ultérieurs (risque de crédit) L'indemnisation par Bpifrance Assurance Export, conformément aux conditions contractuellement définies dans la police, ne signifie pas automatiquement l'irrécouvrabilité totale de la créance. **En cas de récupération** après le versement de l'indemnité, les sommes reçues sont éventuellement partagées entre l'assuré et Bpifrance Assurance Export en fonction du pourcentage d'indemnisation :
– si la quote-part de créance non garantie figure encore à l'actif, elles sont imputées au compte clients (compte 411) ou clients douteux (416), la dépréciation étant le cas échéant reprise à due concurrence ;
– si la créance avait été considérée comme totalement irrécouvrable et sortie de l'actif, elles sont portées au compte 7714 « Rentrées sur créances amorties ».

42420 Garantie Bpifrance Assurance Export des investissements à l'export

> **Précisions** L'objet de la garantie est de couvrir les pertes subies à la suite d'un **événement politique** sur un **investissement** réalisé à l'étranger. Elle n'entre en jeu que lorsque les pertes sont réalisées à la suite d'un des faits générateurs clairement définis dans les conditions générales (expropriation, confiscation, mise sous séquestre, non-respect d'un engagement pris par les autorités étrangères, guerre...).

Les investissements concernés sont ceux réalisés, sur une durée comprise entre 3 et 20 ans, sous forme :
– soit d'un apport (la garantie porte alors sur le montant libéré des apports en capital effectués par la société française dans l'entreprise étrangère),
– soit d'un prêt à long terme ou d'une avance en compte courant bloqué (la garantie porte alors sur le principal et éventuellement sur tout ou partie des intérêts, mais ne couvre pas les commissions, intérêts de retard, pénalités ou dommages et intérêts dus).

Peuvent également être couverts les engagements de caution souscrits par la société française en vue de garantir les obligations de la société étrangère au profit de banques françaises ou étrangères, en contrepartie du principal des prêts à long terme consentis par ces dernières à la société étrangère (et, le cas échéant, de tout ou partie des intérêts).

Les pertes visées par l'assurance sont celles liées :
– à l'atteinte à la propriété,
– au non-recouvrement des sommes dues à l'investisseur en cas de cession de la participation, de liquidation de l'entreprise étrangère, ou de sommes dues au titre des prêts et avances consentis, ainsi que de la mise en jeu des engagements de caution.

I. Paiement de la prime d'assurance Les entreprises garanties doivent verser à Bpifrance Assurance Export une prime d'assurance à comptabiliser en charge selon sa nature, c'est-à-dire dans une subdivision du compte 616 « Primes d'assurance ». Toutefois, couvrant un risque financier, elle pourrait être comptabilisée, par exemple, au compte 6166 « Assurances – Bpifrance Assurance Export » à créer.

II. Survenance du sinistre Dès que le risque de sinistre devient probable, l'actif concerné (participation, prêt, avance) est déprécié pour le montant non garanti par Bpifrance Assurance Export.
Le montant de la dépréciation s'enregistre au débit du compte 68662 « Dotation aux dépréciations des immobilisations financières ».

III. Versement des indemnités Le traitement comptable de l'indemnité ne présente pas de particularités propres majeures par rapport à l'assurance des risques liés aux contrats d'exportation (voir n° 42415).
Cette comptabilisation s'accompagne de la sortie de l'actif concerné (pour la partie couverte par la garantie Bpifrance Assurance Export), par la contrepartie d'une perte financière.

42440 Assurance-prospection Bpifrance Assurance Export

> **Précisions** L'intérêt de l'assurance prospection est double :
– bénéficier d'une avance de trésorerie pour le financement des démarches de prospection commerciale à l'export ;
– et se prémunir contre les pertes subies en cas d'échec de ces démarches.
Peuvent en bénéficier les entreprises dont le chiffre d'affaires est inférieur à 500 millions d'euros (avec au minimum un bilan de 12 mois), à l'exception des entreprises de négoce international et des entreprises étrangères.
Le contrat d'assurance, conclu entre l'entreprise et Bpifrance Assurance Export, se décompose en 3 périodes :
– une période de prospection de 2 à 3 ans au cours de laquelle Bpifrance prend en charge une partie des frais engagés. L'entreprise perçoit

50 % de l'indemnité à la signature du contrat et le solde de l'indemnité à la fin de la période de prospection, sur la base d'un état récapitulatif des dépenses engagées. L'indemnité perçue correspond à 65 % des dépenses engagées éligibles ;
– une période de franchise de 2 ans ;
– une période de remboursement de 3 à 4 ans au cours de laquelle l'entreprise reverse tout ou partie des indemnités perçues. À l'issue de la période de franchise, le succès ou l'échec est constaté en fonction du niveau de chiffre d'affaires export déclaré. L'entreprise rembourse a minima un forfait (RFM, Remboursement Forfaitaire Minimum) de 30 %, que la prospection soit un échec ou un succès. En cas de succès, tout ou partie (en fonction du chiffre d'affaires export généré) de l'indemnité restante est remboursée. L'éventuel reliquat non remboursé à l'issue d'un contrat devient une subvention pour l'entreprise.

I. Paiement de la prime d'assurance Une prime de 3 % du montant du budget de dépenses de prospection garanti est déduite de la première indemnité versée à l'entreprise à la signature du contrat. Cette prime est enregistrée :
– soit au compte général 6164 « Assurances – Risques d'exploitation », soit à un compte spécifique à créer pour suivre les primes Bpifrance Assurance Export, par exemple au compte 6166 « Assurance- Bpifrance Assurance Export »,
– puis étalée par le biais du compte 486 « charges constatées d'avance » (voir n° 15435).

> **Fiscalement** Cette prime est, à notre avis, déductible.

II. Période de prospection
a. Le RFM est comptabilisé en « Autres dettes assimilées à des emprunts » (compte 168) et à présenter au bilan en « Dettes ».

b. Le reste des indemnités perçues est une avance conditionnée. En attendant le dénouement de l'opération et en l'absence de définition explicite des avances conditionnées, ces indemnités sont (Bull. CNCC n° 175, septembre 2014, EC 2014-02, p. 405 s.) :
– soit considérées comme des avances de trésorerie, à comptabiliser en « Autres dettes assimilées à des emprunts » (compte 168) et à présenter au bilan en « **Dettes** », l'avance Coface comportant en effet une obligation de remboursement dans l'éventualité où la prospection financée par Coface serait un succès à l'issue de la seconde phase (voir ci-après IV.) ;
– soit considérées par l'entreprise comme des avances conditionnées (sur cette notion voir n° 55100), à comptabiliser dans un compte 167 « Emprunts et dettes assortis de conditions particulières » (sous-compte 1672 « En-cours Coface ») et à présenter au bilan dans la rubrique « **Autres fonds propres** ».

1. Date de comptabilisation du produit Dans tous les cas, selon le secrétariat du CNC (Bull. n° 37, janvier 1979, n° 65385), même si les dirigeants d'une société ont acquis la certitude qu'ils n'auront pas à rembourser à Bpifrance Assurance Export toutes les indemnités reçues, il est irrégulier :
– de porter immédiatement en produits les indemnités perçues (la dette correspondante devant figurer au passif) ;
– et de constater, si plus tard le chiffre d'affaires réalisé implique un reversement, une nouvelle dette à l'égard de Bpifrance Assurance Export.

2. Charges supportées à l'occasion de la prospection Le bulletin CNCC n° 175 précité précise que ces charges :
– doivent être comptabilisées conformément à leur nature et indépendamment du financement Bpifrance Assurance Export ;
– ne peuvent, en aucun cas, être traitées comme des charges constatées d'avance, ces frais correspondant à des achats de biens ou de services dont la fourniture et l'utilisation sont intervenues sur l'exercice en cours et non pas sur un exercice ultérieur.

III. Période de franchise. Aucune écriture n'est à comptabiliser pendant la période de franchise.

À l'issue de la période de franchise, Bpifrance Assurance Export constate l'échec, le succès total ou partiel de l'opération de prospection et calcule le montant des indemnités remboursables, le cas échéant. Dès cette date, sont acquis et comptabilisés en **produit** :
– **en cas d'échec** : la totalité des indemnités perçues à l'exception du RFM ;
– **en cas de succès partiel** : le reliquat non réclamé des indemnités perçues.

Ce produit est à comptabiliser, à notre avis, au compte 74 « Subventions d'exploitation », ce produit étant censé couvrir des pertes elles-mêmes enregistrées dans les charges d'exploitation (en ce sens, voir n° 45900).

> **Fiscalement** Ni l'administration ni la jurisprudence ne se sont, à notre connaissance, prononcées sur ce cas spécifique. Il devrait toutefois, à notre avis, en être de même dans la mesure où les indemnités provisionnelles conservent juridiquement le caractère d'avances jusqu'à l'issue de la période de franchise et ne deviennent, le cas échéant, acquises que si les recettes ultérieures sont insuffisantes. Sur l'impact sur la valeur ajoutée pour le calcul de la CVAE, de la constatation de l'indemnité en produit d'exploitation, voir n° 16420 s.

IV. Période de remboursement
a. **Le RFM** est remboursé et le compte 168 soldé.
b. Les indemnités à reverser, le cas échéant, à Bpifrance Assurance Export viennent solder le compte 168 (ou 1672 voir ci-avant II). Ces reversements sont sans effet sur le résultat.

42460 Assurance-change négociation et assurance-change « contrat » Bpifrance Assurance Export

> **Précisions** Le but de cette assurance est de **se couvrir contre les pertes de change** liées aux contrats commerciaux conclus avec des clients étrangers.
> Il s'agit de contrats commerciaux ponctuels (en général à long terme), en fin de négociation ou récemment conclus et inférieurs à 15 millions d'euros.

I. L'assurance-change répond à la définition d'un instrument de couverture (Note de présentation du règl. ANC 2015-05, n° 2.1.1, voir n° 41590).

En effet, Bpifrance Assurance Export couvre 100 % de la perte de change constatée aux échéances de paiement par rapport à un **cours de change à terme garanti** déterminé au moment de la souscription de la police.

En revanche, en cas de gain de change, ce dernier doit être reversé à Bpifrance Assurance Export. Les principes de la comptabilité de couverture s'appliquent donc à ces contrats. Toutefois, les textes ne donnent pas d'indication sur la mise en œuvre des règles générales appliquées aux contrats Bpifrance Assurance Export. En conséquence, à notre avis (voir n° 40440) :

II. Paiement de la prime d'assurance (frais de couverture)
Les entreprises bénéficiaires de l'assurance-change doivent verser à Bpifrance Assurance Export une prime, non restituable, payée en totalité lors de la fixation du cours garanti.

Les primes sont, à notre avis, enregistrées en charges soit au compte général 6164 « Assurances – risques d'exploitation », soit à un compte spécifique à créer pour suivre les primes Bpifrance Assurance Export, par exemple au compte 6166 « Assurance – Bpifrance Assurance Export ».

Toutefois, en tant que frais de couverture, ces primes suivent, à notre avis, l'**option** de l'article 628-13 du PCG (voir n° 41820, notamment les conditions d'exercice de cette option) et sont donc :
– soit **étalées** dans le compte de résultat, en **résultat financier,** sur la durée de la couverture. Dans ce cas, elles sont comptabilisées en charges constatées d'avance et rapportées au résultat sur la durée de la couverture, à notre avis, dans un compte 668 « Autres charges financières » ;
– soit **différées** au moment de la **vente** couverte (l'assurance Bpifrance Assurance Export réduisant le risque de change en totalité).

Dans ce cas :
– si le contrat est qualifié de contrat long terme, elles sont incluses dans le coût d'acquisition ou de production du bien vendu et seront comptabilisées en charges (par le biais d'un compte de variation de stocks) lors de la vente du bien (voir n° 10945) et donc prises en résultat à l'avancement ou à l'achèvement (selon la méthode retenue par l'entreprise) ;
– si le contrat n'est pas qualifié de contrat long terme, la prime devrait, à notre avis, être comptabilisée en charges constatées d'avance et rapportée au résultat lors de la vente (s'agissant de primes liées au chiffre d'affaires, elles ne sont pas incorporables aux stocks car sans lien avec la production).

III. Jusqu'à la conclusion du contrat commercial
Si la garantie Bpifrance Assurance Export a été souscrite avant la conclusion du contrat commercial, elle constitue un **engagement hors bilan** reçu, à détailler dans l'annexe des comptes annuels (voir n° 50690).

IV. Lors de la facturation
a. Si la garantie Bpifrance Assurance Export a été souscrite avant la conclusion du contrat commercial Il est, à notre avis, possible d'enregistrer la créance au cours garanti, en

considérant que la garantie Bpifrance Assurance Export fixe le cours de la monnaie étrangère à l'échéance (voir n° 40440).
La vente et la couverture étant alors considérées comme une seule et même opération.
À la clôture de l'exercice, en application des principes de la comptabilité de couverture :
– la créance n'est pas réévaluée au cours de clôture (voir n° 40440) ;
– en cas de perte de change latente sur la créance, aucune créance envers Bpifrance Assurance Export n'est comptabilisée (au titre de la perte de change devant contractuellement être reversée au bénéficiaire par Bpifrance Assurance Export), la perte latente sur la créance n'étant pas elle-même réalisée (voir n° 41765) ;
– de même, en cas de gain de change latent sur la créance, aucune provision ne devrait être comptabilisée (au titre du gain latent de change devant contractuellement être reversé par le bénéficiaire à Bpifrance Assurance Export), le gain latent sur la créance n'étant pas lui-même réalisé.

b. Si la garantie Bpifrance Assurance Export a été souscrite après la conclusion du contrat commercial La créance en devises est enregistrée au cours du jour de l'opération (voir n° 40295). À la clôture, la créance suit le traitement général de réévaluation à la clôture et de provisionnement en cas de perte latente (voir n° 40390).
Une information en annexe doit, à notre avis, être fournie pour expliquer le traitement des contrats Bpifrance Assurance Export et l'absence de provision pour risque de change.

V. À la date théorique de règlement
a. Résultat de la vente couverte : le cours du jour est comparé au cours garanti (voir n° 40390) :
– en cas de perte de change, la perte est enregistrée au compte financier 656 « Pertes de change sur créances et dettes commerciales » ;
– en cas de gain de change, ce dernier est comptabilisé au crédit du compte 756 « Gains de change sur créances et dettes commerciales ».

b. Résultat de la couverture Bpifrance Assurance Export :
– en cas de perte de change sur la créance, l'indemnité reçue de Bpifrance Assurance Export est comptabilisée, à notre avis, au crédit du compte 656 « Pertes de change sur créances et dettes commerciales » (voir n° 41775) ;
– en cas de gain de change sur la créance, la dette envers Bpifrance Assurance Export (quote-part du gain de change revenant à Bpifrance Assurance Export) est comptabilisée, à notre avis, en contrepartie soit d'un compte de charge d'exploitation, par exemple le compte 658, « charges diverses de gestion courante », soit, à notre avis, directement en diminution du compte 756 « Gains de change sur créances et dettes commerciales ».

VIII. OPÉRATIONS CONCERNANT LES ASSOCIÉS ET LES SOCIÉTÉS APPARENTÉES

COMPTES COURANTS D'ASSOCIÉS

Définition du terme « Associés » À notre avis, comme le précisait le PCG 82 (p. I.20), pour l'application des dispositions du PCG, sont réputés associés les membres des sociétés de capitaux, des sociétés de personnes, des sociétés de fait et des associations. — 42530

Définition du compte courant Pour la Cour de cassation (Cass. com. 8-12-2009 n° 08-16.418 et CA Paris 24-2-2015 n° 13-20394), les sommes déposées en compte courant ont la nature de **prêt** et non d'apport en capital et, en l'absence de convention particulière ou statutaire les régissant, les comptes d'associés ont donc pour caractéristique essentielle d'être **remboursables à tout moment,** quelle que soit la situation financière de l'entité. Pour pouvoir qualifier des sommes de **fonds propres** de la société, il faut constater que celles-ci ont été incorporées au capital social et que des parts sociales ont été attribuées en contrepartie à l'auteur des avances (Cass. com. 4-10-1988 n° 87-10.671). — 42535
Pour plus de détails, voir Mémento Sociétés commerciales n° 1945 à 1949.
Ils font partie de l'actif disponible (pour apprécier la cessation des paiements) tant que les sommes n'ont pas été bloquées ou que leur remboursement n'a pas été demandé par l'apporteur (voir n° 61595).

42540 Comptes débiteurs

I. Traitement comptable Lorsqu'ils sont autorisés, les fonds versés sont portés au compte 455 « Associés-Comptes courants » (qui se décompose en principal et intérêts courus) à classer parmi les dettes.

> **Précisions** **1. Compte courant non rémunéré** (Bull. CNCC n° 203, septembre 2021, EC 2021-21 ; cncc.fr) Un compte courant d'associé non rémunéré et remboursable au moyen d'une annuité constante est à classer parmi les dettes (et non les « Autres fonds propres », voir n° 55100 s.) dès lors qu'aucune clause de la convention ne permet à l'emprunteur de se soustraire à son obligation de rembourser la dette et que le remboursement n'est pas sous son contrôle exclusif (notamment si la dette est immédiatement exigible en cas de survenance d'événements particuliers listés dans la convention dont le défaut de paiement, la fusion, la cession de paiement...)
>
> **2. Annexe** L'annexe devrait fournir toute information significative sur les particularités de cette dette : clauses de remboursement et de rémunération (EC 2021-21 précitée). Sur le classement de la dette selon la durée restant à courir jusqu'à leur échéance (moins d'un an, plus d'un an et plus de cinq ans), voir n° 43405.

Les intérêts sont portés au compte 768 « Autres produits financiers ».

> **Juridiquement** **1.** Ils peuvent dans certains cas constituer une **convention interdite** frappée de nullité (et susceptible en outre de constituer le délit d'abus de biens sociaux) dans des conditions qui diffèrent selon que la société prêteuse est une SA (voir Mémento Sociétés commerciales n° 52510 à 52532), une SAS (voir Mémento Sociétés commerciales n° 60438) ou une SARL (voir Mémento Sociétés commerciales n° 32020 à 32023).
>
> En outre, l'**avance de fonds**, l'**octroi de prêts ou de sûretés** par une société en vue de la souscription ou de l'achat de ses propres actions par un tiers est interdit (C. com. art. L 225-216) (voir Mémento Sociétés commerciales n° 68840 et 68841). Cette disposition s'applique à toutes les sociétés par actions mais n'est pas applicable aux opérations effectuées par ces sociétés en vue de l'acquisition de leurs actions par les salariés.
>
> **2.** En revanche, les avances sur frais versées à des administrateurs ou associés au titre des fonctions opérationnelles qu'ils occupent dans leur entreprise ne sont pas interdites, à notre avis, car il ne s'agit pas de sommes destinées à être remboursées (comme un prêt ou un découvert), mais à être utilisées. Il en résulte également que ces avances ne devraient pas être comptabilisées en compte courant mais plutôt au compte 425 « Personnel-Avances et acomptes ».
>
> **3. Pour apprécier la position** d'un compte courant, il n'est pas possible, selon le bulletin CNCC (n° 67, septembre 1987, EJ 87-105, p. 364 s.), de compenser le solde qu'il présente à l'actif (cas d'un compte courant débiteur) avec un passif pour prime exceptionnelle comptabilisé dans un compte 428 « Personnel – Charges à payer ».

Sur le **prêt d'actions** à un administrateur, voir FRC 12/23 Hors série inf. 103.5.

Sur l'information à donner en annexe, voir n° 43420.

II. Diligences du commissaire aux comptes

a. Le commissaire aux comptes doit demander à l'entreprise de régulariser la situation Selon le Pr. E. du Pontavice (Bull. CNCC n° 62, juin 1986, p. 179 s.) :

– « Si le dirigeant social a un compte courant débiteur significatif, le commissaire aux comptes doit exiger le remboursement immédiat ;

– Si le dirigeant social se fait consentir un contrat de travail après son entrée au conseil d'administration, le commissaire aux comptes doit exiger la restitution immédiate des sommes reçues au titre du contrat de travail ;

– Si le commissaire aux comptes estime que le projet de comptes annuels, déjà arrêté par le conseil d'administration, présente une image infidèle des comptes et du patrimoine, il doit demander que les comptes annuels soient refaits et que, le cas échéant, l'assemblée générale déjà convoquée soit remise, et, s'il n'obtient pas satisfaction, il doit révéler ;

– Si le dirigeant social a un compte courant largement créditeur et que, par ailleurs, la société a payé des dettes personnelles du dirigeant qui ne font pas échec à la position créditrice du compte, le commissaire doit exiger que le compte courant créditeur soit débité immédiatement des sommes ainsi payées et que les dirigeants prennent l'engagement de cesser de faire payer leurs dépenses personnelles par leur compte courant sur la société, de peur que la répétition trop fréquente de pareils engagements ne vienne à donner au compte courant une position débitrice ».

b. Avances consenties par une société en vue de permettre directement ou indirectement à un tiers de souscrire ou d'acheter les actions de cette société Le bulletin CNCC (n° 110, juin 1998, EJ 98-44, p. 220 s. et n° 111, septembre 1998, EJ 98-61, p. 428) rappelle que ce type d'avance constitue un **fait délictueux** sanctionné pénalement (C. com. art. L 242-24), que le commissaire aux comptes peut devoir révéler au procureur de la République.

LES OPÉRATIONS FINANCIÈRES

> **EXEMPLE**
>
> Tel peut être le cas des avances consenties à un actionnaire postérieurement à l'acquisition des actions pour lui permettre de rembourser l'emprunt souscrit pour cette acquisition car il existe un lien de causalité entre les deux opérations. La preuve de ce lien peut notamment être apportée lorsque l'avance de fonds ne résulte que de l'exécution d'un accord préalable à l'acquisition des titres.

Face à ce type d'avance, les commissaires aux comptes doivent donc s'interroger sur leur obligation de révélation des faits délictueux, et ce, même si l'avance a été autorisée par le conseil d'administration, rémunérée à un taux normal et par la suite remboursée (en pratique, généralement grâce à la remontée de dividendes). Lorsque le dirigeant qui consent ce type d'avance est également dirigeant de la société qui en bénéficie, l'avance peut en outre être constitutive du délit d'abus de biens sociaux si elle a excédé les possibilités financières de la société qui l'a consentie.

> **Fiscalement** Le fait pour une entreprise de renoncer à percevoir des intérêts sur le compte courant débiteur d'un associé ne peut se justifier par l'absence de versement d'intérêts à l'associé lorsque le compte courant est créditeur (CE 16-1-1980 n° 9587). Dans cette hypothèse, la différence positive entre le montant des intérêts non réclamés sur un compte courant d'associé débiteur et le montant des intérêts non versés sur un compte courant d'associé créditeur doit être réintégrée (CE 6-10-2010 n° 308629), voir Mémento Fiscal n° 24740 à 24815. Et seule la différence positive entre le solde du compte courant débiteur d'un associé d'une année civile sur l'autre constitue un revenu distribué au profit de l'associé (CE 27-12-2019 n° 420478).

Comptes créditeurs Le PCG (art. 944-45) prévoit l'inscription au compte 455 « Associés-Comptes courants » des fonds mis ou laissés temporairement à la disposition de l'entreprise par les associés (principal et intérêts courus). **42560**

> **Précisions** Lorsqu'un associé ouvre un compte bancaire à son nom et qu'il autorise la société à procéder à des tirages, la mise à disposition des fonds sur le compte bancaire par l'associé n'entraîne pas d'écriture comptable dans les comptes de la société avant que celle-ci ne procède à un tirage (Bull. CNCC n° 205, mars 2022, EC 2021-36).

Les intérêts sont à inscrire au compte 6615 « Intérêts des comptes courants et des dépôts créditeurs ».

> **Juridiquement** Le compte courant d'associé peut ne pas faire l'objet d'une rémunération. Si l'associé souhaite percevoir des intérêts :
> – ceux-ci devront faire l'objet d'une stipulation expresse (C. civ. art. 1905), celle-ci pouvant résulter, par exemple, d'une stipulation statutaire ;
> – leur taux devra être fixé par écrit (C. civ. art. 1907, al. 2), par exemple lors de chaque mise à disposition des fonds.

Lorsque le compte courant est **« bloqué »**, à notre avis, il peut être maintenu au compte 455, même si une convention en interdit la disposition avant une certaine date. Toutefois, il peut être envisagé, dans ce cas, de transférer les fonds au compte 1681 « Autres emprunts ».

Au bilan, les comptes 455 et 1681 sont présentés sur une même ligne « Emprunts et dettes financières divers ». En revanche cette distinction peut être utile pour établir le tableau des échéances des créances et des dettes.

Sur les conditions que doit remplir une société autre qu'un établissement de crédit pour recevoir des prêts à moins de deux ans en compte courant, voir Mémento Sociétés commerciales n° 1937.

> **Fiscalement** Les conditions de déduction des intérêts varient, comme indiqué ci-dessous, selon que l'entreprise débitrice est liée (au sens du CGI art. 39, 12 ; sur cette notion voir n° 35070) ou associée (et non liée) à l'entreprise créancière. La déduction des charges financières non réintégrées au résultat imposable après application des différents dispositifs exposés ci-dessous, est ensuite, le cas échéant, limitée par l'application du plafonnement général de déduction des charges financières nettes exposé n° 42975.
>
> Sur la limitation spécifique de la déduction des charges financières nettes en cas de sous-capitalisation voir n° 42985.
>
> Sur les charges financières versées dans le cadre de dispositifs hybrides, voir n° 42575.
>
> **a. Intérêts servis entre entreprises liées : limitation du taux** Les intérêts servis à des entreprises liées ne sont déductibles que dans certaines conditions et limites (CGI art. 39-1-3° et 212-I ; BOI-BIC-CHG-50-50-30 ; BOI-IS-BASE-35-20-10 n° 40 à 130 ; Mémento Fiscal n° 35827). Pour l'appréciation de cette limite, il n'y a pas lieu (CE 13-11-2020 n° 423155) de prendre en compte les amortissements de la prime de non-conversion d'une obligation convertible en actions (sur cette notion, voir n° 41280).

1207

Lorsque le taux d'intérêt pratiqué excède le seuil légal, l'entreprise peut néanmoins déduire ces intérêts si elle justifie que ce taux est conforme aux pratiques du marché (BOI-IS-BASE-35-20-10 n° 100 ; voir Mémento Fiscal n° 8830 et 35827), notamment en tenant compte du rendement d'emprunts obligataires émanant d'entreprises placées dans des conditions économiques comparables, sous réserve que ces emprunts constituent une alternative réaliste à un prêt intragroupe (Avis CE 10-7-2019 n° 429426 ; CE 10-12-2020 n° 428522). Cette dernière condition est regardée comme remplie par la référence à des emprunts obligataires d'une durée similaire au prêt intragroupe, concernant des sociétés :

– du même secteur ou de secteurs d'activité hétérogènes dès lors que les sociétés concernées ont toutes une note proche dans le système de notation de crédit des agences de notation (CE 29-12-2021 n° 441357), ou dans un logiciel de scoring automatique (CE 22-12-2021 n° 446669), qui prennent en compte notamment leur secteur d'activité ;

– ayant un profil de risque comparable ou inférieur (TA Versailles 6-12-2019 n° 1607393) étant précisé que le profil de risque d'une entreprise s'apprécie au regard de la situation économique et financière consolidée de l'entreprise emprunteuse et de ses filiales (CE 29-12-2021 n° 441357), sans pouvoir en revanche prendre en compte les risques attachés à la société mère ou aux sociétés sœurs (CE 18-3-2018 n° 411189).

Mais eu égard à la différence entre un emprunt bancaire et un emprunt obligataire, la référence au taux qu'aurait servi l'emprunteur aux souscripteurs de ses obligations, s'il avait fait le choix pour se financer de procéder à l'émission d'obligations, plutôt que de souscrire un prêt, n'est pas admise (CE 10-12-2020 n° 428522).

Pour plus de détails sur la jurisprudence rendue à propos de l'appréciation du caractère normal du taux intragroupe, voir BIC-XI-10880 s.

Les intérêts excédentaires sont mentionnés distinctement sur l'imprimé n° 2058-A (case SU) et réintégrés ligne WQ.

b. Intérêts servis aux associés (non liés) Les intérêts servis aux associés à raison des sommes qu'ils laissent à la disposition de la société en plus de leur part de capital ne sont déductibles que dans certaines conditions et limites (CGI art. 39,1-3° ; BOI-BIC-CHG-50-50-30 ; voir Mémento Fiscal n° 8830).

Les intérêts excédentaires sont mentionnés distinctement sur l'imprimé n° 2058-A (case SU) et réintégrés ligne WQ.

Sur les formalités déclaratives à effectuer en matière de prêts intragroupe ou d'avances en compte courant, voir Mémento Fiscal n° 26920 à 26925.

Pour les conséquences d'une inscription de rémunérations à un compte courant sur l'exigibilité de l'impôt sur le revenu, voir n° 17190. Sur l'imposition chez les associés des intérêts non déductibles, voir Mémento Fiscal n° 8840.

Concernant les formalités à accomplir en cas de **cession de cette créance** à un autre associé, à l'occasion de la cession du contrôle d'une société anonyme, il a été estimé (Bull. CNCC n° 12, décembre 1973, p. 541) que cette cession doit respecter les formes de l'article 1690 du Code civil, c'est-à-dire que le transfert de la créance doit être signifié à la société.

Sur les conséquences fiscales défavorables résultant du non-respect du formalisme requis pour la cession de créances (C. civ. art. 1690), voir n° 42845 et BIC-V-28660 s.

OPÉRATIONS RÉALISÉES ENTRE SOCIÉTÉS DU GROUPE

42565 **Absence de définition du groupe** Le « groupe » n'est pas défini dans le PCG.

> **Précisions** Dans cette attente, la définition retenue en matière de comptes consolidés et celle concernant les entreprises liées (voir n° 35070) nous paraissent pouvoir être retenues (ces définitions sont homogènes).

Sur le classement des opérations réalisées entre sociétés du groupe qui dépend de leur nature, voir n° 42570.

Sur les aspects fiscaux (limite de déduction des intérêts versés à des entreprises liées, dispositifs hybrides…), voir n° 42575 s.

42570 **Classement comptable** Le classement des opérations réalisées entre sociétés du groupe dépend de leur nature :

I. Opérations temporaires Le compte 451 « Groupe » enregistre à son débit le montant des fonds avancés directement ou indirectement de façon temporaire par l'entreprise aux sociétés du groupe, et à son crédit le montant des fonds mis directement ou indirectement à disposition de l'entreprise par les sociétés du groupe (PCG art. 944-45).

> **EXEMPLE**
> Il en est ainsi en cas de pool de trésorerie (ou « cash pooling »).
> Le compte 451 nous paraît aussi pouvoir être utilisé pour les refacturations de frais.

LES OPÉRATIONS FINANCIÈRES

Pour la **présentation au bilan,** le compte 451 peut figurer, soit à l'actif dans les « Créances autres », soit au passif dans les « Emprunts et dettes financières divers » ou les « Autres dettes ».

> **Précisions** Si les **disponibilités** sont dans le **pool de trésorerie,** il est possible, à notre avis, de les faire figurer dans le poste « Disponibilités », dès lors que les sommes sont immédiatement exigibles.

Les charges d'intérêts sont inscrites au compte 6615 « Intérêts des comptes courants et des dépôts créditeurs ». Les produits d'intérêts sont inscrits au compte 768 « Autres produits financiers ».

II. Opérations de financement à long ou moyen terme

a. Dans la comptabilité de la société mère du groupe, les opérations réalisées à l'intérieur du groupe sont portées aux comptes (PCG art. 942-26) :
– 171 « Dettes rattachées à des participations (groupe) », et
– 2671 « Créances rattachées à des participations (groupe) ».

> **Précisions** Figurent dans ce compte, notamment (voir n° 38470) :
> – les avances consolidables (au sens financier) reçues ;
> – les versements reçus, représentatifs d'apports non capitalisés ;
> – les emprunts contractés auprès des sociétés du groupe.

Les intérêts sont à inscrire :
– s'agissant de charges, au compte 6611 « Intérêts des emprunts et dettes » (subdivision 66117 « Intérêts des dettes rattachées à des participations ») ;
– s'agissant de produits, au compte 7617 « Revenus des créances rattachées à des participations ».

b. En revanche, dans la comptabilité de la société filiale, les prêts et emprunts contractés auprès de la société mère sont comptabilisés, comme tous les autres prêts et emprunts, respectivement dans les comptes 27 « Autres immobilisations financières » et 16 « Emprunts et dettes assimilées » (voir n° 40945).

III. Opérations commerciales

Elles sont inscrites aux comptes 411 « Clients » et 401 « Fournisseurs » où elles peuvent être isolées dans une subdivision particulière.

ASPECTS FISCAUX

Règles relatives aux dispositifs hybrides Ces mesures visent à la neutralisation fiscale des dispositifs hybrides (CGI art. 205 B, 205 C et 205 D).

> **Précisions** Ces mesures sont issues de la transposition en droit interne des directives communautaires dites « Atad 1 et Atad 2 » (respectivement (UE) 2016/1164 du 12-7-2016 et (UE) 2017/952 du 29-5-2017).

I. Opérations concernées

Sont concernées les situations se caractérisant par :
– une **déduction** d'un montant dans un État et une **absence d'inclusion au résultat imposable** d'un autre État de ce même montant.

> **Précisions** **1. Absence d'inclusion au résultat** Le seul fait que le résultat dans lequel le paiement est inclus soit **imposé à un taux plus faible** que le taux normal de l'impôt sur les sociétés de l'État de résidence du bénéficiaire, ou même exonéré d'impôt sur les sociétés en application de la législation de cet État, ne conduit pas à remettre en cause l'existence d'une inclusion (BOI-IS-BASE-80-10 n° 80). Une absence d'inclusion se caractérise par un **allègement fiscal ou une exonération** octroyés **en raison de la nature même du paiement** (BOI-IS-BASE-80-10 n° 100).
> **2. Situations concernées par les mesures anti-hybrides** :
> – un paiement est effectué au titre d'un instrument financier, l'asymétrie étant imputable aux différences de qualification fiscale de l'instrument ou du paiement ;
> – un paiement est effectué en faveur d'une entité hybride, l'asymétrie étant imputable aux règles d'attribution des résultats, différentes entre l'État de résidence de l'entité hybride et l'État de résidence de toute personne détentrice d'une participation dans cette entité hybride ;
> – un paiement est effectué en faveur d'une entité disposant d'un ou de plusieurs établissements, l'asymétrie étant imputable aux différences dans l'attribution des paiements entre le siège et l'établissement ou entre deux ou plusieurs établissements de la même entité ;
> – un paiement est effectué en faveur d'un établissement, l'asymétrie provenant de la non-prise en compte de cet établissement par l'État où il est implanté ;
> – un paiement est effectué par une entité hybride, l'asymétrie étant imputable à la non-prise en compte du paiement par l'État de résidence du bénéficiaire ;
> – un paiement est réputé effectué entre un établissement et son siège ou entre deux ou plusieurs établissements, l'asymétrie étant imputable à la non-prise en compte du paiement par l'État de résidence du bénéficiaire.

42575

42575
(suite)
— la **double déduction** d'une même somme (paiement, dépenses, pertes) dans les résultats fiscaux de deux États ;

> **Précisions** La double déduction peut notamment provenir d'une situation de double résidence d'un contribuable dans deux États différents.

— au titre de relations entre **entreprises associées,** entre un siège et son établissement ou entre deux établissements d'une même entité. Les paiements intervenant entre deux sociétés tierces ne sont en principe pas concernés.

> **Précisions** **1. Définition des entreprises associées du contribuable** Sont concernées (CGI art. 205 B, I-16°) :
> — les filiales du contribuable dans lesquelles il détient directement ou indirectement une participation d'au moins 50 % des droits de vote ou du capital, ou dont il est en droit de recevoir au moins 50 % des bénéfices ;
> — la société mère définie comme l'entité qui détient directement ou indirectement une participation d'au moins 50 % des droits de vote ou du capital du contribuable, ou qui est en droit de recevoir au moins 50 % de ses bénéfices ;
> — les sociétés sœurs du contribuable, détenues par la même société mère que le contribuable à hauteur de 50 % au moins ;
> — ou une entité appartenant au même groupe consolidé que le contribuable.
> À noter que le seuil de 50 % mentionné ci-dessus est ramené à 25 % en cas de paiement effectué au titre d'un instrument financier ou de paiement réputé effectué entre un établissement et son siège (voir précision ci-avant).
> **2. Définition des entités hybrides** Une entité hybride s'entend de toute entité ou dispositif qui est considéré comme une entité imposable par un État et dont les revenus ou les dépenses sont considérés comme les revenus ou dépenses d'une ou de plusieurs autres personnes par un autre État (CGI art. 205 B, I-11°).

II. Retraitements extra-comptables Pour la détermination du résultat, les charges et produits comptabilisés et entrant dans un dispositif hybride doivent en principe faire l'objet de retraitements extra-comptables, selon les modalités suivantes :

a. Déduction sans inclusion Lorsqu'un paiement a la nature d'une charge déductible de l'assiette de l'impôt sur les sociétés en France sans être inclus dans le résultat soumis à un impôt équivalent à l'IS dans l'État de résidence du bénéficiaire en raison du dispositif hybride, cette charge doit faire l'objet d'une réintégration au résultat imposable en France sur l'imprimé n° 2058 A (ligne WQ).

> **Précisions** **Délai d'inclusion** Ce retraitement n'a pas lieu d'être réalisé lorsque l'inclusion du paiement dans le résultat imposable du bénéficiaire intervient entre la date de clôture de l'exercice et la date limite de dépôt de la déclaration afférente à ce même exercice (BOI-IS-BASE-80-20-20 n° 30). Un délai d'inclusion spécifique est prévu pour les paiements effectués au titre d'instruments financiers : la déduction opérée donne lieu à une réintégration extra-comptable au titre de l'exercice ouvert par le débiteur au plus tard à l'issue d'un délai de vingt-quatre mois suivant la clôture de l'exercice au titre duquel il a déduit le paiement, en l'absence d'inclusion dans les résultats d'un exercice antérieur (CGI art. 205 B).

C'est à l'entité qui opère la déduction qu'il appartient prioritairement d'opérer la neutralisation (BOI-IS-BASE-80-20-20 n° 60). Toutefois, dans le cas où une charge est déduite du résultat soumis à un impôt équivalent à l'IS dans l'État de résidence du débiteur, sans faire l'objet de correction, ce paiement est ajouté au résultat du bénéficiaire, soumis en France à l'IS dans les conditions de droit commun (CGI art. 205 B).

b. Double déduction En présence d'un dispositif hybride reposant sur une double déduction, la charge n'est pas admise en déduction des revenus de l'investisseur établi en France. Lorsque l'investisseur est établi dans un autre État qui admet la déduction de la charge, celle-ci fait l'objet d'une réintégration au résultat imposable du débiteur établi en France sur l'imprimé n° 2058 A (case WQ).

> **Précisions** **1. L'investisseur** s'entend de toute personne autre que le débiteur qui bénéficie d'une déduction afférente à un dispositif hybride entraînant une double déduction (associé d'une entité hybride, par exemple).
> **2. Délai d'inclusion** Cette réintégration est effectuée au titre du dernier exercice ayant commencé dans les vingt-quatre mois suivant la fin de l'exercice au titre duquel la charge a été initialement déduite à défaut d'inclusion dans les résultats d'un exercice antérieur (CGI art. 205 B).
> **3.** Dans le cas particulier où la double déduction provient d'un cas de **double résidence,** la déduction des paiements n'est pas admise en France à moins que la convention fiscale conclue avec l'autre État, membre de l'Union européenne, fixe la résidence du contribuable en France (CGI art. 205 D).

c. Absence d'inclusion au titre d'un hybride inversé Un mécanisme spécifique de correction s'applique aux dispositifs hybrides inversés dans lequel une ou plusieurs entreprises associées, détenant une entité hybride établie dans un État membre de l'Union européenne, sont établies dans un ou plusieurs États qui considèrent cette entité comme une personne imposable, alors que le dispositif ne donne lieu à aucune inclusion dans l'État des associés ainsi qu'en France, État de résidence de l'entité hybride. En application des dispositions de l'article 205 C du CGI, le paiement effectué doit faire l'objet d'une réintégration extra-comptable sur l'imprimé n° 2058 A (case WQ) afin d'être imposé en France.

Limitation de la déduction des intérêts versés à des entreprises liées   **42580**
Voir n° 42560.

MÉTHODE DE CONVERSION, À LA CLÔTURE DE L'EXERCICE, DES COMPTES COURANTS EN DEVISES

Selon le bulletin CNCC (n° 115, septembre 1999, EC 99-24, p. 496), la comptabilisation des écarts résultant de la conversion d'un compte courant en devises dépend de la nature de ce compte courant :   **42585**

a. Si le compte courant en devises s'assimile à un compte de disponibilités, les écarts de conversion sont comptabilisés en résultat de change (PCG art. 420-8 ; voir n° 40790).

> **EXEMPLE**
> À notre avis, tel peut être le cas du compte 451 « Groupe », qui enregistre les mouvements de fonds temporaires entre l'entreprise et les sociétés du groupe, notamment en cas de **pool de trésorerie** (voir n° 42570 I.). Mais chaque entreprise doit procéder à la clôture de l'exercice à une analyse du solde de ce compte pour déterminer quelles sont les sommes exigibles immédiatement et celles ayant la nature de créances ou de dettes (voir ci-après).

b. Si le compte courant a la nature d'une créance ou d'une dette vis-à-vis du groupe, il suit les règles de conversion propres aux dettes et créances en devises.
En conséquence, les écarts de conversion ne sont pas comptabilisés en résultat (mais au bilan) s'il s'agit de gains de change et font l'objet d'une provision en cas de pertes latentes conformément à l'article 420-5 du PCG précité (voir n° 40390).

> **EXEMPLES**
> À notre avis, les comptes concernés sont ceux enregistrant :
> — des opérations intragroupe commerciales (compte 411 « Clients » ou 401 « Fournisseurs » ; voir n° 42570 III.) ;
> — des opérations de financement à long ou moyen terme (compte 171 « Dettes rattachées à des participations » ou 2671 « Créances rattachées à des participations » ; voir n° 42570 II.). Sur le cas particulier des avances consolidables, voir n° 40540.

IX. ÉMISSION DE JETONS NE PRÉSENTANT PAS LES CARACTÉRISTIQUES DE TITRES FINANCIERS, DE CONTRATS FINANCIERS OU DE BONS DE CAISSE

CADRE JURIDIQUE ET COMPTABLE

Définitions   Les émissions de jetons numériques sont des **opérations de levée de fonds.**   **42600**
Ces opérations sont appelées Initial Coin Offerings (ou « ICOs »), par analogie avec les introductions en bourse communément appelées IPO (Initial Public Offering).

> **> Juridiquement**   **1. Définition d'une offre de jetons** « Une offre au public de jetons consiste à proposer au public, sous quelque forme que ce soit, de souscrire à ces jetons. Ne constitue pas une offre au public de jetons l'offre de jetons ouverte à moins de 150 personnes agissant pour compte propre » (C. mon. fin. art. L 552-3 et Règl. gén. AMF art. 711-2).
> **2. Définition d'un jeton** (C. mon. fin. art. L 552-2 créé par la loi précitée). Voir n° 30795.

Lors d'une opération ICO, les participants reçoivent :
— des jetons (ou « tokens ») émis par le ou les porteurs du projet,
— en échange de leur investissement libéré en monnaies virtuelles (type bitcoin, ether) ou en monnaie ayant cours légal (monnaies dites « fiat »).

> **> Précisions**   **1. Droits conférés par les jetons** Selon les opérations, ces jetons confèrent des droits différents (droits d'usage des services développés ou à développer, droits financiers et / ou de gouvernance sur le projet...) à leurs souscripteurs.

2. Déroulement d'une ICO En général, on identifie deux phases dans le déroulement d'une ICO :
– **une phase de lancement** au cours de laquelle les investisseurs peuvent souscrire les tokens à « émettre » : durant cette phase, l'émetteur peut s'engager à rembourser chaque investisseur du montant de son investissement si le montant des souscriptions reçues n'atteint pas le seuil que l'émetteur s'est donné ;
– **et une phase de réalisation** à l'issue de laquelle les tokens sont définitivement émis : à l'issue de la phase de lancement, si l'ICO est un succès, les tokens sont « émis » par l'émetteur et « livrés » aux investisseurs.

42602 **Textes comptables** Les principes de comptabilisation d'une émission de jetons sont énoncés par le PCG (art. 619-1 à 619-17 nouveaux créés par le règl. ANC 2018-07 relatif aux jetons émis et détenus). Le PCG distingue :
a. d'une part, les émissions de jetons **présentant les caractéristiques de titres financiers, de contrats financiers ou de bons de caisse** (« securities tokens »). Selon le PCG (art. 619-3), elles sont comptabilisées selon les dispositions prévues pour ces catégories.
Sur la définition des titres financiers, voir n° 35015 et sur leur émission, voir n° 35035 (côté émetteur) ;

> **Précisions** Les critères de qualification juridique de ces jetons ne sont pas précisés par les textes et une telle qualification nécessitera une analyse au cas par cas.

b. d'autre part, les **autres émissions** de jetons (en général « utilities tokens », c'est-à-dire jetons donnant accès à la livraison d'un bien ou d'un service). Leur traitement comptable est développé ci-après.
Pour déterminer quel est le type d'offre de jetons (« securities tokens » ou « utilities tokens »), il convient d'étudier les caractéristiques des jetons à émettre décrites dans la documentation de l'offre de l'émetteur (voir n° 42610).

TRAITEMENT COMPTABLE D'UNE DÉTENTION DE JETONS (« UTILITIES TOKENS » ET « CURRENCY TOKENS »)

42605 Sur le traitement comptable des jetons détenus (par l'émetteur ou par le souscripteur), voir n° 30795 s.

TRAITEMENT COMPTABLE D'UNE ÉMISSION DE JETONS (« UTILITIES TOKENS ») CHEZ L'ÉMETTEUR

42610 Documentation de l'offre ou « **white paper** » Le traitement comptable, chez l'émetteur, d'une émission de jetons ne présentant pas les caractéristiques de titres financiers, de contrats financiers ou de bons de caisse **dépend des obligations de l'émetteur vis-à-vis des souscripteurs** décrites dans le document d'information de l'émetteur.

> **Précisions** Document d'information et dispositif de visa de l'AMF Les émetteurs de jetons numériques envisageant de les offrir au public peuvent solliciter auprès de l'AMF son visa si leur offre présente certaines garanties (l'émetteur est une personne morale établie en France, une procédure est mise en place pour sauvegarder les actifs recueillis, la documentation de l'ICO fournit un certain nombre d'informations). Dans l'instruction n° 2019-06 du 4 juin 2019, l'AMF a précisé le contenu du document d'information que l'émetteur doit alors établir (C. mon. fin. art. L 552-4). Ce document d'information contient toutes les informations nécessaires pour permettre aux souscripteurs de fonder leur décision d'investissement et de comprendre les risques relatifs à l'offre : notamment, description détaillée du projet de l'émetteur ainsi que des droits et obligations attachés aux jetons, modalités techniques de l'émission, risques afférents à l'émetteur, aux jetons et à la réalisation du projet (Règl. gén. AMF art. 712-2).
> Lorsque les jetons répondent à la définition des titres financiers (voir n° 42602), c'est en revanche la procédure d'offre au public de titres financiers qui s'applique avec notamment l'obligation d'établir un prospectus (sauf exemptions prévues par les textes).

42615 **Émission de jetons auxquels sont attachés des droits et obligations**
Si l'analyse des documents d'information mis à disposition des souscripteurs et détenteurs met en évidence que des obligations sont attachées aux jetons émis, alors l'émission de ces jetons donnera lieu à la comptabilisation d'un **passif** chez l'émetteur. Sur la nature de ce passif, voir n° 42625.
L'obligation peut être d'ordre **juridique** (légal, réglementaire, contractuel). Conformément aux règles sur les passifs (voir n° 48240 s.), il peut également s'agir d'une obligation **implicite** (PCG art. 619-4 et Recueil ANC, commentaire IR 3 sous PCG art. 619-5). Tel est le cas de l'engagement pris par l'émetteur dans son document d'information, celui-ci créant une attente des souscripteurs suffisante pour justifier la comptabilisation d'un passif.

> **EXEMPLE**
>
> Une jeune entreprise ID souhaite développer une solution originale sur un site internet. L'accès à la solution, une fois développée, sera proposé à ses clients par la vente d'abonnements.
>
> Pour développer cette activité et financer la création du site internet, ID souhaite lever des fonds en réalisant une ICO. Les détenteurs des jetons émis disposeront d'un accès gratuit à la solution développée sur internet pendant une durée de 5 ans.
>
> Par hypothèse, les jetons à émettre par ID sont des « utilities tokens ».
>
> Dans sa documentation de l'offre, ID indique notamment les éléments suivants caractérisant son engagement implicite, vis-à-vis des souscripteurs, de fournir les services de la solution internet pendant 5 ans :
>
> **Avertissement :**
>
> « L'investissement dans une offre au public de jetons telle que définie à l'article L 552-3 du Code monétaire et financier comporte des risques de perte partielle ou totale de l'investissement. Aucune garantie n'est donnée quant à la liquidité des jetons acquis au cours de l'offre, l'existence d'un marché secondaire de ces jetons, la valeur des jetons acquis au cours de l'offre et la contre-valeur de ces jetons en devise... ».
>
> **Droits et obligations attachés aux jetons offerts au public :**
>
> « l'achat des jetons ID est irrévocable. Les jetons ID ne pourront pas avoir d'autres utilisations que de pouvoir bénéficier des services de notre solution internet pendant 5 ans à compter de sa date de mise en service ».
>
> **Facteurs de risques :**
>
> « dans l'éventualité où ID ne réussirait pas à développer la solution décrite dans ce document d'information, la valeur des jetons deviendrait alors proche de zéro. »
>
> ID doit donc comptabiliser un passif au titre de son obligation implicite envers les souscripteurs, en contrepartie des actifs reçus (euros et ethers) lors de son ICO (pour la suite de cet exemple, voir n° 42630).

Émission de jetons sans engagement vis-à-vis des souscripteurs En l'absence d'obligations juridiques ou implicites vis-à-vis des souscripteurs, les sommes collectées à l'occasion de l'ICO doivent être considérées comme immédiatement acquises par l'émetteur et sont comptabilisées en produits (PCG art. 619-4). **42620**

Le commentaire IR 3 sous l'article 619-4 précise que les sommes comptabilisées en produits **ne constituent pas des produits exceptionnels.**

Nature du passif à comptabiliser en présence d'obligations de l'émetteur (voir n° 42615) Selon le PCG (art. 619-4 et 619-5) : **42625**
– si les jetons présentent les caractéristiques d'une dette remboursable, même à titre temporaire, ils sont comptabilisés en **emprunts et dettes assimilées** (voir n° 42630 s.) ;
– si les jetons sont représentatifs de prestations restant à réaliser ou de biens restant à livrer, ils sont comptabilisés en **produit constaté d'avance** (voir n° 42640 s.) ;
– si l'offre de jetons intègre différentes natures de droits et obligations vis-à-vis des souscripteurs et détenteurs (prestations restant à réaliser, biens restant à livrer ou encore dette remboursable), une **combinaison** emprunt et produit constaté d'avance est comptabilisée.

> **Précisions** Une analyse des différentes natures de droits et obligations est effectuée à partir des documents d'information de l'offre de jetons (voir n° 42610) afin d'appliquer à chaque composante du passif le traitement comptable adéquat (PCG art. 619-5).
> Ainsi, à notre avis, la combinaison emprunt et produit constaté d'avance peut être rencontrée lorsqu'un émetteur a réalisé une levée de fonds et qu'une partie seulement des actifs recueillis fait l'objet d'une mise sous séquestre alors qu'une autre partie est mise à sa disposition dès lors que l'opération est une réussite. Il pourrait s'agir notamment de projets dont la réalisation est prévue en plusieurs tranches, la réalisation effective d'une première étape étant une condition de mise à disposition des autres actifs mis sous séquestre.

S'il n'existe pas d'obligations vis-à-vis des souscripteurs et détenteurs de jetons, voir n° 42620.

Emprunts et dettes assimilées a. Situations visées Les jetons sont comptabilisés en emprunts et dettes assimilées dans les situations suivantes, notamment (Recueil ANC, commentaire IR 3 sous l'article 619-5 du PCG) : **42630**
– les modalités d'émission prévoient, dans la phase de lancement, le remboursement des sommes collectées tant qu'un montant minimum n'a pas été atteint pendant une durée définie ;

42630
(suite)
— les modalités d'émission intègrent des dispositifs de sauvegarde des fonds où les sommes collectées peuvent être restituables tant que les conditions suspensives ne sont pas levées ;
— lorsque les modalités d'émission prévoient un remboursement en jetons ou en euros.

b. Coût d'entrée La dette est évaluée, conformément aux règles générales, à la valeur nominale de remboursement des jetons, c'est-à-dire le **prix de souscription acquitté** par le souscripteur pour obtenir un jeton correspondant tel que défini dans le document d'information de l'offre (PCG art. 619-4 et Recueil ANC, commentaire IR 3 sous l'article précité).

> **Précisions** Le prix de souscription d'un même jeton peut varier selon des paramètres définis dans le document. Par exemple, le document de l'offre peut prévoir que le prix sera différent (Recueil ANC, commentaire précité) :
> — selon la date à laquelle la souscription a eu lieu,
> — et/ou selon le nombre de jetons qui seront souscrits.

Le prix est acquitté en euros ou en jetons (en général des « currency tokens » tels que bitcoin, ether…). Certaines émissions de jetons peuvent en outre conduire l'émetteur à constater un emprunt ou une dette assimilée **remboursable en jetons ou indexée sur la valeur de jetons** (voir n° 40600).

Lorsque le prix est acquitté en jetons et/ou qu'elle est restituable en jetons (ceux émis ou ethers, bitcoins…) ou indexée sur la valeur de jetons :
— sur sa valeur d'entrée, voir n° 40605,
— sur sa valeur au bilan, voir n° 40610,
— sur la comptabilisation des jetons reçus par l'émetteur, voir n° 30810.

EXEMPLE

Suite de notre exemple au n° 42615 Les données chiffrées ci-après sont inspirées de l'exemple n° 1 en IR 4 et IR 5 du règlement ANC n° 2018-07 précité. Il est fait abstraction de la TVA.

Le projet de document d'information est ainsi précisé des modalités de recueil et de gestion des fonds et actifs numériques recueillis :
— l'émission est plafonnée à 100 000 jetons (hardcap) ;
— la phase de lancement est de 40 000 tokens : en deçà de 25 000 tokens placés (softcap), l'opération sera un échec car les actifs levés ne permettront pas à ID de développer sa solution ;
— la période de souscription s'étend du 1er décembre N au 31 janvier N+1 ;
— les jetons peuvent être libérés en euros ou en ethers (ETH) ;
— l'information sur le succès ou l'échec de l'opération sera communiquée au marché à la fin de la période de souscription soit début février N+1 ;
— ID s'engage à rembourser les souscripteurs selon leur mode de souscription (et donc le cas échéant en ETH) en cas d'échec.

L'émission de jetons par ID a lieu effectivement entre le 1er décembre N et le 31 janvier N+1. Durant cette période, l'ICO permet à ID de placer :
— 12 000 jetons ID contre 12 000 ethers, pour une contrevaleur de 4 800 000 euros ; ID a l'intention de conserver les ethers jusqu'à début février, date à laquelle elle s'engage à rembourser les souscripteurs en cas d'échec de l'opération ;
— 7 000 jetons ID contre des euros pour un total de 2 800 0000 euros.

ID s'étant engagée à restituer les actifs recueillis en cas d'échec de l'opération (à estimer début février N+1), elle doit comptabiliser une dette en contrepartie des actifs recueillis jusqu'à début février N+1.

Étape 1 – Comptabilisation de la souscription entre le 1er et le 31 décembre N :

Les écritures à passer au titre de la comptabilisation de la souscription entre le 1er et le 31 décembre N sont les suivantes :

Souscription de décembre N	5202 Jetons détenus	512 Trésorerie	1687 Dette diverse en ethers	1687 Dette diverse en euros
Souscription par des tiers de 12 000 jetons ID contre des ethers (parité de 400 euros)	4 800 000		4 800 000	
Souscription par des tiers de 7 000 jetons ID contre des euros		2 800 000		2 800 000

Étape 2 — Évaluation, à la clôture N, de la dette remboursable en jetons et des jetons détenus :

À la clôture N, la parité de l'ether est de 420 €.

Dans la mesure où certains jetons ont été souscrits en ethers :
— la part de la dette restituable en jetons doit faire l'objet d'une réévaluation au 31/12/N afin de tenir compte de l'évolution du cours de l'ether entre la date de levée des ethers et la clôture ;
— les ethers reçus doivent également être réévalués (voir n° 32075).

Les écritures à passer au titre de la réévaluation des ethers détenus et de la dette restituable en ethers sont les suivantes :

a. Réévaluation de la dette remboursable en ethers et des ethers détenus :

	5202 Jetons détenus	478702 Différences d'évaluation sur jetons détenus – PASSIF	4746 Différence d'évaluation de jetons sur des passifs – ACTIF	1687 Dette diverse en ethers
À nouveau	4 800 000			4 800 000
Réévaluation des jetons détenus (ethers) au cours de clôture ⁽¹⁾	240 000	240 000		
Réévaluation de la dette en ethers au cours de clôture ⁽¹⁾			240 000	240 000
Solde au 31/12/N	5 040 000	240 000	240 000	5 040 000

(1) 12 000 * (420-400) = 240 000

b. Comptabilité de couverture :

Au 31 décembre N, le compte des écarts de valorisation sur la dette restituable en ethers (compte 4746) et le compte transitoire de réévaluation des jetons détenus (compte 47872) ont une position nette nulle.

Aucune provision pour risque ne doit être comptabilisée au titre de la perte latente constatée sur la dette dans la mesure où les principes de la comptabilité de couverture peuvent s'appliquer. En effet (PCG art. 628-8) :
— la dette restituable en ethers, porteuse d'un risque de variation de valeur, est éligible en tant qu'élément couvert ;
— les ethers détenus sont éligibles en tant qu'instruments de couverture ;
— et le risque de variation de valeur de la dette est réduit en totalité, l'instrument de couverture (ethers détenus) étant parfaitement adossé (même nominal et même maturité au 1ᵉʳ février N+1, l'entreprise ayant l'intention de les conserver pour rembourser la dette, le cas échéant, à cette date).

Pour la suite de cet exemple, voir n° 42640.

Produits constatés d'avance sur jetons émis   42640

Lorsque les jetons sont représentatifs de prestations restant à réaliser ou de biens restant à livrer (voir n° 42625), ils sont comptabilisés en produits constatés d'avance, dans le compte 4871 « Produits constatés d'avance sur jetons émis » (PCG art. 619-4 et 619-7).

> **Précisions   1. Schéma de comptabilisation** Les produits comptabilisés d'avance peuvent être constitués directement lors de la comptabilisation initiale de l'émission de jetons, soit par extourne des comptes de produits (Recueil des normes comptables de l'ANC, commentaire IR 3 sous PCG art. 619-5).
> **2. Provision pour perte** Selon les circonstances, une provision pour perte sur contrat est comptabilisée en tenant compte, le cas échéant, des jetons auto-détenus et des produits constatés d'avance (Recueil ANC, commentaire précité).

Lorsqu'il est comptabilisé dès le début de l'émission, la valeur d'entrée du produit constaté d'avance est égale au **prix de souscription acquitté** par le souscripteur (PCG art. 619-4 ; voir n° 42630 la valeur d'entrée d'une dette). Sur le cas particulier des attributions gratuites de jetons ou à des conditions de souscription préférentielles, voir n° 42650.

Mais **en pratique,** lorsque l'émission prévoit le possible remboursement des sommes collectées au cours de la phase de lancement d'un projet (voir n° 42630, exemple), le produit constaté d'avance est enregistré au terme de la phase de lancement lorsqu'il devient certain que les sommes ne pourront plus être remboursées. À cette date :
— la dette doit être décomptabilisée,
— en contrepartie du produit constaté d'avance (au titre des biens restant à livrer ou de la prestation restant à réaliser au moment de la décomptabilisation).

42640
(suite)

> **Précisions** Ainsi, lorsque le prix de souscription est acquitté en jetons, le produit constaté d'avance est comptabilisé pour sa contrevaleur en euros correspondant au **cours du jour où la dette n'est plus restituable** (en ce sens, exemple n° 1 en IR 4 et 5 sous PCG art. 619-17).

Le produit constaté d'avance pourra ainsi avoir une valeur différente de la contrevaleur en euros des jetons recueillis par les émetteurs en date de souscription.

Sur la reconnaissance en revenus de ces produits constatés d'avance, voir n° 42645.

EXEMPLE

Suite de notre exemple au n° 42630 Les souscriptions se sont poursuivies.

Entre le 1ᵉʳ et le 31 janvier N+1, l'ICO permet à ID de placer :
— 5 000 jetons ID contre 5 000 ethers avec une parité moyenne de 420 euros / ether soit une contrevaleur de 2 100 000 euros
— 3 000 jetons ID contre des euros pour un total de 1 260 000 euros.

Jusqu'au 1ᵉʳ février N+1, les ethers recueillis auprès des différents souscripteurs sont conservés.

Le 1ᵉʳ février N+1, l'opération est déclarée comme réussie, le softcap de 25 000 jetons placés étant dépassé. Les actifs recueillis ne sont alors plus restituables. L'entreprise ID convertit les ethers levés en les cédant contre des euros pour ne conserver que de la trésorerie en euros.

La parité de l'ether au 1ᵉʳ février N+1 est de 450 €.

Les écritures à passer entre le 1ᵉʳ janvier et le 1ᵉʳ février N+1 sont les suivantes :

Étape 3 – Comptabilisation de la souscription entre le 1ᵉʳ et le 31 janvier N+1 (suivant les mêmes principes que précédemment, voir n° 42630) :

	5202 Jetons détenus	512 Trésorerie	1687 Dette diverse en ethers	1687 Dette diverse en euros
À nouveau au 1/1/N	5 040 000	2 800 000	5 040 000	2 800 000
Souscription par des tiers de 5 000 jetons ID contre des ethers (parité de 420 euros)	2 100 000		2 100 000	
Souscription par des tiers de 3 000 jetons ID contre des euros		1 260 000		1 260 000
Nouveau solde au 31/1/N+1	7 140 000	4 060 000	7 140 000	4 060 000

Étape 4 – Au 1ᵉʳ février, l'opération est déclarée réussie :

À compter de début février N+1, la dette n'est plus restituable aux souscripteurs. Elle doit donc être transférée en produits constatés d'avance (voir ci-après b.).

Elle doit être, préalablement à ce transfert, convertie au cours du jour du terme de la phase de lancement. Les ethers par ailleurs détenus par l'émetteur sont également réévalués (voir ci-après a.).

a. La dette restituable en ethers est réévaluée ainsi que les jetons détenus au cours de l'ether :

	5202 Jetons détenus	478702 Différences d'évaluation sur jetons détenus – PASSIF	4746 Différence d'évaluation de jetons sur des passifs – ACTIF	1687 Dette diverse en ethers
À nouveau au 31/1/N+1	7 140 000	240 000	240 000	7 140 000
Réévaluation des jetons détenus (ethers) au cours du 1/2/N+1 ⁽¹⁾	510 000	510 000		
Réévaluation de la dette en ethers au cours du 1/2/N+1 ⁽¹⁾			510 000	510 000
Solde au 1/2/N+1	7 650 000	750 000	750 000	7 650 000

(1) 12 000 * (450-420) + 5 000 * (450 - 420) = 510 000

b. Les montants comptabilisés en dettes restituables sont transférés en produits constatés d'avance :

	1687 Dette diverse en ethers	1687 Dette diverse en euros	48701 Produits perçus d'avance sur jetons émis
À nouveau au 1/02/N+1	7 650 000	4 060 000	
Constatation des produits perçus d'avance sur jetons émis (partie souscrite en ethers)	7 650 000		7 650 000
Constatation des produits perçus d'avance sur jetons émis (partie souscrite en euros)		4 060 000	4 060 000
Nouveau solde au 1/02/N+1 après reclassement en produits constatés d'avance	0	0	11 710 000

c. La perte d'indexation de la dette reclassée en produits constatés d'avance est constatée en résultat :

	478702 Différences d'évaluation sur jetons détenus – PASSIF	4746 Différence d'évaluation de jetons sur des passifs – ACTIF	666 Perte d'évaluation de jetons [1]	766 Produit de couverture [1]
À nouveau au 1/02/N+1	750 000	750 000		
Constatation de la perte d'indexation sur la dette restituable en ethers			750 000	750 000
Produit de couverture au titre des jetons détenus (par symétrie)	750 000			750 000
Nouveau solde au 1/02/N+1 après reclassement en produits constatés d'avance et constatation de la perte sur la dette	0	0	750 000	750 000

(1) L'ANC n'a pas créé de compte spécifique pour les pertes et gains de change réalisés sur les jetons et dettes indexées sur les jetons. Elle propose dans son exemple en IR (4) et (5) du règlement ANC n° 2018-07 précité de reprendre les comptes 666 et 766 « Pertes et gains de change ».

Par **symétrie**, en application des principes de la comptabilité de couverture (PCG art. 628-11) :
— le résultat latent sur les ethers détenus est également constaté en résultat ;
— pour la présentation au compte de résultat, les comptes 666 et 766 peuvent :
• soit être classés respectivement dans les postes « Différences négatives de change » et « Différences positives de change » ;
• soit être classés dans le même poste (soit une présentation « transparente » de l'opération en résultat). Sur les informations à donner en annexe, voir n° 42660.

d. Conversion des ethers levés en euros :

	5202 Jetons détenus	512 Trésorerie
À nouveau au 1/02/N+1	7 650 000	4 060 000
Conversion des ethers en euros	7 650 000	7 650 000
Nouveau solde au 1/02/N+1 après reclassement en produits constatés d'avance et constatation de la perte sur la dette	0	11 710 000

La trésorerie augmente donc de 7 650 000 euros (valeur des jetons détenus au 1er février N+1) pour atteindre 11 710 000 euros.
Pour la suite de cet exemple, voir n° 42645.

Reprise des produits constatés d'avance sur jetons émis

42645

À la clôture de l'exercice (PCG art. 619-7), ces produits sont reconnus en résultat selon l'avancement de la réalisation des prestations ou à la livraison des biens.
Sur la règle générale de rattachement des produits à l'exercice d'exécution, voir n° 10370 s.
Sur le schéma de comptabilisation d'une reprise de produits constatés d'avance, voir n° 11750.

42645
(suite)

> **EXEMPLE**
>
> **Suite de notre exemple au n° 42640**
>
> Suite à la déclaration de succès de l'opération au 1er février N+1.
>
> La phase de réalisation du projet dure 6 mois au cours desquels la solution proposée par ID est mise en œuvre et induit des dépenses de constitution du site internet. L'entreprise ID retient l'option d'activation des dépenses de constitution du site internet.
>
> Le 1er août N+1, la solution est achevée et mise en service. Elle est également mise à disposition gratuitement des souscripteurs pendant 5 années, conformément au document d'information de l'ICO.
>
> Les écritures à passer entre le 1er février et le 31 décembre N+1 sont les suivantes :
>
> **Étape 5 – Phase de construction du site internet** :
>
> L'entreprise ID a opté pour la comptabilisation des coûts de développement à l'actif (PCG art. 612-2).
>
> On fera l'hypothèse que les frais de recherche ont été engagés avant le lancement de l'ICO.
>
> | | 512 Trésorerie | 6... Charges par nature | 232 Immobilisations incorporelles en cours | 721 Production immobilisée |
> |---|---|---|---|---|
> | À nouveau au 1/02/N+1 | 11 710 000 | | | |
> | Dépenses de construction du site internet | | 9 000 000 ... 9 000 000 | | |
> | Activation des dépenses de construction du site | | | 9 000 000 | 9 000 000 |
> | Soldes | 11 710 000 | 9 000 000 | 9 000 000 | 9 000 000 |
>
> **Étape 6 – Mise en service de la solution achevée le 1er août N+1** :
>
> | | 232 Immobilisations incorporelles en cours | 208 Immobilisations incorporelles |
> |---|---|---|
> | À nouveau | 9 000 000 | |
> | Mise en service de la solution le 1/08/N+1 | 9 000 000 | 9 000 000 |
>
> **Étape 7 – À la clôture N+1** :
>
> **a. Mise à disposition de la solution auprès des souscripteurs entre le 1er août et le 31 décembre N+1**
>
> | | 48701 Produits perçus d'avance sur jetons émis | 706 Prestation de services |
> |---|---|---|
> | À nouveau au 1/08/N+1 | 11 710 000 | |
> | Reconnaissance du CA au titre de la mise à disposition des souscripteurs pendant 5 mois en N+1 (1) | 975 833 | 975 833 |
>
> (1) 11 710 000 * 5 / 60 = 975 833 – engagement de mise à disposition de 5 ans, soit 60 mois
>
> La mise à disposition de la solution pendant 5 ans (licence d'exploitation) s'analyse comme une **prestation continue.** Le revenu correspondant est donc étalé en linéaire sur 60 mois à compter de la mise en service de la solution le 1er août N+1.
>
> La reprise du produit constaté d'avance se faisant prorata temporis, un produit est constaté à hauteur de 975 K€ (soit 11 710 × 5/60).
>
> **b.** Amortissement de la solution sur la période de mise en service :
>
> | | 2808 Amortissements des autres immobilisations incorporelles | 68111 Dotation aux amortissements des immobilisations incorporelles |
> |---|---|---|
> | Amortissement sur 5 mois de la solution (1) | 750 000 | 750 000 |
>
> (1) 9 000 000 * 5 / 60 = 750 000

CAS PARTICULIER D'ÉMISSIONS DE JETONS

Jetons attribués gratuitement ou à des conditions de souscription préférentielles L'attribution de jetons gratuite ou à des conditions de souscription préférentielles vise à octroyer aux bénéficiaires un avantage en échange d'une contribution de ces derniers aux activités de l'émetteur (PCG art. 619-17).

42650

Les bénéficiaires d'une attribution à titre gratuit ou à des conditions préférentielles peuvent être des salariés, des fondateurs, des actionnaires ou d'autres tiers **dès lors que l'attribution constitue la contrepartie d'une contribution de ceux-ci aux activités de l'émetteur** (Recueil ANC commentaire IR 3 sous PCG art. 619-17).

> **Précisions** Jetons présentant les caractéristiques de titres financiers Dans ce cas, les attributions gratuites de jetons sont comptabilisées selon les dispositions en la matière. Ainsi, par exemple, pour les jetons présentant les caractéristiques d'actions, les dispositions du PCG en matière d'attribution d'actions gratuites (art. 624-1 à 624-12 du PCG) devraient s'appliquer dès lors que les bénéficiaires sont des salariés (voir n° 55870 s.).

L'émission de jetons (ne présentant pas les caractéristiques de titres financiers, contrats financiers ou bons de caisse) attribués gratuitement est comptabilisée selon les mêmes principes que ceux décrits ci-avant (voir n° 42615 s.). Notamment l'émetteur comptabilise ou non un passif en fonction de l'existence d'un engagement vis-à-vis des bénéficiaires des jetons. La valorisation retenue pour la comptabilisation de ces jetons dépend de l'existence ou non d'une souscription offerte aux tiers souscripteurs (PCG art. 619-7) :
– s'il existe une souscription offerte à des tiers : les jetons sont comptabilisés à la valeur de souscription ;
– s'il n'existe pas de souscription offerte aux tiers : ils sont comptabilisés à la valeur vénale du jeton correspondant.

> **Précisions** Il est possible d'attribuer gratuitement des jetons auto-détenus (jetons de l'émetteur précédemment rachetés sur le marché secondaire). Dans ce cas, ils sont comptabilisés en charge à la date d'attribution pour un montant égal à leur prix d'acquisition (Recueil ANC, commentaire IR 3 sous PCG art. 619-17).

La **charge** correspondante à ces attributions de jetons est comptabilisée selon la nature de la contribution du ou des bénéficiaires (PCG art. 619-17). Par exemple, des attributions gratuites de jetons à des salariés seront comptabilisées en charges de personnel.

> **Précisions** **1. Conditions de présence** La remise des jetons peut être soumise à des conditions de présence des bénéficiaires ou de performance des bénéficiaires ou du projet. Tant que les conditions de présence et de performance n'auront pas été atteintes, une provision pour charges devrait, à notre avis, pouvoir être comptabilisée. Les modalités d'évaluation de la provision devraient pouvoir suivre les mêmes principes que ceux retenus pour la provision à constituer au titre des AGA (coût d'entrée des jetons auto-détenus ou valeur estimée à la date probable de rachat des jetons, nombre probable de jetons qui seront remis, étalement sur la période d'acquisition des droits... Voir n° 55875).
2. Jetons auto-détenus Si des jetons sont auto-détenus pour des raisons d'attribution gratuite, ils ne sont pas dépréciés car cette provision (voir Précision 1) aura déjà été constituée.

Jetons « attribués au projet » Les jetons attribués au projet sont des jetons émis mais non proposés à la souscription par l'émetteur (Recueil ANC, commentaire IR 3 sous PCG art. 619-14).

42655

Ces jetons sont néanmoins disponibles pour être cédés sur un marché secondaire (avec un effet potentiel de dilution), pour faire l'objet d'une offre ultérieure sur le marché (secondes tranches, par exemple) ou pour être attribués gratuitement aux collaborateurs, aux fondateurs ou aux promoteurs externes du projet (voir n° 42650).

Ces jetons ne sont pas comptabilisés à l'actif lors de leur émission (Recueil ANC, commentaire IR 3 sous PCG art. 619-14) mais doivent être mentionnés en annexe (voir n° 42660).

INFORMATIONS EN ANNEXE

L'émetteur doit mentionner dans l'annexe (PCG art. 619-9), en dissociant par exemple par nature de flux de jetons (droits et obligations attachés ; Recueil ANC, commentaire IR 3 sous PCG art. 619-9) :

42660

1. un descriptif du contexte et de l'objet de chaque émission ;
2. les informations sur les droits et obligations attachés aux jetons émis :
– la nature des jetons émis et un descriptif des caractéristiques des droits et obligations explicites ou implicites qui leur sont attachés (ex : biens et/ou services à livrer, ou dettes) ;
– en cas de jetons présentant différentes natures de droits et obligations, les modalités d'allocation des montants souscrits aux différentes natures et leurs modalités respectives de comptabilisation ;

– le cas échéant, la mention d'absence de droits et obligations explicites ou implicites, et une explication des faits et circonstances de ce type d'émission ;
– un descriptif des éventuelles clauses et faits générateurs de nature à modifier ou interrompre les droits et obligations initialement attachés aux jetons, ainsi que leurs conséquences comptables ; ainsi l'annexe doit apporter des informations sur l'impact comptable de la survenance de faits générateurs mentionnés dans les clauses du document d'information (clauses souvent appelées « disclaimers ») comme par exemple le passage en perte des frais de conception de logiciels précédemment activés, en cas d'annonce d'échec de la solution technique proposée initialement (Recueil ANC, commentaire IR 3 sous l'art. 619-9 du PCG) ;
3. les principes de comptabilisation des produits relatifs aux jetons émis, en particulier les modalités retenues pour rapporter les produits constatés d'avance au chiffre d'affaires (voir ci-avant 42265) ;
4. le cas échéant, le montant des emprunts et dettes assimilées qui sont remboursables en jetons ou indexés sur la valeur de jetons (voir ci-avant 40605 s.), ainsi que les modalités ou évolution des modalités de détermination des valeurs retenues pour ces jetons ;
5. les informations générales suivantes relatives aux jetons émis :
– l'évolution de la cotation du jeton émis sur le marché secondaire, son cours en fin d'exercice, en précisant les modalités de détermination du cours de référence à la clôture ;
– le calendrier et les conditions d'émission de jetons futurs ;
– le nombre de jetons émis et restant à émettre, ainsi que les motifs d'évolution durant l'exercice, en précisant le nombre de jetons attribués gratuitement ou de manière préférentielle, ainsi que les éventuelles contraintes de disponibilité de ces jetons attribués gratuitement ou de manière préférentielle. Le cas échéant, il est indiqué si le nombre de jetons restant à émettre n'est pas limité.
Pour un modèle de tableau, voir le « Code comptable », art. 619-9 du PCG.

X. AUTRES PLACEMENTS DE TRÉSORERIE

TITRES DE CRÉANCES NÉGOCIABLES

42665 ⟩ **Juridiquement** Le Code monétaire et financier (art. L 213-1 s.) regroupe dans un cadre unique l'ensemble des principes relatifs aux titres de créances négociables qui comprennent :
– les titres négociables à court terme (anciens certificats de dépôt et anciens billets de trésorerie),
– et les titres négociables à moyen terme.
Il précise les conditions que doivent remplir les émetteurs ainsi que leurs obligations d'information (voir n° 80780 s.).
À l'exception des titres négociables à moyen terme (émis pour une durée supérieure à un an) tous les titres de créances négociables ont une durée maximale d'un an.
En ce qui concerne leur classement comptable et leur présentation au bilan, rien n'est prévu dans le PCG. À notre avis, il conviendrait :
– dans la liste de comptes, d'élargir l'intitulé du compte 50 qui deviendrait « Valeurs mobilières de placement et créances assimilées »,

⟩ **Précisions** L'intitulé du compte 507 (actuellement utilisé pour « Bons du Trésor et bons de caisse à court terme », ces derniers n'étant d'ailleurs pas des valeurs mobilières) pourrait devenir 507 « Créances assimilées », avec les subdivisions suivantes (par exemple) :
5071 : Titres négociables à court terme (anciens certificats de dépôt et billets de trésorerie)
5074 : Bons du Trésor
5077 : Titres négociables à moyen terme
5078 : Bons de caisse

– au bilan, de renommer la rubrique concernée qui deviendrait « Valeurs mobilières de placement et créances assimilées ».
Sur l'information à fournir dans l'**annexe**, voir n° 43350 s.

42675 **Titres négociables à court terme (anciens certificats de dépôt et billets de trésorerie)**

⟩ **Juridiquement** Leurs principales caractéristiques sont les suivantes :
– ils sont émis notamment par des établissements de crédit habilités à recevoir du public des fonds à vue ou à moins de deux ans ou par des entreprises d'investissement ;
– il ne s'agit pas de valeurs mobilières et ils constituent des billets au porteur représentatifs de créances nées de dépôts à terme et négociables par nature ;
– ils ont une durée initiale au moins égale à 10 jours et maximale d'un an.

Les solutions suivantes nous paraissent pouvoir être retenues (elles ne concernent pas les établissements de crédit) :

I. Présentation au bilan et classement comptable Ils nous paraissent pouvoir être comptabilisés au compte 5071 et présentés au bilan sous la rubrique « Valeurs mobilières de placement et créances assimilées » (voir commentaires n° 42665).

II. Souscription lors de l'émission Le compte 5071 est débité du montant nominal par le crédit de la banque.

III. Acquisition sur le marché secondaire postérieurement à l'émission
Le **prix** payé peut, financièrement, être **scindé en trois éléments** :
– le **montant nominal**,
– une **surcote** (prime) ou une **décote** correspondant à l'évolution des taux d'intérêt sur le marché entre l'émission et l'acquisition du TCN,
– les **intérêts courus**.

Lors de la comptabilisation initiale au bilan, deux solutions paraissent envisageables :
a. le montant correspondant au nominal et à la surcote ou décote est enregistré dans le compte 5071 et les intérêts courus sont enregistrés dans le compte 5088 « Intérêts courus » (ou au débit du compte 76 « Produits financiers »). À la clôture de chaque exercice les intérêts courus sont constatés.
Cette approche a cependant pour inconvénient majeur de reporter, à la cession des titres, la charge ou le produit lié respectivement à la surcote ou à la décote ;
b. selon une autre analyse (qui a notre préférence car cohérente avec celle retenue pour les obligations, voir n° 37950) :

En cas de surcote :
– le montant correspondant au nominal est enregistré dans le compte 5071,
– la surcote est enregistrée dans le compte 486 « Charges constatées d'avance »,
– les intérêts courus sont enregistrés dans le compte 5088 (ou 76).

À la clôture de chaque exercice, les intérêts courus sont constatés et la surcote est « amortie » sur la durée résiduelle du titre négociable à court terme.

En cas de décote : le montant enregistré dans le compte 5071 correspond au nominal minoré de la décote. À la clôture de chaque exercice, un produit correspondant à « l'amortissement » de la décote est comptabilisé en contrepartie d'une augmentation de la valeur à l'actif des titres.

> **Précisions** Pour pouvoir suivre l'amortissement de la décote, il est à notre avis possible d'enregistrer, dans des subdivisions du compte 5071, le nominal des titres négociables à court terme (au débit) et la décote (au crédit). La décote ainsi comptabilisée est ensuite amortie sur la durée résiduelle du titre.

IV. Intérêts sur titres négociables à court terme Les intérêts courus et non échus sur ces titres à la clôture de l'exercice doivent être enregistrés.

> **Fiscalement** (BOI-BIC-PDSTK-10-20-40 n° 30), ceux-ci sont imposables à l'IS au taux de droit commun.

V. Valeur d'inventaire et valeur au bilan Conformément aux règles générales (PCG art. 214-17), une dépréciation est constatée lorsqu'à la clôture, la valeur actuelle du titre est devenue inférieure à sa valeur comptable (surcote/décote compris).

> **Fiscalement** Le Conseil d'État a admis le principe de la déductibilité de ces (provisions pour) dépréciation en s'appuyant sur l'article 38 septies de l'annexe III au CGI (relatif à l'évaluation des valeurs mobilières) (CE 17-6-2015 n° 369076 rendu à propos de titres de créances négociables). En revanche, pour l'administration, ces titres sont en fait des disponibilités ne pouvant donner lieu à provision déductible que s'ils présentent un risque réel de non-remboursement à la clôture de l'exercice (BOI-BIC-PDSTK-10-20-40 n° 50).

VI. Cession d'un titre négociable à court terme Les intérêts courus étant constatés préalablement à la cession, l'ensemble des comptes 5071 et 5088 (et le cas échéant 4818 et 487) sont soldés par le débit du compte de banque et le débit du compte 667 « Charges nettes sur cessions » ou le crédit du compte 767 « Produits nets sur cessions ».

> **Fiscalement** (BOI-BIC-PDSTK-10-20-40 n° 40), les gains ou pertes de cession sont compris dans les résultats imposables au taux de droit commun, quelle que soit la durée de détention des titres et calculés selon la méthode Fifo, par catégorie de titres de même nature (c'est-à-dire émis par la même personne ou établissement et présentant des caractéristiques identiques : nominal, taux d'intérêt, durée à l'émission).

42680 **Titres négociables à moyen terme (anciens bons à moyen terme négociables)** Ils peuvent, à notre avis (voir n° 42665), être comptabilisés au compte 5077 (à créer). Les développements concernant les titres négociables à court terme (voir n° 42675) nous paraissent applicables.

BONS DU TRÉSOR

42685 Ils peuvent, à notre avis (voir n° 42665), être comptabilisés au compte 5074 (le PCG prévoit le compte 507). Les développements concernant les titres négociables à court terme (voir n° 42675) nous paraissent applicables.

> **Précisions** Les BTAN (bons à taux annuel normalisé) ont des intérêts payés à terme échu. Les BTF (bons à taux fixe) ont des intérêts payés d'avance.

BONS DE CAISSE SOUSCRITS

42690 Il s'agit d'effets négociables et non de valeurs mobilières (voir n° 35015). Ils sont classés chez l'acquéreur, soit au débit du compte 2722 « Bons », soit au débit du compte 507 « Bons du Trésor et bons de caisse à court terme » (compte 5078 à créer ; voir n° 42665). Ils sont à enregistrer pour leur **valeur nominale.**

Le revenu qu'ils procurent chaque exercice est égal au montant des **intérêts correspondant à l'exercice** diminué du **prélèvement fiscal** à la source **attaché à ces intérêts.** Comme ces derniers sont reçus soit lors de l'émission des bons, soit lors de leur échéance, il en résulte une régularisation à la clôture de chaque exercice (ou période comptable).

À notre avis, les **intérêts** doivent être comptabilisés, par simplification, pour le montant net (déduction faite du prélèvement fiscal, assimilable à une retenue à la source, voir n° 36605).

> **Fiscalement** Sur les modalités d'imposition des produits des bons de caisse, voir Mémento Fiscal n° 25730 à 25735.

I. Intérêts reçus lors de la souscription Ils constituent un produit constaté d'avance (compte 487). À la clôture de chaque exercice, les intérêts nets le concernant sont virés du compte 487 aux produits (compte 764 « Revenus des valeurs mobilières de placement », s'il s'agit de bons à court terme, ou compte 762 « Revenus des autres immobilisations financières », dans le cas contraire).

II. Intérêts reçus lors de l'échéance Les bons sont enregistrés à leur valeur nominale payée lors de la souscription. À la clôture de chaque exercice, les intérêts nets le concernant sont constatés en intérêts courus (compte 2768 ou 5088).

DIVERS

42692 **Jetons numériques détenus** Le PCG (art. 619-1 et 619-11) distingue selon qu'il s'agit :
1. de jetons présentant les caractéristiques de titres financiers, de contrats financiers ou de bons de caisse (voir n° 37085) ;
2. d'autres types de jetons. Dans ce cas :
– sur leur classement comptable, voir n° 30795 s. ;
– sur leur évaluation ultérieure, voir n° 32075 ;
– sur leur sortie ou annulation, voir n° 32170.

42695 **Mandat de gestion**

> **Précisions** Dans ces opérations, une société confie une certaine somme ou un portefeuille de titres à un établissement de crédit ou à une société de bourse qui est chargé de gérer, **pour son compte,** ces actifs. La société entérine à l'avance et de manière contractuelle l'ensemble des opérations effectuées pour son compte par le gestionnaire dès lors que ce dernier respecte les limites qui lui ont été fixées (nature des instruments et marchés sur lesquels il peut intervenir ; limites de pertes maximum ; couvertures autorisées, notamment possibilité ou non d'intervenir sur le Matif ou tout autre marché d'instruments financiers à terme). Ce dernier est tenu à une **obligation de moyens** et non de résultat envers son client.

Selon le bulletin CNCC (n° 137, mars 2005, EC 2004-73, p. 142), en l'absence de précision d'organismes compétents, le mandant (la société) restant juridiquement propriétaire des actifs confiés et **conservant l'intégralité des risques et avantages** (revenus) qui leur sont liés :
– enregistre les sommes remises selon leur destination (obligations, actions, parts d'OPCVM, comptes à terme, dépôts Matif) ;

— obtient périodiquement (au minimum deux fois par an, plus généralement par trimestre ou par mois) une reddition de comptes ;
— suit et enregistre, à partir de cette reddition, les différentes opérations réalisées par le mandataire ;

> **Précisions** Il peut être procédé à un regroupement des opérations par catégorie, seuls les soldes des différents comptes apparaissant sur les journaux et balances comptables transmis par le gestionnaire étant enregistrés.

— à la clôture d'un exercice (ou d'une période), évalue les différents actifs ou engagements hors bilan (cas du Matif par exemple) selon les règles communes applicables à chaque catégorie d'instruments et donc constate les provisions nécessaires ;
— doit indiquer, en annexe, les informations concernant les risques de marché (voir n° 43350 s.).

Certains mandats de gestion assurent un **revenu minimum** et la **garantie du capital** initialement confié. Dans ce cas, en fin d'exercice et en l'absence d'autres informations, à notre avis :

— la société peut enregistrer un produit à recevoir calculé sur la base du minimum garanti ;
— s'il est constaté une perte sur le capital, il est tenu compte du montant de la garantie accordée dans l'évaluation de la dépréciation du portefeuille-titres constitué.

Placement en or, pierres précieuses ou diamants Voir n° 20475.   42700

Dépôts à terme en banque   42705

Un dépôt à terme (« DAT ») est un placement financier à court ou moyen terme, dans lequel une société dépose une somme d'argent auprès d'une institution financière pour une durée prédéterminée. Sa rémunération est librement fixée entre les parties. Aucune rémunération n'est versée si le contrat est interrompu avant une durée minimale fixée dans le contrat.

À notre avis, le classement comptable de cette créance de nature financière dépend de l'intention de gestion de l'entreprise et de la possibilité ou non de débloquer les fonds par anticipation. Dans tous les cas, une information en annexe sur les caractéristiques du contrat de dépôt à terme ainsi que les intentions de gestion de l'entreprise est utile, si cette information est significative. En pratique, à notre avis :

I. Si l'intention de l'entreprise est l'utilisation temporaire de sa trésorerie en vue de lui conserver sa valeur, la société n'excluant pas de débloquer les fonds pour financer ses besoins de trésorerie (gestion de trésorerie), il s'agit de liquidités. Le PCG 82, dans sa définition des « Liquidités » (p. I.34 ; voir n° 40025), comprend en effet les comptes bancaires à terme « lorsqu'il est possible d'en disposer par anticipation ». La baisse du taux de rémunération du dépôt à terme liée à cet éventuel déblocage ne devrait pas, en général, remettre en cause son caractère liquide.

a. Le classement de ces liquidités dans le poste **« Disponibilités »** dépend toutefois de la capacité à débloquer les fonds **sans délai**.
b. Si tel n'est pas le cas, les fonds sont classés dans le poste **« Instrument de trésorerie »** (à créer à l'actif du bilan).

> **Précisions** Instrument de trésorerie Le poste « Instrument de trésorerie » n'existant plus dans les modèles de bilan (il a été supprimé, à notre avis sans réelle intention de la part de l'ANC, lors de la publication du règlement n° 2015-05 relatif aux instruments à terme), il devrait pouvoir être créé, sous le poste VMP (les comptes annuels devant comprendre autant de rubriques et de postes qu'il est nécessaire pour donner une image fidèle du patrimoine, de la situation financière et du résultat de l'entreprise, C. com. art. L 123-15 ; voir n° 64185).

Sur les critères pris en compte en IFRS pour le classement des dépôts à terme en équivalents de trésorerie, voir Memento IFRS n° 51332.

II. Si l'intention est de conserver durablement les fonds afin de rentabiliser le placement, ces dépôts sont à comptabiliser, à notre avis, en **« Autres immobilisations financières »**, (au compte 276 « Autres créances immobilisées »). En effet, ces créances ne peuvent être remboursées dans un bref délai.

EXEMPLE

Tel peut être le cas, par exemple, lorsque les conditions de déblocage du DAT ne permettent pas de recouvrer la totalité du principal placé.

Sur la comptabilisation des intérêts rémunérant les dépôts bancaires, voir n° 43000 s.

XI. OPÉRATIONS DIVERSES

AFFACTURAGE

42795 L'affacturage (« **factoring** ») est une convention par laquelle un industriel ou un commerçant, appelé « adhérent » (ou « cédant »), s'engage à transférer tout ou partie de ses créances commerciales détenues vis-à-vis d'un certain nombre de ses débiteurs à un « factor » (ou « cessionnaire ») contre règlement de leur montant sous déduction de commissions et agios.

L'affacturage présente de multiples déclinaisons de manière à s'adapter aux différents besoins des entreprises. Ainsi, celles-ci peuvent avoir la possibilité de cumuler ou non les différents services liés à l'affacturage que sont :
– le règlement anticipé des créances (le financement avant l'échéance normale de la créance),
– la prise en charge du risque client (en garantissant ainsi la bonne fin des règlements en cas d'insolvabilité du débiteur),
– la gestion du poste clients (suivi, relance et recouvrement des créances).

> **Précisions** Le factoring peut se faire généralement par le jeu d'une **subrogation conventionnelle** (voir ci-après le traitement comptable dans ce cas) mais il peut également recourir à la technique de la cession Dailly pour le transfert des créances au factor (voir n° 40820 dans ce cas).

I. Décomptabilisation des créances cédées En pratique, les écritures sont constatées selon une approche reflétant la nature juridique de l'opération, c'est-à-dire la **cession des créances** au profit du factor. Ainsi, à l'avis d'achat du factor :
– les créances clients remises au factor sont soldées, quelles que soient les conditions prévues par la convention d'affacturage ;

> **Juridiquement** En effet, la subrogation vaut **transfert de propriété** (C. civ. art. 1346-4), que l'affacturage soit avec ou sans recours. Elle a donc obligatoirement pour conséquence la sortie du bilan du cédant des créances clients mobilisées dès réception de l'avis d'achat du factor. La subrogation ne sera effective qu'à la date d'enregistrement, par le factor, de l'achat des créances dans sa comptabilité (matérialisée par le crédit du compte courant du cédant dans les livres du factor).

Cette solution est celle explicitement indiquée par le PCG pour l'escompte d'effets de commerce (voir n° 40735) et a été confirmée à plusieurs reprises pour la mobilisation loi Dailly (voir n° 40820).
– s'y substitue une créance sur le factor comptabilisée au compte 467 « Autres comptes débiteurs ».

EXEMPLE

Une entreprise signe avec un factor un contrat d'affacturage par lequel elle cédera la totalité de ses créances commerciales domestiques détenues sur les débiteurs approuvés par le factor. Le contrat est d'une durée de 9 mois. Les conditions sont les suivantes :
– une commission d'affacturage égale à 1 % du chiffre d'affaires confié (soumise à TVA et prélevée à chaque remise de factures) ;
– une commission de financement précomptée, au taux de 0,5 % ;
– le factor encaissera sur un compte bancaire dédié les règlements mais c'est l'entreprise qui se chargera de les lettrer et de relancer les clients ;
– il n'a pas de recours vis-à-vis de l'entreprise en cas d'insolvabilité judiciaire du débiteur cédé ; il n'existe pas de plafond d'approbation ou de financement ;
– le contrat prévoit la constitution d'un fonds de garantie pour couvrir le risque de dilution lié aux créances cédées (créances litigieuses, avoirs, remises et ristournes accordées par le cédant aux clients, etc.) et le risque de contrepartie du cédant à ce titre. Ce fonds de garantie est de 10 % de l'encours global.

Le 15 janvier N, l'entreprise adhérente effectue une première remise de factures au factor pour un total TTC de 10 000 K€ :

	411 Créances clients	467 Autres comptes débiteurs
à nouveau		
15/1/N – Avis d'achat du factor	10 000	
Cession de créance au factor	10 000	10 000

Sur la nécessité de conserver un suivi des créances dans une **comptabilité auxiliaire,** voir n° 40825.

Dans tous les cas d'affacturage, l'entité doit indiquer le montant des créances cédées dans l'annexe, au titre des engagements financiers donnés (voir n° 50690).

II. Comptabilisation en trésorerie de la créance sur le factor Dès lors que l'entreprise dispose d'un **droit de tirage sur le factor** (pour un montant égal à celui de la créance hors retenue de garantie et commissions), il est, à notre avis, possible de comptabiliser la créance sur le factor en trésorerie, comme cela est préconisé pour les cessions de créances à titre de garantie dans le cadre de la loi Dailly (voir n° 40830).

Par la suite, lorsque le droit de tirage est exercé et que l'entreprise reçoit un virement du factor, un transfert est effectué à l'intérieur du poste « Banques » entre le compte ordinaire « 512 » et le compte « 5122, Droit de tirage ». Cette écriture n'a donc pas d'incidence sur la présentation du bilan.

EXEMPLE

(suite) L'avis d'achat du factor indique les éléments suivants :
— Fonds de garantie : 1 000 K€ (10 000 K€ × 10 %),
— Commission d'affacturage : 100 K€.

Le 16 janvier N, l'entreprise demande le versement de la totalité de la somme disponible sur son compte. La commission de financement est précomptée pour un montant de 10 K€.

	467 Autres comptes débiteurs	467 Autres comptes débiteurs – Fonds de garantie	5121 Banque	5122 Droit de tirage	6225 Rémunération d'affacturage	668 Autres charges financières
15/1/N – Avis d'achat du factor						
Fonds de garantie	1 000	1 000				
Commission d'affacturage	100				100	
Droit de tirage	8 900			8 900		
16/1/N – Versement de la somme						
Réception du cash			8 900	8 900		
Commission de financement			10			10

III. Frais d'intervention du factor (y compris les éventuels frais d'agrément, par exemple) Les commissions sont comptabilisées selon leur nature. Ainsi, selon le PCG (art. 946-61/62) :
— le compte 6225 « Rémunérations d'affacturage » enregistre le montant HT de la **commission d'affacturage** qui rémunère des services de gestion comptable, recouvrement et garantie de bonne fin ;
— un compte 668 « Autres charges financières » enregistre la **commission de financement** qui représente le coût du financement anticipé des créances par le factor qui règle leurs montants au comptant avant d'en avoir perçu lui-même le règlement par les débiteurs (intérêts débiteurs). Exceptionnellement (notamment à défaut de pouvoir procéder à cette distinction), le compte 6225 peut être utilisé.

> **Fiscalement** Le Conseil d'État estime que le paiement par une société d'affacturage, avant l'échéance normale, des factures cédées par son adhérent, constitue une opération de crédit (CE 4-6-2012 n° 330088 ; CE 5-6-1989 n° 96641). La commission de financement est donc assimilable à un intérêt (CE 4-6-2012 n° 330088 rendu en matière de prélèvement libératoire ; CAA Paris 13-2-2014 n° 12PA03904 rendu en matière de taxe professionnelle). Tel n'est en revanche pas le cas ni de la commission d'affacturage (CAA Paris 13-2-2014 n° 12PA03904 précité), ni de la commission forfaitaire couvrant le risque de change (CAA Versailles 26-5-2016 n° 14VE00571 rendu en matière de taxe professionnelle).

Sur la date de comptabilisation des frais (en totalité au moment de la cession) et la divergence avec le traitement fiscal, voir n° 40735.

IV. Dépréciations et provisions à constituer, le cas échéant

a. Risque d'impayé lié à l'insolvabilité du client La décomptabilisation des créances clients affacturées n'exonère pas systématiquement le cédant des risques de crédit associés. Le contrat peut prévoir des recours, des garanties de bonne fin, des procédures d'autorisation pour les nouveaux clients... Dans ces cas, les garanties données au factor peuvent devoir être dépréciées. En l'absence de garantie, des provisions pour risques peuvent devoir être comptabilisées lorsque le cédant conserve le risque de défaillance.

1. En cas d'affacturage sans recours (le factor octroie une **garantie de bonne fin** des créances cédées), l'entreprise cédante est, en principe, couverte contre le risque de défaillance de ses clients (en général, risque d'insolvabilité judiciaire). Dans ce cas, les entreprises ayant cédé leurs créances dans ces termes ne devraient pas avoir à constater de provisions pour pertes sur leurs créances.

Toutefois, la garantie de bonne fin est souvent limitée par l'autorisation préalable du factor pour tout nouveau client de l'adhérent (en cas d'affacturage sans recours, le factor assume le risque de défaillance financière des débiteurs dans la seule limite de ses approbations). Dans ce cas, le montant des créances non approuvées, pour lesquelles l'entreprise cédante conserve le risque de défaillance financière, reste inscrit au compte 467 (et ne donne lieu à aucun droit de tirage). Le cédant peut être amené, le cas échéant, à **déprécier** ce compte en cas de risque d'impayé (de la même manière que la retenue de garantie, voir ci-dessous 3).

2. Retenue de garantie Une retenue de garantie peut être constituée au titre du risque d'insolvabilité du client. À notre avis, la retenue de garantie constitue une créance diverse, figurant au compte 467 « Autres comptes débiteurs » (ou au compte 275 « Dépôts et cautionnements » si le contrat est d'une durée supérieure à un exercice). Si le risque d'insolvabilité est probable, la retenue de garantie est **dépréciée** en conséquence (voir n° 42810). Une provision pour risque n'est constituée que si le risque d'insolvabilité devient supérieur à la retenue de garantie.

3. En cas d'affacturage avec recours (le factor a la possibilité de se retourner contre le cédant en cas d'insolvabilité du débiteur et de non-règlement des créances qu'il a reprises), l'adhérent (et non le factor) supporte le risque d'insolvabilité et doit donc, si celui-ci est probable, constater les **provisions** pour risques et charges adéquates.

Il ne s'agit pas de déprécier les comptes clients, ceux-ci ayant été transférés au factor et ne figurant plus au bilan du cédant.

> **Précisions** Recours du factor dans certains cas Certains contrats (d'affacturage ou d'assurance-crédit) prévoient des recours en cas de survenance d'évènements de cas de **force majeure,** voire spécifiquement parfois des clauses d'exclusion de couverture de risques liés à la survenance d'une pandémie.

b. Risque « de dilution » Le factor ne prend jamais à sa charge le risque de non-paiement lié aux aspects de performance du cédant ou de sa relation avec le débiteur (risque dit « de dilution » par exemple, cas de litige, de compensation de dettes légales ou connexes…). Une retenue de garantie peut donc être constituée à la demande du factor. Cette retenue de garantie est à déprécier en cas de risque de perte. En outre, si le litige devient supérieur à la réserve, l'entreprise doit comptabiliser les provisions pour risques et charges appropriées.

Sur le traitement de l'affacturage en normes IFRS, voir Mémento IFRS n° 48185.

DATION EN PAIEMENT

42805 > **Juridiquement** La dation en paiement consiste à réaliser un paiement par la remise d'une chose convenue entre les parties au lieu et place d'une somme d'argent (C. civ. art. 1342-4). La dation a les mêmes effets que le paiement par une somme d'argent et emporte transfert de propriété de la chose remise, avec application de toutes les règles correspondantes. Pour plus de précisions, voir Mémento Droit commercial n° 53500 s.

> EXEMPLE
>
> Les ventes de terrain à bâtir sont parfois consenties moyennant l'obligation pour l'acquéreur de remettre des locaux neufs au vendeur.

À notre avis, la dation en paiement s'analyse comme une double mutation enregistrée lors des transferts de propriété.

DÉPÔTS ET CAUTIONNEMENTS

42810 **Dépôts et cautionnement versés** Constituent des dépôts et cautionnements, selon le PCG 82 (sur la valeur des définitions du PCG 82, voir n° 35150), **les sommes versées à des tiers** à titre de garantie ou de cautionnement, **indisponibles** jusqu'à la réalisation d'une condition suspensive. Ces sommes sont inscrites au compte 275 « Dépôts et cautionnements versés » figurant à l'actif du bilan dans les autres créances immobilisées (voir sous-comptes n° 96220).

> EXEMPLES
>
> Loyer d'avance en garantie, cautionnement sur marchés, gage-espèce à titre de garantie d'une créance présente ou future.
>
> Sur les titres déposés en garantie qui sont compris dans les immobilisations financières, voir n° 37305.

L'ouverture de subdivisions du compte 275 « Dépôts et cautionnements » permet d'identifier la partie de la créance qui sera récupérée à long, moyen et court terme.

> **Précisions** **Cautionnement sur marchés** Lorsqu'un marché comporte le blocage de sommes en banque à titre de cautionnement, la distinction en comptabilité entre, d'une part, la caution de soumission et la caution de restitution d'acomptes (à brève échéance) et, d'autre part, la caution de bonne fin (échéance à plus d'un an), facilite l'établissement du bilan et du tableau des créances et des dettes.

À notre avis, si la somme versée couvre une obligation non comptabilisée au bilan, et si le **recouvrement** de la somme versée s'avère :
– **douteux**, il y a lieu de constituer une dépréciation à caractère **financier** ;
– **définitivement perdu**, une charge **exceptionnelle** est alors constatée.

En revanche, si la somme versée couvre une dette comptabilisée au bilan, la perte du dépôt ne doit pas entraîner une charge mais la compensation avec la dette.

> **Précisions** **Garantie d'une dette à court terme** À notre avis, si le dépôt couvre une dette dont le terme est inférieur à un exercice, il devrait pouvoir être classé parmi les autres créances de l'actif circulant.

Les dépôts et cautionnements reçus sont portés au compte 165 et figurent au passif du bilan, sur la ligne « Emprunts et dettes financières divers ». **42815**

> **Fiscalement** Il en est de même (Rép. Souvet : Sén. 11-5-1982 n° 4114, non reprise dans Bofip). Ce n'est que lorsque survient la **clause contractuelle** de leur **conservation par le bailleur** de meubles ou immeubles que les dépôts de garantie doivent être regardés par lui :
– comme un **revenu foncier** (CE 8-5-1981 n° 19171) ;
– comme des frais accessoires mis à la charge du locataire passibles de la **TVA**, voir Mémento Fiscal n° 52255.

Dépôts de fonds du personnel Le compte 426 « Personnel – Dépôts » est crédité du montant des sommes confiées en dépôt à l'entreprise par les membres du personnel, par le débit d'un compte de trésorerie. Il est débité, lors du remboursement au personnel des sommes ainsi déposées, par le crédit d'un compte de trésorerie (PCG art. 944-42). **42820**

> **Juridiquement** Les entreprises (autres que les établissements de crédit) ne peuvent recevoir des fonds de salariés pour un montant qui excède 10 % de leurs capitaux propres, compte non tenu des fonds reçus des salariés en vertu de dispositions législatives particulières (C. mon. fin. art. L 312-2 et L 511-5). Les infractions sont punies d'un emprisonnement de trois ans et d'une amende de 375 000 € (C. mon. fin. art. L 571-3).
Le commissaire aux comptes (Bull. CNCC n° 14, juin 1974, p. 237 s.) doit inviter l'entreprise à régulariser immédiatement la situation en restituant les fonds excédentaires et, en l'absence d'une telle régularisation, en informer le procureur de la République.

TITRISATION

La titrisation de créances consiste pour une entreprise à céder des créances qu'elle détient sur sa clientèle à une entité (spécifiquement créée pour l'occasion) qui finance l'acquisition de ces créances par l'émission de titres sur les marchés de capitaux. Le terme « titrisation » vient donc du fait que les créances cédées sont « transformées » en titres. **42830**

> **Juridiquement** D'abord ouverte aux seuls établissements de crédit, la titrisation est depuis la loi DDOEF du 2 juillet 1998 (98-546 art. 34) également ouverte aux entreprises industrielles et commerciales. En France, l'entité qui intervient dans l'opération de titrisation est soit un fonds commun de titrisation, soit une société de titrisation.

La cession de créances à un organisme de titrisation s'effectue par la simple remise par le cédant, à une société de gestion chargée de gérer l'organisme, d'un **bordereau intitulé « acte de cession de créances »**, largement inspiré du bordereau Dailly.

Comptablement, comme pour les cessions Dailly (voir n° 40820), l'escompte (voir n° 40735) ou l'affacturage (voir n° 42795), la titrisation s'analyse comme une **cession**, d'où le traitement suivant :
– les créances cédées disparaissent du bilan du cédant dès la remise du bordereau ;
– l'ensemble des frais entraînés par l'opération constituent, comme pour toute cession d'éléments d'actifs, des charges de l'exercice au cours duquel a lieu l'opération, à enregistrer, à notre avis, immédiatement en résultat.

Les créances sont, généralement, cédées pour un prix inférieur à leur valeur actuelle au moment du transfert, la différence constituant un **surdimensionnement** destiné à couvrir les intérêts aux investisseurs (coût de portage des créances ne portant pas intérêt) et les pertes dues à la défaillance de certains débiteurs.

Ce n'est qu'en fin de vie de l'organisme de titrisation, lors de sa liquidation et s'il existe un excédent (pertes inférieures au montant prévu), que ce dernier sera remboursé au cédant sous forme de **boni**.

En conséquence :
– cette décote devrait être enregistrée dans le résultat financier, au débit du compte 668 « Autres charges financières », notamment si l'entreprise retient la conception du résultat courant fondée sur une qualification de chaque opération (voir n° 52030). En effet, à notre avis, cette opération a un caractère financier qui devrait primer sur le caractère exceptionnel de la cession (voir n° 42960) ;

> **Précisions** Ce mode de comptabilisation est d'ailleurs celui qui est retenu par le PCG pour les cessions de créances dans le cadre de l'affacturage (voir n° 42795) et par la CNCC pour la cession de créance de CICE (voir n° 40820).
Toutefois, si l'entreprise retient la conception des résultats courants et exceptionnels « selon le PCG » (voir n° 52030), il nous paraît également possible de comptabiliser la décote dans le compte 6758 « Valeur comptable des éléments d'actifs cédés – Autres éléments d'actifs », au titre de la perte sur la cession.

> **Fiscalement** En revanche, cette décote est sans incidence sur le résultat fiscal, le résultat de cession devant être déterminé à partir de la valeur actuelle des créances avant réduction de prix pour garantie dans tous les cas où la société cédante dispose d'un droit sur le boni de liquidation (BOI-RPPM-RCM-40-40 n° 35).

– le boni éventuel ne peut être constaté en produit (exceptionnel ou financier) qu'une fois réalisé ;
– les autres frais liés à l'opération, mais non inhérents à la cession (frais de préparation de l'opération tels que les honoraires d'expertise ou de conseil), devraient être comptabilisés selon leur nature (par exemple dans le compte 6226 « Honoraires »).

> **Précisions** **1. Souscription par le cédant de parts de fonds commun de titrisation ou d'actions de sociétés de titrisation** Les parts ou actions sont enregistrées pour leur prix d'acquisition dans le portefeuille-titres du cédant selon les règles générales. En cas d'existence de parts spécifiques (parts subordonnées au remboursement préalable des parts ordinaires), celles-ci font, le cas échéant, l'objet d'une dépréciation en cas de non-recouvrement de créances.
2. Gestion du recouvrement des créances Pour des raisons pratiques, la gestion du recouvrement des créances peut être effectuée par l'entreprise cédante : le traitement comptable est dans ce cas le même que pour les cessions Dailly ; voir n° 40820.
3. Techniques de mobilisation de créances Outre la cession à un organisme de titrisation, on peut citer :
– l'escompte avec ou sans recours, voir n° 40735 ;
– la cession loi Dailly, voir n° 40820 ;
– l'affacturage avec subrogation, voir n° 42795 ;
– le crédit de mobilisation de créances commerciales, voir n° 40860.
Ces différentes techniques peuvent se combiner dans un montage de titrisation, l'établissement de crédit ou le factor cessionnaire se chargeant de titriser les créances dans un organisme de titrisation qu'ils ont créé (fonds commun de titrisation ou société de titrisation).

Sur la mobilisation de créances futures, voir n° 40850.
Sur les informations à donner en annexe, voir n° 50755.
Sur le traitement dans les comptes consolidés (consolidation ou non des organismes de titrisation), voir Mémento Comptes consolidés n° 2027-1.

NOVATION

42835 > **Juridiquement** La novation est un contrat qui a pour objet de **substituer** à une **obligation qu'elle éteint** une **obligation nouvelle qu'elle crée.** Elle peut avoir lieu (C. civ. art. 1329) :
– soit par substitution d'obligation entre les mêmes parties,
– soit par changement de débiteur (voir n° 42840),
– soit par changement de créancier.

1. Différence avec les principales opérations de cession de créances Contrairement à la novation par changement de créancier, il n'y a pas extinction de l'obligation dans les cas suivants de cession de créances : l'affacturage (voir n° 42795), la titrisation (voir n° 42830), la mobilisation Loi Dailly (voir n° 40820), l'escompte d'effet (voir n° 40735). Dans tous ces cas, les créances sortent de l'actif du créancier (cession) mais **les dettes restent au passif des débiteurs.**
2. Cas particulier du reverse factoring Le « reverse factoring » (ou affacturage inversé) est une opération de **cession de créances** commerciales à un factor organisée par le débiteur (et

non par le créancier comme dans un affacturage classique) ; les dettes (commerciales en général) sont payées par le factor avant échéance et le débiteur initial paie le factor plus tard.

Dès lors qu'il y a **novation** par changement de créancier (les créances sont alors juridiquement éteintes et remplacées par d'autres créances à l'égard du factor) **et** que l'objectif de l'opération est d'**obtenir un financement**, les dettes commerciales devraient, à notre avis, pouvoir sortir du passif du débiteur initial et une **dette financière envers le factor** s'y substituer. Tel est le cas, à notre avis, si l'entité octroie au factor des garanties additionnelles par rapport à celles octroyées à ses fournisseurs ou si les délais de paiement ont été substantiellement revus et ne correspondent pas à ceux du secteur. Il devrait également y avoir une présomption forte de reclassement en dettes financières si ces modalités sont substantiellement modifiées, c'est-à-dire si la valeur actualisée des flux futurs selon les conditions de la nouvelle dette est supérieure de plus de 10 % à la valeur actualisée des flux futurs résiduels de la dette éteinte. Sur le traitement en IFRS, voir Mémento IFRS n° 48215.

En revanche, tant que la convention n'éteint pas les créances initiales, ce sont les mêmes créances qui sont simplement transférées au factor, dans le cadre par exemple d'une subrogation conventionnelle. En l'absence de texte prescriptif, les dettes devraient pouvoir être maintenues en dettes commerciales, quelle que soit l'analyse des faits et circonstances et une information devrait être donnée en annexe.

NOVATION PAR CHANGEMENT DE DÉBITEUR

42840

Son mode de comptabilisation n'est pas expressément prévu par les textes mais la traduction comptable de l'opération conduit :
– à supprimer la dette au passif lors de la novation,
– en contrepartie du prix payé pour le désengagement,
– la différence constituant, le cas échéant, un élément du résultat financier.

En effet, la novation étant une opération par nature financière, le produit devrait pouvoir être enregistré dans le résultat financier.

EXEMPLE

Une entreprise dispose d'une dette de 100 envers la banque A. Elle convient avec les banques A et B de procéder à la novation de sa dette, aux termes de laquelle B devient le nouveau débiteur de A. À cette occasion, elle verse à la banque B un montant de 60 (le taux de marché ayant fortement augmenté). Les écritures comptables sont les suivantes :

	16 x dette	51 banque	76 x pdt fin.
Ouverture	100		
Novation	100	60	40

En cas de **produit** (dans l'exemple ci-avant, un produit de 40 correspondant essentiellement à la différence entre la valeur nominale de la dette et sa juste valeur), celui-ci devrait être étalé lorsqu'il est censé compenser une augmentation du taux de la dette sur les prochains exercices (par analogie au traitement de la cession-bail, voir n° 28320). Il n'y a dans ce cas aucun « enrichissement » pour la société qui est contrainte de restituer le produit par le biais de futurs intérêts plus élevés que ceux initialement payés.

En revanche, en cas de **perte** (dans l'exemple ci-avant, si le taux de marché avait baissé), celle-ci doit être comptabilisée immédiatement en charges, y compris en cas de renégociation d'un nouvel emprunt (voir n° 41360).

Pour le traitement chez l'acquéreur de la créance à prix décoté, voir n° 42845.

DIVERS

Achat ou vente pur et simple de créances clients Le vendeur cède ses créances clients à l'acheteur, les actes prévoyant **en général** un **prix forfaitaire inférieur** au montant total des créances cédées.

42845

I. Chez le vendeur, les créances sont sorties de l'actif par le débit, d'une part, du compte de banque (ou d'un compte de tiers ouvert au nom de l'acquéreur) et, d'autre part, à notre avis, d'une charge exceptionnelle (par exemple, compte 6788 « charges exceptionnelles diverses »).

> **Fiscalement** Une cession de créances en dessous de leur valeur nominale ne constitue pas un acte anormal de gestion dès lors qu'elle permet à la société de se désengager totalement dans son propre intérêt financier des risques liés à la poursuite de l'exploitation du fonds de la société débitrice (CE 26-1-1990 n° 58314).

Sur les conséquences fiscales défavorables résultant du non-respect du formalisme prévu par l'article 1690 du Code civil lorsque la cession y est soumise, voir BIC-V-28660 s.

II. Chez l'acquéreur, les créances sont à comptabiliser à leur prix d'achat et non à leur valeur nominale, les biens acquis à titre onéreux étant comptabilisés à leur coût d'acquisition lors de leur entrée dans le patrimoine de l'entreprise (Bull. CNCC n° 35, septembre 1979, EJ 79-67, p. 354 et n° 119, septembre 2000, EC 2000-25, p. 392).

> **Fiscalement** Il en est de même. Si une société achète des créances, elle doit les inscrire à son actif pour leur prix de revient et non pour leur valeur nominale (CE 7-7-2010 n° 308207).

En pratique toutefois, lorsque l'acquisition porte sur un ensemble de créances, son coût est global. Or, il est nécessaire de pouvoir suivre en comptabilité le montant nominal de chaque créance afin de pouvoir en assurer le recouvrement. En conséquence, à notre avis, il est possible de procéder comme suit (dans la comptabilité générale ou dans la comptabilité auxiliaire) :

a. À l'acquisition, le **montant nominal** des créances est porté en compte 411 « Clients », l'**abattement** étant crédité au compte global à créer 4199 « Clients-compte correcteur ».

Il nous paraît en être ainsi même si l'abattement provient uniquement de l'actualisation faite pour tenir compte du délai de recouvrement de ces créances.

Pour la présentation du bilan, seul le montant net (compte 411 – compte 4199) est retenu.

b. À la clôture, une **dépréciation** est à constituer dès qu'il est probable que le **montant net** ne sera pas recouvrable en totalité (Bull. CNCC précités), c'est-à-dire si l'abattement global résiduel porté au compte 4199 n'apparaît plus suffisant.

c. Lors du recouvrement d'une créance individuelle, le compte 411 « clients » est crédité pour le montant nominal de la créance. L'écart par rapport au montant encaissé est porté au débit du compte 4199 (tant que le compte 4199 reste créditeur).

Globalement, le recouvrement des créances donne lieu à une charge ou un produit, selon que les encaissements sont inférieurs au montant net comptabilisé. Le profit ne peut être comptabilisé qu'après encaissement total du montant inscrit net, compte tenu de l'incertitude liée au recouvrement du nominal de la créance (Bull. CNCC précités).

En l'absence de précision du PCG, le résultat issu de l'opération devrait être enregistré (notamment si l'entreprise retient la conception du résultat courant fondée sur une qualification de chaque opération, voir n° 52030) :
– dans le résultat d'exploitation, si l'achat de créances constitue une activité principale pour l'acquéreur ;
– dans le résultat financier, sinon (opération de financement).

> **Précisions** Toutefois, si l'entreprise retient la conception des résultats courants et exceptionnels « selon le PCG » (voir n° 52030), il nous paraît également possible de comptabiliser le résultat de l'opération dans le résultat exceptionnel, aux comptes 6714 « Créances devenues irrécouvrables » et 7714 « Rentrées sur créances amorties ».

d. En annexe, une information complémentaire doit être donnée sur les états financiers pour indiquer le montant nominal de la créance (Bull. CNCC précités).

Sur les conséquences de l'incorporation au capital d'une créance décotée, voir n° 37690.

42850 Achat (ou vente) d'une (ou de) créance(s) pour un prix symbolique avec reprise d'engagement hors bilan :

EXEMPLE

Achat de créances avec reprise d'engagements de retraite pour 1 €.

a. chez le cédant : il en résulte une perte exceptionnelle sur la sortie de l'actif de la créance qui correspond (pour tout ou partie) à l'engagement non comptabilisé antérieurement ;

b. chez l'acquéreur : dès lors que les engagements contribuent à déterminer le prix de cession, les créances sont à comptabiliser à leur coût d'acquisition qui comprend (en ce sens, les positions de la CNCC sur la comptabilisation des actifs repris pour un prix symbolique, n° 26530) :
– d'une part, le prix d'achat (symbolique) ;
– d'autre part, le montant des engagements.

En conséquence, à notre avis :
– les créances sont comptabilisées pour leur coût d'acquisition (selon le schéma préconisé au n° 42845) ;
– les engagements repris sont comptabilisés en provision (voir n° 26530).

Mandat de recouvrement de créances clients (par exemple pour le compte d'un prédécesseur, lors d'une reprise d'affaire) Les sommes recouvrées pour le compte du prédécesseur sont créditées à son compte 467 « Autres comptes débiteurs ou créditeurs » (sous-compte à créer « Compte courant prédécesseur ») par le débit des comptes financiers intéressés. Les reversements sont crédités au compte financier par le débit du compte du prédécesseur, pour solde de ce dernier.   42855

« In-substance defeasance » (Désendettement de fait) Selon le PCG (art. 223-4 à 223-7) et l'avis CNC n° 36.   42875

I. Définition de l'opération d'« in-substance defeasance » Selon l'avis CNC n° 36, il s'agit d'une technique d'ingénierie financière qui permet à une entreprise donnée d'atteindre un résultat équivalent à l'extinction d'une dette figurant au passif de son bilan par le transfert de titres à une entité juridique distincte qui sera chargée du service de la dette, cette opération n'ayant pas pour effet de libérer juridiquement l'entreprise de son obligation initiale.

Cette technique consiste en un transfert simultané à un trust d'une dette obligataire et de valeurs mobilières (ou de liquidités) permettant d'assurer (sans risque pour les obligataires) le remboursement de la dette (en principal et en intérêts).

II. Conditions juridiques nécessaires à la comptabilisation Selon le PCG (art. 223-4), l'opération d'« in-substance defeasance » ne peut être traduite comptablement que si certaines conditions permettant d'en assurer une sécurité suffisante sont remplies :

a. le transfert à l'entité juridique distincte doit être irrévocable ;
b. les titres transférés doivent :
– être affectés de manière exclusive au service de la dette ;
– être exempts de risques relatifs à leur montant, à leur échéance et au paiement du principal et des intérêts ;

> **Précisions** En cas de titres d'État ou garantis par un État, cette condition nous paraît remplie s'il n'existe aucun risque pays (au sens de la comptabilité des établissements de crédit).

– être émis dans la même monnaie que la dette ;
– avoir des échéances en principal et intérêts telles que les flux de trésorerie dégagés permettent de couvrir parfaitement le service de la dette ;
c. l'entité tierce doit assurer l'affectation exclusive des titres qu'elle a reçus au remboursement du montant de la dette.

> **Précisions** Le PCG et l'avis CNC ne se prononcent pas sur la compatibilité de ce traitement comptable avec les dispositions juridiques relatives à l'extinction des dettes.

En France, le transfert irrévocable des actifs monétaires au bénéfice du service de la dette peut être réalisé à travers une fiducie (voir n° 74360 s.).

III. Comptabilisation de l'opération dans l'entreprise qui transfère le service de la dette Selon le PCG (art. 223-5 et 833-20/9) :

a. la dette, les titres et les éléments qui s'y rapportent sont sortis du bilan pour le montant pour lequel ils y figurent au jour de l'opération ;
Par « éléments qui s'y rapportent », il s'agit :
– pour les titres, notamment des dépréciations et des intérêts courus non échus ;
– pour la dette, du montant restant à rembourser, des intérêts courus non échus, de la prime de remboursement (voir n° 41100 s.) et des frais d'émission (voir n° 41020) ;
b. participent au résultat de l'exercice de réalisation de l'opération :
– d'une part, la différence entre les montants de sortie des titres et de la dette et des éléments qui s'y rapportent ;
– d'autre part, les commissions relatives à cette opération ;
c. l'information relative à l'opération, à ses conséquences financières et à son coût global figure dans l'annexe de l'exercice de réalisation de l'opération ;
d. jusqu'à l'extinction juridique de la dette, l'annexe comprend une information relative à l'opération et au montant restant à rembourser, ce dernier étant, par ailleurs, inclus dans les engagements financiers.

À notre avis, l'opération devrait être comptabilisée globalement, comme une opération unique ; l'ensemble des frais, intérêts, plus et moins-values serait donc comptabilisé en charges et produits **exceptionnels** (cette opération en ayant le caractère) et serait compensé pour la présentation au compte de résultat.

> **Fiscalement** (CGI art. 238 bis-0 I), les résultats provenant de la gestion (ou de la disposition) des actifs transférés dans un trust à l'étranger sont imposables en France. L'impôt déjà acquitté à l'étranger (et converti en monnaie nationale sur la base du taux de change en vigueur à la date de clôture de l'exercice de l'entreprise française ; CGI ann. III art. 64 bis) peut être imputé sur l'impôt dû en France.
> Un état spécial est à joindre à la déclaration des résultats (article précité).

IV. Comptabilisation de l'opération dans l'entité juridique chargée du service de la dette
Le PCG (art. 223-7 et 833-20/9) et l'avis CNC n° 36 indiquent que seule la commission participe à la détermination du résultat. Le traitement comptable est donc le suivant :

a. les titres et la dette transmis figurent au bilan pour un montant identique ;
b. les intérêts reçus et les intérêts payés ne participent pas à la formation du résultat ;
c. la fraction de la commission afférente aux exercices ultérieurs est inscrite en produits constatés d'avance et rapportée au résultat au fur et à mesure de l'exécution de l'obligation ;
d. l'information relative à l'opération figure dans l'annexe aussi longtemps que la dette n'est pas juridiquement éteinte.

> **Précisions** Cependant, l'excédent éventuel entre les flux dégagés par les titres et ceux de la dette constitue, selon l'affectation qui lui est donnée par le contrat, un résultat soit pour le débiteur d'origine soit pour l'entité chargée du service de l'emprunt.

42880 « **Multiple Option Facility** » (MOF) Elle désigne une ligne de crédit accordée à une entreprise par un syndicat bancaire.

I. Avant utilisation, il s'agit d'un engagement reçu. Celui-ci n'a pas à figurer au bilan et, s'agissant d'un engagement réciproque, il n'est pas expressément prescrit de le faire figurer dans l'annexe (toutefois, son caractère généralement significatif conduira le plus souvent à le mentionner).

II. Lors de l'utilisation, le crédit correspondant (qui peut revêtir de nombreuses formes différentes) est comptabilisé selon sa nature.

42885 **Activité de change manuel** En l'état actuel de la réglementation comptable, le bulletin CNCC (n° 76, décembre 1989, EC 89-19, p. 483 et n° 168, décembre 2012, EC 2012-52, p. 735 s.) estime que l'activité de change manuel, poursuivie par une entité (ne relevant pas d'une réglementation particulière, telle que celle applicable aux établissements de crédit), doit être considérée comme une **activité de négoce** et conduire par conséquent à une **comptabilisation de l'ensemble des flux** représentatifs de cette activité :
– les achats de devises doivent être comptabilisés à leur coût d'acquisition (cours de la devise à la date d'achat) dans un compte de charges d'exploitation ;
– les ventes de devises doivent être comptabilisées à leur prix de vente (cours de la devise à la date de vente) dans un compte de produit d'exploitation.

En effet, la seule comptabilisation des profits ou des pertes sur opérations de change ne permettrait pas de traduire régulièrement en comptabilité les opérations d'achats et de ventes de devises effectuées. La société réalisant ces opérations n'agit pas pour le compte de clients mais achète et vend les devises pour son propre compte et en son nom. Le risque de change est donc entièrement à la charge de l'entité non bancaire qui réalise cette activité.

En outre, selon le bulletin précité :
– les devises achetées et non encore vendues à la clôture doivent être comptabilisées en stock ;
– ces stocks doivent être dépréciés à la clôture si leur valeur nette comptable devient supérieure à leur valeur actuelle.

42890 **Régies d'avances et accréditifs** Les fonds remis aux régisseurs ou aux titulaires d'accréditifs sont débités (PCG art. 945-54) au compte **54 « Régies d'avances et accréditifs »** par le crédit du compte de trésorerie concerné. Ce compte est crédité :
– du montant des dépenses effectuées pour le compte de l'entreprise par le débit d'un compte de tiers ou de charges ;
– du montant des reversements de fonds avancés, par le débit d'un compte de trésorerie.

EXEMPLE

Avance de 400 accordée à un comptable secondaire sur un chantier à l'extérieur. Celui-ci justifie les dépenses suivantes :
— rémunération du personnel : 300 ;
— frais d'entretien et réparations : 50 ;
— et rembourse le solde.

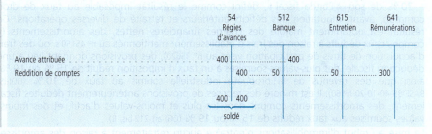

XII. CHARGES ET PRODUITS FINANCIERS

Classement comptable Les charges et produits **financiers** sont comptabilisés comme tels **quel que soit leur caractère habituel ou exceptionnel** (précision du PCG 82, p. II.51).

Toutefois, à notre avis, certaines opérations n'entrant pas dans le cadre des activités courantes de la société pourraient être reclassées en résultat exceptionnel (voir n° 52030).

Ainsi, par exemple, le PCG prévoit lui-même que les produits de participation soient comptabilisés dans le résultat financier (compte 761) mais prévoit, en revanche, que le résultat de cession d'une participation soit constaté en résultat exceptionnel (compte 7756).

42960

> **Précisions** Les éléments relatifs aux charges et produits financiers provenant du portefeuille-titres sont examinés aux n° 30005 s.
> En ce qui concerne le contrôle des charges financières, voir n° 43150.

CHARGES D'INTÉRÊTS

Comptabilisation de la charge d'intérêts La charge d'intérêts est comptabilisée au compte 661 « Charges d'intérêts » (PCG art. 946, voir sous-comptes dans la liste des comptes du PCG n° 96300). Sur la distinction entre charges financières et charges d'exploitation voir n° 16145.

42965

> **Précisions 1. Distinction entre intérêts échus et non échus** Le PCG ne précise pas si ces intérêts sont échus ou non échus. À notre avis, ce compte couvre les deux catégories. Il est possible d'ouvrir des subdivisions de comptes, si l'entreprise veut les distinguer.
> Pour la présentation au bilan, les intérêts courus sont rattachés aux emprunts concernés (Bull. CNC n° 57, 4ᵉ trimestre 1983, voir n° 43270) sauf, à notre avis, pour ceux afférents aux fonds classés dans les « Autres fonds propres » (voir n° 56945).
> **2. Entités liées** Des subdivisions du compte 661 « Charges d'intérêts » permettent d'identifier notamment les intérêts des emprunts et dettes assimilées concernant les entités liées (PCG art. 946-66).

La contrepartie de cette charge est :
— lorsque les intérêts sont payés, le compte de trésorerie concerné ;
— lorsque les intérêts ne sont pas payés (PCG art. 941-16), les différents comptes rattachés du passif, par exemple pour les emprunts, le compte 1688 « Intérêts courus » (voir sous-comptes n° 96200).

> **Fiscalement** Les charges d'intérêts sont en principe déductibles lorsqu'elles respectent les conditions générales de déductibilité des charges (BOI-BIC-CHG-50-20 n° 10), ce qui suppose notamment qu'elles soient engagées dans l'intérêt de la société (BOI-BIC-CHG-50-20-10 n° 10 à 30) et qu'elles ne soient pas exposées dans le cadre d'une opération constitutive d'un abus de droit (CE 13-1-2017 n° 391196, solution rendue à propos de l'émission d'ORA (voir n° 41295) concomitamment à une distribution de dividendes).
> Sur les exceptions à ce principe :
> — charges financières versées à des associés ou à des entités liées, voir n° 42560 ;
> — charges financières versées dans le cadre de dispositifs hybrides, voir n° 42575 ;
> — charges financières liées à l'acquisition de titres de participation relevant du secteur exonéré, voir n° 35410 ;
> — limitation de la déduction fiscale des charges financières nettes, voir n° 42975 s.

42975 **Limitation de la déduction fiscale des charges financières nettes** Lorsque les conditions générales de déduction des charges sont respectées (voir n° 42965), l'entreprise peut néanmoins être soumise à un plafonnement de la déduction des charges financières nettes. Les charges financières nettes d'une entreprise non membre d'un groupe fiscal ne sont déductibles que dans la limite du plus élevé des deux montants suivants (CGI art. 212 bis, I) :
– 3 M€,
– 30 % de son « Ebitda fiscal », défini comme le résultat imposable au taux de droit commun, avant imputation des déficits antérieurs et retraité de diverses opérations. Ce résultat est notamment majoré des charges financières nettes, des amortissements (y compris ceux déduits à raison des frais d'établissement mentionnés au n° 45150 s. ou des frais d'acquisition de titres de participation visés au n° 35620), des provisions donnant lieu à une déduction fiscale, des plus-values soumises à un taux d'imposition réduit de 15 % ou 19 %, ainsi que des revenus de la propriété industrielle soumis au taux de 10 % (BOI-IS-BASE-35-40-10-20 n° 60). Il est minoré des reprises de provisions antérieurement déduites fiscalement, des amortissements compris dans les plus et moins-values d'actif, et des moins-values soumises aux taux réduits de 15 % ou 19 % (CGI art 212 bis, II).

La mise au rebut d'immobilisations n'entraîne aucun retraitement à raison des amortissements pratiqués antérieurement à l'opération. En cas d'immobilisations partiellement amorties, l'Ebitda fiscal est majoré du montant des amortissements constatés à l'occasion de la mise au rebut (voir n° 28120). L'administration précise en outre dans l'hypothèse où l'entreprise constaterait une moins-value de cession (produit de cession négatif) égale à la valeur nette comptable de l'immobilisation mise au rebut, l'Ebitda fiscal serait majoré du montant de cette moins-value (BOI-IS-BASE-35-40-10-20 n° 70).

La définition de l'« Ebitda fiscal » (voir Mémento Fiscal n° 35840) diffère très largement de l'Ebitda comptable.

> **Précisions** Les charges financières nettes s'entendent de la différence entre :
– le total des charges financières venant rémunérer les sommes laissées ou mises à disposition de l'entreprise, et
– le total des produits financiers venant rémunérer les sommes laissées ou mises à disposition de tiers par l'entreprise.
La loi dresse une liste non exhaustive des charges financières nettes à prendre en compte (CGI art. 212 bis, III, 2).
Sur la prise en compte ou non, dans l'assiette des charges financières nettes :
– des redevances de crédit-bail, voir n° 15695 ;
– des loyers versés dans le cadre d'un contrat de location avec option d'achat ou dans le cadre de location de biens mobiliers conclue entre entreprises, voir n° 15715 ;
– des coûts d'emprunt dans les stocks, voir n° 20945 ;
– des intérêts perçus non déductibles par la société versante en application du régime de l'article 39, 1-3° du CGI, voir n° 36330 ;
– des écarts de conversion, voir n° 40295 II b ;
– des écarts de change, voir n° 40410 ;
– des frais d'escompte, voir n° 40735 ;
– des charges afférentes aux emprunts obligataires, voir n° 41120 ;
– des pénalités pour paiement tardif, voir n° 46045 ;
– des sommes perçues ou versées au titre d'instruments dérivés ou de contrats de couverture portant sur les emprunts de l'entreprise telles que les « swaps de taux » et « swaps de devises » : elles sont prises en compte pour la détermination du montant des charges financières nettes (BOI-IS-BASE-35-40-10-10 n° 160).

Les intérêts non déductibles sont réintégrés sur l'imprimé n° 2058-A (ligne XZ). Pour plus de détails, concernant notamment certaines charges financières exclues du dispositif de limitation de déduction, telles que les charges afférentes à des projets d'infrastructures publiques de long terme, voir Mémento Fiscal n° 35860.

42980 **Application d'une clause de sauvegarde** **1. Entreprises membres d'un groupe consolidé** L'entreprise, non sous-capitalisée, membre d'un groupe consolidé qui démontre que le ratio entre ses fonds propres et l'ensemble de ses actifs est égal ou supérieur à ce même ratio calculé au niveau du groupe consolidé, peut déduire 75 % des charges qui n'ont pas pu être déduites en application du plafonnement de droit commun mentionné ci-dessus (CGI art. 212 bis, VI ; voir Mémento Fiscal n° 35830 à 35860). Cette clause de sauvegarde s'applique lorsque le ratio de l'entreprise n'est pas inférieur de plus de deux points de pourcentage à celui déterminé au niveau du groupe.

Pour l'application de cette règle, **le groupe consolidé** s'entend de l'ensemble des entreprises françaises et étrangères dont les comptes sont consolidés par intégration globale au sens de l'article L 233-18 du Code de commerce ou au sens des normes comptables internationales (CGI art. 212 bis, VI, 2°). Il convient de retenir le périmètre du groupe consolidé établi au niveau de la « société consolidante ultime », dont les comptes ne peuvent pas être inclus dans les comptes consolidés d'une autre entreprise (BOI-IS-BASE-35-40-10-20 n° 120).

> **Précisions** En cas d'établissement de comptes consolidés à titre obligatoire, aucune validation par les commissaires aux comptes n'est exigée pour l'établissement des comptes consolidés des seules entités consolidées par intégration globale. En revanche lorsque les comptes consolidés sont établis volontairement, un jeu de comptes doit être validé par un ou plusieurs commissaires aux comptes, celui établi pour les seules entités consolidées par intégration globale ou celui établi pour la totalité du groupe consolidé (BOI-IS-BASE-35-40-10-20 n° 130).

2. Entreprises autonomes Les entreprises qui ne sont pas membres d'un groupe consolidé et qui ne disposent d'aucun établissement hors de France, ni d'aucune entreprise associée pendant toute la durée de l'exercice, bénéficient de plein droit d'une déduction supplémentaire égale à 75 % des charges financières nettes non admises en déduction après application du plafond de droit commun (voir n° 42975). L'administration a indiqué que les entreprises n'ont pas la possibilité de renoncer à son application (BOI-IS-BASE-35-40-40 n° 1). Le reliquat de charges financières nettes subsistant après l'application de la déduction supplémentaire n'est plus reportable sur les exercices suivants (CGI art. 212 bis VI bis).

Limitation spéciale de déduction des charges financières nettes en cas de sous-capitalisation   42985

Une entreprise est considérée comme sous-capitalisée lorsque le montant moyen des sommes laissées ou mises à disposition par l'ensemble des entreprises liées directement ou indirectement excède une fois et demie le montant de ses fonds propres. Les intérêts versés à des entreprises liées sont soumis à une limitation renforcée lorsque la société versante est soumise à l'IS et se trouve en situation de sous-capitalisation. Les charges financières nettes qu'elle est autorisée à déduire sont ainsi limitées (CGI art. 212 bis, VII, 1. ; voir Mémento Fiscal n° 35845 à 35850) :
– pour la fraction de leur montant correspondant aux intérêts relatifs à la dette vis-à-vis d'entreprises liées et non liées n'excédant pas une fois et demie les fonds propres, au plus élevé des sommes de 3 M€ et de 30 % de son Ebitda fiscal,
– pour le solde, correspondant aux intérêts relatifs à la dette vis-à-vis d'entreprises liées excédant une fois et demie les fonds propres, au plus élevé des montants de 1 M€ et 10 % de son Ebitda fiscal.

Ces plafonds réduits ne s'appliquent pas si le ratio d'endettement du groupe consolidé auquel elle appartient est supérieur ou égal à son propre ratio d'endettement (CGI art. 212 bis, VII, 3 ; voir Mémento Fiscal n° 35850). Les intérêts excédentaires sont mentionnés distinctement sur l'imprimé n° 2058-A.

Concernant les charges financières versées à des associés ou à des entités liées, voir n° 42560.

Exercice de rattachement de la charge d'intérêts   42990

Les fruits civils s'acquérant jour par jour (C. civ. art. 586), les opérations de rattachement des charges à l'exercice au cours duquel elles ont été consommées doivent faire ressortir :

I. Les intérêts courus et non payés (règlement des intérêts à terme échu) qui sont **rattachés aux dettes** dont ils proviennent.

En principe, les intérêts à retenir doivent être **conformes au plan** d'amortissement des crédits obtenu auprès de la banque (voir toutefois « Cas particuliers » ci-après).

> **EXEMPLE**
>
> Emprunt du 30 juin N au 30 juin N+1 ; intérêts exigibles le 30 juin N+1 : 1 000.
>
> Au 31 décembre N, date de clôture de l'exercice, le compte 661 « Charges d'intérêts » (charges financières) est débité par le crédit du compte 1688 « Intérêts courus » (sur emprunts) pour la somme de 500.

> **Fiscalement** Les intérêts déductibles du résultat d'un exercice sont, **en principe**, ceux qui :
> – ont **couru** durant l'exercice les fruits civils s'acquérant au jour le jour (BOI-BIC-CHG-50-20-20 n° 1) ;
> – sont dus au titre d'un contrat rendant la dette certaine dans son principe et son montant ce qui conduit à rattacher à l'exercice N des intérêts afférents à l'exercice N–1 mais prévus par un avenant conclu en N (CAA Nancy 8-12-2011 n° 10NC01444) ;
> Lorsqu'un **emprunt** est **indexé**, les frais financiers déductibles comprennent, le cas échéant, le supplément d'intérêt résultant du jeu de l'indexation. Si le contrat prévoit l'indexation du capital, la revalorisation affectant le montant des sommes empruntées ne constitue une charge définitive qu'au jour de l'échéance fixée pour le remboursement. Dans l'intervalle, l'entreprise a seulement la possibilité de constituer à la clôture de chaque exercice une provision correspondant à la charge supplémentaire probable résultant pour elle de la variation de l'indice (CE 3-11-1976 n° 95036 et 2-2-1977 n° 328).

Sur la divergence avec les normes IFRS, voir Mémento IFRS n° 69065.

II. Les intérêts payés et non totalement courus (règlement des intérêts par anticipation) qui sont portés en « Charges constatées d'avance » (compte 486).

> **EXEMPLE**
>
> Mêmes données que ci-avant, mais les intérêts sont payés le 30 juin N. Au 31 décembre N, le compte 661 « Charges d'intérêts » est crédité par le débit du compte 486 « Charges constatées d'avance » pour la somme de 500.

III. Cas particuliers :

1. Intérêts progressifs Certains plans peuvent présenter des annuités d'intérêts progressives, qui impliquent, en cas d'interruption du contrat, le versement d'**intérêts** dits **compensateurs** correspondant à la différence entre les annuités d'intérêts telles qu'elles résultent du plan d'amortissement et celles qui auraient dû être versées si le taux d'intérêt actuariel avait été retenu.

Dans ce cas, à notre avis, ces intérêts compensateurs s'acquièrent au jour le jour et doivent donc être comptabilisés en **intérêts courus.**

2. Absence de plan d'amortissement Voir n° 40970.

42995 **Incorporation éventuelle des charges d'intérêts** dans les immobilisations, voir n° 26335 s. ; dans les stocks, voir n° 20945 s. ; dans les en-cours des contrats à long terme, voir n° 10945.

PRODUITS D'INTÉRÊTS

43000 **Le produit d'intérêts est comptabilisé** au compte 76 « Produits financiers » (PCG art. 947 ; voir comptes 7617, 762 et 763 dans la liste des comptes du PCG n° 96320).

La contrepartie de ce produit est :
– lorsque les intérêts sont perçus, le compte de trésorerie concerné ;
– lorsque les intérêts n'ont pas encore été perçus, un compte rattaché aux différents actifs concernés (Immobilisations financières : comptes 2678, 2688 et 2768 ; Valeurs mobilières de placement : 5088 ; Banque : 5188).

Des subdivisions des comptes 761, 762 et 763 permettent d'identifier les produits concernant des entreprises liées et provenant de participations ou d'autres immobilisations financières et éventuellement d'autres créances.

> **Fiscalement** Les produits d'intérêts constituant l'accessoire d'une créance sont imposables selon le même régime que cette créance, et peuvent donc bénéficier, le cas échéant, d'un taux réduit ou d'une exonération (CE 11-7-2011 n° 328792, rendu en matière d'intérêts moratoires sur le versement du prix de cession de titres).
>
> Sur la prise en compte des produits d'intérêts pour déterminer l'assiette des charges financières nettes soumises, le cas échéant, à la limitation générale de déductibilité, voir n° 42975.

43005 **Exercice de rattachement du produit d'intérêts**

I. Principe Selon le principe d'indépendance des exercices, les entreprises doivent comprendre dans les produits de chaque exercice les **intérêts « courus »** à sa clôture, les fruits civils s'acquérant jour par jour (C. civ. art. 586).

Le fait que des délais de paiement soient accordés ou que ces intérêts puissent se rapporter à des **créances douteuses** ne doit pas, en principe (sauf acte juridique modifiant les effets du contrat ou par simplification pratique), modifier la règle générale de leur enregistrement. En revanche, ils peuvent, le cas échéant, être dépréciés. Il en est de même, à notre avis, des **intérêts moratoires** (voir n° 50135).

Sur les divergences avec les normes IFRS, voir Mémento IFRS n° 69065.

> **Fiscalement** Il en est de même (en ce sens, CAA Lyon 23-6-1994 n° 93-488), les entreprises étant taxables sur la fraction courue des intérêts dont elles sont titulaires en fin d'exercice.
>
> En ce qui concerne les **intérêts sur créances étrangères,** le crédit d'impôt dont ils peuvent être assortis en vertu d'une convention internationale prend seulement naissance lors de l'encaissement desdites sommes, puisque c'est à ce moment qu'est appliquée la retenue à la source formant crédit d'impôt. En pareil cas, les entreprises sont autorisées à se prévaloir automatiquement et par anticipation du crédit d'impôt dont elles sont appelées à bénéficier en application des conventions internationales sur le montant des intérêts qu'elles comptabilisent en fin d'exercice. La validité de ces imputations sera contrôlée a posteriori par l'administration (Rép. Sordel : Sén. 8-9-1983 n° 11834, BOI-IS-RICI-30-10-20-10 n° 200).
>
> Le crédit d'impôt est imputable sur l'IS, qu'il soit dû au taux normal ou au taux réduit (CE 26-6-2017 n° 406437 et n° 386269), sans distinguer selon que le résultat imposable au taux de

droit commun est bénéficiaire ou déficitaire (CAA Versailles 27-5-2021 n° 17VE02205), et selon les modalités prévues par la convention internationale applicable.

Sur la possibilité ou non, pour une société qui perçoit des revenus de source étrangère (comptabilisés pour leur montant brut), de déduire la retenue à la source prélevée dans l'État de la source lorsqu'aucune imputation sur l'IS ne peut être réalisée, voir n° 11885.

En ce qui concerne leur prise en compte dans le coefficient de déduction de la **TVA** (ou exprorata), voir Mémento Fiscal n° 55770.

II. Cas particuliers :

1. Prêts et dépôts indexés Lorsqu'existe un **plancher d'intérêt,** la fraction d'intérêts courus correspondant au plancher nous paraît constituer un produit à recevoir (le produit étant réalisé au sens de l'article L 123-21 du Code de commerce). Le supplément en fonction de l'évolution de l'indice est comptabilisé comme en l'absence de plancher (voir ci-après).

Lorsqu'il n'y a **pas de plancher d'intérêt,** trois solutions peuvent être envisagées :
– le créancier n'enregistre rien avant l'échéance,
– le créancier procède à une évaluation raisonnable de l'indice pour calculer et enregistrer les intérêts courus,
– seuls les intérêts courus, correspondant à un minimum certain, sont enregistrés.

> **Précisions** Devant ces difficultés, à notre avis, en pratique, il peut être tenu compte de l'importance relative de tels produits financiers. Si elle n'est pas significative, seuls les intérêts échus peuvent être retenus en comptabilité ; dans le cas contraire, les intérêts courus non échus sont constatés et une information est fournie sur la méthode retenue.

En cas de dépôt indexé avec **effet de cliquet,** ce qui permet de prendre en compte les hausses de l'indice dans le calcul des intérêts et de les considérer comme définitivement acquises et réalisées, les intérêts courus doivent, à notre avis (C. com. art. L 123-21), être comptabilisés.

2. Prêts à intérêts progressifs Le bulletin CNCC (n° 68, décembre 1987, EC 87-52, p. 487 s.) estime que les intérêts doivent être comptabilisés sur la base du taux croissant contractuellement exigible pendant la durée du prêt. En effet, au sens de l'article L 123-21 du Code de commerce, ils ne sont véritablement acquis que dans la mesure où le crédit a été utilisé (ou remboursé par anticipation).

3. Placement temporaire de fonds empruntés en vue de l'acquisition ou la construction d'un actif Sur la possibilité de porter les produits financiers de tels placements en moins du coût d'entrée de l'actif, voir n° 20965 (stocks) et 26390 (immobilisations).

4. Produits financiers résultant des contrats à long terme Sur la possibilité de différer la prise en compte des produits financiers résultant des conditions financières contractuelles, voir n° 10945.

PRÉLÈVEMENT À LA SOURCE OBLIGATOIRE ET PRÉLÈVEMENTS SOCIAUX

43010

I. Lorsque les **intérêts versés** sont passibles d'un prélèvement à la source obligatoire (voir Mémento Fiscal n° 25100 s.), le compte 661 est débité par :
– le crédit du compte 4422 « Contributions, impôts et taxes recouvrés pour le compte de l'État – Prélèvements forfaitaires non libératoires », correspondant pour les personnes résidant en France au montant du prélèvement forfaitaire non libératoire de l'impôt sur le revenu (CGI art. 125 A) augmenté des prélèvements sociaux (sur cette dernière notion, voir Mémento Fiscal n° 34600 s.),
– le crédit du compte 4423 « Contributions, impôts et taxes recouvrés pour le compte de l'État – Retenues et prélèvements sur les distributions » correspondant pour les personnes physiques ou les personnes morales dont le domicile fiscal ou le siège social est situé hors de France au montant de la retenue à la source prévue à l'article 119 bis, 1 du CGI,
– et le crédit du compte 455 « Associés – Comptes courants », pour le montant net versé aux actionnaires ; ou le crédit du compte 467 « Autres comptes débiteurs ou créditeurs » pour le montant net versé aux obligataires ou créanciers divers.

II. En ce qui concerne les **intérêts reçus,** voir n° 36605.

EMPRUNT PERSONNELLEMENT SOUSCRIT PAR UN DIRIGEANT

43015

Lorsqu'une banque (Rép. Bernard : AN 18-5-1981 n° 42715) subordonne l'octroi du crédit demandé par une entreprise à la condition expresse que l'emprunt soit personnellement souscrit par un associé dirigeant, étant entendu que, d'accord entre les parties, les fonds seront mis

immédiatement à la disposition de la société, à charge pour elle de régler directement à la banque les intérêts et le remboursement du capital emprunté :
– la **dette** contractée par la société l'est à l'**égard du dirigeant** lui-même et non pas directement envers l'organisme prêteur ;
– les **intérêts** supportés par la société constituent pour elle une charge financière.

> **Fiscalement**
– Selon l'administration, ces prêts sont visés par les limites de déduction prévues aux articles 39-1-3° et 212 du CGI, même si le paiement des intérêts est effectué directement par la société à l'établissement prêteur (BOI-BIC-CHG-50-50-10 n° 90), et, à notre avis, par la limite générale de déduction des charges financières (voir n° 42975).
– Toutefois, selon la jurisprudence, ces prêts ne sont pas visés par les limites de déduction prévues aux articles 39-1-3° et 212 du CGI s'ils sont contractés par un dirigeant ou un associé **en qualité de mandataires** de la société (CAA Douai 25-5-2000 n° 96-132 ; CAA Nancy 12-10-1995 n° 93-1026 ; CE 27-2-1989 n° 61397). Cette condition n'est pas exigée par la cour administrative d'appel de Paris (CAA Paris 17-5-2006 n° 03-3906 ; décision faisant l'objet d'un recours devant le Conseil d'État).

> **Juridiquement** Une telle opération est soumise à l'autorisation préalable du conseil d'administration (Rép. Valbrun : AN 17-1-1976 n° 24332 ; voir Mémento Sociétés commerciales n° 52620).

VENTES AVEC CRÉDIT GRATUIT

43020 > **Précisions** Les entreprises de distribution organisent régulièrement sur certains produits des ventes promotionnelles avec crédit gratuit. Le crédit gratuit, en général financé par un organisme financier, est une opération de crédit à la consommation classique, à ceci près que c'est le vendeur qui :
– d'une part, reçoit directement de l'établissement de crédit les fonds prêtés en rémunération de la vente qu'il a effectuée et,
– d'autre part, verse à ce dernier, en général immédiatement lors du déblocage des fonds, le montant total des intérêts dus sur le prêt.
L'établissement financier recouvre ensuite auprès des clients les sommes prêtées aux échéances contractuellement prévues.

Les intérêts nous paraissent devoir être comptabilisés, chez le vendeur, de la manière suivante :
a. soit comme une **réduction** consentie sur le prix de vente payé par l'acheteur, à comptabiliser de ce fait en diminution du chiffre d'affaires (Bull. CNCC n° 160, décembre 2010, p. 694, EC 2010-23). C'est, à notre avis, la solution à privilégier lorsque l'acheteur aurait bénéficié d'un rabais s'il avait payé comptant, sans avoir recours au crédit gratuit ;

> **Précisions** À notre avis, dans ce cas, le prix de vente, devrait être comptabilisé directement en produits pour son montant net, à l'instar des réductions ne constituant pas de véritables escomptes (voir n° 43030 II ; en ce sens, Bull. CNC n° 20, octobre 1974, p. 7). En outre, les intérêts versés ne devraient pas pouvoir constituer une charge pour le vendeur, le contrat de prêt étant juridiquement conclu entre l'organisme de financement et l'acheteur.

Dans ce cas, les intérêts étant directement liés à la vente, ils doivent être pris en compte en résultat au même moment que la vente (le cas échéant, au fur et à mesure de l'avancement de l'exécution des prestations correspondantes ; Bull. CNCC n° 160 précité).

b. soit comme une **charge financière** pour le vendeur, celle-ci correspondant à sa prise en charge des intérêts qui auraient normalement dû être payés par l'acheteur s'il n'avait pas bénéficié d'un crédit gratuit. Cette solution est celle généralement retenue en pratique.
Dans ce cas, les intérêts sont, à notre avis, à étaler sur la durée du prêt.

> **Fiscalement** L'administration ne s'est pas prononcée sur le traitement des intérêts « pris en charge » par le vendeur. Il résulte de la jurisprudence que :
– **en matière de TVA**, la prise en charge par le vendeur des coûts d'emprunt contractés par l'acheteur est sans incidence sur la base taxable lorsque le fournisseur ne propose pas aux acheteurs payant comptant une réduction de prix équivalente à l'avantage consenti à ceux bénéficiant d'un crédit gratuit (CJUE 15-5-2001 aff. 34/99 ; CE 20-11-2013 n° 358331 ; pour plus de détails, voir Mémento Fiscal n° 52220). Le crédit gratuit pourrait en revanche, à notre avis, être traité comme un rabais si les acheteurs payant comptant bénéficient d'une réduction de prix équivalente ;
– **en matière de CVAE**, la prise en charge par une entreprise des intérêts liés à un crédit gratuit consenti à son acheteur alternativement à l'obtention de remises commerciales s'il règle comptant constitue une réduction sur le prix de vente déductible pour le calcul de la valeur ajoutée (CE 2-4-2021 n° 430364).

Une information appropriée sur le mode de comptabilisation devra être fournie en annexe (Bull. CNCC n° 160 précité).

ESCOMPTES ACCORDÉS ET OBTENUS

Escomptes de règlement

43025

> **Juridiquement** Le Code de commerce rend obligatoire l'inscription sur la facture de la date à laquelle le règlement doit intervenir ainsi que des conditions d'escompte applicables **en cas de paiement à une date antérieure** à celle résultant de l'application des **conditions générales de vente** : le règlement est réputé réalisé à la date à laquelle les fonds sont mis, par le client, à la disposition du bénéficiaire (C. com. art. L 441-9).

Il résulte des dispositions réglementaires précédentes que la **notion d'« escompte » est liée à celle de délai « normal »** de règlement tel qu'il doit être prévu dans les conditions générales de vente. Ainsi,
– il y a un **véritable escompte** si la réduction de prix est accordée lorsque le règlement intervient avant la date résultant de l'application des conditions générales de vente. Toutefois, si le vendeur et l'acheteur conviennent au préalable d'un paiement anticipé, l'escompte s'analyse, pour le vendeur, comme une réduction du chiffre d'affaires,
– il n'y a **pas de véritable escompte** si la réduction est accordée sur un prix de vente majoré pour tenir compte d'un délai de paiement octroyé supérieur à celui prévu dans les conditions générales de vente ; la réduction accordée s'analyse alors, pour le vendeur, comme une réduction de chiffre d'affaires.

EXEMPLE

Tel est souvent le cas, par exemple, dans le secteur de la distribution, où les réductions indiquées sont appliquées sur des prix de vente majorés afin de compenser un délai de paiement accordé supérieur à celui figurant dans les conditions générales de vente (qui prévoient en général un paiement au comptant).

Schéma récapitulatif :

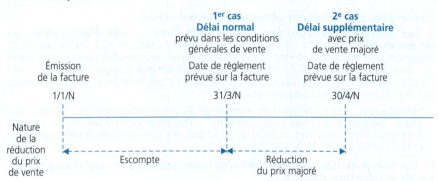

Escomptes de règlement accordés (côté vendeur)

43030

I. S'il s'agit d'un véritable escompte, c'est-à-dire si la réduction de prix accordée résulte d'un paiement anticipé par rapport à la date prévue résultant de l'application des conditions générales de vente (voir n° 43025), il s'agit dans tous les cas de **charges financières** à comptabiliser au compte 665 « Escomptes accordés » (PCG art. 946-66) et la TVA correspondante (en l'absence de procédure de l'avoir net de taxe) est comptabilisée au débit du compte 4457 « TVA collectée ».

Sur les divergences entre les règles françaises et les normes IFRS, voir Mémento IFRS n° 69080.

> **Fiscalement** Les escomptes commerciaux accordés par l'entreprise ne sont pas pris en compte dans l'assiette des charges financières nettes soumises, le cas échéant, à la limite générale de déductibilité (voir n° 42975) (BOI-IS-BASE-35-40-10-10 n° 300).
> En matière de **TVA,** voir Mémento Fiscal n° 52315 à 52325 et 54410.

II. S'il ne s'agit pas d'un véritable escompte mais d'une réduction du prix de vente majoré en cas de délai de paiement supérieur à celui prévu dans les conditions générales de vente, il s'agit alors d'une **réduction de chiffre d'affaires.**

EXEMPLE

Ainsi, dans le secteur de la distribution, il arrive que des articles puissent être achetés en laissant le choix suivant :
– 100 payables à crédit (par exemple, 60 jours) ;
– 98 payables au comptant (sous 30 jours).

Le secrétariat du CNC (Bull. n° 20, octobre 1974, p. 7) analyse l'opération de la manière suivante : le prix normal est de 98 même s'il est présenté pour des raisons commerciales à 100. Il en résulte que :
– **en cas de paiement comptant** (cas « normal » dans ce secteur), la vente est à comptabiliser en produits d'exploitation pour son prix normal, soit 98. Dans ce cas, il s'agit d'une réduction de chiffre d'affaires,
– **en cas de paiement à crédit,** seul le prix normal de vente est à enregistrer en produits d'exploitation soit 98, le surplus de 2 constituant des produits financiers (compte 7631 « Revenus sur créances commerciales »).
En outre, lorsque le financement du crédit est effectué par un organisme :
a. Au moment où l'entreprise est dessaisie de sa créance (selon les termes du contrat), le compte client est crédité (et soldé) pour faire apparaître une créance sur l'organisme financier.

> **Précisions** Les deux écritures précédentes peuvent n'en faire qu'une :
> – si le progiciel comptable le permet,
> – et si l'entreprise est immédiatement dessaisie de sa créance (ce qui nous paraît être le cas lorsque la vente est subordonnée à l'acceptation du dossier de crédit par l'organisme).

La créance sur l'organisme est enregistrée dans une subdivision du compte 511 « Valeurs à l'encaissement » à savoir le compte 5115 « Créances clients en cours de mobilisation ».
À notre avis, à la clôture de l'exercice, aucune provision pour frais d'encaissement (voir n° 11575) ne peut être constituée sur ces créances en cours.
b. Lorsque l'organisme paie le montant de sa créance, il déduit de celle-ci les frais d'encaissement. Le compte 5115 est donc crédité (et soldé) par le débit d'une part du compte de trésorerie concerné, d'autre part d'un compte de charges financières (compte 6616 « Intérêts bancaires et sur opérations de financement »).

43035 **Escomptes de règlement obtenus (côté acheteur)**
I. Sur achat de biens ou services entrant dans le coût d'acquisition ou de production d'actifs (immobilisations ou stocks) : selon le PCG, les escomptes de règlement sont en principe déduits du coût d'acquisition des immobilisations et des stocks (PCG art. 213-8, 213-22 et 213-31). En conséquence, les escomptes sont enregistrés, à notre avis, en déduction du coût des achats concernés (et non en produits financiers), que l'escompte soit obtenu immédiatement ou ultérieurement.

> **Fiscalement** Il en est de même. Pour plus de détails, voir n° 20910 (stocks) et 26190 (immobilisations). Les escomptes commerciaux obtenus par l'entreprise ne viennent pas diminuer l'assiette des charges financières nettes soumises, le cas échéant, à la limite générale de déductibilité (voir n° 42975) (BOI-IS-BASE-35-40-10-10 n° 300).

II. Sur achat de biens ou services n'entrant pas dans le coût d'acquisition ou de production d'actifs
a. S'il s'agit d'un véritable escompte (voir n° 43025), il s'agit d'un **produit financier** à comptabiliser au compte 765 « Escomptes obtenus » (PCG art. 947-76).
b. S'il ne s'agit pas d'un véritable escompte (voir n° 43025), que l'achat soit comptant ou à crédit, il s'agit d'un produit d'exploitation à comptabiliser au crédit du compte achat concerné.

> **Précisions** En outre, si l'**achat** est **à crédit,** les frais de crédit au-delà du prix comptant constituent des charges financières (compte 66181 « Intérêts des dettes commerciales »).

FRAIS FINANCIERS RELATIFS AUX OPÉRATIONS DE MOBILISATION DE CRÉANCES

43040 Sur les frais financiers relatifs aux différentes formes de mobilisations de créances :
– l'escompte avec ou sans recours, voir n° 40735 ;
– la mobilisation Loi Dailly, voir n° 40820 ;
– l'affacturage, voir n° 42795 ;
– la cession à un organisme de titrisation, voir n° 42830.

DIFFÉRENCES DE CHANGE

43045 Les différences de change liées à des opérations financières sont, en principe, enregistrées dans les **charges** et **produits financiers** (comptes 666 « Pertes de change financières » et 766 « Gains de change financiers »).
Toutefois, lorsque le résultat de change concerne un instrument de couverture, le résultat de la couverture est présenté dans le même poste ou, à défaut, dans la même rubrique du compte de résultat que celui de l'élément couvert (PCG art. 628-11 ; voir n° 41775).

Sur l'incorporation des différences de change dans le coût d'acquisition des actifs éligibles, voir n° 26365.
Sur les différences de change liées à des opérations commerciales, voir n° 17290.

SECTION 4 — VALEUR PROBANTE DE LA COMPTABILITÉ ET CONTRÔLE

I. OBLIGATIONS EN MATIÈRE DE TRÉSORERIE

43145

En ce qui concerne :
– la tenue d'un livre de caisse, voir n° 12480 ;
– les instruments de paiement, espèces, chèques, cartes, voir Mémento Concurrence-Consommation n° 65310 à 65865 ;
– l'ouverture obligatoire d'un compte bancaire pour les sociétés à capital social, voir Mémento Sociétés commerciales n° 2670.

II. CONTRÔLE EXTERNE

Contrôle des charges financières Selon le bulletin CNCC (n° 104, décembre 1996, CNP 96-52, p. 734), le commissaire aux comptes ne peut que vérifier, compte tenu de leur importance relative, la correcte traduction comptable des charges financières apparaissant sur les relevés bancaires.

43150

En revanche, la vérification des modalités de calcul et de facturation des intérêts et des agios, convenus ou non par convention entre la société et ses banquiers, ne saurait faire partie de ses diligences.

Demandes de confirmation adressées aux banques La procédure de confirmation directe est un moyen de contrôle normalement utilisé dans une révision. Les demandes adressées aux banques sont d'une nature particulière. La CNCC et l'OEC ont fourni des schémas indicatifs. Voir n° 80415.

43155

SECTION 5 — PRÉSENTATION DES COMPTES ANNUELS ET AUTRES INFORMATIONS

I. PRÉSENTATION DES COMPTES ANNUELS

A. Bilan et compte de résultat

PRÉSENTATION AU BILAN

Prêts et emprunts participatifs Comptablement, ils ne constituent **pas des capitaux propres** mais des dettes (voir n° 40990).

43260

Ils doivent être portés au bilan, sur une ligne particulière (C. mon. fin. art. L 313-14) :
– par l'organisme qui les consent (en immobilisations financières) ;
– par l'entreprise qui les reçoit (en dettes financières).

De telles lignes ne sont toutefois pas prévues dans les modèles de bilan du PCG. En revanche, un renvoi au pied du bilan mentionne l'existence et le détail de la valeur des emprunts participatifs au passif (PCG art. 821-1 ; en ce sens, Rec. ANC Covid-19, Question H8 à propos des « prêts participatifs Relance »).

> **Précisions** **1. Mention en annexe** En outre, ils **doivent** être mentionnés dans l'annexe (C. mon. fin. art. L 313-14 complété par la loi 2005-882 du 2-8-2005).
> **2. Liasse fiscale** Sur la liasse fiscale, leur montant est à donner en renvoi dans le bilan.

43265 **Principe de non-compensation** Aucune compensation ne peut être effectuée :

I. Entre les **comptes bancaires à solde débiteur** et les comptes à **solde créditeur** (concours bancaires courants) (PCG art. 945-51). Ainsi, pour la présentation au bilan uniquement, les comptes 512 à 518 à solde créditeur (découverts) sont ajoutés aux concours bancaires courants (compte 519) à la ligne : « Emprunts et dettes auprès des établissements de crédit » ;

En cas de « fusion de comptes » situés dans une même banque, la compensation nous paraît possible.

Sur la compensation du compte courant avec le compte reflet (ou miroir) en cas de gestion centralisée de trésorerie, voir n° 40780.

EXEMPLE

La balance du 31/12 fait apparaître les soldes suivants :

Banque A :

Solde agence X débiteur	150 000
Solde agence Y créditeur	50 000
Solde agence Z créditeur	30 000
Solde banque A débiteur	70 000

Banque B :

Solde créditeur	75 000

Banque C :

Solde compte normal créditeur	25 000
Solde compte bloqué débiteur	120 000

Les comptes situés dans la banque A ont fait l'objet d'une convention de fusion de comptes.
Le **bilan** comprend :
— à l'actif dans les disponibilités : 190 000 (C bloqué et A),
— au passif, ligne « Emprunts et dettes auprès des établissements de crédit » : 100 000 (C normal et B).

II. Entre les **gains latents** et les **pertes latentes de conversion** (voir n° 40390).

43270 **Passage des comptes financiers aux rubriques correspondantes du bilan**
Il varie selon le système utilisé :

a. Système de base Voir actif n° 95505 (prêts, autres immobilisations financières, autres créances, disponibilités, primes de remboursement, écarts de conversion) et passif n° 95525 (dettes, écarts de conversion).

b. Système développé Les rubriques sont identiques à celles du système de base, sous réserve de l'éclatement des « Autres créances » et des « Autres dettes » entre « exploitation » et « divers » (voir le « Code comptable », PCG art. 823-1).

c. Système abrégé Les rubriques sont les mêmes que dans le système de base, sauf les écarts de conversion ; voir n° 95605.

43275 **Cas particulier des marchandises vendues avec clause de réserve de propriété** Les créances correspondant aux cessions avec clause de réserve de propriété doivent faire l'objet d'une mention séparée associée à la rubrique concernée : « dont avec clause de réserve de propriété » (Loi du 12-5-1980 art. 3 ; PCG art. 821-1 ; voir modèle n° 95500 s.).

B. Annexe (développements particuliers)

INFORMATIONS CONCERNANT LES OPÉRATIONS FINANCIÈRES DÉVELOPPÉES DANS D'AUTRES PARTIES DE L'OUVRAGE

43330 Information en matière d'engagements financiers, voir n° 50680 s.

Information en matière d'obligations convertibles, échangeables et titres similaires (émis par la société), voir n° 64625. Si obligations à prime, voir n° 41280.

INFORMATION CONCERNANT LES INSTRUMENTS FINANCIERS À TERME ET LES OPÉRATIONS DE COUVERTURE

43335 **Principes et méthodes comptables** Selon la note de présentation du règlement ANC n° 2015-05 (§ 5), les éléments suivants doivent être mentionnés au titre des principes comptables, dès lors qu'ils donnent une information pertinente :
– le traitement comptable des positions ouvertes isolées (POI) ;
– les principes et méthodes retenus pour la comptabilisation des couvertures (classement de l'effet de couverture…) ;
– le traitement des primes d'options et du report/déport des contrats à terme (PCG art. 832-2) ;
– les principes et méthodes retenus pour les opérations d'optimisation avec prise de risque supplémentaire (notamment lorsque la totalité de l'opération est traitée en POI, les raisons ayant conduit à ne pas décomposer l'opération sont indiquées ; Note de présentation précitée, § 2.5.3) ;
– les modalités retenues pour la détermination de la dépréciation des créances et dettes en devises (PCG art. 832-8/3) et des stocks de marchandises ou matières premières (PCG art. 832-8/1), notamment en cas d'utilisation d'une position globale de change ou sur matières premières.

43340 **Instruments financiers dérivés** Le PCG (art. 833-20/13) rend obligatoires les informations sur **l'ensemble des transactions effectuées sur les marchés de produits dérivés,** dès lors qu'elles représentent des valeurs significatives.

Ainsi, selon la note de présentation du règlement ANC n° 2015-05 (applicable obligatoirement aux exercices ouverts depuis le 1-1-2017, § 5), un (ou plusieurs) état(s) récapitulatif(s) est (sont) fourni(s) pour chaque catégorie d'instruments dérivés (position ouverte isolée, couverture), en indiquant, **en liaison avec la description des stratégies de couverture** (voir n° 43345) :
– la juste valeur des instruments, si cette valeur peut être déterminée par référence à une valeur de marché ou par application de modèles techniques d'évaluation généralement admis ;
– le type de produits (swap, option, forward) ;
– leur nominal (montant de l'engagement hors bilan ; PCG art. 628-1) ;
– la nature du sous-jacent (change, taux, matières premières…) ;
– le montant des gains et pertes réalisés qui sont différés au bilan en application de la comptabilité de couverture, en lien avec les stratégies de couverture ;

La note de présentation précitée (§ 5) recommande également de faire un lien entre cette information et l'information demandée par ailleurs sur l'échéance des créances et des dettes (voir n° 43405) et sur les écarts de conversion (voir n° 43385).

43345 **Stratégie de couverture** Le PCG (art. 833-20/13) (issu du règl. ANC 2015-05 relatif aux instruments financiers à terme et aux opérations de couverture applicable obligatoirement aux exercices ouverts depuis le 1-1-2017) rend obligatoire une information narrative, en annexe, sur les stratégies de couverture poursuivies (description du type de risque couvert, du type d'instruments utilisés), et notamment sur le recours à des opérations d'optimisation (avec ou sans prise de risque) en indiquant la nature des instruments utilisés.

INFORMATIONS CONCERNANT LA SENSIBILITÉ AUX RISQUES DE MARCHÉ (TAUX, CHANGE, ACTIONS)

43350 **Toutes les sociétés** La note de présentation du règlement ANC n° 2015-05 (§ 5) **recommande** de fournir une **information quantitative** en termes de sensibilité aux risques de marché, notamment pour les instruments dérivés en position ouverte isolée, sans donner de précisions sur la nature des informations à fournir.

Sur la recommandation de l'AMF concernant les sociétés cotées, voir n° 43355 s.

43355 **Sociétés cotées** Les informations (en annexe et dans le rapport de gestion) concernant le degré d'exposition aux risques de marché (taux, change, actions) ont fait l'objet d'une **recommandation** (Rec. COB n° 89-01, Bull. n° 221, janvier 1989, p. 3 s.).

Sur l'information à fournir dans les comptes consolidés en règles françaises, voir Mémento Comptes consolidés n° 7511 s.

I. Risques visés L'AMF (Rec. COB précitée) ne se limite pas aux seuls risques liés à l'intervention des sociétés sur les instruments financiers, mais fait référence à la **notion** plus **générale de risque de marché,** notion couvrant l'ensemble des risques relatifs à la variation des taux d'intérêt, de change et de cours des actions.

II. Modalités d'évaluation du degré d'exposition Face à chacun de ces risques, la recommandation demande aux sociétés d'évaluer leur propre **degré d'exposition,** en retenant une **approche globale.** Cette approche consiste à intégrer toutes les données du bilan et du hors bilan sans chercher à isoler arbitrairement les opérations sur les instruments financiers de l'ensemble de l'activité de l'entreprise. Elle prend en compte :

a. les **instruments financiers classiques** apparaissant dans le bilan (tels que les emprunts obligataires ou les autres emprunts, les obligations, prêts et avances divers, pour le risque de taux, et les créances et dettes en devises pour le risque de change) ;

b. et les **instruments financiers dérivés** traduits au bilan ou en hors bilan (Matif, autres contrats à terme de taux, FRA, swaps, options).

Il apparaît nécessaire – face au phénomène de **« désubstantialisation » des bilans** – de fournir en annexe des informations aussi détaillées sur les engagements hors bilan que celles données sur les éléments de bilan.

Le degré d'exposition au risque doit être analysé de manière différente selon la nature du marché :
– par **échéance** pour le risque de taux ;
– par **devise** pour le risque de change ;
– par **place boursière** pour le risque de variation des cours de bourse.

III. Lien entre une rédaction détaillée dans l'annexe et le contrôle interne des opérations Ce processus d'information, loin d'être une contrainte pour les entreprises, peut, au contraire, leur permettre d'apprécier correctement les risques pris et éviter les mauvaises surprises.

En effet, la description et, corrélativement, la formalisation des stratégies, constituent, à notre avis (en ce sens également, Rapport COB 1995, p. 55), le premier **point de contrôle interne** en matière d'instruments financiers, avant même la fixation de limites ou la mise en place d'un « reporting » adéquat. L'exercice de rédaction (pour l'annexe) traduit en lui-même une prise de conscience et joue le rôle de « révélateur » à l'attention d'une direction générale ou d'un conseil d'administration trop souvent enclins à se reposer, dans ce domaine, sur les compétences de leur direction financière. Corrélativement, c'est l'occasion pour les directions financières et leurs trésoriers de pouvoir aborder certains points fondamentaux quant à la politique de risques menée par la société, sur lesquels ils souhaiteraient bien souvent voir leur direction s'impliquer davantage.

D'où la nécessité, pour la direction générale ou son conseil, de bien « mettre à plat » les différentes stratégies répertoriées en analysant dans le détail les conditions d'utilisation des instruments correspondants, l'objectif étant de définir précisément les limites de ce qui est acceptable… et de ce qui ne l'est pas.

À cet égard, l'obligation de rendre compte des principales caractéristiques des procédures de contrôle interne et de gestion des risques relatives à l'élaboration et au traitement de l'information comptable et financière pour les SA et les SCA dont les titres financiers sont admis aux négociations sur un marché réglementé, renforce la pertinence de la recommandation précitée de l'AMF. Voir n° 65025.

43375 **Information à donner en annexe pour les sociétés cotées intervenant de façon significative sur les marchés** Les informations suivantes doivent être indiquées :

I. Méthodes comptables retenues Ces méthodes doivent être précisées par type d'instruments et selon le marché d'intervention.

> **Précisions** **Rubrique spécifique** : le rapport Bouton (publié par le Medef en septembre 2002) préconise de **regrouper** l'information sur les **risques de marché** (taux, change, actions, crédit, matières premières) dans une rubrique spécifique de l'annexe.

Selon l'AMF (Rapport COB 1994, p. 156 s.), les méthodes comptables, parfois décrites d'une manière trop succincte, sont néanmoins mentionnées par la plupart des sociétés.

II. État des positions à la date de clôture

Les sociétés doivent indiquer le montant de leurs positions en cours à la date de clôture, ventilé par type de risques.

> **Précisions** **Sensibilité des résultats aux risques** En cas d'exposition significative aux risques de taux d'intérêt, de change et de variation des cours des matières premières, le rapport Bouton préconise de **publier des indicateurs** de sensibilité des résultats à ces risques en précisant les modalités et les hypothèses de calcul des indicateurs retenus.

L'AMF a rappelé (Bull. COB n° 283, septembre 1994, p. 21) que l'exposition aux risques de marché des entreprises fait clairement partie des informations d'importance significative des annexes certifiées par les commissaires aux comptes.

À cet égard, l'AMF précise (Rapport COB 1994, p. 156 s.) que l'information relative aux positions résiduelles d'exposition aux risques, bien qu'en voie d'amélioration, demeure encore insuffisante. En effet, une majorité de sociétés se contente encore de fournir une information trop globale et donc peu exploitable par le lecteur. Le taux de couverture de l'endettement est également trop rarement donné.

En outre, compte tenu des difficultés que peuvent rencontrer certaines entreprises du fait de la baisse des marchés financiers entraînant une dégradation sensible de leurs ratios financiers, l'AMF (Bull. COB n° 374, décembre 2002, p. 24 s.) recommande la **publication des informations nécessaires permettant d'apprécier le risque d'exigibilité des dettes financières**. La description des dettes financières devra donc être accompagnée de toute précision utile en matière de clause de défaut, généralement appelée « covenant » ou « trigger event » (c'est-à-dire l'événement susceptible de déclencher les clauses de défaut). Un rappel devra également figurer dans la rubrique relative à l'exposition au risque des taux.

> **Précisions** **Précision de l'information** : dans ses recommandations pour l'élaboration des documents de référence (voir n° 65285), l'AMF précise que, compte tenu du développement des opérations sur dérivés de crédit, les sociétés concernées (établissements de crédit, compagnies d'assurances et sociétés de réassurance essentiellement) doivent délivrer une **information plus précise**, notamment sur le positionnement de l'émetteur sur ce type de marché et la stratégie qu'il développe sur ce type d'opérations.

La recommandation propose à titre d'exemple une **série de trois tableaux** (voir modèles **ci-après**) permettant d'analyser les positions des sociétés face aux trois types de risques (taux, change, actions).

Ces tableaux sont destinés, si les sociétés le souhaitent, à figurer en annexe des comptes annuels, contrairement aux tableaux présentés dans les textes précédents, dont la vocation était à usage interne seulement. Ils proposent un classement des instruments selon leur nature (ferme ou conditionnelle) et leur enregistrement comptable (actifs, passifs, hors bilan).

L'AMF précise par ailleurs qu'il est important d'adjoindre des commentaires permettant au lecteur d'apprécier le degré d'exposition réel de l'entreprise face aux différents risques.

III. Incidence sur les résultats

Cette information doit permettre au lecteur d'effectuer une synthèse rapide des différents éléments ayant un impact sur le résultat de l'exercice (dépréciation, provision pour risques, pertes ou gains dénoués ou latents, compensations effectuées).

Selon l'AMF (Rapport COB 1994, p. 156 s.), il n'est pas normal que les incidences sur le résultat des interventions sur les marchés (taux d'intérêt, change, actions) ne soient pas indiquées dans la majorité des annexes.

Tableau 1 : ÉTAT DES POSITIONS DE LA SOCIÉTÉ FACE AU RISQUE DE TAUX D'INTÉRÊT

RISQUE DE TAUX	moins de 6 mois	6 mois à 1 an	1 à 5 ans	plus de 5 ans	TOTAL
BILAN					
Actifs financiers [1]					
Passifs financiers [2]					
HORS BILAN [3]					
DIFFÉRENTIEL					
POSITIONS CONDITIONNELLES [4]					

(1) Obligations, bons du Trésor, autres titres de créances négociables, prêts et avances, actifs divers…
(2) Dépôts, titres de créances négociables, emprunts obligataires, autres emprunts et dettes, passifs divers…
(3) Titres avec faculté de rachat (à réméré), Matif (contrat notionnel, bon du Trésor, Euribor), autres contrats à terme de taux, FRA, contrats d'échange de taux d'intérêt, autres engagements hors bilan…
(4) Options, caps, floors, collars, engagements futurs (prêts, emprunts, commandes…), renégociations…

Tableau 2 : ÉTAT DES POSITIONS DE LA SOCIÉTÉ FACE AU RISQUE DE CHANGE

| RISQUE DE CHANGE | MONNAIES | | | | TOTAL |
	USD	JPY	…	…	
BILAN					
Actifs financiers [1]					
Passifs financiers [2]					
HORS BILAN [3]					
DIFFÉRENTIEL					
POSITIONS CONDITIONNELLES [4]					

(1) Immobilisations financières, créances d'exploitation, valeurs mobilières de placement, crédits clientèle, liquidités…
(2) Dettes financières, dettes d'exploitation, dépôts clientèle, autres…
(3) Change à terme, contrats d'échange de devises, contrats à terme sur devises, autres engagements…
(4) Options sur devises, cautions en devises, engagements futurs (investissements…).

Tableau 3 : ÉTAT DES POSITIONS DE LA SOCIÉTÉ FACE AU RISQUE SUR ACTIONS

RISQUE ACTIONS	France	USA	…	TOTAL
ACTIONS [1] par places boursières				
HORS BILAN [2]				
DIFFÉRENTIEL				
POSITIONS CONDITIONNELLES [3]				

(1) Actions ou autres valeurs mobilières donnant accès directement ou indirectement au capital.
(2) Contrats à terme Matif (ex-OMF) ou selon indice CAC 40, autres contrats à terme sur indices boursiers, autres engagements…
(3) Monep, options Matif (ex-OMF) ou selon indice CAC 40, autres contrats, engagements futurs (acquisitions…).

ÉCARTS DE CONVERSION SUR DETTES ET CRÉANCES LIBELLÉES EN MONNAIES ÉTRANGÈRES

43385 Le PCG (art. 833-10 et 833-13/3) prescrit de fournir en annexe des informations sur la nature, le montant et le traitement comptable des écarts de conversion en monnaie nationale d'éléments exprimés en monnaie étrangère.

À titre indicatif, voir tableau (établi par nos soins) proposé ci-après. Il ne concerne que les entreprises qui effectuent de nombreuses opérations en devises. À défaut, l'information doit être plus succincte.

POSTES CONCERNÉS	Écart Actif							Écart Passif
	Total	Compensé par couverture de change (3)			Provision pour risques	Net (2)	Total	
		Écart passif	Engagement	Autres (1)				
Acomptes sur immobilisations..								
Prêts.........................								
Autres créances immobilisées...								
Créances d'exploitation...........								
Créances diverses								
Dettes financières								
Dettes d'exploitation...........								
Dettes sur immobilisations.......								
Total.......................								

(1) Immobilisations financières, valeurs mobilières de placement, couverture de fait (succursales à l'étranger).
(2) Si le montant n'est pas égal à zéro, fournir des explications sur les pertes latentes différées.
(3) Faire référence aux exceptions du PCG (voir n° 40415).

> **Précisions** Les montants peuvent être fournis en milliers ou en millions le cas échéant.

En ce qui concerne l'information à fournir sur les risques de change, voir n° 43350 s.

ÉTAT DES ÉCHÉANCES DES CRÉANCES ET DES DETTES À LA CLÔTURE DE L'EXERCICE

Principe Le PCG (art. 833-9 pour les créances et 833-13/1 pour les dettes) prescrit, si l'information est significative, de fournir en annexe le classement des créances et dettes selon la **durée restant à courir** jusqu'à leur échéance en distinguant :
– d'une part, les créances à un an au plus et à plus d'un an,
– et, d'autre part, les dettes à un an au plus, à plus d'un an et cinq ans au plus et à plus de cinq ans.

43405

> **Précisions** 1. Selon l'AMF (Rapport COB annuel 1985, p. 52, à propos du contenu des notes d'information), l'échéancier des emprunts constitue **un des extraits les plus significatifs de l'annexe.**
> 2. Dans ce même état, on notera qu'une autre distinction est également demandée pour les emprunts auprès des établissements de crédit : à deux ans au plus et à plus de deux ans.
> 3. **Covid-19 et PGE** Sur leur classement dans les dettes à plus ou moins d'un an, voir n° 40952.

« La durée restant à courir » est celle restant à courir à la date du bilan et non de la durée originelle de la créance ou de la dette.
Toutefois, dans certaines situations, il y a lieu, à notre avis, de ne pas se limiter au seul critère de la durée pour apprécier le classement.

EXEMPLES

Ainsi, par exemple :
— en cas de financement à court terme (papier commercial et concours bancaire) octroyé pour plusieurs années mais renouvelable chaque année, **l'intention de renouveler** (à mentionner clairement dans l'annexe) nous paraît être un motif suffisant pour permettre un classement dans les échéances à long terme ;
— en cas de financements octroyés sur une période pluriannuelle mais **utilisables au gré de l'emprunteur** qui va souscrire des crédits au moyen de billets remboursables à court terme, il faut distinguer deux situations (Bull. CNCC n° 129, mars 2003, EC 2002-89, p. 178) :
• soit la banque s'engage pour l'intégralité du financement pendant toute la période du crédit,
• soit la banque s'engage sur un montant dégressif qui deviendra nul au terme de la période pluriannuelle. Dans le premier cas, les billets mobilisés doivent être classés dans l'annexe aux comptes annuels conformément à la date d'échéance globale du financement soit avec les dettes à plus d'un an, à l'exception de la dernière année du financement. Dans le deuxième cas, le montant des dettes devra être ventilé selon l'échéancier dégressif prévu.

43405 (suite) Analyse de certaines créances et dettes

I. Concernant les **charges et produits constatés d'avance,** aucun texte ne prévoit le détail des échéances pour les charges et produits constatés d'avance ; à notre avis, il ne peut s'agir que de la date à laquelle ils viendront augmenter ou réduire le résultat comptable. La liasse fiscale (tableau n° 2057) les fait apparaître sur le tableau des échéances des créances et des dettes.

II. Concernant les **emprunts à moyen terme assortis de covenants** :

> **Précisions** Le terme « covenants » désigne une clause par laquelle la société s'engage, pendant la durée de l'emprunt, à respecter un (ou plusieurs) objectif(s) clairement défini(s) (endettement total, profit, ratio endettement net/capitaux propres, etc.). Le non-respect d'un covenant déclenche l'exigibilité immédiate de l'emprunt concerné et peut en entraîner le remboursement anticipé à première demande, sauf à négocier avec la banque afin d'obtenir de sa part un accord de non-activation des clauses d'exigibilité anticipée (un « waiver »).

1. Tant que les covenants sont respectés à la clôture, le classement de l'emprunt doit être fait selon les échéances prévues au contrat. Le risque de rupture de covenant identifié dès la clôture mais non avéré à cette date n'a aucune incidence sur les comptes à la date de clôture, même s'il se concrétise avant la date d'arrêté des comptes.

Selon la doctrine :
– lorsque la probabilité d'occurrence d'une situation de défaut et les conséquences associées au non-respect des covenants sont significatives, il est nécessaire de donner une information en **annexe** sur la nature des covenants et le niveau des ratios à la fin de l'exercice (Bull. CNCC n° 165, mars 2012, Communiqué CNCC « Conséquences de la crise pour l'audit des comptes 2011 », p. 20 s.) ;
– en cas de rupture de covenant entre la date de clôture et la date d'arrêté des comptes et si le montant de l'emprunt est significatif, une information doit être donnée en **annexe** (Rec. ANC Covid-19, Question H7).

2. En cas de rupture de covenant à la date de clôture, mais une renégociation ayant été finalisée antérieurement à la date de clôture, il n'y a pas lieu de reclasser la dette et une information sera donnée dans l'annexe sur cette renégociation si la dette est significative (Rec. ANC précitées, Question H7).

3. Si les covenants ne sont plus respectés à la clôture et en l'absence de renégociation avant la clôture, l'emprunt devient immédiatement exigible, l'entreprise ne disposant pas du droit inconditionnel d'éviter le remboursement de l'emprunt dans les 12 mois. Elle doit donc le reclasser à court terme (Rec. ANC précitées, Question H7), quels que soient les accords obtenus avec la banque post-clôture, peu importe que le droit donné aux banques d'exiger le remboursement immédiat de la dette ait été exercé ou que la déchéance du terme de la dette ait été notifiée par les banques à la société à la date de clôture (Bull. CNCC n° 157, mars 2010, EC 2009-45, p. 231 s. et Bull. CNCC n° 163, septembre 2011, EC 2011-22, p. 617).

Ce reclassement doit être effectué à la fois dans la **note de renvoi au bas du bilan** et dans **l'état des créances et des dettes figurant dans l'annexe.** En outre, si le montant de la dette est significatif, y compris sur la liquidité de l'entreprise, une information est également à fournir en annexe ainsi que dans le rapport de gestion sur (Bull. CNCC précités et Rec. ANC précitées, Question H7) :

– la nature des clauses contractuelles susceptibles d'entraîner un remboursement anticipé du prêt consenti par les banques (non-respect des ratios financiers, …) ;
– le fait que l'une de ces clauses se soit produite à la date de clôture de l'exercice ;
– les conséquences sur la présentation de la dette financière dans les comptes ;
– le cas échéant, au titre des événements postérieurs à la clôture de l'exercice, une information indiquant que la banque n'a pas demandé le remboursement et la déchéance du terme des financements.

Même si un accord avec l'établissement bancaire est trouvé entre la date de clôture et la date d'arrêté des comptes, l'ANC (Rec. précitées, Question H7) et la CNCC (Bull. précité) confirment que la renégociation de la dette entre la clôture et l'arrêté des comptes constitue un événement post-clôture sans lien direct et prépondérant avec la situation existant à la clôture de l'exercice. En conséquence :
– la dette est reclassée en dette à moins d'un an, comme en l'absence de négociation (voir ci-avant) ;
– une information doit, en outre, être fournie en **annexe** et dans le rapport de gestion sur l'accord formalisé postérieurement à la clôture de l'exercice au titre des événements post-clôture.

LES OPÉRATIONS FINANCIÈRES

Présentation de l'information Pour présenter cette information, l'entreprise peut indiquer à chaque poste les différentes échéances. Elle peut aussi choisir de les regrouper dans un tableau ; il en existe trois modèles :
– tableau du PCG, art. 841-5 ;
– tableau n° 2057 de la liasse fiscale ;
– tableau modèle du Balo (accepté par l'AMF) présenté au n° 43415. Sur l'opportunité d'utiliser ce modèle, voir n° 64550.
En pratique, nous suggérons par simplification :
– aux entreprises non cotées, d'utiliser le tableau n° 2057, voir n° FR 13/22 inf. 1 n° 530 s. ;
– aux entreprises cotées, d'utiliser le modèle du Balo, voir n° 43415.

État des échéances des créances et des dettes (Modèle du Balo) 43415

RUBRIQUES et POSTES	MONTANT brut (1)	ÉCHÉANCE	
		à 1 an au +	à + d'1 an
Créances			
Créances de l'actif immobilisé :			
Créances rattachées à des participations...............			
Prêts (2)			
Autres			
Créances de l'actif circulant :			
Créances clients et comptes rattachés..................			
Autres			
Capital souscrit – appelé, non versé			
Charges constatées d'avance			
Dettes			
Emprunts obligataires convertibles (3)			
Autres emprunts obligataires (3)			
Emprunts et dettes auprès des établissements de crédit (4)			
Emprunts et dettes financières divers			
Dettes fournisseurs et comptes rattachés			
Dettes fiscales et sociales			
Dettes sur immobilisations et comptes rattachés			
Autres dettes (5)			
Produits constatés d'avance			

(1) Le montant à indiquer ici correspond à celui de la **ligne du bilan**. Le passage des comptes aux postes est explicité aux n° 95505 et 95525.
(2) Prêts accordés en cours d'exercice ; récupérés en cours d'exercice.
(3) Emprunts souscrits en cours d'exercice ; remboursés en cours d'exercice.
(4) Dont à deux ans au maximum à l'origine ; à plus de 2 ans à l'origine.
(5) Dont... envers les associés (indication du poste concerné).
(6) Les dettes dont l'échéance est à + de 5 ans sont inscrites dans cette colonne : leur montant est respectivement de pour les postes ....

INFORMATION CONCERNANT LES AVANCES ET LES CRÉDITS ALLOUÉS AUX DIRIGEANTS, ADMINISTRATEURS ET MEMBRES DU CONSEIL DE SURVEILLANCE ET ENGAGEMENTS PRIS POUR LEUR COMPTE

43420 Le PCG prescrit, si l'information est significative, de fournir en annexe pour les membres des organes d'administration, de direction ou de surveillance, le montant global, pour chaque catégorie (PCG art. 833-17) :
– des avances et crédits alloués avec indication des **conditions consenties** et des **remboursements effectués pendant l'exercice** ;
– ainsi que le montant des engagements pris pour leur compte.
La notion de « catégorie d'organes d'administration, de direction ou de surveillance » est définie au n° 18455. À notre avis, sont également concernés les liquidateurs si la société est dissoute et en cours de liquidation.

> **Précisions**   **Opérations interdites** (voir n° 42540) **Dans le cas où la réglementation n'aurait pas été respectée,** il conviendrait cependant, à notre avis, de **donner** les **informations** correspondantes.

INFORMATION SUR LES EFFETS ESCOMPTÉS NON ÉCHUS
43425 Voir n° 50690.

JETONS NUMÉRIQUES
43430 **Émission de jetons**   Voir n° 42660.

43435 **Détention de jetons**   Voir n° 30820.

43440 **Prêt et emprunt de jetons**   Voir respectivement n° 41395 et 41400.

II. AUTRES INFORMATIONS COMPTABLES ET FINANCIÈRES

43495 Sur l'ensemble des publications à effectuer à l'occasion d'opérations financières (émissions de valeurs mobilières, OPA, OPE, introduction en bourse, etc.), voir n° 82025 s., et pour les titres de créances négociables, voir n° 80780 s.

CHAPITRE 11

OPÉRATIONS DE RÉGULARISATION, EXCEPTIONNELLES ET DIVERSES

45000

SOMMAIRE

SECTION 1
OPÉRATIONS DE RÉGULARISATION 45005

I. Dépenses pouvant être portées à l'actif 45005

A. Nature des différentes options pour la comptabilisation des charges à l'actif 45005

B. Définitions et conditions de comptabilisation des charges pouvant être portées à l'actif 45060

C. Frais d'établissement 45110

II. Comptes de régularisation et d'attente 45265

A. Comptes de rattachement 45265

B. Comptes de régularisation 45330

C. Comptes transitoires et d'attente 45395

III. Transferts de charges 45500

IV. Opérations relatives aux exercices antérieurs 45600

SECTION 2
OPÉRATIONS EXCEPTIONNELLES 45725

A. Définitions et éléments constitutifs 45725

B. Exemples et cas particuliers 45780

C. Information sur les opérations exceptionnelles 46120

SECTION 3
EMBALLAGES 46225

I. Définitions et éléments constitutifs 46225

II. Consignation des emballages 46310

SECTION 4
TVA 46480

I. Généralités 46480

II. Comptabilisation de la TVA 46570

A. TVA afférente aux immobilisations 46625

B. Opérations de gestion 46675

C. Opérations intracommunautaires portant sur des biens 46845

D. Déclarations de chiffre d'affaires 46975

E. Cas particuliers 47000

SECTION 1 — OPÉRATIONS DE RÉGULARISATION

I. DÉPENSES POUVANT ÊTRE PORTÉES À L'ACTIF

A. Nature des différentes options pour la comptabilisation des charges à l'actif

45005 **Distinction entre obligation et option** Il ne faut pas confondre :

I. Les dépenses devant obligatoirement être portées à l'actif :
a. Du fait qu'elles **répondent aux critères généraux de définition et de comptabilisation des actifs** introduits par le règlement CRC n° 2004-06 (abrogé et repris dans le règl. ANC 2014-03 relatif au PCG) ou qu'elles sont attribuables au coût d'entrée de ces actifs.
b. Du fait de textes de hiérarchie supérieure au PCG (alors même qu'elles **ne répondent pas aux critères** généraux de définition et de comptabilisation des actifs) :
– les **primes de remboursement d'emprunt** (C. com. art. R 123-185 et PCG art. 212-10), voir n° 41120 ;
– les **écarts de conversion – Actifs** (C. com. art. R 123-182-4° et PCG art. 420-5), voir n° 40390.

II. Les dépenses pouvant être portées à l'actif :
a. Alors que, en principe, elles devraient obligatoirement être comptabilisées à l'actif (car elles répondent aux critères généraux de définition et de comptabilisation des actifs ou entrent dans la définition des frais directement attribuables à un actif). Ainsi, les dépenses suivantes, bien qu'activables, peuvent être comptabilisées en **charges** :
– les **frais de développement,** du fait de **textes de hiérarchie supérieure** au PCG (C. com. art. R 123-186 et PCG art. 212-3.1 ; voir n° 30285 et 30840 s.) ;
– les **frais d'acquisition d'immobilisation** (PCG art. 213-8) pour des **raisons fiscales** (voir n° 26260 pour les immobilisations et 35620 s. pour les titres).
b. Alors qu'elles ne répondent pas aux critères d'activation d'une charge (PCG art. 511-1) :
– les **frais d'établissement,** du fait de **textes de hiérarchie supérieure** au PCG (C. com. art. R 123-186, PCG art. 212-9 ; voir n° 45110 s.).

> **Précisions** **Dérogation au principe de prudence** S'agissant de dérogations au principe de prudence, la constatation à l'actif de ces frais n'est que **facultative** et constitue donc une **décision de gestion.** Dans tous les cas, si les entreprises le souhaitent, elles peuvent laisser ces frais en charges.

– les **frais d'émission d'emprunt** (charges à répartir PCG art. 212-11 ; voir n° 41020 s.).

Sur le traitement dans les consolidés en règles françaises, voir Mémento Comptes Consolidés n° 3392.
Sur la divergence existant avec les normes IFRS, voir Mémento IFRS n° 69035 (frais d'établissement) et n° 69065 (frais d'émission des emprunts).

B. Définitions et conditions de comptabilisation des charges pouvant être portées à l'actif

Tableau détaillé des définitions et conditions réglementaires 45060

Type de frais	Définition des frais	Conditions permettant de porter ces frais à l'actif
Frais d'établissement (C. com. art. R 123-186 et PCG art. 212-9) Voir n° 45110 s.		
Frais de constitution (compte 2011)	Formalités légales et autres frais externes liés à l'opération : droits d'enregistrement, conseils, banques, communication et publicité	Ils sont rattachés à des opérations qui conditionnent l'existence ou le développement de l'entreprise mais dont le montant ne peut être rapporté à des productions déterminées.
Frais de premier établissement (compte 2012)	Frais de prospection, frais de publicité	
Frais d'augmentation de capital, de fusions, scissions, transformations (compte 2013)	Éléments identiques à ceux des frais de constitution	
Frais de développement (C. com. art. R 123-186 et PCG art. 212-3) (compte 203) Voir n° 30285 et 30840 s.		
	Pas de définition précise mais des exemples d'activités de développement donnés par l'avis du CNC n° 2004-15	Ils répondent aux critères de définition et de comptabilisation des immobilisations incorporelles générées en interne.
Frais d'acquisition d'immobilisation (PCG art. 213-8) Voir n° 26260		
	Droits de mutation, honoraires, commissions, frais d'actes	Ils sont directement attribuables à l'immobilisation.
Charges à répartir (PCG art. 212-11 et 944-48)		
Frais d'émission des emprunts (compte 4816) Voir n° 41020	Frais de publicité, frais d'émission des titres, commissions dues aux intermédiaires financiers, honoraires des prestataires extérieurs à l'entreprise (audit comptable, juridique, fiscal, etc.)	– Ils sont exclusivement liés au financement obtenu. – Leur inclusion dans le calcul du taux d'intérêt effectif de l'emprunt ne conduit pas à un taux manifestement hors marché.

C. Frais d'établissement

45110
Ces frais constituent, en principe, une charge de l'exercice au cours duquel ils ont été engagés. Toutefois, les dépenses engagées à l'occasion d'opérations qui conditionnent l'existence ou le développement de l'entreprise mais dont le montant ne peut être rapporté à des productions de biens et de services déterminées **peuvent** figurer à l'actif du bilan en immobilisations incorporelles, au poste « frais d'établissement » (C. com. art. R 123-186 ; PCG art. 212-9).

> **Fiscalement** Il en est de même (BOI-BIC-CHG-20-30-20 n° 1), le traitement fiscal des frais d'établissement dépendant strictement de leur traitement comptable (BOI-BIC-CHG-20-30-20 n° 20 ; CE 14-3-1984 n° 46770).

Sur la divergence existant avec les normes IFRS, voir Mémento IFRS n° 69035.

FRAIS DE CONSTITUTION ET DE PREMIER ÉTABLISSEMENT

I. Éléments constitutifs 45130

> **Fiscalement** En application de l'article 38 quater de l'annexe III au CGI, la définition fiscale des frais d'établissement est alignée sur la définition comptable (BOI-BIC-CHG-20-30-20 n° 1).

45130 (suite) Ils comprennent :

a. Compte 2011 « Frais de constitution » Le PCG n'en donne pas de définition précise. Il s'agit des **droits d'enregistrement** sur les apports, honoraires, débours résultant des formalités légales de publication (frais de greffe, frais d'insertion)…

> **Fiscalement** Selon l'administration ces frais comprennent les droits d'enregistrement (apports à titre pur et simple ou à titre onéreux), les honoraires des intermédiaires (notaires, avocats…) et le coût des formalités légales (frais d'insertion, de publication) (BOI-BIC-CHG-20-30-20 n° 50).

S'agissant des frais d'émission de titres, le Comité d'Urgence du CNC (Avis 2000-D du 21-12-2000) précise que ces frais, qu'ils soient engagés lors de la création de la société ou lors d'une augmentation de capital (voir n° 45150), englobent les coûts :
- **externes** ;
- **directement liés à l'opération,** c'est-à-dire les dépenses qui n'auraient pas été engagées en l'absence de cette opération.

Il s'agit notamment des frais suivants (liste fournie par l'Avis 2000-D précité) :
- **conseils** : honoraires relatifs à des conseils de nature comptable, juridique, fiscale, en stratégie et études de marché, en environnement, en ressources humaines ;
- **banques** : honoraires relatifs à des conseils (montage d'opérations…), commissions de placements, garanties de bonne fin de l'opération ;
- **formalités légales et dépenses liées** : prospectus, frais d'impression, redevances des autorités régulatrices et entreprises de marché, formalités légales ;
- **communication et publicité** : coût de la campagne (TV, journaux, radio…), frais d'impression, organisation des réunions d'information, commissions de l'agence de communication financière et achat d'espaces… sous certaines conditions (voir Précisions ci-après).

> **Précisions 1. Lien entre les frais et l'opération** Conscient de la difficulté d'établir le lien direct des frais engagés avec l'opération considérée, le Comité d'Urgence considère qu'une **analyse au cas par cas** sera **nécessaire pour certaines dépenses**, notamment pour les **coûts de communication et de publicité** : en particulier, la publicité devra intervenir entre la date de lancement et celle de la fin de l'opération et la nature du message devra se rapporter explicitement à l'opération financière concernée (voir n° 35620).
>
> **2. Frais d'acquisition de titres engagés par un holding** Les frais d'acquisition de titres engagés par un holding, constitué dans le but exclusif d'acquérir les titres d'une cible ne répondent pas à la définition des frais d'établissement (Avis CU CNC 2006-A du 7-6-2006 § 3.1) et ne peuvent donc pas être comptabilisés comme tels. Pour plus de détails, voir n° 35620.

b. Compte 2012 « Frais de premier établissement » Le PCG n'en donne pas de définition précise. Il s'agit des frais :
- de prospection (compte 20121) ;
- de publicité (compte 20122).

> **Fiscalement** Il en est de même, sachant que seuls sont visés les frais engagés à l'occasion de dépenses qui conditionnent l'existence ou le développement de l'entreprise, ce qui exclut les dépenses rattachables à des produits fabriqués par l'entreprise (CGI ann. III art. 38 quater ; BOI-BIC-CHG-20-30-20 n° 60 à 80). Répondent ainsi à la définition fiscale de frais de premier établissement, des frais de laboratoires, de recherches, d'études et de documentation engagés en début d'exploitation (BOI-BIC-CHG-20-30-20 n° 70).

L'OEC (Avis n° 26) estime, bien que les règles ne le prévoient pas, que les frais de prospection et de publicité sont également soumis à des conditions de **rentabilité commerciale**.

> **Précisions Cas particulier de l'industrie hôtelière** L'ancien plan comptable professionnel de l'industrie hôtelière (désormais caduc, voir n° 3315) avait une conception extensive des frais de premier établissement puisqu'il considérait que ces frais pouvaient concerner :
> – des activités nouvelles ou des perfectionnements d'activité (par exemple, pour une société hôtelière proposant la location de résidences meublées, des frais liés à de nouvelles résidences immobilières dans lesquelles la société exercera son activité ; Bull. CNCC n° 177, mars 2015, EC 2014-41, p. 166) ;
> – des « frais de promotion et de lancement », des « frais de préouverture » et des « frais d'ouverture » pouvant regrouper toutes les dépenses antérieures à la mise en activité des établissements et notamment les frais de promotion, de conduite et surveillance des chantiers, de formation du personnel, de préfinancement, d'ouverture, etc.
>
> En l'absence de précision dans le PCG sur la notion de frais de premier établissement pouvant contredire cette définition extensive (en ce sens, Bull. CNCC n° 177, mars 2015, EC 2014-41, p. 166), elle devrait pouvoir continuer à s'appliquer si telle est la pratique du secteur, en tant que méthode implicite. Mais ces solutions ne sauraient être étendues à d'autres professions (Bull. CNCC n° 72, décembre 1988, EC 88-40, p. 500 s.).

II. Comptabilisation des frais de constitution, de transformation et de premier établissement
Ils sont (C. com. art. R 123-186 et PCG art. 212-9) :
- soit comptabilisés directement en **charges** de la période (**méthode de référence**) ;
- soit comptabilisés à l'**actif**.

> **Fiscalement** Le mode de comptabilisation retenu détermine le traitement fiscal applicable (BOI-BIC-CHG-20-30-20 n° 20).

Sur la nature de cette option, voir n° 45005.

> **Précisions** **1. Homogénéité du traitement comptable et caractère irréversible de l'option** Comme pour toutes les méthodes de référence, si les frais de cette catégorie sont comptabilisés une fois en charges, tous les **frais de cette catégorie exposés ultérieurement** à l'occasion d'autres opérations devront également être comptabilisés en **charges**, sans possibilité de revenir à une autre méthode de comptabilisation (activation).
> **2. En cas d'échec de l'opération** En l'absence d'émission, les frais doivent être inscrits en charges de l'exercice (charges exceptionnelles).

Sur la divergence existant avec les normes IFRS, voir Mémento IFRS n° 69035.

FRAIS D'AUGMENTATION DE CAPITAL ET D'OPÉRATIONS DIVERSES (FUSIONS, SCISSIONS, APPORTS, TRANSFORMATIONS)

I. Éléments constitutifs

45150

> **Fiscalement** En application de l'article 38 quater de l'annexe III au CGI, la définition fiscale des frais d'établissement est alignée sur la définition comptable (BOI-BIC-CHG-20-30-20 n° 1).

Ils sont comptabilisés au **compte 2013 « Frais d'augmentation de capital et d'opérations diverses »**.

Les frais concernés sont identiques à ceux du compte 2011 « Frais de constitution », voir n° 45130.

> **Fiscalement** Il en est de même, les frais considérés comme des frais d'établissement en comptabilité devant être traités de la même manière sur le plan fiscal (CGI ann. III art. 38 quater ; BOI-BIC-CHG-20-30-20 n° 1 et 10).

Le Comité d'Urgence du CNC (Avis CU CNC 2000-D) précise que les **opérations concernées** sont celles entraînant une **émission d'instruments de capitaux propres,** c'est-à-dire une émission :
– d'instruments donnant **immédiatement** accès aux capitaux propres ;
– ou **dont le produit est constaté directement dans les capitaux propres,** par exemple les bons de souscription d'actions.

> **Fiscalement** Constituent des frais d'établissement (BOI-BIC-CHG-20-30-20 n° 100 à 150) :
> – pour leur montant total, les frais d'augmentation de capital par émission d'actions avec primes ;
> – les frais d'augmentation de capital dans le cadre d'options de souscription d'actions ;
> – les frais de formalités de publicité effectuées à l'occasion de la cession de droits sociaux.

EXEMPLES

Frais non admis

1. Absence de lien direct entre les frais engagés et l'augmentation de capital Sont par exemple exclus :
– selon le bulletin CNCC (n° 138, juin 2005, EJ 2005-16, p. 303 s.), l'abondement de la société complétant l'investissement des salariés qui souscrivent à l'augmentation de capital (voir n° 16825) ;
– à notre avis, en cas d'augmentation de capital par compensation avec une avance en compte courant rémunérée, les intérêts calculés sur l'avance en compte courant. Ces frais sont comptabilisés en charges financières et ne peuvent faire partie des frais d'émission.

2. Opérations n'entraînant pas d'émission d'instruments de capitaux propres (introduction en bourse par cession, frais offre publique de vente, défense de la cible d'une offre publique d'achat/offre publique d'échange, fusion simplifiée, dissolution par confusion de patrimoine ou TUP...) Les coûts externes ne constituent pas des frais d'émission et doivent donc être comptabilisés en charges de l'exercice.

3. Introduction en bourse, par cession de titres et augmentation de capital (opération mixte) Il convient de répartir les frais forfaitairement au prorata des produits de la cession de titres et de l'augmentation de capital et de constater en charges la quote-part afférente aux frais de cession des titres (Avis CU CNC précité). À notre avis, les frais d'introduction en bourse ne peuvent être provisionnés. En effet, ils se rattachent à l'opération d'augmentation de capital (qui constitue leur contrepartie) et non à la décision de s'introduire en bourse.

En revanche, lorsque l'introduction en bourse est réalisée en totalité par augmentation de capital, tous les frais concernés sont activables (coûts liés à l'émission des titres nouveaux, coûts liés à la cotation et coûts communs), dès lors qu'ils sont externes et directement liés à l'opération.

Sur les émissions d'emprunts obligataires convertibles en actions, voir n° 41260.

Sur les frais d'émission de titres dans le cas d'une OPE, voir n° 35620 II.

II. Comptabilisation des frais d'augmentation de capital, de fusion, de scission, d'apport
Ils sont (C. com. art. L 232-9, al. 2 et R 123-186 ; PCG art. 212-9 ; CU CNC 2000-D du 21-12-2000, II.1.1) :
– soit imputés sur le montant des primes d'émission et de fusion ;

> **Précisions** Si la prime est insuffisante pour permettre l'imputation de la totalité des frais, l'excédent des frais est comptabilisé en charges.
> Sur les modalités d'imputation et la prise en compte de l'économie d'impôt, voir n° 55315 III.

– soit comptabilisés directement en **charges** de la période ;
– soit comptabilisés à l'**actif**.

Aucune de ces trois méthodes n'est qualifiée de méthode de référence (PCG art. 121-5).

> **Fiscalement** Le traitement comptable conditionne le traitement fiscal. Voir toutefois n° 55315 III, dans l'hypothèse où les frais sont imputés sur les primes.

Pour plus de détails sur la nature de cette option, voir n° 45005.

Lorsque l'opération est en cours à la clôture de l'exercice, il convient d'apprécier, à la date d'arrêté des comptes, si l'opération a de sérieuses chances d'aboutir ou non :
– si l'opération a de sérieuses chances d'aboutir, les coûts externes, considérés comme des frais d'émission et déjà engagés à cette date, peuvent être comptabilisés au compte 232 « Immobilisations incorporelles en cours » ;
– si l'opération n'a pas de sérieuses chances d'aboutir, les coûts déjà engagés à cette date sont comptabilisés en charges de l'exercice (voir ci-après Précision 3). Il ne sera pas possible de les reprendre au cours de l'exercice suivant si l'émission a finalement lieu.

> **Précisions** **1. Homogénéité du traitement comptable et changement de méthode** S'agissant d'une méthode comptable, les entreprises sont soumises au **principe de permanence des méthodes.** Toutefois, aucune de ces méthodes n'étant considérée comme une méthode de référence, tout changement de l'une de ces méthodes à une autre est effectué dans le respect des conditions fixées par l'article 122-2 du PCG, voir n° 8480.
> **2. Fusion, scission ou apport entraînant une augmentation de capital** Le triple traitement des frais n'a pas expressément été retenu dans le règlement ANC n° 2017-01 relatif aux opérations de fusion et assimilées (modifiant le règl. ANC 2014-03 relatif au PCG). Toutefois, l'article 212-9 du PCG est applicable à ces opérations. Pour plus de détails, voir Mémento Fusions & Acquisitions n° 8163.
> En revanche, sur la comptabilisation des frais immédiatement en charges en cas de fusion simplifiée ou de dissolution par confusion de patrimoine (TUP), voir ci-avant I. (Précision 2).
> **3. En cas d'échec de l'opération** En l'absence d'émission, les frais doivent être inscrits en charges de l'exercice (charges exceptionnelles).
> Sur le traitement dans les consolidés en règles françaises, voir Mémento Comptes Consolidés n° 3413.
> Sur la divergence existant avec les normes IFRS, voir Mémento IFRS n° 69035.

SCHÉMA DE COMPTABILISATION DES FRAIS D'ÉTABLISSEMENT

45155 **Classement comptable** Selon le PCG (art. 942-20) les frais d'établissement sont enregistrés au compte 201 :
– soit directement ;
– soit par l'intermédiaire du compte 72 « Production immobilisée », si ceux-ci ont été, dans un premier temps, enregistrés en charges.

Les frais qui ne répondent pas à la définition de frais d'établissement, ou les frais que la société choisit de laisser en charges sont inscrits au compte de résultat selon leur nature.

AMORTISSEMENT DES FRAIS D'ÉTABLISSEMENT

45160 **Durée d'amortissement** Les frais d'établissement sont amortis selon un **plan** et dans un **délai maximal de cinq ans** (C. com. art. R 123-187, al. 1 et PCG art. 212-9).

> **Précisions** Cependant, les sociétés dont l'objet exclusif est la construction et la gestion d'immeubles locatifs à usage principal d'habitation ou le crédit-bail immobilier, ainsi que les sociétés immobilières pour le commerce et l'industrie, peuvent amortir les frais de constitution et les frais d'augmentation de capital dans les mêmes conditions que leurs immeubles (C. com. art. L 232-9, al. 3).

> **Fiscalement** **a.** La déduction des frais d'établissement peut, ainsi que le prévoit la réglementation comptable, être échelonnée sur une durée maximale de cinq ans (CE 14-3-1984 n° 46770). L'administration (BOI-BIC-CHG-20-30-20 n° 30 et 40 ; BOI-BIC-AMT-10-10 n° 240) a précisé que la déduction des dépenses ayant le caractère de frais d'établissement peut être effectuée :
> – pour la totalité de leur montant, au titre des charges de l'exercice au cours duquel elles ont été engagées (l'application de cette modalité de déduction suppose que les dépenses en cause n'ont pas été inscrites à l'actif du bilan) ;
> – de manière échelonnée, **sur une période maximale de cinq ans.**
> Toutefois, un arrêt isolé (CAA Bordeaux 3-12-2002 n° 99-1656) admet, en tant que décision de gestion, la possibilité de déduire immédiatement les sommes comptabilisées en frais d'établissement.
> **b.** Le résultat fiscal de l'exercice est majoré des amortissements pratiqués à raison des frais d'établissement pour la détermination de l'Ebitda fiscal à retenir pour le plafonnement de déduction des **charges financières nettes** (voir n° 42975).

Mode d'amortissement Il n'est précisé explicitement ni dans le Code de commerce ni dans le PCG : le Code de commerce (art. R 123-187) et le PCG (art. 212-9) parlent de **plan d'amortissement.** 45165

Selon le bulletin CNCC (n° 8, décembre 1972, p. 502 s.), « l'amortissement des frais de premier établissement est une charge qui doit être supportée, quel que soit le résultat des exercices ». Il en résulte, à notre avis, qu'il ne semble pas possible, par exemple, de ne pas pratiquer d'amortissement les premiers exercices du fait que ceux-ci sont ou seraient déficitaires (en ce sens, l'article L 123-20 du Code de commerce : « même en cas d'absence ou d'insuffisance du bénéfice, il doit être procédé aux amortissements, dépréciations et provisions nécessaires »).

Les dotations aux amortissements doivent donc, nous semble-t-il, être au minimum de 1/5 par année.

> **Fiscalement** Les dotations annuelles aux amortissements doivent être **au minimum d'un cinquième et au maximum de la moitié** du montant des frais en cause (BOI-BIC-CHG-20-30-20 n° 40 ; BOI-BIC-AMT-10-10 n° 250).

Sur l'application du prorata temporis, voir n° 45170.

> **Précisions** **Modification du plan d'amortissement** (et notamment de la durée) Selon la règle générale, le plan d'amortissement des frais d'établissement **ne peut être modifié** sauf changement de méthode d'estimation. Il ne peut notamment pas l'être en cas d'amélioration des résultats. Toutefois, à notre avis (confirmé par Bull. CNCC n° 98, juin 1995, EC 93-132, p. 211 s.), il est possible de déroger à la règle générale de permanence des méthodes en ce qui concerne le changement du plan d'amortissement des **frais de constitution**, compte tenu de l'impossibilité de distribuer des dividendes tant qu'ils ne sont pas entièrement amortis (voir n° 45180).
> Le supplément d'amortissement généré par la modification du plan est, à notre avis, à comptabiliser dans le résultat courant (et non en résultat exceptionnel) au débit du compte 68111 « Dotations aux amortissements des immobilisations incorporelles ».

Date de départ de l'amortissement En l'absence de précisions du PCG et des organismes compétents, l'entreprise a le **choix**, à notre avis, de pratiquer ou non la **règle du prorata temporis** sur les sommes portées en frais d'établissement : 45170
– si elle calcule l'amortissement du premier exercice avec un prorata, la date à retenir est celle de la constatation de la dépense ;
– si elle le calcule sans prorata, une dotation minimum de 1/5 doit être constatée sur l'exercice.

> **Fiscalement** L'administration n'a pas pris explicitement position. Certains considèrent toutefois qu'elle ne retient pas la règle du prorata temporis, les dotations annuelles aux amortissements devant être au minimum de 1/5 (BOI-BIC-CHG-20-30-20 n° 40) suivant un plan d'amortissement linéaire (BOI-BIC-AMT-10-10 n° 240).

Comptabilisation de l'amortissement L'amortissement est débité au compte 68111 « Dotations aux amortissements des immobilisations incorporelles » par le crédit du compte 280 « Amortissements des immobilisations incorporelles » (subdivision 2801 « Frais d'établissement »). 45175

> **Précisions** Le **caractère d'exploitation** de la dotation aux amortissements nous paraît justifié par l'objet même des frais d'établissement : dépenses conditionnent l'existence et le développement des activités (normales) de l'entreprise. L'utilisation sur une période inférieure à cinq ans de la possibilité d'étaler les frais d'établissement ne saurait avoir pour conséquence de considérer qu'il en résulte un amortissement dérogatoire pour la fraction annuelle de la dotation excédant 1/5 du montant des frais. En effet, les provisions **réglementées** doivent résulter

d'une **dérogation aux principes comptables** permise expressément par la réglementation fiscale (qui n'existe pas dans ce cas particulier). En outre, l'étalement des frais d'établissement constitue une règle comptable particulière **déjà** dérogatoire par rapport à la règle comptable générale d'imputation des frais en charges au cours de l'exercice où elles sont engagées. Autrement dit, plus l'étalement est court et plus on se rapproche de la règle générale.

45180 **Conséquences de l'amortissement sur les distributions de dividendes**
Elles diffèrent selon la nature des frais :
– les **frais de constitution** doivent être amortis avant toute distribution de bénéfices, et, au plus tard, dans un délai de cinq ans (C. com. art. L 232-9, al. 1) ; pour plus de détails, voir n° 53998 ;
– pour les **autres frais (frais de premier établissement et d'augmentation de capital)**, tant que le poste frais d'établissement n'est pas apuré, il ne peut être procédé à aucune distribution de dividendes, sauf si le montant des réserves libres est au moins égal à celui des frais non amortis (C. com. art. R 123-187, al. 1).
Pour plus de détails et notamment sur l'irrégularité comptable, voir n° 53999.

45185 **Compensation des comptes en fin d'amortissement** En l'absence de précisions du PCG, la pratique (initialement prévue par le PCG 57) veut que les sommes inscrites dans les comptes de frais d'établissement soient compensées par le débit du compte d'amortissement dès que les frais considérés sont entièrement amortis.

> **Précisions** Lorsqu'un amortissement a encore été pratiqué au cours du dernier exercice, il convient de maintenir les frais d'établissement au bilan de fin d'exercice. L'écriture de compensation est enregistrée à l'ouverture de l'exercice suivant.

INFORMATION

45190 **Au bilan,** dans les systèmes de base (PCG art. 821-1 s.) et développé (PCG art. 823-1), la rubrique « Frais d'établissement » est la première des « Immobilisations incorporelles » où elle figure – comme les autres immobilisations – en valeur brute, amortissements et valeur nette.
Dans le système abrégé (PCG art. 822-1 et 822-2), les frais d'établissement sont compris dans le poste « Autres immobilisations incorporelles ».

45195 **Dans l'annexe,** doivent être fournis, s'ils sont significatifs :
– le montant et le traitement comptable retenu des frais d'établissement (PCG art. 833-5/1 ; voir n° 45130 s.) ; ils font l'objet d'une ligne séparée dans le tableau des immobilisations (PCG art. 841-1) ;

> **Précisions** **Comptes annuels simplifiés** Ces commentaires ne sont pas à fournir pour les personnes morales établissant des comptes annuels simplifiés (PCG art. 832-5) et pour les personnes physiques (PCG art. 834-5 et 835-5), voir n° 64625.

– les **mouvements** les ayant affectés (PCG art. 833-3/1), voir n° 32860 ;

> **Fiscalement** Les entreprises ont également à fournir (tableaux n° 2054 et 2055) les variations de l'exercice (montants bruts et amortissements).

– les **méthodes** utilisées pour le calcul des **amortissements** (PCG art. 833-3/2), voir n° 45160 s.

II. COMPTES DE RÉGULARISATION ET D'ATTENTE

A. Comptes de rattachement

DÉFINITIONS

45265 Il résulte du PCG (art. 934-1) que :
– seules les régularisations se rapportant à l'exercice et aux **exercices ultérieurs** sont enregistrées sous l'appellation **« Comptes de régularisation »** (voir n° 45330 s.) ;
– les régularisations de charges et produits **de l'exercice** (charges à payer et produits à recevoir) sont rattachées aux **comptes des tiers concernés** dans les **comptes de rattachement** (voir n° 45270 s.).

> **EXEMPLE**
> À la clôture de l'exercice :
> — les factures à recevoir sont rattachées aux comptes « Fournisseurs » et les factures à établir aux comptes « Clients » ;
> — les intérêts courus sont rattachés aux comptes des valeurs mobilières ou des tiers qui les procurent.

CLASSEMENT COMPTABLE
Les comptes de rattachement sont des subdivisions du compte de l'agent économique avec lequel a été réalisée l'opération qui concerne l'activité de l'exercice.

45270

> **EXEMPLE**
> À la clôture de l'exercice :
> — les factures clients non encore établies relatives à des produits livrés ou des services rendus durant l'exercice sont portées au compte 4181 « Clients – Factures à établir » (subdivision du compte 41 « Clients et comptes rattachés ») ;
> — les factures fournisseurs non encore reçues relatives à des produits livrés ou à des services rendus durant l'exercice sont portées au compte 408 « Fournisseurs – Factures non parvenues » (subdivision du compte 40 « Fournisseurs et comptes rattachés ») ;
> — les intérêts courus relatifs à des obligations détenues par l'entreprise sont portés au compte 2768 « Intérêts courus » (subdivision du compte 276 « Autres créances immobilisées ») ;
> — les intérêts courus relatifs à des obligations émises par l'entreprise sont portés au compte 1688 « Intérêts courus » (subdivision du compte 168 « Autres emprunts et dettes assimilées »).

TRAITEMENT COMPTABLE
À la clôture de l'exercice, les **produits à recevoir** et les **charges à payer** sont enregistrés en classes 7 et 6 par le débit (TTC) ou le crédit (TTC) des comptes rattachés aux agents économiques concernés, la différence étant portée en TVA collectée ou en TVA déductible.

45275

L'exercice suivant, ils sont extournés lors de la réouverture des comptes ou annulés lors de l'enregistrement de la créance ou de la dette ; voir exemples de comptabilisation n° 11745 (produits) et n° 15455 (charges).

INFORMATION DANS L'ANNEXE
Le PCG (art. 833-14/3) prescrit que les produits à recevoir et les charges à payer, rattachés aux postes de créances et de dettes, sont détaillés dans l'annexe, si l'information est **significative** (voir n° 64545). Il en résulte en pratique que cette information sera **rarement à fournir**, celle-ci ayant le plus souvent un caractère non significatif.

45280

> **> Fiscalement** Les entreprises relevant du régime du bénéfice réel normal doivent joindre à leur liasse fiscale une information détaillée sur les produits à recevoir et les charges à payer (CGI ann. III art. 38-II).
> L'administration fiscale considère (voir notice DGI n° 2032) que cette information, à fournir sur papier libre, doit être **identique à** celle fournie dans **l'annexe** des comptes annuels. Dans la mesure où ne revêtant pas une importance significative, l'information n'est pas donnée dans l'annexe comptable, elle n'aura pas, logiquement, à être fournie à l'administration fiscale (sauf précisions ultérieures contraires de cette dernière).

Le PCG (art. 833-14/3) précise que les commentaires portent sur leur nature, leur montant et leur traitement.

Charges à payer Dans les cas où elle est significative, l'information nous paraît pouvoir être présentée selon le tableau suivant (si les informations n'ont pas été données dans les postes concernés) :

Charges à payer incluses dans les postes de dettes suivants (1) :	Montant
Emprunts obligataires convertibles	
Autres emprunts obligataires	
Emprunts et dettes auprès des établissements de crédit	
Emprunts et dettes financières divers	
Avances et acomptes reçus sur commandes en cours	
Dettes Fournisseurs et Comptes rattachés	
Dettes fiscales et sociales	
Dettes sur immobilisations et Comptes rattachés	
Autres dettes	
(1) Fournir en outre des explications par poste si nécessaire : intérêts courus, factures à recevoir, indemnités de congés payés, charges sociales à payer, impôts et taxes à payer, participation des salariés.	

Produits à recevoir Dans le cas où elle est significative, l'information nous paraît pouvoir être présentée selon le tableau suivant (si les informations n'ont pas été données dans les postes concernés) :

Produits à recevoir inclus dans les postes de créances suivants (1) :	Montant
Immobilisations financières	
– Créances rattachées à des participations	
– Autres immobilisations financières	
Créances	
– Créances Clients et Comptes rattachés	
– Autres	
Valeurs mobilières de placement	
Disponibilités	

(1) Fournir en outre des explications par poste si nécessaire : intérêts courus, dividendes à recevoir, factures à établir, indemnités à recevoir.

B. Comptes de régularisation

DÉFINITIONS

45330 Les **charges** et **produits** comptabilisés pendant l'exercice qui concernent un exercice ultérieur doivent figurer à l'**actif** et au **passif** du bilan au poste **« Comptes de régularisation »** (PCG art. 944-48). Il s'agit :
– des frais d'émission des emprunts (charges à répartir sur plusieurs exercices), voir définition n° 41020 ;
– des charges constatées d'avance (voir définition n° 15120) ;
– des produits constatés d'avance (voir définition n° 10370).

CLASSEMENT COMPTABLE

45335 Les **comptes de régularisation** enregistrent (PCG art. 934-1) :
– d'une part, les charges et les produits comptabilisés dans l'exercice mais se rapportant directement à l'exercice ou aux exercices suivant(s) ;
– d'autre part, les charges comptabilisées dans l'exercice mais pouvant être réparties systématiquement sur plusieurs exercices ultérieurs.
Y est adjointe la répartition des charges et produits par périodes comptables durant l'exercice par le système de l'abonnement.

I. Compte 4816 « Charges à répartir sur plusieurs exercices – Frais d'émission des emprunts » Voir n° 41020.

II. Compte 486 « Charges constatées d'avance » Il s'agit de charges qui correspondent à des achats de biens et de services dont la fourniture ou la prestation interviendra ultérieurement (PCG art. 944-48) ; voir n° 15120.

> **EXEMPLE**
> Fraction des loyers ou intérêts déjà comptabilisés en charge mais concernant l'exercice suivant.

III. Compte 487 « Produits constatés d'avance » Il s'agit de produits perçus ou comptabilisés avant que les prestations ou les fournitures les justifiant aient été effectuées ou fournies (PCG art. 944-48) ; voir n° 11750.

> **EXEMPLE**
> Fraction des loyers ou intérêts déjà comptabilisés en produit mais concernant l'exercice suivant.

IV. Compte 488 « Compte de répartition périodique des charges et des produits » Ce compte enregistre les charges et les produits dont le montant peut être connu ou fixé d'avance avec une précision suffisante et qu'on décide de répartir par fractions égales entre les périodes comptables de l'exercice. Il s'agit du système de l'abonnement (PCG art. 944-48) ; voir n° 11755 et 15210.

TRAITEMENT COMPTABLE

Il diffère selon les éléments constitutifs des comptes de régularisation :

45340

I. Frais d'émission des emprunts (charges à répartir sur plusieurs exercices) : voir n° 41020.

II. Charges constatées d'avance
Elles sont transférées en fin d'exercice au débit du compte 486 par le crédit des comptes de charges intéressés. Le compte 486 est crédité, à l'ouverture de l'exercice suivant, par le débit des comptes de charges intéressés de l'exercice (PCG art. 944-48).

Un autre procédé de comptabilisation consiste, lors de l'enregistrement initial de la facture, à affecter directement au compte 486 la quote-part des charges se rapportant à un exercice ultérieur (PCG art. 944-48) ; voir exemple de comptabilisation n° 15435.

III. Produits constatés d'avance
Ils sont transférés en fin d'exercice au crédit du compte 487 par le débit des comptes de produits concernés. Le compte 487 est débité, à l'ouverture de l'exercice suivant, par le crédit des comptes de produits intéressés (PCG art. 944-48).

Un autre procédé de comptabilisation consiste, lors de l'enregistrement initial de la facture, à affecter directement au compte 487 la quote-part des produits se rapportant à un exercice ultérieur (PCG art. 944-48) ; voir exemple de comptabilisation n° 11750.

IV. Abonnement des charges (et des produits)
Il est modifié, s'il y a lieu, en cours d'exercice, en plus ou en moins, de manière que le total des sommes inscrites au débit ou au crédit des comptes intéressés des classes 6 ou 7 soit égal, en fin d'exercice, au montant effectif de la charge ou du produit. Le compte 488 est **soldé à la fin de l'exercice** (PCG art. 944-48) ; voir exemple de comptabilisation n° 15210.

INFORMATION DANS L'ANNEXE

Le PCG (art. 833-10 et 833-13/3) prévoit que les comptes de régularisation doivent faire l'objet d'une information explicative dans l'annexe. Doivent être indiqués :
– leur nature [détail des charges et produits constatés d'avance (d'exploitation, financiers ou exceptionnels)] ;
– leur montant ;
– leur traitement (durée d'amortissement ou d'étalement des frais d'émission des emprunts).

45345

Selon le PCG (art. 833-1), cette information ne doit être indiquée que si elle est significative. Il en résulte en pratique :

– en ce qui concerne les **charges et produits constatés d'avance,** que ces informations ayant **le plus souvent un caractère non significatif** seront **rarement à fournir** ;

> **Précisions** À notre avis, compte tenu du caractère répétitif de ces montants, ceux-ci peuvent être élevés sans être nécessairement significatifs (exemples : loyers et assurances payés d'avance, etc.). Seuls paraissent devoir être mentionnés les opérations ou événements particuliers ayant entraîné la constatation de montants élevés dans ces postes (facturation anticipée importante sur contrat, par exemple). Cette information concernera également les petites entreprises.

– en ce qui concerne les **frais d'émission des emprunts** (charges à répartir), voir n° 41020.

> **Fiscalement** Les entreprises relevant du régime du bénéfice réel normal doivent joindre à leur liasse fiscale une information détaillée sur les produits et charges figurant au bilan sous les postes « comptes de régularisation » (CGI ann. III art. 38-II).
> L'administration fiscale considère (voir notice de la déclaration n° 2032) que cette information, à fournir sur papier libre, doit être **identique à** celle fournie dans **l'annexe** des comptes annuels. Dans la mesure où ne revêtant pas une importance significative, l'information n'est pas donnée dans l'annexe comptable, elle n'aura pas, logiquement, à être fournie à l'administration fiscale (sauf précisions ultérieures contraires de cette dernière).
> En outre, pour l'établissement de la liasse fiscale (tableau n° 2055, cadre D), les entreprises doivent également indiquer les mouvements de l'exercice affectant les charges réparties sur plusieurs exercices.

C. Comptes transitoires et d'attente

45395 Ils sont regroupés au compte **47 « Comptes transitoires ou d'attente ».**

COMPTES TRANSITOIRES

45400 **Compte 474 « Différences d'évaluation de jetons sur des passifs – actif et passif »** Ces comptes de transition sont utilisés pour comptabiliser les différences d'évaluation des dettes nées dans le cadre des émissions de jetons (voir n° 40610).

45405 **Comptes 476 et 477 « Écarts de valorisation de certaines créances et dettes »** Écarts résultant de leur inscription au bilan pour leur valeur en monnaie nationale à la date d'arrêté des comptes :
– créances et dettes **libellées en monnaies étrangères** (selon le PCG art. 420-5 ; voir n° 40390) ;
– créances et dettes **indexées** (à notre avis ; voir n° 40185).
Leurs montants sont à indiquer dans l'annexe, s'ils sont significatifs (PCG art. 833-10 et 833-13/3 ; voir n° 43385).

45410 **Compte 4781 « Mali de fusion sur actif circulant »** Sur le traitement du mali technique après la fusion (dépréciation, sortie, information en annexe), voir n° 75790 à 75800.

45415 **Comptes 4786 et 4787 « Différences d'évaluation sur instruments financiers à terme et sur jetons détenus – actif et passif »** Ces comptes de transition sont utilisés pour comptabiliser les variations de valeur :
– des instruments financiers à terme (dérivé) :
 • dans le cadre de la comptabilité de couverture, voir n° 41460 et 41765,
 • dans le cadre de la comptabilisation d'un instrument en position ouverte isolée (POI), voir n° 42125 ;
– des jetons détenus (voir n° 32075).

45420 **Autres comptes transitoires** Nous paraissent pouvoir notamment être portés dans une subdivision à créer du compte 478 les problèmes liés à des **indemnisations,** voir n° 45785.
Pour leur présentation au bilan, elles sont à classer dans les « Autres créances ».

COMPTES D'ATTENTE

45425 Sont inscrites **provisoirement** (et à titre exceptionnel) aux comptes **471, 472, 473 et 475 « Comptes d'attente »** les opérations (PCG art. 944-47) :
– qui ne peuvent être imputées de façon certaine à un compte déterminé au moment où elles doivent être enregistrées ;
– ou qui exigent une information complémentaire.
Les opérations inscrites dans ces comptes sont reclassées en fin d'exercice parmi les comptes figurant au modèle de bilan. Ainsi, sauf impossibilité, la situation doit être régularisée en fin d'exercice, ces comptes ne figurant pas en principe au bilan. Toute opération portée à ces subdivisions du compte 47 sera imputée au compte définitif dans les moindres délais possibles (PCG art. 944-47).
Les comptes d'attente sont ouverts sous des intitulés précisant leur objet (PCG art. 944-47).

> **Précisions** L'ancien guide comptable professionnel de la sidérurgie préconisait les subdivisions suivantes : 471 : Charges en attente d'affectation ; 472 : Produits en attente d'affectation ; 473 à 475 : Autres comptes d'attente. Ce guide est désormais caduc (voir n° 3315). Toutefois, sur la possibilité d'adapter le plan de comptes prévu par le PCG aux spécificités sectorielles en ouvrant toutes subdivisions nécessaires pour enregistrer distinctement toutes leurs opérations, voir n° 7750.

45430 **Information** En principe, les comptes d'attente doivent être soldés à la clôture de l'exercice. S'ils ne peuvent l'être, à notre avis, leurs soldes sont à présenter dans les mêmes postes que ceux des opérations qu'ils concernent. S'ils ont une importance significative, une information est donnée dans l'annexe.

III. TRANSFERTS DE CHARGES

DÉFINITION ET ÉLÉMENTS CONSTITUTIFS

45500 La classe 6 ne doit, en principe, enregistrer que les éléments, classés selon leur nature économique, du coût des ventes de l'exercice ; en revanche, les opérations concernant les investissements et les placements sont à inscrire directement dans les comptes de bilan concernés.

Mais les entreprises ne sont pas toujours en mesure de faire une telle distinction au moment où elles passent leurs écritures. Aussi sont-elles amenées à comprendre dans les charges des éléments qui n'en sont pas, soit parce qu'ils serviront à la création d'une immobilisation par l'entreprise pour elle-même, soit parce que les sommes ont été acquittées pour le compte de tiers (voir n° 45505). En outre, le caractère de certaines charges (exploitation ou exceptionnelles) peut ne pas être immédiatement connu (voir n° 45510). D'où le transfert de telles charges en fin d'exercice soit à un compte de bilan, soit à un autre compte de charge, par l'intermédiaire du compte 79 « Transferts de charges » (voir Précisions ci-après) ou du compte 72 « Production immobilisée » (PCG art. 946).

> **Précisions** **Impacts du règlement ANC n° 2022-06 relatif à la modernisation des états financiers** Ce règlement (en cours d'homologation), applicable de façon obligatoire aux exercices ouverts **à compter du 1ᵉʳ janvier 2025** (avec une possibilité pour les entreprises de procéder à une application anticipée à compter de sa date de publication au Journal officiel), prévoit la **suppression des comptes de transferts de charges** et un **nouveau traitement comptable** pour réaffecter les charges en fin d'exercice. Il consiste à créditer les comptes de charges utilisées initialement (ou à créditer des sous-comptes de ces comptes, de terminaison 9). Pour certaines opérations, un traitement spécifique est prévu : ainsi, les indemnités d'assurance sont comptabilisées au nouveau compte 6587 « Indemnités d'assurance » et les remboursements reçus directement en compensation de charges de personnel sont comptabilisées au nouveau compte 649 « Remboursements de charges de personnel ».

Pour plus de détails et notamment sur les modalités d'établissement des premiers états financiers « modernisés », voir FRC 1/23 inf. 2 et 2/23 inf. 2.

Pour les autres changements apportés par le règlement :
— sur la nouvelle définition et présentation du résultat exceptionnel, voir n° 52030 ;
— sur la nouvelle présentation des informations en annexe, voir n° 64550 ;
— sur les nouveaux modèles d'états financiers et la nomenclature des comptes, voir n° 95500.

Transferts de charges à des comptes de bilan Il en est ainsi pour : **45505**
— la **production immobilisée,** transférée aux comptes 20 et 21 « Immobilisations incorporelles et corporelles » ou 23 « Immobilisations en cours » par le crédit du compte 72 « **Production immobilisée** » (PCG art. 947-72) ;
— les **charges supportées pour le compte de tiers,** transférées au compte des tiers concernés par le crédit du compte 79 « **Transferts de charges** » (PCG art. 947-79) ;

> EXEMPLES
> — Indemnités d'assurances, voir n° 45785 s.
> — Aides forfaitaires de l'État, voir n° 17130.
> — Refacturation de frais (comptabilisation déconseillée), voir n° 11265.

— les **frais d'émission des emprunts** (charges à répartir sur plusieurs exercices).
C'est la **totalité de la charge** constatée en classe 6 qui est à transférer, voir n° 41020. Sur la suppression des comptes 79 par le règlement ANC n° 2022-06, voir n° 45500.

Transferts d'une catégorie de charges à une autre catégorie de charges **45510** (ou à l'intérieur d'une même catégorie de charges) : charges d'exploitation transférées en charges exceptionnelles ou en charges financières et réciproquement.

> EXEMPLES
> — Charges de sous-activité (voir n° 18405).
> — Avantages en nature (voir n° 17165 s.).

> **Précisions** **1. Utilisation du compte transfert de charges** L'utilisation du compte transfert de charges est limitée (et doit se limiter aux cas inévitables). Elle n'est **pas employée** pour :
> — les erreurs d'imputation de charges, qu'il convient de contrepasser ;
> — les opérations qui peuvent être immédiatement imputées au compte de bilan concerné (par exemple, débours de transport affectés directement aux tiers).
> **2. Impacts du règlement ANC n° 2022-06 relatif à la modernisation des états financiers** Voir n° 45500.

CLASSEMENT COMPTABLE

45515 Le compte 79 « Transferts de charges » est ventilé en fonction de la **nature de la charge transférée** : 791 (exploitation), 796 (financier), 797 (exceptionnel). Sur la suppression des comptes 79 par le règlement ANC n° 2022-06, voir n° 45500.

Ces comptes de produits **équilibrent** les charges d'exploitation, financières et exceptionnelles transférées qui figurent toujours parmi les charges ; ainsi résultat d'exploitation, résultat financier et résultat exceptionnel (ainsi que les soldes intermédiaires de gestion, voir n° 52200) ne sont pas affectés par ces opérations.

Le PCG ne prévoit **pas** de compte de **transfert de produits.** À notre avis, de tels transferts devraient être possibles entre catégories de produits (par exemple, de produits financiers à chiffre d'affaires) ; le compte 799 « Transferts de charges débiteur » pourrait être utilisé à cette fin.

INCIDENCES DES TRANSFERTS DE CHARGES SUR LES COMPTES

45520 Elles peuvent être schématisées comme suit :

COMPTE DE RÉSULTAT		BILAN
Charges	**Produits**	**Actif**
Les différentes natures de charges comprennent :		
– Coût des immobilisations produites par l'entreprise.	72 Production immobilisée	↔ Immobilisations.
– Charges supportées pour compte de tiers.	79 Transferts de charges	↔ Tiers concernés.
– Frais d'émission des emprunts (charges à répartir sur plusieurs exercices).	79 Transferts de charges	↔ Comptes de régularisation.
– Charges à imputer à d'autres comptes de charges.	79 Transferts de charges (entre exploitation, [1]financier ou exceptionnel)	

(1) Et éventuellement à l'intérieur, entre soldes intermédiaires de gestion (voir n° 52200).

> **Précisions** Impacts du règlement ANC n° 2022-06 relatif à la modernisation des états financiers Voir n° 45500.

PRÉSENTATION AU COMPTE DE RÉSULTAT ET INFORMATION EN ANNEXE

45525 Compte de résultat (produits) a. **Système de base** : les transferts de charges sont réunis avec les reprises sur amortissements, dépréciations et provisions (PCG art. 821-3).

b. **Système développé** : les transferts de charges d'exploitation et les reprises sur amortissements, dépréciations et provisions sont présentés séparément (PCG art. 823-2).

c. **Système abrégé** : les transferts de charges, suivant leur nature, sont compris dans les autres produits d'exploitation, les produits financiers ou les produits exceptionnels (PCG art. 822-3).

> **Précisions** Impacts du règlement ANC n° 2022-06 relatif à la modernisation des états financiers Voir n° 45500.

45530 Annexe Le PCG (art. 833-14/3) prévoit que, lorsque l'importance des transferts de charges est significative, des précisions sont à donner dans l'annexe sur leur nature, leur montant et leur traitement comptable.

> **Précisions** Impacts du règlement ANC n° 2022-06 relatif à la modernisation des états financiers Voir n° 45500.

IV. OPÉRATIONS RELATIVES AUX EXERCICES ANTÉRIEURS

COMPTABILISATION

45600 Les **charges et produits relatifs aux exercices antérieurs** sont à classer :
– selon la règle générale, **par nature** ;
– **selon leur caractère,** dans le résultat courant ou dans le résultat exceptionnel (voir n° 52030 s.).

Le PCG (art. 946-67 et 947-77) indique que les **comptes 672** et **772** (comptes laissés libres par le plan de comptes, art. 932-1) sont à la disposition des entreprises pour enregistrer, **en cours d'exercice**, les charges et les produits sur exercices antérieurs à condition de les répartir au moins en fin d'exercice selon leur nature entre produits ou charges d'exploitation ou exceptionnels.

> **Fiscalement** La liasse fiscale (tableau n° 2053) prévoit un détail des charges et des produits sur exercices antérieurs.

Le PCG (art. 833-14/3) prévoit que lorsque l'importance de ces opérations est significative, des précisions sont à donner dans l'annexe sur leur nature, leur montant et leur traitement comptable.

CORRECTION COMPTABLE DES ERREURS

Notion d'erreur comptable Sont visées les corrections résultant d'erreurs, d'omissions matérielles, d'interprétations erronées ou de l'adoption d'une méthode comptable non admise (PCG art. 122-6). 45605

> **Précisions** Incidences sur l'information financière et le commissariat aux comptes Les corrections d'erreurs doivent donner lieu à une information en annexe, notamment pour assurer une comparabilité. Le PCG (art. 833-2) la précise (voir n° 8555 s.).
> Par ailleurs, les corrections d'erreurs répondent à la définition des « Changements comptables » au sens de la norme d'exercice professionnel NEP 730. Sur les diligences des commissaires aux comptes, voir FRC 12/23 Hors série inf. 91 et la Note d'information NI.X CNCC « Le commissaire aux comptes et les changements comptables » (juin 2011).

Traitement comptable Les corrections d'erreurs sont comptabilisées dans le **résultat de l'exercice au cours duquel elles sont constatées** (PCG art. 122-6). 45610

> **Juridiquement** En effet, dès lors que les comptes entachés d'erreurs ont été publiés, il n'est pas envisageable de les faire modifier par l'assemblée générale et de les publier à nouveau, et ce, pour des raisons de sécurité juridique des tiers (Bull. CNCC n° 119, septembre 2000, EJ 2000-99, p. 385).

Les conséquences des erreurs significatives sont à présenter (PCG art. 122-6 et Note de présentation du règl. ANC 2018-01 précité, § II.6) :
– **en dehors du résultat courant** (ou dans certains cas particuliers en capitaux propres), sur une **ligne distincte du compte de résultat** (voir n° 8545) ;
– pour leur montant **brut d'impôt** (voir n° 8525).

Lorsque l'erreur porte sur une charge déductible ou un produit taxable, l'incidence sur l'impôt doit être constatée :
– en même temps que la correction d'erreur ;
– sur la ligne « Impôts sur les résultats » ;
– en contrepartie du crédit du compte 444, en cas de charge d'impôt supplémentaire, ou du débit du compte 444 « État – Impôts sur les bénéfices », en cas de produit d'impôt ; la créance d'impôt pouvant, le cas échéant, faire l'objet d'une dépréciation en fonction des risques d'insuccès de la réclamation déposée auprès du service des impôts.

> **Fiscalement** La correction de l'erreur est rattachée à l'exercice de sa commission (CE 2-10-1981 n° 14655). Une société n'est pas en droit d'imputer de quelque manière que ce soit, sur ses bénéfices imposables de l'exercice N, le montant de la surestimation de son bénéfice imposable de l'exercice N–1 née d'une erreur comptable. Cette correction ne peut être effectuée qu'au titre de l'exercice N–1 par voie de **réclamation dans le délai légal** (CE 2-10-1981 n° 14655 ; CAA Marseille 13-4-2017 n° 16MA02071 ; BOI-BIC-BASE-40-10 n° 100) ou par voie de compensation (LPF art. L 205).
> Lorsque l'erreur a été commise au cours d'un **exercice prescrit**, l'entreprise est en droit d'en tirer les conséquences dans le bilan de clôture du premier exercice non atteint par la prescription (CE 26-7-1991 n° 70181).
> Compte tenu de cette divergence entre comptabilité et fiscalité dans l'exercice de correction de l'erreur, la société doit pratiquer un retraitement extra-comptable sur l'imprimé 2058-A au titre de l'exercice N de correction comptable de l'erreur (réintégration sur la ligne WQ ou déduction sur la ligne XG selon que l'erreur porte sur l'omission d'une charge ou d'un produit).

Sur l'information à donner en annexe, voir n° 8565.
Sur la correction fiscale de ces erreurs, voir n° 45630 s.

Provision non comptabilisée à tort Voir n° 48200. 45615

> **Fiscalement** Une provision n'est fiscalement déductible que si elle est effectivement constituée dans les écritures comptables de l'exercice selon la bonne classification (CGI art. 39-1-5°). Dès lors, si une entreprise a comptabilisé une dépréciation en lieu et place d'une provision pour risques et charges et qu'elle corrige son erreur, la correction comptable sur l'exercice de sa

constatation ne permet pas de déduire la provision sur l'exercice d'origine de commission de l'erreur. La déduction fiscale de la provision ne peut être pratiquée qu'au titre de l'exercice de sa comptabilisation suivant la qualification adéquate (en ce sens, CAA Paris 23-1-2019 n° 17PA03871).

45620 Écarts comptables importants liés à une remise en ordre d'une comptabilité Ces écarts résultent fréquemment d'une réorganisation de la comptabilité, des mises à jour, de pointages de comptes, d'audit. Ils concernent notamment les comptes clients, fournisseurs, immobilisations, dépôts et cautionnements, stocks, banques, ou traduisent une balance générale déséquilibrée.

Ne sont pas visées ici les petites différences de caisse ou de règlements sur les créances et les dettes qui constituent des écarts courants à comptabiliser à notre avis dans les « charges et produits divers de gestion courante » (comptes 658 et 758 ; voir n° 12145 et 17295).

> **Fiscalement** Ces écarts (ici pertes) ne sont déductibles que si l'entreprise établit la matérialité et le montant des erreurs, en présentant des documents précis et concordants (CE 1-2-1989 n° 42990) ; toutefois, lorsque la régularisation comptable porte à la fois sur des éléments d'actif et de passif et que ceux-ci constituent des éléments indissociables de cette régularisation, le montant à réintégrer au bénéfice imposable peut être limité à la différence entre l'augmentation du solde du compte de passif et celle du solde débiteur du compte d'actif (CE 10-1-1992 n° 80158). Pour les erreurs d'un montant élevé, il n'est admis ni de présumer que la différence apparue révèle par elle-même une erreur comptable (en l'espèce, différence entre les montants comptabilisés initialement aux comptes « banque » et « créances clients » et les relevés bancaires et les encaissements des clients), ni de prendre en compte les détournements ou indélicatesses de certains membres du personnel, lorsque ces agissements ne sont pas précisés quant à leur portée ou leur montant (CAA Paris 25-7-1989 n° 360).

Précédemment, s'agissant d'écarts relatifs à des comptes clients, le Conseil d'État (16-3-1988 n° 59410) n'avait exigé de preuve que si les montants concernés étaient importants. En ce qui concerne les comptes clients, voir aussi n° 11462.

CORRECTION FISCALE DES ERREURS

45630 Rectification d'erreurs à l'initiative du contribuable Les erreurs comptables **involontaires** peuvent être rectifiées par le contribuable dans le délai de réclamation (BOI-BIC-BASE-40-10 n° 80 à 100). Pour plus de détails, voir Mémento Fiscal n° 81825 à 81850.

> **EXEMPLES**
>
> Ont été admises en correction :
> — l'omission en comptabilité de frais déductibles, ou d'éléments actifs ou passifs [créances acquises, dettes certaines (CE 26-7-1991 n° 70181)] ;
> — la comptabilisation d'un élément d'actif ou de passif (immobilisation, stock, etc.) pour une valeur inexacte ;
> — la comptabilisation de titres de placement dans un compte de titres de participation (CE 29-5-2017 n° 405083 ; voir n° 35175).

S'agissant des corrections d'erreurs affectant la comptabilisation des charges et l'exercice de rattachement des dettes, voir n° 15140.

Sur les décisions de gestion régulières ne pouvant être rectifiées, voir n° 45640.

45635 Rectification d'erreurs à l'initiative de l'administration

I. Erreurs involontaires Comme le contribuable, l'administration peut rectifier dans le délai de reprise les erreurs comptables involontaires (BOI-BIC-BASE-40-10 n° 30 à 70).
Les erreurs comptables involontaires :
— peuvent bénéficier du mécanisme des corrections symétriques (voir n° 45645) ;
— ouvrent droit à la règle de l'intangibilité du bilan d'ouverture du premier exercice non prescrit (voir n° 45650).

II. Erreurs volontaires En revanche, les erreurs comptables volontaires (ou délibérées), assimilables à des **décisions de gestion irrégulières, ne peuvent être rectifiées que par l'administration** dans le délai de reprise. Il incombe à l'administration d'apporter la preuve du caractère délibéré de l'erreur commise (CE-6-2023 n° 464997). Sur la différence avec les décisions de gestion régulières ne pouvant être rectifiées, voir n° 45640.

> **EXEMPLES**
>
> Ont été considérés comme des **erreurs volontaires** :
> — l'omission volontaire de recettes (CE 24-2-1986 n° 50433 ; CE 19-12-2019 n° 419970) ;
> — l'omission volontaire de charges par une société, résultant d'une pratique concertée avec sa société mère qui ne déclarait pas les recettes correspondantes (CE 19-12-2019 n° 419970) ;

– la déduction de charges fictives (CE 6-10-1993 n° 129571) ;
– le maintien au passif d'une dette prescrite (CAA Nantes 16-6-2004 n° 00-1850 ; CAA Marseille 14-4-2015 n° 12MA03778) ;
– le maintien au bilan d'une dette correspondant au coût de travaux fictifs (CAA Douai 4-12-2012 n° 11DA01211) ;
– la réévaluation d'un fonds de commerce ;
– la non-comptabilisation en charges à payer de droits d'enregistrement devenus exigibles au cours de l'exercice (CAA Nantes 26-12-2003 n° 00-969) ;
– la comptabilisation volontaire d'une charge avec un exercice de retard (CE 12-5-1997 n° 160777) ;
– la minoration de stocks alors même que l'erreur est favorable à l'administration (CAA Bordeaux 17-6-1997 n° 95-549) ;
– la comptabilisation d'emprunts dont la réalité n'est pas justifiée (CAA Marseille 25-10-2001 n° 98-410) ;
– l'inscription de titres de participation en stocks (CAA Bordeaux 20-1-1997 n° 93-827).

En revanche, une erreur comptable délibérée ne peut résulter d'écritures comptables irrégulières délibérément passées par un salarié qui a outrepassé ses fonctions.

Les décisions de gestion irrégulières sont toujours opposables au contribuable mais elles ne peuvent être opposées à l'administration (BOI-BIC-BASE-40-10 n° 170).

Les erreurs comptables volontaires :
– ne peuvent bénéficier du mécanisme des corrections symétriques (CE 5-12-2016 n° 398859 ; BOI-BIC-BASE-40-20-10 n° 20). Sur ce mécanisme, voir n° 45645 ;
– ne remettent pas en cause l'impossibilité pour l'administration de corriger le bilan d'ouverture et les écritures du premier exercice non prescrit (CE 5-12-2016 n° 398859). Pour plus de détails, voir n° 45650.

Sur les sanctions pénales, voir n° 7295.

Décisions de gestion régulières ne pouvant donner lieu à rectification 45640

Les opérations comptables qui résultent de décisions de gestion régulières traduisant **un simple choix entre plusieurs solutions offertes au chef d'entreprise** sont opposables tant au contribuable qu'à l'administration et **ne peuvent pas être rectifiées,** ni à l'initiative du contribuable, ni à l'initiative de l'administration (voir notamment CE 11-2-1994 n° 117302).

> **EXEMPLES**
>
> Sont considérés comme relevant de décisions de gestion régulières :
> – l'option pour un amortissement dégressif (CE 2-3-1994 n° 118710) ;
> – la fixation d'une annuité d'amortissement comprise entre l'annuité minimale et l'annuité dégressive (CE 2-3-1994 n° 118710) ;
> – le défaut de comptabilisation d'une (provision pour) dépréciation par une entreprise ayant pratiqué à tort un amortissement (CAA Douai 10-10-2001 n° 97-1870) ;
> – les opérations menées par un salarié qui ont induit des pertes importantes pour l'entreprise, lorsque ces opérations sont effectuées conformément à l'objet social, même si elles traduisent un risque excessif pour l'entreprise (Avis CE 24-5-2011 n° 385088).

Voir également n° 53130, la **distinction** à faire lors d'une rectification fiscale, entre une **erreur comptable** et une **erreur fiscale**.

Théorie des corrections symétriques 45645

Lorsqu'une **erreur involontaire affectant le bilan de clôture** d'un exercice est corrigée, le Conseil d'État oblige l'administration (sauf erreur commise au cours d'un exercice prescrit dont les résultats ont été arrêtés d'office : CE 2-2-1983 n° 33959 ; BOI-BIC-BASE-40-20-10 n° 20) à **corriger symétriquement le bilan d'ouverture** de cet exercice à raison des erreurs similaires commises dans les écritures de l'exercice précédent (**règle des corrections symétriques,** notamment CE 11-6-1982 n° 24639 ; BOI-BIC-BASE-40-20-10 n° 20). Cette règle peut entraîner des corrections en chaîne remontant jusqu'à l'exercice d'origine de l'erreur.

Intangibilité du bilan d'ouverture du premier exercice non prescrit 45650

Lorsque l'exercice au titre duquel l'erreur a été commise est **prescrit,** la règle de l'intangibilité du bilan d'ouverture du premier exercice non prescrit s'applique (CGI art. 38-4 bis et BOI-BIC-BASE-40-20-10). Elle a pour effet de rattacher à l'exercice non prescrit le plus ancien le résultat qui, en l'absence d'erreur, aurait été constaté au titre d'un exercice prescrit et s'applique aux différents postes constituant l'actif net du bilan d'ouverture du premier exercice non prescrit. Elle peut être invoquée aussi bien au profit de l'administration que du contribuable (en ce sens, CAA Lyon 8-6-2017 n° 15LY01912).

> **Précisions a.** Les dépenses comptabilisées à l'actif qui ont une nature réelle de charges telles que des primes de remboursement d'obligations convertibles (CE 7-6-2019 n° 411648) ou des frais d'établissement (CE 24-5-1989 n° 64629) peuvent bénéficier de la règle d'intangibilité.
> **b.** La règle d'intangibilité s'applique au « bilan fiscal » lorsqu'il diverge de l'application des règles comptables c'est-à-dire aux écritures comptables du bilan après retraitement fiscal extra-comptable (CE 30-6-2008 n° 288314).

Sur le cas des provisions comptabilisées mais non déduites à tort, voir n° 45655 et, si la provision a été comptabilisée et déduite à tort, voir n° 45657.

45655 **Provision comptabilisée mais non déduite à tort** La règle d'intangibilité du bilan d'ouverture du premier exercice non prescrit fait obstacle à la taxation d'une provision comptabilisée mais non déduite fiscalement à tort lorsque la reprise de cette provision intervient au titre du premier exercice non prescrit (CE 5-12-2016 n° 398859).

Mais lorsque l'administration taxe la reprise d'une provision non déduite à tort au cours d'une période prescrite, l'entreprise peut en principe pratiquer la correction de son erreur **à condition qu'elle ne revête pas un caractère délibéré.** En effet, son omission (défaut d'inscription de la provision au bilan fiscal) doit être symétriquement corrigée dans les écritures de bilan des exercices antérieurs en remontant jusqu'au bilan de clôture de l'exercice de dotation de la provision (CE 23-12-2013 n° 346018), sans aller au-delà du bilan de clôture du premier exercice non prescrit en raison de l'intangibilité du bilan d'ouverture du premier exercice non prescrit (CE 5-12-2016 n° 398859). Lorsque la provision a été constituée au titre d'un exercice prescrit, ce mécanisme permet donc, à notre avis, la déduction de la dotation au titre du premier exercice non prescrit à condition que l'omission ne revête pas un caractère délibéré. En effet, dans ce dernier cas la correction symétrique des bilans n'est pas autorisée.

Sur les règles de comptabilisation et de taxation des provisions, voir n° 48200.

45657 **Provision déduite à tort** **Provision déduite à tort** alors qu'elle ne satisfaisait pas aux conditions permettant sa déductibilité fiscale (par exemple, une provision pour rappel d'impôt), cette erreur, si elle ne revêt pas un caractère délibéré, doit être fiscalement corrigée au bilan de clôture de l'exercice au cours duquel elle a été commise ou, si cet exercice est prescrit, au bilan de clôture du premier exercice non prescrit. En conséquence, aucune imposition ne peut être établie au titre de l'exercice de reprise comptable de cette provision déduite à tort (CE 13-3-2020 n° 421024).

45660 **Exceptions au principe d'intangibilité du premier exercice non prescrit**
Dans certaines situations, le contribuable peut valablement soutenir que la règle de l'intangibilité du bilan d'ouverture du premier exercice non prescrit n'est pas applicable, pour contester un rehaussement ou former une réclamation.

Ces exceptions, détaillées ci-après, ne s'appliquent pas de façon automatique (CE 5-5-2010 n° 316677) et seule l'entreprise, à l'exclusion de l'administration, peut s'en prévaloir (TA Cergy-Pontoise 27-4-2011 n° 0712655).

Lorsque l'entreprise les invoque, l'augmentation des valeurs d'actif qui résulte de la correction comptable de ses erreurs ne peut être prise en compte, au titre des exercices suivants, ni pour le calcul des amortissements et des (provisions pour) dépréciation, ni pour la détermination du résultat de cession des éléments concernés (CGI art. 38-4 bis ; BOI-BIC-BASE-40-20-20-20 n° 60).

I. Exceptions suivant la date d'origine de l'erreur La règle de l'intangibilité du bilan d'ouverture du premier exercice non prescrit ne s'applique pas, et la correction des erreurs ne peut donc entraîner aucun rehaussement, en cas d'omissions ou d'erreurs commises plus de sept ans avant l'ouverture du premier exercice non prescrit (« **droit à l'oubli** ») (CGI art. 38-4 bis et BOI-BIC-BASE-40-20-20-10 n° 10, 50, 60 et 100 ; BOI-ANNX-000114) affectant :
– l'actif (BOI-BIC-BASE-40-20-20-20 n° 10) ;
– ou le passif (CE 24-1-2018 n° 397732 ; BOI-BIC-BASE-40-20-20-10 n° 20).

> **Précisions 1.** En cas d'erreurs récurrentes de même nature reproduites d'exercice en exercice (exemples : méthode conduisant à une sous-estimation systématique du stock de marchandises, dette injustifiée maintenue au passif), seule échappe à la règle de l'intangibilité la correction portant sur celles de ces erreurs ayant leur source dans un exercice ouvert depuis plus de sept ans avant l'ouverture du premier exercice non prescrit (Avis CE 17-5-2006 n° 288511 ; CE 24-1-2018 n° 397732 ; BOI-BIC-BASE-40-20-20-10 n° 50). En revanche, retenant une position plus restrictive que celle de l'administration (BOI-ANNX-000114), le Conseil d'État

a jugé que le maintien au bilan d'une provision injustifiée dotée plus de sept ans avant l'ouverture du premier exercice non prescrit constitue la répétition d'une erreur conduisant, par application de la règle de l'intangibilité du bilan d'ouverture du premier exercice non prescrit, à réintégrer le montant de la provision dans le résultat imposable de cet exercice, empêchant ainsi l'entreprise de se prévaloir d'un « droit à l'oubli » (CE 11-5-2015 n° 370533). Pour l'incidence sur les durées de conservation des documents, voir n° 53280.

2. Amortissements excessifs Le droit à l'oubli peut s'appliquer en cas de constatation d'amortissements excessifs du fait d'une **surévaluation initiale** de la valeur d'inscription de l'immobilisation à l'actif qui résulte d'une erreur unique commise lors de son inscription au bilan et non d'une erreur répétée entachant la méthode d'amortissement (CE 29-12-2020 n° 429625). Il en est ainsi lorsqu'une entreprise a amorti un immeuble sur la base de son coût de revient total sans procéder à la valorisation du terrain non amortissable (CAA Paris 28-11-2022 n° 21PA00558).

II. Exceptions suivant la nature de l'erreur La règle de l'intangibilité du bilan d'ouverture du premier exercice non prescrit ne s'applique pas non plus en cas d'omissions ou d'erreurs :
– résultant de dotations aux amortissements excessives au regard des usages, comptabilisées au cours de la période prescrite (voir n° 53145) ;
– résultant de la déduction au cours d'exercices prescrits de charges qui auraient dû venir en augmentation de l'actif immobilisé (voir n° 53145).

> **Précisions** La règle de l'intangibilité du bilan d'ouverture ne s'applique pas aux amortissements excessifs ni pour les biens passés à tort en charges, quelle que soit la date à laquelle l'erreur a été commise.

SECTION 2 — OPÉRATIONS EXCEPTIONNELLES

A. Définitions et éléments constitutifs

CLASSEMENT COMPTABLE

Définitions Sur les différentes conceptions de la notion de résultat courant et résultat exceptionnel, voir n° 52030 s. 45725

Les charges et produits exceptionnels sont portés aux comptes suivants : 45730
– **Compte 67 « Charges exceptionnelles »** : voir sous-comptes n° 96300.
– **Compte 77 « Produits exceptionnels »** : voir sous-comptes n° 96320.
– **Compte 687 « Dotations aux amortissements, aux dépréciations et aux provisions – Charges exceptionnelles »** (qui comprennent les dotations aux provisions réglementées) : voir sous-comptes n° 96300.
– **Compte 787 « Reprises sur amortissements, dépréciations et provisions (à inscrire dans les produits exceptionnels) »** : voir sous-comptes n° 96320.
– **Compte 797 « Transferts de charges exceptionnelles »** (sur la suppression des comptes 79 par le Règl. ANC n° 2022-06, voir n° 45500).

B. Exemples et cas particuliers

En ce qui concerne les abandons de créance, voir n° 42220 s. 45780

1. INDEMNITÉS ET SUBVENTIONS

INDEMNITÉS D'ASSURANCES – PRINCIPES DE COMPTABILISATION

Modalités de comptabilisation L'indemnité d'assurance est comptabilisée, à notre avis, au débit du compte 478 « Autres comptes transitoires » (voir n° 45420, notamment sur la présentation au bilan), par le crédit du compte 79 « Transfert de charges » (sur la suppression 45785 des comptes 79 par le Règl. ANC n° 2022-06, voir n° 45500), s'agissant de charges supportées pour le compte de tiers. En ce sens, voir le bulletin CNC n° 31, juillet 1977, p. 18 (à propos de l'assurance vol) et n° 40-04, 4e trimestre 1979 (à propos de l'assurance dommages construction).

> **Précisions** **1. Classement en résultat** L'indemnité (et les charges qu'elle couvre) sont classées en résultat d'exploitation ou exceptionnel selon une analyse au cas par cas (voir n° 52030 s.). Les éléments du compte de résultat dont le caractère exceptionnel n'a pu clairement être établi restent comptabilisés en résultat d'exploitation (Bull. CNCC n° 118, juin 2000, EC 2000-04, p. 248).

2. Assurance couvrant l'entrepreneur individuel En ce qui concerne l'assurance couvrant les **frais fixes d'exploitation** en cas de maladie ou d'accident de l'entrepreneur individuel, la situation est différente si le contrat présente un caractère personnel (sur la détermination de ce caractère, voir n° 16710). Dans ce cas, l'indemnité reçue constitue un apport de l'exploitant.

Les indemnités d'assurance destinées à couvrir des **charges et/ou pertes non encore comptabilisées** au compte de résultat sont portées en **produits constatés d'avance**. Elles font l'objet d'un étalement en résultat sur la ou les périodes au cours desquelles les charges et/ou pertes couvertes seront elles-mêmes comptabilisées en application du principe de rattachement des charges aux produits (Bull. CNCC précité).

> **Fiscalement** L'indemnité d'assurance, qu'elle couvre ou non la perte d'un élément d'actif, constitue un produit imposable (BOI-BIC-PDSTK-10-30-20 n° 190), selon le régime de la charge ou de la perte indemnisée (régime des plus ou moins-values de cession d'actifs en cas de perte d'un élément d'actif ou perte de sa valeur, voir n° 45800).

Par exception, une indemnité n'a pas à être comprise dans le résultat imposable lorsqu'elle a pour objet de couvrir une charge ou perte par nature non déductible du résultat fiscal (BOI-BIC-PDSTK-10-30-20 n° 190). Est, à ce titre, exonérée une indemnité d'assurance destinée à compenser des pénalités fiscales non déductibles (CE 12-3-1982 n° 17074), ou l'indemnité correspondant à un remboursement d'IS perçu en exécution d'un contrat de garantie fiscale à la suite de la remise en cause d'une déduction fiscale pour investissements outre-mer (BOI-RES-IS-000095).

Lorsque l'indemnité n'est pas imposable, elle est déduite extra-comptablement sur l'imprimé n° 2058-A (ligne XG) de l'exercice de sa comptabilisation en produit.

Sur les indemnités compensatrices d'IS versées par une société mère à une filiale intégrée, voir n° 52760.

Sur les frais de réparation non encore engagés à la clôture, voir n° 15840.

Sur les modalités spécifiques de comptabilisation des indemnités selon qu'elles couvrent une perte sur immobilisation, sur des stocks, sur une dette ou sur un engagement, voir n° 45800 s.

Sur les indemnités couvrant des pertes d'exploitation, voir n° 15825 et 15840.

45790 **Date d'enregistrement** En l'absence de règle spécifique, les principes généraux de comptabilisation des produits à recevoir s'appliquent (voir n° 10350 et 10505). À notre avis (en ce sens, Bull. CNCC n° 118, juin 2000, EC 2000-04, p. 248 et Avis CU CNC 2003-D), un remboursement est comptabilisé en produit dès que les conditions suivantes sont remplies (voir n° 10350) :
– il est **certain dans son principe** ;
– il est **acquis à l'exercice** ;
– son montant peut être **estimé de façon suffisamment fiable**.

Sur la comptabilisation des intérêts de retard reçus sur indemnités d'assurance, voir n° 45795.

En conséquence :

I. Si ces conditions sont réunies Un actif (produit à recevoir) doit être enregistré.

> **Fiscalement** Conformément au principe général d'imposition des créances acquises (BOI-BIC-BASE-20 ; voir n° 10350), les indemnités d'assurance à recevoir constituent un produit imposable de l'exercice au cours duquel elles apparaissent **certaines dans leur principe et déterminées dans leur montant** (BOI-BIC-PVMV-20-30-10 n° 380 ; CAA Bordeaux 4-2-2016 n° 14BX01687).

Sur la possibilité, toutefois, d'étaler l'imposition du produit résultant de la perception d'indemnités :
– d'assurance couvrant une immobilisation, voir n° 29425 et 45800 ;
– d'assurance décès au profit de l'entreprise sur la tête d'un dirigeant ou d'un collaborateur (assurances dites « hommes-clefs »), voir n° 15800 ;
– d'assurance décès contractée au profit d'une banque en vue de garantir le remboursement d'un emprunt, voir n° 15810.

À notre avis :

a. lorsque le contrat d'assurance prévoit une base d'indemnisation et que celle-ci n'est pas contestable par l'assurance, l'indemnisation attendue est à comptabiliser immédiatement en produit. Toutefois, selon le bulletin CNCC (n° 160, décembre 2010, EC 2010-28, p. 684 s.), l'indemnisation n'est certaine dans son principe qu'à partir du moment où l'assuré a obtenu un accord de la compagnie d'assurances sur le principe de l'indemnisation (constitution d'un dossier justificatif comprenant par exemple des courriers non équivoques échangés avec la compagnie d'assurances ou l'accord de l'expert mandaté par la compagnie d'assurances reçus avant la date de clôture de l'exercice) ;

> **Précisions** Si l'assuré conteste cette indemnisation contractuelle, il n'enregistre en produit à recevoir que le produit dont il est certain (tel qu'il résulte du contrat), sans tenir compte de la part complémentaire demandée, celle-ci étant incertaine.

b. si le contrat d'assurance n'est pas suffisamment clair pour déterminer le montant de l'indemnité d'assurance à recevoir à la date de clôture, celui-ci ne devrait pas pouvoir être comptabilisé en produit (en ce sens, Bull. CNCC précité).

EXEMPLE
Tel est le cas, à notre avis, lorsque le contrat d'assurance **ne prévoit pas de base d'indemnisation claire** ou que la formule de calcul est trop complexe.

Toutefois, à notre avis, si une estimation sous forme de fourchette est possible et n'est pas contestée par l'assurance, l'indemnité devrait pouvoir être constatée en résultat, sur la base de l'hypothèse la plus basse (une information en annexe peut alors être nécessaire).

II. Si l'une des conditions n'est pas satisfaite Il s'agit d'un « actif éventuel » à ne pas comptabiliser. Seule une information en annexe est nécessaire (voir n° 52520 II.). En effet, les produits probables (à l'inverse des charges probables) ne peuvent être comptabilisés.

> **Fiscalement** Il en est de même, à notre avis.

Intérêts de retard perçus sur les indemnités d'assurance Le produit est comptabilisé immédiatement dans un compte de produits financiers (compte 7638 « Revenus sur autres créances »). **45795**

> **Fiscalement** Bien qu'ils soient dus à raison du versement tardif de sommes réparant un préjudice, les intérêts de retard perçus sur les indemnités d'assurance concourent à l'accroissement de l'actif de l'entreprise et doivent donc, conformément à l'article 38-2 du CGI, être compris dans les bénéfices imposables (CE 22-11-2006 n° 280252).

INDEMNITÉS D'ASSURANCES – CAS PARTICULIERS

Assurance couvrant une immobilisation Sur la destruction d'une immobilisation, voir n° 29430.

I. En cas de destruction totale ou de **vol**, l'indemnité d'assurance est, à notre avis, considérée comme constituant le **prix de cession** de l'immobilisation (cette précision qui figurait dans le PCG 1957 n'a été reprise ni dans le PCG 82 ni dans l'actuel PCG). **45800**

> **Fiscalement** Il en est de même, les indemnités destinées à compenser la perte totale d'une immobilisation devant, selon qu'elles excèdent ou non la valeur nette comptable de cette immobilisation, être assimilées à des plus-values ou à des moins-values de cession (BOI-BIC-PDSTK-10-30-20 n° 190 ; CE 30-9-1987 n° 58035).
> Pour les entreprises soumises à l'IS, ces plus ou moins-values relèvent du régime fiscal du court terme (D. adm. 4 B-2231, n° 35, non reprise dans Bofip) et sont donc imposables (ou déductibles) au taux normal.
> Pour les entreprises soumises à l'IR, les plus ou moins-values relèvent du régime court terme/long terme.
> Toutefois, la plus-value à court terme réalisée à la suite de la perception de l'indemnité d'assurance peut, sous certaines conditions, être imposée de manière étalée (CGI art. 39, quaterdecies 1 ter). Sur les retraitements extra-comptables à effectuer pour la détermination du résultat fiscal de l'exercice de réalisation de la plus-value et des exercices suivants, voir n° 29425.

a. Lorsqu'il y a un **décalage** entre **l'exercice** de la destruction (ou du vol) du bien et celui de la fixation de l'indemnité, qu'il y ait ou non une nouvelle immobilisation :
– l'immobilisation doit être sortie du patrimoine durant l'exercice du sinistre pour sa valeur nette comptable (voir n° 29430) ;
– l'indemnité à recevoir est à constater en produit, immédiatement si le contrat d'assurance prévoit une base d'indemnisation et que ni l'assureur ni l'assuré ne contestent cette base, ou si tel n'est pas le cas, lorsqu'elle pourra être fixée (voir n° 45790).
Il peut donc y avoir un décalage entre la constatation de la perte sur l'immobilisation et la constatation du produit d'indemnisation.

b. Lorsqu'il y a **production ou acquisition d'une nouvelle immobilisation** :
– cette nouvelle immobilisation est comptabilisée à l'actif du bilan pour son coût d'entrée ;
– lorsque, selon le contrat, une partie de l'indemnité couvre la reconstruction à neuf de l'immobilisation, cette indemnité est comptabilisée en totalité en résultat exceptionnel sans étalement possible sur la durée d'amortissement de la nouvelle immobilisation (Avis CU CNC 2003-D).

II. En cas de **destruction partielle**, deux cas de figure peuvent se présenter :
a. Les dépenses répondent à la définition d'une **immobilisation** car elles ont pour effet d'améliorer les performances d'origine des biens immobilisés endommagés ou il s'agit de l'addition de nouveaux éléments (Bull. CNCC n° 118, juin 2000, EC 2000-04, p. 248).
Il s'agit, par exemple, des dépenses de reconstruction d'une charpente ou d'un mur (voir n° 25895 s.).
Dans ce cas, la quote-part d'actif détruite est sortie de l'actif pour sa valeur comptable (estimée, voir n° 28250). Sur le classement en résultat de l'indemnité, voir ci-avant I.
b. Les dépenses de **réparations** étant destinées à remettre les biens endommagés en état de marche, sans en améliorer les performances d'origine, elles ne constituent ni une immobilisation ni un de ses composants.

> EXEMPLE
>
> Il s'agit, par exemple, du coût de nettoyage d'une façade suite à un incendie.

Dans ce cas, l'indemnité d'assurance est comprise dans le résultat d'exploitation (voir n° 45785), comme les frais de réparation qu'elle indemnise ; ainsi le **résultat d'exploitation** se trouve uniquement affecté de la charge supportée définitivement par l'entreprise (Bull. CNC n° 32, octobre 1977, p. 5), telle que, par exemple, le montant de la franchise.

III. En cas de **versement de l'indemnité par un tiers** (présumé être à l'origine du sinistre), les modalités de comptabilisation de l'événement sont les mêmes (Avis CU CNC précité, § 2.3).

45805 **Assurance couvrant un stock** Sur la comptabilisation du stock volé ou détruit, voir n° 46055. Sur la date d'enregistrement de l'indemnité, voir n° 45790.

I. En cas de **vol**, l'indemnité constitue une charge imputable à des tiers (Bull. CNC n° 31, juillet 1977, p. 18). Elle est à porter au compte 7587 « Indemnités d'assurance » (voir n° 45785).

> **Fiscalement** L'indemnité, même si elle excède le prix de revient des objets volés, est imposable, en application de l'article 38, 2 du CGI, l'exercice au cours duquel elle est acquise à l'entreprise (Rép. Dubedout : AN 20-4-1981 n° 37178, non reprise dans Bofip).

II. En cas de **destruction** par un sinistre (incendie, inondation, etc.), s'agissant, en général, d'une situation exceptionnelle, l'indemnité nous paraît constituer un élément du résultat exceptionnel.

> **Fiscalement** L'indemnité constitue un produit imposable (BOI-BIC-PDSTK-10-30-20 n° 190 ; CE 22-5-1931 n° 96341). Une indemnité perçue pour compenser le manque à gagner ne peut en revanche pas venir réduire le coût de production des stocks partiellement détruits (CE 16-10-1996 n° 144154).

45810 **Assurance couvrant une dette**   Voir n° 15810.

45815 **Assurance couvrant un engagement**

> EXEMPLE
>
> Tel est le cas par exemple dans un contrat de crédit-bail où une assurance a été contractée en vue de garantir le paiement de l'ensemble des redevances du bail en cas de décès d'un dirigeant.

Dans ce cas, l'événement (le décès dans l'exemple ci-avant) entraîne l'annulation de l'engagement de l'entreprise vis-à-vis du co-contractant (l'assurance se substituant pour le paiement). À notre avis, cette annulation n'engendre aucun profit de façon directe ; le produit résultant de l'annulation sera constaté, chaque exercice, sous forme d'absence de charges (les redevances dans l'exemple ci-avant).

INDEMNITÉS RELATIVES À DES ACQUISITIONS D'IMMOBILISATIONS

45820 Sont concernées des pénalités et primes relatives à des acquisitions d'immobilisations.

Indemnité versée par l'acquéreur À notre avis, il s'agit d'un coût directement attribuable à l'acquisition de l'immobilisation lorsqu'il est nécessaire à la mise en place et en état de fonctionnement selon l'utilisation prévue par la direction ; le montant versé devrait donc venir en augmentation du coût d'entrée de l'immobilisation. **45825**

> **EXEMPLE**
>
> Tel est le cas, par exemple, en cas d'achèvement anticipé des travaux, pour compenser un surcoût de production de l'immobilisation.

Toutefois, si la comptabilisation à l'actif de cette indemnité rend le coût d'entrée de l'immobilisation supérieur à sa valeur actuelle, une dépréciation doit être comptabilisée.

Indemnité reçue par l'acquéreur Dans certains cas, les sommes versées par le fournisseur le sont à titre de révision du prix et sont à comptabiliser, chez l'acquéreur, en **réduction du coût d'acquisition**. **45830**

> **EXEMPLE**
>
> Tel est le cas des sommes reçues dans le cadre d'une clause de révision de prix (voir n° 30165) ou d'une remise consentie par le fournisseur (voir n° 26190) sans que celle-ci indemnise l'acquéreur pour une perte de valeur du bien vendu (voir ci-après I.) ou des frais qu'il aurait engagés du fait du fournisseur (voir ci-après II.).

Dans les autres cas, le traitement de l'indemnité reçue varie, à notre avis, **selon l'utilité** de cette indemnité.

I. L'indemnité compense une perte de valeur de l'immobilisation qui devrait entraîner une dépréciation.

> **EXEMPLES**
>
> L'indemnité couvre :
> — la baisse de la valeur d'un brevet acquis due à la faute d'un tiers responsable d'une irrégularité dans les formalités destinées à garantir la propriété industrielle ;
> — la valeur erronée de valeurs mobilières ou de titres de participation due à la découverte après l'acquisition de difficultés de l'entreprise dont les titres ont été acquis.

Dans ce cas, il est nécessaire :

a. d'enregistrer l'indemnité en produit, d'une part ;

> **▸ Précisions** Les indemnités ne peuvent pas, à notre avis, être comptabilisées en diminution du coût d'entrée de l'immobilisation :
> — par analogie avec le traitement des indemnités d'assurance qui sont comptabilisées en résultat (Avis CU CNC 2003-D ; voir n° 45800) ;
> — dès lors que les actes initiaux n'ont pas été résiliés ou rectifiés pour cause de dol ou de fraude notamment (voir n° 53145 c.).

Lorsque l'indemnité n'est que **probable, voire éventuelle,** à notre avis, il n'est pas possible d'en tenir compte (voir n° 45950). En revanche, il peut être nécessaire de déprécier l'élément d'actif concerné (voir ci-après b.).

b. de constater une dépréciation de l'actif (en général du même montant), d'autre part.

> **▸ Précisions** Lorsque l'indemnité n'est reçue que plusieurs années après la transaction initiale, la dépréciation à constater n'est pas nécessairement égale à l'indemnité reçue. En effet, compte tenu des années passées entre la transaction initiale et l'indemnisation, la valeur de l'immobilisation peut avoir augmenté par rapport à sa valeur d'entrée (tel peut notamment être le cas pour des titres de participation).

II. L'indemnité correspond au remboursement de coûts engagés du fait du fournisseur

> **EXEMPLE**
>
> Tel est le cas lorsque l'indemnité peut être considérée comme le remboursement à l'acquéreur de prestations que celui-ci aurait effectuées en lieu et place de son fournisseur, ou bien encore, en cas d'indemnisation d'un retard de livraison ou de tout autre dommage subi par l'acheteur du fait du fournisseur (Bull. CNCC n° 44, décembre 1981, EJ 81-123, p. 507).
>
> Plus généralement sont concernées les indemnités couvrant l'augmentation des coûts de production liée à un manque de rendement du matériel livré.

Dans ce cas, l'indemnité doit être enregistrée en produits de l'exercice (Bull. CNCC précité). Ce produit a, à notre avis, le même caractère que la charge qu'elle est destinée à couvrir.

> **Précisions** Si la charge couverte est incluse dans le coût de production des stocks, l'indemnité est elle-même déduite du coût de production.

Tant que l'indemnité n'est pas certaine, à notre avis, il n'est pas possible d'en tenir compte (voir n° 45950 s.).

INDEMNITÉS RELATIVES À DES BIENS PRIS EN LOCATION OU CRÉDIT-BAIL

45835 **Indemnité de déspécialisation** L'indemnité versée au propriétaire en vue d'exercer une activité différente de celles stipulées dans les clauses du bail a le caractère d'un droit d'entrée reçu pour le propriétaire (voir n° 11280) et versé pour le locataire (voir n° 30660).

> **Fiscalement** Il en est de même (CE 16-4-1980 n° 9359 et 20-12-1982 n° 25362 ; BOI-BIC-PDSTK-10-30-20 n° 40).

45860 **Indemnité d'éviction ou de résiliation versée par le propriétaire** Elle est versée au locataire **en vue d'obtenir la libération de son bien** (immeuble, terrain, matériel, etc.).

I. Comptabilisation chez le propriétaire

a. Le propriétaire est un nouveau propriétaire Dans ce cas, il y a **simultanément** :
– **acquisition** de biens (ou de locaux) ;
– et **versement** d'une indemnité, en vue d'obtenir leur libération.

Le versement de l'indemnité constitue donc, à notre avis, une **opération liée** à l'acquisition du bien. Il en résulte que l'indemnité est à incorporer au **coût d'entrée du bien** acquis (immobilisation corporelle ou stock notamment pour un marchand de biens, voir n° 20470 et, pour le coût d'entrée en stock, voir n° 21325).

Lorsque l'indemnité est versée dans le but d'obtenir la libération des locaux **afin de les démolir,** voir n° 26440 III.

> **Fiscalement** Il en est de même (CE 19-12-1975 n° 96829 ; CE 2-10-1981 n° 17606 ; BOI-BIC-CHG-20-10-20 n° 240 ; CE 28-3-2012 n° 318830 s'agissant d'un immeuble faisant partie du stock d'un marchand de biens, voir n° 21325). Le Conseil d'État a toutefois admis la déduction immédiate d'une indemnité d'éviction versée par l'acquéreur dans une situation où le prix de cession était élevé par rapport à la valeur vénale du bien, l'indemnité étant la contrepartie de l'avancement de la date d'entrée en jouissance des locaux (CE 12-2-1990 n° 60557).

b. Le propriétaire était déjà propriétaire (bailleur) Dans ce cas, il y a **uniquement versement d'une indemnité** en vue d'obtenir la libre disposition des biens (ou des locaux). Le versement de l'indemnité constitue donc l'**opération principale,** dont il convient d'analyser la nature :

1. Soit l'indemnité versée par le propriétaire a la nature d'un **actif** ou augmente la valeur de l'actif sous-jacent.

Tel est le cas lorsque le propriétaire entend :
– **exercer l'activité du locataire évincé** et donc reprendre sa clientèle (fonds de commerce) : elle constitue alors une immobilisation incorporelle (achat d'une clientèle) ;
Sur le cas particulier de l'indemnité versée à l'issue d'un contrat de location-gérance, voir n° 17040.

> **Fiscalement** Il en est de même (CE 11-5-1964 n° 58730 ; BOI-BIC-CHG-20-10-20 n° 80).

Il en est de même, à notre avis, si l'activité n'est pas exercée directement par le propriétaire ayant versé l'indemnité, mais par un tiers auquel sont mis à disposition non seulement les locaux, la licence et les installations destinés à l'exercice de l'activité, mais également le fonds nouvellement acquis. Dans ce cas, le nouveau loyer perçu comprend à la fois la location de l'immeuble et celle du fonds nouvellement acquis.

> **Fiscalement** Il en est de même (CE 19-2-1986 n° 46347 dans le cas d'une mise en location-gérance auprès d'une société du même groupe ; CE 9-10-2015 n° 373654 dans le cas d'un nouveau bail commercial avec une société du même groupe familial).

– **reconstruire un immeuble neuf** : dans ce cas, l'indemnité versée constitue, à notre avis, des frais accessoires à la fabrication de la nouvelle construction ;
– **augmenter le prix de vente des locaux** qu'elle compte céder (sauf s'il ne peut être démontré que les locaux libres seront vendus plus chers que les locaux occupés, l'indemnité versée au locataire constituant dans ce cas une charge) ;

> **Fiscalement** Il en est de même. Le versement de l'indemnité au locataire est considéré comme un élément du prix de revient de l'immeuble dès lors qu'en permettant sa libération en vue de sa vente, il a procuré au propriétaire un accroissement de la valeur de l'immeuble (CE 5-10-1988 n° 61841 ; CAA Paris 2-3-2015 n° 13PA00147).

— **céder un immeuble,** l'éviction du locataire étant une condition préalable à la vente (voir n° 28170).

2. Soit l'indemnité versée par le propriétaire a la nature d'une **charge**, car elle est liée à l'apurement d'une situation passée (coûts de redéploiement). Tel est le cas lorsque le propriétaire entend :

— **remettre les locaux en location** (bail commercial ou à usage d'habitation), **même à des conditions plus avantageuses** (loyers plus élevés, locataires plus solvables ou plus stables), sans qu'aucun nouveau fonds ne soit mis à disposition du nouveau locataire (dans le cas inverse, voir ci-avant 1.) : dans ce cas, elle constitue une charge d'exploitation, à porter, à notre avis, au compte 65 « Autres charges de gestion courante ». En effet, à notre avis, ce n'est pas la résiliation de l'ancien bail qui est constitutive de nouveaux avantages économiques, mais le nouveau bail signé. Le paiement de l'indemnité permet simplement d'apurer une situation passée (coûts de redéploiement) ;

> **Fiscalement** Il en est de même (CE 31-3-1989 n° 80712). La charge est déductible du résultat imposable du bailleur sous réserve de ne pas constituer un acte anormal de gestion. Tel serait le cas si l'indemnité n'a pas de contrepartie pour le bailleur, est excessive ou bien n'a pas été acquittée dans l'intérêt du bailleur (CE 3-7-2009 n° 305732). Ainsi, l'indemnité versée a, par exemple, été jugée non déductible dans un cas où le bailleur ne pouvait ignorer, du fait de ses liens capitalistiques avec le locataire, que celui-ci allait libérer les lieux de son propre chef pour la date attendue (CE 17-3-1982 n° 18770).

— **exercer une activité différente de celle du locataire évincé** (voir n° 31320) : elle constitue alors une charge d'exploitation (compte 65 précité). Toutefois, ayant le caractère de frais d'ouverture d'un établissement ou d'un point de vente, il peut être possible de la porter, dans certains secteurs en frais de 1er établissement (industrie hôtelière, voir n° 45130) ;

> **Fiscalement** Lorsque l'entreprise veut reprendre la disposition de ses locaux, l'indemnité constitue en principe une charge dont la déduction peut être étalée en tant que frais d'établissement (BOI-BIC-CHG-20-10-20 n° 80) s'ils sont comptabilisés comme tels. S'il s'agit de reprendre l'activité du locataire évincé, voir ci-avant 1.

— **abandonner son activité** : voir n° 25922.

II. Comptabilisation chez le locataire évincé

L'indemnité reçue du propriétaire est à comptabiliser en produit lorsqu'elle est :
— certaine dans son principe et son montant, ce qui suppose que le locataire et le propriétaire se soient entendus sur ces deux éléments ;
— acquise à l'exercice. Cela signifie, à notre avis, qu'elle ne peut être constatée en produit antérieurement à l'exercice au cours duquel le locataire quitte effectivement le local. En effet, la perception définitive de l'indemnité est toujours suspendue à la sortie effective des locaux par le locataire.

> **Fiscalement** L'indemnité est imposable au titre de l'exercice au cours duquel elle est **certaine** dans son principe et son montant (voir n° 10355). En pratique, il s'agit de l'exercice en cours à la date du contrat ou du jugement (BOI-BIC- PVMV-40-10-30 n° 10 en matière d'indemnités d'expropriation) qui fixe cette indemnité, indépendamment de la date de sa perception. Ainsi, si, à la clôture de l'exercice au cours duquel l'indemnité est devenue certaine, le locataire, qui n'a pas libéré les locaux, ne l'a pas encore perçue, son montant :
> — doit être réintégré au résultat fiscal (imprimé n° 2058-A, ligne WQ) de cet exercice ;
> — devra être déduit du résultat fiscal (imprimé n° 2058-A, ligne XG) de l'exercice en cours à la date de libération effective des locaux.
> Dans le cas particulier où le bailleur prend l'engagement envers le locataire évincé de l'indemniser de tous impôts ou rappels d'impôts dus à raison du versement de l'indemnité de résiliation, la créance née de cet engagement (CE 13-5-1988 n° 56468 ; BOI-BIC-BASE-20-10 n° 30) :
> — est certaine dans son **principe** dès la clôture de l'exercice au cours duquel il a été souscrit ;
> — mais, en cas de contestation du redressement, elle ne devient certaine dans son **montant** qu'à la date à laquelle le juge de l'impôt statue sur l'évaluation de l'indemnité de résiliation.

Elle constitue, à notre avis, un **produit** à décomposer et à comptabiliser en fonction de sa nature :
— au compte 775 « Produits des cessions d'éléments d'actif », pour la part couvrant la perte d'un élément d'actif ;

45860
(suite)

> **Fiscalement** Cette quote-part d'indemnité est imposable au taux de droit commun pour les entreprises soumises à l'IS ou au taux réduit des plus-values à long terme pour les entreprises soumises à l'IR (CE 25-11-1985 n° 40357 ; BOI-BIC-PVMV-10-10-20 n° 580 ; en dernier lieu, CE 23-2-2000 n° 162659).
Si l'indemnité correspond à la perte d'équipements intransférables à la suite d'une expropriation des locaux loués, la plus-value correspondante peut bénéficier des conditions spécifiques de différé et d'étalement relatives aux indemnités d'expropriation ; voir n° 29425.

– en résultat d'exploitation (compte 758 « Produits divers de gestion courante »), sauf s'il peut être démontré que l'opération n'est pas liée à l'exploitation courante de l'entreprise (voir n° 52030 s.) ; dans ce cas, il devrait pouvoir être comptabilisé en résultat exceptionnel (compte 7788 « Produits exceptionnels divers »).

> **Fiscalement** Cette quote-part d'indemnité, couvrant par exemple les frais et droits de mutation ou le manque à gagner, est imposable au taux de droit commun (BOI-BIC-PDSTK-10-30-20 n° 110 ; CE 9-12-1991 n° 65544 ; CE 1-2-1984 n° 36169 ; CE 27-5-1983 n° 27921).

Sur le provisionnement des frais liés à l'éviction, voir n° 16100.

45865 **Indemnité de résiliation versée par le locataire** Elle est versée par le locataire au propriétaire (bailleur) **pour compenser le préjudice subi** par ce dernier **par la rupture du contrat** de bail du fait du locataire.

I. Comptabilisation chez le propriétaire À notre avis, en l'absence de contestation de la part du locataire, le montant de l'indemnité prévue au contrat est à porter en **« Produits à recevoir »**, **à la date de sa rupture**, l'indemnité constituant un produit exceptionnel ou d'exploitation (à enregistrer soit en « Produits accessoires » soit en « Produits divers de gestion courante »). Voir n° 52030 s.
Une dépréciation de la créance correspondante est à constituer en cas de risque d'insolvabilité du locataire ou d'introduction par celui-ci d'une action en réduction de la clause pénale.

II. Comptabilisation chez le locataire À notre avis :
– s'il accepte le montant de l'indemnité, le locataire constate sa dette et la **charge** qui en résulte ;
– s'il intente une action en réduction, le locataire n'accepte donc pas son montant : il constituera donc une provision pour risques.
Sur la constatation d'une provision avant la résiliation effective du bail, voir n° 17450.
Dans le cas d'une **convention de crédit-bail permettant une levée d'option anticipée** (voir n° 28475 et 28525), l'indemnité constitue, à notre avis, un élément du **coût d'acquisition** (par analogie avec les indemnités de résiliation de bail en vue d'obtenir la libre disposition d'un terrain ou d'une construction ; voir n° 45860 : « nouveau propriétaire »).

45870 **Indemnité reçue à l'issue de la période de location, en cas de non-restitution des biens loués (perte ou destruction)** Elle constitue, à notre avis, un produit d'exploitation à comptabiliser au compte 7083 « Locations diverses » et non un produit de cession d'élément d'actif, dès lors que le contrat prévoit que le loueur reste en toute hypothèse propriétaire des biens dont il s'agit et que le client peut, en cas de restitution des biens momentanément égarés, obtenir ultérieurement le remboursement de cette indemnité (sous déduction des loyers courus jusqu'au jour de la restitution).

> **Fiscalement** Il en est de même (CAA Nantes 5-10-1995 n° 93-485).

AUTRES INDEMNITÉS

45875 **Indemnité pour non-exécution d'un contrat** Selon le CNC (Bull. n° 31, juillet 1977, p. 16), elle s'analyse :
a. Pour l'**entreprise qui la reçoit,** comme un **dédit sur ventes,** à classer, selon le PCG, parmi les **produits exceptionnels** (compte 7711).
b. Pour l'**entreprise qui la verse,** comme une **charge exceptionnelle** (compte 6711).
Sur la possibilité de les inclure dans le résultat courant, voir n° 52030.

45880 **Indemnité de rupture de contrat reçue** Une indemnité reçue pour rupture de contrat constitue un **produit qui ne peut être étalé** y compris si l'accord prévoit un versement échelonné de l'indemnité.

En effet, le produit est à la fois (voir n° 10350) :
- certain dans son principe et son montant (s'agissant d'une indemnité contractuelle) ;
- et acquis à l'exercice (en l'absence d'obligations résiduelles restant à satisfaire par le receveur pour y avoir droit).

> **Fiscalement** Il en est de même (voir n° 10350).

Réciproquement, l'éventuelle dégradation future de la situation consécutive à cette rupture ne peut faire l'objet d'une provision pour sous-activité ou perte d'exploitation future (voir n° 17445). En revanche, les actifs liés à l'exécution du contrat peuvent être :
- dépréciés lorsque l'entreprise en est propriétaire et que l'activité ne génère pas suffisamment de cash-flows pour justifier leur valeur nette comptable (voir n° 27720 s.) ;
- ou provisionnés lorsqu'ils sont loués et qu'un contrat à perte est identifié (voir n° 17450).

Indemnité de fin de contrat due aux locataires-gérants Elle constitue, à notre avis, pour le locataire-gérant, un **produit de l'exercice** au cours duquel elle lui est acquise, c'est-à-dire **à l'expiration des relations contractuelles.** 45885

> **Fiscalement** Il en est de même ; le régime des plus-values ne lui est pas applicable (CE 14-12-1984 n° 42578 et 45382 ; BOI-BIC-PDSTK-10-30-20 n° 270).

Avant ce délai, les indemnités ne sont que probables (le produit n'étant pas réalisé).
Sur le traitement comptable chez le bailleur, voir n° 17040.

Indemnités reçues dans le cadre de contrats d'exclusivité de vente 45890
Le traitement comptable de l'indemnité reçue par un distributeur exclusif dépend, à notre avis, de l'analyse de la nature du contrat :
- **si l'indemnité reçue correspond au prix de cession d'un élément d'actif incorporel,** elle constitue un **produit exceptionnel** (compte 775). Tel est le cas, notamment, lorsque le distributeur a pu développer une clientèle propre indépendamment de la notoriété de la marque (voir n° 30580) ;

> **Précisions** La clientèle développée en interne par le distributeur sur la période d'exploitation du droit exclusif n'est pas comptabilisée à son actif (voir n° 30965).

L'indemnité reçue constitue, à notre avis, un **produit de l'exercice** au cours duquel le statut de distributeur exclusif est perdu, c'est-à-dire **à l'expiration des relations contractuelles.**

> **Fiscalement** L'indemnité perçue est imposable à l'impôt sur les sociétés dans les conditions de droit commun. Si un distributeur exclusif, propriétaire de sa clientèle, ne perçoit aucune indemnité lorsqu'il abandonne ce statut pour devenir simple agent commercial, l'administration est en droit de réintégrer à son résultat imposable le montant auquel il est regardé comme ayant anormalement renoncé (CE 4-10-2019 n° 418817).

- **sinon,** elle constitue un **produit d'exploitation,** à comptabiliser comme les redevances antérieures perçues dans le cadre de ce contrat, sauf si son montant permet de justifier une comptabilisation en produits exceptionnels.
Sur le traitement de tels éléments en charges ou à l'actif de celui qui verse, voir n° 30580.
Dans le cas d'une franchise, voir n° 73070.
Dans le cas d'un contrat de location-gérance, voir n° 45885.

Indemnité stipulée en monnaie étrangère La Cour de cassation a jugé (Cass. 1e civ. 18-12-1990 n° 1710) que la contre-valeur en monnaie nationale d'une dette stipulée en monnaie étrangère doit être fixée : 45895
- au **jour du paiement** ;

> **Précisions** Par jour de paiement, il convient de comprendre la **date de la mise en demeure** des sommes dues et non la date effective de paiement (Cass. civ. 29-5-1991 n° 643 PF).

- et non au jour de la décision de condamnation, sauf si le retard apporté au paiement est imputable à l'une des parties.

SUBVENTIONS EXCEPTIONNELLES
Il s'agit : 45900
a. des **subventions exceptionnelles octroyées** ;
b. des **subventions d'équilibre reçues** : sur la définition et la distinction avec les subventions d'exploitation et d'investissement, voir n° 56440.
Elles doivent être prises en compte immédiatement en produit.

Le PCG a prévu le compte de produits exceptionnels : 7715 « Subventions d'équilibre ». Toutefois, à notre avis, lorsqu'elles assurent l'équilibre du résultat d'exploitation, il s'agit, comptablement, de subventions d'exploitation (compte 74 ; voir n° 12045 s.).

> **Fiscalement** Il en est de même (CGI art. 38-2 et BOI-BIC-PDSTK-10-30-10 n° 20).

En ce qui concerne l'assujettissement à la **TVA**, voir Mémento Fiscal n° 46920 à 46950.

2. LITIGES

45910 Ne sont traités dans les développements qui suivent que les litiges portés devant des **juridictions civiles** et les litiges concernant **l'activité commerciale de l'entreprise**. Pour les litiges portés devant des juridictions administratives (redressements fiscaux contestés), voir n° 53230 s.

> **Précisions 1. Décisions « définitives » versus « irrévocables »** Dans une procédure suivie devant les juridictions civiles, les décisions de justice ont :
> — autorité de la chose jugée à leur prononcé (CPC art. 501) ;
> — force de la chose jugée lorsqu'elles ne sont **plus susceptibles d'aucun recours suspensif d'exécution**.
>
> Ces décisions sont, en général, dites « **définitives** ». Tel est le cas :
> — d'une décision du tribunal judiciaire de première instance exécutoire à titre provisoire (voir Précision 2), qu'elle fasse ou non l'objet d'un appel ;
> — d'un arrêt de cour d'appel exécutoire, qu'il fasse ou non l'objet d'un pourvoi en cassation.
>
> Sont en outre qualifiées de décisions « **irrévocables** », dans le sens où elles ne sont plus susceptibles d'**aucune voie de recours,** soit parce que ces dernières ont été exercées, soit parce que leurs délais sont expirés :
> — une décision du tribunal judiciaire de première instance non frappée d'appel à l'expiration du délai d'appel ;
> — un arrêt de la cour d'appel, à l'issue du délai de pourvoi en cassation, lorsqu'aucun pourvoi n'a été exercé dans le délai imparti ;
> — un arrêt de la Cour de cassation.
>
> **2. Décision exécutoire** Sont exécutoires **en principe** toutes les décisions de justice notifiées au débiteur (CPC art. 503 ; voir Mémento Droit commercial n° 72409) rendues par les juridictions civiles. Les décisions de première instance sont également **exécutoires de droit** à titre provisoire, sauf dans deux cas (CPC art. 514 et 539) :
> — lorsque la loi l'interdit (par exemple, pour les décisions du conseil des prud'hommes ; C. trav. art. R 1454-28) ;
> — lorsque le juge qui rend la décision écarte l'exécution de droit parce qu'il l'estime incompatible avec la nature de l'affaire (CPC art. 514-1).
>
> Il n'est possible de demander l'arrêt de l'exécution provisoire qu'à certaines conditions (notamment justifier de ce que l'exécution risque d'entraîner des conséquences manifestement excessives).
>
> Les arrêts de cour d'appel en matière de litiges concernant l'activité commerciale de l'entreprise sont également exécutoires, le pourvoi en cassation (ainsi que son délai pour l'exercer) n'étant pas suspensif d'exécution (CPC art. 579).

ENTREPRISES CONDAMNÉES OU RISQUANT D'ÊTRE CONDAMNÉES

45920 Litiges en cours, aucune instance n'étant intervenue (tribunal de première instance non encore saisi ou attente d'un jugement de première instance).

Une provision doit être constituée si les conditions suivantes sont remplies (PCG art. 322-1 s. et Avis CNC 2000-01 § 5.8) :

a. Conditions de constitution

1. Existence d'une obligation à la clôture L'obligation en matière de litige résulte d'un dommage probable (ou certain) causé à un tiers avant la clôture de l'exercice, même s'il a été découvert postérieurement (voir n° 48241 II.).

Le dommage peut être lié :
— à la **responsabilité légale de l'entreprise** ; par exemple, un producteur est légalement responsable (C. civ. art. 1245) pour les dommages causés par un défaut de son produit, qu'il soit ou non lié par un contrat avec la victime (voir n° 11565) ;
— à la **non-satisfaction d'une obligation contractuelle** antérieure à la date de clôture.

> **Fiscalement** La probabilité du risque doit être appréciée en fonction des événements survenus à la clôture. Les événements survenus entre la clôture et la date d'arrêté ne permettent que d'affiner l'évaluation. En outre, alors que l'obligation comptable résulte de l'existence d'un dommage, le fait générateur fiscal suppose l'existence d'une demande d'indemnisation formalisée à l'encontre de l'entreprise. En conséquence, l'entreprise doit faire l'objet, à la clôture de l'exercice, d'une réclamation (CE 21-1-1991 n° 76390), d'une mise en jeu de sa responsabilité (CE 7-8-2008 n° 287712 ; CAA Paris 28-3-1995 n° 93-1414), d'une action en justice (CE 22-10-1980

n° 13474 ; CAA Nancy 2-7-2015 n° 14NC01801), ou d'un recours à la procédure d'arbitrage conventionnel à son encontre, celle-ci présentant un risque comparable à celui d'une action en justice (CE 4-12-2013 n° 354228). Il ressort de la jurisprudence du Conseil d'État que la charge devrait pouvoir être considérée comme probable dès lors que la procédure n'est pas purement dilatoire, c'est-à-dire destinée à gagner du temps (CE 22-10-1980 n° 13474) et indépendamment de l'appréciation de la probabilité des chances de succès (CE 24-5-2000 n° 185647).

En principe, la jurisprudence ne permet pas de conclure à la déductibilité d'une provision constituée sur le fondement d'une action intentée contre une **autre entreprise** placée dans une situation similaire. Une exception à cette position a toutefois été introduite dans le cas très spécifique où l'existence d'un accord salarial commun à plusieurs entreprises rend le risque de condamnation pratiquement certain (CE 24-5-2000 n° 185647).

2. Sortie de ressources probable à la date d'arrêté des comptes La probabilité de la sortie de ressources dépend de la conjonction des probabilités de :
– l'existence d'un dommage causé à un tiers antérieurement à la date de clôture ;
– la responsabilité de l'entreprise dans ce dommage ;
– la mise en jeu de cette responsabilité.

La conjonction des conditions ci-avant revient, à notre avis, à multiplier ensemble les pourcentages de probabilité affectés à chacune d'elles. Le résultat permet de déterminer s'il est probable que la sortie de ressources aura lieu :
– si c'est le cas, une provision est constituée ;
– à défaut, le passif éventuel est mentionné dans l'annexe si son montant est significatif (voir n° 52520).

La sortie de ressources n'est possible que si la mise en jeu de la responsabilité de l'entreprise n'est pas prescrite.

> **Précisions** La durée de la prescription dépend de la nature du litige :
> – s'il s'agit d'un litige portant sur les obligations contractées par un **commerçant envers un autre commerçant ou** envers un **non-commerçant,** dans l'exercice de son activité commerciale, la prescription est de **cinq ans** (C. com. art. L 110-4 ; voir n° 18745) ;
> – s'il s'agit d'un litige avec des **salariés,** la provision doit être créée et conservée **trois ans** ou **douze mois** en fonction du délai de prescription applicable (C. trav. art. L 1471-1 et L 3245-1 ; voir n° 17205 et 18750).
> Dès lors qu'une procédure est engagée à l'encontre de la société, la prescription s'arrête.

b. Montant de la provision Si la probabilité de la sortie de ressources est avérée, les coûts à prendre en compte dans l'estimation de la provision sont les suivants (Avis précité, § 5.8) : l'indemnité ou le coût de la réparation du préjudice ainsi que les coûts annexes du procès (honoraires d'avocats et d'experts, frais de procédure).

> **Fiscalement** L'évaluation du risque doit être suffisamment précise dès la clôture de l'exercice, ce qui n'est, par exemple, pas le cas si les réclamations ne comprennent pas de demandes chiffrées (CAA Paris 28-3-1995 n° 1414). Le montant déductible de la provision correspond aux prétentions de la partie adverse (CE 31-5-1978 n° 5107 ; CE 22-10-1980 n° 13474), mais ne peut les excéder (TA Toulouse 27-6-2000 n° 96-1503). L'administration n'est pas fondée à diminuer ce montant au seul motif que la société est poursuivie solidairement avec le tiers (CAA Bordeaux 17-3-2005 n° 01-1286). Si le montant de la demande n'est pas déterminé, la déductibilité fiscale de la provision comptabilisée dépendrait, à notre avis, de la rigueur de la méthodologie suivie par l'entreprise pour l'évaluation du risque.

Lorsqu'il existe **plusieurs hypothèses de sortie de ressources** voir n° 48310 I.

Si l'entreprise intente un **recours contre un tiers** (assurance, fournisseur…), elle n'en tient pas compte pour déterminer le montant de la provision, voir n° 48310 VII. En revanche, l'entreprise constate, le cas échéant (si elle est acquise), une créance (Avis précité, § 5.8). Voir n° 45950.

La sortie de ressources doit être évaluée **à la date d'arrêté des comptes** et non à la date de clôture de l'exercice. Elle tient donc compte des éventuels éléments d'information post-clôture (voir n° 48310).

Sur l'incidence d'un jugement rendu post-clôture mais avant la date d'arrêté des comptes, voir n° 45930.

> **Fiscalement** Voir n° 48310.

c. Classement comptable La provision est débitée au compte 6815 « Dotation aux provisions d'exploitation » ou 6875 « Dotation aux provisions exceptionnelles » par le crédit du compte 1511 « Provisions pour litiges ». Son classement en résultat courant ou exceptionnel dépend de la conception de résultat courant retenue par l'entreprise (voir n° 52030 s.). En pratique, le montant est très souvent déterminant.

45920 (suite)

d. Date de reprise de la provision La provision doit être conservée, en l'absence d'éléments nouveaux, jusqu'à ce que le risque disparaisse, pendant toute la durée de la prescription.

e. Information à fournir en annexe Dans le cas où l'information requise causerait un préjudice sérieux à l'entreprise, voir n° 48705 III.

f. Exemples

EXEMPLE 1

Action en justice en cours à la clôture

Ayant été licencié au cours de l'année N, un ancien salarié intente avant le 31 décembre N une action judiciaire en paiement d'heures supplémentaires et de dommages et intérêts malgré la signature de son solde de tout compte. L'entreprise conteste.

1er cas — Jusqu'à la date d'arrêté des comptes de l'exercice clos le 31 décembre N, les avocats de l'entreprise estiment qu'il est peu probable qu'il puisse être démontré que l'entreprise ait commis une faute à l'égard du salarié licencié et que l'entreprise soit condamnée.

L'entreprise n'a donc pas d'obligation vis-à-vis de ce dernier à la clôture de l'exercice.

Aucune provision n'est donc constituée pour les montants à verser au salarié ; l'entreprise ne provisionne que les honoraires d'avocat et les frais de procédure. Une information sur le passif éventuel est donnée dans l'annexe.

2e cas — Au 31 décembre N+1, compte tenu des développements de l'affaire, les avocats considèrent que l'entreprise risque d'être condamnée.

Sur la base des indications disponibles à la date d'arrêté des comptes, il est probable que l'entreprise ait commis une faute à l'égard du salarié : elle a donc une obligation vis-à-vis de ce dernier à la clôture.

Selon les avocats, l'entreprise risque d'être condamnée et la sortie de ressources est donc probable.

Une provision est constituée à hauteur de la meilleure estimation du montant nécessaire pour éteindre l'obligation vis-à-vis du salarié ainsi que les coûts d'avocats et les frais de procédure.

> **Fiscalement** L'existence d'un litige en cours à la clôture justifie la déduction de la provision, même si cet événement trouve son origine dans l'exercice précédent (voir n° 48200).

EXEMPLE 2

Action en justice postérieure à la clôture

Une galerie de tableaux vend au cours de l'année N une œuvre d'un peintre renommé. Début N+1, l'acquéreur fait procéder à l'expertise du tableau par un expert d'assurance qui constate que le tableau est un faux. L'acquéreur se retourne contre la galerie de tableaux. À la date d'arrêté des comptes, le litige est connu mais n'est pas résolu.

La vente du tableau, réalisée avant la clôture de l'exercice, est le fait générateur de l'obligation contractuelle de livrer un produit correspondant aux caractéristiques de celui qu'elle a vendu. À la date d'arrêté des comptes, il est probable que l'entreprise n'avait pas satisfait, à la clôture, à son obligation. Elle en est certainement responsable et sa responsabilité est mise en jeu. La conjonction des trois probabilités énoncées ci-avant (voir a.) rend probable la sortie de ressources.

L'indemnité d'assurance éventuelle ne vient pas diminuer le montant à provisionner ; elle est comptabilisée distinctement à l'actif.

> **Fiscalement** Le fait générateur justifiant la déduction de la provision (litige quant à l'authenticité du tableau) n'est pas intervenu à la clôture de l'exercice (c'est un événement post-clôture) ; la provision comptabilisée n'est pas déductible.

EXEMPLE 3

Action en justice en cours dans d'autres entreprises (amiante)

Des salariés d'une entreprise ont été, dans le cadre de leur travail, au contact de produits contenant de l'amiante. À la clôture, aucune action en indemnisation n'est en cours contre l'entreprise. Mais, dans des situations similaires, lors d'actions en justice émanant de salariés ou d'anciens salariés en raison des maladies professionnelles liées à l'amiante dont ils sont atteints, la responsabilité des employeurs est le plus souvent retenue au titre de la faute inexcusable et ces derniers sont conduits à indemniser les salariés ou anciens salariés.

L'exposition des salariés à des produits dangereux sans protection suffisante est le fait générateur de l'obligation d'indemniser. À la clôture, il est probable que l'entreprise ait causé des dommages et qu'elle en soit responsable. Les actions en justice menées par les salariés d'autres entreprises, la publicité qui en est faite et le fait que la jurisprudence considère qu'il s'agit d'une faute inexcusable (notamment Cass. soc. 28-2-2002, voir BCF 6/02 Entreprises inf. 2, p. 4), rendent probable la future mise en jeu de la responsabilité de l'entreprise et sa condamnation.

L'entreprise doit donc provisionner les sommes qu'elle pourrait être conduite à verser, sauf si elle est certaine de pouvoir établir qu'elle n'a pas commis de faute, ce qui devrait être rarement le cas. La provision à constituer, comprenant un grand nombre d'éléments (plusieurs personnes – salariés, ayants droit... – sont susceptibles de poursuivre l'entreprise), son montant est déterminé en affectant aux montants nécessaires à l'extinction de l'obligation la probabilité de leur survenance (qui peut donc varier selon les personnes susceptibles de poursuivre). C'est la **totalité du risque** qui doit faire l'objet d'une **provision** (indemnité, coût de la réparation du préjudice, coûts annexes du procès tels que les honoraires d'avocats, etc.), même s'il est couvert par une police d'assurance. En effet, l'indemnité à recevoir le cas échéant est comptabilisée séparément à l'actif lorsqu'elle est certaine et ne vient pas en diminution de la provision.

Cette provision est revue à la clôture des exercices suivants en fonction notamment des actions en indemnisation en cours et des condamnations dont l'entreprise a fait l'objet, ainsi que de celles se trouvant dans des situations similaires.

> **Fiscalement** Dès lors qu'aucune plainte n'a été adressée à l'encontre de l'entreprise, le fait que ces plaintes existent dans des situations similaires à l'encontre d'autres entreprises ne devrait pas suffire à justifier la déductibilité de la provision constituée sur le plan comptable (voir ci-avant a., Fiscalement).

Sur l'information à fournir dans l'annexe, voir n° 48700 s.

Jugement de première instance rendu a. Absence d'appel
Si l'entreprise mise en cause et la partie adverse ne font pas appel du jugement du tribunal, celui-ci a un caractère irrévocable (voir n° 45910, Précision 1). Les conséquences pécuniaires de ce jugement sont donc traduites en résultat :

1. En cas de jugement défavorable (l'entreprise mise en cause est condamnée) :
– les frais de procès (visés par l'art. 695 du CPC et qualifiés de dépens) sont enregistrés au compte 6227 « Frais d'actes et de contentieux » ;
– les indemnités et dommages et intérêts versés constituent des charges ;
– il en est de même des sommes exigibles au titre des articles 700 du CPC et L 761-1 du Code de justice administrative (frais irrépétibles).

> **Fiscalement** Il en est de même. Ces frais sont déductibles dès lors qu'ils se rattachent à la gestion normale de l'entreprise (BOI-BIC-CHG-60-20-30 n° 1 à 70).

2. En cas de jugement favorable (l'entreprise mise en cause n'est en définitive pas condamnée), le remboursement éventuel des frais de procès par la partie adverse (notamment d'avocat) est comptabilisé en **produit** dès l'exercice au cours duquel la **décision** de justice qui ordonne le remboursement est devenue définitive et irrévocable. En effet, à cette date, le produit est définitivement acquis et son montant connu (voir n° 10350).

> **Fiscalement** Il en est de même (BOI-BIC-CHG-60-20-30 n° 70, à propos d'un remboursement effectué par l'administration dans le cadre d'un contentieux portant sur un impôt).

Dans tous les cas, la provision (le cas échéant constituée, voir n° 45920) est **reprise.**
Lorsqu'un jugement est rendu à la clôture mais que le délai d'appel court encore à la date d'arrêté des comptes, il n'a pas le caractère irrévocable à la date d'arrêté des comptes. Voir ci-après b.

3. Jugements rendus post-clôture Si le délai d'appel expire avant l'arrêté des comptes :
– la provision antérieurement constituée (voir n° 45920) doit être ajustée dès la clôture, voire reprise en cas de jugement favorable ;
– en revanche, le produit du remboursement des frais de procès ne peut être comptabilisé en résultat, le produit n'étant pas certain à la clôture (voir n° 10350).
Si le délai d'appel expire après l'arrêté des comptes, la provision peut devoir être ajustée en fonction des événements post-clôture. Aucun produit ne peut être constaté.

b. Si l'entreprise mise en cause ou la partie adverse font appel En cas d'appel du jugement du tribunal, deux cas sont possibles :

1. Première situation : le jugement en première instance est exécutoire de droit à titre provisoire (voir n° 45910, Précision 2). Dans ce cas, actuellement, deux solutions sont retenues :
– 1re solution : le montant versé est **traduit en résultat** (voir ci-avant a. au motif qu'un jugement a été rendu au titre duquel l'entreprise a une dette exigible et sans contrepartie ; le produit qui serait issu d'une décision d'appel favorable n'est que probable ;
– 2e solution : le montant versé n'est pas traduit en résultat s'il est estimé probable d'obtenir une décision favorable à l'issue des voies de recours, au motif qu'il ne s'agit pas d'une condamnation « irrévocable » et que la procédure n'est donc pas arrivée à son terme. L'indemnité prévue par la décision de première instance est dans ce cas comptabilisée à l'actif.

> **Fiscalement** Selon un membre du Conseil d'État interrogé par nos soins lors de notre journée « Arrêté des comptes et résultat fiscal 2018 », Les Echos Conférences – PwC et s'exprimant à titre personnel, le montant de l'indemnité auquel est condamnée une société devrait être déduit en charge dès l'exercice durant lequel intervient une décision exécutoire au motif qu'elle présente le caractère d'une dette certaine.
> Ainsi, à notre avis, la condamnation prononcée par un jugement de première instance exécutoire :
> – qui serait comptabilisée en charge (1re solution) est déductible, peu importe que la décision fasse l'objet d'un appel ou non ;
> – qui serait comptabilisée à l'actif (2e solution) ne sera pas déductible ultérieurement, notamment lorsque la décision d'appel sera rendue.

Si la 1re solution est retenue, la **provision pour litige** est **reprise à hauteur du montant de la condamnation** prononcée en première instance. Si la 2e solution est retenue, elle est maintenue.

> **Fiscalement** Si une entreprise a appliqué la 2e solution en comptabilité et maintenu une provision pour un montant au moins égal au montant de la condamnation, elle devrait pouvoir, en cas de contrôle, s'appuyer sur la jurisprudence du Conseil d'État suivant laquelle la requalification par l'administration d'une provision en dette certaine figurant au passif du bilan de l'exercice est sans incidence sur le résultat imposable (CE 17-3-2016 n° 381427, contraire à BOI-BIC-PROV-20-10-30 n° 80).
> En revanche, une entreprise qui aurait maintenu une provision pour un montant inférieur à la condamnation prononcée en première instance s'expose à ne plus pouvoir modifier son montant lorsque la décision d'appel sera rendue.

Dans tous les cas, la provision est **complétée, le cas échéant,** à hauteur de la différence entre le montant total de la condamnation que l'entreprise estime encourir en appel, adapté le cas échéant en fonction d'éléments nouveaux, et celle prononcée en première instance.

> **Fiscalement** Cette provision complémentaire est, à notre avis, déductible.

Sur l'information à fournir dans l'annexe, voir n° 48700 s.

Si le produit du remboursement des frais de procès (en cas de jugement favorable) est comptabilisé en résultat pour des raisons fiscales, il doit, à notre avis, faire l'objet d'une provision.

2. Seconde situation : le juge (ou la loi) a écarté l'exécution provisoire du jugement (voir n° 45910, Précision 2). Dans ce cas, il ne peut pas, à notre avis, être traduit en résultat tant que l'arrêt d'appel n'est pas rendu car le jugement n'est pas définitif (car non exécutoire) et la dette n'est donc pas encore certaine dans son principe (voir n° 15080). La **provision** initialement constituée (voir n° 45920) doit donc être **maintenue** (et son montant ajusté en cas de jugement défavorable), afin de correspondre à la sortie de ressources restant probable à la date d'arrêté des comptes (en ce sens, Bull. CNC n° 34, avril 1978, p. 9 s.).

> **Fiscalement** Il en est de même. En effet, selon l'administration, en cas d'appel, le montant des dommages et intérêts constitue une charge de l'exercice au cours duquel la cour d'appel a statué définitivement sur l'affaire (voir n° 45940). L'entreprise peut toutefois constituer une provision dès le jugement de première instance (BOI-BIC-CHG-60-20-30 n° 30). Pour plus de détails, voir BIC-XII-23960 s. et BIC-IX-61250 s.

Le produit du remboursement des frais de procès (en cas de jugement favorable) ne peut être comptabilisé en résultat, le produit n'étant pas certain à la clôture.

45940 **Arrêt d'appel rendu** **a. Absence de pourvoi** Si l'entreprise mise en cause ou la partie adverse ne forment pas de pourvoi devant la Cour de cassation, l'arrêt d'appel a un caractère irrévocable (voir n° 45910, Précision 2). Les conséquences pécuniaires de l'arrêt d'appel sont donc **traduites en résultat** (voir n° 45930 a.).

> **Fiscalement** Il en est de même, voir ci-après b.

En cas de décision d'appel favorable suivant un jugement de première instance dont l'exécution provisoire a été accordée (voir n° 45930 b. 2.), un produit est constaté.

Lorsque l'arrêt est rendu à la clôture mais que le délai de pourvoi court encore à la date d'arrêté des comptes, l'arrêt n'a pas le caractère irrévocable à la date d'arrêté des comptes. Voir ci-après b.

Si le délai de pourvoi expire avant l'arrêté des comptes :
– la provision antérieurement constituée (voir n° 45930 b) doit être ajustée dès la clôture, voire reprise en cas d'arrêt favorable ;

– en revanche, en cas de décision favorable suivant un jugement de première instance dont l'exécution provisoire a été accordée, le produit ne peut être comptabilisé en résultat, lorsqu'il n'était pas certain à la clôture (voir n° 10350).

Si le délai de pourvoi expire après l'arrêté des comptes, la provision peut avoir à être ajustée en fonction des événements post-clôture.

b. Si l'entreprise mise en cause ou la partie adverse forment un pourvoi à la date d'arrêté des comptes En cas de pourvoi devant la Cour de cassation, celui-ci n'étant **pas suspensif d'exécution** (voir n° 45910, Précision 2), deux solutions sont actuellement retenues (voir n° 45930 b.) :
– 1re solution : les conséquences pécuniaires de l'arrêt d'appel sont **traduites en résultat** ;
– 2e solution : l'indemnité prévue par la décision d'appel est comptabilisée à l'actif.

> **Fiscalement** La cour administrative d'appel de Marseille a jugé (CAA Marseille 17-10-2017 n° 15MA04615), dans le même sens que la doctrine administrative (BOI-BIC-CHG-60-20-30 n° 30), que la charge correspondant à une condamnation en appel doit être déduite de l'exercice de son prononcé, étant **certaine** dans son principe et dans son montant, alors même que la décision fait l'objet d'un pourvoi en cassation. Cette position a été confirmée par un membre du Conseil d'État interrogé par nos soins lors de notre journée « Arrêté des comptes et résultat fiscal 2018 », Les Echos Conférences – PwC et s'exprimant à titre personnel.
> Ainsi, à notre avis, la condamnation prononcée par un jugement d'appel :
> – qui serait comptabilisée en charge (1re solution) est déductible, peu importe que la décision fasse l'objet d'un pourvoi ou non ;
> – qui serait comptabilisée à l'actif (2e solution) ne sera pas déductible ultérieurement, notamment lorsque la décision de cassation sera rendue.

Si la 1re solution est retenue, la provision antérieurement comptabilisée est reprise à hauteur du montant de la condamnation prononcée en appel. Si la 2e solution est retenue, elle est maintenue.

> **Fiscalement** Une entreprise qui aurait appliqué la 2e solution en comptabilité et maintenu une provision pour un montant au moins égal au montant de la condamnation ne devrait pas encourir de risque fiscal en cas de contrôle (voir n° 45930 b.).
> En revanche, une entreprise qui aurait maintenu une provision pour un montant inférieur au montant de la condamnation s'expose à ne plus pouvoir déduire le montant définitif du litige lorsque le jugement en cassation sera rendu.

Dans tous les cas, **la provision est complétée, le cas échéant,** à hauteur de la différence entre le montant total de la condamnation que l'entreprise estime encourir en cassation, adapté le cas échéant en fonction d'éléments nouveaux, et la somme due au titre de la condamnation prononcée en appel.

> **Fiscalement** Cette provision complémentaire est, à notre avis, déductible.

Sur l'information à fournir dans l'annexe, voir n° 48700 s.

Le produit résultant d'une décision favorable suivant un jugement de première instance dont l'exécution provisoire a été accordée ne peut être comptabilisé en résultat, dès lors qu'il n'était pas certain à la clôture (voir n° 10350).

Sur l'information à donner au titre du montant (significatif) du gain potentiel lié au litige, voir n° 45950.

Dans le **cas particulier où la partie adverse ne présente pas son mémoire** dans un délai de cinq mois à compter du pourvoi :
– un produit doit être constaté à hauteur du jugement d'appel précédemment constaté en charge ;
– la provision, le cas échéant comptabilisée en complément du jugement d'appel, doit être reprise au titre de l'exercice de déchéance du pourvoi sans attendre l'ordonnance constatant la déchéance.

> **Fiscalement** Il en est de même (CAA Paris 17-10-2013 n° 12PA01476).

ENTREPRISES RÉCLAMANT DES INDEMNITÉS

Litiges en cours, aucune instance n'étant intervenue (tribunal de première instance non encore saisi ou attente d'un jugement de première instance). Aucun produit à recevoir n'est à constater. En effet, le produit n'étant pas certain, il ne peut être comptabilisé (C. com. art. L 123-21 ; voir n° 10350).

45950

> **Fiscalement** Il en est de même (BOI-BIC-BASE-20-10 n° 50).

Selon le bulletin CNCC (n° 111, septembre 1998, CNP 97-60/EC 98-34, p. 453), les éventualités pour lesquelles il apparaît probable à la date d'arrêté des comptes, au regard de faits ou d'événements survenus avant la date de clôture, qu'un gain significatif sera effectivement réalisé doivent être mentionnées en **annexe**.

45960 **Jugement de première instance rendu** **a.** Si le **jugement intervient sans appel** de la partie condamnée, l'indemnité doit être comptabilisée en produit (d'exploitation ou exceptionnel, voir n° 52030 s.)

Si le délai d'appel court encore à la date d'arrêté des comptes, le jugement n'a pas le caractère irrévocable à la date d'arrêté des comptes. Voir ci-après b.

Si un jugement favorable est rendu après la clôture, aucun produit ne peut être comptabilisé en résultat, celui-ci n'étant pas certain à la clôture (voir n° 52315).

Sur l'information à donner au titre du montant (significatif) du gain potentiel lié au litige, voir n° 45950.

b. En cas d'appel à la date d'arrêté des comptes :

1. Si un **jugement de première instance favorable** intervient mais que la partie adverse fait **appel,** deux situations peuvent se rencontrer :

– si le jugement en première instance est **exécutoire de droit** à titre provisoire (voir n° 45910, Précision 2), actuellement, deux solutions sont retenues :

• 1ʳᵉ solution : la **totalité des indemnités attribuées dans le jugement** est comptabilisée **en produit.**

> **Fiscalement** Plusieurs décisions du Conseil d'État ont jugé que l'indemnité attribuée présente le caractère d'une **créance certaine** dès le jugement de première instance bien qu'un appel ait été formé (CE 6-11-1974 n° 93547 ; CE 23-6-2000 n° 188297). Dans les affaires qui ont été jugées, les décisions prises en première instance présentaient un caractère exécutoire (contentieux de l'expropriation) ou avaient été exécutées. Le critère du caractère exécutoire de la décision n'a pas été formellement affirmé comme indispensable à la reconnaissance d'une créance certaine mais paraît néanmoins se dégager de cette jurisprudence. Dans le cadre de la procédure d'expropriation d'urgence, le Conseil d'État a également jugé que l'indemnité fixée à titre provisionnel par un jugement exécutoire constitue une créance acquise immédiatement imposable (CE 3-6-2022 n° 452708).

Toutefois, la fraction contestée fait l'objet d'une **provision** s'il est estimé probable d'obtenir une décision défavorable à l'issue des voies de recours.

> **Fiscalement** Si l'indemnité constitue un produit imposable, l'appel formé par l'adversaire de l'entreprise affecte la créance d'un risque probable qui justifie la constitution d'une provision, si elle peut être estimée avec précision eu égard aux conclusions de l'appel (BOI-BIC-PROV-20-10-30 n° 40).

Le montant (significatif) de l'indemnité provisionnée doit être mentionné en **annexe** dans la partie relative aux faits marquants de l'exercice (voir n° 64525). En effet, la contestation de l'indemnité est une information susceptible de modifier le jugement du lecteur des comptes quant au patrimoine, à la situation financière et aux résultats de l'entreprise.

> **Précisions** Opinion du commissaire aux comptes Le défaut de constitution d'une provision et l'absence d'information dans l'annexe sur le litige en cours sont de nature à modifier l'opinion du commissaire aux comptes sur les comptes annuels (Bull. CNCC précité).

• 2ᵉ solution : le montant reçu n'est pas traduit en résultat au motif qu'il ne s'agit pas d'une condamnation « irrévocable » et que la procédure n'est donc pas arrivée à son terme. Le produit n'est donc pas considéré comme certain. L'indemnité reçue par la décision de première instance est dans ce cas comptabilisée directement au passif.

> **Fiscalement** À notre avis, l'entreprise doit alors pratiquer un retraitement extra-comptable du montant de l'indemnité qui doit être :
> – réintégré au résultat fiscal (imprimé n° 2058-A, ligne WQ) de l'exercice du jugement ;
> – déduit du résultat fiscal (imprimé n° 2058-A, ligne XG) de l'exercice au titre duquel la déduction comptable de l'indemnité est pratiquée.
> C'est donc l'intégralité de l'indemnité qui est imposée au titre de l'exercice du jugement de première instance sans que l'entreprise ne soit en mesure, dans le cadre de cette solution, de déduire une provision pour faire face au risque attaché à la procédure d'appel, à défaut de comptabilisation.

Si le juge (ou la loi) **a écarté l'exécution provisoire** du jugement en première instance (voir n° 45910, Précision 2) et même si le jugement de première instance est **favorable,** il ne peut pas, à notre avis, être traduit en résultat tant que l'arrêt d'appel n'est pas rendu car le

jugement n'est pas « définitif » (car non exécutoire) et la créance n'est donc pas encore certaine dans son principe.
Sur l'information à fournir dans l'annexe au titre du montant (significatif) du gain potentiel lié au litige, voir n° 45950.

2. Si un jugement de première instance défavorable intervient et que l'entreprise fait **appel,** aucun produit à recevoir n'est à constater au titre de l'indemnité que l'entreprise persiste à réclamer.
Sur l'information à fournir dans l'annexe au titre du montant (significatif) du gain potentiel lié au litige, voir n° 45950.

Arrêt d'appel rendu   **a. En l'absence de pourvoi** devant la Cour de cassation si un arrêt est **rendu à la clôture** et que le délai de pourvoi expire avant l'arrêté des comptes, celui-ci est irrévocable. Les conséquences pécuniaires de l'arrêt d'appel sont donc traduites en résultat :   **45970**

1. Si l'arrêt rendu en appel est défavorable à l'entreprise et vient infirmer le jugement de première instance, il en résulte éventuellement une perte (si le jugement a été exécuté), couverte par la reprise de provision constituée lors de l'exécution du jugement (voir n° 45960 b.).
S'il vient confirmer le jugement de première instance, aucune écriture n'est à comptabiliser.

> **Fiscalement**   Il en est de même (CE 15-2-1984 n° 33787, 33902 et 35031).

2. Si l'arrêt rendu en appel est favorable à l'entreprise et vient infirmer le jugement de première instance, l'indemnité est comptabilisée en produit, l'arrêt étant définitif (exécutoire).
S'il vient confirmer le jugement de première instance, la provision constituée lors de l'exécution du jugement (voir n° 45960 b.) est reprise.

> **Fiscalement**   Il en est de même (CE 12-10-1992 n° 76635).

Lorsqu'un arrêt est rendu à la clôture et que **le délai de pourvoi court encore à la date d'arrêté des comptes,** il n'a pas le caractère irrévocable à la date d'arrêté des comptes. Voir ci-après b.
Si un arrêt favorable est rendu **après la clôture** :
– si cette décision infirme le jugement de première instance, aucun produit ne peut être comptabilisé en résultat, celui-ci n'étant pas certain à la clôture (voir n° 52315) ; sur l'information à donner au titre du montant (significatif) du gain potentiel lié au litige, voir n° 45950 ;
– en revanche, s'il confirme le jugement de première instance, la provision antérieurement constituée (voir n° 45960) doit être ajustée dès la clôture, voire reprise si le montant reçu en première instance est confirmé.

b. En cas de pourvoi devant la Cour de cassation à la date d'arrêté des comptes Le pourvoi n'étant **pas suspensif d'exécution,** les conséquences pécuniaires de l'arrêt d'appel devraient également être **traduites en résultat** :

1. Si l'arrêt rendu est défavorable à l'entreprise et vient infirmer un jugement de première instance, la provision comptabilisée en cas d'exécution de ce jugement (voir n° 45960) est conservée à hauteur de la partie contestée de la décision. Aucun produit à recevoir n'est à constater au titre de l'indemnité supplémentaire que l'entreprise persiste à réclamer.

> **Fiscalement**   Il en est, à notre avis, de même.

S'il vient confirmer le jugement de première instance, aucune écriture n'est à comptabiliser.

> **Fiscalement**   Il en est de même. Le fait de poursuivre l'instance par un pourvoi en cassation n'a pas pour effet de donner valeur de créance au montant de l'indemnité que l'entreprise persiste à réclamer en poursuivant l'instance (CE 15-2-1984 n° 33787, 33902 et 35031).

En effet, selon l'article 631 du CPC, lorsque la Cour de cassation casse un arrêt de cour d'appel, les parties se retrouvent dans la situation qui était la leur avant la cassation de la décision (Bull. CNCC n° 92, décembre 1993, EJ 93-202, p. 550 s.).

2. Si l'arrêt rendu est favorable à l'entreprise et vient infirmer le jugement de première instance, l'indemnité est comptabilisée en produit. Toutefois, la fraction contestée doit faire l'objet d'une provision.
S'il vient confirmer le jugement de première instance, la provision comptabilisée en cas d'exécution du jugement de première instance est conservée à hauteur de la partie contestée de la décision.

> **Fiscalement**   Il en est de même. La créance résultant d'une décision exécutoire doit être comprise dans le résultat imposable (voir n° 45910), mais le risque résultant de sa contestation par le pourvoi en cassation peut être provisionné.

3. AMENDES ET PÉNALITÉS

AMENDES ET PÉNALITÉS ADMINISTRATIVES ET PÉNALES

45980 **Amendes pénales**

I. Amendes pénales prononcées à l'encontre de la société (voir Mémento Sociétés commerciales n° 4630 à 4663) Lorsqu'une infraction a été commise par les organes ou les représentants d'une société **dans le cadre de leur mandat et pour le compte** de cette dernière, la **société** peut être reconnue pénalement responsable (C. pén. art. 121-2, al. 1). Les **amendes** ainsi prononcées à son encontre sont, à notre avis, à enregistrer au compte 6712 « Pénalités, amendes fiscales et pénales » prévu par le PCG. Sur la possibilité de les inclure dans le résultat courant, voir n° 52030.

Sur la constitution d'une provision à la clôture, voir n° 46020.

> **Fiscalement** Voir ci-après II.

II. Amendes pénales prononcées à l'encontre des dirigeants ou du personnel Lorsqu'une infraction a été commise par un dirigeant ou un membre du personnel de la société, les **amendes** prononcées à leur encontre :
– ne sont **pas admises** en charges, étant donné leur **caractère personnel** ;
– **sauf** dans le cas où la loi ou la jurisprudence prévoit expressément, lorsque l'infraction n'est **pas personnellement imputable** au dirigeant ou membre du personnel, que la responsabilité du paiement des amendes incombe à la société. Dans ce cas, elles peuvent, à notre avis, être enregistrées au compte 6712. Sur la possibilité de les inclure dans le résultat courant, voir n° 52030.

> **EXEMPLES**
>
> Ainsi, dans le cadre des infractions au Code de la route, sont admises en charges :
> – les amendes réprimant les infractions résultant du mauvais fonctionnement du véhicule (par exemple, l'absence de contrôle technique) ;
> – l'amende mise à la charge de la société pour non-désignation, par le représentant légal, de l'auteur d'une infraction routière commise au volant d'un véhicule appartenant à la société (Cass. crim. 11-12-2018 n° 18-82.628 FS-PB et 18-82.820 FS-PB ; Cass. crim. 18-1-2019 n° 18-82.380 FS-PB ; pour plus de détails, voir Mémento Sociétés commerciales n° 4663), y compris dans le cadre d'un contrat de location, par le représentant légal de la société ayant donné le véhicule en location (Cass. crim. 1-9-2020 n° 19-85.465 FS-PBI).
>
> En revanche, les amendes réprimant les autres infractions (par exemple, les excès de vitesse) ne sont pas admises en charges. Leur prise en charge par la société est toutefois considérée comme un avantage en nature soumis à cotisations sociales (Cass. civ. 9-3-2017 n° 15-27.538 F-PBI ; Cass. 2e civ. 14-2-2019 n° 17-28.047 F-D).

Le commissaire aux comptes serait donc amené à faire régulariser les écritures comptables si ces amendes avaient été laissées à la charge de la société, les juridictions étant éventuellement compétentes pour apprécier, dans chaque cas, s'il y a lieu à application des dispositions pénales relatives au délit d'abus de biens sociaux (Rép. Braconnier : Sén. 14-12-1978, p. 4740).

Sur la constitution d'une provision à la clôture, voir n° 46020.

> **Fiscalement** Les amendes pénales mises à la charge de l'entreprise, qu'elles soient prononcées à son encontre ou à celui de son personnel ou de ses dirigeants ne sont pas déductibles (CGI art. 39-2 ; BOI-BIC-CHG-60-20-20 n° 40). Il en est ainsi notamment :
> – des contraventions au Code de la route encourues par des membres du personnel même si l'employeur entend considérer leur versement comme un supplément de salaire (CE 25-3-1966 n° 66608 ; Rép. Liot : Sén. 28-2-1969 n° 6686, non reprise dans Bofip) ;
> – des contraventions douanières ;
> – des amendes pour travail dissimulé (CAA Douai 10-12-2013 n° 12DA00703).
> Les amendes et pénalités non déductibles sont réintégrées de manière extra-comptable sur l'imprimé n° 2058-A (ligne WJ) ainsi que les provisions correspondantes (ligne WI), dans l'hypothèse où elles ont été comptabilisées en charges.

III. Dans tous les cas, la société peut être tenue du paiement des **dommages-intérêts,** en qualité de civilement responsable des conséquences de l'infraction commise (Rép. Braconnier : Sén. 14-12-1978, p. 4740). Les dommages-intérêts sont comptabilisés, à notre avis, dans le compte 6788 « charges exceptionnelles diverses ». Sur la possibilité de les inclure dans le résultat courant, voir n° 52030.

Amendes pour infraction à la réglementation économique Les infractions le plus couramment sanctionnées sont les ententes qui enfreignent le libre exercice de la concurrence (C. com. art. L 420-1), l'exploitation abusive d'une position dominante sur le marché (C. com. art. L 420-2) et la pratique de prix abusivement bas (C. com. art. L 420-5). Dans ces cas, l'Autorité de la concurrence dispose de plusieurs instruments de sanction (C. com. art. L 464-2) : la cessation des pratiques, la publication de la décision à la charge de l'entreprise, l'amende et l'astreinte. 45985

Les amendes et les astreintes peuvent, à notre avis, être enregistrées au compte 6712 « Pénalités, amendes fiscales et pénales ». Sur la possibilité de les inclure dans le résultat courant, voir n° 52030.

En revanche, les frais de publicité de la décision sont enregistrés au compte 6231 « Annonces et insertions ».

Sur la constatation d'une provision à la clôture ainsi que sur la mise en cause de la responsabilité d'une société mère pour une infraction commise par sa filiale, voir n° 46020.

> **Fiscalement** L'article 39-2 du CGI exclut des charges déductibles les sanctions pécuniaires et pénalités de toute nature mises à la charge des contrevenants à des obligations légales. Tel est notamment le cas des amendes et astreintes infligées par :
> – l'Autorité de la concurrence, la DGCCRF, la Commission européenne ou le ministre de l'économie en cas de pratiques anticoncurrentielles réprimées par le droit de la concurrence français et communautaire (BOI-BIC-CHG-60-20-20 n° 50) ;
> – la DGCCRF pour toutes autres infractions que le droit de la concurrence (droit de la consommation, réglementation sanitaire) (BOI-BIC-CHG-60-20-20 n° 50) ;
> – la Commission européenne en cas de non-respect de la réglementation communautaire (BOI-BIC-CHG-60-20-20 n° 40).
> Les amendes et pénalités non déductibles sont réintégrées de manière extra-comptable sur l'imprimé n° 2058-A (ligne WJ) ainsi que les provisions correspondantes (ligne WI).

Sanctions pécuniaires infligées par les autorités administratives indépendantes Elles sont, à notre avis, à enregistrer au compte 6712 « Pénalités, amendes fiscales et pénales ». Sur la possibilité de les inclure dans le résultat courant, voir n° 52030. Sur les frais de publicité, voir n° 45985. 45990

Sur la possibilité de constituer une provision à la clôture, ainsi que sur la mise en cause de la responsabilité d'une société mère pour une infraction commise par sa filiale, voir n° 46020.

> **Fiscalement** L'article 39-2 du CGI interdit la déduction des sanctions pécuniaires et pénalités de toute nature mises à la charge des contrevenants à des obligations légales.
> Sont notamment visées les sanctions infligées par (BOI-BIC-CHG-60-20-20 n° 50) :
> – l'Autorité des marchés financiers (AMF) ;
> – la Commission bancaire (voir ci-après) ;
> – l'Autorité de contrôle des assurances et des mutuelles (devenue, à la suite de sa fusion avec la Commission bancaire, l'ACPR) ;
> – la Commission de régulation de l'énergie (CRE) ;
> – l'Autorité de régulation des communications électroniques et des postes (ARCEP) ;
> – la Commission nationale de l'informatique et des libertés (Cnil).
> Les amendes et pénalités non déductibles sont réintégrées extra-comptablement sur l'imprimé n° 2058-A (ligne WJ) ainsi que les provisions correspondantes (ligne WI).
> Sur la déduction de sanctions pécuniaires ayant pour objet l'indemnisation d'un préjudice, voir n° 46035.

Amendes et pénalités fiscales et sociales La liste des comptes du PCG prévoit, pour leur comptabilisation, le compte 6712 « Pénalités, amendes fiscales et pénales ». 45995

Ce classement par nature implique que toutes les **pénalités et majorations** (fiscales, sociales ou autres réglementations) soient comptabilisées à ce compte, les pénalités étant considérées comme ayant un caractère exceptionnel.

Toutefois, les pénalités pourraient être classées en résultat courant (voir n° 52030), notamment :
– en ce qui concerne les amendes pour **infraction à la réglementation du travail,** lorsqu'elles résultent d'une politique volontariste et systématique de l'entreprise ; dans ce cas, leur caractère courant pourra inciter l'entreprise à les considérer comme des charges d'exploitation, à comptabiliser par exemple dans une subdivision du compte 635 « Autres impôts, taxes et versements assimilés (administration des impôts) » ;
– lorsqu'une entreprise **retarde délibérément le paiement** de certains impôts ou cotisations sociales **dans le but de financer ses besoins de trésorerie,** on peut se demander si les pénalités correspondantes ne devraient pas être constatées en charges financières.

Sur les frais de publicité, voir n° 45985.

Concernant les **intérêts de retard,** leur classement devrait, à notre avis, être le même que celui des intérêts moratoires reçus en cas de dégrèvement, c'est-à-dire en financier, en exceptionnel ou en impôt selon la méthode retenue par l'entreprise (voir n° 53125).

Sur la possibilité de constituer une provision à la clôture ainsi que sur la mise en cause de la responsabilité d'une société mère pour une infraction commise par sa filiale, voir n° 46020.

> **Fiscalement** L'article 39-2 du CGI interdit la déduction des sanctions pécuniaires et pénalités de toute nature mises à la charge des contrevenants à des obligations légales. Tel est notamment le cas :
> **a. amendes et pénalités fiscales** :
> – des pénalités d'assiette et de recouvrement en matière fiscale y compris les pénalités fiscales pour défaut de production de certains documents (CGI art. 1763 ; BOI-BIC-CHG-60-20-20 n° 50), tels que tableau des provisions, relevé des frais généraux, état des abandons de créances et subventions entre sociétés intégrées, états de suivi des plus-values en sursis ou en report d'imposition prévus aux articles 41, 54 septies et octies, 151 octies et nonies du CGI ;
> – les sanctions pécuniaires en matière douanière, y compris les astreintes et confiscations ;
> – à notre avis, généralement toutes les pénalités fiscales prévues par les articles 1727 à 1840 W quater du CGI ;
> **b. amendes et pénalités sociales** :
> – des sanctions pécuniaires et pénalités en matière de sécurité sociale et de réglementation du travail : amende sanctionnant le travail dissimulé, majorations de retard pour paiement tardif des cotisations de sécurité sociale, pénalités pour non-respect des obligations déclaratives (par exemple, retard de dépôt de la déclaration annuelle des salaires (ex-DADS)), majorations de retard appliquées par l'Urssaf pour paiement tardif des cotisations, amende pour travail dissimulé… (BOI-BIC-CHG-60-20-20 n° 50) ;
> – des amendes pour infractions à la réglementation du travail d'ordre public (repos hebdomadaire, travail des handicapés…).
> Sont assimilées à des pénalités non déductibles les transactions conclues avec l'autorité ayant prononcé les pénalités, notamment en matière fiscale et douanière (CE 13-7-2007 n° 289233 et 289261).
> Les amendes et pénalités non déductibles sont réintégrées de manière extra-comptable sur l'imprimé n° 2058-A (ligne WJ) ainsi que les provisions correspondantes (ligne WI).

46000 **Pénalités environnementales** Elles sont, à notre avis, à enregistrer au compte 6712 « Pénalités, amendes fiscales et pénales ».

Sur la possibilité de les inclure dans le résultat courant, voir n° 52030.

Sur les pénalités relatives aux CEE, voir n° 20605.

Sur les frais de publicité, voir n° 45985.

> **Fiscalement** Les sanctions pécuniaires et les pénalités de toute nature mises à la charge des contrevenants à des obligations légales, notamment environnementales, sont non déductibles (CGI art. 39-2 ; BOI-BIC-CHG-60-20-20 n° 40). Sur le versement libératoire en matière de certificats d'économie d'énergie, voir n° 20610.
> Les amendes et pénalités non déductibles sont réintégrées de manière extra-comptable sur l'imprimé n° 2058-A (ligne WJ) ainsi que les provisions correspondantes (ligne WI).

Sur la possibilité de constituer une provision à la clôture ainsi que sur la mise en cause de la responsabilité d'une société mère pour une infraction commise par sa filiale, voir n° 27925.

46020 **Provision pour amendes, doubles droits, pénalités** En cas de redressement fiscal, voir n° 53230.

À notre avis, cette provision peut être assimilée à une provision pour litiges (voir n° 45910 s.). En conséquence, une provision doit être constituée à la clôture si les conditions suivantes sont remplies :

I. Existence d'une obligation à la clôture L'obligation en matière d'amendes et de pénalités résulte de l'infraction à la législation ou aux clauses d'un contrat commise de façon certaine ou probable à la clôture qui entraîne l'obligation de payer une amende ou des pénalités.

> **Précisions** Responsabilité des sociétés mères :
> **1. Société mère d'une filiale condamnée pour entente illicite** En cas d'entente illicite commise par une de ses filiales, une société mère peut être condamnée solidairement au paiement de l'amende prononcée par la Commission des Communautés européennes, alors même qu'elle n'a pas participé personnellement à l'infraction, et donc être amenée à constituer une provision le cas échéant. Tel est le cas lorsque (CJUE 10-9-2009 aff. 97/08, 3e ch., Akzo Nobel NV c/ Commission) :
> – la société mère détient 100 % du capital de la filiale. Dans ce cas, elle est présumée exercer une influence déterminante sur le comportement de sa filiale et ne constituer qu'une seule entité économique avec elle ;

— sauf si elle parvient à prouver qu'elle n'exerce pas d'influence déterminante sur le comportement de sa filiale en apportant tout élément relatif aux liens économiques, organisationnels et juridiques avec sa filiale de nature à démontrer qu'elles ne constituent pas une seule entité économique. En pratique, cette preuve est toutefois difficile à apporter car il est admis qu'une société mère peut exercer une influence déterminante sur ses filiales même sans faire usage d'un droit de regard et sans donner d'instructions ni directives sur certains aspects de la politique commerciale.

Sur la comptabilisation de l'amende pour infraction à la réglementation économique, voir n° 45985.

2. Société mère d'une filiale ayant commis une infraction de travail dissimulé En cas d'infraction de travail dissimulé commise par une filiale, il existe une responsabilité subsidiaire et solidaire entre la filiale ayant commis l'infraction et la société mère ou la société holding du groupe pour le paiement des contributions et cotisations sociales ainsi que des majorations et pénalités dues (CSS art. L 243-7-3). La société mère ou la holding peut donc être amenée à constituer une provision à ce titre, même en l'absence de faute ou de condamnation pénale de sa part. S'agissant d'une responsabilité subsidiaire, le lien entre la société mère et la société qui a commis l'infraction doit toutefois être établi et prouvé à la date du procès-verbal constatant l'infraction (Circ. Acoss 2009-84 du 3-11-2009).

Sur la comptabilisation de l'amende pour infraction à la réglementation sociale, voir n° 45995.

II. Sortie de ressources probable à la date d'arrêté des comptes En pratique, la probabilité de sortie de ressources peut, notamment, porter sur :
– le fait qu'un contrôle est en cours, annoncé ou que l'entreprise l'estime probable à la clôture ;
– la probabilité que des pénalités contractuelles seront réclamées eu égard, par exemple, aux sanctions déjà prononcées contre d'autres entités ayant commis la même infraction (voir également n° 46045).

> **EXEMPLE**
>
> **Entente illicite** : une provision pour infraction au droit de la concurrence (entente) devra être constituée :
> – dès qu'il apparaît probable que l'entreprise sera mise en cause (et qu'elle a de bonnes raisons de l'être), à savoir, à notre avis, au plus tard à la réception de la notification de griefs ;
> – et dans la mesure où dès cette date, il est possible d'évaluer la sortie de ressources (voir III. ci-après).
>
> La provision pourra toutefois devoir être constituée avant cette date, lorsque des événements rendent probable la mise en cause de l'entreprise, par exemple, lorsque les autres parties prenantes ont déjà été notifiées.

Dès lors que la sortie de ressources n'est pas estimée probable à la clôture, l'obligation n'entraîne qu'une information en annexe au titre des passifs éventuels (voir n° 52520).

> **Fiscalement** Une provision pour amendes ou pénalités est déductible uniquement dans les conditions suivantes :
> – les amendes et pénalités doivent elles-mêmes être déductibles, ce qui n'est pas le cas notamment des pénalités fiscales et des amendes pour infraction au droit de la concurrence ou des amendes pour infraction à la réglementation du travail (voir n° 45980 et 46000) ;
> – les amendes ou pénalités doivent être probables à la clôture, ce qui suppose qu'à cette date elles aient été réclamées ou qu'un contrôle soit en cours et que la réclamation soit probable.
> Lorsqu'elle n'est pas déductible, la provision doit faire l'objet d'une réintégration extra-comptable sur l'imprimé n° 2058-A (ligne WI) et la reprise correspondante d'une déduction (ligne WU).

III. Montant de la sortie de ressources Le montant à provisionner correspond à une estimation de l'amende ou de la pénalité encourue, des éventuelles astreintes et frais de publicité de la décision, ainsi que des frais annexes qui n'auraient pas été supportés en l'absence de procédure (honoraires d'avocat…).

> **Précisions** La méthode de détermination des sanctions pécuniaires encourues en cas de pratiques anticoncurrentielles a été précisée dans un communiqué de l'Autorité de la concurrence du 16 mai 2011 (autoritedelaconcurrence.fr).

AUTRES PÉNALITÉS

Pénalités sur marchés (achats et ventes)   46030

En ce qui concerne les pénalités relatives à des immobilisations, voir n° 45820 s.
Selon le PCG (art. 932-1), elles sont à inscrire pour les entreprises :
– qui les supportent : en charge exceptionnelle, au compte 6711 ;
– qui en bénéficient : en produit exceptionnel, au compte 7711.
Sur la possibilité de les inclure dans le résultat courant, voir n° 52030.

> **Fiscalement** Les pénalités contractuelles infligées dans le cadre des relations commerciales sont déductibles dès lors qu'elles ne sanctionnent pas des manquements à des obligations légales (BOI-BIC-CHG-60-20-20 n° 40).

46035 Indemnités compensant un préjudice Sont fiscalement déductibles les « **punitive damages** » infligés par une juridiction américaine, ayant le caractère de sanctions pécuniaires résultant de la méconnaissance d'une obligation légale, mais non perçues au profit d'une autorité publique, qui sont infligées par une juridiction à l'occasion d'un procès intéressant l'activité commerciale d'une société et présentent le caractère d'un complément d'indemnité accordé à la victime (CAA Versailles 5-10-2021 n° 20VE00034).

46045 Pénalités pour paiement tardif et indemnité forfaitaire pour frais de recouvrement

> **Juridiquement** En principe, le délai de paiement prévu par les parties est limité à 60 jours calendaires, après la date d'émission de la facture. Par dérogation, les parties peuvent prévoir un délai maximal de 45 jours fin de mois après la date d'émission de la facture (C. com. art. L 441-10 I). Des délais dérogatoires peuvent néanmoins être prévus pour certains secteurs. Pour plus de détails, voir Avis technique CNCC « Délais de paiement » du 28 juillet 2017, § 1.23 s. ; cncc.fr

Le délai de paiement doit être indiqué dans les conditions générales de vente (C. com. art. L 441-1) et porté sur la facture (C. com. art. L 441-9 ; voir n° 12400). Pour plus de détails, voir Mémento Concurrence et consommation n° 15100 à 15210.

Une pratique consiste à comptabiliser les 45 jours à compter de la date d'émission de la facture, la limite de paiement intervenant à la fin du mois civil au cours duquel expirent les 45 jours. La DGCCRF précise qu'il est également possible de comptabiliser ces délais en ajoutant 45 jours à la fin du mois d'émission de la facture.

Le délai prévu par le Code de commerce peut être aménagé par décision conjointe des professionnels d'un même secteur (C. com. art. L 441-11).

Dans le cas d'un retard de paiement, sont dues, de **plein droit** :
– des **pénalités de retard** (C. com. art. L 441-10 II) ;

> **Juridiquement** Les **pénalités de retard,** assimilables à des intérêts de retard (Cass. com. 2-11-2011 n° 10-14.677), sont **dues de plein droit** :
– sans qu'un rappel soit nécessaire (C. com. art. L 441-10 II) ;
– même en l'absence de conditions générales de vente (Cass. com. 3-3-2009 n° 07-16.527) ;
– sans possibilité de réduction de la part du juge (Cass. com. 2-11-2011 n° 10-14.677).

– une **indemnité forfaitaire pour frais de recouvrement** (C. com. art. L 441-10 II et D 441-5). Si les frais de recouvrement exposés sont supérieurs au montant de l'indemnité forfaitaire, le créancier peut, en outre, demander une **indemnisation complémentaire sur justification.**

Le taux d'intérêt des pénalités de retard et l'indemnité forfaitaire doivent être indiqués dans les conditions générales de vente (C. com. art. L 441-10 II) et portés sur la facture (C. com. art. L 441-9, al. 5 ; voir n° 12400).

> **Juridiquement** Concernant **l'indemnité forfaitaire pour frais de recouvrement,** la DGCCRF précise (Note d'information DGCCRF n° 2013-26 et questions/réponses sur l'indemnité forfaitaire pour retard de paiement, juillet 2013) :
– qu'il n'est pas nécessaire de la facturer ;
– qu'elle est due dès le 1er jour de retard de paiement, même lorsque la facture prévoit un paiement à réception ;
– qu'elle ne s'applique pas auprès des clients non visés par le Code de commerce (consommateurs, particuliers).

> **Précisions** Les dispositions ci-avant ne s'appliquent pas à un contrat de cession de **fonds de commerce** (Cass. com. 3-3-2015 n° 14-11414). Sur les modalités de calcul des pénalités, voir Mémento Concurrence et consommation n° 15220 à 15245.

I. Chez le fournisseur :

a. Pénalités de retard et indemnité forfaitaire pour frais de recouvrement chez le fournisseur

1. Comptabilisation La créance s'acquérant, de par la loi, dès la constatation du retard de paiement, le fournisseur doit constater un **produit à recevoir** (compte 4181 « Clients-Factures à établir ») à compter de cette date, indépendamment de toute réclamation, et ce :
– même en l'absence de conditions générales de vente (Cass. com. 3-3-2009 n° 07-16.527 ; voir ci-avant) ;
– même en l'absence de mise en demeure, lorsque les conditions générales de vente en prévoient pourtant une (à notre avis).

> **Fiscalement** Les pénalités de retard et les indemnités forfaitaires pour frais de recouvrement sont **imposables au titre de l'exercice de leur encaissement** (CGI art. 237 sexies ; BOI-BIC-BASE-20-10 n° 230). En conséquence, la comptabilisation d'une créance de pénalités qui n'a pas été payée à la clôture de l'exercice entraîne les retraitements extra-comptables suivants sur l'imprimé n° 2058-A :
– au titre de l'exercice de comptabilisation de la créance : déduction (ligne XG) du produit correspondant ;
– au titre de l'exercice de paiement des pénalités : réintégration (ligne WQ) du montant des pénalités et indemnités forfaitaires encaissées.
Les pénalités et intérêts de retard pour paiement tardif ne sont pas à prendre en compte au titre des produits financiers venant minorer l'assiette des charges financières nettes soumises, le cas échéant, à la limitation générale de déduction (voir n° 42985 ; BOI-IS-BASE-35-40-10-10 n° 300).

Toutefois, pour des raisons commerciales, le fournisseur peut ne pas s'estimer en mesure de réclamer les indemnités de retard à ses débiteurs (sous réserve que cela soit juridiquement possible). Dans ce cas :
– le produit ne devrait pas être comptabilisé ;

> **Fiscalement** Le tribunal administratif de Paris a jugé qu'une société est, sur le plan fiscal, fondée à renoncer à la perception de ces pénalités, dont l'application n'est pas obligatoire (voir, en ce sens, Mémento Concurrence Consommation n° 28460), lorsqu'elle est dans une situation de dépendance économique et sociale vis-à-vis de son client et entend préserver la qualité de ses relations avec lui (TA Paris 29-9-2021 n° 1922447).

– si le produit est néanmoins comptabilisé, il devrait être immédiatement déprécié.

> **Fiscalement** À notre avis, cette (provision pour) dépréciation ne devrait pas être déductible, la créance correspondante ne dégageant aucun produit imposable (voir ci-avant). En conséquence, elle devrait, à notre avis, être réintégrée extra-comptablement sur l'imprimé n° 2058-A (ligne WQ).

En cas d'**abandon de créance,** les pénalités de retard et indemnités doivent être annulées en suivant le traitement de la créance principale (voir n° 42220 s.).

2. Classement en résultat Les **pénalités de retard** constituent soit un élément du résultat exceptionnel (compte 7711 « Dédits et pénalités perçus sur ventes »), soit un élément du résultat financier (compte 7631 « Revenus sur créances commerciales »).

L'indemnité forfaitaire pour retard de paiement peut également être classée en produits exceptionnels ou en produit financier (DGCCRF, Questions/réponses sur l'indemnité forfaitaire pour retard de paiement, avril 2013). Toutefois, cette indemnité reçue par le fournisseur étant censée compenser des frais d'exploitation, un classement en autres produits d'exploitation serait, à notre avis, également justifié.

b. Indemnisation complémentaire, sur justification L'indemnisation complémentaire, demandée par le fournisseur sur justificatif, n'est pas due de plein droit. En conséquence, elle ne peut, à notre avis, être comptabilisée en produit que lorsque son attribution devient définitive (accord entre les parties ou décision de justice).

> **Fiscalement** Il en est de même. Les indemnités complémentaires susceptibles d'être demandées sur justification sont imposables selon le principe général des créances acquises, c'est-à-dire au titre de l'exercice au cours duquel la décision de justice les octroyant est devenue définitive (BOI-BIC-BASE-20-10 n° 230).

II. Chez le client :

a. Comptabilisation des pénalités de retard et de l'indemnité forfaitaire pour frais de recouvrement Réciproquement, les entreprises débitrices peuvent être amenées à constater un passif à la clôture, du fait de leur **obligation** vis-à-vis du fournisseur.

En effet, les indemnités de retard étant exigibles sans qu'un rappel soit nécessaire, il existe à la date de constatation du retard de paiement une obligation vis-à-vis du fournisseur, née du non-respect des conditions de règlement indiquées sur la facture et/ou dans les conditions générales de vente risquant d'entraîner une sortie de ressources sans contrepartie.

Toutefois, selon le bulletin CNCC (n° 128, décembre 2002, EC 2002-61, p. 612), la **sortie de ressources** s'apprécie en fonction :
– des relations commerciales que l'entreprise débitrice entretient avec ses fournisseurs ;
– de l'évolution des contrôles et sanctions de la part de la DGCCRF.

> **Précisions** S'il est convenu avec le fournisseur que ces indemnités de retard ne seront pas réclamées ou feront immédiatement l'objet d'un avoir, la sortie de ressources est peu probable, et aucun passif ne doit alors être constaté.

S'il semble improbable que les indemnités de retard soient réclamées par les fournisseurs au regard des éléments connus (acceptation tacite du fournisseur et absence de contrôle de la DGCCRF), aucun passif n'est à comptabiliser.

Si la sortie de ressources est probable, un passif est à constituer et la société devra évaluer, fournisseur par fournisseur, le montant théorique des indemnités de retard.

> **Fiscalement** Les **pénalités de retard** et les **indemnités forfaitaires pour frais de recouvrement** dues sont déductibles au titre de l'exercice de leur paiement (CGI art. 237 sexies ; BOI-BIC-BASE-20-10 n° 230). En conséquence, si une dette de pénalités a été constatée dès l'exercice de constatation du retard de paiement, les retraitements extra-comptables suivants doivent être effectués sur l'imprimé n° 2058-A :
> – au titre de l'exercice de comptabilisation de la dette : réintégration (ligne WQ) de la charge correspondante ;
> – au titre de l'exercice de paiement des pénalités : déduction (ligne XG) du montant des pénalités payées.
> Les pénalités pour paiement tardif ne sont pas à prendre en compte dans l'assiette des **charges financières nettes** soumises, le cas échéant, à la limitation générale de déduction (voir n° 42975) (BOI-IS-BASE-35-40-10-10 n° 300).

Sur l'information à donner dans le rapport de gestion sur les factures clients et fournisseurs échues, voir n° 64980 II.

Sur le contrôle de ces informations par le commissaire aux comptes, voir FRC 12/23 Hors série inf. 95.2.

b. Classement en résultat Les pénalités de retard et l'indemnité forfaitaire pour frais de recouvrement constituent soit un élément du résultat exceptionnel (compte 6711 « Pénalités sur marchés »), soit un élément du résultat financier (compte 66181 « Intérêts des dettes commerciales »), en considérant qu'il s'agit en substance d'intérêts (DGCCRF, Questions/réponses sur l'indemnité forfaitaire pour retard de paiement, avril 2013). Toutefois, l'indemnité forfaitaire étant censée payer un service, un classement en autres charges d'exploitation serait, à notre avis, également justifié.

4. DIVERS

VOLS

46050 **Les détournements de fonds** commis par le personnel au préjudice de l'entreprise constituent des charges exceptionnelles.

> **Fiscalement** (voir BIC-IX-61250 s.) Les incidences sont différentes selon que leur auteur est :
> **a.** un **associé, dirigeant associé ou administrateur dirigeant d'une société** : ayant toujours le caractère de prélèvements, ils ne sont pas déductibles (BOI-BIC-CHG-60-20-10 n° 60 ; CE 10-2-1989 n° 68731 à 68733), sauf lorsque la participation détenue est très réduite (CE 14-2-2001 n° 193309) ;
> **b.** un **dirigeant non associé mais mandataire social** : ne pouvant être considérés comme commis à l'insu de la société, ils ne sont pas déductibles (CE 27-7-1988 n° 54510 et 16-10-1989 n° 66567) ;
> Sur l'application de ce principe dans le contexte particulier d'une fusion, voir Mémento Fusions & Acquisitions n° 8145.
> **c.** un **salarié n'ayant pas la qualité de mandataire social** (ou un **salarié actionnaire très minoritaire** ; CE 14-2-2001 n° 193309 ; CAA Versailles 10-2-2015 n° 13VE00738) : les détournements ne sont déductibles que s'ils ont été commis à l'insu des dirigeants. À l'inverse, ils ne sont pas déductibles si le comportement délibéré des dirigeants ou leur carence manifeste dans l'organisation de l'entreprise ou la mise en œuvre des dispositifs de contrôle interne ont été à l'origine, directe ou indirecte, de ces détournements (CE 5-10-2007 n° 291049 ; CE 13-7-2016 n° 375801 ; BOI-BIC-CHG-60-20-10 n° 60). Le Conseil d'État retient une solution identique dans le cas de détournements de fonds commis par l'épouse d'un entrepreneur individuel (CE 27-4-2011 n° 319472). Les détournements non déductibles sont réintégrés sur l'imprimé n° 2058-A (ligne WQ).
> **d.** un **tiers** : les détournements de fonds commis par des tiers sont déductibles des résultats de l'exercice au cours duquel ils ont été découverts (CE 13-7-2020 n° 438366) sans qu'il y ait lieu de s'interroger sur d'éventuelles carences dans l'organisation de l'entreprise ou la mise en œuvre du contrôle interne (CE 12-4-2019 n° 410042). Il en est de même dans le cas d'une escroquerie commise par un tiers à l'occasion d'une opération entrant dans l'objet social de la société, même si le dirigeant a fait encourir un risque élevé de perte à l'entreprise du fait de sa carence manifeste à réaliser les contrôles que le contexte de cette opération imposait (CAA Versailles 7-2-2017 n° 15VE03890).

Toutefois, si le salarié (auteur du détournement) a établi une **reconnaissance de dettes**, le détournement constitue non pas une perte mais une créance acquise devant figurer à l'actif du bilan ; cette créance peut seulement faire l'objet d'une dépréciation si l'entreprise doute de son recouvrement effectif auprès de son (ex-)salarié.

> **Fiscalement** Cette provision a été jugée :
> – déductible pour un détournement commis par un salarié (CAA Nancy 6-8-1993 n° 92-995) ;
> – non déductible pour un détournement commis par un dirigeant (CE 21-2-2005 n° 259083).

Les vols (ou destructions) de biens d'exploitation (stocks, fournitures enregistrées directement en charges d'exploitation) viennent en diminution du résultat d'exploitation de l'exercice (par le biais des variations des stocks) du fait que le stock de clôture est réduit d'autant. **46055**

> **Fiscalement** Cette charge est en principe déductible (BOI-BIC-CHG-60-20-10 n° 40). Sur les conséquences d'un vol commis dans un contexte de carence dans le contrôle interne, voir n° 46050.
> Sur la régularisation de TVA en cas de vol, voir Mémento Fiscal n° 57515.

En cas de destruction par un sinistre ou lorsque le vol est important, la charge peut, à notre avis, être débitée au compte 6718 « Autres charges exceptionnelles sur opérations de gestion » par le crédit du compte 791 « Transferts de charges d'exploitation » (voir n° 52030).
Sur **l'indemnité d'assurance** couvrant un stock, voir n° 45805.

Démarque inconnue Dans ce cas, les vols sont habituels et doivent donc, à notre avis, grever le résultat d'exploitation. En conséquence aucune écriture n'est à passer. Toutefois, pour ne pas fausser la marge commerciale ou la valeur ajoutée, un transfert de charges vers le compte 658 « Charges diverses de gestion courante » paraît souhaitable. Les stocks seront corrigés par le biais de l'inventaire physique. **46060**

Si l'inventaire physique est réalisé longtemps avant la clôture de l'exercice (en cas d'inventaire permanent, voir n° 22345), la perte liée à la démarque inconnue subie entre ces deux dates doit, à notre avis, être constatée dans les comptes (C. com. art. L 123-20, al. 3 et PCG art. 513-4) :
En effet, sachant que le stock fourni par l'inventaire permanent est pertinemment inexact (l'inventaire est certes fiable mais inexact puisqu'il ne représente pas les quantités réelles à la clôture de l'exercice), il y a lieu de **corriger directement la valeur brute des stocks** du montant estimé de démarque inconnue (à défaut, le stock figurant à l'actif est surévalué).

> **Fiscalement** La correction directe des stocks permettrait la déductibilité de cette perte, qui correspond à une perte physique déjà réalisée à la clôture de l'exercice, à condition que son évaluation, nécessairement statistique, soit satisfaisante – pour les grands magasins, un taux de démarque par rayon est nécessaire, un taux moyen par magasin étant trop global (CE 26-7-1991 n° 112906).

En revanche, la prise en compte de cette perte sous forme de **provision** n'est pas conforme aux règles comptables (PCG art. 513-4), les provisions étant destinées à couvrir des passifs probables [le PCG 82 (p. I.39) précisait en outre « dont la réalisation est incertaine »], alors que cette perte est déjà réalisée à la clôture.

> **Fiscalement** (CAA Paris 21-11-1989 n° 870 et CE 26-7-1991 n° 112906), la déductibilité d'une telle provision a été refusée pour ce motif.

> **Précisions** **Pourcentage de démarque**
> Cette démarque inconnue est à calculer, à notre avis, **sur les consommations.** Dans une gestion de stocks en prix de vente, le montant estimé est égal au pourcentage général de démarque inconnue (par catégories de produits, ou par rayon, etc.) multiplié par le chiffre d'affaires TTC réalisé depuis l'inventaire physique jusqu'à la clôture.
> Le pourcentage général de démarque inconnue est habituellement calculé sur une période s'écoulant entre 2 inventaires physiques, chacun de ces inventaires se situant au cours de 2 exercices successifs (ex. : inventaires physiques : 30/6/N et 30/6/N+1 ; date de clôture 31/12) ; il est égal au rapport suivant :
>
> $$\frac{\text{Stock théorique (au 30/6/N+1)} - \text{stock physique (au 30/6/N+1)}}{\text{Chiffre d'affaires réel entre 30/6/N et 30/6/N+1}}$$

Remise de faux billets Il s'agit, à notre avis, le plus souvent (commerçants) de charges de gestion courante à porter au compte 658. **46065**

> **Fiscalement** La perte qui en résulte est déductible si elle est appuyée de justifications suffisantes (BOI-BIC-CHG-60-20-10 n° 70).

Les vols d'immobilisations doivent être traités comme les destructions (voir n° 29430). **46070**

DONS ET LIBÉRALITÉS

46075 Ceux réalisés par les entreprises sont inscrits au compte 6713 (PCG). Toutefois, s'ils peuvent présenter un caractère courant (exemple : pourboires aux livreurs, etc.), ils sont comptabilisés au compte 6238 « Divers (pourboires, dons courants…) ».

> **Fiscalement** Ces dons ne constituent des charges déductibles que si les sommes sont versées :
> – dans l'intérêt de l'entreprise (pour les cadeaux aux clients, voir n° 15925 ; pour les subventions aux entreprises liées ou non, voir n° 40190) ou de son personnel (BOI-BIC-CHG-40-20-40 n° 300 ; voir notamment n° 17080) ;
> – dans le cadre d'une gestion commerciale normale ;
> – et cessent d'être à la disposition de l'entreprise (BOI-BIC-CHG-40-20-40 n° 310).
> Certains dons ouvrent droit, sur la base d'une disposition légale expresse, à déduction ou réduction d'impôt.

Sur l'information à donner, voir n° 18585 s. ; sur l'attestation des commissaires aux comptes, voir n° 18600.

Dans le cas particulier de **dons perçus par une entreprise victime d'une catastrophe naturelle,** ou d'un événement ayant des conséquences dommageables constatés par arrêté ministériel (tel que les catastrophes industrielles ou technologiques), ceux-ci sont à constater en produits exceptionnels soit comme une subvention de l'État, soit comme un versement d'une indemnité d'assurance par un tiers (voir n° 45800 III.).

> **Fiscalement** Les dons reçus, à ce titre, ne sont pas imposables (CGI art. 237 quater ; BOI-BIC-PDSTK-10-30-30 n° 10 ; voir Mémento Fiscal n° 8105). Ils sont déduits de manière extra-comptable sur l'imprimé n° 2058-A (ligne XG) du résultat de l'exercice au cours duquel ils ont été perçus.

Sur les dépenses de parrainage et de mécénat, voir n° 16030 et 16035 s.

DETTES D'UNE ENTREPRISE EN DIFFICULTÉ DE PAIEMENT

46080 Entreprises en procédure de conciliation (C. com. art. L 611-4 s. ; voir n° 61275 s.) La conciliation consiste :

a. en un rééchelonnement de la dette, voire à des remises de dettes. Celui-ci ne modifie pas la nature de la dette et n'a donc pas d'effet sur sa comptabilisation initiale ;
Les dettes d'exploitation sont donc à maintenir en exploitation, sans possibilité de les reclasser en dettes financières (Bull. CNCC n° 144, décembre 2006, EC 2006-76, p. 719).

b. en des remises de dettes. Selon le PCG (art. 626-1) et l'avis CNC n° 38 (relatif au règlement amiable mais applicable, à notre avis, à la procédure de conciliation) :
– dès l'accord des parties, le respect par le débiteur de ses engagements constituant une **condition résolutoire,** le produit correspondant au montant de la remise est comptabilisé, à notre avis, au compte 771 « Produits exceptionnels sur opérations de gestion » ;

> **Fiscalement** À notre avis, il en est de même.

– si l'accord n'est pas respecté (survenance de la condition résolutoire), la dette est reconstituée, sous déduction des montants versés. Cette solution est également à retenir lorsque l'accord n'est pas respecté du fait de l'ouverture d'une procédure de sauvegarde, de redressement ou de liquidation judiciaires.
Une **provision** doit être constituée à la clôture **dès que la résolution de l'accord** de conciliation est **probable** à la date d'arrêté des comptes (PCG art. 322-2 s. et Avis CNC précité).
Sur le traitement chez le créancier, voir n° 11410.
Sur le cas particulier des créances non produites ou rejetées, voir n° 46085.

c. Annexe Le PCG (art. 833-20/8) requiert l'inscription dans l'annexe du débiteur (et du créancier, voir n° 11410) d'informations relatives :
– aux remises et/ou aux réductions obtenues ;
– aux engagements financiers futurs donnés.

46085 Entreprises en procédure de sauvegarde (voir n° 61380 s.) **ou en redressement** (voir n° 61595 s.) ; (C. com. art. L 620-1)

a. Jugement de sauvegarde ou jugement de redressement judiciaire ayant prononcé la continuation de l'entreprise Il convient (PCG art. 626-1 et Avis CNC n° 38 expressément applicable au redressement judiciaire, mais pouvant, à notre avis, être également appliqué lors d'une procédure de sauvegarde) de distinguer deux situations possibles en fonction des modalités retenues pour l'apurement du passif :

1. Le tribunal a donné acte des remises et/ou des délais acceptés par les créanciers (C. com. art. L 626-18) :
– en cas de remise, l'**extinction de la dette** est instantanée **(condition résolutoire)** et le **produit définitif dès la décision du tribunal** ;

> **Fiscalement** Il en est de même, le produit résultant de la réduction de la créance, assimilable à un abandon de créance (voir n° 42220 s.), étant imposable lors de l'exercice au cours duquel elle est devenue certaine dans son principe et dans son montant par **l'effet du jugement approuvant le plan** de redressement (CE 21-11-2011 n° 340319 ; BOI-BIC-PDSTK-10-30-30 n° 40) ou, à notre avis, le plan de sauvegarde.
> Toutefois, les entreprises concernées disposant généralement de déficits reportables imputables dans certaines limites (voir n° 52590) sur les produits correspondant aux abandons de créance, les incidences fiscales sont réduites.
> Sur la déduction, chez le créancier, des abandons de créance à caractère commercial consentis dans le cadre d'un plan de sauvegarde ou de redressement, voir n° 42235.

> **Précisions 1. Remise négociée par la caution** Lorsque la caution du débiteur est condamnée par jugement du tribunal de commerce à rembourser une dette et conclut un protocole d'accord avec le créancier pour obtenir une remise de dette (finalement déduite du passif admis dans le cadre du plan de continuation), la remise bénéficie au débiteur et non à la caution, même si le débiteur n'est pas partie au protocole (Bull. CNCC n° 202, juin 2021, EC 2020-41 ; cncc.fr).
> **2. Classement du produit** Voir n° 42230 et 42290.

Une **provision** doit être constituée à la clôture **si la résolution du plan** de redressement est **probable** à la date d'arrêté des comptes (PCG art. 322-2 s. et Avis CNC précité).
– en cas de délai supplémentaire, le rééchelonnement de la dette ne modifie pas sa nature et n'a donc pas d'effet sur sa comptabilisation initiale, le fait qu'elle soit transformée en dette à moyen ou long terme apparaît dans l'annexe (des sous-comptes peuvent être créés pour suivre les montants rééchelonnés).

2. Les créanciers ont exercé le choix, prévu par le plan, d'un paiement dans un délai plus bref assorti d'une réduction proportionnelle du montant de leur créance. Dans ce cas :
– la réduction de créance n'étant définitivement acquise qu'après versement, au terme fixé, de la dernière échéance prévue par le plan pour son paiement (C. com. art. L 626-19) ;
– le produit n'est certain, à la fois dans son principe et dans son montant, que lorsque le paiement de la dernière échéance liée à la dette est intervenu. Il ne doit donc être comptabilisé qu'à partir de cette date, sans attendre le versement de la dernière échéance du plan (Bull. CNCC n° 161, mars 2011, EJ 2010-41 et EC 2010-68, p. 122 s.).

> **Précisions 1.** Le caractère acquis des remises de dette est donc apprécié créance par créance, et non pas globalement pour l'ensemble du plan (sans distinction d'une créance par rapport à l'autre).
> **2.** En outre, la dette bénéficiant d'une remise partielle ou d'un échelonnement de son paiement ne doit pas être reclassée en dette financière, mais est à maintenir en exploitation (Bull. CNCC n° 144 précité).

3. Annexe Dans tous les cas, l'inscription dans l'annexe d'une information relative aux remises et/ou aux réductions obtenues ainsi qu'aux engagements financiers futurs est requise (PCG art. 833-20/8).

4. Cas particulier des créances non produites ou rejetées Selon le PCG (art. 626-2) :
– si aucune demande en relevé de forclusion n'a été formée à l'expiration du délai d'un an à compter du jugement d'ouverture de la procédure, le produit correspondant aux créances non déclarées en cours de redressement judiciaire est comptabilisé à l'expiration de ce délai ;
– si une demande en relevé de forclusion a été formée mais a été rejetée, le produit est comptabilisé dès la date de l'ordonnance de rejet. Tant que la décision n'est pas définitive, le débiteur maintient sa dette au bilan.

Le produit correspondant à la créance non produite ou rejetée est à comptabiliser, à notre avis, en résultat exceptionnel (au compte 771 « Produits exceptionnels sur opérations de gestion »).

Cette disposition du PCG, applicable aux **procédures de redressement judiciaire,** a été remise en cause par la CNCC dans le cadre d'une **procédure de sauvegarde.** Ainsi, selon le bulletin CNCC, les créances non déclarées et non relevées de forclusion ne peuvent être

comptabilisées en produits, dans les comptes annuels du débiteur (Bull. CNCC n° 181, mars 2016, EJ 2015-17 et EC 2015-72, p. 63) :
– qu'à l'issue du plan de sauvegarde (à l'appui du jugement du tribunal constatant la fin du plan). En effet, ces créances deviennent inopposables au débiteur, après l'exécution du plan, uniquement lorsque les engagements énoncés dans le plan ou décidés par le tribunal ont été tenus (C. com. art. L 622-26) ;
– ou lors de la survenance de la prescription, en cours d'exécution du plan (la prescription courant à l'encontre du créancier qui n'a pas déclaré sa créance ; sur les délais de prescription des créances commerciales, voir n° 18745).

> **Précisions** Face à cette contradiction, les textes sur les déclarations de créances étant identiques pour la procédure de sauvegarde et la procédure de redressement judiciaire, la CNCC a saisi l'ANC pour statuer sur le traitement des créances non déclarées.

b. Jugement de redressement ayant prononcé la cession – partielle ou totale – de l'entreprise ou **jugement de liquidation judiciaire** En cas de **cession de l'entreprise** ou de sa **liquidation pour insuffisance d'actif,** le produit résulte des termes du jugement.

> **Fiscalement** Voir n° 11430.

Sur le cas particulier des créances non produites ou rejetées, voir ci-avant a.
Sur le traitement chez le créancier, voir n° 11430.

46090 Débiteurs bénéficiant d'un effacement de dettes dans le cadre d'une procédure de rétablissement professionnel (voir n° 61690) L'extinction des dettes est instantanée et le produit définitif est à comptabiliser, à notre avis, au compte 771 « Produits exceptionnels sur opérations de gestion » dès la décision du tribunal.
L'annexe doit, à notre avis, indiquer qu'une telle procédure est en cours à la clôture.

DÉGRÈVEMENTS D'IMPÔT
46100 Voir n° 53120.

C. Information sur les opérations exceptionnelles

46120 Présentation au compte de résultat Voir n° 95530 s., les postes « charges exceptionnelles » et « produits exceptionnels ».

46125 Information dans l'annexe Le PCG (art. 833-14/3) **prévoit que des précisions** sur la nature, le montant et le traitement comptable des charges et produits exceptionnels sont à fournir, lorsque ces charges ou produits présentent une **importance significative.**

SECTION 3 **EMBALLAGES**

I. DÉFINITIONS ET ÉLÉMENTS CONSTITUTIFS

DÉFINITIONS
46225 Il convient de distinguer :
– le **matériel d'emballage** (non défini par le PCG mais défini antérieurement) : matériel réservé au logement et au conditionnement des matières, produits, marchandises manutentionnés dans l'entreprise qui restent à la disposition de celle-ci pour ses besoins internes et n'est pas destiné à être livré aux clients ;
– les **emballages** : objets destinés à contenir les produits ou marchandises et livrés à la clientèle en même temps que leur contenu et, par extension, tous objets employés dans le conditionnement de ce qui est livré ;

> **Fiscalement** il en est de même (BOI-BIC-PDSTK-20-10 n° 200 à 220 et BOI-BIC-CHG-20-10-20 n° 310).

Ils comprennent :
- les emballages **perdus** : emballages destinés à être livrés avec leur contenu sans consignation ni reprise,
- les emballages **récupérables** : emballages susceptibles d'être provisoirement conservés par les tiers et que le livreur s'engage à reprendre dans des conditions déterminées,
- les emballages **mixtes** (non définis par le PCG mais définis antérieurement) : emballages pouvant être indifféremment soit vendus en même temps que les produits ou marchandises, soit consignés ou prêtés aux clients ;
– les **matières et fournitures d'emballages** : objets et substances destinés à la fabrication des emballages ou à leur achèvement.

CLASSEMENT COMPTABLE

46230

Il est différent selon la fonction de l'emballage pour l'entreprise :
1. Le **matériel d'emballage** est **immobilisé** au compte 2154 « Matériels industriels ».
2. Les **emballages perdus** :
– constituent des approvisionnements s'ils sont achetés (compte 60261 « Emballages perdus ») et sont stockés (compte 3261 « Emballages perdus ») ;
– toutefois, si leur montant est peu important, ils sont inscrits au compte 606 « Achats non stockés de fournitures » (subdivision 6068 « Autres matières et fournitures ») et compris, éventuellement, au bilan dans les comptes de régularisation (compte 486 « Charges constatées d'avance ») ;
– sont portés au compte 35 « Stocks de produits », s'ils ont été fabriqués par l'entreprise.

> **Fiscalement** Ils font partie des stocks (CGI ann. III art. 38 ter), mais ils peuvent être compris dans les frais généraux si leur montant est peu important (Rép. Braconnier : Sén. 16-1-1980 n° 30534, non reprise dans Bofip).

3. Les **emballages récupérables** constituent normalement des **immobilisations** (compte 2186). Toutefois, lorsqu'ils ne sont pas commodément identifiables unité par unité, ils **peuvent,** compte tenu de leur nature et des pratiques, être **assimilés à des stocks** et comptabilisés comme tels au compte 3265.

> **Fiscalement a.** Les **emballages récupérables** qui sont **identifiables** constituent normalement des immobilisations. Le caractère identifiable des biens peut par exemple résulter de l'apposition d'un numéro de série permettant de les différencier (BOI-BIC-PDSTK-20-10 n° 220 ; CE 25-11-1981 n° 10959).
> **b.** Selon le Conseil d'État, les **emballages récupérables non identifiables** constituent des immobilisations si leur durée moyenne d'utilisation déterminée par l'entreprise de façon statistique est supérieure à un an (CE 3-2-1984 n° 27227). Le choix du **classement** des emballages récupérables non identifiables dans les valeurs d'exploitation ou dans les immobilisations n'est **pas une option** mais doit être effectué en fonction des circonstances de fait : nature et durée d'utilisation des éléments, spécificités et nécessités de l'exploitation (CE 3-2-1984 n° 27227 ; BOI-TVA-SECT-90-30 n° 10). Toutefois, reprenant dans ses commentaires les dispositions de l'article 38 ter de l'annexe III au CGI suivant lesquelles les emballages récupérables non commodément identifiables peuvent être assimilés à des stocks, l'administration précise que cette disposition ne fait que répondre aux prescriptions comptables suivant lesquelles ces emballages peuvent, compte tenu de leur nature et des pratiques, être portés parmi les stocks et comptabilisés comme tels (CGI ann. III art. 38 ter ; BOI-BIC-CHG-20-10-20 n° 310).

4. Les **emballages mixtes** :
– lorsqu'ils sont achetés, constituent des approvisionnements comme les emballages perdus et sont traités comme ceux-ci ; ils peuvent être isolés aux comptes 3267 « Emballages mixtes » et 60267 « Emballages à usage mixte » ;
– lorsqu'ils sont produits par l'entreprise, ils sont portés au compte 35 « Stocks de produits » ;
– les **matières et fournitures d'emballages** sont des **matières premières** (comptes 601 et 31).

SUIVI DES EMBALLAGES NON IDENTIFIABLES IMMOBILISÉS

46235

En pratique, les entreprises ont, à notre avis, intérêt à subdiviser ce compte par catégories (palettes, casiers, bouteilles, etc.) et à tenir, comptablement ou extra-comptablement, l'historique de leurs acquisitions en nombre et prix unitaire. En effet, les cessions d'emballages immobilisés s'effectuent selon la méthode Fifo (premier entré – premier sorti), il est utile de pouvoir reconstituer rapidement le coût de revient des emballages les plus anciens.

> **EXEMPLE**
> La comptabilité ou un état extra-comptable fournit, sur le compte 21861 « Palettes », les éléments suivants :
> 01/01/N : achat de 100 palettes à 15 .... 1 500
> 01/06/N : achat de 50 palettes à 16 800
> 31/12/N : achat de 200 palettes à 17 .... 3 400
> Total 5 700
>
> Si en N+3, 130 palettes sont cédées, leur coût de revient se détermine aisément :
> (100 × 15) + (30 × 16) = 1 980.

ÉVALUATION DES EMBALLAGES

46240 Pour évaluer les emballages, il convient, après les avoir classés selon les critères définis ci-avant, de respecter les principes généraux relatifs à l'évaluation des stocks ou des immobilisations.

II. CONSIGNATION DES EMBALLAGES

46310 Le traitement comptable est identique pour les **consignations de matériels** (sous la réserve – bien entendu – qu'ils soient toujours immobilisés chez le consignataire).

NATURE JURIDIQUE DU CONTRAT DE CONSIGNATION

46315 **> Précisions** L'examen de la nature juridique du contrat de consignation doit nécessairement se **fonder sur les documents contractuels** établis entre le vendeur et sa clientèle qui constituent la loi des parties. Mais dans la pratique, les conditions générales prévues par ces documents pouvant être fort différentes, nous limiterons cet examen aux opérations de consignation faites en **l'absence d'un véritable contrat,** dans le cas, par exemple, d'une convention tacite.

46320 **Nature juridique** Le contrat de consignation des emballages n'est prévu ni par le Code civil ni par le Code de commerce. La doctrine s'accorde aujourd'hui pour l'analyser sous le double aspect d'un **prêt à usage** assorti d'un dépôt de fonds de garantie.

« **Le prêt à usage** est un contrat par lequel l'une des parties livre une chose à l'autre pour s'en servir, à la charge pour le preneur de la rendre après s'en être servi » (C. civ. art. 1875). Ce droit d'usage est essentiellement gratuit (C. civ. art. 1876).

46325 **Conséquences** Cette analyse de la nature juridique de la consignation entraîne des obligations pour les parties. En particulier :

a. Le prêteur reste propriétaire de l'emballage consigné (C. civ. art. 1877) et ne peut obtenir la restitution de la chose qu'après usage (C. civ. art. 1888).

b. Le contrat se termine avec l'usage de la chose. Non seulement ce contrat n'est pas générateur d'autres obligations que celles qu'il comporte directement, mais au jour de la restitution de la chose et du remboursement du dépôt, chaque partie est libre de tout engagement à l'égard de l'autre. Si l'opération se renouvelle, serait-ce avec le même appareil et la même consignation, ces renouvellements ne constituent pas les exécutions successives d'un même contrat global, mais chacun d'eux suppose une convention nouvelle indépendante de la précédente et qui ne prend naissance que si un accord intervient sur les conditions de son exécution, puisque le vendeur n'est pas plus tenu de vendre que le client n'est tenu d'acquérir (GP 1949-1-45).

COMPTABILISATION DES OPÉRATIONS CHEZ LE VENDEUR

46330 **Consignation** Le vendeur reçoit des fonds en dépôt qui constituent une dette envers l'acheteur créditée au compte **4196 « Clients – Dettes pour emballages et matériels consignés »** par le débit du compte 411 « Clients » (PCG art. 944-41).

> Précisions Dans les branches où les consignations à long terme sont importantes, les entreprises peuvent avoir intérêt à isoler la partie estimée remboursable dans plus d'un an dans une subdivision du compte 4196 (par exemple, 41961 « Fonds de consignation »).

Lors du retour de l'emballage, le compte 4196 est soldé par le crédit du compte 411 et du compte 708 « Produits des activités annexes » (subdivision **7086 « Bonis sur reprises** d'emballages consignés ») si la reprise se fait pour un montant inférieur à celui de la consignation (PCG art. 944-41). Ce produit compense la dépréciation de l'emballage consigné (voir n° 46335).

> **Fiscalement** Les consignations facturées lors des livraisons d'emballages consignés peuvent ne pas être imposables à la TVA si les conditions suivantes sont remplies (CGI art. 267-III ; voir Mémento Fiscal n° 61025 à 61040) :
> – la TVA n'est pas facturée ;
> – les emballages sont rendus au terme des délais en usage dans la profession.

Il en résulte le traitement comptable suivant :

EXEMPLE

	hors TVA		TVA		Total
Vente	100 000	+	20 000	=	120 000
Consignation	20 000	+	–	=	20 000
	120 000	+	20 000	=	140 000

L'emballage est retourné endommagé pour 10 000.

	411 Clients	4457 TVA collectée	4196 Emballages consignés	701 Ventes	7086 Bonis sur reprises d'emballages
Vente avec consignation	140	20	20	100	
Retour emballage	10	2	20		8
	140 | 10	22	20 | 20	100	8
	130	22	soldé	100	8

Suivi des comptes d'emballages consignés

Il ne fait l'objet d'**aucune prescription légale**.   **46335**

> **Précisions** **1.** Dans la pratique, les méthodes utilisées sont diverses :
> – compte d'emballages consignés global, tenu en valeurs et éventuellement en quantités ;
> – compte d'emballages consignés global, subdivisé en comptes individuels clients « Emballages consignés – clients » tenus en valeurs ;
> – compte d'emballages consignés global, subdivisé en comptes individuels « Clients » permettant de connaître la position par client, non seulement en valeurs mais également en quantités ;
> – compte d'emballages consignés global sans subdivision, les quantités et les valeurs par client pouvant être obtenues extra-comptablement.
>
> La solution à retenir dépend étroitement **du volume et de l'importance des opérations de consignation**.
>
> **2.** Certaines entreprises adressent à leurs clients, à la clôture de chaque exercice, le relevé de leur compte « Emballages consignés » et leur demandant leur accord sur les chiffres fournis ainsi que le montant de la différence entre le stock qui en résulte et le stock réel. Les réponses des clients permettent de mieux cerner le montant des non-restitutions. Les clients sont ainsi sensibilisés au problème et peuvent constater en comptabilité, au vu du relevé, leurs malis sur emballages à rendre.

À chaque clôture, les stocks et les immobilisations d'emballages sont évalués selon les règles générales (voir n° 21470 s. pour les stocks et n° 27715 s. pour les immobilisations).

> **Fiscalement** Le stock d'emballages consignés est évalué au cours du jour correspondant au prix de consignation qui ne peut être diminué d'un abattement destiné à tenir compte de la détérioration rapide de ces emballages et du prix susceptible d'être obtenu en cas de liquidation du stock, dès lors que le prix de consignation est indépendant de l'état de l'emballage (CAA Nantes 25-9-1991 n° 89-725).

Non-restitution d'emballages consignés

Elle est considérée **comptablement** comme une **cession d'immobilisations** (emballages immobilisés) ou une **vente** (emballages stockés) bien que, juridiquement, il n'y ait pas eu « Vente ». Généralement, on considère les emballages comme vendus lorsqu'ils n'ont **pas** été **restitués** dans les **délais en usage** de la profession.   **46355**

I. Prix de cession des emballages non restitués

Il est constitué par le montant de leur consignation.

46355
(suite)

> **Fiscalement** Les emballages consignés sont considérés comme vendus lorsqu'ils ne sont pas restitués par la clientèle au terme des délais en usage dans la profession.
> La TVA est alors exigible que les emballages aient été comptabilisés en immobilisations ou en stocks, dès lors qu'ils ont ouvert droit à déduction (CGI art. 267-III ; voir Mémento Fiscal n° 61025 à 61040).

Toutefois, dans le cas particulier d'une **consignation assortie** d'un **droit de location**, le contrat prévoyant la restitution de la consignation sous déduction d'un droit de location proportionnel au nombre de mois de conservation de l'emballage, à notre avis :
– les **prélèvements** mensuels sur la consignation versée constituent des produits de **location** ;
– lors de la constatation de la non-restitution, le prix de cession est constitué par l'éventuel montant résiduel de la consignation.

> **Fiscalement** Il en est de même (CE 25-11-1981 n° 10959 ; BOI-BIC-PDSTK-10-10-20 n° 120 et CAA Paris 9-2-1993 n° 91-1023 confirmé par CE 6-5-1996 n° 146869 ; en ce sens également, CAA Nantes 5-10-1995 n° 93-485).

II. Coût des emballages non restitués S'il est facile à saisir pour les emballages identifiables, il en va tout autrement lorsqu'il s'agit d'**emballages non identifiables** faisant partie de lots acquis à des dates et des prix différents ayant fait l'objet de plusieurs opérations de consignation et de déconsignation ; la manière de le déterminer dans ce cas n'a pas fait l'objet de précisions en matière comptable.

> **Fiscalement** Le Conseil d'État a estimé :
> **1.** que la détermination statistique n'exclut pas que les emballages sortis puissent être déterminés en appliquant la méthode Fifo (CE 27-7-1979 n° 9707 et 7-11-1979 n° 10413) ;
> **2.** puis, qu'il convient de postuler (CE 27-11-1981 n° 16814) :
> – qu'ils proviennent de tous les lots d'emballages encore inscrits à l'actif,
> – que la fraction aliénée de chaque lot est identique et donc calculée à proportion du nombre d'emballages réputés vendus par rapport au nombre total des emballages inscrits à l'actif.

EXEMPLE

Emballages achetés :

1er lot	100	× 10	=	1 000
2e lot	150	× 12	=	1 800
3e lot	80	× 14	=	1 120
Total	330			3 920

Emballages considérés comme perdus durant l'exercice : 20, à ventiler comme suit :

1er lot	20 × 100/330	=	6 × 10	60
2e lot	20 × 150/330	=	9 × 12	108
3e lot	20 × 80/330	=	5 × 14	70
Coût de revient				238

Emballages au bilan de clôture :

1er lot	100 − 6	=	94 × 10	940
2e lot	150 − 9	=	141 × 12	1 692
3e lot	80 − 5	=	75 × 14	1 050
Valeur du bilan				3 682

III. Comptabilisation du défaut de restitution

a. Emballages consignés immobilisés :

EXEMPLE

600 emballages achetés 60 000 et amortis pour 20 000 ont été consignés 90 000.

Il a été déterminé statistiquement que pour l'exercice, 120 de ces emballages sont à considérer comme perdus (non-restitution).

L'entreprise doit donc acquitter une TVA de 3 600 sur le prix des emballages qu'elle est présumée avoir vendus (18 000).

En général, cette TVA ne pourra pas en pratique être refacturée au(x) client(s). Dans ce cas, elle restera donc à la charge de l'entreprise.

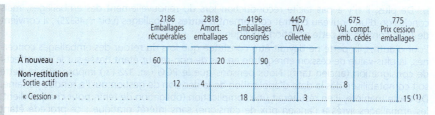

(1) Si la TVA collectée ne peut être facturée. Dans le cas contraire, le prix de cession sera de 18 et la contrepartie de la TVA collectée, une créance client (pour 3).

b. Emballages consignés stockés :

EXEMPLE

Reprise du cas précédent.

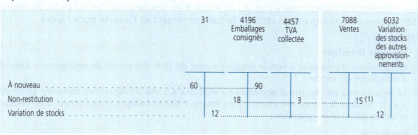

(1) Voir ci-avant a. renvoi (1).

Changement de taux de consignation Les emballages consignés à l'ancien taux doivent être repris pour la valeur de consignation. **46360**

> **Précisions** Ce principe a d'ailleurs été légalisé pour le secteur des liquides alimentaires (Loi 89-421 du 23-6-1989).

Toutefois, pour des raisons techniques et commerciales, les vendeurs **reprennent** en pratique les emballages consignés à l'ancien taux, **pour la nouvelle valeur de consignation,** l'usage voulant que le prix de consignation soit en fait un « cours légal » de l'échange des emballages applicable à tous les emballages en circuit au jour du changement de prix. Cette procédure doit, à notre avis, entraîner la **constatation** immédiate **d'une perte** (à inscrire au compte 671 « Charges exceptionnelles sur opérations de gestion ») par augmentation de la dette résultant des emballages consignés (compte 4196). En effet, en appliquant, lors de la reprise, un nouveau taux de consignation, le vendeur reconnaît devoir à ses clients une somme supérieure à celle portée au bilan.

Il en résulte, lorsque les emballages sont considérés comme perdus, une majoration d'autant de la plus-value de cession comptabilisée (elle est basée sur le nouveau prix de consignation).

a. Certains estiment qu'une telle dette ne devrait pas être constatée, le renouvellement habituel par les clients des consignations lors de chaque commande limitant le décaissement de l'entreprise au cas particulier des clients qui cessent leurs achats (et encore, de toute façon, pour la partie des emballages ultérieurement non restitués, la dette se trouvera annulée). Une telle manière de procéder ne saurait être retenue car elle aboutit à la présentation d'un bilan inexact, comme le montre l'exemple suivant :

EXEMPLE

Supposons le bilan d'un vendeur comportant à son passif un poste d'emballages consignés comportant 100 000 emballages valant chacun 6, soit 600 000.

Le nouveau taux de consignation (7) étant appliqué, examinons ce bilan au cours de l'exercice suivant s'il ne comptabilise pas en conséquence une perte de 100 000 × (7 − 6) = 100 000.

Au cours de l'exercice suivant, le vendeur déconsigne les 100 000 emballages à 7 et débite son compte « Emballages consignés » de 700 000. Le solde de son compte « Emballages consignés » est donc débiteur de 100 000 alors qu'il n'y a plus d'emballages consignés.

Ainsi, la non-comptabilisation de la perte au moment du changement de taux conduit à des comptes d'emballages consignés non réalistes.

b. De plus, il n'y a pas tacite reconduction lors du renouvellement des emballages, mais conclusion d'un nouveau contrat concernant d'autres emballages (voir n° 46325) ; il convient de tenir compte de cette situation juridique.

Pour d'autres, la perte ne devrait être constatée que lors du retour des emballages concernés, la plus-value de cession enregistrée en cas de non-retour étant basée sur le prix effectif de consignation (ancien tarif). Nous pensons que le PCG (art. 322-1 s.) impose que la dette soit comptabilisée dès la date d'application de la décision de gestion qui l'a rendue certaine. De toute manière, il en résulterait une complication (obligation de tenir, pour chaque client, les emballages livrés à l'ancien prix de consigne) sans intérêt pratique : ce procédé étant généralement utilisé pour des emballages tournant très rapidement, l'incidence sur le résultat de l'exercice serait semblablement inférieure au seuil de signification.

46365 **Compte « Emballages consignés » débiteur** Le compte 4196 est habituellement créditeur ; mais il peut arriver qu'il soit débiteur sans que cette situation soit anormale. Il en est ainsi lorsque, les emballages de plusieurs fabricants étant identiques, leurs clients les restituent indifféremment à l'un ou à l'autre. Il en résulte pour l'un un excès de rentrées par rapport aux consignations rendant le compte négatif et l'inverse pour l'autre.

> **EXEMPLE**
>
> **Exemple théorique**
>
> Les transferts du vendeur B vers le vendeur A sont de 10 % des sorties de consignation annuelles d'emballages du vendeur A.
>
> La freinte (casse en clientèle et rétention) est estimée à 4 % des consignations annuelles. Le vendeur A et le vendeur B consignent chacun séparément 1 000 emballages dans l'année. Il en résulte la situation suivante en quantités :
>
> **Vendeur A**
>
> | | | | |
> |---|---|---|---|
> | Sorties d'emballages consignés........................... | | | 1 000 |
> | Rentrées d'emballages consignés.......................... | | | 1 056 |
> | ceux de A : | 1 000 − [(4/100) × 1 000] | = | 960 |
> | ceux de B : | 100 − [(4/100) × 100)] | = | 96 |
> | | | | 1 056 |
>
> **Vendeur B**
>
> | | |
> |---|---|
> | Sorties d'emballages consignés........................... | 1 000 |
> | Rentrées d'emballages consignés (900 − 4 % de 900)............ | 864 |
>
> Au bilan du vendeur A, le compte d'emballages consignés apparaît débiteur d'une quantité de 56, s'analysant ainsi :
>
> | | |
> |---|---|
> | − Quantités provenant des emballages du vendeur .... | + 96 |
> | − Quantités non restituées par la clientèle .... | − 40 |
> | Solde .... | + 56 |
>
> Que représentent en fait les 96 unités ? Selon nous, ces emballages provenant d'un autre vendeur n'ont pas à figurer dans les immobilisations, mais correspondent à des emballages à rendre ; quant à la quantité non restituée (40), elle constitue un profit pour l'entreprise.
>
> Le solde débiteur d'un compte d'emballages consignés peut donc ne pas être anormal dans la mesure où les statistiques de l'entreprise font apparaître que le solde consigne-déconsigne est négatif.

COMPTABILISATION DES OPÉRATIONS CHEZ LE CLIENT

46370 **Consignation** L'acheteur du bien verse des fonds en dépôt qui constituent une créance sur le vendeur-consignataire débitée au compte **4096 « Fournisseurs – Créances pour emballages et matériels à rendre »** par le crédit du compte 401 « Fournisseurs » (PCG art. 944-40).

Les emballages consignés détenus le sont en dépôt et non en stock. Ils n'ont donc pas à être compris dans l'inventaire des stocks.

Lors du renvoi de l'emballage ou du matériel, le compte 4096 est soldé par le débit du compte 401 et, éventuellement, du compte 613 « Locations » (subdivision **6136 « Malis sur emballages »**) si la reprise se fait pour un montant inférieur à celui de la consignation (PCG art. 944-40).

Non-restitution Le compte 4096 est soldé : 46375
– si le client conserve l'emballage, par le débit du compte 6026 « Emballages », s'ils sont suivis en stocks (PCG art. 944-40) ou, à notre avis, 606 « Achats non stockés de matières et fournitures » si leur faible importance ne justifie pas le suivi en stock ;
– si le client l'a égaré ou détruit, par le débit, à notre avis, du compte 6136 « Malis sur emballages ».

INFORMATION EN ANNEXE SUR LES EMBALLAGES CONSIGNÉS
Ni le Code de commerce ni le PCG ne prévoient explicitement de mention en annexe. Toutefois, des informations nous paraissent pouvoir être fournies : 46380
– en cas de **changement de méthode** de classement des emballages (immobilisations ou stocks), lorsque son incidence a un **caractère significatif** ;
– dans les **branches d'activité** où les emballages consignés représentent un **élément important** du bilan : montant des emballages consignés immobilisés et du « fonds de consignation ».

SECTION 4 — TVA

I. GÉNÉRALITÉS

NOTIONS GÉNÉRALES SUR LA TVA
La TVA est un **impôt général sur la consommation** qui frappe en principe tous les biens et services consommés ou utilisés en France, qu'ils soient d'origine nationale ou étrangère. Elle a pour caractéristique d'être normalement « répercutée » sur le client qui en supporte la charge définitive. 46480
Ses principaux avantages sont :
– l'égalité de la concurrence entre les différents circuits (neutralité de la TVA) ;
– une protection équitable de chaque pays par rapport à l'étranger.
Pour un exposé complet du régime de la TVA, voir Mémento Fiscal n° 46000 à 61900.

Il convient de distinguer 5 catégories d'opérations : 46485
a. Opérations intérieures La TVA repose sur le **principe des déductions,** en application duquel chaque assujetti calcule la taxe sur le prix des biens vendus ou des services rendus et déduit la taxe qui a grevé le coût des éléments constitutifs de ce prix (les déductions s'opérant globalement pour l'ensemble des opérations réalisées et non pas produit par produit). Il s'agit donc d'une taxe unique **« non cumulative »,** par opposition aux taxes en cascade.
b. Acquisitions et livraisons intracommunautaires Il s'agit des opérations effectuées au sein de l'Union européenne par des assujettis à la TVA. Les acquisitions intracommunautaires sont soumises à la TVA alors que les livraisons intracommunautaires, bien qu'entrant en principe dans le champ d'application de la TVA dans l'État de départ des biens, en sont en principe exonérées. La TVA est donc calculée liquidée et déduite par l'entreprise acquéreuse. Le vendeur n'est concerné ni par le calcul ni par la collecte de la TVA (voir Mémento Fiscal n° 49030 à 49425).
c. Importations et exportations Il s'agit des opérations réalisées avec des pays tiers (ou assimilés) extérieurs à l'UE. Les exportations sont en principe exonérées de TVA, alors que les importations donnent lieu à l'autoliquidation de la TVA due lors du dédouanement des marchandises par l'assujetti acquéreur (voir Mémento Fiscal n° 49460 à 49745).
d. Ventes à distance de biens Les ventes à distance de biens (ou VAD) sont des livraisons de biens meubles en provenance ou à destination d'un État autre que la France qui sont effectuées par le fournisseur (ou pour son compte) en faveur d'un acquéreur personne physique non assujetti (ou assimilé). Il convient de distinguer :
– les ventes à distance intracommunautaires de biens (VAD-IC) qui sont en principe imposables en France lorsque les biens sont importés en France métropolitaine et imposable dans

un autre État membre de l'UE lorsque les biens sont expédiés ou transportés de France métropolitaine à destination de cet autre État ;
– et les ventes à distance de bien importés de territoires ou pays tiers (VAD-BI), qui sont imposables en France sous certaines conditions (voir Mémento Fiscal n° 49760 à 49837).

> **Précisions** **Opérations facilitées au moyen d'interfaces électroniques** L'utilisation de l'interface électronique d'un assujetti (telle qu'une place de marché, une plateforme ou un portail) a pour conséquence, dans plusieurs situations, que celui-ci est redevable de la TVA sur l'opération facilitée, étant regardé comme ayant personnellement acquis et livré les biens concernés (voir Mémento Fiscal n° 49820 à 49837).

e. Prestations de services internationales La TVA suit des règles de territorialité spécifiques (voir Mémento Fiscal n° 49840 à 50245).

> **Précisions** **Régime du guichet unique** Le régime du guichet unique permet à un opérateur de s'acquitter de ses obligations déclaratives et de paiement de la TVA due dans les différents États membres de l'UE par l'intermédiaire d'un seul portail électronique (voir Mémento Fiscal n° 50850 s.).

46490 **Caractère comptable de la TVA** La TVA est donc :
– soit collectée par l'entreprise d'ordre et pour compte du Trésor public auquel elle la reverse sous déduction de la TVA recouvrée sur elle en amont dans le circuit de production et/ou de commercialisation ;
– soit directement due et déduite par l'entreprise elle-même (principe dit « de l'autoliquidation ») ;
– soit versée aux douanes puis déduite globalement avec les autres opérations.

a. Il s'agit donc d'un **compte de tiers** et, en principe, la **TVA n'a pas à transiter par le compte de résultat.**

b. Importance de la TVA au regard de la comptabilité Le champ d'application de la TVA (voir Mémento Fiscal n° 46100 à 47590) est très large et tend constamment à s'accroître. **Il est fondamental, avant de traduire comptablement une opération, d'examiner si elle entre ou non dans ce champ d'application** et d'en tirer les conséquences comptables. De plus, les entreprises assujetties à la TVA sont soumises à certaines obligations d'ordre comptable (voir n° 12555) et de facturation (voir n° 12400).

c. Terminologie comptable Pour les entreprises, la TVA comprend deux éléments distincts, indépendants, ayant chacun ses règles propres :
– l'un concernant, en amont, le régime de déductibilité de la taxe : **la TVA recouvrée sur l'entreprise** (TVA sur charges ; acquisitions d'immobilisations) qui se décompose en TVA déductible et TVA non déductible ;
– l'autre concernant, en aval, le régime d'imposition de la TVA : **la TVA collectée par l'entreprise** (TVA sur produits ; cessions d'immobilisations) ou due par l'entreprise (acquisitions intracommunautaires, livraisons à soi-même, livraisons de biens ou de services par un assujetti non établi en France).

Du jeu de ces deux éléments résulte **la TVA à décaisser par l'entreprise**, égale à la différence entre la TVA collectée et la TVA déductible, sous réserve des modalités particulières de récupération de la TVA déductible et du fait générateur de la TVA collectée.

46495 **Risques encourus en cas de TVA collectée non déclarée ou non acquittée**

> **Précisions** De nombreuses irrégularités comptables et fiscales sont possibles en la matière et peuvent engendrer ainsi les risques suivants :
– des risques fiscaux, en cas d'insuffisance de déclaration (dissimulation, inexactitude, omission) ;
– des risques pénaux liés aux irrégularités fiscales (sommes volontairement omises ou dissimulées) ou comptables (sommes non comptabilisées, risque fiscal non provisionné) ;
– des risques de non-certification des comptes (si les irrégularités comptables ont une incidence significative) et/ou de révélation de faits délictueux au procureur de la République ;
– des risques de publication des irrégularités précitées.

RÉGLEMENTATION ET PRATIQUE COMPTABLES DE LA TVA

46500 Le PCG (art. 944-40 et 944-41) précise que :
– la TVA collectée d'une part, la TVA déductible d'autre part, ne doivent pas figurer dans les produits et les charges d'exploitation : elles sont inscrites dans les comptes appropriés de la classe 4 ;
– la TVA non déductible afférente à un bien ou à un service doit, normalement, être considérée comme un élément du coût de ce bien ou de ce service.

> **Précisions** Toutefois, en cas de régularisations difficilement rattachables à une charge déterminée, il est possible exceptionnellement d'enregistrer, à notre avis, comme le précisait le PCG 82 (p. I. 85), la TVA non récupérable au compte 6352 « Taxes sur le chiffre d'affaires non récupérables ».

Ainsi, le PCG prescrit l'**enregistrement** (PCG art. 946 et 947) :
- des achats et stocks **hors TVA** récupérable ;
- et ventes **hors TVA** collectée ou récupérable.

> **Fiscalement** Il en est de même : le compte de résultat est présenté hors taxe (CGI ann. III art. 38 A).

> **Précisions** **a. Petites entités non soumises aux prescriptions du plan comptable** Les petites entités non soumises aux prescriptions du plan comptable (artisans, exploitants agricoles, professions libérales, sociétés civiles), sont autorisées à utiliser la méthode des achats, stocks et ventes TVA comprise, sauf si un plan comptable particulier leur impose la méthode hors TVA.

b. Ventes au comptant Les commerçants réalisant des ventes au comptant sans facture comprennent nécessairement la TVA dans les produits. N'étant toutefois pas autorisés à utiliser la méthode des achats, stocks et ventes TVA comprise, ils reviennent au montant hors TVA par une régularisation lors de chaque période d'imposition (voir n° 12570).

46505

II. COMPTABILISATION DE LA TVA

Les **principes de comptabilisation** sont les suivants (PCG art. 944-44) :

46570

I. La TVA collectée d'une part, la **TVA déductible** d'autre part, sont enregistrées dans les subdivisions (à trois chiffres) suivantes du compte **445 « État – Taxes sur le chiffre d'affaires »** :

> **Précisions** **1. Subdivisions à 4 chiffres**
4452. TVA due intracommunautaire Est portée à ce compte la TVA à payer sur les acquisitions intracommunautaires, notamment afin d'éviter toute confusion avec le compte 4455.
4455. Taxes sur le chiffre d'affaires à décaisser Est porté à ce compte le **montant à reverser** au Trésor public qui figure sur la déclaration de chiffre d'affaires.
4456. Taxes sur le chiffre d'affaires déductibles Est portée à ce compte la **créance** sur le Trésor public résultant du droit à déduction de la TVA (et des taxes assimilées) mentionnée sur les factures des fournisseurs.
4457. Taxes sur le chiffre d'affaires collectées par l'entreprise Est portée à ce compte la **dette** envers le Trésor public résultant de la facturation de la TVA (ou de taxes assimilées) aux clients, ou incorporée dans le prix de vente comptant lorsqu'il n'est pas délivré de facture.
4458. Taxes sur le chiffre d'affaires à régulariser ou en attente Ce compte est utilisé dans les cas particuliers objet de ses subdivisions.
Pour les subdivisions à 5 chiffres, voir n° 96260.
Pour les opérations intracommunautaires, voir n° 46845.
2. Les taxes sur le chiffre d'affaires sont composées de :
– la **TVA** ;
– les **taxes assimilées** à la TVA : taxes assises et liquidées dans les mêmes conditions qu'elle (taxes uniques à paiement fractionné) telles que taxe sur les textiles, etc.

II. La TVA non déductible afférente à un bien ou à un service pour l'acheteur est un élément du prix d'achat (et non un impôt).

La comptabilisation de la TVA a fait l'objet de la Note d'information n° 19 du CNC, commentée dans le document n° 1, sur laquelle sont basés les développements qui suivent (adaptés au PCG).

46575

A. TVA afférente aux immobilisations

Qu'il y ait achat ou création pour l'entreprise :
– le prix d'achat ou le coût de production ne comprend que la TVA non déductible ;
– la TVA déductible constitue une créance sur le Trésor public enregistrée au débit du compte 4456 « Taxes sur le chiffre d'affaires déductibles ».
Voir les développements dans le chapitre « Immobilisations incorporelles et corporelles », n° 25005 s. (se reporter à la table alphabétique à Immobilisations incorporelles et corporelles : TVA).

46625

1305

B. Opérations de gestion

TVA COLLECTÉE : ENREGISTREMENT CHEZ LE VENDEUR OU LE PRESTATAIRE DE SERVICES

46675 (Compte 4457 « TVA collectée par l'entreprise »).

46680 Selon le critère d'exigibilité de la TVA, il convient de distinguer selon qu'elle l'est sur les livraisons, les débits ou les encaissements.

Quel que soit le cas, l'entreprise est tenue de répartir ses opérations par catégorie (affaires non imposables et imposables) et par taux d'imposition (voir n° 12565), ce qui implique que les **comptes de ventes** soient **ventilés** en conséquence.

46700 TVA exigible lors de la livraison du bien ou de la réalisation de la prestation de services Le traitement comptable est différent selon que la facturation est concomitante au fait générateur de la TVA ou non.

> **Précisions** *Acomptes encaissés* Pour tous les contrats en cours au 1er janvier 2023, la TVA est immédiatement exigible sur le montant des acomptes encaissés sur les livraisons de biens, y compris pour les ventes d'immeubles en l'état futur d'achèvement (Rép. Louwagie : AN 13-9-2022 n° 96), sous réserve qu'à cette date les biens à livrer soient désignés avec précision (CGI art. 269 ; BOI-TVA-BASE-20-10 n° 65). Corrélativement, le client peut pratiquer une déduction immédiate de la TVA payée sur ces acomptes.

I. Facturation concomitante au fait générateur de la TVA Le montant de la vente est débité au compte 411 « Clients » par le crédit des comptes 70 « Ventes de produits fabriqués, prestations de services, marchandises » (montant hors TVA) et 4457 « TVA collectée ».

EXEMPLE

Mois M : Acompte reçu : 60 dont TVA 10.

Mois M+1 : Livraison = Facturation pour 120 dont TVA 20.

Mois M+2 : Règlement du solde.

Nous faisons l'hypothèse que la société déclare au cours du mois M+1 plus de TVA collectée que de TVA déductible.

	707 Vente de marchandises	411 Client	4191 Clients – acomptes	44551 TVA à décaisser	44571 TVA collectée	512 Banque
mois M						
Acompte reçu à la commande avec TVA (*)			50		10	60
Déclaration CA3 M				10	10	
mois M+1						
Livraison de la marchandise = Facturation	100	120			20	
Annulation de l'acompte		60	50		10	
Déclaration CA3 M+1				10	10	
mois M+2						
Règlement		60				60

(*) Voir Précision ci-avant

Lorsque les **ventes** sont faites **au détail**, c'est-à-dire pratiquement **sans facture**, les comptes de classe 7 concernés peuvent enregistrer le montant toutes taxes comprises (TTC). À la fin de chaque période d'imposition, ces comptes sont rétablis hors taxe (HT), en débitant les comptes de classe 7 par le crédit du compte 4457 « TVA collectée ».

II. Facturation non concomitante au fait générateur de la TVA À notre avis :
– lors de la livraison du bien, la TVA exigible est à débiter au compte 4458 « TVA à régulariser » (subdivision 44587 « TVA sur factures à établir ») par le crédit du compte 4457 « TVA collectée » ;
– lors de la facturation, la vente est enregistrée au compte « Clients » par le crédit des comptes 70 « Ventes » (montant hors TVA) et 4458 « TVA à régulariser » qui se trouve ainsi soldé.

Si la clôture de l'exercice intervient entre la date de livraison et celle de la facturation, voir n° 11745.

> **EXEMPLE**
>
> Mois M : Acompte reçu : 60 dont TVA 10.
>
> Mois M+1 : Livraison.
>
> Mois M+2 : Facture de 120 dont TVA 20. Puis règlement du solde.
>
> Nous faisons l'hypothèse que :
> — la prestation intervient au cours du même exercice comptable que la facturation ;
> — la société déclare au cours du mois M+1 plus de TVA collectée que de TVA déductible.

	707 Vente de marchandises	411 Client	4191 Clients – acomptes	44551 TVA à décaisser	44571 TVA collectée	44587 TVA à régulariser sur FAE	512 Banque
mois M							
Acompte reçu à la commande avec TVA (*)			50			10	60
Déclaration CA3 M				10 ... 10			
mois M+1							
Livraison de la marchandise (**)					10 ... 10		
Déclaration CA3 M+1				10 ... 10			
mois M+2							
Facturation	100	120				20	
Annulation de l'acompte			60 ... 50			10	
Règlement		60					60

(*) voir Précision ci-avant.
(**) Nous considérons ici qu'aucune écriture de régularisation des créances n'est prévue en fin de mois, une telle écriture étant réservée, en principe, aux écritures d'inventaire de fin d'exercice (voir n° 11745). Toutefois, de nombreux systèmes comptables prévoient une écriture automatique de régularisation des créances en fin de chaque mois (Débit du compte 418 « Clients – factures à établir (FAE) », par le crédit des comptes 707 « Vente de marchandises » et 44587 « TVA à régulariser sur FAE »). Si tel est le cas, cette écriture est automatiquement contrepassée au début du mois suivant.

TVA exigible sur les débits

46720

> **Précisions** Les redevables qui effectuent des opérations pour lesquelles l'exigibilité de la TVA est constituée par les encaissements peuvent opter pour le paiement de la taxe d'après leurs débits (voir n° 46740, Mémento TVA n° 38800 à 38825 et Mémento Fiscal n° 52665 à 52670).

Le terme « débit » s'entend soit du débit du compte « Clients », soit du débit d'un compte financier (acompte reçu avant facturation).

I. Débit du compte « Clients » Débit et facturation coïncident. La TVA collectée figurant sur la facture est comptabilisée au crédit du compte 4457 « TVA collectée ».

> **EXEMPLE**
>
> Mois M : Facture de 120 dont TVA 20.
>
> Mois M+2 : Règlement.
>
> Nous faisons l'hypothèse que :
> — la prestation intervient au cours du même exercice comptable que la facturation ;
> — la société déclare au cours du mois M plus de TVA collectée que de TVA déductible.

	707 Vente de marchandises	411 Client	44551 TVA à décaisser	44571 TVA collectée	512 Banque
mois M					
Facturation	100	120		20	
Déclaration CA3 M			20 ... 20		
mois M+2					
Règlement		120			120

II. Débit d'un compte financier (acompte reçu avant facturation) Une note de débit devant comporter les mêmes mentions qu'une facture, dont le montant de la TVA (voir n° 12400), est adressée au client.

1307

Selon le CNC (NI n° 19 adaptée au PCG), la comptabilisation s'effectue de la manière suivante : l'acompte reçu est crédité au compte 4191 « Clients-Avances et acomptes reçus sur commandes » pour son montant hors TVA collectée, cette taxe étant créditée au compte 4457 « TVA collectée ».

Lors de l'établissement de la facture, le compte « Clients » est :
– d'une part débité du montant de la facture par le crédit d'un compte de produits et du compte 4457 « TVA collectée » ;
– d'autre part, crédité du montant TTC de l'acompte précédemment reçu par le débit des comptes 4191 pour le montant hors TVA et 4457 pour le montant de la TVA mentionné sur la note de débit.

EXEMPLE

Mois M : Acompte reçu : 60 dont TVA 10.

Mois M+1 : Facture de 120 dont TVA 20.

Mois M+2 : Règlement du solde.

Nous faisons l'hypothèse que :
— la livraison intervient au cours du même exercice comptable que la facturation ;
— la société déclare au cours des mois M et M+1 plus de TVA collectée que de TVA déductible.

	707 Vente de marchandises	411 Client	4191 Clients – acomptes	44551 TVA à décaisser	44571 TVA collectée	512 Banque
mois M						
Acompte reçu à la commande (avec TVA)			50		10	60
Déclaration CA3 M				10	10	
mois M+1						
Facturation	100	120			20	
Annulation de l'acompte		60	50		10	
Déclaration CA3 M+1				10	10	
mois M+2						
Règlement		60				60

46740 TVA exigible sur les encaissements

> **Précisions** Sont principalement concernés :
— les prestations de services (voir Mémento TVA n° 38600 à 38740) : réparations, façons, transports, location (sauf locations-ventes, voir n° 46700), cessions et concessions de biens meubles incorporels, ventes à consommer sur place, spectacles, etc. ;
— les travaux immobiliers (voir Mémento TVA n° 38890 à 38950).

Le vendeur n'est tenu de collecter la TVA qu'au fur et à mesure des encaissements. L'encaissement résulte de la réception d'avances ou acomptes ou du règlement des factures.

Le CNC n'a pas prévu de compte spécial pour la TVA exigible seulement lors de l'encaissement. Il est possible d'utiliser une subdivision du compte **4458 « TVA exigible lors du paiement »** dont les montants seront virés au compte 44571 « TVA collectée » au fur et à mesure des paiements correspondants.

I. Encaissement après facturation Lors de la facturation, la TVA collectée doit donc, à notre avis, être créditée dans un compte de TVA à régulariser 4458 (dans une subdivision à créer réservée à la TVA collectée lors du paiement). Puis, lors des encaissements, ce compte est débité – pour solde – par le crédit du compte 4457 « TVA collectée ».

EXEMPLE

Mois M : Facture de 120 dont TVA 20.

Mois M+1 : Règlement de la facture.

Nous faisons l'hypothèse que :
— la livraison intervient au cours du même exercice comptable que la facturation ;
— la société déclare au cours du mois M+1 plus de TVA collectée que de TVA déductible.

	707 Vente de marchandises	411 Client	44551 TVA à décaisser	44571 TVA collectée	445857 TVA collectée lors du paiement	512 Banque
mois M Facturation...........	100	120			20	
mois M+1 Règlement........ Solde de la TVA à déclarer.. Déclaration CA3 M+1.....		120	20 20	20	20	120

II. Encaissement avant facturation

Lorsque des acomptes sont demandés à des redevables de la TVA, ils doivent faire l'objet d'une facture (CGI art. 289-I).

> **Fiscalement** La TVA est exigible lors de l'encaissement des acomptes versés avant la réalisation d'une prestation de services à la **double condition** (CE 24-2-2021 n° 429647) :
> – que les services soient désignés avec précision au moment du versement de l'acompte ;
> – et que la réalisation de la prestation ne soit pas incertaine.

À notre avis, lorsque les conditions posées par le Conseil d'État sont réunies :
– lors de la **réception de l'acompte,** celui-ci est crédité au compte 4191 « Clients – Avances et acomptes reçus » pour son montant TTC ; la TVA exigible est à créditer au compte 4457 « TVA collectée » par le débit du compte 4458 « TVA à régulariser » (subdivision à créer) ;
– lors de la facturation, le compte 4458 « TVA à régulariser » est crédité du montant de la TVA facturée (le solde de ce compte est donc égal à la TVA encore exigible) ;
– lors du **règlement** du solde après facturation, le compte 4458 « TVA à régulariser » est débité pour solde, par le crédit du compte 4457 « TVA collectée ».

EXEMPLE

Mois M : Acompte reçu : 60 dont TVA 10.
Mois M+1 : Facture de 120 dont TVA 20.
Mois M+2 : Règlement du solde.

Nous faisons l'hypothèse que :
– la livraison intervient au cours du même exercice comptable que la facturation ;
– la société déclare au cours du mois M+1 plus de TVA collectée que de TVA déductible.

	707 Vente de marchandises	411 Client	4191 Clients – acomptes	44551 TVA à décaisser	44571 TVA collectée	445857 TVA collectée lors du paiement	512 Banque
mois M Acompte reçu à la commande (avec TVA).... Déclaration CA3 M.....			60	10	10	10	60
mois M+1 Facturation............ Annulation de l'acompte...	100	120	60 60		20		
mois M+2 Règlement........ Solde de la TVA à déclarer.. Déclaration CA3 M+2.....		60		10 10	10		60

Un **contrôle** peut être **effectué** à partir du **solde** du compte **4458 « TVA à régulariser »** dont le montant doit être égal au total de la TVA comprise dans le solde des comptes « Clients (débiteurs ou créditeurs) » et « Effets à recevoir », augmenté de la TVA relative aux effets escomptés non encore arrivés à échéance.

> **Précisions** En cas de paiement par effet de commerce escompté, l'« encaissement », en matière de TVA, se situe en effet à la date de paiement de l'effet par le client, y compris lorsque le redevable fait l'objet d'une procédure de sauvegarde ou de redressement judiciaire (CGI art. 269, 2-c, al. 2 ; BOI-TVA-BASE-20-20 n° 60 ; voir TVA-VII-3010 s.).

Une autre solution, préconisée par l'ancien plan comptable professionnel pour les industries du bâtiment et des travaux publics (désormais caduc, voir n° 3315), nous semble toujours

applicable. Elle est associée à celle des demandes d'acomptes (sur ces demandes, voir n° 12255) :
– **réception de l'acompte** : débit du compte 4454 « TVA sur avances et acomptes reçus » par crédit du compte 4457 « TVA collectée » ;
– **déclaration de chiffre d'affaires** : débit du compte 4457 (pour solde) par crédit du compte 4455 « TVA à décaisser » ;
– **facturation (mémoire final)** : débit du compte 411 « Clients » par le crédit des comptes 704 « Travaux » (montant hors TVA), 4454 « TVA sur avances et acomptes reçus » (pour solde) et 4457 « TVA collectée » (relative à la différence entre le mémoire et l'acompte).

TVA DÉDUCTIBLE : ENREGISTREMENT CHEZ L'ACQUÉREUR OU CHEZ LE PRENEUR

46745 (Compte 4456 « TVA déductible »)

46750 **TVA exigible lors de la livraison des biens** Pour les conditions à respecter pour bénéficier de la déduction de TVA, voir Mémento Fiscal n° 56250 à 56355 et Mémento TVA n° 38350 à 38540.

Le montant de l'achat est crédité dans un compte 401 « Fournisseurs » par le débit du compte 60 « Achats » (montant hors TVA) et du compte 4456 « TVA déductible » (soit dans la subdivision 44566 « TVA déductible sur autres biens et services », soit dans la subdivision 44562 « TVA sur immobilisations »).

Le traitement comptable est toutefois différent si la facturation n'est pas concomitante avec le générateur de la TVA (livraison). En effet, à notre avis, comme pour la TVA collectée (voir n° 46700), la TVA exigible est à créditer au compte 4458 « TVA à régulariser » (subdivision 44586 « TVA sur factures non parvenues ») par le débit du compte 4456 « TVA déductible ». S'agissant de la déduction de la TVA sur les acomptes, voir n° 46700.

46770 **TVA exigible sur les débits** Pour les conditions à respecter pour bénéficier de la déduction de TVA, voir Mémento TVA n° 38800 à 38825.

Le terme « débit » s'entend soit du crédit du compte « Fournisseurs », soit du crédit d'un compte financier (acompte versé avant facturation).

I. Crédit du compte « Fournisseurs » Débit et facturation coïncident. La TVA déductible figurant sur la facture est comptabilisée au débit du compte 44566 « TVA déductible sur autres biens et services » (éventuellement 44562 « TVA déductible sur immobilisations » s'il s'agit d'une immobilisation pour l'acquéreur).

II. Crédit d'un compte financier (acompte versé avant facturation) La note de débit reçue comporte le montant de la TVA. Selon le CNC (NI n° 19 adaptée au PCG), lorsqu'un acompte a été versé, l'acquéreur procède ainsi :
– l'acompte versé est débité au compte 4091 « Fournisseurs-Avances et acomptes versés sur commandes » pour son montant hors TVA déductible, cette taxe étant débitée au compte 4456 « TVA déductible » et le compte « banque » est crédité du montant versé ;
– lors de la réception de la facture, le compte du fournisseur est :
• d'une part, crédité du montant de la facture par le débit d'un compte de charges (ou d'immobilisations) et du compte 4456 « TVA déductible »,
• d'autre part, débité du montant TTC de l'acompte précédemment versé par le crédit des comptes 4091 (montant hors TVA) et 4456 (TVA mentionnée sur la note de débit).

46790 **TVA exigible sur les encaissements** Pour les conditions à respecter pour bénéficier de la déduction de TVA, voir Mémento TVA n° 38600 à 38740.

L'acquéreur ne peut déduire la TVA que lors des paiements effectués, la taxe ne pouvant être récupérée avant qu'elle ne soit exigible chez le fournisseur.

Le CNC n'a pas prévu de compte spécial pour la TVA déductible seulement lors du paiement au fournisseur. Il est possible d'utiliser une subdivision du compte **4458 « TVA déductible lors du paiement »** dont les montants seront virés au compte 4456 « TVA déductible » au fur et à mesure des paiements correspondants.

I. Décaissement après facturation Lors de la facturation, la TVA déductible doit, à notre avis, être débitée dans un compte de TVA à régulariser 4458 (dans une subdivision à créer réservée à la TVA déductible lors du paiement, par exemple 445856 « TVA déductible lors du paiement »). Puis, lors des décaissements, ce compte est crédité – pour solde – par le débit du compte 4456 « TVA déductible ».

II. Décaissement avant facturation   À notre avis :
– lors du **paiement de l'acompte,** celui-ci est débité au compte 409 « Fournisseurs – Avances et acomptes versés » pour son montant TTC ; la TVA déductible est à débiter au compte 4456 « TVA déductible » par le crédit du compte 445856 « TVA déductible lors du paiement » (subdivision à créer) ;
– lors de la facturation, le compte 445856 « TVA déductible lors du paiement » est débité du montant de la TVA facturée (le solde de ce compte est donc égal à la TVA encore due) ;
– lors du **règlement** du solde après facturation, le compte 445856 « TVA déductible lors du paiement » est crédité pour solde, par le débit du compte 4456 « TVA déductible ».
Une deuxième solution consiste à **ventiler le compte 4456** entre :
« TVA sur immobilisations » ;
« TVA sur autres biens et services récupérable d'après la facturation » ;
« TVA sur autres biens et services récupérable d'après le paiement ».
Une troisième solution est de **créer un sous-compte par mois de récupération** de la TVA.
Sur la notion d'encaissement, en cas de paiement par effets, voir n° 46740.

Régularisations des déductions relatives aux biens autres que les immobilisations et aux services   Elles ne trouvent à s'appliquer que dans 3 cas (voir Mémento Fiscal n° 57490 à 57545) : **46795**

a. Disparition des marchandises (CGI ann. II art. 207 VI-1° ; voir Mémento Fiscal n° 57510 à 57520). Une quote-part de la TVA antérieurement déduite doit être **reversée,** sauf destructions, vols et détournements justifiés, lorsque les marchandises ont disparu avant d'avoir reçu l'utilisation en vue de laquelle elles avaient été acquises.

b. Utilisation des biens ou services pour une opération n'ouvrant pas droit à déduction (CGI ann. II art. 207 VI-2° ; voir Mémento Fiscal n° 57530 à 57545). La taxe ayant grevé des services utilisés pour une opération exonérée de taxe (sauf s'il s'agit d'une opération exonérée ouvrant droit à déduction) ou non réalisée doit faire l'objet d'une régularisation. La TVA antérieurement déduite doit alors être **reversée.** Tel est le cas, par exemple, des prélèvements sur stocks, effectués pour les besoins privés normaux du chef d'une entreprise individuelle et pour les besoins des membres de sa famille à sa charge. Sur les cas d'application des livraisons à soi-même au lieu des régularisations, voir Mémento Fiscal n° 47390 à 47405.

c. Biens qui n'étaient pas utilisés pour des opérations ouvrant droit à déduction et qui le deviennent (CGI ann. II art. 207 IV-2 ; voir Mémento Fiscal n° 57500 ; sur la régularisation pour des immobilisations, voir n° 26785 III. c.). Lorsqu'un bien cesse d'être utilisé exclusivement pour la réalisation d'opérations exonérées et vient à être utilisé pour la réalisation d'opérations ouvrant droit à déduction, la taxe initiale ayant grevé l'acquisition de ce bien peut être déduite à proportion du coefficient de déduction résultant de ce changement d'utilisation.

En comptabilité, la charge (ou le produit) qui en résulte est constaté(e) au compte 6352 « TVA non récupérable » (ou au compte 7088 « Autres produits d'activités annexes ») par le crédit du compte 4486 « État-Charges à payer » (ou par le débit du compte 4487 « État-Produits à recevoir »).

C. Opérations intracommunautaires portant sur des biens

Ces opérations sont soumises à la TVA des différents États membres. Pour les opérations intracommunautaires soumises à la TVA française ainsi que celles réalisées par des assujettis français, il en résulte les conséquences comptables suivantes, qui ont fait l'objet d'un avis du CNC (n° 93-06, de septembre 1993). **46845**

> **Précisions   1.** Pour plus de précisions, voir Mémento Fiscal n° 49030 à 49425.
> **2.** Sur un plan général, pour la comptabilisation des acquisitions et livraisons intracommunautaires, le CNC (Avis n° 93-06) recommande de subdiviser, en retenant **le chiffre 2 en 5ᵉ position,** les comptes achats, ventes, fournisseurs et clients pour faire apparaître le caractère intracommunautaire.

ENREGISTREMENT CHEZ LE VENDEUR (LIVRAISONS INTRACOMMUNAUTAIRES)

Les livraisons intracommunautaires effectuées à titre onéreux au profit d'un acquéreur assujetti à la TVA sont, sous certaines conditions, exonérées de TVA. Cette exonération est **46850** notamment subordonnée à la mise à disposition du vendeur du numéro d'identification à la TVA de l'acquéreur, à la vérification de ce numéro, ainsi qu'à son inscription sur l'état récapitulatif des clients mentionné à l'article 289 B du CGI (CGI art. 262 ter, I-1° ; BOI-TVA-DECLA-20-20-40 ; voir Mémento Fiscal n° 49420 à 49425). L'application de l'exonération suppose également que le vendeur puisse établir la livraison physique du bien vers un autre État membre. Sur les autres conditions à respecter, voir Mémento Fiscal n° 49260 à 49285.

46855 TVA Elle est enregistrée au crédit du compte 4457 « TVA collectée » selon les mêmes modalités qu'une vente réalisée en France, voir n° 46680.

> **Fiscalement** En effet, les livraisons intracommunautaires soumises à la TVA française sont déclarées dans la déclaration CA3 avec les opérations intérieures constitutives de chiffre d'affaires. Les livraisons intracommunautaires exonérées et les transferts assimilés doivent figurer sur la déclaration le 15 du mois suivant celui au cours duquel s'est produit le fait générateur (CGI art. 269, 2-d ; voir Mémento Fiscal n° 49260).

46860 Livraisons intracommunautaires À notre avis, qu'elles soient ou non exonérées de TVA, elles devraient :
– être enregistrées dans des subdivisions spécifiques des comptes de vente, par exemple en utilisant le chiffre 2 en 5ᵉ position (Avis CNC 93-06 ; voir n° 11825) ;
– ou faire l'objet d'un journal de ventes spécifique.

> **Fiscalement** En effet, l'entreprise est tenue :
– de répartir son chiffre d'affaires en opérations imposables et opérations non imposables ainsi que, le cas échéant, par taux d'imposition (CGI ann. II art. 209 ; voir n° 12565) ;
– de déclarer les livraisons intracommunautaires globalement sur une ligne spécifique de la déclaration CA3 ;
– de souscrire par voie électronique l'état récapitulatif des clients qui répond à des fins de surveillance du respect des règles de TVA (CGI art. 289 B ; BOI-TVA-DECLA-20-20-40 n° 100), et de répondre à une enquête mensuelle statistique (pour plus de détails, voir Mémento Fiscal n° 49420 à 49425).
Pour les mentions que doivent comporter les factures, voir n° 12400.

46865 Écritures (conformes à l'avis CNC 93-06)

Hypothèse : une entreprise française vend des marchandises à une entreprise belge pour 100.

EXEMPLE 1

Cas général (exonération de TVA) : l'entreprise française possède le numéro d'identification de son client en Belgique et établit sa facture hors taxe.

a. Facturation concomitante à l'expédition :

	411.2 X Client belge X		70712 X Ventes de marchandises intracommunautaires à destination de la Belgique
Expédition des marchandises	100		100

b. Facturation différée par rapport à l'expédition :

	411.2 X Client belge X	418.2 Client CE Factures à établir	70712 X Ventes de marchandises intracommunautaires à destination de la Belgique
Expédition des marchandises		100	100
Facturation	100	100	

EXEMPLE 2

Cas particulier (imposition à la TVA) : l'entreprise française ne dispose pas du numéro d'identification en Belgique de son client et doit donc établir sa facture TTC.

a. Facturation concomitante à l'expédition :

	411.2 X Client belge X	445.2 TVA due communautaire	4457 TVA collectée	707 Ventes de marchandises*
Expédition des marchandises (mois M) 120	120		20	100
Établissement de la déclaration CA3 du mois M*		20	20	

* Les livraisons intracommunautaires soumises à la TVA française sont à déclarer dans la déclaration CA3 avec les opérations intérieures constitutives de chiffre d'affaires (ligne 01). Il n'est donc pas nécessaire de les isoler comptablement dans un compte spécifique de ventes intracommunautaires. Toutefois, ces livraisons doivent quand même être déclarées sur l'état récapitulatif des clients (CGI art. 289 B). Il peut donc être utile de les enregistrer dans un sous-compte spécifique du compte 707, compte 7072, qui pourrait être intitulé « Ventes de marchandises intracommunautaires soumises à la TVA française ».

b. Facturation différée par rapport à l'expédition :

	411.2X Client belge X	418.2 Client CE Factures à établir	44582 TVA collectée à régulariser	445.2 TVA due communautaire	4457 TVA collectée	707 Ventes de marchandises (voir * a. ci-avant)
Expédition des marchandises (mois M)		120	20			100
Facturation 120	120	120	20		20	
Établissement de la déclaration CA3 du mois M*				20	20	

* La TVA devient exigible lorsque l'opération est réalisée, donc en l'occurrence lors de la livraison des biens qui est intervenue le mois M.

ENREGISTREMENT CHEZ L'ACQUÉREUR (ACQUISITION INTRACOMMUNAUTAIRE)

46870 Les acquisitions intracommunautaires en France de biens en provenance d'un autre État membre sont, en principe, soumises à la TVA française (CGI art. 256 bis).
Sur les conditions à respecter, voir Mémento Fiscal n° 49150 à 49235.

46875 **Principe de l'autoliquidation** L'entreprise doit enregistrer deux TVA distinctes de même montant (si son droit à déduction est total) :
– une TVA à payer ;
– et une TVA à récupérer.
En effet, l'acquéreur du bien est le redevable de la TVA qu'il doit lui-même calculer (la facture du fournisseur CE est hors taxe). Pour les mentions que doivent comporter les factures, voir n° 12400.

> **Fiscalement** Les acquisitions intracommunautaires ainsi que la TVA à payer correspondante doivent être déclarées sur des lignes spécifiques de la déclaration CA3. Sur l'amende de 5 % applicable en cas de rappel, voir n° 47005.

Pour plus de détails sur le principe de l'autoliquidation, voir n° 47000 s. et Mémento TVA n° 47915 à 47980.

46880 **Comptabilisation** Selon le PCG (art. 944-44) et le CNC (Avis n° 93-06), ces TVA sont à comptabiliser :
– au débit du compte 445.662 « TVA déductible communautaire » ;
– et au crédit du compte 445.2 « TVA due communautaire ».
En outre, à notre avis, les acquisitions intracommunautaires devraient :
– être enregistrées dans des subdivisions spécifiques des comptes d'achats (utilisation du chiffre 2 en 5ᵉ position, voir avis CNC précité) ;
– ou faire l'objet d'un journal d'achats spécifique.

46885 **Date d'enregistrement** La comptabilisation varie selon que l'écriture est passée lorsque :

I. La TVA n'est pas exigible Les TVA à payer et à récupérer ainsi que la dette sont enregistrées dans des comptes de régularisation pour leur **montant provisoire**.

> **Fiscalement** En effet, en cas d'acquisition libellée en devises (monnaies de la « zone out » et des pays tiers), le montant définitif de la TVA n'est connu qu'à la date d'exigibilité de la taxe. La TVA doit être calculée à partir du prix converti à l'aide du dernier taux de change déterminé par rapport au cours publié par la Banque de France à partir du cours fixé par la Banque centrale européenne connu au jour de l'exigibilité de la taxe (CGI art. 266-1 bis). Pour les acquisitions intracommunautaires, les entreprises peuvent toutefois retenir le taux de change valeur en douane à condition de s'en tenir à cette méthode pour toutes les opérations intracommunautaires de l'année (BOI-TVA-DECLA-30-20-20-10 n° 400) (ces taux doivent également être appliqués aux acquisitions intracommunautaires portées sur la déclaration CA3).
> L'exigibilité de la TVA peut intervenir (CGI art. 269-2-d ; BOI-TVA-BASE-20-30) :
> – soit à la date d'émission de la facture ;
> – soit, à défaut de facture, le 15 du mois suivant le fait générateur (en général, la réception du bien).

L'écriture qui solde les comptes de régularisation de TVA à payer et à récupérer, **une fois le montant définitif connu**, doit également régulariser les comptes d'achats et dettes ayant enregistré l'acquisition intracommunautaire.

> **Précisions** Sur un plan pratique :
> **a.** L'établissement et le suivi périodique (au moins mensuel) d'un état des réceptions de biens non facturés permet :
> – d'attendre de connaître la date d'exigibilité pour comptabiliser l'acquisition intracommunautaire et la TVA correspondante ;
> – de porter les acquisitions et la TVA sur la déclaration CA3 dans les délais légaux ;
> – d'optimiser la récupération de la TVA en détectant les fournisseurs n'ayant pas transmis leurs factures qui pourront ainsi être relancés.
> **b. Si l'entreprise choisit**, pour comptabiliser ses acquisitions intracommunautaires, **un autre taux** que l'un des deux taux requis par l'administration, un suivi extra-comptable doit être mis en place en vue de l'établissement de la déclaration CA3.

À la clôture de l'exercice, les TVA à payer et à récupérer ainsi que la dette correspondant à l'acquisition intracommunautaire devraient, à notre avis, être converties :
– soit au taux de clôture, si l'entreprise a choisi le dernier taux connu ;
– soit au taux mensuel douanier du mois suivant celui de la clôture si l'entreprise a choisi ce taux douanier.
En effet, si la TVA n'est pas devenue exigible le mois de clôture de l'exercice (mois de réception du bien), elle le deviendra automatiquement le mois suivant en raison de la date butoir du 15 M+1.

II. La TVA est exigible Les TVA à payer et à récupérer ainsi que l'opération sont enregistrées directement dans les comptes concernés pour leur **montant définitif**.

46905 **Écritures** (conformes à l'avis CNC 93-06)

EXEMPLES

Hypothèses : une entreprise française commande des marchandises à une entreprise polonaise pour un prix estimé à 1 000 zloty.
Le prix définitivement facturé par le fournisseur anglais s'élève à 960 zloty.
Le taux mensuel douanier pour le zloty est :
– 0,21 € le mois de réception des marchandises (mois M) ;
– 0,24 € le mois suivant la réception des marchandises (mois M+1).
Lors du paiement de l'acquisition en M+2, le cours de la livre est à 0,23 €.
L'entreprise comptabilise ses achats lors de la **réception des marchandises** et a choisi de comptabiliser ses acquisitions intracommunautaires au **taux mensuel douanier**.

EXEMPLE 1

Cas général : la facture est reçue avant la date d'exigibilité de la TVA (15 M+1).

	40812 Fournisseur CE Factures non parvenues	4012 X Fournisseur anglais X	445.28 TVA due CE Factures non parvenues	445862 TVA CE Factures non parvenues	445.2 TVA due communautaire	445662 TVA déductible	4455 TVA à décaisser	512 Banque	60792 Achats de marchandises CE
Réception marchandises (mois M)...	(1) 210		(2) 42	(2) 42					(1) 210
Réception facture (mois M)...	210	(3) 202	42		(4) 42	(4) 40	40		(3) 202 . 210
Déclaration CA3 mois M...					40		40		
Liquidation TVA mois M...							(5) 0	(5) 0	
									666 Pertes de change
Paiement facture (mois M+2).		202						(6) 221	(7) 19

(1) 210 = 1 000 × 0,21
(2) 42 = 210 × 20 %
(3) 202 = 960 × 0,21
(4) 40 = 202 × 20 %
(5) 0 = 40 – 40 : aucune écriture n'est à passer
(6) 221 = 960 × 0,23
(7) 19 = 221 – 202

EXEMPLE 2

Cas particulier : la facture est reçue après le 15 M+1.

	40812	4012 X	445.28	445862	445.2	445662	4455	512	60792
Réception marchandises (mois M)...	(1) 210		(2) 42	(2) 42					(1) 210
Déclaration* CA3 mois M 15/M+1**.	210	(3) 240		42	42	(4) 48	(4) 48		(3) 240 . 210
Déclaration CA3 mois M+1..					48		48		
Liquidation TVA mois M+1..							48	48	
Réception*** facture (mois M+2).	240		(5) 230			(6) 4	(6) 4		(5) 230 . 240
									766 Gains de change
Paiement facture (mois M+2)		230						(7) 221	(8) 9
Déclaration CA3 mois M+2.					4	(9) 52	(9) 52 . 4		

(1) 210 = 1 000 × 0,21
(2) 42 = 210 × 20 %
(3) 240 = 1 000 × 0,24
(4) 48 = 240 × 20 %
(5) 230 = 960 × 0,24
(6) 4 = (230 × 20 %) – 42
(7) 221 = 960 × 0,23
(8) 9 = 230 – 221
(9) 52 = 48 + 4

*Aucune écriture n'est à passer, la TVA n'étant pas encore exigible. Aucun montant n'est donc à déclarer au titre du mois M.
**Cette écriture peut être passée à n'importe quelle date du mois M+1, le taux mensuel douanier du mois M+1 s'appliquant de toute façon à l'acquisition quelle que soit la date de la facture, la TVA devenant exigible au cours de ce mois.
***La facture n'a plus d'influence ni sur l'exigibilité de la TVA ni sur le taux de change à utiliser qui demeure le taux du mois d'exigibilité de la TVA. En revanche, les montants de TVA à payer et à récupérer et de l'acquisition doivent être rectifiés par rapport au montant définitivement facturé par le fournisseur.
Dans le taux mensuel douanier, c'est le mois de la date butoir qui compte ; aussi, le fait que la facture soit reçue en M+1 avant ou après le 15/M+1 (date butoir) n'a pas d'incidence sur le taux à retenir, celui-ci étant de toute façon celui du mois de M+1.

TRANSFERTS DE BIENS (TRAITEMENT DANS LE PAYS D'ARRIVÉE)

46910 Il s'agit principalement du transfert physique, sans changement de propriétaire, d'un stock ou d'une immobilisation entre la France et un autre État membre.
Pour plus de détails, voir Mémento Fiscal n° 49200 à 49215 et 49280 à 49285.
Le traitement de l'« affectation » dans le pays d'arrivée varie selon que l'opération est :

46915 **Soumise à la TVA française** Le traitement comptable de la TVA est identique à celui de la TVA sur acquisitions intracommunautaires. Voir n° 46870 s.

> **Fiscalement** Il en est de même (CGI art. 256 bis II).

En comptabilité, le bien transféré conserve sa valeur historique.

> **Fiscalement** La base d'imposition à la TVA est constituée par le prix d'achat de ces biens ou de biens similaires ou, à défaut de prix d'achat, par leur prix de revient (CGI art. 266-1-c ; BOI-TVA-BASE-10-20-50 n° 50).

46920 **Soumise à la TVA d'un autre État membre** L'entreprise est obligatoirement identifiée dans cet État membre. Dès qu'elle a connaissance de sa dette de TVA dans le pays d'affectation du bien, elle l'enregistre, à notre avis, au crédit d'une subdivision du compte 445, par exemple 44531X « TVA à payer sur transferts intracommunautaires de biens dans l'État membre X », X pouvant être le code pays de l'État membre d'affectation du bien, par le débit d'un compte 44536X « TVA récupérable sur transferts intracommunautaires de biens dans l'État membre X ».

46925 **Non soumise à TVA** Aucune écriture n'est à passer.

> **Fiscalement** Certains transferts non soumis à TVA doivent (CGI art. 286 quater I) être consignés dans un registre des biens expédiés à titre temporaire (transferts de biens destinés à être utilisés temporairement, à faire l'objet de réparations ou d'un travail à façon).

D. Déclarations de chiffre d'affaires

46975 **Règle générale pour les entreprises relevant du régime réel normal**
En fin de mois ou de trimestre, selon que l'entreprise est assujettie mensuellement ou trimestriellement (voir, sur ce point, Mémento Fiscal n° 53700), **l'entreprise doit constater** dans ses comptes sa position vis-à-vis du Trésor, telle qu'elle apparaît sur sa déclaration de chiffre d'affaires, c'est-à-dire **soit la TVA à reverser, soit le crédit de TVA**.

> **Précisions** Cette position est la différence entre la TVA collectée exigible au titre des opérations de la période, la TVA à payer sur acquisitions intracommunautaires et la TVA déductible.
> En conséquence, les comptes de TVA collectée et de TVA à payer sont :
> — débités du montant de la TVA exigible,
> — par le crédit des comptes de TVA déductible pour le montant de la TVA récupérable (éventuel crédit en début de période + TVA sur immobilisations du mois + TVA sur autres biens et services du mois, y compris sur acquisitions intracommunautaires et sur importations).
> La différence constitue :
> — soit la TVA à reverser qui est créditée au compte 4455 « TVA à décaisser » ;
> — soit le crédit de TVA si le montant de la TVA déductible récupérable est supérieur à celui de la TVA collectée exigible, à conserver au débit du compte 4456 « TVA déductible » (voir n° 46980).

EXEMPLE

Les soldes des comptes sont :

		Débit	Crédit
4457.	TVA collectée (sur les débits)..................................		1 000
44562.	TVA déductible sur immobilisations.........................	100	
44566.	TVA déductible sur autres biens et services	400	

TVA

	44562 TVA sur immobilisations	44566 TVA sur autres biens et services	4457 TVA collectée	4455 TVA à décaisser
Factures du mois	100	400	1 000	
Déclaration chiffre d'affaires	100	400	1 000	500
	100 | 100 soldé	400 | 400 soldé	1 000 | 1 000 soldé	500 (1)

(1) TVA à payer qui doit figurer sur la déclaration de chiffre d'affaires du mois, sous réserve de l'arrondissement de la base d'imposition.
Une autre solution, plus simple, consiste à ne pas utiliser le compte 4455, la TVA à décaisser apparaissant au compte 4457.

TVA

	44562 TVA sur immobilisations	44566 TVA sur autres biens et services	4457 TVA collectée
Factures du mois	100	400	1 000
Déclaration chiffre d'affaires		100 .... 400 500	
	100 | 100 soldé	400 | 400 soldé	500 | 1 000 500 (1)

(1) TVA à payer.

> **Précisions** **1. Option pour le régime de consolidation du paiement de la TVA au sein d'un groupe de sociétés** Les filiales soumises au régime réel normal, détenues, directement ou indirectement, à plus de 50 % par une société mère, avec laquelle elles relèvent de la DGE (Direction des grandes entreprises), qui ouvrent et clôturent leurs exercices comptables aux mêmes dates, peuvent opter avec effet au premier jour de l'exercice suivant, pour la consolidation au niveau de la société mère de leurs paiements et remboursements de crédits de TVA (CGI art. 1693 ter ; BOI-TVA-DECLA-20-20-50 ; voir Mémento Fiscal n° 54200 à 54225).
En revanche, ce régime ne concernant que les paiements à l'exclusion des bases, il ne permet pas de neutraliser les flux intragroupes pour le calcul de la TVA due par les différentes sociétés du groupe.
— **Chez la filiale,** la position, débitrice ou créditrice, doit être constatée envers la société mère consolidante, par le biais du compte courant.
— **Chez la mère consolidante,** la position débitrice ou créditrice de la filiale est enregistrée en compte courant, en contrepartie de subdivisions (propres à la filiale consolidée) des comptes 44562, 44566 et 4457.
En cas de défaillance de la mère, la filiale étant solidairement tenue au paiement pour sa part (y compris les pénalités), elle doit, en cas de versement au Trésor, réintégrer le solde créditeur au compte 4455, en contrepartie d'une créance envers la mère, le cas échéant à déprécier.
2. Option pour le régime de groupe TVA depuis le 1er janvier 2023 Depuis le 1er janvier 2023, les personnes assujetties ou entités distinctes juridiquement et qui sont étroitement liées entre elles sur les plans financier, économique et de l'organisation peuvent opter pour la constitution d'un groupe TVA seul assujetti au sens de l'article 256 A du CGI (BOI-TVA-AU-10-30).
À compter de leur entrée dans le groupe, les membres d'un assujetti unique ne sont plus des assujettis et désignent parmi eux un représentant qui s'engage à accomplir les obligations déclaratives et, en cas d'opérations imposables, à acquitter la taxe en son nom, ainsi qu'à obtenir le remboursement de crédit de TVA.
Ils doivent toutefois continuer à respecter toutes leurs obligations d'ordre comptable (CGI art. 286, III nouveau) et restent tenus solidairement au paiement de la TVA et, le cas échéant, des intérêts de retard, majorations et amendes fiscales correspondantes dont l'assujetti unique est redevable, à hauteur des droits et pénalités dont ils seraient redevables s'ils n'étaient pas membre de l'assujetti unique (CGI art. 256 C ; Décret 2022-1033 du 20-7-2022 ; BOI-TVA-AU-30 ; BOI-TVA-AU-50).
Pour plus de détails, voir Mémento Fiscal n° 46545 à 46556.

46980 **Constatation d'un crédit de TVA à reporter** Les entreprises qui le désirent peuvent faire apparaître en comptabilité, à la fin de chaque période d'imposition (PCG art. 944-44), le crédit de TVA à reporter (figurant sur la déclaration de chiffre d'affaires) en l'inscrivant au compte 44567 « Crédit de TVA à reporter ».
Le solde de crédit de TVA apparaissant en comptabilité doit correspondre au solde figurant sur la déclaration.

EXEMPLE

Précédent en supposant que la TVA collectée n'est que de 200.

	TVA			
	44562 TVA sur immobilisations	44566 TVA sur autres biens et services	44567 Crédit de TVA à reporter	4457 TVA collectée
Factures du mois	100	400		200
Déclaration chiffre d'affaires	100	400 300	 200	
	100 | 100	400 | 400	300	200 | 200
	soldé	soldé		rien à payer

Si une fraction du crédit de TVA n'est pas apurable dans le délai d'un an, l'entreprise peut l'isoler dans une subdivision particulière du compte 4456 « Crédit de TVA à plus d'un an ».

46985 **Comptabilisation de la demande de remboursement de TVA** Lors du dépôt de la demande de remboursement, l'entreprise doit en soustraire le montant de la TVA déductible en créditant le compte 4456 « TVA déductible » par le débit du compte 4458 « TVA à régulariser » (subdivision 44583 « Remboursements de TVA demandés »). Lors du remboursement, le compte 4458 est soldé par le débit du compte financier intéressé.

> **Fiscalement** Sur les modalités du remboursement des crédits de TVA, voir Mémento Fiscal n° 56620 à 56695.

E. Cas particuliers

AUTOLIQUIDATION

47000 **Mécanisme de l'autoliquidation de la TVA** Dans certains cas, la TVA est collectée non par le vendeur mais par le client. Le client redevable peut déduire la taxe qu'il a lui-même acquittée à condition de faire apparaître cette opération sur sa déclaration de TVA. C'est le mécanisme de l'**autoliquidation**.

EXEMPLES

Tel est le cas, notamment (voir Mémento TVA n° 47915) :
— des acquisitions intracommunautaires réalisées par un assujetti (voir n° 46870 s. et Mémento Fiscal n° 49150 s.) ;
— des importations (extra-communautaire) réalisées par un assujetti ou un non-assujetti identifié à la TVA (voir Mémento Fiscal n° 49600 s.) ;
— des prestations de services acquises auprès d'un prestataire non établi en France par un client assujetti identifié à la TVA en France (CGI art. 283-2 ; voir Mémento Fiscal n° 49870) ;
— de certaines livraisons à soi-même de biens ou de services (voir Mémento Fiscal n° 47380 s.) ;
— des achats de biens et prestations de services lorsque le fournisseur ou le prestataire n'est pas établi en France et que le client agissant en tant qu'assujetti est identifié à la TVA en France (CGI art. 283-1-2° ; voir Mémento Fiscal n° 50695) ;
— des services de communication électronique achetés par un client identifié à la TVA en France (voir Mémento Fiscal n° 54050) ;
— de certains achats de gaz, d'électricité, de chaleur ou de froid (voir Mémento Fiscal n° 48990) ;
— des transferts de quotas de gaz à effet de serre (voir Mémento Fiscal n° 54050) ;
— du paiement de la taxe au lieu et place d'une entreprise étrangère établie en dehors de la Communauté européenne n'ayant pas conclu de convention d'assistance au recouvrement des créances fiscales (voir Mémento Fiscal n° 50645) ;

– des travaux de construction, y compris ceux de réparation, d'entretien, de transformation et de démolition effectués en relation avec un bien immobilier achetés par un preneur auprès d'une entreprise sous-traitante (CGI art. 283, 2 nonies ; voir Mémento Fiscal n° 54050).

Sur le cas des déchets neufs d'industrie, voir n° 47070.

Comptabilisation de l'autoliquidation de la TVA Lorsqu'elle doit autoliquider la TVA, l'entreprise doit enregistrer deux TVA distinctes de même montant (si son droit à déduction est total) : 47005
– une TVA à payer, à comptabiliser, à notre avis, dans un sous-compte du compte 4457 ;
– et une TVA à récupérer, à comptabiliser, à notre avis, dans un sous-compte du compte 4456.

Sur le cas particulier des acquisitions intracommunautaires, qui font l'objet de comptes spécifiques, voir n° 46870 s.

> **Fiscalement** Ces opérations, ainsi que la TVA à payer correspondante, doivent être déclarées sur des lignes spécifiques de la déclaration CA3 comme c'est le cas pour la TVA intracommunautaire (voir n° 46875).
> Lorsque la taxe exigible n'a pas été déclarée et fait l'objet d'un rappel, le redevable se voit appliquer une **amende de 5 %** de la somme déductible (CGI art. 1788 A 4), non déductible de l'IS (CGI art. 39-2) ainsi que des intérêts de retard. Toutefois, l'administration admet de ne pas appliquer cette amende lorsque le redevable dépose spontanément une déclaration rectificative au titre de la période concernée, à condition que cette déclaration soit effectuée avant toute action de l'administration, telle que la réception d'un avis de vérification (BOI-CF-INF-20-20 n° 100).

EXEMPLE 47010

Prestation de publicité rendue par une société E établie hors de France au bénéfice d'une entreprise F établie en France : 1 000 HT. F acquitte la TVA pour le compte de la société E.

Dans ce cas, à notre avis, F enregistre la facture hors TVA par le débit du compte 40 « Fournisseurs » et règle ce dernier hors TVA. F constate également :
– la TVA déductible sur ses achats au débit du compte 44566 « TVA sur autres biens et services » ;
– la TVA collectée à la place de E au crédit du compte 4457x « TVA collectée (autoliquidation) ».

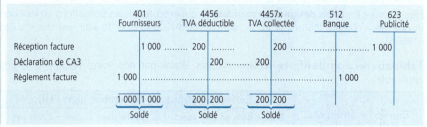

REPRÉSENTATION FISCALE

Sociétés étrangères établies hors de l'Union européenne Les sociétés assujetties établies dans un pays tiers **n'ayant pas conclu avec la France de convention d'assistance au recouvrement des créances fiscales** sont tenues de faire accréditer auprès du service des impôts un représentant assujetti, établi en France, lorsqu'elles (CGI art. 289 A ; BOI-TVA-DECLA-20-30-40-10) : 47020
– réalisent des opérations pour lesquelles elles sont redevables de la TVA en France ou des importations en France ;
– ou doivent y accomplir des obligations déclaratives sans y être redevables de la TVA.

Sur les régimes particuliers de guichet unique qui, sous certaines conditions, dispensent de désigner un représentant fiscal ou se cumulent avec cette désignation, voir Mémento Fiscal n° 50850 à 50905.

Le représentant fiscal s'engage à établir et à déposer les déclarations de chiffre d'affaires correspondantes ainsi que, le cas échéant, les déclarations d'échange de biens, mais également à :

a. Tenir une comptabilité de ces opérations.

> **Précisions** Il s'agit d'une comptabilité à finalité fiscale indépendante de la comptabilité tenue par la société étrangère dans son propre pays et indépendante de celle du représentant fiscal où il comptabilise ses propres opérations. Elle correspond, à notre avis, à un travail de

classement, d'ordonnancement et de suivi des informations de base à partir desquelles les déclarations sont établies et la TVA liquidée. Il ne s'agit donc pas d'une tenue de comptabilité à vocation économique mais d'un travail étendu de justification des déclarations.
À notre avis, elle doit :
1. être tenue par tout moyen garantissant l'exhaustivité des enregistrements et être justifiée par des pièces comptables appropriées (journaux d'achats, de ventes de la société étrangère, doubles de factures, etc.) ;

2. se limiter, dans la plupart des cas, aux écritures suivantes :
– enregistrement d'achats et/ou de ventes ;
– écritures mensuelles de liquidation de la TVA ;
– écritures constatant, dans un compte courant en liaison avec la comptabilité propre du représentant fiscal, les mouvements nécessaires au paiement de la TVA ou résultant du remboursement de crédit de TVA ;

3. être rapprochée régulièrement de la comptabilité que la société étrangère tient dans son pays, par un système de validation de soldes.

b. Acquitter la TVA due ou présenter les demandes de remboursement de crédit de TVA.

> **Précisions** Les mouvements de fonds résultant de la mission de représentation fiscale doivent être enregistrés dans la comptabilité propre du représentant fiscal dans les comptes de trésorerie concernés avec pour contrepartie le débit ou le crédit d'une subdivision du compte 467 « Autres débiteurs et créditeurs divers », par exemple intitulé « Société X – Représentation fiscale » ou d'un compte 451 « Groupe » si la société est représentant fiscal d'autres sociétés du groupe auquel elle appartient.

47025 **Sociétés étrangères établies dans l'Union européenne ou dans un pays tiers ayant conclu une convention d'assistance au recouvrement des créances fiscales** Les sociétés étrangères établies dans l'Union européenne ainsi que les assujettis établis dans un pays tiers ayant conclu une convention d'assistance au recouvrement des créances fiscales (CGI art. 289 A ; BOI-TVA-DECLA-20-30-40-20) n'ont ni l'obligation ni même la possibilité de désigner un représentant fiscal en France lorsqu'elles y réalisent des opérations imposables ou sont tenues d'y accomplir des obligations déclaratives, sans y être établies.

Elles doivent donc s'identifier à la TVA, déclarer leurs opérations imposables réalisées en France et acquitter directement la taxe due auprès de l'administration française.

Elles peuvent toutefois **désigner un mandataire** qui exécutera leurs obligations en leur nom et pour leur compte (CGI ann. III art. 95 ; BOI-TVA-DECLA-20-30-40-20 n° 10 à 40 ; voir Mémento Fiscal n° 50635).

47030 **Tableau récapitulatif** Le tableau ci-après, établi par nos soins, résume le régime applicable.

Entreprise étrangère établie dans l'UE	Entreprise étrangère non établie dans l'UE	
	Établie dans un État ayant conclu une convention d'assistance avec la France	Établie dans un État n'ayant pas conclu de convention d'assistance avec la France
– Identification obligatoire auprès de l'administration fiscale – Déclaration des opérations imposables et paiement de la TVA		Obligation de faire accréditer auprès du service des impôts un représentant assujetti établi en France qui s'engage à : – déclarer les opérations imposables – payer la TVA
– Possibilité de nommer un mandataire chargé des obligations déclaratives et de paiement		

TVA EUROPÉENNE

47045 Lorsqu'une entreprise française réalise des opérations soumises à la TVA d'un autre État membre de l'Union européenne dans lequel elle n'est pas établie, les TVA à payer et/ou à récupérer sont, à notre avis, enregistrées dans des subdivisions du compte 445, par exemple 44531X « TVA à payer – État membre X » et 44536X « TVA à récupérer – État membre X », X pouvant être le code pays de l'État membre.

> **Fiscalement** Sur les modalités de dépôt de demandes de remboursement de la TVA supportée dans un autre État membre via le portail électronique impots.gouv.fr, voir Mémento Fiscal n° 56480.

COMMERCES DE DÉTAIL

47055 Lorsqu'une entreprise commerciale pratique ordinairement des ventes à des consommateurs sans donner lieu à facturation et que ces ventes sont soumises à plusieurs taux de TVA, elle ne peut ni les enregistrer hors TVA ni les répartir par taux d'imposition. Il en résulte les conséquences suivantes :

47060 **Ventes comptant sans facture** Dans ce cas, les ventes sont enregistrées au compte 70 « **TVA comprise** » ; puis, pour chaque période d'imposition, la TVA collectée figurant sur la déclaration de chiffre d'affaires est créditée globalement au compte 4457 « TVA collectée » par le débit du compte 70 « Ventes », ce dernier étant ainsi rétabli hors TVA.

47065 **Répartition des ventes par taux de TVA** L'administration autorise à l'effectuer d'une **manière empirique** et elle fournit trois méthodes de calcul (voir n° 12570).

ACHATS DE DÉCHETS NEUFS D'INDUSTRIE ET PRODUITS DE RÉCUPÉRATION LIVRÉS EN FRANCE

47070 Pour les livraisons et les prestations de façon portant sur des déchets neufs d'industrie et matières de récupération, la TVA doit être **acquittée par le client** qui dispose d'un numéro d'identification à la TVA en France. Dans cette perspective, le client doit identifier, sur sa déclaration de chiffre d'affaires, le montant de TVA dû au titre de ces livraisons et prestations.
Pour plus de détails sur ce dispositif, voir RIE-IV-8930 à 9255.

a. Chez l'acheteur Selon le bulletin CNCC (n° 150, juin 2008, EC 2008-19, p. 315 s.), ce dispositif de TVA peut être suivi selon deux méthodes :
– soit un **suivi comptable** ;

> **Précisions** Dans ce cas, les entreprises peuvent appliquer le même mode de comptabilisation que celui de l'autoliquidation en matière de TVA intracommunautaire (défini par l'avis CNC 93-06 du 1-9-1993), à savoir :
> – enregistrer ces opérations dans des subdivisions spécifiques de comptes d'achats ou dans un journal d'achats spécifique ce qui permet de mettre en évidence la base de TVA sans contrainte administrative supplémentaire ;
> – et comptabiliser deux TVA distinctes de même montant (sauf prorata éventuel) : une TVA à payer (« TVA due sur déchets neufs d'industrie et produits de récupération » dans un sous-compte du compte 445) et une TVA à récupérer (« TVA récupérable sur déchets neufs d'industrie et produits de récupération » dans un sous-compte du compte 44566) (voir n° 46875 à 46905).
> Pour plus de détails sur le principe de l'autoliquidation, voir n° 47000 s.

– soit un **suivi extra-comptable**.

b. Chez le vendeur Le vendeur n'a pas à déclarer ni à payer la taxe due au titre de ces opérations. En revanche, le montant hors taxe des livraisons et prestations de façon doit figurer sur leur déclaration de TVA (ligne « Autres opérations non imposables »). Afin d'assurer le suivi de ces opérations, il est possible de les isoler dans des subdivisions spécifiques de comptes de ventes (ou dans un journal de ventes spécifique).

OMISSION D'UN DROIT À DÉDUCTION SUR UNE DÉCLARATION

47075 Sur les risques éventuels de l'omission de TVA collectée, voir n° 46495.
Les entreprises doivent mentionner le montant de la taxe dont la déduction leur est ouverte sur les déclarations qu'elles déposent. Cette mention doit figurer sur la **déclaration** afférente au **mois au cours duquel est né le droit à déduction**.
Toutefois, la taxe dont la **déduction a été omise** sur cette déclaration peut figurer sur les déclarations ultérieures déposées **avant le 31 décembre de la deuxième année qui suit celle de l'omission** (CGI ann. II art. 208).

> **Précisions** **1.** Lorsque le client sait que le fournisseur est redevable de la taxe omise, le point de départ de ce délai court à compter de l'exigibilité de la taxe chez le fournisseur et ne peut être prorogé par l'émission d'une facture rectificative (CE 31-12-2008 n° 305517 et 307142 ; BOI-TVA-DED-40-20 n° 50). En revanche, ce délai est prorogé lorsque le client ignorait que le fournisseur était redevable de la TVA omise, notamment lorsque l'omission résulte d'une erreur du fournisseur qui a été rectifiée dans le cadre d'un redressement (CE 23-6-1976 n° 97388). Dans ce cas, l'administration admet que le client puisse déduire la TVA omise jusqu'au 31 décembre de la deuxième année qui suit la facture rectificative (BOI-TVA-DED-40-20 n° 80). De plus, en cas de rappels de TVA, le contribuable peut demander leur compensation avec des montants de TVA déductibles, mais dont la déduction a été omise par erreur, même si le délai fixé par l'article 208 de

l'annexe II au CGI est expiré (CAA Douai 26-5-2015 n° 13DA00782 ; LPF art. L 205).

2. Cette taxe doit être isolée sur les formulaires de déclaration de chiffres d'affaires (CGI ann. II art. 208 ; BOI-TVA-DED-40-20 n° 60). Toutefois, selon la jurisprudence, cette condition de forme est illégale (CAA Paris 19-2-2009 n° 07-1498).

C'est au moment où elle opère les déductions qu'une entreprise doit être en possession des factures ou documents correspondants en tenant lieu. La réception de ces factures ou documents après l'intervention du vérificateur ne permet pas de régulariser les déductions ainsi opérées irrégulièrement (CE 12-5-1980 n° 13883).

La perte subie par l'entreprise du fait de la **disparition de son droit à déduction** doit être traduite dans les documents comptables et il appartient au commissaire aux comptes de relever l'inexactitude des comptes sociaux qui ne feraient pas apparaître cette perte (Rép. Schumann : Sén. 4-3-1976 n° 18641). Elle constitue, selon nous, une charge exceptionnelle à inscrire au compte 6718 « Autres charges exceptionnelles sur opérations de gestion ».

> **Précisions** Le suivi des déductions par mois de récupération doit permettre d'éviter le risque de péremption du droit à déduction.

RÉGIMES PARTICULIERS D'IMPOSITION

47080 **Régime réel simplifié de déclaration**

> **Fiscalement** Le régime réel simplifié de déclaration de TVA s'applique aux entreprises qui remplissent les conditions suivantes (pour plus de détails, voir Mémento Fiscal n° 53900 à 53955) :
– l'entreprise ne bénéficie pas de la franchise en base (voir n° 47085) ;
– son CA de l'année civile précédente n'excède pas les limites du régime réel simplifié de déclaration (sur les seuils applicables, voir n° 47090) ;
– sa TVA exigible au titre de l'année civile ou de l'exercice précédent n'excède pas 15 000 € (BOI-TVA-DECLA-20-20-30-10 n° 250 et 315).
Le régime simplifié de déclaration n'est toutefois pas applicable si le montant de taxe exigible au titre de l'année précédente dépasse 15 000 € (voir Mémento Fiscal n° 53900).

a. En cours d'exercice :
– les achats et les ventes sont enregistrés hors TVA comme dans le régime normal d'imposition ; il en résulte une accumulation de TVA déductible au compte 4456 et de TVA collectée par l'entreprise au compte 4457 ;
– les acomptes à verser trimestriellement sont enregistrés (CNC, NI n° 19 adaptée au PCG) au débit du compte 4458 « TVA à régulariser ou en attente » (sous-compte facultatif : 44581 « Acomptes – régime simplifié d'imposition ») soit, lors de leur exigibilité, par le crédit du compte 4455 « TVA à décaisser » (lui-même soldé par le compte de disponibilités), soit, lors de leur paiement, par le crédit du compte de disponibilité concerné.

b. En fin d'exercice, lors des opérations d'inventaire, la situation est régularisée au vu de la déclaration annuelle CA12 ou CA12 E d'où résulte le montant net de TVA restant à payer ou versé en trop (après application de la franchise ou décote et des déductions pour investissements le cas échéant).

En cas de **complément à verser** : la TVA facturée exigible au titre de l'exercice est débitée au compte 4457 « TVA collectée » par le crédit des comptes :
– 4456 « TVA déductible » pour le montant de l'exercice effectivement récupérable ;
– 4458 « TVA à régulariser ou en attente » (sous-compte 44581 « Acomptes – Régime simplifié d'imposition ») pour solde de ce compte ;
– 74 « Subventions d'exploitation » pour le montant de la décote ou de la franchise obtenue ;
– 4455 « TVA à décaisser » pour le montant net restant à payer (sauf en cas de franchise).

En cas d'**excédent de versement** : la TVA facturée exigible au titre de l'exercice est débitée au compte 4457 « TVA collectée » par le crédit des comptes :
– 4456 « TVA déductible » pour le montant de l'exercice effectivement récupérable ; le solde du compte 4456 représente le **crédit de TVA** à la fin de l'exercice. Si le remboursement en est demandé, voir n° 46985 ;
– 4458 « TVA à régulariser ou en attente » (sous-compte 44581) pour solde de ce compte ;
– 74 « Subventions d'exploitation » pour le montant de la décote ou de la franchise.

> **Précisions** Cas particulier Exercice décalé par rapport à l'année civile : à notre avis, dès lors que l'option pour la régularisation annuelle avec l'exercice comptable n'est pas prise, il n'y a **aucune écriture de régularisation** à passer à la clôture.
Figureront donc au bilan les montants cumulés des comptes 4457 « TVA encaissée », 4456 « TVA déductible » et 4458 « TVA acomptes versés ».
La régularisation sera constatée sur l'exercice suivant au 31/12, ainsi que, le cas échéant, la décote ou la franchise.

Franchise en base   Quel que soit leur régime d'imposition, les assujettis à la TVA établis en France bénéficient de plein droit d'une franchise de TVA lorsqu'ils ont réalisé, au titre de l'année civile précédente, un chiffre d'affaires (hors TVA) n'excédant pas certains seuils (BOI-BAREME-000036 ; voir Mémento Fiscal n° 53780 à 53860). Sur ces seuils, voir n° 47090. **47085**

Seuils d'application de la franchise de TVA et du régime réel simplifié de déclaration   Compte tenu de la révision triennale dont font l'objet les seuils d'application de la franchise de TVA et du régime réel simplifié de déclaration (pour plus de détails, voir Mémento Fiscal n° 53780), le tableau ci-après, établi par nos soins, synthétise les **seuils applicables pour les années 2023 à 2025**. La prochaine révision triennale devrait intervenir au 1er janvier 2026. **47090**

Ventes de marchandises, objets, fournitures, et denrées à emporter ou à consommer sur place et fourniture de logements		Services	
CA HT annuel (€) (1)	Régime	CA HT annuel (€) (1)	Régime
≤ 840 000 (2) et > 91 900	Réel simplifié de déclaration (4)	≤ 254 000 (2) et > 36 800	Réel simplifié de déclaration (4)
≤ 91 900 (3)	Franchise en base de TVA (5) et (6)	≤ 36 800 (3)	Franchise en base de TVA (5) et (6)

(1) Le chiffre d'affaires pris en compte pour apprécier le régime d'imposition applicable est celui réalisé au cours de l'année précédente (CGI art. 293 B et 287, 3 bis ; CIBS art. L 162-4 modifié par arrêté ECOE2237323A du 30-12-2022).
(2) Lorsque le chiffre d'affaires dépasse les limites du réel simplifié de déclaration, sans dépasser 925 000 € (ventes de marchandises et fourniture de logement) ou 287 000 € (prestations de services), ce régime demeure applicable pour l'établissement de l'imposition de l'exercice en cours, sous réserve que le montant de la taxe exigible au titre de l'année précédente (ou de l'exercice précédent) n'ait pas dépassé 15 000 € (CGI art. 287, 3 bis ; CIBS art. L 162-5 modifié par arrêté ECOE2237323A du 30-12-2022). Pour plus de détails, voir Mémento Fiscal n° 53900 à 53955.
(3) Les conséquences du franchissement de seuil sont les suivantes (CGI art. 293 B modifié par loi 2022-1726 du 30-12-2022 art. 2 ; voir Mémento Fiscal n° 53840 à 53845) :
– conservation du régime de franchise en base de TVA si les limites de CA ordinaires de 91 900 € (ventes de marchandises et fourniture de logement) ou 36 800 € (prestations de services) sont franchies, sans toutefois dépasser les limites majorées (respectivement 101 000 et 39 100 €) lors de l'année N–1, à condition que les limites ordinaires n'aient pas été dépassées durant l'année N-2 ;
– perte du régime de la franchise en base de TVA si le CA de l'année N–2 et N–1 est supérieur aux limites ordinaires de 91 900 € (ventes de marchandises et fourniture de logement) ou 34 400 € (prestations de services), sans toutefois dépasser lors de ces deux exercices les limites majorées (respectivement 101 000 et 39 100 €) ;
– perte du régime de la franchise en base de TVA à compter du 1er jour du mois au cours duquel le CA de l'année en cours dépasse les limites majorées, fixées à 101 000 € (ventes de marchandises et fourniture de logement) ou 39 100 € (prestations de services). Pour plus de détails, notamment sur le franchissement des seuils pour les entreprises nouvelles, voir Mémento Fiscal n° 53785.
(4) Possibilité d'option pour le régime réel normal. Application obligatoire du régime réel normal lorsque le montant de la taxe exigible au titre de l'année précédente excède 15 000 €.
(5) Possibilité d'option pour le régime réel (simplifié ou normal).
(6) Le seuil de chiffre d'affaires retenu pour l'application du régime de la franchise en base de TVA s'apprécie hors taxe (CE 13-2-2013 n° 342197).

Secteurs distincts d'activités   Lorsqu'un assujetti a des secteurs d'activité qui ne sont pas soumis à des dispositions identiques au regard de la TVA, ces **secteurs** font l'objet de **comptes distincts** pour l'application du droit à déduction (CGI ann. II art. 209-I-2°). **47095**
Lorsqu'il en est ainsi, la constitution de secteurs distincts s'impose. Sur les modalités d'application, voir Mémento Fiscal n° 56030 à 56070.
La **comptabilité** de l'entreprise doit suivre **distinctement** pour chaque secteur :
– les acquisitions de biens et services ;
– le montant des opérations imposables et non imposables ;
– les cessions d'immobilisations et leur transfert à d'autres secteurs.

> **Précisions**   En cas de transfert d'immobilisations entre secteurs, il doit être procédé à la régularisation des déductions antérieures.

Pour bénéficier de ce régime, la tenue d'une **comptabilité analytique** s'impose (CE 4-1-1974 n° 87555 et 28-4-1976 n° 94471).

CHAPITRE 12
LES PROVISIONS AUTRES QUE PROVISIONS RÉGLEMENTÉES

SOMMAIRE   48000

SECTION 1		SECTION 4	
DÉFINITIONS ET ÉLÉMENTS CONSTITUTIFS DES PROVISIONS	48110	CONTRÔLE EXTERNE	48545
SECTION 2		SECTION 5	
RÈGLES DE CONSTITUTION ET D'ÉVALUATION DES PROVISIONS	48200	PRÉSENTATION DES COMPTES ANNUELS	48645
		A. Bilan et compte de résultat	48645
SECTION 3		B. Annexe (développements	
RÈGLES D'ENREGISTREMENT ET SCHÉMAS USUELS DE COMPTABILISATION DES PROVISIONS	48435	particuliers)	48700

Ce chapitre constitue une synthèse générale. Pour l'étude d'une provision particulière, il est conseillé de se reporter à la table alphabétique.

TEXTES APPLICABLES

Les règles relatives aux passifs sont largement inspirées de la norme IAS 37, Provisions, passifs éventuels et actifs éventuels. Elles ont été intégrées dans le PCG par le **règlement CRC 2000-06** du 7 décembre 2000, pris sur avis CNC 2000-01 du 20 avril 2000.   48005

> **Précisions**   Sur le plan comptable, les termes « provisions » et « dépréciation » sont consacrés par le PCG.

> **Fiscalement**   Les termes « provisions pour risques et charges » et « provisions pour dépréciation », issus de l'ancienne terminologie comptable et ne résultant pas directement des règles fiscales, sont très souvent utilisés sur le plan fiscal (exemple : CGI ann. III art. 38 decies) et sont repris dans de nombreux documents (exemple : tableau n° 2056 de la liasse fiscale, relatif aux provisions inscrites au bilan). En conséquence, en l'absence de décision de modifier, sur le plan fiscal, la terminologie en usage pour les provisions, nous continuons, dans les développements fiscaux de cet ouvrage, à employer fiscalement l'ancienne terminologie comptable, en marquant cependant cette différence terminologique au moyen de parenthèses, de la manière suivante : « provisions (pour risques et charges) » et « (provisions pour) dépréciation ».

IMPORTANCE DES PROVISIONS

Alors qu'une grande partie des enregistrements comptables ne laisse aucune initiative au chef d'entreprise ou au comptable (par exemple, l'enregistrement d'une facture d'achat dont le montant est certain), la constitution de provisions nécessite du jugement pour **évaluer** et apprécier les **risques et charges prévisibles.**   48010

Quelle que soit la taille de l'entreprise, les provisions constituent donc toujours un domaine sensible pour la détermination des résultats comptable et fiscal.

SECTION 1 — DÉFINITIONS ET ÉLÉMENTS CONSTITUTIFS DES PROVISIONS

DÉFINITION GÉNÉRALE DE LA PROVISION

48110 Définition Il doit être tenu compte des passifs qui ont pris naissance au cours de l'exercice ou d'un exercice antérieur, même s'ils sont connus entre la date de clôture et celle de l'établissement des comptes (C. com. art. L 123-20 al. 3 et PCG art. 513-4). Les risques et charges, nettement précisés quant à leur objet, que des événements survenus ou en cours rendent probables, entraînent la constitution de provisions (C. com. art. R 123-179).

Le PCG définit une provision en deux temps :
– une provision est un **passif dont l'échéance ou le montant n'est pas fixé de façon précise** (PCG art. 321-5) ; par opposition aux dettes, qui sont des passifs dont l'échéance et le montant sont fixés de façon précise (PCG art. 321-4) ;
– un passif est un élément du patrimoine ayant une valeur économique négative pour l'entité, c'est-à-dire une **obligation** de l'entreprise à l'égard d'un tiers dont il est probable ou certain qu'elle provoquera une **sortie de ressources** au bénéfice de ce tiers, **sans contrepartie** au moins équivalente attendue de celui-ci (PCG art. 321-1).

Pour des exemples de provisions, voir n° 48135.
Pour plus de détails sur les conditions de constitution d'une provision, voir n° 48240 à 48244.

> **Fiscalement** Les provisions sont « constituées en vue de faire face à des pertes ou charges **nettement précisées** et que des événements en cours rendent **probables** » (CGI art. 39-1-5° ; voir n° 48240 à 48243).

> **Précisions** **1. Distinction entre charges à payer et provisions** Le champ d'application de ces provisions est plus large fiscalement que comptablement. D'où la nécessité de fournir à l'administration un relevé des charges à payer (considérées fiscalement comme des provisions), en plus du relevé des provisions (voir n° 48130).
> **2. Comparaison entre les définitions comptable et fiscale** Voir n° 48330.

48115 Champ d'application

> **Précisions** **1.** Cette définition ne s'applique pas aux passifs et provisions suivants qui sont exclus du champ d'application de l'avis CNC 2000-01 :
> – provisions spécifiques des entreprises concessionnaires (voir n° 72150) ;
> – instruments financiers ainsi que toute provision correspondante (voir n° 40005 s.) ;
> – impositions différées (voir n° 52965) ;
> – modalités particulières d'évaluation des passifs relatifs aux retraites et autres avantages accordés aux salariés (voir n° 17590 s.).
> Sur les « provisions » dénommées comptablement « provisions réglementées », ne répondant pas à cette définition, mais que la réglementation fiscale permet de créer, voir n° 56305 s.
> **2. Cette définition s'applique,** en revanche, à tous les secteurs d'activité (en ce sens, voir Lettre de la Chancellerie à l'ANC en date du 16-8-2001, non publiée).

48130 Distinction entre provisions, charges à payer et passifs éventuels Le PCG et l'avis CNC 2000-01 sur les passifs précisent de façon claire les différences existant entre ces trois postes.

Ainsi, les provisions se distinguent :

a. des charges à payer qui sont des passifs certains dont il est parfois nécessaire d'estimer le montant ou l'échéance avec une incertitude moindre que pour les provisions. En conséquence, ces charges à payer sont rattachées aux dettes (Avis précité, § 1.2).

Par exemple les sommes dues aux membres du personnel au titre des congés à payer et les charges sociales ou fiscales correspondantes constituent des charges à payer à la clôture et non des provisions (voir n° 16755) ;

b. des passifs éventuels, sur la base de l'un des deux critères suivants (PCG art. 321-6) :
– l'obligation n'est que potentielle et son existence ne sera confirmée que par la survenance, ou non, d'un ou plusieurs événements futurs incertains qui ne seront pas totalement sous le contrôle de l'entité ;
Ainsi, un passif éventuel pour lequel l'obligation n'est que potentielle devient un passif lorsqu'un événement ultérieur, tel un changement de législation ou une déclaration publique de l'entreprise, confirme l'existence de l'obligation.

© Éd. Francis Lefebvre   LES PROVISIONS AUTRES QUE PROVISIONS RÉGLEMENTÉES

48130
(suite)

– l'obligation est certaine mais il n'est pas probable ou certain qu'elle provoquera une sortie de ressources sans contrepartie au moins équivalente attendue du tiers.
Voir également n° 52520.
Sur la base de ces définitions, le tableau suivant, établi par nos soins, permet de distinguer les différents passifs :

	Obligation à la date de clôture	Sortie de ressources sans contrepartie	Échéance		Montant	Classification au bilan
Dette	Certaine ou probable	Certaine [1]	Précise	**et**	Précis	Dettes
Charges à payer			Non précise mais incertitude faible	**ou**	Non précis mais incertitude faible	Dettes
Provision		Probable ou certaine [2]	Non précise	**ou**	Non précis	Provisions (pour risques ou pour charges)
Passif éventuel	1. Ni certaine ni probable	–	–		–	Information à fournir en annexe
	2. Certaine	Ni certaine ni probable [2]	–		–	

[1] La sortie de ressources doit être certaine dès la clôture. Une provision qui obtiendrait le caractère de charges à payer entre la date de clôture et celle d'arrêté des comptes, ne devrait pas pouvoir, à notre avis, être reclassée parmi les dettes à la clôture.
[2] À la date d'arrêté des comptes

> **Fiscalement a. Définitions** Les mêmes expressions sont utilisées mais avec, pour les charges à payer, une définition légèrement différente :
1. Charges à payer Sur le plan fiscal, une charge à payer suppose l'existence d'une dette qui présente les caractéristiques suivantes (CE 25-2-1985 n° 37362 ; BOI-BIC-PROV-10 n° 210) :
– être certaine dans son principe, ce qui suppose l'existence d'une véritable créance des tiers envers la société ;
– **et** être précise dans son montant, ce qui implique la détermination d'un montant fiable, déterminé avec exactitude.
Sur la divergence entre les définitions comptable et fiscale de charges à payer, voir n° 15140.
2. Provisions Une provision suppose l'existence, à la clôture de l'exercice, de faits (BOI-BIC-PROV-10 n° 190) :
– rendant probable la réalisation d'une charge au cours d'un exercice postérieur ;
– ou rendant certaine la réalisation au cours d'un exercice postérieur d'une charge dont le montant est indéterminé. Voir n° 48240 à 48244.
b. Applications Ainsi, par exemple :
– ne constituent pas des charges à payer mais des provisions :
• des frais de garage et de réparation d'automobiles qui constituent une charge certaine dans son principe mais indéterminée quant à son montant (CE 4-5-1979 n° 98253) ;
• des redevances dues par une société utilisant un procédé mis au point par une autre société, dès lors qu'il existe un litige entre les deux sociétés qui porte, en l'absence de contrat, sur leur montant et leur règlement (CE 5-6-1985 n° 34792) ;
– en revanche, constituent des charges à payer, dès lors qu'ils correspondent à une dette certaine dans son principe et déterminée dans son montant, des intérêts pour paiement tardif qu'une entreprise est tenue contractuellement de verser, dont le montant peut être déterminé par simple application des stipulations contractuelles (CAA Marseille 14-4-2015 n° 13MA01174 définitif suite à CE (na) 12-11-2015 n° 391076).
En matière de charges de personnel, voir n° 16625.
c. Intérêt de la distinction
1. Comptabilisation en charges à payer d'une somme répondant à la définition fiscale des provisions L'Administration admet la déduction des charges comptabilisées en charges à payer qui ont fiscalement le caractère de provisions. Cette faculté est subordonnée à la production

sur papier libre, en annexe à la déclaration de résultats, d'un relevé détaillé de ces frais (BOI-BIC-PROV-10 n° 250 ; voir n° 15140).

2. Comptabilisation erronée d'une charge à payer en provision Les conséquences en sont les suivantes :
– le Conseil d'État juge que la requalification par l'Administration de provision en dette certaine figurant au passif du bilan de l'exercice est sans incidence sur le résultat imposable (CE 17-3-2016 n° 381427, contraire à BOI-BIC-PROV-20-10-30 n° 80) ;
– s'il y a intérêt, le contribuable peut, dans le délai de réclamation, demander à corriger son erreur (CE 4-11-1970 n° 75564 ; CE 13-5-1985 n° 34202 ; BOI-BIC-CHG-10-20-10 n° 20 et 30 ; BOI-BIC-BASE-40-10 n° 90).

3. Comptabilisation erronée d'une provision en charges à payer La déduction d'une telle somme n'est pas admise, l'article 39-1-5° du CGI subordonnant la déduction des provisions à leur comptabilisation en tant que telles dans les écritures de la société (voir n° 48230 ; CE 21-12-1968 n° 70071 ; CE 31-1-1979 n° 3101 ; CE 4-5-1979 n° 98253 ; CAA Versailles 19-5-2016 n° 14VE01587).

48135 **Classement comptable** Elles sont portées au **compte 15 « Provisions »**. Selon le PCG (art. 941-15).

> **Précisions** **Compte 151 « Provisions pour risques »** Sont inscrites à ce compte toutes les provisions destinées à couvrir les risques identifiés inhérents à l'activité de l'entreprise tels que ceux résultant des garanties données aux clients (voir n° 11550) ou des opérations traitées en monnaies étrangères (voir n° 40390 s.) et également les risques résultant de litiges (voir n° 45920 s.), pertes sur marchés à terme (voir n° 17445), amendes et pénalités (voir n° 46020), etc. Sur les sous-comptes, voir n° 96200.
> **Compte 153 « Provisions pour pensions et obligations similaires »** Voir n° 17590 s.
> **Compte 154 « Provisions pour restructurations »** Voir n° 17395 s.
> **Compte 155 « Provisions pour impôts »** Elles enregistrent notamment la charge probable d'impôt rattachable à l'exercice mais différée dans le temps et dont la prise en compte définitive dépend des résultats futurs (voir n° 52890 s.), ainsi que les redressements fiscaux (voir n° 53230 s.).
> **Compte 156 « Provisions pour renouvellement des immobilisations »** (entreprises concessionnaires) Voir n° 72245 s.
> **Compte 157 « Provisions pour charges à répartir sur plusieurs exercices »** (dépenses pour grosses réparations ou grandes visites) Voir n° 27900.
> **Compte 158 « Autres provisions pour charges »** Elles enregistrent entre autres (compte 1581) les provisions pour remises en état, notamment à caractère environnemental (démantèlement, dépollution... voir n° 27925 s.) ou encore de biens appartenant à autrui (voir n° 28735 s.).
> **Comptes de contrepartie : Dotations aux amortissements, aux dépréciations et aux provisions (68) et Reprises sur amortissements, dépréciations et provisions (78)** Selon leur caractère, elles constituent :
> – des charges et des produits d'exploitation (681 et 781) ;
> – des charges et des produits financiers (686 et 786) ;
> – des charges et des produits exceptionnels (687 et 787).
> À notre avis, les provisions pour impôt sur les bénéfices (dotation et reprise) doivent être comptabilisées dans les comptes suivants non prévus par le PCG : 689 et 789 (voir n° 52630).

SECTION 2 — RÈGLES DE CONSTITUTION ET D'ÉVALUATION DES PROVISIONS

OBLIGATIONS EN MATIÈRE DE PROVISIONS

48200 **Constatation obligatoire des provisions nécessaires** **Même en cas d'absence ou d'insuffisance du bénéfice**, il doit être procédé aux provisions nécessaires pour que les comptes annuels donnent une image fidèle du patrimoine, de la situation financière et du résultat de l'entreprise (C. com. art. L 123-20, al. 2 et PCG art. 322-3).

> **Précisions** **Exception** Les provisions pour retraite ne sont pas, à ce jour, obligatoires mais le PCG (art. 324-1) considère leur comptabilisation comme une méthode de référence (voir n° 17705).

Il en résulte les conséquences suivantes :

a. Une **provision** doit être constatée **s'il existe à la clôture** de l'exercice **une obligation** de l'entreprise **et** s'il est **probable ou certain**, à la date d'établissement des comptes, qu'elle

provoquera une **sortie de ressources** au bénéfice de tiers **sans contrepartie** au moins équivalente attendue de ceux-ci après la date de clôture (PCG art. 322-2).
b. Les provisions nécessaires doivent être **comptablement constituées indépendamment** de leur **déductibilité fiscale**.
Les dotations aux provisions sont à inscrire au **débit du compte de résultat** (voir n° 48435), à l'exception des provisions pour démantèlement (voir n° 27945).

> **Fiscalement a. Provision comptabilisée** Une provision constituée dans les comptes de l'exercice doit en principe être déduite du résultat imposable de cet exercice dès lors que **les règles propres au droit fiscal n'y font pas obstacle** (CE 23-12-2013 n° 346018), y compris s'il s'agit d'une provision constituée par une société membre d'un groupe fiscal et neutralisée pour la détermination du résultat d'ensemble (CE 5-12-2016 n° 398859). Sur les conséquences de la non-déduction, à tort, de la provision sur le résultat de l'exercice de sa reprise comptable, voir n° 45615.
> **b. Provision non comptabilisée (ou comptabilisée partiellement)** Contrairement à la doctrine administrative (BOI-BIC-PROV-20-10-40 n° 20), le Conseil d'État a jugé, dans des décisions rendues avant l'entrée en vigueur des règles actuelles sur les passifs en 2002, que le fait pour une entreprise de ne pas comptabiliser, et donc de ne pas déduire, une provision qui aurait pu être admise en déduction à la clôture de l'exercice ne lui interdit pas de provisionner la perte ou la charge au titre d'un exercice postérieur, même si aucun événement nouveau n'est intervenu [à propos de (provisions pour) dépréciation mais, à notre avis, transposables aux provisions (pour risques et charges) : CE 2-12-1977 n° 1247 ; CE 27-5-1983 n° 27412 et CAA Versailles 8-2-2011 n° 09-1202].
> Sur les conséquences de la comptabilisation d'une dépréciation en lieu et place d'une provision pour risques, voir n° 45615.

Reprise obligatoire par le résultat des provisions devenues sans objet 48210
I. Date de la reprise Les provisions sont rapportées au résultat quand les raisons qui les ont motivées ont cessé d'exister (C. com. art. R 123-179).
La reprise est constatée (PCG art. 323-12) :
– quand l'entreprise n'a plus d'obligation ;
– ou quand il n'est plus probable que celle-ci entraînera une sortie de ressources sans contrepartie au moins équivalente de la part du tiers.

> **Fiscalement a. Cas général** Il en est de même. À défaut de reprise, l'administration peut rapporter la provision au titre de l'exercice où elle est devenue sans objet, et, si cet exercice est prescrit, au plus ancien des exercices non prescrits (BOI-BIC-BASE-40-20-10 n° 50 ; sur la règle de l'intangibilité du bilan d'ouverture du premier exercice non prescrit, voir n° 45650 à 45660).
> **b. Cessation, cession ou apport d'entreprise** En cas de **cessation totale d'une entreprise,** les provisions antérieurement constituées en vue de faire face à des pertes ou charges probables doivent être rapportées au résultat du dernier exercice d'exploitation en vue de leur imposition immédiate même si le risque en cause n'a pas disparu à la date de la cessation (CE 20-3-2013 n° 349636). Il est fait exception à cette règle en cas de **fusion, scission ou apport partiel d'actif** soumis au régime de faveur prévu aux articles 210 A et 210 B du CGI (voir Mémento Fusions & Acquisitions n° 7902) ou en cas d'**apport en société d'une entreprise individuelle** placé sous le régime de faveur prévu par l'article 151 octies du CGI (voir n° 28300).

Les reprises peuvent donc également résulter de la revue à la baisse du montant à provisionner, en fonction des éléments d'information obtenus **jusqu'à la date d'arrêté** des comptes dès lors qu'ils permettent de mieux évaluer le risque existant à la clôture (voir n° 48310 IV.).

> **EXEMPLE**
> Un jugement favorable rendu après la clôture mais avant l'arrêté des comptes autorise la reprise d'une provision pour litige antérieurement constituée (sous réserve qu'à cette date le délai d'appel soit expiré et qu'aucun appel n'ait été formé).

> **Fiscalement** Voir n° 48310 IV.

Sur la prise en compte des événements postérieurs à la clôture, voir n° 52340 et sur les conséquences en matière de provisions, voir n° 48241 II. (révélation d'une obligation existant à la clôture) et n° 48310 IV. (estimation du montant probable de la sortie de ressources afin d'en obtenir la meilleure estimation possible).

II. Comptabilisation de la reprise Les reprises de provisions sont à inscrire au **crédit du compte de résultat** (voir n° 48440), à l'exception des provisions pour démantèlement (voir n° 26415).
Sur la reprise de provisions comptabilisées en report à nouveau et non justifiées (suite à un changement d'estimation ou à une correction d'erreur), voir n° 8545 II.

> **Fiscalement a. Régime d'imposition de la reprise** La reprise d'une provision constitue un produit imposable, sous réserve que sa constitution n'ait pas relevé d'une erreur comptable (CE 19-6-2017 n° 391770), et que la dotation, fiscalement déductible, a été ou aurait effectivement dû être déduite (voir n° 48200). La circonstance que l'entreprise se soit abstenue de pratiquer cette déduction fiscale reste sans incidence (CE 23-12-2013 n° 346018 ; CE 5-12-2016 n° 398859). L'administration peut en effet inscrire la provision au bilan fiscal d'ouverture de l'exercice au cours duquel elle est reprise comptablement et corriger ainsi la surestimation de l'actif net dudit bilan résultant de la non-déduction de la provision au titre de l'exercice de sa dotation.

Toutefois, la reprise d'une **provision non déductible fiscalement** n'est pas imposable et doit donc faire l'objet d'un retraitement sur le tableau n° 2058 A, case WU (en ce sens, BOI-BIC-PROV-30-20-10-20 n° 260, à propos des provisions pour indemnités de licenciement économique ; BOI-IS-FUS-10-20-40-10 n° 220, à propos de la reprise par la société absorbante d'une provision non déductible par la société absorbée).

Sur la possibilité pour l'entreprise d'obtenir la correction de son erreur initiale sur le fondement de la règle de correction symétrique des bilans, voir n° 45645.

b. Taux d'imposition de la reprise En cas de modification du taux de l'impôt sur les sociétés, les reprises de provisions (déduites antérieurement) sont imposées au taux en vigueur au titre de l'exercice de reprise (BOI-BIC-PROV-50 n° 130).

48220 Sanctions

> **Précisions 1. La non-constitution des provisions nécessaires à la sincérité et à une image fidèle des comptes annuels** peut entraîner des sanctions importantes puisqu'elle est susceptible de constituer un des éléments des délits de publication de comptes annuels ne donnant pas une image fidèle de l'entreprise et de distribution de dividendes fictifs prévus par les articles L 242-6, 1° et 2° (SA), L 244-1 (SAS) et L 241-3, 2° et 3° (SARL) du Code de commerce. Voir n° 66515 et 66530.

2. La constitution de provisions trop importantes pourrait également constituer un des éléments du délit de publication de comptes annuels ne donnant pas une image fidèle. Par ailleurs, l'article 1741 du CGI, qui concerne « quiconque s'est frauduleusement soustrait ou a tenté de se soustraire frauduleusement à l'établissement ou au paiement de l'impôt », prévoit, outre les sanctions fiscales, une amende de 500 000 € et un emprisonnement de cinq ans (voir n° 7295).

3. Le virement direct aux réserves des provisions devenues sans objet constitue une irrégularité juridique, même s'il est ensuite demandé aux actionnaires de l'approuver.

4. La constitution de **provisions excessives ou inutiles** pourrait être considérée comme un abus de majorité ; mais il convient d'être très prudent en cette matière, les résultats d'une procédure engagée sur cette base étant aléatoires (Rapport COB 1974, p. 64).

48230 Conditions de forme

Aucune condition de forme n'est exigée pour la constatation comptable d'une provision (sous réserve de respecter le schéma de comptabilisation, voir n° 48435 à 48445).

> **Fiscalement a. Modalités de comptabilisation** Pour être déductibles, les provisions doivent avoir été effectivement **constatées** dans les écritures comptables de l'exercice (CGI art. 39-1-5°) et ce, selon les règles comptables appropriées (en ce sens, ne satisfont pas à la condition précitée : CE 21-12-1968 n° 70071 ; CE 4-5-1979 n° 98253 ; CAA Versailles 19-5-2016 n° 14VE01587 : des sommes inscrites en « charges à payer » ; CE 22-6-1983 n° 21662 : une provision pour garantie comptabilisée en « Créditeurs divers » ; CAA Douai 10-10-2001 n° 97-1870 définitif suite à CE (na) 18-12-2002 n° 240924 : un amortissement constaté à la place d'une provision). Le défaut de constitution d'une provision dans les comptes à la clôture d'un exercice ne peut pas faire l'objet d'une **correction par voie de réclamation** (CE 18-10-2022 n° 461039). Selon l'administration, seules les provisions constatées par le résultat sont susceptibles d'être admises en déduction, celles constituées par imputation sur les capitaux propres (changements de méthodes, voir n° 8545) ou en contrepartie d'un actif (coûts de démantèlement, voir 27945) ne pouvant être déduites.

Sur les conséquences de la comptabilisation d'une dépréciation en lieu et place d'une provision pour risques, voir n° 45615.

Sur l'exigence du respect de la réglementation comptable pour la déduction fiscale d'une provision, voir n° 48330.

b. Délai de comptabilisation Les dotations de l'exercice au compte de provisions peuvent être effectuées jusqu'à l'expiration du délai imparti pour le dépôt de la déclaration des résultats (CE 14-3-1979 n° 7360 ; CE 4-3-1983 n° 33788 ; BOI-BIC-PROV-20-20 n° 1 et 30 ; CAA Lyon 11-3-1998 n° 94-21717 ; CAA Nancy 10-2-2000 n° 95-1564), à charge pour le contribuable d'apporter la preuve du respect de ce délai lorsque la déclaration ne fait pas apparaître la provision en cause (CAA Marseille 18-1-1999 n° 96-11735) ou lorsqu'elle a été déposée hors délai (CAA Bordeaux 23-6-2015 n° 14BX00335). Lorsque l'assemblée générale annuelle n'a pu être tenue avant la date limite du dépôt de la déclaration, l'administration admet, toutefois, que les provisions décidées par cette assemblée, à l'exclusion de celles dotées à titre rectificatif par une nouvelle assemblée, soient déduites des bénéfices sur lesquels elles sont prélevées, sous condition de l'envoi avant l'expiration du délai d'une déclaration provisoire (BOI-BIC-PROV-20-20 n° 50).

c. Obligations déclaratives Les provisions doivent être inscrites sur le tableau des provisions n° 2056 joint à la liasse fiscale (CGI art. 223 et CGI ann. III art. 38). À défaut, l'entreprise est soumise à une amende égale à 5 % des provisions non déclarées (ramenée à 1 % si les provisions omises sont par nature déductibles) qui est due au titre du seul exercice au titre duquel l'infraction a été mise en évidence. En cas de première omission commise au cours de l'année civile et des trois années précédentes, l'amende n'est pas due si l'entreprise régularise sa situation avant la fin de l'année qui suit celle au cours de laquelle le document devait être présenté (CGI art. 1763 ; BOI-BIC-PROV-20-20 n° 80). Les mentions portées sur le tableau des provisions sont opposables à l'entreprise qui ne peut pas, postérieurement à l'expiration du délai de déclaration, modifier l'objet initialement indiqué pour justifier une provision (CE 24-7-1981 n° 17974 ; CE 17-2-1982 n° 11190 ; CE 27-4-1988 n° 57048 ; CAA Versailles 19-7-2016 n° 14VE01462 ; BOI-BIC-PROV-20-20 n° 170). Sur les modalités de déclaration des charges à payer ayant fiscalement la nature de provisions, voir n° 15140.

CONDITIONS DE CONSTITUTION DES PROVISIONS

Principe L'article 322-1 du PCG précise qu'une provision doit être constatée lorsque l'entreprise a une **obligation** à l'égard d'un tiers et qu'il est probable ou certain que cette obligation provoquera une **sortie de ressources** au bénéfice de ce tiers **sans contrepartie** au moins équivalente attendue de celui-ci. 48240

> **Fiscalement** Les provisions sont admises en déduction si les conditions suivantes sont cumulativement réunies (CGI art. 39-1-5°) :
> – la provision est effectivement constatée dans les comptes de l'exercice (voir n° 48230), conformément aux prescriptions comptables (voir n° 48330) ;
> – la perte ou la charge doit être nettement précisée ;
> – la perte ou la charge doit être probable ;
> – la probabilité de la perte ou de la charge doit résulter d'événements en cours à la clôture de l'exercice.
> Sur les conditions supplémentaires prises par le Conseil d'État en matière de provisions pour charges et de provisions pour pertes, voir ci-après n° 48242 II. c.
> En outre, la provision doit être destinée à faire face à une perte ou à une charge déductible pour l'assiette de l'impôt, ce qui exclut les charges non déductibles par nature en raison d'une interdiction légale (telles que les impôts non déductibles, BOI-BIC-PROV-30-20-20 n° 30), ainsi que les charges qui ne sont pas engagées dans l'intérêt de l'entreprise (pour un exemple, voir CE 11-4-1986 n° 40646 ; CE 21-2-2005 n° 259083 ; CAA Paris 23-1-2015 n° 11PA02626 définitif suite à CE (na) 4-5-2016 n° 389032).
> Les conditions de déduction fiscale des provisions (pour risques et charges) et des (provisions pour) dépréciation étant identiques (CGI art. 39-1-5°), les décisions jurisprudentielles rendues pour une catégorie de provisions sont le plus souvent également applicables à l'autre catégorie (pour un exemple, voir n° 48200).

En conséquence, une provision doit être constituée (PCG art. 322-1 s. et Avis CNC 2000-01 § 1.3) si les trois conditions suivantes sont remplies :
– existence d'une obligation envers un tiers à la date de clôture (voir n° 48241) ;
– sortie de ressources certaine ou probable à la date d'arrêté des comptes et sans contrepartie équivalente (voir n° 48242) ;
– possibilité d'estimer avec une fiabilité suffisante (voir n° 48243).

Si ces trois conditions ne sont pas cumulativement réunies, aucune provision ne doit être comptabilisée. En revanche, certains de ces critères peuvent indiquer la présence d'un passif éventuel (voir n° 52520).

Existence d'une obligation envers un tiers à la date de clôture 48241

I. Existence d'un engagement envers un tiers La notion de passif et, plus particulièrement, celle de provision, repose sur le concept d'**obligation de l'entreprise envers un tiers** (PCG art. 321-1/1).

> **Fiscalement** Cette condition n'est pas requise en tant que telle par l'article 39-1-5° du CGI, qui exige la survenance d'un « événement » (voir ci-après d). Toutefois, en matière de provisions pour dépenses de personnel, l'existence d'une obligation envers un tiers à la clôture (engagement ferme et irrévocable souscrit envers le salarié) constitue l'événement autorisant la déduction de la provision (voir n° 16925). Plus généralement, le Conseil d'État, se rapprochant des règles comptables, reconnaît qu'« il ne peut y avoir d'événement rendant probable une charge susceptible d'être provisionnée qu'à la condition qu'une obligation soit née » (Avis CE n° 383197 du 27-10-2009 ; dans le même sens, voir CE 23-11-2015 n° 372067).

48241
(suite)

a. Cette obligation peut être d'ordre :
– **juridique** (légale, réglementaire, contractuelle) ;

> **Fiscalement** Les provisions résultant d'**obligations juridiques** sont en principe déductibles, ces obligations constituant des événements au sens de l'article 39-1-5° du CGI (sous réserve du respect des autres conditions fiscales de déductibilité, voir ci-après d.).

– **ou implicite** (découlant des pratiques passées de l'entreprise, de sa politique affichée ou d'engagements publics suffisamment explicites qui ont créé une attente des tiers concernés sur le fait qu'elle assumera certaines responsabilités).

EXEMPLES

Constituent des obligations implicites :
– certaines dépenses de gros entretien et de grandes visites (dépenses de 2e catégorie, voir n° 27900) ;
– une entreprise qui affiche très largement une politique de préservation de l'environnement selon laquelle elle s'engage à nettoyer tout ce qu'elle a pollué et qui a de tout temps honoré cette politique fait naître chez les tiers une attente fondée de dédommagement en cas de pollution. Elle a donc une obligation à la date de clôture dès lors qu'un cas de pollution est apparu à cette date (voir n° 27965) ;
– c'est le cas également des garanties offertes aux clients sans obligation contractuelle, pour des raisons d'image (voir n° 11550) ;
– lorsque l'entreprise a annoncé à la date de clôture un plan formalisé et détaillé de restructuration, elle a une obligation implicite de restructurer (voir n° 17395 s.).

> **Fiscalement** Il en est de même, le Conseil d'État admettant en effet qu'un engagement puisse naître d'une obligation non contractuelle, unilatérale ou encore implicite (Avis CE 383197 du 27-10-2009). Il a ainsi reconnu la déduction de provisions justifiées (sous réserve du respect des autres conditions fiscales de déductibilité) par des obligations résultant :
– d'un usage de la profession (CE 28-5-1980 n° 15912 ; BOI-BIC-PROV-20-10-20 n° 120 et BOI-BIC-PROV-30-10-10 n° 80, en matière de provision pour reprise de produits périmés, voir n° 11555), y compris lorsque l'engagement a été pris de manière discrétionnaire et exceptionnelle (Avis CE précité citant CE 13-7-2007 n° 289233) ;
– ou d'un usage propre à l'entreprise (CE 13-7-2007 n° 289233 et 289261, en matière de provision pour garantie, voir n° 11550).

b. Le tiers envers lequel l'entreprise a une obligation peut être toute personne physique ou morale déterminée mais peut également ne pas être déterminable (PCG art. 321-1/3 et Avis CNC 2000-01 § 1.1).

> **Précisions** L'avis précise que ce tiers peut également être un membre du personnel. Cette précision est importante notamment dans le cadre des programmes de restructuration.

EXEMPLE

Dans le cas d'une pollution des sols (voir n° 27965), les tiers concernés peuvent être les riverains (personnes physiques ou morales) spécifiquement identifiables ou non en raison de l'importance de la pollution, ou les tiers situés en aval d'un cours d'eau pollué, voire l'État.

II. Existence d'une obligation à la date de clôture

a. Afin de pouvoir comptabiliser une provision, ou plus généralement un passif, l'obligation correspondante doit exister **à la date de clôture** (PCG art. 322-3 et Avis CNC précité, § 1.3.1) et être probable ou certaine.

EXEMPLES

– Une décision interne de restructurer, de déménager, etc., prise avant la clôture ne suffit pas pour provisionner : elle doit se traduire par un engagement pris à cette date vis-à-vis d'un tiers.
– En revanche, lorsqu'une compagnie aérienne s'est engagée, avant la clôture, à accorder un avoir en cas de retard d'un de ses vols, le retard suffit pour provisionner (avant même que la demande d'avoir ne soit effectuée).

> **Fiscalement** Un engagement unilatéral ne peut justifier la constatation d'une provision déductible que s'il a été extériorisé vis-à-vis de tiers avant la clôture (CE 13-7-2007 n° 289233).

Le cas des **engagements conditionnés** à la survenance d'un événement n'est pas explicitement traité par le PCG. La question est de savoir si :
– l'obligation naît dès la signature du contrat, entraînant alors la possible comptabilisation d'une provision dès cette date en fonction de la probabilité de sortie de ressources (voir n° 48242) ;

– ou au contraire, aucune provision ne doit être comptabilisée avant la réalisation de la condition, dans la mesure où l'obligation est conditionnée à la survenance d'un événement futur.

EXEMPLES

– les indemnités de précarité (voir n° 16995) ;
– les dépenses de remise en état du site ou du bien loué (voir n° 28735) ;
– l'abandon de créance assorti d'une clause de retour à meilleure fortune (voir n° 42325) ;
– les engagements de garantie donnés (voir n° 50130).

Pour certains d'entre eux, le PCG s'est spécifiquement prononcé :

EXEMPLES

– les coûts d'une restructuration conditionnée par une opération financière (PCG art. 322-11 ; voir n° 17415) ;
– les plans d'attributions gratuites d'actions et de stock-options (PCG art. 624-9 ; voir n° 55770 et 55875).

b. La prise en compte **d'informations post-clôture** peut conduire à révéler une obligation existant à la clôture (PCG art. 513-4 ; voir n° 52310 s.) et justifier une provision (dès lors que les autres conditions de constitution sont remplies). En revanche, les événements postérieurs à la clôture ne peuvent pas permettre de rattacher à l'exercice clos une obligation née après la date de clôture.

EXEMPLES

– l'initiation d'une procédure judiciaire à l'encontre de l'entreprise entre la date de clôture et la date d'établissement des états financiers peut révéler la nécessité de comptabiliser une provision s'il est établi que les faits incriminés ont eu lieu avant la date de clôture et qu'il est probable que l'entreprise devra y apporter réparation (voir n° 45920) ;
– **en revanche,** une restructuration annoncée entre la clôture et l'arrêté des comptes ne peut pas donner lieu à la comptabilisation d'une provision à la date de clôture, l'obligation de restructurer n'existant pas à la date de clôture et ce, alors même qu'à l'arrêté des comptes l'entreprise sait qu'elle aura une sortie de ressources probable (voir n° 17395 s.) ;
– des discussions au Parlement portant sur un projet de loi survenu post-clôture constituent des événements postérieurs à la clôture sans lien direct avec une situation existant à la clôture (EC 2020-15 du 6-5-2020 ; cncc.fr). Il en est de même de l'annonce ou du vote d'une loi post-clôture (voir n° 52345).

> Fiscalement Le fait générateur justifiant la constitution de la provision doit être intervenu à la clôture (CGI art. 39-1-5° ; CE 7-6-2000 n° 194663 ; BOI-BIC-PROV-20-10-40 n° 50). En revanche, la connaissance de cet événement peut intervenir entre la clôture et l'arrêté des comptes [CAA Paris 27-11-2015 n° 14PA02382 et 14PA02459, décisions rendues en matière de (provisions pour) dépréciation, applicables, à notre avis, aux provisions (pour risques et charges), la cour s'étant fondée sur l'art. 39-1-5° du CGI ; CAA Paris 16-10-2008 n° 07-2745, voir n° 50130 ; CAA Lyon 24-5-2000 n° 96-682].

Sur la prise en compte des événements postérieurs à la clôture pour estimer le montant probable de la sortie de ressources afin d'en obtenir la meilleure estimation possible, voir n° 48310 IV.

c. Obligation conditionnée Le cas des engagements conditionnés à la survenance d'un événement futur incertain n'est pas explicitement traité par le PCG :
– à notre avis, l'obligation naît dès la signature du contrat, entraînant alors la possible comptabilisation d'une provision dès cette date en fonction de la probabilité de sortie de ressources (voir n° 48242) ;
– selon certains, au contraire, l'obligation n'existe pas avant la survenance de l'événement et n'est que potentielle à la signature du contrat (voir III.).

EXEMPLES

– les indemnités de précarité dues lorsque le CDD est suivi par un CDI (voir n° 16995) ;
– les dépenses de remise en état du site ou du bien loué conditionnées à la fin du bail (voire n° 28735) ;
– l'abandon de créance assorti d'une clause de retour à meilleure fortune (voir n° 42325) ;
– les engagements de garantie donnés (voir n° 50130) ;
– un bonus conditionné à l'obtention d'un futur financement.

III. Obligation potentielle
Lorsque l'obligation n'est **ni certaine ni probable à la clôture**, il s'agit d'une obligation **potentielle**.

> **Précisions** **Obligation probable** Il ne faut pas confondre obligation potentielle et obligation probable :
> – une obligation est **probable** (cas rare), notamment en matière de litige (voir n° 45920 s.), lorsqu'elle résulte d'un dommage probable causé à un tiers avant la clôture de l'exercice, même s'il a été découvert postérieurement ;
> – une obligation est **potentielle** lorsqu'elle n'existe pas encore à la clôture.

Il résulte d'une obligation potentielle non pas une dette ou une provision mais un **passif éventuel** (PCG art. 321-6) à mentionner dans l'annexe (PCG art. 322-5), voir n° 52520. Ainsi, il n'est pas possible de comptabiliser une provision en retenant la probabilité de survenance d'une obligation dans le futur.

> **Fiscalement** Il en est de même (BOI-BIC-PROV-20-10-30 n° 10, 20 et 40 citant la jurisprudence constante du Conseil d'État).

Tel est le cas, notamment, lorsque :
– un contrat, susceptible de créer un futur engagement, est sur le point d'être signé à la clôture ou le sera avant la date d'arrêté des comptes ;
– une loi susceptible de donner naissance à une future obligation est sur le point d'être votée à la clôture, y compris si la loi est votée avant la date d'arrêté des comptes (en ce sens, Avis CU CNC 97-C sur le taux d'impôt ; voir n° 52620).

EXEMPLE

Une entreprise estime qu'elle a 50 % de chances d'avoir une obligation d'ordre environnemental, la naissance de cette obligation étant subordonnée à l'entrée en vigueur d'un article de loi encore en discussion à la date de clôture.
Dans ces conditions :
– l'obligation n'existe pas à la clôture, elle doit être considérée comme étant potentielle, ce qui conduit à ne comptabiliser aucune provision. En revanche, un passif éventuel doit être mentionné en annexe ;
– il n'est pas possible de comptabiliser une provision à hauteur de 50 % du montant du risque encouru.

En revanche, il n'existe pas d'obligation potentielle à la clôture lorsqu'une simple annonce des principes d'une future loi a été faite et qu'aucune discussion au Parlement n'a été engagée à cette date (en ce sens, EC 2020-15 du 6-5-2020 ; cncc.fr).

IV. Le fait générateur fiscal (l'événement) ne correspond pas systématiquement au fait générateur comptable (l'obligation)   Voir n° 48330.

48242 **Sortie de ressources certaine ou probable à la date d'arrêté des comptes et sans contrepartie équivalente**

I. Sortie de ressources certaine ou probable à la date d'arrêté des comptes (PCG art. 322-2 et Avis CNC 2000-01 § 1.3.1) :
– soit la sortie de ressources est estimée **probable** et le risque est **provisionné à 100 %** ;

> **Fiscalement** Sur l'impossibilité d'utiliser des statistiques pour démontrer l'existence d'un événement en cours à la clôture de l'exercice afin de justifier la constatation d'une provision, voir n° 48310.

– soit la sortie de ressources est estimée **improbable** et le risque fait uniquement l'objet d'une information en annexe au titre des **passifs éventuels** (PCG art. 321-6 et 322-5 ; Avis CNC précité, § 1.2 ; voir n° 52520).

> **Précisions** **1.** **Sortie de ressources improbable** Dès lors que la sortie de ressource n'est pas jugée probable, aucun passif ne doit être constaté. Il n'est pas possible de constater une provision et de l'évaluer en retenant la probabilité de survenance de l'événement rendant probable la sortie de ressources (sauf en présence d'un grand nombre d'opérations similaires, voir ci-après).
> **2.** **Sortie de ressources probable** Le PCG ne fournit pas de précision sur cette notion. Toutefois, selon la norme IAS 37, probable signifie « ayant plus de chances de se réaliser que de ne pas se réaliser », c'est-à-dire « plus probable qu'improbable ».

Lorsque le **montant** et/ou l'**échéance** de la charge peuvent être estimés avec précision ou une incertitude faible, c'est une **charge à payer** qui est constituée (voir n° 48130).

> **Fiscalement** L'administration estime que les charges à payer de caractère certain doivent néanmoins être traitées comme des provisions du moment que leur date d'exigibilité est liée à des événements futurs, alors qu'il s'agit comptablement de charges à payer (voir n° 48130).

Dans le cas d'un **grand nombre d'obligations similaires,** l'article 323-2 du PCG prévoit que la probabilité qu'une sortie de ressources soit nécessaire à l'extinction de ces obligations soit déterminée en considérant cet ensemble d'obligations comme un tout. **Même si la probabilité de sortie pour chacun des éléments considérés isolément est faible,** il peut être probable qu'une sortie de ressources sera nécessaire pour éteindre cet ensemble d'obligations.

EXEMPLES
— probabilité que des produits défectueux vendus sous garantie feront l'objet d'une réclamation (voir n° 11550) ;
— probabilité que les salariés ayant droit à la médaille du travail la réclament ou, pour la retraite, que les salariés soient encore présents dans l'entreprise à l'âge de celle-ci (voir n° 16805 et 17590 s.) ;
— probabilité que les salariés exposés à l'amiante intentent une action en justice contre l'entreprise (voir n° 45920) ;
— probabilité que des baux prennent fin et que le locataire doive engager des dépenses de remise en état du site ou du bien loué (obligation conditionnelle, voir n° 28735).

II. Sortie de ressources sans contrepartie équivalente

Une fois l'existence de l'obligation à la date de clôture prouvée, une provision ne peut être comptabilisée que s'il est probable, à la date d'établissement des comptes, que l'obligation y afférente provoquera une sortie de ressources au bénéfice de tiers sans contrepartie au moins équivalente attendue de ceux-ci après la date de clôture (PCG art. 322-2 et Avis CNC précité, § 1.3.1).

En ce qui concerne les honoraires des experts-comptables et des commissaires aux comptes, voir n° 15892.

La contrepartie éventuelle est constituée des avantages économiques que l'entreprise attend du tiers envers lequel elle a une obligation (PCG art. 321-3 et Avis CNC précité, § 1.1).

En pratique, à notre avis :

a. Sortie de ressources ayant une contrepartie (ne devant pas être provisionnées) La sortie de ressources a une contrepartie lorsque l'entreprise trouve un avantage pour elle-même à la sortie de ressources (exemples : une contrepartie financière, une économie future, etc.).

> **Précisions** Cette notion de contrepartie ne doit pas être confondue avec la contrepartie que doit lui procurer le tiers lui-même.

EXEMPLES
— les dépenses de formation, déménagement, marketing, etc., déjà décidées à la clôture ne peuvent pas donner lieu à provision dès lors qu'elles ont pour contrepartie une prestation qui sera rendue sur les exercices suivants, cette prestation étant utile pour l'activité future de l'entreprise ;
— les dépenses prévisibles relatives à un congrès organisé tous les trois ans ne peuvent faire l'objet d'une provision à la clôture des exercices précédents car une contrepartie est attendue à la sortie de ressources (en ce sens, Bull. CNCC n° 192, décembre 2018, EC 2018-33, p. 640 s.) ;
— au titre du plan de formation annoncé aux salariés au 31 décembre, les dépenses de formation qui seront engagées ont une contrepartie attendue pour l'activité future. Elles ne doivent donc pas être provisionnées à la clôture ;
— de même, les coûts de mise en conformité d'une immobilisation ne peuvent pas être provisionnés, ces coûts ne soldant pas une situation passée et l'immobilisation servant à l'activité future (voir n° 28030).

b. Sorties de ressources sans contrepartie Tel est le cas :
– si, en échange de celle-ci, le tiers vis-à-vis duquel l'entreprise a une obligation n'effectue aucune prestation au bénéfice de l'entreprise ;

EXEMPLES
— une indemnité à verser à un fournisseur au titre de la rupture d'un contrat ne rémunère aucun service pour l'entreprise ;
— un licenciement procure bien une contrepartie financière à l'entreprise par le biais d'une économie, mais le tiers concerné (le salarié) ne travaillant plus pour l'entreprise recevra une indemnité de l'entreprise (sortie de ressources) sans qu'en contrepartie il ait à fournir une quelconque prestation.

– si la contrepartie de la sortie de ressources n'est pas utile à l'activité future de l'entreprise, notamment parce qu'elle répare une situation passée (voir également n° 48290 sur la distinction entre les activités qui s'arrêtent et celles qui se poursuivent).
Dans ce cas, la contrepartie a déjà été obtenue dans le passé.

EXEMPLES
— une entreprise qui s'est engagée à soutenir une filiale en difficulté devra provisionner une sortie de ressources dès que celle-ci est probable, car la contrepartie de ce soutien est le rétablissement d'une situation dégradée antérieurement ;
— en cas d'arrêt d'une activité, lorsque le bien loué n'est plus utilisé et que ce bien ne peut pas être sous-loué, le paiement des loyers restant à courir est sans contrepartie future pour l'entreprise car il correspond à des biens qui ne sont plus utilisés par l'entreprise (voir n° 17450) ;

— obligation de remise en état d'un site : les prestations attendues des tiers qui vont remettre en état le site sont bien une contrepartie à la sortie de ressources. Toutefois, cette remise en état ne profite pas à l'activité future de l'entreprise, elle résulte au contraire d'un événement passé. Une provision est donc à constater (voir n° 27925 s.).

Dans le cas particulier des **avantages accordés aux salariés** : la contrepartie attendue par l'entreprise est constituée par les **services qui seront rendus par les salariés**. Dès que l'avantage accordé est soumis à une période d'acquisition, il est présumé que les salariés doivent rendre des services à l'entreprise pendant cette période pour obtenir l'avantage. La comptabilisation de la provision est donc **étalée sur la période d'acquisition des droits** par les salariés, dès lors qu'il est probable que le salarié sera présent au terme de la période.

EXEMPLES

— bonus versés aux salariés à l'issue d'une période de présence ;
— provision pour attribution de stock-options (voir n° 55770) ou d'actions gratuites (voir n° 55875) ;
— provision pour médailles du travail (voir n° 16805).

▷ Fiscalement Le principe d'un provisionnement progressif est également retenu notamment en matière de charges de personnel (voir exemples ci-avant tels que provision pour attribution de stock-options ou provision pour médailles du travail).

c. La sortie de ressources est sans contrepartie équivalente lorsque les avantages économiques attendus liés à la sortie de ressources sont inférieurs à celle-ci.

EXEMPLE

Dans le cadre d'un contrat en perte, les coûts à engager par l'entreprise ont bien une contrepartie fournie par le tiers (les produits), sauf pour la partie des coûts excédant les produits. Une provision est donc à constater à hauteur de cet excédent (voir n° 11625).

▷ Fiscalement L'absence de contrepartie n'est pas exigée. Toutefois, le Conseil d'État subordonne la déduction :
— des **provisions pour charges,** à la comptabilisation, au titre du même exercice, des produits correspondant à des charges (CE 28-6-1991 n° 77921 ; BOI-BIC-PROV-10 n° 50), lorsque de tels produits existent (CE 16-5-2011 n° 323431), de tels produits correspondant à des ventes comptabilisées sur l'exercice et non à la comptabilisation d'un en-cours de production (CAA Bordeaux 21-6-2016 n° 16BX00265). Cette condition trouve à s'appliquer notamment dans le cas des provisions pour prestations à fournir (voir n° 11580) ;
— des **provisions pour pertes,** à la constatation d'une perspective de perte correspondant à un solde négatif entre les coûts restant à supporter et les recettes escomptées (voir n° 48290).

48243 **Possibilité d'estimer avec une fiabilité suffisante** L'utilisation d'estimations est un élément essentiel dans l'évaluation des provisions qui présentent, par leur nature, un caractère moins précis dans leur montant que la plupart des autres postes du bilan. En conséquence, l'hypothèse où l'évaluation du montant de l'obligation ne peut être faite avec une fiabilité suffisante est considérée comme **exceptionnelle** (PCG art. 322-4).

Lorsqu'une telle situation existe, aucune provision n'est constatée, mais l'annexe doit inclure certaines informations complémentaires (PCG art. 833-12/3), voir n° 48705.

EXEMPLES

Une entreprise a provoqué une **catastrophe** avant la date de clôture, mais n'est pas en mesure de l'évaluer à la date d'établissement des comptes, faute de connaître les modalités techniques de la remise en état qui lui incombe (Avis CNC 2000-01 § 1.3.2).

En période de **crise,** compte tenu du caractère incertain de ces certains impacts, il peut être difficile, pour les entités, d'évaluer certains passifs (en ce sens, Rec. ANC Covid-19 ; Question 14).

▷ Fiscalement La perte ou la charge devant être nettement précisée (CGI art. 39-1-5°), son montant doit pouvoir être évalué avec une approximation suffisante. A ainsi été jugée non déductible une provision constituée sur la base d'assignations en dommages et intérêts non chiffrées à la clôture (CAA Paris 28-3-1995 n° 93-1414) ou de façon purement forfaitaire en retenant le montant total de la garantie à laquelle la société pouvait être tenue contractuellement (CE 26-7-1985 n° 45663).

Compte tenu des objectifs divergents de la comptabilité (principe de prudence) et de la fiscalité (principe d'approximation suffisante) en matière de provisions, la documentation du montant des dotations déduites revêt une importance particulière, ce point constituant en pratique un sujet de discussion récurrent dans le cadre des contrôles fiscaux (voir n° 48310).

Schéma récapitulatif L'approche méthodologique conduisant à comptabiliser un passif et donc une provision peut être schématisée par l'arbre de décision présenté ci-après.

48244

Arbre de décision (tableau établi par le CNC en 2000, mais non publié)

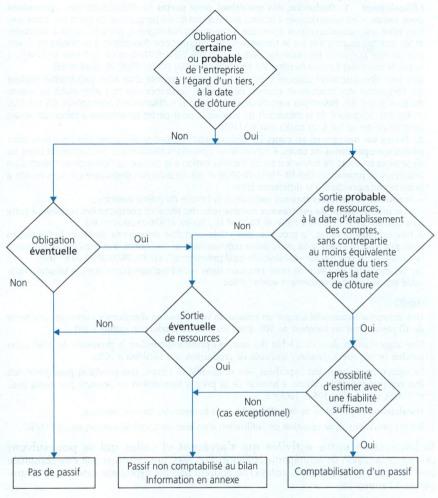

Cas d'application pratiques Il résulte des règles de constitution des provisions (voir n° 48240 à 48244) les conséquences suivantes :

48290

I. Exclusion des pertes futures, sauf contrat en perte Les règles de constitution des provisions s'opposent formellement à la constitution d'une provision pour manque à gagner ou sous-activité future, une perte d'exploitation future ne résultant pas d'une obligation envers un tiers (Avis CNC 2000-01 § 1.3.3 et 5.12.6 et PCG art. 322-12 ; en ce sens également, Rec. ANC Covid-19, Question I1).

> **Précisions** **1. Sinistre et pertes d'exploitation futures** Les pertes de chiffre d'affaires ou de résultat d'exploitation liées à un sinistre ne peuvent donc pas être provisionnées (Bull. n° 118, juin 2000, EC 2000-04, p. 248).
> **2. Indice de perte de valeur** Les pertes d'exploitation d'une activité peuvent toutefois être considérées comme un indice de perte de valeur des **actifs relatifs à l'activité déficitaire** (stocks, immobilisations, créances) et dès lors conduire à la réalisation d'un test de dépréciation. Dans ce cas, ces actifs ne font pas l'objet d'une provision mais **sont dépréciés** conformément aux règles de dépréciation des actifs (Avis CNC précité, § 1.3.3).

En revanche, ces règles imposent la constitution d'une provision **pour perte sur contrat**, quelles que soient sa nature et sa durée (à condition qu'il soit à cheval sur au moins deux exercices), voir n° 11625 s.

48290 (suite)

En effet, un contrat en cours présentant une marge prévisionnelle déficitaire ne trouve pas de contrepartie « équivalente » à hauteur du déficit. D'où l'obligation de provisionner ce déficit, mais uniquement celui-ci.

> **Fiscalement** **1. Déduction des provisions pour pertes** La déductibilité des « **provisions pour pertes** » est subordonnée à la mise en évidence d'une perspective de perte par comparaison, pour une opération ou un ensemble d'opérations homogènes, entre les coûts à supporter et les recettes escomptées sur le fondement des informations disponibles à la clôture de l'exercice au titre duquel la provision est déduite (CE 28-6-1991 n° 77921 et CE 13-3-1996 n° 129631, à propos de pertes liées à l'octroi de prêts ; BOI-BIC-PROV-10 n° 50 ; BOI-BIC-PROV-20-10-20 n° 65).

Une telle démonstration suppose la production par l'entreprise d'un bilan prévisionnel portant sur l'ensemble des produits et charges de l'activité concernée qui doit être établi au niveau du plus grand des ensembles identifiables d'opérations suffisamment homogènes (CE 9-9-2020 n° 429100). S'agissant de la déduction de provisions pour pertes constituées à raison de ventes avec clause de rachat (buy-back), voir n° 11570.

2. Pertes sur opérations en cours Un régime légal restreint la déduction des provisions pour **pertes sur opérations en cours**. Il concerne les opérations relatives à la production de biens ou de services en cours de formation ou de transformation à la clôture de l'exercice au travers d'un processus de production (BOI-BIC-PDSTK-20-20-20 n° 30). La provision déductible est alors limitée à la perte correspondant à la différence entre :
– le **coût de revient des travaux** exécutés à la clôture du même exercice ;
– et le **prix de vente de ces travaux** compte tenu des révisions contractuelles certaines à cette date (CGI art. 39-1-5° ; BOI-BIC-PROV-30-10-20 n° 10 ; BOI-BIC-PDSTK-20-20-20 n° 80).
À titre de règle pratique, la provision déductible peut être déterminée de façon forfaitaire en appliquant au montant total de la perte prévisionnelle le coefficient d'exécution des travaux à la clôture (coût des travaux réalisés/coût total prévisionnel ; BOI-BIC-PROV-30-10-20 n° 160).
Sur les modalités de calcul de cette provision dans le cadre d'opérations dont le résultat imposable est dégagé à l'avancement voir n° 10860.

EXEMPLE

Une entreprise industrielle a signé un contrat de vente avec un distributeur prévoyant une vente de 10 pièces pour un montant de 100 (pour un coût de production estimé à 95).

Une augmentation du coût d'achat des matières premières pendant le processus de production conduit l'entreprise à réestimer son coût de production, qui s'établira à 105.

Le contrat ne pouvant, par hypothèse, être ni modifié ni rompu, une provision pour perte doit être comptabilisée à la clôture, à hauteur de la perte à terminaison ne pouvant être évitée (voir n° 11625), c'est-à-dire (105 – 100) = 5.

Fiscalement, la provision ne sera déductible qu'à hauteur des travaux exécutés.

Sur les provisions pour cessation de l'utilisation d'un bien en cours de contrat, voir n° 17450.

II. Distinction entre activités qui s'arrêtent et celles qui se poursuivent

Du fait de la notion de contrepartie attendue d'un tiers, une provision doit être constituée pour les activités qui s'arrêtent, celles-ci ne pouvant plus par hypothèse apporter de contreparties à l'entreprise.

EXEMPLES

– comme le précisent l'avis précité (§ 2.1.2) et le PCG (art. 323-5), en matière de restructuration (voir n° 17420), seuls les coûts relatifs aux activités qui s'arrêtent peuvent être provisionnés (loyers des bâtiments et des biens qui ne sont plus utilisés, indemnités de rupture de contrat des salariés et des fournisseurs) ;
– de même, la dénonciation d'un contrat de bail avant la clôture entraîne des dépenses sans contrepartie sur l'exercice suivant (dédit, loyers restant à verser, coûts de remise en état des locaux) qui doivent être provisionnées (Avis CNC précité, § 5.3).

A contrario, ce même critère empêche d'anticiper la prise de coûts concernant des activités futures et donc pour lesquelles une contrepartie – les produits – est attendue pour les exercices ultérieurs.

EXEMPLES

– il en est ainsi en matière de restructuration pour les coûts relatifs aux activités qui se poursuivront après la restructuration (dépenses de formation ou de déménagement du personnel conservé, dépenses d'harmonisation des systèmes d'information et des réseaux de distribution, ainsi que les dépenses de marketing). En effet, ces dépenses ne concernent pas des activités qui s'arrêtent et trouveront donc leur contrepartie dans l'activité future ;

— **en revanche,** dans le cas particulier d'une réorganisation concernant une usine devant être modernisée, et donc sans être ni cédée ni arrêtée, celle-ci peut, bien qu'elle serve aux activités futures, faire néanmoins l'objet de provisions mais limitées aux coûts afférents aux éléments cessant d'être utilisés dans le cadre de cette réorganisation.

> **Fiscalement** Cette distinction entre activités qui se poursuivent et activités qui s'arrêtent n'est pas effectuée.

Détermination du montant des provisions

L'avis CNC 2000-01 du 20 avril 2000 sur les passifs a précisé les modalités d'estimation applicables aux provisions.

48310

I. Principe

Les provisions sont évaluées pour le montant correspondant à la **meilleure estimation de la sortie de ressources** nécessaire à l'extinction de l'obligation de l'entreprise envers le tiers, à savoir les dépenses qui n'auraient pas été engendrées en l'absence de cette obligation (Avis CNC précité, § 2.1 et PCG art. 323-2 et 323-3).

> **Fiscalement** Voir n° 48243.

Lorsqu'il s'agit de l'évaluation d'une obligation unique et en présence de plusieurs hypothèses d'évaluation de la sortie de ressources, la meilleure estimation du passif correspond à **l'hypothèse la plus probable** (PCG art. 323-2-2) et non à une moyenne pondérée des différentes hypothèses.

Les incertitudes relatives aux autres hypothèses d'évaluation doivent faire l'objet d'une mention en annexe (PCG art. 323-2).

EXEMPLE

Une entreprise doit comptabiliser une provision pour coûts de remise en état. Elle dispose de 3 devis estimant les coûts à 150, 280, 500. Il est probable que le devis de 280 soit retenu.

Le montant de la provision comptabilisée s'élève donc à 280 (et non 310, moyenne des 3 devis).

II. Utilisation des statistiques, des probabilités et des estimations

Le calcul des provisions peut reposer sur des bases statistiques notamment en ce qui concerne l'estimation du montant probable de sortie de ressources.

EXEMPLES

— coût moyen de réparation d'un produit vendu sous garantie (voir n° 11550) ;
— montant de la médaille du travail estimé sur l'ensemble de la vie active du salarié (voir n° 16805) ;
— coût moyen d'indemnisation d'un salarié victime de l'amiante (voir n° 45920).

> **Fiscalement** Les entreprises doivent, à partir des éléments réels en leur possession, pouvoir chiffrer avec le maximum de précision le montant des provisions qu'elles entendent déduire de leurs résultats (BOI-BIC-PROV-20-10-20 n° 70). Le recours au calcul statistique est admis à condition :
> — qu'il permette de déterminer la provision avec une **précision suffisante** (CE 22-6-1983 n° 21662 ; CE 2-2-1983 n° 29069 ; BOI-BIC-PROV-20-10-20 n° 80). Il en a été jugé, par exemple, pour le remboursement ou le remplacement des spécialités pharmaceutiques périmées (voir n° 11555), la garantie de réparation du matériel vendu (voir n° 11550), la garantie de renouvellement d'installations de chauffage (voir n° 10595) ;
> — qu'il tienne compte des **conditions de fonctionnement propres à l'entreprise** (CE 8-1-1997 n° 153394), ce qui exclut en revanche un calcul fondé sur des données globales et forfaitaires (CE 11-12-1991 n° 70727 ; BOI-BIC-PROV-20-10-20 n° 100) ou se référant aux éléments statistiques fournis par une entreprise du même groupe commercialisant des matériels comparables alors qu'elle dispose d'informations suffisantes (CAA Bordeaux 29-3-2007 n° 04-2149). Le recours à des statistiques du secteur ou de la profession concernés peut dans certains cas être accepté, en l'absence de références internes, par exemple pour une activité qui démarre, dès lors que ces statistiques sont par la suite progressivement adaptées par l'entreprise en fonction de ses résultats propres en principe (CE 14-2-2001 n° 189776) ;
> — que la **période de référence** soit suffisamment **représentative** ; il a été jugé, par exemple, que la provision constituée pour engagement de rachat (ou « buy-back », voir n° 11570) calculée sur la base de statistiques portant sur une seule année n'était pas déductible (CE 13-7-2007 n° 289233 et 289261). Sur une approche plus nuancée, en cas d'absence d'historique, voir n° 17040 ;
> — et que, selon la doctrine administrative (BOI-BIC-PROV-20-10-20 n° 110 ; BOI-BIC-PROV-30-10-10 n° 80), le recours à cette méthode ne soit **pas systématique**, mais demeure une exception à la règle selon laquelle les provisions doivent être calculées à partir d'éléments réels tirés des données de l'entreprise et non selon des procédés forfaitaires.
> Admise pour la détermination du montant des provisions dans les conditions mentionnées ci-avant, l'utilisation des statistiques est en revanche refusée pour la démonstration de **l'existence**

48310
(suite)

d'un événement en cours à la clôture de l'exercice justifiant la constatation d'une provision (CE 17-6-2016 n° 377415).

Sur la faculté de recourir à des évaluations statistiques pour la détermination d'une (provision pour) dépréciation des **stocks**, voir n° 21565.

Sur l'admission par l'administration d'une provision forfaitaire correspondant à 2,5 % du montant hors taxe des marchés pour les **grands ensembliers industriels**, voir n° 11560.

Sur la notion de probabilité de la sortie de ressources pour l'estimation de la provision, notamment dans le cas d'un grand nombre d'obligations similaires, voir n° 48242 I.

III. Prise en compte des événements futurs dans l'estimation
Les événements futurs pouvant affecter le montant requis pour l'extinction de l'obligation doivent être pris en compte dans l'estimation du montant de la provision lorsqu'il existe des indications objectives que ces événements se produiront (PCG art. 323-6 et Avis CNC 2000-01 § 2.1).

Doivent ainsi être prises en compte les **évolutions attendues de la législation, de la technique ou des coûts** (Avis CNC précité, § 2.1.3).

> **EXEMPLES**
> – selon l'avis précité (§ 2.1.3), à titre d'exemple, les **réductions ultérieures de coûts provenant de nouvelles technologies** peuvent être anticipées dans l'évaluation d'une provision pour décontamination ou de remise en état d'un site lorsqu'il existe une présomption forte que de telles technologies seront disponibles à la date des travaux. Cette présomption forte devra être étayée par avis d'expert ;
> – de même, lorsque, à l'inverse, il est fortement présumé qu'une **réglementation plus exigeante** sur les modalités à mettre en œuvre aura été votée avant la date des travaux, l'estimation du montant de la provision devrait être augmentée en conséquence ;
> – **calcul de la marge prévisionnelle sur contrats à long terme et donc de la provision pour perte à terminaison**, l'avis CNC 99-10 autorisant la prise en compte des révisions de prix, suppléments, etc. dès lors qu'ils sont raisonnablement certains ; la même logique doit, à notre avis, être retenue en matière d'augmentations ou de synergies attendues concernant le coût de production (voir n° 10910 s.).

IV. Évaluation des provisions en fonction des informations disponibles à la date d'arrêté des comptes
Toutes les informations disponibles à la date d'établissement des comptes doivent être retenues pour estimer le montant probable de la sortie de ressources, et ce, afin d'en obtenir la meilleure estimation possible (PCG art. 513-4 ; voir n° 52310 s.).

> **EXEMPLE**
> Par exemple, la prise en compte de la fin d'une période de garantie entre la date de clôture et la date d'arrêté des comptes, voir n° 11550, III.

Toutefois, la prise en compte d'informations post-clôture ne peut pas conduire à rattacher à l'exercice clos une obligation née après la date de clôture (voir n° 48241 II.), ni à tenir compte d'une variation du cours des monnaies survenant après la clôture d'un exercice (voir n° 40450).

> Fiscalement   a. Dotation de provisions Une lecture rigoureuse de l'article 39-1-5° du CGI, qui gouverne la déductibilité des provisions, pourrait conduire à ne pas prendre en compte **les éléments ou les informations** postérieurs à la clôture de l'exercice pour déterminer le montant déductible des provisions constituées au titre de cet exercice (les « événements » constitutifs du fait générateur de la provision ne peuvent pas être pris en compte s'ils sont postérieurs à la clôture, voir n° 48241 II.).

Toutefois, lorsque ces éléments ou informations post-clôture ne constituent pas des « événements » à l'origine des provisions (voir n° 48241 II.), mais permettent simplement d'**affiner le calcul** de ces provisions, dont le fait générateur (l'« événement ») est bien intervenu au cours de l'exercice précédent, le Conseil d'État peut accepter leur prise en compte (CE 17-6-2015 n° 369076 ; CE 30-5-2018 n° 401892).

b. Reprise de provisions Lors de la reprise de la provision, le produit comptabilisé est immédiatement imposable quelles que soient les raisons qui ont conduit à le constater (et donc même si la reprise est justifiée par un événement post-clôture), car seules les provisions qui figurent encore au bilan peuvent être déduites. En outre, à l'occasion de la conférence « Panorama des redressements fiscaux » tenue le 27 juin 2023, organisée par Lefebvre-Dalloz et animée par PwC Société d'Avocats membre du réseau international PwC, un membre du Conseil d'État, s'exprimant à titre personnel, a indiqué qu'à son avis, le refus de prendre en compte des informations post-clôture n'est pas vraiment gravé dans la jurisprudence du Conseil d'État.

Sur les retraitements extra-comptables à effectuer en cas de prise en compte sur le plan comptable d'événements postérieurs à la clôture, voir n° 48330.

V. Actualisation des provisions
Les entreprises ont le choix entre actualiser les provisions ou ne pas le faire (en ce sens, Bull. CNCC n° 125, mars 2002, EC 2001-81-5, p. 110 s.).

> **Précisions** L'avis CNC 2000-01 sur les passifs ne traite pas le sujet de l'actualisation pour les deux raisons suivantes :
> — il était difficile de rendre obligatoire l'actualisation dans les comptes consolidés et de la rendre facultative dans les comptes individuels afin de pouvoir bénéficier, dans certains cas, d'une déduction fiscale plus importante (sur le montant non actualisé) ;
> — l'actualisation est un problème global qui ne se limite pas aux provisions. Il concerne également les autres passifs (dettes à long terme notamment) et les actifs.

Sur la divergence avec les normes IFRS, voir Mémento IFRS n° 69050.
Sur l'actualisation :
- des provisions pour démantèlement, voir n° 27945 ;
- pour retraite, voir n° 17740 ;
- du coût de portage des créances, voir n° 40215.

VI. Non-prise en compte des impôts différés pour l'évaluation des provisions
Le PCG (art. 323-4) précise que les provisions sont évaluées avant effet d'impôt. En pratique, dans les comptes individuels, les impôts différés ne sont généralement pas comptabilisés, voir n° 52955 s.

VII. Non-compensation avec un actif à recevoir en contrepartie
Les profits futurs sont à comptabiliser conformément aux règles de comptabilisation des créances acquises (voir n° 10505) et à présenter à l'actif (et non en moins de la provision), en respect du principe de non-compensation (PCG art. 323-7 et 323-8).

Ceci pourrait donc entraîner des décalages d'exercices entre la constatation d'une provision (sortie de ressources dès qu'elle est probable) et celle des actifs (comptabilisés en produits uniquement lorsqu'ils sont certains).

EXEMPLES
— en cas de litige, une provision doit être constatée sans prise en compte des indemnités d'assurance attendues (en ce sens, Bull. CNCC n° 167, septembre 2012, EC 2012-23, p. 630-632) ;
— les provisions pour restructuration doivent être constatées pour la totalité des coûts, sans compensation possible avec les profits attendus de la cession d'actifs (voir n° 17395) ;
— les indemnités pour licenciement doivent être provisionnées pour le montant total des indemnités à verser et ne doivent jamais prendre en compte les remboursements attendus des assurances (voir n° 16925 II. b.) ;
— en cas de prise en charge totale ou partielle par des tiers des coûts de démantèlement du site, la provision pour remise en état doit être comptabilisée en totalité au passif (voir n° 27925).

> **Fiscalement** Il en est de même (CE 9-2-2012 n° 334154 rendu dans un cas où l'entreprise était assurée pour la charge provisionnée ; BOI-BIC-PROV-20-10-20 n° 65).
> Voir toutefois une position contraire de l'Administration en matière de garantie décennale, n° 15845.
> Sur la détermination du montant des provisions :
> — pour perte, voir n° 48290 et 10860 ;
> — pour engagement de rachat (buy-back), voir n° 11570.

COMPARAISON DES RÈGLES COMPTABLES ET DES RÈGLES FISCALES
48330
Le **principe de la convergence** entre les règles comptables et fiscales en matière de provisions a été posé par une décision du Conseil d'État affirmant qu'une provision régulièrement comptabilisée doit en principe être déduite du résultat imposable de cet exercice dès lors que les règles propres au droit fiscal ne s'y opposent pas (CE 23-12-2013 n° 346018). Avant de se prononcer sur la déductibilité fiscale d'une provision, le juge se reconnaît fondé à analyser sa régularité au regard de la réglementation comptable (CE 3-2-2021 n° 429702, à propos de provisions pour créances douteuses de faible montant). En dernier lieu, le Conseil d'État a affirmé que la déductibilité fiscale d'une provision est subordonnée à la condition qu'elle ait été constatée dans les écritures conformément, en principe, aux prescriptions comptables (CE 22-11-2022 n° 454766). Ainsi, une (provision pour) dépréciation calculée d'après la valeur vénale d'un élément d'actif n'est pas déductible fiscalement si l'entreprise n'est pas en mesure d'établir que sa valeur d'usage est inférieure (voir n° 27741).

Mais certaines divergences de principe subsistent néanmoins, issues de la loi, de la jurisprudence du Conseil d'État et de la doctrine administrative. Nous synthétisons ci-après les principaux points de convergences et de divergences concernant le fait générateur et la détermination des provisions.

48330 (suite) I. Fait générateur des provisions

Certains principes définissant le fait générateur des provisions sont communs à la comptabilité et à la fiscalité, mais c'est sur cette question que se cristallisent les divergences les plus notables.

Parmi les **points de convergences**, il convient de souligner que :
– en pratique, le fait générateur comptable de la provision (« **l'obligation** ») coïncide souvent avec le fait générateur fiscal (« **l'événement** ») : ainsi, l'obligation doit exister à la date de clôture ; de même, sur le plan fiscal, la charge probable doit résulter d'un événement en cours à la clôture ;
– pour constituer une provision, l'entreprise doit s'être **engagée** vis-à-vis d'un tiers à la date de clôture ; de même, sur le plan fiscal, la déduction des provisions peut être subordonnée à l'existence d'un engagement à la clôture (primes de fin d'année, licenciement, etc.) ;
– la prise en compte d'informations post-clôture peut conduire à révéler une obligation existant à la clôture ; de même, la connaissance de cet événement peut intervenir entre la clôture et l'arrêté des comptes ;
– la règle comptable consistant à retenir les **obligations implicites** est admise par le Conseil d'État (Avis CE n° 383197 du 27-10-2009) et par les juges du fond.

Mais les **divergences** fiscalo-comptables sont relativement nombreuses en raison de l'interprétation stricte qui est faite par la **jurisprudence** et la **doctrine administrative fiscale** des dispositions de l'article 39, 1-5° du CGI suivant lesquelles le fait générateur d'une provision résulte de l'intervention d'un **événement à la clôture de l'exercice**. Il en résulte que le fait générateur comptable peut intervenir avant le fait générateur fiscal, ce qui oblige alors à des retraitements extra-comptables de provisions constatées dans les comptes.

En particulier, ce décalage se présente lorsque, sur le plan fiscal, l'événement dépend de la réalisation d'une **démarche par un tiers** (plainte, réclamation, action en justice, engagement d'une procédure de contrôle, etc.).

EXEMPLES

	Règles comptables	Règles fiscales	n°
Provisions pour litige :			
Vente d'un produit se révélant défectueux	Vente imparfaite avant la clôture	Réclamation intervenue avant la clôture	45920, 11565
Dommages liés à l'amiante	Exposition des salariés à l'amiante sans protection suffisante	Réception de demandes d'indemnisation en provenance des salariés	45920
Risque de rehaussements sociaux ou fiscaux	Poursuite de pratiques déjà redressées dans le passé	Contrôle engagé à la clôture	53280 s.
Provisions pour garantie constructeur	Vente au distributeur	Vente au client final	11550
Provisions pour restructuration (indemnités de rupture de contrat de location, de distribution, frais de remise en état du site)	Annonce du plan	Autant de faits générateurs que de charges provisionnées : – résiliation du bail ; – rupture du contrat	17415 16100

II. Détermination du montant de la provision Le montant des provisions déductibles peut être évalué comptablement comme fiscalement sur la base de **calculs statistiques**, dès lors qu'ils s'appuient sur des données fiables tirées de l'expérience de l'entreprise (voir n° 48310).

Le principe de **non-compensation** avec un actif à recevoir en contrepartie s'applique sur le plan comptable comme sur le plan fiscal (voir n° 48310, VII.).

La **principale divergence** fiscalo-comptable concernant la détermination du montant des provisions provient du fait que les informations retenues sur le plan comptable sont celles disponibles à la **date d'arrêté des comptes,** alors que fiscalement la **date de clôture** des comptes constitue la date butoir, sauf dans l'hypothèse où, le fait générateur « fiscal » étant intervenu avant la clôture, les informations post-clôture permettent seulement d'affiner le calcul de la provision (voir n° 48310 IV.).

> **Précisions** Les règles comptables vont dans certains cas au-delà des exigences fiscales en prévoyant la nécessaire **absence de contrepartie** : de ce fait, certaines provisions qui répondent aux conditions fiscales de déduction (provisions pour travaux, déménagement, mises en conformité, etc.) ne peuvent pas être déduites faute de comptabilisation. Pour plus de détails, voir n° 48242.

III. Exclusion de la déduction de certaines charges ou provisions
En outre, pour qu'une provision soit fiscalement déductible :
– la charge ou la perte sous-jacente doit elle-même être déductible (d'où l'exclusion, par exemple, de la déduction des provisions pour IS, pour amendes et pénalités…), voir n° 48240 à 48243 ;
– la provision ne doit pas être exclue des charges déductibles en application d'une disposition légale (ex. : provision pour retraite, pour licenciement économique…), voir n° 16925 et 17705.

IV. Retraitements extra-comptables
En pratique, afin de prendre en compte les divergences subsistant entre les règles comptables et les règles fiscales, des retraitements sont à effectuer sur l'imprimé n° 2058-A :
– les provisions non déductibles font l'objet d'une réintégration partielle ou totale (ligne WI) ;
– corrélativement, au titre de l'exercice de reprise de ces provisions, une déduction est opérée (ligne WU).

LIEN ENTRE COMPTES INDIVIDUELS ET COMPTES CONSOLIDÉS EN RÈGLES FRANÇAISES

48335

À notre avis, un groupe ne peut pas, dans une situation donnée et à partir de faits identiques, apprécier risques et charges de manière différente entre les comptes consolidés et les comptes individuels ou les comptes de sous-groupes, comme par exemple les considérer comme probables dans un cas et non probables dans l'autre (précision de l'ancien règl. CRC 99-02, non reprise expressément par le règl. ANC 2020-01 remplaçant le règlement CRC précité pour les exercices ouverts à compter du 1-1-2021, mais restant toujours valable à notre avis ; voir Mémento Comptes consolidés n° 3357 s.).

Sur l'application pratique de ce principe aux provisions pour restructuration, voir n° 17440 II.

SECTION 3 — RÈGLES D'ENREGISTREMENT ET SCHÉMAS USUELS DE COMPTABILISATION DES PROVISIONS (AUTRES QUE PROVISIONS RÉGLEMENTÉES)

CONSTITUTION DES PROVISIONS

48435

Lors de la constitution d'une provision, le compte de provisions est crédité par le débit :
– d'un compte 68 « Dotations aux amortissements, aux dépréciations et aux provisions » (PCG art. 946-68 et 941-15) ;

> **Précisions** Peuvent être débités les comptes :
> **1.** 681 « Dotations aux amortissements, aux dépréciations et aux provisions – Charges d'exploitation », lorsque la provision concerne l'exploitation (PCG art. 946-68 et 941-15) ;
> **2.** 686 « Dotations aux amortissements, aux dépréciations et aux provisions – Charges financières », lorsqu'elle affecte l'activité financière de l'entreprise (PCG art. 946-68 et 941-15) ;
> **3.** 687 « Dotations aux amortissements, aux dépréciations et aux provisions – Charges exceptionnelles », lorsqu'elle a un caractère exceptionnel (PCG art. 946-68 et 941-15) ;
> **4.** à notre avis, 689 (à créer) « Dotations aux provisions pour impôts sur les bénéfices » lorsqu'elle concerne l'impôt sur les bénéfices. Voir n° 52630.
> Voir également les sous-comptes au n° 96300.

– ou du compte **11 « Report à nouveau »** (débiteur ou créditeur) lorsque (voir n° 8545) la provision résulte d'un changement de méthode comptable (PCG art. 122-3) ou de la correction d'une erreur relative à une provision initialement constituée par imputation sur les capitaux propres (PCG art. 122-6).

Sur la non-déductibilité des provisions constituées en contrepartie d'un compte de capitaux propres, voir n° 48230.
Sur le cas particulier des provisions ayant pour contrepartie un actif de démantèlement, voir n° 27945.

VARIATIONS DES PROVISIONS

48440 Le montant des provisions est réajusté à la fin de chaque exercice :

a. Les **augmentations** sont créditées par le débit des comptes de dotations correspondants 681, 686, 687, 689 ou 11 (voir n° 48435).

b. Les **diminutions**, compte tenu de la règle du parallélisme entre dotations et reprises (provision devenue en tout ou partie sans objet), sont débitées, selon qu'elles ont été dotées au compte 681, 686, 687, 689 ou 11 par le crédit :

– d'un compte 78 « Reprises sur amortissements, dépréciations et provisions » (PCG art. 947-78 et 941-15) ;

> **Précisions** Peuvent être crédités les comptes :
> – **781** « Reprises sur amortissements, dépréciations et provisions (à inscrire dans les produits d'exploitation) » (PCG art. 947-78 et 941-15) ;
> – **786** « Reprises sur dépréciations et provisions (à inscrire dans les produits financiers) » (PCG art. 947-78 et 941-15) ;
> – **787** « Reprises sur provisions et dépréciations (à inscrire dans les produits exceptionnels) » (PCG art. 947-78 et 941-15) ;
> – à notre avis, **789** (à créer) « **Reprises de provisions pour impôts sur les bénéfices** ». Voir n° 52630 ;
> Voir également les sous-comptes au n° 96320.

– ou du compte **11** « **Report à nouveau** » en cas de correction d'erreur, d'une provision liée à un changement de méthode comptable (PCG art. 122-6 ; voir n° 8545).

> **Fiscalement** Voir n° 48210.

Le PCG (art. 941-15) raisonnant en variations (augmentation ou diminution) de la provision déjà existante, **les provisions figurant déjà dans les bilans antérieurs ne devraient pas en principe** (sauf pour raison fiscale, voir ci-après) **donner lieu, chaque exercice, à une reprise des provisions** antérieurement constituées et à une nouvelle dotation.

> **Fiscalement** En cas de modification du traitement fiscal d'une provision, dans le respect des dispositions de l'article 39, 1-5° du CGI (voir n° 48240 à 48243), l'entreprise peut, à notre avis, reprendre la dotation précédemment constatée, et comptabiliser une nouvelle dotation à laquelle le nouveau traitement fiscal est appliqué.
> Le Conseil d'État a par ailleurs jugé que lorsqu'une provision fiscalement déductible a conservé son objet mais que les motifs ayant justifié sa constitution ont changé, l'entreprise n'est pas tenue de reprendre la provision initiale pour constituer une nouvelle dotation [CE 30-6-2016 n° 380916 rendu en matière de (provision pour) dépréciation mais transposable, à notre avis, aux provisions pour risques et charges].

Sur l'incidence des arrêtés de comptes en cours d'exercice (dotations et reprises constatées sur le même exercice), voir n° 48650.

RÉALISATION DU RISQUE OU SURVENANCE DE LA CHARGE

48445 Selon le PCG (art. 941-15 et 946) :

a. Lors de la réalisation du risque ou de la survenance de la charge, la provision antérieurement constituée est soldée par le crédit des comptes 781, 786, 787 ou 789 selon qu'elle a été dotée aux comptes 681, 686, 687 ou 689 (voir aussi Précisions du n° 48440).

Lorsque la charge effective est inférieure à la provision, ces comptes peuvent être subdivisés de façon à permettre de distinguer les reprises qui correspondent aux excédents de provisions (PCG art. 947-78).

Cette possibilité devrait être systématiquement utilisée compte tenu de l'obligation de distinguer, dans l'annexe, les montants utilisés de ceux devenus sans objet, voir n° 48700.

b. Corrélativement, la charge intervenue est inscrite au compte intéressé de la classe 6 afin de faire apparaître l'ensemble des flux intervenus au cours de l'exercice.

> **Précisions** La pratique consistant à prendre en charge la différence entre la dette réelle et la provision antérieurement constituée n'est pas admise. Il convient de constater les deux flux :
> – naissance de la dette, entraînant une charge ;
> – annulation de la provision ayant rempli son objet, entraînant un produit.

SECTION 4 — CONTRÔLE EXTERNE

48545 Si le commissaire aux comptes a identifié des **procès, contentieux ou litiges** susceptibles d'engendrer des risques d'anomalies significatifs dans les comptes, il demande à la direction de l'entité d'obtenir de ses **avocats** des **informations** sur ces procès, contentieux ou litiges et de les lui communiquer [voir la NEP 501 « Caractère probant des éléments collectés (Applications spécifiques) » et la Note d'information CNCC NI.VII « Le commissaire aux comptes et les demandes de confirmation des tiers » (décembre 2010)].

Dans certaines circonstances, une rencontre avec l'avocat peut s'avérer nécessaire (après accord de la direction et de préférence avec l'un de ses représentants).

Le bulletin CNCC (n° 69, mars 1988, CD 87-11, p. 85 s.) a précisé les **conséquences de l'absence de réponse** aux demandes d'informations adressées aux **avocats** :

a. Sur les contrôles Le commissaire aux comptes doit :
– avec l'aide de la société, connaître les raisons pour lesquelles l'avocat n'a pas fourni de réponse ;
– si possible, mettre en œuvre une procédure de contrôle supplétive lui permettant d'obtenir les éléments probants recherchés.

b. Sur la certification Le commissaire aux comptes appréciera l'incidence sur l'opinion exprimée :
– de la limitation apportée à l'étendue de ses travaux, lorsque l'avocat n'a pas répondu et qu'un contrôle supplétif n'a pu être réalisé ;
– de l'incertitude qui subsiste lorsque l'avocat a répondu mais n'a pas été en mesure de donner suffisamment d'informations pour évaluer le risque financier d'une action en cours, ou imminente, ou d'un litige potentiel, jugé significatif.

> **Précisions** Les commissaires aux comptes des sociétés dont les titres financiers sont admis aux négociations sur un marché réglementé ou offerts au public sur un système multilatéral de négociation organisé doivent notamment informer l'AMF de tout fait ou décision de nature à entraîner une certification avec réserves ou un refus de certifier les comptes (C. mon. fin. art. L 621-22 ; voir FRC 12/23 Hors série inf. 90.4).

SECTION 5 — PRÉSENTATION DES COMPTES ANNUELS

A. Bilan et compte de résultat

PRÉSENTATION AU BILAN

48645 Elle est la suivante :
– les **provisions** figurent au passif, sur deux lignes distinctes : provisions pour risques et provisions pour charges (elles sont regroupées dans le système abrégé) ;
– les **provisions réglementées** font partie des capitaux propres où elles figurent sur une ligne distincte.

Sur la distinction entre les provisions et les « provisions réglementées », voir n° 56305 s.
Sur la distinction entre les provisions et les « dépréciations » (anciennement nommées « provisions pour dépréciation »), voir nos Précisions n° 48005.

PRÉSENTATION AU COMPTE DE RÉSULTAT

48650 Les dotations aux amortissements, aux dépréciations et aux provisions sont réparties – selon leur caractère – entre les résultats d'exploitation, financier et exceptionnel où elles figurent sur une ligne unique.
Il en est de même pour les reprises sur provisions qui affectent, selon le cas, les résultats d'exploitation, financier et exceptionnel (voir n° 48435 s.).

> **Précisions** **Provisions et reprises constatées en cours d'exercice** (par exemple, lors d'arrêtés mensuels ou de l'établissement des documents du 1er semestre), le bulletin CNCC (n° 103, septembre 1996, EC 96-80, p. 517 s.) estime que la double comptabilisation au débit du compte de résultat et en produit d'une même opération n'étant pas de nature à favoriser la lisibilité des comptes annuels, une compensation pour la présentation des comptes annuels entre la dotation et la reprise de provision est possible si :
— elle résulte d'une annulation d'écritures à l'intérieur d'un même exercice social ;
— elle ne contrevient pas aux dispositions de l'article L 123-12 du Code de commerce selon lesquelles tous les mouvements affectant le patrimoine de l'entreprise doivent être enregistrés chronologiquement.
Sont donc à constater :
— en dotations, les seuls nouveaux risques et charges de l'exercice et existant encore à la clôture ;
— en reprises, les seuls risques et charges constatés sur les exercices antérieurs et devenus sans objet ou réalisés au cours de l'exercice.
En cas d'augmentation ou de réduction de **provisions figurant déjà dans les bilans antérieurs,** voir n° 48440.

B. Annexe (développements particuliers)

INFORMATIONS À FOURNIR

48700 **Montants et mouvements ayant affecté les provisions** S'ils sont **significatifs,** doivent être indiqués dans l'annexe les montants suivants **par catégorie** en distinguant les provisions qui ont été pratiquées en application de la législation fiscale (PCG art. 833-12/1 et 833-15) :
— le montant d'ouverture de l'exercice ;
— le montant de clôture de l'exercice ;
— les montants dotés ;
— les montants repris parce qu'utilisés et les montants repris parce que non utilisés.

> **Précisions** **1. Catégorie de provisions** Il convient de noter qu'une catégorie de provisions est en général définie par un sous-compte à trois chiffres, voire par un sous-compte à quatre chiffres si celui-ci présente un caractère significatif. Ainsi, par exemple, dès lors qu'il s'agit d'une information sensible et que des montants significatifs sont en jeu, la ventilation du montant global des provisions devrait faire ressortir le montant spécifique total des **provisions pour litiges** (compte 1511) parmi les provisions pour risques (compte 151).
Toutefois, concernant les **litiges** notamment, les litiges sous-jacents au montant indiqué au compte 151 devraient, à notre avis, le cas échéant, être présentés par grandes « sous-catégories » (client, environnement...) et assortis d'une analyse.
2. Montants significatifs L'AMF (Rapport annuel COB 1985, p. 52) considère, à propos du contenu des notes d'information, que les mouvements de provisions font partie des extraits les plus significatifs de l'annexe. Sur le caractère significatif, voir également n° 48705.

En pratique, cette information nous paraît pouvoir être présentée de trois manières :
— en fournissant uniquement un commentaire sans utiliser de tableau ;
— en utilisant le tableau n° 2056 de la liasse fiscale (cas des sociétés non cotées) ; ce tableau correspond en fait, de manière plus détaillée, à celui requis dans l'annexe par le PCG (art. 841-4) qui propose cependant une ventilation des dotations et reprises en exploitation, financier et exceptionnel ;

> **Précisions** Ce tableau est strictement comptable. N'interviennent pas, dans son élaboration, les notions de déductibilité (les provisions et charges à payer non déductibles sont indiquées sur l'imprimé n° 2058-B) ou de distinction avec les frais à payer (indiqués d'une part sur un relevé détaillé et d'autre part en tant qu'information détaillée complémentaire à la liasse fiscale, voir n° 48130).

— en utilisant le tableau modèle du Balo (approuvé par l'AMF) et présenté ci-après, avec le passage des comptes aux postes pouvant être utilisés dans les comptes individuels et les comptes consolidés. Sur l'opportunité de l'utiliser, voir n° 64555.

> **Précisions** **Préconisation de l'OEC** : l'OEC (Rec. « Principes comptables » n° 1.18 : « Les provisions ») préconise en outre l'indication des informations suivantes non mentionnées spécifiquement par les textes :
— le **caractère déductible ou non** des provisions constituées ;
— et, lorsque cela est possible, les **échéances prévisionnelles,** c'est-à-dire les dates à partir desquelles l'entreprise aura à faire face à la dépense définitive en distinguant au moins la partie à moins d'un an.

TABLEAU DES PROVISIONS (ET DÉPRÉCIATIONS)
(avec passage des comptes aux postes)

(Tableau du n° 47700)   (Modèle du Balo) [1]

48700 (suite)

Rubriques et postes	Montant au début de l'exercice	Augmentations	Diminutions	Montant à la fin de l'exercice
Provisions réglementées [9] :				
Provision pour hausse des prix	1431	6873	7873	1431
Provisions pour fluctuation des cours	1432			1432
Amortissements dérogatoires	145	68725	78725	145
Autres provisions réglementées	(2)	6874 (partie)	7874 (partie)	(2)
Provisions pour risques :		[3]	[3] [8]	
Pour litiges	1511	6815-6865 6875	7815-7865 7875	1511
Pour garanties données aux clients	1512			1512
Pour pertes sur marchés à terme	1513			1513
Pour amendes et pénalités	1514			1514
Pour pertes de change	1515			1515
Pour pertes sur contrat	1516			1516
Autres provisions pour risques	1518			1518
Provisions pour charges :		[3]	[3] [8]	
Pour pensions et obligations similaires	153	681 [4]	781 [4]	153
Pour restructuration	154	681	781	154
Pour impôts	155	689 [5]	789 [5]	155
Pour renouvellement des immobilisations (entreprises concessionnaires)	156	6815-6865 6875		156
Pour gros entretiens ou grandes visites	1572		7815-7865 7875	1572
Autres provisions pour charges	158			158
Dépréciations :		[3]	[3]	
Sur immob. incorporelles	290	68161	78161	290
Sur immob. corporelles	291	68162	78162	291
Sur immob. financières [6]	296-297	68662	78662	296-297
Sur valeurs mobilières de placement	590	68665	78665	590
Sur stocks	39	68173	78173	39
Sur comptes clients	491	68174 (partie)	78174 (partie)	491
Autres	(7)	68174 (partie)	78174 (partie)	(7)

(1) Modifié par nos soins pour tenir compte :
 – du règlement sur les passifs (Règl. CRC 2000-06 du 7-12-2000) ;
 – du règlement CRC 2005-09 apportant les modifications terminologiques énoncées au n° 48005.
(2) = 144, 146, 147, 148.
(3) Et, si correction d'erreur sur provision initialement imputée sur capitaux propres (liée à un changement de méthode comptable) : 110 ou 119 (voir n° 48440).
(4) Voir n° 17730.
(5) Voir n° 52630.
(6) Et, si dépréciations exceptionnelles, 6876 ou 7876.
(7) Si dépréciations sur titres évalués par équivalence, créer une ligne supplémentaire (voir n° 36245) : 292, 293, 495, 496.
(8) En distinguant les provisions utilisées de celles non utilisées, voir ci-après.
(9) Voir n° 54360.

Quel que soit le format adopté, la reprise des provisions **doit distinguer** :
– **les montants repris parce qu'utilisés** ;
– **les montants repris parce que devenus sans objet**.
Sur la possibilité de procéder à cette distinction dans le compte de résultat, voir n° 48445.

> **Précisions** Il convient, selon l'AMF pour les reprises de montants non utilisés individuellement significatifs, d'indiquer **la motivation** de la reprise (Bull. COB n° 365, février 2002, p. 34 s.), afin de laisser au lecteur la possibilité d'apprécier le résultat « normatif » de l'entreprise pour l'année en cours, voire de pouvoir reconstituer le résultat « normatif » des années précédentes si l'information fournie est suffisamment détaillée.
L'AMF (Bull. COB n° 365, février 2002, p. 34 s.) propose, à titre indicatif, un **tableau de synthèse de ces informations** pouvant être inséré dans l'annexe des comptes individuels et consolidés :

Rubriques	Solde d'ouverture	Dotation de l'exercice	Reprise de l'exercice (provision utilisée)	Reprise (provision non utilisée)	Changement de méthode	Variation de périmètre	Autre	Solde de clôture
Total des provisions								

Impact (net des charges encourues)								
Résultat d'exploitation								
Résultat financier								
Résultat exceptionnel								

48705 **Nature et méthodes d'évaluation des provisions significatives** L'article 833-12/1 du PCG précise les informations suivantes :

I. Information sur les provisions significatives L'article 833-12/1 du PCG indique que, pour les provisions d'un montant individuellement significatif, des précisions doivent être apportées sur :
– la nature de l'obligation provisionnée et de l'échéance attendue ;
– les incertitudes liées à l'évaluation ou aux échéances en précisant, le cas échéant, les hypothèses ayant conduit à l'estimation ;
– le montant de tout remboursement attendu, ainsi que de l'actif comptabilisé au titre de ce remboursement.

> **Précisions** **1.** **Information narrative** En pratique, ces dispositions requièrent davantage d'efforts de narration de la part de l'entreprise.
2. **Partie non provisionnée d'un risque** Aucune information ne doit être donnée sur la quote-part non provisionnée d'un risque (voir Précision au n° 52520).
3. **Caractère significatif** L'avis CNC 2000-01 sur les passifs (§ 3.2) n'apporte aucune précision quant à l'appréciation du caractère significatif du montant d'une provision, notamment en ce qui concerne l'élément de comparaison (total bilan, total du poste provisions pour risques et charges), ce qui laisse malgré tout une certaine latitude à l'entreprise et à l'appréciation de ses commissaires aux comptes.

II. Indication des cas exceptionnels où aucune évaluation fiable du montant de l'obligation ne peut être réalisée Comme dans ce cas aucune provision ne peut être constatée, l'article 833-12/3 du PCG requiert qu'une mention soit portée en annexe précisant la nature du passif concerné ainsi que les raisons ne permettant pas d'évaluer de façon fiable la sortie de ressources ou l'échéance de l'obligation.

III. Information dans les cas exceptionnels où tout ou partie d'une information requise causerait un préjudice sérieux à l'entreprise L'article 833-12/4 du PCG limite ces cas à des cas exceptionnels de litige. Cependant, dans ces cas, la nature générale du litige doit être fournie, ainsi que le fait que l'information n'est pas fournie et la raison pour laquelle elle ne l'a pas été.

> **EXEMPLE**
Les cas visés concernent par exemple les redressements fiscaux, pour lesquels la doctrine (AMF et CNCC) était venue apporter ces précisions (voir n° 53230).

IV. Information des événements postérieurs à la clôture, sans lien direct avec une situation existant à la clôture Voir n° 52345.

CHAPITRE 13
LES ENGAGEMENTS ET OPÉRATIONS « HORS BILAN »

SOMMAIRE

SECTION 1
GÉNÉRALITÉS 50005

A. Définitions et éléments
constitutifs des engagements 50005

B. Distinction entre bilan
et engagements 50110

C. Définition et éléments
constitutifs des opérations
« hors bilan » 50200

SECTION 2
RÉGLEMENTATION DES ENGAGEMENTS 50305

A. Date de constatation
des engagements 50305

B. Règles d'évaluation
des engagements 50310

C. Autorisation des engagements 50360

SECTION 3
**SCHÉMAS USUELS
DE COMPTABILISATION
DES ENGAGEMENTS** 50475

SECTION 4
**CONTRÔLE EXTERNE
DES ENGAGEMENTS** 50580

SECTION 5
**INFORMATION ET PRÉSENTATION
EN ANNEXE** 50680

50000

SECTION 1 — GÉNÉRALITÉS

A. Définitions et éléments constitutifs des engagements

Le bilan se présente comme un résumé de la situation financière d'une entreprise – ou de son patrimoine – qui comprend à l'actif tous les biens qu'elle contrôle et ses créances, et au passif ses dettes ; c'est-à-dire l'ensemble des éléments résultant des opérations réalisées. Mais certaines **opérations non encore réalisées ou non inscrites au bilan** présentent des risques et peuvent avoir une grande importance pour l'appréciation de sa véritable situation. Certaines sont traduites en comptabilité sous forme de provisions, d'autres ne le sont pas.

Ainsi les commandes d'investissements ne figurent pas au bilan, mais elles peuvent avoir pour conséquence de rendre le fonds de roulement négatif. De même, lorsqu'une entreprise se porte garante d'une autre entreprise ou d'un tiers, ce fait ne figure pas dans les écritures comptables ; mais le risque éventuel de défaillance du tiers peut entraîner de graves difficultés financières pour l'entreprise obligée de se substituer à lui.

L'importance de ces éléments pour l'appréciation de la situation financière et la difficulté pratique pour la comptabilité de traduire ces engagements dans son cadre usuel ont donc conduit à retenir comme principe de ne pas en tenir compte dans le bilan et de les faire figurer, pour autant qu'ils soient significatifs, en **annexe**.

50005

Définition Selon le PCG (art. 948-80), les comptes d'engagements enregistrent des droits et obligations susceptibles de modifier le montant ou la consistance du patrimoine de l'entreprise. Les effets des droits et obligations sur le montant ou la consistance du patrimoine sont subordonnés à la réalisation de conditions ou d'opérations ultérieures.

50010

Il convient de distinguer engagement, obligation, provision et passifs éventuels :

a. L'**engagement** résulte de l'existence d'une **obligation réelle** (légale, contractuelle ou implicite). Si la sortie de ressources est probable à la clôture, l'engagement donne lieu à la comptabilisation d'une provision (exemples : lettres de change escomptées, cautions en faveur de tiers, etc. ; voir n° 50110 s.). Sinon, un **passif éventuel** est mentionné en annexe (voir n° 52520).

b. En l'absence d'engagement, une **obligation potentielle,** dont l'existence sera confirmée par la survenance d'un événement futur incertain, peut être identifiée. Elle donne lieu à une mention en annexe au titre des **passifs éventuels** (voir n° 52520).

50015 **Différents types d'engagements** Les engagements comprennent :

	Sur la définition et les éléments constitutifs, voir n°	Sur leur comptabilisation, voir n°	Sur l'information à donner en annexe, voir n°
Engagements de garantie donnés ou reçus	50020 s.	50130 et 50135	50685 s.
Engagements réciproques	50050	50140	50695
Créances et dettes assorties de garantie	50055	50145	50705 s.
Engagements de retraite et avantages similaires	50060	17590 s.	17970 s.

Les subdivisions du compte 80 fournissent le détail par nature des divers engagements (PCG art. 948-80 ; voir n° 50480).

ENGAGEMENTS DE GARANTIE

50020 **Définition** Les engagements de garantie sont :
– d'une part, les **engagements donnés** par une entreprise pour garantir un créancier contre la défaillance éventuelle de son débiteur (créancier et débiteur étant des tiers par rapport à l'entreprise qui a pris l'engagement de payer) ;
– d'autre part, les **engagements reçus** par une entreprise pour la garantir **en cas d'insolvabilité d'un tiers** (par exemple garantie assurée par les précédents endosseurs d'un effet de commerce, lorsque cet effet a été réendossé par l'entreprise et ne figure plus à son actif), ou **en cas de mise en cause de la responsabilité d'un tiers.**

Sur leur comptabilisation et, le cas échéant, la provision à constituer, voir n° 50130 et 50135.

50025 **Caractère** **a.** L'engagement de garantie ne peut être qu'un **lien accessoire à un engagement principal** : les garanties reçues et données ne peuvent être retenues au titre des engagements que dans la mesure où elles sont relatives à des **créances** ou **dettes éventuelles** (ne figurant pas de ce fait au bilan, car, dans le cas contraire, elles feraient double emploi avec les valeurs actives ou passives).

b. L'**engagement** de garantie est essentiellement **conditionnel,** car c'est seulement à l'arrivée du terme de l'obligation principale qu'il peut éventuellement être appelé à jouer. L'obligation est conditionnelle lorsqu'elle dépend d'un événement futur et incertain (C. civ. art. 1304).

> **Précisions** Il convient de ne pas confondre condition et terme : « L'obligation est à terme lorsque son exigibilité est différée jusqu'à la survenance d'un événement futur et certain, encore que la date en soit incertaine » (C. civ. art. 1305).

50045 **Différents types de garanties** On distingue en général les engagements personnels (sûreté personnelle) et les engagements réels (sûreté réelle) :

a. La sûreté personnelle consiste à offrir son patrimoine personnel en garantie sans distinction. Les principaux engagements de garantie personnels sont :
– **l'aval,** engagement pris par une personne de payer à l'échéance une lettre de change, un billet à ordre (éventuellement un chèque) à la place du porteur – généralement le tireur – pour tout ou partie de son montant ;
– **le cautionnement,** contrat par lequel un tiers, appelé caution, promet à un créancier de le payer si le débiteur n'exécute pas son obligation (C. civ. art. 2288 s.) ;

> **Précisions** **1. Dépôt** En pratique, le cautionnement consiste souvent en un dépôt d'une somme d'argent ou de valeurs fait par un tiers en vue de garantir la bonne exécution d'une obligation. Ce mode de cautionnement apparaît normalement dans les comptes de bilan (compte 275 « Dépôts et cautionnements versés » ; voir n° 42810).

2. Absence de rémunération Un tel engagement ne saurait être pris à titre onéreux et habituel sans porter atteinte au monopole bancaire (C. mon. fin. art. L 311-1). Toutefois, dès lors qu'aucune commission n'est perçue, l'engagement de se porter caution pris par un fournisseur au profit d'un de ses détaillants n'enfreint pas l'article L 311-1 (CA Paris, 22-5-2005).

– **la garantie autonome** : le garant s'oblige, en considération d'une obligation souscrite par un tiers, à verser une somme (C. civ. art. 2321) ;

> **Précisions** Distinction avec le cautionnement Le garant s'engage à payer une somme et non à exécuter la dette du débiteur principal, ce qui distingue la garantie autonome du cautionnement (voir ci-avant).
> En pratique, les confusions entre garantie autonome et cautionnement sont nombreuses et certaines garanties autonomes peuvent, en fonction de leur rédaction, être requalifiées de cautionnement. Pour plus de détails sur la garantie autonome, voir Mémento Droit commercial n° 58000 s.

– **la convention de ducroire** : lorsqu'un commissionnaire se porte « ducroire », il se porte garant de la solvabilité des personnes avec lesquelles il traite ; il garantit donc en pratique le paiement des marchandises fournies ;
– **la garantie d'endossement** : aussi longtemps qu'un effet n'a pas été payé par le tiré à son échéance, l'entreprise peut être tenue, si elle l'a endossé, au paiement de la totalité de l'effet : l'endosseur est, sauf clause contraire, garant de l'acceptation et du paiement (C. com. art. L 511-10) ;
– **la lettre d'intention** : l'engagement de faire ou de ne pas faire a pour objet le soutien apporté à un débiteur dans l'exécution de son obligation envers le créancier (C. civ. art. 2322). Sur les conditions de validité d'une lettre d'intention, voir n° 50365.

b. **La sûreté réelle** consiste à affecter un bien déterminé en garantie de paiement d'une dette ; en général : matériel et outillage, fonds de commerce, mais aussi, marchandises, créances, etc. Les principaux engagements de garantie réels sont :
– **le droit de rétention**, permettant au créancier de retenir un bien jusqu'à complet paiement de sa créance (C. civ. art. 2286) ;
– **les sûretés mobilières** :
• le **gage**, convention par laquelle le constituant (débiteur ou tiers) accorde à un créancier le droit de se faire payer par préférence à ses autres créanciers sur un bien mobilier ou un ensemble de biens mobiliers **corporels**, présents ou futurs, dont il est propriétaire (C. civ. art. 2333 s.). La remise du bien gagé au créancier est facultative, le gage sans dépossession permettant au débiteur de garder l'usage des biens gagés,
Pour plus de détails sur le gage commercial des meubles corporels, voir Mémento Droit commercial n° 57003 s.
Sur la sortie d'un bien gagé (avec ou sans dépossession), voir n° 20225.
• le **nantissement**, affectation, en garantie d'une obligation, d'un bien meuble incorporel ou d'un ensemble de biens meubles **incorporels**, présents ou futurs (C. civ. art. 2355 s.). Le nantissement peut porter sur des comptes d'instruments financiers, des comptes bloqués, des effets, des créances (voir n° 40855), des fonds de commerce, etc.,
• l'achat avec clause de **réserve de propriété** (C. civ. art. 2367 s.).
Sur la comptabilisation d'un bien acquis avec clause de réserve de propriété, voir n° 25280.
Sur la sortie d'un stock vendu avec clause de réserve de propriété, voir n° 20220.
• la **cession de créance de droit commun à titre de garantie** (hors fiducie-sûreté) (C. civ. art. 2373) : la propriété d'une créance (présente ou future) peut être cédée à titre de garantie d'une obligation. Les sommes payées au cessionnaire au titre de la créance cédée s'imputent sur la créance garantie lorsqu'elle est échue (C. civ. art. 2373-2). Lorsque la créance garantie est intégralement payée avant que la créance cédée ne le soit, le cédant recouvre de plein droit la propriété de celle-ci (C. civ. art. 2373),
Sur la comptabilisation d'une cession de créance à titre de garantie, voir n° 40830 et d'une créance future à titre de garantie, voir n° 40850.
• le **gage-espèces** (hors fiducie-sûreté) (C. civ. art. 2374) : il permet de transférer la propriété d'une somme d'argent à titre de garantie d'une créance présente ou future entre les mains

du créancier. En cas de défaillance du débiteur, le cessionnaire peut imputer le montant de la somme cédée, augmentée s'il y a lieu des fruits et intérêts, sur la créance garantie (C. civ. art. 2374-5). Une fois la créance garantie intégralement payée, le cessionnaire restitue au cédant la somme cédée, augmentée s'il y a lieu des fruits et intérêts (C. civ. art. 2374-6). Sur la comptabilisation, voir n° 42810.

– **les sûretés immobilières** (C. civ. art. 2375) :
• **le gage immobilier (ou antichrèse),** affectation, en garantie d'une obligation, d'un immeuble (C. civ. art. 2379 s.).

> **Précisions** Le gage immobilier emporte dépossession de celui qui le constitue. Toutefois, le créancier peut louer l'immeuble au débiteur (« antichrèse-bail »).

• l'**hypothèque,** affectation d'un **immeuble** en garantie d'une obligation sans dépossession de celui qui la constitue (C. civ. art. 2385 s.).

ENGAGEMENTS RÉCIPROQUES

50050 **Définition** Les engagements réciproques sont des engagements qui découlent des contrats que les entreprises sont appelées à souscrire. Ils se décomposent en un **engagement donné** par l'entreprise à son cocontractant et un **engagement reçu** de ce dernier.

> EXEMPLE
>
> Marchés à livrer, commandes d'immobilisations, locations, crédit-bail, découverts consentis ou obtenus, possibilités d'escompte, agios à acquitter jusqu'à remboursement de la dette, opérations de swap. Voir également n° 50695.

Le fait que ces engagements soient croisés ne signifie pas a priori que leurs impacts s'annulent. Voir n° 50695.

CRÉANCES ET DETTES ASSORTIES DE GARANTIE

50055 **Définition** Ce sont :
– d'une part, les dettes pour lesquelles l'entreprise a dû accorder elle-même une garantie (hypothèques, nantissements, gages, etc.) et les dettes contractées à l'égard des créanciers bénéficiant d'un privilège ;
– d'autre part, les créances pour lesquelles l'entreprise a obtenu une sûreté réelle ou personnelle par le débiteur ou par un tiers (hypothèque, assurance-crédit type Bpifrance Assurance Export, anciennement Coface…).

ENGAGEMENTS DE RETRAITE ET AVANTAGES SIMILAIRES

50060 **Définition** Ce sont les engagements pris en matière de pensions, de compléments de retraite et indemnités assimilées en faveur du personnel ou des dirigeants (voir n° 17970 s.).

B. Distinction entre bilan et engagements

PRINCIPES GÉNÉRAUX DE DISTINCTION

50110 Cette distinction est fondamentale car le montant des engagements n'a pas d'incidence sur les capitaux propres de l'entreprise (voir n° 55040).

Selon l'OEC (Avis 24 : les engagements), quel que soit le type d'engagement, il convient de distinguer :
– les engagements à incidence future positive sur les comptes ;
– les engagements à incidence future négative sur les comptes.

Quel traitement retenir pour les engagements à incidence positive ?

> EXEMPLES
>
> Engagements à incidence positive fournis par l'OEC :
> – commandes de clients appelées à engendrer des bénéfices ;
> – construction par autrui sur un terrain de l'entreprise ;
> – crédit-bail en cours pour lequel l'actif représenté par le droit de jouissance pour la période restant à courir et par la faculté d'acquérir le bien à bas prix dépasse le passif représenté par les échéances à payer.
>
> À cette liste s'ajoute, bien entendu, l'ensemble des engagements reçus tels les avals, les cautions, les sûretés, etc. obtenus auprès de tiers.

En application de l'article L 123-21 du Code de commerce, seuls les bénéfices **réalisés** à la date de clôture d'un exercice peuvent être inscrits dans les comptes annuels. De ce fait, les engagements qui sont susceptibles d'avoir une incidence positive sur les comptes :
– ne peuvent figurer au bilan ;
– doivent, en revanche, faire l'objet d'une **mention dans l'annexe** s'il s'agit d'engagements financiers donnés, reçus (voir n° 50690) ou réciproques (voir n° 50695) ;
– peuvent, le cas échéant, être pris en compte dans le calcul de dépréciation de l'actif garanti (la valeur d'utilité de l'actif étant établie à partir des estimations de sorties et d'entrées de trésorerie futures relatives à l'utilisation de l'actif).

Quel traitement retenir pour les engagements à incidence négative ?

> **EXEMPLES**
>
> Engagements à incidence négative fournis par l'OEC : construction par l'entreprise sur terrain d'autrui, engagements de retraite, marchés à perte, crédit-bail d'un bien ayant perdu son utilité pour l'entreprise, caution donnée, risque d'annulation d'une acquisition faite avec réserve de propriété, redressements fiscaux contestés.

Des règles comptables, il résulte que :
a. les risques et charges, nettement précisés quant à leur objet, et que des événements survenus ou en cours rendent **probables,** entraînent la constitution de **provisions** (C. com. art. R 123-179), voir n° 50130 s. ;
Sur les sanctions en cas de non-constitution des provisions nécessaires, voir n° 48220.
b. si les risques et charges ne sont qu'**éventuels,** une **information dans l'annexe** est prévue au titre des passifs éventuels (PCG art. 322-5), voir n° 52520.
Dans tous les cas, les engagements doivent être **mentionnés dans l'annexe** s'il s'agit d'engagements financiers donnés, reçus (voir n° 50690) ou réciproques (voir n° 50695).

ENGAGEMENTS DE GARANTIE DONNÉS ET PROVISIONS

Principe de comptabilisation au passif d'un engagement de garantie donné avant la clôture **a. Conditions de constitution de la provision** (PCG art. 322-1) 50130
1. Existence d'une obligation à la clôture Lorsqu'une garantie (caution par exemple) a été accordée à un créancier contre la défaillance éventuelle de son débiteur, la signature de l'acte de garantie crée, pour le garant, une **obligation de payer à la place du débiteur.** Cette obligation est toutefois **conditionnée** à la survenance d'un événement futur incertain : la mise en jeu de la garantie du fait de la défaillance du débiteur (voir n° 50025).
2. Sortie de ressources probable à la date d'arrêté des comptes Il convient de suivre l'engagement donné jusqu'à la mise en jeu de la caution ou à défaut jusqu'à son terme pour estimer si une provision doit ou non être comptabilisée.
L'engagement pris avant la clôture est traduit au bilan, sous forme de **provision,** lorsque la sortie de ressource devient probable, c'est-à-dire **lorsque les deux conditions** suivantes sont simultanément réunies (Avis CNC 2000-01 § 5.7) :
– la situation financière du cautionné (débiteur) à la clôture de l'exercice risque d'entraîner sa défaillance ;
– et la mise en jeu de la caution donnée est probable.
La comptabilisation d'une provision dépend de **l'échéance de la caution qui n'est généralement pas fixée.** En revanche, dès lors que **la caution est appelée** avec une date d'échéance, le passif constitue une **dette** et non plus une provision (Avis CNC précité ; voir n° 50135).
b. Montant de la provision Le montant à provisionner correspond au montant garanti pour lequel il est probable que le tiers sera défaillant, **sans compensation** avec le montant que l'entreprise pense pouvoir recouvrer (Avis CNC précité). Ainsi, à notre avis, ce montant doit refléter :
– le montant pour lequel il est probable que le débiteur sera effectivement défaillant, c'est-à-dire qu'il ne sera pas en mesure de régler seul à cette date ;
– non minoré des remboursements que le débiteur pourra être amené à effectuer ultérieurement, si sa situation s'améliore.
Sur la créance envers le débiteur à comptabiliser, le cas échéant, lors de la mise en jeu de la garantie, voir n° 50135.

50130
(suite)

> **Fiscalement** Cette provision est **déductible** si :
– l'engagement de caution existe, ce qui signifie qu'il est souscrit irrévocablement pour des dettes déjà nées (BOI-BIC-PROV-30-10-30 n° 20 et 30) ;
– l'engagement de caution répond à l'intérêt de l'entreprise (CE 5-12-1990 n° 62224) ; sur cette notion, voir n° 50135 ;
– l'entreprise est en mesure d'établir que le montant de la perte est nettement précisé et que les événements en cours à la clôture rendent probables non seulement la défaillance du débiteur principal mais aussi, en ce qui la concerne, la mise en jeu de sa caution et l'impossibilité dans laquelle elle se trouvera de recouvrer la créance pour laquelle elle sera subrogée (BOI-BIC-PROV-30-10-30 n° 20 et CE 5-12-1990 précité). En revanche, sous réserve que ces événements soient intervenus à la clôture, la provision est déductible même si l'entreprise n'en a connaissance qu'après la clôture (CAA Paris 16-10-2008 n° 07-2745 ; sur cette distinction, voir n° 48240).

Soutien financier apporté à des filiales en difficulté La dégradation de la situation financière d'une filiale ne disposant pas des ressources propres pour se redresser et dont l'ampleur des pertes l'expose à un risque de dissolution pour insuffisance de capitaux propres est un événement rendant probable, à la clôture de l'exercice, la survenance de la charge, et autorisant la constitution d'une provision, même en l'absence d'engagement exprès de la société mère de venir en aide à sa filiale (CAA Lyon 3-5-2001 n° 00-605). En revanche, la simple réalisation d'un déficit au titre de l'année de création de la filiale ne rend pas probable sa défaillance de paiement (CAA Paris 16-10-2008 n° 07-2745). La provision n'est en outre déductible qu'à condition que la charge couverte soit elle-même déductible. Tel est le cas d'un soutien accordé dans le cadre de **relations commerciales** existant entre la société mère et sa filiale.

c. Informations à donner en annexe Selon le bulletin CNCC (n° 130, juin 2003, EC 2003-14, p. 370 s.), deux informations distinctes doivent être données en annexe :

1. celle au **titre des passifs** :
– si **aucune provision** n'est comptabilisée, et à moins que la probabilité de sortie de ressources soit faible, une information est requise au titre des **passifs éventuels** (voir n° 52520) ;
– si une **provision** est comptabilisée, voir n° 48700 s. sur l'information requise.

2. celle au titre des **engagements hors bilan,** qui vient compléter l'information au titre des passifs. Même si elles font l'objet de provisions, c'est l'intégralité des cautions qui doit être mentionnée en annexe au titre des engagements hors bilan (voir n° 50685 s.).

> **Précisions 1.** Information sur l'intégralité de l'engagement résiduel Par « intégralité », il faut entendre la **totalité de l'engagement résiduel** (quote-part non utilisée de la caution, voir n° 50310), qu'une provision ait été comptabilisée ou non à ce titre. Il convient donc, à chaque clôture, d'actualiser l'information donnée.
2. Lien avec l'information sur les provisions Si une provision a été comptabilisée, le montant de l'engagement pourra utilement être rapproché de celui indiqué en provisions.

d. Cas particulier Lettres d'intention et garanties de bonne fin À notre avis, que la lettre d'intention (voir n° 50365) soit constitutive d'une obligation de moyens ou d'une obligation de résultat (sur la distinction entre obligation de résultat et obligation de moyens, voir Mémento Sociétés commerciales n° 81180 à 81183), une provision doit être constituée à la clôture dès lors qu'il est probable que la société ayant émis la lettre d'intention devra honorer ses engagements. À défaut de caractère probable, une information dans l'annexe au titre des engagements donnés est suffisante. Toutefois, le montant de la provision diffère selon la portée de la lettre d'intention : si certaines lettres d'intention, de par leur rédaction, constituent simplement une caution n'engageant la société mère qu'à hauteur de la dette de la filiale, d'autres lettres d'intention constituent au contraire des obligations de faire qui engagent la société mère au-delà de la simple dette de la filiale.

e. Exemples

> **EXEMPLES**
>
> Au cours de l'exercice N, l'entreprise A accorde une caution à la banque sur certains emprunts de l'entreprise B.
>
> **1er cas** – À la date d'arrêté des comptes de l'exercice N, la situation financière de l'entreprise B est saine.
>
> La signature de l'acte de caution est le fait générateur de l'**obligation juridique** de payer à la place du cautionné en cas de défaillance.
>
> La situation financière du cautionné (entreprise B) à la date d'arrêté des comptes ne rend **pas probable la sortie de ressources** et aucune provision ne peut donc être constituée dans les comptes de A.
>
> L'entreprise A mentionnera en annexe l'engagement donné en engagement hors bilan (voir ci-avant c.).

2ᵉ cas — La situation financière de l'entreprise B se détériore au cours de l'exercice N + 2 et à la date d'arrêté des comptes, l'entreprise A apprend que B est déclarée en redressement judiciaire.

La signature de l'acte de caution est le fait générateur de l'obligation juridique de payer à la place du cautionné en cas de défaillance.

La prise en compte des informations disponibles à la date d'arrêté des comptes, et notamment la mise en redressement judiciaire du cautionné (B), rend probable la sortie de ressources. Elle est sans contrepartie pour l'entreprise A.

Une provision est comptabilisée pour le **montant du paiement probable** que l'entreprise A aura à effectuer, non minoré des possibilités ultérieures de recouvrement (qui ne seront constatées à l'actif qu'à la mise en jeu de la garantie, voir n° 50135). En annexe, outre les informations à donner au titre des provisions (voir n° 48700), l'entreprise A mentionnera l'engagement donné en engagement hors bilan (voir ci-avant c.).

> **Fiscalement**   La provision n'est déductible que dans la mesure où l'entreprise peut établir que le montant de la perte est nettement précisé et que les événements en cours à la date de clôture de l'exercice rendent probables non seulement la défaillance de l'entreprise cautionnée mais aussi, en ce qui la concerne, la mise en jeu de la caution et l'impossibilité dans laquelle l'entreprise qui s'est portée caution se trouvera de recouvrer la créance pour laquelle elle sera subrogée.
> Or, en l'espèce, la mise en redressement judiciaire n'étant intervenue que postérieurement à la clôture de l'exercice, elle ne peut en principe pas être prise en compte parmi les éléments susceptibles de permettre la déductibilité de la provision.

Pour un autre exemple, voir n° 37855 (entreprise détenant une filiale dont la situation nette est négative).

Conséquences de la mise en jeu de la garantie   50135

I. Comptabilisation de la charge   La charge née de la garantie est à comptabiliser, à notre avis, en fonction de la nature et de l'objet de la garantie pour l'entreprise qui l'a accordée. Par exemple, la charge née d'une caution donnée à un tiers, en faveur de sa filiale, est une charge financière à porter au compte 668 « Autres charges financières ».

> **Fiscalement**   La charge n'est admise en déduction du résultat fiscal que si elle correspond à une **gestion commerciale normale** de l'entreprise ; ce qui implique qu'elle soit commandée par une obligation juridique et justifiée par l'intérêt de l'entreprise.
> Il n'en est pas ainsi, notamment, dans les cas suivants :
> – **société cautionnant une autre société,** dès lors que, bien qu'ayant les mêmes associés et dirigeants, les deux sociétés sont juridiquement indépendantes et ont des activités commerciales entièrement distinctes ; ou que, à la date de la caution donnée **sans contrepartie** par une société en faveur de sa maison mère, cette dernière ne se trouvait pas dans une situation critique (CE 28-1-1976 n° 94929 et CE 27-4-1988 n° 57048 ; BOI-BIC-CHG-10-10-20 n° 90 et 110) ;
> – **société cautionnant une filiale nouvellement créée** qui fait état de l'augmentation de son propre chiffre d'affaires consécutive à la récupération de locaux permise par cette création (CAA Paris 21-2-1997 n° 94-1095 confirmé par CE (na) 15-6-1998 n° 187346) ;
> – **société s'étant substituée à son dirigeant pour le remboursement d'un emprunt** dont ce dernier s'était porté caution (CE 27-6-1979 n° 13248).

II. Comptabilisation de la créance envers le débiteur défaillant   Les sommes dues par une entreprise en vue d'honorer les engagements pris en qualité de caution ont pour conséquence, **dès leur versement** au bénéficiaire de la caution, l'entrée dans son patrimoine d'un **droit de créance** d'égal montant sur le débiteur défaillant. Chez le débiteur défaillant, la dette payée par la caution est soldée en contrepartie de la comptabilisation d'une dette envers la caution à hauteur du montant réglé (EC 2020-41 ; cncc.fr).

> **Juridiquement**   En effet, la caution qui a payé tout ou partie de la dette est subrogée dans tous les droits qu'avait le créancier contre le débiteur (C. civ. art. 2309). Ainsi, la subrogation valant, par le seul effet de la loi (C. civ. art. 1346), transfert de propriété (C. civ. art. 1346-4), elle a obligatoirement pour conséquence, dès le paiement au bénéficiaire de la caution des sommes dues, l'enregistrement d'une créance envers le débiteur défaillant.

> **Fiscalement**   Les sommes versées par la caution dans le cadre de son engagement font entrer dans son actif une créance du même montant sur le débiteur (BOI-BIC-PROV-30-10-30 n° 40 ; CE 6-11-1974 n° 89562 et 89564).

En revanche, l'entreprise peut constituer une **dépréciation** de cette créance **si** l'insolvabilité totale ou partielle du débiteur défaillant peut être tenue pour probable à la date de clôture de l'exercice ; il s'agit d'une question de fait (en ce sens, Bull. CNCC n° 23, septembre 1976, p. 357 s. et n° 25, mars 1977, p. 137 s.).

> **Fiscalement** Il en est de même (CE 21-1-1991 n° 72827 ; BOI-BIC-CHG-20-10-20 n° 330).
> Dans le même sens, le Conseil d'État (CE 19-6-1989 n° 58246 et 59828) a refusé partiellement la déductibilité d'une (provision pour) dépréciation couvrant la totalité des versements effectués par une société pour le compte d'une autre et dont le recouvrement pouvait être partiel.

En pratique, à notre avis :
a. Dès qu'il devient probable que l'entreprise sera appelée en garantie, une provision doit être comptabilisée pour le risque réel encouru (sur l'estimation de ce montant, voir n° 50130) ;
b. Lorsque l'entreprise est appelée en garantie :
– la provision est reprise,
– une dette est comptabilisée pour le montant total appelé (en contrepartie d'une charge) et un droit de créance est comptabilisé à l'actif pour un égal montant (en contrepartie d'un produit),
– une dépréciation est comptabilisée au titre du droit de créance, s'il est probable que la situation du débiteur ne permettra pas de recouvrer la créance.

Les **intérêts moratoires** courant de plein droit (C. civ. art. 2028) à partir de la date d'exécution de l'engagement de cautionnement, il convient, à notre avis :
– d'enregistrer les intérêts courus à ce titre à la clôture de l'exercice dans le compte du débiteur défaillant par le crédit d'un compte de produits ;
– et de les déprécier, le cas échéant, dans les mêmes conditions que la créance à laquelle ils se rattachent.

> **Fiscalement** Il en est de même et la simplification consistant à ne pas constater de produit, celui-ci pouvant être compensé par une provision d'égal montant, n'est pas acceptable (CE 21-1-1991 n° 72827).

ENGAGEMENTS RÉCIPROQUES

50140 **Ils n'ont pas à figurer au bilan,** sauf si, lors du dénouement, une perte est probable (dans ce cas, une provision pour risques peut devoir être constituée). En revanche, des informations sur leur montant doivent être fournies dans l'annexe s'il s'agit d'engagements financiers (voir n° 50695).
Sur le cas particulier des dérivés en position ouverte isolée, voir n° 42125.

CRÉANCES ET DETTES ASSORTIES DE GARANTIE

50145 Qu'il s'agisse de **créances ou de dettes,** celles-ci **doivent figurer au bilan.**
En revanche, les **garanties** correspondantes :
– ne figurent **pas au bilan,** mais doivent être fournies dans l'annexe (voir n° 50130) ;
– doivent être prises en compte, en ce qui concerne les garanties reçues sur créances, dans le calcul d'une éventuelle dépréciation des créances douteuses (voir également n° 11435, Créances garanties par une hypothèque et n° 11460, Créance faisant l'objet d'une assurance-crédit).

Lors de la mise en jeu de la garantie, les biens éventuellement reçus par le créancier (et dont il devient **directement** propriétaire, sans se porter acquéreur) sont, à notre avis, enregistrés à leur valeur vénale, par analogie au traitement des biens acquis à titre gratuit (voir n° 26765), la différence par rapport au montant des créances garanties étant constatée en charges ou produits exceptionnels. Sur l'information à donner au titre des dettes et créances assorties de garantie, voir n° 50705 et 50710.

ENGAGEMENTS EN MATIÈRE DE RETRAITE

50150 Voir n° 17590 s. et 17970.

C. Définition et éléments constitutifs des opérations « hors bilan »

50200 Une « opération hors bilan » (ou « non inscrite au bilan ») peut être toute transaction ou tout accord (PCG art. 833-18/3 ; Directive 2006/46/CE, considérant 9) :
– entre une société et une ou plusieurs autres entités, même non constituées en sociétés ;
– qui présentent des risques et des avantages significatifs pour une société non traduits au bilan (sur les notions de risques et avantages, voir n° 50755 II.) ; et
– dont la connaissance est nécessaire à l'appréciation de la situation financière de la société.

Une telle opération peut être associée à la création ou à l'utilisation d'une ou plusieurs structures spécifiques (« entité ad hoc », société en participation, groupement, fiducie…) et à des activités offshore ayant, entre autres, une finalité économique, juridique, fiscale ou comptable (PCG art. 833-18/3 et Note de présentation du règl. ANC 2010-02 § 2.2.2).
Pour des exemples d'opérations hors bilan, voir n° 50205.

> **Précisions** **Lien entre opérations hors bilan et engagements hors bilan** De ces opérations hors bilan peuvent résulter des engagements hors bilan (voir n° 50700). Les engagements hors bilan ne résultent toutefois pas nécessairement d'opérations hors bilan (un gage peut être donné dans le cadre d'un prêt inscrit au bilan, par exemple).

Exemples d'opérations « hors bilan »   Selon la directive 2006/46/CE du 14 juin 2006, sont visés, par exemple : **50205**
– les arrangements de partage des risques et des avantages ;
– les obligations découlant d'un contrat tel que l'affacturage ;
– les opérations combinées de mise en pension ;
– les arrangements de stocks en consignation ;
– les contrats d'achats fermes ;
– la titrisation assurée par le biais de sociétés séparées et d'entités non constituées en sociétés (entités ad hoc) ;
– les actifs gagés ;
– les contrats de crédit-bail ;
– l'externalisation.
Sur l'information à donner en annexe, voir n° 50755.

SECTION 2 — RÉGLEMENTATION DES ENGAGEMENTS

A. Date de constatation des engagements

À notre avis, quel que soit le type d'engagement, il doit être constaté dès qu'existe l'obligation contractuelle, c'est-à-dire **à la signature,** par exemple, de la lettre de caution, de l'inscription de l'hypothèque, etc. **50305**

> **Précisions** En ce qui concerne les **établissements financiers,** l'engagement n'existe que lorsque le contrat devient irrévocable, c'est-à-dire à la **mise à disposition des fonds.**

B. Règles d'évaluation des engagements

Selon l'Avis n° 24 de l'OEC, l'évaluation doit être de nature à renseigner utilement le lecteur des comptes sur les conséquences éventuelles des engagements existants, quant au patrimoine, au résultat ou à la situation financière de l'entreprise ou du groupe. Trois situations doivent toutefois être distinguées : **50310**

a. l'**évaluation des engagements ressort directement des conventions** ;
b. l'**évaluation n'est pas immédiate mais peut être effectuée.** Il convient dans ce cas de tenir compte des trois éléments suivants :
– **la date de l'évaluation** : l'évaluation doit être faite à la date du bilan ;
– **les critères d'évaluation** : ils sont fonction du type d'engagement. L'OEC donne dans son avis des exemples de critères d'évaluation à retenir par type d'engagement (voir tableau récapitulatif n° 50730) ;
– **le montant à retenir** : il s'agit du montant résiduel de l'engagement (c'est-à-dire, pour une caution donnée par exemple, la quote-part non utilisée de la caution autorisée) indépendamment d'une quelconque provision constituée au titre de l'engagement (voir n° 50130) ;

L'**actualisation** de l'engagement ne présente pas, d'après l'OEC, de particularité par rapport à celle pouvant concerner des postes du bilan.

c. l'**engagement ne peut être raisonnablement quantifié** (exemple : engagement de non-concurrence). Selon l'OEC, il convient dans ce cas de se limiter à des commentaires non chiffrés. À notre avis, sont exclus de cette catégorie les engagements soumis à la réalisation d'une condition dès lors que la condition et ses conséquences financières sont bien définies.

C. Autorisation des engagements

AUTORISATION DU CONSEIL D'ADMINISTRATION

50360 **Cautions, avals et garanties** Les cautions, avals et garanties donnés par des sociétés **autres que** celles exploitant des **établissements bancaires** ou financiers doivent être **autorisés par le conseil d'administration** (C. com. art. L 225-35, al. 4) ou le conseil de surveillance (C. com. art. L 225-68, al. 2).

> **Précisions 1. Champ d'application de l'autorisation** Cette autorisation n'est requise, semble-t-il, que pour garantir les engagements donnés par la société au profit des tiers y compris les filiales et non ceux de la société elle-même (voir Mémento Sociétés commerciales n° 40905 à 40908).
> Ces dispositions s'appliquent à tout engagement susceptible d'avoir des conséquences financières pour la société garante en cas de défaillance de la personne garantie (Cass. com. 25-2-2003 n° 337 F-D, CA Paris 28-2-2003 n° 02-632).
> **2. Cautions, avals et garanties donnés par le directeur général** Le conseil d'administration (ou le conseil de surveillance) peut autoriser le directeur général (ou le directoire) à donner des cautions, avals et garanties pour garantir les engagements pris par les sociétés contrôlées au sens du II de l'article L 233-16 du Code de commerce (C. com. art. L 225-35 et L 225-68).
>
> **3. Cas particulier de la SAS** Elle peut librement donner des cautions, avals et garanties (C. com. art. L 227-1, al. 3). Toutefois, en pratique, les statuts peuvent limiter les pouvoirs de l'organe dirigeant en cette matière.
> **4. En cas de dirigeants communs entre la caution et le débiteur garanti** La procédure prévue pour les conventions réglementées (voir FRC 12/23 Hors série inf. 130) n'a pas à être mise en œuvre, le contrat de cautionnement étant une convention entre le créancier et la caution (Cass. com. 9-4-1996 n° 771 P et Bull. CNCC n° 129, mars 2003, EJ 2003-13, p. 168 s.), ce cas pouvant être étendu (Bull. CNCC n° 111, septembre 1998, EJ 98-69, p. 433 s.) aux cautions consenties par un dirigeant à une banque au profit de sa société, dès lors que la caution n'est pas rémunérée (démontrant ainsi l'absence de convention entre le garant et le débiteur garanti).

50365 **Lettres d'intention (également appelées lettres de confort ou de garantie de bonne fin)** La lettre d'intention est définie comme « l'engagement de faire ou de ne pas faire ayant pour objet le soutien apporté à un débiteur dans l'exécution de son obligation envers son créancier » (C. civ. art. 2322), et est expressément qualifiée de sûreté personnelle par la loi (C. civ. art. 2287-1 ; voir n° 50045).

Elle constitue donc une garantie au sens des articles L 225-35 et L 225-68 du Code de commerce, soumise à l'autorisation préalable du conseil d'administration (ou du conseil de surveillance), même si elle ne fait naître qu'une obligation de moyens (CA Paris 18-10-2011 n° 10/24058 ; voir Mémento Sociétés commerciales n° 40909).

Sur l'appréciation de la portée des engagements contenus dans une lettre d'intention et sur la distinction entre obligation de moyens et obligation de résultat, voir Mémento Sociétés commerciales n° 81180 à 81183.

Sur la provision à constituer à la clôture, voir n° 50130.

Sur les conditions d'octroi de l'autorisation du conseil, voir Mémento Sociétés commerciales n° 40911 à 40919.

SANCTIONS

50375 Les conséquences des irrégularités commises en matière de cautions, avals ou garanties diffèrent selon que les engagements ont été donnés sans autorisation préalable du conseil, qu'ils sont nuls, qu'ils excèdent les limites fixées par le conseil ou qu'ils dépassent le délai d'un an. Cette question est examinée dans le Mémento Sociétés commerciales n° 40929 à 40937.

SECTION 3
SCHÉMAS USUELS DE COMPTABILISATION DES ENGAGEMENTS

50475 Les entreprises ne sont **pas** soumises à **l'obligation de tenir une comptabilité des engagements**. Elles peuvent organiser le suivi de ceux-ci :
– soit par un **recensement périodique,** principalement à la clôture de l'exercice : à cet égard, à notre avis (précision du PCG 82, p. II.58), les entreprises peuvent regrouper les engagements dans un livre comptable dont la tenue est adaptée à leurs besoins et à leurs moyens (sur le recensement des engagements, voir n° 50685) ;
– soit par l'**utilisation de comptes spéciaux** (voir n° 50480 les comptes proposés par le PCG).

COMPTABILISATION SELON LE PCG
50480 Le PCG propose, à titre d'exemple, les comptes 801 et 802 qui enregistrent respectivement la situation éventuellement débitrice et créditrice vis-à-vis des tiers, leur contrepartie étant globalement portée dans le compte 809 (PCG art. 948-80).
801. **Engagements donnés par l'entreprise**
8011. Avals, cautions, garanties
8014. Effets circulant sous l'endos de l'entreprise
8016. Redevances crédit-bail restant à courir
80161. Crédit-bail mobilier
80165. Crédit-bail immobilier
8018. Autres engagements donnés
802. **Engagements reçus par l'entreprise**
8021. Avals, cautions, garanties
8024. Créances escomptées non échues
8026. Engagements reçus pour utilisation en crédit-bail
80261. Crédit-bail mobilier
80265. Crédit-bail immobilier
8028. Autres engagements reçus
809. **Contrepartie des engagements**
8091. Contrepartie 801
8092. Contrepartie 802

> **EXEMPLE**
> La constatation de cautions reçues est obtenue en débitant le compte 8021 « Avals, cautions, garanties reçus » par le crédit, en contrepartie, du compte 8092.

a. Engagements de garantie Trois entités juridiques distinctes (au moins) se trouvent en présence :
– le débiteur qui ne constate aucun engagement reçu ou donné ;
– le créancier qui constate un engagement reçu ;
– le donneur de garantie qui constate un engagement donné.

> **EXEMPLE 1**
> La société A obtient d'une société B un prêt de 100 000 cautionné par la société C ; à la clôture de l'exercice, la société C fait figurer dans les engagements donnés : 100 000 au titre de la caution donnée à B pour A ; la société B constate au titre des engagements reçus une créance assortie de garanties.
> Si la situation de la société A à la clôture de l'exercice est médiocre, le risque éventuel fait l'objet d'une provision par C.
> Si les sociétés A et C font partie d'un même groupe, la consolidation annule cet engagement donné à un tiers (la dette figurant au bilan).
> Si les sociétés B et C font partie du même groupe, leurs engagements s'annulent lors de la consolidation.

EXEMPLE 2

(exemple indiqué par le Bull. CNCC n° 64, décembre 1986, EC 86-48, p. 444) Une **garantie donnée personnellement par les dirigeants** d'une société anonyme au banquier qui accorde un découvert à la société ne doit pas figurer parmi les engagements de l'entreprise. En effet, l'engagement est reçu par le banquier, qui en est le bénéficiaire et non par la société. Celle-ci n'étant ni le donneur de garantie ni le bénéficiaire n'a à constater en annexe aucun engagement reçu ou donné.

Il s'agit là de « dettes assorties de sûretés personnelles » (par opposition à « sûretés réelles »).

b. Engagements réciproques Leur comptabilisation entre plus naturellement dans le cadre de la partie double. Les comptes 8018 « Autres engagements donnés » et 8028 « Autres engagements reçus » peuvent, à notre avis, être subdivisés pour fournir les engagements réciproques.

EXEMPLE

On enregistre pour une marchandise à livrer à terme : débit 8018 « Autres engagements donnés » (marchandises à livrer à terme), crédit 8091 d'une part, et d'autre part, crédit 8028 « Autres engagements reçus » (débiteurs pour marchandises à livrer à terme), débit 8092 ; ou plus simplement débit du compte 8018 par le crédit du compte 8028.

c. Créances et dettes assorties de garanties Elles se prêtent mal à la comptabilisation en partie double qui implique l'utilisation d'un compte artificiel de contrepartie. Les comptes 8018 « Autres engagements donnés » et 8028 « Autres engagements reçus » peuvent, à notre avis, être subdivisés pour fournir les créances ou dettes assorties de garantie.

EXEMPLE

Par exemple, débit 8028 « Autres engagements reçus » (créances assorties de garantie), crédit 8092.

d. Engagements de retraite et avantages similaires Une subdivision du compte 8018 nous paraît pouvoir leur être attribuée.

SECTION 4 — CONTRÔLE EXTERNE DES ENGAGEMENTS

50580 Aucun texte ne couvre exhaustivement les diligences à accomplir par le commissaire aux comptes pour contrôler les engagements ou passifs éventuels.

La norme d'exercice professionnel NEP 501 « Caractère probant des éléments collectés (Applications spécifiques) » (§ 7 et 8) apporte des précisions sur les procédures d'audit à mettre en œuvre par le commissaire aux comptes en vue de valider l'impact des procès, contentieux et litiges uniquement (voir n° 48545).

SECTION 5 — INFORMATION ET PRÉSENTATION EN ANNEXE

50680 Seuil de signification Le PCG prescrit un certain nombre d'informations qui ne sont **à fournir que si elles sont significatives.**

En ce qui concerne le **contenu général** de l'annexe, voir n° 64525 s.

Sur le **caractère significatif**, voir les normes d'exercice professionnel NEP 320 « Application de la notion de caractère significatif lors de la planification et de la réalisation d'un audit », NEP 450 « Évaluation des anomalies relevées au cours de l'audit » et NEP 315 « Connaissance de l'entité et de son environnement et évaluation du risque d'anomalies significatives dans les comptes ».

ENGAGEMENTS FINANCIERS

Principes généraux Selon le PCG (art. 833-18), les entités fournissent en annexe une information relative aux engagements et aux opérations hors bilan, dès lors qu'ils sont **significatifs** (voir n° 50680) et que leur connaissance est **nécessaire à l'appréciation de la situation financière** de l'entité.

L'annexe doit donc notamment fournir une information au titre :
– des engagements financiers simples donnés et reçus (PCG art. 833-18/1 ; voir n° 50690 s.) ;
– des engagements pris en matière de crédit-bail (PCG art. 833-18/2 ; voir n° 28805 s.) ;
– des autres opérations non inscrites au bilan (PCG art. 833-18/3 ; voir n° 50700).

En ce sens, l'AMF indique également qu'il est nécessaire de distinguer selon que les engagements hors bilan sont (Bull. COB n° 374, décembre 2002, p. 10 s. et n° 375, janvier 2003, p. 24 s.) :
– **simples et liés à l'exploitation courante** (cautions et avals, effets escomptés non échus, instruments de couverture de taux et de change…), voir n° 50690 et 50695 ;
– ou plus **complexes et/ou liés à une opération exceptionnelle** (opérations de croissance externe, opérations impliquant des dérivés sur actions en portefeuille tels que « puts », « equity swaps »… opérations de titrisation et, plus généralement, toute opération exceptionnelle), voir n° 50700.

50685

> **Précisions** **1. Recensement des engagements** La maîtrise des engagements nécessite un **suivi** et un **recensement rigoureux** des informations émises par les différents services de l'entreprise.
> **a. Procédures internes et système d'informations** Compte tenu du volume d'informations à traiter et du nombre de services pouvant être concernés par ces informations, il est, à notre avis, indispensable de définir une procédure interne écrite prévoyant notamment une **mise à jour permanente** des engagements en cours qui permette aux dirigeants d'être renseignés. L'avis n° 24 de l'OEC indique que certains engagements se prêtent à la tenue d'une véritable **comptabilité** les concernant (voir n° 50475). Toute autre procédure fiable de suivi (classement **extra-comptable**) peut être envisagée. Mais la procédure consistant à recenser les engagements uniquement en fin de période comporte d'importants risques d'omissions. Le système d'information de l'entreprise doit donc, dans toute la mesure du possible, être organisé pour suivre en permanence l'état des engagements susceptibles de donner lieu à information.
> **b. Confirmation en annexe de l'exhaustivité des engagements** Pour s'assurer du fait que la société a été exhaustive dans le passage en revue de ses engagements, l'AMF demande que **les sociétés cotées confirment dans leur annexe que la présentation des engagements n'omet pas l'existence d'un engagement significatif** ou qui pourrait le devenir dans le futur (Bull. COB n° 374, décembre 2002, p. 10 s.).
> **2. Lien avec l'information sur les opérations « hors-bilan »** Par souci de clarté, **l'ensemble des engagements** hors bilan devrait, à notre avis, être regroupé dans une note synthétique, avec, au besoin, des renvois vers d'autres parties de l'annexe. Ainsi, dans le cas d'un engagement pris ou donné dans le cadre d'une opération hors bilan plus complexe :
> – l'engagement devrait être indiqué dans le paragraphe dédié aux engagements financiers ;
> – un renvoi devrait être prévu entre ce paragraphe et celui dédié à l'opération hors bilan concernée, dès lors que cette dernière fait l'objet d'une information distincte (voir n° 50755).
> **3. Distinction entre engagements et provisions** Une distinction doit être faite entre les engagements financiers et les provisions (voir n° 50110 s.), chacun donnant lieu à une information distincte. En revanche, un engagement peut faire l'objet d'une information au titre des passifs éventuels (sur l'information à fournir en annexe dans le cas, par exemple, des cautions, voir n° 50130).

Sur le montant de l'engagement à retenir, voir n° 50310 et 50130.

Sur la distinction à opérer entre les engagements envers les « entités liées » et ceux pris au bénéfice des dirigeants, voir n° 50690.

Sur l'information à fournir par les commerçants, personnes physiques, sur les engagements financiers, voir n° 64625 (tableau).

Sur l'information à fournir sur les engagements financiers par les micro-entreprises à la suite de leur bilan, voir n° 64220.

Engagements financiers simples donnés et reçus Le PCG prévoit que les **montants** des engagements financiers sont à mentionner dans l'annexe, dès lors qu'ils sont significatifs et que leur connaissance est nécessaire à l'appréciation de la situation financière de l'entité (PCG art. 833-18). Il s'agit (PCG art. 833-18/1) :
– d'une part, des engagements **donnés** ;
– d'autre part, des engagements **reçus**.

50690

> **Précisions** Selon une pratique issue de l'ancien guide comptable professionnel de la construction électrique (désormais caduc, voir n° 3315), certaines entreprises indiquent également :
> – concernant les engagements reçus : la désignation du donneur, la date de l'engagement, son objet et sa durée ;
> – concernant les garanties données : la désignation de celui en faveur de qui la garantie est souscrite, la date de l'engagement, le nom du bénéficiaire éventuel, la date d'expiration.

Parmi ces engagements, le PCG cite **notamment** les exemples suivants d'engagements donnés et reçus (PCG art. 833-18/1) :

a. les **avals, cautionnements et garanties** (voir n° 50045) ;

> **EXEMPLE**
>
> Garanties reçues : Garantie Bpifrance Assurance Export, anciennement Coface (voir n° 42410 s.), chèques de caution (voir n° 40670)...

Cette information est déjà donnée à travers l'« état des cautionnements, avals et garanties donnés », prescrit par l'article L 232-1 du Code de commerce qui doit être inclus dans l'annexe.
Sur l'information à donner au titre des créances assorties de garanties, voir n° 50710.

b. les engagements assortis de **sûretés réelles** (hypothèque, nantissement et gage) ;

c. les **créances cédées** non échues, dont les effets escomptés non échus (voir n° 40735) ;
Toutes les opérations de cession de créances sont concernées :
– la cession de créances professionnelles (Mobilisation loi Dailly ; voir n° 40800 à 40855),
– le crédit de mobilisation de créances commerciales (voir n° 40860),
– l'affacturage avec subrogation (voir n° 42795),
– la cession à un organisme de titrisation (voir n° 42830).

d. les **garanties d'actif et de passif** (voir n° 50055 et 50145) ;
Sont concernées :
– les dettes garanties par des sûretés réelles (voir n° 50705),
– les créances assorties de garanties (voir n° 50710).

e. les **abandons de créances** avec clauses de retour à meilleure fortune (voir n° 42320 s.) ;

f. les engagements consentis **à l'égard d'entités liées** (sur la définition des entités liées, voir n° 35070) ;
Sont concernés les engagements de soutien de filiales (Note de présentation du Règl. ANC 2010-02 § 2.2.1.1). Voir n° 50130.

g. les engagements de **retraite** et avantages similaires (voir n° 17970 s.) ;

h. les engagements pris fermes **sur titres de capital** et non inscrits au bilan ;

i. les engagements consentis de manière **conditionnelle**.

50695 **Engagements financiers réciproques** S'agissant d'engagements croisés (engagement donné-engagement reçu), ils sont, à notre avis, également concernés par la prescription de l'article 833-18/1 du PCG (voir n° 50690). En conséquence, il est nécessaire d'apprécier si le dénouement de ces engagements aura sur les comptes des effets inverses ne s'annulant pas. Si tel est le cas et que leur différence est significative, les engagements réciproques devraient, à notre avis, être mentionnés en annexe (en ce sens CA Paris 6-4-1994, relatif à du portage de titres).

> **EXEMPLES**
>
> Parmi les engagements réciproques mentionnés en annexes devraient figurer les engagements :
> – liés au **portage** sur titres de capital, dès lors que l'entité a renoncé à inscrire l'engagement à l'actif (PCG art. 833-18/1 ; voir n° 37370) ;
> – liés aux **instruments financiers dérivés** pour lesquels il convient d'indiquer en annexe notamment le montant nominal des contrats à terme (PCG art. 628-1 ; voir n° 41440) et la juste valeur des instruments (PCG art. 833-20/13 ; voir n° 43340 s.). Sont notamment concernés les achats/ventes à terme ainsi que les options d'achat ou de vente (devises, marchandises, titres...) ;
> – de rachat et de vente de titres dans le cadre de contrats de liquidités (voir n° 55635 ; Bull. CNCC n° 174, juin 2014, EC 2013-70, p. 263 s.).

Devraient également figurer, à notre avis, dès lors que les impacts ne s'annulent pas (et que leur différence est **significative**) les engagements liés aux opérations suivantes :
– marges non utilisées d'un crédit confirmé (voir n° 40960) ;
– « multiple option facilities – MOF » (voir n° 42880) ;
– emprunts obtenus non encore encaissés (voir n° 40960) ;
– crédits consentis non encore versés ;
– crédits documentaires ;

– commandes d'immobilisations ;
– contrats avec le personnel prévoyant des engagements supérieurs à ceux prévus par la convention collective ;
– commandes importantes de clients ;
– engagements donnés dans le cadre de promesses unilatérales de vente ou d'achat.

Engagements financiers complexes   Certains engagements financiers **font partie d'opérations plus complexes et/ou exceptionnelles.** **50700**
Lorsqu'il s'agit d'opérations hors bilan, les engagements doivent être mentionnés en annexe, mais dans le cadre d'une **information plus large** concernant l'opération hors bilan à laquelle ils appartiennent, indispensable pour une bonne appréciation de la situation financière de la société (voir n° 50755). Sur le lien entre l'information concernant les engagements financiers et celle concernant les opérations hors bilan, voir n° 50685.

EXEMPLES

Tel est le cas, notamment, des engagements financiers :
– donnés ou reçus dans le cadre du règlement des difficultés des entreprises (PCG art. 833-20/8 ; voir n° 11410 et 46080 s.) ;
– pris en matière de crédit-bail (PCG art. 833-18/2 ; voir n° 28805 s.) ;
– reçus au titre de l'attribution de quotas d'émission de gaz à effet de serre (PCG art. 833-20/6 ; voir n° 20580) ;
– pris par les sociétés émettrices de certificats de valeur garantie, de bons de cession de valeur garantie et instruments assimilés, entre l'émission des titres et leur échéance (PCG art. 833-20/3 ; voir n° 37230) ;
– au titre des montants restant à rembourser dans le cadre d'une opération de désendettement de fait (PCG art. 833-20/9 ; voir n° 42875) ;
– pris (par l'acheteur) et reçus (par le vendeur) lors d'une vente de titres avec faculté de rachat (ou à réméré) (PCG art. 833-20/10 ; voir n° 37150 et 37155) ;
– donnés (par le constituant) ou reçus (par le bénéficiaire) au titre des actifs donnés en garantie dans le cadre d'un contrat de garantie financière avec droit de réutilisation (PCG art. 833-20/11 ; voir n° 37305) ;
– donnés par le constituant dans le cadre d'une fiducie (PCG art. 833-20/12 ; voir n° 74360 s.) ;
– liés aux opérations de pension de titres (voir n° 37280) ;
– liés à la responsabilité d'associé ou de membre de certaines entités (voir n° 50755) ;
– liés aux arrangements de partage des risques et des avantages ;
– liés à la titrisation assurée par le biais de sociétés séparées et d'entités non constituées en sociétés (entités ad hoc) ;
– liés à l'externalisation ;
– liés aux opérations de croissance externe ;
– liés aux opérations impliquant des dérivés sur actions en portefeuille (tels que « puts », « equity swaps »...) ; sur la divergence avec les IFRS, voir Mémento IFRS n° 69100 (puts sur intérêts minoritaires).

Dettes garanties par des sûretés réelles   Il s'agit, par exemple, d'un crédit garanti par le nantissement de créances professionnelles (voir n° 40855). Voir également n° 50055 et 50145. **50705**
Les commerçants (personnes physiques et morales) doivent indiquer (PCG art. 833-13/1 et 835-10/1), pour chacun des postes relatifs aux dettes, celles qui sont garanties par des sûretés réelles.
Cette information devant, en pratique, être fournie au titre des sûretés réelles consenties (C. com. art. L 232-1), elle est, à notre avis, requise pour tous les commerçants, même ceux adoptant une présentation simplifiée de leur annexe (voir n° 64220).
Voir aussi tableau récapitulatif n° 50730 et exemple de présentation n° 50775 II.
Sur l'information à donner au titre des sûretés réelles, voir n° 50690.

Créances assorties de garanties   Il peut être utile de signaler l'existence des **créances assorties de garantie** quelles que soient la nature et l'origine de la garantie obtenue (sûreté réelle ou personnelle consentie par un tiers, garantie type Bpifrance Assurance Export, anciennement Coface…). **50710**
En ce sens également Bull. CNCC (n° 100, décembre 1995, EC 93-93, p. 562), qui considère la mention obligatoire, dès lors que les garanties prises :
– constitueraient une pratique inhabituelle au sein de l'entreprise ou de son secteur d'activité dans leur principe même ou dans leurs modalités ;
– ou porteraient sur des éléments d'actifs particulièrement significatifs ;
– ou seraient probablement mises en œuvre.
Sur l'information à donner au titre des garanties, voir n° 50130.

TABLEAU RÉCAPITULATIF DES PRINCIPAUX ENGAGEMENTS FINANCIERS

50730 Dans son avis n° 24, l'OEC reprend un certain nombre de ces informations en proposant pour chacune d'entre elles :
– des critères d'évaluation ;
– un seuil de signification ;
– des conseils pour la présentation dans l'annexe.

Ces différents éléments figurent dans le **tableau ci-après** établi par nos soins (et que nous avons adapté suite aux différentes évolutions du PCG) :

Types d'engagement		Critères d'évaluation	Seuils de signification	Conseils sur la présentation
Engagements financiers donnés et reçus (n° 50685 s.)	Effets remis à l'escompte non échus	Valeur nominale des effets	10 % des comptes clients ou du passif bancaire	Distinguer les effets sur les entreprises liées
	Avals, cautions et garanties donnés	Montant des garanties données (dont entreprises liées, dirigeants)	10 % du résultat courant ou de la situation nette	Distinguer, le cas échéant : garanties autorisées et garanties non utilisées (résiduelles), dont celles provisionnées (voir n° 50130)
	Engagements illimités à l'égard d'entités liées (lettres d'intention…)	Total des passifs externes et engagements des entités concernées	10 % du résultat courant	
	Engagements de retour à meilleure fortune	Montant résiduel éventuellement dû	10 % du résultat courant ou de la situation nette	Distinguer les engagements en faveur des entreprises liées
	Engagements financiers divers : garanties en faveur de l'entreprise, emprunts à recevoir, crédits confirmés non utilisés, découverts ou plafonds d'escompte non utilisés… (1)	Nominal	10 % des postes d'actif ou de passif concernés	Distinguer ceux concernant les entreprises liées
	Subventions reçues à reverser éventuellement	Total des subventions en cause	10 % du résultat courant	Ne pas indiquer si la probabilité de survenance est négligeable
	Commandes à des fournisseurs d'immobilisations et autres engagements d'achats	Montant des commandes en cause	10 % du fonds de roulement	À mentionner s'il s'agit de la commande d'une nouvelle unité de production (ou investissement) Non obligatoire, voir n° 50695 et 50735
	Crédit-bail	Voir n° 28810	Loyer annuel = 10 % du résultat courant	(2)
	Achats et ventes de devises à terme non couverts	Total des contrats à leur valeur au jour du bilan	10 % du résultat courant	

Types d'engagement	Critères d'évaluation	Seuils de signification	Conseils sur la présentation
Dettes garanties par des sûretés réelles (n° 50705)	Montant des dettes garanties	10 % du total de l'actif	Indiquer l'importance de l'engagement résiduel [3]
Créances garanties par des sûretés réelles (n° 50710)	Montant des créances garanties	10 % des postes d'actif concernés	–

(1) Sur les engagements réciproques, voir n° 50695.
(2) Lorsque les opérations de crédit-bail sont comptabilisées comme de simples locations, l'annexe doit indiquer en particulier la ventilation des redevances futures en capital et en intérêts. La même démarche doit être adoptée lorsqu'une opération de cession-bail est traitée comme une vente suivie d'une prise en location, voir n° 28320.
(3) Il est utile d'indiquer également les valeurs comptables nettes des biens donnés en garantie.
Remarque Pour les **engagements** en matière de **retraite**, voir n° 17590 s.

Engagements de paiements futurs Les engagements de paiements futurs (**engagements « commerciaux » de type loyer**) ne font pas partie, à l'exception de ceux pris en matière de crédit-bail, des engagements financiers pour lesquels les textes requièrent une information dans l'annexe. Toutefois, l'AMF (Bull. COB n° 365, février 2002, p. 38 s. et n° 374, décembre 2002, p. 10 s.) estime **préférable** que les informations concernant les obligations et engagements des entreprises à effectuer des paiements futurs du fait de contrats (par exemple d'emprunt ou de location) soient **rassemblées** avec les engagements conditionnels **dans une seule et même note de l'annexe** concernant les **obligations contractuelles** et les **engagements commerciaux**. L'AMF propose à cet effet un modèle de **tableau synthétique** applicable tant dans les comptes individuels que dans les comptes consolidés et demande que ce tableau soit explicité de façon narrative.

50735

En ce qui concerne les immobilisations en crédit-bail, voir n° 28805 s.

Obligations contractuelles	Total	Paiements dus par période [1]		
		À moins d'un an	De un à cinq ans	À plus de cinq ans
Dettes à long terme				
Obligations en matière de location-financement				
Contrats de location simple [2]				
Obligations d'achat irrévocables				
Autres obligations à long terme				
Total				

(1) Même si certains de ces engagements de paiements futurs ont par nature une contrepartie positive, la **présentation compensée** n'est **pas autorisée** par l'AMF. En revanche, il est possible de mentionner cette contrepartie positive dans l'annexe.
(2) L'AMF recommande une information en annexe dans le cas d'engagements financiers de location simple sur des durées de bail non résiliables ou dont la résiliation donne lieu à indemnités (Rec. communes COB – CB « Montages déconsolidants et sorties d'actifs »).

Autres engagements commerciaux	Total	Montant des engagements par période		
		À moins d'un an	De un à cinq ans	À plus de cinq ans
Lignes de crédit				
Lettres de crédit				
Garanties				
Obligations de rachat				
Autres engagements commerciaux				
Total				

OPÉRATIONS « HORS BILAN »

50755 Outre l'information sur les engagements financiers (voir n° 50685 s.), les entités doivent fournir en annexe une information relative aux opérations non inscrites au bilan (sur la définition des opérations « hors bilan », voir n° 50200 s.).

La plupart des opérations hors bilan comprennent des engagements financiers dont il est prescrit par ailleurs une information en annexe (voir n° 50685 s.). Sur le lien entre l'information concernant les engagements financiers et celle concernant les opérations hors bilan, voir n° 50685.

I. Opérations hors bilan explicitement prévues par le PCG Le PCG cite un certain nombre d'opérations hors bilan pour lesquelles, dès lors qu'elles sont significatives et que leur connaissance est nécessaire à l'appréciation de la situation financière de l'entité, certaines informations sont à indiquer en annexe :
– les remises accordées à un débiteur par ses créanciers dans le cadre du règlement des difficultés des entreprises (PCG art. 833-20/8 ; voir n° 11410 et 46080 s.) ;
– les opérations de crédit-bail (PCG art. 833-18/2 ; voir n° 28805 s.) ;
– l'attribution de quotas d'émission de gaz à effet de serre (PCG art. 833-20/6 ; voir n° 20580) ;
– les émissions de certificats de valeur garantie, de bons de cession de valeur garantie et instruments assimilés (PCG art. 833-20/3 ; voir n° 37230) ;
– les opérations de désendettement de fait (PCG art. 833-20/9 ; voir n° 42875) ;
– les ventes de titres avec faculté de rachat (ou à réméré) (PCG art. 833-20/10 ; voir n° 37150) ;
– les contrats de garantie financière avec droit de réutilisation (PCG art. 833-20/11 ; voir n° 37305) ;
– les fiducies (PCG art. 833-20/12 ; voir n° 74360 s.).

II. Autres opérations non inscrites au bilan Pour les autres opérations hors bilan, est à indiquer en annexe une information comportant (PCG art. 833-18/3) :
a. une description de **la nature et des objectifs** des opérations non inscrites au bilan ;
b. l'indication du montant des **risques et avantages attendus** de l'opération sur toute la durée de l'accord, ainsi que l'indication des **garanties données** dans le cadre de l'opération ;
Les notions de risques et avantages pour la société doivent être appréciées selon les critères suivants (PCG art. 833-18/3) :
– la société supporte des risques relatifs à une opération lorsqu'elle est potentiellement exposée à une sortie de ressources liée à l'opération,
– la société a la capacité de bénéficier d'avantages lorsqu'elle a droit directement ou indirectement aux flux de ressources positives générés par l'opération.

> **Précisions** Cette information n'est pas à fournir par les commerçants personnes morales ayant adopté une présentation simplifiée de leurs comptes (PCG art. 832-18/3). Le montant des engagements financiers donnés et reçus au titre de ces opérations hors bilan doit néanmoins être indiqué par tous les commerçants, sans exception (voir n° 50685 s.).

c. toute autre information utile à la bonne compréhension de l'opération.

EXEMPLES
(donnés par la doctrine antérieurement à l'obligation prévue par le Code de commerce)
— **Entités ad hoc** L'AMF (Bull. COB n° 365, février 2002, p. 35 s.) demande que l'annexe mentionne le risque auquel s'expose l'émetteur en précisant notamment s'il existe des garanties accordées aux tiers, des parts subordonnées, des promesses de rachat d'actifs ou toute autre information significative pour apprécier ce risque ; les montants concernés devant être présentés bruts et nets de collatéraux.
— **Sociétés en participation** La recommandation COB/CB (Bull. COB n° 373, novembre 2002, p. 177 s.) demande que soit fournie en annexe une représentation adéquate des risques auxquels les sociétés participantes sont exposées. L'AMF et la CB (devenue l'ACPR) indiquent que la représentation des risques transitant par des sociétés en participation peut être, en effet, difficile à obtenir à la simple lecture des comptes des entreprises participantes.
— **Opérations à terme** Sur l'information sur les risques de marché demandée par l'AMF, voir n° 43350 s.
— **Sociétés membres de GIE, SNC et sociétés en commandite** Chacune des sociétés membre d'un GIE, ou associée dans une SNC, ou associée commanditée dans une société en commandite doit inscrire dans les engagements le montant du passif du groupement ou de la société concernée à l'égard des tiers (mais pas le passif envers les autres membres ou les autres associés) (Bull. CNCC, n° 9, mars 1973, p. 131 s.). En effet, les membres d'un GIE sont tenus solidairement des dettes de

celui-ci sur leur patrimoine propre (C. com. art. L 251-6). Il en est de même pour les associés d'une SNC (C. com. art. L 221-1, al. 1) et pour les associés commandités dans les SCS (C. com. art. L 222-1) et SCA (C. com. art. L 226-1, al. 1). Corrélativement, toute remise de dette accordée à la société bénéficie aux associés au titre de leur responsabilité indéfinie mais aussi en qualité de caution, le cas échéant (Cass. com. 14-1-2004 n° 72).

— **Associés de sociétés civiles** Les associés d'une société civile, dans laquelle ils sont tenus personnellement et indéfiniment responsables des dettes sociales proportionnellement à leur part dans le capital social, doivent, pour leur part, faire figurer dans les engagements, leur quote-part dans le passif de la société civile.

L'engagement ainsi publié peut dans certains cas paraître disproportionné avec la situation financière d'une entreprise. Une note permet à notre avis de traduire de manière plus claire l'information donnée, en indiquant, par exemple, la surface financière des partenaires ou les actifs existants en contrepartie des dettes.

Ces informations ne sont prescrites que si (C. com. art. R 123-197 9° et PCG art. 833-18/3) :
— les risques ou les avantages découlant des opérations précitées sont **significatifs** ;

> **Précisions** Les risques et avantages découlant d'une opération non inscrite au bilan sont significatifs si leur omission ou leur inexactitude est susceptible d'influencer les décisions économiques prises par les utilisateurs se fondant sur les comptes. Le caractère significatif doit s'apprécier en fonction du montant des risques et des avantages et/ou de la nature de l'opération hors bilan (Note de présentation du règl. ANC 2010-02 § 2.2.2.1).

— et la **divulgation de ces risques ou avantages est nécessaire pour l'appréciation de la situation financière** de la société.

> **Précisions** Selon l'AMF (Bull. COB n° 374, décembre 2002, p. 10 s. et n° 375, janvier 2003, p. 24 s.), dans la plupart des cas, les engagements dont la description pose problème concernent des engagements financiers (en particulier les clauses de complément de prix liées à des contrats d'acquisition d'entreprises) ou des engagements liés à des pactes d'actionnaires (en particulier les options d'achat et de vente de titres de participation), pour lesquels les émetteurs opposent :
— **la complexité du mécanisme.** Ce motif est contestable selon l'AMF, la présentation correcte du hors bilan dépendant alors du seul effort à fournir par l'émetteur. Il est ainsi rappelé que dans certaines situations, une attention particulière doit être portée à la description des hypothèses retenues ;
— **le caractère plus ou moins sensible du mécanisme** dès lors qu'il dépendrait par exemple d'informations restées confidentielles (comme la fixation d'objectifs internes de croissance). Selon l'AMF, ces discussions ne sauraient être occultées en application du principe d'égalité à l'information ;
— **la protection de la confidentialité du mécanisme par un accord.** Conformément à la réglementation en vigueur, un émetteur peut prendre la responsabilité de décider de différer la publication d'une information de nature à porter atteinte à ses intérêts légitimes s'il est en mesure d'en assurer la confidentialité (Bull. COB janvier 2003 n° 375, p. 26). L'AMF appréhende ce problème avec le souci que ressortent clairement la probabilité de réalisation de l'engagement et le risque maximum qu'il représente pour la société en précisant, si nécessaire, les hypothèses retenues. En tout état de cause, la confidentialité prévue conventionnellement ne peut, selon l'AMF, s'opposer à l'application de dispositions impératives prévues par la réglementation (comptable et/ou boursière).

EXEMPLES DE PRÉSENTATION

50775

Les tableaux ci-après, accompagnés, le cas échéant, de commentaires, nous paraissent pouvoir être utilisés.

I. Tableau des engagements Pour leur évaluation en général, voir n° 50310 s. et en particulier, n° 50730 (tableau récapitulatif).

Sur le caractère significatif des engagements à indiquer en annexe, voir n° 50680.

50775
(suite)

Catégories d'engagements	Total	Dirigeants	Entités liées [1]	Autres	Provisions
Engagements donnés [2]					
–					
–					
–					
TOTAL…					
Engagements de retraite [3]					
Engagements reçus [2]					
–					
–					
–					
TOTAL…					
Engagements réciproques [2]					
–					
–					
–					

(1) Sur la définition d'une entité liée, voir n° 35070.
(2) À détailler selon les besoins (voir n° 50685 s.).
(3) Pour les personnes morales (voir n° 50685 s.).

II. Dettes garanties par des sûretés réelles Concerne les personnes physiques et les personnes morales.

Postes concernés	Dettes garanties	Montants des sûretés	Valeurs comptables nettes des biens donnés en garantie
Emprunts obligataires convertibles………………………			
Autres emprunts obligataires………………………………			
Emprunts et dettes auprès des établissements de crédit			
Emprunts et dettes financières divers……………………			
Avances et acomptes reçus sur commandes en cours.			
Dettes Fournisseurs et Comptes rattachés………………			
Dettes fiscales et sociales …………………………………			
Dettes sur immobilisations et Comptes rattachés……			
Autres dettes …………………………………………………			

III. Nantissement/Hypothèques d'immobilisations corporelles, incorporelles et financières

L'AMF propose le modèle de tableau suivant (Bull. COB n° 375, janvier 2003, p. 27 s.) :

Type de nantissements/ hypothèques (3)	Date de départ du nantissement	Date d'échéance du nantissement	Montant d'actif nanti (a)	Total du poste de bilan (b)	% correspondant (a) / (b)
s/immo. incorporelle					
s/immo. corporelle					
s/immo. financière (1)					
Total					(2)

(1) Indiquer, en supplément, le nombre d'actions nanties des filiales de l'émetteur, ainsi que le pourcentage de leur capital nanti.
(2) Indiquer, en supplément du % d'actif immobilisé nanti, le % de total de bilan nanti.
(3) Si besoin est, mentionner l'absence de ce type de nantissements/hypothèques dans le document de référence.

CHAPITRE 14 LES RÉSULTATS

SOMMAIRE

52000

SECTION 1
GÉNÉRALITÉS 52005

I. Définitions et éléments constitutifs 52005

II. Degrés de formation du résultat : soldes intermédiaires de gestion 52110

SECTION 2
RÈGLES DE DÉTERMINATION DU RÉSULTAT DE L'EXERCICE 52305

I. Événements postérieurs à la clôture de l'exercice 52310

A. Comptabilisation des événements postérieurs dans les comptes annuels et information 52310

B. Information sur les événements postérieurs dans le rapport de gestion 52395

II. Éventualités 52520

III. Résultat comptable et résultat fiscal 52590

SECTION 3
PROBLÈMES PARTICULIERS SCHÉMAS DE COMPTABILISATION 52595

I. Comptabilisation des impôts sur les résultats 52595

A. Impôts 52595

B. Régime d'intégration fiscale des groupes de sociétés 52745

II. Situation fiscale différée ou latente 52890

A. Les différentes approches d'impôts différés 52890

B. Comptabilisation des impôts différés 52950

III. Comptabilisation et contrôle des rectifications fiscales et des redressements Urssaf 53090

A. Rectifications définitives acceptées 53090

B. Rectifications contestées ou probables 53230

C. Déduction en cascade 53340
  a. Premier cas : Cascade simple – TVA 53345
  b. Deuxième cas : Cascade simple – Impôt sur les sociétés 53395
  c. Troisième cas : Cascade complète TVA et impôt sur les sociétés 53450

IV. Participation des salariés aux résultats de l'entreprise 53545

A. Calcul de la réserve spéciale de participation 53595

B. Comptabilisation de la participation des salariés 53790

V. Affectation et distribution des résultats 53950

A. Affectation et distribution des résultats d'une société 53955

B. Affectation et distribution des résultats d'une entreprise individuelle 54100

SECTION 4
CONTRÔLE 54180

I. Problèmes de forme 54180

II. Contrôle externe 54255

SECTION 5
PRÉSENTATION DES COMPTES ANNUELS ET AUTRES INFORMATIONS 54260

I. Présentation des comptes annuels 54260

A. Bilan et compte de résultat 54260

B. Annexe (développements particuliers) 54315

II. Autres informations comptables et financières 54440

SECTION 1 — GÉNÉRALITÉS

I. DÉFINITIONS ET ÉLÉMENTS CONSTITUTIFS

52005 Le résultat est la conséquence de l'**activité** de l'entreprise et également de sa **position** (variation des éléments du patrimoine).

Il traduit l'**enrichissement** (ou l'appauvrissement) résultant de ces éléments combinés.

Les règles commerciales et fiscales imposent la détermination d'un **résultat par exercice** indépendamment de l'achèvement des opérations. Toutefois, il peut être souhaitable d'établir, à l'aide de la comptabilité analytique, **un résultat par opération** et/ou un **résultat par branche d'activité**.

DOUBLE DÉFINITION DU RÉSULTAT

52010 Selon le PCG (art. 513-1), le résultat de l'exercice est égal :

a. tant à la **différence entre les produits et les charges** ;

b. qu'à la **variation des capitaux propres** entre le début et la fin de cet exercice sauf s'il s'agit d'opérations affectant directement le montant des capitaux propres.

Sur les opérations ne provenant pas d'une affectation du résultat et affectant directement les capitaux propres, voir n° 57230 s.

> **Fiscalement** Le CGI donne une double définition du bénéfice :
> – résultat d'ensemble (somme des produits et des charges) des opérations de toute nature réalisées par l'entreprise, y compris des cessions d'éléments de l'actif, en cours ou en fin d'exploitation (CGI art. 38-1) ;
> – différence entre les valeurs de l'actif net à la clôture et à l'ouverture de l'exercice, diminuée des suppléments d'apport et augmentée des prélèvements de l'exploitant ou des associés au cours du même exercice (CGI art. 38-2). Les valeurs d'actif et de passif visées par cet article sont déterminées, lorsqu'elles diffèrent des règles comptables, par les règles fiscales (CE 30-6-2008 n° 288314).

RÉSULTAT COURANT ET RÉSULTAT EXCEPTIONNEL

52030 **Définition** Le Code de commerce donne une courte définition du résultat exceptionnel : celui dont la réalisation n'est pas liée à l'exploitation courante de l'entreprise (C. com. art. R 123-192). Cette définition fait appel au **jugement** pour définir les opérations qui sont **liées ou non à l'exploitation courante** de l'entreprise.

En pratique, les entreprises peuvent être amenées à retenir deux conceptions différentes de leur résultat exceptionnel :

– soit elles classent les produits et charges exceptionnels en fonction de leur nature, selon le plan de comptes du PCG (voir ci-après II.) ;

– soit, en interprétant l'article R 123-192 précité, elles inscrivent en résultat exceptionnel certains produits et charges, classés normalement par nature en exploitation, du fait de la qualification de l'opération (voir ci-après I.).

> **Précisions 1. Impacts du règlement ANC n° 2022-06 relatif à la modernisation des états financiers sur le résultat exceptionnel** Ce règlement (en cours d'homologation), applicable de façon obligatoire aux exercices ouverts **à compter du 1er janvier 2025** (avec une possibilité pour les entreprises de procéder à une application anticipée à compter de sa date de publication au Journal officiel), comporte une **nouvelle définition du résultat exceptionnel**, qui exclut les opérations dont la réalisation concerne l'activité courante de l'entité. Le règlement prévoit :
> – de définir les éléments exceptionnels comme des produits et charges liés à un événement majeur et inhabituel et qui n'auraient pas été constatés en l'absence de cet événement ;
> – et de limiter les éléments inscrits par nature en résultat exceptionnel aux seuls enregistrements liés à des opérations fiscales (par exemple, les amortissements dérogatoires) ou à des changements de méthode et corrections d'erreurs.
>
> Ainsi, les subdivisions actuelles des comptes 67 et 77 devraient être remplacées par la création de nouveaux comptes contribuant à la formation du résultat courant.
>
> Pour plus de détails et sur les modalités d'établissement des premiers états financiers « modernisés », voir FRC 4/22 inf. 2 et FRC 2/23 inf. 2.
>
> Pour les autres changements apportés par le règlement n° 2022-06 :
> – sur la suppression de la technique des transferts de charges, voir n° 45500 ;

— sur la nouvelle présentation des informations en annexe, voir n° 64550 ;
— sur les modèles d'états financiers et la nomenclature des comptes, voir n° 95500.

2. Crise et résultat exceptionnel Si une entité retient la conception fondée sur la qualification de chaque opération, seuls les charges et produits qui n'auraient pas été enregistrés en l'absence de cet événement devraient pouvoir être constatés en résultat exceptionnel (l'annexe doit fournir l'information nécessaire à la bonne compréhension des impacts financiers, voir n° 64635). En revanche, si une entité inscrit habituellement en résultat exceptionnel certains de ces produits et charges (dépréciation exceptionnelle, par exemple), elle devrait pouvoir poursuivre sa pratique. Dans tous les cas, il est recommandé d'identifier en annexe, parmi les éléments en résultat exceptionnel, ceux directement liés à l'événement (pertes ou provisions, produits...).

I. Résultat exceptionnel selon une qualification de chaque opération (conception plus proche des normes internationales)

Cette approche repose sur une analyse des opérations afin de limiter les éléments à classer dans le résultat exceptionnel. Plusieurs grilles d'analyse existent à ce jour pour appliquer cette conception « restrictive » du résultat exceptionnel :

a. Certains retiennent les critères d'analyse proposés par la recommandation de l'ANC n° 2020-01 du 6 mars 2020 relative au format des comptes consolidés établis en normes IFRS, car même si ces normes interdisent la présentation d'un résultat exceptionnel hors résultat opérationnel, la recommandation de l'ANC 2020-01 précitée prévoit, au sein du résultat opérationnel, une **distinction** entre :
— le résultat opérationnel courant ;
— et les « **autres produits et charges opérationnels** ».

La recommandation de l'ANC précise que la rubrique « Autres produits et charges opérationnels » n'est alimentée que dans les cas où :
— un **événement majeur** intervenu pendant la période comptable,
— est de nature à **fausser la lecture de la performance** de l'entreprise.

Il s'agit donc des produits ou charges **peu nombreux, inhabituels, significatifs, anormaux et peu fréquents** au niveau de la performance consolidée et généralement repris dans la communication financière de l'entreprise (Rec. ANC précitée, § 4.5.3).

> **Précisions** La recommandation de l'ANC cite les exemples suivants de natures de charges et produits susceptibles d'avoir un caractère non courant :
> — certaines plus ou moins-values de cession d'actifs non courants, corporels ou incorporels (dès lors que l'activité de la société ne comprend pas la cession régulière d'actifs non courants ; par exemple la revente de véhicules par les sociétés de location) ;
> — certaines dépréciations d'actifs non courants, corporels ou incorporels ;
> — certaines charges de restructuration (celles de nature à perturber la lisibilité du résultat opérationnel courant, par leur caractère inhabituel et leur importance) ;
> — une provision relative à un litige d'un montant très significatif pour l'entreprise.
> Toutefois, des éléments de telles natures qui ne répondraient pas aux caractéristiques énoncées ci-avant (peu nombreux, inhabituels, significatifs, anormaux et peu fréquents) devraient être classés dans le résultat opérationnel courant. Selon l'AMF, tel doit être le cas, par exemple, de la plupart des charges de dépréciation d'actifs, des charges de restructuration, des charges calculées au titre de plans de stock-options, des plus ou moins-values sur actifs cédés de façon récurrente (Rec. AMF, Adc 2006 § 1.3).

Dans ces conditions, la notion de résultat exceptionnel définie de manière très large par le PCG (voir II. ci-après) est différente de la notion d'« autres produits et charges opérationnels » non inclus dans le résultat opérationnel courant selon la recommandation de l'ANC.

Selon cette approche, certains des éléments habituellement classés en exceptionnel selon le PCG entrent dans le résultat courant dès lors qu'ils ne sont pas inhabituels, anormaux et peu fréquents :

1. Pénalités sur marchés et dédits payés ou perçus sur achats et ventes Les achats, ventes et marchés font, par essence même, partie des activités ordinaires de l'entreprise. Aussi les éléments les concernant (pénalités ou dédits sur marchés, mali et boni provenant de clauses d'indexation, provision pour pertes potentielles sur contrat à long terme...) ne devraient-ils pas être inhabituels, anormaux et peu fréquents.

2. Créances irrécouvrables et rentrées sur créances amorties Leur traitement varie selon la destination des créances, exploitation ou hors exploitation (voir n° 12220) :
— si les créances sont **d'exploitation,** ces éléments ne peuvent pas être inhabituels, anormaux et peu fréquents ;
— si les créances sont **hors exploitation,** ces éléments peuvent être considérés comme inhabituels, anormaux et peu fréquents.

52030 (suite) **3. Résultats sur cessions d'immobilisations** Leur traitement varie selon la destination (exploitation ou hors exploitation), la nature économique des immobilisations (corporelles et incorporelles, financières) et la fréquence des cessions.

Concernant les **immobilisations hors exploitation,** les résultats sont toujours considérés comme inhabituels, anormaux et peu fréquents, ces immobilisations ne servant pas aux activités ordinaires.

Concernant les **immobilisations d'exploitation** :
– Immobilisations **incorporelles et corporelles** : sauf cause exceptionnelle (expropriation, cession ou cessation de branches ou de secteurs d'activité…), les résultats sur cessions d'immobilisations sont considérés comme courants et, à notre avis, ils ne devraient pas pouvoir être considérés comme inhabituels, anormaux et peu fréquents (voir b. ci-après) ;
– Immobilisations **financières** : les résultats sur cessions d'immobilisations financières sont considérés comme des éléments inhabituels, anormaux et peu fréquents, sauf s'il s'agit de l'activité régulière de l'entreprise.

4. Amortissements et dépréciations exceptionnels des immobilisations :
– même lorsqu'un amortissement ou une dépréciation exceptionnel est motivé par un usage plus intensif que prévu initialement, par un changement brutal de technique ou par toute autre cause, ils entrent dans le résultat opérationnel courant ;
– les provisions réglementées constituent des charges non courantes dues à la réglementation fiscale.

b. D'autres retiennent la doctrine de la CNCC, élaborée sur la base des critères d'analyse d'une ancienne étude du CNC (« Étude sur l'évolution de la comptabilité et son utilisation comme moyen d'information de l'entreprise – La mise en œuvre du nouveau PCG : explications – propositions – orientations » ; juin 1989 ; document n° 77). Selon cette étude le classement des opérations en exploitation ou hors exploitation est **lié à l'activité** même des entreprises :

1. Les produits et charges, bien que par nature exceptionnels, peuvent être rattachés aux opérations d'exploitation lorsque l'activité le justifie. Il est ainsi possible de **reclasser en résultat d'exploitation certaines opérations classées dans le résultat exceptionnel** dans la liste des comptes du PCG. Selon la CNCC, ne devraient pas, selon cette conception fondée sur la qualification de chaque opération, être incluses dans le résultat exceptionnel :
– les **cessions d'immobilisations** se rapportant à l'activité courante d'une société de location de matériels qui rentabilise son activité de location grâce à la plus-value qu'elle réalise sur la revente du matériel sur le marché de l'occasion (CNCC n° 166, juin 2012, EC 2012-09, p. 403 s.) ; sur leur classement en résultat courant, voir n° 12145 et 17295 ;

> **Fiscalement** Pour les besoins du calcul de la CVAE (et du plafonnement de la CFE), le chiffre d'affaires à prendre en compte doit inclure les plus-values de cession d'immobilisations, corporelles et incorporelles, lorsqu'elles se rapportent à une activité normale et courante (les moins-values correspondantes venant en déduction de la valeur ajoutée) (CGI art. 1586 sexies). Pour la distinction entre les opérations normales et courantes et les opérations exceptionnelles, le critère de la récurrence est utilisé (CE 6-12-2006 n° 280800 ; CE 1-7-2009 n° 298513) mais il ne semble pas suffisant à lui seul (CE 10-7-2019 n° 412968, décision rendue à propos d'une contribution additionnelle à l'IS et transposable, à notre avis, à la CVAE pour la cession d'immobilisations corporelles) car il est combiné, dans les décisions les plus récentes, avec une approche fondée sur l'appréciation du **modèle économique de l'entreprise**. Ainsi, des opérations récurrentes et qui relèvent du modèle économique de l'entreprise sont un élément du résultat courant (CE 6-12-2017 n° 401533, à propos de la cession d'immobilisations incorporelles). Des cessions d'immeubles réalisées par une société foncière sont regardées comme entrant dans son modèle économique si elles présentent un caractère systématique à l'issue d'une période de location, procèdent d'une stratégie de maintien de la rentabilité des actifs, ou si les gains de cessions représentent une part structurelle des recettes de la société (CE 25-9-2020 n° 433942 et 436949). Tel n'est pas le cas en revanche lorsque le modèle économique de l'entreprise repose sur la détention durable des immeubles, les cessions réalisées par la société sont peu nombreuses et procèdent d'arbitrages ponctuels, en fonction de l'état de l'immeuble et de facteurs locaux de commercialité, et le résultat d'exploitation de l'entreprise est largement bénéficiaire indépendamment des plus-values de cession (CE 16-12-2022 n° 448403). Pour l'administration, les cessions d'immobilisations rentrant dans le cycle de production de l'entreprise relèvent du résultat courant, comme, par exemple, les cessions de véhicules par les loueurs de voitures à l'issue de la période de location (BOI-CVAE-BASE-20 n° 50).

– les **pénalités de marché** systématiquement prévues dans les contrats de construction et qui ne constituent donc pas des éléments liés à un événement majeur et inhabituel, mais des éléments de l'activité courante des entreprises du secteur de la construction (Bull. CNCC n° 201, mars 2021, EC 2020-19 du 15-01-2021) ; sur leur classement en résultat courant, voir n° 17295.

> **Fiscalement** Le Conseil d'État a rendu définitif (sans toutefois fixer de façon définitive la jurisprudence) deux arrêts de la CAA de Versailles ayant jugé que les pénalités de retard dues, dans l'une des affaires par une société de travaux public dans l'exécution de marchés de construction (CAA Versailles 27-6-2019 n° 17VE01564 rendue définitive par CE (na) 25-3-2020 n° 434002), et dans l'autre affaire par une entreprise de la grande distribution à ses fournisseurs (CAA Versailles 5-10-2021 n° 20VE01954 rendu définitif par CE (na) 21-7-2022 n° 459146), constituent des charges exceptionnelles dans la mesure où :
– d'une part, le PCG prévoit leur inscription au compte 6711, sous-compte du compte 67 « Charges exceptionnelles » ;
– et, d'autre part, s'agissant de l'arrêt CE (na) n° 434002 précité, elles ne relèvent pas, selon la rapporteure publique du Conseil d'État, du modèle économique de l'entreprise (ce qui est discutable, à notre avis).

> **Précisions** En application de cette doctrine, devraient également pouvoir être classés en résultat courant, à notre avis, si l'activité le justifie :
– certains malis et bonis provenant de clauses d'indexation (voir n° 40185) ;
– certaines indemnités pour non-exécution d'un contrat (voir n° 45875) ;
– certaines pénalités et amendes fiscales et pénales (voir n° 45980 s.) ;
– certaines subventions d'équilibre (voir n° 45900).

2. Inversement, il est possible de **reclasser en résultat exceptionnel certaines opérations classées dans le résultat d'exploitation ou financier** dans la liste des comptes du PCG. Ainsi, toute opération doit pouvoir trouver sa place dans les produits et charges exceptionnels dès lors :
– qu'il n'est pas démontré qu'elle est d'exploitation ou financière courante ;
– qu'elle est liée à des **causes extraordinaires, indépendantes de l'exploitation ou de l'activité** (sinistres, catastrophes naturelles, perturbations entraînées par des événements extérieurs dont l'entreprise n'a pas la maîtrise…) ;
– qu'elle est consécutive à des **changements de stratégie** dans l'organisation structurelle des activités : activités abandonnées ou cédées (y compris les cessions et participations), restructuration de groupes, activités nouvelles en cours de création… ;
– qu'elle fait suite à des **changements de législation** ;
– qu'elle constate des **implications purement fiscales** sur le montant du résultat.

> **Précisions** En application de cette doctrine, devraient pouvoir être comptabilisés en résultat exceptionnel, à notre avis :
– certaines indemnités de licenciement (voir n° 16925) et contributions diverses dues en cas de rupture du contrat de travail (financement de l'allocation de sécurisation professionnelle, voir n° 16405 ; régimes de préretraite d'entreprise, voir n° 16545) ;
– certains abandons de créances à caractère commercial (voir n° 42230) et financier (voir n° 42270 et 42290) ;
– certaines indemnités d'éviction ou de résiliation (voir n° 45860) ;
– certaines variations de stocks issues de vols ou de destruction par un sinistre (voir n° 46055) ;
– certaines subventions d'exploitation présentant un caractère exceptionnel (voir n° 12060).

II. Résultat exceptionnel selon le plan de comptes du PCG

Cette approche consiste à classer les produits et charges exceptionnels en fonction de leur nature. Le PCG précise (PCG art. 513-2) que les produits et les charges de l'exercice sont classés au compte de résultat de manière à faire apparaître les différents niveaux de résultat. Ainsi, il requiert également une **distinction** entre :
– le **résultat courant** (résultat d'exploitation plus résultat financier) ;
– et le **résultat exceptionnel.**

Le PCG ne fournit pas de définition précise et globale des notions de résultat courant et de résultat exceptionnel mais fait uniquement référence à ces notions à partir d'une **liste de comptes**. Ainsi, certaines natures de charges et produits sont, suivant cette liste, directement classées en résultat exceptionnel.

Lorsqu'une nature de charge ou produit est expressément prévue dans la liste des éléments exceptionnels du PCG, son classement en exceptionnel est donc, à notre avis, inévitable, **sauf** :
– à retenir l'autre conception du résultat courant (voir ci-avant I.) ;
– si cette nature de charge ou de produit **existe également dans la liste des éléments d'exploitation du PCG**. Dans ce cas, les doctrines comptable et fiscale ont donné certains critères d'appréciation permettant de déterminer le classement en résultat d'exploitation ou exceptionnel de ces éléments. Ces critères sont fondés sur la **récurrence et le montant** de l'opération.

> **Précisions** Sont concernés :
– les **créances irrécouvrables** (compte 654 « Pertes sur créances irrécouvrables » dans le résultat d'exploitation et compte 6714 « créances devenues irrécouvrables » dans le résultat exceptionnel) ;
Ainsi, selon le bulletin CNCC, la notion de ce qui est exceptionnel faisant référence aussi bien à la **nature** de l'opération concernée qu'à son **montant**, une opération qualifiée d'exceptionnelle peut relever de l'activité courante ou ordinaire de l'entreprise par référence à son montant comme elle peut relever de l'extraordinaire par référence à sa nature. Il est ainsi possible de comptabiliser une dépréciation de créance douteuse en résultat courant à hauteur d'un montant comparable aux dotations des trois dernières années et en résultat exceptionnel pour le complément. (Bull. CNCC n° 61, mars 1986, EC 85-80, p. 111).
Voir également n° 12220.
– les **dons** (compte 6238 « Divers... dons courants » dans le résultat d'exploitation et compte 6713 « Dons, libéralités » dans le résultat exceptionnel). La distinction entre ces deux classements réside dans le caractère récurrent ou non du don (voir n° 16040) ;
– les **dotations et reprises** aux dépréciations, amortissements et provisions (comptes 681, 687, 781 et 787).
De même que les dépréciations de créances douteuses (voir ci-avant), les dépréciations de stocks devraient pouvoir, à notre avis, être classées en résultat exceptionnel si leur montant devient anormal par rapport aux exercices précédents.

III. Information en annexe Quel que soit le choix de la société, il doit être appliqué de manière cohérente d'une année sur l'autre, et faire l'objet d'une information en annexe (voir n° 54325) et dans le rapport de gestion, visant à indiquer quelle définition du résultat exceptionnel l'entité retient.

52035 **Quelle conception retenir en pratique ?**
I. Comptes sociaux À ce jour, les deux conceptions sont régulières à condition que l'entreprise applique la conception choisie de façon permanente (en ce sens, Bull. CNCC n° 166, juin 2012, EC 2012-09, p. 403 s.).
a. En général, la conception internationale (voir n° 52030 I. a) est retenue dans les comptes sociaux de groupes établissant leurs comptes en normes IFRS.
b. Pour les autres, la conception du PCG est souvent celle retenue (voir n° 52030 II.). Elle est plus simple et permet d'éviter les distinctions subjectives existant entre les éléments liés à l'exploitation courante et les « éléments inhabituels, anormaux et peu fréquents ». Elle est en outre de nature à faciliter la détermination de la valeur ajoutée à retenir pour le calcul de la cotisation sur la valeur ajoutée des entreprises (CVAE) et du plafonnement de la cotisation économique territoriale (CET) en fonction de la valeur ajoutée (voir n° 16420 s.) dans la mesure où les règles fiscales s'appuient sur le plan de comptes du PCG.
Toutefois, l'application stricte du plan de comptes du PCG ne permettant pas toujours de refléter correctement le résultat d'exploitation, certains retiennent la doctrine de la CNCC qui permet des reclassements, notamment le reclassement en résultat d'exploitation de certaines cessions de matériels immobilisés lorsque l'activité courante de la société le justifie (voir n° 52030 I.b).

> **Fiscalement** En utilisant la conception du PCG, sans reclassement, l'entreprise peut avoir à effectuer des retraitements pour le calcul de la valeur ajoutée. Notamment, la valeur ajoutée retenue pour la CVAE et le plafonnement de la CET tiennent compte des plus et moins-values de cessions d'immobilisations corporelles et incorporelles se rapportant à des opérations normales et courantes (CGI art. 1586 sexies ; voir n° 52030 I. b). Sur la distinction entre le résultat courant et exceptionnel pour la CVAE, voir n° 16430.

II. Comptes consolidés La conception retenue dans les comptes individuels peut l'être dans les comptes consolidés, mais la conception plus restrictive du résultat exceptionnel est préférable, pour les raisons suivantes :
– la conception du PCG (sans procéder à aucun des reclassements permis par la doctrine) est **inexacte** en ce sens qu'elle ne montre que la rentabilité théorique de l'entreprise (et non réelle), c'est-à-dire une rentabilité **ne tenant pas compte d'éléments exceptionnels** mais pourtant **inhérents à toute exploitation** ;
– l'intérêt d'une conception plus restrictive du résultat exceptionnel est indéniable pour l'utilisateur des états financiers (en ce sens, Bull. COB n° 330, décembre 1998, p. 48) : ils permettent au lecteur des états financiers de **distinguer le profit qui est essentiellement fortuit** de celui qui résulte des efforts planifiés de la direction et d'éclairer le lecteur sur des **circonstances particulières liées à l'activité** (un profit ou une perte qui ne survient que très rarement n'a pas la même signification qu'un profit qui découle des opérations réellement courantes).

III. Obligation de fournir une information en annexe Voir n° 54325.

RÉSULTAT D'UNE ENTREPRISE INDIVIDUELLE
Rémunération du travail de l'exploitant soumis à l'impôt sur le revenu

52040

Bien que le résultat **net** constitue la rémunération globale de l'entreprise : travail, capital, risque, et que la rémunération de l'exploitant individuel et de sa famille ne constitue **pas, en principe, une charge** d'exploitation, la **tendance** est, compte tenu du PCG (qui prévoit un compte de charges de personnel pour la rémunération du travail de l'exploitant) et du bulletin CNC (n° 73, 4ᵉ trimestre 1987, p. 3), de mettre en évidence un **résultat d'exploitation analogue à celui des autres entreprises**, sans modifier le résultat net.

Voir illustrations, notamment n° 16690 s. et 60285.

Voir comptabilisation du résultat à la réouverture des comptes, n° 53955.

> **Fiscalement** La rémunération de l'exploitant individuel imposé à l'IR n'est pas déductible des bénéfices imposables de l'entreprise (BOI-BIC-CHG-40-50-10 n° 1 ; CE 26-1-1923 n° 73330).

II. DEGRÉS DE FORMATION DU RÉSULTAT : SOLDES INTERMÉDIAIRES DE GESTION

SOLDES INTERMÉDIAIRES DE GESTION

52110

Dans le Code de commerce et le PCG, la formation du résultat net apparaît sur un unique « **Compte de résultat** » où charges et produits sont regroupés en fonction de leur caractère d'exploitation (autre que financier), financier et exceptionnel.

La formation du résultat peut être fournie dans l'annexe. Le tableau des soldes intermédiaires de gestion en est une autre illustration, voir n° 52115 s.

Dans le cadre d'une étude sur l'évolution de la comptabilité et son utilisation comme moyen d'information de l'entreprise, le CNC a réalisé une analyse critique des règles actuelles d'établissement des soldes intermédiaires de gestion (voir Doc. CNC n° 77, juin 1989).

Caractère facultatif L'établissement des soldes intermédiaires de gestion n'est **pas obligatoire.**

52115

En effet, le Code de commerce n'en fait pas mention et le PCG (art. 810-7 et 842-1) ne prévoit leur établissement que lorsque l'entreprise utilise le système développé (système facultatif).

Il en résulte l'absence d'obligation d'information des soldes intermédiaires de gestion dans **l'annexe.**

Définition Le tableau des soldes intermédiaires de gestion (voir modèle détaillé page suivante) représente une cascade des soldes suivants (ou plus exactement des marges suivantes, car ils ne sont pas tirés en comptabilité) qui constituent autant de **paliers dans la formation du résultat** net de l'exercice ou de toute autre période comptable.

52135

Nous présentons **page suivante** les soldes intermédiaires de gestion, tels qu'ils sont prévus par le PCG, **nos commentaires** éventuels apparaissent **en italique** avec des renvois en couleur.

LES RÉSULTATS

52135 (suite)

(Tableau du n° 52135)

TABLEAU DES SOLDES INTERMÉDIAIRES DE GESTION
(tels que prévus par le PCG, nos commentaires apparaissant en italique et en bleu)

Produits (Colonne 1)	Charges (Colonne 2)	Soldes intermédiaires (Colonne 1 – Colonne 2)	N	N-1
Ventes de marchandises	Coût d'achat des marchandises vendues	• Marge commerciale (n° 52140)		
Production vendue .... Production stockée .... Production immobilisée	ou Déstockage de production (1)			
Total	**Total**	• Production de l'exercice (n° 52145)		
Production de l'exercice .... Marge commerciale	Production de l'exercice en provenance de tiers (4)			
Total	**Total**	• Valeur ajoutée (n° 52165)		
Valeur ajoutée .... Subventions d'exploitation	Impôts, taxes et versements assimilés (2) .... Charges de personnel (4)			
Total	**Total**	• Excédent brut (ou insuffisance brute) d'exploitation (n° 52170)		
Excédent brut d'exploitation .... Reprise sur charges et transferts de charges .... Autres produits	ou Insuffisance brute d'exploitation .... Dotations aux amortissements et aux provisions .... Autres charges			
Total	**Total**	• Résultat d'exploitation (bénéfice ou perte) (n° 52175)		
Résultat d'exploitation .... Quotes-parts de résultat sur opérations faites en commun .... Produits financiers	ou Résultat d'exploitation .... Quotes-parts de résultat sur opérations faites en commun .... Charges financières (5)			
Total	**Total**	• Résultat courant avant impôts (bénéfice ou perte) (n° 52180)		
Produits exceptionnels	Charges exceptionnelles	• Résultat exceptionnel (bénéfice ou perte) (n° 52185)		
Résultat courant avant impôts .... Résultat exceptionnel	ou Résultat courant avant impôts .... ou Résultat exceptionnel .... Participation des salariés .... Impôts sur les bénéfices			
Total	**Total**	• Résultat de l'exercice (bénéfice ou perte) (n° 52190) (3)		
Produits de cessions d'éléments d'actif	Valeur comptable des éléments cédés	• Plus-values et moins-values sur cessions d'éléments d'actif (n° 52195)		

(1) En déduction des produits dans le compte de résultat.
(2) Pour le calcul de la valeur ajoutée, sont assimilés à des consommations externes les impôts indirects à caractère spécifique inscrits en compte 635 « Impôts, taxes et versements assimilés » et acquittés lors de la mise à la consommation des biens taxables.
(3) Soit sous-total général des produits – total général des charges.
(4) Sous déduction des transferts de charges d'exploitation affectés (voir n° 52200).
(5) Sous déduction des transferts de charges financières.

LES RÉSULTATS

Solde n° 1 : Marge commerciale La marge commerciale est la différence entre le montant des ventes de marchandises et leur coût d'achat (prix d'achat + frais accessoires d'achat).

52140

707 Ventes de marchandises (reventes en l'état)		− 7097	RRR sur ventes
Coût direct d'achat [1]	+	607	Achats de marchandises
	+	6087	Frais accessoires d'achat de marchandises
	±	6037	Variation des stocks de marchandises
	−	6097	RRR sur achats
= Marge commerciale (solde n° 1).			
[1] Sous déduction des transferts de charges le concernant (voir n° 52200).			

Si cette marge commerciale peut être tirée directement du « Compte de résultat » du système développé, il faut en revanche la retraiter du « Compte de résultat » du système de base lorsqu'existent des **frais accessoires d'achat** compris dans les autres charges externes (voir n° 15550).

Toutefois, même dans le système développé, la marge commerciale n'est pas exacte puisque les frais accessoires d'achat internes ne sont pas dans les comptes d'achat alors qu'ils le sont dans le coût des stocks.

Elle ne tient pas compte des **subventions d'exploitation** même lorsqu'elles ont le caractère de supplément de prix de vente des marchandises.

Sous ces réserves, la marge commerciale est **l'indicateur fondamental des entreprises commerciales (entreprises de négoce).**

– taux de marque (hors TVA) = marge commerciale / prix de vente hors TVA ;
– taux de marque (TTC) = (prix de vente TTC − prix d'achat hors TVA) / prix de vente TTC

Pour les entreprises productrices, voir n° 52205.

Solde n° 2 : Production de l'exercice Elle comprend la production vendue, la production stockée (ou le déstockage) et la production immobilisée.

52145

La production vendue ne tient compte ni des **subventions d'exploitation** ayant (parfois) le caractère de complément de prix de vente des produits, ni des **redevances** pour brevets, licences, marques…

La production de l'exercice n'est **pas homogène,** car la production vendue y est retenue au prix de vente alors que la production stockée et la production immobilisée le sont au coût de production.

Malgré cette hétérogénéité, et à condition d'y ajouter dans certains cas les subventions d'exploitation, la production mesure parfois mieux que le chiffre d'affaires l'activité de chaque exercice.

		701 à 703	Ventes de produits
Production vendue		704	Travaux
		705	Études
		706	Prestations de services
		708	Produits des activités annexes [1]
		− 709	RRR accordés [1]
± Variation de la production stockée		→ 713	(Stock final − stock initial)
+ Production immobilisée		→ 72	Production immobilisée
= Production de l'exercice (solde n° 2)			
[1] À l'exception des éléments concernant les marchandises.			

Solde n° 3 : Valeur ajoutée produite Elle exprime la création ou l'accroissement de valeur apportée par l'entreprise, dans l'exercice de ses activités professionnelles courantes, aux biens et services en provenance des tiers.

52165

52165
(suite)

Elle est mesurée de deux manières :

a. C'est la **différence** entre la **production globale** de l'exercice (marge commerciale qui constitue la production des commerces et production proprement dite) et les consommations de biens et de services fournis par des tiers pour cette production.

Production	Solde n° 1 Solde n° 2	Marge commerciale Production de l'exercice
– Consommations (1)	601 à 606 6031/6032 608 – 609 (sauf 6097) 61/62 – 619/629	Achats d'approvisionnements Variation des stocks d'approvisionnements Frais accessoires d'achat d'approvisionnements (le cas échéant) RRR sur achats d'approvisionnements Autres charges externes RRR sur services externes
= Valeur ajoutée produite (solde n° 3).		

(1) Sous déduction des transferts de charges les concernant (voir n° 52200). Sur la suppression des comptes 79 par le Règl. ANC n° 2022-06, voir n° 45500.

Il s'agit d'une **valeur ajoutée brute,** la consommation des investissements par leur dotation aux amortissements n'ayant pas été prise en considération. Si elle avait été ajoutée à la consommation des biens autres que les immobilisations et des services, il en serait résulté une **valeur ajoutée nette.**

b. Elle peut également être obtenue par une approche additive : la valeur ajoutée est la **somme des rémunérations des facteurs de sa production,** déduction faite des transferts de charges affectés. Sur la suppression des comptes 79 par le Règl. ANC n° 2022-06, voir n° 45500.

Rémunération de l'État	63 Impôts, taxes et versements assimilés (subventions d'exploitation reçues déduites)
Rémunération du travail	64 Charges de personnel
Rémunération des prêteurs	66 Charges financières
Rémunération des investissements	68 Dotations aux amortissements
Transfert de revenu (charges n'ayant pas le caractère de consommations)	65/75 Autres charges/produits de gestion courante
Rémunération des capitaux propres	12 Résultat (moins produits financiers et exceptionnels plus charges exceptionnelles, participation des salariés et impôts sur les bénéfices ainsi que corrections liées aux provisions)

c. Elle peut être **déterminée par branche d'activité ou par produit.**

d. Selon la brochure CNC/OEC « La valeur ajoutée de l'entreprise » :

« Mieux que le chiffre d'affaires, elle **traduit l'activité propre de l'entreprise,** celle qui correspond à sa vocation :

– Analysée comme une différence entre les ventes et les achats extérieurs, elle fait apparaître les contraintes des marchés entre lesquels se situe l'activité de l'entreprise. Dans une optique prévisionnelle, cette analyse amorce la mise au point de cadres budgétaires qui ménagent des possibilités d'action pour des améliorations de rentabilité et de productivité.

– Analysée comme une addition de **coûts ajoutés** et d'un résultat, la valeur ajoutée donne une image de l'évolution de ces coûts. Le poids de chacun d'eux peut être apprécié par rapport au total de la valeur ajoutée et l'on peut en tirer de précieux enseignements pour la gestion.

– Enfin, analysée comme une addition des rémunérations qui reviennent aux diverses parties prenantes à l'activité de l'entreprise, la valeur ajoutée fournit une base objective pour suivre et ajuster la part respective de chacune de ces rémunérations ».

Notons toutefois, à notre avis, l'**insuffisance de cette notion** pour des comparaisons inter-entreprises, suivant les modalités d'organisation, et la nécessité d'autres analyses supplémentaires, en particulier les analyses par fonction.

e. Ce solde est **différent** de la valeur ajoutée retenue :
– pour le calcul de la **participation des salariés** (voir n° 53700) ;
– pour le calcul de la cotisation sur la valeur ajoutée des entreprises (CVAE) et du plafonnement de la cotisation économique territoriale (CET) en fonction de la valeur ajoutée (BOI-CVAE-BASE-20-20). Pour plus de détails sur ce calcul, voir Mémento Fiscal n° 43910 à 43916.

Solde n° 4 : Excédent brut d'exploitation (ou Insuffisance brute d'exploitation)

52170

Il est constitué par la différence entre :
– d'une part, la valeur ajoutée produite, éventuellement augmentée des subventions d'exploitation accordées à l'entreprise ;
– d'autre part, les frais de personnel et les impôts à la charge de l'entreprise (non compris les impôts sur le bénéfice) éventuellement diminués des transferts de charges les concernant (sur la suppression des comptes 79 par le Règl. ANC n° 2022-06, voir n° 45500).

Pour produire sa valeur ajoutée, l'entreprise a dû recourir à du personnel « rémunéré » sous forme de salaires et de charges sociales et elle a bénéficié des services rendus par la collectivité publique « rémunérés » sous forme d'impôts et taxes. Les éventuelles subventions d'exploitation reçues ou à recevoir viennent en diminution des impôts, la Comptabilité nationale leur accordant ce caractère.

	Solde n° 3	Valeur ajoutée produite
+	Compte 74	Subventions d'exploitation
–	Compte 63 [1]	Impôts, taxes et versements assimilés
–	Compte 64 [1]	Charges de personnel
=	**Excédent brut d'exploitation (solde n° 4)**	

[1] Sous déduction des transferts de charges le concernant (voir n° 52200).

Son montant constitue la ressource tirée par l'entreprise de son exploitation pour, d'une part, maintenir et développer son outil de production et, d'autre part, rémunérer les capitaux engagés, tant capitaux propres que capitaux empruntés.

L'excédent brut d'exploitation constitue le **« cash-flow » d'exploitation avant charges financières et impôt sur le résultat.**

C'est la **ressource fondamentale** que l'entreprise tire régulièrement du cycle de son exploitation. Il exprime donc la capacité de celle-ci à engendrer des ressources de trésorerie et, à ce titre, il sert de charnière entre les résultats de l'entreprise et le tableau des ressources et des emplois (tableau de financement de l'exercice ; voir n° 65855 s.).

Solde n° 5 : Résultat d'exploitation (hors charges et produits financiers)

52175

Il est égal à l'excédent brut d'exploitation corrigé des charges et produits calculés d'exploitation ainsi que des charges et produits de gestion courante.

	Solde n° 4	Excédent brut d'exploitation
+	Compte 781	Reprises sur amortissements, dépréciations et provisions d'exploitation
–	Compte 681	Dotations aux amortissements, dépréciations et provisions d'exploitation
+	Compte 75	Autres produits de gestion courante (sauf 755)
–	Compte 65 [1]	Autres charges de gestion courante (sauf 655)
+	Compte 791	Transferts de charges d'exploitation [2]
=	**Résultat d'exploitation (avant charges et produits financiers) (solde n° 5)**	

[1] Sous déduction des transferts de charges le concernant (voir n° 52200).
[2] Transferts non affectables (voir n° 52200).
Sur la suppression des comptes 79 par le Règl. ANC n° 2022-06, voir n° 45500.

Ce résultat n'incorpore pas les charges et produits financiers de façon à lier étroitement les flux d'exploitation générateurs de résultats aux créances et aux dettes d'exploitation, à l'exclusion des flux de caractère purement financier. Il mesure la performance industrielle et commerciale de l'entreprise, indépendamment de toute politique financière, fiscale, d'investissement, de distribution.

Solde n° 6 : Résultat courant avant impôts

52180

Il permet de dégager le résultat courant qui provient de l'activité normale et habituelle de l'entreprise.

	Solde n° 5	Résultat d'exploitation (avant charges et produits financiers)
+	Compte 755	Quotes-parts de résultat sur opérations faites en commun
–	Compte 655	Quotes-parts de résultat sur opérations faites en commun
+	Comptes 76/786/796	Produits financiers
–	Comptes 66/686	Charges financières
=	**Résultat courant (solde n° 6)**	

Il s'agit d'un résultat courant avant impôt sur ce résultat ; mais la fourniture dans l'annexe de la répartition du montant global de l'impôt sur les bénéfices entre résultats courant et exceptionnel permet de déterminer le **résultat courant après impôt.**

Il n'est pas tiré de **résultat financier** dans le compte de résultat présenté sous forme de compte, vu l'hétérogénéité des charges financières (intérêts) et des produits financiers (revenus de titres et intérêts)... mais il existe dans le compte de résultat en liste.

Les redevances de crédit-bail sont considérées comme constituant des services extérieurs alors qu'elles se décomposent en deux éléments correspondant à l'amortissement du bien et à la rémunération de l'organisme financier.

C'est pourquoi certains guides comptables professionnels préconisent l'éclatement de ces redevances en partie en exploitation et en partie en financier (voir n° 15695).

52185 **Solde n° 7 : Résultat exceptionnel** Il est déterminé à partir des opérations effectuées à titre exceptionnel par l'entreprise.

	Comptes 77/787/797 [1]	Produits exceptionnels
–	Comptes 67/687	Charges exceptionnelles
=	**Résultat exceptionnel (solde n° 7)**	

(1) Sur la suppression des comptes 79 par le Règl. ANC n° 2022-06, voir n° 45500.

52190 **Solde n° 8 : Résultat net comptable de l'exercice** Il est établi à partir des résultats d'exploitation (ou courant) et exceptionnel, sous déduction de la participation des salariés aux résultats de l'entreprise et des impôts sur les bénéfices.

	Solde n° 6	Résultat d'exploitation (ou résultat courant)
±	Solde n° 7	Résultat exceptionnel
–	Compte 691	Participation des salariés aux résultats de l'entreprise
–	Comptes 695/697	Impôts sur les bénéfices
=	**Résultat net comptable (solde n° 8)**	

En fait, le résultat de l'exercice avant impôt sur les bénéfices (résultat d'exploitation + ou – résultat exceptionnel) est réparti entre les salariés (participation), l'État (impôt sur les bénéfices) et les associés (résultat net) ; mais juridiquement, seule la part de ces derniers constitue le bénéfice net, la participation et l'impôt sur les sociétés ayant le caractère de charges hors exploitation.

52195 **Solde n° 9 : Résultat sur cessions d'éléments d'actifs immobilisés** Les plus-values ou moins-values de cession ne sont pas explicitées dans le résultat exceptionnel où figurent séparément les deux éléments de la cession : produits des cessions d'éléments d'actif et valeurs comptables des éléments d'actif cédés.

+	Produits des cessions d'éléments d'actif immobilisés
–	Valeurs comptables des éléments d'actif cédés
=	**Résultat sur cessions d'éléments d'actif immobilisés (solde n° 9)**

Ces deux éléments sont reproduits à la fin du tableau des soldes intermédiaires de gestion, pour mémoire (ils sont déjà compris dans le résultat exceptionnel). Ils fournissent ainsi une information complémentaire qui n'est pas dénuée d'intérêt ; en particulier elle est reprise dans le tableau de financement.

52200 **Transferts de charges et soldes intermédiaires de gestion** Les soldes intermédiaires de gestion sont calculés directement à partir des comptes de résultat. Or, ces comptes ont pu être ajustés, modifiés ou transférés par le biais de comptes de transferts de charges (sur la suppression des comptes 79 par le Règl. ANC n° 2022-06, voir n° 45500). Aussi, si ces derniers ne sont pas rattachés aux comptes concernés pour le calcul des différents soldes, les soldes présentés ne sont pas homogènes.

Le PCG (art. 842-1), pour sa part, regroupe l'**ensemble** des transferts au niveau **d'un seul solde** : « Résultat d'exploitation ».

Deux questions se posent alors : peut-on affecter les transferts de charges à chaque solde concerné et comment ?

a. Possibilité d'affectation L'affectation n'est possible que si le transfert ne concerne qu'une catégorie de charges (c'est-à-dire un même compte à deux chiffres : Achats, Autres charges externes, etc.).

En effet, les transferts de charges (à des comptes de bilan ou entre deux catégories de charges) peuvent être décomposés en deux types :
– **transferts de charges touchant plusieurs catégories de charges par nature** (exemples : refacturation d'une quote-part de frais généraux, répartition de la sous-activité entre charge courante et charge exceptionnelle, etc.). Dans ce cas, la répartition par catégorie de charges n'est pas possible ;
– **transferts de charges ne concernant qu'une catégorie de charges,** soit éventuellement plusieurs comptes, mais au sein d'un même compte à deux chiffres (exemples : frais d'acquisition d'immobilisations, avantages en nature, charges de personnel supportées pour le compte d'un tiers, etc.). Dans ce cas, l'affectation est possible.

Ainsi, les transferts de charges affectables peuvent-ils être intégrés dans le calcul des différents soldes intermédiaires de gestion, les autres étant regroupés, en fin de calcul, au niveau du solde « Résultat d'exploitation ».

b. Moyen pratique d'affectation Afin de préparer, au cours de l'exercice, cette répartition selon les différents soldes, il peut être envisagé de créer des **sous-comptes** du compte 791 (« Transferts de charges d'exploitation ») qui se termineraient par un chiffre correspondant au **numéro du solde intermédiaire de gestion,** comme le présente le tableau suivant :

Transferts affectant les soldes suivants	N° du solde	N° du compte
Marge commerciale	1	7911
Production	2	– (1)
Valeur ajoutée	3	7913
Excédent brut d'exploitation	4	7914
Résultat d'exploitation	5	7915 (2)
(1) Pas de charges.		
(2) Pour les transferts non affectables.		

> **Précisions** **Subdivision du compte 791** Il semble également possible de subdiviser le compte 791 en fonction de la nature de la charge transférée.

EXEMPLE

Comptes 7910, 7911, 7912, 7913, 7914, 7915 pour les transferts provenant respectivement des comptes 60, 61, 62, 63, 64, 65 et 7919 pour les transferts ne pouvant être affectés à un compte particulier.

Soldes intermédiaires de gestion complémentaires

Le PCG 82 (p. II. 98) proposait une adaptation des comptes du PCG permettant l'obtention de soldes intermédiaires complémentaires et fournissait des exemples pour les entreprises productrices. À notre avis, il est utile de les rappeler et de continuer à s'en inspirer pour présenter, le cas échéant, des soldes mieux adaptés à l'activité de l'entreprise.

Il s'agit de la marge sur coût de production, du coût ajouté et d'une valeur ajoutée par addition de cette marge et de ce coût :
– une écriture de virement interne, au moment de la vente, permet de débiter un compte de « Coût des produits vendus » par le crédit du compte « Production vendue » qui se trouve ainsi évalué en coût de production et non plus en prix de vente ;
– la **marge sur coût de production** est obtenue par différence entre les ventes de produits et le coût de production de ces produits ;
– le **coût ajouté** dans l'exercice est obtenu par différence entre, d'une part, la production vendue évaluée au coût de production à laquelle s'ajoutent le coût des produits mis en stocks pendant l'exercice et le coût de la production immobilisée et, d'autre part, le coût d'achat des consommations de l'exercice en provenance des tiers.

Cette adaptation permet d'obtenir un coût ajouté qui élimine le profit commercial et permet ainsi l'établissement de ratios plus significatifs (la production de l'exercice est homogène : tous ses éléments sont en coût de production).

SECTION 2

RÈGLES DE DÉTERMINATION DU RÉSULTAT DE L'EXERCICE

52305 La détermination du résultat comptable repose sur un certain nombre de règles, appelées « principes comptables généralement admis » exposés aux n° 3535 s.
Nous examinons ci-après les problèmes particuliers qui peuvent se poser.

I. ÉVÉNEMENTS POSTÉRIEURS À LA CLÔTURE DE L'EXERCICE

A. Comptabilisation des événements postérieurs dans les comptes annuels et information

52310 Les événements post-clôture sont tous les événements intervenant **entre la date de clôture et la date d'arrêté des comptes** qui sont susceptibles d'avoir un impact sur la situation économique et financière de l'entreprise. De ce fait, ils peuvent devoir être reflétés dans les comptes. Il y a toutefois lieu de distinguer entre :
– les produits probables à la clôture d'un exercice (voir n° 52315) ;
– les risques et les pertes existant à la clôture d'un exercice (voir n° 52320).
Sur les événements postérieurs à la clôture survenant **après** la date d'arrêté des comptes, voir n° 52405.

> **Précisions** **Date d'arrêté des comptes** Pour les entités dotées d'un organe en charge de l'arrêté des comptes, il s'agit de la date de la réunion de cet organe au cours de laquelle il a été formellement procédé à l'arrêté des comptes, cette décision étant retracée par procès-verbal. Pour les autres entités, à défaut de formalisme spécifique prévu dans les statuts, notamment dans les SAS, le commissaire aux comptes peut demander que les comptes qui lui sont transmis soient datés et signés, afin de s'assurer qu'il s'agit bien de ceux arrêtés par le président, ou faire mentionner cette date dans la lettre d'affirmation (Note d'information CNCC NI.II « Le commissaire aux comptes et les événements postérieurs à la clôture des comptes », 2ᵉ édition, janvier 2021, § 1.22.1).

INCIDENCE SUR LES PRODUITS DES ÉVÉNEMENTS POSTÉRIEURS À LA CLÔTURE

52315 **a. Principe** Les **produits probables** à la clôture d'un exercice (voir n° 10350), et rendus certains par des événements survenus entre la date de clôture et la date d'arrêté des comptes, **ne peuvent être constatés à la clôture** dudit exercice, ces produits n'étant pas acquis à la date de la clôture (en ce sens, NI.II précitée, Avant-propos et Bull. CNCC n° 67, septembre 1987, EC 87-35, p. 350 s.).
En effet, l'article L 123-20, alinéa 3 du Code de commerce qui indique qu'il doit être tenu compte des « **passifs** qui ont pris naissance au cours de l'exercice ou d'un exercice antérieur, même s'ils sont connus entre la date de la clôture de l'exercice et celle de l'établissement des comptes », ne vise pas les produits.
Une information est néanmoins à fournir en **annexe** sur cet événement intervenu entre la date de clôture et la date d'arrêté des comptes (PCG art. 833-2 ; en ce sens, Bull. CNCC, EC 2018-10 du 29-3-2018 ; cncc.fr). Cette information doit être donnée en annexe dès lors que l'événement est **significatif** (PCG art. 833-1).
Sur l'importance relative des événements, voir n° 52320.

> **EXEMPLE**
> Des copropriétaires ont annoncé leur intention de consentir un abandon de créance (relatif aux loyers des exercices N et N−1) avant la clôture de l'exercice N. Cette intention est confirmée et formalisée par un accord en N+1, avant la date d'arrêté des comptes N. Le produit ne peut être constaté à la clôture N chez la société bénéficiaire des abandons de créance (voir n° 42300).

> **Fiscalement** Il en est de même, selon le principe d'indépendance des exercices (CGI art. 38-2 bis ; BOI-BIC-BASE-20-10 n° 1).

LES RÉSULTATS

> **EXEMPLE**
>
> Un brevet est cédé pour un prix variable calculé sur le chiffre d'affaires futur lié à l'utilisation du brevet par son acquéreur. Aucun montant n'est garanti par ailleurs. La partie variable ne peut être comptabilisée en produit qu'au fur et à mesure de la réalisation du chiffre d'affaires. Il ne peut pas être tenu compte du chiffre d'affaires réalisé entre la date de clôture et celle de l'arrêté des comptes pour estimer le produit à recevoir à la clôture (voir n° 32155).

> **Fiscalement** Sur les retraitements extra-comptables à effectuer lorsque le prix de cession d'un brevet comporte une part variable, voir n° 32155.

Sur la divergence avec les normes IFRS, voir Mémento IFRS n° 25200.

b. Il ne faut pas confondre :

1. Événement postérieur à la clôture et information connue après la clôture Les informations existant à la clôture, mais connues uniquement après, sont prises en compte pour déterminer le montant d'un produit, dans la mesure où ce dernier est certain dans son principe à la clôture (voir n° 10350).

> **EXEMPLES**
>
> — **Événement postérieur à la clôture** : un contrat prévoyant le paiement de redevances de marque est signé début N+1 et est rétroactif sur N : les redevances à percevoir en N+1 sont assises sur le chiffre d'affaires réalisé en N.
> La signature du contrat constitue un nouvel élément de N+1. En conséquence, pour la société percevant les redevances, il n'est pas possible de comptabiliser dès la clôture N les redevances assises sur le chiffre d'affaires réalisé par sa cocontractante en N.
> — **Information connue après la clôture** : signature en N d'un contrat prévoyant le paiement de redevances de marque assises sur le CA, mais connaissance en N+1, avant l'arrêté des comptes, du CA de l'année N permettant de calculer les redevances de N.
> À la clôture N, le produit est certain dans son principe du fait de la signature du contrat. Le produit doit être comptabilisé au titre de l'exercice N en tenant compte des informations connues en N+1.

> **Fiscalement** Au contraire, la jurisprudence du Conseil d'État s'oppose à la prise en compte de ces produits sur l'exercice N (voir n° 10505).

2. Produit probable et meilleure appréciation d'un risque à la clôture La revue à la baisse d'un montant à provisionner en fonction des éléments d'information post-clôture permettant de mieux évaluer le risque existant à la clôture peut impliquer une reprise de provision. Pour plus de détails et pour des exemples, voir n° 48210 et 48310, IV.

En revanche, les profits futurs (indemnités notamment) sont à comptabiliser à l'actif (et non en moins de la provision) lorsqu'ils sont acquis (voir n° 48310 VII.).

> **Fiscalement** Voir n° 48310 IV. et VII.

INCIDENCE SUR LES CHARGES DES ÉVÉNEMENTS POSTÉRIEURS À LA CLÔTURE

52320

Il doit être tenu compte des passifs qui ont pris naissance au cours de l'exercice ou d'un exercice antérieur, **même s'ils sont connus entre la date de la clôture de l'exercice et celle de l'établissement des comptes** (C. com. art. L 123-20 al. 3 et PCG art. 513-4).
Sur la notion de date d'arrêté des comptes, voir n° 52310, Précisions.

> **Précisions** Il est possible, lorsque l'événement survient après l'arrêté des comptes, de procéder à un nouvel arrêté s'il reste suffisamment de temps avant la date de réunion de l'organe appelé à statuer sur les comptes (NI.II précitée, § 1.22.1).

En ce qui concerne les événements postérieurs à la clôture susceptibles de générer des charges, le PCG distingue les deux cas suivants :
— l'événement est **lié à des conditions existant** à la date de clôture (art. 513-4 ; voir n° 52340) ;
— ou l'événement n'est **pas lié à des conditions** existant à la date de clôture (art. 833-2 ; voir n° 52345).

Selon la CNCC (NI.II précitée, § 1.32.1), il sera tenu compte de l'**importance relative des événements enregistrés** (notion introduite par l'article 121-3 du PCG ; voir n° 8260) :
— par l'entreprise pour décider du traitement comptable des événements postérieurs ;
— et par le commissaire aux comptes lors de ses diligences relatives au contrôle des événements postérieurs (voir FRC 12/23 Hors série inf. 125).

52340 L'événement est lié à des conditions existant à la date de clôture

I. Principe Selon le PCG (art. 513-4), « le résultat tient compte des passifs **qui ont pris naissance au cours de l'exercice ou d'un exercice antérieur** même s'ils sont connus entre la date de clôture de l'exercice et celle de l'établissement des comptes ».

Les **comptes** doivent donc être **ajustés** en fonction de ces événements postérieurs.

Selon la CNCC (NI.II CNCC précitée, § 1.33.3), le **lien** entre l'événement postérieur et la situation existant à la clôture doit être **direct et prépondérant**.

Il s'agit « d'événements qui constituent un **élément complémentaire d'appréciation** de la valeur des éléments de l'actif ou du passif de l'entreprise tels qu'ils existaient à la date de clôture de l'exercice » (Avis CNC dans Bull. n° 58, 1er trimestre 1984) autrement dit, à notre avis, d'**événements** qui se produisent **après la date de clôture** procurant des informations permettant de **mieux calculer** les estimations de sommes relatives aux **obligations existant à la clôture** de l'exercice.

Lorsque ces événements surviennent postérieurement à la date de clôture, pour déterminer s'il s'agit d'un événement qui ajuste les valeurs comptables à la date de clôture ou pas, l'entité doit exercer un **jugement** et examiner si elle pouvait **raisonnablement s'attendre,** à la date de clôture, à ce que l'événement survienne postérieurement à cette date de clôture. Si tel n'est pas le cas, l'événement ne sera alors pas considéré comme devant être pris en compte pour ajuster les valeurs comptables en date de clôture (NI.II CNCC précitée, § 1.33.1).

> **Précisions** **1.** **Événement continu et ayant débuté au cours de l'exercice clos** Il est parfois difficile de mettre en évidence le caractère direct et prépondérant du lien de causalité. Il en est souvent ainsi lorsque l'événement considéré est continu et a débuté au cours de l'exercice clos (NI.II CNCC précitée, § 1.33.1), comme c'est le cas, par exemple, de l'événement Covid-19 ou du conflit Ukraine/Russie.
> **2.** **Conflit Ukraine/Russie** Les conséquences du conflit et des restrictions étant en constante et rapide évolution, une analyse des événements intervenus entre la clôture et l'arrêté des comptes est nécessaire.
> En période de forte incertitude, l'AMF rappelle dans ses recommandations (Rec. AMF 2022-06 du 28-10-2022) qu'une information claire doit être fournie en annexe sur les ajustements effectués et sur les événements qui sont considérés comme n'entraînant pas d'ajustement, lorsque cela est important pour les états financiers.

Si l'événement remet en cause la continuité de l'exploitation, les comptes sont établis en valeurs liquidatives (voir n° 61120 s.)

EXEMPLES

Événements postérieurs à la clôture ayant un lien direct et prépondérant avec une situation existant à la clôture, parmi ceux cités par :
— l'OEC (Rec. n° 1.12) ;
— le CNC (Avis 2000-01 sur les passifs) ;
— et la CNCC (NI.II précitée, § 1.33.2 ; Bull. CNCC n° 203, septembre 2021, EC 2021-13).

Immobilisations incorporelles :
— remise en cause des critères ayant permis la prise en compte à l'actif de coûts de développement : s'il s'avère, par exemple, que la commercialisation du produit concerné par les coûts inscrits à l'actif ne peut plus être envisagée car un concurrent a lancé un produit similaire à un prix très compétitif, de sorte que les prévisions de rentabilité du produit pour l'entité sont remises en cause.

Immobilisations corporelles :
— expertises, évaluations, cessions amenant à dégager une valeur inférieure à celle constatée en comptabilité : si, par exemple, un immeuble cédé après la clôture fait apparaître, en raison d'une crise immobilière ayant débuté avant la clôture, une moins-value significative ;
— détermination définitive du prix d'achat d'une immobilisation réceptionnée avant la clôture.

Immobilisations financières :
— éléments d'évaluation de titres, tels que perspective de réalisation ou de rentabilité récente, modification de conjoncture. Par exemple, une filiale dont les titres ont été évalués à la clôture sur la base de perspectives de rentabilité n'atteint pas les objectifs fixés lors d'un arrêté intermédiaire (sauf événement exceptionnel qui ne pouvait pas être anticipé à la clôture).

Stocks et en-cours :
— stock de produits défectueux ayant conduit l'entité à verser des dommages et intérêts à un client postérieurement à la clôture pour défaut de qualité ;
— produit en stock interdit à la vente à la suite d'une décision des autorités compétentes, intervenue post-clôture, mais à laquelle on pouvait raisonnablement s'attendre à la clôture (produit estimé dangereux, procès/scandale sanitaire en cours à la clôture) ;
— chute du prix de vente de produits en stocks à la clôture (à notre avis, auquel on pouvait s'attendre à la clôture, voir n° 21490) ;
— information conduisant à modifier la dépréciation des en-cours.

Contrats à long terme :
— hausse importante du coût des matières premières entraînant une perte potentielle.

Clients :
— retour de marchandises livrées avant la clôture, ne répondant pas à cette date aux attentes du client, et reçu avant l'arrêté des comptes ;
— révélation de la situation compromise d'un client rendant la créance douteuse ;
— perte sur créance qui serait confirmée par la faillite du client postérieurement à la date de clôture ; créance née avant la clôture et partiellement dépréciée à cette date, et devenant définitivement irrécouvrable suite au dépôt de bilan du client avant la date d'arrêté des comptes ;
— découverte d'un défaut sur un produit garanti livré avant la clôture.

Provisions :
— faits ou informations sur l'existence ou le montant d'un risque existant à la clôture (voir n° 48310, IV) ;
— mise en jeu d'une caution avant la date d'arrêté des comptes (alors qu'il existait un risque sur la situation du cautionné à la clôture) ;
— découverte d'un dommage causé à un tiers avant la clôture ;
— fin d'une période de garantie avant la date d'arrêté des comptes (voir n° 11550, III).

Dettes :
— notification de redressement faisant suite à un contrôle fiscal portant sur des exercices antérieurs, reçue et acceptée avant l'arrêté des comptes ;
— décision intervenue ; par exemple, la décision rendue définitive au cours du 1er trimestre de l'exercice N+1 sur un litige prud'homal en cours à la clôture de l'exercice N et fixant définitivement, à la hausse, les indemnités à verser à un salarié (voir n° 45920) ;
— ristournes sur achats obtenues (voir n° 15590), lorsque, à notre avis, le principe de ces ristournes est prévu à la clôture ;
— détermination, après la date de clôture, du montant des paiements à effectuer au titre de l'intéressement ou de primes, si à la fin de l'exercice l'entité avait une obligation actuelle juridique ou implicite d'effectuer ces paiements du fait d'événements antérieurs à cette date.

Divers actifs et passifs :
— fraudes ou erreurs découvertes après la clôture de l'exercice et montrant que les comptes sont incorrects ;
— régularisation annuelle de la TVA sur marge (CGI art. 297 A, II ; voir Mémento Fiscal n° 60795) liée à la variation de stocks (Bull. CNCC n° 203, septembre 2021, EC 2021-13).

En ce qui concerne :
— les fluctuations de change, voir n° 40450 ;
— l'incidence de la levée des conditions suspensives, voir n° 11040 ;
— l'évolution à la baisse des business plans, constatée sur l'exercice suivant la clôture, voir n° 26915 ;
— l'incidence sur les reprises de provisions, voir n° 48210.

Pour plus de détails sur les modalités de prise en compte des événements postérieurs à la clôture en matière de provisions et pour d'autres exemples liés aux provisions, voir n° 48240 s. et 48310.

> **Fiscalement** Seules peuvent être prises en compte, pour la détermination du bénéfice net d'un exercice, les opérations faites par la société **avant la clôture** de l'exercice, en application du principe d'indépendance des exercices (CGI art. 36 et 37 ; BOI-BIC-BASE-10-10 n° 220 et 225).
> Ainsi, les **provisions** résultant de la prise en compte d'un événement postérieur à la clôture de l'exercice ne sont pas déductibles (BOI-BIC-PROV-20-10-40 n° 50 ; voir n° 48241 II.). Voir exemples : provision pour licenciement n° 16925, (provision pour) dépréciation des stocks n° 21490 III.b. À notre avis, la prise en compte des éléments postérieurs à la clôture de l'exercice devrait pouvoir être défendue sur le plan fiscal lorsqu'ils constituent de simples informations précisant les conditions existant déjà à la clôture (voir n° 48310, IV).
> En revanche, la symétrie n'est pas respectée en cas de **reprise de provision.** En effet, le produit comptabilisé est immédiatement imposable quelles que soient les raisons qui ont conduit à l'effectuer (et donc même si la reprise est justifiée par un événement post-clôture), seules les provisions qui figurent encore au bilan et qui sont encore justifiées pouvant être déduites.
> Sur la prise en compte d'un événement survenu avant la date de clôture mais dont l'entreprise n'a connaissance qu'entre la date de clôture et la date d'arrêté des comptes, voir n° 48241 II.

II. Exception Selon le PCG (art. 322-4 et 833-12/3), dans le cas exceptionnel où le montant de la provision ne peut être évalué avec une probabilité suffisante à la date d'arrêté des comptes, aucune provision n'est comptabilisée et une information est fournie en **annexe.**
Sur les informations à fournir dans ce cas particulier, voir n° 48700 s.

III. Annexe Ni le Code de commerce ni le PCG ne prévoient de mention explicite concernant ces éléments pour l'annexe.

Toutefois, selon la CNCC, l'ajustement des montants comptabilisés peut également donner lieu, en fonction de son caractère **significatif**, à un **complément d'information en annexe** (NI.II précitée, § 1.11.2 ; en ce sens également, Bull. CNCC n° 157, mars 2010, EC 2009-58, p. 225 s.).

Sur les obligations générales d'information en matière de provisions, voir n° 48700 s.

52345 **L'événement n'est pas lié à des conditions existant à la date de clôture**
Dans l'hypothèse où un événement **significatif** n'ayant **aucun lien direct prépondérant** avec une situation existant à la clôture de l'exercice survient entre la date de clôture et la date d'établissement des comptes (PCG art. 833-2) :
– il n'y a pas d'incidence sur le bilan et le compte de résultat ;

> **Fiscalement** Il en est de même ; cet événement n'est pas pris en compte pour la détermination du bénéfice net de l'exercice (voir n° 52340).

– **une information est donnée dans l'annexe.**

EXEMPLES

(Rec. OEC n° 1.12 et Note d'information CNCC NI.II précitée, § 1.34.2) :
– sinistre intervenu après la date de clôture ;
– litige né d'une production défectueuse réalisée après la clôture ;
– événements exceptionnels ou accidentels sortant du cadre de l'exploitation normale ;
– décisions de gestion importantes annoncées après la date de clôture ;
– émission de titres, prises de participation, souscriptions, transactions importantes postérieures à la date de clôture portant sur des actions ordinaires ou des actions ordinaires potentielles ;
– fusion, scission, apport partiel d'actif ;
– ouverture ou fermeture de branches d'activité, sauf si la décision a été annoncée avant la date de clôture (voir n° 17415) ;
– fluctuation de cours et de conjoncture sur les marchés de l'entreprise ;
– fluctuation de change (voir n° 40450) ;
– litiges ou procès dont la cause est postérieure à l'exercice ;
– mesures d'expropriation d'un des sites de production intervenues après la date de clôture.

Pour d'autres exemples liés aux provisions, voir n° 48240 s. et 48290.

L'information donnée en annexe peut consister à mentionner un **passif éventuel** (voir n° 52520).

EXEMPLES

(Note d'information CNCC NI.II précitée, § 1.34.2) :
– changement de taux d'impôt (voir n° 52620) ou lois fiscales votées ou annoncées après la date de clôture ;
– prise d'engagements importants ou passifs éventuels importants postérieurs à la clôture (par exemple, garanties).

Cette information doit être donnée en annexe dès lors que l'événement est **significatif** (PCG art. 833-1), peu importe qu'il remette ou non en cause la continuité de l'exploitation.

Sur l'information permanente à fournir par les entreprises cotées sur un marché réglementé, voir n° 81565.

Sur l'information à donner dans le document d'enregistrement universel (URD), voir n° 82055.

Si l'événement **remet en cause la continuité de l'exploitation,** voir n° 61120 s.

B. Information sur les événements postérieurs dans le rapport de gestion

52395 Plus généralement, sur le contenu du rapport de gestion, voir n° 64980 s.
Selon l'article L 232-1 du Code de commerce, le rapport de gestion expose les **événements importants** entre la date de la clôture de l'exercice et la date à laquelle il est établi.
Trois périodes sont à notre avis à distinguer :

52400 **Événements survenus avant l'arrêté des comptes** Ces événements ont nécessairement été **pris en compte dans les comptes annuels** qu'il s'agisse d'événements en lien direct prépondérant avec une situation existante avant la clôture (dans les comptes, voir n° 52340) ou non (dans l'annexe, voir n° 52345).
Ils doivent également être exposés dans le rapport de gestion (C. com. art. L 232-1).

> **Précisions** La CNCC a considéré (Bull. CNCC n° 157, mars 2010, EC 2009-58, p. 225 s.) :
> – « qu'un événement postérieur à la clôture de l'exercice ayant un lien direct et prépondérant avec une opération qui aura été comptabilisée dans les comptes, dès lors qu'il est important, pourra être mentionné (...) dans le rapport de gestion au titre des **événements postérieurs à la clôture de l'exercice** » ;
> – de même, un événement postérieur à la clôture « (...) sans lien direct et prépondérant avec une situation existant à la clôture, (...) et survenu avant la date d'arrêté des comptes, **dès lors qu'il est important,** (doit) être mentionné (...) dans le rapport de gestion ».

Sur les incidences des événements postérieurs sur le contrôle par le commissaire aux comptes, voir FRC 12/23 Hors série inf. 125.

52405 **Événements survenus après l'arrêté des comptes** Ni le Code de commerce, ni les référentiels comptables applicables en France, ne prévoient de traitement des événements postérieurs à la clôture survenus après la date d'arrêté des comptes (Note d'information CNCC NI.II précitée, § 1.22.1). En pratique, ces événements ne sont **pas pris en compte dans les comptes annuels,** qu'il s'agisse d'événements en lien direct prépondérant avec une situation existant avant la clôture ou non.

a. **S'ils surviennent entre l'arrêté des comptes et la date d'établissement du rapport de gestion** (sur la date d'établissement du rapport de gestion, voir n° 64960) : ils doivent être exposés dans le rapport de gestion (C. com. art. L 232-1).

> **Précisions** Ce cas est toutefois rare, les sociétés arrêtant le plus souvent leurs comptes et le rapport de gestion à la même date.
> Si tel est toutefois le cas, la CNCC précise, en ce qui concerne les **comptes annuels déjà arrêtés** et dans la mesure où un autre conseil d'administration se tient pour établir le rapport de gestion, qu'il apparaît souhaitable que le conseil d'administration modifie également les comptes afin de tenir compte de cet événement et procède ainsi à un nouvel arrêté. Ce nouvel arrêté n'est toutefois pas une obligation (Bull. n° 163, septembre 2011, CNP 2010-19, p. 585).

b. **S'ils surviennent après l'établissement du rapport de gestion jusqu'à l'assemblée générale** : le PCG 82 (p. II.16) précisait que « pour ce qui concerne les entreprises sous forme de sociétés, les actionnaires continuent de bénéficier du **droit à une juste information** sur les événements significatifs qui pourraient survenir entre la date d'établissement des comptes et celle de la tenue de l'assemblée générale ».

Ainsi, la CNCC indique que, sauf si l'entreprise choisit de procéder à un nouvel arrêté, elle doit faire une **communication appropriée** à l'organe appelé à statuer sur les comptes (NI.II précitée, § 1.22.1).

Aucun texte ne précise toutefois quel est l'organe compétent en charge de cette communication, ni la forme qu'elle doit prendre, écrite ou orale (CNP 2010-19 précitée).

Sur les incidences sur le rapport et les communications du commissaire aux comptes, voir FRC 12/23 Hors série inf. 125.

II. ÉVENTUALITÉS

52520 Les passifs éventuels sont définis par le PCG (art. 321-6) ; en revanche les actifs éventuels ne le sont pas.

I. Passifs éventuels

a. Définition Contrairement aux provisions qui ont un caractère éventuel au titre de leur montant ou de leur échéance mais qui correspondent à une obligation probable ou certaine à la date de clôture, **le passif éventuel correspond** (PCG art. 321-6) :
– à une **obligation potentielle** de l'entreprise à l'égard d'un tiers résultant d'événements dont l'existence ne sera confirmée que par la survenance, ou non, d'un ou plusieurs événements futurs incertains qui ne sont pas totalement sous le contrôle de l'entreprise ; l'obligation n'est donc **ni probable ni certaine** à la clôture (pour des exemples, voir n° 48241) ;

> EXEMPLE
>
> C'est le cas, par exemple, lorsque l'entreprise est conjointement et solidairement responsable d'une obligation. Une provision est comptabilisée pour la partie de l'obligation qui lui incombe s'il est probable que les tiers coresponsables assumeront leur part de responsabilité. En revanche, tant

qu'il n'est pas probable que les tiers coresponsables seront défaillants, le passif correspondant à la part des coresponsables reste éventuel et n'est pas comptabilisé au bilan (Avis CNC 2000-01 relatif aux passifs, § 1.3.1).
– ou à une **obligation (probable ou certaine)** de l'entreprise à l'égard d'un tiers dont il n'est pas probable ou certain qu'elle provoquera une sortie de ressources sans contrepartie au moins équivalente attendue de celui-ci.

> **EXEMPLE**
>
> Obligations conditionnelles dont la sortie de ressources n'est pas probable à la clôture :
> 1. Une entreprise a bénéficié d'un abandon de créance avec clause de retour à meilleure fortune. L'obligation de remboursement existe dès la conclusion de l'acte d'abandon (obligation contractuelle). Toutefois, tant que le retour à meilleure fortune n'est pas probable, le remboursement ne l'est pas non plus. L'obligation de rembourser constitue donc une obligation conditionnelle (conditionnée au retour à meilleure fortune). Voir n° 42320 s.
> 2. À notre avis, une caution accordée avant la date de clôture ou, plus généralement, tous les engagements de garantie donnés (voir n° 50005 s.) dont la mise en jeu n'apparaît pas probable à la date d'arrêté des comptes.

b. Information en annexe Les passifs éventuels ne sont pas comptabilisés au bilan ; ils sont mentionnés en annexe (PCG art. 322-5). Toutefois, les passifs éventuels peuvent évoluer et devenir des passifs à comptabiliser ; ils doivent donc être revus à chaque clôture (Avis CNC 2000-01 § 1.3.1).

À moins que la probabilité d'une sortie de ressources soit faible, les informations suivantes doivent être données dans l'annexe pour chaque catégorie de passif éventuel à la date de clôture (PCG art. 833-12/2) :
– description de la nature de ces passifs éventuels ;
– estimation de leurs effets financiers ;

> **Précisions** **Projet de texte susceptible d'être modifié avant son adoption définitive** (par exemple, réforme suspendue du fait d'un événement) Dans ce cas, la mention d'informations qualitatives est préférable à celle d'informations quantitatives qui pourraient s'avérer peu fiables (EC 2020-15 du 6-5-2021 ; cncc.fr).

– indication des incertitudes relatives au montant ou à l'échéance de toute sortie de ressources ;
– et possibilité pour l'entreprise d'obtenir remboursement.

> **Précisions** **1. Passif non provisionné** Ne constitue pas un passif éventuel, la quote-part non provisionnée d'un risque dans la mesure où la provision couvrant le risque a été correctement évaluée (Bull. CNCC n° 130, juin 2003, EC 2003-14, p. 370 s.). Cette quote-part ne fait donc pas l'objet d'une information au titre des passifs éventuels mais est couverte par l'information sur la provision (voir n° 48700). En revanche, en cas de caution, voir Précision 2. ci-après.
>
> **2. Passif éventuel résultant d'une caution donnée** Dans ce cas, le montant de la caution devra également figurer dans les engagements hors bilan, voir n° 50130.

II. Gains éventuels Le PCG n'évoque pas les gains éventuels. Selon le bulletin CNCC (n° 111, septembre 1998, CNP 97-60/EC 98-34, p. 453), les éventualités pour lesquelles il apparaît probable à la date d'arrêté des comptes, au regard de faits ou d'événements survenus avant la date de clôture, qu'un gain significatif sera effectivement réalisé doivent être mentionnées dans l'annexe. En conséquence, le commissaire aux comptes (Bull. CNCC précité) :
– doit inciter les dirigeants, lorsqu'il l'estime nécessaire, à donner une **information dans l'annexe** ;
– peut faire une **observation** sur l'information donnée dans l'annexe (s'il la juge utile) ;
– peut même, le cas échéant, formuler une **réserve** pour désaccord, mais uniquement si l'absence d'information peut, manifestement, tromper le lecteur sur la véritable situation de l'entreprise.

III. RÉSULTAT COMPTABLE ET RÉSULTAT FISCAL

DÉTERMINATION DU RÉSULTAT FISCAL

52590 **I. Le résultat fiscal est déterminé** (voir aussi n° 2875) :
1. En partant du résultat comptable C'est la raison pour laquelle le bilan et le compte de résultat de la liasse fiscale sont conformes aux schémas de présentation des comptes

annuels du PCG. Ils doivent être établis en suivant les règles comptables, puisqu'ils font apparaître le **résultat comptable** de l'exercice (qui, par définition, ne peut être qu'**unique**). Sur le double calcul du résultat comptable à effectuer en cas d'établissements stables à l'étranger, voir n° 70390.

2. Puis en apportant au résultat comptable des corrections (ou « retraitements ») extra-comptables pour tenir compte des règles fiscales spécifiques Ces corrections doivent être portées sur l'imprimé n° 2058-A de détermination du résultat fiscal. Ce Mémento précise chaque fois que cela est nécessaire les retraitements qui doivent être effectués et les lignes de l'imprimé n° 2058-A sur lesquelles ils doivent être reportés.

a. Les corrections positives, ou **réintégrations,** ont essentiellement pour objet d'ajouter au résultat comptable des charges comptabilisées mais qui ne sont pas déductibles du point de vue fiscal (par exemple, amortissement des véhicules de tourisme excédant un certain prix ; voir n° 27570).

b. Les corrections négatives, ou **déductions,** consistent à retrancher du résultat comptable des éléments non imposables, ou déjà imposés, ou soumis à un régime spécial (par exemple, dividendes reçus soumis au régime des sociétés mères ; voir n° 36340 s.).

Sur les principaux retraitements à effectuer pour passer du résultat comptable au résultat fiscal, voir FRC 2/23 Hors série « Du résultat comptable au résultat fiscal ».

II. Lorsque le résultat fiscal d'une société soumise à l'IS est déficitaire,
cette société peut choisir :

a. Report en avant Soit de reporter le déficit en avant pour l'imputer sur les bénéfices nets des exercices ultérieurs établis après déduction de toutes charges, notamment les amortissements (CE 10-4-2015 n° 369667, arrêt rendu en matière d'intégration fiscale mais applicable, à notre avis, aux sociétés non intégrées ; BOI-IS-DEF-10-30 n° 100). Ce déficit, qui peut être reporté **sans limitation de durée** et sans ordre particulier de millésime (CAA Versailles 3-5-2011 n° 10VE01100), sera alors déduit des bénéfices (CGI art. 209-I ; voir Mémento Fiscal n° 35905 à 35915) :
– dans la **limite annuelle** de 1 million d'euros (part fixe du plafond) ;
– majorée de 50 % du bénéfice de l'exercice excédant ce montant (part variable du plafond). Toutefois, les déficits cessent d'être reportables en cas de changement de régime fiscal ou de changement d'objet ou d'activité réelle de la société (voir n° 60515 et 60520).
Sur les pièces justificatives à conserver, voir n° 53280.

> **Précisions 1. Majoration du plafond d'imputation pour les sociétés en difficulté bénéficiaires d'abandons de créances** Pour les sociétés en difficulté auxquelles sont consentis des abandons de créances, la limite fixe de 1 million d'euros est majorée du montant de ces abandons (CGI art. 209, I ; BOI-IS-DEF-10-30 n° 220) ; pour plus de détails, et notamment sur la notion de société en difficulté, voir Mémento Fiscal n° 35905). Selon une position, à notre avis contestable au regard de la lettre des textes, l'administration considère que la part variable du plafond doit être minorée de ces abandons de créances (BOI-IS-DEF-10-30 n° 225).
> **2. Justification des déficits** Une comptabilité régulière et probante justifie l'existence du déficit reportable d'un exercice prescrit. La remise en cause des imputations effectuées nécessite que l'administration critique les écritures ayant conduit à la constatation du déficit et demande au contribuable de justifier de la régularité des écritures (CE 31-12-2020 n° 428297).
> **3. Déficit subi avant l'assujettissement de la société à l'IS en France** Une société ne peut imputer sur son résultat imposable à l'impôt sur les sociétés le déficit au titre d'un exercice antérieur alors que son activité n'était pas imposable en France en application de la convention fiscale internationale en vigueur (CE 15-11-2022 n° 444902).

EXEMPLE

Une entreprise dont l'exercice coïncide avec l'année civile réalise au titre de N un bénéfice de 1 200 000 €. Le déficit qu'elle a subi au titre de l'exercice N–1 s'élève à 1 500 000 €. Il n'est imputable sur le bénéfice N qu'à hauteur de : 1 000 000 € + [50 % × (1 200 000 € – 1 000 000 €)] = 1 100 000 €. Une fraction du bénéfice N, soit 100 000 € (1 200 000 € – 1 100 000 €) est imposable à l'IS. La part du déficit N–1 qui reste reportable sur les exercices N+1 et suivants s'élève à 400 000 € (1 500 000 € – 1 100 000 €).

b. Carry-back Soit de le reporter en arrière sur le bénéfice de **l'exercice précédent** (voir n° 52650 s.).

SECTION 3
PROBLÈMES PARTICULIERS SCHÉMAS DE COMPTABILISATION

I. COMPTABILISATION DES IMPÔTS SUR LES RÉSULTATS

A. Impôts

IMPÔTS SUR LE REVENU (NON COMPTABILISÉ)

52595 **a.** Le résultat imposable des **sociétés de personnes** est déterminé selon des modalités qui tiennent compte à la fois de la nature de l'activité de la société et de la qualité des associés. La société de personnes peut donc être conduite à procéder à une double détermination de son résultat lorsque ses membres relèvent de situations différentes. Pour les associés passibles de l'IS, la quote-part de résultat est déterminée selon les règles qui régissent ces sociétés.

L'impôt sur les bénéfices (qui est à la charge des associés et non de la société de personnes), n'a **pas** à être **comptabilisé** (son calcul dépendant de la situation de chacun des associés). Sur sa prise en compte dans les sociétés membres soumises à l'IS, voir n° 36480 s.

b. Dans les **entreprises individuelles,** le bénéfice du chef d'entreprise n'étant qu'un des éléments (BIC) de son revenu global imposable, l'impôt sur les bénéfices n'a **pas** à être **comptabilisé.**

Sur les possibilités d'option des sociétés de capitaux, en principe soumises à l'IS, pour l'imposition à l'impôt sur le revenu, voir n° 36480.

IMPÔT SUR LES SOCIÉTÉS (IS)

52620 **Taux d'impôt à retenir en comptabilité** **a.** **Principe** Selon le PCG (art. 515-1 issu de l'avis 97-C du Comité d'urgence du CNC) : « Le taux d'impôt à appliquer est **celui en vigueur à la date de clôture** ».

« Lorsque le vote de l'impôt modifiant le taux existant survient après la clôture de l'exercice, les effets de cette modification affectent l'exercice au cours duquel ce vote intervient et non l'exercice clôturé. Dans cette situation, une information donnant les **effets sur les résultats de l'exercice concerné de toute modification d'impôt votée entre les dates de clôture et d'arrêté est fournie dans l'annexe.** »

En conséquence, au nom de la cohérence et de la comparabilité de tous les comptes quelle que soit leur date d'arrêté :

1. Seul le vote définitif de la loi permet de tenir compte du nouveau taux (voté) :
– dans le bilan et le compte de résultat, si le vote est intervenu avant la clôture ;
– dans l'annexe, si le vote est intervenu entre la clôture et l'arrêté des comptes. Les effets de la modification du taux d'impôt sont alors indiqués (PCG art. 833-15 et 515-1).

> **Précisions** Selon le CNC (Avis CU CNC 97-C précité), le vote est définitif dès qu'il est exercé par l'Assemblée nationale et le Sénat (sans attendre, donc, la promulgation de la loi). À notre avis, il est toutefois nécessaire d'attendre la fin du délai de saisine du Conseil Constitutionnel et, s'il est saisi, la date de sa décision de validation.

2. Ce critère du taux voté à la clôture s'applique aussi bien :
– pour l'impôt courant que pour les impôts différés ;
– pour les comptes individuels que consolidés et les documents du premier semestre.

b. Taux applicables en 2023 aux bénéfices en principe soumis au taux normal de l'IS Pour les exercices ouverts depuis le 1er janvier 2022, le taux normal de l'IS est fixé à 25 % (CGI art. 219, I).

Un **taux réduit de 15 %** s'applique aux PME répondant à certaines conditions, pour la part de leurs bénéfices inférieure à 42 500 € pour les exercices clos à compter du 31 décembre 2022 (CGI art. 219, I-b modifié par loi 2022-1726 du 30-12-2022 art. 37).

> **Précisions** Ce taux réduit des PME concerne celles dont :
— le chiffre d'affaires HT (hors produits financiers, exceptionnels et débours) du dernier exercice (ramené le cas échéant à douze mois) est inférieur à un seuil de 10 M€. Lorsque la PME est la société mère d'un groupe fiscalement intégré, le chiffre d'affaires s'apprécie en additionnant les chiffres d'affaires de chacune des sociétés membres du groupe (CGI art. 219-I-b ; BOI-IS-LIQ-20-10 n° 50) ;
— le capital est libéré (à la clôture de l'exercice) et détenu de manière continue (tout au long de l'exercice, BOI-IS-LIQ-20-10 n° 230) à 75 % au moins par des personnes physiques, directement ou indirectement par l'intermédiaire de sociétés remplissant elles-mêmes les conditions pour bénéficier de ce taux réduit, dans la limite d'un seul niveau d'interposition (TA Melun 29-6-2017 n° 1504632 ; voir Mémento Fiscal n° 36090). En cas de détention de la PME par une société mère d'un groupe fiscal, le respect par celle-ci du seuil de chiffre d'affaires est apprécié en faisant la somme des chiffres d'affaires des sociétés membres de son groupe (CAA Nantes 9-6-2023 n° 22NT02933).
Sur le chiffre d'affaires à retenir en présence de succursales étrangères, voir n° 70025.

Le tableau ci-après, établi par nos soins, présente le **taux d'IS** applicable aux **résultats relevant en principe du taux normal**, réalisés à compter de 2022 par les sociétés selon leur **taille** et le **montant du bénéfice** :

	Exercices ouverts à compter de 2022 [1]
PME soumises au taux réduit [2] et [3]	– 15 % jusqu'à un bénéfice de 42 500 € [4] – 25 % au-delà
Autres entreprises	– 25 %

(1) À ces taux d'IS peuvent s'ajouter la CSB (voir n° 52635).
(2) Voir les précisions ci-avant sur les critères à satisfaire.
(3) Le taux réduit des PME s'applique aux bénéfices en principe soumis au taux normal de l'IS, à l'exclusion des plus-values relevant du régime du long terme.
(4) La limite de 42 500 € est applicable pour les exercices clos à compter du 31 décembre 2022 (CGI art. 219, I-b modifié par loi 2022-1726 du 30-12-2022 art. 37). Pour les exercices antérieurs, elle était fixée à 38 120 €.

c. Le tableau ci-après, établi par nos soins, synthétise les **principaux produits, plus et moins-values relevant du régime du long terme auxquels s'appliquent les différents taux réduits d'IS.**

> **Précisions** **Conditions de compensation** Les produits et plus et moins-values relevant du régime du long terme soumis aux taux de 15 % ou 19 % font l'objet d'une compensation par taux d'imposition. Le résultat ainsi obtenu peut ensuite être compensé avec le résultat net relevant de l'autre taux afin de déterminer la plus ou moins-value nette à long terme d'ensemble de l'exercice (voir n° 36740). Aucune compensation n'est en revanche possible avec les produits, plus et moins-values qui, bien que soumis à un taux réduit d'IS, ne relèvent pas du régime du long terme (voir d. ci-après).
Les moins-values nettes à long terme sur les titres de participations ne sont pas déductibles du résultat imposable et ne peuvent pas faire l'objet d'une compensation avec les autres types de plus-values (pour plus de détails, voir Mémento Fiscal n° 18865).

Sur les taux réduits applicables aux titres de **capital-risque** (SCR, FPCI et FCPR), voir n° 37500.
Sur le taux applicable aux titres d'une société de télévision titulaire d'une autorisation délivrée par le CSA, voir CGI, art. 219-I a.

Taux	Principaux produits et plus et moins-values relevant du régime du long terme soumis à un taux réduit d'IS	Références
0 %	**Plus et moins-values de cession de titres de participation** (au sens fiscal) [1], détenus depuis au moins deux ans [2] et [3]	art. 219, I-a quinquies du CGI, voir n° 36700
19 %	**Plus et moins-values de cession de titres de sociétés à prépondérance immobilière cotées** [1], constituant des titres de participation (au sens fiscal) et détenus depuis au moins deux ans [3]	art. 219, I-a du CGI, voir n° 36740

(1) Sur les titres exclus du régime du long terme, voir n° 36725.
(2) Les **plus-values nettes à long terme de cession de titres de participation** supportent une imposition limitée à une quote-part de frais et charges égale à 12 % du montant brut de la plus-value de cession soumise au taux normal d'IS, sous réserve que l'entreprise réalise une plus-value nette à long terme au titre de l'exercice (voir n° 36700). Le taux effectif d'imposition est alors de 3 %.
(3) Les dotations et reprises des (provisions pour) dépréciation des titres de participation relèvent du même taux que celui applicable aux plus et moins-values en cas de cession, quelle que soit la durée de détention de ces titres (CGI art. 39-1-5° ; voir n° 35930).

d. Certains **produits et plus et moins-values exclus du régime du long terme** peuvent bénéficier d'un **taux réduit d'IS**.

Ainsi, sont notamment soumises à un taux réduit de 19 % :
– les plus-values de cessions de locaux professionnels et de terrains à bâtir situés dans des zones géographiques tendues destinés à être transformés en immeubles d'habitation, réalisées, sous certaines conditions, jusqu'au 31 décembre 2023 (CGI art. 210 F ; voir Mémento Fiscal n° 19447 à 19552) ;

> **Précisions** Ce taux réduit s'applique également aux cessions réalisées au plus tard le 31 décembre 2024 en exécution de promesses unilatérales ou synallagmatiques de vente conclues jusqu'au 31 décembre 2023.
> Sont exclues de ce régime (BOI-IS-BASE-20-30-10) les cessions à titre onéreux réalisées entre sociétés liées au sens de l'article 39, 12 du CGI (sur cette notion, voir n° 35070) (CGI art. 210 F ; BOI-IS-BASE-20-30-10 n° 280).

– les plus-values latentes relatives aux actifs immobiliers en cas de transformation d'une société soumise à l'IS en Sppicav (CGI art. 219-IV ; voir Mémento Fiscal n° 30490).

> **Précisions Conditions de compensation** Les plus-values relevant du taux de 19 % en application des articles 210 F et 219-IV du CGI ne peuvent faire l'objet d'aucune imputation sur les moins-values relevant du régime du long terme (voir c. ci-avant).

e. Cas particuliers : exonérations ou abattements d'IS Des régimes particuliers s'appliquent au résultat normalement imposable réalisé par certaines sociétés en fonction de :
– leur lieu d'implantation, notamment les entreprises nouvelles créées dans certaines zones prioritaires, telles que les zones franches urbaines – territoires entrepreneurs, les zones de revitalisation rurale ou les bassins d'emploi à redynamiser (voir Mémento Fiscal n° 10260 à 10405) ;
– la nature de leur activité ou conditions d'exercice, notamment les jeunes entreprises innovantes créées jusqu'au 31 décembre 2025 (Loi 2022-1726 du 30-12-2022 art. 33 : voir Mémento Fiscal n° 10400) ou les sociétés immobilières cotées (Sppicav, SIIC ; pour plus de détails sur ce régime, voir Mémento Fiscal n° 30490 et 30930).

52625 Comptabilisation Il y a lieu de distinguer plusieurs étapes (PCG art. 944-44 et 946-69) :

a. En cours d'exercice Les **acomptes versés** (pour leur calcul, voir Mémento Fiscal n° 36535 à 36580) constituent une créance sur le Trésor public, qui sera imputée sur l'impôt dû. Ils sont enregistrés au débit du compte 444 « État – Impôts sur les bénéfices » par le crédit d'un compte de trésorerie.

Si l'entreprise n'a pas fait application de la possibilité qui lui est offerte de moduler les acomptes en cours d'exercice (voir Mémento Fiscal n° 36565), l'excédent d'acompte constaté lors de la liquidation de l'IS est remboursable d'office dans les 30 jours de la date de dépôt du relevé du solde.

b. À la clôture de l'exercice L'IS dû au titre des bénéfices imposables de l'exercice est débité au compte 695 **« Impôts sur les bénéfices »** (ventilé en 6951 « Impôt dû en France » et 6954 « Impôt dû à l'étranger ») par le crédit du compte 444 « État – Impôts sur les bénéfices ».

> **Fiscalement** La charge d'IS n'est pas déductible (CGI art. 213). Elle est réintégrée extra-comptablement sur l'imprimé n° 2058-A (ligne I 7).

Le montant des **acomptes** versés au cours de l'exercice est à porter en déduction de l'impôt dû au titre des bénéfices de l'exercice. En effet, l'imputation des acomptes versés sur l'impôt dû à raison des résultats de l'exercice est prévue par l'article 1668 du CGI, rendant sans effet le principe de non-compensation du PCG (art. 911-5).

Sur les divers **crédits d'impôt**, voir n° 11885, 17145, 31505, 36400 et 52685 à 52695. Sur les conséquences du **carry-back** sur la comptabilisation de l'impôt et des acomptes, voir n° 52650 s.

c. Liquidation du solde de l'impôt au début de l'exercice suivant Elle suit le même schéma comptable que les acomptes (voir a. ci-avant).

52630 Provisions pour impôts sur les bénéfices a. Comptabilisation dans le compte de résultat Il peut y avoir nécessité de provisionner l'impôt, par exemple en cas de rappel d'impôts sur les bénéfices (voir n° 53260 s.).

Sur les conditions de constitution d'une provision pour impôt différé, voir n° 52965.

À notre avis, l'impôt (sur les bénéfices) n'ayant pas le caractère d'une charge d'exploitation, financière ou exceptionnelle et le poste de dotation aux provisions pour impôts sur les bénéfices n'ayant pas été prévu par le PCG (art. 946-68 ; voir n° 48135) :
– les **dotations aux provisions pour impôts** destinées à couvrir les charges d'impôt sont à classer dans des comptes à **créer 689 et 789** (le compte « Impôts sur les bénéfices » étant

un sous-compte du compte 69) qui s'intituleraient « Dotation aux provisions pour impôts » et « Reprise sur provisions pour impôts » ;
– le compte 155 « Provisions pour impôt » étant utilisé en contrepartie (voir n° 48135).

> **Précisions** Il n'est pas possible, à notre avis, de rattacher la dotation et la reprise de provision à l'opération qui les engendre. En effet, l'impôt sur les sociétés lui-même n'est pas ventilé dans le compte de résultat selon les résultats d'exploitation, financier et exceptionnel (il l'est seulement dans l'annexe ; voir n° 54350).

Pour la **présentation au compte de résultat,** la dotation, comme la reprise, devraient, à notre avis, être comprises dans le poste « Impôts sur les bénéfices ». Aucune information dans l'annexe n'est requise par les textes, mais une ventilation de ce poste peut être donnée dans l'annexe si elle est d'une importance significative (voir n° 54350).
Sur l'information à donner en annexe sur les mouvements ayant affecté les provisions, voir n° 48700.

> **Fiscalement** Ces provisions ne sont pas déductibles et les reprises non imposables, l'IS n'étant pas déductible (voir n° 52625). La dotation doit donc être réintégrée extra-comptablement sur l'imprimé n° 2058-A (ligne WI) et la reprise déduite (ligne WU).

b. Taux d'impôt à retenir en comptabilité Seuls les taux d'impôt votés à la clôture peuvent être provisionnés (voir n° 52620). En plus de l'IS calculé au taux normal et au taux réduit (voir n° 52620), la provision pour impôt doit tenir compte, le cas échéant, de la CSB de 3,3 % (voir n° 52635).

CONTRIBUTION SOCIALE SUR LES BÉNÉFICES

52635

Une contribution sociale sur les bénéfices (CSB) est due par les personnes morales soumises à l'IS (voir Mémento Fiscal n° 36690 à 36745) :
– dont le chiffre d'affaires HT de l'exercice est supérieur à 7 630 000 € ;

> **Précisions** Le chiffre d'affaires s'entend selon l'administration des recettes provenant de l'activité courante, ce qui exclut notamment les produits financiers, les produits exceptionnels et les débours (BOI-IS-AUT-10-10 n° 20). Sur le chiffre d'affaires à retenir en présence de succursales, voir n° 70025.
> Mais selon le Conseil d'Etat, le chiffre d'affaires d'une société holding s'entend du montant total des recettes réalisées dans le cadre de son modèle économique, y compris le cas échéant les produits financiers (CE 26-7-2023 n° 466220).

– et qui acquittent un IS calculé au taux normal ou au taux réduit (voir n° 52620) supérieur à 763 000 € (CGI art. 235 ter ZC).

> **Précisions** La CSB est assise sur l'IS dû aux taux normal et réduit (sauf plus-values latentes à 19 % sur actifs immobilisés des sociétés qui optent pour le régime des SIIC ou des Sppicav, voir n° 52620) avant toute imputation de crédits d'impôt et diminué d'un abattement annuel de 763 000 €.

Sont exonérées les PME dont le chiffre d'affaires HT est inférieur à 7 630 000 € et dont le capital, entièrement libéré, est détenu en pleine propriété (la nue-propriété n'étant pas suffisante, TA Paris 19-11-2008 n° 03-4866 et 03-4867) à 75 % au moins par des personnes physiques, ou par des sociétés réalisant un CA inférieur à 7 630 000 € et dont le capital entièrement libéré est détenu directement à au moins 75 % par des personnes physiques (voir Mémento Fiscal n° 36720).
Comme l'IS, la CSB est payée sous forme de quatre acomptes et d'un solde.
Pour l'impact de cette contribution sur le taux global d'imposition, voir n° 52645.
Plusieurs étapes sont à distinguer :

I. Lors du versement des acomptes
Une créance sur le Trésor public est constatée au débit du compte 444 « État-Impôts sur les bénéfices » par le crédit d'un compte de trésorerie.
Pour le calcul et la date de paiement des acomptes, voir Mémento Fiscal n° 36730 à 36745.

II. À la clôture de l'exercice :
a. Comptabilisation de la CSB Elle est comptabilisée en charges sur le même exercice que l'IS sur lequel elle est assise au débit du compte 6952 « Contribution additionnelle à l'impôt sur les bénéfices » (PCG art. 932-1) avec pour contrepartie le crédit du compte 444 « État-Impôts sur les bénéfices ».

> **Fiscalement** Cette contribution n'étant pas déductible, il y a lieu de la réintégrer extra-comptablement sur l'imprimé de détermination du résultat fiscal (n° 2058-A, ligne I 7).

1. Comptabilisation de la CSB distinctement de l'IS Cette comptabilisation présente un intérêt pratique puisque, à la différence de l'IS, son montant ne minore pas le bénéfice net à retenir pour la participation des salariés (voir n° 53640).

2. Intégration fiscale Le coût de cette contribution peut être plus élevé pour des sociétés intégrées fiscalement que pour des sociétés soumises au régime de droit commun, l'abattement de CSB de 763 000 € s'appliquant une seule fois sur l'IS dû par la société tête de groupe sur le résultat d'ensemble, tandis qu'en régime de droit commun, l'abattement s'applique à l'IS dû par chaque société (BOI-IS-GPE-30-30-20 n° 10).

La société mère redevable de la CSB de 3,3 % n'a pas à créer de sous-comptes spécifiques du compte 698, celui-ci ayant déjà été prévu par le PCG pour enregistrer les charges et produits résultant de l'intégration fiscale (sous-comptes 6981 et 6989).

3. Dividendes de source étrangère soumis à une retenue à la source À propos de la CSB sur la comptabilisation de ces dividendes, voir n° 36400 s.

b. Annexe Aucune information dans l'annexe n'est requise par les textes, mais l'impact de cette contribution peut y être mis en évidence, notamment s'il n'apparaît pas directement au compte de résultat.

III. Lors de la liquidation de la contribution

Selon qu'il apparaît un complément à payer ou un excédent de versement par rapport aux acomptes versés, le compte 444 « État-Impôt sur les bénéfices » est soldé par le paiement du solde de liquidation ou par le remboursement de l'excédent à l'entreprise (voir Mémento Fiscal n° 36730).

TAUX GLOBAL D'IMPOSITION

52645 Le tableau ci-après fait apparaître le taux global d'imposition des sociétés pour les exercices ouverts depuis le 1er janvier 2022, compte tenu de la CSB.

		Taux réduits [1]		Taux normal [1]
Impôt sur les sociétés (CGI art. 219-I)	0 % [3]	15 %	19 %	25 %
Contribution sociale sur les bénéfices de 3,3 % (CGI art. 235 ter ZC) [2]	0 %	0,495 %	0,627 %	0,825 %
Taux global d'imposition	**0 %**	**15,495 %** [4]	**19,627 %** [4]	**25,825 %**

(1) Pour plus de détails sur les cas d'application de chacun de ces taux, voir n° 52620.
(2) Sur la fraction de l'IS excédant 763 000 € et à condition que la contribution soit applicable, voir n° 52635.
(3) Cas particulier : cession des titres répondant à la définition fiscale des titres de participation détenus depuis au moins 2 ans et relevant du secteur d'imposition limitée à une quote-part de frais et charges de 12 % (voir n° 36700).
(4) Pour la quote-part de résultat soumise à l'IS et à la CSB.

REPORT EN ARRIÈRE DES DÉFICITS FISCAUX (CARRY-BACK)

52650 L'article 220 quinquies du CGI offre aux entreprises soumises à l'IS la possibilité d'opter, sous certaines conditions, pour un report en arrière (« carry-back ») de leurs déficits fiscaux sur les **bénéfices imposables** au taux normal (ou au taux réduit des PME, voir n° 52620) non distribués de l'exercice précédent et **ayant donné lieu à un paiement effectif d'IS,** effectué le cas échéant, par imputation d'une créance née d'un précédent report en arrière de déficits (TA Paris 26-1-2021 n° 1906161).

Cette option fait naître une **créance sur le Trésor** (voir n° 52655) correspondant à l'excédent d'impôt antérieurement versé. Elle est mobilisable (voir n° 52660). Elle est remboursable (voir n° 52680) :
— à l'issue d'une période de cinq ans (sur le remboursement anticipé pouvant être obtenu par les sociétés en procédure collective, voir n° 52680) ;
— lorsqu'elle n'a pas été utilisée dans ce délai pour le paiement de l'IS.
Pour plus de détails, voir Mémento Fiscal n° 35960.

> **Précisions 1. Limitations** L'option pour le report en arrière (CGI art. 220 quinquies) :
— est limitée au report du seul **déficit du dernier exercice clos ;**
— est **plafonnée à 1 million d'euros ;**
— ne porte que **sur le seul bénéfice de l'exercice précédent.**
2. Bénéfice d'imputation L'imputation en arrière peut être effectuée sur un bénéfice rectifié par l'administration (CAA Bordeaux 28-1-2003 n° 00-2223), ou sur un bénéfice non déclaré pour lequel les impositions mises en recouvrement à la suite d'un contrôle n'ont pas été acquittées (TA Lille 2-2-2018 n° 1508675).

Sont **exclus du bénéfice d'imputation** les bénéfices exonérés, ayant donné lieu au paiement de l'impôt par imputation de crédits d'impôt, d'un excédent de crédit d'impôt recherche (CE 10-3-2022 n° 443690) ou de réductions d'impôt (CGI art. 220 quinquies ; BOI-IS-DEF-20-10 n° 130 s.).
Sur les modalités de calcul du bénéfice d'imputation, voir Mémento Fiscal n° 35940 à 35945.
Sur les incidences d'une rectification fiscale, voir n° 53170.
3. Modalités d'exercice de l'option L'option, qui peut porter sur tout ou partie seulement du déficit de l'exercice, doit (sauf en cas de rectification fiscale) être **exercée dans le même délai**

que celui du dépôt de la déclaration de résultat de l'exercice de constatation du déficit. Elle est matérialisée par la mention du déficit reporté dans la ligne ZL du tableau n° 2058-A, l'entreprise devant par ailleurs souscrire un imprimé n° 2039-SD à joindre au relevé de solde de l'exercice au titre duquel elle est exercée (CGI ann. III art. 46 quater-0 W ; BOI-IS-DEF-20-10 n° 250 à 300). L'option ne peut pas être exercée au titre de l'exercice au cours duquel intervient la cession, la cessation ou la fusion de la société (CGI art. 220 quinquies), sauf pour les sociétés absorbante ou bénéficiaire des apports mais uniquement à hauteur de leurs propres déficits, à l'exclusion des déficits transférés sur agrément (BOI-IS-DEF-20-10 n° 30). L'option ne peut être exercée au titre de l'exercice d'ouverture d'une procédure de liquidation judiciaire ou amiable (CE 20-11-2017 n° 397027) ou de redressement judiciaire (BOI-IS-DEF-20-10 n° 30).

Sur la possibilité d'opter a posteriori en cas de rectification fiscale, voir n° 53170.

Sur l'absence d'incidence sur le calcul de la participation, voir n° 53620.
Sur les éventuelles informations à fournir en annexe, voir n° 54350 et 54370.

Exercice de naissance de la créance **a. Comptabilisation de la créance** La créance née du report en arrière du déficit constitue, à notre avis : **52655**
– un **produit de l'exercice déficitaire,**
– **à condition** que la décision d'opter pour le carry-back ait été **prise avant la date d'arrêté des comptes,**

> **Précisions** **En principe,** ne pas avoir pris la décision d'opter pour le carry-back avant la date d'arrêté des comptes devrait se révéler rare en pratique. En conséquence, la créance de carry-back est en principe toujours comptabilisée dans les comptes de l'exercice déficitaire.

– sans attendre le dépôt de la réclamation qui ne constitue qu'une formalité et non le fait générateur de la décision.

Si l'option pour le carry-back est **prise après la date d'arrêté des comptes,** il s'agit, à notre avis, d'un produit de l'exercice au cours duquel la décision d'opter a été prise (en pratique, au plus tard l'exercice suivant l'exercice déficitaire). Sur l'incidence sur les produits des événements postérieurs à la clôture, voir n° 52315.

La créance doit être enregistrée au débit du compte 444 « État – Impôts sur les bénéfices » par le crédit du compte 699 « Produits – Report en arrière des déficits » (PCG art. 944-44 et 946-69).

> **Fiscalement** L'administration propose le même schéma de comptabilisation. Cette créance n'étant pas imposable (BOI-IS-DEF-20-10 n° 10), son montant est mentionné distinctement sur l'imprimé n° 2058-A (case ZI) et déduit extra-comptablement (ligne XG).

Ce produit figure, à notre avis, au **compte de résultat** sur la **ligne « Impôts sur les bénéfices »** entre parenthèses ou précédé d'un signe –.

b. Actualisation de la créance Selon l'avis CNC n° 26, cette créance ne doit pas être actualisée.

Sur l'ensemble du problème lié à la dépréciation des créances non productives d'intérêts, voir n° 40190.

Mobilisation (éventuelle) de la créance **a.** La créance de carry-back peut être **52660** **cédée en garantie à un établissement bancaire.** Dans ce cas, la créance ne peut plus être imputée sur l'IS dû au titre d'un exercice clos à compter de cette date. L'établissement de crédit peut en obtenir le remboursement au terme du délai de cinq ans s'il en a la propriété à cette date (BOI-BIC-IS-DEF-20-20 n° 100). Le traitement comptable est, à notre avis, identique à celui des créances professionnelles nanties dans le cadre de la loi « Dailly » (voir n° 40830).

b. Cette créance peut également être **remise à l'escompte.** Le traitement comptable est, à notre avis, identique à celui des effets remis à l'escompte (voir n° 40735).

Elle est inaliénable et incessible (CGI art. 220 quinquies ; Cass. com. 15-12-2009 n° 08-13.419), sauf en cas de **fusion,** quel que soit le régime sous lequel est placée l'opération (CGI art. 220 quinquies II ; voir Mémento Fusions & Acquisitions n° 7802 et 7812), ou en cas d'**entrée dans un groupe intégré.** La créance résultant du report en arrière d'un déficit pré-intégration peut en effet (CGI art. 223 G ; BOI-IS-GPE-30-10 n° 350) soit être conservée par la société qui a subi le déficit, soit être transmise à la société tête de groupe pour sa valeur nominale par le dépôt d'un imprimé spécifique. Lorsque la société mère acquiert la créance, elle peut l'utiliser :
– soit en garantie (voir n° 52660) ;
– soit au paiement de l'IS du groupe dans la limite de l'IS théorique qu'aurait versé la filiale si elle avait été imposée séparément (CGI art. 223 G-3°).

Dans tous les cas, le solde de la créance non utilisé pour le paiement de l'IS est remboursé à l'issue des 5 ans.

52680 Utilisation ou remboursement de la créance

I. Dans la période de 5 ans La créance née du report en arrière des déficits ne constitue pas un crédit d'impôt mais un moyen de paiement (Rép. Gaillard : AN 29-6-1998 n° 13088 non reprise dans Bofip). En effet, la créance de carry-back n'est utilisable que pour le paiement de l'IS dû au titre des cinq exercices suivant l'exercice déficitaire (CGI art. 220 quinquies I). Elle ne peut donc pas faire l'objet d'une compensation avec l'impôt dû au titre d'un exercice antérieur, à la suite d'une rectification fiscale du résultat de l'exercice sur lequel le déficit a été imputé (CE 12-1-2005 n° 257652).

a. Utilisation en paiement du solde de l'IS (au taux normal ou au taux réduit, mais pas de la contribution sociale sur les bénéfices, voir n° 52635) Lors de la constatation de l'impôt à payer, celui-ci est enregistré par le crédit du compte 4441 « État – Impôts sur les bénéfices » (débit : compte 695 : « Impôt sur les bénéfices ») sans tenir compte de la créance d'impôt. Lors du paiement effectif de l'impôt, cette créance d'impôt est créditée (en tout ou partie).

b. Utilisation en paiement d'acompte d'IS

1. Lors du paiement de l'acompte : l'entreprise a le choix entre :
– **régler l'acompte** : débit compte 444 « État-Impôts sur les bénéfices » par le crédit du compte « Banque » ;
– **utiliser sa créance de carry-back** : le compte 444 « État-Impôts sur les bénéfices » enregistrant, en fait, à son débit aussi bien les acomptes d'IS que la créance de carry-back, il paraît donc nécessaire de subdiviser ce compte afin de pouvoir suivre cette créance (par exemple : débit compte 4441 « État-Acomptes IS » par le crédit du compte 4442 « État-Créances de carry-back »).

2. Lorsque le montant des acomptes versés s'avère supérieur à l'impôt finalement dû : selon une instruction du 19 août 1985 (Inst. CP, 85-100-A2-1, n° 232-1 ; sur le sort des instructions de la comptabilité publique voir n° 2870), « lorsque l'impôt dû est inférieur au montant des acomptes versés au cours de l'exercice, un excédent apparaît à la clôture de cet exercice. Pour déterminer si c'est un excédent de versement ou un rétablissement de créance qui doit être constaté, il convient de **considérer comme définitifs les emplois faits** en l'acquit, ou **en couverture, des premiers acomptes,** dans l'ordre des échéances ».

> **Précisions** Autrement dit, pour déterminer à quoi correspond le trop-versé d'acompte (règlement ou utilisation de créance de carry-back), il convient de retenir la méthode Fifo, c'est-à-dire d'apprécier à concurrence du trop-versé le mode libératoire du 4e acompte, puis, si nécessaire, du 3e acompte, etc.

Dans l'hypothèse où la créance de carry-back constitue une partie du trop-versé, elle devra être rétablie (Inst. CP, 85-100-A2-1, n° 232-1), ce qui comptablement se traduira par l'écriture suivante : débit du compte 4442 « État-Créances de carry-back » par le crédit du compte 4441 « État-Acomptes d'IS ».

II. À l'issue de la période de 5 ans

a. Remboursement de la créance par le Trésor La fraction de la créance qui n'a pas pu être imputée sur l'IS dans un délai de 5 ans est remboursée. Cette créance (ou fraction de créance) est soldée (crédit du compte 444 « État-Impôts sur les bénéfices ») par le débit du compte de trésorerie concerné. Ce remboursement n'entraîne bien entendu la constatation d'aucun produit, celui-ci ayant déjà été enregistré lors de l'exercice de l'option (voir n° 52655). Sur les modalités de remboursement de la créance de carry-back, voir BIC-XIV-8740 à 8760.

> **Précisions** **Remboursement anticipé** Les sociétés qui font l'objet d'une procédure de sauvegarde, de conciliation, de redressement ou de liquidation judiciaires peuvent demander le remboursement anticipé de leur créance non utilisée à compter de la date du jugement, sous déduction d'un intérêt calculé au taux de l'intérêt légal (CGI art. 220 quinquies I ; BOI-IS-DEF-20-20 n° 140). Il en est de même en cas de procédure de sauvegarde financière accélérée (Rép. Dosne : AN 5-7-2011 n° 104859, non reprise dans Bofip ; voir n° 61475). La mesure s'applique à la fois aux créances non utilisées nées avant l'ouverture de la procédure (TA Rouen 13-2-2007 n° 05-1067 ; BOI-IS-DEF-20-20 n° 140) et à celles nées après l'ouverture de la procédure (CAA Lyon 7-5-2013 n° 12LY02242 ; BOI-IS-DEF-20-20 n° 140).

b. Imputation sur d'autres dettes fiscales Dès lors que la **créance** est **remboursable,** elle peut également être imputée sur toutes les autres dettes fiscales dont l'entreprise est redevable auprès de la DGI (BOI-REC-PRO-10-20-30), ce qui permet de ne pas attendre le remboursement effectif de la créance par le Trésor. Sont ainsi visées la TVA, la taxe sur les salaires, la cotisation minimale sur la valeur ajoutée…

CRÉDITS D'IMPÔT

Comptabilisation Le **produit de crédit d'impôt** est à comptabiliser **en diminution de l'impôt sur les bénéfices** (Note d'information ANC du 11-1-2011 relative à l'avancement des travaux du groupe « Impôts, taxes et versements assimilés » pour l'établissement des comptes individuels et consolidés selon les règles françaises), voir nº 31505. Toutefois, sur la possibilité de comptabiliser les crédits d'impôt en subvention, voir nº 31505. 52685

Sur les crédits d'impôt sur les revenus du portefeuille-titres, voir nº 11885 et 36400 s.
Sur le crédit d'impôt recherche (CIR), voir nº 31505.
Sur le crédit d'impôt recherche collaborative, voir nº 31527.
Sur le crédit d'impôt famille, voir nº 17145.
Sur la comptabilisation des crédits d'impôt dans l'intégration fiscale, voir nº 52815.
Sur la comptabilisation des crédits d'impôt pour investissement outre-mer, voir nº 52695.

> **Fiscalement** Les entreprises doivent joindre à leur déclaration de résultats une déclaration récapitulative des réductions et crédits d'impôt (Décret 2016-395 du 31-3-2016 ; BOI-BIC-DECLA-30-10-10-30 nº 170) souscrite par voie électronique (CGI art. 1649 quater B quater).

Sur les informations à fournir en annexe, voir nº 54365.

Crédit d'impôt en faveur du rachat d'une entreprise par ses salariés 52690
(Mémento Fiscal nº 10645)

> **Fiscalement** Les sociétés soumises à l'IS constituées exclusivement pour le rachat de tout ou partie du capital d'une société par ses salariés peuvent, sous certaines conditions, bénéficier d'un crédit d'impôt (CGI art. 220 nonies et 220 R ; CGI ann. III art. 46 quater-0 YX à 46 quater-0 YZC).
Pour chaque exercice, le crédit d'impôt est égal au montant de l'IS dû par la société rachetée au titre de l'exercice précédent, retenu :
– dans la proportion des droits sociaux que les salariés détiennent indirectement dans le capital de cette dernière ;
– dans la limite du montant des intérêts d'emprunt (contractés pour le rachat de cette société) dus par la société nouvelle sur l'exercice d'imputation.
Le crédit d'impôt défini est imputé sur l'IS (avant imputation des réductions et crédits d'impôt) dû par la société nouvelle au titre des exercices de comptabilisation des intérêts d'emprunt. L'excédent éventuel est remboursé.

La comptabilisation du crédit d'impôt et les retraitements extra-comptables à effectuer sont identiques à ceux applicables pour le crédit d'impôt famille (voir nº 17145).

> **Précisions** Toutefois, la comptabilisation est identique, que l'exercice social coïncide ou non avec l'année civile, le crédit d'impôt étant calculé sur la base des dépenses engagées au cours de l'exercice (et non de l'année civile).

Crédit d'impôt pour investissement outre-mer Certains investissements, limitativement énumérés par la loi, réalisés entre le 1er janvier 2015 et le 31 décembre 2029 dans un département d'outre-mer, ouvrent droit, sous certaines conditions, à un crédit d'impôt égal à un pourcentage du montant des investissements (CGI art. 244 quater W modifié par loi 2022-1726 du 30-12-2022 art. 13 ; BOI-BIC-RICI-10-160 ; voir Mémento Fiscal nº 91995 et 91997). 52695

I. Date de comptabilisation du produit Le fait générateur du crédit d'impôt est différent selon la nature de l'investissement réalisé (CGI art. 244 quater W, IV). Ainsi, à notre avis :
– acquisition ou construction d'une immobilisation corporelle (hors immeuble d'exploitation ou immeuble à usage locatif) : le crédit d'impôt est comptabilisé à la date de mise en service de l'immobilisation ;
– acquisition ou construction d'un immeuble d'exploitation ou d'un immeuble à usage locatif : le crédit d'impôt est comptabilisé à la **livraison.** Même si le crédit d'impôt est accordé de manière étalée dans le temps au rythme des phases de construction, les fractions perçues avant la livraison de l'immeuble constituent, à notre avis, des acomptes reçus de l'État, leur versement étant susceptible de remise en cause en cas de non-achèvement de l'immeuble ;
– réhabilitation d'immeuble : le crédit d'impôt est comptabilisé à la **date d'achèvement** des travaux ;
– investissement pris en crédit-bail : le crédit d'impôt est comptabilisé à la **date de mise à disposition** du bien au crédit-preneur.

II. Présentation du produit Le crédit d'impôt s'impute sur l'impôt sur les bénéfices de l'exercice au cours duquel le fait générateur du crédit d'impôt est intervenu. La fraction excédant l'impôt dû est remboursable à l'entreprise (CGI art. 199 ter U et 220 Z ; BOI-BIC-RICI-10-160-30).

Sur la comptabilisation du crédit d'impôt en moins de l'impôt ou en subvention, voir nº 31505.

B. Régime d'intégration fiscale des groupes de sociétés

52745 Le régime de l'intégration fiscale (CGI art. 223 A s. ; voir Mémento Fiscal n° 40000 à 40820) permet sous certaines conditions à une société mère, dite « tête de groupe », de se constituer seule redevable de l'IS pour l'ensemble du groupe qu'elle forme, soit avec ses filiales (intégration « verticale »), soit avec des sociétés sœurs ou cousines (intégration « horizontale »).

Il consiste en deux mécanismes favorables au fonctionnement des groupes :

1. Imposition à l'IS d'un résultat global, correspondant à la somme des résultats fiscaux des sociétés membres. Sur les distributions de dividendes intragroupes, voir n° 36315.

> **Précisions** **Conséquence pour les filiales** : les déficits et moins-values à long terme réalisés par les filiales intégrées pendant l'intégration étant pris en compte par la société mère pour la détermination du résultat d'ensemble, ils ne peuvent plus être reportés sur leurs propres résultats, y compris en cas de sortie du groupe, sauf cas de sortie liée à une procédure collective (CGI art. 223 E et 223 L ; BOI-IS-GPE-60). Sur le régime fiscal de l'indemnité de sortie éventuellement versée pour réparer le préjudice lié à la perte des déficits, voir n° 52760.

2. Neutralisation, temporaire ou définitive, de certaines opérations internes au groupe ainsi que de certaines opérations réalisées avec des sociétés étrangères n'appartenant pas au périmètre d'intégration mais qui détiennent des sociétés françaises membres de ce périmètre.

> **Juridiquement** Selon la CNCC (NI.IX, § 1.142.g), compte tenu de la variété des conventions d'intégration fiscale, leur caractère courant ou réglementé est à examiner au cas par cas.

Nous présentons ci-après, en résumé :
– un tableau reprenant les 4 types de conventions rencontrés le plus couramment en pratique ;
– les règles de base de comptabilisation (voir n° 52765) ainsi que des exemples pratiques (voir n° 52810) ;
– l'information à fournir dans l'annexe (voir n° 52820).

Sur l'éventuelle incidence sur la durée de conservation des documents, voir n° 53280.

Pour plus de détails, voir Mémento Groupes de sociétés n° 35100 s. et Mémento Intégration fiscale.

TABLEAU DE SYNTHÈSE DES TYPES DE CONVENTIONS COURANTES DE RÉPARTITION DE L'IMPÔT

52750 Sur les incidences fiscales, voir n° 52760.

Ce tableau n'est pas exhaustif de tous les types de conventions rencontrés en pratique.

Typologie des conventions	Caractéristiques	Incidences comptables et financières [1]			
		Charges d'impôt comme en l'absence d'intégration	Économies d'impôt liées aux déficits (réalisées pendant l'intégration)	Charges ou économies d'impôt résultant des correctifs	Crédits d'impôt des sociétés déficitaires
Type I	Charges d'impôt dans les filiales comme en l'absence d'intégration. La société mère enregistre l'économie d'IS résultant de l'utilisation des déficits selon 2 variantes [2].	Filiales et société mère bénéficiaires	En attente dans société mère	Société mère	Société mère
			En résultat dans société mère		
Type II	Conception de type I, mais avec réallocation immédiate des économies d'impôts aux filiales déficitaires.		En résultat dans filiales déficitaires [3]		Société mère ou filiales déficitaires [4]
Type III	Conception de type I, mais avec réallocation immédiate des économies d'impôts aux filiales bénéficiaires.		En résultat dans filiales bénéficiaires [3]		Société mère ou filiales bénéficiaires [4]
Type IV	Tous les impôts sont comptabilisés chez la société mère.	Société mère			

Renvois (1) à (4) : voir n° 52755.

Incidences comptables et financières (Commentaires du tableau) 52755

(1) **Problématique** Le résultat d'ensemble est différent de la somme des résultats fiscaux individuels des sociétés intégrées bénéficiaires. Il en résulte une différence entre la charge totale d'impôt du groupe et le total des charges d'impôt individuelles provenant des résultats des sociétés intégrées bénéficiaires ; cette différence correspond à l'économie globale réalisée par le groupe qui peut n'être que temporaire. En conséquence, lors de la mise en place d'une convention d'intégration fiscale, **l'enjeu pour le groupe est de déterminer comment répartir l'économie d'impôt générée par l'intégration entre les sociétés du groupe intégré**, sachant que cette répartition a des répercussions sur les flux financiers à l'intérieur du groupe et sur l'acceptation par l'administration fiscale de la convention d'intégration.

Σ	résultats fiscaux individuels bénéficiaires	Σ	charges d'impôt	
− Σ	résultats fiscaux individuels déficitaires	− Σ	économies d'impôt	Économie globale réalisée par le groupe
± Σ	retraitements effectués sur le résultat d'ensemble	± Σ	correctifs	
		− Σ	crédits d'impôt des sociétés intégrées déficitaires	
	Résultat d'ensemble		Charge d'impôt du groupe	

De la prise en compte de ces différents paramètres, il résulte de nombreuses solutions possibles pour répartir la charge d'impôt du groupe.

(2) La fraction de l'économie d'impôt globale correspondant à l'utilisation des déficits peut être comptabilisée selon deux variantes différentes :
– soit l'économie est considérée comme étant représentative d'une simple **économie de trésorerie** pour la mère, ces déficits ayant vocation à minorer ultérieurement la charge d'impôt qui sera constatée par les filiales lorsqu'elles redeviendront bénéficiaires. Dans cette situation, le montant des économies d'impôt en cause est porté dans un compte d'attente ;
– soit l'économie est considérée comme constituant un **gain immédiat** de l'exercice pour la société mère, qui doit à ce titre comptabiliser un produit dans ses comptes. Dans ce cas, la société mère supportera une charge d'impôt au titre de l'exercice au cours duquel les filiales déficitaires redeviendront bénéficiaires (sur la provision à constater le cas échéant, voir n° 52785).

(3) La réallocation de l'économie est immédiate ; elle peut s'effectuer selon différentes méthodes, mais si elle ne correspond pas à l'économie réalisée par le groupe, la société mère prend à sa charge ou à son profit la différence. Sur les conséquences lorsqu'une filiale anciennement déficitaire redevient bénéficiaire, voir n° 52810.

(4) Si la méthode de réallocation choisie les retient.

Sur les **règles de comptabilisation** et les **schémas comptables adaptés à ces différents types de conventions,** voir n° 52765 et 52810.

Incidences fiscales a. Conditions exigées pour garantir la neutralité fiscale des conventions de répartition de l'IS 52760

Selon le Conseil d'État, suivi par l'administration, la répartition de la charge d'IS dans un groupe fiscalement intégré est libre, sous certaines conditions.

> **Précisions** En effet, la répartition de l'économie d'IS entre les sociétés du groupe ne constitue pas une subvention indirecte, sous réserve que la convention (CE 12-3-2010 n° 328424 ; BOI-IS-GPE-30-30-10 n° 230 à 250) :
> – tienne compte des résultats propres de la société ;
> – ne porte pas atteinte à l'intérêt social de chaque société ;
> – ni aux droits des associés ou des actionnaires minoritaires.
>
> Dans le respect de ces conditions, des dérogations à la convention d'intégration peuvent être introduites à l'égard d'une filiale en suivant un formalisme libre, qui peut par exemple consister en une simple note interne au groupe (CE 13-10-2016 n° 388410) ou des écritures comptables concomitantes passées par la société mère et sa filiale (CAA Bordeaux 14-2-2017 n° 15BX00359).

Sous ces réserves, sont en conséquence admises :
– l'allocation à la société tête de groupe de l'intégralité de l'économie d'impôt (seule méthode admise par l'administration antérieurement à la jurisprudence du Conseil d'État ; voir convention de type I) ;

– la réallocation immédiate des économies réalisées du fait de l'intégration aux sociétés membres déficitaires (CE 24-11-2010 n° 334032 ; voir convention de type II) ;
– la réallocation immédiate des économies réalisées du fait de l'intégration aux sociétés membres bénéficiaires (CE 12-3-2010 n° 328424 ; voir convention de type III) ;
– l'allocation définitive à la société tête de groupe de l'intégralité de l'économie et de la charge d'impôt (CE 5-7-2013 n° 356781 ; CE 5-7-2013 n° 351874 ; voir convention de type IV).

Ces mêmes principes de répartition de la charge de l'impôt s'appliquent à la CSB (voir n° 52635 ; BOI-IS-GPE-30-30-10 n° 290) pour laquelle l'administration admet par exception que la répartition puisse conduire à faire supporter à la filiale une charge d'impôt supérieure à la charge d'impôt qu'elle aurait dû supporter.

b. Régime fiscal de l'indemnité de sortie L'indemnité versée par une société mère afin de dédommager la filiale déficitaire sortante du préjudice qu'elle subit du fait de la perte du droit au report de ses déficits réalisés pendant l'intégration n'est pas imposable (CE 11-12-2009 n° 301341 ; BOI-IS-GPE-30-30-10 n° 260) :
– sous réserve qu'elle soit prévue par la convention ;
– et qu'elle corresponde à des déficits, ou le cas échéant à des crédits d'impôt, que la filiale aurait eu le droit de reporter.

En effet, elle compense le supplément d'IS, non déductible, qui sera dû par la filiale après sa sortie du fait de cette perte (CE 11-12-2009 n° 301341, appliquant le régime fiscal des indemnités ; voir n° 45785). L'exonération est acquise, que l'indemnisation soit prévue dans son principe et son montant (CE 11-12-2009 n° 301341) ou bien seulement dans son principe (CE 24-11-2010 n° 333868 et 333867).

Corrélativement, l'indemnité et, par voie de conséquence, la provision correspondante ne sont pas déductibles chez la société mère.

RÈGLES DE BASE DE COMPTABILISATION

52765 Sur le plan comptable, les textes de référence sont l'avis CNC n° 37 du 2 juin 1989, inséré dans le PCG (art. 515-2) et l'avis CU CNC n° 2005-G du 12 octobre 2005.

52785 Répartition de l'impôt dans le groupe intégré Pour les écritures comptables et un exemple de comptabilisation des différents types de conventions, voir n° 52810.

I. Comptabilisation de la charge et des économies d'impôt

a. Dans les comptes de la société mère Selon le PCG (art. 515-2), la société mère doit comptabiliser à la fois :
– la dette globale d'impôt dû par le groupe quelles que soient les modalités d'intégration retenues ;

> **Fiscalement** En effet, c'est elle qui est seule redevable de l'IS et des contributions additionnelles dues sur le résultat d'ensemble (CGI art. 223 A).

– les créances sur les filiales intégrées générées simultanément par les conventions de répartition de l'impôt à l'intérieur du groupe.

b. Dans les comptes des sociétés intégrées Selon le PCG (art. 946-69), les charges ou produits afférents à l'application du régime d'intégration fiscale sont enregistrés respectivement aux comptes 6981 « Intégration fiscale – Charges » et 6989 « Intégration fiscale – Produits », subdivisions du compte 698 « Intégration fiscale ».

Ces comptes sont rattachés à la rubrique « Impôts sur les bénéfices », voir n° 52820.

II. Restitution des économies d'impôt aux filiales déficitaires
Selon les modalités de répartition prévues par la convention d'intégration (voir n° 52750), la société mère ou les filiales bénéficiaires ont pu profiter d'économies d'impôt du fait de la présence, dans le groupe d'intégration, de filiales déficitaires qui ont réduit la charge totale d'impôt (du fait de l'utilisation par le groupe de leurs reports déficitaires).

Dès lors, la probabilité que ces filiales déficitaires redeviennent bénéficiaires peut créer un risque, pour les sociétés ayant bénéficié de ces économies d'impôt, de devoir les restituer aux filiales déficitaires lorsque ces dernières redeviendront bénéficiaires. Le traitement comptable de ce risque dépend de la convention conclue :

a. Dans la convention de type I :
1er cas : la société mère met en attente le produit d'impôt lié à ces économies. Aucun problème ne se pose, la comptabilisation étant très prudente.

2nd cas : le produit lié à ces économies d'impôt est comptabilisé immédiatement en résultat chez la société mère. La question d'une éventuelle provision se pose au cas où les filiales déficitaires redeviendraient bénéficiaires. Selon l'avis CU CNC n° 2005-G du 12 octobre 2005, **la constitution d'une provision est obligatoire** uniquement lorsque la convention prévoit l'**obligation de restituer les économies d'impôt aux filiales dès qu'elles redeviennent bénéficiaires**, sous forme de reversement de trésorerie (restitution directe, inscription en compte courant ou abandon de créances). Dans ce cas, une provision doit être comptabilisée dès lors que le reversement en trésorerie est probable (PCG art. 322-1), c'est-à-dire en pratique, à notre avis, de manière quasi systématique, sauf dans le cas particulier où il serait démontré que la filiale est structurellement déficitaire.

> **Précisions** Selon l'avis CU CNC n° 2005-G précité :
> – la société mère comptabilise alors la dotation aux provisions en charges exceptionnelles et la filiale concernée comptabilise le reversement de trésorerie en produits exceptionnels ;
> – lorsque l'entreprise ne comptabilise pas de provision (reversement en trésorerie estimé non probable ou non prévu par la convention), elle doit mentionner en annexe le montant du « reversement » potentiel à l'État au titre de la fiscalité latente, voir n° 54355.

En général toutefois, il n'y **a pas de reversement effectif** à la filiale déficitaire lorsque cette dernière redevient bénéficiaire. En effet, la filiale déficitaire calcule toujours son impôt comme en l'absence d'intégration fiscale. C'est à l'État que la société mère reverse l'économie d'impôt faite antérieurement. Dans la grande majorité des cas, il n'y a **donc pas de provision** à constater. Il s'agit d'un impôt différé passif (voir n° 52965).

b. Dans la convention de type II La réallocation immédiate aux filiales déficitaires de l'économie d'impôt étant expressément prévue par la convention, le risque de restitution est déjà pris en compte à la clôture de l'exercice (une dette vis-à-vis des sociétés déficitaires est comptabilisée au bilan de la société mère).

c. Dans la convention de type III Le produit lié aux économies d'impôt étant comptabilisé immédiatement en résultat chez les sociétés bénéficiaires, la question d'une éventuelle provision dans les comptes des sociétés bénéficiaires ayant « profité » de l'économie d'impôt se pose, mais n'a pas été traitée par l'avis CU CNC n° 2005-G précité. À notre avis, aucune provision n'est à constater. En effet, même si les sociétés bénéficiaires ont l'obligation (dès la signature de la convention) de restituer cette économie d'impôt, il s'agit d'un passif d'impôt différé, qu'il ne faut donc pas comptabiliser si les sociétés n'ont pas opté pour la méthode de l'impôt différé dans leurs comptes sociaux (sur ce point, voir n° 52955).

d. Dans la convention de type IV La société mère constatant l'intégralité de la charge ou du produit d'impôt, la question de la restitution de l'économie d'impôt aux filiales déficitaires ne se pose pas.

Indemnisation des filiales quittant le groupe intégré

52790

En contrepartie de l'imposition d'un résultat global (voir n° 52755), les déficits réalisés par les sociétés membres pendant l'intégration ne peuvent plus être reportés sur leurs propres résultats, y compris en cas de sortie du groupe (voir n° 52745).

> **Précisions** Toutefois, en cas de sortie liée à une procédure collective, un mécanisme de réallocation des déficits transmis au groupe est prévu (CGI art. 223 E).

C'est pourquoi les sociétés sortant du périmètre d'intégration peuvent obtenir une indemnité de sortie, destinée à réparer le préjudice qu'elles subissent au titre de la conservation de leurs déficits par la société tête de groupe. Le traitement comptable de cette indemnité est le suivant :

I. Dans les comptes de la société sortante L'indemnité de sortie perçue est comptabilisée en produit. Étant destinée à couvrir la perte d'une économie future d'impôt (conservée par le groupe d'intégration fiscale malgré la sortie de la société), elle pourrait être comptabilisée en impôt sur le résultat (dans un compte 695). Néanmoins, par cohérence avec l'avis CU CNC n° 2005-G du 12 octobre 2005 qui prévoit la comptabilisation de la provision en charges exceptionnelles (voir II. ci-après), l'indemnité constitue, à notre avis, un produit exceptionnel, à inscrire au compte 7718 « Autres produits exceptionnels sur opération de gestion », en contrepartie d'un compte de trésorerie ou d'une créance vis-à-vis de la société mère (selon le cas).

> **Fiscalement** voir n° 52760.

II. Dans les comptes de la société mère L'indemnité versée afin de dédommager la filiale déficitaire sortante constitue une charge. Par symétrie avec le raisonnement retenu pour la société sortante (voir I. ci-avant), elle est, à notre avis, inscrite en charges exceptionnelles, au compte 6718 « Autres charges exceptionnelles sur opérations de gestion », en contrepartie d'un compte de trésorerie ou d'une dette vis-à-vis de la société sortant du périmètre d'intégration (selon le cas).

L'indemnité de sortie doit être provisionnée chez la société mère si (Avis CU CNC 2005-G du 12-10-2005) :
– la convention d'intégration prévoit l'obligation de restituer les économies d'impôt aux filiales en cas de sortie du périmètre d'intégration fiscale ;
– et dès que le reversement en trésorerie est probable.

En pratique, tel est à notre avis le cas :
– lorsqu'il existe un accord irrévocable de cession [par analogie avec le cas des provisions pour restructuration conditionnées par une opération financière (PCG art. 322-11 ; voir n° 17415 III)] ;
– ou dès que la décision interne de sortie du périmètre d'intégration fiscale aura été formalisée par l'autorité compétente au sein de l'entreprise.

> **Fiscalement** Voir n° 52760.

52810 **Schémas comptables et exemples** Les écritures comptables dans les filiales et la société mère sont détaillées ci-après pour les conceptions les plus courantes au travers d'un exemple.

EXEMPLE

Une société M détient deux filiales F1 et F2 à 95 %. Les résultats pour l'année N sont les suivants :

	Société mère M	Filiale F1	Filiale F2	Correctif d'IF	Résultat d'ensemble et charge d'impôt du groupe
Résultat N	1 500	(2 100)	2 500	100	2 000
Impôt au taux de droit commun (25 %)	375	0	625	25	500
Résultat N+1	3 000	900	300	0	4 200
Impôt au taux de droit commun (25 %)	750	0 (1)	75	0	1 050 (2)

(1) S'il était calculé comme en l'absence d'intégration fiscale, l'impôt dû par F1 en N+1 serait nul, du fait de l'utilisation des reports déficitaires générés en N. En effet, le résultat N+1 (900) est inférieur au seuil de 1 million d'euros au-delà duquel les règles de plafonnement des déficits sont appliquées (voir n° 52590).
(2) Calculé comme en l'absence d'intégration fiscale, l'impôt dû par F1 en N+1 est théoriquement nul [voir (1) ci-avant]. Toutefois, au niveau du groupe intégré, l'impôt est calculé sur la somme des résultats des filiales. D'où un impôt dû de 1 050.

1. Convention de type I :

1ᵉ variante L'économie d'impôt liée aux déficits de F1 représente une économie de trésorerie ; elle est mise en attente chez la société mère et n'est pas prise en résultat (voir n° 52750).

a. En N :
— **Dans les comptes des filiales** :
• la filiale F1 déficitaire n'a aucune écriture à comptabiliser en l'absence d'impôt à payer ;
• la filiale F2 bénéficiaire constate son impôt comme en l'absence d'intégration fiscale.

		4511 Compte courant Sté mère	6981x Intégration fiscale Charges
Constatation de la charge d'impôt de la filiale F2 (bénéficiaire).		625	625

– **Dans les comptes de la société mère** Les écritures sont les suivantes :

	444 État Impôts sur les bénéfices	4515 Compte courant filiales	47X Compte d'attente	698x Intégration fiscale
Créance de la société mère sur la filiale F2 (bénéficiaire).............		625		625
Économie réalisée grâce aux déficits de la filiale F1 (déficitaire) (2 100 x 25 %).............			525	525
Dette d'impôt envers l'État.............	500			500
			Solde	400

Selon cette conception, l'intégration fiscale conduit donc, chez la mère, à comptabiliser une charge d'impôt (400), correspondant à sa propre charge d'impôt (375) augmentée de l'impôt sur les correctifs (25).

b. En N+1 :

– **Dans les comptes des filiales :**
- la filiale F1 doit constater son impôt comme en l'absence d'intégration fiscale. Ainsi, elle n'a aucun impôt à comptabiliser, car elle utilise les déficits antérieurs qu'elle a générés en N ;
- la filiale F2 bénéficiaire constate son impôt comme en l'absence d'intégration fiscale. L'écriture est la suivante :

	4511 Compte courant Sté mère	6981x Intégration fiscale Charges
Constatation de la charge d'impôt de la filiale F2 (bénéficiaire).............	75	75

– **Dans les comptes de la société mère** L'économie d'impôt liée aux déficits N de F1 a été mise en attente au 31 décembre N. F1 redevenant bénéficiaire en N+1, l'économie d'impôt correspondant aux déficits utilisés par F1 est consommée pour 225 [900 (déficits utilisés) × 25 %]. Les écritures sont les suivantes :

	444 État Impôts sur les bénéfices	4515 Compte courant filiales	47X Compte d'attente	698x Intégration fiscale
Créance de la société mère sur la filiale F2 (bénéficiaire).............		75		75
Utilisation partielle de l'économie réalisée grâce aux déficits N de la filiale F1 (900 x 25 %).............			225	225
Dette d'impôt envers l'État.............	1 050			1 050
			Solde	750

Le produit d'impôt n'ayant pas été comptabilisé en résultat par la société mère en N, l'intégration fiscale n'a pas d'incidence sur sa propre charge d'impôt en N+1 (750).

52810
(suite)

2ᵉ variante L'économie d'impôt est prise en résultat immédiatement chez la société mère (voir n° 52750).

a. En N :

– Dans les comptes des filiales :
- la filiale F1 déficitaire n'a aucune écriture à comptabiliser en l'absence d'impôt à payer. L'économie d'impôt résultant de ce déficit est constatée chez la mère ;
- la filiale F2 bénéficiaire constate son impôt comme en l'absence d'intégration fiscale.

	4511 Compte courant Sté mère	6981x Intégration fiscale Charges
Constatation de la charge d'impôt de la filiale F2 (bénéficiaire).	625	625

– Dans les comptes de la société mère Les écritures sont les suivantes :

	444 État Impôts sur les bénéfices	4515 Compte courant filiales	698x Intégration fiscale
Créance de la société mère sur la filiale F2 (bénéficiaire).		625	625
Dette d'impôt envers l'État.	500		500
		Solde	125

Selon cette conception, l'intégration fiscale conduit donc, chez la mère, à comptabiliser un produit d'impôt (132,5), correspondant à la somme de :
- sa propre charge d'impôt (375) augmentée de l'impôt sur les correctifs (25) ;
- compensée par le produit d'impôt lié à l'économie née du déficit de la filiale F1 (525).

Dans cette conception, l'économie d'impôt réalisée grâce au déficit de la filiale déficitaire F1 est considérée comme un produit certain.

> Précisions Sur la nécessité de comptabiliser, dans certains cas, une provision pour risque de restitution de cette économie, voir n° 52785.

b. En N+1 :

– Dans les comptes des filiales :
- la filiale F1 doit constater son impôt comme en l'absence d'intégration fiscale. Ainsi, elle n'a aucun impôt à comptabiliser, car elle utilise les déficits antérieurs qu'elle a générés en N ;
- la filiale F2 bénéficiaire constate son impôt comme en l'absence d'intégration fiscale. L'écriture est la suivante :

	4511 Compte courant Sté mère	6981x Intégration fiscale Charges
Constatation de la charge d'impôt de la filiale F2 (bénéficiaire).	75	75

– Dans les comptes de la société mère Les écritures sont les suivantes :

	444 État Impôts sur les bénéfices	4515 Compte courant filiales	698x Intégration fiscale
Créance de la société mère sur la filiale F2 (bénéficiaire).		75	75
Dette d'impôt envers l'État.	1 050		1 050
		Solde	975

L'intégration fiscale conduit donc, chez la société mère, à comptabiliser une charge d'impôt (975), correspondant à la somme :
- de sa propre charge d'impôt (750) ;
- du reversement d'une partie de l'économie d'impôt liée aux déficits générés par F1, comptabilisée en produit en N chez la société mère et utilisée par F1 en N+1 (225).

2. Convention de type II Selon cette conception, l'économie d'impôt est prise en résultat immédiatement chez les sociétés déficitaires (voir n° 52750).

52810
(suite)

a. En N :
— **Dans les comptes des filiales :**
• la filiale F1 déficitaire comptabilise en produit l'économie d'impôt qui lui est réallouée ;

	4511 Compte courant Sté mère	6989x Intégration fiscale Produits
Constatation de l'économie d'impôt de la filiale F1 (déficitaire)............	525	525

• la filiale F2 bénéficiaire constate son impôt comme en l'absence d'intégration fiscale.

	4511 Compte courant Sté mère	6981x Intégration fiscale Charges
Constatation de l'économie d'impôt de la filiale F2 (bénéficiaire)............	625	625

— **Dans les comptes de la société mère** Les écritures sont les suivantes :

	444 État Impôts sur les bénéfices	4515 Compte courant filiales	698x Intégration fiscale
Créance de la société mère sur la filiale F2 (bénéficiaire).............		625	625
Réallocation à la filiale F1 de l'économie d'impôt réalisée grâce à son déficit (2 100 x 25 %).............		525	525
Dette d'impôt envers l'État.............	500		500
		Solde	400

Selon cette conception, l'intégration fiscale conduit donc, chez la mère, à comptabiliser une charge d'impôt (400), correspondant à sa propre charge d'impôt (375) augmentée de l'impôt sur les correctifs (25). Le produit d'impôt lié au déficit de la filiale F1 n'est pas conservé par la mère.

b. En N+1 :
— **Dans les comptes des filiales :**
• la filiale F1 qui redevient bénéficiaire constate son impôt comme en l'absence d'intégration fiscale. Néanmoins, dans la mesure où elle redevient bénéficiaire après avoir été déficitaire pendant la période d'intégration, elle doit ajouter à la charge d'impôt calculée comme en absence d'intégration fiscale (0), une charge d'impôt correspondant aux déficits déjà utilisés les exercices antérieurs, et pour lesquels une économie d'impôt a déjà été réallouée (225). Ainsi, l'écriture est la suivante :

	4511 Compte courant Sté mère	6981x Intégration fiscale Charges
Constatation de la charge d'impôt de la filiale F1 (bénéficiaire après avoir été déficitaire).....	225	225

• la filiale F2 bénéficiaire constate son impôt comme en l'absence d'intégration fiscale.
Ainsi, l'écriture est la suivante :

	4511 Compte courant Sté mère	6981x Intégration fiscale Charges
Constatation de la charge d'impôt de la filiale F2 (bénéficiaire)................	75	75

52810
(suite)

— **Dans les comptes de la société mère** Les écritures sont les suivantes :

	444 État Impôts sur les bénéfices	4515 Compte courant filiales	698x Intégration fiscale
Créance de la société mère sur la filiale F1 (bénéficiaire).............		225	225
Créance de la société mère sur la filiale F2 (bénéficiaire).............		75	75
Dette d'impôt envers l'État.........................	1 050		1 050
		Solde 750	

Le produit de l'économie d'impôt lié aux déficits de la filiale F1 en N n'ayant pas été comptabilisé par la société mère, l'intégration fiscale n'a aucune incidence sur sa propre charge d'IS en N+1.

3. Convention de type III Selon cette conception, l'économie d'impôt est prise en résultat immédiatement chez les sociétés bénéficiaires (voir n° 52750).

a. En N :
— **Dans les comptes des filiales** :
• la filiale F1 déficitaire n'a aucune écriture à comptabiliser en l'absence d'impôt à payer. L'économie d'impôt résultant de ce déficit est constatée chez les filiales bénéficiaires ;
• la filiale F2 bénéficiaire constate son impôt comme en l'absence d'intégration fiscale, puis elle comptabilise l'économie d'impôt qui lui est réallouée par la société mère.

	4511 Compte courant Sté mère	698x Intégration fiscale
Constatation de la charge d'impôt de la filiale F2 (bénéficiaire)...............	625	625
Constatation de l'économie d'impôt réalisée grâce à F1 et réallouée à la filiale F2 (bénéficiaire)..	525	525
	Solde 100	

— **Dans les comptes de la société mère** Les écritures sont les suivantes :

	444 État Impôts sur les bénéfices	4515 Compte courant filiales	698x Intégration fiscale
Créance de la société mère sur la filiale F2 (bénéficiaire)............		625	625
Réallocation à la filiale F2 de l'économie d'impôt réalisée grâce au déficit de la filiale F1 (2 100 x 25 %)..........		525	525
Dette d'impôt envers l'État...............	500		500
		Solde 400	

(100)

Selon cette conception, l'intégration fiscale conduit donc, chez la mère, à comptabiliser une charge d'impôt (400), correspondant à sa propre charge d'impôt (375) augmentée de l'impôt sur les correctifs (25). Le produit d'impôt lié au déficit de la filiale F1 n'est pas conservé par la mère.

b. En N+1 :
— **Dans les comptes des filiales** :
• la filiale F1 doit constater son impôt comme en l'absence d'intégration fiscale. Ainsi, elle n'a aucun impôt à comptabiliser, car elle utilise les déficits antérieurs qu'elle a générés en N ;

- la filiale F2 bénéficiaire constate son impôt comme en l'absence d'intégration fiscale, puis elle comptabilise une charge complémentaire au titre de l'obligation de restitution de l'économie d'impôt dont elle a bénéficié en N. Les écritures sont les suivantes :

	4511 Compte courant Sté mère	698x Intégration fiscale
Constatation de la charge d'impôt de la filiale F2 (bénéficiaire)	75	75
Constatation d'une charge d'impôt supplémentaire liée à la restitution de l'économie d'impôt réalisée en n grâce à F1	225	225
	Solde 300	

— **Dans les comptes de la société mère** Les écritures sont les suivantes :

	444 État Impôts sur les bénéfices	4515 Compte courant filiales	698x Intégration fiscale
Créance de la société mère sur la filiale F2 (bénéficiaire)		300	300
Dette d'impôt envers l'État	1 050		1 050
		Solde 750	

Le produit de l'économie d'impôt lié aux déficits de la filiale F1 en N n'ayant pas été comptabilisé par la société mère, l'intégration fiscale n'a aucune incidence sur sa propre charge d'IS en N+1.

4. Convention de type IV Selon cette conception, la société mère constate tous les impôts (à la fois les charges et les économies) (voir n° 52750).

a. En N :
— **Dans les comptes des filiales** Aucune écriture n'est à comptabiliser, quelle que soit la situation de la filiale.
— **Dans les comptes de la société mère** La société mère constate une dette d'impôt envers l'État pour le montant total d'impôt dû par le groupe (500) :

	444 État Impôts sur les bénéfices	698x Intégration fiscale
Dette d'impôt envers l'État	500	500

b. En N+1 :
— **Dans les comptes des filiales** Aucune écriture n'est à comptabiliser, quelle que soit la situation des filiales.
— **Dans les comptes de la société mère** La société mère constate une dette d'impôt envers l'État pour le montant total d'impôt dû par le groupe. L'écriture est la suivante :

	444 État Impôts sur les bénéfices	698x Intégration fiscale
Dette d'impôt envers l'État	1 050	1 050

Comptabilisation des crédits d'impôt des filiales intégrées fiscalement 52815

Les crédits d'impôt sont calculés par chaque société du périmètre. La société mère est substituée aux sociétés du groupe pour l'imputation sur le montant de l'IS dû au titre du résultat d'ensemble des différents crédits d'impôt dégagés par chaque société du groupe (CGI art. 223 O, 1). Les schémas comptables détaillés ci-après sont à suivre, à notre avis, dès lors que la convention d'intégration fiscale prévoit la conservation du produit de crédit d'impôt par la filiale bénéficiaire :

> **Fiscalement** Dès lors que la société mère impute les crédits d'impôt sur l'IS du groupe et bénéficie des créances d'IS correspondant à l'excédent non imputé, les conventions d'intégration doivent prévoir que les sociétés membres reçoivent de la société mère la compensation intégrale de leur droit à crédit d'impôt (Mémento intégration fiscale n° 26700 à 26740).

EXEMPLE

Une société M détient une filiale F à 95 % qui est intégrée fiscalement. Le crédit d'impôt dont dispose la filiale F à la clôture s'élève à 20.

— **Dans les comptes de la filiale** La filiale constate son crédit d'impôt en produit en contrepartie d'une créance sur la société mère et non sur l'État. En effet, c'est bien la société mère (tête du groupe d'intégration, seule contrepartie connue de l'État) qui imputera le crédit d'impôt sur le résultat d'ensemble, à charge pour la société mère de rembourser sa filiale.

	4511 Compte courant Sté mère	698x Intégration fiscale
Constatation du crédit d'impôt	20	20

— **Dans les comptes de la société mère** En miroir de l'écriture constatée par la filiale, la société mère enregistre une dette envers sa filiale en contrepartie d'une charge d'intégration fiscale. Simultanément, la société mère enregistre la créance dont elle dispose envers l'État en contrepartie d'un produit d'intégration fiscale. L'impact net sur le résultat de la société mère est donc nul.

	444 État Impôts sur les bénéfices	4515 Compte courant filiales	698x Intégration fiscale [1]
Dette de la société mère sur la filiale (au titre du crédit d'impôt)		20	20
Créance d'impôt envers l'État	20		20
			0 Soldé

(1) Dans les comptes de la société mère, comptabilisation en compte 698x.

La société mère est en droit de comptabiliser et d'imputer ses crédits d'impôt générés en propre comme le ferait une société imposée distinctement en dehors de toute intégration fiscale.

Sur la comptabilisation des écritures relatives à la charge d'impôt sur les sociétés dû au titre du résultat d'ensemble, voir n° 52810.

INFORMATIONS DANS L'ANNEXE

52820 L'annexe des **comptes individuels** des sociétés intégrées fiscalement donne au moins les indications suivantes (PCG art. 833-15) :
– les modalités de répartition de l'impôt sur les sociétés assis sur le résultat d'ensemble du groupe ;
– la différence entre l'impôt comptabilisé et l'impôt pour le paiement duquel l'entreprise est solidaire ;

> **Précisions** À notre avis, s'agissant d'un engagement de solidarité pris par les filiales, il y a lieu d'en faire mention dans l'annexe s'il s'avère significatif (au même titre que d'autres engagements de solidarité, cas par exemple lorsqu'une société est membre d'une SNC), même s'il ne sert pas pour la répartition de l'impôt.

– la différence entre l'impôt comptabilisé et l'impôt qui aurait été supporté en l'absence d'intégration fiscale ;
– les déficits reportables ;
– la nature et le contenu spécifiques de la rubrique « Impôts sur les bénéfices ».

> **Précisions** À notre avis, il paraît également opportun de recommander la mention en annexe de l'ensemble des éléments susceptibles de donner lieu à dédommagement en cas de sortie, afin de les « officialiser » (et donc de pouvoir les utiliser pour le calcul du dédommagement lors de la sortie), à savoir :
> – déficits subis durant la période d'intégration ;
> – bénéfices réalisés pendant la période d'intégration.

II. SITUATION FISCALE DIFFÉRÉE OU LATENTE

A. Les différentes approches d'impôts différés

52890

Pendant très longtemps, lorsque l'on parlait d'impôts différés, on pensait à : « différences entre résultat comptable et résultat fiscal ». Il s'agissait d'une **approche « compte de résultat »** (voir n° 52895).

Mais **cette approche a été abandonnée au profit d'une approche « bilantielle »** où l'on doit penser à : « différences entre la valeur comptable d'un bien et sa valeur fiscale » (voir n° 52900). Cette approche est celle qui a été retenue dans les normes internationales ainsi que dans les règles françaises de consolidation (Règl. ANC 2020-01 ; voir Mémento Comptes consolidés n° 3611 s.).

Certaines charges ou certains produits sont retenus dans des exercices différents pour la détermination du bénéfice imposable et pour le calcul du bénéfice comptable.

a. Dans certains cas, la distorsion est définitive.
Il s'agit de charges ou de produits qui ne seront jamais pris en compte pour la détermination du bénéfice imposable.

> **EXEMPLE**
> Il s'agit, par exemple, des charges définitivement non déductibles fiscalement telles que la taxe sur les véhicules de tourisme (voir n° 16485), les sanctions pécuniaires et pénalités sanctionnant une obligation légale (voir n° 45980 à 45995), etc.

b. Dans d'autres cas, la distorsion est temporaire.
Elle résulte de règles fiscales différentes des règles comptables ; une charge comptabilisée l'année N n'est déductible fiscalement que l'année N+1 (ou plus tard), ou bien un produit enregistré l'année N n'est imposable que l'année N+1 (ou plus tard). Ces décalages temporaires (qui donnent lieu à une **situation fiscale différée**) ont pour effet :
– soit de reporter à une date ultérieure le paiement de l'impôt (situation fiscale différée passive) ;
– soit d'anticiper le paiement de l'impôt par rapport au bénéfice dégagé comptablement (situation fiscale différée active).

> **EXEMPLE**
> Il s'agit, par exemple :
> – de charges comptabilisées au cours d'un exercice et déductibles fiscalement ultérieurement (par exemple, participation des salariés ; voir n° 53810 s.) ;
> – de produits non comptabilisés car considérés comme non réalisés sur le plan comptable mais inclus dans le bénéfice imposable (gain latent de change figurant en écart de conversion passif, voir n° 40390 et 40410) ;
> – de produits comptabilisés dans un exercice et dont l'imposition a lieu dans un exercice postérieur (étalement de la plus-value de fusion, voir Mémento Fusions & Acquisitions n° 7802) ;
> – de provisions dont l'imposition est différée et qui seront réintégrées dans le revenu imposable à une date déterminée (provision pour hausse des prix, voir n° 21965 s. et 53010) ;
> – d'avantages fiscaux qui permettent de reporter le paiement de l'impôt, par exemple la partie d'amortissement exceptionnel ou dégressif excédant la dépréciation réelle (voir n° 27370 s.) ;
> – de certains déficits fiscaux qui viendront, éventuellement, diminuer ultérieurement les impôts à payer, comme les reports déficitaires (voir n° 52590), certaines moins-values à long terme (voir n° 36740), etc.

c. Dans d'autres cas enfin (situation fiscale latente),
l'entreprise aurait à supporter une charge fiscale si certaines **conditions** se réalisaient **ou** si certaines **décisions** étaient prises.

> **EXEMPLE**
> Il s'agit, par exemple :
> – de charges fiscales liées à la distribution éventuelle de réserves (voir n° 56160) ;
> – des impositions reportées à la cession ou à la cessation de l'entreprise.

APPROCHE COMPTE DE RÉSULTAT

52895

Dans cette approche, lorsque l'on parle d'impôt différé, il s'agit de constater l'impôt lié aux seules **différences temporaires**.

> **Précisions** Ni les différences définitives (permanentes) ni les différences liées à une situation fiscale latente ne donnent lieu à constatation d'impôt différé.

En outre, il est possible de ne pas tenir compte des différences temporaires répétitives, qui transforment en fait ces différences en différences permanentes.

Dans ce cas, c'est une conception restrictive qui est retenue par opposition à une conception étendue.

APPROCHE BILANTIELLE

52900 Cette approche consiste à constater un impôt sur les différences appelées à ou susceptibles de se manifester à l'avenir (voir n° 52890). Cette approche étendue aboutit à constater des impôts différés :
— sur tout écart existant entre des bases comptables et des bases fiscales différentes ;
— tant probables que latents, peu importe que l'impôt soit lié à une décision future encore inconnue ;
— sur toutes les différences, répétitives ou non.

> **EXEMPLE**
>
> A possède un terrain qu'elle a reçu lors d'une fusion. La fusion ayant été réalisée aux valeurs réelles, le terrain a été apporté et comptabilisé à l'actif du bilan de A pour une valeur de 1 000 alors qu'il figurait pour une valeur de 300 dans les comptes de la société absorbée. La fusion ayant été placée sous le régime de faveur, la plus-value d'apport a été exonérée d'IS jusqu'à la cession du terrain. La valeur fiscale du terrain est donc de 300.
>
> En application de l'approche bilantielle, un impôt différé passif doit être constaté pour un montant de : 700 × 25 % = 175 [700 représentant l'écart entre la nouvelle base comptable fondée sur la valeur réelle du terrain (1 000) et sa base fiscale (300)].

B. Comptabilisation des impôts différés

DISTINCTION ENTRE COMPTES INDIVIDUELS ET COMPTES CONSOLIDÉS

52950 En France, il convient de distinguer :
a. **Les comptes individuels,** dans lesquels la méthode générale retenue est la méthode de l'impôt exigible ; ce qui n'interdit pas, bien que cela soit très rare en pratique, de comptabiliser des impôts différés (voir n° 52965) ;
b. **Les comptes consolidés,** dans lesquels il est obligatoire de constater des impôts différés.

Nous reprenons en détails ci-après la pratique dans les comptes individuels.

CONCEPTIONS GÉNÉRALES RETENUES DANS LES COMPTES INDIVIDUELS

52955 Il n'existe aucune règle explicite indiquant que seule la méthode de l'impôt exigible, pourtant retenue par l'ensemble de la pratique, est applicable.

C'est pourquoi quelques entreprises, par analogie avec les comptes consolidés, appliquent la méthode de l'impôt différé.

> **Précisions** Les règles comptables sur les passifs n'apportent à cet égard aucune précision, l'avis CNC n° 2000-01 excluant de son champ d'application les provisions liées aux impositions différées et ne traitant pas explicitement de la méthode de l'impôt exigible.

Sur la divergence avec les normes IFRS, voir Mémento IFRS n° 69045.

52960 **Application de la méthode de l'impôt exigible** Dans cette méthode, la charge d'impôt de l'exercice est le montant dû à l'État et **il n'est pas tenu compte** dans les résultats des effets futurs **des différences temporaires,** une information sur ces derniers étant **donnée** dans l'annexe.

> **Précisions** Des entorses à cette méthode sont toutefois faites en pratique dans certains cas particuliers :
> — en cas d'augmentation de capital, les frais d'émission doivent être imputés sur la prime d'émission pour leur montant net d'impôt (Avis CU CNC 2000-D ; voir n° 55315), sauf si la récupération effective de l'économie d'impôt est incertaine (société fiscalement déficitaire) ;
> — en cas de fusion ou opération assimilée réalisée à la valeur réelle, les apports doivent inclure les actifs et passifs d'impôt différé (voir Mémento Fusions & Acquisitions n° 7700). Ces derniers sont donc comptabilisés dans les comptes de la société absorbante (ou bénéficiaire des apports).

Application de la méthode de l'impôt différé 52965

I. Principe C'est la solution préconisée par la Rec. OEC n° 1.20 de février 1987 :

a. Méthode de l'impôt différé Dans cette méthode (voir n° 52890 s.), l'impôt sur les bénéfices constitue une charge de la période au cours de laquelle sont comptabilisés les produits et les charges qui génèrent un impôt différé, quelle que soit la période de paiement effectif de cet impôt.

b. Exception Pour des motifs purement fiscaux l'**impôt différé relatif aux provisions réglementées et aux subventions d'investissement n'est pas comptabilisé** et fait simplement l'objet d'une mention particulière dans l'annexe.

c. Compensation des actifs et passifs d'impôts différés Il est procédé à cette compensation à la date d'arrêté des comptes :

> **Précisions** Cette compensation est établie quelle que soit l'échéance des actifs et des passifs d'impôts différés, voir Mémento Comptes consolidés n° 3719.
> Lors de cette compensation, il est tenu compte des reports déficitaires non utilisés dans la limite des conditions mises à leur imputation.

– le **solde net passif** donne lieu à la constitution d'une provision au compte 155 « Provision pour impôt différé » par le débit d'un sous-compte du compte 69 intitulé « Charge d'impôt différé » ;
– un **solde net actif** résultant de décalages temporaires **ne peut être maintenu au bilan qu'avec prudence**. Il est porté au bilan dans le compte de régularisation actif (subdivision « Impôts différés » par le crédit d'un sous-compte du compte 69 intitulé « Produit d'impôt différé »).

> **Précisions** Les reports déficitaires ne peuvent donner lieu à la comptabilisation d'un actif net d'impôt que d'une manière exceptionnelle (voir Mémento Comptes consolidés n° 3647-1).

II. Option implicite À notre avis, la comptabilisation des impôts différés dans les comptes individuels, bien que non explicitement visée par les textes réglementaires, constitue une option implicite depuis la Rec. OEC n° 1.20 (en ce sens, Bull. CNCC n° 119, septembre 2000, EC 2000-26 bis, p. 395 s. et EC 2018-20 du 20-12-2018).

S'il est fait usage de cette possibilité :
– il faut l'appliquer de manière permanente à l'ensemble des différences temporaires, y compris à celles donnant lieu à des actifs d'impôt différé ;

> **Précisions** En conséquence, il n'est pas possible, pour une société ayant retenu la méthode de l'impôt exigible, de neutraliser l'impôt dû au titre de la remontée en N des résultats fiscaux d'une filiale SNC par la constatation d'un impôt différé actif en attendant l'affectation des résultats de cette filiale en N+1 (Bull. CNCC n° 119 précité ; voir n° 36510).

– les actifs d'impôt différé sont comptabilisés dans la mesure où ils restent inférieurs aux passifs d'impôt différé se reversant aux mêmes dates ; au-delà, ils ne peuvent être comptabilisés que si l'existence d'un bénéfice imposable est probable dans le (les) exercice(s) où ils seront récupérables.

> **Fiscalement** Les impôts différés :
> – passifs, ne sont pas déductibles ;
> – actifs, ne sont pas taxables (voir n° 52985).

S'agissant d'une méthode implicite, un changement de méthode dans le but d'adopter ou d'abandonner cette méthode est possible et doit se faire dans le respect des conditions fixées à l'article 122-2 du PCG (voir n° 8480).

III. Annexe L'annexe doit décrire la méthode des impôts différés utilisée et donner toutes les informations utiles relatives à l'application de cette méthode, notamment :
– la ventilation entre impôts différés et impôts exigibles ;
– l'indication du montant des actifs d'impôts différés non comptabilisés du fait que leur récupération n'est pas jugée probable avec une indication de la date la plus lointaine d'expiration ;
– la ventilation des actifs et passifs d'impôts différés comptabilisés par grande catégorie : différences temporaires, crédits d'impôts ou reports fiscaux déficitaires ;
– la justification de la comptabilisation d'un actif d'impôt différé lorsque l'entreprise a connu une perte fiscale récente.

APPLICATION PRATIQUE DANS LES COMPTES INDIVIDUELS

52970 Nous examinerons ci-après :
– **les différences temporaires ayant une incidence sur le résultat** (voir n° 52975 à 52990) ;
– **les différences temporaires ayant une incidence uniquement sur les capitaux propres** (voir n° 53010 à 53015).
Sur le taux d'impôt à retenir, voir n° 52620 et 52645.

52975 **Charges déduites fiscalement non encore comptabilisées en charges**

> **EXEMPLE**
> Quote-part de perte dans des sociétés fiscalement translucides si elle est supérieure à la provision normalement constituée pour en tenir compte (voir n° 36530).

Les différentes conceptions conduisent aux solutions suivantes :
a. En application de la méthode de l'impôt exigible, seul l'impôt exigible étant comptabilisé, aucune écriture n'est nécessaire.
Sur la régularité des comptes et la possibilité de distribuer dans ce cas, voir développements n° 52965.
b. En application de la méthode de l'impôt différé (Rec. OEC n° 1.20 précitée), il en résulte un « impôt différé passif ».

52980 **Produits imposés fiscalement non encore comptabilisés en produits**

> **EXEMPLE**
> Gain latent de change sur opérations réalisées (voir n° 40390 et 40410), plus-values latentes sur OPCVM (voir n° 37480), quote-part de bénéfice dans une société fiscalement translucide (voir n° 36485 et 36490).

Les différentes conceptions conduisent aux solutions suivantes :
a. En application de la méthode de l'impôt exigible, seul l'impôt exigible étant comptabilisé, aucune écriture n'est à enregistrer.
b. En application de la méthode de l'impôt différé (Rec. OEC n° 1.20 précitée), il en résulte un impôt différé actif (à condition que celui-ci puisse être imputé sur un impôt différé passif, sinon il sera constaté avec prudence).

52985 **Charges comptabilisées non encore déduites fiscalement**

> **EXEMPLE**
> Provision pour pertes à terminaison (pour partie ou en totalité) (voir n° 10895), pour retraite (voir n° 17705) et autres provisions non admises fiscalement, congés à payer (ancien régime) (voir n° 16730), contribution sociale de solidarité (voir n° 16500), participation des salariés (voir n° 53810 s.), déficits fiscaux reportables.

Les différentes conceptions conduisent aux solutions suivantes :
a. En application de la méthode de l'impôt exigible, seul cet impôt étant comptabilisé, aucune écriture n'est à comptabiliser.

> **Fiscalement** Voir n° 52985, b.

b. En application de la méthode de l'impôt différé (Rec. OEC n° 1.20 précitée), il en résulte un « impôt différé actif » (à condition de pouvoir l'imputer sur un impôt différé passif ; sinon, sa constatation doit être exceptionnelle, voir n° 52955).

> **Fiscalement** La comptabilisation à l'actif du bilan d'un impôt différé **reste sans incidence sur le résultat imposable** dès lors que l'économie potentielle d'impôt qu'il représente n'est pas, sur le plan juridique, constitutive d'un droit de créance sur l'État et ne peut, par suite, être regardée comme une créance acquise au sens des dispositions du 2 de l'article 38 du CGI (Lettre de la DLF au Président du CNC du 3-5-2000).

52990 **Produits comptabilisés et non encore imposés fiscalement**

> **EXEMPLE**
> Plus-values de cession ou de fusion dont l'imposition est étalée (voir n° 29425 ; Mémento Fusions & Acquisitions n° 8015 et 8625), dividendes acquis et non encore encaissés (voir n° 36315 s.), subventions d'investissement (voir n° 56495 et 56500), certaines plus-values d'échange (voir n° 37160 s.), gain reconnu à l'avancement d'un contrat à long terme (voir n° 10795).

a. En application de la méthode de l'impôt exigible, l'impôt correspondant ne devrait pas être enregistré.

b. En application de la méthode de l'impôt différé (Rec. OEC n° 1.20 précitée), il convient de constater un impôt différé passif.

Provisions réglementées dont la réintégration fiscale ultérieure est certaine et subventions d'investissement 53010

> **EXEMPLE**
> Provision pour hausse des prix, rapportée au résultat de l'exercice en cours à l'expiration de la sixième année suivant la date de sa constitution (voir n° 21965 s.) ; subventions d'investissement, rapportées aux résultats au fur et à mesure des amortissements pratiqués (voir n° 56495) ; amortissements dérogatoires, repris en résultat en fonction de la différence avec les amortissements pour dépréciation (voir n° 27370 s.).

Comme l'indique la Rec. OEC n° 1.20 précitée, « l'introduction en comptabilité, pour des raisons fiscales, de certains éléments non justifiés sur le plan comptable peut être **assimilée, par son effet sur les capitaux propres, à une différence temporaire.** C'est le cas chaque fois que la législation fiscale conditionne l'octroi d'un avantage fiscal non définitif à la comptabilisation d'une provision réglementée ou d'une subvention d'investissement ».

Comme le montre l'exemple ci-après, la présentation des provisions réglementées dans les capitaux propres majore temporairement ces derniers d'un montant égal à l'impôt différé passif qu'elles créent, cette majoration disparaissant lors de leur reprise dans le résultat.

> **EXEMPLE**
> Société dont le bénéfice, avant IS et PPHP, s'élève à 181. Par hypothèse, le bénéfice comptable est égal au bénéfice fiscal et la PPHP est de 100. Le taux d'impôt de droit commun étant de 25 %.
>
> | | Avant PPHP | Après PPHP |
> | --- | ---: | ---: |
> | Résultat : | 135,76 | 60,7 |
> | – Bénéfice avant IS à 25 % | 181 | 81 |
> | – IS à 25 % | (45,3) | (20,3) |
> | PPHP | 0 | 100 |
> | Capitaux propres | 135,7 | 160,7 |
> | | $\Delta = + 25$ | |
>
> Dans 6 ans, la reprise de la provision pour hausse de prix entraînera soit un paiement d'impôt, soit une diminution du déficit reportable de 25 annulant ainsi l'économie d'impôt de 25.

Les différentes conceptions conduisent aux solutions suivantes :

a. En application de la méthode de l'impôt exigible, aucune provision n'a à être constituée.

> **Précisions** Tel est le **principe rappelé par le garde des Sceaux** (Rép. Pujol : AN 22-5-1975 n° 17040). Consulté sur le problème de savoir si une provision pour impôt doit être constituée lorsqu'une provision pour hausse de prix est comptabilisée, le ministre de la Justice, élargissant sa réponse à toutes les opérations qui affectent l'assiette fiscale des exercices ultérieurs, a estimé que c'est le résultat comptable de l'exercice de réintégration ainsi augmenté de la provision qui doit seul supporter la charge d'impôt sur les sociétés afférente à la réintégration fiscale telle qu'elle sera déterminée à cette date. En conséquence, selon cette réponse ministérielle, il n'y a pas lieu de constituer une provision pour impôt.

b. En application de la méthode de l'impôt différé (Rec. OEC 1.20 précitée), un impôt différé devrait être constaté mais pour les motifs purement fiscaux exposés ci-après (impossibilité de ventiler les provisions), la Rec. OEC recommande, par exception, de ne pas constater d'impôts différés passifs et de ne fournir qu'une information en annexe.

> **Précisions 1. Position de la CNCC** Cette dernière (Bull. n° 18, juin 1975, p. 137 s.), dans des réponses ne portant que sur la provision pour hausse des prix mais qui sont applicables chaque fois que la réintégration ultérieure est certaine, a proposé trois solutions, chacune présentant des inconvénients :
> – Inscription de l'impôt éventuel dans les engagements hors bilan : cette solution, selon la CNCC, présente l'inconvénient de noyer la dette fiscale latente parmi les engagements d'une autre nature. De plus, s'agissant de la provision pour hausse des prix qui est grevée d'une dette certaine à l'échéance retardée, sous la seule réserve d'une compensation d'assiette en cas de résultats déficitaires et non pas seulement d'une éventualité, l'impôt devrait être effectivement comptabilisé.

— Inscription de la provision pour hausse des prix pour partie dans un poste de capitaux propres et pour partie (selon le taux d'impôt) dans un poste de provision : cette solution ne peut être retenue, car **la Direction générale des impôts** dans une réponse au président de la CNCC du 20 juin 1975 **n'admet pas cette ventilation.** « Les dispositions de l'article 39-1-5° du CGI n'autorisent pas les entreprises à constater à l'avance leurs charges annuelles sous forme de provisions. C'est pourquoi, dans la mesure où l'impôt dû au titre de l'exercice au cours duquel la provision pour hausse des prix est rapportée aux résultats représente bien une charge normale dudit exercice, il n'y a pas lieu de constituer une provision pour impôt ».
— Comptabilisation d'une provision pour impôt en plus de la provision pour hausse des prix : cette solution est selon la CNCC la plus prudente.
Dans tous les cas, l'existence d'une dette fiscale différée doit être mentionnée dans l'annexe ; à défaut, le commissaire aux comptes en informe les actionnaires.

2. Risques attachés à la constitution de telles provisions Pour notre part, nous estimons que la constatation de provisions pour impôt (ou d'impôts différés passifs) sur les provisions réglementées serait possible sans risque fiscal sous réserve d'adopter un schéma de comptabilisation particulier, celui-ci consistant en deux **écritures correctrices de présentation,** l'une au bilan, l'autre au compte de résultat (voir exemple ci-après) :
— **Au bilan** : à défaut de pouvoir scinder la provision réglementée en deux, le poste « Provisions réglementées » peut être subdivisé en deux parties mettant en évidence, d'une part, les montants résultant de la législation fiscale et, d'autre part, la correction d'impôts différés dont la contrepartie est une ligne spéciale du poste « Provision » : « Provisions pour impôts différés ».
— **Au compte de résultat** : une autre écriture correctrice serait à effectuer de la manière suivante : « Transfert de charges exceptionnelles » (crédit) par le débit d'un poste de charge particulier « Impôts différés » (à créer après la ligne « Impôts sur les bénéfices ») où tous les impôts différés seraient constatés. Sur la suppression des comptes 79 par le Règl. ANC n° 2022-06, voir n° 45500.

EXEMPLE

(reprise de l'exemple chiffré précédent) Illustration des différentes situations et en particulier des effets de la comptabilisation des deux écritures correctrices de présentation (dernière colonne) :

	Différentes situations Postes (débits)/crédit	Avant PPHP	Après PPHP	Après PPHP et constatation impôts différés
BILAN	Capitaux propres : Bénéfice après IS à 25 %	135,7	60,7	60,7
	Provisions réglementées : – Montants résultant de la législation fiscale – Correction impôts différés	0 –	100 –	100 (25)
	Total Capitaux propres	135,7	160,7	135,7
	Provisions (ou dettes) Impôts différés	–	–	25
COMPTE DE RÉSULTAT	Résultat exceptionnel : Dotation aux provisions réglementées Transfert de charges exceptionnelles	0 –	(100) –	(100) 25
	Total résultat exceptionnel	0	(100)	(75)
	Impôts : Impôts sur les bénéfices Impôts différés	(45,3) –	(20,3) –	(20,3) (25)
	Total impôts	(45,3)	(20,3)	(45,3)

53015 Provisions réglementées dont la réintégration ultérieure est conditionnelle

EXEMPLE

Entrent également sous cette rubrique les impositions à des taux réduits entraînant un reversement d'impôt en cas de distribution (réserve des plus-values à long terme), voir n° 56160, ou de réserve spéciale pour fluctuation des cours, voir n° 56235.

a. En application de la méthode de l'impôt exigible, aucune écriture n'est à comptabiliser.
b. Dans la méthode de l'impôt différé, la Rec. OEC n° 1.20 n'aborde pas explicitement ce point. Toutefois, l'impôt différé doit être constaté sur toutes les différences temporaires et

donc sur les provisions réglementées visées, celles-ci figurant dans la liste des différences temporaires fournie en annexe à la recommandation.
En conséquence, un impôt différé devrait être constaté mais, par exception (motifs fiscaux), il ne l'est pas (voir n° 53010).

PROBLÈMES DE LA COMPENSATION AU BILAN DES INCIDENCES DES DIFFÉRENCES TEMPORAIRES
Les différentes conceptions conduisent aux solutions suivantes :

53020

	BILAN	
a. En application de la méthode de l'impôt exigible :		Provisions pour impôt (étalement des plus-values uniquement)
b. Dans la méthode de l'impôt différé :	Solde d'impôts différés débiteurs (exceptionnellement)	Solde d'impôts différés créditeurs

Dans la méthode de l'impôt différé, seuls les soldes nets apparaissent, la compensation est donc effectuée systématiquement.

III. COMPTABILISATION ET CONTRÔLE DES RECTIFICATIONS FISCALES ET DES REDRESSEMENTS URSSAF

A. Rectifications définitives acceptées

IMPÔTS DIRECTS ET DROITS D'ENREGISTREMENT
La comptabilisation des rectifications fiscales s'effectue en deux étapes :
– constatation globale de la dette (ou de la créance) envers le Trésor public public : rappels d'impôts, pénalités, dégrèvements (voir n° 53110 à 53120) ;
– constatation des erreurs par élément ayant donné lieu à rectification (voir n° 53130 à 53145).
Sur les diligences du commissaire aux comptes, voir FRC 12/23 Hors série inf. 110.5.

53090

Constatation des rappels d'impôts La dette en principal reconnue envers le Trésor public est à constater lors de la mise en recouvrement (date indiquée sur le rôle ou date de l'avis de mise en recouvrement), dans le cas où le contribuable n'a pas l'intention de la contester (sur les autres situations, voir n° 53230 s.) :
a. Pour l'**IS** : débit du compte 695 « Impôts sur les bénéfices » par le crédit du compte 444 « État – Impôts sur les bénéfices » (PCG art. 944-44), une subdivision du compte 695 permettant le cas échéant d'identifier les rappels concernant les exercices antérieurs (PCG art. 946-69) ;
> **Fiscalement** L'IS n'étant pas déductible, le rappel d'IS doit être réintégré extra-comptablement comme l'IS (voir n° 52625).

53110

b. Pour les **taxes diverses** (taxe d'apprentissage, taxe sur les salaires, etc.) et **droits d'enregistrement** : débit du compte 6717 « Rappels d'impôts (autres qu'impôts sur les bénéfices) » (PCG art. 932-1) par le crédit du compte 447 « Autres impôts, taxes et versements assimilés » (PCG art. 944-44). Pour une autre conception du résultat courant (fondée sur la qualification de chaque opération), voir n° 52030 I.
Si aucune mise en recouvrement n'est intervenue à la **clôture de l'exercice** au cours duquel la vérification a été terminée, le rappel est constaté au bilan sous la forme d'une charge à payer (compte 4486), le passif étant certain.
S'agissant de charges sur exercices antérieurs, mention doit en être faite dans l'annexe lorsque l'importance des rappels est significative (PCG art. 833-14/3).

> **Fiscalement** **a. Déductibilité des rappels d'impôts** Lorsque les rappels d'impôts portent sur des impôts déductibles, ils le sont également. Ils ne donnent donc lieu à aucune correction extra-comptable.

b. Compensation fiscale d'assiette à l'initiative du contribuable Des insuffisances d'imposition peuvent, à l'initiative du contribuable, être compensées avec des excédents de taxation relatifs à une même période d'imposition, au même contribuable et à un même impôt, droit ou taxe, ou des impôts, droits ou taxes différents expressément désignés par le Livre des procédures fiscales. Cette compensation peut être opérée soit au stade de la procédure de contrôle fiscal (LPF art. L 80 ; BOI-CF-PGR-30-50), soit au stade de la procédure contentieuse (réclamation contentieuse ou instance juridictionnelle) (LPF art. L 203 à L 205 ; BOI-CTX-DG-20-40-10 et BOI-CTX-DG-20-40-20). Mais une entreprise n'est pas fondée à opposer le droit à compensation pour demander le rétablissement d'une provision qu'elle avait reprise dans ses comptes à la suite de la déduction d'une perte sur créance irrécouvrable qui avait été remise en cause par l'administration (CE 18-10-2022 n° 461039).
Sur la compensation fiscale d'assiette à l'initiative de l'administration, voir n° 53120.

Dans le cas particulier d'une vérification qui n'a finalement pas donné lieu à une mise en recouvrement, la charge à payer doit être reprise dans le résultat comptable, au jour où le délai de l'administration pour émettre l'avis de mise en recouvrement est prescrit, soit en principe à la fin de la troisième année suivant celle au cours de laquelle la proposition de rectification a été notifiée à l'entreprise (en principe 3 ans) (voir n° 15090 et 53280).

> **Fiscalement** Il en est de même (CAA Paris 4-10-1994 n° 92-1347). Lorsqu'il s'agit d'un impôt non déductible (IS, par exemple), cette reprise doit être déduite de façon extra-comptable pour la détermination du résultat fiscal (imprimé n° 2058-A, ligne WU).

53115 Constatation des pénalités Elles constituent une charge exceptionnelle (compte 6712 « Pénalités, amendes fiscales et pénales »).
Pour une autre conception du résultat courant (fondée sur la qualification de chaque opération), voir n° 52030 I.
Dans le cas d'une **demande de remise,** voir n° 53235.

> **Fiscalement** Ces pénalités ne sont pas déductibles et doivent être réintégrées extra-comptablement sur l'imprimé n° 2058-A (ligne WJ), voir n° 45995.

Les **distributions occultes** (recettes non comptabilisées, par exemple) donnent lieu au paiement d'une amende fiscale (CGI art. 1759). La rectification fiscale effectuée à ce titre est donc, à notre avis, à comprendre dans les charges exceptionnelles (et non dans l'impôt sur les bénéfices).
Sur l'absence de pénalités en cas de mise en œuvre d'un examen de conformité fiscale et de respect des recommandations en résultant, voir n° 8645.
Sur les **intérêts versés,** voir n° 53125.

53120 Constatation des dégrèvements a. Exercice de rattachement Les dégrèvements peuvent être demandés dans le cadre de :
– recours contentieux (voir ci-après 1.) ;
– recours gracieux (voir ci-après 2.).
1. Recours contentieux Ils consistent à demander le remboursement d'un impôt payé en trop, ou à réclamer le bénéfice d'une mesure à laquelle l'entreprise estime avoir **droit**.

> **Précisions** Tel est le cas, par exemple, des réclamations au titre du plafonnement de la contribution économique territoriale (CET) en fonction de la valeur ajoutée (voir n° 16445) ou du report en arrière des déficits (carry-back ; voir n° 52650).
> Pour leur comptabilisation, voir les n° précités.

Ils sont à rattacher à l'exercice au cours duquel la **créance d'impôt est acquise,** c'est-à-dire dès lors que le produit est à la fois (voir n° 10350) :
– **certain dans son principe** : tel est le cas, s'agissant de dégrèvements **acquis de plein droit,** si les droits du contribuable à réclamer ne sont **pas prescrits** ;

> **Précisions 1.** Dans ces conditions (et sous réserve que les autres conditions de comptabilisation soient remplies, voir ci-après), le produit de la réclamation est comptabilisé **sans attendre** :
> – la décision de l'administration suite à la demande de dégrèvement ;
> – le dépôt de la réclamation (Bull. CNCC n° 189, EC 2017-42, mars 2018 dans le cas des réclamations au titre de la contribution de 3 % sur les dividendes déclarée inconstitutionnelle). Le dépôt du dossier semble en effet, étant donné la réponse de la CNCC et en l'absence de position de l'ANC, être considéré comme une **condition de pure forme** (totalement sous le contrôle de l'entreprise car dépendant de sa seule intention) dont il ne faut pas tenir compte pour juger du caractère certain et réalisé du produit.
> **2.** En revanche, **en cas de litige** avec l'administration, tant qu'aucune décision n'a été rendue à la clôture et même si des réclamations ont été déposées, aucun produit ne peut être comptabilisé à la clôture (même lorsque la décision intervient avant la date d'arrêté des comptes, voir n° 52315). En effet, dans ce cas, le produit probable dépend d'un évènement en dehors du contrôle de la société.

— **certain dans son montant** (voir n° 10505) ; aucun produit ne peut être constaté à la clôture (qu'il ait ou non fait l'objet d'un dépôt) s'il existe encore un doute à la clôture sur la capacité de l'entreprise à se voir rembourser tout ou partie des montants réclamés et si cette incertitude n'est pas levée à la date d'arrêté des comptes ;
— **acquis** à l'exercice, ce qui est le cas dès l'exercice au cours duquel est comptabilisée la charge d'impôt dont le remboursement est réclamé.

En pratique, dans la plupart des cas de réclamation contentieuse :
— la seule intention de l'entreprise de déposer un dossier de réclamation n'est pas suffisante pour justifier le produit ;
— le montant n'étant souvent **pas estimable de façon fiable** tant que le dossier n'est pas déposé. C'est notamment le cas des réclamations de crédit d'impôt recherche (Bull. CNCC n° 186, juin 2017, EC 2016-52, p. 330).

> **Fiscalement** **a. Exercice de rattachement** Il devrait, en principe, en être de même, les dégrèvements d'**impôts déductibles** suivant les règles de droit commun de rattachement des charges et des produits (BOI-BIC-PDSTK-10-30-30 n° 90 à 110). Toutefois, en pratique, l'exercice de rattachement fiscal du dégrèvement n'est pas toujours identique à celui retenu sur le plan comptable. Tel est le cas, par exemple, du dégrèvement de cotisation foncière des entreprises (CFE) en fonction de la valeur ajoutée (voir n° 16445).
> Si le dégrèvement porte sur un **impôt non déductible,** il n'est pas imposable (BOI-BIC-PDSTK-10-30-30 n° 120). Il y a lieu de déduire extra-comptablement sur l'imprimé n° 2058-A (ligne XG) le produit à recevoir comptabilisé.
> **b. Compensation fiscale d'assiette opposée par l'administration** Lorsqu'un contribuable se prévaut d'un excédent de taxation, l'administration peut opposer la compensation avec des insuffisances d'imposition relatives à une même période d'imposition, au même contribuable et à un même impôt, droit ou taxe, ou des impôts, droits ou taxes différents expressément désignés par le Livre des procédures fiscales. Cette compensation peut être opérée soit au stade de la procédure de contrôle fiscal (LPF art. L 80 ; BOI-CF-PGR-30-50) soit au stade de la procédure contentieuse (réclamation contentieuse ou instance juridictionnelle) (LPF art. L 203 à L 205 ; BOI-CTX-DG-20-40-10 et BOI-CTX-DG-20-40-20). L'administration peut fonder cette compensation sur des éléments recueillis à l'occasion d'une procédure de contrôle diligentée après la réception de la réclamation formée par le contribuable (CE 18-7-2018 n° 404226). Mais elle ne peut opposer la compensation entre un remboursement d'un crédit de TVA, qui ne constitue ni une décharge ni une réduction d'imposition, et une insuffisance de droits de TVA acquittés (CE 16-12-2022 n° 451343).
> Sur la compensation fiscale d'assiette à l'initiative du contribuable, voir n° 53110.

Sur l'information à donner en annexe concernant :
— les produits de réclamations comptabilisés à la clôture, voir n° 45600 (produits imputables à un autre exercice) ;
— les réclamations n'ayant pas donné lieu à comptabilisation d'un produit à la clôture, voir n° 52520 (produits éventuels).

2. Recours gracieux Ils consistent à solliciter, pour des raisons particulières, la remise totale ou partielle d'une imposition dont l'entreprise ne conteste pas le bien-fondé (en pratique, ces recours portent essentiellement sur les **pénalités**). Ils sont à constater l'exercice où ils constituent une créance acquise, donc en pratique, l'exercice au cours duquel l'entreprise reçoit l'avis de dégrèvement.

Il s'agit de dégrèvements **laissés à l'appréciation de l'administration.**

> **Fiscalement** Il en est de même (BOI-BIC-PDSTK-10-30-30 n° 90 à 110).

b. Traitement comptable des dégrèvements Ces dégrèvements sont comptabilisés au crédit :
— du compte 695 « Impôts sur les bénéfices » pour l'IS ;

> **Fiscalement** L'IS n'étant pas déductible, le dégrèvement d'IS ne constitue pas un produit imposable et doit être déduit extra-comptablement sur l'imprimé n° 2058-A (ligne XG).

— du compte 7717 « Dégrèvements d'impôts (autres qu'impôts sur les bénéfices) » pour les taxes diverses (taxe d'apprentissage, taxe sur les salaires, etc.) et droits d'enregistrement.
Pour une autre conception du résultat courant (fondée sur la qualification de chaque opération), voir n° 52030 I.
Lorsque les dégrèvements correspondent à des produits sur exercices antérieurs, mention doit en être faite dans l'annexe lorsque leur importance est significative (PCG art. 833-14/3).

> **Précisions** Dégrèvements de taxe accordés à tort par les services fiscaux (et payés), qui ne sont pas remboursés spontanément par la société : ils constituent, à notre avis, une dette vis-à-vis de l'État (et non un produit), à inscrire au passif jusqu'à l'expiration du délai de reprise de l'administration (pour l'appréciation de ce délai, voir Mémento Fiscal n° 77700 à 77785).
Sur le rôle du commissaire aux comptes, voir FRC 12/23 Hors série inf. 110.5.

Sur les **intérêts reçus,** voir n° 53125.

53125 Constatation des intérêts reçus ou versés

> **Fiscalement** Les intérêts moratoires sont reçus :
– lorsque l'entreprise obtient un dégrèvement d'impôt à l'issue d'une procédure contentieuse, que le dégrèvement soit prononcé par un tribunal ou par l'administration elle-même (LPF art. L 208 ; voir Mémento Fiscal n° 81915 et 81920) ;
– en cas de remboursement de créances fiscales au-delà du délai de six mois qui est imparti à l'administration (LPF art. R 198-10), à la suite d'une décision de refus infondée, même implicite, (BOI-CTX-DG-20-50-10 n° 155). Tel est le cas, par exemple, pour le remboursement d'une créance de crédit d'impôt recherche (CE 11-5-2021 n° 441603 et 442936) ou d'un crédit de TVA (CE 20-10-2000 n° 194730).

En revanche, un dégrèvement prononcé spontanément par l'administration ne donne pas lieu au versement d'intérêts moratoires (CE 10-12-2020 n° 432587). De même les acomptes versés antérieurement à la liquidation du solde d'une imposition ne font pas courir d'intérêts moratoires (CE 5-6-2023 n° 465559).

Les intérêts moratoires peuvent être comptabilisés dans le respect du principe de **permanence des méthodes** (en ce sens, Bull. CNCC n° 190, EC 2017-42, juin 2018), soit en financier, soit en exceptionnel, soit en impôt.

Les **intérêts versés** (en cas de rappel d'impôt) devraient, à notre avis, suivre le même traitement que les intérêts moratoires reçus, leur nature étant la même.

Quel que soit le classement retenu, une information appropriée doit être donnée en annexe (s'agissant d'un choix de présentation, PCG art. 833-2/3 ; en ce sens, Bull. CNCC précité).

> **Fiscalement** La jurisprudence comme l'administration estiment que les intérêts moratoires suivent le même régime fiscal que le dégrèvement d'impôt qu'ils accompagnent. Ils sont imposables si le dégrèvement obtenu est lui-même imposable, c'est-à-dire lorsqu'il porte sur des impositions déductibles (CE 28-1-2019 n° 406722 ; BOI-CTX-DG-20-50-30 n° 320 et 330). En revanche, en cas de restitution d'un impôt non déductible (IS, par exemple), les intérêts moratoires reçus sont déduits extra-comptablement sur l'imprimé n° 2058-A (ligne XG).

Sur l'absence d'intérêt de retard sur les points validés par un examen de conformité fiscale, voir n° 8645.

53130 Constatation des erreurs révélées par des rectifications fiscales

En théorie, l'application des règles générales à l'enregistrement des conséquences des rectifications fiscales (par hypothèse non comptables) ne devrait affecter les comptes que pour les rectifications concernant les amortissements dérogatoires et provisions réglementées (voir n° 53140), les autres donnant lieu à des déductions ou réintégrations extra-comptables (voir n° 53135).

Toutefois, certaines erreurs :
– trouvent leur cause non pas dans la mauvaise application des règles fiscales mais dans celle des règles comptables (voir n° 53140) ; elles donnent lieu nécessairement à des corrections comptables ;

> EXEMPLE
>
> Tel est le cas d'honoraires d'architecte qui auraient été passés en charges alors qu'ils sont à immobiliser dans le coût de la construction (voir n° 26660).

– résultent d'une appréciation divergente du vérificateur et de la société ; il n'y aura correction comptable que si l'entreprise se rallie sur le plan comptable à cette appréciation fiscale (voir n° 53145).

> EXEMPLE
>
> Tel est le cas des amortissements considérés comme « exagérés » : l'entreprise conserve sur le plan comptable sa durée initiale ou au contraire s'aligne sur la durée fiscale retenue pour la rectification.

Il en résulte, **en pratique,** trois situations :
– soit les rectifications fiscales n'affectent en aucun cas les comptes annuels (voir n° 53135) ;
– soit elles affectent dans tous les cas les comptes annuels (voir n° 53140) ;
– soit elles peuvent éventuellement affecter les comptes annuels (voir n° 53145).

Rectifications fiscales n'affectant en aucun cas les comptes annuels 53135

Elles portent notamment sur les éléments suivants :

a. Charges et provisions non déductibles que la société aura omis de réintégrer ;

> EXEMPLES
> – Amortissement des véhicules au-delà du seuil fiscal (voir n° 27570).
> – Taxe sur les véhicules de tourisme (voir n° 16485).
> – Provision pour retraites (voir n° 17705).
> – Charges et provisions non justifiées.
> – Moins-value considérée par l'entreprise comme relevant à tort du court terme (voir n° 36700).
> – Amortissements pratiqués sur la fraction jugée excessive du prix d'acquisition d'une immobilisation.

b. Charges et provisions déduites sans respecter les conditions de forme et de fond énumérées par le CGI (voir Mémento Fiscal n° 8150, 8155 et 9720 à 9745).

Tel est le cas, par exemple, d'une charge constatée sur un exercice différent de celui où elle aurait dû être comptabilisée ; en effet, la **règle des corrections symétriques** est réservée aux écritures qui se retrouvent d'un bilan à l'autre (voir n° 45600 et Mémento Fiscal n° 78160 à 78170).

c. Produits immédiatement taxables dont la société a différé l'imposition ;

> EXEMPLES
> – Écarts de conversion sur gains latents (voir n° 40390).
> – Quotes-parts des résultats dans les SNC (voir n° 36490).
> – Plus-values différées à tort.

d. Avantages fiscaux dont la société a fait usage à tort.

Tel est le cas, par exemple, des rectifications portant sur des erreurs de calcul ou d'application concernant le carry-back (voir n° 52650 s.), le crédit d'impôt recherche (voir n° 31505), le régime des sociétés mères (voir n° 36340 s.), le régime des plus-values à long terme (voir n° 36700), etc.

Rectifications fiscales affectant dans tous les cas les comptes annuels 53140

Elles concernent les rectifications suivantes :

– rectifications relatives aux **provisions réglementées** (provisions et amortissements dérogatoires) **et** les **subventions d'investissement** ;

Les dotations et reprises qui en résultent sont comptabilisées en résultat exceptionnel (comptes 687 et 787).

> **▶ Fiscalement** Ces dotations et reprises, étant déjà prises en compte dans la rectification, sont à réintégrer (ou déduire) et à déduire (ou réintégrer) extra-comptablement sur l'imprimé n° 2058-A (ligne XG ou WQ).
> Sur les rectifications portant sur les amortissements dérogatoires exagérés, voir n° 53145.

– rectifications fiscales trouvant leur cause dans une **mauvaise application des règles comptables.**

Leurs incidences sont comptabilisées comme celles résultant d'erreurs comptables (c'est-à-dire avant impôt et en dehors du résultat courant ; voir n° 8525 s.) et soumises à la même information (voir n° 8555, 45605 et 45610).

Rectifications fiscales pouvant éventuellement affecter les comptes annuels 53145

C'est le cas de celles qui sont reconnues par l'entreprise (sous le contrôle de son commissaire aux comptes) comme consécutives à une **erreur d'appréciation comptable.**

Leurs incidences sont comptabilisées comme les précédentes (voir n° 53140) et soumises à la même information.

a. Immobilisations passées à tort en charges (matériel et outillage, mobilier et matériel de bureau, agencements, fonds de commerce…) :

1. Rectification de la charge : l'entreprise porte à l'actif l'immobilisation (dans le poste concerné) par le crédit du compte 778 « Produits exceptionnels », pour le montant de la charge précédemment portée à tort.

> **▶ Fiscalement** L'application combinée du principe de correction symétrique des bilans et de l'article 38-4 bis, al. 3 du CGI (exception à la règle d'intangibilité du bilan d'ouverture du premier exercice non prescrit, voir n° 45660) n'autorise l'administration à ne remettre en cause que les **seules dépenses comptabilisées à tort en charges au titre des exercices non prescrits** (BOI-BIC-BASE-40-20-20-10 n° 140 et 170). En conséquence, le produit constaté comptablement lors

de la correction de l'erreur doit être déduit extra-comptablement (sur l'imprimé n° 2058-A, ligne XG) :
– soit parce qu'il correspond à des déductions remises en cause dans la rectification fiscale (déductions effectuées au cours d'exercices non prescrits) ;
– soit parce qu'il correspond à des déductions qui ne doivent entraîner aucune conséquence sur le résultat imposable (déductions au cours d'exercices prescrits).

2. Rectification des amortissements : les amortissements qui auraient dû être pratiqués lors des exercices antérieurs font l'objet d'un **rattrapage immédiat.** Ce rattrapage est comptabilisé en « Dotations aux amortissements exceptionnels des immobilisations » (compte 6871) par le crédit du compte 28 « Amortissements d'immobilisations » concerné.

L'autre solution, consistant à répartir les amortissements non comptabilisés en temps voulu sur la durée d'amortissement restant à courir, n'est pas conforme au traitement des corrections d'erreurs qui impose de calculer rétrospectivement l'incidence de la correction et de la comptabiliser en totalité en résultat (voir n° 8525).

L'immobilisation inscrite à l'actif est ensuite amortie sur sa durée résiduelle d'utilisation (décomptée comme si l'immobilisation avait été inscrite à l'actif dès l'origine).

> **Fiscalement** En application de l'article 39 B du CGI, les amortissements rattrapés n'ayant pas été comptabilisés en temps voulu, ils sont en principe perdus fiscalement (CE 27-10-1982 n° 24741 ; CE 29-1-2003 n° 230961 ; CAA Lyon 5-5-2015 n° 14LY02075 ; BOI-BIC-AMT-10-50-10 n° 120). Toutefois, l'administration (BOI-BIC-AMT-10-50-30 n° 40) admet que cette sanction soit « limitée aux cas manifestement abusifs ». Dès lors, il est admis que les annuités d'amortissement linéaire ou dégressif que l'entreprise n'aurait pas pratiquées soient déduites au titre de l'exercice au cours duquel le rattrapage est effectué, étant précisé que la règle de l'amortissement minimum cumulé prévue par l'article 39 B du CGI (voir n° 27010) doit être respectée à la clôture de l'exercice d'inscription à l'actif de l'immobilisation passée à tort en charges. Cette tolérance administrative constitue une simple recommandation qui n'est pas susceptible d'être opposée à l'administration sur le fondement de l'article L 80 A du LPF (CE 11-12-1991 n° 75637 ; CE 29-1-2003 n° 230961).

Aucune correction extra-comptable n'est à effectuer (au titre du rattrapage et des amortissements ultérieurs) dans la mesure où ces amortissements n'ont pas minoré le montant de la rectification fiscale.

Cette tolérance n'est pas expressément étendue aux amortissements irrégulièrement différés en raison d'une déduction de TVA opérée à tort (Rép. Sergheraert : AN 22-6-1979 n° 4697, non reprise dans Bofip ; voir n° 26220).

b. Amortissements « exagérés »

EXEMPLE

Une durée de 5 ans initialement retenue dans le plan d'amortissement de l'immobilisation d'une PME bénéficiant de la mesure de simplification (amortissement pour dépréciation comptabilisé sur la durée d'usage, voir n° 27150) est considérée comme erronée par l'administration qui accepte une durée de 8 ans (correction acceptée comptablement).

L'écart avec les dotations cumulées depuis l'acquisition du bien jusqu'à la date de la rectification fiscale constitue le montant des amortissements « exagérés ».

L'entreprise débite le compte « Amortissements » (compte 28 de l'immobilisation concernée) par le crédit de « Reprises sur amortissements » (compte 787) pour le montant des amortissements « exagérés » calculés depuis l'inscription à l'actif de l'immobilisation, y compris, à notre avis, pour la quote-part d'amortissements exagérés qui ne peuvent être rectifiés car comptabilisés sur des exercices prescrits (voir ci-après fiscalement).

> **Fiscalement** **a. Déduction extra-comptable** L'application combinée du principe de correction symétrique des bilans et de l'article 38-4 bis, al. 3 du CGI (exception à la règle d'intangibilité du bilan d'ouverture du premier exercice non prescrit, voir n° 45660) n'autorise l'administration à ne remettre en cause que les **seules dotations excessives comptabilisées au titre des exercices non prescrits** (BOI-BIC-BASE-40-20-20-10 n° 110 et 120). En conséquence, le produit constaté comptablement lors de la correction de l'erreur doit être déduit extra-comptablement (sur l'imprimé n° 2058-A, ligne XG) pour son **montant total** :
– soit parce qu'il correspond à des amortissements excessifs pris en compte dans la rectification fiscale (amortissements pratiqués au cours d'exercices non prescrits) ;
– soit parce qu'il correspond à des amortissements excessifs qui ne doivent entraîner aucune conséquence sur le résultat imposable (amortissements pratiqués au cours d'exercices prescrits).
b. Amortissements visés Les rectifications fiscales d'amortissements exagérés devraient, en pratique, généralement porter sur :
– des amortissements pour dépréciation lorsque les biens concernés sont amortissables comptablement sur leur durée d'usage (immobilisations détenues par certaines PME, voir n° 27150) ou sur leur durée réelle d'utilisation sans possibilité d'amortissement dérogatoire (essentiellement

structures d'immeubles de placement, voir n° 27495, et composants de 1ᵉ catégorie, voir n° 25715) ;
– des **amortissements dérogatoires** lorsque les biens concernés sont amortissables fiscalement sur une durée plus courte que la durée comptable (essentiellement immobilisations non éligibles à la mesure de simplification des PME, voir n° 27120 s. ; structures d'immobilisations décomposées hors immeubles de placement, voir n° 27205). En effet, selon l'administration (BOI-BIC-BASE-40-20-20-10 n° 110), la règle de l'intangibilité du bilan d'ouverture du 1ᵉʳ exercice non prescrit s'applique quel que soit le mode de comptabilisation des dotations aux amortissements excessives (amortissement pour dépréciation ou amortissement dérogatoire).

Les exercices suivant celui de la correction comptable de l'erreur, les dotations aux amortissements comptables seront déductibles sur le plan fiscal. Aucune correction extra-comptable ne sera donc nécessaire.

c. Rectification de la valeur d'entrée des immobilisations

> **EXEMPLE**
>
> Valeur d'apport ou d'achat sous-évaluée, la rectification entraînant le paiement de droits d'enregistrement complémentaires.

Le **coût d'acquisition** doit être **maintenu si** les **actes** initiaux ne sont **pas rectifiés** (Cass. com. 29-1-1991 n° 258 P), voir n° 26195.

> **Fiscalement** Il en est de même, l'administration n'imposant pas la modification de la valeur d'apport ou d'achat (BOI-BIC-AMT-10-30-30-10 n° 150 ; BOI-BIC-AMT-10-30-30-20 n° 70 ; BOI-BIC-PVMV-10-20-10 n° 80).

Si les **actes** initiaux sont **rectifiés** :
– en cas d'**apport,** pour le bulletin CNCC (n° 34, juin 1979, EJ 79-48, p. 229) la rectification fiscale ne peut en elle-même justifier une modification du contrat d'apport ;
Si tel était le cas, la correction de l'erreur sur l'apport (augmentation de la valeur de l'immobilisation à l'actif) se traduirait par une augmentation de capital (réservée à l'apporteur).
– en cas d'**acquisition,** la modification entraîne, en général, le **paiement d'un complément** de prix au vendeur. L'augmentation de l'immobilisation concernée a pour contrepartie le crédit d'un compte de dettes d'immobilisations ou de trésorerie.

> **Fiscalement** Les nouvelles valeurs sont constatées au bilan et il en est tenu compte, notamment, pour le calcul des amortissements et des plus-values de cession (BOI-BIC-AMT-10-30-30-10 n° 150 ; BOI-BIC-AMT-10-30-30-20 n° 70 ; BOI-BIC-PVMV-10-20-10 n° 80 et n° 380 à 420).

Si le **prix réel** a été **dissimulé,** il n'y a pas de contrepartie à l'augmentation de l'immobilisation (la partie de prix correspondant à la dissimulation ayant en fait été versée ; il ne s'agit donc pas d'une insuffisance de prix). Celle-ci ne nous paraît donc pas pouvoir être comptabilisée.
La solution consistant à constater en contrepartie une réserve reviendrait à procéder à une réévaluation partielle incompatible avec l'article L 123-18 du Code de commerce.

d. Sous-évaluation des stocks
Elle n'est à comptabiliser que pour autant que la rectification fiscale porte sur un bien devant figurer au stock de clôture de l'exercice de la rectification.
En effet, dans le cas inverse, les biens non inventoriés ou sous-évalués ont été vendus et le produit résultant de la sous-évaluation déjà passé en résultat.
L'entreprise débite alors le compte de stock (compte 30 concerné) par le crédit du compte 778 (« Produits exceptionnels »), y compris, à notre avis, à raison du coût d'entrée des stocks qui ne peuvent faire l'objet d'une rectification fiscale, ceux-ci ayant été acquis depuis plus de dix ans (voir ci-après fiscalement).

> **Fiscalement** Compte tenu des règles de correction symétrique des bilans et d'intangibilité du premier exercice non prescrit (voir n° 45645 et 45650 et Mémento Fiscal n° 78160 à 78170), deux cas sont à distinguer :
> **1.** Si l'erreur ayant entraîné la sous-estimation du stock a été commise **sept ans ou moins** avant l'ouverture du premier exercice non prescrit, le produit exceptionnel résultant de sa correction est à déduire extra-comptablement sur l'imprimé n° 2058-A (ligne XG), l'augmentation du stock étant prise en compte dans la rectification.
> **2.** Si l'erreur ayant entraîné la sous-estimation du stock est intervenue **plus de sept ans** avant l'ouverture du premier exercice non prescrit, sa correction ne peut entraîner aucune imposition supplémentaire (CGI art. 38-4 bis ; BOI-BIC-BASE-40-20-20-10 n° 10). Le produit comptable résultant de cette correction n'est donc pas imposable. En conséquence, il doit être déduit extra-comptablement sur l'imprimé n° 2058-A (ligne XG).
> Dans l'hypothèse où une règle erronée a été appliquée de manière répétée, d'exercice en exercice, seule la correction afférente aux éléments individualisés du stock inscrits à l'actif depuis

plus de sept ans avant l'ouverture du premier exercice non prescrit est sans conséquence fiscale. En revanche, la correction des éléments du stock inscrits à l'actif ultérieurement affectés par cette erreur peut donner lieu (au titre des exercices non prescrits) à une imposition supplémentaire (Avis CE 17-5-2006 n° 288511 ; BOI-BIC-BASE-40-20-20-10 n° 50).

53150 **Rectification fiscale des prix de transfert entre la France et les États-Unis ou un État membre de l'Union européenne** La convention signée par les États membres au sein de l'Union européenne (Convention 90/436 du 23-7-1990), ainsi que l'avenant à la convention fiscale du 31 août 1994 signé entre la France et les États-Unis le 23 décembre 2009, ont instauré, à la charge des administrations fiscales, une **obligation d'élimination des doubles impositions**. Cette **clause d'arbitrage** garantit ainsi, en principe, aux groupes la neutralité des rehaussements en matière de prix de transfert. Il en résulte, à notre avis, les conséquences comptables et fiscales suivantes.

Sur les obligations déclaratives et documentaires de la politique de prix de transfert des personnes morales établies en France, voir n° 80025.

I. Redressement de la société française Une société française faisant l'objet d'une rectification fiscale de ses prix de transfert, car elle a soit acheté trop cher soit vendu pas assez cher à une société du groupe implantée aux États-Unis (ou dans un État membre de l'UE) :
– doit comptabiliser une provision correspondant au montant probable d'impôt sur les sociétés qu'elle devra verser à l'administration fiscale française (rappel d'impôt, pénalités et intérêts) (voir n° 53230 s.) ;

> **Fiscalement** Cette provision n'est pas déductible, la charge qu'elle couvre n'étant elle-même pas déductible.

– et est en droit de comptabiliser un **produit à recevoir**, lorsque la société étrangère s'est engagée avant la clôture de l'exercice à lui reverser le « trop-payé » ou à lui verser un complément de prix.

> **Fiscalement** En cas d'engagement de reversement de la part de la société cocontractante étrangère, l'entreprise française peut, sous certaines conditions, être exemptée de la retenue à la source au titre des revenus réputés distribués (sur la procédure légale de régularisation : LPF art. L 62 A ; BOI-CF-IOR-20-20 ; sur la procédure amiable : BOI-INT-DG-20-30-10 n° 630).

Tant que la décision d'arbitrage n'a pas été rendue, ce produit est, à notre avis, limité au montant de la provision pour rectification comptabilisée. En effet, même si la société cocontractante américaine (ou européenne) s'est engagée à effectuer ce reversement (ce qui rend le produit certain dans son principe), le montant total de ce produit ne peut pas être estimé de manière fiable en l'absence de décision d'arbitrage définitive. La seule certitude sur le montant est que la société française recevra de la part de la société étrangère au minimum le montant qu'elle aura à reverser.

> **Fiscalement** Afin d'éviter une double imposition en France (au titre du redressement et du produit correspondant), ce produit n'est pas imposable (BOI-CF-IOR-20-20 n° 160) et doit donc être déduit extra-comptablement sur l'imprimé n° 2058-A (ligne XG).

EXEMPLE

Deux filiales d'un même groupe (l'une française, l'autre américaine) réalisent des transactions intragroupe d'achat/vente de matériel.

La société française fait l'objet d'une **rectification fiscale** de ses prix de transfert :
– la société américaine a vendu à la société française un matériel pour 100 ;
– l'administration estime ce prix d'achat excessif à hauteur de 30.

Le montant de la rectification fiscale est donc de 7,5 [30 (base de la rectification) x 25 % (taux d'IS de droit commun par hypothèse)] auquel s'ajoutent les pénalités et intérêts de retard (2 par hypothèse).

Il en résulte les conséquences comptables suivantes pour la société française :
– elle est redevable du rappel d'impôt ainsi que des pénalités et intérêts de retard (9,5) qu'elle provisionne dès que la rectification fiscale est probable ;

> **Fiscalement** Cette provision doit être réintégrée extra-comptablement sur l'imprimé n° 2058-A (ligne WQ).

– conformément à l'engagement pris pour éviter la retenue à la source, la société cocontractante américaine doit rembourser à la société française la différence entre le prix de transfert facturé (100) et le prix de transfert résultant de la décision d'arbitrage (70), soit 30.

Tant que la **procédure d'arbitrage** est **en cours** et que le montant de la rectification fiscale n'est pas certain dans son montant, la société française constate un produit à recevoir au titre du remboursement attendu à hauteur de la provision pour impôt, soit 7,5.

À l'issue de la procédure d'arbitrage, le montant de la rectification (7,5 + pénalités et intérêts de retard) est confirmé. La société française constate alors un produit à hauteur du remboursement certain, soit 30.

> **Fiscalement** Ce produit est déduit extra-comptablement sur l'imprimé n° 2058-A (ligne XG).

II. Redressement de la société cocontractante étrangère

En cas de rectification fiscale à l'étranger des prix de transfert avec la France, la société française cocontractante de la société étrangère rectifiée :
– doit provisionner le montant de reversement probable, lorsqu'elle s'est engagée à rembourser la société étrangère redressée ou à lui verser un complément de prix (PCG art. 322-1 s. ; voir n° 48241) ;
– et peut, à notre avis, enregistrer en contrepartie un produit d'impôt à recevoir à hauteur du dégrèvement attendu de l'administration fiscale française, à condition, toutefois, qu'elle prévoie de réaliser un bénéfice fiscal suffisant pour pouvoir imputer la charge correspondant à ce reversement.

> **Fiscalement** Le produit d'impôt à recevoir n'est pas imposable car il correspond à un remboursement d'IS. En contrepartie, le reversement (et sa provision) ne sont, à notre avis, pas déductibles afin d'éviter une double déduction. Ils doivent être réintégrés sur l'imprimé n° 2058-A (ligne WQ).

EXEMPLE

Même contexte que l'exemple précédent mais la société américaine n'a pas vendu suffisamment cher.

L'administration fiscale américaine opère une **rectification fiscale** de la société américaine, considérant que le prix de vente est sous-évalué, à hauteur de 20.

Le montant de la rectification fiscale est donc de 5 [20 (base de la rectification) x 25 % (taux d'IS par hypothèse)] auquel s'ajoutent les pénalités et intérêts de retard.

À l'issue de la procédure d'arbitrage, le montant de la rectification est confirmé.

Il en résulte les conséquences comptables suivantes pour la société française :
– si elle s'est engagée à verser un complément de prix à la société cocontractante américaine à hauteur de 20, ce qui permet d'éliminer la retenue à la source prélevée aux États-Unis, elle provisionne la charge liée au remboursement dès la probabilité de la rectification fiscale ;

> **Fiscalement** Cette provision doit, à notre avis, être réintégrée extra-comptablement sur l'imprimé n° 2058-A (ligne WQ).

– elle va bénéficier d'un dégrèvement d'IS calculé à partir du redressement en base notifié aux États-Unis (soit 20), multiplié par le taux d'IS de droit commun français (25 % par hypothèse), c'est-à-dire un dégrèvement de 5. Un produit d'impôt au titre de ce dégrèvement, calculé sur la base du remboursement estimé et provisionné est, à notre avis, à comptabiliser sur le même exercice que la provision.

> **Fiscalement** Ce produit doit, à notre avis, être déduit extra-comptablement sur l'imprimé n° 2058-A (ligne XG).

Incidences diverses des rectifications d'IS   53170
I. Sur la participation des salariés

> **Juridiquement** Selon l'article D 3324-40 du Code du travail :
– lorsque la déclaration des résultats d'un exercice est **rectifiée par l'administration ou par le juge de l'impôt,** le montant de la participation des salariés au bénéfice de cet exercice fait l'objet d'un **nouveau calcul,** compte tenu des rectifications apportées ;
– le montant de la réserve spéciale de participation est modifié en conséquence **au cours de l'exercice pendant lequel les rectifications** opérées par l'administration ou par le juge de l'impôt sont devenues **définitives** (après épuisement des voies de droit) ou ont été formellement **acceptées** par l'entreprise, et ce que le résultat fiscal ait été corrigé **à la hausse ou à la baisse** (Cass. soc. 1-7-1998 n° 3337 P) ;
– ce montant est, le cas échéant, majoré d'un intérêt de retard qui court à partir du premier jour du sixième mois qui suit celui au titre duquel les rectifications ont été opérées.
Selon la jurisprudence (Cass. soc. 10-3-1998 n° 1296 P ; Cass. soc. 18-2-2016 n° 14-12.614 à 14-12.656), la répartition de cette masse indissociable, formée par la réserve spéciale et son complément, ne doit et ne peut se faire qu'entre les seuls **salariés présents au cours de l'exercice pendant**

53170
(suite)

lequel les rectifications effectuées par l'administration **sont devenues définitives**. Les salariés ayant quitté l'entreprise ne peuvent donc prétendre ni à ce supplément de participation ni, inversement, se voir réclamer par l'entreprise la participation excédentaire qui leur aurait été versée lors de leur départ. Les salariés qui n'avaient pas de droits à participation au titre de l'exercice dont le résultat a été rectifié bénéficient d'un supplément de participation en cas de rectification fiscale et, inversement, voient leurs droits à participation diminués en cas de rectification à la baisse du résultat fiscal.

Lorsque l'entreprise s'adresse à son commissaire aux comptes pour demander une attestation du bénéfice net et des capitaux propres, voir FRC 12/23 Hors série inf. 72.

Sur le plan comptable :

a. Modification à la hausse de la réserve spéciale Le complément de participation est comptabilisé en charges (au compte 691) l'année où il est incorporé à la réserve spéciale (il peut donner lieu à reprise de provision si ce complément a fait l'objet de provision lorsqu'il n'était que probable ; voir n° 53255 s.).

› **Précisions Sanction en cas de non-constatation d'un complément de réserve** Selon le bulletin CNCC (n° 120, décembre 2000, EJ 2000-152, p. 597), l'absence de modification de la réserve spéciale au cours de l'exercice au cours duquel la rectification est devenue définitive (ou formellement acceptée par l'entreprise) constitue une **irrégularité** à signaler par le commissaire aux comptes au conseil d'administration et à l'assemblée statuant sur les comptes de cet exercice et peut, dans certains cas, constituer un **délit** à révéler au procureur de la République.

› **Fiscalement** Le complément de participation est porté à la réserve spéciale de participation au titre de l'exercice au cours duquel le redressement est devenu définitif, soit qu'il a été accepté, soit que les voies de recours ont été épuisées (BOI-BIC-PTP-10-10-30 n° 60). Pour un exemple illustrant cette règle, voir BOI-BIC-PTP-10-10-30 n° 80. Sur la déductibilité des sommes portées à la réserve de participation, voir n° 53815.

b. Modification à la baisse de la réserve spéciale La réduction de la participation est comptabilisée en produits (à notre avis par le crédit du compte 691) l'année où la réserve spéciale est corrigée à la baisse.

› **Précisions** Si le montant de la correction négative est supérieur au montant de la participation calculée au titre de cet exercice, à notre avis, le montant net de la participation est nul au titre de l'exercice au cours duquel le résultat fiscal est modifié. En effet, la correction de participation ne peut pas être reportée sur les exercices ultérieurs si le montant de la participation de cet exercice n'est pas suffisant pour couvrir les corrections effectuées.

› **Fiscalement** La réduction de la réserve de participation est immédiatement imposable.

II. Sur le carry-back

(voir n° 52650 à 52680) Une rectification fiscale est susceptible d'augmenter les possibilités de report en arrière des déficits :
– soit parce que les rehaussements opérés par l'administration font apparaître ou augmentent le montant d'un déficit reportable (BOI-IS-DEF-20-10 n° 50). Dans une telle situation, l'entreprise est en droit d'opter, dans le cadre d'une réclamation contentieuse, pour le report en arrière de ce déficit rehaussé sur le bénéfice de l'exercice antérieur, y compris si ce bénéfice d'imputation ne résulte que de rehaussements apportés par l'administration. L'option peut être exercée dans la double limite du déficit rectifié et de 1 million d'euros (BOI-IS-DEF-20-10 n° 50) ;
– soit parce que les rehaussements opérés par l'administration augmentent ou font apparaître un bénéfice d'imputation, à condition qu'ils ne constituent pas des revenus distribués (CAA Paris 1-12-2004 n° 01-3555 ; CAA Paris 13-2-2014 n° 12PA00719). L'option pour le report en arrière du déficit de l'exercice suivant peut alors être exercée, dans le cadre d'une réclamation contentieuse (CE 19-12-2007 n° 285588 et 394358), ou d'une seconde réclamation si l'imputation avait déjà été faite sur les bénéfices initialement déclarés (CE 19-7-2016 n° 385768 et 385774), dans la double limite des bénéfices rehaussés et de 1 million d'euros (BOI-IS-DEF-20-10 n° 50).

› **Précisions** L'option pour le report en arrière doit alors être exercée dans le délai de réclamation prévu par l'article R 196-1 du LPF, c'est-à-dire avant le 31 décembre de la deuxième année suivant celle de la mise en recouvrement (CE 19-12-2007 n° 285588 et 294358 ; CE 16-11-2022 n° 462305), même en cas de contestation des redressements, une réclamation ou un jugement confirmant les redressements ne venant pas prolonger ce délai (TA Paris 7-6-2011 n° 0907366/2). Elle n'entraîne pas la décharge des pénalités afférentes aux rectifications fiscales (CAA Paris 29-3-2006 n° 04-3257).

La créance de carry-back est à enregistrer lors de l'exercice de l'option (voir n° 52655).

Si le contrôle fiscal est en cours, voire probable à la clôture de l'exercice, voir n° 53255 s.

Si le redressement est mis en recouvrement et contesté, voir n° 53230 s.

III. Sur l'intéressement des salariés Aucune règle n'est définie sur les conséquences d'un contrôle fiscal sur des sommes attribuées aux salariés dans le cadre de l'intéressement. Toutefois, rien ne s'oppose à ce que les partenaires sociaux prévoient que les règles définies pour le calcul de la réserve de participation soient appliquées lorsque l'intéressement est lié aux résultats fiscaux (Rép. Laffineur : AN 17-12-1990 n° 31735, non reprise dans Bofip).

IV. Sur la cotisation sur la valeur ajoutée (CVAE) et le plafonnement de la contribution foncière des entreprises (CFE) en fonction de la valeur ajoutée Comme c'était le cas pour la taxe professionnelle (CAA Nantes 27-10-2008 n° 07NT03573), la valeur ajoutée retenue pour le calcul de la CVAE et du plafonnement de la CFE devrait tenir compte des rectifications effectuées par l'administration à la suite d'un contrôle sur pièces ou d'une vérification de comptabilité. En cas de désaccord avec le contribuable, le dégrèvement devrait être déterminé à partir de la valeur ajoutée arrêtée par l'administration. Comme pour la taxe professionnelle (BOI 6 E-1-00, n° 59, non repris dans Bofip), un dégrèvement complémentaire devrait, le cas échéant, être accordé au contribuable à la suite d'une décision de justice devenue définitive.

RECTIFICATIONS DE TVA

En ce qui concerne **l'impôt en principal,** la situation est différente selon que le contribuable vérifié peut le répercuter ou non à ses clients.

53190

a. Le rappel peut être répercuté sur les clients Le redevable qui fait l'objet d'une rectification fiscale peut délivrer à son client une **facture rectificative** portant régularisation de la TVA (BOI-TVA-DED-40-10-10 n° 60 ; BOI-TVA-SECT-80-60-10-30 n° 30 ; BOI-TVA-BASE-10-20-20 n° 30 et 40), ce qui permet à ce dernier d'en obtenir la déduction [sous réserve que l'omission soit réparée dans les deux ans de l'exigibilité de la taxe chez le fournisseur (BOI-TVA-DED-40-20 n° 50)]. Dans ce cas, la TVA facturée nous paraît pouvoir être débitée au compte 411 « Clients » par le crédit du compte 4458 « TVA à régulariser », subdivision à créer « TVA sur rappel facturée aux clients ».

C'est lors de sa **mise en recouvrement** (date de visa de l'avis) que la rectification totale de TVA doit, à notre avis, être créditée au compte 4455 « TVA à décaisser » par le débit des comptes :
– 4458 pour solde (fraction facturée aux clients) ;
– et 6717 « Rappels d'impôts » (fraction restant à la charge de l'entreprise). Sur la possibilité de classer ce reliquat en charge d'exploitation et sur l'information à donner en annexe, voir ci-après b.

Les deux écritures peuvent être contractées en une seule passée à la date de mise en recouvrement du rappel.

Si cette mise en recouvrement n'est pas intervenue à la **clôture de l'exercice** au cours duquel la vérification a été terminée, le rappel est constaté au bilan sous la forme d'une charge à payer (compte 448 « État – Charges à payer »).

EXEMPLE

Soit une rectification de TVA de 69 000 relative à l'exercice N, acceptée, répartie ainsi :

Taxe sur les opérations financières récupérée à tort	2 600
TVA déduite à tort	14 400
TVA non acquittée sur certaines prestations (factures rectificatives comportant la TVA établies)	52 000

	411 Clients	4455 TVA à décaisser	4458 TVA s/rappel facturée	6717 Impôts rappels
Facturation complément TVA	52		52	
Constatation rappel TVA		69	52	17
			52 | 52 soldé	

b. Le rappel ne peut pas être répercuté sur les clients Dans ce cas (réintégration de TVA déduite à tort, facturation complémentaire impossible), la perte qui en résulte pour l'entreprise est débitée au compte 6717 « Rappels d'impôts » par le crédit du compte 4455 « TVA à décaisser ».

Pour une autre conception du résultat courant (fondée sur la qualification de chaque opération), voir n° 52030 I.

S'agissant de charges sur exercices antérieurs, mention doit en être faite dans l'annexe lorsque l'importance des rappels est significative (PCG art. 833-14/3).

> **EXEMPLE**
> En reprenant les données de l'exemple ci-avant mais dans le cas où il ne serait pas possible de récupérer sur les clients les 52 000 de TVA, il n'y aurait qu'une seule écriture :
> — Débit : 6717 « Impôt rappels » : 69 ;
> — Crédit : 4455 « TVA à décaisser » : 69.

c. Comptabilisation des pénalités Sur le classement de la charge en résultat courant ou exceptionnel, voir n° 53115. En cas de demande de remise, voir n° 53235.

d. Comptabilisation des dégrèvements Ils sont enregistrés lorsqu'ils constituent une créance acquise, ce qui devrait en pratique correspondre à l'exercice où le contribuable reçoit l'avis de dégrèvement, sauf si le dégrèvement est acquis de plein droit (voir n° 53120).

Ils constituent des produits exceptionnels au compte 7717 « Dégrèvements d'impôts » (sauf s'ils sont répercutés sur les clients par l'envoi de factures rectificatives). Pour une autre conception du résultat courant (fondée sur la qualification de chaque opération), voir n° 52030 I. Lorsque les dégrèvements correspondent à des produits sur exercices antérieurs, mention doit en être faite dans l'annexe lorsque leur importance est significative (PCG art. 833-14/3).

Sur l'exercice de rattachement des dégrèvements d'impôt, voir n° 53120.

53195 **Incidence des rappels de TVA sur les rehaussements en matière de bénéfice** (BOI-CF-PGR-30-40-20 n° 30) Une entreprise qui **comptabilise** ses opérations **hors taxe** ne saurait contester que toute déclaration inexacte motivant un rappel au titre de la taxe sur la valeur ajoutée a été pour elle génératrice d'un **profit égal au montant du rappel effectué.**

En conséquence, le vérificateur rehausse le bénéfice du rappel de TVA. Il en est ainsi dans les cas suivants :
— TVA déduite à tort relative à des charges non déductibles du bénéfice fiscal ;
— recettes non comptabilisées ;
— recettes comptabilisées mais non déclarées à la TVA.

En revanche, le rappel de TVA est sans incidence dans les cas suivants :
— TVA déduite à tort relative à des charges déductibles du bénéfice fiscal ;
— erreur de taux dans l'imposition des produits à la TVA.

Cette rectification fiscale, **de caractère extra-comptable,** aboutit à une double imposition en matière de bénéfice qui disparaît par la « déduction en cascade » du rappel de TVA (voir n° 53345).

53200 **Incidence de la réintégration de la TVA relative à une immobilisation** « La **valeur d'actif** de l'immobilisation **augmentée** du montant de la **TVA déduite à tort** constitue la nouvelle base de l'amortissement lorsque la rectification fiscale est devenue définitive » (Rép. Sergheraert : AN 22-6-1979 n° 4697, non reprise dans Bofip). Voir également n° 27340.

REDRESSEMENTS DE COTISATIONS DE SÉCURITÉ SOCIALE

53205 Les rappels sont à constater au débit du compte 6718 « Autres charges exceptionnelles sur opérations de gestion » (par analogie avec le PCG qui classe les rappels d'impôts autres qu'IS au compte 6717) par le crédit du compte 4386 « Organismes sociaux – charges à payer ».

Pour une autre conception du résultat courant (fondée sur la qualification de chaque opération), voir n° 52030 I.

Sur le délai de reprise en matière de cotisations de sécurité sociale, voir n° 18755.

> **> Fiscalement** Les rappels de cotisations de sécurité sociale consécutifs à des redressements doivent être compris dans les charges de l'exercice au cours duquel une entreprise s'est reconnue débitrice des droits rappelés. La décision de gestion exprimant cette reconnaissance est matérialisée

soit par l'inscription à un compte de charges à payer, soit par le paiement. Si tel n'est pas le cas, les cotisations rappelées doivent être comprises dans les charges de l'exercice au cours duquel la décision de rappel a été rendue exécutoire. Il en est ainsi à la date de l'arrêté préfectoral relatif à l'état de cotisations ou à celle du visa de la contrainte par le président de la commission de première instance.

En ce qui concerne la comptabilisation de majorations ou intérêts de retard, voir n° 45995.

B. Rectifications contestées ou probables

CONTESTATION DES PROPOSITIONS DE RECTIFICATIONS

a. Dette de rectification incertaine Lorsqu'un contrôle fiscal est achevé et que le contribuable reçoit un avis de mise en recouvrement, la dette envers le Trésor public n'est pas certaine si le contribuable en conteste le bien-fondé :
— par une réclamation auprès de la Direction générale des finances publiques (voir Mémento Fiscal n° 81800 s.) ;
— ou si, après avoir déposé une réclamation et si le désaccord avec l'administration persiste (LPF art. R 199-1), il saisit le tribunal administratif dans un délai de deux mois à compter du jour de notification de la décision de rejet de la réclamation par l'administration (voir Mémento Fiscal n° 82110 s.).
La dette reste incertaine, à notre avis, tant que l'un des deux événements suivants n'est pas intervenu : épuisement des voies de recours ou prononcé d'une décision juridictionnelle exécutoire.

b. Montant de rectification exigible Bien que la dette ne soit pas certaine :
— la contestation des rectifications n'en suspend pas pour autant l'exigibilité (sur la comptabilisation du montant versé, voir n° 53250) ; sur la possibilité, néanmoins, de demander un sursis de paiement permettant de suspendre l'exigibilité de l'impôt jusqu'au jugement ou, si le tribunal n'est pas saisi, jusqu'à l'expiration du délai de saisine, voir Mémento Fiscal n° 81885 ;
— la contestation a une incidence sur les comptes annuels, une provision pouvant s'avérer nécessaire, ainsi qu'une information en annexe (voir n° 53235).

Sur les diligences du commissaire aux comptes, voir FRC 12/23 Hors série inf. 110.6.

53230

Provision **a. Principe de constitution d'une provision pour risques** Une provision pour risques doit être constituée à la clôture, les conditions de constitution d'une provision pour litiges (PCG art. 322-1 s. et Avis CNC 2000-01 § 5) étant remplies :
1. Existence d'une obligation à la clôture L'obligation résulte de l'identification, dans la rectification fiscale, de points sur lesquels les règles fiscales n'ont pas été respectées selon l'administration. Il existe donc, à la clôture, une obligation probable d'avoir à payer un rappel d'impôt et des amendes ou pénalités.

> **Fiscalement** La notification de la proposition de rectification fiscale à la clôture de l'exercice constitue un événement justifiant la déduction de la provision (CE 21-1-1991 n° 76390), même si l'entreprise a engagé un recours contentieux ou une procédure conventionnelle d'élimination des doubles impositions (CE 20-11-2002 n° 230530).

2. Sortie de ressources probable à la date d'arrêté des comptes La probabilité de sortie de ressources s'apprécie en fonction du bien-fondé de la position de l'administration et des chances de succès de l'entreprise dans le contentieux en cours.
La provision correspond au montant le plus probable que l'entreprise pense devoir verser à l'administration (rappel d'impôt, pénalités et intérêts).
Le **montant** de la provision **dépend** évidemment des **données de l'espèce.** Il pourrait être quasiment nul à la rigueur si la proposition de rectification fiscale notifiée apparaissait sans fondement (en ce sens, Bull. CNCC n° 125, mars 2002, EC 2001-81-14, p. 123 s.).
Une rectification du résultat imposable ayant une incidence sur la **participation des salariés** (voir n° 53170), le complément probable de participation nous paraît également devoir être provisionné.

53235

> **Précisions 1. En ce qui concerne les pénalités,** lorsque l'administration fiscale a opéré une rectification, il est parfois possible d'obtenir une remise des pénalités (recours gracieux). Dans ces conditions, pour le bulletin CNCC (n° 21, mars 1976, p. 105), il apparaît qu'un doute peut subsister sur le montant exact des pénalités qui seront finalement exigées, et par conséquent on peut admettre que la provision puisse être inférieure aux pénalités fixées, sans

toutefois être inférieure aux intérêts de retard qui resteront en tout état de cause dus. Sur la comptabilisation du recours gracieux, voir n° 53120.

2. Dans le cas exceptionnel où la sortie de ressources ne pourrait être déterminée avec la **précision** nécessaire, une mention sera donnée dans l'annexe.

> **Fiscalement** Cette provision constituant une provision pour litige, sa déduction n'est pas subordonnée à l'appréciation des chances de succès de la contestation (voir n° 45920). Le montant déductible de la provision est bien entendu limité au montant des impôts eux-mêmes déductibles (BOI-BIC-PROV-30-20-20 n° 10). Inversement, en cas de demande de dégrèvement, le produit doit être comptabilisé dès que le dégrèvement est confirmé par le jugement, alors même que l'administration aurait fait appel (CE 2-6-2010 n° 322663).

En cas **d'appel** de la décision du tribunal administratif **devant une cour administrative d'appel**, la **provision pour litige** nous paraît devoir être (voir n° 45930) :
– **reprise** à hauteur du montant de la **condamnation prononcée** (la décision du tribunal administratif ayant par principe force exécutoire, ce montant doit être comptabilisé en dette) ;
– **maintenue** le cas échéant à hauteur de la différence entre le montant total de la condamnation que l'entreprise estime encourir (adapté le cas échéant en fonction d'éléments nouveaux) et celle prononcée en première instance.

Sur la reprise de provision en cas de jugement d'appel favorable postérieur à la clôture, voir n° 48210.

Pour l'impact sur la provision d'une option possible pour le report en arrière des déficits sur les bénéfices nés d'un contrôle fiscal, voir n° 53252 (cas particulier).

b. Information en annexe L'AMF (Bull. COB n° 265, janvier 1993, p. 54) recommande aux sociétés de publier les éléments suivants, dès lors qu'ils ont une **incidence significative** sur les comptes de la société :
– mention de l'**existence** d'une notification de « redressements » (désormais nommée « proposition de rectification fiscale ») ;

> **Précisions** Même (et surtout à notre avis) si aucune provision n'a été constituée (Bull. CNCC n° 85, mars 1992, EC 91-43, p. 187).

– indication des **années concernées** ;
– indication si une **provision** a été constituée en donnant, s'il y a lieu, toute précision utile à ce sujet dans la rubrique « Faits exceptionnels et litiges ».

> **Précisions** Si aucune évaluation fiable du montant du risque n'a pu être réalisée et qu'en conséquence, aucune provision n'a été constatée, une information doit être fournie sur les incertitudes relatives à ce risque (PCG art. 833-126-3).

En revanche, ne doit **pas** être **obligatoirement** fourni (Bull. COB et CNCC précités) **le montant** :
– des propositions de rectifications notifiées ;
– ou de la provision constituée.

> **Précisions** À notre avis, d'une manière générale, lorsque le **montant** notifié apparaît **aberrant ou excessif** (selon avis d'experts), il n'y a **pas lieu d'indiquer** dans l'annexe le montant notifié par l'administration, car cette information pourrait s'avérer trompeuse et causer un **préjudice sérieux** à l'entreprise (en ce sens, PCG art. 833-12/4). Toutefois, il convient alors d'indiquer la nature générale du litige, le fait que cette information n'a pas été fournie et la raison pour laquelle elle ne l'a pas été (PCG art. précité).

53250 **Versements d'impôts et taxes contestés** Les impositions complémentaires versées au Trésor public mais qui restent néanmoins contestées par l'entreprise sont, à notre avis, à débiter à l'actif à un compte d'attente qui sera soldé lors du règlement du litige :
– TVA et taxes assimilées : sous-compte de 4458 « TVA à régulariser », subdivision à créer « État-Versements sur rappels de TVA contestés » ;
– autres impôts : subdivision à créer du compte 444, par exemple 4448 « Impôts sur les bénéfices à régulariser ».

En effet, les impositions supplémentaires mises à la charge du contribuable ne constituent pas des dettes certaines tant que leur montant reste contesté dans le cadre d'une réclamation contentieuse auprès de l'administration ou d'une procédure juridictionnelle engagée devant le tribunal administratif après rejet de la réclamation, dès lors qu'aucun jugement exécutoire n'est intervenu.

Les sommes versées au Trésor (à défaut de demande ou d'obtention du sursis de paiement, voir n° 53230) s'analysent donc, à notre avis, comme des avances à restituer ou à imputer sur le montant qui sera dû en définitive à l'issue de la procédure.

Sur la compensation fiscale d'assiette entre des insuffisances d'imposition et des excédents de taxation, voir n° 53110.

Incidences d'une contestation des rehaussements sur le carry-back 53252

Même lorsque le redressement est contesté, l'entreprise peut opter pour le carry-back sur les bénéfices redressés et ce, **à titre conservatoire** (CAA Bordeaux 28-1-2003 n° 00-2223 et TA Lille 2-2-2018 n° 1508675). En effet, dans cette situation, le risque de ne pas pouvoir respecter le délai pour exercer l'option est important, une réclamation ou un jugement confirmant le redressement ne venant pas prolonger le délai d'option (voir n° 53170).

En cas de carry-back à titre conservatoire, si le redressement n'est pas estimé probable et qu'il ne fait en conséquence l'objet d'aucune provision dans les comptes, le produit de carry-back ne peut être constaté. Dans cette hypothèse, le carry-back à titre conservatoire donne lieu uniquement à une mention en annexe.

RECTIFICATIONS PROBABLES À LA CLÔTURE DE L'EXERCICE

Si l'entreprise n'a pas respecté sur certains points les règles fiscales, elle peut devoir constituer à la clôture de l'exercice une provision pour faire face au risque d'avoir à payer un rappel d'impôts.

L'estimation de cette provision suit les règles de constitution des provisions pour litiges (voir n° 45910 s.). Elle est différente suivant que la vérification est en cours (voir n° 53265) ou non (voir n° 53260) à la clôture de l'exercice.

Pour des exemples pratiques, voir n° 53270.

Absence de vérification en cours mais infraction aux règles fiscales certaine ou probable 53260

Si l'entreprise a pris en cours d'exercice des positions fiscales qui pourraient être contestées par l'administration, elle doit constater une provision et ce, même si aucune vérification n'est en cours, lorsque les conditions suivantes sont remplies :

a. Existence d'une obligation à la clôture L'obligation existe lorsque l'infraction aux règles fiscales est certaine ou probable.

L'identification de cette infraction (Bull. CNCC n° 125, mars 2002, EC 2001-81-14, p. 123) :
– peut, par exemple, résulter d'un rapport d'un expert indépendant démontrant la non-conformité des options prises avec la doctrine fiscale ou de la connaissance d'un redressement (une rectification) sur des faits semblables dans une société tierce (du groupe ou indépendante) ;
– ne peut résulter de la seule récurrence de redressements fiscaux (rectifications fiscales) sur des opérations diverses, dès lors que les motifs de redressements (rectifications) antérieurs n'existent plus.

> **> Fiscalement** Selon le Conseil d'État, même dans le cas où l'impôt risquant d'être rectifié est lui-même déductible, la provision ne l'est pas car le risque de rectification fiscale n'est qu'éventuel (CE 13-7-1967 n° 67559). En outre, plusieurs décisions des juges de fond ont eu l'occasion de préciser les circonstances dans lesquelles une provision pour risque Urssaf ou pour risque de reversement à la CPAM pouvait ou non être fiscalement admise (circonstances qui devraient, à notre avis, être identiques en cas de provision pour risque fiscal). Ainsi une provision a été jugée non déductible :
> – en cas de différend portant sur deux autres établissements de la société et alors même qu'un troisième établissement, non contrôlé, a appliqué la même méthode envisagée de calcul de ses cotisations (CAA Lyon 4-6-1992 n° 90240036) ;
> – en l'absence de contrôle engagé, envisagé ou annoncé, alors même que la société poursuit une pratique déjà sanctionnée par l'administration dans le cadre des contrôles antérieurs (CAA Versailles 6-5-2010 n° 09-1017 ; CAA Paris 12-7-2011 n° 10PA00403 ; CAA Paris 13-10-2011 n° 10PA01017 ; CAA Nantes 17-4-2014 n° 13NT00324).
> Pour la divergence entre comptabilité et fiscalité sur la notion de fait générateur des provisions pour litiges, voir n° 48240 s. et 48310.

L'obligation n'est probable que si l'infraction n'est pas prescrite (Bull. CNCC précité).

> **> Fiscalement** Il en est de même (CAA Lyon 17-3-2011 n° 10-574).

Sur les principaux délais de reprise de l'administration, voir n° 53280.

> **Précisions** **Interruption de la prescription** : la prescription est interrompue par tout acte valant reconnaissance par l'entreprise de sa dette d'impôt (LPF art. L 189). Une écriture comptable vaut reconnaissance si elle est suffisamment précise dans son libellé, notamment sur le bénéficiaire, l'objet, l'année de rattachement et le montant de la créance (CE 26-7-2007 n° 267594). Si l'écriture n'est pas suffisamment précise, l'administration peut inversement réintégrer la dette (CE 29-8-2008 n° 294352), ce qui entraîne un accroissement d'actif net imposable (CGI art. 38, 2).

b. Sortie de ressources probable à la date d'arrêté des comptes Le fait qu'aucune vérification ne soit en cours n'est pas une condition empêchant de démontrer le caractère probable de la sortie de ressources.
La probabilité de sortie de ressources s'apprécie en fonction (Bull. CNCC précité) :
– de l'existence d'une infraction aux règles fiscales et donc du bien-fondé de la position de l'entreprise et de ses chances de succès en cas de contentieux ;
– de la récurrence des contrôles fiscaux à laquelle l'entreprise est soumise.
La provision correspond au montant le plus probable que l'entreprise pense devoir verser à l'État.
Pour l'estimation du montant le plus probable à provisionner, l'entreprise devra (Bull. CNCC précité) évaluer isolément le montant théorique des rectifications en fonction de leur nature et en retenant une hypothèse de calcul définie comme étant **l'hypothèse la plus probable**.

> **Précisions** **1.** Le recours à un fiscaliste sera en général nécessaire pour évaluer plus précisément le risque encouru (Bull. CNCC n° 125 précité).
> **2.** Dans le cas exceptionnel où la sortie de ressources ne pourrait être déterminée avec la précision nécessaire, une mention sera donnée dans l'annexe.

Si le contrôle éventuel est susceptible de faire naître un déficit fiscal, voir n° 53275.
Sur la comptabilisation et l'évaluation des risques fiscaux portant sur un impôt sur le résultat en normes IFRS, voir Mémento IFRS n° 27558.

53265 **Procédure de vérification en cours mais non terminée** Lorsqu'à la clôture de l'exercice la vérification n'est pas terminée, il convient, à notre avis, de tenir compte le cas échéant de la perte probable qui en résultera pour l'entreprise et de constater un passif si les conditions suivantes sont remplies :

a. Existence d'une obligation à la clôture Le contrôle fiscal en cours a permis d'identifier des points sur lesquels la législation fiscale n'a pas été respectée selon l'administration. Il existe donc à la clôture une obligation probable d'avoir commis une infraction.

b. Sortie de ressources probable à la date d'arrêté des comptes La probabilité de sortie de ressources s'apprécie en fonction du bien-fondé de la position de l'entreprise et de ses chances de succès en cas de recours contentieux.
Le bulletin CNCC (n° 125, mars 2002, EC 2001-81-14, p. 123 s.) précise qu'un contrôle fiscal en cours augmente la probabilité de sortie de ressources mais que cet événement n'est ni une condition nécessaire ni une condition suffisante pour démontrer la probabilité de sortie de ressources.
Le classement comptable du passif dépend de la probabilité de la sortie de ressources et de la précision de son estimation :

1. La sortie de ressources peut être chiffrée avec une précision suffisante (notamment pour la **partie acceptée** d'une notification déjà reçue à la clôture) Une **charge à payer** est comptabilisée (voir n° 53110).

> **Fiscalement** **a. Exercice de déduction** En matière de provision pour risque Urssaf (dont les conditions de déduction fiscale devraient, à notre avis, être identiques aux provisions pour risque fiscal afférent à un impôt déductible), l'administration accepte la déduction de la provision dès l'existence d'un différend avec les organismes sociaux (BOI-BIC-CHG-40-40-40 n° 90 et 100).
> Des cours administratives d'appel paraissent ouvertes à l'acceptation de la déduction avant la notification du rehaussement. En effet, pour rejeter la déduction pratiquée, plusieurs décisions ont pris soin de relever qu'aucun contrôle n'était engagé (CAA Versailles 6-5-2010 n° 09-1017), imminent (CAA Paris 12-7-2011 n° 10PA00403) ou annoncé (CAA Nantes 17-4-2014 n° 13NT00324). Toutefois, de manière rigoureuse, la cour administrative d'appel de Paris a refusé la déduction d'une provision pour risque Urssaf à raison d'un contrôle en cours au motif que les premières conclusions écrites n'ont été notifiées qu'au cours de l'exercice suivant (CAA Paris 13-10-2011 n° 10PA01017).
> **b. Impôt provisionné** La charge à payer correspondant :
> – à des impôts non déductibles, n'est pas déductible (voir n° 52625 et 52635) ;
> – à des impôts déductibles, est déductible ; mais il convient de les comprendre dans le relevé des charges à payer ayant fiscalement le caractère de provisions (voir n° 48130).

2. La sortie de ressources ne peut être chiffrée avec une précision suffisante Il est constitué une **provision pour risques** (compte 155 « Provisions pour impôts »).

> **Fiscalement** La provision est déductible à condition que l'entreprise puisse établir la probabilité du rappel d'impôt et que ce dernier soit déductible (BOI-BIC-PROV-30-20-20 n° 10).

Une rectification du résultat imposable ayant une incidence sur la **participation des salariés** (voir n° 53170), le complément probable de participation nous paraît également devoir être provisionné.

Exemples pratiques Au cours de l'exercice N, l'entreprise a pris des positions fiscales qui pourraient être contestées par l'administration en cas de contrôle fiscal.   **53270**

1er cas : À la date d'arrêté des comptes aucune vérification n'est en cours.

L'entreprise ayant pris sciemment des positions fiscales susceptibles d'être contestées, l'obligation d'avoir à payer un rappel d'impôts ou des amendes ou pénalités existe à la clôture.

La probabilité de sortie de ressources s'apprécie en fonction du bien-fondé de la position de l'entreprise et de ses chances de succès en cas de contentieux.

La provision correspond au montant le plus probable que l'entreprise pense devoir verser : rappel d'impôts, pénalités et intérêts.

Dans le cas exceptionnel où la sortie de ressources ne pourrait être déterminée avec la précision nécessaire, une mention sera donnée dans l'annexe.

> **Fiscalement** Même si l'impôt rectifié est déductible, la provision ne l'est pas car le risque de rectification fiscale n'est qu'éventuel en l'absence de contrôle engagé à la clôture (voir I. b.).

2e cas : À la clôture de l'exercice N une vérification est en cours mais n'est pas terminée.

La provision à constituer à la clôture doit être estimée suivant les mêmes modalités que dans le 1er cas. Toutefois, le contrôle fiscal en cours peut permettre d'identifier d'autres points sur lesquels la législation fiscale n'a pas été respectée selon l'administration. En outre, le fait qu'il y ait un contrôle fiscal en cours peut augmenter la probabilité de sortie de ressources.

La provision peut donc être d'un montant supérieur à celui du premier cas, sans que ce soit systématique.

> **Fiscalement** La provision est déductible ou non suivant l'impôt redressé dès lors que, à notre avis, l'entreprise dispose à la clôture de l'exercice d'éléments rendant probable la notification de la proposition de rectification provisionnée (BOI-BIC-PROV-30-20-20 n° 10).

3e cas : À la clôture de l'exercice N, l'entreprise a reçu une notification de la proposition de rectification.

La rectification a permis d'identifier des points sur lesquels la législation fiscale n'avait pas été respectée selon l'administration. Il existe donc à la clôture une obligation probable d'avoir à payer un rappel d'impôt et des amendes ou pénalités.

La probabilité de sortie de ressources s'apprécie en fonction du bien-fondé de la position de l'administration et des chances de succès de l'entreprise en cas de contentieux.

À la limite, le montant provisionné pourrait être nul, si la proposition de rectification notifiée apparaissait sans fondement (voir n° 53235).

> **Fiscalement** La provision est déductible ou non suivant l'impôt redressé (BOI-BIC-PROV-30-20-20 n° 10).

Incidences sur le carry-back d'une rectification probable Une rectification fiscale est susceptible d'augmenter les possibilités de report en arrière des déficits (voir n° 53170).   **53275**

Lorsque le contrôle fiscal est en cours (voir n° 53265), voire probable à la clôture de l'exercice (voir n° 53260), le produit résultant du « futur » carry-back devrait à notre avis :
– **dès lors qu'il est certain que l'entreprise a l'intention d'exercer l'option de report en arrière des déficits dans le délai de réclamation** (le produit étant alors certain car dépendant de conditions totalement sous le contrôle de l'entreprise, voir n° 10350) ;
– être pris en compte dans l'estimation du montant à provisionner au titre de la rectification fiscale et seul le montant net (soit la rectification probable diminuée de la future créance de carry-back) devrait être provisionné à la clôture de l'exercice. En effet, la sortie de ressources liée à la rectification fiscale a une **contrepartie attendue du même tiers** : un produit d'impôt résultant du carry-back (PCG art. 322-2 et Avis CNC 2000-01 sur les passifs, § 1.3.1).

Le tableau ci-après, établi par nos soins, présente une synthèse, par catégorie d'impôt, des principaux délais de reprise de l'administration, au-delà desquels l'infraction est prescrite. Pour plus de détails, voir Mémento Fiscal n° 77710 à 77775.   **53280**

53280 (suite)

Point de départ de l'action en prescription	Délai général	Délais particuliers (1) (2)	Textes du LPF et du CGI
Impôt sur le revenu et impôt sur les sociétés			
Année au titre de laquelle l'imposition est due	3 ans (3) (4)		LPF art. L 169
Contribution économique territoriale (CFE et CVAE)			
Année au titre de laquelle l'imposition est due	3 ans (3)		LPF art. L 174
Impôts directs locaux hors contribution économique territoriale (5)			
Année au titre de laquelle l'impôt est établi	1 an (2)	**4 ans**, pour la taxe foncière sur les propriétés bâties, en cas d'**insuffisances d'évaluation** résultant du défaut ou de l'inexactitude des déclarations de constructions nouvelles ou de changements d'affectation (CGI art. 1406 et 1502) (6)	LPF art. L 173 et L 175
TVA			
Date d'exigibilité de la taxe	3 ans (7) (8)		LPF art. L 176
Contribution à la formation professionnelle, taxe d'apprentissage, cotisation de 2 % au titre de la participation-construction			
Date d'exigibilité de la taxe ou des contributions	3 ans (8)		LPF art. L 172 A ; CGI art. 1678 quinquies et 1679 bis A
Droits d'enregistrement			
Date d'exigibilité des droits	3 ans (9)	**6 ans** à compter du fait générateur de l'impôt en cas d'omission ou d'inexactitude de nature à influer sur la base imposable.	LPF art. L 180 et L 186

(1) **Prolongations de droit du délai de reprise**. Outre les délais particuliers de réduction ou de prolongation du délai de reprise, la loi prévoit certains cas généraux d'extension du délai dans lequel l'administration peut exercer son contrôle. Il en est notamment ainsi, sous certaines conditions, en cas :
– d'agissements frauduleux (LPF art. L 187 ; voir Mémento Fiscal n° 77760) ;
– d'activités occultes, de flagrance fiscale (LPF art. L 16-0 BA et L 252 B ; voir Mémento Fiscal n° 78330) ;
– d'ouverture d'une enquête judiciaire pour fraude fiscale (LPF art. L 188 B ; voir Mémento Fiscal n° 77770) ;
– de recours par l'administration à l'assistance administrative internationale (LPF art. L 188 A ; voir Mémento Fiscal n° 77765) ;
– d'omissions ou d'insuffisances d'impositions révélées à l'administration par une réclamation contentieuse ou une instance devant les tribunaux (LPF art. L 188 C ; voir Mémento Fiscal n° 77775) ;
– de non-déclaration de certaines opérations ou de comptes détenus à l'étranger (voir Mémento Fiscal n° 77715 et 77745).
(2) **Prolongations de fait du délai de reprise**. En pratique, le **délai de reprise de 3 ans peut être largement dépassé** dans certaines situations. Ainsi :
a. Le délai de conservation des **immobilisations amortissables** est indépendant de leur date d'acquisition ; en effet, la conservation des factures d'achats est nécessaire aussi longtemps que les exercices de déduction des amortissements sont encore vérifiables (CE 12-10-1992 n° 65664).
b. En cas d'intégration fiscale, la durée de conservation des documents de la société intégrée dépend du résultat d'ensemble du groupe. En effet, l'administration peut vérifier le résultat (ainsi que les plus ou moins-values à long terme) d'une société intégrée réalisé lorsqu'une année prescrite lorsque le résultat a, du fait de l'intégration, contribué à la réalisation d'un déficit (ou d'une moins-value à long terme) d'ensemble imputé sur un bénéfice (ou une plus-value à long terme) d'ensemble de la période non prescrite, et ce, même si le groupe fiscal a cessé d'exister (LPF art. L 169 ; BOI-CF-PGR-10-20 n° 230 à 260).
c. En cas de report déficitaire, le déficit reporté doit pouvoir être justifié jusqu'à la fin de la troisième année civile suivant :
– en cas de report en avant (voir n° 52590), l'exercice sur le bénéfice duquel ledit déficit a été imputé (BOI-BIC-DECLA-30-10-20-40 n° 420), sauf application d'une autre prolongation de droit ou de fait du délai de reprise plus longue ;
– en cas de report en arrière (voir n° 52650), l'exercice d'extinction de la créance de carry-back, par remboursement ou imputation sur l'IS dû (LPF art. L 171 A ; BOI-IS-DEF-20-20 n° 250 et 260), même si l'option pour le carry-back a été exercée au titre d'un exercice prescrit.
d. En cas de corrections symétriques des bilans (voir n° 45645), les omissions ou erreurs commises de bonne foi n'échappent à la règle de l'intangibilité du bilan d'ouverture et aux éventuels rehaussements qu'elle entraîne, que si l'entreprise apporte la preuve qu'elles sont intervenues plus de sept ans avant l'ouverture du premier exercice non prescrit (soit en général au total 10 ans à compter de l'année de notification de la proposition de rectification ou de présentation de la réclamation contentieuse).
(3) Fin de la troisième année civile suivant celle au titre de laquelle l'imposition est due. Ainsi, par exemple, pour une société clôturant son exercice le 30 septembre N, le délai de reprise de l'administration court jusqu'au 31 décembre N+3. Toutefois, les entreprises ont intérêt à conserver des documents pendant une période sensiblement plus longue (minimum 10 ans) afin, notamment, d'être en mesure de se prévaloir de l'exception à la règle de l'intangibilité du bilan d'ouverture du premier exercice non prescrit (voir n° 45655).

(4) Sont également soumis à ce délai de reprise les impôts suivants (LPF art. L 169 A) : **retenue à la source sur les revenus de capitaux mobiliers** de l'article 119 bis du CGI, prélèvement sur les produits de placements à revenus fixes, **taxe sur les salaires**, prélèvements et taxes liées à l'impôt sur le revenu ou l'impôt sur les sociétés, contribution sur les revenus locatifs.
(5) Taxe foncière, taxe d'habitation.
(6) LPF art. L 175 et CGI art. 1508, selon CE 26 mars 2008, n° 294354.
(7) Sont également concernées les **taxes sur l'affectation des véhicules de tourisme à des fins économiques** (CIBS art. 421-94 s.).
Lorsque l'entreprise impute, au cours d'un exercice non prescrit, **un crédit de TVA** né au titre d'un exercice prescrit ou en demande le remboursement, l'administration peut vérifier l'ensemble des opérations qui ont concouru à sa formation (LPF art. L 177 ; BOI-CF-PGR-10-30 n° 90 ; CE 6-3-1981 n° 19337 et CE 30-12-2009 n° 313907).
Le délai est étendu à 6 ans (LPF art. L 186) pour les sociétés ayant opté pour la **consolidation du paiement de la TVA** (CGI art. 1693 ter) lorsque la TVA déclarée a concouru à la détermination du crédit d'impôt dont a bénéficié la tête de groupe (LPF art. L 176). Les filiales ayant donné leur accord devront également conserver les justificatifs de la TVA déduite au titre d'exercices prescrits si elle a contribué à la constatation d'un crédit de TVA utilisé ou remboursé à la tête de groupe au titre d'un exercice non prescrit (LPF art. L 177).
(8) Fin de la troisième année civile suivant celle au cours de laquelle la taxe est devenue exigible. Ainsi, pour les opérations déclarées au titre de juillet N, le délai de reprise de l'administration pourra être exercé jusqu'au 31 décembre N+3.
(9) 31 décembre de la 3e année suivant celle de la présentation de l'acte à l'enregistrement.

C. Déduction en cascade

53340 Les suppléments de **droits simples** résultant d'une vérification peuvent être **admis en déduction des rehaussements** apportés aux bases d'autres impôts également vérifiés (LPF art. L 77). Cette disposition a pour objet de placer les entreprises, au regard de la déductibilité des impôts, dans la situation où elles se seraient trouvées si leurs déclarations primitives avaient été régulièrement établies (voir BOI-CF-PGR-30-40-10 n° 1 s. et Mémento Fiscal n° 79590 à 79615).
Ce système dit de la « déduction en cascade » peut concerner :
– soit uniquement l'**entreprise : cascade simple-TVA** (cas général) ;
– soit uniquement les **associés : cascade simple-impôt sur les sociétés** ;
– soit à la fois l'**entreprise** et les **associés : cascade complète**.

a. Premier cas : Cascade simple – TVA

53345 **Application automatique de la cascade simple** En cas de vérification simultanée des **taxes sur le chiffre d'affaires** et de l'impôt sur les bénéfices (IR ou IS) ou, en cas de vérifications séparées, lorsque la vérification des taxes est achevée la première, le supplément de taxes sur le chiffre d'affaires est **imputé** automatiquement (sans demande du contribuable) **sur le bénéfice imposable du même exercice** (LPF art. L 77).

> **Précisions** **1. Possibilité d'opposition** Le contribuable a la **possibilité de s'opposer** à la déduction en cascade à condition d'en faire la demande expresse dans le délai de 30 jours qui lui est imparti pour répondre à la proposition de rectification. Dans ce cas, le rappel de TVA est déductible des résultats de l'exercice au cours duquel il est mis en recouvrement (CGI art. 39-1-4° ;
CAA Marseille 9-12-2014 n° 12MA03731).
2. Exception Les rappels de **TVA afférente à des opérations d'autoliquidation** ne peuvent pas être déduits des résultats de l'exercice vérifié (ni de ceux de l'exercice de mise en recouvrement). Corrélativement, ils ne donnent pas lieu à réintégration d'un profit sur le Trésor (BOI-CF-PGR-30-40-10 n° 130 et 140).

La cascade présente le **double intérêt** suivant (BOI-CF-PGR-30-40-10 n° 30) :
– un **avantage de trésorerie**, à concurrence de l'impôt sur le revenu ou de l'impôt sur les sociétés dont l'entreprise est ainsi dispensée de faire l'avance ;
– une **réduction de pénalité** dans la mesure où la majoration afférente au complément de l'impôt sur le revenu ou de l'impôt sur les sociétés ne porte que sur le versement effectivement exigé.

53350 Le rappel de TVA notifié à l'entreprise vient en diminution de la base des rehaussements mis à sa charge en matière d'IR (bénéfices industriels et commerciaux) ou d'impôt sur les sociétés.

EXEMPLE
Déduction en cascade de la TVA.
Rappel de TVA : 54 000.
Rehaussement de la base d'imposition à l'IR (BIC) ou à l'IS : 180 000.
Cascade TVA/IR ou IS : rehaussement de la base d'imposition à l'IR (BIC) ou à l'IS :
– avant cascade TVA 180 000
– à déduire : rappel de TVA 54 000
– après cascade TVA 126 000

53355 Principe de la déduction en cascade La déduction en cascade doit ramener l'entreprise, en matière de bénéfice, dans la situation où elle se serait trouvée si elle avait déposé des déclarations de chiffre d'affaires exactes.

Selon l'administration (BOI-CF-PGR-30-40-20 n° 30), une entreprise qui comptabilise ses opérations hors taxe ne saurait contester que toute déclaration inexacte motivant un rappel au titre de la TVA a été pour elle génératrice d'un **profit égal au montant du rappel effectué**.

Deux situations doivent être distinguées :

1. Le profit se trouve inclus dans les bénéfices déclarés (du seul fait du jeu des écritures comptables) Dans ce cas, **aucun rehaussement** desdits bénéfices ne saurait être envisagé. Il en est ainsi dans le cas où l'entreprise a abusivement récupéré la TVA grevant des services exclus du droit à déduction en matière de TVA, mais constituant des frais généraux déductibles des résultats pour l'assiette de l'IR ou de l'IS. Dans ce cas, le profit réalisé au détriment du Trésor public est venu parallèlement en diminution des frais généraux comptabilisés HT et a augmenté d'autant le bénéfice déclaré.

> **EXEMPLE**
>
> Rappel d'une TVA de 200 récupérée à tort sur une dépense déductible du bénéfice imposable et rehaussement du bénéfice de 1 200 au titre de frais généraux non justifiés.
>
> Rectifications notifiées :
> Rehaussement IR/IS 1 200
> Rappel TVA 200
> Cascade TVA :
> Rehaussement IR/IS avant cascade 1 200
> à déduire : rappel TVA .... − 200
> Rehaussement IR/IS après cascade 1 000
>
> L'entreprise est ainsi ramenée dans la situation où elle aurait d'emblée passé en charges, comme elle devait le faire, la TVA non récupérable de 200.

2. Le profit n'est pas inclus dans les bénéfices déclarés Dans ce cas, il convient de **rectifier les résultats déclarés.** Tel est le cas lorsque la TVA grevant l'acquisition d'une immobilisation exclue du droit à déduction a été indûment récupérée. En pareille circonstance, le profit retiré de l'infraction vient en effet en diminution du compte des immobilisations mais aucune écriture comptable n'a corrélativement modifié un compte de résultats.

> **> Précisions** Il en est de même à notre avis pour la TVA non acquittée relative à des ventes comptabilisées ou non.
>
> **EXEMPLE**
>
> Recettes non comptabilisées : 2 000 HT + 400 de TVA = 2 400 TTC.
>
> Rectifications notifiées :
> Rehaussement IR/IS suivant détail 2 400
> – produit d'exploitation non comptabilisé 2 000
> – profit égal au montant du rappel de TVA 400
> Rappel TVA 400
> Cascade TVA :
> Rehaussement IR/IS avant cascade 2 400
> à déduire : rappel TVA .... − 400
> Rehaussement IR/IS après cascade 2 000
>
> L'entreprise se trouve ainsi ramenée dans la situation où elle se serait trouvée si elle avait enregistré ces recettes hors TVA.

La **récupération ultérieure du rappel de TVA** n'empêche pas sa déduction en cascade : le Conseil d'État a jugé (5-1-1972 n° 78036) que l'omission de facturation de la TVA n'avait pas pour effet de faire naître au profit de l'entreprise et au titre du même exercice, une créance sur ses clients d'un montant égal à celui de la taxe qu'ils auraient dû normalement supporter en même temps que le prix des travaux qui leur étaient livrés.

COMPTABILISATION DES OPÉRATIONS DE CASCADE (ACHATS, STOCKS ET VENTES HORS TVA)

Demande par l'administration de constitution d'une « provision pour paiement des taxes sur le chiffre d'affaires déduites par anticipation » (BOI-CF-PGR-30-40-30 n° 20) Dans le but d'éviter que l'entreprise ne déduise à nouveau le rappel de TVA, déjà déduit en cascade, du résultat de l'exercice au cours duquel il est mis en recouvrement, l'administration recommande à ses vérificateurs d'inviter les contribuables à créer une « provision pour paiement des taxes sur le chiffre d'affaires déduites par anticipation » d'un montant égal à celui du rappel de taxes déduites en cascade, réalisée par le débit d'un compte du bilan : « Réserves » ou « Report à nouveau » pour une société, « Capital personnel » pour une entreprise individuelle. Mais elle admet que cette « provision » soit constituée par le débit d'un compte de résultat ; elle doit, dans ce cas, figurer au tableau des provisions et être rapportée au résultat comptable au titre des provisions non déductibles (à notre avis, ligne WI de l'imprimé n° 2058-A) (voir n° 53370).

En comptabilité, cette « provision » présente le caractère d'une charge à payer (voir n° 53370 et 53375).

53360

Traitements comptables Il nous paraît qu'une distinction doit être faite entre :
– d'une part, la **fraction** du rappel de TVA **à la charge de l'entreprise** que les principes comptables imposent de porter en diminution du résultat de l'exercice de sa mise en recouvrement ;
– d'autre part, la **fraction** qui sera **à la charge de tiers,** associés ou clients, qui doit être enregistrée au compte de ces tiers.
La situation est différente selon que le rappel est accepté ou contesté (en partie ou dans sa totalité).

53365

I. Acceptation des rectifications de TVA Dans cette hypothèse, l'entreprise doit, à notre avis, constater immédiatement – sans attendre la réception de l'avis de mise en recouvrement ou, à défaut, la clôture de l'exercice – la fraction des rectifications fiscales à sa charge qui est débitée au compte 6717 « Rappels d'impôts » par le crédit du compte 4486 « État – Charges à payer ». La fraction des rectifications de TVA facturée aux clients est débitée au compte 411 « Clients » par le crédit du compte 4458, subdivision à créer « TVA sur rappel facturée aux clients ».

Il est indiqué au vérificateur qui doit fournir dans son rapport les écritures passées (BOI-CF-PGR-30-40-30 n° 20) que la provision a été constituée par ces deux écritures (les fournir) et, à la clôture de l'exercice, la charge inscrite au compte 6717 est réintégrée au résultat fiscal de l'exercice au cours duquel la rectification est notifiée, car à défaut de cette réintégration la TVA serait déduite deux fois du fait de la « déduction en cascade » opérée au titre des exercices vérifiés (voir n° 53360).

Lors de la **mise en recouvrement** du rappel, la fraction à la charge de l'entreprise est virée du compte 4486 (pour solde) au compte 4455 « TVA à décaisser ».

53370

> **EXEMPLE**
>
> Rectification de TVA de 54 000 dont 12 000 sont facturés aux clients. TVA déductible en cascade : 54 000 (rehaussements sur ventes notifiés TVA comprise).
>
> | | 411 Clients | 4455 TVA à décaisser | 4458 TVA s/rappel facturée | 4486 Impôts à payer | 6717 Impôts rappels |
> |---|---|---|---|---|---|
> | Facturation TVA | 12 | | 12 | | |
> | Constatation charge TVA | | | | 42 | 42 |
> | Mise en recouvrement TVA | | 54 .... 12 | .... 42 | | |
> | | 54 | 12 \| 12 | | 42 \| 42 | |
> | | | soldé | | soldé | |

II. Contestation des rectifications de TVA (pour partie ou en totalité) À notre avis, l'entreprise enregistre :
– la fraction à sa charge de la dette qu'elle estime devoir à l'État au crédit du compte 155 « Provisions pour impôts » par le débit du compte 6875 « Dotations aux provisions

53375

exceptionnelles » dans les mêmes conditions que dans le cas de la contestation d'une rectification fiscale d'IS (voir n° 53230 s.) ;
– la TVA facturée aux clients au crédit du compte 4458, subdivision à créer « TVA sur rappel facturée aux clients » par le débit du compte 411 « Clients ».

Ces deux écritures sont fournies au vérificateur et, à la clôture de l'exercice, la charge inscrite au compte 6875 est réintégrée au résultat fiscal sur la liasse fiscale (CAA Marseille 9-12-2014 n° 12MA03731).

Les versements de TVA au Trésor public sont débités au compte 4458 par le crédit du compte financier intéressé.

Lors du **règlement du litige,** en conséquence :
– la TVA mise définitivement à la charge de l'entreprise est débitée au compte 6717 « Rappels d'impôts » par le crédit des comptes 4458 « TVA à régulariser » (provision initialement constituée) et 4455 « TVA à décaisser » (complément exigible) ;
– la provision primitive est débitée par le crédit du compte 7875 « Reprises sur provisions exceptionnelles ».

EXEMPLE

Reprise de l'exemple n° 53370, mais l'entreprise prétend que le rappel de TVA de 54 000 ne devrait s'élever qu'à 25 000, dont 12 000 à facturer aux clients ; elle estime en conséquence devoir constituer une provision de 25 000 – 12 000 = 13 000. Elle obtient le sursis de paiement pour la partie contestée du rappel.

La procédure contentieuse aboutit à une rectification définitive de 30 000 dont 12 000 ont été récupérés sur les clients.

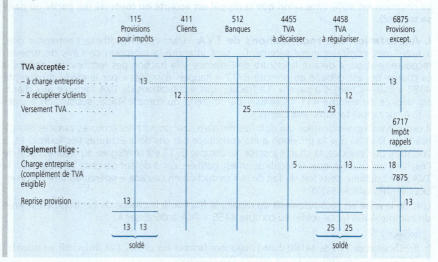

Les **dégrèvements** résultant de l'application de la déduction en cascade sont rattachés dans les conditions de droit commun aux revenus de l'exercice au cours duquel ils constituent une créance acquise, soit au plus tard l'exercice de réception de l'avis de dégrèvement (BOI-CF-PGR-30-40-30 n° 10).

Sur l'exercice de rattachement des dégrèvements d'impôt, voir n° 53120.

b. Deuxième cas : Cascade simple – Impôt sur les sociétés

RÉGIME DE LA DÉDUCTION EN CASCADE DE L'IMPÔT SUR LES SOCIÉTÉS

53395 En ce qui concerne les entreprises passibles de l'IS, dans la mesure où les bénéfices correspondant aux rectifications fiscales effectuées ne se retrouvent pas dans l'actif social, ceux-ci doivent être considérés comme d'ores et déjà distribués aux associés qui les ont appréhendés et constituer en conséquence, pour ces derniers, un revenu mobilier à ajouter à la base de leur IR (CGI art. 109 I 1°). Sous réserve qu'ils reconnaissent en être les bénéficiaires, cette imposition complémentaire est diminuée de l'IS redressé, à la double condition qu'une telle demande soit souscrite et que les associés reversent dans la caisse sociale l'IS et, le cas échéant, la TVA redressés (LPF art. L 77 ; voir Mémento Fiscal n° 79590 à 79615).

La **demande de déduction** doit être formulée au plus tard dans le délai de trente jours consécutif à la réception de la réponse de l'administration aux observations produites par le contribuable ou, à défaut, d'un document spécifique l'invitant à formuler la demande (LPF art. L 77 al. 4).

EXEMPLE

Rehaussement de la base d'imposition à l'impôt sur les sociétés de 180 000, dont 112 000 provenant de sommes sorties de l'entreprise considérées comme distribuées aux associés X pour 62 000 et Y pour 50 000. X et Y ont reconnu en être les bénéficiaires et ont versé à la société le rappel de l'impôt sur les sociétés concernant ces rehaussements − soit 112 000 × 25 % = 28 000.

Cascade IS/IR des bénéficiaires des « distributions » :

	Associé X	Associé Y
Distribution (complément de revenu)	62 000	50 000
À déduire impôt sur les sociétés (reversé)	− 15 500	− 12 500
Complément de revenu imposable	46 500	37 500

Intérêt de la cascade d'impôt sur les sociétés En cas d'application de la cascade, le montant du complément d'IR et des intérêts de retard réclamé aux bénéficiaires des « distributions » est moins élevé que si la procédure normale leur avait été appliquée. En revanche, ce sont les associés qui supportent financièrement le poids de la rectification d'IS (normalement à la charge de la société).

53400

COMPTABILISATION DANS LA SOCIÉTÉ VÉRIFIÉE
(ACHATS, STOCKS ET VENTES HORS TVA)

Le reversement d'IS par les bénéficiaires des distributions nous paraît pouvoir être débité, selon le cas, au compte 455 « Associés − Comptes courants », 51 « Banque » ou 53 « Caisse » par le crédit d'un compte d'attente (par exemple, 471 « Provisions pour impôts à payer − Déduction en cascade »). Ce dernier compte est régularisé lors de la mise en recouvrement si le rappel est accepté, lors du règlement du litige s'il est contesté.

53405

> **Précisions** Le terme « provisions » utilisé par l'administration est impropre sur le plan comptable.

I. Acceptation des rehaussements de bénéfices « distribués »

53410

EXEMPLE

Reprise de l'exemple précédent.
Rehaussement du bénéfice de 180 000 dont 62 000 distribués à l'associé X et 50 000 distribués à l'associé Y.
Déduction en cascade de l'IS relatif à ces distributions demandées, soit 112 000 × 25 % = 28 000.

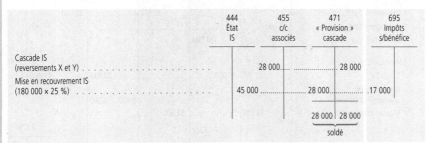

La solution qui consiste à porter la totalité de la rectification au compte 695, la fraction à la charge des associés étant considérée comme un produit exceptionnel (compte 771), nous paraît fausser le montant de l'impôt à la charge de l'entreprise. Si elle est utilisée, ce produit est à déduire du bénéfice imposable sur la liasse fiscale.

II. Contestation des rehaussements de bénéfices « distribués » (pour partie ou en totalité) Lors de la **demande de cascade,** les reversements d'IS par les associés

53430

doivent porter sur la **totalité des rectifications notifiées,** alors que seule la dette que l'entreprise estime probable est provisionnée (voir n° 53235). En conséquence :
– les sommes à reverser par les associés sont débitées au compte 455 « Comptes courants des associés » par le crédit du compte 471 « Provision pour impôts à payer-Déduction en cascade », la situation devant être régularisée lors du règlement du litige ;
– l'IS que l'entreprise estime avoir à sa charge est débité au compte 6875 « Dotations aux provisions exceptionnelles » par le crédit du compte 155 « Provisions pour impôts ».
Les **versements** au Trésor public de **l'IS** rappelé sont débités au compte 444 « Impôts sur les sociétés » (sous-compte à créer, par exemple 4449 « Impôt sur les sociétés à régulariser »).
Lors du **règlement du litige** :
– l'IS exigible est crédité au compte 444 par le débit des comptes 695 « Impôts sur les bénéfices » pour la fraction à la charge de la société et 471 pour la fraction à la charge des associés ;
– les acomptes d'IS versés sont virés au compte 444 ;
– l'éventuel solde du compte 471 est viré au compte 455 ;
– la provision portée au compte 155 est reprise par le compte 7875.

EXEMPLE

Reprise de l'exemple précédent, mais la société estime que l'excédent de rémunération de l'associé X devrait être ramené de 62 000 à 20 000.

Rehaussement de la base de l'IS notifié : 180 000	
– à charge de la société (à payer : 68 000 × 25 % = 17 000) :	68 000
– à charge de X (à reverser : 62 000 × 25 % = 15 500) :	62 000
– à charge de Y (à reverser : 50 000 × 25 % = 12 500) :	50 000
Rehaussement de la base de l'IS accepté : 138 000	
– à charge de la société :	68 000
– à charge de X (à reverser : 20 000 × 25 % = 5 000) :	20 000
– à charge de Y (à reverser : 50 000 × 25 % = 12 500) :	50 000
Provision constituée : 68 000 × 25 % = 17 000	

Nous supposons enfin que la procédure contentieuse aboutit à fixer l'excédent de rémunération de X à 30 000, soit une réduction de la base d'imposition à l'IS de 32 000, et un rappel définitif d'IS de : (180 000 − 32 000) × 25 % = 37 000, dont :

– à la charge de la société : 68 000 × 25 % =	17 000
– à charge de X : 30 000 × 25 % =	7 500
– à charge de Y : 50 000 × 25 % =	12 500

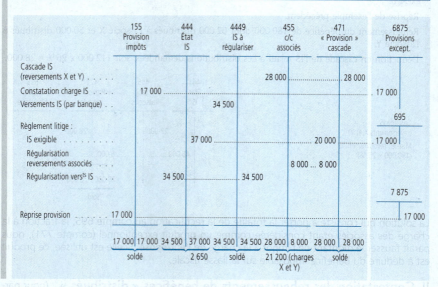

	155 Provision impôts	444 État IS	4449 IS à régulariser	455 c/c associés	471 « Provision » cascade	6875 Provisions except.
Cascade IS (reversements X et Y)				28 000	28 000	
Constatation charge IS	17 000					17 000
Versements IS (par banque)			34 500			
						695
Règlement litige :						
IS exigible		37 000			20 000	17 000
Régularisation reversements associés				8 000 ... 8 000		
Régularisation vers^{ts} IS		34 500	34 500			
						7 875
Reprise provision	17 000					17 000
	17 000 / 17 000	34 500 / 37 000	34 500 / 34 500	28 000 / 8 000	28 000 / 28 000	
	soldé	2 650	soldé	21 200 (charges X et Y)	soldé	

53432 Dégrèvements Voir fin du n° 53375.

c. Troisième cas : Cascade complète TVA et impôt sur les sociétés

RÉGIME DE LA DÉDUCTION EN CASCADE DE LA TVA ET DE L'IMPÔT SUR LES SOCIÉTÉS

53450

Dans ce cas, la société bénéficie à la fois (Mémento Fiscal n° 79590 à 79615) :
– de la déduction du rappel de TVA sur la base du rehaussement d'IS ;
– de la déduction de la TVA et de l'IS relatifs aux sommes considérées comme distribuées aux associés sur la base des rehaussements d'IR notifiés aux bénéficiaires, à condition que ces derniers reversent dans la caisse sociale les impôts en découlant.
Il en résulte deux cascades :
– une **cascade de TVA** relative à la TVA à la charge de l'entreprise et à la TVA à la charge des associés bénéficiaires de « distributions » : il n'est pas passé d'écriture spécifique, les écritures classiques étant fournies au vérificateur ;
– une **cascade d'IS** relative à l'impôt à la charge des associés bénéficiaires de « distributions » : il est passé une « Provision pour impôt à payer – Déduction en cascade » au compte d'attente 471.

EXEMPLE

Rectifications concernant l'année N :
– rappel de TVA : 125 000, dont 20 000 correspondant à des distributions à l'associé A ;
– rehaussement de la base de l'IS : 330 000, dont 120 000 considérés comme distribués à A.

Cascade TVA/IS :	
rehaussement IS notifié	330 000
à déduire : rappel de TVA notifié	– 125 000
rehaussement IS après cascade	205 000
Cascade TVA et IS/IR associé A :	
rehaussement IR notifié à A	120 000
à déduire : rappel de TVA le concernant	– 20 000
	100 000
à déduire : rappel d'IS le concernant	– 25 000
rehaussement IR après cascade	75 000

COMPTABILISATION DANS LA SOCIÉTÉ VÉRIFIÉE (ACHATS, STOCKS ET VENTES HORS TVA)

53470

Il y a cumul des traitements comptables relatifs à la cascade de TVA et à la cascade d'IS.

EXEMPLE

Reprise de l'exemple précédent, la société contestant certaines des rectifications fiscales, l'associé A ayant reversé la TVA et l'IS relatif aux sommes considérées comme lui ayant été distribuées (bien que la société en conteste une partie). Soit :
Rappel TVA : 125 000, dont :
– 30 000 facturés aux clients ;
– 20 000 correspondant à des distributions à l'associé A (contesté 10 000) ;
– 75 000 à charge de la société (contesté 27 000).

53470
(suite)

Rehaussement des bases de l'impôt sur les sociétés : 330 000, dont :
- 210 000 à charge de la société (contesté 48 000)
- 120 000 à charge de l'associé A (contesté 60 000)

Provisions pour litiges constituées lors de la réception des notifications de propositions de rectifications :
TVA : 48 000, suivant détail :
- TVA notifiée par le vérificateur 125 000
- TVA à charge de la société contestée .... – 27 000
- TVA facturée aux clients .... – 30 000
- TVA récupérée sur l'associé A .... – 20 000

IS : 21 000 suivant détail :
- rectifications acceptées : 330 000 – (48 000 + 60 000) = ... 222 000
- rappel de TVA accepté (déduction en cascade) :
125 000 – (10 000 + 27 000) = ... – 88 000
- rectification nette 134 000

- IS sur rectification : 134 000 × 25 % = ... 33 500
- IS pris en charge par l'associé A :
(60 000 – 10 000 de cascade de TVA) × 25 % = ... – 12 500
- IS à la charge de la société à provisionner 21 000

Engagement de reversement associé A : 45 000, suivant détail :
- TVA : rappel notifié le concernant 20 000
- IS : (120 000 – 20 000) × 25 % = ... 25 000

Versement au Trésor des rappels acceptés (sursis au paiement des rappels contestés demandé) :
- TVA : 125 000 – 37 000 = ... 88 000
- IS : [330 000 – 108 000 – 88 000 (cascade TVA)] × 25 % = ... 33 500

Le litige est réglé comme suit :
a. Rappel TVA : 110 000 (par hypothèse) suivant détail :
- facturé 30 000
- à charge associé A 16 000
- à charge société 64 000

b. Rehaussement impôt sur les sociétés après cascade TVA :
168 000 × 25 % = 42 000, suivant détail :
- rehaussement brut (par hypothèse) 278 000
- rappel TVA (cascade) .... – 110 000

c. Distributions nettes à A : 41 000 (par hypothèse), suivant détail :
- rehaussement brut 80 000
- rappel TVA (reversement) .... – 16 000
- rappel IS (reversement) .... – 23 000

53470
(suite)

a. Rappel de TVA :

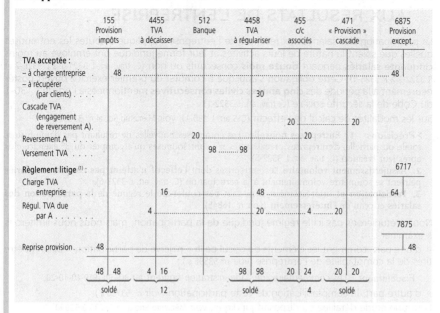

	155 Provision impôts	4455 TVA à décaisser	512 Banque	4458 TVA à régulariser	455 c/c associés	471 « Provision » cascade	6875 Provision except.
TVA acceptée :							
– à charge entreprise	48						48
– à récupérer (par clients)				30			
Cascade TVA (engagement de reversement A)					20	20	
Reversement A		20			20		
Versement TVA			98	98			
Règlement litige [1] **:**							6717
Charge TVA entreprise		16		48			64
Régul. TVA due par A	4			20	4	20	
							7875
Reprise provision	48						48
	48 | 48	4 | 16		98 | 98	20 | 24	20 | 20	
	soldé	12		soldé	4	soldé	

(1)
	Total	Entreprise	Associé A	Clients
TVA due	110	64	16	30
TVA versée	98	48	20	30
Régularisation	12	16	– 4	0

b. Rappel d'IS :

	155 Provision impôts	444 État IS	455 c/c associés	471 « Provision » cascade	6875 Provision except.
Charge IS	21 000				21 000
Cascade (reversement A)			25 000	25 000	
Versement IS (par banque)		33 500			
Règlement litige :					695
Charge IS		42 000		23 000	19 000
Régularisation reversement A			2 000 ... 2 000		
					7 875
Reprise provision	21 000				21 000
	21 000 | 21 000		25 000 | 25 000		
	soldé		soldé		

IV. PARTICIPATION DES SALARIÉS AUX RÉSULTATS DE L'ENTREPRISE

53545 La participation des salariés aux résultats de l'entreprise s'applique à toutes les entreprises quelles que soient la nature de leurs activités et leur forme juridique ont employé au moins **cinquante salariés** pendant **douze mois** consécutifs ou non (C. trav. art. L 3321-1 à L 3326-2 et R 3322-2 à R 3326-1). Cette obligation s'applique à compter du premier exercice ouvert postérieurement à la période des **cinq années civiles consécutives** mentionnées à l'article L 130-1 du Code de la sécurité sociale (C. trav. art. L 3322-1).

Sur les modalités de calcul de l'effectif (CSS art. L 130-1), voir Mémento Social n° 31550.

> **Précisions** **1. Entreprises nouvelles** Les entreprises nouvelles ne résultant pas d'une fusion, totale ou partielle, d'entreprises préexistantes n'y sont soumises qu'à compter du 3ᵉ exercice clos après leur création (C. trav. art. L 3322-5).
> **2. Assujettissement volontaire** Les entreprises dont l'effectif n'atteint pas cinquante salariés peuvent se soumettre volontairement à la participation (C. trav. art. L 3323-6).
> **3. Participation et intéressement** Il ne faut pas confondre le régime de la **participation des salariés** et celui de l'**intéressement** (voir n° 16845).

Nous n'étudierons pas ici le régime juridique de la participation, mais nous nous limiterons à examiner :
– d'une part, comment les éléments de calcul de la « réserve de participation » peuvent être tirés de la comptabilité de l'entreprise (voir n° 53595 s.) ;

> **Fiscalement** Les commentaires de l'administration figurent au BOI-BIC-PTP-10-10-20.

– d'autre part, la comptabilisation de cette participation (voir n° 53790 s.).
Pour une étude détaillée du dispositif juridique, voir Mémento Social n° 33730 à 33990.
Le guide interministériel de l'épargne salariale publié le 17 juillet 2014 disponible sur travail-emploi.gouv.fr/IMG/pdf/guide_es-juin2014_maj-10-juillet2014.pdf commente de manière détaillée les régimes juridique, fiscal et social de la participation des salariés.
Sur les accords de groupe pouvant être conclus soit entre sociétés d'un même groupe, soit entre certaines de ces sociétés, voir n° 53715.
Sur le cas particulier des unités économiques et sociales (UES), voir n° 53720.
Sur la participation dans les établissements français d'une entreprise étrangère, voir n° 70600.
Sur la diminution de l'effectif à moins de 50 salariés, voir Mémento Social n° 33805.
Sur la participation en faveur des chefs d'entreprise, voir Mémento Social n° 33905.

A. Calcul de la réserve spéciale de participation

53595 Le montant de la réserve spéciale de participation (RSP) est calculé, au titre de chaque exercice, après l'arrêté des comptes de cet exercice et sur la base des données propres audit exercice.

Dans les **accords de droit commun,** le montant de la réserve spéciale de participation (RSP) s'obtient en appliquant la **formule** suivante (C. trav. art. L 3324-1) :

$$RSP = \frac{1}{2}(B - \frac{5C}{100}) \times \frac{S}{VA}$$

B = Bénéfice net de l'exercice, déduction faite de l'impôt correspondant
C = Capitaux propres de l'entreprise
S = Salaires de l'entreprise
VA = Valeur ajoutée de l'entreprise

> **Précisions** **Accords dérogatoires** Ils peuvent comporter des dispositions partiellement différentes de la formule légale (voir Mémento Social n° 33770).

Ces divers éléments sont déterminés comme suit :

BÉNÉFICE NET (B)

53600 Le bénéfice net est égal (C. trav. art. L 3324-1) :
– au bénéfice fiscal (voir n° 53620 s.) ;
– déduction faite de l'impôt correspondant (voir n° 53640).
Sur **l'attestation** du bénéfice net, voir n° 53740.

Bénéfice fiscal

I. Principe Il s'agit (C. trav. art. L 3324-1) du bénéfice fiscal d'origine française :
– imposable à l'IS ou à l'IR au **taux de droit commun** et au taux réduit de 15 % pour certaines PME (voir n° 52620) ;
– diminué, le cas échéant, des **déficits antérieurs reportables** (voir n° 52590) et de ceux transférés sur agrément qui sont imputables sur le résultat de l'exercice, étant précisé qu'il convient de faire application le cas échéant de la règle de plafonnement mentionnée n° 52590 (BOI-BIC-PTP-10-10-20-10 n° 30 et 40). Pour plus de détails, voir Mémento Social n° 33845.

Ce bénéfice doit prendre en compte les **bénéfices exonérés** lorsque l'exonération résulte de certains dispositifs prévus par le CGI (voir n° 52620, e).
Sur les dispositifs concernés, voir Mémento Fiscal n° 88570.

> **Précisions** **1. Résultats imposables au taux de droit commun** Cela exclut les profits soumis à un taux particulier comme les produits de la propriété industrielle, les plus-values à long terme ainsi que les moins-values à long terme ou les provisions pour dépréciation de titres de participation (BOI-BIC-PTP-10-10-20-10 n° 50 et 60). Il convient en revanche de prendre en compte les plus-values relevant du taux de droit commun (provenant par exemple des cessions de titres de participation dans des sociétés à prépondérance immobilière non cotées, voir n° 36740).
> **2. Incidence du carry-back** Les entreprises qui optent pour le carry-back sont pénalisées par rapport à celles qui reportent leurs déficits en avant. Certes, la créance de carry-back n'étant pas imposable, elle ne fait pas apparaître un bénéfice susceptible de donner lieu à l'attribution de participation. Mais les déficits reportés en arrière ne sont pris en compte ni sur les exercices antérieurs ni sur les exercices postérieurs (BOI-BIC-PTP-10-10-20-10 n° 230).
> Toutefois, cette disparité est atténuée par la majoration, en contrepartie du report en arrière, des capitaux propres sur l'exercice suivant (voir n° 53672), réduisant ainsi la participation (Rép. André : AN 24-11-1997 n° 1984 et Rép. Gaillard : AN 29-6-1998 n° 13088, non reprises dans Bofip).
> **3. Fusion, scission ou apport partiel d'actif :**
> – lorsque l'opération est réalisée **avec effet rétroactif**, la société bénéficiaire des apports doit tenir compte du bénéfice total comprenant les résultats de l'activité apportée constatés à compter de la date d'effet de l'opération (BOI-IS-FUS-40-30 n° 20) ;
> – lorsque l'opération est placée sous le régime de faveur (CGI art. 210 A), le résultat fiscal de la société bénéficiaire est minoré des déficits reportables de la société absorbée transférés sur agréments (CGI art. 209 II ; BOI-BIC-PTP-10-10-20-10 n° 40).
> **4. Intégration fiscale** Chaque société du groupe doit retenir le bénéfice imposable de l'exercice et l'IS, déterminés comme si elle était imposée séparément (CGI art. 223 L-5 ; BOI-BIC-PTP-10-10-20-10 n° 130), tel qu'il est déterminé sur l'imprimé n° 2058 A bis annexé à la liasse fiscale (voir Mémento Intégration fiscale n° 14000 s.).
> **5. Refacturation d'une quote-part de participation euro pour euro en cas de personnel détaché auprès d'une autre société** Elle modifie le bénéfice net et doit donc entraîner un nouveau calcul de la participation, la charge initialement calculée se trouvant alors minorée. C'est pourquoi il est, à notre avis, préférable d'adopter un système de refacturation globale (salaires + quote-part approximative de participation) avant le calcul définitif de la participation.

II. Cas particuliers de réintégrations ou déductions

a. Les entreprises relevant de l'IR peuvent déduire (C. trav. art. L 3324-3 ; BOI-BIC-PTP-10-10-20-10 n° 160 à 180) :
– la « rémunération normale » du chef d'entreprise lorsqu'elle n'est pas admise dans les frais généraux pour l'assiette de l'impôt de droit commun (voir n° 52040) ;
– et les résultats déficitaires des cinq années antérieures, lorsque ceux-ci ont été imputés sur les revenus d'une autre nature, mais n'ont pas été pris en compte pour le calcul de la participation afférente aux exercices précédents. Cette règle permet à ces entreprises d'être placées dans une situation proche de celles des entreprises passibles de l'impôt des sociétés, qui peuvent imputer les déficits antérieurs (sans limitation de durée) pour le calcul de la participation.

b. Les associés membres d'entreprises soumises au régime fiscal de sociétés de personnes (sauf les membres de sociétés en participation : CAA Versailles 17-11-2015 n° 14VE02735 ; TA Paris 3-12-2008 n° 02-10623) ne tiennent pas compte de la quote-part du résultat de ces entreprises qui leur revient, ni de l'impôt correspondant, pour calculer leur propre participation, et ce quel que soit leur régime fiscal d'imposition (C. trav. art. D 3324-9). Cette règle vaut également en cas de déficit, pour la détermination du déficit de l'année qui vient s'imputer sur le bénéfice des années suivantes (BOI-BIC-PTP-10-10-20-10 n° 320).

En **pratique**, à notre avis, le **bénéfice net** des associés (personnes morales) – qui est en principe égal au bénéfice fiscal diminué de l'IS correspondant, devra être :
– diminué de la quote-part bénéficiaire (ou augmenté de la quote-part déficitaire) dans le résultat réalisé par la société de personnes (ligne WL en moins ou ligne WT en plus) ;
– augmenté (quote-part bénéficiaire) ou diminué (quote-part déficitaire) de l'impôt dû ou économisé sur la quote-part du résultat de la société de personnes.

LES RÉSULTATS

> **Précisions** Ce calcul est indépendant de l'exercice de comptabilisation de cette quote-part chez les associés ; il ne dépend pas non plus, en cas de perte dans la société de personnes, de la comptabilisation de la quote-part de celle-ci en charges financières (cas où l'affectation systématique du résultat est prévue dans les statuts) ou en provision (pour dépréciation ou pour risques et charges) (voir n° 36530).

Pour un exemple illustrant les modalités de calcul du bénéfice net à prendre en compte pour la détermination de la réserve spéciale de participation propre aux associés de sociétés de personnes, voir BOI-BIC-PTP-10-10-20-10 n° 330.

53640 **L'impôt correspondant** Il ne s'agit **pas** de l'impôt effectivement payé ou comptabilisé :

I. Entreprises relevant de l'IS Il s'agit de l'impôt au **taux de droit commun** de 25 % et au taux réduit de 15 % prévu en faveur de certaines PME (voir n° 52620) afférent au bénéfice imposable (ce qui exclut l'impôt au taux réduit calculé sur les plus-values à long terme ou certains produits de la propriété intellectuelle, voir n° 52620).

> **Précisions** **Carry-back** La créance née du carry-back (report en arrière des déficits) ne diminue pas l'impôt venant en déduction du bénéfice pour la détermination du bénéfice net (BOI-BIC-PTP-10-10-20-10 n° 250). Sur l'incidence du carry-back sur la participation, voir n° 53620.

1. Exclusion de la CSB Ne doit pas être ajoutée à cet impôt, car elle constitue un impôt juridiquement distinct de l'IS, la **CSB de 3,3 %** (BOI-IS-AUT-10-40 n° 30 ; BOI-BIC-PTP-10-10-20-10 n° 200, voir n° 52635).

2. Calcul d'un impôt théorique Si une entreprise bénéficie d'une **exonération d'impôt totale ou partielle,** ou est soumise à un **taux réduit** d'impôt autre que celui prévu en faveur des PME, des plus-values à long terme ou de certains produits de la propriété intellectuelle, deux solutions semblent actuellement possibles :
– le **guide de l'épargne salariale,** qui est dépourvu de valeur normative (CA Versailles 14-1- 2021 n° 19/08685), préconise que l'entreprise déduise de son bénéfice l'impôt théorique correspondant obtenu en appliquant au bénéfice le taux de l'IS de droit commun de 25 % (voir n° 52620) et/ou le taux réduit de 15 % applicable aux PME (Guide de l'épargne salariale, Fiche 3, p. 75 ; voir n° 53545) ;
– une **réponse ministérielle du ministre du travail** retient une position inverse, indiquant que le bénéfice à retenir pour le calcul de la participation ne doit pas être minoré d'un impôt théorique (Rép. Vichnievsky : AN 5-2-2019 n° 12509).

EXEMPLE

(établi par nos soins, lorsqu'il est appliqué la règle préconisée par le guide de l'épargne salariale, soit la déduction d'un impôt théorique du bénéfice de l'entreprise) **- Détermination du bénéfice net théorique servant de base au calcul de la RSP**

Une entreprise nouvelle de plus de 50 salariés implantée dans une zone d'aménagement du territoire créée le 1er janvier N bénéficie, conformément à l'article 44 sexies du CGI pour les entreprises créées entre le 1er janvier 2007 et le 31 décembre 2023 :
– d'une exonération totale d'impôt sur les bénéfices jusqu'au terme du 23e mois suivant celui de sa création ;
– puis d'un abattement de 75 %, 50 % et 25 % sur les bénéfices réalisés au cours de chacune des 3 périodes de 12 mois suivantes.

Elle n'est soumise à la participation des salariés qu'à compter du troisième exercice clos après sa création (voir Précision 1. au n° 53545).

Ses résultats sont les suivants :

Exercices	Résultat fiscal (avant imputation des déficits) (a)	Bénéfice exonéré (CGI art. 44 sexies) (b)	Bénéfice imposable (a) – (b)	Bénéfice imposé
N	– 600	0	0	0
N+1	0	0	0	0
N+2	600	450 (600 × 75 %)	150	0 (1)
N+3	1 000	500 (1 000 × 50 %)	500	500
N+4	2 000	500 (2 000 × 25 %)	1 500	1 500
(1) 600 (résultat N+2) – 600 (déficit de N) = 0				

En pratique, dans cet exemple, l'entreprise, dont les exercices coïncident avec l'année civile, devient assujettie à la participation à compter de l'exercice N+3 (en l'absence de bénéfice fiscal en N+2). Les modalités de détermination du bénéfice servant de base au calcul de la RSP sont les suivantes :

Exercices	Bénéfice à retenir	IS théorique	Bénéfice servant de base au calcul de la RSP
N	0	0	0
N+1	0	0	0
N+2	0	0	0
N+3	1 000	250	750
N+4	2 000	500	1 500

(1) Par hypothèse, l'entreprise ne peut bénéficier du taux réduit d'IS prévu en faveur des PME et elle est soumise à un taux d'IS de 25 %.

3. Sort des crédits et réductions d'impôt L'IS retenu pour le calcul de la réserve spéciale de participation n'a à être minoré ni des **crédits d'impôt** (CE 20-3-2013 n° 347633 ; BOI-BIC-PTP-10-10-20-10 n° 200 ; Cass. avis 14-9-2015 n° 15006 ; Cass. soc. 10-1-2017 n° 14-23.888) ni des **réductions d'impôts** (BOI-BIC-PTP-10-10-20-10 n° 200).

En pratique, l'IS retenu s'entend donc de **l'impôt avant imputation,** notamment des crédits d'impôt recherche (voir n° 31505), famille ou de la réduction d'impôt pour mécénat (voir n° 27585).

II. Entreprises individuelles L'impôt s'obtient en appliquant au bénéfice le taux moyen d'imposition globale de l'exploitant – avec un maximum égal au taux de droit commun de l'IS (C. trav. art. R 3324-7 ; BOI-BIC-PTP-10-10-20-10 n° 260 et 270).

III. Entreprises soumises au régime fiscal des sociétés de personnes (et soumises à la participation) L'article D 3324-8 du Code du travail prévoit qu'il s'agit :
– pour celles dont les **associés** sont des **personnes physiques,** de l'impôt supporté par chaque associé et calculé comme pour les entreprises individuelles dans la limite de la somme qui résulterait de l'application au bénéfice imposable rectifié (imputation de la rémunération normale du chef d'entreprise et des déficits antérieurs) du taux moyen d'imposition à l'IR de l'exploitant ;
– pour celles dont les **associés** sont **passibles de l'IS,** de l'impôt qu'elles auraient acquitté si elles étaient personnellement soumises à l'IS au taux de droit commun ;
– pour celles dont les **associés** sont eux-mêmes **soumis au régime fiscal des sociétés de personnes,** de l'impôt calculé selon les modalités décrites ci-avant selon que les sociétés de personnes qui détiennent une quote-part du capital de la société de personnes dont on calcule la réserve spéciale de participation sont elles-mêmes détenues soit par des sociétés soumises à l'IS, soit par des personnes physiques, soit par les deux à la fois.
Pour plus de détails, voir BOI-BIC-PTP-10-10-20-10 n° 260 à 330.

IV. Associés membres d'une entreprise soumise au régime fiscal des sociétés de personnes Voir n° 53620.

CAPITAUX PROPRES (C)
Le bénéfice net servant de base au calcul de la réserve spéciale de participation est amputé du montant de la **rémunération,** au taux de **5 %, des capitaux propres** de l'entreprise (C. trav. art. L 3324-1).
Sur l'**attestation** des capitaux propres, voir n° 53740.
Sur le cas particulier **du capital** à retenir pour les besoins du calcul de la réserve spéciale de participation **des succursales françaises de sociétés étrangères,** voir n° 70600.

53645

Période de référence pour l'application du taux de 5 % Ce taux, considéré comme un taux annuel, est susceptible de varier **en fonction de la durée de l'exercice** comptable.
Ainsi pour les exercices d'une durée de 6 mois, il convient de retenir un taux de 2,5 % de la totalité des capitaux propres et non pas de 5 % (BOI-BIC-PTP-10-10-20).

53650

Éléments à retenir dans les capitaux propres Les capitaux propres (appréciés hors et **avant affectation du résultat** de l'exercice au titre duquel la participation est calculée) sont définis par l'article D 3324-4 du Code du travail.

53655

> **Précisions** **Définition différente de celle du PCG et du Code de commerce** : cette définition des capitaux propres, bien que se voulant en harmonie avec celle du Code de commerce (C. com. art. R 123-190) et celle du PCG, en est, en réalité, différente du fait :
> — de l'exclusion d'un certain nombre d'éléments (voir n° 53660 s.) ;
> — de la prise en compte de provisions ayant supporté l'impôt (voir n° 53680) ;
> — de l'exclusion des capitaux propres correspondant aux établissements étrangers (voir n° 53685).

Ils correspondent **au total formé au bilan de clôture** :

a. par les **éléments suivants** : capital (sous déduction de la fraction non appelée), primes liées au capital social, réserves, report à nouveau, provisions ayant supporté l'impôt et provisions réglementées constituées en franchise d'impôt par application d'une disposition particulière du CGI ;

> **Précisions** **Entreprises relevant de l'IR** Dans ce cas, il convient d'ajouter à ce total la moyenne des avances en compte courant de l'exploitant ou des associés au nom desquels ces bénéfices sont imposés. Le montant des avances correspond, quelle que soit la durée de l'exercice, à la moyenne algébrique des soldes de ces comptes à la fin de chaque trimestre civil inclus dans cet exercice (C. trav. art. D 3324-4).

b. à l'**exclusion** de la réserve spéciale de participation elle-même (BOI-BIC-PTP-10-10-20-20 n° 20), des écarts de réévaluation, des subventions d'investissement et des capitaux propres correspondant aux établissements à l'étranger (voir n° 53685) ;

c. le **résultat de l'exercice étant exclu.**

Ces éléments appellent les commentaires suivants :

53660 **Corrections à apporter aux capitaux propres avant répartition figurant au bilan** (BOI-BIC-PTP-10-10-20-20) Elles sont indiquées ci-après dans l'ordre où elles apparaissent au passif.

53662 **I. Capital** Son **montant** correspond au compte 101 figurant au **bilan diminué** :

a. de la **fraction non encore appelée** : compte 109 ;

> **Précisions** **1. En cas d'augmentation du capital social au cours de l'exercice** Le montant du **capital et des primes liées** au capital social est pris en compte **prorata temporis** (C. trav. art. D 3324-4), de la façon suivante :
> — le calcul est effectué en nombre de jours et s'applique à toutes les sociétés, y compris celles à capital variable (BOI-BIC-PTP-10-10-20-20 n° 170 et 180) ;
> — si l'augmentation de capital a été réalisée par incorporation de réserves ou d'une prime d'émission, de fusion ou d'apport, en l'absence de précision des textes, il convient à notre avis de ne pas appliquer le prorata temporis et de retenir les chiffres figurant au bilan de clôture ;
> — en cas d'augmentation de capital à la suite d'une fusion avec effet rétroactif, en l'absence de précision des textes, la date d'effet de la fusion devrait, à notre avis, être retenue pour déterminer la prise en compte prorata temporis de l'augmentation de capital et des primes liées. En effet, dans le cas d'une fusion avec effet rétroactif, les opérations de la société absorbée sont inscrites au résultat de la société absorbante à compter de la date d'effet de la fusion (voir Mémento Fusions & Acquisitions n° 10510). Elles viennent donc impacter, dès cette date, la composante « Bénéfice net » (B) (voir n° 53620). Retenir la date de réalisation définitive de la fusion pour déterminer le prorata temporis à appliquer à la composante « Capitaux Propres » (C) rendrait alors le calcul de la participation non homogène. Pour un exemple de calcul du montant à retenir en cas d'augmentation du capital social en cours d'exercice, voir BOI-BIC-PTP-10-10-20-20 n° 180.
> **2. En cas de réduction du capital social au cours de l'exercice** Le montant du capital et des primes liées au capital social est également pris en compte prorata temporis (C. trav. art. D 3324-4).

b. de la **réserve de réévaluation** légale 1976 des immobilisations non amortissables incorporée au capital.

Elle a été expressément exclue par l'article 61-IV de la loi de finances pour 1977 mais seulement jusqu'à la cession de l'immobilisation réévaluée. En revanche, lorsque l'immobilisation réévaluée est cédée, le montant des capitaux propres doit être augmenté à concurrence de la plus-value de réévaluation du bien cédé (BOI-BIC-PTP-10-10-20-20 n° 80 et 90).

> **Précisions** **Réserve incorporée correspondant à la réévaluation d'un fonds commercial non acquis** Dans ce cas, il ne faut retrancher, à notre avis, que la quote-part de l'écart non encore amorti. En effet, l'AMF (Bull. COB n° 189, février 1986) indique qu'un tel fonds doit être amorti et que cet amortissement peut être exceptionnellement comptabilisé, lorsque la réserve spéciale a été incorporée au capital, par imputation directe sur les réserves ou sur le report à nouveau. Aussi retrancher l'écart incorporé du montant du capital figurant au bilan reviendrait à le retrancher deux fois (pour la partie amortie) : une fois en moins du capital et une fois, par le biais de l'amortissement, en moins des réserves ou du report du nouveau. En outre, ne pas tenir compte de cet amortissement aboutirait à un montant de capitaux propres (C) différent selon que cet écart aurait ou non été incorporé (voir III. ci-après).

c. En ce qui concerne les entreprises relevant de l'impôt sur le revenu, il faut, en outre :
– **retrancher** le compte 108 « Compte de l'exploitant » qui a été viré en fin d'exercice au compte 101 ;
– et **ajouter,** à la place, les avances en comptes courants faites par l'exploitant individuel ou les associés (pour les sociétés de personnes seulement), pour un montant égal à la **moyenne algébrique** des soldes de ces **comptes courants** tels qu'ils existent à la fin de chaque trimestre civil inclus dans l'exercice considéré (C. trav. art. D 3324-4).
Le terme compte courant n'englobe pas, à notre avis, les comptes d'opérations commerciales entre les associés et la société.

II. Primes liées au capital social   53664

Aucune correction n'est à apporter au montant figurant au bilan, sauf en cas de variation de capital en cours d'exercice (C. trav. art. D 3324-4 ; voir Précisions ci-avant au I.).

> **Précisions** Ces primes comprennent les primes d'émission, les primes de fusion, les primes d'apport et les primes de conversion d'obligations en actions (BOI-BIC-PTP-10-10-20-20 n° 50).

III. Écarts de réévaluation   53666

Ils sont **exclus.**
En effet, l'énonciation limitative de la rédaction de l'article D 3324-4 du Code du travail ne reprend pas les écarts de réévaluation, qu'ils portent sur des immobilisations amortissables ou non (BOI-BIC-PTP-10-10-20-20 n° 80), alors que le Code de commerce (art. R 123-190) en fait une rubrique à part entière des capitaux propres.
Sur le cas où la réserve de réévaluation des immobilisations non amortissables a été incorporée au capital, voir n° 53662.
À notre avis, l'écart d'équivalence est également à exclure.

IV. Réserves   53668

Aucune correction n'est à apporter aux montants des différentes réserves (légale, statutaires, réglementées et autres) figurant au bilan.
Les distributions « exceptionnelles » de réserves réalisées en cours d'année viennent réduire le montant des réserves disponibles à la clôture de l'exercice et, en conséquence, diminuent le montant des capitaux propres à prendre en compte dans le calcul de la participation. Dans ce cas, il convient, à notre avis, de **ne pas appliquer la règle du prorata temporis,** mais de diminuer le montant des capitaux propres du montant total de la distribution. En effet, le Code du travail prévoit explicitement la règle du prorata temporis, mais uniquement pour les mouvements de capital et primes liées (C. trav. art. D 3324-4 ; voir I. ci-avant). L'administration ne fournit pas non plus de précisions concernant les réserves (BOI-BIC-PTP-10-10-20-20 n° 60).
Pour une position contraire, contestable à notre avis, voir CA Versailles 1er mars 2016, n° 15/00869.

V. Report à nouveau   53670

En principe, **aucune correction** n'est à apporter au montant figurant au bilan arrêté à l'assemblée, avant affectation du résultat de l'exercice au titre duquel la participation est calculée.

> **Précisions 1. Capitaux propres négatifs** Lorsqu'il présente un solde débiteur, le report à nouveau doit être déduit des autres capitaux propres (BOI-BIC-PTP-10-10-20-20 n° 100). Si, de ce fait, les **capitaux propres négatifs** mais qu'existe un bénéfice fiscal, la réserve spéciale de participation doit quand même être calculée, mais en prenant C = 0.
> **2. Distribution d'un acompte sur dividendes par prélèvement sur le RAN** Elle n'a pas d'impact sur le calcul de la participation des salariés au titre de cet exercice (voir n° 54065).
> **3. Changement de méthode** La comptabilisation en report à nouveau de l'impact d'un changement de méthode affecte, à notre avis, le calcul de la participation sur l'exercice du changement de méthode. En effet, contrairement aux décisions d'affectation du résultat, ces écritures directes en capitaux propres prévues par le PCG ne sont pas soumises à une délibération des organes de la société.

VI. Résultat de l'exercice   53672

Il est **exclu** (compte 12).
Le carry-back n'a donc pas d'incidence sur C ; mais, en majorant le résultat comptable, la créance de carry-back (voir n° 52655) majore indirectement C à partir de l'exercice suivant, sauf si le résultat est entièrement distribué, et la participation s'en trouve minorée (BOI-BIC-PTP-10-10-20-20 n° 100 et 110).

VII. Subventions d'investissement   53674

Le montant figurant au bilan (solde des comptes 131, 138 et 139) est **exclu.**

53676 **VIII. Provisions réglementées** Seules sont retenues les provisions réglementées constituées en franchise d'impôt par application d'une disposition particulière du CGI (C. trav. art. D 3324-4).

L'expression **« en franchise d'impôt »** signifie : **déductible**.

Le **montant** à retenir correspond donc au poste du **bilan diminué** :
– de la **provision spéciale de réévaluation légale** des immobilisations amortissables (compte 146), exclue expressément par l'article 69-I de la loi de finances pour 1978 (BOI-BIC-PTP-10-10-20-20 n° 80 et 90) ;
– de la **provision pour amortissements dérogatoires** (compte 145) qui ne constitue pas une « provision réglementée constituée par application d'une disposition particulière du CGI » au sens de l'article D 3324-4 du Code du travail.

Sont à retenir les provisions suivantes (liste limitative fournie par BOI-BIC-PTP-10-10-20-20 n° 130) :
– pour hausse des prix (voir n° 21965 s.) ;
– spéciales constituées par les entreprises de presse (voir n° 56350) ;
– pour prêts d'installation consentis par les entreprises à leurs salariés (voir n° 56370).

> **Précisions** **1. Provisions constituées en franchise d'impôt** Seules les provisions constituées en franchise d'impôt qui sont comptabilisées en provision réglementée sont à retenir et non les provisions pour risques et charges couvrant un risque réel.
En revanche, sur l'inclusion dans les capitaux propres (C) des provisions pour risques et charges non déductibles, voir n° 53680.

2. Charge fiscale latente sur les provisions réglementées constituées en franchise d'impôt C'est seulement dans le cadre d'un **accord dérogatoire de participation** (voir n° 53595) soumis à homologation que les entreprises peuvent (Rép. Guyard : AN 14-10-1985 n° 71311, non reprise dans Bofip) déduire du montant des capitaux propres un impôt latent sur la provision pour hausse des prix (voir n° 53010).

53680 **Provisions ayant supporté l'impôt** Elles doivent être ajoutées aux capitaux propres comptables pour le calcul de la participation (voir n° 53655).

> **Précisions** **1. Le terme « provisions » doit être pris au sens fiscal** Il inclut donc aussi bien des (provisions pour) **dépréciation** que **des provisions pour risques et charges** ou **des charges à payer**.
2. L'expression « ayant supporté l'impôt » signifie : non déductible (BOI-BIC-PTP-10-10-20-20 n° 120) Il s'agit aussi bien de provisions non déductibles en application de dispositions expresses du CGI (pour un exemple de provisions pour retraite, voir n° 17590 s.) que de celles ne respectant pas les conditions générales de déduction de l'article 39-1-5° du CGI (Rép. Clément : AN 1-4-1985 n° 58109 non reprise dans Bofip ; Guide de l'épargne salariale, fiche 3, p. 77).
La cour d'appel de Versailles considère que les (provisions pour) **dépréciation constituées à raison de titres de participation** relevant du régime de taxation limitée à une quote-part de frais et charges (voir n° 35980) doivent être prises en compte dans les capitaux propres (CA Versailles 1-3-2016 n° 15/00869). Une position contraire est retenue dans le Guide de l'épargne salariale (fiche 3, p. 77).

Toutefois (BOI-BIC-PTP-10-10-20-20 n° 120), **ne sont pas à ajouter les provisions non déductibles dotées au cours de l'exercice,** le montant de ces provisions étant inclus dans le bénéfice imposable dudit exercice. En d'autres termes, par exemple, « dans l'hypothèse où les (provisions pour) dépréciation des créances douteuses constituées par l'entreprise ne sont pas admises en déduction pour l'assiette de l'IS ou de l'IR, ces (provisions pour) dépréciation sont prises en compte pour le calcul des capitaux propres **pour les exercices autres que celui de leur constitution** » (Rép. Clément précitée ; Guide de l'épargne salariale, fiche 3, p. 77).

En pratique, sont donc à ajouter les provisions non déductibles :
– uniquement sur les exercices suivant celui de leur constitution (diminuées des éventuelles reprises constatées depuis leur constitution) ;
– et susceptibles de rester plusieurs exercices au bilan sans être renouvelées chaque exercice.

EXEMPLE
Tel est le cas, par exemple, des provisions pour impôt, pour retraite, pour risques de change, etc.

En revanche ne sont pas à ajouter les provisions non déductibles :
– dotées au cours de l'exercice (celles-ci étant déjà incluses dans B) ;
– qui deviennent systématiquement déductibles l'exercice suivant celui où elles sont constituées.

EXEMPLE
Tel est le cas, par exemple, des dettes provisionnées pour congés à payer (sur option) (BOI-BIC-PTP-10-10-20-20 n° 160), pour participation des salariés, etc.

Capitaux propres correspondant aux établissements à l'étranger Ils doivent être retranchés des capitaux propres comptables lors du calcul de la participation (BOI-BIC-PTP-10-10-20-20 n° 240). Leur détermination obéit à des règles particulières prescrites par l'article D 3324-4 du Code du travail : ils sont égaux au total des postes nets de l'actif correspondant aux établissements à l'étranger, calculés **prorata temporis** en cas d'investissement en cours d'année, après application à ce total d'un coefficient de réduction égal au quotient des capitaux propres par les capitaux permanents. Le montant des capitaux permanents est obtenu en ajoutant au montant des capitaux propres tels que définis ci-avant les dettes à plus d'un an autres que celles incluses dans les capitaux propres.

Lorsqu'elles disposent d'une comptabilité distincte pour chacune de leurs succursales ou autres exploitations directes situées à l'étranger, les entreprises peuvent s'abstenir d'évaluer le montant des capitaux propres investis à l'étranger selon les modalités exposées ci-avant et retenir pour cette évaluation la situation nette comptable figurant au bilan de l'exploitation étrangère (pour plus de détails, voir BOI-BIC-PTP-10-10-20-20 n° 240 à 270).

Sur le cas particulier **du capital** à retenir pour les besoins du calcul de la réserve spéciale de participation **des succursales françaises de sociétés étrangères,** voir n° 70600.

53685

SALAIRES (S)

Les salaires à retenir pour le calcul de la participation sont les revenus d'activité au sens de l'article L 242-1 du Code de la sécurité sociale (voir Mémento Social n° 22320 s.) qu'ils soient ou non assujettis à cotisations sociales (C. trav. art. D 3324-1 ; Cass. soc. 29-10-2013 n° 12-23866), majorés :
– des indemnités de congés payés versées pour le compte de l'employeur par des caisses agréées (BOI-BIC-PTP-10-10-20-30 n° 10) ; en pratique, les entreprises sont autorisées à majorer forfaitairement les salaires qu'elles versent elles-mêmes du taux des cotisations qu'elles doivent acquitter à la caisse des congés payés à laquelle elles sont affiliées (BOI-BIC-PTP-10-10-20-30 n° 10) ;
– des rémunérations qu'auraient perçues les salariés en congés maternité, d'adoption, accidents du travail ou maladie professionnelle s'ils avaient travaillé, dans le cas où l'employeur ne maintient pas intégralement le salaire (BOI-BIC-PTP-10-10-20-30 n° 20).
Pour plus de détails, voir Mémento Social n° 33455.

53690

> **Précisions** **1. Fusion avec effet rétroactif** Dans ce cas, la société absorbante doit tenir compte de l'intégralité des salaires perçus par les intéressés au cours de l'exercice (y compris donc de ceux versés par la société absorbée avant la mise en œuvre effective de la fusion) même si la société absorbée n'était pas elle-même assujettie à la participation (Cass. soc. 23-2-1983 n° 342).
>
> **2. Activité partielle** Les indemnités d'activité partielle versées aux salariés par l'employeur ne constituent pas des revenus d'activité mais des revenus de remplacement. En conséquence, à notre avis, le calcul de la variable « S » ne doit tenir compte ni des indemnités d'activité partielle versées aux salariés, ni des allocations perçues de l'État par l'employeur à ce titre.

VALEUR AJOUTÉE (VA)

Selon l'article D 3324-2 du Code du travail, elle est déterminée en faisant le total des postes du compte de résultat énumérés ci-après, pour autant qu'ils concourent à la formation d'un bénéfice réalisé en France métropolitaine et dans les départements d'outre-mer :
– charges de personnel ;
– impôts, taxes et versements assimilés, à l'exclusion des taxes sur le chiffre d'affaires ;
– charges financières ;
– dotations de l'exercice aux amortissements et aux dépréciations figurant en charges d'exploitation ;
– dotations de l'exercice aux provisions, à l'exclusion des dotations figurant dans les charges exceptionnelles ;
– résultat courant avant impôts.
Ces différents postes sont individualisés sur l'imprimé n° 2052 (BOI-BIC-PTP-10-10-20-30 n° 40).

53700

> **Précisions** Cette définition de la valeur ajoutée est différente de celle retenue :
> – par le PCG (art. 842-1) dans son tableau des soldes intermédiaires de gestion (voir n° 52165) ;
> – pour le calcul de la cotisation sur la valeur ajoutée des entreprises (CVAE) et du plafonnement de la cotisation économique territoriale (CET) en fonction de la valeur ajoutée (voir Mémento Fiscal n° 43910 à 43966).

Ces éléments appellent les commentaires suivants :

Résultat courant avant impôt Il correspond à la somme algébrique du résultat d'exploitation et du résultat financier et est fourni directement par le compte de résultat sous forme de liste (ligne GW du tableau n° 2052 de la liasse fiscale) (BOI-BIC-PTP-10-10-20-30 n° 120).

53702

En revanche, lorsque le compte de résultat est présenté sous forme de tableau, il est nécessaire :
– d'additionner les produits d'exploitation et financiers (y compris les quotes-parts de résultat sur opérations faites en commun) ;
– et d'en déduire les charges d'exploitation et financières (y compris les quotes-parts de résultat sur opérations faites en commun).

> **Précisions** **1. Montant du résultat courant** Il peut varier selon la notion retenue par l'entreprise (voir n° 52030 s.), ce qui peut avoir une incidence sur le montant de la valeur ajoutée.
> **2. Impacts du règlement ANC n° 2022-06 relatif à la modernisation des états financiers sur le résultat exceptionnel** La nouvelle définition du résultat exceptionnel, applicable obligatoirement aux exercices ouverts à compter du 1er janvier 2025 (voir n° 52030), est différente de celle retenue actuellement par la jurisprudence fiscale. Cette nouvelle définition comptable du résultat exceptionnel pourrait, dans l'état actuel du Code du travail, avoir des impacts sur le calcul de la valeur ajoutée à retenir pour le calcul de la réserve spéciale de participation (par exemple, la modification du traitement des résultats de cession d'éléments d'actif).
> **3. Résultat courant déficitaire** Dans ce cas, il convient de le déduire du total des éléments composant la valeur ajoutée (Rép. Hardy : AN 4-6-1975 n° 17325, non reprise dans Bofip).

53704 **Charges de personnel** Elles correspondent aux postes « Salaires et traitements » et « Charges sociales » du compte de résultat.

> **Précisions** **1. Transferts de charges** L'énumération limitative de l'article D 3324-2 du Code du travail ne prévoit **pas** de **tenir compte** des transferts de charges. En conséquence, à notre avis, même s'ils concernent les charges de personnel, ils ne doivent pas être déduits de ce poste.
> **2. Allocations d'activité partielle reçues** Les sommes perçues de l'État dans le cadre de l'activité partielle et imputées au crédit des comptes 64 « Salaires et traitements » (voir n° 16900) ne donnent lieu, à notre avis, à aucun retraitement des comptes 64 pour le calcul de la participation.
> **3. Absence d'incidence de la participation des salariés** Étant comptabilisée à la ligne HJ de l'imprimé fiscal n° 2053, la participation n'a, en principe, aucun impact sur le résultat d'exploitation et donc sur la valeur ajoutée à retenir. Toutefois, dans le cas où la participation des salariés aurait, à tort, été comptabilisée comme une charge d'exploitation et aurait réduit à due concurrence le résultat d'exploitation, il convient de la comprendre parmi les frais de personnel pour le calcul de la valeur ajoutée (BOI-BIC-PTP-10-10-20-30 n° 60).

53706 **Impôts, taxes et versements assimilés** Ils correspondent au poste du compte de résultat.

Il s'agit de l'ensemble des impôts et taxes à la charge de l'entreprise, à l'exception de l'impôt sur les bénéfices et des taxes sur le chiffre d'affaires.

Sont donc à prendre en compte : la CET et les taxes assimilées, la taxe foncière et les taxes annexes, les droits d'enregistrement, les différentes taxes ou participations assises sur les salaires ainsi que les impôts indirects (BOI-BIC-PTP-10-10-20-30 n° 70).

Sont toutefois **exclus les rappels d'impôts** concernant les exercices antérieurs ainsi que les **pénalités et amendes fiscales,** enregistrées, non pas dans les charges d'exploitation de l'exercice (ligne FX de l'imprimé n° 2052) mais dans les charges exceptionnelles (ligne HE de l'imprimé n° 2052) (BOI-BIC-PTP-10-10-20-30 n° 80).

> **Précisions** **Transferts de charges** La précision énoncée pour les charges de personnel sur les transferts de charges est également applicable (voir n° 53704).

53708 **Dotations aux amortissements, aux dépréciations et aux provisions figurant en charges d'exploitation** Il s'agit des dotations aux amortissements d'exploitation sur immobilisations, des dotations aux dépréciations d'exploitation sur immobilisations, sur actif circulant et des dotations aux provisions, figurant au compte de résultat.

S'agissant des **amortissements,** seules sont prises en compte les **dotations** régulièrement comptabilisées et **admises en déduction** (BOI-BIC-PTP-10-10-20-30 n° 100).

> **Précisions** **1. Reprise sur amortissements, dépréciations et provisions** Le texte ne mentionne pas ces reprises qui, de ce fait (interprétation stricte), s'en trouvent exclues.
> Il en résulte un accroissement de la valeur ajoutée, qui peut varier d'ailleurs selon le mode de comptabilisation retenu pour les provisions (voir n° 48440 et exemples pour les stocks n° 22160).
> **2. Dotations pour dépréciation des stocks** La valeur ajoutée est systématiquement majorée des dotations pour dépréciation des stocks de l'exercice (BOI-BIC-PTP-10-10-20-30 n° 110), car il n'est pas tenu compte des reprises de dépréciations.
> Toutefois, dans le cadre **d'accord dérogatoire** de participation (voir n° 53595), la **neutralisation** des règles de comptabilisation pourrait être prévue si elle conduisait à accorder aux salariés

des avantages au moins équivalents à ceux résultant du droit commun (Réponse du Service de la législation fiscale au CNPF du 9-9-1985).

3. Dotations en charges exceptionnelles Ces dotations sont **exclues** (C. trav. art. D 3324-2 ; BOI-BIC-PTP-10-10-20-30 n° 110).

Charges financières (y compris dotations aux amortissements, aux dépréciations et aux provisions) Elles correspondent au poste du compte de résultat (C. trav. art. D 3324-2 ; BOI-BIC-PTP-10-10-20-30 n° 90). Il s'agit donc des charges financières prévues aux comptes 66 auxquelles s'ajoutent les comptes 686 (dotations aux amortissements, dépréciations et provisions). 53710

> **Précisions** **Transferts de charges** La précision énoncée pour les charges de personnel sur les transferts de charges est également applicable (voir n° 53704).

GROUPES DE SOCIÉTÉS

En principe, dans les groupes d'entreprises, la législation sur la participation s'applique de façon séparée à chaque société. Toutefois, pour qu'une compensation puisse être établie entre les salariés de filiales dont les résultats seraient inégaux, un accord peut être conclu au niveau du groupe. Des modalités spécifiques de conclusion des accords de groupe sont prévues (C. trav. art. L 3322-7). 53715

> **Précisions** **Notion de groupe** Le groupe s'entend d'entreprises juridiquement indépendantes mais ayant établi entre elles des liens financiers et économiques (C. trav. art. L 3344-1).
> Pour plus de détails, voir Mémento Social n° 33820.

Lorsqu'un accord de participation est conclu au niveau du groupe, la participation est alors calculée à ce niveau et répartie entre tous les salariés.

En général, bien que tous les salariés du groupe aient vocation à bénéficier de la réserve globale du groupe, deux types de répartition sont possibles :

I. Répartition en fonction des contributions réelles des entreprises (forcément bénéficiaires) à la réserve globale du groupe, telles qu'elles résultent de leurs propres comptes.

Cette contribution résultera de l'application de la formule de droit commun si l'accord de groupe ne prévoit pas de formule de calcul dérogatoire de la participation (voir n° 53595).

Dans ce cas, **seules les entreprises bénéficiaires** constatent leur charge de participation et la réserve spéciale correspondante. Le paiement de cette réserve peut concerner les salariés des sociétés déficitaires du groupe qui, elles, n'auront pas contribué à la constitution de la réserve globale.

> **Fiscalement** Seules les entreprises bénéficiaires pourront évidemment bénéficier de la déduction fiscale correspondante (BOI-BIC-PTP-10-20-10-30 n° 50).

II. Répartition en fonction des modalités expressément prévues dans l'accord Dans ce cas, **toutes les entreprises du groupe,** bénéficiaires ou déficitaires, prennent en charge une partie de la participation en fonction des modalités de répartition prévues dans l'accord de groupe (par exemple, de manière uniforme ou au prorata de leur masse salariale). Elles (toutes) constatent alors une réserve spéciale de participation et sont tenues au paiement de cette réserve.

> **Fiscalement** Chaque entreprise pourra déduire de son bénéfice imposable le montant qu'elle aura porté à la réserve spéciale (BOI-BIC-PTP-10-20-10-30 n° 50 et 60).

À notre avis, lorsque **le montant de la participation n'est pas connu à la date d'établissement du bilan,** il revient à la société mère de l'estimer à l'aide de tous les éléments en sa possession : montant de l'exercice précédent, résultat du premier semestre et perspectives pour le deuxième semestre, masse salariale par société…

UNITÉS ÉCONOMIQUES ET SOCIALES (UES)

> **Juridiquement** **1. Notion d'UES** Sur les caractéristiques de l'UES, voir Mémento Social n° 62330 à 62350.
> **2. Mise en place d'un accord de participation** Pour les entreprises constituant une unité économique et sociale, la mise en œuvre de la participation peut s'effectuer soit par un accord unique couvrant l'UES, soit par des accords distincts propres à chaque société et couvrant l'ensemble de leurs salariés. Pour plus de détails, voir Mémento Social n° 33825. 53720

En cas d'accord unique :
– chaque société faisant partie de l'UES calcule le montant de réserve spéciale de participation telle qu'elle résulte de ses propres comptes, selon la formule de droit commun (sauf si l'accord ne prévoit pas de formule de calcul dérogatoire de la participation ; voir n° 53595) ;

> **Précisions** **Résultat consolidé** Une UES peut calculer sa réserve de participation sur la base du résultat consolidé si les entreprises qui la composent entrent dans un même périmètre de consolidation des comptes (Circ. DSS-DGT 2007-199 du 15-5-2007 : BOSS 6-07).

– tous les salariés des sociétés parties à cet accord ont droit à l'attribution d'une part de la réserve déterminée à l'échelon de l'UES sur la base du total des réserves de participation constituées dans chaque entreprise (C. trav. art. L 3324-8).

Comptablement, par analogie avec le traitement retenu dans le cas d'un groupe de sociétés (voir n° 53715), deux types de répartition de la charge sont, à notre avis, possibles :

I. Répartition de la charge en fonction des contributions réelles des entreprises (forcément bénéficiaires) Dans ce cas, **seules les entreprises bénéficiaires** comptabilisent une charge de participation et la réserve spéciale correspondante.

> **Précisions** Ces entreprises sont tenues au paiement de la réserve à l'organisme chargé de la répartition. Ce paiement peut ainsi concerner les salariés des sociétés déficitaires de l'UES qui, elles, n'auront pas contribué à la constitution de la réserve globale.

EXEMPLE
2 sociétés A et B composent une UES.
– A est bénéficiaire sur l'exercice N. Le montant calculé au titre de la réserve spéciale de participation s'élève à 100.
– B est déficitaire sur l'exercice N. Elle n'est donc pas redevable de la participation à des salariés.
A verse donc 100 à l'organisme chargé de la répartition et B, 0. Le montant total de 100 est ensuite versé à l'ensemble des salariés de A et de B.
Comptablement, A constate une charge de 100 et B ne constate aucune charge, même si ses salariés bénéficieront de la réserve spéciale de participation.

II. Répartition de la charge en fonction des modalités expressément prévues dans l'accord Dans ce cas, **toutes les entreprises de l'UES,** bénéficiaires ou déficitaires, prennent en charge une partie de la participation en fonction des modalités de répartition prévues dans l'accord d'UES (par exemple, de manière uniforme ou au prorata de leur masse salariale).

Elles (toutes) constatent alors une réserve spéciale de participation et sont tenues au paiement de cette réserve.

ATTESTATION DU BÉNÉFICE NET ET DES CAPITAUX PROPRES

53740 Afin d'éviter les litiges relatifs à la détermination des droits collectifs des salariés, le montant du **bénéfice net** et celui des **capitaux propres** de l'entreprise sont établis par une attestation de **l'inspecteur des impôts** ou du **commissaire aux comptes** sur la demande de l'entreprise (C. trav. art. D 3325-1).

> **Précisions** **1. Litiges nés de la participation** L'attestation du commissaire aux comptes portant sur le bénéfice net de la société, dont la sincérité n'est pas contestée, ne peut pas être remise en cause dans un litige relatif à la participation, même si l'action est fondée sur la fraude ou l'abus de droit invoqués à l'encontre des actes de gestion de la société (C. trav. art. L 3326-1 ; Cass. soc. 28-2-2018 n° 16-50.015). Pour des exemples issus de la jurisprudence, voir Mémento Social n° 33865.

2. Aucune demande d'attestation n'a été présentée six mois après la clôture d'un exercice L'inspecteur du travail peut se substituer à l'entreprise pour obtenir cette attestation (C. trav. art. D 3325-3).

Lorsque l'entreprise s'adresse à son commissaire aux comptes, voir FRC 12/23 Hors série inf. 72.5.

B. Comptabilisation de la participation des salariés

53790 > **Juridiquement** **1. Défaut de constitution** En cas de défaut de constitution de la réserve spéciale de participation :
– l'entreprise doit reconstituer une réserve spéciale de participation sur les cinq derniers exercices correspondant à la période d'indisponibilité des salariés (Bull. CNCC n° 66, juin 1987, EJ 87-23, p. 251) ;
– cette omission pourrait constituer le **délit de présentation** ou de publication de comptes ne donnant pas une image fidèle si elle était faite de façon intentionnelle, « en vue de dissimuler la véritable situation de la société » (C. com. art. L 242-6-2° et Bull. CNCC n° 58, juin 1985, EJ 85-61, p. 278 ; n° 67, septembre 1987, EC 87-39, p. 355 s.) ;

– le commissaire aux comptes doit communiquer aux dirigeants et à l'assemblée générale, ainsi que, le cas échéant, au comité d'audit cette **irrégularité,** en application des articles L 823-12 et L 823-16 du Code de commerce (Bull. CNCC n° 93, mars 1994, EJ 94-11, p. 145 ; voir FRC 12/23 Hors série inf. 83 s.).

En outre, une gestion des droits des salariés en contradiction avec les modalités prévues par l'accord conclu par l'entreprise ou avec les dispositions prévues par le droit commun en l'absence d'accord peut être révélatrice d'un **délit d'abus de confiance** (Bull. CNCC n° 117, mars 2000, CNP 99-05, p. 107 s.).

Sur la **non-constatation d'un complément de réserve** suite à une rectification fiscale, voir n° 53170.

2. Sanctions Les infractions aux dispositions relatives à la participation ne constituent pas en soi un délit mais peuvent faire l'objet **d'astreintes** sur le plan civil (C. trav. art. L 3326-2) ; voir Participations et intéressement des salariés (PB-I-26800 à 26825).

En cas de **défaut d'accord** et sur la mise en place d'un régime d'autorité, voir Mémento Social n° 33810.

MODALITÉS DE COMPTABILISATION

53810 Le PCG (art. 946-69, 944-42 et 941-16) prescrit le schéma de comptabilisation suivant (le PCG 82, p. II. 192, présentait un résumé sous la forme d'un tableau qu'il nous paraît utile de rappeler et dont il est, à notre avis, toujours possible de s'inspirer en l'absence de règle nouvelle, voir fin du n° 53870).

Clôture de l'exercice au titre duquel les droits des salariés sont nés

53815 **I. Principe** La participation est inscrite en **charges à payer** au crédit du compte 4284 « Dettes provisionnées pour participation des salariés aux résultats de l'entreprise » par le débit du compte **691 « Participation des salariés aux résultats de l'entreprise ».**

> Socialement Les sommes portées à la réserve de participation échappent aux cotisations de sécurité sociale, AGFF, de retraite complémentaire, d'assurance chômage, au versement mobilités, à la contribution de solidarité autonomie, etc. En revanche (voir Mémento Social n° 33985), elles sont assujetties :
– à la CSG et à la CRDS (prélèvements précomptés lors de l'approbation des comptes par l'assemblée générale, voir ci-après) ;
– ainsi qu'au forfait social (charge sociale patronale, voir n° 16855). Les entreprises de moins de 50 salariés ayant mis en place volontairement un dispositif de participation sont toutefois exonérées de forfait social (CSS art. L 137-15).

> Fiscalement a. Forfait social Bien que non encore exigible, le forfait social assis sur les sommes dues au titre d'un exercice mais non encore versées, est déductible, au titre des charges à payer, des résultats de l'exercice (BOI-BIC-CHG-40-40-40 n° 10). **Aucun retraitement extra-comptable** ne doit donc être effectué.

b. Déduction des sommes portées à la réserve spéciale Les sommes portées à la réserve de participation sont déductibles du résultat de l'exercice au cours duquel elles sont réparties entre les salariés (CGI art. 237 bis A), c'est-à-dire l'exercice suivant celui dont les résultats ont servi au calcul de la participation et au titre duquel elle est attribuée (BOI-BIC-PTP-10-20-10-10 n° 30 et 40). En pratique, cette charge à payer ne deviendra déductible le plus souvent qu'à la clôture de l'exercice suivant (voir toutefois ci-après II.).

Le dépôt de l'accord de participation, en principe aux échelons départementaux de la Dreets (C. trav. art. D 3345-5) du lieu où cet accord a été conclu, conditionne, selon l'administration, cette déduction (Guide de l'épargne salariale, dossier 2, fiche 8, p. 101). En conséquence, les **retraitements extra-comptables** suivants sont à effectuer sur l'imprimé n° 2058-A :
– réintégration (ligne WI) de la participation de l'exercice inscrite en charges à payer (hors forfait social) ;
– déduction (ligne WU) de la participation de l'exercice précédent (hors forfait social) inscrite en réserve, de la CSG et de la CRDS y afférente.

Sur les conséquences de ce décalage en matière d'impôts différés, voir n° 52985.

> **EXEMPLE**
>
> Étape 1 – Enregistrement de la participation en charges à payer à la clôture de l'exercice N au titre duquel les droits des salariés sont nés
>
> À la date d'arrêté des comptes de l'exercice clos le 31 décembre N, une entreprise ayant signé un accord de participation de droit commun estime à 100 le montant de la participation due au titre de l'exercice. Cette participation est soumise au forfait social au taux de 20 %.
>
> Une charge à payer correspondant au montant de la participation et du forfait social doit être comptabilisée à la clôture N.

53815
(suite)

Les écritures à comptabiliser à la clôture sont les suivantes :

	4284 Dettes provisionnées pour participation	4386 Organismes sociaux – Autres CAP	6451 Cotisation à l'URSSAF	691 Participation des salariés aux résultats
Exercice n au titre duquel les droits sont nés – À la clôture				
Charges à payer provisionnées au titre de la participation des salariés	100			100
Charges à payer provisionnées au titre du forfait social assis sur la participation [100 × 20 %]		20	20	

II. Reliquat de réserve Lorsque le montant de la participation à distribuer **dépasse le plafond des droits individuels** (C. trav. art. L 3324-5), un reliquat de participation non attribuée subsiste (C. trav. art. D 3324-12). Ce reliquat reste dû et demeure dans la réserve spéciale de participation. La répartition du reliquat de réserve est reportée sur les exercices ultérieurs (C. trav. art. L 3324-7), même s'ils sont déficitaires (CE 15-2-2016 n° 367752). Pour plus de détails, voir Mémento Social n° 33915.

La réserve spéciale de participation calculée à la clôture doit donc, à notre avis, être **provisionnée** dans son intégralité, indépendamment des règles de plafonnement régissant son attribution.

> **Fiscalement** La fraction de la participation reportée n'est pas déductible tant qu'elle n'est pas attribuée (CGI art. 237 bis A ; BOI-BIC-PTP-10-20-10-10 n° 110).

III. Supplément de participation Les entreprises qui le souhaitent peuvent décider d'accorder à leurs salariés un supplément de participation au titre de l'exercice clos, soumis au même régime social et fiscal que la participation légale ou conventionnelle (C. trav. art. L 3325-4 ; pour plus de détails, voir Mémento Social n° 33870).

Sur le plan comptable (Avis CNC 2008-16 du 2-10-2008) :

a. En général, la décision de verser le supplément de participation est prise postérieurement à la clôture, au vu des résultats de l'exercice. Dans ce cas, l'entreprise n'a aucune obligation envers ses salariés de verser ce supplément à la date de clôture. En conséquence, aucun passif (dette ou provision) ne doit être comptabilisé, au titre de l'exercice clos (PCG art. 322-2). Le supplément de participation constitue donc une charge de l'exercice suivant.

> **Fiscalement** Le supplément de participation est soumis au même régime fiscal que les sommes versées en application des accords de base (C. trav. art. L 3325-4). Il est donc déductible du résultat de l'exercice au cours duquel les sommes portées à la réserve de participation sont réparties entre les salariés, c'est-à-dire l'exercice suivant celui dont les résultats ont servi au calcul du supplément de participation et au titre duquel il est attribué. Dans le cas général où le supplément n'est pas comptabilisé en charges à payer à la clôture, aucun retraitement n'est en conséquence à effectuer, sur cet exercice, ni sur l'exercice suivant, lors de la déduction fiscale, la charge étant alors comptabilisée.

b. Toutefois, l'entreprise peut être engagée à la clôture à verser un supplément de participation, notamment dans les cas suivants :
– le supplément est prévu par l'accord de participation qui définit ses modalités de détermination de façon suffisamment précise et, à la clôture de l'exercice, le résultat peut être estimé de manière fiable ;
– une pratique constante de versement d'un supplément de participation a créé une attente de la part des salariés ;
– une annonce de la direction de l'entreprise avant la clôture, selon une formule déterminée ou déterminable, a créé cette même attente.

Si l'un de ces engagements existe à la clôture, l'entreprise a une obligation de verser le supplément de participation. Ce dernier doit donc faire l'objet d'une provision à la clôture de l'exercice au titre duquel le supplément est distribué.

> **Fiscalement** Lorsqu'il est comptabilisé en charge de l'exercice au titre duquel la participation est due, les retraitements extra-comptables relatifs à la participation (voir ci-avant) sont à effectuer sur l'imprimé n° 2058-A.

IV. Incidence d'une rectification fiscale des bénéfices d'exercices antérieurs sur la participation des salariés Voir n° 53170.

Approbation des comptes par l'assemblée générale Lorsque les comptes ont été approuvés par l'assemblée générale des actionnaires, ou à la date de validité du contrat si elle est postérieure à celle de l'assemblée générale :
— la **dette envers les salariés** est créditée au compte 4246 « Participation des salariés aux résultats de l'entreprise – Réserve spéciale » par le débit du compte 4284 « Dettes provisionnées pour participation des salariés aux résultats » (y compris pour le reliquat de réserve non attribué, voir n° 53815 II) ;
— les ajustements nécessaires étant effectués par le débit ou le crédit d'une subdivision particulière du compte 691.
Pour des raisons fiscales, un sous-compte pourra être ouvert.
Le compte 431 « Sécurité sociale Urssaf » est crédité pour le montant de la CSG et de la CRDS précomptées, par le débit du compte 4246 « Participation des salariés aux résultats de l'entreprise – Réserve spéciale ».

53820

> **Fiscalement** À notre avis, le montant précompté de la CSG et de la CRDS est déductible dans les mêmes conditions que les sommes portées à la réserve.
> Ainsi, **la charge fiscalement déductible reste toujours égale à la charge comptable**.
> En cas d'accord de groupe, la **charge déductible** pour chaque société du groupe est la réserve spéciale de participation comptabilisée (voir n° 53715).

EXEMPLE

(suite de l'exemple n° 53815)
Étape 2 – Inscription à la Réserve spéciale de participation (RSP) après l'assemblée générale d'approbation des comptes de l'exercice N.
Au 30 avril N+1, les comptes ayant été approuvés par l'assemblée générale (AG) des actionnaires :
— la dette de 100 envers les salariés est virée du compte de charges à payer (voir étape 1 ci-avant) à la réserve spéciale de participation (RSP) ;
— et les sommes correspondant au précompte de la CSG et de la CRDS sont prélevées sur la RSP [sur une RSP de 100, la CSG et la CRDS s'élèvent à 9,7 (100 × 9,7 %)].
Les écritures à comptabiliser pour traduire ces opérations sont les suivantes :

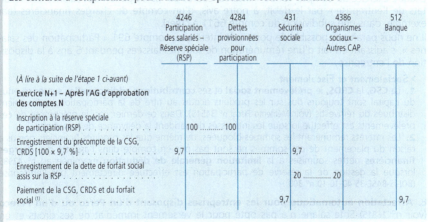

	4246 Participation des salariés – Réserve spéciale (RSP)	4284 Dettes provisionnées pour participation	431 Sécurité sociale	4386 Organismes sociaux – Autres CAP	512 Banque
(À lire à la suite de l'étape 1 ci-avant) **Exercice N+1 – Après l'AG d'approbation des comptes N**					
Inscription à la réserve spéciale de participation (RSP)	100	100			
Enregistrement du précompte de la CSG, CRDS [100 × 9,7 %]	9,7		9,7		
Enregistrement de la dette de forfait social assis sur la RSP			20	20	
Paiement de la CSG, CRDS et du forfait social [1]			9,7		9,7

(1) La CSG et la CRDS précomptées sur la participation ainsi que le forfait social sont recouvrés par l'Urssaf selon les règles prévues pour les cotisations patronales de sécurité sociale.

Clôture de l'exercice suivant celui au titre duquel les droits sont nés

53840

I. Fonds non employés Les fonds non attribués (reliquat de réserve, voir n° 53815 II) sont maintenus dans le compte 4246.
Les fonds en l'absence d'accord d'emploi sont classés dans le sous-compte 1661 « Comptes bloqués ».

II. Utilisation des fonds Selon la nature des emplois (définis par l'accord de participation), le compte 424 est débité par le crédit des comptes suivants (C. trav. art. L 3323-2 et L 3324-12) :

> **Fiscalement** La forme sous laquelle les sommes sont attribuées (voir ci-après) n'affecte pas le caractère déductible des sommes attribuées au titre de la participation (BOI-BIC-PTP-10-20-10-10 n° 130).

a. Affectation en totalité à un plan d'épargne salariale (PEE, PEI, Perco, Pereco) : le compte 424 est débité par le crédit du compte de trésorerie concerné.

1457

53840 (suite)

> **Précisions** **1. Abondement de l'entreprise** Sur la provision à constituer au titre de l'abondement de l'entreprise, en cas de versement de la participation sur un plan d'épargne, voir n° 16815.
> **2. Date limite d'affectation de la réserve** L'accord de participation fixe le délai dont dispose l'entreprise pour affecter la réserve de participation aux emplois choisis et les conséquences d'un retard. En cas d'affectation de ces sommes à un plan d'épargne salariale, les versements doivent être effectués au plus tard le **dernier jour du cinquième mois suivant la clôture** au titre duquel les droits sont nés, c'est-à-dire, pour les entreprises dont l'exercice correspond à l'année civile, au plus tard le 31 mai suivant la clôture de l'exercice au titre duquel est répartie la participation. Passé ce délai, l'entreprise devra payer un intérêt de retard égal à 1,33 fois le taux moyen de rendement des obligations des sociétés privées (C. trav. art. D 3324-25). Pour plus de détails, voir Mémento Social n° 33940.
> **3. Frais de gestion** La prise en charge par l'employeur des **frais de gestion** de l'organe de placement gérant les fonds déposés dans le cadre de la participation des salariés ou du PEE, PEI, Perco ou Pereco est enregistrée au compte 628 « Divers » (PCG art. 944-42).
> **4. Prescription des fonds investis en parts de fonds commun de placement** Les fonds doivent être conservés par l'organisme gestionnaire auprès duquel l'intéressé peut les réclamer jusqu'au terme de la prescription (20 ans ; C. trav. art. D 3324-38).

b. Affectation à un compte dans l'entreprise destiné à financer des investissements (compte courant bloqué) : le compte 424 est débité par le crédit du compte 166 « Participation des salariés » (subdivision 1662 « Fonds de participation »).

> **Précisions** **Suppression de la possibilité d'affecter une partie des fonds à un compte bloqué** Depuis le 24 mai 2019 (date d'entrée en vigueur de la loi Pacte), l'accord de participation ne peut plus prévoir l'affectation de la participation à un compte que l'entreprise doit consacrer à des investissements, sauf (C. trav. art. L 3323-2, L 3323-3 et L 3323-5) :
> — en cas d'absence d'accord de participation constatée par l'inspecteur du travail ;
> — pour les sociétés coopératives de production ;
> — pour les entreprises qui pratiquent une telle affectation au 23 mai 2019 (date de publication de la loi Pacte du 22-5-2019). Ce mode de placement reste alors applicable pour la durée de l'accord. Voir Mémento Social n° 33940.

Dans ce cas, les **intérêts courus** pendant la durée de blocage sont portés à la clôture de chaque exercice au compte 16886 « Intérêts courus sur participation des salariés aux résultats de l'entreprise » par le débit, à notre avis, d'un compte de charges financières (par exemple, dans une subdivision du compte 6611 à créer).

Il ne nous paraît pas possible de porter ces intérêts au compte 691 « Participation des salariés », s'agissant en fait d'une rémunération de sommes laissées pendant 5 ans à la disposition de l'entreprise.

> **Socialement et Fiscalement**
> **1.** La **CSG**, la **CRDS**, le **prélèvement social** et ses **contributions additionnelles** sur les revenus du capital sont toujours dus sur les produits acquis au titre de la participation, qu'ils soient distribués ou réinvestis (voir Mémento Fiscal n° 34515). Dans ce dernier cas, le précompte de ces prélèvements est effectué lorsque les intéressés demandent la délivrance de leur droit.
> **2.** Les intérêts rémunérant les sommes bloquées, de même que les produits financiers perçus à raison du placement de ces sommes ne sont pas pris en compte dans l'assiette des **charges financières** nettes soumises à la **limitation générale de déduction** examinée au n° 42985 lorsque la gestion de la réserve de participation est effectuée directement par l'entreprise (BOI-IS-BASE-35-40-10-10 n° 300).

c. Affectation automatique pour les entreprises disposant d'un Perco ou d'un Pereco (voir n° 16815) Si le salarié n'a pas opté pour le versement immédiat de ses droits et en l'absence de décision d'affectation à l'un des deux dispositifs précités (voir a. et b. ci-avant), sa quote-part de réserve spéciale de participation doit être affectée pour moitié au Perco ou au Pereco et pour moitié selon les conditions prévues par l'accord de participation (C. trav. art. L 3324-12 ; Lettre-circ. Acoss n° 2011-37, § 7-2 ; voir Mémento Social n° 33945).

Sur les modalités d'information des salariés sur cette affectation, voir Mémento Social n° 33950 et 33955.

d. Exemple

> **EXEMPLE**
>
> (suite de l'exemple n° 53815)
>
> Étape 3 — Répartition et affectation de la RSP selon les modalités prévues à l'accord de participation au cours de l'exercice N+1
>
> Au cas particulier, l'accord de participation signé avant le 23 mai 2019 par l'entreprise prévoit une affectation des sommes pour moitié au plan d'épargne salariale et pour moitié dans un compte de l'entreprise destiné à financer les investissements.

En conséquence, si les salariés n'ont pas demandé le versement immédiat de tout ou partie de leur participation (en vertu de l'art. L 3324-21-1 du C. trav. ; voir n° 53850), les écritures suivantes sont à comptabiliser :

	1662 Participation des salariés – Fonds de participation	16886 Intérêts courus sur participation	4246 Participation des salariés – Réserve spéciale (RSP)	512 Banque	6611 Intérêts courus sur participation des salariés
(À lire à la suite de l'étape 2 ci-avant) **Courant N+1 – Affectation de la RSP selon les emplois prévus** Affectation de la RSP selon les modalités prévues à l'accord de participation	45		90	45	
Exercice N+X – Rémunération des fonds bloqués Intérêts courus sur la participation(2)		2,8			2,8

(2) Par souci de simplification dans cet exemple, les intérêts courus calculés sur les sommes qui ont été affectées au compte 1662 « Participation des salariés – Fonds de participation » ont été constatés sur une seule année et pour un montant forfaitaire de 2,8.

Clôture de l'exercice précédant celui au cours duquel les fonds deviennent disponibles La dette de l'entreprise inscrite au compte 166 (le cas échéant) doit être mentionnée dans les dettes venant à échéance au cours de l'exercice suivant. **53845**

Disponibilité des fonds Les salariés sont autorisés à demander, dans un délai de 15 jours à compter de la date où ils ont été informés du montant qui leur est attribué, le versement immédiat de tout ou partie de leur participation (C. trav. art. L 3324-21-1 ; voir Mémento Social n° 33920). **53850**

À défaut de demande de versement du salarié dans les délais prescrits, les sommes restent bloquées pendant 5 (C. trav. art. L 3324-10) ou 8 ans (C. trav. art. L 3323-5) (sauf en cas de déblocage anticipé ; C. trav. art. R 3324-22 ; voir Mémento Social n° 33925).

Lorsque les fonds deviennent disponibles, ils sont virés du compte 166 au compte 4248 « Comptes courants » ou sur un compte épargne-temps, voir n° 16775 et exemple n° 53870.

Versement des fonds aux salariés Le compte 4248 est débité par le crédit des comptes de trésorerie et du compte 442 « Contributions, impôts et taxes recouvrés pour le compte de l'État » (PCG art. 944-44) pour le montant des prélèvements sociaux précomptés sur les produits de la participation [CSG, CRDS, prélèvement social et sa contribution additionnelle, ainsi que prélèvement de solidarité (voir Mémento Fiscal n° 88650)]. **53870**

> **EXEMPLE**
>
> (suite de l'exemple n° 53815)
>
> Étape 4 – Inscription en compte courant ou sur un compte épargne-temps en N+6, date à laquelle les fonds deviennent disponibles pour les salariés
>
> Au 1er juin N+6, lorsque les fonds deviennent disponibles :
> – ils sont virés des comptes 166 au compte 4248 « Participation des salariés aux résultats – Comptes courants » (ou sur un compte épargne-temps) ;
> – ils sont versés, net des prélèvements sociaux précomptés par l'entreprise, aux bénéficiaires en ayant fait la demande. Au cas particulier, il est présumé que l'ensemble des bénéficiaires demandent le versement de leurs droits lorsqu'ils deviennent disponibles.

53870
(suite)

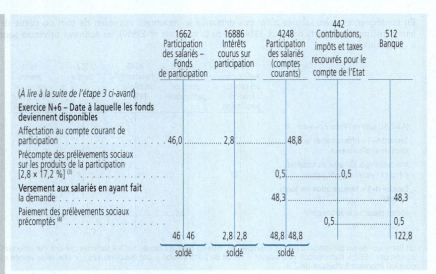

(3) Les prélèvements sociaux précomptés sur les produits de la participation (à savoir, la CSG, la CRDS, le prélèvement social et sa contribution additionnelle, ainsi que le prélèvement de solidarité) sont exigibles lorsque le salarié demande la délivrance de ses droits. Ils sont versés au service des impôts, voir Mémento Social n° 25120. La contrepartie de l'écriture est le crédit d'un compte 442 « Contributions, impôts et taxes recouvrés pour le compte de l'État ».
(4) La contrepartie de l'écriture est le débit du compte 442 « Contributions, impôts et taxes recouvrés pour le compte de l'État ».

> **Précisions** **Salarié non atteint à sa dernière adresse** Lorsqu'un salarié qui a quitté l'entreprise ne peut être atteint à sa dernière adresse, les sommes et droits auxquels il peut prétendre sont tenus à sa disposition par l'entreprise **pendant une durée d'un an** à compter de la date d'expiration du délai de blocage de ses droits.
Pour l'AMF (Bull. COB n° 69, mars 1975, p. 5 s.) : « Le salarié est considéré comme n'ayant pu être atteint à la dernière adresse par lui indiquée lorsque l'entreprise, après retour d'une première lettre adressée au salarié au cours de l'année qui suit le déblocage, lui en a envoyé une seconde, avec accusé de réception, qui, à nouveau, fait retour à l'expéditeur ».
Passé ce délai, les sommes affectées à un fonds ne sont remises à la Caisse des Dépôts, où l'intéressé peut les réclamer jusqu'au terme de la prescription (20 ans ; C. trav. art. D 3324-37), que dans le cas où la participation avait été placée au sein de l'entreprise dans un **fonds qu'elle doit consacrer à des investissements.**
Dans ce dernier cas, la **constatation en profits** de ces sommes dues non réclamées constitue un **délit** d'abus de confiance que le commissaire aux comptes peut être amené à révéler au procureur de la République (Bull. CNCC n° 107, septembre 1997, EJ 97-97, p. 460 s.).
S'il s'agit de comptes courants, la remise des fonds à la Caisse des Dépôts est débitée au compte 4248 par le crédit du compte de trésorerie concerné. S'il s'agit d'un fonds commun de placement, aucune écriture n'est à enregistrer.

© Éd. Francis Lefebvre   LES RÉSULTATS

53870
(suite)

SCHÉMA DE COMPTABILISATION DE LA PARTICIPATION DES SALARIÉS AUX RÉSULTATS DE L'ENTREPRISE
(établi par nos soins)

(Tableau du n° 53870)

Exercice N au titre duquel les droits sont nés		Exercice suivant (N+1)		Date à laquelle les fonds deviennent disponibles
Clôture	Après Assemblée générale (1)	En cours d'exercice	Clôture	
691 Participation des salariés à 4284 Dettes provisionnées pour participation des salariés (2)	4284 Dettes provisionnées pour participation des salariés à 4246 Participation des salariés (réserve spéciale) et 431 « Sécurité sociale » (pour le montant des prélèvements sociaux (3) précomptés sur les sommes portées à la réserve spéciale de participation)	Emplois figurant au bilan → 166 Participation des salariés (Fonds de participation) [y compris les intérêts bloqués]		424 Participation des salariés (comptes courants) 442 État – Impôts et taxes recouvrables sur des tiers (pour le montant des prélèvements sociaux (4) précomptés sur les produits de la participation)
		Emplois hors bilan : Versements au plan d'épargne salariale [PEE, PEI, Perco]	Trésorerie (utilisation du compte 47 si nécessaire)	
		Fonds non employés : Reliquat non attribué (maintien à 4246) (plafond) / Absence d'accord sur l'emploi	1661 Participation des salariés (comptes bloqués) [y compris les intérêts éventuellement bloqués]	424 Participation des salariés (comptes courants) 442 État – Impôts et taxes recouvrables sur des tiers (pour le montant des prélèvements sociaux (4) précomptés sur les produits de la participation)

(1) Ou date du contrat de participation si elle est postérieure à celle de l'Assemblée générale.
(2) Les sommes versées au titre de la participation sont soumises au forfait social (à l'exception des sociétés de moins de 50 salariés mettant volontairement en place un dispositif de participation). Pour plus de détails, voir n° 16855.
(3) CSG et CRDS.
(4) CSG, CRDS, prélèvement social et sa contribution additionnelle ainsi que prélèvement de solidarité (sur les taux à retenir, voir Mémento Fiscal n° 34515).

PRÉSENTATION AU BILAN ET AU COMPTE DE RÉSULTAT

53875 Au **bilan** :
— la charge à payer (compte 4284) et la « Réserve spéciale » (compte 4246) sont comprises dans les dettes sociales (système de base) et dans les autres dettes (système développé) ;
— les comptes bloqués (compte 1661) et le fonds de participation (compte 1662) sont des dettes financières.

53880 Au **compte du résultat,** la participation figure sur une ligne spéciale après les charges exceptionnelles.

V. AFFECTATION ET DISTRIBUTION DES RÉSULTATS

CONSTATATION DU RÉSULTAT AVANT RÉPARTITION

53950 Selon le PCG (art. 941-12) :
— les comptes de charges et de produits sont soldés par le compte 12 **« Résultat de l'exercice »** ;
— le compte 120 peut être utilisé pour enregistrer le bénéfice ou le compte 129 la perte ;
— les entreprises ont la faculté d'employer les comptes 121 à 128, à leur convenance, pour dégager par exemple des soldes intermédiaires de gestion.

> **Précisions**   À notre avis, par exemple :
> 121. Marge commerciale.
> 122. Production de l'exercice.
> 123. Valeur ajoutée.
> 124. Excédent brut d'exploitation (ou Insuffisance brute d'exploitation).
> 125. Résultat d'exploitation (avant charges et produits financiers).
> 126. Résultat courant avant impôt.
> 127. Résultat exceptionnel.

Les acomptes sur dividendes répartis en instance d'affectation peuvent être inscrits au compte 129 (voir n° 54070).

A. Affectation et distribution des résultats d'une société

SITUATION ENTRE LA CLÔTURE DE L'EXERCICE ET L'APPROBATION DES COMPTES

53955 Le résultat de l'exercice précédent est maintenu au compte 12 jusqu'à la décision de son affectation. Toutefois, faculté est donnée de le virer au compte 88 « Résultat en instance d'affectation » à la réouverture des comptes (PCG art. 941-12).

DÉCISION D'AFFECTATION

53960 La décision d'affectation du résultat de l'exercice appartient à l'**assemblée générale,** sur proposition des dirigeants, et intervient **après l'approbation des comptes** de l'exercice. Les conditions de cette affectation suivent des **règles** à la fois **légales** et **statutaires** (C. com. art. L 232-12).

En cas de refus d'approbation des comptes par l'assemblée, voir n° 53996.

L'assemblée générale peut décider l'affectation du résultat :
— à des comptes de réserves (voir n° 56085 s.) ;
— au compte de report à nouveau (voir n° 56100) ;
— ou à la distribution aux associés (et le cas échéant à d'autres ayants droit : salariés, gérants, porteurs de parts bénéficiaires, etc.) (voir n° 53962).

Sur le bénéfice distribuable, voir n° 53970.

Sur l'impossibilité de distribuer, voir n° 53995 s.

Décision de verser des dividendes L'assemblée générale peut décider la **mise en distribution des sommes distribuables** dont elle a la disposition (sur la notion de sommes distribuables, voir n° 53965).

Le bénéfice de l'exercice ne peut être distribué qu'après :
– apurement des pertes antérieures, voir ci-après n° 54040 ;
– dotation des réserves légales (sur la réserve légale, voir n° 56095 ; sur les réserves indisponibles, voir n° 56085 II.) ;
– dotation des réserves statutaires (ou contractuelles), voir n° 56085 III.

53962

> **Précisions** **1. Déclaration** Les sociétés versant des dividendes doivent souscrire, au plus tard le 15 février, pour chaque bénéficiaire autre qu'une société appartenant au même groupe fiscal, une déclaration dite « IFU » (imprimé fiscal unique n° 2561), qui récapitule les sommes payées l'année civile précédente. Pour les revenus perçus à compter de 2017, l'obligation de souscription de cette déclaration par voie électronique est généralisée (CGI art. 242 ter).
> Le défaut de déclaration peut être sanctionné par une amende fiscale de 50 % des sommes déclarées (sauf première infraction durant l'année en cours et les trois précédentes, lorsque l'omission a été réparée dans certaines conditions) (CGI art. 1736).
> Pour plus de détails, voir FR 5/20 inf. 10.
> En outre, les sociétés distributrices sont tenues de joindre à leur **déclaration annuelle de résultat** (sur un document annexe à la déclaration n° 2065) le montant des sommes versées aux associés, actionnaires et porteurs de parts (BOI-IS-DECLA-10-10-20 n° 30).
> **2. Rapport de gestion** Sur l'information à donner dans le rapport de gestion, voir n° 64980.
> **3. Obligation-interdiction de distribuer** La distribution de dividendes est obligatoire lorsque les statuts prévoient un dividende statutaire ou premier dividende, calculé sur le montant libéré et non remboursé des actions (C. com. art. L 232-16 ; voir Mémento Sociétés commerciales n° 76431). Les statuts peuvent également prévoir une majoration du dividende dans la limite de 10 % (C. com. art. L 232-14 ; voir Mémento Sociétés commerciales n° 76435).
> Lorsque les conditions prévues par la loi pour distribuer un bénéfice sont remplies (voir n° 53995 s.), il n'est pas possible d'interdire à une assemblée générale de décider une telle distribution.
> **4.** Sur le cas particulier des distributions effectuées par les **exploitants individuels** ayant opté pour leur assimilation à une EURL soumise à l'IS, voir n° 54110.

Sommes distribuables Outre le bénéfice distribuable défini ci-après (n° 53970), l'assemblée générale peut décider la **mise en distribution de sommes prélevées sur les réserves** dont elle a la disposition (voir ci-après notion de réserves libres n° 53990) ; dans ce cas, la décision indique expressément les postes de réserve sur lesquels les prélèvements sont effectués.

Toutefois, les dividendes sont prélevés **par priorité sur le bénéfice distribuable** de l'exercice (C. com. art. L 232-11, al. 2).

Le tableau ci-après, établi par nos soins, résume les sommes distribuables ou non :

53965

Sommes distribuables (1)	Voir n°	Sommes non distribuables	Voir n°
– Bénéfice de l'exercice (compte 120)	53970	– Réserve légale (compte 1061)	56095
– Report à nouveau bénéficiaire (compte 110)	53970	– Réserves statutaires (compte 1063)	56085 III.
– Prime d'augmentation de capital (compte 1041) ou d'apport (compte 1043)	53990	– Réserves indisponibles (compte 1062)	56085 II. 56795
– Réserves réglementées (compte 1064)	53990	– Réserve de réévaluation (compte 105)	
– Autres réserves	53990		

(1) Sous conditions (sur l'impossibilité de distribuer, voir n° 53995 s.).

Bénéfice distribuable Il est constitué par (C. com. art. L 232-11, al. 1) :
– le bénéfice de l'exercice ;

53970

> **Précisions** **Indivisibilité du résultat** Le résultat d'un exercice étant un et indivisible, il n'est pas possible de présenter séparément à l'approbation des actionnaires les éléments du bénéfice taxé aux conditions de droit commun et le montant des plus ou moins-values soumises à un taux réduit (solution confirmée par Bull. CNCC n° 62, juin 1986, EC 86-24, p. 223).

– diminué des pertes antérieures (voir n° 54040) ;
– diminué des sommes à porter en réserve en application de la loi ou des statuts (sur la réserve légale, voir n° 56095 ; sur les réserves statutaires ou contractuelles, voir n° 56085 III.) ;
– et augmenté du report bénéficiaire (voir n° 56100).

› **Précisions 1. Distribution du report à nouveau** Le montant précisément connu du report à nouveau, validé par la ou les assemblées générales précédentes, milite pour la distribution du report à nouveau en cours d'exercice, en dehors de l'assemblée ordinaire d'approbation des comptes ou d'une procédure d'acompte sur dividendes. Toutefois, il existe une autre interprétation selon laquelle le report à nouveau fait partie intégrante des bénéfices distribuables et ne peut donc être distribué que lors d'une décision de l'assemblée ordinaire d'approbation des comptes ou d'une décision de versement d'un acompte sur dividendes. Compte tenu de l'existence de ce débat, le bulletin CNCC rappelle que la pratique consistant en cours d'exercice à affecter le report à nouveau en réserves, lesquelles pourront le cas échéant être ensuite distribuées, permet d'éviter tout risque éventuel attaché à une distribution du report à nouveau en dehors de l'assemblée ordinaire d'approbation des comptes ou d'une procédure d'acompte sur dividendes (Bull. CNCC n° 153, mars 2009, EJ 2007-09, p. 265).

2. Report à nouveau résultant d'un changement de méthode Le report à nouveau résultant d'un changement de méthode peut, à notre avis, être distribué dans le cadre d'une distribution exceptionnelle intervenant en cours d'exercice (en dehors de l'assemblée générale d'approbation des comptes). Toutefois, par prudence (voir Précision 1), l'impact du changement de méthode devrait, à notre avis, être affecté en réserve. L'impact du changement de méthode étant calculé au premier jour de l'exercice au cours duquel il a lieu (voir n° 8545), le report à nouveau peut être affecté en réserve en cours d'exercice à condition :
— que le changement de méthode ait été décidé avant la date de distribution ;
— que le report à nouveau débiteur (le cas échéant) soit déduit des réserves disponibles distribuables.

3. Sur le cas particulier des **exploitants individuels** ayant opté pour leur assimilation à une EURL soumise à l'IS, voir n° 54100.

Le bénéfice distribuable ne peut être distribué que dans deux cas (C. com. art. L 232-12) :
— lors d'une décision de distribution de dividendes prise par l'**assemblée ordinaire d'approbation des comptes,** après avoir constaté l'existence d'un bénéfice distribuable ;

› **Précisions** En général, l'approbation des comptes de l'exercice et la décision de distribution interviennent lors de la même assemblée, mais cela ne constitue pas une obligation. La décision de distribution peut faire l'objet d'une décision d'une assemblée postérieure, à condition que cette dernière ait lieu dans le délai légal de paiement des dividendes (voir n° 54037).

— lors d'une décision de **versement d'un acompte** sur dividendes au vu du bilan certifié par un commissaire aux comptes (voir n° 54050 s.).

53990 Réserves libres Sur l'importance des réserves libres en cas de distribution de dividendes lorsque les frais d'établissement et de développement ne sont pas totalement amortis, voir n° 53999.

I. Définition et éléments constitutifs Même en l'absence de bénéfice, l'assemblée générale peut décider la **mise en distribution** de sommes prélevées sur les **réserves dont elle a la disposition.**

Les réserves libres sont limitées, à notre avis, aux :
a. **Autres réserves** regroupées au compte 1068 dans le PCG ;
b. **Primes liées au capital** social (compte 104) ;

› **Précisions** Ces primes distribuables, incluses dans la rubrique « Capital et réserves » du PCG (art. 941-10), ont le caractère d'un supplément d'apport laissé à la disposition de la société (voir Mémento Sociétés commerciales n° 49725 et 76260), et selon le bulletin CNCC (n° 108, décembre 1997, EJ 97-149, p. 551), seraient distribuables quels que soient la situation financière de la société et le montant de ses capitaux propres. Cette position est, à notre avis, contestable dans la mesure où le Code de commerce (art L 232-11) indique qu'en dehors du cas de réduction de capital non motivée par des pertes (les créanciers étant dans ce cas protégés par le droit d'opposition), aucune distribution ne peut être faite aux actionnaires lorsque les capitaux propres sont ou deviendraient, à la suite de celle-ci, inférieurs au montant du capital augmenté des réserves ne pouvant être distribuées du fait de la loi ou de dispositions statutaires. Cette solution est d'ailleurs remise en cause par certains, qui assimilent la prime d'apport à une réserve en cas de distribution d'un dividende dont le montant a été prélevé en partie sur cette prime (en ce sens, CA Paris 19-5-1999 n° 298601 et, sur pourvoi, Cass. com. 27-2-2001 n° 417 FS-P). En outre, selon l'Ansa, l'article L 232-11 du Code de commerce (précité) vise l'ensemble des distributions y compris les distributions de primes (CJ du 6-1-2010, n° 10-008).

c. **Réserves réglementées** (compte 1064) telles que :
— la réserve spéciale pour fluctuation des cours,

› **Fiscalement** Sur l'IS dû en cas de distribution de cette réserve, voir n° 56235.

– la réserve spéciale de plus-values à long terme,
> **Fiscalement** Sur le complément d'IS dû en cas de distribution de cette réserve, voir n° 56160.
– la réserve consécutive à l'octroi de subventions d'investissement, voir n° 56520.
Selon l'Ansa, cette réserve fait partie du bénéfice distribuable, ce qui implique qu'elle peut être distribuée avant le bénéfice de l'exercice (voir n° 56160).

> **Précisions** Ne font pas partie des réserves libres :
– la réserve légale (voir n° 56095), dont la constitution et le montant sont prévus par l'article L 232-10 du Code de commerce ;
– les réserves indisponibles (voir n° 56085 II) constituées en application de lois particulières : réserves indisponibles spéciales des sociétés coopératives agricoles (C. rur. art. L 522-5 et L 523-7), réserve pour actions propres (C. com. art. L 225-210) ;
– les réserves statutaires ou contractuelles (voir n° 56085 III) ;
– les réserves de réévaluation légale 1976 (Loi du 29-12-1976 art. 61, II) ;
– les réserves de réévaluation libres constituées de 1980 à 1983, en application des règles édictées pour la réévaluation légale 1976 (Rép. Braconnier : Sén. 9-11-1977 n° 23935) ;
– les réserves de réévaluation constituées à partir de 1984 (C. com. art. L 232-11, al. 4) ; toutefois, sur la possibilité de les transférer à un compte de réserve distribuable, voir n° 56795.

II. Détermination du montant des réserves libres

La comparaison entre le montant des réserves libres et celui des frais non amortis (voir n° 53999) doit être effectuée, à notre avis, **lors de l'affectation du résultat de l'exercice.** Deux situations peuvent se présenter :

a. Le montant des réserves libres avant affectation est **inférieur** au montant net des frais non encore amortis. Un complément de réserves libres doit être constitué avant toute distribution par prélèvement sur le bénéfice de l'exercice ou le report à nouveau.

b. Le montant des réserves libres avant affectation est **supérieur** au montant net des frais non encore amortis. Aucun complément n'est donc à effectuer. Il est possible de distribuer non seulement le bénéfice (plus ou moins le report à nouveau antérieur et les affectations aux différentes réserves non libres) mais également une partie des réserves libres (au-delà des frais non encore amortis).

EXEMPLE

Bilan

Frais d'augmentation de capital	(Montant net)	Capital	500
Frais de premier établissement	×	Primes d'émission	60
Frais de recherche et de développement		Écarts de réévaluation	160
		Réserve légale	50
		Réserves indisponibles	20
		Réserves statutaires (ou contractuelles)	200
		Réserve spéciale des plus-values à long terme	30
		Autres réserves	120
		Report à nouveau	46
		Résultat	252
		Subventions d'investissement	30
		Provisions réglementées	132
		Totaux capitaux propres	1 600

Bénéfices distribuables (sans tenir compte des restrictions concernant les réserves libres)
Bénéfice 252
Report à nouveau bénéficiaire 46
Réserves libres : (60 + 30 + 120) 210
                                                    ___
                                                    508

a. Première hypothèse : le montant des frais non encore amortis (X) est égal à 340 Le montant des réserves libres (210) étant inférieur au montant net des frais visés par l'article R 123-187 du Code de commerce (X = 340), si la société veut effectuer des distributions, elle doit préalablement constituer une réserve libre complémentaire de : (340 − 210) = 130. Elle ne pourra distribuer (en considérant qu'aucune affectation ne doit être effectuée aux réserves statutaires et la réserve légale étant déjà constituée) au maximum qu'un montant de : (252 + 46 − 130) = 168.

b. Seconde hypothèse : le montant des frais non encore amortis (X) est égal à 150 Le montant des réserves libres (210) étant supérieur, la société peut distribuer son bénéfice (elle peut même distribuer au-delà, soit 508 − 150 = 358).

III. Distribution des réserves libres Contrairement au bénéfice distribuable (voir n° 53970), et bien qu'aucun texte ne prévoie expressément une telle possibilité, rien ne paraît interdire de décider une distribution de réserves en dehors de l'assemblée ordinaire d'approbation des comptes ou d'une décision d'acompte (voir Mémento Sociétés commerciales n° 76411). Toutefois, le tribunal de commerce de Paris (TC Paris 23-09-2022, ce jugement ayant été frappé d'appel) a déjà remis en cause une distribution de réserves (et de report à nouveau) décidée en dehors de l'assemblée générale d'approbation des comptes. Compte tenu de ce jugement, une telle décision de distribution devrait à notre avis, par précaution, être décidée à partir d'un arrêté comptable certifié par le commissaire aux comptes (sur une base volontaire) démontrant les capacités distributives de la société.

IV. Sociétés ayant émis des valeurs mobilières donnant droit à l'attribution de titres de capital (obligations convertibles en actions, obligations avec bons de souscription d'actions, etc.) : toute distribution de réserves par ces sociétés entraîne l'obligation pour leurs dirigeants, de préserver les droits des titulaires de ces valeurs mobilières donnant droit à l'attribution de titres de capital, c'est-à-dire de mettre en réserve la somme nécessaire pour permettre de verser à ceux qui exerceraient leurs droits la même somme que s'ils avaient été actionnaires au moment de la distribution (pour plus de détails, voir Mémento Sociétés commerciales n° 74380 à 74384).

DISTRIBUTIONS INTERDITES

53995 **Bénéfice insuffisant pour résorber les pertes antérieures** (voir n° 54040).

53996 **Refus d'approbation des comptes par l'assemblée générale** Le résultat qui n'a pas pu faire l'objet d'une approbation et d'une affectation par l'assemblée générale ne peut pas être distribué même si les comptes des exercices ultérieurs ont été approuvés par l'assemblée générale (C. com. art. L 232-12, al. 1 ; Bull. CNCC n° 173, mars 2014, EJ 2013-84, p. 80). Il doit figurer dans un compte spécifique (« Résultat en instance d'affectation », à notre avis). Il est en outre souhaitable que l'annexe comporte une information sur sa comptabilisation (Bull. CNCC n° 151, septembre 2008, CNP 2007-14, p. 542 repris dans la Note d'information CNCC NI.I, 4e édition, décembre 2021, § 11.73).

Sur les autres conséquences d'une non-approbation des comptes par l'assemblée générale, voir FRC 12/23 Hors série inf. 125.

53997 **Capitaux propres inférieurs au montant du capital augmenté des réserves non distribuables** Hors le cas de réduction de capital, aucune distribution ne peut être faite aux actionnaires des sociétés par actions lorsque les capitaux propres sont ou deviendraient inférieurs, à la suite de celle-ci, au montant du capital augmenté des réserves que la loi ou les statuts ne permettent pas de distribuer (C. com. art. L 232-11, al. 3).

Voir toutefois n° 53990 I, l'éventuelle possibilité de distribuer les primes liées au capital.

53998 **Frais de constitution non amortis** (voir n° 45130 et 45180)

Les frais de constitution doivent être amortis avant toute distribution de bénéfices, et, au plus tard, dans un délai de cinq ans (C. com. art. L 232-9, al. 1) ;

> **Précisions 1. Exercice de fin d'amortissement** Est ainsi interdite une distribution exceptionnelle de dividendes décidée après la comptabilisation de la dernière dotation à l'amortissement des frais de constitution mais avant l'approbation des comptes de l'exercice constatant leur amortissement intégral. En effet, bien que totalement amortis, c'est seulement à la suite de l'approbation de ces comptes par l'assemblée générale ordinaire annuelle que l'amortissement intégral des frais de constitution prend un caractère définitif (Bull. CNCC n° 175, septembre 2014, EJ 2014-27, p. 393).
>
> **2. Exception** Une exception est prévue cependant par l'article L 232-15, al. 2 du Code de commerce pour les actions auxquelles l'État a accordé la **garantie d'un dividende minimal** (C. com. art. L 232-9, al. 1).
>
> **3. Sanction** À défaut, il s'agit d'un **délit pénal**, à savoir la distribution de **dividendes fictifs** (C. com. art. L 232-12) ; mais encore faut-il, à notre avis, qu'il y ait, en outre, absence d'inventaire ou inventaire frauduleux (voir n° 66530). Pour plus de détails, voir Mémento Sociétés commerciales n° 76530 à 76532 (sanctions pénales et civiles).

53999 **Frais de premier établissement, d'augmentation de capital (voir n° 45130 s.) et de développement non amortis** (voir n° 30840 s.) Tant que les postes « frais d'augmentation de capital », « frais de premier établissement » et « frais de développement » ne sont pas apurés, il ne peut être procédé à aucune distribution de dividendes, **sauf si le montant des réserves libres est au moins égal à celui des frais non amortis** (C. com. art. R 123-187). Sur la notion de réserves libres, voir n° 53990 II.

› **Précisions** **1. Irrégularité** À défaut, il s'agit d'une irrégularité comptable que le commissaire aux comptes doit signaler à la plus prochaine assemblée générale (C. com. art. L 823-12 ; FRC 12/23 Hors série inf. 83 s.), c'est-à-dire, à notre avis, à l'assemblée qui prendra la décision d'affectation. En effet, il aura relevé l'irrégularité à partir de la proposition d'affectation du résultat.

2. Absence de sanction pénale En revanche, il n'existe **pas de sanctions pénales directes.** Il ne semble pas qu'il puisse y avoir délit de distribution de dividendes fictifs. En effet, l'article L 232-11, al. 1 du Code de commerce, qui définit le bénéfice distribuable (voir n° 53965), ne fait pas référence à l'interdiction prévue par l'article R 123-187.

CONSÉQUENCES COMPTABLES

Affectation du résultat d'une société de personnes 54015

(EURL, SNC, SCS, sociétés civiles…) Elle est faite comme dans une société de capitaux (voir n° 54035 s.), sauf dispositions légales ou statutaires spécifiques.

Il en est de même en cas de **clause** prévoyant dans les statuts l'**affectation systématique des résultats** (bénéfice ou perte) aux associés (voir n° 36510). En effet, l'affectation ne doit être comptabilisée **qu'après l'approbation** du résultat par l'assemblée générale (et non dès la clôture de l'exercice) au compte 455 « Associés-Comptes courants » (au débit, en cas de perte, et au crédit, en cas de bénéfice). Ne pas faire apparaître le résultat dans la société de personnes dans ses capitaux propres au motif que la clause rend l'affectation automatique reviendrait à nier le rôle de l'assemblée.

En ce qui concerne les **GIE**, voir n° 73660.

Le résultat de la société est réparti entre ses membres en conformité avec les statuts :

a. Si le **résultat** est **bénéficiaire et supérieur au montant des prélèvements,** il peut donc – selon les statuts – être affecté aux réserves statutaires ou libres, rémunérer les associés, être porté en report à nouveau. Voir exemple ci-après.

b. Si le **résultat** est **bénéficiaire et inférieur aux prélèvements,** ces derniers sont apurés à due concurrence.

c. Si le **résultat** est **déficitaire,** il est habituellement porté en report à nouveau négatif et les comptes de prélèvements subsistent jusqu'à ce que des bénéfices soient susceptibles de les couvrir.

EXEMPLE

(Correspondant au a.) : Une société en nom collectif est constituée entre A, B et C au capital de 100 000 : Apports A (gérant) : 50 %, B (gérant) : 25 %, C : 25 %.

Le bénéfice net de 300 000 est réparti statutairement comme suit :

Associés			A	B	C
Rémunération du capital :	= 100 000 × 12 %	= 12 000	6 000	3 000	3 000
Rémunération des gérants (à parts égales) : (Prélèvements de 10 000 par mois chacun)	300 000 − 12 000 = 288 000 × 75 %	= 216 000	108 000	108 000	
Mise en réserve :	288 000 − 216 000 = 72 000 × 50 %	= 36 000			
Excédent réparti entre A, B et C :		36 000	18 000	9 000	9 000
	Total	300 000	132 000	120 000	12 000

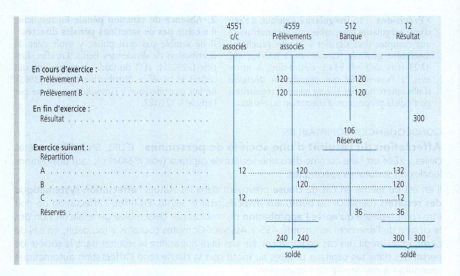

54035 Affectation du résultat d'une société de capitaux
La comptabilisation (précisée par le PCG art. 941-12) est faite conformément aux dispositions des statuts et aux décisions de l'assemblée générale (voir n° 53965 s.).

Elle diffère selon qu'il s'agit d'affecter un bénéfice (voir n° 54037) ou des pertes (voir n° 54040).

54037 Affectation d'un bénéfice

I. À la date d'enregistrement des dividendes Les dividendes n'ont pas d'existence juridique tant que l'assemblée générale n'a pas :
– approuvé les comptes de l'exercice ;
– constaté l'existence des sommes distribuables ;
– et déterminé la part revenant à chaque associé.

La décision de l'assemblée générale concernant la distribution de dividendes doit se trouver comptabilisée au **jour même de cette assemblée.** Pour plus de détails, voir n° 36315 s.

Le montant des dividendes à payer doit être porté au crédit du compte de tiers 457 (compte collectif) « Associés – Dividendes à payer ». Le dividende résultant de l'affectation du résultat, il ne constitue en aucun cas une charge.

> **Fiscalement** Il en est de même, les dividendes ne sont pas déductibles (BOI-BIC-CHG-50-10 n° 10).

EXEMPLE

Société anonyme au capital de 1 000 000 divisé en 10 000 actions de 100 entièrement libérées. Le résultat net s'élève à 400 000 et il n'existe ni réserves ni report à nouveau distribuables.

La répartition suivante a été approuvée, conformément aux statuts :

– 5 % (du résultat) à la réserve légale (soit 20 000) ;
– 5 % (du capital) à titre de premier dividende (soit 50 000) ;
– dotation de 100 000 à un poste de réserves ordinaires ;
– superdividende de 9 par action (90 000) ;
– le solde en report à nouveau (140 000).

Le traitement comptable est le suivant (PCG art. 944-45) :

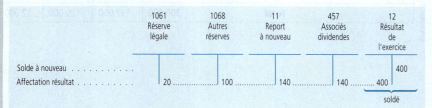

> **Précisions** L'ancien guide comptable professionnel des agences de voyages recommandait d'ouvrir un compte 457 par année de mise en distribution. Ce plan est désormais caduc (voir n° 3315). Toutefois, sur la possibilité d'adapter le plan de comptes prévu par le PCG aux spécificités sectorielles en ouvrant toutes subdivisions nécessaires pour enregistrer distinctement toutes leurs opérations, voir n° 7750.
Sur le cas particulier des **exploitants individuels** ayant opté pour leur assimilation à une EURL soumise à l'IS, voir n° 54110.

II. Répartition des dividendes La distribution bénéficie aux associés ou actionnaires (par extension leurs locataires ou usufruitiers). En l'absence de dispositions contraires des statuts, le montant des dividendes versés à chaque associé ou actionnaire est **proportionnel au montant de ses apports,** sauf en présence d'actions particulières comme les actions de préférence (voir n° 37455).

> **Précisions 1. Répartition inégalitaire des bénéfices** Les statuts peuvent prévoir une **clé de répartition** des dividendes différente de celle qui résulterait seulement de la part des associés dans le capital social (CE 26-2-2001 n° 219834). De même, les associés peuvent procéder à une distribution de dividendes non proportionnelle à la quotité de capital détenue par les associés dès lors que la décision est votée à l'unanimité des associés, qu'elle n'entre pas dans le domaine d'application des clauses léonines interdites et que la renonciation à une fraction du dividende résulte de votes explicites émis par les associés concernés (Bull. CNCC n° 144, décembre 2006, EJ 2006-96, p. 710).

Pour plus de détails sur les clauses léonines, voir Mémento Sociétés commerciales n° 7020 à 7030.
2. Dividendes distribués par prélèvement sur les réserves en cas de démembrement Les distributions ultérieures de bénéfices préalablement affectés aux réserves reviennent au nu-propriétaire (et non à l'usufruitier), la distribution des sommes prélevées sur les réserves diminuant l'actif social (Cass. 1e civ. 22-6-2016 n° 15-19.471 F-PB et, en ce sens également, Cass. com. 24-5-2016 n° 15-17.788).
Sur les dividendes provenant des plus-values de réévaluation inscrites dans les résultats, voir Mémento comptable édition 2023, n° 56710.

III Mise en paiement 1. En principe, la mise en paiement des dividendes doit avoir lieu :
– dans un délai maximal de **neuf mois après la clôture** de l'exercice ;

> **Précisions** La prolongation de ce délai peut être accordée par décision de justice (C. com. art. L 232-13 et R 232-18).
La loi ne prévoit pas de sanction en cas de non-respect du délai maximum de paiement des dividendes. Néanmoins, les **associés** pourront entamer une action en dommages-intérêts au titre de cette irrégularité qui constitue une faute des organes de direction (voir ci-après).

– en une seule fois, sauf dérogation spéciale accordée par le ministre des Finances (Décret 48-1683 du 30-10-1948 art. 4) ; cette règle du versement unique n'est toutefois pas applicable en cas de distribution d'acomptes sur dividendes (C. com. art. L 232-14 ; voir n° 54050 s.).
La comptabilisation du dividende au crédit d'un **compte courant nominatif** de chaque associé **vaut mise à disposition du dividende** à l'associé ou à l'actionnaire **et donc paiement.** Dans ce cas, l'écriture comptable de mise en paiement consiste à débiter le compte 457 « Actionnaires – dividendes à verser » par le crédit du compte courant nominatif de chaque associé (qui est substitué au compte de banque) pour le montant **net de prélèvements fiscaux.**

> **Précisions** La prescription de la créance correspondante ne court qu'à compter du jour de la demande en paiement faite par l'associé ou l'actionnaire et non pas à compter de la décision de distribution des dividendes prise par l'assemblée générale, ni de leur mise en paiement par inscription en compte courant (Cass. com. 18-10-2017 n° 15-21906). Sur les délais de prescription applicables, voir n° 18750.

> **Fiscalement** Selon le compte retenu, il peut en résulter des incidences fiscales différentes en matière d'exigibilité de retenues à la source (voir n° 54075 et 54077) et d'imposition du dividende chez les bénéficiaires. Il en est ainsi, notamment, en matière de **revenus des capitaux mobiliers** qui sont soumis à l'impôt au titre de l'année soit de leur paiement en espèces ou par chèque, soit de leur inscription au crédit d'un compte (CGI art. 158-3) :
– l'inscription des dividendes dus au **compte collectif** 457 « Dividendes à payer » ne vaut pas paiement effectif et ne peut donc pas entraîner l'exigibilité de retenues à la source (CE 15-1-1992 n° 111379 ; voir n° 54075) ;
– en revanche, leur inscription au compte 455 « Associés – Comptes courants » où chacun de ces derniers est suivi individuellement, doit être considérée comme les mettant à leur disposition – d'où leur inclusion dans leurs revenus de capitaux mobiliers (CE 8-11-1978 n° 4233).

Sur les prélèvements fiscaux, voir n° 54075 et 54077. Sur les prélèvements sociaux, voir n° 54080.

54037
(suite)

2. Renonciation des actionnaires à leurs droits sur les dividendes Rien n'interdit aux actionnaires de **renoncer individuellement à leurs dividendes** (CA Paris 8-10-1993 confirmé par Cass. com. 13-2-1996 n° 315 P). Comptablement, si la décision de distribution a déjà été prise, il convient d'enregistrer cette renonciation, comme s'il y avait abandon de créances, en profit exceptionnel (Bull. CNCC n° 93, mars 1994, EC 93-121, p. 132 s.).

> **Précisions** Si, lors de la décision d'affectation du résultat, les actionnaires pensent devoir renoncer ultérieurement à leurs dividendes du fait de difficultés financières à venir dont ils ont déjà connaissance, il est préférable, afin d'éviter toute taxation, qu'ils mettent le bénéfice en réserves.

3. Non-paiement dû à des difficultés financières Si les actionnaires, malgré les difficultés de leur société, ne renoncent pas individuellement à leurs dividendes, constituent des irrégularités (Bull. CNCC n° 93 précité) :
– la non-mise en paiement des dividendes dans le délai maximal de neuf mois après la clôture ;
– l'annulation de la décision de distribution des dividendes prise par l'assemblée générale (voir n° 36315) ;
– la comptabilisation en profit exceptionnel des dividendes non payés (comme s'il y avait abandon de créance).

4. Dividendes prescrits non réclamés par les bénéficiaires Les dividendes afférents :
– à des **actions, non réclamés dans les cinq ans de leur échéance** : ils sont acquis au Trésor Public et doivent être versés **au service des impôts** (au titre des Domaines) (CGPPP art. L 1126-1-1° et L 1126-2-1° ; voir Mémento Sociétés commerciales n° 76511). En conséquence, à la prescription, le compte 457 « Actionnaires-dividendes à payer » est débité par le crédit du compte 447 « Autres impôts, taxes et versements assimilés » ;
– à des **parts sociales**, prescrits à l'issue du délai de **cinq ans** à compter de la décision de distribuer et non encaissés : ils sont **acquis à la société débitrice**. En conséquence, à la prescription, le compte 457 « Associés-dividendes à payer » est débité par le crédit du compte 772 « Produits sur exercices antérieurs ».

> **Précisions** Le délai de prescription de la créance correspondante commence à courir à compter de la décision de distribuer tout ou partie des bénéfices sous forme de dividendes. Pour plus de détails, voir Mémento Sociétés commerciales n° 76510 et 76511.

IV. Modalités de paiement du dividende

Si la décision de distribution appartient à l'assemblée générale, les modalités de paiement sont fixées par elle ou par le conseil d'administration, le directoire ou les gérants selon le cas (C. com. art. L 232-13). Les options sont variées mais peuvent entraîner des coûts fiscaux, tant au niveau de la société distributrice qu'au niveau de l'associé, voir fiscalement ci-après, ce qui pourrait le cas échéant limiter l'intérêt de procéder à la distribution.

Pour plus de détails sur les modalités de paiement, voir Mémento Sociétés commerciales n° 76502 et 76503.

1. Dividendes en numéraire C'est le cas le plus fréquent dans la pratique. Dans ce cas, le compte 457 « Actionnaires – dividendes à verser » est débité à la date de la mise en paiement (voir ci-avant III.) par le crédit d'un compte financier.

> **Fiscalement** Un complément d'IS peut être dû lorsque le bénéfice distribué n'a pas été soumis à l'IS au taux de droit commun :
> – prélèvement sur la réserve spéciale des plus-values à long terme (voir n° 56160) ou pour fluctuation des cours (voir n° 56235) ;
> – versement par une SIIC à certains actionnaires personnes morales lorsque le dividende n'est pas imposé à l'IS à leur niveau (voir Mémento Fiscal n° 30980).

2. Dividendes en actions

> **Juridiquement** Les statuts des sociétés par actions peuvent prévoir la faculté pour l'assemblée d'accorder une option pour le paiement en actions à condition que le capital soit entièrement libéré (C. com. art. L 232-18). Voir Mémento Sociétés commerciales n° 76470 à 76489.

Sur la comptabilisation de l'augmentation de capital, dans ce cas, voir n° 55390.

3. Dividendes en nature

> **Juridiquement** Sur le plan juridique, la distribution en nature est possible, sauf clause statutaire contraire (voir Mémento Sociétés commerciales n° 76460 et Ansa, PV du 2-7-2003, n° 3265 R). Ce mode de règlement peut, à notre avis, être imposé aux associés par l'assemblée générale qui décide la distribution du dividende, même s'il n'a pas été prévu par les statuts. Votée par l'AGO, elle est par essence exceptionnelle et constitue une modalité de mise en paiement du dividende

(C. com. art. L 232-13). Selon le bulletin CNCC (n° 69, mars 1988, EJ 88-14, p. 91 s.), le commissaire aux comptes doit particulièrement veiller au respect du principe d'égalité des actionnaires (problème important de la valorisation des biens ; voir FRC 12/23 Hors série inf. 103 s.) et s'assurer que l'opération ne cache pas de délit spécifique du droit des sociétés (abus de biens sociaux…).

La comptabilisation de la sortie de l'actif correspondant est similaire à celle d'une cession à la valeur vénale. Si le montant de la distribution, qui doit correspondre à la valeur vénale du bien distribué, est supérieur à la valeur comptable de celui-ci, il en résulte un produit (financier ou exceptionnel selon la nature du bien distribué).

> **Fiscalement** Ce produit est imposable selon sa nature (BOI-BIC-PVMV-10-10 n° 1 et 10) au taux de droit commun ou selon le régime du long terme (voir n° 36700).

En revanche, le paiement de dividende en nature n'emporte pas application des droits d'enregistrement applicables aux cessions d'immobilisations, que l'immobilisation remise en paiement soit :
– un immeuble (Cass. com. 12-2-2008 n° 05-17.085) ou des droits immobiliers (Cass. com. 6-6-1990 n° 809) ;
– des parts de sociétés immobilières (Cass. com. 6-4-1993 n° 90-21.940) ;
– des actions détenues en portefeuille (Cass. com. 31-5-1988 ; BC IV n° 181).

Sur l'attribution de titres dans le cadre d'un « apport-attribution », voir Mémento Fusions & Acquisitions n° 10190.

V. Cas particuliers de dividendes :
1. Dividendes statutaires

> **Juridiquement** Les statuts peuvent prévoir un dividende statutaire ou premier dividende, calculé sur le montant libéré et non remboursé des actions (C. com. art. L 232-16 ; voir Mémento Sociétés commerciales n° 76431), et une majoration du dividende dans la limite de 10 % (C. com. art. L 232-14 ; voir Mémento Sociétés commerciales n° 76435).

2. Dividendes cumulatifs non distribués au cours d'un exercice (dividendes précipitaires)

> **Juridiquement** La particularité des dividendes précipitaires réside dans le fait que si les bénéfices d'un exercice sont insuffisants pour les servir, les bénéfices des exercices ultérieurs sont employés à leur paiement avant toute répartition.

Selon le bulletin CNCC (n° 78, juin 1990, EC 89-71, p. 261 s.), aucun événement survenu, ou en cours, à la clôture de l'exercice rendant probable la dette, celle-ci **ne peut donner lieu à comptabilisation au passif** du bilan. En revanche, l'existence d'un engagement conditionnel justifie une **information dans l'annexe** précisant les conséquences, sur le patrimoine de la société, de la réalisation éventuelle de l'événement concerné (solution identique à celle retenue pour les abandons de créance assortis d'une clause de retour à meilleure fortune ; voir n° 42320 s.).

Affectation des pertes L'assemblée générale peut, au choix : 54040
– ou bien, laisser subsister cette perte dans un compte **« Report à nouveau »** ;
Dans ce cas, les bénéfices ultérieurs devront être utilisés par priorité à l'apurement de ce compte, avant même la dotation à la réserve légale, et c'est seulement une fois que ce compte sera soldé (ou redevenu créditeur) que les distributions de bénéfices pourront être reprises.
– ou bien, l'**imputer** (sans ordre d'affectation particulier) **sur les** comptes de **réserves, primes liées au capital social et autres** : réserves libres (voir n° 53990), mais aussi réserve légale.
Dans ce cas, selon l'Ansa (Com. Ansa n° 2987, décembre 1998, p. 20), l'assemblée générale doit suivre un ordre impératif en imputant les pertes prioritairement sur le report à nouveau créditeur, puis sur les réserves libres, puis sur les primes, et enfin sur la réserve légale.

Sur le cas particulier des **exploitants individuels** ayant opté pour leur assimilation à une EURL soumise à l'IS, voir n° 54100.

ACOMPTES VERSÉS SUR DIVIDENDES

Montant maximal de l'acompte (C. com. art. L 232-12 ; voir Mémento Sociétés commerciales 54050 n° 76423 s.) Un acompte sur dividendes peut être distribué avant l'approbation des comptes lorsqu'un bilan établi au cours ou à la fin de l'exercice et certifié par un commissaire aux comptes fait apparaître que, depuis la clôture de l'exercice précédent, la société a réalisé un bénéfice, après constitution des amortissements, dépréciations et provisions nécessaires et après prise en compte du report à nouveau bénéficiaire, déduction faite s'il y a lieu des pertes antérieures ainsi que des sommes à porter en réserve en application de la loi ou des statuts. Cette distribution est décidée par le conseil d'administration, le directoire, les gérants (C. com. art. R 232-17) ou le président ou les dirigeants désignés à cet effet par les statuts dans les SAS (C. com. art. L 227-1, al. 3).

> **Précisions** **1. Changement de méthode** L'impact positif ou négatif d'un changement de méthode (voir n° 8545) doit, à notre avis, être ajouté ou retranché du bénéfice réalisé sur la période écoulée depuis la clôture du dernier exercice approuvé, pour calculer le montant maximal de l'acompte à verser (que l'impact ait été comptabilisé ou non à la date de versement de l'acompte sur dividendes). En effet, l'impact du changement de méthode peut n'être comptabilisé qu'au 31 décembre de l'exercice de changement, mais il est, à notre avis, à prendre en compte dans la situation de l'entreprise dès le 1er janvier de cet exercice.
2. Dividende fictif Au-delà de cette limite, tout acompte versé constituerait un dividende fictif (C. com. art. L 232-12) susceptible d'être restitué à la société (C. com. art. L 232-17). Le montant maximal d'acomptes ne peut donc tenir compte que du bénéfice acquis de l'exercice et du report à nouveau et, en aucun cas, d'une quelconque réserve (voir Mémento Sociétés commerciales n° 76424).

Sur la possibilité pour la société absorbante, dans l'exercice de l'opération, de distribuer un acompte comprenant les dividendes reçus de la société absorbée pendant la période intercalaire, voir Mémento Fusions & Acquisitions n° 10620.

54052 **Bilan certifié** La distribution d'acomptes sur dividendes nécessite l'établissement d'un bilan :
– certifié par un commissaire aux comptes (sur cette mission, voir FRC 12/23 Hors série inf. 110) ;
– établi soit à une date intermédiaire au cours de l'exercice, soit à la date de clôture de l'exercice.

> **Précisions** Selon la Note d'information CNCC NI.XII « Le commissaire aux comptes et les opérations relatives aux dividendes », octobre 2012 (1re partie, § 1.42), bien que les textes n'obligent pas à l'élaboration de comptes « complets » (bilan, compte de résultat, annexe), le bilan s'accompagne de manière quasi générale de l'établissement du **compte de résultat** à la même date. Lorsque le compte de résultat n'est pas établi par la société, le commissaire aux comptes, appelé à examiner le bilan, requiert son établissement pour la réalisation de ses contrôles. Il peut également estimer nécessaire qu'une **annexe** soit établie (voir n° 65405 s.).
Le bilan peut valablement être établi sous la responsabilité de la direction de la société. Toutefois, le commissaire aux comptes peut estimer utile de demander à l'organe habilité à décider la distribution des acomptes de procéder à un « arrêté » officiel du bilan (NI.XII précitée, 1re partie, § 1.42).

Quand distribuer un acompte ? Ainsi, une distribution d'acomptes sur dividendes peut intervenir :
– soit en cours d'exercice sur la base d'un bilan établi à une date intermédiaire (voir n° 54065) ;
– soit après la clôture de l'exercice, avant l'approbation des comptes annuels, sur la base d'un bilan établi à la date de clôture de l'exercice ou sur la base d'un bilan établi à une date antérieure à la date de clôture dans les cas où la décision de distribution intervient au tout début de l'exercice suivant (voir n° 54070).

Lorsque le bilan est établi :
– à la date de clôture de l'exercice, la société fait application du référentiel comptable applicable aux comptes annuels ;
– à une date intermédiaire, la société applique, à notre avis, les modalités prévues par la recommandation CNC n° 99-R-01 relative à l'établissement des comptes intermédiaires (voir n° 65385 s.).

> **Précisions** **1. Impossibilité de verser un acompte avant la clôture du premier exercice** L'expression « **depuis la clôture de l'exercice précédent** » de l'art. L 232-12 du Code de commerce signifie, à notre avis (confirmé par l'Ansa, Comité juridique du 1-12-1993, n° 266 et NI.XII précitée, 1re partie, § 1.8), qu'il n'est **pas possible** de procéder à une distribution d'acompte sur dividendes avant la clôture du **premier exercice social** de la société distribuante, même en présence de bénéfices importants (résultant, par exemple, de l'apport d'une branche d'activité bénéficiaire à une société coquille).
2. Acompte au titre d'un exercice N+1 alors que les comptes de l'exercice N ne sont pas encore approuvés Selon la NI.XII précitée (1e partie, § 4.4), la distribution d'acomptes sur dividendes au titre de l'**exercice N+1** avant que l'assemblée générale n'ait statué sur les comptes de l'**exercice N**, ne peut intervenir qu'à la condition que les comptes de l'**exercice N** aient déjà été **arrêtés** et que les travaux d'audit réalisés par le commissaire aux comptes lui aient permis de collecter les éléments suffisants et appropriés pour fonder son opinion. Dans cette hypothèse :
– le montant distribuable se compose du seul

bénéfice dégagé depuis l'ouverture de l'exercice N+1, sous déduction du report à nouveau négatif inscrit dans les comptes arrêtés au 31/12/N et de la perte éventuelle ressortant de ces mêmes comptes annuels ;
– il n'est en effet pas possible d'anticiper les décisions qui seront prises par l'assemblée générale appelée à statuer sur les comptes de l'exercice N et donc d'ajouter au bénéfice de la période intermédiaire de l'exercice N+1, au titre de laquelle il est envisagé de distribuer un acompte sur dividendes, le report à nouveau positif figurant dans les comptes arrêtés de l'exercice N et la partie du bénéfice de N qui ne serait pas distribué, pour calculer le montant maximum dudit acompte.

Bénéfice définitif inférieur au montant des acomptes distribués Dès lors que la procédure de distribution d'acomptes sur dividendes a été respectée (voir ci-avant), la constatation d'un résultat définitif de l'exercice inférieur au montant des acomptes distribués ne peut conduire (NI.XII précitée, 1re partie, § 1.9 ; Bull. CNCC n° 165, mars 2012, EJ 2011-53, p. 135 s. et n° 96, décembre 1994, CD 94-16, p. 721 s.) :
– ni à la demande de restitution des acomptes ;
– ni à les qualifier de dividendes fictifs.

54054

CONSÉQUENCES COMPTABLES
Deux périodes de versement d'acomptes sur dividendes sont à distinguer :

54065

(1er cas ci-après)	clôture	(2nd cas ci-après)
AGO approuvant les comptes de l'exercice N–1	Exercice N	AGO approuvant les comptes de l'exercice N

I. 1er cas – Distribution en cours d'exercice
(après l'AGO approuvant les comptes de l'exercice précédent et jusqu'à la clôture de l'exercice) La comptabilité traduit les trois situations juridiques successives :

a. Décision de distribution des acomptes sur dividendes La décision de distribution crée un droit pour les associés (voir n° 36390) qui est constaté :
– au crédit du compte 4571 « Associés – dividendes à payer » qui est ensuite débité au fur et à mesure des paiements aux associés (en cas de paiement d'acomptes sur dividendes en actions, voir aussi n° 55390) ;
– par le débit d'un sous-compte (à créer) du compte « Résultat de l'exercice » et/ou du compte « Report à nouveau ».

> **Précisions 1. Création de sous-compte** Nous préconisons de créer le **sous-compte** du compte **129X** (compte n'existant pas dans la liste du PCG), qui pourrait s'intituler, par analogie avec l'intitulé proposé dans la note d'information du CNC du 13 mars 1973, **« Acomptes sur dividendes répartis – en instance d'affectation »** (compte n'existant pas dans la liste du PCG). L'expression « en instance d'affectation » s'explique par le choix qu'aura l'assemblée approuvant les comptes de l'exercice, de prélever cet acompte sur dividendes, soit sur le bénéfice de l'exercice, soit sur le report à nouveau bénéficiaire.
> **2. Pas d'impact sur la participation** Sous réserve de l'appréciation souveraine des tribunaux, la distribution d'un acompte sur dividendes au cours de l'exercice ne devrait, à notre avis, pas avoir d'impact sur le calcul de la participation des salariés au titre de cet exercice. En effet :
> – bien qu'en cas d'insuffisance de bénéfice par rapport aux acomptes versés, le compte 129X soit viré en « report à nouveau débiteur » (en tout ou partie) (voir ci-après c.) ;
> – le report à nouveau pris en considération pour le montant de la participation est celui arrêté par les organes de la société chargés de délibérer sur l'affectation des derniers résultats sociaux publiés (BOI-BIC-PTP-10-10-20-20 n° 100) c'est-à-dire **avant virement, le cas échéant, des acomptes.**
> Par conséquent, à notre avis, le choix d'un sous-compte du compte « Résultat de l'exercice » ou « Report à nouveau » n'a pas d'impact sur le montant de la participation.
> **3. Prélèvements fiscaux et sociaux** Sur les prélèvements fiscaux, voir n° 54075 et 54077. Sur les prélèvements sociaux, voir n° 54080.

b. Établissement du bilan Ce sous-compte 129X ne peut être soldé qu'au cours de l'exercice suivant, après décision de l'assemblée sur l'affectation du résultat. La distribution d'un acompte avant la date de clôture pose ainsi le problème de sa présentation au bilan, lors de l'arrêté des comptes annuels.

La solution la plus claire, généralement retenue par les entreprises, est de présenter distinctement dans les capitaux propres le montant de l'acompte, sous le résultat de l'exercice.

EXEMPLE

Résultat bénéficiaire de l'exercice : 100 000
Acomptes sur dividendes déjà répartis : 30 000

Actif	Bilan	Passif
	Capital	
	Réserves	
	Report à nouveau	
	Résultat bénéficiaire	100 000
	Acomptes sur dividendes	(30 000)
	Total capitaux propres	

> **Fiscalement** Concernant le tableau fiscal n° 2051 (passif), il convient, à notre avis, afin de ne pas modifier le résultat et de permettre le rapprochement avec le tableau n° 2053 (compte de résultat), de porter l'acompte en moins du report à nouveau et de faire une annexe expliquant cette présentation.

Sur l'information à fournir en annexe en cas d'acomptes sur dividendes versés, voir n° 57605.

c. L'exercice suivant, lors de l'affectation du résultat après délibération de l'assemblée des associés, il est tenu compte des acomptes versés et le compte 129X est soldé selon la décision prise.

Si l'exercice, suite à des faits imprévisibles, **se solde par une perte ou par un bénéfice inférieur au montant des acomptes versés,** le compte 129X est viré, lors de l'affectation du résultat de l'exercice, en « report à nouveau débiteur » en totalité (si perte) ou pour la partie de l'acompte qui ne peut être imputée sur le résultat de l'exercice (si bénéfice insuffisant).

54070 **II. 2ⁿᵈ cas – Distribution après la clôture de l'exercice** (avant l'approbation par l'AGO des comptes de l'exercice) La comptabilité de l'exercice de distribution traduit les deux situations juridiques successives :

a. Décision de distribution des acomptes sur dividendes Le compte 129X « Acomptes sur dividendes répartis en instance d'affectation » est débité par le crédit du compte 4571 « Associés – Dividendes à payer » qui est ensuite débité au fur et à mesure des paiements aux associés.

b. Lors de l'affectation du résultat après délibération de l'assemblée des associés, il est tenu compte des acomptes versés et le compte 129X est soldé selon la décision des associés.

PRÉLÈVEMENTS FISCAUX SUR LES DISTRIBUTIONS

54075 **Retenue à la source sur les distributions à des associés étrangers** Lorsque le bénéficiaire du dividende est une **personne physique ou morale dont le domicile fiscal ou le siège est situé hors de France,** la société distributrice doit, en principe, prélever une retenue à la source (CGI art. 119 bis 2).

Le **fait générateur** de la retenue à la source n'est pas l'inscription des dividendes à un compte collectif « dividendes à payer » mais leur **paiement effectif** (CE 15-1-1992 n° 111379). En revanche, l'inscription des dividendes au compte courant du bénéficiaire vaut paiement (CE 29-9-1982 n° 22688 ; CAA Versailles 20-12-2016 n° 15VE03242) par la société distributrice, alors même qu'elle résulterait d'une erreur comptable involontaire (CE 14-6-2017 n° 396930).

Si le versement effectif des dividendes n'est pas effectué directement par la société distributrice mais par l'intermédiaire d'un établissement financier, la retenue à la source est opérée par cet intermédiaire financier.

> **Précisions** Plusieurs exceptions ou modalités particulières sont prévues pour l'application de cette retenue à la source.
>
> **1.** Elle ne s'applique pas aux dividendes distribués à une société mère ayant son siège dans un État de l'Union européenne, ou membre de l'Espace économique européen, lorsqu'elle détient au moins **10 % du capital de la société distributrice** (CGI art. 119 ter ; voir Mémento Fiscal n° 24875), ni sous certaines conditions aux distributions versées à des organismes de placement collectif étrangers (CGI art. 119 bis, 2 ; voir Mémento Fiscal n° 24885).
>
> **2.** Les distributions effectuées au profit de **sociétés étrangères déficitaires placées en liquidation judiciaire** bénéficient d'une exonération de retenue à la source lorsque celle-ci est implantée dans un État membre de l'Union européenne, ou sous certaines conditions dans un État partie à l'accord sur l'EEE, ou dans un État tiers

(CGI art. 119 quinquies ; BOI-RPPM-RCM-30-30-20-80 ; voir Mémento Fiscal n° 24892), sous réserve qu'elle soit la bénéficiaire effective des sommes versées (CE 5-6-2020 n° 423809).

3. La retenue à la source pratiquée sur les distributions mises en paiement au profit de **sociétés étrangères déficitaires** (par application des règles fiscales de leur État d'implantation), c'est-à-dire dont le résultat est négatif, ou nul en raison du report de déficits antérieurs (CE 18-10-2022 n° 466329), peut faire l'objet d'une **demande de remboursement** dans un délai porté jusqu'au 31 décembre de la deuxième année suivant celle du versement de l'impôt pour les retenues à la source afférentes aux revenus versés à compter du 1er janvier 2022. Cette restitution s'accompagne de l'établissement d'une imposition d'égal montant placée en report d'imposition au nom de la société étrangère. Si la société étrangère redevient bénéficiaire, les impositions reportées, en commençant par les plus anciennes, sont établies à concurrence du bénéfice constaté. La restitution est définitivement acquise si la société fait l'objet d'une dissolution sans liquidation non assortie d'un transfert de ses déficits à la société absorbante (CGI art. 235 quater ; BOI-RPPM-RCM-30-30-10-90 ; voir Mémento Fiscal n° 24889 à 24891).

4. Les retenues à la source qui se rapportent à des revenus versés à compter du 1er janvier 2022 au profit d'entités établies dans un pays de l'UE ou de l'EEE dont les résultats ne sont pas soumis à l'impôt sur le revenu peuvent faire l'objet d'une **demande de restitution partielle** à hauteur de la différence entre le montant versé et la retenue à la source déterminée à partir d'une base nette des charges d'acquisition et de conservation directement rattachées aux produits et sommes, qui seraient déductibles si le bénéficiaire était implanté en France (CGI art. 235 quinquies ; BOI-RPPM-RCM-30-30-10-100 ; voir Mémento Fiscal n° 24893).

5. Différenciation du taux de la retenue en fonction du bénéficiaire effectif du revenu
Le taux de la retenue est celui concernant les personnes physiques ou les personnes morales suivant la qualité du bénéficiaire effectif du revenu, indépendamment de la chaîne d'intermédiaires financiers placés entre celui-ci et la société distributrice (BOI-RPPM-RCM-30-30-10-20 n° 15).

Traitement comptable La mise en œuvre de la retenue à la source entraîne sur le plan comptable les écritures suivantes (en ce sens, Bull. CNCC n° 168, décembre 2012, EC 2012-42, p. 745 s.) : **54076**
– lors de la **décision de distribution** (date de l'assemblée générale), le compte collectif 457 « Associés-dividendes à payer » est crédité (voir n° 54037) ;
– lors de la **mise en paiement,** le compte 457 « Associés-dividendes à payer » est débité par le crédit :
• du compte 442 « Contributions, impôts et taxes recouvrés pour le compte de l'État » (pour le montant de la retenue à la source),
• et du compte courant ou bancaire de l'associé (pour le solde).
En effet, l'obligation pour la société distributrice de verser au Trésor prend naissance à la même date que l'inscription des dividendes au crédit des comptes courants individuels des associés, celle-ci étant assimilable à un paiement (voir n° 54037).
Sur la comptabilisation de la retenue à la source, dans le cas inverse, d'une société française bénéficiant de dividendes de source étrangère, voir n° 36400.

Prélèvement à la source obligatoire sur des distributions à des personnes physiques Lorsque le bénéficiaire du dividende est une personne physique **dont le domicile fiscal est situé en France,** la société distributrice doit, en principe, opérer un prélèvement forfaitaire non libératoire. **54077**
Sur le traitement comptable du prélèvement à la source, voir n° 54075.

> **Précisions   1.** S'agissant du prélèvement pratiqué sur les distributions à des personnes physiques, les subdivisions comptables suivantes sont utilisées selon que la personne physique est fiscalement domiciliée en France ou non (PCG art. 944-44) :
> – compte 4422 « Prélèvements forfaitaires non libératoires » ;
> – compte 4423 « Retenues et prélèvements sur les distributions ».
> **2.** Ce prélèvement à la source est imputé par le bénéficiaire du dividende sur le prélèvement forfaitaire unique (PFU) dû l'année suivante au titre de l'impôt sur le revenu (sauf option pour l'imposition selon le barème progressif) (CGI art. 117 quater). Pour plus de détails, voir Mémento Fiscal n° 24540 à 24660.

PRÉLÈVEMENTS SOCIAUX SUR LES DISTRIBUTIONS

Prélèvements sociaux Lorsque le bénéficiaire du dividende est une personne physique fiscalement domiciliée en France, la société distributrice doit, en principe, précompter les prélèvements sociaux (CSG, CRDS, prélèvement social et sa contribution additionnelle, ainsi que prélèvement de solidarité). Pour plus de détails, voir également Mémento Fiscal n° 34600. **54080**

Traitement comptable Sur le plan comptable, il en résulte les écritures suivantes (en ce sens, Bull. CNCC n° 168, décembre 2012, EC 2012-42, p. 745 s.) :
– lors de la **décision de distribution,** le compte collectif 457 « Associés-dividendes à payer » est crédité (voir n° 54037) ;
– lors de la **décision de mise en paiement,** le compte 457 « Associés-dividendes à payer » est débité par le crédit du compte 4423 « Contributions, impôts et taxes recouvrés pour le compte de l'État – Retenues et prélèvements sur les distributions » (pour le montant des prélèvements sociaux ; PCG art. 944-44 modifié par règl. ANC 2018-02) et du compte courant ou bancaire de l'associé (pour le solde).

B. Affectation et distribution des résultats d'une entreprise individuelle

SITUATION ENTRE LA CLÔTURE DE L'EXERCICE ET LA DISTRIBUTION DES BÉNÉFICES

54100 À la réouverture des comptes, le résultat de l'exercice précédent est viré du compte 12 « Résultat de l'exercice » au compte 101 « Capital individuel » (PCG art. 941-10).

Toutefois, lorsque l'exploitant a opté pour son **assimilation à une EURL soumise à l'IS** (voir n° 60261), il convient, pour assurer le suivi des bénéfices non distribués, de virer le résultat bénéficiaire de l'exercice au crédit du sous-compte (à créer) 101110 « Capital individuel – bénéfice reporté à nouveau ».

En cas de perte au cours de l'exercice, celle-ci est virée au débit du compte 101119 « Capital individuel – perte reportée à nouveau ». Elle peut aussi être affectée au débit du compte 101110 « Capital individuel – bénéfice reporté à nouveau » jusqu'à apurement de celui-ci, puis au débit du compte 101119 pour le solde (Avis CNOEC 2023-07 du 2-2-2023).

DISTRIBUTION DES BÉNÉFICES

54110 Contrairement aux sociétés, aucune délibération ou aucun acte juridique n'est imposé à l'exploitant pour justifier la distribution du résultat de l'exercice précédent, ou des bénéfices des exercices antérieurs reportés à nouveau. Ce sont les écritures comptables qui vont justifier de l'existence d'une distribution de bénéfices.

Lorsque l'exploitant a opté pour son **assimilation à une EURL soumise à l'IS** (voir n° 60330), le sous-compte 101110 « Capital individuel – bénéfice reporté à nouveau » est débité par le crédit des comptes 4421 « Prélèvement à la source » (pour l'IR), 4423 « Retenues et prélèvements sur les distributions » (pour les prélèvements sociaux) et 512 « Banque » ou 108 « Compte de l'exploitant » (pour le solde) (Avis CNOEC 2023-07 du 2-2-2023).

> **Fiscalement** Dès lors que l'exploitant est soumis à l'impôt sur les sociétés, les prélèvements effectués sur les bénéfices relèvent de la fiscalité des revenus distribués. Ils rendent donc exigibles, dans les quinze jours du mois suivant leur réalisation, d'une part, le prélèvement forfaitaire à la source non libératoire (CGI art. 117 quater) au taux de 12,8 % et, d'autre part, les **prélèvements sociaux** au taux de 17,2 %. Ce prélèvement qui a la nature d'un acompte d'impôt sur le revenu s'impute ensuite en principe sur le **prélèvement forfaitaire unique** sauf option pour l'application d'une imposition au barème progressif (voir Mémento Fiscal n° 24170 s.).
>
> L'administration admet que ces impositions ne sont pas dues si les prélèvements effectués par l'exploitant peuvent être assimilés à des **remboursements d'apport** au sens de l'article 112 du CGI, lorsque tous les bénéfices, incorporés ou non au capital, ont été auparavant prélevés (BOI-BIC-CHAMP-70-10 n° 500).

SECTION 4 — CONTRÔLE

I. PROBLÈMES DE FORME

À l'obligation de déterminer un résultat pour chaque exercice correspondent certaines obligations de forme, rappelées dans le Code de commerce, liées à **l'établissement de comptes annuels** :
– voir n° 7010 s. sur les obligations générales permanentes ;
– et n° 60000 s. sur la création, transformation et liquidation de l'entreprise.

54180

Le résultat de l'entreprise doit faire également l'objet de **déclarations fiscales,** en vue notamment de la détermination du **résultat fiscal,** lesquelles doivent respecter certaines **conditions de forme** (voir Mémento Fiscal n° 10965 s.).

54185

II. CONTRÔLE EXTERNE

En ce qui concerne :
– les événements postérieurs à la clôture de l'exercice, voir FRC 12/23 Hors série inf. 125 ;
– les rectifications fiscales définitives, voir FRC 12/23 Hors série inf. 111.1 ;
– les rectifications probables ou en cours, voir FRC 12/23 Hors série inf. 111.2.

54255

SECTION 5 — PRÉSENTATION DES COMPTES ANNUELS ET AUTRES INFORMATIONS

I. PRÉSENTATION DES COMPTES ANNUELS

A. Bilan et compte de résultat

PRÉSENTATION AU BILAN
En ce qui concerne :
– la **participation des salariés,** voir n° 53875 ;
– la dette d'impôt envers l'État, voir n° 52625.

54260

PRÉSENTATION AU COMPTE DE RÉSULTAT

a. Le document de synthèse **(modèle en tableau)** des trois systèmes (abrégé, base, développé) fournit directement le résultat net de l'exercice et le résultat exceptionnel **avant impôt** (donné en renvoi).

54265

Quant au résultat courant **avant impôt,** il se déduit des deux précédents de la façon suivante :

> résultat net de l'exercice
> ± résultat exceptionnel avant impôt
> + impôts sur les bénéfices
> + participation des salariés aux résultats de l'entreprise
> = résultat courant avant impôt

Sur la possible prochaine suppression des modèles de comptes de résultat en tableau, voir n° 95535.

b. Dans le **modèle en liste,** ce résultat courant avant impôt apparaît directement. En outre, dans le système développé, peut être établi le tableau des soldes intermédiaires de gestion.

c. Enfin, la mention dans l'**annexe** par les sociétés de capitaux de la répartition du montant global des impôts sur les bénéfices entre le résultat courant et le résultat exceptionnel permet d'obtenir :
– le résultat courant **après impôt** ;
– le résultat exceptionnel **après impôt.**

En ce qui concerne :
– la **participation des salariés,** voir n° 53880 ;
– le **carry-back,** voir n° 52655.

B. Annexe (développements particuliers)

54315 En ce qui concerne le contenu général de l'annexe, voir n° 64525 s.

INFORMATIONS CONCERNANT LES RÉSULTATS DÉVELOPPÉES SOIT À L'INTÉRIEUR DU CHAPITRE SOIT DANS D'AUTRES CHAPITRES

54320 – Information sur les opérations relatives aux exercices antérieurs, voir n° 45600.
– Information sur les événements postérieurs à la clôture de l'exercice, voir n° 52315 s.
– Information sur les éventualités, voir n° 52520.
– Information sur la variation des capitaux propres, voir n° 57605 s.
– Importance de l'incidence des dispositions fiscales sur le résultat, voir n° 54360.
– Information en matière d'acomptes versés sur dividendes, voir n° 54050 à 54070.
– Information sectorielle, voir n° 12895 à 12935.
– Information concernant le résultat par action, voir n° 54475.
– Information en matière de rectifications fiscales, voir n° 53110 (impôts directs et droits d'enregistrement), 53190 (TVA), 53235 (contestation) et 53252 (incidence sur le carry-back).

INFORMATION SUR LA NOTION DE RÉSULTAT COURANT ET DE RÉSULTAT EXCEPTIONNEL

54325 Le Code de commerce ne fait aucune mention de cette information. À notre avis, en tant que **règle de présentation** du compte de résultat, il paraît essentiel que les entreprises explicitent clairement dans l'annexe la conception retenue pour leur résultat courant et les éléments qu'elles qualifient d'exceptionnels (s'agissant d'un choix de méthode de présentation, voir n° 52030 s.).

> **EXEMPLES**
> – Sous-activité, voir n° 18380 s.
> – Créances douteuses et irrécouvrables, voir n° 12215 s.

L'AMF a formulé une recommandation dans ce sens dans les Bull. COB n° 201, mars 1987, n° 330, décembre 1998, et n° 364, janvier 2002 en insistant notamment sur la nécessité de définir le résultat courant. Cette recommandation prescrit les informations suivantes :
– une information doit être donnée dans l'annexe sur le **résultat net des activités ordinaires,** déterminé d'après des méthodes claires suivies de manière constante ;
– « la présentation de cette information dans l'annexe est une **condition absolue à tout « changement d'opportunité »** apporté aux provisions réglementées en vue d'optimiser la situation fiscale, comme les reprises anticipées de provisions pour hausse de prix » ;

> **❯ Précisions** Cette position s'explique aisément, à notre avis, par le fait que le principe de permanence des méthodes ne s'applique pas aux provisions réglementées qui sont comptabilisées pour des motifs purement fiscaux.

– « l'utilisation de reports déficitaires fiscaux, de crédits d'impôt ou d'autres facteurs de réduction de l'impôt payé doit être signalée et chiffrée (dans l'annexe) » ;

> **❯ Précisions** À notre avis, cette information fait partie de celles relatives au **régime fiscal** de l'article 833-15 du PCG.

– « **toute publication** d'un montant de « résultat courant » (dans les comptes annuels, documents du 1er semestre, et autres comme les rapports, les allocutions ou les communiqués, etc.), doit s'accompagner dans l'annexe des comptes d'une **indication** précise **de son mode de détermination** ».

INFORMATION SUR LES SOLDES INTERMÉDIAIRES DE GESTION

54330

Sur le caractère non obligatoire de cette information, voir n° 52115.

Il est possible, voire utile, de fournir cette information conjointement avec celle portant sur la répartition de l'impôt entre les différents résultats (voir n° 54350).

RÉPARTITION DU MONTANT GLOBAL DES IMPÔTS SUR LES BÉNÉFICES

54350

a. Le PCG (art. 833-15) prescrit de fournir la répartition du montant global **des impôts sur le bénéfice** entre le résultat courant et le résultat exceptionnel en précisant notamment les bases et taux d'imposition ainsi que les crédits d'impôts, avoirs fiscaux et imputations diverses.

La **finalité** de cette répartition est la mise en évidence d'un **résultat courant après impôt** servant à l'établissement du tableau des affectations de résultat (voir n° 54440).

Pour une éventuelle présentation avec les soldes intermédiaires de gestion, voir n° 52180.

À défaut de précisions, le **résultat courant après impôt** nous paraît devoir être celui qui aurait été obtenu s'il n'y avait pas eu de résultat exceptionnel.

> **Précisions** Sa détermination implique que les corrections du résultat comptable apportées sur la liasse fiscale soient ventilées entre les résultats courant et exceptionnel, en particulier l'éventuel report fiscal déficitaire. Les crédits d'impôts concernent normalement le résultat courant alors que les plus-values de cession soumises à un régime spécial ont, en général, un caractère exceptionnel.

b. Dans certains cas, il peut être nécessaire, à notre avis, de faire apparaître le **résultat net théorique** et le **résultat net comptable** (après impôt mais avant participation des salariés) afin de mettre en évidence les problèmes de compensation d'impôts entre résultat courant positif et résultat exceptionnel négatif (et réciproquement) ou les problèmes de report déficitaire.

À titre d'exemple, nous proposons les tableaux suivants dans différents cas, chacun pouvant être adapté en fonction des circonstances (taux d'impôt de droit commun : 25 % ; taux réduit 15 % (pour le régime du long terme) par hypothèse, en faisant abstraction de la contribution sur les bénéfices, voir n° 52635).

I. Résultat courant avant impôt positif :

	Résultat avant impôt		Impôt dû	Résultat net
Courant		1 000	250 [1] (10) crédit d'impôt	760
Exceptionnel	CT	(60)	(15)	142
	LT	220	33	
Total		1 160	258	902

[1] Ce montant est en général différent de 1 000 × 25 %, le résultat fiscal étant différent du résultat comptable (charges non déductibles, réintégrations, etc.).

II. Résultat courant négatif avant impôt (pas de report fiscal déficitaire)

La présentation suivante permet de faire ressortir la compensation d'impôt entre les résultats courant et exceptionnel.

	Résultat avant impôt		Impôt			Résultat net
			Théorique	Compensation	Dû	
Courant		(1 000)	(250)	250	0	(750)
Except.	CT	1 100	275	(250)	25	825
	LT	220	33		33	187
Total		320	58	0	58	262

III. Résultat courant et résultat exceptionnel négatifs :

Résultat avant impôt			Impôt			Résultat net	
			Théorique (« crédit d'impôt »)	Dû		Théorique	Comptable [1]
Courant		(360)	(90)	0		(270)	(360)
Except.	CT	(40)	(10)	0		(30)	(40)
	LT	0					
Total		(400)	(100)	0		(300)	(400)

(1) Avant (le cas échéant) la constatation d'une créance de « carry-back » (voir n° 52650).

IV. Résultat courant positif avant impôt, mais report fiscal déficitaire :

Résultat avant impôt			Impôt			Résultat net	
			Théorique	Report déficitaire à imputer [1]	Dû	Théorique	Comptable
Courant		1 000	250	(180)	70	750	930
Except.	CT	60	15	(15)	0	45	60
	LT	220	33		33	187	187
Total		1 280	298	(195)	103	982	1 177

(1) Montant déterminé conformément aux règles fiscales d'imputation des reports déficitaires (voir n° 52590).

INFORMATION SUR LA SITUATION FISCALE DIFFÉRÉE OU LATENTE

54355 Sur les problèmes de comptabilisation dans les comptes sociaux, voir n° 52890 s. et 52950 s.
Le PCG (art. 833-15) prescrit en tant qu'information significative nécessaire à l'obtention d'une image fidèle, l'indication du montant des **dettes et créances d'impôt différées** provenant des décalages dans le temps entre le régime fiscal et le traitement comptable des produits et charges lorsque ces montants proviennent d'évaluations liées à l'application de la législation fiscale. Sur l'application de la méthode de l'impôt différé, voir n° 52965.

Nous présentons **ci-après** un exemple de ce que pourrait être, à notre avis, la présentation de ces informations (ce tableau peut être développé ou abrégé selon les besoins).

Ces informations correspondent à l'approche « Compte de résultat » développée au n° 52895.

54355 (suite) — VARIATIONS DES IMPÔTS DIFFÉRÉS OU LATENTS

NATURE	DÉBUT EXERCICE		VARIATIONS		FIN EXERCICE	
	ACTIF	PASSIF	ACTIF	PASSIF	ACTIF	PASSIF
I. DÉCALAGES FISCALO-COMPTABLES						
1 **Provisions réglementées**						
11 Provisions à réintégrer ultérieurement................		X	X	X		X
– provision pour hausse des prix						
–						
12 Amortissements dérogatoires...		X	X	X		X
–						
–						
2 **Subventions d'investissement**......		X	X	X		X
3 **Charges non déductibles temporairement**						
31 À déduire l'année suivante......	X		X	X	X	
– congés payés (ancien régime)						
– participation des salariés						
– autres						
32 À déduire ultérieurement.........	X		X	X	X	
– provisions pour retraite						
– autres						
4 **Produits non taxables temporairement**		X	X	X		X
– plus-values nettes à court terme [1]						
– plus-values de fusion [2]						
– plus-values à long terme différées [2]						
5 **Charges déduites (ou produits imposés) fiscalement et non encore comptabilisées** (à ventiler [4])................	X	X	X	X	X	X
TOTAL................	X	X	X	X	X	X
II. DÉFICITS REPORTABLES FISCALEMENT (voir n° 52590) [3]						
III. INTÉGRATION FISCALE						
1 **Économies d'impôt à verser** (voir n° 52765)	X		X	X	X	

(1) Voir n° 29425.
(2) Voir Mémento Fusions & Acquisitions n° 7802.
(3) L'entreprise indique si elle pense pouvoir les utiliser.
(4) Notamment : résultats de SNC, écarts de conversion (voir n° 52975 et 52980).

LES RÉSULTATS

INCIDENCES SUR LE RÉSULTAT DES DISPOSITIONS FISCALES

54360 Selon le PCG (art. 833-15), l'annexe fournit l'indication, même approximative, de la mesure dans laquelle le résultat de l'exercice a été affecté par **l'application des dispositions fiscales.** À notre avis, s'agissant de l'impact sur le **résultat net** de l'exercice, il paraît nécessaire de tenir compte, pour chaque incidence, de l'impôt correspondant (selon la situation fiscale de l'entreprise). À titre indicatif, les différentes incidences peuvent être présentées de la manière suivante. À notre avis, c'est l'**impôt réel** qui doit être retenu et non l'impôt théorique au taux de droit commun.

```
Impact sur le résultat de l'exercice                                      = X
  − Dotations de l'exercice aux provisions réglementées .........
  + Reprises de l'exercice sur provisions réglementées ..........
  + Réduction d'impôt du fait des dotations ....................
  − Augmentation d'impôt du fait des reprises ..................
  + « Carry-back » (ou − imputation de « carry-back ») .........
```

INFORMATION SUR LES CRÉDITS D'IMPÔTS

54365 Selon le PCG (art. 833-15), l'annexe comprend des précisions sur le montant et la nature des crédits d'impôts.

INFORMATION SUR LE REPORT EN ARRIÈRE DU DÉFICIT FISCAL (CARRY-BACK)

54370 Selon le PCG (art. 833-14/3), l'annexe comprend des précisions sur la nature, le montant et le traitement des créances résultant du report en arrière des déficits, si ces créances sont significatives. Il conviendrait alors d'indiquer :
– l'existence d'une créance de « carry-back » ;
– l'éventuelle compensation avec des dettes différées d'impôt ;
– son échéance à plus ou moins d'un an (PCG art. 833-9).

En outre, **en cas de mobilisation** (voir n° 52660), des informations complémentaires seraient à fournir, si elles sont significatives, en ce qui concerne les postes « Emprunts », « Charges financières » et « Charges constatées d'avance ». L'engagement donné à la banque, figurant au bilan au poste « Emprunts et dettes auprès d'établissements de crédit », n'a pas à être mentionné dans l'annexe.

II. AUTRES INFORMATIONS COMPTABLES ET FINANCIÈRES

TABLEAU DES AFFECTATIONS DE RÉSULTAT

54440 Il ne fait **pas partie de l'annexe.** En effet (Bull. COB n° 177, janvier 1985, p. 5 s.), il a été reconnu que la décision concernant les résultats était autonome par rapport aux comptes et qu'en particulier elle intervient à une date qui peut être très différente de l'arrêté des comptes.
Toutefois :
– après l'assemblée générale d'approbation des comptes, la **décision d'affectation** (ainsi que les comptes annuels et les comptes consolidés) doit être **publiée au Balo** par les sociétés dont les actions sont admises aux négociations sur un marché réglementé (C. com. art. R 232-11) ; voir n° 81770 ;

> **Précisions** Si ces documents sont identiques à ceux publiés dans le **rapport financier annuel** (voir n° 65250) dans les quatre mois qui suivent la clôture de l'exercice, la publication d'un avis au Balo mentionnant la référence de cette première publication est suffisante (voir n° 81790).

– un mois après l'assemblée, le tableau des affectations de résultat est joint aux comptes annuels pour le **dépôt au greffe** (voir n° 80660).

À notre avis, la présentation des affectations de résultat peut être effectuée de la manière suivante [modèle inspiré de celui donné par le PCG 82 (p. II.84)] :

		Montants [4]
Origines		
1. Report à nouveau antérieur..		x
2. Résultat de l'exercice dont résultat courant après impôt [1]		x
3. Prélèvement sur les réserves [2]		x
Affectations		
4. Affectation aux réserves :		
Réserve légale..	x	
Autres réserves	x	
5. Dividendes [3]	x	
6. Autres répartitions...	x	
7. Report à nouveau..	x	
TOTAUX	x	x

(1) Le résultat courant est apprécié en fonction de la répartition de l'impôt global visée à l'annexe.
(2) Indiquer les postes de réserves sur lesquels les prélèvements sont effectués.
(3) S'il existe plusieurs catégories d'ayants droit aux dividendes, indiquer le montant pour chacune d'elles.
(4) Si les montants sont négatifs, il faut les porter entre parenthèses ou précédés du signe (–).

TABLEAU DES RÉSULTATS ET AUTRES ÉLÉMENTS CARACTÉRISTIQUES AU COURS DES CINQ DERNIERS EXERCICES

54445 Il ne fait **pas partie de l'annexe** des sociétés tenues de l'établir. Il n'est pas mentionné dans le PCG et le Code de commerce n'en fait pas mention.

Toutefois, il doit être joint au rapport du conseil d'administration ou du directoire un tableau faisant apparaître les résultats de la société au cours de chacun des cinq derniers exercices clos ou de chacun des exercices clos depuis la constitution de la société ou l'absorption par celle-ci d'une autre société s'ils sont inférieurs à cinq (C. com. art. R 225-102).

> **Précisions** Ce tableau étant joint au rapport du conseil d'administration, il doit être adressé aux actionnaires avant l'assemblée générale ordinaire annuelle (C. com. art. R 225-102 ; voir n° 80155 s.).

Sur son dépôt au greffe, voir n° 80685.

Un **modèle,** présenté ci-après avec des commentaires, figure à l'annexe 2-2 du livre II de la partie réglementaire du Code de commerce.

Résultats de la société au cours des cinq derniers exercices					
EXERCICES CONCERNÉS (1) NATURE DES INDICATIONS	N–4	N–3	N–2	N–1	N
Situation financière en fin d'exercice a) Capital social (2) b) Nombre d'actions émises (3) c) Nombre d'obligations convertibles en actions (4)					
II. Résultat global des opérations effectives (5) a) Chiffre d'affaires hors taxe (6) b) Bénéfices avant impôts, amortissements (9) et provisions (8) c) Impôts sur les bénéfices (7) d) Bénéfices après impôts, amortissements (9) et provisions (8) e) Montant des bénéfices distribués (a) (10)					
III. Résultat des opérations réduit à une seule action (b) (11) a) Bénéfices après impôts, mais avant amortissements (9) et provisions (8) b) Bénéfices après impôts, amortissements (9) et provisions (8) c) Dividende versé à chaque action (a)					
IV. Personnel a) Nombre de salariés (12) b) Montant de la masse salariale (13) c) Montant des sommes versées au titre des avantages sociaux (Sécurité sociale, œuvres, etc.) (14)					

(a) Pour l'exercice dont les comptes seront soumis à l'assemblée générale des actionnaires, indiquer le montant des bénéfices dont la distribution est proposée par le conseil d'administration, le directoire ou les gérants.
(b) Si le nombre des actions a varié au cours de la période de référence, il y a lieu d'adapter les résultats indiqués et de rappeler les opérations ayant modifié le montant du capital.

54465 **Commentaires du tableau** Le contenu des différentes rubriques n'a pas fait l'objet d'une réglementation particulière ; il a été déterminé par la pratique et la doctrine :

(1) **Exercices concernés** Dans les cinq derniers exercices figure celui dont les comptes sont soumis à l'approbation de l'assemblée.

L'AMF recommande aux sociétés (Bull. COB nº 101, février 1978, p. 3 s.) :

– pour assurer la **comparabilité** entre eux des montants présentés sur la même ligne du tableau, de donner en **note** toutes explications sur les **différences** : leurs causes (absorption d'une petite société, changement de méthode comptable, etc.) et leur incidence chiffrée, de préférence en rétablissant ce qu'auraient été les montants antérieurs, même approximativement, dans la nouvelle situation ; ces montants rectifiés seraient à présenter **de préférence sous forme** de **tableau complémentaire** ;

> **Précisions** Information pro forma Selon l'**OEC** (Norme nº 1.15) néanmoins, **le retraitement pro forma des informations comparatives** (voir nº 8565) **ne s'applique pas** au tableau des résultats des cinq derniers exercices dont la vocation première est de fournir des informations sur l'évolution des résultats et des distributions sociales ; la mention d'une absence de comparabilité est alors suffisante.
> Toutefois, à notre avis, un renvoi vers une information pro forma fournie en annexe (voir nº 8565) attirerait utilement l'attention du lecteur.

– d'assurer la **comparabilité** des **données** présentées **avec** celles que présentent les **autres sociétés** sur la ligne portant le même intitulé lorsque la société suit des méthodes différentes de celles que le lecteur est en droit d'attendre ; dans de tels cas elle doit l'indiquer et publier les chiffres corrigés (ou l'écart) en complément.

> **Précisions** Lorsque la société anonyme est issue de la **transformation récente** d'une société d'une autre forme, il convient de faire figurer dans le tableau les renseignements concernant les cinq derniers exercices, même si certains d'entre eux se sont déroulés alors que la société revêtait encore son ancienne forme. En effet, l'article R 225-102 du Code de commerce ne fait allusion qu'à la constitution d'une société ou à l'absorption par celle-ci d'une autre société pour limiter le nombre des années de référence ; la transformation n'étant pas visée, il n'y a pas lieu d'en tenir compte. Cette solution est, au surplus, conforme au vœu du législateur qui tend à assurer la plus large information des actionnaires (voir Mémento Sociétés commerciales n° 46492).

(2) **Capital social en fin d'exercice** Si le capital n'est pas intégralement libéré, il paraît utile d'indiquer le montant du capital nominal puis de mentionner sur deux lignes distinctes les montants respectifs du capital appelé et du capital non appelé.

(3) **Nombre d'actions émises** Aucune distinction n'est requise entre les actions ordinaires et les actions à dividende prioritaire (sans droit de vote).

(4) **Nombre d'obligations convertibles en actions** La mention du nombre d'obligations convertibles en actions donne une information sur le nombre d'actions futures à créer. En revanche, aucune mention des actions à créer par l'exercice de droits de souscription n'est requise.

(5) **Résultat global des opérations effectives** Les montants à porter aux différentes rubriques sont ceux qui figurent au compte de résultat [voir toutefois ci-après (6) à (9)].

(6) **Chiffre d'affaires** On peut retenir, à notre avis, soit le chiffre figurant dans le compte de résultat, soit celui ventilé dans l'annexe qui peut être différent (voir n° 12900 s.).

(7) **Impôts sur les bénéfices** Si l'entreprise a opté pour le carry-back, le montant d'impôt négatif inscrit au compte de résultat (le cas échéant) nous paraît devoir être indiqué ici avec un renvoi explicatif.

(8) **Dotations aux provisions** Il faut comprendre, à notre avis, **Dotations aux dépréciations et aux provisions** (d'exploitation, financières et exceptionnelles). Elles s'entendent du **montant net** de leur **incidence sur le résultat** de l'exercice (Ansa Étude n° 1928 L, mars 1969 et Bull. COB n° 104, mai 1978, p. 5 s.), c'est-à-dire **nettes des reprises** sur dépréciations et provisions.

> **Précisions** L'AMF (Bull. COB n° 104 précité) estime que cette information a pour but de donner une mesure des ressources d'autofinancement de la société ; or si l'on indiquait le montant brut des dotations sans en déduire les reprises, on ferait apparaître des ressources d'autofinancement excédant la réalité. C'est donc le solde net des dotations moins les reprises qu'il faut inclure et cela même si le montant est négatif, les reprises excédant les dotations.

Remarquons toutefois que dans le cas de contrat à long terme avec dégagement du résultat à la fin des travaux, la ligne « Résultat avant charges calculées » ne peut donner une mesure des ressources d'autofinancement de la société et il convient d'interpréter différemment cette ligne.

(9) **Dotations aux amortissements** (d'exploitation, financiers et exceptionnels) Elles s'entendent, à notre avis (comme pour les dépréciations et provisions), nettes des reprises (notamment d'amortissements dérogatoires) ; elles comprennent également l'amortissement des frais d'établissement ce qui peut conduire (en ce sens, Ansa étude précitée) à prévoir en note une ventilation des amortissements inclus dans cette rubrique.

(10) **Montant des bénéfices distribués** Il s'agit de la **somme effectivement due** par la société, augmentée, le cas échéant, des impôts étrangers sur les distributions.

Le résultat distribué à indiquer dans la colonne « Exercice N » correspond au dividende proposé au titre du dernier exercice clos, avant son approbation par l'assemblée (qui se tient en N+1).

(11) **Résultat des opérations réduit à une seule action** Voir **commentaires** n° 54475.

(12) **Nombre de salariés** Il s'agit, comme le préconisait le PCG 82 (p. II.85, tableau 2), de l'**effectif moyen** des salariés employés pendant l'exercice. Le calcul est effectué conformément aux modalités exposées au n° 18375. En effet, à notre avis, comme le précisait le PCG 82 (p. II.82), l'effectif salarié comprend l'ensemble des personnes ayant un contrat de travail et rémunérées **directement** par l'entreprise.

(13) **Montant de la masse salariale** Pour être cohérent avec la détermination de l'« effectif moyen » [voir (12)], c'est, à notre avis, le total du compte 641 « Rémunérations du personnel » qu'il faut retenir.

Pour un tableau comparatif des différentes déclarations liées aux rémunérations, voir n° 18765.

(14) **Montant des avantages sociaux** C'est le total des comptes 645 « Charges de sécurité sociale et de prévoyance » et 647 « Autres charges sociales ».

54470 **Contrôle par le CAC du tableau des résultats** Le commissaire aux comptes s'assure que les rubriques sont correctement servies, qu'elles concordent avec les comptes de la société et que les chiffres antérieurs ont été repris sans modification ou, si des modifications existent, qu'elles sont justifiées et font l'objet d'une information appropriée (NI CNCC n° 9, p. 25).

RÉSULTAT PAR ACTION

54475 L'information concernant le résultat par action doit être fournie dans les documents suivants :
- **le tableau des résultats des 5 derniers exercices** (voir n° 54445 s.) ;
- **l'annexe des comptes**, en cas d'émission de valeurs mobilières donnant accès au capital (voir n° 55395) : BSA et Obsa (voir n° 41300), Absa (voir n° 55330) ;
- **le rapport du conseil d'administration ou du directoire** En cas de suppression du droit préférentiel de souscription (voir FRC 12/23 Hors série inf. 107 s.) ou d'émission de valeurs mobilières donnant accès au capital (voir FRC 12/23 Hors série inf. 108).

Dans le cas d'émission de valeurs mobilières donnant accès au capital (II. et III.), l'information doit, selon les textes, prendre en compte et mettre en évidence (C. com. art. R 225-115 et R 225-116) l'incidence sur la situation des titulaires de titres de capital et de valeurs mobilières donnant accès au capital de l'émission proposée, en particulier en ce qui concerne sa quote-part des capitaux propres à la clôture du dernier exercice et compte tenu de l'ensemble des titres émis susceptibles de donner accès au capital, ce que l'avis du CNC sur les bons de souscription dénomme : **« l'effet de dilution potentielle sur le capital »**.

> **Précisions** **1.** Cette information peut être conseillée pour toute opération ayant un effet dilutif. Tel est le cas, par exemple, en cas d'option de souscription ou d'achat d'actions (voir n° 55415). Mais la mise en évidence de cet effet n'est **pas** encore effectuée de manière **systématique en France**. Ainsi, dans le tableau des résultats des 5 derniers exercices, la pratique actuelle montre qu'en général, le résultat par action s'obtient par simple division du résultat par le nombre d'actions ordinaires en circulation. D'où l'intérêt de l'avis OEC sur ce thème (voir n° 54480).
>
> L'intérêt a été souligné par l'AMF (Rapport COB 1993, p. 46 et 141) qui estime que « le résultat par action est un élément chiffré significatif s'il répond aux conditions posées par l'avis de l'OEC » (voir n° 54480).
>
> **2.** Niveau de résultat à prendre en compte Par ailleurs (Rapport précité), l'AMF considère que :
> – « pour mesurer les performances des entreprises, **le résultat par action intéressant est le résultat consolidé** (voir n° 54480 II) ; établi à partir des comptes individuels, il ne permet que d'apprécier la capacité distributive de la société » ;
> – « en particulier la publication du résultat comparé **sur les cinq derniers exercices** devrait porter sur le résultat consolidé ».
>
> Sur la divergence avec les normes IFRS, voir Mémento IFRS n° 69015.

54480 **Avis OEC n° 27 sur le résultat par action** Cet avis contient notamment les précisions suivantes :

I. Présentation de deux informations La publication par un groupe de ses résultats par action conduit à présenter :
– le « résultat de base par action », établi à partir du nombre d'actions en circulation ;
– le « résultat dilué par action », calculé en sus du résultat de base par action en cas d'émission d'instruments dilutifs.

II. Niveau de résultat à prendre en compte Pour établir le résultat par action, le résultat à prendre en compte est **celui revenant à l'entreprise consolidante**.

III. Calcul pour chacune des catégories de titres Lorsqu'il existe plusieurs catégories de titres négociés sur un marché actif et ayant des modes de rémunération différents, il convient de calculer un résultat par action pour chacune de ces catégories.

IV. Méthode de calcul du résultat par action Il est obtenu en divisant le résultat par le nombre moyen pondéré d'actions en circulation au cours de l'exercice.

V. Méthode de calcul du résultat dilué par action Elle est fonction de la date de réception des fonds correspondant à la création potentielle d'actions. Deux cas sont à distinguer :

a. Réception des fonds à la date d'émission des instruments dilutifs
La méthode à suivre doit refléter les conditions prévues dans les contrats d'émission. Le numérateur est égal au résultat net avant dilution augmenté des économies de frais

financiers réalisées en cas de conversion, pour leur montant net d'impôt. Le dénominateur est formé par la somme du nombre moyen pondéré des actions ordinaires en circulation et du nombre d'actions qui seraient créées à la suite de la conversion des instruments convertibles en actions.

b. Réception des fonds à la date d'exercice des droits rattachés aux instruments dilutifs
Deux méthodes sont possibles :
– les fonds qui seront recueillis à l'occasion de l'exercice des droits sont supposés être affectés en priorité au rachat d'actions au prix du marché ;
– les fonds qui seront recueillis à la suite de l'exercice des bons sont supposés placés et rémunérés au taux du marché monétaire ou au taux de rentabilité interne.

VI. Présentation   Le résultat de base par action et, le cas échéant, le résultat dilué par action sont **présentés au pied du compte de résultat,** pour chacun des exercices présentés.

VII. Instruments dilutifs   Une **information détaillée** doit figurer dans l'annexe, portant notamment sur la description des instruments dilutifs concernés et les principales hypothèses de calcul retenues.
Pour des **exemples de calcul,** voir annexes 1 à 7 de l'avis OEC n° 27.

CHAPITRE 15 — LES FONDS PROPRES (CAPITAUX PROPRES ET AUTRES FONDS PROPRES)

SOMMAIRE 55000

SECTION 1
DÉFINITIONS ET ÉLÉMENTS CONSTITUTIFS 55005

I. Fonds propres 55005
II. Capitaux propres 55025
  A. Capitaux propres avant répartition 55025
  B. Capitaux propres après répartition (et situation nette) 55095
III. Autres fonds propres 55100

SECTION 2
RÉGLEMENTATION ET SCHÉMAS USUELS DE COMPTABILISATION 55225

I. Capital et primes 55225
  A. Sociétés et groupements 55225
  B. Cas particulier de l'actionnariat salarié 55745
  C. Entreprises individuelles 56005
II. Réserves et report à nouveau 56080
  A. Fonctionnement des comptes de réserves 56080
  B. Réserve spéciale des plus-values nettes à long terme (RSPVLT) 56155
  C. Autres réserves spéciales 56225
III. Provisions réglementées 56305
IV. Subventions d'investissement octroyées à l'entreprise 56435
V. Provisions susceptibles d'avoir le caractère de réserves 56595
VI. Réévaluations après 1983 : régime actuel 56665
VII. Autres fonds propres 56940
VIII. Dématérialisation des valeurs mobilières 57040

SECTION 3
VALEUR PROBANTE ET CONTRÔLE 57155

I. Conformité aux décisions des assemblées 57155
II. Variations des capitaux propres 57230
  A. Variations régulières des capitaux propres 57235
  B. Variations irrégulières des capitaux propres 57295

SECTION 4
PRÉSENTATION DES COMPTES ANNUELS ET AUTRES INFORMATIONS 57585

I. Présentation des comptes annuels 57585
  A. Bilan 57585
  B. Annexe (développements particuliers) 57590
II. Autres informations comptables et financières 57710

SECTION 1 — DÉFINITIONS ET ÉLÉMENTS CONSTITUTIFS

I. FONDS PROPRES

55005 Selon le PCG (art. 112-2 et 934-1), les fonds propres **comprennent** :
– les **capitaux propres** (voir n° 55025 s.) ;
– et les **autres fonds propres** (voir n° 55100 s.).

II. CAPITAUX PROPRES

A. Capitaux propres avant répartition

55025 Utilisation de la notion de « capitaux propres » dans différents dispositifs juridiques Cette notion s'est **substituée** à celle d'**« actif net »** dans les divers textes du droit des sociétés. Il en résulte que cette notion de capitaux propres joue notamment dans les cas suivants :

1. Perte de la moitié du capital (voir Mémento Sociétés commerciales n° 76610 à 76632)
Si, du fait des pertes constatées dans les documents comptables, les **capitaux propres** deviennent **inférieurs** à la moitié du capital social, le gérant ou le conseil d'administration (ou le directoire) ou encore le président ou les dirigeants de SAS désignés à cet effet dans les statuts sont tenus, dans les quatre mois qui suivent l'approbation des comptes ayant fait apparaître cette perte, de consulter les associés pour qu'ils décident de la dissolution anticipée ou non de la société (SARL : C. com. art. L 223-42 ; SA : C. com. art. L 225-248 ; SCA : C. com. art. L 226-1 ; SAS : C. com. art. L 227-1).

> **Précisions 1. Capital à retenir** Le capital à retenir est le capital nominal, qu'il soit libéré ou non (Bull. CNCC n° 126, juin 2002, EJ 2002-18, p. 255), amorti ou non, existant **à la clôture de l'exercice** et non pas son montant à la date d'approbation des comptes, ou même au moment de la consultation des associés sur l'opportunité de prononcer la dissolution.
> **2. Sociétés non visées** voir Mémento Sociétés commerciales n° 76610.
> **3. Consultation des associés** Les associés doivent être consultés même si la situation a été régularisée avant l'assemblée appelée à statuer sur les comptes de cet exercice, ou avant l'expiration du délai de quatre mois suivant cette assemblée (Rép. Vannson : AN 28-11-2006 n° 104752 ; Mémento Sociétés commerciales n° 76614 s.).
> Selon le bulletin CNCC (n° 107, septembre 1997, EJ 97-109, p. 427), pour les SA, la consultation des associés n'est possible qu'après la tenue de l'assemblée ayant approuvé les comptes. Certains estiment, par souci de simplification des formalités et de diminution des coûts, que cette consultation peut se faire lors de l'assemblée approuvant les comptes (Mémento Sociétés commerciales n° 76614), l'utilisation de ce procédé étant incontestable dans les SARL.
> **4. Assemblée reportée** Dans ce cas, le délai de quatre mois court à partir de l'expiration des six mois fixés par la loi pour statuer sur les comptes de l'exercice écoulé (CA Orléans 16-5-1994 n° 320 confirmé par Cass. crim. 20-3-1995 n° N 94-83.026 D).
> **5. Publicité de la décision** voir Mémento Sociétés commerciales n° 76621 s.
> **6. Défaut de consultation des associés** voir Mémento Sociétés commerciales n° 76618.

Si la dissolution n'est pas prononcée, la société est **tenue,** au plus tard à la clôture du deuxième exercice suivant celui au cours duquel la constatation des pertes est intervenue, de **reconstituer ses capitaux propres** à concurrence d'une valeur au moins égale à la moitié du capital social **ou** de **réduire son capital social** du montant nécessaire pour que la valeur des capitaux propres soit au moins égale à la moitié de son montant (C. com. art. L 223-42, al. 4 et L 225-248, al. 2 modifiés par loi 2023-171 du 9-3-2023). Sur la réduction du capital, voir n° 55470.

Si la société n'a pas reconstitué les capitaux propres à concurrence d'un montant au moins égal à la moitié du capital social dans le délai requis (deux exercices) et que ce capital est supérieur à un seuil fixé par décret en fonction du bilan de la société (voir Précisions ci-après), la société devra réduire son capital pour le ramener à une valeur inférieure ou égale à ce seuil (C. com. art. L 223-42, al. 4 et L 225-248, al. 4 modifiés par la loi précitée).

> **Précisions** Seuils de capital social au-delà desquels les sociétés sont tenues de réduire leur capital social :
> — pour les SARL et les SAS, ce seuil est fixé à 1 % du total du bilan de la société, constaté lors de la dernière clôture d'exercice (C. com. art. R 223-37 et R. 225-166-1 créés par décret 2023-657 du 25-7-2023) ;
> — pour les SA, ce seuil correspond à la valeur la plus élevée entre 1 % du total du bilan constaté lors de la dernière clôture d'exercice et 37 000 euros (C. com., art. R 225-166-1 précité).

Pour réduire son capital, la société disposera d'un nouveau délai dont le terme est fixé à la clôture du deuxième exercice suivant celui fixé pour le terme du premier délai de régularisation. Ce n'est qu'en l'absence de réduction du capital à l'expiration de ce nouveau délai que la dissolution pourra être prononcée à la demande de tout intéressé.

> **Précisions** **Réduction de capital suivie d'une augmentation de capital** Si la société a réduit son capital à une valeur au moins égale au seuil réglementaire mentionné ci-avant sans reconstituer ses fonds propres et si elle procède ensuite à une augmentation de capital, elle devra se remettre en conformité avec le nouveau régime de seuils réglementaires avant la clôture du deuxième exercice suivant celui au cours duquel le capital a été augmenté (C. com. art. L 223-42, al. 5 et L 225-248, al. 5 modifiés).

Pour plus de détails, voir Mémento Sociétés commerciales n° 76623 à 76632.
Sur les diligences du commissaire aux comptes, voir FRC 12/23 Hors série inf. 88.

II. Procédure d'alerte par le président du tribunal de commerce
Voir n° 60965.

III. Transformation d'une SARL en société par actions
(C. com. art. L 224-3 et R 224-33) Le montant des capitaux propres de la SARL doit être au moins égal à celui du capital social (voir FRC 12/23 Hors série inf. 93 s. et 94 s.).

IV. Transformation d'une société par actions en une société d'une autre forme
(C. com. art. L 225-244) La décision de transformation est prise sur le rapport des commissaires aux comptes de la société qui atteste que les capitaux propres sont au moins égaux au capital social (voir FRC 12/23 Hors série inf. 93 s. et 94 s.).

V. Distribution de dividendes
(C. com. art. L 232-11) Elle ne peut avoir lieu si elle conduit à rendre les capitaux propres inférieurs au capital social majoré des réserves que la loi ou les statuts ne permettent pas de distribuer (voir également n° 53990).

Participation des salariés En revanche, la définition des capitaux propres retenue pour le calcul de la participation des salariés aux résultats est différente de la définition juridique (sur cette définition, voir n° 53655).

Définition des « capitaux propres » Les capitaux propres visés par le Code de commerce (C. com. art. R 123-190 et R 123-191 ; voir n° 55025) **correspondent aux capitaux propres tels qu'ils apparaissent au bilan avant affectation du résultat.** 55030

Contenu des capitaux propres Le montant des capitaux propres correspond à la somme algébrique (C. com. art. R 123-190 et R 123-191 ; PCG art. 934-1) : 55040
— des apports (capital, primes liées au capital) ;
— des écarts de réévaluation ;
— des écarts d'équivalence ;
— des bénéfices autres que ceux pour lesquels une décision de distribution est intervenue : réserves (légale, statutaires ou contractuelles, réglementées), report à nouveau créditeur, bénéfice de l'exercice ;
— des pertes : report à nouveau débiteur, perte de l'exercice ;
— des subventions d'investissement ;
— des provisions réglementées.

> **Précisions** **Emprunts participatifs** Les emprunts participatifs ne peuvent être inclus dans les capitaux propres (voir n° 40990). Aussi ces prêts ne doivent pas être pris en compte pour le calcul de la perte de la moitié du capital social.

Selon le bulletin CNCC, **n'ont pas à être déduits** de ce montant :
— les **frais d'établissement** (n° 56, décembre 1984, EC 84-44, p. 523) ;
— les charges à répartir (n° 66, juin 1987, EC 87-15, p. 246), c'est-à-dire, depuis le 1er janvier 2005, les seuls **frais d'émission des emprunts** ;

– les **dettes pouvant** éventuellement **résulter des engagements** figurant en annexe : il en est ainsi par exemple en cas d'abandon de créance avec clause de retour à meilleure fortune (n° 63, septembre 1986, EJ 86-103, p. 321 s.) ; cette position nous paraît applicable à l'ensemble des engagements non comptabilisés, y compris aux engagements de retraite non provisionnés en vertu de la possibilité laissée par l'article L 123-13 du Code de commerce.

De même, il n'est pas possible d'augmenter les capitaux propres des plus-values latentes sur fonds de commerce (n° 67, septembre 1987, EJ 87-108, p. 360 s.), que ceux-ci figurent ou non au bilan.

En revanche, s'agissant des capitaux propres à la clôture, ils devraient, à notre avis, inclure les impacts (positifs et négatifs) des **changements de méthode** calculés de manière rétrospective (voir n° 8545).

> **Fiscalement** Les montants comptable et fiscal de la variation d'actif net sont identiques sauf dans les cas où les règles fiscales diffèrent des règles comptables : dans ce cas, la variation d'actif net imposable doit être déterminée à partir des valeurs fiscales d'actif et de passif (CE 30-6-2008 n° 288314).
>
> Sur l'importance des capitaux propres, qui font partie des fonds propres (voir n° 55005), pour l'application de la limitation de déduction des charges financières nettes par les entreprises membres d'un groupe consolidé et pour la définition de la sous-capitalisation, voir Mémento Fiscal n° 35842 et 35845 à 35850.

55045 **Classement comptable** Ces éléments des capitaux propres sont enregistrés aux comptes 10 à 14 du PCG.

> **Précisions** Voir liste des comptes du PCG n° 96200.

B. Capitaux propres après répartition (et situation nette)

DÉFINITION DE LA SITUATION NETTE

55095 Au sein des capitaux propres, la situation nette est établie **après affectation du résultat** de l'exercice. Elle exclut les subventions d'investissement et les provisions réglementées (PCG art. 934-1). Elle correspond donc à notre avis, comme le précisait le PCG 82 (p. I. 41), à la somme algébrique :
– des apports ;
– des écarts de réévaluation ;
– des bénéfices autres que ceux pour lesquels une décision de distribution est intervenue ;
– des pertes reportées.

Capitaux propres après répartition	
Capital (dont versé…)	
Primes d'émission, de fusion, d'apport…	
Écarts de réévaluation	
Réserves :	
Réserve légale	
Réserves statutaires ou contractuelles	
Réserves réglementées	
Autres	
Report à nouveau (+ ou –)	
Sous-total : situation nette	X
Subventions d'investissement	
Provisions réglementées	
Total capitaux propres après répartition	X

> **Précisions** Terme « situation nette » Le Code de commerce ne fait pas mention du terme « situation nette », la liste des postes fournie étant établie avant répartition du résultat.
> **Seuls les « capitaux propres (avant répartition) » ont une valeur juridique** (voir n° 55025).

III. AUTRES FONDS PROPRES

DÉFINITION ET ÉLÉMENTS CONSTITUTIFS

Contenu réglementaire Les « autres fonds propres » comprennent (PCG art. 934-1) : **55100**
a. le montant des émissions des **titres participatifs** ;
Sur leurs caractéristiques, voir n° 38105 ; sur leur comptabilisation, voir n° 56950.
b. les **avances conditionnées** ;
Ce terme n'est défini dans aucun texte. Il s'agit d'avances consenties à des entreprises du secteur public destinées à être capitalisées ou d'avances allouées par l'État (en application de dispositions légales et réglementaires) et dont le remboursement est conditionnel (en ce sens, Bull. CNCC n° 210, juin 2023, EC 2022-32). Voir n° 31525.
c. dans les entreprises concessionnaires, les **droits du concédant**.
Mais le **contenu** de la rubrique « Autres fonds propres » fourni par le PCG n'est, à notre avis, **pas limitatif** (en ce sens, l'ancien article R 123-190 2° du Code de commerce, avant sa modification par décret 2015-903 du 23-7-2015, indiquait : « **Parmi** les autres fonds propres [figurent] le produit des émissions de titres participatifs, les avances conditionnées »). En pratique, les autres fonds propres sont définis sur la base des critères retenus dans l'avis OEC n° 28 (voir n° 55120).

> **Précisions** **Groupe de travail ANC** Dans le cadre d'un projet de règlement, l'ANC prévoit d'apporter une définition aux autres fonds propres afin de les distinguer des capitaux propres et des dettes.
> Les autres fonds propres pourraient continuer d'être définis sur la base des critères retenus dans l'avis OEC n° 28, relatifs à l'absence de remboursement. Ces critères seraient toutefois jugés sur l'interprétation juridique des obligations de l'émetteur et non plus en prenant en compte les considérations économiques de l'émission. Dans l'attente d'un règlement, l'avis OEC n° 28 (juillet 1994) reste, à notre avis, applicable.

Contenu non limitatif Selon l'avis OEC n° 28 (juillet 1994) sur la distinction entre les **55120** capitaux propres, les autres fonds propres et les dettes, **un instrument financier** ne répondant pas à la définition des capitaux propres (voir n° 55040) **est classé dans une rubrique intermédiaire** entre les capitaux propres et les dettes :
– dès lors qu'en application des **clauses du contrat** et des **conditions économiques** de l'émission (voir I. ci-après),
– l'instrument n'est pas **remboursable,** ou son remboursement est sous le contrôle exclusif de l'émetteur ou s'effectue par émission et attribution d'un autre instrument d'autres fonds propres ou de capitaux propres (voir II. ci-après).

I. Clauses du contrat et conditions économiques L'analyse retenue par l'OEC prend en compte la prédominance des **conditions économiques** de l'émission sur la forme juridique.
Ainsi, selon l'OEC :
– **même si, juridiquement, un instrument n'est pas remboursable,** il doit être considéré économiquement comme remboursable si le contrat prévoit, par exemple, des intérêts qui, dans la réalité économique et financière, correspondent en partie à des amortissements du principal si l'on procède à des calculs actuariels utilisant un taux plus proche des taux offerts sur le marché ;

> **Précisions** L'OEC donne deux exemples de ce type de rémunération pour un taux du marché d'environ 10 % :
> — la rémunération prévue au contrat est de 13 % l'an pendant 15 ans et de 0 % au-delà ;
> — la rémunération est de 25 % en intérêts prépayés, puis de 10 % pendant 15 ans et de 0 % au-delà.

– **il ne suffit pas que le contrat d'émission prévoie une durée indéterminée et le remboursement de l'instrument à la seule initiative de l'émetteur.** Il faut par ailleurs que l'émetteur soit maître de la date de remboursement au regard des conditions économiques existant au moment de l'émission.

> **Précisions** Ainsi, le remboursement est considéré comme hors du contrôle de l'émetteur notamment si le contrat prévoit :
> — le versement d'intérêts fortement progressifs pouvant conduire l'émetteur à rembourser des titres dont le rendement deviendrait bien supérieur à celui offert par le marché ; dans ce cas, l'émetteur perd le contrôle « économique » de la date de remboursement des titres ;
> — le remboursement des titres à la survenance d'un événement extérieur.

55120 (suite) **II. Clauses de remboursement** L'OEC distingue les catégories suivantes :

	Classement des principaux instruments hybrides		
	Capitaux propres (classement selon la qualification juridique)	Autres fonds propres	Dettes
a. Instruments non remboursables	– Bons de souscription d'actions (BSA ; voir n° 55415)		
b. Instruments dont le remboursement est sous le contrôle exclusif de l'émetteur	– Certificats d'investissement – Certificats de droit de vote	– Titres participatifs – TSDI (non reconditionnés)	– TSDI reconditionnés (voir n° 41195)
c. Instruments dont le remboursement s'effectue par émission et attribution d'un autre instrument de capitaux propres – L'émission résulte d'un processus de transformation **obligatoire** (l'émission est **automatique** et non à l'initiative des détenteurs)		– Obligations remboursables en actions de la **société émettrice** (**ORA** ; voir n° 41295) – Obligations remboursables en actions nouvelles ou existantes (**Orane**) de la société émettrice (voir n° 41295)	
– L'émission résulte d'un processus de transformation **optionnel,** à l'initiative des détenteurs			– Obligations convertibles en actions (**OCA** ; voir n° 41260 et 41280) – Obligations à option de conversion ou d'échange en actions nouvelles ou existantes (**Oceane** ; voir n° 41290) – Obligations échangeables contre des actions (**OEA** ; voir n° 41285) – Obligations à bons de souscription d'actions (**Obsa** ; voir n° 41300)
– L'instrument donne lieu à l'émission et à l'attribution d'un instrument de capitaux propres de la **société mère**			– Obligations remboursables en actions de la société mère (voir n° 41295)

Une description explicite et exhaustive des modalités de remboursement des instruments est à notre avis nécessaire en **annexe** pour justifier le classement comptable retenu par l'entité.

> **Précisions** Fonds versés à une société par ses associés Ils sont à comptabiliser en **dettes** dès lors que (en ce sens, EC 2022-32 ; cncc.fr) :
> – l'associé dispose de la faculté individuelle de demander le remboursement de sa contribution ;
> – la demande de remboursement est à la seule initiative de l'associé ;
> – les fonds ne donnent pas droit à des parts dans le capital.

III. Clauses de rémunération Elles n'ont pas d'importance pour le classement des instruments dans les comptes individuels. En revanche, elles en ont pour le classement dans les comptes consolidés, voir Mémento Comptes consolidés n° 3478 s.
Sur la comptabilisation de la rémunération des instruments financiers classés en « Autres fonds propres », voir n° 56945.

SECTION 2 — RÉGLEMENTATION ET SCHÉMAS USUELS DE COMPTABILISATION

I. CAPITAL ET PRIMES

A. Sociétés et groupements

DÉFINITION ET CLASSEMENT COMPTABLE

Capital social   Il représente, dans les sociétés, la valeur nominale des actions ou des parts sociales (PCG art. 311-1), c'est-à-dire le montant des apports faits par les associés lors de la constitution de la société. Au cours de la vie sociale, il peut être augmenté soit par de nouveaux apports, soit par incorporation de réserves ou de bénéfices non distribués. Il peut également être réduit par des reprises d'apports ou par suite de pertes.

Il est comptabilisé au **compte 101** ; voir les sous-comptes dans la liste des comptes du PCG n° 96200, et, pour leur utilisation, n° 55315 s.

55225

> **Précisions**   Toute modification apportée au capital constitue une modification statutaire qui suppose l'accomplissement de formalités spécifiques : réunion des associés, publicité (voir Mémento Sociétés commerciales pour chaque type de société).

I. Capital minimum et valeur nominale
a. Pour les SNC, SCS, SCA, SA, SARL, EURL et SAS, voir Mémento Sociétés commerciales n° 206.
b. Pour les sociétés européennes (SE), le capital est fixé à 120 000 € (Règl. CE 2157/2001 art. 4 § 2). Pour plus de détails, voir Mémento Sociétés commerciales n° 98870.
Pour les activités réglementées : presse, coopératives, titres de créances négociables, sociétés d'économie mixte locales, sociétés d'assurance, voir Mémento Sociétés commerciales n° 37551.

II. Sociétés et groupements particuliers
a. Société à capital variable : société pouvant inclure dans ses statuts une clause selon laquelle le capital est variable, en fonction d'apports nouveaux ou de retraits d'apports qui s'effectuent sans formalités préalables, dans la limite d'un montant de capital maximal autorisé, que doit mentionner la clause de variabilité (Cass. com. 6-2-2007 n° 145 F-PB).

> **Précisions**   Une telle clause est interdite dans les statuts des sociétés anonymes autres que les coopératives et les Sicav. Elle reste licite dans toutes les autres formes de sociétés.

b. Groupement d'intérêt économique : il peut être constitué sans capital. Dans ce cas, les sommes mises à la disposition du groupement par les membres, pour son fonctionnement, ne peuvent être portées dans le compte « Capital ». Elles sont enregistrées, selon leur caractère, dans les emprunts (compte 16) ou dans les comptes courants d'associés (voir GIE, n° 73670 s.).
c. Société en participation : n'étant pas dotée de la personnalité morale (voir Mémento Sociétés commerciales n° 94020), le compte « Capital social » est remplacé par les comptes mentionnés ci-avant à propos des GIE sans capital (voir n° 73965 s.).
d. Société civile immobilière d'attribution : la majorité de la doctrine estime que les appels de fonds lors de la construction en sus du capital social ont le caractère d'apports non capitalisés (Bull. CNCC n° 42, juin 1981, EC 81-16, p. 265). En l'absence de précision des textes, ils devraient, à notre avis, pouvoir être enregistrés au compte (à créer) 19 « Apports non capitalisés », comme le prévoyait le plan comptable des promoteurs de construction immobilière, objet de l'arrêté interministériel n° 69-43 du 10 mars 1969, désormais caduc (voir n° 3315). Dans le cadre d'un groupe, le compte 171 « Dettes rattachées à des participations » nous paraît pouvoir être utilisé (voir n° 42565).

Primes liées au capital social   (telles que primes d'émission, de fusion, d'apport, de conversion d'obligations en actions) Elles sont la représentation de la partie des apports purs et simples non comprise dans le capital social.

55227

Elles sont comptabilisées au **compte 104** (PCG art. 941-10) ; voir les sous-comptes dans la liste des comptes du PCG n° 96200 et, pour leur utilisation, n° 55315 s.
Le compte 104 enregistre également le montant du droit d'entrée dans les sociétés coopératives.

1. SOUSCRIPTION ET LIBÉRATION DU CAPITAL INITIAL

55230 Sur la « Création, transformation et liquidation de l'entreprise », voir n° 60130 s.

2. AMORTISSEMENT DU CAPITAL

55260 C'est l'opération par laquelle la société rembourse à ses actionnaires tout ou partie du montant nominal de leurs actions à titre d'avance sur le produit de la liquidation future de la société. Le **capital** demeure **inchangé,** les actions amorties devenant des actions de jouissance (voir Mémento Sociétés commerciales n° 51500 à 51545).

> **Fiscalement** Les sommes remboursées sont en principe considérées comme des revenus distribués (voir Mémento Fiscal n° 24495).

Les sommes utilisées au remboursement des actions ne peuvent être prélevées que sur les bénéfices ou les réserves à l'exclusion de la réserve légale (C. com. art. L 225-198, al. 1). Le compte de réserves est donc débité par le crédit du compte 4567 « Associés – Capital à rembourser », ce dernier étant ensuite soldé par le crédit du compte « Banque » (PCG art. 944-45).

Par ailleurs, la société subdivise son compte Capital en 10131 « Capital non amorti » et 10132 « Capital amorti ».

Lorsque toutes les **actions** sont **amorties de manière égale,** l'assemblée générale extraordinaire peut décider leur **conversion en actions de capital.** L'opération se réalise par un simple jeu d'écritures : les actionnaires n'ont rien à décaisser et ne sont astreints à aucun apport nouveau. Les comptes 10131 « Capital non amorti » et 10132 « Capital amorti » sont soldés par le crédit du compte 1013 « Capital souscrit – appelé – versé ».

Lorsque les **actions** sont **inégalement amorties** (voir Mémento Sociétés commerciales n° 51540), il convient, avant de passer cette écriture constatant la conversion, de constituer une réserve correspondant aux actions amorties, soit par prélèvements sur les profits sociaux revenant à ces actions, soit en autorisant les actionnaires à verser à la société le montant amorti de leurs actions, augmenté, le cas échéant, du dividende statutaire pour la période écoulée de l'exercice en cours et, éventuellement, pour l'exercice précédent (C. com. art. L 225-201).

S'il est ultérieurement décidé du remboursement des actions amorties, par analogie avec le traitement des rachats d'actions en vue d'une réduction de capital, non motivée par des pertes (voir n° 55510), la différence entre le montant du remboursement et le montant du poste « Capital amorti » est, à notre avis, soit (si le montant du remboursement est inférieur au capital amorti) portée à un poste de capitaux propres analogue à celui des primes d'émission ou d'apport (compte 104), soit (si le montant du remboursement est supérieur au capital amorti) imputée sur un compte distribuable de capitaux propres.

3. AUGMENTATION DE CAPITAL

55290 Sur les règles juridiques générales, voir Mémento Sociétés commerciales n° 32930 à 33000 pour les SARL et Mémento Sociétés commerciales n° 49500 à 51390 pour les SA.

Sur les augmentations de capital réalisées dans le cadre du développement de l'**actionnariat salarié,** voir n° 55745 s.

DATE D'ENREGISTREMENT COMPTABLE

55295 Est à retenir, à notre avis, la date à laquelle l'augmentation est réalisée :

> **Fiscalement** Il en est de même (BOI-ENR-AVS-20-10 n° 60 et 70).

I. En cas d'augmentation de capital en **numéraire,** elle est réalisée :
– dans une **SA/SCA** (**ou** dans une **SAS**), à la date d'établissement du certificat du dépositaire (C. com. art. R 225-135 ; Mémento Sociétés commerciales n° 50820, 50822 et 50860) ;

> **Précisions** Si la libération des actions a lieu par **compensation de créances,** la date à retenir est celle de l'établissement du certificat du notaire ou du commissaire aux comptes, celui-ci tenant lieu de certificat du dépositaire.

– dans une **SARL,** à la date de l'assemblée générale constatant l'augmentation de capital.

> **Précisions 1. Opération d'augmentation de capital « à cheval » sur deux exercices** (c'est-à-dire que la souscription a été ouverte avant la clôture de l'exercice et qu'elle se termine après) Il paraît possible, si l'opération est réalisée à la date d'arrêté des comptes tout en présentant déjà à la clôture de sérieuses chances de réussite, et par analogie avec l'article L 225-145 du Code de

commerce en cas de garantie de bonne fin (voir ci-après III.), de mentionner au passif du bilan une ligne « Augmentation de capital en cours » avec à l'actif le montant correspondant dans les autres créances. Cette ligne nous paraît faire partie des « Autres fonds propres » (voir n° 55100) ; elle ne peut figurer dans les capitaux propres, compte tenu des conséquences juridiques qui pourraient en découler.

2. Augmentation de capital décidée par une AGE tenue après la clôture de l'exercice Elle peut être mentionnée dans l'annexe au titre des événements postérieurs à la clôture. En revanche, sa comptabilisation dans les comptes de ce dernier exercice peut être constitutive d'un délit à révéler par le commissaire aux comptes au procureur de la République (Bull. CNCC n° 94, juin 1994, EJ 94-54, p. 293 s.).

II. En cas de **paiement de dividendes en actions,** cette règle ne peut s'appliquer puisqu'il n'y a pas de certificat du dépositaire. En effet, la particularité de cette augmentation est d'être réalisée « au coup par coup » au fur et à mesure des demandes d'actions (C. com. art. L 232-20). Aussi, selon la règle de l'enregistrement des opérations au jour le jour, le capital doit-il être augmenté à chaque demande d'actions.

Toutefois, une tolérance semble pouvoir être appliquée en la matière, les augmentations de capital étant comptabilisées globalement à la fin du délai d'option laissé aux actionnaires pour effectuer leur demande.

III. En cas de **garantie de bonne fin** (C. com. art. L 225-145) donnée de manière irrévocable par un ou plusieurs établissements de crédit agréés à cet effet, et pour les sociétés procédant à une offre au public (voir n° 81040 s.), l'augmentation de capital est réalisée à la date de signature du contrat de garantie.

IV. En cas d'**apports en nature,** l'augmentation de capital est réalisée à la date d'approbation de l'évaluation des apports par l'assemblée (C. com. art. L 225-147).

V. En cas d'**incorporation de réserves,** bénéfices ou provisions, elle est réalisée :
– pour les **SA**, à la date de la décision de l'assemblée générale des actionnaires ou, par délégation, du conseil d'administration ou du directoire ;
– pour les **SARL**, au jour de la décision collective des associés qui constate la réalisation de l'opération.

VI. En cas **d'exercice des droits attachés** à des valeurs **mobilières donnant accès au capital** (C. com. art. L 225-149, al. 2 ; voir n° 55395), l'augmentation de capital est réputée être définitivement réalisée du seul fait de l'exercice des droits et, le cas échéant, des versements correspondants.

AUGMENTATION DE CAPITAL EN NUMÉRAIRE

55315

Sur les conditions préalables, notamment (C. com. art. L 225-128) **le prix d'émission** des nouvelles actions qui doit être **au moins égal à la valeur nominale** des titres, voir Mémento Sociétés commerciales n° 49720 à 49722.

Sur l'obligation, sous peine de nullité de l'opération, d'avoir intégralement libéré le capital initial avant que l'AGE ne se tienne (Bull. CNCC n° 96, décembre 1994, EJ 94-197, p. 731 s.), voir Mémento Sociétés commerciales n° 49985 (SA et SAS) et 32960 (SARL).

Sur la libération des apports en numéraire, voir Mémento Sociétés commerciales n° 50760 s. (SA et SAS), 32960 et 34080 (SARL).

En ce qui concerne le **contrôle** et les rapports des **commissaires aux comptes** en cas d'augmentation de capital avec suppression du droit préférentiel de souscription, voir FRC 12/23 Hors série inf. 107 s. et sans suppression, voir FRC 12/23 Hors série inf. 108.

Avec prime d'émission Pour une présentation générale, voir Mémento Sociétés commerciales n° 49720 à 49724 (SA) et 32952 (SARL).

55320

I. Définition et justification La prime d'émission est constituée par l'excédent du prix d'émission sur la valeur nominale des actions ou des parts sociales attribuées à l'apporteur.

La loi ne fixe **aucune règle** pour son calcul et ne pose **aucune condition** à sa validité.

Selon le bulletin CNCC (n° 65, mars 1987, EJ 86-155, p. 113), la prime, qui s'analyse comme un droit d'entrée, doit être justifiée (par un droit sur des réserves ou sur des plus-values latentes par exemple). « Son importance n'est pas en soi répréhensible, mais peut être un indice de fraude ».

> **Précisions 1. Faits susceptibles de caractériser la fraude** Le bulletin CNCC suit la jurisprudence et la doctrine établies sur ce sujet :
> – « le caractère disproportionné de la prime permet de caractériser la fraude et d'annuler l'augmentation » (Cass. com. 12-5-1975 n° 74-10.363). Dans cet arrêt, la Cour a relevé que le prix d'émission (25 fois le nominal) n'était justifié ni par les

55320
(suite)

réserves ni par la prospérité de la société ; cependant cette analyse doit être menée au cas par cas, le caractère élevé de la prime ne suffisant pas à lui seul à caractériser la fraude. En ce sens, Cass. com. 22 mai 2001, n° 980 où une augmentation de capital avec une prime représentant 59 fois le nominal n'a pas été jugée frauduleuse au regard de la situation de la société ;
— selon la doctrine, la prime ne doit pas être excessive (du Pontavice et Dupichot, Traité de droit commercial de M. de Juglart et B. Ippolito, traité tome 2, n° 802) ; de même, l'AMF a désapprouvé une société qui, par la fixation d'une prime d'émission trop élevée, tentait d'évincer certains actionnaires (Rapport COB 1973).

2. Mission du CAC Le **commissaire aux comptes** peut se faire assister par un expert de son choix (C. com. art. L 823-13) afin de déterminer si la prime est justifiée et il devra informer l'assemblée générale en cas d'irrégularité relevée. Dans un cas où la société avait perdu la moitié de son capital, l'AMF (Rapport annuel COB 1986) a demandé une mission spéciale au commissaire aux comptes pour justifier la prime, celle-ci ne pouvant s'appuyer uniquement sur le niveau du cours de bourse.

3. Libération de la prime d'émission Elle est obligatoire pour les SA (C. com. art. L 225-144, al. 1), mais pas dans tous les cas pour les SARL (voir Mémento Sociétés commerciales n° 32952).

II. Comptabilisation

Le compte 101 « Capital » est crédité de la valeur nominale des titres, la prime étant portée (PCG art. 941-10) au compte 104 « Primes liées au capital social » (subdivision 1041 « Primes d'émission »).

> **EXEMPLE**
> Société A au capital de 100 000 (10 000 actions de 10), augmentation de capital en numéraire de 80 000 par émission de 8 000 actions nouvelles au nominal de 10 et au prix de 15 libérées de la moitié à l'origine (la prime d'émission doit être libérée dès l'origine).

	Capital					
	1011 Souscrit non appelé	1012 Souscrit appelé non versé	1013 Souscrit appelé versé	104 Prime d'émission	109 Actionnaires capital souscrit non appelé	4562 Actionnaires capital appelé non versé
Capital à l'origine			100			
Émission des actions						
Capital appelé		40		40		80
Capital non appelé	40			40	40	

Si des **actions sont souscrites à titre réductible** (voir Mémento Sociétés commerciales n° 50690 à 50693), les versements reçus sont inscrits au crédit du compte 4563 « Associés – Versements reçus sur augmentation de capital », et lorsque les sommes versées en excédent sont remboursées, ce compte est débité.

III.

Les **frais d'augmentation du capital** peuvent être **imputés** sur le montant des **primes d'émission** afférentes à l'augmentation (C. com. art. L 232-9).
Sur la définition de ces frais et ce qu'ils peuvent englober, voir n° 45150.
Cette imputation s'effectue (Avis CU CNC 2000-D du 21-12-2000) :
— en une seule fois (l'exercice de l'augmentation de capital) ;
— pour le montant **net d'impôt**.

> **Fiscalement** Les frais imputés sur la prime d'émission sont immédiatement déductibles ; leur montant brut peut donc être porté en déduction du bénéfice fiscal sur l'imprimé n° 2058-A (ligne XG) (BOI-BIC-CHG-20-30-20 n° 90). Il n'y a pas lieu de faire une distinction entre la partie des frais qui correspond à l'augmentation du capital social proprement dite et celle qui s'applique plus particulièrement aux primes d'émission (CE 20-12-1929 n° 2837 et BOI-BIC-CHG-20-30-20 n° 100). L'administration ne s'est pas prononcée sur les conséquences fiscales d'une éventuelle imputation pour un montant net d'impôt.

Les écritures sont les suivantes :
— les frais d'émission sont enregistrés directement (sans transiter par le compte de résultat) au débit du compte 1041 « Prime d'émission » pour leur montant brut (en contrepartie du compte 401 « Fournisseurs ») ;
— le crédit d'impôt correspondant est comptabilisé au crédit du compte 1041 par le débit du compte 695 « Impôt sur les bénéfices » (en annulation du crédit d'impôt comptabilisé lors du calcul du résultat fiscal).

> **Précisions** Traitement dans les comptes consolidés établis en règles françaises L'imputation des frais d'augmentation de capital sur la prime d'émission pour leur montant net d'impôt constitue la seule méthode possible. Pour plus de détails, voir Mémento Comptes consolidés n° 3413.

En cas de réalisation d'une perte fiscale sur l'exercice, le crédit d'impôt est comptabilisé, à notre avis, au débit d'un compte 444 « État – Impôts sur les bénéfices ».

Toutefois (Avis CU CNC précité), **s'il existe une incertitude** sur la récupération effective des économies d'impôt relatives aux frais d'émission (cette incertitude est présumée si l'entreprise a supporté des pertes récentes au cours des deux derniers exercices sauf à apporter des preuves contraires convaincantes), l'imputation des frais d'émission sur les capitaux propres s'effectue avant effet d'impôts.

IV. Utilisation En dehors de l'imputation des frais d'augmentation de capital expressément prévue par les textes, la prime peut servir :
– à apurer les pertes de l'exercice ou d'exercices antérieurs comptabilisées en report à nouveau débiteur (EJ 2021-68 du 28-7-2023 ; cncc.fr) ;
– doter un compte de réserve.

En ce qui concerne la réserve légale, le respect de l'article L 232-10, alinéa 1 du Code de commerce n'autorise sa dotation par prélèvement sur la prime d'émission que si le résultat de l'exercice, diminué le cas échéant des pertes antérieures, est insuffisant (Bull. CNCC n° 109, mars 1998, EJ 97-247, p. 96).

Elle peut également être distribuée, s'agissant d'une réserve libre (voir n° 53990).

Sur l'organe à qui incombe la décision d'affectation, voir Mémento Sociétés commerciales n° 49725.

Augmentation de capital par émission d'actions de préférence Les actions de préférence constituent des titres de capital (C. mon. fin. art. L 212-1 A et C. com. art. L 225-127). **55325**

Sur le plan comptable, il en résulte que les actions de préférence émises sont à enregistrer dans le capital social (en application de l'article 941-10 du PCG). Le compte 1018 « Capital souscrit soumis à des réglementations particulières » pourrait, à notre avis, être utilisé.

Lorsque l'augmentation de capital est réalisée en numéraire, voir n° 55315.

Sur les rapports à émettre par le conseil d'administration (ou le directoire), les commissaires aux comptes et, le cas échéant, le commissaire aux apports, voir FRC 12/23 Hors série inf. 109 s.

Lorsque l'augmentation de capital est libérée par compensation avec des créances, voir n° 55360.

Augmentation de capital par émission d'Absa (actions avec bons de souscription d'actions) Lors de l'émission d'une Absa, l'action émise est accompagnée d'un bon de souscription d'actions qui donne droit à souscrire à une augmentation de capital, pour un prix fixé et à une date fixée. **55330**

Sur le régime juridique de ces titres, voir n° 41255.

Sur l'évaluation et le traitement comptable chez le détenteur de ces titres, voir n° 38205.

Sur le traitement des Absar (actions avec bons de souscription d'actions remboursables), voir le traitement analogue des Obsar au n° 41305.

Sur les rapports que doivent établir le conseil d'administration ou le directoire et sur le contrôle et les rapports des commissaires aux comptes en cas d'émission avec suppression du droit préférentiel de souscription, voir FRC 12/23 Hors série inf. 107 s. et sans suppression, FRC 12/23 Hors série inf. 108.

I. Traitement comptable Le CNC, dans son avis n° 35 sur le traitement des **bons de souscription,** considère que le traitement de l'émission d'Absa découle de la même analyse que celle présentée pour les Obsa, notamment que **le BSA a une valeur nulle** (voir n° 41300). En conséquence :

a. Lors de l'émission, le prix d'émission des Absa est porté en capital, en fonction du nombre d'actions émises (indépendamment des BSA) multiplié par le nominal de l'action, la différence étant portée au compte 104 « Prime d'émission ».

> **Fiscalement** Les sommes perçues par l'émetteur constituent un supplément d'apport au sens de l'article 38, 2 du CGI sans incidence sur le résultat imposable, dont l'administration ne peut par conséquent contester utilement l'insuffisance (CE 21-10-2020 n° 429626).

b. Lors de l'exercice des bons, une deuxième augmentation de capital est enregistrée de la même manière, voir n° 55415.

c. En cas de péremption des bons, aucune écriture ne sera passée (PCG art. 941-10).

> **Fiscalement** Traitement identique aux Obsa (voir n° 41300).

II. Information à fournir dans l'annexe Il s'agit de la même information que celle prévue pour les BSA (PCG art. 833-20/1). Sur ces informations, voir n° 55415.

55335 Augmentation de capital soumis à des réglementations particulières

Les écritures sont les mêmes que les augmentations de capital concernées (notamment n° 55315) sauf à utiliser le compte 1018 « Capital soumis à des réglementations particulières » (PCG art. 941-10).

Ce compte, subdivisé pour autant que de besoin, enregistre à son crédit le montant du capital provenant d'opérations particulières telles que l'incorporation de plus-values nettes à long terme (voir n° 56165), de la réserve spéciale pour fluctuation des cours (voir n° 56230), qui doivent être isolées sur une **ligne distincte** en application de dispositions législatives et réglementaires (PCG art. 941-10).

Cet isolement facilite l'établissement de l'information dans l'annexe sur les différentes catégories de titres composant le capital social (voir n° 57600).

AUGMENTATION PAR INCORPORATION DE RÉSERVES, DE BÉNÉFICES OU DE PRIMES D'ÉMISSION

55340

L'augmentation de capital est réalisée soit :
– par une attribution d'actions gratuites aux actionnaires au prorata de leurs droits dans le capital ancien, certains actionnaires pouvant néanmoins bénéficier d'une attribution supplémentaire d'actions gratuites dans la limite de 10 % (C. com. art. L 232-14) ;
– par une augmentation du nominal des actions anciennes (voir Mémento Sociétés commerciales n° 51220).

> **Précisions** *Réserves susceptibles d'être capitalisées* L'augmentation de capital par incorporation de bénéfices ne peut être réalisée que par incorporation des bénéfices de l'exercice (résultant de l'approbation par l'AG des comptes annuels) et non des bénéfices résultant de l'arrêté d'une situation intermédiaire en cours d'exercice (CA Paris 20-2-1998 n° 96-18268). En outre, en présence d'un report à nouveau déficitaire l'augmentation de capital ne peut être réalisée qu'après imputation de ce report à nouveau sur les réserves, ou tout au moins en laissant subsister au bilan des réserves d'un montant au moins égal à celui du report à nouveau déficitaire (voir Mémento Sociétés commerciales n° 51210 et 51211).

Quel que soit le mode de réalisation choisi, le compte « Capital » est crédité pour le montant de l'augmentation de capital par le débit des comptes 106 « Réserves » (subdivisions concernées) ou 110 « Report à nouveau (solde créditeur) » ou 120 « Résultat de l'exercice (bénéfice) » ou 104 « Primes liées au capital ».

Sur l'incorporation de la **réserve spéciale de réévaluation,** voir Mémento Comptable édition 2023 n° 56710.

Sur l'incorporation de la **réserve spéciale de plus-values à long terme,** voir n° 55335.

Sur l'incorporation de la **réserve spéciale de fluctuation des cours,** voir n° 56235.

> **Fiscalement** Ces capitalisations ne constituent pas une distribution de revenus (voir Mémento Fiscal n° 24500).
> Sur le calcul du délai de détention de deux ans conditionnant l'application du régime du long terme lors de la cession ultérieure des titres (chez le détenteur), voir n° 37760.

AUGMENTATION DE CAPITAL PAR COMPENSATION AVEC DES CRÉANCES SUR LA SOCIÉTÉ (Y COMPRIS LES COMPTES COURANTS D'ASSOCIÉS)

55360 I. Aspects juridiques

a. Créances liquides et exigibles

> **Juridiquement** (voir Note d'information CNCC NI.V, tome 2, décembre 2011) Cette opération n'est possible que si les **créances** sont **liquides et exigibles** (C. com. art. L 225-128, al. 2) et si elle n'a pas été expressément exclue par l'assemblée générale qui a décidé de l'augmentation de capital (CA Paris 23-10-1992 n° 12189) ou par les statuts (NI.V.t.2, § 1.22). Une créance est liquide lorsque, certaine dans son existence, elle est déterminée dans son montant. Une créance est exigible lorsque son titulaire est en droit de contraindre le débiteur.
> Le caractère liquide et exigible ainsi que le montant de la créance pouvant être incorporée au capital sont à apprécier **au moment de la souscription,** ce qui exclut tout effet rétroactif de l'augmentation de capital (NI.V.t.2, § 1.36.3.b et Bull. CNCC n° 101, mars 1996, EJ 95-264, p. 118).

b. Dans les SA (C. com. art. L 225-128), les SCA (sur renvoi, C. com. art. L 226-1) et les SAS (sur renvoi, C. com. art. L 227-1), les créances doivent faire l'objet d'un **arrêté de compte** (voir Mémento Sociétés commerciales n° 50772) **certifié exact par le commissaire aux comptes** (C. com. art. R 225-134). Sur les diligences du commissaire aux comptes, voir FRC 12/23 Hors série inf. 109.7.

> **Précisions** **1. Constatation de la libération des actions par compensation** La libération des actions peut être constatée par un **certificat du notaire ou du commissaire aux comptes** de la société, ou, s'il n'en a pas été désigné, d'un commissaire aux comptes désigné à cet effet selon les modalités prévues aux articles L 225-228 et L 22-10-66 du Code de commerce (C. com. art. L 225-146).
2. Forme de l'arrêté de compte En l'absence de textes légaux et réglementaires, il peut s'agir (NI.V.t.2, § 1.36.2) :
– du procès-verbal de la réunion de l'organe compétent au cours de laquelle il a été procédé à l'arrêté de compte ;
– d'un extrait du procès-verbal de la réunion de l'organe compétent faisant état de la décision d'arrêté de compte, indiquant le montant arrêté et signé par le représentant légal de l'entité ;
– d'un document annexé au procès-verbal de la réunion de l'organe compétent ;
– de tout document, par exemple un courrier, signé par le représentant légal de l'entité.
3. Créances concernées L'arrêté de compte peut être composé de **tout ou partie du solde** d'un compte fournisseur, d'un compte courant d'associé ou de toute autre créance détenue sur la société par un tiers (NI.V.t.2, § 1.36.2).
Lorsque **plusieurs créanciers** participent à l'augmentation de capital, il peut être établi un arrêté de compte pour chacun d'eux ou un arrêté de compte global détaillant le montant arrêté pour chaque créancier (NI.V.t.2, § 1.36.2). Le commissaire aux comptes peut n'établir qu'un seul rapport dès lors qu'il est en mesure de faire ses vérifications pour chaque arrêté de compte (NI.V.t.2, § 2.23.2.e).

c. Dans les SARL, cette opération, bien que non prévue par un texte légal ou réglementaire, est considérée comme licite (voir Mémento Sociétés commerciales n° 32966 et NI.V.t.2, § 1.31.2). La SARL n'a aucune obligation ni d'arrêté de compte ni de certification par le ou par un commissaire aux comptes (voir FRC 12/23 Hors série inf. 109.7).

II. Sur le plan comptable, il en résulte les deux écritures suivantes :
– comptabilisation de l'augmentation comme si celle-ci était en numéraire (débit compte 4562 « Apporteurs – Capital appelé non versé » par le crédit des comptes « Capital » et « Prime d'émission ») ;
Sur la date d'enregistrement comptable de l'augmentation de capital, voir n° 55295.
– compensation avec les créances sur la société : annulation de la dette vis-à-vis de la société (débit du compte 451, 17 ou 455 ou encore, s'il s'agit d'un fournisseur, du compte 40) et annulation de la créance des actionnaires (crédit du compte 4562).
Il paraît possible, à notre avis, **par simplification,** d'annuler la dette vis-à-vis de la société (débit), par le crédit des comptes « Capital » (compte 1013) et « Prime d'émission » sans utiliser le compte 4562 qui est ouvert et soldé immédiatement.

> **Fiscalement** Cette augmentation de capital par compensation avec des créances **ne réduit pas le déficit fiscal** de la société (CE 20-3-1989 n° 56087 ; BOI-BIC-BASE-10-10 n° 280). Sur les conséquences fiscales chez le créancier, voir n° 37690.

Sur le traitement comptable chez le créancier, voir n° 37690.
Sur le « **coup d'accordéon** » (augmentation de capital suivie d'une réduction de capital, ou inversement), voir n° 55545.

Emprunt en devises étrangères Lorsqu'il est incorporé au capital, il convient selon le secrétariat général du CNC (Bull. n° 35, juillet 1978, p. 11 s.) de procéder à l'augmentation de capital pour le montant de la créance au cours de change du jour de la décision d'incorporation au capital, c'est-à-dire à la date de souscription. Une perte ou un profit de change, égal à la différence de taux entre la date d'enregistrement des opérations et la date de souscription, est éventuellement constaté. 55365

> **Précisions** Sur la vérification du taux de conversion par le commissaire aux comptes, voir NI.V.t.2, § 2.23.2.c.

AUGMENTATION DE CAPITAL PAR APPORTS EN NATURE

Le compte « Capital social » fonctionne comme dans les exemples précédents et est crédité (compte 1013) du montant des apports en nature (sous déduction de la prime d'émission éventuelle, enregistrée au compte 1043 « Prime d'apport »). 55370
Sur la nécessité de désigner un commissaire aux apports dans les sociétés par actions, voir FRC 12/23 Hors série inf. 101.1.

> **Précisions** **Sur et sous-évaluation des apports** Lorsque les **apports** ont été **surévalués,** il est possible de corriger ultérieurement cette surévaluation par une réduction du capital social (Mémento Sociétés commerciales n° 2040 ; voir également n° 53145).
S'il apparaît, notamment à la suite d'une rectification fiscale, qu'un **apport** a été **sous-évalué,** la réévaluation de cet apport ne peut être décidée qu'avec l'accord de tous les associés car elle entraîne une modification dans la répartition des droits sociaux au détriment des associés autres que l'apporteur (Mémento Sociétés commerciales n° 2042).

AUTRES MODALITÉS D'AUGMENTATION DE CAPITAL

55390 **Augmentation de capital par paiement des dividendes (ou d'acomptes sur dividende) en actions** Sur les aspects juridiques, voir Mémento Sociétés commerciales n° 76470 à 76489.

I. Dividende en actions Le compte « Résultat de l'exercice » est débité du montant du dividende par le crédit du compte 457 « Associés – Dividendes à payer » (voir n° 54037). Ce compte est ensuite débité en fonction des actions émises par le crédit des comptes « Capital » et « Primes d'émission » (PCG art. 944-45) ; voir n° 55315.

Sur le traitement des dividendes en actions chez l'actionnaire, voir n° 37800.

> **Précisions 1. Prix d'émission** Le prix d'émission des actions à attribuer aux actionnaires qui accepteront l'offre de la société ne peut pas être inférieur au montant nominal des actions (C. com. art. L 232-19). Pour plus de détails sur les modalités de fixation du prix d'émission selon que les actions sont cotées ou non, voir Mémento Sociétés commerciales n° 76470 à 76489.
> **2. Contrôle du CAC** Voir FRC 12/23 Hors série inf. 110.2.

II. Acompte sur dividende en actions Le compte « Acompte sur dividende » (nous proposons le compte 4579) est crédité par le débit du compte 129X (voir n° 54065) puis soldé par le crédit du compte capital et, le cas échéant, le compte « Prime d'émission ».

> **Précisions 1. Procédure à suivre** Il y a lieu de suivre la procédure habituelle, à savoir (voir n° 54052) **établir un bilan et le faire certifier par un commissaire aux comptes.**
> **2. Prix d'émission** Sur la détermination du prix d'émission, voir ci-avant I. 1.
> **3. Contrôle du CAC** Voir FRC 12/23 Hors série inf. 110.2.

55395 **Augmentation de capital par l'exercice des droits attachés à des valeurs mobilières donnant accès au capital** Les augmentations de capital peuvent résulter de l'exercice de droits attachés à des valeurs mobilières donnant accès au capital (C. mon. fin. art. L 212-1 A ; voir n° 38180 et 41255).

Sur le régime de ces titres et les rapports du conseil d'administration ou du directoire et des commissaires aux comptes, voir n° 41255.

I. Exercice de bons de souscription d'actions (BSA), voir n° 55415 :
– Obligations avec bons de souscription d'actions (Obsa), voir n° 41300 ;
– Obligations avec bons de souscription d'actions remboursables (Obsar) ou avec bons de souscription ou d'acquisition d'actions remboursables (Obsaar), voir n° 41305.

II. Conversion d'obligations :
– obligations sans prime, convertibles en actions, voir n° 41260 ;
– obligations avec prime, convertibles en actions, voir n° 41280 ;
– obligations échangeables en actions, voir n° 41285 ;
– obligations à options de conversion ou d'échange en actions nouvelles ou existantes (Oceane), voir n° 41290.

III. Remboursement d'obligations en actions (Ora ou Orane), voir n° 41295.

55415 **BSA (bons de souscription d'actions)** Sur le régime juridique de ces titres, voir n° 41255.

Sur le contrôle et les rapports des **commissaires aux comptes** en cas d'émission avec suppression du droit préférentiel de souscription, voir FRC 12/23 Hors série inf. 107 s. et sans suppression, FRC 12/23 Hors série inf. 108.

Sur l'évaluation et le traitement comptable chez le détenteur de ces bons, voir n° 38195.

Le traitement comptable des bons de souscription d'actions émis de manière autonome est précisé par le PCG (art. 941-10) et l'avis CNC n° 35.

I. Bons de souscription d'actions (BSA) Selon l'avis CNC n° 35, il résulte du contrat d'émission que le montant reçu lors de la souscription de BSA émis de manière autonome est définitivement acquis à la société émettrice et que l'émission de tels bons engage la société à procéder à une augmentation de capital. En conséquence, le PCG (art. 941-10) et l'avis CNC n° 35 recommandent le traitement suivant :

a. Comptabilisation lors de l'émission La contrepartie des bons est enregistrée dans le compte 104 « Primes liées au capital social » (compte 1045 « Bons de souscription d'actions »). Cette **affectation** est **définitive, même en cas de péremption** des bons, voir d. ci-après.

Le BSA est **considéré** par le PCG non comme un produit mais **comme un apport** venant directement augmenter la situation nette, sans passer par le compte de résultat ni par la décision d'affectation des résultats dévolue à l'assemblée générale des associés.

> **Fiscalement** (CGI art. 38-8-3° ; BOI-BIC-PDSTK-10-20-60-20 n° 370) Les sommes reçues par une entreprise lors de l'émission de droits de souscription ou d'acquisition de valeurs mobilières sont comprises dans ses **résultats** imposables de l'**exercice de péremption** de ces droits lorsqu'ils n'ont **pas été exercés**. En conséquence, le montant correspondant à la contrepartie des bons de souscription d'actions autonomes doit être réintégré sur l'imprimé n° 2058-A de l'exercice de leur péremption (ligne WQ).

Sur le traitement des frais d'émission de BSA, voir n° 45150.

EXEMPLE

En janvier N, l'entreprise F décide d'émettre 2 000 BSA dans les conditions suivantes :
— prix de souscription unitaire : 50 ;
— durée d'exercice : 5 ans ;
— parité : chaque BSA donne droit de souscrire à une action ;
— prix d'exercice : 500.

Lors de leur émission, les BSA sont enregistrés, chez l'émetteur comme suit :

	1045 Bons de souscription d'actions	467 Autres débiteurs	512 Banque
Janvier N : Emission des BSA			
Prix de souscription des BSA [2 000 x 50]	100 000 ..... 100 000		
Versement du prix de souscription		100 000 ..... 100 000	

b. Information à fournir jusqu'à la péremption des bons Sont indiquées, dans l'**annexe**, des informations sur (PCG art. 833-20/1) :
— les modalités d'émission : montant de l'émission, nombre de bons, prix d'exercice, date limite d'exercice ;
— les mouvements sur les bons : nombre de bons exercés et montant reçu, nombre de bons rachetés et annulés, nombre de bons en circulation, augmentation de capital potentielle en nombre d'actions et en valeur, évolution des cours des bons et des actions ;
— l'effet de la dilution potentielle sur le bénéfice par action.

c. Lors de l'exercice des bons L'augmentation de capital en résultant est comptabilisée, à notre avis, comme une augmentation de capital en numéraire classique (pour des détails, voir n° 55315).

> **Précisions** **Bonifications en cas d'exercice de BSA** Certains contrats peuvent prévoir des mesures visant à inciter à l'exercice du BSA, comme l'obtention d'actions gratuites en bonus à l'atteinte de certains paliers de conversion de BSA (voir exemple).

EXEMPLE

(suite de l'exemple ci-avant)

Condition d'émission des BSA (suite) :
— 10 actions gratuites sont obtenues en bonus si au moins 1 900 BSA sont exercés.

En janvier N+5 :
— 1 900 BSA sont exercés et 100 BSA sont périmés (voir d.) ;
— 10 actions sont attribuées gratuitement ;
— les actions nouvelles sont émises pour un nominal de 1.

Les écritures à comptabiliser pour traduire ces opérations sont les suivantes :

	1012 Capital souscrit - appelé non versé	104 Prime d'émission	1045 Bons de souscription d'actions	4562 Actionnaires capital - appelé non versé	512 Banque
A.N.			100 000		100 000
Janvier N+5 : Exercice de 1 900 BSA					
Augmentation des CP (1)	1 910	948 090		950 000	
Libération de l'augmentation de capital				950 000	950 000

(1) L'augmentation de capital est de 950 000, soit 1 900 × 500 (le prix d'exercice des actions).
Sur le prix d'exercice de 500, l'entreprise affectant 1 à la libération du capital social et 499 à la prime d'émission, l'augmentation de capital est ainsi affectée :
– 1 910 actions × 1 = 1 910 de capital social ;
– 948 090 de Prime d'émission.

d. Péremption des bons La péremption ne remet pas en cause la comptabilisation initiale du prix de souscription (voir a. ci-avant). Le PCG (art. 941-10) précise en effet que la valeur de la contrepartie des bons est, dans ce cas, maintenue dans le compte 104 « Primes liées au capital social ».

II. BSA dans le cadre d'une OPA (bons d'offre)

> **Juridiquement** Voir Mémento Sociétés commerciales n° 65460 à 65464.

a. Lors de l'émission des bons Chez l'émetteur, les bons d'offre étant attribués gratuitement et donnant droit à la souscription d'actions en numéraire par leur détenteur, ils ne devraient pas donner lieu à comptabilisation dans les comptes individuels lors de leur attribution. En effet, ils ne coûtent rien à l'entreprise et n'ont qu'un effet dilutif éventuel.
La péremption des bons n'a aucune incidence pour la société émettrice, leur valeur comptable étant nulle.
Il conviendrait toutefois de prévoir une information en annexe.

b. Lors de l'exercice des bons L'augmentation de capital est comptabilisée, à notre avis, comme une augmentation de capital en numéraire classique (voir n° 55315).
Sur les diligences à appliquer par les commissaires aux comptes dans le cadre des dispositifs prévus aux articles L 233-32 et L 233-33 du Code de commerce et pour des **exemples de rapports,** voir NI.V, tome 6, § 7 et 9.15 (septembre 2015).

III. Cas particulier du rachat de bons de souscription d'actions propres

Le traitement comptable du rachat des BSA n'est pas abordé dans l'avis CNC n° 35. À notre avis, comme pour le rachat d'actions propres, le classement comptable du rachat de BSA dépend des objectifs poursuivis (voir n° 55635).
En pratique, ce rachat est réalisé essentiellement pour faciliter des fusions et réductions de capital. En conséquence, à notre avis, par analogie avec le traitement prévu par le PCG en cas d'annulation des actions propres non motivée par des pertes (voir n° 55510) :
– les titres rachetés en vue de leur annulation sont inscrits au compte 2772 « Actions propres ou parts propres en voie d'annulation » ;
– lors de leur annulation, le compte 1045 est débité par le crédit du compte 2772. **Si la valeur de rachat est supérieure au produit des émissions de bons capitalisé en primes d'émission,** l'écart est imputé sur un compte de réserves distribuables.

55420 **Augmentation de capital par conversion d'actions en actions d'une autre forme** Les actions ordinaires peuvent être converties en actions de préférence et les actions de préférence peuvent être converties en actions ordinaires ou en actions de préférence d'une autre catégorie. La conversion entraîne une augmentation de capital lorsque le nombre des actions issues de la conversion est supérieur au nombre des actions à convertir (voir Mémento Sociétés commerciales n° 51390).

Une augmentation de capital consécutive à la conversion d'actions de préférence en actions ordinaires peut avoir lieu par incorporation des réserves, des bénéfices ou des primes d'émission (Rép. Adnot : Sén. 16-3-2006 n° 13314).
Sur la comptabilisation de l'augmentation de capital dans ce cas, voir n° 55340.

La quote-part de capital relative aux actions de préférence est reclassée du compte 1018 « Capital soumis à des réglementations particulières » (utilisé lors de l'émission des actions de préférence, voir n° 55325) au compte 1013 « Capital souscrit – appelé, versé ».
Le reclassement inverse est opéré en cas d'augmentation de capital par conversion d'actions ordinaires en actions de préférence.
Sur le contrôle et le rapport du commissaire aux comptes, voir FRC 12/23 Hors série inf. 109.5.

4. RÉDUCTION DE CAPITAL

55450 Elle s'opère soit par réduction de la valeur nominale des actions, soit par diminution de leur nombre (voir Mémento Sociétés commerciales n° 51700 à 52301).
Voir également la Note d'information CNCC NI.V., tome 1, décembre 2021 (3ᵉ édition).

RÉDUCTION DE CAPITAL AFIN D'APURER DES PERTES

55470 Lorsqu'une entreprise a subi des pertes, elle peut décider de les imputer sur les comptes de réserves (voir n° 54040). Lorsque les différentes réserves et en dernier lieu la réserve légale (voir Memento Sociétés commerciales n° 76275) ne suffisent pas à apurer ces pertes, l'entreprise peut alors procéder à une réduction de capital motivée par des pertes.
Sur la date d'enregistrement de l'opération, voir n° 55490.
Pour un lien avec une augmentation de capital (**coup d'accordéon**), voir n° 55545.
Sur la comptabilisation de l'opération chez l'actionnaire, voir n° 37785.

I. Imputation des pertes issues de comptes approuvés par l'assemblée
La réduction du capital par imputation des pertes ne peut être réalisée que **si ces pertes ont une existence certaine** dans leur consistance et leur montant, c'est-à-dire **après approbation des comptes** de fin d'exercice par l'assemblée générale (Mémento Sociétés commerciales n° 51701 ; Bull. CNCC n° 62, juin 1986, EJ 86-45, p. 224).
En principe, ce sont donc les **pertes des exercices antérieurs** à celui dont les comptes sont approuvés par l'assemblée générale qui sont concernées par la réduction de capital.

> **Précisions** Pertes de l'exercice en cours
> Deux solutions permettent néanmoins de tenir compte des pertes de l'exercice en cours dans le montant de la réduction de capital :
> – réaliser la réduction sur la base d'un exercice intercalaire (préalablement réduit par une assemblée générale extraordinaire – Bull. CNCC n° 55, septembre 1984, EJ 84-89, p. 363 s.) sur lequel le commissaire aux comptes établit un rapport de certification des comptes ; cet exercice dégagerait ainsi des pertes qui, compte tenu de leur approbation par l'assemblée générale, auraient une existence certaine, ce qui légitimerait l'opération de réduction du capital social (Bull. CNCC n° 44, décembre 1981, EJ 81-127, p. 508 et n° 62, juin 1986, EJ 86-145, p. 224) ;
> – sur la deuxième solution, voir II. ci-après.

L'écriture est : débit du compte « Capital » (PCG art. 941-10), crédit du compte « Report à nouveau ».

> **Fiscalement** Une réduction de capital par imputation des pertes ne fait pas obstacle au report des déficits sur les exercices ultérieurs (CE 23-3-1960 n° 46240, repris dans les conclusions de Philippe Martin, Commissaire du Gouvernement, sous l'arrêt CE 20-3-1989 n° 56087 ; BOI 13 L-3-89, non repris dans Bofip).

> **Juridiquement** La réduction de capital peut être réalisée de plusieurs façons :
> **a.** **Imputation en cas de perte de la moitié du capital social** voir n° 55025.
> **b.** **Affectation à un compte de réserves ou de prime d'émission** Aucune disposition légale ou réglementaire n'interdit cette opération qui n'est que l'inverse d'une augmentation de capital par incorporation de réserves ou de prime. Les sommes affectées au compte de réserves ou de prime d'émission devront être affectées dans un compte distinct dont le libellé indiquera clairement qu'il s'agit de sommes provenant d'une réduction de capital. Pour plus de détails, voir n° 55500 et Mémento Sociétés commerciales n° 51730.

Sur le **rapport du commissaire aux comptes**, voir FRC 12/23 Hors série inf. 104.

II. Imputation de pertes certaines (mais issues de comptes non encore approuvés par l'assemblée) ou prévisionnelles
a. La CNCC considère qu'une telle réduction de capital n'est pas illicite (NI.V.t.1, § 1.14.1.b). Il est donc possible, en cas de pertes successives (pertes antérieures et en cours d'exercice), **pour éviter des réductions de capital successives,** de procéder à **une seule réduction de capital** dans laquelle :
– le compte 101 « Capital » est débité (PCG art. 941-10) ;

– par le crédit du compte 119 « Report à nouveau », pour les pertes antérieures ;
– et par le crédit d'un compte de prime d'émission (en ce sens, Note d'information CNCC NI.V.t.1, § 1.14.1.b) ou du compte 1062 « réserves indisponibles » (solution qui a notre préférence), pour le solde.

En revanche, procéder à une réduction de capital en constatant une « provision pour apurement des pertes en cours d'exercice » (sans transiter donc par le résultat) est irrégulier (voir n° 57295).

Lors de l'approbation des comptes de l'exercice en cours, les pertes définitives devront être affectées au poste de capitaux propres où a été enregistré l'excédent de la réduction du capital (prime d'émission ou réserves indisponibles). Le solde, s'il en existe un, doit rester indisponible ou être incorporé au capital (Note d'information CNCC NI.V.t.1, § 2.23.4).

> **Juridiquement**   Voir Mémento Sociétés commerciales n° 51920.

> **Précisions**   Dans ce cas, selon la NI.V.t.1 (§ 2.23.4), le **commissaire aux comptes** :
– vérifie que le montant de la réduction, qui excède les pertes des exercices antérieurs approuvés par l'assemblée, est cohérent avec les pertes de l'exercice non encore approuvées par l'assemblée, et celles prévisionnelles de l'exercice en cours ;
– ultérieurement, dans le cadre de ses travaux relatifs à la certification des comptes, vérifiera que les pertes définitives sont bien affectées, après leur constatation, au poste de capitaux propres où a été enregistré l'excédent de la réduction du capital, et que le solde, s'il en existe un, reste dans le principe indisponible (imputation possible, à notre avis, au compte 1062 « Réserves indisponibles ») ou est incorporé au capital.

b. Il est toutefois possible de procéder à **deux réductions** de capital :
– l'une motivée par des pertes pour les pertes antérieures ;
– l'autre non motivée par des pertes, les pertes en cours n'ayant pas encore d'existence certaine (voir ci-après III).

III. Réduction supérieure aux pertes

a. Lorsqu'une société envisage de réduire son capital pour un montant supérieur à celui des pertes antérieures à l'exercice en cours, la partie excédant ces pertes fait l'objet d'une réduction de capital non motivée par des pertes. La société procède alors à **deux réductions** de capital :
– une réduction de capital motivée par des pertes pour le montant des pertes à apurer (voir ci-avant) ;
– une réduction de capital non motivée par des pertes pour le montant restant (voir n° 55490).

b. Il est toutefois possible, lorsque des pertes sont constatées sur l'exercice en cours ou sont attendues, de ne procéder qu'à **une seule réduction** de capital motivée par des pertes en affectant les pertes issues de comptes non encore approuvés ou prévisionnelles à un compte de prime d'émission ou à un compte de réserves indisponibles (voir ci-avant II).

RÉDUCTION DE CAPITAL NON MOTIVÉE PAR DES PERTES (C. COM. ART. L 225-205)

55490   Sur les aspects juridiques, voir Mémento Sociétés commerciales n° 51710, 51730 et 52000 à 52011.
Sur la comptabilisation de l'opération chez l'actionnaire, voir n° 37787 et 37790.
Sur le rapport des commissaires aux comptes, voir FRC 12/23 Hors série inf. 104.

Réduction par remboursement du capital aux actionnaires

I. Réduction par remboursement en numéraire
L'écriture (voir Date d'enregistrement ci-après) est :
– débit du compte « Capital » ;
– le cas échéant, débit des comptes de réserves distribuables ou primes liées au capital en cas de réduction du nombre de titres, afin d'imputer l'annulation de la valeur des titres excédant le nominal ;
– par le crédit du compte 4567 « Associés – Capital à rembourser ».

Ce compte est ensuite annulé par le crédit d'un compte de trésorerie.

La réduction de capital doit être comptabilisée lorsqu'elle est définitive, c'est-à-dire :
– dès la **décision de l'assemblée générale** ou, en cas de délégation de compétence ou de pouvoir, à la date de la décision de l'organe compétent ayant fait usage de sa délégation ;

> **Précisions** **Cas des délégations de pouvoir ou de compétence dans les sociétés par actions** En effet, la CNCC estime que les créanciers ne pouvant être privés de leur droit d'opposition, le délai d'opposition devrait courir à compter du dépôt au greffe du procès-verbal de la délibération de l'organe compétent qui a fait usage de la délégation qui lui avait été antérieurement conférée par l'organe délibérant (Note d'information NI.V.t.1 CNCC, décembre 2011, § 1.14.1.a).

— sans attendre l'expiration du délai d'opposition de 20 jours laissé aux créanciers (Bull. CNCC n° 169, mars 2013, EJ 2012-35, p. 104 s.), sauf dans certains cas particuliers (voir ci-après).

> **Précisions** **Enregistrement après l'expiration du délai d'opposition** Dans les cas suivants (voir Mémento Sociétés commerciales n° 51931), la réduction du capital n'est, à notre avis, à comptabiliser qu'après l'expiration du délai d'opposition :
— l'assemblée s'est bornée à autoriser la réduction de capital et a donné tous pouvoirs au conseil d'administration pour décider, au vu des oppositions éventuelles, s'il convient de réaliser ou non l'opération ; la comptabilisation ne doit se faire alors qu'après la décision du conseil (ou du directoire) ;
— la décision de l'assemblée est soumise à la condition suspensive de l'absence d'oppositions.
Dans ces cas, si l'expiration du délai d'opposition intervient après la clôture de l'exercice, une information dans l'annexe de la probable réduction de capital paraît alors nécessaire.

Pour une position contraire, contestable à notre avis, voir Avis CCRCS n° 2016-016 du 15 septembre 2016.

II. Réduction par attribution d'un élément d'actif (le plus souvent des titres en portefeuille)

L'écriture (voir Date d'enregistrement ci-avant) est : débit du compte « Capital » par le crédit du compte 4567 « Associés – Capital à rembourser ».

La comptabilisation de la sortie de l'actif remis en contrepartie attribué est, à notre avis, similaire à celle d'une cession à la valeur vénale. Cette sortie fait naître une créance sur les associés.

Le compte 4567 est ensuite soldé par cette créance.

Si le montant de la réduction de capital, qui devrait correspondre à la valeur vénale de l'actif attribué, est supérieur à la valeur comptable de celui-ci, un produit est à comptabiliser en résultat (financier ou exceptionnel selon la nature de l'actif attribué), par analogie à une distribution de dividendes en nature (voir n° 54037).

EXEMPLE

Le 1er décembre N, l'assemblée générale décide de procéder à une réduction de capital de 20 par réduction de la valeur nominale des titres composant le capital social en contrepartie d'une remise de titres de participation détenus en portefeuille. Les titres remis sont inscrits au bilan pour leur valeur historique de 15 mais ils ont une valeur vénale de 20 au 1er décembre N (cours de bourse à cette date).

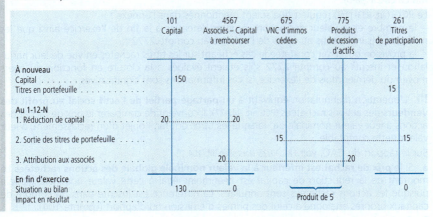

Réduction par affectation à la prime d'émission 55500

> **Juridiquement** Cette opération est licite en l'absence de disposition légale ou réglementaire spécifique (Bull. CNCC, n° 96, décembre 1994, EJ 94-237, p. 755 s. et Mémento Sociétés commerciales n° 51730 ; en ce sens également, lettre de la Chancellerie au CNC en date du 21-12-2005 publiée par la CNCC au bulletin CNCC n° 140, décembre 2005, p. 570 s.).

Comptablement, l'affectation se traduit par le débit du compte « Capital » et le crédit du compte « Prime d'émission ». Pour la date d'enregistrement, voir n° 55490.

Sur le traitement chez l'actionnaire du remboursement/distribution de la prime d'émission créée par une réduction de capital, voir n° 37790.

RÉDUCTION DE CAPITAL PAR ANNULATION D'ACTIONS RACHETÉES

55510 Cette possibilité s'applique à la fois aux sociétés cotées et non cotées.

> **Juridiquement** La réduction de capital peut être consécutive, notamment, à :
> **a.** Un rachat d'actions en vue de les annuler (C. com. art. L 225-207), voir Mémento Sociétés commerciales n° 52070 s.
>
> La réglementation ne prescrit **pas** l'établissement d'un **bilan intérimaire**.
>
> **L'attribution d'un élément d'actif** à un ou plusieurs actionnaires en contrepartie de l'annulation de leurs titres et d'une réduction de capital corrélative prend la forme, d'un point de vue juridique, d'une réduction de capital non motivée par des pertes (Bull. CNCC n° 160, décembre 2010, EJ 2010-55, p. 673). Cette opération est de nature à rompre l'égalité des actionnaires. En conséquence, la CNCC considère qu'elle doit être décidée avec l'accord unanime des actionnaires (NI.V.t.1, § 1.14.2.a).
>
> **b.** L'annulation d'actions achetées dans le cadre d'un plan de rachat (C. com. art. L 22-10-62, 7° et L 225-209-2, 10°). Voir n° 55585 à 55655.

Sur le plan comptable :

I. Les titres rachetés en vue de leur annulation sont inscrits au compte 2772 « Actions propres ou parts propres en voie d'annulation » (PCG art. 942-27) pour leur coût d'acquisition.

> **Précisions 1. Titres issus de reclassements** Lorsque les titres destinés à être annulés proviennent d'un **reclassement**, ils sont enregistrés pour leur VNC à la date du reclassement (voir n° 55655 I. b.).
>
> En cas de dépréciation comptabilisée préalablement au reclassement, celle-ci n'est pas reprise en résultat lors de l'annulation des titres (la valeur nette comptable étant annulée en contrepartie des capitaux propres).
>
> **2. Attribution d'un élément d'actif** Lorsque l'annulation des titres se fait en contrepartie de l'attribution d'un élément d'actif, le prix de rachat des actions correspond, à notre avis, à la valeur vénale de l'actif au moment du rachat. Si cette valeur est supérieure à la valeur nette comptable de l'actif, une plus-value est, à notre avis et par analogie à une distribution de dividendes en nature (voir n° 54037), à comptabiliser en résultat.
>
> **3. Frais d'acquisition des titres** Le prix de rachat comprend les frais d'acquisition lorsque l'entreprise a retenu l'option pour l'incorporation dans le coût des titres (voir n° 35620). Lors de l'annulation des titres, ces frais sont imputés sur les capitaux propres.
>
> **4. Cas particulier du rachat de bons de souscription d'actions propres** (voir n° 55415 III.).

II. Ils ne doivent **pas être dépréciés** s'ils n'ont pas encore été annulés à la clôture (en ce sens, Avis CU CNC n° 98-D).

Le PCG (art. 833-11/2) requiert que soient mentionnés dans l'annexe :
– le nombre et la valeur des actions propres détenues à la fin de l'exercice ainsi que les mouvements intervenus au cours de l'exercice au compte 2772 ;
– la provision qui serait constatée le cas échéant sur les titres rachetés en vue de leur annulation et inscrits au compte 2772 s'ils étaient évalués à la clôture en fonction du cours moyen du dernier mois de l'exercice, si ces informations sont significatives.

III. L'opération d'annulation équivaut à un **partage partiel de l'actif social au profit des vendeurs** des actions rachetées (PCG art. 942-27). Il convient de comparer le prix de rachat des actions à leur valeur nominale ou, lorsque les titres ont fait l'objet d'un reclassement, à leur valeur nette comptable.

Sur le rapport du CAC, voir FRC 12/23 Hors série inf. 104.1.

a. Si le **prix de rachat est inférieur à la valeur nominale globale des actions rachetées** Le montant de la réduction de capital est néanmoins égal à cette valeur nominale globale puisque les actions rachetées sont annulées. La différence est inscrite dans un compte de capitaux propres analogue à celui des primes d'émission ou d'apport (compte 104).

Sur la distribution de la prime liée au capital, voir n° 37790.

b. Si le **prix de rachat est supérieur à la valeur nominale des actions rachetées** Le montant de la réduction de capital est égal à cette dernière et l'excédent imputé sur un compte de réserves distribuables (sur cette notion, voir n° 53990).

Lorsque les réserves distribuables ne sont pas suffisantes (cas de plus-values latentes existantes telles que la différence ci-avant absorbe totalement les comptes distribuables et qu'il subsiste encore un excédent), l'excédent résultant de l'annulation des titres est, à notre avis, à comptabiliser dans le compte « Report à nouveau débiteur » (en ce sens, Avis CU CNC 2005-C du 4-5-2005, question n° 11).

> **Fiscalement** **a. Rachat des actions** Le rachat par une société de ses propres actions n'a pas d'incidence sur son résultat imposable (pour une SNC, CE 15-2-2016 n° 376739 ; pour une SA, CE 22-10-2018 n° 375213). Ainsi :
— le rachat à un prix inférieur à la valeur nominale ne dégage pas de profit imposable (BOI-BIC-PDSTK-10-30-30 n° 85) ;
— le rachat à un prix supérieur à la valeur nominale ne dégage pas de perte déductible.
Sur les conséquences fiscales du rachat pour l'associé, voir n° 37795.
b. Charges financières La déduction des intérêts d'emprunt finançant le rachat par une société de ses propres titres en vue de réduire son capital est subordonnée à l'existence d'un intérêt propre de la société, ce qui n'exclut pas que les associés y trouvent également un avantage (CE 15-2-2016 n° 376739 ; CAA Versailles 24-1-2012 n° 10VE03601).

RÉDUCTION CONSÉCUTIVE À LA CONVERSION D'ACTIONS EN ACTIONS D'UNE AUTRE FORME

55515

La conversion d'actions ordinaires en actions de préférence, ou d'actions de préférence en actions ordinaires, ou encore d'actions de préférence d'une catégorie en actions de préférence d'une autre catégorie entraîne une réduction de capital non motivée par des pertes lorsque le nombre d'actions issues de la conversion est inférieur au nombre d'actions converties.
Sur les aspects juridiques, voir n° 55420 et Mémento Sociétés commerciales n° 67835.
Sur le contrôle et le rapport du commissaire aux comptes, voir FRC 12/23 Hors série inf. 109.5.
Comptablement, la réduction se traduit, à notre avis, par le débit du compte « Capital » et le crédit du compte « Prime d'émission ». Pour la date d'enregistrement de cette opération, voir n° 55490.
Pour le reclassement de la quote-part de capital relative aux actions de préférence, voir n° 55420.

5. « COUP D'ACCORDÉON » (RÉDUCTION DE CAPITAL SUIVIE D'UNE AUGMENTATION DE CAPITAL OU INVERSEMENT)

55545

Cette opération consiste en une **réduction de capital suivie immédiatement d'une augmentation de capital afin d'apurer des pertes (ou inversement).**
Le principal objectif du « coup d'accordéon » est donc de faire disparaître les pertes figurant au report à nouveau débiteur.

> **Juridiquement** Voir Mémento Sociétés commerciales n° 51210 et 52161 s.
Sur le traitement comptable de la réduction de capital, voir n° 55450 s.
Sur le traitement comptable de l'augmentation de capital, voir n° 55295 s.
Sur les conséquences du coup d'accordéon chez l'actionnaire, voir n° 37785.

6. RACHAT PAR UNE SOCIÉTÉ DE SES PROPRES ACTIONS

Conditions communes aux opérations de rachat Le rachat d'actions propres s'articule autour de trois régimes principaux :

55585

— un régime de rachat dans le cadre d'un plan de rachat d'actions (C. com. art. L 22-10-62 et L 225-209-2), **réservé aux sociétés par actions non cotées** (voir n° 55590 s.) et **aux sociétés cotées** (voir n° 55615 s.) ;
— un régime de rachat en vue de l'**attribution aux salariés** (C. com. art. L 22-10-62 et L 225-209 ; voir n° 55665) ;
— un régime de rachat en vue d'une **réduction de capital non motivée par des pertes** (C. com. art. L 225-207 ; voir n° 55510).

> **Précisions** Les sociétés peuvent également racheter leurs actions :
— en cas de refus d'agrément d'une cession d'actions, pour permettre à l'actionnaire cédant de se défaire de ses titres (C. com. art. L 228-24, al. 2), voir n° 55675 ;
— pour éviter la nullité d'une délibération fondée sur un vice du consentement ou l'incapacité d'un actionnaire (C. com. art. L 235-6, al. 2), voir n° 55680 ;
— à la suite d'une transmission de patrimoine à titre universel ou d'une décision de justice (C. com. art. L 225-213, al. 1), voir n° 55680.
Les conditions de ces rachats sont fixées par des règles juridiques distinctes de celles indiquées ci-après.

L'achat par une société de ses propres actions est autorisé dans les **conditions et suivant les modalités** définies par la loi (C. com. art. L 225-206 II, al. 1). Pour plus de détails sur les conditions et modalités, voir Mémento Sociétés commerciales n° 68910 à 68983.

a. Plafond La société ne peut pas posséder plus de 10 % du total de ses propres actions ni, s'il existe plusieurs catégories d'actions, plus de 10 % d'une catégorie déterminée (C. com. art. L 225-210, al. 1er).

> **Précisions** **Exceptions** Toutefois :
> — la limite est fixée à 5 % du capital social pour les actions acquises en vue de leur conservation et de leur remise ultérieure en paiement ou en échange dans le cadre d'une opération de fusion, de scission ou d'apport (C. com. art. L 22-10-62, al. 6 et L 225-209-2, al. 7) ;
> — aucun plafond ne s'impose aux rachats d'actions réalisés en vue d'une réduction de capital non motivée par des pertes (C. com. art. L 225-207 et Com. Ansa n° 09-061, CJ du 4-11-2009 ; voir n° 55510).

b. Maintien des capitaux propres L'acquisition d'actions de la société ne peut avoir pour effet d'abaisser les capitaux propres à un montant inférieur à celui du capital augmenté des réserves non distribuables (C. com. art. L 225-210, al. 2).

> **Précisions** Ces éléments sont appréciés sur la base des comptes annuels approuvés par l'assemblée, en tenant compte des décisions prises jusqu'à la date d'approbation des comptes annuels et susceptibles d'influer sur le montant des réserves disponibles (NI.V.t.1, § 1.31.10).

En conséquence, une société ne peut pas procéder au rachat de ses propres actions lorsque ses capitaux propres sont inférieurs au capital social (Bull. CNCC n° 134, juin 2004, EJ 2004-70, p. 352).

c. Réserves indisponibles : la société doit disposer de réserves, autres que la réserve légale, d'un montant au moins égal à la valeur de l'ensemble des actions qu'elle possède (C. com. art. L 225-210, al. 3).

> **Précisions** **1. Définition des réserves** Aux réserves peuvent être assimilées les primes d'émission, d'apport ou de scission (voir Mémento Sociétés commerciales n° 68924 s.).
> **2. Ajustement des réserves** Ces réserves indisponibles n'étant pas mouvementées en cours d'exercice selon le flux d'achats et de ventes d'actions propres, le conseil d'administration doit veiller à ce qu'à tout moment le montant maximum des actions propres achetées ne dépasse pas le niveau total de réserves dont dispose la société. Ces éléments sont appréciés sur la base des comptes annuels approuvés par l'assemblée, en tenant compte des décisions prises jusqu'à la date d'approbation des comptes annuels et susceptibles d'influer sur le montant des réserves disponibles (NI.V.t.1, § 1.31.10).
> À la **clôture de l'exercice**, à notre avis, l'assemblée générale statuant sur les comptes ajuste en conséquence les réserves indisponibles correspondant au coût d'achat des actions restantes :
> — soit en prélevant une somme supplémentaire sur les autres réserves ou au besoin sur le bénéfice de l'exercice ;
> — soit au contraire en réintégrant dans les réserves libres l'excédent constaté.
> **3. Rachats non concernés** Cette disposition ne s'applique pas néanmoins aux rachats d'actions réalisés en vue d'une réduction de capital non motivée par des pertes lorsque les titres sont immédiatement annulés (Com. Ansa 09-061, CJ du 4-11-2009).

Sur la comptabilisation des réserves indisponibles, voir n° 56085.

d. Non-respect des règles d'auto-détention Les actions possédées en violation de l'article L 225-210 du Code de commerce doivent être cédées dans le délai d'un an à compter de leur acquisition ou, à défaut, être annulées (C. com. art. L 225-214). L'annulation des actions irrégulièrement détenues ne s'opère pas de plein droit. Un vote de l'assemblée générale de la société est nécessaire pour prononcer l'annulation des actions en cause et pour réduire corrélativement le capital social (Cass. com. 12-5-2021 n° 19-17.566 F-P). Sur la comptabilisation de l'annulation des actions, voir n° 55510.

> **Précisions** **Incidence sur la mission du CAC** En cas de non-respect par la société des dispositions légales relatives à l'acquisition et à la conservation de ses propres actions, le commissaire aux comptes doit (Bull. CNCC n° 134 précité) :
> — **communiquer les irrégularités relevées** aux organes mentionnés à l'article L 823-16 du Code de commerce et à l'assemblée générale (voir FRC 12/23 Hors série inf. 80 s.) ;
> — **révéler**, le cas échéant, **les faits délictueux** au procureur de la République (voir FRC 12/23 Hors série inf. 86 s.).

RACHAT PAR UNE SOCIÉTÉ NON COTÉE DE SES PROPRES ACTIONS DANS LE CADRE D'UN PLAN DE RACHAT (C. COM. ART. L 225-209-2)

55590 Le rachat de ses propres actions par une société dont les actions ne sont pas admises aux négociations sur un marché réglementé ou sur Euronext Growth (ex-Alternext) est prévu par l'article L 225-209-2 du Code de commerce.

Pour une présentation détaillée de ce dispositif, voir Mémento Sociétés commerciales n° 68975 à 68983.

© Éd. Francis Lefebvre   LES FONDS PROPRES (CAPITAUX PROPRES ET AUTRES FONDS PROPRES)

Modalités de rachat   **a. Détermination des modalités** 55595
L'assemblée générale **ordinaire** autorisant la société à racheter ses actions doit déterminer les finalités du programme de rachat ainsi que le nombre maximal de titres pouvant être acquis, le prix ou les modalités de fixation du prix et la durée de l'autorisation, qui ne peut excéder 12 mois (C. com. art. L 225-209-2, al. 8). L'assemblée peut autoriser le conseil d'administration ou le directoire à utiliser les actions rachetées pour une autre finalité que celle initialement prévue.
Dans ce cadre, la société peut racheter ses actions dans **la limite de 10 %** de son capital social, sauf cas particulier (voir b. ci-après).

> **Précisions** **1. Rapports du CAC et de l'expert indépendant** Voir FRC 12/23 Hors série inf. 105.1.
> **2. Prix des actions** Le prix des actions ne peut être ni supérieur à la valeur la plus élevée ni inférieur à la valeur la moins élevée figurant dans le rapport d'évaluation de l'expert indépendant.

b. Objectifs du rachat Les objectifs que doivent respecter les émetteurs qui procèdent au rachat de leurs propres actions sont fixés par l'article L 225-209-2 du Code de commerce. Ils sont au nombre de trois :
– couverture, dans l'année de leur rachat, des obligations liées (C. com. art. L 225-209-2, al. 2) :
• à des **programmes de stock-options** ou d'**attribution gratuite d'actions,**
• à un **plan d'épargne entreprise,**
• ou à toute autre forme **d'allocation d'actions aux salariés** (par exemple, attribution au titre de la participation aux résultats de l'entreprise) ;
– **opérations de croissance externe** : dans les 2 ans du rachat, les actions acquises peuvent être remises en paiement ou en échange dans le cadre d'une opération de fusion, de scission ou d'apport (C. com. art. L 225-209-2, al. 3 et 7).
Dans ce cas, le plafond de détention est fixé à 5 % du capital social (C. com. art. L 225-209-2, al. 7) ;
– vente, dans les 5 ans du rachat, à des **actionnaires de la société** dans le cadre d'une **procédure de mise en vente** organisée par la société elle-même dans les 3 mois qui suivent chaque assemblée générale ordinaire annuelle (C. com. art. L 225-209-2, al. 4).

c. Conditions particulières à respecter (sur les conditions générales, voir n° 55585) :
1. Affectation initiale L'assemblée générale ordinaire doit préciser les finalités de l'opération au moment où elle autorise l'opération de rachat des titres (C. com. art. L 225-209-2, al. 8).
2. Réaffectation ultérieure des actions propres acquises :
– l'assemblée générale ordinaire peut autoriser le conseil d'administration ou le directoire à utiliser les actions rachetées pour une des autres finalités mentionnées ci-avant et dans le respect des délais prévus par les textes (C. com. art. L 225-209-2, al. 8) ;
– les actions rachetées mais non utilisées peuvent, sur décision de l'AGO, être utilisées pour une autre des finalités prévues par la loi (C. com. art. L 225-209-2, al. 16).
Sur la possibilité d'annuler les actions rachetées, voir n° 55610.

> **Précisions** **Sociétés inscrites sur Euronext Access (ex-Marché libre)** Dans le cas où les actions sont admises à la négociation sur Euronext Access, leur rachat dans le cadre d'un plan de rachat d'actions est soumis aux dispositions visant à interdire les abus de marché prévues par le règlement MAR (voir n° 55635).

Traitement comptable 55600
I. Classement des actions propres Le classement comptable des actions propres acquises dans le cadre d'un programme de rachat est, à notre avis, déterminé par analogie avec le classement comptable applicable aux rachats d'actions réalisés par les sociétés cotées (et précisé par l'Avis CU CNC n° 98-D ; voir 55655). Il dépend de la formulation des objectifs :
a. Affectation explicite à l'attribution aux salariés Dans ce cas, les actions rachetées sont inscrites au compte 502 « Actions propres ».
Lorsqu'elles sont rachetées en vue d'être attribuées aux salariés dans le cadre d'un plan de stock-options ou d'attribution gratuite d'actions, les actions sont comptabilisées dans les sous-comptes 502-1 ou 502-2 (voir n° 55795 et 55885).
b. Absence d'affectation explicite ou objectifs poursuivis autres que celui mentionné au a. (ci-avant). Dans ce cas, les actions rachetées sont inscrites au compte 2771 « Actions propres ou parts propres ».
Sur le **reclassement** d'actions propres, voir n° 55655 I. b.

> **Précisions** **Évolution attendue** La directive comptable unique n'autorisant la comptabilisation des actions propres qu'en VMP, l'ANC devrait supprimer la possibilité de les comptabiliser en titres immobilisés.

II. À la clôture de l'exercice

Quel que soit le classement comptable des actions rachetées (titres immobilisés ou VMP), le prix d'achat des actions doit être comparé à la **valeur d'inventaire**.

> **Précisions** La valeur d'inventaire des titres de sociétés non cotées correspond à leur valeur probable de négociation (voir n° 35855 pour plus de détails).

Une **dépréciation** doit être constatée si cette valeur d'inventaire est inférieure au prix d'achat.

Toutefois ne sont dépréciés :
– **ni** les titres inscrits au compte 2772 « Actions propres en voie d'annulation » (voir n° 55510) ;
– **ni** les actions propres détenues en vue de leur attribution aux salariés (sous forme d'actions gratuites ou de stock-options) à condition qu'elles soient affectées à un plan déterminé et comptabilisées dans le compte 502-1 (voir n° 55795 et 55885).

> **Fiscalement** Il en est de même (BOI-BIC-PROV-30-20-30 n° 130).

Sur la **provision** obligatoirement constatée dans ce cas et permettant de « couvrir » la valeur des actions autodétenues, voir n° 55770 II. et 55875 II.

III. Lors de la cession des actions propres rachetées

Voir n° 55655 III.

55605 **Information à fournir** **a. Information à l'assemblée générale** Sur le rapport spécial du commissaire aux comptes (C. com. art. L 225-209-2, al. 14), voir FRC 12/23 Hors série inf. 105.1.

b. Information en annexe Le nombre et la valeur des actions propres détenues à la fin de l'exercice ainsi que les mouvements intervenus au cours de l'exercice tant aux comptes 502 (VMP) que 2771 (titres immobilisés) sont mentionnés si ces informations sont significatives (PCG art. 833-11/2).

À notre avis, est également mentionnée, le cas échéant, la méthode retenue pour l'affectation des actions propres achetées.

Sur l'information à fournir en cas de reclassement d'actions propres de VMP à Titres immobilisés, voir n° 55655.

Sur les informations spécifiques à fournir en cas de plan de stock-options ou d'attribution gratuite d'actions, voir n° 55835 et 55915.

c. Information dans le rapport de gestion Voir n° 65006.

55610 **Annulation** Si la société renonce à utiliser les actions rachetées pour l'une des 3 finalités évoquées au n° 55595 b, les actions rachetées peuvent être annulées, sur autorisation ou décision de l'assemblée générale extraordinaire, dans la limite de 10 % du capital de la société par période de 24 mois. L'assemblée générale extraordinaire peut déléguer au conseil d'administration (ou au directoire) tous pouvoirs pour réaliser la réduction de capital consécutive.

À défaut d'avoir été utilisées pour l'une des 3 finalités et dans les délais mentionnés pour chaque objectif, les actions rachetées sont annulées de plein droit (C. com. art. L 225-209-2, al. 10).

Sur la comptabilisation de l'annulation des actions, voir n° 55510.

Sur la mission du CAC, voir FRC 12/23 Hors série inf. 104.1.

RACHAT PAR UNE SOCIÉTÉ COTÉE DE SES PROPRES ACTIONS DANS LE CADRE D'UN PROGRAMME DE RACHAT (C. COM. ART. L 22-10-62)

55615 Le rachat par une société cotée de ses propres actions est prévu par l'article L 22-10-62 du Code de commerce (ancien C. com. art. L 225-209) :
– lorsque les actions de la société sont admises aux négociations sur un marché réglementé (Euronext) ;
– lorsque les actions de la société sont admises aux négociations sur un système multilatéral de négociation organisé (Euronext Growth, ex-Alternext ; voir n° 80900).

Dans le cadre de ce régime, la société peut racheter ses actions dans **la limite de 10 % de son capital** social, après autorisation de l'AGO, et utiliser les actions rachetées à des fins limitativement énumérées par la loi (voir Mémento Sociétés commerciales n° 68945 à 68960 et 55635 II.).

La limite est fixée à 5 % pour les actions acquises en vue de leur conservation et de leur remise ultérieure en paiement ou en échange dans le cadre d'une opération de fusion, de scission ou d'apport (C. com. art. L 22-10-62, al. 6).

Sur les autres régimes de rachat d'actions communs à toutes les sociétés (et donc également applicables aux sociétés dont les titres sont admis aux négociations sur un marché réglementé), voir n° 55665 à 55680.

Modalités de rachat

55635

I. Détermination des modalités L'assemblée générale autorisant la société à racheter ses actions doit déterminer les finalités du programme de rachat ainsi que ses modalités (C. com. art. L 22-10-62, al. 1). Elle doit également fixer le nombre maximal de titres pouvant être acquis et aussi le montant maximal de l'opération (C. com. art. R 225-151 ; voir Mémento Sociétés commerciales n° 68948).

II. Objectifs du rachat Les objectifs que doivent respecter les émetteurs qui procèdent au rachat de leurs propres actions sont fixés par le Code de commerce (C. com. art. L 22-10-62).

> **Précisions** *Publicité* Le ou les objectifs du rachat constituent une information devant **obligatoirement** figurer dans le descriptif du programme (Règl. gén. AMF art. 241-2). Voir ci-après IV.

Les émetteurs peuvent, en fonction des objectifs de rachat poursuivis, bénéficier d'une présomption de légitimité au regard des manipulations de marché plus ou moins forte s'ils respectent certaines conditions encadrant leurs interventions :

a. Objectifs de rachat d'actions propres permettant de bénéficier d'une présomption irréfragable de légitimité (dérogation prévue à l'article 5 du Règl. CE 596/2014 du 16-4-2014, dit règlement MAR) :
– réduction du capital (voir Mémento Sociétés commerciales n° 68958) ;
– couverture d'obligations liées :
• à des **titres de créance donnant accès au capital,**
• ou à des **programmes de stock-options** ou d'**attribution gratuite d'actions,**
• ou à toute autre forme **d'allocation d'actions aux salariés** ou aux membres des organes d'administration, de gestion ou de surveillance de l'émetteur ou d'une entreprise associée (par exemple, attribution au titre de la participation aux résultats de l'entreprise).
Sur les conditions à respecter pour bénéficier de la présomption irréfragable de légitimité, voir ci-après III.

b. Objectif de rachat qualifié de pratique de marché admise par l'AMF et permettant de bénéficier d'une présomption simple de légitimité (dérogation prévue à l'article 13 du Règl. CE 596/2014 précité) Il s'agit des rachats d'actions réalisés dans le cadre d'un **contrat de liquidité** sur actions conclu avec un prestataire de services d'investissement (PSI) (Pratique de marché admise par l'AMF relative aux contrats de liquidité sur titres de capital, Décision AMF 2021-01 du 22-6-2021 se substituant depuis le 1er juillet 2021 à la décision 2018-01 du 2-7-2018 applicable depuis le 1er janvier 2019 ; voir Mémento Sociétés commerciales n° 68950).

c. Autres objectifs de rachat d'actions propres L'assemblée générale peut, dans les conditions prévues par la loi, autoriser des rachats poursuivant d'autres objectifs que ceux listés ci-avant en a. et b. Ces rachats ne sont pas interdits mais ils ne bénéficient d'aucune présomption de légitimité particulière (aucune dérogation n'est prévue par le Règl. CE 596/2014 précité) ; ils doivent être réalisés en conformité avec l'ensemble des lois et règlements qui leur sont applicables.

> **EXEMPLE**
> À titre d'exemple, la loi prévoit que les actions peuvent être acquises par la société en vue de leur conservation et de leur remise ultérieure en paiement ou en échange dans le cadre d'une opération de fusion, de scission ou d'apport (C. com. art. L 22-10-62, al. 6). Les transactions réalisées dans le cadre de cet objectif ne bénéficiant d'aucune présomption de légitimité, il appartient à l'émetteur de pouvoir justifier que ses interventions sont motivées par des raisons légitimes et sont réalisées en conformité avec le règlement applicable.

III. Conditions à respecter pour bénéficier d'une présomption irréfragable de légitimité (sur les conditions générales, voir n° 55585)

a. Affectation initiale L'AMF (Position-recommandation AMF 2017-04 relative aux interventions des émetteurs cotés sur leurs propres titres et à la mise en œuvre de la stabilisation, § 1.4.1 mise à jour le 28-4-2021) propose deux solutions pour démontrer qu'une affectation **immédiate** des actions acquises a été réalisée :
– en amont des opérations de rachat : **ouvrir un compte par objectif poursuivi** chez un teneur de comptes ;
– en aval des opérations : **comptabiliser les opérations dans des sous-comptes distincts** en fonction de l'objectif poursuivi.

b. Réaffectation ultérieure des actions propres acquises Les possibilités de réaffectation ne sont, en principe, pas limitées, la libre réaffectation (déterminée par l'assemblée générale) étant la règle (Com. Ansa n° 05-065, CJ du 7-12-2005, p. 9-10). Toutefois, seules certaines alternatives

permettent à l'émetteur de conserver le bénéfice de la présomption de légitimité irréfragable (Position-recommandation de l'AMF 2017-04 précitée, § 1.4.2 et 3.9) :
– la conservation des titres au sein du même objectif ;
– la cession des titres dans certaines conditions prévues par le règlement délégué n° 2016/1052 du 8 mars 2016 (§ 4.2 à 4.4) ;
– la réaffectation à un autre objectif bénéficiant également de la présomption irréfragable sous réserve de l'autorisation votée en assemblée générale (voir ci-avant II. a.).

> **Précisions** Toutefois, selon l'AMF (Position-recommandation AMF 2017-04 précitée, § 1.4.2), les titres acquis aux fins de réduction de capital par voie d'annulation ne peuvent pas faire l'objet d'une réaffectation (sauf exception si les autorisations prudentielles préalables nécessaires ne peuvent pas être obtenues) : ils doivent être effectivement annulés dans un délai maximal de 24 mois suivant leur date d'acquisition. Pour plus de détails sur l'annulation des actions propres, voir n° 55510 (traitement comptable) et Mémento Sociétés commerciales n° 68958 (régime juridique).

Sur les autres conditions à respecter (notamment sur les conditions et les restrictions d'intervention) pour qu'un émetteur puisse bénéficier de la présomption irréfragable de légitimité, voir la Position-recommandation de l'AMF n° 2017-04 précitée.

IV. Obligations de publicité et de déclaration

a. Les émetteurs souhaitant bénéficier de la **présomption irréfragable de légitimité** prévue par l'article 5 du règlement MAR doivent publier un communiqué sur les rachats réalisés par voie de diffusion effective et intégrale dans un délai de 7 jours de bourse suivant leur exécution. Cette information est mise en ligne sur le site internet de l'émetteur et doit être tenue à la disposition du public pendant 5 ans.

Ces rachats doivent également être déclarés à l'AMF dans le même délai de 7 jours de négociation par voie électronique en recourant au modèle de déclaration type présenté dans l'instruction AMF n° 2017-03.

b. De manière plus générale, tout programme de rachat doit faire l'objet d'une publication avant le début des opérations (descriptif du programme) par voie de diffusion effective et intégrale (Règl. gén. AMF art. 241-2 I).

Par ailleurs, tout émetteur effectuant des opérations (acquisitions, cessions, annulations et transferts) sur ses propres titres dans le cadre d'un programme de rachat doit déclarer mensuellement ces transactions à l'AMF par voie électronique (C. com. art. L 22-10-64 et Règl. gén. AMF art. 214-4 II).

55655 Traitement comptable

I. Classement comptable des actions propres Le classement comptable des actions propres acquises dans le cadre d'un programme de rachat a été précisé par l'avis CU CNC n° 98-D et dépend de la formulation des objectifs (voir ci-après a.). Ce classement peut être amené à évoluer en cas de réaffectation à d'autres objectifs (voir ci-après b.) :

a. Au rachat des actions Le conseil d'administration (sur délégation donnée par l'assemblée générale) peut décider soit d'affecter chaque action rachetée à un objectif déterminé propre, soit de ne pas affecter tout ou partie des actions rachetées à un objectif précis.

> **Précisions** L'intention exprimée au moment du rachat des titres est matérialisée par :
> – le descriptif du programme (voir n° 55635 b. et d.) ;
> – la décision de l'assemblée générale autorisant la société à racheter ses actions ;
> – ou la décision du conseil d'administration lors du rachat.

1. Affectation explicite à l'attribution aux salariés Dans ce cas, les actions rachetées sont inscrites au compte 502 « Actions propres ».

Lorsqu'elles sont rachetées en vue d'être attribuées aux salariés dans le cadre d'un plan de stock-options ou d'attribution gratuite d'actions, les actions sont comptabilisées dans les sous-comptes 502-1 ou 502-2 (voir n° 55795 et 55885).

2. Affectation explicite à la régularisation de cours Lorsque le contrat conclu avec le PSI prévoit uniquement la régularisation de cours (cas rare en pratique), les actions rachetées sont à comptabiliser en VMP au compte 502 « Actions propres ». Lorsque le contrat prévoit à la fois la liquidité des transactions et la régularité des cours, voir ci-après 4.

3. Affectation explicite à la réduction du capital Dans ce cas, les actions rachetées sont inscrites au compte 2772 « Actions propres ou parts propres en voie d'annulation » (voir n° 55510).

4. Absence d'affectation explicite ou objectifs poursuivis autres que ceux mentionnés aux 1. à 3. (ci-avant) Dans ce cas, les actions rachetées sont inscrites au compte 2771 « Actions propres ou parts propres ». Il en est ainsi lorsque l'objectif poursuivi est la couverture d'obligations liées à des **titres de créances** donnant accès au capital et pour les actions rachetées dans le cadre d'un **contrat de liquidité** ayant pour objet à la fois la liquidité des transactions et la régularité des cours (voir n° 55635 II.).

> **Précisions 1. Actions rachetées dans le cadre d'un contrat de liquidité** Les opérations réalisées par l'intermédiaire financier pour le compte de la société sont reprises dans les comptes de la société de la manière suivante (Bull. CNCC n° 137, mars 2005, EC 2004-73, p. 142) :
> – les actions propres détenues sont comptabilisées au compte 277 « Actions propres » (à notre avis au sous-compte 2771 « Actions propres ou parts propres ») ;
> – les espèces, au compte 276 « Autres créances immobilisées » pour tenir compte de leur indisponibilité.
> **2. Évolution attendue** La directive comptable unique n'autorisant la comptabilisation des actions propres qu'en VMP, l'ANC devrait supprimer la possibilité de les comptabiliser en titres immobilisés.

b. Reclassement d'actions propres Après le rachat, le conseil d'administration (sur délégation donnée par l'assemblée générale) peut décider de **réaffecter à un autre objectif** les actions rachetées (voir n° 55635 III. b).

EXEMPLE

Parmi les cas de réaffectation possibles figurent par exemple :
– la réaffectation à un plan de stock-options d'actions propres acquises à l'origine sans objectif précis ;
– l'annulation des actions initialement rachetées dans le cadre d'un plan de stock-options ;
– l'annulation des actions initialement rachetées sans affectation précise.

> **Précisions** Pour pouvoir être effectué, le reclassement doit être autorisé par une décision de l'organe compétent avant la date de clôture (Avis CU CNC 2002-D et PCG art. 624-16).

1. Dans les cas suivants de reclassement (voir tableau ci-après) :
– **la valeur nette comptable au jour de la décision du reclassement constitue la nouvelle valeur brute des actions** ;
Les actions sont reclassées à leur valeur nette comptable évaluée selon les principes en vigueur pour la catégorie d'origine au jour de la décision de réaffectation (voir n° 35850 pour plus de détails ; la date de décision constituant la date d'effet du reclassement), ce qui implique, éventuellement, d'**ajuster la dépréciation** des titres préalablement à leur reclassement.
– **la dépréciation constatée jusqu'au reclassement, le cas échéant, ne peut donc pas être reprise** lors du reclassement ni postérieurement.

> **Précisions 1. En cas d'annulation** Lors de l'annulation des actions propres, cette dépréciation sera directement imputée sur les capitaux propres et non reprise par résultat. Cette absence de reprise est justifiée par le fait que l'entreprise a bien supporté une perte depuis l'acquisition des titres, ce qui engendre d'ailleurs la décision d'annulation.
> **2. En cas de réaffectation à un plan d'attribution aux salariés** L'absence de reprise est justifiée par le fait que c'est la valeur comptable de transfert qui sert de base de calcul à la provision (voir n° 55770).
> **3. Méthode Fifo** Voir ci-après.

Reclassement du compte...	... vers le compte	Référence aux textes
502-1 « Actions destinées à être attribuées aux employés et affectées à des plans déterminés »	2772 « Actions propres ou parts propres en voie d'annulation » [1]	PCG art. 624-16 et Avis CU CNC 2002-D
502-2 « Actions disponibles pour être attribuées aux employés ou pour la régularisation des cours »	502-1 « Actions destinées à être attribuées aux employés et affectées à des plans déterminés » [1]	PCG art. 624-16
	2772 « Actions propres ou parts propres en voie d'annulation » [1]	PCG art. 624-16 et Avis CU CNC 2002-D
2771 « Actions propres ou parts propres »	502-1 « Actions destinées à être attribuées aux employés et affectées à des plans déterminés » [2]	PCG art. 624-15
	2772 « Actions propres ou parts propres en voie d'annulation » [3]	À notre avis (non précisé par les textes)

(1) Reclassement expressément prévu par le PCG (art. 624-16).
(2) Reclassement d'un compte de Titres immobilisés vers les VMP expressément autorisé par le PCG (art. 624-15).
(3) Le traitement expressément prévu par le PCG (art. 624-15) pour le reclassement des actions propres des VMP vers les immobilisations peut, à notre avis, être appliqué au cas de reclassement au sein des immobilisations (du compte 2771 vers le compte 2772), les deux situations étant comparables.

55655
(suite)

▶ Fiscalement Les actions propres acquises qui sont expressément affectées à l'attribution aux salariés ou à la régularisation de cours (inscrites aux comptes 502-1 ou 502-2), et qu'il est par la suite décidé d'annuler, sont reclassées au compte 2772 » (voir tableau ci-avant). Le Conseil d'État a analysé ce changement comme produisant les mêmes effets qu'une cession de titres suivie de leur rachat immédiat au même prix. En conséquence, la dépréciation comptabilisée antérieurement et déduite en raison de la perte de valeur subie par les titres entre leur date initiale de rachat et la date de la décision de leur annulation, n'a pas à être réintégrée fiscalement (CE 1-4-2015 n° 362317).

En revanche, les actions propres acquises et non affectées à un objectif précis ou affectés à un objectif autre que l'annulation, l'attribution aux salariés ou la régularisation de cours (immobilisées au compte 2771) et qu'il est par la suite décidé d'annuler, sont reclassées au compte 2772 (voir tableau ci-avant). Le Conseil d'État a jugé que ce reclassement ne produit pas les mêmes effets qu'une cession et doit être sans influence sur la détermination du résultat imposable de la société (CE 22-10-2018 n° 375213). Ainsi, en cas de dépréciation des titres antérieurement comptabilisée et fiscalement déduite, il convient, à notre avis, de réintégrer extra-comptablement ce montant sur l'imprimé n° 2058-A, ligne WQ. En pratique, compte tenu de cette jurisprudence, les entreprises ont, à notre avis, intérêt à acquérir leurs actions propres en les affectant à un objectif précis autre que l'annulation.

2. Pour tous les autres reclassements (voir tableau ci-après) :
– les actions sont reclassées pour leur valeur comptable évaluée selon les principes en vigueur pour la catégorie d'origine au jour de la décision de réaffectation (voir n° 35850 pour plus de détails ; ce qui implique, éventuellement, d'ajuster la dépréciation des titres préalablement à leur reclassement) **en distinguant, le cas échéant, leur valeur brute et la dépréciation éventuellement constatée** ;
– les **reprises de dépréciation** lors du reclassement et postérieurement devraient donc, à notre avis, être **possibles.**

Transfert du compte...	... vers le compte	Référence aux textes
502-1 « Actions destinées à être attribuées aux employés et affectées à des plans déterminés »	502-2 « Actions disponibles pour être attribuées aux employés ou pour la régularisation des cours » [1]	À notre avis (non précisé par les textes)
	2771 « Actions propres ou parts propres » [2]	Avis CU CNC 2002-D
502-2 « Actions disponibles pour être attribuées aux employés ou pour la régularisation des cours »	2771 « Actions propres ou parts propres » [2]	Avis CU CNC 2002-D

(1) Reclassement expressément prévu par le PCG (art. 624-16).
(2) Reclassement d'un compte de VMP vers un compte d'immobilisation expressément autorisé par l'avis CU CNC n° 2002-D.

Par analogie avec les règles en matière de cession (voir ci-après), le reclassement est effectué en retenant la méthode Fifo.

▶ Fiscalement Il en est de même pour les reclassements de ou vers le compte 502-1 (BOI-BIC-PROV-30-20-30 n° 120).

En cas de reclassement en provenance du compte 502-1 et lorsque les actions rachetées y ont été cantonnées par plan, la méthode Fifo est appliquée plan par plan (en ce sens, Bull. CNCC n° 129, mars 2003, EC 2002-46, p. 179 s.).

Sur l'information à donner dans l'annexe, voir IV.

3. Les reclassements suivants sont interdits :

Reclassement du compte...	... vers le compte	Référence aux textes
2771 « Actions propres ou parts propres »	502-2	Avis CU CNC 2002-D
2772 « Actions propres ou parts propres en voie d'annulation »	502-1, 502-2 ou 2771	Position-recommandation AMF 2017-04 (voir n° 55635 III. b.)

II. À la clôture de l'exercice   Il résulte des textes ce qui suit :

Objectif du rachat	Classement comptable (voir ci-avant I.)	Modalités de dépréciation	Textes de référence
1. Réduction du capital	Immobilisations au compte 2772 « actions propres ou parts propres en voie d'annulation »	**Pas de dépréciation** possible (simple information en annexe ; voir ci-après IV.), leur inscription équivalant à une réduction des capitaux propres	Avis CU CNC 98-D (voir n° 55510)
2. Attribution aux salariés (sous forme d'actions gratuites ou de stock-options) :			
2.a. Actions affectées à un plan déterminé	Valeur mobilière de placement au compte 502-1 « Actions destinées à être attribuées aux employés et affectées à des plans déterminés »	**Pas de dépréciation** possible. Une provision est par ailleurs constatée pour « couvrir » la valeur des actions (voir n° 55770 II. et n° 55875 II.)	PCG art. 624-15 (voir n° 55795 et n° 55885)
2.b. Actions non affectées à un plan déterminé	Valeur mobilière de placement au compte 502-2 « Actions disponibles pour être attribuées aux employés ou pour la régularisation des cours »	**Dépréciation** si la valeur d'inventaire (cours moyen de bourse du dernier mois avant la clôture de l'exercice) [1] devient inférieure à la valeur comptable	PCG art. 222-1 (renvoyant sur 221-6) et Avis CU CNC 98-D (voir n° 35850)
3. Régularisation des cours (uniquement)			
4. Autres affectations différentes des affectations 1, 2 et 3	Immobilisations au compte 2771 « actions propres ou parts propres »		PCG art. 221-6, 942-27
5. Pas d'affectation précise			

(1) Le prix minimum de revente éventuellement fixé dans le « détail du programme » soumis à l'AMF ne peut constituer une référence (en effet, ce prix ne donne pas l'assurance que le cours de bourse redevienne au moins égal à ce prix et donc que la vente puisse avoir lieu).

III. Lors de la cession

a. Comptabilisation du résultat de cession Le résultat net est porté (PCG art. 945-50) :
– en cas de perte, au compte 6783 « Malis provenant du rachat par l'entreprise d'actions ou d'obligations émises par elle-même » ;
– en cas de profit, au compte 7783 « Bonis provenant du rachat par l'entreprise d'actions ou d'obligations émises par elle-même ».
Ce traitement comptable est à retenir, à notre avis, quel que soit le classement comptable des actions rachetées (titres immobilisés ou VMP).

b. Détermination du résultat de cession Pour la détermination du résultat dégagé à l'occasion de la vente des actions rachetées, les titres les plus anciens sont réputés vendus les premiers (Peps ou Fifo ; PCG art. 945-50).
Les actions étant fongibles, le prix d'achat doit être déterminé globalement pour l'ensemble de la catégorie VMP ou Titres immobilisés sans créer de sous-catégorie de comptes en fonction de l'utilisation prévue des titres. Toutefois, sur la possibilité de cantonner les titres affectés dès leur acquisition par la direction à la couverture d'un plan de stock-options spécifiques, voir n° 55820 II.

Lorsque les actions sont rachetées dans le cadre d'un contrat de liquidité, le contrat étant transparent au regard de la comptabilisation des opérations, les plus et moins-values de chaque opération sont enregistrées au compte de résultat sans possibilité de compensation (Bull. CNCC n° 137, mars 2005, EC 2004-73, p. 142).

▶ **Fiscalement** Quels que soient les motifs qui ont présidé à leur acquisition, les actions propres ne bénéficient pas du régime des plus ou moins-values à long terme (BOI-BIC-PVMV-30-10 nº 180 ; voir nº 37675).

IV. Information dans l'annexe Le nombre et la valeur des actions propres détenues à la fin de l'exercice ainsi que les mouvements intervenus au cours de l'exercice tant aux comptes 502 (VMP) que 2771 (titres immobilisés) sont mentionnés si ces informations sont significatives (PCG art. 833-11/2).

À notre avis, doit également être mentionnée, le cas échéant, la méthode retenue pour l'affectation des actions propres achetées.

S'agissant des titres inscrits au compte 2772 « Actions propres en voie d'annulation », une information doit être fournie en annexe sur la dépréciation qui aurait été constatée si ces titres avaient été évalués au cours moyen du dernier mois de l'exercice (PCG art. 833-11/2 renvoyant à l'art. 221-6).

En **cas de reclassement** d'actions propres de VMP à Titres immobilisés (voir nº 55655 I. b.), une information circonstanciée sur l'incidence du reclassement et sa justification est à mentionner en annexe (Avis CU CNC 2002-D).

Sur l'information à fournir dans le rapport de gestion, voir nº 65006.

Sur les informations spécifiques à fournir en cas de plan de stock-options ou d'attribution gratuite d'actions, voir nº 55835 et 55915.

55660 **Annulation** En cas d'annulation des actions rachetées dans ce cadre, la **réduction de capital** est autorisée ou décidée par l'assemblée générale extraordinaire qui peut déléguer au conseil d'administration (ou au directoire) tous pouvoirs pour la réaliser.

Sur la comptabilisation de l'annulation des actions, voir nº 55510.

Sur le rapport spécial des CAC, voir FRC 12/23 Hors série inf. 104.1.

RACHAT D'ACTIONS UNIQUEMENT EN VUE DE LEUR ATTRIBUTION AUX SALARIÉS (C. COM. ART. L 225-208 ET L 22-10-62)

55665 ▶ **Juridiquement** Les sociétés peuvent acheter leurs propres actions pour les attribuer à leurs salariés dans les cas suivants :

1. Participation aux résultats de l'entreprise, lorsque l'accord de participation a été conclu jusqu'au 1er janvier 2007 (C. trav. art. L 3323-2) : voir nº 53810.

2. Options d'achat d'actions (C. com. art. L 225-177 à L 225-184) Dans ce cas :
– en France, les sociétés ayant mis en place un plan d'options d'achat d'actions doivent acheter les actions qui seront attribuées aux salariés bénéficiaires au plus tard à la date à laquelle les salariés peuvent lever leurs options (voir Mémento Sociétés commerciales nº 69590), voir nº 55795 ;
– en ce qui concerne la date à laquelle les options d'achat peuvent être consenties, voir Mémento Sociétés commerciales nº 69451 et 69550 à 69552 ;
– une information est à fournir à l'administration, à l'assemblée, à l'AMF et dans l'annexe, voir nº 55835 ;
– en ce qui concerne les diligences des **CAC**, voir FRC 12/23 Hors série inf. 106.

Sur le traitement comptable des stock-options, voir nº 55770 s.

3. Attribution d'actions gratuites existantes (C. com. art. L 225-197-1 à L 225-197-5) :
– sur l'information à fournir à l'assemblée générale, en annexe et au public, voir nº 55915 ;
– sur les diligences des commissaires aux comptes, voir nº 55880.

Sur le traitement comptable des attributions gratuites d'actions, voir nº 55875 s.

4. Cession d'actions aux salariés adhérents d'un plan d'épargne entreprise (**PEE**) (C. trav. art. L 3332-24) : voir nº 55950.

AUTRES RACHATS D'ACTIONS POSSIBLES

55670 **Rachat d'actions en vue d'une réduction du capital non motivée par des pertes** Voir nº 55510.

55675 **Rachat d'actions en cas de refus d'agrément d'une cession pour permettre à l'actionnaire cédant de se défaire de ses titres** (C. com. art. L 228-24) Les écritures comptables sont à notre avis les mêmes que pour un rachat d'actions en vue d'une réduction du capital non motivée par des pertes, voir nº 55510.

Sur la mission du CAC, voir FRC 12/23 Hors série inf. 105.3.

55680 **Rachat d'actions propres à l'occasion d'une transmission de patrimoine à titre universel ou suite à une décision de justice**

▶ **Juridiquement** voir Mémento Fusions & Acquisitions nº 8490 et Mémento Sociétés commerciales nº 69050 à 69052.

Sur la mission du CAC, voir FRC 12/23 Hors série inf. 105.4.

Sur le plan comptable, à notre avis, les actions sont à comptabiliser selon l'intention de la société :
– si les actions sont destinées à être cédées dans le délai de deux ans, elles sont portées au compte 2771 « Actions propres » ;
– si elles sont affectées dès l'origine explicitement à l'attribution aux salariés, elles sont inscrites au compte 502 « Actions propres » ;
– si elles doivent être annulées, elles sont inscrites au compte 2772 « Actions propres en voie d'annulation ».

> **Précisions** **Évolution attendue** La directive comptable unique n'autorisant la comptabilisation des actions propres qu'en VMP, l'ANC devrait supprimer la possibilité de les comptabiliser en titres immobilisés.

Sur le traitement comptable, en cas de fusion, de l'annulation par la société absorbante des actions propres reçues de la société absorbée, voir Mémento Fusions & Acquisitions n° 8490.

Rachat de certificats de droits de vote en vue de reconstituer les actions   55685

> **Juridiquement** Les sociétés dont les actions sont admises aux négociations sur un marché réglementé (voir n° 80900) peuvent procéder, sur décision de l'AGE et sur rapport du conseil d'administration, au rachat des droits de vote existants en vue de les attribuer, par cession à titre gratuit, aux porteurs de certificats d'investissement (si ceux-ci représentent au plus 1 % du capital social) de façon à reconstituer les actions entre leurs mains (C. com. art. L 228-31).

À notre avis :
1. Lors du rachat, les certificats de droits de vote sont portés dans une subdivision du compte 502 « Actions propres ».
2. Lors de leur attribution :
– s'agissant d'une cession à titre gratuit, le prix de rachat constitue une charge à porter dans une subdivision spécifique du compte 6783 « Mali provenant du rachat par l'entreprise d'actions ou d'obligations émises par elle-même » ;
– le montant du capital correspondant aux actions reconstituées est transféré du compte 1018 « Capital soumis à des réglementations particulières » au compte 101 « Capital ».

Enregistrement des dividendes se rapportant aux titres rachetés   Voir   55690
n° 37675.

Rachat d'actions de préférence   55695
Sur les aspects juridiques et les rapports du conseil d'administration (ou du directoire) et du commissaire aux comptes, voir FRC 12/23 Hors série inf. 109 s.
En cas d'annulation, les écritures comptables sont à notre avis les mêmes que pour un rachat d'actions en vue d'une réduction du capital non motivée par des pertes, voir n° 55510.

B. Cas particulier de l'actionnariat salarié

L'entreprise souhaitant favoriser l'accession de ses salariés à son capital dispose de plusieurs   55745
dispositifs :
– l'octroi de stock-options (voir n° 55750) ;
– l'attribution gratuite d'actions (voir n° 55870) ;
– l'émission ou la cession d'actions réservée aux salariés adhérents d'un PEE (voir n° 55950) ;
– l'augmentation de capital dans le cadre des bons de souscription de parts de créateur d'entreprise (BCE) (voir n° 56000).

1. OPTIONS DE SOUSCRIPTION OU D'ACHAT D'ACTIONS (OU PLANS DE « STOCK-OPTIONS »)

> **Juridiquement** Voir Mémento Sociétés commerciales n° 69400 à 69408, 69410 à 69825 et Note d'information CNCC NI.V, tome 4 (décembre 2021, 3ᵉ édition), § 2.1.   55750

LORS DE L'OCTROI DES OPTIONS
Dès la décision d'attribution des options, l'entreprise a une **obligation de remettre des**   55770
actions à ses employés. Selon les modalités d'attribution décidées (options de souscription d'actions ou options d'achat d'actions), cette obligation (PCG art. 624-4) :
– pourra générer un passif ou un passif éventuel (voir ci-après II.),
– ou non (voir ci-après I.).

55770
(suite)

I. Options de souscription d'actions Lors de l'attribution des options, **aucune charge de rémunération** ne doit être constatée au titre de l'avantage accordé au personnel (PCG art. 624-6).

> **Précisions** En effet, même si l'attribution de stock-options constitue un élément de rémunération, l'entreprise ne subit aucune sortie de ressources lors de la remise des actions nouvelles émises. La « charge » résultant de l'opération est en réalité une charge de dilution supportée par les actionnaires préexistants.

> **Fiscalement** Il en est de même, la « charge de dilution » n'étant pas déductible (sauf plans « démocratiques » répondant à certaines conditions), voir n° 55820 I.

En revanche, l'entreprise doit comptabiliser la contribution patronale spécifique ainsi que, le cas échéant, la provision pour assujettissement aux cotisations sociales (voir IV. ci-après).

II. Options d'achat d'actions Dès l'attribution des options, l'entreprise doit traduire dans ses comptes le fait que l'opération donnera lieu, à la date de remise des actions aux bénéficiaires du plan (les salariés et/ou les dirigeants), à une sortie de ressources sans contrepartie équivalente attendue des bénéficiaires.

> **Précisions** En effet, à la date de remise des actions, les bénéficiaires auront déjà fourni la contrepartie à l'entreprise (c'est-à-dire le travail et l'investissement réalisés pendant la période d'acquisition de leurs droits à exercer les options).

Cette sortie de ressources correspond à la moins-value attendue lors de la remise des actions. Selon que les conditions de constitution d'un passif sont réunies ou non, l'entreprise peut être amenée à constater un passif ou un passif éventuel.

a. Conditions de constitution d'une provision L'entreprise doit constituer une provision dès que la sortie de ressources est probable ou certaine. Selon le PCG (PCG art. 624-7 à 624-10), le caractère probable ou certain s'apprécie en fonction des éléments suivants :

1. Décision d'attribuer des actions rachetées sur le marché (voir n° 55665) La société peut définir les modalités d'attribution (options de souscription d'actions ou options d'achat d'actions) ou différer la décision jusqu'à une date ultérieure (PCG art. 624-3).

La sortie de ressources est probable, voire certaine, lorsque la décision de racheter ou d'affecter des actions existantes résulte des termes du plan d'attribution ou a été prise par l'assemblée générale ou l'organe exécutif.

En l'absence de décision explicite sur les modalités d'attribution des actions, il convient de **rechercher l'intention de l'entreprise** tout au long de l'acquisition des droits par les bénéficiaires. Lorsque l'intention de racheter des titres est avérée (par exemple, par un engagement de l'entreprise de racheter ses actions à échéance proche de la date d'attribution effective aux bénéficiaires ou par la pratique habituelle de la société de ne pas diluer les actionnaires existants ou par une communication des dirigeants en ce sens), la provision est à comptabiliser. À défaut, le passif reste éventuel : il n'est pas comptabilisé mais doit être mentionné en annexe (PCG art. 624-11).

> **Fiscalement** Il en est de même (BOI-BIC-PROV-30-20-30 n° 90).

2. Probabilité de levée des options par les bénéficiaires du plan Le caractère probable de la sortie de ressources dépend :
– d'une part, de l'appréciation à la date de clôture de la réalisation des éventuelles conditions de présence et de performance prévues par le plan ;
– et, d'autre part, de l'existence d'une valeur intrinsèque à la date de clôture, c'est-à-dire la différence entre la valeur par action de la société à la clôture et le prix d'exercice de l'option.

> **Précisions** Pour les sociétés cotées, la valeur par action de la société est évaluée en fonction du cours de bourse **à la clôture de l'exercice**. Si la société n'est pas cotée, elle est évaluée en fonction de la valeur estimée à la date de rachat. Pour les sociétés non cotées ayant souscrit un contrat de liquidité, elle est, à notre avis, évaluée en fonction du prix de rachat fixé par le contrat (le cas échéant).

Si, à la clôture de l'exercice, la valeur des actions est inférieure au prix d'exercice des options, l'exercice des options n'est pas probable et aucune provision ne doit être comptabilisée, et ce même s'il est probable que la valeur remontera au cours des exercices suivants.

b. Montant à provisionner La provision correspondant à la sortie de ressources attendue par l'entreprise (c'est-à-dire la moins-value attendue), elle est calculée à partir des trois éléments suivants (PCG art. 624-14) :

Sur les cotisations sociales à provisionner (le cas échéant), voir IV. ci-après.

> **Fiscalement** Il en est de même (BOI-BIC-PROV-30-20-30 n° 100).

1. Coût d'entrée des actions à la date de leur affectation au plan d'attribution **ou coût probable de rachat évalué à la date de clôture** des comptes.
Le coût d'entrée des actions à la date de leur affectation au plan correspond :
– au coût d'achat (majoré des primes d'options payées pour racheter les actions, le cas échéant) lorsque les actions ont déjà été rachetées et affectées au plan dès leur acquisition ;
– à la valeur nette comptable à la date de l'affectation des actions au plan lorsqu'elles étaient détenues antérieurement par la société sans toutefois être affectées au plan. Sur la détermination de cette valeur nette comptable, voir n° 55655 l. b.
Le coût probable de rachat correspond :
– lorsque l'action est cotée, au cours de bourse ;
– en l'absence de cotation, à la valeur estimée à la date de rachat (à notre avis).

> **Précisions** **Couverture du plan par rachat des actions au prix d'exercice** : si l'entreprise a couvert son obligation en rachetant des actions au prix de levée de l'option, la provision à comptabiliser est nulle.

2. Nombre probable d'actions qui seront remises aux bénéficiaires. Ce nombre est déterminé, à la date de clôture, en fonction (voir a. ci-avant) :
– de la probabilité de réalisation des conditions de présence et de performance prévues par le plan ;
– de la probabilité d'exercice des options.

3. Prix d'exercice de l'option.

> **Précisions** **Calcul de la provision** :
> – **pluralité de plans** : dans le cas où plusieurs plans d'options d'achat d'actions ont été mis en place par l'entreprise, la provision devrait, à notre avis, être **appréciée plan par plan,** chaque plan constituant une obligation distincte. Le coût d'entrée des actions est donc calculé en retenant le coût moyen de l'ensemble des actions affectées au plan (en ce sens, Bull. CNCC n° 129, mars 2003, EC 2002-46, p. 179 s.) ;
> – **réévaluation de la provision au cours du plan** : voir n° 55795.

c. Étalement de la provision La provision doit obligatoirement être étalée lorsque le plan **conditionne** la remise des actions aux bénéficiaires à leur présence dans l'entreprise à l'issue d'une période future qu'il détermine (PCG art. 624-12).
En effet, la condition de présence suppose que les bénéficiaires doivent rendre des services à l'entreprise pour obtenir l'élément de rémunération que constitue l'attribution des options.
La provision est étalée sur la période pendant laquelle les bénéficiaires rendront ces services (PCG art. 624-12), c'est-à-dire **linéairement sur la période d'acquisition** des droits (PCG art. 624-14).
En revanche :
– **l'absence de condition** de présence dans le plan signifie que les services ont déjà été rendus. Dans ce cas, la **charge** n'est pas étalée mais immédiatement comptabilisée dès la décision d'attribution (PCG art. 624-12) ;
– dans le cas de **plans de groupe,** lorsque les bénéficiaires sont des salariés ou des dirigeants d'autres sociétés du groupe auquel appartient la société émettrice du plan, cette dernière comptabilise la charge en totalité dès la décision d'attribution. En effet, les bénéficiaires ne rendant pas de services à la société émettrice mais à la société du groupe à laquelle ils appartiennent, la sortie de ressources est sans contrepartie pour la société émettrice.
En cas de refacturation intragroupe, voir III. ci-après.

> **Fiscalement** Sur la déductibilité des provisions comptabilisées dans le cadre de plans de groupe, voir ci-après d.

d. Comptabilisation de la provision L'attribution de stock-options constituant un élément de rémunération, cette provision est comptabilisée en **charges de personnel,** par le crédit d'un sous-compte du compte 15 « Provisions ».
Cette comptabilisation en charges de personnel peut éventuellement se faire par l'intermédiaire du compte « Transfert de charges » (PCG art. 624-14). Elle ne vise, à notre avis, que la quote-part de la charge relative au personnel de l'entreprise.
Sur la suppression des comptes 79 par le règlement ANC n° 2022-06, voir n° 45500.

> **Fiscalement** Cette provision est déductible (BOI-BIC-PROV-30-20-30 n° 80).

Cas particulier des plans de groupe L'administration admet (BOI-BIC-PROV-30-20-30 n° 110) que la société émettrice puisse déduire intégralement la provision qu'elle a dotée à raison de son propre personnel bénéficiaire, ainsi qu'à raison du personnel salarié des sociétés qui lui sont liées, à condition que la convention de refacturation entraîne la comptabilisation d'un produit à recevoir de même montant que la provision correspondant aux options d'achat attribuées aux bénéficiaires des sociétés liées (voir III. ci-après).

III. Refacturation intragroupe (en cas d'achat d'actions)
Lorsque le plan de stock-options a été mis en place au niveau du groupe, les sociétés du groupe peuvent être **refacturées,** dans le cadre d'une convention de refacturation, des coûts supportés par la société émettrice du plan à raison du personnel bénéficiaire de ces autres sociétés. Il en résulte le traitement suivant :
– chez la société émettrice du plan : une charge est immédiatement comptabilisée dès l'attribution des options à raison des bénéficiaires des autres sociétés du groupe. Elle est néanmoins compensée par la constatation d'un produit à recevoir pour le même montant ; en effet, la convention de refacturation rend ce produit certain à la fois dans son principe et dans son montant ;

> **Fiscalement** Il en est de même (voir ci-avant II. d. ; BOI-BIC-PROV-30-20-30 n° 110).

– chez les sociétés du groupe refacturées : la refacturation constitue, dans les comptes des autres sociétés du groupe, une charge devant faire l'objet d'une **provision** dès l'attribution des options lorsque la convention le prévoit (PCG art. 624-10).

En effet, dans ces conditions, la société refacturée a, dès la mise en place du plan, une obligation à l'égard de la société émettrice du plan entraînant une sortie de ressources sans contrepartie équivalente pour la société à hauteur des prestations de services déjà rendues par les bénéficiaires.

Cette provision est à étaler sur la période d'acquisition des droits par les bénéficiaires.

> **Précisions** Certaines conventions de refacturation peuvent prévoir que la société émettrice du plan facture la totalité de la moins-value dès l'attribution des options. Toutefois, si la convention intragroupe subordonne la facturation définitive des coûts supportés par la société émettrice du plan à la condition de présence des salariés au terme de la période d'acquisition, la charge de refacturation doit être étalée sur la période d'acquisition (de l'attribution à l'acquisition) pendant laquelle les bénéficiaires rendront des services à l'entité française, c'est-à-dire linéairement sur la période d'acquisition des droits. Dans cette hypothèse, les sommes facturées sont enregistrées au débit d'un compte 486 « charges constatées d'avance », puis reprises en résultat (en charges du personnel) sur la période d'acquisition.

> **Fiscalement** Cette provision est déductible (BOI-BIC-PROV-30-20-30 n° 110), à hauteur des dépenses susceptibles d'être fiscalement refacturées par l'émettrice, voir n° 55820 II. Sur les modalités d'estimation du montant de la provision déductible en cas de plan étranger, voir BOI-BIC-PROV-30-20-30 n° 110.

IV. Plans prévoyant une acquisition des options par tranches successives
Lorsqu'un plan de « stock-options » prévoit une acquisition graduelle des droits sur plusieurs périodes (« graded vesting »), il convient, à notre avis, de traiter chaque tranche comme un plan distinct.

Il est ainsi nécessaire de déterminer, pour chaque tranche, sa propre probabilité de sortie de ressources et sa propre évaluation.

V. Dispositions communes aux options de souscription et d'achat d'actions
a. Assujettissement aux cotisations sociales Dès l'attribution des options, l'employeur a l'obligation vis-à-vis des bénéficiaires du plan d'émettre ou de remettre des actions si les options sont levées et donc de payer, le cas échéant, aux organismes sociaux des charges sociales (voir Mémento Social n° 34690). Dès cette date, une provision est donc à constater. Par analogie avec le traitement retenu pour la provision pour remise d'actions (voir ci-avant II.), cette **provision pour charges** sociales est, à notre avis :
– estimée en tenant compte de la probabilité d'exercice des options et de la probabilité de réalisation des conditions de présence et de performance ;
– étalée sur la période d'acquisition des droits par les bénéficiaires.

> **Précisions** La provision ne vise que les cotisations patronales, seules cotisations à la charge de l'employeur (sauf si, faute d'avoir rempli son obligation de notification à l'Urssaf, l'employeur est devenu également redevable des cotisations salariales).

À compter de la date de levée des options, les cotisations sociales dues constituent une **charge à payer.**

b. Contribution patronale spécifique

> Socialement L'entreprise employant des bénéficiaires auxquels des options ont été octroyées est redevable d'une contribution patronale exigible le mois suivant la date de **décision d'attribution** des options (CSS art. L 137-13 ; pour plus de détails, voir Mémento Social n° 34680).

L'employeur n'est pas fondé à minorer l'assiette de la contribution en tenant compte par anticipation des départs prévisibles de salariés.

> Juridiquement Le fait générateur de la contribution est constitué par la décision d'attribution, même assortie de conditions (en ce sens, Cass. civ. 7-5-2014 n° 13.15-790). La contribution est donc due dès cette décision. Toutefois, les entreprises ont droit à la restitution de la contribution patronale si les conditions auxquelles l'attribution d'actions ou la levée d'option était subordonnée ne sont pas satisfaites (Cons. const. 28-4-2017 n° 2017-627 QPC et n° 2017-628 ; Cass. 2e civ. QPC 12-10-2017 n° 16-21.686 F-PB ; Cass. 2e civ. 17-3-2022 n° 20-19.247 F-B ; voir Mémento Social n° 34680).

Sur le plan comptable, la contribution patronale constitue une charge de l'exercice de décision d'attribution, à comptabiliser dans le compte 648 « Autres charges de personnel », **sans possibilité de l'étaler** sur la durée d'acquisition des droits par les bénéficiaires (Avis CNC 2008-17 § 7 ; voir également Bull. CNCC n° 151, septembre 2008, EC 2008-08, p. 579 s.).

L'existence d'un droit à restitution (voir ci-avant Juridiquement) ne permet pas, à notre avis, de réduire le montant de la charge. En effet, l'incertitude sur le nombre d'actions qui ne seront in fine pas livrées fait, à notre avis, obstacle à ce qu'une minoration probable soit prise en compte dans le bilan de clôture de l'exercice (voir n° 15240).

> Fiscalement La contribution patronale est déductible en l'absence de disposition contraire.

VI. Synthèse

Le tableau suivant, établi par nos soins, présente les situations dans lesquelles une provision doit être comptabilisée :

Situations visées	Provision à comptabiliser		
	Option de souscription	Option d'achat	Refacturation
Cours de bourse à la clôture < Prix d'exercice de l'option	Non Voir V.	Non Voir II.	Non
Cours de bourse à la clôture > Prix d'exercice de l'option		Oui Voir II.	Oui selon les conditions de refacturation Voir III.
Charges sociales (si assujettissement)	Oui Voir V.	Oui Voir V.	Oui Voir III.

VII. Information à fournir Voir n° 55835.

Contrôle des CAC Voir FRC 12/23 Hors série inf. 107.9.

Conventions réglementées Voir Mémento Sociétés commerciales n° 69432.

PENDANT LA DURÉE DU PLAN

Aucune écriture ne doit être comptabilisée par les entreprises ayant octroyé des **options de souscription d'actions** (voir n° 55770 I.). En revanche, les entreprises ayant octroyé des **options d'achat d'actions** doivent enregistrer les opérations suivantes :

I. Jusqu'au rachat des actions propres

> Juridiquement En cas d'octroi d'options d'achat, la société émettrice du plan doit, **préalablement à l'ouverture de ces options,** acheter les actions qui seront attribuées aux bénéficiaires s'ils lèvent les options (C. com. art. L 225-179, al. 1). En l'absence de délai minimum prévu par la loi, la société peut acheter ses actions la veille du jour où les salariés ont la possibilité de lever leurs options (Rép. Mesmin : AN 15-3-1993 n° 62474 ; BOI-BIC-PTP-20-60 n° 40). Selon l'AMF (Bull. COB juillet-août 2002, p. 96), le fait que la société couvre les plans dont la période d'exercice des options est ouverte par l'achat d'options d'achat d'actions à terme serait de nature à répondre à l'exigence de la loi.

a. Lors de la mise en place éventuelle d'une couverture du plan d'options d'achat d'actions à l'ouverture de la période de levée des options, par l'achat d'options d'achat

55795
(suite)
d'actions propres (achat de calls) Pour comptabiliser la prime versée, deux approches peuvent, à notre avis, être retenues :

1. Soit la prime constitue le coût de la couverture Dans ce cas, elle est comptabilisée à l'actif et étalée sur la durée de cette couverture. L'étalement est, à notre avis, comptabilisé en charges financières (dans un sous-compte du compte 668 « Autres charges financières »).

2. Soit la prime est incluse dans le coût probable de rachat des actions à la clôture Ce coût probable de rachat est donc égal à la somme du prix d'exercice de l'option d'achat des actions propres et de la prime. En pratique, ce coût probable est généralement aligné sur le prix d'exercice de l'option par les bénéficiaires du plan. Cette approche conduit à :
– maintenir la prime à l'actif pour sa valeur brute s'il est probable que les options seront exercées par les bénéficiaires (c'est-à-dire si le prix d'exercice de leur option est inférieur au cours de bourse à la clôture) ;
– au contraire, déprécier la prime lorsque l'exercice des options n'est pas probable (c'est-à-dire lorsque le prix d'exercice des options par les salariés est inférieur au cours de bourse à la clôture).

b. Lors du rachat par la société de ses propres actions :

1. Lorsque **les actions rachetées** sont explicitement affectées à l'attribution aux salariés et/ou aux dirigeants, elles sont inscrites pour leur prix de rachat au débit du compte **502 « Actions propres »** (PCG art. 945-50 et Avis CU CNC n° 98-D) :
– dans le sous-compte 502-1 « Actions destinées à être attribuées aux employés et affectées à des plans déterminés » lorsque les actions sont **affectées à des plans déterminés** ;
– dans le sous-compte 502-2 « Actions disponibles pour être attribuées aux employés ou pour la régularisation des cours de bourse » **à défaut** d'affectation dès le rachat à un plan déterminé.

> **Fiscalement** Les actions propres constituent des titres de placement (voir n° 37675).

2. Les **frais de rachat** engagés constituent, à notre avis, des frais d'acquisition des titres rachetés. En conséquence, ils sont à comptabiliser selon l'option choisie par ailleurs par l'entreprise pour comptabiliser les frais d'acquisition de ses valeurs mobilières de placement, c'est-à-dire généralement en charges.
Ils sont néanmoins à inscrire dans le coût des actions rachetées lorsque cette option a été retenue (voir n° 35625).

> **Fiscalement** Il en est de même (BOI-BIC-PTP-20-60 n° 70). En effet, ces frais sont en principe immédiatement déductibles (CGI art. 217 quinquies). Toutefois, ils sont à incorporer dans le coût d'entrée des titres autodétenus en tant que frais d'acquisition lorsque cette option a été retenue par la société pour ses autres titres de placement, ce qui retarde leur déduction. Sur cette option, voir n° 35625.

Cas des plans de groupe Sur le traitement fiscal des frais de rachat par la société émettrice lorsque le rachat est effectué pour le personnel d'autres sociétés du groupe, voir n° 55820 II. et III. (tableau de synthèse).

II. De la clôture de l'exercice de rachat à la clôture du dernier exercice de levée des options
S'il subsiste des actions propres (elles correspondent alors aux options non encore levées), leur traitement à la clôture dépend de la probabilité d'exercice des options qu'elles couvrent :

a. Actions rachetées affectées au plan dont l'exercice est probable (comptabilisées dans le sous-compte 502-1, voir ci-avant) Elles sont couvertes par une provision inscrite au passif, calculée sur la base du coût d'entrée des actions (voir n° 55770 II.). En conséquence, en contrepartie, selon le PCG (art. 624-15) :
– ces actions **ne doivent pas être dépréciées** ;
– leur valeur comptable reste égale à leur coût d'entrée **jusqu'à leur attribution définitive** aux bénéficiaires.

> **Fiscalement** Il en est de même (BOI-BIC-PROV-30-20-30 n° 130).

Cette valeur comptable est égale (PCG art. 624-16) :
– **au prix d'achat** lorsque les actions ont été affectées dès l'origine au plan (voir ci-avant I. b.) ;
– **ou** lorsque les actions ont été reclassées des comptes 2771 « Actions propres ou parts propres » ou 502-2 vers le sous-compte 502-1, **à leur valeur nette comptable à la date du reclassement** (voir n° 55655 I. b).

> **Précisions** **1. Lien avec la provision au passif** :
> – cette valeur comptable est celle qui sert de base au calcul de la provision (voir n° 55770 II.) ;
> – le nombre d'actions classées dans le compte 502-1 et non dépréciées ne peut être supérieur au nombre d'actions pris en compte dans le calcul de l'obligation envers les bénéficiaires comptabilisée au passif du bilan (PCG art. 624-15).
> **2. Cas des actions couvertes** Lorsque les actions ont été rachetées au prix de la levée d'option, la provision comptabilisée est nulle (voir n° 55770). Les actions rachetées doivent néanmoins être considérées comme « couvertes » et sont à maintenir dans le compte 502-1. Elles ne doivent donc pas être dépréciées.

b. Actions rachetées non couvertes par une provision au passif, l'exercice des options n'étant pas probable (actions comptabilisées dans le sous-compte 502-2, voir ci-avant). Ces actions n'étant pas couvertes par une provision au passif, elles doivent suivre les règles générales de dépréciation.

La dépréciation est donc calculée par comparaison avec la moyenne des cours du dernier mois de l'exercice (voir n° 35850). Pour les sociétés non cotées, voir n° 35855.

> **Fiscalement** Ces titres constituant des titres de placement (voir n° 37675), la (provision pour) dépréciation est en principe déductible du résultat imposable au taux de droit commun (voir n° 35855 et 36135).

c. Valorisation des titres à la clôture Voir n° 55655 II. (tableau)

d. Provision représentative de l'obligation de livrer les titres La provision constituée lors de la mise en place du plan (voir n° 55770 II.) doit être réévaluée à chaque clôture, au cours de la période d'option prévue dans le plan, en fonction (PCG art. 624-14) :
– du coût probable de rachat (lorsque les actions n'ont pas été rachetées, pour les exercices avant la période de levée des options) ;
– du nombre d'actions à remettre, déterminé en fonction de la satisfaction des conditions prévues par le plan (présence, performance) ;
– et de l'évolution de la valeur de l'action (cours de bourse à la clôture pour les sociétés cotées), qui fait que l'exercice des options est probable ou non.

> **Fiscalement** Il en est de même (BOI-BIC-PROV-30-20-30 n° 40 et 90).

Les dotations et reprises sont présentées dans les charges de personnel, éventuellement par l'intermédiaire du compte « Transfert de charges » (PCG art. 624-14). Sur la suppression des comptes 79 par le règlement ANC n° 2022-06, voir n° 45500.

III. Exemple

EXEMPLE

(établi par nos soins)

Une entreprise annonce le 1er janvier N un plan d'attribution de 1 000 options d'achat que les salariés peuvent lever au terme d'une période d'acquisition de 4 ans, à l'issue de laquelle les salariés doivent être présents dans l'entreprise. Le prix d'exercice de l'option est de 8.

a. Au 31/12/N : l'entreprise n'a pas acheté les titres mais compte servir le plan en actions rachetées. Le cours de bourse à la clôture est de 10. L'entreprise estime que 900 actions seront effectivement attribuées du fait de la rotation du personnel.

Le plan prévoyant explicitement que la période d'acquisition requise par le conseil d'administration correspond à une période au cours de laquelle le salarié doit être présent, l'obligation est étalée sur la période d'acquisition, soit 4 ans.

D'où :
– Évaluation de l'**obligation au 31/12/N** : 900 × (10 − 8) = 1 800 ;
– Provisionnement de l'obligation fin N : 1/4 × 1 800 = 450 ;
– Comptabilisation d'une **charge en N** : 450.

b. Au 31/12/N+1 : l'entreprise rachète à la clôture 1 000 actions à un cours de 11. Elle estime que 950 actions seront effectivement attribuées du fait de la rotation du personnel.

Les actions rachetées sont comptabilisées dans le compte 502 « Actions propres » pour un montant de 1 000 × 11 = 11 000. Selon le PCG (voir ci-avant), ce compte est subdivisé en deux sous-comptes :
• le compte 502-1 « Actions destinées à être attribuées aux employés et affectés à des plans déterminés », débité pour 10 450 (950 actions qui devraient être attribuées × 11) ;
• le compte 502-2 « Actions disponibles pour être attribuées aux employés », débité pour 550 (50 actions × 11).

D'où :
– évaluation de l'**obligation totale au 31/12/N+1** : 950 × (11 − 8) = 2 850 ;
– provisionnement de l'obligation au 31/12/N+1 : 1/2 × 2 850 = 1 425 ;

55795
(suite)

— montant déjà provisionné au 31/12/N : 450 ;
— comptabilisation d'une **charge en N+1** : 975 = 1 425 (obligation provisionnée au 31/12/N+1) ; − 450 (obligation provisionnée au 31/12/N).

c. Au 31/12/N+2 : le cours chute à 7. Le cours de bourse (7) étant inférieur au prix d'exercice de l'option (8), la probabilité d'exercice des options est nulle. La provision pour remise d'actions est donc nulle.

En conséquence :
— les actions comptabilisées au 31/12/N+1 dans le compte 502-1 ne peuvent plus être considérées comme étant affectées à un plan déterminé et doivent être reclassées dans le compte 502-2 ;
— la provision comptabilisée au 31/12/N+1 doit être reprise ;
— la totalité des actions rachetées doit être dépréciée (en l'absence de provision « couvrant » les actions autodétenues).

Le tableau suivant, établi par nos soins, récapitule le traitement comptable à retenir au 31/12/N+2.

Évaluation de l'**obligation totale au 31/12/N+2** :	0
Montant de la provision au 31/12/N+2 :	0
Comptabilisation d'un **produit** (reprise de provision) en N+2 de :	0 (provision au 31/12/N+2) − 1 425 (provision au 31/12/N+1) = 1 425
Comptabilisation d'une **charge** (dotation pour dépréciation des titres) :	4 000 1 000 actions × [11 (coût d'entrée) − 7 (cours de clôture)]
Total Provision + Dépréciation à la clôture	4 000 (dépréciation uniquement)

d. Au 31/12/N+3 : le cours de bourse s'établit à 9. Il est donc probable que les salariés lèveront leurs options et l'entreprise estime d'ailleurs que 1 000 actions seront effectivement cédées au personnel au début de l'année N+4.

Les 1 000 actions doivent donc être reclassées du compte 502-2 au compte 502-1, à la date à laquelle le cours de bourse est égal au prix d'exercice (8). La **valeur de reclassement** à retenir est ce cours de bourse, qui devient la **nouvelle valeur brute** des titres.

Or, la valeur nette comptable unitaire au 31/12/N+3 des titres affectés au plan reclassés en compte 502-1 étant de 8 :
— la partie de la dépréciation correspondant à la différence entre le cours de clôture au 31/12/N+2 (7, retenu pour calculer la dépréciation au 31/12/N+2) et le cours de reclassement (8) doit être reprise ;
— en revanche, il n'est pas possible de reprendre la dépréciation correspondant à la différence entre le cours d'achat (11) et le cours à la date de reclassement (8).

Cette nouvelle valeur brute (8) étant égale au prix d'exercice de l'option, aucune provision ne doit être comptabilisée (la sortie de ressources attendue étant nulle).

Le tableau suivant, établi par nos soins, récapitule le traitement comptable à retenir au 31 décembre N+3.

Évaluation de l'**obligation totale au 31/12/N+3** :	0 [1 000 actions × (8 − 8)]
Montant de la provision au 31/12/N+2 :	0
Comptabilisation d'une **charge** de :	0
Comptabilisation d'un **produit** (reprise de dépréciation des titres) :	1 000 1 000 actions × [8 (cours à la date de reclassement) − 7 (cours de clôture N+2)]
Total Provision + Dépréciation à la clôture	1 000 La dépréciation résiduelle [3 000 = 1 000 actions × 11 (coût d'acquisition) − 8 (cours à la date de reclassement)] ne peut pas être reprise, la valeur nette comptable au 31/12/N+3 étant la nouvelle valeur brute des titres

e. 1/1/N+4 (levée d'option) : les salariés lèvent leurs options d'achat pour 8 par option. L'entreprise enregistre une moins-value d'attribution de 3 000 [1 000 × 11 (coût d'acquisition des actions) − 8 (prix d'exercice de l'option)].

Cette moins-value est compensée par la reprise de la dépréciation des titres maintenue lors du reclassement des actions effectué au cours de l'exercice N+3 (3 000) (voir tableau ci-avant, dépréciation résiduelle).

Information à fournir Voir n° 55835. 55800

LORS DE LA LEVÉE DES OPTIONS
I. Options de souscription d'actions 55820

a. Augmentation de capital Lorsqu'une société octroie à ses salariés et/ou ses dirigeants des options de souscription d'actions, l'augmentation de capital est définitivement réalisée du fait de la déclaration de levée d'option et du paiement du prix de souscription par les bénéficiaires (C. com. art. L 225-178, al. 2). En conséquence, le capital social augmente au fur et à mesure de la levée des options.

La levée des options (qui peut s'échelonner sur plusieurs exercices) est assimilée à un apport en numéraire et doit donc, à notre avis (en ce sens également, Bull. CNCC n° 75, septembre 1989, EC 89-48, p. 380 s.), être comptabilisée comme une **augmentation** de capital **classique** (voir n° 55315), la prime d'émission étant égale à la différence entre le prix de souscription payé par les bénéficiaires et le montant nominal de l'action.

Sur l'absence d'obligation pour le CAC d'établir un rapport, voir FRC 12/23 Hors série inf. 107.9.

b. Absence de charge La « charge de dilution », correspondant à la différence entre la valeur réelle des actions nouvelles émises à la date de la levée des options et le prix de souscription payé, n'est pas constatée dans les comptes.

En effet, la remise d'actions nouvelles n'entraîne, contrairement à la remise d'actions rachetées (voir n° 55770 II.), aucune sortie de ressources pour la société émettrice (voir n° 55770 I.).

> **Fiscalement** Il en est de même : la levée d'options est constitutive d'un apport et ne peut donc dégager une moins-value (BOI-BIC-PTP-20-60 n° 60). Selon le Conseil d'État, aucune moins-value (ou charge de dilution) ne peut être constatée dès lors que les actions attribuées aux salariés ne sont pas, contrairement à celles octroyées dans le cadre d'options d'achat d'actions, inscrites dans les comptes de la société émettrice avant la levée des options (CE 16-1-2006 n° 260150). Sur la possibilité de déduire la charge de dilution en cas de plan dit démocratique, voir ci-après n° 55820 I. c.

c. Économie d'impôt en cas de plans « démocratiques » Sur le plan comptable, l'**économie d'impôt** résultant de la déductibilité fiscale de la charge de dilution (voir Fiscalement ci-après) est à comptabiliser dans le résultat de l'exercice au cours duquel elle est réalisée (c'est-à-dire, l'exercice d'émission des actions) (Bull. CNCC n° 151, septembre 2008, EC 2008-30, p. 568).

Le fait que cette économie porte sur une charge non comptabilisée ne fait pas obstacle à sa comptabilisation en minoration de la charge d'impôt.

> **Fiscalement** La société émettrice peut, dans le cadre de plans dits « démocratiques » remplissant certaines conditions, déduire la charge de dilution (CGI art. 217 quinquies ; BOI-BIC-PTP-20-70-20 n° 1 à 190).
>
> **1. Plans de souscription d'options concernés** La déduction est soumise aux deux conditions suivantes :
> – Le plan d'options de souscription doit bénéficier à **l'ensemble des salariés** de l'entreprise, étant précisé que l'administration admet la mise en œuvre d'une condition d'ancienneté ou de performance collective (BOI-BIC-PTP-20-70-20 n° 80 à 130 ; TS-VII-79980 s.). Aucune déduction ne peut être pratiquée à raison des actions émises au profit des mandataires sociaux non-salariés (BOI-BIC-PTP-20-70-20 n° 30 et 40).
> – La **répartition des actions** attribuées aux salariés peut être effectuée de manière **uniforme**, proportionnellement à leur durée de présence dans l'entreprise au cours de l'exercice ou aux salaires, ou par une combinaison de ces différents critères (voir BOI-BIC-PTP-20-70-20 n° 140 à 190 ; TS-VII-80030 s.).
>
> **2. Montant de la déduction fiscale** La charge de dilution fiscalement déductible est égale à la différence entre la valeur du titre au jour de la levée et le prix de levée de l'option (BOI-BIC-PTP-20-70-20 n° 210 à 250 ; TS-VII-80180 s.).
>
> Cette charge n'étant pas comptabilisée (voir ci-avant), elle est déduite de manière extra-comptable (imprimé n° 2058-A, ligne XG) sur l'exercice (ou les exercices) au cours duquel

55820
(suite)

(desquels) les actions sont émises (BOI-BIC-PTP-20-70-20 n° 200). La société émettrice est soumise à une obligation déclarative spécifique (CGI ann. III art. 46 quater-0 YD ; BOI-BIC-PTP-20-70-20 n° 260 et 270 ; BOI-FORM-000054).

d. Cas particulier des plans de groupe « démocratiques » La charge de dilution étant déductible par les sociétés employant les salariés bénéficiaires à raison des actions émises au profit de leurs salariés (et non en totalité par la société émettrice des actions, voir Fiscalement ci-après), le produit correspondant est comptabilisé par chaque société du groupe.

▷ Fiscalement La charge de dilution supportée par la société émettrice française à raison des actions émises au profit des salariés d'autres sociétés du groupe ne peut pas être déduite de son résultat fiscal. En revanche, les sociétés du groupe (consolidé) peuvent déduire la quote-part de charge attribuable à leurs salariés à condition que ces derniers soient tous bénéficiaires du plan. Cette déduction n'est pas subordonnée à la refacturation préalable de la charge par la société émettrice du plan (BOI-BIC-PTP-20-70-20 n° 50 et 60).

L'économie d'impôt vient en diminution du montant de l'impôt à réintégrer extra-comptablement sur l'imprimé n° 2058-A (ligne I7).

Sur les modalités de déduction de la charge ainsi que les obligations déclaratives, voir Fiscalement, ci-avant.

Sont considérées comme faisant partie du groupe les sociétés :
– incluses dans le périmètre de consolidation du fait d'un contrôle exclusif, conjoint ou d'une influence notable ;
– contrôlées ou sous influence notable mais exclues du périmètre de consolidation en application de l'article L 233-19 du Code de commerce (voir Mémento Comptes consolidés n° 2522 à 2562) ;
– acquises en cours d'exercice et qui ont vocation à entrer dans le périmètre de consolidation.

e. Frais d'augmentation de capital Selon le PCG (art. 624-17), les frais engagés par la société émettrice du fait de la levée d'option (frais d'augmentation de capital ; charges exposées du fait de la levée des options par les bénéficiaires, telles que rémunérations des intermédiaires, etc.) sont à imputer sur la prime d'émission. Si cette dernière n'est pas suffisante pour absorber la totalité des frais, l'excédent est comptabilisé en charges.

▷ Fiscalement Ces frais sont en principe immédiatement déductibles (CGI art. 217 quinquies ; BOI-BIC-PTP-20-60 n° 70 ; BOI-BIC-CHG-20-30-20 n° 90). En conséquence, les frais imputés sur la prime d'émission doivent faire l'objet d'une déduction extra-comptable (ligne XG) sur l'imprimé n° 2058-A (voir n° 55315).

Cas des plans de groupe Les frais d'augmentation de capital sont déductibles uniquement chez la société émettrice et ne peuvent être refacturées aux autres sociétés du groupe (BOI-BIC-PTP-20-70-10 n° 70). Pour un tableau récapitulatif du traitement fiscal des refacturations intra-groupe, voir ci-après.

f. Contribution patronale Lorsque les conditions auxquelles l'attribution était subordonnée ne sont pas satisfaites, les entreprises devraient, à notre avis, avoir droit à la restitution de la quote-part des contributions correspondant aux actions non livrées au terme de la période d'acquisition (voir n° 55770 Juridiquement), dans ce cas un produit est comptabilisé au titre des sommes réclamées (ou à réclamer, le dépôt de la réclamation étant à considérer comme une condition de pure forme totalement sous le contrôle de l'entreprise car dépendant de sa seule intention, voir n° 53090 III.).

II. Options d'achat d'actions

a. Plus ou moins-value de levée d'option Lors de la levée des options par les bénéficiaires (achat des actions), la **différence** entre le coût d'entrée des actions à la date de leur affectation (le prix de rachat par la société de ses propres actions si les titres ont été affectés au plan dès leur acquisition ou la VNC au jour de leur affectation au plan) et le prix d'achat par les bénéficiaires (prix de levée de l'option) constitue une charge ou un produit à inscrire :
– dans un premier temps, aux comptes 6783 « Malis provenant du rachat par l'entreprise d'actions ou d'obligations émises par elle-même » ou 7783 « Bonis provenant du rachat par l'entreprise d'actions et d'obligations émises par elle-même » prévus par le PCG (art. 945-50) ;
– puis, dans un second temps, parmi les charges de personnel (pour la quote-part concernant le personnel de l'entreprise), par l'intermédiaire d'un compte de transfert de charges (PCG art. 624-14). Sur la suppression des comptes 79 par le règlement ANC n° 2022-06, voir n° 45500.

Pour la détermination du **résultat** dégagé à l'occasion de la vente des actions rachetées (achetées par les bénéficiaires), les titres les plus anciens sont, selon le PCG (art. 945-50), réputés vendus les premiers (**méthode Fifo**).

▷ Fiscalement Il en est de même, les titres étant des titres de placement (voir n° 36710).

Pluralité de plans : lorsque les actions rachetées ont été cantonnées par plan lors de leur acquisition, le résultat de cession est calculé, à notre avis, en utilisant la méthode Fifo plan par plan, c'est-à-dire en ne retenant que les actions cantonnées au plan pour le calcul du Fifo (en ce sens, Bull. CNCC n° 129, mars 2003, EC 2002-46, p. 179 s.).

> **Fiscalement** La société émettrice peut déduire au taux de droit commun la moins-value pouvant résulter de la différence entre le prix auquel elle a dû racheter ses propres actions et les sommes versées par ses salariés (CGI art. 217 quinquies ; BOI-BIC-PTP-20-60 n° 20 à 60).
>
> **Cas des plans de groupe** La société émettrice peut déduire la moins-value subie du fait de la levée de leurs options d'achat par les salariés des autres sociétés du groupe à condition de la refacturer à ces sociétés (voir ci-après et BOI-BIC-PTP-20-60 n° 80). En l'absence de refacturation, la moins-value est non déductible chez l'émettrice. Sur le traitement fiscal du produit de cette refacturation, voir ci-après.
>
> **Cas des salariés détachés** Bien que l'administration ne se soit pas prononcée sur ce point, la répartition de la moins-value entre les sociétés du groupe pour lesquelles le salarié a travaillé devrait, à notre avis, suivre les mêmes principes que ceux énoncés pour l'imposition du gain chez le salarié lorsque celui-ci a été détaché pendant la période de référence, comprise entre la date d'attribution et la date à laquelle le salarié acquiert définitivement le droit d'exercer l'option (BOI-RSA-ES-20-10-20-60 n° 50 et 200 à 250 ; pour plus de détails, voir Mémento Fiscal n° 88785).
>
> Pour un tableau récapitulatif du traitement fiscal des refacturations intragroupe, voir ci-après III.

EXEMPLE

Rachat d'actions par la société pour 110 000.

Prix d'exercice de l'option fixé : 105 000.

Le compte 4246 « Participation des salariés-réserve spéciale » ou 4563 « Associés – Versements reçus sur augmentations de capital » a été auparavant crédité des sommes acquises ou versées par les salariés.

	4246 ou 4563	502 Actions propres	512 Banque	678 Malis sur rachats
Rachat des actions par la société		110	110	
Attribution des actions (achat par les salariés : levée de l'option)	105	110		5

La **provision** comptabilisée lors de l'attribution des options (voir n° 55770 II.) est **reprise**.

> **Fiscalement** La provision ayant été déduite lors de sa dotation (voir n° 55770 II.), sa reprise est imposable au taux de droit commun.
>
> **Cas des plans de groupe** Les dotations ont pu ne pas avoir été déduites, l'administration n'acceptant la déduction fiscale de ces provisions que pour celles constatées depuis le 10 juin 2014 (voir n° 55770 II. d.). Pour les attributions gratuites d'actions, l'administration admet que s'il n'est pas possible d'identifier précisément, parmi les provisions réintégrées, celles qui ont été constatées avant et après le 10 juin 2014, les reprises ne soient pas imposées jusqu'à épuisement des provisions non admises en déduction lors de leur constitution (voir n° 55895 II.). En pratique, cette solution devrait à notre avis être également applicable aux provisions pour options d'achat d'actions.

b. Frais engagés Les frais correspondant aux levées d'options d'achat sont comptabilisés en charges par la société émettrice.

Il s'agit notamment :
– des frais de gestion des actions rachetées jusqu'à leur attribution définitive aux bénéficiaires (frais financiers de portage de titres, etc.) ;
– des charges exposées lors des levées d'option par les bénéficiaires : rémunération des intermédiaires, frais d'inscription sur les registres de transferts, etc.

> **Fiscalement** Ces charges sont déductibles (CGI art. 217 quinquies ; BOI-BIC-PTP-20-60 n° 70).
>
> **Cas des plans de groupe** (BOI-BIC-PTP-20-60 n° 80) La société émettrice peut déduire les charges engagées du fait de la levée de leurs options d'achat par les salariés des autres sociétés du groupe à condition de les refacturer à ces sociétés. L'administration ne peut pas remettre en cause l'absence de refacturation, les charges non refacturées restant toutefois dans ce cas non déductibles chez l'émettrice.
>
> En revanche, les charges générales de la société émettrice, telles que les frais financiers de portage de titres, sont déductibles uniquement par cette dernière et ne peuvent être refacturées. Sur le traitement fiscal du produit de cette refacturation, voir ci-après.
>
> Pour un tableau récapitulatif du traitement fiscal des refacturations intragroupe, voir n° 55820 III.

c. Contribution patronale Voir ci-avant I. f.

55820
(suite)

III. Refacturation intragroupe Lorsque le plan de stock-options mis en place concerne plusieurs sociétés du groupe, les charges supportées par la société émettrice du plan au titre du personnel bénéficiaire des autres sociétés sont généralement refacturées à ces dernières dans le cadre d'une convention de refacturation.

> **Fiscalement** Selon l'administration, les charges sont à répartir en trois catégories :
> – les charges qui ne sont pas déductibles du résultat fiscal (ni de celui de la société émettrice ni de celui des sociétés du groupe employant les salariés bénéficiaires) ;
> – les charges qui sont déductibles uniquement par la société émettrice et qui ne peuvent pas être refacturées aux autres sociétés du groupe ;
> – les charges qui ne sont déductibles chez l'émettrice qu'à condition d'être refacturées aux autres sociétés du groupe.
>
> La décision de refacturer est une décision de gestion : l'absence de refacturation ne peut être contestée par l'administration mais elle conditionne la déduction de la charge chez l'émettrice et la société employeur (BOI-BIC-PTP-20-70-10 n° 110). Ainsi, en l'absence de refacturation, la charge n'est déductible ni chez la société émettrice ni chez l'employeur. En cas de refacturation, la facture doit indiquer la date et la valeur d'acquisition des actions, ce qui suppose un suivi individualisé des actions en fonction de leur destination (BOI-BIC-PTP-20-70-10 n° 80).
>
> Le tableau suivant (établi par nos soins) présente une synthèse du traitement fiscal des refacturations intragroupe tel qu'il est prévu par l'administration fiscale (BOI-BIC-PTP-20-60 n° 80 et BOI-BIC-PTP-20-70-10 n° 50 à 90) :

Traitement fiscal chez la société émettrice	Nature de la charge	Refacturation fiscale
« Charges » non déductibles	« Charge » de dilution [1]	Non
Charges déductibles uniquement chez la société émettrice	– Charges générales de la société émettrice : • Frais d'augmentation de capital • Frais financiers liés au portage des titres – Charges de moins-values en cas d'annulation du plan ou de non-exercice des options	Non Si la société émettrice décide néanmoins de refacturer : – charge non déductible chez la société refacturée – produit imposable chez la société émettrice
Charges déductibles uniquement si elles sont refacturées aux autres sociétés du groupe	Quote-part des charges ci-après afférentes aux salariés des autres sociétés du groupe : • Moins-value sur rachat d'actions en cas d'attribution effective des actions • Frais de rachat des titres destinés à être remis • Frais de gestion des actions rachetées ou émises jusqu'à leur date d'attribution définitive aux salariés • Charges exposées du fait de l'acquisition des titres par les salariés (rémunération des intermédiaires, inscription au registre des transferts)	Oui En cas de refacturation : – charge déductible chez la société refacturée – produit imposable chez la société émettrice Si la société émettrice décide néanmoins de ne pas refacturer les charges : – charge non déductible chez la société non refacturée – charge non déductible chez la société émettrice

(1) Hors plans « démocratiques », voir n° 55820 I.

Sur le plan comptable, les écritures suivantes sont alors à comptabiliser :

1. Chez la société émettrice du plan La charge refacturée aux autres sociétés du groupe au titre du plan de stock-options concernant leurs salariés et/ou leurs dirigeants conduit à transférer le produit à recevoir constaté lors de la mise en place du plan (voir n° 55770 III.) en créance.
Sur les charges devant être refacturées pour permettre leur déduction fiscale, voir tableau récapitulatif ci-avant.
Sur la provision à constituer dès l'attribution des actions, voir n° 55770 III.

> **Fiscalement** Le produit de refacturation ayant été imposé lors de la comptabilisation du produit à recevoir (voir n° 55770 III.), aucun retraitement extra-comptable n'est à effectuer.

2. Chez les sociétés du groupe bénéficiaires du plan La quote-part de frais refacturée par la société émettrice du plan aux autres sociétés du groupe au titre des plans de stock-options

concernant les salariés et/ou les dirigeants de ces sociétés constitue, pour ces dernières, une charge de personnel.
Sur la nature des frais refacturés, voir ci-avant.

> **Fiscalement** Les charges refacturées sont déductibles (à l'exclusion de la charge de dilution, des charges générales de la société émettrice et des charges de moins-values en cas d'annulation du plan ou de non-exercice des options, voir tableau ci-avant) (BOI-BIC-PTP-20-70-10 n° 110). En l'absence de refacturation, aucune charge ne peut être déduite (voir tableau ci-avant).
> **Cas particuliers des plans étrangers** Les charges et moins-values refacturées par une société émettrice étrangère à une société française du groupe au titre des options attribuées à ses salariés peuvent être déduites si le plan de stock-options remplit les conditions posées par la législation française (BOI-RSA-ES-20-10-10 n° 340).
> Sur les règles spécifiques applicables pour le calcul de la moins-value, voir BOI-BIC-PTP-20-70-10 n° 140.

En contrepartie de la comptabilisation de cette charge, la provision constituée lors de la mise en place du plan (voir n° 55770 II.) est reprise.

> **Fiscalement** La dotation étant déductible (voir n° 55770 II.), la reprise est imposable.

IV. Assujettissement aux charges sociales En cas de rabais consenti sur le prix de souscription ou d'achat des actions par les bénéficiaires des options, la société employant les bénéficiaires peut être assujettie à cotisations sociales patronales (voir n° 55770 V.), qui sont à comptabiliser selon leur nature, donc parmi les charges d'exploitation.
En contrepartie, la provision constituée lors de la mise en place du plan (voir n° 55770 V.) est reprise.

V. Contrat de liquidité Sur le traitement des engagements de rachat des titres dans le cadre de contrats de liquidité, voir n° 37360 et 50695.

Information à fournir Voir n° 55835.

55825

ABSENCE D'EXERCICE D'OPTION

I. Options de souscription d'actions L'absence d'exercice d'options de souscription d'actions n'entraîne aucune conséquence pour la société émettrice du plan.

55830

II. Options d'achat d'actions
a. Sort des actions non rachetées par les bénéficiaires des options Lorsque les options d'achat d'actions ne sont pas levées par les bénéficiaires (par exemple, délai d'option arrivé à échéance ou prix d'exercice supérieur au cours de bourse ou bénéficiaire ayant quitté le groupe), les actions achetées par la société peuvent être conservées (en respectant les conditions de détention par la société de ses actions propres) et utilisées conformément aux finalités prévues par la société pour le rachat de ses actions (voir n° 55590 s., 55615 s. et 55665 ; voir également Mémento Sociétés commerciales n° 69810).
Ainsi, la société ayant octroyé les options peut (Mémento Sociétés commerciales n° 69810) :
– soit utiliser les actions propres acquises dans le cadre d'un nouveau plan d'options d'achat d'actions ou d'attribution gratuite d'actions ; dans ce cas, en attendant l'affectation au nouveau plan, les actions propres sont momentanément reclassées du sous-compte 502-1 « Actions destinées à être attribuées aux employés et affectées à des plans déterminés » vers le sous-compte 502-2 « Actions disponibles pour être attribuées aux employés ». Elles doivent alors faire l'objet d'une dépréciation (le cas échéant), voir n° 55795 II ;
– soit les annuler par voie de réduction de capital (voir n° 55450), ce qui suppose un reclassement préalable (voir n° 55655 I. b.) et, le cas échéant, une dépréciation complémentaire préalablement à ce reclassement. En effet, dans la mesure où la provision doit être reprise (voir ci-après), les actions ne sont plus couvertes par un passif (voir n° 55795 II.) ;

> **Précisions** Méthode à retenir À notre avis, comme en cas de levée d'option par les bénéficiaires (voir n° 55820 II.), il convient de retenir la **méthode Fifo** sur l'ensemble des actions propres détenues et classées en VMP. Toutefois, si les actions propres ont été cantonnées plan par plan lors de leur acquisition, il est possible de retenir la méthode Fifo par plan (en ce sens, Bull. CNCC n° 129, mars 2003, EC 2002-46, p. 179 s.).

– soit les vendre.

> **Fiscalement** La plus ou moins-value réalisée par la société émettrice des options lors de cette revente est imposée ou déduite de son résultat fiscal dans les conditions de droit commun (BOI-BIC-PTP-20-60 n° 90).

Cas des plans de groupe La société émettrice ne peut pas refacturer aux autres sociétés du groupe la moins-value de cession des actions à raison de la non-levée de l'option par leurs propres salariés. Pour un tableau récapitulatif du traitement fiscal des refacturations intragroupe, voir n° 55820 III.

b. Reprise de la provision Quelle que soit la solution retenue par la société, la provision comptabilisée lors de la mise en place du plan au titre de l'obligation de livrer les actions (voir n° 55770 II.) est reprise, sans charge en contrepartie, en l'absence d'attribution définitive des actions aux bénéficiaires des options.
Cette reprise de provision est néanmoins compensée par la constatation de la dépréciation des actions (le cas échéant, voir ci-avant).

> **Fiscalement** La provision ayant été déduite lors de sa dotation (voir n° 55770 II.), sa reprise est imposable au taux de droit commun.

III. Annulation de plans
En cas d'annulation de plans :
– les **indemnités compensatrices** versées (le cas échéant) par la société émettrice du plan aux bénéficiaires des options afin de compenser le préjudice que ces derniers subissent du fait de l'annulation constituent, à notre avis, des charges (à comptabiliser en rémunération dans le compte 6414 « Indemnités et avantages divers » lorsqu'elles sont versées par la société à ses propres salariés ;

> **Précisions** **Indemnité versée lors du rachat de la société émettrice** Lorsque l'indemnité est versée par l'entité acquéreuse des titres de la société émettrice, lors du rachat de cette dernière, elle est à constater, à notre avis, en immobilisation financière par analogie avec le traitement retenu pour le rachat des BSA en même temps que l'acquisition de la totalité des actions d'une société émettrice (voir n° 38195 I.).

– sur le sort des **actions rachetées par l'entreprise et figurant au bilan** (le cas échéant), voir II. a. ci-avant.

> **Fiscalement** La plus ou moins-value réalisée par la société émettrice des options lors de la revente de ses actions (le cas échéant) est imposée ou déduite de son résultat fiscal dans les conditions de droit commun (BOI-BIC-PTP-20-60 n° 90).

Cas des plans de groupe Selon la DLF, interrogée par nos soins dans le cadre de notre journée « Arrêté des comptes et résultat fiscal 2008 », Les Echos Conférences – PwC, la société émettrice ne peut pas refacturer aux autres sociétés du groupe la moins-value de cession des actions éventuellement constatée.

INFORMATION À FOURNIR

55835 **Sociétés concernées** Cette information doit être fournie par toutes les sociétés par actions (y compris les SAS) :
– françaises (Ansa, février-avril 2002, Bull. n° 311 et Bull. CNCC n° 126, juin 2002, EJ 2002-45, p. 271 s.) ;

> **Précisions** Les sociétés étrangères sont toutefois tenues de fournir cette information en cas de prospectus (Bull. COB n° 364, janvier 2002, p. 5).

– cotées ou non ;
– ayant émis des stock-options ou contrôlant des sociétés ayant octroyé des stock-options à leurs mandataires sociaux et/ou à leurs salariés.

Contenu Il porte sur les éléments suivants :

I. Information de l'administration fiscale Compte tenu des avantages fiscaux accordés aux bénéficiaires des attributions, les sociétés émettrices sont soumises, au titre de la période de levée des options, à des obligations déclaratives, via la DSN (voir n° 18185), des informations requises pour le calcul de l'imposition (CGI ann. II art. 91 bis, CGI ann. III art. 39 et 38 septdecies).

II. Information de l'assemblée émettrice des options
a. Rapport spécial L'assemblée générale ordinaire de la **société émettrice** des options (C. com. art. L 225-184) et l'assemblée générale ordinaire de la **société contrôlant** majoritairement, directement ou indirectement la société émettrice (C. com. art. L 225-180 II) sont informées, annuellement :
– du nombre et du prix des options consenties ;
– de leurs bénéficiaires ;
– du nombre des actions souscrites ou achetées par les bénéficiaires.

Ces informations doivent être fournies dans un **rapport spécial établi par le conseil d'administration ou le directoire** qui doit **également** rendre compte (C. com. art. L 225-184) :

1. de façon **nominative et individuelle**, concernant les mandataires sociaux de la société émettrice :
– du nombre, des dates d'échéance et du prix des **options** de souscription ou d'achat d'actions qui, durant l'année et à raison des mandats et fonctions exercés dans la société, ont été **consenties** à chacun de ces mandataires **par la société émettrice et par celles qui lui sont liées** (au sens de l'article C. com. L 225-180 ; voir Mémento Sociétés commerciales n° 69470) ;
– du nombre, des dates d'échéance et du prix des **options** de souscription ou d'achat d'actions qui ont été **consenties** durant l'année à chacun des mandataires de la société émettrice **par les sociétés que celle-ci contrôle** au sens de l'article L 233-16 du Code de commerce (voir Mémento comptes consolidés n° 9208-1), à raison des mandats et fonctions que ces mandataires exercent dans ces sociétés ;
– du nombre et du prix des **actions souscrites ou achetées** durant l'exercice par ces mandataires **en levant une ou plusieurs des options** détenues sur les sociétés visées aux deux alinéas précédents.

> **Précisions** **1. Mandataires visés** Les mandataires visés sont, dans les SA, le président, les DG, les membres du directoire et du conseil de surveillance et les administrateurs (Com. Ansa, n° 3061, avril 2001, p. 5). En revanche, les mandataires spéciaux désignés et les membres des comités créés par le conseil d'administration en application de l'article R 225-29 du Code de commerce ne semblent pas concernés (Bull. COB n° 367, avril 2002, p. 63 s.).
> **2. Sociétés contrôlantes** Toutefois, selon l'Ansa (Com. n° 3138, mai 2002) les sociétés contrôlantes doivent donner une information globale et non nominative de l'ensemble des options accordées par les sociétés de groupe, que les mandataires sociaux ou salariés des sociétés contrôlantes et contrôlées en aient reçu ou pas (voir également Mémento Sociétés commerciales n° 69470).

2. de façon **nominative et individuelle**, concernant les **10 salariés non mandataires les « mieux servis » de la société émettrice** :
– du nombre, du prix et des dates d'échéance des **options** de souscription ou d'achat d'actions **consenties**, durant l'année, **par la société et par les sociétés ou groupements qui lui sont liés** (au sens de l'art. C. com. L 225-180 ; voir Mémento Sociétés commerciales n° 69470), à chacun de ces dix salariés dont le nombre d'options ainsi consenties est le plus élevé ;

> **Précisions** **1. Identification des salariés** L'identification de ces 10 salariés doit être réalisée :
> – en faisant le cumul des options d'achat et de souscription ;
> – pour l'exercice écoulé et non pas en cumul ;
> – en distinguant les options consenties et les options levées.
> Il peut donc y avoir jusqu'à 20 salariés les mieux servis, pouvant en outre être différents d'un exercice à l'autre :
> – 10 pour les options consenties ;
> – 10 pour les options levées.
> **2. Options égalitaires** Selon l'Ansa, lorsque la société pratique des options égalitaires (par exemple : 20 personnes se voient consentir le même montant d'options), la société devra alors, en vertu du principe de non-discrimination, publier dans le rapport spécial tous les noms des bénéficiaires et toutes les options égalitaires en cause (Com. n° 3061, avril 2001, p. 5).

– du nombre et du prix des **actions** qui, durant l'année, ont été **souscrites ou achetées, en levant une ou plusieurs options** détenues sur les sociétés susvisées, par chacun de ces dix salariés dont le nombre d'actions ainsi souscrites ou achetées est le plus élevé.

3. concernant l'ensemble des salariés bénéficiaires :
– du nombre, du prix et des dates d'échéance des options consenties durant l'année à l'ensemble des salariés bénéficiaires ;
– du nombre des salariés bénéficiaires et de la répartition des options entre les catégories de bénéficiaires (C. com. art. L 225-184, disposition applicable aux attributions autorisées par les AGE réunies depuis le 4 décembre 2008).

> **Précisions** **1. Sociétés devant établir le rapport** Seule la **société qui accorde des options** est tenue d'établir le rapport spécial (sous réserve du cas des sociétés contrôlantes, voir ci-avant). Les sociétés liées et/ou contrôlées dont les mandataires reçoivent des options de la société mère ou d'une société participante, en raison d'un mandat exercé chez elle, n'ont pas cette obligation d'information de leurs actionnaires.
> Toutefois, une société contrôlante, même si elle n'a pas offert d'options, doit faire état dans un rapport spécial à l'assemblée des options accordées à ses mandataires sociaux par les sociétés contrôlées à raison des mandats et fonctions exercés dans celle-ci (C. com. art. L 225-108-II, al. 1 et Com. Ansa n° 3118, janvier 2002).
> **2. Sanction** Le non-respect de ces dispositions constituerait une irrégularité.
> Il n'est assorti d'aucune sanction pénale mais le défaut de communication du rapport spécial à

l'assemblée pourrait donner lieu à une procédure d'injonction de faire (voir n° 80200).

3. Communication En l'absence de disposition spécifique le prévoyant, le rapport n'a ni à être expédié aux actionnaires ni à être déposé au greffe (voir Mémento Sociétés commerciales n° 69470).

4. Mission du CAC Voir n° 55840.

b. Rapport sur le gouvernement d'entreprise Les sociétés ayant octroyé des options de souscription et d'achat d'actions à leurs dirigeants doivent fournir certaines informations dans leur rapport sur le gouvernement d'entreprise sur les conditions relatives à l'exercice des options et à la cession des actions acquises à la suite de la levée d'option (voir n° 65097). Par ailleurs, une information doit être fournie sur la politique de rémunération établie par le conseil pour déterminer les rémunérations et avantages de toute nature accordés aux mandataires sociaux ainsi que sur les rémunérations qui leur sont versées (voir n° 65101).

III. Information dans l'annexe Selon le PCG (art. 833-20/2), les informations suivantes doivent être fournies en annexe :

a. Principales caractéristiques du plan :
– prix d'exercice ;
– nombre total d'actions pouvant être émises ou achetées ;
– valeur des actions retenue comme assiette de la contribution patronale spécifique (voir n° 55770 V.) ;
– conditions d'acquisition des actions ou d'exercice des options d'achat : performance et/ou présence ;
– nombre d'options attribuées pendant l'exercice et au cours de l'exercice précédent ;
– nombre d'options attribuées cumulées depuis la date d'attribution pour chaque plan.

b. Informations sur les passifs éventuels (choix ouvert entre attribution d'actions nouvelles ou attribution d'actions existantes).

c. Nombre d'options annulées. Montant de la charge comptabilisée au cours de l'exercice et de l'exercice précédent.

d. Montant du passif enregistré au bilan.

e. Détail du compte 502 (nombre d'actions, coût d'entrée) et informations sur l'affectation dans les deux sous-comptes et la dépréciation correspondante.

f. Une information sur les **options exercées dans l'exercice** est requise par ailleurs dans l'annexe au titre de l'information sur les titres composant le capital social (voir n° 57600).

55840 **Pas de contrôle par le CAC** Le rapport spécial établi chaque année par le conseil d'administration ou le directoire (C. com. art. L 225-184) étant un « autre document » et non pas un « document sur la situation financière et les comptes », il **ne relève pas des vérifications spécifiques prévues par la NEP 9510** (NI.V CNCC, t.4, § 2.22.3.b ; voir également NI.XVIII, décembre 2021, § 4.31.1 et 4.31.2).

2. ATTRIBUTION GRATUITE D'ACTIONS

55870 ▸ **Juridiquement** Voir Mémento Sociétés commerciales n° 69400 à 69408, 69980 à 70380 et Note d'information CNCC NI.V, tome 4 « Régimes d'accès au capital en faveur des salariés », décembre 2021 (3ᵉ édition), § 3.1.

LORS DE L'ATTRIBUTION GRATUITE DES ACTIONS (MISE EN PLACE DU PLAN)

55875 Dès la décision d'attribution des actions, l'entreprise a une **obligation de remettre des actions** à ses employés. Selon les modalités d'attribution décidées (actions existantes ou actions nouvelles), cette obligation (PCG art. 624-4) :
– pourra générer un passif ou un passif éventuel (voir ci-après II.) ;
– ou non (voir ci-après I.).

I. Attribution gratuite d'actions à émettre **Aucune charge de rémunération** ne doit être constatée au titre de l'avantage accordé au personnel (PCG art. 624-6).

▸ **Précisions** En effet, même si l'attribution d'actions gratuites constitue un élément de rémunération, l'entreprise ne subit aucune sortie de ressources lors de la remise des actions nouvelles émises. La « charge » résultant de l'opération est en réalité une charge de dilution supportée par les actionnaires préexistants.

▸ **Fiscalement** Il en est de même, la « charge de dilution » n'étant pas déductible (sauf plans « démocratiques » répondant à certaines conditions), voir n° 55895 I.

En revanche, la contribution patronale spécifique ainsi que les cotisations sociales sont à provisionner dans les conditions précisées ci-après.

II. Attribution gratuite d'actions existantes
Lors de l'attribution d'actions gratuites existantes, l'entreprise doit traduire dans ses comptes le fait que l'opération donnera lieu, à la date de remise des actions aux bénéficiaires (les salariés et/ou les dirigeants), à une sortie de ressources sans contrepartie équivalente attendue de leur part.

> **Précisions** En effet, à la date de remise des actions, les bénéficiaires auront déjà fourni la contrepartie à l'entreprise (c'est-à-dire le travail et l'investissement réalisés pendant la période d'acquisition de leurs droits à recevoir les actions).

Cette sortie de ressources correspond à la moins-value attendue lors de la remise des actions.

Selon que les conditions de constitution d'un passif sont réunies ou non, l'entreprise peut être amenée à constater un passif ou un passif éventuel.

a. Conditions de constitution d'une provision L'entreprise doit constituer une provision dès que la sortie de ressources est probable ou certaine. Selon le PCG (art. 624-7 à 624-10), le caractère probable ou certain s'apprécie en fonction des éléments suivants :

1. Décision d'attribuer des actions rachetées sur le marché La société peut définir les modalités d'attribution (actions existantes ou actions nouvelles) ou différer la décision jusqu'à une date ultérieure (PCG art. 624-3).

La sortie de ressources est probable, voire certaine, lorsque la décision de racheter ou d'affecter des actions existantes résulte des termes du plan d'attribution ou a été prise par l'assemblée générale ou l'organe exécutif.

En l'absence de décision explicite sur les modalités d'attribution des actions, il convient de rechercher l'intention de l'entreprise tout au long de la période d'acquisition des droits par les bénéficiaires. Lorsque l'intention de racheter des titres est avérée (par exemple, par un engagement de l'entreprise de racheter ses actions à échéance proche de la date d'attribution effective aux bénéficiaires ou par la pratique habituelle de la société de ne pas diluer les actionnaires existants ou par une communication des dirigeants en ce sens), la provision est à comptabiliser. À défaut, le passif reste éventuel : il n'est pas comptabilisé mais doit être mentionné en annexe (PCG art. 624-11).

> **Fiscalement** Il en est de même (BOI-BIC-PROV-30-20-30 n° 90).

2. Probabilité de remise des actions aux bénéficiaires Le caractère probable de la sortie de ressources dépend de l'appréciation, à la date de clôture, de la réalisation des éventuelles conditions de présence et de performance prévues par le plan.

b. Montant à provisionner La provision correspondant à la sortie de ressources attendue par l'entreprise (c'est-à-dire la moins-value attendue), elle est calculée à partir des deux éléments suivants (PCG art. 624-14) :

Sur les charges sociales à provisionner également, voir V. a. et b. ci-après.

> **Fiscalement** Il en est de même (BOI-BIC-PROV-30-20-30 n° 100).

1. Coût d'entrée des actions à la date de leur affectation au plan d'attribution **ou coût probable de rachat évalué à la date de clôture** des comptes.

Le coût d'entrée des actions à la date de leur affectation au plan correspond :
– au coût d'achat (majoré des primes d'options payées pour racheter les actions, le cas échéant) lorsque les actions ont déjà été rachetées et affectées au plan dès leur acquisition ;
– à la valeur nette comptable à la date de l'affectation des actions au plan lorsqu'elles étaient détenues antérieurement par la société et non encore affectées au plan. Sur la détermination de cette valeur nette comptable, voir n° 55885 II.

Le coût probable de rachat à la clôture correspond :
– lorsque l'action est cotée, au cours de bourse ;
– en l'absence de cotation, à la valeur estimée à la date probable de rachat (à notre avis).

2. Nombre probable d'actions qui seront remises aux bénéficiaires. Ce nombre est déterminé, à la date de clôture, en fonction de la probabilité de réalisation des conditions de présence et de performance prévues par le plan.

> **Précisions** Sur la réévaluation de la provision au cours de la période d'acquisition, voir n° 55885 II.

c. Étalement obligatoire de la provision La provision doit être étalée lorsque le plan conditionne la remise des actions aux bénéficiaires à leur présence dans l'entreprise à l'issue d'une période future qu'il détermine (PCG art. 624-12).

55875
(suite)

> **Précisions** En effet, la condition de présence suppose que les bénéficiaires doivent rendre des services à l'entreprise pour obtenir l'élément de rémunération que constitue l'attribution des actions.

La provision est étalée sur la période pendant laquelle les bénéficiaires rendront ces services (PCG art. 624-12), c'est-à-dire **linéairement sur la période d'acquisition** des droits (PCG art. 624-14).

Inversement, l'absence de condition de présence dans le plan signifie que les services ont déjà été rendus. Dans ce cas, la charge n'est pas étalée mais immédiatement comptabilisée dès la décision d'attribution (PCG art. 624-12).

> **Précisions** **Plans de groupe** Lorsque les bénéficiaires sont des salariés ou des dirigeants d'autres sociétés du groupe auquel appartient la société émettrice du plan, cette dernière comptabilise en revanche la charge en totalité dès la décision d'attribution. En effet, dans ce cas, les bénéficiaires ne rendent pas de services à la société émettrice mais à la société à laquelle ils appartiennent. En cas de refacturation intragroupe, voir III. ci-après.

> **Fiscalement** Sur la déductibilité des provisions comptabilisées dans le cadre de plans de groupe, voir ci-après d.

d. Comptabilisation de la provision L'attribution d'actions gratuites constituant un élément de rémunération, cette provision doit être comptabilisée en **charges de personnel,** par le crédit d'un sous-compte du compte 15 « Provisions ».

> **Fiscalement** Cette provision est déductible (BOI-BIC-PROV-30-20-30 n° 80).

Cas particuliers des plans de groupe L'administration admet (BOI-BIC-PROV-30-20-30 n° 110) que la société émettrice puisse déduire l'intégralité de la provision constituée à raison de son propre personnel bénéficiaire, comme à raison du personnel des sociétés qui lui sont liées, à condition que la convention de refacturation entraîne la comptabilisation d'un produit à recevoir de même montant que la provision correspondant aux attributions gratuites d'actions aux bénéficiaires de sociétés liées (voir III. ci-après).

Cette comptabilisation en charges de personnel peut éventuellement se faire par l'intermédiaire d'un compte de transfert de charges (PCG art. 624-14). Elle ne vise, à notre avis, que la quote-part de la charge relative au personnel de l'entreprise. Sur la suppression des comptes 79 par le règlement ANC n° 2022-06, voir n° 45500.

III. Refacturation intragroupe Voir n° 55770 III.

IV. Plans prévoyant une acquisition des droits par tranches successives

Lorsqu'un plan d'attribution gratuite d'actions prévoit une acquisition graduelle des droits sur plusieurs périodes (« graded vesting »), il convient, à notre avis, de traiter chaque tranche comme un plan distinct.

Il est ainsi nécessaire de déterminer, pour chaque tranche, sa propre probabilité de sortie de ressources et sa propre évaluation.

V. Dispositions communes aux attributions gratuites d'actions nouvelles ou existantes

a. Assujettissement aux cotisations sociales

> **Socialement** Pour les actions attribuées à titre gratuit **depuis le 28 septembre 2012,** (voir Mémento Social n° 34745 et FR 57/16 inf. 5). Pour le régime social des actions attribuées à titre gratuit **avant le 28 septembre 2012,** voir Mémento Social n° 34745. Sur le traitement comptable en résultant, voir édition 2013 de notre Mémento Comptable (n° 3196-1).

L'assujettissement aux cotisations sociales à la charge de l'employeur doit être provisionné dès lors qu'il est probable (pour des détails, voir n° 55770 V.).

b. Contribution patronale spécifique

> **Socialement** Pour les plans émis depuis le 8 août 2015, l'entreprise employant des bénéficiaires auxquels des actions gratuites ont été attribuées est redevable d'une contribution patronale (CSS art. L 137-13) :
1. s'appliquant sur la valeur, à leur date d'acquisition, des actions attribuées ;
2. exigible le mois suivant la date **d'acquisition des actions** par le bénéficiaire.

Lorsque la société émettrice du plan est une société étrangère, la contribution est due par la société française employant les bénéficiaires du plan.

Sur le taux de la contribution, et l'exonération dont peuvent bénéficier sous certaines conditions les PME n'ayant jamais distribué, qui est étendue aux ETI depuis le 1er janvier 2021 (Loi 2020-1721 art. 206), voir Mémento Social n° 34750.

Sur la possibilité d'obtenir, dans certaines situations, la restitution de la contribution patronale pour les plans antérieurs à la loi du 7 août 2015, voir Mémento Social n° 34680.

Sur le plan comptable, dès l'attribution des actions gratuites, l'employeur assujetti à cette contribution patronale a l'obligation vis-à-vis des bénéficiaires du plan d'émettre ou de remettre des actions (voir I. ci-avant) et donc de payer la contribution aux organismes sociaux.

L'exigibilité de la contribution étant néanmoins conditionnée à l'acquisition effective des actions par les bénéficiaires (voir Socialement ci-avant), elle ne constitue pas une charge immédiate mais donne lieu à la constitution d'une provision qui est, à notre avis (par analogie avec le traitement retenu pour la provision pour remise d'actions existantes, voir II. ci-avant) :
– estimée en tenant compte de la probabilité de remise des actions aux bénéficiaires ;
– constituée de manière progressive sur la période d'acquisition des droits par les bénéficiaires.

Sur la comptabilisation de la contribution patronale lorsqu'elle devient exigible, voir n° 55895.

Sur l'information à fournir en annexe concernant la valeur des actions retenue comme assiette de la contribution, voir n° 55915.

Contrôle des CAC Ils doivent présenter un rapport à l'assemblée qui autorise l'attribution gratuite d'actions (C. com. art. L 225-197-1). 55880

> **Précisions** **Sociétés non dotées d'un CAC** Le rapport spécial est établi par les commissaires aux comptes de la société, ou, s'il n'en a pas été désigné, par un commissaire aux comptes désigné à cet effet selon les modalités prévues à l'article L 225-228 (C. com. art. L 225-197-1). Sur les seuils de désignation, voir n° 85010.

Sur les diligences du CAC, voir Note d'information NI.V.t.4 (décembre 2021), § 3.22.1.

Pour un exemple de rapport, voir l'espace documentaire Sidoni de la CNCC (exemple E5). Pour un exemple de rapport sur l'attribution d'actions de préférence gratuites à émettre, voir NI.V. t.5, juin 2016, § 8.3.

> **Précisions** **Pas de rapport complémentaire** Les textes légaux et réglementaires n'exigent pas de rapport complémentaire du commissaire aux comptes lorsque le conseil d'administration (le directoire) attribue les actions gratuites (NI.V.t.4, § 3.22.1).

PENDANT LA DURÉE DU PLAN

Les entreprises ayant attribué gratuitement des **actions existantes** doivent enregistrer les opérations suivantes : 55885

> **Précisions** **En revanche, aucune écriture** ne doit être comptabilisée par les entreprises ayant décidé d'attribuer des **actions nouvelles à émettre**.

I. Lors du rachat par la société de ses propres actions

a. Actions rachetées Les actions acquises en vue d'être attribuées aux bénéficiaires sont inscrites pour leur prix de rachat au débit du compte 502 « Actions propres » (PCG art. 945-50) :
– dans le sous-compte 502-1 « Actions destinées à être attribuées aux employés et affectées à des plans déterminés » lorsque les actions sont **affectées à des plans déterminés** dès leur acquisition ;
– dans le sous-compte 502-2 « Actions disponibles pour être attribuées aux employés ou pour la régularisation des cours de bourse » **à défaut** d'affectation dès le rachat à un plan déterminé.

> **Fiscalement** Les actions propres constituent des titres de placement (voir n° 37675).

b. Frais de rachat Les frais de rachat engagés constituent, à notre avis, des frais d'acquisition des titres rachetés. En conséquence, ils sont à comptabiliser selon l'option choisie par ailleurs par l'entreprise pour comptabiliser les frais d'acquisition de ses valeurs mobilières de placement, c'est-à-dire soit directement en charges de la période, soit dans le coût d'entrée des actions rachetées (voir n° 35625). Néanmoins, sauf si la valeur de marché des VMP permet de justifier leur maintien, ils devraient être dépréciés à la clôture lorsque les actions propres ne sont pas affectées à des plans déterminés.

> **Fiscalement** Ces frais sont en principe immédiatement déductibles (CGI art. 217 quinquies ; BOI-BIC-PTP-20-70-10 n° 40). Toutefois, ils sont à incorporer dans le coût d'entrée des titres en tant que frais d'acquisition lorsque cette option a été retenue par la société pour ses autres titres de placement, ce qui retarde leur déduction. Sur cette option, voir n° 35625.

55885
(suite)

Cas des plans de groupe Sur le traitement fiscal des frais de rachat par la société émettrice lorsque le rachat est effectué pour les salariés d'autres sociétés du groupe, voir n° 55895. Pour un tableau de synthèse du traitement fiscal des refacturations intragroupe, voir n° 55820 III.

II. À la clôture de l'exercice de rachat et des exercices ultérieurs

a. Actions rachetées affectées au plan (comptabilisées dans le sous-compte 502-1, voir ci-avant) Elles sont couvertes par une provision inscrite au passif, calculée sur la base du coût d'entrée des actions (voir n° 55875 II.). En conséquence, en contrepartie, selon le PCG (art. 624-15) :
– ces actions ne doivent pas être dépréciées ;
– leur valeur comptable reste égale à leur coût d'entrée **jusqu'à leur livraison** aux bénéficiaires.

> **Fiscalement** Il en est de même (BOI-BIC-PROV-30-20-30 n° 130).

Cette valeur comptable est égale (PCG art. 624-16) :
– **au prix d'achat** lorsque les actions ont été affectées dès l'origine au plan ;
– **ou** lorsque les actions ont été reclassées des comptes 2771 « Actions propres ou parts propres » ou 502-2 vers le sous-compte 502-1, **à leur valeur nette comptable à la date du reclassement** (voir n° 55655 I. b.).

> **Précisions** Il s'agit des actions qui :
– lors de leur acquisition, n'ont pas été affectées à un plan déterminé et, de ce fait, ont été comptabilisées soit dans le compte 2771 « Actions propres ou parts propres » (voir n° 55655), soit dans le compte 502-2 (voir ci-avant) ;
– et, qui par la suite, ont été affectées de manière précise et doivent donc être reclassées dans le compte 502-1. Lorsque les actions reclassées proviennent du compte 2771, le reclassement doit résulter d'une décision des organes compétents (en ce sens, PCG art. 624-16).

Cette valeur nette comptable devenant la nouvelle valeur brute des actions, la dépréciation éventuellement constatée antérieurement ne peut pas être reprise, elle est donc définitive.

> **Précisions** **Lien avec la provision au passif** :
– cette valeur comptable est celle qui sert de base au calcul de la provision (voir n° 55875 II.) ;
– le nombre d'actions classées dans le compte 502-1 et non dépréciées ne peut être supérieur au nombre d'actions pris en compte dans le calcul de l'obligation envers les bénéficiaires comptabilisée au passif du bilan (PCG art. 624-15).

b. Actions rachetées non couvertes par une provision au passif (comptabilisées dans le sous-compte 502-2, voir ci-avant).

> **Précisions** Il s'agit des actions initialement affectées au plan, mais qui, en l'absence de probabilité d'attribution à la clôture, doivent être considérées comme non affectées et sont reclassées du sous-compte 502-1 vers le sous-compte 502-2. Tel est le cas, par exemple, lorsque l'entreprise estime à la clôture que le nombre d'actions à attribuer sera finalement moindre que ce qu'elle avait prévu (du fait, par exemple, du départ de bénéficiaires).

En l'absence d'affectation à un plan, les actions ne sont pas couvertes par une provision au passif. En conséquence, elles doivent suivre les règles générales de dépréciation. La dépréciation est donc calculée par comparaison avec la moyenne des cours du dernier mois de l'exercice (voir n° 35850). Pour les sociétés non cotées, voir n° 35855.

> **Fiscalement** Ces titres constituant des titres de placement (voir n° 37675), la (provision pour) dépréciation est en principe déductible du résultat imposable au taux de droit commun (voir n° 35845, 35855 et 36135).

La comptabilisation de la dépréciation est alors, en pratique, compensée par la reprise de la provision comptabilisée au passif et devant être reprise.

c. Valorisation des titres à la clôture Voir n° 55795 II. c.

d. Provision représentative de l'obligation de livrer les titres Au cours de la période d'acquisition, la provision constituée lors de la mise en place du plan (voir n° 55875 II.) doit être réévaluée à chaque clôture, pour tenir compte (PCG art. 624-14) :
– du *coût probable de rachat* (lorsque les actions n'ont pas été rachetées) ;
– du nombre d'actions à remettre, déterminé en fonction de la satisfaction des conditions prévues par le plan (présence, performance) ;
– et des services rendus (étalement de la provision sur la durée d'acquisition des droits).

> **Fiscalement** Il en est de même (BOI-BIC-PROV-30-20-30 n° 40 et 90).

> **EXEMPLE**
>
> Cet exemple est issu de la note de présentation de l'avis CNC n° 2008-17 du 6 novembre 2008.
>
> Une entreprise annonce le 1er janvier N un plan d'attribution de 1 000 actions devant être rachetées sur le marché pour être attribuées gratuitement début N+4, au terme d'une période d'acquisition de 4 ans à l'issue de laquelle les salariés doivent être présents dans l'entreprise.
>
> **a. Au 31/12/N** : le cours de bourse à la clôture est de 10. L'entreprise estime que 900 actions seront effectivement attribuées du fait de la rotation du personnel.
>
> Le plan prévoyant explicitement que la période d'acquisition requise par le conseil d'administration correspond à une période au cours de laquelle le salarié doit être présent, l'obligation est étalée sur la période d'acquisition, soit 4 ans.
>
> D'où :
> – évaluation de l'**obligation totale au 31/12/N** : 900 × 10 = 9 000 ;
> – provisionnement de l'obligation au 31/12/N : 1/4 × 9 000 = 2 250 ;
> – comptabilisation d'une **charge en N** : 2 250.
>
> **b. Au 31/12/N+1** : l'entreprise rachète à la clôture 1 000 actions à un cours de 20. Elle estime que 950 actions seront effectivement attribuées du fait de la rotation du personnel.
>
> Les actions rachetées sont comptabilisées dans le compte 502 « Actions propres » pour un montant de 1 000 × 20 = 20 000. Selon le PCG (voir ci-avant), ce compte est subdivisé en deux sous-comptes :
> • le compte 502-1 « Actions destinées à être attribuées aux employés et affectées à des plans déterminés », débité pour 19 000 (950 actions qui devraient être attribuées × 20) ;
> • le compte 502-2 « Actions disponibles pour être attribuées aux employés », débité pour 1 000 (50 actions × 20).
>
> Le cours de bourse s'établissant désormais à 20, l'obligation doit être réévaluée :
> – évaluation de l'**obligation totale au 31/12/N+1** : 950 × 20 = 19 000 ;
> – provisionnement de l'obligation au 31/12/N+1 : 1/2 × 19 000 = 9 500 ;
> – montant déjà provisionné en N : 2 250 ;
> – comptabilisation d'une **charge en N+1** : 7 250 = 9 500 (obligation provisionnée au 31/12/N+1) – 2 250 (obligation provisionnée au 31/12/N).
>
> **c. Au 31/12/N+2** : le cours chute à 15. L'entreprise continue d'estimer que 950 actions seront effectivement attribuées du fait de la rotation du personnel.
>
> Le tableau suivant, établi par nos soins, détaille le calcul de la provision devant figurer au passif du bilan au 31/12/N+2 :
>
> | | |
> |---|---|
> | Évaluation de l'**obligation totale au 31/12/N+2** : | 19 000 (950 actions × 20)
20 = **valeur brute** des actions rachetées (idem à N+1) |
> | Montant de la provision au 31/12/N+2 : | 14 250 (3/4 × 19 000) |
> | Comptabilisation d'une charge en N+2 de : | 14 250 – 9 500 (provision au 31/12/N+1) = 4 750 |
> | Comptabilisation d'une dotation pour dépréciation des titres : | 250
Concerne les **titres non affectés** au plan
[50 actions × (20 – 15)] [1] |
> | Total Provision + Dépréciation à la clôture | 14 500 |
>
> (1) Les 950 actions destinées à être attribuées et comptabilisées dans le compte 502-1 ne sont pas dépréciées.
>
> **d. Au 31/12/N+3** : l'entreprise sait que 950 actions seront effectivement attribuées au personnel au début de l'année N+4. Par hypothèse (et par simplification), le cours de bourse à la clôture est de 15.
>
> | | |
> |---|---|
> | Évaluation de l'**obligation totale au 31/12/N+3** : | 19 000 (950 actions × 20)
20 = **valeur brute** des actions rachetées
(idem à N+1 et N+2) |
> | Montant de la provision au 31/12/N+3 : | 19 000 |
> | Comptabilisation d'une charge en N+3 de : | 19 000 – 14 250 (provision au 31/12/N+2) = 4 750 |
> | Dépréciation des titres au 31/12/N+3 : | 250
(idem N+2 en l'absence de variation du cours de bourse) |
> | Total Provision + Dépréciation à la clôture | 19 250 |

55890 **Information à fournir** Voir n° 55915.

À LA LIVRAISON DES ACTIONS (À L'ISSUE DE LA PÉRIODE D'ACQUISITION)

55895 **I. Actions nouvellement émises**

a. Augmentation de capital Selon le PCG (art. 624-6), en l'absence de texte législatif précisant les conditions de libération du capital, l'augmentation de capital est réalisée par incorporation des réserves disponibles.

> **Précisions** La contrepartie de l'augmentation de capital doit être au minimum égale au nominal de l'action, ce qui suppose l'existence de réserves disponibles suffisantes, à hauteur du nominal des actions à émettre. Selon l'Ansa (Com. n° 05-069, CJ du 20-12-2005 et n° 07-010, CJ du 7-2-2007) :
> – la constitution d'une prime d'émission n'a pas lieu d'être ;
> – l'augmentation de capital correspondant à l'émission des actions attribuées gratuitement ne peut résulter que d'une incorporation des réserves disponibles.

b. Absence de charge La « charge de dilution », égale à la valeur réelle des actions gratuites émises puis attribuées, ne peut donner lieu à constatation d'une charge dans les comptes.
En effet, la remise d'actions nouvelles n'entraîne, contrairement à la remise d'actions rachetées (voir n° 55875 II.), aucune sortie de ressources pour la société émettrice (voir n° 55875 I.).

> **Fiscalement** Cette « charge » ne peut pas être admise en déduction (BOI-BIC-PTP-20-70-10 n° 30).
> Toutefois, la société émettrice peut, dans le cadre de **plans « démocratiques »** remplissant certaines conditions (voir n° 55820 I.), déduire la charge de dilution (CGI art. 217 quinquies ; BOI-BIC-PTP-20-70-20 n° 1 à 190).

Sur le plan comptable, l'**économie d'impôt** résultant de la déductibilité fiscale de la charge de dilution est à comptabiliser dans le résultat de l'exercice au cours duquel elle est réalisée (c'est-à-dire, l'exercice d'émission des actions) (Bull. CNCC n° 151, septembre 2008, EC 2008-30, p. 568).

Cas des plans de groupe La charge de dilution étant déductible par les sociétés employant les salariés bénéficiaires à raison des actions émises au profit de leurs salariés (et non en totalité par la société émettrice des actions, voir n° 55820 I.), le produit correspondant est comptabilisé par chaque société du groupe.

> **Fiscalement** L'économie d'impôt vient en diminution du montant de l'impôt à réintégrer extra-comptablement sur l'imprimé n° 2058-A (ligne I7).

c. Frais d'augmentation de capital En l'absence de création de prime d'émission, les frais engagés par la société émettrice du fait de l'émission d'actions doivent être inscrits en charges (PCG art. 624-17).

> **Fiscalement** Ces frais sont déductibles (CGI art. 217 quinquies ; BOI-BIC-PTP-20-70-10 n° 40 ; BOI-BIC-CHG-20-30-20 n° 90).
> **Cas des « plans groupe »** Les frais d'augmentation de capital sont déductibles uniquement chez la société émettrice et ne peuvent être refacturés (BOI-BIC-PTP-20-70-10 n° 70). Pour un tableau récapitulatif du traitement fiscal des refacturations intragroupe, voir n° 55820 III.

d. Contribution patronale Rendue exigible par l'acquisition des actions par les bénéficiaires, elle est inscrite au compte 648 « Autres charges de personnel ».
La provision dont elle a fait l'objet (voir n° 55875 V.) est reprise en contrepartie.

II. Actions existantes

a. Prix de rachat des actions Lors de la livraison des actions aux attributaires à l'issue de la période d'acquisition, la valeur nette comptable des actions attribuées constitue une charge à inscrire :
– dans un premier temps, au compte 6783 « Malis provenant du rachat par l'entreprise d'actions ou d'obligations émises par elle-même » (PCG art. 945-50) ;
– dans un second temps, parmi les charges de personnel (pour la quote-part concernant le personnel de l'entreprise), par l'intermédiaire d'un compte de transfert de charges (PCG art. 624-14). Sur la suppression des comptes 79 par le règlement ANC n° 2022-06, voir n° 45500.

> **Fiscalement** La société émettrice peut déduire au taux de droit commun les moins-values correspondant à la valeur de rachat par la société des actions qu'elle attribue gratuitement (CGI art. 217 quinquies ; BOI-BIC-PTP-20-70-10 n° 1 et 20). L'attribution des actions est réputée porter sur les titres acquis à la date la plus ancienne (BOI-BIC-PTP-20-70-10 n° 20).
> **Cas des plans de groupe** La société émettrice peut déduire la moins-value subie du fait de l'attribution gratuite d'actions à des salariés d'autres sociétés du groupe à condition de la refacturer à

ces sociétés (BOI-BIC-PTP-20-70-10 n° 60). Sur le traitement fiscal du produit résultant de cette refacturation, voir ci-après.
Sur la répartition des moins-values dans le cas spécifique des salariés détachés, voir n° 55820.
Pour un tableau récapitulatif du traitement fiscal des refacturations intragroupe, voir n° 55820 III.

La provision comptabilisée lors de la mise en place du plan (voir n° 55875 II.) est reprise.

> **Fiscalement** La dotation étant déductible (voir n° 55875 II.), sa reprise est imposable.
Cas des plans de groupe Les dotations ont pu ne pas avoir été déduites, l'administration n'acceptant la déduction fiscale de ces provisions que pour celles constatées depuis le 10 juin 2014 (voir n° 55875 II. d.). L'administration admet donc, s'il n'est pas possible d'identifier précisément, parmi les provisions réintégrées, celles qui ont été constatées avant le 10 juin 2014 et celles constatées depuis cette date, que les reprises de provisions pour attribution d'actions gratuites au personnel salarié des sociétés du groupe ne soient pas imposées jusqu'à épuisement des provisions non admises en déduction lors de leur constitution (BOI-BIC-PROV-30-20-30 n° 110).

b. Frais engagés Les frais relatifs à l'attribution définitive des actions aux bénéficiaires sont comptabilisés en charges par la société émettrice.
Il s'agit notamment :
– des frais de gestion des actions rachetées jusqu'à l'attribution définitive des actions aux bénéficiaires (en principe, au minimum un an après la décision d'attribution) : frais financiers de portage des titres, etc. ;
– des charges exposées du fait de l'acquisition définitive des titres par les bénéficiaires : rémunération des intermédiaires, frais entraînés par les inscriptions au registre de transferts, etc.

> **Fiscalement** Ces charges sont déductibles (CGI art. 217 quinquies ; BOI-BIC-PTP-20-70-10 n° 40).
Cas des plans de groupe La société émettrice peut déduire les charges engagées du fait de la levée de l'option d'achat par les salariés des autres sociétés du groupe à condition de les refacturer à ces sociétés (BOI-BIC-PTP-20-70-10 n° 60). L'administration ne peut remettre en cause l'absence de refacturation, les charges non refacturées restant toutefois non déductibles chez l'émettrice. Sur le traitement fiscal du produit de cette refacturation, voir ci-après. En revanche, les charges générales de la société émettrice, telles que les frais de portage de titres, sont déductibles uniquement à son niveau et ne peuvent être refacturées (BOI-BIC-PTP-20-70-10 n° 70).
Pour un tableau récapitulatif du traitement fiscal des refacturations intragroupe, voir n° 55820 III.

c. Contribution patronale Rendue exigible par l'acquisition des actions par les bénéficiaires, elle est inscrite au compte 648 « Autres charges de personnel ».
La provision dont elle a fait l'objet (voir n° 55875 V.) est reprise en contrepartie.

III. Refacturation intragroupe
Sur les écritures à comptabiliser lorsque le plan d'attribution gratuite d'actions mis en place concerne plusieurs sociétés du groupe, voir n° 55820 III (stock-options).

> **Fiscalement** Sur le traitement de la refacturation, voir n° 55820 III. (stock-options).
Cas particuliers des plans étrangers Les charges et moins-values refacturées par une société émettrice étrangère à une société française du groupe au titre des actions gratuites attribuées à ses salariés peuvent être déduites si le plan d'attribution remplit les conditions posées par la législation française et si leur montant est justifié et identifié, ce qui exclut un mode de détermination forfaitaire ou conventionnel (TA Paris 27-10-2021 n° 2002625). Sur les règles spécifiques applicables pour le calcul de la moins-value, voir BOI-BIC-PTP-20-70-10 n° 140.

IV. Contrat de liquidité
Sur le traitement des engagements de rachat des titres dans le cadre de contrats de liquidité, voir n° 37360 et 50695.

INFORMATION À FOURNIR
Les informations à fournir sont les suivantes :

55915

I. Information de l'assemblée

a. Rapport spécial L'assemblée générale ordinaire de la société ayant procédé à une attribution gratuite d'actions (C. com. art. L 225-197-4) et l'assemblée générale ordinaire de la société contrôlant majoritairement, directement ou indirectement, celle qui attribue gratuitement des actions (C. com. art. L 225-197-5) sont tenues informées chaque année des opérations d'attribution gratuite d'actions réalisées.
Ces informations doivent être fournies dans un rapport spécial qui doit également rendre compte :

> **Précisions** Information identique à celle sur les stock-options : ces dispositions sont calquées sur celles relatives aux options de souscription ou d'achat d'actions (voir n° 55835).

55915
(suite)

1. concernant les mandataires sociaux de la société attribuant les titres :
– du nombre et de la **valeur des actions** qui, durant l'année et à raison des mandats et fonctions exercés dans la société, ont été attribuées à chacun de ces mandataires par la société et par celles qui lui sont liées (dans les conditions prévues à l'article C. com. L 225-197-2, voir Mémento Sociétés commerciales n° 70011) ;
– du nombre et de la valeur des actions qui ont été attribuées gratuitement durant l'année, à chacun de ces mandataires, à raison des mandats et fonctions qu'ils y exercent, par les sociétés contrôlées au sens de l'article L 233-16 du Code de commerce (voir Mémento Comptes consolidés n° 9208-1).

> **Précisions** **Valeur des actions attribuées** La CNCC considère que les actions gratuites doivent être évaluées à la date à laquelle l'organe compétent en a décidé l'attribution (NI.V.t.4, § 3.11.7.b). Par ailleurs, en l'absence de précision dans les textes légaux et réglementaires sur les modalités d'évaluation de ces actions, la CNCC a précisé qu'il appartenait à la société de déterminer les modalités d'évaluation appropriées. Par exemple, si les actions attribuées font l'objet d'une cotation sur un marché actif, le cours du jour de la réunion de l'organe compétent qui décide de l'attribution d'actions gratuites devrait généralement être retenu (NI.V.t.4, § 3.11.7.b).

2. concernant les 10 salariés non mandataires sociaux « les mieux servis » de la société attribuant les titres :
– du nombre et de la valeur des actions qui, durant l'année, ont été attribuées gratuitement par la société et par les sociétés ou groupements qui lui sont liés (dans les conditions prévues à l'article L 225-197-2 du Code de commerce ; voir Mémento Sociétés commerciales n° 70010), à chacun des dix salariés de la société non mandataires sociaux dont le nombre d'actions attribuées gratuitement est le plus élevé.
Sur la valeur des actions attribuées, voir Précisions ci-avant.
Sur la mission du commissaire aux comptes, voir n° 55840.

3. concernant l'ensemble des salariés bénéficiaires :
– du nombre et de la valeur des actions qui, durant l'année, ont été attribuées gratuitement à l'ensemble des salariés bénéficiaires ;
Sur la valeur des actions attribuées, voir Précisions ci-avant.
– du nombre des salariés bénéficiaires et de la répartition des actions attribuées entre les catégories de ces bénéficiaires (C. com. art. L 225-197-4).
Pour plus de détails sur le rapport spécial, voir Mémento Sociétés commerciales n° 70150.

b. Rapport sur le gouvernement d'entreprise Les sociétés ayant attribué gratuitement des actions (nouvelles ou existantes) à leurs dirigeants doivent fournir certaines informations dans leur rapport sur le gouvernement d'entreprise (voir n° 65097). Pour les sociétés dont les actions sont cotées sur un marché réglementé, une information doit par ailleurs être fournie sur la politique de rémunération établie par le conseil pour déterminer les rémunérations et avantages de toute nature accordés aux mandataires sociaux (voir n° 65101).

II. Information dans l'annexe Selon le PCG (art. 833-20/2), les informations suivantes doivent être fournies en annexe :
a. Principales caractéristiques du plan :
– nombre total d'actions pouvant être émises ou achetées ;
– valeur des actions retenue comme assiette de la contribution patronale spécifique (voir n° 55875 V.) ;
– conditions d'acquisition des actions : performance et/ou présence ;
– nombre d'actions attribuées pendant l'exercice et au cours de l'exercice précédent ;
– nombre d'actions attribuées cumulées depuis la date d'attribution pour chaque plan.
b. Informations sur les passifs éventuels (choix ouvert entre attribution d'actions nouvelles ou attribution d'actions existantes).
c. Montant de la charge comptabilisée au cours de l'exercice et de l'exercice précédent.
d. Montant du passif enregistré au bilan.
e. Détail du compte 502 (nombre d'actions, coût d'entrée) et informations sur l'affectation dans les deux sous-comptes et la dépréciation correspondante.

> **Précisions** **Information concernant le capital** Les actions nouvelles livrées au cours de l'exercice seront nécessairement indiquées dans l'annexe au titre des informations concernant le capital social (voir n° 57600).

III. Information des bénéficiaires (sociétés dont les titres financiers sont admis aux négociations sur un marché réglementé) Voir n° 82210.

IV. Information de l'administration fiscale Au titre de la période d'acquisition définitive des actions gratuites, les sociétés émettrices sont soumises aux mêmes obligations qu'en matière de stock-options (CGI ann. III art. 38-0 septdecies et 38 septdecies ; voir n° 55835).

Pas de contrôle par le CAC Le rapport spécial établi chaque année par le conseil d'administration ou le directoire (C. com. art. L 225-197-4) étant un « autre document » et non pas un « document sur la situation financière et les comptes », il **ne relève pas des vérifications spécifiques prévues par la NEP 9510** (NI.V, t.4, § 3.22.2 et NI.XVIII, décembre 2021, § 4.31.1 et 4.31.2).

55920

3. ÉMISSION OU CESSION DE TITRES RÉSERVÉE AUX SALARIÉS ADHÉRENTS D'UN PEE

> **Juridiquement** Les sociétés par actions peuvent procéder à des augmentations de capital réservées aux adhérents d'un PEE (C. trav. art. L 3332-18) ou céder leurs actions à ces adhérents, dans la limite de 10 % des titres qu'elles ont émis (C. trav. art. L 3332-24). Dans ce cas, tous les adhérents au PEE pouvant faire des versements peuvent souscrire à l'augmentation de capital (ou acquérir les titres) (BOI-RSA-ES-10-30-10 n° 90 à 110 ; Guide de l'épargne salariale, dossier 7, Fiche 1). Par ailleurs, sur l'obligation lors de toute décision d'augmentation de capital en numéraire, de proposer un projet de résolution tendant à la réalisation d'une augmentation de capital réservée aux adhérents d'un PEE (C. com. art. L 225-129-6, al. 1er), voir Mémento Sociétés commerciales n° 70442 s. Voir également Note d'information CNCC NI.V, t.4, « Régime d'accès au capital en faveur des salariés », § 1.1 (décembre 2021).
Les modalités de réalisation des augmentations de capital réservées aux adhérents des PEE sont prévues par l'article L 225-138-1. Pour plus de détails sur ces modalités, voir Mémento Sociétés commerciales n° 70460 à 70464.

55950

LORS DE LA DÉCISION

I. Émission de titres Aucune charge de rémunération ne doit être constatée lors de la décision d'émettre des actions au profit des salariés adhérents d'un PEE.
Sur la comptabilisation de l'abondement en numéraire de l'employeur, voir n° 16825.

55955

II. Cession de titres Dès la décision de céder les titres aux salariés adhérents d'un PEE, l'entreprise doit traduire dans ses comptes l'obligation de cession.

a. Conditions de constitution d'une provision Dès la décision de cession, l'entreprise a une obligation contractuelle à l'égard des salariés bénéficiaires de la cession d'actions dont il est probable qu'elle provoquera une sortie de ressources au bénéfice de ceux-ci.

> **Précisions** Caractère probable de la sortie de ressources Le caractère probable dépend de la probabilité de rachat des actions par les salariés, qui s'apprécie notamment en fonction de l'évolution du titre, du niveau de la décote pratiquée sur le prix de cession, de la rotation du personnel.

Lorsque le prix de cession aux salariés (tenant compte de la décote accordée) est inférieur au cours de bourse ou au prix de rachat probable de l'action par l'entreprise (en cas de contrat de liquidité), une provision devrait, à notre avis, être constatée à la clôture de l'exercice au cours duquel la décision a été prise. En effet, dans ce cas, l'acquisition des actions par les salariés est probable.

b. Montant En pratique, une provision sera constituée pour la différence entre le prix de cession aux salariés et :
– le prix probable d'acquisition par l'entreprise si les actions n'ont pas encore été achetées (à notre avis cours de clôture, par analogie avec le traitement des options et actions gratuites) ;
– le cours d'achat à terme augmenté de la prime si l'entreprise est couverte à la clôture par des achats d'options d'achat d'actions propres (sur le traitement comptable de la prime versée, voir n° 55770 et 55795) ;
– la valeur nette comptable des actions propres si celles-ci sont déjà rachetées.
Sur la comptabilisation de l'abondement en numéraire de l'employeur, voir n° 16815.

Contrôle des CAC L'assemblée approuvant l'opération statue sur présentation de deux rapports (C. com. art. L 225-135 et L 22-10-51) : l'un du conseil d'administration ou du directoire, l'autre du commissaire aux comptes, s'il en existe (voir FRC 12/23 Hors série inf. 107 s.). En cas de délégation de pouvoir ou de compétence, le commissaire aux comptes émet par ailleurs un rapport complémentaire.

55960

Sur le rapport du commissaire aux comptes, voir l'article R 225-115 du Code de commerce (le cas échéant, l'article R 225-116), ainsi que la NI.V, t.3, § 2 (septembre 2015) et t.4, § 1 (décembre 2021). Pour des exemples, voir NI.V.t.4, § 1.4 et l'espace documentaire Sidoni (exemples E1 et E2).

PRÉALABLEMENT À LA CESSION DES TITRES AUX SALARIÉS

55965 **I. Lors du rachat des actions par la société**
— Lorsqu'elles sont affectées explicitement à l'attribution aux salariés, les actions rachetées sont inscrites pour leur prix de rachat au débit du compte **502 « Actions propres »**.
— Les **frais de rachat** engagés constituent, à notre avis, des frais d'acquisition des titres rachetés. En conséquence, ils sont à comptabiliser selon l'option choisie par ailleurs par l'entreprise pour comptabiliser les frais d'acquisition de ses valeurs mobilières de placement, c'est-à-dire : soit directement en charges de la période, soit dans le coût d'entrée des actions rachetées (voir n° 35625).

> **Fiscalement** Il en est de même (BOI-BIC-PTP-20-30 n° 420 et 430). En effet, ces frais sont en principe immédiatement déductibles, à condition qu'ils remplissent les conditions de déduction prévues à l'article 39-1-5° du CGI. Toutefois, ils sont à incorporer dans le coût d'entrée des titres en tant que frais d'acquisition lorsque cette option a été retenue par la société pour ses autres titres, ce qui retarde leur déduction.

II. À la clôture de l'exercice de rachat et des exercices suivants (s'il subsiste des actions propres non encore cédées) Une dépréciation est, le cas échéant, à déterminer selon la règle générale (sur cette règle, voir n° 35845 s.).
Toutefois, sur l'absence de dépréciation à notre avis lorsqu'une provision a été comptabilisée au passif, voir n° 55795.

> **Fiscalement** S'agissant de titres de placement (voir n° 37675), la (provision pour) dépréciation est déductible au taux de droit commun (voir n° 35850, 35855 et 36135).

RÉALISATION DE L'OPÉRATION

55970 **I. Émission d'actions au profit des salariés adhérents d'un PEE**
a. Augmentation de capital avec abondement en numéraire de l'employeur L'augmentation de capital est comptabilisée comme une augmentation de capital classique, la prime d'émission étant égale à la différence entre les sommes versées par les salariés et par l'entreprise (abondement) et le montant de l'augmentation du capital social (nominal des actions émises).

> **Socialement** L'avantage tiré de cette émission est exclu de l'assiette des cotisations sociales (voir Mémento Social n° 34385).

Sur la comptabilisation de l'abondement de l'employeur, voir n° 16825.

b. Augmentation de capital à un prix décoté La prime d'émission est égale à la différence entre les sommes versées par les salariés (prix décoté) et le montant de l'augmentation du capital social (nominal des actions émises). La « charge de dilution » correspondant à la différence entre la valeur réelle des titres à la date de l'augmentation de capital et le prix de souscription par les salariés n'est pas constatée dans les comptes.
En effet, comme en cas d'option de souscription d'actions (voir n° 55895), cette charge de dilution n'est pas supportée par la société mais par ses actionnaires préexistants.

> **Fiscalement** En revanche, la charge de dilution est déductible (CGI art. 217 quinquies), sans condition (BOI-BIC-PTP-20-70-20 n° 70), étant rappelé que tous les salariés peuvent adhérer au plan d'épargne de leur entreprise et que tous les adhérents d'un PEE peuvent souscrire à une augmentation de capital réservée aux adhérents du PEE (C. trav. art. L 3332-1 et L 3332-18 à 3332-24 ; voir n° 55950).
> Cette charge n'étant pas comptabilisée, elle doit être déduite de manière extra-comptable sur l'imprimé n° 2058-A (ligne XG) (BOI-BIC-PTP-20-70-20 n° 250). La déduction est pratiquée sur l'exercice (ou les exercices) au cours duquel (desquels) les actions sont émises (BOI-BIC-PTP-20-70-20 n° 200). La société émettrice est soumise à une obligation déclarative spécifique (CGI ann. III art. 46 quater-0 YD ; BOI-BIC-PTP-20-70-20 n° 260 et 270 ; BOI-FORM-000054).

c. Frais d'augmentation de capital Les frais engagés par la société émettrice du fait de l'émission des actions (frais d'augmentation de capital ; frais de gestion des titres destinés à être remis aux salariés adhérents du PEE) constituent, à notre avis, des frais d'augmentation de capital (voir n° 45150). En conséquence, ils devraient pouvoir (C. com. art. L 232-9, al. 2 et R 123-186 ; PCG art. 212-9 ; voir n° 45150 et 55315) :
— soit être imputés sur la prime d'émission ;
— soit être comptabilisés directement en charges de la période ;
— soit être comptabilisés à l'actif et alors amortis (voir n° 45160 à 45175).

> **Fiscalement** Ces frais sont en principe immédiatement déductibles (BOI-BIC-PTP-20-30 n° 420 et 430). En conséquence, les frais imputés sur la prime d'émission doivent faire l'objet d'une déduction extra-comptable (ligne XG) sur l'imprimé n° 2058-A (voir n° 55315).
En revanche, si ces frais ont été comptablement immobilisés et amortis, ils sont, à notre avis, déductibles au rythme des amortissements pratiqués.

II. Cession des actions aux salariés

a. Plus ou moins-value de cession La différence entre le prix de rachat par la société et le prix de cession aux salariés constitue une charge ou un produit à inscrire, à notre avis :
– dans un premier temps, aux comptes 6783 « Malis provenant du rachat par l'entreprise d'actions ou d'obligations par elle-même » ou 7783 « Bonis provenant du rachat par l'entreprise d'actions ou d'obligations par elle-même » prévus par le PCG (art. 945-50) ;
– puis, dans un second temps, parmi les charges de personnel (pour la quote-part concernant le personnel de l'entreprise), par l'intermédiaire d'un compte de transfert de charges (en ce sens, PCG art. 624-14). Sur la suppression des comptes 79 par le règlement ANC n° 2022-06, voir n° 45500.

> **Fiscalement** La moins-value (plus-value) est déductible (imposable) au taux de droit commun (BOI-BIC-PTP-20-30 n° 380 à 410).

En contrepartie, la provision constituée lors de la décision de cession des titres (voir n° 55955) est reprise.

b. Frais engagés Les frais résultant de la cession des titres sont comptabilisés en charge de l'exercice.

> **Fiscalement** Ces charges sont déductibles (BOI-BIC-PTP-20-30 n° 420 et 430).

4. AUGMENTATION DE CAPITAL DANS LE CADRE DES BONS DE SOUSCRIPTION DE PARTS DE CRÉATEUR D'ENTREPRISE (BSPCE)

> **Juridiquement** Voir Mémento Sociétés commerciales n° 70410 à 70417 et la Note d'information CNCC NI.V, t.4 « Régimes d'accès au capital en faveur des salariés » (décembre 2021, 3e édition), § 4.1.

Sur le plan comptable Tant que le bon n'est pas exercé, aucune écriture n'est passée. Lors de l'exercice du bon, l'augmentation est comptabilisée, à notre avis, comme une augmentation de capital en numéraire (voir n° 55315), la prime d'émission étant égale à la différence entre les sommes versées par les salariés et le montant de l'augmentation de capital. La péremption des bons n'a aucune incidence, leur valeur étant nulle.

56000

Information à fournir dans l'annexe Par analogie avec le PCG (art. 833-20/1) et l'avis CNC n° 35 sur le traitement des bons de souscription, sont à notre avis indiqués jusqu'à la péremption des bons :
– les modalités d'émission : montant de l'émission, nombre de bons, prix d'exercice, date limite d'exercice ;
– les mouvements sur les bons : nombre de bons exercés, annulés, en circulation, augmentation de capital potentielle en nombre d'actions et en valeur ;
– l'effet de la dilution potentielle sur le bénéfice par action.

> **Fiscalement** Les sociétés émettrices et les bénéficiaires des BSPCE sont soumis à des obligations déclaratives, analogues à celles prévues pour les stock-options (CGI ann. III art. 41 V bis ; voir n° 55835), compte tenu des avantages fiscaux accordés à ces derniers (CGI art. 163 bis G ; pour plus de détails sur ce régime et ses conditions d'application, voir Mémento Fiscal n° 88800 et 88805).

Contrôle des CAC Les commissaires aux comptes doivent établir un rapport pour l'AGE autorisant l'émission des bons (C. com. art. L 228-92) et, le cas échéant, un rapport complémentaire lorsque l'AGE a délégué son pouvoir ou sa compétence à l'organe compétent (C. com. art. R 225-116). Voir NI.V, t.4 (décembre 2021, § 4), ainsi que l'espace documentaire Sidoni de la CNCC (exemples E6 à E10).

> **Précisions Sociétés non dotées d'un CAC** Le Code de commerce prévoyant l'intervention **du** commissaire aux comptes, les sociétés qui n'en sont pas dotées ne sont pas tenues d'en désigner un (en ce sens, Bull. CNCC n° 156, décembre 2009, EJ 2009-45, p. 700 s.).

C. Entreprises individuelles

56005 **Définition du capital individuel** À la création de l'entreprise exploitée sous la forme individuelle, le capital initial est égal à la différence entre la valeur des éléments actifs et la valeur des éléments passifs que l'exploitant décide d'inscrire au bilan de son entreprise (patrimoine professionnel). Ce capital initial est modifié ultérieurement par les apports et les retraits de capital et par l'affectation des résultats (PCG art. 941-10).

Sur le patrimoine professionnel de l'entrepreneur individuel, voir n° 60255 s.

> **Précisions** **Suppression de la faculté d'option pour le statut d'EIRL** L'article 6 de la loi 2022-172 supprime, à compter du 15 février 2022, la faculté d'opter pour le statut d'EIRL. Toutefois les personnes physiques qui ont créé depuis le 1er janvier 2011 une entreprise individuelle à responsabilité limitée (EIRL) afin de séparer leur patrimoine en deux parties et limiter le gage des créanciers professionnels aux seuls biens affectés à l'activité professionnelle demeurent soumises à ce statut. Pour plus de détails sur ce statut et les conséquences comptables et fiscales, voir notre Mémento Comptable, édition 2022, n° 60395 s.

56010 **Comptabilisation** La valeur des apports de l'entrepreneur, au début (capital initial défini au n° 56005) ou en cours d'activité, est porté au compte **101 « Capital individuel »**. Il enregistre à son débit les prélèvements de toutes natures.

Les apports ou/et les retraits personnels de l'exploitant et, le cas échéant, de sa famille sont enregistrés en cours d'exercice au compte spécial **108 « Compte de l'exploitant »**. Le solde de ce compte est viré au compte 101 « Capital individuel » en fin d'exercice (PCG art. 941-10).

> **Précisions** **1. Retraits** Ils consistent en des (Rép. Sergheraert : AN 2-12-1978 n° 4699, non reprise dans Bofip) :
> — prélèvements **en nature** de créances, de biens ou services objets de l'activité qui concourent à la détermination du résultat (voir n° 15580) ; ceux-ci doivent être valorisés à la valeur réelle, au jour du retrait (voir Mémento Fiscal n° 17755) ; sur les conséquences de la prise en compte d'une autre valeur, voir n° 60285 ;
> — prélèvements **financiers** opérés sur un compte de trésorerie affecté au commerce, qu'il s'agisse de prélèvements directs (retraits de fonds) ou indirects (paiement d'une dépense privée).
> Il ne faut pas confondre l'enregistrement de ces prélèvements financiers et la constatation en charge de la rémunération de l'exploitant (voir n° 16690).
> **2. Compléments d'apports financiers** Ils peuvent consister (à notre avis) en des versements dans la caisse ou sur un compte bancaire de l'entreprise ou en des règlements sur la trésorerie privée de l'exploitant de dépenses de l'entreprise.
> **3. Exploitants ayant opté pour leur assimilation à une EURL soumise à l'impôt sur les sociétés** Les retraits sont en principe considérés comme des revenus distribués soumis au prélèvement forfaitaire prévu à l'article 200 A du CGI au taux de 12,8 % auquel s'ajoutent les prélèvements sociaux au taux de 17,2 % (voir Mémento Fiscal n° 24170 s.). L'administration admet qu'ils puissent être assimilés à des remboursements d'apport au sens de l'article 112 du CGI lorsque tous les bénéfices, incorporés ou non au capital, ont été auparavant prélevés par l'entrepreneur individuel (BOI-BIC-CHAMP-70-10 n° 500). Sur la nécessité de créer un sous-compte 101110 intitulé « Capital individuel – bénéfice reporté à nouveau » pour assurer le suivi des bénéfices non distribués, voir n° 54100.

Si le solde du **compte de l'exploitant** (108) est **débiteur**, du fait que les prélèvements de l'exercice ont excédé les apports, son virement au **capital individuel** (101) peut rendre ce dernier **négatif**. Dans ce cas, il est présenté au bilan au passif en négatif.

> **Fiscalement** **1. Capital individuel négatif** Dans ce cas, les frais et charges de l'exercice correspondant aux emprunts et découverts bancaires contractés pour faire face aux prélèvements de l'exploitant sont considérés comme supportés dans l'intérêt de l'exploitant et non dans celui de l'entreprise ; ils ne sont donc **pas admis en déduction** du résultat imposable, sauf ceux qui se rapportent à la fraction des sommes empruntées excédant le solde débiteur du compte de l'exploitant (jurisprudence constante, notamment CE 26-7-1978 n° 6420 ; voir Mémento Fiscal n° 8755).
>
> **La quote-part non déductible** est déterminée par le rapport du solde débiteur moyen annuel des prélèvements nets de l'exploitant (ou le montant moyen annuel des prélèvements nets de l'exploitant s'il est inférieur) au montant moyen annuel des prêts et avances de l'exercice (BOI-BIC-CHG-50-40 n° 30).
>
> La réintégration des frais financiers doit être opérée quelles que soient la destination des emprunts, y compris donc s'ils financent des investissements durables, et la situation, créditrice ou débitrice, du compte de l'exploitant à la date où ils sont contractés (CE 13-11-1998 n° 143728, 144602, 147233 ; 28-7-2000 n° 186415). Voir BIC-XI-7100 s.
>
> **2. Exploitants ayant opté pour leur assimilation à une EURL soumise à l'impôt sur les sociétés** Dans ce cas, les retraits ayant pour effet de rendre débiteur le compte de l'exploitant sont soumis au régime des revenus distribués (voir Mémento Fiscal n° 24170 s.).

II. RÉSERVES ET REPORT À NOUVEAU

A. Fonctionnement des comptes de réserves

56080 Les réserves sont des bénéfices affectés durablement à l'entreprise jusqu'à décision contraire des organes compétents (PCG art. 941-10).

Elles peuvent toutefois (précision du PCG 82, p. I.40) exceptionnellement avoir pour origine le virement d'un élément de la situation nette fait en application de dispositions légales, réglementaires, statutaires ou contractuelles.

> **EXEMPLE**
>
> Le PCG en donnait les exemples suivants :
> – primes d'émission affectées, susceptibles de revenir ultérieurement aux obligataires dans l'attente de la conversion d'obligations en actions ;
> – primes d'apports proprement dits affectées en vue de la conversion d'actions amorties (totalement ou partiellement) en actions de capital.

56085 **Le compte 106 « Réserves » est crédité,** lors de l'affectation des bénéfices, des montants destinés (PCG art. 941-10) :

I. à la réserve légale (compte 1061) Voir n° 56095 ;

II. aux réserves indisponibles (compte 1062) Par **exemple** :
– « Réserves pour actions propres et parts propres » (C. com. art. L 225-210 ; voir n° 55585), bien que ce texte ne prévoie pas de les isoler dans un compte particulier ;
– « Réserves indisponibles spéciales » des sociétés coopératives agricoles (C. rur. art. L 522-5 et L 523-7 ; voir Mémento Agriculture n° 68740) ;

III. aux réserves statutaires et contractuelles (compte 1063) Les réserves statutaires sont des réserves dont la dotation, prescrite par les statuts, **s'impose à l'assemblée** générale **ordinaire annuelle** appelée à répartir les bénéfices sociaux de l'exercice écoulé.

> **> Précisions** Elles ne peuvent être utilisées **ni** pour une **distribution** aux actionnaires ou associés **ni** pour un **achat ou** un **remboursement de parts** ou d'actions de la société. En revanche, sauf disposition contraire des statuts, elles peuvent être affectées à **l'apurement des pertes** ou à une **augmentation du capital** social. Elles peuvent être supprimées sur décision des associés ou actionnaires prise dans les conditions prévues pour les modifications des statuts.

IV. aux réserves réglementées (compte 1064) Par exemple :
– Réserve spéciale des « Plus-values nettes à long terme » : compte 10641 (l'obligation de doter cette réserve est supprimée pour les plus-values réalisées au cours des exercices ouverts depuis le 1er janvier 2004 ; voir n° 56155) ;
– « Réserves consécutives à l'octroi de subventions d'investissement » : compte 10643 (voir n° 56520) ;
– « Autres réserves réglementées » : compte 10648.

V. aux autres réserves (compte 1068)
Sur la notion de réserves libres, voir n° 53990

56090 **Le compte 106 « Réserves » est débité** des prélèvements sur les réserves concernées pour les incorporer au capital, les distribuer aux associés et amortir les pertes (PCG art. 941-10).

Sur les écritures :
– d'affectation du résultat, voir n° 53955 s. (sur la notion de réserves libres, voir n° 53990) ;
– d'apurement des pertes, voir n° 54040 ;
– de distribution aux actionnaires sur décision de l'AGO, voir n° 54037 ;
– d'augmentation du capital social, voir n° 55340 ;
– d'ajustement des réserves indisponibles consécutivement à des rachats d'actions, de parts bénéficiaires ou de parts sociales, voir n° 55585.

56095 **Réserve légale** Dans les sociétés par actions et dans les SARL, 5 % au moins des bénéfices nets annuels diminués, le cas échéant, des pertes antérieures doit obligatoirement être porté à un compte de réserve intitulé **« Réserve légale »** à peine de nullité de toute délibération contraire (C. com. art. L 232-10), voir Mémento Sociétés commerciales n° 76270 à 76276.

Le calcul de l'affectation à la réserve légale s'effectue ainsi :
– compensation entre le bénéfice de l'exercice et les éventuelles pertes antérieures (report à nouveau débiteur) ;
– si le solde ainsi calculé est positif, affectation en priorité au minimum de 5 % de ce solde à la réserve légale (compte 10611).
Cette affectation cesse d'être obligatoire lorsque la réserve atteint 10 % du capital social.

> **Précisions** **1. Ajustement du montant :**
– **en cas d'augmentation du capital** La dotation à la réserve légale doit être poursuivie jusqu'à ce que la réserve légale atteigne 10 % du nouveau capital ;
– **en cas de réduction du capital par suite de pertes** La réserve légale qui aura disparu par imputation d'une fraction des pertes (voir n° 55470) devra être reconstituée jusqu'à ce qu'elle atteigne 10 % du montant du nouveau capital ;
– **en cas de remboursements ou rachats de parts ou d'actions** (réduction non motivée par des pertes) La fraction de réserve légale qui excéderait 10 % du capital après réduction devient disponible pour toute affectation décidée par l'assemblée générale ordinaire des associés. Si malgré la réduction du capital, la réserve légale n'atteint pas les 10 %, la dotation doit être poursuivie jusqu'à atteindre ce minimum.

2. Appréciation du plafond de 10 % Lorsqu'une **augmentation** ou une **réduction du capital** est devenue définitive entre la date de **clôture** de l'exercice **et** la date de la décision collective ou de l'**assemblée** appelée à statuer sur les comptes de cet exercice, le plafond de 10 % à prendre en considération pour le calcul de la dotation à la réserve légale doit être déterminé en fonction de l'ancien capital et non pas du nouveau (pour plus de détails, voir Mémento Sociétés commerciales n° 76273).

Lorsque le bénéfice de l'exercice diminué des pertes antérieures est insuffisant ou négatif, la dotation à la réserve légale peut être complétée ou constituée par **prélèvement** sur toute réserve disponible, notamment les primes liées au capital : prime d'émission, de fusion ou d'apport (voir Mémento Fusions & Acquisitions n° 8117 et Mémento Sociétés commerciales n° 49725).

56100 **Report à nouveau** À notre avis, les définitions suivantes, qui figuraient dans le PCG 82 (p. I.40), peuvent être retenues :
110. Report à nouveau **(solde créditeur)** : bénéfice dont l'affectation est renvoyée par l'assemblée générale ordinaire statuant sur les comptes de l'exercice à la décision de l'assemblée générale ordinaire appelée à statuer sur les résultats de l'exercice suivant.
Le résultat ou la fraction de résultat dont l'affectation a été renvoyée par l'assemblée générale des associés est porté(e) au crédit du compte 110 « Report à nouveau (solde créditeur) » par le débit du compte 120 « Résultat de l'exercice – Bénéfice » (PCG art. 941-11 et 941-12).
119. Report à nouveau **(solde débiteur)** : pertes constatées à la clôture d'exercices antérieurs qui n'ont pas été imputées sur des réserves ni résorbées par une réduction du capital social et qui devront être déduites du bénéfice de l'exercice suivant ou ajoutées au déficit dudit exercice.
Le résultat ou la fraction de résultat dont l'affectation a été renvoyée par l'assemblée générale des associés est porté(e) au débit du compte 119 « Report à nouveau (solde débiteur) » par le crédit du compte 129 « Résultat de l'exercice – Perte » (art. 941-11 et 941-12).
Le report à nouveau peut également être débiteur en raison :
– de l'impact négatif d'un changement de méthode ou de certaines corrections d'erreurs (voir n° 8545) ;
– de l'annulation d'actions propres (voir n° 55510) ;
– de la reconstitution de la réserve spéciale des plus-values à long terme en cas de fusion (voir Mémento Fusions & Acquisitions n° 8154).
Sur les conséquences de l'existence d'un report à nouveau débiteur sur l'affectation du résultat, voir n° 54040.
Sur le « coup d'accordéon » afin d'apurer les pertes, voir n° 55545.
Pour plus de détails, voir Mémento Sociétés commerciales n° 76320.

56105 **Intérêts intercalaires alloués aux associés** [opération interdite par la loi (C. com. art. L 232-15, al. 1), sauf si (al. 2) l'État a accordé aux actions la garantie d'un dividende minimal]
En l'absence de bénéfices, les intérêts intercalaires, alloués aux apports des associés en vertu d'une clause de garantie par l'État d'un dividende minimal, sont inscrits au compte 11 « Report à nouveau » (PCG art. 941-11).
Cette information est à fournir, à notre avis, dans l'annexe.

B. Réserve spéciale des plus-values nettes à long terme (RSPVLT)

I. Virement à un autre compte de réserve Lorsque les entreprises ont maintenu des sommes dans la réserve spéciale (réserves supérieures à 200 M€) et qu'elles procèdent à un virement de tout ou partie de ces sommes à un compte de réserve libre, ce virement constitue un prélèvement sur la RSPVLT (BIC-VII-10500 s.).

56155

> **Fiscalement** Ce prélèvement visé à l'article 209 quater 2 du CGI entraîne le paiement d'un complément d'IS (voir n° 56160). Une société ne peut échapper à cette conséquence en soutenant que cette écriture est erronée (CE 28-2-1997 n° 127890).

II. Virement à la réserve légale Le virement de la RSPVLT à la réserve légale ne constitue pas un prélèvement au sens de l'article 209 quater 2 du CGI, cette dernière ne pouvant faire l'objet d'aucune distribution durant la vie sociale (C. com. art. L 232-10 s.).

> **Fiscalement** Ce prélèvement n'entraîne donc pas l'exigibilité du complément d'IS (CE 28-11-1997 n° 147628).

AUTRES AFFECTATIONS DE LA RÉSERVE SPÉCIALE DES PLUS-VALUES À LONG TERME

Distribution de la réserve spéciale

56160

> **Juridiquement** Selon l'Ansa (communication n° 3029, mars-mai 2000, p. 13), les dividendes de l'exercice peuvent être prélevés en priorité sur la réserve spéciale, même si le bénéfice de l'exercice est suffisant pour permettre la distribution. En effet, la réserve spéciale ne constituant pas une réserve au sens juridique, elle s'agrège au bénéfice distribuable et constitue avec lui la masse sur laquelle des dividendes de l'exercice sont prélevés en priorité, conformément à l'article L 232-11 du Code de commerce. Sur les précautions à prendre dans la rédaction de la résolution, voir communication précitée.

> **Fiscalement** La distribution de la réserve spéciale des plus-values à long terme donne lieu au paiement du complément d'IS ayant pour effet de porter l'imposition totale de la plus-value au taux normal d'IS applicable à l'entreprise au titre de l'exercice du prélèvement (CGI art. 209 quater 2). En conséquence, pour un taux d'IS de droit commun de 25 %, il y a lieu de réintégrer extra-comptablement sur l'imprimé n° 2058-A (ligne WQ) les 2/3e, 8/17e, 14/41e ou 8/27e des sommes prélevées sur la réserve spéciale des plus-values à long terme, selon que ces sommes portent sur des plus-values à long terme respectivement imposées aux taux de 10 %, 15 %, 18 % ou 19 %. Aucune réintégration n'est à effectuer lorsque les plus-values ont supporté une taxation au taux de 25 % lors de leur réalisation. En outre, les prélèvements effectués sur la réserve sont mentionnés sur le tableau n° 2059-D (cadre I, ligne 4).

EXEMPLE

Taux des PVLT	10 %	15 %	18 %	19 %	25 %
– Plus-value brute	100	100	100	100	100
– Réserve spéciale des plus-values à long terme distribuée en totalité	90	85	82	81	75
– Complément d'IS (par rapport à l'IS au taux de droit commun de 25 %) [1]	15	10	7	6	0

[1] Hors contribution sociale sur les bénéfices (voir n° 52635).

Le complément d'IS est comptabilisé en charge, comme l'IS.

> **Précisions** Il n'est pas possible à notre avis de provisionner dès la clôture de l'exercice le complément d'IS et les contributions additionnelles afférents aux sommes prélevées sur la réserve spéciale dont la distribution ne sera approuvée et effective que l'exercice suivant. En effet, tant que la décision de distribution n'est pas prise, l'entreprise n'a pas l'obligation de payer ces contributions (PCG art. 322-2 s.). En revanche, une information dans l'annexe nous paraît devoir être fournie si les sommes sont significatives.

Incorporation de la réserve spéciale au capital Voir n° 55335.

56165

> **Fiscalement** L'incorporation au capital de la réserve spéciale entraîne une imposition complémentaire d'IS (CGI art. 209 quater-2). Sur les retraitements extra-comptables en résultant, voir n° 56160.

56170 **Imputation de pertes sur la réserve spéciale** L'imputation de pertes sur la réserve spéciale constitue un prélèvement donnant lieu au paiement du complément d'IS (CGI art. 209 quater 2). Sur les retraitements extra-comptables en résultant, voir n° 56160.

56175 **Dissolution de la société** Le complément d'impôt n'est pas exigible dans ce cas (CGI art. 209 quater 3), même si le prélèvement est opéré postérieurement à la date de dissolution de la société, sans qu'il soit nécessaire de procéder à sa liquidation (BOI-IS-FUS-10-20-40-10 n° 470).

Sur le sort de la réserve spéciale en cas de **fusion** (reconstitution de la réserve spéciale chez l'absorbante), voir Mémento Fusions & Acquisitions n° 8154.

C. Autres réserves spéciales

56225 **Réserves spéciales constituées en franchise d'impôt** Le CGI autorise de telles provisions dès lors que certaines conditions de constitution et/ou d'utilisation sont respectées.

56230 **Réserve spéciale des profits de construction** Cette réserve a été constituée sur des **profits réalisés avant le 1ᵉʳ janvier 1987.**

En cas d'incorporation au capital, elle est isolée dans une subdivision du compte 1018 « Capital soumis à des réglementations particulières ».

56235 **Réserve spéciale pour fluctuations des cours** Cette réserve a été constituée par les sommes transférées le premier exercice clos à compter du 31 décembre 1997 et dans la limite de 9 146 941 € (conversion arrondie du seuil de 60 millions de francs) de la provision pour fluctuations des cours supprimée par la loi de finances pour 1998 (voir Mémento Fiscal n° 10035).

À notre avis, la provision a été transférée dans une subdivision du compte 10648 « Autres réserves réglementées ».

En cas d'**incorporation au capital,** le compte 10648 est débité par le compte 1018 « Capital soumis à des réglementations particulières » (voir n° 55335).

En cas d'**imputation de pertes** (à hauteur des déficits fiscaux et des moins-values à long terme), le compte 10648 est débité selon le cas, pour le même montant, par le crédit d'un compte de réserve ordinaire ou du compte de report à nouveau.

> **Fiscalement** Les prélèvements sur la réserve spéciale pour fluctuation des cours sont rapportés au résultat imposable de l'exercice en cours lors de ce prélèvement, sauf dans les trois cas suivants (CGI art. 39-1-5° ; BOI-IS-FUS-10-20-40-10 n° 440 à 510) :
> – imputation de pertes comptables correspondant à des déficits fiscaux (CAA Versailles 28-5-2020 n° 18VE00275) ;
> – dissolution de la société ;
> – incorporation de la réserve spéciale au capital.
> Dans les autres cas (par exemple, distribution aux associés, virement à un autre compte de réserve), il y a donc lieu de réintégrer les sommes prélevées sur l'imprimé n° 2058-A (ligne WQ).
> Les prélèvements effectués sur la réserve sont également mentionnés sur le tableau n° 2059-D (cadre II).

III. PROVISIONS RÉGLEMENTÉES

GÉNÉRALITÉS

56305 **Définition** Ce sont des « provisions » ne correspondant pas à la définition normale d'une provision et comptabilisées en **application de textes particuliers de niveau supérieur** (PCG art. 214-8, 313-1 et 941-14).

> **Précisions** Notion étendue Selon les informations recueillies auprès du Conseil d'État lors de notre journée « Arrêté des comptes et résultat fiscal 2008 », Les Echos Conférences – PwC, une provision réglementée devrait également pouvoir être constituée en application d'une jurisprudence du Conseil d'État lorsque cette décision ne fait qu'interpréter la loi. En effet, dans ce cas, il devrait être possible de considérer que la provision réglementée est bien constituée en application de textes particuliers de niveau supérieur. Pour l'incidence de cette position sur la dépréciation des stocks de matières premières et produits intermédiaires, voir n° 21785 et 21790, et sur le rattachement des charges correspondant à des prestations continues, voir n° 10625.

Elles doivent être créées suivant un mécanisme analogue à celui des provisions proprement dites (PCG art. 313-1 et 941-14), l'octroi d'un régime fiscal qui leur est propre étant subordonné à une telle comptabilisation. Ont notamment le caractère de provisions réglementées les provisions (PCG art. 313-1 et 941-14) :
– pour hausse des prix, voir n° 21965 s. ;
– autorisées spécialement pour certaines professions (provision exceptionnelle notamment provisions des entreprises de presse, etc.), voir n° 56330 ;
– les amortissements dérogatoires [complément fiscal ne correspondant pas à une dépréciation ; voir n° 27370 s. et 35620 (frais d'acquisition de titres)].

Est **assimilée** du point de vue de leur fonctionnement comptable à des provisions réglementées la provision spéciale de réévaluation consécutive à l'application de l'article 238 bis I II et J II du CGI (réévaluation de 1976).

Nature des « provisions réglementées » Le terme de « provisions réglementées » donné par le droit fiscal peut aller au-delà de la définition des provisions qui correspondent à des risques ou des charges. Il ne s'agit pas de provisions constatées selon les principes comptables.

56310

Ces provisions ont le caractère de réserves non libérées d'impôt, sur lesquelles pèse une charge différée ou latente d'impôt qui n'est pas comptabilisée. C'est pourquoi elles sont incluses dans les **capitaux propres, mais pas** dans la **situation nette.**

Distinction entre provisions comptables et « provisions réglementées »
Selon l'OEC (Rec. 18 n° 1 : « Les provisions »), lorsque ces provisions réglementées couvrent une dépréciation (ou un risque) réelle, elles doivent, pour la quote-part correspondant à la dépréciation (ou au risque) réelle, être portées en diminution de l'actif (ou au passif) ; sinon, pour l'OEC, « la présentation du bilan et du compte de résultat serait dénaturée ».

56315

> **EXEMPLE**
> Il en serait notamment ainsi si les entreprises ne constituaient pas, alors qu'elles seraient économiquement justifiées, des dépréciations de créances douteuses, de titres ou de stock (ou pour risques et charges), du fait qu'elles seraient couvertes par des provisions réglementées pour prêts d'installation d'anciens salariés (voir n° 56370).

Selon l'OEC, cette mauvaise présentation ne pourrait être corrigée par une information donnée en annexe, car, les provisions réglementées étant incluses dans les capitaux propres auxquels la législation sur les sociétés fait souvent référence, ces derniers s'en trouveraient quand même faussés. De plus, elles seraient dotées ou reprises dans le résultat exceptionnel, ce qui donnerait une mauvaise image du résultat courant.

Dans ces conditions, pour l'OEC, « les entreprises doivent opter pour l'un des deux systèmes suivants » :
– **cumul des provisions** : « soit comptabiliser, en plus de la provision réglementée, une provision correspondant au risque réel, ce qui conduit à charger deux fois le résultat net » ;
– **non-cumul des provisions** : « soit reprendre, dans le cas où elle a déjà été antérieurement constituée, ou ne pas doter la partie de la provision réglementée correspondant au risque réel pour comptabiliser cette partie dans les provisions économiquement justifiées ».

En conséquence, lorsqu'une dépréciation ou une provision est nécessaire en application des règles comptables :

I. Constatation obligatoire Elle doit, selon les règles comptables, être constatée en dépréciation ou en provision pour risques.

En effet, la **comptabilisation en provisions réglementées** de cette provision fiscale alors qu'elle couvre un risque réel est **impossible,** car elle aboutirait à une majoration fictive des capitaux propres et du résultat courant pouvant entraîner le délit de présentation de comptes ne donnant pas une image fidèle.

> **Précisions** Selon le bulletin CNCC (n° 72, décembre 1988, EC 88-33, p. 497 s.), l'absence de comptabilisation d'une telle dépréciation ou provision conduira le **commissaire aux comptes** à apprécier l'importance relative, sur les comptes annuels, de l'irrégularité ainsi constatée, afin de déterminer s'il convient de refuser de certifier les comptes ou de les certifier avec réserve.

II. En cas de cumul des provisions (voir ci-avant) La provision réglementée est comptabilisée en totalité.

> **Fiscalement** Le **cumul des déductions fiscales** des provisions est interdit notamment pour :
> – les immobilisations faisant l'objet d'un amortissement dérogatoire avec une (provision pour) dépréciation (voir n° 27741) ;
> – les provisions pour prêts d'installation des salariés (BOI-BIC-PROV-60-80-20 n° 200 ; voir n° 56370).

III. En cas de non-cumul des provisions (voir ci-avant) :
a. Si la dépréciation ou la provision comptable est inférieure à la provision fiscale qu'il est possible de constituer, le complément de provision, de caractère purement fiscal, est constaté en « Provisions réglementées » (ce qui conduit à une scission de la dotation à effectuer entre dépréciation et provision comptable et provision réglementée) ;
b. Si la dépréciation ou la provision comptable est supérieure à la provision fiscale, aucune provision réglementée n'est constituée (ce qui conduit à transformer la provision réglementée en une dépréciation ou une provision comptable).

56320 **Conditions de constitution, de reprise et d'évaluation** Selon le PCG (art. 313-1), les conditions de comptabilisation, de reprise et d'évaluation des provisions réglementées sont définies par les textes particuliers les régissant (notamment en fonction du CGI).

Les provisions réglementées n'obéissant pas à des règles comptables, elles sont en effet libérées du principe de permanence des méthodes (voir n° 8375).

> **Fiscalement** Pour être déductibles, elles doivent avoir été effectivement constatées dans les écritures comptables de l'exercice (CGI art. 39-1-5°). Leur omission sur le tableau des provisions donne lieu à une amende fiscale (CGI art. 1763 ; voir n° 48230).

Leur constitution est **facultative**. C'est une **décision de gestion** (motivée notamment par le souci de bénéficier d'un avantage fiscal). D'où la nécessité de commentaires dans l'annexe. Ainsi, notamment, tout changement, que ce soit des reprises ou des dotations, significatives au regard de l'entité, doit être précisé dans l'**annexe** (PCG art. 833-15 ; voir n° 54325 et 54360).

56325 **Schéma de comptabilisation** Leur fonctionnement est identique à celui des provisions (PCG art. 313-1 et 941-14) :
– la dotation de l'exercice aux comptes de provisions réglementées est enregistrée au débit de la subdivision correspondante du compte 687 par le crédit de l'un des comptes 142 à 148 (voir liste des comptes du PCG n° 96200) ;
– les subdivisions concernées du compte 78 « Reprises sur provisions – Produits exceptionnels » enregistrent à leur crédit les reprises sur provisions réglementées par le débit de l'un des comptes 142 à 148.

Sur les conséquences en matière d'**impôts différés,** voir n° 53010 et 53015.

56330 **Différentes provisions réglementées** Le tableau suivant, établi par nos soins, présente les principales provisions réglementées :

Provisions réglementées		Objet	Références
Relatives aux immobilisations	Amortissements dérogatoires	Les entreprises sont autorisées en application de textes fiscaux à constater des amortissements non nécessaires sur le plan comptable, souvent justifiés par une incitation à l'investissement.	n° 27370 s.
Relatives aux stocks	Provision pour hausse des prix	Les entreprises peuvent déduire temporairement de leur résultat une fraction des bénéfices investis dans la reconstitution des stocks en cas de hausse des prix importante.	n° 21965 s.
Relatives à des opérations spécifiques	Provision pour entreprises de presse	Les entreprises de presse écrite ou en ligne peuvent déduire sous certaines conditions et dans certaines proportions les provisions constituées en vue d'investir dans le domaine de la presse.	n° 56350

Certaines des provisions réglementées relatives aux stocks et aux immobilisations ayant été examinées dans les chapitres en traitant (voir les renvois ci-avant), nous nous limiterons ci-après à exposer les autres provisions réglementées.

Sur les provisions réglementées en cas de dépréciation de stocks de produits intermédiaires non comptabilisés, voir n° 21510.

PROVISION EXCEPTIONNELLE DES ENTREPRISES DE PRESSE

56350

Les entreprises de presse écrite ou en ligne qui exploitent des publications consacrées pour une large part à l'information politique et générale (voir Mémento Fiscal n° 10030) sont autorisées à retrancher de leurs bénéfices imposables jusqu'en 2023 (CGI art. 39 bis A ; BOI-BIC-PROV-60-60-10), sous certaines conditions et dans certaines proportions, les provisions constituées en vue d'investissements en lien avec leur activité consistant notamment en l'acquisition de matériels, immeubles, ou titres (voir Mémento Fiscal n° 10030).

Sur l'application de ce régime aux entreprises de presse en ligne ayant notamment pour objet le développement de l'information professionnelle ou l'accès au savoir voir Mémento Fiscal n° 10030.

Les provisions non utilisées dans un délai de cinq ans à compter de leur constitution sont réintégrées aux résultats imposables et majorées d'un intérêt de retard. Les éléments d'actif acquis au moyen de ces bénéfices ou provisions sont réputés amortis pour un montant égal à la fraction du prix d'achat ou du coût de production qui a été prélevée sur ces bénéfices ou provisions. Les sommes affectées à l'acquisition d'éléments non amortissables sont rapportées, par parts égales, aux résultats imposables de l'exercice d'acquisition et des quatre exercices suivants.

Le plan comptable professionnel des entreprises de presse (Avis de conformité du CNC n° 42, Annexe V) et le Guide comptable à l'usage des entreprises de presse (édition 1994), désormais caducs (voir n° 3315), préconisaient le schéma comptable suivant, à notre avis toujours applicable en pratique :

a. Constitution de la provision : cette provision a le caractère d'une **provision réglementée** à créditer au compte 142 « Provisions réglementées relatives aux immobilisations » (sous-compte 1425 « Provisions pour acquisition d'éléments d'actif – art. 39 bis CGI ») par le débit du compte 6872 « Dotations aux provisions réglementées (immobilisations) » (sous-compte 68721).

Sur les conséquences en matière d'impôts différés, voir n° 53010.

b. Emploi de la provision lors de l'acquisition d'éléments d'actif : débit du compte 142 « Provisions réglementées relatives aux immobilisations » par le crédit du compte 7872 « Reprises sur provisions réglementées (immobilisations) » (sous-compte 78721 « Reprise sur provisions – art. 39 bis CGI »).

c. Constatation de l'amortissement massif fiscal à la date d'acquisition des biens : cet amortissement a le caractère d'un **amortissement dérogatoire** à créditer au compte 145 « Amortissements dérogatoires », par le débit du compte 68725 « Dotation aux amortissements dérogatoires ».

d. Constatation de l'amortissement comptable concernant les biens : l'amortissement pour dépréciation est calculé sur la **valeur brute du bien** et ne tient compte ni de la provision ni de l'amortissement massif fiscal.

(a) $17\,809 = 25\,000 \times 260/365$
(b) $28\,125 = 37\,500 \times 9/12$.

e. Reprises des amortissements dérogatoires étalées sur la durée de l'amortissement comptable du bien : débit du compte 145 « Amortissements dérogatoires », par le crédit du compte 78725 « Reprises sur provisions – Amortissements dérogatoires ».

Pour un exemple d'application, voir Mémento Comptable édition 2023, n° 56350.

Dans le cas où la provision ne pourra être partiellement ou totalement utilisée, une **provision pour impôt** ainsi qu'une provision (pour une non-utilisation probable) ou une charge à payer (pour une non-utilisation certaine) au titre des **pénalités de retard** sont à constater.

PROVISION POUR PRÊTS D'INSTALLATION À D'ANCIENS SALARIÉS

56370

Sort des provisions constituées au titre des exercices ouverts avant le 1er janvier 2019 Elles sont rapportées par tiers aux résultats, par le crédit du compte 7874, des exercices clos au cours des 5e, 6e et 7e années suivant celle de leur constitution (CGI art. 39 quinquies H).

Sur l'impossibilité de cumuler fiscalement une dépréciation avec cette provision, voir n° 56315.

Pour plus de détails sur la réintégration de ces provisions, voir BIC-XII-43500 s.

IV. SUBVENTIONS D'INVESTISSEMENT OCTROYÉES À L'ENTREPRISE

56435 Avant d'examiner leur date d'enregistrement et leur comptabilisation, il est nécessaire de bien les différencier des subventions d'exploitation (voir n° 56440).

> **Précisions** **Travaux ANC à venir** L'ANC devrait prochainement travailler sur les aides et subventions de manière à fournir des principes robustes permettant à toutes les parties prenantes de déterminer le traitement comptable de manière homogène.

56440 **Définitions de l'ensemble des subventions** Les différents types de subventions d'exploitation, d'équilibre et d'investissement ne sont pas définis dans l'actuel PCG. En l'absence de définitions, celles du PCG 82 ont été reprises en partie dans le Recueil des normes comptables publié par l'ANC.

Le PCG 82 classe les subventions dans les trois catégories suivantes :

I. Subvention d'exploitation (PCG 82, p. I.42) « Subvention dont bénéficie l'entreprise pour lui permettre de compenser l'insuffisance de certains produits d'exploitation ou de faire face à certaines charges d'exploitation. »

Elle doit, en principe, être prise en compte immédiatement en produit au compte 74 (voir n° 12055).

II. Subvention d'équilibre (PCG 82, p. I.41) « Subvention dont bénéficie l'entreprise pour compenser, en tout ou partie, la perte globale qu'elle aurait constatée si cette subvention ne lui avait pas été accordée. »

Elle doit être prise en compte immédiatement en produit soit au compte 7715, soit au compte 74 (voir n° 45900).

III. Subvention d'investissement (PCG 82, p. I.42 ; définition reprise dans le Recueil des normes comptables publié par l'ANC) « Subvention dont bénéficie l'entreprise en vue d'acquérir ou de créer des valeurs immobilisées (subvention d'équipement) ou de financer des activités à long terme (autres subventions d'investissement) ».

Il est possible, à notre avis, d'étendre cette définition au remplacement et à la remise en état des immobilisations.

Les subventions d'« équipement » (terme retenu sur le plan fiscal) font partie des subventions d'investissement.

> **Fiscalement** Les subventions d'investissement qui répondent à la définition des subventions d'équipement peuvent faire l'objet d'une imposition échelonnée, voir n° 56470.
> Sur l'incidence du classement comptable d'une subvention sur la valeur ajoutée à retenir pour la détermination de la CVAE, voir n° 31485.

Elle peut être, au choix de l'entreprise, soit prise en compte immédiatement en produit au compte 777, soit étalée (en résultat exceptionnel) par le biais du compte 13 (voir n° 56470).

Sur le cas particulier des subventions finançant des dépenses de recherche et de développement, voir n° 31485.

Sur le cas particulier des subventions indirectes permettant l'acquisition d'une immobilisation pour un prix inférieur à sa valeur vénale, voir n° 26530.

56445 **Exemple de subvention** **Bonus écologique sur véhicule acquis** : il constitue une aide de l'État attribuée à l'acquéreur du véhicule éligible au dispositif (C. énergie art. D 251-1) qui en fait la demande au plus tard dans les 6 mois suivant la date de facturation du véhicule (C. énergie art. D 251-13). Il peut néanmoins faire l'objet d'une avance par le vendeur au moment de l'acquisition (C. énergie art. D 251-9). En conséquence, le bonus écologique répond, à notre avis, à la définition d'une subvention d'investissement.

> **Fiscalement** Voir n° 56495.

56450 **Date d'enregistrement de la subvention** À notre avis, la situation est différente selon les clauses du contrat :

I. Absence de condition à l'attribution de la subvention Lorsqu'elle est accordée sans condition, la subvention est comptabilisée à la date de son octroi, qui dépend de la procédure prévue pour accorder la subvention et de l'organe compétent pour son attribution.

> **Fiscalement** Il en est de même (CAA Nantes 18-2-2008 n° 06-2077 ; CAA Paris 11-6-1998 n° 96-1322 et 96-1688 ; BOI-BIC-PDSTK-10-30-10-20 n° 90 ; en ce qui concerne les subventions d'équipement : CGI art. 42 septies).

II. Condition résolutoire Si la subvention accordée doit être restituée en cas de non-respect par l'entreprise de conditions fixées dans la convention, il y a condition résolutoire (sur la définition d'une condition résolutoire, voir n° 11045). Dans ce cas, la subvention est acquise (et constatée en produits) **dès la signature** de l'accord (et non seulement lors de son encaissement).

> **Fiscalement** Il en est de même (CE 30-7-2003 n° 236945 ; BOI-BIC-PDSTK-10-30-10-20 n° 90).

Si l'entreprise sait, à la clôture de l'exercice, qu'elle ne pourra **pas respecter ces conditions**, à notre avis, la constitution d'une charge à payer (ou d'une provision) s'impose pour le montant estimé de l'aide à restituer. Voir également n° 56515.

En cas de restitution, la subvention rendue constitue une charge de l'exercice au cours duquel le reversement intervient (compensée par la reprise de l'éventuelle provision).

> **Fiscalement** Cette charge est alors déductible (BOI-BIC-PDSTK-10-30-10-20 n° 90).

III. Condition suspensive Si la subvention n'est accordée que lorsque l'entreprise aura satisfait à certaines conditions techniques (par exemple, la justification de dépenses de recherche), il y a condition suspensive (pour plus de détails sur la définition d'une condition suspensive et la date d'appréciation de la réalisation de la condition, voir n° 11040).

Dans ce cas, la subvention ne pourra être enregistrée (en produits) tant que ces conditions n'auront pas été réalisées (en ce sens, Bull. CNCC 187, septembre 2017, EC 2017-08 p. 463, concernant les associations, à notre avis applicable également aux entreprises industrielles et commerciales, les associations suivant les mêmes principes généraux de reconnaissance d'un produit affecté d'une condition suspensive que ceux prévus par le PCG ; Règl. ANC 2018-06 art. 111-2).

> **Fiscalement** Il en est de même (CE 30-7-2003 n° 236945 ; BOI-BIC-PDSTK-10-10-10 n° 60), voir n° 10350.

En pratique, à notre avis :
– lorsque les conditions suspensives sont cumulatives, le produit ne pourra être constaté que lorsque toutes les conditions seront levées, sans qu'il soit possible de dégager partiellement un produit ;
– lorsque les conditions suspensives sont successives et indépendantes, la réalisation de chaque jalon permet, indépendamment des autres jalons, de constater en résultat un produit partiel (Bull. CNCC précité) ;
– lorsque les conditions suspensives prévoient explicitement des dépenses à effectuer de manière obligatoire, le produit est constaté en résultat au fur et à mesure de l'engagement de ces dépenses.

Tant que la condition suspensive n'est pas réalisée, les avances reçues au titre de la subvention future sont à inscrire dans un compte de tiers (Bull. CNCC précité), à notre avis au compte 4419 « État – Avances sur subventions ».

Une information est à donner en annexe sur la mise en œuvre des conditions visées (Bull. CNCC précité).

Comptabilisation de la subvention La subvention peut être enregistrée : **56470**

I. soit en produit exceptionnel (juridiquement, l'enrichissement résultant de l'octroi de la subvention constitue un profit) : débit du compte 441 « État – Subventions à recevoir » ou d'un compte financier par le crédit du compte 777 « Quote-part des subventions d'investissement virée au résultat de l'exercice ».

> **Précisions** **Règlement ANC n° 2022-06 relatif à la modernisation des états financiers sur le résultat exceptionnel** Sur la nouvelle définition du résultat exceptionnel, voir n° 52030.

> **Fiscalement** Dans un courrier adressé à l'ANC, la Direction de la Législation Fiscale (DLF) a indiqué que ce changement aura un impact sur le calcul de la valeur ajoutée qui sert d'assiette à la CVAE (Courrier DLF à l'ANC du 13-6-2022).

II. soit dans les capitaux propres au compte 13 (PCG art. 941-13) aux subdivisions :
– 131 « Subventions d'équipement », si elle est destinée à acquérir ou produire des valeurs immobilisées ;
– ou 138 « Autres subventions d'investissement » si elle est destinée à financer des activités à long terme.

56470
(suite)

> **Précisions   1. Subventions assorties d'un cahier des charges pour un service public spécifique** Le guide comptable professionnel des transports routiers prévoit un compte 134 pour ces subventions. Sur la caducité des guides comptables professionnels, voir n° 3315.
> **2. Commission versée pour obtenir une subvention** Une commission versée au titre de la prestation de recherche et d'obtention de subventions d'investissement rendue sur l'exercice doit être comptabilisée en charges (et non à l'actif, voir n° 26220), la prestation qu'elle rémunère étant rendue (Bull. CNCC n° 205, mars 2022, EC 2022-02).

> **Fiscalement**   Il en est de même (CGI art. 39-1, 1°).

La subvention est ainsi comptabilisée au débit du compte 441 (PCG art. 944-44) ou d'un compte financier par le crédit du compte 131 ou 138 (ces comptes peuvent être subdivisés selon l'origine de la subvention : État, régions, etc. ; voir liste des comptes du PCG n° 96200).

Le produit en résultant est ensuite **échelonné sur plusieurs exercices.** Sur l'étalement de la subvention, voir n° 56495 (les modalités d'échelonnement) et n° 56510 (la comptabilisation de l'échelonnement).

Sur les conséquences en matière d'**impôts différés**, voir n° 53010.

> **Fiscalement   1. En principe,** les subventions reçues par l'entreprise constituent un produit imposable de l'exercice au cours duquel elles sont acquises (CGI art. 38-2 ; sur cette date, voir n° 56450). En effet, les subventions accordées à une entreprise entraînent, dans la mesure où elles sont définitivement acquises dès leur octroi, une augmentation de l'actif net de l'exercice en cours à la date de cet octroi.
> **2. Par exception,** des règles spéciales d'imposition sont prévues, en faveur de certaines subventions :
> **a. Subventions publiques d'équipement** (qui font partie des subventions d'investissement au sens comptable ; voir n° 56440). Elles sont imposables :
> – soit en totalité au titre de l'exercice de leur attribution ;
> – soit, sur option de l'entreprise, de manière étalée en fonction du caractère amortissable ou non de l'immobilisation en cause (CGI art. 42 septies-1 ; voir n° 56495).
> Mais cette possibilité est réservée aux subventions (CGI art. 42 septies) :
> – utilisées pour la création, l'acquisition ou, dans certaines conditions, le financement par crédit-bail d'immobilisations déterminées (nature, prix de revient ; voir BOI-BIC-PDSTK-10-30-10-20 n° 50), c'est-à-dire identifiées dans la décision d'octroi de l'aide ; en cas de financement partiel de plusieurs immobilisations amortissables, la répartition de la subvention entre celles-ci doit être indiquée dans la décision d'octroi (BOI-BIC-PDSTK-10-30-10-20 n° 50) ;
> – allouées par l'Union européenne, l'État (sur le bonus écologique, voir n° 56445), les collectivités publiques ou tout organisme public, ce qui inclut (BOI-BIC-PDSTK-10-30-10-20 n° 30) des organismes nationaux (Anah, Cram, Agefiph, agences de l'eau), mais aussi des organismes européens (Feder), et par les groupements professionnels agréés. Pour les exercices clos à compter du 31 décembre 2022 (ou à compter de 2022 pour les entreprises relevant de l'IR) le régime s'applique aux subventions accordées par des organismes créés par les institutions de l'Union européenne (CGI art. 42 septies modifié par loi 2022-1726 du 30-12-2022 art. 32), quelles que soient leurs modalités de financement et de gouvernance (BOI-BIC-PDSTK-10-30-10-20 n° 30) ;
> – ou perçues dans le cadre du dispositif des certificats d'économie d'énergie (voir n° 26495) au cours des exercices clos à compter du 31 décembre 2022 (ou à compter de 2022 par les entreprises relevant de l'IR) (CGI art. 42 septies modifié par loi 2022-1726 du 30-12-2022 art. 65, I-A).

> **EXEMPLES**
> – Une **prime régionale à la création d'entreprise** ne constitue pas une subvention d'exploitation ou d'équilibre mais une subvention d'équipement dont l'imposition **peut être étalée,** dès lors qu'elle a été intégralement affectée à l'acquisition de biens d'équipement (CAA Nantes 18-12-2002 n° 99-1379).
> – **En revanche,** selon l'administration (BOI-BIC-PDSTK-10-30-10-20 n° 50), dans la mesure où il est fait référence à la notion de subvention d'équipement, les subventions utilisées pour le financement de prises de participation ou plus généralement pour l'acquisition d'**immobilisations financières** sont **exclues du dispositif d'étalement** prévu par l'article 42 septies du CGI. Il en est de même pour les aides qui ont pour objet d'atténuer les charges salariales supplémentaires résultant de la création d'emploi, qui présentent le caractère de subvention de fonctionnement.

> **b. Aides publiques** finançant des dépenses de recherche (CGI art. 236-I bis ; voir Mémento Fiscal n° 8055). Pour plus de détails, voir n° 31485.
> **3. Retraitements extra-comptables** Les définitions comptable et fiscale n'étant pas similaires, il en résulte des divergences entre le traitement comptable et fiscal des subventions d'investissement :
> **a. Pour les subventions étalées comptablement et imposables immédiatement** (par exemple, si la subvention d'investissement n'est pas affectée à une immobilisation déterminée,

la subvention pourra être étalée sur le plan comptable sans pouvoir l'être sur le plan fiscal). Dans ce cas, il convient :
– lors de l'exercice d'enregistrement de la subvention, de réintégrer sur l'imprimé n° 2058-A (ligne WQ) la fraction de la subvention qui n'est pas enregistrée comptablement en produit ;
– et, les exercices suivants, de déduire sur l'imprimé n° 2058-A (ligne XG) le produit enregistré comptablement.

Une autre solution serait également :
– dans les comptes individuels, de comptabiliser ces subventions en totalité en résultat (conformément à la possibilité offerte par le PCG) afin d'aligner le traitement comptable sur le traitement fiscal ;
– et, dans les comptes consolidés (établis en règles françaises), de les retraiter en les étalant, conformément au principe d'autonomie ou de prévalence des méthodes comptables du groupe par rapport à celles retenues dans les comptes individuels permettant au groupe de choisir des méthodes comptables indépendamment de celles appliquées dans les comptes individuels des entités du périmètre de consolidation (Règl. ANC 2020-01 art. 271-2).

b. Pour les subventions comptabilisées directement en produit et que l'entreprise choisit d'étaler fiscalement :
– l'exercice d'enregistrement de la subvention : déduction sur l'imprimé n° 2058-A (ligne XG) de la fraction de la subvention qui n'est pas imposable immédiatement ;
– les exercices suivants : réintégration sur l'imprimé n° 2058-A (ligne WQ) de la fraction imposable de la subvention.

Modalités d'échelonnement pour les subventions d'immobilisations amortissables

I. Principe

56495

a. Subvention totale Si l'entreprise choisit d'échelonner sur plusieurs exercices une subvention finançant une immobilisation amortissable, la reprise de la subvention d'investissement s'effectue sur la même durée et au même rythme que l'amortissement de la valeur de l'immobilisation acquise ou créée au moyen de la subvention (PCG art. 312-1/1).

Des **dérogations** à ces règles peuvent être admises lorsqu'une telle mesure sera justifiée par des circonstances particulières, notamment :
– par le régime juridique des entreprises, l'objet de leur activité, les **conditions posées** ou les **engagements demandés** par les autorités ou organismes ayant alloué les subventions (PCG art. 312-2-1, dernier al.) ;
– lorsque l'immobilisation acquise à l'aide de la subvention est dépréciée (Bull. CNCC n° 162, juin 2011, EC 2011-05, p. 287 s.). Si les circonstances d'attribution de la subvention le justifient, cette dernière peut être reprise à hauteur de la dépréciation (voir n° 27750).

> **Fiscalement** (BOI-BIC-PDSTK-10-30-10-20 n° 100) Les subventions visées par l'article 42 septies du CGI et pour lesquelles l'entreprise fait le choix de l'imposition étalée (voir n° 56470) sont rapportées aux bénéfices imposables en même temps et au même rythme que celui auquel l'immobilisation en cause est amortie. Ce rythme est déterminé, pour chaque exercice, par le rapport existant entre la dotation annuelle aux amortissements pratiquée à la clôture de l'exercice concerné sur le prix de revient de cette immobilisation et ce même prix de revient. L'administration a précisé que le rythme de référence auquel s'opère l'imposition des subventions d'équipement correspond à l'**amortissement fiscal** de l'immobilisation, et doit donc tenir compte, le cas échéant, de l'amortissement dérogatoire.

Lorsque **la subvention porte sur une immobilisation décomposée,** à notre avis :
– la subvention doit être ventilée proportionnellement entre les différents composants (suivant la même approche que celle retenue par l'avis CNC n° 2004-11 dans le secteur du logement social) ;
– la reprise de la subvention s'effectue sur la même durée et au même rythme que les amortissements constatés. Dans ce cas, lorsqu'un composant d'une immobilisation subventionnée sort du patrimoine de l'entreprise, la quote-part de subvention affectée à ce composant est totalement reprise (sauf si le composant est remplacé en cours de vie, suite à une panne non programmée par exemple).

> **Fiscalement** Il en est de même mais l'administration admet toutefois (BOI-BIC-PDSTK-10-30-10-20 n° 100) :
– que l'imposition des subventions soit répartie sur la durée moyenne pondérée d'amortissement de l'immobilisation concernée, cette durée étant elle-même calculée à partir de la durée d'amortissement fiscale de chacun des composants et de la structure, pondérée en fonction de la valeur de chaque composant dans la valeur totale de l'immobilisation (pour un exemple de calcul de durée moyenne pondérée d'amortissement, voir BOI-IS-GPE-20-20-50-10 n° 350) ;
– que la sortie de la valeur nette comptable d'un composant lors de son remplacement n'entraîne pas l'imposition anticipée de la fraction de la subvention attachée au composant remplacé.

Sur le sort des subventions d'investissement en cas de fusions ou opérations assimilées, voir Mémento Fusions & Acquisitions n° 7908 et 8154.
Sur les subventions d'équipement reçues par les entreprises concessionnaires, voir n° 72565.

b. Subventions partielles En l'absence de précision du PCG, la reprise correspond, à notre avis, à un montant égal à la dotation aux amortissements affecté du rapport : Subventions/Immobilisations.

II. En pratique, et dans un souci de simplicité, le rythme retenu sur le plan fiscal devrait pouvoir, à notre avis, être retenu sur le plan comptable. Dans ce cas, les **reprises** portent sur la **totalité de la dotation** (dotation d'exploitation et complément fiscal d'amortissement dérogatoire).

III. Cas particuliers
a. Condition résolutoire Si l'entreprise sait qu'elle ne pourra pas respecter ses engagements, elle doit constituer une **provision pour risques,** égale au maximum au montant rapporté aux résultats de l'exercice et des exercices antérieurs (voir n° 56515).
b. Bien déjà partiellement amorti lors de l'octroi de la subvention La reprise en résultat de l'exercice de cet octroi porte, à notre avis, sur la totalité des dotations pratiquées depuis que le bien est à l'actif (et non sur la dotation de cet exercice).
c. Bien pris en crédit-bail Comptablement, en l'absence de précision du PCG, il est possible, à notre avis, d'appliquer les modalités prévues par le CGI (voir ci-après).

> **Fiscalement** Les subventions directement attribuées au crédit-preneur, ou par l'intermédiaire du crédit-bailleur mais immédiatement rétrocédées au crédit-preneur en application d'une obligation expresse contenue dans la décision d'octroi, peuvent, sur le plan fiscal, être réparties par parts égales (et non en fonction de l'amortissement s'il s'agit d'immobilisations amortissables) sur les exercices clos au cours de la **période couverte par le contrat de crédit-bail** (CGI art. 42 septies-1 al. 4 ; BOI-BIC-PDSTK-10-30-10-20 n° 120). Si la date d'expiration du contrat ne coïncide pas avec la date de clôture de l'exercice, il y a lieu de tenir compte de l'exercice en cours à l'échéance du contrat pour déterminer le plan d'étalement de la subvention.

d. Bien dont la base amortissable est nulle (du fait d'une valeur résiduelle prévisible supérieure au prix d'acquisition ; sur les conditions de prise en compte de la valeur résiduelle dans la base amortissable, voir n° 27090) À notre avis, la subvention est reprise au compte de résultat au rythme de l'amortissement du bien subventionné correspondant, par mesure de simplicité (voir ci-avant II.) à la durée fiscale d'amortissement de l'actif.
En effet, le fait que la base amortissable du bien acquis soit nulle n'a pas d'influence sur la durée d'amortissement prévue pour ce bien et donc sur le rythme de reprise de la subvention au compte de résultat.
e. Rectification fiscale La rectification fiscale d'amortissements excessifs pratiqués sur des immobilisations financées au moyen d'une subvention d'équipement entraîne une rectification corrélative de la quote-part de cette subvention imposée de manière étalée (CAA Nantes 15-2-2006 n° 03-752).
f. Bonus écologique La subvention est à étaler au rythme des amortissements pratiqués du véhicule. Sur le bonus écologique, voir n° 56445.

> **Fiscalement** Il en est de même : la position de l'administration en matière de BNC, selon laquelle l'imposition du bonus peut être étalée dans les conditions prévues par l'article 42 septies du CGI (BOI-BNC-BASE-20-20 n° 530), devrait, à notre avis, pouvoir s'appliquer en matière de BIC. En outre, lorsque le prix d'acquisition du véhicule excède le plafond d'amortissement fiscal des véhicules, (voir n° 27570), le bonus écologique est imposé en totalité et pas seulement à hauteur des amortissements déductibles.

56500 **Modalités d'échelonnement pour les subventions d'immobilisations non amortissables** Si l'entreprise choisit d'échelonner une subvention finançant une immobilisation non amortissable sur plusieurs exercices, cette subvention est rapportée au résultat par fractions égales (PCG 312-1/2) :
– **en cas de clause d'inaliénabilité** dans le contrat, en fonction du nombre d'années pendant lesquelles les immobilisations non amortissables acquises ou créées au moyen de la subvention sont inaliénables aux termes du contrat ;

> **Fiscalement** Il en est de même (CGI art. 42 septies ; BOI-BIC-PDSTK-10-30-10-20 n° 100).

– **à défaut** de clause d'inaliénabilité dans le contrat, pour une somme égale au dixième du montant de la subvention.

LES FONDS PROPRES (CAPITAUX PROPRES ET AUTRES FONDS PROPRES)

> **Fiscalement** Il en est de même (CGI art. 42 septies ; BOI-BIC-PDSTK-10-30-10-20 n° 100) ; toutefois, la subvention est rapportée (sur 10 ans) à partir de l'année suivant celle de son attribution, le terme « année » s'entendant des exercices ou périodes d'imposition.
Ce décalage engendre un impôt différé sur la première année, qui disparaît la onzième année (voir traitement n° 52990).
Sur la tolérance administrative permettant d'étaler l'imposition de la subvention reçue pour l'acquisition d'un terrain sur la durée d'amortissement de la construction que l'entreprise s'est engagée à y construire, voir n° 26530.

Sur les **dérogations** à ces règles pouvant être admises, voir n° 56495.

Permanence des méthodes Que les subventions d'investissement étalées en comptabilité entrent ou non dans le champ d'application de l'article 42 septies (qui fixe, sur le plan fiscal, les seules subventions pouvant être étalées ; voir n° 56440), leurs modalités d'échelonnement ne peuvent être modifiées. **56505**

En effet :
– sur le plan fiscal, l'administration précise expressément que l'option prise pour l'étalement par les entreprises constitue une décision de gestion qui leur est opposable (BOI-BIC-PDSTK-10-30-10-20 n° 20). Une entreprise ne peut donc, après avoir choisi l'étalement, réintégrer la subvention sur une durée plus courte que la durée d'amortissement ;
– sur le plan comptable, les principes de permanence des méthodes s'appliquent (voir n° 3560 et 8455 s.).

> **Précisions** **Changement d'estimation** Si l'entreprise choisit d'échelonner sur plusieurs exercices une subvention finançant une immobilisation amortissable, il est toutefois possible, à notre avis, de modifier prospectivement le plan de reprise d'une subvention pour suivre la modification du plan d'amortissement de l'immobilisation acquise ou créée au moyen de la subvention (voir n° 27330).

Comptabilisation de l'échelonnement de la subvention Les fractions de subvention devant être rapportées au résultat sont débitées au compte 139 « Subventions d'investissement inscrites au compte de résultat » par le crédit du compte 777 « Quote-part de subventions d'investissement virée au résultat de l'exercice » (PCG art. 947-77). **56510**

Les comptes 131 (ou 138) et 139 sont soldés l'un par l'autre lorsque, pour une même subvention, le crédit du premier est égal au débit du deuxième (PCG art. 941-13).

Seul figure **au bilan** le **montant net** de la subvention non encore inscrite au compte de résultat.

EXEMPLE

Subvention de 300 accordée pour l'achat d'un matériel de 600 début exercice 1 (amortissement en 3 ans).

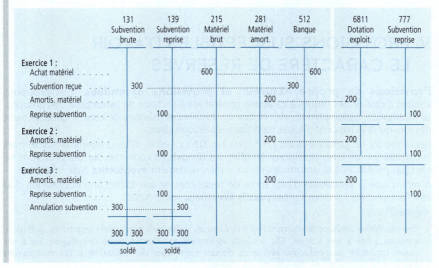

Lorsque **l'immobilisation sort du patrimoine** de l'entreprise avant que la subvention ait été complètement « amortie », la subvention subsistant dans les comptes 131 (ou 138) et 139 est, à notre avis (en l'absence de précision du PCG), annulée par transfert au compte 777 « Quote-part des subventions d'investissement virée au résultat de l'exercice » et non portée en réduction de la valeur comptable de l'immobilisation.

> **Fiscalement** La fraction de la subvention non encore rapportée aux bases de l'impôt est directement réintégrée dans le résultat de l'exercice de cession imposable au taux de droit commun (CGI art. 42 septies ; BOI-BIC-PDSTK-10-30-10-20 n° 130). Le produit étant déjà constaté en comptabilité, aucun retraitement extra-comptable n'est à effectuer.

Sur le sort des subventions d'investissement en cas :
– de fusions ou opérations assimilées, voir Mémento Fusions & Acquisitions n° 7908 et 8154 ;
– d'apport d'une entreprise individuelle à une société, voir n° 28300.
Sur la tolérance de l'administration en cas de sortie d'un composant, voir n° 56495.

CAS PARTICULIERS

56515 **Utilisation partielle ou non conforme des subventions** Les subventions doivent être comptabilisées en fonction de leur utilisation réelle et tout risque de reversement doit faire l'objet d'une provision dès que les conditions d'attribution cessent d'être remplies ou ne sont remplies que partiellement.

> **Précisions** **Contrôle** La vérification de la correcte utilisation des subventions reçues s'inscrit dans le cadre des procédures d'audit, notamment pour s'assurer du traitement comptable régulier des subventions. À défaut, le commissaire aux comptes peut être conduit à en tirer les conséquences dans son rapport sur les comptes annuels (Bull. CNCC n° 98, juin 1995, CNP 95-12, p. 230 et n° 101, mars 1996, CD 95-54 bis, p. 140).

56520 **Réserves consécutives à l'octroi de subventions d'investissement** À notre avis, comme le précisait le PCG 82 (p. II.22), le compte 10643 « Réserves consécutives à l'octroi de subventions d'investissement » est (réserve réglementée) utilisé dans le cas où le contrat de subvention prévoit :
– la constitution par l'entreprise subventionnée d'une réserve dont le montant est lié à celui de la subvention d'investissement ;
– le maintien de ladite réserve au passif du bilan pendant une période déterminée.

56525 **Subvention non versée** Du fait du non-versement, la créance comptabilisée lors de l'octroi de la subvention (voir n° 56470) devient une créance irrécouvrable à inscrire en perte (conformément aux règles générales, voir n° 11400).

En contrepartie, la subvention comptabilisée en capitaux propres est à annuler : le compte 13 « Subvention » est débité par le crédit du compte 777 « Quote-part des subventions d'investissement virée au résultat de l'exercice ».

V. PROVISIONS SUSCEPTIBLES D'AVOIR LE CARACTÈRE DE RÉSERVES

56595 **Provisions de propre assureur et provisions assimilées** Ces provisions visaient à couvrir des risques à caractère général liés à l'activité de l'entreprise, ses produits, sa localisation géographique, etc. et que les assurances refusent de couvrir généralement dès lors qu'ils échappent à toute répartition statistique claire.

Les règles sur les passifs (PCG art. 321-1 à 321-3 et 322-1 s. ; voir n° 48005 s.) interdisent désormais la constitution de telles provisions. En effet, les obligations couvertes par ces provisions ne sont pas probables à la clôture de l'exercice mais seulement **éventuelles** (voir n° 48240 s.).

À moins que la probabilité d'une sortie de ressources ne soit faible, une information doit être fournie dans l'annexe sur ces **passifs éventuels,** voir n° 52520.

> **EXEMPLE**
>
> Une entreprise souhaite se couvrir contre des risques industriels particuliers (explosion, pollution, attentats...) liés à son activité. Elle souhaite également se couvrir contre des risques liés à ses ventes (produits dangereux ou polluants, risques techniques de réalisation...). Les compagnies d'assurance ne souhaitent pas couvrir ces risques.

L'entreprise a toujours une obligation générale envers des tiers (salariés, riverains, acheteurs...) de ne pas nuire à ceux-ci.

Si le risque n'est pas probable à la clôture mais uniquement éventuel, aucune provision ne peut donc être constituée.

En revanche, une information circonstanciée dans l'annexe (risques non couverts, éventualités...) peut s'avérer très utile.

Dès que le risque devient probable, une provision est constituée suivant les règles générales des provisions pour litiges.

VI. RÉÉVALUATIONS APRÈS 1983 : RÉGIME ACTUEL

Entre 1945 et jusqu'à l'entrée en vigueur de l'article L 123-18 du Code de commerce, se sont succédé des périodes de **réévaluation légale** et de **réévaluation libre.**

Sur les réévaluations antérieures au 1er janvier 1984, voir édition 2023 de notre Mémento Comptable n° 56670 à 56730.

Depuis le 1er janvier 1984, la faculté de procéder à une **réévaluation libre** du bilan est prévue expressément dans le Code de commerce dans certaines conditions.

56665

QUELS POSTES D'ACTIF PEUT-ON RÉÉVALUER ET SELON QUELLE FRÉQUENCE ?

I. La réévaluation ne peut porter **que sur les immobilisations corporelles et financières** (C. com. art. L 123-18, al. 4 ; PCG art. 214-27).

Sont exclus par conséquent :
– les immobilisations incorporelles (fonds commercial, brevets, marques) ; (Bull. CNCC n° 55, septembre 1984, EC 84-38, p. 367 s. et BODGI 4 G-6-84, n° 270 s.) ;

56785

> **EXEMPLE**
>
> Ainsi (Bull. CNCC n° 89, mars 1993, EC 92-41, p. 142 s.), le coût d'acquisition d'un contrat de crédit-bail immobilier, représentant un élément incorporel de l'actif immobilisé, ne peut faire l'objet d'une réévaluation.

– les stocks et les valeurs mobilières de placement.

II. La réévaluation doit porter **sur l'ensemble** des immobilisations corporelles et financières. Il n'est donc pas possible de réévaluer un seul bien sans procéder à la réévaluation des autres.

> **EXEMPLE**
>
> Ainsi, en cas de réévaluation, les biens donnés en location à des tiers, inscrits d'abord en stocks avant d'être transférés en immobilisations, doivent également être réévalués si la réévaluation intervient après leur transfert (ce transfert étant irréversible ; voir n° 20420) (Bull. CNCC n° 87, septembre 1992, EC 92-05, p. 501 s.).

Mais il n'est pas interdit, en pratique, **si la réalité le confirme,** de ne réévaluer in fine que certains éléments en indiquant que, pour les autres, la valeur comptable correspond à la valeur actuelle.

III. La réévaluation n'est pas une méthode comptable mais une option ponctuelle à l'initiative de l'entité (PCG art. 214-27). Ce choix n'est d'ailleurs pas soumis au principe de permanence des méthodes et aux modalités de mise en œuvre d'un changement de méthode comptable (effet calculé à la date de décision de la réévaluation, impact présenté en élément de capitaux propres non distribuable, absence d'informations comparatives proforma... ; Bull CNCC n° 174, juin 2014, EC 2014-06, p. 273).

> **Précisions** Cette option est prévue pour être exceptionnelle. Néanmoins, rien dans les textes n'interdit à une entreprise de procéder à une réévaluation régulière, en application d'une méthode permanente (en ce sens, Avis CNC n° 97-06, § 1.11).

TRAITEMENT COMPTABLE DES ÉCARTS DE RÉÉVALUATION

56790 Il présente les caractéristiques suivantes :

I. L'exercice de la réévaluation La **plus-value dégagée** à l'occasion de la réévaluation ne peut pas être portée au crédit du compte de résultat. Elle doit être inscrite :
– dans un poste spécifique des capitaux propres (à notre avis, compte 1052 **« Écarts de réévaluation libre »**). Elle n'est donc **pas un élément du résultat** (C. com. art. R 123-190 ; PCG art. 214-27 et 941-10) et ne sera jamais recyclée dans le compte de résultat (voir ci-après II) ;
– sans qu'il y ait lieu (à l'inverse de la réévaluation légale de 1976) de faire une distinction entre immobilisations amortissables ou non, ni le PCG ni le Code de commerce ne faisant cette distinction.

> **Fiscalement** **a. Régime de droit commun** En l'absence de texte dérogatoire, l'**écart de réévaluation**, augmentant l'actif net, constitue un **produit** imposable en application de l'article 38-2 du CGI (BOI-BIC-PVMV-40-10-60-20 n° 20 ; BOI-BIC-AMT-10-30-40 n° 210). Ce produit est imposable au taux de droit commun, même si la réévaluation porte sur des titres de participation relevant du régime du long terme, car la réévaluation n'est pas assimilée à une cession (CE 29-10-1986 n° 49745). En conséquence, au cours de l'exercice où a eu lieu la réévaluation, l'écart est à réintégrer extra-comptablement sur l'imprimé n° 2058-A de la liasse fiscale (ligne WQ).
> En ce qui concerne les amortissements dérogatoires éventuellement constatés avant l'exercice de réévaluation, voir n° 56810.
>
> **b. Régime de neutralisation temporaire des réévaluations** Sur option, les conséquences fiscales de la première réévaluation libre portant sur des immobilisations corporelles et financières, à l'exclusion des immobilisations incorporelles (BOI-BIC-PVMV-40-10-60-30 n° 20), réalisée au cours d'un exercice clos entre le 31 décembre 2020 et le 31 décembre 2022 peuvent être neutralisées (CGI art. 238 bis JB créé par loi 2020-1721 du 29-12-2020 art. 31). L'écart de réévaluation ne fait alors pas l'objet d'une imposition immédiate (sur l'imposition de l'écart au cours des exercices ultérieurs, voir ci-après II). Sur les conséquences de l'opération à l'égard des amortissements dérogatoires, voir n° 56810.
> L'entreprise doit joindre à sa déclaration de résultats de l'exercice de réalisation de l'opération et des exercices suivants un état conforme à un modèle fourni par l'administration mentionnant les renseignements nécessaires au calcul des amortissements, des provisions ou des plus ou moins-values afférents aux immobilisations réévaluées (BOI-FORM-000090).
>
> **c.** La décision de réévaluer un élément de l'actif constitue une **décision de gestion** opposable au contribuable (CE 4-8-2006 n° 272384). L'erreur comptable rectifiable ne pourrait être admise que dans l'hypothèse où l'entreprise aurait involontairement attribué à l'élément réévalué une valeur supérieure à sa valeur effective (CE 23-1-1985 n° 52349).
>
> **d. Cas particuliers** Sur les régimes spéciaux de réévaluation, voir n° 56860 s. Sur les **réévaluations réalisées après une fusion,** voir Mémento Fusions & Acquisitions n° 8392

L'écart de réévaluation est égal à la différence entre la valeur actuelle et la valeur nette comptable de l'immobilisation, c'est-à-dire la valeur brute de l'immobilisation diminuée, pour les immobilisations amortissables, des amortissements cumulés et des dépréciations, sans tenir compte des amortissements dérogatoires (Recueil des normes comptables ANC, commentaire IR 3 sous l'art. 214-27).

L'écart de réévaluation comptabilisé dans les capitaux propres l'est, à notre avis :
– **lorsque la réévaluation est effectuée dans le cadre du régime fiscal de droit commun** : pour sa valeur nette, **diminué de l'impôt** à acquitter au titre de la réévaluation (en ce sens, l'avis CU CNC du 11-6-2003, applicable aux sociétés d'investissements immobiliers cotées (SIIC), mais pouvant, à notre avis, être étendue aux entreprises industrielles et commerciales) ;
– **lorsque la réévaluation est effectuée dans le cadre du régime fiscal de neutralisation temporaire** (applicable aux exercices clos entre le 31 décembre 2020 et le 31 décembre 2022, voir ci-avant) : pour son montant brut.

> **Précisions** Régime fiscal de neutralisation temporaire Il n'est pas tenu compte d'IS, sauf si l'entreprise a choisi de comptabiliser ses impôts selon la méthode de l'impôt différé (Questions/Réponses CNCC Covid-19, ch. I, 2ᵉ partie, Question 4.5.1).

II. Les exercices ultérieurs À notre avis, les écarts constatés au cours de l'exercice où a eu lieu la réévaluation sont **définitifs** et ne peuvent pas être modifiés ultérieurement (à la différence de la réévaluation légale de 1976). Ils ne sont donc pas repris en résultat même pour la partie correspondant aux immobilisations amortissables.

› **Fiscalement** En cas d'option pour le **régime de neutralisation temporaire** des réévaluations applicable aux exercices clos entre le 31 décembre 2020 et le 31 décembre 2022 (voir ci-avant I) :
– pour les **immobilisations non amortissables,** les (provisions pour) dépréciations ne sont déductibles que si leur valeur s'abaisse en deçà de leur valeur fiscale (c'est-à-dire non réévaluée). La plus ou moins-value réalisée lors de leur cession ultérieure sera déterminée d'après leur valeur non réévaluée ;
– pour les **immobilisations amortissables,** les entreprises rapportent l'écart de réévaluation au résultat imposable de manière échelonnée sur une période fixée à quinze ans pour les constructions. Cette durée est également retenue pour les agencements et aménagements de terrains et les plantations amortissables dont la durée d'amortissement a été fixée au moins à quinze ans lors de leur entrée à l'actif de la société (BOI-BIC-PVMV-40-10-60-30 n° 100 et 110).
En conséquence, les retraitements extra-comptables suivants sont à effectuer :
– au titre de chacun des exercices suivant la réévaluation des immobilisations amortissables : réintégration échelonnée de l'écart de réévaluation (ligne WQ) ;
– lors de la dépréciation d'une immobilisation non amortissable : réintégration, le cas échéant, de la quote-part de la dépréciation correspondant à la différence positive entre la valeur vénale à la clôture et sa la valeur fiscale (ligne WQ), étant précisé que dans l'hypothèse où la dépréciation porte sur des titres de participation relevant du régime d'exonération, elle est réintégrée en totalité par application des règles de droit commun (voir n° 35980). Lorsque la provision devient sans objet (notamment en cas de cession des actifs en cause), seule la partie non encore réintégrée sur le plan fiscal constitue un produit imposable. La reprise comptable de l'excédent non admis en déduction antérieurement est neutralisée par une déduction extra-comptable (BOI-BIC-PVMV-40-10-60-30 n° 430) ;
– lors de la cession d'une immobilisation amortissable : réintégration, le cas échéant, de la fraction de l'écart de réévaluation non encore réintégrée (ligne WQ) ;
– lors de la cession d'une immobilisation non amortissable : réintégration (ligne WQ) de la différence entre la plus-value fiscale calculée d'après la valeur non réévaluée et la plus-value comptable calculée d'après la valeur réévaluée.
Sur l'état de suivi des amortissements, des provisions ou des plus ou moins-values afférents aux immobilisations réévaluées à joindre à la déclaration de résultat de l'entreprise, voir ci-avant I.
En revanche (voir n° 56795) :
– tant que l'immobilisation est à l'actif, l'écart peut être **incorporé au capital** ou **progressivement transféré dans un compte de réserves distribuables,** au fur et à mesure de la constatation du supplément d'amortissement relatif à la partie réévaluée de l'immobilisation ;
– si l'immobilisation est cédée, l'écart peut être **viré dans un compte de réserves distribuables.**

› **Précisions** **1. Conséquences du caractère définitif des écarts** Ce caractère définitif a deux conséquences majeures :
– en cas de **dépréciation** (calculée sur la valeur réévaluée), la perte sera comptabilisée en résultat (C. com. art. R 123-178 5° ; PCG art. 214-17) sans qu'il soit possible de compenser cette dépréciation calculée avec l'écart de réévaluation, un écart de réévaluation ne devant pas être utilisé pour compenser des pertes (voir n° 56795) ;
– en cas de **cession,** la plus-value correspondant à la réévaluation ne sera jamais comptabilisée en résultat.

2. Écarts incorporés au capital Dans ce cas, il n'y a **pas lieu de les isoler.** En effet, ils sont fondus dans le capital avec les autres éléments (apports, réserves, primes, etc.) qui constituent celui-ci et les isoler reviendrait, au point de vue juridique, à rompre le principe d'unicité du capital.

3. Absorption d'une société filiale par sa mère L'écart de réévaluation dégagé par la société mère lors de la réévaluation des titres de sa filiale doit, s'il n'a pas déjà été capitalisé, être viré au compte « Prime de fusion » (Bull. COB n° 137, mai 1981, p. 11).
Comme le souligne l'AMF, cette fusion permet de clarifier le bilan de la société mère en supprimant, au passif, un écart de réévaluation correspondant à des actions qui n'existent plus en portefeuille.

UTILISATION DES ÉCARTS DE RÉÉVALUATION

56795 Leurs diverses utilisations possibles sont **régies par le Code de commerce, pour les sociétés qui y sont soumises juridiquement.**

I. Figurant parmi les capitaux propres, ils **doivent** donc **être pris en compte chaque fois que la loi exige** que les capitaux propres atteignent un montant déterminé : perte de la moitié du capital, transformations, etc. (sur ces différents cas, voir n° 55025).

II. Ils peuvent, en tout ou partie, être incorporés au capital (C. com. art. L 232-11 ; PCG art. 214-27). À notre avis, en l'absence de distinction entre immobilisations amortissables ou non (voir n° 56790), l'incorporation peut même porter sur la fraction de l'écart correspondant à la réévaluation d'immobilisations amortissables.

III. Ils ne peuvent être utilisés à compenser les pertes (C. com. art. L 123-18, al. 4), sauf s'ils ont été préalablement incorporés au capital (PCG art. 214-27).

IV. Ils sont distribuables uniquement s'ils sont réalisés (C. com. art. L 232-11 ; PCG art. 214-27). Dans tous les autres cas, la distribution des écarts de réévaluation constituerait un délit de distribution de dividendes fictifs (C. com. art. L 232-12 ; voir n° 66530).

Les écarts de réévaluation ne sont réalisés que dans les deux cas suivants (PCG art. 214-27 ; Avis CNC 2003-10 du 24-6-2003) :

– lors de la **cession** de l'immobilisation réévaluée ; dans ce cas, l'écart de réévaluation peut être transféré à un compte de réserves distribuables à hauteur du produit hors frais de cession qui excède la valeur nette comptable de l'immobilisation avant réévaluation (voir n° 29355). Une mention de ce transfert doit être faite dans l'annexe, voir n° 57640 ;

– **progressivement,** au fur et à mesure de la **constatation du supplément d'amortissement** relatif à la partie réévaluée de l'immobilisation (voir n° 29085), à condition que l'**exercice soit bénéficiaire.**

À notre avis, le supplément d'amortissement à transférer s'entend net de l'effet d'impôt (en cas de réévaluation effectuée dans le cadre du régime fiscal de droit commun).

SUIVI DES ÉCARTS DE RÉÉVALUATION

56800 Du fait de son utilisation (voir n° 56795), le compte 1052 « Ecart de réévaluation libre » comprend les éléments suivants :

Au titre des immobilisations encore présentes à l'actif, l'écart initial constaté sur ces immobilisations éventuellement amputé :

– des transferts en réserves distribuables au titre des suppléments d'amortissements liés à la réévaluation (voir n° 56795) ;

– et/ou éventuellement des sommes incorporées au capital.

Au titre des immobilisations cédées, l'écart, initial ou net (voir ci-avant), qui n'aurait pas été soldé au moment de la cession par le transfert en réserves distribuables en raison de produits de cession insuffisants. Cet écart résiduel ne peut qu'être incorporé au capital.

COMPTABILISATION DE LA RÉÉVALUATION

56805 Les principes sont les suivants (Rép. Mesmin : AN 6-2-1984 n° 36862, non reprise dans Bofip ; Rép. Mesmin : AN 28-11-1983, n° 32222) :

I. C'est la valeur nette comptable qui est réévaluée pour la porter à la valeur actuelle Pour la détermination de la « valeur actuelle » à la date de la réévaluation, voir n° 56830.

Il n'y a pas lieu de modifier le montant des amortissements effectués avant la réévaluation.

II. L'écart de réévaluation est égal à la différence entre la valeur actuelle et la valeur nette comptable Sur la comptabilisation de l'écart de réévaluation pour sa valeur brute ou nette diminuée de l'impôt à acquitter au titre de la réévaluation, voir n° 56790.

La CNCC (Bull. n° 61, mars 1986, EC 85-04, p. 109 s.) estime que, si la société a pratiqué des amortissements dérogatoires antérieurement à la réévaluation, l'écart de réévaluation ne doit **pas tenir compte des amortissements dérogatoires.**

Ainsi, l'écart de réévaluation est identique que l'entreprise ait ou non pratiqué antérieurement des amortissements dérogatoires. Cette solution est logique, le Code de commerce qui fixe les règles de réévaluation (C. com. art. L 123-18) ne faisant pas allusion aux amortissements dérogatoires.

Sur le sort des amortissements dérogatoires, voir n° 56810.

III. Les amortissements après la réévaluation sont calculés en appliquant à la nouvelle valeur nette comptable (valeur actuelle). La réalisation de la réévaluation pourrait devoir donner lieu à une **réappréciation du plan d'amortissement** des immobilisations, notamment lorsqu'une modification significative de l'utilisation du bien a été constatée et compte tenu de leur durée réelle d'utilisation.

> **Fiscalement** L'amortissement est également pratiqué sur la nouvelle valeur comptable (BOI-BIC-AMT-10-30-40 n° 210 ; CE 8-2-1999 n° 161306 ; voir n° 29085).

L'entreprise peut allonger la durée d'amortissement initialement retenue et fixer un nouveau taux d'amortissement en fonction de la durée probable d'utilisation restant à courir au moment

de la réévaluation (BOI-BIC-AMT-20-10 n° 350) en cas d'évolution des conditions d'exploitation du bien (BOI-BIC-PVMV-40-10-60-30 n° 140).
En pratique, une réévaluation significative en fin de plan d'amortissement, sans allongement de la durée d'amortissement, pourrait faire courir un risque fiscal si ce maintien de la durée ne peut pas être justifié.

IV. L'immobilisation réévaluée pourra nécessiter la constitution d'une dépréciation dans l'hypothèse d'une perte de valeur par rapport à la valeur nette comptable réévaluée. Par cette dépréciation, la valeur de l'actif sera ramenée à sa valeur réelle.

> **Précisions** La perte est comptabilisée en résultat sans qu'il soit possible de la compenser avec une reprise en résultat de l'écart de réévaluation (voir n° 56790).
> L'écart ne peut pas être transféré dans un compte de réserves distribuables à hauteur de la dépréciation, l'écart n'étant pas réalisé dans ce cas (voir n° 56795 IV).

Le maintien de cette dépréciation devra être réexaminé à la fin de chaque exercice par comparaison entre la valeur réelle et la valeur nette comptable réévaluée.

> **Fiscalement a. Régime de droit commun** Il en est de même, étant toutefois précisé que dans l'hypothèse où la dépréciation porte sur des titres de participation relevant du régime d'exonération, elle ne peut donner lieu à aucune déduction fiscale (voir n° 35980).
> **b. Régime de neutralisation temporaire des réévaluations** Il en est de même pour les immobilisations amortissables réévaluées. S'agissant des immobilisations non amortissables réévaluées, les (provisions pour) dépréciations constituées sur ces biens ne sont déductibles que si leur valeur s'abaisse en deçà de leur valeur fiscale, étant précisé que dans l'hypothèse où la dépréciation porte sur des titres de participation relevant du régime d'exonération, elle est réintégrée en totalité par application des règles de droit commun (voir n° 35980) (voir n° 56790 II, les réintégrations extra-comptables dans ce cas).

V. À la cession de l'immobilisation réévaluée La plus-value est calculée sur la base de la valeur nette comptable réévaluée.

> **Fiscalement a. Régime de droit commun** Il en est de même.
> **b. Régime de neutralisation temporaire des réévaluations** applicable aux exercices clos entre le 31 décembre 2020 et le 31 décembre 2022 (voir n° 56790). Il en est de même pour les immobilisations amortissables réévaluées, étant précisé que la cession entraîne la réintégration de l'écart de réévaluation qui n'a pas encore fait l'objet d'une réintégration extra-comptable (voir n° 56790 II).
> S'agissant des **immobilisations non amortissables** réévaluées, les entreprises qui optent pour l'application de ce dispositif s'engagent à calculer la plus ou moins-value réalisée lors de leur cession ultérieure d'après leur valeur fiscale non réévaluée (voir n° 56790 II, les réintégrations extra-comptables dans ce cas). L'intégralité de la plus-value ainsi déterminée bénéficie du régime des plus-values à long terme (BOI-BIC-PVMV-40-10-60-30 n° 70).

VI. L'écart de réévaluation pourra être transféré à un compte de réserves distribuables s'il est réalisé voir n° 56795 IV.

VII. Réévaluation d'un bien totalement amorti Contrairement à la réévaluation de 1976, elle est, à notre avis, possible suivant le mécanisme exposé ci-avant.
Un nouveau plan d'amortissement doit alors être défini.

> **Fiscalement** Il en est de même (voir ci-avant III).

AUTRES INCIDENCES COMPTABLES

Incidences sur les amortissements dérogatoires (correspondant aux immobilisations corporelles) Les amortissements dérogatoires éventuellement constatés antérieurement à l'opération de réévaluation et afférents aux immobilisations réévaluées ne sont pas pris en compte dans le calcul de l'écart de réévaluation (voir n° 56790). En conséquence, ils n'ont pas à être repris à raison de la réévaluation (Recueil des normes comptables ANC, commentaire IR 3 sous l'art. 214-27).

Ils sont à reprendre en résultat et taxables en fonction du rythme d'amortissement de l'immobilisation concernée (Questions/Réponses CNCC Covid-19, ch. I, 2e partie, Question 4.5.2) et au plus tard à la cession de l'immobilisation.

> **Fiscalement** Il en est de même. La reprise des amortissements dérogatoires n'intervient qu'en cas de sortie du bien concerné de l'actif de l'entreprise, ou lorsque l'annuité d'amortissement technique devient supérieure à l'annuité fiscale (BOI-BIC-PVMV-40-10-60-30 n° 140).

56810

> **EXEMPLE**
>
> Soit une entreprise ayant acquis au 1er janvier N une immobilisation amortissable pour un prix de 30 000. Elle est amortie dans les comptes sur une durée de 6 ans, et fiscalement sur la durée d'usage de 4 ans.
>
> La société constate à la clôture des exercices N et N+1 :
> — une dotation annuelle aux amortissements de 5 000 ;
> — une dotation annuelle aux amortissements dérogatoires de 2 500.
>
> À la clôture de l'exercice N+1, la VNC de l'immobilisation est de 20 000 et le stock d'amortissements dérogatoires est de 5 000 (soit une valeur nette fiscale est de 15 000).
>
> L'immobilisation est réévaluée à 25 000 et un écart de réévaluation de 5 000 est constaté. La nouvelle valeur nette fiscale est de 20 000 (soit la valeur nette comptable réévaluée de l'immobilisation de 25 000, minorée des amortissements dérogatoires antérieurement pratiqués à hauteur de 5 000). La durée d'amortissement du bien est inchangée.
>
> À la clôture des exercices N+2 et N+3, la société constate :
> — une dotation annuelle aux amortissements de 6 250 (25 000/4) ;
> — et une dotation annuelle aux amortissements dérogatoires de 3 750 (excédent de la dotation fiscalement déductible de 10 000 sur la dotation comptable).
>
> En N+4 et N+5, le plan d'amortissement comptable est poursuivi avec des dotations de 6 250. L'immobilisation est fiscalement totalement amortie. Il convient donc de réintégrer les provisions pour amortissement dérogatoire à hauteur de 6 250 à la clôture de chacun de ces exercices.

Rien ne s'oppose, à notre avis, à la constatation de nouveaux **amortissements dérogatoires au cours des exercices ultérieurs** à la réévaluation.

Incidences sur le coût des stocks   Voir n° 22020.

Incidences sur les immobilisations
— traitement des amortissements, voir n° 29085 ;
— traitement des provisions, voir n° 29220 ;
— traitement des cessions d'immobilisations, voir n° 29355.

Annexe   Les modifications comptables résultant de la réévaluation doivent être **décrites et justifiées dans l'annexe** (voir n° 57640).

DÉTERMINATION DE LA VALEUR ACTUELLE

56830   La « valeur actuelle » d'un bien à laquelle conduit une opération de réévaluation est définie par l'article 214-6 du PCG et correspond à la plus élevée de la valeur vénale ou de la valeur d'usage de ce bien (Bull. CNCC n° 162, juin 2011, EC 2011-13, p. 292 s.).

Toutefois, cette définition de la valeur actuelle a été intégrée dans le PCG après la mise en œuvre du dispositif légal de 1976 et pour les besoins de la dépréciation uniquement (voir n° 26875 s.).

En conséquence, à notre avis (en ce sens également, le bulletin CNCC, voir n° 56835), les précisions données pour déterminer la valeur actuelle à l'occasion de la réévaluation légale de 1976 peuvent continuer à être prises en compte, en ce qu'elles complètent la définition de la valeur actuelle dans le cadre d'une réévaluation.

En outre, « les règles édictées pour la réévaluation légale sont la traduction des principes généraux du droit comptable dont la portée n'est pas limitée à la mise en œuvre de cette réévaluation. Il paraît dès lors difficile de s'en exonérer dans une comptabilité régulière et sincère », (Rép. Braconnier : Sén. 9-11-1977 n° 23935).

> **Précisions**   La réglementation et les recommandations en matière de réévaluation sont composées des textes suivants :
> — décret 77-550 du 1er juin 1977 ;
> — avis du CNC du 23 février 1977 (publié au Bull. n° 31, juillet 1977, p. 14) ;
> — avis de l'OEC relatif à la réévaluation des bilans ;
> — recommandation CNCC du 12 mai 1977 relative au contrôle des réévaluations (publiée au Bull. CNCC n° 26, juin 1977, p. 173 s.).

56835   **Détermination de la valeur actuelle**   La **valeur** à donner à chaque immobilisation est définie comme étant celle qui correspond **« aux sommes qu'un chef d'entreprise prudent et avisé accepterait de décaisser** pour obtenir cette immobilisation s'il avait à l'acquérir compte tenu de l'utilité que sa possession présenterait **pour la réalisation des objectifs de l'entreprise »** (Décret du 1-6-1977 précité, art. 4).

Pour déterminer cette valeur, l'entreprise peut utiliser la **technique** qu'elle estime la **mieux appropriée et se référer en particulier** :
– aux cours pratiqués sur un **marché** approprié ;
– à la valeur d'entrée en comptabilité affectée d'un **indice de prix spécifique** à la famille de biens à laquelle appartient l'immobilisation ;
– à la valeur d'entrée affectée d'un indice exprimant les variations du **niveau général des prix**.
Pour l'application de ce concept, il convient de distinguer (Avis CNC du 23-2-1977 précité ; Bull. CNCC n° 162, juin 2011, EC 2011-13, p. 292) :
– d'une part, les éléments indissociables d'autres éléments du patrimoine dans une perspective de continuité de l'entreprise ;
– d'autre part, les éléments dissociables dont la cession éventuelle ne modifierait pas les conditions de poursuite de l'exploitation.

I. Biens nécessaires à l'exploitation (« biens indissociables »)

Selon l'OEC (avis relatif à la réévaluation), leur valeur est une **valeur de négociation** qui ne peut être dissociée d'une **estimation globale** de l'entreprise.
Selon l'AMF :

a. Il s'agit de la **fraction attribuable à l'immobilisation** considérée à **l'intérieur du prix d'achat estimé de l'ensemble de l'entreprise**, et non du prix d'achat du bien considéré isolément ; on ne doit donc pas tenir compte des usages potentiels pour d'éventuels acquéreurs du bien pour le réévaluer, mais seulement de son **utilité effective dans l'entreprise**. Le **coût estimé d'acquisition ou de reconstitution** en l'état doit toujours **être apprécié**, selon l'article 61-1 de la loi de finances pour 1977, **en fonction de l'utilité que la possession du bien présente pour l'entreprise**. Cela implique que, chaque fois que la valeur d'utilité pour l'entreprise (déterminée selon les critères les plus appropriés) est inférieure au coût de reconstitution, il faut se limiter à la valeur d'utilité (Bull. COB n° 102, mars 1978, p. 4).

b. « La valeur d'utilité d'un bien destiné à être utilisé durablement, comme c'est le cas normalement pour les immobilisations, devrait en principe s'apprécier sur la durée prévisionnelle d'utilisation dans l'entreprise. Mais dans ce cas il importe que les intéressés indiquent clairement, sous le contrôle des commissaires aux comptes, tous les éléments ayant présidé à la détermination de la « valeur d'utilité à terme », y compris les hypothèses qui ont été formulées concernant l'évolution des données caractéristiques de la vie de l'entreprise : chiffre d'affaires, marge brute d'autofinancement, bénéfices prévisionnels, etc.

« La référence à l'utilité que présente l'acquisition du bien pour la réalisation des objectifs de l'entreprise est trop souvent abandonnée. Il en résulte l'adoption de valeurs vénales s'appuyant sur des expertises comme base à la réévaluation. La valeur d'utilité ne saurait être confondue avec la valeur vénale que pour les immobilisations dissociables de l'exploitation... En outre, il ne faut pas oublier, bien que cela soit souvent le cas, que la réévaluation des immobilisations, bien par bien, doit aboutir à une **valorisation** des actifs qui reste **compatible avec la « valeur » de l'ensemble de l'entreprise**. Or celle-ci est essentiellement fonction des performances et de la rentabilité passée ou prévisionnelle » (Bull. COB n° 125, avril 1980, p. 7 s.).

c. La notion de valeur d'utilité retenue conduit à n'envisager la réévaluation des actifs des **sociétés déficitaires** qu'avec la **plus grande circonspection** puisqu'il s'agit d'attribuer une valeur accrue à des biens dont l'utilisation a été génératrice de pertes (Rapport COB 1980, p. 53). Sur les conditions à remplir, voir Mémento Comptable édition 2023, n° 56730.

d. « **L'expertise n'est pas un mode d'évaluation.** Les dirigeants gardent l'entière responsabilité des valeurs adoptées et ne sauraient tirer argument de rapports d'experts que dans la mesure où la mission confiée à ceux-ci aura bien été de rechercher la valeur définie par la loi. » (Bull. COB n° 97, octobre 1977 et COB n° 152, octobre 1982).

e. La **constance des méthodes d'évaluation** à appliquer lors de l'examen des valeurs de réévaluation chaque exercice ultérieur implique que les dirigeants aient adopté des méthodes **suffisamment précises** pour pouvoir être **pratiquées** ensuite **de façon homogène à chaque clôture d'exercice** (et non, par exemple, une majoration forfaitaire par rapport au coût d'origine) (Bull. COB n° 102, mars 1978, p. 3 s.).

II. Immobilisations destinées à être cédées (« biens dissociables »)

Selon l'AMF (Bull. COB précité) :

a. Elles sont normalement des biens pour lesquels l'entreprise juge que le produit de la cession doit être supérieur à la valeur d'utilisation future dans l'entreprise. Dans ce cas, l'utilité maximale que présente le bien est de pouvoir être vendu. **Le prix de cession net de tous**

frais et impôts, qui seraient supportés si le bien était mis à la disposition de son éventuel acquéreur, constitue la valeur d'utilité à adopter.

b. S'agissant de **biens difficiles à évaluer** et dont l'évaluation n'est liée à aucune transaction effective, il convient, dans la recherche des valeurs propres à assurer la sincérité du bilan, de faire du **principe de prudence** une application particulièrement attentive, la perspective d'éventuels avantages fiscaux ne justifiant évidemment aucune dérogation à ce principe.

56855 **Évaluation des diverses catégories de biens** Pour l'évaluation des diverses catégories de biens des précisions ont été fournies dans la recommandation de la CNCC, l'avis de l'OEC, diverses notes de l'AMF.

I. Ensembles immobiliers

a. **S'ils servent à l'exploitation,** il est souvent impossible de procéder à une évaluation séparée du terrain et des constructions. **L'évaluation globale** est conduite :
– soit par référence au **prix du marché** lorsqu'il en existe un ;
– soit en calculant une **valeur de reconstitution** de l'ensemble immobilier.

Plusieurs **modalités pratiques** peuvent être envisagées pour répartir cette valeur globale entre terrains et constructions :
– soit une répartition au prorata du coût d'acquisition ou de production de chacun de ces deux éléments, s'ils ont été acquis ou créés à des dates voisines ;
– soit une réévaluation des terrains sur une base indiciaire sous réserve qu'il n'en résulte pas un résultat incompatible avec l'appréciation de la valeur globale de l'ensemble.

Selon l'AMF, dans le cas d'un terrain supportant des installations nécessaires à l'activité, « aussi longtemps que la décision de cesser l'activité n'a pas été prise, l'adoption comme valeur réévaluée du **prix de cession** estimé du terrain, qu'il soit ou non diminué de toutes charges de liquidation, serait **contraire aux prescriptions de la loi,** et si cette valeur est supérieure à la valeur d'utilité d'après la contribution de ce terrain à la rentabilité de l'entreprise, le bilan pourrait être qualifié d'inexact » (Bull. COB n° 102, mars 1978, p. 4).

b. S'il s'agit de **constructions non utiles à la réalisation des objectifs de l'entreprise,** le prix du terrain est fixé par référence au marché :
– lorsque la construction est manifestement invendable, le prix du marché doit être réduit des frais de mise en état de vente du terrain (démolition d'une usine désaffectée par exemple) ;
– lorsque la construction a par elle-même une valeur, il est nécessaire de procéder à une réévaluation globale de l'ensemble, la plus-value étant répartie au prorata du prix de revient de chacun des éléments.

II. Terrains nus
La réévaluation doit être effectuée par **terrain d'un seul tenant** pour que les actionnaires et les autres personnes intéressées puissent en avoir une connaissance suffisamment précise.

– **S'ils servent à l'exploitation,** la valeur qu'il convient de leur attribuer correspond généralement au **prix d'achat sur le marché.** Toutefois, si un terrain a fait l'objet d'une transaction récente (depuis moins de cinq ans), une simple indexation du coût d'achat peut être admise, sauf circonstances particulières ayant modifié le marché.

– **S'ils ne sont pas utiles à l'exploitation,** ils constituent alors une forme de placement ; dans ce cas, c'est **leur valeur de marché nette de tous les frais de cession** qui est retenue. Les frais à déduire comprennent en particulier les moins-values résultant de contraintes posées par la réglementation de l'urbanisme, les frais de vente et les impôts éventuellement exigibles.

III. Titres de participation
Pour estimer la valeur d'utilité d'un titre de participation, les éléments suivants peuvent être pris en considération : cours de bourse, rentabilité et perspectives de rentabilité, actif net, perspectives de réalisation, conjoncture économique, motifs d'appréciation sur lesquels repose la transaction d'origine (PCG art. 221-3 ; voir n° 35705).

Du fait de cette définition, si l'entreprise est en mesure de justifier par des éléments objectifs chiffrables l'utilité qu'elle a tirée de la détention de la participation (dividendes, redevances, ristournes), le titre pourra être réévalué dans la proportion d'accroissement de ces éléments chiffrables depuis leur acquisition.

La réévaluation ne pourra prendre en considération des résultats prévisionnels en hausse que si l'entreprise dispose d'une comptabilité analytique d'exploitation et d'un système de gestion budgétaire suffisamment élaborés pour permettre de chiffrer avec une approximation acceptable des hypothèses. Dans tous les cas, il devra être tenu compte des prévisions en baisse (OEC).

Dans les autres cas, la méthode de la **mise en équivalence** peut être admise à titre de simplification. Elle consiste à « substituer à la valeur nette comptable des titres détenus le montant préalablement calculé de la part à laquelle ils équivalent dans la situation nette de la société émettrice ». Elle peut s'appliquer en particulier aux **filiales détenues en quasi-totalité par un groupe.** Il convient toutefois de s'assurer que l'utilisation de la méthode de la mise en équivalence ne conduit pas à des résultats inacceptables compte tenu d'autres éléments d'appréciation. L'AMF (Bull. COB n° 125, avril 1980, p. 7 s.) a rappelé que la référence au seul **cours de bourse,** qui présente certes l'avantage de la simplicité, est **contraire à la règle de la valeur d'utilité.** Elle estime qu'une réévaluation rationnelle de titres de filiales suppose que l'ensemble des immobilisations de celles-ci ait été **préalablement réévalué,** surtout lorsque la mise en équivalence est adoptée comme méthode de réévaluation. **La mise en équivalence** lui paraît particulièrement appropriée pour les titres des sociétés dont le patrimoine peut être considéré comme contrôlé par la société détentrice des titres, ce qui est le cas de nombreuses filiales. Mais pour que l'adoption de cette méthode soit conforme aux règles, encore faut-il que la réévaluation ait été pratiquée d'une manière correcte chez la filiale. La substitution au coût de revient des titres de la quote-part d'actif net qu'ils représentent ne peut se faire valablement que si cette quote-part correspond à l'utilité que représente pour la mère la détention des titres de la filiale. Cela implique que la rentabilité ait été prise en compte lors de la réévaluation des actifs de la filiale.

À notre avis, cela **conduit à apprécier ces notions au niveau du bilan consolidé et de la rentabilité globale du groupe qui seuls tiennent compte de ces éléments.**

IV. Immobilisations amortissables La **valeur d'utilité** des matériels et outillages ne s'entend généralement pas d'une simple valeur de reconstitution à l'identique. Pour tenir compte de l'obsolescence due au progrès technique, il faut rechercher la **valeur du bien** ou groupe de biens **permettant d'obtenir un service équivalent,** dans les mêmes conditions de production.

Lorsque plusieurs **biens** sont **utilisés de façon intégrée,** il peut être nécessaire de les considérer comme un **seul élément** pour déterminer leur valeur d'utilité.

Les **éléments non dissociables** doivent être appréciés dans le cadre d'une **évaluation globale de l'entreprise.** La valeur d'utilité attachée à ces éléments dépend étroitement de l'existence d'un fonds d'industrie, qui ne peut être dégagée que dans le cas où l'entreprise est rentable.

À titre pratique :
– les machines et véhicules banalisés peuvent être réévalués par simple recours soit à des mercuriales, soit aux tarifs des fournisseurs (OEC) ;
– les biens ayant un marché d'occasion ne sauraient être évalués à une valeur supérieure à celle résultant de ce marché (CNCC) ;
– les biens qui ne peuvent plus être identifiés physiquement, certains agencements en particulier, sont souvent exclus de la réévaluation, à moins qu'ils ne puissent être inclus dans l'évaluation de l'immobilisation principale à laquelle ils se rattachent (OEC).

RÉGIMES SPÉCIAUX DE RÉÉVALUATION

Sociétés coopératives agricoles et leurs unions En application de l'article L 523-6 du Code rural, elles **peuvent** procéder à la réévaluation de tout ou partie de leurs bilans. Les réserves de réévaluation doivent servir (C. rur. art. L 523-7) :
– en premier lieu, à amortir les pertes sociales et à combler les insuffisances d'amortissements afférentes aux bilans réévalués ;
– en second lieu, elles peuvent être incorporées au capital social par décision de l'assemblée générale extraordinaire à l'effet de revaloriser les parts sociales, cette revalorisation étant effectuée dans la limite du barème en vigueur fixant le taux de majoration applicable aux rentes viagères ;
– le reliquat de ces réserves constitue une réserve libre d'affectation.

La décision de revaloriser les parts sociales ne peut être prise qu'après présentation à l'assemblée générale extraordinaire d'un rapport spécial de révision établi par un organisme agréé.

Entreprises optant pour un régime réel d'imposition Les contribuables qui optent pour la première fois pour un régime réel d'imposition (normal ou simplifié) peuvent réévaluer, à la date de prise d'effet de cette option, leurs **immobilisations non amortissables** en franchise d'impôt ; cette réévaluation doit être faite **extra-comptablement** – voir ci-après) au plus tard à la clôture du premier exercice pour lequel elles se trouvent soumises au régime simplifié (CGI art. 39 octodecies I).

Il n'est pas possible de constater cette **réévaluation – partielle** – qui est **interdite** par l'article L 123-18, al. 4 du Code de commerce. Malgré cette impossibilité, et contrairement à ses anciennes indications (D. adm. 4 G-342 n° 10 s.), l'administration semble exiger que cette constatation soit faite en comptabilité (BOI-BIC-PVMV-40-10-60-20 n° 80) comme le prescrit l'article 39 octodecies du CGI. Elle devra confirmer que les entreprises peuvent se prévaloir du régime d'exonération des plus-values en les mentionnant seulement dans le cadre approprié de la déclaration (annexe n° 2031 Bis-SD) et en joignant une note indiquant la nature et la valeur des immobilisations réévaluées.

Sur l'impact de la réévaluation en cas de cession ou de cessation de l'exploitation, voir Mémento Fiscal n° 18275.

VII. AUTRES FONDS PROPRES

COMPTABILISATION ET PRÉSENTATION AU BILAN

56940 **La rubrique « Autres fonds propres »** est intercalée au passif entre la rubrique « Capitaux propres » et la rubrique « Provisions » (voir PCG art. 934-1).

Ses éléments constitutifs (voir n° 55100) sont **à comptabiliser dans le compte 167**, « Emprunts et dettes assortis de clauses particulières » dans les subdivisions suivantes prévues par le PCG (art. 934-1 et 941-16) :
– compte 1671 « Émission de titres participatifs » (voir n° 56950) ;
– compte 1674 « Avances conditionnées de l'État » (voir n° 31525).

L'avis OEC n° 28 sur les « Autres fonds propres » (juillet 1994) indiquant que ce poste doit être détaillé par instrument émis, d'autres subdivisions du compte 167 peuvent être ouvertes pour d'autres types d'émissions comme :
– TSDI (voir n° 41195), TSSDI ;
– ORA (voir n° 41295), etc.

Un total I bis fait apparaître le montant des autres fonds propres entre le total I et le total II du passif du bilan. Le total général est complété en conséquence.

Sur les travaux en cours à l'ANC concernant la distinction entre les dettes et les autres fonds propres, voir n° 55040.

56945 **Comptabilisation de la rémunération des fonds classés dans les « Autres fonds propres »** À notre avis et conformément à l'avis de l'OEC n° 28 (précité), cette rémunération constitue, dans tous les cas, une **charge** et non une affectation du résultat (en ce sens également, Bull. CNCC n° 179, septembre 2015, EC 2015-24, p. 443 ; Rapport annuel COB 1985, p. 64 à propos de la rémunération des titres participatifs).

> **Précisions** **1.** Cette comptabilisation est indépendante de celle retenue pour les comptes consolidés (établis en règles françaises) où l'instrument peut avoir la nature d'un instrument de capitaux propres et voir sa rémunération traitée comme une affectation de résultat (voir Mémento Comptes consolidés n° 3478 s.).
> **2.** Lorsque la rémunération n'est pas versée mais donne lieu à l'émission d'actions nouvelles, elle constitue également une charge. En effet, bien qu'il s'agisse d'une rémunération en instruments de capitaux propre du même type que la rémunération des salariés sous forme de plans d'attribution d'actions gratuites, le traitement comptable spécifique à ces derniers (charge de dilution non comptabilisée, voir n° 55875) ne peut pas être étendu à d'autres dispositifs.

Cette charge de rémunération doit être constatée **dès qu'elle est due.**

Il résulte de l'avis OEC précité qu'une rémunération n'est pas due :
– si, en cas d'absence ou d'insuffisance de bénéfice sur l'exercice elle n'est pas versée lors de cet exercice ;
– et si, ultérieurement, elle n'est versée qu'en cas de bénéfice suffisant ;
– et si, enfin, en cas de procédure de liquidation, elle n'a pas non plus à être versée.

Si ces trois conditions ne sont pas simultanément remplies, la rémunération est considérée comme due quel que soit le résultat de l'entreprise et constitue donc une dette à constater immédiatement au passif du bilan (consolidé), la contrepartie étant en charges.

LES FONDS PROPRES (CAPITAUX PROPRES ET AUTRES FONDS PROPRES)

> **EXEMPLE**
>
> Dans le cas des émissions de titres perpétuels [titres super subordonnés à durée indéterminée (TSSDI) par exemple] classés en « Autres fonds propres » et dont les intérêts sont payables annuellement à terme échu avec une option pour l'émetteur d'en différer le paiement jusqu'à la liquidation de la société (sauf cas de distribution de dividendes ou de rachat d'actions ordinaires), la rémunération est constatée en charge de la période comptable au cours de laquelle ils sont courus, même si l'émetteur diffère le paiement des intérêts (Bull. CNCC précité).
> En effet, dans ce cas :
> — les intérêts sont effectivement dus au fur et à mesure du passage du temps ;
> — les porteurs de titres disposent d'un droit de créance sur les intérêts dont le paiement a été différé.
>
> **> Fiscalement** À notre avis, cette charge est déductible au titre de l'exercice au cours duquel elle est enregistrée pour les mêmes raisons que celles justifiant sur le plan comptable la comptabilisation en charge.
>
> La **contrepartie de cette charge** au bilan est à comptabiliser, à notre avis, au compte 16887 « Intérêts courus sur emprunts et dettes assortis de conditions particulières » et à rattacher, pour la présentation au bilan, au poste « Emprunts et dettes financières divers » (et non dans les « Autres fonds propres »).
> En effet, ces intérêts ne constituent **pas des autres fonds propres** mais une dette envers les porteurs de titres.

TITRES PARTICIPATIFS

56950 **Le produit des émissions de titres participatifs** (PCG art. 934-1) est à comptabiliser, compte tenu des caractéristiques de ces titres (voir n° 38105), au compte 167 et à présenter au bilan dans la rubrique « **Autres fonds propres** » (voir n° 56940).

> **> Précisions** En cas d'émission avec primes de remboursement, celles-ci n'ont pas à être comptabilisées (Bull. CNCC n° 60, décembre 1985, EJ 85-239, p. 512).
> En effet, le remboursement de ces titres, conformément à l'article L 228-36 du Code de commerce, étant laissé au seul gré du débiteur, ces primes ne sont pas certaines ; elles **n'ont donc pas le caractère de dettes**. Toutefois (Bull. CNCC précité), toujours valable à notre avis, les provisions liées aux instruments financiers étant exclues du champ de l'avis CNC 2000-01 sur les passifs), si le débiteur manifeste son intention, ou prend la décision, de rembourser des titres, une provision pour risque devra être comptabilisée eu égard au paiement sous-jacent d'une prime de remboursement constitutive d'une charge.

Toute information utile relative aux modalités d'émission et de remboursement des titres devra être donnée dans l'annexe.

> **> Fiscalement** Les frais d'émission de ces titres ne peuvent être déduits par le biais d'un amortissement calculé sur la durée de l'emprunt (BOI-BIC-CHG-20-30-40), l'assimilation (fiscale) à des « frais d'établissement » n'étant plus possible pour les titres émis après le 30 décembre 1994. Ils constituent donc des charges immédiatement déductibles.

56955 **Rémunération des titres participatifs** Voir n° 56945.

56960 **Contrôle** En cas d'émission de titres participatifs, le **commissaire aux comptes** doit présenter un **rapport** (C. com. art. L 228-37) à la masse des porteurs de titres participatifs portant (Norme CNCC n° 6-202, § 02 ; sur sa valeur, voir FRC 12/23 Hors série inf. 5) :
— sur les éléments tirés des comptes annuels (ou consolidés) soumis à l'approbation de l'assemblée servant à la détermination de la rémunération des titres participatifs ;
— et, le cas échéant, sur la concordance des éléments d'information donnés dans le rapport de l'organe compétent sur la situation et l'activité de la société avec le rapport de gestion.
Sur les diligences du CAC, voir Norme précitée, § 09 et 10.

TITRES SUBORDONNÉS À DURÉE INDÉTERMINÉE (TSDI) (OU OBLIGATIONS « PERPÉTUELLES »)

56965 L'appellation TSDI recouvre en fait différents montages financiers, parfois complexes. Il convient dès lors de se référer à chaque fois à l'analyse du contrat.
Deux sortes d'émission sont à distinguer :
— TSDI ayant un caractère véritablement perpétuel ;
— TSDI dits « reconditionnés ».

Sur la définition des TSDI et leur classement comptable soit en « emprunts », soit en « autres fonds propres », voir n° 41195.
Sur la comptabilisation de la charge de rémunération des TSSDI, voir n° 56945.

OBLIGATIONS REMBOURSABLES EN ACTIONS (ORA) OU EN ACTIONS NOUVELLES OU EXISTANTES (ORANE)

56970 L'appellation ORA recouvre différents montages financiers nécessitant de se référer à chaque fois à l'analyse du contrat. De cette analyse dépendra la classification de ces titres soit en emprunts, soit en « autres fonds propres » (voir n° 55120).
Sur les modalités de comptabilisation de ces titres :
– chez l'émetteur, voir n° 41295 ;
– chez le détenteur, voir n° 38190.

VIII. DÉMATÉRIALISATION DES VALEURS MOBILIÈRES (INSCRIPTION EN COMPTE OU DANS UN DISPOSITIF D'ENREGISTREMENT ÉLECTRONIQUE PARTAGÉ)

57040 Les titres de valeurs mobilières ne sont plus matérialisés que (C. mon. fin. art. L 211-3 modifié par loi 2023-171 du 9-3-2023) :
– par une inscription en compte (un « compte-titres ») ouvert au nom de leur propriétaire et tenu soit par la personne morale émettrice, soit par un intermédiaire financier habilité ;
– ou par une inscription dans un dispositif d'enregistrement électronique partagé (DEEP), telle une « blockchain ». Cette inscription est possible à condition que les statuts ne s'y opposent pas :
• pour les titres non cotés,
• mais aussi (à titre expérimental) pour les titres financiers admis aux opérations d'une infrastructure de marché DLT au sens du règlement 2022/858/UE, c'est-à-dire un système multilatéral de négociation (marché réglementé, système multilatéral de négociation ou système organisé de négociation, voir n° 80900) n'admettant que des valeurs mobilières émises, enregistrées et transférées au sein d'un dispositif d'enregistrement électronique partagé (DEEP).

> **Précisions** Ce régime est prévu à titre expérimental à partir du 23 mars 2023 pour une durée de trois ans pouvant être portée à six.

Pour plus de détails, voir Mémento Sociétés commerciales n° 62170 à 62193.

TENUE DES COMPTES D'INSTRUMENTS FINANCIERS DES SOCIÉTÉS EFFECTUANT DES OPÉRATIONS D'OFFRE AU PUBLIC DE TITRES FINANCIERS OU D'ADMISSION D'INSTRUMENTS FINANCIERS AUX NÉGOCIATIONS SUR UN MARCHÉ RÉGLEMENTÉ

57045 Sur la notion d'offre au public de titres financiers, voir n° 81040 s.

57050 L'AMF est en charge de la réglementation et du contrôle des activités de tenue de compte et de conservation des instruments financiers des sociétés effectuant des opérations d'offre au public de titres financiers (autres que celles exclusivement adressées à des investisseurs qualifiés ou à un cercle restreint d'investisseurs, celles qui relèvent du financement participatif, celles dont le montant total calculé sur une période de douze mois est inférieur à 8 000 000 € ; voir n° 82075) ou d'admission d'instruments financiers aux négociations sur un marché réglementé (C. mon. fin. art. L 621-7).

Les comptes sont tenus, en principe chez les **émetteurs** pour les titres nominatifs (C. mon. fin. art. L 211-3, R 211-1 et R 211-2), obligatoirement, chez un **intermédiaire** financier habilité par l'AMF pour les titres au porteur (C. mon. fin. art. L 621-7 VI et R 211-2).

> **Précisions** Toutefois, les émetteurs peuvent désigner un **mandataire** pour la tenue des comptes qui leur incombent, sous réserve de publier au Balo la dénomination et l'adresse de ce dernier (C. mon. fin. art. R 211-3).

Seules sont exposées ci-après les règles applicables à la comptabilité-titres des **personnes morales émettrices** pour les titres nominatifs (et non celles concernant les intermédiaires financiers habilités).

Les personnes morales émettrices tiennent une comptabilité **propre à chacune des valeurs** qu'elles ont émises (Régl. gén. AMF art. 322-61 al. 1) et selon les règles de la comptabilité **en partie double** (Régl. gén. AMF art. 322-17 al. 2).

Cette comptabilité enregistre de façon **distincte** les titres **nominatifs purs** et les titres nominatifs **administrés** (Régl. gén. AMF art. 322-61 al. 2).

Un **journal général,** servi chronologiquement, retrace l'ensemble des opérations concernant chacune des valeurs émises (Régl. gén. AMF art. 322-61 al. 3).

Un compte général, « Émission en instruments financiers nominatifs », ouvert en chaque valeur, enregistre à son débit l'ensemble des titres nominatifs inscrits chez l'émetteur.

Sa contrepartie créditrice figure aux comptes individuels des titulaires en nominatif pur, d'une part, en nominatif administré, d'autre part, ainsi qu'aux divers comptes de titres nominatifs en instance d'affectation (Régl. gén. AMF art. 322-61 al. 4 et 5).

Le plan de comptes minimal ainsi que les règles de fonctionnement de cette comptabilité sont fixés dans l'instruction d'application n° 2 du 18 novembre 2000 de la décision CMF 99-10 du 17 novembre 1999 (art. 40 à 54).

La comptabilité par valeur des personnes morales émettrices comporte la **nomenclature minimale** suivante (Instruction précitée, art. 40) :

Compte « Émission en instruments financiers nominatifs ».

1 **Comptes de titulaires** :
    11 Comptes individuels d'instruments financiers nominatifs purs :
        111 Comptes ordinaires d'instruments financiers nominatifs purs.
        112 Comptes de nantissement d'instruments financiers nominatifs purs.
        113 Comptes provisoires d'instruments financiers nominatifs purs.
    12 Comptes individuels d'instruments financiers nominatifs administrés :
        121 Comptes ordinaires d'instruments financiers nominatifs administrés.
        122 Comptes de nantissement d'instruments financiers nominatifs administrés.

2 **Comptes de transit** (la classe 2 des comptes est réservée aux émetteurs d'instruments financiers essentiellement nominatifs) :
    21 Compte transit négociations.
    22 Compte d'instruments financiers à répartir.
    23 Compte d'instruments financiers à annuler.

3 **Autres comptes** :
    31 Comptes de suspens volontaires.
    32 Comptes de régularisation.

Pour plus de détails, voir Mémento Sociétés commerciales n° 62300 à 62312.

TENUE DES COMPTES DE TITRES DES AUTRES SOCIÉTÉS

57055

Il n'existe aucune disposition législative ou réglementaire organisant la tenue des comptes dans les sociétés qui n'effectuent pas d'opérations d'offre au public de titres financiers (autres que celles exclusivement adressées à des investisseurs qualifiés ou à un cercle restreint d'investisseurs, celles qui relèvent du financement participatif, celles dont le montant total calculé sur une période de douze mois est inférieur à 8 000 000 € ; voir n° 82075) ou d'admission d'instruments financiers aux négociations sur un marché réglementé. Ces sociétés doivent donc aménager dans leurs statuts les modalités selon lesquelles sont constatées les inscriptions en compte et les transmissions des instruments financiers qu'elles ont émis (voir Mémento Sociétés commerciales n° 62320 à 62335).

SECTION 3 — VALEUR PROBANTE ET CONTRÔLE

I. CONFORMITÉ AUX DÉCISIONS DES ASSEMBLÉES

57155 Les modifications du poste « Capital » doivent être conformes aux décisions des assemblées. En effet :
– **l'assemblée générale extraordinaire** est seule compétente pour décider une **augmentation de capital** (C. com. art. L 225-129), cette compétence pouvant toutefois être déléguée au conseil d'administration ou au directoire (C. com. art. L 225-129) ;
– la décision d'**amortir le capital** est prise **soit** par l'**assemblée générale ordinaire** lorsque l'amortissement est prévu par une disposition expresse des statuts, car l'opération constitue alors un emploi normal de bénéfices, **soit,** dans le silence des statuts, par l'**assemblée générale extraordinaire** (C. com. art. L 225-198, al. 1).

Le compte « Capital » figurant au bilan doit être identique à celui porté dans ces statuts mis à jour.

> **Précisions** Les modifications de capital font l'objet de **formalités de publicité** (voir Mémento Sociétés commerciales n° 50830) et notamment le dépôt au greffe du tribunal de commerce d'une copie certifiée conforme des statuts mis à jour.

57160 Les différents postes comptables de **réserves** doivent de même pouvoir être reconstitués arithmétiquement à partir des **décisions** successives des **assemblées.**

II. VARIATIONS DES CAPITAUX PROPRES

57230 Les modifications qui peuvent affecter le montant des capitaux propres sont étroitement réglementées par la loi et certaines pratiques qui ne permettent pas de respecter la **régularité des bilans** ne sont pas admises.

I. En principe, toutes les variations des capitaux propres de chaque exercice résultant de l'activité de l'entreprise doivent transiter par le compte de résultat, ce qui met sur un pied d'égalité tous les ayants droit au bénéfice net. En effet, selon le PCG (art. 513-1), le résultat de l'exercice est égal tant à la différence entre les produits et les charges qu'à la variation des capitaux propres entre le début et la fin de cet exercice sauf s'il s'agit d'opérations affectant directement le montant des capitaux propres.

Cette différence est théorique car souvent l'intervention d'opérations enregistrées affectant directement le montant des capitaux propres sans transiter par le résultat ne permet pas de réaliser cette équivalence ; il s'agit :
– des incidences des changements de méthodes comptables et de certaines corrections d'erreurs ;
– des apports reçus ou des répartitions de capitaux propres ;
– des écarts de réévaluation ;
– des mouvements affectant les comptes de « provisions réglementées » et « subventions d'investissement » ;
– de l'imputation des frais d'augmentation de capital sur la prime afférente à l'augmentation de capital (C. com. art. L 232-9).

En revanche, cela ne permet pas de justifier certaines pratiques, considérées comme irrégulières, voir n° 57295.

Sur l'information à fournir dans l'annexe, voir n° 57605.

II. Les variations du montant des capitaux propres résultent de délibérations d'une assemblée générale, hormis les variations suivantes :
– imputation de l'impact des changements de méthodes comptables et de certaines corrections d'erreurs (voir toutefois n° 8545 pour une position de l'Ansa contraire) ;

LES FONDS PROPRES (CAPITAUX PROPRES ET AUTRES FONDS PROPRES)

– constitution et reprise de provisions réglementées ;
– enregistrement des subventions d'investissement et des écarts de réévaluation des bilans.

> **Précisions** Cette délibération n'empêche pas, en cas de non-respect des règles comptables, le délit de présentation de comptes ne donnant pas une image fidèle (voir n° 66515).

A. Variations régulières des capitaux propres

Augmentation des capitaux propres Elle résulte régulièrement des opérations suivantes :   57235
– augmentation de capital, voir n° 55295 s. ;
– opérations de fusion ou opérations assimilées, voir n° 75555 s. ;
– changements de méthodes comptables et certaines corrections d'erreurs, voir n° 8545 ;
– réévaluation libre ou légale, voir n° 56665 s. ;
– subventions d'investissement octroyées à l'entreprise, voir n° 56440 s. ;
– constitution de provisions réglementées (pour l'effet sur l'impôt), voir n° 56305 s.

Diminution des capitaux propres Elle est régulièrement affectée par les opérations suivantes :   57240
– distribution décidée par l'assemblée générale, voir n° 53965 ;
– diminution de capital dans les sociétés à capital variable, voir n° 55225 et 55470 ;
– amortissement du capital, voir n° 55260 ;
– réduction de capital par remboursement aux actionnaires, voir n° 55490 ;
– réduction de capital après rachat d'actions, voir n° 55510 ;
– réduction de capital consécutive à la conversion d'actions en actions d'une autre forme, voir n° 55515 ;
– changements de méthodes comptables et certaines corrections d'erreurs, voir n° 8545 ;
– reprise des provisions réglementées en résultat (pour l'effet sur l'impôt), voir n° 56305 s. ;
– reprise en produits d'une partie de subventions d'investissement, voir n° 56440 s. ;
– imputation des frais d'augmentation de capital sur la prime afférente à cette augmentation de capital (C. com. art. L 232-9).

Transferts de poste à poste à l'intérieur des capitaux propres Ils peuvent, sans que le montant total de ceux-ci soit modifié, être régulièrement les suivants :   57245
– affectation par l'assemblée générale des résultats bénéficiaires à des comptes de réserves, légales, statutaires, facultatives ou réglementées ou au compte de report à nouveau, voir n° 54015 s. ;
– affectation par l'assemblée générale du résultat déficitaire, voir n° 54015 s. ;
– augmentation de capital par incorporation de réserves, voir n° 55340 ;
– virement de la prime de fusion à la réserve légale (Avis CNC du 8-4-1970) ;
– prélèvements sur les primes de fusion ou d'apport en vue de la constitution de réserves (mais non de provisions) destinées à faire face à des risques éventuels (Avis CNC du 8-4-1970).

B. Variations irrégulières des capitaux propres

Sont notamment considérées comme **non conformes** à la fois aux dispositions du droit des sociétés et aux principes comptables, les pratiques suivantes :   57295

I. L'augmentation des capitaux propres résultant de l'**imputation à un poste de capitaux propres de provisions** qui auraient dû normalement obérer le résultat de l'exercice (Rapport COB 1975, p. 57), même si cette imputation est assortie d'une communication spécifique aux associés (Bull. COB n° 105, juin 1978, p. 5).

II. La diminution des capitaux propres provenant des opérations suivantes :
a. imputation directe de charges aux capitaux propres (Rapport COB 1975, p. 58), sauf changements de méthodes comptables ou certaines corrections d'erreurs (voir n° 8545) ;
b. prélèvements sur les primes de fusion ou d'apports en vue de la constitution de **dépréciations du portefeuille-titres apporté** (Avis CNC 8-4-1970 et lettre du garde des Sceaux du 26-9-1972 – Bull. CNCC n° 8, décembre 1972 et rapport COB 1976, p. 59 ; voir Mémento Fusions & Acquisitions n° 8117) ;

c. réduction de capital par la constitution d'une « provision pour apurement des pertes d'exploitation en cours » (Rapport COB, 1975, p. 58) ou par imputation de pertes de l'exercice en cours (Bull. CNCC n° 29, mars 1978, p. 97) ; voir toutefois n° 55450 ;

d. prélèvements sur les primes de fusion ou d'apports en vue de réduire directement la valeur des biens apportés pour les ramener à la valeur comptable que ces biens avaient dans la comptabilité des sociétés absorbées ou apporteuses (Avis CNC 8-4-1970 et lettre du garde des Sceaux du 26-9-1972 – Bull. CNCC n° 8, décembre 1972, p. 430 ; voir Mémento Fusions & Acquisitions n° 8117).

III. Le transfert de poste à poste à l'intérieur des capitaux propres sans que le montant total de ceux-ci soit modifié : affectation de provisions réglementées directement à un poste de réserves (CNC, NI n° 9 ter).

SECTION 4 — PRÉSENTATION DES COMPTES ANNUELS ET AUTRES INFORMATIONS

I. PRÉSENTATION DES COMPTES ANNUELS

A. Bilan

57585 Le Code de commerce ne faisant pas mention du bilan après répartition, celui-ci ne peut être utilisé pour la publicité légale. Aussi les capitaux propres sont-ils à présenter avant répartition du résultat.

Sur l'incidence du règlement ANC n° 2022-06 relatif à la modernisation des états financiers, voir n° 95500.

Le **capital figure au bilan sur trois lignes** (voir n° 60130) :
– au passif, dans les capitaux propres : « Capital (dont versé…) » y compris capital souscrit non appelé (comptes 101) ;

> **Précisions** Le terme « versé » englobe non seulement le capital libéré mais également la part de capital correspondant à des incorporations de réserves, de créances, d'écart de réévaluation. Il s'agit donc du solde du compte 1013.

– à l'actif, avant les immobilisations incorporelles pour la part non appelée : « Capital souscrit non appelé » (compte 109) ;
– à l'actif, dans les créances pour la part appelée non versée : « Capital souscrit appelé non versé » (compte 4562).

Les **subventions d'investissement** sont présentées au bilan pour leur **montant net** uniquement (voir n° 56510).

B. Annexe (développements particuliers)

57590 En ce qui concerne le contenu général de l'annexe, voir n° 64525 s.

INFORMATIONS CONCERNANT LES FONDS PROPRES

57595 **1.** Information concernant les **BSA** (voir n° 55415), les **Obsa** (voir n° 41300), les **Absa** (voir n° 55330).

2. Information concernant :
– les **options de souscription ou d'achat d'actions** par les **salariés**, voir n° 55835 ;
– les **attributions gratuites d'actions aux salariés**, voir n° 55915.

3. Information sur les **provisions réglementées,** voir n° 48700 tableau de mouvements de l'exercice.

4. Information concernant les **amortissements dérogatoires** :
– pour les méthodes utilisées pour le calcul des amortissements, voir n° 27430 ;
– pour les mouvements ayant affecté l'exercice, voir n° 54360.

INFORMATION SUR LES DIFFÉRENTES CATÉGORIES DE TITRES COMPOSANT LE CAPITAL SOCIAL

57600

Le PCG (art. 833-11/1) prévoit que le nombre et la valeur nominale des actions et parts sociales, émises pendant l'exercice et composant le capital social, doivent être fournis, le cas échéant, par catégories.

> **Précisions** Le PCG ne prévoit pas d'indiquer le nombre des droits remboursés pendant l'exercice (information qui était requise par l'ancien article R 123-197 3° supprimé par le décret 2015-903 du 23-7-2015). Cette information devrait toutefois, à notre avis, continuer à être indiquée, notamment pour faire le lien avec l'information à donner au titre de la variation des capitaux propres (PCG art. 833-11/4 ; voir n° 57605).

Ces indications nous paraissent pouvoir être présentées en s'inspirant du tableau suivant (sur le lien avec la comptabilité, voir n° 55335) :

Différentes catégories de titres	Nombre de titres			Valeur nominale
	À la clôture de l'exercice	Créés pendant l'exercice	Remboursés pendant l'exercice	
Actions ordinaires				
Actions amorties				
Actions à dividende prioritaire sans droit de vote [1]				
Actions de préférence (voir n° 37455)				
Parts sociales				
Certificats d'investissement [1]				

(1) Leur émission n'est plus possible.

Indiquer également les titres non libérés.
Le cas échéant, pourraient être mentionnées les actions détenues par les salariés (voir n° 55835 et 55915) et les actions propres (détenues par l'entreprise sur elle-même ; voir n° 55605 et 55655).
Sont également à mentionner les émissions de titres ayant un effet dilutif sur le capital (voir n° 54475).
Ces informations doivent être accompagnées d'un **état des réserves** affectées à la contrepartie de la valeur comptable des actions détenues par la société elle-même ou par une personne morale agissant pour son compte (PCG art. 833-11/1). Voir n° 55585 et 56085.

INFORMATION SUR LA VARIATION DES CAPITAUX PROPRES AU COURS DE L'EXERCICE

57605

Le PCG (art. 833-11/4) prévoit dans l'annexe une information sous forme d'un « Tableau des divergences constatées entre la variation des capitaux propres au cours de l'exercice et le résultat dudit exercice », sans toutefois fournir de modèle. En revanche, à notre avis, les tableaux qui avaient été antérieurement proposés par l'AMF peuvent toujours être utilisés (voir n° 57625).

Dans les comptes consolidés (établis en règles françaises), la présentation d'un tableau de variation des capitaux propres consolidés (part du groupe) est obligatoire selon le règlement ANC n° 2020-01 (art. 282-26), remplaçant le règlement CRC n° 99-02 pour les exercices ouverts à compter du 1er janvier 2021, qui en fait une composante de l'annexe des comptes consolidés. Pour plus de détails, voir Mémento Comptes consolidés n° 7495 s.

57625 **Établissement du tableau** Le tableau proposé par l'AMF comprend trois parties (la première – Résultats de l'exercice – n'étant pas, à notre avis, nécessaire dans l'annexe aux comptes sociaux) :

I. Résultats de l'exercice :

Total en milliers d'euros et en euros par action		Exercice N–1	Exercice N
Résultat comptable	K€		
	€		
Variation des capitaux propres	K€		
	€		
Dividende proposé	K€		
	€		

> **Précisions** En cas de modification des droits à bénéfice par action (attributions gratuites...) les montants par action de l'exercice précédent doivent être donnés à la fois pour leurs montants réels et ajustés.

II. Tableau des variations des capitaux propres

		(en milliers d'euros)	Exercice N
A			
	1.	Capitaux propres à la clôture de l'exercice N–1 avant affectations (a)	
	2.	Affectation du résultat à la situation nette par l'AGO	
	3.	Capitaux propres à l'ouverture de l'exercice N (a)	
B		Apports reçus avec effet rétroactif à l'ouverture de l'exercice N............	
	1.	Variation du capital............	
	2.	Variation des autres postes	
C		(= A3 + B) Capitaux propres à l'ouverture de l'exercice après apports rétroactifs	
D		Variations en cours d'exercice :	
	1.	Variations du capital	
	2.	Variations des primes, réserves, report à nouveau	
	3.	Variations des « provisions » relevant des capitaux propres (b)	
	4.	Contreparties de réévaluations (c)	
	5.	Variations des provisions réglementées et subventions d'investissement	
	6.	Autres variations (d)	
E		Capitaux propres au bilan de clôture de l'exercice N avant AGO (= C ± D)........	
F		VARIATION TOTALE DES CAPITAUX PROPRES AU COURS DE L'EXERCICE (= E – C)....	
G		dont : variations dues à des modifications de structure au cours de l'exercice (e)	
H		VARIATION DES CAPITAUX PROPRES AU COURS DE L'EXERCICE HORS OPERATIONS DE STRUCTURE (F – G)............	

Commentaires :

(a) Capitaux propres à la clôture ou à l'ouverture : cette ligne comprend le capital, les primes d'émission ou d'apport, les réserves et report à nouveau, les subventions d'investissement aussi longtemps qu'elles n'ont pas été rapportées aux résultats, les « provisions » relevant de la situation nette, les écarts de réévaluation, les provisions réglementées par les autorités fiscales.

(b) Variations des « provisions » relevant des capitaux propres : sont à porter à cette ligne les mouvements des postes improprement baptisés « provisions » dès lors que ceux-ci présentent le caractère d'avoir été constitués ou dotés par virement d'un poste de capitaux propres ; ces provisions ne devraient plus exister aujourd'hui (voir nº 56595 s.).

(c) Contreparties de réévaluations : sont à porter sous cette rubrique, mais sur deux lignes distinctes portant la désignation adéquate, d'une part l'écart de réévaluation résultant de l'application de l'article 238 bis I du CGI (réévaluation de 1976) et d'autre part les éventuels écarts de réévaluation libre.

(d) Autres variations : voir n° 8545, les incidences des changements de méthodes notamment et certaines corrections d'erreur.

(e) – Modifications de structure au cours de l'exercice : ce sont les augmentations de capital en espèces, les réceptions d'apports en nature, éventuellement les apports partiels faits à d'autres sociétés lorsqu'ils entraînent réduction de réserves ou de provisions réglementées, les réévaluations libres ou réglementées, les répartitions d'actif aux actionnaires ; leur élimination (ligne G soustraite de la ligne F) permet de mettre en évidence la « variation hors opérations de structure » qui seule a un caractère de résultats et doit être rapprochée du résultat comptable dans le tableau I ;

– **Variations dues à des modifications de structure** au cours de l'exercice : cette rubrique permet d'extraire de la variation apparente des capitaux propres les effets d'éléments exceptionnels : écarts de réévaluation libre (à déduire), apports en espèces ou en nature ayant pris effet en cours d'exercice et options de souscription exercées (ou actions gratuites nouvellement émises attribuées), conversions d'obligations (à déduire), répartitions exceptionnelles d'actifs aux actionnaires (à ajouter).

> **Précisions** L'AMF a précisé (Bull. COB n° 114, avril 1979, p. 4 s.) que la **réévaluation** elle-même est une opération qui ne concerne pas l'exercice et qui doit être **éliminée** pour déterminer la variation des capitaux propres pendant l'exercice ; en revanche, les virements de la **provision spéciale** au compte de résultat sont des éléments de la variation de l'exercice.

III. Notes explicatives Elles concernent :
– chaque fois que les capitaux propres comprennent des provisions réglementées ou des subventions d'équipement, le montant de **l'impôt latent** calculé au taux de droit commun ou commenté si la société exerce des activités à l'étranger ;
– les **nombres d'actions successifs** (voir également n° 57600).

INFORMATION SUR LES OPÉRATIONS DE RÉÉVALUATION

Réévaluations après 1983 : régime actuel Le PCG (art. 833-4) prescrit qu'en cas de réévaluation des immobilisations corporelles et financières soient mentionnés dans l'annexe : **57640**
– la variation au cours de l'exercice de l'écart de réévaluation ;
– le montant de l'écart incorporé au capital pendant l'exercice ;
– le traitement fiscal de ces opérations ;
– le rétablissement des informations en coûts historiques pour les immobilisations réévaluées, par la mise en évidence des compléments de valeur et des amortissements supplémentaires qui s'y rapportent ;
– la part des produits de cession des immobilisations réévaluées, transférée à un compte de réserves distribuables (immobilisation par immobilisation).

Ces informations nous paraissent pouvoir être données soit sous forme de commentaires, soit sous forme de tableau (dans ce dernier cas, le tableau figurant dans la liasse fiscale peut être approprié). Sur les informations à donner en annexe au titre des réévaluations avant 1983, voir notre Mémento Comptable, édition 2023 n° 57630 et 57635.

II. AUTRES INFORMATIONS COMPTABLES ET FINANCIÈRES

INFORMATION À L'OCCASION DES MODIFICATIONS DU CAPITAL
Les opérations portant sur des modifications du capital s'accompagnent d'un certain nombre de **formalités de publicité** (voir notamment Mémento Sociétés commerciales n° 50550 à 50630, 50830, 52232). **57710**

INFORMATION PERMANENTE SUR LE MONTANT DU CAPITAL
Les **documents émanant des sociétés commerciales** doivent comporter notamment le montant du capital (voir n° 7435). **57715**

INFORMATION ANNUELLE SUR L'ACTIONNARIAT (SOCIÉTÉS PAR ACTIONS)

57735 Cette information est à fournir dans le **rapport de gestion** (C. com. art. L 233-13).

> **Précisions** **Sanctions** (C. com. art. L 247-2, al. 3) En cas d'omission volontaire, les présidents, administrateurs, directeurs généraux (unique et délégués) et membres du directoire sont susceptibles d'encourir une amende de 18 000 €.

Sociétés concernées Cette information doit être fournie **uniquement pour les sociétés par actions.**

Contenu Il diffère selon que la société par actions est ou non cotée (admises aux négociations sur un marché réglementé ; voir n° 80900).

Information à fournir		sur l'actionnariat des sociétés par actions	
		non cotées	cotées
Identité des personnes (physiques ou morales possédant + de 1/20, 1/10, 3/20, 1/5, 1/4, 1/3, 1/2 ou 2/3, 18/20, 19/20) [a]	% du capital [a]	NON [1]	OUI [1] [3]
	% de droits de vote [a]	NON [1]	OUI [1] [3]
Modifications intervenues au cours de l'exercice **dans la détention** de son capital [b]		NON [1]	OUI [4]
Actions d'autocontrôle : – nom des sociétés contrôlées (qui détiennent les actions d'autocontrôle) – part du capital de la société que les sociétés contrôlées détiennent [c]		OUI [2]	OUI [2]
Actionnariat salarié [d]		OUI	OUI

(a) L'obligation énoncée à l'article L 233-13 du Code de commerce ne consiste pas à indiquer le pourcentage de capital ou de voix détenu, mais seulement l'identité des **personnes réparties** par **catégories** y compris les intermédiaires inscrits comme détenteurs de titres (C. com. art. L 228-1, al. 8).
Par ailleurs, pour le bulletin CNCC (n° 71, septembre 1988, CD 88-19, p. 335 s.), cette information est à donner **chaque année,** même si aucun mouvement (passage d'un seuil à un autre) n'est intervenu au cours de l'exercice.
Sur les éléments assimilés aux actions et droit de vote possédés par la personne, voir n° 39015 [a].
(b) Les **modifications** visées concernent, à notre avis, celles intervenues entre l'ouverture et la clôture de l'exercice, et non celles intervenues jusqu'à l'établissement du rapport. En effet, le rapport de gestion porte sur un exercice écoulé et le texte parle de « modifications intervenues au cours de l'exercice… ».
Toutefois, les modifications importantes intervenues entre la date de clôture et la date d'établissement du rapport de gestion doivent être signalées au titre des événements importants postérieurs à la clôture de l'exercice (C. com. art. L 232-1, al. 2).
(c) Sur la définition de la **notion d'autocontrôle,** voir n° 35065.
Selon l'Ansa (juillet-août 1996, n° 2844), le rapport de gestion doit rendre compte de toutes les détentions d'actions « d'autocontrôle » qui ont pu se produire au cours de l'exercice, même s'il s'agit de détentions de courte durée (et que la société contrôlée n'en est donc plus propriétaire au jour de la clôture).
(d) Obligation énoncée à l'article L 225-102 du Code de commerce, voir n° 65006.
(1) **Seules les sociétés cotées doivent mentionner l'identité des principaux actionnaires** En effet, l'information n'est à fournir qu'**en fonction des notifications reçues** en application de l'article L 233-7 du Code de commerce. Or, selon la rédaction de cet article, seules sont susceptibles de recevoir ces notifications les sociétés dont les actions sont admises aux négociations sur un marché réglementé (voir n° 80900).
Cette interprétation a été confirmée par le bulletin CNCC (n° 77, mars 1990, EJ 89-203, p. 118 s.). Elle avait déjà été retenue (Bull. CNCC n° 72, décembre 1988, EJ 88-136, p. 494 s.) pour les sociétés françaises filiales d'une société étrangère : ces sociétés ne reçoivent pas en principe de notifications, leurs sociétés mères n'étant en effet pas soumises à l'obligation de les leur renvoyer.
Si une société cotée reçoit également des informations concernant des franchissements de **seuils statutaires,** donc **inférieurs à 5 %,** elle est tenue de **les indiquer** dans son rapport sauf si la détention est inférieure à 0,5 % du capital ou des droits de vote (C. com. art. L 233-7-III).
(2) En effet, les sociétés par actions non cotées (comme les sociétés cotées) recevant des **notifications des sociétés qu'elles contrôlent** (voir n° 39020), elles doivent fournir l'information **en fonction** de ces notifications.
(3) Les principaux actionnaires sont déterminés en fonction du pourcentage qu'ils détiennent en capital ou en droits de vote. En effet (voir n° 38960), ces deux pourcentages peuvent être différents.
À notre avis, il en résulte que si certains actionnaires n'entrent pas dans la même catégorie en capital et en droits de vote, une double mention sera nécessaire.
(4) Ces modifications dans la composition du capital peuvent être en capital ou en droits de vote.

Sur les diligences du commissaire aux comptes, voir FRC 12/23 Hors série inf. 95.3.

INFORMATION DES ACTIONNAIRES SUR LE NOMBRE TOTAL DE DROITS DE VOTE EXISTANTS

57740 Les caractéristiques de cette information sont les suivantes (voir Mémento Sociétés commerciales n° 64310) :

I. Sociétés concernées **Toute société par actions,** à l'exception des SAS, est tenue d'informer ses actionnaires du nombre total de droits de vote existants (C. com. art. L 233-8 I et R 233-2), y compris les sociétés non cotées (Bull. CNCC n° 149, mars 2008, EJ 2007-118, p. 121 ; Com. Ansa n° 07-012, CJ du 7-3-2007).

II. Périodicité de cette information La société informe ses actionnaires sur le nombre total de droits de vote existants, à condition (Com. Ansa n° 2513, juin-août 1990) que ce nombre soit **différent** du nombre **d'actions**.

a. Après l'AGO annuelle statuant sur les comptes (C. com. art. R 233-2), au plus tard **dans les 15 jours qui suivent celle-ci.** Les **sociétés non cotées** sur un marché réglementé ne sont toutefois pas visées par cette obligation **lorsque le nombre de droits de vote n'a pas varié par rapport à celui de la précédente AGO** (C. com. art. L 233-8).

b. Le cas échéant, **entre deux AGO,** si le nouveau nombre total de droits de vote à prendre en compte **a varié d'un pourcentage** « au moins égal » (C. com. art. R 233-2) **à 5 %** (C. com. art. A 233-1), par rapport au nombre déclaré antérieurement.

c. Chaque mois, lorsque les actions de la société sont admises sur un marché réglementé ou sur Euronext Growth (ex-Alternext), si le nombre de droits de vote a varié par rapport à ceux publiés antérieurement (C. com. art. L 233-8 II et Règl. gén. AMF art. 223-16). L'obligation prévue aux a. et b. est réputée remplie.

Cette information constituant une **information réglementée** (au sens de l'art. 221-1 du Règl. gén. AMF ; voir n° 81380), elle doit être diffusée selon les modalités prévues pour ce type d'information. Sur ces modalités, voir n° 81385 s.

III. Calcul du nombre total de droits de vote Le nombre des droits de vote qui fait l'objet de l'information est celui des droits attachés aux actions dont la détention est enregistrée dans les comptes-titres de l'émetteur **au jour de l'AGO** (Ansa n° 2606, juillet-août 1992). Pour plus de détails sur le nombre de droits de vote à retenir, voir n° 39015 (4).

IV. Utilité de cette information Elle permet :

a. à chaque actionnaire :
– lorsque les actions de la société sont admises sur un marché réglementé, de calculer le pourcentage de droits de vote qu'il détient, de savoir ainsi s'il a franchi l'un des seuils en droits de vote (fixés par la loi ou les statuts) qui le conduisent à effectuer les notifications appropriées à la société émettrice (voir n° 39015) ;
– de mentionner, exprimées en droits de vote, ses prises de participation dans son rapport de gestion (voir n° 38960) ;

b. à la société émettrice dont les actions sont admises sur un marché réglementé de connaître, par le biais des notifications reçues de ses actionnaires, la répartition des droits de vote dans son actionnariat et d'en faire mention dans son rapport de gestion (voir n° 57735).

INFORMATION CONCERNANT LES PACTES D'ACTIONNAIRES

57745

Selon l'article L 233-11 du Code de commerce, toute clause d'une convention prévoyant des conditions préférentielles de cession ou d'acquisition d'actions admises aux négociations sur un marché réglementé et portant sur au moins 0,5 % du capital ou des droits de vote de la société qui a émis ces actions doit être transmise dans le délai de cinq jours de négociation à compter de la signature de la convention ou de l'avenant (C. com. art. R 233-1) à l'AMF qui en assure la publicité (Règl. gén. AMF art. 223-18) ; voir Mémento Sociétés commerciales n° 66305 et 69100 à 69311. L'AMF doit également être informée de la date à laquelle la clause prend fin. Elle assure la publicité de cette information.

INFORMATION CONCERNANT LES DROITS ATTACHÉS AUX ACTIONS ET AUTRES VALEURS MOBILIÈRES (SOCIÉTÉS DONT LES TITRES FINANCIERS SONT ADMIS AUX NÉGOCIATIONS SUR UN MARCHÉ RÉGLEMENTÉ)

57750

Les sociétés dont les titres financiers sont admis aux négociations sur un marché réglementé publient sans délai (Règl. gén. AMF art. 223-21) :
– toute modification des droits attachés aux différentes catégories d'actions, y compris les droits attachés aux instruments dérivés émis et donnant accès aux actions de l'émetteur ;
– toute modification des conditions d'une émission susceptibles d'avoir une incidence directe sur les droits des porteurs.

Ces modifications constituent des informations réglementées.

Sur les modalités de diffusion des informations réglementées, voir n° 81385 s.

CHAPITRE 16
CRÉATION, TRANSFORMATION ET LIQUIDATION DE L'ENTREPRISE

SOMMAIRE 60000

SECTION 1	
CRÉATION DE L'ENTREPRISE	60005
I. Principales formalités nécessaires à l'immatriculation	60005
II. Création d'une société	60120
A. Opérations de souscription et de libération du capital social	60130
B. Opérations faites pour le compte de la société en formation	60230
III. Création d'une entreprise individuelle	60255
A. Principes généraux	60255
B. Opérations de constitution du patrimoine de l'entreprise	60265
C. Option de l'exploitant individuel pour son assimilation à une EURL assujettie à l'IS	60330
SECTION 2	
CHANGEMENT D'OBJET SOCIAL OU D'ACTIVITÉ	60515
SECTION 3	
TRANSFORMATION D'UNE SOCIÉTÉ	60625
A. Aspects juridiques et de contrôle	60630
B. Aspects fiscaux	60725
C. Aspects comptables	60800
SECTION 4	
DIFFICULTÉS DES ENTREPRISES : PRÉVENTION ET INCERTITUDE SUR LA CONTINUITÉ DE L'EXPLOITATION	60805
I. Les procédures d'alerte	60805
II. Incertitude sur la continuité de l'exploitation	61045
SECTION 5	
RÈGLEMENT DES DIFFICULTÉS DES ENTREPRISES	61190
I. Mandat ad hoc	61195
II. Procédure de conciliation (ex-règlement amiable)	61270
III. Procédures de sauvegarde	61370
A. Procédure de sauvegarde de droit commun	61380
B. Procédure de sauvegarde accélérée	61475
IV. Redressement judiciaire	61575
V. Rétablissement professionnel	61685
SECTION 6	
LIQUIDATION DE L'ENTREPRISE	61805
I. Liquidation et partage d'une société	61805
A. Généralités	61805
B. Obligations comptables	61895
a. Régime conventionnel	61900
b. Régime légal	61920
C. Écritures de liquidation	62020
D. Écritures de partage	62090
II. Liquidation d'une entreprise individuelle	62190

SECTION 1 — CRÉATION DE L'ENTREPRISE

I. PRINCIPALES FORMALITÉS NÉCESSAIRES À L'IMMATRICULATION

60005 **Insertion dans un support habilité à recevoir les annonces légales** Conformément à l'article R 210-3, al. 1 du Code de commerce, un avis doit être inséré dans un support habilité à recevoir les annonces légales dans le département du siège social.
Sur le contenu et la signature de l'avis d'insertion, voir Mémento Sociétés commerciales n° 3060 s.

60010 **Dépôt du dossier d'immatriculation** Cette formalité (pour laquelle aucun délai n'est imparti) est capitale car c'est seulement à compter de son immatriculation au RCS (registre du commerce et des sociétés) que la société acquiert la personnalité morale.

> **Précisions** **Registre national des entreprises (RNE)** Depuis le 1er janvier 2023, pour les personnes tenues de s'immatriculer au RCS, s'ajoute l'immatriculation au RNE. Les autres entreprises sont simplement immatriculées auprès du RNE (C. com. art. L 123-36 et R 123-239 s.).
> Pour plus de détails, voir Mémento Sociétés commerciales n° 3315.
> Sur le dépôt par les entreprises de leurs documents comptables au RNE, voir n° 80685.

La demande d'immatriculation est transmise par voie électronique au guichet unique électronique des formalités d'entreprises (C. com. art. R 123-2), géré par l'Institut national de la propriété industrielle (Inpi). Le guichet unique remplace les centres de formalités des entreprises (CFE) qui sont supprimés ;
Elle est valable pour toutes les administrations concernées (services sociaux et fiscaux, greffe…).
Lorsque le dossier est complet, l'entreprise reçoit un récépissé de dépôt de dossier de création d'entreprise (RDDCE) qui lui permet d'accomplir toutes les démarches nécessaires auprès d'organismes publics et privés (souscription des assurances obligatoires, réception du courrier, abonnement au téléphone).
Une fois l'entreprise immatriculée (C. com. art. R 123-97, al. 1), le greffier lui délivre un extrait K-bis.
Lorsque chaque organisme a procédé aux vérifications nécessaires, il est attribué à l'entreprise :
– un numéro unique d'identification Siren avec, le cas échéant, un numéro Siret par établissement, qu'elle utilisera sur ses papiers d'affaires (voir n° 7435) ;
– un numéro de code d'activité principale APE.
Pour plus de détails sur l'établissement de la demande et ses effets, voir Mémento Sociétés commerciales n° 3110 s.

60020 **Information sur les bénéficiaires effectifs** Les **sociétés en cours de constitution** doivent, lors de la demande d'immatriculation, ou au plus tard dans les 15 jours à compter de la délivrance du récépissé de dépôt de dossier de création d'entreprise (voir n° 60010), déposer au greffe du tribunal, par l'intermédiaire du guichet unique électronique des formalités d'entreprises (voir n° 60010), le document identifiant leurs « bénéficiaires effectifs » :
– pour être annexé au registre du commerce et des sociétés, (C. mon. fin. art. L 561-46, al. 2 et R 561-55) ;
– et, depuis le 1er janvier 2023, pour être annexé au registre national des entreprises (C. com. art. L 123-37 ; voir n° 60010).
Pour plus de détails, voir Mémento Sociétés commerciales n° 3350 s.
Sur la notion de bénéficiaire effectif et sur le contrôle du commissaire aux comptes, voir FRC 12/23 Hors série inf. 87 s.

60030 **Insertion au Bodacc** L'accomplissement de cette formalité, qui intervient dans les 8 jours de l'immatriculation, n'est pas à la charge de la société mais à la charge du greffier du tribunal de commerce (voir Mémento Sociétés commerciales n° 3340).

60035 **Autres formalités** **Intervention d'un commissaire aux apports** chargé d'établir, le cas échéant, un rapport sur l'évaluation des apports en nature (voir FRC 12/23 Hors série inf. 101 s.). Il en est de même à la création de l'entreprise lors de l'émission d'actions de préférence au profit d'une ou plusieurs personnes nommément désignées (voir FRC 12/23 Hors série inf. 109 s.).

Intervention d'un expert-comptable Un expert-comptable peut accompagner la création d'entreprise sous tous ses aspects comptables ou à finalité économique et financière (Ord. 45-2138 du 19-9-1945 art. 2). 60040

Formalités diverses : 60045
– ouverture d'un compte bancaire ou postal (voir n° 43145) ;
– mentions obligatoires sur les papiers d'affaires (voir n° 7435).

Formalités relatives aux investissements étrangers en France : 60050
– titre de séjour (voir Mémento Sociétés commerciales n° 92730 à 92732) ;
– déclaration à des fins statistiques auprès de la Banque de France ou autorisation du Ministre de l'économie pour les opérations intervenant dans des domaines économiques sensibles (voir Mémento Sociétés commerciales n° 92540 à 92560).

II. CRÉATION D'UNE SOCIÉTÉ

Premier exercice social La société est réputée constituée à partir de la date de signature de ses statuts, mais elle ne jouit de la **personnalité morale,** et ne peut donc posséder un patrimoine propre, qu'**à dater de son immatriculation au registre du commerce et des sociétés** (voir n° 60010). 60120

> **Précisions** Certaines démarches peuvent néanmoins être effectuées dès lors qu'un récépissé de dépôt de dossier de création d'entreprise par le greffier ou l'Inpi (voir n° 60010) a été remis au créateur (C. com. art. L 123-9-1). Ce récépissé comporte la mention « en attente d'immatriculation ».

Le **premier exercice social** ne peut donc débuter qu'à la **date d'immatriculation.**

A. Opérations de souscription et de libération du capital social

COMPTABILISATION DES APPORTS

Constatation des promesses d'apport Chaque associé est débiteur envers la société de tout ce qu'il a promis de lui apporter (C. civ. art. 1843-3). Mais la libération du capital peut être échelonnée dans le temps. La comptabilité doit donc constater les promesses d'apport puis leur réalisation. 60130

La Cour de cassation (Cass. 2e civ. 12-5-2016 n° 739 F-PB) a jugé que la fraction du capital social non libérée, bien que non encore appelée à être versée, constitue une créance **certaine et disponible de la société sur ses associés.**

Sur le capital minimum, voir n° 55225.

I. Selon le PCG (art. 941-10 et 944-45), il convient de comptabiliser les apports en deux temps :
a. **L'engagement total des associés** résultant de la signature des statuts, il est débité, pour la valeur nominale du capital qu'il représente, au compte 4561 « Associés-Comptes d'apport en société » par le crédit du compte 1011 « Capital souscrit – non appelé » lors de la souscription du capital.
b. Dans un second temps, les **conditions de libération des apports** sont prises en considération :
– le compte 4561 est crédité, pour solde, par le débit des comptes 4562 « Apporteurs-Capital appelé, non versé » pour la fraction appelée et 109 « Actionnaires Associés-Capital souscrit non appelé » pour la fraction non appelée.

> **Précisions** Le compte 109 figure en tête de l'actif du bilan. Il ne peut être crédité, par la suite, que sur décision de libérer une fraction supplémentaire du capital ; pour les SA et les SARL, en cas de versements anticipés par rapport à la libération décidée par le conseil ou le gérant, voir n° 60170.

– le compte 1011 « Capital souscrit-non appelé » est débité par le crédit du compte 1012 « Capital souscrit-appelé, non versé » pour la fraction appelée.

Sur la valorisation des apports, voir n° 26715.

EXEMPLE

Constitution d'une société anonyme au capital de 400 : apports en numéraire 150 et apports en nature 250.

Capital immédiatement libéré, numéraire 50 et nature 250.

Méthode PCG :

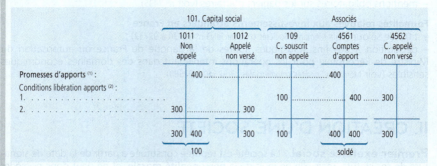

(1) Le capital est enregistré globalement au compte 1011, un sous-compte étant ouvert au compte 4561 pour chaque associé.
Le compte 4561 peut être subdivisé en :
45611 « Apports en nature » (autres qu'en numéraire)
45615 « Apports en numéraire ».
(2) Selon le type de société, est utilisée la subdivision 45621 « Actionnaires-Capital souscrit et appelé non versé » (sociétés par actions) ou 45625 « Associés-Capital appelé non versé » (autres sociétés).

II. Dans la pratique, les deux opérations étant concomitantes, le passage par l'intermédiaire du compte 4561 peut être supprimé, ces écritures étant regroupées comme suit (méthode admise par le CNC : Bull. n° 54, 1er trimestre 1983, p. 8) :

a. s'il y a **libération totale** du capital **lors de la constitution** de la société : le compte 1012 « Capital souscrit-appelé non versé » est crédité par le débit du compte 4562 « Apporteurs-Capital appelé, non versé » ;

b. s'il y a **libération partielle** du capital lors de la constitution :
– la fraction appelée est débitée au compte 4562 par le crédit du compte 1012,
– la fraction non appelée est débitée au compte 109 « Actionnaires-(Associés)-Capital souscrit non appelé » par le crédit du compte 1011 « Capital souscrit-non appelé ».

EXEMPLE

Reprise du cas précédent.

Méthode simplifiée :

	101. Capital social		Associés		
	1011	1012	109	4561	4562
Promesses d'apports :					
– fraction appelée		300			300
– fraction non appelée	100		100		

60155 Réalisation des apports Simultanément (PCG art. 944-45) :

I. Le compte 4562 « Apporteurs-Capital appelé non versé » est crédité, pour solde :
– pour les apports purs et simples (apports rémunérés uniquement par des droits sociaux exposés à tous les risques de l'entreprise), par le débit des éléments d'actif concernés : fonds commercial, terrain, banque (ou intermédiaire auquel ont été déposés les fonds s'il s'agit d'une SA ou d'une SARL)… ;
– pour les apports à titre onéreux (apports rémunérés par un équivalent soustrait aux risques sociaux : par exemple, terrain avec prise en charge par la société d'un passif incombant à l'apporteur…), par le débit et le crédit des éléments d'actif et de passif concernés.

En cas de compensation avec les comptes courants d'associés (voir n° 60175), par le débit du compte 455 « Associés-Comptes courants ».

> **Fiscalement** La réalisation des apports intervient **au plus tôt à la date à laquelle la société nouvelle acquiert la personnalité morale,** c'est-à-dire à la date de son immatriculation (C. com. art. L 210-6), ce qui a essentiellement une incidence chez l'apporteuse pour la date d'imposition de la plus-value sur ces apports (CE 11-10-1991 n° 54616-54617 ; CE 8-7-2009 n° 279018 ; Rép. Zimmermann : AN 5-5-2009 n° 23790, non reprise dans Bofip).

La jurisprudence et l'administration s'accordent en revanche pour considérer qu'une clause de rétroactivité d'un apport partiel d'actif à une société nouvelle à une date antérieure à son immatriculation peut produire ses effets pour la détermination de ses résultats imposables, voir Mémento Fusions & Acquisitions n° 10515.

II. Le compte 1012 « Capital souscrit-appelé non versé » est débité, pour solde, par le crédit du compte 1013 « Capital souscrit-appelé, versé ».

EXEMPLE

Reprise du cas précédent, les apports en nature consistant en un terrain d'une valeur de 350 grevé d'un emprunt de 100.

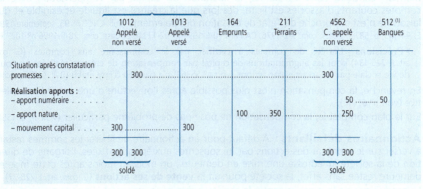

(1) ou 471 « Compte d'attente » (versement des fonds à un intermédiaire).

Traitement comptable simplifié pour les petites sociétés Lorsque à l'occasion de la création d'une société de personnes ou d'une société de famille les apports sont totalement libérés lors de la signature des statuts, à notre avis il est possible de regrouper l'ensemble des écritures précédentes en une seule : le capital est crédité au compte 101 « Capital social » en contrepartie des apports réalisés, classés selon leur nature.

60160

EXEMPLE

Reprise du cas précédent, tous les apports étant immédiatement libérés :

	101 Capital	164 Emprunts	211 Terrain	512 Banque
Souscription capital	400	100	350	150

CAS PARTICULIERS

Frais de constitution de la société Ces frais (honoraires, commissions, droits d'enregistrement éventuels…) constituent des frais d'établissement à comptabiliser (C. com. art. R 123-186, al. 1 et PCG art. 212-9) :
– soit directement en charges (méthode de référence) ;
– soit en immobilisation incorporelle amortissable au compte 2011 « Frais de constitution ». Sur la détermination du plan d'amortissement, voir n° 45160 s.
Pour plus de détails sur la comptabilisation de ces frais, voir n° 45130.

60165

Versements anticipés Les actions ou parts sociales représentatives d'apports en numéraire peuvent être libérées de la moitié (sociétés par actions) ou du cinquième (SARL) seulement de leur valeur nominale au moment de leur souscription, le surplus devant être versé, **à la diligence du conseil d'administration** (ou du directoire ou du gérant), dans un délai maximum de 5 ans (C. com. art. L 225-3 et L 223-7). La Cour de cassation (Cass. com. 15-7-1992 n° 1359 D) a estimé que les sommes versées par les actionnaires par chèques, même en mentionnant « solde souscription de capital », **ne peuvent s'imputer** sur le capital encore non

60170

libéré **dès lors qu'aucune décision** régulière exigeant la libération du solde du capital n'a été prise par le conseil d'administration.

Il en résulte, sur le plan comptable, que le compte 109 « Actionnaires Associés – Capital souscrit non appelé » dans lequel est comptabilisée la fraction de capital non encore appelée, ne doit être crédité que sur décision du conseil d'administration, du directoire ou du gérant de libérer une fraction supplémentaire du capital.

Dans l'attente de cette décision, le compte 4564 « Associés-Versements anticipés » (classé au bilan dans les « emprunts et dettes financières divers ») reçoit à son crédit le montant des apports que certains associés mettent à la disposition de la société préalablement aux appels de capital. Il s'apure au fur et à mesure de ces appels (PCG art. 944-45).

60175 **Libération du capital par compensation avec les comptes courants d'associés** Dans toutes les sociétés, la libération des actions peut être échelonnée (voir Mémento Sociétés commerciales n° 67911 s.). En l'absence de disposition expresse de la loi et de mention contraire dans les statuts, la libération du capital par compensation avec les comptes courants d'associés est licite, dès lors que la créance est liquide et exigible et que la société n'est pas proche de l'état de cessation des paiements (Bull. CNCC n° 95, septembre 1994, EJ 94-145, p. 587 s. ; Cass. com. 3-2-1976, CA Paris 10-6-1994 n° 92-17310 et Cass. com. 28-5-1996 n° 1027 P).

> **Précisions** L'arrêté de comptes à certifier par le commissaire aux comptes (C. com art. R 225-134) pour les augmentations de capital par compensation de créance réalisées en cours de vie sociale par les sociétés par actions (voir n° 55360) n'a pas lieu d'être établi (Bull. CNCC précité).

En revanche, la compensation n'est plus possible après l'ouverture d'une procédure collective (voir n° 61410).

Sur le plan comptable, la compensation ne pose pas de problème particulier (voir n° 60155).

60180 **Actionnaires défaillants** À défaut pour un actionnaire de libérer les sommes restant à verser sur le montant des actions par lui souscrites aux époques fixées, l'organe de direction de la société lui adresse une mise en demeure ; un mois au moins après cette mise en demeure restée sans effet, la société poursuit la **vente de ses actions** (C. com. art. L 228-27).

Le produit net de la vente revient à la société à due concurrence et s'impute sur ce qui est dû en principal et intérêts par l'actionnaire défaillant et ensuite sur le remboursement des frais exposés par la société pour parvenir à la vente. L'actionnaire défaillant reste débiteur ou profite de la différence (C. com. art. R 228-25).

En comptabilité (PCG art. 944-45) :

– lors de l'envoi de la mise en demeure, le solde du compte 4562 « Capital appelé non versé » est viré au compte 4566 « Actionnaires défaillants » ;

– à l'occasion de la vente des actions, le produit de la cession est crédité au compte 4566 et les frais sont débités à ce même compte ; si la différence est positive, elle est restituée à l'actionnaire défaillant ; si elle est négative, elle constitue une dette de celui-ci envers la société.

B. Opérations faites pour le compte de la société en formation

60230 **I. Chez la société en formation** Les sociétés commerciales n'acquièrent la jouissance de la **personnalité morale** qu'à compter de leur **immatriculation au registre du commerce et des sociétés** (voir n° 60010). Jusqu'à cette date, les personnes agissant pour le compte de la société sont responsables solidairement et indéfiniment des conséquences de leurs actes, à moins que la société, après avoir été régulièrement constituée et immatriculée, ne reprenne leurs engagements à son compte. Ces engagements sont alors réputés avoir été souscrits dès l'origine par la société (C. com. art. L 210-6).

> **Précisions** Existence d'un récépissé de dépôt de création d'entreprise Ce document (voir n° 60010) n'exonère pas la société d'avoir à reprendre les actes accomplis en son nom préalablement à son immatriculation.
>
> Les **aspects juridiques** de cette responsabilité sont examinés dans le Mémento Sociétés commerciales n° 2660 à 2855.

> **Fiscalement** Les **conventions** conclues au nom et pour le compte d'une SA pendant la période de sa formation peuvent, en principe, être prises en considération pour la détermination du **bénéfice imposable** de cette société (BOI-BIC-BASE-10-10 n° 90), ainsi que des **taxes sur le**

chiffre d'affaires (Rép. Soisson : AN 22-7-1972 n° 23037, non reprise dans Bofip) à condition toutefois, selon la cour administrative d'appel de Lyon, que les dépenses relatives à la constitution de la société soient engagées à compter de l'ouverture de l'exercice (CAA Lyon 21-1-2014 n° 12LY03051). S'agissant de la date d'effet de l'apport à une société nouvelle, voir Mémento Fusions & Acquisitions n° 10515.

Les **conventions translatives de propriété ou de jouissance** conclues pour le compte de la société en formation doivent être considérées comme parfaites et réalisées par la personne qui les a passées au nom de la société ; elles sont donc immédiatement assujetties aux **droits de mutation** (BOI-ENR-AVS-10-40 n° 80). Toutefois, lorsque la **convention** est conclue **sous une condition suspensive,** par exemple celle de la ratification de l'engagement par la société ou celle de l'immatriculation au registre du commerce, la perception des droits proportionnels est différée jusqu'à la réalisation de la convention (BOI-ENR-AVS-10-40 n° 90 et 100).

Pour plus de détails, voir Mémento Sociétés commerciales n° 2875 à 2885.

La **comptabilisation** des opérations faites pour le compte de la société en formation n'est effectuée qu'**après la reprise** par la société **des engagements** souscrits en son nom.

> **Précisions** Avant acquisition de la personnalité morale, il n'y a pas d'obligation comptable. Il peut cependant être utile de tenir un journal des opérations effectuées.

En ce qui concerne l'amortissement des immobilisations acquises pour le compte de la société en formation, voir n° 27095.

II. Chez la société mandatée (le cas échéant) pour réaliser des opérations pour la constitution d'une société Dans la mesure où dans la promesse de création de la société nouvelle, mandat a été donné à la société concernée d'agir pour le compte de la société en cours de constitution, et notamment d'assumer par elle-même un certain nombre d'études préalables, la formation, etc., le bulletin CNCC (n° 76, décembre 1989, EC 89-20, p. 496) considère que ces opérations doivent être comptabilisées dans le compte du mandant (compte de tiers de la classe 4 ; voir n° 73335).

III. CRÉATION D'UNE ENTREPRISE INDIVIDUELLE

A. Principes généraux

ASPECTS JURIDIQUES

Séparation entre le patrimoine professionnel et le patrimoine personnel de l'exploitant L'article 1er de la loi 2022-172 du 14 février 2022 introduit un statut unique protecteur de l'entrepreneur individuel aux articles L 526-22 à L 526-26 du Code de commerce, qui s'applique aux personnes physiques exerçant une ou plusieurs activités professionnelles indépendantes en leur nom propre, quelle que soit la nature de ces activités, y compris les professions libérales (BOI-BIC-CHAMP-70-10 n° 165). Ce statut permet de protéger leur patrimoine sans avoir à créer de personne morale. Il repose sur la séparation des patrimoines personnel et professionnel (C. com. art. L 526-22) et s'inspire du dispositif prévu pour les EIRL pour lequel il n'est plus possible d'opter depuis le 15 février 2022.

60255

> **Précisions** **Maintien du statut des EIRL (entreprises individuelles à responsabilité limitée) créées avant le 15 février 2022** Les entrepreneurs individuels ayant exercé cette option avant le 15 février 2022 conservent ce statut. Pour plus de détails sur ce statut et les conséquences comptables et fiscales, voir notre Mémento Comptable, édition 2022, n° 60395 s.

Les **biens, droits, obligations et sûretés** dont l'entrepreneur est titulaire et qui sont **utiles** à ses **activités professionnelles** indépendantes constituent son patrimoine professionnel (C. com. art. L 526-22). Les autres éléments de son patrimoine constituent son patrimoine personnel.

Sont concernés les biens **nécessaires** à l'exercice de l'activité professionnelle, tel que le fonds de commerce, les biens incorporels et corporels, mais également les biens **mixtes** non nécessaires mais utilisés pour les besoins de l'activité, tel qu'un véhicule (voir n° 60256).

L'entrepreneur n'est tenu de remplir ses engagements à l'égard des **créanciers** dont les droits sont **nés** (depuis le 15 mai 2022) **à l'occasion de son exercice professionnel** que sur son seul patrimoine professionnel, sauf sûretés conventionnelles ou renonciation (C. com. art. L 526-22 ; BOI-BIC-CHAMP-70-10 n° 80).

> **Précisions** **1. Créanciers dont les droits ne sont pas nés à l'occasion de son exercice professionnel** Seul le patrimoine personnel de l'entrepreneur individuel constitue le gage général de ces créanciers. Toutefois (C. com. art. L 526-22) :
— les sûretés réelles consenties par l'entrepreneur avant le commencement de son activité indépendante conservent leur effet, quelle que soit leur assiette ;
— si le patrimoine personnel de l'exploitant est insuffisant, le droit de gage général des créanciers peut s'exercer sur le patrimoine professionnel dans la limite du bénéfice réalisé lors du dernier exercice clos (BOI-BIC-CHAMP-70-10 n° 300).
2. Renonciation à la limitation du gage des créanciers professionnels Une telle renonciation est possible pour un engagement spécifique sur demande écrite d'un créancier mentionnant le terme et le montant, qui doit être déterminé ou déterminable (C. com. art L 526-25 et D 526-28 ; BOI-BIC-CHAMP-70-10 n° 270).
3. Droit de gage de l'administration fiscale et des organismes sociaux Il peut porter dans certaines situations (manœuvre frauduleuse, inobservation grave et répétée des obligations fiscales, recouvrement de la taxe foncière, l'impôt sur le revenu, des prélèvements sociaux...) sur l'ensemble des patrimoines professionnel et personnel de l'entrepreneur (C. com. art. L 526-24 ; BOI-BIC-CHAMP-70-10 n° 280 et 290 ; voir Mémento Fiscal n° 87205).

ASPECTS COMPTABLES

60256 Conséquences comptables de la séparation des patrimoines professionnel et personnel Le statut de l'entrepreneur individuel ne crée pas d'obligation comptable spécifique (BOI-BIC-CHAMP-70-10 n° 310). Les exploitants individuels (sauf ceux qui relèvent du régime des micro-entreprises, voir n° 8150) sont tenus à l'établissement de comptes annuels, mais n'ont pas d'annexe à établir s'ils relèvent du régime réel simplifié d'imposition (voir n° 8130).

À notre avis (précision du PCG 82, p. I.21), lors de la création de l'entreprise exploitée sous la forme individuelle, le capital initial est égal à la différence entre les valeurs actives et passives que l'exploitant **a décidé** d'inscrire au bilan de son entreprise, au compte 101 « capital individuel ». Sur l'inscription ou le retrait en comptabilité d'un bien postérieurement à la constitution du patrimoine professionnel, voir n° 56005 s.

Compte tenu de la séparation juridique du **patrimoine professionnel** et du patrimoine personnel de l'entrepreneur (voir n° 60255), le bilan devrait, à notre avis, être établi d'après les **biens utiles à l'activité** constituant ce patrimoine professionnel de l'entreprise.

> **Précisions** **1. Biens utiles à l'activité** L'article R 526-26 du Code de commerce, issu de l'article 2 du décret 2022-725 du 28 avril 2022, définit les biens utiles à l'activité professionnelle, comme ceux qui, par nature, par destination ou en fonction de leur objet, servent à cette activité, tels que (BOI-BIC-CHAMP-70-10 n° 200) :
— le fonds de commerce et tous les biens corporels ou incorporels qui les constituent et les droits y afférents (voir n° 60290 s.) ;
— les marchandises, le matériel et l'outillage, ainsi que les moyens de mobilité pour les activités itinérantes telles que la vente et les prestations à domicile, les activités de transport ou de livraison ;
— les immeubles servant à l'activité, y compris la partie de la résidence principale de l'entrepreneur individuel utilisée pour un usage professionnel ou, lorsque ces immeubles sont détenus par une société dont l'entrepreneur est membre et qui a pour activité de les mettre à sa disposition, les actions ou parts d'une telle société (voir n° 60285) ;
— les biens incorporels comme les données relatives aux clients, les brevets d'invention, les licences, les marques, les dessins et modèles, et plus généralement les droits de propriété intellectuelle, le nom commercial et l'enseigne (voir n° 60310) ;
— les fonds de caisse, toute somme en numéraire conservée sur le lieu d'exercice de l'activité professionnelle, les sommes inscrites aux comptes bancaires dédiés à cette activité, ainsi que les sommes destinées à pourvoir aux dépenses courantes relatives à cette même activité (voir n° 60265).
Cette liste n'a pas un caractère exhaustif et l'entrepreneur doit inscrire à son bilan tous les biens qui peuvent être regardés comme utiles à son activité.
2. Biens communs et biens indivis Les biens communs des époux peuvent faire partie du patrimoine professionnel s'ils sont affectés à l'activité. S'agissant des biens indivis, seule la part indivise dont l'exploitant est titulaire peut être comprise dans le patrimoine professionnel (BOI-BIC-CHAMP-70-10 n° 220).
3. Biens à usage mixte (véhicules, notamment) Ils sont, à notre avis, à inscrire au bilan dès lors que le critère d'utilité à l'activité est rempli.
4. Absence de déclaration Contrairement à ce qui était prévu pour les exploitants adoptant le statut d'EIRL (voir n° 60255), aucune déclaration des biens affectés à l'activité professionnelle n'est prévue.

Le Code de commerce précisant que le patrimoine professionnel est **présumé** comprendre **au moins** l'ensemble des éléments enregistrés dans les documents comptables (C. com. art. R 526-26) et en l'absence de règle comptable, il semble possible que l'exploitant choisisse de ne pas inscrire l'ensemble de son patrimoine professionnel au bilan de son entreprise. La réglementation comptable ne s'oppose pas à l'inscription au bilan des biens appartenant au patrimoine personnel.

Toutefois, compte tenu des règles fiscales (voir n° 60257), les exploitants ont, à notre avis, intérêt à inscrire à leur bilan la totalité de leur patrimoine professionnel afin de minimiser les corrections d'erreurs en cas de défaut d'inscription à l'actif d'un élément du patrimoine professionnel (voir n° 60257) et les retraitements fiscaux en cas d'inscription d'un bien non utile à l'activité (voir n° 60258).

ASPECTS FISCAUX

Principes généraux La distinction entre actif professionnel et patrimoine privé (applicable notamment pour la déduction des charges ou la détermination du caractère professionnel ou privé des plus ou moins-values de cession) dépend de la nature des biens, compte tenu des dispositions de l'article L 526-22 du Code de commerce prévoyant la séparation du patrimoine professionnel et du patrimoine personnel de l'entrepreneur individuel. **60257**

Les biens constituant l'actif professionnel comprennent :
– les biens inscrits au bilan de l'entreprise (voir n° 60256) ;
– et tout autre bien affecté par nature à l'activité, même non inscrit au bilan et qui constitue le patrimoine professionnel (voir n° 60255).

> **Précisions** **1. Actif professionnel** Conformément aux règles antérieures à l'entrée en vigueur de la loi 2022-172 du 14 février 2022 et qui conservent à notre avis leur portée, constituent des **éléments d'actif par nature** :
> – le fonds de commerce acquis (CE 10-6-1970 n° 75161 ; BOI-BIC-PVMV-10-10-10 n° 370) ;
> – le droit au bail (CE 17-10-1990 n° 56991 ; BOI-BIC-PVMV-10-10-10 n° 340) que l'exploitant locataire peut maintenir à l'actif lorsqu'il acquiert par la suite l'immeuble et l'affecte à son patrimoine privé (CE 3-7-2009 n° 298433) ;
> – les licences de débit de boissons de 4e catégorie (CE 28-12-2007 n° 271895) ;
> – ainsi que les brevets et autres droits de propriété industrielle lorsqu'ils ont été créés dans le cadre de l'activité de l'entreprise ou lorsque leur exploitation est l'objet même de l'entreprise (BOI-BIC-PVMV-10-10-10 n°s 310 et 320).
> **2. Défaut d'inscription à l'actif** Le défaut d'inscription au bilan d'un des éléments appartenant par nature à l'actif constitue une **erreur** dont la correction entraîne la constatation d'un profit imposable égal à l'augmentation d'actif correspondant à son coût d'acquisition (CE 10-6-1970 n° 75161, à propos d'un fonds de commerce acquis).
> **3. L'affectation** d'un **bien du patrimoine privé** à l'actif de l'entreprise individuelle ayant opté pour l'assimilation de son entreprise à l'EURL assujettie à l'IS n'entraîne **aucune imposition** au titre des plus-values : voir n° 60275.

Conséquences de l'inscription au bilan d'un bien non utile à l'activité **60258**
Les effets de l'inscription à l'actif du bilan d'un bien non utile à l'activité professionnelle sont en principe fiscalement neutralisés (CGI art. 155, II-1°).

Les produits qui ne proviennent pas de l'activité exercée à titre professionnel ainsi que les charges qui sont sans lien avec l'exercice de cette activité ne participent pas au résultat imposable de l'activité. Ils sont **extournés extra-comptablement** pour être imposés au nom de l'exploitant dans la catégorie correspondant à leur nature propre (par exemple, revenus fonciers ou revenus de capitaux mobiliers).

> **Précisions** **1. Retraitements extra-comptables** Ils doivent être effectués sur l'imprimé 2058 A (BOI-BIC-BASE-90 n° 320) :
> – réintégration sur la ligne WQ des charges extournées ;
> – déduction sur la ligne XG des produits extournés.
> **2. Exceptions** Les produits afférents à des biens inscrits au bilan qui ne sont pas liés à l'exercice de l'activité professionnelle peuvent être pris en compte, sur option, pour la détermination du résultat imposable lorsqu'ils **n'excèdent pas 5 %** de l'ensemble des produits de l'exercice, ce seuil étant porté à 10 % pour le premier exercice de dépassement du seuil de 5 %. Mais l'exercice de cette option ne permet de déduire les charges afférentes à un bien non affecté à l'activité que dans la limite des produits générés par ce même bien (CGI art. 155, II-3).
> En application de l'article 155, I-1 du CGI, les revenus tirés des **activités agricoles** ou non commerciales accessoires restent en toute hypothèse pris en compte dans le bénéfice professionnel (voir Mémento Fiscal n° 7925).
> **3. Produits et charges afférents à des éléments d'actif qui se situent dans le prolongement de l'activité professionnelle mais qui ne sont pas utiles à l'exercice de celle-ci** Ils doivent également être extournés du résultat imposable. Tel est le cas des produits de placement de la trésorerie de l'activité professionnelle (BOI-BIC-BASE-90 n° 210).
> **4. Biens mixtes** Voir n° 60285.
> **5. Ventilation des plus et moins-values de cession** Les plus et moins-values de cession de biens inscrits au bilan doivent être ventilées entre la fraction relevant des plus-values professionnelles et celle relevant des plus-values privées, en fonction de la durée d'utilisation de ces biens pour l'exercice de l'activité professionnelle au cours de leur durée d'inscription à l'actif de l'entreprise (voir Mémento Fiscal n° 18460 à 18466).

60260 Compte de « capital individuel » et « compte de l'exploitant » Voir n° 56010.

60261 Option de l'exploitant individuel pour l'assimilation à l'EURL Voir n° 60330.

B. Opérations de constitution du patrimoine de l'entreprise

CRÉATION PAR AFFECTATION DE CERTAINS BIENS

60265 **Affectation de disponibilités** L'exploitant individuel affecte en général des fonds disponibles ; les écritures permettant d'établir le bilan d'ouverture sont les suivantes :

	101 Capital individuel	512 Banque	514 Chèques postaux	53 Caisse
a. Apport en banque	80	80		
b. Apport en chèques postaux	100		100	
c. Apport en caisse	10			10

En principe, le nouveau commerçant ne doit commencer à exercer son activité qu'après l'accomplissement des formalités obligatoires, en particulier son immatriculation au registre du commerce et des sociétés et l'ouverture d'un compte bancaire (voir n° 60010 s.). Toutefois si, exceptionnellement, pour un motif quelconque, il est amené à procéder auparavant à une ou plusieurs opérations en utilisant son compte bancaire personnel, il doit rétablir la situation dans son bilan d'ouverture en reprenant ces opérations ; le capital individuel est alors égal à la valeur nette des éléments apportés à ce moment.

EXEMPLE

	101 Capital individuel	215 Matériel industriel	4456 T.V.A. déductible	601 Achats march.	61 Services extérieurs
Bilan d'ouverture	1 380	500	240	600	40

60275 **Transfert d'un bien du patrimoine privé à l'actif de l'entreprise** Le transfert d'un bien du patrimoine privé à l'actif de l'entreprise constitue un **apport** qui, sans entraîner l'imposition immédiate d'une plus-value (BOI-BIC-CHAMP-70-10 n° 340 ; BOI-BIC-CHAMP-70-10 n° 460), permet à l'exploitant de le comptabiliser à sa **valeur réelle au jour de l'opération** (CE 18-11-1991 n° 92600 et 92712). Cette valeur sert ensuite de base au calcul des amortissements (BOI-BIC-AMT-10-30-30-10 n° 480) et des plus-values professionnelles (BOI-BIC-PVMV-10-20-30-10 n° 230 et 240 ; voir Mémento Fiscal n° 18475). Cette valeur peut toutefois être remise en cause par l'administration en cas de surestimation (CE 17-3-1976 n° 91621 ; CE 30-12-2009 n° 308513). Selon l'administration, l'inscription doit être faite au prix de revient s'il s'agit d'éléments, autres que des immeubles, qui ont été affectés à l'exploitation dès leur acquisition (BOI-BIC-PVMV-10-20-30-10 n° 250).

Lors de la **cession ultérieure** de ces biens par l'exploitant, il conviendra de déterminer deux plus-values distinctes, une plus-value privée, et une plus-value professionnelle conformément à l'article 151 sexies du CGI (régime des « biens migrants » : voir Mémento Fiscal n° 18470).

Sur le transfert d'un bien **de l'actif de l'entreprise au patrimoine privé** de l'exploitant, voir Mémento Fiscal n° 17810.

60285 **Achat de locaux. Inscription ou non-inscription de l'immeuble à l'actif du bilan** Pour apprécier si un immeuble fait ou non partie de l'actif de l'entreprise, le critère de l'utilité pour l'exploitation doit être retenu.

L'acquéreur peut exercer un **choix** qui présente les conséquences suivantes.

> **Fiscalement** Sur la distinction entre l'actif professionnel et le patrimoine privé, voir n° 60257.

I. L'immeuble est porté à l'actif du bilan
Les droits d'enregistrement et les frais d'actes constituent au choix de l'entrepreneur une charge ou un élément du coût d'entrée de l'immobilisation amortissable sur la durée d'utilisation de celui-ci, voir n° 26260 (frais d'acquisition d'immobilisation).

Lorsque l'acquisition de l'immeuble entre dans le champ de la TVA immobilière (voir Mémento Fiscal n° 58700 à 59125), la TVA, si elle est déductible, est portée au compte 4456 « TVA déductible ». L'immeuble est inscrit dans les immobilisations pour son montant hors taxe, si la TVA est récupérable et, le cas échéant, amorti.

> **Fiscalement** **1.** Les **dotations aux amortissements** sont déductibles dès lors que l'immeuble est utilisé pour les besoins de l'activité professionnelle. En cas de cession, la plus-value correspondant à la différence entre le prix de cession et la valeur nette comptable est comprise dans le résultat de l'entreprise et imposable selon le régime des plus-values professionnelles (voir Mémento Fiscal n° 17500 à 19925), après abattement éventuel en fonction de la durée de détention (CGI art. 151 septies B ; voir Mémento Fiscal n° 18095). Une ventilation de la plus ou moins-value de cession doit être effectuée lorsque l'immeuble n'a pas toujours été utilisé pour l'exercice de l'activité professionnelle ; voir n° 60255.
> **2.** Les **charges de propriété** des immeubles inscrits à l'actif d'une entreprise individuelle sont **déductibles** du seul bénéfice professionnel s'ils sont utilisés uniquement pour l'exercice de l'activité à titre professionnel (voir n° 60255). Toutefois, la déductibilité des intérêts des emprunts peut être limitée lorsque le compte personnel de l'exploitant présente un solde débiteur à la suite de prélèvements (voir n° 56010 et Mémento Fiscal n° 8755).
> **3.** Lorsque l'**exploitant** ou un **membre de sa famille habite dans un immeuble faisant partie de l'actif**, il convient de rattacher aux résultats imposables de l'entreprise une somme représentant la valeur locative réelle des locaux réservés à cet usage (BOI-BIC-PDSTK-10-10-20 n° 200). À notre avis, cet avantage en nature constitue un produit crédité au compte 708 par le débit du compte 108 « Compte de l'exploitant ». Ni les produits ni les charges afférents à l'immeuble utilisé à titre privé ne sont pris en compte pour la détermination du résultat imposable (voir n° 60255).

Les **immobilisations à usage mixte**, c'est-à-dire à la fois professionnel et privé (voitures en particulier), sont, à notre avis, à enregistrer pour leur coût total et à amortir sur cette base, les dotations étant débitées :
– pour la fraction professionnelle, au compte 681 ;
– pour la fraction privée, au compte 108 « Compte de l'exploitant » ou au compte 681, puis au crédit du compte 797 par le débit du compte 108 ; voir ci-après II.

> **Fiscalement** Il convient de procéder à une ventilation des produits et des charges entre l'utilisation à des fins professionnelles ou non, afin d'extourner du résultat professionnel imposable la fraction relative à l'usage non professionnel (BOI-BIC-BASE-90 n° 220 et 230).

II. L'immeuble n'est pas porté à l'actif du bilan
Dans ce cas, il serait logique de ne pas constater les frais d'acquisition, les amortissements et les charges de propriété dans la comptabilité de l'exploitant.

Les travaux effectués sur l'immeuble sont, à notre avis, immobilisés s'ils répondent à la définition d'un actif pour l'entreprise individuelle, c'est-à-dire si les avantages économiques attendus bénéficieront à cette dernière et non à l'exploitant individuel (sur la définition d'un actif, voir n° 25105).

> **Fiscalement** L'entreprise peut comprendre dans ses charges déductibles les sommes correspondant au loyer normal de l'immeuble conservé dans le patrimoine privé de l'exploitant et affecté à l'exploitation (CE 8-7-1998 n° 164657 ; BOI-BIC-CHG-40-20-10 n° 180), ce qui, en contrepartie, le conduit à déclarer ces sommes en tant que revenus fonciers imposables.
> Les **travaux effectués sur un immeuble** conservé dans le patrimoine privé ne peuvent être inscrits à l'actif immobilisé et amortis que s'ils sont dissociables de l'immeuble (CE 5-5-2010 n° 316677).
> Pour ce qui concerne la récupération de la **TVA**, la condition d'affectation exclusive d'un bien à l'exploitation n'est **pas liée à l'inscription** de ce bien **à l'actif du bilan** de l'entreprise. Elle s'apprécie uniquement à partir de critères matériels permettant de justifier l'utilisation du bien pour les besoins de l'activité imposable (Rép. Vouillot : AN 22-11-1982 n° 19227, non reprise dans Bofip). Dans ce cas, à notre avis, le compte « TVA à récupérer » est débité par le crédit du « compte de l'exploitant ».
> En cas de **cession** de l'immeuble, le résultat est soumis au régime des plus-values immobilières des particuliers (voir Mémento Fiscal n° 32000 à 32450).

CRÉATION PAR ACQUISITION D'UN FONDS DE COMMERCE EXISTANT

60290 En cas d'acquisition par crédit-bail, voir n° 32275 s.

60295 **Comptabilisation à l'actif du fonds de commerce** Sur le plan juridique, le fonds de commerce et tous les biens corporels ou incorporels qui le constituent ainsi que les droits y afférents constituent des biens utiles à l'activité professionnelle (voir n° 60256). Sur le plan fiscal, **le fonds de commerce** et le **droit au bail** sont considérés comme faisant partie de l'actif immobilisé, qu'ils soient ou non inscrits au bilan de l'entreprise (voir n° 60257). Pour des raisons juridiques et fiscales, ces éléments incorporels devraient, à notre avis, être inscrits à l'actif du bilan de l'entreprise.

60300 **Acquisition au comptant** L'acte de vente du fonds de commerce comporte nécessairement des prix distincts pour les éléments incorporels, le matériel et les marchandises (Loi du 17-3-1909 art. 1, al. 3). Sur la définition comptable du fonds commercial, voir n° 30465.

> **EXEMPLE**
>
> Après affectation d'une somme de 100 000 en banque, au titre de son capital individuel, le commerçant acquiert pour 50 000 un fonds de commerce composé de :
> — matériel et outillage (30 000) ;
> — fonds commercial (éléments incorporels non individualisés) (10 000) ;
> — stocks (10 000).
>
> Écritures (abstraction faite de l'incidence de la TVA) :
>
> | | 101 Capital | 2154 Matériel | 207 Fonds commercial | 37 Stocks | 512 Banque |
> |---|---|---|---|---|---|
> | Affectation de fonds en banque | 100 | | | | 100 |
> | Acquisition des éléments du fonds de commerce | | 30 | 10 | 10 | 50 |

> **Fiscalement** Sur les conditions de dispenses de TVA des ventes de fonds de commerce entre deux redevables de la TVA, voir Mémento Fiscal n° 47505 et 47520.
> Sur l'exonération de droits d'enregistrement des ventes de marchandises neuves corrélative à la cession d'un fonds de commerce, voir Mémento Fiscal n° 65510.

La TVA récupérable est enregistrée au compte 4456 « TVA déductible ».
En ce qui concerne les frais d'acquisition, voir n° 60307.

60305 **Acquisition en partie à crédit** L'apport payé par billets de fonds, comprenant son prix majoré des intérêts, est débité au compte d'actif intéressé (selon sa nature) par le crédit des comptes :
– pour le principal, 405 « Fournisseurs d'immobilisations – Effets à payer », des subdivisions de ce compte permettant de distinguer la partie à plus d'un an et la partie à moins d'un an ;
– pour les intérêts, 486 « Charges constatées d'avance ».

TRANSMISSION À TITRE GRATUIT D'UNE ENTREPRISE INDIVIDUELLE (DONATION OU SUCCESSION)

60306 Dans ce cas, à notre avis, sont, en principe, à prendre en considération au bilan d'ouverture les **valeurs vénales** retenues dans l'acte de donation ou pour les droits de succession.

> **Fiscalement** **1. Prix de revient** Voir n° 26765.
> **2. Plus-values constatées sur les immobilisations** Les bénéficiaires d'une transmission à titre gratuit d'entreprise individuelle peuvent, en cas de poursuite de l'activité, opter pour un régime de report d'imposition des plus-values d'actif constatées au jour de la transmission (CGI art. 41 ; voir Mémento Fiscal n° 19810 à 19860).

FRAIS AFFÉRENTS À L'ACQUISITION DU FONDS

60307 Les frais d'actes et d'honoraires et les commissions versées à un intermédiaire (pour la *conclusion de la vente*) concernant l'acquisition de fonds de commerce sont comptabilisés soit comme étant une charge de l'exercice, soit directement dans le coût d'entrée du fonds de commerce.
Sur la comptabilisation des frais d'acquisition des immobilisations en général, voir n° 26260.

> **Fiscalement** Il en est de même (voir n° 26260).

SUIVI DES ACTIFS ET PASSIFS

Brevets et autres droits de propriété industrielle Ces droits font, sur le plan fiscal (voir n° 60257), obligatoirement partie de l'actif commercial lorsqu'ils ont été créés dans le cadre des activités de l'entreprise ou lorsque leur exploitation est l'objet même de l'entreprise. En tant qu'ils sont utiles à l'activité, ils doivent figurer à l'actif du bilan de l'entreprise (voir n° 60256). **60310**

> **Précisions** Toutefois, ils ne sont comptabilisés en immobilisations incorporelles que lorsque certaines conditions sont remplies, voir n° 30610 s. (éléments acquis) et 30945 s. (éléments créés en interne).

Titres de portefeuille Les titres du portefeuille font partie de l'actif s'ils sont inscrits au bilan. **60311**

> **Fiscalement** Bien que les produits de ces titres soient normalement compris dans le résultat d'exploitation s'ils proviennent de l'activité exercée à titre professionnel, ils doivent être extournés du résultat imposable de l'entreprise et sont imposés au nom de l'exploitant dans la catégorie des revenus de capitaux mobiliers (BOI-BIC-PDSTK-10-20-10 n° 1).

Traitement de la dette Lorsqu'une personne physique qui exploite une entreprise individuelle contracte une dette à l'égard d'un tiers, elle **peut décider** : **60312**
– soit de regarder l'opération comme **étrangère à l'exploitation** de l'entreprise et ne pas la retracer dans les écritures de celle-ci ;

> **Fiscalement** Dans ce cas, les événements survenant ultérieurement dans les rapports entre le débiteur et le créancier, notamment le paiement d'intérêts ou l'extinction de la dette par voie de remboursement ou autrement, sont sans influence sur le résultat de l'entreprise. Ainsi, ne peuvent être déduits du bénéfice imposable les intérêts d'un emprunt non inscrit au passif du bilan d'une entreprise alors même qu'ils ont été supportés dans l'intérêt de l'entreprise (CE 10-12-1999 n° 164982).

– soit au contraire de regarder l'opération comme **effectuée par l'entreprise** et retracer dans les écritures de celle-ci tant l'encaissement de la somme prêtée que le montant de la dette contractée.

> **Fiscalement** L'intéressé prend à ce sujet une **décision de gestion** qui lui est opposable (CE 10-12-1999 n° 164982 ; BOI-BIC-BASE-10-10 n° 170 à 190).
> Dès lors que la dette inscrite au passif a été contractée dans le cadre de l'activité professionnelle, tout événement affectant les droits et obligations de l'entreprise à l'égard du créancier doit être pris en compte et peut influer sur le résultat de l'exercice au cours duquel il est constaté : en particulier, l'**extinction** d'**une dette** de l'entreprise, quelle qu'en soit la cause, entraîne une **augmentation de la valeur de l'actif net** entre l'ouverture et la clôture de l'exercice, à moins qu'elle ait pour contrepartie une diminution des valeurs d'actif.
> L'extinction d'une dette de l'entreprise n'est toutefois pas regardée comme compensée par un supplément d'apport de l'exploitant si celui-ci justifie par un acte avoir repris à titre personnel l'engagement de l'entreprise envers le créancier (CE 7-11-1979 n° 12129 ; BOI-BIC-BASE-10-10 n° 250 s.).

Créances Sur l'achat de créances clients, voir n° 42845 s. **60315**
Sur le mandat de recouvrement des créances clients, voir n° 42855.

C. Option de l'exploitant individuel pour son assimilation à une EURL assujettie à l'IS

L'entrepreneur individuel est imposable **à l'IR** sauf en cas d'option irrévocable pour l'assimilation à une entreprise unipersonnelle à responsabilité limitée (EURL), dont cet entrepreneur tient alors lieu d'associé unique et qui entraîne de plein droit son assujettissement à l'**IS** (CGI art. 1655 sexies). **60330**

> **Précisions 1.** Conformément à l'article 1655 sexies du CGI, **les entrepreneurs individuels soumis à un régime réel d'imposition** peuvent, depuis le 15 mai 2022, exercer l'option pour leur assimilation à une EURL. Elle doit être formulée avant la fin du troisième mois de l'exercice au titre duquel l'exploitant souhaite bénéficier de cette assimilation (CGI A III art. 350 bis ; BOI-BIC-CHAMP-70-10 n° 350 à 380).
> **2.** L'exploitant peut **renoncer à l'option pour l'assujettissement à l'IS** jusqu'à la fin du cinquième exercice suivant celui de son exercice.

Son entreprise est alors assimilée à une EURL soumise au régime des sociétés de personnes, relevant donc de l'impôt sur le revenu (BOI-BIC-CHAMP-70-30 n° 400). Une telle renonciation est considérée comme une **cessation d'entreprise** entraînant notamment l'imposition immédiate des bénéfices d'exploitation de la dernière période d'imposition et des bénéfices en sursis d'imposition (CGI art. 221, 2), sous réserve d'atténuations prévues lorsqu'aucune modification n'est apportée aux valeurs comptables des éléments d'actif (CGI art. 221 bis ; voir Mémento Fiscal n° 38770).

En cas d'option pour l'assimilation à une EURL après une période d'activité où l'exploitant était soumis à l'impôt sur le revenu, l'exercice de cette option emporte en matière d'impôts directs les conséquences fiscales d'une **cessation d'entreprise** et donc, notamment, la taxation des plus-values latentes sur les éléments inscrits à l'actif de l'exploitation individuelle.

> **Précisions** **1.** Report d'imposition des plus-values Afin d'éviter que l'option n'entraîne l'imposition immédiate des plus-values latentes constatées par l'exploitant, l'administration admet l'application du régime spécial prévu à l'article 151 octies du CGI en cas d'apport d'une entreprise individuelle à une EURL, ce qui permet le report d'imposition au nom de l'apporteur des plus-values constatées sur les immobilisations non amortissables jusqu'à la cession ultérieure des éléments concernés, et l'imposition échelonnée au nom de la société bénéficiaire de l'apport des plus-values sur immobilisations amortissables (BOI-BIC-CHAMP-70-10 n° 440). Si l'exploitant ne souhaite pas appliquer ce régime, il peut bénéficier de l'exonération ou de l'abattement en fonction du montant des recettes prévus à l'article 151 septies du CGI (Mémento Fiscal n° 18200 s.) ou de l'abattement sur les plus-values immobilières prévu à l'article 151 septies B du CGI (Mémento Fiscal n° 18095 s.).
> **2.** Droits d'enregistrement À compter du 1er janvier 2023, la **cession de l'entreprise individuelle** ayant opté pour l'assimilation à une EURL relève en matière de droits d'enregistrement du régime des cessions de droits sociaux et non des cessions de fonds de commerce (CGI art. 726 modifié par loi 2022-1726 du 30-12-2022 art. 23).
> **3.** Transfert de biens du patrimoine personnel vers le patrimoine professionnel de l'entreprise assimilée à une EURL Il reste sans conséquence fiscale immédiate (BOI-BIC-CHAMP-70-10 n° 460 ; voir n° 60275).

En raison de la cessation (fiscale uniquement) de l'exploitation individuelle, il convient d'établir, sur le plan comptable (Avis CNOEC 2023-07 du 2-2-2023) :
– un bilan de clôture qui permet la constatation de plus ou moins-values imposables ;
– un bilan d'ouverture reprenant les valeurs réelles à cette date qui correspond à la création (fiscale uniquement) de l'entreprise individuelle assimilée à une EURL.

Les apports sont constatés dans le compte 101000 « Capital individuel – Apport EI IR » et les plus-values sont comptabilisées dans des sous-comptes du compte 101 « Capital » selon qu'elles sont taxées, exonérées ou en report d'imposition. Les biens sont inscrits, dans les comptes de l'entreprise individuelle assujettie à l'IS, pour leur valeur réelle au jour de l'option pour l'assimilation de l'entreprise individuelle à une EURL. Ils sont amortis sur cette base.

Sur le régime fiscal d'un prélèvement sur le compte 101, voir n° 54110.

> **Précisions** Sur le plan pratique, le CNOEC préconise de créer un nouveau dossier dans le logiciel comptable pour l'entreprise individuelle à l'IS. La balance de l'entreprise individuelle à l'IR, avant les écritures de cession d'immobilisations, est à intégrer sur N−1 afin de pouvoir créer un comparatif.

Pour plus de détails sur le régime de l'entreprise individuelle assujettie à l'IS, voir Mémento Fiscal n° 87214 s.

SECTION 2
CHANGEMENT D'OBJET SOCIAL OU D'ACTIVITÉ

60515 **Conséquences juridiques** Expression de la raison d'être de la société, son « **objet social** » est le genre d'activité qu'elle se propose d'exercer. Il est déterminé par la description dans les statuts de l'activité projetée. Pour tous développements, voir Mémento Sociétés commerciales n° 860.

En cas de changement d'activité, si la nouvelle activité n'est pas prévue dans les statuts, une modification de ces derniers s'impose (voir n° 60010).

Conséquences fiscales **1. Cessation d'entreprise** Emportent **cessation d'entreprise** 60520
pour l'établissement de l'impôt sur les sociétés (CGI art. 221-5) avec pour corollaire, en principe, l'imposition des profits réels ou latents et la perte du droit au report des déficits (pour plus de détails, voir Mémento Fiscal n° 38715 s.) :
a. le **changement d'objet social**, s'il s'accompagne d'un changement effectif de l'activité exercée (BOI-BIC-CESS-10-20-30 n° 80) ;
b. le **changement d'activité.** Sont notamment qualifiés de changements d'activité entraînant cessation d'entreprise l'adjonction d'une activité (sauf cas de l'adjonction d'une activité strictement identique à celle exercée initialement par la société ; BOI-IS-CESS-10 n° 280), son abandon ou transfert partiel lorsque cet événement entraîne, au titre de l'exercice de sa survenance ou de l'exercice suivant, une augmentation (pour les adjonctions) ou une diminution (pour les abandons) de plus de 50 %, par rapport à l'exercice précédant la survenance de l'événement :
– soit du chiffre d'affaires ;
– soit de l'effectif moyen du personnel et du montant brut de l'actif immobilisé (dans ce cas, le changement d'activité est avéré au titre de l'exercice au cours duquel chacun de ces deux critères augmente de plus de 50 % (BOI-IS-CESS-10 n° 460).
En cas de changement d'activité, les déficits reportables sont imputables sur les profits réels et latents qui deviennent imposables au titre de l'exercice (BOI-IS-CESS-10 n° 490).
La mise en **location-gérance** d'un fonds de commerce ne caractérise pas un changement d'activité (BOI-IS-CESS-10 n° 110).
c. la **disparition des moyens de production** nécessaires à la poursuite de l'activité lorsqu'elle dure plus de douze mois (sauf force majeure) ou lorsque cette disparition est suivie par la cession de la majorité des droits sociaux.

2. Exceptions
a. Agrément Sur agrément préalable délivré par l'administration, peuvent ne pas être considérés comme emportant cessation d'entreprise :
– la disparition temporaire des moyens de production pendant plus de douze mois lorsque l'interruption et la reprise sont justifiées par des motivations principales autres que fiscales (CGI art. 221-5). En revanche, aucun agrément ne peut être sollicité en cas de disparition des moyens de production suivie de la cession de la majorité des droits sociaux (BOI-IS-CESS-10 n° 250) ;
– l'adjonction, l'abandon ou le transfert d'une activité lorsque de telles opérations sont indispensables à la poursuite de l'activité à l'origine des déficits et à la pérennité des emplois (CGI art. 221-5).
b. Atténuations conditionnelles Les atténuations conditionnelles des conséquences de la cessation d'activité prévues en cas de changement de régime d'imposition (voir n° 60745) sont également applicables, sous réserve de l'obligation de réintégrer immédiatement aux résultats imposables les provisions réglementées antérieurement constituées (sauf la provision pour amortissement dérogatoire et la provision spéciale de réévaluation) (BOI-IS-CESS-10 n° 490 et 510). En outre, la cessation d'entreprise entraîne la perte du droit au report des déficits (voir Mémento Fiscal n° 35915).
Sur les changements d'activité ou d'objet social des **sociétés relevant de l'impôt sur le revenu,** voir Mémento Fiscal n° 38715.

Conséquences comptables Sur le plan comptable, le changement d'activité 60525
implique de sortir du bilan les immobilisations incorporelles attachées à cette activité, notamment le droit au bail. Par ailleurs, il convient de reprendre **en résultat les provisions réglementées** qui deviennent sans objet du fait du changement d'activité.
Sur les changements de référentiel comptable, voir n° 8595.

SECTION 3

TRANSFORMATION D'UNE SOCIÉTÉ

Définition La transformation d'une société est l'opération consistant à changer sa forme 60625
juridique : par exemple, transformation d'une SARL en société anonyme, d'une société en nom collectif en société en commandite simple, etc. Pour une étude juridique complète sur la transformation, voir Mémento Sociétés commerciales n° 20620 à 20792.

I. Cas général : transformation sans création d'un être moral nouveau
Dans la mesure où elle est « régulière » (vis-à-vis de la loi, voir FRC 12/23 Hors série inf. 93 s. et des statuts), la transformation d'une société n'entraîne **pas création d'une personne morale nouvelle** (C. civ. art. 1844-3 et C. com. art. L 210-6) mais constitue une simple modification des statuts. Ainsi, la transformation d'une société en société d'une autre forme (par exemple, société civile en SARL) ne donne lieu à aucun apport des biens de la première à la seconde (Cass. com. 27-5-2015 n° 13-27.458, dans le cas d'une transformation d'une société civile en SARL).

> **Précisions** Il n'est pas nécessaire, pour éviter la création d'un être moral nouveau, de prévoir dans les statuts une clause autorisant la transformation. Il en est ainsi même en cas de transformation d'une société commerciale en société civile ou réciproquement puisque l'article 1844-3 du Code civil est applicable à toutes les sociétés, qu'elles soient civiles ou commerciales.

II. Cas exceptionnel : transformation avec création d'un être moral nouveau En revanche, sauf disposition législative ou réglementaire contraire, une société ne peut être transformée en un autre type de groupement (par exemple, association régie par la loi de 1901 ou GIE) sans perdre sa personnalité morale (cessation, voir n° 60010).

A. Aspects juridiques et de contrôle

60630 Ces aspects sont examinés en détail dans la Note d'information CNCC NI.VI « Les commissaires aux comptes et la transformation des sociétés » (version 2, juillet 2018). Ils sont résumés et mis à jour dans des tableaux, établis par nos soins :
– sur les interventions et modalités de désignation des commissaires aux comptes et à la transformation, voir FRC 12/23 Hors série inf. 93 s. ;
– sur les contenus et modalités de mise à disposition des rapports des commissaires aux comptes et à la transformation, voir FRC 12/23 Hors série inf. 94 s.

EFFETS DE LA TRANSFORMATION
60675 Ils sont les suivants :

I. Date d'effet Elle prend effet à compter du jour où elle a été décidée. Toutefois, elle ne devient opposable aux tiers qu'après achèvement des formalités de publicité, voir Mémento Sociétés commerciales n° 20710.

II. À l'égard de la société Elle n'entraîne aucune interruption dans ses opérations, les droits et obligations contractés par la société sous son ancienne forme subsistant sous la nouvelle forme.

> **Précisions** La société nouvelle peut ainsi être tenue pour responsable d'une faute commise antérieurement à sa création (Cass. com. 7-12-1993 n° 1925 D).

Les formalités prévues en matière de registre des procès-verbaux des assemblées étant identiques quelle que soit la forme de la société, rien ne s'oppose à ce que les procès-verbaux des assemblées de la société sous sa nouvelle forme soient transcrits sur le registre utilisé avant la transformation (Rép. Sergheraert : AN 13-11-1979 n° 19330).

III. À l'égard des organes d'administration ou de surveillance La décision de transformation **met fin à leurs pouvoirs** sans que ceux-ci puissent prétendre qu'elle équivaut à leur égard à une révocation sans juste motif leur donnant droit, éventuellement, à des dommages-intérêts.

IV. À l'égard des associés Les nouveaux droits sociaux sont créés dès la date de la décision de transformation (CA Paris 11-7-1979, Bull. Joly 1979.542) ; ils sont soumis, dans le patrimoine des associés, au même régime que les droits anciens qu'ils remplacent.

V. À l'égard des commissaires aux comptes Voir FRC 12/23 Hors série inf. 93 s. et 94 s. Sur les conventions réglementées à mentionner dans le rapport spécial du commissaire aux comptes émis postérieurement à la transformation, voir FRC 12/23 Hors série inf. 130 s.

VI. À l'égard des créanciers Les créanciers antérieurs à la transformation conservent tous leurs droits à l'égard de la société et des associés.
Sur l'obligation aux dettes des associés, voir Mémento Sociétés commerciales n° 20760.

B. Aspects fiscaux

I. Cas général : transformation sans création d'un être moral nouveau (passage d'une forme de société à une autre) Dans ce cas, seul le droit fixe des actes innomés est normalement exigible. Cependant, si la transformation a pour effet de rendre passible de l'impôt sur les sociétés une société qui n'y était pas soumise jusqu'alors (ce qui est le cas de la transformation d'une société de personnes en société de capitaux mais aussi de l'option d'une société de personnes pour son assujettissement à l'IS), l'opération rend les droits de mutation exigibles sur certains apports en nature faits à la personne morale, sauf engagement de conservation des titres pendant une certaine durée (voir Mémento Fiscal n° 38805 et 38810).

60725

II. Cas exceptionnel : transformation avec création d'un être moral nouveau (cas d'un changement de nature tel que la transformation d'une société en association) La transformation est considérée comme emportant **dissolution** de la société ancienne et constitution d'une société entièrement nouvelle. Elle motive donc l'exigibilité des droits prévus tant pour la dissolution de société que pour la constitution de société. Il convient cependant de noter que les apports purs et simples réalisés lors de la constitution de sociétés sont, en principe, exonérés de droits d'enregistrement, (voir Mémento Fiscal n° 66850 à 66880).

Pour plus de précisions sur les droits d'enregistrement et de mutation, voir Mémento Fiscal n° 38660 à 38690.

Impôts sur les bénéfices Il convient d'examiner si **la transformation entraîne ou non un changement de régime fiscal** (voir Mémento Fiscal n° 38500 à 38810).

60745

I. Cas où la société demeure sous le même régime fiscal L'opération est sans influence sur la situation de la société au regard des impôts directs.

> **EXEMPLE**
> Transformation d'une société de capitaux exerçant une activité industrielle ou commerciale en société civile conservant cette activité.

II. Cas où une société passible de l'IR devient passible de l'IS Pour les sociétés ou organismes exerçant une activité professionnelle, cette opération est assimilable à une cessation d'entreprise. Il en résulte la taxation immédiate non seulement des bénéfices de l'exercice en cours, mais également des provisions et autres bénéfices dont l'imposition avait été différée, ainsi que celle des plus-values latentes de l'actif et des profits latents sur les stocks (CGI art. 202 ter, I. al. 1).

Toutefois (CGI art. 202 ter, I. al. 2), dans le cas général où l'opération ne se traduit pas par la création d'une personne morale nouvelle, la transformation n'entraîne pas l'imposition des éléments dont la taxation a été précédemment différée (provisions, notamment), ni celle des plus-values et profits latents acquis par les éléments de l'actif dès lors qu'aucune modification n'est apportée aux évaluations comptables de ces éléments et que l'imposition demeure possible sous le régime de l'IS. Tel est le cas de la transformation en SA d'une SNC ou d'une SCS n'ayant pas opté pour l'IS.

> **Précisions** **Bilan d'ouverture** La société doit produire un bilan d'ouverture de la première période d'imposition dans un délai de 60 jours à compter du changement de régime (CGI art. 202 ter, III). Le point de départ de ce délai est (BOI-BIC-CESS-40 n° 240) :
> — en cas d'option exercée avant le début de l'exercice concerné, le premier jour de cet exercice ;
> — dans le cas contraire, la date d'envoi de l'option à l'administration fiscale.
> Sur l'incidence de la transformation chez les associés de la société de personnes, voir Mémento Fiscal n° 38790.

III. Cas où une société passible de l'IS devient passible de l'IR La transformation d'une société par actions ou à responsabilité limitée en une société de personnes est considérée comme une **cessation d'entreprise** (CGI art. 221-2). Il en est de même de l'option pour le régime des sociétés de personnes par une SARL de famille ou par une société de capitaux (CGI art. précité ; voir n° 36480). D'où l'imposition immédiate (même en cas d'insertion d'une clause de rétroactivité dans l'acte de transformation : CE 16-5-2008 n° 294305) des bénéfices d'exploitation non encore taxés, ce qui entraîne la production de la déclaration du résultat et des autres documents prévus en cas de cessation d'entreprise (BOI-IS-CESS-20-10 n° 370). Toutefois (CGI art. 221 bis), les bénéfices en sursis d'imposition, les plus-values latentes incluses dans

l'actif social et les profits latents sur les stocks ne font pas l'objet d'une imposition immédiate, à la double condition :
– **qu'aucune modification ne soit apportée aux écritures comptables** ;
– et que **l'imposition desdits bénéfices,** plus-values et profits **demeure possible** sous le nouveau régime fiscal applicable à la société ou à l'organisme concerné.
Dans ce cas, l'opération entraîne alors :
– l'application de l'IS aux bénéfices de l'exercice en cours lors de la transformation ; seuls ces bénéfices et les réserves ayant supporté l'IS sont alors imposables en tant que revenus distribués aux associés ;
– la perte du droit au report des déficits subis avant l'opération.

EXEMPLE

Transformation d'une SA en SNC ou en SCS lorsque la nouvelle société n'exerce pas l'option pour son assujettissement à l'IS.

La transformation d'une SA en SNC, permettant de transférer ses bénéfices à sa mère déficitaire avant d'être apportée l'année suivante à une autre société du groupe, ne constitue pas un abus de droit dès lors que la société a poursuivi son activité économique après la modification de sa forme sociale et a conservé sa forme sociale de SNC après l'opération d'apport (CE 15-2-2016 n° 374071).

IV. Cas où une société change partiellement de statut fiscal Le changement partiel de statut fiscal, qui peut résulter notamment (voir Mémento Fiscal n° 38755) de la transformation d'une société de personnes en société en commandite simple, entraîne les mêmes conséquences (avec les mêmes atténuations) qu'un changement total (CGI art. 202 ter, I et 221). Pour plus de détails, voir Mémento Fiscal n° 38785 s. S'agissant du cas particulier, dans le secteur de l'immobilier, de l'imposition des plus-values latentes sur les immeubles ou droits assimilés en cas d'option pour le régime des SIIC ou des Sppicav, voir Mémento Fiscal n° 30490 et 30950.

V. Cas particulier du renouvellement total des actionnaires d'une société à la suite de cessions massives des actions Ce renouvellement ne peut pas, à lui seul, impliquer les conséquences fiscales d'une « cession ou cessation d'entreprise » (voir Mémento Fiscal n° 11400 à 11415).

60750 **Taxe sur la valeur ajoutée** Les transformations de sociétés n'entraînent pas l'exigibilité de la taxe sur la valeur ajoutée (du moins lorsqu'elles ne donnent pas lieu à la création d'un être moral nouveau).

C. Aspects comptables

60800 **I. Cas général : transformation sans création d'un être moral nouveau**
La transformation, sans création d'un être moral nouveau, n'entraîne pas de conséquences comptables, sauf en cas de changement de référentiel comptable (voir n° 8590 s.). Quand elle survient en cours d'exercice, il n'y a en effet pas lieu d'arrêter les comptes au jour de la transformation, sauf décision contraire des associés. Les comptes de l'exercice sont alors arrêtés et approuvés et les bénéfices répartis, dans les conditions prévues par le régime applicable à la société sous sa nouvelle forme (en ce sens, Bull. CNCC n° 128, décembre 2002, EJ 2002-99, p. 608 et Ansa, octobre 2002, n° 3153).
En ce qui concerne les livres légaux, voir n° 7230.

> **Précisions** **Rapport de gestion** Le rapport de gestion est établi par les anciens et les nouveaux organes d'administration, chacun pour la période durant laquelle il a exercé ses fonctions. Il ne paraît pas interdit qu'un seul rapport couvrant la totalité de l'exercice puisse être établi d'un commun accord par les dirigeants anciens et nouveaux (Mémento Sociétés commerciales n° 20740).
>
> L'Ansa (décembre 1998, n° 2987) considère, pour sa part, que l'établissement du rapport de gestion est à la charge des nouveaux dirigeants, dès leur désignation.
>
> En outre, la transformation constitue un événement postérieur à traiter comme tel dans le rapport de gestion (Bull. CNCC n° 128, décembre 2002, EJ 2002-99, p. 608), voir n° 52395 s.

II. Cas exceptionnel : transformation avec création d'un être moral nouveau Dans ce cas, la transformation, avec création d'un être moral nouveau, entraîne nécessairement des conséquences comptables. Sur la dissolution de la société, voir n° 61805 s.

SECTION 4

DIFFICULTÉS DES ENTREPRISES : PRÉVENTION ET INCERTITUDE SUR LA CONTINUITÉ DE L'EXPLOITATION

I. LES PROCÉDURES D'ALERTE

60805 La loi 84-148 du 1er mars 1984 et son décret d'application du 1er mars 1985 ont institué, afin de **prévenir les difficultés des entreprises** :
– d'une part, l'établissement de 4 documents : tableau de financement, compte de résultats et plan de financement prévisionnel, situation de l'actif réalisable et disponible et du passif exigible (voir n° 65695 s.) ;
– d'autre part, des procédures d'alerte pouvant être déclenchées par diverses personnes ou groupements (voir ci-après).

ALERTE PAR LE COMMISSAIRE AUX COMPTES

60820 Les principales caractéristiques de la procédure d'alerte sont présentées dans la Note d'information CNCC NI.III « Continuité d'exploitation de l'entité : prévention et traitement des difficultés – Alerte du commissaire aux comptes » (2e édition, avril 2022).

I. Entités concernées La procédure d'alerte n'est susceptible d'être mise en œuvre que dans les entités :
– ayant désigné un commissaire aux comptes, qu'il s'agisse d'une désignation obligatoire ou volontaire (voir n° 85010) ;
– **et** dans la mesure où un texte la prévoit (directement ou par renvoi), ou lorsque la forme juridique imposée à l'entité par des textes légaux ou réglementaires la rend applicable (NI.III précitée, § 2.21.1). Sur la liste de ces entités, voir NI.III précitée, § 2.21.5.

> **Précisions 1. Entités dans lesquelles la procédure d'alerte n'est pas prévue** Dans certaines entités, la loi impose la nomination d'un commissaire aux comptes sans pour autant prévoir la mise en œuvre d'une procédure d'alerte (sur la liste de ces entités, voir NI.III précitée, § 2.21.6).
> **2. Exceptions dues à la situation de l'entreprise** Sur les entreprises en procédure de conciliation, de sauvegarde et de redressement judiciaire, voir FRC 12/23 Hors série inf. 89.1.
> **3. Désignation volontaire du CAC** La procédure d'alerte doit être mise en œuvre dès que la continuité d'exploitation de l'entité est compromise, même si le commissaire aux comptes a été désigné volontairement, à condition qu'un texte prévoie expressément la mise en œuvre de cette procédure pour l'entité concernée (EJ 2020-79 du 28-7-2023 ; cncc.fr).

II. Déclenchement de la procédure d'alerte La procédure d'alerte est déclenchée lorsque le commissaire aux comptes relève, à l'occasion de l'exercice de sa mission, des **faits de nature à compromettre la continuité de l'exploitation** (C. com. art. L 234-1 et L 234-2). La NI.III précitée (§ 2.12) présente de nombreux exemples de faits de nature à compromettre la continuité d'exploitation : voir FRC 12/23 Hors série inf. 89 s.

> **Précisions 1. Absence de diligences spécifiques** L'obligation d'alerte s'insère dans la mission générale du commissaire aux comptes (NI.III précitée, § 2.1).
> **2. Autres procédures d'alerte** La NI.III précitée (§ 2.22.5) présente une synthèse des liens entre la procédure d'alerte du commissaire aux comptes et les autres procédures d'alerte susceptibles d'être mises en œuvre par d'autres intervenants (voir n° 60955 s.).
> **3. Information privilégiée** Le déclenchement d'une procédure d'alerte par le commissaire aux comptes constituant un événement distinct des faits qui l'ont motivé, l'information relative à ce déclenchement est de nature à constituer, en elle-même et indépendamment de celle relative à ces faits, une **information privilégiée** (Cass. com. 23-3-2010 n° 09-65.827). Sur la notion d'information privilégiée, voir n° 81510.

Le commissaire aux comptes peut déclencher la procédure d'alerte à tout moment.

III. Déroulement de la procédure d'alerte Les différentes étapes de la procédure d'alerte diffèrent selon la nature de la société (SA ou autre que SA), voir ci-après a. et b.

60820 (suite) **a. Les différentes étapes de la procédure d'alerte dans une SA** (C. com. art. L 234-1 et R 234-1 à R 234-4 ; NI.III précitée, § 2.25.2)

Cette procédure est également applicable aux **SAS**, lorsqu'elles sont dotées selon les statuts d'un organe collégial ayant des fonctions semblables à celles d'un conseil d'administration ou d'un conseil de surveillance (Bull. CNCC n° 149, mars 2008, EJ 2007-117, p. 113 s. ; NI.III précitée, § 2.25.5). Pour des commentaires développés sur les **quatre phases** de la procédure d'alerte, voir FRC 12/23 Hors série inf. 89 s.

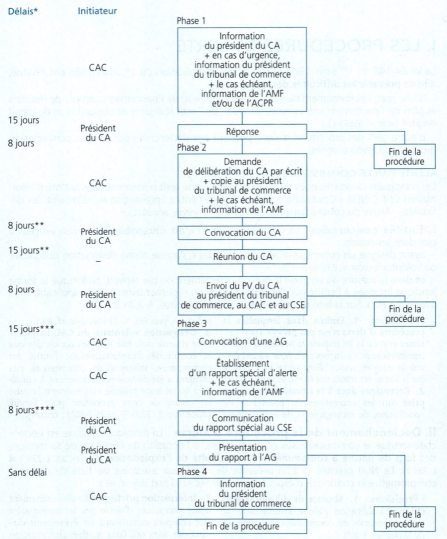

* Les délais courent à compter de la date de réception de la demande ou de la réponse ou de la convocation, etc., sauf précision contraire.
** Ce délai court à compter de la date de réception de la lettre du CAC demandant la délibération du CA.
*** Ce délai court à compter de la réception du PV du CA par le CAC.
**** Ce délai court à compter de la réception du rapport spécial d'alerte du CAC par le CA.

Abréviations
CAC = Commissaire aux comptes.
CA = Conseil d'administration.
AG = Assemblée générale.
CSE = Comité social et économique (ex-comité d'entreprise).
Pour les SA à directoire :
– Président du CA = Directoire.
– CA = Conseil de surveillance.

b. Les différentes étapes de la procédure d'alerte dans toutes les sociétés autres que les SA : SCA, SARL, SNC et SCS (C. com. art. L 234-2 et R 234-5 à R 234-7 ; NI.III précitée, § 2.25.3)

60820 (suite)

Cette procédure est également applicable :
– aux SAS, lorsqu'elles ne sont pas dotées par les statuts d'un organe collégial chargé de l'administration distinct de l'organe de direction (NI.III précitée, § 2.25.5) ;
– aux GIE (C. com. art. L 251-15 et R 251-3) ;
– aux personnes morales de droit privé non commerçantes ayant une activité économique visées à l'article L 612-1 du Code de commerce et aux associations subventionnées visées à l'article L 612-4 du Code de commerce ne disposant pas d'un organe collégial d'administration distinct de l'organe de direction (C. com. art. R 612-4 ; voir NI.III précitée, § 2.25.6).

> **Précisions** Sur la procédure à suivre lorsque la personne morale de droit privé non commerçante ou l'association subventionnée dispose d'un organe collégial distinct de l'organe de direction, voir NI.III, § 2.25.2.

Pour des commentaires sur les **trois phases** de la procédure d'alerte, voir FRC 12/23 Hors série inf. 89 s.

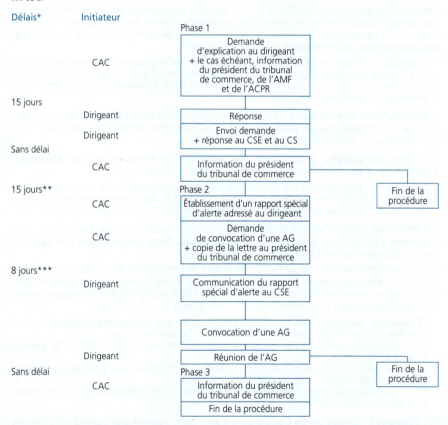

* Les délais courent à compter de la date de réception de la demande, ou de la réponse, ou de la convocation, etc., sauf précision contraire.
** Ce délai court à compter de la réception de la réponse du dirigeant par le CAC.
*** Ce délai court à compter de la réception de la demande du CAC.

Abréviations
CAC = Commissaire aux comptes.
CS = Conseil de surveillance.
AG = Assemblée générale.
CSE = Comité social et économique (ex-comité d'entreprise).
Pour les GIE :
– Dirigeant = Administrateurs,
– Associés = Membres du groupement.
Pour les SAS :
– Dirigeant = en principe Président.

IV. Incidence de l'alerte sur les comptes Le seul déclenchement de la procédure d'alerte n'entraîne pas obligatoirement l'établissement de comptes annuels en valeurs liquidatives (Bull. CNCC n° 104, décembre 1996, EJ 96-206, p. 728).
En effet (Bull. CNCC précité) :
— cette procédure est déclenchée à tout moment de l'exercice et la gravité des faits est appréciée au fur et à mesure du déroulement de ses phases successives ; ainsi, en fonction des décisions prises et des réponses apportées par les dirigeants, le commissaire aux comptes pourra estimer que la continuité d'exploitation est rétablie, incertaine ou non assurée ;
— or, la présentation des comptes en valeurs liquidatives implique qu'au moment de l'arrêté des comptes annuels, la continuité d'exploitation soit définitivement compromise du fait d'un événement de l'exercice ou d'un événement postérieur à la clôture ayant un lien direct prépondérant avec une situation existant à la clôture de l'exercice (voir n° 61045 s.).
Sur l'incidence de l'alerte sur la certification, voir FRC 12/23 Hors série inf. 89.6.

ALERTE PAR LE COMITÉ SOCIAL ET ÉCONOMIQUE (CSE)

60955 Parmi ses pouvoirs (voir n° 80285), le comité social et économique (ex-comité d'entreprise) dispose du droit de mettre en œuvre une procédure d'alerte économique des dirigeants sociaux s'il a connaissance « de faits de nature à affecter de manière préoccupante la **situation économique de l'entreprise** » (C. trav. art. L 2312-63).

> **Précisions**   Distinction entre continuité d'exploitation et situation économique La notion de « situation économique » (voir ci-après II.) peut recouvrir un champ beaucoup plus vaste que le seul critère de la continuité d'exploitation auquel se réfère le commissaire aux comptes pour déclencher la procédure d'alerte (voir n° 60820).

I. Entreprises concernées   Seules les entreprises d'au moins **50 salariés** sont concernées par la procédure d'alerte économique, aucune disposition similaire n'étant prévue pour les entreprises de moins de 50 salariés.

II. Faits de nature à affecter de manière préoccupante la situation économique de l'entreprise   Ces faits ne sont pas définis par la loi.

> **Précisions**   Des précisions ont toutefois été apportées concernant la mise en œuvre de l'alerte par le comité d'entreprise (transposables à notre avis au CSE) dans des réponses ministérielles et des arrêts de la Cour de cassation. Sur ces décisions, voir Mémento Sociétés commerciales n° 90541.

III. Mise en œuvre de la procédure   Lorsqu'il constate de tels faits, le CSE peut **demander** à l'employeur de lui fournir des **explications.** Cette demande doit être satisfaite dès la prochaine séance du comité (C. trav. art. L 2312-63).
S'il n'a pu obtenir de réponse suffisante de la part de l'employeur ou si celui-ci confirme le caractère préoccupant de la situation, le comité (ou, le cas échéant, la commission économique pour les entreprises employant au moins 1 000 salariés) établit un rapport qui est transmis à l'employeur et au commissaire aux comptes (C. trav. art. L 2312-63).

> **Précisions**   Assistance d'un expert Le CSE ou, le cas échéant, la commission économique peut :
> — se faire assister, une fois par exercice comptable, de l'expert-comptable ;
> — convoquer le commissaire aux comptes (la réciproque n'est pas vraie ; Bull. CNCC n° 76, décembre 1989, CD 89-03, p. 491 s.) ;
> — et s'adjoindre avec voix consultative deux salariés de l'entreprise choisis pour leur compétence et en dehors du comité (C. trav. art. L 2312-64).
> Si le comité décide de désigner un expert pour ce rapport, le chef d'entreprise ne peut s'y opposer (Cass. soc. 12-3-1991 n° 960 PF).

IV. Rapport   Le rapport du CSE ou de la commission économique conclut en émettant un avis sur l'opportunité (C. trav. art. L 2312-65) :
— de saisir de ses conclusions le conseil d'administration ou le conseil de surveillance dans les sociétés ou personnes morales qui en sont dotées ;
— ou d'en informer les associés (dans les autres formes de sociétés) ou les membres (dans les GIE).
Au vu de ce rapport, le CSE peut décider, à la majorité des membres présents, de procéder à cette saisine ou de faire procéder à cette information. Dans ce cas, l'avis de l'expert-comptable est joint à la saisine ou à l'information.

> **Précisions**   **1. Communication du rapport** Dans tous les cas, le gérant ou les administrateurs sont tenus de communiquer aux associés ou aux membres le rapport de la commission économique ou du CSE.

2. Confidentialité des informations Les informations concernant l'entreprise, communiquées dans le cadre de la mise en œuvre de son droit d'alerte par le CSE, ont par nature un **caractère confidentiel** (C. trav. art. L 2312-67). Toute personne qui y a accès est tenue à leur égard à une obligation de discrétion (voir n° 65755 et 65770).

V. Convocation d'une AG À l'issue de cette procédure, le CSE peut demander en justice la convocation de l'assemblée générale des actionnaires, s'il estime qu'il s'agit d'un cas d'urgence (voir n° 80285).

ALERTE PAR LES ASSOCIÉS

60960 Pour un lien avec l'ensemble des questions et expertises que peuvent demander les associés, voir n° 80190.

I. Sociétés anonymes Dans les SA, un ou plusieurs **actionnaires représentant** au moins **5 % du capital** social ou une association d'actionnaires pour les sociétés cotées sur un marché réglementé peuvent, deux fois par exercice, poser par écrit des questions au président du conseil d'administration ou au directoire « sur tout fait de nature à compromettre la continuité de l'exploitation » (C. com. art. L 225-232 et L 22-10-44).

Le président du conseil d'administration ou le directoire doit donner sa **réponse** par écrit **dans le** délai d'un **mois** et, dans ce même délai, adresser au commissaire aux comptes, s'il en existe, copie de la question et de sa réponse (C. com. art. L 225-232 et R 225-164).

Contrairement au régime applicable lorsque la procédure d'alerte est mise en œuvre par les commissaires aux comptes (voir n° 60820), aucune disposition légale ne permet aux actionnaires de saisir le conseil d'administration (ou le conseil de surveillance), voire l'assemblée générale si les réponses à leurs questions ne leur donnent pas satisfaction. Mais, comme ces réponses doivent être communiquées au commissaire aux comptes, il y a tout lieu de penser que ce dernier engagera lui-même la procédure d'alerte s'il estime, lui aussi, que les réponses données par le président du conseil d'administration ou le directoire ne sont pas satisfaisantes.

II. Sociétés à responsabilité limitée Les associés de SARL peuvent eux aussi, deux fois par exercice, poser par écrit des questions au gérant « sur tout fait de nature à compromettre la continuité de l'exploitation » (C. com. art. L 223-36). Contrairement aux SA, cette faculté est ouverte à **tous les associés** non gérants, quelle que soit la proportion de leurs droits dans le capital.

Le gérant doit répondre par écrit, dans le délai d'un mois, aux questions qui lui sont posées. Dans ce même délai, il doit adresser copie de la question et de sa réponse au commissaire aux comptes, s'il en existe (C. com. art. L 223-36 et R 223-29).

ALERTE PAR LE PRÉSIDENT DU TRIBUNAL DE COMMERCE

60965 Lorsqu'il résulte de tout acte, document ou procédure qu'une société commerciale, un GIE ou une entreprise individuelle, commerciale ou artisanale connaît des difficultés de nature à compromettre la continuité de l'exploitation, ses **dirigeants** peuvent être **convoqués** par le président du tribunal de commerce pour que soient envisagées les mesures propres à redresser la situation (C. com. art. L 611-2 I).

Les dirigeants d'une personne morale de droit privé peuvent être convoqués par le président du tribunal judiciaire (anciennement tribunal de grande instance) dans les mêmes conditions (C. com. art. L 611-2-1).

Pour des **exemples de faits** pouvant entraîner une demande d'entretien par le président du tribunal de commerce, voir la Note d'information CNCC NI.III « Continuité d'exploitation de l'entité : prévention et traitement des difficultés – Alerte du commissaire aux comptes », 2ᵉ édition, avril 2022, § 1.24.2 A.

> **Précisions** **Lien avec le CAC** Les textes n'ont pas prévu que le commissaire aux comptes soit informé de cette convocation. Toutefois, lorsqu'il en a connaissance, il lui appartient de s'informer de la teneur des échanges entre le président du tribunal et les dirigeants et d'apprécier, sur la base des informations qui lui sont communiquées, si les faits portés à sa connaissance sont de nature à mettre en cause la continuité d'exploitation (NI.III CNCC précitée, § 2.22.3 A).
>
> Le secret professionnel du commissaire aux comptes est levé à l'égard du président du tribunal de commerce et du président du tribunal judiciaire (anciennement TGI) dès la convocation des dirigeants par le président du tribunal, à condition que la demande soit présentée dans les formes et les délais requis (C. com. art. L 611-2, I et L 611-2-1 ; Bull. CNCC n° 147, septembre 2007, EJ 2007-47, p. 482 ; NI.III CNCC précitée, § 1.34.1 A). Le commissaire aux comptes n'est en revanche pas délié

de son secret professionnel à l'égard d'un administrateur judiciaire mandaté par le président du tribunal de commerce en vue de l'assister (Bull. CNCC n° 163, septembre 2011, EJ 2011-08, p. 604).

Il en est de même, à notre avis, à l'égard de l'administrateur mandaté par le président du tribunal judiciaire.

Sur les cas généraux de levée du secret professionnel, se reporter aux tableaux de synthèse établis par la CNCC (cncc.fr).

Pour plus de détails, voir Mémento Sociétés commerciales n° 90560 et 90561.

Sur l'information du président du tribunal de commerce par le commissaire aux comptes dans le cadre de sa procédure d'alerte, voir n° 60820.

ALERTE PAR LES GROUPEMENTS DE PRÉVENTION AGRÉÉS

60970 Toute **personne immatriculée au registre du commerce et des sociétés ou au registre national des entreprises** (voir n° 60010) ainsi que tout entrepreneur individuel à responsabilité limitée et toute **personne morale de droit privé** peuvent adhérer à un groupement de prévention agréé ayant pour mission de fournir à ses adhérents, de façon confidentielle, une analyse des informations économiques, comptables et financières que ceux-ci s'engagent à lui transmettre régulièrement (C. com. art. L 611-1).

Lorsque le groupement relève des **indices de difficulté**, il en informe le chef d'entreprise et peut lui proposer l'intervention d'un expert.

> **Précisions**   **Lien avec le CAC** Le commissaire aux comptes n'est pas nécessairement informé de l'action des groupements de prévention agréés. Néanmoins, lorsqu'il en a connaissance, il apprécie si les indices de difficulté sont constitutifs de faits de nature à compromettre la continuité d'exploitation de l'entité (NI.III CNCC précitée, § 2.22.4).

En cas de demande de procédure de conciliation (ex-règlement amiable, voir n° 61275 s.), les dirigeants peuvent se faire assister par le groupement de prévention agréé auquel leur entreprise a adhéré.

II. INCERTITUDE SUR LA CONTINUITÉ DE L'EXPLOITATION

61045 L'apparition de difficultés peut rendre incertaine la continuité de l'exploitation, principe de base des règles d'évaluation comptables figurant dans le Code de commerce (voir n° 60805).

Nous étudions ci-après les incidences sur les comptes lorsque la continuité d'exploitation devient incertaine ou compromise. Sur les incidences sur la mission de certification des comptes annuels, voir FRC 12/23 Hors série inf. 90 s.

DANS QUELLES SITUATIONS LA CONTINUITÉ D'EXPLOITATION N'EST-ELLE PLUS ASSURÉE ?

61050 Selon la note d'information NI.I CNCC « Les rapports du commissaire aux comptes sur les comptes annuels et consolidés » (décembre 2021, 4ᵉ édition, § 5), deux situations peuvent être envisagées à la clôture :
– la continuité d'exploitation est considérée comme **incertaine** lorsque la situation n'est pas définitivement compromise mais dépend de la réalisation de certaines conditions (obtention de commandes, d'une ligne de crédit, du soutien de la société mère…) ;
– ou elle est définitivement **compromise** lorsqu'une décision de liquider la société a été prise ou a été formellement engagée par les dirigeants, ou lorsqu'une décision judiciaire de liquidation a été prononcée visant à mettre un terme aux activités de la société (plan de redressement non accepté).

> **Précisions**   **1. Liquidation effective différée** Dès lors qu'une décision de liquider la société est prise ou formellement engagée, la continuité d'exploitation est définitivement compromise, peu importe la date d'arrêt effectif de l'activité, y compris supérieure à 12 mois suivant la clôture. Sur les conséquences d'une poursuite de l'activité sur une période intercalaire, voir n° 61125.

2. Conservation de la personnalité morale Lorsque la société est vidée de son activité (coquille vide) ou mise en sommeil (cas particulier de cessation temporaire d'activité limitée à 2 ans), mais qu'elle continue d'exister, la continuité d'exploitation n'est, à notre avis, pas compromise tant qu'aucune décision de liquidation n'a été décidée et que les actionnaires subviennent aux coûts de mise en sommeil de la société.

3. Activité « tupée » dans la société mère En cas de dissolution par confusion de patrimoine (transmission universelle de patrimoine – TUP), la continuité d'exploitation n'est pas définitivement compromise puisque la société n'est pas liquidée et l'activité se poursuit dans la société mère.

Lien avec les procédures amiables et judiciaires Le tableau suivant, établi par nos soins, a pour objectif de comparer et de situer les différentes situations possibles, décrites en première colonne, par rapport au déroulement des procédures amiables et judiciaires : **61055**

> **Précisions** Les procédures résultant du Code de commerce (voir n° 61190 s.) sont **sans conséquence directe** sur les comptes annuels. Seule la traduction de la continuité d'exploitation concerne les comptes annuels (Bull. CNCC n° 96, décembre 1994, CD 94-11, p. 752).

Les différentes situations	Continuité de l'exploitation (voir n° 61115)	Les procédures amiables ou judiciaires correspondantes (voir n° 61190 s.)
Difficultés sans remise en cause de la poursuite de l'activité	Assurée [1]	-
Poursuite de l'activité **sous certaines conditions** (obtention de commandes, d'une ligne de crédit, du soutien de la société mère…)		Rien ou mandat ad hoc (voir n° 61195) ou procédure de conciliation [2] (voir n° 61275)
Difficultés de nature à conduire à l'état de cessation des paiements	Incertitude à apprécier en fonction des circonstances [3]	Rien ou mandat ad hoc (voir n° 61195) ou procédure de conciliation [2] (voir n° 61275)
		Procédure de sauvegarde [2] (voir n° 61380) ou Redressement judiciaire sans cessation des paiements (voir n° 61595)
État de cessation des paiements [2]		Jugement de redressement judiciaire (voir n° 61595)
		Période d'observation du redressement judiciaire (voir n° 61600)
Plan de redressement accepté		Période de redressement judiciaire (n° 61605)
Plan de redressement non accepté (décision judiciaire)		Liquidation judiciaire (voir n° 61610)
État de cessation des paiements [4]	Définitivement compromise [5]	Liquidation judiciaire lorsque le redressement est manifestement impossible (n° 61595)
Décision de cessation de l'activité (liquidation conventionnelle, voir n° 61805)		N/A

(1) Si l'entité évolue dans un environnement incertain, avec une visibilité réduite sur ses perspectives d'activité, sans pour autant qu'ait été identifiée une incertitude sur la continuité d'exploitation, une information est prévue en annexe (voir n° 61117).
(2) Possible si la cessation des paiements est intervenue depuis moins de 45 jours.
(3) La continuité d'exploitation est à apprécier en fonction des circonstances propres à chaque cas (voir n° 61115). En cas d'incertitude significative, une information est prévue en annexe (voir n° 61117).
(4) Sur la définition et la date d'appréciation de l'état de cessation des paiements, voir n° 61595.
(5) Lorsque la continuité d'exploitation est définitivement compromise, les comptes sont établis en valeurs liquidatives (voir n° 61120).

En pratique Les implications comptables étant différentes selon les situations (voir n° 61117 s.), il est primordial de bien apprécier la situation dans laquelle l'entreprise se trouve. **Les questions à se poser à la date d'arrêté des comptes** (voir n° 61100) sont, à notre avis, dans l'ordre, les suivantes : **61060**

1. Les dirigeants de l'entreprise ont-ils formellement engagé la décision de liquider la société ?
2. Une décision judiciaire de liquidation a-t-elle été prononcée ?
Si la réponse est oui à l'une de ces deux questions, la continuité d'exploitation est **définitivement compromise** (voir n° 61050). Sur les incidences comptables, voir n° 61120 s.

Si la réponse est non :

3. L'entreprise est-elle engagée dans une procédure collective amiable ou judiciaire ?
Procédure de sauvegarde, de conciliation, redressement judiciaire…

4. L'entreprise est-elle en état de cessation des paiements sans avoir encore procédé à sa déclaration ? Pour apprécier l'état de cessation des paiements, voir n° 61595.

Si la réponse est oui à l'une de ces deux questions, la continuité d'exploitation est nécessairement **incertaine.** Sur les incidences comptables, voir n° 61117.

Si la réponse est non :

5. L'entreprise risque-t-elle d'être en état de cessation des paiements dans un avenir prévisible (les 12 mois suivant la clôture, voir n° 61105) ? Pour apprécier le risque de cessation des paiements et déterminer si la continuité d'exploitation est **assurée ou incertaine,** voir n° 61115. Sur les incidences comptables si elle est incertaine, voir n° 61117.

QUAND APPRÉCIER LA CONTINUITÉ D'EXPLOITATION ?

61100 **À la date d'arrêté des comptes** Selon la CNCC, les entités ont une obligation implicite d'évaluer, lors de l'établissement des comptes, la capacité de l'entité à poursuivre son exploitation dans un avenir prévisible, en exerçant un jugement sur la survenance de faits ou d'événements incertains (Note d'information NI.III précitée, § 2.11.1).

61105 **La continuité d'exploitation s'apprécie « dans un avenir prévisible »**
Lorsque le référentiel comptable ne définit pas la période sur laquelle porte l'évaluation faite par la direction, la continuité d'exploitation est appréciée sur une **période de douze mois à compter de la clôture de l'exercice** (NEP 570, § 07 et Note d'information NI.III précitée, § 2.11.1).

61110 **En tenant compte des événements postérieurs à la clôture de l'exercice**
La continuité d'exploitation s'appréciant jusqu'à la date d'arrêté des comptes (voir n° 61100), les événements postérieurs à la clôture sont donc à prendre en compte.

Conformément au traitement défini par le PCG en cas de survenance d'un événement postérieurement à la clôture de l'exercice (voir n° 52310 s.), les incidences diffèrent selon que l'événement postérieur **a (ou n'a pas) un lien direct prépondérant** avec une situation existant à la clôture de l'exercice.

Si l'événement post-clôture est de nature à compromettre définitivement la continuité d'exploitation, voir n° 61120 s. Sinon, en cas de continuité assurée ou incertaine, voir n° 61117.

Lorsque l'événement remettant en cause la continuité de l'exploitation **intervient après la date d'arrêté des comptes,** une information en annexe est, à notre avis, obligatoire si la société n'a pas été en mesure de procéder à un nouvel arrêté des comptes. Sur cette information, voir n° 52405.

Sur la divergence avec les normes IFRS, voir Mémento IFRS n° 12794.

COMMENT APPRÉCIER LA CONTINUITÉ DE L'EXPLOITATION ?

61115 Le risque sur la continuité d'exploitation s'apprécie sur la base de faits et circonstances défavorables dont la portée peut être atténuée par des facteurs positifs. Dans tous les cas, la prise en compte de ces éléments dépend de la situation d'ensemble de l'entité.

La NI.III précitée (§ 2.12 et 2.14) présente et commente de nombreux exemples :
– de faits de nature à compromettre la continuité d'exploitation (relatifs à la situation financière, à l'exploitation, à l'environnement économique et social, à la gouvernance et aux conflits entre associés, dans le cas spécifique des groupes) ;

> **EXEMPLE**
> Capitaux propres négatifs, décision d'une société mère de supprimer son soutien à une filiale, impossibilité de renouveler les crédits, pertes de marchés importants, sous-activité notable et continue, conflits sociaux graves et répétés, procédures judiciaires en cours…

– de facteurs positifs qui viendraient en atténuer la portée, annuler éventuellement leurs effets ou bien simplement les différer (dans le domaine des actifs et passifs, de l'exploitation…).

> **EXEMPLE**
> Cessions d'actifs non nécessaires à l'exploitation, obtention de nouveaux financements, renégociation d'échéances, recours à l'affacturage, suppression de dividendes, recentrage stratégique sur certaines activités et restructurations, nouveaux marchés, soutien du groupe…

Pour plus de détails, voir FRC 12/23 Hors série inf. 90 s.

> **Précisions** L'appréciation du concept de continuité d'exploitation pour le déclenchement ou non de la procédure d'alerte ou l'appréciation du bien-fondé de l'utilisation de la convention comptable de continuité d'exploitation pour l'élaboration des comptes ne peut pas conduire à des conclusions divergentes (NI.III précitée, § 2.26.1).

QUELLES SONT LES INCIDENCES SUR LES COMPTES ?
Lorsque la continuité d'exploitation n'est pas définitivement compromise   61117

a. Permanence des méthodes Dès lors que la continuité d'exploitation n'est pas définitivement compromise, la convention de continuité d'exploitation n'est pas abandonnée et les comptes continuent à être établis dans la permanence des méthodes, selon les principes énoncés par les règles comptables applicables (Rec. ANC Covid-19 ; Question B9).

b. Information en annexe Lorsque l'entité évolue dans un **environnement incertain**, avec une **visibilité réduite sur ses perspectives d'activité**, l'ANC recommande de mentionner en annexe les **principaux éléments de jugement** qui ont conduit l'entité à ne pas remettre en cause la continuité d'exploitation malgré les circonstances. Il s'agit de décrire les **incertitudes** liées à des événements et des circonstances susceptibles de jeter un doute important sur la capacité de l'entité à poursuivre son activité et sur lesquelles elle a exercé et fondé son jugement. Ces informations doivent être équilibrées en ne retenant des hypothèses ni uniquement pessimistes ni uniquement optimistes (Rec. ANC précitées ; Question B8).

Pour une information pertinente, il est, à notre avis, nécessaire, dans la mesure du possible, de **chiffrer** les différents éléments positifs et négatifs.

> **Précisions 1. Jugements** La CNCC invite les entreprises à la vigilance sur les jugements relatifs aux hypothèses formulées pour l'avenir et sur les autres sources majeures d'incertitudes relatives aux estimations. En effet, ils présentent un risque important d'entraîner un ajustement significatif de la valeur comptable des actifs et des passifs au cours des périodes comptables suivantes (Questions/Réponses CNCC Covid-19).
>
> **2. Incertitudes** Selon la Note CNCC relative aux conséquences de la crise sur l'audit des comptes 2008 (16-9-2009), dans le cadre des informations à donner en période de crise, que l'information peut porter :
> — sur des **incertitudes « avérées »** (provenant de la réalisation d'une opération, par exemple) susceptibles de jeter un doute important sur la capacité de l'entité à poursuivre son activité ;
> — sur des **hypothèses structurantes** dont la réalisation s'inscrit dans les aléas de l'environnement global ou sectoriel, dans un contexte caractérisé par un manque de visibilité sur le futur proche et de multiples incertitudes (par exemple, la survenance d'un événement dont dépend la continuité d'exploitation dans un avenir prévisible, une ligne de financement venant à échéance à court terme sans que sa banque ait pris d'engagement ferme sur son renouvellement...).
>
> Voir également n° 61115 des exemples de faits de nature à compromettre la continuité d'exploitation ainsi que les plans d'action engagés par la direction pour atténuer la portée, voire annuler les effets des éléments négatifs.
>
> **3. Procédures en cours** Il n'existe aucune obligation d'information sur les procédures dans les comptes annuels (Bull. CNCC n° 96, décembre 1994, CD 94-11, p. 752). Toutefois, à notre avis, les procédures sont susceptibles de faire partie des informations pouvant être considérées comme déterminantes au regard de l'environnement de l'entité et des circonstances sur lesquelles elle doit exercer et fonder son jugement.

Lorsque l'entité a identifié une **incertitude significative sur la continuité d'exploitation**, l'annexe doit comporter une **information non équivoque** sur les risques pesant sur la continuité d'exploitation (Rec. ANC précitées ; Question B8). Ainsi, le caractère pertinent de cette information en annexe est apprécié par le commissaire aux comptes au regard de (Note d'information CNCC NI.I, 4e édition, décembre 2021, § 5.22) :
— la description des principaux faits ou situations à l'origine de cette incertitude significative et des plans d'action engagés par la direction de l'entité pour y faire face (voir ci-avant) ;
— la mention dans l'annexe qu'en conséquence de ces incertitudes l'entité pourrait ne pas être en mesure de réaliser ses actifs et de régler ses dettes dans le cadre normal de son activité.

> **Précisions 1. Incertitudes significatives** Selon la NEP 570 (§ 4), une incertitude est significative lorsque l'ampleur de son incidence potentielle et sa probabilité de réalisation sont telles que, selon le jugement du commissaire aux comptes, une information appropriée dans les comptes sur la nature et les implications de cette incertitude est nécessaire pour assurer la régularité, la sincérité et l'image fidèle des comptes.
>
> **2. Procédures amiables et judiciaires** Une procédure en cours ne représente pas nécessairement une incertitude significative dès lors que des éléments positifs sont de nature à atténuer, voire annuler la probabilité de réalisation de l'incertitude (voir n° 61055 et 61115).

c. Incidence des événements post-clôture Si les difficultés ou l'incertitude concernant la continuité d'exploitation sont dues à des événements postérieurs à la clôture :
– lorsqu'il existe un **lien direct** avec une situation existant à la clôture de l'exercice, les comptes annuels sont, le cas échéant, ajustés (provision, dépréciation…) sans pour autant être établis en valeur liquidatives, dès lors que la continuité d'exploitation n'est pas définitivement compromise et une information donnée en **annexe** (voir n° 52340) ;
– lorsqu'il n'existe **aucun lien direct** avec une situation existant à la clôture de l'exercice, les comptes n'ont pas à être modifiés, mais une information en **annexe** est obligatoire (voir n° 52345).

61120 Lorsque la continuité d'exploitation est définitivement compromise
a. Établissement des comptes en valeurs liquidatives du fait d'une décision visant à la liquidation de la société (Rec. ANC précitées, Question B8) :
– l'abandon du principe de continuité d'exploitation entraîne celui d'autres conventions comptables ou une application partielle de celles-ci (voir n° 61122) ;
– les comptes annuels sont établis en **valeurs liquidatives** (voir n° 61125).

> **EXEMPLE**
>
> Le principe de continuité doit être abandonné et les comptes établis en valeurs liquidatives notamment en cas de (Bull. CNCC n° 102, juin 1996, EC 95-88, p. 309 ; voir n° 61055) :
> – plan de redressement non accepté ;
> – décision volontaire de cesser l'activité ;
> – ou liquidation amiable.
>
> Sur les autres situations, voir n° 61050 s.

b. Information en annexe Sont mentionnées en **annexe** (Rec. ANC précitées, Question B8 ; Bull. CNCC n° 92, décembre 1993, EC 93-16, p. 538 s.) :
– les raisons de l'abandon du principe de continuité d'exploitation et de certains principes comptables généraux ;
– les modalités d'évaluation et de présentation retenues ;
– les incidences de cet abandon sur la présentation et l'évaluation des comptes annuels.

Sur les conséquences chez la société mère si la continuité d'exploitation d'une participation est totalement compromise, voir n° 35715.

c. Incidence des évènements post-clôture Si l'abandon du principe de continuité d'exploitation est dû à un événement postérieur à la clôture et en l'absence de règle spécifique en cas de continuité d'exploitation définitivement compromise avant la date d'arrêté des comptes, le traitement défini par le PCG en cas de survenance d'un événement postérieurement à la clôture de l'exercice s'applique (voir n° 52320), faisant alors appel au jugement (Questions/Réponses CNCC Covid-19, Question 1.5). Ainsi :
– lorsqu'il existe un **lien direct** avec une situation existant à la clôture de l'exercice, les comptes annuels doivent être **établis en valeur liquidatives** et une information est donnée en **annexe** (voir ci-avant) ;

> **EXEMPLE**
>
> Une société qui annonce, entre la date de clôture et la date d'arrêté des comptes, la fermeture définitive de son site industriel entraînant la cessation définitive d'activité de la société (sur cette notion, voir n° 61050), établit ses comptes en valeurs liquidatives dès lors que cette décision de fermeture vient confirmer une situation déjà compromise avant la date de clôture des comptes (Bull. CNCC n° 172, décembre 2013, EC 2013-45, p. 664 s.).

– lorsqu'il n'existe **aucun lien direct** avec une situation existant à la clôture de l'exercice, les comptes n'ont pas à être modifiés, mais une information en annexe est obligatoire au titre de l'événement postérieur (PCG art. 833-2). En l'absence de précision du PCG, l'information en annexe pourrait présenter la nature de l'événement, ainsi que, par exemple, des comptes simplifiés établis en valeurs liquidatives (Question 1.5 précitée).

> **EXEMPLE**
>
> Dans le cas d'un incendie survenu en février N+1, même si la société (qui clôture en décembre N) a décidé de ne pas poursuivre son activité, les valeurs liquidatives ne doivent pas être retenues.

> Précisions 1. Difficultés d'application En pratique, il peut être difficile d'estimer s'il existe un lien direct ou non avec une situation existant à la clôture. Ce lien direct existe-t-il nécessairement lorsque la continuité d'exploitation était déjà incertaine à la clôture ? À notre avis, non. Par exemple, lorsqu'une entreprise est en procédure de redressement judiciaire à la clôture et qu'un jugement de liquidation intervient avant la date d'arrêté des comptes, cet événement post clôture

doit être analysé au regard de la situation existant à la clôture :
— si la situation était déjà compromise malgré la procédure de redressement engagée, car la société avait à la date de clôture connaissance de faits de nature à compromettre l'issue du plan de redressement en cours, le jugement de liquidation post-clôture est lié à des conditions existant à la date de clôture et devrait conduire à établir les comptes en valeurs liquidatives ;
— si, au contraire, lors de la mise en place de la procédure de redressement, rien ne laissait entrevoir que la situation était déjà compromise, puis la situation s'est dégradée post-clôture, la liquidation est, à notre avis, un événement postérieur à la clôture non lié à des conditions existant à la clôture. Seule une information en annexe est nécessaire.

Il est donc nécessaire de comprendre les raisons qui ont conduit l'entreprise à ne pas prendre la décision de liquider avant la clôture et d'identifier, le cas échéant, l'événement nouveau par rapport à la situation existant à la clôture qui débouche sur une liquidation.

L'abandon de la convention de continuité de l'exploitation entraîne-t-il celui des autres conventions ? Oui, en tout ou partie. 61122

La convention de la continuité de l'exploitation étant une condition nécessaire et préalable à la mise en œuvre des autres conventions comptables de base, son abandon entraîne celui de ces autres conventions ou une application partielle de celles-ci (ancienne NI.CNCC n° 8 « Le CAC et la continuité de l'exploitation », décembre 1996, § 1.43 A confirmée par la Rec. ANC précitée, Question B8) :
— **la permanence des méthodes n'est plus applicable** en raison du choix des valeurs liquidatives le plus souvent différentes des coûts historiques existant et de la prise en compte d'actifs et de passifs latents ou nés directement de la cessation définitive d'activité ;
— **il en est de même de l'indépendance des exercices,** car il convient de mettre immédiatement en évidence l'ensemble des événements futurs considérés inéluctables : licenciements, impôts nés de la liquidation, rupture de contrats… ;
— **la règle de prudence doit continuer à être respectée** pour l'appréciation des dettes et des charges et pour la détermination des plus-values éventuelles ; **mais** son **application** est **atténuée** par la prise en compte de ces plus-values.

Sur l'information à donner en **annexe,** voir n° 61120.

Quelles sont les principales conséquences de l'établissement des comptes en valeurs liquidatives ? Diverses méthodes d'évaluation (par exemple, la valeur vénale et la valeur de réalisation nette) peuvent être appropriées (Rec. ANC précitées, Question B8). En l'absence de texte donnant une définition de la valeur liquidative et indiquant les modalités d'évaluation à utiliser, l'ancienne NI CNCC n° 8 précitée a apporté les précisions suivantes qui nous semblent toujours applicables (§ 1.43 B) : 61125
— elle définissait ainsi la valeur liquidative : « Les éléments d'**actifs** doivent être constatés à leur **valeur de réalisation** ; les **passifs** étant pris pour leur **valeur actuelle** compte tenu des dates d'exigibilité souvent modifiées » ;
— constatant très souvent, dans la pratique, de **très grandes difficultés d'évaluation,** elle proposait un tableau visant à approcher les méthodes applicables (voir ci-après).

> **Précisions** Pour l'application de ces modalités d'évaluation, selon la CNCC (Bull. n° 92, décembre 1993, EC 93-16, p. 538 s.) :
> — la règle de prudence devant présider aux évaluations, une plus-value ne devrait être constatée que si elle est **certaine** ; ainsi, en pratique, les plus-values latentes éventuelles (en l'absence de promesse de vente) ne devraient pas être enregistrées ;
> — la limitation de la somme des valeurs liquidatives de chaque élément à la valeur liquidative globale peut s'imposer lorsque la liquidation intervient globalement, sauf s'il s'agit d'un élément d'actif dissociable.

Sur l'information à donner en **annexe,** voir n° 61120.

Éléments d'une évaluation en valeurs liquidatives
(Extrait d'un tableau de l'ancienne NI CNCC n° 8, § 1.43)

Postes du bilan	Valeurs liquidatives
– Frais d'établissement	Constat immédiat en charge
– Coûts de développement	Constat immédiat en charge (ou valeur de réalisation s'il existe un acquéreur)
– Autres immobilisations incorporelles – Immobilisations corporelles	Valeur vénale déterminée par référence à une promesse de vente [1]
– Titres de participation	Valeur de réalisation qui peut être inférieure à la valeur d'utilité
– Stocks et en-cours	Valeur de réalisation souvent inférieure à la valeur nette comptable Une attention particulière doit être portée aux en-cours dont la valeur peut être nulle s'il n'existe pas de possibilité de les vendre en l'état Des provisions complémentaires sur les contrats de longue durée peuvent être nécessaires
– Autres valeurs réalisables	Des dépréciations complémentaires peuvent être nécessaires Comptes de régularisation, à prendre immédiatement en charges de l'exercice
– Valeurs mobilières de placement	Cours de bourse ou valeur probable de négociation pour les titres non cotés
– Dettes	Le passif devra tenir compte de tous les coûts d'exploitation jusqu'à la cessation d'activité et de toutes les dettes causées par la cessation d'activité [2] Une attention particulière devra être portée aux points suivants : – rupture des contrats en cours entraînant des pénalités (contrats de bail, de crédit-bail, contrats de représentation, d'exclusivité, de travail) – passif fiscal : impôts directs et indirects résultant de la liquidation, prise en compte du passif fiscal différé (notamment sur provisions réglementées) – subvention d'équipement à rapporter au résultat – indemnités de licenciement [3] Envisager le remboursement des sommes attribuées si les clauses liées à l'octroi des subventions n'ont pas été respectées

(1) Amendé par nos soins, suite au bulletin CNCC n° 92 précité ayant précisé qu'en pratique, les plus-values latentes éventuelles (en l'absence de promesse de vente) ne sont toutefois pas enregistrées.
(2) Il s'agit, par exemple, à notre avis, des honoraires d'avocats, de conseil, etc., engagés au titre de la liquidation.
(3) Ainsi, en cas de licenciement des salariés, une provision pour licenciement est à comptabiliser, même si les conditions de constitution d'une telle provision, définies par le PCG et l'avis CNC n° 2000-01 (voir n° 16925) ne sont pas remplies (par exemple, licenciements non encore annoncés au personnel).

Lorsque l'activité se poursuit sur une période intercalaire, à notre avis :
– en cas d'activité bénéficiaire, les moins-values latentes attendues sur les immobilisations devraient pouvoir être diminuées des flux nets positifs attendus de cette activité résiduelle ;
– en cas d'activité déficitaire, la perte d'exploitation future estimée est provisionnée en tenant compte, à notre avis, des coûts et des produits d'exploitation futurs qui pourront être estimés à la date d'arrêté des comptes.

SECTION 5 — RÈGLEMENT DES DIFFICULTÉS DES ENTREPRISES

61190 En vue de remédier à la situation consécutive aux graves difficultés de paiement susceptibles d'être rencontrées dans les entreprises commerciales et artisanales, différentes procédures de règlement sont prévues selon le traitement des difficultés et la gravité des cas :
a. Traitement amiable des difficultés Deux moyens peuvent être utilisés :
– la désignation d'un **mandataire ad hoc** (voir n° 61200) ;
– la **procédure de conciliation,** lorsque l'entreprise éprouve une difficulté juridique, économique ou financière avérée ou prévisible et qu'elle n'est pas en cessation des paiements depuis plus de 45 jours (voir n° 61275).

b. Traitement judiciaire des difficultés Quatre procédures sont prévues :
– la **procédure de sauvegarde,** destinée, lorsque l'entreprise n'est pas en cessation des paiements, à faciliter la réorganisation de l'entreprise afin de permettre la poursuite de l'activité économique, le maintien de l'emploi et l'apurement du passif (voir n° 61380), ainsi que la procédure de sauvegarde accélérée, précédée d'une procédure de conciliation obligatoire (voir n° 61475) ;
– le **redressement judiciaire,** lorsque l'entreprise est en état de **cessation des paiements** (voir n° 61595) ;
– le **rétablissement professionnel** sans liquidation réservé aux **personnes physiques** dont la situation financière est irrémédiablement compromise (voir n° 61690).

I. MANDAT AD HOC

61195 Pour tous développements, voir Mémento Sociétés commerciales n° 10350 s. et Mémento Droit commercial n° 61050 s.

61200 Le président du tribunal de commerce peut, **à la demande du débiteur,** désigner un mandataire ad hoc dont il détermine la mission (C. com. art. L 611-3, al. 1).

Le mandataire ad hoc est un mandataire ayant pour seule mission d'effectuer une opération **ponctuelle et limitée** : par exemple en cas de difficultés financières, renégociation des délais de paiement avec les principaux créanciers, rééchelonnement des dettes ou mise en place de financements adaptés (restructuration de l'endettement, obtention de concours bancaires, etc.). Dans ce cadre, il est tenu à la confidentialité (C. com. art. L 611-15). Sur les caractéristiques du mandat ad hoc, voir la Note d'information CNCC NI.III « Continuité d'exploitation de l'entité : prévention et traitement des difficultés – Alerte du commissaire aux comptes », 2ᵉ édition, avril 2022, § 1.41.

> **Précisions** **1. Mandat ad hoc et CSE** Le débiteur n'est pas tenu d'informer le comité social et économique de la désignation d'un mandataire ad hoc (C. com. art. L 611-3).
> **2. Lien entre mandat ad hoc et alerte du CAC** L'entité peut demander la désignation d'un mandataire ad hoc en l'absence de procédure d'alerte du commissaire aux comptes. La décision nommant le mandataire ad hoc est communiquée pour information au commissaire aux comptes (C. com. art. L 611-3 et R 611-20), qui analyse le contexte et les circonstances de cette désignation afin d'apprécier la situation de l'entité. À l'issue de cette appréciation, il **décide ou non de mettre en œuvre la procédure d'alerte.** Au cours du mandat ad hoc, le commissaire aux comptes peut être conduit à **réapprécier sa décision** (Note d'information CNCC NI.III précitée, § 2.23.1 ; voir également FRC 12/23 Hors série inf. 89.4).

II. PROCÉDURE DE CONCILIATION (EX-RÈGLEMENT AMIABLE)

61270 Pour tous développements, voir Mémento Sociétés commerciales n° 90620 à 90690 et Mémento Droit commercial n° 61100 à 61180.

61275 **Champ d'application** La procédure de conciliation est ouverte aux personnes (physiques ou morales) exerçant une activité commerciale ou artisanale :
– qui éprouvent une difficulté juridique, économique ou financière **avérée ou prévisible** ;
– et **ne se trouvent pas en cessation des paiements depuis plus de 45 jours** (C. com. art. L 611-4).

> **Précisions** Si la personne physique ou morale n'est pas en état de cessation des paiements, elle peut également bénéficier de la **procédure de sauvegarde,** permettant de traiter les difficultés de manière judiciaire et non amiable (voir n° 61380).

La procédure de conciliation est applicable, dans les mêmes conditions, aux **personnes morales de droit privé et aux personnes physiques exerçant une activité professionnelle indépendante,** y compris une profession libérale soumise à un statut législatif ou réglementaire ou dont le titre est protégé (C. com. art. L 611-5).

61280 Ouverture de la procédure À la demande de la personne en difficulté, le président du tribunal de commerce ou du tribunal judiciaire ouvre la procédure de conciliation et désigne un conciliateur (C. com. art. L 611-6).

> **Précisions** **Procédure et CSE** Le débiteur n'est **pas tenu d'informer le comité social et économique** de l'ouverture de la procédure (C. com. art. L 611-6).

Pour plus de détails sur l'ouverture de la procédure et notamment sur le contenu de la demande, voir Mémento Sociétés commerciales n° 90640 à 90643.

61285 Effet de l'ouverture de la conciliation **a. Délais de paiement et remises de dettes** L'ouverture de la procédure n'emporte pas la suspension des poursuites mais permet au dirigeant poursuivi ou mis en demeure par un créancier de demander au juge d'accorder à la société des délais de paiement (C. com. art. L 611-7, al. 5 ; voir Mémento Droit commercial n° 61130).

> **Précisions** **Absence de poursuite ou de mise en demeure** Lorsqu'un créancier refuse de suspendre l'exigibilité de sa créance pendant la procédure de conciliation, le débiteur peut, avant toute mise en demeure du créancier, demander au juge le report ou l'échelonnement, dans la limite de la durée de la mission du conciliateur, du paiement des créances non échues (C. com. art. L 611-7).

En outre, la procédure de conciliation permet notamment aux banques et aux organismes de sécurité sociale de consentir à l'entreprise en difficulté des remises de dettes (C. com. art. L 611-7, al. 3).

b. Cession partielle ou totale de l'entreprise Le conciliateur peut être chargé, à la demande du débiteur, d'organiser la cession partielle ou totale de l'entreprise susceptible d'être mise en œuvre, le cas échéant, dans le cadre d'une procédure ultérieure de sauvegarde, de redressement ou de liquidation judiciaires (C. com. art. L 611-7).

> **Précisions** **1. Lien avec la procédure de redressement ou de liquidation judiciaire** Ces procédures ne peuvent pas être demandées par un créancier si une procédure de conciliation est ouverte (C. com. art. L 631-4 et L 640-4).
En revanche, l'ouverture de l'une de ces procédures par le débiteur met fin de plein droit à la procédure de conciliation (C. com. art. R 611-38-1).
2. Rôle du CAC La décision d'ouverture de la procédure de conciliation est communiquée au commissaire aux comptes (C. com art. L 611-6, al. 3 ; voir n° 61285). Selon la Note d'information CNCC NI.III « Continuité d'exploitation de l'entité : prévention et traitement des difficultés – Alerte du commissaire aux comptes », 2ᵉ édition, avril 2022 (§ 1.42 et 2.23.2), le commissaire aux comptes analyse le contexte et les circonstances de cette décision afin d'apprécier la situation de l'entité. Il se tient informé de l'évolution de la mission du conciliateur et de la teneur de l'accord de conciliation. Lorsqu'il estime que des éléments relevés sont susceptibles de remettre en cause la continuité d'exploitation, il applique la NEP 570 relative à la continuité d'exploitation (voir FRC 12/23 Hors série inf. 90 s.).
Sur la non-application ou l'interruption de la procédure d'alerte du commissaire aux comptes lorsqu'une procédure de conciliation est engagée, voir FRC 12/23 Hors série inf. 89.1.
Sur la levée du secret professionnel du commissaire aux comptes à l'égard du président du tribunal (C. com. art. L 611-2, L 611-2-1 et L 611-6), se reporter aux tableaux de synthèse établis par la CNCC (cncc.fr).
3. Information financière des sociétés dont les titres sont admis aux négociations sur Euronext Paris (voir n° 80900) **ou sur Euronext Growth** (voir n° 80900) Dans son guide de l'information permanente et de la gestion de l'information privilégiée, l'AMF recommande aux sociétés en difficulté (Position-recommandation 2016-08) :
– d'avertir l'AMF dès l'ouverture de la procédure de prévention des difficultés de la société et de son évolution dans le temps ;
– de tenir régulièrement informé le marché de l'état des difficultés rencontrées (en particulier sur l'évolution de son niveau d'endettement et de trésorerie disponible), tout en préservant la confidentialité de la procédure en cours. En outre, dans tous les cas, le résultat des négociations doit être communiqué au marché, compte tenu de son impact sur la situation financière de l'émetteur.
4. Lien avec la procédure de sauvegarde accélérée En cas d'échec de la conciliation, une procédure de sauvegarde accélérée peut être ouverte. Voir n° 61475 s.

61290 Conclusion d'un accord amiable **a. Signature de l'accord** Un accord amiable est recherché entre l'entreprise et ses principaux créanciers ainsi que, le cas échéant, ses cocontractants habituels (C. com. art. L 611-7, al. 1). Lorsqu'un tel accord est obtenu, celui-ci est alors présenté, sur requête conjointe des parties, au président du tribunal qui constate l'accord par ordonnance et lui donne alors force exécutoire. Cette décision met fin à la procédure de conciliation (C. com. art. L 611-8, I).

> **Précisions** **1. Confidentialité de l'accord** La simple constatation de l'accord **n'est pas soumise à publication** (C. com. art. L 611-8, I).
> **2. Lien avec la procédure d'alerte** Cette décision met fin à la période pendant laquelle le commissaire aux comptes ne peut plus mettre en œuvre la procédure d'alerte (Note d'information CNCC NI.III précitée, § 4).

Pour plus de détails, voir Mémento Sociétés commerciales n° 90671 et 90690.

b. Homologation de l'accord Le **dirigeant peut,** sous certaines conditions, **demander** au tribunal d'homologuer l'accord (C. com. art. L 611-8, II ; voir Mémento Sociétés commerciales n° 90674). L'homologation de l'accord met fin à la procédure de conciliation (C. com. art. L 611-10, al. 1).

> **Précisions** **Publicité obligatoire** (incombant au greffier du tribunal et non à la société) : l'homologation de l'accord entraîne les obligations de publicité suivantes (voir Mémento Sociétés commerciales n° 90674) :
> — **transmission de l'accord homologué au commissaire aux comptes** de la société lorsque celle-ci est soumise au contrôle légal des comptes (C. com. art. L 611-10, al. 2) ;
> — **dépôt au greffe et publicité auprès des tiers du jugement homologuant l'accord** (C. com. art. L 611-10, al. 2). Les termes de l'accord ne sont pas repris dans ce jugement et demeurent donc confidentiels (C. com. art. R 611-40).

c. Effets de l'accord constaté ou homologué Pendant l'exécution de l'accord constaté ou homologué (C. com. art. L 611-10-1) :
— les créanciers ne peuvent agir en justice à l'encontre du débiteur pour obtenir le paiement de leurs créances et les intérêts échus de ces créances ne peuvent produire des intérêts ;
— le débiteur poursuivi ou mis en demeure par un créancier appelé à la conciliation dans le but d'obtenir le paiement d'une créance n'ayant pas fait l'objet de l'accord peut demander au juge de lui accorder des délais de paiement ou des remises de dettes.

Pour plus de détails sur le constat ou l'homologation de l'accord et leurs effets juridiques pour la société et ses créanciers, voir Mémento Sociétés commerciales n° 90674 à 90677.

> **Précisions** **Effet sur l'accord amiable de l'ouverture d'une procédure de sauvegarde, de redressement ou de liquidation judiciaires** L'ouverture d'une telle procédure (après la clôture de la procédure de conciliation) met fin de plein droit à l'accord constaté ou homologué. Les créanciers recouvrent alors l'intégralité de leurs créances ou sûretés, déduction faite des sommes perçues (C. com. art. L 611-12).
> Sur les autres effets pour les créanciers, voir Mémento Sociétés commerciales n° 90676.

Possibilité d'aide à la gestion : les groupements de prévention agréés   **61295**
Voir n° 60970.

Conséquences comptables de la procédure de conciliation et traitement   **61300**
comptable d'un échelonnement des dettes et/ou d'une remise de dettes :
— incidence pour l'entreprise (voir n° 46080) ;
— situation chez ses créanciers (voir n° 11410).

III. PROCÉDURES DE SAUVEGARDE

Pour tous développements, voir Mémento Sociétés commerciales n° 90900 à 90905 et Mémento Droit   **61370**
commercial n° 61320 s.

A. Procédure de sauvegarde de droit commun

Champ d'application   La procédure de sauvegarde est ouverte à toute personne exer-   **61380**
çant une activité commerciale, artisanale, ou une activité agricole (définie à C. rur. art. L 311-1), à toute autre personne physique exerçant une activité professionnelle indépendante, ainsi qu'à toute personne morale de droit privé (C. com. art. L 620-2) :
— qui, sans être en état de cessation des paiements,
— justifie de difficultés, qu'elle n'est pas en mesure de surmonter (C. com. art. L 620-1).

> **Précisions** Le débiteur n'a pas à démontrer que les difficultés rencontrées sont de nature à le conduire à la cessation des paiements. La procédure de sauvegarde peut être invoquée, quel que soit l'objet des difficultés rencontrées et peu importe la conséquence que celle-ci peut avoir sur les obligations contractuelles du débiteur envers ses cocontractants, hors le cas de fraude (Cass. com. 8-3-2011 n° 10-13.988 et, sur renvoi, CA Versailles 19-1-2012 n° 11-03519).

Sur la nature de ces difficultés, voir Mémento Droit commercial n° 61320.

61385 **Ouverture de la procédure**

I. Modalités d'ouverture La procédure de sauvegarde est ouverte :
– **à la demande du représentant légal de la personne morale débitrice** ou par le débiteur personne physique au greffe du tribunal de commerce (C. com. art. L 620-1 et R 621-1) ;
– **sur décision du tribunal** (C. com. art. L 621-1).

Sur le contenu de la demande d'ouverture de la procédure et les documents à fournir, voir Mémento Sociétés commerciales n° 90980.

> **Précisions** **1. Date d'appréciation des conditions d'ouverture** Ces conditions s'apprécient au jour où il est procédé à cette ouverture par le juge, mais ne sont pris en compte que les moyens dont disposait le débiteur au jour de sa demande (Cass. com. 26-6-2007 n° 1005 FS-PBRI et CA Versailles 19-1-2012 n° 11/03519).
> **2. Levée du secret professionnel du CAC à l'égard du juge-commis** (C. com. art. L 621-1) Voir tableaux de synthèse établis par la CNCC (cncc.fr).

II. Publicité obligatoire L'ouverture de la procédure de sauvegarde fait l'objet d'une publicité auprès des tiers, effectuée par le greffier du tribunal de commerce (C. com. art. R 621-8).

Pour plus de détails sur l'ouverture de la procédure, voir Mémento Sociétés commerciales n° 90900 et 90980.

III. Extension de la procédure à d'autres sociétés du groupe La procédure de sauvegarde (mais aussi de redressement, voir n° 61595, et de liquidation judiciaire, voir n° 61610) peut être étendue à une autre société du groupe en cas de confusion de son patrimoine avec celui de l'entreprise en procédure collective ou de fictivité de la société (C. com. art. L 621-2, L 631-7 et L 641-1).

Pour plus de détails sur la procédure d'extension, voir Mémento Sociétés commerciales n° 81270 à 81300.

61390 **Effets de l'ouverture de la procédure** La procédure de sauvegarde comporte deux étapes :
– une phase d'observation (voir n° 61410) ;
– une phase de sauvegarde (voir n° 61415).

> **Précisions** **1. Rôle des organes de la société et du CAC** Pendant la procédure :
> – l'administration de l'entreprise continue à être assurée par son dirigeant (C. com. art. L 622-1), les pouvoirs de ce dernier étant toutefois d'autant plus restreints que la mission de l'administrateur désigné, sur proposition du débiteur le cas échéant, par le tribunal est large ;
> – les organes de la société sont maintenus ;
> – le commissaire aux comptes conserve ses fonctions.
> **2. Lien avec la procédure d'alerte** Elle ne peut toutefois être déclenchée (voir FRC 12/23 Hors série inf. 89.1).
> **3. Levée du secret professionnel du CAC à l'égard du juge-commissaire** (C. com. art. L 623-2) Se reporter aux tableaux de synthèse établis par la CNCC (cncc.fr).
>
> **4. Information financière des sociétés dont les titres sont admis aux négociations sur Euronext Paris** (voir n° 80900) **ou sur Euronext Growth** (voir n° 80900) L'AMF recommande aux émetteurs de l'informer de l'ouverture d'une procédure collective et de préciser le calendrier prévisionnel dans le communiqué informant de l'ouverture de la procédure. Elle recommande également aux émetteurs en difficulté d'être particulièrement vigilants quant au respect de l'obligation d'information du marché dès que possible lors des différentes étapes de la procédure et notamment lors de la réception des offres de reprise ou à l'occasion de la modification des échéances de la procédure (Position-recommandation 2016-08 – Guide de l'information permanente et de la gestion de l'information privilégiée).

61410 **Période d'observation** Cette phase est d'une durée maximale de **six mois** renouvelable une fois, pour une durée maximale également de six mois, à la demande de l'entreprise (C. com. art. L 621-3).

I. Mesures conservatoires Dès l'ouverture de la procédure :

a. Documents comptables Les **documents et livres comptables** doivent être remis à l'administrateur par l'entreprise ou par tout tiers détenteur (C. com. art. L 622-5).

b. Inventaire du patrimoine Il est dressé un inventaire du patrimoine de l'entreprise ainsi que des garanties qui le grèvent (C. com. art. L 622-6, R 622-4 et R 622-4-1).

> **Précisions** **Inventaire certifié par un CAC** À défaut de désignation par le jugement d'ouverture d'un officier public chargé de l'établissement de cet inventaire, le débiteur peut l'établir lui-même. Dans ce cas, l'inventaire doit être certifié par un commissaire aux comptes ou attesté par un expert-comptable (C. com. art. L 622-6-1).
> Le commissaire aux comptes peut s'inspirer des principes figurant dans la Note d'information CNCC NI.XVI « Le commissaire aux comptes et les attestations », 2ᵉ édition, avril 2023 (voir FRC 12/23 Hors série inf. 72).

Sur la possible dispense d'inventaire dans le cadre d'une procédure de sauvegarde accélérée, voir nᵒ 61490.

Dans les 8 jours qui suivent l'ouverture de la procédure, le débiteur établit la liste de ses créanciers et l'objet des principaux contrats en cours (C. com. art. R 622-5).

c. Libération du capital Le capital social non libéré devient immédiatement exigible dès l'ouverture de la procédure de sauvegarde (C. com. art. L 624-20).

> **Précisions** **Impossibilité de compenser avec les comptes courants** La libération du capital par compensation avec les comptes courants d'associés n'est pas possible faute de connexité entre les deux créances réciproques (Cass. com. 18-1-2000 nᵒ 97-14.362). Une telle compensation n'est autorisée qu'en cas d'augmentation du capital social prévue par le projet de plan de sauvegarde ou de redressement (voir ci-après V.).

II. Bilan économique, social et environnemental L'administrateur, avec le concours du débiteur, doit dresser **le bilan économique et social de l'entreprise** (C. com. art. L 623-1).

> **Précisions** **1. Bilan économique et social** Le bilan économique et social doit préciser l'origine, l'importance et la nature des difficultés de l'entreprise. Il implique l'établissement **d'un diagnostic sur l'entreprise** : audit juridique, audit comptable, situation financière, situation économique, situation sociale.
> **2. Bilan environnemental** Pour les entreprises exploitant au moins une installation soumise à autorisation ou à déclaration au préfet, le bilan économique et social est complété par un bilan environnemental établi par l'entreprise (C. com. art. L 623-1 et R 623-2).

Au vu de ce bilan, l'entreprise, avec le concours de l'administrateur, propose un **plan de sauvegarde** (C. com. art. L 626-2 ; voir ci-après et nᵒ 61415).

Toutefois, si la situation de l'entreprise le requiert, l'administrateur propose de convertir la procédure en une procédure de redressement ou de prononcer la liquidation judiciaire.

III. Projet de plan de sauvegarde (C. com. art. L 626-2) Il détermine notamment les perspectives de redressement.

IV. Consultation des créanciers
a. Des classes de parties affectées, chargées d'adopter le plan, doivent être créées (C. com. art. L 626-30) :
– si, à la date d'ouverture de la procédure, l'effectif de l'entreprise débitrice atteint 250 salariés et son chiffre d'affaires net 20 M€ ou si elle réalise au moins 40 M€ de chiffre d'affaires net ;
– ou lorsque l'entreprise débitrice est une société qui en détient ou en contrôle une autre (au sens des art. L 233-1 et L 233-3 du Code de commerce) et que l'ensemble des sociétés concernées atteignent les seuils ci-avant.

> **Précisions** **Suppression des comités des créanciers** Afin d'adapter le droit national avec celui de l'Union européenne (Directive (UE) 2019/1023 du 20-6-2019 sur la restructuration et l'insolvabilité), les comités de créanciers ont été remplacés par des **classes de parties affectées**.
> Sont des « parties affectées » (C. com. art. L 626-30, I créé par ord. précitée) :
> – les créanciers dont les droits sont directement affectés par le projet de plan ;
> – les « détenteurs de capital ».
> Pour plus de détails, voir Mémento Sociétés commerciales nᵒ 91150.

b. Attestation du montant des créances Le montant des créances pris en compte est celui indiqué par le débiteur et certifié par **son ou ses commissaires aux comptes** ou, lorsqu'il n'en a pas été désigné, établi par son expert-comptable (C. com. art. L 626-30 et R 626-56).

> **Précisions** Les diligences du commissaire aux comptes sont en cours d'examen par la CNCC (Note d'information CNCC NI.III « Continuité d'exploitation de l'entité : prévention et traitement des difficultés – Alerte du commissaire aux comptes », 2ᵉ édition, avril 2022, § 2.31.2 C).

Chaque classe de parties affectées se prononce sur le **projet de plan de sauvegarde** (voir ci-avant), le cas échéant modifié (C. com. art. L 626-30-2).

V. Reconstitution des capitaux propres et modification du capital social

Le projet de plan de sauvegarde peut prévoir une modification du capital. Ainsi, s'il apparaît que les capitaux propres de l'entreprise débitrice sont inférieurs à la moitié du capital social, l'assemblée générale est d'abord appelée à reconstituer ces capitaux à concurrence du montant proposé par l'administrateur judiciaire, qui ne peut être inférieur à la moitié du capital social. L'assemblée peut être également appelée à décider la réduction et l'augmentation du capital en faveur d'une ou plusieurs personnes qui s'engagent à exécuter le plan (C. com. art. L 626-3).

En cas d'augmentation du capital prévue par le projet de plan de sauvegarde :
– les créanciers peuvent bénéficier de la **conversion de leurs créances en titres donnant ou pouvant donner accès au capital social** (C. com. art. L 626-5) ;
– par ailleurs, les associés ou actionnaires peuvent souscrire à l'augmentation de capital par incorporation de leurs créances admises et dans la limite de la réduction dont elles sont l'objet dans le projet de plan (C. com. art. L 626-3).

Sur le traitement des augmentations de capital par incorporation de créance, voir n° 55360.

61415 **Plan de sauvegarde** Lorsqu'il existe une possibilité sérieuse pour l'entreprise d'être sauvegardée, le tribunal arrête un plan de sauvegarde (C. com. art. L 626-1 et L 626-9), dont la durée ne peut excéder 10 ans (C. com. art. L 626-12).

Ce plan comporte, s'il y a lieu, l'arrêt, l'adjonction ou la cession d'une ou de plusieurs activités.

> **Précisions** En cas de cession, les activités concernées constituent des branches complètes et autonomes d'activités (C. com. art. L 642-1).

Il doit avoir été adopté par les classes de parties affectées instituées par les articles L 626-29 à L 626-30-2 du Code de commerce (voir n° 61410). Sur le vote des classes sur le ou les projets de plans présentés, voir Mémento Droit commercial n° 63225.

> **Précisions** **1. Fin du plan de sauvegarde** Quand il est établi que les engagements fixés ont été tenus, le tribunal constate que **l'exécution du plan est achevée** (C. com. art. L 626-28).
> **2. Conversion de la procédure de sauvegarde en une autre procédure collective** Sur la conversion de la procédure de sauvegarde en redressement judiciaire lorsque l'adoption d'un plan de sauvegarde est manifestement impossible, sans que le débiteur soit en cessation des paiements, voir Précisions, n° 61595.

61420 **Conséquences comptables de la procédure de sauvegarde**

I. Pour l'entreprise Le plan de sauvegarde visant à maintenir la continuité de l'exploitation, la procédure de sauvegarde ne devrait pas conduire à présenter les comptes en valeurs liquidatives (voir n° 61060).

a. Dettes (remises et délais) Voir n° 46085.

b. Salaires garantis par l'AGS Lorsque le Pôle emploi est sollicité pour faire l'avance de sommes dues aux salariés et couvertes par le régime d'assurance (C. trav. art. L 3253-6), la dette vis-à-vis du personnel est remplacée par une dette vis-à-vis de Pôle emploi, la charge de personnel de l'entreprise restant la même. Il en résulte l'écriture suivante, sans incidence sur le compte de résultat : débit du compte 421 « Personnel – Rémunérations dues », crédit du compte 437 « Autres organismes sociaux ».

c. Intérêts courus Le jugement d'ouverture de la procédure de sauvegarde arrête le cours des intérêts légaux et conventionnels ainsi que de tous les intérêts de retard et majorations. En outre, les intérêts échus ne peuvent produire d'intérêts (C. com. art. L 622-28). Il n'y a donc plus lieu de les comptabiliser. Pour plus de détails ainsi que pour des solutions issues de la jurisprudence en matière de redressement judiciaire, mais également applicables, à notre avis, en cas de sauvegarde, voir n° 61615.

d. Conversion de créances en titres donnant ou pouvant donner accès au capital Selon la Chancellerie (Lettre publiée au Bulletin CNCC n° 161, mars 2011, p. 47), les dispositions générales relatives aux augmentations de capital donnant lieu à la libération d'actions par compensation de créances trouvent à s'appliquer lorsque l'opération se déroule dans le cadre d'un plan arrêté à l'occasion d'une procédure de sauvegarde. Sur ces dispositions, voir n° 55360. Sur le traitement comptable à retenir, voir n° 55360.

II. Pour les créanciers

a. Créances irrécouvrables Voir n° 11430.

b. Conversion de créances en titres donnant ou pouvant donner accès au capital Voir n° 37690.

B. Procédure de sauvegarde accélérée

Pour tous développements, voir Mémento Sociétés commerciales n° 90905 et Mémento Droit commercial n° 61325 à 61327.

61475 La procédure de sauvegarde accélérée est soumise aux règles applicables à la procédure de sauvegarde de droit commun (voir n° 61380 s.), sous réserve des règles qui lui sont propres (C. com. art. L 628-1 s.). Seules ces règles spécifiques font l'objet de développements ci-après. Pour les règles communes avec la procédure de sauvegarde de droit commun, voir n° 61380 à 61420.

> **Précisions** **Suppression de la sauvegarde financière accélérée** L'ordonnance 2021-1193 du 15 septembre 2021 a supprimé la procédure de sauvegarde financière accélérée pour la fusionner avec la procédure de sauvegarde accélérée (voir ci-après).
> Il est toutefois possible de limiter la procédure aux établissements de crédit et autres créanciers financiers comme c'était le cas dans le cadre de l'ancienne procédure de sauvegarde financière accélérée (C. com. art. L 628-1 modifié).

61480 **Champ d'application** La procédure de sauvegarde accélérée est ouverte sur décision de justice, sur demande du débiteur :
– engagé dans une **procédure de conciliation en cours** (voir n° 61275 s.),
– et dont les comptes ont été certifiés par un **commissaire aux comptes** ou ont été établis par un **expert-comptable** (C. com. art. L 628-1).
Le débiteur ne doit pas être en état de cessation des paiements de plus de 45 jours à la demande d'ouverture de la procédure de conciliation (C. com. art. L 628-1).
Le débiteur doit également justifier avoir élaboré un projet de plan tendant à assurer la pérennité de l'entreprise et susceptible de recueillir un soutien suffisamment large de la part des parties affectées pour rendre vraisemblable son adoption dans un délai de quatre mois à compter de l'ouverture de la procédure.

61490 **Période d'observation** Cette période est de deux mois à compter du jugement d'ouverture, prorogeables par le tribunal pour une durée totale de quatre mois (C. com. art. L 628-8).
Le tribunal peut dispenser le débiteur de procéder à l'inventaire de son patrimoine (C. com. art. L 628-3). Sur cette obligation dans le cadre de la sauvegarde classique, voir n° 61410.

61495 **Consultation des créanciers** La constitution de classes de parties affectées est requise pour toute procédure de sauvegarde accélérée (C. com. art. L 628-4), même si le débiteur ne dépasse pas les seuils prévus pour la procédure de sauvegarde de droit commun (sur ces seuils, voir n° 61410).

61505 **Conséquences comptables de la procédure de sauvegarde** Voir n° 61420.

IV. REDRESSEMENT JUDICIAIRE

61575 Pour tous développements, voir Mémento Sociétés commerciales n° 90800 à 91985 et Mémento Droit commercial n° 61350 à 63436.

61595 **I. Champ d'application** La procédure de redressement judiciaire est ouverte à toute personne exerçant une activité commerciale ou artisanale, à tout agriculteur, à toute autre personne physique exerçant une activité professionnelle indépendante, ainsi qu'à toute personne morale de droit privé en **état de cessation des paiements.**

> **Précisions** **Redressement judiciaire sans cessation des paiements** (C. com. art. L 622-10) Si l'adoption du plan de sauvegarde est manifestement impossible et si la clôture de la procédure est de nature à conduire de manière certaine et à bref délai à la cessation des paiements, le tribunal peut convertir à la demande du débiteur la sauvegarde en redressement judiciaire alors même que l'entreprise n'est pas en cessation des paiements. Cette demande peut également être faite par l'administrateur, le mandataire judiciaire ou le ministère public.

La cessation des paiements est reconnue lorsque le débiteur est dans l'incapacité de faire face à son **passif exigible** avec son **actif disponible.**

61595
(suite)

> **Précisions** **1. Analyse au cas par cas** Pour déterminer un état de cessation des paiements, il convient, à notre avis, par une analyse au cas par cas (en ce sens, Avis CSOEC 2022-01 du 8-2-2022 sur la détermination d'un état de non-cessation des paiements dans le cadre de l'accord de place du 19-1-2022) :
– d'identifier, grâce à une situation comptable actualisée, les éléments d'actif disponible et de passif exigible à retenir ou à écarter ;
– et de déterminer de façon extra-comptable les réserves de crédit qui complètent les éléments d'actifs retenus et les moratoires et délais de paiement supplémentaires obtenus qui vont contribuer à diminuer le montant du passif exigible.

2. Actif disponible Le débiteur n'est pas considéré en état de cessation des paiements s'il établit que les **réserves de crédit** dont il bénéficie de la part de ses créanciers lui permettent de faire face au passif exigible avec son actif disponible dès lors qu'elles ne constituent pas un financement anormal ayant masqué la réalité de son insuffisance d'actif (C. com. art. L 631-1).
Ainsi doivent être prises en compte :
– les liquidités apportées par le dirigeant (Cass. com. 24-3-2004 n° 579 FS-PB) ou par un associé, mises sous séquestre et libérables sous condition (Cass. com. 29-11-2016 n° 15-19.474 F-D) ;
– les avances en compte courant (ni bloquées ni réclamées) consenties par les associés (Cass. civ. 8-4-2009 n° 08-10.866 et Cass. com. 12-5-2009 n° 08-13.741) ou par des sociétés du groupe (Cass. com. 16-11-2010 n° 09-71.278) ;
– un chèque de banque émis au profit de l'entreprise, même s'il n'est pas encore encaissé (Cass. com. 18-12-2007 n° 06-16.350 FS-PB ; Cass. com. 5-2-2013 n° 11-28.194 F-D) ;
– le produit de la vente d'un bien immobilier si la vente a été réalisée et que le prix est encaissé au jour où le juge se prononce sur l'ouverture de la procédure collective (Cass. com. 24-3-2021 n° 19-21.424 F-D).

Les **créances à recouvrer ne constituent pas** des actifs disponibles, sauf circonstances exceptionnelles (Cass. com. 7-2-2012 n° 11-11.347 précité), par exemple, lorsqu'elles sont aisément et rapidement recouvrables (CA Versailles 30-4-2014 n° 13/04298 : RJDA 10/14 n° 784 ; CA Paris 28-2-2017 n° 16/04975 : RJDA 7/17 n° 474 écartant en conséquence des créances intragroupes ou fiscales).
Pour plus de détails, voir Mémento Sociétés commerciales n° 90920 à 90926.

3. Passif exigible Le passif exigible correspond à toute dette certaine, liquide et exigible qui n'a pas donné lieu de la part du créancier à un moratoire ou à des facilités de paiement (C. com. art. L 631-1 ; Cass. com. 27-2-2007 n° 06-10.170 ; Avis CSOEC n° 2022-01 du 8-2-2022), peu importe que le paiement n'en ait pas été effectivement exigé.
Le débiteur doit rapporter la preuve qu'un moratoire lui a été accordé avant le jour où le juge statue ; il ne peut pas se prévaloir de l'inertie de son créancier pour exclure une créance du passif exigible.
Un découvert autorisé n'est en principe pas considéré comme un passif exigible pour sa partie utilisée sauf en cas d'échéance de l'autorisation proche. En revanche, le découvert non-autorisé constitue un élément du passif exigible (en ce sens, Avis CSOEC 2022-01 du 8-2-2022 précité). Pour plus de détails, voir Mémento Sociétés commerciales n° 90911.

4. Filiale d'un groupe La cessation des paiements d'une société faisant partie d'un groupe est appréciée au regard des seuls actifs et passifs de celle-ci (Cass. com. 8-6-1999 n° 95-14.723 ; Cass. com. 3-7-2012 n° 11-18.026 ; CA Paris 28-2-2017 n° 16/04921, 16/04975, 16/04971 et 16/04957), **sans tenir compte des capacités financières du groupe**, sauf engagement de la société mère envers la société ou constatation d'une confusion de patrimoines justifiant l'ouverture d'une procédure unique (Cass. com. 7-1-2003 n° 00-15.316 FS-P).

5. Entrepreneur individuel Compte tenu de l'existence du patrimoine professionnel (voir n° 60255), les dettes personnelles de l'entrepreneur ne doivent pas être prises en compte dans le passif du patrimoine affecté, de même que les biens du patrimoine non affecté ne doivent pas être pris en compte dans l'actif du patrimoine affecté pour apprécier l'état de cessation des paiements (C. com. art. L 680-2 en ce qui concerne les EIRL). Il se peut donc que le patrimoine affecté soit en cessation des paiements, alors même que l'actif du patrimoine non affecté serait suffisant pour rembourser les créanciers professionnels de l'entrepreneur.

6. Distinction avec l'insolvabilité La cessation des paiements ne doit **pas être confondue** avec l'**insolvabilité.** Une société peut être parfaitement solvable compte tenu de la valeur de ses éléments d'actif immobilisé et pourtant ne pas être en mesure, faute d'une trésorerie suffisante, de payer ses dettes à leur échéance. Or, c'est ce **simple défaut de paiement qui est susceptible d'entraîner l'ouverture d'une procédure de redressement judiciaire.**

Pour des exemples issus de la jurisprudence concernant l'appréciation de la cessation des paiements, voir Mémento Sociétés commerciales n° 90910 à 90926 et Mémento Droit commercial n° 61360.

II. Modalités d'ouverture
La déclaration de cessation des paiements doit être faite au tribunal dans le délai de 45 jours à compter de cette cessation sauf si le débiteur a demandé l'ouverture d'une procédure de conciliation dans ce délai (C. com. art. L 631-4).
Lorsqu'il n'y a pas de procédure de conciliation en cours (voir n° 61275 s.), la procédure peut également être ouverte à la demande du ministère public ou d'un créancier (C. com. art. L 631-5). Pour plus de détails, voir Mémento Sociétés commerciales n° 90985 et 90987.
Sur les conditions de cette déclaration lorsque le débiteur est une personne morale, voir Mémento Sociétés commerciales n° 90980 à 90982.

> **Précisions** **1. Défaut de déclaration** Une interdiction de gérer peut être prononcée par le tribunal de commerce à l'encontre du dirigeant ayant omis sciemment de demander l'ouverture d'une procédure de redressement ou de liquidation judiciaires dans le délai de 45 jours à compter de la cessation des paiements, sans avoir, par ailleurs, demandé l'ouverture d'une procédure de conciliation (C. com. art. L 653-8, dernier al.). Le dirigeant peut, en outre, être condamné à combler le passif social pour faute de gestion (C. com. art. L 651-2).
> **2. Levée du secret professionnel du CAC à l'égard du juge-commis** (C. com. art. L 621-1) Voir tableaux de synthèse établis par la CNCC (cncc.fr).

III. Effet de l'ouverture de la procédure
Il s'agit d'une procédure pouvant comporter deux étapes :
– une phase d'observation ;
– une phase de redressement.

> **Précisions** **1. Rôle des organes de la société et du CAC** Le redressement judiciaire n'entraînant pas la dissolution de la société, celle-ci subsiste avec tous ses organes. Conservent donc leurs fonctions :
> – les **dirigeants**, sauf si le tribunal demande leur remplacement ou s'ils sont frappés d'une interdiction de gérer ou d'administrer (voir Mémento Sociétés commerciales n° 91131) ;
> Le tribunal peut également charger un administrateur judiciaire d'assurer seul entièrement l'administration de la société (C. com. art. L 631-12). Les dirigeants sociaux sont alors dessaisis de leurs pouvoirs au profit de l'administrateur judiciaire qui doit donc arrêter les comptes annuels afin de les soumettre ultérieurement à l'approbation de l'organe délibérant (Bull. CNCC n° 175, septembre 2014, EJ 2013-83, p. 399 s., réponse visant les Sasu, mais applicable, à notre avis, à toute société quelle que soit sa forme juridique).
> – le **commissaire aux comptes**.
> **2. Lien avec la procédure d'alerte** Elle ne peut toutefois être déclenchée (voir FRC 12/23 Hors série inf. 89.1). Sur la levée du secret professionnel du commissaire aux comptes à l'égard du juge-commissaire (C. com. art. L 623-2) et de l'administrateur judiciaire lorsque ce dernier assure l'administration de l'entreprise (C. com. art. L 631-12), se reporter aux tableaux de synthèse établis par la CNCC (cncc.fr).

Si, à l'issue de la période d'observation, **le redressement** est **manifestement impossible,** le tribunal prononce la **liquidation judiciaire** (C. com. art. L 640-1), voir n° 61610.
La liquidation judiciaire peut également être prononcée lorsque l'entreprise a cessé toute activité (C. com. art. L 640-3).

> **Précisions** Information financière des sociétés dont les titres sont admis aux négociations sur Euronext Paris (voir n° 80900) **ou sur Euronext Growth** (ex-Alternext ; voir n° 80900), voir Précisions, n° 61390.

IV. Extension de la procédure à d'autres sociétés du groupe
Voir n° 61385.

Période d'observation La période d'observation de la procédure de redressement couvre les mêmes objectifs que ceux de la procédure de sauvegarde (C. com. art. L 631-18 et L 631-19 ; voir n° 61410) :
– établissement d'un bilan économique, social et, le cas échéant, environnemental ;
– et proposition d'un plan de redressement, élaboré par l'administrateur, avec le concours du débiteur.
Dès l'ouverture de la procédure, des **mesures conservatoires** sont prévues (C. com. art. L 631-14 renvoyant à L 622-5 ; voir n° 61410).
Le capital social non libéré devient immédiatement exigible (C. com. art. L 631-18 sur renvoi de L 624-20). Sur l'impossibilité de procéder à une compensation avec les comptes courants d'associés, voir n° 61410. Sur les modifications de capital social prévues par la proposition de plan de redressement, voir n° 61410.
L'entreprise est soumise, comme en cas de procédure de sauvegarde, à l'obligation, le cas échéant, de constituer des **classes de parties affectées** (C. com. art. L 631-19 renvoyant aux articles L 626-29 s. ; voir n° 61410). Sur l'attestation du commissaire aux comptes du créancier relative au visa de la déclaration de créance demandée par le juge-commissaire, voir n° 11430.
Pour plus de détails sur le déroulement de la période d'observation, voir Mémento Sociétés commerciales n° 91140 à 91146.

61600

Plan de redressement À l'issue de la période d'observation, lorsque le redressement est possible, le tribunal arrête un plan de redressement dont la durée ne peut excéder 10 ans (C. com. art. L 631-19 renvoyant aux articles L 626-1, L 626-9 et L 626-12).
Ce plan prévoit :
– soit la **continuation de l'entreprise,** accompagnée, s'il y a lieu, de l'arrêt, l'adjonction ou la cession de certaines branches d'activité ;

61605

— soit la **cession de l'entreprise** – totale ou partielle – (C. com. art. L 631-22) portant sur un ensemble d'éléments d'exploitation qui forment une ou plusieurs branches complètes et autonomes d'activités. Dans ce cas, la cession est régie par les dispositions propres à la liquidation judiciaire. En particulier, l'entreprise peut faire l'objet d'un contrat de location-gérance comportant l'engagement d'acquérir l'entreprise dans les deux ans du jugement (C. com. art. L 642-13 et L 642-15).

> **Précisions** La cession – partielle ou totale – peut se faire sous forme de cession d'actifs ou de titres.

Dans les procédures de redressement judiciaire, le tribunal peut, sous certaines conditions, imposer l'augmentation de capital prévue par le projet de plan, soit en désignant un mandataire chargé de voter au lieu et place des associés opposants, soit en ordonnant la cession de leurs droits sociaux (C. com. art. L 631-19-2). Pour plus de détails, voir Mémento Sociétés commerciales n° 91330 à 91344.

61610 **Liquidation judiciaire** Si aucune solution de redressement n'est possible, le tribunal prononce la liquidation judiciaire qui entraîne **cessation de l'activité de l'entreprise** (C. com. art. L 640-1). Toutefois, si l'intérêt public ou celui des créanciers l'exige, le tribunal peut autoriser le maintien de l'activité sociale pour une durée maximale de six mois (C. com. art. L 641-10 et R 641-18). Dans ce cas, le tribunal désigne un administrateur judiciaire pour administrer l'entreprise en cas de nécessité ou si l'entreprise emploie 20 salariés ou plus ou si elle réalise un chiffre d'affaires hors taxe supérieur ou égal à trois millions d'euros (C. com. art. L 641-10, al. 5 et R 641-19).

Pour faciliter la réalisation des actifs, les contrats en cours pourront être poursuivis même si l'activité n'est pas maintenue (C. com. art. L 641-11-1).

Le tribunal arrête un ou plusieurs **plans de cession** de l'entreprise (C. com. art. L 642-5).

> **Précisions** Sur la réalisation de l'actif et le plan de cession lorsque le débiteur est une société, voir Mémento Sociétés commerciales n° 91218 à 91223 et Mémento Droit commercial n° 63630 à 63854.

Le jugement de clôture pour insuffisance d'actif entraîne la dissolution de plein droit de la société en liquidation judiciaire (C. civ. art. 1844-7, 7°). La personnalité morale de la société subsiste toutefois pour les besoins de la liquidation, jusqu'à la clôture de celle-ci (C. com. art. L 237-2) et plus précisément jusqu'à la **publication** du jugement de clôture (Cass. com. 21-4-2022 n° 20-10809 FS-B).

En conséquence, jusqu'à cette date :

— l'obligation pour les dirigeants d'arrêter et de faire approuver les **comptes annuels** est **maintenue** (C. com. art. L 641-3). Lorsque les dirigeants ne respectent pas cette obligation, le liquidateur peut saisir le président du tribunal aux fins de désignation d'un mandataire ad hoc ;

> **Fiscalement** Le liquidateur est tenu d'établir des déclarations annuelles provisoires de résultats dans les délais habituels (voir n° 61935). S'agissant de la déclaration définitive, qui solde les déclarations annuelles provisoires, voir n° 61945.

— la mission du commissaire aux comptes perdure jusqu'à la dissolution de la société (Bull. CNCC n° 178, juin 2015, EJ 2014-94 et EJ 2015-05, p. 300 s.), mais ce dernier peut démissionner en cas de non-paiement de ses honoraires (Bull. CNCC n° 206, juin 2022, EJ 2020-44). Sur le maintien en fonction du commissaire aux comptes en cas de liquidation non judiciaire, voir n° 61900 et 61935.

Sur l'obligation d'établissement et d'approbation des comptes annuels dans les sociétés en liquidation non judiciaire, voir n° 61935 et 61940.

Sur les écritures de liquidation de la société une fois le jugement de clôture de la liquidation judiciaire prononcé, voir n° 61805 s.

Pour tous développements sur la liquidation judiciaire, voir Mémento Sociétés commerciales n° 91200 à 91223 et Mémento Droit commercial n° 63470 à 64245.

> **Précisions** **Procédure simplifiée** Une procédure de liquidation judiciaire simplifiée **obligatoire** est applicable au débiteur en cessation des paiements et dont le redressement est manifestement impossible (C. com. art. L 641-2 et D 641-10) :
> — ne possédant aucun actif immobilier ;
> — n'ayant pas employé plus de cinq salariés au cours des six mois précédant l'ouverture de la procédure ;
> — et ayant réalisé moins de 750 000 € de chiffre d'affaires hors taxe à la date de clôture du dernier exercice comptable.
> Lorsque le débiteur est une personne physique, les deux conditions relatives au nombre de salariés et au montant du chiffre d'affaires ne sont pas applicables.

CONSÉQUENCES COMPTABLES DU REDRESSEMENT JUDICIAIRE

I. Pour l'**entreprise en redressement judiciaire** La continuité de l'exploitation n'étant pas remise en cause de manière définitive, le redressement judiciaire **peut ne pas conduire** à présenter les comptes en valeurs liquidatives avant la finalisation du plan de redressement accepté (Bull. CNCC n° 91, septembre 1993, EC 93-22, p. 409 s.). Voir n° 61120.

61615

a. **Dettes** (remises et délais) Voir n° 46085.
b. **Salaires garantis par l'AGS** Voir n° 61420.
c. **Intérêts courus** Le jugement d'ouverture du redressement judiciaire arrête le cours des intérêts légaux et conventionnels ainsi que de tous les intérêts de retard et majorations. En outre, les intérêts échus de ces créances ne peuvent produire d'intérêts (C. com. art. L 622-28 par renvoi de L 631-18). **Il n'y a donc plus lieu de les comptabiliser.**

Cette disposition s'applique aux intérêts des créances :
– nées antérieurement au jugement d'ouverture ;
– résultant de contrats conclus pour une durée inférieure à un an ;
– résultant de découverts autorisés, conclus sans précision de durée et révocables à tout moment sous réserve d'un préavis raisonnable, même si leur durée s'est prolongée de fait au-delà d'un an (CA Paris 25-1-2000 ; décision rendue en matière de redressement judiciaire antérieurement à la loi de sauvegarde de 2005 mais encore valable à notre avis).

Par exception, cette disposition ne s'applique pas et les intérêts **continuent donc à être comptabilisés** dans les cas suivants :
– intérêts résultant de contrats de prêt conclus pour une durée égale ou supérieure à un an (C. com. art. L 622-28) ou de prêts initialement inférieurs à un an qui excèdent un an à la suite de prolongations (Cass. com. 29-4-2003 n° 685 FS-P ; décision encore valable à notre avis) ;
– contrats assortis d'un paiement différé d'un an ou plus (C. com. art. L 622-28) ;
– contrats de crédit-bail, qui ne constituent pas un prêt mais une location financière (Cass. com. 29-5-2001 n° 1080 FS-P ; décision encore valable à notre avis).

II. Pour les **créanciers** (créances irrécouvrables) Voir n° 11430.

III. Pour le **cessionnaire** (dans le cadre d'un plan de cession) Voir n° 26530.

V. RÉTABLISSEMENT PROFESSIONNEL

Pour tous développements, voir Mémento Droit commercial n° 64350 à 64415.

61685

Champ d'application La procédure de rétablissement professionnel est notamment ouverte à tout débiteur **personne physique,** exerçant une activité commerciale ou artisanale (C. com. art. L 645-1 renvoyant aux articles L 640-2, al. 1er et L 645-2) :
– en cessation des paiements et dont le redressement est manifestement impossible ;
– n'ayant pas cessé son activité depuis plus d'un an ;
– n'ayant employé aucun salarié au cours des six derniers mois et n'étant impliqué dans aucune instance prud'homale en cours ;
– n'ayant pas fait l'objet depuis moins de 5 ans d'une liquidation judiciaire clôturée pour insuffisance d'actif ou d'une décision de clôture d'une procédure de rétablissement professionnel ;
– et dont l'actif déclaré a une valeur inférieure à 15 000 €. Cet actif est déclaré sur la base d'un inventaire, établi à la date de la demande et accompagné des modalités d'évaluation des biens (C. com. art. R 645-1 modifié).

61690

> **Précisions** Procédures ouvertes depuis le 1er octobre 2021 Pour ces procédures, les biens déclarés insaisissables par la loi (comme la résidence principale de l'entrepreneur) ne sont plus pris en compte pour déterminer la valeur de l'actif (C. com. art. L 645-1).

Ouverture de la procédure et effets La procédure de rétablissement professionnel est ouverte :
– sur décision du tribunal après avis du ministère public (C. com. art. L 645-3) ;
– pour une durée de quatre mois.

61695

L'ouverture de la procédure n'emporte pas automatiquement la suspension des poursuites des créanciers. Mais, s'il est mis en demeure ou poursuivi par un créancier, le débiteur peut demander au juge commis des **délais de paiement** et la suspension des procédures d'exécution pour une durée maximale de quatre mois (C. com. art. L 645-6).

61700 **Clôture de la procédure et effets** La clôture de la procédure de rétablissement professionnel entraîne l'effacement des dettes (C. com. art. L 645-11) :
– nées avant l'ouverture de la procédure ;
– portées à la connaissance du juge par le débiteur ;
– et ayant fait l'objet d'une information du créancier par le juge.

> **Précisions** **Effacement impossible** Ne peuvent toutefois pas être effacées les dettes correspondant aux :
> – créances des salariés ;
> – créances alimentaires ;
> – créances résultant d'une condamnation pénale du débiteur ou d'un droit attaché à la personne du créancier ;
> – créances des cautions ou co-obligés qui ont payé en lieu et place du débiteur.

61705 **Conséquences comptables du rétablissement professionnel**
I. Pour le débiteur Sur la comptabilisation des remises de dettes, voir n° 46090.

II. Pour les créanciers Sur la comptabilisation des créances irrécouvrables, voir n° 11430.

SECTION 6 — LIQUIDATION DE L'ENTREPRISE

I. LIQUIDATION ET PARTAGE D'UNE SOCIÉTÉ

A. Généralités

61805 La liquidation est l'ensemble des opérations qui, après dissolution d'une société, ont pour objet la réalisation des éléments d'actif et le paiement des créanciers sociaux en vue de procéder au partage entre les associés de l'actif net subsistant.
La société est en liquidation dès l'instant de sa dissolution pour quelque cause que ce soit (C. com. art. L 237-2, al. 1).
Les principales causes de dissolution sont les suivantes (C. civ. art. 1844-7) : arrivée du terme, réalisation ou extinction de l'objet, annulation du contrat de société, dissolution anticipée décidée par les associés ou le tribunal, jugement ordonnant la clôture de la liquidation judiciaire pour insuffisance d'actif (voir n° 61610) ou toute autre cause prévue par les statuts (pour une étude détaillée, voir Mémento Sociétés commerciales n° 86000 à 86163).
D'après les textes, la personnalité morale de la société dissoute subsiste pour les besoins de la liquidation jusqu'à la clôture de celle-ci (C. com. art. L 237-2, al. 2). Sur la date de disparition de la personnalité morale en cas de liquidation judiciaire, voir n° 61610.
Néanmoins, la jurisprudence considère que la personnalité morale subsiste tant que les droits et obligations à caractère social n'ont pas été liquidés et ce, tant pour les sociétés commerciales (Cass. com. 13-2-1996 n° 793 et Cass. com. 10-12-1996 n° 212) que pour les sociétés civiles (Cass. civ. 31-5-2000 n° 859 FS-PB). Ainsi, l'administration fiscale peut valablement contrôler et redresser une société dissoute dans la limite du délai de reprise alors même que sa radiation du registre du commerce et des sociétés est déjà intervenue (CAA Lyon 9-7-2001 n° 98-554).

> **Précisions** **Société dissoute poursuivant son activité** Une société dissoute de plein droit par l'arrivée du terme mais poursuivant son activité devient une société de fait et ses statuts continuent de régir les rapports entre les associés (Cass. civ. 23-10-2013 n° 1203 FS-D).

ASPECTS JURIDIQUES

61810 Pour une étude détaillée des modalités juridiques de la liquidation, voir Mémento Sociétés commerciales n° 86500 à 87403.

Le Code de commerce (C. com. art. L 237-14) a prévu un régime de liquidation sur décision judiciaire **(régime légal)** tout en laissant aux associés la liberté d'organiser la liquidation de la société dans les statuts ou toute autre convention, à la condition pour eux de respecter certaines dispositions impératives de caractère général **(régime conventionnel)**. En d'autres termes, le régime légal ne s'applique que si les associés n'en ont pas disposé autrement.

61815

> **Précisions** Distinction avec la procédure de liquidation judiciaire Ce régime est **indépendant** de la **procédure de liquidation judiciaire** instituée par le Code de commerce (voir n° 61610).

Règles de liquidation a. **Règles impératives communes au régime légal et au régime conventionnel** :
– interdiction de nommer liquidateur les personnes auxquelles l'exercice des fonctions de dirigeant de société est interdit ;

61820

> **Précisions** L'ancien commissaire aux comptes de la société dissoute peut être nommé liquidateur (Bull. CNCC n° 92, décembre 1993, CEP 93-31, p. 548).

– responsabilité civile et pénale du liquidateur pour les fautes commises dans l'exercice de ses fonctions ;
– publication de l'acte de nomination du liquidateur ;
– interdiction de cession totale ou partielle de l'actif au liquidateur ainsi qu'aux dirigeants de la société en liquidation, sauf autorisation du tribunal de commerce ;
– convocation obligatoire des associés pour statuer sur le compte définitif et constater la clôture de liquidation ;
– publication de l'avis de clôture.
La dissolution n'entraîne pas de plein droit la résiliation des baux en cours.

b. Règles propres à la liquidation légale :
– **cessation des fonctions des anciens organes de gestion** de la société et nomination d'un liquidateur, soit par les associés, soit sur décision de justice ;
– le **rôle du liquidateur** est de représenter la société, de veiller à la conservation de l'actif social en prenant les mesures conservatoires nécessaires, et surtout de procéder à la liquidation par la **réalisation de l'actif** et le **paiement du passif.** Pour les besoins de la liquidation, le liquidateur peut, s'il y a été autorisé, continuer l'exploitation ;
– les **commissaires aux comptes** et le **conseil de surveillance,** s'il en existait en cours de vie sociale, continuent d'exercer (C. com. art. L 237-16) leur mission après la dissolution (voir n° 61935 s.). Des contrôleurs de liquidation (C. com. art. L 237-17) peuvent être nommés en l'absence de commissaires aux comptes (leur mission est librement fixée par la décision de nomination) ;
– **réunion de l'assemblée des associés** à l'ouverture de la liquidation dans les six mois de la nomination du liquidateur. Une assemblée annuelle en cours de liquidation est obligatoire en cas de continuation de l'exploitation. Enfin les associés se réunissent pour constater la clôture de la liquidation.
Dans le délai d'un mois, le liquidateur procède à la radiation de la société du registre du commerce et des sociétés.

c. Règles propres à la liquidation conventionnelle
La liquidation est régie, sous réserve du respect des règles impératives (exposées ci-avant), par les dispositions contenues dans les **statuts** (C. com. art. L 237-1). Mais en l'absence de clauses statutaires ou de convention expresse entre les associés intervenue lors de l'assemblée décidant la dissolution, les règles propres à la liquidation légale exposées ci-avant sont applicables (voir Mémento Sociétés commerciales n° 87400 à 87403).
Sur l'application de ces règles à la mission des **commissaires aux comptes,** voir n° 61900.

ASPECTS FISCAUX

Droits d'enregistrement Les actes de **dissolution** de société sont dispensés de la formalité obligatoire d'enregistrement (CGI art. 638 A).
L'acte de partage de la société donne ouverture en principe au droit proportionnel de 2,5 % (CGI art. 746), sauf en cas de dissolution d'une EURL (Rép. Durand : AN 16-12-2008 n° 29283, non reprise dans Bofip). Toutefois, des droits de mutation à titre onéreux sont dus en cas de soulte (si, par exemple, l'un des associés se voit attribuer un immeuble d'une valeur supérieure à sa part dans l'actif net à partager) et, dans les sociétés non passibles de l'IS, en cas d'attribution d'un bien « en nature » (bien autre que des espèces) à un associé autre que l'apporteur.
Pour plus de détails, voir Mémento Fiscal n° 67090 à 67105.

61825

61830 **Impôts directs – Société passible de l'IS** La dissolution est, du point de vue fiscal, assimilée à une **cessation d'entreprise** (voir Mémento Fiscal n° 11415).

Elle entraîne l'application immédiate de l'IS au taux de droit commun sur le bénéfice du dernier exercice augmenté des sommes demeurées en sursis d'imposition (notamment provisions et dépréciations devenant sans objet, plus-values d'actif immobilisé réalisées lors de la cessation).

Les provisions à caractère fiscal sont rapportées au bénéfice imposable mais la réserve spéciale des plus-values à long terme n'est pas taxée (voir n° 56175).

Les plus-values et moins-values de liquidation des éléments de l'actif immobilisé sont taxées dans les conditions de droit commun. Les moins-values nettes à long terme peuvent être déduites pour une certaine fraction des bénéfices, fraction déterminée d'après le rapport existant entre les taux d'imposition (voir n° 36700 et Mémento Fiscal n° 18680). La déclaration du résultat de cessation doit être déposée au centre des impôts dans les 60 jours.

L'actif net social (diminué du montant de l'IS) doit ensuite être comparé au montant des apports en vue de déterminer le **boni de liquidation,** c'est-à-dire la somme totale imposable au nom des associés en tant que revenu distribué. Le boni de liquidation est considéré comme appréhendé à la clôture de l'exercice de liquidation de la société (CAA Paris 24-9-2021 n° 20PA02867).

Une déclaration de cessation d'activité doit également être adressée au guichet unique électronique des formalités d'entreprises (voir n° 60010) dans les 45 jours de la cessation (C. com. art. L 123-33).

61835 **Impôts directs – Société non passible de l'IS** Au vu de la déclaration de résultat souscrite au nom de la société dissoute (dans les **60 jours** de sa liquidation), l'administration établit l'IR dû par les associés au prorata de leurs droits. Ces impositions portent sur le bénéfice du dernier exercice augmenté des sommes en sursis d'imposition (provisions notamment) ainsi que des plus-values nettes à court terme sur des éléments de l'actif immobilisé, les plus-values nettes à long terme étant imposées au taux réduit. La moins-value nette à long terme peut être déduite, pour une certaine fraction, des bénéfices de l'exercice de cessation (voir Mémento Fiscal n° 18120).

En ce qui concerne les exonérations des petites entreprises (CGI art. 151 septies), voir Mémento Fiscal n° 18200 à 18250, et l'abattement sur les plus-values immobilières en fonction de la durée de détention de l'immeuble (CGI art. 151 septies B), voir Mémento Fiscal n° 18095.

Une déclaration de cessation d'activité doit également être adressée au guichet unique électronique des formalités d'entreprises (voir n° 60010) dans les 45 jours de la liquidation (C. com. art. L 123-33).

61840 **Autres impôts directs** Dans le délai de soixante jours à compter de la fin de sa liquidation, la société doit régulariser sa situation au regard de la **taxe sur les salaires** (si elle est redevable de cette taxe), de la **taxe d'apprentissage,** de la contribution à la **formation professionnelle,** de la participation à l'**effort de construction** et de la **cotisation sur la valeur ajoutée des entreprises.**

Par ailleurs, la **cotisation foncière des entreprises** n'est pas due pour les mois de l'année restant à courir si l'entreprise n'a pas de successeur (CGI art. 1478-I). Dans ce cas, la demande de dégrèvement doit être présentée à partir de la cessation et avant le 31 décembre de l'année suivant la cessation d'activité (LPF art. R 196-2).

61845 **Taxe sur la valeur ajoutée** Les redevables doivent, dans les **30 jours** de la cessation (60 jours pour les redevables en régime simplifié), en faire la déclaration (voir Mémento Fiscal n° 53390), étant précisé que, au regard de la TVA, la date de cessation d'activité ne coïncide pas nécessairement avec celle de la dissolution (voir TVA-IX-45130 s.).

Sur le traitement, au regard de la TVA, des régularisations, voir Mémento Fiscal n° 57400 et TVA-IX-45660 s.

Sur le remboursement du crédit de TVA restant à récupérer, le cas échéant, voir Mémento Fiscal n° 56690.

B. Obligations comptables

61895 Afin d'assurer la protection des associés et d'informer les tiers, le Code de commerce prescrit au **liquidateur** l'établissement de **documents comptables.** Ces documents sont, le cas échéant, soumis au contrôle des commissaires aux comptes de la société en liquidation ou aux contrôleurs. Ils sont, en outre, sous certaines conditions, présentés à l'approbation de l'assemblée des associés.

Il convient de **distinguer le régime conventionnel du régime légal.**

a. Régime conventionnel

61900 La seule obligation comptable légale, prévue par les textes concernant le régime conventionnel, est la **présentation de comptes à l'assemblée** appelée à constater la clôture de la liquidation (voir nº 61945). Mais les autres obligations comptables du régime légal (exposées ci-après) existent aussi en fait. En outre, la société reste tenue de respecter les obligations de toute personne morale ayant une activité commerciale.

La mise en liquidation amiable d'une société anonyme ne la dispense pas de « tenir une comptabilité régulière retraçant toutes les opérations réalisées au cours de chacune des années pendant lesquelles elle a poursuivi son activité » (CE 3-10-1979 nº 6837).

Le liquidateur doit se conformer aux dispositions statutaires ou à la convention expresse conclue entre les associés pour organiser la liquidation de leur société. Dans le silence des statuts, ce sont les obligations prévues au régime légal qui doivent s'appliquer (C. com. art. L 237-14, al. 1).

Il en résulte, concernant la **mission des commissaires aux comptes,** que ceux-ci restent en fonction pendant la période de liquidation (règle énoncée à C. com. art. L 237-16), sauf si les statuts ou l'assemblée en décident autrement.

Dans cette hypothèse, il est mis fin pour l'avenir aux fonctions du commissaire aux comptes (Bull. CNCC nº 85, mars 1992, EJ 91-203, p. 181 s.). Il n'y a donc plus lieu pour ce dernier de présenter un rapport sur les comptes annuels et sur les comptes de l'exercice clos après la cessation de son mandat.

b. Régime légal

61920 Dans le régime de liquidation légale, les obligations comptables sont plus nombreuses. Elles sont examinées ci-après en distinguant les diverses phases de la liquidation.

OUVERTURE DE LA LIQUIDATION

61925 **Inventaire** Dès sa nomination, le liquidateur dresse obligatoirement un inventaire des valeurs actives et passives de la société. Il se fait remettre à cette occasion les livres et documents sociaux.

L'inventaire s'effectue dans les formes habituelles à partir de la balance des comptes de la société. Les écritures comptables qui en résultent sont enregistrées. Le liquidateur est, ensuite, en mesure de dresser **un bilan de liquidation** qui servira de point de départ aux opérations de liquidation.

61930 **Convocation de l'assemblée des associés** Dans les **six mois** de sa nomination, le liquidateur convoque l'assemblée des associés à laquelle il fait **rapport sur la situation active et passive de la société,** sur la poursuite des opérations de liquidation et le délai nécessaire pour les terminer. Ce délai de six mois peut être porté à douze mois par décision de justice sur demande de l'intéressé (C. com. art. L 237-23, al. 1). La forme du rapport et son contenu ne sont pas définis. À notre avis, il doit reprendre les éléments comptables figurant dans le bilan de liquidation.

Les documents à adresser aux associés ne sont pas précisés, mais, à notre avis, ils doivent comprendre le bilan de liquidation.

Le bilan de liquidation n'a pas à être approuvé par les associés, sauf s'il coïncide avec la clôture normale de l'exercice.

OPÉRATIONS DE LIQUIDATION

61935 **Établissement de comptes annuels** Les opérations de liquidation se déroulent fréquemment sur une période de temps assez longue (le mandat du liquidateur est, d'ailleurs, fixé à trois ans avec possibilité de renouvellement justifié ; C. com. art. L 237-21, al. 1). Le liquidateur doit établir, dans les **trois mois** de la **clôture de chaque exercice,** les **comptes annuels** au vu de l'inventaire qu'il a dressé des divers éléments de l'actif et du passif existant à cette date et un **rapport écrit** par lequel il rend compte des opérations de liquidation au cours de l'exercice écoulé (C. com. art. L 237-25, al. 1). Les valeurs à retenir pour les évaluations sont des **valeurs de liquidation.**

Toutefois, en pratique, les plus-values latentes éventuelles (en l'absence de promesse de vente) résultant des différences entre les valeurs liquidatives et les valeurs nettes comptables ne sont pas enregistrées, alors qu'à l'inverse, les moins-values latentes font l'objet de provisions ou de dépréciations (voir n° 61125).

Même dans le cas d'une **liquidation amiable,** le liquidateur doit, sous peine de sanctions pénales et à défaut de clauses statutaires ou de convention expresse, établir dans les trois mois de la clôture de chaque exercice les comptes annuels et un rapport sur les opérations de liquidation au cours de l'exercice écoulé (Cass. crim. 7-3-1994 n° 93-84.587 P).

> **Fiscalement** Pendant la durée de la liquidation, le liquidateur doit déposer, dans les formes et les délais habituels, les déclarations fiscales de résultat provisoires (CGI art. 37 ; BOI-BIC-CESS-30-10 n° 10) et de taxes sur le chiffre d'affaires.

Le cas échéant, **les commissaires aux comptes** et le conseil de surveillance continuent leurs missions pendant la durée de la liquidation (C. com. art. L 237-16). C'est ainsi que les premiers doivent certifier que les comptes annuels établis par le liquidateur sont réguliers et sincères et donnent une image fidèle des opérations de l'exercice. Leur mandat peut être renouvelé par l'assemblée annuelle des associés dans les conditions habituelles.

61940 **Tenue d'une assemblée annuelle** Le liquidateur doit convoquer au moins une fois par an et dans les six mois de la clôture de l'exercice l'assemblée des associés qui **statue sur les comptes annuels** (C. com. art. L 237-25). Cette assemblée est convoquée dans les mêmes conditions qu'au cours de la vie sociale.

Sa réunion est obligatoire en cas de continuation de l'exploitation sociale (C. com. art. L 237-28) ; si l'activité n'est pas poursuivie, le liquidateur peut être dispensé, par décision de justice, de convoquer l'assemblée et, dans ce cas, les comptes sociaux ne sont pas approuvés.

En matière d'**information des associés,** la liquidation ne modifie en rien les règles de droit commun. L'autorisation de ne pas convoquer l'assemblée des associés ne dispense nullement le liquidateur d'établir les comptes sociaux et de les communiquer – selon les règles de droit commun – aux associés (voir n° 80135 s.).

L'**information des tiers,** lorsque l'assemblée a approuvé les comptes annuels, est assurée par les règles de publicité éventuellement pratiquées par une société au cours de son existence : dépôt au greffe du tribunal de commerce, par l'intermédiaire du guichet unique électronique des formalités d'entreprises (voir n° 60010), des comptes annuels pour les SA et les SARL (voir n° 80660 s.) ; publication au Balo pour les sociétés cotées (voir n° 81770 s.).

Lorsque les comptes sociaux ne sont pas approuvés, le liquidateur doit cependant déposer le rapport écrit sur les opérations de liquidation au greffe du tribunal de commerce où tout intéressé peut en prendre connaissance (C. com. art. L 237-25, al. 3).

Plus généralement les associés ont, dans les mêmes conditions qu'avant la liquidation, la possibilité de prendre communication des documents sociaux des trois derniers exercices (voir n° 80155) et d'exercer la procédure d'injonction en cas de refus de communication des documents auxquels ils ont droit (C. com. art. L 238-1 ; voir n° 80200).

CLÔTURE DE LA LIQUIDATION

61945 **Compte définitif de liquidation** Lorsque les opérations de liquidation sont terminées, l'actif ayant été totalement réalisé et le passif apuré, le liquidateur convoque les associés en assemblée pour qu'ils **statuent sur le compte définitif de liquidation,** lui donnent **quitus,** le déchargent de son mandat et enfin constatent la **clôture de la liquidation** entraînant la disparition de la personnalité morale (C. com. art. L 237-9, al. 1 et 2). Sur la présentation du compte définitif de liquidation, voir n° 62035.

Quelle que soit la taille de la société, deux assemblées distinctes doivent se tenir pour prononcer la dissolution et approuver les comptes de la liquidation, les formalités de publicité devant également être distinctes (CA Lyon 13-6-1997 ; Avis CCRCS 2016-022 des 18-10 et 2-12-2016 ; a contrario, CA Paris 16-9-2003 n° 03-5897). Cependant, aucun texte n'interdit la tenue de deux assemblées consécutives. Pour plus de détails, voir Mémento Sociétés commerciales n° 87221.

Si l'assemblée de clôture approuve des comptes non définitifs (du fait, par exemple, de l'existence d'un litige rendant incertain le montant du passif social), la société ne pourra être valablement radiée du registre du commerce et des sociétés (CA Paris 23-11-1995).

Si l'assemblée de clôture ne peut délibérer ou si elle refuse d'approuver les comptes du liquidateur, celui-ci doit déposer ses comptes au greffe du tribunal de commerce, par l'intermédiaire du guichet unique électronique des formalités d'entreprises (voir n° 60010), où tout intéressé peut en prendre connaissance. Le tribunal de commerce statue sur ces comptes et, le cas échéant, sur la clôture de la liquidation au lieu et place de l'assemblée des associés ou des actionnaires (C. com. art. R 237-6).

Sur les obligations du commissaire aux comptes d'une société en liquidation, voir FRC 12/23 Hors série inf. 92 s.

> **Fiscalement** Les comptes provisoires et les résultats déclarés annuellement par le liquidateur sont repris dans la déclaration définitive qui doit être souscrite dans les 60 jours de la cessation (BOI-BIC-CESS-30-10 n° 10), qui intervient, selon le Conseil d'État, à la date de l'approbation par l'assemblée des comptes du liquidateur (CE 11-2-1987 n° 47157 ; CE 10-4-2015 n° 371765). Se prononçant dans la même affaire à propos de la responsabilité du liquidateur, la Cour de cassation considère que la cessation intervient à la date du jugement prononçant la liquidation judiciaire, dès lors qu'aucune prolongation d'activité n'a été autorisée (Cass. com. 26-1-2010 n° 120 FS-PB).

Publicité comptable à la clôture de la liquidation Les comptes définitifs établis par le liquidateur et la décision de l'assemblée de clôture sont déposés au greffe du tribunal de commerce (SA et SARL) (C. com. art. R 237-7), par l'intermédiaire du guichet unique électronique des formalités d'entreprises (voir n° 60010).   **61950**

> **Précisions** Selon le CCRCS, les comptes définitifs déposés au greffe doivent faire l'objet d'un acte distinct de la décision de l'assemblée même si cette décision reprend en partie ou en totalité les comptes définitifs (Avis CCRCS 2016-022 du 2-12-2016 ; textes.justice.gouv.fr).

Sur les autres mesures de publicité (C. com. art. R 237-8) : insertion dans un support d'annonces légales d'un avis de clôture, insertion éventuelle au Balo, voir Mémento Sociétés commerciales n° 87220.

Radiation au registre du commerce et des sociétés Dans le délai d'un mois à compter de la publication de la clôture de la liquidation, le liquidateur demande la radiation de la société au registre du commerce. Cette radiation est effectuée par le greffier sur justification de l'accomplissement des formalités suivantes (C. com. art. R 237-9 et R 123-75, al. 1) :   **61955**
– dépôt des comptes définitifs établis par le liquidateur et de la décision de l'assemblée des associés statuant sur ces comptes, sur le quitus de la gestion et la décharge de son mandat ;
– et publication de l'avis de clôture dans un support d'annonces légales.

Déclaration fiscale Après la clôture des opérations de liquidation et l'approbation du compte définitif du liquidateur, celui-ci doit, dans les soixante jours, déclarer le résultat final de la liquidation (voir Mémento Fiscal n° 11490 à 11495). S'il fait apparaître un bénéfice supérieur au total des bénéfices imposés au cours de la liquidation, la différence est immédiatement imposée ; dans le cas contraire, un dégrèvement correspondant à l'excédent des bénéfices taxés sur le bénéfice final est accordé à la société.   **61960**

Conservation des documents sociaux À défaut de prescription spécifique en matière de liquidation, le délai de conservation des archives, notamment des documents sociaux, est de **cinq ans** à partir de la fin des opérations de liquidation.   **61965**

RESPONSABILITÉ DU LIQUIDATEUR

Sa responsabilité civile (C. com. art. L 237-12, al. 1), pénale (C. com. art. L 247-7 et L 247-8-1°) et fiscale (LPF art. L 265) peut être engagée (voir Mémento Sociétés commerciales n° 86958 à 86990).   **61970**

C. Écritures de liquidation

On distingue habituellement les **écritures de liquidation** qui aboutissent à la présentation du compte définitif de liquidation et les **écritures de partage** qui constatent la répartition des capitaux propres subsistants de la société entre les associés. Les fonctions du liquidateur prennent fin généralement à l'assemblée de clôture de la liquidation, mais il est, en pratique, fréquent que les statuts ou la décision de justice qui l'a nommé fixent la fin de sa mission à la suite du partage du solde disponible. Sur le plan comptable, sa mission prend fin après l'enregistrement des écritures de partage.   **62020**

TENUE DE LA COMPTABILITÉ

Les opérations de liquidation sont habituellement comptabilisées entièrement dans les livres de la société (et non en partie dans les livres de la société et en partie dans ceux du liquidateur).   **62025**

Les écritures de liquidation comprennent :
– les écritures constatant la réalisation des éléments d'actif ;
– les écritures d'apurement du passif.

La seule particularité de ces écritures concerne la création d'un compte « **Résultat de liquidation** » qui enregistre la différence entre le prix de vente et la valeur nette comptable des éléments d'actif, les escomptes reçus ou accordés sur règlement des fournisseurs ou encaissement des clients, les frais de liquidation, l'annulation des actifs non réalisables (frais d'établissement), etc.

À défaut de prescription dans le PCG, il est possible, à notre avis :
– de créer un compte spécial 85 « Résultat de liquidation » ;
– ou d'utiliser des comptes (à créer) en charges exceptionnelles et en produits exceptionnels (par exemple, 673 « Résultat de liquidation – Charges » et 773 « Résultat de liquidation – Produits »), comptes que nous utiliserons ci-après.

L'établissement des bilans annuels en cours de liquidation s'effectue dans les conditions et sous la forme habituelles.

62030 **Enregistrement des opérations de liquidation** Les principales opérations comptables de liquidation résultent de la mission du liquidateur. Elles concernent :
– le recouvrement des créances de la société ;
– le paiement du passif et des frais de liquidation ;
– la réalisation des éléments d'actif ;
– la détermination du résultat de liquidation ;
– l'établissement du compte définitif de liquidation.

EXEMPLE

Bilan de liquidation

Actif		Passif	
Immobilisations	115 000	Capital	100 000
Amortissements	(35 000)	Réserves	10 000
Stocks	30 000	Dettes	30 000
Créances	20 000		
Disponibilités	10 000		
	140 000		140 000

Réalisation des éléments du bilan :
– immobilisations : 90 000 ;
– stocks : 25 000 ;
– autres éléments : valeur comptable.

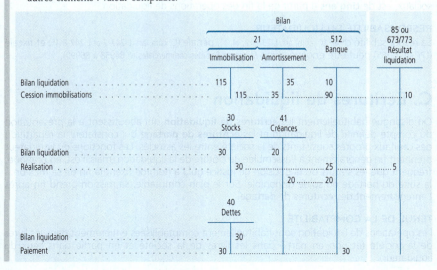

Le compte définitif de liquidation est établi lorsque l'ensemble des opérations est achevé. Il se présente sous la forme d'un **bilan** dans lequel figurent à l'actif le solde des comptes de trésorerie et au passif le capital et les réserves revenant aux associés augmentés ou diminués du résultat de liquidation.

62035

Actif		Passif	
Disponibilités	115 000	Capital	100 000
		Réserves	10 000
		Résultat de liquidation	5 000
	115 000		115 000

> **Précisions** **Actifs non réalisés et passifs non apurés subsistant au bilan** Il peut subsister au compte définitif des éléments de passif non apurés tels que des dettes non échues ou des provisions pour impôts à payer. À l'actif, peuvent encore figurer, par exemple, des immobilisations s'il est convenu dans le partage qu'un associé reprenne son apport initial (ce cas peut se présenter dans les sociétés de personnes).

MODALITÉS DE RÉALISATION DE L'ACTIF
Plusieurs modalités sont possibles :

62040

a. Cession de l'actif élément par élément, rachat total ou par branche d'activité L'actif de la société peut être vendu élément par élément, racheté totalement ou par branche d'activité par un tiers.
Dans ces situations, la cession de l'élément d'actif est enregistrée par le débit d'un compte de trésorerie ou du compte du liquidateur si ce dernier détient la trésorerie.

b. Fusion avec une autre entreprise La société peut être également **absorbée** par une autre entreprise ; il n'est pas en effet interdit qu'une société en liquidation fasse l'objet d'une fusion par absorption.
Dans ce cas, les écritures comptables sont analogues à celles enregistrées par la société absorbée dans une opération de fusion : les valeurs d'actif et de passif de la société en liquidation sont transmises à la société absorbante contre la remise aux associés des titres de cette dernière.
Sur la comptabilisation d'une fusion par la société absorbée, voir Mémento Fusions & Acquisitions n° 8010.

> **Fiscalement** **1.** La cession des éléments de l'actif immobilisé peut entraîner des régularisations de TVA : la **TVA** sur immobilisations à reverser constitue une charge exceptionnelle constatée au débit du compte « Résultat de liquidation » par le crédit du compte 4455 « TVA à décaisser » ;
2. Les **plus-values et moins-values de cession** des éléments d'actif sont traitées dans les conditions de droit commun. L'impôt dû à ce titre est débité au compte « Résultat de liquidation » par le crédit du compte 444 « État-Impôts sur les bénéfices » ;
3. Les **provisions de caractère fiscal** constituées en franchise d'impôt sont annulées et portées au crédit du compte « Résultat de liquidation » ;
4. Lorsque la déclaration fiscale fait apparaître **un excédent de bénéfices** taxable, l'impôt dû est débité au compte « Résultat de liquidation » par le crédit du compte 444.

D. Écritures de partage

62090

Le partage consiste à répartir les capitaux propres subsistants entre les associés. Il fait apparaître **soit** un **boni de liquidation, soit** un **mali de liquidation.** Les règles de partage à suivre figurent dans les statuts de la société. À défaut, le partage des capitaux propres subsistants après remboursement du nominal des actions ou des parts sociales est effectué entre les associés en fonction de leur participation au capital social (C. com. art. L 237-29).
Dans les SNC, SCS et SCA, les associés en nom et les commandités, indéfiniment et solidairement responsables des dettes sociales, peuvent être conduits à payer les créanciers sur leurs fonds personnels.

> **Précisions** L'associé de SNC est tenu aux dettes sociales, même **contractées avant son entrée** dans la société, sauf stipulation expresse contraire incluse dans les statuts et rendue opposable aux tiers (Cass. com. 21-10-2008 n° 1021 F-D).
Pour plus de détails, voir Mémento Sociétés commerciales n° 24080 à 24083.

Les associés des SARL et les actionnaires des SA ne sont responsables qu'à concurrence de leurs apports (sous réserve de la responsabilité personnelle des dirigeants en cas de redressement judiciaire, voir n° 7305).

COMPTABILISATION DU PARTAGE

62095 L'opération s'effectue en trois étapes :

a. Restitution de leurs mises aux associés : les comptes de capitaux propres sont débités par le crédit des comptes d'associés 4567 « Associés-Capital à rembourser ». Si la société comprend plusieurs catégories d'associés, notamment des porteurs de parts de fondateur, il est ouvert autant de comptes d'associés que de catégories.

b. Répartition du résultat de liquidation (boni ou mali) entre les associés selon les clauses des statuts ou, à défaut, proportionnellement à leurs apports (C. com. art. L 237-29).

> **Précisions** En outre, lorsque les associés sont indéfiniment responsables, si le report à nouveau est débiteur, celui-ci est réparti entre les associés comme une perte (mali de liquidation). Lorsque les associés ne sont pas indéfiniment responsables, ce mali n'est en principe pas réparti entre les associés, sauf si leur responsabilité au titre des pertes réalisées par la société est démontrée.

c. Paiement des associés par le crédit des comptes de trésorerie.

Après cette dernière écriture tous les comptes de la société sont soldés.

62100 ## Partage avec boni de liquidation

EXEMPLE

Compte définitif de liquidation de la société A :

Actif		Passif	
Liquidateur X	115 000	Capital	100 000
		Réserves	10 000
		Résultat de liquidation	5 000
	115 000		115 000

	101 Capital		106 Réserves		456 Associés		512 Banques		673/773 Résultat liquidation	
Compte de liquidation		100		10			115			5
Restitution des mises aux associés	100					100				
Répartition du boni de liquidation			10			15			5	
Paiement aux associés					115			115		
	100	100	10	10	115	115	115	115	5	5

Tous les comptes sont soldés

62105 ## Partage avec mali de liquidation

EXEMPLE 1

Associés indéfiniment responsables Compte définitif de liquidation de la société en nom collectif N dont le capital de 100 000 est détenu par A pour 60 %, B pour 40 % (SNC choisie parce que les associés y sont indéfiniment et solidairement responsables) :

Actif		Passif	
Résultat de liquidation	110 000	Capital	100 000
		Fournisseurs	10 000
	110 000		110 000

L'associé A ayant accepté de régler les fournisseurs, le compte 400 « Fournisseurs » est soldé par le crédit d'une subdivision du compte 455 « Compte courant A » et la situation avant partage devient :

Actif		Passif	
Résultat de liquidation	110 000	Capital	100 000
		Compte courant A	10 000
	110 000		110 000

Le partage des pertes s'effectue proportionnellement aux apports, l'associé A supportant une perte de 66 000 (60 % de 110 000) et l'associé B 44 000.

	101 Capital	455 A Compte courant	4567 A Compte de liquidation	4567 B Compte de liquidation	673/773 Résultat de liquidation
Bilan de liquidation	100	10			110
Répartition des pertes			66	44	110
Restitution du capital aux associés	100		60	40	
Virement du compte courant de A à son compte de liquidation		10	10		
	100 | 100	10 | 10	60 | 70	44 | 40	110 | 110
	soldé	soldé	4	4	soldé

À ce stade du partage tous les comptes de la société sont soldés, excepté les comptes de liquidation des associés, B devant à A 4 000, somme correspondant à ce qu'il aurait dû verser pour désintéresser les fournisseurs réglés par A.

Les livres de la société sont clôturés par l'écriture :

	4567 A « Compte de liquidation »	4567 B « Compte de liquidation »
Liquidation comptes associés	4	4

Cette écriture est enregistrée qu'il y ait ou non règlement de A par B.

EXEMPLE 2

Associés non indéfiniment responsables Compte définitif de liquidation d'une société à responsabilité limitée dont le capital de 100 000 est détenu par A pour 60 %, B pour 40 % :

Actif		Passif	
Résultat de liquidation	110 000	Capital	100 000
		Fournisseurs	10 000
	110 000		110 000

La responsabilité des associés étant limitée aux apports, les créanciers de l'entreprise sont contraints d'abandonner leur créance. Le compte 400 « Fournisseurs » est donc soldé par le crédit du résultat de liquidation et la situation avant partage devient :

Actif		Passif	
Résultat de liquidation	100 000	Capital	100 000
	100 000		100 000

Le partage des pertes s'effectue proportionnellement aux apports, l'associé A supportant une perte de 60 000 (60 % de 100 000) et l'associé B 40 000.

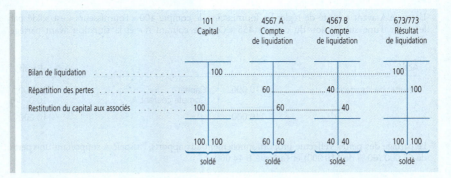

INCIDENCES FISCALES DU PARTAGE

62110 Droits d'enregistrement Le partage de l'actif net entraîne l'exigibilité de **droits d'enregistrement** à la charge des associés (voir n° 61825), mais il n'est pas rare que la société les règle pour leur compte en débitant leur compte courant.

DIVERS

62115 Partage en nature Les statuts peuvent spécifier que les associés reprennent leurs apports en nature. Dans ce cas, les éléments d'actif immobilisés repris par les associés restent inscrits au compte définitif de liquidation.

EXEMPLE

Société en nom collectif dont les deux associés X et Y se partagent à égalité les parts. Le compte définitif de liquidation se présente ainsi :

Actif		Passif	
Immeuble	100 000	Capital	150 000
Banque	60 000	Résultat de liquidation	10 000
	160 000		160 000

Les statuts ont prévu que, dans le partage, l'immeuble reviendrait à X, celui-ci devant verser une soulte à Y si la valeur de reprise de l'immeuble excède sa quote-part dans l'actif net partagé. En l'espèce, X doit verser une soulte de 20 000 à Y (100 000 − 50 % de 160 000 = 20 000).

Écritures de partage

	101 Capital	213 Immeuble	4567 X Liquidation	4567 Y Liquidation	512 Banques	673/773 Résultat de liquidation
Compte de liquidation	150	100			60	10
Rest. mises aux associés	150		75	75		
Répartition boni liquidation			5	5		10
Paiement associé X		100 100				
Paiement associé Y				60	60	
Virement soulte X à Y			20	20		
	150 | 150	100 | 100	100 | 100	80 | 80	60 | 60	10 | 10

tous les comptes sont soldés

62120 Sommes non réclamées par les associés Elles doivent être déposées dans le délai d'un an après la clôture de la liquidation à la **Caisse des dépôts.** Le compte « Caisse des dépôts » (il nous paraît possible d'utiliser une subdivision du compte 517 « Autres organismes financiers » ou 467 « Autres comptes débiteurs ou créditeurs ») se substitue alors aux comptes de liquidation des associés concernés et il est lui-même apuré lors du versement des fonds.

Si le liquidateur, qui en est responsable, omet ce dépôt, il est passible de **sanctions** pénales (amende de 150 000 € ; C. com. art. L 247-7-2°).

II. LIQUIDATION D'UNE ENTREPRISE INDIVIDUELLE

62190 La disparition de l'entreprise peut avoir pour origine :
– la **cession totale** de l'entreprise : transmission de l'ensemble de l'exploitation par acte portant transfert de propriété, notamment : vente pure et simple, apport en société, donation-partage, succession, jugement ordonnant la cession totale des actifs ;
– la **cessation totale** de l'entreprise : abandon de l'ensemble de l'activité, notamment par suite de la fermeture définitive ou d'un jugement ordonnant la liquidation judiciaire.

La liquidation part du jour de la cession résultant de l'acte, de la cessation d'activité ou de la décision du tribunal. Les opérations sont effectuées par le commerçant dans les deux premiers cas, par le tiers liquidateur dans le troisième cas.

La **cession** ou la **cessation** s'accompagne de l'accomplissement de formalités, dont les principales sont les suivantes :
– en cas d'immatriculation de l'entrepreneur, dépôt d'une demande de radiation dans le délai d'un mois au registre du commerce (C. com. art. R 123-51) ou au registre national des entreprises (Décret 98-247 du 2-4-1998 art. 12) ;
– publicité de la vente du fonds de commerce sur un support habilité des annonces légales et au Bulletin officiel des annonces civiles et commerciales (dans les **15 jours** de l'acte ; C. com. art. L 141-12) ;
– versement des cotisations sociales correspondant à la dernière période de paie le **15 du mois suivant** la date de la cession ou de la cessation ou, pour les employeurs ayant opté pour le versement trimestriel, lors de la première échéance mensuelle qui suit la date de la vente ou de la cession ou la date du jour de la cessation définitive d'activité (CSS art. R 243-7 ; Mémento Social n° 23920) ;
– diverses déclarations fiscales (voir notamment Mémento Fiscal n° 11490 à 11495, 22200, 44036 et 74395).

En ce qui concerne les livres de commerce, voir n° 7230.

Sur la disparition d'une **EIRL,** voir Mémento Droit commercial n° 2190 à 2195.

62195 **Incidences fiscales de la cession ou cessation d'une entreprise individuelle** Elle entraîne l'exigibilité de **droits d'enregistrement** à la charge de l'acquéreur sauf stipulation contraire de l'acte.

L'imposition des bénéfices porte sur le bénéfice de l'exercice en cours et sur les plus-values réalisées lors de la cession ; elle varie selon le régime sous lequel est placée l'entreprise. Pour plus de détails, voir Mémento Fiscal n° 11400 à 11520.

Sur la liquidation d'une entreprise individuelle assimilée à une EURL, voir Mémento Fiscal n° 87220.

Sur le traitement de la cession au regard de la TVA, voir Mémento Fiscal n° 47505 ; sur les conditions de remboursement des crédits de TVA, voir Mémento Fiscal n° 56655.

Sur le traitement de la cession au regard des droits d'enregistrement, voir Mémento Fiscal n° 65400 à 65680.

Sur les conséquences fiscales de la disparition d'une **EIRL,** voir Mémento Fiscal n° 87250 à 87260 et DC-IX-32450 à 32820.

62200 **Écritures de liquidation enregistrées dans l'entreprise individuelle**
a. À la date de la cession ou de la cessation (qui correspond à la date de liquidation), il est dressé une balance et des **états comptables** (bilan, compte de résultat et annexe) pour la période écoulée depuis le début de l'exercice jusqu'à la date de liquidation. Ces documents, qui font apparaître le résultat de la période, servent à l'établissement des déclarations fiscales accompagnant la cessation.
b. Les comptes de gestion ne sont plus utilisés à partir de la date de cessation.
c. Les résultats de la réalisation des éléments d'actif (immobilisations, titres, stocks, créances, régularisation de TVA, etc.) sont enregistrés au compte « Résultat de liquidation » (compte à créer, par exemple 85 ou 673/773).
d. Les charges et produits résultant du paiement des dettes de l'entreprise sont également portés au compte « Résultat de liquidation ».

62200
(suite)

e. Les frais engagés pour les opérations de liquidation sont de même inscrits au compte « Résultat de liquidation ».

f. À la fin de la liquidation, les seuls comptes non soldés sont : les comptes de trésorerie, le compte de l'exploitant, le résultat de liquidation.

g. Le compte « Résultat de liquidation » est soldé par virement au compte de l'exploitant dont le solde est égal au montant disponible en trésorerie.

h. La comptabilité est définitivement arrêtée en soldant le compte de trésorerie et le compte de l'exploitant. Cette écriture permet de constater le transfert du solde du compte de trésorerie dans le patrimoine non affecté à l'exploitation.

CHAPITRE 17
LES DOCUMENTS DE SYNTHÈSE ÉTATS FINANCIERS

SOMMAIRE

64000

SECTION 1
COMPTES ANNUELS   64105

I. Généralités (comptes annuels)   64105
- A. Définitions et éléments constitutifs   64105
- B. Obligations en matière d'établissement des comptes annuels   64110
- C. Présentation des comptes annuels   64180
- D. Approbation des comptes annuels et délais   64280
- E. Dépôt des comptes annuels   64282

II. Bilan et compte de résultat   64285
- A. Règles d'établissement et de présentation   64285
- B. Contenus obligatoires   64340
- C. Contrôle   64450

III. Annexe   64525
- A. Objectifs de l'annexe et conséquences   64525
- B. Liste des différentes informations à faire figurer dans l'annexe, prescrites par les règles comptables   64605
- C. Lien entre l'annexe et d'autres documents   64690
- D. Incidences d'une insuffisance/absence de l'annexe sur la certification des comptes   64835

SECTION 2
DOCUMENTS LIÉS AUX COMPTES ANNUELS   64940

I. Rapport de gestion   64960

II. Bilan social   65165

III. Autres documents liés aux comptes annuels   65245

SECTION 3
COMPTES INTERMÉDIAIRES ET PRÉVISIONNELS   65385

I. Comptes intermédiaires   65385

II. Comptes prévisionnels   65475

SECTION 4
INFORMATIONS SEMESTRIELLES ET TRIMESTRIELLES   65585

I. Information semestrielle (rapport financier semestriel)   65585

II. Information trimestrielle ou intermédiaire des sociétés cotées sur Euronext   65690

SECTION 5
DOCUMENTS LIÉS À LA PRÉVENTION DES DIFFICULTÉS DES ENTREPRISES   65695

I. Généralités (concernant l'ensemble des documents)   65715

II. Tableau de financement et rapport joint   65855
- A. Établissement, présentation et contrôle   65855
- B. Élaboration du tableau (tableau des emplois et des ressources)   65925
- C. Présentation du tableau des flux de trésorerie   66075

III. Situation de l'actif réalisable et disponible et du passif exigible et rapport joint   66165

IV. Compte de résultat prévisionnel et rapport joint   66280

V. Plan de financement prévisionnel et rapport joint   66435

SECTION 6
SANCTIONS EN MATIÈRE D'INFORMATION COMPTABLE   66500

PRÉSENTATION GÉNÉRALE

64005 Les documents de synthèse sont des états périodiques présentant la situation et les résultats de l'entreprise, ces éléments pouvant concerner le passé (comptes annuels, information semestrielle, etc.) ou l'avenir (documents liés à la prévision des difficultés des entreprises).

SECTION 1 — COMPTES ANNUELS

I. GÉNÉRALITÉS (COMPTES ANNUELS)

A. Définitions et éléments constitutifs

64105 Les comptes annuels comprennent le **bilan**, le **compte de résultat** et une **annexe : ils forment un tout indissociable** (C. com. art. L 123-12, al. 3). Le PCG (art. 112-1) précise que ces éléments sont établis à la clôture de l'exercice au vu des enregistrements comptables et de l'inventaire.
Le Code de commerce (art. L 123-13) et le PCG (art. 112-2 à 112-4) définissent ces documents de la manière suivante :
a. Le **bilan** décrit séparément, à la clôture de l'exercice, les éléments actifs et passifs de l'entreprise, et fait apparaître, de façon distincte, les capitaux propres.
Le PCG (art. 112-2) précise que le bilan fait également apparaître de façon distincte, le cas échéant, les autres fonds propres, voir n° 56940 ;
b. Le **compte de résultat** récapitule les produits et les charges de l'exercice, sans qu'il soit tenu compte de leur date d'encaissement ou de paiement. Il fait apparaître, par différence après déduction des amortissements, des dépréciations et des provisions, le bénéfice ou la perte de l'exercice ;
c. L'**annexe** comporte toutes les informations d'importance significative destinées à compléter et à commenter celles données par le bilan et par le compte de résultat. Une inscription dans l'annexe ne peut pas se substituer à une inscription dans le bilan et le compte de résultat.

> **Précisions** **1.** Obligation de présenter l'annexe Le bilan, le compte de résultat et l'annexe étant **indissociables** (voir ci-avant), il en résulte, en pratique, que l'annexe doit être présentée, mise à la disposition ou adressée aux administrateurs, actionnaires et, le cas échéant, aux commissaires aux comptes chaque fois que le bilan et le compte de résultat le sont et publiée chaque fois que le bilan et le compte de résultat le sont, que ce soit au greffe, au Balo ou d'une autre façon.
> **2. Dispense d'annexe** Les micro-entreprises au sens comptable (personnes morales et personnes physiques) sont dispensées d'établir une annexe, mais doivent néanmoins fournir un certain nombre d'informations à la suite de leur bilan (voir n° 64220 s.).

B. Obligations en matière d'établissement des comptes annuels

PERSONNES TENUES D'ÉTABLIR DES COMPTES ANNUELS

64110 Est assujettie à l'établissement de comptes annuels toute **personne physique ou morale ayant la qualité de commerçant** (C. com. art. L 123-12, al. 3). Il s'agit principalement des commerçants personnes physiques, des sociétés commerciales (SA, SCA, SAS, SARL, SNC, SCS), et des GIE à objet commercial.
Les **personnes morales de droit privé non commerçantes** ayant une activité économique et ayant une certaine taille sont également concernées (voir n° 3180).

RÈGLES GÉNÉRALES D'ÉTABLISSEMENT DES COMPTES ANNUELS

64115 Les comptes annuels doivent être **réguliers, sincères,** et présenter une **image fidèle** du patrimoine, de la situation financière et du résultat de l'entreprise (C. com. art. L 123-14). Ces notions ont été examinées au n° 8245 s. (« Qualité des comptes »).

Il convient de noter que, selon le PCG, les documents de synthèse, qui comprennent nécessairement le bilan, le compte de résultat et une annexe :
- **mettent en évidence tout fait pertinent,** c'est-à-dire susceptible d'avoir une influence sur le jugement que leurs destinataires peuvent porter sur le patrimoine, la situation financière et le résultat de l'entreprise ainsi que sur les décisions qu'ils peuvent être amenés à prendre (PCG art. 810-1), ce qui est l'objectif de l'annexe (voir n° 64525) ;

> **Précisions** **Contexte de crise** Tout événement à l'origine d'une crise financière constitue, à notre avis, un « fait pertinent » dont l'incidence devrait être mise en évidence dans les comptes dans la mesure où elle serait significative pour l'entité (en ce sens, Rec. ANC Covid-19 ; Question B1 à propos de l'événement Covid-19). Le conflit Russie/Ukraine est, à notre avis, un fait pertinent, s'agissant d'une perturbation forte et durable de la zone économique, avec un risque d'élargissement du conflit.
> L'ANC ne recommande pas d'indiquer, au-delà de l'information donnée dans l'annexe (voir n° 64635), les impacts de tels événements en lecture directe dans leur compte de résultat et/ou au bilan (Rec. précitées ; Question B6).

- **sont établis à la clôture de l'exercice,** au vu de l'inventaire (PCG art. 112-1).

Voir notamment les points suivants : opérations d'inventaire, n° 7685 s. ; différence entre date de clôture et date d'arrêté (ou d'établissement) des comptes, n° 7940 ; prise en compte des événements postérieurs à la clôture, n° 52310 s.

64120

Des **règles particulières** peuvent concerner certaines entreprises, notamment :
- les établissements de crédit, sociétés d'assurance, sociétés de réassurance, etc. (voir n° 3155) ;
- les personnes morales de droit privé non commerçantes ayant une activité économique qui établissent des comptes annuels (voir n° 3180).

DÉLAI D'ÉTABLISSEMENT DES COMPTES ANNUELS

64125

Le délai est **différent** selon les entreprises et résulte de plusieurs textes.

Après la clôture	Sociétés, groupements et personnes concernées
3 mois	**SA à directoire** (C. com. art. L 225-68, al. 5 et R 225-55).
4 mois	**Sociétés, groupements ou autres personnes d'une certaine taille** (voir n° 65715 s.) y compris les **SAS** (pour les « petites » SAS, voir « Autre » ci-après). Elles doivent établir un tableau de financement en même temps que leurs comptes annuels, et celui-ci doit être établi au maximum quatre mois après la clôture (C. com. art. R 232-3). **Sociétés** dont les **titres financiers** sont admis aux négociations sur un **marché réglementé** (voir n° 80900) : elles doivent également publier dans le même délai un rapport financier annuel qui comprend notamment les comptes annuels (voir n° 65250).
4 mois et demi	Toutes les **autres sociétés, groupements et personnes morales** non commerçantes ayant une activité économique et **ayant un commissaire aux comptes.** Elles doivent les mettre à la disposition de leur **commissaire aux comptes** (voir critères FRC 12/23 Hors série inf. 8.2) un mois avant la convocation de l'assemblée annuelle pour les sociétés. N'ayant pas à établir de tableau de financement, elles ne sont pas soumises au délai de 4 mois après la clôture.
5 mois et demi	**SA à conseil d'administration, SARL et SNC sans commissaire aux comptes.** Elles doivent les mettre à la disposition ou les envoyer aux associés au maximum **cinq mois et demi** après la clôture (15 jours au moins avant la réunion de l'assemblée annuelle).
Autre	– **SAS « petites »** (n'atteignant pas certains seuils, voir n° 65720), la date limite est celle fixée par les statuts : • Pour les SAS à associé unique, la décision d'approbation des comptes doit toutefois intervenir dans les 6 mois de la clôture (C. com. art. L 227-9). • Pour les autres **« petites » SAS**, en cas de tenue de l'assemblée annuelle, et lorsque la SAS est dotée d'un commissaire aux comptes, les comptes doivent toutefois être établis au plus tard un mois avant la convocation de l'assemblée pour mise à disposition de ce dernier. – **Aucune date** n'est fixée pour les **commerçants personnes physiques.** En pratique, le délai applicable sera celui du dépôt de la déclaration fiscale.

> **Fiscalement** Le tableau ci-après, établi par nos soins, présente la date limite de dépôt de déclaration de résultats selon que l'entreprise est soumise à l'IS ou à l'IR :

	Clôture au 31 décembre (ou aucune clôture en cours d'année)	Autre date de clôture
Entreprise soumise à l'IS [4]	Dépôt au plus tard le 2ᵉ jour ouvré suivant le 1ᵉʳ mai [1] [3]	Dépôt au plus tard dans les 3 mois de la clôture [1] [3]
Entreprise relevant de l'IR selon le régime réel	Dépôt au plus tard le 2ᵉ jour ouvré suivant le 1ᵉʳ mai [2] [3]	

(1) CGI art. 223.
(2) CGI art. 175.
(3) Les entreprises qui télétransmettent leur déclaration de résultats en mode EDI ou EFI bénéficient d'un délai supplémentaire de 15 jours calendaires (BOI-BIC-DECLA-30-10-10-20 n° 60 ; BOI-BIC-DECLA-30-20-10 n° 230).
(4) Sur la date limite de dépôt du relevé de solde d'IS, voir Mémento Fiscal n° 36610.

PERSONNES CHARGÉES DE L'ÉTABLISSEMENT DES COMPTES ANNUELS

64130 La responsabilité de l'établissement des comptes annuels (y compris l'annexe ; rappel du Rapport COB 1995, p. 113), dans les délais indiqués au n° 64125 incombe :
– **au conseil d'administration,** pour les SA classiques (C. com. art. L 232-1) ;

> **Précisions** La fréquence des conseils n'est pas réglementée (voir Mémento Sociétés commerciales n° 40654). Pour le choix des dates de tenue, il est nécessaire de prendre en compte l'ensemble des obligations (comptes annuels, comptes consolidés, documents liés à la prévention des difficultés des entreprises).

– **au directoire,** pour les SA à directoire (C. com. art. L 232-1) ;

> **Précisions** Le directoire présente une fois par trimestre au moins un rapport au conseil de surveillance (C. com. art. L 225-68, al. 4).

– **au président ou** celui ou ceux des **dirigeants désignés par les statuts,** pour les SAS (C. com. art. L 227-1, al. 3) ;
– **au gérant,** pour les autres sociétés commerciales (C. com. art. L 232-1) ;

> **Précisions** En cas de pluralité de gérants, les comptes annuels d'une SNC doivent être établis et arrêtés par l'ensemble des gérants (Cass. com. 21-3-1995 n° 617 P), décision pouvant, à notre avis, être étendue aux autres sociétés commerciales administrées par des gérants (voir Mémento Sociétés commerciales n°s 22252, 31260 et 76019).

– à l'administrateur désigné selon les statuts, pour les GIE (voir n° 73655) et les autres personnes morales non commerçantes ayant une activité économique ;
– au **commerçant personne physique,** pour l'entreprise individuelle.

En cas de **transformation** d'une société en une société d'une autre forme intervenant avant la date d'arrêté des comptes, c'est à l'organe compétent issu de la nouvelle forme juridique d'arrêter les comptes (Note d'information CNCC, NI. I, décembre 2021, § 2.22).

Sur le délit de non-établissement des comptes, voir n° 66500.

C. Présentation des comptes annuels

64180 La réglementation prévoit des modèles de présentation et fixe les règles pour les remplir.

DIFFÉRENTES PRÉSENTATIONS POSSIBLES

64185 Les comptes annuels (bilan, compte de résultat, annexe) doivent comprendre autant de **rubriques** et de **postes** qu'il est **nécessaire** pour donner une **image fidèle** du patrimoine, de la situation financière et du résultat de l'entreprise (C. com. art. L 123-15).

> **Précisions** **1. Postes** Lignes dont le montant est **chiffré** ; habituellement un poste correspond à un compte principal, parfois à une fraction, parfois à un regroupement de comptes ; des tableaux permettent le rapprochement des comptes du plan comptable de l'entreprise et des postes des comptes annuels (voir n° 95500 s.).
> **2. Rubriques** Grandes catégories d'éléments des comptes annuels, non chiffrées, regroupant un certain nombre de postes (exemples : immobilisations financières et capitaux propres au bilan, charges d'exploitation et produits d'exploitation au compte de résultat).
> Pour un éventuel changement d'intitulé, voir n° 7755.

Présentation du bilan et du compte de résultat Le bilan et le compte de résultat sont présentés par référence aux trois systèmes du PCG (de base, abrégé et développé), dont l'utilisation diffère selon la taille de l'entreprise (PCG art. 810-7) :

64190

a. Présentation « de base » du bilan et du compte de résultat Une présentation de base des comptes annuels est fournie par le Code de commerce (art. R 123-182 et R 123-190 pour le bilan ; R 123-192 et R 123-193 pour le compte de résultat). Elle correspond aux **modèles** de bilan et compte de résultat du système de base du PCG (art. 821-1 s.).

Le **système de base** comporte les dispositions minimales de la comptabilité que doivent tenir les **entreprises de moyenne** ou **grande dimension** (PCG art. 810-3).

Sur les modèles de bilan et de compte de résultat du système de base du PCG, voir n° 64345 et 95505 s.

> **Précisions** **Lien entre les systèmes du PCG et la déclaration fiscale** La déclaration fiscale des résultats (bénéfice réel, voir tableaux n° 2050 à 2053) reprend la nomenclature du **système de base**.

b. Présentation « simplifiée » du bilan et du compte de résultat Toutefois, les commerçants **peuvent** (c'est une faculté et non une obligation) adopter une présentation simplifiée :
– de leurs **comptes annuels** lorsqu'ils appartiennent à la catégorie des **petites entreprises** (C. com. art. L 123-16) et a fortiori à celle des **micro-entreprises** (voir n° 64220 pour les seuils) ;
– du **compte de résultat** pour les commerçants appartenant à la catégorie des **moyennes entreprises** (C. com. art. L 123-16 ; voir n° 64220 pour les seuils).

Cette présentation correspond aux **modèles** de bilan et compte de résultat du système abrégé du PCG (art. 822-1 s.).

Le **système abrégé** comporte les dispositions minimales de la comptabilité que doivent tenir les entreprises autorisées dont la dimension restreinte ne justifie pas nécessairement le recours au système de base.

Sur les modèles de bilan et de compte de résultat du système abrégé du PCG, voir n° 64350 et 95605 s.

c. Présentation « développée » du bilan et du compte de résultat Une présentation développée est également **possible.** Elle correspond aux **modèles** de bilan et compte de résultat du système développé du PCG (art. 823-1 s.). Sous réserve de respecter l'ordonnancement général des rubriques et postes du système de base, l'entité a en effet la faculté d'établir des documents plus détaillés que ceux correspondant à l'obligation minimale à laquelle elle est soumise (prévue par le PCG art. 810-7).

Le **système développé,** purement facultatif, propose des documents qui mettent en évidence l'analyse des données de base en vue de mieux éclairer la gestion.

Pour plus de détails sur le bilan et le compte de résultat du système développé du PCG, voir n° 64400.

> **Précisions** **Impacts du règlement ANC n° 2022-06 relatif à la modernisation des états financiers** Sur la suppression prochaine des modèles du système développé, voir n° 95500.

Présentation de l'annexe Le contenu de l'annexe varie selon la nature du commerçant (personne morale ou personne physique) et selon sa taille (voir n° 64220 et 64225). D'où **plusieurs contenus d'annexe possibles** (PCG art. 810-7 et 810-8) :

64195

a. l'annexe de base pour les personnes morales de grande taille (PCG art. 833-1 s.) ;
b. l'annexe simplifiée pour les personnes morales de petite taille non dispensées d'établir une annexe (PCG art. 832-1 s. ; voir n° 64220) ;
c. l'annexe abrégée pour les personnes morales placées sur option ou de plein droit sous le régime réel simplifié d'imposition (PCG art. 831-1 s.).
d. l'annexe de base pour les personnes physiques de grande taille (PCG art. 835-1 s.) ;
e. l'annexe simplifiée pour les personnes physiques de petite taille non dispensées d'établir une annexe (PCG art. 834-1 s.) ;
f. l'annexe développée pour les personnes morales ou physiques ayant retenu le système développé du PCG (voir n° 64190).

Le Code de commerce et le PCG ne prévoient **pas de modèle** de présentation de l'annexe. Il n'existe donc aucune forme à respecter pour les informations à fournir (voir n° 64550).

> **Précisions** **Lien entre l'annexe et la déclaration fiscale** Certains éléments de la liasse fiscale (tableau ou élément joint) répondent à l'information demandée dans l'annexe (voir n° 64625 et 64700).

Sur le contenu détaillé de l'annexe, selon la taille, la catégorie du commerçant et son régime d'imposition, voir n° 64625 à 64645.
Sur les entités dispensées d'établir une annexe, voir n° 64200 s.

CRITÈRES FIXANT LES DIFFÉRENTES PRÉSENTATIONS POSSIBLES DES COMPTES ANNUELS

64200 Il convient de distinguer :
– d'une part, les **personnes morales** (voir n° 64220) des **personnes physiques** (voir n° 64225) ;
– d'autre part, les commerçants (personnes morales ou personnes physiques) selon leur catégorie (les **micro-entreprises,** les **petites entreprises,** les **moyennes entreprises** et les **autres**). Voir n° 64220.

64220 Personnes morales Leurs obligations d'établissement des comptes annuels dépendent de l'atteinte ou non de certains seuils définis par l'article D 123-200 du Code de commerce pour le bilan, le chiffre d'affaires et le nombre de salariés. Elles peuvent être résumées de la manière suivante :

	Bilan et compte de résultat	Annexe
Micro-entreprises : – total bilan ≤ 350 000 € [1] ; – total chiffre d'affaires net ≤ 700 000 € [2] ; – salariés ≤ 10 [3]. Pour plus de détails, voir I. ci-après.	Simplifiés (C. com. art. L 123-16) [4]	Dispense (C. com. art. L 123-16-1) [5]
Petites entreprises : – total bilan ≤ 6 M€ [1] ; – total chiffre d'affaires net ≤ 12 M€ [2] ; – salariés ≤ 50 [3]. Pour plus de détails, voir II. ci-après.	Simplifiés (C. com. art. L 123-16)	Simplifiée (C. com. art. L 123-16) ou abrégée (C. com. art. L 123-25) [6]
Moyennes entreprises : – total bilan ≤ 20 M€ [1] ; – total chiffre d'affaires net ≤ 40 M€ [2] ; – salariés ≤ 250 [3]. Pour plus de détails, voir III. ci-après.	Compte de résultat : simplifié (C. com. art. L 123-16) Bilan : de base [8]	De base ou abrégée [6] [8]
Entreprises dépassant deux des trois seuils suivants [7] : – total bilan > 20 M€ [1] ; – total chiffre d'affaires net > 40 M€ [2] ; – salariés > 250 [3].	De base	De base ou abrégée [6]

(1) Le total bilan s'entend de la somme des montants nets des éléments d'actif.
(2) Le montant net du chiffre d'affaires est égal au montant des ventes de produits et services liés à l'activité courante, diminué des réductions sur ventes, de la TVA et des taxes assimilées.
(3) Voir n° 18375.
(4) Sur la possibilité pour les micro-entreprises mises en sommeil de produire un bilan et un compte de résultat abrégés, voir Précisions ci-après 1.
(5) Sauf pour les entreprises dont l'activité consiste à gérer des titres de participation ou des valeurs mobilières (C. com. art. L 123-16-1). Sur les sociétés visées, voir n° 64961. Sur les informations à indiquer à la suite du bilan, voir I. ci-après.
(6) Les personnes morales soumises au régime fiscal réel simplifié (RSI) de plein droit ou sur option (voir seuils ci-après II.) peuvent présenter une annexe abrégée (C. com. art. L 123-25).
(7) Ou entreprises exclues du dispositif d'allégement, telles que les sociétés cotées sur un marché réglementé, voir ci-après Précisions 2.
(8) Sur la possibilité pour les moyennes entreprises de ne rendre publique qu'une forme simplifiée du bilan et de l'annexe, voir n° 64282.

> **Précisions** **1. Appréciation des seuils** Lorsqu'une entreprise dépasse ou cesse de dépasser deux des trois seuils définis par l'article D 123-200 du Code de commerce, cette circonstance n'a d'incidence que si elle se produit pendant deux exercices consécutifs (C. com. art. L 123-16). Le tableau établi ci-après, par nos soins, indique dans quels cas le dépassement de deux des trois seuils entraîne un changement de catégorie d'entreprise.

Dépassement de deux des trois seuils (définis par C. com. art. D 123-200)		Impacts sur la catégorie d'entreprise en N
N–2	N–1	
oui	oui	Changement de catégorie d'entreprise
oui	non	Pas de changement de catégorie d'entreprise
non	oui	Pas de changement de catégorie d'entreprise

2. Société nouvellement constituée Selon l'Ansa, une société nouvellement constituée, dont les seuils à la clôture du premier exercice correspondent à ceux des petites entreprises, peut bénéficier des simplifications comptables (voir ci-après I. s.) dès la première année, sans devoir respecter les critères de seuils pendant deux exercices consécutifs (Ansa, Com. jur. n° 23-009). Cette position de l'Ansa concerne les petites entreprises mais est transposable, à notre avis, aux autres catégories d'entreprises bénéficiant également d'allégements (micro-entreprises et moyennes entreprises).

3. Exclusion de certaines entités Sont exclues des allégements comptables prévus pour les **moyennes entreprises,** les **petites entreprises** et les **micro-entreprises,** les entités suivantes (C. com. art. L 123-16-2 et L 232-25) :
— établissements de crédit, sociétés de financement, établissements de paiement et établissements de monnaie électronique ;
— entreprises d'assurance et de réassurance, organismes de sécurité sociale, institutions de prévoyance, mutuelles ;
— personnes et entités dont les titres sont admis aux négociations sur un marché réglementé (Euronext) ;
— personnes et entités faisant appel à la générosité du public.

I. Micro-entreprises ne dépassant pas deux des trois seuils (voir ci-avant tableau) définis pour le bilan, le chiffre d'affaires et le nombre de salariés (C. com. art. D 123-200).

Les micro-entreprises peuvent :

a. adopter une **présentation simplifiée de leur bilan et compte de résultat** ;

> **Précisions** **Micro-entreprises mises en sommeil** Lorsqu'elles n'emploient aucun salarié et qu'elles ont effectué une inscription de cessation totale et temporaire d'activité au registre du commerce et des sociétés, les micro-entreprises peuvent présenter un **bilan et un compte de résultat abrégés.** La dérogation n'est plus applicable en cas de reprise de l'activité et au plus tard à l'issue du deuxième exercice suivant la date de l'inscription. La dérogation ne s'applique pas lorsqu'il est procédé à des opérations modifiant la structure du bilan au cours de l'exercice considéré (entrée ou sortie significative de trésorerie, dotation ou reprise d'une provision pour risques et charges, augmentation ou réduction du capital, distribution de dividendes ; C. com. art. L 123-28-2 et D 123-208-01).

Sur les modèles de présentation simplifiée du bilan et du compte de résultat, voir n° 64350.

b. être **dispensées d'établir une annexe** (C. com. art. L 123-16-1).

> **Précisions** **Activités hors champ de la dispense** Ne sont pas concernées par cette dispense les micro-entreprises dont l'activité consiste à gérer des titres de participations et de valeurs mobilières (sur les sociétés visées, voir n° 64961). Celles-ci doivent obligatoirement établir une annexe simplifiée (ou abrégée pour celles placées sur option ou de plein droit au régime d'imposition du réel simplifié ; voir ci-après II. b.).

Les micro-entreprises, dispensées d'annexe, doivent toutefois mentionner les informations suivantes à la suite de leur bilan (PCG art. 810-9) :
— la référence au règlement comptable de l'ANC appliqué pour l'élaboration des comptes annuels ;
— le montant global de tout engagement financier, toute garantie ou passifs éventuels qui ne figurent pas au bilan, notamment les engagements de crédit-bail, et une indication de la nature et de la forme de toute sûreté réelle ;
— les engagements en matière de pension, de compléments de retraite, d'indemnités et d'allocations en raison du départ à la retraite ou avantages similaires des membres ou associés de son personnel ou de ses mandataires sociaux ;
— les engagements à l'égard d'entreprises liées ou associées ;

64220
(suite)

– le montant des avances et crédits alloués aux membres des organes d'administration, de direction et de surveillance, avec indication des conditions consenties et des remboursements opérés pendant l'exercice, ainsi que du montant des engagements pris pour leur compte ;
– et, pour les personnes morales non tenues d'établir un rapport de gestion, le nombre et la valeur des actions propres détenues à la fin de l'exercice ainsi que les mouvements intervenus au cours de l'exercice. Sur la dispense pour les petites sociétés commerciales d'établir un rapport de gestion, voir n° 64961.

> **Précisions** Selon la CNCC (Note d'information CNCC, NI.I, décembre 2021, § 3.22.2), la dispense d'annexe n'empêche pas les micro-entreprises de fournir, le cas échéant, des **informations complémentaires** pour donner une image fidèle de leur patrimoine, de leur situation financière et de leur résultat conformément aux dispositions de l'article L 123-14 du Code de commerce (voir n° 64525), et notamment dans les cas suivants :
– en cas d'incertitude sur la continuité d'exploitation (voir FRC 12/23 Hors série inf. 90) ;
– en cas de changement de méthodes comptables survenu dans les comptes au cours de l'exercice.
En outre, les micro-entreprises restent tenues, le cas échéant, d'établir une liasse fiscale simplifiée, ce qui les contraint à fournir la plupart des informations requises par l'annexe abrégée (voir n° 64645).

Sur l'incidence de l'absence d'annexe sur le rapport du commissaire aux comptes, voir n° 64840.
Sur la possibilité pour les micro-entreprises de demander que leurs comptes ne soient pas rendus publics, voir n° 64282.

II. Petites entreprises ne dépassant pas deux des trois seuils (voir ci-avant tableau) définis pour le bilan, le chiffre d'affaires et le nombre de salariés (C. com. art. D 123-200).
Sur l'appréciation des seuils et l'exclusion de certaines entités, voir ci-avant I. Précisions.
Elles peuvent adopter :

a. Une présentation simplifiée de leurs comptes annuels (**bilan, compte de résultat et annexe**).
Sur les modèles de présentation simplifiée du bilan et du compte de résultat correspondant au système abrégé du PCG, voir n° 64350 et 95605 s.
Sur la liste des informations à fournir au titre de l'annexe simplifiée, voir n° 64625 à 64630.
Sur la possibilité pour les petites entreprises de demander que leur compte de résultat ne soit pas rendu public, voir n° 64282.

b. Une annexe abrégée pour celles placées sur option ou de plein droit au régime d'imposition du réel simplifié (C. com. art. L 123-25 ; CIBS art. L 162-4 modifié par arrêté ECOE2237323A du 30-12-2022), c'est-à-dire pour les petites entreprises dont le chiffre d'affaires n'excède pas :
– un seuil de 818 000 €, porté à 840 000 € à compter du 1er janvier 2023 pour les ventes de marchandises ou fournitures de logements, ou bien,
– un seuil de 247 000 €, porté à 254 000 € à compter du 1er janvier 2023 pour les prestations de services (voir n° 8035). Sur le modèle d'annexe abrégée, voir n° 64645 s.

III. Moyennes entreprises ne dépassant pas deux des trois seuils (voir ci-avant tableau) définis pour le bilan, le chiffre d'affaires et le nombre de salariés (C. com. art. D 123-200).
Sur l'appréciation des seuils et l'exclusion de certaines entités, voir ci-avant I. Précisions.
Elles peuvent adopter une **présentation simplifiée de leur compte de résultat.**
Les modèles de présentation simplifiée du compte de résultat correspondent au système abrégé du PCG (PCG art. 810-7 ; voir n° 64350 et 95610).
Sur la possibilité pour les moyennes entreprises de demander au greffe, lors du dépôt de leurs comptes annuels, de ne rendre publique qu'une présentation simplifiée de leur bilan et de leur annexe, voir n° 64282.

Personnes physiques relevant de l'impôt sur le revenu (hors EIRL ; sur leurs obligations comptables, voir Mémento Comptable, Édition 2022, n° 60395 s.) Leurs obligations d'établissement des comptes annuels peuvent être résumées de la manière suivante :

64225

	Commerçants personnes physiques soumis de plein droit ou sur option au :		
	Régime fiscal des micro-BIC	Régime fiscal du réel simplifié [1]	Régime fiscal du réel normal [2]
Bilan et compte de résultat [6]	Voir n° 8150 s.	Présentation simplifiée ou de base [3]	
Annexe		Annexe non obligatoire (C. com. art. L 123-25)	Présentation simplifiée [4] (C. com. art. L 123-16) ou Annexe non obligatoire (C. com. art. L 123-16-1) [5]

(1) Le chiffre d'affaires maximum sur le plan fiscal est fixé à 818 000 € HT, porté à 840 000 € HT à compter du 1er janvier 2023, pour les ventes de marchandises ou fournitures de logement, et à 247 000 € HT, porté à 254 000 € HT à compter du 1er janvier 2023, pour les prestations de services (CIBS art. L 162-4 modifié par arrêté ECOE2237323A du 30-12-2022 ; voir n° 8035 ; pour plus de détails, voir Mémento Fiscal n° 11050 s.). Sur les obligations comptables, voir n° 8130.
(2) Entreprises dont le chiffre d'affaires excède les seuils de 818 000 € ou 247 000 € (respectivement 840 000 € ou 254 000 € à compter de 2023) définis ci-avant (CIBS art. L 162-4 modifié par arrêté ECOE2237323A du 30-12-2022 ; voir n° 8035) ou ayant opté pour le régime fiscal du réel normal (voir Mémento Fiscal n° 10910).
(3) Présentation de base pour le bilan et le compte de résultat si la personne physique dépasse deux des seuils permettant de définir les moyennes entreprises (C. com. art. L 123-16 et D 123-200) :
– total bilan : 20 M€ ;
– total chiffre d'affaires : 40 M€ ;
– nombre moyen de salariés permanents : 250.
(4) La présentation simplifiée de l'annexe est différente selon qu'il s'agit de personnes physiques ou morales (voir n° 64605).
(5) Les personnes physiques sont dispensées d'établir une annexe si elles appartiennent à la catégorie des micro-entreprises, à l'exception de celles dont l'activité consiste à gérer des titres de participations et des valeurs mobilières (C. com. art. L 123-16-1 et D 123-200). Sur les seuils applicables, voir n° 64220.
Ces entreprises doivent néanmoins fournir un certain nombre d'informations à la suite de leur bilan, voir n° 64220 I.
(6) Les micro-entreprises sans salarié, ayant effectué une inscription de cessation totale et temporaire d'activité au registre du commerce et des sociétés, sont dispensées de produire un bilan et un compte de résultat (C. com. art. L 123-28-1 et D 123-208-01). La dérogation n'est plus applicable en cas de reprise de l'activité et au plus tard à l'issue du deuxième exercice suivant la date de l'inscription. La dérogation ne s'applique pas lorsqu'il est procédé à des opérations modifiant la structure du bilan au cours de l'exercice considéré (entrée ou sortie significative de trésorerie, dotation ou reprise d'une provision pour risques et charges).

RÈGLES GÉNÉRALES DE PRÉSENTATION DES COMPTES ANNUELS

Outre les différents modèles de présentation examinés ci-avant, il convient de noter les principes et éléments suivants :

64230

a. Non-compensation au niveau de la présentation des postes des comptes annuels (C. com. art. L 123-19 et PCG art. 112-2 et 112-3). Voir principe de non-compensation n° 3570, 12830 et 18305 pour les créances et les dettes ;

b. Permanence de la présentation L'article L 123-17 du Code de commerce et le PCG (art. 121-5) apportent des limites aux modifications des méthodes comptables et de la structure du bilan et du compte de résultat (voir développements n° 8455 s.) ;

c. Possibilité de négliger les centimes (comptes arrondis) Il s'agit d'une possibilité sur le plan comptable (C. com. art. R 123-180 et PCG art. 810-4) et d'une obligation sur le plan fiscal (CGI art. 1649 undecies). Dans le même sens, le bulletin CNCC (n° 67, septembre 1987, EJ 87-30, p. 348 s.) et l'Ansa (Comité juridique du 3-6-1987) n'écartent pas celle de présenter à l'assemblée les comptes **en milliers d'euros** (position prise à l'époque où le franc était en vigueur mais qui peut, à notre avis, être étendue à l'euro).

D. Approbation des comptes annuels et délais

a. Dans les **SARL et les SA**, l'assemblée ordinaire annuelle doit être réunie dans les 6 mois de la clôture de l'exercice en vue de l'approbation des comptes annuels et du rapport de gestion (C. com. art. L 223-26 et L 225-100). Sur les conséquences du refus d'approbation des comptes par l'organe délibérant, voir FRC 12/23 Hors série inf. 125.

64280

À défaut de réunion de l'assemblée ordinaire dans les délais prescrits ci-avant, le ministère public ou tout intéressé peut demander en référé au président du tribunal d'enjoindre, le cas échéant, sous astreinte, aux dirigeants de convoquer l'assemblée ou de désigner un mandataire pour y procéder (C. com. art. L 223-26 et L 225-100). Sur les conséquences du défaut de soumission des comptes à l'approbation de l'assemblée générale, voir n° 66525.

L'assemblée tenue **après l'expiration du délai** reste valable (CA Paris 10-5-1984).

> **Précisions** **1.** Le délai de 6 mois ne s'applique qu'à la convocation de la première assemblée générale. En cas de seconde convocation (suite à un défaut de quorum ou à une demande de rectification des comptes par la première assemblée générale), il n'est pas nécessaire de respecter ce délai et donc de présenter une requête pour obtenir une prolongation (Bull. CNCC n° 110, juin 1998, EJ 98-03, p. 222).
> **2. Report de l'assemblée générale** Le délai de réunion de l'assemblée peut toutefois être reporté sur décision du président du tribunal de commerce mais, dans ce cas, la **requête** doit être présentée **avant l'expiration du délai de 6 mois** (Cass. crim. 4-7-1995 n° 3232 PF).
> Le report de l'assemblée est justifié s'il survient un événement susceptible de modifier les comptes déjà arrêtés par le conseil d'administration tel que ces comptes ne présentent plus une image fidèle et sincère du résultat de l'exercice écoulé. Ce report peut être demandé tant que l'assemblée d'approbation ne s'est pas réunie, et ce, même si elle a déjà été convoquée (CA Paris 2-8-2001 n° 01-151107).
> Pour un autre exemple de demande de report justifié, voir n° 7470.
> **3. Dans une EURL** L'associé unique doit approuver les comptes dans les 6 mois à compter de la clôture de l'exercice (C. com. art. L 223-31, al. 2). Toutefois, lorsque l'associé unique est seul gérant de la société, le dépôt au greffe, dans les 6 mois de la clôture de l'exercice, de l'inventaire et des comptes annuels, dûment signés, vaut approbation des comptes.

b. Pour les **SAS**, le Code de commerce ne fixe pas de délai pour consulter les associés sur l'approbation des comptes annuels. Les statuts fixent donc librement ce délai et peuvent prévoir la prolongation judiciaire de celui-ci, aucun texte ne l'interdisant (en ce sens, Bull. CNCC n° 184, décembre 2016, EJ 2014-100, p. 596).

> **Précisions** **1. Recommandation** Dans l'hypothèse où les statuts de la SAS sont muets sur la date limite à laquelle doivent être approuvés les comptes de la société, la CNCC recommande que le délai de six mois soit appliqué (Bull. CNCC, n° 171, septembre 2013, EJ 2012-118, p. 479 s. et n° 133, mars 2004, EJ 2004-25, p. 184).
> **2. Dans une Sasu** L'associé unique doit approuver les comptes dans les 6 mois à compter de la clôture de l'exercice (C. com. art. L 227-9, al. 3). Toutefois, lorsque l'associé unique, personne physique, est président de la société, le dépôt au greffe, dans les 6 mois de la clôture de l'exercice, de l'inventaire et des comptes annuels, dûment signés, vaut approbation des comptes.
> **3. Impossibilité de faire approuver des comptes modifiés déjà déposés au greffe** Une société ne peut soumettre les comptes modifiés des exercices précédents approuvés par l'assemblée générale des actionnaires et déposés au greffe à une nouvelle approbation de l'assemblée générale des actionnaires (Bull. CNCC n° 158, juin 2010, EJ 2009-185, p. 428 s.). Sur la comptabilisation des erreurs découvertes après l'approbation des comptes et leur publication, voir n° 8545, Précisions de la note (8).

Sur les conséquences du défaut de soumission des comptes à l'approbation de l'assemblée générale, voir n° 66525. Sur les conséquences du refus d'approbation des comptes par l'organe délibérant, voir FRC 12/23 Hors série inf. 125.

E. Dépôt des comptes annuels

64282 **a. Dépôt au greffe** Le dépôt des comptes individuels est **obligatoire,** aucune dispense n'étant prévue par les textes (sur les sanctions applicables en l'absence de dépôt, voir n° 80690). Certaines micro-entreprises et les petites entreprises peuvent toutefois être exemptées de la **publication** (de tout ou partie) des comptes (voir ci-après b.). En outre, les moyennes entreprises ont la possibilité de ne rendre publique qu'une version simplifiée de leur bilan et de leur annexe (voir ci-après b.). Sur les délais et lieu du dépôt des comptes, voir n° 80670.

Le dépôt des comptes annuels peut être effectué **par voie électronique** (C. com. art. R 123-111, al. 3). En pratique, les entreprises peuvent déposer leurs comptes annuels de manière dématérialisée en ligne en se connectant depuis le 1er janvier 2023 sur le site du guichet unique (formalites.entreprises.gouv.fr), ayant remplacé le portail d'Infogreffe. Ce dépôt peut être effectué sous format **pdf** (documents numérisés par les entreprises) ou en langage **XBRL** (langage informatique permettant l'échange de données financières standardisées). La faculté de déposer les comptes par **voie papier** demeure en application de l'article R 123-77, al. 2 du Code de commerce.

Leur dépôt peut s'effectuer (Rép. Bachelet : AN 3-12-1990 n° 32912) :
— soit sous la forme des documents composant leur **liasse fiscale** (tableaux 2050 à 2059) ; dans ce cas, les sociétés ne doivent pas omettre d'y joindre l'annexe comptable (sauf lorsque la société est dispensée d'établir une telle annexe, voir n° 64220), l'utilisation polyvalente de cette liasse ne visant que le bilan et le compte de résultat ;
— soit sous toute autre forme, pourvu que les conditions prévues par le Code de commerce et le PCG soient remplies.

Le Comité de coordination du registre du commerce et des sociétés (Avis 2012-021) a précisé que les sociétés commerciales déposent au greffe les comptes annuels dans la présentation avec laquelle ces comptes ont été établis, détaillée ou simplifiée (voir n° 64220).

En cas de refus d'approbation par l'assemblée, voir n° 80685.

Sur le lien entre les comptes annuels à déposer au greffe et le rapport des commissaires aux comptes, voir n° 80685.

> **Précisions** **Tableau des filiales et participations** Ce tableau, devant être inclus dans l'annexe (C. com. art. L 233-15), doit être déposé au greffe.

b. Exemption de publication ou publication simplifiée Les **micro-entreprises** (sur cette notion, voir n° 64220) ont la possibilité de demander, lors du dépôt de leurs **comptes annuels,** leur confidentialité en les accompagnant d'une déclaration de confidentialité établie conformément au modèle prévu à l'article A 123-61-1 du Code de commerce (C. com. art. L 232-25 et R 123-111-1).

Les **petites entreprises** (sur cette notion, voir n° 64220) peuvent demander la confidentialité de leur **compte de résultat** selon les mêmes modalités que celles prévues pour les micro-entreprises.

Les **moyennes entreprises** (sur cette notion, voir n° 64220) peuvent demander, lors du dépôt de leurs comptes annuels, que ne soit rendue publique qu'une **présentation simplifiée de leur bilan et de leur annexe,** dans des conditions fixées par un règlement de l'ANC (C. com. art. L 232-25). Le dépôt est alors accompagné d'une déclaration de publicité simplifiée établie conformément au modèle prévu à l'article A 123-61-1 (C. com. art. L 232-25 et R 123-111-1).

> **Précisions** **1. Utilisation du modèle de bilan du système abrégé** L'article 810-7 du PCG prévoit que les moyennes entreprises utilisent pour la publication simplifiée de leur bilan le modèle du système abrégé prévu pour les petites entreprises (voir n° 64350).
> **2. Présentation simplifiée de l'annexe** L'article 810-8 du PCG prévoit que les moyennes entreprises peuvent ne pas rendre publique l'existence d'obligations convertibles, de bons de souscription (warrants), d'options et de titres ou droits similaires, avec indication de leur nombre et de l'étendue des droits qu'ils confèrent.

Les autorités judiciaires, les autorités administratives, la Banque de France ainsi que certaines personnes morales (C. com. art. A 123-68-1) conservent toutefois l'accès aux comptes non publiés ou faisant l'objet d'une publication simplifiée. Le greffier peut délivrer, aux frais du demandeur, un certificat attestant que les comptes annuels ont bien été déposés mais qu'ils ne sont pas communicables aux tiers (C. com. art. R 123-154-1).

> **Précisions** **1. Entreprises ne pouvant pas bénéficier des exemptions mentionnées ci-avant** (C. com. art. L 232-25) :
> — les micro-entreprises gérant des titres de participation et des valeurs mobilières (C. com. art. L 232-25 ; sur les entreprises visées voir n° 64961) ou dont les titres sont proposés au public par une plate-forme de financement participatif (C. mon. fin. art. L 411-2 ; voir n° 81045) ; une société détenant des filiales ou participations pour détenir une fraction du capital d'une société (et non simplement les gérer) peut bénéficier de cette mesure. Elle n'est exclue du bénéfice de la mesure que si elle se livre, à titre exclusif ou non, à une activité de simple gestion des titres ou valeurs (Avis CCRCS 2019-011, décembre 2019) ;
> — les petites entreprises et moyennes entreprises appartenant à un groupe au sens de l'article L 233-16 du Code de commerce et cela même si elles sont exemptées d'établir des comptes consolidés en application de l'article L 233-17 du Code de commerce (en ce sens, Bull. CNCC n° 186, juin 2017, EJ 2016-50, p. 329 s., réponse rendue pour les petites entreprises, mais à notre avis transposable aux moyennes entreprises). Selon l'Ansa (Com. jur. n° 23-020), l'impossibilité de se prévaloir des simplifications visées ci-avant s'applique à l'ensemble des sociétés faisant partie du même périmètre de consolidation et donc aussi bien les sociétés contrôlantes que les sociétés contrôlées ;
> — une petite entreprise lorsque la détention du capital d'une autre société la conduit à exercer un contrôle sur celle-ci au sens de l'article L 233-16 (voir Mémento Comptes consolidés n° 2023 et 2046), ce qui entraîne l'appartenance de l'entreprise à un groupe (Avis CCRCS précité) ;
> — les micro-entreprises, les petites entreprises et les moyennes entreprises mentionnées à l'article L 123-16-2 du Code de commerce (dont notamment les sociétés cotées sur un marché réglementé ; sur les autres sociétés visées, voir n° 64961).

2. Rapport du commissaire aux comptes sur les comptes annuels Ce rapport, lorsqu'il existe, n'est pas rendu public lorsqu'une entreprise décide d'opter pour la confidentialité de ses comptes annuels (ou du compte de résultat) ou d'en publier une présentation simplifiée (C. com. art. L 232-26 et L 232-25).

Pour les petites et moyennes entreprises, les documents rendus publics doivent toutefois mentionner si les commissaires aux comptes ont certifié les comptes sans réserve, avec réserve, s'ils ont refusé de les certifier, s'ils ont été dans l'impossibilité de conclure ou si leur rapport fait état d'une observation sur quelque question que ce soit sur laquelle ils ont attiré spécialement l'attention.

3. Mention du caractère abrégé de la publication Pour les moyennes entreprises, la publication de la présentation simplifiée du bilan et de l'annexe doit être accompagnée d'une mention précisant le caractère abrégé de cette publication, ainsi que le registre auprès duquel les comptes annuels ont été déposés.

c. Dépôt au registre national des entreprises Depuis le 1er janvier 2023, le dépôt des comptes s'accompagne également de leur dépôt au registre national des entreprises, réalisé par l'intermédiaire du guichet unique électronique des formalités d'entreprises (C. com. art. R 123-266 ; voir n° 60010) où ils font l'objet d'une **mise à disposition gratuite du public**, à l'exception des comptes couverts par une déclaration de confidentialité (voir ci-avant) (C. com. art. L 123-52). Pour plus de détails, voir Mémento Sociétés commerciales n° 76818. Sur les sanctions applicables en cas de non-dépôt, voir n° 80690.

Sur la publication des comptes au Balo pour les sociétés dont les actions sont admises aux négociations sur un marché réglementé, voir n° 81745 à 81800.

II. BILAN ET COMPTE DE RÉSULTAT

A. Règles d'établissement et de présentation

BILAN

64285 Le Code de commerce (art. R 123-182 et R 123-190) retient une présentation **sous forme de compte** (Actif-Passif). Le PCG (art. 810-2 et 821-1 s.) prévoit également une présentation sous forme de liste mais le Code de commerce n'a pas prévu cette possibilité pour les commerçants.

Le bilan est présenté **avant affectation du résultat.** En effet, le résultat est compris dans les capitaux propres (C. com. art. R 123-190). Le PCG (art. 821-1 s.) comprend également un modèle de bilan après affectation du résultat, mais sa production n'est pas prévue par le Code de commerce.

> **Précisions** Impacts du règlement ANC n° 2022-06 relatif à la modernisation des états financiers Voir n° 95500.

Le bilan d'ouverture d'un exercice doit correspondre au bilan de clôture de l'exercice précédent avant répartition (C. com. art. L 123-19, al. 3 et PCG art. 112-2).

Chacun des postes du bilan comporte l'indication du **chiffre** relatif au poste correspondant de l'**exercice précédent** (C. com. art. L 123-15 et PCG art. 810-3).

> **Précisions** Les modèles du PCG et les imprimés du Balo, comme la déclaration fiscale des résultats, prévoient, pour la présentation des colonnes, l'ordre N/N−1. Rien n'empêche toutefois (sans être conseillé) de retenir, pour les raisons pratiques (logiciels par exemple), l'ordre inverse N−1/N.

Sur tous les textes de référence et les modèles de bilans et comptes de résultat, voir le « Code Comptable ».

COMPTE DE RÉSULTAT

64290 Les produits et les charges, classés par catégorie, doivent être présentés soit sous forme de **tableaux,** soit sous forme de **liste** (C. com. art. L 123-13 et PCG art. 810-2).

> **Précisions** Impacts du règlement ANC n° 2022-06 relatif à la modernisation des états financiers Voir n° 95500.

Chacun des postes du compte de résultat comporte l'indication du **chiffre** relatif au poste correspondant de l'**exercice précédent** (C. com. art. L 123-15 et PCG art. 810-3). Sur l'ordre de présentation des chiffres de l'exercice par rapport à ceux de l'exercice précédent, voir n° 64285.

Sur tous les textes de référence et les modèles de bilans et comptes de résultat, voir le « Code Comptable ».

B. Contenus obligatoires

64340 Ils renvoient vers des modèles prévus par le PCG qui diffèrent selon la taille de l'entreprise (voir critères n° 64200). Ces modèles constituent un outil utile pour mesurer la comparabilité des comptes.

Le classement des éléments du bilan et du compte de résultat **peut toutefois être adapté par secteur d'activité** par un règlement de l'ANC (C. com. art. R 123-180). Voir n° 3072.

PRÉSENTATION DE BASE

64345 Elle est prévue par le Code de commerce (bilan : art. R 123-182 et R 123-190 ; compte de résultat : art. R 123-192 et R 123-193).

Elle correspond au système de base du PCG. Les **modèles** de bilan et de compte de résultat de l'article 821-1 du PCG (accompagnés des comptes correspondant aux postes) figurent aux numéros suivants :

I. Bilan : actif (n° 95505), passif (n° 95525) ;

II. Compte de résultat : en liste (n° 95530), en compte (n° 95535).

> **Précisions** Il s'agit d'une nomenclature minimum. L'entreprise peut établir des documents plus détaillés (système développé, voir n° 64400). Elle doit d'ailleurs apporter des compléments à cette nomenclature si elle l'estime nécessaire pour l'obtention d'une image fidèle (PCG art. 810-7).

PRÉSENTATION SIMPLIFIÉE

64350 Elle est prévue par le Code de commerce (art. D 123-200).

Elle correspond au système abrégé des articles 822-1 et 822-2 du PCG. Elle est limitée aux rubriques principales du bilan de base avec toutefois certains regroupements des créances et des dettes. En outre, les charges et produits financiers sont compris dans les charges et produits d'exploitation.

> **Précisions** L'entreprise peut adopter une présentation simplifiée dans certains cas (voir n° 64190). Elle doit toutefois apporter des compléments à cette nomenclature si elle l'estime nécessaire à l'obtention d'une image fidèle (PCG art. 810-7).

Les **modèles** (accompagnés des comptes correspondant aux postes) figurent :

I. Bilan : au n° 95605 ;

II. Compte de résultat : au n° 95610.

PRÉSENTATION DÉVELOPPÉE

64400 Selon le PCG (art. 810-7), sous réserve de respecter l'ordonnancement général des rubriques et postes figurant aux articles précités, l'entreprise a la faculté d'établir des documents plus détaillés que ceux correspondant à l'obligation minimale à laquelle elle est soumise. Ainsi, **elle peut adopter le système développé** qui prévoit des documents mettant en évidence l'analyse des données de base en vue de mieux éclairer sa gestion.

> **Précisions** Impacts du règlement ANC n° 2022-06 relatif à la modernisation des états financiers Voir n° 95500.

Le Code de commerce ne fait nullement mention de l'utilisation possible d'un tel système ; mais les obligations en matière d'information financière que le Code de commerce prévoit ne constituent qu'un minimum. Ce système développé comporte, par rapport au système de base, une présentation plus détaillée du bilan et du compte de résultat.

I. Bilan Il comporte les mêmes postes que le bilan du système de base, sous réserve d'un classement des créances et des dettes selon leur caractère (exploitation, financier, divers) et non plus selon leur destination (voir le « Code comptable », PCG art. 823-1).

> **Précisions** L'intérêt d'un tel classement réside dans la mise en évidence des créances et dettes liées à l'exploitation permettant le calcul du besoin en fonds de roulement d'exploitation.

II. Compte de résultat Il comporte les mêmes postes que le compte de résultat de base, sous réserve de la création :
– de **rubriques de regroupement (totaux partiels)** faisant apparaître en clair (voir le « Code comptable », PCG art. 823-2) le coût d'achat des marchandises vendues dans l'exercice ainsi que les consommations de l'exercice en provenance de tiers, ce qui permet de déterminer la marge commerciale, la production de l'exercice et la valeur ajoutée du tableau des soldes intermédiaires de gestion ;

– de **subdivisions de postes** (voir le « Code comptable », PCG art. 823-2) : services extérieurs (faisant apparaître notamment la sous-traitance et le personnel intérimaire), dotations aux amortissements, aux dépréciations et aux provisions, charges et produits exceptionnels sur opérations en capital.

Le PCG ne fournit un modèle que sous forme de compte. Il nous paraît toutefois pouvoir être établi sous forme de liste.

III. Annexe Voir n° 64640.

Sur les textes de référence, voir le « Code comptable », art. 823-1 du PCG.

C. Contrôle

64450 Sur la mission de certification du commissaire aux comptes, voir FRC 12/23 Hors série inf. 53 s.
Sur le rapport sur les comptes annuels, voir FRC 12/23 Hors série inf. 115 s.

CONTRÔLE DES CHIFFRES COMPARATIFS

64455 Le bilan et le compte de résultat indiquent les chiffres de l'exercice et ceux de l'exercice précédent (C. com. art. L 123-15). Sur les conséquences des anomalies constatées par le commissaire aux comptes, voir la norme d'exercice professionnel NEP 710 « Informations des exercices précédents ».

> **Précisions** **Comptes de l'exercice affectés par un changement comptable** susceptible de conduire à un ajustement ou un retraitement de l'information relative aux exercices précédents Le commissaire aux comptes vérifie qu'une information appropriée est présentée pour rétablir la comparabilité des comptes (voir n° 8585). Voir également NI.XIII CNCC « Le commissaire aux comptes et le premier exercice d'un nouveau mandat », décembre 2011.

Sur les incidences des réserves et refus de certifier de l'exercice précédent, voir FRC 12/23 Hors série inf. 119.5.

III. ANNEXE

A. Objectifs de l'annexe et conséquences

64525 **Objectifs de l'annexe** Pour répondre à l'exigence **d'image fidèle** (voir n° 8280), le législateur (Code de commerce) et le PCG (art. 112-4) ont fait de l'annexe une partie intégrante des comptes annuels et lui ont donné comme objectif de **compléter et de commenter l'information** donnée par le bilan et le compte de résultat (sur la dispense d'annexe pour les micro-entreprises, voir n° 64220).

Le PCG précise également que :

a. L'annexe comporte toutes les informations d'importance significative (sur cette notion, voir n° 64545) destinées à compléter et à commenter celles données par le bilan et par le compte de résultat (PCG art. 112-4) ;

b. L'annexe met en évidence tout fait pertinent, c'est-à-dire susceptible d'avoir une influence sur le jugement que les destinataires de l'information peuvent porter sur le patrimoine, la situation financière et le résultat de l'entreprise ainsi que sur les décisions qu'ils peuvent être amenés à prendre (PCG art. 810-1).

C'est à ce titre que sont à mentionner en annexe notamment :

– **les faits caractéristiques de l'exercice** ;

> **Précisions** **1. Événement exceptionnel** Les entreprises concernées de façon significative par un événement exceptionnel doivent fournir dans l'annexe de leurs comptes toutes informations qualitatives et quantitatives sur ses conséquences, la mesure dans laquelle le résultat de l'exercice a été affecté et celui des exercices suivants pourrait être affecté, le cas échéant, du fait notamment de conséquences de l'événement ne pouvant faire l'objet d'estimations fiables à la clôture. Dans ce dernier cas, l'information fournie doit permettre de comprendre pourquoi les conséquences de l'événement ne sont pas mesurables de manière fiable et quelles en sont la nature et l'importance (en ce sens, Bull. CNCC n° 118, juin 2000, EC 2000-04, p. 248 à propos des conséquences de la tempête de fin d'année 1999).

2. Annexe et contexte de crise Voir n° 64635.

– les **éléments permettant d'assurer la comparabilité des comptes** ou susceptibles de l'affecter (PCG art. 121-2). Sont notamment concernés :
• les **circonstances faussant la comparaison** de certains chiffres du bilan ou du compte de résultat avec les chiffres correspondants de l'exercice précédent et, le cas échéant, les moyens permettant d'en assurer la comparaison,

> ILLUSTRATIONS
> Par exemple :
> – durée de l'exercice différente de 12 mois (voir n° 7940) ;
> – éléments essentiels d'évolution de la structure financière (capital, emprunts, endettement) ;
> – événements postérieurs à la date de clôture de l'exercice ;
> – réévaluation au cours de l'exercice ;
> – fusion ou apport partiel d'actif au cours de l'exercice ;
> – abandons de créances importants ;
> – charges et produits exceptionnels (plus-values ou moins-values de cessions importantes, dotations ou reprises significatives d'amortissements ou de provisions, reprise exceptionnelle d'amortissements suite à un redressement fiscal...).

• les **changements de méthodes comptables** nécessitant une information comparative (voir n° 8555 s.),
• dans certains cas, en ce qui concerne les éléments chiffrés de l'annexe qui constituent des compléments d'information, les **chiffres de l'exercice précédent** (en ce sens, Bull. COB n° 166, janvier 1984, p. 4).

> ILLUSTRATIONS
> Par exemple :
> – les montants de rémunérations des dirigeants (voir n° 18455 s.) ;
> – les effectifs des salariés (voir n° 18375).

c. Une inscription dans l'annexe ne peut pas se substituer à une inscription dans le bilan et le compte de résultat (PCG art. 112-4) ;
En outre, le **traitement inadéquat ou erroné** de certaines opérations contenues dans les bilans, comptes de résultat et autres états financiers **ne peut être corrigé** ni par l'indication des méthodes comptables utilisées ni par des notes annexes ou d'autres textes explicatifs.
d. Les informations requises déjà portées au bilan ou au compte de résultat n'ont pas à être reprises dans l'annexe (PCG art. 810-5) ;
e. Les éléments d'information chiffrés de l'annexe sont établis selon les mêmes principes et dans les mêmes conditions que ceux du bilan et du compte de résultat (PCG art. 810-6).
Il est fait référence ici aux principes généraux d'établissement des comptes annuels, notamment la continuité de l'exploitation, la permanence des méthodes et l'indépendance des exercices, voir n° 3540.

Contenu de l'annexe **a. Les informations expressément prescrites par le Code de commerce et le PCG** Le Code de commerce et le PCG fournissent le contenu de l'annexe. Elle est constituée (C. com. art. R 123-195) : **64545**
– des informations prévues par le Code de commerce (C. com. art. L 123-13 à L 123-21, L 232-1 à L 232-23, R 123-179 à R 123-187) et par le Code monétaire et financier (art. L 313-14 et R 313-14) ;
– des informations prévues par le PCG (art. 832-1 s.), dès lors qu'elles sont significatives ; celles-ci variant selon la taille de l'entité (voir critères n° 64200 s.) et de sa nature, personne morale ou physique (voir n° 64605 s.) ;
– et de toutes les informations **d'importance significative** sur la situation patrimoniale et financière et sur le résultat de l'entreprise.
Sur le contenu détaillé de l'annexe, selon la taille, la catégorie du commerçant et son régime d'imposition, voir n° 64625 à 64645.

> **˃ Précisions** La liste des informations contenues dans l'annexe **peut être adaptée par secteur d'activité** par un règlement de l'ANC (C. com. art. R 123-180). Voir n° 3072.

b. Ces informations ne sont à fournir que si elles sont significatives pour la société concernée. Bien que le Code de commerce prescrive de fournir obligatoirement certaines informations, le PCG (art. 833-1) impose que l'annexe ne comprenne **que les informations significatives**.

> **˃ Précisions** En effet, le principe de l'importance significative domine l'ensemble des prescriptions concernant l'annexe et les dispositions légales et réglementaires doivent s'interpréter à la lumière de ce principe [Recommandation du CNC relative à l'annexe (Suppl. au Bull. n° 63, 2ᵉ trim. 1985) reprise dans le PCG].

64545 (suite) Le caractère significatif d'une information dépend de son importance relative à chaque entreprise, voire à chaque cas d'espèce au sein de cette entreprise. Cette importance relative résulte du fait que l'omission ou l'inexactitude de l'information sur la situation ou l'opération risque d'**influencer une décision des tiers** vis-à-vis de l'entreprise (en ce sens, la directive comptable 2013/34/UE art. 2).

> **Précisions 1. Critères différents en fonction des informations** Selon l'AMF (Bull. COB n° 188, janvier 1986 p. 7) « pour apprécier correctement si un élément d'information présente une importance significative, les mêmes critères ne sauraient être appliqués pour les différents points de l'annexe. Par exemple, les mouvements des amortissements proviennent, au moins en partie, de l'application d'un plan pluriannuel alors que les mouvements de provisions dépendent d'événements survenus au cours de l'exercice, de sorte que le seuil de significativité de ce dernier tableau devrait donc être généralement fixé plus bas ».
2. Critères différents en fonction des utilisateurs Avant d'écarter une information, il convient de s'assurer, dans la mesure du possible, qu'elle n'est réellement significative pour aucune catégorie d'utilisateurs. En effet, les états financiers donnant des informations à l'usage de divers utilisateurs, les éléments significatifs ne sont pas forcément les mêmes, par exemple, pour les banquiers, l'administration fiscale ou les membres du comité social et économique.
3. Doctrine disponible Sur le caractère significatif d'une information, voir également :
— la NEP 320 « Application de la notion de caractère significatif lors de la planification et de la réalisation d'un audit » ;
— la NEP 450 « Évaluation des anomalies relevées au cours de l'audit » ;
— la NEP 315 « Connaissance de l'entité et de son environnement et évaluation du risque d'anomalies significatives dans les comptes » ;
— l'avis OEC sur les engagements (voir n° 50730).

En pratique, l'application de cette notion devrait :
— être directement influencée par la **taille** de l'entreprise considérée et la **complexité** de ses structures ;
— concerner **l'ensemble des activités** de l'entreprise **quel que soit le lieu** de leur exercice (comme l'exige d'ailleurs l'article R 123-199 du C. com.) ;
— être fondée **à la fois** sur des **éléments quantitatifs et qualitatifs** ;
— amener à **arrondir les montants** au millier, voire au million d'euros ;
— entraîner l'élimination de toute **indication superflue** (Bull. COB n° 181, mai 1985, p. 7).

c. Charge de la preuve en cas d'omission d'une information (et de litige) Dès lors qu'une information est significative, il n'est pas possible d'omettre de la mentionner en annexe (sur les cas particuliers d'informations pouvant être omises selon les textes, voir ci-après d.). Ainsi, pour les informations non expressément prescrites par le Code de commerce ou le PCG et qui seraient significatives, en cas d'omission et de litige, ce serait, à notre avis, au demandeur qu'incomberait la charge de la preuve. En revanche pour les informations expressément prescrites et qui ne seraient pas significatives, ce serait, nous semble-t-il, à l'entreprise de prouver que l'information prescrite n'était pas significative.

d. Cas exceptionnels d'omission de certaines informations dans l'annexe L'annexe, qui comprend des éléments économiques, financiers, juridiques et fiscaux, répond aux objectifs de l'information financière (voir n° 8280). Cependant, certaines des informations requises peuvent, parfois, être difficilement compatibles avec le **secret des affaires.**
À cet égard, on rappellera les points suivants :
— dans des **cas exceptionnels** où l'indication de tout ou partie d'une information requise causerait un **préjudice sérieux** à l'entité dans un **litige** l'opposant à des tiers sur le sujet faisant l'objet d'une **provision ou d'un passif éventuel,** cette information n'est pas fournie. Sont alors indiqués la nature générale du litige, le fait que cette information n'a pas été fournie et la raison pour laquelle elle ne l'a pas été (PCG art. 833-12/4 ; voir n° 48705) ;
— les sociétés peuvent omettre de mentionner la **ventilation du chiffre d'affaires** par catégories d'activités et/ou par marchés géographiques, en raison du **préjudice grave** qui pourrait résulter de cette divulgation, à condition qu'il soit fait mention du caractère incomplet de cette information dans l'annexe (PCG art. 833-14 ; voir n° 12940) ;
— les sociétés sont autorisées à ne pas mentionner le **montant global des rémunérations** allouées aux organes d'administration, de direction ou de surveillance, pour chaque catégorie, lorsque cette mention permet d'identifier la situation d'un membre déterminé de ces organes (PCG art. 833-17 ; voir n° 18465).

En revanche, dans tous les autres cas, dès lors qu'il s'agit d'une information significative, il n'est pas possible de se retrancher derrière le secret des affaires et d'éventuels préjudices pour l'omettre dans l'annexe [en ce sens, un arrêt de la cour d'appel de Paris (CA 6-4-1994) concernant le montant des **engagements** de portage ; voir n° 50695].

Pas de modèle Le PCG prévoit que les informations sont présentées dans l'annexe des comptes dans l'ordre selon lequel les postes auxquels elles se rapportent sont présentés dans le bilan et le compte de résultat (art. 833-1). Toutefois, il n'existe aucune règle concernant la forme des informations à fournir.

64550

> **Précisions** **1.** Les présentations suivantes sont, à notre avis, à écarter :
— suivre scrupuleusement l'ordre de la liste des informations mentionnées expressément par les textes (informations obligatoires quelle que soit leur importance et informations significatives) en la complétant éventuellement d'autres informations significatives ;
— présenter l'annexe en deux parties : les éléments à fournir dans les tableaux comptables de la liasse fiscale et les éléments complémentaires joints, puis les autres informations, comptables cette fois, notamment les règles et méthodes appliquées et toute information susceptible d'influencer le jugement du lecteur.
2. Changements de présentation de l'annexe
En ce qui concerne les changements de présentation de l'annexe, le bulletin CNCC (n° 62, juin 1986, EC 86-11, p. 215) considère que le « principe de permanence des méthodes ne peut raisonnablement pas être invoqué et qu'il apparaît au contraire souhaitable que les améliorations nécessaires soient apportées ».
3. Impacts du règlement ANC n° 2022-06 relatif à la modernisation des états financiers
Le règlement relatif à la modernisation des états financiers et de la nomenclature des comptes (en cours d'homologation), applicable de façon obligatoire aux exercices ouverts **à compter du 1er janvier 2025** (avec une possibilité pour les entreprises de procéder à une application anticipée à compter de sa date de publication au Journal officiel), prévoit des tableaux normés pour simplifier la présentation des informations monétaires ou numéraires à fournir en annexe. Pour plus de détails, voir FRC 1/23 inf. 2.
Pour les autres changements apportés par le règlement :
— sur la suppression de la technique des transferts de charges, voir n° 45500.
— sur la nouvelle définition et présentation du résultat exceptionnel, voir n° 52030 ;
— sur les modèles d'états financiers et la nomenclature des comptes, voir n° 95500.

Les **petits commerçants** (non dispensés d'établir une annexe, voir n° 64220 et 64225 et qui ne peuvent pas opter pour l'annexe abrégée, voir n° 64220) nous paraissent pouvoir présenter l'annexe à partir des tableaux comptables et des éléments joints à la liasse fiscale en ajoutant les autres informations comptables requises (voir n° 64700 pour le canevas et n° 64605 s. pour le contenu).

Pour les **petits commerçants pouvant opter pour l'annexe abrégée** (voir n° 64220), un modèle spécifique reprenant les tableaux de la liasse fiscale est prévu, voir n° 64645 s.

Conception de l'annexe L'information doit, à notre avis, répondre à trois exigences principales :

64555

a. Être à la portée du plus grand nombre Étant destinée par essence à un grand nombre d'utilisateurs, l'annexe doit être conçue pour faciliter la compréhension des comptes qu'elle accompagne pour l'ensemble de ses lecteurs. Un **excès de technicité** est **à éviter** car, si les explications données sont telles qu'elles ne peuvent être comprises que par certains initiés, ceux-ci pourraient, ainsi, disposer d'informations de caractère privilégié, leur procurant un avantage anormal par rapport à l'ensemble du public.

b. Fournir toutes les informations significatives Voir n° 64545.

c. Être claire et aussi succincte que possible L'attention doit être portée sur le fait qu'**une petite phrase en dit parfois plus long qu'un tableau** Le CNC (Rec. relative à l'annexe. Suppl. au Bull. n° 63, 2e trimestre 1985) recommande « tant aux chefs d'entreprise qu'aux professionnels de la comptabilité **de simplifier,** autant que possible, **les informations** données dans l'annexe, la **qualité** de ce document tenant beaucoup plus à la pertinence des indications contenues qu'à leur volume ».

> **Précisions** Tableaux modélisés
1. Tableaux pour la publication au Balo Le CNC (Rec. précitée) suggère, avec l'accord de l'AMF, des tableaux modélisés pour la publication au Balo (immobilisations et amortissements, voir n° 29765 ; dépréciations, voir n° 48700 ; provisions, voir n° 48700 ; échéances des créances et des dettes, voir n° 43405 ; entreprises liées, voir n° 38845).
L'AMF (Bull. COB n° 188, janvier 1986) rappelle que, pour chacun de ces tableaux, le choix peut se résumer de la façon suivante :
— « adopter pour un ou plusieurs tableaux le cadre proposé par le Balo, étant entendu que seules sont à **servir,** en milliers d'euros, **les lignes** ou rubriques **pour lesquelles** les situations ou **mouvements ont une importance significative.** Le tableau peut être complété par une ligne « Autres » si la société souhaite fournir un total permettant le raccordement avec chaque montant inscrit au bilan. Il peut être également complété de tous commentaires appropriés ;
— **présenter les informations sous forme de quelques lignes de texte plutôt que d'un tableau,** lorsque le faible nombre de chiffres à

publier rend un tableau peu utile, le coût unitaire de la ligne n'étant pas augmenté ;
— **lorsque,** au contraire, une activité complexe ou une **situation particulière** le requiert, mettre au point un modèle de **tableau particulier** à la société, qui sera inclus dans l'annexe publiée ».
Elle souligne également (Bull. précité) que « la **solution de facilité** consistant à reproduire une large partie des tableaux normalisés de la **liasse fiscale** joue certainement un rôle important dans la lourdeur de l'annexe, au détriment de sa lisibilité ». Ces tableaux (qui n'ont aucune valeur normative obligatoire) nous paraissent pouvoir être utilisés par les sociétés non cotées.

2. Autres tableaux modélisés disponibles L'AMF (Bull. COB n° 365, février 2002, p. 38 s.) recommande également l'utilisation d'un tableau synthétique pour les obligations contractuelles et autres engagements commerciaux (voir n° 50775).
Le PCG propose également certains modèles de tableau (art. 532-1 à 532-6). L'annexe abrégée est même composée quasi uniquement des tableaux issus de la liasse fiscale, voir n° 64700.

3. Règlement ANC n° 2022-06 relatif à la modernisation des états financiers : nouveaux tableaux normés Voir n° 64550, Précision 3.

B. Liste des différentes informations à faire figurer dans l'annexe, prescrites par les règles comptables

ANNEXES DE BASE ET SIMPLIFIÉE

64605 Le tableau ci-après présente les différents contenus de l'annexe, selon la nature du commerçant (personne morale ou personne physique) et selon sa taille (voir n° 64195). Ce tableau reprend les informations requises par le Code de commerce, le Code monétaire et financier et le PCG. Il indique également si un élément de la liasse fiscale (tableau ou élément joint) répond à l'information demandée dans l'annexe (voir n° 64700).

> **Précisions** **Annexe abrégée des personnes morales** Les entreprises peuvent également adopter une annexe abrégée dès lors qu'elles sont placées sur option ou de plein droit sous le régime réel simplifié d'imposition (voir n° 8035). Son contenu n'est pas intégré au tableau ci-après mais fait l'objet de développements particuliers, voir n° 64645.

64625 **Informations expressément prescrites par le Code de commerce et le PCG** Elles ne sont à fournir selon **le PCG que si elles sont significatives** pour la société concernée (PCG art. 832-1, 833-1, 834-1 et 835-1 ; voir n° 64545).

Sur les informations à présenter dans une annexe abrégée par les personnes morales soumises au régime fiscal réel simplifié (RSI) de plein droit ou sur option (voir seuils n° 64220), voir 64645.

Sur les informations à présenter à la suite de leur bilan par les micro-entreprises dispensées d'établir une annexe, voir n° 64220.

Voir également notre Hors-Série au Feuillet Rapide Comptable 3/24, mars 2024, « États financiers et contrôle des annexes 2023 ».

Informations	Personnes				Liasse fiscale (réel)
	Morales		Physiques [(1)]		
	Annexe de base	Annexe simplifiée	Annexe de base	Annexe simplifiée	
1. Informations lorsque l'application d'une prescription comptable ne suffit **pas** pour donner une **image fidèle** (C. com. art. L 123-14, al. 2). Voir n° 8405.	x	x	x	x	
2. Mention de la dérogation à l'application d'une prescription comptable lorsque celle-ci se révèle **impropre** à donner une **image fidèle**, avec indication des motifs et de son influence sur le patrimoine, la situation financière et le résultat de l'entreprise (C. com. art. L 123-14 al. 3). Voir n° 8405.	x	x	x	x	EJ
3. Liste des **principales méthodes retenues** par l'entité lorsqu'il existe un choix de méthode ou lorsqu'il n'existe pas de méthode explicite applicable à la transaction (PCG art. 833-2/1, 832-2/1, 835-2 et 834-2). Voir n° 8375.	x	x	x	x	

Informations	Personnes Morales Annexe de base	Personnes Morales Annexe simplifiée	Personnes Physiques (1) Annexe de base	Personnes Physiques (1) Annexe simplifiée	Liasse fiscale (réel)
4. Changements de méthodes comptables (PCG art. 833-2/2, 832-2/2, 835-2 et 834-2). Voir n° 8555 s. **a. Changement de réglementation comptable :** – mention de l'impact du changement de réglementation déterminé à l'ouverture ;	x	x	x	x	EJ
– indication des postes concernés ;	x	x	x	x	
– si changement de réglementation **rétrospectif** : présentation des principaux postes des exercices antérieurs présentés, retraités selon la nouvelle méthode ;	x		x		
– si changement de réglementation **prospectif** : indication de l'impact sur les principaux postes concernés de l'exercice (sauf impraticabilité).	x		x		
b. Changement de méthode à l'initiative de l'entité : – mention et justification du changement de méthode comptable ;	x	x	x	x	
– mention de l'impact du changement de méthode déterminé à l'ouverture en précisant les postes concernés ;	x	x	x	x	
– si changement de méthode **rétrospectif** : présentation des principaux postes des exercices antérieurs présentés, retraités selon la nouvelle méthode ;	x		x		
– si changement de méthode **prospectif** : indication des raisons de son application prospective et de son impact sur les principaux postes concernés de l'exercice (sauf impraticabilité).	x		x		
5. Changement d'estimation et correction d'erreur (PCG art. 833-2/2, 832-2/2, 835-2 et 834-2). Voir n° 8555 s. **a. Changement d'estimation** : mention et justification du changement d'estimation. **b. Correction d'erreurs :** – mention de la nature de l'erreur corrigée ; – mention de l'impact de la correction d'erreur sur les comptes de l'exercice ; – présentation des principaux postes des exercices antérieurs présentés, corrigés de l'erreur.	x	x	x	x	
6. Informations à donner lorsqu'un **événement n'ayant aucun lien direct prépondérant** avec une situation existant à la clôture de l'exercice survient entre la date de clôture et la date d'établissement des comptes (PCG art. 833-2/8, 832-2/8, 835-2/8 et 834-2/8). Voir n° 52345.	x	x	x	x	
7. Nom et siège de l'entreprise (et numéro d'identification pour les entreprises françaises) qui établit les états financiers consolidés : – du groupe le plus grand dont l'entreprise fait partie en tant qu'entreprise filiale ; – du sous-groupe le plus petit (compris dans l'ensemble d'entreprises visé ci-avant) dont l'entreprise fait partie en tant qu'entreprise filiale. Lieu où des copies des états financiers consolidés visés ci-avant peuvent être obtenues, pour autant qu'elles soient disponibles (PCG art. 833-2/3 à 833-2/5). Voir Mémento Comptes consolidés n° 9227 s.	x				

64625 (suite)

Informations	Personnes Morales		Personnes Physiques (1)		Liasse fiscale (réel)
	Annexe de base	Annexe simplifiée	Annexe de base	Annexe simplifiée	
8. Justification de l'exemption d'établissement de comptes consolidés (C. com. art. L 233-17-1 et R 233-15). Voir Mémento Comptes consolidés n° 9208-3 s.	x	x			
9. Informations sur l'**état de l'actif immobilisé**. Pour chaque catégorie d'immobilisation, informations sur les modalités de détermination de la valeur brute comptable, rapprochement entre la valeur comptable à l'ouverture et à la clôture de l'exercice (PCG art. 833-3/1, 832-3/1, 835-3/1 et 834-3/1). Voir n° 29630 et 32835.	x	x	x	x	
10. Informations sur les **amortissements**. Pour chaque catégorie d'immobilisations : taux d'amortissement utilisés, modes d'amortissement utilisés, poste de compte de résultat dans lequel est incluse la dotation aux amortissements, nature et incidence d'un changement d'estimation comptable, détail et justification des amortissements exceptionnels liés à la législation fiscale (PCG art. 833-3/2, 832-3/2, 835-3/2 et 834-3/2) (12). Voir n° 29650 et 32840.	x	x	x	x	2055 (2)
11. Informations sur les **dépréciations de l'actif immobilisé comptabilisées ou reprises au cours de l'exercice** : montant de la dépréciation comptabilisée ou reprise, valeur actuelle retenue (valeur vénale ou valeur d'usage), postes du compte de résultat dans lesquels est incluse la dotation, événements et circonstances qui ont conduit à comptabiliser ou à reprendre une dépréciation, justification des dépréciations exceptionnelles liées à la législation fiscale (PCG art. 833-3/3, 832-3/3, 835-3/3 et 834-3/3). Voir n° 29650 et 32840.	x	x	x	x	2056 (2)
12. Rapprochement entre les valeurs comptables à l'ouverture et à la clôture de l'exercice en distinguant les amortissements comptabilisés au cours de l'exercice, les dépréciations comptabilisées au cours de l'exercice et les dépréciations reprises au cours de l'exercice (PCG art. 833-3/4, 832-3/4, 835-3/4 et 834-3/4). Voir n° 48700.	x	x	x	x	
13. Informations en cas de **réévaluation des immobilisations corporelles et financières** (PCG art. 833-4, 832-4, 835-4 et 834-4) : – variation au cours de l'exercice de l'écart de réévaluation ; – montant de l'écart incorporé au capital pendant l'exercice ; – traitement fiscal de ces opérations ; – informations en coûts historiques pour les immobilisations réévaluées, par la mise en évidence des compléments de valeur et des amortissements supplémentaires qui s'y rapportent ; – part des produits de cession des immobilisations réévaluées, transférée à un compte distribuable immobilisation par immobilisation. Voir n° 57640.	x	x		x	2054 bis

Informations	Personnes Morales Annexe de base	Annexe simplifiée	Personnes Physiques [1] Annexe de base	Annexe simplifiée	Liasse fiscale (réel)
14. Indication du montant et du traitement comptable retenu pour les **frais d'établissement** (PCG art. 833-5/1). Voir n° 45195.	X				
15. Indication du traitement comptable retenu pour les **frais de développement** (inscription à l'actif ou comptabilisation en charges) et mention de la durée retenue pour l'amortissement si inscription à l'actif et du montant comptabilisé au cours de l'exercice si comptabilisation en charges (PCG art. 833-5/2, 832-5/1, 835-5/1 et 834-5/1). Voir n° 32835, 32840 et 32890. Justification de la **durée d'utilisation estimée des frais de développement** (C. com. art. R 123-187). Voir n° 31905.	X	X	X	X	
16. Informations sur le **fonds commercial** : montants inscrits, modalités d'amortissement et de dépréciation, durée d'utilisation, modalités de mise en œuvre du test de dépréciation et d'affectation à un groupe d'actifs (PCG art. 833-5/3, 832-5/2, 835-5/2 et 834-5/2). Voir n° 31985, 32010 et 27730.	X	X	X [3]	X [3]	
17. Informations sur les **coûts d'emprunt** dans les coûts d'entrée des immobilisations : traitement utilisé, montant des coûts d'emprunt incorporés dans le coût des actifs durant l'exercice par catégorie d'actif, taux de capitalisation utilisé (PCG art. 833-5/4, 832-5/3, 835-5/3 et 834-5/3). Justification et montant des **intérêts de capitaux empruntés** pour financer la fabrication d'une immobilisation incluse dans **le coût de production** (C. com. art. R 123-178 2°). Voir n° 29690.	X	X	X	X	
18. Informations relatives aux **filiales et participations** (C. com. art. L 233-15 ; PCG art. 833-6, 832-6 et 841-6). Voir n° 38795 à 38840.	X	X			2059 G
19. Valeur estimative du portefeuille de **titres immobilisés de l'activité de portefeuille** (PCG art. 833-7, 832-7 et 841-7). Voir n° 38790.	X	X			
20. **Information sur l'état des stocks** : méthodes comptables adoptées pour évaluer les stocks, valeur comptable globale des stocks et valeur comptable par catégories appropriées à l'entité, méthodes utilisées pour le calcul des dépréciations et montants par catégories (PCG art. 833-8/1, 832-8/1, 835-6/1 et 834-6/1). Voir n° 22770 s.	X	X	X	X	
21. Informations sur les **coûts d'emprunt incorporés dans les coûts d'acquisition ou de production des stocks** (PCG art. 833-8/2, 832-5/3, 835-6/2 et 834-6/2). Voir n° 22830.	X	X	X	X	
22. Détail et justification des **dépréciations et corrections exceptionnelles de valeurs** liées à la législation fiscale et concernant **l'actif circulant** (PCG art. 833-8/3, 832-8/3, 835-6/3 et 834-6/3). Voir n° 22800 (stocks).	X	X	X	X	

64625 (suite)

Informations	Personnes Morales Annexe de base	Personnes Morales Annexe simplifiée	Personnes Physiques [1] Annexe de base	Personnes Physiques [1] Annexe simplifiée	Liasse fiscale (réel)
23. Pour chaque poste du bilan concernant les **éléments fongibles de l'actif circulant**, indication de la différence entre l'évaluation figurant au bilan et celle qui résulterait des derniers prix de marché connus à la clôture des comptes (PCG art. 833-8/4). Voir n° 22805 (stocks).	x				
24. **État des échéances des créances à la clôture de l'exercice** en distinguant les créances à un an au plus et les créances à moins d'un an (PCG art. 833-9, 832-9, 835-7 et 834-7). Voir n° 43405.	x	x	x	x	2057
25. Nombre et valeur nominale des actions et parts sociales, émises pendant l'exercice, **composant le capital social**, le cas échéant par catégorie, accompagnés d'un état des réserves affectées à la contrepartie de la valeur comptable des actions détenues par la société elle-même ou par une personne morale agissant pour son compte (PCG art. 833-11/1 et 832-11/1). Voir n° 57600.	x	x			
26. Nombre et valeur des **actions propres** détenues à la fin de l'exercice ainsi que mouvements intervenus au cours de l'exercice tant aux comptes 502, que 2771 et 2772 et mention, le cas échéant, de la provision qui serait constatée sur les titres inscrits au compte 2772 s'ils suivaient les règles d'évaluation habituelles pour les titres immobilisés (PCG art. 833-11/2 et 832-11/2). Voir n° 55605 et 55655 IV.	x	x			
Nombre et valeur nominale des **parts bénéficiaires** émises par la société, par catégorie, avec indication de l'étendue des droits qu'ils confèrent (PCG art. 833-11/3).	x				
27. Tableau des divergences constatées entre la **variation des capitaux propres** au cours de l'exercice et le résultat dudit exercice (PCG art. 833-11/4 et 832-11/3). Voir n° 57605 à 57625.	x	x			
28. Informations sur les **provisions** (PCG art. 833-12/1, 832-12/1, 835-9/1 et 834-9/1) [4] : – état des provisions ; – informations sur les provisions individuellement significatives ; – indication des cas exceptionnels où aucune évaluation fiable du montant de l'obligation ne peut être réalisée. Voir n° 48700 et 48705.	x	x	x	x	2055 2056 [2]
29. **Rapprochement** entre les provisions réglementées à l'ouverture et à la clôture de l'exercice (PCG art. 841-4). Voir n° 48700 et 48705.	x	x	x	x	
30. Informations sur les **passifs éventuels** (à moins que la probabilité d'une sortie de ressources soit faible) : description de la nature des passifs éventuels, estimation de leurs effets financiers, indication des incertitudes relatives au montant ou à l'échéance de toute sortie de ressources et possibilité pour l'entité d'obtenir remboursement (PCG art. 833-12/2, 832-12/2, 835-9/2 et 834-9/2) [4]. Voir n° 52520.	x	x	x	x	

Informations	Personnes Morales		Personnes Physiques (1)		Liasse fiscale (réel)
	Annexe de base	Annexe simplifiée	Annexe de base	Annexe simplifiée	
31. Lorsqu'**aucune évaluation fiable du montant de l'obligation d'un passif** ne peut être réalisée, description de la nature du passif et indication des incertitudes relatives au montant ou à l'échéance de toute sortie de ressources (PCG art. 833-12/3, 832-12/2, 835-9/3 et 834-9/2). Voir n° 52340.	x	x	x	x	
32. État des **échéances des dettes** à la clôture de l'exercice : les dettes sont classées selon la durée restant à courir jusqu'à leur échéance en distinguant les dettes à un an au plus, à plus d'un an et cinq ans au plus et à plus de cinq ans (PCG art. 833-13/1, 832-13/1, 835-10/1 et 834-10/1). Voir n° 43405.	x	x	x	x	2057
33. Indication pour chacun des postes relatifs aux dettes de celles **garanties par des sûretés réelles** (PCG art. 833-13/1 et 835-10/1). Voir n° 50705.	x		x		
34. Indication des modalités d'**amortissement des primes de remboursement** d'emprunts (PCG art. 833-13/2, 832-13/2, 835-10/2 et 834-10/2). Voir n° 41120.	x	x	x	x	2055 (5)
35. Précisions sur la nature, le montant et le traitement comptable des **produits et charges constatés d'avance** (PCG art. 833-10, 832-10, 835-8, 834-8, 833-13/3, 832-13/3, 835-10/3 et 834-10/3). Voir n° 45345.	x	x	x	x	EJ
36. Précisions sur la nature, le montant et le traitement comptable **des écarts de conversion actif et passif** (PCG art. 833-10, 832-10, 835-8, 834-8, 833-13/3, 832-13/3, 835-10/3 et 834-10/3). Voir n° 43385.	x	x	x	x	
37. Ventilation du **chiffre d'affaires** par **catégories d'activité** et par **marchés géographiques** (PCG art. 833-14/1). Si certaines de ces indications sont omises en raison du préjudice grave qui pourrait résulter de leur divulgation, il est fait mention du caractère incomplet de cette information. Voir n° 12895 à 12940.	x				
38. Montant détaillé des frais accessoires d'achat lorsqu'ils n'ont pas été enregistrés dans les comptes de charges par nature prévus à cet effet (PCG art. 833-14/2). Voir n° 18370.	x				
39. Précisions sur la nature, le montant et le traitement (PCG art. 833-14/3, 832-14, 835-11 et 834-11) des **produits à recevoir et charges à payer** au titre de l'exercice (voir n° 45280), des produits et charges imputables à un autre exercice (voir n° 45600), quote-part de résultat sur opérations faites en commun (voir n° 36480 et 73800), des produits exceptionnels et charges exceptionnelles (voir n° 46125), des transferts de charge (voir n° 45530), des créances résultant du report en arrière des déficits (voir n° 54370).	x	x	x	x	EJ 2052 2053 2058-A

64625
(suite)

Informations	Personnes Morales		Personnes Physiques (1)		Liasse fiscale (réel)
	Annexe de base	Annexe simplifiée	Annexe de base	Annexe simplifiée	
40. Montant, pour chaque commissaire aux comptes, des **honoraires** des **commissaires aux comptes** figurant au compte de résultat de l'exercice, en séparant les honoraires afférents à la certification des comptes de ceux afférents, le cas échéant, aux autres services (PCG art. 833-14/4) (6). Voir FRC 12/23 Hors série inf. 27.7.	x				
41. Informations relatives au régime fiscal (PCG art. 833-15, 832-15, 835-12 et 834-12) : — indication de l'incidence sur le résultat de l'exercice de toute modification d'impôt votée entre les dates de clôture et l'arrêté. Voir n° 52620 ; — détail et justification des corrections exceptionnelles de valeurs des immobilisations liées à la législation fiscale. Voir n° 29650 ; — détail et justification des corrections exceptionnelles de valeurs de l'actif circulant liées à la législation fiscale. Voir n° 22780 ; — montant des dettes et créances d'impôt différées provenant des décalages dans le temps entre le régime fiscal et le traitement comptable des produits et charges lorsque ces montants proviennent d'évaluations liées à l'application de la législation fiscale. Voir n° 54355 ; — répartition du montant global des impôts sur le bénéfice entre le résultat courant et le résultat exceptionnel en précisant notamment les bases et taux d'imposition ainsi que les crédits d'impôt, avoirs fiscaux et imputations diverses. Voir n° 54350 ; — indication, même approximative, de la mesure dans laquelle le résultat a été affecté par des évaluations dérogatoires en vue d'obtenir des allégements fiscaux. Voir n° 54360 ; — montant et nature des crédits d'impôt. Voir n° 54365 ; — pour les entités intégrées fiscalement, les indications minimales sont les suivantes : • modalités de répartition de l'impôt sur les sociétés assis sur le résultat d'ensemble du groupe, • différence entre l'impôt comptabilisé et l'impôt pour le paiement duquel l'entreprise est solidaire, • différence entre l'impôt comptabilisé et l'impôt qui aurait été supporté en l'absence d'intégration fiscale, • déficits reportables, • nature et contenu spécifiques de la rubrique « impôts sur les bénéfices ». Voir n° 52820.	x	x (7)	x (7)	x (7)	
42. Liste des **transactions significatives** effectuées par la société avec des **parties liées** lorsque ces transactions n'ont pas été conclues aux conditions normales du marché ; cette information n'est pas requise pour les transactions effectuées par la société avec les filiales qu'elle détient en totalité ou entre sociétés sœurs détenues en totalité par une même société mère (PCG art. 833-16 et 832-16). Voir n° 38865.	x	x (8)			

Informations	Personnes				Liasse fiscale (réel)
	Morales		Physiques [1]		
	Annexe de base	Annexe simplifiée	Annexe de base	Annexe simplifiée	
43. Montant global des **avances** et des **crédits alloués** aux **membres** des organes d'**administration**, de **direction** et de **surveillance**, pour chaque catégorie, avec indication des conditions consenties et des remboursements opérés pendant l'exercice et montant des engagements pris pour leur compte (PCG art. 833-17 et 832-17). Voir n° 43420.	X	X			
44. Montant global des **engagements contractés pour pensions de retraite** au profit des **membres** des organes d'**administration**, de **direction** et de **surveillance**, pour chaque catégorie (PCG art. 833-17 et 832-17). Voir n° 17970.	X	X			
45. Montant global des **rémunérations allouées** aux **membres** des organes d'**administration**, de **direction** et de **surveillance**, pour chaque catégorie. Elles peuvent ne pas être fournies lorsqu'elles permettent d'identifier la situation d'un membre déterminé de ces organes (PCG art. 833-17). Voir n° 18455 et 18460.	X				
46. Indication du montant des **engagements** de l'entreprise en matière de pension, de compléments de **retraite**, d'indemnités et d'allocations en raison du départ à la retraite ou avantages similaires des membres ou associés de son personnel et de ses mandataires sociaux (C. com. art. L 123-13, al. 3 ; PCG art. 833-18/1). Voir n° 17970 s.	X	X	X	X	
47. Montant des **engagements financiers donnés et reçus** (PCG art. 833-18/1, 832-18/1, 835-13/1 et 834-13/1) : notamment avals, cautionnements et garanties, créances cédées non échues, garanties d'actif et de passif, clauses de retour à meilleure fortune, engagements consentis à l'égard d'entités liées, engagements en matière de pensions ou d'indemnités assimilées, engagements assortis de sûretés réelles, engagements pris fermes sur titres de capital et non-inscrits au bilan, engagements résultant de contrats qualifiés de « portage », engagements consentis de manière conditionnelle. Voir n° 50680 s. et 50775. État des cautionnements, avals et garanties donnés et état des sûretés consenties (C. com. art. L 232-1).	X	X	X	X	
48. Informations sur les **engagements pris en matière de crédit-bail** (C. mon. fin. art. R 313-14 ; PCG art. 833-18/2, 832-18/2, 835-13/2 et 834-13/2). Voir n° 28830 et 28835.	X	X [9]	X [9]	X [9]	
49. Informations sur les autres **opérations non inscrites au bilan** présentant des risques et des avantages significatifs pour une société non traduits au bilan et dont la connaissance est nécessaire à l'appréciation de la situation financière de la société (PCG art. 833-18/3 et 832-18/3). Voir n° 50755.	X	X [10]			
50. **Effectif moyen** employé pendant l'exercice (PCG art. 833-19, 832-19, 835-14 et 834-14). Voir n° 18375.	X	X [11]	X	X [11]	

64625 (suite)

Informations	Personnes Morales		Personnes Physiques [1]		Liasse fiscale (réel)
	Annexe de base	Annexe simplifiée	Annexe de base	Annexe simplifiée	
51. Informations données par les sociétés émettrices de **bons de souscription** d'actions, d'obligations, d'actions à bons de souscription d'actions, d'obligations à bons de souscription d'actions et d'obligations (PCG art. 833-20/1, 832-20, 835-19 et 834-15). Voir n° 41255 s.	x	x	x	x	
52. Informations sur les **plans d'options d'achat ou de souscription d'actions** et plans d'attribution d'actions gratuites aux salariés (PCG art. 833-20/2, 832-20, 835-19 et 834-15). Voir n° 55835 et 55915.	x	x			
53. Informations sur les **certificats de valeurs garanties,** de bons de cession de valeur garantie et instruments assimilés (PCG art. 833-20/3, 832-20, 835-19 et 834-15). Voir n° 37230.	x	x			
54. Informations relatives aux **contrats à long terme** (PCG art. 833-20/4, 832-20, 835-19 et 834-15). Voir n° 12890.	x	x	x	x	
55. Montants maintenus en produits et charges relatifs aux **opérations d'échange** dont au moins un des lots échangés concerne une prestation publicitaire (PCG art. 833-20/5, 832-20, 835-19 et 834-15). Voir n° 16010.	x	x	x	x	
56. Informations relatives aux **quotas d'émission de gaz à effet de serre et instruments assimilés** (PCG art. 833-20/6, 832-20, 835-19 et 834-15). Voir n° 20580.	x	x	x	x	
57. Informations relatives aux **certificats d'économies d'énergie** (PCG art. 833-20/7, 832-20, 835-19 et 834-15). Voir n° 20610.	x	x	x	x	
58. Informations sur les **remises accordées à un débiteur** par ses créanciers dans le cadre du règlement des difficultés des entreprises (PCG art. 833-20/8, 832-20, 835-19 et 834-15). Voir n° 11410 et 46080 s.	x	x	x	x	
59. Informations sur les **opérations de désendettement de fait** (PCG art. 833-20/9, 832-20, 835-19 et 834-15). Voir n° 42875.	x	x	x	x	
60. Informations relatives à la **vente à réméré** (PCG art. 833-20/10, 832-20, 835-19 et 834-15). Voir n° 37150.	x	x	x	x	
61. Informations sur les actifs donnés en garantie dans le cadre de **contrats de garantie financière avec droit de réutilisation** (PCG art. 833-20/11, 832-20, 835-19 et 834-15). Voir n° 37305.	x	x	x	x	
62. Informations sur les **opérations de fiducie** (PCG art. 833-20/12, 832-20, 835-19 et 834-15). Voir n° 74470 III et 74490 c.	x	x	x	x	

LES DOCUMENTS DE SYNTHÈSE

64625 (suite)

Informations	Personnes Morales		Personnes Physiques [1]		Liasse fiscale (réel)
	Annexe de base	Annexe simplifiée	Annexe de base	Annexe simplifiée	
63. Informations sur l'ensemble des **transactions effectuées sur les marchés de produits dérivés**, dès lors qu'elles représentent des valeurs significatives pour les sociétés appliquant le règlement ANC n° 2015-05 sur les instruments financiers à terme et les opérations de couverture (voir n° 41430), informations complémentaires sur les opérations de couverture (PCG art. 833-20/13, 832-20, 835-19 et 834-15). Voir n° 43335 s.	x	x	x	x	
64. Informations relatives à l'**effort de formation** (PCG art. 833-20/15) [13] : – montant consacré à la formation professionnelle (au cours de l'exercice, au cours de l'exercice précédent, au cours des trois derniers exercices en indiquant le cumul amorti sur trois exercices). Ce montant est décomposé par type de formation ; – répartition de ce montant dans les principaux postes du compte de résultat ou du bilan (sur la possibilité d'immobiliser les frais de formation, voir n° 26262) ; – montant consacré à la formation professionnelle rapporté à la masse salariale ; – nombre d'heures de formation ; – part des salariés ayant bénéficié d'une formation au cours de l'exercice.	x				
65. Informations sur les **opérations de fusion** et opérations assimilées et notamment sur l'affectation du mali de fusion aux actifs et son suivi (PCG art. 780-1 et 780-2). Voir n° 76445 et Mémento Fusions n° 8393.	x	x	x	x	
66. Informations sur les **prêts participatifs** (C. mon. fin. art. L 313-14). Voir n° 43260.	x	x	x	x	
67. Informations pour les **émetteurs et les détenteurs de jetons** (PCG art. 619-9 et 619-16). Voir n° 30795 (détenteurs) et 42660 (émetteurs).	x	x	x	x	
68. Informations en cas de **transfert de siège social d'un pays étranger vers la France** sans création d'une entité nouvelle (Règl. ANC 2019-08) [14] : – bilan d'ouverture initial établi au titre de l'exercice au cours duquel a eu lieu le transfert de siège ; – règles et méthodes comptables appliquées pour le premier établissement des comptes français dès lors qu'elles sont significatives, en précisant les différences avec les règles et méthodes utilisées pour les comptes établis conformément au droit étranger ; – impact de ces règles et méthodes sur les états financiers ; – tableau de réconciliation détaillant le passage des capitaux propres déterminés conformément aux normes comptables étrangères et figurant au dernier bilan de clôture établi selon ces normes, exprimés en euro au cours de change à la date de clôture et capitaux propres figurant au premier bilan d'ouverture en normes françaises.	x	x [15]			

EJ = éléments joints à la liasse fiscale.
(1) Dont le chiffre d'affaires excède le seuil du régime fiscal du réel simplifié (voir n° 64225).
(2) Seuls la répartition entre les différents amortissements (linéaire, dégressif, exceptionnel, dérogatoire), les différentes dépréciations et le montant par catégorie de provisions sont indiqués.
(3) Les modalités d'affectation à un groupe d'actifs n'ont pas à être précisées pour les personnes physiques.
(4) Dans le cas exceptionnel où l'indication de tout ou partie d'une information requise causerait un préjudice sérieux à l'entité dans un litige l'opposant à un tiers sur le sujet faisant l'objet de la provision ou du passif éventuel, cette information n'est pas fournie. La nature générale du litige, le fait que cette information n'a pas été fournie et la raison pour laquelle elle ne l'a pas été doivent être alors indiqués (PCG art. 833-12/4, 832-12/3, 835-9/4 et 834-9/3).
(5) Seule la dotation aux amortissements de l'exercice est indiquée.
(6) Ces informations ne sont pas fournies si la personne morale est incluse dans un périmètre de consolidation.
(7) Ne doivent être fournies que les informations suivantes :
– par les personnes morales ou physiques pouvant présenter une annexe simplifiée : l'incidence sur le résultat de l'exercice de toute modification d'impôt votée entre les dates de clôture et l'arrêté, et les informations relatives aux crédits d'impôt ;
– par les personnes physiques ne pouvant pas présenter une annexe simplifiée :
• l'incidence sur le résultat de l'exercice de toute modification d'impôt votée entre les dates de clôture et l'arrêté,
• le détail et la justification des corrections exceptionnelles de valeurs des immobilisations liées à la législation fiscale,
• le détail et la justification des corrections exceptionnelles de valeurs de l'actif circulant liées à la législation fiscale.
(8) Sociétés anonymes établissant une annexe simplifiée : la liste est limitée aux transactions effectuées entre la société et ses principaux actionnaires et les membres de ses organes d'administration et de surveillance. Cette information n'est pas requise pour les personnes morales établissant une annexe simplifiée, autres que les sociétés anonymes.
(9) Les informations à fournir par les commerçants personnes morales pouvant présenter une annexe simplifiée et les commerçants personnes physiques sont allégées (voir n° 28835).
(10) L'information à fournir par les personnes pouvant présenter une annexe simplifiée est allégée (voir n° 50755).
(11) Pour les personnes pouvant présenter une annexe simplifiée, l'information n'a pas à être fournie par catégorie.
(12) En cas de décomposition d'un actif, indication, à notre avis, par catégorie d'immobilisations décomposées (PCG art. 833-3/2 et 832-3/2) :
– de la valeur brute ;
– de l'utilisation des biens ou du taux d'amortissement ;
– et du mode d'amortissement utilisé pour chacun des éléments.
(13) Ces informations ne sont à donner que de manière **facultative**.
(14) Ces informations doivent figurer dans l'annexe des deux premiers exercices comptables établis en règles françaises. Sur les modalités d'établissement des premiers comptes conformément au PCG, voir n° 8480.
(15) Dans le silence des textes, ces informations sont, à notre avis, également à fournir dans l'annexe des personnes morales pouvant présenter une annexe simplifiée.

64630 Informations non expressément prescrites par les règles comptables (faits pertinents)

I. Nature de l'information Outre les informations précédentes, l'entreprise doit fournir toutes celles qu'elle estime **significatives** et **nécessaires** à l'obtention d'une **image fidèle** (C. com. art. R 123-195 ; PCG art. 112-4). À ce titre, elle met en évidence tout fait pertinent, c'est-à-dire susceptible d'avoir une influence sur le jugement que les destinataires de l'information peuvent porter sur le patrimoine, la situation financière et le résultat de l'entreprise ainsi que sur les décisions qu'ils peuvent être amenés à prendre (PCG art. 810-1 ; voir n° 64545).

Selon le bulletin CNCC (Bull. CNCC n° 95, septembre 1994, CD 94-28, p. 591 s.), il n'est pas possible, compte tenu du principe d'importance relative, de dresser une liste de ces informations. En pratique, la doctrine a pu néanmoins se prononcer sur certains cas :

EXEMPLES

– commentaires sur les activités particulières ;
– biens affectés à l'exploitation ne figurant pas à l'actif du bilan, l'exploitant étant propriétaire (voir n° 60285) ;
– événement significatif lié à des conditions existant à la clôture et la date d'établissement des comptes (Bull. CNCC n° 157, mars 2010, EC 2009-58, p. 225 s. ; voir n° 52340) ;
– non-approbation, le cas échéant, par l'assemblée générale des comptes de l'exercice précédent (Bull. CNCC n° 173, mars 2014, EJ 2013-84, p. 80 ; voir n° 53996) ;
– actifs éventuels (Bull. CNCC n° 111, septembre 1998, CNP 97-60/EC 98-34, p. 543 ; voir n° 52520) ;
– informations sur les obligations convertibles, échangeables et titres assimilés (voir n° 41280) ;
– information sur les effets des ventes sous conditions suspensives non levées à la clôture de l'exercice (Avis CU 2005 E du 6-9-2005 ; voir n° 11040) ;
– informations sur les risques de marché (Rec. COB 89-01, Bull. n° 221, janvier 1989, p. 3 s. ; voir n° 43375) ;
– informations sur les risques climatiques (Rec. AMF 2021-06 ; voir n° 64632) ;
– investissement, désinvestissement, fusion (voir Mémento Fusions n° 13270 s.) ;
– transfert de siège social (voir n° 8590) ;
– événements exogènes : sinistres et catastrophes naturelles ; crises, conflits et autres situations à l'origine d'une période de forte incertitude (voir n° 64635) ; perte d'un contrat... ;
– changement de législation...

> **Précisions** **Conflit Russie/Ukraine et inflation** Le conflit Russie/Ukraine et les conditions macroéconomiques (telles que les pressions inflationnistes, hausses des taux d'intérêt ainsi que des coûts des matières premières et de l'énergie, pénuries, volatilité des taux de change) font partie des faits susceptibles de constituer des faits pertinents de l'année. Le manque de visibilité sur leur évolution et les impacts sur l'économie mondiale sont à l'origine d'une période de forte incertitude pour les entreprises, qui devrait faire l'objet d'une information détaillée en annexe (en ce sens, Rec. AMF 2022-06 ; voir n° 64635).

II. Présentation de l'information

Afin de faciliter la lecture et la compréhension des états financiers, il est, à notre avis, recommandé :
– de présenter l'ensemble des informations et impacts significatifs liés à un même fait pertinent dans une note spécifique de cette rubrique ;
– et, le cas échéant, de procéder à des renvois aux autres rubriques de l'annexe afin de donner une information plus détaillée sur les impacts chiffrés.

Informations sur les risques, engagements et décisions en matière de climat 64632

I. Nature des informations à présenter

Dans ses recommandations n° 2021-06 et 2022-06, l'AMF a rappelé que lorsque la société est exposée à des risques climatiques et/ou a pris des engagements et décisions relatifs au changement climatique, susceptibles d'avoir un impact significatif sur la performance financière et la valorisation de ses actifs et passifs, elle devrait présenter dans les états financiers :
– les **principaux impacts** de ces risques, décisions et engagements ;

> **Précisions** **Absence d'impact** Lorsqu'une entreprise faisant partie d'une industrie identifiée par les investisseurs comme étant susceptible d'être impactée par certains risques climatiques (ou une entreprise avec des engagements pris forts) estime que ce risque n'a pas d'effet significatif dans les comptes, l'AMF recommande d'expliquer pourquoi les valeurs comptables de ses actifs ne sont pas exposées aux aléas de tels risques climatiques.

– les **jugements, estimations et hypothèses** mis en œuvre pour apprécier ces impacts ;

> **EXEMPLES**
> Horizons de temps sur lesquels les jugements et conclusions se fondent, scénario(s) de changements climatiques retenus en matière de réchauffement...

– les **sources majeures d'incertitude** liées aux risques, décisions stratégiques et engagements pris relatifs aux risques climatiques ;
– toutes les informations permettant de comprendre les **travaux** ayant permis d'aboutir à la conclusion retenue en matière d'impact (manière dont les engagements ont été pris en compte et analysés).

> **Précisions** La justification des impacts est d'autant plus importante si la société communique sur une stratégie de neutralité carbone ambitieuse dans un horizon court.

Dans ce cadre, les informations pouvant s'avérer significatives sont notamment celles concernant :
– la façon dont l'ensemble des décisions stratégiques et engagements pris relatifs aux risques climatiques ont été **reflétés dans l'évaluation ultérieure des actifs** (Rec. AMF précitée) :
• dans les indices de perte de valeur,
• dans les hypothèses clés des tests de dépréciation : les flux (modifiés par la réglementation, les engagements de la société, les plans de transformations), durée des flux (prolongée ou limitée), taux d'actualisation (plus ou moins grande résilience par ajustement du bêta), taux de croissance, valeur terminale,

> **Précisions** Lorsque des hypothèses clés n'ont pas été modifiées alors que la société est dans un secteur particulièrement sensible aux conséquences du changement climatique, à des évolutions du comportement des clients, aux réglementations en la matière et/ou a pris des engagements structurants en termes de réduction d'émission de gaz à effet de serre : expliciter les raisons pour lesquelles elle estime que son exposition aux conséquences du changement climatique n'est pas de nature à impacter les hypothèses des tests de dépréciation (plans d'affaires et/ou valeur terminale) qu'elle a retenues.

• dans les analyses de sensibilité : adaptation, le cas échéant, des hypothèses clés et des fourchettes utilisées (prix des matières premières, demande produits, taux de croissance, échéances clés de la stratégie climatique poursuivie…) ;
– les quotas de CO_2 (PCG art. 833-20/6 ; voir n° 20580), certificats d'économie d'énergie (PCG art. 833-20/7 ; voir n° 20610) ;

– les crédits carbone dans le cadre des engagements volontaires de l'entité de réduction de ses émissions de carbone (à notre avis) :
• description du modèle adopté pour gérer et comptabiliser les crédits carbone (bilan ou hors bilan),
• valeur comptable des crédits carbone inscrits au bilan et mode de comptabilisation adopté pour les évaluer,
• modalités de dépréciation utilisées pour évaluer les crédits carbone à la clôture et montants des dépréciations, le cas échéant,
• volume, nature, provenance et objectifs de détention des crédits carbone en portefeuille,
• en cas d'objectif à horizon annuel (cas plus rare), estimation du passif relatif aux crédits carbone restant à acquérir en fonction des émissions réalisées sur l'exercice : estimation des émissions réalisées de carbone ; hypothèses prises en compte pour l'évaluation du passif ;
– les provisions et passifs éventuels environnementaux liés aux risques, décisions stratégiques et engagements pris relatifs aux risques climatiques (Rec. AMF précitées) ;

EXEMPLE

À notre avis, passifs liés aux démantèlement et remises en état, aux litiges environnementaux lorsqu'un conflit d'intérêts a lieu, aux taxes complémentaires du fait d'obligations réglementaires, aux contrats déficitaires du fait d'une hausse des coûts de production, aux plans de restructuration du fait d'arrêts d'activité, aux plans de stock-options ou d'attribution gratuite d'actions en fonction de l'évolution des émissions de carbone...

– les émissions et placements dans les produits financiers « verts » (Rec. AMF 2021-06 précitée) : caractéristiques de ces produits et traitements comptables ;
– à notre avis, toute autre information relative à la transition climatique ayant des impacts significatifs sur les comptes pourrait s'avérer pertinente à fournir dans l'annexe.

EXEMPLES

– Méthode de comptabilisation en résultat des incitations financières reçues au titre de l'acquisition d'équipements économes en énergie dans le cadre des CEE (voir n° 20610).
– Nouveaux plans d'investissements (équipements économes en énergie, puits carbone ou fonds carbone...).
– Révision du plan d'amortissement lorsque, par exemple, l'activité jugée trop polluante devra être abandonnée à terme.
– Caractéristiques des contrats et partenariats afférents (« purchase power agreements », fonds carbone, investissement dans des plantations de forêts, financement de projets labellisés...), analyse comptable effectuée et impacts financiers identifiés (Rec. AMF 2022-06).

II. Présentation de l'information sur les risques et engagements climatiques

L'AMF recommande (Rec. AMF 2021-06 et 2022-06) :
– de présenter l'ensemble des informations financières données en annexe et liées aux risques climatiques dans une **note spécifique** (à défaut, un lien devrait être fait entre les différentes notes des états financiers couvrant ce sujet) ;
– et de s'assurer de la **cohérence entre cette information donnée dans les états financiers et l'information donnée dans les autres supports de communication** : DPEF (voir n° 65010), rapport de gestion, rapport des commissaires aux comptes...

64635 Informations en période de crise (forte incertitude)

I. Nature des informations Dans un contexte de crise, l'ANC (qui s'est prononcée sur les impacts du Covid-19, mais dont les réponses sont transposables, à notre avis, à tout contexte de crise) considère qu'au-delà des enregistrements appropriés au bilan et dans le compte de résultat, une **information pertinente** sur les conséquences de l'événement à l'origine d'une période de forte incertitude (crise sanitaire, conflit politique, bulle spéculative, pression inflationniste...) sur la situation financière, le patrimoine et le résultat doit être fournie dans l'annexe des comptes, dès lors qu'elle est significative (voir n° 64115). À ce titre, elle recommande notamment (Rec. ANC Covid-19, Question B2) :
– que tous les impacts d'importance significative soient recensés et présentés, qu'ils soient négatifs ou positifs, en distinguant les impacts bruts de la crise, des impacts des mesures de soutien dont l'entité a bénéficié, le cas échéant ;
– que l'information décrive les impacts de façon régulière, sincère et transparente, étant noté que le jugement pourra devoir s'exercer dans un contexte d'incertitude particulièrement élevé.

> **Précisions** **1. Doctrine ANC** Les recommandations de l'ANC sur l'information à fournir dans l'annexe relatives aux impacts du Covid-19 (Rec. ANC Covid-19 précitée, Questions B4 et B5) devraient, à notre avis, être transposables à tout événement conduisant à une période de forte incertitude. Il est donc recommandé d'indiquer en annexe les informations suivantes, si les effets de tels événements sont significatifs :
– description succincte des conditions d'activité pendant la période et des effets de l'événement ;
– méthodologies suivies pour identifier les effets liés à l'événement ;
– conditions d'exercice du jugement sur les points les plus sensibles (analyse et hypothèses), des perspectives et des sources d'incertitudes affectant les estimations ;
– informations chiffrées.
Sont fournies des informations sur les principaux impacts jugés pertinents et a minima :
– ceux sur les ventes et sur les éléments de charges et autres produits qui n'auraient pas été encourus ou constatés si l'événement n'avait pas eu lieu : coûts de restructuration, dépréciations (immobilisations, voir n° 29610 ; créances...), provisions (contrat à long terme, engagements de retraite...), conversion des transactions en devises, comptabilité de couverture, exposition et sensibilité aux risques de marché, analyse des événements post-clôture, continuité d'exploitation, mesures de soutien... ;
– ceux sur l'évolution du crédit client et fournisseur, le report d'échéances et les prêts contractés dans le cadre de politiques de soutien ou dans d'autres cadres...

2. Doctrine CNCC La CNCC a également précisé que dans un contexte de crise, l'annexe doit fournir l'information nécessaire à la bonne compréhension (Note CNCC du 24-11-2008, Bull. CNCC n° 152, décembre 2008, p. 609 s.) :
– des méthodes d'évaluation ;
– des jugements de la direction ;
– des hypothèses clés retenues dans les estimations comptables ;
– de l'exposition aux différents risques liés à la crise (par exemple, à notre avis, opérations dans un pays en conflit, prix d'une matière affectée par la situation de crise, pénurie, inflation...), et de la sensibilité des évaluations aux variations de ces risques ;
– des sources principales d'incertitudes tant en matière d'estimations comptables que de continuité d'exploitation ;
– de la sensibilité des valeurs comptables aux méthodes, hypothèses et estimations qui forment la base de leur calcul, y compris les raisons de cette sensibilité ;
– des garanties hors bilan qui pourraient être mises en jeu.

3. Doctrine AMF L'AMF (Rec. 2022-06 à propos du conflit en Ukraine) invite également les sociétés présentant en annexe certains effets considérés comme liés à l'événement à l'origine de la crise à préciser la méthodologie utilisée pour leur identification et leur calcul (par rapport à l'historique des impacts incrémentaux...).
L'AMF (Rec. COB du 18-2-1998, à propos de la crise économique et financière ayant touché un certain nombre de pays d'Asie à partir de 1997) avait estimé souhaitable qu'une information soit donnée sur les conséquences de cette crise sur la situation financière et l'activité et notamment sur les éléments :
– de nature quantitative : incidence de la crise sur le résultat et le bilan (en raison des changements de parité, de la défaillance des entreprises locales, de l'abandon de commandes, du retard dans la mise en œuvre de certains projets...) ;
– de nature qualitative : risques encourus et impact attendu, sur la politique commerciale ou l'organisation de l'entreprise, des mesures destinées à faire face aux retombées de ces événements.

L'ANC recommande, pour une entité qui estimerait que l'événement à l'origine d'une crise de caractère général est **sans incidence significative** sur ses comptes, de le mentionner et de le justifier en annexe (Rec. ANC Covid-19, Question B2). De même, à notre avis, une entreprise dont les comptes étaient impactés à la clôture précédente par les conséquences d'une crise financière de caractère général et dont les comptes ne sont plus significativement impactés à la clôture suivante devrait donner une information en annexe sur les circonstances de cette évolution favorable.
Sur la cohérence entre l'information donnée dans les états financiers et l'information donnée dans les autres supports de communication (rapport de gestion, rapport des commissaires aux comptes…), voir n° 64695.

II. Présentation de l'information   Voir n° 64630.

ANNEXE DÉVELOPPÉE

64640 Lorsqu'une entité utilise le système développé du PCG (voir n° 64190), le contenu de l'annexe est modifié en conséquence sans qu'il en résulte un amoindrissement de l'information nécessaire pour que les documents de synthèse donnent l'image fidèle recherchée (PCG art. 810-7).
L'annexe du système développé comprend en outre (voir n° 64400) :
– obligatoirement, un tableau de financement constitué d'un tableau de détermination de la capacité d'autofinancement de l'exercice et d'un tableau des emplois et des ressources de l'exercice (PCG art. 810-7). Voir modèles n° 65925 ;
– de façon facultative, un tableau des soldes intermédiaires de gestion (PCG art. 842-1) tirés d'un aménagement du compte de résultat (voir développements n° 52110 s.) qui peut être

adapté à l'activité de l'entreprise (négoce ou production) ou à ses besoins propres (détermination de la marge sur coût de production et de la valeur ajoutée).

> **Précisions** Impacts du règlement ANC n° 2022-06 relatif à la modernisation des états financiers Voir n° 95500.

ANNEXE ABRÉGÉE

64645 Les petites entreprises placées sur option ou de plein droit au régime d'imposition du réel simplifié (voir n° 64220) peuvent adopter une annexe abrégée. Cette annexe comporte toutes les informations d'importance significative sur la situation patrimoniale et financière ainsi que sur le résultat de l'entreprise. Ces informations sont présentées, en règle générale, sous la forme de tableaux (PCG art. 831-2).

L'annexe abrégée comprend au moins les informations suivantes (C. com. art. L 123-25 et PCG art. 831-2) :
– **identification de l'entité** reprenant notamment le nom (raison sociale), l'adresse et le secteur d'activité ;
– l'application par l'entité du règlement de l'ANC n° 2014-03 (PCG) ;
– les **modes d'évaluation** appliqués aux divers postes des comptes annuels ainsi que les méthodes de calcul des **amortissements** ;
– les **mouvements** des postes des comptes relatifs aux **immobilisations** (voir n° 64655), aux **amortissements,** aux **provisions** et **dépréciations** ;
– un état des **échéances des créances et des dettes** ;
– le montant des **engagements financiers,** notamment les engagements de retraite et indemnités assimilées, les engagements de crédit-bail, ainsi que les garanties reçues et/ou données ;
– **toute information significative** nécessaire à la bonne compréhension des comptes annuels, notamment celles relatives aux changements de méthodes comptables (voir n° 8565), aux événements postérieurs à la clôture (voir n° 52310 à 52345) et aux passifs éventuels (voir n° 52520).

Pour des exemples de tableaux, voir le Code comptable, article 831-2 du PCG. Les différentes lignes des tableaux sont à remplir seulement si l'entreprise est concernée par ces éléments. En outre, seules les informations significatives sont mentionnées dans l'annexe (PCG art. 833-1).

MÉTHODES COMPTABLES APPLIQUÉES

64650 Le PCG (art. 831-2) fournit le modèle suivant de « **Tableau des méthodes comptables appliquées** » :

Postes [1]		Méthode d'évaluation ou de calcul [1]
Coût d'entrée des immobilisations	• Incorporelles/Corporelles • Financières	Frais d'acquisition : ☐ Charges ☐ Immobilisations Frais d'acquisition : ☐ Charges ☐ Immobilisations
Amortissements des immobilisations corporelles		☐ Amortissement linéaire ☐ Amortissement dégressif fiscal ☐ Autre (à préciser)
Évaluation des stocks		☐ Coût moyen unitaire pondéré (CUMP) ☐ Premier entré, premier sorti (PEPS-FIFO)
Contrats à long terme et travaux en cours		☐ Reconnaissance du chiffre d'affaires à l'avancement ☐ Reconnaissance du chiffre d'affaires à l'achèvement
Engagements de retraite et indemnités assimilées		☐ Provisions (Passif) ☐ Information en annexe

(1) À développer si nécessaire ou à supprimer si non applicable.

IMMOBILISATIONS

64655 Le PCG (art. 831-2) prescrit le modèle suivant, dénommé **« rapprochements entre les valeurs comptables à l'ouverture et à la clôture, et variation des entrées ou sorties ou mises au rebut de l'exercice »** :

> **Précisions** Les amortissements des immobilisations font l'objet d'un tableau distinct (voir n° 64660).

Immobilisations	Valeur brute à l'ouverture de l'exercice	Augmentations	Diminutions	Valeur brute à la clôture de l'exercice
Fonds commercial				
Autres immobilisations incorporelles				
Total immobilisations incorporelles (I)				
Terrains				
Constructions				
Installations techniques matériels et outillages industriels				
Installations générales agencements divers				
Matériel de transport				
Autres immobilisations corporelles				
Total immobilisations corporelles (II)				
Immobilisations financières (III)				
Total général (I + II + III)				

AMORTISSEMENTS

Pour l'annexe abrégée, le PCG (art. 831-2) fournit le modèle de tableau suivant, dénommé : « **rapprochements par catégorie d'immobilisations entre les valeurs comptables cumulées à l'ouverture et à la clôture de l'exercice, et indication des augmentations et diminutions de l'exercice** ».

64660

Amortissements	Durée [1]	Montant cumulé à l'ouverture de l'exercice	Augmentations	Diminutions	Montant cumulé à la clôture de l'exercice
Fonds commercial					
Autres immobilisations incorporelles					
Total immobilisations incorporelles (I)					
Terrains					
Constructions					
Installations techniques matériels et outillages industriels					
Installations générales agencements divers					
Matériel de transport					
Autres immobilisations corporelles					
Total immobilisations corporelles (II)					
Total général (I + II)					

(1) Durée exprimée en nombre d'années. Indiquer, le cas échéant, la fourchette des durées retenues.

Les durées d'amortissement sont indiquées dans la première colonne du tableau, les modes d'amortissement étant précisés dans le tableau des méthodes comptables appliquées (voir n° 64650).

DÉPRÉCIATIONS

64665 Les mouvements affectant les dépréciations sont détaillés dans un tableau : « **rapprochements par catégories d'actifs entre les valeurs comptables cumulées à l'ouverture et à la clôture de l'exercice, et indication des augmentations et diminutions de l'exercice** ».

> **Précisions** Pour les mouvements affectant les provisions, voir n° 64670.

Dépréciations	Montant cumulé à l'ouverture de l'exercice	Augmentations	Diminutions	Montant cumulé à la clôture de l'exercice
Immobilisations incorporelles				
Immobilisations corporelles				
Immobilisations financières				
Stocks et en-cours				
Clients et comptes rattachés				
Autres actifs				
Total général				

PROVISIONS

64670 Le modèle de tableau « **variations pour chaque catégorie de provisions des montants cumulés à l'ouverture et à la clôture de l'exercice, et indication des augmentations et diminutions de l'exercice** » du PCG (art. 831-2) est reproduit ci-après :

Provisions	Montant cumulé à l'ouverture de l'exercice	Augmentations	Diminutions	Montant cumulé à la clôture de l'exercice
Amortissements dérogatoires				
Autres provisions réglementées				
Provisions pour risques [1]				
Autres provisions [1]				

(1) Ces rubriques sont développées dans la mesure où celles-ci sont d'une importance particulièrement significative (le cas échéant mettre en évidence, entre autres, les provisions pour retraites et obligations similaires, les provisions pour gros entretiens et grandes révisions, les provisions pour litiges, etc.).

ÉTAT DES ÉCHÉANCES DES CRÉANCES ET DES DETTES À LA CLÔTURE DE L'EXERCICE

64675 Le modèle de tableau de l'état des créances et des dettes à la clôture de l'exercice pour l'annexe abrégée (PCG art. 831-2) est reproduit ci-après :

Créances	Montant brut	Échéance à un an au plus	Échéance à plus d'un an
Créances de l'actif immobilisé			
Créances de l'actif circulant			
Charges constatées d'avance			

Dettes	Montant brut	Échéance à un an au plus	Échéance à plus d'un an et cinq ans au plus	Échéance à plus de cinq ans
Emprunts et dettes assimilées				
Fournisseurs et comptes rattachés				
Autres dettes				
Produits constatés d'avance				

Pour plus de détails sur l'établissement du tableau des échéances des créances et dettes à la clôture de l'exercice, voir remarques terminologiques et cas pratiques au n° 43405.

ENGAGEMENTS FINANCIERS

64680 Les engagements financiers doivent être présentés dans l'annexe abrégée dans un tableau dont le modèle (PCG art. 831-2) est reproduit ci-après :

> **Précisions** Les autres opérations non inscrites au bilan font l'objet d'un tableau séparé (voir n° 64685).

Nature de l'engagement (1)	Montant de l'engagement restant à la clôture de l'exercice
Contrat(s) de crédit-bail	
Retraites et indemnités assimilées	
Sûretés reçues (2)	
Sûretés données (2)	
Effets de commerce escomptés non échus, cessions de créances Dailly, affacturage	

(1) À développer si nécessaire.
(2) Ces rubriques doivent être développées dans la mesure où celles-ci sont particulièrement significatives (le cas échéant mettre en évidence, entre autres, les hypothèques, les nantissements, les cautions, les avals, etc.).

Pour des développements sur les engagements en matière de crédit-bail, voir n° 28805 à 28835 ; les retraites et indemnités assimilées, voir n° 17970 s. ; les sûretés et engagements financiers, voir n° 50685 à 50735.

AUTRES OPÉRATIONS NON INSCRITES AU BILAN

64685 Outre l'information sur les engagements financiers (voir n° 64680), les personnes morales optant pour l'annexe abrégée doivent fournir une information sur les autres opérations non inscrites au bilan. Le PCG (art. 831-2) prescrit le modèle de tableau suivant en précisant que les autres opérations non inscrites au bilan sont à détailler par nature en indiquant l'objectif commercial.

Opérations non inscrites au bilan (détail par nature)	Objectif commercial (description de l'objectif commercial)
Contrats de location de longue durée	

Pour plus de détails sur les opérations non inscrites au bilan à faire figurer dans l'annexe, voir n° 50755 et 50205.

Les SA doivent en outre indiquer, dans leur annexe abrégée, les informations sur les transactions conclues avec les principaux actionnaires ou les membres de ses organes d'administration et de surveillance lorsque ces transactions sont significatives et qu'elles n'ont pas été conclues à des conditions normales de marché. Pour plus de détails, voir n° 38865.

C. Lien entre l'annexe et d'autres documents

64690 **Lien entre certains tableaux ou états et l'annexe**

I. Ne font pas partie de l'annexe, puisque non prévus au titre des informations à fournir dans l'annexe par le Code de commerce ou le PCG :
– le tableau des affectations du résultat (voir n° 54440) ;
En effet, il a été reconnu que la décision concernant les résultats était autonome par rapport aux comptes et qu'en particulier elle intervient à une date qui peut être très différente de celle de l'arrêté des comptes.
– le tableau des résultats des cinq derniers exercices (voir n° 54445) ;
– le tableau de financement (sur son établissement, voir n° 65855 s.).

> **Précisions** **1. Intégration volontaire** À notre avis, **rien n'interdit d'inclure** ces tableaux en annexe si les entreprises y trouvent avantage (notamment ces éléments doivent eux-mêmes être joints aux comptes annuels pour une présentation aux actionnaires). C'est ce que prévoit d'ailleurs le modèle développé pour le tableau de financement (PCG art. 810-7 ; voir n° 64640).
> **2. Impacts du règlement ANC n° 2022-06 relatif à la modernisation des états financiers** Le règlement relatif à la modernisation des états financiers et de la nomenclature des comptes (en cours d'homologation), applicable de façon obligatoire aux exercices ouverts **à compter du 1er janvier 2025** (avec une possibilité pour les entreprises de procéder à une application anticipée à compter de sa date de publication au Journal officiel), permet aux entités de présenter dans l'annexe un tableau des flux de trésorerie en l'accompagnant des informations relatives à son élaboration.

II. Font partie de l'annexe :
– **l'état des cautionnements, avals et garanties donnés** (C. com. art. L 232-1) ;
– **l'état des sûretés consenties** (C. com. art. L 232-1) ;
– **le tableau des filiales et participations,** requis par l'article L 233-15 du Code de commerce présenté selon le modèle prévu par l'article 841-6 du PCG (art. 833-6) ; voir n° 38795 à 38840.

64695 **Lien entre le rapport de gestion et l'annexe** Certaines informations sont communes à l'annexe et au rapport de gestion. Toutefois, l'ANC souligne qu'il **ne peut pas y avoir de substitution** entre les comptes et situations d'une part, et le rapport de gestion ou le cas échéant les communications financières d'autre part (Rec. ANC Covid-19 ; Question B3).

> **Précisions** **Contexte de crise et information financière** Une information financière et comptable pertinente sur les conséquences d'une crise fait partie intégrante des comptes et situations établis, à charge pour les responsables des entités de faire tous les commentaires complémentaires nécessaires (stratégie, risques et opportunités, vision prospective...) dans le rapport de gestion (ou le cas échéant les autres communications financières) en veillant à la cohérence globale de l'ensemble de ces documents (en ce sens, Rec. ANC Covid-19 précitée).

Pour le bulletin CNCC (n° 69, mars 1988, CD 87-17, p. 93), l'annexe et le rapport de gestion constituent **deux documents distincts.** Ainsi, nonobstant toute redondance apparente, le rapport de gestion et l'annexe doivent être établis conformément à leurs règles respectives et le commissaire aux comptes devra donc en tirer toutes les conséquences dans son rapport sur les comptes annuels en cas d'omissions ou d'insuffisances significatives affectant, d'une part, le rapport de gestion (observations) et, d'autre part, l'annexe (réserve, refus ou impossibilité de certifier).

L'ANC observe par ailleurs (Rec. précitées) que les comptes (dont l'annexe) et le rapport de gestion répondent à des **objectifs d'informations complémentaires, mais différentes.** Elle note également que les obligations en matière d'audit des deux documents sont différentes. Sur les informations à fournir dans le rapport de gestion, voir n° 64960.

64700 **Liens entre l'annexe comptable et la liasse fiscale (et les éléments joints)** Ils sont de trois sortes :

I. Communication obligatoire d'une partie de l'annexe Les entreprises relevant du **régime du bénéfice réel normal** doivent notamment joindre à leur **liasse fiscale** (qui, outre le bilan et le compte de résultat, comprend le tableau des immobilisations, le tableau des amortissements, le tableau des provisions (et des dépréciations) et l'état des échéances des créances et des dettes), les éléments suivants (CGI ann. III art. 38-II) :
– la liste des filiales et participations (comptablement, cette liste prend la forme du tableau des filiales et participations depuis 2016 ; voir n° 38795 à 38840) ;

– une information détaillée sur les points suivants :
• dérogation aux prescriptions comptables,
• modifications affectant les méthodes d'évaluation et la présentation des comptes annuels,
• produits à recevoir et charges à payer (inscrites sur l'imprimé n° 2058 B),
• produits et charges figurant au bilan sous les postes « Comptes de régularisation » (à inscrire sur les imprimés n° 2050 et 2051).

II. Communication sur demande du reste de l'annexe Selon l'article 38-II de l'annexe III au CGI précité, les contribuables ayant la qualité de commerçant sont tenus de produire, sur demande de l'administration, les éléments de l'annexe comptable qui ne sont pas énumérés ci-avant.

III. Utilisation de la liasse fiscale pour l'établissement de l'annexe L'annexe abrégée dont peuvent bénéficier les petites entreprises soumises au régime réel simplifié (voir n° 64220) est calquée sur la liasse fiscale. Les entreprises ne pouvant pas bénéficier de l'annexe abrégée peuvent néanmoins, à notre avis, utiliser les tableaux prévus par cette annexe (voir n° 64645) en y intégrant des informations supplémentaires prévues comptablement.

Le **canevas d'inspiration fiscale comportant les trois éléments suivants** pourrait alors être retenu :

a. Les tableaux déjà fournis dans la liasse fiscale : immobilisations (n° 2054 ou 2033-C), amortissements (n° 2055 ou 2033-C), provisions et dépréciations (n° 2056 ou 2033-D), échéances des créances et des dettes (n° 2057), liste des filiales et participations (n° 2059 G) ;

b. Les éléments joints (EJ) à la liasse fiscale (identiques à ceux fournis dans l'annexe comptable ; voir ci-avant I.) :
– les dérogations aux prescriptions comptables (avec commentaires),
– les modifications affectant les méthodes d'évaluation et la présentation de comptes annuels (avec commentaires),
– une information détaillée sur les produits à recevoir et charges à payer,
– une information détaillée sur les produits et charges figurant au bilan sous les postes « comptes de régularisation ».

c. Les informations complémentaires (de nature purement comptable).
Les tableaux fournis aux n° 64605 s. les mettent en évidence.

Lien entre l'annexe des comptes sociaux et l'annexe des comptes consolidés Selon le bulletin CNCC (n° 69, mars 1988, CD 88-01, p. 94 s. et n° 95, septembre 1994, CD 94-28, p. 591 s.), il ressort clairement de la législation, notamment de l'article R 233-14 du Code de commerce, « que l'annexe des comptes consolidés doit être **autonome** de celle des comptes sociaux de la société prépondérante dans la consolidation, et qu'elle ne peut se contenter de renvoyer à cette dernière, même pour la partie décrivant les règles et méthodes ». Selon le règlement ANC n° 2020-01, l'annexe des comptes consolidés doit comporter en complément des informations spécifiquement prévues pour les comptes consolidés les informations requises par les règlements ANC relatifs aux comptes individuels lorsqu'un poste du bilan, du compte de résultat ou des engagements reçus et donnés n'est pas couvert par les dispositions du règlement ANC n° 2020-01.

64705

D. Incidences d'une insuffisance/absence de l'annexe sur la certification des comptes

INSUFFISANCE DE L'ANNEXE
Selon la Note d'information NI.I CNCC « Les rapports sur les comptes annuels et sur les comptes consolidés » (décembre 2021, § 12.12.1), l'annexe formant un tout indissociable avec le bilan et le compte de résultat, **la certification couvre l'annexe au même titre que les autres composants des comptes.** L'annexe comporte toutes les informations d'importance significative destinées à compléter et à commenter celles données par le bilan et le compte de résultat (voir n° 64525).

Le commissaire aux comptes doit donc collecter des éléments suffisants en qualité et en quantité pour vérifier que le contenu de l'annexe complète et commente le bilan et le

64835

compte de résultat, que les informations fournies sont régulières et sincères et qu'elles donnent, avec les documents de synthèse, une image fidèle du patrimoine, de la situation financière et du résultat de l'entreprise.

Le commissaire aux comptes devra s'efforcer, de même que pour le bilan ou le compte de résultat, de faire corriger par l'entité les anomalies constatées dans l'annexe. Il ne peut se substituer à l'entité en fournissant lui-même l'information absente ou en donnant les éléments rectificatifs dans son rapport. Cette information dans le rapport du commissaire aux comptes ne retirerait pas aux comptes annuels leur caractère irrégulier et ceux-ci peuvent ne pas donner une image fidèle de la situation financière et du résultat de l'entreprise. **Ce sont les comptes annuels qui forment un tout indissociable et non la combinaison comptes annuels et rapport du commissaire aux comptes sur les comptes annuels.**

La certification portant sur l'ensemble des comptes annuels, **toute anomalie** constatée **dans l'annexe doit être traitée de la même façon qu'une anomalie constatée dans le bilan ou le compte de résultat** (voir n° 8500 et 8545).

Si le commissaire aux comptes estime que les informations ne sont pas correctement établies, à défaut de modification par l'organe compétent, il en apprécie les conséquences sur son opinion en fonction de l'importance relative de l'anomalie constatée (NEP 320 et 450).

> **Précisions** Selon le bulletin CNCC (n° 95, septembre 1994, CD 94-28, p. 591 s.), sera de nature à avoir une incidence sur l'opinion du commissaire aux comptes :
> – une description partielle ou succincte des principes comptables et méthodes d'évaluation, notamment les dérogations aux conventions générales appliquées, les changements de méthode (identification, justification et incidence), la méthode retenue lorsque plusieurs sont praticables ;
> – une absence d'informations spécifiques dont l'importance serait susceptible d'influencer par défaut l'interprétation des comptes faite par les utilisateurs (notamment, méthodes d'évaluation des provisions et des titres de participation, détail des postes significatifs, périmètre de consolidation, traitement des écarts de première consolidation, analyse de la variation des capitaux propres).

Lorsque l'entité refuse de corriger les anomalies constatées, le commissaire aux comptes peut être conduit, selon l'importance relative de ces anomalies et leur incidence sur les comptes annuels, à formuler une réserve, un refus de certifier (pour désaccord) ou une impossibilité de certifier les comptes.

ABSENCE D'ANNEXE

64840 Selon la CNCC, l'absence d'annexe prévue pour les **micro-entreprises** (voir n° 64220) est à mentionner dans le rapport du commissaire aux comptes sur les comptes annuels, ce dernier devant préciser que l'entité a utilisé la possibilité, ouverte par l'article L 123-16-1 du Code de commerce, de ne pas établir d'annexe (NI.I CNCC « Les rapports sur les comptes annuels et sur les comptes consolidés », décembre 2021, § 2.21.1 et 3.22.2).

SECTION 2 — DOCUMENTS LIÉS AUX COMPTES ANNUELS

64940 Les entreprises doivent établir un certain nombre de documents (selon leur taille et leur forme juridique) que nous avons intitulés « Documents liés aux comptes annuels ».

Le tableau ci-après, établi par nos soins, indique les **principaux documents liés aux comptes annuels** ainsi que les **sociétés concernées par leur établissement.**

64940
(suite)

(Tableau du n° 64940)

		Société non cotée sur un marché réglementé				Société dont les titres financiers sont admis aux négociations sur un marché réglementé (voir n° 80900)
	Renvoi n°	Personne morale de droit privé non commerçante exerçant une activité économique	Société anonyme	Autre société par actions	Autre société commerciale	
Rapport de gestion	64960 s.		Obligatoire (5)			Obligatoire
Rapport spécial sur plans d'options (joint au rapport de gestion)	55835	N/A	Obligatoire	Obligatoire	N/A	Obligatoire
Rapport spécial sur plans d'attribution d'actions gratuites (joint au rapport de gestion)	55915	N/A	Obligatoire	Obligatoire	N/A	Obligatoire
Rapport sur le gouvernement d'entreprise (joint au rapport de gestion) [1]	65095 s	N/A	Obligatoire	Obligatoire si SCA	N/A	Obligatoire
Bilan social	65165		Selon seuils			Selon seuils
Comptes prévisionnels	65475		Selon seuils			Selon seuils
Tableau de financement	65855		Selon seuils			Selon seuils
Exposé sommaire de la situation pendant l'exercice écoulé	65245		N/A			Recommandé
Plaquette annuelle	65265		Facultatif			Facultatif
Document d'enregistrement universel	65285		N/A [6]			Facultatif
Tableau des filiales et participations [2]	38795 à 38840	N/A	Obligatoires si filiales et participations			Obligatoire si filiales ou participations
État des cautionnements, avals et garanties données [2]	50690		Si significatifs			Si significatifs
État des sûretés consenties [2]	50705		Si significatifs			Si significatifs
Tableau des résultats des 5 derniers exercices (joint au rapport de gestion) [3]	54445	N/A	Obligatoire	Obligatoire	N/A	Obligatoire
Attestation des rémunérations	18545	N/A	Obligatoire	Obligatoire (sauf SAS)	N/A	Obligatoire
Rapport financier annuel	65250	N/A	N/A	N/A	N/A	Obligatoire [4]
Déclaration de performance extra-financière (inclus dans le rapport de gestion)	65010	N/A	Selon seuils	Selon seuils (sauf SAS)	Selon seuils et conditions	Selon seuils

(1) Pour les SA à conseil d'administration, le rapport sur le gouvernement d'entreprise peut faire l'objet d'une section spéciale dans le rapport de gestion (voir n° 65095).
(2) Le tableau des filiales et participations, l'état des cautionnements, avals et garanties donnés et l'état des sûretés consenties font partie de l'annexe (voir n° 64690).
(3) Le tableau des résultats des 5 derniers exercices et le tableau des affectations du résultat (voir n° 54440) constituent les « **documents sociaux** » (précision du PCG 82, p. II.83) et ne font, en principe pas partie de l'annexe (voir n° 64690).
(4) Cette obligation concerne les émetteurs dont des titres de capital ou certains titres de créances sont admis aux négociations sur un marché réglementé (voir n° 65250).
(5) Sauf pour les petites sociétés commerciales (voir n° 64961).
(6) Facultatif pour les sociétés dont les titres sont cotés sur Euronext Growth (voir n° 80900).

I. RAPPORT DE GESTION

64960 Bien que son contenu soit prévu par la loi, le rapport de gestion, en tant que tel, ne bénéficie pas de définition légale. Selon la Note d'information NI.XVIII CNCC « Vérifications spécifiques » (décembre 2021, § 2.11.1), le rapport de gestion est un document par lequel les dirigeants ou les organes chargés de la direction de l'entité rendent compte à l'organe délibérant de leur gestion au cours de l'exercice écoulé et communiquent toutes informations significatives sur l'entité et sur ses perspectives d'évolution. Il est établi par les mêmes organes que ceux qui arrêtent les comptes annuels.

Un tel rapport a vocation à **accompagner les comptes annuels** (voir n° 64695).

64961 **Entités concernées** **a.** **Toutes les sociétés commerciales** (C. com. art. L 232-1, al. 1 complété par L 225-100) et **toutes les personnes morales de droit privé non commerçantes exerçant une activité économique** (C. com. art. R 612-2) sont tenues d'établir un rapport de gestion.

> **Précisions** Sociétés dont les titres financiers sont admis aux négociations sur un marché **réglementé** Elles doivent également publier un rapport financier annuel (C. mon. fin. art. L 451-1-2) qui comprend notamment un rapport de gestion (voir n° 65255). Sur l'articulation entre ce rapport et celui prescrit par le Code de commerce, voir n° 65262.

b. Exemption pour les petites entreprises Les **sociétés commerciales,** quelle qu'en soit la forme, répondant à la définition des **petites entreprises** (sur les seuils à ne pas dépasser, voir n° 64220) sont **dispensées** d'établir un rapport de gestion (C. com. art. L 232-1 IV).

Cette dispense n'est toutefois **pas applicable** aux sociétés dont les titres financiers (actions ou obligations) sont **cotés** sur un marché réglementé.

> **Précisions** **1. Autres sociétés non visées par l'exemption** Cette dispense n'est pas applicable :
> — aux sociétés visées par l'article L 123-16-2 du Code de commerce (établissements financiers, entreprises d'assurance et de réassurance, fonds et institutions de retraite professionnelle supplémentaire, mutuelles et unions mutualistes, sociétés faisant appel à la générosité du public) ;
> — ou aux sociétés dont l'activité consiste à gérer des titres de participation ou des valeurs mobilières. Selon la CNCC, les sociétés ainsi visées sont les entreprises d'investissement et les entreprises de participations financières telles que définies par la directive comptable 2013/34/UE (Bull. CNCC n° 194, juin 2019, EJ 2019-09, p. 369).
>
> **2. Statuts prévoyant l'établissement d'un rapport de gestion** Selon la CNCC, les sociétés commerciales appartenant à la catégorie des petites entreprises ne peuvent pas être dispensées d'établir un rapport de gestion lorsque leurs statuts en prévoient expressément l'établissement. Dans ce cas, le rapport de gestion devrait comporter les informations prévues par le Code de commerce (en ce sens, Ansa, Com. jur. n° 19-016). En revanche, si les statuts renvoient à l'établissement du rapport de gestion « conformément à l'article L 232-1 du Code de commerce » ou « en application de la loi », la société devrait pouvoir être dispensée de l'établissement du rapport de gestion (Bull. CNCC n° 194, juin 2019, EJ 2018-90, p. 367 ; également en ce sens, Ansa, Com. jur. précité).

64963 **Délai d'établissement** Le Code de commerce ne fixe pas de délai unique pour l'établissement du rapport de gestion.

Dans les **sociétés anonymes à directoire,** ce dernier doit établir le rapport de gestion dans les **trois mois de la clôture de l'exercice** pour permettre au conseil de surveillance d'exercer dans ce délai ses pouvoirs de vérification et de contrôle (C. com. art. L 225-68 et R 225-55).

Pour les **autres sociétés commerciales,** le Code de commerce ne fixe pas de délai, son établissement est toutefois étroitement subordonné au délai dans lequel il doit être mis à la disposition :
— des commissaires aux comptes, soit **un mois avant la convocation de l'assemblée générale** (C. com. art. R 232-1) ;
— ou, à défaut, des actionnaires ou associés, soit **15 jours avant l'assemblée générale.**

Pour les **personnes de droit privé non commerçantes exerçant une activité économique,** le délai réglementaire (C. com. art. R 612-2) est de **6 mois après la clôture de l'exercice,** date de la réunion où les comptes annuels et le rapport de gestion sont soumis à l'approbation de l'organe délibérant.

Sur les conséquences de non-établissement ou d'établissement tardif du rapport de gestion, voir n° 65030.

64965 **Contenu** Le contenu du rapport de gestion, prévu par les dispositions légales et réglementaires, varie selon la forme de la société.

64965
(suite)

> **Précisions** **Textes applicables** Le contenu du rapport de gestion est défini par les dispositions du Code de commerce. Toutefois, nous citons également, dans les paragraphes suivants, les recommandations et interprétations de l'AMF relatives au document d'enregistrement universel (voir n° 65285), ainsi que certaines dispositions du règlement européen 2017/1129/UE, dit règlement « Prospectus 3 » et de ses règlements délégués. En effet, ces dispositions nous semblent relever des **bonnes pratiques en matière d'information financière** pour le rapport de gestion de toutes les sociétés.

S'il s'agit de :
– **sociétés commerciales,** voir n° 64980 I. à II. ;
– **certaines formes de sociétés commerciales,** voir n° 64980 III, des informations supplémentaires devant être données ;
– **sociétés anonymes,** voir n° 65005 à 65012, des informations spécifiques devant être ajoutées au rapport de gestion des sociétés commerciales ;
– **sociétés dont les titres sont admis aux négociations sur un marché réglementé,** voir n° 65025, des informations spécifiques complémentaires devant être données.

> **Précisions** **1. Autres entités** Dans le silence des textes et des statuts et dès lors que la terminologie « rapport de gestion » est utilisée, les règles applicables aux sociétés commerciales doivent être transposées, en les adaptant, le cas échéant, aux besoins spécifiques et aux particularités de l'entité concernée.
Sur les précisions apportées par la Chancellerie pour les entités soumises à l'information sur les délais de paiement, voir n° 64980 II.
2. Rapport de gestion du groupe Il peut être inclus dans le rapport de gestion. Sur son contenu, voir n° 64985.
3. Transformation d'une SA en cours d'exercice Voir n° 60800.

Le tableau présenté ci-après, établi par nos soins, liste les informations constitutives du rapport de gestion selon les cas énumérés ci-avant, pour les **exercices ouverts à compter du 1er janvier 2024.**

	Sociétés commerciales (voir n° 64980 I. à 64980 II.) (1)	Informations complémentaires pour certaines sociétés commerciales (SA, SCA, SARL, SNC et SCS) (voir n° 64980 III.) (1)	Sociétés anonymes (voir n° 65005 à 65012) (1)	Sociétés dont les titres sont admis aux négociations sur un marché réglementé (voir n° 65025)
Exposé de la situation de la société durant l'exercice écoulé	x	x	x	x
Évolution prévisible	x	x	x	x
Événements importants survenus entre la date de la clôture de l'exercice et la date d'établissement du rapport de gestion	x	x	x	x
Activités en matière de recherche et de développement	x	x	x	x
Succursales existantes	x	x	x	x
Mention des prises de participation significatives de l'exercice dans des sociétés ayant leur siège social sur le territoire français	x	x	x	x
Activité et résultats de l'ensemble de la société, des filiales de la société et des sociétés qu'elle contrôle par branche d'activité	x	x	x	x
Aliénations d'actions en vue de régulariser les participations croisées	x	x	x	x
Montant des dépenses somptuaires	x	x	x	x
Réintégration des frais généraux dans le bénéfice imposable	x	x	x	x

	Sociétés commerciales (voir n° 64980 I. à 64980 II.) [1]	Informations complémentaires pour certaines sociétés commerciales (SA, SCA, SARL, SNC et SCS) (voir n° 64980 III.) [1]	Sociétés anonymes (voir n° 65005 à 65012) [1]	Sociétés dont les titres sont admis aux négociations sur un marché réglementé (voir n° 65025)
Montant des dividendes et des autres revenus distribués mis en paiement au titre des trois exercices précédents	x	x	x	x
Information sur les délais de paiement	x [2]	x [2]	x [3]	x [2]
Informations sur les prêts interentreprises	x [2]	x [2]	x [3]	x [2]
Injonctions ou sanctions pécuniaires pour des pratiques anticoncurrentielles	x	x	x	x
Analyse objective et exhaustive de l'évolution des affaires, des résultats et de la situation financière de la société		x	x	x
Indicateurs clés de performance de nature financière		x	x	x
Indicateurs clés de performance de nature non financière		x	x	x
Description des principaux risques et incertitudes		x	x	x
Indications sur l'utilisation des instruments financiers		x	x	x
Informations sur l'actionnariat			x	x
Avis du comité social et économique sur les modifications de l'organisation économique ou juridique			x	x
Opérations afférentes aux actions de la société			x	x
Déclaration de perfomance extra-financière (DPEF)			x [4]	x [4]
Informations sur les opérations réalisées par les dirigeants et par leurs proches sur les titres de la société				x
Indication sur les risques financiers liés aux effets du changement climatique				x
Principales caractéristiques des procédures de contrôle interne et de gestion des risques relatives à l'élaboration et au traitement de l'information comptable et financière				x

(1) Les sociétés commerciales répondant à la définition des petites entreprises au sens de l'article L 123-16 du Code de commerce sont dispensées d'établir un rapport de gestion (voir n° 64961).
(2) Sociétés dotées d'un commissaire aux comptes uniquement.
(3) Information requise uniquement pour les SA dotées d'un commissaire aux comptes (sur les seuils applicables, voir n° 85010). Cette information est également requise pour les SAS dotées d'un commissaire aux comptes. Voir FRC 12/23 Hors série inf. 98.
(4) Sur les sociétés concernées, voir n° 65010.

RAPPORT DE GESTION DES SOCIÉTÉS COMMERCIALES

Entités exemptées Voir n° 64961.   64970

Contenu   64980

I. Informations obligatoires pour toutes les sociétés commerciales

a. Le rapport de gestion doit **obligatoirement** contenir les informations suivantes :
– exposé de la situation de la société durant l'exercice écoulé (C. com. art. L 232-1 II.) ;
– son évolution prévisible (C. com. art. L 232-1 II.) ;
– les événements importants survenus entre la date de la clôture de l'exercice et la date à laquelle il est établi (C. com. art. L 232-1 II.), voir développements n° 52395 s. ;

> **Précisions** Perte entraînant un montant de capitaux propres inférieur à la moitié du capital social Selon la CNCC, le rapport de gestion devrait (Note d'information NI.III « Continuité d'exploitation de l'entité : prévention et traitement des difficultés – Alerte du commissaire aux comptes », 2e édition, avril 2022, § 1.26.2 A) :
> — mentionner l'apparition, au cours de l'exercice, de pertes cumulées supérieures à la moitié du capital social ;
> — préciser qu'il appartient au conseil d'administration (lorsqu'il s'agit d'une SA) de convoquer l'assemblée générale extraordinaire, dans les quatre mois qui suivent l'approbation des comptes ayant fait apparaître la perte, à l'effet de décider s'il y a lieu à dissolution anticipée de la société (C. com. art. L 225-248).
> Sur les diligences du commissaire aux comptes, voir FRC 12/23 Hors série inf. 89 s.

– les activités en matière de recherche et de développement (C. com. art. 232-1 II) ;
– la mention de succursales existantes (C. com. art. L 232-1 II) ;
– la mention des prises de participation significatives de l'exercice dans des sociétés ayant leur siège social sur le territoire français (C. com. art. L 233-6, al. 1), voir n° 38960 ;
– l'activité et les résultats de l'ensemble de la société, des filiales de la société et des sociétés qu'elle contrôle par branche d'activité (C. com. art. L 233-6, al. 2), voir n° 38960 ;
– les aliénations d'actions en vue de régulariser les participations croisées illicites (C. com. art. R 233-19 renvoyant aux art. L 233-29 et L 233-30), voir n° 38960 et Mémento Sociétés commerciales n° 79735.

b. Par ailleurs, doit apparaître dans le rapport de gestion en vertu du Code général des impôts :
– le montant des dividendes et des autres revenus distribués mis en paiement au titre des trois exercices précédents, en distinguant, par catégorie d'actions ou de parts, ceux qui sont éligibles à l'abattement dont bénéficient les personnes physiques fiscalement domiciliées en France de ceux qui ne sont pas éligibles à cet abattement (CGI art. 243 bis ; BOI 5 I-2-05 n° 116 à 118).
En outre, bien que les textes ne le prévoient pas, en pratique, c'est en général dans le rapport de gestion que sont mentionnées les informations à donner à l'assemblée concernant :
– le montant des dépenses somptuaires (CGI art. 223 quater), voir n° 18620 ;
– la réintégration des frais généraux dans le bénéfice imposable (CGI art. 223 quinquies), voir n° 18620.

c. Le cas échéant, les injonctions ou les **sanctions pécuniaires pour des pratiques anti-concurrentielles,** prononcées par l'Autorité de la concurrence à l'encontre de la société, lorsque l'insertion de sa décision ou d'un extrait de celle-ci dans le rapport de gestion a été prescrite (C. com. art. L 464-2 I al. 5).

II. Informations obligatoires pour les sociétés dont les comptes sont certifiés par un commissaire aux comptes

a. Délais de paiement Ces sociétés doivent communiquer, dans le rapport de gestion, les informations suivantes sur les délais de paiement à l'égard de **leurs fournisseurs et de leurs clients** (C. com. art. L 441-14 et D 441-6) :
– pour les **fournisseurs,** le nombre et le montant total des factures reçues non réglées à la date de clôture de l'exercice dont le terme est échu ;
– pour les **clients,** le nombre et le montant total des factures émises non réglées à la date de clôture de l'exercice dont le terme est échu.

> **Précisions 1. Délais à l'égard des fournisseurs** Le montant est ventilé par tranches de retard et rapporté en pourcentage au montant total des achats de l'exercice.
> Cette information est à fournir (Courrier de la Chancellerie à la CNCC, Bull. CNCC n° 160, décembre 2010, p. 613 s. et NI.XVIII CNCC « Vérifications spécifiques », décembre 2021) :
> — envers les fournisseurs étrangers tout comme envers les fournisseurs français ;
> — envers les fournisseurs intragroupe.
> **2. Délais à l'égard des clients** Le montant des factures est ventilé par tranches de retard et rapporté en pourcentage au chiffre d'affaires de l'exercice.

Par dérogation, les sociétés peuvent présenter en lieu et place des informations mentionnées ci-avant le nombre et le montant cumulés des factures reçues et émises ayant connu un retard de paiement au cours de l'exercice et la ventilation de ce montant par tranche de

64980 (suite) retard. Les sociétés les rapportent aux nombre et montant total des factures, respectivement reçues et émises dans l'année.

Des **modèles de tableaux** sont fixés par arrêté dans lesquels les montants fournis peuvent être indiqués toute taxe comprise ou hors taxe (Arrêté du 20-3-2017 ; C. com. art. A 441-2).

> **Précisions   1. Application aux sociétés ne publiant pas un rapport de gestion** Cette information est requise pour toute société dotée d'un commissaire aux comptes et tenue d'établir un rapport, même si ce rapport n'est pas soumis au Code de commerce, notamment les sociétés coopératives agricoles (Courrier de la Chancellerie à la CNCC précité).
>
> **2. Non-application aux sociétés dispensées d'établir un rapport de gestion** Les sociétés appartenant à la catégorie des petites entreprises pouvant bénéficier de l'exemption d'établissement du rapport de gestion (voir n° 64961) ne sont donc pas tenues de fournir des informations sur les délais de paiement (Bull. CNCC n° 194, juin 2019, EJ 2018-90, p. 367).

Sur le contrôle de ces informations par le commissaire aux comptes, voir FRC 12/23 Hors série inf. 95.2.

b. Prêts interentreprises Ces sociétés doivent également communiquer dans le rapport de gestion le montant des prêts à moins de trois ans consentis aux entreprises avec lesquelles elles entretiennent des liens économiques, tel qu'attesté par le commissaire aux comptes (C. mon. fin. art. L 511-6 et R 511-2-1-1 II).

> **Précisions**   La société prêteuse doit faire approuver le contrat de prêt selon la procédure des conventions réglementées (voir n° 80420) si elle est une SA à conseil d'administration ou une SARL (Com. Ansa n° 16-004).

Pour plus de détails, voir Mémento Sociétés commerciales n° 52635.

Sur le contrôle de ces informations par le commissaire aux comptes, voir FRC 12/23 Hors série inf. 98.

III. Informations supplémentaires pour certaines formes de sociétés commerciales :

a. Sociétés visées Sont tenues de donner des informations supplémentaires **les SA, les SCA, les SARL ainsi que les SNC dont l'ensemble des parts est détenu par des SA, des SCA ou des SARL** (C. com. art. L 221-7 et L 223-26 renvoyant à L 225-100-1 I). Les SAS ne sont pas concernées par ces dispositions (C. com. art. L 227-1).

b. Informations supplémentaires Outre les informations précédentes, les sociétés concernées doivent **compléter l'exposé de la situation** de la société durant l'exercice écoulé mentionné au I. ci-avant par (C. com. art. L 225-100-1) :

1. une « **analyse objective et exhaustive** de l'**évolution des affaires,** des résultats et de la situation financière de la société, notamment de sa situation d'endettement, au regard du volume et de la complexité des affaires » (C. com. art. L 225-100-1) ; cette analyse doit comporter si nécessaire des renvois aux montants indiqués dans les comptes annuels ainsi que des explications supplémentaires (C. com. art. L 225-100-1) ;

2. des **indicateurs clés de performance de nature financière** (C. com. art. L 225-100) ; l'AMF a publié une position sur les indicateurs alternatifs de performance (Position 2015-12 du 3-12-2015), voir n° 81565 III. ;

3. une description des **principaux risques et incertitudes** auxquels la société est confrontée (C. com. art. L 225-100-1), y compris les risques extra-financiers (Rec. AMF 2016-13) ;

> **Précisions   Facteurs de risque** Les facteurs exposant la société aux risques suivants peuvent, à notre avis, être considérés :
> — les risques de marché (taux, change, actions et autres instruments financiers, matières premières ; voir n° 43350 à 43375) ;
> — les risques clients (retards ou défauts de paiement) et fournisseurs (rupture d'approvisionnement, retards de livraison) ;
> — les risques industriels, sociaux et environnementaux (pour les sociétés exploitant au moins une installation classée en catégorie Seveso seuil haut, voir n° 65006) ;
> — les risques climatiques ;
>
> — les risques juridiques (nouvelle réglementation...) ;
> — les risques liés à la gestion des ressources humaines (recours au télétravail, réorganisation des sites de production...) ;
> — les risques de liquidité et de trésorerie ;
> — les risques de prix ;
> — les risques de crédit et/ou de contrepartie ;
> — les risques opérationnels.
>
> L'exposition à ces risques dépend notamment du secteur d'activité et des zones géographiques dans lesquelles la société exerce ses affaires, ou de certains événements exogènes tels que les crises sanitaires (par exemple, la pandémie de Covid-19) ou politiques (par exemple, le conflit Russie/Ukraine).

4. des **indicateurs clés de performance de nature non financière** ayant trait à l'activité spécifique de la société, notamment des informations relatives aux questions d'**environnement** et de **personnel** ;

> **Précisions**   Les sociétés établissant une déclaration de performance extra-financière (voir n° 65010) sont réputées avoir fourni dans leur rapport de gestion ces indicateurs clés de performance de nature non financière (C. com. art. L 225-102-1 VI).

5. des indications sur l'**utilisation des instruments financiers** par l'entreprise, lorsque cela est pertinent pour l'évaluation de son actif, de son passif, de sa situation financière et de ses pertes ou profits.

Ces indications portent sur les objectifs et la politique de la société de gestion des risques financiers, y compris sa politique concernant la couverture de chaque catégorie principale de transactions prévues pour lesquelles il est fait usage de la comptabilité de couverture. Elles portent également sur l'exposition de la société aux risques de prix, de crédit, de liquidité et de la trésorerie (C. com. art. L 225-100-1 ; voir 3. ci-avant).

> **Précisions** **1. Informations statutaires** D'autres informations peuvent être prévues par les statuts.
> **2. Lien entre le rapport de gestion et l'annexe** Voir n° 64695.

Sur les sanctions, voir n° 65030.
Sur le contrôle du commissaire aux comptes, voir FRC 12/23 Hors série inf. 95.
Sur la communication et le dépôt au greffe, voir n° 80135 à 80160 et 80685.

RAPPORT DE GESTION D'UN GROUPE

Contenu Le rapport de gestion du groupe doit exposer pour toutes les sociétés commerciales établissant et publiant des comptes consolidés (C. com. art. L 233-26) : 64985
– la situation de l'ensemble constitué par les entreprises comprises dans la consolidation ;
– son évolution prévisible ;
– les événements importants survenus entre la date de clôture de l'exercice de consolidation et la date à laquelle les comptes consolidés sont établis ;
– les activités de l'ensemble constitué par les mêmes sociétés en matière de recherche et de développement.

Les sociétés commerciales visées par l'obligation d'établir une déclaration de performance extra-financière (voir n° 65010) doivent également insérer cette déclaration dans leur rapport de gestion du groupe.

Lorsqu'une SA, une SCA, une SARL ou encore une SNC dont la totalité des parts est détenue par des SA, des SCA ou des SARL établit des comptes consolidés, le rapport consolidé de gestion doit en outre comprendre les informations prévues au n° 64980 III (informations supplémentaires pour certaines formes de sociétés commerciales) et au n° 65025 III (sur les procédures de contrôle interne et de gestion des risques) pour l'ensemble des sociétés comprises dans la consolidation au cours de l'exercice écoulé (C. com. art. L 225-100-1).

> **Précisions** **Lien entre le rapport de gestion et le rapport de groupe** Le rapport sur la gestion du groupe peut être inclus dans le rapport de gestion relatif aux comptes annuels de la société mère (C. com. art. L 233-26), ou, inversement, ce dernier peut être inclus dans le rapport sur la gestion du groupe (C. com. art. L 233-6). Dans un cas comme dans l'autre, cela permet de n'établir qu'un seul rapport.

Sur les sanctions, voir Mémento Comptes consolidés n° 9228.
Sur le contrôle, voir Mémento Comptes consolidés n° 9242.
Sur la communication et le dépôt au greffe, voir Mémento Comptes consolidés n° 9228.

RAPPORT DU CONSEIL D'ADMINISTRATION (OU DU DIRECTOIRE)

Entités exemptées Voir n° 64961. 65000

Documents joints au rapport À ce rapport, doivent être obligatoirement joints : 65005
– le tableau de résultat des cinq derniers exercices (voir n° 54445 s.) ;
– le rapport spécial sur les plans d'options de souscription ou d'achat d'actions consenties aux mandataires sociaux et aux salariés (voir n° 55835) ;
– le rapport spécial sur les plans d'attribution d'actions gratuites au profit des mandataires sociaux et des salariés (voir n° 55915) ;
– le rapport sur le gouvernement d'entreprise s'il ne fait pas l'objet d'une section spéciale dans le rapport du conseil d'administration (voir n° 65095).

Informations à fournir Constituant le **rapport de gestion des** SA, le rapport du conseil d'administration (ou du directoire) doit comprendre : 65006
– outre les éléments de caractère général du rapport de gestion (voir n° 64980) ;
– les éléments supplémentaires suivants, le cas échéant (I. à V.) ;
– une déclaration de performance extra-financière (voir n° 65010) et un plan de vigilance (voir n° 65012) pour les SA dépassant certains seuils.

Sur les informations complémentaires requises pour les sociétés dont les titres sont admis aux négociations sur un marché réglementé, voir n° 65025.

65006
(suite)

I. Informations sur l'actionnariat (C. com. art. L 233-13) : voir n° 57735.

> **Précisions** Le règlement européen délégué (UE) n° 2019/2020 (annexe 11) exige la présentation dans le document d'enregistrement universel (voir n° 65285) de l'identité des actionnaires détenant plus de 5 % du capital et des droits de vote de l'émetteur ainsi que l'ensemble des produits optionnels approuvés par l'assemblée générale des actionnaires. En outre, l'AMF (Rec. AMF du 10-12-2009 sur la description de la structure du capital) recommande de présenter un tableau récapitulant les modifications éventuelles intervenues dans la répartition du capital et des droits de vote au cours des trois dernières années. La recommandation précitée fournit un modèle de tableau.

II. Avis du comité social et économique sur les modifications de l'organisation économique ou juridique (C. com. art. L 225-105, al. 5).

III. Informations à donner à l'assemblée en vertu du Code général des impôts : voir n° 64980 I.

IV. Opérations afférentes aux actions de la société, le cas échéant :
– **actionnariat salarié** dans le cadre de la participation (C. com. art. L 225-102) : doit être mentionnée la proportion de capital détenue à la clôture de l'exercice par le personnel de la société et des sociétés liées au sens de l'article L 225-180 du Code de commerce (voir Mémento Sociétés commerciales n° 48192) ;

> **Précisions 1. Actions visées** Doivent être retenues les actions dont les salariés n'ont pas la libre disposition détenues dans le cadre de plans d'épargne d'entreprise (PEE, PEI et Perco), de fonds communs de placement d'entreprise (FCPE), de l'actionnariat des salariés (augmentation du capital réservée aux salariés), de la réserve de participation ou des privatisations.
> **2. Défaut de présentation de l'information** Lorsque le rapport annuel du conseil d'administration ou du directoire ne rend pas compte de l'état de la participation des salariés dans le capital social à la clôture de l'exercice et n'indique pas la proportion de ce capital correspondant aux actions détenues par les salariés, toute personne intéressée peut demander au président du tribunal statuant en référé d'enjoindre sous astreinte au conseil d'administration ou au directoire de communiquer ces informations (C. com. art. L 225-102).
> **3. Exemption des SAS** Ces mentions ne sont pas requises dans le rapport de gestion des SAS, l'article L 225-102 du Code de commerce ne leur étant pas applicable (C. com. art. L 227-1, al. 3).

– **rachat** par la société de ses **propres actions** attribuées aux salariés au titre de la participation (C. com. art. L 225-208 et L 225-211) : sont indiqués le nombre d'actions achetées, les cours moyens, le montant des frais de négociation, le nombre des actions inscrites au nom de la société à la clôture de l'exercice, leur valeur au cours d'achat, leur valeur nominale, les motifs des acquisitions effectuées et la fraction du capital qu'elles représentent ;
– **achat** et **revente** par la société de ses **propres actions** : sont indiqués (C. com. art. L 22-10-62, L 225-209-2 et L 225-211) le nombre (acheté et vendu), les cours moyens des achats et des ventes, le montant des frais de négociation, le nombre des actions inscrites au nom de la société à la clôture de l'exercice, leur valeur évaluée au cours d'achat, leur valeur nominale, et pour chacune des finalités du rachat d'actions, le nombre des actions utilisées et les éventuelles réallocations dont elles ont fait l'objet et la fraction du capital qu'elles représentent ; sur les programmes de rachat de titres de capital admis aux négociations sur un marché réglementé ou sur Euronext Growth, voir n° 55615 s. et, pour les programmes de rachats d'actions des sociétés non cotées, voir n° 55590 s. ;
– **rachat d'actions** : une information est donnée sur les éléments de calcul et les résultats de **l'ajustement du nombre d'actions** que des valeurs mobilières donnant accès au capital (voir n° 38175) émises (C. com. art. R 228-90) ou que des options de souscription ou d'achat d'actions (C. com. art. L 22-10-37) permettent d'obtenir si le prix d'acquisition des actions faisant l'objet du rachat est supérieur au cours de bourse ;
– **émission de valeurs mobilières donnant accès au capital** et réalisation de certaines opérations pouvant porter atteinte aux droits des titulaires de ces titres (par exemple, émission de nouveaux titres de capital avec droit préférentiel de souscription) : dans ces cas, la société peut procéder à un ajustement des conditions de souscription, des bases de conversion, des modalités d'échange ou des modalités d'attribution initialement prévues, dans le respect de l'article L 228-99 du Code de commerce. Le rapport du conseil d'administration ou du directoire doit rendre compte des éléments de calcul et du résultat de ces ajustements (C. com. art. R 228-91).

V. Pour les **sociétés exploitant au moins une installation classée en catégorie « Seveso seuil haut »** (C. envir. art. L 515-8), une information sur la politique de prévention du risque d'accident technologique, sur la capacité de la société à couvrir sa responsabilité civile vis-à-vis des biens et des personnes et sur les moyens prévus pour assurer la gestion de l'indemnisation des victimes en cas d'accident engageant sa responsabilité (C. com. art. L 225-102-2).
Sur l'information à fournir sur les risques encourus, voir n° 64980 III.

Déclaration de performance extra-financière (DPEF)

65010 Les SA, SCA et SE dépassant certains seuils (voir ci-après) doivent insérer dans leur rapport de gestion une déclaration de performance extra-financière (en application de la directive 2014/95/UE sur les informations non financières dite « Non Financial Reporting Directive » (NFRD), transposée en droit français).

> **Précisions** **1. Nouveau rapport de durabilité (en remplacement de la DPEF) à compter de 2024** La directive 2022/2464/UE du 14 décembre 2022 (dite « directive CSRD » pour « Corporate Sustainability Reporting Directive »), modifiant la directive comptable 2013/34/UE, va remplacer la directive NFRD 2014/95/UE. Elle va considérablement élargir le champ des sociétés soumises à l'obligation de publier un rapport de durabilité (qui remplacera la DPEF). Ces sociétés devront publier des informations détaillées sur leurs risques, opportunités et impacts matériels en lien avec les questions sociales, environnementales et de gouvernance, ces informations devant permettre d'apprécier la compatibilité de leur modèle commercial et de leur stratégie avec la transition vers une économie durable.
>
> La directive CSRD, qui doit être transposée en droit français d'ici la fin d'année 2023 (Loi 2023-171 du 9-3-2023), prévoit une application progressive des nouvelles obligations de durabilité à compter de :
> — 2025 (sur l'exercice 2024) pour les entreprises déjà soumises à la directive NFRD ;
> — 2026 (sur l'exercice 2025) pour les grandes entreprises (dépassant deux des trois seuils suivants : 20 M€ pour le bilan, 40 M€ pour le chiffre d'affaires, 250 pour le nombre de salariés) non soumises aujourd'hui à la directive NFRD ;
> — 2027 (sur l'exercice 2026) pour les PME cotées sur un marché réglementé, avec toutefois la possibilité de reporter l'obligation d'établir un rapport de durabilité pendant deux ans ;
> — 2028 (sur l'exercice 2027) pour les entreprises non européennes ayant un chiffre d'affaires européen supérieur à 150 M€ avec au moins une filiale ou succursale basée dans l'Union européenne.
>
> **2. Nouvelles normes de publication d'informations en matière de durabilité** Parallèlement à la publication de la directive CSRD (voir Précision 1), l'EFRAG (« European Financial Reporting Advisory Group ») est chargé d'élaborer des normes européennes de publication d'informations en matière de durabilité (« European Sustainability Reporting Standards » ou encore ESRS). La Commission européenne a adopté le 31 juillet 2023 l'acte délégué portant sur les 12 premières normes de durabilité. Pour plus de détails sur les nouveautés introduites par la proposition de directive CSRD, voir FRC 8-9/22 inf. 25.
>
> **3. Vérification du rapport de durabilité** Voir FRC 12/23 Hors série inf. 96.

I. Sociétés concernées

a. Sont tenues de fournir cette déclaration les **SA, SCA et SE** dont le total du bilan ou le chiffre d'affaires **et** le nombre de salariés dépassent les seuils suivants, selon que les titres de la société considérée sont admis ou non aux négociations sur un marché réglementé (C. com. art. L 225-102-1 et L 22-10-36) :

	Seuils au-delà desquels la société est tenue de fournir une déclaration de performance extra-financière [3]		
		Total du bilan	Total du chiffre d'affaires	Nombre de salariés [4]
SA, SCA et SE [1]	dont les titres sont admis aux négociations sur un marché réglementé (C. com. art. R 22-10-29) [2]	20 M€	40 M€	500
	dont les titres ne sont pas admis aux négociations sur un marché réglementé (C. com. art. R 225-104)	100 M€	100 M€	500

(1) Les SAS et SARL sont exclus du dispositif. Certaines SNC et SCS sont visées par le dispositif (voir ci-après Précision 2).
(2) Sur la notion de « titres admis aux négociations sur un marché réglementé », voir n° 80900.
(3) Sur les seuils au-delà desquels la société est tenue de désigner un organisme tiers indépendant (OTI) chargé de vérifier la déclaration de performance extra-financière, voir FRC 12/23 Hors série inf. 96.3.
(4) L'effectif salarié est déterminé conformément aux modalités prévues par l'article L 130-1 du Code de la sécurité sociale (C. com. art. D 210-21 et D 123-200). Pour plus de détails sur ces modalités, voir n° 18375.

65010 (suite)

Les seuils mentionnés ci-avant sont à apprécier sur une base (C. com. art. L 225-102-1) :
— **individuelle** lorsque la société n'établit que des comptes sociaux ;
— **consolidée** lorsque la société établit des comptes consolidés (voir Précisions ci-après).

> **Précisions** **1. Informations consolidées** Une société tenue d'établir des comptes consolidés et dépassant les seuils prévus par l'article R 225-104 du Code de commerce (ou par l'article R 22-10-29 pour les sociétés cotées sur un marché réglementé) doit établir une **déclaration consolidée** portant sur la société elle-même ainsi que sur l'ensemble des entreprises incluses dans le périmètre de consolidation conformément à l'article L 233-16 du Code de commerce. L'information n'a pas à être détaillée par société contrôlée (Communiqué CNCC du 24-5-2018, § 1.13). **Une société établissant de manière volontaire** des comptes consolidés doit établir une DPEF consolidée (dès lors qu'elle dépasse les seuils prévus dans le tableau ci-dessus) lorsque les comptes consolidés ont vocation à être **présentés** à l'organe délibérant. Une telle présentation implique en effet une publication des comptes consolidés au sens de l'article L 233-28 du Code de commerce (Bull. CNCC n° 193, mars 2019, EJ 2018-48, p. 104).
L'AMF recommande que :
— le **périmètre des informations soit précisé** et établi de la manière la plus cohérente et stable possible d'un exercice à l'autre (Rec. 2016-13 du 28-11-2016) ;
— et que soient justifiés clairement les cas où une partie du périmètre consolidé ne peut pas être couverte par la déclaration (Rapport AMF sur la responsabilité sociale, sociétale et environnementale, novembre 2019).

La déclaration consolidée est à intégrer dans le rapport de gestion de groupe (voir n° 64985).
Sur l'exemption (ou non) d'établir une DPEF pour les sociétés contrôlées, voir ci-après b.
2. Autres entités visées par la déclaration de performance extra-financière :
— les **SNC (et SCS** par renvoi de C. com. art. L 222-2) sont également visées lorsque l'ensemble de leurs parts est détenu par des SA, SCA, SARL, SAS ou des sociétés de droit étranger d'une forme juridique comparable (C. com. art. L 221-7) et qu'elles dépassent les seuils prévus pour les SA (SCA et SE) non cotées sur un marché réglementé ;
— d'autres entités, telles que les mutuelles, les établissements de crédit, les sociétés de financement, les entreprises d'investissement, les compagnies financières holding, les entreprises d'assurance, les sociétés mutuelles d'assurance ou encore les sociétés coopératives et les sociétés coopératives agricoles ont également l'obligation de fournir une déclaration de performance extra-financière dans leur rapport de gestion, dès lors qu'elles dépassent les seuils prévus pour les SA (et SCA) cotées ou non cotées selon le cas (C. mut. art. L 114-17 ; C. mon. fin. art. L 511-35 ; C. ass. art. L 310-1-1-1 ; C. rur. art. L 524-2-1 renvoyant à C. com. art. 22-10-36).
Pour une liste complète des entités visées par cette obligation, voir Avis technique CNCC « Intervention du commissaire aux comptes – intervention de l'OTI – Déclaration de performance extra-financière », juin 2023, § 1.4, cncc.fr.

b. Sont **exemptées** de fournir une déclaration de performance extra-financière les **SA (SCA et SE) cotées ou non cotées** sur un marché réglementé qui sont **sous le contrôle** d'une société qui les inclut dans ses comptes consolidés lorsque la société contrôlante est établie (C. com. art. L 225-102-1) :
— en France et publie une déclaration consolidée (voir ci-avant a.) ;
— ou dans un autre État membre de l'Union européenne et publie une telle déclaration en application de la législation dont elle relève.

> **Précisions** Une société ne peut être dispensée d'établir une DPEF que lorsqu'elle est contrôlée par une société tenue légalement d'établir une DPEF consolidée. Une société contrôlée par une SAS, établissant donc de manière volontaire une DPEF consolidée, reste ainsi tenue d'établir sa propre DPEF (individuelle ou, le cas échéant, consolidée), dès lors que les seuils du dispositif sont dépassés (Bull. CNCC n° 193, mars 2019, EJ 2018-81, p. 114).

II. Informations à fournir La déclaration de performance extra-financière présente (C. com. art. L 225-102-1, L 22-10-36 et R 225-105) :
— le modèle d'affaires de la société (ou, le cas échéant, de l'ensemble des sociétés pour lesquelles la société établit des comptes consolidés) ;
— quatre catégories d'informations :
• sur la manière dont la société prend en compte les **conséquences sociales** (notamment accords collectifs conclus dans l'entreprise et leurs impacts sur la performance économique de l'entreprise, actions visant à lutter contre les discriminations et promouvoir les diversités, actions mises en œuvre pour promouvoir la pratique d'activités physiques et sportives et mesures prises en faveur des personnes handicapées),
• *sur la manière dont elle prend en compte les* **conséquences environnementales** de son activité (notamment conséquences sur le changement climatique de l'activité de la société et de l'usage des biens et services qu'elle produit, engagements sociétaux en faveur du développement durable, de l'économie circulaire, de la lutte contre le gaspillage alimentaire, de la lutte contre la précarité alimentaire, du respect du bien-être animal et d'une alimentation responsable, équitable et durable...),

> **Précisions** Conséquences sur le changement climatique de l'activité de la société
1. Postes d'émission de gaz à effet de serre (GES) générés par l'usage des biens et services produits Au titre de l'information à fournir sur les conséquences de l'activité sur le changement climatique, les sociétés doivent donner des informations, lorsque cela est pertinent, sur les postes significatifs d'émissions de gaz à effet de serre générés du fait de leur activité, notamment par l'usage des biens et services qu'elles produisent (C. com. art. R 225-105). Ces informations pourront être utilisées pour établir le bilan d'émission de gaz à effet de serre (dit « **bilan carbone** ») requis pour les sociétés de plus de 500 salariés (C. envir. art. L 229-25). Sur les recommandations et bonnes pratiques observées par l'AMF concernant les données quantitatives sur les émissions de gaz à effet de serre publiées dans la DPEF et les engagements des entreprises pris en matière de neutralité carbone, voir FRC 2/22 inf. 6.
2. Postes d'émission de GES générés par le transport amont et aval des biens et services produits Pour les **exercices ouverts depuis le 1er juillet 2022**, les informations relatives aux conséquences de l'activité sur le changement climatique doivent comprendre les postes d'émissions de gaz à effet de serre directes et indirectes liées aux activités de transport amont et aval de l'activité (C. com. art. L 225-102-1). Ces informations doivent, en outre, être accompagnées d'un **plan d'action** élaboré par l'entreprise visant à réduire ces émissions.

- sur les effets de cette activité quant au **respect des droits de l'Homme** (actions visant à lutter contre les discriminations et promouvoir les diversités…),
- et sur les effets de l'activité quant à la **lutte contre la corruption** et l'**évasion fiscale**.

> **Précisions** Respect des droits de l'Homme et lutte contre la corruption
1. Sociétés visées Ces deux catégories d'information ne concernent que les sociétés cotées sur un marché réglementé. Toutefois, au titre de bonnes pratiques, les sociétés non cotées sur un marché réglementé devraient les prendre en compte dans leur déclaration. En effet, ces sociétés peuvent être concernées par la loi Sapin 2 (Loi 2016-1691 du 9-12-2016 ; voir Mémento Sociétés commerciales n° 80100) et la loi Devoir de vigilance (Loi 2017-399 du 27-3-2017 ; voir n° 65012). Sur les contrôles comptables anticorruption à mettre en œuvre par les entreprises soumises à la loi Sapin 2, voir n° 8220.
2. Lien avec le plan de vigilance La société peut renvoyer, le cas échéant, aux informations mentionnées dans le plan de vigilance (C. com. art. L 225-102-1 III). Voir n° 65012.

Pour chaque catégorie d'informations RSE, la société présente :
– une description des **principaux risques** extra-financiers liés à son activité, et lorsque cela s'avère pertinent et proportionné les risques créés par ses relations d'affaires, ses produits et ses services ;

EXEMPLES
Risques environnementaux Inondations, tremblements de terre, incendies de forêt, volcans, cyclones, accidents nucléaires, contamination industrielle des sols et des eaux…

– au regard de chacun des principaux risques identifiés, une description des **politiques** appliquées par la société pour maîtriser ces risques, ainsi que les diligences raisonnables comprenant les **plans d'actions** mis en œuvre (ou explique les raisons justifiant l'absence de politique concernant tel ou tel risque) ;

EXEMPLES
Engagements environnementaux Engagements liés à la gestion économe des ressources, la certification des processus de production, les écoproduits, l'efficacité énergétique, la préservation de la biodiversité…

– et les **résultats** de ces politiques, incluant des **indicateurs clefs de performance**.

> **Précisions 1. Données comparatives** La déclaration de performance extra-financière présente les données observées au cours de l'exercice clos et, le cas échéant, au cours de l'exercice précédent, de façon à permettre une comparaison de ces données (C. com. art. R 225-105-1).
2. Lien avec les comptes annuels et le rapport de gestion Elle présente, le cas échéant, des **renvois** aux montants indiqués dans les comptes annuels et le rapport de gestion (consolidés, le cas échéant).
3. Indication du référentiel en matière sociale et environnementale Si la société se conforme volontairement à un référentiel national ou international en matière sociale ou environnementale, la déclaration le mentionne en indiquant les préconisations de ce référentiel qui ont été retenues et les modalités de consultation de ce dernier, par exemple, Global reporting initiative-GRI (C. com. art. R 225-105-1).
4. Liste des informations à fournir L'article R 225-105 du Code de commerce prévoit :
– pour toutes les sociétés concernées, une liste des informations à fournir, lorsqu'elles sont pertinentes au regard des principaux risques que la société aura identifiés ou des politiques qu'elle aura appliquées ;
– pour les seules sociétés cotées sur un marché réglementé, une liste d'informations supplémentaires.

65010 (suite) Sur l'indication de ces informations RSE dans la base de données économiques, sociales et environnementales, voir n° 80280.

L'AMF invite les émetteurs (Rapport AMF sur la responsabilité sociale, sociétale et environnementale, novembre 2019) :
– à privilégier la concision de la DPEF ;
– à choisir des indicateurs clés de performance pertinents et clairement définis ;
– à assurer la cohérence d'ensemble entre le modèle d'affaires, les risques identifiés, les politiques appliquées et les indicateurs de performance par l'usage d'un vocable uniforme et d'une correspondance aisée entre chaque catégorie d'informations, via par exemple un tableau de synthèse ;
– à tenir compte dès 2023 des nouvelles exigences prévues par la directive CSRD concernant les plans définis par l'entreprise, y compris les actions de mise en œuvre et les plans financiers et d'investissement connexes (Communiqué AMF « Dialogue actionnarial sur les questions environnementales et climatiques » du 8-3-2022).

> **Précisions** **Recommandations de l'ESMA** L'AMF encourage les sociétés cotées établissant une DPEF à appliquer les recommandations formulées par l'ESMA portant sur les trois priorités suivantes (Communiqué AMF du 28-10-2022) :
– une **transparence accrue concernant les enjeux liés au climat** (plans de transition et objectifs de réduction d'émissions de gaz à effet de serre, engagements de neutralité carbone et leviers d'actions y afférent) avec la nécessité d'assurer la cohérence entre les informations financières publiées dans les états financiers et les informations extra-financières présentées dans la DPEF ;
– les informations à fournir en lien avec l'article 8 du règlement **Taxonomie** et le besoin de transparence en particulier sur les hypothèses et choix méthodologiques opérés (voir ci-après III.) ;
– l'élargissement du reporting au-delà du périmètre du reporting financier, aux **tiers intervenant dans la chaîne de valeur**, lorsque les enjeux de durabilité rendent cela pertinent.
Pour plus de détails sur ces recommandations, voir FRC 1/23 inf. 5.

III. Informations supplémentaires pour les entreprises soumises à la réglementation Taxonomie

Les entreprises non financières soumises à la règlementation Taxonomie (ou Taxinomie) doivent fournir dans leur DPEF, depuis le 1er janvier 2022, des indicateurs permettant de déterminer la **part de leurs activités considérées comme « durables »** en application du règlement européen sur la taxonomie (Règl. 2020/852/UE du 18-6-2020).

a. Sociétés soumises Les entreprises non financières soumises à la réglementation Taxonomie sont les sociétés soumises à l'obligation de fournir des informations de durabilité conformément aux articles 19 bis et 29 bis de la directive comptable 2013/34/UE, c'est-à-dire les **sociétés cotées sur un marché réglementé** dépassant 20 M€ de bilan ou 40 M€ de chiffre d'affaires **et** 500 salariés.

> **Précisions** **1. Exemptions** L'exemption de publication de la DPEF accordées aux filiales lorsque l'entité mère publie une DPEF consolidée (voir ci-avant I. b.) s'applique également aux informations prévues par le règlement Taxonomie. Pour plus de détails, voir Avis technique CNCC Déclaration de performance extra-financière § 1.12.2 (janvier 2022).
2. Entreprises financières Sont également soumises à la réglementation Taxonomie les entreprises financières (établissements de crédit, entreprises d'investissement, entreprises d'assurance...), mais pour lesquelles des indicateurs distincts de ceux prévus pour les entreprises non financières sont prévus. **Les développements ci-après ne portent que sur les obligations des entreprises non financières.**
Pour plus de détails sur les entités visées par la réglementation Taxonomie, voir Communiqué de l'AMF du 23 mars 2022 (amf.gouv.fr) et Communiqué de la CNCC du 14 décembre 2022 « Diligences du commissaire aux comptes relatives aux nouvelles informations en matière de taxonomie « verte » devant être incluses dans les déclarations de performance extra-financière en application du règlement (UE) 2020/852 » du 18 juin 2020.
3. Champ d'application élargi à compter de 2025 Les modifications apportées par la directive CSRD au périmètre des sociétés visées par l'obligation de fournir des informations de durabilité a pour conséquence d'élargir le périmètre des sociétés visées par l'obligation de fournir des informations prévues par la réglementation Taxonomie :
– à compter de 2026 (sur l'exercice 2025) aux grandes entreprises non soumises aujourd'hui à la directive NFRD ;
– à compter 2027 (sur l'exercice 2026) aux PME cotées, avec toutefois la possibilité de reporter l'obligation d'établir un rapport de durabilité pendant deux ans.

b. Nature des informations à fournir

1. Indicateurs Les sociétés visées par la réglementation Taxonomie doivent publier trois indicateurs (KPIs) permettant de mesurer la part de leurs activités économiques considérées comme « durables » sur le plan environnemental dans le **chiffre d'affaires**, les **dépenses d'investissement** (CapEx) et les **dépenses d'exploitation** (OpEx).
Sur les **modalités de calcul,** voir l'acte délégué (UE) 2021/2178 du 6 juillet 2021.

2. Informations narratives Des informations contextuelles, narratives et quantitatives, complémentaires doivent être également fournies afin de contextualiser les indicateurs de performance et préciser les méthodologies de calcul de ces données.

> **EXEMPLE**
>
> Par exemple, selon l'AMF, une attention particulière pourra être apportée à la réconciliation chiffrée des données taxonomie (notamment le CapEx) avec les éléments des états financiers, dès lors qu'un renvoi vers les agrégats financiers concernés ne permet pas de reconstituer ces données (Rapport AMF « Éclairages sur le premier reporting Taxonomie des sociétés cotées » du 9-11-2022).

c. Notion d'activité durable Une activité économique est considérée comme **durable** sur le plan environnemental :

1. si elle a été identifiée comme **éligible** à la réglementation Taxonomie (conformément à une liste établie par la Commission européenne) ;

> **Précisions** **Analyse de l'éligibilité des activités à la Taxonomie** Sur les points clés formulés par l'AMF pour l'analyse de l'éligibilité, voir son rapport publié le 9 novembre 2022 (FRC 2/23, inf. 5).

2. et si elle peut être considérée comme **« alignée »,** c'est-à-dire si elle :
– **contribue substantiellement, au regard de critères techniques, à un ou plusieurs des objectifs environnementaux** définis par la réglementation, à savoir l'atténuation du changement climatique, l'adaptation au changement climatique, la protection de l'eau et des ressources marines, la transition vers une économie circulaire, la prévention de la pollution de l'environnement, et la protection de la biodiversité et des écosystèmes,

> **Précisions** **Définition des critères techniques** Les actes délégués (UE) 2021/2139 du 4 juin 2021 et du 13 juin 2023 définissent les critères techniques qui permettent d'apprécier dans quelles mesures les activités d'une société, éligibles à la réglementation Taxonomie, contribuent substantiellement à l'un ou plusieurs des **six objectifs environnementaux** cités ci-avant.

– ne **cause de préjudice important à aucun de ces objectifs environnementaux** (principe « Do Not Significant Harm » DNSH),
– et est exercée dans le **respect des garanties minimales,** notamment dans le respect des conventions de l'Organisation internationale du travail.

Pour plus de détails sur la réglementation Taxonomie, voir les FAQs publiées par la Commission européenne le 19 décembre 2022 (ec.europa.eu/finance/docs/law/221219-draft-commission-notice-disclosures-delegated-act-article-8.pdf), ainsi que le communiqué de l'AMF du 10 février 2023.

d. Contrôle de l'information Voir FRC 12/23 Hors série inf. 96.2.

IV. Vérification de la déclaration de performance extra-financière,
voir FRC 12/23 Hors série inf. 96 s.

V. Publicité de la déclaration de performance extra-financière
Outre l'inclusion de la déclaration dans le rapport de gestion (ou, le cas échéant, dans le rapport de gestion de groupe, voir n° 64985) qui est déposé au greffe lorsque les titres de la société sont admis aux négociations sur Euronext ou Euronext Growth (voir n° 80685), la déclaration doit être publiée sur le site internet de la société dans un délai de 8 mois à compter de la clôture de l'exercice et ce, pour une durée d'au moins 5 ans (C. com. art. R 225-105-1).

Plan de vigilance pour les SA et SCA 65012
employant, à la clôture de deux exercices consécutifs, **au moins 5 000 salariés** en leur sein et dans leurs filiales françaises directes ou indirectes, **ou au moins 10 000 salariés** en leur sein et dans leurs filiales françaises et étrangères directes ou indirectes (C. com. art. L 225-102-4).

Ces sociétés doivent publier dans leur rapport de gestion un plan de vigilance comprenant les mesures raisonnables visant à prévenir et à contrôler les atteintes graves envers les droits humains et les libertés fondamentales, la sécurité des personnes ainsi que l'environnement.

Les filiales ou sociétés contrôlées qui dépassent les seuils mentionnés ci-dessus sont **dispensées** d'établir un plan de vigilance si la société qui les contrôle (au sens de l'article C. com. L 233-3) établit et met en œuvre elle-même un plan de vigilance.

Les sociétés concernées doivent publier dans leur rapport de gestion, outre le plan de vigilance, un **compte-rendu** sur sa mise en œuvre.

Pour plus de détails sur le contenu du plan de vigilance, voir Mémento Sociétés commerciales n° 48218.

OBLIGATIONS SPÉCIFIQUES AUX SOCIÉTÉS DONT LES TITRES SONT ADMIS AUX NÉGOCIATIONS SUR UN MARCHÉ RÉGLEMENTÉ

65025 Pour les sociétés dont les titres sont admis aux négociations sur un marché réglementé (voir n° 80900), d'autres informations spécifiques viennent compléter les éléments de caractère général du rapport de gestion (voir n° 64980 et 65005 à 65012).

> **Précisions** **Notion de « titres admis aux négociations sur un marché réglementé » dans le Code de commerce** Selon l'Ansa, sont visés aussi bien les titres de créance que les titres de capital (CJ n° 12-068 5-12-2012). Une société française dont seuls les titres de créance sont cotés sur un marché réglementé est donc tenue de produire les informations requises par le Code de commerce pour les sociétés dont les titres sont admis aux négociations sur un marché réglementé.)

Sont notamment prévues les informations suivantes :

I. Déclaration de performance extra-financière (C. com. art. L 225-102-1 et L 22-10-36). Voir n° 65010.

II. Informations sur les **opérations réalisées par les dirigeants et par leurs proches sur les titres** de la société, au cours de l'exercice écoulé et ayant fait l'objet d'une déclaration. Cette information prend la forme d'un **état récapitulatif** (C. mon. fin. art. L 621-18-2 et Règl. gén. AMF art. 223-26 ; voir n° 81595).

> **Précisions** **1. Sociétés visées** Cette disposition concerne toute société dont les actions sont admises aux négociations sur un marché réglementé (C. mon. fin. art. L 621-18-2) ou dont les titres financiers sont admis aux négociations sur Euronext Growth (ex-Alternext) ou Euronext Access (ex-Marché Libre) (Règl. 596/2014/EU sur les abus de marché art. 19).
> **2. Information par dirigeant** L'état récapitulatif donne une information nominative pour chaque dirigeant. Les émetteurs peuvent cependant présenter de manière agrégée les opérations réalisées par un dirigeant et les personnes qui lui sont liées au cours de l'exercice écoulé. L'identité des personnes liées n'est pas mentionnée dans l'état récapitulatif (Position-recommandation AMF 2016-08 – Guide de l'information permanente et de la gestion de l'information privilégiée).

III. Principales caractéristiques des procédures de contrôle interne et de gestion des risques relatives à l'élaboration et au traitement de l'information comptable et financière (C. com. art. L 22-10-35). Pour plus de détails, voir la Position-recommandation AMF n° 2016-05.

> **Précisions** **Rapport de gestion groupe** Lorsque la société établit des comptes consolidés, le rapport consolidé de gestion mentionne les principales caractéristiques des systèmes de contrôle interne et de gestion des risques pour **l'ensemble des entreprises comprises dans la consolidation** (C. com. art. L 22-10-35).

IV. Indication sur les **risques financiers liés aux effets du changement climatique** et sur les mesures que prend la société pour les réduire en mettant en œuvre une stratégie bas-carbone dans toutes les composantes de son activité (C. com. art. L 22-10-35).

V. Autres informations L'AMF recommande (Rec. AMF 2012-05 sur les assemblées générales d'actionnaires de sociétés cotées, modifiée en dernier lieu le 29-4-2021, proposition n° 4.8) de faire état dans le rapport de gestion ou dans le document d'enregistrement universel (voir n° 65285) de la revue annuelle par le conseil d'administration des conventions réglementées conclues et autorisées au cours d'exercices antérieurs et dont l'effet perdure dans le temps (voir FRC 12/23 Hors série inf. 130) et de ses conclusions.

Sur la description dans le rapport sur le gouvernement d'entreprise de la procédure d'évaluation mise en place par la société permettant d'évaluer régulièrement si les conventions portant sur des opérations courantes et conclues à des conditions normales remplissent bien ces conditions, voir n° 65101.

OBLIGATIONS SPÉCIFIQUES AUX SOCIÉTÉS DONT LES TITRES SONT ADMIS AUX NÉGOCIATIONS SUR EURONEXT GROWTH OU EURONEXT ACCESS +

65027 Les sociétés dont les titres financiers sont admis aux négociations sur Euronext Growth et celles dont les titres de capital sont admis aux négociations sur Euronext Access + doivent au moins indiquer dans leur rapport de gestion, outre les informations à fournir prévues par le Code de commerce (voir n° 64961 s.) (Règles de marché Euronext Growth § 4.2.3 et Règles de marché Euronext Access § 3.2.2) :
– les transactions effectuées avec des parties liées au cours de l'exercice qui ont eu une influence significative sur la situation financière ou les résultats de l'émetteur sur la période en question ;
– ainsi que tout changement affectant les transactions avec des parties liées décrites dans le précédent rapport susceptibles d'affecter significativement la situation financière de l'émetteur sur l'année en cours.

SANCTIONS

I. Sanctions civiles

65030

a. Défaut de rapport et établissement tardif Le défaut de rapport de gestion **peut entraîner** la nullité de l'assemblée dans les sociétés en nom collectif et les sociétés en commandite simple (C. com. art. L 221-7) et dans les SARL (C. com. art. L 223-26).

Pour les SA, le défaut de rapport du conseil d'administration ou du directoire **entraîne** la nullité de l'assemblée (C. com. art. L 225-100 et L 225-121).

Sur l'incidence du retard du conseil d'administration dans l'établissement du rapport de gestion sur les diligences et obligations du commissaire aux comptes, voir FRC 12/23 Hors série inf. 125.

b. Rapport incomplet Dans les **SA ou SCA,** toute personne intéressée peut demander au **président du tribunal statuant en référé** d'enjoindre sous astreinte au conseil d'administration ou au directoire (ou au gérant) de communiquer les informations suivantes (C. com. art. L 225-102, al. 3 sur renvoi de L 225-102-1) :
– l'état de la participation des salariés au capital social (voir n° 65006 IV.) ;
– les informations sociales, environnementales et sociétales contenues dans la déclaration de performance extra-financière (voir n° 65010).

La cour d'appel de Paris, dans un arrêt du 17 décembre 1999 relatif à la présentation d'un rapport de gestion incomplet à l'assemblée générale dans une SARL (mais qui peut, à notre avis, s'étendre aux SA) a jugé que le rapport doit être exhaustif. Dans le cas contraire, les **délibérations de l'assemblée générale** qui s'est tenue, alors même que les associés n'ont pas été informés d'un **événement important,** sont **nulles.**

> **EXEMPLE**
> Représente un événement important méritant d'être repris dans le rapport de gestion une information sur les conditions juridiques et financières dans lesquelles était intervenue la cession d'un droit au bail par la SARL à un tiers (arrêt précité).

Lorsque l'omission porte sur un **événement non important,** elle ne semble pas susceptible d'entraîner :
– la nullité de l'assemblée qui approuve les comptes ni de certaines de ses résolutions (C. com. art. L 225-121 et L 235-1, al. 2) ;

> **Précisions** La CNCC (Comm. du 11-10-2005) précise que la loi ne prévoit une possibilité d'annulation que pour défaut de communication du rapport de gestion (C. com. art. L 225-121, al. 2). Une solution différente devrait cependant être retenue en cas de fraude ou si cette absence d'information empêchait les actionnaires de statuer de manière éclairée sur les questions figurant à l'ordre du jour.

– le délit d'entrave à l'action du comité social et économique (C. trav. art. L 2317-1) ;
– la responsabilité pénale des dirigeants (C. com. art. L 242-8 et L 242-10), ni leur responsabilité civile (C. com. art. L 225-251).

Sur les conséquences de l'**omission** dans le rapport de gestion d'une information prévue par la loi sur le rapport du commissaire aux comptes, voir FRC 12/23 Hors série inf. 95.1.

II. Sanctions pénales

Le **défaut d'établissement du rapport de gestion** (ou du conseil d'administration ou du directoire pour les SA) est pénalement sanctionné d'une amende de 9 000 €, que ce soit dans les SA (C. com. art. L 242-8), dans les SARL (C. com. art. L 241-4) ou dans les SCA (C. com. art. L 243-1).

Par ailleurs, le **fait de ne pas soumettre le rapport à l'approbation de l'assemblée générale** ordinaire annuelle expose :
– le gérant de SARL (C. com. art. L 241-5) à une amende de 9 000 € ;
– le président ou les administrateurs (ou les membres du directoire) d'une SA (C. com. art. L 242-10) et le gérant d'une SCA (C. com. art. L 243-1) à six mois d'emprisonnement et à une amende de 9 000 €.

De nombreuses autres sanctions pénales tendent à assurer le respect des mentions prescrites par la loi. Il en est ainsi notamment en cas d'inobservation des prescriptions relatives aux filiales et participations (C. com. art. L 247-1 à L 247-3) pour l'ensemble des sociétés commerciales, aux achats par la société de ses propres actions (C. com. art. L 242-24 et L 244-1) pour les SA et les SAS.

Pour les sanctions applicables lorsque le rapport omet de mentionner les informations sur l'actionnariat salarié, voir FRC 12/23 Hors série inf. 95.4.

CONTRÔLE PAR LES COMMISSAIRES AUX COMPTES

65050 Voir FRC 12/23 Hors série inf. 95 s. et 96 s.

RAPPORT SUR LE GOUVERNEMENT D'ENTREPRISE

65095 **Sociétés concernées** Sont concernées :
– les **SA, SE** (par renvoi de l'art. L 229-2 du Code de commerce) **et SCA (cotées ou non sur un marché réglementé).** Le conseil d'administration (ou le conseil de surveillance) présente à l'assemblée générale un rapport sur le gouvernement d'entreprise, joint au rapport de gestion (C. com. art. L 225-37, L 225-37-4, L 225-68, al. 6, L 226-10-1, L 22-10-8 à L 22-10-11 et L 22-10-20) ;

> **Précisions 1. SA à conseil d'administration** Ces informations peuvent néanmoins, pour les SA à conseil d'administration uniquement, faire l'objet d'une **section spéciale dans le rapport de gestion.**
> Cette faculté n'est pas ouverte aux SA à directoire et à conseil de surveillance, le rapport sur le gouvernement d'entreprise et le rapport de gestion ne relevant pas du même organe.
>
> **2. SA et SCA dispensées d'établir un rapport de gestion** Les petites SA et SCA dont les titres ne sont pas admis aux négociations sur un marché réglementé, dispensées d'établir un rapport de gestion (voir n° 64961), ne sont **pas pour autant dispensées** d'établir un rapport sur le gouvernement d'entreprise (Bull. CNCC n° 192, décembre 2018, EJ 2018-63, p. 638).

– toutes les **autres personnes morales ayant leur siège statutaire en France dont les titres financiers sont admis aux négociations sur un marché réglementé,** du fait de l'obligation de publicité des informations contenues dans le rapport sur le gouvernement d'entreprise, prévue par l'article L 621-18-3 du Code monétaire et financier.

65097 **SA, SE et SCA cotées ou non sur un marché réglementé (contenu)**
Le rapport contient les mentions suivantes (C. com. art. L 225-37-4 et L 22-10-10) :
– **liste** de l'ensemble **des mandats** et fonctions exercés dans toute société par chacun des mandataires sociaux durant l'exercice ;

> **Précisions 1. Mandat de liquidateur amiable** Ce mandat ne doit pas être pris en compte pour le calcul du nombre de mandats de directeur général (Bull. CNCC n° 131, septembre 2003, EJ 2003-85, p. 491).
> **2. Administrateurs personnes morales** L'Ansa (Ansa n° 3136, avril 2002) a précisé que la société qui établit son rapport doit se borner à indiquer les mandats exercés par la personne morale administrateur et non les mandats exercés par la personne physique qui a été désignée pour la représenter.

– **conventions conclues par une société** contrôlée par la SA (SCA ou SE) au sens de l'article L 233-3 du Code de commerce (voir n° 35060), avec l'un des mandataires sociaux ou l'un des actionnaires disposant d'une fraction des droits de vote supérieure à 10 %, lorsqu'elles ne sont pas des conventions courantes conclues à des conditions normales ;

> **Précisions 1. Mission du commissaire aux comptes** Ces conventions ne sont pas soumises à la procédure des conventions réglementées (voir FRC 12/23 Hors série inf. 130).
> **2. Conventions passées durant les exercices antérieurs** Selon l'Ansa (Com. CJ n° 14-063 du 3-12-2014), faute de précision des textes, les conventions passées durant les exercices antérieurs (à l'exercice clos) n'ont pas à être mentionnées. L'information à donner ne vise que les conventions intervenues durant l'exercice.
> Sur leur mention dans le document d'enregistrement universel, voir n° 65285.

– **tableau récapitulatif des délégations en cours de validité** accordées par l'assemblée générale des actionnaires dans le domaine des augmentations de capital, faisant apparaître l'utilisation faite de ces délégations au cours de l'exercice ;
– **choix de la modalité d'exercice de la direction générale** (président du conseil d'administration ou directeur général) à l'occasion du premier rapport ou en cas de modification de ce choix. Voir Mémento Sociétés commerciales n° 40890 ;

> **Précisions** L'AMF invite les sociétés n'ayant effectué aucun changement au cours de l'exercice précédent à reprendre, tous les ans au sein de leur rapport sur le gouvernement d'entreprise, les explications qui avaient été fournies par leur conseil lorsqu'il avait pris la décision d'adopter le mode de gouvernance actuel (Rapport AMF 2021 sur le gouvernement d'entreprise et les rémunérations des dirigeants).

– lorsque des **options de souscription et d'achat d'actions** ont été **attribuées aux dirigeants : conditions fixées par le conseil d'administration** (ou de surveillance, le cas échéant) relatives à **l'exercice des stock-options** octroyées aux dirigeants ainsi qu'à la **cession des actions** que ces derniers ont acquises suite à la levée d'option, pendant l'exercice de leurs fonctions (C. com. art. L 225-185) ;

> **Précisions** Stock-options attribuées aux dirigeants de sociétés liées Selon la ministre déléguée au commerce extérieur (Sénat, débats parlementaires, séance du 14-2-2007), cette mesure ne concerne pas les stock-options attribuées aux dirigeants de sociétés liées.

– lorsque des **actions** ont été **attribuées gratuitement aux dirigeants : conditions fixées par le conseil d'administration** (ou de surveillance, le cas échéant) relatives à la **cession des actions,** pendant l'exercice des fonctions de ces dirigeants, qu'ils ont obtenues gratuitement (C. com. art. L 225-197-1 II, al. 4) ;
– pour les **SA à conseil de surveillance, observations du conseil sur le rapport du directoire et sur les comptes de l'exercice.**

SA, SE et SCA dont les titres (actions ou obligations) sont admis aux négociations sur un marché réglementé (informations supplémentaires) 65099

Le rapport contient **en complément** des informations requises pour toutes les SA, SCA et SE (voir nº 65097) les informations suivantes sur (C. com. art. L 22-10-10) :
– la composition du conseil d'administration ou de surveillance (voir Mémento Sociétés commerciales nº 39155) ;

> **Précisions** Compétence RSE Selon l'AMF, il importe de rendre compte de la compétence « RSE » des administrateurs (Rapport 2022 sur le gouvernement d'entreprise et la rémunération des dirigeants des sociétés cotées du 1-12-2022, recommandations reprises dans la Rec. AMF 2012-02).

– les conditions de préparation et d'organisation des travaux du conseil ;

> **Précisions** L'AMF invite les sociétés à présenter, au sein d'une sous-partie ou d'un paragraphe dédié et aisément identifiable dans le rapport sur le gouvernement d'entreprise, les mesures particulières prises, le cas échéant, pour assurer un équilibre des pouvoirs au sein du conseil et pour éviter les éventuels conflits d'intérêts, en particulier lorsque les fonctions de président et de directeur général sont exercées par la même personne (Rapport AMF 2021 sur le gouvernement d'entreprise et les rémunérations des dirigeants).

– la politique de diversité appliquée aux membres du conseil d'administration ou de surveillance au regard de critères tels que l'âge, le sexe ou les qualifications et l'expérience professionnelle, ainsi qu'une description des objectifs de cette politique, de ses modalités de mise en œuvre et des résultats obtenus au cours de l'exercice ;

> **Précisions** Politique de diversité
> **1. Sociétés visées** Sont concernées uniquement les sociétés dépassant deux des trois seuils suivants (C. com. art. R 22-10-29) :
> – 20 M€ pour le total de bilan ;
> – 40 M€ pour le total du chiffre d'affaires net ;
> – 250 pour le nombre de salariés.
> **2. Informations complémentaires** La description de la politique de diversité est complétée par des informations (C. com. art. L 22-10-10) :
> – sur la manière dont la société recherche une représentation équilibrée des femmes et des hommes au sein du comité mis en place, le cas échéant, par la direction générale en vue de l'assister régulièrement dans l'exercice de ses missions générales. Selon l'Ansa, seul le « Comex » devrait être visé, à l'exclusion des comités du conseil et des autres comités mis en place par la direction générale afin de traiter de sujets particuliers et/ou ponctuels (Com. jur. nº 18-039) ;
> – et sur les résultats en matière de mixité dans les 10 % de postes à plus forte responsabilité.
> Si la société n'applique pas une telle politique, le rapport comprend une explication des raisons qui le justifient.
> **3. Informations supplémentaires sur la politique de mixité** Le code de gouvernement Afep/Medef, révisé en dernier lieu en décembre 2022, recommande que le conseil d'administration décrive, dans le rapport sur le gouvernement d'entreprise (Code précité art. 7.2) : la politique de mixité appliquée aux instances dirigeantes (conseil, comités exécutifs, direction et plus largement encadrement supérieur), les objectifs de cette politique, leurs modalités de mise en œuvre, et les résultats obtenus au cours de l'exercice écoulé.
> Le Code Middlenext, révisé en décembre 2021, recommande que le conseil d'administration, en tenant compte du contexte métier, vérifie qu'une politique visant à l'équilibre femmes-hommes et à l'équité est bien mise en œuvre à chaque niveau hiérarchique de l'entreprise (Code précité, rec. 15). La politique engagée et les résultats obtenus lors de l'exercice sont précisés dans le rapport sur le gouvernement d'entreprise.

– les éventuelles limitations que le conseil d'administration apporte aux pouvoirs du directeur général ;
– le code de gouvernement d'entreprise élaboré par les organisations représentatives des entreprises auquel la société se réfère, ainsi que le lieu où ce code peut être consulté ;

> **Précisions** Il s'agit, par exemple :
> – du Code Afep/Medef sur le « gouvernement d'entreprise des sociétés cotées » (dans sa version révisée de décembre 2022, medef.com) dont certaines recommandations ont été précisées par le Haut Comité de gouvernement d'entreprise (HCGE) ;
> – du code de gouvernement d'entreprise pour

les valeurs moyennes (publié en décembre 2009 par Middlenext, association des valeurs moyennes françaises cotées et révisé en dernier lieu en décembre 2021) ; voir n° 80900.

Si une société ne se réfère pas à un tel code, le rapport doit indiquer les règles retenues en complément des exigences requises par la loi et expliquer les raisons pour lesquelles la société a décidé de ne pas appliquer de code de gouvernement d'entreprise.

Si des dispositions du code ont été écartées, le rapport doit le préciser ainsi que les raisons pour lesquelles elles l'ont été (application du **principe « appliquer ou expliquer »**).

– les modalités de participation des actionnaires à l'assemblée générale ou renvoyer aux dispositions des statuts qui prévoient ces modalités ;
– les **informations susceptibles d'avoir une incidence en cas d'offre publique** (C. com. art. L 22-10-11) :
• structure du capital de la société (voir n° 65006 I.),
• restrictions statutaires à l'exercice des droits de vote et aux transferts d'actions ou les clauses des conventions portées à la connaissance de la société,
• participations directes ou indirectes dans le capital de la société dont elle a connaissance,
• liste des détenteurs de tout titre comportant des droits de contrôle spéciaux et la description de ceux-ci,
• mécanismes de contrôle prévus dans un éventuel système d'actionnariat du personnel, quand les droits de contrôle ne sont pas exercés par ce dernier,
• accords entre actionnaires dont la société a connaissance et qui peuvent entraîner des restrictions au transfert d'actions et à l'exercice des droits de vote,
• règles applicables à la nomination et au remplacement des membres du CA (ou du directoire) ainsi qu'à la modification des statuts de la société,
• pouvoirs du CA (ou du directoire), en particulier l'émission ou le rachat d'actions,
• accords conclus par la société qui sont modifiés ou prennent fin en cas de changement de contrôle de la société, sauf si cette divulgation, hors les cas d'obligation légale de divulgation, porterait gravement atteinte à ses intérêts,
• accords prévoyant des indemnités pour les membres du CA (ou du directoire) ou les salariés, s'ils démissionnent ou sont licenciés sans cause réelle et sérieuse ou si leur emploi prend fin en raison d'une offre publique.

> **Précisions** **Difficulté d'application** Selon l'Ansa (n° 07-16, avril 2007) l'incidence sur une offre publique des renseignements demandés est à apprécier en tant que société éventuellement visée par une offre publique d'acquisition (et non du point de vue de l'initiateur).

65101 **SA, SE et SCA dont les actions sont admises aux négociations sur un marché réglementé (informations supplémentaires)**
I. Entités et mandataires visés Sont visées les SA, SE et SCA dont les **actions** sont admises aux négociations sur un marché réglementé.

> **Précisions** **1. Société française qui émet des actions sur un marché réglementé d'un autre pays de l'Union européenne** Le transfert des informations relatives aux rémunérations des mandataires sociaux du rapport de gestion dans le rapport sur le gouvernement d'entreprise ne change pas l'analyse de la CNCC selon laquelle une société française qui émet des actions sur un marché réglementé d'un autre pays de l'Union européenne doit fournir des informations sur les rémunérations des dirigeants, l'article L 22-10-9 du Code de commerce (ancien article L 225-102-1) ne prévoyant aucune restriction quant à la territorialité du marché réglementé (Bull. CNCC n° 147, septembre 2007, EJ 2007-76, p. 480 s., confirmé par le courrier de la Chancellerie à la CNCC du 19-3-2008, Bull. CNCC n° 150, juin 2008, p. 203 s.).
2. Sociétés exclues N'ont plus l'obligation de fournir des informations sur les rémunérations de leurs mandataires sociaux :
– les SA, SE, et SCA ayant uniquement des **obligations** cotées sur un marché réglementé **sauf** celles qui se réfèrent au code de gouvernement d'entreprise Afep/Medef. Ces dernières devront respecter les recommandations contenues dans ce code sur les informations relatives aux rémunérations des mandataires sociaux ;
– les SA, SE et SCA non cotées sur un marché réglementé mais **contrôlées** au sens de l'article L 233-16 du Code de commerce par une société cotée sur un tel marché.

Sont concernés les **mandataires sociaux** des SA (président du conseil d'administration, directeur général, directeurs généraux délégués, administrateurs, membres du directoire et du conseil de surveillance ; en ce sens, Communication Ansa n° 3061, avril 2001) et des SCA (gérants et membres du conseil de surveillance) cotées.

> **Précisions** **Mandataires non visés** Selon l'AMF (Bull. COB n° 367, avril 2002, p. 63 s.) ne sont pas concernés par cette obligation les mandataires spéciaux désignés et les membres de comités créés par le conseil d'administration (C. com. art. R 225-29).

65101 (suite)

II. Rémunérations des mandataires sociaux Uniquement pour les sociétés visées ci-avant I., le rapport contient en complément des informations déjà requises (voir n° 65097 et 65099), les informations suivantes relatives aux rémunérations des mandataires sociaux :

1. la **politique de rémunération** des mandataires sociaux, **y compris celle des administrateurs ou des membres du conseil de surveillance** (C. com. art. L 22-10-8 et L 22-10-26). Cette politique décrit toutes les composantes de la rémunération fixe et variable et explique le processus de décision suivi pour sa détermination, sa révision et sa mise en œuvre. Le contenu de cette politique est précisé par les articles R 22-10-14 et R 22-10-18 du Code de commerce.

Le rapport sur le gouvernement d'entreprise doit en outre comporter une « explication de la manière dont la rémunération totale respecte la politique de rémunération adoptée, y compris **la manière dont elle contribue aux performances** à long terme de la société, et de la manière dont les critères de performance ont été appliqués ».

> **Précisions 1. Approbation par l'assemblée générale** La politique de rémunération fait l'objet d'un projet de résolution unique soumis à l'approbation de l'assemblée ordinaire chaque année (vote dit *ex ante*). Pour plus de détails, voir Mémento Sociétés commerciales n° 53090.
>
> **2. Conditions de performance** Afin d'améliorer la présentation de l'appréciation des conditions de performance, l'AMF propose un exemple de tableau type précisant la nature et le poids relatif de chaque indicateur de performance retenu, le niveau de réalisation de chaque objectif et le montant en numéraire ou en nombre de titres correspondant à ce niveau (Rec. AMF n° 2012-02). L'AMF a également formulé de bonnes pratiques relatives à l'intégration de critères RSE pour la détermination de la rémunération variable des dirigeants (Rapport 2022 de l'AMF sur le gouvernement d'entreprise et la rémunération des dirigeants des sociétés cotées du 1-12-2022, bonnes pratiques intégrées dans la Rec. AMF 2012-02). Pour plus de détails, voir FRC 2/23 inf. 4.
>
> **3. Clauses d'ajustement de la politique de rémunération** Pour les sociétés dont le conseil d'administration a décidé de procéder à des ajustements dans l'application de la politique de rémunération, l'AMF recommande de communiquer une information claire et précise sur cette mise en œuvre (caractère avéré des circonstances prévues par la clause, respect des modalités procédurales, éléments de la politique auxquels il est dérogé...). Les informations ainsi publiées en amont de l'assemblée générale devraient être présentées comme des compléments au rapport sur le gouvernement d'entreprises numérotés et présentés non seulement au sein de la rubrique du site internet relative à « information à l'assemblée générale », mais également au sein de la rubrique dédiée au rapport sur le gouvernement d'entreprise (Rapport AMF 2021 sur le gouvernement d'entreprise et la rémunération des dirigeants).
>
> **4. Publicité de la politique de rémunération** Voir Mémento Sociétés commerciales n° 53100.

2. s'il y a lieu, pour **chaque mandataire social,** y compris les mandataires sociaux dont le mandat a pris fin et ceux nouvellement nommés au cours de l'exercice écoulé (C. com. art. L 22-10-9) :
– au titre de l'exercice écoulé, la **rémunération totale** et les **avantages de toute nature versés** ou **attribués** par la société en distinguant les éléments fixes, variables et exceptionnels composant ces **rémunérations et avantages** ainsi que les principales conditions d'exercice des droits, notamment le prix et la date d'exercice et toute modification de ces conditions ;

> **Précisions Rémunération totale et avantages de toute nature** Cette notion s'étend aux avantages sous forme d'attribution de titres de capital, de créances, donnant accès au capital ou donnant droit à l'attribution de titres de créances de la société, de la société qu'elle contrôle et de la société qui la contrôle (C. com. art. L 22-10-9).
> La doctrine s'est prononcée sur ces rémunérations au sens large. Elles englobent toutes les sommes et avantages versés aux mandataires sociaux, quelles que soient leur forme et leur qualification (cotisations retraite, options de souscription d'action, couverture maladie, logement de fonction... ; voir notamment Bull. CNCC n° 124, décembre 2001, CNP 2001-31, p. 672 ; Bull. CNCC n° 141, mars 2006, EJ 2006-41, p. 153 ; communication Ansa n° 3061, avril 2001 et n° 3137, CJ du 15-5-2002).
> En pratique, la notion de rémunération retenue pour l'état des 5 ou 10 personnes les mieux rémunérées (voir n° 18545 s.) constitue une référence possible (Bull. CNCC n° 141, mars 2006, EJ 2006-41, p. 153).

– la proportion relative de la rémunération fixe et variable ;
– l'utilisation de la possibilité de demander la restitution d'une rémunération variable ;
– les **engagements** de toute nature pris par la société au bénéfice de ses mandataires sociaux, correspondant à des éléments de rémunération, des indemnités ou des avantages dus ou susceptibles d'être dus à raison de la **prise,** de la **cessation** ou du **changement** de ces fonctions ou postérieurement à celles-ci, notamment les engagements de retraite et autres avantages viagers ;

— les modalités précises de détermination des **engagements de retraite** et autres **avantages viagers** ainsi que l'estimation du montant des sommes susceptibles d'être versées à ce titre dans les conditions fixées par l'article D 22-10-16 du Code de commerce ;
— toute rémunération versée ou attribuée par une entreprise comprise dans le **périmètre de consolidation** au sens de l'article L 233-16 du Code de commerce ;

> **Précisions 1. Mandats multiples** Si le mandataire social d'une filiale est également mandataire chez la société mère cotée, le rapport sur le gouvernement d'entreprise établi par la société filiale doit mentionner l'ensemble des rémunérations versées. Cette information doit figurer **directement** dans le rapport et non par référence, même à un document public (Ansa, CJ n° 05-067 du 20-12-2005).
> **2. Rémunérations non communiquées** Les rémunérations versées par la société contrôlante étrangère aux mandataires sociaux de sa filiale française cotée doivent être mentionnées dans le rapport sur le gouvernement d'entreprise de cette filiale (voir ci-avant). Toutefois, ce texte n'a pas de portée obligatoire pour une société non soumise au droit français et il se peut donc qu'une société contrôlante étrangère refuse de communiquer cette information (CJ du 5-12-2003, p. 5).

— pour le président du conseil d'administration, le directeur général et chaque directeur général délégué uniquement, les **ratios** entre le niveau de la rémunération de chacun de ces dirigeants et d'une part, la rémunération moyenne sur une base équivalent temps plein des salariés de la société autres que les mandataires sociaux, d'autre part, la rémunération médiane sur une base équivalent temps plein des salariés de la société autres que les mandataires sociaux (dits « ratios d'équité ») ;

> **Précisions** Lignes directrices Afep et recommandations AMF L'Afep a précisé les éléments de rémunération à prendre en compte tant au numérateur (rémunération des dirigeants) qu'au dénominateur (rémunérations des salariés) pour le calcul de ces ratios (Lignes directrices sur les multiples de rémunération du 28-1-2020 mises à jour en février 2021). L'AMF a également publié des recommandations pour ce calcul (Rapport 2020 de l'AMF sur le gouvernement d'entreprise et la rémunération des dirigeants des sociétés cotées du 24-11-2020). Pour plus de détails, voir Mémento Sociétés commerciales n° 53112.

— **l'évolution annuelle** de la rémunération, des performances de la société, de la rémunération moyenne sur une base équivalent temps plein des salariés de la société autres que les dirigeants et des deux ratios visés ci-avant au cours des 5 exercices les plus récents au moins, présentés ensemble et d'une manière qui permette la comparaison ;
— une explication de la manière dont la rémunération totale respecte la politique de rémunération adoptée y compris la manière dont elle contribue aux performances à long terme de la société et de la manière dont les critères de performance ont été appliqués ;
— la manière dont le vote de la dernière assemblée générale ordinaire approuvant la politique de rémunération a été pris en compte ;
— tout écart par rapport à la procédure de mise en œuvre de la politique de rémunération et toute dérogation à cette politique ;
— si le conseil d'administration (ou le conseil de surveillance) n'est pas composé d'au moins 40 % de femmes, mention de la suspension des versements de la rémunération allouée aux administrateurs (ou membres du conseil de surveillance).

Ces informations devront être mises gratuitement **à la disposition du public** sur le site internet de la société **pendant 10 ans** (C. com. art. R 22-10-15).

Pour un tableau comparatif des différentes déclarations liées aux rémunérations, voir n° 18765.

Sur l'information à donner sur les rémunérations des mandataires sociaux dans le document d'enregistrement universel, voir n° 65285.

III. Convention. Le rapport sur le gouvernement d'entreprise contient la **description de la procédure** mise en place par le conseil d'administration pour évaluer régulièrement si les **conventions portant sur des opérations courantes et conclues à des conditions normales** remplissent bien ces conditions, ainsi que la mise en œuvre de cette procédure (C. com. art. L 225-37-4).

> **Précisions** Niveau d'informations à fournir Selon l'Ansa (CJ, n° 19-061, décembre 2019), cette description n'emporte pas une description détaillée de tout le process de contrôle interne de passation et recensement des conventions courantes. Elle doit permettre de justifier d'une information suffisante du conseil pour s'assurer du maintien de critères et de process appropriés.

Publicité Le rapport sur le gouvernement d'entreprise suit les mêmes règles de publicité que le rapport de gestion auquel il est joint. Il doit ainsi :
– **être adressé aux actionnaires** qui en font la demande ou être mis à leur disposition (C. com. art. R 225-83, 4° et 6°) ;
– être présenté à l'AGO annuelle (C. com. art. L 225-100, al. 2).

65103

> **Précisions** **Non-dépôt du rapport sur le gouvernement d'entreprise** Le greffier ne peut pas refuser le dépôt des autres documents comptables. Si sa réclamation demeure sans suite, il doit procéder à l'enregistrement du dépôt en mentionnant la carence de la société. La carence étant portée à la connaissance des tiers, tout intéressé a la possibilité, le cas échéant, de saisir le juge des référés (Bull. CCRCS n° 26 et 27, avis 04-25 et 04-25 bis du 23-6-2004, avis rendu sur le rapport du président sur le contrôle interne mais solution transposable, à notre avis, au rapport sur le gouvernement d'entreprise).

Pour les **SA, SE et SCA dont les titres sont admis aux négociations sur un marché réglementé**, le rapport sur le gouvernement d'entreprise doit en outre :
– être publié sur le site internet de la société (C. com. art. R 22-10-23 ; voir n° 80185) ;
– **être déposé au greffe** ;
– être porté à la connaissance du public (C. mon. fin. art. L 621-18-3 ; Règl. gén. AMF art. 222-9).

Sur la possibilité pour une société établissant un document d'enregistrement universel de fournir dans ce document le rapport sur le gouvernement d'entreprise et le rapport des commissaires aux comptes y afférent, voir n° 65285.

Sanction Le défaut de présentation du rapport sur le gouvernement d'entreprise devant l'assemblée ordinaire annuelle entraîne la nullité de cette assemblée (C. com. art. L 225-121, al. 1 et L 225-100 I, al. 2).

65105

II. BILAN SOCIAL

Établissement et contenu Sont tenus de consulter annuellement le comité social et économique sur le bilan social dans le cadre de la consultation sur leur politique sociale (sauf accord collectif prévoyant une périodicité différente) les entreprises et établissements distincts soumis à la législation sur la représentation du personnel et qui ont un effectif **d'au moins 300 salariés** (C. trav. art. L 2312-28).

65165

> **Précisions** **1. Contenu** Le bilan social comporte des informations regroupées en **huit grands chapitres** (C. trav. art. L 2312-30 et R 2312-20) : emplois, rémunérations et charges accessoires, conditions de santé et de sécurité, autres conditions de travail (durée, organisation, conditions physiques de travail), formation, relations professionnelles, nombre de salariés détachés et nombre de travailleurs détachés accueillis, ainsi que les conditions de vie des salariés et de leurs familles dans la mesure où ces conditions dépendent de l'entreprise.
> Il s'agit de données chiffrées essentiellement statistiques ; toutefois, certaines peuvent être obtenues à l'**aide de la comptabilité.** Il est donc utile à notre avis que le service du personnel et le service comptable élaborent ensemble la liste des éléments pouvant être tirés de la comptabilité notamment la charge salariale globale (compte 64 : Charges de personnel et solde intermédiaire de gestion : valeur ajoutée), la participation des salariés, les dépenses intéressant les conditions de travail (notamment comptes 6473 : Versements aux comités d'hygiène et de sécurité, 6475 : Médecine du travail), les dépenses de formation, les dépenses relatives aux œuvres sociales (notamment compte 6472 : Versements aux comités d'entreprise et d'établissement).
> **2. Support de l'information** L'information du CSE se fait via la base de données économiques, sociales et environnementales (BDESE, voir n° 80280 I.). Si l'employeur n'a plus l'obligation d'établir un rapport spécifique sur le bilan social en vue de la consultation du comité, il reste néanmoins tenu de l'établir indirectement dans les sociétés par actions pour pouvoir l'adresser aux actionnaires ou le mettre à leur disposition (voir n° 65170). Pour plus de détails sur le bilan social, voir Mémento Social n° 9310.

La non-présentation du bilan social au CSE est passible de la peine prévue pour le délit d'entrave (C. trav. art. L 2317-2 ; voir n° 80290). Il en est de même en cas de présentation tardive ou incomplète (Cass. crim. 15-5-2007 n° 06-84.318).

Mise à disposition Elle concerne, outre le comité social et économique (CSE) mentionné ci-avant, les **délégués syndicaux**, l'**inspection du travail** et les **salariés** (C. trav. art. L 2312-31).

65170

Dans les **sociétés par actions,** l'employeur doit adresser aux actionnaires ou mettre à leur disposition le dernier bilan social accompagné de l'avis du comité social et économique (C. trav. art. L 2312-32).

Sur l'insertion du bilan social dans les plaquettes annuelles, voir n° 65265.

65175 Contrôle Selon la Note d'information CNCC NI.XVIII « Vérifications spécifiques » (3ᵉ édition, décembre 2021, § 4.31.1), le bilan social n'a pas pour objectif d'expliciter les comptes de l'exercice soumis à l'approbation des actionnaires mais d'informer les membres du comité d'entreprise. Il ne constitue donc pas un document relatif à la situation financière et aux comptes annuels ou consolidés. Il ne fait donc pas l'objet de contrôles de la part du commissaire aux comptes au regard de la NEP 9510 relative au rapport de gestion et aux autres documents sur la situation financière et les comptes.

> **Précisions** **Absence de bilan social** En cas d'absence de bilan social (irrégularité), le commissaire aux comptes en fait état dans un rapport ad hoc à communiquer lors de la prochaine assemblée.

III. AUTRES DOCUMENTS LIÉS AUX COMPTES ANNUELS

EXPOSÉ SOMMAIRE DE LA SITUATION DE LA SOCIÉTÉ PENDANT L'EXERCICE ÉCOULÉ

65245 L'AMF (Brochure COB « L'information à l'occasion des assemblées générales ordinaires », décembre 1971), recommande d'accorder toute l'attention nécessaire à la rédaction de **l'exposé sommaire** (C. com. art. R 225-81 3°) qui, selon elle, constitue le document d'information privilégié demandé par les actionnaires auxquels est adressée une formule de procuration. Elle a estimé qu'un « bon exposé sommaire doit résumer les **points essentiels du rapport du conseil d'administration** et comporter, comme lui, non seulement un **commentaire** des résultats passés, mais aussi des indications sur **les progrès** réalisés ou les **difficultés** rencontrées et les **perspectives d'avenir** ».

RAPPORT FINANCIER ANNUEL

65250 Délais Les émetteurs français, dont des titres de capital ou des titres de créance sont admis aux négociations sur un marché réglementé, établissent un rapport financier annuel dans les quatre mois qui suivent la clôture de leur exercice (C. mon. fin. art. L 451-1-2).

> **Précisions** **1. Exemption** Les émetteurs dont les titres de créance d'une valeur nominale unitaire d'au moins 100 000 € et dont aucun autre instrument financier n'est admis aux négociations sur un marché réglementé ne sont pas soumis à cette obligation (C. mon. fin. art. L 451-1-4 5°).
> **2. Perte du statut de société cotée et obligation de publication du rapport financier annuel** Selon l'AMF, les sociétés ne sont plus tenues de publier les informations périodiques lorsque leurs titres ne sont plus admis sur un marché réglementé. En cas d'offre publique de retrait ou de toute offre publique suivie d'un retrait obligatoire, un émetteur perd son statut d'émetteur faisant appel public à l'épargne (sur la suppression de cette notion, voir n° 81040) lorsque la décision de conformité de l'AMF devient exécutoire, soit à l'expiration d'un délai de recours de 10 jours (C. mon. fin. art. R 621-44). En conséquence (Position-recommandation AMF 2016-05 – Guide de l'information périodique des sociétés cotées sur un marché réglementé, § 16.2) :
> – **l'obligation de publication ne s'applique plus** si la fin de la période de recours intervient avant la date limite de publication du rapport financier annuel, soit quatre mois après la clôture de l'exercice ;
> – en revanche, lorsque la fin de cette période intervient plus de quatre mois après la clôture de l'exercice, **l'obligation de publication demeure**.
> **3. Sociétés cotées sur Euronext Growth ou Euronext Access +** Ces sociétés doivent publier un rapport annuel dans les 4 mois suivant la clôture de l'exercice. Pour plus de détails, voir n° 81950 (pour les sociétés cotées sur Euronext Growth) et n° 81955 (pour les sociétés cotées sur Euronext Access +).

65255 Contenu du rapport financier annuel Il comprend (C. mon. fin. art. L 451-1-2 et Règl. gén. AMF art. 222-3) :

a. les comptes annuels, et les comptes consolidés le cas échéant ;

> **Précisions** Les comptes annuels et, le cas échéant, les comptes consolidés figurant dans le rapport financier annuel sont présentés **en intégralité** (Position-recommandation AMF 2016-05 – Guide de l'information périodique des sociétés cotées sur un marché réglementé, § 3.2). La possibilité de présenter des comptes résumés ne s'applique qu'aux comptes semestriels (voir n° 65620).

b. un rapport de gestion ;

> **Précisions** Il doit comporter au minimum les informations suivantes (Règl. gén. AMF art. 222-3) :
> — les informations mentionnées au I de l'article L 225-100-1 du Code de commerce et à l'article L 22-10-35 du Code précité et, lorsque l'émetteur est tenu d'établir des comptes consolidés, au II de l'article L 225-100-1 du même Code :
> • une analyse objective et exhaustive de l'évolution des affaires, des résultats et de la situation financière de la société, notamment de sa situation d'endettement au regard du volume et de la complexité des affaires,
> • les indicateurs clés de performance de nature non financière ayant trait à l'activité spécifique de la société, notamment des informations relatives aux questions d'environnement et de personnel (le cas échéant et dans la mesure nécessaire à la compréhension de l'évolution des affaires, des résultats ou de la situation de la société),
> • la description des principaux risques et incertitudes auxquels la société est confrontée,
> Une information sur l'incidence du conflit Russie/Ukraine pourra, le cas échéant, devoir être fournie (Communiqué CNCC, « Situation Ukraine/Russie – Incidence sur les audits », mars 2022),
> • les indications sur l'utilisation des instruments financiers lorsque cela est pertinent pour l'évaluation de son actif, de son passif, de sa situation financière et de ses pertes et profits,
> • des indications sur les risques financiers liés aux effets du changement climatique et la présentation des mesures prises par l'entreprise pour les réduire en mettant en œuvre une stratégie bas-carbone dans toutes les composantes de son activité,
> • les principales caractéristiques des procédures de contrôle interne et de gestion des risques relatives à l'élaboration et au traitement de l'information comptable et financière ;
> — les informations mentionnées à l'article L 225-211, al. 2 du Code de commerce portant sur le nombre d'actions achetées et vendues au cours de l'exercice dans le cadre d'un programme de rachat et les caractéristiques de ces opérations.
> Sur le lien entre le rapport de gestion inclus dans le rapport financier annuel et le rapport annuel de gestion présenté à l'assemblée générale des actionnaires, voir n° 65262.

c. une déclaration des personnes physiques qui assument la responsabilité du rapport financier annuel ;

> **Précisions** Les personnes responsables attestent qu'à leur connaissance les comptes sont établis conformément aux normes comptables applicables et donnent une image fidèle du patrimoine, de la situation financière et du résultat de l'émetteur et de l'ensemble des entreprises comprises dans la consolidation, et que le rapport de gestion présente un tableau fidèle de l'évolution des affaires, des résultats et de la situation financière de l'émetteur et de l'ensemble des entreprises comprises dans la consolidation ainsi qu'une description des principaux risques et incertitudes auxquels ils sont confrontés (Règl. gén. AMF art. 222-3). La position-recommandation de l'AMF 2016-05, mise à jour en dernier lieu le 28 juillet 2023, fournit un modèle d'attestation (§ 3.4).
> Sur l'attestation de responsabilité d'un document d'enregistrement universel contenant un rapport financier annuel, voir n° 65285.

d. les rapports des commissaires aux comptes sur les comptes précités.

Les émetteurs peuvent inclure dans leur rapport financier annuel le rapport sur le gouvernement d'entreprise (voir n° 65095). Ils sont alors dispensés de la publication séparée de ces informations (Règl. gén. AMF art. 222-3).

Modalités générales de publication

65260

Ce rapport financier annuel est **publié et déposé** (C. mon. fin. art. L 451-1-2) **auprès de l'AMF.**
Le dépôt est fait en format électronique.

> **Précisions** **Format électronique unique européen (ESEF)** Les sociétés qui émettent, sur un marché réglementé, des titres de capital ou des titres de créances dont la valeur nominale unitaire est inférieure à 100 000 € ont une obligation de reporting électronique selon le format « ESEF » (Règl. délégué 2020/1989 art. 2).
> Elles doivent ainsi :
> — préparer leur rapport financier annuel en utilisant le langage XHTML ; lorsque la société publie un URD (document d'enregistrement universel) faisant office de rapport financier annuel (voir n° 65260), l'URD devra également respecter le format XHTML ;
> — baliser les comptes consolidés (dont les notes annexes pour les exercices ouverts depuis le 1er janvier 2022) à l'aide du langage de balisage XBRL, les balises devant être intégrées dans la version XHTML du rapport financier annuel ; l'ANC a publié la recommandation n° 2020-02 (modifiée en dernier lieu le 2-12-2022) proposant aux sociétés cotées un balisage pour les rubriques des états financiers primaires qu'elle illustre.
> L'ESMA a publié en juillet 2019 un manuel de reporting ESEF traduit en français par l'AMF (amf.france.gouv). Pour plus de détails sur les modalités de dépôt, ainsi que le descriptif des fichiers attendus (y compris les règles de nommage), voir la Foire Aux Questions sur le format ESEF publié par l'AMF.
> Sur les diligences à mettre en œuvre par le commissaire aux comptes relatives aux comptes annuels et consolidés présentés selon le format ESEF, voir FRC 12/23 Hors série inf. 127.

Constituant en outre une information réglementée au sens du règlement général de l'AMF (Règl. gén. AMF art. 221-1 a), le rapport financier annuel doit suivre les **règles de diffusion** propres à cette catégorie d'information (voir n° 81385 s.).

La diffusion du rapport financier annuel devrait intervenir dans un délai très court après la signature de l'attestation par les responsables du rapport financier annuel (Position-recommandation AMF précitée).

> **Précisions** **1. Archivage du rapport financier annuel** L'émetteur tient le rapport financier annuel à la disposition du public pendant au moins 10 ans (C. mon. fin. art. L 451-1-2). **2. En cas de dépôt d'un document d'enregistrement universel (URD)** Lorsqu'une société dépose auprès de l'AMF dans les quatre mois suivant la clôture de son exercice un document d'enregistrement universel (voir n° 65285) qui comporte toutes les informations exigées dans le rapport financier annuel (voir n° 65265), elle est dispensée de la publication séparée de ce rapport (Règl. 2017/1129/UE art. 11).
> Dans ce cas (Position-recommandation AMF 2016-05, modifiée en dernier lieu le 28-7-2023, § 3.7) :
> – l'URD mis en ligne sur le site de la société et sur celui de l'AMF indique clairement qu'il comprend le rapport financier annuel et précise les rubriques qui le constituent en insérant une table de concordance ;
> – l'attestation du responsable de l'URD (voir n° 65285) doit être rédigée selon le modèle défini par l'annexe 1 de l'instruction AMF n° 2019-21 du 6 décembre 2019, modifiée en dernier lieu le 29 avril 2021 ;
> – les comptes annuels doivent figurer en intégralité dans l'URD, ainsi que le rapport des commissaires aux comptes sur ces comptes ;
> – la société diffuse par voie électronique un communiqué informant le public que l'URD incluant le rapport financier annuel est disponible, en précisant les modalités de mise à disposition de ce document (adresse du site internet de la société et intitulé de la rubrique dans laquelle le document est disponible, voire le lien URL renvoyant directement vers le document).

65262 **Lien entre le rapport financier annuel, le document d'enregistrement universel (URD) et le rapport de gestion** Le rapport financier annuel, ou le document d'enregistrement universel, peut servir de rapport de gestion présenté à l'assemblée générale des actionnaires (voir n° 64960 s.) s'il est complété des informations et éléments exigés par le Code de commerce.

En particulier, le rapport de gestion figurant dans le rapport financier annuel (voir n° 65255) ou dans le document d'enregistrement universel doit notamment être complété par les éléments suivants :
– rémunération et avantages de toute nature versés à chaque mandataire social, voir n° 65101 ;
– participation des salariés au capital social (C. com. art. L 225-102), voir n° 65005 IV. ;
– conséquences sociales, environnementales et sociétales de l'activité de la société (C. com. art. L 225-102-1 et L 22-10-36), voir n° 65005 V et 65025 II. ;
– description des installations Seveso (C. com. art. L 225-102-2), voir n° 65005 VII. ;
– activité des filiales et participations et indication des prises de participation (C. com. art. L 233-6), voir n° 38960 ;
– indication des franchissements de seuils et répartition du capital (C. com. art. L 233-13), voir n° 57735 ;
– récapitulatif des opérations réalisées par les dirigeants sur les titres de la société (C. mon. fin. art. L 621-18-2 et Règl. gén. AMF art. 223-26), voir n° 65025 II.

La position-recommandation de l'AMF 2016-05 (§ 3.8), mise à jour en dernier lieu le 28 juillet 2023, précise la liste des informations à fournir dans le rapport de gestion contenu dans le rapport financier annuel pour qu'il puisse être présenté à l'assemblée générale d'approbation des comptes.

RAPPORT ANNUEL

65265 **Contenu** Certaines sociétés, notamment celles dont les titres sont admis aux négociations sur un marché réglementé, établissent un rapport annuel, diffusé à l'occasion de leur assemblée générale annuelle. Conçu comme un document de présentation de l'entité, le rapport annuel comprend habituellement des informations générales sur le groupe, une analyse de son activité et une partie consacrée aux comptes annuels et consolidés dans laquelle sont intégrés les éléments du rapport de gestion. Ces derniers peuvent parfois être répartis dans le rapport annuel sans être regroupés au sein d'une section distincte.

Cette publication ne constitue **pas une obligation légale** et son contenu n'est pas réglementé.

> **Précisions** L'AMF (Position du 3-10-2008 Questions-réponses sur les obligations d'information financière des sociétés cotées sur Euronext Paris) rappelle que l'on désigne communément sous le terme « rapport annuel », l'ensemble des informations présentées à l'assemblée générale conformément à la loi, regroupées dans un seul document et complétées la plupart du temps par une communication spécifique à l'attention des actionnaires (message du président, par exemple).

Précisions de l'AMF L'AMF appelle l'attention des sociétés cotées sur les quatre recommandations suivantes (brochure COB de décembre 1971 et Bull. COB, n° 109, novembre 1978, p. 7) :
– la qualité du contenu et de la présentation du rapport annuel mérite l'effort principal ;
– la diffusion du rapport annuel avant l'assemblée assure l'impact maximal ;
– le rapport annuel doit être adressé non seulement aux actionnaires, mais à toute personne qui en fait la demande ;
– il convient de porter à la connaissance du public, par voie de presse ou par tout autre moyen, des informations complémentaires qui ne figureraient pas dans le rapport annuel.

Le rapport annuel étant destiné essentiellement à l'**information préalable** des actionnaires **avant l'assemblée,** l'AMF recommande de le diffuser au moins quinze jours avant l'assemblée générale et d'y comprendre l'ensemble des informations obligatoires (prévues notamment par les articles R 225-81 et R 225-83 du Code de commerce), ainsi que les **informations sociales significatives** (Bull. n° 1, 24-3-1980, p. 19), et non la reproduction intégrale du bilan social (Rapport COB 1979, p. 13).

La diffusion préalable dans le rapport annuel **d'informations non approuvées** par l'assemblée (comptes, projets de résolutions) ne constitue pas un obstacle puisque l'AMF recommande, en cas de non-approbation, de diffuser une **note complémentaire** (Rapport COB 1969, p. 67).

L'AMF insiste également sur la bonne présentation (photographies, organigrammes, graphiques, tableaux, etc.) du rapport annuel et sur la rédaction du texte qui doit être « **clair** et facilement **compréhensible** pour le non-spécialiste ».

> **Précisions** Rapport annuel, prospectus et document d'enregistrement universel À la différence du prospectus (voir n° 82030 s.) et du document d'enregistrement universel (voir n° 65285), le rapport annuel ne figure pas comme un document d'information spécifique dans le Règlement général de l'AMF. L'AMF a précisé que le document d'enregistrement universel ainsi que le rapport financier annuel peuvent servir de rapport annuel présenté à l'assemblée générale ordinaire s'il est complété des informations et éléments exigés par le Code de commerce (Position-recommandation 2021-02 Guide d'élaboration des documents d'enregistrement universel, § 1, modifiée en dernier lieu le 28-7-2023).

Contrôle par les commissaires aux comptes Lorsque le rapport annuel est déposé au greffe du tribunal de commerce, au lieu des seuls comptes et rapport de gestion prévus par les textes légaux et réglementaires, le terme « rapport de gestion » couvre alors le rapport annuel dans son ensemble (Note d'information CNCC NI.XVIII « Vérifications spécifiques », décembre 2021, § 2.11.1). Il en résulte un même niveau de contrôle par les commissaires aux comptes que pour le rapport de gestion (voir FRC 12/23 Hors série inf. 95 s.).

Sur le contrôle du rapport annuel adapté pour servir de document d'enregistrement universel, voir n° 65285.

DOCUMENT D'ENREGISTREMENT UNIVERSEL OU URD (ANCIEN DOCUMENT DE RÉFÉRENCE)

Le document d'enregistrement universel (« Universal registration document » URD), dont l'établissement est facultatif, a pour objectif de décrire l'organisation, les activités, la situation financière, les résultats, les perspectives, le gouvernement et la structure de l'actionnariat de l'entreprise (Règl. 2017/1129/UE du 14-6-2017 art. 9).

La possibilité d'établir un document d'enregistrement universel est ouverte aux **sociétés dont les titres financiers sont admis aux négociations sur un marché réglementé** (Euronext Paris), ainsi qu'aux sociétés **cotées sur Euronext Growth** (Règl. 2017/1129/UE art. 9).

Seul, ce document ne constitue qu'un document d'information financière ne permettant pas de procéder à une offre au public (voir n° 81040) ou à l'admission de titres financiers sur un marché réglementé (voir n° 80900). En revanche, accompagné d'une note relative aux titres financiers et d'un résumé le cas échéant, il forme le **prospectus** (voir n° 82035), document nécessaire pour ces opérations. Le règlement 2017/1129/UE permet aux entreprises de bénéficier d'une procédure accélérée d'approbation (5 jours) lorsqu'elles intègrent ce document dans leur prospectus (voir n° 82030 s.).

65285
(suite)

Pour élaborer un document d'enregistrement universel, les sociétés ont le **choix entre deux solutions** :
1. **élaborer un document spécifique** qui a l'avantage de la simplicité : il suffit en effet de suivre le schéma du règlement délégué européen n° 2019/2020 (voir contenu n° 82055) ;
2. ou **utiliser le rapport financier annuel** (voir n° 65250) pour constituer le document d'enregistrement universel. On parle dans ce cas d'« URD 2 en 1 » qui permet la réalisation d'un support unique d'information pour l'ensemble de l'exercice.
Sur le tableau de correspondance à inclure dans l'URD dans ce cas, voir ci-après I.

I. Contenu Le document d'enregistrement universel contient l'ensemble des informations juridiques, économiques et comptables concourant à la présentation exhaustive d'une société pour un exercice donné.

> **Précisions** L'AMF a regroupé et mis à jour au sein d'un guide plusieurs recommandations relatives à l'élaboration du document d'enregistrement universel (Position-recommandation AMF 2021-02 – Guide d'élaboration des documents d'enregistrement universel du 8-1-2021, modifiée en dernier lieu le 28-7-2023).

a. Structure La structure du document d'enregistrement universel est libre mais son contenu est déterminé par :
– le règlement Prospectus 2017/1129/UE du 14 juin 2017 (art. 9), voir n° 82055 ;
– le règlement délégué (UE) 2019/2020 du 14 mars 2019 (annexe 1 sur renvoi de l'annexe 2).

1. Informations minimales requises par le règlement Prospectus 3 Le contenu du document d'enregistrement universel est identique à la première partie du prospectus « equity ». Sur les informations minimales à fournir, voir n° 82055.

2. Documents pouvant être inclus dans l'URD L'URD permet d'agréger diverses informations qui, pour la majorité d'entre elles, doivent par ailleurs être publiées par les émetteurs en application d'obligations législatives et réglementaires. Outre les informations minimales requises par le règlement Prospectus 3 précité (voir n° 82055), le règlement général de l'AMF prévoit ainsi que les émetteurs peuvent inclure dans leur document d'enregistrement universel (Règl. gén. AMF art. 222-9) :
– le **rapport sur le gouvernement d'entreprise** (voir n° 65095) ;
– et le **rapport des commissaires aux comptes** y afférent (voir FRC 12/23 Hors série inf. 134 s.). Les conclusions intégrées dans le rapport sur les comptes annuels valent rapport du commissaire aux comptes sur le rapport sur le gouvernement d'entreprise.

> **Précisions** **1. Information réglementée** Lorsqu'ils ne sont pas inclus dans le document d'enregistrement universel ces rapports doivent être diffusés selon les modalités applicables aux informations réglementées définies par le Règl. gén. AMF art. 221-3 (voir n° 81385 s.).
> **2. Conflit Russie/Ukraine** Une information mise à jour sur les impacts de la situation en Ukraine et les conséquences induites par les sanctions prises à l'égard de la Russie sur la trésorerie du groupe, les éventuelles restrictions à son utilisation qui pourraient survenir, sera, le cas échéant, développée dans les chapitres relatifs aux « Facteurs de risque », à la « Trésorerie » et aux « Informations sur les tendances » de l'URD (Communiqué CNCC, « Situation Ukraine/Russie – Incidence sur les audits », mars 2022).

En outre, les émetteurs peuvent également inclure dans leur document d'enregistrement universel certains rapports prévus par la loi afin de satisfaire aux exigences de telle ou telle rubrique, ou d'être dispensés de la publication séparée de certaines informations, notamment :
– les informations sur les **conséquences sociales et environnementales** de l'activité de l'émetteur (voir n° 65025) ;
– le descriptif du **programme de rachat d'actions propres** (voir n° 82210).

> **Précisions** **1. Tables de concordance** Lorsque l'URD fait office de **rapport financier annuel** (voir n° 65250), il doit alors inclure un tableau de correspondance indiquant où, dans ledit document, se trouve chacun des éléments qui doivent figurer dans le rapport financier annuel (Règl. 2017/1129/UE du 14-6-2017 art. 9, § 12). Outre ce tableau de correspondance, l'AMF recommande aux sociétés, afin de permettre de reconstituer le contenu des documents précités, d'indiquer clairement, par exemple par une table de concordance, si le document d'enregistrement universel inclut (Position-recommandation 2020-02, § 3 – Guide d'élaboration des documents d'enregistrement universel) :
> – le **rapport de gestion** (y compris, s'il y a lieu, la déclaration de performance extra-financière et le plan de vigilance et le **rapport sur le gouvernement d'entreprise**) ; on parle dans ce cas d'« URD 3 en 1 » ;
> – et/ou l'ensemble des **informations requises pour l'assemblée générale** ; on parle dans ce cas d'« URD 4 en 1 ».
> Des exemples de tables de concordance sont

présentés dans l'annexe 1 de la Position-recommandation de l'AMF précitée.

2. Articulation avec la déclaration de performance extra-financière (DPEF) Selon l'AMF, il convient d'articuler au sein de l'URD les informations à fournir au titre de la DPEF (voir n° 65010). Cette articulation peut être réalisée de la façon suivante (Position-recommandation 2020-02 précitée, § 3) :
— le modèle d'affaires de l'entreprise, tel que décrit dans la déclaration de performance extra-financière, peut être repris au titre de la description de la stratégie requise par la réglementation prospectus (Règlement Délégué 2019/980, annexe 1, point 5.4) ;
— les risques présentés dans la DPEF doivent être décrits dans la section « facteurs de risques » s'ils sont également spécifiques et importants au sens du règlement Prospectus. Il pourra être renvoyé pour plus d'informations à la section dédiée à la « déclaration de performance extra-financière ».

Enfin, les émetteurs peuvent également, au titre des informations sur les **conventions** (en ce sens, les recommandations suivantes formulées par l'AMF : Rec. AMF 2012-05 sur les assemblées générales d'actionnaires des sociétés cotées, modifiée en dernier lieu le 29-4-2021) :
— inclure le rapport spécial des commissaires aux comptes sur les conventions (voir proposition n° 4.13 ; FRC 12/23 Hors série inf. 130) ;
— présenter les conventions conclues par une filiale contrôlée au sens de l'article L 233-3 du Code de commerce, et concernant, directement ou indirectement, un dirigeant et/ou administrateur de la société cotée, ou un actionnaire détenant plus de 10 % du capital de la société cotée (proposition n° 4.4) ;
— faire état de la revue annuelle par le conseil d'administration, des conventions réglementées conclues et autorisées au cours d'un exercice précédent, dont l'effet perdure dans le temps et de ses conclusions (proposition n° 4.8). Pour plus de détails sur les mentions que l'AMF recommande d'indiquer sur cette revue annuelle, voir n° 65025 V.

b. Langue Le document d'enregistrement universel peut être approuvé et déposé (voir IV. ci-après) en français ou en anglais. Si le document d'enregistrement universel a été déposé en français, il peut également être déposé en vue d'une approbation en anglais dans les conditions fixées par l'instruction de l'AMF n° 2019-21.

Cependant, une société de droit français, qui inclut le rapport de gestion dans son document d'enregistrement universel et souhaite l'utiliser pour le dépôt au greffe (voir VI. ci-après), devra élaborer ce document en français, le Code de commerce (C. com. art. L 123-22) prévoyant que les comptes et le rapport de gestion soient en français (Position-recommandation AMF 2020-06).

Les actualisations successives du document d'enregistrement universel (voir c. ci-après) sont rédigées en français et dans la même autre langue (Règl. gén. AMF art. 212-13).

c. Mises à jour À la suite du dépôt ou de l'approbation du document d'enregistrement universel (voir IV. ci-après), l'émetteur **peut** actualiser les informations qu'il contient en **déposant** auprès de l'AMF un **amendement** (Règl. 2017/1129/UE art. 9).

> **Précisions 1. Document d'enregistrement universel utilisé comme partie du prospectus** (voir n° 82030) Dans un tel cas, l'actualisation de l'information se fait via un « supplément » au prospectus uniquement (Règl. 2017/1129/UE art. 9 et 10).
> **2. Règles de diffusion de la mise à jour** Le dépôt auprès de l'AMF et la mise à la disposition du public des actualisations du document d'enregistrement universel suivent les mêmes règles que le document d'enregistrement lui-même (voir V. ci-après).
> **3. Information semestrielle** Lorsqu'une actualisation du document d'enregistrement universel est rendue publique dans les 3 mois qui suivent la fin du 1er semestre et comprend le rapport financier semestriel (voir n° 65590 s.), l'émetteur est réputé avoir satisfait à son obligation de publier le rapport financier semestriel (Règl. 2017/1129/UE art. 9). Dans ce cas, il diffuse un communiqué, mis en ligne sur son site internet, précisant les modalités de mise à disposition de l'actualisation du document d'enregistrement universel.

II. Responsabilité du document d'enregistrement universel
Les textes (C. mon. fin. art. L 412-1) exigent que le document d'enregistrement universel soit revêtu de l'attestation des **responsables** du document attestant que, à leur connaissance, les données de celui-ci sont conformes à la réalité et ne comportent pas d'omission de nature à en altérer la portée (voir l'instruction n° 2019-21 de l'AMF, annexe 1 pour des modèles d'attestation).

III. Contrôle par les commissaires aux comptes
Le document d'enregistrement universel est contrôlé par les commissaires aux comptes selon les mêmes modalités que celles régissant le contrôle du prospectus (voir FRC 12/23 Hors série inf. 97).

IV. Contrôle de l'AMF La procédure de contrôle de l'AMF comporte **deux mécanismes distincts** :
– d'une part, **l'approbation** (contrôle a priori) ;
– et d'autre part, le **dépôt** (contrôle a posteriori) lorsque la société a fait approuver par l'AMF un DEU deux exercices de suite. Ce dépôt formel doit être accompagné de l'attestation des dirigeants de la société (voir ci-avant II.) d'une copie de la lettre de fin de travaux des contrôleurs légaux (voir ci-avant III. ; FRC 12/23 Hors série inf. 97) ainsi que d'une lettre de réponse aux observations antérieurement formulées par l'AMF (Inst. AMF 2019-21 art. 10).

Sur les modalités de dépôt pour le contrôle a priori ou le contrôle a posteriori, voir le Guide pratique du dépôt d'un document d'enregistrement universel publié par l'AMF le 6 décembre 2021.

V. Diffusion Une fois approuvé ou déposé, le document d'enregistrement universel est publié sans retard injustifié (Règl. 2017/1129/UE art. 9). Il est tenu gratuitement à la disposition du public.

En outre, une version électronique du document est envoyée à l'AMF aux fins de mise en ligne sur son site.

> **Précisions** **Lien avec le rapport financier annuel** Lorsque le document d'enregistrement universel déposé auprès de l'AMF ou approuvé par celle-ci est rendu public dans les quatre mois suivant la clôture et comprend le rapport financier annuel (Règl. gén. AMF art. 212-13, VI ; voir n° 65260), l'émetteur est réputé avoir satisfait à son obligation de publier le rapport financier annuel. Depuis le 1ᵉʳ janvier 2022, lorsque l'URD fait office de rapport financier annuel, les informations contenues dans l'URD doivent être produites dans le même format (ESEF) que le rapport financier annuel (voir n° 65260).
>
> Pour plus de détails sur le lien entre le document d'enregistrement universel, le rapport financier annuel et le rapport de gestion, voir n° 65260.

VI. Dépôt au greffe Les sociétés ont la **possibilité** de déposer leur document d'enregistrement universel au greffe du tribunal de commerce afin d'être exemptées du dépôt obligatoire des documents listés par l'article L 232-23 du Code de commerce (notamment comptes annuels et consolidés, rapports des commissaires aux comptes afférents, le cas échéant, rapport de gestion…) dès lors que ces documents sont inclus dans le document d'enregistrement universel (sur la possibilité d'inclure le rapport financier annuel et/ou le rapport de gestion dans le document d'enregistrement universel, voir respectivement n° 65260 et 65262) et que ce dernier est déposé dans les délais requis par les textes (voir n° 80685). Le document d'enregistrement universel doit alors comprendre une table de correspondance permettant au greffier d'identifier tous les documents qu'il comporte (C. com. art. L 232-23).

SECTION 3 — COMPTES INTERMÉDIAIRES ET PRÉVISIONNELS

I. COMPTES INTERMÉDIAIRES

65385 **Champ d'application** **a.** Des comptes intermédiaires peuvent devoir être établis en raison :
– des obligations propres aux sociétés dont les titres sont admis aux négociations sur un marché réglementé (voir n° 80900), sur Euronext Growth (ex-Alternext ; voir n° 80900) ou sur Euronext Access (voir n° 65585) ; pour les obligations spécifiques de ces sociétés en termes d'informations semestrielles, voir n° 65585 s. ;
– d'opérations spécifiques exigeant l'établissement de tels comptes : distribution d'acomptes sur dividendes (voir n° 54050 s.), augmentation de capital en numéraire plus de 6 mois après la clôture (voir FRC 12/23 Hors série inf. 108 s.), etc.

b. Des comptes intermédiaires peuvent être également établis **volontairement** par les sociétés.

Modalités d'établissement Sur les modalités d'établissement des comptes intermédiaires établis en IFRS par les sociétés dont les titres sont admis aux négociations sur un marché réglementé, voir n° 65625.

Pour ce qui concerne les comptes intermédiaires établis en règles françaises, c'est la recommandation CNC n° 99-R-01 relative à l'établissement des comptes intermédiaires qui définit les grands principes de présentation, de comptabilisation et d'évaluation à suivre pour l'établissement de tels comptes. Cette recommandation s'applique aux **comptes individuels**, ainsi qu'aux **comptes consolidés** établis en règles françaises (voir Mémento Comptes consolidés n° 1010).

Ces grands principes concernent :
– les méthodes comptables applicables (I.) ;
– l'appréciation du seuil de signification (II.) ;
– l'autonomie des comptes annuels par rapport aux comptes intermédiaires (III.).

I. Méthodes comptables applicables aux comptes intermédiaires

La recommandation du CNC préconise d'appliquer dans les comptes intermédiaires les mêmes méthodes comptables que celles utilisées dans les comptes annuels, sous réserve d'aménagements (§ 10).

a. Des méthodes comptables identiques à celles des comptes annuels L'application des mêmes méthodes qu'à la clôture conduit notamment à respecter :

1. le principe général d'indépendance des périodes comptables Ainsi, il convient de rattacher à la période intermédiaire les charges et les produits qui la concernent effectivement et ceux-là seulement. En conséquence, les charges et les produits :
– doivent être rattachés à la période intermédiaire au cours de laquelle la prestation correspondante est rendue ;

> **EXEMPLES**
> – constatation en produits des seuls loyers correspondant à la période écoulée en cas de loyers perçus d'avance ;
> – constatation en charge des primes de fin d'année pour la fraction rattachable à la période écoulée ;
> – constatation en charge de l'IS afférent au résultat de la période écoulée ;
> – constatation en charges des pertes à terminaison sur contrats à long terme conclus au cours de la période ;
> – constatation en charges des congés payés sur la base des droits acquis à la fin de la période ;
> – etc.

– ne peuvent être anticipés ou différés sur une période intermédiaire. Il est **interdit de lisser les charges et les produits** sur les différentes périodes intermédiaires de l'année.

> **EXEMPLES**
> – pas d'étalement du chiffre d'affaires ;
> – pas d'étalement des charges fixes en cas d'activité saisonnière ;
> – pas d'étalement des plus-values de cession ;
> – etc.

> **Précisions** **Charges pouvant être anticipées** Il ne faut pas déduire de l'interdiction de lissage que toutes les charges à caractère annuel ne peuvent être anticipées. Seules celles qui ne peuvent être rattachées à l'activité de la période écoulée ne peuvent être provisionnées (dépenses de publicité ou de formation, par exemple). En revanche, les charges qui se rattachent à l'activité de la période écoulée doivent être prises en compte sur cette période même s'il est prévu qu'elles surviennent **ultérieurement** (charges fixes de fabrication, bonus prévisible, participation, impôts, etc.).

2. le principe de permanence des méthodes comptables Ainsi, les charges ne sont anticipées ou étalées dans les comptes intermédiaires que dans la mesure où elles le seraient à la clôture de l'exercice.

> **EXEMPLE**
> **Les coûts de développement** doivent être immobilisés à la clôture de la période intermédiaire si les conditions sont remplies (et à partir de la date à laquelle ces conditions sont remplies, voir n° 31450) et si l'entreprise a pour politique d'immobiliser ces frais à la clôture de l'exercice.

b. Un recours plus large aux estimations La prise en compte des spécificités liées à l'établissement d'une situation intermédiaire a conduit toutefois le CNC à proposer des aménagements consistant principalement en un recours plus large à des estimations, notamment

65405 (suite) pour l'évaluation des actifs et des passifs. Ainsi, le recours à des estimations n'est possible d'une façon plus importante que dans les comptes annuels à condition que la signification de l'information donnée ne soit pas dénaturée (Rec. CNC, § 26).

> **EXEMPLES**
>
> (Rec. CNC, § 26) :
> – **stocks** : pas de nécessité de réaliser un inventaire physique à la fin de la période intermédiaire ; possibilité d'évaluer les stocks sur la base des marges brutes ;
> – **provisions** dont le calcul est complexe (garanties, remise en état d'un site, etc.) : possibilité de faire une simple mise à jour des calculs effectués lors de la dernière clôture sans nécessité de recourir à des experts extérieurs ;
> – **retraites** : possibilité d'extrapoler l'évaluation actuarielle la plus récente.

c. La prise en compte des changements de méthode déjà décidés Les changements de méthode décidés au cours de la période sont reflétés dans les comptes de la période (Rec. CNC, § 10). Dans ce cas, la recommandation du CNC prévoit que :
– l'information comparative doit être retraitée pro forma (§ 28) ;
– la nature de ce changement et son incidence doivent être décrites dans l'annexe (§ 8 a).

II. Appréciation du seuil de signification dans les comptes intermédiaires Selon la recommandation du CNC (§ 9), les seuils de signification doivent être appréciés par rapport aux chiffres des comptes intermédiaires, à la fois pour :
– la présentation des états financiers ;
– la prise en compte et l'évaluation des informations financières ;
– l'information dans l'annexe.

III. Autonomie des comptes annuels par rapport aux comptes intermédiaires Selon la recommandation du CNC (§ 12), les comptes de l'exercice ne doivent pas être affectés par l'existence de comptes intermédiaires.
À notre avis, il résulte notamment de ce principe que les variations liées à des changements d'estimation constatées au cours des périodes intermédiaires n'ont pas d'incidence sur les comptes annuels.

> **EXEMPLE**
>
> Si une dépréciation ou une provision est constituée dans les comptes intermédiaires et n'a plus lieu d'être à la clôture de l'exercice, ni la dotation ni la reprise n'apparaîtront dans les comptes annuels.

> **Précisions** **Reprise de dépréciation** Les dépréciations d'actifs constatées lors d'une situation intermédiaire, et notamment celles constatées sur les **fonds commerciaux** dans les comptes annuels et les **écarts d'acquisition** dans les comptes consolidés, ne sont pas définitives. Une analyse doit être conduite à la clôture annuelle en tenant compte des événements ayant affecté l'ensemble de l'exercice (en ce sens, Rec. ANC Covid-19 ; Question C2).

IV. Contenu des comptes intermédiaires Pour assurer la comparabilité, les comptes intermédiaires comportent (Rec. CNC précitée) :
– le bilan à la fin de la période intermédiaire concernée et le bilan à la date de clôture de l'exercice précédent ;
– le compte de résultat cumulé du début de l'exercice à la fin de la période intermédiaire, le compte de résultat pour la même période de l'exercice précédent, ainsi que le compte de résultat de l'exercice précédent ;
– le tableau des variations de capitaux propres cumulées du début de l'exercice à la fin de la période intermédiaire, ainsi que le tableau des variations de capitaux propres de l'exercice précédent ;
– un tableau des flux de trésorerie cumulés du début de l'exercice à la fin de la période intermédiaire, ainsi que le tableau des flux de l'exercice précédent ;
– une annexe.

> **Précisions** **Information en annexe** La recommandation CRC n° 99-R-01 précise que l'annexe des comptes intermédiaires est destinée à actualiser les informations fournies dans les comptes de l'exercice les plus récents. Elle doit comporter notamment :
> – une déclaration indiquant que les méthodes comptables et les modalités de calcul adoptées dans les comptes intermédiaires sont identiques à celles utilisées dans les comptes de l'exercice les plus récents ou, si ces méthodes ou modalités ont changé, une description de la nature de ces changements et de leur incidence ;
> – une description des aménagements retenus pour l'établissement des comptes intermédiaires ;
> – la nature et le montant des éléments exceptionnels du fait de leur importance ou de leur

incidence, affectant l'actif, le passif, les capitaux propres, le résultat net ou les flux de trésorerie ;
– la nature et le montant des modifications affectant les estimations ayant été utilisées au cours de l'exercice ou de l'exercice précédent, si ces modifications ont un impact significatif sur la période intermédiaire en cours ;
– les émissions, rachats et remboursements de titres d'emprunt et de capitaux propres ;
– pour les entreprises qui ont l'obligation de publier une information sectorielle : le chiffre d'affaires et le résultat pour la période intermédiaire en retenant l'un des soldes intermédiaires qui apparaît distinctement dans les comptes, selon le mode de segmentation principal retenu par l'entreprise dans ses derniers comptes de l'exercice ;

– les événements significatifs postérieurs à la fin de la période intermédiaire qui n'ont pas été pris en considération pour l'établissement des comptes intermédiaires ;
– l'incidence des changements qui ont affecté le périmètre des activités de l'entreprise au cours de la période intermédiaire, notamment les regroupements d'entreprises, l'acquisition ou la cession de filiales et de participations, les restructurations et décisions d'abandon d'activités ;
– les changements ayant affecté les engagements depuis la date de clôture des derniers comptes de l'exercice ;
– une information sur les transactions avec les parties liées ;
– une indication sur le caractère saisonnier ou cyclique des activités.

II. COMPTES PRÉVISIONNELS

En dehors des cas prévus par la loi (C. com. art. L 232-2 ; voir n° 65695 s.), les sociétés cotées ou non peuvent être amenées à établir des comptes prévisionnels :
– notamment à la demande de leurs banquiers, actionnaires, société mère ;
– ou encore spontanément.

65475

Établissement Selon l'ancienne norme CNCC n° 4-101 (dans l'attente d'une éventuelle nouvelle NEP concernant les comptes prévisionnels), si les comptes prévisionnels sont destinés à être (Norme CNCC n° 4-101, § 08 et 50) :
– **publiés** (c'est-à-dire « mis à disposition des actionnaires »), ils sont établis (et donc arrêtés) par le conseil d'administration ou l'organe équivalent selon l'entité ;
– **présentés** (diffusion limitée à quelques personnes, voire une seule) dans un contexte précisément défini, ils peuvent être établis soit par le conseil d'administration ou par l'organe équivalent, soit sous la responsabilité des dirigeants.

65480

Contenu Par comptes prévisionnels, il faut comprendre (Norme précitée, § 02, 03 et 32) :
– un compte de résultat prévisionnel ;
– un plan de financement ;

65482

> **Précisions** Dans certains cas, seuls un compte de résultat prévisionnel et un plan de financement, accompagnés de notes annexes, peuvent être présentés.

– un bilan prévisionnel ;
– des notes annexes qui précisent notamment la période couverte par les comptes prévisionnels, les hypothèses retenues, la mesure de la sensibilité des résultats à une variation de ces hypothèses, les principes d'établissement et de présentation retenus, les informations susceptibles d'avoir une incidence significative sur l'interprétation des comptes prévisionnels.
Les comptes prévisionnels au sens de la norme CNCC n° 4-101 :
– couvrent habituellement le prochain exercice ou l'exercice en cours à la date de leur établissement ou la période correspondant à un cycle d'opérations (Norme précitée, § 02) ;
– peuvent concerner un périmètre d'activité différent de celui couvrant les activités d'une personne morale. Tel est le cas du périmètre « pro forma » couvrant une branche autonome d'activité, une division opérationnelle ou une entité destinée à entrer dans le périmètre de consolidation de l'entité (Norme précitée, § 06).
Sur le contrôle des comptes prévisionnels par le commissaire aux comptes, voir FRC 12/23 Hors série inf. 100.

SECTION 4 — INFORMATIONS SEMESTRIELLES ET TRIMESTRIELLES

I. INFORMATION SEMESTRIELLE (RAPPORT FINANCIER SEMESTRIEL)

SOCIÉTÉS CONCERNÉES

65585 **Informations semestrielles obligatoires** Le tableau ci-après, établi par nos soins, présente un récapitulatif des informations semestrielles que les sociétés dont les **titres sont admis aux négociations** sur un marché réglementé (Euronext Paris) ou sur un système multilatéral de négociation organisé ou non (Euronext Growth, ex-Alternext ou Euronext Access + ; voir n° 80900), doivent établir et publier en fonction :
– **des instruments financiers** concernés (titres de capital ; titres de créance) ;
– **des sources d'obligations** (Code monétaire et financier, Règlement général de l'AMF, Règles de marché Euronext Growth et règles de marché Euronext Access).

	Sociétés cotées sur un marché réglementé		Sociétés cotées sur Euronext Growth et Euronext Access +
	Titres de capital (pour leur définition, voir n° 38180)	Titres de créances [1] (pour leur définition, voir n° 38260)	Titres de capital
Rapport financier semestriel	C. mon. fin. art. L 451-1-2 III Règl. gén. AMF art. 222-4 (voir n° 65590 I.)		Règles de marché Euronext Growth § 4.2 et Règles de marché Euronext Access § 3.2 (voir n° 65590 II.)

(1) Hors titres de créances négociables (TCN)

65590 **I. Sociétés cotées sur un marché réglementé** Les émetteurs français dont des titres de capital ou des titres de créance sont admis aux négociations sur un marché réglementé (sur cette notion, voir n° 80900) établissent un **rapport financier semestriel** dans les **trois mois** qui suivent la fin du 1er semestre de leur exercice (C. mon. fin. art. L 451-1-2 III).

> **Précisions** Exemptions d'établissement de rapport financier semestriel :
> – les émetteurs dont des titres de créance sont d'une valeur nominale d'au moins 100 000 € et dont aucun autre instrument financier n'est admis aux négociations sur un marché réglementé ne sont pas soumis à cette obligation (C. mon. fin. art. L 451-1-4 5°) ;
> – en cas d'offre publique de retrait ou de toute offre publique suivie d'un retrait obligatoire, un émetteur perd son statut de société cotée lorsque la décision de conformité de l'AMF devient exécutoire, soit à l'expiration d'un délai de recours de 10 jours (C. com. fin. art. R 621-44). En conséquence, les sociétés n'ont plus l'obligation de publier un rapport financier semestriel **si la fin de la période de recours intervient avant la date limite de publication, soit trois mois suivant la fin du 1er semestre de l'exercice.** En revanche, lorsque la fin de cette période intervient plus de trois mois après la fin du 1er semestre de l'exercice, l'obligation de publication demeure (Position AMF du 4-12-2007).

II. Sociétés cotées sur un système multilatéral de négociation (Euronext Growth ou Euronext Access +) Les émetteurs dont les titres de capital sont admis aux négociations sur **Euronext Growth** (ex-Alternext ; voir n° 80900) ou sur **Euronext Access +** (voir n° 80900) doivent rendre public un **rapport semestriel** couvrant les six premiers mois de l'exercice dans les **quatre mois** suivant la fin du deuxième trimestre incluant (Règles de marché Euronext Growth § 4.2 ; Règles de marché Euronext Access § 3.2) ; sur le contenu de ce rapport, voir n° 65675.

Le rapport semestriel est publié sur le site internet de l'émetteur.

CONTENU (SOCIÉTÉS COTÉES SUR UN MARCHÉ RÉGLEMENTÉ)

65620

Le rapport financier semestriel comprend (C. mon. fin. art. L 451-1-2 III ; Règl. gén. AMF art. 222-4) :
– les comptes condensés ou des comptes complets du 1er semestre écoulé, présentés sous forme consolidée, le cas échéant (voir n° 65625) ;
– un rapport semestriel d'activité (voir n° 65630) ;
– une déclaration des personnes physiques qui assument la responsabilité du rapport financier semestriel (voir n° 65635) ;
– le rapport des commissaires aux comptes ou des contrôleurs légaux ou statutaires sur l'examen limité des comptes précités.

Ce rapport financier semestriel est **déposé auprès de l'AMF** (voir n° 65670).

> **Précisions** **1. Établissement du rapport financier semestriel** Selon l'Ansa (CJ n° 06-053, octobre 2006), en l'absence de texte exprès qui obligerait le conseil d'administration à se réunir afin d'arrêter ou d'examiner les comptes semestriels, une telle réunion n'est pas légalement exigée. Toutefois, la publication des comptes semestriels sans que le conseil d'administration (ou le comité d'audit) en ait pris connaissance serait une pratique imprudente et à déconseiller. Il est en effet contraire aux principes du gouvernement d'entreprise que les administrateurs (ou s'il s'agit d'un comité d'audit, ceux qui siègent à ce comité) soient informés des résultats semestriels après le marché.
> **2. Rapport d'examen limité des commissaires aux comptes** L'article L 451-1-2 du Code monétaire et financier et les articles 222-4 et 222-6 du Règlement général de l'AMF prévoient expressément un rapport d'examen limité du commissaire aux comptes sur les comptes du semestre. Les commissaires aux comptes font état, dans leur rapport d'examen limité, de leurs conclusions sur le contrôle des comptes complets ou condensés et de leurs observations sur la sincérité et la concordance avec ces comptes des informations données dans le rapport semestriel d'activité.

Comptes semestriels

65625

I. Sociétés établissant des comptes consolidés
Les comptes semestriels doivent être établis en application de la norme IAS 34 (Règl. gén. AMF art. 222-4 et 222-5).

> **Précisions** Ces comptes semestriels peuvent être condensés ou complets, comme le prévoit la norme IAS 34.

II. Sociétés n'établissant pas de comptes consolidés
(en pratique, ce cas ne vise que les émetteurs n'ayant pas de filiale ; voir Mémento Comptes consolidés n° 2553 et 9208-7). Les comptes semestriels, condensés ou complets, comprennent au minimum les éléments suivants (Règl. gén. AMF art. 222-5, I et II) :
– un bilan ;
– un compte de résultat ;

> **Précisions** **Bilans et compte de résultat** Ils peuvent être condensés. Dans ce cas, ils comportent la totalité des rubriques et sous-totaux figurant dans les derniers comptes annuels. En outre, des postes supplémentaires sont ajoutés si, à défaut, les comptes semestriels donnent une image trompeuse du patrimoine, de la situation financière et des résultats de l'émetteur.

– un tableau indiquant les variations des capitaux propres ;
– un tableau des flux de trésorerie ;
– une annexe.

> **Précisions** **Contenu** L'annexe peut ne comporter qu'une sélection des notes annexes les plus significatives. Elle comporte au moins suffisamment d'informations et d'explications pour que le lecteur soit correctement informé de toute modification sensible des montants et des évolutions survenues durant le semestre concerné, figurant dans le bilan et le compte de résultat.

Pour assurer la comparabilité, ces comptes comportent :
– le bilan à la fin de la période intermédiaire concernée et le bilan à la date de clôture de l'exercice précédent ;
– le compte de résultat cumulé du début de l'exercice à la fin de la période intermédiaire, le compte de résultat pour la même période de l'exercice précédent, ainsi que le compte de résultat de l'exercice précédent ;
– le tableau des variations de capitaux propres cumulées du début de l'exercice à la fin de la période intermédiaire, ainsi que le tableau des variations de capitaux propres de l'exercice précédent ;
– un tableau des flux de trésorerie cumulés du début de l'exercice à la fin de la période intermédiaire, ainsi que le tableau des flux de l'exercice précédent.

Si le résultat par action est publié dans les comptes de l'exercice, il l'est également dans les comptes intermédiaires.

65630 **Contenu du rapport semestriel d'activité** Le rapport semestriel d'activité indique au moins (Règl. gén. AMF art. 222-6) :

I. Les **événements importants** survenus pendant les six premiers mois de l'exercice et leur incidence sur les comptes semestriels.

II. Une description **des principaux risques et incertitudes** pour les six mois restants de l'exercice.

III. Pour les **émetteurs d'actions,** les **principales transactions avec les parties liées** (voir n° 35075), en mentionnant au moins les informations suivantes :
– les transactions entre parties liées qui ont eu lieu durant les six premiers mois de l'exercice en cours et ont influé significativement sur la situation financière ou les résultats de l'émetteur durant les six premiers mois ;
– toute modification affectant les transactions entre parties liées décrites dans le dernier rapport annuel qui pourrait influer significativement sur la situation financière ou les résultats de l'émetteur durant les six premiers mois de l'exercice en cours.

> **Précisions** Émetteurs d'actions non tenus d'établir des comptes consolidés Selon le règlement général de l'AMF (art. 222-6), ils rendent publiques au moins les transactions entre parties liées mentionnées à l'article R 233-14 10° du Code de commerce (abrogé par décret 2015-903 du 23-7-2015), c'est-à-dire les **engagements consentis à l'égard d'entités liées.** Cette information initialement prévue dans l'article R 233-14 du Code de commerce ayant été reprise à droit constant dans le PCG (art. 833-18/1), elle reste, à notre avis, applicable.

65635 **Déclaration des responsables** Le rapport financier semestriel comprend une déclaration des personnes physiques (identifiées par leurs noms et fonctions) qui en assument la responsabilité (Règl. gén. AMF art. 222-4). Ils attestent qu'à leur connaissance les comptes sont établis conformément aux normes comptables applicables et donnent une image fidèle du patrimoine, de la situation financière et du résultat de l'émetteur, ou de l'ensemble des entreprises comprises dans la consolidation et que le rapport semestriel d'activité présente un tableau fidèle des informations mentionnées par le Règl. gén. AMF art. 222-6 (informations devant figurer dans le rapport semestriel d'activité, voir n° 65630).

> **Précisions** Un modèle d'attestation de responsabilité du rapport financier semestriel a été publié par l'AMF (Position-recommandation AMF 2016-05 – Guide de l'information périodique des sociétés cotées sur un marché réglementé, § 9.3).

DÉLAIS ET MODALITÉS DE PUBLICATION (SOCIÉTÉS COTÉES SUR UN MARCHÉ RÉGLEMENTÉ)

65670 Le **rapport financier semestriel** est mis en ligne sur le site de l'émetteur et déposé auprès de l'AMF sous format électronique simultanément à sa diffusion, dans les **trois mois** qui suivent la fin du 1er semestre de leur exercice (C. mon. fin. art. L 451-1-2 III).

Depuis le 28 juillet 2023, les émetteurs ont la possibilité de déposer leur rapport financier semestriel (« RFS ») ainsi que leur document d'enregistrement valant RFS, au format ESEF (Position-recommandation 2016-05 – Guide de l'information périodique des sociétés cotées sur un marché réglementé, § 9.4.1 et 9.4.2). Pour plus de détails sur le format ESEF, voir n° 65260.

> **Précisions** Les sociétés n'ont pas l'obligation de déposer en format papier une version du rapport signée par les personnes qui en assument la responsabilité. L'AMF recommande que les sociétés veillent à ce que la diffusion du rapport financier semestriel intervienne dans un délai très court après la signature de l'attestation (Position-recommandation 2016-05 – Guide de l'information périodique des sociétés cotées sur un marché réglementé, § 9.4). En outre, il incombe aux sociétés de diffuser par voie électronique, dès l'arrêté des comptes, un communiqué présentant les résultats semestriels (Position AMF précitée, voir n° 81510).

Ce rapport constitue une information réglementée (Règl. gén. AMF art. 221-1, 1° b). Sur les modalités de diffusion de cette information, voir n° 81385 s.

L'émetteur tient le rapport financier semestriel à la disposition du public pendant au moins 10 ans (C. mon. fin. art. L 451-1-2).

CONTENU (SOCIÉTÉS COTÉES SUR UN MARCHÉ NON RÉGLEMENTÉ)

65675 Le rapport semestriel des sociétés cotées sur Euronext Growth (voir n° 80900), ainsi que sur Euronext Access + (voir n° 80900) doit comprendre (Règles de marché Euronext Growth § 4.2.1 ; Règles de marché Euronext Access § 3.2.2) :
– les états financiers semestriels, consolidés, le cas échéant (voir n° 65385 s.) ;
– ainsi qu'un rapport d'activité afférent à ces états financiers semestriels.

Les règles de marché Euronext Growth précisent que le rapport d'activité doit comporter au moins les transactions effectuées avec des parties liées au cours de l'exercice qui ont eu une influence significative sur la situation financière ou les résultats de l'émetteur sur la période en question, ainsi que tout changement affectant les transactions avec des parties liées décrites dans le précédent rapport susceptibles d'affecter significativement la situation financière de l'émetteur sur l'année en cours (Règles de marché Euronext Growth § 4.2.3).

Le rapport d'activité peut également, à notre avis, expliquer la performance de la société sur les six premiers mois par rapport à l'exercice précédent, les faits marquants et les perspectives sur le reste de l'exercice.

II. INFORMATION TRIMESTRIELLE OU INTERMÉDIAIRE DES SOCIÉTÉS COTÉES SUR EURONEXT

I. Une information facultative Il n'y a en France aucune obligation de publication de comptes trimestriels. Toutefois, rien n'en interdit la publication.

65690

> **Précisions 1. Publication stable dans le temps** La décision de publier une information financière trimestrielle ou intermédiaire relève donc de la seule responsabilité de l'émetteur qui apprécie l'opportunité d'une telle publication au regard de ses caractéristiques propres et de l'environnement dans lequel il évolue. Dans son guide de l'information périodique des sociétés cotées sur un marché réglementé (Position-recommandation 2016-05, § 10), l'AMF recommande aux sociétés d'adopter une **ligne de conduite claire et stable dans le temps** sur ce sujet et de la présenter dans le calendrier de publication qu'elles communiquent sur leur site internet en début d'année.
> **2. Sociétés cotées sur Euronext Growth et Euronext Access +** L'AMF invite ces sociétés à respecter les positions et recommandations relatives à l'information trimestrielle (Position-recommandation précitée, § 20.1).

a. Lorsqu'un émetteur décide de publier une information trimestrielle ou intermédiaire Dans ce cas, l'AMF rappelle que cette communication doit respecter les principes applicables à la communication financière :
– l'information donnée doit être **exacte, précise et sincère** (Règl. gén. AMF art. 223-1) ;
– le principe d'égalité d'accès à l'information entre les différentes catégories d'investisseurs et entre pays doit être respecté.

> **Précisions** Si une société communique une information financière trimestrielle ou intermédiaire à certains investisseurs, analystes ou partenaires financiers, dans quelque pays que ce soit, cette information doit être immédiatement portée à la connaissance du public sous la forme d'un communiqué (voir n° 81385 s.).

b. Lorsqu'un émetteur décide de ne pas publier une telle information L'AMF recommande de déterminer si l'information dont l'émetteur dispose est constitutive ou non d'une **information privilégiée** telle que définie par le règlement général de l'AMF (voir n° 81510). Si tel est le cas, cette information **doit, dès que possible, être portée à la connaissance du public** en application de son obligation d'information permanente des émetteurs (voir n° 81480 s.).

II. Un format libre Le format de l'information financière trimestrielle ou intermédiaire est laissé à l'appréciation des émetteurs. L'AMF recommande toutefois que l'information financière trimestrielle ou intermédiaire soit accompagnée d'un commentaire indiquant les **conditions dans lesquelles l'activité a été exercée,** ainsi que les **opérations et les événements importants du trimestre** ou de la période.

> **Précisions 1. Recommandation applicable** Les émetteurs peuvent, à notre avis, utilement se référer à la recommandation des associations professionnelles publiée en décembre 2006 (Position Afep, Ansa, Cliff, Medef, Middlenext et SFAF relative à l'information financière trimestrielle – Principes de communication et éléments à publier en matière d'information financière trimestrielle).
> **2. Opérations et événements importants** Selon cette recommandation « les opérations et événements importants s'entendent au sens de l'information permanente visée par le règlement général de l'AMF » (Règl. gén. AMF art. 223-1 s.), ce qui conduit à reprendre dans le cadre de l'information trimestrielle (ou intermédiaire) la description d'événements de la période considérée qui ont déjà fait l'objet d'une communication à ce titre.

Par ailleurs, l'AMF recommande dans son guide précité sur l'information périodique (Position-recommandation 2016-05) :
– que les indicateurs trimestriels chiffrés présentés suivent les principes comptables appliqués par le groupe afin de ne pas être déconnectés des comptes consolidés ou individuels qui seront établis ultérieurement ;
– aux émetteurs ayant recours à des agrégats de performance qui ne ressortent pas directement de l'application des normes IFRS et/ou de la lecture des comptes, de se référer à la position n° 2015-12 de l'AMF sur les indicateurs alternatifs de performance (voir n° 81565).

SECTION 5 — DOCUMENTS LIÉS À LA PRÉVENTION DES DIFFICULTÉS DES ENTREPRISES

65695 Dans le cadre de la prévention des difficultés des entreprises, certaines entreprises peuvent avoir à établir des documents comptables (autres que les comptes annuels).
Certaines entreprises peuvent également devoir établir un tableau de financement en application du PCG (voir n° 64690).

> **Précisions** **Notes d'information de la CNCC** La CNCC a consacré à ces documents deux Notes d'information (NI n° 10 « Les documents d'information financière et prévisionnelle », déc. 1987 et NI.III « Continuité d'exploitation de l'entité : prévention et traitement des difficultés – Alerte du commissaire aux comptes », 2ᵉ édition, avril 2022) dont nous reprenons ci-après les points essentiels.

I. GÉNÉRALITÉS (CONCERNANT L'ENSEMBLE DES DOCUMENTS)

ENTREPRISES CONCERNÉES ET SEUILS

65715 **Entreprises concernées** Il s'agit des entreprises ou groupements suivants, dépassant certains seuils (voir n° 65720) :
– sociétés commerciales (C. com. art. L 232-2) ;
– personnes morales de droit privé non commerçantes ayant une activité économique (C. com. art. L 612-2) ; sur la nature et les obligations de ces personnes, voir n° 3180 ;
– établissements publics de l'État ayant une activité industrielle ou commerciale (Loi du 1-3-1984 art. 32) ;
– entreprises nationales (Loi du 1-3-1984 art. 32) ;
– GIE (voir spécificités n° 73655) et GEIE.

> **Précisions** **1. Sont également concernées :**
> – les **entreprises n'ayant pas de comité social et économique** (par exemple, les holdings) : celles répondant à l'un des deux seuils énoncés ci-après sont, à notre avis, concernées (en ce sens, Bull. CNCC n° 62, juin 1986, EJ 86-33, p. 212, réponse portant sur les comités d'entreprise) ;
> – les **sociétés coopératives agricoles** (C. rur. art. R 524-19) lorsqu'elles atteignent au moins l'un des deux seuils énoncés ci-après ;
> – les **mutuelles** lorsqu'elles sont régies par le Code de la mutualité et qu'elles atteignent au moins l'un des deux seuils énoncés ci-après. Lorsqu'elles sont régies par le Code des assurances ; Bull. CNCC n° 148, décembre 2007, EJ 2007-86, p. 614 s., et n° 151, septembre 2008, EJ 2008-25, p. 562 s.
> **2. Sont exclus** les **établissements français de sociétés étrangères** (succursale, agence, etc.), à la différence des filiales françaises de sociétés ou groupes étrangers.

Seuils (C. com. art. R 232-2 et R 612-3 ; décret du 1-3-1985 art. 34 modifié) L'ensemble des entreprises énumérées ci-avant est tenu d'établir les documents prévus (voir ci-après n° 65735) lorsque, à la clôture de l'exercice social, elles atteignent **au moins l'un** des deux critères suivants.

65720

> **Précisions** Les sociétés suivantes sont néanmoins concernées sans que les critères de taille indiqués ci-après ne leur soient applicables :
> – les **entreprises ayant retenu le système développé** (PCG art. 810-7 ; voir n° 64690) ;
> – les **entreprises d'assurance** (autres que celles régies par le Code de la mutualité), **de réassurance et les établissements de crédit** (Loi 84-148 du 1-3-1984 art. 59), les critères de taille indiqués ci-après devant être ultérieurement adaptés par décrets non encore parus à ce jour. Ainsi, dans tous les cas, ces établissements ou entreprises doivent attendre les directives de leurs organismes de tutelle respectifs (CCLRF, CCSF) non encore parues à ce jour. L'absence d'établissement des documents liés à la prévention des difficultés des entreprises a été confirmée par la CNCC pour les mutuelles régies par le Code des assurances (Bull. CNCC n° 151, septembre 2008, EJ 2008-25, p. 562 s.), voir ci-avant ;
> – les **organismes collecteurs de la participation des employeurs à l'effort de construction** (CCH art. L 313-8).

Un seul critère suffit donc. Ces critères sont à apprécier **à la clôture** de chaque exercice social.

> **Précisions** Si un seuil est dépassé du fait d'une durée d'exercice supérieure à douze mois, les documents doivent néanmoins être établis (en ce sens, Bull. CNCC n° 158, juin 2010, EJ n° 2009-185, p. 428 s. En sens contraire, Ansa, mai-juin 1995, CJ n° 330.

S'ils sont atteints, les documents prévus doivent être établis après cette clôture (sans attendre l'assemblée générale qui constatera le dépassement de seuil, Bull. CNCC n° 165, mars 2012, EJ n° 2011-83, p. 140 s.), selon le calendrier exposé ci-après (n° 65745).

Les entreprises cessent d'être assujetties à cette obligation lorsqu'elles ne remplissent aucune de ces conditions pendant **deux exercices successifs** : si les seuils ne sont pas atteints en N–1 et N, l'obligation cesse dès la clôture de l'exercice N (Bull. CNCC précité).

I. Nombre de salariés égal ou supérieur à 300 Pour le calcul du nombre des salariés, il convient de prendre en compte les salariés permanents liés **à la société et aux sociétés dont cette dernière détient directement ou indirectement plus de la moitié du capital** (C. com. art. R 232-2, al. 3). Les salariés permanents à prendre en considération sont les salariés (C. com. art. D 210-21 renvoyant à C. com. art. D 123-200) :
– titulaires d'un contrat à durée indéterminée ;
– et employés à temps plein.

Le nombre des salariés à retenir correspond à la moyenne de personnes employées au cours de chacun des mois de l'année civile précédente ou du dernier exercice comptable lorsque celui-ci ne correspond pas à l'année civile précédente (CSS art. L 130-1 sur renvoi de C. com. art. D 123-200).

> **Précisions** L'effectif doit être évalué en tenant compte, à notre avis :
> – des salariés de toutes les filiales (en ligne directe) ; il convient sur ce point d'interpréter littéralement l'article R 232-2 du Code de commerce et de prendre en considération la détention de la majorité du capital et non celle de la majorité des droits de vote (NI CNCC n° 10, p. 13) ;
> – des salariés de l'ensemble des sous-filiales (dont plus de la moitié du capital est détenu par une ou plusieurs filiales ou sous-filiales de la société concernée).
> Les effectifs des filiales étrangères sont également à prendre en compte.
> Les apprentis, travailleurs temporaires et titulaires de contrat à durée déterminée ne sont pas à prendre en compte (NI CNCC n° 10, p. 12). En revanche, dès lors que leur contrat est à durée indéterminée, sont à notre avis à retenir dans l'effectif les VRP multicartes et ce, dans chacune des entreprises avec lesquelles ils sont liés.

II. Montant net du chiffre d'affaires (ou des ressources) égal ou supérieur à 18 millions d'euros Le montant net du **chiffre d'affaires** s'entend comme le montant des ventes de produits ou services liés à l'activité courante de la société diminué des réductions sur ventes, de la taxe sur la valeur ajoutée et des taxes assimilées (C. com. art. R 232-2, al. 4). Il n'est pas possible de retenir un chiffre d'affaires différent de celui figurant dans le compte de résultat des comptes annuels (NI CNCC n° 10, p. 14).

Il s'agit du chiffre d'affaires « stricto sensu » de la société indépendamment des détentions dans d'autres sociétés (à l'inverse du critère « effectif »).

> **Précisions** Le montant des **ressources** à retenir pour les personnes morales de droit privé non commerçantes ayant une activité économique est égal au montant des cotisations, subventions et produits de toute nature liés à l'activité courante (C. com. art. R 612-1).

ÉTABLISSEMENT DE CES DOCUMENTS

65735 **Documents concernés** Il s'agit des 4 documents suivants (C. com. art. L 232-2) :
a. Documents prospectifs :
- le compte de résultat prévisionnel (voir n° 66285 s.) ;
- le plan de financement prévisionnel (voir n° 66440 s.).

b. Documents rétrospectifs :
- la situation de l'actif réalisable et disponible et du passif exigible (voir n° 66170 s.) ;
- le tableau de financement (voir n° 65855 s.).

> **Précisions** Le tableau de financement est compris dans l'annexe des comptes sociaux dès que le système développé est retenu (PCG art. 810-7 ; voir n° 64690).

65738 **Rapports d'analyse** Les 4 documents énumérés ci-avant sont analysés dans des rapports écrits sur l'évolution de la société ou du groupement (C. com. art. L 232-3 et L 232-4).
Un rapport unique portant sur les 4 documents semble possible. La CNCC (NI n° 10, p. 45 s.) propose d'ailleurs un modèle de rapport d'analyse commun aux 4 documents selon le plan suivant.

I. Principes comptables à mettre en œuvre :
a. Règles et méthodes comptables retenues :
- référence aux règles et méthodes retenues pour la préparation des comptes annuels ;
- différences éventuelles avec les comptes annuels (nature des retraitements) ;
- modalités de présentation des différents documents.
b. Changements de méthodes comptables :
- relatifs au dernier exercice clos (nature, justifications et incidences) ;
- envisagés pour l'exercice en cours (nature, justifications et incidences).

II. Documents rétrospectifs et commentaires (voir n° 66285 s. et 66440 s.).

III. Documents prospectifs et commentaires (voir n° 66170 s. et 65855 s.).

65740 **Personnes chargées de leur établissement** Il s'agit :
- **du conseil d'administration ou du directoire**, pour les SA et entreprises publiques (C. com. art. L 232-2 et loi du 1-3-1984 art. 32) ;

> **Précisions** L'alignement des délais d'établissement des différents documents permet au conseil d'administration d'arrêter l'ensemble de ces documents au cours d'**une seule réunion.**

- **du président** de la SAS ou celui **ou** ceux de ses **dirigeants** que les statuts désignent à cet effet (C. com. art. L 227-1, al. 3) ;
- **des gérants,** pour les autres sociétés commerciales (C. com. art. L 232-2) ;
- **des administrateurs,** pour les GIE (C. com. art. L 251-13) ;
- **des dirigeants statutaires** des personnes morales non commerçantes exerçant une activité économique (C. com. art. L 612-1 s.).

65745 **Délais d'établissement** Doivent être établis (C. com. art. R 232-3) :
a. Entre le début de l'exercice et la fin du 4ᵉ mois :
- le compte de résultat prévisionnel de l'exercice ;
- le plan de financement prévisionnel de l'exercice ;
- la situation de l'actif et du passif du 2ᵉ semestre de l'exercice précédent ;
- le tableau de financement et ce, en même temps que les comptes annuels.
Sur le lien entre l'annexe et le tableau de financement, voir n° 64690.
Toutefois, pour les SA à directoire, les comptes annuels devant être établis dans un délai de 3 mois après la clôture (C. com. art. L 225-68, al. 5 et R 225-55), il doit, en principe, en être de même pour le tableau de financement (les autres documents pouvant être établis dans les 4 mois).

b. Entre le début du 7ᵉ mois et la fin du 10ᵉ mois :
- la révision du compte de résultat prévisionnel de l'exercice ; il s'agit d'une révision du compte de résultat prévisionnel portant sur l'exercice et non d'un deuxième compte de résultat prévisionnel portant sur le deuxième semestre de l'exercice ;
- la situation de l'actif et du passif du 1ᵉʳ semestre de l'exercice.

> **Précisions** **Durée d'exercice réduite** Si l'entreprise a réduit sa durée d'exercice, ces éléments peuvent, à notre avis, le cas échéant, ne pas être produits et seront alors remplacés par de nouveaux documents établis entre le début du nouvel exercice et la fin du 4ᵉ mois.

Principes d'établissement (permanence des méthodes) Les règles de présentation et les méthodes utilisées pour l'élaboration des documents mentionnés à l'article R 232-3 du Code de commerce ne peuvent être modifiées d'une période à l'autre sans qu'il en soit justifié dans les rapports mentionnés à l'article précédent ; ces derniers décrivent l'incidence de ces modifications (C. com. art. R 232-5).

Pour le compte de résultat prévisionnel, les principes doivent être **les mêmes que** ceux retenus pour **les comptes annuels** (voir n° 66325).

65750

COMMUNICATION DE CES DOCUMENTS

Destinataires Chaque document (et le rapport qui s'y attache ; C. com. art. R 232-6) est communiqué simultanément (C. com. art. L 232-3 et L 232-4) :

65755

a. au commissaire aux comptes, s'il en existe (sur les nouveaux seuils de désignation, voir n° 85000) ;

b. au comité social et économique (voir Mémento Sociétés commerciales n° 76077) ;

c. et au conseil de surveillance (le cas échéant).

> **Fiscalement** Ces documents n'ont en principe **pas** à être **transmis à l'administration,** ne s'agissant pas de documents comptables justifiant le calcul d'impôts, droits, taxes et redevances (au sens des articles L 10 et L 13 du LPF).
> Sur le cas particulier du compte de résultat prévisionnel révisé, voir n° 66350.

Caractère interne et confidentiel Il convient de bien noter que, **contrairement aux comptes annuels,** ces documents ne sont transmis ni aux associés ni au public et sont donc **internes à l'entreprise** (sauf le tableau de financement, s'il est inclus par la société dans l'annexe des comptes annuels, voir n° 64690).

65757

Ils n'ont pas à être déposés au greffe ni à faire l'objet d'une publication au Balo.

> **Précisions** Selon le garde des Sceaux (Rép. Millon : AN 12-1-1987 n° 4961), « les règles actuelles de diffusion des documents liés à la prévention des difficultés des entreprises (C. com. art. L 232-3 et L 232-4) permettent de conserver à ces documents un caractère confidentiel. En effet, leur publication (notamment à l'attention des actionnaires) est exclue, le législateur ayant préféré qu'ils soient communiqués aux commissaires aux comptes (s'il en existe), soumis au secret professionnel. De même, leur communication au comité d'entreprise (ou CSE, voir n° 80280) n'entame pas leur confidentialité puisque l'article L 2323-13 du Code du travail (désormais C. trav. art. L 2312-25) a expressément réputé confidentielles les informations contenues dans ces documents. Toutefois, la communication, dans ces documents, d'informations prévisionnelles constitue l'un des éléments permettant aux commissaires aux comptes de mieux apprécier l'opportunité de déclencher la procédure d'alerte » (voir n° 60820).

Délais de communication Ces documents et rapports doivent être communiqués **dans les 8 jours de leur établissement** (C. com. art. R 232-6) et non pas systématiquement dans les délais maximums (par rapport à la clôture de l'exercice) de 4 mois + 8 jours et de 10 mois + 8 jours (voir n° 65745).

65760

> **Précisions** Selon la CNCC (NI n° 10, p. 17), la simultanéité de cette communication aux différents destinataires ne signifie pas le même jour à la même heure, ce qui en pratique peut ne pas s'avérer évident ; la simultanéité est assurée par le délai lui-même qui est court (8 jours).

Modalités de la communication En ce qui concerne la communication :

a. Au conseil de surveillance, deux solutions sont envisageables : soit les documents et les rapports correspondants sont adressés au président du conseil de surveillance et ce dernier assure ensuite leur transmission à tous les membres du conseil, soit ils sont adressés à chaque membre du conseil de surveillance (NI CNCC n° 10, p. 18 s.).

b. Au comité social et économique, elle n'entraîne pas l'obligation de le réunir. Les documents sont mis à sa disposition via la base de données économiques, sociales et environnementales (BDESE, voir n° 80280 I.). Il pourra ensuite déterminer la suite à donner à cette communication et notamment inscrire à l'ordre du jour d'une prochaine réunion du comité l'examen des documents ainsi mis à sa disposition, examen en vue duquel l'article L 2315-88 du Code du travail prévoit la possibilité, pour le comité, de se faire assister d'un expert-comptable de son choix.

SANCTIONS ET RESPONSABILITÉS

Dirigeants **Aucune sanction pénale** n'est prévue à leur encontre, **mais** leur **responsabilité civile** pourra être engagée dans les conditions de droit commun.

65770

En fonction de l'appréciation par le juge de son caractère intentionnel, le simple retard dans la communication (non-respect du délai de huit jours prévu par l'article R 232-6 du Code de commerce) peut être ou non susceptible de tomber sous le coup des dispositions de l'article L 2328-1 du Code du travail (délit d'entrave ; voir Mémento Social n° 62700 et 62705).

S'agissant en revanche de la qualité, et non de la réalité, des informations contenues dans les documents et rapports, on peut considérer en l'état actuel de la jurisprudence, et sauf fraude à la loi, que celle-ci ne saurait justifier à elle seule une condamnation au titre du délit d'entrave.

Comité social et économique Il n'est pas assujetti au secret professionnel. Cependant, les informations relatives aux documents de gestion sont réputées, par la loi, confidentielles, ce qui l'astreint à une **obligation de discrétion** (C. trav. art. L 2315-3). Sont également assujettis à cette obligation les experts assistant le CSE (C. trav. art. L 2315-84). Pour plus de détails, voir Mémento social n° 8940.

Commissaire aux comptes Il est assujetti au **secret professionnel** pour toutes les informations recueillies dans l'accomplissement de ses missions (C. com. art. L 822-15, al. 2 ; sur les sanctions pénales prévues en cas de non-respect du secret professionnel, voir FRC 12/23 Hors série inf. 30.7) et par conséquent pour celles contenues dans les documents d'information financière et prévisionnelle. Il **n'a pas à révéler au procureur de la République** l'absence ou les inexactitudes contenues dans les documents d'information financière et prévisionnelle ; ces irrégularités ne paraissent pas, en effet, constituer des faits délictueux. L'article L 820-7 du Code de commerce (voir FRC 12/23 Hors série inf. 30.5) pourrait éventuellement être appliqué :
– dans la mesure où il s'agit de prévisions comptables et financières manquant totalement de vraisemblance et constituant des mensonges ;
– et si, par ailleurs, le commissaire aux comptes a connaissance du caractère erroné de ces prévisions financières.

CONTRÔLE DE CES DOCUMENTS

65780 Sur le contrôle de ces documents par le commissaire aux comptes, voir FRC 12/23 Hors série inf. 100.

II. TABLEAU DE FINANCEMENT ET RAPPORT JOINT

A. Établissement, présentation et contrôle

DÉLAI ET PÉRIODICITÉ D'ÉTABLISSEMENT

65855 Le tableau de financement est établi **annuellement** en même temps que les comptes annuels dans les **quatre mois qui suivent la clôture** de l'exercice écoulé (C. com. art. R 232-3). À ce document doit être **joint un rapport écrit** (C. com. art. L 232-3).

En revanche, pour les SA à directoire, les comptes annuels devant être établis dans un délai de 3 mois après la clôture (C. com. art. L 225-68, al. 5 et R 225-55), il doit, en principe, en être de même pour le tableau de financement.

TABLEAU DE FINANCEMENT

65860 Il présente les caractéristiques suivantes (NI CNCC n° 10) :

I. Il décrit la manière dont, au cours d'une période, les ressources dont a disposé l'entreprise ont permis de faire face à ses besoins ; il fait apparaître les moyens de financement (C. com. art. R 232-5).

Il a pour objet de faire apparaître la contribution de chaque fonction (exploitation, investissement, financement) à la variation de trésorerie (Avis PC n° 30, remplaçant la Rec. OEC n° 1.22, voir n° 66075 s.).

II. Il comporte les chiffres de l'exercice et ceux de l'exercice précédent (C. com. art. R 232-5).

> **Précisions** Toutefois, une société qui établit pour la **première fois** ces documents compte tenu d'un dépassement de seuil peut, à notre avis :
> – soit reconstituer les chiffres des périodes antérieures en indiquant qu'ils n'ont fait l'objet d'aucun examen de la part des commissaires aux comptes ;
> – soit ne pas reconstituer les données antérieures.

III. Il n'y a pas de **modèle obligatoire**.

> **Précisions** Divers modèles de tableaux de financement ont été établis par différents organismes. On citera notamment (sans ordre particulier) :
> — la Centrale de bilans de la Banque de France qui a établi également un tableau de données globales, Flux (voir modèle n° 66470) ;
> — le PCG (qui s'inspire en partie des travaux de la Centrale des bilans de la Banque de France) ;
> — l'OEC (Avis PC n° 30, remplaçant la Rec. n° 1.22) propose, outre un tableau de financement analysant la variation du fonds de roulement, un tableau de financement analysant la variation de trésorerie (voir n° 66075 s.) ;
> Sur l'obligation d'utiliser ce modèle de tableau pour les comptes consolidés, voir n° 66075 s.
> — les centres de gestion agréés qui fournissent à leurs adhérents un modèle ;
> — l'IASB, dont la norme IAS 7 explicite les modalités d'établissement du tableau de flux de trésorerie et dont l'OEC (voir ci-avant) s'est inspiré.

Dans le cadre de cet ouvrage, nous avons choisi de présenter :
— **le tableau de financement du PCG en précisant les aspects pratiques de sa réalisation** (voir n° 65925 s.) ;
— **le tableau de trésorerie de l'OEC** (voir n° 66075 s.).

IV. Les **règles** de présentation et les méthodes utilisées **ne peuvent être modifiées** d'une période à l'autre sans qu'il en soit justifié dans le rapport accompagnant ce document et l'incidence de ces modifications décrite (C. com. art. R 232-5).

RAPPORT JOINT AU TABLEAU DE FINANCEMENT

65865 Sur la possibilité d'établir un rapport unique pour les 4 documents liés à la prévention des difficultés des entreprises, voir n° 65738.

65870 Il complète et commente l'information donnée en décrivant les conventions comptables et les méthodes utilisées (C. com. art. R 232-4).
À notre avis, il indique :
— la référence au modèle employé ;
— les options retenues ;
— les variations significatives de la période, avec des commentaires ;
— les justifications et incidences concernant les changements de méthodes et de présentation ;
— éventuellement les écarts importants par rapport au plan de financement prévisionnel établi l'exercice précédent, avec des commentaires ;
— des compléments d'information (notamment contrats de crédit-bail, détermination de la capacité d'autofinancement), mais en général ces compléments pourront être limités car ces informations se trouvent normalement dans l'annexe des comptes annuels établie à la même époque.

CONTRÔLE PAR LE COMMISSAIRE AUX COMPTES

65875 Sur les règles générales, communes à l'ensemble des documents liés à la prévention des difficultés des entreprises, voir FRC 12/23 Hors série inf. 99.
Sont développés ci-après les points spécifiques au tableau de financement et au rapport joint.
La Note d'information CNCC NI.III « Continuité d'exploitation de l'entité : prévention et traitement des difficultés – Alerte du commissaire aux comptes » (avril 2022, § 2.31.1. B. b.) indique que, pour les documents à caractère rétrospectif (dont fait partie le tableau de financement), le commissaire aux comptes peut notamment vérifier :
— la pertinence de la présentation des documents établis par l'entité et des méthodes retenues pour leur établissement ;
— la concordance des éléments chiffrés contenus dans ces documents avec les données de la comptabilité dont ils sont issus.

B. Élaboration du tableau (tableau des emplois et des ressources)

CONCEPTION GÉNÉRALE ET MODÈLE (PCG)

65925 Selon les précisions du PCG 82 (p. II.99), le tableau des emplois et des ressources de l'exercice (ou tableau de financement) est établi de façon à permettre l'analyse des mouvements

65925
(suite)

comptables affectant le patrimoine de l'entreprise. Il est construit au moyen des informations qui sont identifiées et classées dans les nomenclatures comptables. Il est détaillé autant que de besoin à partir des mouvements débiteurs et créditeurs qui ont affecté les comptes au cours de l'exercice.

Ce tableau peut notamment décrire :
– le financement des investissements et les variations du fonds de roulement ;
– les moyens de trésorerie et l'emploi qui en a été fait.

Le regroupement des flux de l'exercice peut s'opérer dans un modèle du type « tableau de financement » qui assure la liaison financière entre le bilan d'ouverture et le bilan de clôture à partir de la capacité d'autofinancement de l'exercice.

Il s'agit d'une **analyse fonctionnelle** par rapport aux divers types **de flux** : les créances et les dettes ne sont pas distinguées selon leur terme (plus ou moins d'un an) mais en fonction de leur relation (ou non-relation) avec le **cycle d'exploitation**.

Le tableau ne fait apparaître que des **flux financiers**.

Par exemple, n'apparaîtront pas les incidences d'une réévaluation, les dotations et reprises de provisions, les virements de poste à poste au sein des immobilisations ou des capitaux propres, etc.

Ce tableau comporte deux parties :

I. Tableau des emplois et des ressources (tableau de financement I)

Ce tableau (voir modèle pages suivantes) fait apparaître :
– les **emplois** de l'exercice, que ce soit, notamment :
• pour l'acquisition des investissements physiques ou financiers,
• pour le remboursement d'emprunts antérieurs,
• pour le financement du fonds de roulement (besoins nouveaux liés au développement de l'activité de l'entreprise) ;
– les **ressources** de l'exercice :
• la capacité d'autofinancement,
• le produit des désinvestissements,
• l'augmentation des fonds propres,
• le recours à l'extérieur (emprunts obligataires ou recours au système bancaire…) ;
– l'incidence finale de l'ensemble des opérations sur le **fonds de roulement de l'entreprise.**

Dans cette optique, le fonds de roulement net global est égal à :

Capitaux propres + Amortissements, dépréciations et provisions – Actif immobilisé + Dettes financières.

Il s'agit d'un tableau minimum dans lequel :
– les opérations de fusion, scission, cession partielle d'actif ne sont pas isolées ;
– les immobilisations utilisées par l'entreprise sous forme de crédit-bail ne sont pas comprises dans les emplois stables.

Des commentaires détaillés (poste par poste) sont fournis avec le modèle du tableau, pour les ressources au n° 65955 s. et, pour les emplois au n° 65995 s.

II. Tableau des variations du fonds de roulement net global (tableau de financement II)

L'intérêt de ce tableau (voir modèle pages suivantes) réside dans la ventilation de la variation du fonds de roulement net global entre :
– variations « Exploitation » ;
– variations « Hors exploitation » ;
– variations « Trésorerie ».

Cette analyse permet notamment :
– d'isoler la formation du **besoin en fonds de roulement d'exploitation** qui, se renouvelant sans cesse, prend ainsi le caractère d'un véritable investissement, alors que les variations hors exploitation présentent habituellement un caractère exceptionnel ;
– de mettre en évidence les **variations de la trésorerie.**

La variation nette du fonds de roulement est égale et de sens contraire au solde entre les ressources et les emplois (analysés dans la première partie).

Des **commentaires détaillés** (poste par poste) sont fournis avec le modèle du tableau au n° 66025.

> **Précisions** Impacts du règlement ANC n° 2022-06 relatif à la modernisation des états financiers Le règlement relatif à la modernisation des états financiers et de la nomenclature des comptes (en cours d'homologation), applicable de façon obligatoire aux exercices ouverts à

compter du 1ᵉʳ janvier 2025 (avec une possibilité pour les entreprises de procéder à une application anticipée à compter de sa date de publication au Journal officiel), propose désormais des modèles de tableau de financement sous la forme d'un tableau des emplois et des ressources (voir n° 65925) ou d'un tableau des flux de trésorerie (voir n° 66075). L'ANC préconise d'utiliser un tableau des flux de trésorerie.

RÈGLES GÉNÉRALES D'ÉTABLISSEMENT

Documents nécessaires Pour établir un tableau de financement, il est nécessaire de disposer : 65930
- du bilan N et du bilan N–1 ;
- du compte de résultat N ;
- de certaines informations qui seront explicitées ci-après et notamment d'une balance par soldes et par mouvements de l'exercice.

Certaines de ces informations ne sont donc pas directement disponibles pour l'analyste extérieur à partir des documents habituellement publiés. Il est alors nécessaire de faire des approximations.

Règles de base 65950

I. En principe, il ne doit pas y avoir de compensation entre :
- les remboursements et les augmentations (créances et dettes) ;
- les acquisitions et les cessions ou réductions (immobilisations et capitaux propres).

II. Options à prendre avant l'établissement du tableau

a. Traitement des opérations ne se traduisant pas par un flux financier

> EXEMPLE
> Augmentation de capital par incorporation de réserves ou abandon de créances, réévaluation, mise en équivalence des titres de participation, virement de poste à poste, etc.

Deux solutions peuvent être envisagées :
- ne pas les prendre en compte, en estimant que le tableau de financement ne doit contenir que les opérations se traduisant effectivement par un flux financier ;
- traduire sous forme d'emplois et de ressources les opérations ayant un impact sur les principales masses financières du bilan.

> **Précisions** En retenant cette conception, le tableau de financement reflètera une augmentation de capital par abandon de créances mais pas une augmentation par incorporation de réserves.

b. Écarts de conversion À notre avis, comme le précisait le PCG 82 (p. II.99), il ne doit pas être tenu compte des écarts de conversion.

En pratique, cela veut dire que les écritures d'ajustement passées à la clôture de l'exercice sur les postes monétaires libellés en devises étrangères (créances rattachées à des participations, prêts, créances clients et créances diverses, dettes financières, dettes d'exploitation, etc.) doivent être annulées. Toutefois, si ces écarts ne sont pas significatifs, il paraît possible de les annuler globalement et de les imputer au poste du bilan le plus concerné.

Quant à la provision pour risques de change, elle n'a pas à faire l'objet d'un traitement particulier, n'ayant été prise en compte ni dans le calcul de la capacité d'autofinancement ni dans la variation du poste de bilan correspondant.

c. Intérêts courus Ce problème est relatif à tous les postes du bilan, puisque chaque poste monétaire du bilan comporte un sous-compte rattaché d'intérêts courus (à payer ou à recevoir).

À notre avis, par simplification, la variation nette de l'exercice sera considérée selon son sens comme un emploi ou comme une ressource, sans distinction entre « principal » et intérêts courus. Dans ce cas, la partie I du tableau sera affectée.

Une autre solution consiste à comprendre la variation de ces postes dans la partie II du tableau de financement (variations des autres débiteurs, variations des autres créanciers), mais elle nécessite d'effectuer la distinction énoncée ci-avant.

d. Autres retraitements

L'OEC propose des retraitements éventuels pour l'établissement du tableau : créances escomptées non échues, créances cédées (Loi Dailly), crédit-bail.

65950 (suite) **MODÈLE DE TABLEAU DES EMPLOIS ET DES RESSOURCES DE L'EXERCICE**
Tableau de financement en compte (I) (PCG art. 842-3 s.)

Emplois	Exercice N	Exercice N-1	Ressources	Exercice N	Exercice N-1
Distributions mises en paiement au cours de l'exercice			Capacité d'autofinancement de l'exercice		
Acquisitions d'éléments de l'actif immobilisé : Immobilisations incorporelles .... Immobilisations corporelles .... Immobilisations financières			Cessions ou réductions d'éléments de l'actif immobilisé : Cessions d'immobilisations : – incorporelles ...... – corporelles ...... Cessions ou réductions d'immobilisations financières		
Charges à répartir sur plusieurs exercices (a) ...... Réduction des capitaux propres (réduction de capital, retraits)			Augmentation des capitaux propres : Augmentation de capital ou apports ...... Augmentation des autres capitaux propres		
Remboursements de dettes financières (b)			Augmentation des dettes financières (b) (c)		
Total des emplois	X	X	**Total des ressources**	X	X
Variation du fonds de roulement net global (ressource nette)			Variation du fonds de roulement net global (emploi net)		
(a) Montant brut transféré au cours de l'exercice. (b) Sauf concours bancaires courants et soldes créditeurs de banques. (c) Hors primes de remboursement des obligations.					

> **Précisions** Le règlement ANC n° 2022-06 relatif à la modernisation des états financiers prévoit de nouveaux modèles de tableaux de financement (voir n° 65925).

MODÈLE DE TABLEAU DES EMPLOIS ET DES RESSOURCES DE L'EXERCICE
Tableau de financement en compte (II)
(PCG art. 842-3 s.)

Variation du fonds de roulement net global	Exercice N			Exercice N–1
	Besoins 1	Dégagement 2	Solde 2 – 1	Solde
Variations « Exploitation » :				
Variations des actifs d'exploitation :				
Stocks et en-cours				
Avances et acomptes versés sur commandes				
Créances clients, comptes rattachés et autres créances d'exploitation (a)				
Variations des dettes d'exploitation :				
Avances et acomptes reçus sur commandes en cours				
Dettes fournisseurs, comptes rattachés et autres dettes d'exploitation (b)				
Totaux	X	X		
A. Variation nette « exploitation » (c)			± X	± X
Variations « hors exploitation » :				
Variation des autres débiteurs (a) (d)				
Variation des autres créditeurs (b)				
Totaux	X	X		
B. Variation nette « hors exploitation » (c)			± X	± X
TOTAL A + B :				
Besoins de l'exercice en fonds de roulement			– X	– X
ou				
Dégagement net de fonds de roulement dans l'exercice			+ X	+ X
Variations « Trésorerie »				
Variations des disponibilités				
Variations des concours bancaires courants et soldes créditeurs de banques				
Totaux	X	X		
C. Variation nette « trésorerie » (c) ...			± X	± X
Variation du fonds de roulement net global (Total A + B + C) :				
Emploi net			–	–
ou				
Ressource nette			+	+

(a) Y compris charges constatées d'avance selon leur affectation à l'exploitation ou non.
(b) Y compris produits constatés d'avance selon leur affectation à l'exploitation ou non.
(c) Les montants sont assortis du signe (+) lorsque les dégagements l'emportent sur les besoins et du signe (–) dans le cas contraire.
(d) Y compris valeurs mobilières de placement (voir n° 66025).

Nota : cette partie II du tableau peut être adaptée au système de base. Dans ce cas, les variations portent sur l'ensemble des éléments ; aucune distinction n'est faite entre exploitation et hors exploitation (voir n° 66025).

> **Précisions** Le règlement ANC n° 2022-06 relatif à la modernisation des états financiers prévoit de nouveaux modèles de tableaux de financement (voir n° 65925).

TABLEAU DE FINANCEMENT (PARTIE I) – RESSOURCES

65955 Il est commenté dans l'ordre des ressources apparaissant sur le tableau.

65975 Capacité d'autofinancement

	Numéro de compte
Excédent (ou insuffisance) **brut(e) d'exploitation** (voir n° 52170)	
+ Transferts de charges (d'exploitation)	+ 7915 [1]
+ Autres produits (d'exploitation)	+ 75 (sauf 755)
– Autres charges (d'exploitation)	– 65 (sauf 655)
± Quotes-parts de résultat sur opérations faites en commun	± (755 – 655)
+ Produits financiers [2]	+ 76 et 796
– Charges financières [3]	– 66
+ Produits exceptionnels [4]	+ 77 (sauf 775 et 777) et 797
– Charges exceptionnelles [5]	– 67 (sauf 675)
– Participation des salariés aux résultats	– 691
– Impôts sur les bénéfices	– 695
= CAPACITÉ D'AUTOFINANCEMENT.	

(1) Il s'agit uniquement des transferts non affectables, voir n° 52200. Sur la suppression des comptes 79 par le Règl. ANC n° 2022-06, voir n° 45500.
(2) Sauf reprises sur dépréciations et provisions.
(3) Sauf dotations aux amortissements, aux dépréciations et aux provisions financiers.
(4) Sauf :
– produits des cessions d'immobilisations ;
– quote-part des subventions d'investissement virée au résultat de l'exercice ;
– reprises sur dépréciations ou provisions exceptionnelles.
(5) Sauf :
– valeur comptable des immobilisations cédées ;
– dotations aux amortissements, aux dépréciations et aux provisions exceptionnels.

> **Précisions** **Capacité d'autofinancement** Elle peut également être obtenue de la manière suivante (dite « additive »), en pratique plus rapide (mais déconseillée par certains car elle n'est pas « pédagogique ») : Résultat net + Charges calculées (hors transfert de charges) – Reprises sur charges calculées ± Résultat sur cessions d'éléments d'actif (– plus-value et + moins-value) – Subventions d'investissement rapportées au résultat. Sur la suppression des comptes 79 par le Règl. ANC n° 2022-06, voir n° 45500.

Le calcul ci-avant s'appuie sur la notion fondamentale (développée par la Centrale de bilans de la Banque de France) de **« revenus répartis »** (ou répartition de la valeur ajoutée globale) qui se schématise par le tableau suivant.

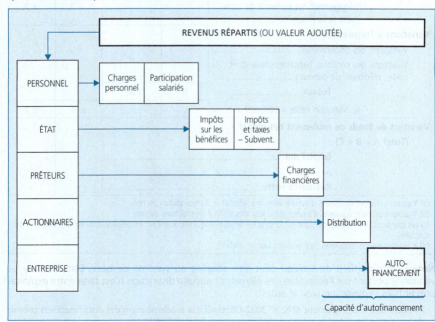

Dans ce concept, **l'autofinancement représente ce qui reste à l'entreprise, une fois rémunéré l'ensemble de ses partenaires** (personnel, État, prêteurs et actionnaires).

Selon la centrale des bilans BdF : « L'autofinancement doit tout d'abord permettre à l'entreprise de se maintenir en couvrant, notamment, la consommation de capital (amortissements) et les risques réels de pertes et de charges (dépréciations et provisions) ; il doit également lui permettre de financer une part de sa croissance. Toute baisse prolongée de la marge d'autofinancement (autofinancement : revenus répartis) est dangereuse car elle place l'entreprise dans l'incapacité de financer à terme sa croissance, dans la nécessité de ralentir pour commencer puis de réduire de plus en plus ses investissements et, enfin, de les arrêter. »

Pour le calcul de la capacité d'autofinancement tel qu'il résulte du tableau ci-avant, ne sont pas retenus :

– les **éléments ne comportant pas de contrepartie financière** : charges calculées (dotations aux amortissements des immobilisations et des charges à répartir ; dotations aux dépréciations, aux provisions pour risques ou pour charges et aux provisions réglementées ; reprises de dépréciations et de provisions ; subventions d'investissement rapportées au résultat). En effet, comme indiqué ci-avant, le montant d'autofinancement dégagé pendant l'exercice doit être en mesure de couvrir la consommation de l'outil de production (amortissements) et les risques réels de pertes et charges (dépréciations et provisions) ;

> **Précisions** Cette approche conduit, d'une part, à raisonner (pour l'établissement du tableau de financement) sur les variations des montants bruts des postes de l'actif et à ne pas tenir compte des provisions figurant au passif (cette position est critiquée par certains qui estiment que la capacité d'autofinancement devrait être diminuée des provisions destinées à couvrir un risque ou une charge, mais telle n'est pas l'optique retenue).

– les **plus (ou moins)-values de cession.**

Ceci pour éviter un double emploi, le produit des cessions figurant sur une ligne spécifique (en effet, si on part de l'égalité valeur nette comptable + plus-value = prix de cession, la prise en compte du prix de cession dans les ressources revient à traiter en même temps la valeur nette comptable et la plus-value).

La mise en évidence du produit des cessions permet d'en montrer l'impact financier (trésorerie).

En ce qui concerne l'impact des abandons de créances comptabilisées en immobilisations financières, voir n° 65980.

L'on notera enfin :

– que cette capacité d'autofinancement comprend à la fois des éléments courants et des éléments exceptionnels (il nous paraît possible de faire une distinction entre les deux, afin de pouvoir apprécier l'évolution de la capacité d'autofinancement courante sur plusieurs exercices) ;

– qu'il n'est pas tenu compte des distributions de dividendes (celles-ci étant considérées comme un emploi, voir n° 66000).

> **Précisions** Lien entre capacité d'autofinancement et marge brute d'autofinancement (MBA) Le PCG ne fait aucune allusion à la MBA. Ce terme peut prêter à confusion car, dans la terminologie financière et comptable, le PCG a préféré retenir l'expression « capacité d'autofinancement », qui ne correspond pas à la MBA utilisée par les financiers (Pierre Conso, « La gestion financière de l'entreprise », 8ᵉ édition, Dunod, p. 190 s.). Le rapprochement entre les deux notions s'effectue de la manière suivante (ouvrage précité) :
> Marge brute d'autofinancement
> + Dotations (– reprises) des dépréciations des actifs circulants
> + Dotations (– reprises) des provisions pour pertes de change sur actifs et passifs circulants
> = Capacité d'autofinancement.

Cessions ou réductions d'actif immobilisé Ce poste appelle les commentaires suivants : **65980**

– les montants à inscrire correspondent aux **prix de cessions** (voir commentaires n° 65975) comptabilisés dans le compte 775 « Produits des cessions d'éléments d'actif » ;

> **Précisions** Le compte de résultat, rubrique « Produits exceptionnels sur opérations en capital », ne peut être utilisé car cette rubrique peut comprendre également la quote-part de subventions d'investissement virées au résultat de l'exercice (777) et les autres produits exceptionnels (778).

– les **virements de poste à poste** (notamment le plus souvent en cas de mise en service d'immobilisations en cours) n'ont **pas** à être **pris en compte** ;
– le terme **« réductions »** ne s'applique qu'aux immobilisations financières et concerne les prêts, créances, dépôts et cautionnements versés, comptes courants groupe ou associés, etc. ;

> **Précisions   1. Solde des réductions et acquisitions de l'exercice** Bien que cela ne soit pas entièrement correct, dans certains cas, il sera peu utile de distinguer toutes les réductions de l'exercice et toutes les acquisitions, le solde des deux pouvant seul figurer soit en ressources (réductions), soit en emplois (acquisitions).
> Cette remarque ne s'applique pas aux prêts (sauf s'ils présentent un caractère « revolving »).
> **2. En cas d'abandon de créances** figurant dans les immobilisations financières, le prix de « cession » étant nul, l'abandon n'a pas, à notre avis, à apparaître dans les réductions ; en revanche, la capacité d'autofinancement doit être rectifiée afin de ne pas être minorée par la perte résultant de l'abandon.

– les réductions dues aux « conversions monétaires » (constatées par écart de conversion) ne sont pas à prendre en compte.

65985   Augmentation des capitaux propres   Ce poste appelle les commentaires suivants :
– les augmentations de capital (et primes d'émission) **en numéraire** doivent y figurer ;
– en ce qui concerne le **capital souscrit non appelé** (qui figure au passif et à l'actif) : à notre avis, lors de sa constatation, il figure dans les augmentations de capitaux propres, la contrepartie étant, selon les cas, soit une augmentation des immobilisations financières (emplois), soit une variation des « autres débiteurs » (hors exploitation tableau II) ;

> **Précisions**   Une autre solution consiste à ne pas en tenir compte (en le déduisant de l'actif au passif).

– en ce qui concerne le **capital souscrit-appelé non versé,** la même solution s'applique à notre avis (mais la contrepartie est une variation des « autres débiteurs ») ;
– les augmentations de capital par **incorporation de créances** doivent, à notre avis, y figurer ; en contrepartie, il y aura soit une réduction de dettes financières (emplois), soit une variation hors exploitation (tableau II « autres créditeurs ») ;
– en cas de **conversion d'obligations en actions,** il en résulte, à notre avis, une augmentation à porter sur la ligne « augmentations de capital », une augmentation à porter sur la ligne « augmentation des autres capitaux propres » (correspondant à la prime d'émission) avec, en contrepartie (emplois), un remboursement de dettes financières ;

> **Précisions**   Une autre solution consiste à considérer qu'en l'absence de flux financiers il s'agit d'une écriture interne devant rester sans effet sur le tableau de financement.

– en cas d'**augmentation de capital à la suite d'une fusion ou apport partiel d'actif,** il convient, à notre avis, d'en faire ressortir les effets dans une colonne à part ;
– sur la ligne **« augmentation des autres capitaux propres »** figureront notamment les **primes d'émission** (les primes de fusion ou d'apport partiel figurant, rappelons-le, dans une colonne à part), les subventions d'investissement (en montant brut) comptabilisées, dans l'exercice, dans les capitaux propres (en revanche les diminutions ne sont pas prises en compte car elles sont déduites de la capacité d'autofinancement) ;
– sont **sans incidence** les opérations de **réévaluation,** de **mise en équivalence** des titres de participation, les transferts de poste à poste (affectation de résultat, augmentation de capital par **incorporation de réserves,** virement de la prime de fusion à la réserve légale, etc.) ;
– il convient, nous semble-t-il, de créer une ligne **« augmentation des autres fonds propres »** pour les titres participatifs, les avances conditionnées, etc.

65990   Augmentation des dettes financières   Ce poste appelle les commentaires suivants :
– les **concours bancaires courants** : leur augmentation n'a pas à y figurer ; elle figure dans le tableau II (variations trésorerie, variations des concours bancaires courants et soldes créditeurs de banque) ;
– les **emprunts émis avec prime de remboursement** figurent en augmentation pour le montant encaissé (par exemple, pour un emprunt émis pour 112 avec une prime de remboursement de 12 figurera une augmentation pour 100).
– le **problème des intérêts courus**, voir n° 65950 ;
– les **« conversions monétaires »**, voir n° 65950.

TABLEAU DE FINANCEMENT (PARTIE I) – EMPLOIS

Il est commenté dans l'ordre des emplois apparaissant sur le tableau.

65995

Distributions mises en paiement au cours de l'exercice Les distributions sont celles mises en paiement au cours de l'exercice (affectation du résultat de l'exercice précédent et acomptes sur dividendes de l'exercice) et non celles proposées au titre dudit exercice (rappelons que le tableau de financement se construit **avant répartition du résultat**).

66000

> **Précisions** Si les dividendes n'ont pas donné lieu à règlement effectif, la dette figure dans la partie II du tableau : « Variation des autres créditeurs » (variation hors exploitation).

Acquisitions d'éléments de l'actif immobilisé Ce poste appelle les commentaires suivants :
– il s'agit des acquisitions de l'exercice (et non de la variation des postes, les cessions ou réductions figurant dans les ressources) ;
– les opérations qui ne génèrent pas des flux financiers réels n'ont **pas à y figurer : réévaluation,** écart de **mise en équivalence** des titres, virements de **poste à poste** (notamment immobilisations en cours mises en service durant l'exercice) ;
– les opérations liées à des **opérations de fusion,** apport partiel d'actif, doivent, à notre avis, figurer dans une colonne séparée retraçant l'ensemble de l'opération ;
– les **transferts de stocks en immobilisations** doivent, à notre avis, y figurer (augmentation des immobilisations corporelles, diminution des stocks et en-cours) ;
– les **avances et acomptes** versés sur commandes d'immobilisations doivent, à notre avis, y figurer ;
– les augmentations d'**immobilisations financières** (prêts, créances, titres, comptes courants, etc.) doivent y figurer.

Est à exclure, à notre avis, la part de titres détenus non encore libérée (figurant au passif aux comptes 269 et 279).

En ce qui concerne les intérêts courus, voir n° 65950.

En ce qui concerne les **écarts de « conversions monétaires »**, voir n° 65950.

66005

Charges à répartir sur plusieurs exercices Il s'agit (selon le PCG) du montant **brut** transféré au cours de l'exercice.

Il n'y a pas à tenir compte, ni dans les emplois ni dans les ressources, des amortissements ultérieurs.

Les charges à répartir ne concernent désormais plus que les frais d'émission d'emprunt, voir n° 45005.

66010

Réduction des capitaux propres Il s'agit de réductions entraînant des flux financiers (remboursement du capital, retraits des associés, etc.).

En revanche, **n'ont pas à y figurer** les reprises de subventions d'investissement, de provisions réglementées ou d'écarts de réévaluation, les réductions de capital pour apurement de pertes antérieures et, d'une manière générale, les transferts de poste à poste à l'intérieur des capitaux propres.

Il conviendrait de créer, le cas échéant, une ligne « Réduction des autres fonds propres » (titres participatifs, avances conditionnées, etc.).

66015

Remboursements de dettes financières Il convient de bien **distinguer** les **remboursements** (emplois) **et** les **augmentations** (ressources) sans faire, sauf cas particulier, de compensation. En sont exclus :
– les **concours bancaires courants** (y compris les soldes créditeurs de banque) qui trouvent leur place dans la partie II du tableau. Toutefois, une compensation paraît pouvoir être opérée pour les mouvements sur comptes courants d'un même associé, ou dans le cas d'emprunts « revolving » ;
– les diminutions de dettes financières dues à des « écarts de conversion » (voir n° 65950).

En ce qui concerne le problème des **« intérêts courus »**, voir n° 65950.

66020

TABLEAU DE FINANCEMENT (PARTIE II)
(VARIATION DU FONDS DE ROULEMENT NET GLOBAL)

66025 Ce tableau appelle les commentaires suivants :

a. Les calculs des variations se font à partir des valeurs brutes (sans tenir compte des dépréciations). En effet, ces dépréciations n'ont pas été déduites de l'EBE pour le calcul de la capacité d'autofinancement.

> **Précisions** Du point de vue d'une certaine analyse, un client douteux pèse sur la trésorerie de l'entreprise pour la valeur brute de sa créance (et non pas pour la valeur nette, dépréciée, de cette dernière). La capacité d'autofinancement comprend des ressources dont la durée de stationnement dans l'entreprise est courte (dépréciation des stocks et des clients douteux).
> En revanche, selon certains, les dépréciations de ce type devraient être déduites de l'autofinancement.

b. La décomposition « exploitation » et « hors exploitation » n'existe pas dans le système de base. En conséquence, à notre avis, deux solutions sont possibles :
– regrouper les variations « exploitation » et « hors exploitation », le système de base ne permettant pas de faire une distinction entre « hors exploitation » et « exploitation » ;

> **Précisions** La première solution (ne pas distinguer) a évidemment le grand désavantage de ne pas permettre de pouvoir suivre (de manière certaine) l'évolution du **besoin en fonds de roulement d'exploitation** (si les éléments hors exploitation sont importants).

– ou procéder à des analyses en vue de la décomposition correspondante.

c. En ce qui concerne la variation du poste **« Valeurs mobilières de placement »**, le PCG (renvoi d du tableau) les a incluses dans les variations hors exploitation. Certains suggèrent (à notre avis, à juste titre) de les inclure dans la partie « Variation de trésorerie ».

d. En ce qui concerne les postes **« Produits constatés d'avance »** et **« Charges constatées d'avance »**, il est nécessaire de ventiler (si une ventilation est faite) ces postes en « Variations exploitation » et « Variations hors exploitation ». Les charges constatées d'avance sont alors rattachées soit aux « Créances clients, comptes rattachés et autres créances d'exploitation », soit aux « Variations autres débiteurs » (quasi-créances). Inversement, les produits constatés d'avance sont rattachés soit aux « Dettes fournisseurs, comptes rattachés et autres dettes d'exploitation », soit aux « Variations autres créditeurs » (quasi-dettes).

> **Précisions** Cependant, lorsque le produit (ou la charge) constaté(e) d'avance est une partie d'un actif (ou d'un passif) subsistant à la clôture, les deux éléments nous paraissent pouvoir être compensés (par exemple, intérêts sur certificat de dépôt précomptés).

e. Les variations de « trésorerie » comprennent les variations des **concours bancaires courants** compris dans les dettes financières.

En ce qui concerne le traitement des **écarts de conversion (actif et passif)**, voir n° 65950.

C. Présentation du tableau des flux de trésorerie

66075 L'OEC (Avis OEC n° 30, remplaçant la rec. n° 1-22) avait proposé un **tableau de financement dit « tableau des flux de trésorerie »** analysant la **variation de trésorerie**.

Dépassant la conception comptable traditionnelle du tableau de financement en tant qu'état de passage du bilan d'ouverture au bilan de clôture, ce tableau constitue, selon l'OEC, un document de synthèse à part entière dont la vocation est d'expliquer la variation de trésorerie, tout comme le compte de résultat explique la formation du résultat.

Ce modèle de tableau (voir ci-après n° 66095) est celui repris par le règlement ANC n° 2020-01 pour l'établissement des comptes consolidés.

Pour des commentaires, voir Mémento Comptes consolidés n° 7555 s.

> **Précisions** Le règlement ANC n° 2022-06 relatif à la modernisation des états financiers prévoit de nouveaux modèles de tableaux de financement et préconise d'utiliser un tableau des flux de trésorerie (voir n° 65925).

Modèle de tableau des flux de trésorerie (Règl. ANC 2020-01 art. 282-43)
(Établi à partir du résultat net)

66095

EXEMPLE

Flux de trésorerie liés à l'activité
Résultat net [des sociétés intégrées] [1] — xxxx
Élimination des charges et produits sans incidence sur la trésorerie
ou non liés à l'activité :
– Dotations aux amortissements, dépréciations et provisions nettes de reprises [2] — xxxx
– Variation des impôts différés — xxxx
– Plus-values de cession, nettes d'impôt — xxxx
Marge brute d'autofinancement [des sociétés intégrées] [1] — xxxx
Dividendes reçus des sociétés mises en équivalence [1] — xxxx
Variation du besoin en fonds de roulement lié à l'activité [3] — xxxx

Flux net de trésorerie généré par l'activité — xxxx

Flux de trésorerie liés aux opérations d'investissement
Acquisition d'immobilisations — xxxx
Produit de cession d'immobilisations, net d'impôt — xxxx
Incidence des variations de périmètre [1] [4] — xxxx

Flux net de trésorerie lié aux opérations d'investissement — xxxx

Flux de trésorerie liés aux opérations de financement
Dividendes versés aux actionnaires [de l'entité consolidante] [1] — xxxx
Dividendes versés aux minoritaires des sociétés intégrées [1] — xxxx
Augmentations de capital en numéraire — xxxx
Émissions d'emprunts — xxxx
Remboursements d'emprunts — xxxx

Flux net de trésorerie lié aux opérations de financement — xxxx

Variation de trésorerie — xxxx
Trésorerie d'ouverture — xxxx
Trésorerie de clôture — xxxx
Incidence des variations de cours des devises [1] — xxxx

(1) [Ndlr : si l'entreprise publie des comptes consolidés]
(2) À l'exclusion des dépréciations sur actif circulant
(3) À détailler par grandes rubriques (stocks, créances d'exploitation, dettes d'exploitation) [Ndlr : la variation du besoin en fonds de roulement doit être, à notre avis, calculée nette des dépréciations, les mouvements d'amortissements, de dépréciations et de provisions visés au (2) ci-avant excluant les dépréciations de l'actif circulant]
(4) Prix d'achat ou de vente augmenté ou diminué de la trésorerie acquise ou versée – à détailler dans une note annexe

66095 (suite) Modèle de tableau des flux de trésorerie (Règl. ANC 2020-01 art. 282-44)
(Établi à partir du résultat d'exploitation)

> **EXEMPLE**

Flux de trésorerie liés à l'activité
Résultat d'exploitation [des entités intégrées] [1] xxxx
Élimination des charges et produits d'exploitation sans incidence sur la trésorerie :
− Dotations aux amortissements, dépréciations et provisions nettes de reprises [2] ... xxxx
Résultat brut d'exploitation xxxx
Variation du besoin en fonds de roulement d'exploitation [3] xxxx
Flux net de trésorerie d'exploitation xxxx
Autres encaissements et décaissements liés à l'activité :
− Frais financiers xxxx
− Produits financiers xxxx
− Dividendes reçus des sociétés mises en équivalence [1] xxxx
− Impôt sur les sociétés, hors impôt sur les plus-values de cession xxxx
− Charges et produits exceptionnels liés à l'activité xxxx
− Autres xxxx
Flux net de trésorerie généré par l'activité xxxx

Flux de trésorerie liés aux opérations d'investissement
Acquisition d'immobilisations xxxx
Produit de cessions d'immobilisations, net d'impôt, ... xxxx
Incidence des variations de périmètre [1] [4] xxxx
Flux net de trésorerie lié aux opérations d'investissement xxxx

Flux de trésorerie liés aux opérations de financement
Dividendes versés aux actionnaires [de l'entité consolidante] [1] xxxx
Dividendes versés aux minoritaires des sociétés intégrées [1] xxxx
Augmentations de capital en numéraire xxxx
Émissions d'emprunts xxxx
Remboursements d'emprunts xxxx
Flux net de trésorerie lié aux opérations de financement xxxx
Variation de trésorerie xxxx
Trésorerie d'ouverture xxxx
Trésorerie de clôture xxxx
Incidence des variations de cours des devises [1] xxxx

(1) [Ndlr : si l'entreprise publie des comptes consolidés]
(2) À l'exclusion des dépréciations sur actif circulant
(3) À détailler par grandes rubriques (stocks, créances d'exploitation, dettes d'exploitation) [Ndlr : la variation du besoin en fonds de roulement doit être, à notre avis, calculée nette des dépréciations, les mouvements d'amortissements, de dépréciations et de provisions visés au (2) ci-avant excluant les dépréciations de l'actif circulant]
(4) Prix d'achat ou de vente augmenté ou diminué de la trésorerie acquise ou versée – à détailler dans une note annexe

III. SITUATION DE L'ACTIF RÉALISABLE ET DISPONIBLE ET DU PASSIF EXIGIBLE ET RAPPORT JOINT

66165 Sur les personnes tenues de l'établir et les destinataires, voir n° 65695 s.

DÉLAIS ET PÉRIODICITÉ D'ÉTABLISSEMENT

66170 La situation de l'actif et du passif est établie **semestriellement** dans les **quatre mois qui suivent la clôture de chacun des semestres** de l'exercice (C. com. art. R 232-3).
Deux situations doivent donc être établies chaque exercice.
À ce document est joint un rapport écrit (C. com. art. L 232-3).

SITUATION DE L'ACTIF RÉALISABLE ET DISPONIBLE ET DU PASSIF EXIGIBLE

66190 **Définitions** Les textes n'en fournissent pas ; il est seulement précisé (C. com. art. R 232-5) que les stocks et en-cours en sont exclus.
Trois interprétations paraissent possibles.

I. Première interprétation L'actif réalisable et disponible correspond à l'**existant en caisse et en banque** ainsi que le réalisable susceptible d'une **conversion immédiate en disponible** ; le passif exigible correspond au passif **échu**.

> **Précisions** Le bulletin CNCC (n° 59, septembre 1985, EJ 85-108, p. 390 s.) estime que sur le plan juridique cette première solution est la meilleure. En effet :
> — il convient de comparer avec la définition légale de la cessation des paiements qui précise : « la procédure de redressement judiciaire est ouverte à une entreprise... qui est dans l'**impossibilité de faire face au passif exigible avec son actif disponible...** » ;
> — il est nécessaire, du point de vue juridique, de donner le même sens aux définitions de l'actif et du passif contenues dans ces deux textes et il convient d'entendre « passif exigible » au sens de « **passif échu** ». Cette dernière interprétation a d'ailleurs été confirmée par le législateur lors de l'élaboration de la loi de sauvegarde des entreprises, la notion de passif exigible étant maintenue dans la définition de la cessation des paiements (C. com. art. L 631-1) ;
> Pour plus de détails sur l'appréciation de l'actif disponible et du passif exigible dans le cadre de la cessation des paiements, voir n° 61595.
> Sur un plan pratique, cette solution nous semble d'un intérêt **limité** (en effet, elle fournit, quatre mois plus tard, un ratio de liquidité au jour le jour) et la **détermination du passif échu délicate**. Par exemple, faut-il tenir compte des litiges sur délai de paiement, de factures partiellement bloquées, etc. ? Pour une entreprise ne possédant pas de document du type « Balance fournisseurs par échéance », la détermination du passif échu risque même de ne pas être fiable et la sincérité difficile à attester.
> En ce sens, la CNCC « ne se dissimule pas que cette **interprétation** est **décevante sur le plan de la technique comptable** ».

II. Deuxième interprétation Cette situation comprend **toutes les créances** (valeur nette) **et les dettes** quelles que soient leurs échéances **et les disponibilités** (dans cette optique, cette situation serait analogue à celle qu'établirait un administrateur judiciaire).

III. Troisième interprétation Cette situation correspond aux **créances** (valeur nette) et aux **dettes** dont les échéances sont **à moins d'un an** et aux **disponibilités.**

> **Précisions** L'Ifec s'est prononcé pour cette interprétation (Revue Eco. et compta. n° 155, juin 1986, p. 39), considérant qu'un document comptable doit s'entendre au sens comptable et non au sens juridique. Dans ce cas, le bulletin CNCC précité demande que soit donc indiqué le passif échu mais que « rien n'interdit à la société de signaler, en outre, le montant des dettes à court terme dès lors qu'elle a signalé également le passif exigible ».
> La CNCC (NI n° 10, décembre 1987, p. 37) constate que cette solution est généralement retenue en pratique.

Commentaires (concernant les deux dernières interprétations) :
1. « Charges à payer » et « produits à recevoir » Pour la CNCC (NI précitée), il apparaît souhaitable de les prendre en compte ; à défaut, la méthode retenue doit être justifiée.

> **Précisions** À notre avis, il est possible d'utiliser l'une ou l'autre des solutions, en l'indiquant dans le tableau et le rapport et en conservant d'une période à l'autre la même méthode :
> — s'il est fait abstraction des régularisations, ne doivent notamment pas être pris en compte : intérêts courus, factures à émettre, factures à recevoir, impôt à payer, participation des salariés, etc. Le montant des acomptes versés au Trésor et porté au poste « Autres créances » est à prendre

en compte dans l'actif réalisable et disponible même s'il est fait abstraction de l'impôt à payer ;
– **si les régularisations sont effectuées**, on notera que l'estimation de l'impôt (et de la participation des salariés) à la fin du premier semestre peut entraîner certains travaux complémentaires (pour leur détermination, voir n° 65405 s.). À notre avis, dans la mesure du possible, le chiffre devrait être fourni (en tenant compte des acomptes éventuellement versés) soit dans le tableau, soit en renvoi en indiquant qu'il s'agit d'une estimation.

2. Créances et dettes libellées en monnaies étrangères Il convient, à notre avis, de les estimer au cours du jour de la fin du semestre.

3. Retraitements à effectuer Certains préconisent d'effectuer des **retraitements** par rapport aux enregistrements comptables et notamment d'y inclure les effets escomptés non échus, les créances cédées (Loi Dailly), les créances mobilisées, la part en capital des échéances de crédit-bail, etc.

66195 **Présentation de la situation** Il n'y a **pas de modèle obligatoire**. À notre avis, par simplification, cette situation reprend le libellé des postes tels qu'ils figurent au bilan (le modèle proposé ci-après n'est pas adapté à la première interprétation : actif immédiat et passif échu).

SITUATION DE L'ACTIF RÉALISABLE ET DISPONIBLE ET DU PASSIF EXIGIBLE (exemple)			
	S	S–1	S–2
Actif réalisable et disponible [1]			
Capital souscrit non appelé..			
Créances rattachées à des participations			
Prêts...			
Autres immobilisations financières			
Avances et acomptes versés sur commandes (de fournisseurs d'exploitation)..			
Créances clients et comptes rattachés......................................			
Autres créances...			
Capital souscrit appelé non versé			
Sous-total.....			
Valeurs mobilières de placement..			
Disponibilités...			
TOTAL..........			
Passif exigible [1]			
Emprunts obligatoires convertibles			
Autres emprunts obligataires			
Emprunts et dettes auprès des établissements de crédit [2]................			
Emprunts et dettes financières divers			
Avances et acomptes reçus sur commandes en cours			
Dettes fournisseurs et comptes rattachés.................................			
Dettes fiscales et sociales			
Dettes sur immobilisations et comptes rattachés.....................			
Autres dettes			
TOTAL			
(1) Indiquer les conceptions retenues : – toutes les créances et dettes ou uniquement les échéances à moins d'un an ; – avec ou sans les « charges à payer » et les « produits à recevoir ». (2) Dont concours bancaires courants et soldes créditeurs de banque…			

Cette situation comporte, pour chaque poste, le chiffre à la fin du semestre et les chiffres des deux semestres précédents (C. com. art. R 232-5).

Les **règles** de présentation et les méthodes utilisées **ne peuvent être modifiées** d'une période à l'autre sans qu'il en soit justifié dans le rapport accompagnant cette situation de l'incidence de ces modifications décrite (C. com. art. R 232-5).

RAPPORT JOINT À CETTE SITUATION

Sur la possibilité d'établir un rapport unique pour les 4 documents liés à la prévention des difficultés des entreprises, voir n° 65738.

66200

Ce rapport commente et complète l'information donnée et décrit les conventions comptables et les méthodes utilisées (C. com. art. R 232-4). Il pourra comprendre notamment les points suivants :
– **conceptions utilisées** (voir n° 66190) ;
– **méthode utilisée** (en général chiffres extraits de la comptabilité) et, le cas échéant, les **retraitements** extra-comptables pratiqués (effets escomptés non échus, etc.), les **changements de méthode** (à justifier et en chiffrer l'importance) ;
– **commentaires** explicatifs sur les **variations constatées**.

66205

> **Précisions** Dans certains cas, les variations peuvent résulter du **caractère saisonnier** de l'activité, il en sera alors fait rappel, ainsi que des conséquences qui en résultent sur la comparabilité des chiffres. Dans d'autres cas, un élément important sera le montant des **avances et acomptes reçus sur commande**. Il sera alors utile de donner dans le rapport l'évolution correspondante des stocks et en-cours. Éventuellement, il sera utile de mentionner la **valeur de réalisation des valeurs mobilières de placement**, si elle est notablement supérieure (on pourrait même, nous semble-t-il, faire figurer ce chiffre dans le tableau en précisant l'option retenue) et le montant des **créances et des dettes libellées en monnaies étrangères** (en précisant l'évolution connue à la date d'établissement du rapport).

CONTRÔLE PAR LE COMMISSAIRE AUX COMPTES

Sur les règles générales communes à l'ensemble des documents liés à la prévention des difficultés des entreprises, voir FRC 12/23 Hors série inf. 99. Sont développés ici les points spécifiques à la situation de l'actif et du passif et au rapport joint.

66210

La Note d'information CNCC NI.III « Continuité d'exploitation de l'entité : prévention et traitement des difficultés – Alerte du commissaire aux comptes » (avril 2022, § 2.31.1. B. b.) indique que, pour les documents à caractère rétrospectif (dont fait partie la situation de l'actif réalisable et disponible et du passif exigible), le commissaire aux comptes peut notamment vérifier :
– la pertinence de la présentation des documents établis par l'entité et des méthodes retenues pour leur établissement ;
– la concordance des éléments chiffrés contenus dans ces documents avec les données de la comptabilité dont ils sont issus.

IV. COMPTE DE RÉSULTAT PRÉVISIONNEL ET RAPPORT JOINT

Sur les personnes tenues de l'établir et les destinataires, voir n° 65695 s.

66280

DÉLAIS ET PÉRIODICITÉ D'ÉTABLISSEMENT

Le compte de résultat prévisionnel est établi **annuellement**, au plus tard **quatre mois après le début de l'exercice**, la prévision portant sur un an (C. com. art. R 232-3). À ce document est joint un rapport écrit (C. com. art. R 232-4).

66285

Il est **révisé**, au plus tard, **quatre mois après la fin du premier semestre** (C. com. art. R 232-3). Un rapport écrit est également joint (C. com. art. R 232-4).

Il n'y a donc qu'un seul compte de résultat prévisionnel faisant l'objet d'une révision au cours du 2ᵉ semestre.

COMPTE DE RÉSULTAT PRÉVISIONNEL

« **Documents prévisionnels** » **ou** « **comptes prévisionnels** » **?** L'OEC (Rec. n° 1.17 sur les comptes prévisionnels) incite les entreprises à établir un **jeu complet de comptes prévisionnels** (bilan prévisionnel, compte de résultat prévisionnel et des notes annexes).

66290

> **Précisions** En effet, « la présentation privilégiée reste un compte de résultat prévisionnel corroboré par un bilan prévisionnel. Les autres présentations sont souvent nécessaires, mais n'ont pas la valeur des précédentes sur le plan de l'information et du contrôle. Lorsqu'une présentation du type tableau de financement ou prévision de trésorerie sera établie, elle ne dispensera pas de la confection du compte de résultat et du bilan correspondant, afin de donner les possibilités d'effectuer un contrôle de cohérence global ». (Rec. n° 1.17 précitée).

Au contraire, pour l'Ansa (février 1986, n° 2336), il faut établir une **distinction entre les comptes classiques et les prévisions.** C'est pourquoi il faut parler de **documents prévisionnels et non de comptes prévisionnels.**

> **Précisions** Ce problème de vocabulaire, qui peut paraître secondaire, a une très grande importance, ne serait-ce que pour enrayer la tendance de ceux qui voudraient étendre et alourdir les obligations qui pèsent sur les sociétés. ». L'Ansa signale, à ce sujet, que la **recommandation de l'OEC** précitée ne lui paraît **pas conforme** aux dispositions légales et qu'elle n'a pas reçu l'accord du ministère de la justice et de l'AMF. Toujours selon l'Ansa (4-6-1986, n° 2346), un accord de principe avec l'OEC est intervenu sur l'utilisation de la formule « documents prévisionnels ».

La CNCC, dans sa Note d'information n° 10 de décembre 1987, reprend intégralement la recommandation OEC n° 1.17 précitée. Elle souligne (Bull. CNCC n° 107, septembre 1997, CNP 97-01, p. 435) la distinction qui existe entre documents d'information prévisionnelle et comptes prévisionnels (voir n° 65475).

Le CNC a publié en mai 1991 un document n° 90 intitulé « Prévisions et comptabilité : État des travaux ».

> **Fiscalement** Sur l'intérêt pour les grandes entreprises (ou les grands groupes intégrés) de calculer le montant de leur dernier acompte d'IS sur la base du compte de résultat prévisionnel révisé, voir n° 66350.

66295 Le compte de résultat prévisionnel présente les caractéristiques suivantes.

66300 **Horizon des prévisions** Bien que les textes ne l'indiquent pas expressément, les prévisions portent **sur un an.**

> **Précisions** Les prévisions des entreprises clôturant en cours d'année civile doivent porter **sur l'exercice** et non sur l'année civile.
> Pour l'OEC (Rec. « Principes comptables » n° 1.17 sur les comptes prévisionnels), « la **règle de continuité des prévisions avec les réalisations** suppose que les périodes choisies pour l'établissement des prévisions soient les mêmes que celles des réalisations, en allant jusqu'à la mensualisation des prévisions si nécessaire ».

66320 **Présentation du compte de résultat prévisionnel** Il n'existe **pas de modèle obligatoire.** L'article R 232-5 du Code de commerce précise seulement les points suivants :
– « indication du chiffre relatif au poste correspondant de l'exercice précédent » ;
– « les documents mentionnés font apparaître, chacun en ce qui le concerne, les résultats prévisionnels, ainsi que les moyens et prévisions de financement » ;
– « … permettre le rapprochement des données qu'ils contiennent de celles des comptes annuels ».

Pour la CNCC (NI n° 10, décembre 1987, p. 40), la structure du compte de résultat prévisionnel doit être la plus proche possible de celle du compte de résultat social (informations de type analytique à éviter). **À notre avis, pour la présentation** du compte de résultat prévisionnel, **l'entreprise a le choix entre** :
– utiliser le **modèle « PCG »** ;
– ou suivre les **besoins de gestion interne** de l'entreprise et ne rechercher la correspondance avec les comptes annuels qu'au niveau du résultat courant et du résultat exceptionnel.

Une fois le choix effectué, la présentation ne pourra être modifiée d'une période à l'autre, sans qu'il en soit justifié dans le rapport accompagnant ces documents (C. com. art. R 232-4).

Les 4 modèles présentés ci-après sont **fournis uniquement à titre indicatif** et ne peuvent **en aucun cas** être considérés comme **exhaustifs.**

I. Le **premier modèle** consisterait en la présentation pure et simple du modèle du PCG du compte de résultat des comptes annuels (en liste).

II. Le **second modèle** pourrait être le modèle du PCG du compte de résultat avec des données prévisionnelles. Il s'agit en fait d'un compte de résultat classique abrégé.

66320
(suite)

		Prévisionnel N	Réalisé N−1
Chiffre d'affaires			
Autres produits d'exploitation			
Consommations			
	Valeur ajoutée		
Impôts et taxes			
Charges de personnel			
	Excédent brut d'exploitation		
Charges calculées (amort., dépréc., prov.)			
Autres produits et charges			
	Résultat d'exploitation		
Résultat financier			
	Résultat courant (avant impôts)		
Résultat exceptionnel			
Participation des salariés			
Impôt sur les sociétés			
	Résultat net		

III. Le **troisième modèle** pourrait se présenter ainsi (jusqu'au résultat d'exploitation).

		Division A (Produit A)	Division B (Produit B)	Division C (Produit C)	Prévisionnel N	Réalisé N−1
Chiffre d'affaires						
Consommations						
Main-d'œuvre directe						
Autres frais directs..........						
	Marge contributive					
Frais de structure (à détailler)....................						
	Résultat d'exploitation					

IV. Le **quatrième modèle** serait encore une autre variante du résultat d'exploitation :

	Prévisionnel N	Réalisé N−1
Chiffre d'affaires		
Coûts de production		
Coûts de commercialisation		
Frais de recherche et de développement		
Frais de structure		
Résultat d'exploitation		

66325 Contenu du compte de résultat prévisionnel

I. Aucun article ne fixe précisément le contenu du compte de résultat prévisionnel. Toutefois, l'article R 232-5 du Code de commerce indique que les résultats prévisionnels doivent apparaître, ce qui signifie (au sens de C. com. art. R 123-192) le **résultat courant** et le **résultat exceptionnel**.

En outre, à notre avis, doivent également être fournis :
— le **chiffre d'affaires**, qui constitue l'élément essentiel de la prévision ;
— le **montant global des charges**.

En fait, il s'agit de trouver un **juste équilibre** entre une **information** prévisionnelle **significative** et le **coût** de cette prévision.

> **Précisions** Selon l'OEC (Rec. n° 1.17), le niveau de détail est défini par :
> — le seuil de signification des données identifiées ;
> — le cadre comptable en usage et les recommandations professionnelles.
> Les textes ne précisant pas la nomenclature à respecter, les entreprises peuvent (Rép. Voilquin : Sén. 24-7-1986 n° 693) décider le degré de détail qu'elles estiment devoir communiquer au comité d'entreprise (ou au comité social et économique) ; ainsi les postes essentiels des comptes de résultat (produits et charges d'exploitation, financiers et exceptionnels) peuvent-ils résumer les évolutions prévues, étant entendu que les règles de présentation et les méthodes utilisées pour l'élaboration des documents ne peuvent être modifiées d'une période à l'autre.

II. Il doit comporter les **chiffres prévisionnels** et les **chiffres de l'exercice précédent** (C. com. art. R 232-5). Par chiffres de l'exercice précédent, il faut comprendre **chiffres « réalisations N−1 »** et non chiffres « prévisions N−1 ». Compte tenu de l'alignement des délais d'établissement des comptes annuels et des documents prévisionnels, les chiffres « réalisations N−1 » sont connus.

III. L'article R 232-5 du Code de commerce donne la **possibilité de présenter une ou plusieurs variantes** du compte de résultat prévisionnel, « lorsque les circonstances particulières le justifient ».

Selon l'OEC (Rec. précitée), « l'établissement de différentes variantes peut se justifier dans les circonstances où des hypothèses sensiblement équivalentes en probabilité aboutissent à des résultats significativement différents. En dehors de tels cas, il est en général **préférable** de présenter un **jeu unique** de comptes prévisionnels fondé sur les hypothèses les plus probables plutôt que plusieurs jeux correspondant à divers choix d'hypothèses ».

> **Précisions** Il est important de ne pas confondre les termes « fourchette » et « variante » :
> — la **fourchette** définit, notamment en pourcentage de chiffre d'affaires et en pourcentage de résultat, le **« couloir de navigation »** à l'intérieur duquel l'entreprise pourra pratiquer une gestion normale, face à la conjoncture. Elle donne une **appréciation globale** regroupant l'ensemble des différentes variantes et des hypothèses qui peuvent raisonnablement être retenues ;
> — **une variante** constitue, par opposition à un couloir, une **« ligne »**. Elle donne une **appréciation parcellaire** car elle ne porte que sur des aspects particuliers de l'exploitation (exemple : prise en compte ou non de tel lancement de produit, etc.).

Sur les conséquences de ces définitions, voir n° 66345.

IV. Les **principes comptables** à retenir pour l'établissement du compte de résultat prévisionnel doivent être **les mêmes que** ceux retenus **pour les comptes annuels**. En effet, bien que cette obligation ne soit pas prévue par les textes, les documents établis :
- soit sont issus de la comptabilité générale ;
- soit constituent des prévisions d'éléments qui figureront en comptabilité générale.

> **Précisions** Selon l'OEC (Rec. précitée), « l'**identité des principes comptables** entre prévisions et réalisations » constitue une des règles fondamentales de l'établissement des comptes prévisionnels.
> « Les conventions comptables de base comme le coût historique, la continuité de l'exploitation, la spécialisation des exercices s'appliquent lors de l'établissement des comptes prévisionnels de la même manière que pour les comptes historiques.
> En ce qui concerne le principe de prudence, celui-ci ne trouve pas à s'appliquer au niveau de la formulation des hypothèses, qui doivent être les plus probables selon la direction de l'entreprise (voir n° 66345). Il conviendra par contre de respecter ce principe lors de la préparation des comptes prévisionnels proprement dits (estimation des provisions pour pertes à terminaison, par exemple) ».

En outre (C. com. art. R 232-5), « les méthodes utilisées ne peuvent être modifiées d'une période à l'autre, sans qu'il en soit justifié dans le rapport accompagnant ces documents : le rapport décrit l'incidence des modifications ».

Qualité des prévisions Il est clair (Rép. Voilquin : Sén. 24-7-1986 p. 1042) que les prévisions communiquées ne constituent de la part des entreprises qu'une estimation du possible ou du souhaitable, et non un engagement ferme.

66345

I. Selon l'OEC (Rec. « Principes comptables » n° 1.17 sur les comptes prévisionnels), « l'hypothèse retenue doit **refléter la situation future la plus probable** ».

Pour y parvenir, la solution à retenir est, à notre avis, la **trajectoire moyenne de la fourchette de l'ensemble des prévisions** qui peuvent raisonnablement être prises en compte (voir n° 66325). Cette solution constitue un bon **compromis entre** :

a. **Les nécessités techniques de la prévision** ;

> **Précisions** En effet, les fourchettes sont dans la nature des systèmes de prévision bien compris. D'ailleurs, comme l'indique le professeur E. du Pontavice (CRCC Versailles, septembre 1985), « **il n'y a pas de notion d'unité de prévision** et il serait dangereux de laisser supposer, en particulier au comité d'entreprise, que le chef d'entreprise puisse maîtriser le futur alors qu'il n'en est rien et que son rôle est d'adapter la conduite de l'entreprise aux nombreuses variations des éléments du jeu économique, national ou international. C'est du reste la raison pour laquelle le compte de résultat prévisionnel doit être révisé ».
> Cette position ne signifie pas pour autant le rejet des prévisions appelées « la plus pessimiste » ou « la plus stimulante » ; bien au contraire, celles-ci doivent être quantifiées afin de pouvoir déterminer notamment les bornes de fourchette.

b. **Et les obligations légales** qui doivent, en général, se traduire par la présentation d'un seul compte de résultat prévisionnel (voir n° 66325).

II. Pour l'établissement des prévisions, il importe que (Rec. OEC précité) :

a. « **Les règles générales de contrôle interne** s'appliquent au système prévisionnel. Il importe, en particulier, qu'il existe des procédures de contrôle et d'approbation à chaque niveau et que les travaux soient suffisamment documentés » ;

b. **Le système prévisionnel assure** :
- **la fiabilité des données de base historique utilisées** ;

> **Précisions** En ce qui concerne les données internes en volume, il est nécessaire de s'assurer qu'elles sont collectées selon des méthodes qui garantissent leur exhaustivité et leur homogénéité. En ce qui concerne la qualité des données statistiques externes, la réputation de l'organisme qui les fournit constituera un critère d'appréciation.

- **la pertinence du choix des grandeurs caractéristiques** ;

> **Précisions** Le choix des grandeurs caractéristiques, qui correspondent aux éléments essentiels du compte de résultat et du bilan, repose sur une analyse objective de l'entreprise et de son secteur d'activité :
> – pour une société industrielle et commerciale, ces grandeurs comprennent notamment les ventes, les effectifs, les frais de personnel, les achats, les investissements, les stocks, les découverts clients et le crédit fournisseurs et, le cas échéant, les marges ;
> – pour les entreprises de services, les assurances, les établissements financiers, ces grandeurs sont définies selon les spécificités de la profession.

– **la cohérence d'ensemble des hypothèses** formulées sur chacune des grandeurs caractéristiques.

> **Précisions** « La cohérence s'apprécie à plusieurs niveaux :
> – cohérence des hypothèses avec les tendances historiques ;
> – cohérence des hypothèses avec la stratégie de l'entreprise (et donc avec le plan à long terme de l'entreprise qui se retrouve dans le plan de financement prévisionnel) ;
> – cohérence des hypothèses à l'intérieur des prévisions (par exemple, les parités monétaires doivent être identiques à tous les niveaux d'une prévision) ;
> – cohérence des hypothèses entre elles ;
> – cohérence des hypothèses avec les contraintes (par exemple, développement du chiffre d'affaires compatible avec la capacité de production). »

III. À notre avis, les prévisions faites pour le **« budget »** au mois de décembre peuvent être utilisées, mais deux situations peuvent toutefois se présenter :
– si l'entreprise établit et communique immédiatement le compte de résultat prévisionnel, les mêmes prévisions peuvent être utilisées, sans changement ;
– en revanche, si elle le communique plus tard (dans les 4 mois après le début de l'exercice), il est obligatoire de réviser les prévisions en tenant compte des événements survenus entre la date d'élaboration du budget et celle de l'établissement des documents prévisionnels.

66350 **Compte de résultat prévisionnel révisé** La révision doit **obligatoirement** être effectuée **entre le 7ᵉ et le 10ᵉ mois** de l'exercice (C. com. art. R 232-3). Il n'est pas, en principe, nécessaire (peut-être à cause de la périodicité rapprochée) de le réviser avant cette période, sauf :
– lorsque les réalisations s'écartent notablement des prévisions ;
– ou si les hypothèses initiales sont modifiées.

Si les **réalisations du premier semestre** sont disponibles, la révision doit en tenir compte. Tel sera notamment le cas si la société publie un tableau d'activité et de résultats du 1ᵉʳ semestre, mais également pour toute société établissant des situations intermédiaires sur le plan interne. À défaut, il est nécessaire de procéder à des estimations.

Pour l'OEC (Rec. n° 1.17 précitée), « les prévisions annuelles, révisées éventuellement après le 1ᵉʳ semestre, contiennent les éléments historiques du 1ᵉʳ semestre, même s'il ne s'agit que d'une situation intercalaire provisoire ».

> **Fiscalement** **a. Dernier acompte d'IS des grandes entreprises** Lorsque le résultat estimé des entreprises (ou des groupes intégrés) dont le chiffre d'affaires de l'exercice précédent est d'au moins 250 millions d'euros a augmenté par rapport à l'exercice précédent, elles doivent calculer leur **dernier acompte d'IS,** non pas sur la base du résultat fiscal de l'exercice précédent (comme pour les autres acomptes) mais sur la base du résultat estimé de l'exercice en cours (CGI art. 1668, 1 ; BOI-IS-DECLA-20-10 n° 150 à 340). En cas d'erreur d'estimation dépassant un certain montant, des intérêts de retard et une pénalité de 5 % sont dus, sauf si le dernier acompte a été calculé sur la base du **compte de résultat prévisionnel révisé** (avant déduction de l'IS) dans les 4 mois qui suivent l'ouverture du second semestre de l'exercice (CGI art. 1731 A et 1731 A bis ; BOI-CF-INF-10-30 n° 200 à 230).
> Sur le chiffre d'affaires à retenir en présence de succursales étrangères, voir n° 70025.
> Pour plus de détails, voir Mémento Fiscal n° 36545 à 36550
> **b. Groupes intégrés** Pour la société mère d'un groupe intégré (voir n° 52745 s.), le compte de résultat prévisionnel révisé s'entend de la somme des comptes de résultats prévisionnels révisés de l'ensemble des sociétés membres du groupe (CGI art. 1731 A et 1731 A bis), avant déduction de l'IS de chacune d'entre elles. Chacune des sociétés membres du groupe doit donc produire un compte de résultat prévisionnel, qu'elle y soit ou non tenue en application de l'article L 232-2 du Code de commerce (BOI-CF-INF-10-30 n° 235). Pour plus de détails, voir Mémento Fiscal n° 40595.

RAPPORT JOINT AU COMPTE DE RÉSULTAT PRÉVISIONNEL

66355 Sur la possibilité d'établir un rapport unique pour les 4 documents liés à la prévention des difficultés des entreprises, voir n° 65738.

66360 Ce rapport commente et complète l'information donnée par le compte de résultat prévisionnel, décrit les conventions comptables, les méthodes utilisées et les hypothèses retenues, et en justifie la pertinence et la cohérence (C. com. art. R 232-4).

Il pourra comprendre notamment les points suivants :
– **rappel des méthodes d'élaboration** du compte de résultat prévisionnel ;
– **hypothèses** retenues concernant le **chiffre d'affaires** (évolution du marché, tarifs, taux de change, carnet de commandes, gros contrats en cours de négociation, éventuellement

hypothèse d'inflation, etc.). On pourrait indiquer (si des variantes ne sont pas utilisées) l'impact global d'évolutions différentes ;
– **hypothèses** retenues concernant les **charges** (évolution des structures, évolution des prix et des coûts, taux de change, fluctuation du cours de certaines matières premières, niveau d'activité, taux d'intérêts, etc.) ;
– **commentaires** (éventuels) sur les **variantes** retenues (ces variantes étant indiquées soit dans le tableau, soit ici).

Dans le rapport accompagnant le compte de résultat prévisionnel **révisé**, il pourrait être mentionné en outre les points suivants :
– les changements dus aux réalisations du 1er semestre ;
– l'actualisation des hypothèses utilisées initialement et les impacts en résultant.

En outre, selon l'OEC (Rec. n° 1.17 précitée), ces rapports doivent contenir **toute autre information significative,** c'est-à-dire, **comme pour l'annexe** des comptes annuels, susceptible d'avoir une incidence importante sur l'interprétation des comptes prévisionnels.

CONTRÔLE PAR LE COMMISSAIRE AUX COMPTES

66365 Sur la mission du commissaire aux comptes en général pour tous les documents liés à la prévention des difficultés des entreprises, voir FRC 12/23 Hors série inf. 99.

V. PLAN DE FINANCEMENT PRÉVISIONNEL ET RAPPORT JOINT

66435 Sur les personnes tenues de l'établir et les destinataires, voir n° 65695 s.

DÉLAI ET PÉRIODICITÉ D'ÉTABLISSEMENT

66440 Le plan de financement prévisionnel est établi **annuellement,** au plus tard **quatre mois après le début de l'exercice** (en même temps que le compte de résultat prévisionnel ; C. com. art. R 232-3).
Il ne fait pas l'objet de révision en cours d'exercice comme le compte de résultat prévisionnel.
À ce document est **joint un rapport** écrit (C. com. art. L 232-3).

PLAN DE FINANCEMENT PRÉVISIONNEL

66460 **Objet** Selon l'OEC (brochure « La fonction financière et le PCG 1982 », p. 317) : « Rentabilité optimale et équilibre financier doivent se traduire pour le chef d'entreprise en ce qui concerne :
– la définition des moyens d'exploitation à mettre en œuvre pour atteindre les objectifs de production et de chiffre d'affaires qu'il a retenus, par la recherche de l'organisation et des méthodes de production qui, à productivité égale, sont les moins onéreuses et exigent par conséquent le moins de capitaux ;
– les moyens de financement qui lui sont nécessaires, d'une part, par la recherche de capitaux dont le degré d'exigibilité est le mieux adapté au degré de liquidité du bien ou de l'opération qu'ils servent à financer et, d'autre part, par le recours préférentiel aux sources de financement dont le coût est le plus faible pour l'entreprise et qui conduisent à dégager par conséquent le meilleur taux de rentabilité. »

« Le **plan de financement** permet de synthétiser le résultat des réflexions et analyses conduites dans ces domaines. Il concrétise les objectifs de l'entreprise et précise les moyens d'exploitation et les ressources financières qu'il convient de mettre en œuvre pour les atteindre, ainsi que les résultats que l'on doit en attendre. Il constitue par conséquent un instrument de gestion prévisionnelle extrêmement important :
– tant pour la définition de la stratégie propre de l'entreprise ;
– que pour les relations de l'entreprise avec ses partenaires financiers. »

Contenu et présentation Le plan de financement présente les caractéristiques suivantes.

I. Il comporte :
– les **chiffres de l'exercice précédent** (C. com. art. R 232-5). Compte tenu de l'alignement des délais d'établissement avec le tableau de financement, ces chiffres pourront correspondre désormais aux réalisations de l'exercice précédent ;
– les **prévisions** de financement (C. com. art. R 232-5). Celles-ci portent **sur un an.** Toutefois, toutes prévisions ne pouvant se détacher d'un contexte et d'une stratégie à long ou moyen

terme préalablement défini, le plan de financement prévisionnel devrait être établi sur une durée plus longue, les entreprises ne communiquant cependant que les chiffres de la première année.

En outre, les hypothèses retenues doivent être homogènes et cohérentes avec celles retenues pour le compte de résultat prévisionnel (voir n° 66345).

II. Il n'est **pas prévu** (comme pour le compte de résultat prévisionnel) la possibilité qu'il comporte **plusieurs variantes.**

En fait, les variantes pour le compte de résultat prévisionnel ont nécessairement un impact sur le plan de financement. Mais les deux documents sont établis conjointement.

III. Il n'existe **pas de modèle obligatoire.**

> **Précisions** En pratique, les entreprises peuvent se référer aux éléments fournis en ce qui concerne le tableau de financement (voir n° 65855 s.) et notamment présenter :
— un plan de financement comportant les mêmes rubriques (éventuellement en les contractant) que celles du **tableau de financement préconisé par le PCG** ;
— un plan de financement selon le **modèle du tableau des ressources et des emplois de la Banque de France.**
Il existe différents tableaux publiés par divers auteurs et reprenant une conception de base identique.
Elles pourront également souhaiter présenter un **tableau plus synthétique.** À cet égard, l'OEC a proposé un schéma (voir n° 66465) pour les PME (« La fonction financière et le PCG », p. 317). Nous laissons ce tableau dans sa forme originale. Pour un plan de financement annuel, il conviendrait de prévoir uniquement deux colonnes de chiffres : N+1 et N.
Elles pourront enfin souhaiter présenter **un document unique du type « Données globales »** de la Centrale de bilans de la Banque de France (désormais officiellement appelé Observatoire des entreprises mais l'ancienne dénomination figure toujours sur les documents publiés) à la place du compte de résultat prévisionnel et du plan de financement prévisionnel, la structure de ce tableau (voir modèle n° 66470) nous paraissant répondre aux objectifs fixés par la loi en matière de présentation d'information prévisionnelle.

À notre avis, il existe **4 critères** à prendre en compte **dans le choix d'un modèle.** La sélection doit s'effectuer, en fonction :
— **de la nature de l'information** ; en effet, s'agissant d'une information prévisionnelle, il est nécessaire de raisonner par grandes masses (sans entrer dans le détail) ;
— des **habitudes d'analyse de la direction,** habitudes budgétaires notamment ;
— des **demandes des partenaires financiers** de l'entreprise (essentiellement banquiers) ;
— du modèle de **tableau de financement** choisi par l'entreprise (car il paraît souhaitable que ces deux documents soient homogènes).

IV. Les règles de présentation et les méthodes utilisées **ne peuvent être modifiées** d'une période à l'autre sans qu'il en soit justifié et décrit l'incidence des modifications dans le rapport (C. com. art. R 232-5).

66465 **PLAN DE FINANCEMENT PRÉVISIONNEL (exemple OEC)**

			Années					Total
			1	2	3	4	5	
I.	**Emplois**							
	1.	Investissements nouveaux..................	......	......	......	......	......	....
	2.	Besoins en fonds de roulement	......	......	......	......	......	....
	3.	Remboursements d'emprunts................	......	......	......	......	......	....
		Total	......	......	......	......	......	....
II.	**Ressources**							
	1.	Capacité d'autofinancement	......	......	......	......	......	....
	2.	Désinvestissements	......	......	......	......	......	....
	3.	Ressources extérieures-Capital	......	......	......	......	......	....
		Subventions et prêts participatifs.........	......	......	......	......	......	....
		Emprunts à long terme........................	......	......	......	......	......	....
		Total	......	......	......	......	......	....
III.	**Excédent (insuffisance) des ressources**...........		......	......	......	......	......	....

L'OEC (Rec. n° 1.17 précitée) conseille d'effectuer des **retraitements par rapport aux chiffres comptables** (exemples : écarts de conversion, intérêts courus, primes de remboursement des obligations, effets escomptés non échus, crédit-bail, personnel intérimaire, etc.).

À notre avis, en l'absence d'obligation de retraitement et par simplification, il paraît souhaitable de ne pas faire de retraitements. En outre, d'une manière générale, l'entreprise devrait utiliser un **langage comptable unique** afin d'éviter la diffusion de différents systèmes d'information (comptes annuels, comptes consolidés, documents prévisionnels).

Toutefois, si des retraitements étaient effectués, quatre attitudes seraient, à notre avis, possibles :
– utiliser un tableau de passage ;
– donner des explications dans des notes annexes aux documents prévisionnels ;
– donner des explications dans le rapport d'analyse joint aux documents prévisionnels ;
– ajuster les comptes historiques (c'est-à-dire les chiffres de la colonne N–1).

DONNÉES GLOBALES (FLUX) (Centrale de bilans – Banque de France) 66470

	Années				
	1	2	3	4	5
Excédent brut global					
Variation des besoins en fonds de roulement					
A = EXCÉDENT DE TRÉSORERIE GLOBALE					
– Intérêts					
– Impôt sur les bénéfices					
– Distribution mise en paiement au cours de l'exercice					
– Remboursements • obligations					
• emprunts bancaires					
• autres emprunts					
B = FLUX DE TRÉSORERIE DISPONIBLE					
Investissement productif					
– Subventions d'investissement					
+ Acquisitions de participations et titres immobilisés					
+ Variation des autres actifs immobilisés hors exploitation					
– Cessions d'immobilisations					
C = INVESTISSEMENTS NETS					
Augmentation ou réduction de capital					
+ Variation de groupe et associés (dans dettes financières)					
+ Nouveaux emprunts • obligations					
• emprunts bancaires					
• autres emprunts					
D = APPORTS EN RESSOURCES STABLES					
E = VARIATION DE LA TRÉSORERIE = (B + D) – C					
= + Variation des disponibilités					
= – Variation des crédits bancaires courants					

RAPPORT JOINT AU PLAN DE FINANCEMENT PRÉVISIONNEL
Sur la possibilité d'établir un rapport unique pour les 4 documents liés à la prévention des difficultés des entreprises, voir n° 65738. 66475

Ce rapport commente et complète l'information donnée par le plan de financement prévisionnel et décrit les conventions comptables, les méthodes utilisées et les hypothèses retenues et en justifie la pertinence et la cohérence (C. com. art. R 232-4). 66480

Il pourra comprendre notamment les éléments suivants :
– la référence au modèle employé ;
– les hypothèses utilisées (le plan de financement étant établi en même temps que le compte de résultat prévisionnel, les **hypothèses** concernant ce dernier sont fournies dans le rapport et sont **communes** à ces deux documents) ;

– des précisions, notamment sur la nature des investissements prévus et sur les sources de financement (obtenues ou restant à obtenir) ;
– des commentaires sur l'impact des variantes retenues pour le compte de résultat prévisionnel.

CONTRÔLE PAR LE COMMISSAIRE AUX COMPTES

66485 Sur la mission du commissaire aux comptes en général pour tous les documents liés à la prévention des difficultés des entreprises, voir FRC 12/23 Hors série inf. 99.

La Note d'information CNCC NI.III « Continuité d'exploitation de l'entité : prévention et traitement des difficultés – Alerte du commissaire aux comptes » (avril 2022, § 2.31.1. B. b) précise que, s'agissant de documents à caractère prévisionnel, le commissaire aux comptes, en s'appuyant sur sa connaissance générale de l'entité, apprécie si la justification de la pertinence et de la cohérence des hypothèses retenues par la direction est fondée.

SECTION 6 — SANCTIONS EN MATIÈRE D'INFORMATION COMPTABLE

DÉLIT D'OMISSION D'ÉTABLISSEMENT DES DOCUMENTS COMPTABLES

66500 **I. Sanction** Le Code de commerce sanctionne par une **amende de 9 000 €** le défaut d'établissement, même non intentionnel, des documents comptables suivants :

a. Pour toutes les sociétés commerciales : l'inventaire, les comptes annuels et le rapport de gestion ;

Les personnes susceptibles d'être sanctionnées sont les membres du conseil d'administration et les directeurs généraux (C. com. art. L 242-8), les présidents et les dirigeants des SAS (C. com. art. L 244-1), les gérants des SCA (C. com. art. L 243-1), les gérants de SARL (C. com. art. L 241-4), les membres du directoire et du conseil de surveillance (C. com. art. L 242-30) et les dirigeants de fait des sociétés par actions (C. com. art. L 246-2).

> **Précisions** La simple **omission de l'annexe** paraît devoir entraîner, outre les conséquences sur la certification des comptes annuels (voir n° 64835), l'application de ces sanctions. Mais tel n'est pas le cas pour les entreprises individuelles.

b. Pour les sociétés commerciales tenues de les établir (voir Mémento Comptes consolidés n° 9207) : **les comptes consolidés.**

Les personnes susceptibles d'être sanctionnées sont les membres du directoire, du conseil d'administration ou les gérants des sociétés concernées (C. com. art. L 247-1-II).

> **Précisions** **Faillite personnelle** L'omission de tenue de comptabilité lorsque les textes applicables en font l'obligation peut entraîner la faillite personnelle constituant une sanction personnelle à l'égard du dirigeant (C. com. art. L 653-5), pour une durée maximale de 15 ans (C. com. art. L 653-11). Sur les conséquences de la faillite personnelle pour les dirigeants, voir Mémento Sociétés commerciales n° 91870. Le tribunal peut prononcer, à la place de la faillite personnelle, l'**interdiction** pendant au moins cinq ans de **diriger, gérer, administrer ou contrôler,** directement ou indirectement, soit toute entreprise commerciale, artisanale et toute personne morale, soit une ou plusieurs de celles-ci (C. com. art. L 653-8 ; voir Mémento Sociétés commerciales n° 91730 à 91930). La comptabilité analytique ne figurant pas au rang des obligations comptables requises par la loi, son absence n'est donc pas de nature à justifier le prononcé d'une sanction personnelle contre le dirigeant (CA Paris 19-2-2019 n° 17/14920).

II. Constitution du délit de non-établissement des comptes annuels

Le délai au terme duquel ce délit (prévu à L 242-8 du C. com. pour les SA et par renvoi de L 244-1 à ce même article pour les SAS) est constitué n'est pas indiqué par les textes.

Dans les SA, une **injonction de faire** délivrée pour la convocation de l'assemblée générale, et corrélativement pour l'établissement des comptes, qui est non suivie d'effet caractérise la constitution du délit de non-établissement des comptes et déclenche pour le commissaire aux comptes l'obligation de révélation de ce **fait délictueux** auprès du procureur de la République (voir FRC 12/23 Hors série inf. 86 s.) et la communication de l'**irrégularité** aux personnes constituant le gouvernement d'entreprise (voir FRC 12/23 Hors série inf. 83). À défaut d'une telle injonction, la constitution du fait délictueux relève de l'**appréciation personnelle** du commissaire aux comptes au regard notamment du délit d'obstacle à sa mission (Bull. CNCC n° 171, septembre 2013, EJ 2012-118, p. 479 s.).

Dans les SAS, selon le bulletin CNCC précité, la constitution du **fait délictueux** déclenchant l'obligation de révélation au procureur de la République (voir FRC 12/23 Hors série inf. 86 s.) relève de l'**appréciation personnelle** du commissaire aux comptes au regard notamment du délit d'obstacle à sa mission. Le défaut d'établissement des comptes constitue également une **irrégularité** à signaler par le commissaire aux comptes aux personnes constituant le gouvernement d'entreprise (voir FRC 12/23 Hors série inf. 83).

COMPTES ANNUELS NE DONNANT PAS UNE IMAGE FIDÈLE

> **Précisions**   Ces dispositions **ne concernent pas**, en l'absence de textes, **les comptes consolidés.** Voir toutefois dépôt au greffe n° 80695 b.
> En revanche, le **délit de fausse information** (voir n° 82575) nous paraît applicable aux groupes cotés.

66510

Le président, les administrateurs, les directeurs généraux (unique et délégués) ou les membres du directoire (et semble-t-il ceux du conseil de surveillance : CA Paris 17-5-1999) d'une SA ou les dirigeants d'une SAS ou les gérants d'une SARL ou d'une SCA qui, même en l'absence de toute distribution de dividendes, auraient **publié ou présenté** aux actionnaires ou associés « des comptes annuels ne donnant pas, pour chaque exercice, une image fidèle du résultat des opérations de l'exercice, de la situation financière et du patrimoine à l'expiration de cette période » en vue de dissimuler la véritable situation de la société s'exposeraient à un emprisonnement de cinq ans et/ou à une amende de 375 000 €, ainsi qu'aux peines complémentaires prévues par l'article L 249-1 du Code de commerce (notamment interdiction d'exercer une profession commerciale ou industrielle, de diriger, d'administrer, de gérer ou de contrôler une entreprise commerciale ou industrielle ou une société commerciale) et à l'interdiction des droits civiques, civils et de famille (C. com. art. L 242-6 2°, L 244-1, L 241-3 3° et L 243-1). Il en est de même pour tout dirigeant de fait (C. com. art. L 246-2).

66515

> **Précisions**   Cette notion se substitue à celle de **« bilan inexact »** depuis la loi du 30 avril 1983.

En outre, sur le plan fiscal, les erreurs comptables volontaires sont sanctionnées pénalement par l'article 1743 du CGI (voir n° 7295). Le Conseil d'État considère également que le contribuable ne peut demander la rectification d'erreurs volontaires (voir n° 45635).

Le délit de présentation ou de publication de comptes ne donnant pas une image fidèle peut causer un **préjudice direct aux associés** ou aux **porteurs de titres** de la société qui sont en conséquence **recevables à se constituer partie civile** devant le juge pénal afin d'obtenir réparation du dommage subi.

> **Précisions**   Ainsi (Cass. crim. 5-11-1991 n° X90-82.605 PF ; Cass. crim. 16-4-2008 n° 07-84.713), est recevable la plainte d'un tiers (non actionnaire) acquéreur de la majorité des actions d'une société après la présentation à l'assemblée du bilan critiqué dès lors qu'il a servi de base à l'évaluation des actions sur le point d'être achetées ; est également recevable celle d'un porteur de certificats d'investissements dans une situation analogue (Cass. crim. 30-1-2002 n° 663 F-PF).

Peuvent également se porter parties civiles :
– l'acquéreur de la majorité des actions d'une société ;
– les banquiers qui ont accordé des concours.
Pour plus de détails, voir Mémento Sociétés commerciales n° 76039.

Dirigeants responsables   Il s'agit :
– de ceux qui étaient en fonction à la date de présentation du bilan (Cass. crim. 29-11-2000 n° 7231 FS-PF), même s'ils n'ont pas participé à l'élaboration de celui-ci (Cass. crim. 16-9-1985 n° 84-93.003). Les dirigeants ayant participé à l'établissement du bilan inexact, mais qui n'étaient plus en fonction lors de sa présentation, ainsi que les **employés et directeurs** (voir notamment arrêt 14-1-1980 Cass. crim., n° 77-92.082 B condamnant un directeur administratif) ayant pris une part active à la confection du bilan peuvent être poursuivis pour **complicité**, de même que les **commissaires aux comptes** si leur approbation résulte d'une entente frauduleuse avec les dirigeants et l'**expert-comptable** qui a participé sciemment à l'élaboration du bilan inexact ;
– des dirigeants de fait, c'est-à-dire toute personne qui, directement ou par personne interposée, aura, en fait, exercé la direction, l'administration ou la gestion au lieu ou place de leurs représentants légaux.

66515 (suite) Le chef comptable, qui informe le commissaire aux comptes de la passation d'écritures litigieuses en dehors de toute demande du commissaire aux comptes et sans en avoir préalablement référé à son supérieur hiérarchique, ne commet pas un acte de déloyauté (Cass. soc. 24-3-1988 n° 1255 P).

Présentation ou publication Pour caractériser le délit, les comptes annuels doivent avoir été **présentés ou publiés** en ce qui concerne les **SA**, les **SAS** et **SCA** (C. com. art. L 242-6-2°, L 244-1 et L 243-1) et **seulement présentés** s'il s'agit de **SARL** (C. com. art. L 241-3-3°).

I. Ils sont présentés lorsqu'ils sont soumis à l'assemblée générale des associés sans qu'il soit nécessaire de considérer s'ils sont ou non approuvés. Aussi l'AMF (Rapport COB 1975, p. 58) rappelle-t-elle que l'approbation par les actionnaires n'empêche en rien la condamnation des dirigeants.

Toutefois, la jurisprudence a tendance à élargir la notion de présentation. C'est ainsi qu'un jugement du tribunal de la Seine du 13 juillet 1963 (GP 1963.2.325) considère que la présentation est effective le jour où le projet (de comptes annuels) est déposé et mis effectivement à la disposition des actionnaires. Dans ces conditions, la présentation aux actionnaires serait réalisée dès que, en application des articles L 225-115 et R 225-89 du Code de commerce, le projet de comptes annuels est mis à leur disposition, quinze jours au moins avant l'assemblée générale ordinaire.

II. La **publication** semble devoir être définie d'une manière très large, c'est-à-dire **chaque fois que les comptes annuels ont été portés à la connaissance des tiers** par tout moyen de communication collective. Ainsi pourraient être retenus, notamment, toute insertion au Balo, le dépôt au greffe (obligatoire pour les sociétés par actions et les SARL), l'information par affiches, circulaires ou prospectus. De même pour la communication à un banquier (en ce sens, Cass. crim. 30-11-1987 n° 86-94.039 D, Loevenbruck).

Toutefois (Cass. crim. 15-10-1990 n° E 89-84.931 D), la communication à un tiers non actionnaire ne constitue pas un délit dès lors qu'ils n'ont pas été présentés à l'assemblée générale.

> **Précisions** Il ne semble pas que le dépôt auprès de l'administration fiscale soit un élément constitutif du délit, la déclaration fiscale à laquelle est astreinte la société ne constituant pas un mode de communication collective (Bull. CNCC n° 20, décembre 1975, p. 495 et 496).

III. L'AMF a rappelé (Rapport COB 1975, p. 58) que l'approbation donnée par une assemblée générale ne permettait pas d'enfreindre les règles comptables en vigueur et que certains dirigeants de sociétés faisant publiquement appel à l'épargne ont été condamnés pour publication et présentation de bilans inexacts cependant approuvés par les actionnaires.

IV. La **tentative** n'est pas punissable. La **prescription** triennale court du jour de la consommation du délit, c'est-à-dire à partir de la date de présentation du bilan aux associés quelle que soit la date à laquelle l'irrégularité a été découverte (Cass. crim. 9-7-1996 n° 3120 et 20-2-1997 n° 959). Toutefois, certains tribunaux, nonobstant le caractère instantané du délit, ont jugé que le point de départ de la prescription remonte à la date de la constatation de l'infraction et non pas à la date de présentation.

La Cour de cassation (Cass. crim. 18-3-1986 n° 85-94.491 P) a jugé, dans le cas où un administrateur avait porté plainte 3 ans et 2 mois après la présentation du bilan inexact à l'assemblée générale, que l'action publique était éteinte, celui-ci ayant eu **connaissance** de l'insuffisance de provisions **avant l'assemblée** (le commissaire aux comptes l'avait signalée mais le président n'avait pas voulu les majorer).

En outre, la jurisprudence considère qu'a agi « sciemment » non seulement celui qui « savait » ou qui « voulait », mais encore celui qui « aurait dû savoir » ou qui « ne pouvait pas ne pas savoir ». La connaissance est présumée dans la mesure où un chef d'entreprise est supposé avoir une connaissance suffisante de sa société pour être capable de relever des distorsions telles qu'elles aient pour conséquence de fausser la situation de la société.

La connaissance a posteriori d'une inexactitude commise de bonne foi est assimilée à l'intention, dès lors que l'auteur ne l'a pas rectifiée : « l'élément intentionnel est constitué sans conteste à partir du moment où les dirigeants ont été avertis du caractère irrégulier et délictueux et n'en ont point tenu compte » (Bull. CNCC n° 16, décembre 1974, p. 471 s.).

La Cour de cassation (Cass. crim. 27-10-1986 n° 85-91.924) a jugé que le président d'une société anonyme n'avait pu ignorer la fausseté du bilan qu'il avait présenté à l'assemblée des actionnaires – et que sa mauvaise foi était donc établie – dans un cas où les anomalies de ce document et leur incidence sur le résultat de l'exercice lui avaient été expressément dénoncées par le commissaire aux comptes qui avait refusé d'en certifier la sincérité. Voir ci-après.

Lien entre la certification des comptes et la révélation au procureur du délit de présentation ou de publication de comptes ne donnant pas une image fidèle Le bulletin CNCC (n° 85, mars 1992, EJ 91-220, p. 163 s.) souligne l'importance capitale du rôle du commissaire aux comptes dans l'appréciation du délit :
– d'une part, son opinion sur les comptes caractérise, à ses yeux, la condition préalable du délit ;
– et, d'autre part, la communication qu'il aura faite de ses conclusions aux dirigeants, lorsqu'elle n'est pas suivie d'effet, est une preuve de leur intention coupable.
Ainsi (Bull. CNCC n° 98, juin 1995, EJ 95-91, p. 222), lorsque le commissaire aux comptes refuse de certifier les comptes :
– la condition préalable et l'élément matériel existent, quels que soient les motifs conduisant à ce refus ;
– l'élément moral, en revanche, existe dès lors que les dirigeants, à qui les commissaires aux comptes ont communiqué les modifications qui leur semblent devoir être apportées aux comptes (C. com. art. L 823-16), ont persisté à présenter en l'état les comptes aux actionnaires.

DÉFAUT DE SOUMETTRE LES COMPTES ANNUELS ET LE RAPPORT DE GESTION À L'APPROBATION DE L'ASSEMBLÉE GÉNÉRALE ANNUELLE

66520 Sur l'obligation de soumettre les comptes annuels et le rapport de gestion à l'approbation de l'assemblée générale annuelle, voir n° 64280.

66525 Le fait, pour les dirigeants, de ne pas soumettre à l'approbation de l'assemblée générale ordinaire les comptes annuels et le rapport de gestion (auxquels s'ajoutent, pour les SARL, l'inventaire) est passible :
– d'une peine d'emprisonnement de six mois et d'une amende de 9 000 € pour les dirigeants de SA ou de SCA. Les dirigeants visés sont le président et les administrateurs des SA (C. com. art. L 242-10), les gérants des SCA (C. com. art. L 243-1), les membres du directoire et du conseil de surveillance (C. com. art. L 242-30), les dirigeants de fait des sociétés par actions (C. com. art. L 246-2) ;
– d'une amende de 9 000 € pour les gérants de SARL (C. com. art. L 241-5).

> **Précisions 1.** La responsabilité pénale de la personne morale est également susceptible d'être engagée (voir n° 7300).
> **2.** L'administrateur judiciaire chargé d'assurer seul l'administration d'une société en redressement judiciaire encourt les mêmes sanctions (Cass. crim. 21-6-2000 n° 4234 FF).
> **3. SAS** Ne sont pas concernés par ces sanctions pénales **les présidents ou le dirigeant de SAS** qui n'auraient pas consulté les associés, dans les conditions prévues par les statuts, pour les décisions concernant l'approbation des comptes annuels, la répartition des bénéfices ou la nomination des commissaires aux comptes.
> **4. Comptes consolidés** Ces dispositions ne concernent pas, en l'absence de texte, l'approbation des comptes consolidés (voir Mémento comptes consolidés n° 9228).
> Pour plus de détails, voir Mémento Sociétés commerciales n° 48113 (SA) et 32804 (SARL).

Sur l'incidence de la tenue de l'assemblée au-delà de douze mois sur le renouvellement du mandat du commissaire aux comptes, voir FRC 12/23 Hors série inf. 25.1.
Pour les SA et les SARL, le défaut de réunion de l'assemblée générale annuelle dans les six mois de la clôture de l'exercice ou, en cas de prolongation, dans le délai fixé par décision de justice n'est plus sanctionné pénalement (C. com. art. L 241-5 et L 242-10). Toutefois, à défaut de réunion de l'assemblée dans les délais, le ministère public ou tout intéressé peut demander en référé au président du tribunal d'enjoindre, le cas échéant sous astreinte, aux dirigeants de convoquer l'assemblée ou de désigner un mandataire pour y procéder (C. com. art. L 223-26 et L 225-100 modifié par loi 2019-486 du 22-5-2019). C'est donc l'injonction de convoquer une assemblée non suivie d'effet qui caractérise la constitution du délit de non-soumission des comptes annuels à l'approbation de l'assemblée générale ordinaire et déclenche pour le commissaire aux comptes l'obligation de révélation de ce **fait délictueux** auprès du procureur de la République (voir FRC 12/23 Hors série inf. 86 s.) ainsi que la communication de l'**irrégularité** aux personnes constituant le gouvernement d'entreprise (voir FRC 12/23 Hors série inf. 83). À défaut d'une telle injonction, la constitution du **fait délictueux** relève de l'**appréciation personnelle** du commissaire aux comptes au regard notamment du délit d'obstacle à sa mission (Bull. CNCC n° 171, septembre 2013, EJ 2012-118, p. 479 s.).
Pour les SAS, aucun délai n'étant prévu par les textes pour l'approbation des comptes annuels, le bulletin CNCC précité recommande le respect du délai raisonnable de six mois. Le non-respect de ce délai constitue une **irrégularité** à signaler par le commissaire aux comptes aux personnes constituant le gouvernement d'entreprise (voir FRC 12/23 Hors série inf. 83).
En revanche, les Sasu, comme les SA, sont soumises à un délai de six mois à compter de la clôture pour l'approbation de leurs comptes (C. com. art. L 227-9).

DISTRIBUTION DE DIVIDENDES FICTIFS

66530 Tout dividende distribué en violation des règles de l'article L 232-12, al. 1 du Code de commerce (approbation préalable des comptes et constatation de l'existence de sommes distribuables) constitue un dividende fictif (C. com. art. L 232-12, al. 3).

La constatation de l'existence de sommes distribuables implique :
– l'établissement de comptes annuels donnant une image fidèle du résultat des opérations de l'exercice et de la situation de la société ;
– l'imputation préalable sur les bénéfices des pertes des exercices antérieurs, s'il en existe (voir n° 54040) ;
– la dotation à la réserve légale d'une somme calculée conformément à la loi (voir n° 56095) ;
– le cas échéant, la dotation des comptes de réserves statutaires dans les conditions fixées par les statuts ;
– en cas de prélèvements sur les réserves, une décision expresse de l'assemblée indiquant les postes de réserves sur lesquels ces prélèvements sont effectués (voir n° 53965).

La présence de frais de constitution non encore amortis entraîne en principe (C. com. art. L 232-9, al. 1) une distribution de dividendes fictifs, à condition toutefois qu'il y ait eu absence d'inventaire ou inventaire frauduleux (voir ci-après I.). En revanche, tel n'est pas le cas pour les autres frais d'établissement et coûts de développement (voir n° 53999).

I. Sanctions pénales Les distributions de dividendes fictifs sont sanctionnées pénalement (emprisonnement de cinq ans et/ou amende de 375 000 €) à l'encontre des présidents, administrateurs, directeurs généraux (uniques et délégués) ou membres du directoire de SA (C. com. art. L 242-6-1°) et de SCA (C. com. art. L 243-1), des dirigeants de SAS (C. com. art. L 244-1), des gérants de SARL (C. com. art. L 241-3-2°), des dirigeants de fait de ces sociétés (C. com. art. L 246-2).

Des peines complémentaires peuvent également être prononcées par le tribunal. Ce sont les mêmes peines que celles prévues pour le délit de présentation de comptes sociaux infidèles (voir n° 66515).

Pour que le délit soit constitué, il faut :
– qu'il y ait eu absence d'inventaire ou inventaire frauduleux ;
– que des dividendes fictifs aient été distribués ;
– que cette distribution ait été faite « sciemment ».

II. Sanctions civiles Elles sont les suivantes :
– **responsabilité des membres des organes de gestion** : la distribution de dividendes fictifs engage la responsabilité civile de ses auteurs ;
– **responsabilité des commissaires aux comptes** : ils engagent leur responsabilité civile si, ayant eu connaissance de l'infraction commise, ils ne l'ont pas révélée dans leur rapport à l'assemblée générale (C. com. art. L 822-17) ;
– **restitution des dividendes fictifs** : les actionnaires ou associés doivent restituer à la société les dividendes fictifs qu'ils ont perçus, s'il est prouvé qu'ils avaient connaissance de l'irrégularité de la distribution (C. com. art. L 232-17).

TITRE III

Extension et coopération

CHAPITRE 18 — LES ÉTABLISSEMENTS MULTIPLES

SOMMAIRE 70000

SECTION 1	
ÉTABLISSEMENTS FRANÇAIS D'UNE ENTREPRISE FRANÇAISE	70125
I. Comptabilité tenue par l'établissement (comptabilité autonome)	70130
II. Comptabilité non autonome	70265

SECTION 2	
ÉTABLISSEMENTS ÉTRANGERS D'UNE ENTREPRISE FRANÇAISE	70370
SECTION 3	
ÉTABLISSEMENTS FRANÇAIS D'UNE ENTREPRISE ÉTRANGÈRE	70580
SECTION 4	
CONTRÔLE EXTERNE	70710

GÉNÉRALITÉS

Notion d'établissement L'entreprise est une entité juridique (propriété individuelle ou collective) et économique constituée pour la production de biens destinés à la vente ou de services rémunérés. Elle peut comprendre plusieurs établissements qui correspondent à des entités techniques ou géographiques. Selon la CJCE, constitue un **établissement** toute unité de production disposant d'un équipement et d'un personnel spécialisé distincts, dont le fonctionnement n'est pas influencé par celui des autres unités composant la société, et dotée d'une direction qui assure la bonne exécution du travail et la supervision de l'ensemble du fonctionnement des installations, ainsi que la résolution des questions techniques (CJCE 15-2-2007 aff. 270/05). L'établissement peut se situer en France ou à l'étranger. 70005

> **Précisions** La notion d'établissement ne doit **pas** être **confondue avec** celle de **service** (ou **département**) qui est une subdivision de l'entreprise chargée de remplir une fonction déterminée et qui dispose parfois d'une organisation comptable propre isolant certaines catégories d'opérations sous sa responsabilité.

Notion de succursale La succursale est un démembrement d'une société qui en est la seule propriétaire, jouissant à des degrés divers d'une **autonomie** administrative, financière et comptable, mais n'ayant pas de personnalité juridique distincte. 70010

La succursale est un **établissement caractérisé par l'indépendance de l'exploitation** : elle gère en direct une clientèle ; elle dispose de moyens de production propres et elle est gérée par un représentant de l'entreprise doté de pouvoirs suffisants pour agir comme un exploitant. Cette gestion est parfois confiée à un gérant mandataire jouissant d'un statut spécial et notamment responsable des marchandises qui lui sont confiées.

Ne constitue pas une succursale l'établissement ayant à sa tête un directeur qui n'a aucune responsabilité dans le recrutement et l'administration du personnel, la gestion financière et commerciale de la succursale et dont les interventions sont limitées à celles d'un intermédiaire d'exécution (Cass. soc. 10-2-1971 : Bull. civ. V n° 99 p. 81).

> **Précisions** La succursale ne doit pas être confondue avec la filiale. En effet, la succursale n'a **pas de personnalité morale** et, même si elle a sa clientèle rattachée, elle agit toujours au nom de l'entreprise dont elle fait partie.

Sur l'obligation pour les sociétés commerciales de mentionner leurs succursales existantes dans le rapport de gestion, voir n° 64980.

Aspects économiques de l'établissement Les établissements secondaires reflètent des situations très diverses : 70015
— sur le **plan technique,** ils sont soit des centres d'exploitation de matières premières, soit des centres de production ou de transformation, soit des entrepôts ou des unités de vente, soit des centres prestataires de services ;

— sur le **plan historique,** ils peuvent provenir de la localisation des sources de matières premières ou d'énergie, de la localisation du marché, d'une politique de décentralisation ou d'extension ;

— sur le **plan sectoriel,** les entreprises à établissements multiples se rencontrent dans tous les secteurs économiques et en particulier dans les services et la distribution.

L'autonomie de l'établissement est purement une **autonomie de gestion** qui résulte d'une **délégation de pouvoirs** et ne fait pas obstacle à sa subordination à l'entreprise. Cette autonomie est très diverse selon les situations ; elle concerne notamment les moyens de gestion (investissements, personnel), les achats (budgets, négociations, etc.), les ventes (fixation des prix). Elle trouve ses limites dans le respect des règles communes à l'entreprise.

70020 **Aspects juridiques de l'établissement** L'établissement n'a **pas de personnalité juridique.**

> **Précisions** Toutefois :
— la **création en France d'établissements secondaires** permanents (succursales, agences, bureaux) fait l'objet d'une **immatriculation secondaire ou complémentaire** au registre du commerce et des sociétés (voir Mémento Sociétés commerciales n° 85670 à 85674) ;
— la **création en France d'une succursale de société étrangère** est soumise à certaines formalités (voir n° 70585 et Mémento Sociétés commerciales n° 92570 à 92575) ;
— la notion d'**établissement** intervient :
• dans la mise en place de la représentation du personnel [voir Mémento Social n° 8620 et 9470 s. (comité social et économique d'établissement), n° 73150, 73295 et 73610 (représentativité syndicale)],
• dans l'expression des salariés (voir Mémento Social n° 36840),
• dans le calcul de la participation et de l'intéressement (voir respectivement Mémento Social n° 33735 et 34200),
• dans le versement des cotisations de sécurité sociale (voir Mémento Social n° 23880),
• dans les procédures de licenciement (voir Mémento Social n° 47935, 48130 et 48215).

70025 **Établissement et impôt sur les sociétés** L'IS et la contribution sociale sur les bénéfices (CSB : voir n° 52635 s.) sont assis sur les **bénéfices des entreprises exploitées en France** et sur ceux dont l'imposition est attribuée à la France par une convention internationale relative aux doubles impositions (voir Mémento Fiscal n° 35725 et 35730).

Les **entreprises exploitées en France** s'entendent des établissements stables pour les entreprises étrangères (voir Mémento Fiscal n° 82545). Lorsqu'ils sont implantés en France, les quartiers généraux et les centres logistiques de groupes internationaux ainsi que le personnel détaché temporairement dans ces structures font l'objet d'une imposition particulière (BOI-SJ-RES-30-10 ; voir Mémento Fiscal n° 35775). Sur les conséquences du transfert d'un établissement à l'étranger, voir Mémento Fiscal n° 11420 à 11435.

Le résultat imposable à l'IS en France exclut donc, en principe, les opérations extraterritoriales effectuées par un **établissement exploité à l'étranger,** même si la comptabilité de l'établissement est centralisée en France.

> **Précisions** **1. Pertes résultant d'aides à une succursale étrangère** Une société française peut déduire les pertes, subies ou provisionnées, résultant d'aides de **nature commerciale** accordées à une succursale étrangère sous réserve que ces aides aient eu pour objectif le maintien ou le développement de l'activité de la société en France (CE 2-3-1988 n° 49054 ; 16-5-2003 n° 222956 ; 19-3-2015 n° 375636). Seule est déductible la fraction des aides consenties à la succursale étrangère pour laquelle la société française peut établir qu'elle répond à cet objectif (CE 4-12-2013 n° 355694).
2. Exclusion du chiffre d'affaires des succursales pour l'appréciation des seuils Afin de déterminer le chiffre d'affaires à retenir pour apprécier le seuil d'assujettissement à la **CSB** (voir n° 52635 ; BOI-IS-AUT-10-10 n° 20), aux règles particulières de calcul du **dernier acompte** des grandes entreprises (voir n° 66350 ; BOI-IS-DECLA-20-10 n° 190) et la possibilité de bénéficier du **taux réduit** de l'IS des PME (voir n° 52620 ; BOI-IS-LIQ-20-10 n° 40) il convient de ventiler le chiffre d'affaires de l'entreprise en suivant les règles de territorialité de l'IS (CGI art. 209), afin de ne prendre en compte que **la seule part du chiffre d'affaires réalisé en France.** Le chiffre d'affaires des succursales étrangères (pour les sociétés dont le siège est en France), et le chiffre d'affaires du siège étranger (pour les succursales françaises) sont en revanche écartés pour l'appréciation de ces seuils.
3. Imputation des pertes d'une succursale étrangère sur le résultat en France Voir n° 36430.
4. Application des mesures anti-hybrides En ce qui concerne les mesures destinées à neutraliser les effets des dispositifs hybrides mettant en présence l'établissement stable en France d'une société étrangère, voir n° 42575.

SECTION 1 — ÉTABLISSEMENTS FRANÇAIS D'UNE ENTREPRISE FRANÇAISE

PRINCIPES GÉNÉRAUX

a. La comptabilité des entreprises à établissements multiples n'est soumise à **aucune réglementation spécifique** et doit respecter l'ensemble des normes comptables habituelles.

b. La tenue d'une **comptabilité par établissement n'est pas obligatoire.** Il en résulte que la tenue de registres comptables, cotés et paraphés, propres à l'établissement n'est pas requise. La tenue du livre de paie par établissement n'est également pas obligatoire.

c. Aucune règle n'impose que la comptabilité d'une entreprise soit tenue en un même lieu (voir nº 7190). La comptabilité relative à l'établissement peut donc :
– soit être tenue entièrement par l'établissement **(comptabilité autonome)** : à la clôture de l'exercice, les comptes de l'établissement sont intégrés à ceux de l'entreprise (voir I.) ;
– soit être tenue directement par l'entreprise **(comptabilité non autonome)** : l'établissement ne tient alors aucune comptabilité (voir II.) ;
– soit être tenue pour partie dans l'établissement et pour partie directement dans la comptabilité de l'entreprise : il y a **conjugaison des deux précédents procédés.**

70125

I. COMPTABILITÉ TENUE PAR L'ÉTABLISSEMENT (COMPTABILITÉ AUTONOME)

PRINCIPES DE TENUE DE LA COMPTABILITÉ

Définition de la comptabilité autonome La comptabilité de l'établissement secondaire est autonome lorsqu'il est créé une **comptabilité distincte** rattachée à la comptabilité du siège par l'intermédiaire d'un **compte de liaison.** Elle est constituée par un ensemble complet de journaux, comptes et balances propres à l'établissement et fonctionne comme s'il s'agissait d'une entreprise.

Cette méthode isole totalement la comptabilité des opérations relatives à l'établissement secondaire et trouve son application pour les établissements dont la **gestion** est **autonome** ou qui **réalisent beaucoup d'opérations.** La comptabilité traduit le degré d'autonomie de l'établissement. Elle peut aussi enregistrer et suivre les biens et les ressources dont la gestion lui est confiée (immobilisations, comptes bancaires, emprunts, etc.).

En conséquence, le **plan comptable de l'établissement** peut être :
– limité aux comptes de résultat (dans l'hypothèse où il n'a pas d'autonomie de trésorerie) ;
– limité aux comptes de résultat et à certains comptes de bilan (clients, fournisseurs) ;
– étendu à tous les comptes (les comptes de capitaux propres étant remplacés par le compte de liaison).

70130

Le compte de liaison C'est un compte de bilan (compte 181 « Compte de liaison des établissements ») ouvert au nom de l'établissement. Il fonctionne comme un **compte courant,** c'est-à-dire que toutes les opérations réalisées par le siège avec l'établissement y sont enregistrées, comme s'il s'agissait d'un tiers. Il est donc nécessaire de créer :
– dans les comptes de l'entreprise : un compte de liaison au nom de chaque établissement ;
– dans les comptes de l'établissement : un compte de liaison « réfléchi » au nom de l'entreprise.

Dans la pratique, il est souvent ouvert autant de sous-comptes qu'il est jugé utile pour distinguer les différentes opérations selon leur nature. Par exemple :
– 1811 « Établissement × Financement » ;
– 1812 « Établissement × Opérations courantes ».

70135

> **Précisions** L'ancien plan comptable professionnel des industries et du commerce du bétail et de la viande comportait les subdivisions 182 « Succursales » et 183 « Siège ». Ce plan est désormais caduc (voir nº 3315). Toutefois, sur la possibilité d'adapter le plan de comptes prévu par le PCG aux spécificités sectorielles en ouvrant toutes subdivisions nécessaires pour enregistrer distinctement toutes leurs opérations, voir nº 7750.

70140 **Fonctionnement du compte de liaison** Toutes les **opérations** réalisées **entre l'entreprise et l'établissement** sont enregistrées d'une **manière symétrique,** dans la **même période** comptable et sur la base des **mêmes pièces justificatives** (original envoyé et double conservé par l'émetteur) dans la comptabilité de l'entreprise d'une part, et dans la comptabilité de l'établissement d'autre part. Il en résulte que les comptes de liaison sont égaux et de sens contraire (l'un débiteur, l'autre créditeur) dans la comptabilité du siège et dans celle de l'établissement.

> **EXEMPLE**
>
> | | Comptabilité siège ||| Comptabilité établissement |||
> |---|---|---|---|---|---|---|
> | | 181 Compte de liaison | 21 Immobili- sations | 512 Banque X | 181 Compte de liaison | 21 Immobili- sations | 512 Banque X |
> | 1. Affectation de biens à l'exploitation de l'établissement : | 100 | | 100 | | 100 | 100 |
> | 2. Virement d'une somme par le siège à un compte bancaire ouvert au nom de l'établissement : | 100 | | | 100 | 100 | | 100 |

CESSIONS ENTRE ÉTABLISSEMENTS

70160 **Comptabilisation** Selon le PCG (art. 941-18), l'enregistrement des cessions entre établissements d'une même entreprise qui tiennent des comptabilités distinctes est effectué soit par l'utilisation d'un compte de liaison, soit par la comptabilité analytique, soit par toute autre méthode.

I. Utilisation d'un compte de liaison

a. Lorsque les cessions concernent des éléments dont la valeur se trouve directement dans un des comptes de la comptabilité générale de l'établissement, elles sont enregistrées par (PCG art. 941-18-1-A) :
– l'établissement fournisseur, au crédit du compte de comptabilité générale intéressé par le débit du compte de liaison de l'établissement client ;
– l'établissement client, au débit du compte de comptabilité générale, par le crédit du compte de liaison de l'établissement fournisseur.

> **EXEMPLE**
>
> Cession par l'établissement A à l'établissement B de marchandises achetées 100 000 par A.
>
> | | Comptabilité de l'établis. A || Comptabilité de l'établis. B ||
> |---|---|---|---|---|
> | | 181 Liaison établis. B | 607 Achats | 181 Liaison établis. A | 607 Achats |
> | Solde initial | | 100 | | |
> | Cession A→B | 100 | 100 | 100 | 100 |

Toutefois, pour ne pas fausser les flux de gestion dans les comptes de résultat des établissements et permettre d'isoler les cessions internes en vue de leur annulation lors de l'intégration de la comptabilité de l'établissement dans celle du siège, il nous paraît préférable :
– soit d'isoler la charge et le produit correspondant dans des subdivisions particulières des classes 6 et 7 ;
– soit d'utiliser des comptes 186 et 187 (voir ci-après b.).

b. Lorsque les cessions concernent des produits et des services dont le coût de revient comprend des éléments divers et ne peut être déterminé qu'en comptabilité analytique ou, à défaut d'une telle comptabilité, que par des calculs statistiques : les établissements intéressés ouvrent un compte 186 « Biens et prestations de services échangés entre établissements (charges) » ou 187 « Biens et prestations de services échangés entre établissements (produits) » qui est subdivisé suivant les besoins (PCG art. 941-18-1-B).

Les cessions sont enregistrées par (PCG art. 941-18-1-B) :
– l'établissement fournisseur, au crédit du compte 187 par le débit du compte de liaison 181 ouvert au nom de l'établissement client ;

– l'établissement client, au débit du compte 186 par le crédit du compte de liaison 181 ouvert au nom de l'établissement fournisseur.
Pour l'ensemble de l'entreprise, les comptes 186 et 187 présentent des soldes qui s'annulent.

EXEMPLE

Cession de 100 000 de marchandises de l'établissement A à l'établissement B.

	Comptabilité de l'établis. A		Comptabilité de l'établis. B	
	181 Liaison établis. B	1870 Ventes internes	181 Liaison établis. A	1860 Achats internes
Cession A→B	100	100	100	100

> **Précisions** **1. Subdivisions** La subdivision des comptes 186 et 187 peut se faire, par exemple, en ajoutant au numéro 186 ou 187, le deuxième chiffre des comptes de gestion. On obtient ainsi : 1860 « Achats », 1861 « Services extérieurs », 1870 « Ventes », etc.
> **2. Pièces justificatives** Les mouvements de marchandises et les prestations peuvent être constatés à l'aide de **pièces justificatives internes.**

II. Utilisation de la comptabilité analytique
Lorsque chacun des établissements tient une comptabilité analytique distincte dans le cadre d'une comptabilité générale unique pour l'ensemble des établissements, le compte 18 n'est pas utilisé. Les cessions internes sont enregistrées en comptabilité analytique ; la comptabilité générale n'enregistre que les opérations faites avec les tiers (PCG art. 941-18-1-C).

III. Utilisation d'une autre méthode
Le PCG (art. 941-18-1-C) l'autorise mais n'en explicite aucune.

Valorisation des cessions internes Les entreprises peuvent évaluer les cessions internes : 70165
– **soit** au **coût du produit cédé** ou du service fourni (coût d'achat ou de production) ;
– **soit** pour une **valeur différente de ce coût** (les prix des cessions internes peuvent être fixés en fonction des besoins de gestion et, en particulier, refléter soit le coût réel, soit un coût préétabli, soit un prix de vente prévisionnel, soit un coût additionné d'une marge, soit encore un prix librement débattu entre établissements). Mais, dans ce dernier cas, un retraitement doit être opéré (PCG art. 941-18-1-B ; voir n° 70185).

Tenue du journal général de l'entreprise Les totaux des mouvements enregistrés dans les journaux et les comptes propres à l'établissement doivent être **récapitulés mensuellement** au **journal général** de **l'entreprise**. À notre avis, il est inutile de procéder au préalable au virement des comptes de l'établissement dans les comptes de l'entreprise. 70170

EXEMPLE

Journal général.

Mois de	Débit	Crédit
Centralisation journal achats siège	100	100
Centralisation journal achats établissement	50	50
etc.		

ÉTABLISSEMENT DE SITUATIONS
Il diffère selon que la situation est intermédiaire ou annuelle. 70175

Situations internes périodiques (mensuelles, trimestrielles, etc.) 70180
I. Situation comptable de l'établissement Le compte de résultat (limité éventuellement aux éléments d'exploitation) et, le cas échéant, le bilan de l'établissement secondaire sont établis sur la base de la balance des comptes propres à l'établissement.

Le compte de résultat (éventuellement limité aux éléments d'exploitation) de chaque établissement s'obtient par la totalisation des divers comptes de charges et de produits et des comptes 186/187 « Produits et prestations de services échangés entre établissements » (PCG art. 941-18-1-B).

II. Situation comptable de l'entité (tous établissements réunis) Pour l'établissement de situations intermédiaires extra-comptables, la **méthode du cumul** est la plus utilisée.

Si les stocks ont été évalués à un montant supérieur au coût d'achat ou de production, un retraitement doit être opéré (voir n° 70185).

Il est procédé de la manière suivante :

– la balance (ou directement la situation comptable) est établie hors comptabilité par regroupement des comptes analogues du siège et du (ou des) établissement(s) ;

– les opérations entre le siège et l'établissement s'annulent extra-comptablement : les comptes de liaison 181 et de cession interne 186/187 regroupés présentent un solde nul après compensation des soldes réciproques ;

– il n'est pas possible de laisser subsister une différence ; il convient donc d'analyser les écarts qui proviennent notamment de décalages dans la période comptable retenue pour certaines opérations.

EXEMPLE

	Balance du siège		Balance de l'établissement		Cumul	
	D	C	D	C	D	C
181 – Compte de liaison........		150 (2)	150 (2)		–	–
40 – Fournisseurs..................		30		120 (1)		150
41 – Clients	110 (4)		50 (3)		160	
60 – Achats	30		120 (1)		150	
70 – Ventes		110 (4)		50 (3)		160
186/187 – Cessions internes ...	150 (2)			150 (2)	–	–
	290	290	320	320	310	310

Les soldes figurant à la balance correspondent aux opérations suivantes :
(1) Achats effectués directement par l'établissement auprès du fournisseur.
(2) Cessions au siège au prix de vente.
(3) Ventes par l'établissement.
(4) Ventes par le siège.

70185 **Établissement de la balance annuelle de l'entreprise** Pour l'ensemble de l'entreprise, les comptes 186 et 187 présentent des soldes qui s'annulent : les sommes portées au crédit du compte 187 par les établissements fournisseurs et les sommes inscrites au débit du compte 186 par les établissements clients s'équilibrent entre elles (PCG art. 941-18-1-B).

I. Dans la comptabilité de l'établissement, les totaux de tous les comptes sont virés au compte de liaison qui se trouve ainsi soldé.

II. Dans la comptabilité du siège, le compte de liaison de l'établissement est soldé par des écritures symétriques, faisant apparaître les totaux des comptes de l'établissement au sein des comptes analogues au siège. Les opérations internes sont ainsi annulées (les comptes 181 et 186/187 sont soldés) et le résultat provenant de l'établissement se trouve intégré au résultat global de l'entreprise.

À la clôture des comptes, la méthode du cumul doit être exclue car elle ne permet pas de solder les comptes de résultat.

Éventuellement, il est nécessaire de rectifier la valeur des stocks afin que ceux-ci soient valorisés au coût réel pour l'entreprise (voir n° 70165). Écriture : débit (ou crédit) du stock final (classe 3) par le crédit (ou débit) du compte « Variations de stocks » (comptes 603 ou 713).

70190 **Réouverture des comptes au début de l'exercice**

I. Dans la comptabilité du siège, les comptes relatifs à l'établissement sont virés à ce dernier par l'intermédiaire du compte 181 « Liaison établissement X » auquel est intégré le résultat de l'exercice précédent.

II. Dans la comptabilité de l'établissement, seuls les comptes de résultat sont soldés par l'intermédiaire du compte 181 « Liaison siège ». Les comptes de bilan sont repris lors de la réouverture des comptes.

PROBLÈME PARTICULIER : SUIVI DES STOCKS AU PRIX DE VENTE

70195

Cette méthode est de pratique habituelle dans les maisons d'alimentation à succursales multiples, les entreprises à commerces multiples et les sociétés coopératives de consommation. Elle est issue de l'ancien Guide comptable professionnel des sociétés coopératives de consommation (Avis de conformité CNC n° 29), désormais caduc (voir n° 3315).

Le principe est le suivant :
– dès leur **entrée en entrepôt**, les marchandises sont comptabilisées à leur prix de vente prévu : pour ce faire, on majore le « prix de revient » d'une marge ou « bénéfice à réaliser » sur l'article considéré ;
– lors de la **sortie des entrepôts** pour livraison aux magasins de vente, les comptes de gérance de ces magasins sont débités du prix de vente prévu de ces marchandises. Si les prix de vente prévus viennent à être modifiés, l'ensemble des comptes concernés sera modifié en conséquence ;
– au **compte de résultat** n'apparaissent donc pas les comptes 60 « Achats de marchandises », 6037 « Variation des stocks de marchandises », 70 « Ventes de marchandises ». Ils sont remplacés par un compte unique « Majoration », qui représente la marge brute réellement perçue sur les ventes, le « bénéfice à réaliser » 555 contenu dans les stocks en entrepôt et succursales ayant préalablement fait l'objet d'une extourne. Cette dernière opération a pour double effet de rapporter « le bénéfice à réaliser » ou « majoration » au bénéfice effectivement réalisé sur les seules ventes et de ramener la valeur des stocks de clôture à leur prix de revient. Cette opération n'est passée en écriture qu'en fin de période ou d'exercice.

Pour satisfaire aux obligations du plan comptable, on revient à une **présentation « classique » du compte de résultat,** en reconstituant les composants du compte « Majoration ».

> **Précisions** Les avantages d'une telle méthode sont les suivants :
> – l'inventaire permanent ainsi réalisé permet de suivre au même prix (le prix de vente) les stocks en entrepôt et en succursales ;
> – il rend possible le suivi des livraisons au prix de vente et des ventes dans les succursales confiées à des gérants mandataires. Ce suivi est nécessaire du fait que les gérants doivent rendre compte des sommes mises à leur disposition. Ceci implique un contrôle permanent de toutes les transactions intervenant entre eux et la société, transactions exprimées en valeur « Prix de vente aux consommateurs » ;
> – un inventaire permanent au prix de revient des marchandises en succursales serait beaucoup plus difficile à tenir et au surplus hors de propos puisqu'il ne permettrait pas à l'entreprise de contrôler réellement les opérations effectuées entre la société, les gérants de magasins et les clients ;
> – ce système était et reste aussi un moyen d'assurer la « gestion des entrepôts » tant en ce qui concerne la vitesse de rotation des stocks, qui s'apprécie en fonction des livraisons aux succursales, que le coulage (en fait, il permet aujourd'hui de « recouper » l'inventaire permanent « matières » tenu par l'informatique) ;
> – enfin, il permet l'établissement des résultats à fréquence rapprochée (chaque mois, par exemple) sans inventaire physique : celui-ci devient simplement un moyen de contrôle et la pratique de l'inventaire tournant peut être appliquée sans dommage.

II. COMPTABILITÉ NON AUTONOME

70265

La comptabilité des établissements n'est pas autonome lorsqu'il n'est pas créé de comptabilité distincte rattachée à celle du siège par l'intermédiaire d'un compte de liaison (voir n° 70130). Cette méthode concerne en pratique les **établissements sans autonomie** ou **réalisant peu d'opérations.**

Méthodes comptables Deux méthodes comptables peuvent être utilisées selon que l'entreprise désire ou non pouvoir dégager, à partir de la comptabilité générale, un résultat par établissement :

70270

I. Si l'entreprise ne désire pas calculer le résultat par établissement, aucune distinction n'est faite en comptabilité générale entre les opérations réalisées par l'établissement et celles réalisées par le siège.

> **Précisions** Il reste cependant possible de l'obtenir d'une manière distincte en comptabilité analytique. Les traitements informatiques facilitent l'adoption de cette formule.

II. Si **l'entreprise désire connaître le résultat par établissement,** le plan comptable de l'entreprise est subdivisé afin que les opérations réalisées par le ou les établissements secondaires soient distinguées des autres opérations. Cette subdivision est en général limitée aux comptes de gestion ; elle peut cependant être étendue aux comptes de bilan.

> **EXEMPLE**
>
> Subdivision du compte « Achats » :
>
> 60701 – Achats marchandises siège
> 60111 – Achats matières premières siège
> 60702 – Achats marchandises établis. n° 1
> etc.
> 60112 – Achats matières premières établis. n° 1
> 60703 – Achats marchandises établis. n° 2
> 60113 – Achats matières premières établis. n° 2

Pour dégager un résultat significatif par établissement, il est nécessaire que les opérations entre établissements soient enregistrées. Elles peuvent l'être, selon l'option choisie, soit au coût d'achat (ou de revient), soit au prix de vente (prix du marché ou prix de cession interne) (voir n° 70165). Ces opérations ne doivent pas apparaître dans le compte de résultat de l'entreprise.

Les états comptables de l'établissement (compte de résultat, partiel ou total, et éventuellement bilan) sont établis par le regroupement des sous-comptes propres à l'établissement. Ils sont de nature purement interne.

SECTION 2 — ÉTABLISSEMENTS ÉTRANGERS D'UNE ENTREPRISE FRANÇAISE

70370 **Généralités** Un établissement situé à l'étranger bénéficie en principe d'une large autonomie et **est soumis aux lois et règlements locaux,** notamment sur les plans comptable et fiscal. Juridiquement, il ne bénéficie pas de la personnalité morale et reste un simple prolongement de la société française. Le résultat comptable d'une société inclut donc les résultats de ses succursales étrangères.

Sur l'obligation pour les sociétés commerciales de mentionner leurs succursales existantes dans le rapport de gestion, voir n° 64980.

> **Fiscalement** **a. Conséquences de la territorialité de l'IS** Une entreprise n'est en principe pas passible de l'IS à raison des opérations extra-territoriales effectuées dans un établissement exploité à l'étranger, même si la comptabilité de l'établissement est centralisée en France (voir Mémento Fiscal n° 35725 à 35770). Ce principe de territorialité s'applique aux profits et aux pertes, sauf exception telle que notamment la prise en compte des bénéfices d'établissements établis dans un pays à régime fiscal privilégié (CGI art. 209 B ; voir Mémento Fiscal n° 78280), ou l'imputation des pertes d'une succursale étrangère qui est possible sous certaines conditions restrictives (voir n° 36430).
>
> En conséquence, le résultat comptable à reporter sur la liasse fiscale ne doit tenir compte que des résultats territorialement imposables en France et donc exclure les résultats de succursales étrangères.
>
> Sur l'appréciation du seuil d'assujettissement à la contribution sociale sur les bénéfices en présence de succursales, voir n° 70025.
>
> **b. Application du régime des sociétés mères** Lorsqu'une filiale étrangère est détenue par une société française et un établissement stable étranger de cette dernière, le seuil de détention, en principe de 5 %, auquel est notamment subordonné le régime des sociétés mères (sur ce régime, voir n° 36340 s.) est atteint si l'ensemble des titres représente un pourcentage au moins égal à 5 % du capital de la filiale, même si chacun des deux groupes de titres pris isolément représente une proportion inférieure à 5 % (BOI-IS-BASE-10-10-10-20 n° 190). Toutefois, seuls les produits afférents à la participation comprise dans le portefeuille-titres du siège social français sont éligibles à ce régime (les produits de la participation de l'établissement stable étranger n'étant pas imposables en France) (BOI-IS-BASE-10-10-10-20 n° 200).
>
> **c. Application des mesures anti-hybrides** En ce qui concerne les mesures destinées à neutraliser les effets des dispositifs hybrides mettant en présence l'établissement stable à l'étranger d'une société française, voir n° 42575.

PRINCIPES GÉNÉRAUX DE TENUE DE LA COMPTABILITÉ

a. Tenue d'une comptabilité autonome La tenue d'une comptabilité autonome (voir n° 70130 s.) est la plus adaptée car elle permet une dissociation des opérations, notamment pour les besoins fiscaux locaux (imposition des résultats de l'établissement).

70390

> **Fiscalement** En effet, les sociétés et personnes morales exerçant partiellement leur activité à l'étranger sont tenues de produire deux séries de tableaux normalisés à l'appui de leur déclaration de résultat (BOI-IS-CHAMP-60-10-40 n° 580) :
> – la première regroupe les éléments comptables concernant l'ensemble des activités exercées quelle que soit leur localisation ;
> – la seconde mentionne les éléments afférents aux seules opérations dont le résultat est imposable en France, dès lors que ce dernier est réalisé dans les entreprises exploitées en France (CGI ann. III art. 38 terdecies A et quaterdecies).
> Les tableaux de la seconde série doivent être établis dans les conditions suivantes (BOI-IS-CHAMP-60-10-40 n° 610 à 630) :
> **1. Bilan** (n° 2050 et 2051 ou n° 2033-A) :
> – le total du bilan figurant sur les tableaux à caractère fiscal doit être identique à celui du bilan comptable ;
> – les éléments actifs et passifs qui sont rattachables aux activités exercées hors de France sont extournés des postes correspondants ;
> – en vue d'assurer la concordance avec le total du bilan, le montant total des postes ainsi extournés doit être compris respectivement dans les comptes de régularisation actif et passif (lignes CH et EB des tableaux n° 2050 et 2051 ; lignes 92 et 174 du tableau n° 2033-A) ;
> – la ventilation des comptes de régularisation doit être annexée aux tableaux à caractère fiscal.
> **2. Autres tableaux** Ces tableaux ne doivent mentionner que les opérations courantes ou exceptionnelles qui participent à la réalisation des résultats imposables en France.
> Cette **seconde présentation est purement d'ordre fiscal**. Elle ne concerne pas les comptes à publier (Bull. COB, n° 89, janvier 1997, p. 7 s. et 10 s.).

b. Intégration des écritures dans les comptes de l'entreprise La situation comptable de l'établissement doit être **intégrée dans les comptes sociaux** de l'entreprise présentés aux actionnaires. Il est donc nécessaire de reprendre les mouvements passés tant au débit qu'au crédit du compte de résultat de l'établissement et les soldes des comptes du bilan de cet établissement, puis de les intégrer dans les comptes de résultat et le bilan en totalité, en éliminant les comptes réciproques (comptes de liaison) et les opérations internes (voir n° 70185 et 70190).

Cette opération est habituellement appelée « **contraction** » pour la différencier de l'intégration des sociétés contrôlées en consolidation.

> **Précisions** **Intégration des opérations en devises** Les écritures comptables relatives à l'**établissement étranger** doivent figurer sur le **journal général de l'entreprise**. La reprise des écritures comptables de l'établissement étranger dans un journal de l'entreprise peut entraîner des difficultés pratiques, liées à la conversion mensuelle des mouvements en devises dans le cas d'un établissement situé en dehors de la zone euro. Le PCG permettant (art. 911-1) que soient enregistrées des opérations libellées en une autre monnaie que l'euro, il est possible de faire figurer dans une **colonne distincte** les mouvements mensuels en devises étrangères sans procéder à une conversion, celle-ci étant effectuée à la fin de l'exercice (voir ci-après d. et n° 70430). Il est également possible, à notre avis, de passer une **écriture globale** pour l'ensemble des opérations, avec un taux de conversion unique.

c. Présentation des comptes Dans certains cas, il peut être utile de faire ressortir les comptes de l'établissement étranger du bilan et du compte de résultat de l'entreprise, notamment si des risques pèsent sur sa situation financière. Dans ce cas, trois modalités semblent possibles :
– présenter sur une même ligne, mais dans des colonnes séparées, les comptes du siège et ceux de l'établissement, cumulés dans une dernière colonne ;
– isoler les comptes actifs et passifs de l'établissement sur une ou plusieurs lignes au bas du bilan, de manière à faire apparaître un sous-bilan siège et un sous-bilan établissement ;
– présenter les comptes de l'établissement dans l'annexe.

d. Langue et monnaie de tenue de la comptabilité autonome La comptabilité doit respecter les **normes du pays considéré**. Or, le Code de commerce (C. com. art. L 123-22) prévoit que les documents comptables sont établis en euros et en langue française. Toutefois, il est également précisé dans le PCG (art. 911-1) que :
– « une opération libellée en une monnaie autre que la monnaie nationale peut être enregistrée sans être convertie si la nature de l'opération et l'activité de l'entreprise le justifient ;
– dans ce cas, seul le solde du compte enregistrant ces opérations est converti en monnaie nationale à la date de **clôture de l'exercice** ».

À notre avis, on peut donc considérer que les comptes peuvent être tenus en monnaie locale et si nécessaire dans la langue locale, à condition que les **récapitulations** soient établies en monnaie **nationale** et en **langue française.** Sur la conversion des opérations en devises, voir n° 70430.

e. Passage du droit local au droit français Les comptes tenus par l'établissement doivent respecter le droit local (droit fiscal notamment). Le problème de savoir si une société française peut appliquer les dispositions d'une législation étrangère (normes IFRS, normes américaines…), lorsqu'elles ne sont pas admises ou sont contraires au droit français des sociétés, pour la présentation des comptes en France, n'a pas fait l'objet de position doctrinale.

À notre avis, la comptabilité de l'établissement étranger doit faire l'objet de **retraitements** pour tenir compte des **méthodes françaises** de présentation et d'évaluation, les comptes de l'établissement n'étant qu'un démembrement du patrimoine social. Il est possible dans ce cas de s'inspirer des retraitements effectués lors de l'élaboration de comptes consolidés.

f. Date de clôture Si, pour des raisons propres à la réglementation locale, l'établissement étranger est tenu de **clôturer à une autre date** que celle de l'entreprise, il est nécessaire d'établir, à la date d'arrêté des comptes de celle-ci, une situation et une analyse du résultat de l'établissement élaborées dans les mêmes conditions que le bilan et le compte de résultat.

> **Fiscalement** En cas de vérification de comptabilité, les sociétés françaises disposant de succursales étrangères sont tenues de remettre un **fichier des écritures comptables** conforme aux normes définies à l'article A 47 A-1 du LPF (voir n° 7610), contenant, sous une forme agrégée, les éléments relatifs à ces succursales. La production d'un fichier des écritures comptables pour chaque succursale étrangère est exclue (BOI-CF-IOR-60-40-10 n° 60).

COMPTABILISATION DES OPÉRATIONS EN DEVISES ENTRE LE SIÈGE ET L'ÉTABLISSEMENT SITUÉ EN DEHORS DE LA ZONE EURO

70395 Il existe plusieurs pratiques dans ce domaine :

70400 **Utilisation d'un cours interne fixe** Les opérations réalisées entre le siège et l'établissement situé en dehors de la zone euro sont valorisées à un cours interne défini au début de l'exercice, avec adaptation en cas de variation importante des cours.

> **EXEMPLE**
>
> Cours interne : 1,5 € par unité de la devise (D). L'établissement étranger « achète » au siège des marchandises pour 480 000 € (soit une contre-valeur de 320 000 D). Le règlement est effectué au taux de 1,6 € par D (soit une contre-valeur de 300 000 D). Les écritures comptables sont les suivantes :
>
> **a. Comptabilité de l'établissement** (en milliers de la devise D) :
>
> | | 181
Compte
de liaison | 512
Banque | 1860
Achats
internes | 766
Gains
de change |
> |---|---|---|---|---|
> | Achats internes | | 320 | 320 | |
> | Règlement | 320 | 300 | | 20 |
>
> **b. Comptabilité du siège** (en milliers d'euros) :
>
> | | 181
Compte
de liaison | 512
Banque | 1870
Ventes
internes |
> |---|---|---|---|
> | Ventes internes | 480 | | 480 |
> | Encaissement | 480 | 480 | |

Cette méthode nous paraît la **plus simple** sur le plan pratique. L'utilisation d'un cours interne permet l'élimination des comptes réciproques dont le solde après conversion est de même montant et de sens contraire.

Méthode des comptes en plusieurs monnaies Les comptes de liaison sont **70405**
dédoublés dans les deux monnaies, celle du siège (euros) et celle du pays de l'établissement
étranger situé en dehors de la zone euro. Les opérations sont enregistrées au cours de la
transaction.

Lorsque les opérations sont effectuées dans la devise :
– du siège (euros), l'établissement suit le compte de liaison dans sa devise et extra-comptablement en euros ;
– de l'établissement, le siège suit le compte de liaison en euros et extra-comptablement en devises.

> **EXEMPLE**
>
> (1) « Achat » par l'établissement au siège de marchandises pour 240 000 € (cours du jour de la transaction : 1 D = 1,60 €), soit 150 000 D ;
>
> (2) « Achat » par le siège à l'établissement de marchandises pour 50 000 D (cours du jour de la transaction : 1 D = 1,30 €), soit 65 000 € ;
>
> (3) Règlement par le siège des 50 000 D au taux de 1,50 ;
>
> (4) Ajustement de fin d'exercice, le taux de la devise D étant de 1,50 (soit 160 000 D pour 240 000 €).
>
> Dans les écritures ci-après, le suivi extra-comptable des comptes de liaison est indiqué en italique.
>
> **a. Comptabilité de l'établissement** (en milliers de la devise D) :
>
> | | 1812 Liaison devise D | | 181 Liaison euros | | 512 Banque | 186/187 Cessions internes | 476 Écart de conversion actif |
> |---|---|---|---|---|---|---|---|
> | | € | D | D | € | | | |
> | (1) | | | 150 | *240* | | 150 | |
> | (2) | 50 | | | | | 50 | |
> | (3) | | 50 | | | 50 | | |
> | (4) | | | 10* | | | | 10 |
>
> * 160 – 150 = 10.
>
> **b. Comptabilité du siège** (en milliers d'euros) :
>
> | | 1862 Liaison devise D | | 1861 Liaison euros | | 512 Banque | 186/187 Cessions internes | 476 Écart de conversion actif |
> |---|---|---|---|---|---|---|---|
> | | D | € | € | D | | | |
> | (1) | | | 240 | | | 240 | |
> | (2) | | | 65 | *50* | | 65 | |
> | (3) | 50 | 65 | | | 75 | | 10* |
> | (4) | | | Aucun ajustement | | | | |
>
> * (1,5 – 1,3) × 50 = 10.

Méthode de la comptabilité plurimonétaire Le siège et l'établissement situés **70425**
en dehors de la zone euro tiennent chacun une comptabilité dans la monnaie du siège
(euros) et une comptabilité complète en devises. **Les opérations sont enregistrées uniquement dans la comptabilité de la devise dans laquelle elles sont libellées.**

I. En cours d'exercice Les opérations provoquant un transfert d'une monnaie dans
une autre et faisant intervenir les deux comptabilités transitent par un sous-compte du
compte 58 « Virements internes » intitulé par exemple « **Comptabilité devises X** » ou
« **Transitoire monnaie nationale-devises** » Ce compte fonctionne comme un compte de
liaison et permet le passage d'une comptabilité à l'autre.

70425 (suite)

EXEMPLE

(1) « Achat » par le siège à l'établissement de marchandises pour 100 000 D (cours au jour de la transaction : 1 D = 1,50 €) ;
(2) Achat de devises D par le siège (cours au jour de règlement : 1 D = 1,60 €) ;
(3) Règlement de l'achat (1) par le siège.

a. Comptabilité du siège (en milliers d'unités de monnaie nationale et devises) :

	Comptabilité euros		Comptabilité devise			
	512 Banque	580 Transit.	181 Liaison	512 Banque	581 Transit.	1860 Achats internes
(1)			100			100
(2)		160 160		100	 100	
(3)			100		100	

b. Comptabilité de l'établissement (en milliers d'unités de monnaie nationale et devises) :

	Comptabilité euros	Comptabilité devise		
		181 Compte de liaison	512 Banque	1870 Ventes internes
	Néant	(1) 100		 100
		(3) 100	100	

II. À la clôture de l'exercice Les soldes des comptes en devises sont convertis dans la monnaie du siège (euros) et virés dans la comptabilité-monnaie nationale par l'intermédiaire des comptes transitoires. Ceux-ci sont soldés par la constatation des différences de change au compte 666 « Pertes de change financières » ou 766 « Gains de change financiers ».

EXEMPLE

Reprise de l'exemple précédent, le cours à la clôture de l'exercice étant de 1 D = 1,62 €.

a. Comptabilité du siège :

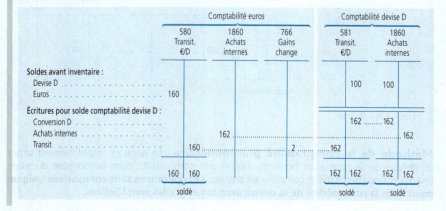

b. Comptabilité de l'établissement :

	Comptabilité euros		Comptabilité devise D	
	512 Banque	1870 Ventes internes	512 Banque	1870 Ventes internes
Soldes avant inventaire : Devise D			100	100
Écritures pour solde comptabilité devise D : Conversion D			162	162
Banque		162	162	
Ventes internes	162			162
	162 | 162 soldé		162 | 162 soldé	

Cette méthode, qui réduit le nombre des conversions, est recommandée lorsqu'il existe un nombre important d'opérations plurimonétaires.

CONVERSION DES COMPTES D'UN ÉTABLISSEMENT SITUÉ À L'ÉTRANGER

70430

Il existe deux méthodes de prise en compte dans une entreprise française d'un établissement situé à l'étranger selon que l'établissement est intégré ou autonome. Voir également Mémento Comptes consolidés n° 3801 s. (conversion des comptes des entreprises étrangères).

> **Précisions** Le risque de fluctuation pour l'entreprise est différent selon que l'établissement est autonome ou non Bien que les prescriptions du PCG ne soient pas explicites sur ce point, cette distinction entre le caractère autonome ou non de l'établissement étranger paraît devoir être effectuée (voir n° 70435), le risque de fluctuation des cours de change pour l'entreprise n'étant pas le même :
> – établissement intégré : le risque est identique à celui qu'elle aurait encouru si elle avait elle-même directement effectué les opérations (voir n° 70455) ;
> – établissement autonome : il est limité à son investissement net (voir n° 70460).

Notions d'établissement non autonome et d'établissement autonome

70435

I. Établissement étranger non autonome C'est celui dont les liens d'interdépendance avec l'entreprise en matière de gestion financière ou d'exploitation sont tels que **l'effet des variations du cours du change est similaire à celui que l'on aurait si l'entreprise s'occupait elle-même des opérations** conclues par l'établissement étranger et de l'exploitation de celui-ci. Ses activités économiques font partie intégrante de celles de l'entreprise en France et, en conséquence, ses transactions ont un impact direct sur les résultats d'exploitation et les mouvements de fonds de cette entreprise. Prolongeant l'activité de l'entreprise en France, sa **monnaie fonctionnelle est l'euro**.

II. Établissement étranger autonome C'est celui dont l'indépendance par rapport à l'entreprise en matière de gestion financière et d'exploitation est telle que les variations du cours du change n'ont d'incidence que sur l'**investissement net** de l'entreprise dans cet établissement. Ses activités économiques sont largement autonomes et, en conséquence, ses transactions n'ont en temps normal pas d'incidence directe sur les résultats d'exploitation et les mouvements de fonds de l'entreprise en France. Exerçant une activité propre, sa **monnaie fonctionnelle** est généralement celle du **pays où est situé l'établissement**.

En pratique, pour déterminer si un établissement appartient à l'une ou l'autre catégorie, plusieurs éléments peuvent être pris en compte (liste non exhaustive et critères non cumulatifs) :

a. La devise utilisée pour ses opérations d'exploitation et pour son financement : si c'est celle du siège (l'euro), l'établissement ne peut être considéré comme économiquement autonome.

b. L'intervention du siège dans le fonctionnement de l'établissement : si le siège se limite à fournir un investissement à plus ou moins long terme à l'établissement ou s'il intervient dans l'exploitation.

Pour des exemples de critères permettant d'apprécier le caractère autonome ou non autonome d'un établissement à l'étranger, voir Mémento Comptes consolidés n° 3819 et 3824.

70455 Conversion des établissements non autonomes À notre avis, comme le précisait le PCG 82 (p. II.121), il convient d'assimiler la conversion des éléments du bilan d'un établissement situé à l'étranger à celle des éléments du bilan de la comptabilité du siège libellés en devises. Les articles du PCG (420-1 à 420-8) qui traitent de ce point demandent donc à être complétés. Il s'agit de la **méthode du cours historique**.

Cette méthode de conversion conduit à obtenir le **même résultat que si les opérations de l'établissement avaient été directement enregistrées dans la comptabilité du siège** par leur conversion au cours de change de la date de leur réalisation (cours historique), mais en tenant compte du fait que la tenue d'une comptabilité en monnaie locale par l'établissement conduit à reprendre en une seule écriture périodique l'ensemble des opérations enregistrées dans l'établissement par la conversion de ses comptes de bilan et de résultat de la période.

I. Assimilation au traitement des postes libellés en devises de la comptabilité de l'entreprise mère (ou du siège social) tenue en euros La **conversion** doit être faite comme suit (PCG art. 420-1 à 420-8) :

a. Immobilisations corporelles et incorporelles : **cours historique,** le cas échéant, complétée de l'effet de couverture si leur acquisition a fait l'objet d'une telle couverture (PCG art. 420-1 ; voir n° 26510).

À la clôture, la valeur d'inventaire de ces immobilisations peut faire l'objet d'une couverture dont les effets sont à prendre en compte dans l'estimation de la dépréciation (voir n° 42040).

b. Titres de participation : **cours historique** (PCG art. 420-2 ; voir n° 37045), le cas échéant, complétée de l'effet de couverture si leur acquisition a fait l'objet d'une telle couverture (voir n° 37045).

La fluctuation du cours de la devise n'a pas nécessairement une incidence sur leur dépréciation à la clôture :
– d'une part, en raison des méthodes d'appréciation de la valeur d'inventaire (voir n° 35705 s.) ;
– et d'autre part, parce que leur valeur d'utilité peut faire l'objet d'une couverture (voir n° 37045).

c. Autres titres immobilisés et valeurs mobilières de placement : **cours historique** (PCG art. 420-2 ; voir n° 37045) le cas échéant, complétée de l'effet de couverture si leur acquisition a fait l'objet d'une telle couverture (voir n° 37045).

La fluctuation du cours de la devise n'a pas nécessairement une incidence sur leur dépréciation à la clôture car (voir n° 37025) :
– une baisse du cours de la devise peut être compensée par une hausse du cours du titre ;
– et la valeur d'utilité de ces titres peut faire l'objet d'une couverture.

d. Stocks : **cours historique approché** (PCG art. 420-4 ; voir n° 21865) le cas échéant, complété de l'effet de couverture si leur acquisition a fait l'objet d'une telle couverture (PCG art. 420-1 ; voir n° 21005).

À la clôture, une dépréciation est constituée si la valeur au jour de l'inventaire, compte tenu du cours du change audit jour, est inférieure à la valeur d'entrée en compte. La valeur d'inventaire peut toutefois faire l'objet d'une couverture dont les effets sont à prendre en compte dans l'estimation de la dépréciation (voir n° 21865).

e. Éléments monétaires : **cours de clôture** (y compris ceux faisant l'objet d'une couverture).

1. Créances et dettes : la différence avec le montant en euros préalablement comptabilisé est inscrite à un **compte transitoire à l'actif ou au passif** selon le cas ; les gains latents n'interviennent pas dans la formation du résultat ; les pertes latentes entraînent la constitution d'une provision pour risques sauf dérogations dans des situations particulières (notamment en cas de couverture ou de position globale de change, voir n° 40415).

2. Disponibilités : les écarts de change sont portés en résultat, sauf en cas de couverture (voir n° 40790).

> **Précisions** La détermination de ces écarts de change implique que soit connu le taux de change de la date d'enregistrement de la créance, de la dette ou de la disponibilité. En pratique, à notre avis, peut être appliqué globalement, pour chacun de ces postes, un **cours moyen** en **fonction** de leur **durée de rotation** par analogie avec les stocks.

II. Compléments À défaut de précisions dans le PCG, il convient, à notre avis, de convertir ainsi dans les autres cas :

a. Comptes de bilan :
– **charges et produits constatés d'avance** : **cours historique** dans la mesure où ils sont appelés à se transformer en charges ou en produits dans les exercices suivants et ne donneront donc lieu, normalement, à aucun encaissement (ou décaissement) ultérieur ;

— **compte de liaison** : **cours historique** (ce qui assure son égalité avec le compte de liaison du siège). Sur l'élimination des soldes réciproques des comptes de liaison entre le siège et l'établissement, voir n° 70185.

b. Compte de résultat Le principe de base selon lequel la conversion est à effectuer de la même manière que s'il s'agissait d'éléments en devises d'une comptabilité tenue en euros conduit à retenir :
— pour les **dotations aux amortissements et aux dépréciations** des éléments d'actif convertis au taux historique (notamment les immobilisations), le **cours historique** ;
— pour les **stocks** d'ouverture et de clôture, le **cours historique approché** ;
— pour les **autres produits et charges,** en principe, le cours du jour de chaque opération, la meilleure approche étant l'application du **cours moyen** de l'exercice.

> **Précisions** **1. Le calcul de ce cours moyen peut être plus ou moins affiné** :
> — si l'évolution des taux de change s'est révélée constante durant l'exercice, le cours moyen peut être constitué par la moyenne entre les taux de change au début et à la fin de l'exercice ;
> — s'il existe des comptes mensuels, la conversion peut être effectuée au cours moyen de chaque mois, ou au cours à la fin de chaque mois ;
> — s'il n'existe pas de comptes mensuels, un cours moyen pondéré peut être déterminé et appliqué à chaque semestre ou à l'ensemble de l'exercice (la pondération peut résulter de l'application de la moyenne des cours de fin de mois, ou de tout autre facteur plus approprié) ;
> — si d'importantes variations de parité existent, une scission des comptes de résultat aux dates des importantes variations de parité avec utilisation des cours moyens de chaque période peut être appropriée.
>
> **2. Reprises de charges et produits constatés d'avance** Les éléments auparavant inscrits en charges et produits constatés d'avance (voir a. ci-avant) doivent, à notre avis, être convertis au cours historique lors de leur comptabilisation en résultat.

c. Écarts de conversion Il en résulte deux types d'écarts de conversion :
— **écart de capitaux propres** résultant de la variation du cours de clôture sur les postes du bilan d'ouverture convertis à ce cours ;
— **écart entre résultat au compte de résultat et résultat au bilan,** provenant de l'application de cours différents au compte de résultat et au bilan.

> **Précisions** La conversion au cours historique des cessions entre siège et établissement, des stocks et des amortissements, génère un même écart au compte de résultat et au bilan, mais de sens contraire.

La conversion des éléments de la comptabilité de l'établissement devant aboutir au même résultat que si les opérations avaient été directement enregistrées dans la comptabilité du siège, **nous préconisons pour chaque établissement non autonome** :
— le maintien au bilan du résultat obtenu au compte de résultat converti ;
— le regroupement de l'ensemble des écarts de conversion (à l'exception de celui qui, provenant des disponibilités, constitue en général un élément du résultat) au bas du bilan dans le poste « Écarts de conversion – actif » ou « Écarts de conversion – passif » ;
— la constitution d'une provision pour risque de change lorsque le solde de l'écart de conversion est actif et que la situation qui l'a provoqué semble durable.

Conversion des établissements autonomes Pour ce type d'établissement, il est plus pertinent de mesurer l'effet global des variations du cours du change sur **l'investissement net** dans l'établissement par l'utilisation du cours de clôture. 70460

I. Méthode de conversion À notre avis, il est donc possible (dans le cadre de la dérogation prévue aux articles L 123-14 du Code de commerce et 121-3 du PCG lorsque l'application d'une prescription comptable se révèle impropre à donner une image fidèle du patrimoine, de la situation financière ou du résultat de l'entreprise) d'appliquer les règles de conversion des entités étrangères dans les comptes consolidés établis conformément au règlement ANC n° 2020-01 et ainsi d'utiliser la **méthode du cours de clôture** pour convertir les comptes de l'établissement étranger de sa monnaie de fonctionnement à l'euro (voir Mémento Comptes consolidés n° 3834 et 3878 s.) :
— comptes de bilan (à l'exception du compte de liaison) : cours de clôture ;
— comptes de résultat : cours moyen ;
— compte de liaison (correspondant aux investissements et aux résultats successifs) : cours historique ;
— compte de liaison « commerciaux » : cours de clôture.

> **Précisions** **Monnaie locale différente de la monnaie de fonctionnement** Dans ce cas, les comptes de l'établissement sont convertis de la monnaie locale à la monnaie de fonctionnement selon la méthode du cours historique (voir Mémento Comptes consolidés n° 3835 et 3850 s.). Les écarts de conversion résultant ainsi de la méthode du cours historique sont comptabilisés selon les mêmes modalités que les écarts de conversion résultant de la méthode du cours de clôture (voir ci-après).

II. Écarts de conversion

Il en résulte **trois types d'écarts de conversion** :
– écarts résultant de la variation du cours de clôture sur les postes du bilan d'ouverture de la période convertis à ce cours ;
– écarts résultant de la variation du compte de liaison maintenu au cours historique ;
– écarts résultant de l'application de cours différents au compte de résultat (cours moyen) et au bilan (variation de l'actif et du passif au cours de clôture).

Par analogie avec l'approche retenue dans les comptes consolidés établis conformément au règlement ANC n° 2020-01, ces écarts nous paraissent devoir être inscrits au poste spécifique de **capitaux propres** « Écarts de conversion » (voir Mémento Comptes consolidés n° 3893). Ce poste n'est pas une réserve car il ne répond pas aux modalités de constitution des réserves. N'existant pas dans les comptes individuels, les « Écarts de conversion » devraient être inscrits à un poste de **report à nouveau**.

> **Précisions** **1. Écarts de conversion débiteurs** Compte tenu de ce schéma de comptabilisation, ils viennent en diminution du montant du « bénéfice distribuable ».
> **2. En cas de cession de tout ou partie d'un établissement,** les écarts de conversion cumulés y afférents sont réintégrés au compte de résultat (voir Mémento Comptes consolidés n° 3994). Aussi, pour des raisons de suivi, il est souhaitable d'utiliser des comptes d'écarts de conversion différents selon les établissements, même si au bilan ils n'apparaissent que sur une seule ligne.
> **3. Lorsqu'un établissement étranger non autonome est reclassé en établissement étranger autonome,** les différences de change provenant de la conversion des actifs non monétaires à la date du changement de classification sont constatées en capitaux propres.

La conversion des établissements autonomes dérogeant aux règles générales, il convient de **justifier** l'**utilisation** de cette dérogation dans l'annexe (PCG art. 121-3 et 833-2).

III. Cas particulier des établissements situés dans les pays à forte inflation

Le cas des établissements n'est pas cité dans le PCG, mais le règlement ANC n° 2020-01 fournit des dispositions pour les comptes consolidés établis en règles françaises (voir Mémento Comptes consolidés n° 3922 s.) qui nous paraissent pouvoir être étendues aux comptes individuels. Deux possibilités sont offertes :
– appliquer la méthode du **cours historique** qui maintient la valeur des immobilisations au coût de l'investissement apprécié en euros à la date de sa réalisation ; cette solution convient particulièrement aux **entreprises non autonomes** ;
– **retraiter** les comptes de la succursale pour les corriger des effets de l'inflation au moyen d'indices reflétant les variations générales des prix, **puis** les **convertir** au **cours de clôture**. Cette solution convient particulièrement aux **entreprises autonomes**.

RISQUES SUR LES ÉTABLISSEMENTS ÉTRANGERS

70470 **Blocage des fonds ou impossibilité de les rapatrier** Sont affectées la liquidité des comptes de trésorerie et, éventuellement, la valeur de l'ensemble des actifs (faculté de cession hypothétique). À notre avis :
– si l'entreprise exploite à l'étranger un **établissement permanent,** la possibilité de réemployer les fonds sur place peut dispenser de constater une dépréciation ;
– si l'entreprise n'exploite à l'étranger qu'un **établissement temporaire,** c'est-à-dire une installation destinée à durer un temps limité (chantier, installation d'usine, etc.), il convient de constater une dépréciation si l'impossibilité de rapatriement présente une certaine continuité ; cette dépréciation ne se justifie pas si la décision des autorités locales est d'ordre conjoncturel ou s'il existe des possibilités de réemploi satisfaisantes.

> **Fiscalement** Lorsque le bénéfice de ses succursales étrangères n'est pas transférable, l'entreprise relevant de l'impôt sur le revenu ne peut pas pour autant constituer en France une provision pour risques (CE 6-7-1979 n° 99012). Sur les (provisions pour) dépréciations de créances bloquées à l'étranger, voir n° 11385.

Dans les deux cas cependant, si les valeurs en question sont significatives, l'entreprise nous paraît devoir apporter les informations nécessaires par des explications dans l'**annexe**.

Probabilité d'expropriation ou de nationalisation Elle rend indispensable la constitution d'une **dépréciation** : « Si la conjoncture politique compromettait la rentabilité de la succursale et rendait la récupération ou la réalisation éventuelle, sinon impossible, du moins très aléatoire, alors les **actifs** correspondants devraient être **dépréciés** et ce, pour l'intégralité de leur valeur comptable » (Chambre régionale de discipline des commissaires aux comptes de Paris, décision du 13 décembre 1971, citée par Bull. CNCC n° 6, juin 1972, p. 260). 70475

Cette situation nous paraît nécessiter une information, par exemple, par une présentation dans l'**annexe** mentionnant les différents éléments d'actif et de passif et la dépréciation constituée.

Réalisation définitive de la perte Elle doit provoquer la suppression des postes d'actif correspondants. Lorsque la société perd le contrôle non seulement de tel ou tel élément d'actif, mais également de l'exploitation locale, il convient d'examiner l'exigibilité des éléments de passif et des engagements existants, afin de procéder aux régularisations nécessaires. 70480

SECTION 3 ÉTABLISSEMENTS FRANÇAIS D'UNE ENTREPRISE ÉTRANGÈRE

Les établissements créés en France par les entreprises étrangères n'ont pas la personnalité juridique ; ils sont donc régis par la loi nationale de ces entreprises dont ils sont les émanations. Mais ils sont soumis à certaines formalités lors de leur création et aux textes fiscaux dans les conditions de droit commun. 70580

Ouverture d'un établissement 70585

I. Dépôt au greffe Toute société commerciale dont le siège est situé hors du territoire français et qui ouvre un premier établissement en France doit effectuer auprès du greffe du tribunal de commerce le dépôt d'une copie certifiée conforme de ses statuts en vigueur, traduits le cas échéant en français (C. com. art. R 123-112 et R 123-113 ; voir Mémento Sociétés commerciales n° 92571).

II. Immatriculation au RCS La société étrangère doit, en outre, demander au greffier du tribunal de commerce son immatriculation au registre du commerce et des sociétés, dans un délai de quinze jours à compter de l'ouverture de l'établissement (C. com. art. R 123-35 et R 123-36 ; voir Mémento Sociétés commerciales n° 92572 à 92575). À compter du 1er janvier 2023, la demande devra être présentée auprès du guichet unique électronique de formalités des entreprises (C. com. art. R 123-35 modifié par décret 2021-300 du 18-3-2021).

> **Précisions** La société doit aussi déposer au greffe du tribunal un document identifiant ses **bénéficiaires effectifs,** sauf si ses titres sont admis à la négociation sur un marché réglementé (C. mon. fin. art. L 561-46). En effet, cette obligation ne s'impose pas qu'aux sociétés françaises (voir n° 60020) : elle s'applique également aux sociétés commerciales dont le siège est situé hors d'un département français et qui ont un établissement dans l'un de ces départements.

Sur les modalités particulières du responsable étranger de l'établissement (titre de séjour), voir Mémento Sociétés commerciales n° 92570 et 92680 s.

Aspects comptables Il n'existe pas de dispositions particulières pour la tenue de la comptabilité d'un établissement étranger en France. 70590

En principe, n'ayant pas la personnalité juridique et n'étant pas commerçant, un établissement étranger en France n'est pas soumis aux règles comptables du Code de commerce et notamment, n'a pas à établir de comptes annuels.

Toutefois, en pratique, ayant à établir une déclaration fiscale de ses résultats (voir n° 70595), il est, à notre avis, **recommandé de tenir une comptabilité conforme aux règles du Code de commerce et du PCG,** propre aux opérations réalisées par l'établissement implanté en France, afin d'être en mesure de justifier au mieux le résultat fiscal en cas de contrôle (voir n° 70595).

70595 **Aspects fiscaux** **a. Impôt sur les bénéfices** La société étrangère qui a un **établissement stable** en France est redevable de l'IS à raison des bénéfices réalisés par cet établissement (voir Mémento Fiscal n° 35750). Son résultat imposable est déterminé par application de toutes les règles de droit commun. En particulier, l'établissement peut bénéficier du régime des **sociétés mères** (voir n° 36340 s.). Infirmant la doctrine administrative (BOI-IS-BASE-10-10-10-10 n° 90), le Conseil d'État a jugé que si une société non-résidente alloue à une succursale établie en France des produits de participations, le respect des conditions d'application du régime des sociétés mère est apprécié au niveau de la société et non pas uniquement au niveau de la succursale et qu'en conséquence, la seule circonstance que les titres ne soient pas inscrits à l'actif fiscal de la succursale française ne fait pas obstacle à l'application du régime (CE 20-6-2023 n° 456719).

> **Précisions** **1. Déclaration annuelle de résultats** Alors même que le Code de commerce ne lui impose pas l'obligation de tenir une comptabilité, la succursale française d'une entreprise étrangère est tenue, en application des articles 53 A et 54 du CGI (voir n° 70590), de souscrire une déclaration annuelle de ses résultats et de présenter à l'administration, sur demande de celle-ci, les documents comptables et pièces justificatives des résultats déclarés (CE 13-7-2011 n° 313440 ; 9-11-2015 n° 370974). En outre, certaines conventions internationales (par exemple, convention franco-allemande) ou la doctrine administrative les commentant (par exemple, convention franco-portugaise : BOI-INT-CVB-PRT-10-20 n° 80, ou convention franco-irlandaise : BOI-INT-CVB-IRL-10 n° 90) prévoient que le bénéfice de la succursale est déterminé en principe d'après les résultats de son bilan.
> Les tableaux comptables à annexer aux déclarations ne doivent comporter que les seuls renseignements relatifs aux établissements situés en France (CGI ann. III art. 38 quaterdecies).
> **2. Fichier des écritures comptables** Les règles de contrôle fiscal des **comptabilités informatisées** sont également applicables aux succursales (LPF art. L 47 A ; voir n° 7610). Notamment, l'administration exige que les succursales françaises d'entreprises étrangères qui tiennent une comptabilité informatisée remettent au vérificateur un fichier des écritures comptables (FEC) conforme aux normes précisées par l'article A 47 A-1 du LPF (BOI-CF-IOR-60-40-10 n° 75). Toutefois, elle admet certaines modalités particulières de production du FEC (en particulier, elle n'exige pas que ce fichier soit conforme à la nomenclature du PCG).
> **3. Application des mesures anti-hybrides** En ce qui concerne les mesures destinées à neutraliser les effets des dispositifs hybrides mettant en présence l'établissement stable en France d'une société étrangère, voir n° 42575.

Sur les règles de détermination du bénéfice imposable en France, voir Mémento Fiscal n° 35765 à 35775 et 78265 à 78267.

Sur les règles de répartition des résultats entre siège et établissement qu'il est recommandé de respecter dans la tenue des comptes pour des raisons fiscales, voir commentaires sous l'article 7 de la convention modèle élaborée par l'OCDE, ocde.org/fr.

Sur les obligations déclaratives et documentaires de la politique de prix de transfert des personnes morales établies en France, voir n° 80025.

Sur la possibilité pour l'administration de contester certains prix de transfert pratiqués entre une succursale française avec son siège étranger, voir Mémento Fiscal n° 78265 à 78267.

Sur l'appréciation du seuil d'assujettissement à la contribution sociale sur les bénéfices en présence de succursales, voir n° 70025 et 52635.

b. Retenue à la source Sauf preuve contraire, les bénéfices réalisés en France par les sociétés étrangères sont présumés distribués pour leur totalité à des associés non résidents et sont donc soumis à une **retenue à la source** (CGI art. 115 quinquies). Toutefois :
– cette retenue à la source ne s'applique pas dans certains cas, notamment lorsque la société étrangère a son siège dans l'Union européenne ou dans l'Espace économique européen et y est passible d'un impôt équivalent à l'IS, sans possibilité d'option et sans en être exonérée (pour plus de détails, voir Mémento Fiscal n° 24890 à 24891) ;
– les conventions internationales peuvent prévoir une limitation, voire une suppression de la retenue à la source.

> **Précisions** Une nouvelle liquidation de la retenue à la source, pouvant aboutir à une restitution totale ou partielle, peut être demandée par voie de réclamation (CGI art. 115 quinquies) :
> – lorsque les sommes réellement distribuées sont inférieures au montant des bénéfices réalisés en France ;
> – si la société justifie que tout ou partie de ses distributions effectives a bénéficié à des personnes ayant leur domicile ou leur siège en France ;
> – ou si la société étrangère ayant son siège au sein de l'Union européenne ou dans l'Espace économique européen et non passible de l'impôt sur les sociétés dans cet État justifie que le bénéfice de source française n'a pas été désinvesti hors de France.

Participation Un établissement français d'une société étrangère, imposé en France sur ses résultats, est assujetti à la participation des salariés (Cass. soc. 8-2-2012 n° 10-28.526). Il est donc soumis à l'obligation de constituer une réserve spéciale de participation. Sur le calcul de la réserve spéciale de participation, voir n° 53545 s. 70600

> **Précisions** **Capital à retenir** L'administration distingue plusieurs situations (voir le Guide de l'épargne salariale dossier 2 ann. II à la fiche 3, p. 120) :
> – si l'établissement stable tient une comptabilité propre et qu'il a renseigné la ligne « dotation en capital », c'est ce montant qu'il convient de retenir ;
> – si l'établissement stable ne dispose pas d'une comptabilité propre ou n'a pas renseigné la ligne « dotation en capital », il convient alors de s'attacher au mode de financement de l'établissement selon s'il a recours ou non à l'emprunt. Pour plus de détails sur le capital à retenir dans cette situation, voir TS-VII-10450 à 10460.

Publicité Toute société commerciale étrangère ayant ouvert un établissement en France doit **déposer** chaque année **au greffe** ses documents comptables dans le délai prévu par la législation de l'État dont relève le siège de la société (C. com. art. R 123-112 ; voir Mémento Sociétés commerciales n° 92610). 70605

Il s'agit des documents comptables, traduits en langue française s'ils sont en langue étrangère, que la société étrangère a établis, fait contrôler et publiés dans l'État où elle a son siège (et non ceux de l'établissement en France). Selon l'Ansa (Com. n° 3089-2, janvier 2002), si la société étrangère n'est pas astreinte à publier ses comptes selon sa propre législation interne, elle n'est pas tenue d'appliquer les dispositions du Code de commerce (art. précité) et par conséquent n'est pas tenue de publier ses comptes en France.

Pour les modalités pratiques du dépôt des comptes au greffe, voir n° 80660 s.

Sanctions En cas de défaut de dépôt au greffe des documents comptables requis, aucune sanction pénale ne trouve à s'appliquer (celle-ci ne paraissant s'appliquer qu'à la liste des mentions commerciales obligatoires ; en ce sens également, Com. Ansa précitée). 70610

La procédure d'injonction de faire devrait en revanche s'appliquer (voir n° 80690).

SECTION 4 CONTRÔLE EXTERNE

Le commissaire aux comptes certifie la régularité, la sincérité et l'image fidèle des comptes annuels. Ces derniers comprennent les opérations des établissements tant en France qu'à l'étranger. 70710

Le contrôle externe porte donc **également** sur les **établissements étrangers.** À cet effet, le commissaire peut être conduit soit à effectuer lui-même ce contrôle, soit à le faire effectuer par un réviseur local (comme pour les comptes consolidés).

… LES OPÉRATIONS DE COOPÉRATION

CHAPITRE 19
LES OPÉRATIONS DE COOPÉRATION

SOMMAIRE
72000

SECTION 1
LA CONCESSION DE SERVICE PUBLIC 72125

I. Caractéristiques générales 72125

II. Immobilisations mises en concession (comptabilisation par le concessionnaire) 72245
   A. Immobilisations mises dans la concession par le concédant 72250
   B. Immobilisations mises dans la concession par le concessionnaire 72355

III. Autres opérations 72495

IV. Aspects complémentaires 72670

SECTION 2
LES MARCHÉS DE PARTENARIAT 72780

I. Caractéristiques générales 72780

II. Schémas de comptabilisation (chez le titulaire) 72860

SECTION 3
LE FRANCHISAGE 72965

I. Caractéristiques générales 72965

II. Schémas usuels de comptabilisation 73050
   A. Comptabilisation chez le franchiseur 73050
   B. Comptabilisation chez le franchisé 73120

III. Aspects complémentaires 73195

SECTION 4
OPÉRATIONS FAITES POUR LE COMPTE DE TIERS 73300

I. L'intermédiaire agit en qualité de mandataire (au nom du tiers) 73305

II. L'intermédiaire agit en son nom seul 73415

SECTION 5
LE GROUPEMENT D'INTÉRÊT ÉCONOMIQUE (GIE) À OBJET COMMERCIAL 73570

I. Caractéristiques générales 73570

II. Schémas usuels de comptabilisation 73645

III. Contrôle 73770

SECTION 6
LA SOCIÉTÉ EN PARTICIPATION 73775

I. Caractéristiques générales 73775

II. Schémas usuels de comptabilisation 73905
   A. Apports 73965
      a. Apports en jouissance 73970
      b. Apports en indivision 74035
      c. Apports en numéraire 74055
   B. Acquisition ou création de biens dans le cadre de l'activité de la SEP 74105
   C. Opérations d'exploitation et partage du résultat 74220
   D. Documents de synthèse 74290
   E. Contrôle 74350

SECTION 7
LA FIDUCIE 74360

I. Caractéristiques générales 74360

II. Schémas usuels de comptabilisation 74450
   A. Chez le constituant 74470
   B. Dans la fiducie 74545

GÉNÉRALITÉS

72005 Les contraintes de l'activité économique conduisent beaucoup d'entreprises à coordonner leurs activités. Les opérations de coopération ont des objectifs très variés et sont réalisées selon des formules juridiques diverses présentant trois caractéristiques essentielles :
– la **permanence** : les accords de coopération donnent un cadre général à un ensemble d'opérations successives qui trouvent dans la permanence des rapports créés leur signification et leur nature économique et juridique ;
– la **spécificité de leur objet** : les actions concertées tendent à l'accomplissement de tâches déterminées relevant des différentes fonctions que suppose l'exploitation des entreprises ;
– la **concertation** : les parties agissent sur un pied d'égalité juridique, leurs droits et obligations résultant simplement de la convention qui les lie. Il est à noter que pour des raisons diverses, et notamment dans un souci d'efficacité, des responsabilités plus importantes sont souvent confiées à l'un des partenaires appelé « chef de file » ou « opérateur ».

72010 Rôle économique Les opérations de coopération portent sur un échange de prestations **(coopération verticale)** ou une répartition de biens, de charges, de marchés **(coopération horizontale).**

> **Précisions** Les **différents types** d'accords sont les suivants :
> **1. un partenaire donne à l'autre le droit d'exploiter un bien** qui peut être :
> – un élément du domaine public ou un service public (concession de service public) ;
> – tout ou partie d'un fonds de commerce : clientèle (concession commerciale, location-gérance), brevet (licence de brevet), marque (licence de marque, franchisage) ;
> **2. un partenaire apporte à l'autre certains moyens d'exploitation** ; par exemple : la transmission d'un savoir-faire, la fourniture d'installations industrielles (consortium et ingénierie), l'assistance administrative ou technique, l'avance de trésorerie, la mise en place de services communs ;
> **3. les partenaires se répartissent des productions ou des charges** : la fabrication en commun, la sous-traitance, la recherche concertée ;
> **4. un mandat** est donné à l'entreprise de réaliser des opérations pour le compte des commettants ;
> **5. les partenaires se répartissent un marché (accords de distribution).**

Certaines opérations de coopération portent à la fois sur plusieurs types d'échanges. Ainsi le franchisage est en même temps une licence de marque, un contrat d'assistance et une répartition de marché.

En outre, cette diversité est renforcée, sur le plan juridique, par l'existence de réglementations propres à certains contrats. Les accords de coopération peuvent aussi tomber sous le coup de certaines règles et notamment celles relatives aux ententes et aux abus de position dominante (voir Mémento Concurrence et Consommation n° 44130 s. et 47170 s.).

72015 Cadre juridique Pour réaliser ces opérations de coopération, les entreprises peuvent, **soit** établir un **simple contrat** définissant les opérations concertées et les rapports entre les parties, **soit** créer une formule juridique d'**association** qui formalise et règle l'organisation et le fonctionnement des actions concertées.

> **Précisions** La création d'une entité juridique est principalement envisagée lorsque les partenaires décident de mettre en commun une partie de leurs moyens et de créer ainsi une entité économique stable.
> Répondant à ces objectifs, **les principales formules juridiques d'association** sont les suivantes :
> – le **groupement d'intérêt économique** (GIE), créé en 1967 pour servir de cadre juridique à la coopération interentreprises, utilisé principalement pour les groupements de moyens ;
> – la **société en participation** (SEP), support traditionnel des actions concertées, principalement utilisée pour servir de cadre juridique aux accords de répartition de production ou de marché.
> À titre secondaire, citons également :
> – l'**association,** utilisée par les entreprises pour la défense de leurs intérêts professionnels, plus que pour l'aménagement d'opérations de coopération ;
> – la **société civile**, ayant pour objet une activité civile et ne correspondant pas à une société à laquelle la loi confère un caractère commercial en raison de sa forme ou de son objet ; elle est utilisée notamment pour le montage en commun d'opérations d'ordre immobilier ;
> – la **société commerciale**, qui a l'inconvénient de présenter des règles de fonctionnement plus ou moins lourdes et s'adapte mal aux opérations concertées peu importantes ; mais elle est en pratique la formule privilégiée pour l'exploitation en commun d'une **affaire.** Par exemple, deux entreprises ayant la même activité peuvent créer une filiale commune dont l'objet est de développer un secteur complémentaire pour les deux partenaires. Cette solution est fréquemment utilisée pour réaliser une implantation à l'étranger en collaboration avec une entreprise locale.

Aspects comptables Il n'existe pas de règles spécifiques pour traduire les effets de la coopération interentreprises.

Il y a lieu de distinguer les contrats et les formules d'association :

a. Les contrats Ils donnent lieu à des opérations successives de type habituel, telles qu'achats, ventes, prestations de services, etc., qui sont enregistrées en fonction des règles et principes généraux exposés dans cet ouvrage. Toutefois, certains d'entre eux posent des problèmes spécifiques examinés ci-après :
– la concession de service public (voir n° 72125 s.) ;
– le franchisage (voir n° 72965 s.) ;
– le mandat (voir n° 73305 s.).

b. Les formules d'association La comptabilisation des opérations réalisées par l'intermédiaire d'un **groupement d'intérêt économique** (voir n° 73570 s.), d'une **société en participation** (voir n° 73775 s.), d'une **société** créée **de fait**, d'une **société civile** ou d'une **fiducie** (voir n° 74360 s.) présente des particularités que nous examinons dans ce chapitre.

72020

Information Mis à part les obligations qui s'attachent à la présentation du tableau des filiales et participations, les opérations de coopération ne font pas l'objet d'informations obligatoires auprès des associés. Toutefois, ces informations peuvent s'avérer nécessaires pour fournir une image fidèle.

> **Précisions** On mentionnera d'ailleurs, dans le cadre des introductions en bourse, que des indications sont à donner dans le document d'enregistrement sur les contrats importants et tous les éléments qui peuvent constituer des limitations d'ordre économique ou juridique à l'activité de l'entreprise (voir n° 82055).

72025

SECTION 1 — LA CONCESSION DE SERVICE PUBLIC

I. CARACTÉRISTIQUES GÉNÉRALES

ASPECTS GÉNÉRAUX

Définition Les contrats de concession sont des contrats par lesquels une ou plusieurs **autorités concédantes** (le plus souvent une personne publique) confie(nt) à une personne physique ou à un ou plusieurs opérateurs économiques, généralement de droit privé (**concessionnaire**) (CCP art. L 1121-1) :
– l'exécution de travaux ou la gestion d'un service ;
– à ses risques et périls (le risque lié à l'exploitation de l'ouvrage ou du service est transféré au concessionnaire) ;

> **Précisions** La part de risque transférée au concessionnaire implique une réelle exposition aux aléas du marché, de sorte que toute perte potentielle supportée par le concessionnaire ne doit pas être purement théorique ou négligeable. Le concessionnaire assume le risque d'exploitation lorsque, dans des conditions d'exploitation normales, il n'est pas assuré d'amortir les investissements ou les coûts qu'il a supportés, liés à l'exploitation de l'ouvrage ou du service.

– en contrepartie soit du droit d'exploiter l'ouvrage ou le service, soit de ce droit assorti d'un prix.

> **Précisions** **Durée du contrat** La durée du contrat de concession est limitée. Elle est déterminée par l'autorité concédante en fonction de la nature et du montant des prestations ou des investissements demandés au concessionnaire, dans les conditions prévues par voie réglementaire (CCP art. L 3114-7). Pour les contrats d'une durée supérieure à cinq ans, la durée du contrat ne doit pas excéder le temps raisonnablement escompté par le concessionnaire pour qu'il amortisse les investissements réalisés pour l'exploitation des ouvrages ou services avec un retour sur les capitaux investis, compte tenu des investissements nécessaires à l'exécution du contrat (Code précité art. R 3114-2).

Une **concession de service public** est un contrat de concession au sens de l'article L 1121-1 du Code de la commande publique (voir ci-avant), par lequel la personne concédante délègue la **gestion d'un service public.** Le concessionnaire peut alors être chargé de construire un ouvrage ou d'acquérir des biens nécessaires au service.

72125

Lorsque la gestion d'un service public est confiée par une collectivité territoriale (un de ses groupements ou un de ses établissements publics) à un ou plusieurs opérateurs économiques (délégataire), on parle alors de **« délégation de service public » (DSP)** (CCP art. L 1121-3).

> **Précisions** **Affermage et Régie intéressée** Entrent toujours, à notre avis, dans la catégorie des DSP, l'affermage et la régie intéressée. En tant que DSP, ils présentent tous les mêmes caractéristiques, à savoir :
> — l'exploitation d'un service public ;
> — le transfert des risques au délégataire ;
> — une rémunération substantiellement liée au résultat d'exploitation du service.

72130 **Parties contractantes** La concession de service public met en relation un **concédant** qui est une « collectivité publique » (l'État ou une collectivité publique territoriale ou un établissement public local ou national) avec une entreprise **concessionnaire**. Cette dernière est souvent une société créée précisément dans le but d'exploiter une concession déterminée, plusieurs partenaires pouvant être parties prenantes au sein de cette société. Inversement, il arrive fréquemment qu'une entreprise concessionnaire exerce simultanément la même activité, ou d'autres activités, en dehors de la concession.

72135 **Branches d'activité concernées** La concession de service public est principalement utilisée dans les secteurs des transports et de l'énergie. Mais il en existe également dans de nombreuses autres branches : aménagement du territoire, chauffage urbain, parcs-expositions, exploitations thermales, mines, recherche et exploitation d'hydrocarbures, stations de sports d'hiver.

Il convient toutefois de noter que les modalités de fonctionnement ainsi que les dispositions contractuelles peuvent être très différentes selon le statut du concessionnaire (public ou privé) et selon le niveau d'investissement à réaliser. Les schémas comptables traduiront nécessairement cette variété de concessions.

ASPECTS COMPTABLES

72140 **Compte de résultat de l'exploitation de la concession** Le concessionnaire doit produire chaque année, avant le 1er juin, un **rapport annuel** comprenant notamment le **compte annuel de résultat de l'exploitation de la concession** dans lequel sont rappelées les données présentées l'année précédente au titre du contrat en cours (CCP art. L 3131-5, R 3131-2 et R 3131-3).

En pratique :
— la comptabilité des opérations relatives à la concession est **intégrée aux comptes du concessionnaire** (la concession ne constituant pas une personne morale distincte et ne pouvant donc pas être considérée comme une entité comptable). Toutefois, au sein de la comptabilité du concessionnaire, **les opérations relatives à la concession sont dissociées des autres opérations** ;

> **Précisions** L'imputation des charges s'effectue par affectation directe pour les charges directes et selon des critères internes issus de la comptabilité analytique ou selon une clé de répartition dont les modalités sont précisées dans le rapport pour les charges indirectes, notamment les charges de structure.

— l'entreprise concessionnaire doit distinguer l'activité de chacune de ses concessions dans des **comptes de résultats appropriés** (PCG art. 621-10).

> **Précisions** Les techniques utilisées peuvent relever de la **comptabilité générale** (subdivision des comptes des classes 6 et 7 de sorte qu'existe un jeu de comptes affecté à chaque concession, ouverture en classe 8 d'un compte par concession où les opérations sont ventilées dans des sous-comptes par nature, utilisation du compte de charges spécifique n° 65) ou de la **comptabilité analytique**.
>
> Cette analyse comptable peut soulever, dans certains cas, des problèmes dont la solution serait trop coûteuse pour être praticable, aussi l'autorité concédante peut-elle apprécier, en accord avec le concessionnaire, l'opportunité de consentir des exceptions et de compenser par une **information extra-comptable** des déficiences de l'analyse comptable.

Le rapport annuel présente en outre :
— les méthodes et les éléments de calcul économique annuel et pluriannuel retenus pour la détermination des produits et charges directs et indirects imputés au compte de résultat de l'exploitation, les méthodes étant identiques d'une année sur l'autre, sauf modification exceptionnelle et dûment motivée ;

– un état des variations du patrimoine immobilier intervenues dans le cadre du contrat ;
– un état des autres dépenses de renouvellement réalisées dans l'année conformément aux obligations contractuelles.

> **Précisions** **1. Pour les délégations de service public** (DSP ; voir n° 72125), le rapport comprend également (CCP art. R 3131-4) :
> – un compte rendu de la situation des biens et immobilisations nécessaires à l'exploitation du service public concédé, comportant notamment une description des biens et, le cas échéant, le programme d'investissement ;
> – un état du suivi du programme contractuel d'investissements en premier établissement et du renouvellement des biens et immobilisations nécessaires à l'exploitation du service public concédé ainsi qu'une présentation de la méthode de calcul de la charge économique imputée au compte annuel de résultat d'exploitation de la concession ;
> – un inventaire des biens désignés au contrat comme biens de retour et de reprise du service concédé ;
> – les engagements à incidences financières, y compris en matière de personnel, liés à la concession et nécessaires à la continuité du service public.
>
> **2. Dispositions comptables du contrat devenues obsolètes** Lorsque le contrat de concession contient des dispositions imposant des modalités particulières de traitements comptables et que celles-ci sont rendues obsolètes par l'évolution de la réglementation comptable, si le contrat ne peut être modifié alors :
> – les comptes annuels doivent être établis en appliquant la réglementation comptable sans tenir compte des dispositions contractuelles spécifiques devenues obsolètes (voir n° 72145 s.) ;
> – en revanche, pour le rapport annuel, il est nécessaire de procéder à des retraitements extra-comptables afin de tenir compte des dispositions contractuelles convenues entre le concédant et le concessionnaire.

Réglementation comptable applicable aux concessions de service public   72145

I. Champ d'application Les **concessions de service public** sont traitées selon les principes des articles 621-6 à 621-10 du PCG (voir n° 72150 s.).

> **Précisions** Toutefois, le PCG ne donne pas d'indication sur le champ d'application de ces articles, celui-ci ne renvoyant pas expressément à la définition juridique des concessions de service public (et celle-ci ayant par ailleurs évolué depuis l'écriture du texte comptable).

Selon le CNC (rapport d'étape sur l'analyse juridique de la concession de la commission « Concessions » du CNC ; Bull. CNC n° 86, 1991, p. 5 s.), ces principes visent les concessions (personne publique ou privée) impliquant en général la **construction d'un ouvrage** sur lequel reposera l'exploitation future.

Le Conseil d'État confirme cette position du CNC (devenu ANC) en jugeant que le PCG s'applique aux contrats de délégation de service public mettant à la charge du délégataire les investissements correspondant à la création ou à l'acquisition des biens nécessaires au fonctionnement du service public, notamment les investissements de premier établissement (CE 3-12-2018 n° 402037).

> **Précisions** En revanche, une entreprise qui n'a pas pour obligation la création, l'extension ou le renouvellement des installations, mais uniquement de simples travaux de renforcement, de mise en conformité et d'entretien d'installations déjà existantes, n'est pas tenue d'appliquer ces dispositions (CE 3-12-2018 n° 402037 précité).

Selon la commission du CNC précitée, les solutions comptables pour les **concessions « exclusives » de travaux publics** pourraient être directement inspirées de celles propres aux concessions de service public (voir n° 72150 s.).

En revanche, elles ne visent en général pas :
– l'**affermage**, ce contrat n'impliquant pas, en général, la construction d'un ouvrage sur lequel reposera l'exploitation future ;

> **Précisions** **1. Absence de travaux de renouvellement ou extension** En effet, en pratique, l'affermage se distingue de la concession, au sein des DSP, essentiellement par le fait que les ouvrages nécessaires à l'exploitation du service sont remis au fermier par l'autorité délégante qui, en règle générale, en a assuré le financement, le fermier étant chargé de la maintenance de ces ouvrages.
> **2. Cas particulier des affermages prévoyant** des travaux de renouvellement ou extension Dans certains cas, il peut être en charge également de leur modernisation ou leur extension (CE 29-4-1987 n° 51022, commune d'Élancourt). Dans ces cas, la commission du CNC précitée souhaite que, sous réserve d'un examen ultérieur, les **règles comptables en matière de concession de service public** soient appliquées aux contrats d'affermage. Cette approche a été confirmée par le Conseil d'État (CE 3-12-2018 n° 402037).

– la **régie intéressée** qui est une opération de **mandat** à traiter comptablement conformément aux dispositions générales du PCG (art. 621-11 ; voir n° 73335 s.).

> **Fiscalement** Le champ d'application des articles 621-6 à 621-10 du PCG est important notamment en matière de fiscalité locale (taxe foncière et CFE). En effet, lorsque des immobilisations industrielles figurent à l'actif du bilan de l'entité concessionnaire, la valeur locative servant de base au calcul des impôts locaux est déterminée selon la « méthode comptable », c'est-à-dire en fonction de leur coût de revient (CGI art. 1499 et 1500, II). Or, cette dernière est souvent moins avantageuse pour le contribuable que la méthode d'appréciation directe (CGI art. 1498).

72150 II. Principes comptables Les principes sont donnés dans le PCG (art. 621-6 à 621-10) et en l'absence de précisions du PCG sur de nombreux aspects, les concessionnaires appliquent en général les règles contenues dans le document CNC « Études et documents 1975-1981 » (p. 183 à 243).

Il s'agit toutefois d'une simple recommandation. On ne peut lui donner un caractère plus contraignant. Il n'a par ailleurs jamais été mis à jour des évolutions du PCG.

> **Précisions 1. Provisions** Les dispositions du PCG relatives aux provisions (voir n° 48110 s.) ne s'appliquent pas aux provisions spécifiques des entreprises concessionnaires (Avis CNC 2000-01 sur les passifs).
Reste que le terme « provision spécifique » n'a pas été défini. Interrogé par nos soins sur les provisions spécifiques exclues, le CNC a précisé que :
— la seule provision spécifique aux entreprises concessionnaires est la **provision pour renouvellement** (compte 156, voir n° 72170), qui est donc **exclue** du champ d'application du **règlement sur les passifs** ;
— en revanche, les provisions pour grosses réparations renommées **« provisions pour gros entretien ou grandes visites »,** doivent être traitées selon les **règles générales** (voir n° 27900). Il en est de même des **provisions pour remises en état** (voir n° 27925 s.).
2. Amortissements, dépréciation et décomposition des immobilisations Les amortissements spécifiques des entreprises concessionnaires sont exclus du champ d'application du règlement CRC n° 2002-10 du 12 décembre 2002 relatif à l'amortissement et à la dépréciation des actifs.
En conséquence (en ce sens, réponse du CNC à la CNCC du 4-1-2006, Bull. CNCC n° 140, décembre 2005, EC 2005-87, p. 723) :
— les **amortissements de caducité sont maintenus**, voir n° 72380 et n° 72415 (l'amortissement de caducité n'est pas prévu dans les textes réglementaires mais uniquement dans le Document du CNC de 1975 précité) ;
— et l'**amortissement par composant** (voir n° 25750) **des immobilisations** mises en concession et remises au concédant en fin de concession (et uniquement celles-ci) **n'est pas obligatoire** ;
— en revanche, les **dispositions générales relatives aux dépréciations sont applicables** (voir n° 27715 à 27760 et Bull. CNCC n° 168, décembre 2012, EC 2012-34). Toutefois, le calcul de la valeur actuelle, dans le cas spécifique des concessions, comporte quelques spécificités : l'actualisation des flux futurs de trésorerie est généralement effectuée à partir des prévisions de recettes et de dépenses jusqu'au terme du contrat (celui-ci fixant précisément le cadre de l'exploitation) et aucune valeur terminale n'est déterminée à l'issue d'un horizon de prévision.

72170 III. Comptes spécifiques aux concessions de service public pour les entreprises concessionnaires Les comptes dont l'utilisation est recommandée dans le Document du CNC (voir n° 72150), sur la base du PCG 1957, n'ont pas été repris dans le PCG (à l'exception de quelques-uns). La liste ci-après constitue notre interprétation de leur adaptation au PCG (les comptes repris dans le PCG sont suivis de la mention PCG).

BILAN
    135. Subventions reçues au titre du fonds de roulement en instance d'affectation
15. **Provisions**
    1517. Provisions pour risques – Fonds spéciaux
    1560. Provisions pour renouvellement des immobilisations (PCG)
    1572. Provisions pour gros entretien ou grandes visites (PCG)
    1573. Provisions pour amortissement de caducité
    1581. Provisions pour remises en état (PCG)
17. **Dettes rattachées à des participations et à des concessions**
    170. Droits du concédant exigibles en espèces
22. **Immobilisations mises en concession** (PCG)
    220. par le concédant
    225. par le concessionnaire
    229. Droits du concédant (en nature) (PCG)
        2290. Apports du concédant à titre gratuit
        2295. Mises en concession par le concessionnaire

26. **Participations et créances rattachées à des participations et à des concessions**
    265. Participations et créances rattachées à des concessions
        2651. Comptes bancaires bloqués au titre des fonds spéciaux
        2652. Participations acquises au titre des fonds spéciaux
        2653. Créances sur le concédant au titre des fonds spéciaux
28. **Amortissements des immobilisations** (PCG)
    282. Amortissements des immobilisations mises en concession (PCG)
        2820. Immobilisations mises en concession par le concédant
        2825. Immobilisations mises en concession par le concessionnaire
    481. **Charges à répartir sur plusieurs exercices** (PCG)
        4814. Charges à étaler et imputations différées – Concessions

COMPTE DE RÉSULTAT
65. **Charges spécifiques aux concessions**
    650 C. Dotations aux droits du concédant exigibles en nature au titre de l'amortissement de caducité (en abrégé : dotations aux amortissements de caducité)
    651 C. Dotations aux provisions pour gros entretien ou grandes visites
    652 C. Dotations aux amortissements pour dépréciation des immobilisations corporelles
    653 C. Dotations aux amortissements des immobilisations incorporelles
    654 C. Dotations aux provisions pour amortissement de caducité (à ne plus utiliser, à notre avis, voir n° 72415).
    655 C. Charges diverses
        6553 C. Redevances
        6555 C. Attributions aux droits du concédant – Fonds spéciaux
        6558 C. Dotations aux droits du concédant exigibles en espèces au titre de la dépréciation de ses apports à titre gratuit d'immobilisations avec condition de retour
        6559 C. Dotations aux droits du concédant exigibles en espèces au titre de la provision pour renouvellement de ses apports à titre gratuit avec condition de retour
    656 C. Dotations aux provisions pour renouvellement
    657 C. Dotations aux provisions pour risques – Fonds spéciaux
    658 C. Dotations aux dépréciations des prêts (avances à la concession)
    659 C. Dotations aux amortissements des charges à étaler et aux provisions pour amortissements par étalement (à ne plus utiliser, à notre avis).

> **Précisions** S'agissant d'une dérogation au classement des charges selon leur nature, le compte 65 C ne permet pas de ventiler le résultat entre l'exploitation, le financier et l'exceptionnel et, a fortiori, d'établir des soldes intermédiaires de gestion.

Il ne représente qu'une recommandation, à usage interne, pour les entreprises qui n'ont pas uniquement la qualité de concessionnaire de service public : il facilite la détermination du résultat de la (ou des) concession(s). **Ses divers éléments sont, en fin d'exercice, virés dans les comptes de charges selon leur nature.**

À notre avis :
– l'ensemble des dotations aux amortissements et aux provisions a un caractère d'exploitation (y compris l'amortissement de caducité) ;
– les redevances dues au concédant (compte 6553) sont un service extérieur (compte 613 par assimilation à un loyer ou 616) ;
– les « versements » à un fonds spécial (compte 6555) ont un caractère d'exploitation, leur prise en charge leur conférant un objet analogue à celui de l'amortissement de caducité.

ASPECTS FISCAUX

72175

Les sociétés concessionnaires peuvent déduire, sous certaines conditions, de leur résultat fiscal, en plus de l'amortissement technique, les charges comptabilisées suivantes :
– amortissement de caducité (voir n° 72380) ;

> **Précisions** Il en est de même pour les entreprises délégataires de service public autres que les entreprises concessionnaires lorsqu'elles sont soumises aux mêmes contraintes, notamment dans le cadre d'un contrat d'affermage (CE 11-12-2008 n° 309427).

– provisions pour renouvellement des immobilisations (voir n° 72415 II.).

À l'égard des entreprises concessionnaires soumises à l'IS, l'article 112, 2° du CGI prévoit que ne constituent pas des revenus distribués **les amortissements du capital** social des sociétés concessionnaires justifiés par la caducité de tout ou partie de l'actif social,

notamment par dépérissement progressif ou par obligation de remise de concessions à l'autorité concédante (et non l'amortissement de caducité).
Sur la fiscalité locale, voir n° 72145.

II. IMMOBILISATIONS MISES EN CONCESSION (COMPTABILISATION PAR LE CONCESSIONNAIRE)

PRINCIPES GÉNÉRAUX

72245 **I. Inscription à l'actif des immobilisations concédées** Les **biens mis dans la concession** par le concédant et le concessionnaire sont, en principe, inscrits à l'**actif** du bilan du **concessionnaire** (PCG art. 621-8). Selon le Code de la commande publique, il convient de distinguer deux catégories de biens : les biens de retour et les biens de reprise (CCP art. L 3132-4).

a. Les **biens de retour** sont les biens, meubles ou immeubles, qui résultent d'investissements du concessionnaire et qui sont nécessaires au fonctionnement du service public (CCP art. L 3132-4 1°). Dans le silence du contrat de concession, ils sont et demeurent la propriété de la personne publique dès leur réalisation ou leur acquisition (CCP art. précité).

Entrent également dans la catégorie des biens de retour les ouvrages dont la collectivité concédante se trouvait propriétaire lors de la conclusion du contrat (doctrine CNC précitée).

> **Précisions** **1.** Retour gratuit des biens dans le patrimoine du concédant Au terme du contrat concédant un service public, les biens de retour amortis au cours de l'exécution du contrat de concession font retour dans le patrimoine de la personne publique gratuitement, sous réserve des stipulations du contrat permettant à celle-ci de faire reprendre par le concessionnaire les biens qui ne seraient plus nécessaires au fonctionnement du service public (CCP art. L 3132-5).
> **2. Biens de retour non inscrits au bilan du concessionnaire** Les membres de la commission « Concessions » du CNC n'ont pas tranché (Bull. CNC n° 88, 1991, p. 3) sur la nécessité ou non d'inscrire à l'actif tous les biens de retour apportés par le concédant (voir n° 72255).

b. Les **biens de reprise** sont les biens, meubles ou immeubles, qui ne sont pas remis au concessionnaire par l'autorité concédante de droit public et qui ne sont pas indispensables au fonctionnement du service public. Ils sont la propriété du concessionnaire, sauf stipulation contraire prévue par le contrat de concession (CCP art. L 3132-4 2°) ; ces biens pourront devenir, en fin d'exploitation, la propriété de la collectivité concédante si elle exerce la faculté de reprise prévue dans le cahier des charges, moyennant un prix convenu entre les parties ou, le cas échéant, gratuitement (CCP art. L 3132-6). Toutefois, le concessionnaire ne peut en disposer à la fin de la concession que si l'autorité concédante ne les réclame pas.

> **Précisions** Biens propres Les biens qui ne sont ni des biens de retour, ni des biens de reprise sont des biens propres. Ils sont et demeurent la propriété du concessionnaire (CCP art. L 3132-4 3°).

II. Amortissement des immobilisations concédées Le **maintien** au niveau exigé par le service public du **potentiel productif** des installations concédées doit être recherché par le jeu des **amortissements** ou, éventuellement, celui des **provisions** adéquates (notamment la provision pour renouvellement) (PCG art. 621-9).

> **Précisions** Ce maintien est assuré, selon le cas, par la constitution des différentes charges calculées suivantes :
> — **amortissement pour dépréciation,** sur la durée de vie économique des installations : il est destiné à permettre le renouvellement des installations à leur coût d'achat ou de production ;
> — **provision pour renouvellement,** complément à l'amortissement pour dépréciation, constituée sur la durée de vie économique des installations : cette provision est destinée à permettre le renouvellement des installations à leur valeur de remplacement ;
> — **amortissement de caducité** des biens devant être remis gratuitement au concédant à la fin de la concession, sur la durée de la concession : il est destiné à permettre la reconstitution des capitaux investis ;
> — **dotation aux droits de concédant exigibles en espèces,** destinée à récupérer l'amortissement pour dépréciation et la provision pour renouvellement d'immobilisations apportées par le concédant lorsqu'une clause spécifique impose leur reversement au concédant à la fin de la concession ;
> — **provision pour gros entretien ou grandes visites,** voir n° 27900.

À notre avis, le traitement comptable doit aboutir à ce que, à la fin de la concession, le concessionnaire ait **récupéré la totalité des dépenses engagées** par lui pour le compte du concédant, par un **étalement de leur coût sur la durée de la concession** qui tienne compte le mieux possible des obligations contractuelles spécifiques du cahier des charges.

III. Exception à l'amortissement des immobilisations concédées Dans la mesure où la **valeur utile** d'une installation peut être **conservée** par un entretien convenable, ladite installation ne fait **pas** l'objet, au niveau des charges d'exploitation du concessionnaire, de **dotations aux amortissements pour dépréciation** (PCG art. 621-9).

Nous examinons successivement :
– les immobilisations mises dans la concession par le concédant (A) ;
– les immobilisations mises dans la concession par le concessionnaire (B).

A. Immobilisations mises dans la concession par le concédant

Les immobilisations peuvent avoir été apportées, avec condition de retour en l'état ou à l'identique (après renouvellement) à **titre gratuit** (voir n° 72255 s.), à **titre onéreux** via le versement d'une indemnité (voir n° 72300 s.) ou à **titre mixte** (voir n° 72305). 72250

BIENS APPORTÉS À TITRE GRATUIT

Lorsqu'ils sont comptabilisés à l'actif (voir ci-après Précisions), les biens sont valorisés en application des principes qui régissent les apports en société, c'est-à-dire sur la base de la **valeur estimée** du bien au moment de sa mise à la disposition du concessionnaire. 72255

Toute inscription de ces biens à l'actif du bilan du concessionnaire comporte une contrepartie d'appoint et d'équilibre portée au compte 229 « Droits du concédant » (PCG art. 621-8 et 942-22).

> **Précisions** Non-inscription des biens à l'actif du concessionnaire :
> **1. Redevances de marché dues au concédant** L'expression « à titre gratuit » signifie sans débours du concessionnaire au moment de l'apport du concédant. Mais cet apport est souvent assorti de redevances qui sont à comptabiliser en charges (voir n° 72510). Si ces dernières tiennent compte de la charge d'amortissement supportée par le concédant ou d'un loyer normal, le principe de l'inscription au bilan du concessionnaire (PCG art. 621-8 ; voir n° 72245) **ne s'applique pas** (Guide CNC des concessions ; voir n° 72150).
> **2. Difficulté d'estimation de la valeur des biens** Lorsqu'il est difficile de déterminer la valeur de marché des biens mis en concession, sur lesquels le concessionnaire ne dispose pas d'un droit de propriété, ces biens peuvent, en pratique, ne pas être inscrits à l'actif.

En fonction de la manière dont le concédant envisage de récupérer le coût des biens qu'il apporte à la concession, **plusieurs situations peuvent se présenter** : apports à titre gratuit pur et simple, apports à titre gratuit avec clause spécifique de récupération financière à l'expiration de la concession, apports mixtes. Ces différentes modalités sont détaillées ci-après.

Apports à titre gratuit pur et simple Il convient de distinguer : 72275
– l'entrée du bien en concession (voir n° 72255) ;
– les amortissements et provisions (voir ci-après).

I. Amortissements

a. Immobilisations non renouvelables Leur éventuelle dépréciation est créditée au compte 2820 « Amortissements des immobilisations mises en concession par le concédant » par le débit du compte 2290 (le coût de ces immobilisations étant nul pour le concessionnaire, leur dépréciation est sans incidence sur ses résultats).

Les droits du concédant exigibles en nature font partie des « Autres fonds propres » (PCG art. 934-1).

EXEMPLE

Apport à titre gratuit d'un matériel estimé à 300, amortissable en 3 ans.

	2290 Apports concédant	220 Immo. concession	2820 Amort. immo. concession
Apport		300 300	
Amortissement année 1	100		100
Amortissement année 2	100		100
Amortissement année 3	100		100
En fin de concession	300 | 300	300	300
	soldé	= 0	

> **Précisions 1. PGR et provisions pour remise en état** Ces immobilisations peuvent également faire l'objet d'une provision pour gros entretien ou grandes visites (PGR) débitée au compte 651 C « Dotations aux provisions pour gros entretien ou grandes visites » par le crédit du compte 1572 « Provisions pour gros entretien ou grandes visites ». Une provision pour remise en état (compte 1581) peut, le cas échéant, également être constituée. Ces provisions sont traitées selon les règles générales sur les passifs.

2. Provisions devenues sans objet Lorsque ces provisions sont devenues sans objet, elles sont rapportées au résultat, sauf dans le cas où des dispositions contractuelles prévoient une **affectation spécifique** des provisions devenues sans objet (par exemple, dans le cas d'immobilisations renouvelables, l'affectation de ces provisions aux provisions pour renouvellement).

b. Immobilisations renouvelables Le concessionnaire ne peut pas inscrire dans ses charges d'exploitation de dotation à l'amortissement du bien mis en concession par le concédant puisqu'il n'a pas fourni les capitaux ayant financé cet investissement, et **n'a pas l'obligation contractuelle d'amortir pour le compte du concédant.**

En revanche, pour satisfaire à l'obligation toujours contractuelle de renouveler (PCG art. 621-9), il doit pratiquer annuellement une dotation à la **provision pour renouvellement** calculée sur le coût prévisionnel de remplacement de l'immobilisation concernée ; elle est créditée au compte 1560 par le débit du compte 6559 et, lors du renouvellement, est virée au compte 2290 « Apports du concédant à titre gratuit ».

> **Fiscalement** Sur les conditions à remplir pour constituer une provision pour renouvellement, voir n° 72415 II.

EXEMPLE

Valeur d'entrée estimée du bien : 100.

Valeur de renouvellement par le concessionnaire : 130.

Il est constitué une provision pour renouvellement de 130.

	2290 Apports concédant	1560 Provision renouv.	220 Immo. concédant	2820 Amort. immo. concédant	6559 Dotations prov. renouv.
Apport en concession	100		100		
Amortissements		100			100	
Provisions pour renouvellement			130			130
Renouvellement :					
– sortie bien précédent				100 100	
– transfert provision		130 130			
– achat nouveau bien (par banque)			130		
	100 | 230	130 | 130	230 | 100	100 | 100	
	130	soldé	130	soldé	

Si le concédant octroie une **subvention** pour permettre le renouvellement du bien par le concessionnaire, voir n° 72565.

c. Ces immobilisations peuvent également faire l'objet :
– d'une **provision pour gros entretien ou grandes visites** débitée au compte 651 C « Dotations aux provisions pour gros entretien ou grandes visites » par le crédit du compte 1572 « Provisions pour gros entretien ou grandes visites » (voir n° 27900) ;
– d'une **provision pour remise en état** créditée au compte 1581 (voir n° 27925 s.).

Apports à titre gratuit avec clause spécifique de récupération à l'expiration de la concession Sur l'entrée du bien en concession, voir n° 72255. **72295**

Le concédant peut se garantir la récupération, à l'expiration de la concession, du coût de ses investissements mis en concession, par une clause spécifique du contrat de concession ou du cahier des charges prescrivant au concessionnaire de lui **verser** à cette date :
– l'amortissement pour dépréciation pratiqué pour son compte ;
– la provision pour renouvellement pratiquée pour son compte.

Il en résulte une **dette financière** envers le concédant à inscrire au compte **« Droits du concédant exigibles en espèces »** en contrepartie du compte 6558 C **« Dotations aux droits du concédant exigibles en espèces »** (Guide CNC des concessions ; voir n° 72150).

> **Précisions 1.** Contrairement aux droits du concédant exigibles en nature qui ne sont que la contrepartie comptable des immobilisations à remettre au concédant à l'expiration de la concession, les droits du concédant **exigibles en espèces** constituent une véritable dette de nature financière. La ressemblance avec les dettes rattachées à des participations nous conduit à préconiser l'extension du compte 17 aux concessions sous l'appellation « Dettes rattachées à des participations et/ou des concessions », subdivision 170 « Droits du concédant exigibles en espèces ».
> **2.** Dans ce cas, les coûts des biens ou services livrés par le concessionnaire doivent tenir compte de cette charge (Guide CNC des concessions précité), c'est-à-dire qu'il en est tenu compte pour la valorisation des stocks.

Les **modalités de comptabilisation** sont les suivantes :

I. Amortissement pour dépréciation pour le compte du concédant Calculé sur la valeur estimée du bien, il est pratiqué deux fois :
– au titre de la dépréciation du bien : débit du compte de **droits du concédant** exigibles **en nature** 2290 « Apports du concédant à titre gratuit » par le crédit du compte 2820 « Amortissements des immobilisations mises en concession par le concédant » ;
– au titre de la récupération de son coût par le concédant : crédit du compte 170 « Droits du concédant exigibles **en espèces** » par le débit du compte 6558 C « Dotations aux droits du concédant exigibles en espèces au titre de la dépréciation de ses apports à titre gratuit d'immobilisations avec condition de retour ».

II. Provision pour renouvellement pour le compte du concédant Calculée sur la différence entre la valeur prévisionnelle de remplacement et la valeur estimée d'apport, elle est dotée chaque exercice, en fonction du coût prévisionnel de remplacement à l'identique, au débit du compte 6559 C « Dotations aux droits du concédant exigibles en espèces au titre de la provision pour renouvellement des apports à titre gratuit avec condition de retour » par le crédit du compte 170 « Droits du concédant exigibles en espèces » (Guide CNC des concessions ; voir n° 72150). Mais, fiscalement, toute provision devant être comprise dans le relevé des provisions pour être déductible, nous préconisons l'utilisation du compte 1560 « Provisions pour renouvellement » en contrepartie des dotations annuelles, ce compte étant viré au compte 170 lors du renouvellement.

> **Fiscalement** Cette provision est déductible suivant certaines modalités et sous certaines conditions qui impliquent l'établissement d'un **plan de renouvellement** (voir n° 72415).

EXEMPLE

Reprise du cas précédent d'une immobilisation estimée à 300 amortissable en 3 ans, la hausse des prix conduisant à constituer des provisions pour renouvellement de 10 l'année N, 22 l'année N+1 et 30 l'année N+3. L'immobilisation est renouvelée en fin N+3.

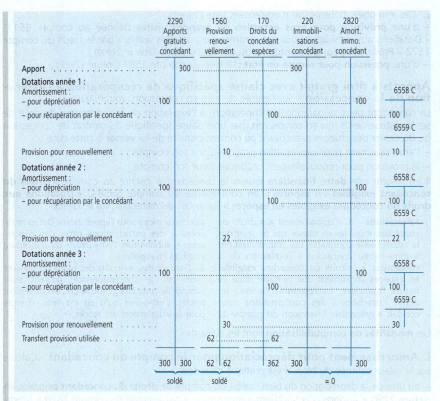

À la fin de la concession, il en résulte une dette de 362 envers le concédant correspondant à l'amortissement pour dépréciation et à la provision pour renouvellement pratiqués pour son compte.

BIENS APPORTÉS À TITRE ONÉREUX

72300 Il convient de distinguer :
– l'entrée du bien en concession ;
– les amortissements et provisions à constituer.

I. Entrée du bien en concession Il est inscrit à l'actif :
– au compte 220 « Immobilisations mises dans la concession par le concédant » (PCG art. 942-22) par le crédit, soit d'un compte de trésorerie (débours immédiat), soit d'un compte de dettes ;
– à leur valeur indiquée dans le contrat, même s'il s'agit des actifs d'un précédent contrat résilié, réattribués dans le cadre d'un nouveau contrat (Bull. CNCC n° 166, juin 2012, EC 2012-10, p. 424 s.).

> **Précisions** Lorsque le concessionnaire doit payer une indemnité au titre d'un ensemble d'équipements hétérogène, sans qu'aucune clé de répartition de son montant n'existe, le versement effectué a, à notre avis, la nature d'un droit d'entrée (voir n° 72500).

II. Amortissements et provision pour renouvellement :

a. Immobilisations non renouvelables La reconstitution des capitaux investis par le concessionnaire dans les immobilisations concernées est assurée par l'inscription dans les charges du concessionnaire des dotations annuelles à l'amortissement de caducité suivant les dispositions indiquées au regard des immobilisations non renouvelables provenant du concessionnaire (voir n° 72380).

b. Immobilisations renouvelables Elles font, de même, l'objet de dotations suivant les dispositions indiquées au regard des immobilisations renouvelables mises en concession par le concessionnaire (voir n° 72415) :
– dotations aux amortissements pour dépréciation jusqu'au dernier renouvellement (complétées par les dotations à la provision pour renouvellement) ;
– dotations aux amortissements de caducité effectifs afin de prévoir et ensuite d'assurer la récupération des capitaux investis dans les immobilisations lors du dernier renouvellement.

III. Provision pour gros entretien ou grandes visites et pour remise en état   Voir n° 72275 II. a.

BIENS APPORTÉS À TITRE MIXTE
Le montant des débours est inférieur à la valeur estimée. Dans ce cas, il y a apport pour partie à titre gratuit, pour partie à titre onéreux. Les dispositions précédemment énoncées s'appliquent distinctement pour chaque partie.

72305

B. Immobilisations mises dans la concession par le concessionnaire

Le **traitement est différent selon** que :
- les **immobilisations** sont **renouvelables** ou **non renouvelables** ;
- et qu'elles sont, **à la fin de la concession, remises** au concédant **gratuitement** ou **contre indemnité**.

72355

IMMOBILISATIONS NON RENOUVELABLES
Rappelons que selon le PCG (art. 621-9) :
- le maintien au niveau exigé par le service public du potentiel productif des installations concédées doit être recherché par le jeu des amortissements ou, éventuellement, celui des provisions adéquates ;
- dans la mesure où la valeur utile d'une installation peut être conservée par un entretien convenable, ladite installation ne fait pas l'objet, au niveau des charges d'exploitation du concessionnaire, de dotations aux amortissements pour dépréciation.

72360

> **EXEMPLE**
> Le Document du CNC (voir n° 72150) cite en exemples les barrages et les réseaux d'irrigation.

Sur les provisions pour gros entretien ou grandes visites et pour remise en état, voir n° 72275 II. a.

Immobilisations remises gratuitement au concédant à la fin de la concession   Inscrites au compte 225 « Immobilisations mises en concession par le concessionnaire », elles font l'objet :
- d'une part, d'un amortissement financier de caducité qui permet de récupérer leur coût ;
- d'autre part, le cas échéant, d'un amortissement pour dépréciation, sans incidence sur les résultats, dont l'objet est la présentation du bien au bilan à sa valeur actuelle.

72380

Amortissement de caducité

I. Objet et traitement comptable   Afin de permettre la reconstitution des capitaux investis (capitaux propres et emprunts), est constaté un amortissement financier de caducité débité au compte 650 C « Amortissement de caducité » par le crédit du compte des droits du concédant exigibles en nature 2295 « Mises en concession par le concessionnaire ».

Cet amortissement est pratiqué que le bien soit **amortissable ou non.**

Les droits du concédant exigibles en nature font partie des « Autres fonds propres » (PCG art. 934-1).

Il est calculé sur le coût de l'immobilisation :
- après déduction, le cas échéant, des indemnités reçues du concédant (voir n° 72385 b) et des emprunts pris en charge par le concédant à la fin de la concession (voir n° 72385 a.). Sur l'incidence d'une subvention, voir n° 72585 ;
- incluant, conformément à l'étude CNC précitée (voir n° 72150) (p. 213 s.), les charges financières supportées par le concessionnaire pour le financement de l'immobilisation pendant la construction de cette dernière.

> **Fiscalement**   L'amortissement de caducité ne peut être constaté que sur des équipements ou installations dont le contrat prévoit qu'ils seront remis au concédant sans aucune indemnité (même partielle, CE 14-1-2008 n° 297541) et à l'exclusion des dépenses immobilisées relevant de la simple obligation d'entretien (CE 8-2-2017 n° 387620). Une entreprise ne peut pas déduire

72380 (suite) une provision pour charge liée aux futurs amortissements de caducité dès lors qu'elle vise à anticiper le coût des équipements non encore réalisés qui seront immobilisés à l'actif du bilan (CAA Versailles 29-9-2015 n° 14VE00562).

II. Point de départ En pratique, cet amortissement peut intervenir dès l'année au cours de laquelle la société disposera des moyens de financement ou, au plus tard, à partir de la date de mise en service des immobilisations.

III. Durée et méthode d'amortissement Cet amortissement, de caractère **financier** (il fait partie des autres fonds propres au bilan), traduit la disparition progressive des moyens de financement des immobilisations plutôt que la diminution de la valeur des biens qui seront remis en l'état au concédant. Pour l'analyse du résultat, il constitue une **charge d'exploitation**.

Plusieurs formules d'amortissement sont possibles :

1. Amortissement sur la durée de la concession Selon l'étude du CNC (voir n° 72150) (p. 216), en bonne logique, les amortissements de caducité semblent devoir être étalés sur la durée restant à courir jusqu'à la fin de la concession. Cette formule permet de répartir la charge nominale sur chacun des exercices de cette période.

> **Précisions** **Modes d'amortissement** Retenir un mode d'amortissement fondé sur la fréquentation des ouvrages (amortissement sur les unités d'œuvre) peut constituer une alternative à l'amortissement linéaire. Selon le bulletin CNCC, compte tenu du principe de rattachement des charges aux produits, à défaut d'un mode linéaire, l'application d'un calcul d'amortissement de caducité **proportionnel aux revenus d'exploitation** de la concession peut aussi s'avérer pertinent (Bull. CNCC n° 131, septembre 2003, EC 2003-17, p. 494 s.).

2. Amortissement sur la durée de remboursement des emprunts Afin d'assurer la trésorerie nécessaire au remboursement des emprunts exigibles avant la fin de la concession, il est admis, dans certains cas, que l'entreprise concessionnaire puisse réduire la durée des amortissements de caducité jusqu'à la faire coïncider, à la limite, avec la période de remboursement de l'emprunt.

> **Précisions** **1. Surcharge des premiers exercices** Cette seconde formule ayant pour effet de surcharger le compte d'exploitation des premiers exercices au profit des exercices ultérieurs, l'opportunité de son application devrait être appréciée en fonction de prévisions portant notamment sur l'évolution des ventes, des tarifs, et des résultats, et sur l'aptitude de l'entreprise à trouver sur le marché ou auprès du concédant les moyens financiers qui lui font défaut.
> **2. Date de début d'amortissement** Selon cette méthode, l'amortissement démarre à la date du premier remboursement en capital.
> **3. Emprunt partiel** Si le financement par emprunt des immobilisations concédées par le concessionnaire n'est que partiel, il est nécessaire de comptabiliser un complément d'amortissement de caducité basé sur les apports des associés.

En raison des conséquences du choix entre l'une ou l'autre de ces formules et des conditions posées pour qu'il soit praticable, toute décision ne peut résulter que d'un **accord entre le concessionnaire et le concédant**.

> **Fiscalement** L'amortissement de caducité peut être déterminé (BOI-BIC-AMT-20-40-40 n° 20 à 60 et 100) :
> – soit en pratiquant un taux d'amortissement convenable pour reconstituer avant l'expiration de la concession tous les capitaux investis ;
> – soit en retranchant chaque année du résultat d'exploitation les sommes nécessaires à l'amortissement des obligations (d'après le plan d'amortissement) et des actions (sur la durée de la concession).
> L'obligation de constater un amortissement minimal (voir n° 27010) n'est pas applicable à l'amortissement de caducité (BOI-BIC-AMT-20-40-40 n° 70).

Les modifications affectant les conditions et les termes de l'exploitation dans le cadre d'un contrat de concession sont sans effet sur les amortissements de caducité pratiqués antérieurement (CE 17-6-1996 n° 140510). En outre, le caractère reconductible du contrat est sans incidence sur la perte des immobilisations et donc sur la possibilité de pratiquer un amortissement de caducité (CAA Nantes 26-6-2007 n° 06-969 implicitement confirmé par CE 11-12-2008 n° 309427).

EXEMPLE

Immobilisation non amortissable.
Achat par la concession d'un terrain, pour 400 000, 30 ans avant la fin de la concession.
Subvention reçue pour cet achat : 100 000.
Écritures dans la comptabilité de l'entreprise concessionnaire :

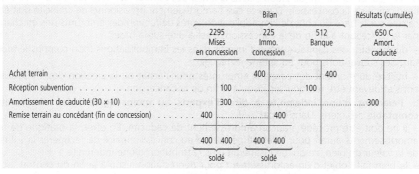

	Bilan			Résultats (cumulés)
	2295 Mises en concession	225 Immo. concession	512 Banque	650 C Amort. caducité
Achat terrain		400	400	
Réception subvention	100		100	
Amortissement de caducité (30 × 10)	300			300
Remise terrain au concédant (fin de concession)	400	400		
	400 | 400 soldé	400 | 400 soldé		

Le concessionnaire a récupéré son coût net : 400 000 − 100 000 = 300 000.
Le concédant reçoit un terrain d'une valeur comptable de 400 000.

Amortissement pour dépréciation   Sans incidence sur le résultat, la dépréciation est créditée au compte 2825 « Amortissements des immobilisations mises en concession par le concessionnaire » par le **débit** du compte de **droits du concédant** au bilan : 2295 « Mises en concession par le concessionnaire ».
En effet :
− pour le guide CNC des concessions (voir n° 72150), le coût du bien est récupéré par l'amortissement financier de caducité qui est traité de la même manière que pour le dernier bien d'une série (voir n° 72415) ;
− dans la mesure où la valeur utile d'une installation peut être conservée par un entretien convenable, elle ne fait pas l'objet d'amortissement pour dépréciation (PCG art. 621-9).

EXEMPLE

Immobilisation amortissable.
Achat d'une construction, pour 400 000, 30 ans avant la fin de la concession (amortissement en 50 ans).
Subvention reçue pour cet achat : 100 000.
Dotation annuelle à l'amortissement pour dépréciation : 400 000 : 50 = 8 000.
Dotation annuelle à l'amortissement de caducité : (400 000 − 100 000) : 30 = 10 000.
Écritures dans la comptabilité de l'entreprise concessionnaire :

	Bilan				Résultats (cumulés)
	2295 Mises en concession	225 Immo. concession	2825 Amort. immo.	512 Banque	650 C Amort. caducité
Achat construction		400		400	
Réception subvention	100			100	
Amortis. dépréciation (8 × 30)	240		240		
Amortis. caducité (10 × 30)	300				300
Remise construction au concédant	160	400	240		
	400 | 400 soldé	400 | 400 soldé	240 | 240 soldé		

Le concessionnaire a récupéré ses dépenses (400 000 − 100 000 de subvention = 300 000).
Le concédant reçoit une construction d'une valeur comptable de 160 000.
Sur un traitement comptable alternatif de la subvention, voir n° 26620.

72385 **Immobilisations remises au concédant moyennant certaines contreparties ou indemnités à la fin de la concession** Dès lors que les installations ne doivent pas revenir gratuitement au concédant en fin de concession, deux formules sont à considérer (Étude CNC p. 216) :

a. Prise en charge par le concédant des emprunts régulièrement contractés pour l'achat ou la création des immobilisations, dans la limite des remboursements restant à effectuer à l'expiration de la concession. Dans ce cas, l'amortissement prévisionnel de caducité doit être calculé sur la base du coût de l'immobilisation après déduction des emprunts pris en charge par le concédant à la fin de la concession, c'est-à-dire sur la base :
– du montant des capitaux propres investis dans les immobilisations (non compris le montant des subventions pour équipements reçues) ;
– majoré du montant des capitaux empruntés pour l'achat ou la création des immobilisations et devant être remboursés jusqu'à la fin de la concession.

b. Paiement d'une indemnité à dire d'experts au moins égale à la valeur nette comptable des biens. Dans ce cas :
– il ne doit être procédé à aucun amortissement de caducité. En effet, la pratique de tels amortissements aurait pour effet de permettre au concessionnaire de récupérer la totalité de la valeur du bien, ce qui ne justifierait plus l'attribution d'une indemnité ;
– le bien fait l'objet d'un amortissement pour dépréciation jusqu'à la fin du contrat, dont les dotations constituent des charges d'exploitation ;
– la valeur nette comptable des actifs en fin de contrat est portée en charge exceptionnelle ;
– l'indemnité est assimilée à un prix de cession et est donc comptabilisée en produits exceptionnels.

> **Fiscalement** Il en est de même (CE 14-1-2008 n° 297541). Seuls les concessionnaires placés dans l'obligation d'abandonner sans indemnité les équipements et installations à la collectivité concédante peuvent pratiquer un amortissement de caducité pour ces éléments. Les immobilisations remises contre indemnité (même partielle) ne peuvent pas faire l'objet d'un amortissement de caducité mais conformément à l'article 39 D du CGI, elles peuvent faire l'objet d'un amortissement pour dépréciation sur leur durée normale d'utilisation (BOI-BIC-AMT-20-40-40 n° 60).

72390 **Incertitude sur le sort des biens à la fin de la concession** Ce cas n'est pas traité dans l'étude du CNC précitée (voir n° 72150).

> **Fiscalement** (CE 22-10-1990 n° 46600-47893-56430-57547) Il convient d'adopter le **même traitement** que lorsque le bien doit être remis au concédant contre encaissement d'une **indemnité**, cette dernière présentant alors un caractère éventuel (voir n° 72385). En effet, lorsqu'une telle incertitude existe (caducité incertaine), l'entreprise concessionnaire ne peut être regardée comme tenue de détruire ou d'abandonner ces installations et elle ne peut, par conséquent, pratiquer un amortissement de caducité.

Sur le plan comptable, on peut se demander s'il convient de retenir cette solution fiscale, celle-ci ne nous semblant pas prudente.

IMMOBILISATIONS RENOUVELABLES

72395 Selon le PCG (art. 621-9), le maintien au niveau exigé par le service public du potentiel productif des installations concédées doit être recherché par le jeu des amortissements ou, éventuellement, celui des provisions adéquates et en particulier des provisions pour renouvellement.

Aucune précision n'est fournie sur la manière de déterminer les montants de ces amortissements et provisions.

Le traitement comptable doit aboutir à ce que le concessionnaire ait **récupéré** sur la durée de la concession **l'ensemble des coûts engagés pour le compte du concédant.**

Il est différent selon que les immobilisations sont remises au concédant à la fin de la concession à titre gratuit ou contre indemnité.

72415 **Immobilisations remises gratuitement au concédant à la fin de la concession** Nous verrons le cas général puis le cas particulier où l'entreprise ne remplit pas les conditions lui permettant de constituer une provision pour renouvellement.

Cas général Selon l'étude du CNC (voir n° 72150) (p. 217), chaque bien renouvelable fait l'objet des **charges** suivantes dont le **total correspond au coût pour l'entreprise de la série des biens renouvelés** :
– amortissement pour dépréciation ;

– provision pour renouvellement ;
– provision pour gros entretien ou grandes visites ;
– amortissement de caducité.

I. Amortissement pour dépréciation des biens renouvelables (l'investissement précédant la fin de la concession n'en bénéficie donc pas). Il est pratiqué dans les conditions habituelles : débit du compte 652 C (immobilisations corporelles) ou 653 C (immobilisations incorporelles) par le crédit du compte « Amortissements » de l'immobilisation concernée.

> **Fiscalement**   Il en est de même (BOI-BIC-AMT-20-40-40 n° 70). Ces amortissements sont soumis à l'obligation d'amortissement minimal (voir n° 27010) prévue par l'article 39 B du CGI (CAA Paris 25-1-2001 n° 96-2449 et 96-3442).

L'amortissement pour dépréciation du **dernier bien** de la série a pour contrepartie le compte de droits du concédant 2295 « Mises en concession par le concessionnaire » (voir n° 72380), car il fait double emploi avec les charges de provision pour renouvellement et d'amortissement de caducité (voir ci-après).

> **Précisions**   **1. Bien subventionné** Si le bien bénéficie d'une subvention d'équipement, voir n° 72565.
> **2. Changement de qualification d'une immobilisation renouvelable en immobilisation non renouvelable** Dans ce cas, les amortissements pour dépréciation deviennent inutiles. Ce changement de qualification constitue un changement d'estimation à comptabiliser conformément à l'article 314-2 du PCG. En conséquence, les amortissements techniques (amortissements pour dépréciation) devraient être repris en totalité au compte de résultat à la date du changement de qualification (Bull. CNCC n° 158, juin 2010, EC 2009-70, p. 443).

II. Provision pour renouvellement des biens renouvelables :
– elle est constituée pour un montant égal à la **différence entre le coût estimé de remplacement et le coût d'achat** ou de production du bien. En pratique, et en l'absence de règles de comptabilisation dans le PCG, elle est dotée progressivement selon les modalités définies par l'administration fiscale (voir Fiscalement ci-après) ;

> **Précisions**   **1.** La provision est dotée chaque exercice sur la base d'une **estimation ajustée** du coût de remplacement. Puis, elle est portée au niveau du coût réel lors du renouvellement du bien. Le coût de **remplacement** nous paraît s'entendre **à l'identique** ou à capacité de production égale. Le coût de remplacement et le coût d'origine sont calculés **subvention d'équipement déduite.**
> **2. Approche par composants** En pratique, le concessionnaire peut également choisir de retenir l'approche par composants (voir n° 72150) plutôt que la provision pour renouvellement. Toutefois, dans le cas de l'affermage, ce choix n'est pas possible dans la mesure où les immobilisations en question ne sont pas au bilan du fermier.

– elle doit faire l'objet d'un **plan de renouvellement** en fonction des ressources, fixant la date et le montant du renouvellement pour chaque bien, avec corrections ultérieures si les circonstances le justifient.

La provision pour renouvellement est débitée au compte 656 C par le crédit du compte 1560 « Provisions pour renouvellement des immobilisations » (PCG art. 941-15).

> **Fiscalement**   Une entreprise peut constituer une provision :
> – en vue de faire face à une obligation contractuelle de renouvellement (BOI-BIC-PROV-30-30-20-10 n° 50) d'un bien amortissable « par nature » (BOI-BIC-PROV-30-30-20-10 n° 100) ;
> – même si elle en a confié l'exploitation à un tiers (TA Nîmes 2-6-2016 n° 1403331, contraire au BOI-BIC-PROV-30-30-20-10 n° 150).
> Pour être déductible, la dépense à couvrir doit :
> – diminuer l'actif net (CE 1-4-1992 n° 64738 ; BOI-BIC-PROV-30-30-20-10 n° 260) ;
> – être prévisible avec une certitude suffisante à la clôture de l'exercice (CE 6-7-1987 n° 47596 ; CE 29-5-1970 n° 70943 et 71411 ; BOI-BIC-PROV-20-10-30 n° 60), cette condition étant pratiquement réputée remplie lorsque l'entreprise a établi un **plan de renouvellement** auquel elle s'est conformée (BOI-BIC-AMT-20-40-40 n° 30 ; BOI-BIC-PROV-30-30-20-10 n° 310 à 350).
> Le mode de calcul de la provision conduit à étaler sa déduction, selon des modalités progressives. Le montant maximal déductible est en effet égal à la différence entre le coût estimé de remplacement du bien et son prix de revient, affectée d'un coefficient progressif (CGI art. 39, 1-5°). Si l'entreprise suit des modalités de dotation comptable différentes, la fraction de la provision comptabilisée qui n'est pas déductible fiscalement en totalité au titre de l'exercice de comptabilisation pourra être déduite ultérieurement de façon extra-comptable, au titre de l'exercice à la clôture duquel elle sera devenue fiscalement déductible (BOI-BIC-PROV-30-30-20-20 n° 330).

72415
(suite)

La déduction des provisions passées après expiration du plan de renouvellement est en outre interdite (BOI-BIC-PROV-30-30-20-20 n° 1).
Pour plus de détails, voir Mémento Fiscal n° 9910 à 9920.
Pour un exemple d'application, voir ci-après V.

Après le renouvellement du bien, la **provision** est **maintenue** au **passif** du bilan (afin d'éviter que l'entreprise ne s'appauvrisse) par virement au compte des droits du concédant 2295 « Mises en concession par le concessionnaire ».

> **Précisions** Provisions non utilisées à la liquidation de la concession Elles constituent des **dettes** du concessionnaire **envers le concédant.**
> Une telle dette ne nous paraît pouvoir exister que dans la mesure où le cahier des charges le spécifie. À défaut, la provision résiduelle, devenue sans objet, est à reprendre en résultat.

III. Provision pour gros entretien ou grandes visites des immobilisations lorsque le cahier des charges prescrit de remettre le bien **en bon état** à la fin de la concession : elle est débitée au compte 651 C par le crédit du compte 1572. Elle est traitée selon les règles générales sur les passifs (voir n° 27900).

> **Précisions** Provision devenue sans objet Lorsque cette provision est devenue sans objet, elle est rapportée au résultat, **sauf** dans le cas où des dispositions contractuelles prévoient une affectation spécifique des provisions devenues sans objet, par exemple, l'affectation de ces provisions aux provisions pour renouvellement.

IV. Amortissement de caducité dont le montant s'élève au coût pour l'entreprise du dernier bien acquis (non renouvelé) diminué des provisions pour renouvellement ; c'est-à-dire au **coût du premier bien** acquis ou créé. Sur l'incidence d'une subvention, voir n° 26620.

> **Fiscalement** Il en est de même (BOI-BIC-AMT-20-40-40 n° 40), malgré une décision isolée en sens contraire du Conseil d'État (CE 16-3-1977 n° 89010). Ainsi, le dernier bien (donc non renouvelé) fait l'objet d'un amortissement de caducité (n° 72380). Il est possible de constituer une provision pour renouvellement antérieurement à ce dernier renouvellement (voir ci-avant II.) qui réduit d'autant le montant de l'amortissement financier de caducité.

Cet amortissement peut être pratiqué :
– soit seulement à partir du moment où il apparaît que l'immobilisation ne sera plus renouvelée ;
– soit dès l'investissement des capitaux dans la première immobilisation renouvelable.
L'étude du CNC (voir n° 72150) (p. 216) et le secrétariat du CNC (Bull. 32-04) ont recommandé la seconde méthode.
Lors de la remise des biens au concédant à titre gratuit, les comptes d'immobilisations (225) et de droit du concédant (2295) sont soldés l'un par l'autre.

V. Exemple d'application

EXEMPLE

Concession de 25 ans.

Matériel d'une durée de vie de 10 ans acheté 90 000 au début de la concession, renouvelé pour 170 000 puis 310 000.

Coût pour l'entreprise en milliers d'euros : 90 + 170 + 310 = 570 récupéré, comptablement, comme suit (option pour l'étalement de l'amortissement de caducité sur la durée de la concession) :

	Coût	Amortissement pour dépréciation	Provision pour renouvellement	Amortissement de caducité
Bien 1 (10 ans)	90	90	80	36
Bien 2 (10 ans)	170	170	140	36
Bien 3 (5 ans)	310	–	–	18
	570	260	220	90
			570	

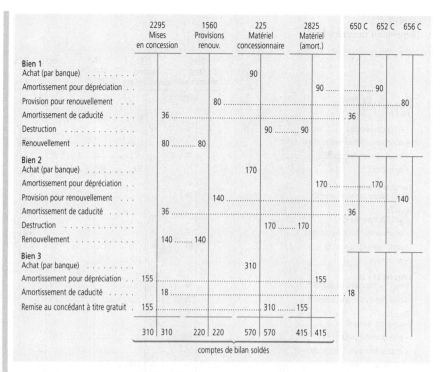

L'entreprise a récupéré, comptablement, par les dotations aux amortissements et aux provisions : 90 + 80 + 36 + 170 + 140 + 36 + 18 = 570, soit le prix d'achat des 3 biens.

> Fiscalement   La provision pour renouvellement sera dotée **progressivement** selon la formule suivante :
(valeur de renouvellement – valeur d'origine) × nombre total d'années d'utilisation / nombre d'années d'utilisation – provisions antérieures,
soit une dotation annuelle de 8 pour le bien 1 et de 14 pour le bien 2.

Cas particulier : provision pour renouvellement non constituée (l'entreprise ne remplissant pas les conditions exigées)

À notre avis (cas non traité dans l'étude du CNC ; voir n° 72150) :

a. **Un amortissement pour dépréciation** est pratiqué sur le coût de chaque bien de la série avec pour contrepartie une dotation aux amortissements.
Si le bien bénéficie d'une **subvention,** voir incidence n° 72565.

b. **Un amortissement de caducité** est pratiqué :
– pour le premier bien, sur son coût avec étalement sur la durée de la concession restant à courir à la date de son achat ou de sa production ;
– pour les biens suivants, sur la différence entre son coût et celui du précédent avec étalement sur la durée de la concession restant à courir à la date de son achat ou de sa production.
Si les biens bénéficient de **subventions,** voir incidence n° 72565.

EXEMPLE

(Reprise du cas précédent)

	2295 Mises en concession	225 Matériel concessionnaire	2825 Matériel amort.	650 C	652 C
Exercices 1 à 10 :					
Bien 1 :					
– achat (par banque)		90			
– amortissement pour dépréciation			90		90
– amortissement de caducité (1)	36			36	
– destruction		90	90		
Exercices 11 à 20 :					
Bien 1 : amortissement caducité (1)	36			36	
Bien 2 :					
– achat (par banque)		170			
– amortissement pour dépréciation			170		170
– amortissement de caducité (2)	54			54	
– destruction		170	170		
Exercices 21 à 25 :					
Bien 1 : amortissement caducité (3)	18			18	
Bien 2 : amortissement caducité (4)	26			26	
Bien 3 :					
– achat (par banque)		310			
– amortissement caducité (5)	140			140	
– amortissement pour dépréciation	155		155		
– remise au concédant	155		310 155		
	310 310	570 570	415 415		

Comptes de bilan soldés

(1) 36 = 90 × 10/25
(2) 54 = (170 – 90) × 10/15
(3) 18 = 90 × 5/25
(4) 26 = 80 × 5/15
(5) 140 = 310 – 170
Le concessionnaire a récupéré par les dotations aux amortissements :
90 + 36 + 36 + 170 + 54 + 18 + 26 + 140 = 570, soit le prix d'achat des trois biens.

72420 **Immobilisations remises au concédant contre indemnité à la fin de la concession** Dans ce cas, selon l'étude du CNC (p. 218 ; n° 72150) :

– l'**amortissement de caducité** ne doit **pas** être pratiqué ;

– les dotations à l'**amortissement pour dépréciation** sont portées en **charge d'exploitation** jusqu'à la fin du contrat ;

> **Précisions** Le contrat doit prévoir que l'indemnité sera au moins égale à la valeur nette comptable du bien lors de sa remise.

– la valeur nette comptable des actifs en fin de contrat est portée en charge exceptionnelle ;
– l'**indemnité** est assimilable à un **prix de cession**.

> **Fiscalement** Voir n° 72385.

72425 **Incertitude sur le sort des biens à la fin de la concession** Ce cas n'est pas traité dans l'étude du CNC (voir n° 72150). À notre avis, il convient de procéder comme pour les immobilisations non renouvelables (voir n° 72390).

III. AUTRES OPÉRATIONS

72495 Pour des développements complémentaires, voir la brochure CNC « Études et documents » 1975-1981 (voir n° 72150), p. 222 s.

DROIT EXCLUSIF D'UTILISATION OU D'EXPLOITATION

72500 **I. Comptabilisation et amortissement** Le droit exclusif d'utilisation de biens du domaine public ou le droit exclusif d'exploitation est en principe porté pour **mémoire à l'actif** du bilan du concessionnaire (PCG art. 621-7).

> **Précisions** **1. Droit évalué dans le contrat** Exceptionnellement, lorsque le droit du concessionnaire sur les immobilisations non renouvelables mises en concession par le concédant a fait l'objet d'une évaluation, soit dans le contrat de concession, soit à l'occasion du transfert, son montant constitue un **élément amortissable** sur la durée de la concession. Dans ce cas, la valeur des biens en pleine propriété est portée au pied du bilan (PCG art. 621-7).
> **2. Droit acquis** Lorsqu'ils sont acquis par l'exploitant, les droits d'exploitation attachés à la qualité de concessionnaire constituent, à notre avis, un **élément incorporel de son actif immobilisé et amortissable** sur la durée de la concession. Tel est le cas, par exemple, lorsque dans le cadre de la reprise d'un contrat de concession, le concessionnaire est amené à verser au concédant un « droit d'entrée » correspondant aux investissements que ce dernier a réalisés et dont le concessionnaire doit assurer l'exploitation (Bull. CNCC n° 194, juin 2019, EC 2019-06, p. 375). Voir également n° 30700 s.

> **Fiscalement** Il en est de même. Ont ainsi été considérés comme le prix d'acquisition d'une immobilisation incorporelle amortissable sur la durée de la concession l'abandon d'une créance par le concessionnaire en faveur de l'autorité concédante (CE 27-6-1973 n° 79628 et 79629 ; BOI-BIC-CHG-20-10-20 n° 110), la remise gratuite à la collectivité concédante d'installations créées par le concessionnaire (CAA Lyon 3-11-1992 n° 91-333) ou la participation par le concessionnaire à des dépenses de construction du concédant (CAA Nancy 18-5-2000 n° 96-1626).

II. Coût d'acquisition

a. Le coût d'acquisition est celui indiqué dans le contrat.

b. Les coûts que le concessionnaire est amené à prendre en charge à l'entrée dans le contrat (provisions) sont à comptabiliser en contrepartie du coût d'acquisition du droit d'entrée, en tant que frais accessoires. Tel est le cas de la prise en charge par le nouveau concessionnaire :
– des travaux de gros entretien à réaliser préalablement à l'exploitation de la concession, si le nouveau concessionnaire a opté pour la comptabilisation au passif des dépenses de gros entretien (PCG art. 214-10 ; voir n° 25750 ; Bull. CNCC précité, EC 2019-06) ;
– des droits à congés payés et engagements de retraite relatifs à la période antérieure au transfert des contrats de travail, en cas de non-indemnisation par l'ancien concessionnaire (en cas d'indemnisation, voir n° 17225).

> **Précisions** **Écarts entre la provision et les dépenses réelles** Selon la CNCC (EC 2019-06 précitée), ils sont à comptabiliser en ajustement du coût d'entrée du droit acquis (avec modification prospective de son plan d'amortissement), sauf s'ils sont dus à un changement de circonstances après la signature du contrat.

III. Contrat d'amodiation En outre, le concessionnaire peut **transférer son droit d'utilisation** sur une fraction des ouvrages concédés (emplacements d'un parking public ou des places dans un port de plaisance…), pour une durée n'excédant pas la concession (« contrat d'amodiation »). En l'absence de règles sur le traitement du **montant fixe reçu** à la signature du contrat d'amodiation, celui-ci peut, à notre avis, être porté en **produits constatés d'avance** et être étalé sur la durée du contrat d'amodiation.

RÉÉVALUATION

72505 L'**écart** de réévaluation et son amortissement constituent une **correction** de valeur des **droits du concédant.**

REDEVANCES DUES AU CONCÉDANT

72510 Selon l'étude du CNC (voir n° 72150) (p. 222), ces redevances, qu'elles soient indépendantes ou non du résultat, constituent des **charges d'exploitation** à enregistrer au compte 6553 C « Redevances » selon le Guide CNC des concessions (voir n° 72150).
Par assimilation aux loyers, elles nous paraissent pouvoir être isolées dans une subdivision du compte 613 « Loyers ».

Lorsque la redevance est liée aux bénéfices, il ne s'agit en fait que d'une modalité particulière de calcul qui n'altère pas son caractère de charge. Les redevances calculées sur les résultats ne pourraient être considérées comme une affectation des résultats que si le concédant participait aux pertes dans la même proportion que celle prévue pour le calcul des redevances sur résultats bénéficiaires.

« VERSEMENTS » À UN FONDS SPÉCIAL

72530 Contractuellement, le concessionnaire peut être tenu d'effectuer des « versements » destinés au financement d'opérations de développement ou d'amélioration. Avant leur emploi en immobilisations, ils demeurent en l'état dans les disponibilités ou font l'objet d'un placement financier ; mais ils sont **affectés à un « fonds spécial »** et, par conséquent, indisponibles pour les usages autres que ceux prévus.

> **Précisions** Ce fonds spécial est souvent assorti d'un « fonds spécial pour renouvellement » lorsque les immobilisations financées par l'épargne dont il s'agit sont renouvelables. Les disponibilités du « fonds spécial pour renouvellement » sont, en cours de concession, traitées de la même façon que celles qui se rattachent au fonds spécial proprement dit.

Le traitement comptable est le suivant, selon l'étude du CNC (voir n° 72150) (p. 223) :

I. « Versements » Il est de bonne gestion et conforme à la règle de prudence d'étaler la charge devant résulter de la remise gratuite des immobilisations acquises à l'aide des fonds spéciaux et des disponibilités attachées à ces fonds et non utilisées. En conséquence, le versement annuel est débité au compte 6555 C **« Attributions aux droits du concédant – Fonds spéciaux »** par le crédit d'une subdivision du compte 2295 **« Droits du concédant exigibles en nature au titre des fonds spéciaux ».**

Cette dotation au fonds spécial correspond à un amortissement de caducité.

II. Blocage des disponibilités ou placement financier À notre avis, il en résulte des **immobilisations financières rattachées à des concessions.** Nous préconisons donc la création du compte 265 « Participations et créances rattachées à des concessions » :

2651. Comptes bancaires bloqués au titre des fonds spéciaux.
2652. Participations acquises au titre des fonds spéciaux.

III. Financement d'immobilisations Lors de leur emploi en immobilisations, les versements sont – à l'intérieur du compte des droits du concédant exigibles en nature – virés de la subdivision 22951 « Fonds spéciaux » à 22955 « Mises en concession par le concessionnaire ».

EXEMPLE

Chaque exercice, pendant 5 ans, des disponibilités affectées au fonds spécial ont été bloquées dans un compte spécial jusqu'à l'acquisition d'immobilisations, pour un montant annuel de 150 000 et un montant total de 750 000 (= 150 000 × 5).

	22955 Mises en concession	22951 Fonds spéciaux	225 Immo. concessionnaire	2651 Compte bloqué Fonds spéciaux	512 Banques	655.5 C Attributions fonds spéciaux
Affectation fonds spécial		750				750
Blocage fonds				750	750	
Emploi fonds (immobilisation)			750		750	
	750	750				
	750	750 / 750	750	750 / 750		
		soldé		soldé		

IV. Avances du concessionnaire au fonds spécial Lorsque le coût des immobilisations acquises en emploi des ressources du fonds est supérieur au montant de ces ressources, le concessionnaire est conduit à faire des « avances » à la concession pour la différence. La partie de ces avances qui n'aurait pas été apurée par des versements devrait être remboursée par le concédant. En dérogation à ce principe, il est stipulé, dans certains contrats, que le reliquat non apuré à l'expiration du contrat reste à la charge du concessionnaire.

Ces avances ont le caractère d'un **droit de créance sur le concédant** qui s'éteindra par compensation avec le droit passif qui naîtra au profit de ce dernier au titre des attributions au fonds spécial. Elles sont débitées au compte 265 « Participations et créances rattachées à des concessions », subdivision 2653 « Créances sur le concédant au titre des fonds spéciaux », par le crédit du compte 22955.

OPÉRATIONS D'EXPLOITATION POUR LE COMPTE DU CONCÉDANT

Dépenses pour le compte du concédant Des cahiers des charges présentent la prise en charge par le concédant, selon des modalités de financement diverses, de certaines dépenses du concessionnaire faites **en son nom propre** et sous sa responsabilité (exemples : travaux d'entretien, taxe foncière).   72535

Ces opérations faites pour le compte de tiers doivent être comptabilisées selon leur nature dans les **charges de l'entreprise concessionnaire** (PCG art. 621-11). Leur **récupération** a, à notre avis, le caractère d'une **subvention** octroyée par le concédant.

Recettes Les versements de garantie ainsi que les droits de raccordement et les redevances diverses à reverser au concédant, facturés aux usagers en sus du service ou du produit fourni, constituent, à notre avis, un élément du chiffre d'affaires du concessionnaire.   72540

> **Fiscalement** Il en est de même (notamment CE 22-2-1984 n° 35361 ; CE 17-2-1988 n° 39398 ; CE 8-7-1992 n° 66563 ; BOI-BIC-PDSTK-10-10-10 n° 290), même si le contrat de concession prévoit le transfert immédiat de la propriété des ouvrages construits au concédant (CAA Nantes 23-9-1992 n° 90-166 définitif suite à CE (na) 30-3-1994 n° 143101).

Rythme de reconnaissance en résultat des sommes versées au titre d'un droit de raccordement (par exemple, dans le cadre d'un service de fourniture d'énergie) : le droit de raccordement constituant un élément de rémunération de la future prestation (Bull. CNCC n° 173, mars 2014, EC 2013-63, p. 116 s.), il devrait, à notre avis, être comptabilisé en **produits constatés d'avance et être étalé** sur toute la durée du contrat (voir n° 10625).

Toutefois, s'il est explicitement prévu que la prestation de raccordement au réseau constitue une prestation spécifique et indépendante du reste de la prestation de fourniture d'énergie, il pourrait être admis que le chiffre d'affaires relatif à cette prestation soit comptabilisé immédiatement (Bull. CNCC n° 160, décembre 2010, EC 2010-22, p. 702 s. ; voir n° 10625).

> **Fiscalement** Les droits de raccordement sont des recettes immédiatement taxables (CAA Versailles 29-9-2015 n° 14VE00562), dès lors qu'ils ne constituent pas un élément du prix de la prestation continue de chauffage imposable de manière étalée (CAA Nancy 8-4-1993 n° 91NC00718 définitif suite à CE (na) 30-11-1994 n° 149352 ; CAA Nantes 14-4-1993 n° 91NT00264 ; CAA Douai 29-10-2002 n° 98-2096).

Rythme de reconnaissance en résultat des sommes versées par des opérateurs au titre de la mise à disposition d'un réseau (par exemple, de fibre optique) La CNCC a également permis de retenir les deux approches : la mise à disposition peut être assimilée à la cession d'un droit à commercialiser la fibre optique auprès de clients finaux et dans ce cas être constatée immédiatement en produit ; une autre approche permet d'assimiler la mise à disposition à une location et la somme versée à un droit d'entrée à étaler en produit sur la durée de la concession (EC 2020-32 ; cncc.fr).

Taxes perçues pour le compte de divers organismes De même que la TVA (voir n° 46570), ces taxes sont enregistrées en **classe 4**.   72545

OPÉRATIONS EXÉCUTÉES AVANT LA MISE EN EXPLOITATION DES INSTALLATIONS

Coûts engagés pendant la phase de construction   72550

I. Frais engagés avant la signature du contrat Les dépenses engagées **avant la prise de décision** de la direction d'investir dans ce type de projet sont obligatoirement comptabilisées en **charges** (voir n° 26275).

En revanche, les frais engagés **pour obtenir la signature du contrat** (frais de prospection, études, réponses à l'appel d'offre…) sont **inclus** dans le coût de production sous certaines conditions :
– s'ils peuvent être identifiés séparément et évalués de façon fiable (et uniquement pour la part des frais relative au projet retenu) ;
– et s'il est probable que le contrat sera conclu, c'est-à-dire à notre avis, uniquement à partir du moment où l'entité est désignée comme concessionnaire pressenti.

S'il existe des doutes à la clôture de l'exercice concernant la conclusion du contrat, une dépréciation doit être constituée.

II. Frais financiers En application du PCG (PCG art. 213-9.1), les intérêts des capitaux empruntés peuvent être au choix :
– soit comptabilisés en charges ;
– soit inclus, sous certaines conditions, dans le coût de production des immobilisations produites.

Toutefois, compte tenu des caractéristiques du contrat de concession impliquant un montant élevé de charges financières sur une période de construction en général longue, le Document du CNC (voir n° 72150) préconise l'immobilisation de ces frais.

Pour plus de détails sur les conditions de comptabilisation des coûts d'emprunt dans le coût d'entrée des immobilisations, voir n° 26335 s.

Sur le cas notamment de l'incorporation du coût des emprunts spécifiques et non spécifiques (affectés à plusieurs projets), voir n° 26390.

III. Frais généraux Le coût de production des immobilisations comprend les charges indirectes de production dans la mesure où elles peuvent être raisonnablement rattachées à la production du bien (PCG art. 213-15). En conséquence (voir n° 26620) :
– les frais d'administration générale sont exclus du coût de production (sauf s'ils se rapportent uniquement à la production, ce qui peut être le cas lorsque l'entreprise délégataire n'a pas d'autre activité, voir ci-après) ;
– les frais d'administration et de gestion des sites de production sont exclus, sauf si le site est dédié exclusivement à la construction de l'immobilisation ou si un service d'ouvrage a été spécialement et exclusivement constitué pour suivre la construction de l'immobilisation.

IV. Frais de préexploitation (frais engagés préalablement à l'ouverture des installations aux usagers : embauche des personnels d'exploitation, campagne promotionnelle…). Ils sont toujours exclus du coût de production.

72555 **Activités accessoires pendant la phase de construction** Certaines opérations pouvant intervenir avant ou pendant la construction ou l'aménagement d'une immobilisation corporelle, qui ne sont pas nécessaires afin de mettre l'immobilisation en place et en état de fonctionner conformément à l'utilisation prévue par la direction, sont comptabilisées au compte de résultat (Avis CNC 2004-15 § 4.2.1.2 (iii) ; voir n° 26220 II. a).

Tel est le cas, par exemple :
– du loyer perçu pour la location d'un terrain utilisé comme parc de stationnement jusqu'à ce que la construction commence ;
– des recettes perçues pour la visite du site pendant la phase de construction.

PÉRIODE DE MISE EN EXPLOITATION DES INSTALLATIONS

72560 **Charges de structure non couvertes par la production vendue** Depuis le 1er janvier 2005, l'excédent des charges de structure non couvert par la production vendue **ne peut plus être porté à l'actif par le biais d'un compte de charges différées** (voir n° 72150, Précision 2). Ces charges sont désormais **obligatoirement comptabilisées en charges de la période.**

Tel est le cas, notamment :
– des pertes initiales de la concession : en effet, elles ne sont pas attribuables au coût d'entrée des immobilisations, dès lors qu'elles sont engagées lors de l'utilisation effective des immobilisations entre la date de mise en service et son fonctionnement à plein régime (PCG art. 213-12 ; voir n° 26265 s.) ;
– de l'amortissement de caducité (voir n° 72380) ;
– de la provision pour renouvellement (voir n° 72415).

SUBVENTIONS

72565 Plusieurs types de subventions sont à considérer selon l'étude du CNC (voir n° 72150) (p. 230 s.) :
– subvention d'équipement ;
– subvention d'exploitation et d'équilibre ;
– subvention globale.

72585 **Subvention d'équipement** Elle s'entend de tout apport de fonds (par une personne physique ou morale, de droit public ou de droit privé) dont la seule contrepartie est, pour l'entreprise qui le reçoit, l'obligation d'utiliser ces fonds pour le financement d'immobilisations déterminées.

Le traitement comptable nous paraît donc devoir être identique que la subvention ait été octroyée par le concédant ou par un autre organisme.

Principe général
a. Selon l'étude du CNC (voir n° 72150) (p. 216), pour que l'entreprise puisse tenir ses engagements contractuels à l'égard du concédant sans amputer son capital ni léser les droits des tiers créanciers, elle doit **maintenir la subvention d'équipement au bilan** (au compte de droits du concédant 2295 « Mises en concession par le concessionnaire ») jusqu'au terme de la concession. En fin de concession elle est, alors, en mesure :
– de remettre les installations au concédant sans s'appauvrir ;
– et, aussi, de rembourser le capital.
Lorsque les biens subventionnés sont remis gratuitement au concédant, l'impact en résultat du produit de la subvention est, à notre avis, à **étaler sur la durée de la concession au travers de l'amortissement de caducité**.
En effet, dans ce cas, l'amortissement de **caducité** (voir n° 72380 et 72415) est calculé sur la base du coût de l'investissement (coût du premier bien, en cas de bien renouvelable) **net** des subventions. C'est cette interprétation que nous retenons dans les exemples de cet ouvrage. Pour des exemples d'application, voir ci-après.

> **Fiscalement** L'amortissement de caducité ayant pour objet de permettre au concessionnaire de reconstituer avant l'expiration de la concession tous les capitaux investis (BOI-BIC-AMT-20-40-40 n° 20 à 60 et 100), son calcul après déduction des subventions d'équipement reçues nous semble pouvoir être accepté par l'administration. Les subventions perçues qui sont affectées au financement de biens appelés à revenir gratuitement à l'autorité concédante ne sont alors pas imposables.

b. Toutefois, l'étude du CNC précitée (voir n° 72150) constituant une simple recommandation (voir n° 72150) ne s'imposant pas aux entreprises, il devrait également être possible, à notre avis, en application des dispositions générales du PCG, d'admettre la comptabilisation de la subvention (voir n° 56470) :
– directement en produits ;

> **Fiscalement** Voir ci-après.

– ou au passif au compte 13 « Subvention d'investissement ». Dans ce cas, le produit de la subvention d'équipement est étalé au **rythme des amortissements pratiqués sur les biens subventionnés** (voir n° 56495).
Ainsi dans le cas des **biens renouvelables**, la subvention devrait pouvoir être reprise en résultat au rythme des amortissements pratiqués sur le **seul bien subventionné** (et non sur la durée de la concession).
L'amortissement de caducité est dans ce cas calculé sur la base du coût de l'investissement (sans qu'il soit réduit du montant des subventions).

> **Fiscalement** Il en est, à notre avis, de même. Conformément à l'article 42 septies du CGI, l'imposition des subventions d'équipement (voir n° 56495) peut être échelonnée sur la durée d'amortissement des biens mis en concession. S'agissant des biens renouvelables, cet étalement est pratiqué sur leur durée d'amortissement technique, inférieure à la durée du contrat.

Application aux différentes subventions d'équipement Son incidence sur les charges d'amortissements et de provisions pour renouvellement est différente selon que la subvention est renouvelable ou non.

Subvention non renouvelable relative à un bien non renouvelable   Voir n° 72380.

Subvention non renouvelable relative à un bien renouvelable   Les dotations aux amortissements et à la provision de renouvellement dans les charges du concessionnaire doivent correspondre, respectivement, à l'étalement du coût des installations anciennes et au complément de coût des installations nouvelles, sans aucune déduction de la subvention reçue au titre des immobilisations anciennes.
En conséquence :
– la subvention est créditée au compte 2295 ; sur un traitement comptable alternatif de la subvention immédiatement en produits, voir n° 72585 b. ;
– l'amortissement pour dépréciation des biens renouvelés est pratiqué sur leur coût ;
– la provision pour renouvellement est pratiquée pour la différence entre la valeur de remplacement et ce coût ;
– l'amortissement de caducité porte sur le coût du premier bien sous déduction de la subvention d'équipement le concernant (voir n° 72415) ; sur un traitement comptable alternatif de la subvention (étalement sur la durée d'amortissement du premier bien), voir ci-avant.

72585
(suite)

EXEMPLE

Concession de 25 ans.

Matériel d'une durée de vie de 10 ans acheté 90 000 (avec une subvention de 30 000) au début de la concession, renouvelé pour 170 000 puis 310 000.

Coût pour l'entreprise : (90 000 − 30 000) + 170 000 + 310 000 = 540 000 récupérés comme suit :

	Prix d'achat	Subvention d'équip.	Amort. dépréciation	Provisions renouv.	Amort. de caducité
Bien 1	90	30	90	170 − 90 = 80	24
Bien 2	170	-	170	310 − 170 = 140	24
Bien 3	310	-	-	-	12
	570	30	260	220	60
		540		540	

	2295 Mises en concession	156 Provisions renouvellement	225 Matériel	2825 Amort. matériel	512 Banques	Charges exploitation
Bien 1						
Achat (par banque)			90		90	
Subvention	30				30	
						652 C
Amortissement dépréciation				90		90
						656 C
Provision renouvellement		80				80
						650 C
Amortissement de caducité	24					24
Renouvellement	80	80				
Bien 2						
Achat (par banque)			170		170	
						652 C
Amortissement dépréciation				170		170
						656 C
Provision renouvellement		140				140
						650 C
Amortissement de caducité	24					24
Renouvellement	140	140				
Bien 3						
Achat (par banque)			310		310	
Amortissement dépréciation	155			155		
						650 C
Amortissement de caducité	12					12
Remise concédant	155			155		
	310 | 310	220 | 220	570	570		
	soldé	soldé	= 0			

À l'expiration de la concession :
— l'entreprise a récupéré ses coûts : 90 + 80 + 24 + 170 + 140 + 24 + 12 = 540 (charges) ;
— elle remet au concédant un matériel d'une valeur comptable de 155.

Subvention renouvelable

Selon l'étude du CNC (voir n° 72150) (p. 231) :
— la subvention est, à la date de son attribution, portée au passif du bilan. Elle vient, cependant, pour le calcul de la charge d'amortissement du concessionnaire, en déduction du coût des installations. L'excédent de la dépréciation annuelle du bien sur la charge ainsi comptabilisée vient en réduction de ladite subvention ;
— la provision pour renouvellement doit correspondre à l'excédent du coût du renouvellement par rapport au coût d'origine, l'un et l'autre de ces coûts étant calculés subvention déduite.

72585
(suite)

En conséquence :
– la fraction de l'amortissement lui correspondant est portée au débit du compte 2295 ; sur un traitement comptable alternatif de la subvention immédiatement en produits, voir ci-avant ;
– l'amortissement de caducité porte sur le coût du premier bien sous déduction de la subvention d'équipement le concernant ; sur un traitement comptable alternatif de la subvention (étalement sur la durée d'amortissement du premier bien), voir ci-avant ;
– la provision pour renouvellement doit correspondre à l'excédent du coût de renouvellement par rapport au coût d'origine, l'un et l'autre de ces coûts étant calculés subvention déduite.

EXEMPLE

(Reprise du cas précédent d'une concession de 25 ans, mais avec subvention renouvelable)

	Prix d'achat	Subvention d'équip.	Amort. dépréciation	Provisions renouv.	Amort. de caducité
Bien 1	90	30	90 – 30 = 60	110 – 60 = 50	24
Bien 2	170	60	170 – 60 = 110	210 – 110 = 100	24
Bien 3	310	100	–	–	12
	570	190	170	150	60
		380		380	

	2295 Mises en concession	156 Provisions renouvellement	225 Matériel	2825 Amort. matériel	512 Banques	Charges exploitation
Bien 1						
Achat (par banque)			90		90	
Subvention		30			30	
						652 C
Amortissement dépréciation	30			90		60
						656 C
Provision renouvellement		50				50
						650 C
Amortissement de caducité	24					24
Renouvellement	50	50				
Bien 2						
Achat (par banque)			170		170	
Subvention		60			60	
						652 C
Amortissement dépréciation	60			170		110
						656 C
Provision renouvellement		100				100
						650 C
Amortissement de caducité	24					24
Renouvellement	100	100				
Bien 3						
Achat (par banque)			310		310	
Subvention		100			100	
Amortissement dépréciation	155			155		
						650 C
Amortissement de caducité	12					12
Remise concédant	155			155		
	400 | 400	150 | 150	570	570	= 0	
	soldé	soldé				

À l'expiration de la concession :
– l'entreprise a récupéré ses dépenses : 60 + 50 + 24 + 110 + 100 + 24 + 12 = 380 ;
– elle remet au concédant un matériel d'une valeur comptable de 155.

Subventions reçues au titre du fonds de roulement Elles sont créditées au compte 135 à la date de la connaissance de la décision d'attribution.

Elles sont rapportées au résultat au fur et à mesure de l'excédent effectif du fonds de roulement sur le fonds de roulement indispensable et, au plus tard, à la liquidation de la concession par le crédit du compte 777 « Quote-part des subventions d'investissement virée au résultat de l'exercice ».

72590 **Subventions d'exploitation et d'équilibre** Elles sont comptabilisées de la même manière que si l'entreprise n'était pas concessionnaire de service public (voir n° 12045 et 45900).

72595 **Subventions « globales »** Selon l'étude du CNC (voir n° 72150), elles sont « destinées à permettre l'équilibre financier d'un groupe d'opérations de nature différente concourant à la réalisation d'un même objectif ». Étant attribuées (généralement à titre complémentaire) pour le financement d'un programme global comportant, d'une part, l'acquisition ou la création d'immobilisations et, d'autre part, l'augmentation du fonds de roulement nécessitée par l'accroissement du potentiel de l'entreprise, il convient d'essayer de valoriser ces deux éléments en fonction de leur affectation.

La décision d'octroi ne précisant pas la répartition de la subvention en fonction de ces emplois, il convient de considérer :
– que la subvention globale devrait être par priorité affectée au financement des immobilisations ;
– que le solde éventuel participe au financement du complément de fonds de roulement.

Pour la partie se rapportant au financement des immobilisations, les règles précédentes s'appliquent normalement (voir n° 72585). Pour le reste, la subvention doit être maintenue au bilan aussi longtemps que l'entreprise n'est pas en mesure d'en assurer le relais. Ce maintien ne porte que sur la partie non relayée par des moyens propres à l'entreprise. La part de subvention libérée est comptabilisée en produits exceptionnels.

OPÉRATIONS DE FIN DE CONTRAT

72600 **Fin de la concession** La remise des biens devant revenir au concédant à la date de la fin du contrat (voir n° 72245) ne devrait se traduire par aucune perte, dans la mesure où le traitement comptable des immobilisations doit aboutir à ce que le concessionnaire ait récupéré sur la durée de la concession l'ensemble des coûts engagés pour le compte du concédant.

Le concessionnaire peut toutefois devoir déprécier les biens de reprise si le prix convenu est devenu inférieur à la valeur des biens ou si les biens ne sont pas repris et n'ont plus d'utilité pour l'ancien concessionnaire.

Des provisions peuvent également devoir être comptabilisées en cas de litiges sur l'état d'entretien des biens de retour.

72605 **Rupture anticipée du contrat** Selon la CNCC (Bull. n° 166, juin 2012, EC 2012-10, p. 424 s.), la rupture anticipée du contrat entraîne la sortie du bilan du concessionnaire des biens devant revenir au concédant (voir n° 72245). L'éventualité que le concessionnaire puisse être désigné comme nouveau concessionnaire ne peut être prise en considération du point de vue comptable.

Leur valeur nette comptable est enregistrée en charge exceptionnelle. L'indemnité de résiliation anticipée est comptabilisée en produit exceptionnel.

72610 **Option de rachat du contrat** En cas d'existence d'une option de rachat par le concédant, une dépréciation peut devoir être constatée si le rachat devient probable. Dans ce cas, le prix d'exercice de l'option doit être comparé à la valeur comptable des immobilisations concédées, nette des amortissements et provisions comptabilisées à cette date.

IV. ASPECTS COMPLÉMENTAIRES

CONTRÔLE DE GESTION

72670 La mise en place d'un contrôle de gestion (et d'un contrôle interne) résulte de l'obligation pour le concessionnaire de fournir au concédant des informations sur les opérations réalisées, obligation prévue généralement par le contrat de concession.

La tenue d'une **comptabilité analytique** permettant éventuellement un **contrôle de gestion** est donc nécessaire.

CONTRÔLE EXTERNE

En règle générale, les entreprises concessionnaires sont soumises à des contrôles périodiques, réalisés par l'autorité concédante, sur les plans technique et financier :
– **contrôles techniques** : examen des actifs utilisés, de leur gestion et de leur entretien conformément au cahier des charges ;
– **contrôles financiers** : ces contrôles sont réalisés par les représentants de l'autorité concédante ou par des experts mandatés à cet effet. Ils portent notamment sur l'analyse des produits et des charges.

> **Précisions** Les contrats de concession peuvent prévoir des sanctions (pénalités financières, résolution du contrat, etc.) appliquées par l'autorité concédante.

72675

INFORMATION : COMPTES ANNUELS

Le PCG prescrit que :
– le **droit exclusif d'utilisation** de biens du domaine public ou le droit exclusif d'exploitation est porté pour mémoire à l'actif (art. 621-7) ;
– les **immobilisations mises en concession** sont inscrites au **bilan** à une rubrique spéciale de l'actif (art. 942-22) ;

> **Précisions** Le bilan de la **liasse fiscale** ne comporte pas de ligne les concernant. En l'absence de précisions de l'administration, à notre avis, elles sont à comprendre dans les « Autres immobilisations corporelles ».

– la contrepartie d'appoint et d'équilibre est portée au passif sous l'intitulé « **Droits du concédant** », dans le poste « Autres fonds propres » (art. 621-8).

Même si une information n'est pas explicitement requise par le PCG, il nous paraît nécessaire (au regard de l'image fidèle de l'entreprise) de fournir des indications dans l'**annexe**, notamment sur l'existence d'une concession, sa durée, ses particularités (clauses d'indemnisation, de rachat du contrat…) et son résultat.

Le **concédant** doit, en outre, pouvoir bénéficier notamment :
– d'une information sur la gestion et le résultat des concessions (voir n° 72140) ;
– d'un inventaire des biens concédés (Étude CNC, p. 197).

72680

SECTION 2

LES MARCHÉS DE PARTENARIAT

I. CARACTÉRISTIQUES GÉNÉRALES

ASPECTS GÉNÉRAUX

Définition Le marché de partenariat (anciennement dénommé « partenariat public-privé, PPP ») est un marché public qui a pour objet de confier à un opérateur économique ou un groupement d'opérateurs économiques (CCP art. L 1112-1) :
– une **mission globale** ayant pour objet la construction, la transformation, la rénovation, le démantèlement ou la destruction d'ouvrages, d'équipements ou de biens immatériels nécessaires au service public ou à l'exercice d'une mission d'intérêt général ;

> **Précisions** Le titulaire du marché de partenariat assure la maîtrise d'ouvrage de l'opération à réaliser.
> Cette mission globale peut également comprendre :
> – tout ou partie de la conception des ouvrages, équipements ou biens immatériels ;
> – l'aménagement, l'entretien, la maintenance, la gestion ou l'exploitation d'ouvrages, d'équipements ou de biens immatériels ou une combinaison de ces éléments ;
> – ou encore la gestion d'une mission de service public ou des prestations de services concourant à l'exercice, par la personne publique, de la mission de service public dont elle est chargée.

– ainsi que tout ou partie de leur **financement.**

> **Précisions** L'acheteur public peut donner **mandat** au titulaire pour encaisser, en son nom et pour son compte, le paiement par l'usager de prestations exécutées en vertu du contrat (CCP art. L 2232-5).

72780

72785 **Éléments caractéristiques** **a. Modalités de rémunération** La rémunération du titulaire par l'acheteur public présente les 3 caractéristiques suivantes (CCP art. L 2213-8 et L 2213-9) :
– à compter de l'achèvement des opérations faisant l'objet du contrat de partenariat (voir nº 72780 a.), elle est étalée sur toute la durée du contrat ; toutefois, les marchés de partenariat peuvent donner lieu à des versements à titre d'avances et d'acomptes (Code précité art. L 2232-1) ;
– elle est liée à des objectifs de performance pour chaque phase du contrat ;
– elle peut être réduite du fait de revenus issus de l'exercice d'activités annexes ou de la valorisation du domaine par le titulaire.

b. Propriété juridique de l'ouvrage Sauf stipulation contraire du marché de partenariat, le titulaire a des **droits réels sur les ouvrages et équipements** qu'il réalise. Ces droits lui confèrent les prérogatives et obligations du propriétaire, dans les conditions et les limites définies par les clauses du contrat (CCP art. L 2213-10).
Le marché de partenariat peut également prévoir la possibilité pour l'acheteur public d'exercer une **option** lui permettant d'acquérir, avant le terme fixé par l'autorisation d'occupation, les installations édifiées dans le cadre du contrat (Code précité art. L 2213-12).

c. Répartition des risques Le marché de partenariat fixe les conditions dans lesquelles est établi le partage des risques entre l'acheteur public et le titulaire (CCP art. L 2213-1).

> **Précisions** Le contrat définit dans quelle mesure le titulaire supporte le risque lié à la construction, le risque de disponibilité de l'équipement et le risque de performance. La rémunération du titulaire est d'ailleurs liée à des objectifs de performance assignés au titulaire pour chaque phase du contrat (Code précité art. L 2213-8). La variation peut être positive (prime) ou négative (pénalité). Le risque de demande est en général conservé par la collectivité. Le poids des recettes accessoires peut cependant être significatif, de sorte que le risque d'insuffisance de rentabilité des équipements se trouve réparti entre les deux contractants.

d. Durée du contrat Le contrat est de longue durée, en général de 10 à 40 ans selon la durée d'utilité des investissements objet du contrat et des modalités de financement correspondantes.

> **Précisions** **Différences avec un contrat de concession** À la différence des contrats de concession, les marchés de partenariat prévoient en général les éléments suivants :
> – la personne publique conserve la responsabilité du service public ;
> – la répartition des risques entre la personne publique et le titulaire est prévue contractuellement, le risque de demande étant supporté en général par la personne publique ;
> – l'essentiel de la rémunération du titulaire est assuré par la personne publique (et non par les usagers).

ASPECTS COMPTABLES

72788 **Compte de résultat de l'exploitation de l'opération objet du marché de partenariat** Au sein de la comptabilité du titulaire du marché de partenariat, les opérations relatives à ce marché sont dissociées des autres opérations, le titulaire devant produire chaque année, un rapport permettant d'en suivre l'exécution. Ce rapport est adressé à l'acheteur public dans les quarante-cinq jours suivant la date anniversaire de la signature du contrat (CCP art. L 2234-1). Ce **rapport annuel** comprend notamment le **compte annuel de résultat de l'exploitation de l'opération objet du marché de partenariat,** rappelant les données présentées l'année précédente au même titre et présentant les données utilisées pour les révisions et indexations contractuelles et les justifications des prestations extérieures facturées à l'exploitation (CCP art. R 2234-2).

> **Précisions** Le rapport annuel comprend en outre :
> – une présentation des méthodes et des éléments de calcul économique retenus pour la détermination des produits et charges imputés au compte de résultat de l'exploitation avec, le cas échéant, la mention des changements, exceptionnels et motivés, intervenus au cours de l'exercice dans ces méthodes et éléments de calcul ;
> – un état des variations du patrimoine immobilier intervenues dans le cadre du marché et le tableau d'amortissement de ce patrimoine ;
> – un compte rendu de la situation des autres biens et immobilisations nécessaires à l'exploitation de l'ouvrage, de l'équipement ou du bien immatériel objet du marché, mise en comparaison le cas échéant avec les tableaux relatifs à l'amortissement et au renouvellement de ces biens et immobilisations ;
> – un état des autres dépenses de renouvellement réalisées dans l'année ;
> – les engagements à incidences financières liés au marché et nécessaires à la continuité du service public ;
> – les ratios annuels de rentabilité économique et de rentabilité interne du projet ainsi que la répartition entre le coût des fonds propres et le coût de la dette afférents au financement des biens et activités objets du marché.

Réglementation comptable À la suite de la publication de la première ordonnance 72790
relative au partenariat (Ord. 2004-559 du 17-6-2004 abrogée par ord. 2015-899 du 23-7-2015), un groupe
de travail avait été créé au CNC en juin 2005 afin de définir les règles comptables applicables
aux contrats de partenariat (anciennement PPP) dans les comptes individuels du titulaire et
de la personne publique.

> **Précisions** Les conclusions de ce groupe de travail auraient pu, dans un second temps, être
> également applicables à d'autres types de contrats similaires :
> — les autorisations d'occupation temporaire et locations avec option d'achat (« AOT » et « LOA ») ;
> — les baux emphytéotiques administratifs (« BEA ») (concernant des biens appartenant à des collectivités territoriales) applicables dans les secteurs relevant des ministères de la justice, de la santé
> et de l'intérieur.

Les travaux de ce groupe ont été arrêtés sans que des conclusions n'aient été publiées.

De son côté, la CNCC a mené une réflexion sur les différents traitements comptables rencontrés en pratique dans le but d'une saisine de l'ANC.

Dans l'attente de la reprise des travaux à l'ANC suite à cette saisine, les titulaires peuvent, à notre avis, se référer aux deux approches suivantes.

II. SCHÉMAS DE COMPTABILISATION (CHEZ LE TITULAIRE)

Comptabilisation au bilan Dans l'attente d'une réglementation comptable spéci- 72860
fique (voir n° 72790), deux approches sont, en pratique, envisageables (Bull. CNCC n° 175, septembre 2014, EC 2014-33, p. 407 s.) :

a. Approche fondée sur la propriété juridique Selon cette approche, l'ouvrage est comptabilisé en **immobilisation** à l'actif du bilan de l'entité propriétaire. Le propriétaire juridique de l'ouvrage étant en général le titulaire (du moins durant la phase de construction), ce dernier enregistre l'ouvrage à son actif et constate les amortissements et les dépréciations nécessaires.
Cette approche est celle qui, en l'absence de position officielle de l'ANC, est en pratique généralement retenue.

b. Approche fondée sur le contrôle Selon cette approche, l'ouvrage est assimilé à une créance financière (« modèle de la créance financière ») :
— l'ouvrage est comptabilisé à l'actif de l'entité qui le contrôle. Le contrôle résulte des contraintes imposées par la personne publique au titulaire sur les prestations à fournir (contenu et prix) et de l'existence d'un intérêt résiduel dans l'ouvrage, à la fin du contrat. En général, l'analyse des marchés de partenariat démontre que la personne publique a le contrôle de l'ouvrage ;
— lors de la période de construction, le titulaire comptabilise l'opération comme un contrat de construction à long terme pour lequel le paiement par le client est différé sur une longue période ;
— à l'issue de la période de construction (lors de la « livraison » du bien objet du marché de partenariat), il comptabilise une **créance** envers la collectivité publique pour la valeur de la prestation de construction telle que prévue au contrat, et le cas échéant, une immobilisation incorporelle pour le droit d'exploiter l'ouvrage (voir n° 72865 b.).

> **Précisions** Approche compatible avec les règles sur les actifs Cette approche était privilégiée par le groupe de travail de l'ANC avant l'arrêt de ses travaux et est considérée, par la CNCC, comme compatible avec les règles générales actuelles sur les actifs basées sur la notion de contrôle (PCG art. 211-1 ; voir n° 25155). En effet, elle reflète la réalité économique du marché de partenariat. Elle présente toutefois plus d'incertitudes que la première, les conséquences juridiques et fiscales n'étant pas encore définies. Voir ci-après n° 72865 la position adoptée par le tribunal administratif de Versailles à propos des modalités de rattachement de la rémunération perçue par le prestataire.

Comptabilisation au compte de résultat La comptabilisation au compte de résul- 72865
tat est différente selon que l'ouvrage est comptabilisé ou non à l'actif du titulaire (voir n° 72860).

a. Le titulaire comptabilise l'ouvrage à son actif À notre avis, la méthode la plus adaptée pour enregistrer les charges et les produits afférents au contrat pendant la phase d'exploitation est celle consistant à comptabiliser à l'avancement les prestations du titulaire, selon les dispositions et modalités de calcul relatives à la nature des prestations fournies (voir n° 10600 s.). Cette méthode permet en effet d'étaler les frais, y compris les frais financiers et les amortissements sur la durée du contrat.

> **Précisions**   **1. Limites de l'approche** Cette méthode dite « globale » présente néanmoins certaines limites. Elle est notamment difficilement applicable lorsque la part des recettes accessoires variables est importante, le résultat à terminaison n'étant dans ce cas pas fiable.
> **2. Cession de créances futures** Le titulaire peut être amené à céder les créances de loyers futurs à recevoir de la personne publique à l'issue de la période de construction. Sur le traitement comptable et fiscal de cette cession lorsque l'ouvrage objet du marché de partenariat est comptabilisé en immobilisation, voir n° 40850.

b. Le titulaire ne comptabilise pas l'ouvrage à son actif :

– au cours de la phase de construction : le titulaire comptabilise le chiffre d'affaires et le résultat au fur et à mesure de la réalisation de l'ouvrage (comptabilisation à l'avancement) ou à l'achèvement. La créance enregistrée en contrepartie correspond à la rémunération de la prestation de construction, prévue contractuellement ;

> **Précisions** **Contrats prévoyant des recettes accessoires significatives** Dans un contrat dans lequel la collectivité publique a obtenu une réduction des redevances à payer grâce à la possibilité offerte au titulaire privé d'obtenir des recettes accessoires auprès de personnes autres que la collectivité publique (voir n° 72785), la rémunération de la prestation de construction accomplie par le titulaire privé devrait, à notre avis, être constituée :
> – d'une part, par la **créance** vis-à-vis de la collectivité publique ;
> – d'autre part, par le droit d'exploitation de l'ouvrage, à comptabiliser à l'actif en tant qu'**immobilisation incorporelle**, pour la différence entre la valeur de la prestation de construction et le montant de la créance vis-à-vis de la collectivité publique.

– au cours de la phase d'exploitation : le titulaire, à notre avis, comptabilise en chiffre d'affaires les redevances facturées correspondant aux prestations post-construction et constitue, le cas échéant, une provision destinée à couvrir les charges, prévues contractuellement, rattachables aux produits.

> **Précisions** **Méthode alternative** Une autre méthode pourrait consister à enregistrer en produits constatés d'avance les redevances facturées, à hauteur de la juste valeur des prestations restant à réaliser.

> **Fiscalement** Pour la détermination de **l'exercice de rattachement de la rémunération** prévue par un contrat consistant à réaliser le financement, la conception, la construction, la maintenance et le renouvellement d'installations d'éclairage et de vidéosurveillance d'une ville, il convient de rechercher les missions distinctes correspondant aux **différentes prestations individualisables** rendues par la société, indépendamment de leurs modalités de rémunération. Ainsi (TA Versailles 21-6-2022 n° 2002221) :
> – les produits correspondant aux **prestations de construction** et de reconstruction de l'éclairage public et de la signalisation lumineuse de la ville sont pris en compte à la date de réception des ouvrages (CGI art. 38, 2 bis-b ; voir n° 10955), sans qu'y fasse obstacle la circonstance que la maîtrise d'ouvrage est exercée par la société ;
> – les produits rémunérant les **prestations de gestion, d'exploitation, de maintenance** et de renouvellement des constructions, qui résultent d'une **obligation continue de garantie** de la société pour toute la durée du contrat, correspondent à des prestations continues, et sont pris en compte au fur et à mesure de leur exécution en suivant en principe les échéances contractuelles, à moins qu'elles ne rendent pas compte correctement des avantages économiques procurés au bénéficiaire (CGI art. 38, 2 bis-a ; voir n° 10625). Il en est de même pour les **intérêts** rémunérant les prestations de financement.

SECTION 3 — LE FRANCHISAGE

I. CARACTÉRISTIQUES GÉNÉRALES

72965 **Définition**   Le franchisage est un contrat par lequel une entreprise :
– concède à des entreprises indépendantes le droit de se présenter sous sa raison sociale et sa marque pour vendre des produits ou services ;

> **Précisions**   Le promoteur de la chaîne (le **franchiseur**), après avoir mis au point et testé dans son ou ses « établissements pilotes » une technique particulière de fabrication, de commercialisation ou de prestations de services, en **concède le droit d'exploitation** à des entreprises ou commerçants indépendants (les **franchisés**). Cette exploitation est faite sous la **marque commerciale** ou l'enseigne concédée par le franchiseur.

– en contrepartie d'une redevance.
Ce contrat s'accompagne généralement d'une assistance technique (Arrêté du 29-11-1973).

> **Précisions** Le franchiseur apporte une **assistance permanente** sur les points suivants :
> – lors de la création de l'établissement franchisé : transmission du savoir-faire, étude du marché, installation des locaux industriels ou commerciaux, formation du franchisé, etc. ;
> – lors du lancement d'un nouveau produit ou d'un nouveau service : études de marchés, campagnes publicitaires, etc. ;
> – dans la gestion courante de l'établissement franchisé : élaboration des méthodes de gestion, informations concernant les améliorations apportées aux techniques de fabrication et/ou de commercialisation, formation du personnel, conseils en matière comptable, juridique et fiscale, etc.

Éléments caractéristiques Les **concessions de marque et de savoir-faire** sont les deux éléments caractéristiques du franchisage. Dans le cas particulier des franchises commerciales, elles peuvent être complétées par des **engagements réciproques**. **72970**

> **Précisions** Engagements réciproques :
> – engagement de fournitures souscrit par le franchiseur, celui-ci s'obligeant soit à fournir lui-même les franchisés, soit à sélectionner des fournisseurs « agréés », soit enfin à faire bénéficier les franchisés des avantages d'une centrale d'achats ;
> – engagement d'approvisionnement à la charge des franchisés, par lequel ils s'obligent à acquérir leurs produits soit auprès du franchiseur lui-même, soit auprès des fournisseurs agréés, soit enfin auprès de la centrale d'achats.

Obligations réciproques L'ensemble des concessions accordées par le franchiseur à ses franchisés est, en principe, **exclusif pour une zone géographique** déterminée. Ceci implique un ensemble d'obligations réciproques, objet du contrat de franchisage, qui comprend : **72975**
– une concession de licence de marque ;
– une concession de savoir-faire ;
– une convention d'assistance technique du franchiseur au franchisé ;
– une clause d'approvisionnement et une clause de fourniture.
En contrepartie des concessions et de l'assistance qui sont accordées par le franchiseur, les franchisés doivent lui régler :
– un **droit d'entrée** dès leur arrivée dans la chaîne ;
– des **redevances périodiques** (mensuelles, trimestrielles ou annuelles) calculées habituellement d'après le montant du chiffre d'affaires réalisé pendant la période.

Aspects juridiques L'entreprise concédante doit communiquer au distributeur, vingt jours avant la signature du contrat, le projet de contrat et un document d'information qui lui permette de s'engager en connaissance de cause (C. com. art. L 330-3). **72980**

> **Précisions** **1.** L'article R 330-1 du Code de commerce précise :
> – d'une part, le contenu de ce document d'information ;
> – d'autre part, que doivent lui être annexés pour les sociétés non cotées, les comptes annuels des deux derniers exercices et, pour les sociétés cotées les rapports financiers semestriels établis au titre des deux derniers exercices.
> Voir Mémento Droit commercial n° 22050 à 22114.
> **2.** L'Afnor a publié la norme NF-Z20-00 qui spécifie un certain nombre de règles minimales relatives à la négociation et au contenu des contrats de franchise.

II. SCHÉMAS USUELS DE COMPTABILISATION

A. Comptabilisation chez le franchiseur

ACQUISITION OU CRÉATION DES ÉLÉMENTS INCORPORELS CONCÉDÉS
Ces éléments sont la **marque** et le **savoir-faire**. Il convient de distinguer l'achat auprès d'un tiers de la création d'éléments incorporels par le franchiseur lui-même. **73050**

a. Acquisition auprès d'un tiers Les coûts d'acquisition sont débités à un compte d'immobilisations incorporelles : 205 « Concessions et droits similaires, brevets, licences, **marques, procédés**… ».

> **Précisions** **Honoraires et commissions versés aux intermédiaires et frais d'actes** Ils peuvent être enregistrés soit en charges, soit dans le coût d'entrée de l'actif (voir n° 26260).
En effet, bien que les contrats de franchisage soient exclus du champ d'application des règles générales sur les actifs introduites par le règlement CRC n° 2004-06, abrogé et repris dans le règlement ANC n° 2014-03 relatif au PCG (voir n° 25005), les immobilisations concédées devraient, à notre avis, dans les comptes du franchiseur, suivre les règles générales d'évaluation des actifs (voir n° 25135).

Sur le problème de l'amortissement des marques, voir n° 31940.

b. Création des éléments incorporels par le franchiseur Les **frais spécifiques** engagés par le franchiseur pour la constitution d'éléments incorporels sont imputés aux comptes d'immobilisations par le crédit du compte 72 « Production immobilisée » (subdivision 722 « Immobilisations incorporelles »).

Mais lorsque ces valeurs incorporelles, et notamment la marque, sont le résultat de l'activité commerciale générale du franchiseur, les frais ayant concouru à leur création ont été normalement comptabilisés en charges d'exploitation (voir n° 30965).

CHARGES SPÉCIFIQUES AU FRANCHISAGE

73055 Les **frais de constitution des établissements pilotes** sont normalement enregistrés en classe 6.

Les **frais de lancement des établissements franchisés** (exemples : conception de maquette publicitaire, participation aux salons de la franchise, etc.) sont enregistrés dans les comptes de charges par nature au cours de l'exercice de leur engagement.

Les **frais d'assistance technique aux franchisés** sont débités aux comptes de charges de la classe 6 selon leur nature.

Les **frais d'administration de la chaîne** (il s'agit principalement de charges de personnel et de charges externes) sont enregistrés en fonction de leur nature dans les comptes de charges concernés.

DROIT D'ENTRÉE ET REDEVANCES

73060 **a. Classement des produits** Lorsque le franchisage ne constitue pour le producteur-franchiseur qu'un **moyen de commercialisation de sa production,** les produits spécifiques qu'il en tire (droit d'entrée et redevances) peuvent, à notre avis, être considérés comme accessoires (compte 708 « Produits des activités annexes »), les produits principaux correspondant aux ventes faites aux franchisés. En revanche, si l'exploitation de sa marque et de son savoir-faire, par l'intermédiaire d'une chaîne de franchisage, constitue l'**activité principale du franchiseur,** ces produits sont comptabilisés au compte 706 « Prestations de services ».

b. Droit d'entrée La créance est certaine pour le franchiseur à la date de signature du contrat. Toutefois (Avis OEC n° 25) :
– si une partie du droit d'entrée a trait aux biens corporels transférés, cette partie est constatée en produits au moment où les biens sont livrés ;
– de même, si une partie du droit d'entrée correspond à des prestations restant à fournir à l'issue de l'exercice de signature du contrat, cette partie est différée et reconnue comme un produit au fur et à mesure de la prestation des services. Elle nous paraît donc devoir être imputée au crédit du compte de régularisation 487 « Produits constatés d'avance » (en ce sens également). Elle est, par la suite, réintroduite dans les produits de l'exercice au cours duquel les prestations sont effectivement fournies et où, par conséquent, les charges correspondantes sont comptabilisées. Le **profit dégagé** est de cette façon enregistré **au moment** où les différentes **prestations** sont **fournies** aux franchisés ou les biens livrés.

Même s'il n'est pas précisé que le droit d'entrée couvre des prestations futures, si les redevances futures sont insuffisantes pour couvrir le coût des services futurs et pour assurer une marge raisonnable, la constatation du produit du droit d'entrée est reportée en tout ou en partie (Avis OEC n° 25 précité).

> **Fiscalement** Voir ci-après c.

c. Redevances Elles doivent être comprises dans les **produits** de l'**exercice** au cours duquel ont été **réalisées les opérations** qui leur ont donné naissance (Bull. d'information et de liaison OEC n° 284, avril 1972, p. 12). Il en résulte que doivent être inscrites en produits de l'exercice les redevances calculées sur le chiffre d'affaires réalisé par le franchisé sur la ou les périodes couvertes par cet exercice, quelle que soit par ailleurs la date de règlement.

> **Précisions** **Redevances de publicité** Selon la CNCC (EC 2021-16 ; cncc.fr), le produit d'une redevance calculée sur le chiffre d'affaires et qui devient la propriété du franchiseur sans obligation de remboursement et **sans obligation d'effectuer des dépenses** de nature publicitaire devrait être considéré comme acquis (au sens de l'article 512-4 du PCG) dès lors que le chiffre d'affaires est réalisé par le franchisé. Un produit constaté d'avance devrait en revanche être constaté, à notre avis, si une obligation contractuelle ou implicite envers les franchisés (pratique constante, réédition de compte, possibilité de contraindre le franchiseur à réaliser des dépenses de publicité...) peut être démontrée. Les charges liées aux dépenses de marketing et de publicité sont comptabilisées au fur et à mesure que les prestations afférentes sont fournies (voir n° 73055).

Lorsque le chiffre d'affaires de la dernière période n'est pas connu suffisamment tôt pour déterminer de façon exacte le montant de la créance à inscrire à son bilan, celle-ci fait l'objet d'une évaluation aussi précise que possible et est portée au débit du compte rattaché aux clients 4181 « Clients-Factures à établir ».

> **Fiscalement** Les droits d'entrée et redevances perçus constituent des **produits d'exploitation**, imposables au **taux de droit commun**, et non des plus-values à long terme, dès lors que les contrats de franchise conclus s'analysent comme une concession du droit d'usage d'une marque (TA Besançon 1-6-1994 n° 90-869) ne bénéficiant pas du régime spécial prévu à l'article 39 terdecies du CGI en faveur de certains produits de la propriété industrielle (voir n° 12135).

AUTRES PRODUITS REÇUS AU TITRE DE L'ACTIVITÉ DE FRANCHISEUR

73065

Il s'agit notamment des **ristournes** accordées hors facture par les fournisseurs **en rémunération** d'un **service rendu** par le franchiseur pour l'ensemble de la chaîne (par exemple, centralisation des paiements). Selon le bulletin CNCC (n° 100, décembre 1995, EC 94-131, p. 557 s.), ces ristournes sont à comptabiliser :
– en **produits,** au compte 7082 « Commissions et courtages » ;
– et non en diminution des achats ; leur prise en compte pour la valorisation des stocks n'est donc **pas possible,** sauf s'il est établi que les ristournes octroyées « sont rattachables à des achats de marchandises et s'élèveraient au même montant si elles étaient accordées de manière directe et individuelle » à chaque franchisé.
Ce traitement s'apparente à celui de la coopération commerciale, voir n° 20910.

INDEMNITÉ VERSÉE AU FRANCHISÉ À L'ISSUE DE LA FRANCHISE

73070

L'indemnité versée, le cas échéant, au franchisé correspond, selon l'analyse du contrat de franchise et son contexte :
– soit au rachat de la clientèle du franchisé. Tel est le cas lorsque, indépendamment de la notoriété de la marque exploitée, la clientèle locale n'existe que par le fait des moyens mis en œuvre par le franchisé, parmi lesquels les éléments corporels du fonds de commerce (matériel et stock), et l'élément incorporel que constitue le bail (Cass. civ. 27-3-2002, n° 615 FS-PBRI). Dans ce cas l'indemnité est comptabilisée en immobilisation incorporelle dans les comptes du franchiseur (voir n° 30580) ;
– soit à la rémunération d'une prestation de services rendue par le franchisé au franchiseur (développement de la clientèle de ce dernier) tout au long du contrat. Tel est le cas lorsque la franchise est exercée en location-gérance (voir n° 17040) ou lorsque la clientèle est totalement captive de la marque et non du franchisé (en ce sens, voir n° 30580). Dans ce cas, l'indemnité est comptabilisée en charges et doit, le cas échéant, faire l'objet d'une provision (voir n° 17040).

B. Comptabilisation chez le franchisé

DROIT D'ENTRÉE

73120

Le droit d'entrée est comptabilisé lors de la signature du contrat. Dans la mesure où il correspond à des éléments de nature différente et variable d'un contrat à l'autre, il ne peut exister de méthode de comptabilisation préétablie. Il convient dans chaque cas, après analyse, de rechercher la meilleure traduction de la volonté des parties. À notre avis :

a. La **fraction** du droit d'entrée qui **rémunère** un ensemble de **prestations fournies** par le franchiseur et nécessitées par le démarrage de l'exploitation franchisée (publicité, formation, assistance technique, etc.) constitue une **charge** pour le franchisé ; elle peut toutefois, dans la mesure où elle est particulièrement importante par rapport aux coûts d'exploitation normaux, être inscrite en frais de 1er établissement si elle répond à leur définition (voir n° 45110).

b. Lorsque le franchiseur assure, dans le cadre des prestations de démarrage, l'installation totale ou partielle du local d'exploitation, la partie du droit d'entrée qui y est attachée constitue, pour le franchisé, le coût d'une **immobilisation corporelle** enregistrée au compte 2135 « Installations générales – Agencements, aménagements des constructions ».

c. La partie du droit d'entrée correspondant à la rémunération du **droit d'utilisation** des éléments incorporels du franchiseur (marque et savoir-faire) peut constituer la valeur d'une **immobilisation incorporelle** à inscrire au compte 205 « Concessions… » (voir n° 30660). Cette immobilisation doit être amortie sur la durée probable de la franchise.

> **Précisions** Dans la pratique, le montant global du droit d'entrée n'est pas toujours scindé entre ses éléments constituants, bien que ceci nous paraisse indispensable à une comptabilisation correcte.

> **Fiscalement** Il a été jugé (CAA Paris 4-3-1999 n° 96-01711 ; CE (na) 10-7-2000 n° 208293) qu'un droit d'entrée, bien que conclu pour une durée de douze ans, n'est pas constitutif d'une immobilisation lorsque le contrat :
> – ne peut être tacitement reconduit ni cédé ;
> – peut être facilement résilié par le franchiseur ; et
> – n'accorde au franchisé aucune réelle exclusivité géographique, ni aucune indemnité en cas de non-renouvellement ou de rupture du contrat.
> Lorsqu'il constitue une immobilisation, un droit d'entrée ne peut être amorti que s'il est normalement prévisible que les effets bénéfiques du droit d'usage de la marque prendront fin à une date déterminée, ce qui n'est pas le cas d'un contrat qui peut être tacitement renouvelé (TA Lyon 28-5-2002 n° 97-4911).

Par ailleurs, le droit d'utilisation immobilisé peut faire l'objet d'une dépréciation conformément aux règles générales en la matière, notamment lorsque les résultats de la franchise sont en deçà des prévisions faites au moment de son acquisition (voir n° 31825 s.).

d. Enfin, ce droit d'entrée peut parfois s'analyser pour partie en **complément de prix** (payé d'avance) **des prestations à recevoir.** Il s'agit alors, à notre avis, de charges constatées d'avance à imputer au compte de régularisation 486 et à étaler sur la durée du contrat (ou éventuellement, si les circonstances le justifient, sur une durée plus courte).

REDEVANCES DE FRANCHISAGE

73125 Les redevances périodiques dues au franchiseur constituent des charges d'exploitation enregistrées au compte 651 « Redevances pour concessions, brevets… ». La charge doit être, à notre avis, constatée sur la même période que celle au cours de laquelle a été réalisé le chiffre d'affaires correspondant, quelle que soit la date effective de son règlement, le compte de rattachement aux fournisseurs 408 « Fournisseurs – Factures non parvenues » étant utilisé en fin d'exercice si besoin est.

III. ASPECTS COMPLÉMENTAIRES

73195 **Contrôle externe** Même s'il n'existe pas d'obligation en cette matière, les contrats prévoient, en général, un audit des franchisés.

> **Précisions** Il peut être utile également pour le franchiseur de disposer d'une **comptabilité analytique** permettant d'isoler les résultats imputables à l'exploitation des établissements pilotes et de fournir les résultats obtenus concernant chaque exploitation franchisée.

73200 **Informations à fournir sur les opérations de franchisage** Il n'existe pas d'obligations en cette matière. Le franchisé ou le franchiseur peut envisager de fournir des informations en annexe en ce qui concerne les éléments suivants, s'ils sont significatifs :
– les éléments incorporels ;
– les frais de lancement des établissements franchisés ;
– les redevances.

SECTION 4 — OPÉRATIONS FAITES POUR LE COMPTE DE TIERS

Notions d'intermédiaire Selon le PCG (art. 621-11), les opérations faites par des intermédiaires, pour le compte de tiers, sont classées en deux grandes catégories selon que l'intermédiaire agit :
– en qualité de **mandataire** (c'est-à-dire **au nom du tiers**), voir n° 73305 s. ;
– **en son nom seul** (sont principalement concernées les opérations de **commissionnaires**), voir n° 73415 s.

73300

> **Précisions** **1. Précision du PCG 82** Ce dernier (p. II.137) précisait « qu'il appartient à l'entreprise de déterminer celle de ces deux catégories dans laquelle doivent être classées les opérations de l'espèce qu'elle peut réaliser ».
> **2. Mandat apparent** Une personne est considérée comme en représentant une autre à l'égard des tiers, en vertu d'un **mandat apparent,** lorsque les tiers ont légitimement pu croire qu'elle agissait au nom et pour le compte de cette dernière, ce qui suppose qu'existent des circonstances autorisant le tiers à ne pas vérifier les pouvoirs du mandataire (Cass. com. 7-1-1992 n° 29 P ; Cass. com. 23-1-2007 n° 05-20.973 ; Cass. com. 22-11-2011 n° 10-23.125).
> **3. Groupe de travail en cours à l'ANC** L'ANC mène actuellement des travaux de refonte des dispositions du PCG concernant le cycle « vente » (voir n° 10375). Selon nos informations, le groupe de travail devrait :
> – redéfinir les deux catégories d'opérations faites pour le compte de tiers (celles faites en son nom propre et celles faites au nom du tiers) ;
> – apporter des précisions sur le fait générateur de ces opérations.

Cette distinction, avec des différences de terminologie, est également opérée par :
– le droit qui distingue les mandataires (C. civ. art. 1984 à 2010) et les commissionnaires (C. com. art. L 132-1 et L 132-2) ;
– la fiscalité qui distingue, pour les besoins de la TVA, les intermédiaires agissant au nom d'autrui, dits « transparents » et les intermédiaires agissant en leur nom propre dits « opaques » (voir Mémento Fiscal n° 61440 à 61500).

I. L'INTERMÉDIAIRE AGIT EN QUALITÉ DE MANDATAIRE (AU NOM DU TIERS)

CARACTÉRISTIQUES GÉNÉRALES

Contrat Le mandat est le contrat par lequel une personne, le mandant, donne à une autre, le mandataire, le pouvoir de faire « quelque chose » **pour son compte** et **en son nom** (C. civ. art. 1984).

73305

Le mandataire représente le mandant et les actes qu'il accomplit avec les tiers engagent ce dernier en le rendant débiteur ou créancier du tiers avec lequel le mandataire a traité.
Sur la notion de mandat apparent, voir n° 73300.

> **Fiscalement** L'Administration a indiqué, à propos du régime de TVA applicable aux intermédiaires (BOI-TVA-CHAMP-10-10-40-40 n° 20), que dans ses relations avec les tiers cocontractants (acheteurs ou vendeurs), l'intermédiaire agissant au nom d'autrui doit apparaître clairement comme le représentant du commettant.
> Ainsi, il convient de considérer qu'un intermédiaire agit au nom d'autrui s'il met en relation deux personnes qui contractent entre elles (l'intermédiaire est alors un courtier).
> Il en est de même pour l'intermédiaire qui contracte personnellement avec les tiers lorsque :
> – le **contrat** mentionne expressément qu'il agit au nom d'autrui : cette condition n'est remplie que si le contrat indique le nom ou la raison sociale, l'adresse ainsi que le numéro d'assujetti du commettant en ce qui concerne les opérations intracommunautaires pour lesquelles la communication au client de cette information est prévue ;
> – en l'absence de contrat écrit, la **facture** est établie directement par le commettant (entremise « à la vente »), ou adressée directement par le tiers au commettant (entremise « à l'achat »). Si la facture est établie par l'intermédiaire ou adressée à l'intermédiaire, elle doit faire apparaître que celui-ci agit au nom d'autrui dans les mêmes conditions que ci-dessus ;

— en l'absence de facture (opérations réalisées avec des non-assujettis), les **circonstances** de droit (notamment l'examen des clauses du contrat unissant l'intermédiaire au commettant) ou de fait permettent d'établir que le tiers avait connaissance du fait que l'intermédiaire agissait au nom d'autrui et de tous les éléments d'information mentionnés ci-dessus.

La cour administrative d'appel de Bordeaux a jugé qu'un prestataire de services ne peut se prévaloir de la qualité de mandataire que si celle-ci résulte clairement des contrats conclus avec ses clients (CAA Bordeaux 14-3-2017 n° 15BX00994).

« Tout mandataire doit rendre compte de sa gestion (au mandant) » (C. civ. art. 1993). La **reddition de comptes** s'opère en général par voie d'inventaire, comportant la liste des recettes et des dépenses du mandataire, avec pièces justificatives à l'appui (Cass. req. 26-12-1923 : GP 1924.1.515).

73310 **Rémunération** Le mandataire est rémunéré par une **commission** qui doit être prévue par le contrat (le mandat étant en principe gratuit ; C. civ. art. 1986) et qui est **due dès que l'exécution de la mission** du mandataire est établie. Elle doit être facturée au mandant par le mandataire (C. com. art. L 441-9).

> **Précisions** En l'absence de convention entre les parties, elle doit être versée lors de la reddition des comptes.

Le mandataire a droit au remboursement intégral :
— de ses débours (voir également n° 11275),
— ainsi que de ses avances et frais. Sur l'assujettissement à la TVA de la seule rémunération de l'intermédiaire transparent, voir Mémento Fiscal n° 61460.

73315 **Opérations concernées** Les opérations effectuées par des entreprises industrielles ou commerciales en fonction d'un mandat préalable, écrit ou tacite, sont des plus diverses, notamment :

— **opérations commerciales** (achats et ventes pour compte) : mandataires, coopératives agricoles, coopératives de commerçants ;

> **EXEMPLES**
> — Opérations de billetterie (billets « secs ») faites par une **agence de voyages** (Bull. CNCC n° 156, décembre 2009, EC 2009-12, p. 736 s.).
> — Distribution ou remboursement de coupons de réduction (**couponing**).
> — Vente de **chèques-cadeaux** (voir n° 11190).

— **gestion de fonds** (gestion de titres ou d'espèces) : administrateurs de biens, agents de change, compagnies d'assurance, promoteurs, administrateurs judiciaires ;

— **gestion d'immeubles** : sociétés immobilières diverses, gérants d'immeubles, syndics de copropriété ;

— **prestations de services** : transitaires, débours des transporteurs, organisation de galas pour le compte d'associations loi de 1901, charges communes à un ensemble d'entreprises (compte « prorata » de l'entreprise pilote d'un groupement d'entreprises du bâtiment) ;

— **opérations industrielles** : façonnage, affinage de métaux non ferreux.

> **Précisions** **Activité principale ou accessoire du mandataire** Ces opérations peuvent, selon l'activité du mandataire :
> — constituer son activité principale ;
> — présenter un caractère habituel à l'intérieur de la profession ;
> — n'avoir qu'un caractère occasionnel.

Elles peuvent, **vis-à-vis des tiers,** être effectuées :
— soit au nom du mandant ;
— soit apparemment au nom du mandant (voir n° 73300).

COMPTABILISATION DES OPÉRATIONS EFFECTUÉES DANS LE CADRE DU MANDAT

73335 **Comptabilisation chez le mandataire**

I. Principe Selon le PCG (art. 621-11), les opérations traitées par l'entreprise en qualité de mandataire sont enregistrées dans le compte du mandant (**compte de tiers** de la classe 4) et seule la rémunération du mandataire est comptabilisée dans le résultat.

II. Rémunération Si l'activité de mandataire constitue l'activité principale (ou une des activités habituelles) de l'entreprise, elle est portée au compte 706 « Prestations de services ».

Si les opérations de mandataire présentent un caractère accessoire ou occasionnel, elles sont enregistrées au compte 708 « Produits des activités annexes » où elles sont ventilées en fonction de leur nature.

III. Opérations faites pour le compte du mandant Elles sont enregistrées dans le compte financier du mandant :

a. À notre avis, ce compte devrait être une subdivision du compte 467 « Autres débiteurs et créditeurs divers », le mandataire pouvant être amené à enregistrer à la fois des créances et des dettes vis-à-vis du mandant.

> **Précisions** Des solutions particulières ont été adoptées dans divers anciens plans comptables professionnels :
> **1.** En **classe 0** (administrateurs de biens) : création du compte 01 « Gestion pour compte de tiers » subdivisé en 0141 « Clients » et 0158 « Trésorerie des clients ».
> **2.** En **classe 4** uniquement, avec des variantes : 466 « Sommes avancées ou encaissées par ordre et pour compte » (transports routiers) ; 467 « Autres comptes débiteurs ou créditeurs » (entreprises de publicité – mandat de commissionnaire ; en dehors des cas prévus par la loi Sapin 93-122 du 29-1-1993 art. 20) ; compte transitoire 472 « Opérations pour compte de tiers » (entreprises de commerce extérieur) : débours, recettes... pour compte de tiers.
> **3.** En **classe 8** (sociétés coopératives de commerçants détaillants) : comptes 86 « Facturations fournisseurs » et 87 « Coopération associés ».
> **4.** En **classe 9** (entreprises de commerce extérieur) : comptes 96 « Débours pour le compte de tiers » et 97 « Recettes pour le compte de tiers ».
> Ces plans sont désormais caducs (voir n° 3315). Toutefois, sur la possibilité d'adapter le plan de comptes prévu par le PCG aux spécificités sectorielles en ouvrant toutes subdivisions nécessaires pour enregistrer distinctement toutes leurs opérations, voir n° 7750.

En ce qui concerne les **débours**, voir n° 11275.

En ce qui concerne les avances et frais **engagés au nom et pour compte du mandant,** ils peuvent également, à notre avis, être enregistrés dans le compte financier du mandant.

Les **fonds reçus** sont comptabilisés soit dans un compte de trésorerie, soit dans un compte de tiers, en fonction des faits et circonstances.

> **Précisions 1. Fonds reçus par un syndic de copropriété pour le compte des copropriétaires** Qu'ils transitent par des comptes bancaires au nom du syndicat des copropriétaires ou par le propre compte bancaire du syndic, les fonds n'appartiennent pas au syndic qui les gère en vertu d'un contrat de mandat (Loi 65-557 précitée art. 18-1 A et décret 2015-342 du 26-3-2015). Les comptes de gestion de ces comptes par le syndic devraient, selon l'ANC (Rec. ANC 2017-01 du 10-3-2017), être comptabilisées dans un compte de tiers et non dans un compte de trésorerie (PCG art. 621-1).
> **2. Compte bancaire joint tenu par le mandataire d'un groupement** Le compte bancaire joint ouvert, tenu et géré par le mandataire d'un GMES (Groupement Momentané d'Entreprises Solidaires) et désigné parmi les membres du groupement pour gérer les dépenses communes, est comptabilisé dans ses comptes (EC 2020-33 du 16-7-2021 ; cncc.fr) :
> – dans un compte de classe 5, à hauteur de la quote-part lui revenant en sa qualité de membre du groupement ;
> – dans un compte « Autres créances » de classe 4, à hauteur de la quote-part revenant aux autres membres du groupement ;
> – en contrepartie des comptes courants au passif ouverts au nom de chacun des coparticipants pour la quote-part leur revenant.
> L'annexe doit préciser que le compte joint appartient à tous les membres du groupement.

b. En outre, les spécificités suivantes sont à mentionner :

1. Débitants de tabac Selon le Bull. CNC n° 45, 4ᵉ trimestre 1980, p. 8 :

– l'activité est celle d'un **préposé** agissant pour le compte de l'administration des impôts ; elle est **rémunérée** par une **remise** dont est déduite une **redevance.** Les achats et ventes de tabac doivent donc, en principe, figurer dans un compte de tiers ouvert au nom du mandant (comptes recommandés : 4676 « Achats pour le compte du monopole » et 4677 « Recettes pour le compte du monopole ») et apparaissent au compte de résultat la remise (compte 706) et la redevance (compte 651) ;

S'agissant d'une **remise sur ventes** calculée provisoirement lors des achats, il convient, en fin d'exercice, d'utiliser les comptes de régularisation pour :

- enregistrer la régularisation annuelle sur achats,
- éliminer la remise relative au stock de tabac.

– les **charges d'emploi** (ventes de timbres fiscaux, timbres postaux, vignettes, titres de transport...), également effectuées pour le compte de tiers, donnent lieu à l'attribution d'une **commission** à comptabiliser d'une manière identique à celle du tabac.

2. Agences de publicité La loi n° 93-122 du 29 janvier 1993 (loi « Sapin ») leur a imposé la qualité de mandataires dans leurs relations d'entremise avec les annonceurs. En conséquence, leur chiffre d'affaires désormais limité aux seules commissions ne reflète plus le volume d'affaires effectivement géré par ces intermédiaires, contrairement à leurs concurrents étrangers qui ne sont pas tenus aux obligations du mandat.

Une circulaire du 19 septembre 1994 relative à la transparence et à la non-discrimination dans la publicité précise que, selon le PCG, cette incidence sur le compte de résultat peut être corrigée en ajoutant dans l'**annexe** des comptes sociaux toute information indispensable à leur compréhension. « Rien n'interdit donc à ces intermédiaires d'établir et de faire certifier des comptes présentés selon les normes internationales, de les publier en annexe à leurs comptes et de les fournir pour les comparaisons internationales. »

3. Vente de chèques-cadeaux Voir n° 11190.

73340 **Comptabilisation chez le mandant**

I. Opérations effectuées pour le compte du mandant par le mandataire Les achats et les ventes sont enregistrés en charges ou en produits. Les achats d'immobilisations et de stocks sont enregistrés à l'actif selon leur nature.

Pour la comptabilisation dans le cas d'un mandat de gestion de fonds (une société confie une certaine somme ou un portefeuille de titres à un établissement de crédit ou à une société de bourse qui est chargée de gérer, pour son compte, ces actifs), voir n° 42695.

II. Rémunération du mandataire Elle est portée au compte 622 « Rémunérations d'intermédiaires et honoraires ».

II. L'INTERMÉDIAIRE AGIT EN SON NOM SEUL

CARACTÉRISTIQUES GÉNÉRALES

73415 **Contrat** Les obligations juridiques du commissionnaire sont régies par les articles L 132-1 et L 132-2 du Code de commerce ainsi que par les règles du mandat pour celles régissant les relations entre le commettant et le commissionnaire (C. civ. art. 1984 à 2010).

Le commissionnaire agit **en son propre nom** ou sous un nom social pour le compte d'un commettant (C. com. art. L 132-1).

Il est **personnellement tenu** à l'égard des acheteurs ou des vendeurs **des obligations** résultant des contrats d'achat et de vente qu'il conclut même si le nom du commettant apparaît.

L'intermédiaire ne doit **jamais** devenir **propriétaire** des marchandises (sauf cas exceptionnel où il y serait autorisé sans que cela ne puisse devenir systématique).

Les relations commettant-intermédiaire étant soumises aux règles du mandat (voir n° 73305 s.), l'intermédiaire doit rendre compte au commettant des opérations qu'il exécute pour son compte.

73420 **Rémunération** Le contrat doit préciser le taux, l'assiette, le fait générateur et les conditions de paiement de la **commission.** À défaut de convention entre les parties, elle est due **dès la conclusion du contrat de vente.**

En pratique, l'intermédiaire **prélève directement** sa commission sur les sommes qu'il doit restituer au commettant (entremise à la vente) ou la facture au commettant en même temps que le bien ou service acquis pour son compte (entremise à l'achat).

> **Fiscalement** C'est le montant total de la transaction objet de l'entremise qui est soumis à TVA (CGI art. 266, 1-b), c'est-à-dire le prix acquitté par le tiers (entremise à la vente) ou par le commettant (entremise à l'achat), commission comprise. La commission n'est donc plus jamais imposée en tant que telle.
>
> Sur les spécificités du régime des intermédiaires en matière de TVA, voir Mémento Fiscal n° 61440 à 61500.

73425 **Opérations concernées** Elles sont diverses, notamment :
– opérations commerciales (achats et ventes pour compte) : commissionnaires, centrales d'achats et de référencement, ventes en dépôt-consignation, vente de chèques-cadeaux (voir n° 11190) ;
– prestations de services : commissionnaires de transport, commissionnaires en douane, agences de voyage (activité tour-opérateur).

COMPTABILISATION DES OPÉRATIONS EFFECTUÉES DANS LE CADRE D'UN CONTRAT DE COMMISSION

73445 **Comptabilisation chez l'intermédiaire**

I. Principe Selon le PCG (art. 621-11), les opérations traitées pour le compte de tiers, au nom de l'entreprise, sont comptabilisées selon leur nature **dans les charges et les produits** de l'entreprise.

L'intermédiaire doit donc comptabiliser toutes les opérations qu'il réalise dans son compte de résultat, conformément à l'article L 132-1 du Code de commerce (Bull. CNCC n° 92, décembre 1993, EC 93-80, p. 563 s.).

> **Précisions** À défaut, il appartient au **commissaire aux comptes** d'en tirer les conséquences nécessaires dans son rapport sur les comptes annuels. En effet, même si le résultat de la société n'est pas influencé par ce traitement, il modifie toutefois la présentation des activités de la société et peut donc avoir des conséquences en matière d'appréciation de dépassement de certains seuils fondés sur des chiffres caractéristiques des comptes annuels (Bull. CNCC précité).

> **Fiscalement** Il en est de même ; en effet (Rép. Godfrain : AN 13-9-1993 n° 2674, non reprise dans Bofip), pour la détermination de leur bénéfice imposable, les commissionnaires sont réputés avoir personnellement livré le bien ou fourni les services considérés (« acheteur-revendeur »), et doivent inclure :
> – dans leurs produits, l'intégralité des sommes dues par les clients et non leur seule rémunération d'intermédiaire ;
> – dans leurs charges déductibles, les sommes dues aux fournisseurs.
> Sont également imposables les sommes versées par le commettant en application d'une clause contractuelle qui a pour objet de compenser le paiement par le commissionnaire d'un impôt non déductible (CE 20-4-2021 n° 430561 et 430562).

II. Application

a. Date de comptabilisation des achats et ventes À notre avis, dès que la vente au tiers cocontractant (entremise à la vente) ou l'achat au tiers cocontractant (entremise à l'achat) est réalisé, l'intermédiaire enregistre les achats et les ventes qu'il effectue pour compte, comme le ferait un acheteur-revendeur, c'est-à-dire dans ses comptes d'achats et de ventes. **La comptabilisation des achats et des ventes est simultanée,** montrant bien ainsi que l'intermédiaire n'est jamais propriétaire des marchandises (pas de stocks).

Sa **commission** n'a pas à apparaître en tant que telle. En effet, sa rémunération est, en réalité, **constituée par la marge** qu'il réalise sur les transactions dans lesquelles il s'entremet (ventes – achats).

> **Fiscalement** La TVA est déductible et due sur les montants d'achats et de ventes inscrits en comptabilité. Il n'existe donc aucune distorsion entre comptabilité et fiscalité.

b. Dépréciation des créances Dès lors que l'intermédiaire enregistre les créances pour les ventes qu'il effectue pour compte, il doit déprécier les créances douteuses, qu'il ait la qualité de **ducroire** ou non.

> **Précisions** Toutefois, si de par le contrat (ou les faits), les pertes sont répercutées sur le mandant, la dépréciation devrait être, en théorie, compensée par une régularisation de la dette envers le commettant (diminution à hauteur du montant qui ne sera pas réglé compte tenu du non-recouvrement de la créance).

Pour des détails sur la notion de ducroire et la dépréciation des créances, voir n° 50045 et 11350 s. respectivement.

c. Exemples

EXEMPLE 1

Entremise à la vente Un intermédiaire est chargé par son commettant de vendre des marchandises pour 1 050 HT (soit 1 260 TTC) à son client moyennant une commission de 50 HT. Le prix d'achat des marchandises auprès du commettant est donc de 1 000 HT.

	411 Clients	4456 TVA déductible	4457 TVA collectée	467 Commettant	512 Banque	607 Achats de marchandises	707 Ventes de marchandises
« Achat » au commettant[1]		200		1 200		1 000	
Vente au client[1]	1 260		210				1 050
Règlement du client					1 260		
Reddition des comptes au commettant				1 200	1 200		

(1) Ces deux écritures sont simultanées lors de la vente au client.

EXEMPLE 2

Entremise à l'achat Un intermédiaire est chargé par son commettant d'acquérir auprès de son fournisseur des marchandises pour 1 050 HT (soit 1 260 TTC), prix incluant une commission de 50 HT. Les marchandises seront donc acquises auprès du fournisseur pour 1 000 HT.

	401 Fournisseurs	4456 TVA déductible	4457 TVA collectée	467 Commettant	512 Banque	607 Achats de marchandises	707 Ventes de marchandises
Achat au fournisseur[1]	1 200	200				1 000	
« Vente » au commettant[1]			210	1 260			1 050
Règlement du fournisseur	1 200				1 200		
Règlement du commettant[2]				1 260	1 260		

(1) Ces deux écritures sont simultanées lors de l'achat au fournisseur.
(2) Après reddition de comptes au commettant.

73465 **Comptabilisation chez le commettant** **a. Date de comptabilisation** Les enregistrements doivent être effectués dès que le commettant est informé, c'est-à-dire, en pratique, lors de la reddition de comptes de l'intermédiaire.

b. Commissionnaire à la vente Le commettant enregistre dans ses comptes de ventes le montant de la **vente nette de commission** qu'il est réputé faire à l'intermédiaire.
Ce montant doit correspondre au montant figurant dans les achats chez l'intermédiaire.

> **Fiscalement** Il en est de même ; en effet, le montant du chiffre d'affaires soumis à TVA des commettants correspond au **montant net** de commission de la vente faite au tiers pour leur compte par l'intermédiaire.

Pour des raisons pratiques d'établissement de déclarations fiscales (déclaration des commissions versées et de la contribution sociale de solidarité ; voir ci-après) et de calcul de commission de l'intermédiaire (le calcul de la commission pouvant être étalé dans le temps en fonction du volume d'affaires réalisé), il est d'usage que le commettant enregistre **simultanément les deux écritures suivantes** :
– dans ses comptes de ventes, le montant total facturé au tiers par l'intermédiaire ;
– dans le compte 709 « Rabais, remises et ristournes accordés par l'entreprise », le montant de la rémunération de l'intermédiaire.

Toutefois, cette solution ne nous paraît **pas souhaitable pour des raisons juridiques et fiscales.** En effet :
– la commission ne répond pas à la définition d'un rabais ou d'une remise au regard de la TVA ;
– et le commettant doit émettre une facture correspondant au montant de ses propres ventes.
Il serait donc préférable de suivre le montant de la commission **extra-comptablement**.

> **Fiscalement** En effet, le commettant est tenu de déclarer les commissions versées aux intermédiaires (CGI art. 240 ; voir n° 18190). D'où l'intérêt de connaître le montant des commissions.
> En outre, lorsque l'intermédiaire est soumis à la contribution sociale de solidarité sur sa seule commission, le commettant est assujetti à cet impôt sur la base du chiffre d'affaires soumis à TVA qu'il réalise avec l'intermédiaire majoré des commissions prélevées par l'intermédiaire. D'où l'intérêt de connaître le montant total de la vente.

EXEMPLE 1

Entremise à la vente Un commettant demande à un intermédiaire de vendre des marchandises pour 1 050 HT moyennant une commission de 50 HT. Le prix de vente des marchandises à l'intermédiaire est donc de 1 000 HT (soit 1 200 TTC).

	467 Intermédiaire	4457 TVA collectée	512 Banque	707 Ventes de marchandises
« Vente » à l'intermédiaire[1]	1 200	200		1 000
Restitution par l'intermédiaire		1 200	1 200	

(1) Écriture passée dès que le commettant est informé de la réalisation de la vente au tiers par l'intermédiaire, généralement lors de la reddition de comptes de l'intermédiaire.
Déclarations :
– CA3 : 200 (soit 1 000 × 20 %)
– C3S : 1 050
– commissions versées aux intermédiaires : 50.

c. Commissionnaire à l'achat Le commettant enregistre dans ses comptes d'achats le montant de l'achat (y compris le montant de la commission) qu'il est réputé faire à l'intermédiaire.

Toutefois, pour des raisons pratiques de déclaration des commissions (voir n° 18190), il est, à notre avis, préférable que le commettant enregistre **simultanément les deux écritures suivantes** :
– dans ses comptes d'achats, le montant hors commission du bien ou du service ;
– dans le compte 608 « Frais accessoires d'achats », le montant de la commission.
Cette commission fait partie intégrante du coût d'acquisition du bien ou du service acquis par entremise.

> **Fiscalement** La TVA est déductible sur le montant total des achats.
> Le commettant doit déclarer le montant des commissions versées aux intermédiaires (pour plus de détails voir n° 18190).

EXEMPLE 2

Entremise à l'achat Un commettant demande à un intermédiaire d'acheter des marchandises pour 1 050 HT (soit 1 260 TTC), prix incluant une commission de 50 HT. Les marchandises sont donc acquises auprès de l'intermédiaire pour 1 050 HT (soir 1 260 TTC).

	467 Intermédiaire	4456 TVA déductible	512 Banque	607 Achats de marchandises	608 Frais accessoires d'achats
« Achat » à l'intermédiaire [1]	1 260	210		1 000	50
Paiement à l'intermédiaire	1 260		1 260		

(1) Écriture passée dès que le commettant est informé de la réalisation de l'achat au tiers par l'intermédiaire, généralement lors de la reddition de comptes de l'intermédiaire.
Déclarations :
– CA3 : 210 (soit 1 050 × 20 %)
– commissions versées aux intermédiaires : 50.

SECTION 5 — LE GROUPEMENT D'INTÉRÊT ÉCONOMIQUE (GIE) À OBJET COMMERCIAL

I. CARACTÉRISTIQUES GÉNÉRALES

Objet du groupement d'intérêt économique (GIE) Organisme original et souple institué pour servir de cadre juridique à la coopération interentreprises, le GIE a pour but de faciliter ou de développer l'activité économique de ses membres, d'améliorer ou d'accroître les résultats de cette activité ; il n'est pas de réaliser des bénéfices pour lui-même. Son activité **doit se rattacher à l'activité économique de ses membres** et ne peut avoir qu'un caractère auxiliaire par rapport à celle-ci (C. com. art. L 251-1 à L 251-23).
Le **GIE dont l'objet est commercial** peut faire de manière habituelle et à titre principal tous actes de commerce pour son propre compte (C. com. art. L 251-4).
Groupement de moyens, le GIE permet aux entreprises de réunir certains de leurs services ou de collaborer à la réalisation de certaines fonctions :
– fonction commerciale (action commerciale, distribution, etc.) ;
– recherche (travaux d'études, etc.) ;
– production (services techniques, d'entretien, etc.) ;
– services généraux (traitement de l'information, facturation, etc.).

> **Juridiquement** Voir Mémento Sociétés commerciales n° 96500 à 97872.

73570

73572 **Obligation d'établir des comptes annuels** Les GIE à objet commercial doivent établir des **comptes annuels** (visés C. com. art. L 123-12 s. ; voir n° 73655).

> **Précisions** **1. GIE à objet civil** Ils ne sont pas tenus aux obligations de la comptabilité commerciale. Toutefois, ils sont soumis aux dispositions concernant les personnes morales de droit privé non commerçantes ayant une activité économique (voir n° 3180).
> **2. Groupement européen d'intérêt économique** (GEIE) Le règlement européen (CE) n° 2137/85 du 25 juillet 1985 instituant le GEIE ne comporte **aucune disposition concernant** **les obligations comptables** ou le contrôle des comptes du groupement. L'article L 252-7 du Code de commerce prescrit des **dispositions identiques à celles des GIE.**
> Les dirigeants sont soumis aux mêmes peines que celles prévues en cas d'infractions relatives au contrôle des sociétés anonymes (C. com. art. L 820-4) et les dispositions relatives à ce contrôle s'appliquent également au commissaire aux comptes (C. com. art. L 820-3-1 à L 822-18 sur renvoi de l'art. L 820-1).

73575 **Régime fiscal**

> **Fiscalement** **a. Formation d'un GIE** L'acte de formation d'un GIE est dispensé de l'enregistrement obligatoire.
> **b. Modalités d'imposition des résultats** À condition qu'il soit constitué et fonctionne dans les conditions prévues par le Code de commerce (CGI art. 239 quater ; BOI-BIC-CHAMP-70-20-50 n° 20 ; CE 29-8-2008 n° 299557 et CE 15-2-2012 n° 340136 ; voir n° 73570), le régime applicable à un GIE est comparable à celui **des sociétés de personnes** relevant de l'impôt sur le revenu. Par suite, si le groupement réalise des bénéfices (ce qui ne lui est pas interdit), **chaque membre** participant est **personnellement passible,** pour la **part des bénéfices** correspondant à ses droits dans le groupement, soit **de l'IR** (dans la catégorie correspondant à l'activité du groupement), **soit de l'IS** s'il s'agit de personnes morales relevant de cet impôt ; corrélativement, si le groupement subit des pertes, leur montant est déductible du bénéfice imposable de chacun de ses membres, dans la proportion des droits qu'il détient (voir n° 36480 et 38380).
> En revanche, les GIE dont l'activité n'est pas dans le prolongement de celle de leurs membres enfreignent la législation commerciale (voir n° 73570) et sont passibles de l'IS (décisions du Conseil d'État précitées). Voir également Mémento Fiscal n° 37835.
> **c. Régime des sociétés mères** Le régime des sociétés mères (sur ce régime, voir n° 36340 s.) n'est pas applicable aux dividendes perçus par l'intermédiaire d'un GIE, celui-ci n'étant pas soumis à l'impôt sur les sociétés et ayant une personnalité distincte de celle de ses membres (CE 19-10-1983 n° 33816).

II. SCHÉMAS USUELS DE COMPTABILISATION

73645 Le Code de commerce ne comporte **aucune disposition** concernant la **comptabilisation** des opérations faites par un groupement d'intérêt économique ou avec ce groupement. La comptabilisation de ces opérations doit refléter, à la fois, la **personnalité morale du GIE** et les **droits spécifiques de ses membres** (notamment leur responsabilité solidaire).

TENUE DE LA COMPTABILITÉ ET DOCUMENTS À ÉTABLIR

73650 **Traitement comptable** Selon le CNC (NI n° 20) « la comptabilité du GIE est tenue conformément aux règles juridiques, comptables et fiscales qui résultent de l'application du Code de commerce (art. L 251-1 à L 251-23) et des textes subséquents qui sont **très proches** de celles qui régissent les **sociétés de personnes** ».

Tenue de la comptabilité Le GIE, doté de la personnalité morale, doit avoir sa propre comptabilité, au même titre qu'une entreprise. Cette comptabilité doit respecter l'ensemble des **règles de la comptabilité commerciale** (Code de commerce) et, notamment, celles relatives à la tenue de livres comptables (pour plus de détails sur le contenu, la forme et la tenue des livres comptables obligatoires, voir n° 7080 à 7190).

> **Précisions** **Sanctions** Les sanctions du non-respect des obligations comptables sont analogues à celles prévues pour l'ensemble des commerçants. En cas de redressement judiciaire, les dispositions relatives aux sanctions encourues par les dirigeants ayant commis des fautes d'ordre comptable (comptabilité irrégulière, absence ou soustraction de comptabilité, etc.) sont applicables aux GIE.

73655 **Documents à établir** Les GIE à objet commercial doivent établir :
a. Des **comptes annuels** (visés aux articles L 123-12 s. du Code de commerce). Ils sont arrêtés par l'organe de gestion (administrateur), communiqués le cas échéant au contrôleur

de gestion ou au commissaire aux comptes (voir n° 73770), et soumis à l'approbation de l'assemblée. Les comptes annuels ne font l'objet d'aucune mesure de publicité.

b. Le cas échéant (C. com. art. L 251-12), si le GIE est d'une certaine importance, les 4 **documents liés à la prévention des difficultés des entreprises** (voir n° 65695 s.).

> **Précisions** Les GIE sont tenus de les établir lorsqu'à la clôture de l'exercice ils atteignent l'un au moins des deux critères suivants (C. com. art. L 251-13) :
> – nombre de salariés égal ou supérieur à 300 ;
> – montant net du chiffre d'affaires égal ou supérieur à 18 M€.
> Ils cessent d'être tenus de les établir lorsqu'ils ne remplissent plus aucune de ces conditions pendant deux exercices successifs (C. com. art. R 232-2, al. 2).

Ces documents sont analysés dans des rapports écrits sur l'évolution du groupement établis par les administrateurs puis communiqués au commissaire aux comptes et au comité social et économique.

AFFECTATION DES RÉSULTATS

73660 **L'affectation** du résultat du GIE est à effectuer **après l'approbation** des comptes **par l'assemblée** (PCG art. 621-3) :

a. En cas de bénéfice (et après apurement des pertes antérieures) L'affectation aux comptes courants des membres du GIE n'est pas automatique. En effet, il a été jugé que la règle interdisant au GIE de réaliser des bénéfices pour lui-même (voir n° 73570) ne s'oppose pas à ce qu'il en mette une partie en réserves, lorsque cette mise en réserves a pour objectif **la réalisation des besoins de son objet** (Cass. com. 6-5-2014 n° 13-11.427). Le membre du GIE qui se retire ou qui est exclu ne peut alors récupérer sa part dans ces réserves que si les statuts ou une décision d'assemblée le prévoit (Cass. com. 19-1-2016 n° 14-19.796).
En cas de distribution aux membres du GIE, le compte 12 « Résultat de l'exercice » est donc débité par le crédit d'une subdivision du compte 45 « Groupe et associés » ; en cas d'affectation en réserves, c'est le compte 106 « Réserves » qui est crédité.

b. En cas de perte L'assemblée a le **choix**, entre la laisser subsister dans un compte « Report à nouveau » qui sera débiteur (compte 119) ou, à notre avis, l'imputer sur les comptes de réserves.
Sur les **conséquences** de cette affectation **chez les membres du GIE**, voir n° 38380.

> **Précisions** En ce qui concerne les **modalités de répartition** des résultats à chacun des membres (bénéfice ou perte), le Code de commerce (art. L 251-1 à L 251-23) laisse une grande liberté aux GIE. Il convient de respecter les **clauses statutaires,** celles-ci l'emportant sur les décisions du conseil d'administration (Cass. com. 17-5-1989 n° 87-15.667). Ainsi, si les statuts prévoient une répartition au prorata des droits dans le capital du GIE, le conseil d'administration ne peut décider une répartition en fonction du volume d'affaires traité sur l'exercice avec chaque membre.

COMPTABILISATION DU FINANCEMENT DU GIE

73665 En règle générale, le schéma comptable est analogue à celui **des sociétés en nom collectif.**

73670 **Apports en capital** Le GIE peut être constitué sans capital (C. com. art. L 251-3). Toutefois, ses membres peuvent effectuer des apports en capital (en nature, en numéraire ou en industrie). De tels apports ne font l'objet d'aucune formalité ; les modalités de versement en particulier sont libres.
Ils sont enregistrés au compte 101 « Capital ». En cas de libération différée, sur décision de l'administrateur, le montant total souscrit est comptabilisé, afin de constater la créance du GIE sur ses membres, à hauteur de la partie non libérée.

73675 **Apports en compte courant** Le PCG (art. 944-45) prescrit l'inscription au compte 458 « Associés-Opérations faites en commun et en GIE » des fonds mis ou laissés temporairement à la disposition de l'entreprise par les associés (principal et intérêts courus).
Lorsque le compte courant est **« bloqué »**, à notre avis, il peut être maintenu au compte 458, même si une convention en interdit la disposition avant une certaine date ; toutefois, il peut être envisagé, dans ce cas, de transférer les fonds au compte 1681 « Autres emprunts » (voir n° 42560).

73680 **Apports non évalués** (par exemple, mise à disposition de personnes ou de matériel) Les apports non évalués doivent être mentionnés dans les engagements donnés dans la comptabilité des membres du GIE (PCG art. 948-80).
À notre avis, réciproquement, dans le GIE, ces apports sont à mentionner dans l'annexe parmi les engagements reçus.

COMPTABILISATION DE L'EXPLOITATION DU GIE

73685 Elle nous paraît présenter les particularités suivantes :

73690 **GIE de services** Les **« cotisations »** dues par les membres conformément aux dispositions de l'acte constitutif (ou du règlement intérieur) et aux décisions de l'assemblée sont portées au compte 706 « Prestations de services » avec éventuellement régularisation en fin d'exercice pour la fraction correspondant à des services non encore rendus par le GIE.

> **Précisions** Si ces cotisations sont versées sous la forme d'abonnement ou de provisions, une régularisation est effectuée en fin d'exercice par l'intermédiaire du compte 418 « Clients – Produits non encore facturés » (complément dû) ou 487 « Produits constatés d'avance » (trop-versé) (Bull. CNCC n° 16, décembre 1974, p. 494).

73695 **GIE d'achats** Lorsque le groupement **achète pour revendre à ses membres,** les opérations avec ses clients membres sont débitées au compte 411 « Clients » (ou 412 « Clients membres du groupement ») et créditées dans un compte de **produits.**

Lorsque le groupement est le **mandataire des membres,** les opérations sont débitées au compte courant (458) ouvert au nom de chaque membre et créditées à un compte de créditeurs divers (467) ouvert au nom de chaque fournisseur.

73700 **GIE de ventes** Lorsque le groupement **achète les produits des membres pour les revendre,** les opérations avec ses fournisseurs membres du GIE sont créditées au compte 401 « Fournisseurs » (ou 402 « Fournisseurs membres du groupement ») et débitées dans un compte de **charges.**

Lorsque le groupement agit en tant que **mandataire** de ses membres, l'opération est portée à un compte de débiteurs divers (467) ouvert au nom de chaque client, par le crédit des comptes courants (458) de ses membres.

III. CONTRÔLE

73770 Le contrôle de la gestion et le contrôle des comptes sont exercés dans les conditions prévues par le **contrat** constitutif du groupement (C. com. art. L 251-12, quel que soit leur caractère, civil ou commercial ; Bull. CNCC n° 97, mars 1995, EJ 95-17, p. 106 s.).

Toutefois (C. com. art. L 251-12) :

a. lorsqu'un groupement **émet des obligations,** le **contrôle de la gestion** doit être exercé par une ou plusieurs personnes physiques nommées par l'assemblée, la durée de leurs fonctions et leurs pouvoirs étant déterminés dans le contrat ;

b. si le groupement **émet des obligations ou** s'il compte **au moins cent salariés,** le **contrôle des comptes** doit être exercé par un ou plusieurs **commissaires aux comptes.** Ils sont choisis sur la liste des commissaires aux comptes et nommés par l'assemblée pour six exercices (les dispositions les concernant sont identiques à celles prévues dans les sociétés anonymes sous réserve des règles propres au GIE).

Sur la mission du commissaire aux comptes désigné volontairement, voir FRC 12/23 Hors série inf. 9 s.

Le commissaire aux comptes doit, lorsqu'il relève un fait de nature à compromettre la continuité de l'exploitation, mettre en œuvre une « procédure d'alerte », voir n° 60820.

SECTION 6 — LA SOCIÉTÉ EN PARTICIPATION

I. CARACTÉRISTIQUES GÉNÉRALES

ASPECTS JURIDIQUES

73775 La **société en participation (SEP),** comme toute société, doit être créée par l'affectation de biens à une entreprise commune « en vue de partager le bénéfice ou de profiter de l'économie qui pourra en résulter » (C. civ., disposition générale de l'art. 1832 applicable aux SEP par

l'art. 1871, al. 2). Mais elle se caractérise par son absence de personnalité morale (voir n° 73780), son objet (voir n° 73785) et sa gestion (voir n° 73790).
Pour plus de détails, voir Mémento Sociétés commerciales n° 94000 à 94740.

Absence de personnalité morale La SEP est une société que les associés sont convenus de ne pas immatriculer. Elle n'a pas de personnalité morale et n'est pas soumise à publicité. **73780**

> **Précisions** SEP entre membres d'une profession libérale réglementée Une société en participation entre membres d'une profession libérale réglementée doit toutefois avoir une dénomination sociale et sa constitution doit faire l'objet d'une publicité (Loi 90-1258 du 31-12-1990 ; voir Mémento Sociétés commerciales n° 94185).

Il résulte de son absence de personnalité morale :
– qu'elle n'a **ni siège social, ni raison sociale, ni patrimoine social** ;
– qu'elle ne peut acquérir des immobilisations ou des stocks, être titulaire de créances et dettes, ouvrir un compte en banque, contracter un emprunt… toutes ces mutations patrimoniales devant être effectuées au nom d'un de ses membres ou d'une indivision formée entre ses membres ;
– qu'il est impossible de traiter en son nom ;
– qu'elle ne peut agir en justice et ne peut ni faire l'objet d'une procédure de sauvegarde ou de redressement judiciaire ni être mise en état de liquidation judiciaire.

> **Précisions** **1.** L'existence de la SEP peut être prouvée par tous moyens (C. civ. art. 1871, al. 1).
> **2.** Elle peut avoir un caractère :
> – soit **occulte,** l'associé (gérant) qui contracte avec un tiers n'engageant que lui-même ;
> – soit **ostensible,** étant connue des tiers, tous les associés sont alors tenus des engagements contractés par l'un d'eux envers les tiers.
> **3.** Elle est **civile ou commerciale** selon la nature de son objet.

Objet Sur le plan économique, la SEP sert de cadre à des opérations dont la nature et l'importance sont très diverses, en raison de son absence de formalisme et de la liberté du choix de son organisation et de son fonctionnement. **73785**

> **Précisions** La formule est utilisée dans les secteurs les plus variés de la vie des affaires : coopération interentreprises (recherches), travaux publics, exploitation de fonds de commerce, pool d'investissements, syndicat financier, édition…

Elle peut être créée en vue de la réalisation d'une opération unique de courte ou de plus ou moins longue durée, ou d'opérations successives d'une durée soit indéterminée, soit à terme fixé à l'avance.

> **Fiscalement** Constitue toutefois un abus de droit, la création d'une SEP dont l'unique objet est de mettre en commun des bénéfices ou pertes provenant des activités commerciales pour permettre à l'une des sociétés participantes d'imputer sur ses bénéfices fiscaux les déficits de l'autre (CE 10-5-1993 n° 95128).

Gestion La loi ne fait pas allusion à la gérance, mais les statuts peuvent désigner un ou plusieurs gérants pris parmi les participants ou en dehors d'eux. **73790**
a. Absence de gérant Tous les participants sont gérants :
– SEP occulte : chacun agit en son nom (dans l'intérêt de tous) et est seul connu des tiers envers lesquels il s'engage ;
– SEP ostensible : chacun agit au vu et au su des tiers comme un associé et engage les autres associés.
b. Désignation d'un gérant Il peut être associé ou non. Dans les deux cas, il traite en son nom personnel (et non au nom de la SEP) et les tiers n'ont d'action que contre lui, sauf si la SEP est ostensible.

ASPECTS FISCAUX
En matière d'imposition des bénéfices (pour plus de détails, voir Mémento Fiscal n° 37800 et 37805), le régime des SEP dépend de la situation de leurs membres : **73795**
Le régime des sociétés de personnes s'applique aux **associés indéfiniment responsables** dont les noms et adresses ont été communiqués à l'Administration (CGI art. 8, 2°) au plus tard avant l'expiration du délai de déclaration des résultats de l'exercice concerné (CAA Marseille 1-4-2010 n° 07-349).
Les bénéfices réalisés ou les pertes subies sont, au prorata des droits de chacun, **imposés au nom des participants** (voir n° 36480 s.).

> **Précisions** 1. La condition de communication des noms et adresses des associés ne peut être considérée comme satisfaite du seul fait que les membres de la société ont compris la quote-part des bénéfices sociaux dans leurs propres résultats (CE 21-4-2000 n° 179092).
> 2. Les SEP peuvent opter, de manière irrévocable, pour leur assujettissement à l'IS (CGI art. 206, 3°).

La quote-part de bénéfice correspondant aux droits des **associés non indéfiniment responsables** ou dont l'identité n'est pas révélée est **passible de l'IS** (CGI art. 206, 4°). La quote-part des pertes correspondantes est donc dans ce cas reportée au niveau de la SEP (CAA Marseille précitée).

Une fiction de personnalité fiscale leur ayant été reconnue, les SEP sont tenues aux mêmes obligations que les exploitants individuels (CGI art. 60). En particulier, elles doivent tenir une comptabilité régulière et **produire un bilan et un compte de résultat**.

> **Précisions** Ce « bilan » ne peut être que fiscal puisque la société en participation n'a pas de personnalité morale au regard du droit civil (BOI-BIC-BASE-10-20 n° 740 ; BOI-BIC-PDSTK-10-20-110-20 n° 480).

a. Elles doivent inscrire à l'**actif** de ce bilan les biens dont les associés sont convenus de mettre la **propriété en commun** (CGI art. 238 bis M).

> **Précisions** En conséquence, si la volonté des associés de mettre en commun la propriété de biens utilisés par la société ne peut pas être établie (au moyen, par exemple, d'une clause des statuts suffisamment explicite), l'absence d'inscription de ces biens à l'actif constitue une décision de gestion opposable et non pas une erreur comptable rectifiable (CAA Lyon 27-7-2006 n° 02-1297).

Les **biens indivis** entre les associés et affectés à l'exercice de l'activité professionnelle font obligatoirement partie de l'actif social de la société (Rép. Longuet : AN 17-3-1980 n° 21901, non reprise dans Bofip).

b. Une SEP a la **faculté** de faire figurer à l'actif de son **bilan** les **biens** qui lui sont **affectés** par les associés (CE 27-1-1986 n° 48420 et 48421 et CE 18-11-1991 n° 92600 et 92712).

> **Précisions** Une SEP peut donc intégrer dans son bilan les biens apportés en jouissance (voir toutefois n° 73995).

c. L'**amortissement** des biens affectés par les associés à la SEP est pratiqué par la SEP sur la base de leur **valeur réelle** à la **date de l'affectation** (Rép. Mesmin : AN 13-3-1976 n° 1089, non reprise dans Bofip ; CE 27-1-1986 et CE 18-11-1991 précités).

> **Précisions** Il y a transfert d'une personne fiscale à une autre personne fiscale.
> Cette valeur réelle est la **valeur vénale** à la date de l'affectation.

d. L'amortissement par la SEP est subordonné à la **condition** que les **biens** affectés soient **inscrits** à l'actif de son **bilan d'ouverture** de l'exercice au titre duquel elle prétend le pratiquer (CE 27-1-1986 n° 48420 et 48421).

e. Si les biens affectés à la SEP ne sont pas inscrits à son bilan fiscal, les associés propriétaires demeurent en droit de les **amortir dans leur propre comptabilité** sur la base de leur prix de revient (CE 13-7-1979 n° 5763).

> **Précisions** Sauf, bien entendu, ceux qui doivent obligatoirement y être inscrits (voir a. ci-avant).

f. Les **charges,** telles que les intérêts d'emprunt, engagées par les associés pour l'**acquisition des biens** qu'ils ont décidé de mettre en commun sont déductibles du résultat de la SEP, alors même qu'en raison de son absence de personnalité morale, celle-ci ne peut en devenir juridiquement propriétaire (CE 28-3-2014 n° 339119).

g. Alors même que la SEP n'a pas la personnalité juridique, son résultat fiscal doit tenir compte de tous les éléments susceptibles d'affecter le bénéfice social. Ainsi, bien que la SEP ne puisse pas être assignée en justice, une provision pour litige relative à son activité doit être inscrite dans ses comptes et non dans ceux de ses associés (CE 5-9-2008 n° 286393).

RÉGLEMENTATION COMPTABLE

73800 Les règles en sont fixées par le PCG (art. 621-1, 621-2, 941-17, 941-18, 942-26, 944-45, 946-65, 947-75 et 833-14/3).

> **Précisions** 1. La comptabilisation des opérations faites par l'intermédiaire d'une SEP prend en considération les données suivantes :
> – absence de personnalité morale ;
> – reddition de comptes entre ses membres ;
> – régime fiscal particulier ;
> – sincérité, régularité des comptes et cohérence entre elles des comptabilités de ses membres, la sincérité impliquant la mise en évidence des engagements de solidarité.

2. Les modalités de comptabilisation doivent s'efforcer de restituer aux opérations faites par l'intermédiaire d'une SEP, leur **double aspect** selon qu'on les considère :
– du **point de vue des tiers** pour lesquels seule compte l'apparence juridique ;
– du **point de vue des coparticipants** pour lesquels l'apparence juridique s'efface derrière la réalité du contrat qui les lie, ce contrat pouvant, ou non, confier la responsabilité de la gestion de la SEP à un (ou des) gérant(s) contractant avec les tiers en son nom propre.

3. Ces prescriptions, qui reprennent des recommandations du CNC de 1969 (NI n° 13 et Doc. n° 8), ne tiennent toutefois pas compte des incidences comptables des textes ultérieurs :
– réforme du Code civil (Loi du 4-1-1978), notamment possibilité de création d'une SEP ostensible et d'apports en indivision ;
– institution d'un « bilan » fiscal de la SEP (Loi du 29-12-1979).

Les **biens** (qu'il s'agisse de valeurs immobilisées ou de valeurs d'exploitation) de chaque coparticipant doivent figurer dans son bilan même s'ils sont réservés à la réalisation de l'objet de la SEP (apport en jouissance notamment).

Les **mises de fonds** entre coparticipants sont enregistrées au compte de tiers « Associés – Opérations faites en commun ».

Les **biens créés ou acquis dans le cadre de l'activité** de la SEP doivent figurer dans le bilan du coparticipant qui en est le propriétaire (en règle générale le gérant).

Les **opérations réalisées avec les tiers** par les coparticipants en leur nom propre sont inscrites dans la comptabilité de chacun d'entre eux dans les conditions habituelles. Il en est de même pour les opérations réalisées entre coparticipants lorsque ces opérations sont faites en leur nom propre.

ORGANISATION DE LA COMPTABILITÉ

Cadre et obligations comptables Pour les **associés,** la comptabilité de la SEP doit refléter la **réalité économique du contrat** les liant et donc l'effet des opérations réalisées sur les résultats et sur les droits réciproques des associés. 73805

Pour les **tiers, l'apparence juridique** est à respecter et leur comptabilité doit rendre compte de la situation de chaque associé vis-à-vis des tiers.

Absence d'obligation comptable formelle Compte tenu de l'absence de personnalité morale, la comptabilisation des opérations réalisées par l'intermédiaire d'une SEP n'est soumise à aucune obligation formelle, en particulier de tenue de registres comptables et d'établissement de comptes sociaux. 73810

> **Fiscalement** Un « bilan » fiscal est à fournir (voir n° 73795).

Choix d'une organisation comptable Le regroupement des opérations faites par l'intermédiaire d'une SEP peut être effectué sous diverses formes qui sont fonction des clauses contractuelles et de l'organisation comptable prévue par les coparticipants (CNC, NI n° 13) : 73830
– regroupement des comptes dans la comptabilité de l'un d'eux **(comptabilité centralisée)** selon diverses modalités ;
– regroupement des documents comptables si tous ou plusieurs d'entre eux contractent apparemment pour leur propre compte **(comptabilité dissociée).**

Comptabilité centralisée Le gérant responsable de la comptabilité dispose de deux possibilités :

I. La comptabilité de la participation est autonome (méthode dite de la **comptabilité de société**) À l'intérieur de la comptabilité du gérant, ses opérations propres et celles réalisées par l'intermédiaire de la SEP sont tenues séparément et reliées par le compte 188 **« Compte de liaison des sociétés en participation »** (PCG art. 941-18). Cette méthode est semblable à celle employée pour dissocier les comptabilités des divers établissements d'une entreprise.

> **Précisions** L'autonomie comptable est soit limitée aux comptes de gestion, soit étendue aux comptes de bilan (classes 2 à 5) ou à certains d'entre eux (la SEP n'ayant fréquemment pas de trésorerie autonome, la classe 5 n'est pas utilisée).

Schématiquement :
COMPTABILITÉ DU GÉRANT

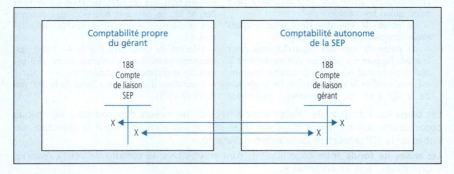

> **EXEMPLE**
> Achat de 630 par le gérant pour le compte d'une SEP ne tenant pas de comptes de tiers.

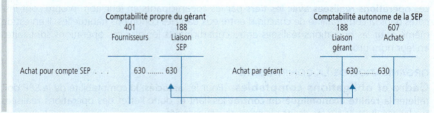

II. La comptabilité de la participation est intégrée à celle du gérant :
– soit par subdivision **des comptes des classes 6** et **7,** de sorte qu'il existe un jeu de comptes affectés à la participation, parallèles aux comptes propres du gérant ;
– soit en faisant appel à la **comptabilité analytique** (les opérations sont traitées en comptabilité générale comme si elles étaient réalisées par le gérant pour son propre compte, la distinction étant faite en comptabilité analytique) ;
– soit en ouvrant un compte en **classe 8 « Exploitation en participation »** où les opérations réalisées par la SEP sont ventilées dans des sous-comptes par nature.

> **> Précisions** L'intégration de la comptabilité de la participation à celle du gérant est susceptible de poser des problèmes, notamment quant à l'établissement du « bilan » **fiscal.** C'est pourquoi, en pratique, une solution – non prévue par le CNC – consiste à tenir une comptabilité autonome en cours d'année (balance générale distincte), additionnée en fin d'année à la comptabilité du gérant.

Comptabilité dissociée La comptabilité est répartie entre plusieurs gérants, ou plusieurs (ou tous les) coparticipants. Il est ensuite procédé au regroupement matériel des documents comptables et au cumul des opérations analogues en éliminant l'effet des opérations réciproques.

73835 **Participation avec l'étranger** Lorsque l'un des coparticipants est étranger, ou lorsqu'une partie des opérations est réalisée à (ou avec) l'étranger, la comptabilité peut, à notre avis, être organisée selon l'un des systèmes précédemment exposés.
La comptabilisation des opérations en devises est faite selon l'une des méthodes exposées aux n° 70370 s.

> **> Précisions** Toutefois, afin de permettre une bonne dissociation des opérations, notamment pour des raisons **fiscales,** il nous semble préférable de tenir une comptabilité autonome.

II. SCHÉMAS USUELS DE COMPTABILISATION

Nous distinguerons l'organisation de la comptabilité de ses membres pour tenir compte de l'existence de la SEP et l'enregistrement des opérations faites par son intermédiaire.

73905

DISPOSITIONS GÉNÉRALES

Obligations   Il importe de tenir compte des obligations suivantes :

73910

a. Le **partage du résultat** de la SEP entre ses membres (C. civ. art. 1832) implique la tenue d'une comptabilité le déterminant en respectant les principes et règles comptables.

b. La **propriété des biens affectés** à la SEP fait l'objet de l'article 1872 du Code civil :

> **Précisions**   C. civ. art. 1872 : « À l'égard des tiers, chaque associé reste propriétaire des biens qu'il met à la disposition de la société. Sont réputés indivis entre les associés les biens acquis par emploi ou remploi de deniers indivis pendant la durée de la société et ceux qui se trouvaient indivis avant d'être mis à la disposition de la société. Il en est de même de ceux que les associés auraient convenu de mettre en indivision. Il peut en outre être convenu que l'un des associés est, à l'égard des tiers, propriétaire de tout ou partie des biens qu'il acquiert en vue de la réalisation de l'objet social. »

En conséquence, **selon** les modalités retenues dans **les statuts,** les immobilisations affectées à une SEP peuvent être de deux types :
– **immobilisations propriété apparente d'un associé** qui en concède la jouissance à la SEP, qu'il les apporte, qu'il les acquière ou qu'il les produise dans le cadre de l'activité de la SEP ;
– **immobilisations en indivision** apportées à la SEP, acquises ou produites avec des deniers indivis.

c. Le **« bilan » fiscal** à établir doit comporter au moins les immobilisations indivises et être accompagné d'un compte de résultat fiscal.

Choix à effectuer   Il en résulte différents **choix** à faire :

1. **Quelle organisation comptable retenir ?** (voir n° 73830) Elle est fonction de l'importance, de la complexité et de la durée des opérations réalisées par l'intermédiaire de la SEP.

> **Précisions**   En pratique, une **comptabilité autonome** paraît devoir être retenue dans cette branche où les opérations traitées en participation, du fait de leur importance et de leur complexité, peuvent être source d'erreurs ou de litiges ; d'autant que ce n'est pas toujours le gérant qui réalise le plus grand nombre d'opérations pour le compte de la SEP.
> Elle permet en effet d'isoler tous les comptes de la SEP, y compris les comptes de bilan (et pas seulement les comptes de charges et de produits), ce qui constitue une information intéressante pour les coparticipants d'une part, et facilite l'établissement de la déclaration annuelle des résultats à l'Administration fiscale d'autre part. Elle permet également de mesurer les flux de trésorerie générés par les opérations faites en commun, ce qui n'est pas indifférent pour les appels de fonds aux coassociés et pour la détermination des charges financières (ou des produits financiers), dont la rétrocession peut être prévue contractuellement. Enfin, la dispersion de l'exécution des affaires traitées en participation (parfois sur toute la surface du globe) et le fait que, pour les professions intéressées, les SEP sont en général créées pour un marché déterminé, ne peuvent que renforcer l'idée selon laquelle ces sociétés doivent, de préférence, faire l'objet de comptabilités distinctes de celle du gérant.

2. **Quels éléments porter au « bilan » fiscal ?** (voir n° 73795) Faut-il y porter uniquement les biens en indivision (ce qui est une obligation) ou également (ce qui est une faculté) les biens propriété apparente d'un des membres ?

Pour examiner les schémas de comptabilisation, nous utiliserons la méthode d'une comptabilité autonome tenue par le gérant associé   Dans ce cas, les **comptes spécifiques à la SEP** sont les suivants, ceux qui figurent dans le PCG étant suivis de la mention (PCG) :

73915

178. Dettes rattachées à des sociétés en participation (PCG).
188. Comptes de liaison des sociétés en participation (PCG).
21x1. Immobilisations apportées en jouissance (affectées au bilan de la SEP).
21x2. Immobilisations en indivision.
21x3. Immobilisations propriété apparente du gérant.
21x4. Immobilisations propriété apparente d'associés.
268. Créances rattachées à des sociétés en participation (PCG).
28x1. Amortissements des immobilisations apportées en jouissance.
28x2. Amortissements des immobilisations en indivision.
28x3. Amortissements des immobilisations propriété apparente du gérant.

28x4. Amortissements des immobilisations propriété apparente d'associés.
458. Associés – Opérations faites en commun (PCG) :
458. Associés – sociétés en participation ou
458. Gérant – sociétés en participation.
467. Autres débiteurs ou créditeurs divers – Gérant non associé.
478. Transit associé X.
655. Quotes-parts de résultat sur opérations faites en commun (PCG) :
6551. Quote-part de bénéfice transféré (comptabilité du gérant).
6555. Quote-part de perte supportée (comptabilité des associés non gérants).
755. Quotes-parts de résultat sur opérations faites en commun (PCG) :
7551. Quote-part de perte transférée (comptabilité du gérant).
7555. Quote-part de bénéfice attribuée (comptabilité des associés non gérants).
7913. Charges imputables à des sociétés en participation.

A. Apports

73965 La création de la SEP, comme de toute société, implique la **mise en commun** par les associés de **biens** ou de leur **industrie** (C. civ., disposition générale de l'art. 1832 applicable aux SEP par l'art. 1871, al. 2). D'où l'obligation d'y faire des **apports** ; mais la SEP, n'ayant pas la personnalité morale, ne peut avoir de capital. En conséquence, qu'il y ait apports en nature, en numéraire ou en industrie, les associés ne peuvent en transférer la propriété à la SEP.

Leur traitement comptable est identique, qu'il s'agisse des **apports initiaux** ou des **appels de fonds complémentaires** ultérieurs décidés en fonction des besoins de trésorerie.

a. Apports en jouissance

73970 À notre avis, les biens de chaque coparticipant doivent figurer dans son bilan même s'ils sont réservés à la réalisation de l'objet de la SEP (apport en jouissance notamment).

> **Précisions 1.** Le coparticipant est, en effet, le bénéficiaire du droit réel en même temps que le propriétaire apparent (**précision du PCG 82, p. II.133**).
> **2.** Les modalités de leur amortissement ne sont pas précisées dans le PCG qui se limite aux biens acquis ou créés dans le cadre de la SEP.

Mais cette prescription n'empêche pas, dans un premier stade à l'intérieur de la comptabilité juridique du gérant, d'utiliser la comptabilité autonome de la SEP et d'en tirer un « bilan » et un compte de résultat à usage interne et/ou fiscal.

Nous verrons donc les deux cas suivants :
– les biens ne sont pas affectés au « bilan » de la SEP (voir n° 73975 s.) ;
– les biens sont affectés au « bilan » de la SEP (voir n° 73995).

Le traitement comptable des immobilisations et des stocks étant identique, nous n'exposerons que le cas des immobilisations qui est le plus complexe du fait de leur amortissement.

APPORTS EN JOUISSANCE D'IMMOBILISATIONS NON AFFECTÉES AU « BILAN » DE LA SEP

73975 Ces immobilisations sont enregistrées dans la comptabilité propre de leur propriétaire qui les amortit. Les amortissements sont repris dans la comptabilité autonome de la SEP suivant des modalités qui peuvent être différentes :
– affectation à la SEP de la dotation aux amortissements (voir n° 73980) ;
– location de l'immobilisation à la SEP (voir n° 73985) ;
– location de l'immobilisation aux coassociés (voir n° 73990).

73980 **Affectation à la SEP de la dotation aux amortissements pour les apports en jouissance du gérant et d'une location pour les apports en jouissance de ses associés**

I. Apports en jouissance par le gérant Il procède comme suit :
– dans sa propre comptabilité, il enregistre la dotation aux amortissements au compte 68 puis son affectation à la SEP (au même compte) et la TVA collectée de ce fait par le débit du compte de liaison 188 « Liaison SEP » ;
– dans la comptabilité autonome de la SEP, il constate la dotation au compte 68 par le crédit du compte de liaison 188 « Liaison gérant » ;

– en fin d'exercice, il reprend les soldes des comptes de la SEP dans sa propre comptabilité où il tient compte ensuite de la part de ses associés dans le résultat net de la SEP (voir n° 74220 s.).

73980 (suite)

II. Apports en jouissance par ses coassociés

L'apporteur répercute sa charge de dotation aux amortissements à la SEP, en facturant une location du même montant au gérant pour le compte de la SEP majorée de la TVA exigible. Lors de l'enregistrement de sa quote-part dans le résultat net de la SEP (voir n° 74220 s.), il est tenu compte de sa quote-part dans la dotation aux amortissements et la location qui constitue sa charge définitive.

Dans la comptabilité autonome de la SEP, le gérant débite le compte 613 « Locations » par le crédit du compte 458 « Associés X ».

Puis (en fin d'exercice), le gérant reprend les soldes des comptes de la SEP dans sa propre comptabilité où il tient compte ensuite de la part de ses associés dans le résultat net de la SEP.

EXEMPLE

Apports en jouissance :
– par le gérant A d'un matériel acheté 450 (amortissement sur 3 ans) ;
– par l'associé B d'un matériel acheté 90 (amortissement sur 3 ans).
Participation gérant 2/3, associé 1/3 (il est tenu compte de la TVA).

Comptabilité du gérant :

	Comptabilité propre gérant						
	21/28 Matériel	4456 TVA déductible	4457 TVA collectée	458 Associé B	613 Locations	655 Quote-part résultat SEP	681 Dotation amort.	188 Liaison SEP
Matériel gérant :								
Achat (par banque)	450							
Dotation		150					150	
Affectation-Dotation SEP				30			150	180
Balance SEP :								
Reprise comptes SEP		36			36	30	150	180
Part associé B (1)				60		60		
	450	150	36	30	60 36	30	60	300 150	180 180
	300		24				150	soldé

(1) Par hypothèse, le résultat de la SEP est limité à la dotation et la location, ce qui entraîne une perte de 180 affectée pour 1/3 à l'associé B, soit 60.

Comptabilité autonome SEP :

	Comptabilité autonome SEP				
	188 Liaison gérant	4456 TVA déductible	458 Associé B	613 Locations	681 Dotation amort.
Matériel gérant :					
Achat (par banque)					
Dotation					
Affectation-Dotation SEP		180	30		150
Matériel associé :					
Location SEP			6	36	30
Balance SEP :		180	36	36	30	150
Reprise comptes SEP	180		36	36	30	150
	180 180	36 36	36 36	30 30	150 150
			soldés		

Comptabilité de l'associé apporteur :

	2815 Amort. matériel	4457 TVA collectée	458 Gérant		655 Quote-part résultat SEP	681 Dotation amort.		708 Locations
Dotation	30					30		
Récupération sur SEP		6	36					30
Part dans résultat SEP			60		60			
	30	6	36	60	60	30		30
				24				

73985 **Location de l'immobilisation à la SEP** pour un montant calculé sur son coût ou sur sa valeur vénale à la date de l'apport du bien à la SEP. Elle fait l'objet :
– si le propriétaire est le gérant, d'une note de débit interne ;
– si le propriétaire est un autre associé, d'une facture adressée au gérant.

73990 **Location de l'immobilisation aux coassociés** (sans transiter par la SEP) pour le montant de leur part dans son coût ou dans sa valeur vénale à la date de l'apport du bien à la SEP.

APPORTS EN JOUISSANCE D'IMMOBILISATIONS AFFECTÉES AU BILAN DE LA SEP

73995 **Valeur à retenir pour l'affectation** Rappelons que cette affectation, **de caractère facultatif,** peut être décidée pour des besoins de gestion, mais qu'il convient **d'en tirer les conséquences fiscales** signalées n° 73795.

En particulier, il a été jugé (CE 27-1-1986 n° 48420 et 48421) que l'**amortissement** de ces biens est à pratiquer sur **leur valeur vénale** à la date d'affectation alors qu'ils ont été **comptabilisés à leur coût** (en pratique, une différence entre valeur vénale et valeur nette comptable ne peut exister que dans le cas d'apport de biens détenus depuis un certain temps).

Toutefois, le Conseil d'État (Arrêts n° 92600 et 92712 du 18-11-1991) a estimé que la **différence** entre valeur vénale et valeur nette comptable (plus-value), qui avait été portée dans le « bilan » fiscal de la société en participation à un poste de « réserve sur différence d'actif », **ne peut être regardée comme une réévaluation** du bilan à laquelle la société en participation aurait procédé, ou à un passif fictif devant être réintégré dans les bénéfices. L'administration est en revanche fondée à demander que les amortissements pratiqués par la société en participation soient calculés sur la base de la valeur pour laquelle les biens apportés ont été effectivement inscrits au bilan, c'est-à-dire sur la valeur vénale. En conséquence, quelles que soient la nature et la conséquence fiscale de cette différence, elles n'ont **pas d'incidence** sur la présentation du bilan et sur le résultat comptable de la **société apporteuse.**

Il en résulte, pour l'établissement des comptes annuels de la société apporteuse, la nécessité d'**extourner** les **écritures** passées pour respecter les obligations **fiscales** (inscription de l'écart entre valeur vénale et valeur nette comptable, différence d'amortissements en résultant) afin de revenir à la valeur nette comptable qui est juridiquement celle qui doit être retenue.

74015 **Comptabilisation de ces apports (uniquement s'il a été décidé de les affecter à la SEP)** Elle est la suivante :

I. Apports en jouissance du gérant :

– il les vire de sa comptabilité propre à la comptabilité autonome de la SEP dans laquelle est constatée la dotation aux amortissements, par l'intermédiaire du compte de liaison 188 ; des comptes spécifiques leur sont réservés (afin de faciliter leur répartition à la clôture de l'exercice entre leurs propriétaires), par exemple adjonction aux comptes de l'identifiant 1 : 21 × 1 « **Immobilisations apportées en jouissance** » et 28 × 1 « **Amortissements des immobilisations apportées en jouissance** » ;

– il les reprend dans sa comptabilité propre, à l'occasion de la reprise (en fin d'exercice) des comptes de la SEP (la dotation aux amortissements ainsi reprise étant un des éléments du résultat de la SEP qui sera réparti entre ses membres, voir n° 74220 s.).

LES OPÉRATIONS DE COOPÉRATION

74015
(suite)

EXEMPLE

Apport en jouissance par le gérant A d'une immobilisation achetée 450 (amortissement en 3 ans). Il a été fait abstraction de la TVA par simplification.

	Comptabilité propre gérant				Comptabilité autonome SEP			
	Immobilisations					Immo. jouissance		
	215 Matériel	281 Amort.	681 Dotations amort.	188 Liaison SEP	188 Liaison gérant	21 × 1 Coût	28 × 1 Amort.	681 Dotation amort.
Achat immobilisation	450							
Apport SEP		450 450			450 450			
Dotation amortis.							150 150	
Reprise comptes	450	.... 150 150	....	450	450	....	450 150	 150
	900 | 450	150 | 150		450 | 450	450 | 450	450 | 450	150 | 150	150 | 150
	450			soldé		soldés		

II. Apports des autres associés

a. Comptabilité de l'apporteur Le bien est maintenu à son bilan. S'il s'agit d'une immobilisation amortissable, il constate normalement la dotation aux amortissements et facture au gérant, pour le compte de la SEP, une location d'immobilisation du même montant.
Lorsqu'il enregistre sa quote-part dans le résultat net de la SEP, celle-ci tient compte de sa quote-part dans la dotation à l'amortissement de ce bien.

b. Comptabilité du gérant Dans la comptabilité autonome de la SEP :
– ces biens sont enregistrés au compte 21 × 1 par le crédit du compte transitoire 478 « Transit associé X » ;

> **Précisions** Il ne s'agit pas d'une dette proprement dite envers les coassociés (somme à payer), mais du montant de leur **participation au financement** de l'immobilisation.

– la location facturée par l'associé propriétaire pour le montant de la dotation aux amortissements est débitée au compte 681 « Location-amortissements » par le crédit du compte 458 « Associé X » ;
– l'amortissement est débité au compte 478 « Transit associé X » par le crédit du compte 28 × 1 ;
– après l'établissement (en fin d'exercice) de la balance des comptes de la SEP, les éléments relatifs à ces biens (coût et amortissements) sont retirés du bilan par l'intermédiaire du compte 478 qui se trouve soldé.
Après cette opération, seule subsiste la location de l'immobilisation à la SEP par l'associé propriétaire. Elle est reprise dans la comptabilité propre du gérant sous forme d'une charge de location.

EXEMPLE

Apport en jouissance par un coassocié B d'une immobilisation achetée par lui 90 (amortissement sur 3 ans). Participation du gérant : 2/3 et du coassocié B : 1/3.

Comptabilité de l'associé apporteur :

	215 Matériel	2815 Amort. matériel	458 Gérant SEP	681 Dotation amort.	708 Locations	655 Quote-part résultat SEP
Achat bien	90					
Dotation		30		30		
Récupération SEP			30		30	
Répartition résultat SEP[1]			10			10

(1) Par hypothèse, la dotation aux amortissements (de 30 dont 1/3 pour le coassocié B) est le seul élément de ce résultat.

Comptabilité du gérant :

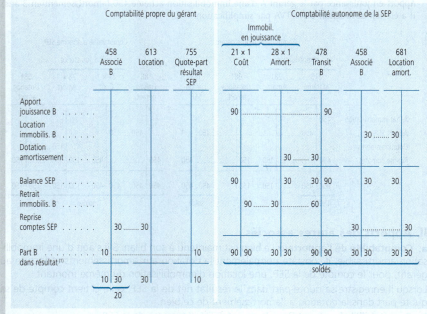

b. Apports en indivision

74035 Rappelons qu'ils doivent être inscrits au **bilan fiscal** de la SEP (voir n° 73795).

La Commission juridique du CNC a exprimé l'avis (Doc. 39.80.11) que « l'application d'une disposition purement fiscale ne saurait être étendue au droit des sociétés ; dans l'état actuel des textes, **chaque coïndivisaire** doit inscrire à l'actif de son **bilan** sa **quote-part** indivisible ».

Lors de son acquisition, chaque coïndivisaire a inscrit à son actif sa quote-part dans le coût du bien apporté.

Lors de l'apport à la SEP, la comptabilisation est la suivante :

Comptabilité du gérant L'immobilisation est enregistrée dans la **comptabilité autonome** de la SEP au compte 21 × 2 « Immobilisations en indivision », la contrepartie étant :
– pour la part du gérant, le compte 188 « Liaison gérant » ;
En même temps, le bien est extrait de sa comptabilité propre en créditant le compte 21 par le débit du compte 188 « Liaison SEP ».
– pour la part de ses coïndivisaires, le compte 478 « Transit associé X ».
En fin d'exercice, la dotation aux amortissements est débitée au compte 681 par le crédit du compte 28 × 2 « Amortissements des immobilisations en indivision ». Puis, après établissement de la balance des comptes de la SEP, il est tenu compte de la part des coïndivisaires :
– dans l'immobilisation et son amortissement ;
– dans la dotation aux amortissements (à notre avis lorsqu'il y a indivision, le partage du résultat de la SEP est à faire au niveau des charges et des produits).
Enfin, les comptes de la comptabilité autonome sont soldés et repris dans la comptabilité propre du gérant.

Comptabilité de l'associé coïndivisaire L'immobilisation est enregistrée dans sa comptabilité propre, puis transférée à la SEP.
Lors de la reprise des comptes de la SEP, il enregistre l'immobilisation et l'amortissement.

LES OPÉRATIONS DE COOPÉRATION

EXEMPLE

Apport d'un matériel amortissable en 4 ans, acheté 80, détenu en indivision à 60 % par le gérant A et 40 % par son associé B.

Comptabilité du gérant :

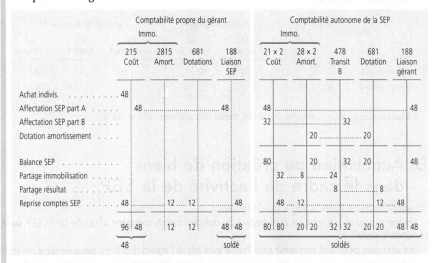

(1) Par hypothèse, la dotation aux amortissements est le seul élément de ce résultat.

c. Apports en numéraire

La situation est différente selon qu'il y a apports par le gérant ou par ses associés.   **74055**

Comptabilité du gérant Selon que des comptes de trésorerie particuliers sont affectés à la SEP ou non :

a. Comptes de trésorerie affectés à la SEP Le gérant enregistre les apports dans la comptabilité autonome de la SEP :
– ses apports sont crédités au compte 188 « Liaison gérant » ;
– ceux de ses associés sont crédités au compte 458 « Associé », un sous-compte étant créé par associé.

Si la réalisation du contrat est de longue durée et ces fonds destinés à être maintenus dans la SEP (caractère de capitaux permanents), il y a intérêt à les distinguer des opérations courantes (dettes envers les associés fournisseurs, part de résultat de ces associés) à l'intérieur du compte 458.

b. Utilisation de la trésorerie générale de l'entreprise Le gérant se limite à inscrire les apports de ses associés dans sa comptabilité propre : ce sont des dettes envers eux enregistrées au compte 458 « Associé – SEP », un sous-compte étant ouvert pour chaque associé.

Comptabilité des coassociés Leurs apports sont une créance sur le gérant portée au débit du compte 458 « Gérant SEP » par le crédit du compte 512 « Banque ».

EXEMPLE

Le gérant A apporte 150 en numéraire et son associé B 170.
Utilisation d'un compte bancaire réservé à la SEP.
Comptabilité du gérant :

	Comptabilité propre		Comptabilité autonome SEP		
	512 Banque	188 Liaison SEP	188 Liaison gérant	458 Associé B	512 Banque
Apport gérant A	150	150	150		150
Apport associé B				170	170

> **Fiscalement**   Sur le régime fiscal des droits des associés, voir n° 38385.

B. Acquisition ou création de biens dans le cadre de l'activité de la SEP

74105   En application de l'article 1872 du Code civil :
– les biens acquis par emploi ou remploi de deniers indivis pendant la durée de la SEP **sont réputés indivis** ;
– **les associés peuvent convenir** que **l'un d'eux** est, à l'égard des tiers, **propriétaire** de tout ou partie des biens qu'il acquiert (voir n° 73910) en vue de la réalisation de l'objet social.
En conséquence, les biens (immobilisations et stocks) acquis, et par extension créés, dans le cadre de l'activité de la SEP sont réputés indivis sauf si une clause contractuelle en donne la propriété apparente à l'un de ses membres (habituellement le gérant).
À notre avis, ces biens sont à inscrire dans la **comptabilité autonome** de la SEP où ils sont, le cas échéant, amortis.

> **Fiscalement**   L'établissement du bilan fiscal est grandement facilité s'il est effectué à partir de la comptabilité autonome de la SEP.

Sont traités :
– d'abord les clauses contractuelles donnant la propriété apparente : au gérant (n° 74125) ou à l'un de ses membres (n° 74145),
– puis les cas d'indivision pure (n° 74170).

IMMOBILISATIONS PROPRIÉTÉ APPARENTE DU GÉRANT

74125   La comptabilisation est la suivante (PCG art. 941-17, 942-26 et 944-45) :

Comptabilité du gérant   Lors de leur **acquisition** ou de leur production, les immobilisations sont enregistrées dans la comptabilité autonome de la SEP où elles peuvent être isolées dans un compte **21 × 3 « Immobilisations propriété apparente du gérant »** ; elles y sont ensuite amorties au compte **28 × 3 « Amortissements des immobilisations propriété apparente du gérant »**.
À la fin de l'exercice, après l'établissement de la balance de la SEP, la part représentative des droits des autres associés est débitée à leur compte courant 458 par le crédit du compte 178 « Dettes rattachées à des SEP ».

Comptabilité de ses associés   Au vu des éléments fournis par le gérant, ils enregistrent en fin d'exercice (ou de période) :
– leur participation financière à ces immobilisations en débitant le compte 268 « Créances rattachées à des SEP » par le crédit du compte courant du gérant 458 ;
– leur part dans le résultat de la SEP.

EXEMPLE

Acquisition par le gérant A pour le compte de la SEP d'une immobilisation de 80 amortissable en 4 ans (un compte de trésorerie est affecté à la SEP).
Participation : gérant A : 60 %, associé B : 40 %.

Comptabilité autonome de la SEP (chez le gérant) :

	178 Dettes SEP	21 × 3 Matériel	28 × 3 Amortissement	458 Associé B	512 Banque (3)	681 Dot. amort.
Achat bien		80			80	
Dotation amortis			20			20
Balance SEP		80	20		80	20
Part B dans immobilis. (1)	24			24		
p/s comptes SEP (2)	24	80	20	24	80	20
	24 | 24	80 | 80	20 | 20	24 | 24	80 | 80	20 | 20

soldés

(1) (80 − 20) × 40 % = 24.
(2) Par hypothèse, la dotation aux amortissements est le seul élément du résultat de la SEP.
(3) Le compte 188 « Liaison gérant » serait utilisé s'il y avait utilisation de sa trésorerie générale (voir n° 74055).

Comptabilité propre du gérant :

	178 Dettes SEP	21 × 3 Matériel	28 × 3 Amort.	458 Associé B	512 Banque	681 Dotation amort.	755 Quote-part résultat SEP
Reprise SEP	24	80	20	24	80	20	
Affectation résultat de B				8			8

Comptabilité de l'associé B :

	268 Créance SEP	458 Gérant SEP	655 Quote-part résultat SEP
Part dans immobilisation SEP	24	24	
Part dans résultat SEP (1)		8	8

(1) Par hypothèse, la dotation aux amortissements est le seul élément du résultat de la SEP.

IMMOBILISATIONS, PROPRIÉTÉ APPARENTE DE L'UN DES ASSOCIÉS (NON GÉRANT)

Elles sont traitées comme suit :   74145

Comptabilité du gérant Dans la **comptabilité autonome** de la SEP sont enregistrées :
– l'immobilisation à son coût au compte 21 × 4 « Immobilisations propriété apparente d'associés » par le crédit du compte transitoire de l'associé propriétaire 478 « Transit associé X » ;
– la dotation à l'amortissement du bien au compte 68 par le crédit du compte 28 × 4 « Amortissements des immobilisations propriété apparente d'associés » ;
– la facture de location reçue de l'associé propriétaire apparent qui est portée au crédit de son compte 458 « Associé X » par le débit du compte 478 « Transit ».
Après l'établissement de la balance des comptes de la SEP, il est tenu compte de la part du gérant dans le financement du bien qui est débitée au compte 268 « Créances rattachées à des sociétés en participation » par le crédit du compte 458 « Associé X ».

Comptabilité de l'associé propriétaire apparent Il enregistre normalement l'achat du bien et son amortissement, puis récupère celui-ci par une facture de location du même montant au gérant pour le compte de la SEP.
Il comptabilise ensuite :
– la participation du gérant au financement du bien en débitant le compte du gérant 458 par le crédit du compte 178 « Dettes rattachées à des SEP » ;
– sa quote-part dans le résultat de la SEP.

EXEMPLE

Matériel acheté 80 par l'associé B amortissable en 4 ans.
Participation à la SEP : gérant A : 60 %, associé B : 40 %.
Comptabilité autonome de la SEP (chez le gérant A) :

	268 Créances SEP	21 × 4 Matériel	28 × 4 Amortissement	458 Associé B	478 Transit	681 Dot. amort.
Affectation bien B		80			80	
Dotation			20			20
Location bien B				20	20	
Balance comptes SEP		80	20	20	20 / 80	20
Part A dans financement immobilier B [1]	36			36		
Retrait bien B		80 / 20			60	
Comptes SEP [2]	36			56		20
	36 / 36	80 / 80	20 / 20	56 / 56	80 / 80	20 / 20

soldés

(1) (80 − 20) × 60 % = 36.
(2) Pour solde, avec pour contrepartie leur reprise dans la comptabilité propre du gérant (voir ci-dessous).

Comptabilité propre du gérant A :

	268 Créances SEP	458 Associé B	613 Location	755 Quote-part SEP
Reprise SEP	36	56	20	
Résultat/SEP de B			8	8

Comptabilité de l'associé B propriétaire apparent :

	178 Dettes SEP	215 Matériel	2185 Amort.	458 Gérant	681 Dotation amort.	708 Locations	655 Quote-part résultat SEP
Achat bien		80					
Dotation amortis.			20		20		
Location bien				20		20	
Participation gérant financement bien	36			36			
Part résultat SEP [1]				8			8
	36	80	20	56 / 8	20	20	8
				48			

(1) Par hypothèse, la dotation aux amortissements est le seul élément du résultat de la SEP.

IMMOBILISATIONS EN INDIVISION

74150 Lorsque des biens sont acquis en remploi de deniers indivis – et donc réputés indivis – par le gérant en son nom, une clause contractuelle lui en donnant la propriété apparente (voir n° 74105), ils sont traités comptablement en tant qu'immobilisations propriété apparente du gérant (voir n° 74125).
Sur le cas particulier de la part de **quirat** (copropriété de navire), voir n° 38390.

74170 Les véritables indivisions (donc sans clause contractuelle ; voir n° 74105) sont traitées comme suit :

Comptabilité du gérant Dans la comptabilité autonome de la SEP sont enregistrées :
– l'immobilisation à son coût au compte 21 × 2 « Immobilisations en indivision » par le crédit du compte de banque ;
– la dotation à l'amortissement de l'immobilisation par le crédit du compte 28 × 2 « Amortissements des immobilisations en indivision ».

Après l'établissement de la balance des comptes de la SEP, il est tenu compte de la part des coïndivisaires :
– dans l'immobilisation et son amortissement ;
– dans la dotation aux amortissements (à notre avis, lorsqu'il y a indivision, le partage du résultat de la SEP est à faire au niveau des charges et des produits).
Enfin, les comptes de la comptabilité autonome sont soldés et repris dans la comptabilité propre du gérant.

Comptabilité de ses coïndivisaires Au vu des informations fournies par le gérant, ils enregistrent :
– leur part dans l'immobilisation ;
– leur part dans le résultat (dotation aux amortissements).

EXEMPLE

Matériel amortissable en 4 ans acheté 80 par l'indivision formée entre le gérant A (60 %) et son associé B (40 %).

Comptabilité autonome de la SEP (chez le gérant) :

	21 × 2 Matériel	28 × 2 Amort.	458 Associé B	512 Banque (2)	681 Dotation
Achat bien :					
– par gérant A	48			48	
– par associé B	32			32	
Dotation amortis.		20			20
Balance SEP	80	20		80	20
Retrait part B	32 ... 8		24		
Répartition résultat SEP			8		8
p/s comptes SEP [1]	48 ... 12		32	80	12
	80 | 80	20 | 20	32 | 32	80 | 80	20 | 20

soldés

(1) Avec pour contrepartie leur reprise dans la comptabilité propre du gérant.
(2) Utilisation du compte 188 « Liaison gérant » lorsqu'il n'utilise pas un compte de trésorerie particulier pour la SEP.

Comptabilité de l'associé coïndivisaire :

	215 Matériel	2815 Amort.	458 Gérant	681 Dotation
Part dans bien indivis.	32	8	24	
Part dans résultat SEP [1]			8	8
	32	8	32	8

(1) Répartition au niveau des charges et des produits.

C. Opérations d'exploitation et partage du résultat

À notre avis, comme le précisait le PCG 82 (p. II.133), les **opérations** réalisées avec les tiers par les coparticipants **en leur nom propre** sont inscrites dans la comptabilité de chacun d'entre eux dans les **conditions habituelles** ; il en est de même pour les opérations réalisées entre coparticipants lorsque ces opérations sont faites en leur nom propre.

À partir de cet enregistrement initial et des précisions du PCG (art. 944-45, 946-65 et 947-75), à notre avis, diverses solutions sont possibles selon l'objet de la société en participation (SEP) et selon que ses statuts ont désigné un gérant ou non.

74220

74225 **1ᵉ solution : partage du résultat entre les coparticipants en fonction des clauses contractuelles** Il est procédé comme suit :

a. Chaque membre enregistre ses charges et ses produits dans les conditions habituelles.

b. Le solde entre les produits et les charges (que le contrat a prévu de mettre en SEP) est, selon le cas, débité au compte 655 « Quote-part de résultat sur opérations faites en commun » ou crédité au compte 755 « Quote-part de résultat sur opérations faites en commun » par le crédit ou le débit du compte 458 « Associés-Opérations faites en commun ».

c. La comptabilité de la SEP est tenue d'une manière dissociée (voir n° 73830). Elle détermine le résultat de la SEP par reprise des charges et produits des coparticipants.

d. Dans sa propre comptabilité, chacun de ses membres enregistre sa quote-part dans le résultat de la SEP au compte 655 ou 755 « Quote-part de résultat sur opérations faites en commun ».

> **Précisions** **1. Date de comptabilisation** Les associés doivent comptabiliser leur quote-part de résultat (bénéfice ou perte) dans la société en participation, l'exercice même de sa réalisation ; une disposition statutaire prévoyant une répartition des résultats postérieurement à la clôture n'a pas d'incidence sur cette date de comptabilisation (Bull. CNCC n° 168, décembre 2012, EJ 2012-64 et EC 2012-46, p. 767 s.).

2. Comptes consolidés Chacun des membres peut (Bull. CNCC n° 95, septembre 1994, EC 93-62, p. 592 s.) :
— éliminer les charges et les produits liés aux opérations réalisées en son nom propre et relatives à la SEP ;
— éliminer sa quote-part dans le résultat de la SEP ;
— et constater en contrepartie sa quote-part des charges et des produits de la SEP.

74230 **2ᵉ solution : le gérant reprend les charges et produits de la SEP dans sa propre comptabilité et répartit le résultat entre les membres** Il est procédé comme suit :

I. Les **associés non gérants** :

a. Refacturent leurs charges au gérant à leur coût sous la forme de « notes de débit » (CNC – NI n° 13) :

— s'il s'agit de **charges identifiables** (achats, services extérieurs, intérêts de prêts, etc.), elles sont annulées en créditant le compte de charge concerné par le débit du compte 458 « Gérant SEP » ;

> **Précisions** Ce traitement aboutit à faire disparaître du compte de résultat toutes les charges relatives à l'activité exercée par l'intermédiaire de la SEP lorsque l'entreprise n'en est pas le gérant. Cet inconvénient peut être supprimé par l'utilisation du compte **791 « Transferts de charges d'exploitation »** (dans une subdivision à créer, par exemple 7913 « Charges imputables à des sociétés en participation »). Sur la suppression des comptes 79 par le Règl. ANC n° 2022-06, voir n° 45500.

— si de telles charges ne peuvent être **identifiées** qu'**en comptabilité analytique** ou s'il s'agit d'un **regroupement de charges** par nature incombant nécessairement à l'entreprise (frais de sous-traitance, frais de personnel, etc.), la note de débit est créditée au compte 791 « Transferts de charges d'exploitation » (subdivision 7913 « Charges imputables à des sociétés en participation ») par le débit du compte 458 « Gérant SEP ». Sur la suppression des comptes 79 par le Règl. ANC n° 2022-06, voir n° 45500.

b. Transfèrent leurs produits au gérant par le crédit du compte 458 « Gérant SEP ».

c. Enregistrent au compte 655 ou 755 « Quote-part de résultat sur opérations faites en commun », leur quote-part dans le résultat de la SEP.

> **Précisions** Date de comptabilisation Voir n° 74225, Précision 1.

II. Le **gérant** enregistre, suivant des modalités différentes selon que la comptabilité de la SEP est autonome ou intégrée à sa propre comptabilité (voir n° 73830) :

— ses propres charges et produits ;

— les charges et produits transférés par ses coparticipants, par le crédit et le débit des comptes 458 « Associés SEP » (un compte par associé) ;

— sa rémunération de gérance au crédit du compte 706 « Prestations de services » par le débit des comptes 458 (part de ses coparticipants) et 622 « Rémunérations d'intermédiaires » (part propre) ;

— les quotes-parts du résultat de la SEP revenant à ses coparticipants : en cas de bénéfice, au débit du compte 655 « Quotes-parts de résultat sur opérations faites en commun » (transferts de bénéfice aux non-gérants) ; en cas de perte, au crédit du compte 755 de même intitulé (transferts de perte aux non-gérants), par le crédit ou le débit des comptes courants des intéressés (comptes 458).

> **Précisions** **Indication en annexe** Dans le cas où l'application de cette solution conduirait le gérant à comptabiliser un chiffre d'affaires sans commune mesure avec son chiffre d'affaires propre, il convient, à notre avis, d'indiquer en annexe :
> – soit le chiffre d'affaires résultant de l'activité propre du gérant refacturée à la SEP ;
> – soit la différence entre ce chiffre d'affaires et celui résultant de l'activité de la société en participation dès lors que ce dernier est supérieur.
> Pour la ventilation du chiffre d'affaires, voir n° 12910.

3ᵉ solution : le gérant reprend les charges et les produits de la SEP dans sa propre comptabilité et les répartit entre les membres Il est procédé comme suit : 74235

I. Le **gérant** réduit chacun de ses comptes de charges et de produits de la part des coparticipants par le crédit (bénéfice) ou le débit (perte) des comptes 458 « Associé SEP ». 74240

II. Chaque **associé non gérant** enregistre sa part de charges et de produits dans son compte de résultat par le débit (bénéfice) ou le crédit (perte) du compte 458 « Gérant SEP ».

> **Précisions** **Date de comptabilisation** Voir n° 74225, Précision 1.

D. Documents de synthèse

Société en participation La **reddition de comptes** du gérant aux membres de la SEP s'effectue à partir du **compte de résultat** de la SEP et, le cas échéant, d'un « bilan » (habituellement le bilan fiscal). 74290
Un **bilan fiscal** est à établir sur les imprimés administratifs (voir n° 73795). Ce bilan s'appuiera sur la balance de la comptabilité autonome de la SEP.

Comptes annuels des associés Pour la bonne information des associés, il convient d'apprécier, au regard de l'image fidèle, la nécessité de fournir en annexe certaines informations, notamment lorsque les entreprises réalisent d'importants contrats par l'intermédiaire de SEP. 74295
En particulier, lorsque la SEP est **ostensible,** elle peut être citée et une information donnée sur le chiffre d'affaires réalisé par son intermédiaire, son résultat, etc.

> **Précisions** La recommandation COB/CB visant à améliorer la transparence financière lors d'opérations de déconsolidation et de sorties d'actifs (Bull. COB n° 373, novembre 2002, p. 117 s.) précise que la société doit communiquer en annexe la composition des résultats des sociétés en participation, dès lors qu'ils présentent un caractère significatif.

Comptes annuels du gérant de la SEP Selon le bulletin CNCC (n° 80, décembre 1990, EC 90-27, p. 539), l'information à fournir dans l'**annexe** dépend du caractère de la société en participation : ostensible ou occulte. 74300
a. Société en participation ostensible Le gérant doit, sans difficulté particulière, faire mention dans l'annexe de ses comptes annuels des informations susceptibles d'influencer le jugement des tiers sur le patrimoine, la situation financière et les résultats de l'entreprise.
Ces informations portent, par exemple, sur les modalités de l'organisation comptable retenue, sur le chiffre d'affaires et le résultat courant propres au gérant en cas d'intégration globale dans sa comptabilité des comptes de la société en participation, etc.
b. Société en participation occulte L'absence de toute information dans l'annexe ne peut être admise que si l'organisation comptable retenue est dite « dissociée », c'est-à-dire si chaque co-participant contracte apparemment pour son propre compte et en traduit les conséquences dans sa propre comptabilité.

E. Contrôle

En ce qui concerne les contrats BTP de longue durée réalisés dans le cadre d'une société en participation (complément au guide CNCC des BTP, publié au Bull. CNCC n° 60, décembre 1985, p. 410 s., réalisé à la demande de la COB, devenue AMF), « le commissaire aux comptes appréciera si l'**incidence des** 74350 limitations (exemple : impossibilité d'avoir accès à la comptabilité du gérant, de visiter les chantiers exécutés dans le cadre de la participation...) revêt une importance relative significative et formulera alors une **réserve ou** exprimera l'**impossibilité de certifier** les comptes annuels ».

SECTION 7 — LA FIDUCIE

I. CARACTÉRISTIQUES GÉNÉRALES

74360 **Définition et cadre juridique** La fiducie a été introduite dans le livre III du Code civil (création d'un titre XIV « De la fiducie ») par la loi 2007-211 du 19 février 2007. La fiducie est l'opération par laquelle un ou plusieurs constituants transfèrent des biens, des droits ou des sûretés, ou un ensemble de biens, de droits ou de sûretés, présents ou futurs, à un ou plusieurs fiduciaires qui, les tenant séparés de leur patrimoine propre, agissent dans un but déterminé au profit d'un ou plusieurs bénéficiaires (C. civ. art. 2011).

Le dispositif, limité essentiellement à deux utilisations, la « fiducie-gestion » et la « fiducie-sûreté », devrait permettre la réalisation en France d'opérations qui sont effectuées à l'étranger en faisant appel aux trusts anglo-saxons.

> **Précisions** **1. Constituant** Initialement réservée aux personnes morales soumises à l'impôt sur les sociétés, la fiducie peut également être constituée par une personne physique (Loi 2008-776 du 4-8-2008 de modernisation de l'économie art. 18). Les modalités d'extension de la fiducie aux personnes physiques ont été précisées par l'ordonnance 2009-112 du 30 janvier 2009.
> **2. Fiduciaire** Les fiduciaires sont uniquement des entreprises d'assurance, des établissements de crédit et certaines entités visées au Code monétaire et financier ou des avocats (C. civ. art. 2015).

74365 **Éléments caractéristiques** La fiducie est caractérisée par les trois éléments suivants :
– un transfert de propriété de l'actif faisant l'objet du contrat : le constituant, par l'effet de la fiducie, transfère au fiduciaire le droit de propriété qu'il détient sur ses actifs ;
– une propriété limitée dans sa durée et dans son utilisation : en effet, le fiduciaire est tenu de transférer la propriété de l'actif détenu (soit au constituant lui-même, soit à un tiers bénéficiaire) à une date déterminée ou à l'issue d'un délai ou d'un événement préalablement défini par l'acte constitutif de la fiducie. En outre, au cours de la fiducie, le fiduciaire ne peut agir que dans un « but déterminé » défini par le constituant de la fiducie ;
– un transfert s'opérant dans un patrimoine distinct du patrimoine personnel du fiduciaire, qualifié de « patrimoine fiduciaire » (Loi 2007-211 art. 12-I).

Dispositifs existants : il existe déjà en droit français des mécanismes fiduciaires « innommés », par exemple les cessions-Dailly (voir n° 40800), les contrats de prêt ou de prise en pension de titres financiers, les organismes de titrisation (voir n° 42830) et, plus récemment, les contrats de garantie financière assortis d'un droit de réutilisation (ou « re-use ») (voir n° 37305).

74370 **Intérêts de la mise en fiducie** Dans le cadre de **la fiducie-gestion,** le fiduciaire s'engage, le cas échéant moyennant rémunération, à gérer l'actif qui lui est transmis pour le compte du constituant et à le lui rétrocéder à une date déterminée. Ce mécanisme peut permettre ou faciliter la réalisation d'opérations bancaires ou financières, en particulier le financement d'entreprises par titres de créances ou titrisation, les conventions de portage (notamment dans le cadre d'opérations de LBO), la gestion d'immeubles ou de bateaux, la sécurisation des engagements de cession de titres dans les pactes d'associés...

Dans le cadre de la **fiducie-sûreté,** le créancier se voit offrir une garantie forte (notamment en cas de procédure collective ouverte à l'encontre du constituant). Ce mécanisme présente un intérêt notamment dans les financements structurés et les prêts syndiqués.

> **Précisions** Extension du régime de la fiducie-sûreté aux personnes physiques La fiducie-sûreté (pouvant porter autant sur des biens mobiliers qu'immobiliers) s'applique tant aux constituants personnes physiques qu'aux constituants personnes morales (Loi 2009-526 du 12-5-2009 art. 138). Par dérogation au régime général de la fiducie, le contrat de fiducie-sûreté ne prend pas fin au décès du constituant personne physique (C. civ. art. 2372-1, al. 2 et 2488-1, al. 2).

Réglementation comptable Le volet comptable de la fiducie est expressément prévu par la loi 2007-211 du 19 février 2007 (art. 12), cet article énonçant certains principes relatifs à la tenue d'une comptabilité autonome de la fiducie chez le fiduciaire. Toutefois, la loi ne définit pas les modalités de comptabilisation des opérations réalisées dans le cadre de la fiducie tant chez le constituant que chez le bénéficiaire.

74375

Aussi, le Collège du Conseil national de la comptabilité (CNC) a adopté le 7 février 2008 l'Avis 2008-03 relatif au traitement comptable des opérations de fiducie. Cet avis a fait l'objet du règlement CRC n° 2008-01 (en date du 3-4-2008, homologué par arrêté ministériel du 11-12-2008), intégré aux articles 623-1 à 623-16 et 833-20/12 dans le règlement ANC n° 2014-03 relatif au PCG.

> **Précisions** **Agents des sûretés** Leur statut (C. civ. art. 2488-6 s.) est proche de celui d'un fiduciaire (Rapport remis au Président de la République relatif à l'ordonnance 2017-748) : ils agissent en leur nom propre, la propriété des biens et droits acquis dans le cadre de leur mission est transférée, pour une durée et une utilisation limitées, dans un patrimoine distinct de leur patrimoine personnel. En conséquence, à notre avis, le volet comptable de la fiducie devrait pouvoir leur être appliqué.

Réglementation fiscale L'objectif poursuivi par le législateur a été de préserver la neutralité des opérations de fiducie (CGI art. 238 quater A à M pour les fiducies constituées par des sociétés ou des personnes physiques dans le cadre de leur activité professionnelle). Ainsi :
– les transferts de biens au sein d'une fiducie ne donnent lieu ni à la taxation immédiate de plus-values ni à la perception des droits de mutation à titre onéreux s'ils portent sur des immeubles (mais uniquement à celle de la taxe de publicité foncière) ;
– le résultat annuel de la fiducie est déterminé au niveau du patrimoine fiduciaire selon le régime applicable au bénéfice réalisé par le constituant (voir n° 74490) ;
– le fiduciaire est redevable de la taxe foncière et de la CET (CGI art. 1447 I et 1586 ter) à raison des biens dont il a la disposition en vertu du contrat de fiducie, sur la base de leur valeur locative inchangée malgré le transfert à la fiducie (CGI art. 1518 C).

74380

Pour plus de détails, voir Mémento Fiscal n° 90780 à 91210.

> **Précisions** **Incidence d'un transfert de titres dans un patrimoine fiduciaire sur le régime des sociétés mères** (sur ce régime, voir n° 36340 s.) : en cas de transfert de titres à une fiducie sous le régime de neutralité (CGI art. 145-1 et 216-I ; pour plus de détails, voir Mémento Fiscal n° 90850 et 90880) :
> – les titres transférés sont pris en compte pour l'appréciation du seuil minimal de détention, fixé en principe à 5 % du capital, requis pour l'application de ce régime, à condition, pour ceux conférant des droits de vote, que le constituant en conserve l'exercice (directement ou via le fiduciaire) (BOI-IS-BASE-10-10-10-20 n° 205) ;
> – l'obligation de conservation des titres pendant deux ans n'est pas rompue (BOI-IS-BASE-10-10-10-20 n° 410) ;
> – la part de bénéfice du constituant correspondant aux produits nets des titres de participation ouvrant droit à l'application du régime mère-fille est exonérée d'IS sous réserve de l'imposition d'une quote-part de frais et charges (BOI-IS-BASE-10-10-20 n° 75).

II. SCHÉMAS USUELS DE COMPTABILISATION

Ils résultent du règlement CRG n° 2008-01 du 3 avril 2008, intégré dans le PCG aux articles 623-1 à 623-16 et 833-20/12, complété par l'avis CNC n° 2008-03 du 7 février 2008.

74450

> **Précisions** **1. Champ d'application** : les règles comptables traitent la comptabilisation des opérations de fiducie :
> – dans les comptes du **constituant**, lorsque celui-ci est également le **bénéficiaire** de la fiducie ;
> – dans les comptes de la **fiducie**.
> En revanche, le traitement comptable de l'opération chez le bénéficiaire de la fiducie lorsqu'il n'est pas le constituant n'est pas examiné.
>
> **2. Chez le fiduciaire** Les éléments d'actif et de passif transférés au fiduciaire dans le cadre de l'opération de fiducie forment un « patrimoine d'affectation » (voir n° 74365). Ce patrimoine est distinct du bilan propre du fiduciaire (Règl. CRC 2008-01 § 1.1.2). En conséquence (sauf lorsque le fiduciaire est également bénéficiaire de la fiducie), les opérations réalisées au cours de la fiducie n'ont aucune incidence sur les comptes individuels du fiduciaire.

A. Chez le constituant

74470 **Lors de la mise en fiducie des actifs et passifs**
I. Transfert des actifs et passifs mis en fiducie

a. Sortie du bilan du constituant Ces éléments sont sortis des comptes individuels du constituant, même si ce dernier garde le contrôle sur les actifs. En effet, le transfert de ces actifs et passifs est expressément prévu par la loi 2007-211 du 19 février 2007 (art. 12).

La sortie de ces éléments est à comptabiliser dans les comptes suivants (PCG art. 623-1 et 623-8) :
– un sous-compte 7741 « Opérations liées à la constitution de la fiducie – transfert des éléments », du compte 774 « Opérations de constitution ou liquidation des fiducies » pour les produits ;
– ou un sous-compte 6741 « Opérations liées à la constitution de la fiducie – transfert des éléments », du compte 674 « Opérations de constitution ou liquidation des fiducies » pour les charges.

b. Contrepartie En contrepartie du transfert des actifs, le constituant doit inscrire à son bilan (PCG art. 623-1 et 623-6) :
– soit un actif financier, dans le compte 2661 « Droits représentatifs d'actifs nets remis en fiducie », lorsque le montant des éléments d'actif transférés excède celui des éléments de passif ;
– soit une obligation, dans le compte 162 « Obligations représentatives de passifs nets remis en fiducie », lorsque le montant des éléments de passif transférés excède celui des éléments d'actif.

II. Évaluation des éléments transférés La valeur à laquelle les actifs et passifs mis en fiducie sont transférés dépend du contrôle exercé par le constituant sur ces éléments au cours de la fiducie.

a. Valeur à retenir Le tableau suivant présente la valorisation devant être retenue au moment du transfert en application du PCG (PCG art. 623-7) :

Notion de contrôle [1]	Méthode de valorisation Éléments transférés dans le patrimoine de la fiducie
Le constituant conserve le contrôle des éléments transférés	**Valeur comptable** [2]
Le constituant perd le contrôle des éléments	**Valeur vénale** [3]

[1] Voir b. ci-après.
[2] Aucun résultat (positif ou négatif) n'est dégagé du fait de la mise en fiducie.
[3] Avec dégagement d'une plus ou moins-value (écart entre la valeur des éléments transférés et leur valeur nette comptable).

> Précisions **Définition de la valeur vénale** Elle n'a pas été précisée par le PCG, en particulier pour les passifs transférés. À notre avis, cette valeur correspond au montant qui pourrait être obtenu de la vente de l'actif, lors d'une transaction conclue à des conditions normales de marché, les conditions normales de marché étant celles des transactions intervenant entre des parties bien informées, indépendantes et consentantes (voir n° 26895).

Au cas d'espèce, il s'agit de la **valeur de cession** conclue entre le constituant et le fiduciaire.

> Fiscalement Le constituant ne supporte aucune imposition à raison du transfert des éléments d'actif au sein de la fiducie lorsqu'il est réalisé à la valeur comptable. Lorsque ce transfert intervient à la valeur vénale, l'imposition immédiate des plus-values ou profits dégagés sur les éléments d'actif transférés au sein de la fiducie peut également être écartée sous certaines conditions, impliquant notamment que le fiduciaire réintègre au résultat de la fiducie les plus-values constatées sur les éléments amortissables suivant des modalités analogues à celles prévues en cas de fusion (CGI art. 238 quater B ; voir Mémento Fiscal n° 90845 à 90855).

b. Notion de contrôle La notion retenue par le PCG (art. 623-7) est définie par référence aux textes appliqués dans les comptes consolidés (établis en règles françaises). Ainsi, la fiducie étant comparable à une entité ad hoc, il convient d'appliquer la définition du contrôle telle qu'elle figure dans l'article 211-8 du règlement ANC n° 2020-01 remplaçant le règlement CRC n° 99-02 pour les exercices ouverts à compter du 1er janvier 2021.

Le règlement ANC n° 2020-01 (art. 211-8) définit trois critères permettant de déterminer l'existence ou non d'un contrôle, les entités ainsi contrôlées devant alors être intégrées dans le périmètre de consolidation. Pour plus de détails, voir Mémento Comptes consolidés n° 2027-2 et 2028.

Le PCG décline ces trois critères au cas de la fiducie de la manière suivante :
– **détention des pouvoirs de décision et de gestion** : le constituant dispose en réalité des pouvoirs de décision, assortis ou non des pouvoirs de gestion sur la fiducie ou sur les actifs qui la composent, même si ces pouvoirs ne sont pas effectivement exercés. Il détermine les termes du contrat de fiducie et l'étendue des pouvoirs de gestion qui seront donnés au fiduciaire ;
– **capacité à bénéficier de tout ou de la majorité des avantages économiques de l'entité** : le constituant a, de fait, la capacité de bénéficier de la majorité des avantages économiques de la fiducie, que ce soit sous forme d'affectation du résultat ou de droit à une quote-part d'actif net ou à la majorité des actifs résiduels en cas de liquidation ;
– **exposition à la majorité des risques relatifs à l'entité** : le constituant supporte la majorité des risques relatifs à la fiducie. La répartition des risques est fixée dans le contrat.

> **Précisions** L'existence d'un mécanisme d'autopilotage (prédétermination des activités de la fiducie) ne préjuge pas du contrôle effectif de cette entité par une contrepartie donnée. L'analyse des critères définis précédemment est dès lors nécessaire pour caractériser l'existence d'un contrôle. En particulier, lorsqu'un tel mécanisme oriente les décisions dans l'intérêt d'une des parties, cette dernière est considérée comme exerçant un contrôle de fait.

Selon le PCG (PCG art. 623-7), le premier critère relatif aux pouvoirs de décision est prédominant. Il est également nécessaire de prendre en considération le deuxième ou le troisième critère. En conséquence, une fiducie est contrôlée si les conditions du premier et du deuxième critère, ou du premier et du troisième critère, sont remplies. En outre, dès lors que les deuxième et troisième critères se trouvent réunis, la fiducie est également considérée comme contrôlée.

La perte du pouvoir de décision par le constituant est déterminante pour qualifier la perte de contrôle. La conservation de la majorité des risques et des avantages économiques afférents aux actifs transférés dans la fiducie constitue une présomption de conservation d'une partie significative du pouvoir effectif de décision.

Selon le PCG (PCG art. 623-7), le constituant est réputé conserver le contrôle de la fiducie :
– lorsqu'il est l'unique bénéficiaire du contrat de fiducie ;
– lorsque le contrat est conclu avec plusieurs constituants et que chacun d'eux conserve la quasi-totalité des risques et des avantages (notamment en cas d'absence de mutualisation des risques et avantages au sein de la fiducie ou en cas d'apports de biens fongibles) ;
– lorsque le constituant conserve le bénéfice de l'intérêt résiduel sur les actifs en fin de contrat à travers le retour de ces derniers en pleine propriété avec le rétablissement du droit à l'usufruit perpétuel.

Contrôle conjoint dans la fiducie Définissant la notion de contrôle par référence au contrôle des entités ad hoc dans les comptes consolidés (voir ci-avant), le PCG (art. 623-7) vise le contrôle exclusif. En cas de contrôle non exclusif, le PCG dispose qu'il convient de procéder à l'analyse du contrôle selon les dispositions générales prévues par le règlement ANC n° 2020-01 (art. 211-1 s.) remplaçant le règlement CRC n° 99-02 pour les exercices ouverts à compter du 1er janvier 2021. Cette précision ne permet toutefois pas, à notre avis, de déterminer le traitement à retenir en cas de contrôle conjoint.

> **Précisions** Selon le règlement ANC n° 2020-01 (art. 211-4), le contrôle conjoint est le partage du contrôle d'une entreprise exploitée en commun par un nombre limité d'associés ou d'actionnaires, de sorte que les politiques financière et opérationnelle résultent de leur accord. Pour plus de détails, voir Mémento Comptes consolidés n° 2042 s.

En effet, dans l'hypothèse où une fiducie serait créée afin de réunir dans une même structure des moyens provenant de différents constituants dans le but de réaliser un projet commun (joint-venture), il n'est pas établi que le constituant soit réputé conserver le contrôle des actifs et passifs transférés à la fiducie. La question de la valorisation des actifs et passifs apportés dans ce cas reste donc entière. Toutefois, les modifications apportées par le règlement ANC n° 2017-01 au règlement ANC n° 2014-03 (PCG) en matière de règles d'évaluation des opérations de fusion ou assimilées aboutissant au contrôle conjoint nous paraissent pouvoir être utilisées lors de la création de fiducie avec un contrôle conjoint. Ainsi, en cas de création de joint-venture par apport de différentes entités, ces dernières devraient pouvoir, dans la plupart des cas, valoriser les apports effectués à la valeur réelle (voir n° 75225 et voir également Mémento Fusions & Acquisitions n° 7637).

Contrôle exercé par une personne physique La loi 2008-776 de modernisation des entreprises du 4 août 2008 (dite loi LME) a étendu aux personnes physiques la possibilité de conclure des contrats de fiducie en tant que constituants. Cette disposition ayant été votée après la publication du règlement du CRC, ses incidences sur l'évaluation des actifs et des passifs transmis au fiduciaire par un constituant personne physique n'ont pas été traitées sur le plan comptable. Néanmoins, la notion de contrôle à prendre en compte pour déterminer la valeur des actifs et passifs transmis est celle retenue dans les comptes consolidés et vise toutes les entités. En conséquence, à notre avis, cette notion de contrôle devrait être également retenue pour les exploitants individuels tenant une comptabilité.

c. Contrôle des valeurs des éléments transférés La loi ne prévoit pas d'obligation de faire figurer dans le contrat de fiducie la valeur des actifs et passifs transférés, et donc aucun contrôle de ces valeurs n'est prévu, notamment par un commissaire aux apports.

III. Information en annexe Selon le PCG (PCG art. 833-20/12), le constituant doit fournir un certain nombre d'informations en annexe :

a. Le (ou les) contrat(s) de fiducie conclu(s) Il convient de préciser :
– l'objet et la durée du ou des contrats ;
– l'identité du ou des constituants et du fiduciaire ;
– les principaux termes du contrat avec notamment les modalités particulières de prise en charge des passifs (par référence au 2e alinéa de l'article 2025 du Code civil) et les dispositions contractuelles relatives aux transferts de trésorerie de la fiducie vers le constituant.

b. La nature des actifs et des passifs transférés ou à transférer Il convient de préciser :
– la valeur brute, les amortissements, les dépréciations, la valeur nette comptable ;
– les modalités d'évaluation retenues lors du transfert.

c. Si le constituant n'est pas le bénéficiaire de tout ou partie des droits Il convient d'indiquer les informations sur l'identité du ou des bénéficiaires et la nature des droits et obligations transférés ou à transférer.

> **Précisions** Le bénéficiaire, en ce qui le concerne, fournit les informations suivantes :
– le ou les contrat(s) de fiducie conclu(s) en précisant :
• l'objet et la durée du ou des contrat(s),
• l'identité du ou des constituant(s) et du fiduciaire ;
– la nature des actifs et des passifs transférés ou à transférer par le(s) constituant(s) dans la fiducie :
• la nature de la contrepartie attribuée au(x) constituant(s),
• la nature des droits ou obligations revenant au bénéficiaire.

d. Les modalités d'affectation du résultat de chaque contrat.

74490 **Au cours de la fiducie** Le PCG précise uniquement le traitement comptable de l'opération de fiducie dans les comptes du constituant lorsque ce dernier est également bénéficiaire de la fiducie, c'est-à-dire que ses droits portent à la fois (PCG art. 623-11) :
– sur le retour des apports effectués au terme de la fiducie ;
– et sur les résultats réalisés au cours de la fiducie.

a. Prise en compte du résultat de la fiducie dans la valorisation des droits et obligations Lorsque le constituant est également le bénéficiaire de la fiducie (hypothèse posée par le PCG, voir ci-avant), la valeur de l'actif financier (ou de l'obligation) comptabilisé(e) en contrepartie de la mise en fiducie des actifs et passifs (voir n° 74470) devrait refléter celle des actifs et passifs exploités dans le cadre de la fiducie. En conséquence, à la clôture de chaque exercice, le constituant substitue à la valeur de ses droits (ou de son obligation) le montant correspondant (PCG art. 623-11) :
– à la valeur d'entrée des apports initiaux ;
– augmentée des bénéfices non distribués ou diminuée des pertes de la fiducie, y compris ceux du dernier exercice, c'est-à-dire avant affectation des résultats.

La contrepartie de la variation des droits représentatifs des actifs nets remis en fiducie (ou de l'obligation) par rapport à l'exercice précédent est comptabilisée, selon le cas :
– en charge, dans le compte 6612 « Charge de la fiducie, résultat de la période »,
– ou en produit, dans le compte 7612 « Produit de la fiducie, résultat de la période ».

> **Précisions** **Ni amortissement ni dépréciation des droits** L'évaluation des droits représentatifs des actifs et passifs mis en fiducie en fonction de la situation nette de la fiducie permettant de suivre l'évolution de la valeur des actifs et passifs mis en fiducie et d'appréhender annuellement la charge éventuelle résultant de leur exploitation, ces droits ne sont ni amortis ni dépréciés dans les comptes du constituant.

En revanche, lorsque la valeur des droits représentatifs devient négative (situation nette de la fiducie négative), le constituant peut être amené à constater une provision à hauteur du passif net de la fiducie, en fonction des obligations mises à sa charge par le contrat de fiducie (PCG art. 623-12).

b. Remontée effective du résultat Le résultat dégagé par la fiducie fait naître une créance ou une dette chez le constituant selon les modalités d'acquisition effective prévues par le contrat de fiducie.

Compte tenu du mode de valorisation des droits (ou obligations) dans la fiducie (voir a. ci-avant), le résultat effectivement attribué au bénéficiaire est comptabilisé dans un compte courant (débiteur ou créditeur selon que le résultat est positif ou négatif), par la contrepartie du compte de droits ou obligations représentatifs d'actifs ou passifs remis en fiducie (PCG art. 623-13).

Ce mode de comptabilisation est le seul permettant de reconnaître la dette ou la créance envers la fiducie sans comptabiliser deux fois en charges ou en produits le résultat de la fiducie.

> **Fiscalement** Le constituant est imposé sur le résultat dégagé par la fiducie, qui est établi suivant les modalités applicables aux sociétés de personnes (CGI art. 238 quater F ; voir Mémento Fiscal n° 90880).

Cette méthode est appliquée de la manière suivante dans les deux situations qui peuvent, à notre avis, exister en pratique :

— **1er cas : le contrat ne prévoit pas d'affectation du résultat dégagé dans la fiducie** Dans ce cas, les résultats sont accumulés dans les fonds propres de la fiducie. La valeur d'« équivalence » de l'immobilisation financière (ou de la dette financière, le cas échéant) est égale à la quote-part des résultats accumulés revenant au constituant et déterminée par le contrat de fiducie. La contrepartie de la variation, par rapport à l'exercice précédent, de la valeur de l'immobilisation ou de la dette financière au bilan est comptabilisée en résultat.

> **Précisions** *Situation nette négative de la fiducie* Dans ce cas, la valeur de l'immobilisation financière est réduite à zéro et le constituant doit comptabiliser une provision à hauteur de la situation nette négative s'il s'est engagé à supporter les pertes de la fiducie (PCG art. 623-12).

— **2e cas : le contrat prévoit une affectation automatique du résultat, qui serait assimilable à une distribution automatique de dividendes** Dans ce cas, le traitement à retenir est, à notre avis, celui de l'affectation automatique du résultat des sociétés de personnes : la valeur d'« équivalence » de l'immobilisation ou la dette financière est modifiée à hauteur du résultat affecté par la contrepartie du compte courant du constituant (voir n° 54015).

c. Information en annexe Selon le PCG (PCG art. 833-20/12), le constituant doit fournir un certain nombre d'informations en annexe :

1. Le tableau des variations des comptes 2661 « Droits représentatifs d'actifs nets remis en fiducie » et 162 « Obligations représentatives de passifs nets remis en fiducie » détaillés par contrat.

Ce tableau des variations pourrait, à notre avis, prendre la forme suivante :

	Valeur brute au 31/12/N–1	Résultat N de la fiducie	Valeur brute au 31/12/N
Contrat X			
Contrat Y			

2. Les modalités d'affectation du résultat de chaque contrat.

À la fin de la fiducie Deux situations peuvent se présenter : 74495

I. Le constituant n'est pas le bénéficiaire de la fiducie Dans ce cas, la fin de la fiducie n'a aucune incidence pour le constituant, ses droits dans la fiducie ayant été cédés.

II. Le constituant est le bénéficiaire de la fiducie Lorsque le constituant est le bénéficiaire de la fiducie (cas traité par le PCG art. 623-1 s.), il doit comptabiliser les écritures suivantes :

a. Retour des éléments d'actif et de passif Les comptes concernés sont (PCG art. 623-15 et 623-16) :
— débités par le crédit d'un compte de produit exceptionnel, 7742 « Opérations liées à la liquidation de la fiducie » pour les actifs ;
— ou crédités par le débit d'un compte de charge exceptionnelle, 6742 « Opérations liées à la liquidation de la fiducie » pour les passifs.

> **Précisions** *Cas particulier de la fiducie-sûreté* Lorsque le constituant fait défaut aux obligations qui lui incombent et que, de ce fait, les actifs de la fiducie reviennent de plein droit à son créancier, il perd ses droits dans la fiducie qui doivent alors être sortis du bilan, en contrepartie de la sortie de l'élément couvert par la garantie (un emprunt, par exemple).

b. Sortie de la contrepartie Selon le cas :
- sortie de l'actif financier 2661 « Droits représentatifs d'actifs nets remis en fiducie », par la contrepartie du compte 6742 « Opérations liées à la liquidation de la fiducie » ;
- sortie de la dette 162 « Obligations représentatives de passifs nets remis en fiducie », par la contrepartie, à notre avis, du compte 7742 « Opérations liées à la liquidation de la fiducie ».

Selon le PCG, les **modalités d'évaluation** des actifs et passifs retournés dans les comptes du constituant doivent être cohérentes avec celles qui ont prévalu lors de la mise en fiducie de ces actifs et passifs. En conséquence (PCG art. 623-15) :
- **lorsque le constituant a conservé le contrôle** de la fiducie lors de la constitution (cas général), les biens retournés à la fin de la fiducie sont évalués à la valeur comptable « éclatée » (comme lors de leur transfert dans la fiducie, voir n° 74470) ;

> **Précisions** **1. Cession des actifs par la fiducie** Dans ce cas, le retour est effectué à la valeur réelle de la trésorerie dégagée lors de la cession (PCG art. 623-15).
> **2. Absence d'impact sur le résultat** Compte tenu de la prise en compte du résultat de la fiducie dans les comptes du constituant au fur et à mesure de la réalisation de ce résultat (voir n° 74490), le retour des éléments transférés dans le patrimoine du constituant n'a pas d'incidence sur le résultat de ce dernier, quelle que soit la forme sous laquelle ce retour est effectué.

- **lorsque le constituant n'a pas conservé le contrôle** lors de la constitution, les éléments retournés à la fin de la fiducie sont évalués à la valeur vénale (comme lors de leur transfert dans la fiducie, voir n° 74470). Bien que mentionnée dans le PCG, cette situation devrait être marginale en pratique, le retour des biens dans le bilan du constituant étant un critère fort de conservation du contrôle (voir n° 74470).

> **Fiscalement** Il en est de même. Dans le cas particulier d'un retour des éléments mis en fiducie pour leur valeur vénale, le constituant doit s'engager à réintégrer les plus-values constatées dans les mêmes conditions qu'en cas de fusion afin d'éviter leur prise en compte immédiate dans le résultat de la fiducie (CGI art. 238 quater J et 238 quater K ; voir Mémento Fiscal n° 90895).

B. Dans la fiducie

74545 **Lors de la mise en fiducie des actifs et passifs** Les actifs et passifs transférés sont comptabilisés au bilan de la fiducie pour les valeurs de cession retenues chez le constituant, à savoir, selon la situation de contrôle de la fiducie (voir n° 74470) :
- soit les valeurs nettes comptables ;
- soit les valeurs vénales.

La **contrepartie** des éléments d'actif et de passif constatés dans les comptes de la fiducie ne constitue pas une dette, mais un élément des fonds propres.

> **Précisions** En effet, les actifs et passifs mis en fiducie ne peuvent être revendiqués qu'au terme de la fiducie.

Assimilé à un apport, cet élément est comptabilisé dans un compte 102 « Fonds fiduciaires » (PCG art. 623-9) dont le montant est :
- débiteur en cas de transfert d'un actif net ;
- créditeur en cas de transfert d'un passif net.

> **Fiscalement** Lorsque le transfert des actifs intervient aux valeurs comptables, le bilan de la fiducie doit mentionner leur valeur d'origine, ainsi que les amortissements et dépréciations constatés par le constituant. En cas de transcription aux valeurs vénales, le fiduciaire réintègre aux résultats de la fiducie les plus-values constatées sur les éléments d'actif amortissables suivant des modalités analogues à celles prévues en cas de fusion (CGI art. 238 quater B ; voir Mémento Fiscal n° 90865 et 90870).

74550 **Au cours de la fiducie**

> **Précisions** **Référentiel comptable** En application de l'article 12-IV de la loi 2007-211 du 19 février 2007 instituant la fiducie, le PCG précise les règles comptables applicables à la fiducie aux articles 623-1 à 623-16 (et à l'article 833-20/12 pour les informations en annexe). Pour les aspects de la fiducie non traités par ces articles du PCG, les règles comptables applicables devraient, à notre avis, être celles fixées par les dispositions générales du PCG et non celles applicables au fiduciaire, même si celui-ci n'est pas lui-même soumis au PCG (ce qui est notamment le cas des entreprises d'assurance et établissements de crédit).

Les écritures comptables suivantes doivent être comptabilisées :

a. Opérations relatives aux actifs et passifs transférés Doivent notamment être comptabilisés (PCG art. 623-10) :
– les dotations aux amortissements et dépréciations (le cas échéant) des actifs (évaluées et comptabilisées selon les règles du PCG) ; en cas de durée du contrat inférieure à la durée d'amortissement des immobilisations, cette dernière devrait être, à notre avis, limitée à la durée du contrat ;
– les provisions (le cas échéant, comptabilisées selon les règles du PCG) ;
– les produits et charges ;

> **EXEMPLE**
> Ainsi, doivent être comptabilisés en charges, par exemple : la rémunération du fiduciaire, les charges d'intérêt des emprunts, l'entretien des immeubles mis en fiducie, etc. Les produits peuvent être, par exemple, les loyers résultant de la location des immeubles.

– les plus ou moins-values en cas de cession des actifs.

b. Remontée du résultat dans les comptes des bénéficiaires Le résultat dégagé par la fiducie est affecté aux bénéficiaires selon les conditions fixées dans le contrat de fiducie. L'ANC n'ayant pas précisé les modalités de comptabilisation de cette remontée, les solutions suivantes devraient être retenues, en fonction des deux situations pouvant, à notre avis, être rencontrées en pratique :

1er cas : le contrat ne prévoit pas d'affectation du résultat dégagé dans la fiducie Dans ce cas, les résultats sont accumulés dans les fonds propres de la fiducie :
– dans le compte « Report à nouveau créditeur » ou dans un compte de réserves lorsqu'ils sont positifs ;
– dans le compte « Report à nouveau débiteur » lorsqu'ils sont négatifs.
Ces résultats ne sont remontés dans les comptes des bénéficiaires qu'au terme de la fiducie (voir n° 74490).

2e cas : le contrat prévoit une affectation automatique du résultat considérée comme une distribution. Dans ce cas, le traitement à retenir est, à notre avis, celui de l'affectation du résultat des sociétés de personnes (voir n° 54015).

> **Fiscalement** Le constituant est imposé sur le résultat dégagé par la fiducie, qui est établi suivant les modalités applicables aux sociétés de personnes (CGI art. 238 quater F ; voir Mémento Fiscal n° 90880).

Contrôle des comptes de la fiducie Lorsque le constituant est tenu de désigner un commissaire aux comptes, le fiduciaire doit désigner un (ou plusieurs) commissaire(s) aux comptes chargé(s) de contrôler les comptes de la fiducie. Le rapport du commissaire aux comptes de la fiducie est présenté au fiduciaire. Pour autant, le constituant et le bénéficiaire (le cas échéant) ne se trouvent pas exclus de toute information. En effet, le commissaire aux comptes de la fiducie est libéré du secret professionnel à l'égard des commissaires aux comptes des autres parties au contrat de fiducie (Loi 2007-211 du 19-2-2007 instituant la fiducie, art. 12-III).

À la fin de la fiducie Au terme de la fiducie, les écritures suivantes doivent être comptabilisées :
– constatation du retour dans le bilan du constituant (ou, le cas échéant, du bénéficiaire de la fiducie) des éléments d'actif et de passif mis dans la fiducie ;
– sortie des autres actifs et passifs comptabilisés pendant le fonctionnement de la fiducie (exemples : comptes de trésorerie, immobilisations acquises, emprunts contractés, etc.) ;
– restitution des fonds fiduciaires.

La contrepartie de ces écritures est, à notre avis, comptabilisée dans un compte courant ouvert pour chaque bénéficiaire (constituant, tiers le cas échéant).

> **Fiscalement** La fin du contrat de fiducie entraîne par principe les conséquences fiscales d'une cessation d'entreprise et donc l'imposition immédiate des bénéfices non encore taxés ainsi que des plus-values sur les éléments d'actif. Mais en pratique, aucune imposition au titre des plus-values ne sera toutefois établie lorsque leur retour dans le patrimoine du constituant intervient pour leur valeur comptable. Dans le cas particulier d'un retour des éléments mis en fiducie pour leur valeur vénale, la taxation des plus-values sur les éléments transférés peut être écartée sous certaines conditions (CGI art. 238 quater J et 238 quater K ; voir Mémento Fiscal n° 90895).

74555

CHAPITRE 20
FUSIONS ET OPÉRATIONS ASSIMILÉES

SOMMAIRE 75000

SECTION 1
DES RÈGLES COMPTABLES
ET FISCALES SPÉCIFIQUES 75005

SECTION 2
VALORISATION DES APPORTS 75120

I. Lien entre rapport
  d'échange (parité)
  et valorisation des apports 75120

II. Principes de valorisation
  des apports 75225
  A. Principe général 75225
  B. Notion de contrôle 75280
  C. Sens de l'opération 75335
  D. Dérogations au principe
    général de valorisation
    des apports 75385

III. Détermination des valeurs
  d'apport 75460
  A. Apports à la valeur réelle 75460
  B. Apports en valeur comptable 75465

SECTION 3
COMPTABILISATION
DES OPÉRATIONS DE FUSION 75470

I. Comptabilisation
  de la fusion
  chez l'entité absorbée 75475

II. Comptabilisation
  de la fusion
  chez l'entité absorbante 75540

III. Comptabilisation
  du mali de fusion 75625
  A. Définitions 75625
  B. Comptabilisation du mali 75685
  C. Affectation du mali 75740
  D. Traitement du mali technique
    après la fusion 75790
  E. Comptabilisation du boni
    de fusion 75855

SECTION 4
IV. Comptabilisation des titres
  reçus par les associés
  de l'entité absorbée 75905

COMPTABILISATION
DES OPÉRATIONS DE SCISSION 75910

SECTION 5
COMPTABILISATION DES OPÉRATIONS
D'APPORT PARTIEL D'ACTIF 76015

I. Comptabilisation
  chez l'entité apporteuse 76015

II. Comptabilisation
  chez les actionnaires
  de l'entité apporteuse 76050

III. Comptabilisation
  chez l'entité bénéficiaire
  des apports 76090

SECTION 6
INCIDENCES COMPTABLES
ET FISCALES DE LA RÉTROACTIVITÉ 76195

I. Définition de la date
  d'effet comptable 76195

II. Conséquences pratiques
  d'une date d'effet rétroactif 76200
  A. Comptabilisation
    des opérations pendant
    la période intercalaire 76200
  B. Perte subie pendant
    la période intercalaire
    (perte de rétroactivité) 76255

SECTION 7
CONTRÔLE EXTERNE :
COMMISSAIRES À LA FUSION,
AUX APPORTS 76360

I. Intervention du commissaire
  à la fusion et aux apports 76360

II. Contenu des missions
  du commissaire à la fusion
  et aux apports 76435

SECTION 8
INFORMATION COMPTABLE
ET FINANCIÈRE 76440

SECTION 1 — DES RÈGLES COMPTABLES ET FISCALES SPÉCIFIQUES

75005 Textes applicables Les fusions et opérations assimilées sont soumises à des règles comptables spécifiques issues des textes suivants :
– le PCG : articles 213-2, 221-1, 833-20/14 et 932-1, ainsi que les articles 710-1 à 770-2 modifiés par le règlement ANC n° 2017-01, homologué par l'arrêté du 26 décembre 2017 et en dernier lieu par le règlement ANC n° 2019-06 du 8 novembre 2019 sur les fusions et scissions sans échange de titres ;
– avis CU CNC n° 2005-C du 4 mai 2005, émis par le Comité d'urgence du CNC afin de préciser notamment les modalités de comptabilisation des titres reçus en rémunération d'un apport partiel d'actif ;
– avis CU CNC n° 2006-B du 5 juillet 2006 précisant notamment les modalités d'évaluation des actions échangées entre actionnaires, dans le cadre d'opérations de fusion intervenant entre sociétés détenues à 100 %.
Pour plus de détails, voir Mémento Fusions & Acquisitions n° 7010.

> **Fiscalement** Les principales dispositions légales spécifiquement applicables aux fusions et opérations assimilées sont :
> – les articles 209, II et 209, II bis du CGI (régime applicable aux déficits des sociétés parties à l'opération) ;
> – les articles 210-0 A et suivants du CGI.
> L'administration fiscale a commenté ces dispositions dans plusieurs instructions reprises dans la base Bofip.
> Pour plus de détails, voir Mémento Fusions & Acquisitions n° 7012.

75010 Opérations concernées Les articles 710-1 à 770-2 du PCG s'appliquent à la comptabilisation, dans les comptes individuels (PCG art. 710-1) :
– de toutes les opérations de fusion et opérations assimilées **rémunérées par des titres** et retracées dans un traité d'apport prévu à l'article L 236-6 du Code de commerce ou tout autre document faisant foi pour les entités non soumises au Code de commerce ;
– des **apports partiels d'actif** non soumis au régime des scissions ;
– des **confusions de patrimoine** visées à l'article 1844-5 du Code civil ;
– des **fusions et scissions sans échange de parts ou d'actions** visées au II de l'article L 236-3 du Code de commerce (sur renvoi de l'art. C. com. L 236-19 pour les scissions).
Pour plus de détails, voir Mémento Fusions & Acquisitions n° 7100.
En pratique, il s'agit (PCG art. 710-1 et 710-2) :
– des **fusions**, des **apports partiels d'actif constituant une branche d'activité** et des **scissions** rémunérés tant au moyen d'une augmentation de capital que par remise de titres autodétenus ;

> **Fiscalement** Ces opérations peuvent être placées sous le régime de faveur des fusions en matière d'IS (CGI art. 210-0 A-I-3°). Voir n° 75020.
> L'application de plein droit du régime de faveur à un **apport partiel d'actif** est notamment subordonnée à la condition qu'il porte sur une branche complète et autonome d'activité ou sur des participations assimilées à une telle branche (CGI art. 210, B-1).
> En cas de **scission** avec échange de titres, ce régime est réservé aux opérations par lesquelles les associés de la société scindée reçoivent des titres de chaque société bénéficiaire des apports d'une branche complète et autonome d'activité proportionnellement à leurs droits dans le capital de la société scindée (CGI art. 210 B).
> La possibilité de rémunérer ces opérations par remise de titres autodétenus est également prévue (BOI-IS-FUS-20-10 n° 80 et 90).

> **Précisions 1. Apports partiels d'actifs non soumis au régime des scissions** Ils entrent dans le champ d'application des règles sur les fusions (voir Mémento Fusions & Acquisitions n° 7113).
> **2. Apports de titres** Ceux conférant le contrôle exclusif ou conjoint à l'entité bénéficiaire entrent également dans le champ d'application des règles sur les fusions car ils sont considérés comme des apports partiels d'actif constituant une branche d'activité (voir Mémento Fusions & Acquisitions n° 7115).
> **3. Réforme du régime des apports partiels d'actifs** L'ordonnance n° 2023-393 du 24 mai 2023 crée, à compter du 1er juillet 2023, la nouvelle opération de scission « partielle » : apport partiel d'actif prévoyant l'attribution de parts et actions (titres de la bénéficiaire et/ou titres de l'apporteuse) directement aux associés de

l'apporteur. Ce nouveau type d'opération devrait entrer dans le champ d'application des règles sur les fusions, sous réserve que l'ANC fasse évoluer la définition des opérations visées par le PCG (art. 710-2). Pour plus de détails, voir FRC 7/23 inf. 23.

> **Fiscalement** Il appartiendra au législateur de définir les conditions dans lesquelles les opérations de scission partielle définies par l'ordonnance pourront être placées sous le régime de faveur prévu à l'article 210 A du CGI.

– des opérations de **fusion et scission sans échange de titres et** de **confusion de patrimoine** (TUP).

> **Précisions** Sont visées par les opérations sans échange de titres :
– les opérations correspondant à l'absorption par une entité d'une ou de plusieurs de ses filiales détenues à 100 % ;
– les opérations de fusion entre entités sœurs détenues intégralement par la même entité mère, ou de scission au profit d'entités bénéficiaires dont l'intégralité du capital est détenue par l'entité détenant 100 % du capital de l'entité scindée (voir Mémento Fusions & Acquisitions n° 7107).
Devraient également être visées, à compter du 1er juillet 2023, les opérations de fusion entre sociétés dont les parts et actions sont détenues par les associés dans les mêmes proportions dans chaque société, lorsque ces proportions sont conservées à l'issue de l'opération (C. com. art. L 236-3 modifié par ord. 2023-393 du 24-5-2023). Pour plus de détails, voir FRC 7/23 inf. 23.

> **Fiscalement** Ces opérations peuvent également être placées sous le régime de faveur des fusions en matière d'IS (CGI art. 210-0 A-I-3°), voir n° 75020. Toutefois, l'application de ce régime aux opérations de fusion simplifiée définies par l'ordonnance n° 2023-393 du 24 mai 2023 nécessitera une intervention du législateur pour compléter l'article 210-0 A du CGI.

Entités concernées Les règles comptables relatives aux fusions et opérations assimilées s'appliquent à **toutes les entités** absorbantes, confondantes ou bénéficiaires des apports (PCG art. 710-1) :
– établies en France ;
– appliquant le PCG (de manière obligatoire ou volontaire) ou un plan comptable dérivé du PCG qui ne prévoit pas de dispositions en matière de fusions et opérations assimilées ;
– **quelle que soit leur forme juridique.**
Pour plus de détails, voir Mémento Fusions & Acquisitions n° 7200.

75015

Régime fiscal applicable en matière d'impôt sur les sociétés Les opérations de fusion, TUP, apport partiel d'actif, scissions relèvent de l'un des deux régimes suivants :
– le régime de faveur, applicable **sur option lorsque certaines conditions sont remplies** ;
– le régime de droit commun qui s'applique :
• lorsque les conditions du régime de faveur ne sont pas remplies,
• en cas de renonciation au régime de faveur,
• ou à défaut d'indication particulière concernant le régime fiscal choisi.
Pour plus de détails, voir Mémento Fusions & Acquisitions n° 7300 (fusion), 7320 (TUP), 7340 (apport partiel d'actif) et 7360 (scissions).

75020

> **Précisions 1.** Dans certaines conditions, un **agrément administratif** permet de placer sous le **régime de faveur** des apports partiels d'actif ou scissions qui ne peuvent pas bénéficier de ce régime de plein droit (CGI art. 210, B-3 ; voir Mémento Fiscal n° 39265).
2. Un agrément administratif peut également autoriser le transfert du **droit au report des déficits** de la société apporteuse au profit de la société bénéficiaire des apports (CGI art. 209, II ; voir Mémento Fiscal n° 39570), étant précisé que, dans certaines situations de fusion, ce transfert peut intervenir sans agrément (voir Mémento Fiscal n° 39555).

SECTION 2 — VALORISATION DES APPORTS

I. LIEN ENTRE RAPPORT D'ÉCHANGE (PARITÉ) ET VALORISATION DES APPORTS

Définition et détermination du rapport d'échange Le rapport d'échange permet de déterminer le nombre d'actions qui doivent être remises par l'entité absorbante (ou bénéficiaire des apports) aux actionnaires de l'entité absorbée (ou apporteuse) pour rémunérer les apports.

75120

Les règles comptables sur les fusions et opérations assimilées (PCG art. 710-1 à 770-2) n'abordent pas le calcul du rapport d'échange. Selon la CNCC (Guide professionnel sur le commissariat aux apports et à la fusion, juin 2012, § 1.223, actualisé par la fiche thématique CNCC « Périmètre d'intervention des commissaires aux apports et des commissaires à la fusion », novembre 2022), le rapport d'échange se détermine, en général, à partir des **valeurs réelles** de chaque entité en présence.

En pratique, il s'agit de rechercher une appréciation objective des situations et des perspectives propres à chaque entité par l'emploi de méthodes d'évaluation (autrement dit, à une « pesée » des sociétés en présence).

> **Fiscalement** Il en est de même (BOI-IS-FUS-30-20 n° 20). Selon l'administration, le régime de faveur en matière d'IS (voir n° 75020) ne saurait s'appliquer à des opérations à l'occasion desquelles des transferts de valeurs non représentatives des apports sont organisés entre associés et sociétés.
> Lorsque la valeur réelle des titres remis en rémunération d'un apport partiel d'actif est inférieure à la valeur réelle de l'apport, la société apporteuse doit constater, à due concurrence, un produit taxable qui correspond à la libéralité consentie (BOI-IS-FUS-30-20 n° 30). Le Conseil d'État a jugé, à propos d'une opération réalisée au sein d'un groupe fiscal, que la fixation de la parité d'échange d'après la valeur comptable des titres et non leur valeur réelle, qui traduit une insuffisante rémunération de la société apporteuse, doit, alors même que cette minoration du nombre de titres émis en contrepartie de l'apport est sans incidence sur l'actif net de la société bénéficiaire de cet apport, être regardée comme une subvention de l'apporteuse à la bénéficiaire, à hauteur de la différence positive entre la valeur réelle des titres apportés et ceux reçus en contrepartie de l'apport, qui est soumise à l'obligation de déclaration des subventions prévue dans le cadre du régime de l'intégration fiscale pour les opérations réalisées au cours d'un exercice ouvert avant le 1er janvier 2019 (CE 1-7-2020 n° 418378).

Pour plus de détails, voir Mémento Fusions & Acquisitions n° 7507.

Sur la possibilité de déterminer le rapport d'échange à partir des valeurs comptables (sous réserve de respecter les droits des actionnaires) ou à la valeur nominale des parts sociales (secteur coopératif), voir Mémento Fusions & Acquisitions n° 7509.

75125 **Distinction entre valorisation des apports et rapport d'échange** Le mode de valorisation des apports est indépendant de la détermination du rapport d'échange. Néanmoins, si les apports sont valorisés à la valeur réelle, la somme des apports doit alors correspondre à la valeur globale de l'entité absorbée retenue pour le calcul du rapport d'échange.

Pour plus de détails, voir Mémento Fusions & Acquisitions n° 7510.

II. PRINCIPES DE VALORISATION DES APPORTS

A. Principe général

75225 **Pour les opérations entre entités françaises, absence de choix comptable**
Selon le PCG, à une situation donnée correspond une seule méthode de valorisation lorsque l'opération est réalisée entre entités françaises (voir a. et b. ci-après).

Pour plus de détails sur les règles générales de valorisation des opérations entre entités françaises, voir Mémento Fusions & Acquisitions n° 7605.

Pour une illustration de ces principes, voir Mémento Fusions & Acquisitions n° 7625 à 7637.

a. Opérations sous contrôle commun ou sous contrôle distinct Les différentes situations possibles et la valorisation correspondante sont fournies par le PCG (art. 743-1) dans le tableau récapitulatif présenté ci-après :

		Valorisation des apports	
		Valeur comptable	Valeur réelle
Notion de contrôle [1]	Opérations impliquant des entités sous contrôle commun		
	Opérations à l'endroit [2]	X	
	Opérations à l'envers [2]	X	
	Opérations impliquant des entités sous contrôle distinct		
	Opérations à l'envers [2]	X	
	Opérations à l'endroit [2]		X

(1) Sur la notion de contrôle, voir n° 75280 et 75285.
(2) Sur la définition du sens des opérations, voir n° 75335.

b. Opérations sous contrôle conjoint ou aboutissant au contrôle conjoint et qui n'impliquent pas des entités sous contrôle commun Les différentes situations possibles et la valorisation correspondante sont fournies par le PCG (art. 743-2 créé par règl. ANC 2017-01) dans le tableau récapitulatif présenté ci-après :

		Contrôle de l'entité cible après l'opération		
		Contrôle exclusif	Contrôle conjoint	Absence de contrôle
Contrôle de l'entité cible avant l'opération	Contrôle exclusif		Valeur réelle	
	Contrôle conjoint	Valeur réelle	Valeur comptable	Valeur réelle
	Absence de contrôle		Valeur réelle	

Pour plus de détails, voir Mémento Fusions & Acquisitions n° 7637.
Pour une définition du contrôle conjoint, voir Mémento Fusions & Acquisitions n° 7635.

> **Fiscalement** **a.** Lorsque, en application des règles comptables de valorisation des apports, une fusion ou une **opération** assimilée est **réalisée à la valeur réelle,** cette valeur est également retenue sur le plan fiscal. Aucune déconnexion des valeurs d'apport n'est donc possible dans ce cas.
> En effet, selon l'administration fiscale, aucune disposition ne permet de déroger aux règles de transcription des apports fixées par l'Autorité des normes comptables (BOI-IS-FUS-30-20 n° 1) sauf, dans certains cas, lorsque l'opération est réalisée aux valeurs comptables.
> Pour plus de détails, voir Mémento Fusions & Acquisitions n° 7800 et 7810.
> **b. En cas d'opération réalisée** comptablement **à la valeur comptable,** la valeur d'apport à retenir sur le plan fiscal dépend essentiellement du régime fiscal sous lequel est placée l'opération :
> – si l'opération est placée sous le régime fiscal de faveur des fusions, la valeur d'apport à retenir sur le plan fiscal est la valeur comptable ;
> – si l'opération est placée sous le régime fiscal de droit commun, la valeur d'apport à retenir sur le plan fiscal est la valeur réelle. Les valeurs d'apport comptable et fiscale sont donc dans ce cas différentes.
> Pour plus de détails, voir Mémento Fusions & Acquisitions n° 7810.

Opérations transfrontalières La valorisation des apports dans le traité n'est pas réglementée par le PCG s'agissant d'opérations transfrontalières (voir Mémento Fusions & Acquisitions n° 7602). Les parties peuvent donc décider de retenir la valeur comptable ou la valeur réelle dans le traité. **75230**
Sur la comptabilisation de l'opération chez la société absorbante, voir n° 75540.

> **Précisions** Réforme du régime des opérations transfrontalières des sociétés commerciales L'ordonnance n° 2023-393 du 24 mai 2023 introduit en droit français la procédure de la scission transfrontalière. Pour les projets déposés au greffe du tribunal de commerce à compter du 1er juillet 2023, sont désormais possibles les opérations de scission transfrontalière (scission dite « complète ») et les deux cas d'apport partiel d'actif transfrontalier avec attribution de parts ou actions au profit de l'apporteur (scission dite « par séparation ») ou directement aux associés de l'apporteur (scission dite « partielle »). Pour plus de détails, voir FRC 7/23 inf. 23.

B. Notion de contrôle

Définition du contrôle commun Les entités sous contrôle commun sont celles qui, en pratique, préalablement à l'opération, sont susceptibles d'être incluses dans le même périmètre de consolidation et consolidées par intégration globale (contrôle exclusif, PCG art. 741-2). Pour une présentation des méthodes de consolidation, voir Mémento Comptes consolidés n° 4220 à 4236. **75280**

L'appréciation de la notion de contrôle commun est limitée au niveau des **personnes morales** (PCG art. 741-1). Ainsi, pour déterminer si une opération est réalisée sous contrôle commun ou distinct, il n'y a pas lieu de prendre en considération le contrôle ultime exercé par une ou plusieurs personnes physiques.
Pour plus de détails, voir Mémento Fusions & Acquisitions n° 7615.

75285 **Définition du contrôle distinct** Les entités sous contrôle distinct sont les entités qui ne sont pas susceptibles d'être consolidées, au sein d'un même groupe, par intégration globale (voir Mémento Fusions & Acquisitions n° 7619).
Sur les impacts du règlement ANC 2017-01 en cas de création de joint-venture, voir n° 75225.

C. Sens de l'opération

75335 Une opération à l'endroit est une opération à l'issue de laquelle l'actionnaire principal de l'entité absorbante (ou bénéficiaire des apports) conserve son pouvoir de contrôle sur celle-ci.

Une opération à l'envers est une opération à l'issue de laquelle l'actionnaire de l'entité absorbée (ou l'entité apporteuse) prend le contrôle de l'entité absorbante (ou de la bénéficiaire des apports).

L'analyse du sens de l'opération est nécessaire uniquement en cas d'opération sous contrôle distinct (en ce sens, Bull. CNCC n° 202, juin 2021, EC 2020-21). En effet, les opérations sous contrôle commun sont, dans tous les cas, effectuées aux valeurs comptables (voir n° 75225).

Pour plus de détails, voir Mémento Fusions & Acquisitions n° 7623.

D. Dérogations au principe général de valorisation des apports

APPORT-CESSION

75385 En cas de filialisation d'une branche d'activité suivie d'une cession ou de toute autre opération conduisant à la perte du contrôle au profit d'une entité sous contrôle distinct (introduction en bourse, attribution gratuite des titres de la filiale ayant reçu les apports, dilution de la filiale ayant reçu les apports…), le PCG (art. 743-1) impose de tenir compte de l'**objectif ultime de l'opération** qui préside à la filialisation pour valoriser l'apport de la branche d'activité.

Ainsi, si la filialisation et l'opération conduisant à la perte de contrôle constituent **une seule et même opération, la valeur réelle** doit être retenue pour évaluer cet apport (alors que la filialisation seule conduirait à retenir la valeur comptable). S'agissant toutefois d'une situation dérogatoire au principe général de valorisation des apports, certaines conditions doivent être remplies.

Pour plus de détails, voir Mémento Fusions & Acquisitions n° 10200 à 10207.

DÉROGATION POUR ACTIF NET INSUFFISANT

75390 Par dérogation (PCG art. 743-3), lorsque les apports doivent être évalués à la valeur nette comptable en application des règles exposées ci-dessus (voir n° 75225) et que l'actif net comptable apporté est insuffisant pour permettre la libération du capital, les **valeurs réelles** des éléments apportés doivent être retenues.

Toutefois, lorsque l'actif net comptable apporté est insuffisant mais néanmoins positif, cette dérogation ne s'applique qu'en cas d'apport à une entité ayant une activité préexistante. Elle ne peut pas être retenue en cas de création ex nihilo d'une entité ni en cas d'aménagement d'une entité préexistante.

Par ailleurs, cette dérogation ne peut s'appliquer ni aux opérations de dissolution par confusion de patrimoine ni aux fusions et scissions sans échange de titres.

Pour plus de détails, voir Mémento Fusions & Acquisitions n° 7648 à 7654.

III. DÉTERMINATION DES VALEURS D'APPORT

A. Apports à la valeur réelle

75460 Évaluer les apports à la valeur réelle dans le traité conduit à y mentionner les trois types d'éléments suivants :
– les actifs et passifs déjà comptabilisés dans l'entité absorbée (ou apporteuse) ;

– certains actifs et passifs ne figurant pas au bilan de l'entité absorbée (ou apporteuse), tels qu'éléments incorporels créés, provision pour retraite ou impôts différés ;
– le fonds commercial.

En outre, lorsque (dans des cas exceptionnels) la somme des valeurs d'apport individuelles figurant dans le traité d'apport est supérieure à la valeur globale de l'entité absorbée (fonds commercial négatif), un badwill est à constater dans le traité et dans les comptes de l'entité absorbante ou bénéficiaire des apports, dans un sous-compte de la prime de fusion (PCG art. 744-1).

> **Fiscalement** La définition comptable de la valeur réelle est retenue (BOI-IS-FUS-30-20 n° 220), ce qui n'interdit toutefois pas à l'administration fiscale d'en contester le montant, même s'il n'a pas été remis en cause par le commissaire aux apports (CE 7-11-2012 n° 328670).

Pour plus de détails, voir Mémento Fusions & Acquisitions n° 7700 à 7707.

Lorsque l'opération a un effet rétroactif, la date d'appréciation des valeurs à mentionner dans le traité d'apport est la date d'effet rétroactif (PCG art. 744-1).

En cas d'effet immédiat ou différé, voir Mémento Fusions & Acquisitions n° 7702.

B. Apports en valeur comptable

75465 L'évaluation à la valeur comptable des apports implique (PCG art. 744-2) que la reprise des valeurs comptables dans le traité d'apport se fasse sans modification par rapport aux valeurs inscrites dans les comptes de l'entité absorbée ou apporteuse.

Lorsque la somme des valeurs d'apport individuelles figurant dans le traité d'apport est supérieure à la valeur globale de l'entité absorbée, un badwill est à constater dans le traité et dans les comptes de l'entité absorbante ou bénéficiaire des apports, dans un sous-compte de la prime de fusion (PCG art. 744-2).

Pour plus de détails, voir Mémento Fusions & Acquisitions n° 7735 à 7758.

En cas d'effet immédiat ou différé, voir Mémento Fusions & Acquisitions n° 7735.

SECTION 3 — COMPTABILISATION DES OPÉRATIONS DE FUSION

75470 Les règles comptables applicables aux **fusions** (développées ci-après) sont également applicables aux **dissolutions par confusion de patrimoine (TUP)** (à l'exception toutefois de celles sur les échanges de titres réalisés par les associés de l'entité absorbée). Pour plus de détails, voir Mémento Fusions & Acquisitions n° 9005 à 9067.

I. COMPTABILISATION DE LA FUSION CHEZ L'ENTITÉ ABSORBÉE

75475 **Écritures comptables lors de la fusion** La fusion entraînant la dissolution de l'entité absorbée, cette dernière doit constater dans ses comptes :
– le transfert de son patrimoine à l'entité absorbante et la créance correspondante sur l'entité absorbante ;
– l'annulation des capitaux propres et la constatation de la dette qui en résulte envers les actionnaires ;
– la compensation entre la créance sur l'entité absorbante et la dette envers les actionnaires.

Les écritures constatant la fusion doivent **solder tous les comptes de l'entité absorbée.** Outre les comptes habituels, peuvent être utilisés, à notre avis, les comptes suivants :
– 466 « Fusion – Entité absorbante – Compte d'apport » (compte créé par nos soins, le PCG ne prévoyant des comptes 46 que pour certaines catégories de biens) ;

– 773 « Résultat de fusion » pour enregistrer les plus-values et moins-values d'apport en cas de fusion à la valeur réelle (compte créé par nos soins ; subdivision non prévue par le PCG à créer dans les produits exceptionnels, le résultat étant généralement positif, les moins-values étant en principe déjà comptabilisées) ;
– 4561 « Associés – Compte d'apport en société ».
Pour plus de détails et pour les conséquences fiscales, voir Mémento Fusions & Acquisitions n° 8010 à 8015.

75480 **Plus-values de fusion** Les plus-values d'apport sont dégagées comptablement chez l'entité absorbée lorsque l'opération est réalisée à la valeur réelle (voir n° 75460).

> **Fiscalement** **a.** Il en est de même lorsque l'opération a été placée sous **le régime fiscal de droit commun** (voir Mémento Fusions & Acquisitions n° 7802). Les plus-values d'apport, après imputation éventuelle des déficits reportables de la société absorbée, sont alors imposables dans les conditions de droit commun (sur la limitation de l'imputation des déficits liée au plafonnement, voir n° 52590).
> **b.** En revanche, lorsque la fusion est placée sous **le régime de faveur,** la plus-value nette globale afférente à l'ensemble des éléments de l'actif apportés [immobilisations (amortissables ou non), titres (immobilisés ou non), stocks...] est exonérée chez la société absorbée (CGI art. 210 A). Cette plus-value nette d'apport doit donc être déduite extra-comptablement sur l'imprimé n° 2058-A (ligne XG ; voir Mémento Fusions & Acquisitions n° 12305).

En revanche, ces plus-values ne sont pas comptabilisées lorsque l'opération est réalisée à la valeur comptable (voir n° 75465).

> **Fiscalement** **a.** Il en est de même lorsque l'opération est placée sous **le régime fiscal de faveur** (voir Mémento Fusions & Acquisitions n° 7812).
> **b.** En revanche, lorsque la fusion est placée sous **le régime de droit commun,** elle est fiscalement réputée réalisée à la valeur réelle et entraîne l'imposition des plus-values fiscales et profits fiscaux d'apport chez la société absorbée dans les conditions de droit commun (CGI art. 221-2). Ces plus-values et profits d'apports doivent donc être réintégrés extra-comptablement sur l'imprimé n° 2058-A (ligne WQ ; voir Mémento Fusions & Acquisitions n° 12205).

Sur l'incidence de cette déconnexion des valeurs d'apport comptable et fiscale en cas d'intégration fiscale, voir Mémento Fusions & Acquisitions n° 10013.

II. COMPTABILISATION DE LA FUSION CHEZ L'ENTITÉ ABSORBANTE

75540 **Coût d'entrée comptable des éléments reçus** Le coût d'entrée **comptable** des éléments reçus par voie de fusion est leur valeur d'apport telle qu'elle figure dans le traité (PCG art. 213-2 et 720-1), c'est-à-dire (selon la situation au moment de l'opération et selon la nationalité des entités concernées, voir n° 75225 et 75230) :
– soit la valeur réelle ;
– soit la valeur comptable, présentée de manière éclatée (brut/amortissements/dépréciations) pour des raisons fiscales (voir Mémento Fusions & Acquisitions n° 8142).

> **Précisions** **En cas d'opération transfrontalière,** un traité qui n'est pas établi en conformité avec les règles de valorisation définies par le PCG (voir n° 75230) doit être retranscrit sans modification dans les comptes de l'entité absorbante ou bénéficiaire des apports domiciliée en France (PCG art. 720-1).
> Pour plus de détails, voir Mémento Fusions & Acquisitions n° 7602 et 8132.

75545 **Prix de revient fiscal des éléments reçus** Le prix de revient fiscal du bien, sur la base duquel sont calculés les amortissements et dépréciations admis en déduction, dépend :
– de la valeur d'apport retenue sur le plan comptable ;
– du régime fiscal sous lequel a été placée la fusion ;
– de la nature du bien.
1. La fusion est comptablement réalisée à la valeur réelle et placée sous le régime fiscal de faveur Il convient de prendre en compte la nature des éléments reçus :
– **immobilisations amortissables** : comme sur le plan comptable, le prix de revient fiscal correspond à la valeur d'apport. En effet, les plus-values de fusion sur éléments amortissables non imposées chez la société absorbée (voir n° 75480) doivent être réintégrées de manière échelonnée au résultat fiscal de la société absorbante, ce qui aligne le coût de

revient fiscal sur le coût de revient comptable (voir Mémento Fusions & Acquisitions n° 8625). Sur la réintégration immédiate, lors de la cession d'une immobilisation amortissable, des plus-values d'apport (résultant de la fusion ou de restructurations antérieures) non encore réintégrées de manière échelonnée, voir Mémento Fusions & Acquisitions n° 8650 ;

> **Précisions** La société absorbante qui reçoit un **fonds commercial** dans le cadre d'une opération réalisée entre le 1ᵉʳ janvier 2022 et le 31 décembre 2025 peut choisir de déduire fiscalement les amortissements comptabilisés. Toutefois, pour les opérations réalisées depuis le 18 juillet 2022, ce régime n'est pas applicable si les sociétés absorbante et absorbée sont des entreprises liées au sens de l'article 39, 12 du CGI, ou si elles sont contrôlées par une même personne physique. Compte tenu de cette mesure anti-abus, il ne concerne que les opérations réalisées entre entités placées sous contrôle distinct. La plus-value d'apport du fonds suit alors le régime des immobilisations amortissables et est réintégrée de manière échelonnée sur cinq ans (BOI-IS-FUS-10-20-40-10 n° 1 ; loi 2022-1157 du 16-8-2022 art. 7 ; pour plus de détails, voir Mémento Fusions & Acquisitions n° 8615).

– **immobilisations non amortissables** (fonds de commerce, marques, terrains et titres) et valeurs mobilières de placement : le prix de revient fiscal peut être différent du coût de revient comptable. Il correspond à la valeur qu'avaient ces biens, du point de vue fiscal, dans les écritures de la société absorbée avant la fusion (valeur fiscale chez l'absorbée avant la fusion).
En effet, les plus-values de fusion sur éléments non amortissables non imposées chez la société absorbée (voir n° 75480) sont placées en sursis d'imposition et n'ont pas à être réintégrées au résultat fiscal de la société absorbante. En revanche, la cession de ces éléments entraîne l'imposition immédiate des plus-values de fusion, ce qui conduit à calculer le résultat de cession fiscal sur la base du prix de revient fiscal et non le coût de revient comptable (voir Mémento Fusions & Acquisitions n° 8653) ;
– **éléments de l'actif circulant** (hors VMP) : le prix de revient fiscal correspond, comme sur le plan comptable, à la valeur d'apport (voir Mémento Fusions & Acquisitions n° 8140).

2. La fusion est comptablement réalisée à la valeur réelle et placée sous le régime de droit commun Le prix de revient fiscal correspond, comme sur le plan comptable, à la valeur d'apport.

3. La fusion est comptablement réalisée à la valeur comptable et placée sous le régime fiscal de faveur Il convient de prendre en compte la nature des éléments reçus :
– **immobilisations amortissables** : comme sur le plan comptable, le prix de revient fiscal correspond à la valeur d'apport ;
– **immobilisations non amortissables** (fonds de commerce, marques, terrains et titres) et valeurs mobilières de placement : le prix de revient fiscal peut être différent du coût de revient comptable. Il correspond à la valeur qu'avaient ces biens, du point de vue fiscal, dans les écritures de la société absorbée avant la fusion. La différence entre ces deux valeurs résulte de plus-values dégagées sur ces biens, antérieurement à la fusion, et placées en sursis ou en report d'imposition ;
– **éléments de l'actif circulant** : le prix de revient fiscal correspond, comme sur le plan comptable, à la valeur d'apport.

4. La fusion est comptablement réalisée à la valeur comptable et placée sous le régime de droit commun (et donc fiscalement à la valeur réelle ; voir n° 75225) Le prix de revient fiscal correspond à la valeur réelle du bien au jour de la fusion (retenue pour l'imposition de la plus-value d'apport). Sur l'impossibilité d'amortir ou de déprécier ces biens sur cette valeur réelle, voir Mémento Fusions & Acquisitions n° 8130. Sur les retraitements extra-comptables lors de la cession des actifs apportés, voir Mémento Fusions & Acquisitions n° 8640 et 12245 à 12255.

Pour plus de détails ainsi que pour les conséquences fiscales, voir Mémento Fusions & Acquisitions n° 8130 à 8147.

Écritures comptables lors de la fusion À la date de réalisation juridique de la fusion, l'entité absorbante comptabilise les écritures relatives aux opérations suivantes :

1. Rémunération des apports L'entité absorbante comptabilise :
– l'augmentation de capital (ou sa création) ou la remise de titres autodétenus (voir Mémento Fusions & Acquisitions n° 8100 à 8105) ;
– la création d'une prime de fusion, le cas échéant (voir Mémento Fusions & Acquisitions n° 8110 à 8121) ;
– et, s'il y a soulte, une diminution de sa trésorerie.

75555

▶ Précisions **Fusions simplifiées** En cas de fusion réalisée entre entités sœurs détenues à 100 % par la même entité **sans échange de titres**, les apports ne donnent pas lieu à rémunération :
— dans les comptes de l'entité absorbante, la contrepartie des apports dans les comptes de l'entité absorbante est constatée dans les capitaux propres en **report à nouveau**, que l'actif net apporté soit positif ou négatif (PCG art. 746-1) ;
— dans les comptes des actionnaires, la valeur nette comptable des titres de l'entité absorbée (valeur brute – dépréciation) serait ajoutée à celle des titres de l'entité absorbante, sans impact sur le résultat (PCG art. 746-2).
A notre avis, il devrait en être de même pour les opérations sans échange de titres issus de la réforme du régime des fusions (voir n° 75010). L'ANC devra toutefois confirmer ce point.

▶ Fiscalement Aucune variation d'actif net imposable n'est constatée chez la société absorbante (CGI art. 38, 2). La distribution aux associés des sommes incorporées aux capitaux propres peut être considérée comme un remboursement d'apports non taxable dans la mesure où les biens apportés étaient eux-mêmes considérés comme des apports dans la société absorbée (BOI-RPPM-RCM-10-20-30-30 n° 120 ; voir Mémento Fusions & Acquisitions n° 8122).

2. Libération des apports Les apports énumérés dans le traité de fusion sont comptabilisés en mouvementant les comptes d'actif et de passif intéressés.
L'ensemble des éléments figurant dans le traité d'apport doit être comptabilisé, voir Mémento Fusions & Acquisitions n° 8150.

3. Engagement des frais pour réaliser l'opération Sur la comptabilisation de ces frais, voir n° 45150 et Mémento Fusions & Acquisitions n° 8163.

4. Constatation du mali (voir n° 75625 s.) **ou du boni** (voir n° 75855) **de fusion** lorsque la fusion intervient entre une entité mère et sa filiale.

5. Harmonisation des méthodes comptables post-opération En cas d'opération réalisée à la valeur comptable, une harmonisation des méthodes comptables post-opération dans les comptes de l'entité française absorbante est obligatoire (PCG art. 744-3) :
— s'il s'agit de retraitements nécessaires pour se conformer à la définition des actifs et des passifs du PCG ou s'il s'agit de provisionner les engagements de retraite selon les modalités d'évaluation de l'absorbante ;
— en contrepartie du mali ou du boni de fusion, le cas échéant. À défaut de mali ou de boni de fusion, l'impact de l'harmonisation des méthodes est comptabilisé en report à nouveau, conformément aux règles générales sur les changements de méthode (voir n° 8545).
Au-delà de ces retraitements obligatoires, l'harmonisation est possible et suit les principes des changements de méthodes.
Pour plus de détails, voir Mémento Fusions & Acquisitions n° 8600 et 8605.

6. Reconstitution (le cas échéant) des provisions réglementées, des subventions d'investissement ainsi que des réserves spéciales des plus-values à long terme et de fluctuation des cours. Pour plus de détails, voir Mémento Fusions & Acquisitions n° 8154.

▶ Fiscalement Voir Mémento Fusions & Acquisitions n° 8100 à 8163.

III. COMPTABILISATION DU MALI DE FUSION

A. Définitions

75625 **Le mali de fusion** correspond à l'écart négatif entre (PCG art. 745-3) :
— l'actif net, positif ou négatif (tel que déterminé après harmonisation obligatoire des méthodes comptables ; voir n° 75555), reçu par l'entité absorbante à hauteur de sa participation dans l'entité absorbée ;
— et la valeur comptable de cette participation.
Il peut être décomposé en deux éléments :
— un mali technique (voir n° 75630) ;
— un « vrai mali » (voir n° 75635).
Pour plus de détails, voir Mémento Fusions & Acquisitions n° 8320 à 8335.

75630 **Le mali technique** correspond, à hauteur de la participation antérieurement détenue, aux plus-values latentes sur éléments d'actif comptabilisés ou non dans les comptes de l'entité absorbée (éléments d'actifs identifiés hors fonds commercial, fonds commercial) déduction faite des passifs non comptabilisés dans les comptes de l'entité absorbée en

l'absence d'obligation comptable (par exemple, provisions pour retraite, impôts différés passifs) (PCG art. 745-4).
Pour plus de détails, voir Mémento Fusions & Acquisitions n° 8345.

Le « vrai mali » correspond à la différence entre le mali de fusion et le mali technique de fusion. Il peut correspondre à l'éventuelle dépréciation ou l'éventuel complément de dépréciation de la participation détenue dans l'entité absorbée, nécessaire au moment de la fusion (PCG art. 745-4).
Cette distinction entre mali technique de fusion et « vrai » mali est présentée dans le schéma suivant :

75635

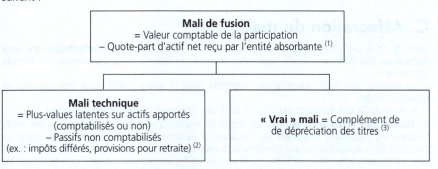

(1) Il s'agit de la valeur nette comptable (après dépréciations).
(2) Sur ce traitement comptable du mali technique, voir n° 75685.
(3) Sur ce traitement comptable du « Vrai » mali, voir n° 75690.
Pour plus de détails, voir Mémento Fusions & Acquisitions n° 8340.
Pour des exemples de distinction entre le mali technique et le « vrai mali », voir Mémento Fusions & Acquisitions n° 8350.

B. Comptabilisation du mali

Le **mali technique** est comptabilisé à l'actif du bilan de l'entité absorbante, en fonction des différentes natures d'actifs sous-jacents auxquels il a été affecté (PCG art. 745-6 ; sur l'affectation du mali, voir n° 75740).
Les comptes suivants sont à utiliser :
— compte 2081 « Mali de fusion sur actifs incorporels » ;
— compte 2187 « Mali de fusion sur actifs corporels » ;
— compte 278 « Mali de fusion sur actifs financiers » ;
— compte 478 « Mali de fusion sur actif circulant ».

75685

> **Fiscalement** L'inscription à l'actif du mali technique ne constitue pas une augmentation d'actif net imposable au sens de l'article 38-2 du CGI, que l'opération soit placée sous le régime de faveur ou de droit commun (BOI-IS-FUS-10-50-20 n° 150). En conséquence, aucun retraitement extra-comptable n'est à effectuer au titre de son immobilisation. Toutefois, les conséquences de l'immobilisation du mali technique diffèrent selon le régime fiscal sous lequel est placée la fusion :
> **a.** Lorsque **l'opération** est **placée sous le régime de faveur** des fusions, des retraitements extra-comptables doivent être effectués au titre des exercices d'amortissement, de dépréciation du mali et de cession des immobilisations sous-jacentes au mali technique (voir n° 75790, 75795 et 75800).
> **b.** Lorsque **l'opération** est **placée sous le régime de droit commun,** le mali technique est, en pratique, indirectement imposé chez la société absorbée, les plus-values latentes qu'il recouvre étant incluses dans les plus-values d'apport (voir Mémento Fusions & Acquisitions n° 8015).

Pour plus de détails et des exemples, voir Mémento Fusions & Acquisitions n° 8364.

Le **« vrai » mali** constitue une charge, comptabilisée dans le résultat financier (PCG art. 745-4).

75690

> **Fiscalement** Lorsque l'actif net apporté par la société absorbée est positif, cette moins-value d'annulation des titres est (BOI-IS-FUS-10-50-20 n° 50) :
> — constitutive d'une moins-value à long terme si les titres annulés sont des titres de participation (au sens de l'article 219, I-a-ter du CGI) détenus depuis au moins deux ans (CAA Paris 28-1-1997 n° 95-3465, décision définitive) (sur les titres susceptibles de bénéficier du régime du long terme,

voir n° 36700). Cette moins-value n'est pas déductible lorsque les titres de participation relèvent du régime de taxation limitée à une quote-part de frais et charge ou relèvent du taux de 19 % lorsqu'ils sont des titres de SPI cotées ;
– déductible du résultat imposable au taux de droit commun dans les autres cas.
En l'absence de mali comptabilisé (lorsque les titres ont déjà été dépréciés avant la fusion), le Conseil d'État a jugé que la société absorbante est fondée à déduire, au titre du vrai mali, une moins-value représentative de la **perte réelle subie** du fait de **l'annulation des titres** de la société absorbée (CE 13-11-2020 n° 424455).
Pour plus de détails, voir Mémento Fusions & Acquisitions n° 8368.

C. Affectation du mali

75740 Selon le PCG (art. 745-5), à la date de l'opération, l'entité procède à **l'affectation du mali technique** aux différents actifs apportés concernés et inscrits dans les comptes de l'entité absorbée :
– en priorité, aux actifs identifiables apportés dont la valeur réelle peut être estimée de manière fiable ;
– le résiduel (le cas échéant) est affecté au fonds commercial de l'entité absorbée.

1. Nature des actifs sous-jacents Les actifs sous-jacents apportés peuvent être des actifs incorporels, corporels, financiers ou circulants. Ces actifs peuvent ne pas figurer dans les comptes de la société absorbée (notamment, marques et incorporels créés, actif d'impôt différé sur report déficitaire…). Si tel est le cas, ils ne figureront pas en tant que tels dans les comptes de l'entité absorbante, du fait de la valorisation des apports à la valeur comptable, mais ils seront compris dans un compte « Mali de fusion ».

2. Affectation au prorata des plus-values latentes estimées de manière fiable.

3. Prise en compte de l'effet d'impôt Les plus-values latentes tiennent compte de l'effet d'impôt uniquement si la cession des actifs est envisagée à brève échéance.
Pour plus de détails ainsi que pour un exemple, voir Mémento Fusions & Acquisitions n° 8362.

4. Information en annexe Lorsqu'une opération a conduit à la constatation d'un mali, l'annexe aux comptes doit mentionner les éléments significatifs sur lesquels le mali a été affecté (PCG art. 770-1). Pour plus de détails, voir Mémento Fusions & Acquisitions n° 8393.

D. Traitement du mali technique après la fusion

75790 **Amortissement** Le mali technique doit suivre le traitement de l'actif amortissable sous-jacent auquel il est affecté (PCG art. 745-7). En conséquence :
– si l'actif sous-jacent est amortissable : le mali technique affecté doit être amorti au même rythme, c'est-à-dire sur la durée résiduelle d'utilisation de cet actif à la date de la fusion (PCG art. 745-7) ;
Les comptes suivants sont à utiliser (PCG art. 932-1) : compte 28081 « Amortissement du mali de fusion sur actifs incorporels » ; compte 28187 « Amortissement du mali de fusion sur actifs corporels ».
– si l'actif sous-jacent n'est pas amortissable : le mali technique affecté n'est pas amorti. En revanche, il peut faire l'objet d'une dépréciation (voir n° 75795).

> **Fiscalement** Le traitement de l'amortissement du mali technique dépend du régime fiscal sous lequel a été placée l'opération de fusion :
> **1. La fusion a été soumise au régime de faveur** L'amortissement du mali technique n'est pas déductible (CGI art. 210 A-1), celui-ci étant représentatif de plus-values d'apport non imposées lors de l'opération en application du régime de faveur (BOI-IS-FUS-10-50-20 n° 130 ; voir n° 75685). En conséquence, l'amortissement doit être réintégré extra-comptablement au titre de l'exercice de sa dotation (imprimé n° 2058-A, ligne WE).
> **2. La fusion a été soumise au régime de droit commun** L'amortissement de la quote-part du mali technique affectée à des actifs amortissables devrait en principe, à notre avis, être déductible du résultat imposable au taux de droit commun, les plus-values qu'il représente ayant déjà été imposées chez la société absorbée lors de l'apport, l'opération placée sous le régime de droit commun étant fiscalement réputée réalisée à la valeur réelle. Toutefois, lorsque la société absorbante comptabilise l'amortissement de la quote-part de mali technique affecté au fonds commercial (voir Mémento Fusions & Acquisitions n° 8362), elle ne peut le déduire fiscalement pour les opérations réalisées depuis le 18 juillet 2022. En effet, depuis cette date, le régime

temporaire autorisant la déduction fiscale de l'amortissement du fonds commercial pour les opérations réalisées entre le 1er janvier 2022 et le 31 décembre 2025 ne s'applique pas lorsque l'opération intervient entre sociétés liées (Loi 2022-1157 du 16-8-2022 art. 7 ; BOI-BIC-AMT-10-20 n° 360 ; voir n° 75545).

Pour plus de détails, voir Mémento Fusions & Acquisitions n° 8370.

Dépréciation Le mali technique étant affecté comptablement aux actifs sous-jacents transmis (voir n° 75740) : **75795**
– il doit être intégré à la valeur nette comptable de ces actifs lors des tests de dépréciation ;
– il doit être déprécié lorsque la valeur actuelle de l'actif sous-jacent devient inférieure à sa valeur nette comptable, majorée de la quote-part de mali affectée. La dépréciation est alors imputée **en priorité sur la quote-part du mali technique.**

> **Fiscalement** Le traitement de la (provision pour) dépréciation du mali technique dépend du régime fiscal sous lequel a été placée l'opération de fusion :
> **1. La fusion a été soumise au régime de faveur** La dépréciation du mali technique n'est pas déductible (CGI art. 210 A-1), celui-ci étant représentatif de plus-values d'apport non imposées lors de l'opération en application du régime de faveur (BOI-IS-FUS-10-50-20 n° 130 ; voir n° 75685).
> **2. La fusion a été soumise au régime de droit commun** La dépréciation du mali technique est, en principe, déductible du résultat imposable au taux de droit commun, les plus-values qu'il représente ayant déjà été imposées chez la société absorbée lors de l'apport (BOI-IS-FUS-10-50-20 n° 180). Toutefois (BOI-IS-FUS-10-50-20 n° 190), les conditions de déduction de la dépréciation du mali technique (montant, taux) dépendent du régime fiscal de l'actif sous-jacent auquel la quote-part de mali dépréciée a été affectée. Ainsi :
> – si le mali technique est affecté à des **biens somptuaires** dont les charges sont exclues du droit à déduction, la dépréciation du mali n'est pas déductible ;
> – si le mali technique est affecté à des **titres** relevant du régime fiscal des plus et moins-values à long terme, la dépréciation du mali n'est pas déductible du résultat imposable au taux de droit commun, mais est constitutive d'une moins-value à long terme.
> Pour plus de détails ainsi que pour des exemples, voir Mémento Fusions & Acquisitions n° 8370 et 8373.

Sortie du bilan Lors de la cession ultérieure de l'actif sous-jacent, la quote-part de mali affectée à l'actif sous-jacent cédé doit être sortie de l'actif. La valeur nette comptable de cette quote-part est comptabilisée en charges et entre dans le calcul de la plus ou moins-value de cession de l'actif (PCG art. 745-10). **75800**

> **Fiscalement** Comme pour les amortissements ou les (provisions pour) dépréciation, le traitement de la sortie de la quote-part de mali dépend du régime fiscal sous lequel l'opération de fusion a été placée :
> **a. La fusion a été placée sous le régime de faveur** La quote-part du mali technique affectée à l'actif sous-jacent ne peut donner lieu à aucune déduction lors de sa sortie de l'actif (CGI art. 210 A-1 ; BOI-IS-FUS-10-50-20 n° 130). La plus ou moins-value fiscale de cession de l'actif sous-jacent doit être déterminée par rapport au prix de revient de cet élément tel qu'il figure dans les comptes de la société cédante, sans tenir compte de la quote-part du mali technique qui lui a été affectée (voir Mémento Fusions & Acquisitions n° 8362).
> Sur les retraitements extra-comptables en résultant, voir Mémento Fusions & Acquisitions n° 8380.
> **b. La fusion a été placée sous le régime de droit commun** La quote-part du mali technique affectée à l'actif sous-jacent est, en principe, intégralement déductible du résultat imposable au taux de droit commun, sauf si les actifs sous-jacents constituent (BOI-IS-FUS-10-50-20 n° 210) :
> – des titres de participation détenus depuis au moins deux ans éligibles au régime de taxation limitée à une quote-part de frais et charge (voir Mémento Fusions & Acquisitions n° 8328). En pratique, le mali vient dans ce cas réduire le montant de la plus-value de cession servant de base au calcul de la quote-part de frais et charges de 12 % imposable au taux de droit commun (voir n° 36700) ;
> – des titres de participation dans des sociétés à prépondérance immobilière cotées détenus depuis au moins deux ans éligibles au régime du long terme au taux de 19 %. Dans ce cas, le mali réduit le résultat de cession imposable au taux réduit ;
> – des titres de sociétés établies dans un État ou territoire non coopératif (ETNC, voir n° 36725) exclus du régime du long terme (voir n° 36700). Le mali ne peut alors s'imputer que sur les plus-values provenant de la cession de tels titres (CGI art. 219, I-a sexies 0 ter).

Pour plus de détails, voir Mémento Fusions & Acquisitions n° 8380.
En cas d'opération de regroupement ultérieur, voir Mémento Fusions & Acquisitions n° 8390 (fusion) et 8391 (apport).

Informations à fournir en annexe Lors des exercices ultérieurs (à chaque clôture), l'entité doit mentionner en annexe le suivi de son mali affecté aux actifs en détaillant par actif la valeur brute et, le cas échéant, les amortissements, les dépréciations et reprises **75805**

de dépréciations (PCG art. 770-2), ainsi que les modalités de dépréciation et sortie définitive du mali.

En pratique, à notre avis, cette information pourrait être fournie :
– pour les malis sur immobilisations (corporelles, incorporelles ou financières), dans le tableau de suivi des immobilisations, sur des lignes spécifiques (voir n° 29765) ;
– pour les autres malis (sur actifs circulants notamment), en faisant figurer dans l'annexe la colonne « affectation du mali » du tableau d'affectation élaboré par l'entreprise en application du PCG (voir Mémento Fusions & Acquisitions n° 8362) et en y ajoutant les colonnes permettant de suivre les dépréciations.

> **Fiscalement** Cette information permet de (voir n° 75790, 75795 et 75800) :
– justifier les retraitements extra-comptables à effectuer lorsque l'opération est placée sous le régime de faveur des fusions ;
– déterminer le traitement fiscal du mali technique lorsque l'opération est placée sous le régime fiscal de droit commun.

E. Comptabilisation du boni de fusion

75855 Le **boni de fusion** est comptabilisé :
– en résultat financier à hauteur de la quote-part des résultats accumulés par l'entité absorbée (depuis l'acquisition des titres de l'entité absorbée par l'entité absorbante) et non distribués. En effet, si, au lieu d'être accumulés, ces résultats avaient donné lieu à distribution de dividendes, l'entité absorbante les aurait comptabilisés en résultat financier ;
– en capitaux propres pour le montant résiduel ou si ces résultats ne peuvent être déterminés de manière fiable.

> **Fiscalement** L'imposition du boni de fusion (qualifié de plus-value d'annulation des titres) dépend du régime fiscal sous lequel est placée l'opération en matière d'IS.
a. Régime de faveur Cette plus-value est exonérée si l'opération est placée sous le régime de faveur des fusions (CGI art. 210 A-1), que la plus-value soit à court terme ou à long terme (BOI-IS-FUS-10-50-20 n° 1), sans donner lieu, dans ce dernier cas, à la taxation limitée à une quote-part de frais et charges de 12 % telle qu'exigée dans le cadre du régime des plus-values à long terme sur cession de titres de participation (voir n° 36700).
b. Régime de droit commun Si l'opération a été placée sous le régime de droit commun, la plus-value d'annulation des titres (BOI-IS-FUS-10-50-20 n° 10) :
– relève du régime du long terme si les titres annulés sont des titres de participation (sauf titres de SPI non cotées) détenus depuis au moins deux ans (régime de taxation limitée à une quote-part de frais et charges de 12 % ou imposition au taux de 19 %, voir n° 36700) ;
– est imposable au taux normal dans les autres cas.

Pour plus de détails et sur les retraitements extra-comptables applicables, voir Mémento Fusions & Acquisitions n° 8460.

IV. COMPTABILISATION DES TITRES REÇUS PAR LES ASSOCIÉS DE L'ENTITÉ ABSORBÉE

75905 **Traitement dans les comptes des associés de l'entité absorbée** Il convient de distinguer selon que la fusion donne lieu à échange de titres ou pas.
1. Fusion avec échange de titres Dans le cas général où l'entité absorbée n'est pas détenue à 100 % par un seul actionnaire, les titres reçus par les actionnaires sont à évaluer à leur **valeur vénale** (application des règles sur les échanges : PCG art. 213-3 ; voir n° 37160).
En revanche, la **valeur comptable** des titres remis à l'échange est à retenir dans les deux situations suivantes :
– la fusion est réalisée entre des entités détenues directement ou indirectement à 100 % ou quasi 100 % par l'actionnaire subissant l'échange de titres (Avis CU CNC 2006-B du 5-7-2006, question n° 3) ;
– la fusion est réalisée en présence d'actionnaires tiers mais la transaction n'a pas de substance commerciale (voir n° 37160).

> **Fiscalement** L'échange est, en revanche, réalisé à la valeur réelle, voir n° 37205.

Pour plus de détails et pour les conséquences fiscales, voir Mémento Fusions & Acquisitions n° 8700 à 8735.

2. Fusion sans échange de titres (fusion entre entités sœurs détenues à 100 % par la même entité) Dans ce cas, dans les comptes de l'entité actionnaire (PCG art. 746) :
– la valeur brute et les éventuelles dépréciations des titres de l'entité qui disparaît sont ajoutées à la valeur brute et aux éventuelles dépréciations des titres de l'entité absorbante ;
– la valeur comptable brute des titres de l'entité qui disparaît est répartie uniformément sur la valeur unitaire des titres de l'entité absorbante.

> **Précisions** En cas de fusions sans échange de titres entre sociétés sœurs, la valeur brute des titres de l'entité qui disparaît chez la mère associée de l'entité absorbée est ajoutée à la valeur brute des titres de l'entité absorbante dans les comptes de l'entité détentrice. De même, les éventuelles dépréciations des titres de l'entité qui disparaît sont ajoutées aux éventuelles dépréciations des titres de l'entité absorbante (PCG art. 746-2).

> **Fiscalement** La disparition des titres de la société absorbée est sans incidence sur le résultat imposable de la société absorbante (BOI-IS-FUS-50-30 n° 10 ; voir Mémento Fusions & Acquisitions n° 8740). Sur les conséquences de la cession ultérieure des titres de la société absorbante au regard de la détermination de la plus-value imposable et sur l'application du régime mère-fille, voir Mémento Fusions & Acquisitions n° 8742.

SECTION 4 — COMPTABILISATION DES OPÉRATIONS DE SCISSION

Entité scindée La scission entraînant la disparition de l'entité scindée, cette dernière doit constater dans ses comptes :   **75910**
– le transfert de son patrimoine aux entités bénéficiaires des apports et la remise d'actions de ces dernières en contrepartie ;
– l'annulation des capitaux propres (y compris le résultat de scission) par l'échange de titres des entités bénéficiaires des apports.
Les écritures dans les comptes de l'entité scindée sont identiques à celles enregistrées par l'entité absorbée lors d'une opération de fusion (à l'exception toutefois des écritures relatives à la remise des actions des entités bénéficiaires des apports, voir n° 75480).
Pour plus de détails, voir Mémento Fusions & Acquisitions n° 9505 à 9507.

Entités bénéficiaires des apports Après l'approbation du traité de scission par les associés, chaque entité bénéficiaire des apports comptabilise les écritures relatives :   **75915**
– à la libération des apports ;
– à leur rémunération.
La différence (obligatoirement positive) entre la valeur des biens reçus par voie d'apport et le montant de capital rémunérant les apports constitue la prime de scission, qui doit être comptabilisée au sein des capitaux propres dans le compte 1043 « Prime d'apport ».

> **Précisions** **En cas de scission sans échange de titres,** réalisée au profit d'entités bénéficiaires détenues à 100 % par l'actionnaire (également à 100 %) de l'entité scindée, la contrepartie des apports est comptabilisée en report à nouveau, en l'absence d'émission de titres par les entités bénéficiaires pour rémunérer les apports (PCG art. 746-1).

Sur le traitement des frais engagés pour réaliser l'opération, voir n° 45150 et Mémento Fusions & Acquisitions n° 8160 à 8163.
Pour plus de détails et pour le traitement fiscal, voir Mémento Fusions & Acquisitions n° 9550 à 9553.

Associés de la société scindée Les titres des sociétés bénéficiaires des apports reçus en échange sont comptabilisés selon les cas :   **75920**
– à leur valeur réelle, ce qui dégage une plus ou moins-value dans les comptes des associés de la société scindée ;
– ou à la valeur comptable des titres remis à l'échange, ce qui conduit à ne dégager aucun résultat dans les comptes des associés de la société scindée.
Pour plus de détails et pour les conséquences fiscales, voir Mémento Fusions & Acquisitions n° 9640 à 9642.

> **Précisions** En cas de **scission sans échange de titres** entre entités sœurs détenues à 100 % par le même actionnaire, les entités bénéficiaires des apports n'émettent pas de titres pour rémunérer les apports qu'elles reçoivent par voie de scission. Dans ce cas, dans les comptes de l'entité détentrice des titres de l'entité scindée (PCG art. 746-2) :
> — la valeur des titres et les éventuelles dépréciations de l'entité qui disparaît sont réparties entre les titres des entités bénéficiaires des apports au prorata de la valeur réelle des apports transmis à chacune des entités bénéficiaires (PCG art. 746-2). Pour un exemple d'application, voir Mémento Fusions & Acquisitions n° 9643 ;
> — la quote-part de valeur comptable brute des titres de l'entité qui disparaît est répartie uniformément sur la valeur unitaire des titres des entités bénéficiaires des apports.

> **Fiscalement** L'opération est sans conséquence sur le résultat imposable de la société mère (BOI-IS-FUS-50-30 n° 20 ; voir Mémento Fusions & Acquisitions n° 9643). Sur les conséquences de la cession ultérieure des titres de la société bénéficiaire des apports au regard de la détermination de la plus-value imposable et sur l'application du régime mère-fille, voir Mémento Fusions & Acquisitions n° 9645.

SECTION 5 — COMPTABILISATION DES OPÉRATIONS D'APPORT PARTIEL D'ACTIF

I. COMPTABILISATION CHEZ L'ENTITÉ APPORTEUSE

76015 **Plus-values d'apport** Les plus-values d'apport sont dégagées comptablement chez l'entité apporteuse **lorsque l'opération est réalisée à la valeur réelle.**

> **Fiscalement** Il en est de même lorsque l'opération est placée sous le **régime fiscal de droit commun** (voir Mémento Fusions & Acquisitions n° 7802).
> En revanche, lorsque l'apport partiel d'actif est placé sous le **régime de faveur,** la plus-value nette globale afférente à l'ensemble des éléments de l'actif apportés [immobilisations (amortissables ou non), titres (immobilisés ou non), stocks...] est exonérée chez la société apporteuse (CGI art. 210 A et 210 B ; voir Mémento Fusions & Acquisitions n° 7802). Sur les retraitements extra-comptables en résultant, voir Mémento Fusions & Acquisitions n° 12305.
> Sur les modalités d'imposition de cette plus-value d'apport, voir Mémento Fusions & Acquisitions n° 8015.

En revanche, ces plus-values ne sont pas comptabilisées **lorsque l'opération est réalisée à la valeur comptable.**

> **Fiscalement** Il en est de même lorsque l'opération est placée sous le **régime fiscal de faveur** (voir Mémento Fusions & Acquisitions n° 7812).
> En revanche, lorsque l'apport partiel d'actif est placé sous le **régime de droit commun,** il est alors fiscalement réputé réalisé à la valeur réelle et entraîne l'imposition des plus-values fiscales et profits d'apport chez la société apporteuse (CGI art. 221-2 ; voir Mémento Fusions & Acquisitions n° 7812). Sur les retraitements extra-comptables en résultant, voir Mémento Fusions & Acquisitions n° 12205.

Pour plus de détails, voir Mémento Fusions & Acquisitions n° 10013.
Sur les écritures de comptabilisation de la sortie des éléments apportés, voir Mémento Fusions & Acquisitions n° 10010.
Sur les nouvelles opérations de scission « partielle », voir n° 76025.

76020 **Titres reçus en rémunération de l'apport** Ils sont comptabilisés **pour la valeur des apports retenue dans le traité d'apport** (PCG art. 221-1, 744-1 et 744-2).
En conséquence :

1. Lorsque l'opération est réalisée à la valeur réelle Les titres sont comptabilisés pour un montant égal à la valeur réelle des apports.

> **Fiscalement** Il en est de même lorsque l'opération est placée sous **le régime de droit commun**.
> En revanche, lorsque l'apport partiel d'actif est placé sous **le régime de faveur** des fusions, le prix de revient fiscal de ces titres diffère de leur coût d'entrée comptable : il est égal à la valeur que les biens apportés avaient du point de vue fiscal dans les écritures de la société apporteuse (CGI art. 210 B).

2. **Lorsque l'opération est réalisée à la valeur comptable** Le coût d'entrée des titres reçus en rémunération de l'apport partiel d'actif doit correspondre à la valeur comptable des apports.

> **Fiscalement** Il en est en principe de même lorsque l'opération est placée sous **le régime de faveur**. Toutefois, le prix de revient fiscal des titres étant dans ce cas égal à la valeur que les biens apportés avaient du point de vue fiscal dans les écritures de la société apporteuse, il peut différer de la valeur comptable lorsque des actifs apportés sont grevés de plus-values en report ou en sursis d'imposition (résultant par exemple d'une opération de restructuration antérieure placée sous le régime de faveur).
> En revanche, le prix de revient fiscal est différent du coût d'entrée comptable en cas de déconnexion des valeurs d'apport comptable et fiscale (apport partiel d'actif réalisé à la valeur comptable sur le plan comptable et à la valeur réelle sur le plan fiscal car placé sous **le régime de droit commun**, voir Mémento Fusions & Acquisitions n° 7810). Dans ce cas, le prix de revient fiscal des titres reçus en rémunération de l'apport correspond, à notre avis, à la valeur réelle des apports (et non à leur valeur comptable).

Pour plus de détails, voir Mémento Fusions & Acquisitions n° 10020.

Opérations d'apports-attributions La société apporteuse peut attribuer gratuitement à ses actionnaires les titres reçus en rémunération de ses apports. Dans ce cas, les titres attribués sont annulés pour leur valeur comptable (correspondant à la valeur réelle ou comptable des apports selon que l'apport partiel d'actif est réalisé en valeur réelle ou en valeur comptable), par la contrepartie des capitaux propres.

76025

> **Fiscalement** Ces opérations peuvent, sous certaines conditions, être réalisées sous un régime de neutralité fiscale (CGI art. 115, 2 et 115, 2 bis).

Pour plus de détails, voir Mémento Fusions & Acquisitions n° 10040.

> **Précisions** Nouvelles opérations de scissions « partielles » (voir n° 75010) L'ANC devrait prochainement se prononcer sur le traitement comptable de ces nouvelles opérations d'apport-attribution. Pour plus de détails, voir FRC 7/23 inf. 23.

II. COMPTABILISATION CHEZ LES ACTIONNAIRES DE L'ENTITÉ APPORTEUSE

Opérations d'apports-attributions (voir n° 76025) La valeur comptable des titres de la société apporteuse détenus préalablement à l'attribution gratuite des titres est répartie entre les titres de l'apporteuse déjà détenus et les nouveaux titres de la société bénéficiaire des apports (attribués gratuitement), au prorata de leurs valeurs réelles respectives déterminées à la date de l'opération d'apport.

76050

> **Fiscalement** Sous certaines conditions, l'attribution des titres réalisée dans l'année suivant celle de la réalisation de l'apport n'est pas constitutive d'un revenu mobilier et ne donne lieu à aucune imposition chez les associés, sous réserve du respect des conditions posées aux articles 115-2 ou 115-2 bis du CGI.

Pour plus de détails, voir Mémento Fusions & Acquisitions n° 10190.

> **Précisions** Nouvelles opérations de scissions « partielles » (voir n° 75010) L'ANC devrait prochainement se prononcer sur le traitement comptable de cette opération chez l'actionnaire de l'entité apporteuse. Pour plus de détails, voir FRC 7/23 inf. 23.

> **Fiscalement** Il appartiendra au législateur de préciser dans quelles conditions les opérations de scission partielle pourraient ouvrir droit à un régime fiscal de faveur similaire à celui prévu par l'article 115-2 du CGI au profit des actionnaires de la société scindée.

III. COMPTABILISATION CHEZ L'ENTITÉ BÉNÉFICIAIRE DES APPORTS

76090 **Coût d'entrée des éléments reçus** Le coût d'entrée comptable des éléments reçus par voie d'apport est leur valeur d'apport telle qu'elle figure dans le traité (PCG art. 213-2), c'est-à-dire (selon la situation au moment de l'opération et selon la nationalité des entités concernées, voir n° 75225 et 75230) :
– soit la valeur réelle ;
– soit la valeur comptable, présentée de manière éclatée (brut/amortissements/dépréciations) pour des raisons fiscales (voir Mémento Fusions & Acquisitions n° 8142).
En cas d'opération transfrontalière, voir n° 75540.

> **Fiscalement** Le régime fiscal de faveur des fusions s'applique de plein droit lorsque l'apport porte sur une branche complète d'activité ou des éléments assimilés (CGI art. 210 B ; voir Mémento Fusions & Acquisitions n° 7340). Comme pour les fusions, le prix de revient fiscal du bien, sur la base duquel sont calculés les amortissements et dépréciations admis en déduction, dépend de la valeur d'apport retenue sur le plan comptable, du régime fiscal sous lequel a été placée l'opération et de la nature du bien (voir n° 75545).

76095 **Écritures comptables lors de l'apport** Après l'approbation du traité d'apport par les associés, l'entité bénéficiaire des apports comptabilise les écritures relatives :
– à la rémunération des apports ;
– à leur libération ;
– à l'engagement des frais pour réaliser l'opération ;
– à l'harmonisation des méthodes comptables post-opération (le cas échéant) ;
– à la reconstitution des provisions réglementées, des subventions d'investissement et, le cas échéant, de la réserve spéciale des plus-values à long terme et pour fluctuation des cours.
Pour plus de détails, voir Mémento Fusions & Acquisitions n° 10070 à 10092.
Sur les écritures de comptabilisation de la sortie des éléments reçus par voie d'apport, voir Mémento Fusions & Acquisitions n° 10092.
Sur les principes d'harmonisation des méthodes comptables post-opération dans les comptes de l'entité française absorbante, voir Mémento Fusions & Acquisitions n° 10105.

SECTION 6 — INCIDENCES COMPTABLES ET FISCALES DE LA RÉTROACTIVITÉ

I. DÉFINITION DE LA DATE D'EFFET COMPTABLE

76195 **I. Principe** Sur le plan comptable, le Code de commerce offre la possibilité de choisir entre deux dates d'effet (C. com. art. R 236-1 5°) :
– **soit** la **date de réalisation définitive de l'opération, (fusion à effet comptable immédiat)**, c'est-à-dire en général la date de la dernière AGE approuvant l'opération ou une date ultérieure qui ne peut excéder la date de clôture de l'exercice en cours de la société absorbante (pour plus de détails sur la date de la réalisation définitive de l'opération, voir Mémento Fusions & Acquisitions n° 10505) ;
– **soit** une **autre date antérieure à la date de réalisation (fusion à effet comptable rétroactif)**, décidée conventionnellement par les parties et **fixée dans le traité** d'apport ou de fusion qui, selon l'article R 236-1-5° du Code de commerce, sera celle à partir de laquelle les opérations de l'entité absorbée (ou scindée, l'apporteuse, sur renvoi de l'article R 236-17 du Code de commerce) seront, **du point de vue comptable,** considérées comme accomplies par la ou les entités bénéficiaires des apports. Ainsi, les parties peuvent choisir de donner à l'opération une date d'effet rétroactif.

> **Précisions** **1. Opérations visées** Une date conventionnelle peut être choisie :
> – non seulement en cas de fusion de sociétés existantes (C. com. art. L 236-4) ;
> – mais également en cas d'apports partiels d'actif placés expressément sous le régime juridique des scissions (C. com. art. L 236-19).
> **2. Limites de la date conventionnelle** La date d'effet conventionnelle ne doit pas être :
> – postérieure à la date de clôture de l'exercice en cours de la ou des sociétés bénéficiaires ;
> – ni antérieure à la date de clôture du dernier exercice clos de la ou des sociétés qui transmettent leur patrimoine (C. com. art. L 236-4).

Pour plus de détails sur la date d'effet comptable, voir Mémento Fusions & Acquisitions n° 10510.

> **› Fiscalement** En matière d'IS, la date d'effet fiscal est la date d'effet comptable :
> – les parties ne pouvant renoncer, même partiellement, à titrer les conséquences fiscales de la rétroactivité fixée conventionnellement (BOI-IS-FUS-40-10-10 n° 10 ; CE 18-3-1992 n° 62402) ;
> – à condition toutefois que cette date ne soit pas antérieure à la plus récente des dates d'ouverture par les sociétés absorbante/bénéficiaire des apports et absorbée/apporteuse de l'exercice au cours duquel l'opération a été définitivement conclue (CE 26-5-1993 n° 78156 et 78157 ; CE 13-9-2021 n° 451564 ; BOI-IS-FUS-40-10-20 n° 40 s. ; voir n° 3545).
> Dans l'hypothèse où, la société absorbée n'a clôturé aucun exercice au cours de l'année précédant l'opération et n'a pas été créée au cours dudit exercice, la date d'effet rétroactif ne peut être antérieure au 1er janvier de l'année au cours de laquelle l'opération de fusion a été approuvée (CE 13-9-2021 n° 451564 précité ; BOI-IS-FUS-40-10-20 n° 90).
> Pour plus de détails, notamment sur le cas où un apport partiel d'actif est fait à une société nouvelle, voir Mémento Fusions & Acquisitions n° 10515.

Pour plus de détails et sur les conséquences pratiques de la rétroactivité, voir Mémento Fusions & Acquisitions n° 10520 s.

II. Cas particulier des TUP La date d'effet comptable correspond à l'issue du délai d'opposition des créanciers, aucun effet rétroactif n'est possible (PCG art. 760-3). Pour plus de détails, voir Mémento Fusions & Acquisitions n° 10530.

> **› Fiscalement** La date d'effet fiscal de droit commun correspond, comme sur le plan comptable, à l'issue du délai d'opposition des créanciers (BOI-IS-FUS-40-40 n° 90). En matière d'impôt sur les sociétés, un effet rétroactif purement fiscal peut toutefois être conféré à l'opération (BOI-IS-FUS-40-40 n° 30).

Pour plus de détails et sur les conséquences du choix d'un effet rétroactif fiscal, voir Mémento Fusions & Acquisitions n° 10535 s.

II. CONSÉQUENCES PRATIQUES D'UNE DATE D'EFFET RÉTROACTIF

A. Comptabilisation des opérations pendant la période intercalaire

Chez l'entité absorbée (ou apporteuse) Pendant la période intercalaire, l'entité absorbée (ou apporteuse) comptabilise les opérations relatives à son activité selon les modalités habituelles. À la date de réalisation de l'opération, les comptes mouvementés sur la période intercalaire sont extournés pour être repris par l'entité absorbante (ou bénéficiaire des apports). **76200**

Pour plus de détails, voir Mémento Fusions & Acquisitions n° 10600.

Chez l'entité absorbante (ou bénéficiaire des apports) À l'issue de la période intercalaire, lorsque l'opération est devenue définitive (c'est-à-dire après approbation du traité d'apport par l'assemblée des associés, voir n° 76195), l'entité absorbante (ou bénéficiaire des apports) doit effectuer les travaux comptables suivants : **76205**

1. Écritures résultant du traité L'entité absorbante (ou bénéficiaire des apports) enregistre les apports tels qu'ils figurent dans le traité, c'est-à-dire **à la date d'effet comptable de l'opération** (voir n° 75555).

2. Mouvements de la période intercalaire L'entité reprend la balance des mouvements de la période intercalaire établie par l'entité absorbée (ou, pour l'entité apporteuse, afférente à la branche d'activité apportée).

3. **Élimination des opérations réciproques** (PCG art. 752-1 à 752-3 ; voir Mémento Fusions & Acquisitions n° 10610).

4. **Retraitement des cessions réalisées sur la période intercalaire par l'entité absorbée (apport à la valeur réelle)** Ces opérations étant considérées, du point de vue comptable, comme accomplies par l'entité absorbante ou bénéficiaire des apports (C. com. art. R 236-1-4°), il convient de les retraiter pour tenir compte du nouveau coût d'entrée des actifs (leur valeur d'apport).

5. **Calcul des amortissements de la période intercalaire** sur les valeurs d'apport **(apport à la valeur réelle)** à compter de la date d'effet comptable.

6. **États financiers** L'entité absorbante (ou bénéficiaire des apports) établit, à compter de la date d'effet de la fusion, des états financiers incluant le patrimoine et les opérations réalisées par l'entité absorbée.

Pour plus de détails et pour les conséquences fiscales, voir Mémento Fusions & Acquisitions n° 10605.

B. Perte subie pendant la période intercalaire (perte de rétroactivité)

76255 **Provision à inscrire dans le traité d'apport** En cas d'effet rétroactif, lorsque la valeur des apports à la date d'effet risque de devenir, du fait d'une perte intercalaire, supérieure à la valeur réelle globale de l'entité à la date de réalisation de l'opération, une provision pour perte de rétroactivité est constatée au passif pris en charge dans le traité d'apport, réduisant d'autant le montant des apports pour répondre à l'obligation de libération du capital (PCG art. 751-2).

> **Fiscalement** Cette minoration juridique n'entraîne aucune conséquence fiscale. En particulier, cette écriture est sans incidence sur la déductibilité chez la société absorbante de la perte fiscale effectivement réalisée par la société absorbée pendant la période de rétroactivité, voir Mémento Fusions & Acquisitions n° 10695.
>
> Pour l'incidence de la perte de rétroactivité sur le calcul du mali de fusion, voir Mémento Fusions & Acquisitions n° 8325.

En pratique, les situations dans lesquelles la perte de rétroactivité doit être provisionnée sont :
– limitées en cas d'apports à la valeur réelle, la perte de rétroactivité étant en général déjà intégrée dans l'évaluation des apports ;
– rares en cas d'apports à la valeur comptable, la valeur totale des apports inscrite dans le traité étant en général inférieure à la valeur globale de l'entité absorbée.

Pour plus de détails, voir Mémento Fusions & Acquisitions n° 10665 à 10685.

76260 **Comptabilisation de la provision pour perte de rétroactivité** La provision, inscrite le cas échéant dans le traité de fusion (voir n° 76255), est comptabilisée par l'entité absorbante dans un « sous-compte de la prime de fusion » (PCG art. 751-2).

> **Fiscalement** L'enregistrement, chez la société absorbante, de cette « provision » dans un sous-compte de la prime de fusion n'entraîne aucune conséquence fiscale. En particulier, la constatation comptable d'une perte probable ne peut être assimilée à la renonciation par les parties à l'effet rétroactif au motif que le traité aurait déjà tenu compte d'une surévaluation des actifs. En conséquence, cette écriture est sans incidence sur la déductibilité chez la société absorbante de la perte fiscale effectivement réalisée par la société absorbée pendant la période intercalaire (CE 16-6-1993 n° 70446 ; BOI-IS-FUS-40-10-30 n° 30).

Pour l'incidence de la perte de rétroactivité sur le calcul du mali de fusion, voir Mémento Fusions & Acquisitions n° 8325.

Pour plus de détails sur le traitement comptable de la perte de rétroactivité, voir Mémento Fusions & Acquisitions n° 10695 à 10705.

SECTION 7 — CONTRÔLE EXTERNE : COMMISSAIRES À LA FUSION, AUX APPORTS

I. INTERVENTION DU COMMISSAIRE À LA FUSION ET AUX APPORTS

Intervention du commissaire à la fusion Sauf exceptions, l'intervention d'un commissaire à la fusion (ou à la scission) est obligatoire dans les opérations suivantes réalisées entre sociétés par actions, entre SARL, entre sociétés par actions et SARL :
— fusion (hors fusions simplifiées à 100 % et à 90 % ou fusions entre sociétés sœurs dont la société mère détient 100 % des titres ou 90 % des droits de vote) ;
— scission (hors scission simplifiée relevant de l'article L 236-11 du Code de commerce ; pour plus de détails, voir Mémento Fusions & Acquisitions nº 7150 et 13010) ;
— apport d'une branche d'activité lorsque l'opération est soumise au régime juridique des scissions (hors régime simplifié prévu pour les apports partiels d'actif réalisés entre une filiale contrôlée à 100 % et sa mère ou inversement).

Lorsque ces opérations sont réalisées entre une ou plusieurs sociétés autres que des sociétés par actions ou SARL, l'intervention d'un commissaire à la fusion n'est pas requise légalement mais elle paraît souhaitable.

Dès lors qu'un commissaire à la fusion est désigné, il effectue également la mission de commissariat aux apports.

Pour plus de détails, voir Mémento Fusions & Acquisitions nº 13010.

76360

Intervention du commissaire aux apports Seule la désignation d'un commissaire aux apports est nécessaire en cas :
— d'apport en nature ou d'apport partiel d'actif non placé sous le régime des scissions, impliquant des sociétés émettant des titres admis à la négociation sur un marché réglementé ;
— d'opération comportant des apports en nature ou des avantages particuliers et nécessitant un commissaire à la fusion (ou à la scission), mais dont les actionnaires ont écarté la désignation.

La nomination d'un commissaire aux apports est notamment écartée pour :
— les fusions simplifiées à 100 % (ou à 90 %), c'est-à-dire lorsque la société absorbante détient 100 % (ou au moins 90 %) de la société absorbée ou lorsqu'une même société détient 100 % (ou au moins 90 %) du capital des sociétés fusionnantes ;
— les scissions simplifiées à 100 %, c'est-à-dire lorsque les sociétés bénéficiaires détiennent 100 % de la société scindée ou lorsqu'une même société détient 100 % du capital de la société scindée et des sociétés bénéficiaires.

Pour plus de détails, voir Mémento Fusions & Acquisitions nº 13010.

76365

II. CONTENU DES MISSIONS DU COMMISSAIRE À LA FUSION ET AUX APPORTS

76435 Les différentes missions sont récapitulées dans le tableau ci-après :

	Commissariat à la fusion [1] et aux apports [2]	
	Rapport sur les modalités de la fusion	Rapport sur la valeur des apports en nature
Intervention et contenu de la mission	Appréciation du **caractère équitable du rapport d'échange** par : – vérification de la pertinence des valeurs relatives attribuées aux actions des sociétés participant à l'opération ; – analyse du positionnement du rapport d'échange par rapport aux valeurs relatives jugées pertinentes.	Appréciation de la **valeur des apports en nature,** y compris leur conformité aux règles comptables. Vérification que l'**actif net apporté** est au moins égal à l'augmentation du capital de la société absorbante. Appréciation, le cas échéant, des **avantages particuliers** stipulés lors de l'opération.
	Établissement d'un rapport sur les vérifications effectuées.	Établissement d'un rapport sur les appréciations et vérifications effectuées.

(1) Pour plus de détails, voir Mémento Fusions & Acquisitions nº 13050 à 13080.
(2) Pour plus de détails, voir Mémento Fusions & Acquisitions nº 13100 à 13155.

SECTION 8 — INFORMATION COMPTABLE ET FINANCIÈRE

76440 Information des actionnaires des sociétés par actions participant à l'opération Les actionnaires doivent disposer des éléments suivants :
– le projet de fusion (ou de scission, le cas échéant) ;
– le rapport du conseil d'administration ou du directoire, ainsi que, le cas échéant, une information sur les modifications importantes de l'actif et du passif ;
– le rapport des commissaires à la fusion (ou à la scission) ;

> **Précisions** Des dispenses d'émission du rapport du conseil d'administration (ou du directoire) existent, notamment pour les fusions simplifiées réalisées entre une société et sa filiale à 100 % ou 90 %, pour les fusions réalisées entre sociétés sœurs détenues à 100 % ou 90 % par le même actionnaire et pour les apports partiels d'actif simplifiés soumis au régime des scissions réalisés entre une filiale contrôlée à 100 % et sa mère ou inversement (voir Mémento Fusions & Acquisitions nº 13420).

– le rapport des commissaires à la fusion (ou à la scission) et le rapport du commissaire aux apports le cas échéant (sur les situations dans lesquelles le rapport d'un commissaire aux apports est requis, voir Mémento Fusions & Acquisitions nº 13010) ;
– les comptes annuels et les rapports de gestion des trois derniers exercices ;
– dans certains cas, un état comptable intermédiaire.
Pour plus de détails, voir Mémento Fusions & Acquisitions nº 13205.
Pour une synthèse des simplifications prévues pour les régimes simplifiés de fusions, scissions et d'apports partiels d'actifs, voir Mémento Fusions & Acquisitions nº 13420.

76445 Information à fournir dans l'annexe aux comptes de l'exercice de l'opération L'entité absorbante (bénéficiaire des apports) doit fournir une information dans l'annexe aux comptes de l'exercice de l'opération sur (PCG art. 770-1) :
– l'impact de l'opération sur les principaux postes du bilan et du compte de résultat ;
– le contexte de l'opération ;

76445 (suite)

– les modalités de valorisation ;
– le montant de la perte intercalaire enregistré dans le sous-compte de la prime de fusion ;
– en cas de fusion : selon le cas, le traitement comptable du boni de fusion ou les modalités d'affectation du mali technique ainsi que les modalités d'amortissement, de dépréciation et de sortie définitive de ce mali (voir n° 75805) ;
– en cas d'apport-cession : le résultat de cession intragroupe constaté.

Pour plus de détails, voir Mémento Fusions & Acquisitions n° 13270.
Sur l'information comparative à fournir, voir Mémento Fusions & Acquisitions n° 13275.

TITRE IV

Information et contrôle

CHAPITRE 21
L'INFORMATION COMPTABLE ET FINANCIÈRE À LA CHARGE DE L'ENTREPRISE

SOMMAIRE
80000

SECTION 1
ÉLÉMENTS D'INFORMATION À LA CHARGE DE TOUTES LES ENTREPRISES 80025

SECTION 2
ÉLÉMENTS D'INFORMATION COMPLÉMENTAIRE À LA CHARGE DES SOCIÉTÉS COMMERCIALES 80135

I. Information des associés 80135
II. Information du comité social et économique (CSE) 80280
III. Information des commissaires aux comptes 80385
IV. Information des administrateurs et des membres du conseil de surveillance 80535
V. Information à la disposition du public 80605
  A. Statuts (SA) 80605
  B. Dépôt au greffe 80660
VI. Informations particulières à la charge des sociétés émettant des titres de créances négociables 80780

SECTION 3
SOCIÉTÉS COTÉES SUR UN MARCHÉ RÉGLEMENTÉ OU SUR UN SYSTÈME MULTILATÉRAL DE NÉGOCIATION : INFORMATIONS COMPLÉMENTAIRES 80900

II. L'offre au public de titres financiers 81040
III. Information réglementée 81380
IV. Information permanente 81480
V. Information périodique 81680
  A. Récapitulatif des publications périodiques 81680
  B. Publications annuelles des sociétés (françaises et étrangères) émettant des titres financiers sur un marché réglementé 81745
  C. Publications annuelles des sociétés émettant des titres financiers sur Euronext Growth ou sur Euronext Access 81950
VI. Information à l'occasion d'opérations particulières 82025
  A. Informations à fournir en cas d'admission et d'offre au public de titres financiers 82025
  B. Informations à fournir à l'occasion d'autres opérations (autres que des admissions et émissions de titres financiers) 82210

SECTION 4
SANCTIONS EN MATIÈRE D'INFORMATION FINANCIÈRE 82500

I. Manquements aux lois, règlements et règles professionnelles approuvées par l'AMF 82500
II. Délits boursiers 82575

SECTION 1 — ÉLÉMENTS D'INFORMATION À LA CHARGE DE TOUTES LES ENTREPRISES

80025 Information de l'administration fiscale

I. Informations hors contrôle fiscal en matière de prix de transfert
Certaines entreprises qui réalisent des **transactions transnationales** avec des **entités liées** doivent transmettre annuellement à l'administration fiscale des informations en lien avec leur politique de prix de transfert.

a. Déclaration des prix de transfert Une obligation déclarative annuelle en matière de prix de transfert concerne les personnes morales établies en France (CGI art. 223 quinquies B ; BOI-BIC-BASE-80-10-30 n° 1 s.) :
– dont le **chiffre d'affaires annuel hors taxe ou l'actif brut du bilan est supérieur ou égal à 50 millions d'euros** ;
– ou qui détiennent, directement ou indirectement, plus de la moitié du capital ou des droits de vote d'une entité juridique remplissant cette condition financière, ou sont détenues de la même manière par une telle entité, ou appartiennent à un groupe fiscal intégré comprenant au moins une personne morale se trouvant dans l'un de ces cas.
Cette déclaration, qui est une version allégée de la documentation complète des prix de transfert à présenter en cas de contrôle fiscal (voir ci-après II. a), doit être souscrite dans un délai de six mois à compter de la date limite de dépôt de la déclaration de résultats (sur ces délais, voir n° 64125). Pour plus de détails, voir Mémento Fiscal n° 8965 à 8970.

b. Déclaration pays par pays Une déclaration d'informations pays par pays (« Country by Country Reporting » ou CbCR) doit être adressée à l'administration fiscale par (CGI art. 223 quinquies C ; Décret 2017-672 du 28-4-2017) :
– les personnes morales établies en France détenant des filiales ou succursales étrangères qui établissent des comptes consolidés conformément à une obligation légale et réalisent un **chiffre d'affaires annuel consolidé au moins égal à 750 millions d'euros,** à condition qu'elles ne soient pas détenues par une entreprise française ou étrangère soumise à une telle obligation ;
– les personnes morales établies en France détenues par une personne morale implantée dans un État ne participant pas à l'échange automatique d'informations qui serait tenue à la déclaration si elle était implantée en France, lorsqu'elles ont été désignées par le groupe auquel elles appartiennent, ou ne peuvent démontrer qu'une autre entité de ce groupe a fait l'objet d'une telle désignation.
Cette déclaration, qui doit être souscrite dans un délai de douze mois à compter de la clôture de chaque exercice, comporte la répartition pays par pays des bénéfices du groupe et des agrégats économiques, comptables et fiscaux, ainsi que des informations sur la localisation et l'activité des entités du groupe.
Elle peut s'appuyer, au choix de l'entreprise déclarante, sur les données tirées des états financiers consolidés, des comptes sociaux de chaque entité ou des comptes de gestion interne, étant précisé que les sources choisies doivent être mentionnées et utilisées de façon cohérente d'un exercice à l'autre (CGI ann. III art. 46 quater-0 YE). La déclaration fait l'objet, sous certaines conditions, d'une transmission automatique par l'administration aux États où l'entité déclarante est implantée, sous réserve de réciprocité entre les États concernés.
Pour plus de détails, voir Mémento Fiscal n° 8972.
Sur le CbCR public, voir n° 80685.

c. Déclaration des dispositifs transfrontières Les intermédiaires ou les contribuables concernés lorsqu'il n'y a pas d'intermédiaire ou lorsque ce dernier est établi hors de l'Union européenne, sont tenus de déclarer aux autorités fiscales des États membres de l'Union européenne, dans le délai de trente jours suivant la première étape de leur mise en œuvre, les dispositifs transfrontières présentant certaines caractéristiques appelées « marqueurs » indiquant un risque potentiel d'évasion fiscale (CGI art. 1649 AD à 1649 AH ; ord. 2019-1068 du 21-10-2019 ; BOI-CF-CPF-30-40). En présence de plusieurs intermédiaires, il suffit que l'un d'entre eux produise la déclaration en France ou dans un autre État membre (CGI art. 1649 AE, I-3°). Les intermédiaires soumis au secret professionnel souscrivent la déclaration avec **l'accord de**

leur client (CE 14-4-2023 n° 448486). Le non-respect de cette obligation peut être sanctionné par une amende de 10 000 € limitée à 5 000 € lorsqu'il s'agit de la première infraction, qui ne peut excéder 100 000 € par année civile pour un même intermédiaire ou contribuable (CGI art. 1729 ter).

Pour plus de détails, voir Mémento Fiscal n° 78308.

II. Informations en cas de contrôle fiscal

a. Documentation des prix de transfert Les personnes morales établies en France dont le **chiffre d'affaires ou l'actif brut est supérieur ou égal à 400 millions d'euros,** ou qui sont liées à une entité juridique tenue à cette obligation (voir les situations détaillées ci-avant I. a), doivent tenir à disposition de l'administration fiscale, dès le début du contrôle, une documentation complète justifiant de leur politique de prix de transfert (LPF art. L 13 AA ; L 13 AB et R 13 AA-1 ; BOI-BIC-BASE-80-10-40 n° 1 s.).

Pour plus de détails, voir Mémento Fiscal n° 8965 à 8967.

b. Autres informations L'entreprise est susceptible de devoir communiquer certains documents à l'administration fiscale pour l'exercice de sa mission de contrôle fiscal (sur l'obligation de remettre les **comptes consolidés** en cas de vérification de comptabilité, voir Mémento Comptes consolidés n° 9226). La fourniture de ces documents est organisée par des règles de procédure destinées à encadrer le pouvoir de l'administration, plus ou moins strictement selon qu'il s'agit :

– d'une procédure de contrôle proprement dit, telle que notamment une vérification de comptabilité (LPF art. L 13 ; voir n° 7610) ;
– ou d'une simple procédure d'obtention de renseignement, telle que le droit de communication (voir Mémento Fiscal n° 78030 à 78070).

Le droit de communication permet aux agents des finances publiques d'obtenir des entreprises industrielles et commerciales les livres, registres et rapports dont la tenue est prescrite par le Code de commerce, ainsi que tous documents relatifs à leur activité (LPF art. L 85). Pour l'établissement de l'assiette et le contrôle de l'impôt, le droit de communication peut porter sur des informations relatives à des personnes **non identifiées** (LPF art. L 81 et R 81-3).

Concernant les **rapports des commissaires aux comptes,** même si la société est tenue de les communiquer, que ce soit dans le cadre d'une vérification de comptabilité (Rép. Herment : Sén. 21-8-1997 n° 758 non reprise dans Bofip) ou dans le cadre du droit de communication (LPF art. L 81 et 85), il a été précisé (Bull. CNCC n° 22, juin 1976, p. 193 s.) que le commissaire aux comptes, tenu au secret professionnel, n'a pas le droit de communiquer ses propres rapports aux agents de l'administration (mais ceux-ci sont déposés au greffe), mais ces derniers peuvent consulter la fiche du dossier (et seulement celle-là) indiquant les heures de travail réalisées dans l'entité contrôlée ainsi que la facture d'honoraires (Bull. CNCC n° 104, décembre 1996, p. 752 s.). Il en est de même, a fortiori, pour le double de sa correspondance avec le procureur de la République (Bull. CNCC n° 37, mars 1980, EJ 79-120, p. 79 s.).

Information des administrations économiques

80030

a. Les entreprises doivent répondre aux **enquêtes statistiques** agréées par les pouvoirs publics (Loi 51-711 du 7-6-1951 art. 7 ; décret 92-303 du 30-3-1992).

Tel est le cas notamment pour l'Insee. En l'absence de réponse, après mise en demeure, des amendes administratives (de 150 €, et jusqu'à 2 250 € en cas de récidive) peuvent être infligées.

Les entreprises sont en particulier tenues de répondre à une enquête statistique mensuelle sur les **échanges de biens intra-Union européenne** (EMEBI).

b. Les entreprises doivent répondre aux enquêtes menées par les agents de l'Autorité de la concurrence habilités à vérifier l'application des dispositions du Code de commerce (livre IV) sur la **liberté des prix et la concurrence.**

Le Code de commerce (C. com. art. L 450-8) punit d'un emprisonnement de deux ans et d'une amende de 300 000 € quiconque se sera opposé, de quelque façon que ce soit, à l'exercice des fonctions de ces agents.

c. Les entreprises titulaires de **marchés publics** peuvent avoir à fournir, si la demande en est faite, les éléments techniques et comptables du coût de revient des prestations qui font l'objet du marché (Ord. 2015-899 du 23-7-2015 art. 64).

Sur le descriptif à fournir et l'attestation de l'entreprise, voir n° 22435.

La mission interministérielle d'enquête sur les marchés et les conventions de délégation de service public dispose (Loi 91-3 du 3-1-1991) notamment du droit de se faire communiquer les livres, factures et autres documents professionnels, d'en prendre copie et de recueillir, sur convocation ou sur place, des renseignements et justifications.

d. Les **organismes de droit privé** ayant reçu de l'ensemble des autorités administratives des subventions dont le montant annuel dépasse 153 000 € (Loi 2000-321 du 12-4-2000 art. 10 ; décret 2001-495 du 6-6-2001) sont tenus de déposer à la préfecture du département où se trouve leur siège social leur budget, les comptes annuels et, le cas échéant, les conventions conclues avec l'autorité ayant attribué la subvention et les comptes-rendus financiers d'utilisation des subventions reçues pour la réalisation d'un projet déterminé. Cette formalité n'est pas requise pour les organismes ayant le statut d'association ou de fondation, ces dernières étant soumises aux formalités de publicité prévues à l'article L 612-4 du Code de commerce.

e. **Les exploitants des entreprises classées Seveso à hauts seuils, des carrières et des installations de stockage de déchets** doivent informer le préfet en cas de modification substantielle des garanties techniques et financières de l'entreprise qu'ils doivent présenter pendant toute la durée de l'activité (C. envir. art. L 516-2).

S'il juge que l'entreprise n'est pas en mesure de faire face à ses obligations de surveillance, de mise en sécurité et de remise en état, le préfet peut demander la constitution de garanties financières notamment par l'obtention d'une caution bancaire ou de la maison mère (art. précité).

80035 **Information des organismes de sécurité sociale** Il s'agit des éléments de **salaires** et de **rémunérations de toute nature** sur lesquels sont calculées les cotisations et contributions de sécurité sociale.

Les déclarations à effectuer sont examinées dans le Mémento Social n° 24005 à 24032.

Lors d'un contrôle Urssaf (CSS art. R 243-59), les employeurs sont tenus de présenter aux agents **tout document,** comptable ou non, nécessaire à l'exercice de leur contrôle : diverses pièces comptables relatives aux traitements et salaires (états spéciaux, doubles des bulletins de paie, etc.), registre du personnel, déclarations annuelles de salaires, etc. Les agents de contrôle de l'Urssaf peuvent recueillir des informations sur l'entreprise auprès de la personne contrôlée ou des personnes rémunérées par celle-ci (en ce sens, Cass. soc. 7-4-2022 n° 20-17.655) ainsi que, sous réserve de la publication d'un décret, lors du contrôle de toute personne appartenant au même groupe que la personne contrôlée (C. trav. art. L 243-7-4 créé par loi 2022-1616 du 23-12-2022).

80040 **Droit de communication des agents de contrôle compétents pour rechercher les infractions de travail illégal** Pour la recherche et la constatation des infractions constitutives de travail illégal, les agents de contrôle, dont les inspecteurs du travail, peuvent obtenir communication auprès de la société de **tout document comptable** ou professionnel ou tout autre élément d'information propre à faciliter l'accomplissement de leur mission et peuvent en prendre copie immédiate, par tout moyen et sur tout support (C. trav. art. L 8113-5-1).

Pour plus de détails sur ce droit de communication, voir Mémento Social n° 79400 à 79440.

SECTION 2 — ÉLÉMENTS D'INFORMATION COMPLÉMENTAIRE À LA CHARGE DES SOCIÉTÉS COMMERCIALES

I. INFORMATION DES ASSOCIÉS

80135 Les informations obligatoires d'ordre comptable (qui s'insèrent dans l'ensemble des informations à fournir) sont prévues en ce qui concerne :
– le **droit de communication** au profit des associés (n° 80155) ;
– les documents à **adresser sans demande préalable** aux associés (n° 80160) ;
– les documents à **adresser à la demande** des actionnaires des sociétés par actions (n° 80180) ;
– les réponses aux **questions que peuvent poser les associés** et les **expertises** qui peuvent être demandées par les associés (n° 80190).

DROIT DE COMMUNICATION AU PROFIT DES ASSOCIÉS

Il s'agit du droit de **consulter** (et de prendre copie, sauf pour l'inventaire pour les SARL) au **siège social** (et pour les SA également au lieu de la direction administrative) divers documents. **80155**

> **Précisions** Dans les sociétés dont les actions sont admises aux négociations sur un marché réglementé, ces documents peuvent également être consultés sur le site internet de la société (voir n° 80185).

Documents	Sociétés par actions [14] (hors SAS) [15]	SARL	SNC/SCS
À TOUTE ÉPOQUE [1]			
Inventaire [18]		x	
Comptes individuels	x	x	
Rapports du CA (ou Dir. et CS) ou des gérants, sauf dispense d'établissement de ce rapport (voir n° 64961) [16] [21]	x [17]	x	
Rapports des CAC [2] s'il en existe [20]	x	x	
Comptes consolidés	x [3]	(4)	
Rapport sur la gestion du groupe, rapport des CAC s'il en existe [20]	(3)	(4)	
Rapport de l'organisme tiers indépendant (OTI) sur la déclaration de performance extra-financière contenue dans le rapport de gestion, le cas échéant	x [19]		
Montant global des rémunérations versées aux cinq (ou dix) personnes les mieux rémunérées	x		
Montant global certifié des dons déductibles fiscalement ainsi que la liste des actions de parrainage, de mécénat [5]	x		
Montant des honoraires versés à chacun des CAC (s'il en existe [20]) et montant global des honoraires perçus par le réseau auquel ils appartiennent au titre des services autres que la certification des comptes [6]	x	x	x
Texte et exposé des motifs des résolutions proposées [7]	x		
Procès-verbaux des assemblées	x	x	
Feuilles de présence aux assemblées (et procurations)	x		
Liste des administrateurs ou membres du directoire et du conseil de surveillance	x		
Renseignements sur les candidats au CA (ou CS)	x		
Bilans sociaux accompagnés de l'avis du CSE [8]	x		
AVANT L'ASSEMBLÉE ANNUELLE [9]			
Liste des actionnaires [10]	x		
Tableau des affectations de résultat	x		
DEUX FOIS PAR AN [11]			
Consultation de tous les documents établis ou reçus par la société (livres, contrats, factures, correspondance, procès-verbaux, etc.) [12]			x
UNE FOIS PAR AN [13]			
Inventaire			x

80155
(suite)

(1) Documents visés à l'article L 225-115 du Code de commerce des trois derniers exercices (C. com. art. L 225-117) ; selon l'Ansa, ils doivent être disponibles (c'est-à-dire au moins arrêtés par le conseil d'administration) et concerner les exercices clos (CJ n° 437 du 10-9-1997).
(2) Rapport sur les comptes annuels et rapport spécial sur les conventions réglementées, rapport sur le gouvernement d'entreprise (voir FRC 12/23 Hors série inf. 115 s.) et, le cas échéant, rapport sur les documents liés à la prévention des difficultés des entreprises et rapport en cas de mise en œuvre de la procédure d'alerte.
(3) À la différence des comptes consolidés visés à l'article L 225-115-1° du Code de commerce, il n'y a pas d'obligation explicite à l'article L 225-115-2° du Code de commerce en ce qui concerne le rapport de gestion du groupe et le rapport des CAC sur les comptes consolidés. Mais il est bien évidemment souhaitable qu'ils puissent être consultés, sans toutefois qu'une impossibilité de les consulter ne puisse entraîner de sanctions pénales.
(4) La lecture stricte des articles L 223-26, al. 4 et R 223-15 du Code de commerce met en évidence que cette obligation ne concerne pas les documents consolidés, sauf le rapport sur la gestion du groupe s'il est inclus dans le rapport de gestion. Il est clair que cette possibilité de consultation est souhaitable, mais sa non-application n'entraîne pas de sanctions.
(5) Voir n° 18575 et 18600.
(6) Concerne toutes les sociétés, cotées ou non (C. com. art. L 820-3). Voir FRC 12/23 Hors série inf. 27.7.
(7) Y compris, le cas échéant, les projets de résolutions présentés par les actionnaires accompagnés d'un exposé des motifs et la liste des points ajoutés à leur demande à l'ordre du jour (C. com. art. L 225-115 et R 225-83) et les projets de résolutions déposés par le comité social et économique (voir Mémento Sociétés commerciales n° 46542).
(8) Sociétés d'au moins 300 salariés.
(9) En plus des documents à mettre à disposition de façon permanente (C. com. art. R 225-89).
(10) La liste des actionnaires doit également être mise à disposition avant toute assemblée générale et pas seulement avant l'AGO ; elle doit être arrêtée par la société le seizième jour qui précède la réunion de l'assemblée (C. com. art. L 225-116 et R 225-90).
(11) Pour les associés non gérants.
(12) Ce droit portant sur tous les documents (C. com. art. L 221-8) vaut donc également pour les documents consolidés (comptes consolidés, rapport sur la gestion du groupe et rapport du commissaire aux comptes). On notera, compte tenu des termes généraux de cet article, que la loi est plus contraignante pour les SNC que pour les SARL et les SA ; voir (3) et (4).
(13) Dans les quinze jours qui précèdent l'assemblée (C. com. art. R 221-7). Cette obligation ne s'applique pas lorsque tous les associés sont gérants.
(14) Sur les obligations propres aux sociétés cotées sur un marché réglementé, voir n° 80185.
(15) L'article L 225-117 du Code de commerce ne s'applique pas aux SAS (en application de l'art. L 227-1 du C. com.). Dans les **SAS**, les **statuts** ou, à défaut, les dirigeants sociaux déterminent librement les conditions et les formes dans lesquelles les associés peuvent exercer leur droit de communication permanent. Voir Mémento Sociétés commerciales n° 60620 à 60622.
À noter toutefois que l'information concernant les honoraires des CAC doit obligatoirement être mise à disposition au siège de la société, celle-ci étant prévue par l'article L 820-3 du Code de commerce, voir (6).
Il en est de même du bilan social (C. trav. art. L 2312-28 à L 2312-34).
(16) Le tableau récapitulatif de compétences et de pouvoirs accordés par l'AG au CA ou au directoire en matière d'augmentation de capital (voir FRC 12/23 Hors série inf. 107 s.) doit y être joint.
Le **tableau des résultats des 5 derniers exercices** étant également joint au rapport du CA (C. com. art. R 225-102), il doit être mis à la disposition des actionnaires avant **l'assemblée générale ordinaire**, et cela même s'il ne figure plus en tant que tel dans la liste des documents à communiquer avant une assemblée (C. com. art. R 225-83 modifié par décret 2014-1063 du 18-9-2014). En revanche, en cas de réunion de toute autre assemblée, la communication de ce tableau ne s'impose plus.
(17) Pour les SA et les SCA, doit être joint à ce rapport le rapport du CA ou du CS sur le gouvernement d'entreprise lorsqu'il n'en fait pas déjà partie (voir n° 65095).
(18) Pour les SA et les SCA, l'obligation de communiquer l'inventaire aux actionnaires a été supprimée (voir n° 7685 s.). Cette obligation subsiste toutefois pour les SARL (C. com. art. R 223-18).
(19) La mise à disposition du rapport de l'organisme tiers indépendant (OTI) n'est pas visée expressément par la loi. Toutefois, dans la mesure où ce rapport est transmis à l'assemblée des actionnaires en même temps que le rapport du CA ou du directoire (C. com. art. L 225-102-1), le bulletin CNCC estime qu'il doit être mis à disposition des actionnaires au moins 15 jours avant l'AG. Pour les sociétés dont les actions sont admises aux négociations sur un marché réglementé, il doit être publié sur leur site internet au moins 21 jours avant la tenue de l'assemblée (Bull. n° 175, septembre 2014, EJ 2014-10, p. 398 s.). Sur les sociétés visées par l'obligation de fournir une déclaration de performance extra-financière dans leur rapport de gestion, voir n° 65005 V. Sur le rapport de l'OTI, voir FRC 12/23 Hors série inf. 96 s.
(20) Sur les seuils de désignation d'un CAC, voir n° 85010.
Dans les SA et SCA non dotées d'un commissaire aux comptes, et dans celles dotées d'un commissaire aux comptes chargé d'un audit légal « petites entreprises » (voir FRC 12/23 Hors série inf. 59), il incombe au président du conseil d'administration (ou du conseil de surveillance) d'établir le rapport spécial à l'assemblée générale sur les conventions réglementées, ainsi que le rapport spécial visant à couvrir la nullité en cas de défaut d'approbation préalable (C. com. art. L 225-40, L 225-42, L 225-88 et L 225-90). Voir Mémento Sociétés commerciales n° 46542.
(21) Selon la jurisprudence (CA Paris 5-2-2019 n° 17/03710), tous les rapports établis par le conseil d'administration ou le directoire (et donc pas uniquement le rapport de gestion) doivent être communiqués aux actionnaires dès lors qu'ils sont présentés à l'assemblée, y compris donc le rapport sur l'attribution des stock-options (C. com. L 225-184) ou encore le rapport sur les attributions d'actions gratuites (C. com. art. L 225-197-4).

Pour plus de détails, voir la Note d'information CNCC NI.XVIII « Vérifications spécifiques » (3e édition, décembre 2021). Voir également Mémento Sociétés commerciales n° 46540 à 46670 (SA), 34005 (SARL), 36000 (EURL), 23031 et 24010 (SNC), 28020 (SCS), 87146 (sociétés en liquidation).
Sur les sanctions, voir n° 80200 s.

L'INFORMATION COMPTABLE ET FINANCIÈRE À LA CHARGE DE L'ENTREPRISE

DOCUMENTS À ADRESSER AUX ASSOCIÉS SANS DEMANDE PRÉALABLE

80160

Documents	Sociétés par actions (hors SAS) (5)	SARL	SNC/SCS
AVANT ASSEMBLÉE ANNUELLE [1]			
Rapport de gestion, sauf dispense d'établissement de ce rapport (voir n° 64961) [8]		x	x
Comptes individuels		x	x
Le cas échéant, rapport du CAC sur les comptes annuels		x [2]	x
Le cas échéant, comptes consolidés, rapport sur la gestion du groupe et rapport des CAC sur les comptes consolidés		x	x
Texte des résolutions proposées	x [6]	x [6]	x
AVANT UNE AUTRE ASSEMBLÉE [1]			(3)
Rapport des gérants		x	
Le cas échéant, rapport des CAC		x	
Texte des résolutions proposées	x [6]	x [6]	
INFORMATIONS LIÉES À TOUTE FORMULE DE PROCURATION [4][8]			
Exposé sommaire de la situation de la société pendant l'exercice écoulé	x		
Ordre du jour de l'assemblée	x		
Texte des projets de résolutions	x		
Formule de demande d'envoi des documents et renseignements visés à l'article R 225-83 du Code de commerce	x		
Formule de vote par correspondance avec certaines indications prévues par l'article R 225-81 5° à 8° du Code de commerce [7]	x		

(1) Documents adressés, y compris par procédé électronique, **quinze jours** au moins avant la réunion. L'absence de communication préalable de ces documents ne peut entraîner la nullité des décisions adoptées au cours d'une **assemblée autre qu'annuelle** (CA Paris 3-12-1993 23e ch. B).
Dans une **EURL**, l'envoi automatique du rapport par le gérant à l'associé unique (lorsqu'il n'est pas le seul gérant) doit être effectué un mois au moins avant la date d'approbation des comptes par l'associé unique (C. com. art. R 223-25), soit **au plus tard 5 mois après la clôture** de l'exercice. Entre la date de cet envoi et la date d'approbation des comptes par l'associé unique, l'inventaire est tenu à sa disposition au siège social (C. com. art. R 223-25). Sur les conditions dans lesquelles certaines EURL peuvent être dispensées d'établir un rapport de gestion, voir n° 64961.
(2) L'envoi automatique du rapport spécial du CAC n'est pas prévu par la loi. Son défaut ne peut donc justifier une demande d'annulation de l'assemblée (CA Versailles 12-3-1991).
(3) Une assemblée est obligatoire lorsque la réunion a été demandée par l'un des associés (C. com. art. L 221-6, al. 2) mais aucune forme particulière n'est imposée. Il appartient aux statuts de fixer les modalités de réunion de l'assemblée (voir Mémento Sociétés commerciales n°s 23000 à 23021).
(4) Article R 225-81 du Code de commerce.
(5) Ces dispositions ne sont pas applicables aux SAS (C. com. art. L 227-1, al. 3), voir Mémento Sociétés commerciales n°s 60532, 60533 et 60620. Sur les obligations propres aux sociétés cotées sur un marché réglementé, voir n° 80185.
(6) Ainsi que, le cas échéant, dans les SA, le texte des projets de résolutions présentés par les actionnaires ainsi que les points ajoutés à l'ordre du jour à leur demande (C. com. art. R 225-83 3°). Pour les SARL, l'article L 223-27 du Code de commerce prévoit que les points ou projets de résolutions qu'un associé a fait inscrire à l'ordre du jour d'une assemblée doivent être portés à la connaissance des autres associés dans des conditions fixées par décret. En l'absence de précision apportée par le décret 2018-146 du 28 février 2018, les points ou projets de résolutions en cause doivent, à notre avis, être portés à la connaissance des associés dans les mêmes conditions que les autres documents d'assemblée.
(7) Il peut être joint un formulaire de vote électronique qui permet à l'actionnaire de voter par connexion sécurisée, si les statuts de la société l'autorisent.
(8) Bien que le **tableau des résultats des 5 derniers exercices** ne figure plus en tant que tel dans la liste des documents à communiquer avant une assemblée (C. com. art. R 225-83 modifié par décret 2014-1063 du 18-9-2014), il doit être adressé aux actionnaires avant **l'assemblée générale ordinaire**, dans la mesure où il est joint au rapport du conseil d'administration ou du directoire (C. com. art. R 225-102). En revanche, en cas de réunion de toute autre assemblée, la communication de ce tableau ne s'impose plus.
Il n'y a plus lieu non plus de joindre ce tableau aux formules de procuration envoyées aux actionnaires avant l'assemblée (C. com. art. R 225-81).

Pour plus de détails, voir la Note d'information CNCC NI.XVIII « Vérifications spécifiques » (3e édition, décembre 2021). Voir également Mémento Sociétés commerciales n° 46460 à 46462 (SA), n° 32400 et 32410 (SARL), n° 23031 à 23037 (SNC), n° 27141 (SCS), n° 35823 (EURL), n° 60532, 60533 et 60620 (SAS). Sur les sanctions, voir n° 80200 s.

DOCUMENTS À ADRESSER À LA DEMANDE DES ACTIONNAIRES DES SOCIÉTÉS PAR ACTIONS

80180

AVANT L'ASSEMBLÉE ANNUELLE [1]
Comptes annuels [2 a]
Rapport du conseil d'administration (ou du Dir.), sauf dispense d'établissement de ce rapport (voir n° 64961) et observations du CS (pour les SCA uniquement) [2 b] [7] [8]
Rapport sur les comptes annuels et rapport spécial du CAC [2 c]
Le cas échéant, autres rapports du CAC [4]
Le cas échéant, rapport de l'organisme tiers indépendant (OTI) sur la déclaration de performance extra-financière contenue dans le rapport de gestion [8]
Tableau d'affectation du résultat
Bilan social accompagné de l'avis du CSE (si au moins 300 salariés)
Ordre du jour de l'assemblée
Texte des projets de résolutions du CA ou Dir.
Le cas échéant, texte et exposé des motifs des projets de résolutions des actionnaires (et liste des points ajoutés à leur demande à l'ordre du jour) et du comité social et économique [5]
Nom, prénom usuel, soit des administrateurs et directeurs généraux, soit des membres du CS et du Dir. ; indication des autres sociétés dans lesquelles ils exercent des fonctions de gestion, direction, administration ou surveillance
Renseignements sur les administrateurs dont la nomination est proposée
Formules de procuration et de demande d'envoi de documents
Formulaire de vote par correspondance et ses annexes [3]
Montant des honoraires versés à chacun des CAC et montant global des honoraires perçus par le réseau auquel ils appartiennent au titre des services autres que la certification des comptes [6]

AVANT TOUTE AUTRE ASSEMBLÉE ORDINAIRE
Rapport du CA ou Dir., sauf dispense d'établissement de ce rapport (voir n° 64961) (le cas échéant, observations du CS pour les SCA uniquement) [9]
Exposé sommaire sur la situation de la société
Ordre du jour de l'assemblée
Texte des projets de résolutions présentés par CA ou Dir.
Le cas échéant, texte et exposé des motifs des projets de résolutions présentés par les actionnaires (et liste des points ajoutés à leur demande à l'ordre du jour) et le comité social et économique [5]
Liste des administrateurs, directeurs généraux, membres du Dir. ou du CS
Le cas échéant, renseignements sur les candidats au CA ou CS
Le cas échéant, les renseignements prévus en cas de nomination d'un commissaire aux comptes
Formules de procuration et de demande d'envoi de documents
Formulaire de vote par correspondance et ses annexes [3]

AVANT TOUTE ASSEMBLÉE EXTRAORDINAIRE (ou spéciale)
Rapport du CA ou Dir., sauf dispense d'établissement de ce rapport (voir n° 64961) (le cas échéant, observations du CS pour les SCA uniquement)
Le cas échéant, rapport des commissaires aux comptes
Exposé sommaire de la situation de la société
Ordre du jour de l'assemblée
Texte des projets de résolutions présentés par CA ou Dir.
Le cas échéant, textes et exposés des motifs des projets de résolutions des actionnaires (et liste des points ajoutés à leur demande à l'ordre du jour) et du comité social et économique [5]
Liste des administrateurs, directeurs généraux, membres du Dir. ou du CS
Formules de procuration et de demande d'envoi de documents
Formulaires de vote par correspondance et ses annexes [3]

---
(1) Pour la liste des documents que les actionnaires peuvent consulter au siège social ou au lieu de la direction administrative, voir n° 80155.
(2) Si l'entreprise établit des comptes consolidés, fournir également :
 a. Comptes consolidés,
 b. Rapport sur la gestion du groupe,
 c. Rapport des CAC sur les comptes consolidés.
(3) Art. R 222-75 à R 222-77 du Code de commerce.
(4) Rapports, le cas échéant, émis dans le cadre de la procédure d'alerte ou sur les documents liés à la prévention des difficultés des entreprises.

> (5) Bien qu'aucun texte ne l'impose expressément, les projets de résolutions déposés par le CSE doivent, à notre avis, être également communiqués aux actionnaires, voir Mémento Sociétés commerciales n° 46492.
> (6) À notre avis, conformément à art. L 820-3. Voir FRC 12/23 Hors série inf. 27.7.
> (7) Doit être joint le rapport du CA ou du CS sur le gouvernement d'entreprise, lorsqu'il n'en fait pas déjà partie (voir n° 65095).
> (8) La communication du rapport de l'organisme tiers indépendant (OTI) n'est pas visée expressément par la loi. Toutefois, la position du bulletin CNCC sur la mise à disposition du rapport de l'OTI est, à notre avis, transposable à sa communication aux actionnaires (voir n° 80155, renvoi 19). Sur les sociétés visées par l'obligation de fournir une déclaration de performance extra-financière dans leur rapport de gestion, voir n° 65005 V. Sur le rapport de l'OTI lorsque la mission de l'OTI est effectuée par le CAC de l'entité, voir FRC 12/23 Hors série inf. 96 s.
> (9) Bien que le **tableau des résultats des 5 derniers exercices** ne figure plus en tant que tel dans la liste des documents à communiquer avant une assemblée (C. com. art. R 225-83), il doit être adressé aux actionnaires avant **l'assemblée générale ordinaire**, dans la mesure où il est joint au rapport du conseil d'administration ou du directoire devant être présenté à cette assemblée (C. com. art. R 225-102). En revanche, en cas de réunion de toute autre assemblée, la communication de ce tableau ne s'impose plus.
> Pour plus de détails, voir la Note d'information CNCC NI.XVIII « Vérifications spécifiques » (3e édition, décembre 2021).
> Voir également Mémento Sociétés commerciales n° 46490 à 46511. Sur les sanctions, voir n° 80200 s.

> **Précisions 1. SAS** Les statuts fixent librement les éléments d'information à mettre au préalable à la disposition des associés, en fonction du ou des modes de consultation retenus (voir n° 80155).
> **2. Documents joints à la formule de procuration** Ils peuvent être, le cas échéant, envoyés aux actionnaires par voie électronique (C. com. art. R 225-81).

Sociétés dont les titres financiers sont admis aux négociations sur un marché réglementé

80185

I. Droit de consultation électronique Les sociétés dont les actions sont admises aux négociations sur un marché réglementé doivent publier sur un site internet, pendant une période ininterrompue commençant au plus tard le 21e jour précédant l'assemblée, les informations et documents suivants (C. com. art. 22-10-1 et R 22-10-23) :
– l'avis de réunion ;
– le nombre total de droits de vote existant et le nombre d'actions composant le capital social de la société à la date de publication de cet avis, en précisant, le cas échéant, le nombre d'actions et de droits de vote existant pour chaque catégorie d'actions ;
– les documents que les actionnaires ont le droit de consulter préalablement à l'assemblée (voir n° 80155) ;
– le texte des projets de résolutions qui seront présentés à l'assemblée par le conseil d'administration (ou le directoire) ;
– les formulaires de vote par correspondance et de vote par procuration ou le document unique de vote par procuration et de vote à distance, sauf dans les cas où la société adresse ces formulaires à tous ses actionnaires ;
– le texte des projets de résolutions présentés par les actionnaires et les points ajoutés à l'ordre du jour à leur demande.
Pour plus de détails, voir Mémento Sociétés commerciales n° 46590 à 46596.
Sur l'obligation faite à ces sociétés de disposer d'un site internet afin de satisfaire à leurs obligations d'information de leurs actionnaires, voir n° 81385 et 81545.

II. Communiqué sur les documents destinés aux actionnaires Les sociétés dont les titres financiers sont admis aux négociations sur un marché réglementé doivent publier un communiqué diffusé par voie électronique indiquant les modalités de mise à disposition ou de consultation des documents destinés aux actionnaires. Ce communiqué entre dans le champ des informations réglementées définies par le règlement général de l'AMF (voir n° 81380).
Les informations visées par ce communiqué comprennent les informations suivantes (Règl. gén. AMF art. 221-1) :
– comptes annuels, comptes consolidés, rapport sur la gestion du groupe, tableau d'affectation du résultat ;
– rapports des CAC (rapport sur les comptes annuels, rapport sur les comptes consolidés, rapport spécial, rapport sur le rapport sur le gouvernement d'entreprise, rapport émis en cas de déclenchement de la procédure d'alerte ou sur les documents liés à la prévention des difficultés des entreprises…) ;
– textes des projets de résolutions présentés par le conseil d'administration ou le directoire ;
– le cas échéant, le texte et l'exposé des motifs des projets de résolutions présentés par des actionnaires ;
– les nom et prénom usuels, soit des administrateurs et directeurs généraux, soit des membres du conseil de surveillance et du directoire, ainsi que, le cas échéant, l'indication

des autres sociétés dans lesquelles ces personnes exercent des fonctions de gestion, de direction, d'administration ou de surveillance ;

– lorsque l'ordre du jour comporte la nomination d'administrateurs ou de membres du conseil de surveillance : les nom et prénom usuels des candidats, leur âge, leurs références professionnelles et activités professionnelles au cours des cinq dernières années, notamment les fonctions qu'ils exercent ou ont exercées dans d'autres sociétés, ainsi que les emplois ou fonctions occupés dans la société par les candidats et le nombre d'actions de la société dont ils sont titulaires ou porteurs.

III. Transmission aux actionnaires de l'information nécessaire à l'exercice de leurs droits
La loi DDADUE 2 (Loi 2021-1308 du 8-10-2021) impose aux sociétés dont les actions sont admises aux négociations sur un marché réglementé de transmettre aux intermédiaires financiers les informations permettant aux actionnaires d'exercer leurs droits (C. com. art. L 228-29-7-1). Ces intermédiaires doivent, à leur tour, faire suivre cette information aux actionnaires (ou à leur mandataire). La liste des informations à transmettre, ainsi que leur format, sont prévus par décret (Décret 2022-888 du 14-6-2022). Pour plus de détails, voir Mémento Sociétés commerciales n° 46790.

QUESTIONS ÉCRITES ET EXPERTISES DEMANDÉES PAR LES ASSOCIÉS

80190

Périodicité	SA/SAS	SARL	SNC
Deux fois par exercice			
Questions dans le cadre de la procédure d'alerte (1)	x (2)	x (3)	
Avant une assemblée			
Questions (4)	x	x	
À toute époque			
Questions	x (5)		x (6)
Expertise de gestion	x (7)	x (8)	

(1) Sur tout fait de nature à compromettre la continuité de l'exploitation. Une réponse par écrit doit être faite par le président du conseil d'administration, le directoire ou le gérant dans le délai d'un mois et copie doit en être adressée au commissaire aux comptes.
(2) Par un ou plusieurs associés représentant au moins 5 % du capital social ou par une association d'actionnaires (voir n° 60960).
(3) Par tout associé (voir n° 60960).
(4) Les questions doivent être transmises à partir du jour de la convocation dans les SA et 15 jours avant l'assemblée dans les SARL (voir Mémento Sociétés commerciales n° 32404). Dans les SA, les questions écrites doivent être envoyées au siège social, par lettre recommandée avec demande d'avis de réception adressée au président du CA (ou du directoire), au plus tard le 4e jour ouvré précédant la date de l'assemblée générale ; elles sont accompagnées d'une attestation d'inscription, soit dans les comptes nominatifs tenus par la société, soit dans les comptes de titres au porteur tenus par l'intermédiaire habilité (C. com. art. R 225-84).
Une réponse est obligatoire au cours de l'assemblée. Tout actionnaire peut exercer ce droit et le nombre de questions posées n'est pas limité par la loi.
Toutefois, ce droit ne peut pas être utilisé dans un but étranger à l'intérêt social (TC Paris 11-5-2004). Dans les SAS, il n'existe aucune disposition légale en la matière, seuls les statuts peuvent offrir cette possibilité.
(5) Par un ou plusieurs actionnaires représentant au moins 5 % du capital (C. com. art. L 225-231) ou par une association d'actionnaires dans les sociétés cotées (C. com. art. L 22-10-44 créé par ord. 2020-1142 du 16-9-2020), sur une ou plusieurs opérations de gestion de la société ou des sociétés qu'elle contrôle. La réponse doit être communiquée au commissaire aux comptes, s'il en existe. À défaut de réponse satisfaisante du président du conseil d'administration dans le délai d'un mois, les actionnaires ou l'association d'actionnaires peuvent demander en référé la désignation d'un expert chargé de présenter un rapport sur ces opérations (C. com. art. L 225-231).
(6) Réponse par écrit (C. com. art. L 221-8).
(7) En cas de défaut de réponse satisfaisante du président du conseil d'administration, voir (5).
(8) Par un ou plusieurs associés représentant au moins 10 % du capital, soit individuellement, soit en se groupant (C. com. art. L 223-37).

80195 Diligences du commissaire aux comptes Selon la revue Éco. et compt. (n° 172, septembre 1990, p. 46), la réponse donnée par la société à la question d'un associé ne requiert **aucune diligence particulière.** Cependant, si le commissaire aux comptes, présent à l'assemblée, constate qu'elle est, d'après les éléments dont il dispose, **mensongère** ou qu'elle ne concorde pas avec les comptes annuels, il lui appartient, spontanément, d'en **informer l'assemblée** (C. com. art. L 823-10 ; voir FRC 12/23 Hors série inf. 95).

SANCTIONS DES RÈGLES D'INFORMATION DES ASSOCIÉS

Sanctions civiles Lorsque les actionnaires ou les associés ne peuvent obtenir la production, la communication ou la transmission des documents auxquels ils ont droit, ils peuvent demander au président du tribunal statuant en référé soit d'**enjoindre sous astreinte** aux dirigeants sociaux de les communiquer, soit de désigner un mandataire chargé de procéder à cette communication (C. com. art. L 238-1, al. 1). 80200

La même action est ouverte à toute personne intéressée ne pouvant obtenir du liquidateur, des administrateurs, gérants ou dirigeants communication d'une formule de procuration conforme aux prescriptions fixées par décret en Conseil d'État ou des renseignements exigés par ce décret en vue de la tenue des assemblées (C. com. art. L 238-1, al. 2).

a. Sociétés et personnes concernées La procédure d'injonction peut être mise en œuvre par les associés de toutes les sociétés commerciales, à l'exception des SAS. Elle peut également être mise en œuvre par les obligataires des sociétés par actions.

b. Documents dont la communication peut être demandée :
– dans les SA et les SCA, il s'agit des documents visés aux articles L 225-115 à L 225-118 (documents sur lesquels s'exerce un droit de communication permanent, voir n° 80155, et liste des actionnaires) ;
– dans les SARL, les SNC et les SCS, il s'agit de l'inventaire, des comptes individuels, du rapport de gestion, du texte des résolutions proposées ainsi que, le cas échéant, du rapport des commissaires aux comptes, des comptes consolidés et du rapport sur la gestion du groupe (C. com. art. L 221-7 pour les SNC et les SCS, et L 223-26 pour les SARL) ;
– sur la nullité éventuelle de l'assemblée, voir Mémento Sociétés commerciales n° 32402 (SARL), 46610 et 46670 (SA).

Cette procédure ne vise que les seuls documents mentionnés ci-avant (Cass. com. 23-6-2009 n° 08-14.117).

c. Astreinte et frais de procédure Lorsqu'il est fait droit à la demande, ils sont à la charge des administrateurs, des gérants ou des dirigeants mis en cause (C com. art. L 238-1, al. 3).

Sanctions pénales Les sanctions pénales à l'égard du président, des administrateurs, des directeurs généraux ou des directeurs généraux délégués de SA qui n'ont pas adressé aux actionnaires les documents en vue de la tenue d'une assemblée ont été supprimées (Ord. 2004-274 du 25-3-2004 art. 21). 80205

Sont en revanche toujours punis d'une amende de 9 000 euros les dirigeants qui n'ont pas adressé les comptes consolidés aux associés ou actionnaires (C. com. art. L 247-1, II ; voir Mémento Comptes consolidés n° 9226).

II. INFORMATION DU COMITÉ SOCIAL ET ÉCONOMIQUE (CSE)

INFORMATIONS À FOURNIR PAR LES SOCIÉTÉS COMMERCIALES (D'AU MOINS 50 SALARIÉS)

Documents et informations à communiquer au comité Parmi les informations à communiquer obligatoirement au comité social et économique (CSE), ou à mettre à sa disposition, certaines sont de **nature comptable ou financière** et sont à donner de manière récurrente ou ponctuelle (pour une liste exhaustive, voir Mémento Social n° 9240 à 9382). 80280

Sur la répartition des informations entre les CSE d'établissement et le CSE central d'entreprise lorsqu'il en existe un, voir Mémento Social n° 9640 à 9660.
Sur les délais de consultation, voir Mémento Social n° 9236.
Sur l'articulation avec le comité d'entreprise européen, voir n° 80315.

I. Informations et consultations récurrentes du comité social et économique Pour plus de détails, voir Mémento Social n° 9240 à 9310.

> **Précisions** Les développements qui suivent concernent les hypothèses dans lesquelles aucun accord n'a été conclu.
> Sur la possibilité de moduler par accord le contenu et la périodicité des consultations du CSE, voir Mémento Social n° 9250 et 9255.

80280 (suite)

1. Chaque année (sauf accord d'entreprise ou avec le CSE, voir Précision ci-avant), le chef d'entreprise doit consulter le CSE **sur les trois grandes thématiques** suivantes (C. trav. art. L 2312-17 et L 2312-22) :

> **Précisions** Au cours de ces trois consultations, le comité est informé des conséquences environnementales de l'activité de l'entreprise (C. trav. art. L 2312-17).

a. Situation économique et financière de l'entreprise. À défaut d'accord d'entreprise ou avec le CSE, cette consultation porte également sur la politique de recherche et de développement technologique de l'entreprise, y compris sur l'utilisation du crédit d'impôt pour les dépenses de recherche (C. trav. art. L 2312-25).
En vue de cette consultation doivent être notamment mis à la disposition du comité, dans la base de données économiques, sociales et environnementales (BDESE ; voir ci-après 3.) (C. trav. art. L 2312-25) :
– pour toutes les **entreprises** :
• les informations sur l'activité et sur la situation économique et financière de l'entreprise, ses perspectives pour l'année à venir,
• les informations relatives à la politique de recherche et de développement technologique de l'entreprise ;
– pour toutes les **sociétés commerciales** : les documents transmis obligatoirement annuellement à l'assemblée générale des actionnaires ou à l'assemblée des associés (comptes annuels, rapport de gestion, rapports du commissaire aux comptes dont, le cas échéant, celui établi dans le cadre de la procédure d'alerte, etc.), ainsi que les communications et copies transmises aux actionnaires ;
– pour les **sociétés commerciales d'une certaine taille** mentionnées à l'article L 232-2 du Code de commerce (300 salariés ou 18 millions d'euros) : les documents comptables et financiers liés à la prévention des difficultés des entreprises transmis annuellement ou semestriellement (situation de l'actif réalisable et disponible et du passif exigible, tableau de financement, compte de résultat prévisionnel, plan de financement prévisionnel et rapports les accompagnant ; voir n° 65695 s.). Voir également Précisions au n° 65755 sur le cas d'une holding sans CSE et sur le secret professionnel auquel est tenu le CSE ;
– pour les **entreprises ne revêtant pas la forme de société commerciale** : les documents comptables qu'elles établissent.

b. Orientations stratégiques de l'entreprise définies par l'organe de direction. À défaut d'accord d'entreprise ou avec le CSE, cette consultation porte sur leurs conséquences sur l'activité, l'emploi, l'évolution des métiers et des compétences, l'organisation du travail, le recours à la sous-traitance, à l'intérim, à des contrats temporaires et à des stages (C. trav. art. L 2312-24). Elle porte également sur la gestion prévisionnelle des emplois et des compétences et sur les orientations de la formation professionnelle. La base de données économiques, sociales et environnementales (BDESE) sert de support à la préparation de cette consultation annuelle (voir ci-après 3.).

c. Politique sociale de l'entreprise (C. trav. art. L 2312-26 et L 2312-27).
Pour les entreprises d'au moins 300 salariés, cette consultation porte également sur le **bilan social** de l'entreprise (C. trav. art. L 2312-28). Voir n° 65165 s.
Sur la possibilité pour le comité de se faire assister d'un expert-comptable dans le cadre de ces consultations, voir n° 80285.

2. Chaque trimestre pour les entreprises d'au moins 300 salariés, l'employeur communique au CSE, à défaut d'accord d'entreprise ou avec le CSE, des informations sur l'exécution des programmes de production, l'évolution générale des commandes, sur les éventuels retards de paiement des cotisations sociales et sur l'évolution des effectifs et de la qualification des salariés par sexe (C. trav. art. L 2312-69).

3. Base de données économiques, sociales et environnementales (BDESE). L'employeur met à disposition du CSE une base de données économiques, sociales et environnementales rassemblant l'ensemble des informations nécessaires aux **consultations et informations récurrentes** (voir ci-avant 1. et 2.) (C. trav. art. L 2312-18).

> **Précisions** Le contenu des informations à fournir pour chacun de ces thèmes varie en fonction de la taille de l'entreprise (C. trav. art. R 2312-8 pour les entreprises de moins de 300 salariés et R 2312-9 pour celles d'au moins 300 salariés).
> Les informations environnementales présentées dans la DPEF (voir n° 65010) sont à indiquer (pour le contenu supplétif de la BDESE, c'est-à-dire en l'absence d'accord collectif d'entreprise) dans la BDESE (C. trav. art. R 2312-8). Pour plus de détails sur le contenu de la BDESE, voir Mémento Social n° 9220 et 9222.

II. Informations et consultations ponctuelles du comité social et économique

1. **Un mois après chaque élection** du CSE (sauf accord ; voir Précisions ci-avant I.), l'employeur lui communique une **documentation économique et financière** qui doit préciser (C. trav. art. L 2312-57) :
– la forme juridique de l'entreprise et son organisation ;
– les perspectives économiques de l'entreprise ;
– le cas échéant, la position de l'entreprise au sein du « groupe », tel que défini à l'article L 2331-1 du Code du travail (voir Mémento Social n° 9800) ;
– la répartition du capital entre les actionnaires en détenant plus de 10 % ;
– la position de l'entreprise dans sa branche d'activité.

2. Le CSE est **informé, et le cas échéant consulté,** notamment sur (C. trav. art. L 2312-8 et L 2312-37) :
– les **modifications de l'organisation économique ou juridique** de l'entreprise (voir Mémento Social n° 9320) ;

> **Précisions** Dans les SA, l'avis du comité sur ces modifications est transmis à l'assemblée générale lorsqu'elle est appelée à délibérer sur ces modifications (C. com. art. L 225-105).

– les **mesures de nature à affecter le volume ou la structure des effectifs** ;
– les **conditions d'emploi, de travail,** notamment la durée du travail, et la formation professionnelle ;
– les **conséquences environnementales** des mesures mentionnées ci-avant ;
– les projets de **concentration et d'offre publique d'acquisition (OPA)** dont la société fait l'objet (C. trav. art. L 2312-41 à L 2312-52) ; sur la possibilité pour le CSE de recourir à un expert-comptable, voir n° 80285.
– les projets de **restructuration et de compression des effectifs** (C. trav. art. L 2312-39) ;
– les projets de **licenciement collectif pour motif économique** (C. trav. art. L 2312-40) ;
– les différentes étapes des **procédures de sauvegarde, redressement ou liquidation judiciaire** (C. trav. art. L 2312-53 s.). Sur la possibilité pour le CSE de recourir à un expert, voir n° 80285.

3. Des membres du comité assistent avec voix consultative à toutes les **séances du conseil d'administration et du conseil de surveillance** (C. trav. art. L 2312-72 à L 2323-62), y compris donc au conseil arrêtant les comptes. Ils peuvent également assister à toutes les assemblées générales (C. trav. art. L 2312-77) à l'exception des assemblées de titulaires de valeurs mobilières donnant accès au capital, même si le titre primaire est une action (Ansa, CJ n° 04-061 du 6-10-2004).

Pouvoirs du comité Sur la répartition des pouvoirs entre les CSE d'établissement et le comité central lorsqu'il en existe un, voir Mémento Social n° 9640 à 9660.

80285

I. Le comité social et économique **peut convoquer les commissaires aux comptes** pour recevoir des explications sur les différents postes des documents soumis à l'assemblée, ainsi que sur la situation financière de l'entreprise (C. trav. art. L 2312-25). Voir FRC 12/23 Hors série inf. 85.

> **Précisions** Les développements suivants relatifs au comité d'entreprise sont, à notre avis, transposables au comité social et économique.
> **1. Convocation du commissaire aux comptes** Une lettre simple suffit pour la convocation. L'envoi concomitant de la liste des questions que le comité envisage de poser aux commissaires aux comptes ne s'impose pas (Bull. CNCC n° 108, décembre 1997, EJ 97-257, p. 532).
> **2. Réponse du commissaire aux comptes** Il est **tenu de répondre** pendant les réunions avec le comité d'entreprise (et non en dehors) aux demandes d'explications sur la situation financière de l'entreprise et sur les différents postes des documents obligatoirement transmis à l'assemblée et que le chef d'entreprise est tenu de communiquer au comité (Norme CNCC 6-705, § 02 ; sur la valeur de cette norme, voir FRC 12/23 Hors série inf. 7). Il fournit, verbalement ou par écrit, sur les documents comptables et sur les rapports à l'assemblée, les précisions nécessaires à leur compréhension, pour que les membres du comité d'entreprise aient de la situation financière une vision comparable à celle des actionnaires (Norme CNCC 6-705, § 10).

II. Il peut demander en justice la désignation d'un **mandataire chargé de convoquer l'assemblée générale des actionnaires en cas d'urgence** et peut **requérir l'inscription de points ou de projets de résolutions** à l'ordre du jour des assemblées ordinaire et/ou extraordinaire (C. trav. art. L 2312-77). Voir Mémento Sociétés commerciales n° 46050 et 46200 (SA) et 60504 (SAS). Ce droit ne semble pas s'étendre aux assemblées spéciales (Ansa, n° 3181, mars 2003).

III. Il peut **se faire assister** dans son droit d'information **par un expert-comptable** de son choix (sans limitation de compétence territoriale ; voir Mémento Social n° 9040 à 9060).

Le rapport de l'expert-comptable appartient au comité. L'employeur n'a donc pas qualité pour en demander la rectification sauf à titre de réparation d'un préjudice engendré par une faute délictuelle.

> **Précisions** Sur la mission d'assistance du CSE mise en œuvre par l'expert-comptable, voir FRC 12/23 Hors série inf. 52.3.

IV. Il dispose du **droit de mettre en œuvre une procédure d'alerte** des dirigeants sociaux s'il a connaissance « de faits de nature à affecter de manière préoccupante la **situation économique** de l'entreprise » (C. trav. art. L 2312-63). Voir développements n° 60955.

V. Il peut **demander en justice la nomination** d'un ou plusieurs **experts** chargés de présenter un rapport sur une ou plusieurs opérations de gestion (C. com. art. L 223-37 et L 225-231) dans les SA et les SARL.

VI. Il peut **demander** au tribunal de commerce statuant en référé la **récusation** pour juste motif ou la **révocation** en cas de faute ou d'empêchement des **commissaires aux comptes** (C. com. art. L 823-6 et L 823-7 ; voir FRC 12/23 Hors série inf. 26.3).

VII. Il peut désigner deux de ses membres **pour assister aux assemblées générales.** Ces deux membres sont entendus à leur **demande lors des délibérations requérant l'unanimité** des associés (C. trav. art. L 2312-77). Voir Mémento Sociétés commerciales n° 47270 (SA) et n° 60504 (SAS).
Ce droit n'est pas limité aux sociétés par actions.
Ce droit doit leur être ouvert dès lors qu'une décision requérant l'unanimité donne lieu à une réunion physique et un débat des associés (CJ Ansa, 3-10-2001).

VIII. Il peut recourir à un **expert** (expert-comptable, expert juridique, expert en gestion) dans le cadre :
– de la recherche d'un repreneur lorsque l'employeur envisage de fermer un établissement (C. trav. L 1233-57-17 ; voir n° 80280) ;
– en vue de préparer la négociation sur l'égalité professionnelle dans les entreprises d'au moins 300 salariés (C. trav. art. L 2315-95).

80290 **Sanctions** L'inobservation des dispositions précédentes peut constituer une **entrave au fonctionnement du comité** et être punie d'une amende de 7 500 euros (C. trav. art. L 2317-1).

INFORMATION SUPPLÉMENTAIRE AU SEIN D'UN GROUPE

80295 **Comité de groupe** Selon les articles L 2331-1 et R 2331-1 du Code du travail, le comité de groupe constitue une structure spécifique de représentation du personnel, constituée sans condition d'effectif, au niveau d'un groupe de sociétés formé par une entreprise dominante et les entreprises qu'elle contrôle ou sur lesquelles elle exerce une influence dominante, dont le siège social est situé sur le territoire français (voir Mémento Social n° 9800 à 9830). Il **ne se substitue pas aux comités sociaux et économiques** existant dans les sociétés du groupe. Il a seulement pour but d'assurer une **information plus complète à un niveau supérieur.**

1. Il doit recevoir notamment (C. trav. art. L 2332-1 s.) :

> **Précisions** La définition des informations à fournir n'est pas toujours précise et les modalités et délais de communication de celles-ci ne sont pas toujours précisés.

– des **informations** sur l'activité, la situation financière, les perspectives pour l'année à venir et l'évolution et les prévisions d'emploi dans le groupe et chacune des sociétés le composant ;
– **communication,** lorsqu'ils existent, des comptes consolidés et du rapport des commissaires aux comptes correspondant ;
Le comité de groupe d'une société holding peut obtenir des informations sur les comptes de filiales étrangères (Rép. Hollande : AN 25-9-1989 n° 8852).
– une **information** sur les projets d'offres publiques d'acquisition dont la société dominante du groupe fait éventuellement l'objet.
Dispositif identique à celui prévu en l'absence de comité de groupe, voir n° 80280, et qui se substitue aux obligations d'information du comité social et économique de la société cible (C. trav. art. L 2332-2).

2. Il peut se faire assister par un **expert-comptable,** rémunéré par la société dominante (C. trav. art. L 2334-4).

L'expert-comptable du comité de groupe a pour **mission** d'éclairer ce dernier sur la situation du groupe et des entreprises qui le composent. Cette mission doit être conduite dans le même esprit que celui qui préside à la mission d'examen des comptes annuels (guide méthodologique OEC, Mission légale d'assistance au comité d'entreprise, mars 2004, § 3.6). Elle trouve **notamment** à s'exercer **à l'égard des comptes et du bilan consolidés** et, de manière plus générale, des données relatives à la situation financière présente et aux perspectives économiques du groupe et des unités qui le composent (Guide méthodologique précité) ; ainsi, si la société dominante est française, l'expert-comptable a accès à tous les documents comptables détenus par cette société sur les entreprises françaises et étrangères comprises dans le périmètre de consolidation (Cass. soc. 6-12-1994 n° 4406 PF).

3. Il peut transférer ses attributions au comité d'entreprise européen (voir n° 80315).

Comité européen (ou procédure d'information) L'article L 2341-4 du Code du travail prévoit l'institution, dans les entreprises ou groupes d'entreprises de dimension communautaire, d'un comité d'entreprise européen ou d'une **procédure d'information et de consultation,** afin de garantir le droit des salariés à l'information et à la consultation à l'échelon européen. 80315

> **Précisions** L'instauration du comité européen donne lieu à la conclusion d'un accord entre les parties (C. trav. art. L 2342-1 s.). À défaut d'accord, un régime subsidiaire imposé par la loi est applicable (C. trav. art. L 2342-1 s.).

Dans les groupes dotés d'un comité d'entreprise européen, un accord entrant en vigueur sur vote favorable du comité du groupe, peut décider d'aménager les conditions de fonctionnement du comité du groupe (C. trav. art. L 2344-19) ou même le supprimer (C. trav. art. L 2345-2). Dans ce cas, les attributions de celui-ci (voir n° 80295) sont transférées au comité européen.

Pour plus de détails sur les informations à communiquer au comité d'entreprise européen et les modalités de sa consultation, voir Mémento Comité social et économique et autres représentants du personnel n° 7000 s.

III. INFORMATION DES COMMISSAIRES AUX COMPTES

DROIT DE COMMUNICATION
Ce droit peut s'exercer à toute époque de l'année. 80385

Auprès de la société Les commissaires aux comptes, ensemble ou séparément, opèrent toutes vérifications et tous contrôles qu'ils jugent opportuns et peuvent **se faire communiquer** sur place **toutes les pièces qu'ils estiment utiles à l'exercice de leur mission** et notamment tous contrats, livres, documents comptables et registres de procès-verbaux (C. com. art. L 823-13). 80405

> **Précisions 1. Pièces visées** Selon la Cour de cassation (Cass. soc. 24-3-1988 n° 1255 P, voir Bull. CNCC n° 72, décembre 1988, p. 476 s.), il s'agit de toutes les pièces, **y compris les documents à usage interne** non communicables à des tiers (le commissaire aux comptes n'étant pas un tiers pour l'entreprise). Sont donc visés :
> – des situations intermédiaires (Arrêt précité) ;
> – la comptabilité analytique (Bull. CNCC n° 57, mars 1985, EC 84-66, p. 152 s.) ;
> – des documents comptables relatifs à l'**exercice en cours** (Rép. Delfosse : AN 21-1-1980 n° 21886) ;
> – les documents prévisionnels, budgets, etc.
> Sur l'obligation de communiquer aux commissaires aux comptes les documents adressés aux actionnaires, voir FRC 12/23 Hors série inf. 95.
> **2. Spécificités des SAS** Les textes législatifs et réglementaires ne prévoient pas de procès-verbaux ou de registre pour les décisions du président. Dans la mesure où les statuts de la SAS ne prévoient pas non plus de procès-verbal du président, le commissaire aux comptes ne peut en exiger un pour l'arrêté des comptes. Toutefois, afin d'avoir l'assurance que les comptes sur lesquels va porter la certification sont bien ceux arrêtés par le président, le commissaire aux comptes peut (Bull. CNCC n° 134, juin 2004, EJ 2004-32, p. 355) :
> – demander au président de dater et signer les comptes et le rapport de gestion ;
> – faire mentionner la date d'arrêté des comptes dans la lettre d'affirmation (voir ci-après).
> Une telle concertation permet également au président de la SAS de matérialiser l'arrêté et de limiter le risque pénal relatif au non-établissement des comptes.

Selon le ministre de la justice, le droit de communication emporte, sous peine de se révéler illusoire, le **droit** pour les commissaires **de prendre copie** des documents, mais rien n'impose aux sociétés de délivrer ces copies. Toutefois, il apparaît souhaitable que les sociétés facilitent le contrôle des commissaires en faisant droit à des demandes raisonnables de copies des documents utiles à l'exercice de leur mission, les sociétés étant en revanche fondées à considérer comme abusives des demandes systématiques de copies d'ensembles de documents dont un examen initial n'aurait pas révélé l'utilité (Rép. Kaspereit : AN 13-11-1979 n° 18238).

Selon le bulletin CNCC (n° 66, juin 1987, EJ 87-58, p. 239), « un commissaire aux comptes est en **droit de prendre, lui-même, au moyen d'un photocopieur personnel, des photocopies** quand il se trouve dans une société qui refuse de délivrer lesdites photocopies. Le refus par les dirigeants d'accepter que le commissaire aux comptes fasse ses photocopies avec des moyens personnels constituerait, en effet, le délit d'entrave aux contrôles du commissaire aux comptes (C. com. art. L 820-4, 2°), les dirigeants ayant refusé la communication sur place des pièces utiles à l'exercice de sa mission ». Le droit de communication s'applique également aux **fichiers informatiques** auxquels le commissaire aux comptes peut avoir recours dans l'exercice de sa mission (Bull. CNCC n° 111, septembre 1998, EJ 98-65, p. 436).

Pour l'accomplissement de leur mission, ils peuvent **se faire assister ou représenter,** sous leur responsabilité, par des collaborateurs de leur choix qu'ils font connaître nommément à la société. Ceux-ci ont les mêmes droits d'investigation qu'eux (C. com. art. L 823-13).

Déclarations écrites de la direction Dans le cadre de l'audit des comptes, les membres de la direction, y compris le représentant légal, font des déclarations au commissaire aux comptes. Selon la NEP 580 « Déclarations de la direction » (§ 1), elles constituent des éléments collectés pour aboutir à des conclusions sur lesquelles il fonde son opinion sur les comptes.

Les déclarations écrites peuvent prendre la forme (NEP 580, § 8 et 11) :
– d'une lettre du représentant légal adressée au commissaire aux comptes (« **lettre d'affirmation** ») ;
– d'une lettre adressée par le commissaire aux comptes au représentant légal dans laquelle il explicite sa compréhension de ces déclarations. Dans ce cas, la direction de l'entité **confirme par écrit son accord** sur les termes de cette lettre.

Par ailleurs, certaines déclarations du représentant légal peuvent être consignées dans un extrait de procès-verbal d'une réunion de l'organe chargé de l'administration.

Formulation de la lettre d'affirmation Elle doit être **datée** (date la plus rapprochée possible de la date de signature du rapport du commissaire aux comptes et non postérieure à cette dernière), **signée** par le responsable de l'établissement des comptes et **envoyée** directement au commissaire aux comptes.

> **Précisions** Exemple de lettre d'affirmation Voir le site de la CNCC (mars 2023).

Pour plus de détails, voir la NEP 580 et la Note d'information CNCC NI.IV « Le commissaire aux comptes et les déclarations de la direction » (juin 2010).

80410 **Auprès des sociétés du groupe** Les mêmes investigations peuvent être faites auprès :
– des sociétés mères ou filiales au sens de l'article L 233-1 du Code de commerce (C. com. art. L 823-14), même en l'absence d'établissement de comptes consolidés ;
– de l'ensemble des entreprises comprises dans la consolidation (C. com. art. L 823-14).

Voir Mémento Comptes consolidés n° 9244 s.

80415 **Auprès des tiers** Les commissaires aux comptes peuvent recueillir toutes informations utiles à leur mission auprès des « **tiers qui ont accompli des opérations pour le compte de la personne ou de l'entité** » (C. com. art. L 823-14, al. 2).

> **Précisions** Tiers concernés Il s'agit des **mandataires** de la société ou de ses **auxiliaires**, tels que banquiers, sociétés de bourse, commissionnaires à la vente ou à l'achat, etc. Mais les commissaires aux comptes ne sauraient exiger des renseignements de la part des clients ou des fournisseurs car ceux-ci n'agissent pas « pour le compte de la société » (Rép. Schumann : Sén. 15-10-1975 n° 17562 ; Rép. Braconnier : Sén. 12-2-1976 n° 18666).

Le secret professionnel ne peut être opposé aux commissaires aux comptes, sauf par les auxiliaires de justice (voir n° 80455). Ainsi notamment les avocats de la société sont en droit

de ne pas répondre à une demande d'information directe lorsqu'ils considèrent que les informations demandées sont couvertes par le secret professionnel (Rép. Braconnier : Sén. 8-1-1981 n° 35103).
Pour les conséquences sur la mission du commissaire aux comptes, voir ci-après.

Demandes d'informations et demandes de confirmation des tiers (NEP 505
« Demandes de confirmation des tiers » et NEP 500 « Caractère probant des éléments collectés »).
Pour collecter les éléments nécessaires dans le cadre de l'audit des comptes, le commissaire aux comptes peut notamment choisir parmi les techniques suivantes (NEP 500, § 10 en partie) :
– les **demandes d'informations** (adressées à des personnes internes ou externes à l'entité) ;
– les **demandes de confirmation des tiers** (afin d'obtenir une déclaration directement adressée au commissaire aux comptes concernant une ou plusieurs informations).

> **Précisions** Par exemple, **la confirmation directe de créances clients** (voir n° 12715 s.).

Ces demandes ne constituent **qu'une partie des techniques** de collecte d'éléments probants que le commissaire aux comptes doit réunir pour fonder son jugement (voir NI.VII CNCC « Le commissaire aux comptes et les demandes de confirmation des tiers », décembre 2010).
Elles ne peuvent pas être utilisées sans **l'accord de l'entreprise**, que ce soit pour les commissaires aux comptes ou les experts-comptables (Rép. Serghearet : AN 6-10-1980 n° 32230). En outre, le commissaire aux comptes doit obtenir l'**accord formel** des dirigeants sur la liste des personnes circularisées et le contenu de la demande (Bull. CNCC n° 99, septembre 1995, CNP 95-36, p. 355 s.).

> **Précisions** **Si les dirigeants s'y opposent** et que ce refus ne lui paraît pas fondé, il sera conduit à en tirer les conséquences sur sa certification (Bull. précité et NEP 505, § 12 à 14).

Les commissaires aux comptes **ne peuvent exiger une réponse** aux demandes qu'ils adressent aux clients, fournisseurs, banques et avocats de la société qu'ils contrôlent.
Sur les conséquences de l'**absence de réponse** des **avocats**, voir n° 48545.

> **Précisions** **1. Droit d'information des commissaires aux comptes** Il ne peut s'étendre à la **communication** des pièces, contrats et documents quelconques détenus par les tiers **que** si les commissaires aux comptes ont obtenu l'**autorisation** du président du tribunal de commerce statuant en référé (C. com. art. L 823-14, al. 2 et R 823-4).
> **2. Casier judiciaire** Le commissaire aux comptes d'une société ne peut connaître le casier judiciaire de celle-ci que dans l'hypothèse où son représentant légal en a demandé la communication (au procureur de la République) et l'a mis à disposition du commissaire aux comptes (Bull. CNCC n° 109, mars 1998, EJ 97-215, p. 97).

DOCUMENTS À ADRESSER AUX COMMISSAIRES AUX COMPTES

80420 Ces documents doivent être transmis aux commissaires aux comptes ou mis à leur disposition sans demande préalable par les dirigeants.

En cours d'exercice
80440
I. Conventions réglementées
1. Nouvelles conventions réglementées autorisées et conclues

a. Documents à fournir Dans les **SA, SCA et SARL**, le président du conseil d'administration (ou du conseil de surveillance) ou le gérant avise les commissaires aux comptes, s'il en existe, des conventions **autorisées et conclues** (C. com. art. L 225-40, al. 2 et L 225-88, al. 2 et R 223-16) dans le délai d'un mois à compter de la conclusion desdites conventions (C. com. art. R 225-30, al. 1, R 225-57 et R 223-16) ; voir Mémento Sociétés commerciales n° 52805 à 52808 pour les SA et n° 31930 et 31950 pour les SARL.
Il en est de même pour les conventions résiliées ou modifiées d'un commun accord (Cass. com. 27-2-1996 n° 444 P).
Dans les **SA, les SCA et les autres entités dont les textes de référence renvoient aux articles L 225-38 et L 225-40 du Code de commerce prévus pour les SA (sociétés coopératives, établissements de crédit...)**, le président du conseil d'administration communique également aux commissaires aux comptes, pour chaque convention autorisée et conclue, les **motifs** justifiant de leur intérêt pour la société (C. com. art. R 225-30, R 225-57 et R 226-2).

> **Précisions** **Rapport spécial du commissaire aux comptes** Ces motifs doivent être mentionnés dans le rapport spécial du commissaire aux comptes (voir FRC 12/23 Hors série inf. 130.5).

Dans les **entités autres que les SA, SCA et SARL**, dont les textes ne renvoient pas aux **articles prévus pour les SA**, les obligations des entités et des personnes concernées sont

80440
(suite)

fixées par les textes légaux, réglementaires ou statutaires applicables à chacune d'elles (Note d'information NI.IX CNCC « Le rapport spécial du commissaire aux comptes sur les conventions et engagements réglementés », version 3, février 2018, § 1.2 et 1.3).

> **Précisions 1. SAS** La loi ne précise pas pour les SAS les modalités de communication des conventions réglementées au commissaire aux comptes et les dispositions applicables aux SA ne sont pas applicables aux SAS (C. com. art. R 225-30 et R 225-31 renvoyant aux articles L 225-38 et L 225-40 expressément non applicables aux SAS selon L 227-1, al. 3). En l'absence de dispositions statutaires précises, il paraît opportun de s'inspirer des dispositions applicables aux SA selon lesquelles le président doit aviser les commissaires aux comptes dans le mois qui suit la conclusion des conventions, et de prévoir les modalités d'information dans la lettre de mission (NI.IX CNCC précitée, février 2018, § 2.122).
> **2. Personnes morales de droit privé non commerçantes ayant une activité économique et associations subventionnées pour au moins 153 000 €** Le commissaire aux comptes est avisé par le représentant légal de l'association ou de la personne morale des conventions réglementées définies par l'article L 612-5 du Code de commerce dans le délai d'un mois à compter de leur conclusion (C. com. art. R 612-7).

b. Défaut d'avis du commissaire aux comptes La cour d'appel de Lyon (Arrêt du 27-11-1986 repris dans Bull. CNCC n° 66, juin 1987, p. 220 s.) a précisé qu'en matière de conventions réglementées « il appartient à la société contrôlée d'aviser exactement le commissaire aux comptes de la totalité des opérations réalisées, faute de quoi celui-ci, inexactement informé, n'est pas en mesure de remplir ses fonctions ». En conséquence « la faute d'un commissaire aux comptes n'est pas établie lorsqu'il n'apparaît pas que son attention ait été spécialement appelée sur les conventions conclues entre la société contrôlée et une autre société, dont il n'a connu l'étendue totale et exacte que tardivement ».

En pratique :
– selon le professeur E. du Pontavice (Bull. CNCC précité) « la collecte des informations sur les conventions réglementées pèse sur les dirigeants de la société et non pas sur le commissaire aux comptes » ;
– le commissaire aux comptes rappelle aux dirigeants, notamment lors de l'établissement de sa lettre de mission, la nature des informations qui doivent lui être fournies sur les conventions afin de lui permettre l'établissement de son rapport spécial (NI.IX précitée, § 3.22). Voir également FRC 12/23 Hors série inf. 130.4 et 130.5.

Pour des lettres-types expliquant aux sociétés les demandes que les commissaires aux comptes sont susceptibles d'adresser en vue de la préparation de leur rapport spécial, voir NI.IX précitée, § 6.22.

c. Publicité Dans les **SA et les SCA dont les actions sont admises aux négociations sur un marché réglementé,** les informations suivantes concernant les conventions réglementées doivent être publiées sur le site internet de la société **au plus tard au moment de leur conclusion** (C. com. art. L 22-10-13, L 22-10-30, R 22-10-17 et R 22-10-19) :
– nom ou dénomination sociale de la personne directement ou indirectement intéressée ;
– nature de sa relation avec la société ;
– date et conditions financières de la convention ;
– toute autre information nécessaire pour évaluer l'intérêt de la convention pour la société et les actionnaires, y compris minoritaires, qui n'y sont pas directement ou indirectement intéressés (notamment, objet de la convention et indication du rapport entre son prix pour la société et le dernier bénéfice annuel de celle-ci).

> **Précisions 1. Manquement** La publication de ces informations sur le site internet de la société pourra être ordonnée par le président du tribunal statuant en référé à la demande de toute personne intéressée, éventuellement sous astreinte (C. com. art. L 22-10-13 et L 22-10-30 précités).
> **2. Rapport spécial du commissaire aux comptes** Les informations publiées sur le site internet de la société devront être reprises dans le rapport spécial établi par le commissaire aux comptes (voir FRC 12/23 Hors série inf. 130).

2. Conventions conclues au cours d'exercices antérieurs Lorsque l'exécution de **conventions conclues** (ou modifiées ou résiliées ; Cass. com. précité) **et autorisées au cours d'exercices antérieurs** s'est poursuivie au cours du dernier exercice, les commissaires aux comptes sont informés de cette situation dans le délai d'un mois à compter de la clôture dudit exercice (C. com. art. R 225-30, al. 2, R 223-16 et R 225-57, al. 2).

> **Précisions** Rapport spécial du commissaire aux comptes Ces conventions sont communiquées au commissaire aux comptes, s'il en existe, pour les besoins de l'établissement de son rapport spécial (C. com. art. L 225-40-1 et L 225-88-1).

II. Documents comptables et financiers prévus par le Code de commerce

Il s'agit, dans les sociétés et les GIE d'une certaine taille (300 salariés ou chiffre d'affaires égal ou supérieur à 18 millions d'euros), des documents suivants à communiquer annuellement ou semestriellement : situation de l'actif réalisable et disponible et du passif exigible, tableau de financement, compte de résultat prévisionnel, plan de financement prévisionnel et rapports les accompagnant (voir n° 65695 s.).

III. Autres informations
Il s'agit :
— du rapport rédigé par le comité social et économique dans le cadre de la mise en œuvre de son droit d'alerte économique (voir n° 60955 ; C. trav. art. L 2312-63) ;
— des réponses aux questions écrites des associés ou actionnaires ou d'une association d'actionnaires pour les sociétés cotées sur un marché réglementé sur les faits de nature à compromettre la continuation de l'exploitation sociale (C. com. art. L 225-232 et L 22-10-44, L 227-1, al. 3 et L 223-36) dans les SA, SAS et SARL ;
— des réponses aux questions écrites des actionnaires ou d'une association d'actionnaires pour les sociétés cotées sur un marché réglementé sur une ou plusieurs opérations de gestion de la société ou des sociétés qu'elle contrôle (C. com. art. L 225-231 et L 22-10-44) dans les sociétés par actions ;
— du rapport du ou des experts chargés d'examiner une ou plusieurs opérations de gestion (C. com. art. L 225-231, L 227-1, al. 3 et L 223-37) dans les SA, SAS et SARL ;
— des notifications reçues ou établies par la société en application des articles L 233-7 (franchissement de seuils) et L 233-12 (autocontrôle) du Code de commerce (voir n° 39015 s. à 39020) ;
— des prêts interentreprises, consentis par la société en vertu de l'article L 511-6 du Code monétaire et financier (sur l'information à fournir dans le rapport de gestion, voir n° 64980 II. ; sur l'attestation fournie par le commissaire aux comptes, voir FRC 12/23 Hors série inf. 98).

Après la clôture de chaque exercice (avant l'assemblée générale) Les comptes annuels, le rapport de gestion ainsi que, le cas échéant, les comptes consolidés et le rapport sur la gestion du groupe sont tenus, au siège social, à la disposition des commissaires aux comptes, **un mois au moins avant la convocation de l'assemblée** des associés ou des actionnaires appelés à statuer sur les comptes annuels de la société (C. com. art. R 232-1, al. 1, concernant toutes les sociétés commerciales, et R 221-6, concernant les SNC), et, pour les EURL, au plus tard 4 mois après la clôture de l'exercice, ou lorsque l'associé unique est seul gérant, au plus tard 5 mois après la clôture de l'exercice (art. R 223-28).

80445

Ces documents sont délivrés, en copie, aux commissaires aux comptes qui en font la demande (C. com. art. R 232-1, al. 2).

> **Précisions 1. Non-respect du délai de transmission au CAC** Dès lors qu'il résulte d'un accord entre les commissaires aux comptes et la société et qu'il n'a pas d'incidence sur le déroulement des travaux d'audit et les diligences effectuées, il constitue une irrégularité qui n'a cependant pas à être signalée à l'assemblée en l'absence d'importance relative (Bull. CNCC n° 155, décembre 1976, p. 541 s.).
> **2. Retard du conseil dans l'établissement du rapport de gestion** Si le commissaire aux comptes n'a pas eu connaissance du rapport de gestion du conseil d'administration (ou du directoire), il doit néanmoins déposer son rapport sur les comptes annuels 15 jours (ou 21 jours, le cas échéant, pour les sociétés cotées sur un marché réglementé) avant l'assemblée annuelle, **en signalant cette irrégularité**. En effet, le retard du conseil (ou du directoire) dans l'établissement du rapport de gestion ne constitue pas une excuse pour le commissaire aux comptes pour ne pas établir son propre rapport dans les temps. Il sera toutefois amené à établir un rapport complémentaire si le rapport de gestion lui parvient suffisamment à temps avant l'assemblée (Bull. CNCC n° 139, septembre 2005, p. 466).

OBLIGATION DE CONVOCATION DES COMMISSAIRES AUX COMPTES
Ils doivent être convoqués :

80450

a. À toutes les **assemblées**, quelles qu'elles soient (C. com. art. L 823-17, L 820-4, 1° et R 823-9) à l'exception des assemblées de titulaires de valeurs mobilières donnant accès au capital, même si le titre primaire est une action (Ansa, CJ n° 04-061, 6-10-2004).

b. Au **conseil d'administration** (ou au **directoire** et au conseil de surveillance) qui doit examiner ou arrêter les comptes annuels ou intermédiaires (ou les comptes consolidés) (C. com. art. L 823-17), la convocation ne pouvant se limiter à une partie seulement de la réunion (Bull. CNCC n° 133, mars 2004, p. 161).

La loi limite l'obligation de convocation aux conseils concernant les comptes (y compris trimestriels et semestriels complets – bilan, compte de résultat et annexe, même simplifiée ; Bull. CNCC précité) ; mais si cela paraît opportun, ils peuvent aussi être convoqués à toute autre réunion du conseil. Il en est de même pour les séances du **conseil de surveillance** lorsque leur présence paraît opportune (C. com. art. R 823-9, al. 2).

> **Précisions** **1. Cette obligation** concerne expressément les sociétés par actions (C. com. art. L 823-17, L 226-1 et L 227-10). Mais, par application des dispositions de l'article L 820-1 du Code de commerce, elle **concerne toutes les personnes morales,** quelle que soit la nature des missions ou prestations fournies par le commissaire aux comptes.
> **2.** Dans les **EURL,** les décisions de l'associé unique n'étant pas prises en assemblée, il ne paraît pas nécessaire de convoquer le commissaire aux comptes à toute délibération de l'associé unique. Cependant, il conviendrait qu'il soit avisé à l'avance de la décision envisagée dans un délai raisonnable (Bull. CNCC n° 132, décembre 2003, EJ 2003-179, p. 644).
> **3.** La **convocation** est faite par **lettre recommandée** avec demande d'avis de réception (C. com. art. R 823-9), ce qui exclut (Rép. Godfrain : AN 23-7-1990 n° 27692) le recours à tout autre procédé de convocation, comme la **télécopie ou le mail.** Néanmoins, en pratique, les commissaires aux comptes acceptent fréquemment d'être convoqués au moyen d'une télécopie ou d'un mail ; dans ce cas, il est conseillé de leur demander d'adresser en retour une télécopie ou un mail prenant acte de la convocation.
> **Dans les SAS,** la forme de la convocation est libre et il n'existe pas de délai minimum mais la preuve de la convocation incombe à la société, d'où l'intérêt de la lettre recommandée avec avis de réception (Bull. CNCC n° 106, juin 1997, EJ 97-54, p. 322).
> En outre, lorsque les statuts de la SAS (Bull. CNCC n° 154, juin 2009, EJ 2008-116, p. 411 s.) :
> — prévoient que les fonctions de direction sont assurées par le président et non par un organe collégial, aucun texte n'impose la convocation du commissaire aux comptes ;
> — stipulent que les comptes sont approuvés autrement que par le moyen d'une assemblée (par exemple, consultation écrite, acte sous signature privée, conférence téléphonique), il n'y a pas lieu de convoquer le commissaire aux comptes. Dans les deux cas, il convient toutefois que soit instaurée une concertation permettant au commissaire aux comptes d'exercer sa mission.

Dans le cadre d'un **groupe,** les convocations relatives à l'ensemble des sociétés ne peuvent être faites sous un seul pli recommandé (Bull. CNCC n° 90, juin 1993, EJ 93-84, p. 262).

Sanctions Le **défaut de convocation** des commissaires aux comptes :
— à toute assemblée expose les dirigeants de la personne morale à un emprisonnement de deux ans et/ou à une amende de 30 000 € (C. com. art. L 820-4, 1°) ; des poursuites pénales engagées à ce titre sont toutefois, en pratique, extrêmement rares ;

> **Précisions** **1. Absence d'activité de la société** Le délit de défaut de convocation du commissaire aux comptes a été retenu à l'encontre de dirigeants, alors même que la société n'avait plus d'activité et que l'assemblée générale annuelle n'avait pas été convoquée (CA Paris 19-2-2007).
> **2. Absence de nullité des délibérations** L'absence de convocation du commissaire aux comptes à l'assemblée n'entraîne pas la nullité des délibérations (Cass. com. 10-2-2021 n° 18-24302).

— au conseil d'administration qui arrête les comptes ne constitue pas une infraction pénale mais une **irrégularité** entraînant la responsabilité civile des dirigeants, qui doit être signalée par les commissaires aux comptes (Rép. Braconnier : Sén. 12-5-1976 n° 19652 et Bull. CNCC n° 68, décembre 1987, EC 87-60, p. 497), voir FRC 12/23 Hors série inf. 79 s.

OBSTACLES À LA MISSION DES COMMISSAIRES AUX COMPTES

80455 Ils peuvent être de deux natures différentes : obstacle à l'information ou obstacle au contrôle.

Obstacle à l'information

I. Tout dirigeant de personne morale, ou toute personne au service de la société, qui aura, sciemment, **refusé aux commissaires aux comptes la communication sur place de toutes les pièces utiles à l'exercice de leur mission,** et notamment de tous contrats, livres, documents comptables et registres de procès-verbaux, sera puni d'un emprisonnement de cinq ans et d'une amende de 75 000 €, ou de l'une de ces deux peines seulement (C. com. art. L 820-4, 2°). Sur les éléments intentionnels et matériels constituant le refus caractérisé de communication des documents et informations, voir le bulletin CNCC n° 152, décembre 2008, p. 670 s. (CA Paris, 9e ch. section A, corr. 24-9-2008).

En outre, le commissaire aux comptes dont les demandes écrites (et réitérées) de consultation de documents sur place sont demeurées infructueuses doit **révéler** au procureur de la République le **délit d'entrave** à ses fonctions (Bull. CNCC n° 85, mars 1992, EJ 91-189, p. 157 s.).

Il n'est pas nécessaire que le refus de communication soit absolu, « la **simple réticence** à fournir des explications, l'atermoiement inexcusable, la production partielle caractérisent l'infraction dès lors qu'ils ont été commis sciemment » (CA Rennes 30-9-1974 : D. 1975, som. 119 et TGI Paris, 11e ch., 30-5-1990 ; jugement passé en force de chose jugée, dans Bull. CNCC, n° 79, septembre 1990, p. 365 s.).

Jugé, en revanche, que le silence opposé par le président à une lettre du commissaire aux comptes demandant de lui faire parvenir certains livres sociaux ne saurait être assimilé à une obstruction délibérée de sa part aux vérifications du commissaire, dès lors que, selon l'article L 823-13 du Code de commerce, la communication des documents sociaux doit se faire là où ils sont tenus (CA Paris 29-1-1976 : Bull. Joly 1976.142) ou que le commissaire aux comptes avait clairement manifesté son intention de ne pas effectuer les vérifications et contrôles lui incombant dans le cadre de sa mission (Cass. crim. 29-1-1992 n° B 89-86.768 D).

Le délit d'entrave peut être constitué tant que le commissaire aux comptes est en fonction, même si une procédure de relèvement à son encontre est en cours (Cass. crim. 12-9-2001 n° 00-86.493, dans Bull. CNCC n° 124, décembre 2001, p. 620).

II. Le secret professionnel ne peut être opposé aux commissaires aux comptes Il existe toutefois **deux exceptions** à cette règle générale :

1. les **auxiliaires de justice** (C. com. art. L 823-14) ;

Selon le ministre de la justice, la qualité d'auxiliaire de justice s'applique à toute personne, autre qu'un agent de l'État, qui participe habituellement, par sa profession, au fonctionnement du service public de la justice. Il en est ainsi des avocats (voir n° 80415), avocats au Conseil d'État et à la Cour de cassation, greffiers des tribunaux de commerce, huissiers de justice, des administrateurs judiciaires, des mandataires liquidateurs et experts judiciaires. En outre, la qualité d'auxiliaire de justice doit être reconnue à d'autres personnes lorsqu'elles agissent à titre professionnel dans le cadre d'une procédure judiciaire, notamment au notaire ou à l'expert non inscrit, commis judiciairement, à un greffier fonctionnaire ou à tout autre agent public commis par l'autorité judiciaire (Rép. Bajeux : Sén. 4-3-1980 n° 31925).

Néanmoins, s'il a été expressément prévu qu'il pouvait leur être opposé par les membres de certaines professions au cours de leurs **activités judiciaires** pour garantir le secret de la défense, il ne semble pas qu'un **notaire** puisse opposer le secret professionnel au commissaire aux comptes d'une société dont il a enregistré l'augmentation de capital et reçu les fonds en dépôt (Rép. Lebas : AN 25-11-1969 n° 7772).

Il semble, toutefois, que l'on puisse exclure du domaine couvert par le secret professionnel des éléments objectifs n'ayant pas de caractère confidentiel.

2. les **agents de l'administration fiscale** (Rép. Dumortier : AN 7-10-1971 n° 16079 ; Rép. Sergheraert : AN 29-12-1980 n° 37074).

Obstacle à la mission Tout dirigeant de personne morale ou toute personne au service de la société qui aura, sciemment, mis obstacle aux vérifications ou contrôles des commissaires aux comptes sera puni d'un emprisonnement de cinq ans et d'une amende de 75 000 €, ou de l'une de ces deux peines seulement (C. com. art. L 820-4, 2°).

IV. INFORMATION DES ADMINISTRATEURS ET DES MEMBRES DU CONSEIL DE SURVEILLANCE

Droit d'information individuelle Le président ou le directeur général de la société est tenu de communiquer à chaque administrateur tous les documents et toutes les informations nécessaires à l'accomplissement de sa mission (C. com. art. L 225-35, al. 3 et L 225-68).

80535

À ce titre, le président du conseil d'administration doit faire parvenir aux administrateurs ou mettre à leur disposition, avant la réunion du conseil et dans un délai suffisant, l'information leur permettant de prendre une décision éclairée (Cass. com. 2-7-1985 Bull. civ. IV n° 203, p. 169 et Cass. com. 8-10-2002 n° 1558 F-D).

Le président du conseil d'administration (de surveillance) doit notamment communiquer aux administrateurs (membres du conseil de surveillance), au plus tard le jour du conseil arrêtant (vérifiant et contrôlant), les comptes de l'exercice écoulé.

Tenue du conseil d'administration Elle peut s'effectuer au moyen de la **visioconférence** dans la mesure où ceci est prévu par le règlement intérieur de l'entreprise (voir Mémento Sociétés commerciales n° 40710).

Les membres du conseil peuvent également **participer** et **voter** par des **moyens de télécommunication** permettant leur identification et garantissant leur participation effective (C. com. art. L 225-37).

Toutefois, ce procédé ne peut pas être utilisé pour l'arrêté des comptes annuels et du rapport de gestion (C. com. art. L 232-1) ainsi que pour l'établissement des comptes consolidés et du rapport sur la gestion du groupe (C. com. art. L 233-16) en application de l'article L 225-37 du Code de commerce.

Sanctions La méconnaissance des droits de tout administrateur à une information préalable entraîne la nullité de la délibération du conseil même si cet administrateur appartient au groupe minoritaire (Cass. com. 24-4-1990, Bull. civ. IV n° 125 ; CA Paris 16-11-1995).

> **Précisions** Le secret des affaires ne peut pas être opposé aux administrateurs, ceux-ci étant tenus à une obligation de discrétion (CA Paris 4-3-1994).

Information du conseil de surveillance par le directoire Le directoire doit présenter un rapport au conseil de surveillance une fois par trimestre au moins (C. com. art. L 225-68, al. 4). Aucune disposition légale ou réglementaire ne précise le contenu de ce rapport ; cependant, il ne fait pas de doute que celui-ci doit informer le conseil de surveillance le plus complètement possible de la marche des affaires sociales. Une réunion du conseil de surveillance pour prendre connaissance de ce rapport est nécessaire (voir Mémento Sociétés commerciales n° 44811).

En outre, le directoire doit, le cas échéant, communiquer au conseil de surveillance les documents prévisionnels et de gestion et les rapports d'analyse de ces documents, dans les huit jours de leur établissement (C. com. art. L 232-3 et R 232-6).

Enfin, après la clôture de l'exercice, le conseil de surveillance vérifie et contrôle les comptes établis par le directoire ainsi que, le cas échéant, les comptes consolidés (C. com. art. L 225-68, al. 5). Ces comptes doivent lui être présentés par le directoire dans un délai de trois mois à compter de la clôture de l'exercice (C. com. art. R 225-55). Dans le rapport sur le gouvernement d'entreprise qu'il établit (voir n° 65095), le conseil de surveillance inclut ses observations sur le rapport du directoire et sur les comptes de l'exercice (C. com. art. L 225-68).

> **Précisions** **1. Tenue du conseil de surveillance** Elle peut s'effectuer au moyen de la visioconférence ou de télécommunication dans la mesure où ceci est prévu par le règlement intérieur de l'entreprise (C. com. art. L 225-82, al. 3 ; voir Mémento Sociétés commerciales n° 40710) et selon des modalités identiques à celles prévues pour les réunions de conseils d'administration (C. com. art. R 225-48) ; voir ci-avant.
>
> **2.** Il en est de même concernant les réunions du **directoire**, en dépit du mutisme de la loi (Ansa, CJ n° 04-016, 7-1-2004). Pour les décisions du conseil de surveillance ne pouvant être prises par des moyens de visioconférence, voir Mémento Sociétés commerciales n° 40710.

V. INFORMATION À LA DISPOSITION DU PUBLIC

A. Statuts (SA)

80605 Toute personne, actionnaire ou non, a le droit, à toute époque, d'obtenir, **au siège social** d'une **société par actions**, une copie certifiée conforme des **statuts** en vigueur au jour de la demande. À ce document doit être annexée la **liste nominative des administrateurs** ou des **membres du conseil de surveillance** et du **directoire**, ainsi que des **commissaires aux comptes** en exercice (C. com. art. R 225-109).

> **Précisions** L'AMF recommande aux sociétés cotées (Rec. AMF 2012-05 modifiée en dernier lieu le 29-4-2021, proposition n° 1.3) de rendre les statuts actualisés de l'émetteur accessibles sur son site internet.

80610 **Sociétés dont les titres sont admis aux négociations sur un marché réglementé : projets de modification des statuts** Les sociétés dont les titres sont admis aux négociations sur un marché réglementé ont l'obligation de communiquer à l'AMF, sans délai, et, au plus tard, à la date de convocation de l'assemblée générale, tout projet de **modification de leurs statuts** (Règl. gén. AMF art. 223-19). Sur les modalités de cette communication, voir n° 81480 s.

Cette information doit également être communiquée, dans les mêmes délais, aux personnes qui gèrent les marchés réglementés de l'Espace économique européen sur lesquels des titres de la société sont admis aux négociations.

B. Dépôt au greffe

Sur les formalités d'immatriculation d'une société au moment de sa création, puis en cas de modification de sa situation ou de sa cessation d'activité, voir n° 60005 s. **80660**

MODALITÉS GÉNÉRALES DE DÉPÔT AU GREFFE

Sociétés concernées Les **sociétés par actions** (SA, SCA et SAS), en application de l'article L 232-23 du Code de commerce, et les **SARL** (et EURL), en application de l'article L 232-22 du même Code, sont soumises à l'obligation de dépôt au greffe de leurs documents comptables, quelle que soit leur importance (Rép. Grussemeyer : AN 25-11-1991 n° 45637, Durr : AN 6-4-1992 n° 46302 et Sén. 16-3-1995 n° 7795). **80665**

Les **SNC** dont tous les associés sont soit des SARL ou des sociétés par actions, soit des SNC ou des SCS dont tous les associés sont des SARL ou des sociétés par actions, sont également soumises à cette obligation (C. com. art. L 232-21).

> **Précisions** Dès lors qu'un seul associé est une personne physique détenant ne serait-ce qu'une part, l'obligation de dépôt n'existe plus, l'article L 232-21 du Code de commerce parlant de « tous les associés ».
> Sont assimilées aux SARL et aux sociétés par actions les sociétés de droit étranger d'une forme juridique comparable (exemples : GmbH et Nd pour l'Allemagne, SRL et SA pour l'Espagne, SRL et SPA pour l'Italie, Sprl et SA pour la Belgique, BV et NV pour les Pays-Bas).

Les **sociétés étrangères** ayant un **établissement** en France sont également concernées par le dépôt (voir n° 70605).

Délai et lieu du dépôt Le dépôt doit être effectué **dans le mois qui suit** l'approbation des comptes annuels par l'**assemblée générale** des actionnaires ou des associés (ou par l'associé unique), voir n° 64280. Ce **délai est porté à deux mois** lorsque le dépôt est effectué par voie électronique par l'intermédiaire du guichet unique électronique (C. com. art. L 232-21 à L 232-23 et R 123-111). **80670**

Le lieu du dépôt pour les comptes papier est le **greffe** du tribunal de commerce où la société est immatriculée au registre du commerce et des sociétés, c'est-à-dire au greffe du tribunal de commerce du **lieu du siège social.** Un seul dépôt suffit même s'il existe des établissements secondaires.

Seul le siège de sociétés ayant de **multiples établissements** est assujetti au dépôt des comptes annuels.

Dans les **groupes** constitués de sociétés juridiquement indépendantes, il appartient à chacune des entités d'effectuer le dépôt auprès du greffe de son ressort (Rép. Couve : AN 23-5-1994 n° 13082).

> **Précisions** SAS unipersonnelle dont l'associé unique personne physique est le président et EURL dont l'associé unique est le seul gérant Le dépôt au registre du commerce et des sociétés de l'inventaire et des comptes annuels dûment signés vaut approbation des comptes (C. com. art. L 227-9 et L 223-31). Pour plus de détails, voir Mémento Sociétés commerciales n° 35825 et 61161.

DOCUMENTS À DÉPOSER AU GREFFE

Les documents à déposer présentent les caractéristiques suivantes. **80685**

Nombre Ils doivent être déposés en un seul exemplaire (C. com. art. R 123-111).

Forme et présentation S'ils ne sont pas des **originaux,** ces documents doivent préalablement être certifiés conformes par le représentant légal de la société (C. com. art. R 123-102). Il est indispensable (Lettre du greffier du TC de Paris au président de la CNCC du 23-5-1989 ; Bull. CNCC n° 74, juin 1989, p. 147) de déposer des documents lisibles afin que les **reproductions** soient exploitables, de mentionner la dénomination complète, le siège social et le numéro d'immatriculation au registre du commerce.

80685 (suite) **Liste des documents** Elle est indiquée par le tableau ci-après et suivie de commentaires.

Liste des documents à déposer au greffe	Sociétés par actions		SARL (et EURL) et certaines SNC [1]
	non cotées	admises sur un marché réglementé ou sur Euronext Growth	
Comptes individuels (a) (d) (e)	x	x	x
Rapport de gestion (b)		x	
Rapport du conseil de surveillance (c)	x	x	
Rapport des CAC sur les comptes annuels (d)....	x	x	x
Éventuellement, observations sur les modifications apportées par l'AGO sur les comptes annuels (e)......	x	x	x
Proposition d'affectation du résultat à l'AGO et la résolution votée	x	x	x
Rapport d'expertise (f)	x	x	x
Comptes consolidés..................................	x (g)	x (g)	x (g)
Rapport sur la gestion du groupe............	x (g)	x	x (g)
Rapport des CAC sur les comptes consolidés	x (g)	x	x (g)
Rapport sur le gouvernement d'entreprise...........	x (h)	x (h)	
Rapport relatif à l'impôt sur les bénéfices (CbCR public)	x (i)	x (i)	x (i)

(1) Voir n° 80665.

> **Précisions** **1. Lien entre les documents à déposer au greffe et le document d'enregistrement universel** Les sociétés établissant un document d'enregistrement universel (voir n° 65285) peuvent le déposer au greffe du tribunal de commerce en lieu et place de la liste des documents énoncés dans le tableau ci-avant, à condition que ce dépôt soit effectué dans les délais légaux (voir ci-avant) et que le document d'enregistrement universel comprenne une table permettant au greffier d'identifier tous les documents qu'il comporte (C. com. art. L 232-23). Les documents obligatoires précités non inclus dans le document d'enregistrement universel doivent faire l'objet d'un dépôt concomitamment à celui-ci au greffe du tribunal (C. com. art. L 232-23).
2. Livres comptables Ils n'ont pas à être déposés au greffe, voir n° 7160 s.
3. Dépôt au registre national des entreprises (RNE) Depuis le 1er janvier 2023, ces documents transmis par la société par l'intermédiaire du guichet unique électronique (à l'exception du rapport d'expertise) sont également déposés au RNE par l'Inpi (voir n° 60010).

(a) Comptes individuels Voir développements au n° 64282.
(b) Rapport de gestion (sur les petites sociétés dispensées de l'établir, voir n° 64960 ; sur son contenu, voir n° 64980 s.) Seules les sociétés par actions dont les titres sont admis aux négociations sur un marché réglementé (Euronext Paris) ou sur Euronext Growth sont tenues de déposer au greffe leur rapport de gestion (C. com. art. L 232-21, L 232-22 et L 232-23). Cette condition s'apprécie à la date du dépôt des comptes au greffe (Avis CCRCS 2012-034 des 26-9-2012 et 25-10-2012).
Les autres sociétés :
— ne sont pas tenues de déposer au greffe leur rapport de gestion ; elles doivent néanmoins le tenir à la disposition de toute personne, sur simple demande et à ses frais, au siège de la société (C. com. art. R 232-19-1, R 232-20-1 et R 232-21-1) ;
— **sauf**, à notre avis, celles établissant des comptes consolidés, lorsque le rapport sur la gestion du groupe est inclus dans le rapport de gestion (C. com. art. L 233-26 ; voir n° 64985), le **rapport sur la gestion du groupe** devant lui-même être déposé (voir g.).

> **Précisions Tableau des résultats des cinq derniers exercices** Ce tableau doit obligatoirement être joint au rapport de gestion (C. com. art. R 225-102). Deux interprétations semblent exister sur son éventuel dépôt au greffe :
— une interprétation restrictive de l'article L 232-23 du Code de commerce qui ne parle que du rapport de gestion ; dans ce cas, le tableau n'est pas à déposer ;
— une interprétation extensive, qui prendrait en compte le fait que ce tableau est obligatoirement joint au rapport de gestion et qu'il doit, de ce fait, suivre le même régime de publicité que ce dernier. Il ne doit donc être déposé au greffe que si le rapport de gestion fait lui-même l'objet d'un tel dépôt.

(c) Rapport du conseil de surveillance Depuis l'ordonnance 2017-1162 du 12 juillet 2017, un tel rapport n'a plus à être établi que dans les SCA (C. com. art. L 226-9). En effet, les informations qu'il comportait (observations sur le rapport du directoire et sur les comptes de l'exercice) avant l'ordonnance précitée sont désormais incluses, pour les SA à directoire, dans le rapport sur le gouvernement d'entreprise (voir n° 65097).

(d) Rapport des commissaires aux comptes sur les comptes annuels, le cas échéant (C. com. art. L 232-23 ; sur les seuils de désignation des commissaires aux comptes, voir FRC 12/23 Hors série inf. 8 s.) Il s'agit uniquement du rapport qui certifie la régularité, la sincérité et l'image fidèle des comptes annuels.

> **Précisions 1. Exemption de publicité des comptes et absence de publicité du rapport des commissaires aux comptes** Voir n° 64282 b., Précision 2.
>
> **2. Dépôt au greffe par les commissaires aux comptes** L'assemblée générale ordinaire (ou l'organe compétent) peut autoriser, sur proposition de l'organe collégial chargé de l'administration ou de l'organe chargé de la direction de la société, les commissaires aux comptes à adresser directement au greffe du tribunal, dans les délais qui s'imposent à la société, leurs rapports devant faire l'objet d'un dépôt et les documents qui y sont joints. Il peut être mis un terme à cette autorisation selon les mêmes termes (C. com. art. L 823-8-1). Seuls les rapports et documents préparés par le commissaire aux comptes (notamment, rapport sur les comptes annuels, rapport sur les comptes consolidés) sont concernés par l'autorisation de dépôt (Courrier de la Chancellerie du 16-10-2012 repris dans Bull. CNCC n° 168, décembre 2012, p. 670 s.), le commissaire aux comptes restant libre d'accepter cette mission, comme de la refuser (Bull. CNCC n° 168, EJ 2012-100, décembre 2012, p. 716 s.).
>
> **3. Lien entre les comptes annuels à déposer au greffe et le rapport des commissaires aux comptes** Selon le bulletin CNCC (Bull. n° 57, mars 1985, p. 26), les comptes annuels annexés au rapport du commissaire aux comptes peuvent tenir lieu des comptes devant faire l'objet du dépôt au greffe, afin d'en alléger le formalisme.
>
> **4. Autres rapports du commissaire aux comptes** Le **rapport spécial** (C. com. art. L 225-40 et L 225-42 pour les SA, L 226-10 pour les SCA, L 227-10 pour les SAS, L 223-19 pour les SARL, et L 612-5 pour certaines associations subventionnées et personnes morales de droit privé ayant une activité économique), qui porte sur les conventions, et les **rapports** éventuellement établis sur les **documents prévisionnels** (C. com. art. L 232-3 et L 232-4) ou dans le cadre de la procédure d'alerte (C. com. art. L 234-1 et L 234-2) ne sont donc **pas à déposer.**

(e) Observations sur les modifications apportées par l'AGO sur les comptes annuels En cas de refus d'approbation des comptes, les sociétés doivent déposer non pas la liste des documents figurant dans le tableau ci-avant mais une copie de la délibération de l'assemblée (C. com. art. L 232-23-II, L 232-22-II et L 232-21-II).

Les sociétés peuvent se contenter de déposer un extrait du procès-verbal de l'assemblée mentionnant la seule résolution relative à ce refus (Rép. Médecin : AN 16-1-1984, p. 260).

(f) Rapport d'expertise Il est établi à la demande d'associés minoritaires, d'une association d'actionnaires, du ministère public ou du comité social et économique (ex-comité d'entreprise) sur une ou plusieurs opérations de gestion (C. com. art. L 223-37 et L 225-31).

> **Précisions** Ce rapport ne concerne **pas les SNC**.

(g) Documents relatifs aux comptes consolidés Bien que les textes prévoient qu'ils doivent être déposés « le cas échéant » (C. com. art. L 232-23-I et L 232-22-I), l'obligation de déposer incombe à toute société établissant des comptes consolidés (confirmation officieuse obtenue en décembre 1990 auprès du ministère de la justice) ; voir Mémento Comptes consolidés n° 9228.

Sur la possibilité d'autoriser les commissaires aux comptes à adresser directement au greffe leur **rapport sur les comptes consolidés,** voir d. ci-avant.

Sur l'obligation de déposer au greffe le rapport sur la gestion du groupe, voir b. ci-avant.

(h) Le rapport sur le gouvernement d'entreprise (voir n° 65095), étant joint au rapport de gestion (lorsqu'il n'en constitue pas une partie spécifique), ne doit, à notre avis, être déposé au greffe que lorsque le rapport de gestion doit lui-même être déposé (voir ci-avant b.).

Sur l'obligation d'établir un rapport sur le gouvernement d'entreprise pour les sociétés dispensées d'établir un rapport de gestion, voir n° 65095.

(i) Rapport relatif à l'impôt sur les bénéfices (CbCR public) Une obligation de déclaration publique des informations relatives à l'impôt sur les bénéfices, pays par pays (CbCR public), est instaurée pour les exercices ouverts à compter du 22 juin 2024 (Directive UE 2021/2101 du 24-11-2021, JOUE 2021/L 429/1).

> **Précisions** Sont notamment concernées les **sociétés autonomes** dont le chiffre d'affaires excède 750 M€ à la clôture de deux exercices consécutifs et les **entités mères ultimes** de groupes consolidés établies en France lorsque le chiffre d'affaires consolidé excède ces mêmes limites (C. com. art. L 232-6, I et III créé par l'Ordonnance 2023-483 du 21-6-2023 et D 232-8-1 créé par Décret 2023-493 du 22-6-2023). Pour plus de détails sur les sociétés concernées par cette obligation, voir FR 31/23 inf. 1.

Les **informations** qui doivent figurer dans le rapport sur l'impôt sur les bénéfices portent notamment sur la description de la nature des activités, le nombre de salariés, le chiffre d'affaires, le montant du bénéfice ou des pertes avant impôt sur les bénéfices, le montant de l'impôt sur les bénéfices dû et acquitté, et les bénéfices non distribués (C. com. art. L 232-6, II créé par l'Ordonnance 2023-483 du 21-6-2023 et D 232-8-1 créé par Décret 2023-493 du 22-6-2023). Elles sont présentées séparément pour chaque État membre de l'Union européenne ou partie à l'accord sur l'EEE.

Le rapport est déposé au greffe du tribunal de commerce dans un **délai** de douze mois à compter de la clôture de l'exercice et mis à disposition du public pendant au moins cinq années consécutives sur le **site internet** de la société (C. com. art. R 232-23, I créé par Décret 2023-493 du 22-6-2023).

SANCTIONS

80690   **Sanctions civiles**   À la demande de tout intéressé ou du ministère public, le président du tribunal, statuant en référé, peut **enjoindre sous astreinte** au dirigeant de toute personne morale de procéder au dépôt des pièces et actes au registre du commerce et des sociétés auquel celle-ci est tenue (C. com. art. L 123-5-1, al. 1). Cette procédure est imprescriptible (Cass. com. 25-1-2023 n° 21-17.592 F-B). Pour plus de détails, voir Mémento Sociétés commerciales n° 76813.

Dans un arrêt du 3 mars 2021 (Cass. com. 3-3-2021 n° 19-10.086 F-P), la Cour de cassation a jugé qu'une telle demande était également recevable sur le fondement du droit commun (CPC art. 873 et C. com. art. L 232-23). C'est alors la société, et non le dirigeant, qui est condamnée, sous astreinte, à déposer les comptes.

En outre, le président du tribunal de commerce peut, **de sa propre initiative,** adresser cette injonction de faire, dans un délai d'un mois, sous peine d'astreinte (C. com. art. L 611-2 II et R 611-13). Le paiement de l'astreinte incombe à titre personnel au dirigeant (Cass. com. 7-5-2019 n° 17-21.047).

> **Précisions   1. Injonction non suivie d'effet**   Si cette injonction n'est pas suivie d'effet dans le délai imparti :
> – le président du tribunal constate le non-dépôt des comptes par procès-verbal et statue sur la liquidation de l'astreinte (C. com. art. R 611-16) ;
> – il peut également adresser une demande de renseignements auprès des commissaires aux comptes, des membres du CSE, des administrations publiques, des organismes de sécurité et de prévoyance sociales, ainsi que des services chargés de la centralisation des risques bancaires et des incidents de paiement. À défaut de respect du délai et de la forme, les personnes interrogées ne sont pas tenues d'y répondre (C. com. art. L 611-2).
>
> **2. Dommages-intérêts**   La société peut en outre se voir condamnée au paiement de dommages-intérêts dans le cadre d'une procédure de droit commun (CPC art. 873) si elle a causé un préjudice à un tiers.

Sanctions pénales   Le défaut de dépôt des comptes annuels (ou consolidés) au tribunal de commerce par les sociétés soumises à cette obligation (voir n° 80665) est sanctionné par une amende pénale de 1 500 euros (C. com. art. R 247-3). Ce montant est doublé en cas de récidive. Cette amende est à la charge personnelle du représentant légal.

Sur la constatation des infractions, voir « Contrôle » n° 80695.

Pour plus de détails sur les sanctions applicables, voir Mémento Sociétés commerciales n° 76813 à 76816.

CONTRÔLE

80695   Quatre catégories de personnes sont susceptibles de relever des infractions au dépôt au greffe, mais leur pouvoir diffère.

a. Le greffier   Lorsqu'il constate le **défaut de dépôt des comptes,** le greffier doit en informer le président du tribunal de commerce, afin qu'il puisse mettre en œuvre la procédure d'injonction (C. com. art. L 232-24). Voir n° 80690.

Lorsqu'une société dépose ses documents, il vérifie, en principe, si tous ceux requis par la réglementation ont bien été apportés. Si oui, le dépôt est accepté ; sinon, il est rejeté. En revanche, le greffier ne vérifie ni le contenu des documents (ceux-ci étant remis sous la responsabilité des dirigeants de la société), ni le respect du délai de dépôt (voir n° 80665 et 80670), après leur approbation par l'assemblée.

b. Les commissaires aux comptes   Ils n'ont pas l'obligation (légale) de contrôler la réalité du dépôt au greffe et le respect du délai de dépôt (voir n° 80665 et 80670), mais dès lors qu'ils ont connaissance (ou sont informés) du non-dépôt des comptes au greffe, ils en tirent les conséquences en matière (Note d'information CNCC NI.I « Les rapports du commissaire aux comptes sur les comptes annuels et consolidés », 4ᵉ édition, décembre 2021, § 11.102.1 et 11.102.2) :

– de révélation des faits délictueux (voir FRC 12/23 Hors série inf. 86 s.) ;

— de communication à effectuer à l'organe compétent (C. com. art. L 823-16 ; voir FRC 12/23 Hors série inf. 83.1) ;
— de communication des irrégularités à la plus prochaine assemblée (C. com. art. L 823-12 ; voir FRC 12/23 Hors série inf. 83.2).
Sur les diligences du commissaire aux comptes lorsqu'il reçoit un courrier du greffe du tribunal l'avisant que la société n'a pas déposé ses comptes au greffe, voir Bull. CNCC n° 168, décembre 2012, CNP 2011-15, p. 705 s.

> **Précisions** **1. Dépôt tardif** Les développements ci-avant s'appliquent en cas de dépôt tardif des comptes (Bull. CNCC n° 115, septembre 1999, EJ 99-101, p. 498 s.). Par ailleurs (Bull. précité), dans le cas particulier où les comptes auraient été déposés au greffe mais n'auraient pas été arrêtés par le conseil d'administration, ni soumis à la certification des commissaires aux comptes, ni approuvés par l'assemblée générale, le commissaire aux comptes devrait en outre s'interroger sur un éventuel délit de faux en écriture.
> **2. Motivation de l'absence de dépôt** L'absence de dépôt au greffe des comptes consolidés devrait notamment faire l'objet d'une révélation au procureur de la République si elle est motivée par le souhait des dirigeants de ne pas attirer l'attention sur un refus de certification, une telle attitude révélant le caractère délibéré de l'infraction (Bull. CNCC n° 111, septembre 1998, CNP 97-51, p. 498 s.).

c. Le **président du tribunal de commerce,** en vertu des dispositions de l'article L 611-12 du Code de commerce. Voir n° 80690.

d. Les tiers Deux types de recours sont possibles :
— l'injonction de faire : voir n° 80690 ;
— la mise en œuvre de la procédure prévue à l'article R 210-18, al. 2 du Code de commerce, prévoyant que tout intéressé peut demander au tribunal de commerce, statuant en référé, de désigner un mandataire chargé d'accomplir cette formalité, si la société n'a pas régularisé la situation dans le délai d'un mois à compter de la mise en demeure qui lui a été adressée. L'article L 123-5-1 du Code de commerce, al. 2 prévoit également cette procédure.
Le président du tribunal n'a pas à rechercher si la production des comptes sociaux est nécessaire à la défense des intérêts du demandeur (Cass. com. 15-6-1999 n° 1241, Cass. com. 6-12-2005 n° 1588 et, en dernier lieu, Cass. com. 3-4-2012 n° 11-17.130).
Une société d'expertise comptable et de commissaires aux comptes justifie d'un intérêt nécessaire et suffisant pour obtenir l'exécution forcée du dépôt au greffe (CA Rennes 2-12-1992, commenté dans Bull. CNCC n° 93, mars 1994, p. 104 s.).

PUBLICITÉ

80700

Dès le dépôt au greffe, celui-ci fait l'objet d'un avis inséré au Bulletin officiel des annonces civiles et commerciales (Bodacc).
Cet avis incombe au greffier du tribunal de commerce et non à la société. Les mentions à indiquer ont été expressément prévues par les textes (C. com. art. R 232-20 et R 223-21).

VI. INFORMATIONS PARTICULIÈRES À LA CHARGE DES SOCIÉTÉS ÉMETTANT DES TITRES DE CRÉANCES NÉGOCIABLES

DOCUMENTATION FINANCIÈRE ET MISES À JOUR

80780

Les obligations d'information qui sont à la charge des émetteurs de TCN [titres de créances négociables à court terme (anciens billets de trésorerie et certificats de dépôts) et de titres négociables à moyen terme] sont de trois ordres. Pour la définition des TCN, voir n° 42665.

80785

Lors de la première émission, tout émetteur doit établir une **documentation financière** (C. mon. fin. art. D 213-9) et la déposer à la Banque de France.
Cette documentation financière comprend les documents mis à la disposition des actionnaires relatifs aux deux derniers exercices, incluant notamment les comptes annuels et, le cas échéant, les comptes consolidés, les rapports du conseil d'administration ou du directoire et du conseil de surveillance, selon le cas, et les rapports des commissaires aux comptes, ou des personnes qui en tiennent lieu, sur la sincérité des informations comptables données (C. mon. fin. art. D 213-9).

80790 **Chaque année,** la documentation financière doit être **mise à jour** 45 jours après l'approbation des comptes annuels (C. mon. fin. art. D 213-12). Cette mise à jour consiste en l'établissement et la diffusion d'une nouvelle documentation financière comprenant notamment :
– les **comptes individuels** accompagnés du rapport des commissaires aux comptes ;
– les **comptes consolidés** accompagnés du rapport des commissaires aux comptes (C. com. art. L 233-17).

80795 **Durant toute l'année,** les émetteurs mettent à jour leur documentation sur toute modification relative au plafond de leur encours, à l'identité des agences spécialisées attribuant une notation au programme d'émission lorsqu'une telle notation est requise, à la notation du programme d'émission si elle figure expressément dans sa documentation financière, à l'identité du garant ou aux termes et modalités de la garantie, ainsi que sur tout fait nouveau rendu public susceptible d'avoir une incidence significative sur l'évolution des titres émis ou sur la bonne fin du programme d'émission (C. mon. fin. art. D 213-12).

> **Précisions** **Rachat de TCN** Les TCN peuvent être rachetés et conservés par les émetteurs afin d'en favoriser la liquidité (C. mon. fin. art. L 213-0-1). Un émetteur peut acquérir et conserver les TCN qu'il a émis dans la limite de 10 % de l'encours de chaque programme d'émission, sous réserve d'en informer la Banque de France (C. mon. fin. art. D 213-1-A).

PUBLICATIONS

80800 Les émetteurs de TCN ne sont soumis à **aucune obligation de publication au Balo ou dans un support habilité à recevoir les annonces légales.**

En revanche, ils doivent sans délai, et sans frais, communiquer leur documentation financière et ses mises à jour aux établissements domiciliataires de leurs titres, à ceux qui assurent le rôle d'intermédiaire pour l'achat et la vente des titres, et à toute personne qui en fait la demande. En outre, la Banque de France met en ligne sur son site internet tout ou partie de la documentation financière comprenant au moins la présentation du programme d'émission et de l'émetteur et ses mises à jour (C. mon. fin. art. D 213-13).

SECTION 3 — SOCIÉTÉS COTÉES SUR UN MARCHÉ RÉGLEMENTÉ OU SUR UN SYSTÈME MULTILATÉRAL DE NÉGOCIATION : INFORMATIONS COMPLÉMENTAIRES

I. NOTION DE PLATE-FORME DE NÉGOCIATION

80900 Les sociétés dont les titres sont admis aux négociations sur une **plate-forme de négociation** doivent fournir selon la plate-forme de négociation concernée :
– outre l'information à la charge de toutes les entreprises (voir n° 80025 s.) et, le cas échéant, à la charge des sociétés commerciales (voir n° 80135 s.),
– des informations complémentaires permanentes (voir n° 81480 s.) et périodiques (voir n° 81680 s.), dont certaines constituent des informations réglementées (voir n° 81380 s.).

Sur les informations à fournir en cas d'opérations particulières, voir n° 82025 s.

Une plate-forme de négociation est (C. mon. fin. art. L 420-1) :

a. un **marché réglementé** tel que défini par l'art. L 421-1 du Code monétaire et financier (voir Mémento Sociétés commerciales n° 63490 s. et, pour un tableau récapitulatif des conditions d'admission, voir n° 80965) ;

> **Précisions** **1. Notion de « titres admis aux négociations sur un marché réglementé »** dans le Code de commerce Voir n° 65025.
> **2. Classement** Au sein de ce marché réglementé, les sociétés cotées sont classées par ordre alphabétique et sont identifiables grâce à un critère de capitalisation, permettant de distinguer :
> — les valeurs moyennes (compartiments « B » et « C » : capitalisation boursière inférieure à 1 milliard d'euros) ;
> — et les grandes valeurs (compartiment « A » : supérieures à 1 milliard d'euros. Une liste des sociétés françaises dont la capitalisation boursière est supérieure à 1 milliard d'euros est établie chaque année par l'administration fiscale (BOI-ANNX-000467).
> **3. Compartiment « professionnel »** Il s'agit du compartiment sur lequel les titres d'une société sont admis à la suite d'une offre faite auprès d'investisseurs qualifiés (sur cette notion, voir n° 82075). Les émetteurs admis sur ce compartiment sont dispensés de certaines obligations spécifiques prévues par le règlement général de l'AMF, tant lors de l'admission des instruments financiers, que pour l'information permanente et périodique de l'émetteur. Concernant les conditions de réalisation de l'opération d'admission, les émetteurs sont notamment dispensés de :
> — produire une lettre de fin de travaux des commissaires aux comptes (voir FRC 12/23 Hors série inf. 97) ;
> — produire l'attestation par le prestataire de services d'investissement (voir n° 82110) ;
> — traduire le résumé du prospectus établi dans une langue usuelle en matière financière, autre que le français (voir n° 82070).

80900 (suite)

En France, il existe **trois marchés réglementés** gérés par **Euronext Paris SA** :
— un marché réglementé d'instruments financiers **au comptant** : **Euronext Paris** ;
— deux marchés réglementés d'instruments financiers **à terme** (également dénommés contrats financiers, voir n° 40010) :
• le marché des options négociables de Paris (**Monep**),
• le marché à terme international de France (**Matif**) qui couvre également les transactions à terme sur marchandises et matières premières.
Sur le traitement des opérations réalisées sur ces marchés, voir n° 41430 s.

b. un **système multilatéral de négociation organisé** (SMNO) ou non (SMN) tel que défini par l'art. L 424-1 du Code monétaire et financier ;

1. En France, **Euronext Growth** (remplaçant depuis le 30 juin 2017 **Alternext**) est géré par Euronext Paris SA (voir Mémento Sociétés commerciales n° 63906).
Les règles d'admission sont prévues par les Règles de marché Euronext Growth, § 3.1 et 3.2. Pour un tableau récapitulatif des conditions d'admission, voir n° 80965.

> **Précisions** **1. Marché de croissance des PME** Depuis le 29 octobre 2019, Euronext Growth a obtenu le statut de marché de croissance des PME offrant aux sociétés qui souhaitent être cotées sur ce marché la possibilité d'établir un prospectus de croissance pour les admissions initiales ou un prospectus simplifié pour les émissions secondaires sous certaines conditions (voir n° 82055).
> **2. Transfert d'Euronext Paris vers Euronext Growth** Pour les sociétés cotées souhaitant bénéficier de contraintes réglementaires allégées, la loi autorise le transfert des sociétés cotées sur Euronext Paris sur Euronext Growth sous réserve de respecter certaines conditions (C. com. art. L 233-7-1 ; C. mon. fin. art. L 421-14, V et L 433-5). Sur les conséquences d'un tel transfert sur le référentiel comptable applicable pour l'établissement des comptes consolidés, voir Mémento Comptes consolidés n° 8140 s.

2. Euronext Access (anciennement le Marché libre) constitue également un SMN non organisé (voir Mémento Sociétés commerciales n° 63908). Les conditions d'admission sont prévues par les Règles d'Euronext Access du 17 août 2020. Pour un tableau récapitulatif des conditions d'admission, voir n° 80965.

> **Précisions** **Compartiment Euronext Access +** Le compartiment Euronext Access + créé au sein d'Euronext Access est destiné aux start-up et aux PME en croissance pour servir de tremplin vers les autres marchés d'Euronext (Euronext et Euronext Growth).

c. ou un **système organisé de négociation** tel que défini par l'article L 425-1 et alinéa 1 du Code monétaire et financier.

TABLEAU COMPARATIF DES DIFFÉRENTS MARCHÉS D'EURONEXT PARIS, DE LEURS OBLIGATIONS ET MODALITÉS DE FONCTIONNEMENT

80965

	Euronext Paris	Euronext Growth	Euronext Access	
			Euronext Access	Euronext Access +
Nature du marché	Réglementé (voir n° 80900)	Système multilatéral de négociation organisé (voir n° 80900)	Système multilatéral de négociation (voir n° 80900)	
Nature de l'opération d'introduction	Admission aux négociations sur un marché réglementé, offre au public (voir n° 81040 s.) et cotation directe (compartiment professionnel)	Offre au public (voir n° 81040 s.)	Offre préalable à des investisseurs qualifiés ou à moins de 150 personnes 2,5 M€ et admission directe (voir n° 80900)	Offre au public (voir n° 81040 s.) ou cotation directe
Diffusion minimum de titres et/ou de capital dans le public	25 % de titres dans le public Ou 5 % minimum du capital représentant au moins 5 M€ (voir n° 80900)	Au moins 2,5 M€ (voir n° 80900)	Pas de diffusion (investisseurs qualifiés seulement)	Pas de minimum	Au moins 1 M€
Document à rédiger lors de l'opération	Prospectus (voir n° 82030 s.)	Prospectus (voir n° 82030), sauf dispense (voir n° 82075)	Document d'information (voir n° 82025)	Prospectus si régime de l'offre au public (voir n° 82030 s.) [2] sauf dispense (voir n° 82075)
Approbation par l'AMF	Oui (voir n° 82085)	Oui (voir n° 82085)	Non	Oui si régime de l'offre au public (voir n° 82085)
Présence d'un prestataire de services d'investissement	Oui (voir n° 82110)	Oui	Non	Oui si régime de l'offre au public (voir n° 82110)
Présence d'un listing sponsor	Non	Oui (voir n° 82170)	Oui (pour l'admission) (voir n° 82170)	Oui (sur une base permanente) (voir n° 82170)
Historique des comptes	3 années de comptes certifiés (ou 2 années pour les PME) [3] + comptes intermédiaires certifiés (si admission plus de 9 mois après clôture)	3 années de comptes certifiés si régime de l'offre au public + comptes intermédiaires (si admission plus de 9 mois après clôture)	3 années de comptes si régime de l'offre au public dont dernière année auditée pour Euronext Access +	
Normes comptables pour l'établissement des comptes consolidés	IFRS obligatoires (voir Mémento Comptes consolidés n° 1012)	Règles françaises ou IFRS (voir Mémento Comptes consolidés n° 1014)	Règles françaises ou IFRS (voir Mémento Comptes consolidés n° 1014)	

	Euronext Paris	Euronext Growth	Euronext Access	
			Euronext Access	Euronext Access +
Information financière périodique	– Comptes annuels publiés au Balo (voir n° 81770 s.) – Rapport financier annuel (1) – Rapport financier semestriel (1)	Comptes annuels audités et semestriels non audités publiés sur le site de la société et le site euronext.com (voir n° 81950)	Information légale du droit des sociétés (voir n° 80025 s.)	Comptes annuels audités et semestriels non audités publiés sur le site de la société (voir n° 81955)
Établissement d'une liste d'initiés	Oui (voir n° 81600)	Oui (voir n° 81600)	Oui (voir n° 81600)	
Publication des transactions des dirigeants	Oui (voir n° 81595)	Oui (voir n° 81595)	Oui (voir n° 81595)	
Franchissement de seuils rendus publics	5 %, 10 %, 15 %, 20 %, 25 %, 30 %, 33 %, 50 %, 66 %, 90 % ou 95 % du capital et/ou droits de vote (voir n° 39015)	50 % et 95 % du capital (voir n° 39015)	Non	
Procédure d'offre publique d'acquisition	Oui si franchissement du seuil de 30 % du capital et/ou droits de vote (voir Mémento Sociétés commerciales n° 65630 à 65790)	Oui si franchissement du seuil de 50 % du capital et/ou droits de vote (voir Mémento Sociétés commerciales n° 65880)	Non	

(1) Publié selon les modalités de l'information réglementée (voir n° 81385).
(2) En l'absence d'offre au public de titres financiers, un document d'information doit être produit et publié sur le site de l'émetteur (Règles de marché Euronext Access, § 2.2).
(3) Constituent des PME au sens européen, les sociétés qui ne dépassent pas deux des trois seuils suivants ((UE) 2017/1129) :
– nombre moyen de salariés : 250 personnes ;
– total du bilan : 43 M€ ;
– chiffre d'affaires net annuel : 50 M€.

II. L'OFFRE AU PUBLIC DE TITRES FINANCIERS

DÉFINITION DE L'OFFRE AU PUBLIC

L'offre au public de titres financiers est constituée par (Règl. 2017/1129/UE art. 2) :   81040
– **une communication** adressée sous quelque forme que ce soit et par quelque moyen que ce soit à des personnes et présentant une information suffisante sur les conditions de l'offre et sur les titres à offrir, de manière à mettre un investisseur en mesure de décider d'acheter ou de souscrire des titres financiers ;
– **ou un placement de titres financiers par des intermédiaires financiers.**

L'offre au public de titres financiers donne lieu à l'établissement d'un prospectus approuvé par l'AMF (voir n° 82030), sauf dérogations (voir n° 82075).
L'offre au public ne se limite pas aux seuls titres financiers (C. mon. fin. art. L 411-1, al. 3). Pour plus de détails sur la nature des titres pouvant faire l'objet d'une offre au public, voir Mémento Sociétés commerciales n° 63004.

LES OFFRES AU PUBLIC AUTORISÉES
L'offre au public n'est possible que dans les **deux cas distincts suivants** :   81045

I. L'émetteur est autorisé spécialement par la loi
Les personnes ou entités autorisées par une **loi spéciale** peuvent procéder à une offre au public (C. mon. fin. art. L 411-1).

II. À défaut d'autorisation spéciale par la loi, un émetteur ne peut procéder qu'aux offres au public suivantes (C. mon. fin. art. L 411-2) :
– offres qui s'adressent exclusivement à des **investisseurs qualifiés** ou à un **cercle restreint d'investisseurs agissant pour compte propre** (voir n° 82075) ;
– offres réalisées dans le cadre du financement participatif (voir n° 82075) ;
– ou encore offres qui s'adressent exclusivement aux **associés de l'émetteur** concerné.

Pour plus de détails sur les personnes autorisées à procéder à des offres au public de titres financiers, voir la position-recommandation de l'AMF n° 2020-06 du 17 juin 2020, mise à jour en dernier lieu le 28 juillet 2023 (Guide d'élaboration des prospectus et de l'information à fournir en cas d'offre au public ou d'admission de titres financiers).

III. INFORMATION RÉGLEMENTÉE

DÉFINITION DE L'INFORMATION RÉGLEMENTÉE

81380 **Tableau récapitulatif** Le tableau suivant, établi par nos soins, reprend la liste des informations réglementées du règlement général de l'AMF et précise les obligations des différentes catégories d'émetteurs en fonction du type d'instrument financier coté sur chaque type de marché. Sur les modes de diffusion et d'archivage des informations réglementées, voir n° 81385.

Sociétés dont les titres financiers sont admis aux négociations	Sur un marché réglementé			Sur un SMN (2) ou un système organisé de négociation
Informations	Titres donnant accès au capital	Titres de créances d'une valeur nominale unitaire inférieure à 100 000 €	Autres titres de créances	
Rapport financier annuel (voir n° 65250)	X	X		
Rapport financier semestriel (voir n° 65590)	X	X		
Rapport sur les paiements aux gouvernements prévu à l'article L 225-102-3 du Code de commerce	X	X	X	
Rapport sur le gouvernement d'entreprise et le rapport des CAC y afférent	X	X	X	
Information relative au nombre total des droits de vote et au nombre d'actions composant le capital social (voir n° 57740)	X			
Descriptif des programmes de rachat de titres de capital (voir n° 82210)	X			X
Communiqué précisant les modalités de mise à disposition d'un prospectus, d'un document d'enregistrement ou d'un document d'enregistrement universel (voir n° 82115)	X (1)	X (1)	X (1)	X (1)
Information privilégiée publiée en application de l'article 17 du règlement sur les abus de marché n° 596/2014/EU (voir n° 81510)	X	X	X	X
Communiqué précisant les modalités de mise à disposition ou de consultation des informations à fournir en vue de la tenue d'une AG mentionnées à l'article R 225-83 du Code de commerce (voir n° 80185)	X (1)			
Informations publiées (en application du Règl. gén. AMF art. 223-21) concernant toutes les modifications des droits attachés aux instruments financiers émis (voir n° 57750)	X	X	X	
Déclaration relative à l'autorité compétente pour le contrôle de l'information réglementée (en application du Règl. gén. AMF art. 222-1)	X	X	X	
Informations relatives aux franchissements de seuils (prévues aux I, II et III de l'article L 233-7 du Code de commerce)	X			

(1) À condition que le siège social de l'émetteur soit situé en France.
(2) Système multilatéral de négociation (Euronext Growth ou Euronext Access).

› **Précisions** **Information financière trimestrielle** Depuis le 1er janvier 2015, les sociétés cotées sur un marché réglementé n'ont plus l'obligation de publier une information financière trimestrielle (voir n° 65690). Toutefois, l'information financière trimestrielle peut dans certains cas être constitutive d'une information privilégiée (sur cette notion, voir n° 81510) et constituer à ce titre une information réglementée. Si une société communique une information financière trimestrielle ou intermédiaire à certains investisseurs, cette information doit immédiatement être portée à la connaissance du public sous la forme d'un communiqué diffusé selon les modalités prévues aux articles 221-3 et suivants du règlement général de l'AMF pour les informations réglementées (Position-recommandation AMF n° 2016-05 – Guide de l'information périodique des sociétés cotées sur un marché réglementé § 10).

DIFFUSION DE L'INFORMATION RÉGLEMENTÉE

81385 **Diffusion effective et intégrale** L'émetteur doit s'assurer de la diffusion effective et intégrale de l'information réglementée. L'émetteur met en ligne sur son site internet (dont elle doit obligatoirement disposer ; C. com. art. R 22-10-1) les informations réglementées dès leur diffusion à l'exception des informations relatives aux franchissements de seuils dont la diffusion est assurée par l'AMF elle-même (Règl. gén. AMF art. 221-3).

La diffusion effective et intégrale s'entend comme une diffusion permettant (Règl. gén. AMF art. 221-4) d'atteindre le plus large public possible et dans un délai aussi court que possible entre sa diffusion en France et dans les autres États membres de l'Union européenne (ou parties à l'accord sur l'Espace économique européen).

› **Précisions** **Dispense de diffusion effective et intégrale** Les émetteurs peuvent diffuser par voie électronique un communiqué précisant le ou les **sites internet où ces documents sont disponibles**. Ces documents sont (Règl. gén. AMF art. 221-4 V) :
– le rapport financier annuel ;
– le rapport financier semestriel ;
– le descriptif du programme de rachat d'actions propres ;
– le rapport sur les sommes versées aux gouvernements ;
– le rapport sur le gouvernement d'entreprise.
Cette dispense ne vaut que pour la diffusion et non pour le dépôt de ces documents auprès de l'AMF. Les sociétés doivent donc déposer ces documents dans leur intégralité auprès de l'AMF, par l'intermédiaire de leurs diffuseurs, parallèlement à la diffusion du communiqué de mise à disposition.

81390 **Régime linguistique de l'information réglementée** Les sociétés pour lesquelles l'AMF est l'autorité compétente et dont les titres financiers sont admis aux négociations sur un marché réglementé français (Euronext Paris) ou d'un État partie à l'accord sur l'Espace économique européen autre que la France diffusent l'information réglementée en français ou dans une autre langue usuelle en matière financière, en pratique en anglais (Règl. gén. AMF art. 221-2).
Sur le régime linguistique des prospectus, voir n° 82070.

81395 **Modalités de diffusion de l'information réglementée** La diffusion de l'information réglementée doit être réalisée par voie électronique, conformément aux principes définis par le Règlement général de l'AMF. Pour ce faire, les émetteurs dont les titres sont admis aux négociations sur une plate-forme de négociation (voir n° 80900) ont le choix entre (Règl. gén. AMF art. 221-4) :
a. recourir à un diffuseur professionnel inscrit sur une liste publiée par l'AMF, qui assure la diffusion effective et intégrale de l'information réglementée que les sociétés lui transmettent, ainsi que le dépôt auprès de l'AMF.

› **Précisions** Lorsque la société transmet son information réglementée, par voie électronique, à un diffuseur professionnel, elle est présumée satisfaire à l'obligation de diffusion effective et intégrale, ainsi qu'à l'obligation de dépôt à l'AMF (voir b. ci-après).

b. ou transmettre eux-mêmes l'information réglementée directement aux différents sites internet, agences de presse et autres systèmes d'information en temps réel (Communiqué AMF du 30-11-2006, question II-3).
Les sociétés qui choisissent de diffuser elles-mêmes les informations réglementées doivent, au moment de cette diffusion, les **déposer auprès de l'AMF sous format électronique,** via un extranet appelé Onde accessible sur le site internet de l'AMF. Les modalités pratiques de ce dépôt sont précisées par l'instruction AMF n° 2007-03 du 27 avril 2007 modifiée en dernier lieu le 28 juillet 2023.

› **Précisions** **1. Communication par voie de presse** L'AMF recommande aux émetteurs, en complément de leur communication financière par voie électronique, de procéder également à une communication financière par voie de presse écrite selon le rythme et les modalités de présentation qu'ils estiment adaptés au type de titres financiers émis, à leur actionnariat et à sa taille (Position-recommandation 2016-05, mise à jour en dernier lieu le 28-7-2023, § 19.5).
L'AMF recommande qu'à l'occasion de cette

diffusion, l'émetteur avertit le lecteur qu'une information complète sur ses résultats est disponible sur son site internet.
2. Guide relatif au dépôt et à la diffusion de l'information réglementée L'AMF a publié le 28 novembre 2007 et mis à jour en dernier lieu le 6 décembre 2021 un guide pratique destiné aux sociétés et aux diffuseurs professionnels qui assurent pour le compte des sociétés la diffusion de l'information réglementée et son dépôt auprès de l'AMF. Des exemples de communiqués figurent en annexes.

81410 **Archivage de l'information réglementée a.** Le stockage centralisé de l'information réglementée (prévu par la directive Transparence) est assuré par la Direction de l'information légale et administrative. Le public peut avoir accès à cette information durant les 10 ans qui suivent son stockage (C. mon. fin. art. L 451-1-6).
En pratique, ces informations sont accessibles sur le site créé par la Direction de l'information légale et administrative (info-financiere.fr).
b. Archivage par les émetteurs : l'AMF recommande de prévoir un temps d'archivage suffisamment long pour l'information réglementée non constitutive d'une information privilégiée et non incluse dans les rapports financiers annuels et semestriels, jugée sensible (Position-recommandation AMF 2016-08 – Guide de l'information permanente et de la gestion de l'information privilégiée). Sur la notion d'informations réglementées, voir n° 81380. Sur la durée d'archivage des rapports financiers annuels et semestriels, voir n° 65260 et 65670 et sur celle de l'information privilégiée, voir n° 81510.

IV. INFORMATION PERMANENTE

81480 L'information permanente (dont une partie entre dans la définition de l'information réglementée ; voir n° 81380) est définie dans le règlement 596/2014/EU du 16 avril 2014 sur les abus de marché et le règlement général de l'AMF (art. 223-1 s.).

> **Précisions** **Vade-mecum à l'attention des valeurs moyennes** L'AMF a publié en novembre 2016 un vade-mecum de sa doctrine relative à l'information permanente à destination des valeurs moyennes (émetteurs des compartiments B et C d'Euronext et d'Alternext devenu Euronext Growth).

Elle comprend :
a. d'une part, une **obligation générale d'information du public** (Règl. gén. AMF art. 223-1 à 223-10) ;
b. d'autre part, des **informations spécifiques** obligatoires.
Le tableau ci-dessous, élaboré par nos soins, récapitule les différentes obligations d'information au titre de l'information permanente.

Information permanente	
Obligation générale d'information	Réf. MC
– publication de toute information privilégiée dès que possible (Règl. Abus de marché 596/2014 art. 17)	n° 81510
– communiqué sur toute opération financière faite pour le compte de l'émetteur susceptible d'avoir une incidence significative sur le cours d'un instrument financier (Règl. gén. AMF art. 223-6)	n° 81515
– déclarations d'intention (Règl. gén. AMF art. 223-7)	n° 81520
Informations spécifiques	Réf. MC
– informations relatives aux franchissements de seuils (Règl. gén. AMF art. 223-11 s.)	n° 39015
– informations relatives au nombre total de droits de vote et d'actions composant le capital social (Règl. gén. AMF art. 223-16)	n° 57740
– informations mentionnées à l'article L 233-7 VII du Code de commerce, relatives aux déclarations d'intention et changements d'intention (Règl. gén. AMF art. 223-17)	n° 39015
– pactes d'actionnaires (Règl. gén. AMF art. 223-18)	n° 57745
– informations sur les projets de modification des statuts (Règl. gén. AMF art. 223-19 s.)	n° 80610

Information permanente	
Informations spécifiques	Réf. MC
– modifications des droits attachés aux différentes catégories d'actions et celles susceptibles d'avoir une incidence directe sur les droits des porteurs d'autres instruments financiers (Règl. gén. AMF art. 223-21)	n° 81380
– opérations des dirigeants et de leurs proches (Règl. 596/2014/EU art. 19)	n° 81595
– listes d'initiés (Règl. 596/2014/EU et Règl. d'exécution 2022/1210 du 13-7-2022)	n° 81600
– déclarations d'intention en cas d'actes préparatoires au dépôt d'une offre publique d'acquisition (Règl. gén. AMF art. 223-32 s.)	n° 82210
– informations à fournir à l'occasion d'un transfert d'Euronext vers Euronext Growth (Règl. gén. AMF art. 223-36)	
– déclarations à l'AMF par les personnes physiques ou morales des positions nettes courtes dans le capital d'une société dont les actions sont admises aux négociations sur un marché européen dépassant certains seuils (Règl. gén. AMF art. 223-37 renvoyant au règl. 236/2012/EU sur les ventes à découvert)	n° 39015
– informations relatives aux opérations de cession temporaire de titres en période d'assemblée générale (Règl. gén. AMF art. 223-38)	n° 39015

DÉFINITION DE L'OBLIGATION GÉNÉRALE D'INFORMATION PERMANENTE DU PUBLIC

81485 Selon l'article 223-1 du règlement général de l'AMF, l'information donnée au public doit être **exacte, précise et sincère**.

Deux types de comportements constituent ainsi une violation de l'obligation d'information du public (Règl. 596/2014/EU sur les abus de marché art. 12) :
– la communication, par toute personne, d'une information fausse ou trompeuse ;
– la diffusion faite sciemment d'une telle information.

Le manquement à cette obligation peut donner lieu à l'application de sanctions pécuniaires par l'AMF (voir n° 82200).

Sur les obligations personnelles auxquelles sont soumis les dirigeants des sociétés cotées à l'égard des titres de leur société, voir n° 81595.

Sur les précisions apportées par l'AMF en matière de communication des sociétés sur leurs indicateurs financiers (indicateurs alternatifs de performance), voir n° 81565 III.

APPLICATION DE CETTE OBLIGATION AUX DIFFÉRENTES PERSONNES CONCERNÉES

Cas des émetteurs

81510

I. Obligation de publier dès que possible toute information privilégiée

D'après le règlement Abus de marché 596/2014 (art. 17), l'obligation d'information implique, pour un émetteur, l'obligation de porter à la connaissance du public, dès que possible, toute information privilégiée qui le concerne directement.

> **Précisions** **Information réglementée** Pour les émetteurs dont les titres financiers sont admis aux négociations sur un marché réglementé, sur Euronext Growth ou sur Euronext Access, l'information privilégiée publiée en application du Règl. gén. AMF entre dans le champ des informations réglementées (Règl. gén. AMF art. 221-1 i). Sur les modalités de diffusion des informations réglementées, voir n° 81385 s.

1. L'information privilégiée est définie (Règl. 596/2014/EU sur les abus de marché art. 7) comme :
– une information précise,

> **Précisions** Le règlement sur les abus de marché (art. 7) précise qu'une information est réputée à caractère précis si elle fait mention d'un ensemble de circonstances qui existe ou dont on peut raisonnablement penser qu'il se produira, et si elle est suffisamment précise pour qu'on puisse en

81510
(suite)

tirer une conclusion quant à l'effet possible de cet ensemble de circonstances ou de cet événement sur le cours des instruments financiers ou des instruments financiers dérivés qui leur sont liés, des contrats au comptant sur matières premières qui leur sont liés ou des produits mis aux enchères basés sur les quotas d'émission.
– qui n'a pas été rendue publique,
– concernant directement ou indirectement un ou plusieurs émetteurs, ou un ou plusieurs instruments financiers,
– et qui, si elle était rendue publique, serait susceptible d'influencer de façon sensible le cours des instruments financiers concernés ou le cours d'instruments financiers dérivés qui leur sont liés.

2. L'obligation de publier dès que possible toute information privilégiée vise toute société dont les titres financiers sont admis aux négociations sur un marché réglementé (voir n° 80900), sur un SMN (voir n° 80900) ou sur un système organisé de négociation (voir n° 80900) ou pour lesquels une demande d'admission aux négociations sur un tel marché ou système a été sollicitée ou approuvée. À défaut de publication, la responsabilité de l'émetteur, ainsi que celle du dirigeant peuvent être engagées (Cass. com. 14-11-2018 n° 16-22.845).

3. En pratique L'AMF a précisé :
– que le **chiffre d'affaires annuel** est de nature à constituer une information privilégiée. Ainsi, l'AMF recommande (Position-recommandation 2016-05 – Guide de l'information périodique des sociétés cotées sur un marché réglementé, § 1) sa publication dès que possible après la clôture de l'exercice, et au plus tard fin février (sociétés clôturant avec l'année civile) ou dans un délai de 60 jours suivant la clôture (voir n° 13010) ;
– que **l'information financière trimestrielle ou intermédiaire,** qui ne relève plus d'une obligation d'information périodique (voir n° 65690), est susceptible, dans certaines circonstances, d'être constitutive d'une information privilégiée (Position-recommandation 2016-05 – Guide de l'information périodique des sociétés cotées sur un marché réglementé, § 10).

> **Précisions 1. Bonnes pratiques** L'AMF a publié une liste de bonnes pratiques à mettre en œuvre en cas de doute sur le caractère privilégié d'une information détenue par un émetteur, lorsque par exemple une société est confrontée à une accumulation de dysfonctionnements affectant son activité (Communiqué du 21-12-2018). Pour plus de détails sur la notion d'information privilégiée, voir Mémento Sociétés commerciales n° 66274 à 66276.
> **2. Conflit Russie/Ukraine** Tout impact important du conflit sur l'activité, la performance ou les perspectives de l'émetteur, notamment, doit être communiqué dès sa connaissance par l'émetteur, sans délai, lorsque les éléments constitutifs d'une information privilégiée sont réunis et être réévalué périodiquement, l'incertitude sur les développements futurs de cet épisode rendant nécessairement évolutifs le caractère significatif et/ou le montant de cet impact (Communiqué AMF « Guerre en Ukraine et impacts sur les marchés financiers : l'AMF attire l'attention des sociétés cotées sur les points de vigilance de l'ESMA », du 15-3-2022).

II. Différé de la publication **1. Conditions du différé** L'émetteur peut **différer,** sous sa propre responsabilité, la publication d'une information privilégiée lorsque **trois conditions** sont réunies (Règl. 596/2014/EU sur les abus de marché art. 17.4) :
– **la publication immédiate de l'information est susceptible de porter atteinte à ses intérêts légitimes** ;
– **le retard de publication n'est pas susceptible d'induire le public en erreur** ;
– **l'émetteur est en mesure d'assurer la confidentialité de l'information** en contrôlant l'accès à cette dernière.
Pour plus de détails sur la mise en œuvre du différé d'une information privilégiée, voir Position-recommandation AMF n° 2016-08 (Guide de l'information permanente et de la gestion de l'information privilégiée).

2. Information a posteriori de l'AMF Lorsqu'un émetteur a différé la publication d'une information privilégiée (voir 1. ci-avant), il informe l'AMF **a posteriori,** immédiatement après la publication de cette information. Cette notification est faite par écrit, sous forme électronique selon des modalités fixées par l'instruction AMF n° 2016-07. L'AMF peut, à sa discrétion et en complément, décider de solliciter auprès de l'émetteur des explications écrites sur la manière dont les trois conditions permettant le différé ont été satisfaites.
À ce titre, l'émetteur doit mettre en place des **procédures internes adéquates,** lui permettant de sauvegarder les données qui lui permettront ultérieurement de justifier auprès de l'AMF le différé de la publication.
En cas de cotations multiples (par exemple Euronext Paris et Nasdaq), l'AMF rappelle (Bull. COB n° 311, mars 1997, p. 7) que les sociétés doivent veiller à la simultanéité de la diffusion de

l'information sur les différentes places, notamment par la mise en place des procédures internes permettant la coordination des messages, des supports et des calendriers de diffusion sur les différentes places de cotation par chacune des sociétés cotées concernées.

> **Précisions** Information financière diffusée par les sociétés en difficulté L'AMF a apporté des précisions sur la mise en œuvre de l'obligation d'information permanente par ces sociétés (Position-recommandation 2016-08 – Guide de l'information permanente et de la gestion de l'information privilégiée). Voir n° 61285 (procédures de conciliation), n° 61390 (procédures de sauvegarde) et n° 61595 (redressements judiciaires).

Pour plus de détails sur la possibilité de différer la publication d'une information privilégiée, voir Mémento Sociétés commerciales n° 66277 et 66278.

III. Procédures internes L'AMF recommande aux émetteurs de **disposer de procédures internes** leur permettant d'évaluer si une information est de nature privilégiée ou non, afin de déterminer si cette information, d'une part, peut être transmise, et d'autre part, doit être communiquée au public et à quel moment (Position-recommandation 2016-08 – Guide de l'information permanente et de la gestion de l'information privilégiée).

IV. Archivage Les émetteurs doivent afficher et conserver sur leur site internet dans une **rubrique facilement identifiable,** pour une période d'au moins **cinq ans,** toutes les informations privilégiées qu'ils sont tenus de publier. Les informations privilégiées doivent comporter la date et l'heure de leur publication et doivent être classées chronologiquement (Règl. 596/2014/EU sur les abus de marché art. 17.1 et Règl. d'exécution 2016/1055 du 29-6-2016).

81515 **Cas des personnes qui préparent pour leur compte une opération financière** susceptible d'avoir une incidence significative sur le cours d'un instrument financier ou sur la situation et les droits des porteurs de cet instrument financier. Elles doivent, dès que possible, porter à la connaissance du public les **caractéristiques de cette opération** (Règl. gén. AMF art. 223-6).

La personne en cause peut différer la publication d'une telle information lorsque deux conditions sont réunies :
– la confidentialité est momentanément nécessaire à la réalisation de l'opération ;
– la personne en cause est en mesure d'en préserver la confidentialité.

81520 **Cas des personnes qui ont été amenées à faire état publiquement de leurs intentions** Les émetteurs et les personnes préparant une opération financière peuvent être amenés à faire des déclarations d'intention, soit qu'ils le décident de leur propre chef, soit qu'ils y soient tenus par un texte, sous la forme d'un communiqué (voir n° 81525).

Dans tous les cas, lorsque les intentions ne sont plus conformes à la déclaration initiale, l'auteur de la déclaration est tenu de porter ses nouvelles intentions à la connaissance du public.

Il doit le faire **rapidement** (Règl. gén. AMF art. 223-7).

MODALITÉS DE MISE À DISPOSITION DE L'INFORMATION

81525 **Communiqués** Les émetteurs et personnes préparant pour leur compte une opération financière, ainsi que les personnes qui font état publiquement de leurs intentions, doivent s'acquitter de l'obligation d'information définie par l'AMF sous la forme d'un communiqué diffusé selon les modalités de diffusion prévues pour l'information réglementée (Règl. gén. AMF art. 223-9).

Sur les modalités de diffusion de l'information réglementée, voir n° 81395.

81545 **Communication des émetteurs sur leur site internet et sur les médias sociaux**

I. Informations financières diffusées sur le site internet de la société Le règlement européen Abus de marché 596/2014 du 16 avril 2016 (art. 17) prévoit que les émetteurs doivent **mettre en ligne sur leur site internet** les informations réglementées **dès leur diffusion.** Le règlement d'exécution 2016-1055 du 29 juin 2016 précise que les informations privilégiées publiées sur le site internet portent clairement la date et l'heure de leur publication et sont classées chronologiquement (art. 3).

> **Précisions** **Site internet obligatoire pour les sociétés dont les actions sont admises aux négociations sur un marché réglementé** Ces sociétés sont tenues de disposer d'un site internet afin de satisfaire aux obligations d'information de leurs actionnaires (C. com. art. R 22-10-1 créé par décret 2020-1742 du 20-12-2020).

Après avoir rappelé que l'exigence d'une information exacte, précise et sincère s'applique aux informations diffusées sur le site internet des émetteurs, l'AMF a émis les recommandations suivantes (Position-recommandation 2016-08 – Guide de l'information permanente et de la gestion de l'information privilégiée) :

a. Accessibilité à l'information publiée :
– faciliter l'accès aux informations les plus recherchées par les investisseurs ;
– rappeler l'existence des différents comptes des sociétés sur les réseaux sociaux dans une rubrique ad hoc, visible dès la page d'accueil ou la page « finance » du site ;
– établir un glossaire permettant de recenser les mots-clés les plus souvent utilisés par les investisseurs ;
– rendre accessibles directement sur le site principal de la société les rubriques « investisseurs » ou « actionnaires » et leurs sous-rubriques.

b. Mise à jour des informations figurant sur le site internet et ses modalités :
– horodater la mise en ligne des communiqués et des présentations faites aux analystes ;
– mettre en place des procédures qui permettent de répondre à l'obligation de synchronisation de la diffusion des communiqués à la presse (et aux analystes financiers et investisseurs, voir n° 81565) et leur publication sur le site internet de la société ;
– dater et mettre à jour les informations relatives aux notes des agences de notation, ou aux notes d'analyse.

c. Archivage :
– prévoir un temps d'archivage suffisamment long des informations sensibles non constitutives d'une information privilégiée (sur cette notion, voir n° 81510) et qui ne sont pas incluses dans les rapports financiers annuels ou semestriels (par exemple une information présentée en assemblée générale ou une autre information réglementée) ;
– adopter une politique harmonisée et stable dans le temps par type d'information afin de respecter le principe d'information sincère ;
– renvoyer au site d'archivage centralisé (info-financiere.gouv.fr) pour les informations qui ne sont plus sur le site internet de l'émetteur.

II. Informations financières publiées sur les médias sociaux L'AMF a rappelé que les émetteurs ne peuvent diffuser leurs informations privilégiées (sur cette notion, voir n° 81510) sur les médias sociaux que si ces informations ont **préalablement fait l'objet d'un communiqué à diffusion effective et intégrale** et sous réserve que l'information donnée par l'émetteur, quel que soit le support utilisé, soit **exacte, précise et sincère**.

L'AMF a également énoncé des recommandations (Position-recommandation 2016-08 – Guide de l'information permanente et de la gestion de l'information privilégiée) sur les questions spécifiques que posent les médias sociaux et notamment sur l'authentification et l'accès à l'information, le processus de veille active, le format des messages et la réaction aux rumeurs.

APPLICATION DE L'OBLIGATION GÉNÉRALE D'INFORMATION PERMANENTE À CERTAINES SITUATIONS

81565 **Publication liée aux résultats**

I. Prévisions ou estimations de bénéfice publiées par l'émetteur Elles doivent être incluses dans le prospectus préparé par l'émetteur (voir n° 82030 s.). Ce dernier doit fournir une déclaration annonçant les **principales hypothèses** sur lesquelles il a fondé sa prévision ou son estimation (Règl. délégué européen 2019/980, annexe 1, rubrique 11.2). Le prospectus contient en outre une déclaration attestant que la prévision ou l'estimation du bénéfice a été établie et élaborée sur une base (Règl. précité, annexe 1, rubrique 11.3) :
– comparable aux informations financières historiques ;
– conforme aux méthodes comptables de l'émetteur.

> **Précisions** **Publication d'une prévision de bénéfice dans un communiqué de presse** Une telle publication fait présumer de son importance et oblige en conséquence l'émetteur à communiquer la prévision de bénéfice dans son prospectus (Règl. précité, annexe 1, rubrique 11.1) ou dans son document d'enregistrement universel (voir n° 65285).

II. Avertissements sur résultats (« profit warnings ») L'AMF recommande aux émetteurs d'être particulièrement vigilants quant au respect de l'obligation de communiquer dès que

possible une information privilégiée, lorsqu'ils constatent que les résultats ou d'autres indicateurs de performance qu'ils anticipent (Position-recommandation 2016-08 – Guide de l'information permanente et de la gestion de l'information privilégiée) :
– devraient s'écarter des résultats ou autres indicateurs de performance anticipés par le marché, même si l'émetteur n'a pas communiqué d'objectifs ou de prévisions au marché ou qu'il n'existe pas de consensus de marché ;
– et que ces résultats ou autres indicateurs de performance seraient susceptibles d'influencer de façon sensible le cours des instruments financiers de cet émetteur ou le cours d'instruments financiers dérivés qui leur sont liés.

De manière plus générale, l'AMF recommande qu'une société communique dès lors qu'elle constate que le marché ne dispose pas des informations nécessaires lui permettant d'apprécier correctement l'impact de sa stratégie annoncée, de ses déterminants économiques propres ou de son degré de sensibilité aux variables exogènes sur ses performances.

III. Publication des résultats L'AMF recommande aux sociétés cotées de publier un **communiqué sur les comptes consolidés de l'exercice ou du semestre écoulé,** dès qu'ils sont disponibles. Pour les sociétés qui n'établissent pas de comptes consolidés, cette recommandation s'applique aux comptes sociaux.

> **Précisions** **1. Disponibilité des comptes** Les comptes consolidés sont considérés comme disponibles dès lors qu'ils ont été arrêtés par le conseil d'administration ou examinés par le conseil de surveillance, selon le cas, et que les commissaires aux comptes, dûment informés, n'ont pas fait état d'objections (Position-recommandation 2016-05 – Guide de l'information périodique des sociétés cotées sur un marché réglementé § 2).
> **2. Période d'embargo** L'AMF recommande aux émetteurs de faire précéder l'annonce de leurs résultats annuels, semestriels ou trimestriels d'une **période** dite « d'embargo » pendant laquelle ils se refusent à donner des informations nouvelles sur la marche de leurs affaires et de leurs résultats aux analystes financiers et aux investisseurs. La durée de cette période doit être adaptée aux spécificités de chaque société. À titre indicatif, une période d'embargo de **quinze jours** avant la publication des résultats paraît satisfaisante. Cette période d'embargo ne dispense toutefois pas la société de fournir au marché des informations sur tout fait relevant de l'obligation d'information permanente ou d'apporter, dans le respect du règlement européen sur les abus de marché, toute information nécessaire au marché en réponse à des déclarations ou informations publiques la mettant en cause (Position-recommandation AMF 2016-08 – Guide de l'information permanente et de la gestion de l'information privilégiée).
> **3.** Les émetteurs doivent s'abstenir de divulguer le communiqué sur les comptes pendant les heures de bourse.
> **4. Sociétés cotées sur Euronext Growth et Euronext Access +** L'AMF invite ces sociétés à respecter les positions et recommandations relatives au communiqué d'annonce de résultats annuels ou semestriels, ainsi qu'aux indicateurs alternatifs de performance (voir ci-après e.) (Position-recommandation 2016-05, § 20.1, mise à jour en dernier lieu le 28-7-2023).

a. Contenu du communiqué Il peut ne comporter que les éléments significatifs des comptes et les commentaires appropriés. L'AMF juge important que, dans tous les cas, le communiqué mentionne le résultat net et des informations bilancielles. En outre, les précisions suivantes doivent être apportées au lecteur (Position-recommandation AMF 2016-05 – Guide de l'information périodique des sociétés cotées sur un marché réglementé, § 2) :
– la situation des comptes au regard du processus de certification par les commissaires aux comptes (voir c. ci-après) ;
– la date du conseil d'administration ou de surveillance ayant arrêté ou examiné les comptes ;
– la date et l'heure de diffusion du communiqué ;
– le cas échéant, la disponibilité d'informations plus complètes sur le site de l'émetteur.

b. Support de communication Les sociétés doivent diffuser leur communication financière par voie électronique.

c. Degré d'avancement des travaux de certification des comptes À l'occasion de la publication du communiqué sur les comptes de l'exercice écoulé, les émetteurs indiquent la situation de leurs comptes au regard du processus de certification par les commissaires aux comptes.

> **Précisions** La CNCC a précisé (Communiqué CNCC du 25-2-2010) les conditions et la formulation de la mention relative à l'état d'avancement de l'audit des commissaires aux comptes susceptible de figurer dans la publication des résultats des sociétés cotées, selon les différents cas de figure :
> – procédures d'audit effectuées et rapport émis ;
> – procédures d'audit effectuées et émission du rapport, sans réserve, prévue dans les jours qui suivent (en pratique, dans la semaine qui suit) la publication du communiqué ;

— procédures d'audit effectuées et émission du rapport, sans réserve, prévue à une échéance plus lointaine ;
— procédures d'audit en cours ou non encore « entamées ».
Nonobstant l'absence d'obligation dans les textes légaux ou réglementaires, la CNCC estime que la société doit informer les commissaires aux comptes du contenu du communiqué sur les résultats de l'exercice préalablement à sa publication : en pratique, dès lors que la société mentionne l'état d'avancement de l'audit des commissaires aux comptes, il est nécessaire que ces derniers revoient la rédaction de cette mention pour s'assurer qu'elle reflète l'état d'avancement réel des diligences effectuées sur les comptes de l'exercice. Enfin, la qualité de comptes audités (ou certifiés) ne s'acquiert qu'à la date de signature du rapport sur ces comptes et en conséquence l'utilisation d'une telle terminologie est à proscrire tant que le rapport n'est pas émis.

d. Informations communiquées aux analystes financiers et investisseurs Lorsqu'une réunion de présentation des résultats aux analystes financiers et investisseurs est organisée (en général, le lendemain de l'annonce des résultats), les présentations (« slideshows ») ainsi faites doivent être mises en ligne **systématiquement et sans délai** au plus tard au début des réunions concernées (Position-recommandation AMF 2016-05 – Guide de l'information périodique des sociétés cotées sur un marché réglementé, § 2).

e. Communication des sociétés sur leurs indicateurs financiers (indicateurs alternatifs de performance) Afin d'améliorer la comparabilité, la fiabilité et la compréhension des indicateurs alternatifs de performance « IAP » (indicateurs de performance non définis par les normes comptables) inclus par les émetteurs dans les prospectus ou les informations réglementées, l'AMF a énoncé les principes suivants, pris en application du Guide sur les indicateurs alternatifs de performance publié par l'ESMA (Position 2015-12 du 3-12-2015) :
— communiquer, de manière claire et intelligible, les définitions de tous les IAP utilisés, leurs composantes, le mode de calcul adopté et le détail de toute hypothèse ou de tout postulat significatif utilisé ;
— assortir les IAP de dénominations reflétant leur contenu et leur mode de calcul afin d'éviter de transmettre des messages trompeurs aux utilisateurs ; la définition et le calcul d'un IAP doivent être cohérents dans le temps ;
— ne pas qualifier à tort des éléments non récurrents, peu fréquents ou inhabituels ;
— rapprocher l'IAP avec le poste des états financiers de la période correspondante, ou de son sous-total ou du total le plus proche, en présentant le montant de ce dernier et en identifiant et expliquant les principaux retraitements ;
— expliquer la raison de l'utilisation des IAP afin de permettre aux utilisateurs de comprendre leur pertinence et leur fiabilité ;
— ne pas présenter les IAP avec plus d'importance, d'emphase ou de prééminence que les indicateurs directement issus des états financiers ;
— assortir les IAP d'indicateurs comparatifs pour les périodes antérieures correspondantes ;
— présenter des rapprochements pour tous les indicateurs comparatifs présentés ;
— si un émetteur cesse de communiquer un IAP, il doit expliquer la raison pour laquelle il estime que cet IAP ne fournit plus d'informations pertinentes.

> **Précisions** **1. Renvoi à d'autres documents** Le respect des obligations d'informations relatives aux IAP peut être effectué par un renvoi direct à d'autres documents publiés antérieurement, qui comportent les éléments requis sur les IAP et qui sont immédiatement et facilement accessibles aux utilisateurs.
> **2. Bonnes pratiques** L'ESMA a publié le 27 janvier 2017 des questions-réponses pour promouvoir des pratiques et une approche commune des régulateurs et des émetteurs sur la mise en place de son guide sur les IAP (« Questions and Answers, ESMA Guidelines on Alternative Performance Measures »).

IV. Concernant les dividendes, l'AMF (Position-recommandation 2016-08 – Guide de l'information permanente et de la gestion de l'information privilégiée) a rappelé aux émetteurs qu'ils ont l'obligation d'informer le public sur la date de détachement ainsi que sur le montant du dividende dès que possible. En effet, en raison de leur impact potentiel sur la valorisation des *instruments financiers et dérivés qui leur sont liés*, les informations relatives aux montants provisoire et final du dividende, à la nature du versement (dividende ordinaire ou exceptionnel, à la date de son détachement) sont considérées comme des **informations privilégiées**. En conséquence, ces informations appellent une vigilance identique en termes de communication.

> **Précisions** Lorsque la date de versement du dividende diffère sensiblement de celle de l'exercice précédent, les émetteurs sont appelés à communiquer cette nouvelle date dès que possible afin de permettre aux acteurs des marchés dérivés d'intégrer cette information dans leur modèle de valorisation des instruments financiers et dérivés liés à leur titre de capital. Ces mêmes principes s'appliquent lorsque les émetteurs modifient leur politique de distribution de dividendes en prévoyant un ou plusieurs acomptes sur dividendes ou en changeant la date de détachement de ces acomptes.

Opérations d'offre au public **a.** En cas d'**opérations envisagées** Il peut être nécessaire que soient publiés des communiqués confirmant, le cas échéant, l'existence de négociations en cours, tout en attirant l'attention sur leur caractère encore aléatoire, plutôt que de laisser se développer des rumeurs qui perturbent le marché. **81570**

L'AMF a rappelé (Bull. COB n° 369, juin 2002, p. 45) qu'avant un visa d'introduction, ni l'émetteur ni ses conseils ne sont autorisés à communiquer au marché les termes de l'offre au public qu'une société envisage de réaliser pendant toute la durée de l'instruction du dossier par l'AMF.

b. En cas d'**opérations en cours** L'émetteur à l'origine de l'opération d'offre au public (voir n° 81040 s.) doit diffuser avant l'ouverture du marché un communiqué normalisé portant sur les principales caractéristiques de l'offre soumise à l'approbation de l'AMF (voir modèles dans Bull. COB, juillet-août 2002, n° 370).

Par ailleurs, l'AMF (Rapport COB 2001, p. 73) a rappelé que :
– les sociétés qui souhaitent communiquer aux analystes financiers de nouvelles informations qui n'ont pas été incluses dans la note d'opération (voir n° 82035) et/ou les diffuser sur internet doivent les transmettre au préalable à l'AMF sous la forme d'un complément de note d'opération ;
– il n'est pas approprié pour les sociétés de reprendre ou de communiquer au marché des éléments financiers prévisionnels issus d'un consensus d'analystes et non des systèmes de gestion internes de la société. Selon l'AMF (rapport COB précité), il apparaît plus normal, lorsqu'un émetteur est dans l'obligation de faire une opération dans la période qui s'étend entre la clôture de l'exercice et l'arrêté des comptes, qu'il communique sur des chiffres prévisionnels internes, en alertant le public sur leur caractère encore incertain et en prenant l'engagement de publier à une date indiquée les comptes approuvés par le conseil d'administration.
Sur la communication de prévisions ou d'estimations de bénéfice, voir n° 81565.

Data rooms Pour les « **data rooms** » organisées par une société cotée (en vue, par exemple, de la cession d'une participation par l'un de ses actionnaires), l'AMF a précisé les modalités permettant de sécuriser les procédures d'information, afin de préserver l'égalité entre les investisseurs et éviter la diffusion d'informations privilégiées (Position-recommandation 2016-08 – Guide de l'information permanente et de la gestion de l'information privilégiée). **81575**

1. Conditions de la mise en œuvre de la procédure de « data room » Selon l'AMF, ces procédures :
– doivent être limitées aux seules **opérations significatives** ;
– ne doivent donner accès à des informations privilégiées que dans la mesure où cela est strictement nécessaire à l'information des participants pour les besoins de l'opération concernée ;
– et doivent être sécurisées par la conclusion d'accords de confidentialité.

2. Information du public

a. Avant la clôture de la data room
Certaines des informations délivrées dans le cadre de la data room peuvent être des informations privilégiées. L'émetteur devra alors être en mesure de justifier qu'il respecte l'ensemble des conditions permettant d'en différer la communication au public (voir n° 81510 II.).

b. À la clôture de la data room
Afin de rétablir le principe d'égalité d'accès des investisseurs à l'information, et dès lors que les conditions requises pour un différé de publication ne sont plus remplies, toute information privilégiée communiquée aux potentiels acquéreurs est publiée, dès que possible après la clôture de la procédure de data room.
Lorsque l'opération financière donne lieu à l'établissement d'un prospectus ou d'une note d'information intégrant les informations transmises dans le cadre de la data room, une mention spécifique doit être portée indiquant que l'émetteur déclare avoir rétabli l'égalité d'accès à l'information entre les investisseurs par la publication dudit prospectus (ou de la note d'information).

c. Cas particulier de l'offre publique

Dans le cas de la réception par l'émetteur d'offres concurrentes, celui-ci doit organiser l'accès à tous les compétiteurs aux informations nécessaires contenues dans la data room et notamment aux informations privilégiées. Il doit alors conclure avec chacun d'entre eux un accord de confidentialité.

81595 **Opérations réalisées par les dirigeants et leurs proches sur les titres de la société**

I. Personnes visées Les personnes suivantes doivent communiquer à l'AMF certaines opérations portant sur les titres de l'émetteur (C. mon. fin. art. L 621-18-2) :

> **Précisions** Cette disposition concerne les émetteurs dont les titres financiers sont admis aux négociations sur un marché réglementé (voir n° 80900), sur un SMN (voir n° 80900) ou sur un système organisé de négociation (voir n° 80900) ou pour lesquels une demande d'admission aux négociations sur un tel marché ou système a été sollicitée ou approuvée.

a. Les **dirigeants** (membres du conseil d'administration, du directoire, du conseil de surveillance, président, directeur général, directeur général unique, directeur général délégué, gérant) sur une base individuelle et nominative ;

b. **Toute autre personne ayant,** d'une part, au sein de la société émettrice, le **pouvoir de prendre des décisions de gestion** concernant son évolution et sa stratégie et, d'autre part, un **accès régulier à des informations privilégiées** la concernant directement ou indirectement ;

c. Les **personnes ayant,** avec les dirigeants et les personnes visées au b., des **liens personnels étroits** (tels que définis par l'article R 621-43-1 du C. mon. fin.).

II. Opérations visées Ces personnes doivent déclarer à l'AMF toute transaction effectuée pour leur compte propre et se rapportant aux actions ou à des titres de créance de l'émetteur, ou à des instruments dérivés ou à d'autres instruments financiers qui leur sont liés. Cette obligation ne s'applique toutefois qu'à partir du moment où le montant global des opérations effectuées au cours de l'année civile est supérieur à 20 000 euros (Règl. gén. AMF art. 223-23).

Les transactions à déclarer sont définies par l'article 19.7 du Règlement n° 596/2014 sur les abus de marché ainsi que dans le règlement délégué 2016/522 du 17 décembre 2015 qui établit une **liste non exhaustive** des transactions à notifier (art. 10). Ces différentes dispositions sont reprises dans la position-recommandation de l'AMF n° 2016-08.

III. Notification de la déclaration Les notifications sont effectuées rapidement et au plus tard **trois jours ouvrés** à compter de la date de la transaction (Règl. 596/2014 sur les abus de marché art. 19). Elles sont établies selon un modèle annexé au règlement d'exécution européen 2016-523 du 10 mars 2016.

Le détail des mentions devant figurer dans cette déclaration est fourni par l'article 19 du Règlement n° 596/2014 sur les abus de marché. Elle est transmise à l'AMF via un extranet appelé Onde, accessible sur le site internet de l'AMF (Inst. AMF 2016-06).

IV. Fenêtres négatives Pendant les **périodes dites de fenêtres négatives,** commençant 30 jours calendaires avant l'annonce d'un rapport financier intermédiaire ou d'un rapport de fin d'année, toute personne exerçant des responsabilités dirigeantes a l'interdiction d'effectuer une transaction pour son compte propre ou pour le compte d'un tiers, se rapportant aux actions ou à des titres de créance de l'émetteur ou à des instruments dérivés ou à d'autres instruments financiers qui leur sont liés, sauf si l'émetteur autorise une telle transaction dans des circonstances exceptionnelles (Règl. 596/2014 art. 19.11).

L'AMF considère que la diffusion par un émetteur d'un communiqué de presse sur les résultats annuels et semestriels constitue l'annonce du rapport financier annuel ou intermédiaire et implique donc comme pour le rapport financier annuel ou semestriel que la fenêtre négative débute 30 jours avant la publication de ce communiqué de presse (Position-recommandation 2016-08 – Guide de l'information permanente et de la gestion de l'information privilégiée).

L'AMF recommande en outre aux sociétés :
– d'étendre l'application des fenêtres négatives à toutes les personnes qui ont accès de manière régulière ou occasionnelle à des informations privilégiées (Position-recommandation précitée) ;

– pour celles publiant volontairement une information financière ou des comptes trimestriels ou intermédiaires, d'instaurer des fenêtres négatives 15 jours calendaires minimum avant la publication de l'information trimestrielle par l'émetteur.

> **Précisions** **Information des actionnaires** L'assemblée générale des actionnaires est également informée des opérations réalisées par les dirigeants et leurs proches, réalisées au cours du dernier exercice et ayant fait l'objet d'une déclaration ; ces informations doivent figurer dans le rapport de gestion (Règl. gén. AMF art. 223-26 modifié par l'arrêté du 7-11-2019 ; voir n° 65025 II). Pour plus de détails, voir Mémento Sociétés commerciales n° 66448 à 66470.

Listes d'initiés Tout émetteur ou toute personne agissant en son nom ou pour son compte établit, met à jour et tient à la disposition de l'AMF la **liste des personnes** ayant accès aux **informations privilégiées**, et qui travaillent pour eux en vertu d'un contrat de travail ou exécutent d'une autre manière des tâches leur donnant accès à des informations privilégiées, comme les conseillers, les comptables ou les agences de notation de crédit (Règl. 596/2014 du 16-4-2014 sur les abus de marché art. 18).

81600

L'AMF considère que compte tenu du caractère non limitatif des exemples donnés par l'article 18 du règlement sur les abus de marché, les commissaires aux comptes sont également visés par cette obligation (Position-recommandation 2016-08 – Guide de l'information permanente et de la gestion de l'information privilégiée).

> **Précisions** **Champ d'application** Cette obligation s'applique aux émetteurs dont les titres financiers sont admis aux négociations sur un marché réglementé (voir n° 80900), sur un SMN (voir n° 80900) ou sur un système organisé de négociation (voir n° 80900), ou pour lesquels une demande d'admission aux négociations sur un tel marché ou système a été sollicitée ou approuvée.

Les **modalités d'établissement** des listes d'initiés sont notamment les suivantes (Règl. 596/2014 et Règl. d'exécution 2022/1210 du 13-7-2022) :

1. Contenu des listes La liste d'initiés est établie sous forme électronique et doit contenir :
– l'identité de toute personne ayant accès à des informations privilégiées ;
– la raison pour laquelle cette personne figure sur la liste d'initiés ;
– la date et l'heure auxquelles cette personne a eu accès aux informations privilégiées ;
– la date à laquelle la liste d'initiés a été établie.

Un **format précis pour l'établissement des listes ainsi que des modèles types** sont définis par le règlement d'exécution 2022/1210. Chaque liste doit notamment être divisée en différentes sections, chacune se rapportant à un type précis d'informations privilégiées. Une section supplémentaire peut être insérée concernant les personnes ayant accès en permanence à l'ensemble des informations privilégiées (« initiés permanents »).

2. Communication des listes à l'AMF L'émetteur communique les listes à l'AMF sous format électronique lorsque celle-ci en fait la demande.

La demande de l'AMF pourra notamment faire suite à une déclaration d'opération suspecte effectuée par un intermédiaire financier qui a des raisons de suspecter qu'une opération financière pourrait constituer une opération d'initié ou une manipulation de cours.

3. Information des personnes figurant sur les listes L'émetteur doit s'assurer que les personnes figurant sur la liste d'initiés reconnaissent par écrit les obligations légales et réglementaires correspondantes et aient connaissance des sanctions applicables aux opérations d'initiés et à la divulgation illicite d'informations privilégiées.

4. Mises à jour des listes Elles doivent être rapidement mises à jour lorsque :
– le motif justifiant l'inscription d'une personne sur la liste est modifié ;
– une nouvelle personne doit être inscrite sur la liste ;
– une personne cesse d'être inscrite sur la liste.

Chaque mise à jour précise la date et l'heure auxquelles sont survenus les changements entraînant la mise à jour.

5. Conservation des listes Elles sont conservées par l'émetteur ou les tiers **au moins 5 ans** après leur établissement ou leur mise à jour.

Sur le délit d'initiés, voir n° 82575.

Cessions et acquisitions d'actifs significatifs **a. Contenu de l'information**

81605

Toute société dont les actions sont admises aux négociations sur un marché réglementé doit informer le marché et les actionnaires de toute cession ou acquisition d'actifs significatifs, ainsi que du **contexte et de la négociation de l'accord de cession ou d'acquisition** (Position-recommandation AMF 2015-05).

L'AMF recommande (Position-recommandation précitée) que la société précise notamment :
– le processus d'instruction de l'opération par les organes de la société et notamment les conditions dans lesquelles le conseil d'administration ou de surveillance s'est prononcé sur le projet de cession (ou d'acquisition) d'actifs ;
– les critères quantitatifs et qualitatifs explicitant les raisons pour lesquelles l'offre de cession a été retenue ;
– le mode de financement pour les acquisitions d'actifs significatifs.
L'émetteur doit également préciser les **circonstances et motifs d'ordre stratégique, économique et financier** qui l'ont conduit à envisager et lancer le processus de cession ou d'acquisition.

> **Précisions** Cessions d'actifs significatifs et consultation préalable de l'AG Pour les cessions portant sur au moins 50 % des actifs, l'AMF recommande aux sociétés de consulter l'assemblée générale des actionnaires préalablement à la cession. Cette consultation prend la forme d'un vote d'une résolution au vu d'un document dont le contenu devrait correspondre à l'information portée à la connaissance du marché.

b. Délais de publication
L'émetteur détermine le moment de la publication de l'information en fonction des circonstances et des obligations qui pèsent sur lui au titre de l'information permanente. L'émetteur peut être conduit à moduler le degré d'information à mesure de l'avancement du processus de cession.

V. INFORMATION PÉRIODIQUE

A. Récapitulatif des publications périodiques

81680 Le tableau ci-après, établi par nos soins, présente un récapitulatif des principales **publications annuelles et semestrielles** pour les sociétés dont les titres sont admis aux négociations sur un marché réglementé (Euronext Paris ; voir n° 80900) ou sur un système multilatéral de négociation (en France, Euronext Growth et Euronext Access ; voir n° 80900) en fonction :
– **des titres financiers** concernés (titres de capital : actions, autres titres ; titres de créance) ;
– **des sources d'obligations** (C. com., C. mon. fin., Règlement général de l'AMF, règles de fonctionnement d'Euronext Growth et règles de fonctionnement d'Euronext Access).
Les modalités de publication (Balo, dépôt à l'AMF, etc.) sont explicitées sous les paragraphes vers lesquels le tableau renvoie.
Sur les informations financières historiques nécessaires en cas d'offre au public de titres financiers, voir n° 80965.

> **Précisions** **1. Suppression de l'obligation de publier une information financière trimestrielle** Voir Précisions, n° 81380.
> **2. Vade-mecum à l'attention des valeurs moyennes** L'AMF a publié en novembre 2016 un vade-mecum de sa doctrine relative à l'information périodique à destination des valeurs moyennes (émetteurs des compartiments B et C d'Euronext et d'Alternext devenu Euronext Growth).
> **3. Guide de l'information périodique de l'AMF** L'AMF a publié un Guide sur l'information périodique requise pour les sociétés cotées sur Euronext, mis à jour en dernier lieu le 28 juillet 2023 (Position-recommandation 2016-05).

Publications	Sociétés dont les titres financiers sont admis aux négociations					81685
	sur un marché réglementé			sur Euronext Growth	sur Euronext Access + (4)	
	Titres de capital (pour leur définition, voir n° 38180)		Titres de créances (1) (pour leur définition, voir n° 38260)			
	Actions	Autres titres				
Publications annuelles						
Comptes annuels	C. com. art. R 232-11 (voir n° 81770 s.)		Modalités de publication : absence de règles explicites (3)	Règles de marché Euronext Growth § 4.2 (voir n° 81950)	Règles de marché Euronext Access § 3.2 (voir n° 81955)	
Rapport financier annuel (2)	C. mon. fin. art. L 451-1-2 I et II Règl. gén. AMF art. 222-3 (voir n° 65250)					
Comptes consolidés	C. com. art. L 233-16 et R 232-11 (voir n° 81770 s.)		Modalités de publication : absence de règles explicites (3)	Règles de marché Euronext Growth § 4.2 (voir n° 81950)	Règles de marché Euronext Access § 3.2 (voir n° 81955)	
Publications semestrielles						
Rapport financier semestriel	C. mon. fin. art. L 451-1-2 III Règl. gén. AMF art. 222-4 à 222-6 (voir n° 65590) (2)			Règles de marché Euronext Growth § 4.2 (voir n° 65590 II.) (5)	Règles de marché Euronext Access § 3.2 (voir n° 65590 II.) (5)	

(1) Hors titres de créances négociables (TCN), voir n° 80780 s.
(2) Cette obligation ne concerne pas les émetteurs de titres de créances dont la valeur nominale est d'au moins 100 000 €.
(3) Les comptes annuels et les comptes consolidés étant inclus dans le rapport financier annuel, ils sont nécessairement publiés.
(4) Euronext Access + constitue un compartiment d'Euronext Access, voir n° 80900. Les émetteurs simplement cotés sur Euronext Access ne sont pas visés par ces obligations de publications périodiques.
(5) « Rapport semestriel » au sens des règles de marché Euronext Growth et Euronext Access.

Contrôle et sanctions de l'AMF L'AMF dispose d'un dispositif de contrôle systématique des publications périodiques qui lui permet, outre de relancer au niveau national et régional les sociétés défaillantes, de publier des statistiques annuelles des omissions. En outre, en vue d'inciter les sociétés à respecter la réglementation, l'AMF **publie sur son site internet un relevé des sociétés** ne se conformant pas à leurs obligations de publications périodiques dans les délais légaux. 81690

L'AMF se réserve également la **possibilité,** après demande de régularisation restée infructueuse, **de recourir à la procédure d'injonction,** c'est-à-dire de saisir le juge pour qu'il demande aux sociétés concernées d'effectuer ces publications dans les meilleurs délais sous peine d'une astreinte prononcée à l'encontre des dirigeants.

Compte tenu du caractère réglementaire de ces publications (Bull. COB n° 295, octobre 1995, p. 13 s.) :
– seuls certains événements exceptionnels peuvent justifier des retards de publication dont l'AMF doit être informée ;

> **Précisions** **Exemples d'événements exceptionnels** Tel est le cas d'une prorogation du délai de tenue de l'assemblée générale (voir n° 64280), d'un changement de contrôle de la société, ou d'une modification importante du périmètre de consolidation. En revanche, un changement de responsable comptable ou juridique ne devrait pas pouvoir justifier un tel retard.

– le public doit être informé de ce retard par le biais d'un communiqué ;
– l'absence de publication, constatée par les commissaires aux comptes lors de leurs contrôles, constitue une irrégularité que ces derniers doivent signaler à la prochaine assemblée générale (C. com. art. L 823-12).

L'AMF peut en outre prononcer des **sanctions pécuniaires** en cas de non-respect des dispositions relatives à la publication du rapport financier annuel et du rapport financier semestriel (pour plus de détails, voir n° 82200).

> **Précisions** Autres sanctions en cas d'omission de ces publications :
> **1.** Pour les sociétés dont les actions sont admises à la négociation sur un **marché réglementé**, le fait de ne pas procéder à une publication prévue par le Code de commerce expose le président, les administrateurs et le directeur général à une amende de 1 500 € au plus et du double en cas de récidive (contravention de 5e classe ; C. com. art. R 247-1).
> **2.** Les obligations de publication de sociétés dont les titres sont admis aux négociations sur **Euronext Growth, système multilatéral de négociation** (voir n° 80900), autres que celles faisant référence au Code de commerce, ne peuvent faire l'objet de **sanctions pénales**. Toutefois, si une société dont les titres financiers sont admis aux négociations sur Euronext Growth manquait à ses obligations, les sanctions suivantes pourraient être prononcées contre elle en fonction de la nature de la défaillance (Règles Euronext Growth § 7.3) :
> – lettre d'avertissement ;
> – pénalité financière ;
> – suspension temporaire de la cotation de ses titres ;
> – radiation définitive d'Euronext Growth.
> Des sanctions sont également prévues pour les émetteurs dont les titres sont admis aux négociations sur Euronext Access + (voir n° 80900) qui manqueraient à leurs obligations de communication (Règles d'Euronext Access § 6.1).

B. Publications annuelles des sociétés (françaises et étrangères) émettant des titres financiers sur un marché réglementé

1. SOCIÉTÉS FRANÇAISES DONT LES ACTIONS SONT ADMISES SUR UN MARCHÉ RÉGLEMENTÉ

81745 Les sociétés dont les **actions** sont admises, en tout ou partie, à la négociation sur un marché réglementé ont des obligations de publication :
– au Balo (C. com. art. R 232-11 et R 232-13) ; voir n° 81770 ;
– auprès de l'AMF (C. mon. fin. art. L 451-1-2) ; voir n° 65260.

a. Comptes annuels et comptes consolidés

DOCUMENTS À PUBLIER

81770 Trois documents relatifs à l'exercice écoulé sont à publier au Balo (C. com. art. R 232-11) :

I. Les comptes annuels (individuels) approuvés, revêtus de l'attestation des **commissaires aux comptes** (il s'agit de leur rapport sur les comptes annuels, voir FRC 12/23 Hors série inf. 115 s.).

II. La décision d'affectation du résultat Voir n° 54440.

III. Les comptes consolidés revêtus de l'attestation des commissaires aux comptes (il s'agit de leur rapport sur les comptes consolidés, voir Mémento Comptes consolidés n° 9246).

DÉLAIS ET MODALITÉS DE PUBLICATION

81790 **Délais** La publication de ces documents au Balo doit intervenir dans les 45 jours qui suivent l'approbation des comptes par l'assemblée générale ordinaire (C. com. art. R 233-11).

> **Précisions** Perte du statut de société cotée sur un marché réglementé et obligation de publication au Balo Selon la CNCC (EJ 2017-40 & EC 2017-09 du 22-4-2018 ; cncc.fr), une société dont les titres ne sont plus admis aux négociations sur un marché réglementé suite à une offre publique de retrait obligatoire postérieurement à la date de clôture des comptes :
> – n'est plus tenue de publier ses comptes au Balo si le délai de recours de 10 jours relatif au retrait obligatoire (C. mon. fin. art. R 621-44) a expiré avant la date limite de publication ;

— jugera de l'opportunité d'une publication de ses comptes au Balo (sauf dispense explicite prévue par le règlement général de l'AMF ; C. com. art. R 232-11) lorsque ces derniers ont été publiés auprès de l'AMF (voir n° 65260) et que le délai de recours intervient avant l'expiration du délai de publication au Balo.

Deux situations sont envisageables :

I. En cas d'approbation sans modification (par rapport aux documents publiés et déposés auprès de l'AMF dans le rapport financier annuel) Les sociétés sont **dispensées de toute nouvelle publication,** sauf à insérer au Balo un **avis** mentionnant la référence de la publication du rapport financier annuel (voir n° 65260) **et** contenant l'**attestation des commissaires aux comptes** (il s'agit de leur rapport sur les comptes annuels, voir FRC 12/23 Hors série inf. 115 s. ; C. com. art. R 232-11).

Selon l'Ansa, cette dispense de publication porte, malgré l'ambiguïté de la rédaction de l'article du Code de commerce précité, sur les documents suivants (Com. Ansa 08-035 du 3-9-2008) :
– les comptes annuels approuvés ;
– la décision d'affectation du résultat ;
– les comptes consolidés.

II. En cas de modification par l'assemblée Les documents financiers définitifs sont publiés dans les **45 jours** suivant l'approbation des comptes par l'assemblée générale. Il s'agit :
– **des comptes annuels approuvés, revêtus de l'attestation des commissaires aux comptes** (il s'agit de leur rapport sur les comptes annuels, voir FRC 12/23 Hors série inf. 115 s.) ;
Selon l'AMF (Bull. COB n° 183, juillet 1985), lorsque l'assemblée générale a **modifié partiellement** les comptes proposés par le conseil et précédemment publiés en projet dans le Balo, il ne semble pas nécessaire que soit de nouveau publiée la totalité des comptes annuels ainsi modifiés, mais seulement les fragments de ces comptes sur lesquels portent les modifications décidées. Le lecteur sera ainsi beaucoup mieux éclairé sur ce qui a été changé dans les comptes.
L'**attestation** du commissaire aux comptes est identique à celle indiquée ci-avant au n° 81770. En cas de refus d'approbation des comptes annuels, voir FRC 12/23 Hors série inf. 119.3.
– **de la décision d'affectation du résultat,** voir n° 54440 ;
– **des comptes consolidés revêtus de l'attestation des commissaires aux comptes** (il s'agit de leur rapport sur les comptes consolidés, voir Mémento Comptes consolidés n° 9246).

Modalités Elle doit être faite au **Bulletin des annonces légales obligatoires (Balo)** (C. com. art. R 232-11). **81795**

D'une manière générale, le Balo publie les **avis à caractère obligatoire** des sociétés dont les actions sont admises aux négociations sur un marché réglementé ou dont toutes les actions ne revêtent pas la forme nominative.

Outre les publications périodiques (voir n° 81680), sont publiées au Balo notamment les annonces liées :
– à la convocation aux assemblées générales (C. com. art. R 225-67, al. 1 ; voir Mémento Sociétés commerciales n° 46236) ;
– aux projets de fusions-scissions (C. com. art. R 236-2 ; voir Mémento Sociétés commerciales n° 83100).

Sanctions Le défaut de publication de ces documents (visés à l'art. R 232-11 du C. com.) par les présidents, les administrateurs, les directeurs généraux ou les gérants des sociétés dont les actions sont admises à la négociation sur un marché réglementé est puni d'une amende prévue pour les contraventions de la cinquième classe (1 500 € au plus) et du double en cas de récidive (C. com. art. R 247-1). **81800**

> **Précisions** **Directeurs généraux délégués** En l'état actuel des textes, les sanctions pénales ne leur sont pas applicables, seules les sanctions prévues aux articles L 242-1 à L 247-3 du Code de commerce le sont ; voir article L 248-1 du Code de commerce.

b. Rapport financier annuel

Délais Les émetteurs français, dont des titres de capital ou des titres de créance sont admis aux négociations sur un marché réglementé, établissent un rapport financier annuel dans les quatre mois qui suivent la clôture de leur exercice (C. mon. fin. art. L 451-1-2). **81820**

Voir développements notamment sur le contenu et le format (électronique) du rapport financier annuel au n° 65250 s.

2. SOCIÉTÉS ÉTRANGÈRES ET SOCIÉTÉS DONT LES TITRES FINANCIERS AUTRES QUE DES ACTIONS SONT ADMIS À LA NÉGOCIATION SUR UN MARCHÉ RÉGLEMENTÉ

INFORMATION PÉRIODIQUE DES ÉMETTEURS HORS ESPACE ÉCONOMIQUE EUROPÉEN

81885 L'AMF peut dispenser les émetteurs dont le siège est établi hors de l'Espace économique européen des obligations de publications périodiques si elle estime équivalentes les obligations auxquelles ceux-ci sont soumis (C. mon. fin. art. L 451-1-2 VIII).

Le règlement général de l'AMF précise les critères d'équivalence pour le rapport financier annuel et le rapport financier semestriel (Règl. gén. AMF art. 222-11 à 222-15).

Les émetteurs bénéficiant de ces dispositions restent tenus de diffuser et déposer auprès de l'AMF les informations équivalentes, qui doivent :
— faire l'objet d'une diffusion effective et intégrale (voir n° 81385) ;
— lorsque l'émetteur n'utilise pas les services d'un diffuseur professionnel, être déposées auprès de l'AMF simultanément à leur diffusion (voir n° 81395).

CAS DES SOCIÉTÉS ÉMETTANT DES TITRES DE CRÉANCE

81895 **Obligations de publication** Les sociétés dont des titres de créance (voir n° 38260) sont admis sur un marché réglementé doivent publier (Règl. gén. AMF art. 222-1 :
— un rapport financier annuel (voir n° 65250) ;
— un rapport financier semestriel (voir n° 65590) ;
— sauf lorsque les titres de créance cotés ont une valeur nominale unitaire supérieure ou égale à 100 000 euros.

Sur les modalités de diffusion de ces informations, voir n° 81385 s.

Sur les obligations de ces émetteurs en matière d'information réglementée et d'information permanente, voir n° 81380 et 81480.

C. Publications annuelles des sociétés émettant des titres financiers sur Euronext Growth ou sur Euronext Access

81950 **Émetteurs admis sur Euronext Growth** Les sociétés dont les titres financiers sont admis aux négociations sur Euronext Growth (voir n° 80900) doivent **rendre publics** dans les **quatre mois** suivant la clôture de l'exercice un rapport annuel comprenant (Règles de marché Euronext Growth § 4.2) :
— les comptes annuels, consolidés le cas échéant, certifiés ;
— le rapport de gestion (sur les informations à fournir, voir n° 65027) et, le cas échéant, le rapport de gestion du groupe ;
— et les rapports des commissaires aux comptes afférents aux comptes annuels, et aux comptes consolidés, le cas échéant.

Ces sociétés doivent assurer la mise à disposition de ces informations sur leur site internet et celui d'Euronext, en anglais ou en français le cas échéant. La mise en ligne intervient concomitamment à la publication faite par la société (Règles de marché Euronext Growth, § 4.1). Les émetteurs qui ont conduit un placement privé de titres de créance pour une valeur nominale d'au moins 100 000 euros (ou l'équivalent en devises) et ont demandé l'admission sur Euronext Growth des titres de créance correspondants dans le cadre d'un tel placement privé sont dispensés de l'obligation de publier un rapport annuel (Règles de marché Euronext Growth, § 4.2.2).

81955 **Émetteurs admis sur Euronext Access +** Les sociétés dont les titres de capital sont admis aux négociations sur **Euronext Access +** (voir n° 80900) doivent **rendre publics** dans les **quatre mois** suivant la clôture de l'exercice un rapport annuel comprenant (Règles de marché Euronext Access, § 3.2) :
— les comptes annuels, consolidés le cas échéant, certifiés ;
— le rapport de gestion (sur les informations à fournir, voir n° 65027) et, le cas échéant, le rapport de gestion du groupe ;
— et les rapports des commissaires aux comptes afférents aux comptes annuels, et aux comptes consolidés, le cas échéant.

Ces sociétés doivent assurer la mise à disposition de ces informations sur leur site internet. Les autres émetteurs sur **Euronext Access** ne sont pas soumis à cette obligation. Ils sont uniquement soumis aux obligations de publication prévues par le Code de commerce qui dépendent de la forme sociale adoptée par l'émetteur (voir n° 80665 et 80685).

VI. INFORMATION À L'OCCASION D'OPÉRATIONS PARTICULIÈRES

A. Informations à fournir en cas d'admission et d'offre au public de titres financiers

1. TABLEAU RÉCAPITULATIF

82025

	Nature de l'opération ou de l'événement	Publications à effectuer et forme de l'information	Textes de référence
Euronext Paris	Admission de titres de capital ou de créance [1] (voir n° 82030 s.)	Prospectus (approuvé par l'AMF) [3][4]	C. mon. fin. art. L 412-1 et L 621-8 Règl. Prospectus 2017/1129/UE
	Offre au public (voir n° 82030 s.)		
Monep et Matif	Opérations sur instruments financiers à terme	Aucun document d'information [2]	
Euronext Growth	Offre au public	Prospectus (approuvé par l'AMF) [3] [4] [5]	C. mon. fin. art. L 412-1 et L 621-8 Règl. Prospectus 2017/1129/UE
	Admission directe	Document d'information (non approuvé par l'AMF) [6]	Règles de marché Euronext Growth
Euronext Access	Offre au public	Prospectus (approuvé par l'AMF) [3][4]	C. mon. fin. art. L 412-1 et L 621-8 Règl. Prospectus 2017/1129/UE
	Admission directe	Document d'information (non approuvé par l'AMF) [6]	Règles de marché Euronext Access

(1) Hors titres de créance négociables. Pour cette catégorie de titres, voir n° 80780 s.
(2) L'offre au public étant définie par référence aux titres financiers (C. mon. fin. art. L 411-1) ne couvre pas les contrats à terme fermes ou optionnels.
(3) L'obligation d'établir un prospectus concerne plus généralement toute offre au public de titres financiers (Règl. Prospectus 2017/1129/UE ; C. mon. fin. art. L 412-1 et L 621-8), sauf dispenses prévues par les textes (voir n° 82075).
(4) Le prospectus est approuvé par l'AMF dans les conditions prévues par l'article L 621-8 du Code monétaire et financier.
(5) Euronext Growth ayant obtenu le statut de marché de croissance des PME, un prospectus simplifié pourra être produit sous certaines conditions (voir n° 82055).
(6) Le document d'information « offering circular » est rédigé sous la responsabilité du listing sponsor et de la société (Règles de marché Euronext Growth, § 3.2 ; Règles de marché Euronext Access, § 2.2).
Le contenu du document d'information est défini par les règles de marché Euronext Growth (§ 3.2.1 pour une admission directe de titres de capital et § 3.3.1 pour une admission directe de titres de créance) et les règles de marché Euronext Access (Annexe II).

2. INFORMATIONS À FOURNIR EN CAS D'OFFRE AU PUBLIC OU D'ADMISSION DE TITRES FINANCIERS SUR UN MARCHÉ RÉGLEMENTÉ : PROSPECTUS

82030 **Réglementation et doctrine** Les règles régissant le dépôt d'un prospectus, les cas et seuils de dérogations, les documents à fournir et leur contenu sont prévues par le Règlement n° 2017/1129/UE, dit « Prospectus 3 ». Sur les dispenses de prospectus, voir n° 82075.

L'ensemble de la réglementation en vigueur, ainsi que de la doctrine de l'AMF et celle de l'ESMA sont regroupés dans le « Guide d'élaboration des prospectus et information à fournir en cas d'offre au public et d'admission de titres financiers » de l'AMF (Position-recommandation 2020-06 du 17-6-2020, mise à jour en dernier lieu le 28-7-2023).

Sur la notion d'offre au public de titres financiers, voir n° 81040 s.

Sur la notion d'admission de valeurs mobilières à la négociation sur un marché réglementé, voir n° 80900.

82035 **Forme du prospectus** Le prospectus peut être établi sous la forme d'un document unique ou de plusieurs documents distincts. Dans ce dernier cas, il doit comporter (Règl. 2017/1129/UE art. 10) :

– un **document d'enregistrement universel** ou Universal registration document « URD » (voir n° 65285) ou un **document d'enregistrement** qui comprend les informations relatives à l'émetteur ;

> **Précisions** Un émetteur qui dispose déjà d'un document d'enregistrement universel (le cas échéant actualisé ; voir n° 65285) n'est tenu d'établir, en cas d'offre au public ou d'une admission aux négociations sur un marché réglementé, que la note relative aux titres financiers et le résumé (Règl. gén. AMF art. 212-10). Ces documents sont soumis à l'approbation de l'AMF (voir n° 82085).

– une **note** relative aux **titres financiers** qui font l'objet de l'offre au public ou dont l'admission aux négociations sur un marché réglementé est demandée (Note d'opération) ; sur le contenu de cette note, voir n° 82055 ;

– et un **résumé** du prospectus (sauf pour les opérations d'admission portant sur des titres de créances dont la valeur nominale est d'au moins 100 000 euros) comprenant les **informations clés** dont les investisseurs ont besoin pour comprendre la nature et les risques de l'émetteur, du garant et des titres financiers offerts ou admis à la négociation sur un marché réglementé (Règl. 2017/1129 art. 7).

82055 **Contenu du prospectus** Le prospectus est établi selon l'un des schémas prévus par le règlement délégué n° 2019/980/UE du 14 mars 2019 selon le type d'émetteur (par exemple, émetteurs fréquents, ou émetteurs cotés depuis plus de 18 mois ou encore PME), le type d'émission et le type de titres financiers concernés.

a. Informations minimales Le Règlement délégué 2019/980/UE indique la liste d'exigences d'informations minimales que le prospectus doit contenir lorsque l'offre au public ou l'admission aux négociations sur un marché réglementé porte sur des titres donnant accès au capital (Règl. précité annexes 1 et 11) ou sur des titres de créances d'une valeur nominale unitaire inférieure à 100 000 euros (Règl. précité annexes 6 et 14).

> **Précisions** Lien avec l'URD Le modèle de l'annexe 1 du règlement délégué 2019/980/UE, applicable en cas d'opération portant sur des titres donnant accès au capital, sert de modèle pour l'élaboration du document d'enregistrement universel (voir n° 65285).

Opérations portant sur des :	Titres donnant accès au capital	Titres de créances d'une valeur nominale unitaire inférieure à 100 000 €
Documents d'enregistrement (annexes 1 et 6 du règl. délégué 2019/980/UE du 14-3-2019) [7]		
Personnes responsables du document	x	x
Contrôleurs légaux des comptes	x	x
Facteurs de risques [2]	x	x
Informations concernant l'émetteur	x	x
Aperçu des activités [3]	x	x
Structure organisationnelle	x	
Examen de la situation financière et du résultat [1]	x	
Trésorerie et capitaux [1]	x	
Informations sur les tendances	x	x
Prévisions ou estimations du bénéfice [1]	x	x
Organes d'administration, de direction et de surveillance et direction générale	x	x
Rémunération et avantages [1]	x	
Fonctionnement des organes d'administration et de direction	x	
Salariés	x	
Principaux actionnaires	x	
Transactions avec des parties liées [1]	x	
Informations financières concernant le patrimoine, la situation financière et les résultats de l'émetteur [8]	x [3]	x
Informations supplémentaires [5]	x	
Contrats importants	x	x
Documents disponibles	x	x
Note relative aux instruments financiers (annexes 11 et 14 du règl. délégué 2019/980/UE du 14-3-2019)		
Personnes responsables du document, informations provenant de tiers, rapports d'experts et approbation de l'autorité compétente	x	x
Facteurs de risque [2]	x	x
Informations essentielles	x [4]	x
Informations sur les instruments financiers	x	x
Modalités et conditions de l'offre	x	x
Admission à la négociation et modalités de négociation	x	x
Renseignements sur les détenteurs d'instruments financiers souhaitant les vendre	x	
Dépenses liées à l'opération	x	x
Dilution	x	
Informations complémentaires	x	x

(1) Voir Rec. ESMA/2013/319 du 20-3-2013.
(2) Voir Règlement Prospectus 3 (art. 16), ESMA lignes directrices 31-62-1217 du 29-3-2019 et ESMA orientations 31-62-1293 FR. Pour plus de détails sur ces orientations, voir FRC 2/20 inf. 5.
(3) Voir Position-recommandation 2021-02 : Guide d'élaboration des documents d'enregistrement universel, 3e partie, modifiée le 28-7-2023.
(4) Sur les vérifications particulières des commissaires aux comptes, voir FRC 12/23 Hors série inf. 97.

b. Aménagement du contenu du prospectus Lorsque certaines rubriques se révèlent inadaptées à la nature des titres financiers concernés, à l'activité ou à la forme juridique de l'émetteur, un prospectus fournissant des renseignements équivalents peut être établi sous le contrôle de l'AMF (Règl. 2017/1129/UE art. 18). En outre, certaines informations peuvent, sous le contrôle de l'AMF, ne pas être insérées dans le prospectus lorsque ces informations sont d'une importance mineure, ou que leur divulgation serait contraire à l'intérêt public ou porterait un préjudice grave à l'émetteur ou au garant éventuel, ou encore qu'elles concernent un État membre de l'Union européenne lorsqu'il est garant de l'offre de titres financiers (Règl. 2017/1129/UE art. 18 précité).

82060 Mise à jour du prospectus (supplément au prospectus) Tout fait nouveau significatif, toute erreur ou inexactitude substantielle concernant les informations contenues dans le prospectus, susceptible d'influencer l'évaluation des titres financiers, survenant ou constaté entre le moment de l'approbation du prospectus (voir n° 82085) et la clôture définitive de l'offre ou, le cas échéant, le début de la négociation sur un marché réglementé si cet événement intervient plus tard, est mentionné sans retard injustifié dans un **supplément au prospectus** (Règl. 2017/1129/UE art. 23). Ce document est approuvé par l'AMF (voir n° 82085) dans les mêmes conditions que le document initial établi préalablement à sa diffusion (Règl. 2017/1129/UE art. 18 précité).

82070 Langue du prospectus Le prospectus peut être établi dans une langue usuelle en matière financière autre que le français (en pratique l'anglais), y compris en cas d'introduction en bourse en France, sous réserve que le **résumé** du prospectus soit **traduit en français** (C. mon. fin. art. L 412-1 ; Règl. gén. AMF art. 212-12).

> **Précisions** Exemption de traduction en français La traduction du résumé n'est pas exigée lorsque :
> — l'offre au public de titres financiers est faite dans un ou plusieurs États membres de l'Union européenne, à l'exclusion de la France et ne donnant pas lieu à une admission aux négociations sur un marché réglementé en France ;
> — l'admission de titres financiers aux négociations sur un marché réglementé est sollicitée dans un ou plusieurs États membres de l'Union européenne, à l'exclusion de la France, et ne donnant pas lieu à une offre au public en France ;
> — l'admission aux négociations est sollicitée sur le compartiment « professionnel » d'Euronext, voir n° 80900.

Sur les incidences de l'utilisation de l'anglais sur les rapports du commissaire aux comptes devant figurer dans le prospectus, voir FRC 12/23 Hors série inf. 97.

82075 Dispenses de prospectus Le règlement « Prospectus 3 » n° 2017/1129/UE (art. 1er) et le règlement général de l'AMF prévoient des cas de dispense d'établissement de prospectus. La dispense de prospectus n'exonère toutefois pas l'émetteur de fournir dans certains cas des informations sur l'opération envisagée.

a. Dispenses de prospectus pour **certaines offres au public de titres financiers** :

1. Dispenses du fait du respect de certains seuils pour les offres de titres financiers (C. mon. fin. art. L 411-2-1 et D 411-2-1 ; Règl. gén. AMF art. 211-2) :
— dont le montant total en France et dans l'Union est inférieur à 8 000 000 € sur une période de 12 mois ;
— adressées à des investisseurs qui acquièrent les titres financiers pour un montant total d'au moins 100 000 € par investisseur et par offre distinct ;
— ou dont la valeur nominale des titres financiers s'élève au moins à 100 000 €.

2. Dispenses du fait du destinataire pour les offres de titres financiers adressées (C. mon. fin. art. L 411-2 1°) :
— uniquement aux **investisseurs qualifiés** ;

> **Précisions** Les investisseurs qualifiés sont, pour l'essentiel, les clients professionnels et les contreparties éligibles : établissements de crédit, entreprises d'investissement, entreprises d'assurance et autres investisseurs institutionnels, sociétés de taille importante, etc. (Règl. 2017/1129/UE art. 2, e).

— à un **cercle restreint d'investisseurs** agissant pour compte propre, c'est-à-dire **moins de 150 personnes physiques ou morales** autres que des investisseurs qualifiés (C. mon. fin. art. L 411-2 et D 411-4).

> **Précisions** Une telle émission ne peut avoir comme bénéficiaires uniques ou principaux des actionnaires ou des dirigeants de la société (Position AMF 2012-09 du 25-7-2012).

3. Dispenses de prospectus du fait de la nature de l'offre pour les offres portant sur (Règl. 2017/1129/UE art. 1er § 4 et 5) :
– des actions émises en substitution d'actions de même catégorie déjà émises, si l'émission de ces nouvelles actions n'entraîne pas d'augmentation du capital souscrit de l'émetteur ;
– des titres financiers offerts à l'occasion d'une offre publique d'échange ou d'une procédure équivalente de droit étranger lorsque l'émetteur a rendu disponible un document, soumis au contrôle de l'AMF, comprenant des renseignements équivalant à ceux qui doivent figurer dans le prospectus ;
– des titres financiers offerts, attribués ou devant être attribués, à l'occasion d'une fusion, d'une scission ou d'un apport d'actifs lorsque l'émetteur a rendu disponible un document, soumis au contrôle de l'AMF, comprenant des renseignements équivalant à ceux qui doivent figurer dans le prospectus ;
– des dividendes payés aux actionnaires sous la forme d'actions de la même catégorie que celles donnant droit à ces dividendes, lorsque l'émetteur met à la disposition des intéressés un document comprenant des renseignements sur le nombre et la nature des titres financiers ainsi que sur les raisons et les modalités de l'offre ;
– des titres financiers offerts, attribués ou devant être attribués aux administrateurs ou aux salariés anciens ou existants par leur employeur ou par une société liée, pour autant que l'émetteur mette à disposition un document comprenant des renseignements sur le nombre et la nature des titres financiers ainsi que sur les raisons et les modalités de l'offre ou de l'attribution ;

> **Précisions** Cette dispense d'établissement de prospectus concerne les offres au public ainsi que l'admission aux négociations sur un marché réglementé.

– des titres financiers dans le cadre du financement participatif (C. mon. fin. art. L 411-2 2°).

b. Dispenses de prospectus pour **l'admission à la négociation sur un marché réglementé des titres financiers** suivants :
– valeurs mobilières fongibles avec des valeurs mobilières déjà admises à la négociation sur le même marché réglementé, pour autant qu'elles représentent, sur une période de 12 mois, moins de 20 % du nombre de valeurs mobilières déjà admises à la négociation sur le même marché réglementé ;
– actions résultant de la conversion ou de l'échange d'autres titres financiers ou de l'exercice des droits conférés par d'autres titres financiers, lorsque ces actions sont de la même catégorie que celles admises aux négociations sur un marché réglementé pour autant que ces actions représentent, sur une période de 12 mois, moins de 20 % du nombre d'actions de la même catégorie déjà admises à la négociation et que les titres financiers donnant accès aux actions ont été émis avant le 20 juillet 2017 ;
– titres financiers déjà admis aux négociations sur un autre marché réglementé lorsque les conditions prévues au j. du paragraphe 5 de l'article 1er du règlement n° 2017/1129/UE sont remplies.

Responsabilité du prospectus Les textes (Règl. 2017/1129/UE art. 11 ; C. mon. fin. art. L 412-1) exigent que le prospectus soit revêtu de l'attestation des **responsables** du document attestant que, à leur connaissance, les données de celui-ci sont conformes à la réalité et ne comportent pas d'omission de nature à en altérer la portée.

Le contenu de la déclaration de l'attestation de responsabilité du prospectus est normé par le règlement délégué 2019/980/UE du 14 mars 2019. Des modèles de déclaration sont fournis par l'instruction de l'AMF n° 2019-21.

> **Précisions** Cette disposition ne s'applique pas au prospectus établi en vue de l'offre au public ou de l'admission sur un marché réglementé de titres de créances (dès lors qu'ils ne donnent pas accès au capital) ou de titres financiers sur le marché professionnel (voir n° 80900).

82080

Contrôle du prospectus par l'AMF Dès lors que l'AMF se révèle compétente, l'émetteur doit déposer un projet de prospectus sous une forme électronique permettant les recherches au format pdf ou XHTLM pour obtenir son approbation par l'AMF (Inst. AMF 2019-21). L'AMF notifie alors sa décision d'approbation dans les 10 jours ouvrables qui suivent la date de dépôt du projet de prospectus. Ce délai est modifié dans les cas suivants (Règl. 2017/1129/UE art. 20) :
– lorsque l'émetteur a établi un document d'enregistrement universel approuvé ou déposé auprès de l'AMF (voir n° 65285), l'émetteur dépose alors une note d'opération

82085

relative aux titres financiers et un résumé. Le délai d'approbation est alors réduit à 5 jours ouvrables ;
– en cas de première opération d'offre au public ou de première admission aux négociations sur un marché réglementé, le délai est doublé.
Sur le contrôle par les commissaires aux comptes, voir FRC 12/23 Hors série inf. 97.

82110 **Contrôles par les prestataires de services d'investissement** Le prospectus doit faire l'objet de contrôles de la part des prestataires de services d'investissement assistant la société dans ses opérations et être accompagné d'une attestation de ces derniers, remise à l'AMF préalablement à son approbation (Règl. gén. AMF art. 212-16).
L'attestation des prestataires de services d'investissement n'est pas requise pour un prospectus établi en vue de l'admission de titres financiers sur le compartiment « professionnel » (voir n° 80900).

82115 **Diffusion du prospectus** **a.** Une fois approuvé (voir n° 82085), **le prospectus** est mis à la disposition du public (pendant au moins 10 ans) par l'émetteur, dans un **délai raisonnable avant le début,** ou **au plus tard au début de** l'offre au public ou de l'admission aux négociations sur un marché réglementé. En cas de **première offre au public d'actions admises** à la négociation sur un marché réglementé pour la première fois, la mise à disposition du public doit intervenir **au moins 6 jours ouvrables avant la clôture de l'offre** (Règl. 2017/1129/UE art. 21.1 et 21.7).
Les émetteurs doivent également publier un communiqué précisant les modalités de mise à disposition du prospectus.
Ce communiqué constitue une information réglementée (Règl. gén. AMF art. 221-1 h) et doit être mis en ligne sur le site internet de l'émetteur (pour plus de détails sur les modalités de diffusion des informations réglementées, voir n° 81385 s.).
b. En outre, l'AMF publie sur son site internet tous les prospectus approuvés (Règl. 2017/1129/UE art. 21.5). Ils restent accessibles pendant au moins 10 ans.

82170 **Contrôles par le « listing sponsor »** Intermédiaire agréé par Euronext Paris SA, le listing sponsor est obligatoire :
– à l'admission sur Euronext Access, Euronext Access + et Euronext Growth ;
– après l'admission sur Euronext Access + et Euronext Growth sur une base permanente.
Le « listing sponsor » est une société agissant comme prestataire de services d'investissement, cabinet d'audit, cabinet d'avocats ou spécialiste en opérations de haut de bilan.

> **Précisions** **CAC et « listing sponsors »** Les textes (légaux, réglementaires ou normatifs) ne précisent pas quelles sont les modalités de travail entre les commissaires aux comptes et les « listing sponsors » et en particulier si :
> – le secret professionnel des commissaires aux comptes est levé à l'égard des « listing sponsors » qui les solliciteraient ;
> – le commissaire aux comptes doit faire des observations dans son rapport dans l'hypothèse où il constate un manquement dans les obligations rappelées ci-avant du « listing sponsor ».
> Interrogée officieusement par nos soins (août 2006), la CNCC indique, en revanche, que seule la norme n° 4-105 « Lettre de confort » trouve à s'appliquer dans les relations entre commissaires aux comptes et listing sponsors.

4. OPÉRATIONS BÉNÉFICIANT D'UNE DISPENSE DE PROSPECTUS : INFORMATIONS À COMMUNIQUER

82200 Certaines opérations dispensées de prospectus (voir n° 82075) doivent néanmoins donner lieu à la publication de certaines informations. Pour plus de détails, voir le Guide d'élaboration des prospectus et information à fournir en cas d'offre au public ou d'admission de titres financiers de l'AMF (Position-recommandation 2020-06, deuxième partie, mise à jour en dernier lieu le 28-7-2023).

B. Informations à fournir à l'occasion d'autres opérations (autres que des admissions et émissions de titres financiers)

82210

Nature de l'opération ou de l'événement	Publications à effectuer ou forme de l'information	Textes de référence
Offres publiques d'acquisition (procédure normale ou simplifiée)	Note d'information approuvée par l'AMF et communiqué	C. mon. fin. (art. L 621-8) Règl. gén. AMF (art. 231-13 s.) Inst. COB de mai 2002 Inst. AMF 2006-07
Offres publiques de retrait portant sur des instruments financiers qui ont cessé d'être admis à la négociation sur un marché réglementé ou sur Euronext Growth		Règl. gén. AMF (art. 231-1 et 236-1 s.)
Retrait obligatoire		Règl. gén. AMF (art. 231-1 et 237-1 s.)
Offre publique d'échange	Note d'information approuvée par l'AMF et document d'exemption	Règl. délégué 2021/528/UE Règl. gén. AMF (art. 231-28) Inst. AMF 2019-21
Rachat de leurs propres actions (voir n° 55635)	Descriptif du programme	C. mon. fin. (art. L 451-3) Règl. gén. AMF (art. 241-1 s.) Inst. AMF 2017-03
Rachat et procédure d'acquisition ordonnée de titres de créance ne donnant pas accès au capital admis aux négociations sur un marché réglementé ou sur Euronext Growth	Communiqué	Règl. gén. AMF (art. 238-1 s.) Inst. AMF 2010-02
Admission de warrants sur un marché réglementé	Note d'information approuvée par l'AMF	Avis SBF 94-2015 du 29 juin 1994 [1]
Fusions, scissions, apports d'actifs (émission ou cession de titres financiers de même catégorie déjà admis aux négociations sur un marché réglementé)	Document d'exemption	Règl. délégué 2021/528/UE
Actions offertes ou attribuées gratuitement aux actionnaires et dividendes payés sous forme d'actions	Document d'information	Règl. Prospectus 2017/1129/UE (art. 1er)
Titres financiers offerts ou attribués aux administrateurs et aux salariés	Document d'information	Règl. Prospectus 2017/1129/UE (art. 1er)

(1) Communiqués communs COB-CBV (Bull. COB n° 281, juin 1994 actualisé dans Bull. COB n° 303, juin 1996, p. 9, Bull. COB n° 329, novembre 1998, p. 155 s. et Bull. COB n° 350, octobre 2000, p. 19 s.).

SECTION 4 — SANCTIONS EN MATIÈRE D'INFORMATION FINANCIÈRE

I. MANQUEMENTS AUX LOIS, RÈGLEMENTS ET RÈGLES PROFESSIONNELLES APPROUVÉES PAR L'AMF

82500 **Pouvoir de sanction administrative** La commission des sanctions de l'AMF peut prononcer, après une procédure contradictoire, des sanctions pécuniaires à l'encontre de l'émetteur et/ou de ses dirigeants ou de toute personne qui, notamment (C. mon. fin. art. L 621-15) :
– s'est livrée ou a tenté de se livrer à une opération d'initié (manquement d'initié) ou à une manipulation de marché ;

> **Précisions 1. Manquements d'initiés imputables aux dirigeants des sociétés cotées** L'AMF recommande, dans son guide de l'information permanente et de la gestion de l'information privilégiée, la mise en œuvre de mesures visant à prévenir l'utilisation d'une information privilégiée par les dirigeants (Position-recommandation 2016-08).
> **2. Guide MiddleNext** a publié en décembre 2011 un Guide « Gestion de l'information privilégiée et prévention des manquements d'initiés » destiné aux valeurs moyennes cotées.

– a recommandé à une autre personne d'effectuer une opération d'initié ou a incité une autre personne à effectuer une telle opération ;
– s'est livrée à une divulgation illicite d'informations privilégiées ;
– ou s'est livrée à tout autre manquement mentionné au premier alinéa du II de l'article L 621-14 du Code monétaire et financier.

Peuvent être sanctionnées certaines obligations d'information : manquements à certaines obligations d'information (C. mon. fin. art. L 621-15, III bis) :
– déclaration de franchissement de seuil (voir n° 39015) ;
– publication du nombre total de droits de vote et d'actions d'une société ;
– publication des rapports financiers annuel et semestriel (voir n° 65250 et 65590).

> **Précisions 1. Manquements constitutifs de délits** Ces manquements peuvent être également constitutifs de délits (voir n° 82575 s.). Lorsqu'une action publique a déjà été engagée à l'encontre d'une personne pour les mêmes faits, l'AMF ne peut pas alors procéder à la notification des griefs à l'encontre de cette personne (C. mon. fin. art. L 465-3-6).
> **2. Montant des sanctions pécuniaires** Ce montant doit être en rapport avec la gravité des manquements commis et en relation avec l'importance soit des gains ou avantages obtenus, soit des pertes ou coûts évités par la personne en cause. Pour plus détails sur les sanctions pécuniaires, voir Mémento Sociétés commerciales n° 63234.
> **3. Sanctions à l'encontre des commissaires aux comptes** La Cour de cassation a jugé dans deux arrêts (Cass. com. 11-7-2006 05-18.528 et 11-7-2006 05-18.337 ; Bull. CNCC n° 143, septembre 2006, p. 497 s.) que l'AMF peut prononcer une sanction administrative à l'égard d'un commissaire aux comptes, et qu'une telle sanction peut frapper le commissaire aux comptes, personne physique signataire, alors même que le mandat est détenu par une société de commissaires aux comptes.
> **4. Pouvoir de transaction au travers d'une procédure dite de composition administrative.** Pour plus de détails sur la procédure de composition administrative, voir Mémento Sociétés commerciales n° 63227 et, sur les recours formés contre les décisions de l'AMF, voir n° 63228.

Concernant les procédures de contrôles et enquêtes de l'AMF, voir Mémento Sociétés commerciales n° 63175 à 63187.

Pour plus de détails sur les procédures de sanction de l'AMF, voir Mémento Sociétés commerciales n° 63205 à 63234.

II. DÉLITS BOURSIERS

82575 Le Code monétaire et financier (art. L 465-1 à L 465-3-3) prévoit les **six délits boursiers** suivants :
– délit d'initié qui punit les personnes disposant d'informations privilégiées d'en faire usage en réalisant, pour elles-mêmes ou pour autrui, soit directement soit indirectement, une ou plusieurs opérations, ou en annulant ou modifiant un ou plusieurs ordres passés, sur les instruments émis par l'émetteur ou sur les instruments financiers concernés par les informations privilégiées (C. mon. fin. art. L 465-1) ; pour plus de détails, voir Mémento Sociétés commerciales n° 66317 à 66326 ;
Sur le manquement d'initié sanctionné par l'AMF, voir n° 82200.
– délit de recommandation ou d'incitation à l'utilisation d'informations privilégiées (C. mon. fin. art. L 465-2 I) ;
– délit de divulgation d'informations privilégiées (C. mon. fin. art. L 465-3) ;
– délit de communication d'informations fausses ou trompeuses ; ce délit vise toute personne qui diffuse, par tout moyen, des informations qui donnent des indications fausses ou trompeuses sur la situation ou les perspectives d'un émetteur ou sur l'offre, la demande ou le cours d'un instrument financier, ou qui fixent ou sont susceptibles de fixer le cours d'un instrument financier à un niveau anormal ou artificiel (C. mon. fin. art. L 465-3-2) ;
– délit de manipulation des cours (C. mon. fin. art. L 465-3-1) ;
– délit de manipulation du calcul d'un indice financier (C. mon. fin. art. L 465-2-1).
Ces six délits sont applicables (C. mon. fin. art. L 465-3-4) :
– aux instruments financiers négociés sur une plate-forme de négociation, ou pour lesquels une demande d'admission à la négociation sur une plate-forme de négociation a été présentée (sur cette notion, voir n° 80900) ;
– aux produits dérivés ;
– aux quotas d'émission carbone (visés à C. envir. art. L 229-7).
Les deux délits de manipulation de cours et de diffusion de fausse information s'appliquent en outre aux contrats au comptant sur matières premières ainsi qu'aux dérivés sur matières premières.

> **Précisions** **1. Responsabilité des personnes morales** Les personnes morales peuvent être déclarées responsables pénalement, dans les conditions prévues par l'article 121-2 du Code pénal, de l'ensemble des délits boursiers définis ci-avant (C. mon. fin. art. L 465-3-5). Sur les sanctions applicables, voir Mémento Sociétés commerciales n° 4700.
> **2. Tentative** La tentative pour les délits boursiers est punie des mêmes peines que celles prévues pour les délits eux-mêmes. Sur les sanctions applicables, voir Mémento Sociétés commerciales n° 66312.
> **3. Lien entre délits boursiers et règlement général de l'AMF** Les abus de marché constitutifs de délits constituent également des manquements administratifs au règlement général de l'AMF, susceptibles à ce titre d'être sanctionnés par la Commission des sanctions de l'AMF (voir n° 82200). Toutefois, en raison de l'interdiction du cumul des répressions administratives et pénales (Cons. const. QPC 18-3-2015 n° 2015-462), le procureur de la République financier ne peut poursuivre pénalement une personne lorsque l'AMF a déjà procédé à la notification des griefs pour les mêmes faits en application de l'article L 621-15 du Code monétaire et financier (C. mon. fin. art. L 465-3-6).

Sur les délits relatifs à l'établissement et à la présentation des documents comptables, voir n° 66500 s.

CHAPITRE 22
AUDIT ET CONTRÔLES COMPTABLES ET FINANCIERS

L'**intégralité du chapitre** relatif à l'audit et aux contrôles comptables et financiers se trouve :
– dans le **Navis comptable Conso France/IFRS** (solution numérique ; code d'accès en première page de cet ouvrage), rubrique Revues, **Feuillet Rapide Comptable, FRC 12/23 Hors série** ;
– ainsi que dans le **FRC 12/23 Hors série** (version papier).

RÈGLES DE DÉSIGNATION DES COMMISSAIRES AUX COMPTES DANS LES SOCIÉTÉS COMMERCIALES

Dans cette édition 2024 du Mémento Comptable, seules sont exposées les règles de désignation des commissaires aux comptes dans les **sociétés commerciales**.

85005

Les principaux points à retenir concernant l'audit légal des comptes des sociétés commerciales sont les suivants :
– les **SA,** les sociétés européennes (**SE**) et les **SCA** sont **dispensées** de nommer un commissaire aux comptes si elles ne dépassent pas certains seuils ;
– les seuils de nomination d'un commissaire aux comptes sont **identiques** pour **toutes les sociétés commerciales** (SA, SE, SCA, SAS, SARL, SNC, SCS) ;
– les entités d'intérêt public (**EIP**) et les sociétés qui ont l'obligation d'établir des **comptes consolidés sont tenues de nommer un commissaire aux comptes** sans condition de seuils.

Sur les seuils, voir tableau n° 85010. Voir également l'étude juridique de la CNCC « La nomination et la cessation des fonctions du commissaire aux comptes » (juin 2022).

85010 Sociétés commerciales : seuils de nomination des commissaires aux comptes (tableau de synthèse, établi par nos soins)

	Textes applicables	Principales dispositions
1. Sociétés anonymes (SA) Sur les SA qui sont des EIP, voir 9. ci-après.	C. com. art. L 225-218, D 221-5 et D 225-164-1	**a. Critères de seuils. Obligation** de nommer au moins un commissaire aux comptes lorsque **deux des trois seuils** suivants sont dépassés : – **bilan : 4 M€** ; – **chiffre d'affaires hors taxes : 8 M€** ; – **nombre moyen de salariés : 50.** **Suppléant** La désignation d'un suppléant n'est pas requise même si le titulaire est une personne morale pluripersonnelle (sauf clause contraire des statuts). La **nomination** du commissaire aux comptes intervient au titre de l'exercice suivant celui au cours duquel les seuils ont été dépassés. Cette obligation **cesse** lorsque deux de ces trois seuils ne sont pas dépassés pendant les deux exercices précédant l'expiration du mandat du commissaire aux comptes. Voir ci-après 6. SNC. En cas de **création** d'une SA (ou, à notre avis, d'une SE ou d'une SCA), il faut attendre la clôture du premier exercice pour constater le dépassement ou non de deux des trois seuils ci-avant (Questions-réponses CNCC – Loi Pacte du 23-10-2020, version 3, § 1.5). **b. Autres critères.** Même si ces seuils ne sont pas atteints, la **nomination** d'un commissaire aux comptes peut être **demandée en justice** par un ou plusieurs actionnaires représentant au moins 10 % du capital. En cas de **passage en dessous des seuils** et d'obligation de **publier des comptes consolidés,** voir ci-après 5. SARL. L'AGO peut désigner **volontairement** un commissaire aux comptes. Sont également tenues de désigner un commissaire aux comptes, pour un mandat de **trois exercices,** les sociétés dont un ou plusieurs associés représentant au moins le **tiers** du capital en font la demande motivée auprès de la société (mission Alpe, voir FRC 12/23 Hors série inf. 59).
2. Sociétés européennes (SE) Sur les SE qui sont des EIP, voir 9. ci-après.	C. com. art. L 225-218 sur renvoi de L 229-1, D 221-5 et D 225-164-1	
3. Sociétés en commandite par actions (SCA) Sur les SCA qui sont des EIP, voir 9. ci-après.	C. com. art. L 226-6, D 221-5 et D 225-164-1	

	Textes applicables	Principales dispositions
4. Sociétés par actions simplifiées (SAS) Sur les SAS qui sont des EIP, voir 9. ci-après.	C. com. art. L 227-9-1, D 221-5 et D 227-1	**a. Critères de seuils. Obligation** de nommer au moins un commissaire aux comptes lorsque **deux des trois seuils** suivants sont dépassés : – bilan : 4 M€ ; – chiffre d'affaires hors taxes : 8 M€ ; – nombre moyen de salariés : 50. **Suppléant** Voir 1. SA ci-avant. La **nomination** du commissaire aux comptes intervient au titre de l'exercice suivant celui au cours duquel les seuils ont été dépassés. Cette obligation **cesse** lorsque deux de ces trois seuils ne sont pas dépassés pendant les deux exercices précédant l'expiration du mandat du commissaire aux comptes (voir ci-après 6. SNC). Pour un **exemple pratique,** voir EJ 2021-17 du 20-8-2021 (cncc.fr) traitée dans le FRC 10/21 inf. 6. En cas de **création** d'une SAS, il faut attendre la clôture du premier exercice pour constater le dépassement ou non de deux des trois seuils ci-avant (Questions-réponses CNCC Loi Pacte précitées, § 1.6). En cas de **transformation** de SA en SAS, si deux des trois seuils ci-avant étaient dépassés à la date de clôture du dernier exercice, le mandat du commissaire aux comptes se poursuit. Dans le cas contraire, il prend fin (Questions-réponses CNCC Loi Pacte précitées, § 3.1). **b. Autres critères.** Même si ces seuils ne sont pas atteints, la **nomination** d'un commissaire aux comptes peut être **demandée en justice** par un ou plusieurs associés représentant au moins 10 % du capital. En cas de **passage en dessous des seuils** et d'obligation de **publier des comptes consolidés,** voir ci-après 5. SARL. L'AGO peut désigner **volontairement** un commissaire aux comptes. Sont également tenues de désigner un commissaire aux comptes (mandat de **trois exercices**), les sociétés dont un ou plusieurs associés représentant au moins le tiers du capital en font la demande motivée auprès de la société (mission Alpe, voir FRC 12/23 Hors série inf. 59). **c. Suppression du critère de contrôle d'une ou de plusieurs sociétés ou par une ou plusieurs sociétés.** L'obligation de désigner un commissaire aux comptes lorsque la SAS contrôlait ou était contrôlée par une ou plusieurs sociétés a été supprimée par la loi Pacte, **sauf pour les petits groupes** (voir 8. ci-après).

85010 (suite)

	Textes applicables	Principales dispositions
5. Sociétés à responsabilité limitée (SARL)	C. com. art. L 223-35 et D 221-5 sur renvoi de D 223-27	**a. Critères de seuils. Obligation** de nommer au moins un commissaire aux comptes lorsque **deux des trois seuils** suivants sont dépassés à la clôture de l'exercice social : – **bilan : 4 M€** ; – **chiffre d'affaires hors taxes : 8 M€** ; – **nombre moyen de salariés : 50**. **Suppléant** Voir 1. SA ci-avant. La **nomination** du commissaire aux comptes intervient au titre de l'exercice suivant celui au cours duquel les seuils ont été dépassés. Cette obligation **cesse** lorsque deux de ces trois seuils ne sont pas dépassés pendant les deux exercices précédant l'expiration du mandat du commissaire aux comptes. **Le fait pour une SARL ou une SNC de passer en dessous des seuils** n'entraîne ni la caducité de la mission ni la possibilité pour la personne morale contrôlée de mettre fin de façon anticipée à la mission du commissaire aux comptes, la **durée de la mission** du commissaire aux comptes étant **impérative**, sauf exception légale (Étude juridique « La nomination et la cessation des fonctions du commissaire aux comptes », juin 2022, § 317 à 319). Cette position de doctrine est applicable pour toute SA/SCA/SE/SAS qui passerait en dessous des seuils. **b. Autres critères.** Même si ces seuils ne sont pas atteints, la **nomination** d'un commissaire aux comptes peut être **demandée en justice** par un ou plusieurs associés (s'ils représentent au moins 10 % du capital pour les SARL, et quelle que soit leur participation dans le capital pour les SNC et les SCS). Sont également tenues de désigner un commissaire aux comptes, pour un mandat de **trois exercices**, les sociétés dont un ou plusieurs associés représentant au moins le **tiers** du capital en font la demande motivée auprès de la société (mission Alpe, voir FRC 12/23 Hors série inf. 59). **Une EURL en dessous des seuils** de nomination d'un commissaire aux comptes qui est astreinte à **publier des comptes consolidés** (par exemple, si elle contrôle un groupe) se trouve dans l'obligation de nommer non pas un, mais **deux** commissaires aux comptes (Bull. CNCC n° 151, septembre 2008, EJ 2008-24, p. 556). À notre avis, cette position est applicable à toute forme de société commerciale astreinte à publier des comptes consolidés (voir Mémento Comptes consolidés n° 9238).
6. Sociétés en nom collectif (SNC)	C. com. art. L 221-9 et D 221-5	
7. Sociétés en commandite simple (SCS)	C. com. art. L 221-9 sur renvoi de L 222-2 et D 221-5	

	Textes applicables	Principales dispositions
8. Petits groupes : **8.1 Entités mères** (sauf entités astreintes à publier des comptes consolidés, et sauf EIP) Il appartient aux **dirigeants** de déterminer s'il existe un « petit groupe » et de **mettre cette information à la disposition des commissaires aux comptes** (Questions-réponses CNCC Loi Pacte précitées, § 2.10).	C. com. art. L 823-2-2, al. 1 et D 221-5 sur renvoi de D 823-1	**a. Obligation** de nommer au moins un commissaire aux comptes lorsque **l'ensemble formé par l'entité mère et les sociétés qu'elle contrôle** dépasse **deux des trois seuils** suivants : – bilan : 4 M€ ; – chiffre d'affaires hors taxes : 8 M€ ; – nombre moyen de salariés : 50. **Suppléant** Voir 1. SA ci-avant. La **nomination** du commissaire aux comptes intervient au titre de **l'exercice suivant** celui au cours duquel les seuils ont été franchis (Questions-réponses CNCC Loi Pacte précitées, § 2.13). La **constatation du dépassement** des seuils doit se faire au moment de l'arrêté des comptes, par rapport à la composition du petit groupe **à la date de clôture** des comptes annuels (et non pas à la date de l'assemblée générale). La modification de la composition du petit groupe qui interviendrait postérieurement à la clôture de l'exercice ne doit donc pas être prise en compte (EJ 2020-02 du 11-12-2020). Lorsque les filiales n'ont **pas la même date de clôture** que l'entité mère, les données chiffrées à retenir sont celles des derniers comptes annuels arrêtés des entités qui composent l'ensemble (Questions-réponses CNCC Loi Pacte précitées, § 2.11) : – en retenant **toutes les sociétés contrôlées** indépendamment de leur taille (EJ 2019-52 du 27-9-2019) ; – y compris les **sociétés contrôlées étrangères** (EJ 2019-43 du 17-1-2020 et Questions-réponses CNCC Loi Pacte précitées, § 2.5). Sur une position contraire, voir Ansa CJ n° 20-020 du 3-6-2020 (§ 1). Une **société mère française d'un petit groupe dépassant** deux des trois seuils 4/8/50, contrôlée par une **tête de groupe étrangère**, doit désigner un commissaire aux comptes si elle dépasse deux des trois seuils 2/4/25 [1] (EJ 2019-43 du 17-1-2020 et Questions-réponses CNCC Loi Pacte précitées, § 2.6). En cas de **contrôle conjoint,** voir Questions-réponses CNCC Loi Pacte précitées, § 4 s. **b. L'obligation ne s'applique pas** si l'entité mère d'un petit groupe est elle-même contrôlée par une société qui a nommé un commissaire aux comptes. Il en est de même si la société contrôlant l'entité mère d'un petit groupe est une **société étrangère** soumise à un contrôle légal (EJ 2019-43 du 17-1-2020 et Ansa CJ n° 20-020 du 3-6-2020, § 2.a). **c. L'obligation cesse** lorsque deux de ces trois seuils ne sont pas dépassés pendant les deux exercices précédant l'expiration du mandat du commissaire aux comptes.

85010 (suite)

	Textes applicables	Principales dispositions
8.2 Sociétés contrôlées (au sens de C. com. art. L 233-3) **par l'entité mère d'un petit groupe**	C. com. art. L 823-2-2, al. 3 et D 221-5 sur renvoi de D 823-1-1	**Obligation** de nommer au moins un commissaire aux comptes si elles dépassent au cours d'un exercice **deux des trois seuils** suivants : – **bilan : 2 M€** ; – **chiffre d'affaires hors taxes : 4 M€** ; – **nombre moyen de salariés : 25**. Un même commissaire aux comptes peut être nommé dans l'entité contrôlante et dans la société contrôlée. La **nationalité** de l'entité qui contrôle n'a **pas d'impact** : une société française contrôlée par une entité mère étrangère a l'obligation de désigner un commissaire aux comptes si elle dépasse deux des trois seuils 2/4/25 dès lors que l'ensemble est un petit groupe (Questions-réponses CNCC Loi Pacte précitées, § 2.4). La **détention en nue-propriété** doit être prise en compte pour apprécier le contrôle d'une société (EJ 2020-06 du 11-12-2020). Les filiales significatives d'une tête de **« petit groupe »** non EIP établissant **volontairement** des **comptes consolidés** sont soumises à l'obligation de nommer un commissaire aux comptes (Questions-réponses CNCC Loi Pacte précitées, § 3.1 et EJ 2019-51 du 24-1-2020). Des sociétés contrôlées par une même **personne physique** sont tenues de désigner un commissaire aux comptes si l'ensemble dépasse deux des trois seuils 4/8/50 [2] et que les sociétés contrôlées dépassent individuellement deux des trois seuils 2/4/25 (Questions-réponses CNCC Loi Pacte précitées, § 2.3 et EJ 2019-41 du 22-11-2019). Cette obligation **cesse** lorsque deux de ces trois seuils ne sont pas dépassés pendant les deux exercices précédant l'expiration du mandat du commissaire aux comptes.
9. EIP (notamment, sociétés dont les titres financiers sont admis aux négociations sur un marché réglementé, établissements de crédit, entreprises d'assurance ; voir FRC 12/23 Hors série inf. 11)	C. com. art. L 823-2-1	Obligation de **nommer au moins un commissaire aux comptes, sans condition de seuils.**

(1) Seuils des sociétés contrôlées par une société mère d'un petit groupe (voir 8.2).
(2) Seuils de la société mère d'un petit groupe (voir 8.1).

Appendices

SOMMAIRE 95000

A. Modèles de bilan et de compte de résultat	95500
– Système de base	95505
– Système abrégé	95605
B. Liste des comptes du PCG	96195

MODÈLES © Éd. Francis Lefebvre

APPENDICE 1 — MODÈLES DE BILAN ET DE COMPTE DE RÉSULTAT

95500 Il existe **trois systèmes pour présenter le bilan et le compte de résultat** : de base (voir ci-après), abrégé (voir ci-après) et développé (PCG art. 823-1 et 823-2 ; voir n° 64400).
Sont présentés ci-après :
– les modèles de bilan et de compte de résultat du **système de base** du PCG :
• Bilan-actif, n° 95505 (PCG art. 821-1),
• Bilan-passif en tableau avant répartition, n° 95525 (PCG art. 821-1),
• Compte de résultat en liste, n° 95530 (PCG art. 821-4),
• Compte de résultat en tableau, n° 95535 (PCG art. 821-3) ;
– les modèles de bilan et de compte de résultat du **système abrégé** :
• Bilan avant répartition, n° 95605 (PCG art. 822-1),
• Compte de résultat en tableau, n° 95610 (PCG art. 822-3) ;
– avec, en regard de chaque poste, l'indication des comptes correspondants (D : débiteur ; C : créditeur), fournie par nos soins.

> **Précisions 1. Impacts du règlement ANC n° 2022-06 relatif à la modernisation des états financiers** Ce règlement (en cours d'homologation), applicable de façon obligatoire aux exercices ouverts **à compter du 1ᵉʳ janvier 2025** (avec une possibilité pour les entreprises de procéder à une application anticipée à compter de sa date de publication au Journal officiel), prévoit la **suppression** :
> – des modèles de bilans en tableau après répartition (système de base et abrégé) et de bilan en liste (système de base) ;
> – des modèles de compte de résultat en tableau pour ne conserver que les modèles de compte de résultat en liste. Toutefois, le Code de commerce prévoyant la faculté de présenter un compte de résultat en tableau, il sera toujours possible, en principe, de retenir cette présentation ;
> – des modèles du système développé des états financiers, peu utilisés en pratique.
> Les entités pourront toutefois utiliser des modèles de bilan et de compte de résultat plus développés si elles respectent les modèles figurant dans le PCG, mais décident d'apporter davantage d'informations.
> Le règlement met en outre à jour la **nomenclature des comptes** en supprimant les comptes devenus obsolètes et en regroupant les comptes dont le niveau de granularité paraît trop fin.
> Un **tableau de passage** entre le plan de comptes et les postes du bilan et du compte de résultat (pour le système de base et le système abrégé) est également inséré en commentaires infra-réglementaires.
> Enfin, le règlement précise que lorsqu'un poste de bilan ou de compte de résultat ne comporte aucun montant ni pour l'exercice en cours ni pour l'exercice précédent, il est autorisé de ne pas le mentionner dans les états financiers.
> Pour plus de détails et notamment sur les modalités d'établissement des premiers états financiers « modernisés », voir FRC 1/23 inf. 2 et 2/23 inf. 2.
> Pour les autres changements apportés par le règlement :
> – sur la nouvelle définition et présentation du résultat exceptionnel, voir n° 52030 ;
> – sur la suppression de la technique des transferts de charges, voir n° 45500 ;
> – sur la nouvelle présentation des informations en annexe, voir n° 64550 ;
> – sur les modèles de tableaux de financement, voir n° 65925.
>
> **2. Postes et rubriques minimum** Ces modèles comprennent les rubriques et postes minimum à présenter. Pour une définition des postes et rubriques des états financiers, voir n° 64185.

SYSTÈME DE BASE

ACTIF	Exercice N			Exercice N-1
	Brut	Amort. et dépréciations	Net	Net
Capital souscrit non appelé.............	109			
ACTIF IMMOBILISÉ (a)				
Immobilisations incorporelles :				
Frais d'établissement.......................	201	2801		
Frais de recherche et de développement	203	2803		
Concessions, brevets, licences, marques, procédés, logiciels, droits et valeurs similaires..........................	205	2805 – 2905		
Fonds commercial (1)	206 – 207	2807 – 2906 – 2907		
Autres..	208 – 2081	2808 – 2908 – 28081 – 29081		
Immobilisations incorporelles en cours.	232	2932		
Avances et acomptes	237			
Immobilisations corporelles :				
Terrains..	211 – 212 – 22	2812 – 282 – 292		
Constructions...................................	213 – 214 – 22	2813 – 2814 – 282 – 292		
Installations techniques, matériel et outillage industriels......................	215 – 22	2815 – 282 – 292		
Autres..	218 – 2187	2818 – 28187 – 29187		
Immobilisations corporelles en cours....	231	2931		
Avances et acomptes	238			
Immobilisations financières (2) :				
Participations (b)..............................	261 – 266	2961 – 2966		
Créances rattachées à des participations.......................................	267 – 268	2967 – 2968		
TIAP (h)	273 (h)	2973		
Autres titres immobilisés	271 – 272 – 27682 – 277	2971 – 2972		
Prêts	274 – 27684	2974		
Autres..	275 – 2761 – 27685 – 27688 – 278	2975 – 2976 – 29787		
Total I	X	X	X	X
ACTIF CIRCULANT				
Stocks et en-cours (a) :				
Matières premières et autres approvisionnements..............................	31 – 32 – 36 – 38	391 – 392		
En-cours de production (biens et services) (c)...................................	33 – 34 – 36 – 38	393 – 394		
Produits intermédiaires et finis	35 – 36 – 38	395		
Marchandises...................................	37 – 36 – 38	397		
Avances et acomptes versés sur commande	4091			
Créances (3) :				
Créances Clients (a) et Comptes rattachés (d)	411 – 413 – 416 – 418 (i)	491		

BILAN ACTIF (BASE) © Éd. Francis Lefebvre

95505
(suite)

ACTIF	Exercice N			Exercice N-1
	Brut	Amort. et dépréciations	Net	Net
Autres	4096 – 4097 – 4098 (f) – 425 – 4287 – 4387 – 441 – 443D – 444D – 4452 – 4456 – 44581 – 44582 – 44583 – 44586 – 4487 – 451D – 455D – 456D (sauf 4562) – 458D – 462 – 465 – 467D – 4687 – 4781	495 – 496		
Capital souscrit – appelé, non versé	4562			
Valeurs mobilières de placement (e) :				
Actions propres	502	59		
Autres titres	50 (sauf 502 – 509)	59		
Instruments financiers à terme et jetons détenus....................................	52D			
Disponibilités...........................	51D (sauf 5181 – 519) (g) – 53 – 54			
Charges constatées d'avance (3)........	486			
Total II	X	X	X	X
Charges à répartir sur plusieurs exercices **(III)**...........................	481 X		X	X
Primes de remboursement des emprunts **(IV)**............................	169		X	X
Écarts de conversion et différences d'évaluation – Actif **(V)**................	4746 – 4761 – 4762 – 4778 (j) – 478601 (k) – 478602		X	X
TOTAL GÉNÉRAL (I + II + III + IV + V)	X	X	X	X
(1) Dont droit au bail...				
(2) Dont à moins d'un an (brut)...				
(3) Dont à plus d'un an (brut)..				

(a) Les actifs avec clause de réserve de propriété sont regroupés sur une ligne distincte portant la mention « dont... € avec clause de réserve de propriété ». En cas d'impossibilité d'identifier les biens, un renvoi au pied du bilan indique le montant restant à payer sur ces biens. Le montant à payer comprend celui des effets non échus.
(b) Si des titres sont évalués par équivalence, ce poste est subdivisé en deux sous-postes « Participations évaluées par équivalence » et « Autres participations ». Pour les titres évalués par équivalence, la colonne « Brut » présente la valeur globale d'équivalence si elle est supérieure au coût d'acquisition. Dans le cas contraire, le prix d'acquisition est retenu. La dépréciation globale du portefeuille figure dans la 2e colonne. La colonne « Net » présente la valeur globale d'équivalence positive ou une valeur nulle.
(c) À ventiler, le cas échéant, entre biens d'une part et services d'autre part.
(d) Créances résultant de ventes ou de prestations de services.
(e) Poste à servir directement s'il n'existe pas de rachat par l'entité de ses propres actions.

> **Précisions** Nous complétons ce tableau de nos propres commentaires :
(f) Voir commentaires n° 18305.
(g) Voir principe de non-compensation avec soldes créditeurs n° 43265.
(h) TIAP : Titres immobilisés de l'activité de portefeuille (voir n° 35225).
(i) Le compte 417 a été enlevé par nos soins, la méthode du bénéfice partiel ayant été supprimée par le règlement CRC n° 99-08.
(j) Voir n° 40435.
(k) Voir commentaires n° 41765.

BILAN PASSIF (BASE)

95525

PASSIF	Exercice N	Exercice N-1
CAPITAUX PROPRES		
Capital (dont versé…) [a]	101 – 108 (dont versé : 1013)	
Primes d'émission, de fusion, d'apport	104	
Écarts de réévaluation [b]	105	
Écart d'équivalence [c] [n]	107 [n]	
Réserves :		
Réserve légale	1061	
Réserves statutaires ou contractuelles	1063	
Réserves réglementées	1062 – 1064	
Autres	1068	
Report à nouveau [d] [o]	11	
Résultat de l'exercice (bénéfice ou perte) [e]	12	
Subventions d'investissement	13	
Provisions réglementées	14	
Total I	X	X
AUTRES FONDS PROPRES*		
Produits des émissions de titres participatifs	1671	
Avances conditionnées	1674	
Autres		
Total I bis	X	X
PROVISIONS		
Provisions pour risques	151	
Provisions pour charges	15 (sauf 151)	
Total II	X	X
DETTES [1] [g]		
Emprunts obligataires convertibles	161 – 16881 [h]	
Autres emprunts obligataires	163 – 16883 [h]	
Emprunts et dettes auprès des établissements de crédit [2]	164 – 16884 [i] – 512C [i] – 514C [i] – 517C [i] – 5181 – 519	
Emprunts et dettes financières diverses [3]	165 – 166 – 1675 – 168 (sauf 16881) – 16883 – 16884 [h] – 17 – 426 [j] – 45C [k] (sauf 457)	
Avances et acomptes reçus sur commandes en cours	4191	
Dettes Fournisseurs et Comptes rattachés [f]	401 – 403 – 4081 – 4088 (en partie)	
Dettes fiscales et sociales	421 – 422 – 424 – 427 – 4282 – 4284 – 4286 – 43 (sauf 4387) – 442 – 443C – 444C – 4455 – 4457 – 44584 – 44587 – 446 – 447 – 4482 – 4486 – 449 – 457 [l]	
Dettes sur immobilisations et Comptes rattachés	269 – 279 – 404 – 405 – 1685 – 4084 – 4088 (en partie)	
Autres dettes	4196 – 4197 – 4198 [m] – 464 – 467C – 4686 – 509	
Instruments financiers à terme	52C	
Produits constatés d'avance [1]	487	
Total III	X	X
Écarts de conversion et différences d'évaluation – Passif **(IV)**	4747 – 4768 [p] – 4771 – 4772 – 478701 [q] – 478702	X
TOTAL GÉNÉRAL (I + II + III + IV)	X	X

* À ne faire figurer que si nécessaire.
(1) Dont à plus d'un an
    Dont à moins d'un an
(2) Dont concours bancaires courants et soldes créditeurs de banques
(3) Dont emprunts participatifs.

(a) Y compris capital souscrit non appelé.
(b) À détailler conformément à la législation en vigueur.
(c) Postes à présenter lorsque des titres sont évalués par équivalence.
(d) Montant entre parenthèses ou précédé du signe moins (–) lorsqu'il s'agit de pertes reportées.
(e) Montant entre parenthèses ou précédé du signe moins (–) lorsqu'il s'agit d'une perte.
(f) Dettes pour achats ou prestations de services.
(g) À l'exception, pour application de (1), des avances et acomptes reçus sur commandes en cours.

> **Précisions** Nous complétons ce tableau de nos propres commentaires :
(h) Rattachement des comptes d'intérêts courus aux comptes d'emprunts concernés (tableau complémentaire du CNC Bull., n° 57, 4ᵉ trimestre 1983, p. 7).
(i) Voir principe de non-compensation avec soldes débiteurs, n° 43265.

COMPTE DE RÉSULTAT EN LISTE (BASE) © Éd. Francis Lefebvre

(j) À notre avis, constitue une dette sociale à classer au poste « Dettes fiscales et sociales » (idem Guide professionnel des transports).
(k) À notre avis, constitue des « autres dettes » au même titre que les comptes débiteurs 45 constituent des « autres créances ».
(l) À notre avis, ce compte ne constitue pas une dette « sociale » et devrait être classé en « Autres dettes » (idem Guide professionnel des transports).
(m) Voir commentaires n° 12830.
(n) Voir commentaires n° 36245.
(o) L'incidence des corrections d'erreurs significatives est présentée, le cas échéant, sur une ligne séparée du report à nouveau (voir n° 8545). L'incidence des changements de méthode comptable devrait également, à notre avis, être présentée sur une ligne séparée du report à nouveau dès lors que l'effet est significatif.
(p) Voir n° 40435.
(q) Voir commentaires n° 41765.

95530

	Exercice N	Exercice N-1
Produits d'exploitation [1] :		
Ventes de marchandises	707 – 708 (en partie) [f] – 7097	
Production vendue (biens et services) [a]	70 (sauf 707 – 708 en partie – 7097)	
Montant net du chiffre d'affaires [i]	X	X
dont à l'exportation : …		
Production stockée [b]	713	
Production immobilisée	72	
Subventions d'exploitation	74	
Reprises sur provisions (et amortissements), transferts de charges	781 – 791	
Autres produits	75 (sauf 755)	
Total I	X	X
Charges d'exploitation [2]		
Achats de marchandises [c]	607 – 6087 [g] – 6097	
Variation de stocks [d]	6037	
Achats de matières premières et autres approvisionnements [c]	601 – 602 – 6081 [g] – 6082 [g] – 6091 – 6092	
Variation de stock [d]	6031 – 6032	
Autres achats et charges externes*	604 – 605 – 606 – 6084 [g] – 6085 [g] – 6086 [g] – 6094 – 6095 – 6096 – 61 – 62	
Impôts, taxes et versements assimilés	63	
Salaires et traitements	641 – 644 – 648 [h]	
Charges sociales	645 – 646 – 647 – 648 [h]	
Dotations aux amortissements et dépréciations : Sur immobilisations : dotations aux amortissements [e]	6811 – 6812	
Sur immobilisations : dotations aux dépréciations	6816	
Sur actif circulant : dotations aux dépréciations	6817	
Dotations aux provisions	6815	
Autres charges	65 (sauf 655)	
Total II	X	X
1. RÉSULTAT D'EXPLOITATION (I – II)	± X	± X
Quotes-parts de résultat sur opérations faites en commun : Bénéfice ou perte transféré III	755	X
Perte ou bénéfice transféré IV	655	X

(1) Dont produits afférents à des exercices antérieurs ....
(2) Dont charges afférentes à des exercices antérieurs ....

* Informations sur les redevances de crédit-bail à fournir (voir n° 95535).
(a) À inscrire, le cas échéant, sur des lignes distinctes.
(b) Stock final moins stock initial : montant de la variation en moins entre parenthèses ou précédé du signe (–).
(c) Y compris droits de douane.
(d) Stock initial moins stock final : montant de la variation en moins entre parenthèses ou précédé du signe (–).
(e) Y compris éventuellement dotations aux amortissements des charges à répartir.

> Précisions Nous complétons ce tableau de nos propres commentaires :
(f) Voir commentaires n° 12835.
(g) Si les frais accessoires sont rattachés aux comptes correspondants, voir n° 15550.
(h) Le compte 648 est réparti selon les cas entre « Salaires et traitements » et « Charges sociales ».
(i) Voir définition n° 10195.

	Exercice N	Exercice N-1
Produits financiers :		
De participation (3)..	761	
D'autres valeurs mobilières et créances de l'actif immobilisé (3)..	762	
Autres intérêts et produits assimilés (3)............	763 – 764 – 765 – 768	
Reprises sur provisions et dépréciations et transferts de charges..	786 – 796	
Différences positives de change........................	766	
Produits nets sur cessions de valeurs mobilières de placement...	767	
Total V..	X	X
Charges financières :		
Dotations aux amortissements, aux dépréciations et aux provisions...	686	
Intérêts et charges assimilées (4)......................	661 – 664 – 665 – 668	
Différences négatives de change.......................	666	
Charges nettes sur cessions de valeurs mobilières de placement...	667	
Total VI...	X	X
2. RÉSULTAT FINANCIER (V – VI)...................	± X	± X
3. RÉSULTAT COURANT avant impôts (I – II + III – IV + V – VI)...................................	± X	± X
Produits exceptionnels (e) :		
Sur opérations de gestion..................................	771	
Sur opérations en capital....................................	775 – 777 – 778	
Reprises sur provisions et dépréciations et transferts de charges..	787 – 797	
Total VII..	X	X
Charges exceptionnelles (e) :		
Sur opérations de gestion..................................	671	
Sur opérations en capital....................................	675 – 678	
Dotations aux amortissements, aux dépréciations et aux provisions...	687	
Total VIII...	X	X
4. RÉSULTAT EXCEPTIONNEL (VII – VIII)......	± X	± X
Participation des salariés aux résultats (IX).......	691	X
Impôts sur les bénéfices (X)................................	695 (d) – 696 – 689 (a) – 698 (c) – 699 (b) – 789 (a)	X
Total des produits (I + III + V + VII)...................	X	X
Total des charges (II + IV + VI + VIII + IX + X)...	X	X
Bénéfice ou perte...	± X	± X
(3) Dont produits concernant les entités liées..		
(4) Dont intérêts concernant les entités liées...		

NB : Outre le résultat exceptionnel avant impôts que les sociétés de capitaux doivent faire ressortir, les entités ont la faculté de faire apparaître distinctement le résultat d'exploitation et le résultat financier. Le bénéfice ou la perte résulte alors de la somme algébrique des résultats courant et exceptionnel (3 + 4) et des charges IX et X.

> **Précisions** Nous complétons ce tableau de nos propres commentaires :
(a) Provision pour impôt : compte que nous proposons (voir n° 52630).
(b) Créance provenant du carry-back (voir n° 52655) et du crédit d'impôt recherche (voir n° 31505).
(c) Intégration fiscale (voir n° 52765).
(d) Inclus la CSB (voir n° 52635).
(e) L'incidence des corrections d'erreurs et des changements de méthode est présentée en dehors du résultat courant, à notre avis :
— soit dans le résultat exceptionnel (sur une ligne séparée si l'effet est significatif) ;
— soit sur une ligne distincte en dessous du total III.

95535 ›**Précisions** Impacts du règlement ANC n° 2022-06 relatif à la modernisation des états financiers Voir n° 95500.

CHARGES (hors taxe)	Exercice N	Exercice N-1
Charges d'exploitation [1] :		
Achats de marchandises [a]	607 – 6087 [d] – 6097	
Variation des stocks [b]	6037	
Achats de matières premières et autres approvisionnements [a]	601 – 602 – 6081 [d] – 6082 [d] 6091 – 6092	
Variation des stocks [b]	6031 – 6032	
Autres achats et charges externes*	604 – 605 – 606 – 6084 [d] – 6085 [d] – 6086 [d] – 6094 – 6095 – 6096 – 61 – 62	
Impôts, taxes et versements assimilés	63	
Salaires et traitements	641 – 644 – 648 [g]	
Charges sociales	645 – 646 – 647 – 648 [g]	
Dotations aux amortissements et dépréciations : Sur immobilisations : dotations aux amortissements [c]	6811 – 6812	
Sur immobilisations : dotations aux dépréciations	6816	
Sur actif circulant : dotations aux dépréciations	6817	
Dotations aux provisions	6815	
Autres charges	65 (sauf 655)	
Total I...	X	X
Quotes-parts de résultat sur opérations faites en commun (II)	655	X
Charges financières :		
Dotations aux amortissements, aux dépréciations et aux provisions.....	686	
Intérêts et charges assimilées [2]	661 – 664 – 665 – 668	
Différences négatives de change	666	
Charges nettes sur cessions de valeurs mobilières de placement..	667	
Total III...	X	X
Charges exceptionnelles [j] :		
Sur opérations de gestion...	671	
Sur opérations en capital...	675 – 678	
Dotations aux amortissements, aux dépréciations et aux provisions.....	687	
Total IV..	X	X
Participation des salariés aux résultats (V)	691	X
Impôts sur les bénéfices (VI)	695 [i] – 696 – 689 [e] – 698 [h] – 699 [f] – 789 [e]	X
Total des charges (I + II + III + IV + V + VI)	X	X
Solde créditeur = bénéfice [3]	X	X
TOTAL GÉNÉRAL..	X	X
* Y compris :		
– redevances de crédit-bail mobilier	6122	
– redevances de crédit-bail immobilier	6125	

(1) Dont charges afférentes à des exercices antérieurs ....
(2) Dont intérêts concernant les entreprises liées ....
(3) Compte tenu d'un résultat exceptionnel avant impôts de ....

(a) Y compris droits de douane.
(b) Stock initial moins stock final : montant de la variation en moins entre parenthèses ou précédé du signe (–).
(c) Y compris éventuellement dotations aux amortissements des charges à répartir.

›**Précisions** Nous complétons ce tableau de nos propres commentaires :
(d) Si les frais accessoires sont rattachés aux comptes correspondants, voir n° 15550.
(e) Provision pour impôt, compte que nous proposons (voir n° 52630).
(f) Créance provenant du carry-back (voir n° 52655) et du crédit d'impôt recherche (voir n° 31505).
(g) Le compte 648 est réparti selon les cas entre « Salaires et traitements » et « Charges sociales ».
(h) Intégration fiscale (voir n° 52765).
(i) Inclus la CSB (voir n° 52635).
(j) L'incidence des corrections d'erreurs et des changements de méthode est présentée en dehors du résultat courant, à notre avis (voir n° 8545) :
– soit dans le résultat exceptionnel (sur une ligne séparée si l'effet est significatif) ;
– soit sur une ligne distincte en dessous du Total III.

COMPTE DE RÉSULTAT EN LISTE (BASE)

95535 (suite)

PRODUITS (hors taxe)	Exercice N	Exercice N-1
Produits d'exploitation [1] :		
Ventes de marchandises	707 – 708 (en partie) [c] – 7097	
Production vendue (biens et services) [a]	70 (sauf 707 – 708 en partie – 7097) [d]	
Sous-total A – Montant net du chiffre d'affaires [e]	X	X
dont à l'exportation : … Production stockée [b]	713	
Production immobilisée	72	
Subventions d'exploitation	74	
Reprises sur provisions, dépréciations (et amortissements), transferts de charges	781 – 791	
Autres produits	75 (sauf 755)	
Sous-total B	X	X
Total I (A + B) I	X	X
Quotes-parts de résultat sur opérations faites en commun (II)	755	X
Produits financiers :		
De participation [2]	761	
D'autres valeurs mobilières et créances de l'actif immobilisé [2]	762	
Autres intérêts et produits assimilés [2]	763 – 764 – 765 – 768	
Reprises sur provisions et dépréciations et transferts de charges	786 – 796	
Différences positives de change	766	
Produits nets sur cessions de valeurs mobilières de placement	767	
Total III	X	X
Produits exceptionnels [f] :		
Sur opérations de gestion	771	
Sur opérations en capital	775 – 777 – 778	
Reprises sur provisions et dépréciations et transferts de charges	787 – 797	
Total IV	X	X
Total des produits (I + II + III + IV)	X	X
Solde débiteur = **perte** [3]	X	X
TOTAL GÉNÉRAL	X	X
(1) Dont produits afférents à des exercices antérieurs		
(2) Dont produits concernant les entités liées		
(3) Compte tenu d'un résultat exceptionnel avant impôts de		
(a) À inscrire, le cas échéant, sur des lignes distinctes. (b) Stock final moins stock initial : montant de la variation en moins entre parenthèses ou précédé du signe (–). NB : Poste des « Produits nets partiels sur opérations à long terme » supprimé par le règlement CRC n° 99-08 article 3.		

> **Précisions** Nous complétons ce tableau de nos propres commentaires :
> (c) Voir commentaires n° 12835.
> (d) À inscrire sur une ligne distincte (voir commentaires n° 12835).
> (e) Voir définition n° 10195.
> (f) L'incidence des corrections d'erreurs et des changements de méthode est présentée en dehors du résultat courant, à notre avis (voir n° 8545) :
> – soit dans le résultat exceptionnel (sur une ligne séparée si l'effet est significatif) ;
> – soit sur une ligne distincte en dessous du total III.

SYSTÈME ABRÉGÉ

95605 ❯ **Précisions** **Moyennes entreprises** Le modèle de bilan du système abrégé prévu pour les petites entreprises (voir n° 64220) est celui à utiliser pour la publication de la présentation simplifiée du bilan prévu pour les moyennes entreprises (voir n° 64220 et 64282).

ACTIF	Exercice N Brut	Exercice N Amort. et dépréciations (à déduire)	Exercice N Net	Exercice N-1 Net
Actif immobilisé (a) :				
Immobilisations incorporelles (b)				
– fonds commercial	206 – 207			
– autres	201 – 208	280 – 290		
Immobilisations corporelles	21 – 23	281 – 291		
Immobilisations financières (1)	27	297		
Total I			X	X
Actif circulant :				
Stocks et en-cours (autres que marchandises) (a)	31 – 33 – 34 – 35	391 – 393 – 394 – 395		
Marchandises (a)	37	397		
Avances et acomptes versés sur commandes	409 (pour partie) (a)			
Créances (2) :				
– clients et comptes rattachés (a)	410	491		
– autres (3)	409 (pour partie) (a) – 428 – 43D – 444D – 445D – 455D – 46	496		
Valeurs mobilières de placement	50	590		
Disponibilités (autres que caisse)	51D – 54 – 58			
Caisse	53			
Total II			X	X
Charges constatées d'avance (2)* (III)	486			
TOTAL GÉNÉRAL (I + II + III)	X		X	X

PASSIF	Exercice N	Exercice N-1
Capitaux propres (c) :		
Capital	101 – 108	
Écarts de réévaluation (c)	105	
Réserves :		
– réserve légale	1061	
– réserves réglementées	1064	
– autres (4)	1063 – 1068	
Report à nouveau	110 ou 119	
Résultat de l'exercice (bénéfice ou perte) (d)	120 ou 129	
Provisions réglementées	145 – 146 – 147 – 148	
Total I	X	X
Provisions (III)	15	X
Dettes (5) :	16	
Emprunts et dettes assimilées		
Avances et acomptes reçus sur commandes en cours	419 (pour partie) (f)	
Fournisseurs et Comptes rattachés	400	
Autres (3)	419 (pour partie) (f) – 421 – 428 – 43C – 444C – 445C – 447 – 455C – 46	
Total III	X	X
Produits constatés d'avance (2) (IV)	487	
TOTAL GÉNÉRAL (I + II + III + IV)	X	X

(1) Dont à moins d'un an.
(2) Dont à plus d'un an.
(3) Dont comptes courants d'associés
(4) Dont réserves statutaires
(5) Dont à plus de 5 ans.
Dont à plus d'un an et moins de 5 ans.
Dont à moins d'un an.

* Le cas échéant, les entités ouvrent un poste « Charges à répartir sur plusieurs exercices » qui forme le total III, le total général étant modifié en conséquence.
(a) Les actifs avec clause de réserve de propriété sont regroupés sur une ligne distincte portant la mention « dont ..... € avec clause de réserve de propriété ». En cas d'impossibilité d'identifier les biens, un renvoi au pied du bilan indique le montant restant à payer sur ces biens. Le montant à payer comprend celui des effets non échus.
(b) Y compris droit au bail.
(c) À détailler conformément à la législation en vigueur.
(d) Montant entre parenthèses ou précédé du signe (–) lorsqu'il s'agit de pertes.

❯ **Précisions** Nous complétons ce tableau de nos propres commentaires :
(e) Les soldes des comptes « Fournisseurs débiteurs » autres que les avances et acomptes sont à classer dans les « Autres créances ».
(f) Les soldes des comptes « Clients créditeurs » autres que les avances et acomptes sont à classer dans les « Autres dettes ».

COMPTE DE RÉSULTAT EN TABLEAU (ABRÉGÉ)

> **Précisions** **Moyennes entreprises** Le modèle de compte de résultat du système abrégé prévu pour les petites entreprises (voir n° 64220) est celui à utiliser pour la présentation simplifiée du compte de résultat prévu pour les moyennes entreprises (voir n° 64220).

95610

CHARGES (hors taxes)	Exercice N	Exercice N-1	PRODUITS (hors taxes)	Exercice N	Exercice N-1
Charges d'exploitation :			**Produits d'exploitation :**		
Achat de marchandises (a)	607		Ventes de marchandises	707 – 709	
Variation de stocks (marchandises) (b)	6037		Production vendue (biens et services) (c)	701 – 706 – 708 – 709	X
Achats d'approvisionnement (a)	60 (sauf 607)		Production stockée (d)	713	
Variations de stocks (approvisionnements) (b)	6031 – 6032		Production immobilisée	72	
Autres charges externes*	61 – 62		Subventions d'exploitation	74	
Impôts, taxes et versements assimilés	63		Autres produits (2)	75 – 781 – 79	
Rémunérations du personnel	641 – 644		**Produits financiers** (2)	76 – 786 – 79	
Charges sociales	645 – 646		Total I		X
Dotations aux amortissements	6811		dont à l'exploitation :		
Dotations aux provisions	6815 – 6816 – 6817		**Produits exceptionnels** (2) (II)	77 – 787 – 79	
Autres charges	65		Total des produits (I + II)		X
Charges financières	66 – 686		Solde débiteur : **perte** (3)		X
Total I			TOTAL GÉNÉRAL		
Charges exceptionnelles (II)	67 – 687 – 691				
Impôts sur les bénéfices (III)	695 (e) – 697				
Total des charges (I + II + III)		X			
Solde créditeur : **bénéfice** (1)		X			
TOTAL GÉNÉRAL					
* Y compris :					
– redevances de crédit-bail mobilier	À chercher dans 61				
– redevances de crédit-bail immobilier					

(1) Compte tenu d'un résultat exceptionnel avant impôts de
(2) Dont reprises sur provisions, dépréciations (et amortissements)
(3) Compte tenu d'un résultat exceptionnel avant impôts de

(a) Y compris droits de douane.
(b) Stock initial moins stock final : montant de la variation en moins entre parenthèses ou précédé du signe (–).
(c) À inscrire, le cas échéant, sur des lignes distinctes.
(d) Stock final moins stock initial : montant de la variation en moins entre parenthèses ou précédé du signe (–).
(e) Inclus la CSB (voir n° 52635) et les contributions exceptionnelle et additionnelle sur l'IS.

APPENDICE 2 — LISTE DES COMPTES DU PCG

96195 Le plan de comptes, présenté ci-après, est défini par l'article 932-1 du PCG. Il est commun au système de base, au système abrégé et au système développé. Les comptes utilisés dans chaque système sont distingués de la façon suivante :
– système de base : comptes imprimés en caractères bleus ;
– système abrégé : comptes imprimés en caractères gras exclusivement ;
– système développé : comptes du système de base et comptes imprimés en caractères italiques.

> **Précisions** Impacts du règlement ANC n° 2022-06 relatif à la modernisation des états financiers Voir n° 95500.

Classe 1 – Comptes de capitaux
(Capitaux propres, autres fonds propres, emprunts et dettes assimilées)

10. Capital et réserves.
101. Capital.
    1011. *Capital souscrit – non appelé.*
    1012. *Capital souscrit – appelé, non versé.*
    1013. *Capital souscrit – appelé, versé.*
        10131. *Capital non amorti.*
        10132. *Capital amorti.*
    1018. *Capital souscrit soumis à des réglementations particulières.*
102. *Fonds fiduciaires.*
104. *Primes liées au capital social.*
    1041. *Primes d'émission.*
    1042. *Primes de fusion.*
    1043. *Primes d'apport.*
    1044. *Primes de conversion d'obligations en actions.*
    1045. *Bons de souscription d'actions.*
105. Écarts de réévaluation.
    1051. *Réserve spéciale de réévaluation.*
    1052. *Écart de réévaluation libre.*
    1053. *Réserve de réévaluation.*
    1055. *Écarts de réévaluation (autres opérations légales).*
    1057. *Autres écarts de réévaluation en France.*
    1058. *Autres écarts de réévaluation à l'étranger.*
106. Réserves.
    1061. Réserve légale.
        10611. *Réserve légale proprement dite.*
        10612. *Plus-values nettes à long terme.*
    1062. *Réserves indisponibles.*
    1063. Réserves statutaires ou contractuelles.
    1064. Réserves réglementées.
        10641. *Plus-values nettes à long terme.*
        10643. *Réserves consécutives à l'octroi de subventions d'investissement.*
        10648. *Autres réserves réglementées.*
    1068. Autres réserves.
        10681. *Réserve de propre assureur.*
        10688. *Réserves diverses.*
107. *Écart d'équivalence.*
108. Compte de l'exploitant.
109. *Actionnaires : Capital souscrit – non appelé.*

11. Report à nouveau (solde créditeur ou débiteur).
    110. *Report à nouveau (solde créditeur).*
    119. *Report à nouveau (solde débiteur).*

12. Résultat de l'exercice (bénéfice ou perte).
    120. *Résultat de l'exercice (bénéfice).*
    129. *Résultat de l'exercice (perte).*

13. Subventions d'investissement.
    131. Subventions d'équipement.
        1311. *État.*
        1312. *Régions.*
        1313. *Départements.*
        1314. *Communes.*
        1315. *Collectivités publiques.*
        1316. *Entreprises publiques.*
        1317. *Entreprises et organismes privés.*
        1318. *Autres.*
    138. *Autres subventions d'investissement (même ventilation que celle du compte 131).*
    139. Subventions d'investissement inscrites au compte de résultat.
        1391. Subventions d'équipement.
            13911. *État.*
            13912. *Régions.*
            13913. *Départements.*
            13914. *Communes.*
            13915. *Collectivités publiques.*
            13916. *Entreprises publiques.*
            13917. *Entreprises et organismes privés.*
            13918. *Autres.*
        1398. *Autres subventions d'investissement (même ventilation que celle du compte 1391).*

14. Provisions réglementées.
    142. Provisions réglementées relatives aux immobilisations.
        1423. *Provision pour reconstitution des gisements miniers et pétroliers.*
        Ndlr : Les entreprises ne peuvent plus constituer ces provisions pour reconstitution de gisements.
        1424. *Provision pour investissement (participation des salariés).*
        Ndlr : Les entreprises ne peuvent plus constituer cette provision pour investissement (voir notre Mémento Comptable, édition 2017, n° 3226).

143. Provisions réglementées relatives aux stocks.
    1431. *Hausse des prix.*
    1432. *Fluctuation des cours.*
    Ndlr : Les entreprises ne peuvent plus constituer cette provision pour fluctuation des cours.
144. Provisions réglementées relatives aux autres éléments de l'actif.
145. Amortissements dérogatoires.
146. Provision spéciale de réévaluation.
147. Plus-values réinvesties.
148. Autres provisions réglementées.

15. Provisions.
151. Provisions pour risques.
    1511. *Provisions pour litiges.*
    1512. *Provisions pour garanties données aux clients.*
    1513. *Provisions pour pertes sur marchés à terme.*
    1514. *Provisions pour amendes et pénalités.*
    1515. *Provisions pour pertes de change.*
    1516. *Provisions pour pertes sur contrats.*
    1518. *Autres provisions pour risques.*
153. Provisions pour pensions et obligations similaires.
154. Provisions pour restructurations.
155. Provisions pour impôts.
156. Provisions pour renouvellement des immobilisations (entreprises concessionnaires).
157. Provisions pour charges à répartir sur plusieurs exercices.
    1572. *Provisions pour gros entretien ou grandes révisions.*
158. Autres provisions pour charges.
    1581. *Provisions pour remise en état.*

16. Emprunts et dettes assimilées.
161. Emprunts obligataires convertibles.
162. Obligations représentatives de passifs nets remis en fiducie.
163. Autres emprunts obligataires.
164. Emprunts auprès des établissements de crédit.
165. Dépôts et cautionnements reçus.
    1651. *Dépôts.*
    1655. *Cautionnements.*
166. Participation des salariés aux résultats.
    1661. *Comptes bloqués.*
    1662. *Fonds de participation.*
167. Emprunts et dettes assortis de conditions particulières.
    1671. *Émissions de titres participatifs.*
    1674. *Avances conditionnées de l'État.*
    1675. *Emprunts participatifs.*
168. Autres emprunts et dettes assimilées.
    1681. *Autres emprunts.*
    1685. *Rentes viagères capitalisées.*
    1687. *Autres dettes.*
    1688. *Intérêts courus.*
        16881. *Sur emprunts obligataires convertibles.*
        16883. *Sur autres emprunts obligataires.*
        16884. *Sur emprunts auprès des établissements de crédit.*
        16885. *Sur dépôts et cautionnements reçus.*
        16886. *Sur participation des salariés aux résultats.*
        16887. *Sur emprunts et dettes assortis de conditions particulières.*
        16888. *Sur autres emprunts et dettes assimilées.*
169. Primes de remboursement des obligations.

17. Dettes rattachées à des participations.
171. Dettes rattachées à des participations (groupe).
174. Dettes rattachées à des participations (hors groupe).
178. Dettes rattachées à des sociétés en participation.
    1781. *Principal.*
    1788. *Intérêts courus.*

18. Comptes de liaison des établissements et sociétés en participation.
181. *Compte de liaison des établissements.*
186. *Biens et prestations de services échangés entre établissements (charges).*
187. *Biens et prestations de services échangés entre établissements (produits).*
188. *Comptes de liaison des sociétés en participation.*

Classe 2 – Comptes d'immobilisations

20. Immobilisations incorporelles.
201. Frais d'établissement.
  2011. *Frais de constitution.*
  2012. *Frais de premier établissement.*
   20121. *Frais de prospection.*
   20122. *Frais de publicité.*
  2013. *Frais d'augmentation de capital et d'opérations diverses (fusions, scissions, transformations).*
 203. Frais de recherche et de développement.
 205. Concessions et droits similaires, brevets, licences, marques, procédés, logiciels, droits et valeurs similaires.
206. Droit au bail.
207. Fonds commercial.
208. Autres immobilisations incorporelles.
  2081. Mali de fusion sur actifs incorporels.

21. Immobilisations corporelles.
 211. Terrains.
  2111. Terrains nus.
  2112. Terrains aménagés.
  2113. Sous-sols et sur-sols.
  2114. Terrains de carrières (Tréfonds).
  2115. Terrains bâtis.
   21151. *Ensembles immobiliers industriels (A, B...).*
   21155. *Ensembles immobiliers administratifs et commerciaux (A, B...).*
   21158. *Autres ensembles immobiliers.*
    211581. *– affectés aux opérations professionnelles (A, B...).*
    211588. *– affectés aux opérations non professionnelles (A, B...).*
  2116. Compte d'ordre sur immobilisations (art. 6 du décret 78-737 du 11-7-1978).
 212. Agencements et aménagements de terrains (même ventilation que celle du compte 211).
 213. Constructions.
  2131. Bâtiments.
   21311. *Ensembles immobiliers industriels (A, B...).*
   21315. *Ensembles immobiliers administratifs et commerciaux (A, B...).*
   21318. *Autres ensembles immobiliers.*
    213181. *– affectés aux opérations professionnelles (A, B...).*
    213188. *– affectés aux opérations non professionnelles (A, B...).*
  2135. Installations générales – Agencements-aménagements des constructions (même ventilation que celle du compte 2131).
   21351. *Ensembles immobiliers industriels (A, B...).*
   21355. *Ensembles immobiliers administratifs et commerciaux (A, B...).*
   21358. *Autres ensembles immobiliers.*
    213581. *– affectés aux opérations professionnelles (A, B).*
    213588. *– affectés aux opérations non professionnelles (A, B).*
  2138. Ouvrages d'infrastructure.
   21381. *Voies de terre.*
   21382. *Voies de fer.*
   21383. *Voies d'eau.*
   21384. *Barrages.*
   21385. *Pistes d'aérodrome.*
 214. Constructions sur sol d'autrui (même ventilation que celle du compte 213).
 215. Installations techniques, matériels et outillage industriels.
  2151. Installations complexes spécialisées.
   21511. *– sur sol propre.*
   21514. *– sur sol d'autrui.*
  2153. Installations à caractère spécifique.
   21531. *– sur sol propre.*
   21534. *– sur sol d'autrui.*
  2154. Matériel industriel.
  2155. Outillage industriel.
  2157. Agencements et aménagements du matériel et outillage industriels.
 218. Autres immobilisations corporelles.
  2181. Installations générales, agencements, aménagements divers.
  2182. Matériel de transport.
  2183. Matériel de bureau et matériel informatique.
  2184. Mobilier.
  2185. Cheptel.
  2186. Emballages récupérables.
  2187. Mali de fusion sur actifs corporels.

22. Immobilisations mises en concession.

23. Immobilisations en cours.
231. Immobilisations corporelles en cours.
    2312. *Terrains.*
    2313. *Constructions.*
    2315. *Installations techniques, matériels et outillage industriels.*
    2318. *Autres immobilisations corporelles.*
232. Immobilisations incorporelles en cours.
237. Avances et acomptes versés sur immobilisations incorporelles.
238. Avances et acomptes versés sur commandes d'immobilisations corporelles.
    2382. *Terrains.*
    2383. *Constructions.*
    2385. *Installations techniques, matériel et outillage industriels.*
    2388. *Autres immobilisations corporelles.*

25. Parts dans des entreprises liées et créances sur des entreprises liées.

26. Participations et créances rattachées à des participations.
261. Titres de participation.
    2611. *Actions.*
    2618. *Autres titres.*
266. Autres formes de participation.
    2661. *Droits représentatifs d'actifs nets remis en fiducie.*
267. Créances rattachées à des participations.
    2671. *Créances rattachées à des participations (groupe).*
    2674. *Créances rattachées à des participations (hors groupe).*
    2675. *Versements représentatifs d'apports non capitalisés (appels de fonds).*
    2676. *Avances consolidables.*
    2677. *Autres créances rattachées à des participations.*
    2678. *Intérêts courus.*
268. Créances rattachées à des sociétés en participation.
    2681. *Principal.*
    2688. *Intérêts courus.*
269. Versements restant à effectuer sur titres de participation non libérés.

27. Autres immobilisations financières.
271. Titres immobilisés autres que les titres immobilisés de l'activité de portefeuille (droit de propriété).
    2711. *Actions.*
    2718. *Autres titres.*
272. Titres immobilisés (droit de créance).
    2721. *Obligations.*
    2722. *Bons.*
273. Titres immobilisés de l'activité de portefeuille.
274. Prêts.
    2741. *Prêts participatifs.*
    2742. *Prêts aux associés.*
    2743. *Prêts au personnel.*
    2748. *Autres prêts.*
275. Dépôts et cautionnements versés.
    2751. *Dépôts.*
    2755. *Cautionnements.*
276. Autres créances immobilisées.
    2761. *Créances diverses.*
    2768. *Intérêts courus.*
        27682. *Sur titres immobilisés (droit de créance).*
        27684. *Sur prêts.*
        27685. *Sur dépôts et cautionnements.*
        27688. *Sur créances diverses.*
277. (Actions propres ou parts propres).
    2771. *Actions propres ou parts propres.*
    2772. *Actions propres ou parts propres en voie d'annulation.*
278. Mali de fusion sur actifs financiers.
279. Versements restant à effectuer sur titres immobilisés non libérés.

28. Amortissements des immobilisations.
280. Amortissements des immobilisations incorporelles.
    2801. Frais d'établissement (même ventilation que celle du compte 201).
    2803. Frais de recherche et de développement.
    2805. Concessions et droits similaires, brevets, licences, logiciels, droits et valeurs similaires.
    2807. Fonds commercial.
    2808. Autres immobilisations incorporelles.
        28081. Amortissement du mali de fusion sur actifs incorporels.
281. Amortissements des immobilisations corporelles.
    2812. Agencements, aménagements de terrains (même ventilation que celle du compte 212).
    2813. Constructions (même ventilation que celle du compte 213).
    2814. Constructions sur sol d'autrui (même ventilation que celle du compte 214).

- 2815. Installations, matériel et outillage industriels (même ventilation que celle du compte 215).
- 2818. Autres immobilisations corporelles (même ventilation que celle du compte 218).
  - 28187. Amortissement du mali de fusion sur actifs corporels.
- 282. Amortissements des immobilisations mises en concession.

29. Dépréciations des immobilisations.

290. Dépréciation des immobilisations incorporelles.
- 2905. Marques, procédés, droits et valeurs similaires.
- 2906. Droit au bail.
- 2907. Fonds commercial.
- 2908. Autres immobilisations incorporelles.
  - 29081. Dépréciation du mali de fusion sur actifs incorporels.

291. Dépréciations des immobilisations corporelles (même ventilation que celle du compte 21).
  - 29187. Dépréciation du mali de fusion sur actifs corporels.

- 292. Dépréciations des immobilisations mises en concession.
- 293. Dépréciations des immobilisations en cours.
  - 2931. Immobilisations corporelles en cours.
  - 2932. Immobilisations incorporelles en cours.
- 296. Dépréciations des participations et créances rattachées à des participations.
  - 2961. Titres de participation.
  - 2966. Autres formes de participation.
  - 2967. Créances rattachées à des participations (même ventilation que celle du compte 267).
  - 2968. Créances rattachées à des sociétés en participation (même ventilation que celle du compte 268).
- 297. Dépréciations des autres immobilisations financières.
  - 2971. Titres immobilisés autres que les titres immobilisés de l'activité de portefeuille – droit de propriété (même ventilation que celle du compte 271).
  - 2972. Droit de créance (même ventilation que celle du compte 272).
  - 2973. Titres immobilisés de l'activité de portefeuille.
  - 2974. Prêts (même ventilation que celle du compte 274).
  - 2975. Dépôts et cautionnements versés (même ventilation que celle du compte 275).
  - 2976. Autres créances immobilisées (même ventilation que celle du compte 276).
    - 29787. Dépréciation du mali de fusion sur actifs financiers.

Classe 3 – Comptes de stocks et en-cours

31. Matières premières (et fournitures)
- 311. Matière (ou groupe) A.
- 312. Matière (ou groupe) B.
- 317. Fournitures A, B, C…

32. Autres approvisionnements.
- 321. Matières consommables.
  - 3211. *Matière (ou groupe) C.*
  - 3212. *Matière (ou groupe) D.*
- 322. Fournitures consommables.
  - 3221. *Combustibles.*
  - 3222. *Produits d'entretien.*
  - 3223. *Fournitures d'atelier et d'usine.*
  - 3224. *Fournitures de magasin.*
  - 3225. *Fournitures de bureau.*
- 326. Emballages.
  - 3261. *Emballages perdus.*
  - 3265. *Emballages récupérables non identifiables.*
  - 3267. *Emballages à usage mixte.*

33. En-cours de production de biens.
- 331. Produits en cours.
  - 3311. *Produits en cours P 1.*
  - 3312. *Produits en cours P 2.*
- 335. Travaux en cours.
  - 3351. *Travaux en cours T 1.*
  - 3352. *Travaux en cours T 2.*

34. En-cours de production de services.
- 341. Études en cours.
  - 3411. *Étude en cours E 1.*
  - 3412. *Étude en cours E 2.*
- 345. Prestations de services en cours.
  - 3451. *Prestation de services S 1.*
  - 3452. *Prestation de services S 2.*

35. Stocks de produits.
- 351. Produits intermédiaires.
  - 3511. *Produit intermédiaire (ou groupe) A.*
  - 3512. *Produit intermédiaire (ou groupe) B.*

355. Produits finis.
    3551. *Produit fini (ou groupe) A.*
    3552. *Produit fini (ou groupe) B.*
358. Produits résiduels (ou matières de récupération).
    3581. *Déchets.*
    3585. *Rebuts.*
    3586. *Matières de récupération.*
36. (Compte à ouvrir, le cas échéant, sous l'intitulé « Stocks provenant d'immobilisations »).

37. Stocks de marchandises.
371. *Marchandise (ou groupe) A.*
372. *Marchandise (ou groupe) B.*

38. (Lorsque l'entité tient un inventaire permanent en comptabilité générale, le compte 38 peut être utilisé pour comptabiliser les stocks en voie d'acheminement, mis en dépôt ou donnés en consignation).

39. Dépréciations des stocks et en-cours.
    391. Dépréciations des matières premières (et fournitures).
        3911. *Matière (ou groupe) A.*
        3912. *Matière (ou groupe) B.*
        3917. *Fourniture A, B, C…*
    392. Dépréciations des autres approvisionnements.
        3921. *Matières consommables (même ventilation que celle du compte 321).*
        3922. *Fournitures consommables (même ventilation que celle du compte 322).*
        3926. *Emballages (même ventilation que celle du compte 326).*
    393. Dépréciations des en-cours de production de biens.
        3931. *Produits en cours (même ventilation que celle du compte 331).*
        3935. *Travaux en cours (même ventilation que celle du compte 335).*
    394. Dépréciations des en-cours de production de services.
        3941. *Études en cours (même ventilation que celle du compte 341).*
        3945. *Prestations de services en cours (même ventilation que celle du compte 345).*
    395. Dépréciations des stocks de produits.
        3951. *Produits intermédiaires (même ventilation que celle du compte 351).*
        3955. *Produits finis (même ventilation que celle du compte 355).*
    397. Dépréciations des stocks de marchandises.
        3971. *Marchandise (ou groupe) A.*
        3972. *Marchandise (ou groupe) B.*

Classe 4 – Comptes de tiers

40. Fournisseurs et comptes rattachés.
400. Fournisseurs et comptes rattachés.
401. Fournisseurs.
    4011. *Fournisseurs – Achats de biens et prestations de services.*
    4017. *Fournisseurs – Retenues de garantie.*
403. Fournisseurs – Effets à payer.
404. Fournisseurs d'immobilisations.
    4041. *Fournisseurs – Achats d'immobilisations.*
    4047. *Fournisseurs d'immobilisations – Retenues de garantie.*
405. Fournisseurs d'immobilisations – Effets à payer.
408. Fournisseurs – Factures non parvenues.
    4081. *Fournisseurs.*
    4084. *Fournisseurs d'immobilisations.*
    4088. *Fournisseurs – Intérêts courus.*
409. Fournisseurs débiteurs.
    4091. *Fournisseurs – Avances et acomptes versés sur commande.*
    4096. *Fournisseurs – Créances pour emballages et matériel à rendre.*
    4097. *Fournisseurs – Autres avoirs.*
        40971. *Fournisseurs d'exploitation.*
        40974. *Fournisseurs d'immobilisation.*
    4098. *Rabais, remises, ristournes à obtenir et autres avoirs non encore reçus.*

41. Clients et comptes rattachés.
410. Clients et comptes rattachés.
411. Clients.
    4111. *Clients – Ventes de biens ou de prestations de services.*
    4117. *Clients – Retenues de garantie.*
413. Clients – Effets à recevoir.
416. Clients douteux ou litigieux.
418. Clients – Produits non encore facturés.
    4181. *Clients – Factures à établir.*
    4188. *Clients – Intérêts courus.*
419. Clients créditeurs.
    4191. *Clients – Avances et acomptes reçus sur commandes.*

4196. Clients – Dettes sur emballages et matériels consignés.
4197. Clients – Autres avoirs.
4198. Rabais, remises, ristournes à accorder et autres avoirs à établir.

42. Personnel et comptes rattachés.
421. Personnel – Rémunérations dues.
422. Comités d'entreprise, d'établissement...
Ndlr : ce compte est, à notre avis, utilisable pour les nouveaux comités sociaux et économiques.
424. Participation des salariés aux résultats.
    4246. *Réserve spéciale* (C. trav. art. L 442-2).
    4248. *Comptes courants.*
425. Personnel – Avances et acomptes.
426. Personnel – Dépôts.
427. Personnel – Opposition.
428. Personnel – Charges à payer et produits à recevoir.
    4282. *Dettes provisionnées pour congés à payer.*
    4284. *Dettes provisionnées pour participation des salariés aux résultats.*
    4286. *Autres charges à payer.*
    4287. *Produits à recevoir.*

43. sécurité sociale et autres organismes sociaux.
431. Sécurité sociale.
437. Autres organismes sociaux.
438. Organismes sociaux – Charges à payer et produits à recevoir.
    4382. *Charges sociales sur congés à payer.*
    4386. *Autres charges à payer.*
    4387. *Produits à recevoir.*

44. État et autres collectivités publiques.
441. État – Subventions à recevoir.
    4411. *Subventions d'investissement.*
    4417. *Subventions d'exploitation.*
    4418. *Subventions d'équilibre.*
    4419. *Avances sur subventions.*
442. Contributions, impôts et taxes recouvrés pour le compte de l'État.
    4421. *Prélèvements à la source (impôt sur le revenu).*
    4422. *Prélèvements forfaitaires non libératoires.*
    4423. *Retenues et prélèvements sur les distributions.*
    4424. *Obligataires.*
    4425. *Associés.*
443. Opérations particulières avec l'État, les collectivités publiques, les organismes internationaux.

4431. Créances sur l'État résultant de la suppression de la règle du décalage d'un mois en matière de TVA.
4438. Intérêts courus sur créances figurant au compte 4431.
444. État – Impôts sur les bénéfices.
445. État – Taxes sur le chiffre d'affaires.
    4452. TVA due intracommunautaire.
    4455. Taxes sur le chiffre d'affaires à décaisser.
    44551. *TVA à décaisser.*
    44558. *Taxes assimilées à la TVA.*
    4456. Taxes sur le chiffre d'affaires déductibles.
    44562. *TVA sur immobilisations.*
    44563. *TVA transférée par d'autres entreprises.*
    44566. *TVA sur autres biens et services.*
    44567. *Crédit de TVA à reporter.*
    44568. *Taxes assimilées à la TVA.*
    4457. Taxes sur le chiffre d'affaires collectées par l'entreprise.
    44571. *TVA collectée.*
    44578. *Taxes assimilées à la TVA.*
    4458. Taxes sur le chiffre d'affaires à régulariser ou en attente.
    44581. *Acomptes – Régime simplifié d'imposition.*
    44582. *Acomptes – Régime de forfait.*
    44583. *Remboursement de taxes sur le chiffre d'affaires demandé.*
    44584. *TVA récupérée d'avance.*
    44586. *Taxes sur le chiffre d'affaires sur factures non parvenues.*
    44587. *Taxes sur le chiffre d'affaires sur factures à établir.*
446. Obligations cautionnées.
447. Autres impôts, taxes et versements assimilés.
448. État – Charges à payer et produits à recevoir.
    4482. *Charges fiscales sur congés à payer.*
    4486. *Charges à payer.*
    4487. *Produits à recevoir.*
449. Quotas d'émission à acquérir.

45. Groupe et associés.
451. Groupe.
455. Associés – Comptes courants.
    4551. *Principal.*
    4558. *Intérêts courus.*

456. Associés – Opérations sur le capital.
  4561. Associés – Comptes d'apport en société.
    45611. Apports en nature.
    45615. Apports en numéraire.
  4562. Apporteurs – Capital appelé, non versé.
    45621. Actionnaires – Capital souscrit et appelé, non versé.
    45625. Associés – Capital appelé, non versé.
  4563. Associés – Versements reçus sur augmentation de capital.
  4564. Associés – Versements anticipés.
  4566. Actionnaires défaillants.
  4567. Associés – Capital à rembourser.
457. Associés – Dividendes à payer.
458. Associés – Opérations faites en commun et en GIE.
  4581. Opérations courantes.
  4588. Intérêts courus.

46. Débiteurs divers et créditeurs divers.
462. Créances sur cessions d'immobilisations.
464. Dettes sur acquisition de valeurs mobilières de placement.
465. Créances sur cessions de valeurs mobilières de placement.
467. Autres comptes débiteurs ou créditeurs.
468. Divers – Charges à payer et produits à recevoir.
  4686. Charges à payer.
  4687. Produits à recevoir.

47. Comptes transitoires ou d'attente.
471 à 473 Comptes d'attente.
  474. Différences d'évaluation de jetons sur des passifs
    4746. Différence d'évaluation de jetons sur des passifs – ACTIF.
    4747. Différence d'évaluation de jetons sur des passifs – PASSIF.
475. Compte d'attente.
476. Différences de conversion – Actif.
  4761. Diminution des créances.
  4762. Augmentation des dettes.
  4768. Différences compensées par couverture de change.
477. Différence de conversion – Passif.
  4771. Augmentation des créances.
  4772. Diminution des dettes.
  4778. Différences compensées par couverture de change.
478. Autres comptes transitoires.
  4786. Différences d'évaluation – ACTIF
  4781. Mali de fusion sur actif circulant.
    478601. Différences d'évaluation sur instruments financiers à terme – ACTIF
    47862. Différences d'évaluation sur jetons détenus – ACTIF
  4787. Différences d'évaluation – PASSIF
    47871. Différences d'évaluation sur instruments financiers à terme – PASSIF
    47872. Différences d'évaluation sur jetons détenus – PASSIF

48. Comptes de régularisation.
481. Charges à répartir sur plusieurs exercices.
  4816. Frais d'émission des emprunts.
486. Charges constatées d'avance.
487. **Produits constatés d'avance.**
  4871. Produits constatés d'avance sur jetons émis
488. Comptes de répartition périodique des charges et des produits.
  4886. Charges.
  4887. Produits.

49. Dépréciations des comptes de tiers.
491. Dépréciations des comptes de clients.
495. Dépréciations des comptes du groupe et des associés.
  4951. Comptes du groupe.
  4955. Comptes courants des associés.
  4958. Opérations faites en commun et en GIE.
496. Dépréciations des comptes de débiteurs divers.
  4962. Créances sur cessions d'immobilisations.
  4965. Créances sur cessions de valeurs mobilières de placement.
  4967. Autres comptes débiteurs.

Classe 5 – Comptes financiers

50. Valeurs mobilières de placement.
501. Parts dans des entreprises liées.
502. Actions propres.
    5021. *Actions destinées à être attribuées aux employés et affectées à des plans déterminés.*
    5022. *Actions disponibles pour être attribuées aux employés ou pour la régularisation des cours de bourse.*
503. Actions.
    5031. *Titres cotés.*
    5035. *Titres non cotés.*
504. Autres titres conférant un droit de propriété.
505. Obligations et bons émis par la société et rachetés par elle.
506. Obligations.
    5061. *Titres cotés.*
    5065. *Titres non cotés.*
507. Bons du Trésor et bons de caisse à court terme.
508. Autres valeurs mobilières de placement et autres créances assimilées.
    5081. *Autres valeurs mobilières.*
    5082. *Bons de souscription.*
    5088. *Intérêts courus sur obligations, bons et valeurs assimilées.*
509. Versements restant à effectuer sur valeurs mobilières de placement non libérées.

51. Banques, établissements financiers et assimilés.
511. Valeurs à l'encaissement.
    5111. *Coupons échus à l'encaissement.*
    5112. *Chèques à encaisser.*
    5113. *Effets à l'encaissement.*
    5114. *Effets à l'escompte.*
512. Banques.
    5121. *Comptes en monnaie nationale.*
    5124. *Comptes en devises.*

514. Chèques postaux.
515. « Caisses » du Trésor et des établissements publics.
516. Sociétés de bourse.
517. Autres organismes financiers.
518. Intérêts courus.
    5181. *Intérêts courus à payer.*
    5188. *Intérêts courus à recevoir.*
519. Concours bancaires courants.
    5191. *Crédit de mobilisation de créances commerciales (CMCC).*
    5193. *Mobilisations de créances nées à l'étranger.*
    5198. *Intérêts courus sur concours bancaires courants.*

52. Instruments financiers à terme et jetons détenus.
521. *Instruments financiers à terme.*
522. *Jetons détenus.*
523. *Jetons auto-détenus.*
524. *Jetons empruntés.*

53. Caisse.
531. Caisse siège social.
    5311. *Caisse en monnaie nationale.*
    5314. *Caisse en devises.*
532. **Caisse succursale (ou usine) A.**
533. **Caisse succursale (ou usine) B.**

54. Régies d'avance et accréditifs.

58. Virements internes.

59. Dépréciations des comptes financiers.
590. Dépréciations des valeurs mobilières de placement.
    5903. *Actions.*
    5904. *Autres titres conférant un droit de propriété.*
    5906. *Obligations.*
    5908. *Autres valeurs mobilières de placement et créances assimilées.*

Classe 6 – Comptes de charges

60. Achats (sauf 603)
601. Achats stockés – Matières premières (et fournitures).
    6011. *Matière (ou groupe) A.*
    6012. *Matière (ou groupe) B.*
    6017. *Fournitures A, B, C…*
602. Achats stockés – Autres approvisionnements.
    6021. *Matières consommables.*
        60211. *Matière (ou groupe) C.*
        60212. *Matière (ou groupe) D.*
    6022. *Fournitures consommables.*
        60221. *Combustibles.*
        60222. *Produits d'entretien.*
        60223. *Fournitures d'atelier et d'usine.*
        60224. *Fournitures de magasin.*
        60225. *Fournitures de bureau.*

6026. Emballages.
   60261. *Emballages perdus.*
   60265. *Emballages récupérables non identifiables.*
   60267. *Emballages à usage mixte.*
603. Variation des stocks (approvisionnements et marchandises).
   6031. Variation des stocks de matières premières (et fournitures).
   6032. Variation des stocks des autres approvisionnements.
   6037. Variation des stocks de marchandises.
604. Achats d'études et prestations de services.
605. Achats de matériel, équipements et travaux.
606. Achats non stockés de matières et fournitures.
   6061. *Fournitures non stockables (eau, énergie…).*
   6063. *Fournitures d'entretien et de petit équipement.*
   6064. *Fournitures administratives.*
   6068. *Autres matières et fournitures.*
607. Achats de marchandises.
   6071. *Marchandise (ou groupe) A.*
   6072. *Marchandise (ou groupe) B.*
608. (Compte réservé, le cas échéant, à la récapitulation des frais accessoires incorporés aux achats.)
609. Rabais, remises et ristournes obtenus sur achats.
   6091. *– de matières premières (et fournitures).*
   6092. *– d'autres approvisionnements stockés.*
   6094. *– d'études et prestations de services.*
   6095. *– de matériel, équipements et travaux.*
   6096. *– d'approvisionnements non stockés.*
   6097. *– de marchandises.*
   6098. *Rabais, remises et ristournes non affectés.*

61/62. Autres charges externes.

61. Services extérieurs.
611. Sous-traitance générale.
612. Redevances de crédit-bail.
   6122. *Crédit-bail mobilier.*
   6125. *Crédit-bail immobilier.*
613. Locations.
   6132. *Locations immobilières.*
   6135. *Locations mobilières.*
   6136. *Malis sur emballages.*
614. Charges locatives et de copropriété.
615. Entretien et réparations.
   6152. *- sur biens immobiliers.*
   6155. *- sur biens mobiliers.*
   6156. *Maintenance.*
616. Primes d'assurance.
   6161. *Multirisques.*
   6162. *Assurance obligatoire dommage-construction.*
   6163. *Assurance-transport.*
      61636. *– sur achats.*
      61637. *– sur ventes.*
      61638. *– sur autres biens.*
   6164. *Risques d'exploitation.*
   6165. *Insolvabilité clients.*
617. Études et recherches.
618. Divers.
   6181. *Documentation générale.*
   6183. *Documentation technique.*
   6185. *Frais de colloques, séminaires, conférences.*
619. Rabais, remises et ristournes obtenus sur services extérieurs.

62. Autres services extérieurs.
621. Personnel extérieur à l'entreprise.
   6211. *Personnel intérimaire.*
   6214. *Personnel détaché ou prêté à l'entreprise.*
622. Rémunérations d'intermédiaires et honoraires.
   6221. *Commissions et courtages sur achats.*
   6222. *Commissions et courtages sur ventes.*
   6224. *Rémunérations des transitaires.*
   6225. *Rémunérations d'affacturage.*
   6226. *Honoraires.*
   6227. *Frais d'actes et de contentieux.*
   6228. *Divers.*
623. Publicité, publications, relations publiques.
   6231. *Annonces et insertions.*
   6232. *Échantillons.*
   6233. *Foires et expositions.*
   6234. *Cadeaux à la clientèle.*
   6235. *Primes.*
   6236. *Catalogues et imprimés.*
   6237. *Publications.*
   6238. *Divers (pourboires, dons courants…).*
624. Transports de biens et transports collectifs du personnel.
   6241. *Transports sur achats.*
   6242. *Transports sur ventes.*
   6243. *Transports entre établissements ou chantiers.*
   6244. *Transports administratifs.*

6247. *Transports collectifs du personnel.*
6248. *Divers.*
625. Déplacements, missions et réceptions.
   6251. *Voyages et déplacements.*
   6255. *Frais de déménagement.*
   6256. *Missions.*
   6257. *Réceptions.*
626. Frais postaux et de télécommunications.
627. Services bancaires et assimilés.
   6271. *Frais sur titres (achat, vente, garde).*
   6272. *Commissions et frais sur émission d'emprunts.*
   6275. *Frais sur effets.*
   6276. *Location de coffres.*
   6278. *Autres frais et commissions sur prestations de services.*
628. Divers.
   6281. *Concours divers (cotisations…).*
   6284. *Frais de recrutement de personnel.*
629. Rabais, remises et ristournes obtenus sur autres services extérieurs.

63. Impôts, taxes et versements assimilés.
631. Impôts, taxes et versements assimilés sur rémunérations (administrations des impôts).
   6311. *Taxe sur les salaires.*
   6312. *Taxe d'apprentissage.*
   6313. *Participation des employeurs à la formation professionnelle continue.*
   6314. *Cotisation pour défaut d'investissement obligatoire dans la construction.*
   6318. *Autres.*
633. Impôts, taxes et versements assimilés sur rémunérations (autres organismes).
   6331. *Versement de transport.*
   6332. *Allocations logement.*
   6333. *Contribution unique des employeurs à la formation professionnelle.*
   6334. *Participation des employeurs à l'effort de construction.*
   6335. *Versements libératoires ouvrant droit à l'exonération de la taxe d'apprentissage.*
   6338. *Autres.*
635. Autres impôts, taxes et versements assimilés (administrations des impôts).
   6351. *Impôts directs (sauf impôts sur les bénéfices).*
      63511. *Contribution économique territoriale.*
      63512. *Taxes foncières.*
      63513. *Autres impôts locaux.*
      63514. *Taxe sur les véhicules des sociétés.*
   6352. *Taxes sur le chiffre d'affaires non récupérables.*
   6353. *Impôts indirects.*
   6354. *Droits d'enregistrement et de timbre.*
      63541. *Droits de mutation.*
   6358. *Autres droits.*
637. Autres impôts, taxes et versements assimilés (autres organismes).
   6371. *Contribution sociale de solidarité à la charge des sociétés.*
   6372. *Taxes perçues par les organismes publics internationaux.*
   6374. *Impôts et taxes exigibles à l'étranger.*
   6378. *Taxes diverses.*

64. Charges de personnel.
641. Rémunérations du personnel.
   6411. *Salaires, appointements.*
   6412. *Congés payés.*
   6413. *Primes et gratifications.*
   6414. *Indemnités et avantages divers.*
   6415. *Supplément familial.*
644. Rémunération du travail de l'exploitant.
645. Charges de sécurité sociale et de prévoyance.
   6451. *Cotisations à l'Urssaf.*
   6452. *Cotisations aux mutuelles.*
   6453. *Cotisations aux caisses de retraites.*
   6454. *Cotisations aux Assédic (Ndlr : Pôle emploi).*
   6458. *Cotisations aux autres organismes sociaux.*
646. Cotisations sociales personnelles de l'exploitant.
647. Autres charges sociales.
   6471. *Prestations directes.*
   6472. *Versements aux comités d'entreprise et d'établissement.*
   Ndlr : ce compte est, à notre avis, utilisable pour les nouveaux comités sociaux et économiques.
   6473. *Versements aux comités d'hygiène et de sécurité.*
   6474. *Versements aux autres œuvres sociales.*
   6475. *Médecine du travail, pharmacie.*
648. Autres charges de personnel.

65. Autres charges de gestion courante.
651. Redevances pour concessions, brevets, licences, procédés, logiciels, droits et valeurs similaires.
    6511. *Redevances pour concessions, brevets, licences, marques, procédés, logiciels.*
    6516. *Droits d'auteur et de reproduction.*
    6518. *Autres droits et valeurs similaires.*
653. Jetons de présence.
654. Pertes sur créances irrécouvrables.
    6541. *Créances de l'exercice.*
    6544. *Créances des exercices antérieurs.*
655. Quote-part de résultat sur opérations faites en commun.
    6551. *Quote-part de bénéfice transférée (comptabilité du gérant).*
    6555. *Quote-part de perte supportée (comptabilité des associés non gérants).*
656. Pertes de change sur créances et dettes commerciales.
658. Charges diverses de gestion courante.

66. Charges financières.
661. Charges d'intérêts.
    6611. *Intérêts des emprunts et dettes.*
        66116. *– des emprunts et dettes assimilées.*
        66117. *– des dettes rattachées à des participations.*
    6612. *Charges de la fiducie, résultat de la période.*
    6615. *Intérêts des comptes courants et des dépôts créditeurs.*
    6616. *Intérêts bancaires et sur opérations de financement (escompte...).*
    6617. *Intérêts des obligations cautionnées.*
    6618. *Intérêts des autres dettes.*
        66181. *– des dettes commerciales.*
        66188. *– des dettes diverses.*
664. Pertes sur créances liées à des participations.
665. Escomptes accordés.
666. Pertes de change financières.
    6661. *– Charges nettes sur cessions de jetons.*
667. Charges nettes sur cessions de valeurs mobilières de placement.
668. Autres charges financières.

67. Charges exceptionnelles.
671. Charges exceptionnelles sur opérations de gestion.
    6711. *Pénalités sur marchés (et dédits payés sur achats et ventes).*
    6712. *Pénalités, amendes fiscales et pénales.*
    6713. *Dons, libéralités.*
    6714. *Créances devenues irrécouvrables dans l'exercice.*
    6715. *Subventions accordées.*
    6717. *Rappel d'impôts (autres qu'impôts sur les bénéfices).*
    6718. *Autres charges exceptionnelles sur opérations de gestion.*
672. (Compte à la disposition des entités pour enregistrer, en cours d'exercice, les charges sur exercices antérieurs).
674. Opérations de constitution ou liquidation des fiducies.
    6741. *Opérations liées à la constitution de la fiducie-transfert des éléments.*
    6742. *Opérations liées à la liquidation de la fiducie.*
675. Valeurs comptables des éléments d'actif cédés.
    6751. *Immobilisations incorporelles.*
    6752. *Immobilisations corporelles.*
    6756. *Immobilisations financières.*
    6758. *Autres éléments d'actif.*
678. Autres charges exceptionnelles.
    6781. *Malis provenant de clauses d'indexation.*
    6782. *Lots.*
    6783. *Malis provenant du rachat par l'entreprise d'actions et obligations émises par elle-même.*
    6788. *Charges exceptionnelles diverses.*

68. Dotations aux amortissements, aux dépréciations et aux provisions.
681. Dotations aux amortissements, aux dépréciations et aux provisions – Charges d'exploitation.
    6811. Dotations aux amortissements sur immobilisations incorporelles et corporelles.
        68111. *Immobilisations incorporelles.*
        68112. *Immobilisations corporelles.*
    6812. Dotations aux amortissements des charges d'exploitation à répartir.
    6815. Dotations aux provisions d'exploitation.

6816. Dotations pour dépréciations des immobilisations incorporelles et corporelles.
    68161. *Immobilisations incorporelles.*
    68162. *Immobilisations corporelles.*
6817. Dotations pour dépréciations des actifs circulants.
    68173. *Stocks et en-cours.*
    68174. *Créances.*

686. Dotations aux amortissements, aux dépréciations et aux provisions – Charges financières.
  6861. Dotations aux amortissements des primes de remboursement des obligations.
  6865. Dotations aux provisions financières.
  6866. Dotations pour dépréciations des éléments financiers.
    68662. *Immobilisations financières.*
    68665. *Valeurs mobilières de placement.*
  6868. *Autres dotations.*

687. Dotations aux amortissements, aux dépréciations et aux provisions – Charges exceptionnelles.
  6871. Dotations aux amortissements exceptionnels des immobilisations.

6872. Dotations aux provisions réglementées (immobilisations).
    68725. *Amortissements dérogatoires.*
6873. Dotations aux provisions réglementées (stocks).
6874. Dotations aux autres provisions réglementées.
6875. Dotations aux provisions exceptionnelles.
6876. Dotations pour dépréciations exceptionnelles.

69. Participation des salariés – Impôts sur les bénéfices et assimilés.

691. Participation des salariés aux résultats.
695. Impôts sur les bénéfices.
  6951. *Impôts dus en France.*
  6952. *Contribution additionnelle à l'impôt sur les bénéfices.*
  6954. *Impôts dus à l'étranger.*
696. Suppléments d'impôt sur les sociétés liés aux distributions.
698. Intégration fiscale.
  6981. *Intégration fiscale – Charges.*
  6989. *Intégration fiscale – Produits.*
699. Produits – report en arrière des déficits.

Classe 7 – Comptes de produits

70. Ventes de produits fabriqués, prestations de services, marchandises.
701. Ventes de produits finis.
  7011. *Produits finis (ou groupe) A.*
  7012. *Produits finis (ou groupe) B.*
702. Ventes de produits intermédiaires.
703. Ventes de produits résiduels.
704. Travaux.
  7041. *Travaux de catégorie (ou activité) A.*
  7042. *Travaux de catégorie (ou activité) B.*
705. Études.
706. Prestations de services.
707. Ventes de marchandises.
  7071. *Marchandises (ou groupe) A.*
  7072. *Marchandises (ou groupe) B.*
708. Produits des activités annexes.
  7081. *Produits des services exploités dans l'intérêt du personnel.*
  7082. *Commissions et courtages.*
  7083. *Locations diverses.*
  7084. *Mise à disposition de personnel facturée.*
  7085. *Ports et frais accessoires facturés.*
  7086. *Bonis sur reprises d'emballages consignés.*
  7087. *Bonifications obtenues des clients et primes sur ventes.*
  7088. *Autres produits d'activités annexes (cessions d'approvisionnements…).*

709. Rabais, remises et ristournes accordés par l'entreprise.
  7091. *– sur ventes de produits finis.*
  7092. *– sur ventes de produits intermédiaires.*
  7094. *– sur travaux.*
  7095. *– sur études.*
  7096. *– sur prestations de services.*
  7097. *– sur ventes de marchandises.*
  7098. *– sur produits des activités annexes.*

71. Production stockée (ou déstockage).

713. Variation des stocks (en-cours de production, produits).
  7133. *Variation des en-cours de production de biens.*
    71331. Produits en cours.
    71335. Travaux en cours.

7134. Variation des en-cours de production de services.
    71341. Études en cours.
    71345. Prestations de services en cours.
7135. Variation des stocks de produits.
    71351. Produits intermédiaires.
    71355. Produits finis.
    71358. Produits résiduels.

72. Production immobilisée.
721. Immobilisations incorporelles.
722. Immobilisations corporelles.

74. Subventions d'exploitation.

75. Autres produits de gestion courante.
751. Redevances pour concessions, brevets, licences, marques, procédés, logiciels, droits et valeurs similaires.
    7511. *Redevances pour concessions, brevets, licences, marques, procédés, logiciels.*
    7516. *Droits d'auteur et de reproduction.*
    7518. *Autres droits et valeurs similaires.*
752. Revenus des immeubles non affectés à des activités professionnelles.
753. Jetons de présence et rémunérations d'administrateurs, gérants…
754. Ristournes perçues des coopératives (provenant des excédents).
755. Quotes-parts de résultat sur opérations faites en commun.
    7551. *Quote-part de perte transférée (comptabilité du gérant).*
    7555. *Quote-part de bénéfice attribuée (comptabilité des associés non gérants).*
756. Gains de change sur créances et dettes commerciales.
758. Produits divers de gestion courante.

76. Produits financiers.
761. Produits de participations.
    7611. *Revenus des titres de participation.*
    7612. *Produits de la fiducie, résultat de la période.*
    7616. *Revenus sur autres formes de participation.*
    7617. *Revenus des créances rattachées à des participations.*
762. Produits des autres immobilisations financières.
    7621. *Revenus des titres immobilisés.*
    7626. *Revenus des prêts.*
    7627. *Revenus des créances immobilisées.*
763. Revenus des autres créances.
    7631. *Revenus des créances commerciales.*
    7638. *Revenus des créances diverses.*
764. Revenus des valeurs mobilières de placement.
765. Escomptes obtenus.
766. Gains de change financiers
    7661. – Produits nets sur cessions de jetons.
767. Produits nets sur cessions de valeurs mobilières de placement.
768. Autres produits financiers.

77. Produits exceptionnels.
771. Produits exceptionnels sur opérations de gestion.
    7711. *Dédits et pénalités perçus sur achats et sur ventes.*
    7713. *Libéralités reçues.*
    7714. *Rentrées sur créances amorties.*
    7715. *Subventions d'équilibre.*
    7717. *Dégrèvement d'impôts autres qu'impôts sur les bénéfices.*
    7718. *Autres produits exceptionnels sur opérations de gestion.*
772. (Compte à la disposition des entités pour enregistrer, en cours d'exercice, les produits sur exercices antérieurs).
774. Opérations de constitution ou liquidation des fiducies.
    7741. *Opérations liées à la constitution de fiducie – Transfert des éléments.*
    7742. *Opérations liées à la liquidation de la fiducie.*
775. Produits des cessions d'éléments d'actif.
    7751. *Immobilisations incorporelles.*
    7752. *Immobilisations corporelles.*
    7756. *Immobilisations financières.*
    7758. *Autres éléments d'actif.*
777. Quote-part des subventions d'investissement virée au résultat de l'exercice.
778. Autres produits exceptionnels.
    7781. *Bonis provenant de clauses d'indexation.*
    7782. *Lots.*
    7783. *Bonis provenant du rachat par l'entreprise d'actions et d'obligations émises par elle-même.*
    7788. *Produits exceptionnels divers.*

78. Reprises sur amortissements, dépréciations et provisions.
781. Reprises sur amortissements, dépréciations et provisions (à inscrire dans les produits d'exploitation).
  7811. *Reprises sur amortissements des immobilisations incorporelles et corporelles.*
    78111. *Immobilisations incorporelles.*
    78112. *Immobilisations corporelles.*
  7815. *Reprises sur provisions d'exploitation.*
  7816. *Reprises sur dépréciations des immobilisations incorporelles et corporelles.*
    78161. *Immobilisations incorporelles.*
    78162. *Immobilisations corporelles.*
  7817. *Reprises sur dépréciations des actifs circulants.*
    78173. *Stocks et en-cours.*
    78174. *Créances.*
786. Reprises sur provisions pour risques et dépréciations (à inscrire dans les produits financiers).
  7865. *Reprises sur provisions financières.*
  7866. *Reprises sur dépréciations des éléments financiers.*
    78662. *Immobilisations financières.*
    78665. *Valeurs mobilières de placement.*
787. Reprises sur provisions et dépréciations (à inscrire dans les produits exceptionnels).
  7872. *Reprises sur provisions réglementées (immobilisations).*
    78725. *Amortissements dérogatoires.*
    78726. *Provision spéciale de réévaluation.*
    78727. *Plus-values réinvesties.*
  7873. *Reprises sur provisions réglementées (stocks).*
  7874. *Reprises sur autres provisions réglementées.*
  7875. *Reprises sur provisions exceptionnelles.*
  7876. *Reprises sur dépréciations exceptionnelles.*

79. Transferts de charges.
  791. *Transferts de charges d'exploitation.*
  796. *Transferts de charges financières.*
  797. *Transferts de charges exceptionnelles.*

Classe 8 – Comptes spéciaux

80. Engagements.
Voir n° 50480.
801. Engagements donnés par l'entité
  8011. *Avals, cautions, garanties*
  8014. *Effets circulant sous l'endos de l'entité*
  8016. *Redevances crédit-bail restant à courir*
    80161. *Crédit-bail mobilier*
    80165. *Crédit-bail immobilier*
  8018. *Autres engagements donnés*
802. Engagements reçus par l'entité
  8021. *Avals, cautions, garanties*
  8024. *Créances escomptées non échues*
  8026. *Engagements reçus pour utilisation en crédit-bail*
    80261. *Crédit-bail mobilier*
    80265. *Crédit-bail immobilier*
  8028. *Autres engagements reçus*
809. Contrepartie des engagements
  8091. *Contrepartie 801*
  8092. *Contrepartie 802*

88. Résultat en instance d'affectation.

89. Bilan.
  890. *Bilan d'ouverture.*
  891. *Bilan de clôture.*

96340

Classe 9 – Comptes analytiques
Voir n° 22485.

96360

Table alphabétique

A

Abandon de créance
Étude d'ensemble : 42220 s.
- **commercial :** 42230 s.
- **conditionnel :** 42320 s. (avec clause de retour à meilleure fortune) ; 42270 (comptabilisation) ; 50690, 52520 (information).
- **consenti dans certaines situations particulières :** 42220.
- **de loyers :** 11295 (bailleurs), 15700 (preneurs), 42235 s. (fiscalité), 52590 (imputation des déficits antérieurs).
- **financier :** 42270 s.
- **pur et simple :** 42220 (distinction entre – commercial et – financier).

Incidence des – sur la valeur chez la mère des titres de la filiale bénéficiaire de l'– : 37695.
Renonciations à des recettes : 42340.
Subventions remboursables : 31525.
Tableau de financement : 65980.

Abondement
- **à un compte épargne-temps :** 16820 (en numéraire) ; 55895 (en attribution gratuite d'actions).
- **en numéraire :** 16815 (à un plan d'épargne entreprise), 16825 (accordé dans le cadre d'une augmentation de capital).
- **correctif au compte personnel de formation :** 16348.
- **dans le cadre d'un contrat de partage des plus-values de cession de titres avec les salariés :** 16830.
- **dans le cadre d'une augmentation de capital :** 16825 (en numéraire).

Abonnement : 11755 (produits), 15210 (charges).
Contrat d'– : 10575 s.
Ventes par – : 11150.

Absorption : voir Fusion, Scission.

Abus de droit : 15695 (redevances de crédit-bail) ; 17785 (compléments de retraite) ; 36350 (régime des sociétés mères) ; 36360 (clause anti-abus générale).

Absa : 38205 (détenteur) ; 55330 (émetteur).

Accidents du travail : 16645 (hausse cotisations sécurité sociale), 16895 (maintien du salaire).

Accord : 16635 (aménagement du temps de travail).

Accord de non-concurrence : 30575.

Accréditifs : 42890.

Achats
- **à crédit :** 15585 (choix entre un – et un achat comptant).
- **avec clause de réserve de propriété :** 15225 (comptabilisation) ; 29660 (annexe).

Achats (suite)
- **comptant :** 15585 (choix entre un – et un achat à crédit).
- **consommés :** 15555 s.
- **couverts :** 40295 (prix d'achat) ; 21005, 41995 (effet de couverture) ; 26510 (coût d'entrée en immobilisation).
- **de créances clients :** 42845 s.
- **de matières premières à terme :** 21005 (effet de couverture) ; 41995.
- **destinés à la revente et offerts à la clientèle :** 15925.
- **de marchandises à terme :** 15220.
- **en l'état futur d'achèvement :** 10070 (généralités) ; 25345 (comptabilisation).
- **libellés en devises :** 40295 (prix d'achat) ; 21005, 41995 (effet de couverture) ; 26510 (coût d'entrée en immobilisation).
- **non stockés :** 15575.
- **par une société de ses propres actions :** voir Rachat.

Comptabilisation : 15430 s. (régularisation en fin d'exercice) ; 15545 s. (développements).
Date d'enregistrement : 15075 s.
Frais accessoires d'– :
  - **des marchandises et matières :** 15550.
  - **des titres :** 35620 (titres immobilisés) ; 35625 (VMP).
  Annexe : 18370.
Journal des – : 18090.
Prélèvements de l'exploitant : 15580.
Prix d'– : 15550.
Rétrocessions à prix coûtants : 11130.
Sous-traitance : 15570.
Valorisation des – de marchandises en devises étrangères : 40295 (prix d'achat) ; 21005, 41995 (effet de couverture).

Voir aussi Acquisition, Taxe sur la valeur ajoutée.

Achèvement : voir méthode de l'achèvement des travaux.

Acomptes
- **clients :** voir ci-après : – sur ventes.
- **conservés à titre de dédommagement (arrhes) :** 12265 (vendeur) ; 15600 (acquéreur).
- **sur contribution additionnelle à l'IS :** 52635 (CSB).
- **d'impôt sur les sociétés :** 52625 ; 66350 (compte de résultat prévisionnel révisé).
- **reçus ou versés en monnaies étrangères :** 40315 (valeur d'entrée) ; 40535 (valeur au bilan).
- **sur achats :** 15595, 46750 s. (TVA).
- **sur boni de liquidation :** 36390.
- **sur dividendes**
  - **reçus :** 36390.
  - **versés :** 54050 s., 53670 (participation des salariés).

1955

Acomptes (suite)
- bénéfice définitif inférieur au montant de l'– : 54054.
- renonciation par un ou des actionnaires : 54050.
- **sur ventes** : 10080 (généralités) ; 12255 (demande d'–) ; 12260 (retenue de garantie) ; 46720 s. (TVA).
- **Factures d'–** : 12425 (obligations de forme).

Voir aussi Avances.

Acquisition
- **à la barre du tribunal** : 26530 (coût d'entrée).
- **à titre d'apport en nature** :
  - **Coût d'entrée** : 26715 (immobilisations) ; 21270 (stocks) ; 37160 (titres).
- **à titre gratuit** :
  - **Coût d'entrée** : 26765 (immobilisations) ; 21265 (stocks).
- **à titre onéreux (conditions ordinaires)** :
  - **Affectation du coût d'entrée aux composants** : 25800.
  - **Coût d'entrée** : 26185 (immobilisations corporelles) ; 31285 s. (immobilisations incorporelles) ; 20900 s. (stocks) et 35600 (titres immobilisés et de placement).
- **au moyen de redevances annuelles** :
  - **Critères de comptabilisation** : 30165 s.
- **au moyen de subvention** :
  - **Coût d'entrée** : 21285 (stocks) ; 26490, 26495, 26530 (immo. corp.) ; 31485 (immo. incorp.).
  - **Reprise de la subvention** : 56435 s.
  - **Prix subventionné** : 26530.
- **avec clause de révision de prix** : 30165.
- **avec conditions particulières** : 20220, 20225 (stocks).
- **avec contrat de crédit-bail** : voir Crédit-bail.
- **avec une participation à des dépenses d'équipement** : 25300.
- **contre versement de rente viagère** : 26760 (coût d'entrée).
- **d'immobilisations** : voir Immobilisations.
- **d'une liste de noms** : 30605 (frais de prospection).
- **dans le cadre du dispositif des certificats d'économie d'énergie (CEE)** : 26495.
- **en l'état futur d'achèvement** : 25345.
- **en nue-propriété** : 25440 (comptabilisation).
- **en usufruit** : 25440 (comptabilisation) ; 32035 (amortissement) ; d'actions (37615).
- **intracommunautaire** : 46870 s.

Voir chaque rubrique concernée.

- **libellés en devises** : voir Devises.
- **par voie d'échange** : 26740 (immobilisations) ; 21260 (stocks).
- **pour un euro ou un prix symbolique** : 26530 (coût d'entrée).
- **pour un prix subventionné** : 26530 (coût d'entrée).
- **pour un prix symbolique** : 26530 (coût d'entrée).
- **une valeur inférieure à la valeur réelle** : 26530 (coût d'entrée).

Acquisition (suite)
- **pour des raisons de sécurité ou liées à l'environnement** : voir Environnement.
- **Coût d'–** : 20900 s. (stocks) ; 26185 s. (immo. corp.) ; 31285 s. (immo. incorp.) ; 35540 (titres et VMP) ; 45825 (indemnité versée au fournisseur d'immo.) ; 45830 (indemnité versée par le fournisseur d'immo.).
- **Période d'–** : voir Phase d'–.
- **Phase d'–** : 26265 s. (définition, conséquences pratiques).

Acte(s)
- **accomplis pour le compte d'une société en formation** : 60230.
- **anormal de gestion** : 11270 (refacturation intragroupe) ; 11830 (réductions accordées sur ventes) ; 15930 (cadeaux) ; 26170 (coût d'entrée des immobilisations) ; 38480 (dépréciation des créances rattachées à des participations) ; 40190 (prêts accordés à des conditions avantageuses) ; 42225 (abandons de créances et autres aides) ; 42340 (renonciation à des recettes) ; 42845 (cession de créance) ; 50135 (charge née d'une garantie donnée).
- **Frais d'–** : 15915 (charges) ; 26260 (immobilisations) ; 35620 (titres) ; 35625 (VMP).

Actif(s)
Définition : 25105 s.
- **de support** : 27735 (dépréciation).
- **disponible** : 61595 (cessation des paiements).
- **éligibles** : 26340 (incorporation des coûts d'emprunt).
- **environnemental** : 25925 s. (dépenses de mise en conformité) ; 26035 s. (dépenses de remise en état).
- **maintenus par exception** : 25135.
- **Acquisition d'– pour un prix subventionné** : 26530 (coût d'entrée).
- **Acquisition (cession) d'– significatifs** : 81605 (information à fournir).
- **Notions générales** : 1120 s.
- **Reprise d'– pour une valeur symbolique** : 26530 (coût d'entrée).
- **Reprise d'– pour une valeur inférieure à sa valeur réelle** : 26530 (coût d'entrée).
- **Situation de l'– réalisable et disponible et du passif exigible** : 66170 s.

Voir aussi Immobilisations, Stocks, Titres, Créances…

Actif net : 55025.

Actionnaires : 8480 (changement), 16170 (dépenses engagées à leur profit), 54037 (renonciation aux dividendes), 54050 (renonciation aux acomptes sur dividendes), 60170 (versements anticipés), 60180 (non-libération des apports), 57745 (pactes).

Voir aussi Actionnariat, Capital, Comptes courants, États financiers, Information, Prélèvement…

Actionnariat
- **des sociétés (information)** : 57735 (rapport de gestion).
- **salarié** : 55745, 65006 (rapport de gestion).
- **Notifications** : 39015 s.

Actions

– à dividende prioritaire sans droit de vote : 35175 (détenteur) ; 55335 (émetteur) (comptabilisation) ; 57600 (annexe).

– assorties d'un certificat de valeur garantie : 37230.

– avec bons de souscription (Absa, Abso) : 38205 (détenteur) ; 55330 (émetteur) (comptabilisation).

– d'autocontrôle : 35065 (notion).

– de préférence : 35175, 37455 (détenteur), 55325 ; 55695 (rachat d'–) ; 57600 (annexe).

– gratuites : 37760 (détenteur).

– privées d'usufruit : 37705 (détenteur).

– propres : Voir « Rachat par une société de ses propres – ».

Absa : 38205 (détenteur) ; 55330 (émetteur).

Achat pour revente immédiate : 37700 (détenteur).

Acquisition d'– à l'aide de bons de souscription : 38195 (détenteur) ; 55415 (émetteur).

Acquisition par offre publique : 35175 (détenteur).

Actionnariat : 57735 (rapport de gestion).

Aliénation d'– : 38605 s. (calcul et information) (détenteur) ; 38960 (rapport de gestion).

Amortissement du capital : 37805 (détenteur) ; 55260 (émetteur).

Attribution d'actions aux salariés adhérents d'un PEE : 55950 s.

Attribution gratuite d'actions aux salariés : 55870 s.

Autocontrôle : 35065 (notion) ; 35175 (régime fiscal) ; 57735 (rapport de gestion).

Bons de souscription d'– : 38195 (détenteur) ; 55415 (émetteur).

Cession : 55950 s. (cession aux salariés adhérents d'un PEE).

Comptabilité-titres : 57050.

Consultation du comité social économique – CSE (ex-CE) : 80280 (OPA, OPE).

Dématérialisation : 57040 s. (inscription en compte).

Démembrement d'– : 37705 (détenteur).

Dividendes : 36315 s. (date d'enregistrement) ; 36340 s. (régime des sociétés mères).

Division d'– : 37160 (détenteur).

Échange d'– : 37160 (détenteur).

Émission de valeurs mobilières donnant accès au capital (Absa) : 55330 (comptabilisation).

Garantie de bonne fin : 55295.

Location d'– : 37285.

Obligations remboursables en – (ORA) : 56970.

Offre publique d'achat ou d'échange : 82210 (information).

Paiement du dividende en – : 55390.

Participations réciproques : 38605 s. (calcul et information) ; 38960 (rapport de gestion).

Plan de stock-options : 55750 s.

Prise de participation et de contrôle : 38960 (rapport de gestion et rapport commissaire aux comptes) ; 39015 s. (notifications) (détenteur).

Actions (suite)

Rachat par une société de ses propres – : 55585 s., 55510 (en vue d'une réduction de capital non motivée par des pertes) ; 37675 (comptabilisation et dividendes) ; 56085 (réserve) ; 57600 (annexe) ; 82210 (information).

Regroupement d'– : 37160 (détenteur).

Remboursement des – : 37795 (détenteur) ; 62090 s. (partage) (émetteur).

Résultat par action : 54475 (information).

Revenus des – : 36315 s. (date d'enregistrement) ; 36340 s. (régime des sociétés mères).

Risques sur – : 43350 s. (information) (détenteur).

Sicav : 37480 (détenteur).

Sociétés dont les – sont inscrites sur un marché réglementé (Euronext Paris) : 81680 (publications).

Sociétés dont les – sont inscrites sur un système multilatéral de négociation (Euronext Growth et Euronext Access +) : 81680 (publications).

Souscription et achat par les salariés : 55750 s.

Titres immobilisés : 35600 (coût d'acquisition) (détenteur).

Transformation d'une créance en – : 37690 (détenteur).

Usufruit d'– : 37615 (acquisition) ; 37705 (cession) (détenteur).

Valeurs mobilières donnant accès au capital : 38180 (détenteur).

Valeurs mobilières donnant droit à l'attribution de titres de créances : 38260 (détenteur).

Voir aussi Capital, Création, Sicav, Titres en portefeuille.

Activité

– d'actions culturelles : 31320 (frais de montage d'un spectacle).

– d'extraction : 25535, 25555 (classement) ; 26295 (frais de préparation d'un terrain en vue de l'exploitation d'un gisement) ; 32065 (frais d'exploration minière).

Voir aussi Remise en état d'un site.

– de portefeuille : voir Titres en portefeuille.

– des filiales : 38960 (rapport de gestion).

– de développement : voir Développement.

– de distribution au détail : 20845 (méthode du prix de détail).

– de financement faisant l'objet d'une coordination centrale : 26365 (coût d'emprunt).

– de location de matériels : 52030 (revente du matériel).

– de recherche : voir Recherche.

– agricole : 20110 (stock de biens vivants) ; 26585 (immobilisation de biens vivants).

– économique (personnes morales de droit privé non commerçantes ayant une –) : 3180.

– occulte : 53280.

– partielle : 16900, 21080, 21147, 21150.

– partielle à l'étranger : 70390 (liasse fiscale).

– saisonnière : 18400 (sous-activité).

Adjonction d'– : 60520 (conséquences fiscales).

Changement d'activité : 60515 s.

TABLE ALPHABÉTIQUE

Activité (suite)
  Coût du développement de l'– : 30965 s. (distinction actifs-charges) ; 31150 s. (dépenses ultérieures).
  Coût de réinstallation ou de réorganisation des – : 31320.
  Démarrage (ou lancement) d'une nouvelle – : 26315 (frais de mise en route d'un atelier) ; 30950 (nouvelle collection) ; 30955 (spectacle) ; 31320 (nouveau produit).
  Notion d'– : 10005 s.
  Nouvelle – : 31320 (charges), 15970 (Publicité).
  Perfectionnement d'– : 31320 (charges), 15970 (Publicité).
  Produits des – courantes : 12910.
  Sous – (non-incorporation dans le coût d'entrée) : 26620 (immobilisations) ; 21080, 21147, 21150 (stocks).

Actualisation : 17740 (prov. retraites), 26415 (coûts remise en état), 27925 (prov. remise en état), 26915 (val. d'usage), 35735 (méthode d'éval.), 40190 s. (créances non productives d'intérêts), 40220 (dettes), 40715 (effets en portefeuille), 48310 (prov.), 52655 (créance de carry-back).

Adjudication (frais d'–) : 26260 (immobilisations).

Administrateurs : 16100 (frais de déplacement), 42540 (compte courant), 46050 (détournements de fonds), 80135 s. (liste), 80535 (information).
  Rémunérations des – :
  – **charges :** 16680 s. (comptabilisation) ; 18455 s. (annexe) ; 65101 (rapport sur le gouvernement d'entreprise).
  – **produits :** 96320, 12115.

Administration fiscale : 80025 (droit de communication).

Admission (d'instruments financiers) : 80900 (Euronext Paris), 80900 (Euronext Access et Euronext Growth).

Aéronautique (industrie – et spatiale) : 26315 (frais d'utilisation), 31320 (frais de transfert d'un établissement).

Affacturage : 42795 (comptabilisation) ; 50205, 50755 (information).
  – **augmenté :** 42795.
  – **inversé :** 42835.

Affectation du résultat : 53950 s., 54015 s. (comptabilisation), 54440 (tableau d'–).

Affermage : 72145 (analogie avec concessions) ; 72175 (aspects fiscaux).

Agefiph : 16505 (contribution et surcontribution à l'obligation d'emploi).

Agences :
  – **de publicité :** 73335. ; 11190 (coffrets séjours).
  – **de voyage :** 73315 s. ; 11190 (coffrets séjours).
  – **immobilières :** 11040 (commissions) ; 20260 (prestations en cours).

Agencements et aménagements
  – **sur immeuble appartenant à l'exploitant et ne figurant pas au bilan :** 60285.

Agencements et aménagements (suite)
  – **sur sol d'autrui :** 25260 (comptabilisation), 25550 (classement), 26450 (coût d'entrée), 27510 (amort.), 28275 (expiration du bail).
  – **terrain :** 25540 (class. compt.) ; 25915 (dépenses ultérieures) ; 27470 (amort.).
  Amortissement : 27140 (durée d'usage).
  Constructions : 25545 (class. compt.) ; 25915 (dépenses ultérieures).
  Participation à des dépenses d'équipement : 25300 (comptabilisation).
  Transformation de locaux : 25915.

Agents de change : 3150 (plan comptable) ; 96280 (compte 516).

Agents des sûretés : 74375.

Agios : 16145 (distinction avec services bancaires) ; 40965 s. (dissociation entre principal et –) ; 42990 (séparation des exercices).
Voir aussi Intérêts payés ou à payer.

Agriculture : 3165 (plan comptable), 20220 (entreposage de productions agricoles), 30750 (quotas), 32050 (amortissement des quotas). Voir aussi Mémento Agriculture.

Aides
  – **à l'emploi et à la formation :** 17115 ; 17155 (restitution).
  – **accordées par une enseigne pour développer un point de vente :** 30965 (données) ; 56445 (reçues).
  – **au paiement des cotisations et contributions sociales :** 12062.
  – **aux entreprises grandes consommatrices d'énergie :** 12050.
  – **aux services à la personne :** 17110.
  – **« coûts fixes » :** 12050.
  – **de minimis et aides d'État :** 27425 (imprimantes 3D acquises ou créées par les PME communautaires) ; 28525 (acquisition par une PME d'un immeuble pris en crédit-bail) ; 52620 (régimes d'exonération d'impôt sur les bénéfices relevant de la politique d'aménagement du territoire).
  – **fiscales à l'investissement :** 27425.
  Voir aussi Subventions.
  – **indûment perçues :** 12080.
  – **versées par le fonds de solidarité :** 12050 ; 8035 (régime d'imposition).
  Exonération des cotisations et contributions sociales : 17120.
  Remise partielle des dettes de cotisations et contributions patronales : 17156.

Alerte : voir Procédures d'alerte.
  – **aux résultats (« Profit warning ») :** 81565.

Alcools : 17280 (redevances), 20935 (droit de fabrication), 21160 (frais de stockage), 21985 (provision pour hausse des prix), 30750 (quotas), 32050 (amortissement des quotas).

Aliénation d'actions : 38605 s. (calcul et information) ; 38960 (rapport de gestion).

Allocations
- **activité (partielle)** : 16900, 21080, 21147 (stocks).
- **chômage (partiel)** : voir activité (partielle).
- **de retraite et préretraite** : voir Rémunérations.
- **familiales** : 16710 (entreprises individuelles) ; 16810 (gérants majoritaires de SARL).
- **logement** : 16395.

Alternext : voir Euronext Growth.

Aménagement : voir Agencements.

Amendes
- **fiscales, sociales** : 45995 (class. compt.) ; 46020 (provision) ; 53090, 53190 (redress. fiscaux).
- **pénales** : 45980, 46020 (provision).
- **pour infraction à la réglementation économique** : 45985, 46020 (provision).
- **pour infraction à la réglementation environnementale** : 46000.
  Provisions : 46020.
  Voir aussi Environnement.

Amiante : 28005 (désamiantage), 45920 (litige salarié).

AMF : voir Autorité des marchés financiers.

AMM : voir Autorisation de mise sur le marché et Brevets.

Amodiation
Contrat d'- : 72500 (transfert du droit d'utilisation par le concessionnaire).

Amortissement(s)
Étude d'ensemble : 27010 s. ; 29040 s. (écritures compt.).
- **croissant** : 27260.
- **cumulés (minimum)** : 27010.
- **de biens comptabilisés à tort en frais généraux** : 53145.
- **de caducité (concession)** : 72150, 72360 s.
- **dégressif fiscal** : 27270 s.
- **dérogatoires** :
  - calcul pratique : 27430.
  - cession : 29335.
  - changement de méthode : 27435.
  - comptabilisation : 29060.
  - des frais d'acquisition de titres : 35620.
  - distinction avec amortissement pour dépréciation : 27015.
  - étude d'ensemble : 27370 s.
  - réévaluation : 56810.
  - résultant de la base : 27400.
  - résultant de la durée : 27390 s.
  - résultant de la méthode : 27405 s.
- **des AMM (autorisations de mise sur le marché)** : 31935.
- **des biens acquis avec clause de réserve de propriété** : 27610.
- **des biens acquis en nue-propriété** : 25440.
- **des biens acquis contre rente viagère** : 26760.
- **des biens appartenant à l'exploitant mais ne figurant pas au bilan** : 60285.
- **des biens d'occasion** : 27500.

Amortissement(s) (suite)
- **des biens donnés en location** : 27505 s. ; 27590 (linge et vêtements professionnels).
- **des biens en usufruit** : 32035.
- **des biens inutilisés** : 27615 (mais ayant encore une valeur comptable).
- **des biens reçus en apport** : 27605.
- **des biens « somptuaires »** : voir Somptuaire (biens).
- **des biens transférés de stocks à immobilisations** : 20420.
- **des brevets** : 31915.
- **des charges à répartir sur plusieurs exercices** : 41020 (frais d'émission des emprunts) ; 41120 (primes d'émission et de remboursement des emprunts).
- **des constructions sur sol d'autrui** : 27515, 27520 (sur le domaine public).
- **des coûts de remise en état** : 27665 s.
- **des dépenses de mise en conformité** : 27600.
- **des dessins** : 31945.
- **des droits d'exploitation des substances chimiques (Reach)** : 32055.
- **des droits d'occupation du domaine public** : 32040.
- **des fichiers clients** : 32030.
- **des frais d'émission d'obligations** : 41020.
- **des frais d'établissement** : 45160 s.
- **des frais d'exploration minière** : 32065.
- **des coûts de développement** : 31905 s.
- **des ICS (immobilisations complexes spécialisées)** : 25815.
- **des immeubles de placement** : 27495.
- **des immobilisations d'importance secondaire** : 25980.
- **des immobilisations mises en concession** : 72255 s.
- **des immobilisations libellées en devises** : 27625.
- **des immobilisations réévaluées** : 29085.
- **des know-how** : 31945.
- **des marques** : 31940.
- **des modèles** : 31945.
- **des matériels destinés à économiser l'énergie** : 27290 (– dégressif majoré).
- **des matériels destinés à la recherche scientifique** : 27290 (– dégressif majoré).
- **des matériels utilisés dans l'industrie de transformation du bois** : 27290 (– dégressif majoré).
- **des œuvres d'art** : 27585.
- **des pièces de rechange** : 20445.
- **des portefeuilles de mandats** : 32030.
- **des primes de remboursement** : 41120.
- **des procédés industriels** : 31945.
- **des quotas de sucre** : 32050.
- **des sites internet** : 32070.
- **des subventions d'investissement** : 56495 s.
- **des terrains** : 27465 ; 27470 (frais d'aménagement de –).
- **des titres de PME innovante** : 37640.
- **des titres de sociétés financières d'innovation** : 37640.

1959

Amortissement(s) (suite)
  – **des titres de sociétés immobilières de copropriété** : 38360.
  – **des voitures particulières** : 27570 s.
  – **différés sur le plan fiscal** : 52985 (impôts différés).
  – **d'obligations par rachat** : 41355 s.
  – **du capital** : 55260 (émetteur) ; 37805 (détenteur).
  – **du droit au bail** : 31965.
  – **du fonds commercial et du fonds de commerce** : 31985 s.
  – **en fonction des produits** : 31790.
    – **droits de diffusion** : 32060.
    – **spectacles** : 31945.
  – **exceptionnels** :
    – **comptables** : 27760.
    – **fiscaux** : 27425 (immobilisations) ; 37640 (titres).
  – **fiscaux** :
    – **minimum** : 27010.
  Constatation obligatoire : 27010.
  Comptabilisation : 27015 (principe) ; 29060 (exemple).
  Durée : 27120 s. (immo. non décomposables) ; 27200 (composants) ; 27205 (structure) ; 27495 (immeubles de placement) ; 27330 (modification de la durée).
  Méthodes : 27230 (généralités) ; 27235 (linéaire) ; 27255 (variable) ; 27270 s. (dégressif) ; 27425 (spéciaux et exceptionnels) ; 27330 (modification du rythme).
  – **linéaire** : 27235.
  – **sur la base d'unités d'œuvre** : 27255.
  – **variable** : 27255.
  Annexe (méthodes utilisées pour le calcul de –) : 29650 ; 29655 (changement d'estimation).
  Annuités d'– : 27235 (linéaire) ; 27290 (dégressif).
  Bien totalement amorti : 29090.
  Cession d'immobilisations amortissables : 28120 (calcul) ; 29290 s. (comptabilisation).
  Changement d'estimation : 8500 (définition) ; 27330 s. (plan d'amortissement) ; 29655 (information).
  Classement comptable : 29040 s.
  Comptabilisation des – : 29040 s.
  Conception de l'– : 27050.
  Conservation des documents : 7445.
  Date de départ des – : 27095.
  Distinction entre – pour dépréciation et – dérogatoires : 27015.
  Durée d'– : 27120 s. (immo. non décomposables) ; 27200 (composants) ; 27205 (structure) ; 27495 (immeubles de placement).
    – **Changement dans la –** : 8500, 27330.
  Erreur dans le plan d'– : 27340.
  Exercice d'une durée différente de 12 mois (conséquences) : 27235 (amort. linéaire) ; 27290 (amort. dégressif).
  Immobilisations affectées à une société en participation : 73910.
  Immobilisations de la société en formation : 27095 (date de début).

Amortissement(s) (suite)
  Incorporation des – dans le coût de production : 26620 (immobilisations) ; 21120, 21130 et 21135 (stocks).
  Information : 29545 (présentation) ; 29655 (changement d'estimation) ; 29650 (méthodes utilisées en annexe).
  Méthodes d'– : 27230 s.
  Modification du taux d'– : 27330 s. (– pour dépréciation) ; 27290 (– dégressif), 27435 (– dérogatoires).
  Obligations en matière d'– : 27010.
  Plan d'– : 27065 ; 27330 (révision).
  Prorata temporis : 27235 (linéaire) ; 27290 (dégressif).
  Redressement fiscal : 53130 s.
  Reprise d'– : 27340 (– pour dépréciation) ; 27435 (– dérogatoires).
  Satellites : 27405 (amortissement exceptionnel).
  Taux d'– : 27120 s. (immo. non décomposables) ; 27200 (composants) ; 27205 (structure) ; 27495 (immeubles de placement).
  TVA : 26785 (exercice décalé) ; 27525 (régularisations globales).
  Unités d'œuvre : 27255 (amortissement sur la base d'–).
  Usages : 27140 (durées indicatives et dérogations).
  Utilisation en continu : 27140, 27145.

ANC : voir Autorité des normes comptables.

Animaux : 20455 (immobilisations ou stocks).

Annexe abrégée
  Critères pour adopter l'– : 64220.
  Contenu détaillé : 64645.

Annexe des comptes annuels (généralités) :
  – **abrégée** : voir Annexe abrégée.
  Arrondis : 64230.
  Certification des comptes annuels : 64835.
  Changement de méthode : 8555 s.
  Comparabilité des comptes : 64525.
  Conception de l'– : 64555.
  Contenu détaillé et commenté : 64625.
  Contenu général : 64605 s. (toutes présentations) ; 64645.
  Critères de distinction pour les différentes présentations de l'– : 64200.
  Délai d'établissement : 64125.
  Dérogations aux règles ou mention dans l'– : 8405.
  Dispense d'– : 64220 (micro-entreprises) ; 64840 (incidence sur le rapport du commissaire aux comptes).
  Informations (caractéristiques des –) : 64555.
  Informations significatives : 64545 (notion) ; 64625 (contenu).
  Insuffisance de l'– : 64835 (certification des comptes).
  Lien avec la liasse fiscale : 64700.
  Lien avec l'annexe des comptes consolidés : 64705.
  Lien entre l'– et certains documents liés aux comptes annuels : 64690 s.

Annexe des comptes annuels (généralités) (suite)
- **Objectifs de l'– :** 64525.
- **Présentations de l'– :** 64550.
- **Principes généraux :** 64525.
- **Règles comptables et image fidèle :** 8355 s.
- **Règles d'établissement :** 64525 s.
- **Sanctions :** 66500.

Annexe des comptes annuels (développements particuliers) :
- **Absa :** 55330 (émetteur).
- **Amortissements :** 29650, 29665 (immo. corp.) ; 32840, 32860 s. (immo. incorp.).
- **Attribution gratuite d'actions :** 55915.
- **Avances et crédits alloués aux dirigeants :** 43420.
- **BSA :** 55415 (émetteur).
- **Capitaux propres :** 57600 s.
- **Changement d'estimation :** 29655 (immo. corp.) ; 32845 (immo. incorp.).
- **Changement de méthode :** 8565.
- **Changement de méthode d'évaluation :** 29655 (immo. corp.) ; 32845 (immo. incorp.) ; 22785 (stocks).
- **Changement de réglementation :** 8565.
- **Charges et dettes d'exploitation :** 18370 s.
- **Charges et produits exceptionnels :** 46125.
- **Charges et produits sur exercices antérieurs :** 45600.
- **Chiffre d'affaires :** 12895 s.
- **Clause de réserve de propriété :** 29660 (immo.) ; 22790 (stocks).
- **Composition du capital social :** 57600.
- **Comptes d'attente :** 45430.
- **Comptes de rattachement :** 45280 (produits à recevoir et charges à payer).
- **Comptes de régularisation :** 45345.
- **Comptes transitoires :** 45395 s.
- **Consolidation :** 64625.
- **Contenu détaillé et commenté (poste par poste) :** 64625 s.
- **Contrats à long terme :** 12890.
- **Correction d'erreurs :** 8565.
- **Coûts d'emprunt :** 22830 (stocks) ; 29690 (immo.).
- **Crédit-bail :** 28805 s., 29675.
- **Crédit d'impôt recherche :** 32895.
- **Crise financière :** 64525.
- **Dépréciation :** 29650, 29665 (immo. corp.) ; 32840, 32860 s. (immo. incorp.) ; 22780, 22800 (stocks).
- **Écarts de conversion :** 43385.
- **Effectif :** 18375.
- **Emballages :** 46380.
- **Engagements :** 50680 s., 50730, 50775 (tableaux) ; 29675 s. (immo. corp.) ; 32875 s. (immo. incorp.) ; 22820 (stocks).
- **Entreprises liées :** 38845.
- **Environnement :** 15820 (pollution).
- **État des échéances des créances et des dettes :** 43405.
- **Évaluation sur la base du dernier prix du marché :** 22805.

Annexe des comptes annuels (développements particuliers) (suite)
- **Événements postérieurs à la clôture :** 52310 s.
- **Éventualités :** 52520.
- **Exemption de consolidation (en tant que mère de sous-groupe) :** 64625.
- **Fonds commercial :** 32840.
- **Formation des différents résultats :** 52135.
- **Frais accessoires d'achat :** 18370.
- **Frais d'établissement :** 45195.
- **Frais de recherche et développement :** 32810 s.
- **Fusions** (et opérations assimilées) : 76445.
- **Gage :** 29675.
- **Immobilisations corporelles :** 29605 s.
- **Immobilisations en cours :** 29690 s.
- **Immobilisations incorporelles :** 32810 s.
- **Incidence des dispositions fiscales sur le résultat :** 54360.
- **Information sectorielle :** 12895 s., 12935.
- **Instruments financiers :** 43350 s.
- **Intégration fiscale :** 52820.
- **Jetons numériques :** 30820 (détenteur) ; 42660 (émetteur).
- **Lien entre l'– et le tableau de financement :** 65735.
- **Liste des informations à faire figurer dans l'annexe :** 64625 (C. com. et PCG) ; 64630 (autres informations) ; 64645 (annexe abrégée).
- **Litiges :** 48700 s.
- **Logiciels :** 32810 s.
- **Mali technique de fusion :** 31080, 45410, 75625 s., 75805.
- **Marchandises en dépôt :** 22820.
- **Méthodes utilisées pour le calcul des amortissements :** 29650.
- **Modes et méthodes d'évaluation :** 29625 s. (immo. corp.) ; 32830 s. (immo. incorp.) ; 22770 (stocks).
- **Mouvements des amortissements :** 29665.
- **Nantissement :** 32880 (fonds de commerce), 40025 (compte bancaire).
- **Notion de résultat courant (règle de présentation) :** 54325.
- **Obsa :** 41300 (émetteur).
- **Obso :** 41330 (émetteur).
- **Opérations financières :** 43385 s.
- **Options de souscription ou d'achats d'actions par les salariés :** 55835.
- **Participation des salariés aux fruits de l'expansion :** 55835 (options de souscription ou d'achats d'actions).
- **Parties liées :** 38865.
- **Pollution :** 15820.
- **Portage :** 37355 s.
- **Portefeuille-titres :** 38795 s. (tableau des filiales et des participations).
- **Produits et créances d'exploitation :** 12890 s.
- **Provisions :** 48700 s., 17970 s. (au titre des régimes de retraite).
- **Rapprochement des valeurs d'ouverture et de clôture :** 29665.
- **Redressements fiscaux :** 54320.
- **Réévaluations :** 57640.

Annexe des comptes annuels (développements particuliers) (suite)
  Remise en état : 29630.
  Rémunérations (organes d'administration, de direction et de surveillance) : 18455 s.
  Résultat par action : 54475.
  Résultats : 54325.
  Risques climatiques : 64632.
  Risques de marché : 43350 s.
  Risque pays : 64980 IV. d.
  Situation fiscale différée ou latente : 54355.
  Société en participation : 74295 s.
  Soldes intermédiaires de gestion : 52115.
  Sous-activité : 18380 s.
  Stocks et en-cours : 22795 s.
  Tableau de financement : 65735.
  Tableau des filiales et participations : 38795 s.
  Titres (tous) : 38765.
  Titres de participation : 38765 s.
  Transferts de charges : 45530.
  Titres subordonnés à durée indéterminée (TSDI) : 41195.
  Valeurs comptables : 29665 (immobilisations) ; 22795 s. (stocks).
  Variations de l'exercice : 57605 s.
  Ventilation de l'impôt entre résultat courant et résultat exceptionnel : 54350.

Annexe des comptes consolidés : 64705 (lien avec annexe des comptes individuels).

Annonces et insertions : 15970.
Voir aussi Information, Publicité.

Annuités
  – **d'amortissement :** voir Amortissements.
  Acquisition moyennant le versement du prix par – indexées : 26195 (prix d'achat).

Annulations : 11845 (ventes) ; 28355 (cession d'immobilisations).

Antichrèse : voir Gage immobilier.

APE (code –) : 7435.

Appareils (de prise de vue, projection, sonores) : 25565.

Appartement : 21325 (coût d'entrée) ; 21635 (valeur d'inventaire).

Appel
  – **de fonds :** 38470, 55225 (reçus).
  – **d'un jugement :** 45930, 45960 (de première instance) ; 45940, 45970 (rendu).
  – **de marge :** 41250.

Appel public à l'épargne : voir offre au public de titres financiers.

Appointements : voir Rémunérations.

Apports
  – **à des sociétés en participation :** 73910.
  – **du concédant :** 72245 s.
  – **d'un contrat de crédit-bail :** 28540 s.
  – **en capital (GIE) :** 73670.

Apports (suite)
  – **en société d'une activité professionnelle :** 28300.
  – **partiel d'actif :** voir ce mot.
  Actifs reçus à titre d'– : 26715 (coût d'entrée).
  Création de l'entreprise : 60130 s., 60155 (date de réalisation) ; 60255 s. (ent. individuelle).
  Droit d'enregistrement sur les – : 45130 s.
  Frais accessoires à une immobilisation reçue par voie d'– : 26220.
  Immobilisations reçues à titre d'– : 26715.
  Promesse d'– : 60130.
  Titres reçus à titre d'– isolés : 37160.
  Voir aussi Capital.

Apport-cession : 75385.

Apport partiel d'actif :
  Comptabilisation chez la société apporteuse et incidence du régime fiscal : 76015 (plus-values d'apport) ; 76020 (titres reçus en rémunération de l'apport).
  Comptabilisation chez la société bénéficiaire des apports et incidence du régime fiscal : 76090 s.
  Règles comptables : 75010 (champ d'application).
  Rétroactivité : 76195 à 76260.

Apprentissage
  Centres de formation d'apprentis (CFA) : 16280 (taxe d'apprentissage).
  Contribution supplémentaire à l'– : 16320 s.
  Contribution unique à la formation professionnelle et à l'alternance (Cufpa) : 16260 s.
  Taxe d'– : 16280 s. ; 16260 s. (Cufpa).

Approche par les processus :
  Cadre de référence AMF sur le contrôle interne : 8745.

Approvisionnements : 15545 s. (achats) ; 20120, 96240 (stocks).

Arbitrage (sucrerie) : 12145 (gain) ; 17295 (perte).

Archéologie
  Frais d'études et d'opérations archéologiques : 26660.
  Redevance d'archéologie préventive (ARP) : 26660.

Architecte (honoraires d'–) : 26220 (acquisition) ; 26660 (construction, agencements).
Voir aussi Honoraires.

Archivage : 9095 (tableau d'ensemble).
  – **des factures :** 7455.
  – **des informations réglementées :** 81410 (sociétés cotées).
  – **des livres obligatoires :** 7225 ; 7585 (comptabilité informatisée).
  – **des pièces justificatives :** 7445.
  – **du livre de paie :** 18095.
  – **en environnement informatique :** 7580.
  Comptabilisation des frais d'– : 16170.
  Monnaie d'archivage : 7455.

Armoires : 25565.

Arrangements
– de partage des risques et avantages : 50205, 50755 (information).

Arrêté
– des comptes : 52310 (date).
– semestriel : 65590 s.
Hiérarchie des sources : 2765.

Arrhes : voir Avances.

Arrondis
Bilan, compte de résultat, annexe : 64230.

Art (œuvres d'–) :
Immobilisation : 27585 (mécénat).
Stock : 21565 (dépréciation).

Articles
– bradés : 21490 (stocks).
– démodés, détériorés, à rotation lente : 21565 (stocks).
– publicitaires : 15925.

Artisans : 3175 (plan comptable).
En matière fiscale : voir Mémento fiscal.

Assemblée
Défaut de réunion de l'– : 64280.
Défaut de soumettre les comptes à l'approbation de l'– : 66525.
Frais de conseil et d'– : 16170.
Pouvoirs du comité social et économique : 80285.
Report de l'– approuvant les comptes annuels : 64280.

Associations
– agréées : 8220.
– interprofessionnelles : 3180.
Certification des comptes annuels : 3200.
Compte d'emploi annuel des ressources (CER) : 3200.
Plan comptable particulier : 3200.
Potentiels de services : 25150 (définition) ; 26915 (valeur d'usage).
Voir aussi Personnes morales de droit privé non commerçantes exerçant une activité économique.

Associés
Avances aux – : 42540.
Compte courant : 42530 s.
Comptes des – (sociétés du groupe) : 42565 (classement comptable).
Détournement de fonds : 46050.
Expertises demandées par les – : 80190.
Procédure d'alerte : 60960.
Questions posées par les – : 80190.
Voir aussi Information.

Assurance
– change (Bpifrance Assurance Export, anciennement Coface) : 42460.
– Coface : voir Bpifrance Assurance Export.
– coût de démantèlement : 26055 (incidence sur l'actif de démantèlement).

Assurance (suite)
– crédit :
  – à l'exportation (Bpifrance Assurance Export, anciennement Coface) : 42410.
  – couvrant des créances impayées : 11460.
– dommage : 15845.
– licenciement : 15830, 16925.
– prospection Bpifrance Assurance Export, anciennement Coface : 42440.
– retraite : 17875 s.
– sur stocks : 20940 (coût d'acquisition) ; 21160 (coût de production).
– site de production : 21140.
– transport : 20935.
– vie : 15780.
Appréciation des risques non couverts par une – : 56595.
Commissariat aux comptes : 85005 s.
Dépenses de réparations couvertes par – : 45800.
Entreprise individuelle : 16710.
Incorporation dans le coût d'acquisition : 26220 (immobilisations) ; 20935, 20940, 21095 (stocks).
Incorporation dans le coût de production : 21095 ; 21185 (stocks).
Indemnités : 15810 (couvrant une dette) ; 28255 (destruction) ; 45420 (comptabilisation au bilan) ; 45785 s. (cas général) ; 45795 (intérêts de retard perçus sur des –) ; 45800 (immo.) ; 45805 (stocks) ; 45815 (couvrant un engagement).
Plan comptable des entreprises d'– et de réassurance : 3155.
Primes d'– : comptabilisation en charges : 15245 (coupure en fin d'exercice) ; 15550 (frais accessoires d'achats) ; 15780 (vie) ; 15815 (responsabilité civile) ; 15820 (pollution) ; 15825 (perte d'exploitation) ; 15830 (licenciement) ; 15840 (charges sur sinistres) ; 15845 (dommage-construction) ; 16535 (contribution spécifique assise sur les – retraite dans le cadre des régimes de retraite supplémentaire à prestations définies) ; 17875 s. (– retraite).
Produit à recevoir : 45790.
Provision pour propre assureur : 56595.
Reconstruction à neuf couverte par une – : 45800.
Valeur nette comptable couverte par une – : 29430, 45800.

Astreinte payée
Infraction à la réglementation économique : 45985.
Amendes et pénalités fiscales et sociales : 45995.

Attente
Comptes d'– : 45425.

Attestations
– pour les comptes annuels et consolidés publiés : 81790.
Inventaire du patrimoine de la société dans le cadre d'une procédure de sauvegarde : 61410.
Liste des créances des principaux fournisseurs de biens et services : 61410.

Attestations (suite)
Montant du bénéfice net et des capitaux propres dans le cadre de la participation des salariés aux résultats de l'entreprise : 53740.
Montant global des rémunérations versées aux personnes les mieux rémunérées : 18545 s.
Montant global des versements effectués en application des 1 et 4 de l'article 238 bis du CGI (Mécénat) : 18585 s.
Visa de la déclaration de créance (sauvegarde ou redressement judiciaire) : 11380.

Attribution
– **d'actions aux salariés :** 55615 s. (sociétés cotées : plan de rachat d'actions) ; 55750 s. (stock-options) ; 55950 (salariés adhérents d'un PEE).
– **gratuite d'actions aux salariés :** 16860 (contribution patronale) ; 55870 s. ; 55915, 65006 (information).
– **gratuite de titres :** 37760.
Abondement « unilatéral » de l'employeur : 16815.
Droit d'– : 37760.

Audiotel : 11300 (sommes reversées par l'opérateur téléphonique).

Audit : voir Contrôle externe.
Honoraires d'– : 15892 (charges).
Traitement des écarts comptables importants résultant d'un – : 45620.

Augmentation de capital
Frais d'– : 45150.
Voir Capital.

Auto-entrepreneur : 7435 (mentions sur les papiers d'affaires) ; 8150 (obligations comptables).

Autocontrôle : 35065 (notion et conséquences) ; 39015 s. (notification) ; 57735 (rapport de gestion).

Autofinancement
Capacité d'– : 35735 (méthode d'évaluation) ; 65975 (détermination).
Marge brute d'– : 65975.

Autoliquidation de TVA : 46870 (acquisition intracommunautaire) ; 47045 (autres cas).

Automobile : voir Véhicule.

Autorisations
– **administratives :** 30700 s. (comptabilisation).
– **d'exploiter les substances chimiques (Reach) :** 30770.
– **de stationnement :** 30725 (licence de taxi).
Droit d'exclusivité : 30725 (comptabilisation et évaluation) ; 32040 (amort.).
Droit d'exploiter les substances chimiques : 30770.
Quotas d'émissions de gaz à effet de serre : 20560 s.
Droit d'occupation du domaine public : 30700 (conférant un droit réel), 30725 (droit d'exclusivité).

Autorisations (suite)
Quotas de production, livraison, importation… : 30750.
Voir aussi Droits, Licences, Quotas, Reach.

Autorisation de mise sur le marché (AMM) : 30615 (acquise) ; 30785 (droit d'exploitation) ; 30945 (créée) ; 31340 (coût) ; 31935 (amortissement) ; 32385 (comptabilisation).
Dossiers scientifiques et techniques acquis sans – : 30620 (comptabilisation).
Voir aussi Brevets.

Autorité de contrôle prudentiel et de résolution (ACPR) : 45990 (pénalités).

Autorité des marchés financiers (AMF)
Cadre de référence sur les dispositifs de gestion des risques et de contrôle interne : 8745, 65025 (procédures de contrôle).
Missions : 2630.
Pouvoirs de sanction : 82200.
Redevances versées à l'– : 16170 (comptabilisation).
Rôle de l'– dans la formation et l'application des règles comptables : 3335.
Sanctions : 45990.

Autorité des normes comptables (ANC)
Force des avis de l'– : 3315.
Mission de l'– : 2990.
Notes de présentation des règlements de l'– : 3020.
Règlements de l'– : 3015 (élaboration).
Structure et fonctionnement de l'– : 3315.

Autres fonds propres : 55100 (contenu) ; 56940 (présentation au bilan et comptabilisation) ; 56945 (rémunération : comptabilisation) ; 57585 s. (annexe).
Lien entre comptes individuels et comptes consolidés : 55120.

Aval : voir Caution – Aval – Garantie.

Avancement : voir Méthode de l'avancement des travaux.

Avances
– **aux administrateurs :** 42540.
– **aux associés :** 42540.
– **au personnel :** 16620.
– **capitalisables :** 55225.
– **clients :** 12255 s. (comptabilisation).
– **conditionnées (autres fonds propres) :** 31525 ; 55100.
– **consenties à une filiale :** 38465 s.
Caution personnelle des dirigeants : 38480 (incidences sur les provisions).
– **consenties par une société à un tiers en vue du rachat de ses propres actions :** 42540.
– **consolidables :**
– **reçues :** 42565 (dettes groupes) ; 55225 (appels de fonds).
– **versées :** 38465 s. ; 40540 (en devises).
– **de l'État :** voir Subventions.
– **et crédits alloués aux dirigeants :** 43420 (annexe).

Avances (suite)
- **fournisseurs :** 15595.
- **sans intérêts :** 40190 (val. d'inventaire) ; 42340 (renonciation à des recettes).
- **sur immobilisations :** 28940 (définition et comptabilisation).
Acomptes et arrhes : 10080 (généralités).
- en monnaies étrangères : 40315 (val. d'entrée) ; 40535 (val. au bilan).
- reçus : 12255 s., 46700 s. (TVA).
- versés : 15595, 46750 s. (TVA).

Avantages
- **au personnel :** voir Rémunérations.
- **consentis par le bailleur :** 15745.
- **économiques futurs :**
 Contrôle des – (critères de comptabilisation) : 25155 s. (immo. corp.) ; 30125 s. (immo. incorp.).
 Éléments porteurs d'– (critères de définition) : 25145 s. (immo. corp.) ; 30120 (immo. incorp.).
 Probabilité que les – iront à l'entreprise.
 Transfert des risques et – : 25160 (immobilisations corporelles) ; 30145 (immo. incorp.).
- **en nature :** 17165 s. (comptabilisation) ; 65101 (information).
- **perçus par les mandataires sociaux :** 65101 (information).
Dettes et créances comportant des conditions avantageuses : 40190 s.

Avaries (sur transport) : 15840.

Avions : 25715 (composants) ; 27900 s. (provisions).

Avis
- **de conformité :** 3315.

Avocats
Demandes de confirmation adressées par les commissaires aux comptes : 80415.
Honoraires d'– : 15890 (charges).

Avoir(s)
- **clients :** 11845 (comptabilisation) ; 12830 (présentation au bilan).
- **fournisseurs :** 15605.
Voir aussi Créances.

B

Bail
- **à construction :** 25265 (comptabilisation) ; 26452 (évaluation) ; 27517 (amortissement des constructions édifiées par le preneur) ; 30680 (droit acquis sur la construction en fin de bail).
- **emphytéotique :** 15720 (loyers payés d'avance) ; 72790 (collectivités territoriales : « BEA »).
Agencements revenant au propriétaire à l'expiration du – : 25260.
Avantages consentis par le bailleur lors de la conclusion du bail : 15745.
Cession – : 28320.
Crédit – (leasing) : voir Crédit-bail.
Droit à renouvellement du – : 30640.
Droit au – commercial : 25922, 26440 (démolition d'un immeuble) ; 26445 (coût d'acquisition d'une construction) ; 30640 (versé au locataire précédent) ; 30660 (pas-de-porte versé au propriétaire) ; 30665 (dépenses versées au propriétaire en cours de bail) ; 31965 (amort.).
Indemnité de résiliation de – : 45860 (versée par le propriétaire) ; 45865 (versée par le locataire).
Indemnité d'éviction : 31320.
Résiliation sans indemnité avec conclusion d'un nouveau bail : 32160.
Voir aussi Location, Crédit-bail, Lease back, Droit au bail.

Balance : 7080 (généralités).
- **carrée :** 1255.
Sociétés membres d'un groupe international : 8240.

Balo : 81680 (tableau récapitulatif des publications).
Étude d'ensemble : 81770.
Contenu des publications :
- annuelle : 81770.
Documents à publier au – : 81790.
Sanctions (en cas d'omission de publication) : 81690.

Bandes magnétiques : 22330 (inventaire des stocks).

Banque
Classement comptable : 40780 (enregistrement) ; 40020 (échéance).
Commissions bancaires : 16145.
Compensation entre soldes débiteurs et créditeurs : 40780, 43265.
Comptabilisation : 40780.
Voir aussi Chèques.
Comptes bloqués : 42705.
Comptes créditeurs : 15090 (extinction des dettes).
Comptes miroir : 40785.
Comptes nantis : 40025 (comptes disponibles).
Comptes reflet : 40785.
Concours bancaires courants : 96280 (compte 519) ; 43265 (non-compensation avec soldes débiteurs) ;
voir aussi chaque type de crédit.
Contrôle externe : 43150 (confirmation directe).
Convention de trésorerie : 40785.
Demande de confirmation : 43155.
Dépôts à terme en – : 42705.
Fusion de comptes : 40780 (licéité) ; 43265 (présentation au bilan).
Intérêts bancaires : 42960 s.
Obligation d'acceptation des paiements par chèques : 43145.
Obligation de paiement par chèque barré : 43145.
Opérations courantes : 40650 s.
Ouverture obligatoire d'un compte bancaire ou postal : 43145.
Pool de trésorerie : 40785.
Plan comptable des – : 3150.
Rapprochement de – : 40695 (chèques émis non encaissés) ; 40780 (procédures).

Banque (suite)
Saisie-attribution sur compte bancaire : 11465 (chez le bénéficiaire de la saisie) ; 40795 (chez la société saisie).
Services bancaires : 16145.
Tenue en euros et en devises : 40790.

Banqueroute : 7310.

Barrages : 25545.

Base de données : 15875 (documentation) ; 30565, 32030 (amort. et dépr.).

Base de données économiques, sociales et environnementales (BDESE) : 80280.

Bateaux : 18620 ; 27630 (amortissement) ; 28365 (cession).
Voir Somptuaire.

Bâtiment et travaux publics (BTP) :
Acomptes sur commandes (avances de démarrage) : 12255.
Amortissement : 27140 (durée d'usage).
Chiffre d'affaires : 12930.
Contrôle des chantiers par le commissaire aux comptes : 10960, 74350 (société en participation).
Frais de préparation des gravières et carrières : 26295.
Plan comptable professionnel : 3315 (caducité).
Provisions sur chantiers : 11620.
Résultats sur chantiers : 10955.
Sociétés auxiliaires de matériel (SAM) : 3315 (caducité).
Voir aussi Construction.

BEA (Bail emphytéotique administratif) : 72790.

Bénéfice
– **distribuable :** 53970.
– **fiscal :** 53620 (participation des salariés).
– **par action :** 54475.
Affectation d'un – : 53955 s. (toutes entreprises).
Voir aussi Résultat.

Bénéficiaires (parts) : 64625 (annexe).

Bicyclettes : 25415 (location).

Biens
– **à destination polyvalente :** 20420 (distinction immobilisations-stocks).
– **appartenant à autrui :** 25260 (comptabilisation) ; 26450 (coût d'entrée) ; 27515 (amortissement) ; 28655 (frais accessoires de mise en service d'un bien loué) ; 28660 (dépenses de renouvellement et amort.) ; 28735 (prov. pour remise en état).
– **de démonstration et d'essais :** 20425 (distinction stocks-immobilisations).
– **de faible valeur :** 25415 (régime général) ; 30380 (logiciels) ; 27510 (donnés en location).
– **d'occasion :**
Stocks : 21615 (valeur d'inventaire).
Immobilisations : 25800 (décomposition) ; 26785 (régul. de TVA) ; 27500 (amortissement).
– **donnés en location :** 20430 (distinction stock et immobilisation) ; 27505 s. (amortissement).

Biens (suite)
– **de faible valeur :** 27510 (amortissement).
– **inutilisés :** 27615 (mais ayant encore une valeur comptable) ; 29430 (destruction).
– **mis en concession :** 72245 s.
– **reçus en garantie :** 50145.
– **somptuaires :** voir Somptuaire.
– **TVA :** 46795 (coût d'entrée).
Voir aussi Stocks et en-cours de production.
– **vivants (activité agricole) :** 20110 (stocks) ; 26585 (immobilisations).

Bilan
Étude d'ensemble : 1125 s.
– **carbone :** 65010.
– **de liquidation :** 61925 s.
– **inexact (absence d'image fidèle) :** 66515 (voir aussi chaque rubrique).
– **intermédiaire :** 65385.
– **social (humain) :** 65165 s. (contenu) ; 65175 (commissaire aux comptes) ; 80135 s. (droit de communication).
Arrondis : 64230.
Changement de méthodes comptables : 8455 s. (principes) ; 66515 (délit).
Chiffres comparatifs : 64285, 64455.
Comparabilité de deux – successifs : 8565.
Contenus minimum : 64345 s.
Correction d'erreurs : voir Correction d'erreurs.
Délai d'établissement : 64125.
Dispense de – : 8130.
Intangibilité du – d'ouverture : 3585 (principe comptable) ; 53130 s. (redressements fiscaux).
Liaisons entre comptes et postes du – :
Bilan de base : 95500.
Bilan simplifié : 95605.
Modèles de – : 95505, 95525 (base) ; 95605 (simplifié).
Notes sur le – : 64625.
Voir Annexe.
Présentation : 64180 s.
Règles comptables et image fidèle : 8355 s.
Règles d'établissement : 2850 s., 64110 s. (généralités) ; 64285 (base).
Sociétés exerçant une activité à l'étranger : 70390 s.
Traduction (monnaies étrangères) : 70430 (établissement).
Voir aussi Comptes annuels, États financiers, Réévaluation.

Billets
– **à ordre :** voir Clients, Effets à recevoir.
– **de fonds :** 40715 (à recevoir) ; 40710 (à payer) ; 50690 (annexe).
– **de trésorerie :** voir Titres de créances négociables à court terme.
– **secs :** 73315 (opérations de billetterie).
– **utilisables au gré de l'emprunteur :** 43405 (information en annexe).

Bitcoin : 30795 s. (détenteur).

Blockchain : voir Dispositif d'enregistrement électronique partagé.

Blocs de contrôle : 82025 (information en cas d'acquisitions).

Bois :
  Stock de – : 20230 (entrée en stock) ; 20460 (distinction stocks/immobilisations) ; 21335 (coût d'entrée).

Boisement : voir Forêts.

Boissons : 11305 (aide sur contrat d'exclusivité).

Boni
  – de fusion : 75855.
  – de liquidation : 62100 (versé) ; 37795 (reçu) ; 36390 (acompte sur).
  – d'indexation des annuités de règlement : 26195 (prix d'achat).
  – d'inventaire : 11940 s. (production stockée) ; 15565 (achats consommés).
  – sur emballages : 46330 s. (comptabilisation).
  Voir aussi Devises, Indexation.

Bons
  – à moyen terme négociables : voir Titres de créances négociables à court terme.
  – de caisse : 35015 (généralités) ; 42690 (comptabilisation avec intérêts courus).
  – de réduction émis par la société : 11600.
  – de réduction remis par des clients : 11840.
  – de souscription d'actions (BSA) : 38195 (détenteur) ; 38270 (détenteur) ; 55415 (émetteur) ; 80135 s. (droit de communication).
    Actions avec – (Absa ; Abso) : voir Actions.
    Obligations avec – (Obsa ; Obso) : voir Obligations en portefeuille et Obligations émises par l'entreprise.
    Rachat de – : 55450 (rapport CAC).
  – de souscription de certificats d'investissement : voir ci-avant – de souscription d'actions.
  – de souscription d'obligations (BSO) : 38265 (détenteur) ; 41335 (émetteur).
  – de souscription de parts de créateur d'entreprise (BSPCE) : 56000.
  – du Trésor : 42685.

Bonus écologique
  – sur les véhicules polluants acquis : 26455.
  – sur un véhicule loué : 56445 (subvention d'exploitation).

Bourse
  Frais d'introduction en – : 45150.
  Introduction en – : 82025 s. (informations à fournir).
  Sociétés de – : 3150.
  Voir aussi Autorité des marchés financiers, Titres en portefeuille.

Bpifrance Assurance Export : 42410 s., 21190 (non-incorporation dans le coût d'entrée des stocks).
  Assurance – :
    – change « contrat » : 42460.
    – change négociation : 42460.

Bpifrance Assurance Export (suite)
    – des risques liés aux contrats d'exportation : 42410.
    – prospection : 42440.
  Garantie des investissements à l'export : 42420.

Branches d'activité : voir Secteur.

Brasseurs : 10595 ; 11305 (aide sur contrat d'exclusivité).

Brevets (et AMM) : 30610 (acquis) ; 30945 (produits).
  – ne figurant pas à l'actif : 30945.
  Acquisition au moyen de redevances annuelles : 30185 (– du droit de propriété) ; 30785 (– du droit d'utilisation au travers d'un contrat de louage).
  Amortissement : 21135 (incorporation dans le coût de production) ; 27140 (Certificat d'obtention végétale) ; 31915 (brevets) ; 31935 (AMM).
  Certificat d'obtention végétale : 12135 (produits de concession) ; 27140 (durée d'usage) ; 32155 (cession).
  Comptabilisation : 31055, 32385 (produit).
  Contrat de louage de – : 30785.
  Cession : 32155.
  Clause de révision de prix : 30165.
  Coût d'entrée : 31340.
  Indemnité de contrefaçon : 12135.
  Inscription ou non de – au bilan : 60310 (exploitant individuel).
  Option d'achat de licences : 30780.
  Protection des – : 31915 (amortissement).
  Redevances perçues : 12135.
  Redevances versées : 17280 (charges) ; 21195 (stocks).

Brouillard (de caisse) : 12480.
Voir aussi Caisse.

BSA : 55415 (émetteur) ; 38195 (détenteur).

BSO : 41335 (émetteur) ; 38270 (détenteur).

BTAN (bons du Trésor) : 42685.

BTP : voir Bâtiment et travaux publics.

Budget :
  – et compte de résultat prévisionnel : 66345.
  Distinction entre dépenses budgétaires et charges : 15010.

Bulletin
  – de paie : 18095.

Bureau
  Matériel de – : 25565 (class. comptable) ; 25415 (biens de faible valeur –).
  Mobilier de – : 25565.
  Taxe ou redevance pour création de – : 26660.
  Taxe sur les surfaces de – en Île-de-France et en Provence-Côte d'Azur : 16465.

Buy-back : 11075 (vente avec accord ou option de rachat transférant le contrôle) ; 11570 (provision) ; 28265 (contrôle) ; 27090 (valeur résiduelle).

C

Caddies : 25415.

Cadeaux : 15925 (comptabilisation) ; 18195 (relevé des frais généraux).

Cadre comptable : 7760.

Cahier des clauses comptables : 22435 (marchés publics).

Caisse
- **de stabilisation des cours :** 15235.
- **enregistreuse :** 12485.
- **en euros et devises :** 40650.
- **Brouillard de – :** 12480.
- **Compte caisse créditeur :** 40650.
- **Différence de – :** 17295 (négative) ; 12145 (positive).
- **Livre de – :** 12480.
- **Pièces justificatives :** 12480.
- **Rouleaux de – :** 12485.
- **Tickets de – :** 12485, 7435.
- **Utilisation du compte – :** 40650.

Caisses
- **d'épargne et de prévoyance :** 3150 (règles et obligations comptables).
    Compte de – : 40650.
- **de congés payés :** 3180 (obligations comptables).
- **des dépôts et consignations :** 40650 (compte de caisse).
- **du Trésor et des établissements de crédit :** 40650.

Call (Option d'achat) :
Option d'achat d'actions : 37660.
Primes d'option : 41800 (couverture) ; 42150 (position ouverte isolée).
Annexe : 41440, 50695 (engagement) ; 43340 s. (information).

Call center : 30605 (frais de prospection).

Caméra : 25565.

Campagnes publicitaires : 15970.

Camping : 25540.

Cantine : 25565.

Capacité d'autofinancement : 65975.
Comparaison avec marge brute d'autofinancement : 65975.

Capital
- **individuel :** 56005.
- **minimum :** 55225.
- **personnel (apport ou prélèvement de l'exploitant) :** 56005.
- **social :** 55225.
- **soumis à des réglementations particulières :** 55335.
- **souscrit non appelé :** 55315 (comptabilisation) ; 95505 (présentation au bilan) ; 96200 (liste des comptes du PCG).
Amortissement : 55260 (émetteur) ; 37805 (détenteur).
Annexe : 57600 s.

Capital (suite)
Augmentation de – :
- avec garantie de bonne fin : 55295.
- d'une société en difficulté : 36750.
- en numéraire : 55315.
- par émission de BSA : 55415 ; de BSPCE : 56000 ; d'Absa : 55330 ; d'actions de préférence : 55325.
- par conversion d'actions en actions d'une autre forme : 55420.
- par exercice des droits attachés à des valeurs mobilières donnant accès au capital : 55395.
- par apport en nature : 55370.
- réservée aux salariés adhérents d'un PEE : 55950 s.
- soumis à des réglementations particulières : 55335.
- suivie immédiatement d'une réduction de – : 55545 (coup d'accordéon).
- tableau des délégations : 65097 (rapport sur le gouvernement d'entreprise).
Accession des salariés au capital dans le cadre des plans d'épargne : 55950 s. ; 82210 (information : sociétés cotées).
Attribution gratuite d'actions aux salariés : 55895.
Comptabilisation : 55295 s. (divers cas).
Compensation de créances : 55360, 37690 (pour le créancier).
Conversion d'obligations : 41255 s.
Date d'enregistrement : 55295 (pour toutes les augmentations de capital).
Frais : 45150 (class. compt.) ; 45160 s. (amortissement) ; 45190 s. (information) ; 55315 (compensation avec prime d'émission) ; 55315 (restitution de droits d'enregistrement).
Incorporation d'une dette en monnaie étrangère : 55365, 37690 (pour le créancier).
Incorporation de réserves, bénéfices, primes d'émission : 55340.
Option de souscription d'actions (salariés) : 55820.
Paiement du dividende en actions : 55390.
Participation des salariés : 53662 (incidence sur les capitaux propres).
Composition du – : 57600 (annexe) ; 57735 (rapport de gestion).
Comptabilisation : 55315 s. (détails) ; 56010 (entrep. individ.) 60130 s. (création).
Compte de l'exploitant : 56005 s.
Coup d'accordéon : 55545.
Frais d'augmentation de – : 45150.
Information sur les modifications du – : 57710 s.
Libération du – : 60130 s. (constitution) ; 55315 (augmentation) ; 61410 (procédure de sauvegarde) ; 61600 (redressement judiciaire).
   Versements anticipés : 60170.
      par compensation avec les comptes courants d'associés : 60175.
Mention du – sur les documents : 7435.
Modification du – :
   Conformité aux décisions de l'assemblée : 57155.
   Informations : 57710, 57735 (rapport de gestion).
Opérations à mentionner dans le rapport du conseil : 65006.

Capital (suite)
  Perte de la moitié du – : 55025.
  Présentation au bilan : 57585.
  Réduction :
    – **irrégulière (imputation de pertes) :** 57295.
    – **consécutive à la conversion d'actions en actions d'une autre forme :** 55515.
    – **consécutive à l'annulation d'actions rachetées :** 55510.
    – **par affectation à la prime d'émission :** 55500.
    – **par attribution d'un actif :** 55490, 55510 (via le rachat par une société de ses propres actions).
    – **par remboursement en numéraire :** 55490.
  Augmentation de capital suivie d'une – : 55545 (coup d'accordéon).
  Comptabilisation : 55450.
  Incidence sur le portefeuille-titres : 37785 s.
  Rachat par la société de ses propres actions : 55615 s. (gestion financière des fonds propres) ; 55510 (en vue d'une – non motivée par des pertes).
    Titres libellés en devises : 37045.
  Remboursement de – : 37795.
  Valeur nominale des actions et des parts : 55225.
  Voir aussi Création, Liquidation.

Capitalisation de bénéfices : 35735 (éval.).

Capitaux propres
  Étude d'ensemble : 55005 s.
  – **après répartition :** 55095 (situation nette).
  Annexe : 57600 s.
  Changement de méthode : 8455 s. (imputation sur les –).
  Classement comptable : 55045.
  Définition : 55030.
  Distinction –, autres fonds propres et dettes : 55120.
  Éléments constitutifs : 55040.
  Imputation sur les – : 8455 s. (changement de méthode).
  Participation des salariés : 53645 s.
  Présentation et information : 57585 s.
  Variation des – : 57230 (irrégulière et régulière) ; 57605 s. (annexe).

Carburants : 15575.

Carénage
  – **de la coque des navires :** 27900 s. (provision pour gros entretien et grandes visites).

Carrières : 3315 (caducité du plan comptable des matériaux de constructions-carrières) ; 25535 (class. compt.).
  Frais de découverte : 26295.
  Frais de préparation : 26295.
  Voir également Remise en état.
  Gisement : 56330 (provision fiscale) ; 32065 (frais d'exploration minière).
  Tréfonds : 26295 (coût d'entrée) ; 27465 (amort.).

Carry-back : 52650 ; 7445 (délai de reprise) ; 53170, 53252, 53275 (impact des rectifications fiscales) ; 53620 (participation des salariés) ; 54370 (annexe).

Carte
  – **de crédit :** 40705 (ventes ou achats effectués au moyen de –).
  – **de fidélité :** 11200 (ventes de –), 11600 (provision).
  – **électronique :** 26220 (fonctionnement d'équipement).
  – **prépayée :** 11200 (ventes de –).
  – **réponses publicitaires :** 30965 (constitution d'un fichier clients).

Carte grise : 16120.

Cascade (déduction en –) :
  Étude d'ensemble : 53340 s.
  – **complète (IS, TVA) :** 53450 s.
  – **simple :** 53395 s. (IS) ; 53345 s. (TVA).

Cash flow : voir Autofinancement.

Cash pooling : 40785 ; 42570 (compte courant).

Casiers : 25565.

Casier judiciaire
  – **d'une personne morale :** 80415 (mise à disposition des commissaires aux comptes).

Cassation : 3295 (hiérarchie des sources) ; 45940, 45970 (pourvoi en –).

Casse : 18405 (sous-activité).

Cassettes vidéo : 25415 (location) ; 27510 (amortissement).

Catalogues publicitaires
  Frais de – : 15970 (charges) ; 21190 (exclus des stocks).

Catastrophe naturelle : 18405 (sous-activité) ; 46050 (dons reçus par les victimes).

CATS-CASA : 17020.

Caution – Aval – Garantie
  – **des dirigeants :** 38480 (incidence sur les dépréciations).
  Annexe : 50130, 50730.
  Autorisation : 50360.
  Chèques de caution : 40670.
  Comptabilisation (de l'engagement) : 50480.
  Commission de – : 11290 (produits) ; 16150 (charges).
  Différents types : 50045.
  Droit de créance : 50135.
  Évaluation : 50310, 50730.
  Information : 50130, 50690.
  Mise en jeu de la – : 50130 (provision) ; 50135 (droit de créance).
  Provisions : 37695 (bien avec acquisition concomitante de titres de la société défaillante) ; 50130 (distinction avec l'engagement de garantie) ; 50135 (reprise de provision) ; 50130 (information en annexe).
  Sanctions : 50375.

Cautionnements
  Dépôts et – : 50045 ; 42810 (reçus et versés).
  Voir aussi Caution – Aval – Garantie.

CbCR : voir Reporting pays par pays.

CbCR public : voir Informations.

Centimes : 64230.

Centrale
- **d'achat (sommes versées par les fournisseurs) :** 15900 (chez la centrale d'achat) ; 20910 (chez le fournisseur).
- **de bilans (Banque de France) :**
  Tableau des ressources et emplois (tableau de financement) :
- **de distribution :** 30965 (soutien financier aux points de vente en cas d'ouverture, d'agrandissement ou de rénovation).

Centralisation : 1250 s.

Centres
- **d'analyse et de travail :** 22465 (comptabilité analytique).
- **de formalités :** 60010.
- **de formation d'apprentis (CFA) :** 16280 s. (taxe d'apprentissage).
- **de gestion agréés :** 53280 (réduction du délai de reprise), 8220.
- **serveur :** 11300 (sommes reversées par l'opérateur téléphonique).

Certificat
- **d'économie d'énergie :** 20605 s. ; 26495 (acquisition de l'immobilisation).
- **d'obtention végétale :** 12135 (produits de concession) ; 27140 (durée d'usage) ; 32155 (cession).
- **de dépôt :** voir Titres de créances négociables à court terme.
- **de valeur garantie :** 37230 ; 41665 s. (« positions symétriques »).
- **de droits de vote :** 55685 (reconstitution d'actions).

Certificat d'investissement
Détenteur : 80135 s. (droit de communication).
Présentation au bilan : 55120.
Reconstitution des actions : 55685.
Régime du long terme : 35175.
Société émettrice : 55685 (rachat de certificats de droit de vote) ; 81680 s. (publications).

Certification
Comptes annuels : (individuels)
  Régularité et sincérité, image fidèle : 8245 s.
  Appréciation : 8355 s.
Incidence de l'alerte sur la – : 60820.
ISO 9000, etc. : 25945 (distinction charges/immobilisation) ; 27925, 28010 (provisions).
Sociétés commerciales assujetties : 85010.
Voir aussi chaque rubrique concernée.

Cessation d'une entreprise individuelle : 62190 s.

Cessation des paiements : 61595 (définition) ; 7305 (sanctions) ; 11405 (clients en –).

Cession
- **bail (lease-back) :** 28320.
  Voir aussi Bail.

Cession (suite)
- **d'activités :** 17225 (sortie des passifs sociaux associés au transfert de salariés) ; 60520 (conséquences fiscales).
- **d'entreprise :** 7230 (livres).
- **d'un terrain grevé d'un bail à construction :** 25265.
- **de créances futures :** 40850.
- **de créances :** 40735 (escompte d'effet) ; 40800 s. (loi Dailly) ; 42795 (affacturage) ; 42830 (titrisation) ; 42835 (reverse factoring ou affacturage inversé).
- **d'immeubles :** 29400.
- **d'immeubles ou de droits immobiliers à des sociétés immobilières :** 52620 (taux réduit d'IS).
- **d'un terrain pollué :** 27925.
- **interne entre établissements :** 70160 s.
Date d'enregistrement : 10350, 10505 (principe) ; 36920 (titres).
Prix de – : voir Prix de cession.
TVA : 29400 (régul. de –).
Voir aussi Immobilisations.

Cesu : voir Chèques (emploi-service universel).

CET : voir Contribution (économique territoriale).

CFE : Cotisation Foncière des Entreprises, voir Contribution (économique territoriale).

Chaises : 25565.

Change : voir Devises.
- **manuel (activité de –) :** 42885 (comptabilisation des opérations).
Assurance – :
  – « contrat » Bpifrance Assurance Export, anciennement Coface : 42460.
  – négociation Bpifrance Assurance Export, anciennement Coface : 42460.

Changements
- **comptables :** 8455 s. (étude d'ensemble) ; 8460 s. (définitions) ; 8505 s. (incidence) ; 8555 s. (information) ; 8585 (rapport du commissaire aux comptes).
- **de méthode comptable :** 8480 (déf.), 8505 s. (incidences sur le bilan et compte de rés.), 8555 s. (incidence sur l'annexe), 8585 (incidence sur le CAC).
  – dû à l'admission de titres sur un marché réglementé : 8595.
  Participation des salariés : 53670 (impact sur les capitaux propres).
  Acomptes sur dividendes : 54050 (impact sur le RAN).
- **de référentiel comptable :** 8590 (transfert de siège social vers la France) ; 8595 (autres changements –).
- **de siège social :** 8590 (de l'étranger vers la France) ; 64625 (informations en annexe).
- **d'estimation :** 8500 (déf.), 8505 s. (incidences sur le bilan et compte de rés.), 8555 s. (incidence sur l'annexe), 8585 (incidence sur le CAC).
Délit : 66515.
Immobilisations : 29655 (immo. corp.) ; 32845 (immo. incorp.).

Changements (suite)
Provision pour retraite : 17705 s. (méthode de référence) ; 17715 (déconnexion entre comptes individuels et consolidés).

Chantiers
Frais de démarrage d'un – : 26295, 26315 (coût d'entrée).
Voir Travaux publics et Bâtiment.

Charges
Étude d'ensemble : 15000 s. (d'exploitation) ; 42960 s. (financières) ; 45725 s. (exceptionnelles).
– à payer : 15140 (définition ; divergence compta-fisca) ; 15150 (présentation) ; 15430 s. (compt.) ; 45265 s. (comptes de rattachement) ; 45280, 48130 (distinction entre – et provision ; annexe).
– à répartir sur plusieurs exercices :
Annexe : 41020 (frais d'émission d'emprunts).
Comptabilisation : 41020.
Frais d'émission des emprunts et d'obligations : 41020.
– connexes aux rémunérations : 16595 s.
– constatées d'avance : 15100 (définition) ; 15430 s. (comptabilisation) ; 45345 (annexe).
– de copropriété : 15750 (comptabilisation).
– déductibles (ou non) fiscalement : 18620 (information) ;
voir chaque type de charges.
– de garantie : 50135.
– de licenciement : 16925 (hors restructuration), 16965 (rupture conventionnelle collective ou individuelle), 17395 s. (restructuration).
– de personnel : 16595 s. (étude d'ensemble) ; 96300 (liste des comptes).
Voir Rémunérations.
– de prévoyance : 16620 (charges sociales).
– de propre assureur : 15840.
– de sous-activité : 18380 s. (détails et annexe) ; 18430 (exemple pratique) ; 21150, 22140 (stock).
Voir Activité.
– directes et indirectes : 21075 s. (stocks) ; 26595 s. (immo.) ; 22465 (comptabilité analytique).
– exceptionnelles : 21055 (incorporation dans les stocks) ; 45725 s. (déf. et éléments constitutifs) ; 52035, 46125 (annexe).
– externes : 96300 (liste des comptes du PCG) ; 15660 s. (détails).
– d'exploitation : 15000 s., 18370 s. (annexe).
– financières : 42560 (étude d'ensemble) ; 16145 (distinction avec services bancaires) ; 20945 (coûts d'emprunt des stocks) ; 42975 (limitations de déduction fiscale des charges financières nettes).
Voir aussi Frais financiers.
– fiscales latentes ou différées : 52890 s. (en général) ; 52950 s. (en France).
– fixes et variables : 22465 (comptabilité analytique).
Coût d'acquisition : 26220 (immo.) ; 20935 (stocks).
Coût de mise en service d'une immobilisation louée : 28655.

Charges (suite)
Coût de production : 26595 s. (immo.) ; 21075 s. (stocks).
– imputables à des tiers : 45500 s. (transferts de charges) ; 45785 s. (indemnité d'assurances) ; 11265 (refacturation ou remboursement de frais ou de débours).
– locatives : 15755 (comptabilisation).
– nées d'une garantie donnée : 50135.
– non imputables à l'exploitation de l'exercice : 45500 s.
– réelles, calculées : 15015.
– sociales : 96300 (liste des comptes du PCG) ; 16620 (comptabilisation) ; 16640 (sur rémunérations dues) ; 17120 (exonération et allègements de – patronales) ; 17157 (report du paiement des –) ; 21080, 21147 s. (incorporation dans les stocks).
Voir Rémunérations.
– somptuaires : voir Somptuaire (charges).
– sur congés payés : voir Congés payés.
– sur exercices antérieurs : 45600 s.
– sur sinistres : 15840.
Annexe : 18370 s. (– d'exploitation) ; 52035, 46125 (– exceptionnelles).
Autres – de gestion courante : 96300 (liste des comptes du PCG) ; 17275 s. (détails).
Classement comptable : 15020.
Comptes d'abonnement : 15210 s.
Compte de – créditeur : 15455.
Date de comptabilisation et de déduction : 15100.
Définition (charges d'exploitation) : 15010.
Définition (compta. analytique) : 22465.
Distinction entre courant et exceptionnel : 52030 ; 16430 (CVAE).
Exonération de – patronales : 17120.
Liste des comptes de – : 96300, 15020, 15545 (exploitation) ; 96300, 42960 (financier) ; 96300 (exceptionnel).
Notions générales : 15010 s.
Présentation des comptes : 18310 s. (exploitation) ; 46120 s. (exceptionnel).
Principes de rattachement : 15100.
Règles d'enregistrement : 15075 s.
Règles d'évaluation : 15320 s.
Régularisation en fin d'exercice : 15430 s.
Relevé des – à payer : 48130.
Solde des comptes de – : 53950.
Tableau de répartition fonctionnelle : 18630.
Transfert de – : 45500 s.
Voir aussi Frais, Dépenses.

Chasse (frais de) : 15950.
Voir Somptuaire.

Chauffage : 15575 (fuel) ; 15750 (charges locatives) ; 25545 (installations de –) ; 25915 (ajout ou remplacement de chaudière).

Cheptel : voir Animaux.

Chèques
– à encaisser : 40665.
– cadeaux : 11190 (ventes de), 11600 (provision).

1971

Chèques (suite)
- **campings :** 11190.
- **de caution :** 40670.
- **émis non encaissés :** 40695.
- **emploi TPE :** 16620.
- **emploi-service universel (Cesu) :** 17110, 17145.
- **en rapprochement :** 40780.
- **impayés :** 40675.
- **postaux :** 96280 (compte 514).
- **reçus :** 40665 s.
- **remis à l'encaissement :** 40665.
- **sans provision :** 40675.
- **vacances :** 17100.
- **volés :** 40675.

Enregistrement : 40665 s.
Obligation de paiement par – : 43145.

Chien de garde : 20455 (classement comptable).

Chiffres (comparatifs) : 64285 s., 64455.

Chiffre d'affaires
- **trimestriel :** 13010, 65690 (publication et contrôle).

Adaptation des plans comptables professionnels : 12930 ; 3315 (caducité des plans comptables professionnels).
Agences de publicité : 73335.
Annexe : 12885 s.
Communication du – : 13010, 81510 (sociétés cotées).
Contrat à long terme : 10790 (tableau récapitulatif des différentes méthodes) ; 12900 (incidence sur le –).
Déclarations de – : (TVA) ; 46975 s.
Définition du – : 10195 (compte de résultat) ; 12900 (annexe).
Information : 12895 s. (annexe).
Information sectorielle : 12935.
Publications du – : 13010, 65690 (information trimestrielle).

Chimique (industrie –) : voir Industries.

Choix (entre plusieurs règles comptables) : 8355 s.

Chômage
- **partiel :** voir activité (partielle).
- **technique partiel :** voir activité (partielle).

Aides de l'État : 17115 s. (aide à la création ou à la reprise d'entreprises) ;
Sous-activité : voir Sous-activité.

Circularisation : voir Confirmation de solde.

Clause de réserve de propriété : 10070 (définition) ; 11025 (ventes) ; 15225 (achats) ; 20220 (stocks-comptabilisation) ; 21850 (stocks-dépréciation) ; 22695 (stocks-présentation) ; 22790 (stocks-annexe) ; 25280 (immobilisations-comptabilisation) ; 27610 (immobilisations-amortissement) ; 29545 (immobilisations-présentation) ; 29660 (immobilisations et créances-annexe) ; 43275 (créances-présentation).

Clientèle
Distinction avec les contrats signés : 30560.
Éléments représentatifs de la – : 30465 s. (comptabilisation) ; 31985 (amort.), 32010 (dépré.).
Engagement de non-concurrence : 30575.
Existence de transactions sur des relations similaires : 30500 s.
Fichier clients : 30560 (acquis) ; 30965 (créé) ; 31160 (dépenses ultérieures) ; 32030 (amort. et dépré.).
Fonds commercial : voir Fonds.
Indemnité versée : 30580 (– à l'expiration d'un contrat d'exclusivité) ; 30575 (– pour le détournement de clientèle) ; 30580 (– pour le rachat de clientèle).
Liste clients : 30560 (acquise) ; 30965 (créée) ; 31160 (dépenses ultérieures) ; 32030 (amort. et dépré.).
Parts de marchés : 30465 s.
Portefeuille de contrats ou de mandats : 30565.
Dépenses ultérieures : 31160.
Indemnité de – versée à un VRP licencié : 16945 (licenciement) ; 30580.

Clients
- **créditeurs :** 12830 (présentation au bilan) ; 15090 (prescription, extinction des dettes).
- **douteux (et provisions) :** 11340 s. (évaluation) ; 12215 s. (comptabilisation).

Achat ou vente de créances – : 42845 s.
Avoir – : 11845 (comptabilisation) ; 12830 (présentation au bilan).
Choix entre une vente au comptant et une vente à crédit : 43025 s. (vendeur et acheteur).
Classement comptable : 10250.
Compensation entre créances et dettes : 10410 (principe) ; 10415 (conséquences comptables).
Créances en monnaies étrangères : 40390 s.
Différence de règlement : 12145 (positive) ; 17295 (négative).
Différence entre comptes collectifs et individuels : 11462.
Écarts comptables inexpliqués : 11462.
Enregistrement des créances (règles) : 10355 s.
Fichier – : 30560 (– acquis) ; 30965 (créé en interne) ; 31160 (dépenses ultérieures) ; 32030 (amort. et dépré.).
Liste clients : 30560 (acquise) ; 30965 (créée) ; 31160 (dépenses ultérieures) ; 32030 (amort. et dépré.).
Opérations de commerce extérieur : 40760.
Paiement reçu : 40650 s. (par chèque, caisse, effet, virement).
Portefeuille de – (mandats) : 30565.
Présentation des comptes et information : 12830 s.
Produits à recevoir : 10370 (déf.) ; 10505 (éval.) ; 11745 (comptabilisation).
Produits non encore facturés : 10505 (évaluation).
Relevé annuel des ventes par – : 12575.
Tenue des comptes : 12645.
Voir aussi Factures.

TABLE ALPHABÉTIQUE

Cliquet (effet de –) : 43005 (incidence sur les revenus à comptabiliser).

Clôture : 7940 (date de –) ; 25540 (– de terrain). Voir aussi Événements postérieurs à la clôture.

CNC : voir Conseil national de la comptabilité.

CNCC : voir Compagnie nationale des commissaires aux comptes.

CNOEC (anciennement CSOEC) : voir Conseil national de l'Ordre des experts-comptables.

Cnil : 45990 (sanctions).

COB : voir Autorité des marchés financiers (AMF).

Code APE : 7435.

Code de commerce
   Prescriptions comptables (généralités) : 2940 s.

Code général des impôts
   Règles applicables pour l'établissement de la liasse fiscale : 2870.

Code des impositions sur les biens et les services
   Règles pour l'application de certains régimes fiscaux : 2870.

Coefficient
   – **de déduction TVA :** 7550 (suivi en comptabilité) ; 26785 (immo.) ; 27525 (amortis.) ; 46795 (biens autres qu'immo.).

Coentreprises : voir Société en participation.

Coface : voir Bpifrance Assurance Export.

Coffres-forts : 16145 (location) ; 25565 (immobilisation).

Coffrets séjours : 11190 (vente).

Collection (frais de –) : 30950 (comptabilisation) ; 31945 (amortissement).

Collectivités territoriales : 3225 (dispositions comptables).

Colloques (frais de –) : 15870.

Combinaison : voir Comptes combinés.

Combustibles : 96300 (achats) ; 96240 (stocks).

Comité consultatif de la législation et de la réglementation financières (CCLRF) : 3150.

Comité social et économique central : 3200 (obligations comptables).

Comité d'entreprise Voir Comité social et économique (CSE).

Comité de la réglementation comptable (CRC) :
   Règlements du – : 25005 (immo. Corp.) ; 30005 (immo. Incorp.).
   Voir également Autorité des normes comptables.

Comité social et économique (ex-comité d'entreprise)
   – **de groupe :** 80295.
   – **européen :** 80315.
   Assemblée générale : 80285 (convocation par le –).

Comité social et économique (ex-comité d'entreprise) (suite)
   Assistance par un expert-comptable : 80285 ; 80295 (comité de groupe) ; 80315 (comité européen).
   Comptabilisation des fonds versés au – : 17080.
   Consultation du – : 80280.
   Délit d'entrave : 80290.
   Information du – : 17415 (plan de restructuration) ; 80280 s. (soc. commerciales, personnes morales de droit privé non commerçantes d'une certaine importance exerçant une activité économique) ; 80295 (comité de groupe) ; 80315 (comité européen).
   Obligations comptables : 3200.
   Pouvoirs du – : 80285.
   Procédure d'alerte : 60955.

Commande
   – **ferme :** 21130 (incorporation des frais de développement dans le coût des stocks) ; 21290 (coût d'entrée des stocks produits en série) ; 21840 (valeur au bilan d'une vente ferme).
   Définition : 10090.
   Engagements (réciproques) : 50050 (déf.) ; 50310, 50695 (information).
   Frais de recherche et développement sur – : 30845, 21130.
   Frais d'obtention d'une commande : 10920 (contrat long terme) ; 15895, 21190 (stocks).
   Logiciels sur – : 30415.
   Outillages spécifiques à une – : 21075 (coût de production) ; 21130 (frais de développement).
   Pertes potentielles sur – : 10790.

Commerce
   – **de détail :** 47060 (TVA) ; 20845 (coût d'entrée des stocks).
   – **électronique :** voir Internet.
   Opérations de – extérieur : 40760.
   Voir aussi Livres.

Commercial paper (renouvelable) : 43405 (annexe).

Commercialisation (frais de –) : 21190 (coût de production des stocks).

Commissaires à la fusion (ou scission) : 76360.

Commissaires à la transformation : 60630.

Commissaires aux apports : 76365 (fusion et opérations assimilées).

Commissaires aux comptes (CAC) : 85005 s., 85010 (sociétés commerciales devant avoir un –).
   – **et comité social et économique :** 80285.
   Abandon de créance : 42225 (rapport spécial).
   Acomptes sur dividendes : 54050 s.
   Actionnariat : 57735 (informations d'un –).
   Actions de parrainage et de mécénat : 18600 (contrôle de l'information).
   Amendes imputables personnellement à un dirigeant : 45980.
   Annexe (incidences d'une insuffisance sur la certification) : 64835.
   Attestation des rémunérations : 18575.
   Attestation (liste des créances des fournisseurs de biens ou de services) : 61410.

Commissaires aux comptes (CAC) (suite)

Attestation (participation des salariés) : 53740, 53170 (redressements fiscaux).
Attestation (prêts interentreprises) : 64980.
Attestation (publication au Balo) : 81790 (comptes annuels).
Attestation (visa de la déclaration de créance) : 11430.
Attribution gratuite d'actions : 55880.
Augmentation de capital : 55360 (compensation de créances).
Banqueroute (attitude des –) : 7310.
Bilan social : 65175 (contrôle du –).
Bilan inexact (lien avec certification des –) : 66515.
Caractère probant des éléments collectés :
 – (Applications spécifiques) : 12935 (informations sectorielles) ; 38685 (immobilisations financières) ; 22570 s. (stocks) ; 48545 (provisions) ; 50580 (engagements).
Casier judiciaire d'une personne morale : 80415 (mise à disposition des –).
Certification :
 – dans le cadre du mécénat : 18585 s.
 – dans le cadre des rémunérations : 18575.
Changements comptables : 8585.
Chantiers de BTP situés à l'étranger : 10960.
Charges financières : 43150.
Charges non déductibles fiscalement : 18625 (contrôle de l'information).
Chiffre d'affaires trimestriel : 65690.
Chiffres comparatifs : 64455.
Communication de documents par l'entreprise : 80385 s.
Compte de résultat prévisionnel : 66365.
Comptes prévisionnels : 65475 s.
Comptes semestriels : 65620.
Comptes trimestriels : 65690.
Confirmation directe (procédure de –) : 80415 (auprès des clients, fournisseurs, avocats, banques etc.).
Confirmation directe (procédure de –) des avocats : 48545.
Confirmation directe (procédure de –) des créances clients : 12715.
Continuité d'exploitation : 61045 s.
Contrôle
 – du document d'enregistrement universel (ancien document de référence) : 65285.
 – du prospectus : 82085.
Contrôle légal des comptes : voir Commissaires aux comptes.
Conventions réglementées : 42225 (abandon de créance).
Convocation des – : 80285 (comité social et économique) ; 80450 (CA et AG).
Correction d'erreurs : 45620.
Créances (visa des déclarations de – en cas de sauvegarde ou de redressement judiciaire) : 11430.
« Data room », assistance du – : 81575.
Déclaration de performance extra-financière : 65050 (contrôle).

Commissaires aux comptes (CAC) (suite)

Déclarations écrites de la direction : 80405.
Demandes de confirmation des tiers : 80415 ; 12715.
Dépôt au greffe : 80695, 80700 (publicité).
Désignation : 85000 s.
Dispense d'annexe pour les micro-entreprises : 64840 (incidence sur le rapport du –).
Documents à adresser aux – : 80440 (en cours d'exercice) ; 80445 (après la clôture de chaque exercice, avant l'assemblée générale).
Documents liés à la prévention des difficultés des entreprises : 65780.
Droit de communication : 80385 s.
Écritures comptables : 7440 (lien entre validité et certification).
Émission d'Obsa : 41300.
Émission d'obligations convertibles ou échangeables : 41255 s.
Entités d'intérêt public (EIP) : 85010.
Entrave à l'exercice de la profession de – : 80455.
Entreprises devant avoir un – : 85000 s.
Examen de conformité fiscale : 8645.
Examen limité : 65620.
Fusion : 76360.
Honoraires : 15892 (charges ; provisions) ; 80155, 80180, 81680.
Indicateurs de gestion : 65006.
Information des – : 80385 s.
Informations relatives aux exercices précédents : 64455.
Insuffisance de l'annexe : 64835.
Inventaire permanent et inventaire physique : 22345.
Lettres d'affirmation des dirigeants aux – : 80405.
Liste d'initiés : 81600 s.
Liquidation de l'entreprise : 61820, 61945.
Liquidation judiciaire : 61610.
Marchés publics : 22435 (attestation du prix de revient).
Mission d'information du comité social et économique : 80285 s.
Obstacle à la mission : 80455 (information et contrôle).
Options de souscription ou d'achat d'actions (salariés) : 55770, 55840.
Organisme tiers indépendant (OTI) : 65050.
Parties liées (procédures d'audit mises en œuvre par le –) : 38870.
Perte de la moitié du capital : 55025.
Petits groupes : 85010 (commissaires aux comptes).
Plan de financement prévisionnel : 66485.
Procédure d'alerte : 60820
Procédure de redressement judiciaire : 61595.
Procédure de rétablissement professionnel : 61690.
Procédure de sauvegarde de droit commun : 61390.
Procédure de sauvegarde accélérée : 61475.
Prospectus : 82085.

Commissaires aux comptes (CAC) (suite)
  Provisions pour pertes à terminaison sur contrats à long terme : 10860.
  Questions posées par un associé : 80195.
  Rapport annuel : 65265.
  Rapport de gestion : 65050 (contrôle).
  Rapports sur les comptes annuels :
    Non-communication à l'administration : 80025.
  Rapport sur les délais de paiement des créances et des dettes : 18635.
  Redressement judiciaire : 61595.
  Réduction de capital : 55450.
  Risques non assurés : 56595.
  Sincérité : voir ce mot.
  Situation de l'actif réalisable : 66210.
  Situation intermédiaire : 65385 (établissement).
  Sociétés commerciales devant avoir un – : 85010.
  Sollicitation personnalisée : voir Démarchage.
  Stocks : 22570 s.
  Stock-options : 55840.
  Subventions : 56515.
  Tableau de financement : 65875.
  Tableau des résultats des 5 derniers exercices : 54470.
  Titres participatifs : 56960.
  Transformation de société : 60625 s.
  Visa des déclarations de créances (sauvegarde ou redressement judiciaire) : 11430.
  Voir aussi Rapport, Contrôle externe.

Commissaires de justice : 3170 (obligations comptables).

Commission bancaire : voir Autorité de contrôle prudentiel et de résolution (ACPR).
Voir aussi Emprunts.

Commission des normes comptables internationales (IASC) : voir International Accounting Standards Committee.

Commission des opérations de bourse (COB) : voir Autorité des marchés financiers (AMF).

Commission européenne : 3405.
  Directives : 2855.

Commissionnaires : 73300 s. (étude d'ensemble).
  Vente à des – : 11065.

Commissions
  – versées :
    – aux agences de voyage : 15550.
    – au personnel : 15885.
    – aux organismes (AMF, SBF, etc.) : 16170.
    – bancaires : 16145.
    – d'affacturage : 42795.
    – de caution : 11290 (produits) ; 16150 (charges).
    – d'endos : 16145.
    – de SRD : 16170.
    – en vue de l'obtention d'un marché : 15895, 10920 (contrat long terme) ; 21190 (charges).
    – en vue de l'obtention d'une subvention : 56470.

Commissions (suite)
  – sur achats :
    – d'immobilisations : 15890 (charges) ; 26260 (immobilisation).
    – des stocks : 20935.
  – sur contrats à terme : 15895.
  – sur vente : 21190 (incorporation dans les stocks).
  – sur paiement par carte de crédit : 40705.
    Déclaration des – : 18190.
    Frais d'acquisition d'immobilisations : 26260.
  – reçues : 96320.
  – sur transactions immobilières : 11040.

Communication
  – aux agents de la DGFiP : 8670 (comptabilité régulière) ; 80025 (information).
  Voir aussi Information.

Communiqué : 81525 (information permanente des sociétés cotées).
  – sur les documents destinés aux actionnaires : 80185 (sociétés cotées).
  – sur les résultats : 81565.

Compagnies d'assurances : voir Sociétés.

Compagnies financières : 3150 (réglementation comptable).

Compagnie nationale des commissaires aux comptes (CNCC) :
  Bulletins : 3325.
  Rôle : 3325.

Comparabilité
  – des comptes annuels : 8555 s. (changements comptables).

Compartiment professionnel : 80900 (marché réglementé).

Compensation (Non –) :
  – de créances et dettes : 10410 (principe) ; 10415 (conséquences comptables).
  – des comptes de trésorerie : 43265.
  – de plus et moins-values sur titres : 35930 s.
  – des rémunérations avec des créances de l'entreprise : 17200.
  – fiscale : 10410 (recouvrement) ; 53110 (assiette).
  « In substance defeasance » : 42875.
  Principe de – : 3570.

Compensation salariale : 16870 (réduction du temps de travail).

Compétences :
  – spécifiques du personnel : 30775.

Complément de prix : voir Prix.

Composants
  – d'une immobilisation non inscrite au bilan : 28665 (pas d'obligation contractuelle).
  Amortissement : 27200.
  Choix entre – et PGR : 25750.
  Coût d'entrée : 25775 s.
  Décomposition à l'origine : 25730 (dépenses de remplacement) ; 25750 (dépenses de gros entretien/grandes visites) ; 25775 s. (modalités de –).

Composants (suite)
  Décomposition ultérieure : 25760.
  Définition : 25715.
  Grandes visites : voir Entretien.
  Gros entretien : voir Entretien.
  Principe : 25705 s.
  Remplacement : 25755.
  Sortie : 28225 s.
  Structure : 25715 (distinction composants-structure) ; 27205 (amortissement).

Compromis (de vente) : 28340.

Comptabilité (d'entreprise) :
  – **analytique :** 10815 (importance pour les contrats à long terme) ; 22435 (généralités) ; 22435 (présentation à l'Administration) ; 22485 (liste des comptes).
  – **de trésorerie :** 8035 s.
  – **des engagements :** 50475.
  – **en français :** 7180.
  – **en partie double :** 1220.
  – **et fiscalité :**
    Règles applicables : 2850 s. (comptabilité) ; 2860 (ingérence de la fiscalité dans la comptabilité) ; 2870 (fiscalité) ; 2875 (lien entre comptabilité et fiscalité).
    Résultat comptable et résultat fiscal : 2870.
  – **et instabilité monétaire :** 70430 (établissements).
  – **fictive :** 7280 s. (sanctions et conséquences).
  – **fiscale super-simplifiée :** 8130.
  – **informatisée :** 7520 s.
  – **intégrée à la – générale :** 8240.
  – **irrégulière :** 7280 s. (sanctions et conséquences : tenue de –) ; 8245 s. (règles comptables) ; 8670 (conséquences fiscales).
  – **par établissement :** 70125 s.
  – **plurimonétaire :** 40790 (comptes bancaires) ; 70395 (étab. étrangers).
  – **probante :** 8670.
  – **régulière :** 8245 s., 8670 (fiscal).
  – **super-simplifiée :** 8130.
  Absence de – : 7280 s. (sanctions et conséquences) ; 8670 (valeur probante).
  Cadre comptable : 7760.
  Conservation :
    – des livres obligatoires : 7225.
    – des pièces justificatives : 7445.
  Destruction :
    – involontaire (vol, incendie, écrasement d'un disque dur, etc.) : 7470.
    – volontaire ou dissimulation de documents comptables : 7285, 7305.
  Document décrivant les procédures et l'organisation comptables : 7840.
  Écarts comptables importants suite à une remise en ordre de la – : 45620.
  Évolution du rôle de la – : 1020.
  Formation d'un droit de la – : 2605 s.
  Généralités : 1000 s.
  Hiérarchie des sources : 2760 s.
  Limites de la – : 8280.

Comptabilité (d'entreprise) (suite)
  Liste des comptes : 96195 s. (base, développé et abrégé).
  Organisation de la – : 7385.
  Organisation informatique de la – : 7520.
  Plan de comptes (de l'entreprise) : 7750 s.
  Production de la – en justice : 7280.
  Rapprochement entre comptes et postes des documents de synthèse :
    Bilan de base : 95500 (tableaux).
    Bilan simplifié : 95605 (tableaux).
    Compte de résultat de base et développé : 95530 s. (tableaux).
    Compte de résultat simplifié : 95610 (tableaux).
  Rejet de – : 8670.
  Sous-traitance de la – : 16170.
  Structures comptables fondamentales : 1120 s.
  Systèmes comptables : 1240 s.
  Tenue de la – :
    – d'une société apparentée à un groupe international : 8240.
    – en langue étrangère : 7180.
    – en euros : 7185.
    – non conforme : 7280.
    Conditions de forme : 7010 s., 9095 (tableau récapitulatif).
    Délits : 7285.
    Fausse comptabilité : 7280 s.
    Lieu de la – : 7190.
    Qualité des comptes : 8245 s.
    Régimes fiscaux particuliers : 8035 s.
    Remise en ordre de la – : 45620 (traitement des écarts).
    Sanctions et conséquences d'une – irrégulière : 7280 s.
    Sous-traitance de la – : 16170.
    Tableau des documents à conserver, durées et modalités de conservation : 9095.

Comptabilité socio-environnementale : 1020.

Comptable (coût du service –) :
  Incorporation dans le coût d'entrée : 21140 (site de production) ; 21145 (siège).

Compte :
  – **d'engagement citoyen :** 16340.
  – **épargne-temps :** 16775 (congés payés. Affectation au compte épargne-temps) ; 16775 (participation des salariés) ; 16820 (abondement) ; 16845 (intéressement).
  – **joint :** 73335 (mandataire).
  – **personnel de formation (CPF) :** 16340 (comptabilisation) ; 16330 (contribution 1 % CPF-CDD).
  – **professionnel de prévention :** 16340.

Compte courant d'associés : 42535 s.

Compte d'ordre : 25535 (sur immobilisations, compte 2116).

Compte de l'exploitant : 56005 s. (fonctionnement) ; 40650 (caisse).

Compte de résultat
- **prévisionnel :** 66285 s.
- **Changement de méthodes :** 8455 s. (principes) ; 66515 (délit).
- **Chiffres comparatifs :** 64290, 64455.
- **Comparabilité de deux – successifs :** 8555 s.
- **Contenu minimum :** 64345 s.
- **Délai d'établissement :** 64125.
- **Généralités :** 1130, 64285 s.
- **Méthodes de conversion** (monnaies étrangères) : 70430 (établissement).
- **Modèles de – :** 95530 (en liste-base) ; 95535 (en compte-base) ; 95610 (simplifié).
- **Présentation simplifiée :** 64220.
- **Rapprochement entre comptes et postes des documents de synthèse :**
  - de base et développé : 95530 s. (tableaux).
  - simplifié : 95610 (tableaux).
- **Règles comptables et image fidèle :** 8355 s.
- **Règles d'établissement** (généralités) : 64110 s.
- **Règles de présentation :** 64180 s. (généralités) ; 64290.
- **Sociétés exerçant une activité à l'étranger :** 70390 s.
- **Solde du – :** 53950.
- **Structure du – :** 95500 s. (modèle).
- Voir aussi Comptes annuels.

Comptes
- **– arrondis :** 64230.
- **– d'abonnement :** 11755 (produits) ; 15210 (charges).
- **– d'attente :** 45425.
- **– bancaires :** 40025 (nantis) ; 42705 (bloqués) ; 40780 (fusion).
- **– bloqués :** 42705 (bancaires).
- **– comparatifs :** voir Information comparative.
- **– courants d'associés :** 42530 s.
- **– joint :** 73335 (mandataire).
- **– de liaison :** 1250, 70135 s. (établissements).
- **– de rattachement :** 45265 s.
- **– de régularisation :** 45330 s., 45345 (annexe).
- **– épargne-temps :** 16775, 16820 (abondement).
- **– intermédiaires :** 65385 (champ d'application) ; 65405 (modalités d'établissement).
- **– personnel de formation :** voir Droit individuel à la formation.
- **– semestriels :** 65625 (rapport financier semestriel).
- **– transitoires :** 45395 s.
- **– trimestriels :** 65690.
- **Liste des – :** 22485 (compt. ana.) ; 96195 s. (base, développé et abrégé).
- **Notions générales :** 1200 s. (fonctionnement) ; 7760 (signification des terminaisons).
- **Plan de – (de l'entreprise) :** 7750 s.
- **Qualité des – :** 8245 s.
- **Rapprochement entre comptes et postes des documents de synthèse :** 95500 s.
- Voir aussi chaque rubrique, les mots ci-après avec Comptes (exemples : Comptes annuels, etc.).

Comptes annuels : 64105 s. (étude d'ensemble).
- **– ne donnant pas une image fidèle :** 66515 (délit).
- **– non soumis à l'approbation de l'assemblée :** 66525.
- **Approbation des – :** 64280.
- **Attestation des CAC pour la publication :** 81790.
- **Changements comptables :** 8455 s.
- **Comparabilité (sur deux exercices successifs) :** 8555 s., 64455.
- **Confidentialité des – pour les micro-entreprises :** 64282.
- **Confidentialité du compte de résultat pour les petites entreprises :** 64282.
- **Critères de distinction pour les différentes présentations des – :** 64200.
- **Défaut de soumission des – à l'approbation de l'assemblée générale :** 66525.
- **Défaut d'établissement des – :** 66500.
- **Défaut de publication des – :** 81690.
- **Délai d'établissement des – :** 64125.
- **Dépôt des comptes au greffe :** 80660 s.
- **Documents liés aux – :** 64940 s.
- **Impôts différés :** 52890 s.
- **Informations comparatives :** 7960 (changement de durée) ; 8565 (changement de méthode).
- **Lien entre l'annexe et certains documents liés aux – :** 64690 s.
- **Modification des – approuvés et déposés au greffe :** 8545.
- **Personnes chargées de l'établissement des – :** 64130.
- **Personnes physiques :** 64225.
- **Personnes (sociétés ou autres) tenues d'établir des – :** 64110.
- **Présentation :** 64180 s. Chaque chapitre comporte une section détaillée, se reporter à chaque mot.
- **Publication :** 81680 s. (sociétés cotées).
- **Règles comptables et image fidèle :** 8355 s.
- **Règles d'établissement :** 64115 s.
- **Règles de présentation :** 64180 s.
- **Règles applicables pour l'établissement des – :** 2850 s. (hiérarchie des sources).

Comptes consolidés
- **Annexe :** 64705 (lien avec l'annexe des comptes individuels).
- **Attestation des CAC pour publication :** 81790.
- **Changement de méthodes et principes :** 8455 s. (principes et comptabilisation) ; 8565 (information).
- **Comparabilité des comptes :** 8565.
- **Comptes semestriels :** 65625.
- **Congés payés :** 52985 (impôts différés).
- **Contrôle externe :** 80410 (information des commissaires).
- **Dépôt des comptes au greffe :** 80660.
- **Droit de communication :** 80135 s.
- **Méthodes préférentielles :** 8375.
- **Normes IFRS :** 3435.
- **Portage :** 37385 (périmètre de consolidation).

Comptes consolidés (suite)
Publication des comptes consolidés : 81685 (sociétés cotées).
Retraite : 17715 (déconnexion entre comptes individuels et –).

Comptes courants
– **des administrateurs et associés :** 42530 s.
Augmentation de capital par compensation avec des – : 55360.
Méthode de conversion des – en devises : 42565.
Paiement par – : 40775.
Voir aussi Compte de l'exploitant.

Comptes intermédiaires : 65385 s.

Compte joint : 73335 (mandataire).

Compte personnel d'activité (CPA) : 16340.

Compte personnel de formation (CPF) : 16340 s.
Abondement correctif au – : 16348.

Comptes prévisionnels
– **établis à la demande de l'AMF :** 65475 s. (établissement) ; 82085 (prospectus).
– **établis à la demande de tiers ou spontanément :** 65475 s.
Prévention des difficultés de l'entreprise : 66285 s. (compte de résultat) ; 66440 s. (plan de financement).
Voir aussi Documents prévisionnels.

Comptes comparatifs : voir Information comparative.

Comptes semestriels
Information semestrielle : 65590 s.
Présentation et établissement des – : 65625.
Rapport financier semestriel : 65620 s.

Comptes trimestriels
Information financière trimestrielle : 65690.

Concessions (brevets, licences, etc.) :
Redevances perçues : 10575 s., 12135.
Redevances versées : 17280 (charges) ; 21195 (stocks).
Droit d'entrée : 30785 (marque et brevet) ; 30790 (autre immobilisation incorporelle).

Concessions (entreprises concessionnaires) :
Étude d'ensemble : 72125 s.
Amortissement de caducité : 72150, 72380.
Amortissement par composant : 72150.
Charges :
– de la période de mise en exploitation des installations : 72560.
– engagées avant la période de mise en exploitation : 72550.
– engagées pendant la phase de construction : 72550 ; 72555 (activités accessoires).
Comptabilisation : 72245 s.
Comptes spécifiques : 72170.
Contrôle externe : 72675.
Contrôle de gestion : 72670.
Définition : 72125 s.

Concessions (entreprises concessionnaires) (suite)
Droits de raccordement : 72540.
Droits du concédant : 72255 s.
Droit exclusif d'utilisation ou d'exploitation : 72500.
Fiscalité : 72175.
Fonds spécial : 72530.
Immobilisations mises dans la – par le concédant : 72255 s.
Immobilisations mises dans la – par le concessionnaire : 72360 s.
Informations : 72680.
Opérations d'exploitation pour le compte du concédant : 72535 s.
Participation à des travaux à proximité des sites concédés : 25300.
Réévaluation : 72505.
Subventions : 72565.

Conciliation (procédure de –) : 61275 s.

Concours bancaires courants : 96280 (compte 519) ; 43265 (non-compensation avec soldes débiteurs).
– **renouvelables :** 43405 (annexe).
Voir aussi Emprunts et chaque type de crédit.

Concurrence
Indemnités de non – versées : 16945, 30575 (droit incorporel).
Infraction à la libre – : 45985.
Voir aussi Clientèle.

Condition :
Provision (obligation conditionnelle) : 48241.
Subvention : 56450.
Vente sous – : 10070 (généralités) ; 11035 (enregistrement) ; 11040 (– suspensive) ; 11045 (– résolutoire).

Conférences (frais de –) : 15870.

Confirmation de solde : 80415 (conditions d'exercice de cette procédure) ; 43155 (aux banques).

Confiscation : 28280.

Conflit Russie/Ukraine : Voir Crise.

Conformité : voir Mise en conformité.

Confusion de patrimoine : 75010, 75470.

Congés
– **de fin de carrière :** 17020.
– **de naissance (maternité) :** 17145 (crédit d'impôt famille).

Congés payés : 16725 s.
Affectation au compte épargne-temps : 16775, 16820 (abondement).
Dons de – : 16777 (à d'autres salariés).
Fractionnement : 16755.
Impôts différés : 52985.
Incorporation dans les stocks : 21085.
Voir aussi Caisses de congés payés.

Conjoint (de l'exploitant) : 16715 (rémunération).

Connexité (lien de – entre créances et dettes) : 10410.

Conseil
- **d'administration ou de surveillance :**
  Frais de – : 16170.
  Frais de déplacement des membres du – : 16100.
  Participation par visioconférence : 80535.
  Rapport du CA ou du CS sur le gouvernement d'entreprise : 65095.
  Rémunérations des membres du – : 16685 (comptabilisation) ; 18455 s. (annexe).
  Voir aussi Information.
  Honoraires de – (comptables, juridiques, fiscaux, en organisation, en gestion, audits divers, etc.) : 15890 s. (charges).

Conseil d'État : 3295 (compétence).

Conseil national de la comptabilité (CNC)
Force des avis du – : 3315.
Liste des avis sur les actifs, amortissements et dépréciations : 20005 (stocks) ; 25005 (immo. corp.) ; 30005 (immo. incorp.).
Voir aussi Autorité des normes comptables.

Conseil national de l'Ordre des experts-comptables (CNOEC) : 3325 (rôle).

Conservation
- **des documents comptables :** voir Archivage.

Consignation
- **d'emballages :** 46315 s.
  Vente en – : 11060 (produit) ; 50205, 50755 (information).
  Voir aussi Condition.

Consolidation de paiement de la TVA : 46975 (comptabilisation).

Consommables : voir Matières, Fournitures.

Consommations intermédiaires : 52165.

Consortium
Frais de – engagés dans le cadre des dépenses d'enregistrement Reach : 31370.

Constitution : voir Création, Frais.

Construction
- **en cours d'édification :** 25345.
- **érigée sur le domaine public :** 27520 (amort.)
- **dont la seule finalité est la protection d'un matériel (ICS) :** 25555 (classement comptable) ; 25815 (amortissements).
- **sur sol d'autrui :** 25260 (comptabilisation) ; 26450 (coût d'entrée) ; 27515 (amort.) ; 28275 (expiration du bail) ; 28735 (remise en état).
  Aménagements et agencements : 25545 (class. compt.) ; 25915 (dépenses ultérieures).
  Approche par composants : 25705 s. (définition) ; 25775 s. (coût d'entrée).
  Assurance dommage – : 15845.
  Bail à – : 25265 (comptabilisation par le bailleur) ; 26452 (évaluation) ; 27517 (amort.).
  Classement comptable : 25545.
  Dépenses ultérieures : 25915.
  Distinction entre terrain et – : 26420 (ventilation du coût d'acquisition).
  Ensemble immobilier : 26420 s.

Construction (suite)
  Frais d'acquisition : 26260.
  Participation à l'effort de – : 16365.
  Profits de – : 56230 (réserve spéciale).
  Transformation de locaux : 25915.
  Voir aussi Amortissements, Immobilisations.

Contentieux
Frais de – : 45910 s.

Continuité d'activité ou d'exploitation : 3540 (principe comptable).
Appréciation de la – : 61115.
Incertitude sur la – : 61045 s.
Incidences : 61117 s. (sur les comptes).

Contrat(s)
Étude des – : 20200 (achat de stocks) ; 25250 (achat d'immo. corp.) ; 30260 (achat d'immo. incorp.).
- **à exécution successive :** 10575 s. (produits) ; 15245 (charges).
- **à éléments multiples :** 11155 (vente de biens et logiciels assortis de services).
- **à forfait :** 10760.
- **à long terme :** 10760 s. (étude d'ensemble) ; 10790 (tableau récapitulatif : méthodes possibles, conditions d'utilisation, comptabilisation) ; 10815 (absence de comptabilité analytique) ; 10955 s. (cas particuliers : BTP, promoteurs, services) ; 12890 (annexe et information) ; 12900 (chiffre d'affaires) ; 15205 (rattachement des charges en fin d'exercice).
  Titres acquis en vue d'obtenir un – : 37610.
- **à terme d'instruments financiers (Matif) :** 80900 (définition) ; 41430 s. (principes comptables généraux).
- **d'achats fermes :** 50205, 50755 (information).
- **d'aide à l'emploi :** 17115 s.
- **d'amodiation :** 72500.
- **d'apprentissage :** 16230.
- **de capitalisation :** 37510.
- **de cession-bail (lease back) :** 28320 (comptabilisation).
- **de partage des plus-values de cession de titres avec les salariés :** 16830.
- **d'appui :** 12400 (mentions générales sur les factures).
- **d'exclusivité :** 30580 (indemnité de fin de –) ; 30725 (public) ; 30785 (contrat de louage de marque et de brevet) ; 30790 (droit d'utilisation d'une autre immobilisation incorporelle) ; 32060 (amortis.) ; 45890.
- **d'exportation :** 42410 (assurance Bpifrance Assurance Export, anciennement Coface, des risques liés aux –).
- **de crédit-bail :** voir Crédit-bail.
- **de distribution :**
  Droit d'entrée : 30605.
  Indemnité de fin de – : 30580 (versée) ; 45890 (reçue).
- **de fourniture exclusive :** 11305 (aide reçue).
- **de franchise :** voir Franchisage.
- **de garantie** (groupe) : 40440 (de taux, matière première, change) ; 42460 (Bpifrance Assurance Export, anciennement Coface,

Contrat(s) (suite)
- **de garantie à long terme rémunéré sous forme de redevances annuelles :** 10575 s.
- **de garantie (groupe) :** 40440 (de taux, matière première, change) ; 42460 (Bpifrance Assurance Export, anciennement Coface).
- **de liquidité :** 55635 ; 50695 (engagement).
- **de louage :** 30785.
- **de maintenance :** 10575 s.
- **de professionnalisation :** 16230.
- **de référencement** (centrales d'achat) **:** 15900.
- **de sécurisation professionnelle :** 16405 (contribution de l'employeur) ; 16985 (préavis).
- **de transfert des salariés :** 17225 (sortie des passifs sociaux associés).
- **de travail :** 16405 (contribution suite à une rupture pour CSP) ; 16545 (contribution suite à une rupture pour préretraite).
- **de vente ferme :** 21840 (stocks).
- **en bordereaux de prix :** 10760.
- **en perte :** 11625.
- **en régie :** 10760.
- **financiers :**
  Notion d'instruments – **:** 40010.
  Voir aussi Instruments financiers.
  Couvertures : 41565 s.
  Positions ouvertes isolées : 42115 s.
- **global se situant sur deux périodes comptables différentes :** 10760 s. ; 10955 (travaux publics) ; 15205 (rattachement des charges en fin d'exercice).
Assurance change – **Bpifrance Assurance Export, anciennement Coface :** 42460.
Frais d'acquisition de – : 30605.
Voir aussi Indemnités, Ventes.

Contravention : 45980, 46020 (provision).

Contrefaçon (indemnité de –) **:** 12135.

Contribution(s)
- **à l'obligation d'emploi des handicapés :** 16505.
- **à la formation professionnelle :** 16300 s.
- **au dialogue social :** 16410.
- **au remboursement de la dette sociale :** 16620.
- **chômage (bonus-malus) :** 16650.
- **dans le cadre de la revitalisation du bassin d'emploi :** 16355.
- **dans le cadre des conventions de préretraite progressive :** 17155 (non-respect des conditions fixées par la convention).
- **dans le cadre des régimes de retraite supplémentaire à prestations définies (retraites « chapeaux ») :** 16535.
- **de l'employeur :** 16815 (abondement dans le cadre des plans d'épargne) ; 16820 (abondement dans le cadre des comptes épargne-temps).
- **emballages, papier (CITEO/ADELPHE) :** 12400 (mention sur les factures) ; 15670 (contributions aux éco-organismes).
- **en cas de rupture de contrat de travail :** 16545 (salariés âgés d'au moins 50 ans, préretraite licen-

Contribution(s) (suite)
ciement et préretraite d'entreprise) ; 16405 (contrat de sécurisation professionnelle).
- **économique territoriale (CET), CFE et CVAE :** 16420 ; 16425 (composantes : CFE et CVAE) ; 16430 (définition de la valeur ajoutée) ; 16435 (exercice de rattachement : charge) ; 16445 (exercice de rattachement : dégrèvement) ; 16450 (comptabilisation du dégrèvement : plafonnement de CET) ; 17145 (crédit d'impôt famille) ; 18760 (prescription) ; 21175 (coût des stocks) ; 25755 (composants) ; 26055 (coût de démantèlement) ; 26065 (déchets d'équipement) ; 29090 (bien totalement amorti) ; 31505 (crédit d'impôt recherche) ; 53170 (redressement fiscal) ; 61840 (liquidation de société).
- **sociale généralisée (CSG) :**
  – **sur abondement :** 16815.
  – **sur indemnités journalières :** 16895.
  – **sur indemnité de licenciement :** 16925.
  – **sur intéressement :** 16845.
  – **sur participation des salariés aux résultats :** 53820, 53870.
  – **sur rémunérations du personnel :** 16620.
  – **sur revenus de l'exploitant :** 16710.
  – **sur stagiaires :** 17025.
- **sociale de solidarité des entreprises** (C3S) **:** 16500.
  – **additionnelle à la contribution sociale de solidarité :** 16500.
- **sociale spéciale :** 16815 (dans le cadre du Perco ou du Pereco).
- **sociale sur les bénéfices (CSB) de 3,3 % :** 52635 (comptabilisation et incidence sur les comptes individuels) ; 36400 (incidence sur la comptabilisation des crédits d'impôt) ; 53640 (incidence sur la participation des salariés).
- **solidarité autonomie :** 16390.
- **spécifiques aux industries pharmaceutiques :** 16525.
- **supplémentaire à l'apprentissage :** 16320 s.
- **sur stock-options et actions attribuées gratuitement :** 16860.
- **unique à la formation professionnelle et à l'alternance (Cufpa) :** 16260 s.
- **1 % CPF-CDD :** 16330.
Assiette de la – destinée au fonds pour le financement de l'accession à la propriété dans les Comités interprofessionnels du logement (CIL) : voir aussi Handicapés, Taxe.

Contrôle
- **de gestion** (coût du –) **:**
  Incorporation dans le coût d'entrée : 21140 (site de production) ; 21145 (siège).
- **des ressources :**
  Définition : 25155 s. (immobilisations corporelles) ; 30125 (immobilisations incorporelles) ; 20105 (stocks).
  Transfert de – : 25160 (immobilisations corporelles) ; 30145 (immobilisations incorporelles) ; 20195 s. (stocks).
- **fiscal :** voir Redressements fiscaux.
Comptabilités informatisées : 7520 s.

Contrôle (suite)
  Notion de – : 25155 s. (immo. corp.) ; 30125 s. (immo. incorp.) ; 35060 (titres).
  Prise de – : 38960 (rapport de gestion) ; 37380 (information en cas de convention de portage).
  Valeur probante de la comptabilité en matière fiscale : 8670.
  Voir aussi Autocontrôle, Contrôle externe, Contrôle interne.

Contrôle externe
  Étude d'ensemble : 85000 s.
  – **des concessions** : 72675.
  – **des engagements** : 50580.
  – **des établissements multiples** : 70710 s.
  – **du franchisage** : 73195.
  – **des groupements d'intérêt économique** : 73770.
  – **des opérations financières** : 43150 s.
  – **des provisions** : 48545.
  – **des stocks** : 22570 s.
  – **des titres** : 38685 s.
  – **par le commissaire aux comptes** : 85000 s.
  Examen limité : 65620.
  Sociétés commerciales soumises à un contrôle légal : 85010.

Contrôle interne
  – **de la caisse** : 40650.
  – **des immobilisations** : 26860 (inventaire permanent).
  Cadre de référence AMF sur les dispositifs de gestion des risques et de contrôle interne : 8745.
  Conséquences fiscales : 46350.
  Examen de conformité fiscale : 8645.
  Rapport de gestion : 65025.

Conventions
  – **autorisées (C. com. art. L 225-38)** : 80440.
  – **de ducroire** : 50045.
  – **de trésorerie** : 40785 ; 42570 (compte courant).
  – **d'intégration fiscale** : 52750.
  – **libres** : 80420 (suppression de la communication au CAC) ; 80155 (suppression de la communication aux actionnaires) ; 80535 (suppression de la communication aux administrateurs).
  – **réglementées** : 80420 (communication au CAC).
    Abandon de créance : 42225.
    Cautions, avals et garanties : 50360.
    Engagements de retraite au profit des dirigeants : 17970.
    Intégration fiscale : 52745.
    Notion de contrôle : 35060.
    Plan de stock-options : 55770.
    Prêts sans intérêt : 42340.
    Rémunération des administrateurs : 16685.
  Voir aussi Principes comptables.

Conversion
  – **d'obligations** : 41255 s.
  – **des comptes d'un établissement étranger** : 70430.

Conversion (suite)
  – **des créances et des dettes libellées en devises** : 40295 s.
  Écart de – : voir Écart de conversion, Consolidation.
  Méthode de – des comptes courants en devises : 42565.

Coopération
  Étude d'ensemble : 72000 s.
  Concession de service public : 72125 s.
  Franchisage : 72965 s.
  Groupement d'intérêt économique : 73570 s.
  Mandat : 73300 s.
  Société en participation : 73775 s.

Coopération commerciale : 20910 (chez le fournisseur) ; 15900 (chez le distributeur ou la centrale d'achat).

Coopératives
  – **agricoles** :
    Plan comptable : 3165.
    Réévaluation : 56860.
    Réserves indisponibles : 56080.
  – **de commerçants détaillants** : 73335.

Coparticipants : voir Société en participation.

Copropriété : voir Sociétés civiles immobilières de –.

Corbeille (à papier, à correspondance) : 25415.

Corporate governance : voir Gouvernement d'entreprise.

Correction
  – **d'erreurs** : 8503 (définition) ; 8505 s. (incidence) ; 8565 (information) ; 45605 s. (notion d'erreur) ; 48440 (provisions).
  – **du prix d'acquisition** : 26195.
  – **du résultat d'exercices antérieurs** : 8505 s.
  – **du stock** : 22230.
  – **symétrique des bilans** : 53135, 53145, 45645.

Cotation
  – **des livres** : 7160.

Cote officielle : voir Euronext Paris.
  Cours de la – : 35850.

Cotisation
  – **foncière des entreprises (CFE)** : voir Contribution (économique territoriale).
  – **sur la valeur ajoutée des entreprises (CVAE)** : voir Contribution (économique territoriale).

Cotisations
  – **d'assurance** :
    Comptabilisation en charges : 15245 (coupure en fin d'exercice) ; 15550 (frais accessoires d'achats) ; 15780 (vie) ; 15815 (responsabilité civile) ; 15820 (pollution) ; 15825 (perte d'exploitation) ; 15840 (charges sur sinistres) ; 15845 (dommage-construction) ; 16535 (contribution spécifique assise sur les – retraite dans le cadre des régimes de retraite supplémentaire à prestations définies ou « chapeaux ») ; 17875 s. (– retraite).

Cotisations (suite)
  Incorporation dans le coût d'acquisition : 20935, 20940, 21095 (stocks) ; 26220 (immobilisations).
  Incorporation dans le coût de production : 21095, 21185 (stocks).
  – **dues par ses membres à un GIE** : 16170 (membres) ; 73690 (GIE).
  – **et dons** : 16170 (expl.) ; 46050 (except.).
  – **prises en charge par l'État** : 17120.
  – **professionnelles** : 16170.
  – **sociales** : 16620 (conséquences d'un non-paiement) ; 17190 (exigibilité) ; 17156 (remboursement d'un trop-versé et remises gracieuses) ; 53205 (conséquences d'un redressement) ; 53230 s. (provision pour risque Urssaf) ; 55770 (stock-options) ; 55875 (attribution gratuite d'actions).
  – **sociales personnelles** : 16710 (exploitant individuel) ; 16810 (sociétés).
  Voir aussi Retraite, Sécurité sociale.

« Coup d'accordéon » : 37785 (titres détenus) ; 55545 (augmentation et réduction de capital).

« Couponing » : 73315 s.

Coupons : voir Dividendes.
  Obligations à – zéro : 37965 (détenteur) ; 41255 (émetteur).
  Obligations à – unique : 37970 (détenteur) ; 41140 (émetteur).
  – **courus à l'achat** : 36605.
  – **de réduction** : 73315 s.

Coupure : 11750 (produits) ; 15465 (charges).

Cour
  – **administrative d'appel (CAA)** : 3295.
  – **de cassation** : 3295.

Courant : 52030 (distinction avec exceptionnel) ; 16430 (distinction avec exceptionnel : CVAE).

Cours
  – **de bourse** :
    Estimation des titres : 35735.
    Garanties de – (maintien de –) : 82210 (information à fournir).
    Manipulation de – : 82575.
    Rachat d'actions en vue de régulariser les – (gestion financière des fonds propres) : 55615 s. ; 65006 (information).
  – **du jour** : 21490 (évaluation des stocks).
  – **interne groupe** : 40440 (achats et ventes libellés en devises).

Courtage
  Commissions de – : 10380.
  Déclaration du – : 18190.
  Frais de – des titres : 35620 (titres immobilisés) ; 35625 (VMP).

Coût(s)
  – **administratifs** :
    Incorporation dans le coût d'acquisition : 26220 (immobilisations), 20935 (stocks).
    Incorporation dans le coût de production : 26620 (immobilisations), 21145 (stocks).
  – **ajouté** : 52205.

Coût(s) (suite)
  – **complets, constatés, directs** : 22470 s.
  – **d'acquisition** : 20900 s. (stocks) ; 26185 s. (immobilisations) ; 30605 (contrat) ; 26770, 31605 (conjointe).
  – **d'emprunt** : 20945 s. (stocks) ; 26335 s. (immobilisations).
  Voir aussi Emprunts.
  – **de démantèlement** : voir Remise en état.
  – **de préparation du site** : 26295.
  – **de production** : 21055 s. (stocks) ; 26590 s. (immobilisations) ; 21250 (conjointe).
  – **de remise en état** : voir Remise en état.
  – **de sortie** : 17395 s. (restructuration) ; 28170 (frais de cession d'immo.).
  – **des stocks** : 20780 s. (modalités d'évaluation).
  – **directement attribuables** :
    – à l'acquisition : 20935 s. (stocks) ; 26200 s. (immo.).
    – à l'apport en nature : 26715.
    – à la mise en service d'une immobilisation louée : 28655.
    – à la production : 21075 s. (stocks) ; 26595 s. (immo.).
  – **directs et indirects** : voir Charges.
  – **fixes et variables** : voir Charges.
  – **historique** : 3550 (principe).
  – **moyen pondéré** : voir Coût unitaire moyen pondéré.
  – **partiels** : 22480.
  – **préétablis** : voir Coût standard.
  – **standard, prévisionnels** : 20835 s. ; 22470 s. (comptabilité analytique).
  – **ultérieurs** : voir Dépenses ultérieures.
  – **unitaire moyen pondéré (CUMP)** : 20800 et 20805 (stocks) ; 36710 (titres).
  Écarts sur coûts standards : 20835 (traitement des –) ; 20840 (calcul des –).
  Fiabilité du – d'entrée : 20105 (stocks) ; 25165 (immo. corp.) ; 30165 (immo. incorp.).
  Notions de – : 20725 (compta. gén.) ; 22465 (compta. ana.).

Couverture (comptabilité de –) :
  Étude d'ensemble : 41565 s.
  – **d'achats (stockés)** :
    – en devises : 21005, 41995 (coût d'acquisition).
    – de matières premières et marchandises : 21005, 41995 (coût d'acquisition).
  – **d'immobilisations libellées en devises** : 26510, 42000 (coût d'acquisition) ; 27625, 42040 (valeur d'utilité des immobilisations détenues à l'étranger).
  – **de chiffre d'affaires en devises** : 41975.
  – **de créances et dettes en devises couvertes par** :
    – un dérivé : 40435.
    – une garantie groupe : 40440.
    – un contrat Bpifrance Assurance Export, anciennement Coface : 42460.
  – **de flux d'intérêts** : 42020.

Couverture (comptabilité de –) (suite)
- **de stocks de marchandises et matières premières dont le cours fluctue :** 21870 (valeur d'utilité).
- **de stocks détenus à l'étranger :** 21865 (valeur d'utilité).
- **de titres en devises :** 37045, 42040.
Annexe : 43335 s.
Arrêt de couverture : 41850 s.
Comptes bancaires entrant dans une relation de couverture : 40790.
Dépréciation des éléments couverts : 41780.
- stocks détenus à l'étranger : 21865.
- stocks de marchandises et matières premières dont le cours fluctue : 21870.
- immobilisations détenues à l'étranger : 27625.
- titres en devises : 37045, 42040.
Dérivés :
- de change : 41975, 41995.
- sur marchandises ou matières premières : 11105 (vente à terme) ; 15220 (achat à terme).
Documentation de la couverture : 41745.
Effet de couverture : 41765.
Frais de couverture : 41800 s.
Prime d'option : 41800.
Soulte : 41800.
Report/déport : 41820 s.
Notion comptable de couverture : 41570 s.
Élément couvert : 41585.
Instrument de couverture : 41590.
Risque couvert : 41575.
Notion fiscale de couverture : 41665 s.
Opération d'optimisation du coût de la couverture : 41615 (critères d'éligibilité à la comptabilité de couverture) ; 41880 (sans risque) ; 41900 (avec risque).
Prime d'option : 41800.
Report/déport : 41820 s.
Résultat de couverture : 41765.
Classement : 41775.
Incidence sur la dépréciation de l'élément couvert : 41780.
Soulte : 41800.
Swap de taux : 42020.
Vente d'option : 41615 (critères d'éligibilité à la comptabilité de couverture) ; 41880 (sans risque) ; 41900 (avec risque).
Voir aussi Instruments dérivés.

Couverture sociale : 16990 (maintien de la – en cas de licenciement).

Covenants : 43405 (emprunts assortis de –) ; 43375 (annexe) ; 43405 (classement moyen/court terme) ; 43405 (rupture).

CRC : voir Comité de la réglementation comptable.

Créances
Étude d'ensemble : 10245 s. (– d'exploitation).
- **amorties :** 12215 (rentrées sur –).
- **ayant fait l'objet d'avances en monnaies étrangères :** 40320.
- **assorties de garantie :** 50055 (déf.) ; 50145 (présentation) ; 50710 (information).

Créances (suite)
- **bloquées à l'étranger :** 11385 (dépréciation).
- **certaines :** 10355 s.
- **cessions de – :** 40735 (escompte d'effet) ; 40800 s. (loi Dailly) ; 42795 (affacturage) ; 42830 (titrisation) ; 42835 (reverse factoring ou affacturage inversé).
- **comportant des conditions avantageuses :** 40190 (pour l'emprunteur).
- **couvertes par une assurance-crédit :** 11460.
- **déclarées (ou non déclarées) dans le cadre de la procédure de sauvegarde ou de redressement ou de liquidation judiciaire :** 11430.
- **décotées :** 42845 (acquisition de –).
- **de montant non définitif :** 10505 (évaluation) ; 11470 (variation de valeur).
- **douteuses :** 10355 (différence avec – incertaines et litigieuses) ; 11340 s. (évaluation, dépréciation et TVA) ; 12215 s. (comptabilisation) ; 40520 (– en devises) ; 43005 (intérêts sur –).
- **du personnel :** 17190 s.
- **en monnaie étrangère :** 40295 (valeur d'entrée) ; 40390 s. (valeur au bilan) ; 43385 (annexe : écarts de conversion).
Avances sur – : 40320.
Transformation en actions : 37690 (suite à une augmentation de capital).
- **et dettes connexes :** 10410 (principe) ; 10415 (conséquences comptables).
- **futures :** 40850 (mobilisation de –).
- **garanties par une hypothèque :** 11435.
- **impayées :** voir – douteuses ou – irrécouvrables :
- **incertaines :** 10355.
- **indexées :** 40185, 43005 (intérêts).
- **irrécouvrables :** 11395 s. (différents cas) ; 12215 s. (comptabilisation) ; 38485 (liées à des participations).
- **litigieuses :** 10355 (différence avec – incertaines et – douteuses) ; 12240 (comptabilisation/dépréciation/avoir).
- **non déclarées :** 11430 (créances) ; 46085 (dettes).
- **non productives d'intérêts :** 40190.
- **obtenues par saisie-attribution sur compte bancaire :** 11465 (chez le bénéficiaire de la saisie) ; 40795 (chez la société saisie).
- **placées sous séquestre :** 11475.
- **pour emballages et matériel à rendre :** 46370.
- **professionnelles (cession ou nantissement : Loi « Dailly ») :** 40800 s., 50690 (information).
- **rattachées à des participations :** 35080 (définition) ; 38465 (class. compt.) ; 38485 (créances irrécouvrables) ; 38480 (dépréciation) ; 36925 (reprise de dépréciation) ; 40540 (en devises).
- **rattachées à des sociétés en participation (compte 268) :** 74145.
- **résultant de ventes avec clause de réserve de propriété :** 11025, 29660 (information) ; 43275 (présentation).
- **sur travaux non encore facturables (contrats à long terme) :** 10840.
Abandon de – : 42220 s.
Achat ou vente de – : 42845 s.
Annexe : 43405 s.

Créances (suite)

Augmentation de capital par compensation avec des – : 55360, 37690 (pour le créancier).
Avoir : 11845 (comptabilisation) ; 12830 (présentation au bilan).
Cession de – :
– à titre de garantie : 40830.
– futures : 40850.
– professionnelles (loi Dailly) : 40800 s.
Titrisation : 42830 (comptabilisation) ; 50205, 50755 (information).
Compensation entre – et dettes : 10410 (principe) ; 10415 (conséquences comptables).
Comptabilisation : 11745 s.
Débiteurs divers (distinction avec créances d'exploitation) : 10245.
Déclaration de – : 11430 (sauvegarde ou redressement judiciaire).
Définition et classement : 10245 s.
Délai de prescription des – : 18740 s.
Dépréciation de – : 11350 s.
Différences de règlement : 12145 (positives) ; 17295 (négatives).
État des échéances des – et des dettes : 43405.
Extinction des – : 10390, 18740 s. (prescription).
Factoring : 42795.
Incidence de la notion de résultat courant : 12215 s.
Mandat de recouvrement : 42855.
Mobilisation des – : 40735 (escompte) ; 40820 (loi Dailly) ; 40850 (– futures) ; 40860 (commerciales) ; 42830 (titrisation) ; 50690 (information).
Présentation et information : 12830 s. (ventes) ; 43260 s. (opérations financières et état des échéances).
Produits à recevoir : voir Produits.
Recouvrement de – : 20260 (en cours) ; 42795 (affacturage) ; 42855 (mandat).
Règles d'enregistrement : 10355 s.
Règles d'évaluation : 10485 s.
Régularisation en fin d'exercice : 11745.
Rentrées sur – amorties : 12215.
Valeur au bilan : 40115.
Voir aussi Ventes.

Création

Étude d'ensemble : 60005 s.
– **d'emplois (primes) :** voir Subventions.
– **d'établissements permanents :** 70020.
– **de valeur :** 64980 (indicateurs).
– **d'une entreprise individuelle :** 60255 s.
– **en France d'une succursale de société étrangère :** 70020.
– **d'une société :** 60130 s.
– **de succursales :** 70020 (de sociétés françaises ou étrangères).
Aides de l'État à la – (et à la reprise) d'entreprises par des chômeurs et/ou des salariés : 17115 s.
Déclarations et formalités : 60005.
Frais de – : 30950 s. (compt.) ; 31945 (amort.).
Opérations faites pour le compte d'une société en formation : 60230.

Crèches : 17105, 17145.

Crédit

Étude d'ensemble, par opposition à débit : 1205 s.
– **à l'exportation (assurance Bpifrance Assurance Export, anciennement Coface) :** 42410.
– **bail :** voir Crédit-bail.
– **confirmé (marge non utilisée) :** 40960 (enregistrement) ; 50690 (information).
– **de campagne :** 40870.
– **de préfinancement :** 40870.
– **de trésorerie renouvelable :** 43405 (annexe).
– **de TVA :** 46975 s.
– **d'impôt :**
– en faveur de la recherche collaborative : 31527.
– en faveur du rachat d'une entreprise par ses salariés : 52690.
– étranger : 11885 (vente avec retenue à la source) ; 36400 s. (distribution de source étrangère) ; 36605 (imputation sur l'IS) ; 36720 (cession de titres de participation étrangers).
– famille : 17145.
– innovation : 31505.
– principe : 52685.
– pour investissement outre-mer : 52695.
– recherche : 31505 (comptabilisation) ; 15893 (honoraires de conseil sur –) ; 32895 (annexe).
– sur revenus de source étrangère : 11885 (redevances) ; 36400 (dividendes) ; 36605 (intérêts d'obligations) ; 43005 (intérêts de créances).
Participation des salariés : 53640 (calcul avant imputation des –).
– **documentaire :** 40760.
– **gratuit :** 43020 (vente avec –).
– **spot :** 40870.
Avances et – alloués aux dirigeants : 43420 (annexe).
Choix entre une vente au comptant et une vente à – : 43025 s. (vendeur et acheteur).
Distinction long, moyen et court terme : 40020.
Emprunts et prêts : 40940 s.
Frais de – : 43025 s. (vendeur et acheteur).
Ligne de – : 43405.

Crédit-bail

Étude générale : 28455 s.
– **immobilier :** 28485 s.
– **mobilier :** 28465 s.
– **sur fonds de commerce :** 32275 s.
Achat ou apport d'un contrat de – : 28540.
Annexe : 28805 s., 29675.
Cession-bail (lease-back) : 28320.
Cession d'un bien acquis par voie de – : 28480 (– mobilier) ; 28530 (– immobilier).
Cession d'un contrat de – : 28465 (mobilier) ; 28525 (immobilier).
Dépenses de construction financées par le locataire : 28655 (frais accessoires de mise en service d'un bien loué).
Frais accessoires de mise en service du bien loué : 28655.
Frais liés à l'établissement du contrat : 15695.

Crédit-bail (suite)
Indemnité de résiliation d'une convention de – : 45860 s.
Information financière : 28805 s., 29675, 50205, 50755.
Levée de l'option : 28475 (– mobilier) ; 28525 (– immobilier).
Non-utilisation d'un bien en – : 15695.
Opérations réalisées par un GIE : 38380.
Provision pour cessation de l'utilisation d'un bien en – : 17450.
Redevances de – :
– inégales dans le temps : 11295 (bailleur) ; 15700 (preneur).
– versées : 15695, 15700 (comptabilisation) ; 21125 (stocks) ; 31320 (avant exploitation).
– reçues : 11295.
Réévaluation d'un contrat de – : 56785.
Remise en état : 28735.
Remplacement de matériel loué (ou d'un composant) : 28660 s. (pas d'obligation contractuelle).
Sous-location : 28535 (crédit-bail immobilier).
Stocks : 21125 (incorporation des redevances).
Subventions d'investissement reversées au preneur : 56440 (étalement).

Créditeurs divers
Distinction avec fournisseurs d'exploitation : 17520.
Distinction avec organismes sociaux : 17520.
Voir aussi Créances, Dettes, etc.

Crise
Activité partielle : 16900.
Amortissement : 27065 (arrêt d'activité).
Annexe : 22760 (dépréciation des stocks), 29610 (dépréciation des immobilisations), 48240 s. (provisions), 64635.
Continuité d'exploitation : 61117 s.
Emprunts : 40990 (PPSE), 41360 (renégociation), 43405 (rupture de covenant).
Événements post-clôture : 52320.
Immobilisations corporelles et incorporelles : 26895 (valeur vénale), 26920 (valeur d'usage), 27065 (arrêt d'activité), 27742 (dépréciation), 27725 (indice de perte de valeur), 29610 (annexe).
PGE (prêt garanti par l'État) : 40952.
Prêt à taux bonifié : 40220.
Provisions : 48240 s. (annexe).
Résultat courant et résultat exceptionnel : 52030.
Stocks : 21470 (valeurs vénale et d'usage), 22760 (annexe).
Titres de participation : 35705 (baisse des cours), 35735 (adaptation des méthodes de dépréciation).
Valeurs mobilières de placement : 35850 s. (baisse des cours).
Voir aussi : abandon de créances, aides, moratoire, avance remboursable, créances douteuses, dividendes.

Critères de définition et de comptabilisation
– **des immobilisations corporelles :** 25105 s.
– **des immobilisations incorporelles :** 30105 s.
– **des stocks :** 20105.
Biens de faible valeur : 25415.
Coûts ultérieurs :
– **des immobilisations corporelles :** 25885 s.
– **des immobilisations incorporelles :** 31150 s.
Évaluation fiable du coût :
– **Immobilisations corporelles :** 25165.
– **Immobilisations incorporelles :** 30165.
– **Stocks :** 20105.
Probabilité que les avantages économiques futurs iront à l'entreprise :
– **Immobilisations corporelles :** 25160.
– **Immobilisations incorporelles :** 30145.
– **Stocks :** 20105.

Critères de distinction
Immobilisations corporelles/charges :
Coûts initiaux : 25105 s.
Dépenses ultérieures : 25885 s.
Immobilisations corporelles/stocks :
Cas général : 20400 s.
Biens à destination polyvalente : 20420.
Forêts : 20460.
Immeuble acquis avec engagement de revente : 20470.
Matériel de démonstration : 20425.
Métaux précieux : 20400.
Pièces détachées (de rechange) : 20445.
Prototypes : 31050.
Immobilisations incorporelles/charges :
Coûts initiaux : 30105 s.
Dépenses ultérieures : 31150 s.
Immobilisations incorporelles/stocks :
Cas général : 20400.
Fonds de commerce (marchands de biens) : 20400.
Logiciels autonomes à usage commercial (acquis ou créés) : 30415.

Critères de propriété : 25155 (distinction avec les critères de contrôle).

Contribution à la formation professionnelle : 16300.
Taxe d'apprentissage : 16280.

Cufpa (Contribution unique à la formation professionnelle et à l'alternance) : 16260 s.

CUMP : voir Coûts.

Currency « tokens » (jetons numériques) : 30795 s. (détenteur).

CVAE : Cotisation sur la valeur ajoutée des entreprises, voir Contribution (économique et territoriale).

CVG : 37230.

D

DADS (déclaration annuelle des données sociales) : Voir Déclaration sociale nominative (DSN).

Dailly (loi) : 40800.

Data room : 81575 (organisation) ; 82575 (délit boursier).

Date d'arrêté des comptes : 52310.

Date d'enregistrement : voir chaque rubrique.
Augmentation de capital : 55295.
Opérations bancaires courantes : 40650 s.

Date de clôture des exercices : 7940.
Voir aussi Événements postérieurs à la clôture.

Date de jouissance : 32150.

Date de valeur : 40660 (opérations bancaires courantes) ; 40680 (virements et opérations en compte courant).

Dation en paiement : 42805.

DBO : voir Defined Benefit Obligation.

Débats parlementaires (loi) : 2765 (force juridique).

Débit
Notions générales : 1205 s.
TVA exigible sur – : 46720, 46770.

Débitants de tabac : 73335.

Débiteurs divers : voir Créances, Dettes, etc.

Débours (pour compte de tiers) : 73445, 11275 (remboursement de –).

Déchargement : 20935 (coût d'acquisition des stocks) ; 21115 (coût de production des stocks) ; 26220 (coût d'acquisition des immo.) ; 26620 (coût de production des immo.).

Déchets et rebuts : 20120 (compt.) ; 20850 (évaluation des – issus de métaux précieux) ; 21170 (évaluation du produit fini) ; 21255 (évaluation du produit résiduel) ; 21860 (stocks contenant de l'amiante) ; 96320 (vente).
– **issus des équipements électriques et électroniques (DEEE) :**
   – **ménagers :** 11310, 12400, 21345 (éco-distribution refacturée), 15670 (contribution à l'éco-organisme), 27985 (provision).
   – **professionnels :** 15670 (contribution à l'éco-organisme), 21190 (stocks) ; 27985 (provision).

Déclaration
– **annuelle des données sociales (DADS) :** 18185 (remplacée par la DSN voir ci-après).
– **d'intention d'aliéner (DIA) :** 11035 (vente d'immeubles).
– **de créances :** 11430 (sauvegarde ou redressement judiciaire).
– **de l'état récapitulatif des clients :** 46845 s.
– **de performance extra-financière :** 65010 (informations et sociétés concernées), 65025, 65050 (contrôle).
– **de résultat :** voir Liasse fiscale.
– **des opérations réalisées par les dirigeants sur les titres de la société :** 81595.
– **des responsables :** 65635 (rapport financier semestriel) ; 65255 (rapport financier annuel).
– **écrites de la direction :** 80405.

Déclaration (suite)
– **pays par pays :** voir Country By Country Reporting.
– **sociale nominative (DSN) :** 18185.

Décontamination : voir Remise en état.

Décote
– **sur prix de vente des stocks :** 21490 (évolution du prix du marché) ; 21565 (écoulement des produits).
Rachat d'une dette avec – : 41025.

Découvert : 40780.

Décret
– **dit « comptable » (du 29 novembre 1983) :** 2940 s.
– **sur les sociétés commerciales (du 23 mars 1967) :** 2940 s.
Hiérarchie des sources : 2765.

Dédits : 26445 (sur achat d'immobilisation) ; 28340 (sur vente d'immobilisation).

Déduction fiscale
– **en cascade des redressements fiscaux :** 53340 s.
– **exceptionnelle pour investissement :** 27425.
Omission d'un droit à – (TVA) : 47075.

DEEE : voir Éco-contribution.

Defeasance (In-substance) : 42875.

Déficits : 36430 (filiales étrangères) ; 52590 ; 52650 (carry-back) ; 54370 (annexe) ; 70025 (succursales étrangères).

Defined Benefit Obligation (DBO) : 17765.

Défrichement : 25540.

Dégrèvement
– **accordé à tort :** 53120 (comptabilisation).
– **de contribution économique territoriale (CET) :** 16445 (exercice de rattachement) ; 16450 (comptabilisation du dégrèvement lié au plafonnement) ; 16455 (cas pratique).
Comptabilisation : 53090 s. (IS) ; 53190 (TVA).
Intérêts moratoires sur – : 53125.

Dégustation (gratuite) : 15925.

Délai de conservation des documents : 7445, 9095.

Délai de paiement : voir Paiement.

Délai de reprise : voir Prescription fiscale.

Délégation
Salaires correspondant à des heures de – : 16620.

Délits
– **boursiers (initié, fausse information, manipulation de cours, communication d'informations privilégiées, data room) :** 82575 s.
Abus de biens sociaux : 40190 (avance sans intérêt).
Bilan inexact : 66515 (absence d'image fidèle).
Changements de méthodes comptables : 66515.
Distribution de dividendes fictifs : 66530.

Délits (suite)
Établissement des documents comptables : 66500 s.
Tenue de comptabilité : 25240 s.
Transmission de l'information comptable : 80205.

Démantèlement : voir Remise en état.

Démarque inconnue : 46060.

Démarrage (– d'une activité) :
Avances de – : 12255.
Immobilisations corporelles : 26295, 26315.
Immobilisations incorporelles : 31320.

Dématérialisation des factures : voir Facturation électronique.

Dématérialisation des valeurs mobilières : 57040 s.

Démembrement :
Actif en nue-propriété : voir Nue-propriété.
Actif en usufruit : voir Usufruit.
Droit de superficie : 30670.
Répartition du dividende : 54037 (prélevé sur les réserves).

Déménagement : 17055 (collaborateur) ; 16100 (provision pour frais de –) ; 26295 (coût d'entrée des immobilisations).

Démission : 16985 (indemnité de préavis).

Démolition
Frais et prime de – : 25922 (coût ultérieur) ; 26440 (coût d'entrée terrain ou construction) ; 28170 (frais de cession) ; 28255 (valeur résiduelle).
Matières récupérées : 22220.
Provision pour – : 27925, 28735 (biens appartenant à autrui).
Voir également Remise en état.
Sinistre : 29430 ; 45800 (indemnités d'assurance).

Démonstration (matériel de) : 20425 (distinction immobilisations/stocks).

Dénomination sociale : 7435.

Dépassement
– **du devis, base d'un contrat de crédit-bail :** 28485.

Dépenses
– **budgétaires :** 15010 (distinction avec charges).
– **d'amélioration :** 25905 (immobilisation, charges) ; 27600 (amortissement) ; 25925 s. (mise en conformité) ; 31170 (logiciels) ;
– **de gros entretien ou grandes visites :** 25715 (définition) ; 25750 (choix entre composant et provision) ; 25755 (renouvellement) ; 25760 (décomposition ultérieure) ; 27200 (amort.) ; 27900 s. (provision) ; 28250 (sortie de composant).
– **de formation :** 26262.
– **de mise en conformité avec de nouvelles normes :** voir Mise en conformité.
– **de recherche et développement :** 30845 s.
Voir aussi Recherche et Développement.

Dépenses (suite)
– **de remplacement :** voir Composants.
– **devant figurer sur le relevé de frais :** 18195.
Voir aussi Remise en état.
– **informatiques :** 30355 s.
– **liées aux certifications ISO :** 25945 (distinction charges/immo.) ; 27925, 28010 (provision).
– **somptuaires :** voir Somptuaire (charges).
– **ultérieures :**
Étude d'ensemble : 25885 s. (immo. corp.) ; 31150 s. (immo. incorp.).
Agencements et aménagements : 25915.
Amélioration et additions : 25905.
Coûts de démantèlement et de remise en état : 26035 s.
Échange standard : 25910.
Entretien et réparation : 25900 (charges).
Gros entretien et grandes visites : 25750 s.
Mise en conformité : 25925 s.
Pièces détachées : 20445.
Remplacement de composants : voir Composants.
Renouvellement d'immo. secondaires : 25980.
Transformation de locaux : 25915.
Participation à des – d'équipement : 25300.
Voir aussi Charges, Frais.

Déplacement : voir Transport.

Dépollution : 15820.
Voir aussi Remise en état.

Dépôt
– **à terme en banque :** 42705.
– **des comptes au greffe :** 70605 (établissement français d'une entreprise étrangère) ; 80660 (obligation) ; 80665 (sociétés concernées) ; 80670 (délai et lieu de dépôt) ; 64282 (documents à déposer) ; 64282 (transmission par voie électronique) ; 80690 (sanctions) ; 80695 (contrôle – tardif ; – non effectué) ; 64282 (publicité).
– **avec effet de cliquet :** 43005 (incidence sur les revenus).
– **de fonds du personnel :** 42820.
– **et cautionnements (reçus et versés) :** 42810.
– **indexé :** 43005.
– **de garantie :** 42810.
Frais de – : 30965 (marques) ; 30945 (brevets).
Voir aussi Renouvellement.
Intérêts : 43000 s.

Dépréciation
Études d'ensemble : 21705 s. (stocks) ; 27715 s. (immo. corp.) ; 31825 (immo. incorp.) ; 35930 s. (titres).
– **des biens reçus en apport :** 27605.
– **des coûts de développement :** 31910 (avant la date de mise en service).
– **des créances :** 40115 (conditions de constitution).
– **achetées :** 42845.
– **bloquées à l'étranger :** 11385.
– **douteuses :** 11350 s. ; 11460 (– faisant l'objet d'une assurance crédit) ; 12215 s. (comptabilisation) ; 12830 (présentation) ; 50145 (assortie d'une garantie).

Dépréciation (suite)

– **en monnaies étrangères :** 40320 (– ayant fait l'objet d'acomptes reçus en devises) ; 40525 (– douteuses) ; 40450 (incidence des événements postérieurs à la clôture de l'exercice) ; 42410 (– non garanties par Bpifrance Assurance Export, anciennement Coface).

– **indexées :** 40185.
– **litigieuses :** 12240.
– **non productives d'intérêts ou d'intérêts faibles :** 40190 s.
– **pouvant ou devant faire l'objet d'une compensation :** 10410 s.
– **rattachées :** 37355 (portage) ; 38480 (participations).
– **sur ventes avec crédit gratuit :** 43020.
– **des droits d'exclusivité publics :** 32040.
– **des droits d'occupation du domaine public :** 32040.
– **des éléments couverts :** 41780.
– **des fichiers clients :** 32030 (amort. et déprec.).
– **des immeubles de placement :** 27495.
– **des immobilisations acquises avec clause de réserve de propriété :** 27610.
– **des immobilisations acquises en devises :** 27625.
– **des immobilisations corporelles :** 27715 s. (conditions de constitution) ; 29180 s. (comptabilisation) ; 29650 (annexe).

  Distinction avec l'amortissement exceptionnel : 27760.
  Droit d'entrée perçu par un bailleur : 11280.
  Immobilisations couvertes : 27625 (valeur d'utilité des immobilisations détenues à l'étranger).
  Incidences fiscales : 27741.
  Incidence sur l'amortissement : 27765 s.
  Indemnité d'acquisition d'immobilisation versée par le fournisseur : 45830.
  Période de forte incertitude : 27742.
  Mises en conformité (amiante…) : 25965.
  Regroupement d'actifs : 27730.
  Test de – : 27720 s.
  Valeur d'inventaire : 26865 s. (immo. corp.).

– **des immobilisations d'une concession :** 72150.
– **des immobilisations incorporelles :** 29180 s. (comptabilisation) ; 31825 (conditions de constitution) ; 32840 (annexe).

  Distinction avec l'amortissement exceptionnel : 27760.
  Incidences fiscales : 27741.
  Incidence sur l'amortissement : 27765 s.
  Regroupement d'actifs : 27730, 32010 (fonds commercial).
  Test de – : 27720 s.
  Valeur d'inventaire : 31675.

– **des immobilisations subventionnées :** 27750.
– **des logiciels :** 31900 (brevets créés).
– **des œuvres d'art :** 27585.
– **des quotas d'émission de gaz à effet de serre :** 20580.
– **des quotas de sucre :** 32050.

Dépréciation (suite)

– **des stocks et en-cours :** 21705 s. (conditions de constitution) ; 22160 s. (comptabilisation).
  Caractère forfaitaire ou statistique : 21565.
  Clause de réserve de propriété : 21850.
  Contrats à long terme : 10790, 10895 s.
  Stocks contenant de l'amiante : 21860.
  Stocks couverts : 21865 (valeur d'utilité des stocks détenus à l'étranger) ; 21870 (matières premières et marchandises).
  Stocks volés ou détruits : 46055.
  Valeur d'inventaire : 21415 s.
  Vente ferme : 21840.
  Ventes subventionnées : 21845.

– **des terrains :** 27465 s.
– **des titres :** 35695 s. (valeur d'inventaire) ; 35930 s. (valeur au bilan) ; 37865 (début d'activité) ; 36865 (comptabilisation) ; 36925 (cession).
– **du fonds commercial :** 32010.

Amortissements pour – : à chaque rubrique.
Caution donnée : 50135 (droit de créance).
Dégrèvement d'impôt : 45610 (correction d'erreur).
Déménagement : 16100.
Dépôts et cautionnements (versés) : 42810.
Dérivés : 42125.
Distinction entre – et provisions réglementées : 56315.
Effets à recevoir : 40715 ; 40735 (escomptés), 40855 (mobilisation de créances nées à l'étranger).
Établissements à l'étranger : 70470 s.
Événements postérieurs à la clôture : 52340.
Impôts différés : 52985.
Indemnités reçues (litige) : 45950.
Instruments financiers : 42125.
Modification terminologique : 1145 ; 48005.
Opérations Bpifrance Assurance Export, anciennement Coface : 42410.
Pénalités pour paiement tardif : 10355, 46045.
Procédure de conciliation : 11410.
Provisions pour actualisation d'effets et escompte d'effets de commerce : 40715.
Réduction d'impôt pour dépenses de mécénat : 16045.
Regroupement d'actifs : 26915 (valeur d'usage) ; 27730 (immobilisations corporelles) ; 27735 (affectation des actifs de support) ; 32010 (fonds commercial) ; 29650 (annexe).
Restructuration : 17420 s.
Risque de – : 27742 (estimation du –).
Vente avec clause de réserve de propriété : 11025.
Vente avec condition suspensive : 11035.
Vente à une société de troc : 11165.

Dérivés : voir Instruments dérivés.

Dérogations

– **aux règles comptables :** 8405.
Voir aussi Exceptions.

Dérogatoire (amortissement) : 27370 s.

Désamiantage : 28005 (provision).
Voir aussi Remise en état.

Désendettement de fait (« defeasance ») : 42875.

Déspécialisation : voir Indemnités.

Dessins : 30630 (acquisition) ; 30950 (frais de création) ; 31945 (amort.) ; 21135 (incorporation dans le coût de production des stocks) ; 26620 (incorporation dans le coût de production des immo.).

Destruction : 45785 s. (indemnités d'assurances). Voir aussi Démolition, Comptabilité (d'entreprise), Disparition (de documents comptables).

Détaché : 16790 (personnel facturé) ; 18185, 18190 (Déclaration des salaires et des honoraires) ; 18375 (effectif) ; 20445 (pièces détachées) ; 53620 (personnel – et participation) ; 70025 (quartiers généraux).

Détaxe à l'exportation : 11865.

Détournements de fonds : 46050.

Dettes
Étude d'ensemble : 15000 s. (exploitation) ; 40005 (financières).
– **à long terme :** 40020.
– **assorties de garantie :** 50055 (définition) ; 50705 (information).
– **ayant fait l'objet d'avances en monnaies étrangères :** 40320.
– **comportant des conditions avantageuses :** 40220.
– **d'un montant non définitif :** 15240.
– **en monnaies étrangères :** 40295 (valeur d'entrée) ; 40390 s. (valeur au bilan) ; 43385 (annexe : écarts de conversion) ; 55365 (incorporation au capital).
  Avances sur – : 40320.
– **indexées :** 40185, 42990 (intérêts).
– **indexées sur la valeur de jetons :** 40600 s. (offre de jetons numériques, ICO).
– **provisionnées :** voir Charges à payer.
– **rattachées à des participations :** 42565.
– **rattachées à des sociétés en participation (compte 178) :** 74145.
– **remboursables en jetons :** 40600 s. (offre de jetons numériques, ICO).
Annexe : 43385 (libellées en devises) ; 43405 s. (état des échéances).
Annulation d'une dette pour la publication (in-substance defeasance) : 42875.
Assurance couvrant une dette : 15810 (indemnités).
Charges à payer : voir Charges.
Classement comptable : 17520 (dettes d'exploitation).
Créances non produites : (sauvegarde ou redressement judiciaire) ; 46085.
Créditeurs divers (distinction avec dettes d'exploitation) : 15070.
Date et règles d'enregistrement : 15075 s.
Date et règles d'évaluation : 15320 s.
Délais de prescription des – : 18740 s.

Dettes (suite)
Différence de règlement : 12145 (positive) ; 17295 (négative).
Distinction – et capitaux propres : 55120.
Distinction – d'exploitation et les autres – : 15070, 17520.
Distinction – et autres passifs : 15150.
Effacement des dettes (procédure de rétablissement professionnel) : 46090.
Extinction des – : 15090, 18740 s. (prescription).
In-substance defeasance : 42875.
Modalités de règlement de la – : 26195 (prix d'achat).
Présentation et information : 18305 s. (expl.) ; 43260 s. (financières).
Rachat d'une – avec décote : 41025.
Remises de – (entreprises en difficulté) : 46080 s.
Schémas de comptabilisation : 15430 s.
Tableau des échéances : 43405.
Valeur au bilan : 40095.

Dévaluation : 40450 (événements postérieurs à la clôture).

Développement
– **de l'emploi :** voir Réduction du temps de travail.
Activités de – (exemples) : 30865.
Amortissement des coûts de – (incorporation dans le coût de production) : 26620 (immo.) ; 21130 (stocks).
Coûts de – : 30845 s. (éléments constitutifs) ; 31050 (class.) ; 31425 s. (coût d'entrée) ; 31905 s. (amort. et dépré.) ; 31150 s. (dépenses ultérieures) ; 32830 s. (annexe).
Frais de – engagés dans le cadre d'une commande : 21130 (stocks).
Voir aussi AMM, Brevets, Fichiers clients, Fonds commerciaux, Logiciels, Marque, Titres de journaux…
– **durable :** 65010 (rapport de gestion).
Prime au – : voir Subventions (d'exploitation ou d'investissement).

Développement durable
Information sur le – dans le rapport de gestion : 65010 (informations et sociétés concernées) ; 65050 (contrôle).
Transparence de l'information sur le – : 65025.

Devises
– **à terme (achat et vente) :** 41975 s.
Achats libellés en – : 40295.
Annexe : 43385.
Caisse en – : 40650.
Comptes bancaires en – : 40790.
Conversion des comptes de sociétés étrangères : 70430 (établissements à l'étranger).
Coût d'entrée des actifs en – : 26510 (immobilisations) ; 21005, 41995 (stocks) ; 37045 (titres).
Couverture de change : voir Couverture.
Créances et dettes en – : 40390 s.
Dévaluation : 40450 (événements postérieurs à la clôture).

Devises (suite)
　Différences de change : 43045 (classement en résultat) ; 40390 ; 26510 (coût d'entrée des immobilisations), 29325 (cession d'immobilisations) ; 40295, 21005, 41995 (coût d'entrée des stocks) ; 37045, 42040 (coût d'entrée des titres).
　Écarts de conversion : 40390, 43385 (annexe).
　Emprunts et prêts en – : 40390 s.
　Établissement à l'étranger : 70395 s.
　Frais de couverture : 41800 s.
　　Incorporables au coût d'entrée : 26510 (– des immobilisations) ; 21005 (– des stocks).
　Frais de mission en – : 16105.
　Immobilisations acquises en – : 26510 (coût d'entrée) ; 27625 (amortissement) ; 29325 (cession).
　Liquidité et exigibilité en – : 40790.
　Méthode de conversion : 70430 (établissements à l'étranger).
　Opérations entre siège social et établissement à l'étranger : 70395 s.
　Position globale :
　　– de change : 40445.
　　– sur matières premières et marchandises : 21875.
　Provision pour risque de change : 40390 s.
　Stocks acquis en – : 40295 (prix d'achat) ; 21005 (effet de couverture).
　Swap de – : 41445 (soulte) ; 41800, 42020 (couverture) ; 42145 (position ouverte isolée).
　Titres libellés en – : 37045.
　Traduction des documents libellés en – : 70430 (établissements à l'étranger).
　Transformation d'une créance en – en actions : 37690.
　Valorisation des stocks acquis en – : 40295 (prix d'achat), 21005 (effet de couverture).
　Valorisation des achats acquis en – : 40295.
　Ventes libellées en – : 40295, 41975 (couverture).

Diamants : 20475 (placement en –).

DIF : voir Compte personnel de formation.

Différences : voir Conversion, Créances, Dettes, Devises, Impôts, Inflation, Inventaire, Mali.

Difficultés : 60805 s. (prévention) ; 61200 (mandat ad hoc) ; 61275 s. (procédure de conciliation) ; 61380 s. (procédure de sauvegarde de droit commun) ; 61475 s. (procédure de sauvegarde accélérée) ; 61690 (procédure de rétablissement professionnel) ; 65695 s. (documents, loi sur la prévention des – des entreprises).
Voir aussi Commissaires aux comptes, Procédures d'alerte, Rapport.

Dilution : 37785, 82055 (information prospectus).

Direct costing : 22480.

Directeur
　– général et général délégué (rémunération) : 18455 s. (annexe).

Direction
　– d'usine : 20935 (coût d'acquisition des stocks) ; 21140 (coût de production des stocks) ; 26220

Direction (suite)
(coût d'acquisition des immo.) ; 26620 (coût de production des immo.).
　– générale : 20935 (coût d'acquisition des stocks) ; 21145 (coût de production des stocks) ; 26220 (coût d'acquisition des immo.) ; 26620 (coût de production des immo.).

Directive (Union européenne) : 2855.
　Date d'application d'une – : 2760.
　Hiérarchie des sources : 2760.
　Lien entre règles françaises et – européennes : 2760.

Directoire : voir Information.

Dirigeants
　Avances et crédits alloués aux – : 43420 (annexe).
　Avantages en nature : 17170.
　Biens loués aux – : 27510 (amort.).
　Commissions de caution : 16150.
　Déclaration des responsables : 65635 (rapport financier semestriel).
　Engagements financiers : 50685 s. (annexe).
　Garantie donnée par un – : 38480 (conditions de validité ; incidences sur les dépréciations) ; 50480 (engagement).
　Information sur les opérations réalisées par les – sur les titres de la société : 81595.
　Initiés : 82575 (manquements imputables aux – des sociétés cotées).
　Lettre d'affirmation des – aux commissaires aux comptes : 80405.
　Obligations fiscales : 45995 (responsabilité).
　Opérations réalisées sur les titres de la société (déclaration auprès de l'AMF) : 81595.
　Prêts contractés par les – mis à disposition de la société : 42560 (déduction des intérêts) ; 43015.
　Prime d'assurance : 15780 s. (charges).
　Rémunération : 16680 (comptabilisation) ; 16810 (charges sociales) ; 18455 s. (annexe).
　Responsabilité civile : 15815 (assurance –).
　Responsabilité pénale : 7305.
　Retraite : 17970 (procédure d'octroi et information).

Disparition (de documents comptables) : 7470.

Disponibilités : Voir Liquidités.

Dispositif d'enregistrement électronique partagé (technologie de la « blockchain ») : 36920.

Dispositif transfrontière (DAC6) : 80025.

Dispositions fiscales : 54360 (incidence sur résultat).

Dissimulation : 7295.

Dissolution : voir Liquidation.

Distribution(s)
　– au détail : 20845 (stocks).
　– interdites : 53995 s.
　– occultes : 53115.
　Coût de – : 21190 s.
　Retenue à la source sur les – : 54075.

Distribution(s) (suite)
  Prélèvement à la source obligatoire sur les – : 54077.
  Voir également Dividendes.

Dividendes reçus ou à recevoir : 36315 s.
  – **antérieurs à l'achat des titres** : 37700.
  – **éligibles au régime des sociétés mères** : voir Sociétés mères.
  – **en actions** : 37800 (bénéficiaire).
  – **par une société qui possède une partie de ses propres actions** : 37675.
  – **pendant la durée du portage** : 37375.
  – **prélevés sur primes d'émission** : 37790 (bénéficiaire).
  – **reçus de l'étranger** : 37045.
  Achat d'actions pour revente immédiate après encaissement du – : 37700.
  Acomptes : 36390.
  Ayant droit aux – en cas de cession d'actions : 36315.
  Renonciation aux – : 54037 ; 54050 (acomptes).
  Information sur la date de détachement et le montant des – : 81565 (sociétés cotées).
  Usufruit d'actions : 37615 (acquisition) ; 54037 (répartition du dividende).

Dividendes versés ou à verser
  – **cumulatifs (ou précipuataires)** : 54037.
  – **en actions** : 55390.
  – **en nature** : 54037.
  – **fictifs** : 66530.
  – **majorés** : 54037.
  – **non encaissés par les bénéficiaires** : 54037.
  – **provenant de la réserve des plus-values à long terme** : 56160.
  Acompte : 54050 s., 54054 (bénéfice définitif inférieur au montant de l'acompte) ; 54065 (en cours d'exercice).
  Actions à – prioritaire sans droit de vote : 57600 (annexe).
  Amortissement des frais d'établissement : 45180, 53998.
  Amortissement des frais de développement : 2988.
  Augmentation de capital avec exonération des – : 55335.
  Enregistrement : 54037.
  Mise en paiement (date) : 54037.
  Modification rétroactive de la décision de l'assemblée : 36315.
  Non-paiement dû à des difficultés financières : 54037.
  Prélèvements sociaux et fiscaux liés aux – : 54037.
  Prescription : 54037.
  Renonciation aux dividendes par les actionnaires : 54037.
  Renonciation aux acomptes sur dividendes : 54050.
  Réserves libres suffisantes pour distribuer : 53990, 53999.
  Retenue à la source sur les – : 54075.

Doctrine (comptable et fiscale) : 2870, 3315 s.

Document (Procédures) :
  – **décrivant les procédures et l'organisation comptables** : 7840.

Documentation : 96300 (liste des comptes).
  – **d'une offre de jetons numériques (ICO)** : 42610 (« white paper »).
  – **informatique** : 7580.
  Frais de – : 15875.

Document d'enregistrement universel : 65285.
  Lien avec le rapport financier annuel : 65260.
  Dépôt au greffe : 80685.

Document de référence : Voir Document d'enregistrement universel.

Documents
  – **d'inventaire** : voir Inventaire.
  – **de synthèse** : voir États financiers.
  – **informatiques** : voir Informatique.
  – **liés aux comptes annuels** : 64940 s., 65780 (CAC).
  – **liés à la prévention des difficultés des entreprises** : 65695 s.
  – **prévisionnels** : 66285 s. (compte de résultats) ; 66440 s. (plan de financement).
  – **trimestriels** : 65690.

Domaine forestier : voir Forêts.

Domaine public
  Constructions sur – : 27520 (amort.).
  Droit d'occupation du – : 30700, 30725 (compt. et éval.) ; 32040 (amort.).
  Voir aussi Concessions.

Dommages
  – **construction** : 15845 (assurance) ; 45785 (indemnisation).
  – **et intérêts** : 16875 (modification du contrat de travail) ; 45910 s. (comptabilisation).
  – **sur l'environnement** : voir Remise en état.

DOM-TOM
  Crédit d'impôt pour investissement outre-mer : 52695.
  Déduction fiscale pour investissement : 27425 (immobilisation) ; 35540 (titres).
  Sanctions pour bénéfice abusif des régimes fiscaux de faveur : 7295.

Données informatiques
  – **télétransmises** : 12440 (factures e-invoicing) ; 12445 (données e-reporting) ; 12455 (factures selon les modalités antérieures au e-invoicing) ; 12460 (conservation des données).

Dons
  – **au comité social et économique** : 17080.
  – **de jours de repos** : 16777.
  – **divers** : 46050.
  – **mécénat** : 16035 (comptabilité) ; 16032 (distinction avec le parrainage) ; 18585 (information, attestation du commissaire).
  – **reçus par une entreprise victime d'une catastrophe naturelle** : 46050.
  Voir aussi Cadeaux, Parrainage.

Dossiers scientifiques et techniques acquis sans AMM : 30620 (comptabilisation).

Dotation : voir Amortissements, Provisions.

Douane (droits de) : 16480, 20935 (évaluation stocks) ; 26220 (évaluation des immo.).
Voir aussi Droits.

Douche (installations de –) : 25545.

Drainage : 25540.

Droit(s)
– **au bail** : 28560 (acquisition d'un contrat de crédit-bail immobilier) ; 28580 (acquisition d'un contrat de crédit-bail mobilier).
– **au bail commercial** : Voir Bail.
– **comptable** : 2605 s.
– **d'attribution** : 37760 (actions gratuites).
– **d'auteurs** : 96320, 12135 (produit) ; 96300, 17280 (charge).
– **d'émission de gaz à effet de serre** : voir Quotas.
– **d'enregistrement (dont – de mutation)** : 96300 (n° de compte).
– **dans fiducie** : 74380.
– **des opérations faites pour le compte de la société en formation** : 60230.
– **des marchands de biens** : 16490 (non-respect de l'engagement de construire ou de revendre) ; 21325 (coût des stocks) ; 26260 (frais d'acq. d'immo.).
– **en cas d'augmentation de capital par incorporation de réserves, bénéfices ou primes d'émission** : 55340.
– **sur acquisition de titres** : 35620.
– **sur acquisition d'immeuble** : 26260 (immobilisation) ; 16490, 21325 (stocks des marchands de biens).
– **sur acquisition d'immobilisation à titre gratuit** : 26765.
– **sur apports** : 45130 (frais d'établissement).
– **sur cession d'immobilisation** : 28170.
– **sur liquidation** : 61825.
– **sur transformation** : 60725.
– **d'entrée reçu (bailleur)** : 11280, 73060 (franchisage).
– **d'entrée versé par les fournisseurs d'un groupement d'achats à une centrale d'achat** : 15900.
– **d'entrée versé par un locataire** : 30640 (au locataire précédent) ; 30660 (au propriétaire) ; 31965 (amort.) ; 73120 (franchisage).
– **d'exclusivité** : 30700, 30725 (publics) ; 30785, 30790 (droits d'utilisation de marques, brevets et autres) ; 45890 (indemnité de fin de –) ; 72500 (concessions de service public).
– **d'exploitation** :
 – **des équipements publics** : 72860 (marchés de partenariat).
 – **des substances chimiques (Reach)** : 30770. Voir également Reach.
– **d'occupation du domaine public** : 30700, 30725 (comptabilisation et évaluation) ; 32040 (amort.).
– **d'option** :
 – **sur construction** : 26445 (coût d'entrée).

Droit(s) (suite)
– **sur terrain** : 26440 (coût d'entrée).
– **sur titres** : 37660 (versé ou reçu).
– **d'utilisation** :
 – **d'immobilisations corporelles** : 30790.
 – **d'immobilisations incorporelles** : 30785 (louage de marques et brevets) ; 30790 (autres que marques et brevets).
 – **d'une licence sportive (mise à disposition)** : 30790.
– **de communication** :
 – **aux associés** : 80135 s., 80185 (sociétés cotées).
 – **au comité social et économique** : 80280 s., 80295 (de groupe) ; 80315 (européen).
 – **de l'administration fiscale** : 8670 (procédure) ; 80025 (informations à fournir).
 – **des commissaires aux comptes** : 80385 s.
Voir aussi Information.
– **de commercialité** : 26440.
– **de contingent** : 30750 (comptabilisation et évaluation) ; 32050 (amortissement et dépréciation).
– **de déspécialisation** : 30660.
– **de douane** : 16480 ; 20935 (stocks) ; 26220 (immo.).
– **de mutation** : voir ci-avant droit(s) d'enregistrement.
– **de raccordement** : voir Raccordement.
– **de réservation de logements locatifs** : 16375.
– **de rétention** : 50045.
– **de souscription** : 37670.
– **de superficie** : 30670.
– **de tirage** : 42795 (affacturage).
– **de stationnement (Taxi)** : 30725.
– **de vote** : 57740 (information sur le nombre de – existants).
– **du concédant (concession de service public)** : 55100, 72125 s.
– **préférentiel de souscription** : 37670 (détenteur).

DSN (Déclaration sociale nominative) : 18185.
Voir Déclaration.

Ducroire : Garantie de – : 50045.

Durée
Amortissement : 27120 s. (immo. corp.) ; 31785 (immo. incorp.).
Contrat à long terme : 10760.
Exercice social : voir Exercices.

E

Ebitda fiscal : 42975 (déduction des charges financières nettes).

E-business : voir Internet.

E-invoicing : 12440.

E-reporting : 12445.

Eau : 15575 (charges) ; 25300 (frais de raccordement aux réseaux publics).
Voir aussi Énergie.

Earn-out : 37630.

Écarts
– **comptables importants suite à une remise en ordre de la comptabilité :** 45620 (correction d'erreurs).
– **de conversion :** 40390 s. (calcul et comptabilisation) ; 43385 (annexe : Tableau).
– **inexpliqués sur comptes clients :** 11462.
– **sur coûts préétablis ou coûts standards :** 20835 (traitement des –) ; 20840 (calcul des –).
– **d'équivalence :** 36245.
– **de réévaluation :** 56790 (traitement comptable des –) ; 96200 (liste des comptes du PCG). Voir aussi Réévaluation.
– **de rendement** (incorporation au coût de production des stocks) : 21170.
– **de première consolidation sur titres portés :** 37385.

Échange
– **d'actions :** 37160 ; 37480 (fusion d'OPCVM).
  – assorties d'un certificat de valeur garantie : 37630.
– **de stocks acquis par voie d'– :** 21260.
– **d'immobilisations acquises par voie d'– :** 26740.
– **d'obligations :** 37160.
– **de données (e-invoicing) :** 12440.
– **de données (e-reporting) :** 12445.
– **de données informatisées (EDI) :** 12455.
– **de services (et de biens) :** 15990 (troc publicitaire) ; 16010 (échanges de publicité dans le cadre d'activités Internet).
– **de taux d'intérêts et de devises (swap en anglais) :** 41445 (soulte) ; 41800, 42020 (couverture) ; 42145 (position ouverte isolée).
– **de titres nationalisés :** 37160, 37875.
– **de titres concernant les sociétés privatisées :** 37875.
– **standard :** 25910.
Offre publique d'– (OPE) : 37160 (comptabilisation) ; 82210 (information).
Valeur d'– : 26740.

Échantillons :
96300 (class. compt.) ; 15925 (comptabilisation).

Échéances
(Tableau des –) : 43405.

Éco-contribution
(« visible fee »)
– **refacturée par :**
  – **le producteur :** 11310 (produit), 12400 ; 15670 (contribution à l'éco-organisme) ; 21190 (stocks) ; 21345 (coût des stocks chez le distributeur) ; 27985 (provision).
  – **le distributeur :** 11310 (produit).
Coût de l'élimination des déchets chez le producteur : 15670, 21190 (contribution payée par le producteur) ; 27985 (provision pour élimination des déchets professionnels).

Économies d'énergie :
voir Certificat.

Écritures
– **comptables :** 1225.
Annulation d'– : 7175.
Omission d'– : 7280 s. (sanctions et conséquences) ; 8670 (valeur probante).

EDI :
12455 (factures dématérialisées).

Effectif :
18375 (annexe).

Effets à payer :
40710 (comptabilisation) ; 50690 (engagements).
Warrant : 40865.

Effets à recevoir :
40715 (comptabilisation) ; 50690 (engagements).
– **à l'encaissement :** 40740 (comptabilisation).
– **à l'escompte :** 40735 (comptabilisation) ; 50690 (annexe).
– **escomptés :** 40735, 50690 (– non échus : engagements).
Impayés : 40745.
TVA sur encaissement : 46740, 46790.
Warrant : 40865.

Effet de cliquet :
43005 (incidence sur les revenus).

EFRAG :
voir European Financial Reporting Advisory Group.

Égalité
– **hommes-femmes :** 16400 (pénalité pour défaut d'accord ou plan d'actions) ; 65099 (information dans le rapport sur le gouvernement d'entreprise).

Égouts
(Participation pour raccordement) : 25300.

EIRL
(entreprise individuelle à responsabilité limitée) : 60255.

Élections
(dons aux candidats) : 16035 (comptabilisation).

Électricité :
15575 (charges) ; 25300 (raccordement aux réseaux publics).
Voir aussi Énergie.

Électronique
Transmission par voie – : voir Facturation électronique.

Emballages
Étude d'ensemble : 46225 s.
Boni : 46330 s.
Class. comptable : 46230 s. (détails) ; 25565 (immobilisations).
Comptabilisation : 46330 (vendeur) ; 46370 s. (client).
Consignation : 46315 s.
Contributions aux éco-organismes : 15670.
Définition : 46225.
Évaluation et amortissements : 46240 s.
Incorporation du coût de l'– (stocks) : 21160, 21305 (marchandises).
Information (en annexe) : 46380.
Mali : 46370 s.
Non-restitution : 46355 s.

Émission
– **d'emprunts (obligataires) :** voir Emprunts.
– **de gaz à effet de serre :** voir Quotas d'émission de gaz à effet de serre.

Émission (suite)
- **de jetons numériques :** 42600 s. (offre de jetons numériques, ICO).
- **de valeurs mobilières :** 82025 (tableau récapitulatif : publications).

Emploi (s)
Aide à l'– : 17115.
Handicapés : 16505.
Tableau de financement (des – et des ressources) : 65855 s.
Voir aussi Embauche.

Emprunts
- **à moyen terme assortis de conditions (« covenants ») :** 43405 (classement moyen/court terme).
- **à utilisations successives :** 40545.
- **affecté à l'acquisition de titres :** 37045.
- **assortis de conditions (« covenants ») :** 43405 (classement moyen/court terme).
- **comportant des conditions avantageuses :** 40220.
- **contractés auprès des sociétés du groupe :** 42565.
- **contractés par un dirigeant :** 42560 (déduction des intérêts) ; 43015.
- **de jetons :** 41390 s.
- **de substitution (renégociation des –) :** 41030 ; 41360 (emprunts obligataires).
- **engagés hors de la période d'acquisition ou de production des actifs :** 26370.
- **en monnaie étrangère :** 40390 s., 40390, 40550 (distinction entre principal et intérêts) ; 40545 (en multidevises).
- **indexés :** 40185, 42990 (intérêts) ; 41130 (obligataires).
- **multidevises :** 40545.
- **obligataires :** 40960 (date d'enregistrement) ; 41020 (frais d'émission) ; 41090 s. (différents types d'–) ; 82030 s. (prospectus).
- **participatifs :** 40990 (généralités et comptabilisation) ; 43260 (présentation au bilan) ; 55040 (distinction avec capitaux propres).
- **relatifs à la période d'acquisition ou de production des actifs :** 26370.
- **sous conditions :** 43405 (classement moyen/ court terme).
- **subordonnés :** 37980 (détenteur) ; 41195 (émetteur).

Actifs éligibles (à l'option pour incorporation des – dans le coût d'entrée des actifs) : 26340.
Définition : 40940.
Classement comptable : 40945.
Charge d'intérêts : 42560, 42985 (limitation de déduction fiscale).
Comptabilisation : 40955.
Coût des – : voir ci-après Option pour l'incorporation du coût des –.
Coût d'entrée : 40965.
Date d'enregistrement : 40960.
Distinction court et long terme : 40020.
Fonds de garantie des – : 40165.
Frais d'émission d'– : 41020.
Intérêts courus : 42990.

Emprunts (suite)
« Multiple Option Facilities » (MOF) : 42880.
Option pour l'incorporation du coût des – dans le coût d'entrée des actifs : 26335 s. (immobilisations) ; 20945 s. (stocks).
Prime d'émission des – : 41120, 26365 (coût d'entrée).
Prime de remboursement des – : 41120, 26365 (coût d'entrée).
Présentation des comptes : 43260 s.
Remboursement anticipé des – : 41030.
Renégociation des – : 41030.
- **Obligataires :** 37160 (sociétés détentrices des obligations), 41360 (émetteur).

Retenue de garantie : 40165.
Swap d'intérêts et de devises : 41445 (soulte) ; 41800, 42020 (couverture) ; 42145 (position ouverte isolée).
Tableau des échéances : 43405.
Valeur au bilan : 40095.
Voir aussi Intérêts, Obligations émises par l'entreprise, Obligations en portefeuille.

En-cours de production : voir Stocks et en-cours de production.

Encaissements
Affacturage : 42795.
Provision pour frais d'– : 11575.
TVA exigible sur les – : 46740, 46790.

Endossement
Garantie d'– : 50045.

Énergie
Coût de l'– : 21115 (incorporation dans le coût de production des stocks) ; 26620 (incorporation dans le coût de production des immo.).
Équipement de production d'– renouvelable : 27290 (amortissement dégressif majoré) ; 27405 (amortissement exceptionnel).
Fourniture d'– : 15575.
Matériels destinés à économiser l'– : 27290 (amortissement dégressif majoré).

Engagements
Étude d'ensemble : 50005 s., 50730 (tableau récapitulatif des principaux –).
- **d'achats à terme :** 15220 (provision).
- **de caution :** voir – de garantie.
- **de garantie (nantissement) :**
  Définition : 50020 s.
  Différents types de – : 50045.
  Droit de créance : 50135.
  Évaluation : 50310, 50730.
  Information dans l'annexe : 29675 (immo.) ; 50690.
  Provision : 50130.
- **de non-concurrence :** 30570 (droit incorporel).
- **de portage :** 37355.
- **de rachat :** 11070 (vente constituant une modalité de financement) ; 11075 (vente transférant le contrôle) ; 11570 (provision) ; 28265 (immo.) ; 28320 (cession bail ou lease-back).

Engagements (suite)
- **– de retraite :** 17705 s. (provisions) ; 17970 s. (annexe).
Voir aussi Provisions pour retraite et Rémunérations.
- **– préalables de cession :** voir Apport-cession.
- **– réciproques :**
  Définition : 50050.
  Distinction entre bilan et – : 50140.
  Évaluation : 50310, 50730.
- **– reçus :** 50685 s. (information).
- **– sociaux :** 17225 (lié au transfert de salariés).
- **– sur titres de capital :** 37355.
Abandon conditionnel de créances : 42320 s.
Achat de créance avec reprise d' – : 42850.
Annexe : 50680 s. (contenu) ; 50730, 50775 (tableaux).
Antichrèse : voir Gage immobilier.
Assurances (indemnité d'–) couvrant un – : 45815.
Autorisation des – : 50360 s.
Aval : 50045.
Cautionnement : 50045.
Comptabilisation : 50475 s.
Convention de ducroire : 50045.
Créances et dettes assorties de garantie :
  Définition : 50055.
  Distinction entre bilan et – : 50145.
  Évaluation et information : 50310, 50705 s.
Crédit-bail : 28805 s., 29675.
Date de constatation des – : 50305.
Définition : 50005 s.
Distinction entre bilan et – : 50110 s.
Effets escomptés : 40735 (comptabilisation) ; 50690, (information).
Évaluation : 50310.
Gage : 50045.
Garantie autonome : 50045.
Garantie d'endossement : 50045.
Hypothèque : 50045.
Information : 50680 s. (détail) ; 50730, 50775 (tableaux).
Lettres d'intention, de confort ou de parrainage : 50045 ; 50130 (provisions) ; 50365 s. (autorisation).
Membres d'un GIE ou d'une société de personnes : 50755.
Nantissement : 50045.
Présentation : 50680 s. (détail) ; 50730, 50775 (tableaux).
Réglementation : 50305 s.
Seuil de signification : 50680.
Tableaux des – : 50730, 50775.

Enlèvement (de déchets) : voir Remise en état.

Enquête judiciaire : 7445, 53280.

Enregistrement
- **– comptable jour par jour :** 7100 s.
- **– des substances chimiques :** 30770.
Voir également Reach.

Enregistrement (suite)
  Droits d'– : voir Droits.
  Non-respect de l'engagement de construire ou de revendre : 16490.

Ensemble immobilier
  Cession : 28270.
  Éléments constitutifs : 26420 s.
  Réévaluation : 56855.

Ensembliers : 11560.

Entreprise(s)
- **– classées à haut risque industriel « Seveso » :** 27925 s. (provision).
Voir également Remise en état.
- **– de BTP :** voir BTP.
- **– de commerce extérieur :** voir Commerce.
- **– de presse :** 11145 (ventes au numéro) ; 11150 (ventes par abonnement) ; 56350 (provisions).
- **– d'investissement :** 3150 (règles comptables).
- **– en difficulté :** 46080 s. (remise créances) ; 60805 s. (prévention) ; 61190 (règlements).
  Coup d'accordéon : 55545.
- **– en procédure de conciliation :** 46080 (dettes), 61275 (procédure), 61200 (mandat ad hoc).
- **– liées :** 17280 (concession de droits de la propriété industrielle) ; 27495 (immeubles de placement) ; 35070 (définition) ; 36815 (classement comptable) ; 42560 (limitation des intérêts) ; 50685 (engagements) ; 38845 (annexe).
- **– nouvelles :** 7960 (durée des exercices) ; 52620 (exonération d'impôt sur les bénéfices) ; 53545 (participation des salariés).
- **– publiques :** 3130 (plan comptable).
- **– Seveso** (remise en état) : 27925 (provision).
Voir également Remise en état.
- **– soumises à autorisation ou déclaration préfectorale :** 27925 s. (obligation de remise en état).
Co – : voir Société en participation.
Prévention des difficultés des – : 65695 s. (documents).
Voir aussi Commissaire aux comptes, Procédure d'alerte, Rapport.

Entreprise de marché : voir Euronext Paris.

Entreprise individuelle : 3072 (application du PCG).
  Affectation et distribution des résultats : 54100 s.
  Apport en société : 28300.
  Assimilation à une EURL assujettie à l'IS : 60330.
  Cotisations sociales personnelles : 16710.
  Création : 60255 s.
  Impôt sur le revenu : 52595 (comptabilisation).
  Inscription ou non d'un actif au bilan : 60256.
  Inscription ou non d'un immeuble à l'actif du bilan : 60285.
  Liquidation : 62190 s.
  Neutralisation des effets fiscaux de la théorie du bilan : 60258.

Entreprise individuelle (suite)
  Patrimoine d'affectation : 60255 s. (définition).
  Rémunération du travail de l'exploitant : 16690 s. (charges) ; 21105.
  Résultat de l'– : 52030 s.
  Traitement de la dette : 60312.
Entretien et réparations : 10575 s. (produits) ; 15750 (compris dans charges locatives) ; 15765 (charges) ; 21490 (évaluation des biens d'occasion en stock) ; 25885 s. (dépenses ultérieures) ; 26315 (coût d'entrée d'une installation nécessitant une longue période de préparation) ; 27900 s. (provision pour gros entretien et grandes visites).
  Coût de l'– : 21115, 21140, 21145 (coût de production des stocks) ; 26220 (coût d'acquisition des immo.) ; 26620 (coût de production des immo.).
  Gros entretien et grandes visites :
    Biens acquis : 25715 (définition) ; 25750 (choix entre composant et provision) ; 25755 (renouvellement) ; 25760 (décomposition ultérieure) ; 27200 (amort.) ; 27900 s. (provision) ; 28250 (sortie de composant).
    Biens loués : 28660 s.
  Critères de comptabilisation : voir Dépenses ultérieures.
  Contrat d'– : 10575 s. (produits) ; 15245 (charges).
Épargne
  Plan d'– entreprise : voir Plan.
  Compte – temps (abondement) : 16820.
Épic : voir Établissements publics.
Équipement
  – **électrique et électronique** :
    Déchets issus des – ménagers : 11310, 15670 (contribution à l'éco-organisme) ; 21345 (éco-contribution refacturée).
    Déchets issus des – professionnels : 15670 (contribution à l'éco-organisme) ; 21190 (stocks) ; 27985 (provision).
    Voir aussi Immobilisations, Sécurité, Subventions, etc.
Equity lines : voir Programmes d'augmentation de capital par exercice d'options.
Équivalence : 36210 (titres dans les comptes sociaux).
ERP : voir Système de gestion et d'information.
Erreurs
  – **comptables volontaires** : 45635, II, 66515.
  Correction d'estimation (charges à payer, produits à recevoir, provisions) : 45610 et 45615.
  Correction du résultat d'exercices antérieurs : 45610.
  Correction du stock : 22230.
  Détection : voir Contrôle interne.
Escomptes
  – **avec/sans recours** : 40735.
  – **de règlement accordés** : 43025 s.
  – **de règlement obtenus** : 43025 s.
  – **en compte** : 40750.
  Choix entre une vente au comptant ou une vente à crédit : 43025 s. (vendeur et acheteur).

Escomptes (suite)
  Coût d'acquisition : 20910 (stocks) ; 26190 (immo. corp.) ; 31290 (immo. incorp.).
  Frais d'– : 40735.
  Incidence sur les immobilisations : 26190, 31295.
  Incidence sur les stocks : 20910.
  Mention sur les factures : 12400.
  Provision pour – : 40715.
  Voir aussi Effets à recevoir.
Espaces verts
  Travaux de création d'– : 25540.
Essai(s) (frais d'–) :
  – **d'un matériel** : 26220.
  Voir aussi Tests de fonctionnement.
Essaimage : 56370 (provision pour –).
Estimation
  – **des provisions** : 48310.
  Changement d'– : 8455 s.
    Coûts de démantèlement : 26415 (actifs de démantèlement) ; 27945 (passif de démantèlement).
    Immobilisations : 27330 (plan d'amort.) ; 29655 (annexe).
Établissements
  Étude d'ensemble : 70005 s.
  – **à l'étranger** : 70370 s.
    Conversion des comptes : 70430.
    Journal général : 70390.
    Opérations en devises : 70395.
    Présentation des comptes sociaux et fiscaux : 70390 s.
    Risques : 70470.
  – **de crédit** : 3150 (plan comptable).
  – **de monnaie électronique** : 3150 (obligations comptables).
  – **de paiement** : 3150 (obligations comptables).
  – **des comptes** : voir Comptes annuels, Comptes prévisionnels, Documents.
  – **d'utilité publique** : 3130 (comptes annuels).
  – **français d'une entreprise étrangère** :
    Aspects comptables : 70590.
    Aspects fiscaux : 70595.
    Formalités : 70580 s.
    Publicité (dépôt au greffe) : 70605.
    Transfert à l'étranger : 70025.
  – **français d'une entreprise française** : 70125 s.
    Cession entre – : 70160 s.
    Comptabilité (autonome et intégrée) : 70125 s.
    Comptes de liaison : 70135 s.
    Journal général : 70170.
    Situations comptables : 70180 s.
    Suivi des stocks au prix de vente : 70195.
  – **multiples** : 70000 s.
  – **publics à activité industrielle ou commerciale (Epic)** : 3130 (plan comptable).
  Assujettissement à l'IS : 70025.
  Aspects juridiques généraux : 70020.
  Comptabilité des – : 70130 (autonome) ; 70265 s. (intégrée).

Établissements (suite)
 Contrôle externe : 70710 s.
 Fermeture d'– : 80280 (obligation de rechercher un repreneur) ; 18095 (sanctions).
 Frais d'– : 45110 s.
 Notion d'– et succursales : 70005 s.
 Présentation des comptes (sociaux et fiscaux) : 70390 s.
 Transfert à l'étranger : 29425.

État
 – **des amortissements et dépréciations** : 29675 (annexe).
 – **des cautionnements, avals, etc.** : 50690 (lien avec l'annexe).
 – **à régime fiscal privilégié** : voir Paradis fiscaux.
 – **des sûretés consenties** : 50705 (lien avec l'annexe).
 – **de l'actif immobilisé** : 29675 (annexe).
 – **Ou Territoire Non Coopératif (ETNC)** : 36725 ; 7295 (sanctions pénales) ; 16170 (prestations de services) ; 17280 (redevances) ; 36350 (dividende) ; 36430 (filiale) ; 36700 (cession de titres) ; 37455 (actions de préférence) ; (actions à dividende prioritaire sans droit de vote) ; 37500 (parts de fonds commun de placement) ; 54075 (retenue à la source majorée).
 Aides à l'emploi de l'– : 17115 s.
 Avances conditionnelles de l'– : 31525 (recherche).
 Prise en charge de rémunérations et cotisations : 17115 s.
 Voir aussi Impôt (ou les rubriques correspondantes), Subventions, Taxe sur la valeur ajoutée, etc.

États financiers
 Étude d'ensemble : 8355 s.
 Arrondis : voir Arrondis.
 Changement de méthodes : 8455 s. (principes) ; 66515 (délit).
 Comparabilité (deux exercices successifs) : 8555 s.
 Comptes annuels : voir Comptes annuels.
 Comptes annuels ne donnant pas une image fidèle : 66515.
 Correction d'erreurs : voir Correction d'erreurs.
 Éléments constitutifs : 64105 (comptes annuels).
 Établissement à l'étranger : 70390 s.
 Établissement secondaire : 70390.
 Informations comparatives : 8565 (changement de méthode).
 Liste des comptes et postes des états financiers : voir Bilan, Compte de résultat.
 Règles d'établissement et de présentation des comptes annuels : 64110 s.
 Révision d'estimation : 8455 s.
 Voir aussi Bilan, Compte de résultat, Annexe, Comptes annuels, Information.

Éther : 30795 s. (détenteur).

Étranger : voir Activité, Créances, Devises, Établissements, États financiers, Fonds, Langue étrangère, Provisions, Dividendes, Recrutement, Retenue, etc.

Études
 – **en cours (stocks)** : 20125 (définition) ; 96240 (liste des comptes du PCG) ; 10575 s. (comptabilisation) ; 21055 s. (évaluation).
 Achat d'– (sous-traitance) : 15570, 15860.
 Frais d'– : 15860.
  Frais de recherche et de développement : 30845 s.
  Implantation nouvelle : 26315.
  Incorporation dans le coût de production des stocks : 21075.
  Organisation ou réorganisation d'usine : 30895.
  Prise en charge par l'État : 17115 s.
 Vente d'– : 96320.
 Voir aussi Frais.

EURL : 3072 (application du PCG) ; 7435 (mention sur les factures, etc.) ; 60255 (comptabilisation) ; 80160 (information des associés) ; 80445 (information des commissaires aux comptes) ; 80660 (dépôt des comptes au greffe).

Euro
 Coûts liés à l'– : 28030 (provision).

Eurolist : voir Euronext Paris.

Euronext Growth (ex-Alternext)
 Étude d'ensemble : 80900.
 Conditions d'admission sur – : 80900.
 Listing sponsors : 82170.
 Marché de croissance des PME : 80900.
 Prospectus : 82030 s.
 Publications annuelles : 81950.
 Publications semestrielles : 65590.
 Transfert d'Euronext Paris sur – : 80900.

Euronext Paris
 Étude d'ensemble : 80900 (marchés réglementés).
 Compartiment professionnel d'– : 80900.
 Conditions d'admission sur – : 80900.
 Transfert d'– vers Euronext Growth (ex-Alternext) : 80900 ; 8595 (changement de référentiel comptable).
 Valeurs moyennes et petites d'– : 80900 (aménagements) ; 81380 s. (information).

Europe : voir Communauté européenne.

Évaluation : voir chaque rubrique.
 Coût d'entrée : voir Coût.

Évaluation par équivalence des titres : 36210.

Évaluation des risques : 8745 (contrôle interne).

Événements postérieurs à la clôture : 52310 s. (étude d'ensemble) ; 17425 (provision pour restructuration) ; 35715 (titres) ; 40450 (fluctuations de change) ; 48210 (reprise de provision) ; 48241 (obligation existant à la clôture) ; 48310 (estimation des provisions) ; 52395 s. (rapport de gestion).

Éventualité : 52520 (définition).
 Distinction entre – et engagement : 50010.

Éviction : voir Indemnités.

Examen de conformité fiscale : 8645.

Examen limité : 65620.

Excédent : 52170 (– brut d'exploitation).

Exceptionnel (distinction avec courant) : 52030 ; 16430 (CVAE).
- **Amortissement – :** voir Amortissement.

Exceptions (aux règles) : 8355 s.

Exclusivité : voir Contrat.

Exercice(s)
- **antérieurs :** 45600 s., 45610 (correction du résultat des –).
- **Durée et date de clôture d'un – :** 7940 s.
- **Incidences d'une durée d'– différente de 12 mois :**
  - **sur les amortissements :** 27235 (linéaire) ; 27290 (dégressif).
  - **sur la participation des salariés :** 53650.
  - **sur la détermination de l'impôt sur les bénéfices :** 7960.
  - **sur la réunion de l'AGO :** 7960.
- **Premier – social :** 60120.

Exigibilités immédiates : 40020 (définition) ; 40790 (– en devises).

Expert-comptable
- **du comité social et économique :** 80285.
- **du comité de groupe :** 80295.
- **du comité européen :** 80315.
- **Honoraires :** 15892 (charges).

Expertise
- **de gestion :** 80190 (associés) ; 80285 (comité social et économique).

Exploitant individuel
- **Assurance :** 16710.
- **Avantages en nature :** 17170.
- **Conjoint de l'– :** 16715 (salaire).
- **Création d'une entreprise individuelle :** 60255.
- **Compte de l'– :** 56005 s.
- **Famille de l'exploitant :** 16720.
- **Immeuble ne figurant pas au bilan :** 60285.
- **Liquidation d'une entreprise individuelle :** 62190.
- **Partenaire lié à l'– par un Pacs :** 16715 (salaire).
- **Prélèvements de biens achetés :** 15580 ; 46795 (TVA).
- **Prélèvements financiers :** 56010.
- **Rémunération de l'– :** 16690 s., 21105 (coût de production des stocks).
- **Résultat :** 52030 s.
- **Utilisation personnelle d'une immobilisation :** 29405 (TVA).

Exploitation
- **Assurance perte d'– :** 15825 (primes) ; 45785 (indemnité).

Exploration minière : 32065.

Exportation
- **Assurances Bpifrance Assurance Export, anciennement Coface :** 42410 s.

Exportation (suite)
- **Créances nées à l'– :** 40225 (Crédit accordé à un client à l'étranger).
- **Détaxe à l'– :** 11865.
- **Exonération de TVA :** 46485.

Exposé sommaire : 65245.

Exposition
- **Frais d'– :** 15970 (charges) ; 21190 (exclus des stocks).

Expropriation
- **d'une entreprise :** 10505.
- **d'un établissement à l'étranger :** 70475.
- **d'une filiale ou d'une participation à l'étranger :** 37870.
- **d'un immeuble :**
  - **indemnité reçue :** 28260 (comptabilisation) ; 29295 (date d'enregistrement) ; 29425 (étalement de la plus-value).
  - **indemnité versée :** 26445.

Externalisation
- **Opérations hors-bilan :** 50205, 50755 (Information).

Extourne : 15455.

F

Fabrication : voir Frais, voir Coût (de production).

Façon : voir Sous-traitance.

Factoring : voir Affacturage.

Factures
- **à établir :** 11745 (comptabilisation).
- **à recevoir :** 15455.
- **d'acomptes :** 12425.
- **dématérialisées :** 12440 (e-invoicing) ; 12455 (modalités antérieures au e-invoicing).
- **fournisseur :** 15080 (enregistrement).
- **pro forma :** 10085.
- **récapitulatives :** 12555.
- **rectificative (redressement) :** 53190.
- **transmises par voie électronique :** 12440 (e-invoicing) ; 12455 (modalités antérieures au e-invoicing).
- **Autofacturation :** 12370.
- **Cession de créances professionnelles (loi « Dailly ») :** 40800 s.
- **Établissement, conservation, sanctions :** 12365 s.
- **Mentions générales obligatoires :** 12400 ; 12405 (tableau récapitulatif).
- **Monnaie de facturation :** 12410.
- Voir aussi Pièces justificatives.

Faillite personnelle : 7305.

Facturation électronique : 12435 s.
- **selon les modalités antérieures au e-invoicing :** 12455.
- **e-invoicing :** 12440.
- **e-reporting :** 12445.

Faits
- **caractéristiques de l'exercice :** 64525 (annexe).
- **délictueux :** voir Délits.
- **générateur (date d'enregistrement) :** voir chaque rubrique.
Voir aussi Événements postérieurs à la clôture.

Faux
- **billets :** 46065.
- **en écriture :** 7285.
- **Usage de – :** 7285.

FCC : voir Fonds (– communs de titrisation).

Fichier (clients) : 30560 (acquis) ; 30965 (– créé en interne) ; 31160 (dépenses ultérieures) ; 32030 (amort. et dépré.).

Fichier des écritures comptables (FEC) : 7610 (contrôle des comptabilités informatisées) ; 70390 (établissement à l'étranger) ; 70595 (établissement français d'une société étrangère).

Fiducie : 74360 s.
Annexe : 74470 ; 74490.
Droits représentatifs d'actifs remis en – : 38395, 74470.
Incidence sur le régime des sociétés mères : 74380.

Fifo (méthode) : 20810 (stocks) ; 36710 (titres).

Filiales
- **intégrées globalement :** 38795 s. (annexe).
- **Acquisition de – :** 80280 (consultation du CSE).
- **Actes de gestion entre sociétés mère et – :** 40190 (caractère normal).
- **Activité des filiales :** 38960 (rapport de gestion).
- **Avances consenties à une – :** 38465 s.
- **Cession de – :** 80280 (consultation du CSE).
- **Comptes de – :** 42565.
- **Définition :** 35040.
- **Dividendes versés par des – :** 36315 s. ; 36340 s. (régime des sociétés mères).
- **Opérations avec – :** 42565.
- **Personnel : mise à disposition à titre gratuit :** 15880.
- **Perte des – étrangères :** 36430.
- **Prêts consentis à des conditions avantageuses :** 40190.
- **Refacturation de frais :** 11270 (société qui facture) ; 15880 (soc. refacturée).
- **Société contrôlée (ou qui contrôle) :** 38960, 57735 (rapport de gestion) ; 39015 s. (notifications).
- **Situation nette négative (provision) :** 37855.
- **Tableau des – et participations :** 38795 s.
Voir aussi Avances (consolidables), Bénéfice (mondial), Information, Titres en portefeuille.

Filialisation
- **d'une branche d'activité destinée à être cédée :** voir Apport-cession.
Voir aussi Apport partiel d'actif.

Films
- **publicitaires :** 15970 (charges ou charges constatées d'avance) ; 31790 (amort.).

Films (suite)
- **vidéo-cassettes :** 27510 (biens de faible valeur).
- **Droits d'exclusivité portant sur des – :** 30790, 32060 (amort.).

Financement
- **participatif :** 82075 (dispense de prospectus).
- **Aide au – accordée par une enseigne pour développer un point de vente :** 30965.
- **Coût d'emprunt :** voir Emprunts.
- **Distinction entre long, moyen et court terme :** 40020.
- **Opérations financières :**
  Contrôle des – : 43145.
  Définition : 40015 s.
  Règles d'enregistrement et valeur d'inscription : 40080 s.
  Schéma de comptabilisation : 40665.
- **Participation au – de dépenses d'équipement :** 25300.
- **Participation au – de biens dans le cadre d'un contrat de prestation de services ou de fourniture de biens :** 25320 (moules industriels).
- **Tableau de – :** voir Tableau.

Fiscalité
- **Comptabilité super-simplifiée :** 8130.
- **Ingérence de la – dans la comptabilité :** 2860.
- **Lien entre – et comptabilité :** 2875.
- **Régime des micro-entreprises :** 8060 (personne morale) ; 8150 (personne physique).
- **Régime fiscal simplifié :** 8130.
- **Tableau des documents à conserver, durées et modalités de conservation :** 9095.
Voir aussi Comptabilité.

Fitness Check : 2635.

Fixité (principe de) : 3560.

Flagrance fiscale : 53280.

Fluctuation : voir Devises, Réserves pour fluctuation des cours.

Flux : 1200 s.
Potentiel à contribuer à des – nets de trésorerie : 25150.
Tableau de – : 66470.

FNE : voir Fonds national pour l'emploi.

Foire
- **Frais de – :** 15970 (charges) ; 21190 (exclus des stocks).

Fondation : 36760 (obligations comptables), 36770 (apport de titres à une –) ; 16055 (participation à une – d'entreprise).
- **Potentiels de services :** 25150 (définition).
Voir aussi Mécénat.

Fonds
- **artisanal (location en crédit-bail) :** 32275.
- **bloqués à l'étranger :** 11385 (provision) ; 70470.
- **commun de titrisation (ex-FCC) et sociétés de titrisation :** 3205 (obligations comptables) ; 42830, 50205, 50755 (titrisation).

Fonds (suite)
– **commun de placement (FCP) :**
– à risques : 37500.
– dédié : 37500.
– d'entreprise : 53870 (participation des salariés) ; 82025 (information).
Fusion de – : 37500.
Parts de – : 37500.
Réglementation des – : 3205.
– **de commerce et fonds commercial :**
Acquis : 26530 (prix symbolique, à la barre du tribunal) ; 30480 s.
Acquisition au moyen de redevances annuelles : 30185.
Amortissement : 31985 s.
Annexe : 32810 s.
Clause de révision de prix : 30165.
Coût d'entrée : 31605.
Création par acquisition d'un – : 60295 s.
Crédit-bail : 32275.
Définition : 30465.
Dépréciation : 32010.
Engagements propres de l'acquéreur : 26530 (actif acquis pour une valeur symbolique).
Location dans le cadre d'un contrat de concession : 12135 (produits) ; 17280 (charges).
Regroupement : 31985 (amort.).
Reprise d'actifs pour une valeur symbolique : 26530.
– **de consignation :** 46330.
– **de garantie :** 40165.
– **de gestion :** 26055 (prise en charge des coûts de démantèlement).
– **de pérennité :** 3225.
– **national pour l'emploi (FNE) :** 17705 (contribution en cas de convention préretraite licenciement : traitement fiscal).
– **propres :** 55005 (définition).
– **de roulement :** voir Tableau de financement.
– **reçus :** 73335 (par un syndic).
– **salariaux :** 41000.
– **spécial (concessions) :** 72530.
Autres – propres : 55100 (contenu) ; 56940 (présentation au bilan et comptabilisation) ; 57585 s. (annexe).
Besoin en – de roulement : voir Tableau de financement.
Dépôt de – du personnel : 42820.
Détournement de – : 46050.
Transport de – : voir ci-après Virement de –.
Virement de – : 40680 (reçu) ; 40700 (émis) ; 40755 (virement commercial VCOM) ; 40780 (contrôle interne).

Fonds de dotation : 3200 (obligations comptables) ; 16060 (dons à un –).

Fonds national pour l'emploi (FNE) : 17705.

Forêts
Bâtiments : 20460.
Distinction stocks/immobilisations : 20460.
Étang : 20460.

Forêts (suite)
Infrastructure : 20460.
Matériel : 20460.
Nettoyage de parcelles forestières : 21260.
Stocks de bois : 20230 (entrée en stock) ; 20460 (distinction stocks/immobilisations) ; 21250 (achat conjoint des troncs et de leur souche) ; 21335 (coût d'entrée).
Terrain à vocation pastorale ou chasse : 20460.
Traitement comptable des – : 20460.

Forfait mobilités durables : 17060.

Forfait social : 16855 ; 53815 (participation des salariés).

Formation
– **professionnelle :** 16300 s. (contribution à la –) ; 16260 s. (Cufpa) ; 25565 (matériel de –).
Voir aussi Rémunérations.
Aides à la – : 17115 s.
Aide au remplacement d'un salarié en formation : 17135.
Coût de la – : 16300 s. (charges) ; 26220, 26295, 30775, 31320 (frais accessoires).
Organismes de – : 3200 (obligations comptables).

Fortage : 17315 (redevances de –).

Fournisseurs : 17520 (d'exploitation) ; 28940 s. (d'immobilisations).
Compensation avec le compte client : 10410 (principe) ; 10415 (conséquences comptables).
Comptabilisation : 15430 s., 15595 s. (avances et avoirs) ; 18090 (auxiliaire).
Dettes en monnaies étrangères : 40390 s.
Différence de règlement : 12145 (positive) ; 17295 (négative).
Enregistrement des factures – : 15080.
Extinction des dettes : 15090.
Paiement versé : 40650 s. (par chèque, caisse, effet, virement).
Prescription : 15090.
Présentation des comptes : 18305.

Fournitures
– **consommables (atelier, usine, magasin, bureau, administration…) :** 15575 (comptabilisation) ; 20120, 96240 (stockables) ; 26220 (coût d'acquisition des immo.).
– **d'énergie :** voir Énergie.

Fours : Entretien des – : 27900 s. (provision pour entretien et grandes visites).

FPI : voir OPCI.

Frais
– **accessoires à la mise en service d'une immobilisation louée :** 28655.
– **accessoires d'achat :**
– **d'approvisionnement et marchandises :** 15550 (comptabilisation) ; 18370 (annexe).
– **des immobilisations :** 26200 s. (corp.) ; 31295 s. (incorp.).
– **des titres :** 35620 (titres immobilisés) ; 35625 (VMP).

2000

Frais (suite)
- – **des stocks** : 20935 s.
- – **de véhicules** : 26455.
- – **administratifs** : 21140 s. (stock) ; 26620 (immo. produites).
- – **commerciaux** : 21190 (stocks).
- – **d'acquisition** :
  - – d'immobilisations : 26260.
  - – de contrat : 30605.
  - – de programmes informatiques : 30355 s.
  - – de titres : 35620 (titres immobilisés) ; 35625 (VMP) ; 35980 (calcul provision) ; 36710 et 36770 (cession).
- – **d'actes** : 15915 (charges) ; 26260 (immobilisations) ; 45130 (frais d'établissement).
- – **d'adaptation à de nouvelles normes** : 25925 s. (immo. ou charges) ; 27600 (amort.) ; 28030 (provision).
- – **d'adjudication** : 26260 (immobilisations).
- – **d'administration** : 20935 (coût d'acquisition des stocks) ; 21140 s. (coût de production des stocks) ; 26220 (coût d'acquisition des immo.) ; 26620 (coût de production des immo.).
- – **d'affacturage** : 42795.
- – **d'amélioration** : 25905 (immobilisations ou charges) ; 27600 (amortissement).
- – **d'apport** : 45130
- – **d'archivage** : 16170.
- – **d'assemblée** : 16170.
- – **d'assurance** : 15780 (charges) ; 21185 (stocks).
- – **d'augmentation de capital,** voir ci-après :
  - – d'établissement : **Compensation avec prime d'émission** : 55315.
- – **d'émission d'emprunts** : 41020, 26365 (incorporation au coût d'entrée d'un actif).
Voir aussi Emprunts.
- – **d'émission de titres** : 45130 (création de la société) ; 45150 (augmentation de capital).
- – **d'encaissement** : 11575 (provision).
- – **d'enregistrement des substances chimiques (Reach)** : 30770.
Voir également Reach.
- – **d'entretien et de réparation** : voir Entretien et réparations.
- – **d'escompte** : 40735.
- – **d'essais** : 26220.
- – **d'établissement (de constitution, de 1er établis., d'augmentation de capital)** :
  Étude d'ensemble : 45110 s.
  Amortissements : 45160 s.
  Annexe : 45195.
  Réserves libres suffisantes pour distribuer : 53999.
- – **d'études** : 15570 (sous-traitance) ; 15860 (charges).
  Incorporation dans les stocks : 21075.
  Voir aussi Études.
- – **d'exploration minière** : 32065.
- – **d'exposition** : 15970 (charges) ; 21190 (exclus des stocks).
- – **d'installation et de montage** : 26220 (frais accessoires).
- – **d'industrialisation** : 26315.

Frais (suite)
- – **d'intervention du factor** : 42795.
- – **d'introduction en bourse** : 45150.
- – **d'obtention d'une subvention** : 56470.
- – **d'ouverture et de réouverture (de points de vente)** : 31320.
- – **d'ouverture d'une nouvelle installation** : 26295.
- – **d'utilisation** : 26315.
- – **de catalogue publicitaire** : 15970 (charges) ; 21190 (exclus des stocks).
- – **de cession** : 28170 (immo.) ; 36705 (titres).
- – **de chasse** : 15950.
- – **de collection** : 30950 (comptabilisation) ; 31945 (amortissement).
- – **de colloques** : 15870.
- – **de commercialisation** : 21190 s. (coût de production des stocks) ; 10920 (imputables à un contrat à long terme).
- – **de conception de logiciels** : 30355 s.
- – **de conférences** : 15870.
- – **de conseil d'administration** : 16170.
- – **de constitution** : 45110 s.
- – **de contentieux** : 45910 s.
- – **de contrat de crédit-bail** : 15695, 15700.
- – **de couverture** : voir Devises.
- – **de création** : 30950 s. (collection, revues, etc.) ; 30905 s. (de site internet).
- – **de crèches** : 17105, 17145.
- – **de crédit clients** : 43025 s. (vendeur et acheteur).
- – **de découverte** : 26295 (carrières).
- – **de défense des marques** : 31155.
- – **de démarrage** : 26295, 26315.
- – **de déménagement** : 16100 (charges) ; 17055 (collaborateur) ; 26295.
- – **de démolition** : Voir Démolition.
- – **de déplacement** : 16100 (comptabilisation) ; 18620 (information).
- – **de dépôt** : 30965 (marques) ; 30945 (brevets et AMM).
- – **de désamiantage** : 28005 (provision) ; 25925 s. (immo. ou charges).
- – **de développement** : voir Développement.
- – **de distribution (stocks)** : 21190 s. (coût d'entrée) ; 21470 s. (valeur d'inventaire).
- – **de documentation** : 15875.
- – **de douane** : 16480 (charges) ; 20935 (stocks) ; 26220 (immo.).
- – **de fabrication** : 26585 s. (immobilisations corporelles) ; 31425 s. (immobilisations incorporelles) ; 21055 s. (stocks).
- – **de formation et de perfectionnement** : 16300 s. (charges) ; 26220, 26262, 26295, 30775, 31320 (frais accessoires).
- – **de gestion et d'administration** : 20935 (coût d'acquisition des stocks) ; 21140 s. (coût de production des stocks) ; 26220 (coût d'acquisition des immo.) ; 26620 (coût de production des immo.).
- – **de gestion des organismes de placement** : 16170, 16815, 53840 (participation ou plan d'épargne).

Frais (suite)
- **de lancement :** 15970 (publicité).
- **de livraison :** 26220 (immobilisations), 20935 (stocks).
- **de location (engagés par le bailleur) :** 26660.
- **de mailing :** 15970.
- **de maintenance :** 25885 s., 31150 s. (immobilisations ou charges) ; 31155 (marques) ; 31165 (sites internet) ; 31170 (logiciels).
- **de manutention :** 20935 (coût d'acquisition des stocks) ; 21115 (coût de production des stocks) ; 26220 (coût d'acquisition des immo.) ; 26620 (coût de production des immo.).
- **de mise en conformité au règlement général sur la protection des données (RGDP) :** 25945, 30895 (projet interne).
- **de mise en route d'un atelier ou d'une installation :** 26315.
- **de mission :** 16100 s.
- **de montage :** 15970, 21190 (de stand) ; 26220 (d'un matériel) ; 31320 (d'un spectacle).
- **de nettoyage :** 16170.
- **d'entreprise :** 17050.
- **d'obtention d'une commande, contrat, marché... :** 10920 (contrat long terme) ; 15895, 21190 (charges).
- **de parrainage :** 16030 (comptabilisation) ; 16032 (différence avec le mécénat) ; 18585 (information et contrôle).
- **de peinture :** 25915 (aménagements) ; 26455 (– sur véhicules).
- **de personnel :** 96300 (liste des comptes du PCG) ; 16595 s. (comptabilisation).
- **de pilotage :** 15570 (achat de sous-traitance) ; 31550 (coût de production).
- **de pré-exploitation :** 26295, 26315.
- **de préfinancement :** 31320.
- **de premier établissement :** 45110 s.
- **de préparation d'un terrain en vue de l'exploitation d'un gisement :** 26295.
- **de prise d'hypothèques :** 26365 (immobilisation).
- **de procès :** 45910 s.
- **de promotion :** 15970.
- **de prorata :** 15570.
- **de prospection :** 15970 ; 30605 (distinction avec les frais d'acquisition de contrat).
- **de publicité :** 15925 s., 15970 (charges ou charges constatées d'avance) ; 45130 s. (frais d'établissement) ; 10920 (imputables à un contrat à long terme) ; 21190 (exclus des stocks), 45985 (infraction à la réglementation économique).
- **de raccordement aux réseaux publics :** 25300 (immo.).
- **de réalisation de tests de fonctionnement :** 26295, 31320.
- **de réception :** 16100 (comptabilisation) ; 18620 (information) ; 20935 (négociation des prix avec le fournisseur).
- **de réception des matières premières :** 20935 (stocks).
- **de recherche et de développement :** 30845 s. (éléments constitutifs) ; 31050 (class.) ; 31425 s. (coût d'entrée) ; 31905 s. (amort. et dépré.).

Frais (suite)
31150 s. (dépenses ultérieures) ; 53999 (distribution de dividendes interdite).
Amortissement des – (incorporation dans le coût de production) : 26620 (immo.) ; 21130 (stocks).
Annexe : 32830 s.
Crédit d'impôt : 31505 (comptabilisation) ; 32895 (annexe).
Frais engagés dans le cadre d'une commande : 21130 (stocks).
Incorporation dans les stocks : 21130.
Réserves libres suffisantes pour distribuer : 53990.
Voir aussi : AMM, Brevets, Fichiers clients, Fonds commerciaux, Logiciel, Marque, Titres de journaux.
- **de recrutement :** 16170, 30775, 31320.
- **de réhabilitation d'immeuble :** 25920 ; 27330 (révision du plan d'amort.).
- **de réinsertion professionnelle :** 16945.
- **de réinstallation d'une activité :** 26295 (frais accessoires non incorporables).
- **de relocalisation d'une affaire :** 26295.
- **de remise en état :** voir Remise en état.
- **de renégociation d'emprunts :** 41030 ; 41360 (emprunts obligataires).
- **de renouvellement des marques :** 31155.
- **de rénovation majeure :** 30895.
- **de réorganisation :** 30895.
- **de réouverture d'un point de vente :** 31320.
- **de réparation :** voir Réparations.
- **de scission :** 41090 s.
- **de sécurité (frais, équipements, honoraires, mise en conformité) :** 25925 s. (immo. ou charges) ; 27600 (amort.).
- **de séminaires :** 15870.
- **de siège :** 16170 ; 21145 (coût d'entrée des stocks).
Refacturation de – : 11265 s., 15880 (soc. facturée), 16170.
- **de sous-activité :** 18380 s. (détails et annexe) ; 18430 (exemple pratique) ; 21150, 22140 (stock).
- **de sous-traitance :** 15665 s.
- **de stationnement :** 16110.
- **de stockage :** 20940 (coût d'acquisition) ; 21160 (coût de production).
Frais financiers de – : 21165.
- **de structure :**
Coût d'acquisition : 26220 (immobilisations) ; 20935 (stocks).
Coût de production : 26620 (immobilisations) ; 21140 s. (stocks).
- **de surveillance des marques :** 31155.
- **de télécommunications :** 16135.
- **de transfert d'un établissement :** 26295, 31320.
- **de transformation :**
– de locaux : 25915.
- **de transit :** 20935 (coût d'acquisition des stocks).
- **de transport :** 11855 (facturés aux clients) ; 16080 (charges) ; 26220, 26295 (coût d'acquisi-

Frais (suite)
tion des immo.) ; 20935 (coût d'acquisition des stocks).
– **de vente :**
– **d'immobilisations** : 28170.
– **de titres** : 36705.
– **de voiture :** 16120 ; 16125 (véhicule de l'exploitant non inscrit à l'actif.
– **de voyages :** 16100 (comptabilisation) ; 18620 (information).
– **directs engagés pour louer un bien :** 26660 (bailleur).
– **exclus des charges déductibles :** 18620 (information) ; voir chaque type de frais.
– **financiers :** 42960 s.
– **résultant d'une convention de portage :** 37355.
– **sur acquisition d'immobilisations :** 26335 s.
– **sur contrat à long terme :** 10945 (incorporation dans le coût de production) ; 10950 (comptabilisation).
– **sur stocks :** 20945 s. ; 21165 (charges de stockage).
Emprunt contracté par un dirigeant : 42560 (déduction des intérêts) ; 43015.
Voir aussi Charges financières.
– **généraux :** 15010 (généralités) ; 18620 (information)
Relevé des – : 18195.
– **généraux administratifs :** 20935 (coût d'acquisition des stocks) ; 21145 (coût de production des stocks) ; 26220 (coût d'acquisition des immo.) ; 26620 (coût de production des immo.).
– **généraux de production :** 26600 (immo.) ; 21115 s. (stocks).
– **intervenus avant le début de la production :** 21070.
– **liés à l'environnement** (frais, équipements, honoraires, mise en conformité) : 25925 s. (immo. ou charges) ; 27600 (amort.).
– **postaux :** 16135.
– **professionnels :** 17050.
– **somptuaires :** voir Somptuaire (charges).
– **sur affacturage :** 42795.
– **sur titres :** 16145.
Refacturation de – : 15880 (soc. refacturée) ; 11265.
Relevé des frais : 18195.
Remboursement de – : 11265 (soc. qui facture) ; au personnel : 17050.
Voir aussi Charges.

Franchisage
Étude d'ensemble : 72965 s.
Comptabilisation : 73050 s. (franchiseur) ; 73120 s. (franchisé).
Information : 72980.

Franchise (loyer avec –) : 11295 (bailleur) ; 15740 (locataire).

Franchissement de seuil : 39015 (informations).

Fraude fiscale : 7295 (sanctions).

Frets : voir Transport.

Fusion :
Actionnaires
Comptabilisation des titres reçus par les – de l'absorbée : 75905.
Information des – : 76440.
Annexe : 76445 (informations à fournir en –).
Boni de – : 75855 (comptabilisation et régime fiscal).
Comptabilisation de la – chez l'absorbante et incidence du régime fiscal : 75540 s.
Comptabilisation de la – chez l'absorbée et incidence du régime fiscal : 75475 s.
Contrôle externe : 76360 s.
Commissaire aux apports : 76365.
Commissaire à la fusion : 76360.
Missions du commissaire à la fusion et aux apports : 76435.
Date d'effet : 76195.
Entités soumises aux règles comptables relatives aux – : 75015.
Mali de – : 75625 s. (définitions).
Affectation : 75740.
Comptabilisation : 45410, 75685.
Traitement fiscal : 75685, 75690.
Traitement après la fusion : 75790 s.
Rapport d'échange : 75120 (définition et calcul).
Régime fiscal applicable en matière d'IS : 75020.
Rétroactivité des – : 76195 s.
Comptabilisation des opérations pendant la période intercalaire : 76200 (chez l'absorbée) ; 76205 (chez l'absorbante).
Provision pour perte de rétroactivité : 76255 s.
Textes applicables : 75005 (règles comptables et fiscales) ; 75010 (opérations concernées).
Valorisation des apports : 75225 s. (principe) ; 75385 (dérogations).
Distinction avec rapport d'échange : 75125.
Notion de contrôle : 75280 s.
Sens de l'opération : 75335.
Valeur comptable : 75460.
Valeur réelle : 75465.

G

Gage : 50045, 50690 (État des engagements) ; 50205, 50755 (opérations hors bilan).
Stocks gagés : 20225.

Gage immobilier : 50045.

Gain (de change) : voir Devises.

Garantie
– **Autonome :** 50045.
– **Bpifrance Assurance Export, anciennement Coface :** 42410 s. (assurances).
– **des investissements à l'export :** 42420.
Assurance Bpifrance Assurance Export, anciennement Coface :
– **change « contrat » :** 42460.
– **change négociation :** 42460.
– **des risques liés aux contrats d'exportation :** 42410.

2003

Garantie (suite)
 – **collective :** 27925 (remise en état).
 – **décennale :** 15845 (assurance obligatoire : dommages-construction).
 – **de bonne fin :** 40960 (obligations, etc.) ; 55295 (actions).
 – **d'endossement :** 50045.
 – **donnée par un dirigeant :** 50480.
 – **de passif (acquisition de titres) :** 37605 (côté acheteur et côté vendeur).
 – **groupe** (garantissant un taux, matière première, change) : 40440.
 – **hypothécaire :** 50045, 50055.
 – **interne de taux, matière première, change :** 40440.
 – **reçue sur des créances :** 50730 (annexe).
 Biens reçus en – : 50145.
 Cession de créances professionnelles à titre de – : 40830.
 Charges nées d'une garantie donnée : 50135 (charges) ; 50130 (engagements).
 Contrat de – à long terme rémunéré sous forme de redevances annuelles : 10575 s.
 Créances et dettes assorties de – : 50055 (définition), 50705 s. (information et annexe).
 Dépôt de – : 42810.
 Différents types de – : 50045.
 Engagement de – : 50130 s.
 Fonds de – : 40165.
 Provision pour – : 11550 s. (lors de la vente).
 Rachat de – : 11830 (garantie après-vente).
 Retenue de – : 40165, 42795 (affacturage).
 Titres nantis dans le cadre de contrats de – financière assortis d'un droit d'utilisation : 37305.
 « Service après-vente » : voir ci-avant « Provision pour – ».
 Voir aussi Caution – Aval – Garantie, Engagements.

Gardiennage (charges de –) : 16170.

Gaz : 15575 (charges) ; 20475 (placement) ; 25300 (raccordement aux réseaux publics).
 – **à effet de serre :** voir Quotas d'émission de gaz à effet de serre.
 Voir aussi Énergie.

GEIE : voir Groupement européen d'intérêt économique ; 73572.

GEOSA : voir Groupe européen des organes de supervision de l'audit.

Gérance libre (redevance ou loyer de –) : 12135 (produits) ; 17280 (charges).

Gérant
 Rémunération des – : 16680 (comptabilisation) ; 18455 s. (annexe).

Gestion
 – **et administration de l'usine :** voir Usine.
 – **de trésorerie au sein d'un groupe :** 42565.
 Contrôleur de – : voir Contrôle.
 Rapport de – : voir Rapport(s).
 Soldes intermédiaires de – : voir Soldes intermédiaires de gestion.

GIE : voir Groupement d'intérêt économique.

Gisement : 25535 (class. compt.).
 – **minier :** 56330 (provision fiscale) ; 32065 (frais d'exploration minière).

Gouvernance : voir Gouvernement d'entreprise.

Gouvernement d'entreprise : 65095 (rapport sur le –).

Grand-livre : 7010 s., 7105 (obligation) ; 7155 (forme) ; 7160 (authentification) ; 7175 (tenue) ; 7225 (conservation) ; 8240 (sociétés membres d'un groupe international).

Grandes visites : voir Composants.

Gratifications
 – **au personnel :** 16630 (dues à la clôture de l'exercice) ; 16805 (médailles du travail) ; 48242 (versées à l'issue d'une période de présence).
 Voir aussi Rémunérations.

Gravières (frais de préparation) : 26060 (coûts de remise en état) ; 26295 (coût d'entrée) ; 27965 (provision pour remise en état).
 Voir également remise en état.

Greffe
 Cote et paraphe : 7170 (livres obligatoires) ; 18095 (livre de paie).
 Dépôt des comptes au – :
  – étude d'ensemble : 80660 s.
  – par voie électronique : 64282.
  – pour les établissements français d'une entreprise étrangère : 70605.

Grève : 18405 (sous-activité) ; 21150 (stocks).

Grosses réparations
 Gros entretien et grandes visites : 25715 (définition), 25750 (choix entre composant et provision) ; 25755 (renouvellement) ; 25760 (décomposition ultérieure) ; 27200 (amort.) ; 27900 s. (provision) ; 28250 (sortie de composant).

Groupe électrogène : 25545.

Groupe de sociétés
 Centres de logistique : 70025 (aspects fiscaux).
 Classement comptable : 38465 s. (créances rattachées) ; 42565 (opérations financières) ; 42565 (dettes rattachées).
 Comité de – : 80295.
 Intégration fiscale : 52745 s.
 Méthode de conversion des comptes courants en devises : 42565.
 Quartiers généraux : 70025 (aspects fiscaux).
 Participation des salariés (aux résultats) : 53715.
 Refacturation de frais : 11270.
 TVA : 46975 (option pour un paiement consolidé).
 Voir aussi Filiales.

Groupements
 – **d'achats :** 15900 (sommes versées aux centrales d'achats).
 – **de prévention agréés :** 60970.

Groupement d'intérêt économique (GIE) :
   Étude d'ensemble : 73570 s.
   – **d'achats et de ventes :** 73695 s.
   – **de services :** 73690.
   Affectation du résultat : 73660.
   Avances au – : 38380.
   Capital : 73670 s.
   Cadre juridique : 72015.
   Comptabilité et documents à établir : 73645 s.
   Contrôle des comptes : 73770.
   GEIE (Groupement européen d'intérêt économique) : 73572.
   Information en matière de crédit-bail : 28805 s., 29675.
   Loi sur la prévention des difficultés des entreprises : 65695 s. (documents).
   Voir aussi Commis. aux comptes, Procédure d'alerte, Rapport.
   Membres d'un GIE :
      Cotisations versées : 16170 (membres) ; 73690 (GIE).
      Responsabilité solidaire : 50755.
      Parts de – : 35155 s., 36785 (cession) ; 38380.
   Mention sur les pièces justificatives : 7435, 12400.
   Refacturation de frais : 11265 s.
   Régime des sociétés mères : 73575.
   Tableau des filiales et participations : 38795 s.

Guides et plans comptables professionnels
   Validité des – : 3315 (caducité).

H

Handicapés
   Aides à l'embauche : 17115 s.
   Charges résultant de l'obligation d'emploi : 16505.
   Contribution majorée pour défaut d'emploi : 16505.

Harmonisation internationale
   Utilisation du référentiel IFRS : 3435 (comptes publiés en France).

Hausse des prix (provision pour) : 21965 s., 21990 s. (comptabilisation), 53010 (situation fiscale différée ou latente).

HLM : voir Société d'HLM.

Holding : 65715, 65755 (documents prévisionnels).

« Hommes-clefs » (contrat d'assurance-vie au profit de l'entreprise) : 15800.

Homogénéité (des méthodes) :
   Coûts d'emprunt (coût d'entrée des actifs) : 26335, 20965.
   Frais d'acquisition : 26260.
   Frais de développement : 30285.
   Méthode d'évaluation des stocks : 20795.

Honoraires : 15890 s.
   – **d'architecte :** 26660 (constructions, agencements).
   – **de conseil :** 15890 s.

Honoraires (suite)
   – **de constitution :** 45130 (frais d'établissement).
   – **de l'expert-comptable :** 15892 (charges).
   – **de résultat :** 20260 (travaux en cours).
   – **du commissaire aux comptes :** 15892 (charges, provisions).
   – **sur achats d'immobilisations :** 15890 (charges) ; 26260 (frais d'acquisition).
   Déclarations des – : 18190.
   Frais d'acquisition d'immobilisations : 26260 (– du notaire).

Hors bilan : voir Engagements.

Hôtel : 16100 (notes) ; 45130 (frais de 1er établissement).

Huissiers de justice : voir Commissaires de justice.

Hybrides :
   Instrument financier – : 55120 (autres fonds propres).
   Dispositif – : 42575.
   Véhicules – : 55120.

Hydrocarbures : (raffinage et distribution) : 12930 (chiffre d'affaires) ; 27900 s. (provision pour gros entretien et grandes visites) ; Contrôle des citernes : 27900 s. (provision pour gros entretien et grandes visites).
Voir aussi Industries chimiques, Sidérurgie, Hydrocarbures.

Hypothèque
   Créances garanties par – (défaillance du débiteur) : 11435, 50145 (distinction entre bilan et engagements).
   Engagements : 50045 (définition juridique) ; 50055 (définition comptable) ; 50690 (information).
   Frais de prise d'– : 15915 (charges).

I

IAS : voir International Financial Reporting Standards.

IASC : voir International Accounting Standards Committee.

ICO (Initial Coin Offerings) : voir Jetons numériques.

Identifiable
   Élément – : 25140 (immobilisations corporelles) ; 30115 (immobilisations incorporelles) ; 20105 (stocks).

IESBA : voir International Ethics Standards Board.

Ifac : voir International Federation of Accountants.

IFRS : voir International Financial Reporting Standards.

Image fidèle : 8245 s. (notions) ; 8300 (les différentes conceptions) ; 8355 s. (règles comptables et –) ; 66515 (délit de présentation).

Immatriculation (RCS, Registre national des entreprises, Siren, Siret) : 60010.

Immeubles
- **à usage de bureaux** : 27140 (durée d'usage).
- **acquis avec engagement de revente** : 20470 (distinction entre immobilisations et stocks).
- **acquis par des marchands de biens (stocks)** : 20470 (critères de distinction entre immobilisations et stocks) ; 21325 (coût d'entrée) ; 21635 (valeur d'inventaire) ; 16490, 21325 (droit de mutation).
- **comptabilisés en stocks** : 20470 (critères de distinction entre immobilisations et stocks), 21325 (coût d'entrée).
- **construits par des promoteurs en vue de la vente** : 11095 (résultats).
Voir aussi chaque type de vente.
- **construits sur sol d'autrui** : 25260 (comptabilisation) ; 26450 (coût d'entrée) ; 27515 (amort.) ; 28275 (expiration du bail) ; 28735 (remise en état).
- **de placement** : 26660 (coût d'entrée) ; 27495 (définition et amort.) ; 27495 (dépréciation).
- **ne figurant pas au bilan (exploitant individuel)** : 60285, 64625 (annexe).
- **non affectés aux opérations professionnelles** : 12140 (produits) ; 96220 (immobilisations).

Approche par composants : 25715.
Cession : 28340 (date de comptabilisation) ; 29400 (comptabilisation) ; 52620 (taux réduit d'IS).
Promesse de vente : 28340.
Promoteurs : 20400 (critères de distinction entre immobilisations et stocks).
Réhabilitation : 25920 (frais) ; 27200 (amort.) ; 27330 (révision du plan d'amort.).
Voir aussi Agencements, Chauffage, Construction, Crédit-bail, Immobilisations, OPCI, Peinture, Ravalement, Sociétés à prépondérance immobilière, Toiture, etc.

Immobilisations financières
35000 s. (étude d'ensemble) ; 36805 (tableau récapitulatif) ; 38795 s. (annexe).
Jetons numériques présentant les caractéristiques de titres financiers, de bons de caisse ou de contrats financiers : 37085.
Voir aussi Titres en portefeuille, Créances, Prêts, etc.

Immobilisations incorporelles et corporelles
Études d'ensemble : 25005 s. (immo. corporelles) ; 30005 s. (immo. incorporelles).
- **appartenant à autrui** :
  Construction sur sol d'autrui : 25260 (comptabilisation) ; 26450 (coût d'entrée) ; 27515 (amort.) ; 28275 (expiration du bail).
  Frais accessoires à la mise en service : 28655.
  Remise en état : 28735 (provision).
  Renouvellement : 28660 s.
- **corporelles** : 25005 s. ; 25240 s. (éléments constitutifs) ; 26170 s. (coût d'entrée) ; 27010 s. (amort.) ; 27715 s. (dépréciation) ; 27742 (dépréciations en période de forte incertitude) ; 28100 s. (cession ou disparition) ; 29600 s. (annexe).
- **créées par l'entreprise** : 26585 (corp.) ; 30840 (incorp.).
- **d'importance secondaire et constamment renouvelées** : 25980.
- **de biens vivants** (activité agricole) : 26585.
- **de faible valeur** : 25415 (régime général) ; 27510 (amort. des biens donnés en location).
- **des sociétés en participation** : 73910 s.
- **dont l'exploitation, bien que déficitaire, est poursuivie** : 17395 s.
- **en cours** : 27645 (dépréciation) ; 28940 (avances et acomptes sur – acquises) ; 28960 (– produites).
- **entièrement amorties** : 29090.
- **incorporelles** : 30005 s., 30255 s. (éléments constitutifs) ; 31275 s. (coût d'entrée) ; 31755 s. (amort.) ; 31825 (dépréciation) ; 27742 (dépréciations en période de forte incertitude) ; 32140 s. (cession ou disparition) ; 32810 (annexe).
- **mises hors service** : 28120, 28255 (prix de cession) ; 29290 s. (comptabilisation).
- **ne servant plus mais ayant une valeur** : 27615 (amort.).
- **non affectées aux opérations professionnelles** : 12140 (produits) ; 96220 (immobilisations).
- **non rentables** : 26865 (valeur d'inventaire) ; 27715 s. (valeur au bilan).
- **reçues à titre d'apport** : 26715 (coût d'entrée) ; 27605 (amortissement et dépréc.).
- **reçues à titre gratuit** : 26765.
- **sous-traitées par l'entreprise** : 26585.
- **sur sol d'autrui** : 25550 (class. compt.) ; 25260 (comptabilisation) ; 26450 (coût d'entrée) ; 27515 (amort.) ; 28275 (cession) ; 28735 (provision pour remise en état).
- **utilisées en continu** : 27145.

Acquisition :
- **à titre gratuit** : 26765.
- **à titre onéreux** : 26185 s.
- **au moyen de redevances annuelles** : 30185 (– du droit de propriété) ; 30785 (– du droit d'utilisation d'une marque ou d'un brevet au travers d'un contrat de louage) ; 30790 (– du droit d'utilisation d'une autre immobilisation incorporelle au travers d'un contrat de concession).
- **au moyen d'une indemnité de reconstruction** : 45800.
- **au moyen d'une subvention d'équipement** : 26490 (immo. corp.) ; 31485 s. (immo. incorp.).
- **avec clause de réserve de propriété** : 25280 (compta.) ; 27610 (amort.) ; 29660 (annexe).
- **avec contrat de crédit-bail** : 28460 s.
- **conjointe** : 26770, 31605.
- **contre paiement de rentes viagères** : 26760.
- **en monnaies étrangères** : 26510 (coût d'entrée) ; 27625 (amort.) ; 26510 (à l'aide d'un emprunt en même monnaie).
- **en nue-propriété** : 25440.
- **en usufruit** : 25440 (compta.) ; 32035 (amort.).
- **par annuités indexées** : 26195.
- **par voie d'échange** : 26740.
- **pour un euro symbolique** : 26530.

Immobilisations incorporelles et corporelles (suite)
– pour un prix global de divers éléments : 26770, 31605.
– pour un prix subventionné : 26530.
– pour un prix symbolique : 26530.
– pour une valeur inférieure à la valeur réelle : 26530.
– préalable à l'exercice d'une activité commerciale : 45110 s.
Correction ultérieure du prix d'– : 26195.
Date d'enregistrement : 28935.
Écritures comptables : 28940.
Frais d'– : 26260, 26262.
Indemnité d'– : 45825 (versée au fournisseur d'immo.) ; 45830 (versée par le fournisseur d'immo.)
Versement du prix par annuités indexées : 26195.
Amélioration : 25905 (immo. ou charges) ; 27600 (amort.).
Amortissement : 27010 s. (immo. corp.) ; 31755 s. (immo. incorp.).
Annexe : 29600 s. (immo. corp.) ; 32810 s. (immo. incorp.).
Apport :
Immobilisations apportées : 28965 (schéma compt.) ; 28300 (apport en soc. d'une activité professionnelle).
Immobilisations reçues en apport : 26715 (coût d'entrée) ; 27605 (amort. et dépr.).
– d'un contrat de crédit-bail : 28560 s.
Approche par composants : voir Composants.
Bâtiment dont la seule finalité est la protection d'un matériel (ICS) : 25555 (comptabilisation) ; 25815 (amortissement).
Biens de faible valeur : 25415 (régime général) ; 27510 (amort. des biens donnés en location).
Biens d'occasion :
Stocks : 21615 (valeur d'inventaire).
Immobilisations : 25800 (décomposition) ; 26785 (régul. de TVA) ; 27500 (amort.).
Biens « somptuaires » : voir Somptuaire.
Cession : 12145, 17295 (class. en rés. courant) ; 28100 s. ; 28170 (– en rentes viagères) ; 28350 (– à titre gratuit) ; 28355 (annulation d'une –) ; 29290 s. (comptabilisation) ; 29320 (class. en rés. exceptionnel) ; 29320 s. (TVA : cas général) ; 29325 (– en devises) ; 29355 (sort de l'écart de réévaluation libre) ; 29400 s. (TVA : cas particuliers) ; 52030 (class. en résultat) ; 56510 (avec subvention d'investissement).
Classement comptable : 25510 s.
Comparaison valeur nette comptable et valeur d'inventaire : 26985.
Composants : voir Composants.
Contrôle interne : 26860 (inventaire permanent).
Coût d'entrée : 26170 s. (immob. corp.) ; 26785 (régul. de TVA) ; 31275 (immo. incorp.).
Coût de production : 26590 s. (corp.) ; 31425 s. (incorp.).
Critères de définition et de comptabilisation : 25105 s. (corp.) ; 30105 s. (incorp.).
Date d'enregistrement : 28935 (acquisition) ; 29040 (amort.) ; 29295 (cession).
Décomposition : voir Composants.

Immobilisations incorporelles et corporelles (suite)
Définition : 25105 (corp.) ; 30105 (incorp.).
Déménagement : 16100 (charges) ; 26295 (coût d'entrée).
Démolition : Voir Démolition.
Dépenses ultérieures : 25885 s. (corp.) ; 31150 s. (incorp.).
Déplacement : 26295 (coût d'entrée).
Dépréciations : 27715 s. (corp.) ; 31825 (incorp.).
– sur immobilisations réévaluées : 29220.
Destruction : Voir Démolition.
Distinction avec les charges :
Dépenses initiales : 25105 s. (immo. corp.) ; 30105 s. (immo. incorp.).
Dépenses ultérieures : 25885 s. (immo.corp.) ; 31150 s. (immo. incorp.).
Immobilisations incorporelles : 30105 s. (dépenses initiales).
Distinction avec les stocks : 20400 s.
Éléments constitutifs : 25240 s. (immo. corp.) ; 30255 s. (immo. incorp.).
Ensemble immobilier : 26420 s. (coût d'entrée) ; 28270 (cession).
Entreprise individuelle : 60255 s., 60285.
Entretien : voir Entretien et réparations.
Évaluation :
Coûts d'entrée : 26170 s. (corp.) ; 31275 s. (incorp.).
Valeur d'inventaire : 26865 s. (immo. corp.) ; 31675 (immo. incorp.).
Valeur au bilan : 26985 s. (immo. corp.) ; 31745 s. (immo. incorp.).
Financières : voir Titres immobilisés.
Fournisseurs d'– : 28940, 31060, 32375 (schéma compta.).
Frais de cession : 28170.
Frais d'études (implantation nouvelle) : 26295, 26315.
Frais de raccordement à des réseaux publics : 25300.
Voir aussi Frais.
Impairment test : 27715 s. (corp.).
Information : 29545 s. (immo. corp.) ; 32755 s. (immo. incorp.).
Inventaire : 26860.
Jetons numériques : 30795 s. (détenteurs) ; 32075 (évaluation ultérieure) ; 32170 (sortie ou annulation) ; 40600 s. (émetteur).
Mise au rebut : 28120, 28255 (prix de cession) ; 29290 s. (comptabilisation).
Mise en conformité : 25925 s.
Option sur – : 26440, 26445 (dédit versé pour résiliation de l' –).
Participation à des dépenses d'équipement : 25300.
Participation au financement d'– qui resteront la propriété d'un sous-traitant : 25320 (moule industriel).
Pénalités sur – : 45820 s.
Prix de cession : 12145, 17295 (class. en rés. courant) ; 28170 (évaluation) ; 29320 (class. en rés. exceptionnel) ; 52030 (class. en résultat).
Prix subventionné : 26530.

2007

Immobilisations incorporelles et corporelles (suite)

Production d'– : 26585 (corp.) ; 30840 s. (incorp.).

Production pour soi-même : 11995 (produits) ; 26590 s. (coût d'entrée) ; 28960 (schéma compt.).

Frais d'établissement : 45110 s.

Frais de recherche et de développement : 30285 (option) ; 30845 s. (éléments constitutifs) ; 31425 s. (coût d'entrée) ; 32380 s. (schéma compt.).

Incorporation de frais financiers : 26335 s.

Protection de l'environnement : 25925 s. (actifs) ; 27925 s. (passifs).

Voir également Remise en état.

Provision pour remise en état de biens appartenant à autrui : 28735.

Rachat pour une valeur inférieure à sa valeur réelle : 26530.

Rachat pour une valeur symbolique : 26530.

Reconstruction : 45800 (indemnités).

Rectification fiscale de la valeur d'origine : 53090.

Réévaluation : voir Réévaluation.

Remise en état : Voir Remise en état.

Remplacement, renouvellement :

Biens inscrits au bilan : 25755 (décomposition initiale) ; 25760 (décomposition ultérieure).

Biens loués : 28660 s. (dépenses de renouvellement) ; 28735 (prov. pour remise en état).

Subvention : 26490 (coût d'entrée).

Suivi comptable des – : 26860 (inventaire permanent).

Réparations : voir Réparations.

Réserves libres suffisantes pour distribuer : 53990, 53999.

Structure : 25715 (définition) ; 27205 s. (amort.).

Transfert de – à stock : 20410 (interdit), 22220 (mise hors service).

TVA :

Cas général : 28940 (acquisition) ; 28960 (production) ; 29320 (cession).

Régularisation de – : 26785 (coût d'entrée) ; 26785, 27525 (amortissement) ; 29400 (cession) ; 29405 (cessation d'assujettissement, cessation d'activité, utilisation personnelle par un exploitant individuel).

Valeur d'inventaire : 26865 s. (immo. corp.) ; 31675 (immo. incorp.).

Valeur probante : 26860 (inventaire permanent).

Valeur résiduelle :

Amortissement : 27070 s.

Cession (valeur nette comptable) : 12145, 17295 (class. en rés. courant) ; 28120 (évaluation) ; 29320 (class. en rés. exceptionnel) ; 52030 (class. en résultat).

Vente

– à réméré (avec faculté de rachat) : 28265 (immo.).

– à terme : 25345 (comptabilisation) ; 29680 (annexe).

– avec option de rachat à court terme : 28265.

Vol : 46070.

Voir aussi Concessions.

Impayés : voir le mot concerné.

Implantation :

Frais d'étude pour le choix d'une nouvelle – : 26295, 26315.

Importance relative (principe) : 3565.

Importance significative : 64545 (annexe).

Importations : voir Devises.

Impôt(s)

– **acquitté par le locataire** : 15755.

– **indirects spécifiques** : 20910 (coût d'entrée).

– **latents ou différés** : 52890 s., 52950 s. (comptes sociaux).

– **et provision** : 48310.

– **sur le revenu (sociétés non assujetties à l'IS)** : 52595.

– **sur les sociétés** : 7965 (bénéfices du 1er exercice) ; 18760 (prescription) ; 21190 (coût d'entrée des stocks) ; 36700 (imposition des plus-values sur titres) ; 52620 (taux normal et taux réduit) ; 52625 (comptabilisation) ; 52630 (provision pour impôt) ; 52645 (taux global) ; 53110 (rappels) ; 53640 (participation des salariés).

– **taxes et versements assimilés** : 16230 (classement comptable) ; 16240 s. (comptabilisation).

Acomptes d'IS : 52625.

Annexe : 54350 s.

Cascade : 53340 s.

Classement comptable : 16230.

Complément d'– sur les sociétés : 56160 (distribution de la réserve spéciale des plus-values à long terme).

Comptabilisation : 16240 s. (autres qu'IS) ; 52620 (taux à retenir) ; 52625 (IS).

Contribution sociale sur les bénéfices (CSB) de 3,3 % : 52635 (comptabilisation) ; 53640 (incidence sur la participation des salariés).

Crédit d'– : voir Crédit.

Dégrèvement d'– : 53120.

Droits de douane (frais accessoires d'achat) : 16480 (charge) ; 20935 (coût d'acquisition des stocks) ; 26220 (coût d'acquisition des immo.).

Étalement : 52990.

Participation des salariés : 53640.

Plus-values de cession : 29425 (immobilisations corporelles) ; 36700 (titres).

Plus-values de cession-bail : 28320.

Présentation de l'– au bilan : 52625.

Provision pour – : voir Provisions pour risques et charges.

Rectifications (comptabilisation) : 53090 s.

Remboursement d'– : 53120.

Résultat comptable et fiscal : 2855 s. (comptes annuels et liasse fiscale).

Retenue à la source : 11885 (ventes, redevances) ; 36400 (dividendes).

Situation fiscale latente ou différée :

Étude d'ensemble : 52890 s., 52950 s. (comptes sociaux) ; 54355 (information).

Taux d'– à retenir : 52620.

Transfert d'impôt de société à société : 52745 s.

Ventilation entre résultat courant et résultat exceptionnel : 54350 ; 16430 (CVAE) ; 52030 (définition résultat courant et exceptionnel).

Imprimés publicitaires : 15970.

Imputation rationnelle : 21150 (sous-activité).

Incendie : voir Destruction, Disparition.

Incoterms : 11020.

Indemnités
- **au personnel :** 16865 s. (diverses).
- **compensant un surcoût d'un élément d'actif** (matériels, brevets, titres, etc.) **:** 45830.
- **compensant un préjudice :** 46035 (punitive damages).
- **compensatrices :** 16865 (repos compensateur) ; 16870 (réduction du temps de travail) ; 16875 (modification du contrat de travail) ; 16895 (maintien de salaire en cas de maladie, maternité, accident) ; 16900 (activité partielle) ; 55830 (annulation d'un plan de stock-options) ; 55885 (renonciation ou perte du droit à l'attribution d'actions gratuites).
- **d'accident :** 16895, 18185 (rapprochement paie/comptabilité).
- **d'acquisition de mitoyenneté :** 26440.
- **d'acquisition d'immobilisation :** 45825 (versée au fournisseur) ; 45830 (versée par le fournisseur).
- **d'activité partielle :** 16900.
- **d'annulation (de réservation) :** 12145.
- **d'assurance :** 45785 s. ; 15800 (couvrant la tête du personnel) ; 15810 (couvrant une dette) ; 26055 (remise en état de site) ; 45420 (comptabilisation au bilan) ; 45795 (intérêts de retard perçus sur des –) ; 45800 (immo.) ; 45805 (stocks) ; 45815 (couvrant un engagement) ; 45815 (d'assurance-vie).
    - **crédit :** 42410 (Bpifrance Assurance Export, anciennement Coface) ; 11460 (impayés créances). **Bpifrance Assurance Export, anciennement Coface :** 42410 s. **Prix de cession (immo.) :** 28255.
- **de fin de contrat (ou de précarité) :** 16995.
- **de sortie d'un groupe d'intégration fiscale :** 52790.
- **d'expatriation :** 17045.
- **d'expropriation :** voir Expropriation.
- **d'éviction :** 45860 (versées par le propriétaire) ; 45865 (versées par le locataire).
    - **reçues :** 28260 (comptabilisation) ; 29295 (date d'enregistrement) ; 29425 (étalement de la plus-value).
    - **versées :** 25922 (coût ultérieur) ; 26440, 26445 (coût d'entrée terrain ou construction) ; 28170 (par le propriétaire en cas de cession).
- **d'incitation au départ volontaire :** 16980.
- **d'intempérie :** 17035.
- **de cession de contrat de crédit-bail :** 28470 (mobilier) ; 28525 (immobilier).
- **de clientèle versées à un VRP licencié :** 16945 (licenciement) ; 30580.
- **de compte épargne-temps (CET) :** 16775.
- **de congés de fin carrière :** 17020.
- **de congés payés :** voir Congés payés.
- **de contrefaçon :** 12135.

Indemnités (suite)
- **de départ à la retraite :** 8395 (méthode de référence) ; 17610 s. (provision ou engagements) ; 17745 (comptabilisation et évaluation) ; 17970 s. (annexe) ; 18560 (état des 5 ou 10 personnes les mieux rémunérées) ; 18195 (relevé des frais généraux).
- **de départ en préretraite :** 17020.
- **de départ volontaire :** 16980.
- **de déspécialisation :** 30660 (droit d'entrée), 45835.
- **de fin de carrière :** 17745.
- **de fin de contrat :** 17040 (versées) ; 45885 (reçues) ; 73070 (franchisage) ; 30580 (immobilisation).
- **de licenciement :** 16925 (hors restructuration), 17395 s. (restructuration).
- **de maladie :** 16895, 18185 (rapprochement paie/comptabilité).
- **de maternité :** 16895.
- **de mise à la retraite :** 8395 (méthode de référence) ; 17610 s. (provision ou engagements) ; 17745 (évaluation et comptabilisation) ; 16540 (contribution patronale) ; 17970 s. (annexe).
- **de modification du contrat de travail :** 16875.
- **de non-concurrence :** 16945, 30575 (droit incorporel).
- **de non-exécution de contrat :** 45875.
- **de préavis :** 16985.
- **de précarité (ou fin de contrat) :** 16995.
- **de réduction du temps de travail :** 16780, 16870 (indemnité compensatrice).
- **de reconstruction :** 45800.
- **de remploi :** 28260.
- **de repos compensateur :** 16785, 16865 (indemnité compensatrice).
- **de résiliation d'une convention de crédit-bail :** 45865.
- **de résiliation de bail versées :** 45860 s.
- **de retraite, préretraite, licenciement :** voir Rémunérations.
- **de rupture conventionnelle collective ou individuelle :** 16965.
- **de rupture de contrat :** 45880 (reçue), 18560 (état des 5 ou 10 personnes les mieux rémunérées) ; 18195 (relevé des frais généraux).
- **de rupture de contrat de travail :** 16925 s. (licenciement hors restructuration) ; 16965 (rupture conventionnelle collective ou individuelle) ; 16980 (incitation au départ volontaire) ; 16985 (préavis) ; 17745 (fin de carrière).
- **de rupture de la période d'essai :** 16975.
- **de stage :** 17025 ; 17030 (de VIE).
- **de transport (désormais « versement mobilité ») :** 16360.
- **de volontariat international en entreprise (VIE) :** 17030.
- **forfaitaire de conciliation :** 16970.
- **forfaitaire pour frais de recouvrement :** 46045.
- **indûment perçues :** 12080.
- **journalière complémentaire :** 16895, (Maladie, maternité, accident) ; 18185 (rapprochement paie/comptabilité).

Indemnités (suite)
- **liées à l'emploi :** 17115.
- **mobilité (ancien versement de transport) :** 16360.
- **pour concurrence déloyale :** 30570 (engagement de non-concurrence).
- **reçues d'assurance :** 45785 s. ; 26055 (remise en état de site).
- **reçues en cas de destruction d'une immobilisation :** 45800.
- **reçues en cas de non-restitution d'un bien loué :** 45870.
- **relatives à des acquisitions d'immobilisation :** 45820, 45825 (versées) ; 45830 (reçues).
- **résultant d'un jugement :** 45950.
- **stipulée en monnaies étrangères :** 45895.
- **sur immobilisations :** 45800.
- **versées par le propriétaire au locataire à la fin du bail pour les agencements :** 26450.

Dépenses de réparation couvertes par une – : 45800.

Reconstruction à neuf couverte par une – : 45800.

Utilisation abusive d'un droit donnant lieu à une – : 30575 (élément protégé).

Valeur nette comptable couverte par une – : 45800.

Voir aussi Subventions, Litiges.

Indexation
- **des annuités de règlement (boni et mali d'–) :** 26195 (prix d'achat).

Acquisition d'immobilisations : 26195 (versement par annuités indexées, correction ultérieure du prix).

Compte courant d'associés : 42560.

Créances et dettes indexées : 40185 (principal) ; 42960 s. (intérêts).

Dettes indexées : 40185.

Emprunts obligataires indexés : 41130.

Indicateurs
- **financiers :** 81565 (communication des sociétés sur les –).

Indices : 27725 (– de perte de valeur).

Indivision (dans une société en participation) : 74035 (apports) ; 74170 (acquisition ou création).

Industrialisation (frais d'–) : 26315.

Industries chimiques : 12930 (chiffre d'affaires) ; 25925 s. (dépenses de mise en conformité) ; 27900 s. (provision pour gros entretien et grandes visites).

Voir aussi Guides comptables professionnels.

Industrie hôtelière : 45130 (frais de 1er établissement).

Industries lourdes
Dépenses d'entretien : 27900 s. (provision pour gros entretien et grandes visites).

Voir aussi Industries chimiques, Sidérurgie, Hydrocarbures.

Industries pharmaceutiques : 16525 (taxes spécifiques).

Inefficience : 26295, 31320 (coût d'entrée).

Infirmerie (Matériel d'–) : 25565.

Information : 80025 s. (étude d'ensemble) ; 81380 s. (information réglementée des sociétés cotées) ; 81480 s. (information permanente des sociétés cotées) ; 81680 s. (tableau récapitulatif des publications périodiques).
- **à la disposition du public :** 80605 s. ; 80685 (CbCR public).
- **comptable et financière à la charge de l'entreprise :** 80025 s.
  Éléments d'information à la charge de toutes les entreprises : 80025 s.
  Éléments d'information complémentaire à la charge des sociétés commerciales : 80135 s.
- **dans l'annexe :**
  Caractéristiques : 64525 s.
  Coûts d'emprunt : 29690.
  Immobilisations corporelles : 29600 s.
  Immobilisations incorporelles : 32810 s.
  Stocks : 22750 s.
- **des administrateurs :** 80535.
- **des commissaires aux comptes :** 80385 s.
- **des membres du conseil de surveillance :** 80535.
- **en cours d'exercice (sociétés dont les titres sont inscrits sur un marché réglementé) :** 65585 s.
- **environnementale :** 65010 (rapport de gestion).
- **financière après l'assemblée annuelle :** 81770 s.
- **financières estimées** (communication) : 81565.
- **occasionnelle :** 82025 s. (émission de valeurs mobilières) ; 82210 (autres opérations particulières).
- **périodique :** 81680 s., 81950 (obligation d'une société dont les titres sont admis sur Euronext Growth, ex-Alternext) ; 81955 (obligation d'une société dont les titres sont admis sur Euronext Access +).
- **permanente :** 81480 s. (sociétés cotées).
- **comparative :** 7960 (changement de durée) ; 8565 (changement de méthode).
- **réglementée des sociétés cotées :**
  Archivage : 81410.
  Dépôt auprès de l'AMF : 81525.
  Modalités de diffusion : 81385 s.
  Régime linguistique : 81390.
  Tableau récapitulatif : 81380.
- **prévisionnelle :** 66285 s. (prévention des difficultés).
- **privilégiée :** 81510 (notion) ; 81545 (communication sur les médias sociaux) ; 82575 (délit de divulgation).
- **sectorielle :** 12895, 12935 (chiffre d'affaires).
- **semestrielle :** 65590.
- **sociale et environnementale :** 65010 (rapport de gestion).

Information (suite)
- sur le développement durable : 65010 (rapport de gestion).
- trimestrielle : 65690.

Actions propres : 57600 (annexe) ; 82210 (information).
Actionnariat des sociétés : 39015, 57735.
Administrations financières et divers organismes : 80025 s.
Amortissements : 29650 (méthode) ; 29655 (changements d'estimation) ; 29665 (montants et mouvements).
Associés :
  Documents à adresser sans demande préalable : 80160.
  Droit de communication : 80155 ; 80185 (sociétés cotées).
  Documents à adresser à la demande des – : 80180.
  Expertises demandées par les – : 80190.
  Information obligatoire : 80135 s.
  Procédure d'injonction : 80200.
  Questions posées par les – : 80190.
  Sanctions : 80205.
  Société en liquidation : 61940.
Attestation des rémunérations : 18545.
Attribution gratuite d'actions : 55915.
Bilan social : 65165 s.
Capitaux propres : 57585 s.
Changement d'estimation : 8565 (annexe).
Changement de méthodes et changements comptables : 8555 (annexe et rapport de gestion) ; 66515 (absence d'image fidèle).
Charges d'exploitation : 18310 s.
Charges non déductibles fiscalement : 18620.
Chiffre d'affaires : 12895 s. (annexe) ; 65690 (publication du – trimestriel).
Circonstances exceptionnelles : 46125.
Clause de réserve de propriété : voir opération concernée (Achats, Ventes).
Comité social et économique : 80280 s.
Comité d'entreprise de groupe : 80295.
Comité d'entreprise européen : 80315.
Communiqués : 81525 (information permanente des sociétés dont les titres sont inscrits sur un marché réglementé).
Comptes de rattachement : 45280 (produits à recevoir et charges à payer).
Comptes de régularisation : 45345.
Contrats à long terme : 12890.
Contrat de franchise : 72980.
Correction d'erreur : 8565 (annexe).
Couvertures : 43335 (principes et méthodes) ; 43340 (dérivés) ; 43345 (stratégies).
Crédit-bail : 28805 s., 29675.
Délits concernant l'– : voir Délits.
Dépenses somptuaires : voir Somptuaire (charges).
Dépôt des comptes au greffe : 80660.
Droits de vote : 57740 (information sur le nombre de – existants).
Effets escomptés non échus : 50690.
Emballages consignés : 46380.
Engagements : 50680 s.

Information (suite)
Entreprises :
- liées : 38845.
Prévention des difficultés des – : 65695 s. (documents) ;
Voir aussi Commissaires aux comptes, Procédure d'alerte, Rapport.
Événements donnant lieu à l'information (moment et forme) : 82025 s. (émission de valeurs mobilières) ; 82210 (autres opérations particulières).
Exposé sommaire de la situation de la société pendant l'exercice écoulé : 65245.
Fausse – (Délit de –) : 82575.
Filiales et participations : 38795 s.
Frais d'établissement : 45190 s.
Frais généraux : 18620.
Frais de recherche et développement : 32830 s.
Franchisage : 73200.
Franchissement de seuils : 39015.
Garanties de cours : 82210.
Gouvernement d'entreprise : 65095 (rapport du CA ou du CS).
Immobilisations corporelles : 29600 s.
Immobilisations incorporelles : 32810 s., 29600 s.
Indicateurs financiers : 81565.
Instruments financiers à terme : 43335 s.
Internet : 81545 (information financière des sociétés dont les titres sont inscrits sur un marché réglementé).
Jetons numériques : 30820 (détenteur) ; 42660 (émetteur).
Modifications du capital : 57710 s.
Normes internationales : voir International Accounting Standards Committee.
Objectifs de l'information financière : 8280.
Offres publiques : 82210.
Opérations exceptionnelles : 46120 s.
Opérations financières : 43260 s.
Opérations relatives aux exercices antérieurs : 45600.
Options de souscription ou d'achat d'actions par les salariés : 55835, 65006.
Pacte d'actionnaires : 57745.
Participation des salariés : 55835 (options de souscription ou d'achat d'actions).
Parties liées : 38865.
Passif éventuel : 52520.
Portage : 37355 s.
Portefeuille-titres : 38700 s.
Production des livres comptables en justice : 7280.
Provisions : 48700 s., 17970 s. (au titre des régimes de retraite).
Rapport annuel : 65265.
Redressement fiscal : 54320.
Réévaluation : 57640.
Règles insuffisantes ou impropres (image fidèle) : 8405.
Rémunérations :
- versées aux cinq ou dix personnes : 18545.
- allouées aux membres des organes de direction, d'administration et de surveillance : 18455 s., 65101 (rapport sur le gouvernement d'entreprise).

Information (suite)
Tableau comparatif par document des informations relatives aux – : 18785.
Responsabilité et sanctions : 66500.
Résultat par action : 54475.
Résultats : 54325 s.
Risques de marché (taux, change, actions) : 43350 s.
Sociétés étrangères : 81885 (information permanente).
Situation fiscale différée ou latente : 54355.
Stocks et en-cours : 22690 s.
Titres subordonnés à durée indéterminée (TSDI) : 37980 (détenteur) ; 41195 (émetteur).
Transferts de charge : 45525 s.
Variation de la situation nette : 57605 s.
Voir aussi Annexe, Commissaires aux comptes, États financiers, Rapport, Tableau et chaque rubrique concernée.

Information comparative : 7960 (changement de durée) ; 8565 (changement de méthode).

Informatique
Acquisition ou conception de programmes (à usage interne ou externe) : 30355 s.
Archivage : 7585.
Conditions de fiabilité : 7520 s. (pièces justificatives et contrôle).
Contrôle par l'administration : 80025.
Coût du service :
  Incorporation dans le coût d'entrée : 21140 s.
Délits : 7290.
Documents – : 7165 (authentification).
Données informatiques : 12435 s. (facturation électronique).
Écrasement d'un disque dur : 7470 (conséquences sur la tenue de la comptabilité).
Livre journal : 7100 s., 7165 (authentification).
Matériel : 25565 ; 25415 (de faible valeur).
Organisation des comptabilités informatisées : 7520.
Programme – : voir Programmes.
Traitement – (généralités) : 7100 s.
Vols : 7470 (doc. comptables).
Voir Programmes.

Infractions : voir Délits, Irrégularité.
– des filiales : 46020 (responsabilité des sociétés mères).

Initial coin offering (ICO) **:** 42600 s.

Ingénierie : voir Prestations de services.

Injonction de faire : 80200 (documents à communiquer aux associés) ; 80690 (dépôt des comptes au greffe) ; 80695.

Innovation
Crédit d'impôt : 31505.
PME innovante : 37640 (amortis. exceptionnel).

Inpi : 30945 (frais de dépôt des brevets) ; 30965 (frais de dépôt des marques) ; 31155 (frais de défense, surveillance et renouvellement des marques).

Installations
– à caractère spécifique : 25555.
– complexes spécialisées : 25555 (définition et class. compta.) ; 25815 (amortis.).
– et matériels démontés : 22220.
– générales : 25545.
– réalisées par le locataire : 25260 (comptabilisation) ; 26450 (coût d'entrée) ; 27515 (amort.) ; 28275 (expiration du bail) ; 28735 (provisions).
Amortissement : 27140 (durée d'usage).
Frais d'– : 26220 (frais accessoires d'achat) ; 28655 (frais accessoires à la mise en service d'un bien loué).
Vente sous réserve d'– : 11115.
Voir aussi Agencements.

Instructions d'inventaire : 22365.

Instruments dérivés :
Étude d'ensemble : 41430 s.
Appel de marge : 41450.
Dépôt de garantie : 41455.
Engagements : 41440.
Information en annexe : 43335 s.
Montants nominaux : 41440.
Notion d'– : 40010.
Prime d'option : 41445 (enregistrement initial) ; 41800 (couverture) ; 42150 (position ouverte isolée).
Soulte : 41445 (enregistrement initial) ; 41800 (couverture) ; 42150 (position ouverte isolée).
Voir aussi Couverture, Position ouverte isolée.

Instruments financiers
– à terme : voir Instruments dérivés.
Voir aussi Couverture, Position ouverte isolée.
Jetons numériques : 30795 s. (détenteur) ; 32075 (évaluation ultérieure) ; 32170 (sortie ou annulation) ; 40600 s. (émetteur).

« In substance defeasance » : 42875.

Intangibilité (du bilan d'ouverture) : 3585 (principe comptable) ; 45650 s. (corrections d'erreurs) ; 53130 s. (redressements fiscaux).

Intégration
– fiscale (régime d'–) des sociétés de groupe : 7445 (conservation des documents) ; 11270 (refacturation de frais) ; 48200 (constatation obligatoire des provisions) ; 52620 (taux réduit d'IS pour les PME) ; 52745 s. (étude d'ensemble) ; 52635 (incidence de la CSB) ; 52745 (intégration fiscale horizontale) ; 52765 (provision pour impôt) ; 52815 (crédit d'impôt des filiales intégrées) ; 53620 (participation des salariés).

Intempéries : 17035 (indemnités).

Intéressement : 16775 (compte épargne-temps) ; 16815 (abondement dans le cadre d'un plan d'épargne) ; 16845 (charges) ; 16855 (forfait social) ; 21090 (incorporation dans les stocks) ; 53170 (conséquences d'un redressement fiscal).
Voir aussi Rémunérations.

Intérêts intercalaires (incorporation) : 20945 s. (stocks) ; 26335 s. (immob.).

Intérêts payés ou à payer
- **courus (échus ou non échus)** : 42960 s.
- **de retard (et pénalités)** : 16845 (intéressement) ; 40745 (renouvellement d'effets impayés) ; 45995 s. (redressement fiscal) ; 46045 (indemnité forfaitaire pour frais de recouvrement).
- **délai supplémentaire** : 46045 (paiement tardif) ; 46080 s. (entreprise en difficulté des paiements).
- **d'emprunt contracté par un dirigeant** : 42560 (déduction) ; 43015.
- **d'emprunt en devises étrangères** : 40550.
- **des comptes courants d'associés** : 42530 s.
- **dus lors de l'acquisition de titres** : 35545.
- **financiers** : voir Emprunts.
- **intercalaires alloués aux associés** : 56105.
- **moratoires** : 43000, 50135 (après mise en jeu d'une caution) ; 46030 (marchés publics) ; 53125 (dégrèvement d'impôt).
- **progressifs** : 42990.
- **sur une période antérieure au transfert de propriété** : 31290.

Avances sans – : 42340.
Compte de frais financiers : 96300.
Crédit gratuit : 43020.
Exercice de rattachement : 42990.
Frais de crédit (sur dettes commerciales) : 43035 (acheteur).
Liaison entre – et emprunts : 40965 s. (règle générale) ; 40550 (monnaies étrangères).
Limitation de la déduction des – : 42975.
Pénalités : 45995 s., 46020 (provision).
Swap d'– : 41445 (soulte) ; 41800, 42020 (couverture) ; 42145 (position ouverte isolée).

Intérêts reçus ou à recevoir
- **à taux fixe (obligations)** : 36585.
- **à taux révisable (obligations)** : 36585.
- **à taux variable (obligations)** : 36585.
- **courus** : 36580 s. ; 36605 (à l'achat) ; 43000 s. (prêt).
- **de retard** : 46045 (créances clients) ; 45795 (indemnités d'assurance à recevoir).
- **moratoires** : 43000 s.
- **progressifs** : 43005.
- **sur créances douteuses** : 43000 s.
- **sur valeurs mobilières** : 36580 (date d'enregistrement), 36585 (détermination).
    - **étrangères** : 36585.

Avances sans – : 40190 (valeur d'inventaire) ; 42340 (renonciation).
Compte de produits financiers : 43000 s.
Conditions avantageuses : 40190.
Crédit gratuit : 43020.
Exercice de rattachement : 43005, 36580 (obligations).
Frais de crédit (sur créances commerciales) : 43025 s. (vendeur).
Liaison entre – et prêts : 40965 s.
Paiement différé : 40190.
Swap d'– : 41445 (soulte) ; 41800, 42020 (couverture) ; 42145 (position ouverte isolée).

Intermédiaire : voir Commissions, Opérations pour le compte de tiers, Mandat.

International Accounting Standards (IAS) : voir International Financial Reporting Standards (IFRS).

International Accounting Standards Board (IASB) : 3435.

International Financial Reporting Standards (IFRS)
Application des – en France.
- dans les comptes consolidés : 3435.
- dans les comptes individuels : 3435.

Mécanisme européen d'adoption des – : 3405 ; 3435.

Internet
Dépenses liées aux sites – : 30290 (logiciels acquis) ; 30905 s. ; 31165 (dépenses ultérieures) ; 31465 (coût d'entrée) ; 32070 (amort.).
Information financière des sociétés cotées diffusées sur – : 81545 s.
Logiciels créés dans le cadre du développement du site : 30905 s.
Plateformes numériques : 30905 s.
Nom de domaine : 30905 s. ; 32070 (amort.).
Troc publicitaire sur – : 16010.

Introduction
- **d'un nouveau produit ou service (coûts d'–)** : 26295, 31320 (coûts non attribuables).
- **en bourse** : 45150 (comptabilisation des frais) ; 82025 (informations).

Inventaire
- **des immobilisations** : 26860.
- **des stocks (intermittent et permanent)** : 11940 s. (production stockée) ; 15555 s. (achats consommés) ; 22330 s. (inventaire physique) ; 70195 – au prix de vente (succursales multiples).
    Boni et mali d'– : 11940 s. (production stockée) ; 15565 (achats consommés).
    Contrôle externe : 22570.
    Date d'établissement : 22335.
- **des titres** : 38595.

Document d'– : 7685.
    Différence entre document d'– et des stocks : 7685.
    Droit de communication : 80135 s.
Instructions d'– : 22365.
Livre d'– : 7080 (suppression).
Valeur d'– : étudiée à chaque rubrique.

Inventions : voir Brevets.

Investissement
- **dans la construction** : 16365 s.
- **étrangers** : 70020.
- **immatériel** : 15890 (charges) ; 30105 s. (immobilisation incorporelle).

Aides fiscales à l'– : 27425.

Investisseur
- **qualifié** : 82075.

Cercle restreint d'– : 82075.

Irrégularité
- **dans les inscriptions comptables** : 7280 s.

TABLE ALPHABÉTIQUE © Éd. Francis Lefebvre

J

Jetons de présence : 96320, 12115 (reçus) ; 17285 (versés) ; 18620 (information).
Voir Rémunérations fixes annuelles.

Jetons numériques :
– **détenus :** 30795 s. (entrée) ; 32075 (évaluation ultérieure) ; 32170 (sortie ou annulation) ; 37085 (présentant les caractéristiques de titres financiers, de bons de caisse ou de contrats financiers).
– **émis** (offre de jetons, ICO) : 42600 s. (principes) ; 42650 (attribués gratuitement ou à des conditions de souscription préférentielles) ; 42655 (attribués au projet) ; 30810 (auto-détenus).
– **empruntés :** 41400.
– **prêtés :** 41395.

Jeunes : 17115 s. (aide à l'embauche et à la formation de –).

Joint-ventures : voir Société en participation.

Jouissance : 15695 (crédit-bail) ; 25255 (entrée en –, immobilisations corporelles) ; 25440 (usufruit) ; 32150 (immobilisations incorporelles) ; 60180 (– de la personnalité morale).

Journal
– **auxiliaire :** 1250 s. (présentation et exemples) ; 7100 s. (lien avec le livre-journal) ; 7225 (conservation).
– **des achats :** 18090.
– **de caisse :** 12485 s. ;
Voir aussi Livre.
– **des ventes :** 12485, 12555.
– **général :** 7080 (obligation) ; 7100 s. (contenu) ; 7155 s. (forme, authentification, tenue) ; 7225 (conservation).
   – avec établissement à l'étranger : 70390.
   – avec plusieurs établissements : 70170.
   Sociétés membres d'un groupe international : 8240.
   Livre – : voir Journal général ci-avant.

Journaux : voir Titres de journaux.

Jugement :
– **de première instance :** 45930, 45960.
– **d'appel :** 45940, 45970.

Jurisprudence : 3295.
Hiérarchie des sources : 2770.

Justice : voir Amendes, Comptabilité, Huissiers, Jugement, Jurisprudence, etc.

K

Know-how : 30945 (immobilisation) ; 31055 (class.) ; 31945 (amortissement) ; 32155 (cession) ; 32385 (schéma compt.).

L

Laboratoire : 25565 (matériel) ; 31050 (frais de création d'un –).

Lait
Achat de – : 15240 (selon les règles de la CE).
Quotas de – : 30750 (comptabilisation et évaluation) ; 32050 (amortissement et dépréciation).
Réservoir à – : 25900 (dépenses ultérieures, d'entretien).

Langue étrangère
Comptabilité en – : 7180.

LBO (Leverage Buy Out) : 35620 (frais d'acquisition des titres).

Lease back : 28320.

Leasing : voir Bail.

Lettres d'affirmation (des dirigeants aux commissaires aux comptes) : 80405.

Lettres d'intention (de confort, de parrainage ou de garantie de bonne foi) : 50130 (provisions) ; 50365 s. (autorisation).

Lettres de change : voir Effets à payer, Effets à recevoir.

Liaison (compte de) :
– **établissements et succursales :** 70135 s.
– **société en participation :** 73830.

Liasse fiscale
Entreprise ayant une activité à l'étranger : 70390.
Délai d'établissement : 64125.
Lien avec l'annexe : 64700.
Règles applicables pour l'établissement de la – : 2870.
Utilisation pour l'annexe : 64700.

Licences (brevets, marques, logiciels, etc.) :
– **d'exploitation administratives :**
   Droit d'occupation du domaine public (stations de radio, télévision...) : 30725 (comptabilisation et évaluation) ; 32040 (amort.).
   Droit d'exploitation (transport, bar...) : 30745 (comptabilisation et évaluation) ; 32045 (amort.).
– **d'exploitation de brevets :** 30785.
– **de débit de boissons :** 30745 (comptabilisation et évaluation) ; 32045 (amort.).
– **de taxi :** 30725 (comptabilisation et évaluation) ; 32040 (amort.).
– **de téléphonie :** 32060 (amort.)
– **de transport :** 30745 (comptabilisation et évaluation) ; 32050 (amort.).
– **sportive** (mise à disposition du droit d'utilisation) : 30790.
– **UMTS :** 30725.
Voir également Concessions.
Redevances de – (perçues) : 10595, 12135 (brevets, marques, logiciels, etc.).
Redevances de – (versées) : 17280 (charges) ; 21195 (stocks).

Licenciement : 16925 s. (indemnités hors restructuration) ; 16945 (assurance) ; 16985 (indemnités de préavis) ; 16990 (maintien de la couverture sociale) ; 17020 (plan de retraite CATS/CASA) ; 17395 s. (restructuration) ; 21080 (incorporation dans les stocks).

Licenciement (suite)
  Contribution : 16545, 16945 (– de salariés âgés d'au moins 50 ans, préretraite –) ; 16355 (revitalisation du bassin d'emploi en cas de –).
  Prêts et subventions liés à des – : 16945.
  Voir Rémunérations.

Lifo (méthode) : 20815 s. (stocks).

Ligne de crédit : 43405.

Linge et vêtement de travail : 20450 (immo.) ; 25415 (faible valeur) ; 27590 (amort.).

Liquidateurs (mandataires) : voir Mémento Professions libérales.

Liquidation
  – **d'une entreprise individuelle :** 62190 s.
  – **d'une société :** 61805 s.
  – **judiciaire** (clients en –) : 11430, 12225, 37860 (titres d'une filiale en –) ; 61610 (obligations comptables d'une société en –).
  Acompte versé sur boni de – : 36390.
  Commissaire aux comptes : 61610, 61820, 61945.
  Clôture de – : 61945.
  Dissolution sans – d'une filiale à 100 % (TUP) : 75010, 75470.
  Sort de la réserve spéciale de plus-value : 56175.

Liquidités : 40025 (définition ; nantissement) ; 40790 (– en devises).

Liste des comptes : 96195 s. (base, développé et abrégé).
  Voir Clients.

Listes de mariage (ventes par –) : 11160.

Listes de clients : 30565, 32030 (amort. et dépré.).

Liste d'initiés : 81600.

Listing sponsor : 82170.

Litiges : 45910 s. (juridiction civile) ; 53230 s. (juridiction administrative).
  Créances litigieuses : voir Créances.
  Indemnité stipulée en monnaie étrangère : 45895.
  Production de la comptabilité en justice : 7280.
  Provision pour – : 45910 s.

Livraison
  – **à soi-même :** 28960 (comptabilisation de la production immobilisée).
  – **intracommunautaire :** 46850 s.
  Coût de – (incorporation dans le coût d'entrée) : 26220 (immobilisations) ; 20935 (stocks) ; 28655 (frais accessoires à la mise en service d'un bien loué).
  Définition : 10375.
  Enregistrement des produits à la – : 10375.
  TVA exigible sur les – : 46700, 46750.

Livre(s)
  – **comptables, de commerce, légaux :** 7010 s.
  Contenus : 7100 s.

Livre(s) (suite)
  Délais et forme de conservation : 7225, 9095 (tableau récapitulatif des délais).
  Forme, authentification et tenue : 7155 s.
  Production en justice : 7280.
  Sanctions : 7280 s.
  – **de caisse :** 12480.
  Liaison avec les pièces justificatives : 7440 s.
  Sanctions : 7280 s.
  – **de paie :** 9095.
  – **d'inventaire :** 7080 (suppression).
  – **journal :** 7080 (obligation) ; 7100 s. (contenu et enregistrement) ; 7155 s. (forme, authentification et tenue) ; 7225 (conservation).
  – **spéciaux :** 7080 (liste) ; 7225 (conservation).
  Grand – : 7080 (obligation) ; 7105 (contenu) ; 7155 (forme) ; 7160 (authentification) ; 7175 s. (tenue) ; 7225 (conservation).
  Transformation ou cession d'entreprise : 7230.
  Voir aussi Édition, Journal.

Location
  – **avec franchise :** 11295 (bailleur) ; 15740 (locataire).
  – **avec avantages consentis par le bailleur dans le cadre de la conclusion du bail :** 11295 (bailleur) ; 15745 (locataire).
  – **d'actions ou de parts sociales :** 37285.
  – **de coffre :** 16145.
  – **de fonds de commerce** (location-gérance) : 12135 (produits) ; 32275 s. (crédit-bail).
  – **de matériels :** 52030 (revente du matériel).
  – **de véhicules :** 20430 (compta.).
  – **d'un terrain pollué :** 27925.
  – **d'une liste de noms :** 30605 (frais de prospection).
  – **gérance :** 17040.
  – **financement :** voir Crédit-bail.
  – **vente :** 10070 (déf.) ; 11110, 15695 (redevances).
  Amortissement des biens en – : 27505 ; 38380 (sociétés de personnes).
  Biens destinés à être loués : 20430.
  Cession-bail (lease back) : voir Bail.
  Charges locatives : 15755.
  Classement comptable : 15715.
  Construction sur sol d'autrui : 25260 (compta.) ; 26450 (coût d'entrée) ; 27515 (amort.) ; 28275 (expiration du bail) ; 28735 (remise en état).
  Droit d'entrée : 11280 (perçu par le bailleur) ; 30640 (droit au bail versé à l'ancien locataire) ; 30660 (pas-de-porte versé au propriétaire) ; 30675 (location de fonds de commerce ou location-gérance) ; 31965 (amort.).
  Franchisage : 73060, 73120.
  Frais accessoires de mise en service d'un bien loué : 28655 (locataire).
  Frais directs engagés pour louer un bien : 26660 (bailleur).
  Indemnité reçue en cas de non-restitution : 45870.
  Loyers : 11295 (produits) ; 15715 s. (charges) ; 42810 (dépôts).
  Non-utilisation d'un bien en – : 15715.

Location (suite)
Provision pour remise en état : 28735.
Provision pour cessation de l'utilisation d'un bien en – : 17450.
Redevances de gérance : 12135 (produits) ; 17280 (charges).
Règles comptables applicables aux actifs loués : 25135 (exclusion du champ d'application des règles sur les actifs).
Règle d'enregistrement : 10595.
Remise en état de bien appartenant à autrui : 28735.
Renouvellement de bien appartenant à autrui : 28660 s. (pas d'obligation contractuelle) ; 28735 (obligation contractuelle).
Sous-location : 28535.

Logement : 16395 (allocation).

Logiciel
Étude d'ensemble : 30355 s. (à usage interne et à usage commercial) :
– acquis de faible valeur : 30380.
– autonome : 30355.
– de production (robotique) : 31060.
– dissocié : 30355.
– en tant que service ou « Software as a Service » (SaaS) : 10595 (prestataire) ; 30380 (utilisateur).
– faisant partie d'un projet de développement : 30355.
– incorporation dans le coût de production : 26620 (immo.) ; 21135 (stocks).
– indissocié : 30355.
– plateformes numériques : 30905 s.
– sites internet : 30905.
– sous-traité : 30400.
– sous licence d'exploitation : 30380.
Adaptation spécifique de – : 11155 (vente).
Annexe : 32830 s.
Cession de – : 32165 (à usage interne).
– assortie d'adaptations spécifiques : 11155.
Coût de production : 31550.
Dépenses ultérieures : 31170.
Mise en conformité de – : 25925 s. (liée à la sécurité ou à l'environnement) ; 28030 (provision).
Modification ou transposition de – existants : 31170.

Logo (frais de création) : 30965.
Loi
– « Dailly » : 40800 s.
– sur les sociétés commerciales : 2940 s.
Hiérarchie des sources : 2765.
Prévention des difficultés des entreprises : 65695 s. (documents).
Voir aussi Commissaires aux comptes, Procédure d'alerte, Rapport.
Travaux préparatoires (exposé des motifs, débats parlementaires) : 2765 (force juridique).

Lotissements : 11100 (analyse juridique) ; 11100 (comptabilisation).

Lots : 96300 (classement comptable).
Voir aussi Lotissements.

Loyers
– avec franchise : 11295 (bailleur) ; 15740 (locataire).
– avec avantages consentis par le bailleur dans le cadre de la conclusion du bail : 11295 (bailleur) ; 15745 (locataire).
– inégaux dans le temps : 11295 (bailleur) ; 15700 (locataire).
– perçus (produits non attribuables à l'acquisition ou la production) : 10625 (date comptabilisation) ; 11295 (crédit-bail).
– versés (incorporation au coût d'entrée) : 26220, 26620 (immobilisations) ; 21125 (stocks).
Voir aussi Location.

Lubrifiants : 15575.

M

Machines
– à affranchir : 16135.
– à écrire, à calculer : 25565.

Magasin
Coût de fonctionnement du – (réception, déchargement, manutention) : 20935 (coût d'acquisition des stocks) ; 21115 (coût de production des stocks) ; 26220 (coût d'acquisition des immo.) ; 26620 (coût de production des immo.).

Magasins (commerciaux) : 25415 (renouvellement de faible valeur des meubles meublants).

Mailing (frais de) : 15970.

Main-d'œuvre (coût de la –) : voir Rémunérations.

Maintenance
Contrats de – : 10575 s.
Critères de comptabilisation : voir Dépenses ultérieures.
Incorporation au coût d'entrée : voir Entretien et réparation.

Maison : 27140 (durée d'usage).

Majorations
– de retard : 45995, 46020 (provision).
– des taux d'amortissement dégressif : 27290.

Maladie
Maintien du salaire en cas de – : 16895.

Mali
– de fusion : 45410 (sur actif circulant), 75625 s., 75685, 75690 (vrai mali) ; 31080, 75740 s. (mali technique).
– de liquidation : 62105.
– d'indexation des annuités de règlement : 26195 (prix d'achat).
– d'inventaire : 11940 s. (production stockée) ; 15565 (achats consommés).
– sur emballages : 46370 s.
Voir aussi Devises, Indexation.

Malus
– d'indexation (rente viagère) : 26760.
– de CO_2 (première immatriculation de véhicules de tourisme) : 16120.

Management fees : 16170.

Mandat
Étude d'ensemble : 73300 s.
– **ad hoc :** 61200.
– **apparent :** 73300.
– **de recouvrement des créances clients :** 42855.
– **de gestion :** 42695 (conséquences sur les comptes de la société mandante).
Mandataires sociaux : 65101 (rapport sur le gouvernement d'entreprise).
Vente à des mandataires : 11065.

Mandataires-liquidateurs : voir Mémento Professions libérales.

Manifestation : 15970 (foire et congrès) ; 16030 (parrainage).

Manœuvres frauduleuses : 7295.

Manutention : 20935 (coût d'acquisition des stocks) ; 21115 (coût de production des stocks) ; 26220 (coût d'acquisition des immo.) ; 26620 (coût de production des immo.) ; 28655 (frais accessoires à la mise en service d'un bien loué).

Marchand de biens : 16490, 21325.
Droits de mutation des biens acquis sous le régime de – : 21325.
Immeubles ou appartements : 20470 (distinction stock/immobilisation) ; 21325 (distinction marchandises/produits finis) ; 21325 (coût d'entrée) ; 21635 (val. d'inventaire).

Marchandage (délit de –) : voir Prêt (de main-d'œuvre illicite).

Marchandises : 96320, 11825 (ventes) ; 15545 s. (achats) ; 20120 (class.) ; 21305 (coût d'entrée) ; 21490 (valeur d'inventaire) ; 21765 (dépréciation).
– **acquises en devises étrangères :** 40295 (prix d'achat) ; 21005 (effet de couverture).
– **détenues pour le compte de tiers (en dépôt) :** 22820 (annexe).
Coût et définition d'une – : 21305.
Distinction avec les produits finis : 21305.
Position globale sur – : 21875.
Voir aussi Achats, Stocks, Ventes.

Marchés
– **à terme :** 80900 (définition) ; 11105, 15220 (achat ou vente à terme de biens).
– **à terme d'instruments financiers (Matif) :** 80900 (définition) ; 41430 s. (principes comptables généraux).
– **de croissance des PME :** 80900.
– **de gré à gré :** 41485.
– **des options négociables de Paris** (Monep) : 80900 (définition).
– **internationaux (arbitrage) :** 12145 (gain) ; 17295 (perte).
– **libre :** voir Euronext Access.
– **organisé :** 41485.
– **publics :** 22435 (compt. analytique) ; 46030 (intérêts moratoires) ; 80030 (information).
– **réglementé :** 80900 (définition) ; 41680 (instruments financiers à terme).
Alternext : voir Euronext Growth.

Marchés (suite)
Distinction entre – réglementés, organisés, de gré à gré : 41485.
Euronext : 80900.
Euronext Access (ex-Marché libre) : 80900 (définition).
Euronext Growth (ex-Alternext) : 80900 (définition).
Pénalités sur – : 17295 (résultat courant), 46030 (résultat exceptionnel), 52030 (class. compt.).
Régulateur de – financiers : 2630 (AMF).

Marchés de partenariat
Étude d'ensemble : 72780 s.
Cession de créances futures : 40850.
Comptabilisation : 72860 s.
Droit d'exploiter l'équipement public : 72785 (recettes annexes), 72860 (comptabilisation).
Recettes accessoires : 72785, 72860 (comptabilisation).
Recettes annexes : 72785, 72860 (comptabilisation).

Marge
– **brute d'autofinancement :** 65975.
– **commerciale :** 52140.
– **sur coût de production :** 52205.
Taux de – : 52140.

Maroquinerie : 30950 (frais de collection).

Marque
– **acquise :** 30625.
– **viticole :** 30625 (acquise) ; 26770, 31605 (coût d'acq. conjointe) ; 31940 (amort.).
– **commerciale :** 30625 (acquise) ; 30965 (créée) ; 31155 (frais de défense, surveillance et renouvellement) ; 31340 (coût d'entrée) ; 31940 (amort.).
– **créée :** 30965.
Amortissement : 31940.
Contrats de louage : 30785.
Défense des – : 30570 (indemnités de non-concurrence) ; 30965 (coût de production) ; 31155 (frais de défense, surveillance et renouvellement) ; 31940 (amort.).
Dépenses ultérieures : 31155 (frais de défense, surveillance et renouvellement).
Dépréciation : 32010.
Droit d'utilisation d'une – : 30785 (droit d'entrée et redevances).
Frais de défense : 31155.
Frais de renouvellement : 31155.
Frais de dépôt : 30965.
Frais de surveillance : 31155.
Protection des – : 30965 (coût de production) ; 31155 (frais de défense, surveillance et renouvellement) ; 31940 (amort.).
Redevances pour concessions de licences de – : 17280 (charges) ; 21195 (stocks).
Taux de – : 52140.
Utilisation abusive d'une – : 30575 (dommages et intérêts).

Matérialité : 3565 (principe comptable).
seuil de – : voir Seuil de signification.

Matériel(s)
– **audio-visuel** : 25565.
– **d'emballage** : 46225 s.
– **d'entretien** : voir Pièces détachées.
– **d'importance secondaire et constamment renouvelé** : 25980.
– **d'infirmerie** : 25565.
– **d'occasion** :
  Stocks : 21615 (val. inventaire).
  Immobilisations : 25800 (décomposition) ; 26785 (régul. de TVA) ; 27500 (amort.).
– **de bureau et informatique** : 25565 (class. compt.) ; 25415 (de faible valeur) ; 27140 (durée d'usage).
  Programmes informatiques : 30355 s.
  Petit – : 25415.
– **de cantine** : 25565.
– **de démonstration et d'essais** : 20425.
– **de formation professionnelle** : 25565.
– **de laboratoire** : 25565.
– **de remplacement** : voir Composants.
– **de transport** : 25565.
– **démonté** : 22220.
– **destinés à économiser l'énergie** : 27290 (amort. dégressif majoré).
– **et outillages de faible valeur** : 15575 (class. comptable : charges) ; 25415 (définition).
– **et outillages destinés à des opérations de recherche scientifique et technique** : 27290 (amort. dégressif majoré).
– **et outillages spécifiques à une commande** : 21075 (coût de production), 21130 (frais de développement).
– **industriels et commerciaux** : 25555.
– **publicitaires** : 15925.
– **roulant** : 27140 (durée d'usage).
– **utilisés dans l'industrie de transformation du bois** : 27290 (amort. dégressif majoré).
Amortissement : 27140 (durée d'usage).
Casse de – : 18405 (sous-activité).
Location de – : 52030 (revente du matériel).
Mise en conformité : 25925 s. (immo. ou charges) ; 27600 (amort.).
Participation au financement de – qui resteront la propriété du sous-traitant : 25320.

Maternité
– **maintien de salaire en cas de –** : 16895.
Voir aussi Congés.

Matières
– **consommables (class. compt.)** : 15545 s. (achats) ; 20120 (stocks) ; 96240 (class.).
– **premières** :
  Achats : 15545 s.
  Incorporation dans le coût de production : 26590 (immo.) ; 21055 (stocks).
  Incorporation dans le coût d'acquisition : 26190 s. (immo.) ; 20910 s. (stocks).
  Position globale sur – : 21875.
  – à terme (achat et vente) : 21005 (coût d'entrée des stocks), 41995.
– **récupérées** : 22220.
Voir aussi Achats, Stocks.

Matif : voir Marchés.

Matrices (outillages spécifiques à une commande) : 21075 (coût de production), 21130 (frais de développement) ; 25320 (participation au financement d'un moule industriel).

Mécénat : 16035 (comptabilisation) ; 16032 (distinction avec le parrainage) ; 16065 (acquisition de trésors nationaux) ; 18585 (information et contrôle) ; 27585 (œuvres d'art, trésors nationaux).

Médaille (du travail) : 16805 (provision pour –).

Médias sociaux : 81545 (utilisation des – dans la communication financière des sociétés cotées).

Médicaments : voir Industries pharmaceutiques.

Message
– **structuré** : 12440 (factures transmises par e-invoicing) ; 12455 (factures transmises suivant les modalités antérieures au e-invoicing).

Métaux
– **non ferreux (industrie)** : 12930 (chiffre d'affaires) ; 20850 (coût d'entrée).
– **précieux** (entreprises de négoce) :
  Distinction immobilisations/stocks : 20400 ; 20475.
  Frais accessoires d'achat : 20935.
  Méthodes d'évaluation : 20850 (produits fatals).
  Récupération des – : 21250 (biens acquis conjointement).
  Placement en – : 20475.

Méthode(s)
– **applicables pour l'établissement des comptes annuels** : 2855 s.
– **applicables pour l'établissement de la liasse fiscale** : 2870.
– **comptables de référence** : 8395.
– **comptables préférentielles** : 8395.
– **d'amortissement** : voir Amortissements.
– **d'évaluation des stocks** :
  Éléments non interchangeables : 20790 (coût réel) ; 20835 (coûts standards) ; 20845 (prix de détail).
  Éléments interchangeables : 20795 ; 20810 (fifo) ; 20800 s. (CMP) ; 20835 (coûts standards) ; 20845 (prix de détail).
  Autres méthodes exceptionnelles : 20850.
– **de l'achèvement des travaux** : 10875 s. (étude d'ensemble) ; 10790 (tableau comparatif avec les autres méthodes).
– **de l'avancement des travaux** : 10795 s. (étude d'ensemble) ; 10790 (tableau comparatif avec les autres méthodes) ; 10955 (BTP).
– **de l'impôt exigible** : 52950 s.
– **de l'imputation rationnelle** : 21150.
– **de référence** : 8395.
– **des composants** : 25705 s.
– **du report d'impôt (impôts différés)** : 52950 s.
– **fifo** : 20810 (stocks).
– **lifo** : 20820.
– **nifo** : 20825.
– **préférentielles** : 8395.
– **utilisées (annexe)** : 64625 (base).

Méthode(s) (suite)
Changement de – : 8455 s. (principes) ; 66515 (délit).
Lien entre comptes individuels et comptes consolidés : 8400.
Règles comptables et image fidèle : 8355 s.

Meubles : 25565.
Renouvellement de – meublants de bureau et de mobilier de commerces : 25415 (de faible valeur).
Voir aussi Mobilier.

Micro-entreprises : 8150 (obligations comptables des micro-BIC) ; 64220 (définition et obligations des – au sens comptable).
Confidentialité des comptes : 64282.
Dispense d'annexe : 64220.
Régime fiscal : 8060 (personne morale), 8150 (personne physique).

Middlenext
Code de gouvernement d'entreprise pour les valeurs moyennes et petites de – : 65099.

Minitel : 11300 (centre serveur : sommes reversées par France Télécom).

Mise au rebut : 28120 (immobilisations).

Mise en conformité (frais) : 25925 s. (immobilisation ou charges) ; 27600 (amortissement) ; 28030 (provision).
– avec le règlement général sur la protection des données (RGPD) : 25945 ; 30895 (projet interne).

Mise en équivalence
Méthode d'évaluation de titres (comptes sociaux) : 36210.

Mise en route (frais de –) :
– d'un atelier, d'une installation : 26315.

Mise hors service
– d'une immobilisation : 28255.

Missions et réceptions : 16100.

Mitoyenneté : 26440.

Mobilier : 25565 (class. compt.) ; 25415 (biens de faible valeur) ; 27140 (durée d'usage).

Mobilisation de créances
– commerciales : 40860.
– futures : 40850.
Affacturage : 42795.
– inversé : 42835.
Cession de créances professionnelles (loi Dailly) : 40820.
Escompte : 40735.
Titrisation : 42830, 50205, 50755 (information).

Modèles : 30950 (comptabilisation) ; 31945 (amort.)
– de bilans et de comptes de résultat : 95500 s.
Voir aussi Brevets, Dessins.

Modulation du temps de travail : voir Accord d'aménagement du temps de travail.

MOF (« Multiple option facilities ») : 42880.

Moins-values : voir Plus-values.
– nettes à long terme imputées sur la réserve spéciale : 56170.
Impôts différés sur – à long terme : 52985.

Monep : voir Marchés.

Monnaies étrangères : voir Devises.

Montage (frais de –) :
– d'un matériel (frais accessoires d'acquisition) : 26220.
– d'un matériel loué (frais accessoires à la mise en service) : 28655.

Montants compensatoires : 11860 (exportation) ; 15610 (importation) ; 21280 (stocks).

Moquette : 25915 (immo. ou charges).

Moules industriels : 21075 (coût de production), 21130 (frais de développement) ; 25320 (participation au financement).

Moyennes entreprises : 64220 (définition et simplifications comptables).

Moratoires : 40975 (paiement des emprunts).
Intérêts – : 53125.

« Multiple option facilities » (MOF) : 42880.

Mutuelles : 3155 (plan comptable) ; 3180 (obligations comptables).
Sociétés d'assurance – : 85010 (commissaire aux comptes).

N

Nantissement : 37305 (Titres donnés en – dans le cadre de contrats de garantie financière assortis d'un droit d'utilisation) ; 40025 (compte bancaire ordinaire) ; 40800 s. (de créances professionnelles : loi « Dailly ») ; 50045.

Nationalisation : 27725 (indice de perte) ; 70475 (établissements étrangers).

Navires : 27395 (durée d'amortissement) ; 38390 (participation dans une copropriété de – : quirat) ; 27900 s. (provision pour gros entretien et grandes visites) ; Carénage des – : 27900 s. (provision pour gros entretien et grandes visites).

Négoce
– en biens d'occasion : 21615 (valeur d'inventaire).
– en or, autres métaux et pierres précieuses, matières premières agricoles, vin, gaz, pétrole... : 20475 (distinction avec placement).
Marge commerciale : 52140.
Opérations de – international (Bpifrance Assurance Export, anciennement Coface) : 42410 s.

NEP : voir Normes.

Nettoyage : 16170 (courant).
Coût du – : 21325 (marchands de biens).

Nifo (méthode) : 20825.

Nom de domaine : 30905 s. (comptabilisation) ; 32070 (amortissement).
Voir aussi Internet.

Nomenclatures comptables
  Professions libérales : 3170.
  Titulaires de charges et offices : 3170.

Nominalisme (principe de) : 3550.

Noms (liste de –) : 30605 (frais de prospection).

Normes
  – **CNC :** voir ANC.
  – **environnementales :** 27925 s., 28010 (provision).
  Voir également Remise en état.
  – **internationales IASC :** voir International Accounting Standards Committee.
  – **ISO :** 25945 (dépenses en vue de l'obtention).

Notaires : 3170 (obligations comptables).
Voir aussi Honoraires.

Notes
  – **annexes :** voir Annexe.
  – **d'information :** (ou prospectus) ; 82025 (émission) ; 82035 s. (contenu) ; 82085 s. (contrôle).
  – **de présentation d'un règlement de l'ANC :** 3020.
  – **sur le bilan :** voir Annexe.
  – **sur le compte de résultat :** voir Annexe.

Notifications :
  – **concernant les prises de participation et de contrôle :** 39015, 39020.
  – **concernant les ventes à découvert :** 39015.
  – **concernant les cessions temporaires :** 39015.

Noyaux durs : 37585 (titres).

Nue-propriété : 25440 (critères de comptabilisation) ; 36205 (comptabilisation des dividendes) ; 54037 (répartition des dividendes).

Numéro d'identification : 60010.

Objet social : 60515 s. (changement d'–).

Obligataires
  Droit de communication : 80135 s.

Obligations
  – **comptables :**
    – **permanentes :** 7010 s.
    Contribuables soumis au régime simplifié : 7940 s., 8130.
    Micro-entreprises : 8150.
    hors bilan : 50200 s. (définition), 50755 (infor-

Obligations émises par l'entreprise (suite)
  – **à option de conversion ou d'échange en actions nouvelles ou existantes (Oceane) :** 38185 (détenteur) ; 41290 (émetteur).
  – **à prime :** 37955 (détenteur) ; 41100 (émetteur).
  – **avec bons de souscription :** 38180 s. (détenteur) ; 41255 s.
  – **convertibles en actions :** 41255 s., 55120.
    – **à prime :** 38185 (détenteur) ; 41280 (émetteur).
    – **sans prime :** 38185 (détenteur) ; 41255 (émetteur).
  – **échangeables contre des actions :** 41285, 55120 (émetteur) ; 38185 (détenteur).
  – **émises au-dessus du pair :** 41125.
  – **indexées :** 41130 (émetteur) ; 37960 (détenteur).
  – **perpétuelles :** voir Titres subordonnés à durée indéterminée.
  – **rachetées :** 41355 s.
  – **remboursables en actions (Ora) :** 38190 (détenteur) ; 41295, 56970 (émetteur).
  – **remboursables en actions nouvelles ou existantes (Orane) :** 38190 (détenteur) ; 41295, 56970 (émetteur).
  – **sans prime :** 37950 (détenteur) ; 41090 (émetteur).
    Convertibles en actions : 38185 (détenteur) ; 41255 (émetteur).
  Frais d'émission : 41020.
  Garantie de bonne fin : 40960.
  Obsa : 38200 (détenteur) ; 41300, 55120 (émetteur).
  Obsar : 38210 (détenteur) ; 41305 (émetteur).
  Obsaar : 38210 (détenteur) ; 41305 (émetteur).
  Obso : 38265 (détenteur) ; 41330 (émetteur).
  Oceane : 38185 (détenteur) ; 41290, 55120 (émetteur).
  Ora : 38190 (détenteur) ; 41295, 56970 (émetteur).
  Orane : 38190 (détenteur) ; 41295, 56970 (émetteur).
  Prime d'émission : 41100 (définition) ; 41120 (amortissements).
  Prime de remboursement : 41100 (définition) ; 41120 (amortissements).
  Publications : 81680 s. (tableau récapitulatif) ; 81895 s. (détails).
  Rachat par une société de ses propres – : 41355 s.
  Visa de l'AMF (procédure) : 82085.

Obligations en portefeuille (détenteurs) :
  Exemple d'ensemble avec intérêts courus : 36605.
  – **à coupon unique :** 37970.
  – **à coupon zéro :** 37965.
    – **à fenêtre :** 37975.
    – **sans prime :** 37950.
  – **à taux fixe :** 36585 (intérêts courus).
  – **à taux révisable :** 36585 (intérêts courus).
  – **à taux variable :** 36585 (intérêts courus).
  – **à prime :** 37955.
  – **avec bons de souscription d'actions (Obsa) :** 38200.

Obligations en portefeuille (détenteurs) (suite)
– avec bons de souscription d'actions remboursables (Obsar) : 38210.
– avec bons de souscription ou d'acquisition d'actions remboursables (Obsaar) : 38210.
– avec bons de souscription d'obligations (Obso) : 38265.
– convertibles et échangeables : 38185.
– cotées : 36085 (provision).
– remboursables en actions (Ora, Orane) : 38190.
Cession : 36700 s. (évaluation) ; 36915 s. (comptabilisation) ; 36605 s. (intérêts courus).
Comptabilisation avec intérêts courus : 36605.
Détermination des intérêts courus : 36585.
Emprunt obligataire indexé : 37960 (détenteur).
Échange : 37160.
Intérêts : 36605.
Rachat par une société de ses propres – : 41355 s. (conséquences) ; 82210 (information).
Titres subordonnés à durée indéterminée : 37980 (détenteur).

Obsa : 38200 (détenteur) ; 41300 (émetteur).

Obsaar : 38210 (détenteur) ; 41305 (émetteur).

Obsar : 38210 (détenteur) ; 41305 (émetteur).

Obso : 38265 (détenteur) ; 41330 (émetteur).

Occasion
Stocks : 21615 (valeur d'inventaire).
Immobilisations : 25800 (décomposition) ; 26785 (régul. de TVA) ; 27500 (amortissement).

Oceane : 38185 (détenteur) ; 41290 (émetteur).

Œuvres
– d'art : 27585 (immo. ; amort. ; mécénat).
– d'intérêt général : 46050.
– sociales : 96300 (liste des comptes du PCG ; compte 647).

Offre
– au public de titres financiers : 81040 s. (définition).
– de jetons : 42600 s.
– en cours : 21295 (stocks).
– publique d'achat :
  Comptabilisation : 37625.
  Consultation : 80280 (comité social et économique).
  Information : 82210, 80280 (comité social et économique) ; 80295 (comité de groupe).
  Titres acquis par – : 35175.
– publique d'échange : 37160 (comptabilisation) ; 80280 (comité social et économique) ; 80295 (comité de groupe) ; 82210 (information).
– publique de retrait : 82210 (information).

Omission
– d'un droit à déduction TVA : 47075.
– d'écritures : 7280 s. (sanctions et conséquences).
– d'établissement des documents comptables : 66500.

OPCI : 3205, 35175 (titres d'–), 36700 (plus ou moins-values à long terme) ; 37160 (échange de titres en cas de fusion entre SPPICAV et FPI).

OPCVM : 3205.
Parts ou actions d'– : 37480 s.
Voir également Sicav ou FCP.

Opérations
– à long terme : voir Contrats.
– à terme : 41430 s. (principes généraux comptables) ; 41565 s. (couvertures) ; 42115 s. (positions ouvertes isolées).
– au comptant : 12560 ;
– bancaires : 74370 (intérêt d'une mise en fiducie).
– courantes et exceptionnelles : 52030 ; 16430 (CVAE).
– de coopération : voir Coopération.
– de couverture : voir Couverture.
– de levée de fonds : 42600 s. (offre de jetons numériques, ICO).
– de négoce international (Bpifrance Assurance Export, anciennement Coface) : 42410 s.
– de swap : 41445 (soulte) ; 41800, 42020 (couverture) ; 42145 (position ouverte isolée).
– d'inventaire : 7690.
– en position ouverte isolée : voir Position ouverte isolée.
– faits en commun : voir Société en participation.
– financières : 40005, 40075 (classement comptable) ; 74370 (intérêt d'une mise en fiducie).
– hors-bilan : 50200 s. (définition) ; 50755 (information).
– intracommunautaires : 46845 s.
– particulières avec l'État : 17115 s. (aides à l'emploi).
– partiellement exécutées à la clôture de l'exercice : 10760 s., 15205 s.
– pour le compte de tiers : 73300 s.
– relatives aux exercices antérieurs : 45600 s.
– sur les marchés à terme d'instruments financiers : 41430 s. (principes comptables généraux).
– spéculatives : 42115 s.
– symétriques : 41665 s.
Voir aussi chaque rubrique.

Opposition
– sur salaires : 17195.
– à contrôle fiscal : 7610 (comptabilités informatisées) ; 7890.

Option(s)
– comptables : 8355 s. (choix offerts par les règles).
– d'achat d'actions (« call ») : 37660 ;
Voir également Call.
– d'achat d'actions (salariés) : 55615 s. (sociétés cotées : plan de rachat d'actions) ; 55750 s.
– d'achat de licences : 30780.
– de souscription (salariés) : 55750 s. ; 55770.
– de vente (« Put ») : Voir Put.
– du règlement « IFRS 2005 » : 3435.
Comptes consolidés : 8375.

Option(s) (suite)
  Comptes individuels :
    Coûts d'emprunt : 26335 s. (immo.) ; 20945 s. (stocks).
    Dépenses de gros entretien et grandes visites : 27900 s.
    Frais d'acquisition d'immobilisations : 26260.
    Frais d'émission des emprunts : 41020.
    Frais d'établissement : 45110 s.
    Frais de développement : 30285, 30845 s.
    Méthodes d'évaluation des stocks : 20795.
    Réévaluation des immobilisations : 56665 s.
  Droit d'– :
    – sur construction : 26445 (coût d'entrée).
    – sur titres : 37660 (versé ou reçu).
    Dédit sur – : 26445 (coût d'entrée de la construction) ; 37660 (titres).
    Marché des – négociables de Paris : 80900 (définition).
    Primes d'– : 41800 (couverture) ; 42150 (position ouverte isolée).
    Vente d'– : 41615.

Or : 11130 (prêt de consommation) ; 20400 (stocks) ; 20475 (placement).

Ora : 41295, 56970 (émetteur) ; 38190 (détenteur).

Orane : 41295, 56970 (émetteur) ; 38190 (détenteur).

Ordinateur : 25565 ; 27140 (durée d'usage).

Ordre
  – de virement : 40660, 40700, 40755 (date d'enregistrement).
  Compte d'– : 56170 (réserve spéciale).

Ordre des experts-comptables (OEC) : 3320.

Organic : voir Contribution sociale de solidarité.

Organisation de l'entreprise
  – du plan de comptes : 7750 s.
  – de la comptabilité : 7385.
  Contrôle interne : 8745.
    Informations sur les procédures de – : 65025 (rapport de gestion).
  Document décrivant les procédures et l'– comptables : 7840.
  Frais d'–, de rénovation ou de réorganisation : 30895.
  Gouvernement d'entreprise : 65095 (rapport du CA ou du CS).
  Informatique : 7520.

Organisations syndicales et professionnelles : 3200 (obligations comptables).

Organismes
  – de droit privé : 80030 (information financière).
  – de financement (organismes de titrisation et organismes de financement spécialisé) : 3205 (règles de tenue de comptabilité).
  – de formation : 3200 (obligations comptables).
  – de Sécurité sociale du régime général : 3225 (plan comptable particulier).

Organismes (suite)
  – mutualistes : 3155 (règles de tenue de comptabilité).
  – sociaux : 16620 (comptabilisation).

Outillage
  – industriel : 25320 (participation au financement de l'–) ; 25555 (class.).
  – spécifique à une commande : 21075 (coût de production), 21130 (frais de développement).
  Amortissement : 27140 (durée d'usage).
  Petit matériel et – : 15575 (class. compt. : charges) ; 25415 (de faible valeur).
    – donné en location : 27510 (amortissement).
  Voir aussi Matériel.

Outplacement : 16945.

Ouverture : (frais d'–) :
  – d'une nouvelle installation : 26295.
  – d'un point de vente : 31320.

Ouvrages d'infrastructure : 25545.

P

Paceo : voir Programmes d'augmentation de capital par exercice d'options.

Pacs : 16715 (salaire du partenaire lié à l'exploitant par un –).

Pacte
  – d'actionnaires : 35175 (titres de participation) ; 57745 (information).

Paie : voir Paye.

Paiement
  – par chèque barré : 43145.
  – par compte courant : 40775.
  – tardif : 46045 (pénalités).
  Délais de – des créances et des dettes : 18635 ; 64980 (rapport de gestion) ; 65050 (contrôle par le commissaire aux comptes).
  Opérations financières (étude d'ensemble) : 40005.
  Risque de non – : 42795 (affacturage).

Paradis fiscal (entité située dans un État à régime fiscal privilégié) : 16170 (prestations de services) ; 17280 (redevances) ; 42965 (intérêts) ; 70370 (succursale).

Paraphe : 7160.

Parking : 16110 (frais de –) ; 25540 (aménagements).

Parrainage : 16030 (comptabilisation) ; 16032 (différence avec le mécénat) ; 18585 (information et contrôle).

Partage : 62115 s. (liquidation).

Partenariats public-privé (PPP), voir Marchés de partenariat.

Participations
  – à des dépenses d'équipement : 25300.
  – à des travaux à proximité de sites concédés : 25300 (immobilisations).

Participations (suite)
– à l'effort de construction : 16365 s.
– à la formation professionnelle continue : 16300 s. ; 16260 s. (Cufpa).
– au financement de biens dans le cadre d'un contrat de prestation de services ou de fourniture de biens : 25320.
– au financement d'un matériel (moules industriels) : 25320 (comptabilisation).
– dans copropriété de navire (quirat) : 38390.
– réciproques : 38605 s. (calcul et information) ; 38960 (rapport de gestion).
– reçues (ou consenties) en sociétés en participation : 73910 s.
Créances rattachées à des – : voir Créances.
Définition : 35040 (droit des sociétés) ; 35155 (comptable).
Voir aussi Créances, Dettes, Prise de contrôle ou de participation, Société en participation, Titres en portefeuille.

Participation des salariés (aux résultats) :
Étude d'ensemble : 53545 s.
Abondement dans le cadre d'un plan d'épargne : 16815.
Absence d'accord : 53790 (conséquences).
Acompte sur dividendes : 53670 (impact sur les capitaux propres).
Attestation du bénéfice net et des capitaux propres : 53740, 53170 (redressements fiscaux).
Calcul de la – : 53595 s.
Changement de méthode : 53670 (impact sur les capitaux propres).
Comptabilisation : 53790 s.
Compte épargne-temps : 16775.
Contributions supplémentaires d'IS (incidence sur la –) : 53600.
Défaut de constitution : 53790 (conséquences).
Établissement français d'une société étrangère : 70600 (assujettissement).
Forfait social : 16855 ; 53595 (impact sur le calcul de la –).
Fusion : 53662 (impact sur les capitaux propres).
Groupes de sociétés : 53715.
Incorporation dans les stocks : 21080.
Nature juridique : 53790 s.
Prescription : 18750, 53870.
Présentation : 53875 s.
Prêts à des salariés : 40190 (val. d'inventaire).
Redressements fiscaux : 53170 (définitifs).
Report en arrière des déficits : 53620.
Supplément de – : 53815.
Unités économiques et sociales : 53720.
Versement au dépositaire du FCP (dans le cadre d'un PEE, PEI, Perco ou Pereco), des fonds aux salariés : 53840.
Voir Rémunérations.

Partie
– double : 1220.
– liée : 35075 (définition) ; 38865 (annexe).

Partis politiques : 3200 (obligations comptables).

Parts de marché : 30465 s.

Parts sociales et participations
Définitions : 35015, 35040.
Location d'actions ou de – : 37285.
Participation dans un GIE : 38380, 73670 s.
Participation dans une société en participation : 38385, 73775 s.
Parts dans une société de personnes : 36480 s. (résultat) ; 36530 (dépréciation) ; 36785 (cession).
Parts de fonds commun de placement : 37500.
Parts de sociétés immobilières de copropriété : 38360.
Tableau des filiales et participations : 38795 s.
Voir aussi Filiales, Titres en portefeuille.

Pas-de-porte : voir Droits.

Passif
– environnemental : 27925 s. ; 28735 (biens loués). Voir également Remise en état.
– éventuel : 52520, 48130 (distinction entre les différents passifs).
– exigible : 61595 (cessation des paiements).
Démantèlement : 27925 (obligation des sociétés mères) ; 27945 (provision) ; 28735 (biens appartenant à autrui).
Dépollution : 27925 s. ; 28735 (biens loués).
Généralités : 1120 s.
Gros entretien et grandes visites : 27900 s.
Voir également Entretien.
Mise en conformité : 28030.
Remise en état : 27925 s. ; 28735 (biens loués).
Situation de l'actif réalisable et disponible et du – exigible : 66170 s.
Voir aussi Régularisation et chaque poste concerné.

Patrimoine comptable
Association : 25150.
Définition et comptabilisation :
Immobilisations corporelles : 25105 s.
Immobilisations incorporelles : 30105 s.
Stocks : 20105.
Éléments constitutifs :
Immobilisations corporelles : 25240 s.
Immobilisations incorporelles : 30255 s.
Stocks : 20195 s.
Patrimoine d'affectation : 60255 s. (exploitants individuels).
Patrimoine juridique : 25155, 25255.

Paye
Bulletins de – : 18095.
Écritures de – : 16620.
Livre de – : 18095.

PCAOB : voir Public Company Accounting Oversight Board.

PCG : voir Plan comptable général.

Pêche (Frais de –) : voir Somptuaire.

Pédalos : 25415 (location).

Peintures : 25915 ; 26455 (– sur véhicules).

Pénalités

– **environnementales** : 46000 (provision) ; 46020.
– **administratives et pénales** (fiscales, sociales et pour infraction à la réglementation économique) : 45980 s. (charges except.) ; 46020 (provision) ; 53090, 53190 (redressements fiscaux) ; 53205 (redressements sociaux).
– **pour défaut d'accord ou de plan en faveur de l'égalité hommes-femmes** : 16400.
– **pour défaut d'accord ou de plan relatif à la prévention de la pénibilité** : 16400.
– **pour défaut d'accord ou de plan relatif à la prévention des effets de l'exposition aux facteurs de risques professionnels** : 16400.
– **pour non-respect des obligations d'économie d'énergie** : 20605 s.
– **pour paiement tardif** : 10355, 46045, 26195 (prix d'achat).
– **sur immobilisations** : 45820 s.
– **sur marchés (ou intérêts de retard)** : 17295 (résultat courant), 46030 (résultat exceptionnel), 52030 (class. compt.).
– **Provisions** : 46020.

Pénibilité

– **pénalité pour défaut d'accord relatif à la – :** 16400.
Compte professionnel de prévention (C2P) : 16340.

Pensions

– **de retraite** : voir ce mot.
Voir aussi Engagements et Provisions pour retraite, Rémunérations.
– **livrées** : 37280.
Contribution spécifique dans le cadre des régimes de retraite supplémentaire à prestations définies (régimes « chapeaux ») : 16535.

Peps : voir Fifo.

Perco : 16815.

Pereco : 16815.

Période

– **d'acquisition** : 26265 s.
– **d'incorporation des coûts** : 26370.
– **de production** : 26265 s.

Permanence des méthodes : 3560 (principe) ; 8455 s. (application).

Personnel

– **extérieur, intérimaire, détaché (rémunération)** : 15880 (utilisé) ; 16790 (prêté).
Actionnariat salarié : 55745.
Aides aux services à la personne : 17110, 17145.
Attestation des rémunérations : 18545.
Attribution gratuite d'actions : 55870 s.
Biens loués au – : 27510 (amort.).
Charges de – : 16595 s. (comptabilisation) ; 17395 s. (plan de sauvegarde de l'emploi) ; 21080 s. (stocks) ; 96200 (liste des comptes du PCG).
Voir Rémunérations.
Compte de – : 96260 (liste des comptes).
Créances et dettes : 17190 s.

Personnel (suite)

Dépôt de fonds (limitation) : 42820.
Détournement de fonds : 46050.
Frais de crèches : 17105, 17145.
Frais de déménagement : 17055.
Frais de recrutement : 16170, 16530 (étrangers).
Livre de paye : 18095.
Mise à disposition (ou utilisation) de personnel à titre gratuit : 15880.
Options de souscription ou d'achat d'actions : 55750 s.
Pourboires versés au – : 17175.
Prêt au – : 17185.
Provision pour prêts d'installation à d'anciens salariés : 56370.
Reconnaissance de dettes (suite à un détournement) : 46050.
Registres du – : 18095.
Rémunérations du – : 16620 s. (comptabilisation).
Voyages de stimulation : 16100.

Personnes morales

Responsabilité des – : 7300.

Personnes morales de droit privé non commerçantes exerçant une activité économique

– **tenues d'établir des documents** : 3180 (comptes annuels) ; 65695 s. (documents prévisionnels et tableau de financement).
Activité économique : 3180.
Contenu et présentation des comptes annuels : 64180 s.
Conventions réglementées : 80420 (communication au commissaire aux comptes).
Délai d'établissement des comptes annuels : 64125.
Potentiel de services : 21510.
Procédure d'alerte : 60820.
Règles d'établissement des comptes annuels : 3180.
Réglementation (plan comptable) : 3180.

Personnes physiques : 64225 (comptes annuels à établir).

Pertes

– **à terminaison** : 10860 (méthode à l'avancement) ; 10890 (méthode à l'achèvement) ; 10865 (estimation non fiable).
– **d'exploitation (assurance)** : 45785.
– **d'exploitation initiale** : 26295 (immo. corp.) ; 31320 (immo. incorp.).
– **de change** : voir Devises.
– **de filiale étrangère** : 36430.
– **de la moitié des capitaux propres** : 55025.
– **de préexploitation (immobilisations produites)** : 26295, 26315.
– **de valeur** : 27715 s. (immo. corp.) ; 31825 (immo. incorp.) ; 27725 (indices de –).
Voir Dépréciation.
– **imputées sur la réserve spéciale des plus-values à long terme** : 56170.
– **opérationnelles** : 26295 (immo. corp.) ; 31320 (immo. incorp.).

Pertes (suite)
 – **potentielles (sur commande)** : 10790.
 – **sur contrat** : 11625.
 Affectation d'une – : 53955 s. (toutes entreprises).
 Apurement des – : voir Abandon de créances, Coup d'accordéon.
 Voir aussi Résultat.

Petit matériel et outillage : voir Matériel, Outillage.

Petites et Moyennes Entreprises : voir PME.

Pétrole
 Placement en – : 20475.

Photocopies : 7455.
 Matériel de – : 25565.

Pièces détachées de rechange (ou de sécurité)
 Classement comptable : 15575 (charges) ; 20445 (immobilisation ou stock).
 Évaluation (stocks) : 21565 (détachées).
 Pièces démontées et récupérées : 22220.

Pièces justificatives : 7435 s. (détails et mentions obligatoires) ; 9095 (tableau récapitulatif).
 Archivage : 7455 (modalités d'–) ; 16170 (comptabilisation des frais d'–).
 Charges d'exploitation : 18085 s.
 Facture électronique : 12455 s.
 Piste d'audit fiable : 12470.
 Ventes et produits : 12365 s.

Pierres précieuses : 20475 (placement en –).

Placement :
 – **en or, autres métaux et pierres précieuses ou diamants, matières premières agricoles, vin, gaz, pétrole…** : 20475 (distinction avec négoce).
 Voir aussi Titres en portefeuille.

Plafonnement
 – **de la contribution économique territoriale en fonction de la valeur ajoutée** : 16445 (exercice de rattachement du dégrèvement) ; 16450 (comptabilisation du dégrèvement).
 – **des (provisions pour) dépréciations de certains titres de participation** : 35980.

Plan
 – **comptable général** : voir Plan comptable général.
 – **comptables professionnels** : 2875 ; 3315 ; 27145.
 – **d'amortissement** : 27065.
 Modification du – : 27330 s. ; 27765 s. (conséquence d'une dépréciation).
 – **de comptes (de l'entreprise)** : 7750 s.
 – **d'épargne (PEE, PEI, Perco)** : 16170 (frais de gestion) ; 16815 (abondement et frais de gestion) ; 16775 (compte épargne-temps) ; 16845 (intéressement) ; 16855 (forfait social) ; 53840 (participation des salariés).
 – **de financement prévisionnel** : 66440 s.
 – **de redressement** : 61605 (redressement judiciaire).

Plan (suite)
 – **de sauvegarde** : 61420 (procédure de sauvegarde de droit commun) ; 61480 (procédure de sauvegarde accélérée).
 – **de sauvegarde de l'emploi** : voir PSE.
 – **de stock-options** : voir Stock-options.
 – **de vigilance** : 65012 (mention dans le rapport de gestion des SA)
 Accession des salariés au capital : voir Capital.

Plan comptable général (PCG) :
 Étude d'ensemble : 3070 s.
 – **professionnels** : 3315 (caducité).
 Adaptation sectorielle : 3125.
 Annexes : 64525 s.
 Cadre comptable : 7760.
 Caractère réglementaire : 3070.
 Champ d'application du – : 3125.
 Liste des comptes : 96195 s. (base, développé et abrégé).
 Relation entre liste des comptes et postes des documents de synthèse : voir Bilan, Compte de résultat.
 Sanctions de la non-application du – : 2865.

Plantations annuelles : 20465 (distinction immo. ou charges).

Plantations pérennes : 20465 (distinction immo. ou charges).

Plomberie : 25915 (travaux).

Plus-values (et moins-values) :
 – **à court terme (étalement de l'imposition)** : 29425 ; 28320 (cession-bail).
 – **à long terme** :
  Affectation de résultat : 54037.
  Indivisibilité du résultat comptable : 53970.
  Réserve spéciale des – : 56155 s.
  Taxation différée des – : 29425 ; 28320 (cession-bail).
 – **de réévaluation** : voir Réévaluation.
 – **sur immobilisations** : 28100 s. (détermination) ; 29290 s. (comptabilisation).
 Cession-bail (lease-back) : 28320 (étalement des –).
 Vente à réméré (avec faculté de rachat) : 28265.
 Voir aussi chaque rubrique concernée.

PME :
 – **innovante** : 37640 (amortissement exceptionnel).
 Durée d'amortissements des immobilisations corporelles : 27150.
 Exonération de CSB : 52635.
 Exonération des plus-values de cession d'immobilisations corporelles : 28100.
 Participations des salariés : 53620.
 Taux réduit d'IS : 52620.

Points de vente (frais d'ouverture et de réouverture) : 31320.

Pollution : 15820 (assurance ; coûts de dépollution) ; 27925 s. (provision pour dépollution).
Voir aussi Déchets, Remise en état.

Pool
– **de trésorerie (au sein d'un groupe) :** 40785 ; 42565 (compte courant).

Portage : 37355 (étude d'ensemble).

Portefeuille de contrats : 30565, 32030 (amort. et dépré.).

Portefeuille-titres : 35000 s. (étude d'ensemble).
Mandat de gestion : 42695.
Voir aussi Titres en portefeuille.

Ports facturés : 11855 (comptabilisation).

Position globale :
– **de change :** 40445.
– **sur matières premières :** 21875.

Position ouverte isolée (opérations en –) :
Étude d'ensemble : 42115 s.
Notion de – : 42120.
Positions globales :
– **de change :** 40445.
– **sur matières premières :** 21875.
Prime d'option versée : 42150.
Résultat de l'opération en – : 42125.
Soultes versées ou reçues : 42145.
Swap de taux : 42145.
Voir aussi Instruments dérivés.

Positions symétriques : 41665 s.

Postes (des comptes annuels) : 64185 (déf.).
– **concernant les entreprises liées :** 38845.
– **téléphoniques :** 25565.

Potentiel
– **de services :** 25150 (associations, fondations…).

Pots-de-vin : 15895.

Pourboires : 96300 (class. compt.) ; 17175 (évaluation).

Pourvoi (en cassation) : 45940, 45970.

Pouvoirs du comité social et économique : 80285.

Préavis : 16985 (indemnités).

Prédominance de la substance sur l'apparence : 3580.

Préexploitation (frais de –) :
Formation et frais généraux : 26295.
Frais de prospection, publicité : 15970.

Préfinancement : 31320 (frais de –).
Crédit de – : 40870.

Prélèvements
– **à la source obligatoires :** 43010 (intérêts versés) ; 36605 (intérêts reçus).
– **de l'impôt sur le revenu :** 16620.
– **communautaires (CE) :** 21280 (évaluation des stocks).
– **de l'exploitant individuel :** 15580 (en nature) ; 56010 (financiers).

Prélèvements (suite)
– **sociaux :** 43010 (intérêts versés) ; 36605 (intérêts reçus).
– **sur les distributions :** 54075 et 54077 (– fiscaux) ; 54080 (– sociaux).

Préloyers
– **versés (préexploitation) :** 31320.
– **réglés sous forme de redevances de crédit-bail :** 15695.
Frais d'ouverture ou de réouverture : 26295 (installation) ; 31320 (point de vente).

Préparation (frais de –) :
– **des gravières et carrières :** 26295 (nouveau traitement des charges à répartir).
– **d'un terrain en vue de l'exploitation d'un gisement :** 26295 (nouveau traitement des charges à répartir).

Prépondérance immobilière : voir Sociétés.

Préretraite
– **licenciement :** 16545 (contribution).
– **CATS/CASA :** 17020 (allocations) ;
– **« maison » :** 16545 (contribution) ; 17020 (indemnité ; allocations).
Aide de l'État : 17115 s. ; 17155 (restitution).
Allocations et indemnités de – : voir Rémunérations.
Contribution : 16545 (rupture de contrat) ; 17155 (majoration en cas de préretraite progressive).
Produit à recevoir : 17020.
Provision pour – : 17020 (indemnités ; allocations) ; 17155 (restitution des aides) ; 17420 (plan de sauvegarde de l'emploi).

Prescription
– **commerciale :** 45920.
– **fiscale :** 18760 (délai de recouvrement) ; 53280 (délai de reprise).
Extinction des créances : 18740 s.
Extinction des dettes : 15090, 18740 s.
Salaires : 17205.

Présentation (changement de –) : 8455 s., 64455.

Président : 16680 (rémunération) ; 16750 (congés payés).

Presse
Provisions spéciales : 56350.
Ventes au numéro et invendus : 11145.
Ventes par abonnement : 11150.

Prestations
– **à titre gratuit : mise à disposition de personnel :** 15880.
– **continues :** 10595 (définition) ; 10625 (comptabilisation) ; 11055 (avec clause « satisfait ou remboursé ») ; 72865 (marché de partenariat).
– **de garantie :** 10595 s.
– **de services :** 96320, 11825 (classement comptable) ; 10380 (comptabilisation) ; 10760 (– complexes) ; 20260 (en cours à la clôture) ; 21055 s. (évaluation des en-cours) ; 46770 s. (TVA sur –) ; 11625 (perte sur contrat de –).

Prestations (suite)
– échelonnées sur plusieurs exercices : 10575 s., 10595 (définitions et exemples) ; 10605 s. (comptabilisation).
– intragroupe : 11270 (entreprise qui refacture) ; 15880, 16170 (entreprise facturée).
– déterminées dans un contrat global : 10595 (définition).
– discontinues : 10595 (définition) ; 10645 (comptabilisation).
– échangées entre établissements : voir Établissements.
– partiellement exécutées à la clôture de l'exercice : 10760 s.
– rémunérées en « success fees » : 11040 (produit) ; 20260 (stocks).
– sociales avancées au personnel par l'entreprise ou reçues pour son compte : 16895.
Maintenance : 10575 s.
Provision pour perte sur contrat : 10605 s. (tableau comparatif) ; 11625 (comptabilisation).
Provision pour – à fournir : 11580.
Règles d'enregistrement : 10355 s.

Prêts
– à des salariés : 16365 (participation à l'effort de construction).
– à des sociétés du groupe : 38465 s.
– à usage (contrat de consignation) : 46320.
– au personnel : 17185.
– comportant des conditions avantageuses pour l'emprunteur : 40190.
– de consommation : 11130.
– contractés personnellement par un dirigeant et mis à la disposition de la société : 42560 (déduction des intérêts) ; 43015.
– garantis par l'État (PGE) : 40952.
– d'installations à des salariés : 56370.
– de jetons : 41390 s.
– de main-d'œuvre : 11265, 15880, 16790.
– en monnaies étrangères : 37690 (transformation en actions) ; 40390 s.
– d'or : 11130.
– de titres : 37130, 36355 (régime mère-filles) ; 42540.
– entre entreprises (prêts Macron) : 40950 (comptabilisation) ; 64980 (rapport de gestion).
– indexés : 40185, 43005 (intérêts).
– interentreprises : 42560 (groupes) ; 40950 (hors-groupe).
– participatifs : 40990 (généralités et comptabilisation) ; 43260 (présentation au bilan) ; 55040 (distinction avec capitaux propres).
– pour faciliter l'embauche de salariés licenciés : 16945.
Augmentation de capital par compensation avec des – : 55360, 37690 (pour le créancier).
Classement comptable : 40945.
Comptabilisation : 40955.
Coût d'entrée : 40965 s.
Date d'enregistrement : 40960.
Déclaration des contrats de – : voir Mémento fiscal n° 26920 s.
Définition : 40940.

Prêts (suite)
Distinction court et long terme : 40020.
Intérêts courus : 43000 s.
Présentation des comptes : 43260 s.
Swap (d'intérêts et de devises) : 41445 (soulte) ; 41800, 42020 (couverture).
Tableaux des échéances : 43405.
Valeur au bilan : 40115.
Voir aussi Intérêts.

Preuve
Comptabilité (instrument de –) : 2610, 7010 s., 7445 s. (conservation).
En matière fiscale : 8670 ; 18085 (réalité des ventes ou prestations facturées).

Prévention : 65695 s. (documents).
– des risques environnementaux : 28010.
Voir aussi Commissaires aux comptes, Procédure d'alerte, Rapport.

Prévisions
– des difficultés des entreprises (loi) : 65695 s. (documents).
Compte de résultat prévisionnel : 66285 s.
Plan de financement prévisionnel : 66440 s.

Prévoyance
Charges sociales : 16620.
Engagements de – : voir Provisions pour retraite.
Forfait social : 16855.
Institutions de – : 3155 (plan comptable).

Prime
– d'assurances : voir Assurance.
– de bilan : 16630 (due à la clôture).
– à la création d'emplois : 17115 s.
– de fin de contrat (ou de précarité) : 16995.
– d'émission : 37790 (détenteur de titres, remboursement de –, distribution de –) ; 55315 (augmentation de capital) ; 55490 (réduction de capital).
– d'émission d'emprunt d'obligations : 26365 (incorporation au coût d'entrée d'un actif) ; 41100, 41120 (amortissements) ; 54040 (affectation des pertes).
– de précarité (ou de fin de contrat) : 16995.
– de remboursement d'emprunt : voir Emprunts.
– de remboursement des obligations :
Émetteur : 26365 (incorporation au coût d'entrée d'un actif) ; 41100 (emprunts obligat.) ; 41120 (amort.) ; 41255 s. (convertible en actions) ; 41120 (annexe).
Détenteur : 37955.
– de stockage : 21280 (évaluation des stocks).
– de vacances : 16630.
– d'option : 41800.
– dont le versement est conditionné : 16630.
– exceptionnelle « Macron » : 16795.
– liée au capital (émission, fusion, apport, conversion) : 55227.
– sur immobilisations : 45820 s.
– transport : 17060.
Gratification : voir Rémunérations.
Voir aussi Subventions (d'exploitation ou d'investissement).

Principes comptables
 Étude d'ensemble : 3535 s.
 – **d'autonomie des exercices :** 3545.
 – **de bonne information :** 3575.
 – **de continuité de l'exploitation :** 3540.
 – **de fixité (permanence des méthodes) :** 3560.
 – **de matérialité :** 3565.
 – **de nominalisme :** 3550.
 – **de non-compensation :** 3570.
 – **de prédominance de la substance sur l'apparence :** 3580.
 – **de prudence :** 3555.
 – **d'importance relative (matérialité) :** 3565.
 – **d'importance significative :** 64545.
 – **d'indépendance des exercices :** 3545.
 – **d'intangibilité du bilan d'ouverture :** 3585.
 Annexe : 64625 (informations à fournir) ; 64835 (insuffisances).

Prise de contrôle ou de participation : 35040, 35060 (définition).
 Consultation du CSE (ex-CE) : 80280.
 Information : 37380 (prise de contrôle résultant d'une convention de portage) ; 38960 (rapport gestion et rapport CAC) ; 39015, 39020 (notifications).

Privatisation de 1986 et de 1993 : 37875 (échange, cession).

Privilège : 15915 (charges) ; 50055 (définition) ; 50705 (information).

Prix : 22465 (définition)
 – **d'achat :**
  Évaluation : 20910 s. (stocks) ; 26190 s. (immo. corp.) ; 31290 (immo. incorp.).
 – **d'achat subventionné :** 26530.
 – **d'achat symbolique :** 26490 (immo. acquise à l'aide d'une subvention) ; 26530 (reprise des actifs d'une société en liquidation) ; 26765 (immobilisations reçues à titre gratuit).
 – **de cession :** 28170 (immo.) ; 36705, 37630 (titres) ; 11220 (– inférieur à la valeur vénale du bien) ; 28255, 45800 (destruction d'immo. couverte par une assurance).
 – **de transfert : entre une société française et une société du groupe implantée à l'étranger :** 11270 (refacturation de frais) ; 16170 (refacturation de charges chez le débiteur) ; 53150 (rectifications fiscales) ; 80025 (déclaration et obligation documentaire).
 Complément de – : 15240 (stocks) ; 26195 (immobilisations) ; 37630 (titres).
 Correction ultérieure de – : 26195.
 Révision de – : 30165.

Probabilités
 Provision déterminée sur la base de – : 48242 (sortie de ressources) ; 48310 (estimation du montant).

Procédés : 31055 (class.) ; 31945 (amort.) ; 32155 (cession) ; 32385 (schéma compt.).
 – **acquis :** 30630.
 – **créés en interne :** 30945.

Procédés (suite)
 Contrat de louage de : 30785.
 Dépenses ultérieures : 31150 s.

Procédure contradictoire de redressement : 8670.

Procédures
 – **de gestion des risques et de contrôle interne :** 65025 (rapport de gestion).
 Document décrivant les – et l'organisation comptables : 7840.

Procédures d'alerte
 Étude d'ensemble : 60805 s.
 Associés : 60960.
 Comité social et économique : 60955.
 Commissaires aux comptes : 60820.
 Groupements de prévention agréés : 60970.
 Président du tribunal de commerce ou du TGI : 60965.

Procédure de conciliation : (ex-règlement amiable) ; 11410 (clients en –) ; 46080 (entreprises en –) ; 61200 (mandat ad hoc) ; 61275 s. (procédure).

Procédure de redressement judiciaire : 61595.

Procédure de rétablissement professionnel : 46090 (dettes) ; 61690.

Procédure de sauvegarde de droit commun : 61380 s.

Procédure de sauvegarde accélérée : 61475 s.

Procès : 45910 s. (juridiction civile) ; 53230 s. (juridiction administrative).

Production
 – **conjointe** (pour un coût global) : 21250 (stocks) ; 26770, 31605 (immobilisations).
 – **d'immobilisations :** voir Immobilisations.
 – **de biens, de services :** 20125 (définition) ; 96240 (liste des comptes du PCG) ; 22120 s. (comptabilisation) ; 21055 s. (coût d'entrée) ; 21515 (valeur d'inventaire).
 Voir aussi Stocks.
 – **de l'exercice :** 52145 (solde intermédiaire).
 – **en cours :** voir ci-avant : – de biens, de services.
 – **immobilisée :** 11995 (produits) ; 26590 s. (coût d'entrée) ; 28960 (schéma compt.).
  Frais d'établissement : 45110 s.
  Frais de recherche et de développement : 30285 (option), 30845 s. (éléments constitutifs) ; 31425 s. (coût d'entrée) ; 32380 s. (schéma compt.).
  Incorporation de frais financiers : 26335 s.
 – **indemnisée :** 45800.
 – **pour des raisons de sécurité ou liées à l'environnement :** voir Environnement.
 – **stockée :** 11935 s. (comptabilisation).
 Coût de – : 21055 s. (stocks) ; 26590 s. (immo. corp.) ; 31425 (immo. incorp.).
 Voir Coûts.
 Entreprises de – : 52205 (soldes intermédiaires de gestion).

Production (suite)
- **Période de – :** voir Phase de –.
- **Phase de – :** 26270 (immo. corp.) ; 31445 s. (immo. incorp.) (définition).

Produit(s)
- **accessoires** (lors d'une phase de tests) : 26295.
- **à recevoir :** 10505 (définition et évaluation) ; 11745 (comptabilisation) ; 45280 (annexe).
- **constatés d'avance :** 10370 (définition) ; 11750 (comptabilisation) ; 45345 (annexe).
- **courant :** 52030 (par opposition à exceptionnel) ; 16430 (CVAE) ; 22465 (compt. ana.).
- **défectueux :** 11565 (provision).
- **de gestion courante :** 12115.
- **des activités annexes :** 96320, 11825.
- **dérivés :** 64980 (rapport de gestion) ; 64625 (informations prescrites par le Code de commerce et le PCG).
- **des activités courantes :** 12910 (annexe).
- **d'exploitation :** 10005 s. (étude d'ensemble) ; 10140 (class. compt.) ; 11745 s. (comptabilisation) ; 10355 s. (règles d'enregistrement et d'évaluation) ; 12835 (présentation et information) ; 12885 s. (annexe).
- **en cours :** voir Production.
- **exceptionnels :** 45725 s. (opérations exceptionnelles), 16430 (CVAE) ; 46120 (information) ; 52030 (par opposition à courant) ; 52035, 46125 (annexe).
- **financiers :** 43000 s. (comptabilisation et coupure) ; 10945, 10950 (contrat à long terme) ; 43335 s. (annexe).
- **finis :** 96320, 11825 (vente) ; 20120 (class.) ; 22120 s. (schéma compt.) ; 21490 (valeur d'inventaire) ; 21765 (dépréciation) ; 21305 (distinction avec marchandises).
Voir également Stocks.
- **intermédiaires :** 20125 (définition) ; 11825 (ventes) ; 21510 (valeur d'inventaire) ; 21785 (dépréciation et provision réglementée) ; 22120 (schéma comptable) ; 22690 s. (présentation).
- **non attribuables à l'acquisition ou la production :** 26220 (loyers perçus).
- **non encore facturés :** 10370 (définition).
- **périmés :** 11845 (annulation de la vente).
- **pétroliers :** 12930 (chiffre d'affaires) ; 20935 (taxes sur les –).
- **résiduels :** voir Déchets.
- **sur exercices antérieurs :** 45600 s.
- **structuré(s) :** 35855 (valeur d'inventaire).
Définition : 10010.
Frais d'introduction d'un nouveau – : 26295, 31320.
Solde des comptes de – : 53950.

Professions libérales
Nomenclature comptable : 3170.
Voir aussi Mémento des professions libérales.

Profit warning : voir Alerte aux résultats.
Profits
- **de change :** voir Devises.
- **de construction :** 56230 (réserve spéciale des –).
Voir chaque rubrique.

Programmes
- **immobiliers :** 10920 (incorporation des coûts engagés par une structure dédiée dans le coût de revient du contrat).
- **informatiques :** 30355 s. (compt.) ; 80025 (contrôle par l'administration).
  Transposition (ou modification) de – : 31170.
- **de fidélité :** 11600.
- **d'augmentation de capital par exercice d'options (Paceo ou « Equity lines ») :** 82075 (dispenses de prospectus).
Voir aussi Logiciels.

Progressivité : 15700 (redevances de crédit-bail) ; 15740 (loyers) ; 42990 (intérêts payés) ; 43000 (intérêts reçus).
Voir aussi Logiciels.

Projet
Échec du – (amortis. des frais de recherche) : 31905.

Promesse
- **d'apport (comptabilisation) :** 60130.
- **de vente :** 10075 (déf.) ; 26440 (achat terrain) ; 26445 (achat construction) ; 28340 (vente) ; 28480 (contrat de crédit-bail).

Promoteurs : 3315 (caducité du plan comptable) ; 11095 (bénéfice partiel) ; 26340 (frais financiers) ; 38360 (appels de fonds) ; 20400 (distinction immobilisations/stocks).
Voir aussi Ventes.

Promotion (frais de –) : 15970.

Propriété
- **industrielle :** 12135 (redevances perçues et indemnités de contrefaçon) ; 17280 (redevances versées) ; 30610, 30945 (brevets) ; 30625, 30965 (marques).
Charges de co- : 15750.
Clauses de réserve de – : voir Conditions particulières.
Transfert de – : 10355 s.
Voir aussi Clause de réserve de propriété.

Prorata
- **temporis (amortissements) :** 27235 (linéaire) ; 27290 (dégressif).

Prospection : voir Frais.
Assurance – Bpifrance Assurance Export, anciennement Coface : 42440.

Prospectus
- **de croissance de l'Union :** 82055.
Contenu : 82030 s.
Contrôle :
- **par l'AMF :** 82085.
- **par le commissaire aux comptes :** 82085.
- **par le prestataire de services d'investissement :** 82110 (marché réglementé).
- **par le listing sponsor :** 82170 (système multilatéral de négociation).
Diffusion : 82115.
Dispense : 82075.
Euronext Paris, Euronext Access, Euronext Growth : 82025 (information) ; 82085 s. (contrôle).

Prospectus (suite)
    Langue : 82070, 82085.
    Mise à jour : 82060.
    Publication : 81380 (information réglementaire).
    Rémunération des dirigeants : 18455 s.
    Responsabilité du – : 82080.
    Résumé du – : 82035.
    Supplément au – : 82060.

Protection
    – de l'environnement : 25925 s. (dépenses) ; 25915 s. (remise en état) ; 27925 s. (provision pour remise en état).
    Voir également Remise en état.
    – des logiciels : 30355 s. (dépenses).
    – des relations avec la clientèle : 30500 s.
    Sécurité des personnes : 25925 s. (dépenses).

Prototype : 31050 (distinction immobilisations/stocks).

Provisions (généralités) :
    Étude d'ensemble : 48005 s.
    – constatées en cours d'exercice : 48650 (présentation au compte de résultat).
    Actualisation : 48310.
    Annexe : 48700 s.
    Caractère forfaitaire ou statistique du montant : 48310.
    Conditions de constitution : 48240 s. ; 48435 s. (comptabilisation).
    Conservation des documents : 7445.
    Contrôle externe : 48545.
    Correction d'erreurs : voir Correction d'erreurs.
    Déduction : 48200.
    Définition et éléments constitutifs : 48110 s.
    Détermination générale de leur montant : 48310.
    Distinction avec les charges à payer (dettes provisionnées) : 48130.
    Distinction avec les passifs éventuels : 48130, 52520.
    Distinction entre – et engagement de garantie : 50130.
    Distinction entre – et dépréciations : 48005.
    Distinction entre – et provisions réglementées : 56315.
    Distinction entre définition comptable et fiscale : 48330.
    Dotations et reprises constatées en cours d'exercice : 48650 (présentation).
    Évaluation : 48310 (nette d'impôt).
    Événements postérieurs à la clôture : 48241 (obligation existant à la clôture) ; 48310 (estimation).
    Impôts différés et – : 48310.
    Présentation et information : 48645 s.
    Règles de comptabilisation : 48435 s.
    Règles de constitution : 48240 s.
    Relevé des – : 48230 (fiscal).
    Reprise obligatoire par le résultat : 48210 (principes) ; 48650 (présentation).
    Sanctions : 48220.
    Secteurs professionnels : 48115.

Provisions (généralités) (suite)
    Sort en cas de cessation de l'entreprise individuelle : 62200.
    Tableaux des – : 48700.
    Voir aussi Dépréciations, Provisions susceptibles d'avoir un caractère de réserve, Provisions pour risques, Provisions pour charges, Provisions réglementées.
    Voir aussi Provisions (développements spécifiques).

Provisions (développements spécifiques)
    – d'exploitation : 17450 (comptabilisation).
    – liées aux immobilisations : 27875 s.
    – liées aux ventes : 10385 (règle générale), 11550 s. (exemples pratiques).
    – pour amendes, droits doubles, pénalités : 46020 (charges except.) ; 53090 (redressement).
    – pour bons de réduction : 11600.
    – pour cessation de l'utilisation d'un bien en cours de contrat : 17450.
    – pour congés payés : 16725 s.
    – pour coûts de mise en conformité : 28030.
    – pour démantèlement : 26415 (évaluation) ; 27925 s. (provision).
    Voir également Remise en état.
    – pour déménagement : 16100.
    – pour déménagement d'un collaborateur : 17055.
    – pour démolition ou démantèlement : 27925 (remise en état) ; 28735 (biens appartenant à autrui).
    Voir également Remise en état.
    – pour dépollution : 27945.
    – pour désamiantage : 27945.
    – pour engagement de garantie donné : 50130 s.
    – pour engagement de rachat : 11570.
    – pour escompte : 40715.
    – pour frais de publicité : 15970.
    – pour frais de remise en état d'un site ou d'un bien : 27925.
    Voir également Remise en état.
    – pour frais d'encaissement : 11575.
    – pour garantie : 11550 ; 11830 (rachat de garantie après-vente).
    – pour grands ensembliers industriels : 11560.
    – pour gros entretien et grandes visites : 27900 s. ; 25750 (choix entre provision et composant).
    – pour grosses réparations : 27900 s., 72255 s. (concession).
    – pour impôt : 52630 (comptabilisation) ; 52890 s., 52950 s., 52990 (situation fiscale différée ou latente) ; 53090 s., 53230 s. (redressements fiscaux).
    – pour indemnité de fin de contrat : 17040.
    – pour indemnité de licenciement ou préavis : 16925 (hors restructuration), 16985.
    – pour indemnité d'incitation au départ volontaire : 16980.
    – pour litiges : 45910 s. (juridiction civile) ; 53230 s. (juridiction administrative) ; 45985 (droit de la concurrence).

Provisions (développements spécifiques) (suite)
- **pour médailles du travail :** 16805.
- **pour mise en conformité à des nouvelles normes :** 28030.
- **pour mise en jeu de garantie ou de caution :** 50130 s.
- **pour obligations nouvelles :** 28030.
- **pour pensions :** 17705 s.
- **pour perte à terminaison :** 10860, 10890.
- **pour perte de change :** 40390 s.
- **pour perte d'exploitation future :** 17445.
- **pour perte sur contrat à long terme :** 10860, 10890.
- **pour perte sur contrats :** 11625.
- **pour pertes sur marché à terme :** 15220.
- **pour portage :** 37370 (en cas de dépréciation des titres portés).
- **pour préretraite :** 17020, 17705 (fiscalement).
- **pour prestations à fournir :** 11580.
- **pour prévoyance :** 8395 (cadre plus large de la méthode de référence sur les retraites).
- **pour produits défectueux :** 11565.
- **pour propre assureur :** 56595.
- **pour rabais à accorder :** 11835, 11865 (détaxe à l'exportation).
- **pour retour à meilleure fortune** (abandon de créance) : 42320 s.
- **pour reconstitution de gisement :** 56330.
- **pour redressements fiscaux :** 53230 s.
- **pour réhabilitation :** 27925 s. (d'un site) ; 28735 (de biens appartenant à autrui).
Voir aussi Remise en état.
- **pour remise en état :** 27925 s. (d'un site) ; 28735 (de biens appartenant à autrui).
Voir aussi Remise en état.
- **pour renouvellement de biens appartenant à autrui :** 28735 (général) ; 72255 s. (concession).
- **pour restructuration :** 17395 s. (général) ; 17415 (fait générateur) ; 17420 (nature des coûts) ; 17425 (impact des évènements post-clôture) ; 17440 (comptabilisation).
- **pour retraite :** 17705 s. (général) :
  Absence : 17715.
  Actifs du régime (régimes financés) : 17875 s.
  Annexe : 17970 s.
  Changement de méthode : 17715 s. ; 17715 (déconnexion entre comptes individuels et consolidés).
  Changement de réglementation sociale ou fiscale : 17855.
  Comptabilisation : 17765.
  Contribution (sur les dotations aux – dans le cadre des régimes de retraite supplémentaire à prestations définies, régimes « chapeaux ») : 16535.
  « Corridor » : 17805.
  Évaluation de l'engagement : 17740 ; 17745 (cas pratique des IDR).
  Fermeture d'un régime : 17850.
  Incorporation dans les stocks : 21095.
  Liquidation ou réduction de régime : 17845.
  Méthode de référence : 8395 (cadre plus large).
  Mise en place d'un nouveau régime ou d'un avenant : 17825.

Provisions (développements spécifiques) (suite)
  Modification des éléments ayant une incidence sur le calcul de la – : 17805 s.
  Partielle : 17720.
  Passage d'une absence de provision à une provision partielle : 17715 (principes) ; 17730 (comptabilisation).
  Passage d'une provision partielle à totale : 17720 (principes) ; 17730 (comptabilisation).
  Première comptabilisation d'une provision : 17730.
  Prise en compte de l'ensemble des engagements : 17705.
  Régimes devant donner lieu ou non à constatation d'une provision : 17590 s. (définition).
  Suivi de la – :
  Totale : 17725 s. (méthode de référence).
  Versements des retraites et lien avec la provision : 17785.
- **pour retraitement des déchets d'équipements électriques et électroniques (retraitement) :** 26415 (évaluation) ; 27985 (passif).
- **pour risque(s) :**
  – **environnementaux :** 27945.
  Voir également Remise en état.
  – **de change :** 40390 s.
  Voir aussi Devises.
  – **de pollution :** 15820.
  – **de redressement fiscal :** 53230 s.
  – **de remboursement :** 11555 (jouets, livres ou médicaments).
  – **de remplacement de produits périmés :** 11555 (médicaments).
  – **global de non-recouvrement :** 11350 (complément à la dépréciation).
  – **inhérent à l'obligation de résultat :** 11560.
  – **de mise en jeu de garantie de passif :** 37605.
  Établissement à l'étranger : 70470.
  Filiales : (situation nette négative) ; 35980, 37855 (en général) ; 36530 (SNC) ; 38380 (GIE).
  Sociétés de personnes : 36530.
- **pour situation nette négative :** 37855.
- **pour sous-activité future :** 17445.
Caution : voir Distinction entre – et engagement de garantie.
Conséquences des litiges : 45910 s. (juridiction civile) ; 53230 s. (juridiction administrative).
Déchets d'équipements électriques et électroniques (retraitement) : 26415 (évaluation) ; 27985 (passif).
Dégradation de l'environnement : 27925 s.
  Dégradation immédiate : 27945.
  Dégradation progressive : 27965.
  DEEE : 27985.
  Désamiantage : 28005.
  Voir également Remise en état.
Démantèlement : 26415 (évaluation) ; 27925 s. (provision).
Voir également Remise en état.
Désamiantage : 28005.
Engagement de garantie donné : 50130 s. ; 50690 (information en annexe).

Provisions (développements spécifiques) (suite)
  Équipements électriques et électroniques (retraitement des déchets issus des –) : 26415 (évaluation) ; 27985 (passif).
  Gros entretien et grandes visites : 27900 s. ; 25750 (choix entre composant et provision).
  Remise en état : 27925 s. (– d'un site) ; 28735 (– de biens appartenant à autrui).
    Dégradation immédiate : 27945.
    Dégradation progressive : 27965.
    DEEE : 27985.
    Désamiantage : 28005.
    Voir également Remise en état.
  Retour à meilleure fortune : 42320 s. (abandon de créance).
  Retraitement des déchets d'équipements électriques et électroniques : 26415 (évaluation) ; 27985 (passif).
  Voir aussi Provisions spécifiques aux secteurs concernés.

Provisions pour dépréciation : voir Dépréciation.

Provisions réglementées
  Étude d'ensemble : 56305 s., 53010 s. (impôts différés).
    – **en application d'une jurisprudence du Conseil d'État** : 21945.
    – **des entreprises de presse** : 56350.
    – **pour essaimage** : 56370.
    – **pour grands ensembliers industriels** : 11560.
    – **pour hausse des prix** : 21965 s., 53010 (impôts différés).
    – **pour prêts d'installation à d'anciens salariés** : 56370.
    – **sur stock de matières premières** : 21790.
    – **sur stocks de produits intermédiaires** : 21785.
    Amortissements dérogatoires : voir Amortissements.
    Annexe : 48700.
    Classement comptable : 56325.
    Comptabilisation : 56325.
    Nature : 56310.
    Situation fiscale latente ou différée : 52890 s.
    Voir aussi Amortissement, Fusion, Réévaluation.

Provisions susceptibles d'avoir un caractère de réserve
  – **de propre assureur** : 56595.

Prudence
  Principe de – : 3555.

PSE : 16925 (hors restructuration) ; 17395 s. (restructuration).

Public
  Délégation de service – : 72125 s.
  Partenariat – privé : 72780 s.

Publication : 81685 (tableau récapitulatif des publications périodiques).
  Frais de – légale : 45130 s.
  Voir aussi Balo, Comptes annuels, Chiffre d'affaires, Information, etc.

Publicité
  – **foncière (taxe)** : 26260 (frais d'acquisition des immo.).
  Frais de – : 15970 ; 21190 (exclus des stocks).
  Voir aussi Balo, Comptes annuels, États financiers, Information, Publication.
  Taxe sur certaines dépenses de – : 16415.

Publicité et propagande : 15925, 15970 (comptabilisation).
  – **de caractère général** : 15970.
  – **liée à un produit** : 15970.
  – **liée à l'ouverture d'un premier établissement** : 45130.
  – **liée à une introduction en bourse** : 45150.
  – **sur véhicules** : 26455.
  Campagnes publicitaires : 15970.
  Frais d'établissement : 45130.
  Mailing : 15970.
  Mécénat : 16035 s. (comptabilisation) ; 16032 (distinction avec le parrainage) ; 18585 (information et contrôle).
  Parrainage : 16030 (comptabilisation) ; 16032 (distinction avec le mécénat) ; 18585 (information et contrôle).
  Sponsoring : 16030 (comptabilisation) ; 18585 (information et contrôle).

Put (option de vente) :
  Option de vente d'actions : 37660.
  Primes d'option : 41800 (couverture) ; 42150 (position ouverte isolée).
  Annexe : 41440, 50695 (engagement) ; 43340 s. (information).

Q

Quartiers généraux : 70025.

Questions des associés : 80190.

Quirat : 38390.

Quotas
  – **d'émission de gaz à effet de serre** : 20560 s.
  – **de livraison, de production, d'importation** (sucre, lait, alcool…) : 30750 (comptabilisation et coût d'entrée) ; 32050 (amort. et dépré.).
  – **européens** : 21280.

Quote-part
  – **de frais et charges** : 36365 (régime des sociétés mères) ; 36700 (plus-values de cession de titres).
  – **de résultat dans des sociétés de personnes et assimilées** : 36480 s.
  – **des charges incorporables dans les stocks** : 21150 (sous-activité).
  Voir aussi Société en participation.

Quotité incorporable
  – **dans les stocks** : 21150 (sous-activité).

R

Rabais, remises et ristournes :
  – **accordés** : 11830, 12400 (mention sur les factures), 21490 (stocks).

Rabais, remises et ristournes (suite)
– **à accorder :** 11835, 11865 (détaxe à l'exportation), 21490 (stocks).
– **obtenus :** 15590 (comptabilisation) ; 20910 (stocks) ; 26190 (immobilisations) ; 26530 (acquisition auprès d'une collectivité locale) ; 73065 (franchiseur).
– **obtenus sur achats groupés :** 20910 (stocks).
Dépréciation : 21490 (stocks).
Prix d'achat : 20910 (stocks) ; 26190 (immo. corp.) ; 31290 (immo. incorp.).
Stabilisation des cours : 15235.

Raccordement (droits de –) : 15120 (charges constatées d'avance) ; 25320 (participation au financement de biens) ; 72540 (concessionnaire).

Rachat
– **de bons de souscription :** 55415.
– **de certificats de droits de vote :** 55685.
– **d'obligations :** 37280.
– **d'une dette avec décote :** 41025.
– **par une société de ses propres actions :** 37795, 55590 s. ; 37675 (dividendes) ; 82210 (information) ; 56085 (réserve).
– **par une société de ses propres obligations :** 41355 s.
– **pour un euro symbolique d'une société en liquidation :** 26530.
Engagement de – : 11070 (vente constituant une modalité de financement) ; 11075 (vente transférant le contrôle) ; 11570 (provision) ; 28265 (immo.).
Programme de – de ses propres actions : 55585 s. ; 82210 (information).

Rappels : voir Redressements.

Rapport(s)
– **annuel :** 65265.
– **de gestion :** 64960 à 64965 (entités concernées, contenu, délai d'établissement) ; 64980 (toutes sociétés commerciales et GIE) ; 65005 (SA) ; 65025 (sociétés cotées) ; 64985 (groupe) ; 65050 s. (contrôle) ; 65255 (rapport de gestion inclus dans le rapport financier annuel).
  Actionnariat : 57735.
  Activité des filiales : 38960.
  Aliénations d'actions : 38960.
  Analyse de l'évolution des affaires : 64980.
  Attribution gratuite d'actions : 55915, 65006.
  Autocontrôle : 57735.
  Contrôle : 65050.
  Déclaration de performance extra-financière : 65010 (informations et sociétés concernées), 65025, 65050 (contrôle).
  Dépôt au greffe : 80660.
  Développement durable : 65010, 65025.
  Dispense (petites entreprises) : 64961.
  Droit de communication : 80135 s.
  Événements postérieurs : 52395 s.
  Indicateurs financiers : 81565.
  Information sur l'actionnariat : 57735.
  Instruments financiers : 64980.
  Plan de vigilance : 65012.
  Portage : 37380.

Rapport(s) (suite)
  Prêts interentreprises : 64980 (rapport de gestion).
  Prise de contrôle : 38960.
  Prise de participation : 38960.
  Produits dérivés : 64980.
  Rachat d'actions : 65006.
  Rémunération des mandataires sociaux : 65101 (rapport sur le gouvernement d'entreprise) ; 65285 (document d'enregistrement universel).
  Risques de marché : 64980.
  Risque pays : 64980.
  Sanctions (défaut de – ou – incomplet) : 65030.
  Stock-options : 55835.
  Succursales : 64980.
– **du commissaire aux comptes :**
  – en cas d'examen de conformité fiscale : 8645.
  – en cas d'examen limité : 65620.
  – sur les comptes annuels : 65265.
Comptes semestriels : 65620.
Dépôt au greffe : 80660.
Droit de communication : 80135 s., 8670, 80025 (fiscal).
– **spécial :** 80135 s. (droit de communication) ; 42225 (abandon de créance).
– **spécial sur les attributions gratuites d'actions :** 55915 (information).
– **du conseil d'administration ou du directoire :** voir – de gestion.
– **du conseil de surveillance :** 80660 (dépôt au greffe).
– **financier annuel :** 65250 s.
  Archivage du – : 65260.
  Diffusion du – : 65260.
  Lien avec le document d'enregistrement universel (ancien document de référence) : 65260.
  Lien avec le rapport annuel de gestion : 65262.
  Rapport de gestion inclus dans le – : 65255.
– **financier semestriel :** 65585 s.
– **joint aux documents liés à la prévention des difficultés des entreprises :**
  Compte de résultat prévisionnel : 66360.
  Plan de financement prévisionnel : 66480.
  Situation de l'actif réalisable et disponible et du passif exigible : 66205.
  Tableau de financement : 65870.
– **semestriel d'activité :** 65625.
– **spécial sur les options de souscription ou d'achat d'actions :** 55835 (information) ; 55840.
– **sur le gouvernement d'entreprise :** 65095.
  Liste des mandats : 65097.
  Tableau des délégations : 65097.
– **trimestriel :** 65690.

Rattachement
– **des charges aux produits :** 3545.
Voir aussi Charges, Créances, Dettes, Principes, Produits.

Ravalement : 25915, 25715 (composants de 2e catégorie) ; 27900 s. (provision).

Reach : 30770 (comptabilisation), 31370 (évaluation), 32055 (amortissement).

Réassurance : 3155 (plan comptable).

Rebuts : voir Déchets.

Récépissé de création d'entreprise (RCE) : 60010.

Réception
  Bons de – : 9095 (documents en lien avec la comptabilité).
  Frais de – (manutention) : 20935 (frais d'acquisition des stocks) ; 21115 (coût de production des stocks) ; 26220 (coût d'acquisition des immo.) ; 26620 (coût de production des immo.) ; 28655 (frais accessoires à la mise en service d'un bien loué).
  Frais de mission et de – : 16100.
    Avec le fournisseur pour négocier les prix d'achat : 20935 (non-incorporation au coût d'entrée des stocks).

Recettes
  – **accessoires (marchés de partenariat) :** 72785, 72860 (comptabilisation).
  – **annexes (marchés de partenariat) :** 72785, 72860 (comptabilisation).
  – **au comptant :** 12485, 12560 s.
  Renonciations à des – : 42340.
  Voir aussi Produits, Ventes.

Rechange
  Pièces de – : 15575 (charges) ; 20445 (distinction immobilisation/stocks) ; 21565 (détachées : stocks).

Recherche
  Amortissement dégressif majoré : 27290 (matériels et outillages destinés à des opérations de – scientifiques et techniques).
  Avance de l'État en faveur de la – : 31525.
  Crédit d'impôt – : 31505 ; 32630 (annexe).
  Frais de – : 30870 (comptabilisation).
  Frais de – et développement : 30845 s. (éléments constitutifs) ; 31050 (class.) ; 31425 s. (coût d'entrée) ; 31905 s. (amort. et dépr.) ; 31150 s. (dépenses ultérieures) ; 32830 s. (annexe) ; 53999 (distribution de dividendes interdite).
    Incorporation dans les stocks : 21130.
  Voir aussi : AMM, Brevets, Fichiers clients, Fonds commerciaux, Logiciels, Marques, Titres de journaux…
  Subvention finançant des opérations de – : 31485.

Reconnaissance de dettes : 46050.

Reconstruction
  – **d'une immobilisation couverte par une indemnité :** 45800.

Recouvrement : 20260 (en cours) ; 42795 (affacturage) ; 42855 (mandat).

Recours (gracieux et contentieux) : 53120.

Recrutement : 16170, 30775, 31320 (frais de –).

Rectification
  – **du résultat d'exercices antérieurs :** 45610.
  Rectification fiscale :
    – **définitive :** 53090 s.
    – **probable à la clôture de l'exercice :** 53255.

Rectification (suite)
    – sur des prix de transfert entre la France et les États-Unis ou un autre pays de l'Union Européenne : 53150.
    – sur la valeur d'apport d'un élément d'actif : 53145.
  Annexe : 54320.
  Comptabilisation : 53090 s.
  Contestation : 53230 s.
  Déduction en cascade : 53340 s.
  Dégrèvements : 53120.
  Facture rectificative : 53190.
  Incidences sur :
    – carry-back : 53170.
    – intéressement : 53170.
    – participation des salariés : 53170 (définitives).
    – contribution économique territoriale : 53170.
  Prescription : 53280.

Recyclage de bénéfice : 57295.

Redéploiement (frais de –) : 26295 (immo. corp.) ; 31320 (immo. incorp.).

Redevances
  – **annuelles versées dans le cadre d'un contrat de garantie :** 10575 s.
  – **d'archéologie préventive :** 26660.
  – **de concessions de licences d'exploitation :** 12135 (produits) ; 17280 (charges) ; 30785 (immo).
  – **de crédit-bail :** voir Crédit-bail.
  – **de fortage :** 17315.
  – **de gérance libre :** 12135 (produits) ; 17280 (charges).
    – dont le fait générateur est :
      – la production : 21195 (coût de production stocks).
      – la vente : 21195 (coût de production stocks).
  – **dues au concédant :** 72510.
  – **dues à l'État :** 16170.
  – **pour brevets :**
    – perçues : 12135.
    – versées : 17280 (comptabilisation) ; 21195 (coût de production stocks).
  – **pour création de bureaux, locaux commerciaux et de stockage en Île-de-France :** 26660.
  – **pour services rendus :** 16170.
  – **sur droit de fabrication :** 21195.
  – **techniques** (brevets) : 17280 (charges) ; 21195 (stocks).
  – **versées à la COB (devenue AMF) :** 16170.
  Acquisition au moyen de – : 30185 (– du droit de propriété) ; 30785 (– du droit d'utilisation d'une marque ou d'un brevet au travers d'un contrat de louage) ; 30790 (– du droit d'utilisation d'une autre immobilisation incorporelle au travers d'un contrat de concession).
  Chiffre d'affaires : 12900.
  Franchisage : 73060.
  Sacem : 17280.
  Voir aussi Crédit-bail, Concessions, Taxes.

Redressement judiciaire : 11430 (clients en –) ; 37860 (titres filiale en –) ; 46085 (dettes d'une entreprise en –) ; 61595 s. (procédure) ; 61615 (conséquences comptables).

Redressement judiciaire (suite)
  Déclaration de créances : 11430.
  Sanctions en cas de tenue de comptabilité irrégulière ou incomplète : 7300, 7305.

Redressements
  – en matière de sécurité sociale : 53205 (définitifs) ; 53255 s. (probables) ; 45995 (pénalités, majorations, intérêts de retard).
  – fiscaux : voir Rectifications fiscales.
  – définitifs : 53090 s.
    – probables à la clôture de l'exercice : 53255 s.
    – sur la valeur d'apport d'un élément d'actif : 53145.
  Annexe : 54320.
  Comptabilisation : 53090 s.
  Contestation : 53230 s.
  Déduction en cascade : 53340 s.
  Dégrèvements : 53120.
  Facture rectificative : 53190.
  Incidences sur :
    – carry-back : 53170.
    – intéressement : 53170.
    – participation des salariés : 53170 (définitifs).
    – contribution économique territoriale : 53170.
  Information : 54320.
  Provision pour risques : 53230 s.
  Recours gracieux et contentieux : 53120.

Réduction
  – de capital : 55450 s. ; 55470 (supérieure aux dettes) ; 37785 s. (évaluation des titres en portefeuille).
  voir également Capital.
  – des risques sur l'environnement : 28010.
  – d'impôt :
    Mécénat : 16045 s. ; 16040 (dons aux œuvres) ; 16055 (fondation d'entreprise) ; 16060 (fonds de dotation) ; 16065 (trésors nationaux) ; 18600 (contrôle du CAC).
  – du temps de travail (RTT) : 16780 (jours de repos supplémentaires) ; 16785 (compensation salariale) ; 16870 (indemnité compensatrice) ; 16875 (modification du contrat de travail).
  Voir aussi Préretraite.
  – sur achats : 15590.
  – sur ventes : 11830 (comptabilisation).
  Bon de – (remis par des clients) : 11840.

Réescompte du portefeuille : 40715.

Réévaluation
  Étude d'ensemble : 56665 s., 57640 (annexe).
  Régime actuel (après 1983) : 56665 s., 56790 (– après une fusion) ; 56795 (utilisation des écarts de –) ; 56810 (incidence sur les immobilisations ; 56830 (valeur actuelle) ; 57640 (annexe).
    Valeur nette comptable inférieure à la valeur résiduelle réévaluée : 27090.
  Régimes spéciaux :
    Entreprises optant pour le réel simplifié : 56865.
    Régime temporaire de neutralité fiscale : 56665 s.
    Sociétés coopératives agricoles : 56860.

Refacturation (de frais) : 11265 s., 11270 (au sein d'un groupe), 15880, 16170 (entreprise refacturée).

Référentiel comptable
  Changement de : 8590 (transfert de siège social vers la France) ; 8595 (autres changements de –).

Régie
  – d'avances : 42890 (comptabilisation).
  – intéressée : 72145 (analogie avec concession et mandat).
  Travaux en – : voir Contrats à long terme.

Régimes de retraite : 17590 s. (présentation et comptabilisation) ; 17970 s. (annexe).
Voir Retraite.

Régimes d'imposition
  – d'intégration fiscale des groupes de sociétés : 52745 s.
  – du bénéfice réel simplifié :
    Obligations comptables : 8035 s., 8130.
    Stocks et en-cours : 21275.
  – des micro-entreprises : 8060 (personne morale), 8150 (personne physique).
  – des sociétés mères (ou régime « mère-fille ») : voir Sociétés mères.
  – réel simplifié de déclaration : 47080 et 47090 (TVA).
  Seuils (des –) : 8110.

Registre
  – concernant le personnel : 18095.
  – du commerce : 60010.
  – des métiers : 60010.
  – de répartition (pourboires) : 17175.
  Voir aussi Livre.
  – national des entreprises (à compter du 1er janvier 2023) : 60010.

Règlement
  – amiable : voir Procédure de conciliation.
  – de la CE : 2760 (hiérarchie des sources, lien entre règles françaises et –).
  Différences de – (clients, fournisseurs) : 12145 (positive) ; 17295 (négative).
  Frais et modalités de – : 26195 (prix d'achat).

Règlement « IFRS 2005 » : 3405.

Règlement judiciaire : voir Redressement judiciaire.

Règlements CRC et ANC : 2990 s.

Réglementation comptable
  Changement de – : 8455 s. (comptable et fiscale).
  Hiérarchie des textes : 2740 s.
  Origines du droit de la comptabilité : 2605 s.
  Principes comptables : 3535 s.
  Sources doctrinales : 3315.
  Sources jurisprudentielles : 3295.
  Sources législatives et réglementaires : 2940 s.

Règles
  – applicables pour l'établissement des comptes annuels : 2855 s.
    Sanctions en cas de non-application : 2865.

Règles (suite)
– **applicables pour l'établissement de la liasse fiscale :** 2870.
– **comptables et image fidèle :** 8355 s.
– **d'évaluation :** voir chaque rubrique.
– **utilisées (annexe) :** 64625.
Changement de réglementation : 8455 s. (comptable et fiscale).
Ingérence des – fiscales dans les – comptables : 2860.
Lien entre – comptables et – fiscales : 2875.
Lien entre – françaises et textes de la CE : 2760.

Regroupement d'entités : 75005 s.

Régularisation
Comptes d'attente : 45425.
Comptes de – :
Frais d'émission d'emprunt : 41020 (champ d'application des nouvelles règles) ; 26365 (coût d'entrée).
Frais d'acquisition d'immobilisations : 26260.
CCA : voir Charges.
PCA : voir Produits.
Voir aussi Charges, Produits.

Régularité : 8245 s. (notion d'image fidèle) ; 8255 (déf.).

Réhabilitation :
– **d'immeuble :** 25920 (dépenses) ; 27200 (amort.) ; 27330 (révision du plan d'amort.).
– **de site :** 26055 (coûts de remise en état) ; 27965 (provision).
– **d'un bien appartenant à autrui :**
  Remise en état : 28735 (provision).
  Renouvellement : 28660 s.
Voir aussi remise en état.

Réinsertion professionnelle : 16945 (frais de conseil).

Réinstallation
Frais de – : 26295, 31320 (frais accessoires non incorporables).

Réintégration
– **des frais généraux :** 18620.
Voir aussi Redressements fiscaux.

Rejet de comptabilité : 8670 s.

Relevé
– **des charges à payer :** 48230 (fiscal).
– **des frais généraux :** 18195 (fiscal).
– **des provisions :** 48230 (fiscal).
– **des ventes par clients :** 12575.
– **d'inventaire :** 7685.

Remboursement
– **de débours :** 11275 (produits).
– **des dépenses de transport domicile-travail :** 17060 (charges).
– **des emprunts par anticipation :** 41030 ; 41360 (emprunt obligataire).
– **de frais de déplacement (au personnel) :** 17050 (charges).
– **de frais de défense (au personnel) :** 17065 (charges).

Remboursement (suite)
– **de frais d'entreprise (au personnel) :** 17050 (charges).
– **de frais réels :** 11265 s. (produits).
– **de TVA (comptabilisation de la demande de –) :** 46985.
– **ou rachat d'actions :** 37795.
Prime de – des obligations : voir Obligations émises par l'entreprise.

Réméré (Rachat)
Définition : 10070.
Immobilisations : 28265.
Titres :
– **achetés à réméré** (avec faculté de rachat) : 37155 ; 39015 (information).
– **vendus à réméré** (avec faculté de rachat) : 37150.

Remise : voir Rabais, remises et ristournes.

Remise en état
Étude d'ensemble : 26035 s. (actif) ; 27925 s. (passif).
Biens appartenant à autrui : 28735 (provision).
Concessions : 72245 s.
Démantèlement : 26055 (actif) ; 26415 (évaluation des coûts) ; 27670 (amortissement sur la durée de production) ; 27675 (amortissement sur le mode linéaire) ; 27685 (changement d'estimation) ; 27945 (passif) ; 28735 (bien loué).
Dépollution décontamination : 26060 (actif) ; 27965 (passif) ; 28735 (bien loué).
Désamiantage : 28005 (provisions).
Dommages avérés : 27925 s.
Garanties collectives : 27925.
Obligation des sociétés mères : 27925.
Prévention des dommages : 28010.
Principe Pollueur-payeur : 27925 (dommage avéré) ; 28010 (prévention).
Réduction des dommages : 28010.
Réparation des dommages : 27925 s.
Élimination des déchets issus des équipements électriques et électroniques (DEEE) : 27985 (provision).

Remise en ordre
– **de la comptabilité :** 45620 (traitement des écarts).

Remplacement
– **de composants essentiels :** 25755 (décomposition initiale) ; 25760 (décomposition ultérieure).
Approche par composants : 25705 s. (définition) ; 27900 s. (lien avec les provisions pour grosses réparations).
Voir Composants.

Rémunérations
– **conditionnelles :** 20260 (prestations de services en cours).
– **de caractère exceptionnel :** 16795 (classement) ; 16625 (comptabilisation).
– **de l'exploitant et de sa famille :** 16690 s.
– **des administrateurs :** 16685.

Rémunérations (suite)
- **des dirigeants :** 16630 (primes) ; 16680, 18455 s. (annexe) ; 65101 (rapport sur le gouvernement d'entreprise) ; 17970 (retraite).
- **des mandataires sociaux (rapport sur le gouvernement d'entreprise) :** 65101.
- **dues à la clôture :** 16625 (principe) ; 16630 (primes et gratifications) ; 48242 (primes versées à l'issue d'une période de présence) ; 16635 (aménagement du temps de travail).
- **dues au personnel et aux dirigeants :** 16620 s. (comptabilisation).
- **du personnel détaché :** 15880, 16790.
- **fixes annuelles** (des administrateurs, anciens jetons de présence) : 12115 (reçues) ; 17285 (versées) ; 18620 (information).
- **non réclamées (prescription) :** 17205.
- **occultes :** 16800 (charges) ; 53115 (produits).
- **prises en charge par l'État :** 17115 s.

Attestation des – : 18545.
Calcul de l'intéressement : voir Participation des salariés.
Cession de salaires : 17195.
Charges sociales sur – : 16640 (dues à la clôture).
Compensation avec les créances de l'employeur : 17200.
Comptabilisation : 16595 s.
Déclaration des salaires, – : 18185.
Incorporation dans le coût de production : 21080 s. (stocks).
Informations relatives aux – (tableau comparatif par document) : 18765.
Maintien des – en cas de maladie, accident ou maternité : 16895.
Montant des – versées aux cinq ou dix personnes les mieux rémunérées (communication du –) : 18545, 80135 s. (information).
Opposition sur salaires : 17195.
Ratios d'équité : 65101 (information dans le rapport sur le gouvernement d'entreprise).
Taxe sur les salaires : 16350 (comptabilisation).

Rendement
- **initial attendu :** 26270 (phase d'acquisition des immo.).
- **de plein régime :** 26270 (phase de fonctionnement).

Renégociation (d'emprunts) : 41030 ; 41360 (emprunts obligataires).

Renonciation à des recettes : 42340.

Renouvellement
- **de meubles meublants :** 25415 (– de faible valeur).
- **de biens appartenant à autrui :** 28660 s.
- **des immobilisations des entreprises concessionnaires :** voir Concessions.
- **Frais de – des marques :** 31155 (comptabilisation).
- **Immobilisations constamment renouvelées :** 25980.

Rénovation (frais de –) : 30895 (réorganisation d'une usine).

Rentabilité
Estimation des titres fondée sur la – : 35735.

Rente
- **viagère :** 26760 (acquisition) ; 28170 (cession).

Rentrées (sur créances amorties) : 12215.

Réorganisation (frais de –) : 30895.

Réouverture (frais de – d'un point de vente) : 31320.

Réparations
Charges de – : 25900 s. (immob. ou charges) ; 21490 (évaluation des stocks).
- **couvertes par indemnités d'assurance :** 45800.

Grosses – et grandes visites : 25715 (définition) ; 25725 s. (approche par composants) ; 25750 (choix entre composant et provision) ; 25755 (renouvellement) ; 25760 (décomposition ultérieure) ; 27200 (amort.) ; 27900 s. (provision) ; 28250 (sortie de composant).
Concession : 72255 s.
Distinction entre charges à répartir et provision pour charges à répartir : 27900 s.
Voir Entretien et réparations.

Répertoire des livres de comptabilité : 7080.

Réponses ministérielles : 2775 (hiérarchie des textes).

Report
- **à nouveau :** 56100 (comptabilisation) ; 8545 (incidence des changements de méthodes).
- **en arrière (carry-back) :** 52650 s. (comptabilisation et remboursement) ; 53170 (impact des rectifications fiscales) ; 53620 (participation des salariés) ; 54370 (annexe).
- **en avant des déficits fiscaux :** 52590.

Reporting pays par pays (CbCR) : 11270 (refacturation de frais intragroupe) ; 80025 (information de l'administration) ; 80685 (information publique).

Repos compensateur : 16785.

Repos hebdomadaire : 45995 (amendes pour non-respect).

Représentation fiscale (TVA) : 47020 s.

Reprise : voir Délai de reprise.

Reprise sur amortissements
Classement comptable : 27340.
Comptabilisation : 29065.
Possibilités de – : 27340 (amort. pour dépréciation) ; 27435 (amort. dérogatoires).
Redressements fiscaux : 53130 s.

Reprise sur provisions : 8545 (changement de méthode comptable) ; 48440 s. (schéma comptable) ; 48210 (obligation) ; 53130 s. (redress. fiscaux).

Rescrit : 2870.

Réseaux publics : 25300 (frais de raccordement).

Réservation :
Contrat de – de bois : 20230 (entrée en stock).
Droit de – de logements locatifs : 16375.
Indemnité d'annulation de – : 12145.

Réserves
Étude d'ensemble : 56080 s.
– de participation (calcul) : 53595 s.
– de propre assureur : 56595.
– de propriété : 50045 (garantie).
  Produits : 11025 ; **Stocks :** 21850 (valeur d'inventaire) ; 22695 (présentation) ; 22790 (annexe). **Immobilisations :** 25280 ; 27610 (présentation) ; 29660 (annexe).
– indisponibles : 56085.
– légale : 56095 (déf. et class. compt.).
  Virement de la réserve des plus-values à long terme à la – légale : 56155.
– libres suffisantes pour distribuer : 53990, 53999.
– pour actions propres : 55585, 56085.
– provenant de subventions d'équipement : 56520.
– spéciales constituées en franchise d'impôt : 56225 s.
– spéciale dans le cadre du mécénat : 27585 (œuvre d'artiste vivant).
– spéciale des profits de construction : 56230.
– spéciale de réévaluation : 56795 (utilisation, régime actuel).
– pour fluctuation des cours : 56235 (comptabilisation).
Annexe : 57605 s.
Classement comptable : 56080.
Définition : 56080.
Incorporation au capital : 55340.
Prélèvement sur les – : 57230 s.
Provisions à caractère de – : 56595.
Voir aussi Commissaires aux comptes.

Réserve spéciale des plus-values à long terme
Dissolution : 56175.
Distribution : 56160.
Pertes et moins-values nettes à long terme imputées sur la – : 56170.
Virement à un autre compte de réserve : 56155.
Virement à la réserve légale : 56155.

Responsabilité : 66500 s. (information comptable et financière)
Assurance – : 15815 (charges).
Voir aussi Commissaires aux comptes, Commissaires aux apports, Dirigeants, etc.

Responsables
Déclaration des responsables : 65635 (rapport financier semestriel) ; 65255 (rapport financier annuel) ; 82080 (prospectus).

Résidence (de plaisance ou d'agrément) : voir Somptuaire.

Résiliation de bail
Indemnité de – : voir Indemnités.

Ressources
– permanentes, temporaires : 1120 s.
Contrôle des – : voir Contrôle.
Tableau de financement : 65855 s.

Restaurant : 16100 (note de) ; 17085 (titres-restaurant).

Restauration (de site) : voir Remise en état.

Restitutions
– d'aides ou indemnités indûment perçues : 12080.
– dans le cadre de la CE : 11860 (exportation) ; 15610 (importation) ; 21280 (coût d'entrée des stocks).
– des aides de l'État : 17155.
– des économies d'impôts aux filiales déficitaires (intégration fiscale) : 52785.
– de sites : voir Remise en état.

Restructuration : 16945 (licenciement) ; 17445 (sous-activité) ; 16100 (déménagement).
Provision pour – : 17395 s.
Voir aussi Préretraite et Réduction du temps de travail, Licenciement.

Résultat
Étude d'ensemble : 52000 s.
– comptable et fiscal : 2855 s. (comptes annuels et liasse fiscale).
– courant : 52030 (par opposition à – exceptionnel) ; 52030 s. (évolution de la notion de –) ; 16430 (CVAE) ; 52180 (solde intermédiaire de gestion) ; 54350 (impôt sur –) ; 54325 (annexe).
– dans une société de personnes : 36480 s.
– dans une société en participation : 73775 s. (étude d'ensemble) ; 74220 s.
– de liquidation : 62105.
– de fusion : voir Fusion.
– d'un GIE : 38380.
– d'exploitation : 52175.
– en instance d'affectation : 53965 s.
– estimé (communication) : 81565.
– exceptionnel : 52030 (par opposition à – courant) ; 16430 (CVAE) ; 52185 (solde intermédiaire de gestion).
– net comptable : 52190 (solde intermédiaire de gestion).
– net des produits de cession, concession ou sous concession de produits de la propriété industrielle : 12135.
– par action : 54475 (information).
– sur cession d'actif : 52195.
Affectation et distribution du – : 53950 s. (étude d'ensemble) ; 54440 (tableau des –) ; 56160. (avec plus ou moins-value à LT) ; 81770 (publication).
Annexe : 54325 s.
Classement comptable : 53950.
Constatation du – : 53950 s.
Contrôle : 54255 s. (externe).
Correction d'exercices antérieurs : 45620.
Définition et éléments constitutifs : 52005 s.
Dispositions fiscales (annexe) : 54360 (incidence sur le –).

Résultat (suite)
   Établissement à l'étranger : 70390 s.
   Événements postérieurs à la clôture : 52310 s.
   Formation du – (information) : 52135.
   Généralités : 1130 s.
   Indivisibilité du – : 53970.
   Information : 54325 s. (annexe) ; 81565 (publication des résultats).
   Présentation et information : 54265 s.
   Publications liées aux – : 81565.
   Structure des comptes de – : 52135.
   Tableau des – des 5 derniers exercices : 54445 ; 80135 s. (communication).
   Ventilation de l'impôt entre – courant et – exceptionnel : 54350 (annexe).

Retenue
   – **de garantie :**
      – **affacturage :** 42795.
      – **sur achats :** 15595.
      – **sur emprunt :** 40165.
      – **sur ventes :** 12260.
   – **à la source :** 11885 (ventes) ; 17280 (propriété industrielle) ; 36400 (dividendes) ; 43005 (produits d'intérêts de créance) ; 54075 (dividendes).

Retour
   – **marchandises :** 11845.
   – **à meilleure fortune :** 42320 s. (abandon de créance) ; 50690, 52520 (annexe).
   Vente avec droit de – : 11050.

Retraite : 17590 s. (étude d'ensemble)
   Allocations de – : voir Cotisations.
   Annexe (montants des engagements mentionnés en) : 17970 s.
   Contribution spécifique : 16535 (dans le cadre des régimes de retraite supplémentaire à prestations définies, régimes « chapeaux »).
   Cotisation aux caisses de – : 16535 (contribution spécifique sur) ; 17875 (régime à prestations définies – Modalités de gestion externe) ; 17885 (conséquence de l'externalisation), 17890 (comptabilisation à la mise en place) ; 17970 s. (annexe).
   Cotisation d'assurance – : voir Cotisations.
   Dirigeants : 17970.
   Indemnités de – : 17785 (versement des –).
   Indemnités de départ à la – : 16540 (contribution patronale) ; 17705 (provision ou engagement) ; 17745 (provision).
   Méthode de référence : 8395, 17725.
   Pensions de – :
      – **versées par l'entreprise :** 17785 (gestion interne) ; 17875 s. (gestion externe).
      – **versées par un organisme extérieur :** 17885.
   Préretraite : 17020 (provision pour préretraite).
   Primes versées à un organisme de – : 17875 s., 16535 (contribution spécifique dans le cadre des régimes de retraite supplémentaire à prestations définies, régimes « chapeaux »).
   Provisions des engagements de – : 17590 s.

Rétroactivité : 3545 (principe de spécialisation des exercices) ; 76195 à 76260 (fusion, apport partiel d'actif).

Rétrocessions à prix coûtant : 11130.

Révélation des faits délictueux : voir Délits.

Reverse factoring : 42835.

Révision : voir Contrôle externe.
   – **de prix :** voir Prix.

Risque(s)
   – **climatiques :** 64632 (information en annexe).
   – **de dépréciation :** 27742 (estimation du –).
   – **environnementaux :** voir Remise en état.
   – **pays :** 64980, 65025 (rapport de gestion).
   – **sur établissements à l'étranger :** 70470.
   Provision pour – : voir Provisions pour risques et charges.
   Voir également Assurance.

Ristournes : voir Rabais.

Robotique : 30355 (logiciels en général).

Rotation (des stocks) : 21565 (dépréciation).

RTT : voir Réduction du temps de travail.

Rubriques (des comptes annuels) : 64185.

Ruptures conventionnelles (du contrat de travail) : 16965.

S

SaaS (« Software as a Service » ou logiciel en tant que service) : 10595 (prestataire) ; 30380 (utilisateur).

Saisie (sur salaires) : 17195.

Saisie-attribution : 11465 (chez le bénéficiaire de la saisie) ; 40795 (chez la société saisie).

Saison (activité saisonnière) :
   Sous-activité : 18400.

Salaires : voir Rémunérations.

Salariés : voir Personnel.

Sanctions
   – **en matière comptable et financière :** 66500 s.
   Tenue de comptabilité : 7280 s.
   Voir aussi chaque problème concerné.

Satellites : 27405 (amortissement exceptionnel).

Savoir-faire (« Know-how ») : 30945 (immobilisation) ; 31055 (class. compt.) ; 31945 (amortissement) ; 32155 (cession) ; 32385 (schéma compt.).

Sauvegarde
   – **de l'emploi :** voir Réduction du temps de travail.
   Plan de – : 16925 (indemnités versées dans le cadre d'un) ; 61420.
   Procédure de – : 11430 (clients en –) ; 46085 (dettes d'une entreprise en –) ; 61380 s. (procédure de droit commun) ; 61420 (conséquences comptables) ; 61475 (procédure de – accélérée) ; 61475 (procédure de – financière accélérée).

Scission :
   Comptabilisation chez la société scindée : 75910.

Scission (suite)
  Comptabilisation chez les sociétés bénéficiaires des apports : 75915.
  Règles comptables : 75010 (champ d'application).

SCPI : voir Sociétés.

Secret professionnel : 80455 (opposition au CAC).

Secteur
  – **d'activité :** 12895 s. (chiffre d'affaires).
  – **professionnel :** 3315 (plan comptable).
  – **public :** 3130 (plan comptable).

Sections (notions sommaires) : 22465.

Sécurité (frais, équipements, honoraires) : 27600 (amortissement).

Sécurité sociale
  Accidents du travail : 16645 (hausse des cotisations).
  Comptabilisation des cotisations : 16620 s.
  Exonération : 17120 (aides à l'emploi).
  Intérêts de retard : 45995, 46020 (provision).
  Majorations de retard : 45995, 46020 (provision).
  Organismes de – : 3225 (plan comptable particulier).
  Pénalités : 45995, 46020 (provision).
  Report ou étalement des cotisations : 17157.
  Redressements de cotisations : 53205 (définitifs) ; 53255 s. (probables).
  Remboursement d'un trop-versé de cotisations : 17156.
  Remise à titre gracieux : 17156.

Segmentation (information sectorielle) : 12935 (notion) ; 65265 (rapport annuel).

Séminaires : 15870.

Séquestre : 11475 (créances placées sous –).

Services
  – **après-vente :** 11550 (prov. pour garantie) ; 11830 (rachat de garantie).
  – **à règlement différé :** voir SRD.
  – **bancaires :** 16145.
  – **extérieurs :** 96300 (liste des comptes du PCG) ; 15660 s. (détails).
  Cadeaux prenant la forme de – : 15940.
  Contrats à long terme : 10760 s.
  Règles d'enregistrement :
    – **fournis :** 10355 s.
    – **reçus :** 15075 s.
  Sous-traitance de – : 15570.
  Voir aussi Prestations de services.

Servitudes (prix d'acquisition) : 26295, 26440 (coût d'entrée d'un terrain).

Seuil de signification : 64545 (annexe) ; 50680 (engagements).

SFAC
  Non-incorporation dans le coût d'entrée : 21190 (stocks).

Sicav (actions de –) : 37480.
  – **de trésorerie :** 37480.
  Dividendes : 36315 s.
  Fusion de – : 37480.
  Réglementation des – : 3205.

Sidérurgie : Dépenses d'entretien : 27900 s. (provision pour gros entretien et grandes visites).
Voir aussi Guides comptables professionnels.

Sièges sociaux : 27735 (dépréciation).
  Frais de – : 21145 (coût d'entrée des stocks).
  Transfert de – depuis un pays étranger vers la France : 8590 (bilan d'ouverture) ; 64625 (information en annexe).
  Transfert à l'étranger de – : 29425.

Signature
  – **électronique :** 7155 (livres obligatoires) ; 12455 (modalités antérieures au e-invoicing) ; 64282 (transmission par voie électronique de documents ou dépôt d'actes).

Sincérité : 8245 s. (notion d'image fidèle) ; 8260 (déf.).

Sinistres : 15840 (charges sur –).
Voir aussi Vols, Destruction, Incendie.

Siren : 7435.

Site internet : voir Internet.

Situation
  – **de l'actif, réalisable et disponible et du passif exigible :** 66170 s.
  – **fiscale latente ou différée :** 52890 s. (en général) ; 52950 s. (en France) ; 54355 (information).
  – **intermédiaire :** 65385, 65585 s. (information semestrielle).
    Audit et examen limité d'une – : 65620.
    Acomptes sur dividendes : 54050 s.
  – **provisoire :**
    Titres (val. d'inventaire) : 35710.
  – **méritées (BTP) :** 10955.
  Voir aussi États financiers.

Situation nette
  Étude d'ensemble : 55005 s.
  Voir aussi Capitaux propres.
  Définition : 55095.

Skis : 25415 (location).

Sociétés
  – **à capital variable :** 12400, 55225.
  – **anonymes :** 85010 (commissaire aux comptes).
  – **à prépondérance financière :** 35980 (dépréciation de titres) ; 36700 (cessions de titres).
  – **à prépondérance immobilière :** 35175 (définition des titres de participation) ; 35980 (provisions pour dépréciation) ; 36700 (cession de titres).
  – **à responsabilité limitée :** 85010 (commissaire aux comptes).
  – **associées :** 42565 (compte de).
  – **auxiliaires de matériel (SAM) :** 3315.
  – **ayant une activité à l'étranger :** 70390 (liasse fiscale).

Sociétés (suite)

– **ayant un établissement en France** : voir Établissements.
Voir aussi Personnes morales de droit privé non commerçantes exerçant une activité économique.
– **civiles de placements immobiliers (SCPI)** : 3160 (plan comptable particulier) ; 26335 s. (frais financiers) ; 37505 (évaluation des parts).
– **civiles immobilières de construction-vente** : 38360 (appels de fonds) ; 36480 s. (résultat).
– **civiles immobilières** : 38360 (parts de –).
– **civiles immobilières de copropriété** : 38360 (appels de fonds).
– **civiles professionnelles** : 3180.
– **coopératives agricoles** : 3165 (plan comptable particulier) ; 56080 (subventions) ; 56860 (réval.). Voir aussi Mémento agriculture.
– **cotées** : 81685 (tableau récapitulatif des publications périodiques).
– **d'assurance et de réassurance** : 3155 (plan comptable) ; 85010 (commissaire aux comptes).
– **d'économie mixte locale (SEM)** : 3130 (plan comptable particulier) ; 27915 (dépenses de gros entretien pour les organismes de logement social).
– **d'épargne forestière** : 3160 (plan comptable), 37640 (amortissement).
– **d'HLM** : 27900 s. (dépenses de gros entretien).
– **de banques (établissement de crédit)** : 3150 (plan comptable).
– **de bourse** : 3150 (plan comptable) ; 96280 (compte 516).
– **de capital-risque** : voir Fonds communs de placement ; 37500.
– **de personnes (SNC, etc.)** :
  Amortissement des biens donnés en location : 38380.
  Caution gratuite accordée par la société mère d'une – : 11290.
  Cession de part de – : 36785.
  Dépréciation des créances rattachées à des titres de sociétés de personnes : 38480.
  Dépréciation des titres : 35930, 36530.
  Engagement des membres : 50755.
  GIE : 38380.
  Impôt sur le revenu : 52595.
  Revenus : 36480.
– **de titrisation** : voir Fonds commun de titrisation (ex-FCC).
– **devant avoir un commissaire aux comptes** : 85010.
– **dont les titres sont inscrits sur un marché réglementé** :
  Définition : 80900.
  Information sur les titres détenus : 39015 s.
  Publications au Balo (contenu) : 81770 s. (annuelle) ; 81680 s.
  Redevances et commissions : (versées à l'AMF, SBF, etc.) ; 16170 (comptabilisation).
– **émettant des valeurs mobilières inscrites sur Euronext Paris** : 81685 (tableau récapitulatif des publications).
– **en commandite simple** : 85010 (commissaire aux comptes).

Sociétés (suite)

– **en nom collectif** : 38480 (créances rattachées à des participations dans des –) ; 36480 s. (parts de résultat dans –) ; 36785 (cession de parts) ; 40190 (avances sans intérêts perçues ou consenties) ; 85010 (commissaire aux comptes).
– **en formation (opérations faites)** : 60230.
– **en liquidation** : 61805 s.
  Mention sur les pièces justificatives : 7435.
  Rachat pour une valeur symbolique : 26530.
  Rachat pour une valeur inférieure à sa valeur réelle : 26530.
– **en participation** : voir Société en participation.
– **étrangères** : 3225 (obligations comptables) ; 81885 (instruments financiers cotés, information périodique).
– **financières d'innovation** : 37640 (amortis. exceptionnel).
– **immobilières de copropriété** : 38360 (participation dans –).
– **immobilières d'investissement cotées (SIIC)** : 52620 (taux d'imposition des plus-values) ; 56790 (écart de réévaluation) ; 60745 (transformation).
– **implantées en ZFU** : 35540 (déduction fiscale pour souscription au capital de –).
– **inscrites sur système multilatéral de négociation (Euronext Growth et Euronext Access +)** : 81685 (publications périodiques).
– **jeunes entreprises innovantes (JEI)** : 52620.
– **liées** : 35070.
– **membres d'un groupe international** : 8240 (comptabilité).
– **mères** :
  Actes de gestion normale entre – et filiales : 40190 (avances sans intérêts).
  Comptes des – : 42565.
  Obligations des – : 27925 (en matière environnementale) ; 46020 (en matières économique et sociale).
  Refacturation de frais : 11270, 16170.
  Régime des – : (ou régime « mère-fille ») : 36340 s. ; 35175 (titres de participation) ; 36415 (crédits d'impôt attachés aux dividendes) ; 37130 (prêt de titres) ; 37280 (pension de titres) ; 37455 (actions de préférence) ; 37615 (usufruit d'actions) ; 37675 (actions auto-détenues) ; 37790 (prime d'émission ou d'apport) ; 70370 (établissements étrangers) ; 70595 (établissements français d'une société étrangère) ; 73575 (GIE) ; 74380 (fiducie).
  Responsabilité des mises en cause suite à des infractions des filiales (entente illicite, infractions à la législation sociale) : 46020.
– **par actions simplifiées** : 60630 (transformation en –) ; 85010 (commissaire aux comptes).
  Certification des comptes : 85000 s.
  Commissaire aux comptes : 85000 s.
  Dénomination sociale : 7435.
  EURL : voir EURL.
  Fonds : voir Fonds commun de placement, de titrisation, etc.
  GIE : voir Société de personnes.
  Holding : voir Holding.

Sociétés (suite)
Mention sur les pièces justificatives : 7435.
Mesure fiscale géographique : 52620.
Rachat pour une valeur symbolique : 26530.

Société en participation (SEP)
Étude d'ensemble : 73775 s.
Acquisition (ou création) de biens dans la SEP : 74105 s., 74125 (propriété apparente du gérant) ; 74145 (propriété apparente associé).
Annexe des associés : 74295.
Apports : 73965 s., 73970 s. (en jouissance) ; 74035 s. (en indivision) ; 74055 (en numéraire).
Capital : 55225.
Comptabilisation des opérations : 73910 s.
Comptes spécifiques : 73915.
Contrôle des commissaires aux comptes : 74350.
Gestion : 73790.
Information : 74290 s.
Opérations d'exploitation et partage du résultat : 74220 s.
Organisation de la comptabilité : 73805 s.
Participation avec l'étranger : 73835.
Participation dans une – : 38385.
Régime fiscal : 35155, 73795.
Réglementation comptable : 73800.
Tableau des filiales et participations : 38820.

Sol : voir Terrains, Forêts.

Soldes intermédiaires de gestion : 52110 s.
Sociétés productrices : 52205.
Transferts de charges et – : 52200.

Solidarité : 16500 (contribution sociale de).

Somptuaire
– biens – (immobilisations) : 27570 s. (amort. voitures particulières) ; 27630 (amort. autres biens) ; 28365 (cession).
– charges – : 18620 (définition et information).

Sortie
– d'actifs : 20200 s. (stocks) ; 28100 s. (immobilisations).

Soulte
Échange d'actions : 37160.

Sous-activité
Étude d'ensemble : 18380 s.
Annexe : 18380 s.
Exemple pratique : 18430.
Incidence sur les stocks : 21150 (calcul) ; 22140 (comptabilisation).
Provision pour – future : 17445.

Sous-capitalisation : 42985.
Incorporation des intérêts des capitaux empruntés au coût :
– des stocks : 20945.
– des immobilisations : 26335.

Sous-densité : 26660 (coût d'entrée d'une construction).

Sous-produits : 21255 (éval.).

Sous-traitance
Définition : 15665.
Distinction entre achats de – et – générale : 15665.
Frais de – industrielle : 15570 (charges) ; 21065 (coûts d'achat et de production des stocks).
Immobilisations sous-traitées : 26585 ; 28960 (schéma compt.).
Participation au financement d'un bien qui restera la propriété du sous-traitant : 25320.
Stocks appartenant à l'entreprise mais en cours de transformation chez un sous-traitant : 20240.

Souscription
Droits de – : 37670.

Spécialité pharmaceutique : 31935.

Spectacles : 30950 (frais de création).

Spin-off : voir Apport-cession.

Sponsoring : 16030 (comptabilisation) ; 18585 (information et contrôle).

Sppicav : voir OPCI.

SRD : 36920 (cession de titres).

Stabilisation des cours : 15235.

Stages : voir Stagiaires.

Stagiaires : 17025 (charges supportées par l'entreprise).

Stand (de foire)
Frais de montage de – : 15970 (charges) ; 21190 (exclus des stocks).

Standards
Coûts – prévisionnels : 20835 (techniques d'évaluation de stocks) ; 22470 (comptabilité analytique).
Méthode de valorisation des stocks : 20780 s.

Stationnement (frais de) : 16110.

Statistiques
Dépréciations : 21565 (stocks).
Obligation de répondre aux enquêtes : 80030.
Provision déterminée de manière – : 11550 (provision pour garantie) ; 48310 (cas général).

Statuts (d'une société par actions) : 80605 (information du public).
Projets de modification des – : 80610 (sociétés cotées).

Stewardship expenses : 16170.

Stockage : voir Frais de –.

Stocks et en-cours de production
Étude d'ensemble : 20000 s.
Définition : 20105.
– à rotation lente : 21565.
– achetés à l'étranger : 40295 (prix d'achat) ; 21005 (effet de couverture).
– agricoles : 20110 (stock de biens vivants).
– cotés sur un marché reconnu (LME) : 21490.

Stocks et en-cours de production (suite)

– **couverts :** 21005 (effet de couverture) ; 21865 (stocks détenus à l'étranger) ; 21870 (stocks dont le cours fluctue).
– **de biens vivants :** 20110 (adaptation du PCG à l'activité agricole).
– **de déchets :** voir Déchets.
– **détenus à des fins de placement :** 20475.
– **donnés en location :** 20420 (destination polyvalente).
– **en consignation :** 20225, 22225 (schéma compt.).
– **en cours de transformation chez un sous-traitant :** 20240 (comptabilisation) ; 21065 (coût d'entrée).
– **en dépôt :** 20225, 22225 (schéma compt.).
– **en devises étrangères :** 40295 (prix d'achat) ; 21005 (effet de couverture).
– **en voie d'acheminement :** 22225.
– **gagés :** 20225.
– **hors magasin :** 22225.
– **identifiables ou non :** 20785 s.
– **détenus à l'étranger :** 21865.
– **provenant d'immobilisations :** 22220.
– **subventionnées :** 21285.

Acquisition (coût d'–) : 20900 s.
Acquisition à un prix déterminé de manière prévisionnelle : 20915.
Amortissements des immobilisations utilisées dans le processus de production des – (coût d'entrée) : 21120 (immo. corp.) ; 21130 (coûts de développement) ; 21135 (autres immo. incorp.).
Annexe : 64525 s. (généralités) ; 22750 s. (développements particuliers).
Articles bradés : 21490.
Articles démodés, détériorés, à rotation lente : 21565.
Biens à destination polyvalente (stocks ou immobilisations) : 20420.
Biens acquis ou produits conjointement pour un prix global : 21250.
Biens dont le coût d'entrée ne peut être déterminé par application des règles générales d'évaluation : 20850 (coût d'entrée).
Biens identiques acquis et produits : 22125 (schéma compt.).
Biens produits dans des lieux différents : 21300 (coût d'entrée).
Biens stockés dont la destination finale (marchandise ou matière première) n'est pas connue : 22130 (schéma compt.).
Classement comptable : 96240 (liste des comptes du PCG) ; 20330.
Clause de réserve de propriété : 21850 (valeur au bilan) ; 20225 (comptabilisation) ; 22695 (présentation au bilan).
Comptabilisation : 11935 s. (produits) ; 15555 s. (charges) ; 22120 s. (stock).
– **hors taxes ou taxes comprises :** 46500 s.
Congés payés (coût d'entrée) : 21085.
Contrat à long terme : 10760 s. (étude d'ensemble) ; 10790 (tableau récapitulatif : méthodes possibles, conditions d'utilisation, comptabilisation).

Stocks et en-cours de production (suite)

Contrat de vente ferme : 21840 (valeur au bilan).
Contribution économique territoriale : 21175 (coût d'entrée).
Contrôle externe : 22570 s.
Correction : 22230 (schéma compt.).
Cotisation foncière des entreprises : 21175 (coût d'entrée).
Cotisation sur la valeur ajoutée des entreprises : 21175 (coût d'entrée).
Coût de la main-d'œuvre (coût d'entrée) : 21080 s.
Coût moyen pondéré (CMP) : 20800 s.
Coûts standards prévisionnels : 20835 (technique d'évaluation).
Crédit-bail : 21125 (coût d'entrée).
Critères de comptabilisation : 20105.
Déchets : voir Déchets.
Démarque inconnue : 46060.
Dépréciation : 21415 s. (valeur d'inventaire) ; 21705 s. ; (valeurs à l'arrêté des comptes) ; 22160 s. (comptabilisation).
  Contrat à long terme : 10790, 10895 s.
  Valeur d'inventaire : 21415 s.
  Voir aussi Dépréciation.
Destruction des – : 46055.
Distinction entre marchandises et produits finis : 21305.
Distinction entre matières premières et produits intermédiaires : 20120.
Distinction avec les immobilisations : 20400 s.
Éléments constitutifs : 20195 s.
En-cours de production : 20125 (définition) ; 20260 (prestations de service en cours) ; 20720 (coût d'entrée) ; 21055 s. (coût de production) ; 21515 (valeur d'inventaire).
Évaluation :
– **coût d'entrée :** 20720 s. (règles générales) ; 20780 s. (modalités d'évaluation) ; 20900 s. (éléments constitutifs) ; 21250 s. (cas particuliers).
– **techniques d'– pratiques du coût des stocks :** 20830., 20835 (coûts standards) ; 20845 (utilisation du prix de détail).
– **valeur d'inventaire :** 21415 s. (règles générales) ; 21470 s. (modalités d'évaluation) ; 21615 s. (cas particuliers).
– **valeur au bilan :** 21705 s. (règles générales) ; 21470 s. (modalités d'application) ; 21840 (cas particuliers).
Évaluation à partir du prix de vente : 20845.
Évaluation par unité ou globale : 21420 (valeur d'inventaire).
Évaluation sur la base du dernier prix du marché : 22805 (annexe).
Exploitant individuel : 21105 (coût d'entrée).
Fifo : 20810.
Fluctuation des cours : voir Réserves.
Frais accessoires d'achat et d'approvisionnement : 20935.
Frais administratifs (généraux et de production) : 21140 s.
Frais commerciaux : 21190.

Stocks et en-cours de production (suite)
- **Frais d'administration générale :** 21145.
- **Frais d'assurance :** 21185.
- **Frais de recherche et développement :** 21130.
- **Frais de stockage :** 20940 (coût d'acquisition) ; 21160 (coût de production).
- **Frais de vente :** 21490.
- **Frais financiers :** 20945 s.
- **Frais intervenus avant le début de la production :** 21070.
  Voir aussi Frais.
- **Garantie après-vente :** 21490 (frais de vente).
- **Grève :** 21150 (sous-activité).
- **Hausse des prix :** voir Provisions réglementées.
- **Immeubles en stock :** 20470 (distinction stock/immobilisation), 21325 (coût d'entrée).
- **Information :** 22690 s.
- **Interdiction temporaire de vente :** 21565 (dépréciation).
- **Intéressement :** 21090 (coût d'entrée).
- **Inventaire :** 22330 s. (obligations).
- **Lifo :** 20820.
- **Marchandises :**
  – en dépôt : 20225 (compta.) ; 22820 (annexe).
  – revendues en l'état : 21305 (définition) ; 21490 (valeur d'inventaire) ; 21765 (dépréciation).
  Position globale sur – : 21875.
- **Matières premières :** 20120 (définition) ; 22120 s. (class. compt.) ; 21520 (val. d'inventaire) ; 21790 (dépréciation et provision réglementée) ; 21875 (position globale sur –).
  – cotées sur un marché reconnu (LME) : 21490.
  Position globale sur – : 21875.
- **Métal :**
  – coté sur un marché reconnu (LME) : 21490.
- **Offres en cours :** 21295.
- **Or :** 20475.
- **Participation des salariés :** 21080 (coût d'entrée).
- **Peps :** voir Fifo.
- **Perspectives de vente :** 21490 III.b (val. d'inventaire).
- **Pertes et gaspillages :** 21170 (coût d'entrée).
- **Pièces détachées :** 20445 (comptabilisation) ; 21565 (valeur d'inventaire).
- **Prélèvement et restitution CE :** 21280.
- **Prélèvement pour les besoins privés du chef d'entreprise :** 46795.
- **Présentation :** 22690 s.
- **Prestations de service en cours :** 20260 (compta.).
- **Prix d'achat :** 20910 s.
- **Prix de cession :** 11220 (inférieur à la valeur vénale du bien).
- **Prix de détail :** 20845 (technique d'évaluation du coût des stocks).
- **Prix moyen pondéré (PMP) :** 20800 s.
- **Production (coût de –) :** 21055 s.
- **Produits contenant de l'amiante :** 21860 (dépréciation).
- **Produits en cours :** 21515 (valeur d'inventaire).

Stocks et en-cours de production (suite)
- **Produits finis :** 21490 (valeur d'inventaire) ; 21765 (dépréciation).
- **Produits intermédiaires :** 20120 (définition) ; 11825 (ventes) ; 21510 (évaluation) ; 21785 (dépréciation et provision réglementée) ; 22690 s. (présentation)
- **Produits liés (évaluation) :** 21250.
- **Produits subventionnés lors de la vente :** 21845.
- **Rebuts :** voir Déchets.
- **Rectification :** 22230.
- **Redevances de crédit-bail :** 21125 (coût d'entrée).
- **Réévaluations :** 22020 (à partir de 1984).
- **Régime fiscal simplifié :** 21275 ; 8130.
- **Remise :**
  – accordée : 21490 (évolution du prix du marché).
  – reçue : 20910.
- **Rémunération** (coût d'entrée) : 21080 s.
- **Réparations avant la vente :** 21490 (coût de sortie).
- **Sous-activité :** 21150 (calcul) ; 22140 (comptabilisation) ; 18380 s. (annexe).
- **Sous-traitance :** 21065.
- **Subventions :** 20910 (coût d'acquisition) ; 21285 (coût de production) ; 21845 (subventions).
- **Succursales (suivi au prix de vente) :** 70195.
- **Suractivité :** 21150.
- **Taxe foncière :** 21180 (coût d'entrée).
- **Transfert de – à immobilisations :** 20410, 20420.
- **Travaux en cours :** voir Travaux en cours.
- **TVA :** 46795 (régul. de –).
- **Valeur probante et contrôle :** 22330 s.
- **Variation des – :** 11935 s.
- **Vol :** 45805 (assurance) ; 46060 (comptabilisation et TVA).

Stock-options : 16860 (contribution patronale) ; 55750 s. ; 55835 (information).
- **État des 5 ou 10 personnes les mieux rémunérées :** 18560.

Structure d'une immobilisation : 25715 (définition) ; 27205 (amortissement) ; 27495 (immeubles de placement).

Structures
- – dédiées : 26220 (définition).
- Frais des – : 20935 (coût d'acquisition des stocks) ; 26220 (coût d'acquisition des immo.).
- **Incorporation dans le coût de production :** 21145 (coût de production des stocks) ; 26620 (coût de production des immo.).
- – Frais ou coûts de – : voir Frais administratifs.

Subrogation : 42795 (affacturage).

Subventions (reçues ou octroyées) :
- – au comité social et économique : 17080.
- – d'équilibre : 45900, 52030 (distinction entre courant et exceptionnel) ; 56440 (définition).
- – d'équipement : voir – d'investissement.
- – d'exploitation (reçues ou à recevoir) : 12045 s. (définition et comptabilisation) ; 12900 (chiffre d'affaires).

Subventions (reçues ou octroyées) (suite)
– **d'investissement (reçues ou à recevoir) :** 56435 s.
– **dépréciation de l'actif subventionné :** 27750.
– **dans les sociétés coopératives agricoles :** 56440.
Amortissement : 56495 s.
Cession de l'immobilisation concernée par la – : 56510.
Comptabilisation : 56470.
Concession : 72565.
Définition et liste : 56435, 56440.
Distinction avec – d'exploitation : 56435, 56440.
Frais d'obtention d'une – : 56470.
Immobilisations acquises au moyen de – : 26490 (immo. corp.) ; 31485 s. (frais de recherche et développement) ; 56510 (cession).
Modalités d'échelonnement : 56495 s.
Non-versement : 56525.
Réserves provenant de – : 56520.
Stocks acquis au moyen de subventions : 20910.
Stocks produits au moyen de subventions : 21285.
Stocks subventionnés lors de la vente : 21845.
– **exceptionnelles octroyées :** 45900.
– **finançant des opérations de recherche :** 31485.
– **globales :** 56435 s.
– **indûment perçues :** 12080.
– **remboursables en cas de succès :** 31525.
– **sous condition (résolutoire ou suspensive) :** 56450.
– **spécifiques :** 56440.
– **versées par des entreprises à d'autres entreprises pour embaucher des salariés licenciés :** 16945.
– **versées par des entreprises à une association pour aider les industriels dans leur reconversion :** 16945.
Actifs acquis au moyen de – : 20910 (stocks) ; 26490, 26530 (immo. corp.) ; 31485 s. (frais de recherche et développement).
Aides à l'emploi : 17115 s., 56440.
Aide accordée par une enseigne pour développer un point de vente : 30965.
Distinction entre – d'exploitation et – d'investissement : 56435 s.
Produits subventionnés lors de la vente : 21845 (dépréciation).
Stocks : 20910 (coût d'acquisition) ; 21285 (coût de production).
Utilisation partielle ou non conforme : 56515.

Succes fees : 11040 (produit) ; 20260 (stocks).

Succursales : 70010 (définition) ; 70025 (aides et déficits) ; 64980 (rapport de gestion).
Voir aussi Établissements.

Sucre
Adaptations professionnelles au PCG : 3315 (caducité des plans comptables professionnels).
Quotas de – : 30750 (comptabilisation et évaluation) ; 32050 (amort. et dépré.).
Sous-traitance : 15570 (achats).
Vente sous réserve de l'installation, inspection : 11115.

Supplément de participation des salariés : 53815.

Suractivité : 21155 (stocks).

« Surcontribution » : voir Contribution.

Surcoût : 45830 (indemnité compensant le – d'un élément d'actif).

Sûretés
– **personnelles, réelles :** 50045 (définition) ; 50690, 50705 (information).

Sur sol : 25535 (définition). Voir aussi Terrains.

Survaleur
Achat de titres : 37565.

Swap (intérêts et de devises) :
Swap d' – : 41445 (soulte) ; 41800, 42020 (couverture) ; 42145 (position ouverte isolée) ; 42985 (limitation de déduction fiscale des sommes perçues ou versées).

Syndicats
– **de copropriétaires :** 3225 ; 73335 (fonds reçus).
Heures de délégation : 16620.

Système multilatéral de négociation : 80900.
– **organisé :** 80900 (Euronext Growth, ex-Alternext).
– **non organisé :** 80900 (Euronext Access, ex-Marché libre).

Systèmes comptables : 1240 s.
– **centralisateur :** 1250 s.
– **classique :** 1240.
– **croisés (travaux du CNC) :** 22500 (compta. analytique).
– **des journaux auxiliaires :** 1250 s.
– **journal général – grand livre :** 1245.
Voir également Système de gestion et d'information.

Système de gestion et d'information : 30355 (compta.) ; 31900 (amort.).

Systèmes des documents de synthèse
Critères fixant les présentations possibles : 64200 s.
Modèles de bilan et de compte de résultat dans les différents – : 95500 s.
Rapprochement entre comptes et postes dans les différents – : 95500 s.

Système organisé de négociation : 80900.

T

Table
– **de bureau :** 25565.

Tableau(x)
– **comparatif par document des informations relatives aux rémunérations :** 18765.
– **d'affectation du résultat :** 54440.
– **des délais de prescription des créances et des dettes :** 18740 s.
– **des données globales (flux) :** 66470 (Centrale de bilans de la Banque de France).

Tableau(x) (suite)
- **des échéances des créances et des dettes :** 43405.
- **des engagements :** 50730, 50775.
- **des filiales et participations :** 38795 s.
- **de financement :** 65735 (annexe) ; 65855 s., 65870 (rapport) ; 65875 (contrôle CAC) ; 65925 (PCG).
- **des provisions :** 48700 s.
- **de répartition et affectation des résultats :** 54440.
- **de répartition fonctionnelle des charges :** 18630.
- **de trésorerie :** 66075 s.
- **des résultats des cinq derniers exercices :** 54445 s., 54470 (com. aux comptes) ; 80135 s. (droit de communication) ; 80685 (dépôt au greffe).
- **des soldes intermédiaires de gestion :** 52115.
- **des variations de capitaux propres :** 57605 s. (comptes annuels).
- **des variations de stocks et en-cours :** 22905.
- **des variations de trésorerie :** 65860 (FAS).

Voir aussi État, Situation.

Taux
- **d'amortissement :** 27120 s. (détermination, liste, dérogations, contrôle).
   Modification du - : 27330 (amortissement pour dépréciation) ; 27435 (amort. dérogatoires).
- **dégressif majoré :** 27290.
- **de charges sociales et fiscales sur rémunérations dues :** 16640.
- **de marge (définition) :** 52140.
- **de marque (définition) :** 52140.
- **d'IS :** 36700 (plus-values de cession de titres) ; 52620 (taux normal et taux réduit) ; 52645 (taux global).
- **Risques de - :** 43350 s. (information).

Taxe(s) : 96300 (liste des comptes).
- **additionnelle sur les surfaces de stationnement (en Île-de-France) :** 16470.
- **additionnelle à la taxe foncière et à la CFE (en Île-de-France) :** 16475.
- **assimilées à la TVA :** 46485.
- **assises sur les salaires :** voir Rémunérations.
- **concernant le recrutement des étrangers :** 16530.
- **d'aménagement :** 26660.
- **d'apprentissage :** 16280 s. ; 16260 s. (Cufpa).
- **de transformation de locaux :** 26445.
- **foncière et d'habitation :** 16460, 21180 (coût des stocks).
- **parafiscale :** 12365 (mentions sur factures) ; 46570 (comptabilisation).
- **pour création de bureaux, locaux commerciaux et de stockage en Île-de-France :** 26660.
- **professionnelle :** voir Contribution économique territoriale.
- **spécifiques aux industries pharmaceutiques :** 16525.
- **sur certaines dépenses de publicité :** 16415.
- **sur les bureaux (en Île-de-France) :** 16465.

Taxe(s) (suite)
- **sur les surfaces commerciales** (Tascom) : 16495.
- **sur les salaires :** 16350 (comptabilisation) ; 47095 (secteurs d'activités distincts).
- **sur les transactions financières :** 35620.
- **sur les véhicules de tourisme :** 16485 (comptabilisation).

Voir aussi Contributions.

Taxe sur la valeur ajoutée (TVA) :
   Étude d'ensemble : 46480 s.
   - **déductible :** 46750 s.
   - **non récupérable :** 46500.
   - **récupérée d'avance (paiement sur encaissements) :** 46740.
   - **sur achats de biens et services :** 46750 s.
   - **sur les achats de déchets neufs d'industrie et produits de récupération livrés en France :** 47070.
   - **sur les acomptes :** 46700.
   - **sur les débits :** 46720 (vendeur) ; 46770 (acheteur).
   - **sur les encaissements :** 46740 (vendeur) ; 46790 (acheteur).
   - **sur les immobilisations :** voir Immobilisations.
   - **sur les livraisons :** 46700 (vendeur) ; 46750 (acheteur).
   - **sur les prestations de services :** 46770 s.
   - **sur retenue à la source (sur droits d'auteur) :** 17280.
   - **sur ventes de biens et services :** 46680 s.
   Acquisitions intracommunautaires : 46870 s.
   Assujettissement :
      Cessation d'- : 29405.
   Autoliquidation : 47000 s.
   Coefficient de déduction : 7550 (suivi en comptabilité) ; 26785 (coût d'entrée des immo.) ; 27525 (amortis.) ; 46795 (biens autres qu'immo.).
   Comptes (liste des) : 46570.
   Consolidation de paiement : 46975.
   Crédit de - : 46975 s.
   Déclarations de chiffre d'affaires : 46975 s.
   Déduction en cascade : 53340.
   Différentes méthodes de comptabilisation : 46500 s.
      Achats, stocks et ventes HT : 46680 s.
   Droit à déduction (omission) : 47075.
   État récapitulatif des clients : 46850.
   Évaluation des stocks (nouveaux assujettis) : 21275.
   Franchise en base : 47085 et 47090.
   Groupes : 46975 (Consolidation du paiement, groupe TVA).
   Importations et exportations : 46485.
   Irrégularités : 46495.
   Livraisons intracommunautaires : 46850.
   Notion générale : 46480.
   Obligations de forme : 12555, 12365 (facture).
   Opérations intracommunautaires : 46845 s.

Taxe sur la valeur ajoutée (TVA) (suite)
  Piste d'audit fiable : 12470.
  Redressement : 53190 s.
  Régime de la TVA sur marge : 10350 (régul stock).
  Régime réel simplifié de déclaration : 47080 et 47090
  Régularisation de – :
    Immobilisations : 26785 (coût d'acquisition) ; 26785, 27525 (amort.) ; 29400 (cession) ; 29405 (cessation d'assujettissement, cessation d'activité, utilisation personnelle par un exploitant individuel).
    Biens autres que les immo. et les services : 46795.
  Remboursement : 46985.
  Représentation fiscale : 47020 s.
  Risques encourus (en cas de – collectée non déclarée ou non acquittée) : 46495.
  Sanctions : 46495.
  Secteurs distincts d'activités : 47095.
  TVA européenne : 47045.
  Terminologie : 46490.
  Transfert de – : 46910 s. (intracommunautaire).
  Ventes à distance de biens : 46485.
  Ventilation des affaires par nature : 12565.

Taxi : 30725 (licence, autorisation de stationnement).

Taxonomie verte : 65010 (indicateurs durables à fournir dans la déclaration de performance extra-financière).

TCN : voir Titres de créance négociables.

TEE : voir Titre emploi entreprise.

Télégramme : 16135.

Téléphone : 16135 (charges) ; 25545 (installations de –) ; 25300 (raccordement aux réseaux publics).

Télétransmission (factures dématérialisées) : 12435 s. (facturation électronique).

Téléviseurs : 25565.

Temps de travail
  Réduction : voir Réduction du temps de travail.

Tenue de comptabilité : voir Comptabilité.

Terme (court, moyen et long) : 40020.
Voir aussi Achats, Contrat, Ventes.

Terrains
  – à vocation pastorale ou chasse : 20460.
  Aménagement de – : 25540 (classement comptable) ; 27470 (amortissement).
    Voir Agencements.
  Amortissements et provisions : 27465 (cas général) ; 27465 (gisements, carrières).
  Classement comptable : 25535.
  Dépréciation du sol suite à la réglementation de l'urbanisme : 27475.
  Distinction entre – et constructions : 26420.
  Droit de superficie : 30670.
  Éléments d'un ensemble immobilier : 26440 (coût d'entrée).

Terrains (suite)
  Marchands de biens : 20470 (critères de distinction entre immobilisations et stocks).
  Promoteurs : 20400 (critères de distinction entre immobilisations et stocks).
  Réévaluation : 56855.

Territorialité de l'impôt
  Conséquences : 36430 (filiales étrangères) ; 70025 (aspects fiscaux des établissements multiples) ; 70370 ; 70390 (liasse fiscale : établissements à l'étranger).

Test
  – de dépréciation : voir Test de dépréciation.
  – de fonctionnement : 26295 (coût d'entrée).
  – d'enregistrement des substances chimiques (Reach) : 30770.
  Voir également Reach.

Test de dépréciation
  Étude d'ensemble : 27720 s.
  Affectation de la perte de valeur aux actifs : 27755.
  Affectation des actifs de support : 27735.
  Comptabilisation des dépréciations : 27755.
  Date de mise en œuvre du – : 27720.
  Déclenchement du – : 27720.
  Dépréciation des immobilisations faisant l'objet d'une couverture : 27745.
  Dépréciation des immobilisations subventionnées : 27750.
  Indices de perte de valeur : 27725.
  Montant des dépréciations : 27740.
  Niveau auquel un actif doit être testé : 27730.
  Regroupement des actifs : 27730.

Textiles : 30950 (frais de collection).

TIAP : voir Titres en portefeuille (– immobilisés de l'activité du portefeuille).

Tickets
  – de caisse : 7435.
  – restaurant : 17085.

Tiers
  Indemnités versées par un – : 45800 (destruction d'immobilisation).
  Opérations pour le compte de – : 73300 s.
  Voir aussi Information.

Timbres (poste) : 16135.

Titres de capital (ou donnant accès au capital) : 38175 (définition) ; 81685 s. (publications périodiques à effectuer par l'émetteur).
  Marché réglementé : 80900.

Titres de créance : 38260 (définition) ; 81895 s. (publication à effectuer par l'émetteur).
  Valeurs mobilières donnant accès au capital : 38180 (détenteur) ; 41255 (émetteur) ; 81895 (publication à effectuer par l'émetteur).
  Valeurs mobilières donnant droit à l'attribution de créances : 38260 (détenteur) ; 41310 (émetteur) ; 81895 s. (publication à effectuer par l'émetteur).

Titres de créance négociables : 42655 s.
– **à court terme :** 40995 (émetteur) ; 42675 (détenteur).
– **à moyen terme :** 42680.
Information : 80780 s.

Titres de journaux
– **acquis :** 30625 (compta.).
– **créés en interne :** 30965 (compta.).
Amortissement : 31760.
Dépenses ultérieures : 31160.

Titre emploi entreprise : 16620.

Titres en portefeuille (détenus par l'entreprise) :
Étude d'ensemble : 35000 s. (plan du chapitre) ; 35035 (tableau de synthèse) ; 36805 (tableau récapitulatif des règles générales).
– **acquis avec garantie de passif :** 37605.
– **acquis avec une clause de earn out (prix non définitivement fixé) :** 37630.
– **acquis avec une clause de réméré** (faculté de rachat) : 37155 ; 39015 (information).
– **acquis avec intérêts courus (obligations) :** 36605.
– **acquis dans le cadre de l'effort de construction :** 37075.
– **acquis en rémunération de services rendus :** 37070.
– **acquis en vue d'obtenir un marché :** 37610.
– **cotés :** 35695 s. (valeur d'inventaire).
– **cédés avec une clause de earn out (prix non définitivement fixé) :** 37630.
– **cédés avec une clause de réméré** (faculté de rachat) : 37150.
– **cédés avec garantie de passif :** 37605.
– **créant des liens d'association :** 38340.
– **d'autocontrôle :** 35060 (notion).
– **de participation :** 35175 (déf.) ; 35390 (class. compt.) ; 35705 (val. d'inventaire) ; 35980 (val. au bilan) ; 35080 (cession) ; 38765 s. (annexe) ; 45110 s. (frais d'émission).
– **de placement :** 35325 (déf.) ; 35390 (class. compt.) ; 35845 (val. inventaire) ; 36135 (val. au bilan) ; 36955 (cession) ; 38765 s.
– **de PME innovante :** 37640 (amortis. exceptionnel).
– **de sociétés à prépondérance immobilière :** 35980 (dépréciation) ; 36700 (cession).
– **de sociétés civiles immobilières :** 38360.
– **de sociétés immobilières de copropriété :** 38360.
– **en devises :** 37045, 36585 (intérêts courus sur –).
– **gratuits :** 37760.
– **immobilisés :** 35275 (déf.) ; 35390 (class. compt.) ; 35845 (val. d'inventaire) ; 36080 (val. au bilan) ; 36930 (cession).
– **immobilisés de l'activité de portefeuille (TIAP) :** 35225 (définition et class. comptable) ; 35790 (valeur d'inventaire) ; 36030 (val. au bilan) ; 36935 (cession) ; 38790 (annexe) ; 38820 (tableau des filiales et participations).
– **nantis dans le cadre de contrats de garantie financière assortis d'un droit d'utilisation (reuse) :** 37305.

Titres en portefeuille (détenus par l'entreprise) (suite)
– **non cotés :** 35695 s. (valeur d'inventaire).
– **non entièrement libérés :** 37025.
– **participatifs :** voir ce mot.
– **privatisés :** 37875.
– **reçus à titre d'apport en nature isolé :** 37160.
– **reçus à titre gratuit :** 37760.
– **réévalués :** 37065.
Abandons de créance : 37695 (incidences sur la valeur des titres).
Achats de – : 35540 s. (coût d'entrée) ; 36810 (comptabilisation).
Acquisition conjointe d'un élément incorporel : 37080.
Actions :
– **de préférence :** 37455 (détenteur).
Voir aussi Actions en portefeuille.
Activité des filiales : 38960 (rapport de gestion).
Aliénation d'actions : 38605 s. (calcul et information) ; 38960 (rapport de gestion).
Amortissements exceptionnels : 37640 (règles fiscales dérogatoires).
Apport en usufruit de – : 37615.
Autres formes de participation : 38340.
Baisse anormale momentanée du cours : 36155.
Bon de souscription : 80135 s. (droit de communication).
– **autonomes :** 38195.
Bon du Trésor : 42685.
Catégories de titres : 35150 s.
Certificat d'investissement : 80135 s. (droit de communication).
Certificat de valeur garantie (CVG) : 37230.
Cession : 36700 s. (évaluation) ; 36915 s. (comptabilisation) ; 39015 (vente à découvert).
Classement comptable : 35390, 35410 (incidence de la fiscalité).
Comptabilisation : 36810 s.
Conversion de – : 37160.
Contrôle externe : 38685 s.
Coup d'accordéon : 37785.
Créances rattachées : 38465 s.
Ordre de constitution des dépréciations sur titres et sur – : 38480.
Date d'enregistrement : 36810 (achats) ; 36920 (ventes).
Début d'activité d'une filiale : 37865.
Définition et éléments constitutifs du portefeuille – : 35010 s.
Dématérialisation : 57040 s.
Dépréciation : 35930 s. (évaluation) ; 36865 (comptabilisation) ; 36925 (reprise) ; 38765 (annexe) ; 38480 (ordre de constitution entre – sur titres et – sur créances rattachées).
Dissolution ou mise en règl. jud. d'une filiale : 37860.
Dividendes reçus après acquisition : 37700.
Division d'actions : 37160.
Échange : 37160, 37230 (OPE ou OPA avec CVG).
Évaluation :
– **par équivalence :** 36210 s.
Coût d'entrée : 35540 s.

Titres en portefeuille (détenus par l'entreprise) (suite)
  Valeur d'inventaire : 35695 (principes généraux) ; 35705 (titres de part.) ; 35790 (TIAP) ; 35845 (titres immobilisés et valeurs mob. de placement).
  Valeur à l'arrêté des comptes : 35930 s.
Événements postérieurs à la clôture : 35715.
Expropriation d'une filiale : 37870.
Fluctuation du portefeuille – :
  Provision pour – : 36155.
  Provision pour risques éventuels de – : 36155.
Frais d'acquisition (titres immobilisés) ; 35620 (VMP) ; 35980 (provision) ; 36710 et 36715 (cession) ; 35620 (opérations de LBO).
Frais de cession : 36705.
Frais sur titres (achat, vente, garde) : 16145.
Informations et présentation des comptes : 38700 s.
Information sur les participations détenues par une société contrôlée : 39020.
Information sur les prises de participations significatives : 39015.
Mandat de gestion : 42695.
Marché réglementé : 35015.
Mise en équivalence : 36210 (comptes sociaux).
Noyaux durs : 37585.
Obligations : voir Obligations en portefeuille.
Obligations en matière de – : 38595 s.
Offre publique d'échange (OPE) : 37160 (comptabilisation) ; 37630 (avec CVG).
Option sur – : 37660.
Ordre de vente : 36920.
Paiement du dividende en actions : 37800.
Parts de fonds commun de placement : 37500.
Parts dans un GIE : 38380.
Participation et créances rattachées : 35390 (classement comptable).
Participation dans une société en participation : 38385.
Participations réciproques : 38605 s.
Pensions de titres : 37280 ; 39015 (information).
  Mise en – : 50205, 50755 (information).
Portage : 37355.
Prêt de titres : 37130 ; 39015 (information).
Prise de contrôle : 38960 (rapport de gestion) ; 39015, 39020 (notifications).
  – résultant d'une convention de portage : 37380.
Prise de participation : voir Prise de contrôle ou de participation.
Privatisation : 37875.
Produits structurés : 35855 (valeur d'inventaire).
Provision pour risques complémentaires : 37855 (dotation) ; 36925 (reprise) ; 35980 (en général) ; 36530 (SNC) ; 38380 (GIE).
Rachat par une société de ses propres – : 55585, 37675 (dividendes) ; 56085 (réserve).
Réduction de capital : 37785 s.
Réévaluation : 56855, 57640 (annexe).
  Voir aussi Réévaluation.
Régime des sociétés mères : 36340 s.
Regroupement d'actions : 37160.
Revenus : 36300 s. (enregistrement) ; 36480 s. (société de personnes, etc.) ; 38380 (GIE).

Titres en portefeuille (détenus par l'entreprise) (suite)
  SCPI : 37505 (évaluation des parts).
  Sicav : 37480.
  Situation provisoire : 35710 (val. d'inventaire).
  Sociétés des DOM-TOM : 37640.
  Survaleur : 37565.
  Tableau des filiales et participations : 38795 s.
  Tableau de synthèse des valeurs mobilières : 35035.
  Titres participatifs : voir ce mot.
  Transferts de compte à compte : 35430.
  Transfert de propriété : 36920.
  Transfert de titres à une fiducie : 74380.
  Usufruit : 37615 (acquisition) ; 37705 (cession).
  Valeurs mobilières donnant accès au capital : 38175 (définition).
  Vente à découvert : 39015.

Titres financiers : 35015, 40005 (notion) ; 36920 (cession).
  Offre au public de – : 81040 s. (définition).

Titres participatifs
  – émis : 38105 (caractéristiques) ; 55100 (présentation au bilan) ; 56950 (comptabilisation et rémunération) ; 56960 (contrôle de la rémunération par le commissaire aux comptes).
  – en portefeuille : 38105.

Titres-restaurant : 17085.

Titres subordonnés à durée indéterminée : 37980 (détenteur) ; 41195 (émetteur).

Titrisation de créances : 42830 (comptabilisation) ; 50205, 50755 (information).

Toiture : 25545 (classement) ; 25715 (identification à l'origine) ; 25755 (remplacement) ; 25775 s. (méthode d'identification des composants) ; 26220 (frais de dépose et de remontage liés à une installation de matériel) ; 27900 s. (provision pour gros entretien et grandes visites).

Tokens : voir Jetons numériques.

Tom : voir DOM-TOM.

Tours opérateurs
  – commissions versées par les – aux agences de voyage : 15550.

TPE (Très Petites Entreprises) : 7940 s. (obligations comptables).

Traduction
  – de documents libellés en monnaies étrangères : 70430 (établissement).

Traité de fusion : voir Fusion.

Traitements : voir Salaires.
  – automatisés : voir Informatique.

Traites : voir Effets à payer, Effets à recevoir.

Traités internationaux : 2760.

Transactions
  – hors-bilan : 50200 s. (définition) ; 50755 (information).
  – avec des parties liées : 38865 (information).

Transfert
- **de biens intracommunautaires** : 46910 s.
- **de charges** : 45500 s., 45800 (indemnités couvrant une immobilisation) ; 52200 (lien avec soldes intermédiaires de gestion) ; 45530 (annexe).
- **de créance** : 42795 (affacturage).
- **de contrôle** : 25160 (immo. corp.) ; 30145 (immo. incorp.) ; 20225 (stocks).
- **de passifs sociaux associé à un transfert de salariés** : 17225.
- **d'un établissement** : 16100 (provision) ; 31320.
- **d'impôt de société à société** : 52745 s.
- **de propriété** : 10355 s.
- **de siège ou d'établissement ou d'actif isolé** : 29425 (de France vers certains pays étrangers) ; 8590 (transfert de siège de l'étranger vers la France).
- **de titres de compte à compte** : 35430.

Transformation
- **de l'entreprise** : 60625 s., 7230 (livres comptables).
- **de locaux** : 25915.
- **du bois** : 27290 (amortissement dégressif majoré).
Commissaire à la – : 60630 (mission) ; 60675 (effets de la –).
Aspects comptables de la – : 60800.
Aspects fiscaux : 60725 (droits d'enregistrement) ; 60745 (régime d'imposition).

Transit : 20935 (incorporation dans les stocks).

Transmission universelle de patrimoine : voir TUP.

Transport : 11855 (facturé aux clients) ; 16080 s. (charges).
- **de fonds** : 40680.
- **domicile-travail (remboursement)** : 17060.
- **maritimes et routiers** : 12930 (définition du chiffre d'affaires).
Amortissement du matériel de – : 20935 (coût d'acquisition des stocks) ; 21115 (coût de production des stocks) ; 26220 (coût d'acquisition des immo.) ; 26620 (coût de production des immo.).
Amortissement et provision des licences de – : 32045.
Avaries et manquants lors de – : 15840.
Contrôle des citernes hydrocarbures : 27900 s. (provision pour gros entretien et grandes visites).
Forfait mobilités durables : 17060.
Frais accessoires d'achats : 15550.
Frais de – : voir Frais.
Matériels de – : 25560 (class.).
Remise en état des semi-remorques frigorifiques : 27900 s.
Prime – : 17060.
Titre-mobilité : 17060.
Versements destinés aux – en commun : 16360.

Travail
- **dissimulé** : 17155 (restitution des aides de l'État).
Médaille du – : 16805.

Travaux
- **à façon** : 15570 (sous-traitance).
- **d'amélioration** : 25300
- **d'entreprise** : 10955 s.
- **d'entretien et de réparations** : voir Entretien et réparations.
- **de voirie** : 26440.
- **en régie** : 10760 s.
- **faits par l'entreprise pour elle-même** : voir Production immobilisée.
- **partiellement exécutés à la clôture de l'exercice** : 10760 s.
- **préparatoires (d'une loi)** : 2765 (force juridique).
Vente de – : 96320.

Travaux en cours
Étude d'ensemble des stocks et – : 20005 s.
Bâtiment et travaux publics : 10955.
Classement comptable : 96240 (liste des comptes du PCG).
Contrôle externe : 22570.
Contrat à long terme : 10760 s. (étude d'ensemble) ; 10790 (tableau récapitulatif : méthodes possibles, conditions d'utilisation, comptabilisation) ; 12890 (annexe).
Définition : 20125.
Évaluation : 21515.
Pour les sociétés soumises au régime fiscal simplifié : 21275 ; 8130.

Travaux publics
Chiffre d'affaires : 12930 (annexe).
Contrôle des chantiers par le commissaire aux comptes : 10960, 74350 (société en participation).
Dégagement de résultat sur les chantiers en cours : 10955.
Provisions particulières aux – : 11620.
Travaux en cours : 10955.

Tréfonds : voir Terrains.

Trente-cinq heures (35 h) : voir Réduction du temps de travail.

Trésorerie
- **générale** : 40650 (compte de caisse).
Comptabilité de – : 8035 s.
Obligations : 43145.
Pool de – au sein d'un groupe : 40785 ; 42570 (compte courant).
Prêts interentreprises : 42560, 64980 (rapport de gestion).
Tableau de financement analysant la variation de – : 66075 s.

Trésors nationaux : 16065 (charges), 27585 (immo. et amort.).

Tribunal administratif : 3295 (compétence).

Tribunal de commerce : 60965 (procédure d'alerte).

Tribunal judiciaire : 60965 (procédure d'alerte).

Trigger event : voir Covenant.

Troc
- **publicitaire :** 11285, 15990.
- **publicitaire sur internet :** 16010.
- **Vente à une société de – :** 11165.

TSDI (titres subordonnés à durée indéterminée) : 41195.

TUP : (Transmission universelle de patrimoine) : 75010, 75470.

TVA : voir Taxe sur la valeur ajoutée.

U

UMTS : 30725.

Union européenne (UE) : 2855 (directive comptable unique).
- **GIE européen (GEIE) :** 73572.
- **Lien entre les textes de l' – et les règles françaises :** 2760.
- **Opérations intracommunautaires :** 46845 s.
- **Prélèvements et restitutions :** 11865 (exportation) ; 15610 (importation) ; 21280 (stock).
- **Transferts de biens :** 46910 s.
- Voir aussi Directive, Règlement.

Unité d'œuvre : 22465 (comptabilité analytique) ; 27255 (amortissement sur la base d'–).

Unité économique et sociale (participation des salariés) : 53720.

URD : voir Document d'enregistrement universel.

Usage : Durée d'– : 27140 (immo. non décomposables) ; 27150 (PME) ; 27200 (composants) ; 27205 (structure des immo. décomposables) ; 27495 (immeubles de placement).

Usine : voir Construction.

Usufruit
- **Actions privées d'– :** 37705.
- **Amortissement du droit incorporel représentant le bien en – :** 32035.
- **Cession d'– :** 28100 ; 37705 (cession de l'– d'actions).
- **Critères de comptabilisation :** 25440.
- **Titres acquis en – :** 37615, 35155.
- **Répartition du dividende :** voir Démembrement.

Utilities « tokens » (jetons numériques) : 42600 s. (émetteur) ; 30795 s. (détenteur).

V

Vacances
- **Chèques – :** 17100.
- **Prime de – :** 16630 (primes dues à la clôture de l'exercice).

Valeur
- **– actuelle :** 26875 (immobilisations) ; 29650 (information en annexe).
- **– à l'encaissement :** 96280 (liste des comptes) ; 40665 s. (chèques, virements, cartes de crédit) ; 40740 (effets).
- **– ajoutée :**
  Cotisation sur la – des entreprises (CVAE) : 16420 s. ; 52165 (détermination de la – comptable).
  Participation des salariés : 53706 ; 52165 (différence avec la – comptable).
  Plafonnement de la CFE en fonction de la – : 16445 (exercice de rattachement du dégrèvement) ; 16450 (comptabilisation du dégrèvement).
  Solde intermédiaire de gestion : 52165 (– comptable).
- **– au bilan :** étudiée à chaque rubrique.
  Immobilisations : 26715 (coût d'entrée) ; 27605 (amortissement et dépréciation).
  Rectification : 53145.
- **– d'entrée :** étudiée à chaque rubrique.
- **– d'exploitation :** voir Stocks et en-cours de production.
- **– d'inventaire :** 26865 (immobilisations).
- **– d'usage :** 26915 (définition) ; 26920 (en période de forte incertitude) ; 29650 (information en annexe) ; 35695 s. (titres).
- **– d'utilité :** voir Valeur d'usage.
- **– de réévaluation :** 56855.
- **– de remplacement :** 20825 (méthode d'évaluation des stocks).
- **– intrinsèque :** 35735.
- **– liquidative :** 61125.
- **– mathématique :** 35735.
- **– mobilière :** 35015 (définition) ; 57040 s. (dématérialisation) ;
  Émission de – : 82025 (tableau récapitulatif : publications).
- **– mobilière de placement (VMP) :** 35325 (définition).
  Voir aussi Titres en portefeuille.
- **– nette comptable :** étudiée à chaque rubrique.
- **– probante de la comptabilité :**
  Étude d'ensemble : 7010 s.
  – des comptes de trésorerie : 43145.
  – des immobilisations : 26860 (inventaire permanent).
  – de la situation nette : 57155 s.
  – des stocks : 22330 s.
  – des titres : 38595 s.
  – des ventes et autres produits : 12365 s.
  – en matière fiscale : 8670 s.
- **– résiduelle :** 27070.
  Ré-estimation de – : 27070.
- **– vénale :** 26895.
  Voir aussi à chaque rubrique.
  Rectification fiscale : 53130 s.

Valeurs mobilières
- **Bons de souscription :** 38195.
- **Tableau de synthèse des valeurs mobilières :** 35035.
  – donnant accès au capital : 38180.

Valeurs mobilières (suite)
– donnant accès au capital ou donnant droit à l'attribution de titres de créances : 38175 (définition).
– donnant droit à l'attribution de titres de créances : 38260 (définition).
Voir aussi Actions en portefeuille, Obligations en portefeuille, Titres en portefeuille.

Valeurs mobilières donnant accès au capital : 38175 (définition).

Actions avec Bons de Souscription d'Actions (Absa) : 38205 (détenteur) ; 55330 (augmentation de capital).

Obligations à bons de souscription ou à warrants : 38195 (détenteur) ; 55395 (augmentation de capital).

Obligations à options de conversion ou d'échange en actions nouvelles ou existantes Oceane : 38185 (détenteur).

Obligations avec bons de souscription d'actions Obsa : 38200 (détenteur).

Obligations avec bons de souscription d'actions remboursables Obsar : 38210 (détenteur).

Obligations avec prime convertibles en actions : 38185 (détenteur) ; 55395 (augmentation de capital).

Obligations convertibles ou échangeables en actions : 38185 (détenteur) ; 55395 (augmentation de capital).

Obligations échangeables : 38185 (détenteur).

Obligations remboursables en actions Ora, Orane : 38190 (détenteur) ; 56970 (augmentation de capital).

Obligations sans prime convertibles ou échangeables en actions : 38185 (détenteur) ; 55395 (augmentation de capital).

– **ou donnant droit à l'attribution de titres de créances :**
 – donnant accès au capital : 38175 (définition).
 – donnant droit à l'attribution de créances : 38260 (définition) ; 41310 (émetteur).
 – bons de souscription d'obligations : 38270 (définition) ; 41335 (émetteur).
 – certificat de valeur garantie : 37230.
 – obligations avec bons de souscription d'actions Obso : 38265 (détenteur) ; 41330 (émetteur).

Valeurs moyennes.
Définition : 80900.
Code de gouvernement d'entreprise des – (Middlenext) : 65099.

Valeur vénale : 26895 (définition).
Acquisition par voie d'échange : 26740.
Acquisition à titre d'apport : 26715.

Variation des capitaux propres : 57230 s., 57605 s.

Véhicule : 15720 (loyer) ; 16120 (frais) ; 18195 (relevé frais généraux) ; 25565 (class. compt.) ; 26455 (coût d'entrée) ; 27570 s. (amortissement) ; 28120 (cession).
– **de l'exploitant non inscrit à l'actif** : 16125.
– **de démonstration** : 20425.

Véhicule (suite)
– **loué** : 20430 (compta.).
– **de tourisme** : 16485 (taxe sur les –).
Amortissement : 27140 (durée d'usage).
Dépenses de participation d'un – à un rallye : 16030.
Équipements et accessoires de – : 26455 (coût d'entrée) ; 27570 s. (amortis.).
Location de – : 20430 (compta. des véhicules loués).
Provision pour garantie : 11550.

Vente(s)
Étude d'ensemble : 10005 s.
– **à découvert** : 39015.
– **avec bons de réduction** : 11600.
– **avec crédit gratuit** : 43020.
– **comptabilisée HT ou TTC** : 46500 s. (TVA).
– **de biens et de logiciels assortie de prestations de services** : 11155.
– **de biens en série** : 10760.
– **de bois** : 20230 (contrat de réservation).
– **de cartes de fidélité** : 11200.
– **de cartes prépayées** : 11200.
– **de chèques-cadeaux** : 11190.
– **de coffrets séjours** : 11190.
– **de créances clients** : 42845 s.
– **de déchets** : 96320.
– **de matières premières à terme** : 11105.
– **de produits fabriqués, prestations de services, marchandises** : 11825, 96320.
– **d'option** : 41615.
Annulation d'une – : 11845.
Avoir : 11845.
Bons de réduction : 11840.
Classement comptable : 11825 (adaptation à l'entreprise) ; 96320 (liste des comptes).
Définition : 10065.
Différentes sortes de – : 10070.
 – **à crédit** : 10070 (définition) ; 11575 (provision pour frais d'encaissement) ; 43025 s. (choix entre – et une vente au comptant).
 – **à des intermédiaires (mandataires, commissionnaires)** ; 11065, 73300 s.
 – **à l'essai** : 10375, 11035.
 – **à livrer** : 10695.
 – **à réméré (avec faculté de rachat)** : 10070 (déf.) ; 28265 (immobilisations) ; 37150 (titres).
 – **à tempérament** : 10070 (définition) ; 11090 (transfert de propriété).
 – **à terme** : 10070 (définition) ; 11105 (comptabilisation) ; 22820 (annexe).
 – **à une société de troc** : 11165.
 – **au comptant** : 10070 (déf.) ; 12485, 12560 (pièces justif.) ; 43025 s. (choix entre – et une vente à crédit).
 – **au numéro (presse)** : 11145.
 – **avec accord de rachat** : 11070 (vente constituant une modalité de financement) ; 11075 (vente transférant le contrôle) ; 11570 (provision) ; 28265 (immo.).
 – **avec agréage** : 11140 (vin, huile).

2052

Vente(s) (suite)
– avec clause de réserve de propriété : 10070 (déf.) ; 11025 (enregistrement) ; 11025 (résiliation).
   Stocks : 21850 (valeur d'inventaire) ; 22695 (présentation) ; 22790 (annexe).
   Immobilisations : 25280 ; 27610 (présentation) ; 29660 (annexe).
– avec clause de retour : 11055.
– avec dégustation : 11140.
– avec droit de retour : 11050 (définition) ; 11555 (provision).
– avec obligation de résultat ou de moyens : 10365.
– de matières premières à terme : 11105.
– de lotissements : 11100.
– de marchandises à terme : 10070 (déf.) ; 11105 (enregistrement).
– d'immeubles à construire à terme : 10070 (déf.).
– en consignation : 11060.
– en l'état futur d'achèvement : 10070 (généralités) ; 11095 (vendeur) ; 25345 (acheteur) ; 46700 (TVA sur les acomptes).
– exclusive : 11305 (aide reçue du fournisseur).
– franco : 11020.
– libellées en devises : 40295 (valeur d'entrée) ; 41975 (couverture de change).
– par abonnement : 11150.
– par carte de crédit : 40705.
– par listes de mariage : 11160.
– par lots : 11100.
– selon le transport (FOR/FOT, CAF, FOB, FAS, FCA, CFR, ex-works, franco) : 11020.
– sous condition résolutoire : 10070 (déf.) ; 11035 (enregistrement).
– sous condition suspensive : 10070 (déf.) ; 11035 (enregistrement).
– sous réserve d'installation, d'inspection, etc. : 11115.
Factures : 12365 s.
Facture pro forma : 10085.
Location-vente : 11110.
Obligations de forme : 12555 s.
Présentation des comptes : 12835 s.
Primes sur – : 96320.
Promesse de – : 10075 (déf.) ; 26440 (achat terrain) ; 26445 (achat construction) ; 28340 (vente) ; 28465 s. (contrat de crédit-bail).
Provisions liées aux – : 10385 (règle générale) ; 11550 s. (exemples pratiques).
Rattachements des produits : 10370.
Réductions sur – : 11830.
Règles d'enregistrement : 10355 s.
Relevé annuel des – par clients : 12575.
Résiliation d'une – : 11845.
Rétrocessions à prix coûtant : 11130.
Schémas de comptabilisation : 11745 s.
Service après – : 11550 (prov. pour garantie) ; 11830 (rachat de garantie).
Transfert de propriété : 10355 s.

Ventilation
– des affaires par taux d'imposition de la TVA : 12565.

Vérification
– fiscale de la comptabilité : voir Redressements fiscaux.

Versement
– de sous-densité : 26660.
– de transport (désormais « versement mobilité ») : 16360.
– dans le cadre d'un plan d'épargne : 16815 (abondement).
– mobilité : 16360.

Vestiaire (armoire de –) : 25565.

Vêtements de travail : 17070 (charges) ; 20450 (distinction immobilisations ou charges) ; 27590 (amortissement).

Viager : 26760 (coût d'acquisition).

Vidéo-cassettes : 25415 (location) ; 27510 (amortissement).

Vins : 11140 (vente avec agréage) ; 18620 (château de domaine viticole) ; 20230 (entrée en stock) ; 20910 (impôts indirects spécifiques) ; 20940 (frais accessoires d'achat) ; 20945 s. (frais financiers) ; 21160 (frais de stockage) ; 20475 (stock/placement) ; 21985 (provision pour hausse des prix) ; 26270 et 26315 (frais accessoires au coût des plantations).
Voir également Alcools.

Virement commercial : 40755.

Virements de fonds
– externes : 40680 (reçus) ; 40700 (émis) ; 40755 (virement commercial VCOM).
– internes : 1250, 40685.

Visa (de l'AMF) : 82085.

Visioconférence : 80535.

Visites : voir Entretien.
Voir Composants.

Vitrerie : 25915 (travaux).

Voies (terre, fer, eau) : 25545.

Voirie (travaux de) : 26440.

Voitures particulières : voir Véhicule.

Volontaires internationaux en entreprise (VIE) : 17025 (indemnités versées aux –).

Vols : 7470 (doc. comptables) ; 45800 s. (assurance) ; 46055 s.
Chèque volé : 40675.
Remise de faux billets : 46065.

Volume d'activité : 12895 s., 73335 (opérations de coopération).

Voyages et déplacements : 16100 (– de stimulation).

W

Wagons
  Entretien des – : 27900 s. (provision pour gros entretien et grandes visites).

Warrants : 40865 (comptabilisation) ; 82210 (admission sur un marché réglementé).
  Obligation à – : 38195 (détenteur).

White paper : 42610 (documentation d'une offre de jetons numériques, ICO).

Y

Yacht : 18620.

Z

Zéro coupon : 37965 (détenteur) ; 41135 (émetteur).

Zone géographique : 12935 (chiffre d'affaires par –) ; 52620 (exonération d'impôt sur les bénéfices).

Composition réalisée par NORD COMPO

36893-654-2 (I) - PRL 31 g - NC (LCO)
Achevé d'imprimer en Novembre 2023
Imprimé en Italie par LEGO Spa
Dépôt légal : Novembre 2023